LANGENSCHEIDTS
GROSSWÖRTERBÜCHER

LANGENSCHEIDTS GROSSWÖRTERBUCH

DER ENGLISCHEN UND DEUTSCHEN SPRACHE

„Der Kleine Muret-Sanders"

Englisch-Deutsch

VON
HELMUT WILLMANN
HEINZ MESSINGER
UND DER LANGENSCHEIDT-REDAKTION

LANGENSCHEIDT
BERLIN · MÜNCHEN · WIEN · ZÜRICH · NEW YORK

Als „Trademark" geschützte englische Wörter werden in diesem Wörterbuch durch das Zeichen (TM) kenntlich gemacht. Das Fehlen eines solchen Hinweises begründet jedoch nicht die Annahme, daß eine Ware oder ein Warenname frei ist und von jedem benutzt werden darf. Dies gilt auch von den deutschen Entsprechungen dieser englischen Wörter, die nicht noch einmal gesondert als geschützte Warenzeichen gekennzeichnet sind.

In einigen Fällen mußte auf die Aufnahme einer Ware oder eines Warennamens ganz verzichtet werden.

Words included in this work which are believed to be trademarks have been marked herein by the designation (TM) (after the word). The inclusion of any word in this dictionary is not an expression of the publisher's opinion on whether or not such word is a registered trademark or subject to proprietary rights. It should be understood that no definition in this dictionary or the fact of the inclusion of any word herein is to be regarded as affecting the validity of any trademark. This will apply also with regard to German translations of English words which are accompanied by the letters (TM); in these cases no additional trademark designation has been used for the German translation of such words.

In a few cases it was found necessary to omit the names of particular makes of products or specific trademarks.

1. Auflage 1985

© 1985 Langenscheidt KG, Berlin und München

Druck: Druckhaus Langenscheidt, Berlin-Schöneberg

Printed in Germany

ISBN 3-468-02121-6

VORWORT

Die Namen „Muret" und „Sanders" stehen seit fast hundert Jahren auf den Titelseiten der größten englischen Langenscheidt-Wörterbücher. Der Ursprung dieser Verbindung geht in das Jahr 1869 zurück. In diesem Jahr schloß Professor Gustav Langenscheidt, der Gründer des Verlags, mit Professor Dr. Eduard Muret einen Vertrag über die Ausarbeitung eines großen englischen Wörterbuchs, für dessen deutsch-englischen Teil er den bekannten Lexikographen Professor Dr. Daniel Sanders gewann.

Dieser „Muret-Sanders – Große Ausgabe" lag im Jahr 1901 vollständig in vier Bänden vor. Eine zweibändige „Muret-Sanders – Hand- und Schulausgabe" erschien schon kurz vor der Publikation der „Großen Ausgabe". Im Jahr 1950 entschloß sich der Verlag, eine vollständige Neubearbeitung des vierbändigen „Muret-Sanders" in Angriff zu nehmen. Der letzte Band dieses neuen „Großen Muret-Sanders" erschien im Jahr 1975.

Um die in den achtziger Jahren steigende Nachfrage nach einem „Muret-Sanders" in der Größe der alten zweibändigen Ausgabe zu befriedigen, bringt nun der Verlag in der Reihe seiner Großwörterbücher den „Kleinen Muret-Sanders" in zwei Bänden heraus.

Der vorliegende englisch-deutsche Band des „Kleinen Muret-Sanders" basiert auf dem englisch-deutschen Teil des „Großen Muret-Sanders" und „Langenscheidts Großwörterbuch Englisch-Deutsch" (1971). Er ist jedoch keineswegs das Ergebnis einer schematischen Kürzung oder einfachen Bearbeitung. Über fünf Jahre arbeiteten die Verfasser an der Erstellung eines vollständig neuen Manuskripts, dem eine Wort-für-Wort-Überprüfung und Straffung des gesamten Ausgangsmaterials zugrunde lag. Unter Beibehaltung der lexikographischen Vorzüge des „Großen Muret-Sanders" wurde überdies den Entwicklungen der letzten Jahre Rechnung getragen – im Bereich der Allgemeinsprache ebenso wie im Bereich der Fachsprachen.

Mit einem Umfang von rund 1200 Seiten, über 130 000 Stichwörtern und einem Vielfachen an Übersetzungen bietet der englisch-deutsche „Kleine Muret-Sanders" weit mehr als die Hälfte des entsprechenden Teils des „Großen Muret-Sanders". Wer in die umfassende Darstellung der Allgemeinsprache, der Idiomatik und der Fachsprachen näher eindringt, wird daher das Wort „klein" im Titel des vorliegenden Wörterbuchs als ein „Understatement" empfinden. Da der „Große Muret-Sanders" jedoch fast schon zu einem Synonym für das größte englisch-deutsche Wörterbuch geworden ist, schien uns dieses „Understatement" gerechtfertigt.

Es versteht sich von selbst, daß das vorliegende neue Wörterbuch die bewährten Grundsätze des „Großen Muret-Sanders" in der lexikographischen Darstellung beibehält. Der übersichtliche Aufbau, die Seitenaufteilung in drei Spalten und die gute Lesbarkeit erleichtern den schnellen Zugriff zu dem gesuchten Wort. Die ausgewogene Typographie mit den differenzierenden Schriftarten und Untergliederungen, die zahlreichen Erläuterungen in Kursivschrift, die genaue Beachtung der Sprachgebrauchsebene bei den Übersetzungen und das Verweissystem seien als weitere Beispiele für diese Grundsätze genannt. Besondere Sorgfalt wurde auch auf die semantische Differenzierung verwandt. Alle Stichwortartikel unterliegen bis zur kleinsten Übersetzungsvariante einer sinnvollen semantischen Gliederung. Eine eingehende Beschreibung der Einzelheiten in der lexikographischen Darstellung findet der Benutzer in dem Abschnitt „Anlage des Wörterbuchs mit Hinweisen für den Benutzer" (vgl. S. 13 ff.).

Das Ziel der inhaltlichen Kompilation war eine umfassende Darstellung der Allgemeinsprache, der Idiomatik und der Fachsprachen. Auf das „Fleisch" im lexikographischen Sinn – eine ausgedehnte Phraseologie, Anwendungsbeispiele, Redensarten und Sprichwörter – wurde besondere Sorgfalt verwandt. Das fachsprachliche Vokabular versucht möglichst vielen Benutzerkreisen Rechnung zu tragen.

Tradition allein genügt nicht. Modernität und Aktualität des Inhalts müssen hinzukommen. Im Rahmen der 130000 Stichwörter des „Kleinen Muret-Sanders" Englisch-Deutsch wurde daher versucht, auf allen Gebieten die Grenzen der lexikographischen Aktualität zu erreichen. Selbst in den letzten Revisionsphasen des Werkes wurden noch laufend Neologismen eingearbeitet.

Bei einem Wörterbuch dieser Größenordnung handelt es sich dabei um viele Tausende von Neuwörtern, die berücksichtigt werden mußten. Die Spannweite dieser Neologismen mögen einige „Stichwörter" verdeutlichen:

Aus den Neologismen der täglichen Zeitungslektüre von heute wurden beispielsweise aufgenommen: *concept art*, *Medicaid*, *sign-in*, *terminal clinic* und (bei den Eigennamen und Abkürzungen) *Gorbachev*, *SDI*.

Hochaktuelle Neuwortbereiche wurden systematisch erfaßt: z.B. *biodegradable*, *bioengineering*, *bioethics*, *biofeedback*, *bioplasm*.

Wörter wie z.B. *ecofreak* erscheinen nicht nur als Stichwörter, sondern auch die Terminologie ihres Umfelds wurde berücksichtigt.

Die Gleichbehandlung des Britischen und Amerikanischen Englisch in Wortschatz und Aussprache ist im „Kleinen Muret-Sanders" eine Selbstverständlichkeit. Die Ausspracheangaben für die englischen Stichwörter erfolgen nach den Grundsätzen und mit den Symbolen der Internationalen Lautschrift (IPA). Innerhalb der eckigen Klammern erscheint zunächst die Aussprache des Britischen Englisch, dahinter folgt – falls nötig – die amerikanische Lautung, der im vorliegenden Wörterbuch breiterer Raum als bisher üblich eingeräumt wurde.

Auch die Angabe der Silbentrennungsmöglichkeiten in den englischen Stichwörtern wird für den deutschen Benutzer sicherlich hilfreich sein. Abkürzungen, Vornamen, biographische und geographische Namen sind Teile des ausführlichen Anhangs, der dem Benutzer auch wertvolle Informationen über unregelmäßige Verben, Zahlwörter, Maße, Gewichte, englische Korrekturzeichen und Buchstabieralphabete bietet.

Helmut Willmann, seit 18 Jahren als Lexikograph im Langenscheidt-Verlag tätig, und Heinz Messinger, der Verfasser des deutsch-englischen Bandes des „Kleinen Muret-Sanders", trugen bei der Kompilation und Gestaltung dieses Wörterbuchs die Hauptlast der Verantwortung. Ihnen, aber auch Gisela Türck und Inge Spörer, die erhebliche Teile des Druckmanuskripts erstellten und die Manuskriptarbeiten durch ihre Kritik tatkräftig förderten, sei an dieser Stelle herzlich gedankt.

Neben diesem bewährten und eingespielten Team trugen auch andere Mitglieder der Langenscheidt-Redaktion ihren Teil zum Gelingen dieses Wörterbuchs bei. Zwei Redakteure, die über mehrere Jahre an dem vorliegendem Wörterbuch tätig waren, seien hier genannt: Martin Fellermayer und K. H. Buller.

Der „Muret-Sanders" setzte zu Beginn dieses Jahrhunderts in der zweisprachigen Lexikographie neue Maßstäbe, und durch die vollständige Neubearbeitung in den Jahren 1950 bis 1975 blieb er auch das umfangreichste zweisprachige Wörterbuch unserer Generation. Der „Kleine Muret-Sanders" setzt nun diese Tradition für die achtziger Jahre fort: er verbindet die umfassende Darstellung der Allgemeinsprache und der Fachsprachen mit dem modernen Wortschatz der achtziger Jahre.

H. Baumann schrieb im Jahr 1908 in einem Vorwort des „Muret-Sanders": „Der glänzende Erfolg der früheren Auflage dieses Wörterbuchs, das nicht nur dem Haus und der Schule, sondern auch in weiterem Sinne den zahlreichen praktischen Zwecken der Technik, der Wissenschaft und des Handels nach jeder Richtung hin dienen möchte, berechtigt mich zu der Hoffnung, daß das Werk auch in dieser neuen, vollendeteren Gestalt zahlreiche Freunde finden möge." Auch wir haben diese Hoffnung – wenn wir uns auch bewußt sind, daß selbst dieses umfassende Wörterbuch nur ein neuer Versuch auf dem Feld der englisch-deutschen Lexikographie ist.

LANGENSCHEIDT

PREFACE

For nearly a century the names "Muret" and "Sanders" have graced the title pages of Langenscheidt's largest English dictionaries. The association between Langenscheidt and these two lexicographers goes back to the year 1869 when Professor Gustav Langenscheidt, the founder of this publishing company, engaged Professor Eduard Muret to compile a large English dictionary. The German-English part was assigned to the well-known lexicographer, Professor Daniel Sanders.

This dictionary, which became known as the "Muret-Sanders – Unabridged Edition" and comprised four volumes, was completed in 1901. A two-volume "Muret-Sanders – Abridged Edition (for School and Home)" had appeared just prior to the publication of the larger edition. In 1950 the publishers began work on a complete revision of the four-volume "Muret-Sanders". The final volume of this new edition, known as the "Große Muret-Sanders", appeared in 1975.

The "Kleine Muret-Sanders" is the publishers' reply to the increasing demand in recent years for a "Muret-Sanders" in the format of the old two-volume edition.

The present dictionary is based on the English-German part of the "Große Muret-Sanders" and on "Langenscheidts Großwörterbuch Englisch-Deutsch" (1971). However, it is by no means simply the result of a systematic reduction or superficial revision of these works. Its compilers devoted five years to producing a completely new manuscript based on a word-by-word scrutiny and careful sifting of the original material. While the lexicographic merits of the "Große Muret-Sanders" have been retained, care was taken to accommodate developments of recent years in everyday language and specialized fields of knowledge.

Comprising 1,200 pages and containing some 130,000 headwords and a vast range of variant translations, the English-German "Kleine Muret-Sanders" offers far more than merely half of its larger counterpart in the "Große Muret-Sanders" edition. Indeed, to those users who penetrate more deeply into its broad treatment of the general and specialized vocabularies of both languages, the word "Kleine" in the title will appear to be somewhat of an understatement. Since the "Große Muret-Sanders" has virtually become a synonym for the largest English-German dictionary, however, we consider this understatement to be justified.

Needless to say, in its lexicographic presentation this new dictionary has preserved the well-tried principles embodied by the "Große Muret-Sanders". The clear arrangement of the entries, the three-column division of each page, and the general readability of the dictionary make for quick and easy reference. The exemplary quality of its predecessor is further reflected in the balanced typography with its easily distinguishable typefaces and subdivisions, as well as the numerous explanations in italics, the precise labelling of stylistic register in the translations, and its system of cross-references. Special care has been taken to render semantic differences and nuances as accurately as possible, and all entries contain a systematic semantic breakdown allowing for the most subtle variations of meaning. We refer the user here to the detailed account of the dictionary's various lexicographic features in the section entitled "Arrangement of the Dictionary and Guide for the User" (cf. pp. 13 ff.).

The primary aim in the compilation of this dictionary was to provide a comprehensive record of the respective languages from the point of view of general usage, including idiomatic expressions, and specialized terminology. Particular attention has been devoted to the lexicographic "flesh", as it were, in providing an extensive selection of example phrases, idioms, sayings and proverbs. The specialized vocabulary included in this work seeks to fulfil the needs of a wide range of users.

Adherence to tradition alone, however, does not make for a good dictionary, but has to be supplemented by considerations of up-to-dateness. Thus, within the scope of the 130,000 entries contained in the English-German "Kleine Muret-Sanders", the aim has been to remain at the forefront of modern usage in all fields. Even in the final stages of revision, neologisms were continuously incorporated into the dictionary.

The number of new words which had to be taken into consideration in compiling a dictionary of this size naturally ran into many thousands. The following examples may give some idea of the broad spectrum covered by these neologisms:

Among the expressions derived from the daily press are, for example, *concept art*, *Medicaid*, *sign-in*, *terminal clinic*, and, in the lists of proper names and abbreviations, *Gorbachev* and *SDI*.

Highly topical vocabulary areas have been systematically covered, as in the word-field encompassing *biodegradable*, *bioengineering*, *bioethics*, *biofeedback*, *bioplasm* etc.

Words like *ecofreak* do not appear as isolated entries, but are part of an extensive field of associated words.

It goes without saying that British and American usage, both in vocabulary and pronunciation, have been given equal attention in the "Kleine Muret-Sanders". The phonetic transcriptions of the English headwords are based on the principles and phonetic symbols of the International Phonetic Association. In the square brackets next to the headword, the British pronunciation of the word appears first, followed by any American variants. The information provided on American pronunciation goes well beyond that offered in comparable works.

The German user will undoubtedly welcome the syllabification marks in the English headwords. Abbreviations and first names, as well as biographical and geographical references, form part of the large appendix, which also contains useful information on irregular verbs, numerals, weights and measures, English proofreader's marks, and phonetic alphabets.

At this point special mention must be made of those to whom we owe the greater part of the compilation of this dictionary, namely Helmut Willmann, a lexicographer at Langenscheidt of 18 years' standing, and Heinz Messinger, who compiled the German-English "Kleine Muret-Sanders". To them, and to Gisela Türck and Inge Spörer, who prepared a considerable part of the manuscript for the press and contributed their critical comments, our warm thanks are due.

Besides this reliable and well-coordinated team, several other members of the Langenscheidt editorial staff played their part in the successful completion of this dictionary.

Above all, Martin Fellermayer and K. H. Buller, two of the editors who devoted several years to working on the project, deserve to be named.

The "Muret-Sanders" set new standards in bilingual lexicography at the beginning of this century, and its complete revision between the years 1950 and 1975 cemented its unrivalled standing as the largest bilingual dictionary of our age. The "Kleine Muret-Sanders" upholds this tradition in the nineteen-eighties in incorporating into its extensive treatment of everyday usage and specialized terminology the very latest developments in the English language.

In 1908 H. Baumann wrote in a preface to the "Muret-Sanders": "In view of the brilliant success of the former Edition of this Dictionary which, while serving for Home and School, also appeals to the wider circle of practical workers in the technical branches, and of professional and commercial men of all sorts, I have been emboldened to hope that, in this new and more perfect form, the work again may attract many friends." We share this hope, albeit in the awareness that even this dictionary can pretend to be no more than a modest contribution to English-German lexicography.

LANGENSCHEIDT

INHALTSVERZEICHNIS — CONTENTS

Vorwort Deutsch	5	**German Preface**	5
Vorwort Englisch	8	**English Preface**	8
Inhaltsverzeichnis	11	**Contents**	11
Anlage des Wörterbuchs mit Hinweisen für den Benutzer	13	**Arrangement of the Dictionary and Guide for the User**	13
A. Allgemeines	13	A. General Indications	13
I. Schriftarten	13	I. Styles of Type	13
II. Anordnung der Stichwörter	13	II. Arrangement of Entries	13
B. Aufbau eines Stichwortartikels	15	B. Treatment of Entries	15
I. Englisches Stichwort	15	I. The English Entry Word	15
II. Aussprache	17	II. Pronunciation	17
III. Ursprungsbezeichnung	18	III. Indication of Origin	18
IV. Wortartbezeichnung	19	IV. Part-of-Speech Label	19
V. Bezeichnung des Sachgebiets	19	V. Subject Label	19
VI. Bezeichnung der regionalen Verbreitung	19	VI. Geographic Label	19
VII. Bezeichnung der Sprachgebrauchsebene	19	VII. Usage Label	19
VIII. Deutsche Übersetzung des englischen Stichworts	20	VIII. The German Translation of the English Entry	20
IX. Hinweise zur Rektion	21	IX. Indication of Grammatical Context	21
X. Anwendungsbeispiele	23	X. Illustrative Phrases	23
XI. Besondere Redewendungen	23	XI. Idiomatic Expressions	23
XII. Verweise	23	XII. Cross References	23
Erläuterung der phonetischen Umschrift	25	**Guide to Pronunciation**	25
Verzeichnis der im Wörterbuch verwandten Abkürzungen	28	**Abbreviations Used in This Dictionary**	28

ENGLISCH-DEUTSCHES WÖRTERVERZEICHNIS	31–1119
ANHANG	1121
I. Abkürzungen	1123
II. Biographische Namen	1141
III. Vornamen	1155
IV. Geographische Namen	1163
V. Unregelmäßige Verben	1181
VI. Zahlwörter	1185
VII. Maße und Gewichte	1187
VIII. Englische Korrekturzeichen	1195
IX. Buchstabieralphabete	1200

ENGLISH-GERMAN DICTIONARY	31–1119
APPENDIX	1121
I. Abbreviations	1123
II. Biographical Names	1141
III. Christian Names	1155
IV. Geographical Names	1163
V. Irregular Verbs	1181
VI. Numerals	1185
VII. Weights and Measures	1187
VIII. English Proofreader's Marks	1195
IX. Phonetic Alphabets	1200

ANLAGE DES WÖRTERBUCHS MIT HINWEISEN FÜR DEN BENUTZER
ARRANGEMENT OF THE DICTIONARY AND GUIDE FOR THE USER

A. ALLGEMEINES

I. SCHRIFTARTEN

Der Unterscheidung des im Wörterbuch gebotenen Stoffes dienen vier Schriftarten:

halbfett	für die englischen Stichwörter,
Auszeichnungs-schrift	für die englischen Anwendungsbeispiele und Redewendungen,
Grundschrift	für die deutschen Übersetzungen und
kursiv	für alle erklärenden Zusätze, Definitionen, Ursprungsbezeichnungen, Bezeichnungen der Wortart, des Sachgebietes, der regionalen Verbreitung oder der Sprachgebrauchsebene.

A. GENERAL INDICATIONS

I. STYLES OF TYPE

Four different styles of type are used for the following four categories of information:

boldface	for the entry word,
lightface	for illustrative phrases and idiomatic expressions,
plain	for the German translation, and
italic	for all explanations and definitions, for labels indicating the origin of an entry word, its part of speech, its specialized senses, its geographical distribution, and its level of usage.

II. ANORDNUNG DER STICHWÖRTER

1. Alphabetische Reihenfolge

Die halbfetten Stichwörter sind streng alphabetisch geordnet. Unregelmäßige Formen und orthographische Varianten sind an ihrem alphabetischen Platz verzeichnet mit Verweis auf das Stichwort, unter dem sie behandelt werden. Außerhalb der alphabetischen Reihenfolge stehen die als halbfette Stichwörter aufgeführten Verbindungen von Verben mit Präpositionen bzw. Adverbien. Sie folgen dem betreffenden Verbartikel unmittelbar in besonderen Abschnitten.

II. ARRANGEMENT OF ENTRIES

1. Alphabetical Order

Boldface entries are given in strict alphabetical order. Irregular forms and variant spellings are listed in the proper alphabetical order with cross reference to the entry word where they are treated in full. In the case of verb phrases which are entered in boldface type the alphabetical order has been abandoned. They are dealt with separately, directly after the respective verb entries.

2. Britische und amerikanische Schreibvarianten

Orthographische Varianten des britischen oder amerikanischen Englisch werden nach dem Grundsatz der Gleichwertigkeit behandelt. Die lexikographische Behandlung erfolgt bei derjenigen Schreibvariante, in der das betreffende Wort alphabetisch zuerst erscheint. An dieser Stelle ist zusätzlich die andere Schreibvariante verzeichnet. Bei der alphabetisch später aufgeführten Variante wird auf die alphabetisch frühere Schreibvariante verwiesen.

Wenn orthographische Varianten (vollständig angeführt oder durch eingeklammerte Buchstaben angezeigt) nicht als „britisch" oder „amerikanisch" gekennzeichnet sind, so gelten sie für beide Sprachzweige.

Ist beim zweiten Bestandteil einer Zusammensetzung ein Buchstabe eingeklammert, so ist beim betreffenden Simplex zu ersehen, ob es sich hierbei um eine britische bzw. amerikanische Variante handelt oder ob die Variante für beide Sprachzweige gilt.

3. Zusammensetzungen

Zusammensetzungen sind entweder als halbfette Stichwörter an ihrer alphabetischen Stelle verzeichnet (z. B. **coal bed, coast guard**) oder erscheinen als Anwendungsbeispiele unter einem ihrer Kompositionsglieder (z. B. accident risk unter **risk** 2).

4. Ableitungen

Ableitungen stehen als halbfette Stichwörter an ihrer alphabetischen Stelle. Nur wenn sie sehr selten sind oder wenn sich ihre Bedeutung ohne weiteres aus der des Stammworts ergibt, wurden sie nicht eigens aufgeführt.

5. Adverbialformen

Adverbialformen werden immer gekennzeichnet: **hot** ... (*adv* ~ly). Sie erscheinen aber nur dann als selbständiges Stichwort, wenn sie in Bedeutung oder Aussprache eine Besonderheit aufweisen. Ausgeschrieben werden Adverbialformen, bei deren Bildung der Schlußvokal des Adjektivs entfällt oder sich verändert:

>**capable** *adj* (*adv* capably)
>**gentle** *adj* (*adv* gently)
>**risky** *adj* (*adv* riskily)

2. British and American Orthographic Differences

Where British and American spelling differs, the two forms are regarded as having equal status. Full lexicographical treatment is given with the prior alphabetical form. There the other spelling variant, properly labelled, is also listed. A cross reference from the later alphabetical form to the prior form indicates where the word in question is treated.

When variant spellings (either entered in full or indicated by brackets only) are not marked British or American they are common to both countries.

When in the second element of a compound entry a letter is placed in brackets the user is referred to the respective base word to find out whether the variant spellings constitute orthographic differences between British and American usage or are common to both countries.

3. Compound Entries

Most compounds are either entered in boldface type in their proper alphabetical position (e.g. **coal bed, coast guard**) or are given as illustrative phrases under one or other of their components (e.g. accident risk under **risk** 2).

4. Derivatives

Derivatives are given in their proper alphabetical position as boldface entries. They have been omitted only when they are very rare or when their meaning can easily be gathered from that of their base word.

5. Adverbs

The formation of adverbs is indicated throughout: **hot** ... (*adv* ~ly). However, they are only treated in full if they show any irregularities either in meaning or in pronunciation. Those adverbs which in the course of derivation from an adjective either drop or change the last vowel are written in full:

>**capable** *adj* (*adv* capably)
>**gentle** *adj* (*adv* gently)
>**risky** *adj* (*adv* riskily)

Bei Adjektiven, die auf **-ic** und **-ical** enden können, wird die Adverbialbildung auf folgende Weise gekennzeichnet:

geologic *adj*; **geological** *adj* (*adv* ~**ly**)

d. h. **geologically** ist das Adverb zu beiden Adjektivformen.

6. Wortbildungselemente

Um dem Benutzer die Möglichkeit zu geben, eventuell nicht verzeichnete wissenschaftliche und sonstige Spezialausdrücke zu erschließen, wurden englische Wortbildungselemente aufgenommen.

7. Eigennamen und Abkürzungen

Wichtige Eigennamen aus der Bibel, von Sternen etc. sind im Hauptteil behandelt. Eigennamen biographischer und geographischer Art sowie Abkürzungen sind in besonderen Verzeichnissen am Schluß des Werkes zusammengestellt.

B. AUFBAU EINES STICHWORTARTIKELS

Die Unterteilung eines Stichwortartikels geschieht durch

1. römische Ziffern zur Unterscheidung der Wortarten (Substantiv, transitives oder intransitives Verb, Adjektiv etc.),

2. arabische Ziffern (fortlaufend im Artikel und unabhängig von den römischen Ziffern) zur Unterscheidung der einzelnen Bedeutungen,

3. kleine Buchstaben zur weiteren Bedeutungsdifferenzierung innerhalb einer arabischen Ziffer.

Die einzelnen Artikel gliedern sich wie folgt:

I. ENGLISCHES STICHWORT

Das englische Stichwort erscheint in halbfetter Schrift entweder nach links ausgerückt oder, im Falle von Ableitungen und Zusammensetzungen, innerhalb des fortlaufenden Textes der Spalte.

1. Silbentrennpunkte. Bei mehrsilbigen Stichwörtern ist die Silbentrennung durch auf Mitte stehenden Punkt oder durch Betonungsakzent angezeigt. Bei Wortbildungselementen wird die Silbentren-

---

There may be but one adverbial form for adjectives ending in both **-ic** and **-ical**. This is indicated in the following way:

geologic *adj*; **geological** *adj* (*adv* ~**ly**)

i.e. **geologically** is the adverb of **geologic** and **geological**.

6. Combining Forms

In order to enable the user to gather the meaning of scientific or other technical terms not listed in the dictionary, English combining forms are given.

7. Proper Names and Abbreviations

The more important proper names from the Bible, of stars in the stellar system, etc. are dealt with in the main vocabulary. Biographical and geographical names as well as abbreviations are listed in special appendixes at the end of the dictionary.

B. TREATMENT OF ENTRIES

Subdivisions may be made in the entries by means of

1. Roman numerals to distinguish the various parts of speech (noun, transitive or intransitive verb, adjective, etc.),

2. Arabic numerals (running consecutively through the entire entry, irrespective of the Roman numerals) to distinguish the various senses,

3. small letters as a further means of splitting up into several related meanings a primary sense of a word under an Arabic numeral.

The various elements of a dictionary entry are:

I. THE ENGLISH ENTRY WORD

The english entry word is printed in boldface type and appears either at the left-hand side of a column (slightly further over into the left margin than the rest of the text) or is–in the case of derivatives and compounds–run on after the preceding entry.

1. Syllabification. In entry words of more than one syllable syllabification is indicated by centred dots or stress marks. In the case of combining forms syllabification has not been given since it may vary

nungsmöglichkeit nicht angegeben, da sich diese, je nach den weiteren Bestandteilen des zu bildenden Wortes, verändern kann (z. B. **electro-**).

2. Exponenten. Verschiedene Wörter gleicher Schreibung (Homonyme, Homogramme) werden mit Exponenten gekennzeichnet (z. B. **bail**[1], **bail**[2], **bail**[3], **bail**[4]).

3. Bindestrich. Mußte ein mit Bindestrich geschriebenes englisches Wort an der Stelle des Bindestrichs getrennt werden, so wurde der Bindestrich zu Anfang der folgenden Zeile wiederholt.

4. Tilde. Folgen einem ausgerückten Stichwort eine oder mehrere angehängte Zusammensetzungen mit diesem Stichwort als erstem Bestandteil, so wird es nicht jedesmal wiederholt, sondern durch eine halbfette Tilde (~) ersetzt:

    cad·mi·um [ˈkædmɪəm] ... **~ or·ange**
    = cadmium orange ...

Ist das ausgerückte Stichwort bereits selbst eine Zusammensetzung, die durch die nachfolgende Tilde nicht als Ganzes wiederaufgenommen werden soll, sondern nur mit ihrem ersten Bestandteil, so steht hinter diesem ersten Bestandteil ein senkrechter Strich. In den darauffolgenden angehängten Stichwörtern ersetzt die halbfette Tilde also nur den vor dem senkrechten Strich stehenden Bestandteil des ausgerückten Stichworts:

    ab·so·lute| pitch ... **~ tem·per·a-**
    ture = absolute temperature ...

Um den Wechsel zwischen Groß- und Kleinschreibung bei den mit Tilde angehängten Stichwörtern anzuzeigen, wurde der große bzw. kleine Anfangsbuchstabe unmittelbar vor die Tilde gesetzt:

    Great| Mo·gul ... **g~ mo·rel** = great morel ...

5. Unregelmäßige Formen

a) *Substantiv*

Der regelmäßig gebildete Plural wird nicht angegeben. Dagegen werden die Pluralformen aller Substantive auf **-o** sowie alle unregelmäßigen Pluralformen durch Wiedergabe der letzten Silbe(n) oder des gesamten Wortes verzeichnet:

    cac·tus [ˈkæktəs] *pl* **-ti** [-taɪ], **-tus-**
    es ...

    knife [naɪf] **I** *pl* **knives** [naɪvz] *s* ...

according to the other components of the word to be formed (e.g. **electro-**).

2. Superscription. Different words with the same spelling (homographs) have been given numbers in superscript (e.g. **bail**[1], **bail**[2], **bail**[3], **bail**[4]).

3. Hyphen. Where hyphen and division mark coincide in the division of a hyphened English entry, the hyphen is repeated at the beginning of the next line.

4. Swung Dash or Tilde. When a left-margin entry word is followed by one or more compounds (with the entry word as their first element), the entry word has not been repeated every time but has been replaced by a boldface tilde (~):

    cad·mi·um [ˈkædmɪəm] ... **~ or·ange**
    = cadmium orange ...

When the left-margin entry word is itself a compound of which only the first element is to be repeated by the following tilde, then this element is separated off by means of a vertical bar. In the run-on entry words following, the boldface tilde repeats only that element of the left-margin entry word which precedes the vertical bar:

    ab·so·lute| pitch ... **~ tem·per·a-**
    ture = absolute temperature ...

When the initial letter of run-on entry words represented by a tilde changes from small to capital or vice versa the small or capital letter has been placed immediately in front of the tilde:

    Great| Mo·gul ... **g~ mo·rel** = great morel ...

5. Irregular Forms

a) *Noun*

Regular plural forms have generally not been given. In the case of nouns ending in **-o** and nouns with irregular plurals, either the entire plural form is given or merely its last syllable(s):

    cac·tus [ˈkæktəs] *pl* **-ti** [-taɪ], **-tus-**
    es ...

    knife [naɪf] **I** *pl* **knives** [naɪvz] *s* ...

Erscheint ein Substantiv mit unregelmäßigem Plural als letzter Bestandteil einer Zusammensetzung, so weist die Abkürzung *irr* (= **irregular**) auf die Unregelmäßigkeit hin. Die unregelmäßige Pluralform findet man an derjenigen Stelle, an der der letzte Bestandteil der Zusammensetzung als Stichwort verzeichnet ist:	When a noun with an irregular plural appears as the last element of a compound, the irregularity is indicated only by the abbreviation *irr* (= **irregular**). The irregular plural form is given where the last element of the compound is listed as a separate entry word:

    al·der·wom·an [ˈɔːldə(r)ˌwʊmən] *s irr* ...
    wom·an [ˈwʊmən] **I** *pl* **wom·en** [ˈwɪmɪn] *s* ...

b) Verbum

b) Verb

Verben, bei welchen keine weitere Grundform angegeben ist, bilden Präteritum und Partizip Perfekt regelmäßig. Bei unregelmäßigen Verben werden Präteritum (*pret*) und Partizip Perfekt (*pp*) verzeichnet.	When no principal parts are indicated, the past tense and past participle are formed regularly. The past tense (*pret*) and past participle (*pp*) of irregular verbs are given:

    freeze [friːz] **I** *v/i pret* **froze** [frəʊz] *pp*
      froz·en [ˈfrəʊzn] ...
    build [bɪld] **I** *v/t pret u. pp* **built** ...

Bei abgeleiteten oder zusammengesetzten unregelmäßigen Verben wird die Unregelmäßigkeit nur durch die Abkürzung *irr* angedeutet; Einzelheiten sind beim Simplex nachzuschlagen:	The irregularity of the compound and derived irregular verbs is shown by the abbreviation *irr* only. The user should consult the base verbs for the principal parts:

    ˌ**o·ver**ˈ**hear** *v/t irr* ...

c) Adjektiv und Adverb

c) Adjective and Adverb

Adjektive und Adverbien, die unregelmäßig gesteigert werden, sind mit ihren Steigerungsformen gegeben:	All irregularly compared adjectives and adverbs are entered with both comparative and superlative forms:

    bad[1] [bæd] **I** *adj comp* **worse** [wɜːs; *Am.*
      wɜrs] *sup* **worst** [wɜːst; *Am.* wɜrst] ...

II. AUSSPRACHE

II. PRONUNCIATION

Grundsätzlich ist bei jedem einfachen Stichwort die Aussprache ganz oder teilweise angegeben. Die Aussprachebezeichnung erfolgt nach den Grundsätzen der „International Phonetic Association". Die phonetischen Angaben werden nach einem der folgenden Grundsätze gemacht:	It is a general rule that either full or partial pronunciation is given for every simple entry word. The symbols used are those laid down by the International Phonetic Association. One or other of the following principles determines the pronunciation:
1. Bei jedem ausgerückten Stichwort, das nicht eine Zusammensetzung bzw. Ableitung von an anderer Stelle verzeichneten und phonetisch umschriebenen Stichwörtern ist, wird die Aussprache in eckigen Klammern – in der Regel unmittelbar hinter dem Stichwort – gegeben:	1. Every left-margin entry word that is not compounded of or derived from words listed and phonetically transcribed elsewhere in the dictionary is followed by the pronunciation in square brackets:

    ask [ɑːsk; *Am.* æsk] **I** *v/t* **1.** ...

2. Jedes Stichwort, das ein mit Bindestrich verbundenes oder zusammengeschriebenes Kompositum ist aus an anderer Stelle phonetisch umschriebenen Stichwörtern, trägt nur Betonungsakzente vor den betonten Silben. Das Zeichen ['] stellt den Hauptakzent, das Zeichen [ˌ] den Nebenakzent dar. Die Aussprache ist beim jeweiligen Simplex nachzuschlagen und mit dem bei der Zusammensetzung gegebenen Betonungsschema zu kombinieren:

    'fore·ˌfa·ther
    (siehe unter **fore** und **father**)

3. Bei Stichwörtern, die getrennt geschriebene Komposita sind, werden keine Betonungsakzente gegeben. Die Aussprache ist beim jeweiligen Simplex nachzuschlagen:

    con·ic pro·jec·tion

4. Stichwörter, die als Ableitungen an ein Simplex angehängt sind, erhalten häufig nur Betonungsakzente und Teilumschrift. Die Aussprache des nichtumschriebenen Wortteils ist unter Berücksichtigung eines eventuellen Akzentumsprungs dem vorausgehenden Stichwort zu entnehmen:

    flu·or·o·scope [ˈfluːərəskəʊp] ...
    ˌ**flu·or·oˈscop·ic** [-ˈskɒpɪk; *Am.* -ˈskɑ-]
    = [ˌfluːərəˈskɒpɪk; *Am.* ˌfluːərəˈskɑpɪk] ...

Mehrere besonders häufige Endungen sind jedoch nicht bei jeder Ableitung, sondern nur in einer zusammenfassenden Liste auf S. 27 phonetisch umschrieben:

    claim [kleɪm] ... **'claim·a·ble** =
    [ˈkleɪməbl] ...

5. Ändert sich die hinter dem Stichwort verzeichnete Aussprache für eine Wortart, so steht die veränderte Aussprache unmittelbar hinter der entsprechenden Wortartangabe, auf die sie sich bezieht:

    ex·cuse I *v/t* [ɪkˈskjuːz] ... **II** *s* [ɪkˈskjuːs]
    ...

III. URSPRUNGSBEZEICHNUNG

Nichtanglisierte Stichwörter aus anderen Sprachen sind mit dem Kennzeichen ihrer Herkunft versehen. Wenn es sich um deutsche, französische, italienische oder spanische Wörter handelt, die noch in der Aussprache als Fremdwort empfunden werden, so sind sie auch in der Herkunftssprache phonetisch umschrieben.

---

2. All compound entries, whether hyphened or written as one word, with elements listed and phonetically transcribed elsewhere in the dictionary are provided with stress marks in front of the stressed syllables. The notation ['] stands for strong stress, the notation [ˌ] for weak stress. For the pronunciation of the different elements the user must consult the respective entries and combine what he finds there with the stress scheme given within the compound entry:

    'fore·ˌfa·ther
    (cf. **fore** and **father**)

3. No accents are given in compound entries written as two or more separate words. For the pronunciation the user must consult the respective simple entries:

    con·ic pro·jec·tion

4. Derivatives run on after a simple entry often have only accents and part of the pronunciation given. That part of the word which is not transcribed phonetically has, apart from differences in stress, a pronunciation that is identical with that of the corresponding part of the preceding entry:

    flu·or·o·scope [ˈfluːərəskəʊp] ...
    ˌ**flu·or·oˈscop·ic** [-ˈskɒpɪk; *Am.* -ˈskɑ-]
    = [ˌfluːərəˈskɒpɪk; *Am.* ˌfluːərəˈskɑpɪk] ...

A number of the more common suffixes, however, have not been transcribed phonetically after every derivative entry. They are shown, together with their phonetic transcription, in a comprehensive list on p. 27:

    claim [kleɪm] ... **'claim·a·ble** =
    [ˈkleɪməbl] ...

5. When the pronunciation given after the entry word changes for a particular part of speech the different pronunciation appears immediately after the part-of-speech label to which it refers:

    ex·cuse I *v/t* [ɪkˈskjuːz] ... **II** *s* [ɪkˈskjuːs]
    ...

III. INDICATION OF ORIGIN

Non-assimilated foreign entry words are marked with the label of their origin. In addition German, French, Italian, and Spanish words are transcribed phonetically according to the respective language of origin in so far as their pronunciation is still regarded as foreign.

IV. WORTARTBEZEICHNUNG

Die Angabe der Wortart (*s, adj, v/t, v/i, v/reflex, adv, pron, prep, conj, interj*) folgt meist unmittelbar auf die Aussprache. Gehört ein Stichwort mehreren grammatischen Kategorien an, so steht die Wortartbezeichnung hinter jeder römischen Ziffer.

V. BEZEICHNUNG DES SACHGEBIETS

Stichwörter, die einem besonderen Sachgebiet angehören, sind mit einer entsprechenden Bezeichnung versehen:

    clause [klɔ:z] *s* **1.** *ling.* Satz ... **2.** *jur.* Klausel ...

Die Stellung der Sachgebietsbezeichnung innerhalb des Stichwortartikels richtet sich danach, ob sie für das ganze Stichwort gilt oder nur für einige Bedeutungen. Unmittelbar hinter der Aussprache eines Stichworts kann sie für alle angehängten Übersetzungen gelten.

VI. BEZEICHNUNG DER REGIONALEN VERBREITUNG

Die auf einen bestimmten Teil des englischen Sprachgebiets beschränkten Stichwörter sind mit der Angabe ihres regionalen Ursprungs (*Am., Austral., Br., Canad.* etc.) gekennzeichnet. Dies schließt jedoch nicht aus, daß sie in vielen Fällen inzwischen auch in andere Sprachzweige Eingang gefunden haben.

VII. BEZEICHNUNG DER SPRACHGEBRAUCHSEBENE

Bei Stichwörtern, die auf irgendeine Weise von der Hochsprache (Standard English) abweichen, ist vermerkt, auf welcher Sprachgebrauchsebene sie stehen (*vulg., sl., colloq., dial., poet., obs., hist.*). Wo immer möglich, wurde als deutsche Übersetzung ein Wort derselben Sprachgebrauchsebene gegeben. Bei den mit *vulg., sl.* oder *colloq.* gekennzeichneten Stichwörtern steht die deutsche Übersetzung, wenn sie derselben Sprachgebrauchsebene angehört, in einfachen Anführungszeichen; ihr folgt (wo notwendig) der hochsprachliche Ausdruck als zusätzliche Übersetzung oder Erläuterung:

    broke[2] [brəʊk] *adj colloq.* ‚pleite': a) ‚abgebrannt', ‚blank' (*ohne Geld*) ...

IV. PART-OF-SPEECH LABEL

As a rule the part-of-speech label immediately follows the pronunciation (*s, adj, v/t, v/i, v/reflex, adv, pron, prep, conj, interj*). When an entry word has several parts of speech the part-of-speech label is given after every Roman numeral.

V. SUBJECT LABEL

Entries belonging to a particular field of knowledge are labelled accordingly:

    clause [klɔ:z] *s* **1.** *ling.* Satz ... **2.** *jur.* Klausel ...

The position of the subject label within an entry depends on whether it refers to the whole entry or only to one or more senses within the entry. When the subject label stands immediately after the pronunciation of an entry word it can refer to all translations.

VI. GEOGRAPHICAL LABEL

Entry words used only in a particular area of the English-speaking world are marked with a label of geographical origin (*Am., Austral., Br., Canad.,* etc.). This does not rule out the possibility that many of them may also have become current in other English-speaking countries.

VII. USAGE LABEL

When an entry deviates in any way from Standard English the level of usage is indicated (*vulg., sl., colloq., dial., poet., obs., hist.*). Wherever possible, the German translation has been drawn from the same usage level. In entries designated as *vulg., sl.,* or *colloq.* the German translation–if drawn from the same level of usage–is placed in inverted commas and is followed, wherever necessary, by the pertinent standard expression in German as an additional translation or explanation:

    broke[2] [brəʊk] *adj colloq.* ‚pleite': a) ‚abgebrannt', ‚blank' (*ohne Geld*) ...

VIII. DEUTSCHE ÜBERSETZUNG DES ENGLISCHEN STICHWORTS

1. Rechtschreibung und Genusangabe. Für die Rechtschreibung war im wesentlichen „Duden, Rechtschreibung der deutschen Sprache und der Fremdwörter" maßgebend. Die Angabe des Geschlechts eines Substantivs durch *m, f, n* wurde, soweit wie möglich, in Anlehnung an Duden durchgeführt. Die Genusangabe unterblieb

a) in den Fällen, in denen das Geschlecht eines Substantivs aus dem Kontext eindeutig hervorgeht (z. B. niedriger Tisch; Arbeiter, der etwas einbettet),

b) wenn die Übersetzung die weibliche Endung in Klammern bringt: Verkäufer(in),

c) bei kursiven Erklärungen,

d) bei den Übersetzungen von Anwendungsbeispielen, und

e) wenn das deutsche Substantiv im Plural steht. In diesem Fall steht die Bezeichnung *pl* hinter dem deutschen Wort.

f) Die Übersetzungen von substantivischen Anwendungsbeispielen, deren Geschlecht nicht aus einem der Fälle a, b und e und auch nicht aus einer Grundübersetzung innerhalb einer arabischen Unterabteilung hervorgeht, erhalten jedoch die Genusbezeichnung.

2. Akzente. Bei allen deutschen Wörtern, die dem nichtdeutschen Benutzer in der Betonung Schwierigkeiten verursachen könnten, sind Betonungsakzente gesetzt. Der Hauptakzent wird durch das Zeichen [ˈ], der Nebenakzent durch das Zeichen [ˌ] wiedergegeben. Die Akzente stehen vor dem Buchstaben, mit dem die betonte Silbe beginnt. Sie werden gesetzt bei

a) Fremdwörtern, die nicht auf der ersten Silbe betont werden,

b) deutschen Wörtern, die nicht auf der ersten Silbe betont werden, außer wenn es sich um eine der stets unbetonten Vorsilben **be-, emp-, ent-, er-, ge-, ver-, zer-** handelt, und

VIII. THE GERMAN TRANSLATION OF THE ENGLISH ENTRY

1. Spelling and Gender. As a rule the spelling given is that recommended by "Duden, Rechtschreibung der deutschen Sprache und der Fremdwörter". The gender of nouns (indicated by the notations *m, f, n*) is, as far as possible, in accordance with "Duden". Gender is not indicated

a) whenever it can be clearly inferred from the context (e.g. niedriger Tisch; Arbeiter, der etwas einbettet),

b) whenever in the translation the feminine suffix is given in brackets: Verkäufer(in),

c) in all explanations in italics,

d) in the translations of illustrative phrases, and

e) whenever the German noun is in the plural. In this case the designation *pl* follows the German word.

f) In the case, however, of nouns which appear as illustrative phrases the gender is indicated unless it can be inferred either from cases a, b, e, or from one of the basic translations given within a subdivision under an Arabic numeral.

2. Stress Marks. Accentuation is given with those German words which might cause difficulty to the non-German user. The primary stress is indicated by the notation [ˈ], the secondary stress by the notation [ˌ]. The stress marks have been placed immediately before the first letter of the stressed syllable. The following categories of words have been given stress marks:

a) foreign words which are not stressed on the first syllable,

b) German words which are not stressed on the first syllable except for those beginning with one of the following unstressed prefixes: **be-, emp-, ent-, er-, ge-, ver-, zer-,** and

c) deutschen Wörtern, die mit einer bald betonten, bald unbetonten Vorsilbe beginnen: durch-, hinter-, miß-, über-, um-, unter-, wider-, wieder-;

d) außerdem erhält der deutsche unbestimmte Artikel einen Akzent in Fällen wie: sich in ˈeinem Punkt einigen (statt: e-m).

Ist bei einer deutschen Übersetzung ein Bestandteil eingeklammert, zum Zeichen dafür, daß er auch wegfallen kann, so erfolgt die Akzentsetzung mit Haupt- und Nebenakzent für das gesamte Wort. Steht bei Wegfall des eingeklammerten Wortbestandteils nur ein Nebenakzent auf dem verbleibenden Wort, so wird dieser zum Hauptakzent, z. B. (Kriˈstall)Deˌtektorempfänger.

Bei kursiven Erklärungen und bei den Übersetzungen von Anwendungsbeispielen werden keine Akzente gegeben.

3. Divis. Der kurze Trennstrich (Divis) wie in Häns-chen weist darauf hin, daß „s" und „ch" getrennt gesprochen werden.

4. Kursive Erklärungen können anstelle der Übersetzung stehen – meist nur, wenn es sich um einen unübersetzbaren Ausdruck handelt – oder in Klammern hinter einer Übersetzung.

IX. HINWEISE ZUR REKTION

Vor der Übersetzung stehen in der Regel (kursiv) Dativ- und Akkusativobjekte von Verben:

    e·lude ... *v/t* ... *das Gesetz etc* umˈgehen ...

Hinter der Übersetzung kann (kursiv und in Klammern) ein Subjekt verzeichnet sein:

    eas·y ... *adj* ... locker, frei (*Moral etc*) ...
    die¹ ... *v/i* ... eingehen (*Pflanze, Tier*) ...

Ist ein englisches transitives Verb nicht transitiv übersetzt, so wird die abweichende Rektion bei der deutschen Übersetzung angegeben:

c) German words beginning with a prefix which is sometimes stressed and sometimes not: durch-, hinter-, miß-, über-, um-, unter-, wider-, wieder-,

d) the German indefinite article in cases like: sich in ˈeinem Punkt einigen (instead of: e-m).

When an element of the German translation is given in brackets, as an indication that omission is possible, the accentuation (with primary and secondary stress) applies to the entire word. When such an element is omitted, however, and there is a secondary stress on the remaining component, this then becomes the primary stress, e.g. (Kriˈstall)Deˌtektorempfänger.

No accentuation is given in explanations in italics or in the translations of illustrative phrases.

3. The Short Hyphen. The short hyphen as in "Häns-chen" indicates that "s" and "ch" must be pronounced separately.

4. Explanations in Italics may be given instead of the translation–but generally only when the English word is untranslatable–or in brackets after the translation.

IX. INDICATION OF GRAMMATICAL CONTEXT

The direct and indirect objects of verbs are printed in italics. They have been placed before the translation:

    e·lude ... *v/t* ... *das Gesetz etc* umˈgehen ...

Where necessary the subject of an adjective or verb is indicated in italics and in brackets after the translation:

    eas·y ... *adj* ... locker, frei (*Moral etc*) ...
    die¹ ... *v/i* ... eingehen (*Pflanze, Tier*) ...

When an English transitive verb cannot be translated with an appropriate German transitive verb the difference in construction has been indicated:

di·rect ... *v/t* ... *j-m* den Weg zeigen ...

English prepositions governing certain entry words (nouns, adjectives, verbs) are indicated within the subdivisions under Arabic numerals in lightface type, followed by their German equivalents in plain type. The following arrangements are possible:

1. When the English preposition and its German equivalent (either a preposition or indication of the case required) *follow* all the translations of a particular subdivision under an Arabic numeral, the German preposition (or other grammatical indication) then applies to all the translations of this particular subdivision:

    de·tach·ment ... *s* **1.** (Ab)Trennung *f*, (Los)Lösung *f* (**from** von) ...

2. When the English preposition and its German equivalent *precede* the first Arabic numeral, then they apply to all following subdivisions:

    con·ceal ... *v/t* (**from** vor *dat*) **1.** verbergen ... **2.** ... tarnen ...

3. When the English preposition *precedes* the German translations of a subdivision under an Arabic numeral and the German preposition or prepositions (or other grammatical indication) follow each individual translation, the latter applies only to the translation or the translations immediately preceding:

    con·gru·ent *adj* **1.** (**to, with**) über'einstimmend (mit), entsprechend, gemäß (*dat*) ...

i.e. "entsprechend" and "gemäß" are construed with the dative.

4. When the entry word can be used only in connection with a preposition, the latter is given in lightface type, without brackets and with a tilde, immediately before the translation:

    con·sist ... *v/i* **1.** ~ **of** bestehen ... aus. **2.** ~ **in** bestehen in (*dat*): ...

For German prepositions which can govern both the dative and the accusative, the required case is indicated:

    com·mem·o·rate ... erinnern an (*acc*) ...

X. ANWENDUNGSBEISPIELE

Sie stehen in Auszeichnungsschrift unmittelbar hinter der Übersetzung des Stichworts. Die magere Tilde ersetzt dabei stets das gesamte halbfette Stichwort:

> **get** ... **~ a·long** ...: ~ **with you!** ... (Das Anwendungsbeispiel lautet also **get along with you!**).

Die deutsche Übersetzung des Anwendungsbeispiels ist gelegentlich weggelassen, wenn sie sich aus den Bedeutungen der einzelnen Wörter von selbst ergibt.

XI. BESONDERE REDEWENDUNGEN

Bei sehr umfangreichen Stichwörtern sind idiomatische Wendungen und sprichwörtliche Redensarten in einem gesonderten Abschnitt „Besondere Redewendungen" am Ende des Stichwortartikels zusammengefaßt.

XII. VERWEISE

Verweise werden durch Pfeil gekennzeichnet. Sie dienen zur lexikographischen Straffung und kommen in folgenden Fällen zur Anwendung:

1. Bedeutungsgleichheit zwischen zwei Stichwörtern:

> **her·bo·rist** ... → herbalist.

2. Zwei Wörter unterscheiden sich lediglich in der Schreibung:

> **hash·eesh** → hashish.

3. Eine Redewendung ist bei einem anderen Stichwort zu finden:

> **clean** ... → broom 1.
> **broom** ... **1.** ... a new ~ sweeps clean ...

4. Umfangreiche Übersetzungen treffen auf zwei Wortarten in gleicher Weise zu:

> **con·cen·trate** ... **I** v/t **1.** konzen'trieren ...: a) zs.-ziehen, zs.-ballen, vereinigen, sammeln ... **II** v/i **4.** sich konzen'trieren (*etc*; → 1) ...

X. ILLUSTRATIVE PHRASES

Illustrative phrases follow the translation of the entry word. The English phrase is printed in lightface type, the German translation in plain type. The lightface tilde always replaces the entire boldface entry word:

> **get** ... **~ a·long** ...: ~ **with you!** ... (The illustrative phrase in this case is **get along with you!**).

When the German translation of an illustrative phrase can easily be gathered from the meanings of the separate words, it has occasionally been omitted.

XI. IDIOMATIC EXPRESSIONS

In some instances, where the entry is very long, idiomatic expressions and proverbs have been collected in a special paragraph ("Besondere Redewendungen") at the end of the entire entry.

XII. CROSS REFERENCES

Cross references are indicated by arrows. They are intended to make for conciseness and apply in the following cases:

1. Two words have the same meaning:

> **her·bo·rist** ... → herbalist.

2. Two words differ in spelling only:

> **hash·eesh** → hashish.

3. The user is referred to another entry for an illustrative phrase:

> **clean** ... → broom 1.
> **broom** ... **1.** ... a new ~ sweeps clean ...

4. Extensive translations apply to two parts of speech alike:

> **con·cen·trate** ... **I** v/t **1.** konzen'trieren ...: a) zs.-ziehen, zs.-ballen, vereinigen, sammeln ... **II** v/i **4.** sich konzen'trieren (*etc*; → 1) ...

5. Zwei gleichlautende Wörter haben verschiedene Bedeutungen:

> **2.** ... **dead matter** tote Materie (→ 23) ...
> **23.** ... **dead matter** Ablegesatz *m* (→ 2) ...

5. Two words of the same formation differ in meaning:

> **2.** ... **dead matter** tote Materie (→ 23) ...
> **23.** ... **dead matter** Ablegesatz *m* (→ 2) ...

ERLÄUTERUNG DER PHONETISCHEN UMSCHRIFT
GUIDE TO PRONUNCIATION

Die phonetische Umschrift wird in diesem Wörterbuch nach den Grundsätzen der „International Phonetic Association" (IPA) angegeben. Innerhalb der eckigen Klammern erscheint zunächst die britische Aussprache (nach der 14. Auflage des „English Pronouncing Dictionary" von Jones/Gimson). Dahinter folgt, falls nötig, die amerikanische Lautung, der im vorliegenden Buch breiterer Raum als bisher üblich eingeräumt wird.

A. Vokale und Diphthonge

[iː]	see	[siː]		[ɜ]	*Am.* bird	[bɜrd]
[ɪ]	it	[ɪt]		[æ̃ː]	lingerie	[ˈlæ̃ːnʒəriː]
[e]	get	[get]		[ɑ̃ː]	clientele	[ˌkliːɑ̃ːnˈtel]
[æ]	cat	[kæt]		[ɔ̃ː]	raison d'être	[ˌreɪzɔ̃ːnˈdeɪtrə]
[ɑː]	father	[ˈfɑːðə(r)]		[eɪ]	day	[deɪ]
[ɑ]	*Am.* got	[gɑt]		[əʊ]	go	[gəʊ]
[ɒ]	*Br.* got	[gɒt]		[aɪ]	fly	[flaɪ]
[ɔː]	saw	[sɔː]		[aʊ]	how	[haʊ]
[ʊ]	put	[pʊt]		[ɔɪ]	boy	[bɔɪ]
[uː]	too	[tuː]		[ɪə]	sheer	[ʃɪə(r)]
[ʌ]	up	[ʌp]		[ʊə]	tour	[tʊə(r)]
[ə]	consist	[kənˈsɪst]		[eə]	vary	[ˈveərɪ]
[ɜː]	*Br.* bird	[bɜːd]				

Die Länge eines Vokals wird durch das Zeichen [ː] angegeben, die Kürze wird nicht bezeichnet.

B. Konsonanten

[r]	bright	[braɪt]		[ʃ]	ship	[ʃɪp]
[ŋ]	ring	[rɪŋ]		[ʒ]	measure	[ˈmeʒə(r)]
[j]	yes	[jes]		[tʃ]	chicken	[ˈtʃɪkɪn]
[f]	fat	[fæt]		[dʒ]	judge	[dʒʌdʒ]
[v]	very	[ˈverɪ]		[θ]	thin	[θɪn]
[w]	well	[wel]		[ð]	then	[ðen]
[s]	soul	[səʊl]		[x]	loch	[lɒx]
[z]	zone	[zəʊn]				

b, d, g, h, k, l, m, n, p, t werden wie im Deutschen gesprochen; die Lautschriftzeichen sind identisch mit den entsprechenden Buchstaben des Alphabets.

C. Zusätzliche Erläuterungen zur Aussprache des amerikanischen Englisch

[(r)] am Wortende bzw. im Wortinneren

Das r in runden Klammern steht in allen Fällen, in denen im amerikanischen Englisch im Gegensatz zum britischen Englisch ein r gesprochen wird. (r) am Wortende wird auch im britischen Englisch meist gesprochen, wenn das unmittelbar folgende Wort mit einem Vokal beginnt.

[ɒ] und [ɔ:]

Bei Wörtern wie „long", „song", „wrong" wird aus Platzgründen nur eine Aussprachevariante angegeben, das kurze, sogenannte „offene" o; also [lɒŋ], [sɒŋ], [rɒŋ]. Das amerikanische Englisch zieht in solchen Fällen in der Regel die Aussprache mit [ɔ:] vor, also [lɔ:ŋ], [sɔ:ŋ], [rɔ:ŋ].

[æ]

In Wörtern wie „half", „bad", „sad", „rapid" sprechen Amerikaner in zunehmendem Maße statt des kurzen [æ] ein langes [æ:].

[əʊ]-Diphthong

Bei Wörtern wie „home", „road", „toll" ist strenggenommen zwischen britisch [əʊ] und amerikanisch [oʊ] zu unterscheiden, wobei im Amerikanischen häufig noch das „ʊ" als zweiter Bestandteil des Diphthongs aussprachemäßig stark zurücktritt; also amerikanisch [hoʊm], [roʊd], [toʊl], mit einem o-Laut, der etwa jenem im deutschen Wort „Rose" entspricht.

[hw-]

Bei Wörtern mit wh-Schreibung am Wortanfang, z. B. „which", „wheel", „what" (nicht jedoch bei „who" und Komposita, die mit who- beginnen!), wird insbesondere im amerikanischen Englisch vielfach [hw-] und nicht [w-] gelautet; man spricht also einen Hauchlaut [h], dem sich unmittelbar ein [w] anschließt.

D. Lautsymbole der nichtanglisierten Stichwörter

	Französisch		Deutsch		Französisch		Deutsch
[a]	femme	[fam]	Land	[œ]	feuille	[fœj]	öfter
[ɑ̃]	enfant	[ɑ̃fɑ̃]		[œ̃]	lundi	[lœ̃di]	
[ɛ]	belle	[bɛl]	stellen	[ø]	peu	[pø]	Ökologe
[ɛ̃]	fin	[fɛ̃]		[y]	sûr	[syr]	Kyrillisch
[i]	ici	[isi]	vital	[ɥ]	muet	[mɥɛ]	
[ɔ]	poche	[pɔʃ]	oft	[ɲ]	gagner	[gaɲe]	
[o]	pot	[po]	Tomate	[ç]			ich
[õ]	ton	[tõ]		[x]			ach
[u]	souci	[susi]	zuviel				

E. Betonungsakzente

Die Betonung der englischen Wörter wird durch Akzente vor den zu betonenden Silben angezeigt. [ˈ] bedeutet Hauptakzent, [ˌ] Nebenakzent mit entsprechend stärkerer bzw. schwächerer Betonung. Sind zwei Silben eines Wortes mit Hauptakzenten versehen, so ist die letztere etwas stärker zu betonen.

Das angegebene Intonationsmuster der isoliert stehenden Stichwörter kann erheblich von jenem in einem bestimmten Satzzusammenhang abweichen. Ein Beispiel: [ˈɪndɪˌpendənt] in "an independent judgment", aber [ˌɪndɪˈpendənt] in "he's very independent for his age". Diese satzphonetisch bedingten Akzentwechsel können naturgemäß in einem Wörterbuch nicht angegeben werden.

Bei eigens als amerikanisch (*Am.*) gekennzeichneten Einträgen wurde in Anlehnung an "Webster's New Collegiate Dictionary" akzentuiert; das bedeutet häufig mehr Akzente als in der britischen Variante.

F. Endungen ohne Lautschrift

Um Raum zu sparen, werden die häufigsten Endungen der englischen Stichwörter hier einmal mit Lautschrift aufgelistet. Sie erscheinen im Wörterverzeichnis in der Regel dann ohne Umschrift.

-ability [-əbɪlətɪ]	-er [-ə(r)]	-ish [-ɪʃ]	-oid [-ɔɪd]
-able [-əbl]	-ess [-ɪs; -es]	-ism [-ɪzəm]	-oidic [-ɔɪdɪk]
-age [-ɪdʒ]	-est [-ɪst; -əst]	-ist [-ɪst]	-ory [-ərɪ]
-al [-l; -əl]	-fication [-fɪkeɪʃn]	-istic [-ɪstɪk]	-ous [-əs]
-ally [-əlɪ]	-ficence [-fɪsns]	-istical [-ɪstɪkl]	-scence [-sns]
-an [-ən]	-ficent [-fɪsnt]	-istically [-ɪstɪkəlɪ;	-scent [-snt]
-ance [-əns; -ns]	-fold [-fəʊld]	-ɪstɪklɪ]	-ship [-ʃɪp]
-ancy [-ənsɪ]	-ful [-fʊl; -fl]**	-ite [-aɪt]	-sion [-ʒn bzw. -ʃn]
-ant [-ənt]	-fully [-fʊlɪ; -fəlɪ]	-ity [-ətɪ; -ɪtɪ]	-sional [-ʒənl bzw.
-ar [-ə(r)]	-hood [-hʊd]	-ive [-ɪv]	-ʃənl; -ʒnəl bzw. -ʃnəl]
-ary [-ərɪ]	-ial [-jəl; -ɪəl]	-ization [-aɪzeɪʃn; Am.	-ssion [-ʃn]
-ation [-eɪʃn]	-ian [-jən; -ɪən]	-əzeɪʃən]	-ssional [-ʃənl; -ʃnəl]
-cious [-ʃəs]	-ibility [-əbɪlətɪ]	-ize [-aɪz]	-ties [-tɪz]
-cy [-sɪ]	-ible [-əbl; -ɪbl]	-izing [-aɪzɪŋ]	-tion [-ʃn]
-dom [-dəm]	-ic [-ɪk]	-less [-lɪs]	-tional [-ʃənl; -ʃnəl]
-ed [-ɪd bzw. -d bzw. -t]*	-ical [-ɪkl]	-ly [-lɪ]	-tious [-ʃəs]
-en [-n; -ən]	-ically [-ɪkəlɪ; -ɪklɪ]	-ment [-mənt]	-trous [-trəs]
-ence [-əns; -ns]	-ily [-əlɪ; -ɪlɪ]	-most [-məʊst]	-ward [-wə(r)d]
-ent [-ənt; -nt]	-ing [-ɪŋ]	-ness [-nɪs]	-y [-ɪ]

* [-ɪd] nach auslautendem d und t; [-d] nach Vokalen und stimmhaften Konsonanten; [-t] nach stimmlosen Konsonanten.

** nur [-fʊl] in der Bedeutung „vollgefüllt mit", z. B. "a handful of rice".

VERZEICHNIS DER IM WÖRTERBUCH VERWANDTEN ABKÜRZUNGEN
ABBREVIATIONS USED IN THIS DICTIONARY

a.	*also*, auch	*Canad.*	*Canadian*, kanadisch
abbr.	*abbreviated*, abgekürzt	*chem.*	*chemistry*, Chemie
	abbreviation, Kurzform	*collect.*	*collective*, Kollektivum
acc	*accusative*, Akkusativ	*colloq.*	*colloquial*, umgangssprachlich
act	*active*, aktiv	*comp*	*comparative*, Komparativ
adj	*adjective*, Adjektiv	*conj*	*conjunction*, Konjunktion
adv	*adverb*, Adverb	*contp.*	*contemptuously*, verächtlich
	adverbial phrase, Adverbiale		
aer.	*aeronautics*, Luftfahrt	*dat*	*dative*, Dativ
agr.	*agriculture*, Landwirtschaft	d-e, *d-e*	deine, *your*
allg., *allg.*	allgemein, *generally*	d. h.	das heißt, *that is*
Am.	(*originally*) *American English*, (ursprünglich) amerikanisches Englisch	*dial.*	*dialectal*, dialektisch
		d-m, *d-m*	deinem, *to your*
		d-n, *d-n*	deinen, *your*
amer., *amer.*	amerikanisch, *American*	d-r, *d-r*	deiner, *of your*, *to your*
anat.	*anatomy*, Anatomie	*econ.*	*economics*, Volkswirtschaft
antiq.	*antiquity*, Antike	e-e, *e-e*	eine, *a* (*an*)
arch.	*architecture*, Architektur	*electr.*	*electricity*, Elektrizität
art[1]	*fine arts*, Kunst		*electronics*, Elektronik
art[2]	*article*, Artikel	*ellipt.*	*elliptically*, elliptisch
astr.	*astronomy*, Astronomie	e-m, *e-m*	einem, *to a* (*an*)
	astrology, Astrologie	e-n, *e-n*	einen, *a* (*an*)
attr	*attributive*, attributiv	*engS.*	in engerem Sinne, *more strictly taken*
Austral., *Austral.*	*Australian*, australisch		
		e-r, *e-r*	einer, *of a* (*an*), *to a* (*an*)
bes.	besonders, *especially*	e-s, *e-s*	eines, *of a* (*an*)
Bes. Redew.	Besondere Redewendungen, *idiomatic expressions*	*etc*	*etcetera*, usw.
		euphem.	*euphemistic*, euphemistisch
Bibl.	*Bible*, Bibel, *Biblical*, biblisch		
biol.	*biology*, Biologie	*f*	*feminine*, weiblich
bot.	*botany*, Botanik	*fenc.*	*fencing*, Fechtkunst
Br.	*British English*, britisches Englisch	*fig.*	*figuratively*, übertragen, bildlich
		(*Fr.*)	*French*, französisch
Br. Ind.	*Anglo-Indian*, angloindisch		
brit., *brit.*	britisch, *British*	*gastr.*	*gastronomy*, Kochkunst
b.s	*bad sense*, in schlechtem Sinne	*Gattg*	Gattung, *genus*
bzw.	beziehungsweise, *respectively*	GB, *GB*	*Great Britain*, Großbritannien

gen	*genitive*, Genitiv	*mot.*	*motoring*, Kraftfahrwesen
geogr.	*geography*, Geographie	*mount.*	*mountaineering*, Bergsteigen
geol.	*geology*, Geologie	m-r, *m-r*	meiner, *of my, to my*
ger	*gerund*, Gerundium	m-s, *m-s*	meines, *of my*
(*Ger.*)	*German*, deutsch	*mus.*	*music*, Musik
Ggs.	Gegensatz, *antonym*	*myth.*	*mythology*, Mythologie
her.	*heraldry*, Heraldik	*n*	*neuter*, sächlich
hist.	*historical*, historisch; inhaltlich veraltet	*n.Chr.*	*nach Christus, A.D.*
		neg	*negative*, verneinend
	history, Geschichte	*nom*	*nominative*, Nominativ
humor.	*humoristic*, humoristisch	nordamer., *nordamer.*	nordamerikanisch, *North American*
hunt.	*hunting*, Jagd		
		npr	*nomen proprium* (*proper name*), Eigenname
ichth.	*ichthyology*, Ichthyologie		
imp	*imperative*, Imperativ	*Nr.*	Nummer, *number*
impers	*impersonal*, unpersönlich	*obj*	*object*, Objekt
ind	*indicative*, Indikativ	*obs.*	*obsolete*, (begrifflich) veraltet
indef	*indefinite*, unbestimmt	od., *od.*	oder, *or*
inf	*infinitive*, Infinitiv	*opt.*	*optics*, Optik
intens	*intensive*, verstärkend	*orn.*	*ornithology*, Ornithologie
interj	*interjection*, Interjektion	**o.s.**	*oneself*, sich
interrog	*interrogative*, fragend		
Ir.	*Irish*, irisch	*paint.*	*painting*, Malerei
iro.	*ironically*, ironisch	*parl.*	*parliamentary term*, parlamentarischer Ausdruck
irr	*irregular*, unregelmäßig		
(*Ital.*)	*Italian*, italienisch	*part*	*particle*, Partikel
		pass	*passive*, passivisch
j-d, *j-d*	jemand, *someone*	*ped.*	*pedagogy*, Pädagogik
Jh., *Jh.*	Jahrhundert, *century*	*pharm.*	*pharmacy*, Pharmazie
j-m, *j-m*	jemandem, *to someone*	*philos.*	*philosophy*, Philosophie
j-n, *j-n*	jemanden, *someone*	*phot.*	*photography*, Photographie
j-s, *j-s*	jemandes, *of someone*	*phys.*	*physics*, Physik
jur.	*jurisprudence, law*, Recht	*physiol.*	*physiology*, Physiologie
(*Lat.*)	*Latin*, lateinisch	*pl*	*plural*, Plural
ling.	*linguistics*, Linguistik	*poet.*	*poetical*, dichterisch
		pol.	*politics*, Politik
m	*masculine*, männlich	*pp*	*past participle*, Partizip Perfekt
mail	*mail*, Post	*pred*	*predicate*, prädikativ
mar.	*maritime terminology*, Schiffahrt	*prep*	*preposition*, Präposition
math.	*mathematics*, Mathematik	*pres*	*present*, Präsens
m-e, *m-e*	meine, *my*	*pres p*	*present participle*, Partizip Präsens
med.	*medicine*, Medizin		
metall.	*metallurgy*, Metallurgie	*pret*	*preterite*, Präteritum
meteor.	*meteorology*, Meteorologie	*print.*	*printing*, Buchdruck
metr.	*metrics*, Metrik	*pron*	*pronoun*, Pronomen
mil.	*military terminology*, Militär	*psych.*	*psychology*, Psychologie
min.	*mineralogy*, Mineralogie		*psychiatry*, Psychiatrie
m-m, *m-m*	meinem, *to my*		
m-n, *m-n*	meinen, *my*	*rail.*	*railways*, Eisenbahn

R.C.	*Roman Catholic*, römisch-katholisch	*thea.*	*theatre*, Theater
Redew.	*Redewendung, phrase*	*(TM)*	*trademark*, Warenzeichen
reflex	*reflexive*, reflexiv	*TV*	*television*, Fernsehen
relig.	*religion*, Religion	*u., u.*	*und, and*
rhet.	*rhetoric*, Rhetorik	UdSSR, *UdSSR*	Union der Sozialistischen Sowjetrepubliken, *Union of Soviet Socialist Republics*
(Russ.)	*Russian*, russisch		
s	*substantive, noun*, Substantiv	*univ.*	*university*, Hochschulwesen, Studentensprache
S. Afr.	*South African*, südafrikanisch	USA, *USA*	*United States*, Vereinigte Staaten
scient.	*scientific*, wissenschaftlich		
Scot.	*Scottish*, schottisch		
s-e, *s-e*	seine, *his, one's*		
sg	*singular*, Singular	*v*	*verb*, Verb
sl.	*slang*, Slang	*v/aux*	*auxiliary verb*, Hilfszeitwort
s-m, *s-m*	seinem, *to his, to one's*	*v.Chr.*	vor Christus, *B.C.*
s-n, *s-n*	seinen, *his, one's*	*vet.*	*veterinary medicine*, Tiermedizin
s.o.	*someone*, jemand		
sociol.	*sociology*, Soziologie	*v/i*	*intransitive verb*, intransitives Verb
s.o.'s	*someone's*, jemandes		
(Span.)	*Spanish*, spanisch	*v/impers*	*impersonal verb*, unpersönliches Verb
s-r, *s-r*	seiner, *of his, of one's, to his, to one's*		
		v/reflex	*reflexive verb*, reflexives Verb
s-s, *s-s*	seines, *of his, of one's*	*v/t*	*transitive verb*, transitives Verb
s.th.	*something*, etwas	*vulg.*	*vulgar*, vulgär
subj	*subjunctive*, Konjunktiv		
südamer., *südamer.*	südamerikanisch, *South American*	*weitS.*	im weiteren Sinne, *more widely taken*
sup	*superlative*, Superlativ		
surv.	*surveying*, Landvermessung	*z. B.*	zum Beispiel, *for instance*
tech.	*technology*, Technik	*zo.*	*zoology*, Zoologie
tel.	*telegraphy*, Telegraphie	zs.-, Zs.-	zusammen, *together*
teleph.	*telephone system*, Fernsprechwesen	*Zssg(n)*	Zusammensetzung(en), *compound word(s)*

A

A¹, a¹ [eɪ] **I** pl **A's, As, Aes, a's, as, aes** [eɪz] s **1.** A, a n (Buchstabe): from A to Z colloq. ,von A bis Z': a) von Anfang bis Ende, b) ohne Ausnahme. **2.** mus. A, a n (Tonbezeichnung): **A flat** As, as n; **A sharp** Ais, ais n; **A double flat** Ases, ases n; **A double sharp** Aisis, aisis n. **3.** a math. a (1. bekannte Größe). **4. A** ped. Eins f, Sehr Gut n (Note). **5. A** Am. etwas Ausgezeichnetes: **the movie was an A** der Film war ausgezeichnet. **II** adj **6.** erst(er, e, es): **Company A. 7. A A-...**, A-förmig: **A tent. 8. A** Am. ausgezeichnet: **an A movie.**

a² [ə; betont: eɪ], (vor vokalischem Anlaut) **an** [ən; betont æn] adj od. unbestimmter Artikel **1.** ein, eine, ein: **a man** ein Mann; **a town** eine Stadt; **an hour** eine Stunde; **a Stuart** ein(e) Stuart; **a Mr. Arnold** ein (gewisser) Herr Arnold; **she is a teacher** sie ist Lehrerin; **he died a rich man** er starb reich od. als reicher Mann. **2.** einzig: **at a blow** auf 'einen Schlag. **3.** ein (zweiter), eine (zweite), ein (zweites): **he is a Shakespeare. 4.** ein, eine, ein, der-, die-, das'selbe: **kind¹** 1, **size¹** 1. **5.** meist ohne deutsche Entsprechung: → **few** 2, **great** 1, **good** 23. **6.** per, pro, je: **£10 a year** zehn Pfund im Jahr; **five times a week** fünfmal die od. in der Woche.

a-¹ [ə] Wortelement mit der Bedeutung in, an, auf, zu, bes. a) Lage, Bewegung: **abed, ashore**, b) Zustand: **afire, alive**, c) Zeit: **nowadays**, d) Art u. Weise: **aloud**, e) bes. poet. Handlung, Vorgang: **ahunt**.

a-² [eɪ] Wortelement zum Ausdruck der Verneinung: **amoral, asexual**.

A 1 adj **1.** mar. erstklassig (Bezeichnung von Schiffen in Lloyds Verzeichnis): **the ship is A 1. 2.** colloq. ,prima', I a: **I'm A 1** es geht mir (gesundheitlich) prima od. ,bestens'; **he's A 1** er ist ein prima Kerl. **3.** mil. kriegsverwendungsfähig, k.'v., weitS. kerngesund. **4.** econ. colloq. erstklassig, mündelsicher. [ferkel n]

aard·vark [ˈɑː(r)dvɑː(r)k] s zo. Erd-

Aar·on's|-'beard [ˌeərənz-] s bot. **1.** Großblumiges Jo'hanniskraut. **2.** Wuchernder Steinbrech. **3.** (ein) Zimbelkraut n. **4.** Weißhaar-Feigenkaktus m. **~ rod** s **1.** Bibl. Aarons Stab m (a. arch.). **2.** bot. a) Königskerze f, b) Goldrute f.

a·ba·ca [ˈæbəkə; Am. ˌæbəˈkɑː] s bot. A'baka m, Ma'nilahanf m.

ab·a·ci [ˈæbəsaɪ] pl von **abacus**.

a·back [əˈbæk] adv **1.** mar. back, gegen den Mast. **2. taken ~** fig. a) bestürzt, betroffen, b) verblüfft, sprachlos, über'rascht. **3.** obs. a) nach hinten, b) rückwärts.

ab·a·cus [ˈæbəkəs] pl **-ci** [-saɪ], **-cus·es** s **1.** math. Abakus m, Rechengestell n, -brett n. **2.** arch. Abakus m, Kapi'telldeckplatte f.

a·baft [əˈbɑːft; Am. əˈbæft] mar. **I** prep achter, hinter. **II** adv achteraus.

a·ban·don [əˈbændən] **I** v/t **1.** etwas (völlig) aufgeben, verzichten auf (acc) (beide a. jur.), entsagen (dat), Suchaktion etc einstellen: **to ~ a project** e-n Plan aufgeben od. fallenlassen; **to ~ hope** alle Hoffnung fahrenlassen. **2.** a. aer. mar. verlassen, aufgeben. **3.** etwas über'lassen (**to** dat). **4.** econ. jur. a) e-e Klage, e-e Berufung zu'rückziehen: **to ~ an appeal**, b) e-e Forderung etc fallenlassen: **to ~ a claim**, c) vom (strafbaren) Versuch zu-'rücktreten: **to ~ an attempt**, d) ein Schiff abandon'nieren, e) e-e Option aufgeben. **5.** a) preisgeben, im Stich lassen, b) jur. ein Kind aussetzen, c) jur. den Ehepartner (böswillig) verlassen. **6. ~ o.s.** sich 'hingeben od. ergeben od. über'lassen (**to** dat): **to ~ o.s. to despair** sich der Verzweiflung hingeben. **7.** sport Spiel abbrechen. **II** s **8.** Hemmungslosigkeit f: **with ~** mit Hingabe, leidenschaftlich, wie toll.

a·ban·doned [əˈbændənd] adj **1.** verlassen, aufgegeben: **to be found ~** verlassen aufgefunden werden (Fluchtfahrzeug etc); **~ property** herrenloses Gut. **2.** verworfen, liederlich, lasterhaft. **3.** hemmungslos, wild.

a·ban·don·ee [əˌbændəˈniː] s jur. Versicherer, dem das beschädigte Schiff überlassen wird.

a'ban·don·ment s **1.** Preisgegebensein n. **2.** Preisgabe f. **3.** jur. a) (böswilliges) Verlassen (des Ehepartners), b) (Kindes-)Aussetzung f. **4.** Aufgabe f, Aufgeben n, Verzicht m. **5.** econ. jur. Verzicht(leistung f) m, Aban'don m, Abtretung f, Über'lassung f: **~ on an action** Rücknahme f e-r Klage. **6.** Seeversicherungsrecht: Aban'don m. **7.** 'Hingabe f.

a·base [əˈbeɪs] v/t **1.** erniedrigen, demütigen, entwürdigen: **to ~ o.s. so far as to do s.th.** sich dazu erniedrigen, etwas zu tun, a) (rangmäßig) zu'rückstufen, mil. degra'dieren. **2.** obs. senken.

a'base·ment s Erniedrigung f, Demütigung f.

a·bash [əˈbæʃ] v/t beschämen, in Verlegenheit od. aus der Fassung bringen: **to feel ~ed** sich schämen. **a'bash·ment** s Beschämung f, Verlegenheit f.

a·bat·a·ble [əˈbeɪtəbl] adj jur. aufheb-, einstellbar.

a·bate¹ [əˈbeɪt] **I** v/t **1.** vermindern, -ringern, Schmerzen lindern, j-s Eifer etc dämpfen. **2.** den Preis etc her'absetzen, ermäßigen. **3.** a. jur. e-n Mißstand etc beseitigen, abstellen. **4.** a. jur. ein Verfahren einstellen: **to ~ an action**, b) e-e Verfügung aufheben: **to ~ a writ**, c) e-n Anspruch, ein Vermächtnis (im Verhältnis) kürzen: **to ~ a claim (a legacy)**. **II** v/i **5.** abnehmen, nachlassen, abflauen, sich legen. **6.** fallen (Preise). **7.** jur. a) ungültig werden, b) sich vermindern.

a·bate² [əˈbeɪt] v/i jur. sich 'widerrechtlich (nach dem Tod des Eigentümers) in e-m Haus niederlassen.

a'bate·ment s **1.** a) Abnehmen n, Nachlassen n, b) Verminderung f, Linderung f. **2.** Her'absetzung f, Ermäßigung f, Abzug m, (Preis-, Steuer)Nachlaß m, Ra'batt m (bei Barzahlung). **3.** a. jur. Beseitigung f (e-s Mißstandes), (Lärm-, Rauch- etc)Bekämpfung f: **~ of a nuisance; smog~. 4.** jur. a) Einstellung f: **plea in ~** prozessuale Einrede, b) Aufhebung f (e-r Verfügung), c) (verhältnismäßige) Kürzung f.

ab·a·tis [ˈæbətɪs; -tiː] s mil. Baumverhau m.

a·bat-jour [ˌɑːbɑːˈʒʊə(r)] s arch. Abat-'jour n, Oberlicht n.

ab·at·toir [ˈæbətwɑː(r)] s Schlachthaus n, Schlachthof m.

abb [æb] s Weberei: Einschlag m.

ab·ba·cy [ˈæbəsɪ] s Amt(szeit f) n od. Würde f od. Gerichtsbarkeit f e-s Abtes od. e-r Äb'tissin. **ab·ba·tial** [əˈbeɪʃl] adj Abtei..., Äbts...

ab·bess [ˈæbes] s Äb'tissin f.

ab·bey [ˈæbɪ] s **1.** Kloster n. **2.** Ab'tei f. **3.** Ab'teikirche f: **the A~** Br. die Westminsterabtei. **4.** Br. herrschaftlicher Wohnsitz, der früher e-e Abtei war.

ab·bot [ˈæbət] s Abt m.

ab·bre·vi·ate I [əˈbriːvɪeɪt] v/t **1.** Worte, Rede, Besuch etc abkürzen, Buch etc (ver)kürzen. **2.** math. selten Brüche heben. **II** adj [-ət; -eɪt] **3.** verkürzt. **4.** verhältnismäßig kurz. **ab·bre·vi·a·tion** s **1.** Abkürzung f, Kurzform f. **2.** mus. Abbrevia'tur f.

ABC [ˌeɪbiːˈsiː] **I** pl **ABC's** s **1.** Am. oft pl Ab'c n, Alpha'bet n: **(as) easy as ~** kinderleicht. **2.** fig. Ab'c n, Anfangsgründe pl, Grundbegriffe pl. **3.** alpha'betisches A'krostichon. **4.** alpha'betisch angeordnetes Handbuch. **II** adj **5.** ABC-..., die AB'C-Staaten (Argentinien, Brasilien, Chile) betreffend: **the ~ powers. 6.** mil. ABC-..., ato'mare, bio'logische u. chemische Waffen betreffend: **~ warfare** ABC-Kriegführung f. **7. ~ art** → **minimal art**.

Ab·de·rite [ˈæbdəraɪt] s **1.** hist. Abde'rit m (Bewohner von Abdera). **2.** fig. Schildbürger m.

ab·di·cate [ˈæbdɪkeɪt] **I** v/t ein Amt, Recht etc aufgeben, verzichten auf (acc), ein Amt niederlegen: **to ~ the throne** abdanken. **II** v/i abdanken. **ab·di'ca·tion** s Abdankung f, Verzicht m (**of** auf acc), Niederlegung f (e-s Amtes): **~ of the throne** Thronverzicht m.

ab·do·men [ˈæbdəmen; -mən; æbˈdəʊ-] s **1.** anat. Ab'domen n, 'Unterleib m. **2.** zo. Leib m, 'Hinterleib m.

ab·dom·i·nal [æbˈdɒmɪnl; Am. -ˈdɑm-] adj **1.** anat. Abdominal..., Unterleibs...: **~**

ab·duct – **abort**

operation; ~ **breathing** Bauchatmung f; ~ **suture** med. Bauchdeckennaht f; ~ **wall** Bauchdecke f; → **cavity** 3. **2.** zo. Hinterleibs...: → **fin** ichth. Bauchflosse f.
ab·duct [æb'dʌkt] v/t **1.** jur. j-n (gewaltsam) entführen. **2.** med. abdu'zieren, ein Glied aus s-r Lage bringen. **ab'duc·tion** s **1.** Entführung f. **2.** med., a. Logik: Abdukti'on f. **ab'duc·tor** [-tə(r)] s **1.** Entführer m. **2.** a. ~ **muscle** anat. Ab'duktor m, Abziehmuskel m.
a·beam [ə'bi:m] adv u. pred adj mar. querab (a. aer.), dwars.
a·be·ce·dar·i·an [ˌeɪbiːsiː'deəriən] **I** s **1.** bes. Am. Ab'c-Schütze m. **II** adj **2.** alpha'betisch ([an]geordnet). **3.** fig. elemen'tar, grundlegend.
a·bed [ə'bed] adv obs. od. poet. im Bett.
a·bele [ə'biːl; 'eɪbl] s bot. Silberpappel f.
A·be·li·an group [ə'biːljən; -lən] s math. Abelsche Gruppe.
ab·er·de·vine [ˌæbə(r)də'vaɪn; 'æbə(r)dəvaɪn] s orn. Zeisig m.
Ab·er·do·ni·an [ˌæbə(r)'dəʊnjən; -ɪən] **I** adj von od. aus Aber'deen. **II** s Einwohner(in) von Aber'deen.
ab·er·rance [æ'berəns], a. **ab'er·ran·cy** s **1.** biol. Abweichung f. **2.** Verirrung f, Irrtum m, Fehltritt m. **ab'er·rant** adj **1.** biol. ano'mal. **2.** (ab)irrend. **ab·er·ra·tion** [ˌæbə'reɪʃn] s **1.** Abirrung f, Abweichung f. **2.** a) Irrweg m, (geistige) Verirrung, b) geistige Um'nachtung, (Geistes)Gestörtheit f. **3.** phys. Aberrati'on f (a. astr.), Abweichung f. **4.** biol. Aberrati'on f, Abweichung f von der Regel.
a·bet [ə'bet] v/t **1.** unter'stützen, ermutigen. **2.** contp. a.) j-n anstiften, aufhetzen, b) j-m Beihilfe leisten, c) e-r Sache Vorschub leisten: → **aid** I. **a'bet·ment** s **1.** Beihilfe f, Vorschub m. **2.** Aufhetzung f, Anstiftung f. **ab'bet·tor** [-tə(r)], a. **ab'bet·ter** s Anstifter m, jur. Gehilfe m.
a·bey·ance [ə'beɪəns] s bes. jur. Schwebe(zustand m) f, Unentschiedenheit f: **in** ~ a) (noch) unentschieden, in der Schwebe, jur. a. schwebend unwirksam, b) jur. herrenlos; **to leave s.th. in** ~ etwas unentschieden od. in der Schwebe lassen; **to fall into** ~ zeitweilig außer Kraft treten. **a'bey·ant** adj unentschieden, in der Schwebe.
ab·hor [əb'hɔː(r)] v/t verabscheuen, Abscheu haben vor (dat). **ab·hor·rence** [əb'hɒrəns; Am. a. -'hɑr-] s **1.** Abscheu m, f (**of** vor dat): **to have an** ~ **of, to hold in** ~ → **abhor**. **2.** Gegenstand m des Abscheus: **hypocrisy is my** ~ Heuchelei ist mir ein Greuel. **a'hor·rent** adj (adv ~ly) **1.** verabscheuungswürdig, abstoßend: **that is** ~ **to me** das ist mir (in der Seele) zuwider od. verhaßt. **2. to be** ~ **of** → **abhor**. **3.** (**to, from**) zu'wider (dat), unvereinbar (mit).
a·bid·ance [ə'baɪdəns; -dns] s **1.** Aufenthalt m. **2.** Verweilen n. **3.** Befolgung f (**by the rules** der Regeln).
a·bide [ə'baɪd] pret u. pp **a·bode** [ə'bəʊd] u. **a'bid·ed**, pp selten **a·bid·den** [ə'bɪdn] **I** v/i **1.** obs. od. poet. bleiben, verweilen. **2.** obs. od. poet. leben, wohnen (**with bei**; **in, at in** dat). **3.** obs. od. poet. fortdauern. **4. (by)** a) treu bleiben (dat), festhalten (an dat), sich halten (an acc) stehen (zu), b) sich begnügen (mit), c) sich abfinden (mit): **I** ~ **by what I have said** ich bleibe bei m-r Aussage; **to** ~ **by an agreement** sich an e-e Vereinbarung halten, e-n Vertrag einhalten; **to** ~ **by a decision** e-e Entscheidung befolgen; **to** ~ **by a promise** ein Versprechen halten; **to** ~ **by the rules** sich an die Regeln halten; **to** ~ **by the law** dem Gesetz Folge

leisten. **II** v/t **5.** obs. od. poet. ab-, erwarten. **6.** ertragen, aushalten, (er)dulden: **I can't** ~ **him** ich kann ihn nicht ausstehen. **a'bid·ing** adj (adv ~ly) obs. od. poet. dauernd, (be)ständig, bleibend: ~ **place** Wohnstätte f.
ab·i·gail ['æbɪɡeɪl] s obs. (Kammer-)Zofe f.
a·bil·i·ty [ə'bɪlətɪ] s **1.** Fähigkeit f (a. biol. jur. etc), Befähigung f, Vermögen n, Können n: ~ **test** Eignungsprüfung f; ~ **to absorb** phys. Absorptionsvermögen; ~ **to pay** econ. Zahlungsfähigkeit f; **to the best of one's** ~ nach besten Kräften. **2.** Geschicklichkeit f. **3.** meist pl (geistige) Anlagen pl, Veranlagung f, Ta'lente pl: **a man of many abilities** ein vielseitig veranlagter Mann. **4.** tech. Leistungsfähigkeit f. **5.** psych. A'bility f (durch Veranlagung od. Schulung bedingte Fähigkeit, Leistung zu erbringen).
a·bi·o·gen·e·sis [ˌeɪbaɪəʊ'dʒenɪsɪs] s biol. Abio'genesis f, Abioge'nese f, Urzeugung f.
a·bi·o·sis [ˌeɪbaɪ'əʊsɪs] s biol. Abi'ose f, A'biosis f, Lebensunfähigkeit f.
ab·ject ['æbdʒekt; Am. a. æb'dʒekt] adj (adv ~ly) **1.** a) niedrig, verworfen, gemein, b) elend, verächtlich, jämmerlich, c) kriecherisch. **2.** hoffnungslos, entmutigend. **3.** niedergeschlagen. **4.** fig. tiefst(er, e, es), äußerst(er, e, es): **in** ~ **despair** in tiefster Verzweiflung; **in** ~ **misery** im tiefsten Elend. **ab'jec·tion, 'ab·ject·ness** s **1.** a) Verworfenheit f, Gemeinheit f, b) Verächtlichkeit f. **2.** Hoffnungslosigkeit f. **3.** Niedergeschlagenheit f.
ab·ju·di·cate [æb'dʒuːdɪkeɪt] v/t jur. abjudi'zieren, (ge'richtlich) aberkennen. **ab·ju·di·ca·tion** s jur. Abjudikati'on f, (ge'richtliche) Aberkennung.
ab·ju·ra·tion [ˌæbdʒʊə'reɪʃn; -dʒə-] s Abschwörung f, (feierliche) Entsagung.
ab·jure [əb'dʒʊə(r); æb-] v/t a) e-r Sache abschwören od. (feierlich) entsagen, b) zu'rücknehmen, wider'rufen: **to** ~ **the country** jur. unter Eid versprechen, das Land auf immer zu verlassen.
ab·lac·ta·tion [ˌæblæk'teɪʃn] s Abstillen n.
ab·la·tion [æb'leɪʃn] s **1.** med. Ablati'on f, (opera'tive) Entfernung e-s Organs od. Körperteils. **2.** geol. Ablati'on f: a) Abschmelzen n, b) (Gesteins)Abtragung f.
ab·la·ti·val [ˌæblə'taɪvl; Am. a. -tɪ-] → **ablative** II. **'ab·la·tive** [-tɪv] ling. **I** s **1.** Ablativ m: ~ **absolute** Ablativus m absolutus. **2.** (Wort n im) Ablativ m. **II** adj **1.** abla'tivisch, Ablativ...
ab·laut ['æblaʊt; 'ap-] s ling. Ablaut m.
a·blaze [ə'bleɪz] adv u. pred adj **1.** in Flammen, lodernd: **to be** ~ in Flammen stehen; **to set** ~ in Brand stecken. **2.** **(with)** fig. a) glänzend, funkelnd (vor dat, von): **her face was** ~ **with anger** ihr Gesicht glühte vor Zorn, b) entflammt (von): **all** ~ Feuer u. Flamme.
a·ble ['eɪbl] adj (adv **ably**) **1.** fähig, im'stande: **to be** ~ **to do** fähig od. imstande sein etwas zu tun; tun können; ~ **to contract** jur. vertragsfähig; ~ **to pay** zahlungsfähig; ~ **to work** arbeitsfähig, -tauglich. **2.** fähig, begabt, tüchtig, begabt, geschickt: **an** ~ **man**. **3.** (vor)'trefflich: **a very** ~ **speech**. **4.** → **able-bodied** II.
-able [əbl] Wortelement mit der Bedeutung ...bar, ...sam.
'a·ble-'bod·ied adj **1.** körperlich leistungsfähig, kerngesund, kräftig: ~ **seaman** Vollmatrose m. **2.** mil. (dienst)tauglich.
ab·lins ['eɪblɪnz] adv bes. Scot. viel'leicht.
a·bloom [ə'bluːm] adv u. pred adj in

Blüte, blühend: **to be** ~ in Blüte stehen.
a·blush [ə'blʌʃ] adv u. pred adj a) (scham)rot, b) errötend.
ab·lu·tion [ə'bluːʃn] s **1.** relig. a) a. allg. Waschung f: **to perform one's** ~**s** bes. humor. sich waschen, b) Abluti'on f. **2.** pl mil. Br. sani'täre Einrichtungen pl.
ab·ne·gate ['æbnɪɡeɪt] v/t **1.** (ab)leugnen. **2.** aufgeben, verzichten auf (acc), sich (etwas) versagen. **ˌab·ne'ga·tion** s **1.** Ableugnung f, (a. Selbst)Verleugnung f. **2.** Verzicht m (**of** auf acc).
ab·nor·mal [æb'nɔː(r)ml] adj (adv ~ly) **1.** ab'norm, 'abnor,mal, 'anor,mal, ungewöhnlich: **it is not normal for a child of eight to wet the bed** es ist nicht normal, daß ein Kind mit acht Jahren noch ins Bett macht. **2.** 'abnor,mal, ungewöhnlich (groß): ~ **profits**; ~ **ambition** übersteigerter od. krankhafter Ehrgeiz. **3.** ano-'mal: a) 'abnor,mal, geistig behindert: ~ **psychology** Psychopathologie f, b) 'mißgebildet. **4.** tech. normwidrig. **ˌab·nor'mal·i·ty** [-nɔː(r)'mælətɪ; Am. a. -nər'm-], **ab'nor·mi·ty** [-mətɪ] s **1.** Abnormali'tät f. **2.** Anoma'lie f.
a·board [ə'bɔː(r)d; Am. a. ə'bəʊrd] **I** adv u. pred adj **1.** aer. mar. an Bord: **to go (take)** ~; **all** ~**!** a) mar. alle Mann od. Reisenden an Bord!, b) rail. alles einsteigen! **II** prep **2.** aer. mar. an Bord (gen): ~ **an aircraft (a plane, a ship)**. **3. in** (ein od. e-m Verkehrsmittel): ~ **a bus**; **to go** ~ **a train** in e-n Zug (ein)steigen.
a·bode¹ [ə'bəʊd] pret u. pp von **abide**.
a·bode² [ə'bəʊd] s **1.** Aufenthalt m. **2.** a. **place of** ~ Aufenthalts-, Wohnort m, Wohnsitz m, Wohnung f: **of** (od. **with**) **no fixed** ~ ohne festen Wohnsitz; **to take one's** ~ s-n Wohnsitz nehmen od. aufschlagen, sich niederlassen.
a·boil [ə'bɔɪl] adv u. pred adj **1.** siedend, kochend, in Wallung (alle a. fig.). **2.** fig. in großer Aufregung.
a·bol·ish [ə'bɒlɪʃ; Am. ə'bɑlɪʃ] v/t **1.** abschaffen, Gesetz etc a. aufheben. **2.** völlig zerstören. **a'bol·ish·a·ble** adj abschaffbar. **a'bol·ish·ment** → **abolition** 1.
ab·o·li·tion [ˌæbəʊ'lɪʃn; -bə'l-] s **1.** Abschaffung f, Aufhebung f. **2.** jur. Aboliti'on f, Niederschlagung f (e-s Strafverfahrens). **ˌab·o'li·tion·ism** [-ʃənɪzəm] s a) hist. Aboliti'onismus m, Prin'zip n od. Poli'tik f der Sklavenbefreiung, b) Bekämpfung f e-r bestehenden Einrichtung etc. **ˌab·o'li·tion·ist** s hist. Abolitio'nist(in).
ab·o·ma·sum [ˌæbəʊ'meɪsəm; -bə'm-] pl **-sa** [-sə], **ˌab·o'ma·sus** [-səs] pl **-si** [-saɪ] s zo. Labmagen m (der Wiederkäuer).
¹A-bomb s A'tombombe f.
a·bom·i·na·ble [ə'bɒmɪnəbl; Am. ə'bɑm-] adj (adv **abominably**) ab'scheulich, 'widerwärtig, scheußlich: → **snowman** 2. **a'bom·i·na·ble·ness** s Ab'scheulichkeit f. **a'bom·i·nate** v/t **II** adj [-nət; -neɪt] → **abominable**. **ˌa·bom·i'na·tion** s **1.** Abscheu m, f (**of** vor dat). **2.** Scheußlichkeit f, Gemeinheit f. **3.** Gegenstand m des Abscheus: **to be s.o.'s pet** ~ colloq. j-m ein wahrer Greuel sein.
ab·o·rig·i·nal [ˌæbə'rɪdʒənl] **I** adj (adv ~ly) **1.** eingeboren, ureingesessen, ursprünglich, ur'heimisch, Ur... **II** s **2.** Ureinwohner m, pl a. Urbevölkerung f. **3.** einheimisches Tier, einheimische Pflanze, pl (die) ursprüngliche Fauna u. Flora.
ab·o·rig·i·ne [ˌæbə'rɪdʒənɪ] pl **-nes** [-niːz] → **aboriginal** II.
a·bort [ə'bɔː(r)t] **I** v/t **1.** med. a) e-e Fehlgeburt her'beiführen bei j-m, b) zu

früh gebären. **2.** *med.* im Anfangsstadium unter'drücken: **to ~ a disease.** **3.** *fig.* *Raumflug etc* abbrechen. **II** *v/i* **4.** abor'tieren, e-e Fehlgeburt haben, zu früh gebären. **5.** *biol.* verkümmern (*Organ*). **6.** *fig.* fehlschlagen, scheitern. **III** *s* **7.** *med.* Ab'ort(us) *m*, Fehlgeburt *f*, Abgang *m*. **8.** *fig.* Ab'ort *m*, Abbruch *m* e-s Raumflugs. **a'bort·ed** → **abortive** 1 a u. 3.

a·bor·ti·cide [ə'bɔː(r)tɪsaɪd] *s med.* **1.** Abtötung *f* der Leibesfrucht. **2.** Abor'tivum *n*, Abor'tivmittel *n*. **a,bor·ti'fa·cient** [-'feɪʃnt] *med.* **I** *adj* abor'tiv. **II** *s* → aborticide 2.

a·bor·tion [ə'bɔː(r)ʃn] *s* **1.** *med.* Ab'ort(us) *m*, Fehlgeburt *f*, Abgang *m*. **2.** 'Schwangerschaftsunter,brechung *f*, -abbruch *m*, Abtreibung *f*: **to have an ~** abtreiben (lassen); **to procure an ~** e-e Abtreibung vornehmen (lassen) (**on** s.o. bei j-m); **~ on demand** Recht *n* auf Abtreibung; **~ clinic** Abtreibungsklinik *f*. **3.** 'Mißgeburt *f* (*a. fig.*). **4.** *fig.* Fehlschlag *m*. **5.** *biol.* Verkümmerung *f*, Fehlbildung *f*. **a'bor·tion·ist** *s* **1.** Abtreiber(in). **2.** Abtreibungsbefürworter(in). **a'bor·tive I** *adj* (*adv* **~ly**) **1.** *med.* a) zu früh geboren, b) → abortifacient I. **2.** *fig.* a) vorzeitig, verfrüht, b) miß'lungen, fruchtlos, verfehlt, erfolglos, ,totgeboren': **to prove ~** sich als Fehlschlag erweisen. **3.** *biol.* abor'tiv, verkümmert, zu'rückgeblieben (*Organ*). **4.** *bot.* ste'ril, taub, unfruchtbar. **II** *s* **5.** → aborticide 2.

a·bought [ə'bɔːt] *pret u. pp von* **aby(e)**.
a·bou·li·a [ə'buːlɪə; -'bjuː-; eɪ'b-] → **abulia**.
a·bound [ə'baʊnd] *v/i* **1.** im 'Überfluß *od.* reichlich vor'handen sein. **2.** Überfluß haben, reich sein (**in an** *dat*): **to ~ in fish** fischreich sein. **3.** (**with**) (an)gefüllt sein (mit), voll sein (von), *a. contp.* wimmeln (von), strotzen (von *dat*): **the cellar ~s with vermin** im Keller wimmelt es von Ungeziefer. **a'bound·ing** *adj* **1.** reichlich (vor'handen). **2.** reich (**in an** *dat*), voll (**with** von).

a·bout [ə'baʊt] **I** *adv* **1.** um'her, ('rings-,'rund)her,um, in der Runde: **all ~** über'all; **a long way ~** ein großer Umweg; **the wrong way ~** falsch herum; **three miles ~** drei Meilen im Umkreis. **2.** ungefähr, etwa, nahezu: **it's ~ right** *colloq.* ,es kommt so ungefähr hin'; → **just** 13. **3.** (halb) her'um, in der entgegengesetzten Richtung: **to be ~** klar zum Wenden sein; → **face** 26, **turn¹** 28. **4.** auf, auf den Beinen, in Bewegung: **to be (up and) ~** auf den Beinen sein. **5.** in der Nähe, da: **there is no one ~**. **II** *prep* **6.** um, um ... her'um. **7.** (irgendwo) her'um in (*dat*): **to wander ~ the streets** in den Straßen herumwandern. **8.** bei, auf (*dat*), an (*dat*), um: **have you any money ~ you?** haben Sie Geld bei sich?; **there is nothing ~ him** an ihm ist nichts Besonderes; **to have s.th. ~ one** etwas an sich haben. **9.** um, gegen, etwa: **~ my height** ungefähr m-e Größe; **~ this time** (etwa *od.* ungefähr) um diese Zeit; **~ noon** um die Mittagszeit, gegen Mittag. **10.** über (*acc*): **to talk ~ business; what is it (all) ~?** worum handelt es sich (eigentlich)? **11.** im Begriff, da'bei: **he was ~ to go out** er war im Begriff auszugehen, er wollte gerade ausgehen. **12.** *colloq.* beschäftigt mit: **he knows what he is ~** er weiß, was er tut *od.* was er will; **what are you ~?** a) was machst du da?, b) was hast du vor? **III** *v/t* **13.** *mar. Schiff* wenden.

a,bout-'face *Am.* **I** *s* a) *mil.* Kehrtwendung *f* (*a. fig.*), b) Wendung *f* (*e-s Flusses etc*), c) *fig.* Wendung *f* um 180 Grad: **to do an ~** → **II**. **II** *v/i* a) *mil.* e-e Kehrtwendung machen (*a. fig.*), b) e-e Wendung machen, c) *fig.* sich um 180 Grad drehen. **a,bout-'ship** *v/i mar.* wenden.
a,bout-'turn *Br. für* **about-face**.

a·bove [ə'bʌv] **I** *adv* **1.** (dr)oben, oberhalb. **2.** *relig.* (dr)oben, im Himmel: **from ~** von oben (her), vom Himmel; **the powers ~** die himmlischen Mächte. **3.** dar'über (hin'aus): **the court ~** *jur.* die höhere Instanz; **the judge ~** der Richter der höheren Instanz; **the rank ~** der nächsthöhere Rang. **4.** weiter oben, vor..., oben...: **~-mentioned; ~-named; as stated ~** wie oben angeführt *od.* angegeben. **5.** nach oben, hin'auf: **a staircase leading ~**. **II** *prep* **6.** über (*dat od. acc*), oberhalb (*gen*): **~ the earth** über der Erde, oberirdisch. **7.** *fig.* über (*dat od. acc*), mehr als, stärker als, erhaben über (*acc*): **~ all** vor allem, vor allen Dingen; **he is ~ that** er steht über der Sache, er ist darüber erhaben; **she was ~ taking advice** sie war zu stolz, Rat anzunehmen; sie ließ sich nichts sagen; **he is not ~ accepting bribes** er scheut sich nicht, Bestechungsgelder anzunehmen; **to be ~ s.o.** j-m überlegen sein; **to get ~ s.o.** j-n überflügeln; **that is ~ me** das ist mir zu hoch, das geht über m-n Horizont *od.* Verstand. **III** *adj* **8.** obig, obenerwähnt: **the ~ remarks**. **IV** *s* **9.** (*das*) Obige *od.* Obenerwähnte: **as mentioned in the ~** wie oben erwähnt. **a,bove'board** *adv u. pred adj* offen, ehrlich, einwandfrei. **a,bove'ground** *adv u. adj* **1.** a) oberirdisch, b) *Bergbau:* über Tage. **2.** (noch) am Leben. **a,bove'stairs** *adv* oben (im Hause), droben.

A-B pow·er pack *s electr.* Netzteil *n* für Heiz- u. An'odenleistung.

ab·ra·ca·dab·ra [ˌæbrəkə'dæbrə] *s* **1.** Abraka'dabra *n*: a) Zauberwort *n*, b) *fig.* sinnloses Gerede.

ab·ra·dant [ə'breɪdənt] → **abrasive** 1, 3. **ab·rade** [ə'breɪd] **I** *v/t* **1.** abschaben, abreiben, *tech. a.* verschleißen, *Reifen* abfahren. **2.** *tech.* abschleifen. **3.** *die Haut etc* aufscheuern, abschürfen. **4.** *fig.* a) unter'graben, schädigen, b) abnutzen, verschleißen. **II** *v/i* **5.** sich abreiben, *tech. a.* verschleißen.

A·bra·ham ['eɪbrəhæm] *npr Bibl.* Abraham *m:* **in ~'s bosom** (sicher wie) in Abrahams Schoß.

a·bran·chi·al [æ'bræŋkɪəl; ə'br-; *Am.* eɪ'br-], *a.* **a'bran·chi·ate** [-kɪət; -eɪt] *adj zo.* kiemenlos.

ab·rase [ə'breɪs] → **abrade**. **ab'ra·sion** [-ʒn] *s* **1.** Abreiben *n*, Abschaben *n*. **2.** *tech.* a) Abschleifung *f*, b) Verschleiß *m* (*a. fig.*), Abrieb *m*: **~ strength** Abriebfestigkeit *f*. **3.** *med.* (Haut)Abschürfung *f*, Schramme *f*. **ab'ra·sive I** *adj* **1.** abreibend, abschleifend, schmirgelartig, Schleif...: **~ action** Scheuerwirkung *f*; **~ cloth** Schmirgelleinen *n*; **~ hardness** Ritzhärte *f*; **~ paper** Sand-, Schleifpapier *n*; **~ wheel** Schleifscheibe *f*. **2.** schroff, abweisend (*Person, Stimme etc*). **II** *s* **3.** Schleifmittel *n*, Schmirgel *m*.

ab·raum ['æbraʊm; 'ɑːp-] *s* Farberde *f*. **~ salts** *s pl chem.* Abraumsalze *pl*.

ab·re·act [ˌæbrɪ'ækt] *v/t psych.* 'abreagieren. **ˌab·re'ac·tion** *s* 'Abreakti,on *f*.

a·breast [ə'brest] **I** *adv* **1.** Seite an Seite, nebenein'ander: **four ~**; **to keep ~ of (od. with)** *fig.* Schritt halten mit. **2.** *mar.* a) Bord an Bord, b) in Front, dwars: **the ship was ~ of the cape** das Schiff lag auf der Höhe des Kaps. **3.** gegen'über (**of** von). **II** *prep* **4.** *mar.* dwars ab, gegen'über (*dat*).

a·bridge [ə'brɪdʒ] *v/t* **1.** *Besuch etc* abkürzen, *Buch etc* (ver)kürzen. **2.** be-, einschränken, beschneiden, schmälern. **a'bridged** *adj* (ab)gekürzt, verkürzt, Kurz...: **~ version**. **a'bridg(e)·ment** *s* **1.** (Ab-, Ver)Kürzung *f*. **2.** a) Kurzfassung *f*, b) Abriß *m*. **3.** Beschränkung *f*, Schmälerung *f*.

a·broad [ə'brɔːd] *adv u. pred adj* **1.** im *od.* ins Ausland: **from ~** aus dem Ausland. **2.** *obs.* aus dem Haus, draußen, im Freien: **to be ~ early** schon früh aus dem Hause sein. **3.** weithin, weit um'her, überall'hin: **to spread** (*od.* **scatter**) **~** verbreiten, aussprengen; **the matter has got ~** die Sache ist ruchbar geworden; **a rumo(u)r is ~** es geht das Gerücht (um). **4.** *obs.* weit vom Ziel: **all ~** a) im Irrtum, b) verwirrt.

ab·ro·gate ['æbrəʊgeɪt; -rəg-] *v/t* **1.** abschaffen, *Gesetze etc* aufheben. **2.** beseitigen. **ˌab·ro'ga·tion** *s* Abschaffung *f*, Aufhebung *f*.

ab·rupt [ə'brʌpt] *adj* (*adv* **~ly**) **1.** abgerissen, abgebrochen, zs.-hanglos (*a. fig.*). **2.** jäh, steil, schroff. **3.** kurz (angebunden), schroff. **4.** *a.* **ab'rupt**. **5.** *bot.* (ab)gestutzt. **ab'rupt·ness** *s* **1.** Abgerissenheit *f*, Zs.-hanglosigkeit *f*. **2.** Steilheit *f*. **3.** Schroffheit *f*. **4.** Plötzlichkeit *f*.

ab·scess ['æbsɪs; -ses] *s med.* Ab'szeß *m*.
ab·scis·sa [æb'sɪsə] *pl* **-sae** [-siː] *od.* **-sas**, *a.* **ab·sciss(e)** ['æbsɪs] *s math.* Ab'szisse *f*.
ab·scis·sion [æb'sɪʒn; -ʃn] *s* **1.** Abschneiden *n* (*e-r Silbe, e-s Gliedes*), Los-, Abtrennung *f*. **2.** plötzliches Abbrechen.
ab·scond [əb'skɒnd; *Am.* æb'skɑːnd] *v/i* **1.** *a.* **~ from justice** flüchtig werden, sich den Gesetzen *od.* der Festnahme entziehen. **2.** flüchten (**from** vor *dat*): **an ~ing debtor** ein flüchtiger Schuldner. **3.** sich heimlich da'vonmachen, 'durchbrennen (**with mit**). **ab'scond·er** *s* Flüchtige(r) *m*.

ab·seil ['æbsaɪl] *mount.* **I** *v/i* sich abseilen (**from** von, *a.* aus e-m Hubschrauber). **II** *s* Abseilen *n*.

ab·sence ['æbsəns] *s* **1.** Abwesenheit *f*: **in the ~ of s.o.** in j-s Abwesenheit; **he was sentenced to death in his ~** er wurde in Abwesenheit zum Tode verurteilt; **~ of mind** → **absent-mindedness**. **2.** (**from**) Fernbleiben *n* (von), Nichterscheinen *n* (in *dat*, zu): **frequent ~s** häufiges Fehlen (**from work** am Arbeitsplatz; **from school** in der Schule); **on leave of ~** auf Urlaub; **~ without leave** *mil.* unerlaubte Entfernung von der Truppe. **3.** (**of**) Fehlen *n* (*gen od.* von), Mangel *m* (an *dat*): **in the ~ of** in Ermangelung (*gen od.* von), mangels (*gen*); **in the ~ of good will** wenn es an gutem Willen fehlt. **4.** *med.* kurze Bewußtseinstrübung.

ab·sent I *adj* ['æbsənt] (*adv* **~ly**) **1.** abwesend, nicht zu'gegen: **to be ~** fehlen (**from work** am Arbeitsplatz; **from school** in der Schule); **to be ~ without leave** a) *mil.* sich unerlaubt von der Truppe entfernt haben, b) unentschuldigt fehlen; **to give s.o. the ~ treatment** *Am. colloq.* j-n wie Luft behandeln; **~ voter** *pol. bes. Am.* Briefwähler(in). **2.** fehlend, nicht vor'handen. **3.** → **absent-minded**. **II** *v/t* [æb'sent] **4.** **~ o.s.** (**from**) a) fernbleiben (*dat od.* von), b) sich entfernen (von, aus).

ab·sen·tee [ˌæbsən'tiː] **I** *s* **1.** Abwesende(r *m*) *f*: **~s' list** Abwesenheitsliste *f*. **2.** Eigentümer, der nicht auf s-m Grundbesitz lebt. **II** *adj* **3.** abwesend: **~ ballot** *pol. bes. Am.* Briefwahl *f*; **~ landlord** → 2; **~ voter** *pol. bes. Am.* Briefwähler(in).

absenteeism – abutter

₁**ab·sen'tee·ism** s häufiges od. längeres (unentschuldigtes) Fehlen (*am Arbeitsplatz, in der Schule*).
₁**ab·sent-'mind·ed** *adj* (*adv* ~ly) geistesabwesend, zerstreut. ₁**ab·sent-'mind·ed·ness** *f*, Zerstreutheit *f*.
ab·sinth(e) ['æbsɪnθ] *s* **1.** *bot.* Ab'sinth *m*, Wermut *m*. **2.** Ab'sinth *m* (*Branntwein*). **ab·sin·thi·in** [æb'sɪnθɪɪn] *s chem.* Absin'thin *n*, Bitterstoff *m* des Wermuts.
ab·so·lute ['æbsəlu:t] **I** *adj* (*adv* → ab·solutely) **1.** abso'lut: a) unbedingt: ~ title *jur.* Volleigentum *n*, b) 'unum₁schränkt, unbeschränkt, uneingeschränkt: ~ **monarchy** absolute Monarchie; ~ **ruler** unumschränkter Herrscher, c) voll'kommen, rein, völlig, vollständig, d) *philos.* an u. für sich bestehend, e) *chem.* rein, unvermischt: ~ **alcohol** absoluter (*wasserfreier*) Alkohol, f) *math.* unbenannt: ~ **number**, g) *phys.* unabhängig, nicht rela'tiv: ~ **humidity** absolute Feuchtigkeit. **2.** bestimmt, entschieden. **3.** kate'gorisch, positiv. **4.** wirklich, tatsächlich. **5.** *ling.* abso'lut. **6.** *jur.* rechtskräftig. **II** *s* **7.** the ~ das Abso'lute. ~ **ad·dress** *s Computer:* abso'lute A'dresse, Ma'schinen₁adresse *f*. ~ **al·ti·tude** *s aer.* abso'lute Höhe, Flughöhe *f* über Grund. ~ **ceil·ing** *s aer.* Gipfelhöhe *f*. ~ **fo·cus** *s a. irr tech.* Brennpunkt *m*.
'**ab·so·lute·ly** *adv* **1.** abso'lut, gänzlich, völlig, vollkommen, durch'aus. **2.** strikt: to refuse ~. **3.** [*a.* ˌæbsə'lu:tlɪ] *colloq.* (in Antworten) sicherlich, aber sicher, na'türlich.
ab·so'lute ma·jor·i·ty *s* abso'lute Mehrheit. ~ **mu·sic** *s* abso'lute Mu'sik (*Ggs. Programmusik*).
'**ab·so·lute·ness** *s* **1.** Abso'lutheit *f*: a) Unbedingtheit *f*, b) 'Unum₁schränktheit *f*, c) Vollkommenheit *f*. **2.** (*das*) Abso'lute.
ab·so·lute| **pitch** *s mus.* **1.** abso'lute Tonhöhe. **2.** abso'lutes Gehör. ~ **sys·tem of meas·ures** *s math. phys.* abso'lutes 'Maßsy₁stem. ~ **tem·per·a·ture** *s phys.* abso'lute Tempera'tur. ~ **ze·ro** *s phys.* abso'luter Nullpunkt.
ab·so·lu·tion [ˌæbsə'lu:ʃn] *s* **1.** *jur.* Frei-, Lossprechung *f* (*im Zivilverfahren*) (from, of von). **2.** *relig.* Absoluti'on *f*, Sündenerlaß *m*: to grant s.o. ~ j-m die Absolution erteilen.
ab·so·lut·ism ['æbsəluˌtɪzəm] *s* **1.** *philos. pol.* Absolu'tismus *m*. **2.** *relig.* Lehre *f* von Gottes abso'luter Gewalt. '**ab·so·lut·ist** *s philos. pol.* Absolu'tist *m*.
ab·solve [əb'zɒlv; *Am. a.* -'zɑlv; -'s-] *v/t* **1.** frei-, lossprechen (of von *Sünden etc*) from von e-r Schuld, e-r Verpflichtung etc). **2.** *relig.* j-m die Absoluti'on erteilen.
ab·so·nant ['æbsənənt] *adj obs.* **1.** *mus.* 'mißtönend, 'unhar₁monisch. **2.** *fig.* (to, from) im 'Widerspruch stehend (zu), nicht im Einklang (mit).
ab·sorb [əb'sɔ:(r)b; -'z-] *v/t* **1.** absor'bieren, auf-, einsaugen, (ver)schlucken, (*a. fig.* Wissen *etc*) (in sich) aufnehmen. **2.** *obs.* verschlingen (*a. fig.*). **3.** *fig.* ganz in Anspruch nehmen *od.* beschäftigen, fesseln. **4.** *phys.* absor'bieren, resor'bieren, in sich aufnehmen, *Schall* schlucken, *Schall, Stoß* dämpfen. **5.** *econ. die Kaufkraft* abschöpfen. **6.** sich einverleiben, ₁schlucken'. **ab'sorbed** *adj* **1.** absor'biert. **2.** (in) gefesselt *od.* ganz in Anspruch genommen (von), vertieft *od.* versunken (in *acc*): ~ **in thought** gedankenverloren, -versunken. **ab'sorb·ed·ly** [-bɪdlɪ] *adv*.
ab·sor·be·fa·cient [əbˌsɔ:(r)bɪ'feɪʃnt; -ˌz-] → absorbent 1 *u.* 2.

ab·sorb·en·cy [əb'sɔ:(r)bənsɪ; -'z-] *s* Absorpti'onsvermögen *n*. **ab'sorb·ent I** *adj* **1.** auf-, einsaugend, absor'bierend: ~ **liquid** *phys.* Absorptionsflüssigkeit *f*; ~ **paper** Saugpapier *n*; ~ **vessel** *biol.* Einsaugader *f*. **II** *s* **2.** aufsaugender Stoff, Absorpti'onsmittel *n*. **3.** *med.* absor'bierendes Mittel. ~ **cotton** *Am.* (Verband-) Watte *f*. **4.** *anat.* Ab'sorbens *n*, Sauggefäß *n*. **ab'sorb·ing** *adj* (*adv* ~ly) **1.** aufsaugend. **2.** *fig.* fesselnd, packend. **3.** *biol.* Absorptions...: ~ **tissue**. **4.** *tech.* absor'bierend, Absorptions..., Aufnahme...: ~ **power** Absorptionsvermögen *n*. **5.** *econ.* Aufnahme...: ~ **capacity** Aufnahmefähigkeit *f* (*des Marktes*).
ab·sorp·tion [əb'sɔ:(r)pʃn; -ˈz-] *s* **1.** (in) Versunkenheit *f* (in), Vertieftsein *n* (in), inten'sive Beschäftigung (mit), gänzliche In'anspruchnahme (durch). **2.** Aufnahme *f*, Einverleibung *f*. **3.** *biol. chem. electr. phys. tech.* Absorpti'on *f*: ~ **of shocks** (**sound**) Stoß-(Schall)dämpfung *f*; ~ **of water** Wasseraufnahme *f*, -verbrauch *m*; ~ **circuit** Absorptions-, Saugkreis *m*; ~ **spectrum** Absorptionsspektrum *n*. **ab'sorp·tive** *adj* absorp'tiv, absor'bierend, absorpti'ons-, (auf)saug-, aufnahmefähig. **ab'sorp·tive·ness**, **ab·sorp·tiv·i·ty** [əbsɔ:(r)p'tɪvətɪ; -ˌz-] *s* Aufnahmefähigkeit *f*.
ab·stain [əb'steɪn; æb-] *v/i* sich enthalten (from gen): **to** ~ **from comment** sich e-s *od.* jeglichen Kommentars enthalten; **to** ~ (**from voting**) sich der Stimme enthalten. **ab'stain·er** *s* j-d, der sich (*bes. geistiger Getränke*) enthält, (*meist* total ~) Absti'nenzler *m*.
ab·ste·mi·ous [æb'sti:mjəs, -ɪəs; əb-] *adj* (*adv* ~ly) **1.** mäßig (*im Essen u. im Genuß geistiger Getränke*), enthaltsam. **2.** bescheiden, kärglich (*Mahlzeit*). **ab'ste·mi·ous·ness** *s* Mäßigkeit *f*, Enthaltsamkeit *f*.
ab·sten·tion [əb'stenʃn] *s* Enthaltung *f* (from von): ~ (**from voting**) Stimmenthaltung.
ab·ster·gent [əb'stɜ:dʒənt; *Am.* -'stɜr-; *a.* æbz't-] **I** *adj* **1.** reinigend. **2.** *med.* abführend. **II** *s* **3.** Reinigungsmittel *n*. **4.** *med.* Abführmittel *n*.
ab·sti·nence ['æbstɪnəns], *a.* '**ab·sti·nen·cy** *s* Absti'nenz *f*, Enthaltung *f* (from von), Enthaltsamkeit *f*: total ~ vollkommene Enthaltsamkeit (*von Alkohol*); **day of** ~ *R.C.* Abstinenztag *m*.
'**ab·sti·nent** *adj* (*adv* ~ly) enthaltsam, mäßig.
ab·stract I *adj* ['æbstrækt; *Am. a.* æb'strækt] (*adv* ~ly) **1.** ab'strakt: a) rein begrifflich, theo'retisch: ~ **concept**, ~ **idea** abstrakter Begriff, b) *math.* unbenannt, abso'lut: **the** ~ **number** 10, c) rein, nicht angewandt: ~ **science**, d) *art* gegenstandslos: ~ **painting**, e) ab'strus, schwerverständlich: ~ **the·ories**. **2.** *ling.* ab'strakt (*Ggs. konkret*): ~ **noun** → **4. II** *s* ['æbstrækt]. **3.** (*das*) Ab'strakte: **in the** ~ rein theoretisch (betrachtet), an u. für sich. **4.** *ling.* Ab'straktum *n*, Begriffswort *n*. **5.** Auszug *m*, Abriß *m*, Inhaltsangabe *f*, 'Übersicht *f*: ~ **of account** a) Kontoauszug *m*, b) Rechnungsauszug; ~ **of title** *jur.* Eigentumsnachweis *m*. **6.** *art* ab'straktes Gemälde, abstrakte Plastik. **7.** *med. Am.* mit Milchzucker versetzter 'Pflanzenex₁trakt. **III** *v/t* [æb'strækt] **8.** abziehen, ablenken. **9.** (ab)sondern, trennen. **10.** abstra'hieren (from von), für sich *od.* (ab)gesondert betrachten. **11.** entwenden, stehlen. **12.** *chem.* destil'lieren. **13.** [*bes. Am.* 'æbstrækt] e-n Auszug machen von, *etwas aus e-m Buch* (her)'ausziehen. **ab'stract·ed** *adj* (*adv* ~ly) **1.** (ab)geson

dert, getrennt, abstra'hiert. **2.** zerstreut, geistesabwesend. **ab'stract·ed·ness** → abstraction.
ab·strac·tion [æb'strækʃn] *s* **1.** Abstrakti'on *f*: a) Abstra'hieren *n*, b) *philos.* ab'strakter Begriff, bloß Gedachtes: **level of** ~ Abstraktionsebene *f*, -stufe *f*. **2.** Entwendung *f*: **fraudulent** ~ (*Patentrecht*) widerrechtliche Entnahme. **3.** Geistesabwesenheit *f*, Zerstreutheit *f*. **4.** *chem. tech.* Absonderung *f*: ~ **of water** Wasserentziehung *f*. **5.** *art* ab'straktes Gemälde, ab'strakte Plastik. **ab'strac·tion·ist** *s* **1.** Begriffsmensch *m*. **2.** ab'strakter Künstler. **ab'strac·tive** *adj* **1.** abstra'hierungsfähig. **2.** *philos.* durch Abstrakti'on erhalten (*Begriff*). **ab'stract·ness** ['æbstræktnɪs; æb'strækt-] *s* Ab'straktheit *f*.
ab·struse [æb'stru:s; əb-] *adj* (*adv* ~ly) ab'strus, schwerverständlich.
ab·surd [əb'sɜ:d; *Am.* əb'sɜrd; -'z-] **I** *adj* (*adv* ~ly) **1.** ab'surd, sinnlos, 'widersinnig. **2.** unsinnig, albern, lächerlich. **II** *s* **3.** (*das*) Ab'surde: **theater** (*bes. Br.* **theatre**) **of the** ~ absurdes Theater. **ab'surd·ism** *s Literatur*, *thea.* Absur'dismus *m*. **ab'surd·ist** (*Literatur, thea.*) **I** *adj* absur'distisch. **II** *s* Absur'dist(in). **ab'surd·i·ty**, **ab'surd·ness** *s* **1.** Absurdi'tät *f*, Sinnlosigkeit *f*, Unsinn *m*: ~ **reduce 9**. **2.** Albernheit *f*, Lächerlichkeit *f*.
a·bu·li·a [ə'bu:lɪə; -'bju:-; eɪ'b-] *s psych.* Abu'lie *f*, Willenslähmung *f*, Entschlußunfähigkeit *f*.
a·bun·dance [ə'bʌndəns] *s* **1.** (**of**) 'Überfluß *m* (an *dat*, von), Fülle *f* (von), große Anzahl (von) *od.* Menge (an *dat*, von): **in** ~ in Hülle u. Fülle. **2.** Wohlstand *m*, Reichtum *m*. **3.** 'Überschwang *m* (*der Gefühle*).
a·bun·dant [ə'bʌndənt] *adj* **1.** reichlich (vor'handen), reich, sehr viel(e). **2.** (**in** *od.* **with**) im 'Überfluß besitzend (*acc*), reich (an *dat*), reichlich versehen (mit). **3.** *math.* abun'dant, 'überschießend: ~ **number** Überzahl *f*. **a'bun·dant·ly** *adv* reichlich, völlig, in reichem Maße.
a·buse I *v/t* [ə'bju:z] **1.** a) ein Recht *etc* miß'brauchen, b) schlechten Gebrauch machen von, c) 'übermäßig beanspruchen, d) schädigen. **2.** *jur. bes. Kinder* miß'handeln. **3.** j-n beleidigen, beschimpfen. **4.** *jur.* j-n (*sexuell*) miß'brauchen, sich vergehen an (*dat*). **5.** *obs.* täuschen. **II** *s* [ə'bju:s] **6.** 'Mißbrauch *m*, 'Mißstand *m*, falscher Gebrauch, 'Übergriff *m*: **crying** ~ grober Mißbrauch; ~ **of authority** *jur.* Amts-, Ermessensmißbrauch; ~ **of a patent** mißbräuchliche Patentbenutzung. **7.** Schädigung *f*. **8.** *jur.* Miß'handlung *f*. **9.** Beschimpfung *f*, Schimpfworte *pl*, Beleidigungen *pl*. **10.** *jur.* (*sexueller*) 'Mißbrauch. **11.** *obs.* Täuschung *f*.
a·bu·sive [ə'bju:sɪv] *adj* (*adv* ~ly) **1.** 'Mißbrauch treibend. **2.** 'mißbräuchlich. **3.** beleidigend, ausfallend: **to become** ~; ~ **language** Schimpfworte *pl*, Beleidigungen *pl*, ausfallender Ton. **4.** verkehrt, falsch.
a·but [ə'bʌt] **I** *v/i* **1.** (an)stoßen, (an)grenzen (**on, upon, against** an *acc*), sich berühren. **II** *v/t* **2.** berühren, (an)stoßen *od.* (an)grenzen an (*acc*). **3.** *tech.* mit den Enden zs.-fügen. **a'but·ment** *s* **1.** Angrenzen *n* (**on, upon, against** an *acc*). **2.** *arch.* Strebe-, Stützpfeiler *m*, 'Widerlager *n* (*e-r Brücke etc*), Kämpfer *m*: ~ **arch** Endbogen *m* (*e-r Brücke*); ~ **beam** Stoßbalken *m*. **a'but·tals** *s pl* Grenzen *pl* (*e-s Grundstücks*). **a'but·ter** *s* **1.** Grundstücksnachbar *m*. **2.** *Am.* Anlieger *m*, Anwohner *m*.

a·by(e) [ə'baɪ] *pret u. pp* **a·bought** [ə'bɔ:t] *v/t obs.* büßen.

a·bysm [ə'bɪzəm] *s obs. od. poet.* für **abyss** 1. **a'bys·mal** [-ml] *adj* (*adv* **~ly**) 1. abgrundtief, bodenlos, unergründlich (*alle a. fig.*): ~ **depth** unendliche Tiefe; ~ **ignorance** grenzenlose Dummheit. 2. *colloq.* mise'rabel: **an ~ play**.

a·byss [ə'bɪs] *s* 1. *a. fig.* Abgrund *m*, Schlund *m*, bodenlose *od.* unendliche Tiefe. 2. Hölle *f*. 3. *fig.* Unergründlichkeit *f*, Unendlichkeit *f*. 4. Abys'sal *n* (*des Meeres*). **a'byss·al** *adj* 1. (abgrund)tief. 2. abys'sal, a'byssisch: **~ zone** abyssische Region, Abyssalregion *f*.

Ab·ys·sin·i·an [,æbɪ'sɪnjən; -ɪən] *hist.* **I** *adj* abes'sinisch. **II** *s* Abes'sinier(in).

a·ca·cia [ə'keɪʃə] *s* 1. *bot.* A'kazie *f*. 2. *bot.* Gemeine Ro'binie. 3. A'kaziengummi *m, n*.

ac·a·dem·i·a [,ækə'di:mjə; -ɪə] *s* die aka'demische Welt.

ac·a·dem·ic [,ækə'demɪk] **I** *adj* (*adv* **~ally**) 1. aka'demisch: a) A~ *philos.* zur Schule Platos gehörig, b) mit dem Universi'tätsstudium zs.-hängend: ~ **costume** *bes. Am.*, ~ **dress** *bes. Br.* akademische Tracht (*Barett u. Talar*); ~ **freedom** akademische Freiheit; ~ **year** Studienjahr *n*, c) *fig.* (rein) theo'retisch, hypo'thetisch: **an ~ question** e-e (rein) akademische Frage, d) *fig.* unpraktisch, ohne praktischen Nutzen. 2. gelehrt, wissenschaftlich. 3. allge'meinbildend, geisteswissenschaftlich, huma'nistisch: **an ~ course**. 4. konventio'nell, traditio'nell. **II** *s* 5. Aka'demiker(in). 6. Universi'tätsmitglied *n* (*Professor, Student etc*). **ac·a·'dem·i·cal** *adj* → **academic** I. **II** *s pl* aka'demische Tracht.

a·cad·e·mi·cian [ə,kædə'mɪʃn; *Am. a.* ,ækədə'm-] *s* Mitglied *n* e-r Akade'mie.

ac·a·dem·i·cism [,ækə'demɪsɪzəm] *s* 1. A~ aka'demische Philoso'phie. 2. (*das*) Aka'demische, Forma'lismus *m*.

a·cad·e·my [ə'kædəmɪ] *s* 1. A~ Akade'mie *f* (*Platos Philosophenschule*). 2. a) (höhere) Lehranstalt (*allgemeiner od.* spezieller Art): → **military academy** 1, b) *Am. od. Scot.* höhere Schule mit Inter'nat (*hist.* außer in Eigennamen): **Andover ~; Edinburgh ~**. 3. Hochschule *f*: **~ of music** Musikhochschule. 4. Akade'mie *f* (*der Wissenschaften etc*), gelehrte Gesellschaft.

A·ca·di·an [ə'keɪdjən; -ɪən] **I** *adj* 1. a'kadisch, neu'schottländisch. **II** *s* 2. A'kadier(in), Bewohner(in) (fran'zösischer Abstammung) von Neu'schottland. 3. *Am.* Nachkomme *m* der A'kadier in Louisi'ana.

ac·a·jou [ˈækəʒu:] *s bot.* 1. → **cashew**. 2. → **mahogany** 1-3.

ac·a·leph [ˈækəlef] *s zo.* Aka'lephe *f*, Scheibenqualle *f*. **,ac·a'le·phan** [-'li:-fən] **I** *s* → **acaleph**. **II** *adj* zu den Aka'lephen gehörig. **'ac·a·lephe** [-li:f] → **acaleph**.

a·can·tha [ə'kænθə] *s* 1. *bot.* Stachel *m*, Dorn *m*. 2. *zo.* Stachelflosse *f*. 3. *anat.* Dornfortsatz *m*.

ac·an·tha·ceous [,ækən'θeɪʃəs] *adj bot.* 1. stach(e)lig, dornig. 2. zu den Acantha'ceen gehörig.

a·can·thi [ə'kænθaɪ] *pl von* **acanthus**.

a·can·thite [ə'kænθaɪt] *s min.* Akan'thit *m*.

ac·an·thop·ter·yg·i·an [ˌækənˌθɒptə'rɪdʒjən; -ɪən; *Am.* -ˌθɑp-] *zo.* **I** *adj* zu den Stachelflossern gehörig. **II** Stachelflosser *m*.

a·can·thus [ə'kænθəs] *pl* **-thus·es**, **-thi** [-θaɪ] *s* 1. *bot.* A'kanthus *m*, Bärenklau *f, m*. 2. *arch.* A'kanthus *m*, Laubverzierung *f*.

ac·a·ri [ˈækəraɪ] *pl von* **acarus**.

ac·a·rid [ˈækərɪd] *s zo.* Aka'ride *f*, Milbe *f*.

a·car·pel·(l)ous [eɪˈkɑ:(r)pələs] *adj bot.* ohne Fruchtblätter.

a·car·pous [eɪˈkɑ:(r)pəs] *adj bot.* ohne Frucht, unfruchtbar.

ac·a·rus [ˈækərəs] *pl* **-ri** [-raɪ] *s zo.* Krätzmilbe *f*.

a·cat·a·lec·tic [æˌkætə'lektɪk; *Am.* eɪ-] *metr.* **I** *adj* akata'lektisch (*ohne Fehlsilbe im letzten Versfuß*). **II** *s* akata'lektischer Vers.

a·cat·a·lep·si·a [æˌkætə'lepsɪə; *Am.* eɪ-] *s* 1. *med.* Akatalep'sie *f*, Unsicherheit *f* der Dia'gnose. 2. Geistesschwäche *f*. **a'cat·a·lep·sy** *s philos.* Akata'leptik *f*.

a·cau·dal [eɪˈkɔ:dl], **a'cau·date** [-deɪt] *adj zo.* schwanzlos.

a·cau·lous [eɪˈkɔ:ləs] *adj bot.* stengellos.

ac·cede [æk'si:d] *v/i* 1. (*to*) beipflichten (*dat*), eingehen (auf *acc*), zustimmen (*dat*): **to ~ to a proposal**. 2. beitreten (*to dat*): **to ~ to a treaty**. 3. (*to*) gelangen (*zu*), erhalten (*acc*): **to ~ to an office** ein Amt antreten; **to ~ to power** die Macht übernehmen, die Regierung antreten; **to ~ to the throne** den Thron besteigen. 4. *jur.* zuwachsen (*to dat*).

ac·cel·er·an·do [ækˌselə'rændəʊ; *Am.* ɑ:ˌtʃelə'rɑ:ndəʊ] *adv mus.* all'mählich schneller.

ac·cel·er·ant [ək'selərənt; æk-; *Am. a.* ɪkˈs-] **I** *adj* beschleunigend. **II** *s* → **accelerator** 1.

ac·cel·er·ate [ək'seləreɪt; æk-; *Am. a.* ɪkˈs-] **I** *v/t* 1. *bes. chem. phys. tech.* beschleunigen (*a. fig.*), die Geschwindigkeit (*e-s Fahrzeugs etc*) erhöhen. 2. *bes. biol.* e-e Entwicklung fördern, die raschere Entwicklung (*des Wachstums etc*) bewirken. 3. *e-n Zeitpunkt* vorverlegen. 4. *fig.* ankurbeln. **II** *v/i* 5. schneller werden, die Geschwindigkeit erhöhen, *mot. a.* beschleunigen, Gas geben, *sport a.* antreten. 6. sich beschleunigen. **ac'cel·er·at·ed** *adj* 1. beschleunigt: **~ course** Schnellkurs *m*; **~ depreciation** *econ.* beschleunigte Abschreibung. 2. *biol. psych.* 'über,durchschnittlich entwickelt: **he is ~ in intelligence** er ist überdurchschnittlich intelligent für sein Alter. **ac'cel·er·at·ing** *adj* beschleunigend, Beschleunigungs...

ac·cel·er·a·tion [əkˌselə'reɪʃn; æk-; *Am. a.* ɪkˈs-] *s* 1. *bes. chem. phys. tech.* Beschleunigung *f* (*a. fig.*), *sport a.* Antritt *m*: **the car has good ~** beschleunigt gut; **~ clause** *econ.* Fälligkeitsklausel *f*; **~ lane** *mot.* Beschleunigungsspur *f*, -streifen *m*; **~ principle** *econ.* Akzelerationsprinzip *n*; **~ test (on pilots)** *aer.* Beschleunigungsprobe *f* (an Piloten); **~ voltage** *electr.* (Nach)Beschleunigungsspannung *f*. 2. *biol. psych.* Akzelerati'on *f*, Entwicklungsbeschleunigung *f*. 3. Vorverlegung *f* (*e-s Zeitpunkts*). **ac'cel·er·a·tive** [-rətɪv; *bes. Am.* -reɪ-] *adj* beschleunigend, Beschleunigungs...

ac·cel·er·a·tor [ək'seləreɪtə(r); æk-; *Am.* ɪkˈs-] *s* 1. *bes. chem. phys. tech.* Beschleuniger *m*. 2. *a.* **~ pedal** *mot.* 'Gas,pe,dal *n*: **to step on the ~** Gas geben. 3. *anat.* Sym'pathikus *m*. 4. Spannstück *n* (*beim Gewehr*). **ac,cel·er'om·e·ter** [-'rɒmɪtə(r); *Am.* -'rɑm-] *s tech.* Beschleunigungsmesser *m*.

ac·cent I *s* ['æksənt; *Am.* ˌsent] 1. Ak'zent *m*: a) *ling.* Ton *m*, Betonung *f*: **the ~ is on the first syllable** die Betonung liegt auf der ersten Silbe, b) *ling.* Betonungs-, Tonzeichen *n*, c) Tonfall *m*, (lokale *od.* fremdländische) Aussprache: **to speak without an ~** akzentfrei sprechen, d) *math.* Unter'scheidungszeichen *n*, e) *fig.* Nachdruck *m*, f) *art* mar'kante

Stelle, besondere Note. 2. *mus.* a) Ak'zent *m*, Betonung *f*, b) Ak'zentzeichen *n*, c) Betonungsart *f*. 3. *meist pl poet.* Sprache *f*: **the ~s of love**. **II** *v/t* [æk'sent; *Am. a.* ˈæk,sent] → **accentuate**.

ac·cen·tu·al [æk'sentjʊəl; -tʃʊəl; *Am.* -tʃəwəl] *adj ling.* akzentu'ierend: **~ verse**. 2. *metr. mus.* Akzent...

ac·cen·tu·ate [æk'sentjʊeɪt; -tʃʊ-; *Am.* -tʃə,weɪt] *v/t* 1. akzentu'ieren, betonen: a) her'vorheben (*a. fig.*), b) mit e-m Ak'zent(zeichen) versehen. 2. *electr.* bestimmte Frequenzen anheben. **ac,cen·tu'a·tion** *s* 1. Betonung *f*. 2. *electr.* Anhebung *f*. **ac'cen·tu·a·tor** [-tə(r)] *s electr.* Schaltungsglied *n* zur Anhebung bestimmter Fre'quenzen.

ac·cept [ək'sept; æk-; *Am. a.* ɪkˈs-] **I** *v/t* 1. annehmen, entgegennehmen: **to ~ a gift**. 2. *etwas* annehmen, *j-n, etwas* akzep'tieren: **to ~ an invitation (a proposal)**; **to ~ an apology (an opinion)** e-e Entschuldigung (e-e Ansicht) akzeptieren *od.* hinnehmen *od.* gelten lassen *od.* anerkennen; **to ~ life** das Leben bejahen; **~ed pairing** anlehnende Werbung. 3. 'hinnehmen, sich abfinden mit, akzep'tieren: **to ~ bad living conditions**. 4. auffassen, verstehen: **~ed** allgemein anerkannt, üblich, landläufig; **in the ~ed sense (of the word)** im landläufigen *od.* gebräuchlichen Sinne; **~ed text** offizieller Text. 5. aufnehmen (**into** *in acc*). 6. etwas auf sich nehmen: **to ~ a responsibility**. 7. *econ.* a) e-n Auftrag annehmen, b) e-m Angebot den Zuschlag erteilen: **to ~ the bid** (*od.* **tender**), c) e-n Wechsel annehmen, akzep'tieren. 8. *zo.* männliches Tier (zur Begattung) annehmen. **II** *v/i* 9. (das Angebot) annehmen *od.* akzep'tieren, (damit) einverstanden sein, zusagen. **ac,cept·a'bil·i·ty** *s* 1. Annehmbarkeit *f*. 2. Erträglichkeit *f*. **ac'cept·a·ble** *adj* (*adv* **acceptably**) 1. annehmbar, akzep'tabel, tragbar (**to** für). 2. angenehm, will'kommen. 3. erträglich. 4. ~ (**as collateral**) *econ.* beleihbar, lom'bardfähig.

ac'cept·ance *s* 1. Annahme *f*, Entgegennahme *f*. 2. Akzep'tierung *f*, Anerkennung *f*: **~ of life** Lebensbejahung *f*. 3. 'Hinnahme *f*. 4. → **acceptation**. 5. Aufnahme *f* (**into** *in acc*). 6. *econ.* a) Ak'zept *n*, angenommener Wechsel, b) Akzept *n*, Annahme *f* (*e-s Wechsels*), c) Annahmeerklärung *f*, -vermerk *m*. 7. *jur.* Zustimmung *f*, Vertragsannahme *f*. 8. *zo.* Brunst(zeit) *f* (*weiblicher Haustiere*). **~ flight** *s aer. mil.* Abnahmeflug *m*. **~ house** *s econ. Br.* Ak'zeptbank *f*.

ac·cep·ta·tion [,æksep'teɪʃn] *s* (üblicher) Sinn, landläufige *od.* gebräuchliche Bedeutung (*e-s Wortes*).

ac·cept·er [ək'septə(r); æk-; *Am. a.* ɪkˈs-] *s* 1. An-, Abnehmer *m*. 2. *econ.* Wechselnehmer *m*, Akzep'tant *m*. **ac'cep·tor** [-tə(r)] *s* 1. → **accepter**. 2. *phys.* Akzep'tant *m*: **~ circuit** Saugkreis *m*.

ac·cess ['ækses] **I** *s* 1. Zugang *m* (**to** zu): **~ hatch** *aer. mar.* Einsteigluke *f*; **~ road** a) Zufahrtsstraße *f*, b) Zubringer(straße *f*) *m*. 2. *fig.* (to) Zutritt *m* (bei, zu), Zugang *m* (zu), Gehör *n* (bei): **to gain ~** to Zutritt erhalten zu; **~ to means of education** Bildungsmöglichkeiten; **to have ~ to the files** Zugang zu den *od.* Einsicht in die Akten haben; **to have ~ to secrets** Zugang zu Geheimnissen haben; **easy of ~** zugänglich (*Person*). 3. *Computer*: Zugriff *m* (to auf *acc*): **~ speed** Zugriffsgeschwindigkeit *f*. 4. *obs.* Anfall *m*, Ausbruch *m* (*der Wut, e-r Krankheit etc*): **~ of rage**; **~ of fever** Fieberanfall *m*. 5. *arch.* Vorplatz *m*, Zugangsweg *m*. 6. *jur.* (Möglichkeit *f* der) Beiwohnung *f*. **II** *v/t* 7. *Computer*: Zugriff haben auf (*acc*).

ac·ces·sa·ry → accessory.
ac·ces·si·bil·i·ty [əkˌsesəˈbɪlətɪ; æk-; *Am. a.* ɪkˌs-] *s* Zugänglichkeit *f*, Erreichbarkeit *f* (*beide a. fig.*). **acˈces·si·ble** *adj* (*adv* **accessibly**) **1.** *a. fig.* (leicht) zugänglich *od.* erreichbar (**to** für *od. dat*). **2.** verfügbar, erhältlich. **3.** ˈum-, zugänglich (*Person*). **4.** (**to**) zugänglich (für *od. dat*), empfänglich (für).
ac·ces·sion [ækˈseʃn; ək-; *Am. a.* ɪkˈs-] *s* **1.** Annäherung *f*, Hinˈzutritt *m*. **2.** (**to**) Beitritt *m* (zu *e-m Vertrag etc*), Eintritt *m* (in *acc*), Anschluß *m* (an *acc*): **instrument of** ~ Beitrittsurkunde *f*. **3.** (**to**) Gelangen *n* (zu *e-r Würde etc*), Antritt *m* (*e-s Amtes*): ~ **to power** Machtübernahme *f*, Regierungsantritt *m*; ~ **to the throne** Thronbesteigung *f*. **4.** (**to**) Zuwachs *m*, Zunahme *f* (an *dat*), Vermehrung *f* (*gen*): **recent** ~**s** Neuanschaffungen *od.* Neuzugänge (*bes. von Büchern in e-r Bibliothek*); ~ **of property** *jur.* Vermögensanfall *m*. **5.** *pol.* Anwachsung *f* (*von Staatsgebiet*). **6.** Wertzuwachs *m*.
ac·ces·so·ri·al [ˌækseˈsɔːrɪəl; *Am. a.* -ˈsəʊ-] *adj* **1.** Beitritts..., Zuwachs... **2.** zusätzlich.
ac·ces·so·ry [əkˈsesərɪ; æk-; *Am. a.* ɪkˈs-] **I** *adj* **1.** hinˈzukommend, zusätzlich, Bei..., Neben..., Begleit..., Hilfs..., Zusatz...: ~ **contract** *jur.* Zusatzvertrag *m*; ~ **fruit** *bot.* Scheinfrucht *f*; ~ **lens** *phot.* Vorsatzlinse *f*; ~ **symptom** *med.* Begleiterscheinung *f*. **2.** nebensächlich, ˈuntergeordnet, Neben... **3.** beitragend, Hilfs...: **to be** ~ **to** beitragen zu. **4.** teilnehmend, mitschuldig (**to** an *dat*). **II** *s* **5.** Zusatz *m*, Anfügung *f*, Anhang *m*. **6.** *med.* Begleiterscheinung *f*. **7.** *oft pl* Zubehör *n*, Beiwerk *n*, (*Mode a.*) Accesˈsoire *n*. **8.** *pl aer. mar.* ˈBordaggreˌgat *n*. **9.** *pl tech.* Zubehör(teile *pl*) *n*. **10.** *pl biol.* ˈNeben-, ˈHilfsorˌgane *pl*. **11.** *jur.* Teilnehmer(in) (**to** an *e-m Verbrechen*), Komˈplize *m*, Mitschuldige(r *m*) *f*: ~ **after the fact** Begünstigte(r) *m*, *z. B.* Hehler *m*; ~ **before the fact** a) Anstifter *m*, b) Gehilfe *m*; **acting as an** ~ **after the fact** Begünstigung *f*; **acting as an** ~ **before the fact** Beihilfe *f*.
ac·ci·dence [ˈæksɪdəns] *s ling.* Formenlehre *f*.
ac·ci·dent [ˈæksɪdənt] *s* **1.** Zufall *m*, zufälliges Ereignis: **by** ~ a) zufällig, b) versehentlich. **2.** zufällige *od.* unwesentliche Eigenschaft, Nebensache *f*. **3.** Unfall *m*, Unglück(sfall *m*) *n*: **to be in an** ~ in e-n Unfall verwickelt sein; **to have** (*od.* **meet with**) **an** ~ e-n Unfall haben, verunglücken; **she had an** ~ **in the kitchen** ihr ist in der Küche ein Malheur *od.* Mißgeschick passiert; **to be killed in an** ~ bei e-m Unfall ums Leben kommen, tödlich verunglücken; ~ **at work** Arbeitsunfall; **seven-car** ~ Unfall, in den sieben Autos verwickelt sind; **death by** ~ *jur.* Tod *m* durch Unfall; ~ **annuity** Unfallrente *f*; ~ **benefit** Unfallentschädigung *f*; ~ **insurance** Unfallversicherung *f*; ~**-free driving** unfallfreies Fahren; ~**-prone** unfallgefährdet; ~ **research** Unfallforschung *f*. **4.** Unfallort *m*: **at the** ~.
ac·ci·den·tal [ˌæksɪˈdentl] **I** *adj* (*adv* ~**ly**) **1.** zufällig (vorˈhanden, geschehen *od.* hinˈzugekommen), Zufalls... **2.** versehentlich. ~ **hands** (*Fußball*) unabsichtliches Handspiel, *a.* angeschossene Hand. **3.** unwesentlich, nebensächlich, ~ **colo(u)r** Nebenfarbe *f*; ~ **lights** ~ **10**; ~ **point** (perspektivischer) Einfallspunkt. **4.** Unfall...: ~ **death** Tod *m* durch Unfall, Unfalltod *m*. **5.** *mus.* alteˈriert. **II** *s* **6.** (*etwas*) Zufälliges. **7.** zufällige Eigenschaft. **8.** Nebensache *f*. **9.** *mus.* Vorzeichen *n*. **10.** *meist pl paint.* Nebenlichter *pl*.

ac·claim [əˈkleɪm] **I** *v/t* **1.** *j-n od. etwas* freudig *od.* mit Beifall begrüßen, *j-m* zujubeln. **2.** (sehr) loben. **3.** (jauchzend) ausrufen: **to** ~ **s.o.** (**as**) **king** *j-n* zum König ausrufen. **II** *v/i* **4.** Beifall spenden, Hochrufe ausstoßen. **III** *s* → **acclamation**.
ac·cla·ma·tion [ˌækləˈmeɪʃn] *s* **1.** lauter *od.* jauchzender Beifall, Hochrufe *pl*, Jubelgeschrei *n*. **2.** (hohes) Lob: **the book received great critical** ~ das Buch wurde von der Kritik sehr gelobt. **3.** *pol.* Abstimmung *f od.* Ernennung *f* durch Zuruf: **by** ~ durch Akklamation.
ac·clam·a·to·ry [əˈklæmətərɪ; *Am.* -ˌtɔːrɪ; -ˌtəʊ-] *adj* Beifalls..., beifällig.
ac·cli·ma·ta·tion [əˌklaɪməˈteɪʃn] *s* acclimation. **ac·cli·mate** [əˈklaɪmət; ˈæklɪmeɪt] → acclimatize. **ac·cli·ma·tion** [ˌækləˈmeɪʃn; *Am. a.* ˌækləˈm-], **ac·cli·ma·ti·za·tion** [əˌklaɪmətaɪˈzeɪʃn; *Am.* -təz-] *s* Akklimatiˈsierung *f*, Eingewöhnung *f* (*beide a. fig.*), Einˈbürgerung *f* (*von Tieren u. Pflanzen*). **acˈcli·ma·tize** [-taɪz] *v/t u. v/i* (**to**) (sich) akklimatiˈsieren *od.* gewöhnen (an *acc*), (sich) einˈwöhnen (in *dat*) (*alle a. fig.*).
ac·cliv·i·ty [əˈklɪvətɪ; æ-] *s* Steigung *f*, Hang *m*.
ac·co·lade [ˈækəʊleɪd; ˈækə-] *s* **1.** Akkoˈlade *f*: a) Ritterschlag *m*, b) feierliche Umˈarmung (mit Kuß auf beide Wangen). **2.** *fig.* a) Auszeichnung *f*, b) hohe Anerkennung, großes Lob: **his book received** ~**s from the press** sein Buch wurde in der Presse sehr gelobt. **3.** *mus.* Klammer *f*.
ac·com·mo·date [əˈkɒmədeɪt; *Am.* əˈkɑm-] **I** *v/t* **1.** *j-m* e-n Gefallen tun *od.* e-e Gefälligkeit erweisen. **2.** (**with**) *j-n* ausˈhelfen (mit): **to** ~ **s.o. with money**. **3.** *j-n* a) ˈunterbringen, beherbergen, ˈeinquarˌtieren, b) versorgen, bewirten. **4.** Platz haben *od.* bieten für, fassen, aufnehmen (können), ˈunterbringen: **the car** ~**s five persons** in dem Wagen haben fünf Personen Platz. **5.** (**to**) *j-n od. etwas* anpassen (*dat od.* an *acc*): **to** ~ **o.s. to circumstances**, b) in Einklang bringen (mit): **to** ~ **facts to theory**. **6.** *e-n Streit* beilegen, schlichten. **II** *v/i* **7.** (**to**) a) sich anpassen (*dat od.* an *acc*), b) sich einstellen (auf *acc*). **8.** *med.* sich akkommoˈdieren (*Auge*).
acˈcom·mo·dat·ing *adj* (*adv* ~**ly**) **1.** gefällig, entgegenkommend, zuˈvorkommend: **on** ~ **terms** *econ.* zu angenehmen Bedingungen. **2.** anpassungsfähig. **3.** *tech.* Anpassungs...
ac·com·mo·da·tion [əˌkɒməˈdeɪʃn; *Am.* əˌkɑməˈ-] *s* **1.** *a. sociol.* Anpassung *f* (**to** an *acc*). **2.** Gemäßheit *f*, Überˈeinstimmung *f*. **3.** Gefälligkeit *f*, Entgegenkommen *n*. **4.** Versorgung *f* (**with** mit). **5.** Aushilfe *f*, Darlehen *n*, geldliche Hilfe. **6.** Beilegung *f*, Schlichtung *f* (*e-s Streites*), Verständigung *f*, gütliche Einigung. **7.** *Am. meist pl* a) ˈUnterbringung *f*, (Platz *m* für) ˈUnterkunft *f*, Quarˈtier *n*: **hotel** ~ Unterbringung im Hotel, b) Räumlichkeiten *pl*, Räume *pl*, c) Einrichtung(en *pl*) *f*: **sanitary** ~**s**, d) Bequemlichkeit(en *pl*) *f*, Komˈfort *m*. **8.** *med.* Akkommodatiˈon *f*. **9.** *a.* ~ **train** *Am.* Bummelzug *m*. ~ **accept·ance** *s econ.* Geˈfälligkeitsakˌzept *n*. ~ **ad·dress** *s* ˈDeckaˌdresse *f*. ~ **bill**, ~ **draft** *s econ.* Gefälligkeitswechsel *m*. ~ **lad·der** *s mar.* Fallreep *n*. ~ **note** *Br.*, ~ **pa·per** ~ **accommodation bill.** ~ **reg·is·try** *s Br.* Wohnungsnachweis *m*.
ac·com·mo·da·tive [əˈkɒmədeɪtɪv; *Am.* əˈkɑm-] *adj* **1.** Bequemlichkeit gewährend. **2.** Aushilfe verschaffend. **3.** *med.* akkommodaˈtiv.

ac·com·pa·ni·ment [əˈkʌmpənɪmənt] *s* **1.** *bes. mus.* Begleitung *f*. **2.** (schmückendes) Beiwerk. **3.** Begleiterscheinung *f*.
ac·com·pa·nist [əˈkʌmpənɪst] *s mus.* Begleiter(in).
ac·com·pa·ny [əˈkʌmpənɪ] **I** *v/t* **1.** begleiten (*a. mus.*), geleiten: **accompanied by**: XY am Flügel: XY; **he was accompanied by his wife** er war in Begleitung s-r Frau. **2.** begleiten, e-e Begleiterscheinung sein von (*od. gen*): **to be accompanied with** (*od.* **by**) begleitet sein von, verbunden sein mit. **3.** verbinden (**with** mit): **to** ~ **an advice with a warning**. **II** *v/i* **4.** *mus.* begleiten, die Begleitung spielen. **acˈcom·pa·ny·ing** *adj* begleitend, Begleit...: ~ **documents** Begleitpapiere. **acˈcom·pa·ny·ist** [-nɪəst] *s mus. Am.* Begleiter(in).
ac·com·plice [əˈkʌmplɪs; *Br. a.* əˈkɒm-; *Am. a.* əˈkɑm-] *s* Komˈplize *m* (**in**, **of** bei), Mittäter(in).
ac·com·plish [əˈkʌmplɪʃ; *Br. a.* əˈkɒm-; *Am. a.* əˈkɑm-] *v/t* **1.** *e-e Aufgabe etc* vollˈenden, -ˈbringen, ausführen, *etwas* zuˈstande bringen. **2.** *e-n Zweck* erreichen, erfüllen, *etwas Begehrtes* erlangen: **to** ~ **one's object** sein Ziel erreichen. **3.** *e-e Zeitspanne etc* vollˈenden, durchˈleben. **4.** ausbilden, vervollkommnen. **5.** *econ.* leisten, erfüllen. **acˈcom·plish·a·ble** *adj* **1.** ausführbar. **2.** erreichbar. **acˈcom·plished** [-ʃt] *adj* **1.** vollˈendet, -ˈbracht, vollständig ausgeführt: **an** ~ **fact** e-e vollendete Tatsache. **2.** a) (fein *od.* vielseitig) gebildet, kultiˈviert, b) vollˈendet, perˈfekt (*a. iro.*): **an** ~ **hostess**; **an** ~ **liar** ein Erzlügner. **acˈcom·plish·ment** *s* **1.** Vollˈendung *f*, Ausführung *f*. **2.** Vollˈkommenheit *f*. **3.** *meist pl* Bildung *f*, Kultiˈviertheit *f*.
ac·cord [əˈkɔː(r)d] **I** *v/t* **1.** *j-m etwas* gewähren, zukommen lassen, einräumen. **II** *v/i* **2.** im Einklang stehen, überˈeinstimmen, harmoˈnieren (**with** mit). **III** *s* **3.** Überˈeinstimmung *f*, Einklang *m*, Einigkeit *f*. **4.** Zustimmung *f*. **5.** a) Übereinkommen *n*, b) *pol.* (*formloses*) Abkommen, c) *jur.* Vergleich *m* (*zwischen dem Masseschuldner u. einzelnen Gläubigern*): **with one** ~ einstimmig, einmütig; ~ **and satisfaction** *jur.* vergleichsweise Erfüllung (*als rechtsvernichtende Einwendung*); **of one's own** ~ aus eigenem Antrieb.
ac·cord·ance [əˈkɔː(r)dəns] *s* Überˈeinstimmung *f*: **in** ~ **with** in Übereinstimmung mit, laut (*gen*), gemäß (*dat*); **to be in** ~ übereinstimmen (**with** mit). **acˈcord·ant** *adj* **1.** (**with**) überˈeinstimmend (mit), im Einklang (mit), entsprechend (*dat*). **2.** *biol.* gleichsinnig. **3.** *geol.* gleich...
ac·cord·ing **I** ~ **to** *prep* gemäß, entsprechend, nach, zuˈfolge (*dat*), laut (*gen*): ~ **to circumstances** den Umständen entsprechend, je nach Lage der Dinge; ~ **to contract** *econ.* vertragsgemäß; ~ **to directions** vorschriftsmäßig, weisungsgemäß; ~ **to taste** (je) nach Geschmack; ~ **to that** demnach. **II** ~ **as** *conj* so wie, je nach ˈdem wie: ~ **as you behave**. **acˈcord·ing·ly** *adv* danach, demgemäß, demnach, folglich, entsprechend.
ac·cor·di·on [əˈkɔː(r)djən; -ɪən] **I** *s* Akˈkordeon *n*, ˈZieh-, ˈHandharˌmonika *f*. **II** *adj* faltbar, Falt...: ~ **map**; ~ **door**. **acˈcor·di·on·ist** *s* Akˈkordeonspieler(in), Akkordeˈonist(in).
ac·cost [əˈkɒst; *Am.* əˈkɑst] *v/t* **1.** sich *j-m* nähern, herˈantreten an (*acc*). **2.** *j-n* ansprechen *od.* anreden. **3.** *j-n* ansprechen (*Prostituierte*).
ac·couche·ment [əˈkuːʃmɑ̃ːŋ; -mənt] *s* Entbindung *f*, Niederkunft *f*. **ac·cou-**

cheur [ˌæku:ˈʃɜ:; *Am.* -ˈʃɜr] *s* Geburtshelfer *m*. ˌac·couˈcheuse [-ˈʃɜ:z] *s* Hebamme *f*.
ac·count [əˈkaʊnt] **I** *v/t* **1.** ansehen *od.* betrachten als, halten für: **to ~ o.s. happy** sich glücklich schätzen. **II** *v/i* **2.** (**for**) Rechenschaft *od.* Rechnung ablegen (über *acc*), sich verantworten (für). **3.** die Verantwortung tragen, verantwortlich sein (**for** für). **4.** erklären, begründen (**for** *acc*): **how do you ~ for that?** wie erklären Sie sich das?; **that ~s for it** das erklärt die Sache; **there is no ~ing for taste** über den Geschmack läßt sich (nicht) streiten. **5. ~ for** (*zahlenmäßig*) ausmachen: **this region alone ~s for some 20% of the whole population. III** *s* **6.** *econ.* a) Berechnung *f*, Rechnung *f*, b) *pl* Geschäftsbücher *pl*, c) *pl* (Rechnungs-, Jahres)Abschluß *m*, d) Konto *n*: **~ book** Konto-, Geschäftsbuch *n*; **transaction for the ~** (*Börse*) Termingeschäft *n*; → *Bes. Redew.* **7.** Rechenschaft *f*, Rechenschaftsbericht *m*: **to bring to ~** *fig.* abrechnen mit; **to call to ~** zur Rechenschaft ziehen; **to give (an) ~ of** Rechenschaft ablegen über (*acc*) (→ 8); **to give a good ~ of** *etwas* gut erledigen, *e-n Gegner* abfertigen; **to give a good (bad) ~ of o.s.** a) sich von s-r guten (schlechten) Seite zeigen, b) gut (schlecht) abschneiden. **8.** Bericht *m*, Darstellung *f*, Beschreibung *f*, *a.* (*künstlerische*) Interpretation: **by all ~s** nach allem, was man hört; **to give an ~ of** Bericht erstatten über (*acc*) (→ 7). **9.** Liste *f*, Verzeichnis *n*. **10.** Erwägung *f*, Berücksichtigung *f*: **to leave out of ~** außer Betracht lassen; **to take ~ of, to take into ~** Rechnung tragen (*dat*), in Betracht *od.* Erwägung ziehen, berücksichtigen; **on ~ of** wegen, auf Grund von (*od. gen*); **on no ~** auf keinen Fall, keineswegs, unter keinen Umständen; **on all ~s** auf jeden Fall, unbedingt. **11.** Wert *m*, Wichtigkeit *f*, Bedeutung *f*, Ansehen *n*, Geltung *f*: **of no ~** unbedeutend, ohne Bedeutung, wertlos. **12.** Gewinn *m*, Vorteil *m*: **to find one's ~ in s.th.** bei etwas profitieren *od.* auf s-e Kosten kommen; **to turn s.th. to good ~** sich etwas zunutze machen, Kapital schlagen aus etwas. *Besondere Redewendungen:* **~(s) agreed upon** Rechnungsabschluß *m*; **~ carried forward** Vortrag *m* auf neue Rechnung; **~ current** → **current account**; **~s payable** Verbindlichkeiten, (*Bilanz*) *Am*. Kreditoren; **~s receivable** Außenstände, (*Bilanz*) *Am*. Debitoren; **to buy for the ~** (*Börse*) auf Termin kaufen; **to carry to ~** in Rechnung stellen; **to carry to a new ~** auf neue Rechnung vortragen; **closing of ~s** Kassenabschluß *m*, Schließung *f* e-s Kontos; **for ~ only** nur zur Verrechnung; **for ~ and risk** auf Rechnung u. Gefahr; **for the ~ of** a conto von; **for one's own ~** auf eigene Rechnung; **to hold an ~ with** ein Konto haben bei; **on ~** auf Rechnung, a conto, auf Abschlag, als An- *od.* Teilzahlung; **business on ~** Metageschäft *n*; **on one's own ~** auf eigene Rechnung (u. Gefahr), für sich selber; **to open an ~ with s.o.** bei j-m ein Konto eröffnen; **to pass an ~** e-e Rechnung anerkennen; **payment per ~** Saldozahlung *f*; **to place** (*od.* **put**) **to (s.o.'s) ~** (j-m) in Rechnung stellen; **received on ~** in Gegenrechnung empfangen; **to settle** (*od.* **square**) **~s with** *fig.* abrechnen mit. **ac·count·a·bil·i·ty** [əˌkaʊntəˈbɪlətɪ] *s* Verantwortlichkeit *f* (**to s.o.** j-m gegenüber). **acˈcount·a·ble** *adj* (*adv* ac-

countably) **1.** verantwortlich, rechenschaftspflichtig (**to** *dat*). **2.** erklärlich.
ac·count·an·cy [əˈkaʊntənsɪ] *s econ.* **1.** Rechnungswesen *n*, Buchhaltung *f*, -führung *f*. **2.** *Br.* Steuerberatung *f*. **acˈcount·ant** *s econ.* **1.** Buchhalter *m*, Rechnungsführer *m*. **2.** Buch-, Wirtschaftsprüfer *m*: → **certified accountant, certified public accountant, chartered** 1. **3.** *Br.* Steuerberater *m*.
ac·count bal·ance *s* Kontostand *m*, Kontosaldo *m*. **~ charge** *s* Kontogebühr *f*. **~ cus·tom·er** *s* Inhaber(in) e-s Kreditkontos (*in e-m Kaufhaus etc*). **~ day** *s Br.* Abrechnungstag *m* (*an der Börse*). **~ ex·ec·u·tive** *s Am.* Sachbearbeiter *m* für Kundenwerbung.
acˈcount·ing ~ accountancy 1: **~ period** Abrechnungszeitraum *m*.
ac·cou·ter, *bes. Br.* **ac·cou·tre** [əˈku:tə(r)] *v/t bes. mil.* einkleiden, ausrüsten, -statten. **acˈcou·ter·ment**, *bes. Br.* **acˈcou·tre·ment** *s meist pl* **1.** Kleidung *f*, Ausstattung *f*, ˈAusstafˌfierung *f*. **2.** *mil.* Ausrüstung *f*.
ac·cred·it [əˈkredɪt] *v/t* **1.** *bes. e-n Gesandten* akkrediˈtieren, beglaubigen (**to** bei). **2.** Glauben *od.* Vertrauen schenken (*dat*). **3.** bestätigen, als berechtigt anerkennen. **4.** zuschreiben (**s.th. to s.o.** *od.* **s.o. with s.th.** j-m etwas). **5.** *econ.* akkrediˈtieren, ein Akkrediˈtiv ausstellen (*dat*). **acˈcred·it·ed** *adj* beglaubigt, akkrediˈtiert.
ac·crete [əˈkri:t; æ-] **I** *v/i* zs.-wachsen, sich vereinigen. **II** *v/t* anwachsen lassen. **III** *adj biol.* zs.-gewachsen.
ac·cre·tion [ækˈri:ʃn; ə-] *s* **1.** Zunahme *f*, Zuwachs *m*, Anwachsen *n*, Wachstum *n*. **2.** Hinˈzugekommene(s) *n*, Hinˈzufügung *f*. **3.** (Wert)Zuwachs *m* (*bei e-r Erbschaft, von Land etc*). **4.** *jur.* Landzuwachs *m* (*durch Anschwemmung*). **5.** *biol.* Zs.-wachsen *n*, Verwachsung *f*.
ac·cru·al [əˈkru:əl] *s* Zuwachs *m*, Anfall *m od.* Entstehung *f* (*e-s Rechts etc*), Auflaufen *n* (*von Zinsen*): **~ of a dividend** Anfall e-r Dividende; **~ of an inheritance** Erb(an)fall.
ac·crue [əˈkru:] *v/i* **1.** *jur.* (als Anspruch) erwachsen, zufallen (**to** *dat*; **from, out of** aus): **a right ~s** ein Recht entsteht; **a liability ~s** e-e Haftung tritt ein. **2.** erwachsen, entstehen, zukommen, zu-, anwachsen (**to** *dat*; **from, out of** aus): **~d interest** aufgelaufene Zinsen *pl*; **~d rent** aufgelaufener Mietzins; **~d taxes** Steuerschuld *f*.
ac·cul·tur·a·tion [əˌkʌltʃəˈreɪʃn] *s* Akkulturatiˈon *f* (*Übernahme von Elementen e-r fremden Kultur*).
ac·cu·mu·late [əˈkju:mjʊleɪt; *Am. a.* -mə‚l-] **I** *v/t* ansammeln, auf-, anhäufen, akkumuˈlieren, *a. tech.* (auf)speichern, *a. psych.* (auf)stauen: **~d earnings** (*Bilanz*) *Am.* thesaurierter Gewinn; **~d losses** *Am.* Bilanzverlust *m*; **~d temperature** Wärmesumme *f*; **~d value** Endwert *m*. **II** *v/i* anwachsen, sich anhäufen *od.* ansammeln *od.* akkumuˈlieren, *a. tech.* sich speichern, *a. psych.* sich stauen: **~d demand** *econ.* Nachholbedarf *m*; **~d interest** aufgelaufene Zinsen *pl*. **ac‚cu·muˈla·tion** *s* Ansammlung *f*, Auf-, Anhäufung *f*, Akkumulatiˈon *f*, *a. tech.* (Auf-)Speicherung *f*, *a. psych.* (Auf-) Stauung *f*: **~ of capital** Kapitalansammlung *f*, -bildung *f*; **~ of interest** Auflaufen *n* von Zinsen; **~ of property** Vermögensanhäufung *f*. **acˈcu·mu·la·tive** [-lətɪv; *Am. bes.* -‚leɪ-] *adj* sich anhäufend *od.* akkumuˈlierend, wachsend, Häufungs..., Zusatz..., Sammel...: **~ sentence** *jur. Am.* zusätzliche Strafzumessung. **acˈcu·mu·la·tor** [-tə(r)] *s*

accoucheuse - acetabulum

1. *electr.* Akkumuˈlator *m* (*a. Computer*), Akku *m*, (Strom)Sammler *m*: **~ acid** Sammlersäure *f*; **~ battery** Sammlerbatterie *f*; **~ cell** Sammlerzelle *f*; **~ register** (*Computer*) Akkumulator(register *n*) *m*. **2.** *electr.* a) ˈSammelzyˌlinder *m*, Enerˈgiespeichergerät *n*, b) Sekunˈdärele‚ment *n*.
ac·cu·ra·cy [ˈækjʊrəsɪ] *s* **1.** Genauigkeit *f*, Sorgfalt *f*. **2.** Richtigkeit *f*, Exˈaktheit *f*: **~ of life** *mil.* Lebensdauer *f* (*e-r Waffe*); **~ to ga(u)ge** *tech.* Maßhaltigkeit *f*.
ac·cu·rate [ˈækjʊrət] *adj* (*adv* **~ly**) **1.** genau, sorgfältig, akkuˈrat (*Person*). **2.** genau, richtig, zutreffend, exˈakt (*Sache*): **to be ~** genau gehen (*Uhr*). **3.** *sport* genau, abgezirkelt (*Paß etc*). **ˈac·cu·rate·ness** → **accuracy**.
ac·curs·ed [əˈkɜ:sɪd; *Am.* əˈkɜr-; *a.* -st], *a.* **acˈcurst** [-st] *adj* **1.** verflucht, -wünscht. **2.** *fig.* abˈscheulich.
ac·cus·al [əˈkju:zl] → **accusation**.
ac·cu·sa·tion [ˌækjuːˈzeɪʃn; *Am.* -kjə-] *s* a) *jur.* (*nicht formelle*) Anklage: **to bring an ~** (**of murder**) **against s.o.** (Mord-)Anklage gegen j-n erheben, b) An-, Beschuldigung *f*, c) Vorwurf *m*.
ac·cu·sa·ti·val [əˌkjuːzəˈtaɪvl] → **accusative** 1.
ac·cu·sa·tive [əˈkju:zətɪv] **I** *adj* **1.** *ling.* akkusativisch, Akkusativ...: **~ case** → 3. **2.** → **accusatory**. **II** *s* **3.** *ling.* Akkusativ *m*, 4. Fall *m*.
ac·cu·sa·to·ry [əˈkju:zətərɪ; *Am.* -ˌtɔ:rɪ; -ˌtoʊrɪ] *adj* anklagend, Klage...
ac·cuse [əˈkju:z] *v/t* a) (**of**) *jur.* anklagen (*gen od.* wegen): **to be ~d of doing s.th.** angeklagt sein, etwas getan zu haben, b) (**of**) beschuldigen, bezichtigen (*gen*), c) **to ~ s.o. of s.th.** j-m etwas zum Vorwurf machen. **acˈcused** *adj jur.* angeklagt: **the ~ der** Angeklagte, **die** Angeklagten. **acˈcus·er** *s* Ankläger(in). **acˈcus·ing** *adj* (*adv* **~ly**) anklagend, vorwurfsvoll.
ac·cus·tom [əˈkʌstəm] *v/t* gewöhnen (**to** an *acc*): **to be ~ed to do(ing) s.th.** gewohnt sein *od.* pflegen etwas zu tun; **to get ~ed to s.th.** sich an etwas gewöhnen; **his ~ed cheerfulness** s-e gewohnte *od.* übliche Fröhlichkeit; **in ~ed surroundings** in gewohnter Umgebung; **~ed seat** Stammplatz *m*.
AC/DC *adj colloq.* ˌbiˈ (*bisexuell*).
ace [eɪs] **I** *s* **1.** As *n* (*Spielkarte*): **~ of hearts** Herzas *n*; **to have an ~ in the hole** (*od.* **up one's sleeve**) *fig.* (noch) e-n Trumpf in der Hand haben. **2.** Eins *f* (*auf Würfeln*). **3.** *Golf, Tennis:* As *n*. **4. he came within an ~ of losing** er hätte um ein Haar verloren. **5.** *colloq.* „Kaˈnone" *f*, As *n* (*at in dat*): **soccer ~** Fußballstar *m*. **II** *adj* **6.** *colloq.* herˈvorragend, Spitzen..., Star...: **~ reporter**; **~ footballer** Fußballstar *m*. **III** *v/t* **7.** a) *Tennis:* j-m ein As serˈvieren, b) *im* ~ **hole** (*Golf*) ihm gelang ein As. **ˌ~-ˈhigh** *adj*: **to be ~ with s.o.** *Am. colloq.* bei j-m gut angeschrieben sein.
A·cel·da·ma [əˈkeldəmə; -ˈsel-] *s* **1.** *Bibl.* Hakelˈdama *m*, Blutacker *m*. **2.** *oft* **a~** *fig.* Schlachtfeld *n*.
a·ceph·a·lous [əˈsefələs; eɪ-] *adj* **1.** *zo.* kopflos, ohne Kopf. **2.** *metr.* mit e-r Kürze anfangend. **3.** azeˈphalisch, ohne Anfang (*bes. Buch, Vers*). **4.** *anat.* azeˈphal. **5.** *fig.* führerlos.
ac·er·bate [ˈæsə(r)beɪt] *v/t* **1.** a) bitter machen (*a. fig.*), b) säuern. **2.** *fig.* verbittern.
a·cer·bi·ty [əˈsɜ:bətɪ; *Am.* əˈsɜr-] *s* **1.** a) Bitterkeit *f* (*a. fig.*), bitterer Geschmack, b) Säure *f*, saurer Geschmack. **2.** *fig.* Schärfe *f*, Heftigkeit *f*.
ac·e·tab·u·lum [ˌæsɪˈtæbjʊləm] *pl* **-la**

acetal - acquire

[-lə] s 1. *antiq.* Ace'tabulum *n*, Essigbecher *m*. 2. *anat.* Ace'tabulum *n*, (Hüft)Gelenkpfanne *f*. 3. *zo.* Gelenkpfanne *f* (*von Insekten*). 4. *zo.* Saugnapf *m* (*von Polypen*).
ac·e·tal ['æsɪtæl] *s chem.* Ace'tal *n*.
ac·e·tal·de·hyde [ˌæsɪ'tældɪhaɪd] *s chem.* A'cetaldeˌhyd *m*.
ac·e·tate ['æsɪteɪt] *s* 1. *chem.* Ace'tat *n* (*Salz od. Ester der Essigsäure*). 2. *a.* ~ rayon Ace'tatseide *f*.
a·ce·tic [ə'si:tɪk; ə'setɪk] *adj chem.* essigsauer: ~ **acid** Holzessig *m*, Essigsäure *f*; ~ **anhydride** Essigsäureanhydrid *n*; **glacial** ~ **acid** Eisessig *m*, wasserfreie Essigsäure. **a·cet·i·fi·er** [ə'setɪfaɪə(r); *Am. a.* ə'sɪ:-] *s chem.* Schnellsäurer *m* (*Apparat*).
a'cet·i·fy [-faɪ] **I** *v/t* in Essig verwandeln, säuern. **II** *v/i* sauer werden.
ac·e·tone ['æsɪtəʊn] *s chem.* Ace'ton *n*.
ac·e·tose ['æsɪtəʊs; *Am. a.* ə'sɪ:-], **ac·e·tous** ['æsɪtəs; *Am. bes.* ə'sɪ:-] *adj* essigsauer.
ac·e·tyl ['æsɪtɪl; *Am. a.* ə'sɪ:tl] *s chem.* Ace'tyl *n*.
a·cet·y·lene [ə'setɪli:n; -lɪn] *s chem.* Acety'len *n*: ~ **cutter** (Acetylen)Schneidbrenner *m*; ~ **welding** Acetylenschweißen *n*.
ache [eɪk] **I** *v/i* 1. schmerzen, weh tun: **I am aching all over** mir tut alles weh; **it makes my heart** ~ **to** (*inf*) es tut mir in der Seele weh zu (*inf*). 2. a) sich sehnen (for nach): **he is aching for home**, b) darauf brennen (to do zu tun): **she is aching to pay him back**. **II** *s* 3. (*anhaltender*) Schmerz: **he has ~s and pains all over** ihm tut alles weh.
a·chene [ə'ki:n] *s bot.* A'chäne *f* (*Schließfrucht mit verwachsener Frucht- u. Samenschale*). **a'che·ni·al** [-njəl; -ɪəl] *adj* schließfrüchtig.
A·cher·nar ['eɪkə(r)nɑ:(r)] *s astr.* Alpha *n* (*Stern*).
Ach·er·on ['ækərɒn; *Am.* -ˌrɑn] **I** *npr* Acheron *m* (*Fluß der Unterwelt*). **II** *s* 'Unterwelt *f*.
A·cheu·le·an, A·cheu·li·an [ə'ʃu:ljən; -ɪən] *geol.* **I** *adj* Acheuléen... **II** *s* Acheulé'en *n* (*dritte Periode der Steinzeit*).
a·chiev·a·ble [ə'tʃi:vəbl] *adj* 1. ausführbar. 2. erreichbar.
a·chieve [ə'tʃi:v] *v/t* 1. voll'bringen, leisten, zu'stande bringen, ausführen, schaffen, (*mühsam*) erlangen, erreichen. 3. das Ziel erreichen, e-n Erfolg erzielen, e-n Zweck erfüllen *od.* erreichen. 4. *obs.* zu Ende bringen.
a·chieve·ment [ə'tʃi:vmənt] *s* 1. Voll'bringung *f*, Zu'standebringen *n*, Ausführung *f*, Schaffung *f*. 2. (*mühsame*) Erlangung *f*, Erringung *f*. 3. Erreichung *f*, Erzielung *f*, Erfüllung *f*. 4. (große) Tat, (große) Leistung, Werk *n*, Errungenschaft *f*. 5. *her.* durch Ruhmestat erworbenes Wappenbild. ~ **age** *s psych.* Leistungsalter *n* (*Durchschnittsalter bei e-m Leistungstest*).
a'chieve·ment|-ˌor·i·ent·ed *adj* 'leistungsorienˌtiert. ~ **quo·tient** *s psych.* 'Leistungsquotiˌent *m* (*Leistungsalter geteilt durch tatsächliches Alter*). ~ **test** *s psych.* Leistungstest *m*.
a·chiev·er [ə'tʃi:və(r)] *s* j-d, der es zu etwas bringt; Erfolgstyp *m*.
A·chil·les [ə'kɪli:z] *npr* A'chill(es) *m*: ~' (od. ~) **heel**, **heel of** ~ *fig.* Achillesferse *f*, schwacher Punkt; ~' (od. ~) **tendon**, **tendon of** ~ *anat.* Achillessehne *f*.
ach·ing ['eɪkɪŋ] *adj* schmerzend.
ach·la·myd·e·ous [ˌæklə'mɪdɪəs] *adj bot.* nacktblütig.
ach·ro·mat·ic [ˌækrəʊ'mætɪk; ˌækrə'm-] *adj* (*adv* **~ally**) 1. *biol. phys.* achro'matisch, farblos: ~ **lens**; ~ **substance** *biol.*

achro'matische (Zellkern)Substanz. 2. *mus.* dia'tonisch.
a·chro·ma·tin [ə'krəʊmətɪn; æ-; *Am. bes.* eɪ-] *s biol.* Achroma'tin *n*. **a'chro·ma·tism** *s* Achroma'tismus *m*, Farblosigkeit *f*. **a'chro·ma·tize** *v/t phys.* achromati'sieren.
a·cic·u·lar [ə'sɪkjʊlə(r)] *adj* 1. *zo.* stachelborstig. 2. *biol.* nadelförmig.
ac·id ['æsɪd] **I** *adj* (*adv* **~ly**) 1. sauer, scharf (*Geschmack*): ~ **drops** *Br.* saure (Frucht)Bonbons *od.* Drops. 2. *fig.* beißend, bissig: **an** ~ **remark**. 3. *chem. tech.* säurehaltig, Säure...: ~ **bath** Säurebad *n*; ~ **rain** saurer Regen; ~ **soil** saurer Boden; ~ **yellow** Anilingelb *n*. 4. *tech.* Säure...: ~ **steel** saurer Stahl. **II** *s* 5. *chem.* Säure *f*. 6. *sl.* ,Acid' *n* (*LSD*). '~-ˌhead *s sl.* ,Acid'-Süchtige(r *m*) *f*.
a·cid·ic [ə'sɪdɪk] *adj* 1. säurebildend, -reich, -haltig. 2. *min.* reich an Silika.
aˌcid·i·fi'ca·tion [-fɪ'keɪʃn] *s chem.* (An)Säuerung *f*, Säurebildung *f*. **a'cid·i·fi·er** [-faɪə(r)] *s chem.* Säurebildner *m*, Säuerungsmittel *n*. **a'cid·i·fy** [-faɪ] **I** *v/t* (an)säuern, in Säure verwandeln. **II** *v/i* sauer werden.
ac·i·dim·e·ter [ˌæsɪ'dɪmɪtə(r)] *s chem.* Acidi'meter *n*, Säuremesser *m*.
a·cid·i·ty [ə'sɪdətɪ] *s* 1. Säure *f*, Schärfe *f*. 2. Acidi'tät *f*, Säuregehalt *m*, -grad *m*. 3. *med.* 'Superaciˌdität *f*, ('überschüssige) Magensäure. **ac·id·ize** ['æsɪdaɪz] *v/t* 1. mit Säure behandeln. 2. → acidify I.
a·cid·o·phil [ə'sɪdəʊfɪl; -dəfɪl; 'æsɪdəʊ-], **a'cid·o·phile** [-faɪl; -fɪl] *biol.* **I** *s* acido'phile Zelle *od.* Sub'stanz. **II** *adj* acido'phil.
ac·i·do·sis [ˌæsɪ'dəʊsɪs] *s med.* Aci'dose *f*, Über'säuerung *f* des Blutes.
'**ac·id**|**-proof** *adj tech.* säurebeständig, -fest. ~ **re·sist·ance** *s* Säurebeständigkeit *f*. '~-reˌsist·ant *adj* säurebeständig, -fest. ~ **test** *s fig.* Prüfung *f* auf Herz u. Nieren, Feuerprobe *f*: **to put to the** ~ auf Herz u. Nieren prüfen. ~ **trip** *s sl.* ,Acid'-Trip *m*.
a·cid·u·late [ə'sɪdjʊleɪt; æ's-; *Am.* -dʒə-] *v/t* (an)säuern. **a'cid·u·lat·ed drops** saure (Frucht)Bonbons *od.* Drops. **a'cid·u·lous** *adj* 1. säuerlich: ~ **spring**, ~ **water** *geol. med.* Sauerbrunnen *m*. 2. *fig.* → acid 2.
ac·i·er·age ['æsɪərɪdʒ] *s metall.* Verstählung *f*.
ac·i·ni ['æsɪnaɪ] *pl von* acinus.
a·cin·i·form [ə'sɪnɪfɔ:(r)m] *adj anat.* azi'nös, trauben-, beerenförmig (*Drüse*).
ac·i·nus ['æsɪnəs] *pl* **-ni** [-naɪ] *s* 1. *bot.* a) Einzelbeerchen *n* (*e-r Sammelfrucht*), b) Trauben-, Beerenkern *m*. 2. *anat.* a) Traubendrüse *f*, b) Drüsenbläs-chen *n*.
ack-ack [ˌæk'æk; 'ækˌæk] *sl.* (*abbr. für* antiaircraft) **I** *s* 1. Flakfeuer *n*. 2. 'Flugzeugˌabwehrkaˌnone *f*, Flak *f*. **II** *adj* 3. Flak...
ack·em·ma [ˌæk'emə] *adv Br. sl.* (*Funkerwort für* a.m.) vormittags.
ac·knowl·edge [ək'nɒlɪdʒ; *Am.* ɪk'nɑl-; æk-] *v/t* 1. anerkennen. 2. zugestehen, zugeben, einräumen. 3. sich bekennen zu. 4. dankbar anerkennen, erkenntlich sein für. 5. den Empfang bestätigen, quit'tieren, *e-n Gruß* erwidern. 6. *jur.* **e-e Urkunde** (*nach erfolgter Errichtung*) förmlich anerkennen, beglaubigen. **ac'knowl·edged** *adj* anerkannt. **ac'knowl·edg(e)·ment** *s* 1. Anerkennung *f*: ~ **of debt** Schuldanerkenntnis *n*; ~ **of paternity** Vaterschaftsanerkennung *f*. 2. Zugeständnis *n*. 3. Bekenntnis *n*. 4. Erkenntlichkeit *f*, lobende Anerkennung, Dank *m* (of für): **in** ~ **of** in Anerkennung (*gen*). 5. (Empfangs)Bestätigung *f*. 6. *jur.* förmliches Anerkenntnis (*der Errichtung*)

e-r Urkunde), Beglaubigung(sklausel) *f*.
a·clin·ic [ə'klɪnɪk; *Am. bes.* eɪ-] *adj phys.* a'klinisch, ohne Inklinati'on: ~ **line** Aklinie *f*.
ac·me ['ækmɪ] *s* 1. *a. fig.* Gipfel *m*, Spitze *f*. 2. *fig.* Höhepunkt *m*. 3. *med.* Ak'me *f*, Krisis *f*. 4. *biol.* Vollblüte *f*.
ac·mite ['ækmaɪt] *s min.* Ak'mit *m*.
ac·ne ['æknɪ] *s med.* Akne *f*.
ac·node ['æknəʊd] *s math.* Rückkehrpunkt *m* (e-r Kurve).
ac·o·lyte ['ækəʊlaɪt; 'ækəl-] *s* 1. *relig.* Ako'luth *m*: a) Meßgehilfe *m*, Al'tardiener *m*, b) Inhaber der höchsten der vier niederen Weihen. 2. *astr.* Begleitstern *m*. 3. Gehilfe *m*, Helfer *m*. 4. Anhänger *m*.
ac·o·nite ['ækəʊnaɪt; 'ækən-] *s* 1. *bot.* Eisenhut *m*: **yellow** ~ gelber Winterling. 2. *chem.* Aco'nit *n*.
a·corn ['eɪkɔ:(r)n; *Am. a.* -kərn] *s* 1. *bot.* Eichel *f*. 2. *mar.* Flügelspill *n*. 3. *zo.* Meereichel *f*, Seepocke *f*. ~ **cup** *s bot.* Eichelnapf *m*. ~ **shell** *s* 1. *bot.* Eichelschale *f*. 2. → acorn 3. ~ **tube**, *Br.* ~ **valve** *s electr.* Eichelröhre *f*.
a·cot·y·le·don [əˌkɒtɪ'li:dən; ə-; *Am.* ˌeɪˌkɑtə-] *s bot.* Akotyle'done *f*, Kryptogame *f*.
a·cou·me·ter [ə'ku:mɪtə(r)] *s med. phys.* Aku'meter *n*, Hörschärfemesser *m*.
a·cous·tic [ə'ku:stɪk] *adj*; **a'cous·ti·cal** [-kl] *adj* (*adv* **~ly**) *phys. physiol. tech.* a'kustisch, Gehör..., Schall..., Hör...: ~ **ceiling** Akustikdecke *f*; ~ **clarifier** Klangreiniger *m*; ~ **coupler** (*Computer*) akustischer Koppler; ~ **duct** (*od.* **meatus**) *anat.* Gehörgang *m*; ~ **engineering** Tontechnik *f*; ~ **feedback** akustische Rückkopplung; ~ **frequency** Hörfrequenz *f*; ~ **mine** *mil.* Geräuschmine *f*; ~ **nerve** *anat.* Gehörnerv *m*; ~ **phonetics** *ling.* akustische Phonetik; ~ **properties** Akustik *f* (e-s Raumes); ~ **tile** Akustikplatte *f*. **ac·ous·ti·cian** [ˌæku:'stɪʃn] *s* A'kustiker *m*.
a·cous·tics [ə'ku:stɪks] *s pl* 1. (*als sg konstruiert*) a) *phys.* A'kustik *f*, Lehre *f* vom Schall, b) *psych.* 'Tonpsycholoˌgie *f*. 2. (*als pl konstruiert*) *arch.* A'kustik *f* (e-s Raumes).
acousto- [əku:stəʊ] *Vorsilbe mit der Bedeutung* a'kustisch, Akusto...
aˌcous·to'chem·is·try *s* Akustoche'mie *f*.
aˌcous·toˌe·lec'tron·ics *s pl* (*als sg konstruiert*) Akustoelek'tronik *f*.
ac·quaint [ə'kweɪnt] *v/t* 1. (o.s. sich) bekannt *od.* vertraut machen (with mit): → acquainted. 2. (with) bekannt machen (mit), j-m mitteilen (acc): **she ~ed me with the facts**. **ac'quaint·ance** *s* 1. Bekanntschaft *f*: **to keep up an** ~ **with** s.o. Umgang mit j-m haben; **to make s.o.'s** ~ j-n kennenlernen, mit j-m Bekanntschaft schließen; **on closer** ~ bei näherer Bekanntschaft. 2. Kenntnis *f* (with von). 3. Bekanntschaft *f*: a) Bekannte(r *m*) *f*, b) Bekanntenkreis *m*: **an** ~ **of mine** eine(r) m-r Bekannten. **ac'quaint·ed** *adj* bekannt, vertraut: **to be** ~ **with s.o.** (s.th.) j-n (etwas) kennen; **to become** ~ **with s.o.** (s.th.) j-n (etwas) kennenlernen; **we are** ~ wir kennen uns, wir sind Bekannte.
ac·qui·esce [ˌækwɪ'es] *v/i* 1. (in) sich ergeben *od.* fügen (in *acc*), (stillschweigend) dulden *od.* 'hinnehmen (*acc*). 2. einwilligen (in *acc*). **ˌac·qui'es·cence** *s* 1. (in) Ergebung *f* (in *acc*), Duldung *f* (*gen*). 2. Einwilligung *f* (in *acc*, zu). **ˌac·qui'es·cent** *adj* ergeben.
ac·quir·a·ble [ə'kwaɪərəbl] *adj* erreich-, erwerb-, erlangbar.
ac·quire [ə'kwaɪə(r)] *v/t* 1. erwerben, erlangen, erreichen, gewinnen, bekom-

men: **to ~ by purchase** käuflich erwerben. **2.** (er)lernen, erwerben: **to ~ knowledge** sich Wissen aneignen; **to ~ a taste for s.th.** Geschmack an etwas finden; **~d characteristics** *biol.* erworbene Eigenschaften; **~d taste** anerzogener *od.* angewöhnter Geschmack. **ac'quire·ment** *s* **1.** Erwerbung *f*, Erlangung *f*. **2.** Erworbene(s) *n*, Erlangte(s) *n*, (erworbene) Fähigkeit *od.* Fertigkeit, *pl* Kenntnisse *pl*.

ac·qui·si·tion [ˌækwɪˈzɪʃn] *s* **1.** *(käuflicher etc)* Erwerb, (An)Kauf *m*: **~ of property** Eigentumserwerb. **2.** Erwerbung *f*, Erlernung *f*, Erfassen *n*: **~ of knowledge** Aneignung *f* von Wissen; **~ radar** *mil.* Erfassungsradar *n*. **3.** erworbenes Gut, Errungenschaft *f*: **his latest ~** s-e neueste Errungenschaft *(a. humor. Freundin etc)*. **4.** (Neu)Anschaffung *f*, (Neu)Erwerbung *f*: **~ value** Anschaffungswert *m*; **to be a valuable ~ to** ein Gewinn sein für.

ac·quis·i·tive [əˈkwɪzɪtɪv] *adj* **1.** auf Erwerb gerichtet: **~ capital** Erwerbskapital *n*. **2.** gewinn-, habsüchtig. **3.** lernbegierig. **ac'quis·i·tive·ness** *s* Gewinnsucht *f*.

ac·quit [əˈkwɪt] *v/t* **1.** *obs.* **(of)** j-n entlasten *od.* entbinden (von), *(e-r Verpflichtung)* entheben. **2.** *jur.* j-n freisprechen **(of a charge** von e-r Anklage). **3.** *obs.* e-e Schuld abtragen, ab-, bezahlen, *e-e Verbindlichkeit* erfüllen. **4.** *obs.* **~ o.s. (of)** sich (*e-r Aufgabe*) entledigen, *(e-e Pflicht etc)* erfüllen. **5. ~ o.s. well** sich gut halten, s-e Sache gut machen. **ac'quit·tal** [-tl] *s* **1.** *jur.* Freispruch *m*: **hono(u)rable ~** Freispruch wegen erwiesener Unschuld. **2.** Erlassung *f* (*e-r Schuld*). **ac'quit·tance** [-təns] *s* **1.** *obs.* Entlastung *f*, Entbindung *f* **(of** von). **2.** *obs.* Erfüllung *f* (*e-r Pflicht etc*). **3.** Quittung *f*, Empfangsbestätigung *f*.

a·cre [ˈeɪkə(r)] *s* **1.** Acre *m* (= 4047 *qm*): **40 ~s of land** 40 Acre Land; **~s and ~s** weite Flächen. **2.** *obs.* Acker *m*, Feld *n*: **~ God's acre**. **3.** *pl poet. u. Am.* Ländereien *pl*, Grundstücke *pl*. **a·cre·age** [ˈeɪkərɪdʒ] *s* **1.** Flächeninhalt *m*, Fläche *f* *(nach Acres)*. **2.** Anbau-, Weidefläche *f*.

ac·rid [ˈækrɪd] *adj* scharf, beißend *(beide a. fig.)*.

ac·ri·dine [ˈækrɪdiːn; -dɪn], *a.* **'ac·ri·din** [-dɪn] *s chem.* Acri'din *n*.

a·crid·i·ty [æˈkrɪdətɪ; ə-] *s* Schärfe *f* (*a. fig.*).

ac·ri·fla·vine [ˌækrɪˈfleɪviːn, -vɪn], *a.* **ˌac·ri·fla·vin** [-vɪn] *s chem.* Trypaflaˈvin *n*.

ac·ri·mo·ni·ous [ˌækrɪˈməʊnjəs, -ɪəs] *adj* *(adv ~ly) fig.* a) bitter, b) scharf, beißend, c) erbittert (geführt) *(Diskussion etc)*. **ac·ri·mo·ny** [ˈækrɪmənɪ; *Am.* -ˌməʊnɪ] *s* a) Bitterkeit *f*, Schärfe *f*.

ac·ro·bat [ˈækrəbæt] *s* **1.** Akroˈbat(in). **2.** *fig.* Geˈsinnungsakroˌbat *m*. **ˌac·ro·ˈbat·ic** [-ɪk] *adj* *(adv ~ally)* **1.** akroˈbatisch: **~ flying** Kunstflug *m*, -fliegen *n*. **II** *s* **2.** akroˈbatisches Kunststück. **3.** *pl (a. als sg konstruiert)* Akroˈbatik *f (a. fig.)*: **mental ~s** Gedankenakrobatik, **vocal ~s** Stimmakrobatik.

ac·ro·lith [ˈækrəʊlɪθ; ˈækrə-] *s* Akroˈlith *m* *(Holzfigur mit steinernen Gliedern)*.

ac·ro·nar·cot·ic [ˌækrəʊnɑː(r)ˈkɒtɪk; ˌækrə-; *Am.* -ˈkɑ-] *med.* **I** *adj* scharf narˈkotisch. **II** *s* scharfes narˈkotisches Gift.

ac·ro·nym [ˈækrəʊnɪm; ˈækrə-] **I** *s ling.* Akroˈnym *n*, Initiˈalwort *n*. **II** *v/t* a) zu e-m Akroˈnym zs.-ziehen, b) mit e-m Akronym bezeichnen. **ˌac·roˈnym·ic** *adj* Akroˈnym...

ac·ro·pho·bi·a [ˌækrəʊˈfəʊbjə; ˌækrə-; -bɪə] *s med.* Akrophoˈbie *f*, Höhenangst *f*.

a·crop·o·lis [əˈkrɒpəlɪs; *Am.* əˈkrɑ-] *s antiq.* **I** *s* Aˈkropolis *f*, Stadtburg *f*. **II** *npr* **A~** Aˈkropolis *f (von Athen)*.

ac·ro·some [ˈækrəʊsəʊm; ˈækrə-] *s biol.* Akroˈsom *n*.

a·cross [əˈkrɒs] **I** *prep* **1.** a) (quer) über *(acc)*, von e-r Seite *(e-r Sache)* zur anderen, b) (quer) durch, mitten durch, c) quer zu: **to run ~ the road** über die Straße laufen; **to lay one stick ~ another** e-n Stock quer über den anderen legen; **to swim ~ a river** durch e-n Fluß schwimmen, e-n Fluß durchschwimmen; **~ (the) country** querfeldein. **2.** auf der anderen Seite von *(od. gen)*, jenseits *(gen)*, über *(acc)*: **from ~ the lake** von jenseits des Sees; **he lives ~ the street** er wohnt auf der gegenüberliegenden Seite der Straße. **3.** in Berührung mit, auf *(acc)*: → **come across**. **II** *adv* **4.** a) (quer) hinˈüber *od.* herˈüber, b) querˈdurch, c) im ˈDurchmesser: **~ came ~ in a steamer** er kam mit e-m Dampfer herüber; **to saw directly ~** querdurch sägen; **the lake is three miles ~** der See ist 3 Meilen breit. **5.** a) drüben, auf der anderen Seite, b) hinˈüber, auf die andere Seite: → **come across, get across, put across** 2. **6.** kreuzweise, überˈkreuz: **with arms (legs) ~** mit verschränkten Armen (übereinandergeschlagenen Beinen). **7.** waag(e)recht *(in Kreuzworträtseln)*: **three ~**.

aˌcross-the-ˈboard *adj* **1.** lineˈar: **an ~ tax cut**. **2.** *Rundfunk, TV: Am. (meist von Montag bis Freitag)* täglich zur gleichen Zeit ausgestrahlt.

a·crost [əˈkrɒst; *a.* əˈkrɑst] *Am. dial.* für **across**.

a·cros·tic [əˈkrɒstɪk; *Am. a.* əˈkrɑ-] *metr.* **I** *s* Aˈkrostichon *n*. **II** *adj* akroˈstichisch.

a·crot·ic [əˈkrɒtɪk; *Am.* əˈkrɑ-] *adj med.* **1.** oberflächlich. **2.** aˈkrot, e-e Pulsstörung betreffend. **ac·ro·tism** [ˈækrəʊtɪzəm; ˈækrə-] *s* Akroˈtismus *m*, Fehlen *n* *od.* Unfühlbarkeit *f* des Pulses.

ac·ry·late [ˈækrɪleɪt] *s chem.* Salz *n* der Aˈcrylsäure. **a·cryl·ic** [əˈkrɪlɪk] *adj* aˈcrylsauer, Acrylsäure...

ac·ryl·yl [ˈækrɪlɪl] *s chem.* einwertiger Aˈcrylsäurerest.

act [ækt] **I** *s* **1.** a) Tat *f*, Werk *n*, Handlung *f*, Maßnahme *f*, Schritt *m*, Akt *m*, b) Tun *n*, Handeln *n*, Tätigkeit *f*: **~ of folly** Wahnsinn(stat *f*) *m*; **~ of God** *jur.* höhere Gewalt *(Naturereignis)*; **by the ~ of God** von Gottes Gnaden; **~ of administrative authority** Verwaltungsakt, -maßnahme; **~ of State** staatlicher Hoheitsakt; **~ of war** kriegerische Handlung; **(sexual) ~,** **~ of love** (Geschlechts-, Liebes)Akt; **in the ~ of going** (gerade) dabei zu gehen; **to catch s.o. in the (very) ~** j-n auf frischer Tat *od.* in flagranti ertappen; **to get into the ~** *colloq.* (in die Sache) ˌeinsteigen'. **2.** *jur.* a) Rechtshandlung *f*, Tathandlung *f* (Straf)Tat *f*, c) *oft* **~ and deed** Willenserklärung *f*, Urkunde *f*, Akt *f*: **~ of sale** Kaufvertrag *m*; → **bankruptcy** 1. **3.** *pol.* Beschluß *m*, Verfügung *f*, -ordnung *f*, Gesetz *n*, Akte *f*: **A~ (of Congress)** *Am.*, **A~ (of Parliament)** *Br.* Gesetz; **~ of grace** Gnadenakt *m*, Amnestie *f*. **4.** **A~** *univ. Br.* Verteidigung *f* e-r These. **5.** Festakt *m*. **6.** *thea.* Aufzug *m*, Akt *m*: **to get in on the ~** *sl.* a) ˌmit einsteigen', b) sich ins Spiel bringen, c) sich in Szene setzen; **to get one's ~ together** *Am. sl.* a) mit sich (selbst) ins reine kommen, b) sich zs.-raufen. **7.** Nummer *f* (*von Artisten etc*). **8.** *colloq.* ˌTheˈater' *n*, 'Tour' *f*: **to put on an ~** ˌTheater spielen'; **she did the neglected-wife ~** sie spielte *od.* mimte die *od.* sie ˌmachte auf' vernachlässigte Ehefrau. **9. A~s** (of the Apostles) *pl* *(als sg konstruiert) Bibl. (die)* Aˈpostelgeschichte. **10.** *philos.* Akt *m*.

II *v/t* **11.** *thea.* j-n darstellen, j-n, *e-e Rolle, ein Stück etc* spielen, *ein Stück* aufführen: **to ~ Hamlet** den Hamlet spielen *od.* darstellen; **to ~ a part** a) e-e Rolle spielen, b) *fig.* ˌTheater spielen'; **~ out** a) *Szene etc* durchspielen, zu Ende spielen, b) *Ereignis, Vorstellung etc, psych. a. Konflikte etc* (schauspielerisch *od.* mimisch) darstellen, c) nach s-r Überzeugung *etc* leben, s-e *Vorstellungen etc* realisieren; **to be ~ed out** *a.* sich abspielen *(Drama etc)*. **12.** *fig.* spielen, mimen: **to ~ outraged virtue**; **to ~ the fool** a) sich wie ein Narr benehmen, b) den Dummen spielen.

III *v/i* **13.** a) (Theˈater) spielen, auftreten, b) *fig.* ˌTheˈater spielen': **she's only ~ing!** die tut (doch) nur so! **14.** bühnenfähig sein, sich *(gut etc)* aufführen lassen *(Stück)*: **his plays ~ well**. **15.** a) handeln, Maßnahmen ergreifen, zur Tat schreiten, eingreifen, b) tätig sein, wirken, c) sich benehmen, aˈgieren: **to ~ as** auftreten *od.* amtieren *od.* fungieren als. dienen als; **to ~ swiftly** rasch handeln; **to ~ by** verfahren nach; **to ~ for s.o.** für j-n handeln, j-n (als Anwalt) vertreten; **to ~ (up)on** *a.* **to ~ up to** sich richten nach, b) *e-e Sache* in Angriff nehmen *od.* beˈarbeiten *od.* entscheiden. **16.** **(toward[s])** sich (j-m gegenˈüber) verhalten *od.* benehmen: **to ~ up** *colloq.* a) ˌTheater machen', b) ˌverrückt spielen' *(Gerät etc)*, c) ˌangeben', sich aufspielen, d) sich wieder bemerkbar machen *(Verletzung etc)*. **17. ~ out** sich abspielen *(Drama etc)*. **18.** *a. chem. med. tech.* (ein)wirken **(on** auf *acc*). **19.** *bes. tech.* a) gehen, laufen, in Betrieb sein, funktioˈnieren, b) in Tätigkeit *od.* in Funktiˈon treten.

act·a·ble [ˈæktəbl] *adj* **1.** bühnengerecht, aufführbar. **2.** spielbar *(Rolle etc)*.

ˈact·ing *I* *adj* **1.** handelnd, wirkend, tätig. **2.** stellvertretend, interiˈmistisch, amˈtierend, geschäftsführend: **~ manager** geschäftsführender Leiter; **~ partner** geschäftsführender (persönlich haftender) Gesellschafter; **A~ President** *pol. Am.* amtierender Präsident; **~ for** in Vertretung von *(od. gen)*. **3.** *thea.* spielend, Bühnen...: **~ version** Bühnenfassung *f*. **II** *s* **4.** *thea.* Spiel *n*, Darstellung *f*, Darstellungs-, Schauspielkunst *f*. **5.** Handeln *n*, Tun *n*. **6.** *fig.* ˌTheˈaterspielen' *n*.

ac·tin·i·a [ækˈtɪnɪə] *pl* **-i·ae** [-iː] *od.* **-i·as** *s zo.* Akˈtinie *f*, Seerose *f*.

ac·tin·ic [ækˈtɪnɪk] *adj chem. phys.* akˈtinisch: **~ light**; **~ value** Helligkeitswert *m*.

ac·tin·ism [ˈæktɪnɪzəm] *s chem. phys.* Aktiniˈtät *f*, Lichtstrahlenwirkung *f*.

ac·tin·i·um [ækˈtɪnɪəm] *s chem.* Akˈtinium *n*.

ac·ti·no·chem·is·try [ˌæktɪnəʊˈkemɪstrɪ; ˌæktɪ-] *s chem.* Aktinocheˈmie *f*, ˈStrahlencheˌmie *f*.

ac·ti·no·e·lec·tric [ˌæktɪnəʊɪˈlektrɪk] *adj* ˈlichteˌlektrisch, photoeˈlektrisch.

ac·tin·o·graph [ækˈtɪnəʊɡrɑːf; *bes. Am.* -ɡræf] *s chem. phys.* Aktinoˈgraph *m* *(Strahlen-, Belichtungsmesser)*.

ac·ti·no·my·ces [ˌæktɪnəʊˈmaɪsiːz] *s biol.* Strahlenpilz *m*.

ac·tion [ˈækʃn] *s* **1.** a) Handeln *n*, Handlung *f*, Maßnahme(n *pl*) *f*, Tat *f*, Aktiˈon *f*: **man of ~** Mann *m* der Tat; **full of ~** aktiv; **ready for ~** bereit, gerüstet, *mil.* einsatzbereit; **to bring into ~** ins Spiel bringen, einsetzen; **to put into ~** in die Tat umsetzen; **to take ~** Maßnahmen treffen, Schritte unternehmen, in Aktion treten, handeln; **to take ~ against** vorgehen gegen (→ 12); **course of ~** Handlungs-

actionable – adamantine

weise *f*; **for further ~** zur weiteren Veranlassung, b) Action *f*: **~ film**; **there is no ~ in this play** in diesem Stück tut sich *od.* passiert nichts; **where the ~ is** *sl.* wo sich alles abspielt; wo was los ist; *if you are interested in good food*, **Paris is where the ~ is** mußt du unbedingt nach Paris fahren. **2.** *a. physiol. tech.* Tätigkeit *f*, Funkti'on *f*, Gang *m* (*e-r Maschine*), Funktio'nieren *n* (*e-s Mechanismus*): **~ of the heart** Herztätigkeit, -funktion; **~ (of the bowels)** Stuhlgang *m*; **in ~** *tech.* in Betrieb, im Einsatz; **to put in ~** in Gang *od.* in Betrieb setzen; **to put out of ~** außer Betrieb setzen (→ 13). **3.** *tech.* Mecha'nismus *m*, Werk *n*. **4.** *a. chem. phys. tech.* a) (Ein)Wirkung *f*, Wirksamkeit *f*, Einfluß *m*: **the ~ of this acid on metal** die Einwirkung dieser Säure auf Metall, b) Vorgang *m*, Pro'zeß *m*. **5.** Handlung *f* (*e-s Dramas etc*): **the ~ of the play takes place in** das Stück spielt in (*dat*). **6.** *art* a) Bewegung *f*, Akti'on *f*: **~ painting** Aktionsbild *n od.* -malerei *f*; **~ theater** (*bes. Br.* **theatre**) Aktionstheater *n*, b) Stellung *f*, Haltung *f* (*e-r Figur auf e-m Bild*). **7.** Bewegung *f*, Gangart *f* (*e-s Pferdes*). **8.** Vortrag(sweise *f*) *m*, Ausdruck *m* (*e-s Schauspielers*). **9.** *fig.* Benehmen *n*, Führung *f*, Haltung *f*. **10.** *sociol.* 'Umwelteinflüsse *pl.* **11.** *econ.* Preisbewegung *f*, Konjunk'tur(verlauf *m*) *f*. **12.** *jur.* Klage *f*, Pro'zeß *m*, (Rechts-, Gerichts)Verfahren *n*: **~ for damages** Schadenersatzklage; (**right of**) **~** Klagebefugnis *f*, Aktivlegitimation *f*; **to bring** (*od.* **file, institute**) **an ~ against s.o.**, **to take ~ against s.o.** j-n verklagen, gegen j-n Klage erheben *od.* ein Gerichtsverfahren einleiten (→ 1). **13.** *mil.* Gefecht *n*, Gefechts-, Kampfhandlung *f*, Unter'nehmen *n*, Einsatz *m*: **killed** (**missing, wounded**) **in ~** gefallen (vermißt, verwundet); **to go into ~** eingreifen; **to put out of ~** außer Gefecht setzen, kampfunfähig machen, niederkämpfen (→ 2); **he saw ~** er war im Einsatz *od.* an der Front. **14.** *pol. etc Am.* a) Beschluß *m*, Entscheidung *f*, b) Maßnahme(n *pl*) *f*. **15.** *mus. tech.* a) ('Spiel)Me,chanik *f*, b) Trak'tur *f* (*der Orgel*). **16. to get a piece of the ~** *sl.* ,ein Stück vom Kuchen abbekommen'.

ac·tion·a·ble ['ækʃnəbl] *adj jur.* **1.** belangbar (*Person*), **2.** einklagbar (*Sache*). **3.** strafbar, gerichtlich verfolgbar (*Handlung*). '**ac·tion·al** [-ʃənl] *adj* tätig, Tätigkeits...
ac·tion|com·mit·tee *s* Akti'onskomi,tee *n*. **~ cur·rent** *s biol.* Akti'onsstrom *m*. **~ cy·cle** *s tech.* 'Arbeitsperi,ode *f*. **~ noun** *s ling.* Substantiv, das e-e Handlung ausdrückt; Nomen *n* acti'onis. *o.* **~ re·play** *s sport, TV Br.* (*bes.* 'Zeitlupen-)Wieder,holung *f* (*e-r Spielszene*). **~ re·search** *s econ.* Akti'onsforschung *f*.
ac·ti·vate ['æktɪveɪt] *v/t* **1.** *bes. chem. tech.* akti'vieren; **~d carbon** Absorptions-, Aktivkohle *f*. **2.** *chem.* radioakti'v machen. **3.** *tech.* in Betrieb setzen. **4.** *mil.* a) *e-e* Division *etc* aufstellen, b) *e-n* Zünder scharf machen. ,**ac·ti·va·tion** *s* Akti'vierung *f*: **~ analysis** *chem.* Aktivierungsanalyse *f*.
ac·tive ['æktɪv] **I** *adj* (*adv* **~ly**) **1.** ak'tiv (*a. sport*): **~ career**; **~ club member**; **an ~ law** ein in Kraft befindliches Gesetz; **~ satellite** (*Raumforschung*) Aktivsatellit *m*; **~ vocabulary** aktiver Wortschatz; **an ~ volcano** ein aktiver *od.* tätiger Vulkan. **2.** *ling.* ak'tiv(isch): **~ noun** aktivisches Substantiv (*z. B.* **employer**); **~ verb** aktivisch konstruiertes Verb; **~ voice** Aktiv *n*, Tatform *f*. **3.** emsig, geschäftig, tätig, rührig, tatkräftig, ak'tiv: **an ~**

man; **he's still very ~**; **an ~ mind** ein reger Geist. **4.** lebhaft, rege, ak'tiv: **the ~ life** das tätige Leben; **to take an ~ interest** reges Interesse zeigen (**in** an *dat*); **~ imagination** lebhafte Phantasie. **5.** *biol. med.* (schnell)wirkend, wirksam, ak'tiv: **an ~ remedy**; **~ principle** *biol.* Wirkursache *f*. **6.** a) *chem. phys.* ak'tiv, wirksam: **~ coal** Aktivkohle *f*; **~ current** Wirkstrom *m*; **~ line** TV wirksame Zeile; **~ mass** wirksame Masse, b) *phys.* radioak'tiv: **~ deposit**; **~ core** Reaktorkern *m*. **7.** *econ.* a) belebt, lebhaft: **~ demand**, b) zinsragend (*Aktien, Wertpapiere*): **~ bonds** *Br.* festverzinsliche Obligationen, c) Aktiv..., produk'tiv: **~ balance** Aktivsaldo *m*; **~ capital** flüssiges Kapital; **~ debts** Außenstände. **8.** *mil.* ak'tiv: **~ army** stehendes Heer; **on ~ duty** (*od.* **service**) im aktiven Dienst. **II** *s* **9.** *sport etc* Ak'tive(r *m*) *f*. **10.** *ling.* Aktiv *n*, Tatform *f*.
ac·tiv·ism ['æktɪvɪzəm] *s philos. u. fig.* Akti'vismus *m*. '**ac·tiv·ist** *s bes. pol.* Akti'vist(in).
ac·tiv·i·ty [æk'tɪvətɪ] *s* **1.** Tätigkeit *f*: **political ~** politische Betätigung (→ 6); → **sphere 6. 2.** Rührigkeit *f*, Betriebsamkeit *f*, Aktivi'tät *f*: **in full ~** in vollem Gang. **3.** Beweglichkeit *f*, Gewandtheit *f*, Lebhaftigkeit *f* (*a. econ.*). **4.** a) *biol.* Aktivi'tät *f*, Tätigkeit *f*: **~ of the heart** *physiol.* Herztätigkeit *f*; **~ holiday** (*bes. Am.* **vacation**) Aktivurlaub *m*, b) *pl* Unter'nehmungen *pl*, c) *pl* Veranstaltungen *pl*: **social activities**, d) *pl* Leben *n* u. Treiben *n*. **5.** *oft pl* a) Freizeitgestaltung *f*, b) *ped. bes. Am.* nicht zum Schulplan gehörende Betätigung *od.* Veranstaltung(en). **6.** *pl* (*politische etc*) 'Umtriebe *pl*. **7.** *biol. med.* Wirkung *f*, (*a. chem. phys.*) Aktivi'tät *f*, Wirksamkeit *f*. **8.** *phys.* Radioaktivi'tät *f*. **9.** *Am.* (Dienst)Stelle *f*.
ac·ton ['æktən] *s hist.* **1.** Wams *n* unter der Rüstung. **2.** Panzerhemd *n*.
ac·tor ['æktə(r)] *s* **1.** Schauspieler *m*. **2.** Ak'teur *m*, Täter *m* (*a. jur.*).
ac·tress ['æktrɪs] *s* Schauspielerin *f*.
ac·tu·al ['æktʃʊəl; *Am.* 'æktʃəwəl; -tʃəl] *adj* (*adv* **~ly**) **1.** wirklich, tatsächlich, eigentlich, *bes. econ. tech.* effek'tiv: **an ~ case** ein konkreter Fall; **~ cost** *econ.* a) Ist-Kosten, b) Selbstkosten; **~ intention** eigentliche Absicht; **~ inventory** (*od.* **stock**) Ist-Bestand *m*; **~ possession** *jur.* unmittelbarer Besitz; **~ power** *tech.* effektive Leistung; **~ price** *econ.* Tagespreis *m*; **~ situation** Sachverhalt *m*; **~ time** *econ.* effektiver Zeitaufwand (*für e-e Arbeit*); **~ value** a) *econ. math.* effektiver Wert, Realwert *m*, b) *tech.* Ist-Wert *m*. **2.** gegenwärtig, jetzig. **3. ~ grace** *relig.* wirkende Gnade.
'**ac·tu·al·ism** *s philos.* Aktua'lismus *m*.
ac·tu·al·i·ty [,æktʃʊ'ælətɪ; *Am.* -tʃə-'wæl-] *s* **1.** Tatsächlichkeit *f*, Wirklichkeit *f*. **2.** *pl* Tatsachen *pl*: **the actualities of life** die Gegebenheiten des Lebens; **the actualities of the situation** der Sachverhalt. **3.** Wirklichkeitstreue *f*. **4.** Dokumen'taraufzeichnung *f*: **~ film** Dokumentarfilm *m*.
ac·tu·al·i·za·tion [,æktʃʊəlaɪ'zeɪʃn; *Am.* ,æktʃəwələz-; -tʃələz-] *s* Verwirklichung *f*. '**ac·tu·al·ize** [-laɪz] **I** *v/t* **1.** (o.s. sich) verwirklichen. **2.** rea'listisch darstellen. **II** *v/i* **3.** sich verwirklichen. '**ac·tu·al·iz·er** *s* j-d, der sich verwirklicht.
ac·tu·al·ly ['æktʃʊəlɪ; *Am.* 'æktʃəwəlɪ; -tʃəlɪ] *adv* **1.** a) tatsächlich, wirklich, b) eigentlich, c) jetzt, augenblicklich, momen'tan. **3.** so'gar, tatsächlich (*obwohl nicht erwartet*). **4.** *colloq.* eigentlich (*unbetont*): **what time is it ~?** '**ac·tu·al·ness** → **actuality 1**.

ac·tu·ar·i·al [,æktjʊ'eərɪəl; -tʃʊ-; *Am.* -tʃə]wer-] *adj* ver'sicherungssta,tistisch, -mathe,matisch: **~ method** Tafelmethode *f*; **~ rate** Tafelziffer *f*.
ac·tu·ar·y ['æktjʊərɪ; -tʃʊ-; *Am.* 'æktʃə,weri:] *s* Aktua'r *m*: a) *obs. bes. jur.* Regi'strator *m*, b) Ver'sicherungssta,tistiker *m*, -mathe,matiker *m*.
ac·tu·ate ['æktjʊeɪt; -tʃʊ-; *Am.* -tʃəw-] *v/t* **1.** in Bewegung *od.* in Gang setzen. **2.** (*zum Handeln*) antreiben: **to be ~d by** getrieben werden von. **3.** *tech.* a) betätigen, auslösen, b) steuern, c) schalten. ,**ac·tu·a·tion** *s* **1.** In'gangsetzen *n*. **2.** Antrieb *m*. **3.** *tech.* Betätigung *f*, Auslösung *f*. '**ac·tu·a·tor** [-tə(r)] *s* **1.** *tech.* Auslöser *m*. **2.** *mil.* Spannvorrichtung *f* (*bei automatischen Waffen*). **3.** *aer.* Ver'stellor,gan *n* (*am Flugzeugruder*).
a·cu·i·ty [ə'kjuːətɪ] *s* **1.** Schärfe *f* (*a. fig.*). **2.** → **acuteness 3**.
a·cu·men [ə'kjuːmen; 'ækjʊmen; *Am.* -mən] *s* Scharfsinn *m*: **business ~** Geschäftstüchtigkeit *f*, -sinn *m*.
a·cu·mi·nate [ə'kjuːmɪnət] *adj biol.* spitz, zugespitzt.
ac·u·pres·sure ['ækjʊ,preʃə(r)] *s med.* Akupres'sur *f*. '**ac·u,punc·ture** [-,pʌŋktʃə(r)] *med.* **I** *s* Akupunk'tur *f*: **~ needle**. **II** *v/t* akupunk'tieren. ,**ac·u·'punc·tur·ist** *s* Akupunk'teur *m*.
a·cush·la [ə'xʊʃlə] *s Ir.* Liebling *m*.
a·cute [ə'kjuːt] **I** *adj* (*adv* **~ly**) **1.** scharf, spitz(ig). **2.** *math.* spitz(wink[e]lig): **~ angle** spitzer Winkel; **~ triangle** spitzwink(e)liges Dreieck. **3.** stechend, heftig (*Schmerz*). **4.** heftig (*Freude etc*). **5.** a'kut, brennend (*Frage*), kritisch, bedenklich: **~ shortage** kritischer Mangel, akute Knappheit. **6.** scharf (*Auge*), fein (*Gehör, Gefühl*). **7.** a) scharfsinnig, klug, b) raffi'niert, schlau. **8.** schrill, 'durchdringend: **an ~ note**. **9.** *ling.* mit A'kut: **~ accent** → **11. 10.** *med.* a'kut: **an ~ disease**. **II** *s* **11.** *ling.* A'kut *m*, Ac'cent *m* ai'gu. **a·'cute·ness** *s* **1.** Schärfe *f*. **2.** Schärfe *f*, Feinheit *f*: **~ of vision** Sehschärfe. **3.** *a.* **~ of mind** a) Scharfsinn(igkeit *f*) *m*, wacher Verstand, b) Schlauheit *f*. **4.** schriller Klang. **5.** a) *a. med.* Heftigkeit *f*, b) a'kutes Stadium (*e-r Krankheit*).
a·cu·ti·fo·li·ate [ə,kjuːtɪ'fəʊlɪət] *adj bot.* spitzblätt(e)rig.
a·cy·clic [eɪ'saɪklɪk; -'sɪk-] *adj biol. phys.* a'zyklisch.
ad¹ [æd] *colloq. für* **advertisement**: **small ~s** Kleinanzeigen.
ad² [æd] *s Tennis: Am. colloq.* Vorteil *m*: **~ in** (**out**) Vorteil Aufschläger (Rückschläger).
ad- [æd; əd] *Wortelement zum Ausdruck von Richtung, Tendenz, Hinzufügung*: **advert**; **advent**.
a·dac·ty·lous [eɪ'dæktɪləs] *adj zo.* **1.** zehen- *od.* fingerlos. **2.** klauen- *od.* krallenlos.
ad·age ['ædɪdʒ] *s* Sprichwort *n*.
a·da·gio [ə'dɑːdʒɪəʊ; -dʒəʊ] *mus.* **I** *pl* **-gios** *s* A'dagio *n*. **II** *adv u. adj* a'dagio, langsam.
Ad·am ['ædəm] *npr Bibl.* Adam *m*: **I don't know him from ~** *colloq.* ich habe keine Ahnung, wer er ist; **the old ~** *fig.* der alte Adam; **~'s ale** (*od.* **wine**) *humor.* ,Gänsewein' *m* (*Wasser*); **~'s apple** *anat.* Adamsapfel *m*.
ad·a·mant ['ædəmənt] **I** *s* **1.** *hist.* Ada'mant *m*: a) *imaginärer Stein von großer Härte*, b) Dia'mant *m*. **2.** *obs.* Ma'gnet *m*. **II** *adj* **3.** stein-, stahlhart. **4.** *fig.* eisern, unerbittlich, unnachgiebig (**to** gegen'über). ,**ad·a·'man·tine** [-'mæntaɪn; *Am. a.* -tiːn] *adj* **1.** dia'manthart, -artig: **~ spar** *min.* Diamantspat *m*. **2.** *fig.* eisern: **~ will**. **3.** *physiol.* Zahnschmelz...

a·dapt [əˈdæpt] **I** v/t **1.** (o.s. sich) anpassen (**to** dat od. an acc): ~ **the means to the end** die Mittel dem Zweck anpassen. **2.** a. math. angleichen (**to** dat od. an acc). **3.** (**to**) a) Maschine etc ˈumstellen (auf acc), b) Fahrzeug, Gebäude ˈumbauen (für). **4.** thea. etc bearbeiten (**for** für): **to ~ a novel for the stage**; **~ed from the English** aus dem Englischen übertragen. **II** v/i **5.** sich anpassen (**to** dat od. an acc). **a₁dapt·aˈbil·i·ty** s **1.** Anpassungsfähigkeit f, -vermögen n (**to** an acc). **2.** Verwendbarkeit f (**to** für). **aˈdapt·a·ble** adj **1.** anpassungsfähig (**to** an acc). **2.** verwendbar (**to** für). **ad·ap·ta·tion** [ˌædæpˈteɪʃn] s **1.** Anpassung f (**to** an acc). **2.** a. math. Angleichung f (**to** an acc). **3.** thea. etc Bearbeitung f (**to** für): **screen ~** Filmbearbeitung. **a·dapt·a·tive** [əˈdæptətɪv] → adaptive.
a·dapt·er [əˈdæptə(r)] s **1.** Bearbeiter m (e-s Theaterstücks etc). **2.** phys. Aˈdapter m, Anpassungsvorrichtung f. **3.** electr. Aˈdapterstück m, Vorsatz m: **~ (plug)** Zwischenstecker m; **~ transformer** Vorstecktransformator m. **4.** tech. Zwischen-, Anschluß-, Einsatz-, Paßstück n. **aˈdap·tion** → adaptation.
aˈdap·tive adj (adv **~ly**) anpassungsfähig (**to** an acc): **~ character** biol. Anpassungsmerkmal n. **aˈdap·tor** → adapter.
ˈA-₁day s mil. Am. Tag m X (Termin für e-e militärische Aktion od. e-s möglichen gegnerischen Atomangriffs).
add¹ [æd] **I** v/t **1.** hinˈzufügen, -zählen, -rechnen (**to** zu): **~ to this that ...** hinzu od. dazu kommt (noch), daß ...; **to ~ in** einschließen; **to ~ together** zsˈfügen (→ 3). **2.** hinˈzufügen, obendrein bemerken: **he ~ed that ...** er fügte hinzu, daß ... **3. ~ up, ~ together** adˈdieren, zsˈzählen, -rechnen: **five ~ed to five** fünf plus fünf. **4.** econ. math. tech. aufschlagen, -rechnen, zusetzen: **to ~ 5% to the price** 5% auf den Preis aufschlagen. **5.** chem. etc beimengen. **II** v/i **6.** hinˈzukommen, beitragen (**to** zu): **that ~s to my worries** das vermehrt meine Sorgen. **7.** adˈdieren. **8. ~ up** a) math. aufgehen, stimmen, b) fig. e-n Sinn ergeben, sich reimen. **9. to ~ up to** a) betragen (acc), sich belaufen auf (acc), b) fig. etwas bedeuten, hinauslaufen auf (acc): **this doesn't ~ up to much** ,das ist nicht (gerade) berühmtˈ.
add² [æd] s colloq. für addition 4.
ad·dax [ˈædæks] s zo. Wüstenkuh f.
add·ed [ˈædɪd] adj **1.** zusätzlich, weiter(er, e, es). **2.** vermehrt, erhöht.
ad·dend [ˈædend; əˈdend] s math. Adˈdend m, zweiter Sumˈmand.
ad·den·dum [əˈdendəm] pl **-da** [-də] s **1.** Hinˈzufügung f. **2.** oft pl Zusatz m, Anhang m, Nachtrag m, Adˈdenda pl. **3.** tech. (Zahn)Kopfhöhe f.
add·er¹ [ˈædə(r)] s **1.** a) tech. Adˈdiergerät n, -werk n, b) Computer: Adˈdierglied n. **2.** electr. Addiˈtivkreis m. **3.** TV Beimischer m. **4.** Additiˈonsmaschine f.
ad·der² [ˈædə(r)] s zo. Natter f, Otter f, Viper f: **flying ~** → dragonfly.
ˈad·der'sǀ-fern s bot. Tüpfelfarn m. **ˈ~-tongue** s bot. Natterzunge f.
ˈad·der·wort s bot. Wiesenknöterich m, Natterwurz f.
ad·dict I s [ˈædɪkt] **1.** Süchtige(r m) f: **alcohol (television) ~** Alkohol-(Fernseh)süchtige(r); → **drug addict. 2.** humor. (Fußball- etc)Faˈnatiker(in), (Filmetc)Narr m. **II** v/t [əˈdɪkt] **3. ~ o.s.** sich ˈhingeben (**to** s.th. e-r Sache). **4.** j-n süchtig machen, j-n gewöhnen (**to** an ein Rauschgift etc). **III** v/i [əˈdɪkt] **5.** süchtig machen. **adˈdict·ed** adj **1.** süchtig, abhängig (**to** von): **~ to alcohol (drugs, pleasure, smoking, television)** alkohol-(drogen- od. rauschgift-/arzneimittel- od. medikamenten-, vergnügungs-, nikotin-, fernseh)süchtig. **2. to be ~ to films (football)** humor. ein Filmnarr (Fußballfanatiker) sein. **adˈdic·tion** s **1.** ˈHingabe f (**to** an acc). **2.** Sucht f, (Zustand a.) Süchtigkeit f: **~ to alcohol (drugs, pleasure, smoking, television)** Alkohol-(Drogen- od. Rauschgift-/Arzneimittel- od. Medikamenten-, Vergnügungs-, Nikotin-, Fernseh)sucht. **adˈdic·tive** adj suchterzeugend: **to be ~ süchtig machen; ~ drug** Suchtmittel n.
add·ing ma·chine [ˈædɪŋ] s Adˈdier-, Additiˈonsmaschine f.
Ad·di·son's dis·ease [ˈædɪsnz] s med. Addisonsche Krankheit.
ad·di·tion [əˈdɪʃn] s **1.** Hinˈzufügung f, Zusatz m, Ergänzung f, Nachtrag m: **in ~** noch dazu, außerdem; **in ~ to** außer (dat), zusätzlich zu. **2.** chem. etc Beimengung f. **3.** Vermehrung f, (Familien-, Vermögens- etc)Zuwachs m: **they are expecting an ~ to the family** sie erwarten Familienzuwachs od. Nachwuchs. **4.** math. Additiˈon f, Adˈdierung f, Zs.-zählen n: **~ sign** Pluszeichen n. **5.** econ. Aufschlag m (**on** auf acc): **to pay in ~** zuzahlen. **6.** tech. a) Anbau m, b) Zugabe f, Zusatz m: **~ of colo(u)r** Farbzusatz. **7.** bes. Am. a) Anbau m, b) econ. neuerschlossenes städtisches Baugelände.
ad·di·tion·al [əˈdɪʃənl] adj **1.** zusätzlich, (neu) hinˈzukommend, ergänzend, weiter(er, e, es), nachträglich, Zusatz..., Mehr..., Extra...: **~ agreement** jur. a) Zusatzabkommen n, b) Nebenabrede f; **~ amplifier** electr. Zusatzverstärker m; **~ application** Zusatzanmeldung f (zum Patent); **~ charge** econ. Auf-, Zuschlag m; **~ charges** econ. a) Nebenkosten, b) Nachporto n; **~ clause** jur. Zusatzklausel f; **~ income** econ. Nebeneinkommen n; **~ order** econ. Nachbestellung f. **2.** erhöht, vermehrt: **~ pressure** tech. Überdruck m. **adˈdi·tion·al·ly** [-ʃnəlɪ] adv **1.** zusätzlich, noch dazu, außerdem. **2.** in verstärktem Maße.
ad·di·tive [ˈædɪtɪv] **I** adj **1.** hinˈzufügbar. **2.** zusätzlich. **3.** chem. math. phys. addiˈtiv. **II** s **4.** chem. Zusatz m, Addiˈtiv n.
ad·dle [ˈædl] **I** adj **1.** Ei: a) unfruchtbar, b) verdorben, faul. **2.** fig. konˈfus, verwirrt. **II** v/t **3.** faul od. unfruchtbar machen, verderben. **4.** fig. verwirren. **III** v/i **5.** faul werden, verderben (Ei). **ˈ~-brain** s Wirrkopf m. **ˈ~-brained, ˈ~-head·ed, ˈ~-pat·ed** [-ˌpeɪtɪd] adj wirrköpfig, konˈfus.
ˈadd-on adj **1.** zusätzlich: **~ fare** rail. Zuschlag m. **2. ~ furniture units** Kombinationsmöbel.
ad·dress [əˈdres] **I** v/t **1.** Worte, e-e Botschaft richten (**to** an acc), das Wort richten an (acc), j-n anreden od. ansprechen, Briefe adresˈsieren od. richten od. schreiben an (acc). **2.** e-e Ansprache halten an (acc): **to ~ the meeting** das Wort ergreifen. **3.** Waren (ab)senden (**to** an acc). **4.** Golf: den Ball ansprechen. **5. ~ o.s.** sich widmen, sich zuwenden (**to** dat): **to ~ o.s. to s.th.** sich an e-e Sache machen. **6. to ~ o.s. to s.o.** sich an j-n wenden. **5.** s [Am. a. ˈædres] **7.** Anrede f: **form of ~** (Form f der) Anrede. **8.** Rede f, Vortrag m: **~ of welcome** Begrüßungsansprache f. **9.** Aˈdresse f (a. Computer), Anschrift f: **a good ~** e-e gute Adresse; **~ code** (Computer) Adressencode m; **~ tag** Kofferanhänger m. **10.** Eingabe f, Denk-, Bitt-, Dankschrift f. **11. the A**-Br. die Erwiderung des Parlaments auf die Thronrede. **12.** obs. Benehmen n, Lebensart f, Maˈnieren pl. **13.** pl Huldigungen pl: **he paid his ~es to the lady** er machte der Dame den Hof. **14.** Geschick n, Gewandtheit f. **15.** Golf: Ansprechen n (des Balles). **adˈdress·ee** [ˌædreˈsiː; Am. a. əˌdresˈiː] s Adresˈsat(in), Empfänger(in).
adˈdress·ing ma·chine [əˈdresɪŋ] s Adresˈsiermaˌschine f.
ad·duce [əˈdjuːs; Am. a. əˈduːs] v/t Beweise, Gründe anführen, Beweise beiˌerbringen, Beweismaterial liefern: **to ~ evidence. adˈdu·cent** adj anat. adduˈzierend, (her)ˈanziehend: **~ muscle** → adductor.
ad·duct [əˈdʌkt] v/t anat. Glieder adduˈzieren, (her)ˈanziehen. **adˈduc·tion** s **1.** Anführung f (von Beweisen, Gründen). **2.** anat. Adduktiˈon f. **adˈduc·tor** [-tə(r)] s a. **~ muscle** anat. Adˈduktor m, Anziehmuskel m.
a·demp·tion [əˈdempʃn] s jur. Wegfall m (e-s Vermächtnisses).
ad·e·ni·tis [ˌædəˈnaɪtɪs] s med. Drüsenentzündung f, Adeˈnitis f.
ad·e·noid [ˈædɪnɔɪd] physiol. **I** adj **1.** Drüsen... **2.** adenoˈid, drüsenartig. **II** s **3.** meist pl a) Poˈlypen pl (in der Nase), b) (Rachenmandel)Wucherungen pl. **ˌad·e·ˈnoi·dal** → adenoid I. **ˌad·e·ˈnoidˈec·to·my** [-ˌdektəmɪ] s med. opeˈrative Entfernung von Poˈlypen (aus der Nase). **ad·e·no·ma** [ˌædɪˈnəʊmə] pl **-ma·ta** [-mətə] od. **-mas** s med. Adeˈnom n, Drüsengeschwulst f.
ad·ept I s [ˈædept] **1.** Meister m, Exˈperte m (**at, in** in dat). **2.** Adˈept m, Anhänger m (e-r Lehre). **II** adj [ˈædept; bes. Am. əˈdept] **3.** erfahren, geschickt (**at, in** in dat).
ad·e·qua·cy [ˈædɪkwəsɪ] s Angemessenheit f, Adäˈquatheit f.
ad·e·quate [ˈædɪkwət] adj (adv **~ly**) **1.** angemessen (**to** dat), entsprechend, adäˈquat. **2.** aus-, ˈhinreichend, hinlänglich, genügend: **the food was ~ for all of us** das Essen reichte für uns alle. **ˈad·e·quate·ness** → adequacy.
a·der·min [əˈdɜːmɪn; Am. eɪˈdɜr-] s biol. Aderˈmin n, Vitaˈmin n B₆.
ad·here [ədˈhɪə(r); æd-] v/i **1.** (an)kleben, (an)haften (**to** an dat). **2.** fig. festhalten (**to** an dat), bleiben (bei e-r Meinung, e-m Plan, e-r Gewohnheit etc), (j-m, e-r Sache) treu bleiben: **he ~s to his plan. 3. ~ to** sich halten an (acc), e-e Regel etc einhalten od. befolgen. **4. ~ to** e-r Partei etc angehören, es halten mit. **5.** biol. physiol. (**to**) anhaften (dat), zs.-wachsen od. verwachsen sein (mit). **6. ~ to** Völkerrecht: e-m Abkommen beitreten. **7. ~ to** jur. Scot. ein Urteil bestätigen. **adˈher·ence** [ədˈhɪərəns; æd-] s **1.** (An)Kleben n, (An-)Haften n (**to** an dat). **2.** fig. Anhänglichkeit f (**to** an acc). **3.** fig. Festhalten n (**to** an dat), fig. Einhalten n, Befolgung f (**to** gen). **5.** Völkerrecht: Beitritt m (**to** zu e-m Abkommen). **adˈher·ent I** adj **1.** (an)klebend, (an)haftend (**to** an dat). **2.** fig. (**to**) festhaltend (an dat), fest verbunden (mit), anhänglich. **3.** angehörend (**to** dat). **4.** biol. physiol. adhäˈrent, zs.-gewachsen, verwachsen (**to** mit). **5.** ling. attribuˈtiv (bestimmend). **II** s **6.** Anhänger(in) (**of** gen).
ad·he·sion [ədˈhiːʒn; æd-] s **1.** → adherence. **2.** phys. tech. a) Adhäsiˈon f (durch Molekularkräfte bedingtes Haften verschiedener flüssiger u. fester Stoffe aneinˌander), b) Haften n, Festhängen n, c) Griffigkeit f (von Autoreifen etc). **3.** med. Adhäsiˈon f (Verwachsung od. Verklebung zweier Organe miteinˌander).
ad·he·sive [ədˈhiːsɪv; æd-] **I** adj (adv **~ly**) **1.** (an)haftend, klebend, Kleb(e)...: **~ film**

adhesiveness – administer

tech. Klebfolie *f*; ~ **label** Klebzettel *m*; ~ **plaster** Heftpflaster *n*; ~ **powder** Haftpulver *n (für Zahnprothesen)*; ~ **tape** a) *Am.* Heftpflaster *n*, b) Klebstreifen *m*, Klebeband *n*; ~ **rubber** Klebgummi *m*, *n*. **2.** *phys. tech.* haftend, Adhäsions..., Haft...: ~ **capacity**, ~ **power** Haftvermögen *n*; ~ **grease** Adhäsionsfett *n*; ~ **stress** Adhäsionsspannung *f*. **3.** *biol.* Haft..., Saug...: ~ **bowl** Saugnapf *m*; ~ **disk** Haftscheibe *f*. **4.** *fig.* gar zu anhänglich, aufdringlich. **II** *s* **5.** *tech.* Haft-, Bindemittel *n*, Klebstoff *m*, Kleber *m*. **6.** gum'mierte Briefmarke. **7.** *Am.* Heftpflaster *n*. **ad'he·sive·ness** *s* **1.** (An-)Haften *n*. **2.** Klebrigkeit *f*. **3.** → adhesion 2 a *u.* b.

ad hoc [ˌædˈhɒk; -ˈhəʊk; *Am. bes.* -ˈhɑk] *(Lat.) adj u. adv* ad hoc, nur für diesen Fall (bestimmt): ~ **committee** Ad-hoc-Ausschuß *m*. **ad hoc·cer·y, ad hock·er·y, ad hock·er·y** [ˈhɒkərɪ; ˈhəʊk-; *Am. bes.* ˈhɑk-] *s collect. sl.* Ad-'hoc-Entscheidungen *pl*.

ad·i·a·bat·ic [ˌædɪəˈbætɪk; ˌeɪdaɪə-] *phys.* **I** *adj* adia'batisch *(ohne Wärmeaustausch mit der Umgebung)*. **II** *s a.* ~ **curve** adia'batische Kurve.

ad·i·ac·tin·ic [ˌædɪækˈtɪnɪk; ˌeɪdaɪ-] *adj chem. phys.* nicht diak'tinisch.

ad·i·an·tum [ˌædɪˈæntəm] *s bot.* Frauenhaarfarn *m*.

ad·i·a·ther·mal [ˌædɪəˈθɜːml; ˌeɪdaɪə-; *Am.* -ˈθɜːr-] *adj phys.* 'wärme₁un₁durchlässig.

a·dic·i·ty [əˈdɪsətɪ] *s chem.* Wertigkeit *f*.

a·dieu [əˈdjuː; *Am. a.* əˈduː] **I** *interj* lebe wohl!, a'dieu! **II** *pl* **a·dieus, a·dieux** [-uːz] *s* Lebe'wohl *n*, A'dieu *n*: **to bid** (s.o.) ~ (j-m) Lebe'wohl sagen.

ad in·fi·ni·tum [ˌædɪnfɪˈnaɪtəm] *(Lat.) adv ad* infi'nitum, endlos.

ad in·ter·im [ˌædˈɪntərɪm] *(Lat.) adj u. adv* Interims..., vorläufig.

ad·i·on [ˈædɪən] *s chem. phys.* an e-r Oberfläche adsor'biertes I'on.

a·dip·ic [əˈdɪpɪk] *adj chem.* Fettstoffe enthaltend: ~ **acid** Adipinsäure *f*.

ad·i·po·cere [ˌædəpəˈsɪə; *Am.* ˈædəpəˌsɪər] *s* Adipo'cire *f*, Leichenwachs *n*.

ad·i·pose [ˈædɪpəʊs] **I** *adj* adi'pös, fettig, fetthaltig, Fett..., Talg... : ~ **tissue** Fettgewebe *n*. **II** *s* Fett *n (im Fettgewebe)*.

ad·i·po·sis [-sɪs] *s med.* **1.** Fettsucht *f*. **2.** Verfettung *f*. **ad·i·pos·i·ty** [-ˈpɒsətɪ; *Am.* -ˈpɑ-] *s med.* Fettsucht *f*.

ad·it [ˈædɪt] *s* **1.** *fig.* Zutritt *m*: **to gain ~ to** Zutritt erhalten zu. **2.** *tech.* waag(e)rechter Eingang *(in ein Bergwerk)*, Stollen *m*: ~ **end** Abbaustoß *m*.

ad·ja·cen·cy [əˈdʒeɪsənsɪ] *s* **1.** Angrenzen *n*. **2.** *meist pl (das)* Angrenzende, Um'gebung *f*. **ad·ja·cent** *adj (adv* ~**ly**) **1.** angrenzend, anstoßend (**to** an *acc*). **2.** *bes. math. tech.* benachbart, Neben... : ~ **angle** Nebenwinkel *m*; ~ **cell** *biol.* Nachbarzelle *f*; ~ **channel selectivity** *(Radio etc)* Trennschärfe *f* gegen Nachbarkanal; ~ **owner** Grundstücksnachbar *m*; ~ **vision** *(od.* **picture) carrier** *TV* Nachbarbildträger *m*.

ad·jec·ti·val [ˌædʒekˈtaɪvl; -dʒɪk-] *adj (adv* ~**ly**) **1.** → **adjective 4. 2.** mit Adjektiven über'laden *(Stil)*.

ad·jec·tive [ˈædʒɪktɪv] **I** *s* **1.** Adjektiv *n*, Eigenschaftswort *n*. **2.** 'Neben₁umstand *m*, *(etwas)* Abhängiges. **3.** *Logik:* Akzidens *n*, *(etwas)* Unwesentliches. **II** *adj (adv* ~**ly**) **4.** adjektivisch: ~ **use of a noun**. **5.** abhängig. **6.** *Logik:* akziden'tell, unwesentlich. **7.** *Färberei:* adjektiv *(nur mit e-r Vorbeize)*: ~ **dye** Beizfarbe *f*. **8.** *jur.* for'mell: ~ **law**.

ad·join [əˈdʒɔɪn] **I** *v/t* **1.** (an)stoßen *od.* (an)grenzen an *(acc).* **2.** *math.* adjun'gieren. **3.** (**to**) beifügen *(dat)*, hin'zufügen (**zu**). **II** *v/i* **4.** an-, anein'andergrenzen, nebenein'anderliegen. **ad'join·ing** *adj* anliegend, angrenzend, anstoßend, benachbart, Nachbar..., Neben... : **in the~room** im Nebenraum, im Raum nebenan.

ad·journ [əˈdʒɜːn; *Am.* əˈdʒɜːrn] **I** *v/t* **1.** a) verschieben, vertagen (**till, until** auf *acc*; **for** um): **to ~ sine die** *jur.* auf unbestimmte Zeit vertagen, b) *den Sitzungsort* verlegen (**to** nach). **2.** *Am.* e-e Sitzung *etc* schließen, aufheben. **II** *v/i* **3.** a) sich vertagen (**till, until** auf *acc*; **for** um), b) *den Sitzungsort* verlegen (**to** nach). **4.** *oft humor.* sich begeben, ,über'siedeln' (**to** in *acc*). **ad'journ·ment** *s* **1.** Vertagung *f*, -schiebung *f* (**till, until** auf *acc*; **for** um). **2.** Verlegung *f* des Sitzungsortes (**to** nach).

ad·judge [əˈdʒʌdʒ] **I** *v/t* **1.** *jur.* a) *e-e Sache* (gerichtlich) entscheiden, b) *j-n* für *(schuldig etc)* erklären: **to ~ s.o. bankrupt** über j-s Vermögen den Konkurs eröffnen; **to be ~d the winner** *sport* zum Sieger erklärt werden, c) *ein Urteil* fällen. **2.** *jur. u. sport* zusprechen, zuerkennen (**s.th. to s.o.** j-m etwas). **3.** *jur. obs.* verurteilen (**to** zu). **4.** erachten, beurteilen als. **II** *v/i* → **adjudicate 2**.

ad·ju·di·cate [əˈdʒuːdɪkeɪt] **I** *v/t* **1.** → **adjudge** 1–3. **II** *v/i* **2.** *jur. (a.* als Schiedsrichter*)* entscheiden (**upon** über *acc*). **3.** als Schieds- *od.* Preisrichter fun'gieren (**at** bei). **ad₁ju·di'ca·tion** *s* **1.** *jur. u. sport* Zuerkennung *f*, Zusprechung *f*. **2.** Völkerrecht: Adjudikati'on *f (e-s Gebietes durch Schiedsspruch)*. **3.** *jur.* richterliche Entscheidung, Rechtsspruch *m*, Urteil *n*. **4.** *a.* ~ **in bankruptcy** *jur.* Kon'kurseröffnung *f*: ~ **order** Konkurseröffnungsbeschluß *m*. **ad'ju·di·ca·tor** [-tə(r)] *s* Schieds-, Preisrichter *m*.

ad·junct [ˈædʒʌŋkt] **I** *s* **1.** Zusatz *m*, Beigabe *f*, Zubehör *n* (**to** zu). **2.** a) Kol'lege *m*, b) Mitarbeiter *m*. **3.** → **adjective** 3. **4.** *ling.* Attri'but *n*, Beifügung *f*. **5.** *a.* ~ **professor** *univ. Am.* außerordentlicher Pro'fessor. **II** *adj* **6.** (**to**) verbunden *od.* -knüpft (**mit**), beigeordnet *(dat)*. **ad·junc·tive** [əˈdʒʌŋktɪv; æ-] *adj (adv* ~**ly**) a) (**to**) verbunden *(dat)*, verbunden (**mit**), b) Beifügungs...

ad·ju·ra·tion [ˌædʒʊəˈreɪʃn; *Am.* -dʒə-] *s* **1.** Beschwörung *f*, inständige Bitte. **2.** *obs.* Auferlegung *f* des Eides.

ad·jure [əˈdʒʊə(r)] *v/t* **1.** beschwören, anrufen, inständig bitten. **2.** *obs. j-m* den Eid auferlegen.

ad·just [əˈdʒʌst] **I** *v/t* **1.** (**to**) anpassen *(a. psych.)*, angleichen *(dat od.* an *acc),* abstimmen (auf *acc*): **to ~ wages** die Löhne anpassen; **to ~ o.s. to** sich anpassen *(dat)*, sich einfügen in *(acc)*, sich einstellen auf *(acc)*. **2.** zu'rechtrücken: **to ~ one's hat**. **3.** in Ordnung bringen, ordnen, regeln. **4.** berichtigen, ändern. **5.** *Streitigkeiten* beilegen, regeln, schlichten, *Widersprüche*, *Unterschiede* ausgleichen, beseitigen, bereinigen: **to ~ differences; to ~ accounts** Konten abstimmen *od.* bereinigen; → **average** 2. **6.** *Versicherungswesen:* a) *Ansprüche* regu'lieren, b) *Schaden* ermitteln: **to ~ damages** den Schadensersatzanspruch festsetzen. **7.** *tech.* (ein-, ver-, nach)stellen, (ein)regeln, richten, regu'lieren, *e-e Schußwaffe, e-e Waage etc* ju'stieren, *Maße* eichen, *electr.* abgleichen. **8.** *mil. ein Geschütz* einschießen. **II** *v/i* **9.** sich anpassen (**to** an *acc od. a. psych.*). **10.** *tech.* sich einstellen lassen. **ad'just·a·ble** *adj bes. tech.* regu'lierbar, (ein-, ver-, nach)stellbar, *jur.* regu'lierbar, Lenk..., Dreh..., (Ein)Stell...: ~ **axle** Lenkachse *f*; ~ **cam** verstellbarer Nocken; ~ **speed** regelbare Drehzahl; ~ **speed motor** Motor *m* mit Drehzahlregelung; ~ **wedge** Stellkeil *m*.

ad'just·er *s* **1.** j-d, der etwas ausgleicht, ordnet, regelt. **2.** *tech.* Einsteller *m*, -richter *m*. **3.** *Versicherungswesen:* Schadenssachverständige(r) *m*, Gutachter *m*. **4.** *tech.* Einstellvorrichtung *f*.

ad'just·ing *adj bes. tech.* (Ein)Stell..., Richt..., Justier... : ~ **balance** Justierwaage *f*; ~ **device** Ein-, Nachstellvorrichtung *f*; ~ **lever** (Ein)Stellhebel *m*; ~ **nut** (Nach)Stellmutter *f*; ~ **point** *mil.* Einschießpunkt *m*; ~ **screw** Justierschraube *f*.

ad'just·ment *s* **1.** Anpassung *f (a. psych.)*, Angleichung *f* (**to** an *acc*): ~ **of wages** Anpassung der Löhne. **2.** Ordnung *f*, Regelung *f*. **3.** Berichtigung *f*, Änderung *f*. **4.** Beilegung *f (e-s Streits)*, Ausgleich *m (von Widersprüchen etc)*. **5.** *tech.* a) Einstellung *f*, Regu'lierung *f*, Ju'stierung *f*, Eichung *f*, b) Einstellvorrichtung *f*. **6.** *Versicherungswesen:* a) Schadensfestsetzung *f*, Regelung *f* des Anspruches. **7.** *econ.* a) Kontenabstimmung *f*, -bereinigung *f*, b) Anteilberechnung *f*: **financial ~** Finanzausgleich *m*.

ad·jus·tor [əˈdʒʌstə(r)] *s* **1.** → **adjuster**. **2.** *zo.* Koordinati'onszentrum *n*.

ad·ju·tan·cy [ˈædʒʊtənsɪ; -dʒə-] *s mil.* Adju'tantenstelle *f*.

ad·ju·tant [ˈædʒʊtənt; -dʒə-] **I** *s* **1.** *mil.* Adju'tant *m*. **2.** *a.* ~ **bird**, ~ **stork** *orn.* Adju'tant *m*, Argalakropfstorch *m*. **II** *adj* **3.** helfend, Hilfs... ~ **gen·er·al** *pl* ~**s gen·er·al** *s mil.* Gene'raladju₁tant *m*.

ad·ju·vant [ˈædʒʊvənt; -dʒə-] **I** *adj* **1.** helfend, behilflich, förderlich, Hilfs... **II** *s* **2.** Hilfe *f:* a) Gehilfe *m*, b) Hilfsmittel *n*. **3.** *pharm.* Adju'vans *n*.

ad lib [ˌædˈlɪb] *colloq.* **I** *s* Improvisati'on *f*. **II** *adv* → **ad libitum**.

ad-lib [ˌædˈlɪb] *colloq.* **I** *v/t u. v/i* **1.** improvi'sieren, aus dem Stegreif sagen *etc.* **II** *adj* **2.** Stegreif..., improvi'siert. **3.** frei hin'zugefügt: **an ~ remark**.

ad lib·i·tum [ˌædˈlɪbɪtəm] *(Lat.) adv* ad 'libitum: a) beliebig, nach Belieben, b) aus dem Stegreif.

ad·man [ˈædmæn] *s irr colloq.* **1.** Werbetexter *m* für Zeitungsanzeigen. **2.** Anzeigenvertreter *m*. **3.** *print.* Akzi'denzsetzer *m*.

ad·mass [ˈædmæs] *colloq.* **I** *adj* **1.** 'werbungsmanipu₁liert, unter Kon'sumzwang (stehend) *(Gesellschaft)*. **II** *s* **2.** Kon'sumbeeinflussung *f*, Erzeugung *f* von Kon'sumzwang. **3.** 'werbungsmanipu₁lierte Gesellschaft.

ad·meas·ure [ədˈmeʒə(r); *Am. a.* -ˈmeɪ-] *v/t* **1.** ab-, aus-, vermessen. **2.** *jur.* zuteilen, zumessen. **ad'meas·ure·ment** *s* **1.** Ab-, Aus-, Vermessung *f*. **2.** *jur.* Zuteilung *f*, Zumessung *f*. **3.** Dimensi'on *f*.

ad·min [ˈædmɪn] *s colloq.* für **administration 1**.

ad·min·is·ter [ədˈmɪnɪstə(r); *Am. a.* æd-] **I** *v/t* **1.** verwalten, *Geschäfte etc* wahrnehmen, führen, *e-e Sache* handhaben, *ein Amt* ausüben, *Gesetze* ausführen: **to ~ the government** die Regierungsgeschäfte wahrnehmen; **~ing state** *(od.* **authority)** *pol.* Verwaltungsmacht *f*, Treuhandstaat *m*. **2.** zuteil werden lassen, *Hilfe* leisten, *das Sakrament* spenden, *Medikamente etc* verabreichen, *e-n Tadel* erteilen *(alle* to *dat)*: **to ~ justice** Recht sprechen; **to ~ punishment** e-e Strafe *od.* Strafen verhängen; **to ~ a shock to s.o.** *fig.* j-m e-n Schrecken einjagen; → **oath** Bes. Redew. **II** *v/i* **3.** (**to**) beitragen (**zu**), dienen *(dat).* **4.** abhelfen

administrate – adulation

(to dat). **5.** als Verwalter fun'gieren. **ad-'min·is·trate** [-streɪt] → administer I. **ad·min·is·tra·tion** [ədˌmɪnɪ'streɪʃn] s **1.** a) (Betriebs-, Geschäfts-, Vermögens-, Staats- etc)Verwaltung f, b) Verwaltung f (Betriebsabteilung): ~ **building** Verwaltungsgebäude n. **2.** jur. (Nachlaß)Verwaltung f: → letter[1] 3. **3.** Handhabung f, Ausführung f: ~ **of justice** Rechtsprechung f, Rechtspflege f; ~ **of an oath** Eidesabnahme f, Vereidigung f. **4.** (Verwaltungs)Behörde f, Mini'sterium n. **5.** Er-, Austeilung f, relig. Spendung f (des Sakraments). **6.** Verabreichung f (e-r Arznei etc). **7.** pol. bes. Am. a) meist **A~** Re'gierung f: **the Reagan A~** die Reagan-Regierung, b) 'Amtsperiˌode f, Re'gierungszeit f (e-s Präsidenten etc): **during the Reagan ~** während der Amtszeit Präsident Reagans. **ad'min·is·tra·tive** [-strətɪv; Am. bes. -ˌstreɪ-] adj (adv ~ly) **1.** administra'tiv, verwaltend, verwaltungsmäßig, -technisch, Verwaltungs..., Regierungs...: ~ **agency** Am. Verwaltungsstelle f; ~ **assistance** Amtshilfe f; ~ **body** Verwaltungsorgan n; ~ **fee** Verwaltungsgebühr f; ~ **law** Verwaltungsrecht n; ~ **staff** Verwaltungspersonal n; ~ **tribunal** Br. Verwaltungsgericht n. **2.** erteilend, spendend. **3.** behilflich, förderlich. **ad·min·is·tra·tor** [ədˈmɪnɪstreɪtə(r)] s **1.** Verwalter m. **2.** Ver'waltungsbeˌamte(r) m. **3.** jur. Nachlaßverwalter m. **4.** Spender m (der Sakramente etc). **ad'min·is·tra·tor·ship** s Verwalteramt n. **ad·min·is·tra·trix** [ədˈmɪnɪstreɪtrɪks; Am. bes. ədˌmɪnəˈstreɪ-] pl **-tri·ces** [-trɪsiːz], **-trix·es** [-trɪksɪz] s jur. Nachlaßverwalterin f. **ad·mi·ra·ble** [ˈædmərəbl] adj (adv admirably) bewundernswert, -würdig, großartig. **ad·mi·ral** [ˈædmərəl] s **1.** Admi'ral m: **Lord High A~** Br. Großadmiral, Oberbefehlshaber m zur See; → fleet[1] 1. **2.** obs. Flaggschiff n. **3.** zo. Admi'ral m, (ein) Fleckenfalter m. **'ad·mi·ral·ty** [-tɪ] I s **1.** Admi'ralsamt n, -würde f. **2.** Admirali'tät f: **The Lords Commissioners of A~, the Board of A~** Br. das Marineministerium; **A~ Division** jur. Br. Abteilung f des High Court für Seerecht; ~ **law** jur. Seerecht n; → First Lord of the Admiralty. **3.** A~ Br. Admirali'tätsgebäude n (in London). **II** adj **4.** Admiralitäts... **ad·mi·ra·tion** [ˌædməˈreɪʃn] s **1.** Bewunderung f (of, for für): **she was the ~ of everyone** sie stand im Mittelpunkt allgemeiner Bewunderung, sie wurde von allen bewundert. **2.** obs. Verwunderung f. **ad·mire** [ədˈmaɪə(r)] I v/t **1.** bewundern (for wegen). **2.** hochschätzen, verehren. **II** v/i **3.** obs. sich wundern (at über acc). **ad'mir·er** [-ərə(r)] s **1.** Bewunderer m. **2.** Verehrer m. **ad'mir·ing** adj (adv ~ly) bewundernd. **ad·mis·si·bil·i·ty** [ədˌmɪsəˈbɪlətɪ] s Zulässigkeit f. **ad'mis·si·ble** adj **1.** zulässig (a. jur.), erlaubt, statthaft. **2.** zulassungsfähig. **ad·mis·sion** [ədˈmɪʃn] s **1.** a) Einlaß m, b) Ein-, Zutritt m, c) Aufnahme f (als Mitglied etc; Am. a. e-s Staates in die Union): ~ **free** Eintritt frei; **A~ Day** Am. Jahrestag m der Aufnahme in die Union; ~ **fee** Aufnahmegebühr f; Eintritt(sgeld n); ~ **ticket** Eintrittskarte f. **2.** Eintritt(sgeld n) m: **to charge ~** Eintritt verlangen. **3.** Zulassung f (zu e-m Amt, Beruf etc): → bar 19. **4.** Eingeständnis n, Geständnis n: **the ~ of the theft; by** (od. **on**) **his own ~** wie er selbst zugab. **5.** Zugeständnis n, Einräumung f.

6. tech. a) Einlaß m, (Luft-, Kraftstoff- etc)Zufuhr f, b) Beaufschlagung f (von Turbinen): ~ **pipe** Einlaßrohr n; ~ **stroke** Einlaßhub m. **ad·mit** [ədˈmɪt] I v/t **1.** j-n ein-, vorlassen, j-m Einlaß gewähren. **2.** (into, to) j-n aufnehmen (in e-e Gesellschaft, in e-n Krankenhaus), zulassen (zu e-r Institution, e-m Amt etc): **to ~ a student to college** e-n Studenten zum College zulassen; **to ~ s.o. into one's confidence** j-n ins Vertrauen ziehen; → bar 19. **3.** zulassen, gestatten, erlauben: **this law ~s no exception. 4.** anerkennen, gelten lassen: **to ~ the justification of a criticism** die Berechtigung e-r Kritik anerkennen. **5.** s-e Schuld etc zugeben, (ein-) gestehen, bekennen: **to ~ doing s.th.** zugeben, etwas getan zu haben. **6.** zugeben, einräumen (**that** daß): **~ted!** zugegeben!, das gebe ich zu! **7.** Platz haben od. bieten für, fassen, aufnehmen: **the hall ~s 200 persons** in dem Saal haben 200 Personen Platz. **8.** tech. einlassen, zuführen: **to ~ air. II** v/i **9.** Einlaß gewähren, zum Eintritt berechtigen: **a gate that ~s to the garden** ein Tor, das zum Garten führt. **10.** ~ **of** gestatten, zulassen: **to ~ of doubt** Zweifel zulassen; **it ~s of no excuse** es läßt sich nicht entschuldigen; **a sentence that ~s of two interpretations** ein Satz, der zwei Interpretationen zuläßt. **11.** ~ **to** → 5. **ad·mit·tance** [ədˈmɪtəns] s **1.** Zulassung f, Einlaß m, Ein-, Zutritt m: **no ~ (except on business)** Zutritt (für Unbefugte) verboten; **to gain ~** Einlaß finden. **2.** Aufnahme f. **3.** electr. Scheinleitwert m, Admit'tanz f. **ad·mit·ted** [ədˈmɪtɪd] adj anerkannt: **an ~ fact; an ~ liar** anerkanntermaßen ein Lügner. **ad'mit·ted·ly** adv anerkanntermaßen, zugegeben(ermaßen). **ad·mix** [ædˈmɪks] v/t beimischen, -mengen. **ad'mix·ture** [-tʃə(r)] s **1.** Beimischen n. **2.** Beimischung f, -mengung f, Zusatz(stoff) m. **ad·mon·ish** [ədˈmɒnɪʃ; Am. ædˈmɑnɪʃ] v/t **1.** mahnen, erinnern (**of** an acc). **2.** warnen (**of, against** vor dat; **not to do** davor zu tun). **3.** mahnen zu: **to ~ silence. 4.** verwarnen, j-m Vorhaltungen machen. **ad·mo·ni·tion** [ˌædməʊˈnɪʃn; -mə'n-] s **1.** Ermahnung f. **2.** Warnung f, Verweis m. **3.** Verwarnung f. **ad·mon·i·to·ry** [ədˈmɒnɪtərɪ; Am. ədˈmɑnəˌtɔːrɪː; -ˌtoː-] adj (er)mahnend, warnend. **ad·nate** [ˈædneɪt] adj bot. zo. angewachsen, verwachsen. **ad nau·se·am** [ˌædˈnɔːzɪæm; Am. -əm] (Lat.) adv bis zum 'Überdruß. **ad·nom·i·nal** [ædˈnɒmɪnl; Am. -'nɑ-] adj ling. adnomi'nal. **ad·noun** [ˈædnaʊn] s ling. substanti'viertes Adjektiv. **a·do** [əˈduː] s Getue n, Lärm m, Aufheben(s) n, ˌWirbel' m: **much ~ about nothing** viel Lärm um nichts; **without more** (od. **further**) **~** ohne weitere Umstände. **a·do·be** [əˈdəʊbɪ] I s **1.** A'dobe m, luftgetrockneter (Lehm)Ziegel. **2.** Haus n aus A'dobeziegeln. **II** adj **3.** aus A'dobeziegeln (gebaut). **ad·o·les·cence** [ˌædəʊˈlesns; ˌædə-] s Jugendalter n, Zeit f des Her'anwachsens, Adoles'zenz f. **ˌad·o'les·cent** I s **1.** Jugendliche(r m) f, Her'anwachsende(r m) f. **II** adj **2.** her'anwachsend, -reifend, jugendlich. **3.** colloq. contp. kindisch. **A·do·nis** [əˈdəʊnɪs; Am. a. əˈdɑnəs] I npr **1.** antiq. A'donis m. **II** s **2.** fig. A'donis m, schöner junger Mann. **3.** bot. pharm.

A'donisrös-chen n. **4.** zo. A'donisfalter m. **a·dopt** [əˈdɒpt; Am. əˈdɑpt] v/t **1.** adop-'tieren, (an Kindes Statt) annehmen: **to ~ a child**; **to ~ a town** die Patenschaft für e-e Stadt übernehmen; **to ~ out** Am. zur Adoption freigeben. **2.** fig. annehmen, übernehmen, sich e-e Methode etc zu eigen machen, ein System etc einführen, e-e Politik einschlagen, e-e Handlungsweise wählen, e-e Haltung einnehmen. **3.** pol. e-r Gesetzesvorlage zustimmen, e-n Beschluß annehmen, Maßregeln ergreifen. **4.** pol. Br. e-n Kandidaten annehmen (für die nächste Wahl). **a'dopt·ed** adj adop'tiert, (an Kindes Statt) angenommen, Adoptiv...: ~ **child**; **his ~ country** s-e Wahlheimat. **a·dopt·ee** [əˌdɒpˈtiː; Am. əˌdɑp-] s bes. Am. Adop'tivkind n. **a'dopt·er** s Adop'tierende(r m) f. **a·dop·tion** [əˈdɒpʃn; Am. əˈdɑp-] s **1.** Adopti'on f, Annahme f (an Kindes Statt). **2.** fig. An-, 'Übernahme f, Wahl f. **a'dop·tion·ism** s relig. Adoptia'nismus m. **a'dop·tive** adj (adv ~ly) adop'tiv...: a) angenommen: ~ **child** Adoptivkind n; **his ~ country** s-e Wahlheimat, b) adop'tierend: ~ **parents** Adoptiveltern. **a·dor·a·ble** [əˈdɔːrəbl; Am. a. əˈdəʊr-] adj (adv **adorably**) **1.** anbetungswürdig. **2.** fig. allerliebst, entzückend. **ad·o·ra·tion** [ˌædəˈreɪʃn] s **1.** Anbetung f (a. fig.), (kniefällige) Verehrung. **2.** fig. (innige) Liebe, (tiefe) Bewunderung. **a·dore** [əˈdɔː(r); Am. a. əˈdəʊr] v/t **1.** anbeten (a. fig.), verehren. **2.** fig. (innig) lieben, (heiß) verehren, (tief) bewundern. **3.** colloq. schwärmen für. **a'dor·er** s **1.** Anbeter(in). **2.** Verehrer(in), Bewunderer m, Liebhaber(in). **a'dor·ing** adj (adv ~ly) **1.** anbetend. **2.** bewundernd. **a·dorn** [əˈdɔː(r)n] v/t **1.** schmücken, (ver)zieren (beide a. fig.). **2.** fig. Glanz verleihen (dat), verschöne(r)n. **a'dorn·ment** s Schmuck m, Zierde f, Verzierung f (alle a. fig.). **a·down** [əˈdaʊn] adv u. prep poet. (her-) 'nieder, hi'nab, her'ab. **ad·re·nal** [əˈdriːnl] anat. I adj adre'nal, Nebennieren...: ~ **gland** → II; ~ **insufficiency** med. Nebenniereninsuffizienz f. **II** s Nebenniere f. **a·dren·a·lin(e)** [əˈdrenəlɪn] s **1.** chem. physiol. Adrena'lin n. **2.** fig. Aufputschmittel n. **a'dren·al·ize** v/t aufputschen: **an ~d crowd. ad·ren·er·gic** [ˌædrəˈnɜːdʒɪk; Am. -ˈnɜr-] adj physiol. adre'nergisch, Adrena'lin absondernd. **A·dri·at·ic** [ˌeɪdrɪˈætɪk; ˌædrɪ-] geogr. I adj adri'atisch: **the ~ Sea** → II. **II** s: **the ~** das Adri'atische Meer, die Adria. **a·drift** [əˈdrɪft] adv u. pred adj **1.** (um-) 'her)treibend, Wind u. Wellen preisgegeben: **to cut ~** treiben lassen; **to be cut ~** den Wellen überlassen werden. **2.** fig. hilflos, dem Schicksal preisgegeben, halt-, wurzellos: **to be all ~** weder aus noch ein wissen; **to turn s.o. ~** j-n auf die Straße setzen. **a·droit** [əˈdrɔɪt] adj (adv ~ly) geschickt, gewandt (**at, in** in dat). **a'droit·ness** s Geschicklichkeit f, Gewandtheit f. **ad·smith** [ˈædˌsmɪθ] s Am. humor. Werbetexter m. **ad·sorb** [ædˈsɔː(r)b] v/t chem. adsor'bieren. **ad'sorb·ate** [-beɪt; -bət] s chem. Adsor'bat n. **ad'sorb·ent** chem. I adj adsor'bierend. **II** s Adsor'bent m, adsor-'bierende Sub'stanz. **ad·sorp·tion** [ædˈsɔː(r)pʃn] s chem. Adsorpti'on f. **ad·sum** [ˈædsʌm] (Lat.) interj hier! **ad·u·late** [ˈædjʊleɪt; Am. -dʒə-] v/t j-m lobhudeln, j-m (aufdringlich) schmeicheln. ˌ**ad·uˈla·tion** s (aufdringliche)

adulator – adverse

Schmeichelei, Lobhudelei *f*, Speichelleckerei *f*. **'ad·u·la·tor** [-tə(r)] *s* (aufdringlicher) Schmeichler, Lobhudler *m*, Speichellecker *m*. **ad·u·la·to·ry** ['ædjŭleɪtərɪ; *Am.* 'ædʒələˌtəʊrɪ:; -ˌtɔ:-] *adj* (aufdringlich) schmeichlerisch, lobhudelnd, speichelleckerisch.

a·dult ['ædʌlt; əˈdʌlt] **I** *adj* **1.** erwachsen: ~ **person** *jur*. → 5. **2.** *zo*. ausgewachsen: **an ~ lion. 3.** *fig*. reif, gereift. **4.** a) Erwachsenen...: ~ **clothes**, b) der Erwachsenen: **the ~ world**, c) (nur) für Erwachsene: **an ~ film**, d) *euphem.* Sex..., Porno... **II** *s* **5.** Erwachsene(r *m*) *f*. ~ **ed·u·ca·tion** *s* Erwachsenenbildung *f*.

a·dul·ter·ant [əˈdʌltərənt] **I** *adj* verfälschend. **II** *s* Verfälschungsmittel *n*.

a·dul·ter·ate I *v/t* [əˈdʌltəreɪt] **1.** verfälschen: **to ~ food. 2.** a) *Milch* verdünnen, b) *Wein* verschneiden, panschen. **3.** *Am.* Artikel unter falschem Warennamen verkaufen. **4.** *fig.* verwässern. **II** *adj* [-rət; -reɪt] **5.** verfälscht. **6.** ehebrecherisch. **a**ˌ**dul·ter·a·tion** *s* **1.** Verfälschung *f*. **2.** verfälschtes Produkt. **a'dul·ter·a·tor** [-tə(r)] *s* **1.** Verfälscher *m*. **2.** Panscher *m*. **3.** *jur.* Falschmünzer *m*.

a·dul·ter·er [əˈdʌltərə(r)] *s* Ehebrecher *m*. **a'dul·ter·ess** *s* Ehebrecherin *f*.

a'dul·ter·ine [-raɪn; -rɪn] *adj* **1.** im Ehebruch gezeugt: ~ **children**, *c*. verfälscht. **3.** ungesetzlich, 'illegiˌtim.

a'dul·ter·ous *adj* (*adv* **~ly**) ehebrecherisch. **a'dul·ter·y** *s* **1.** Ehebruch *m*: **to commit ~** die Ehe brechen, Ehebruch begehen (**with** mit). **2.** *Bibl.* Unkeuschheit *f*. **3.** *Bibl.* Götzendienst *m*.

a·dult·hood ['ædʌlthʊd; əˈdʌlt-] *s* Erwachsensein *n*, Erwachsenenalter *n*: **to reach ~** erwachsen werden.

ad·um·bral [ædˈʌmbrəl] *adj bes. poet.* schattig, Schatten...

ad·um·brate ['ædʌmbreɪt; 'ædəm-; ædˈʌm-] *v/t* **1.** flüchtig entwerfen, umˈreißen, skizˈzieren, andeuten. **2.** vorˈausahnen lassen, 'hindeuten auf (*acc*). **3.** überˈschatten (*a. fig.*). ˌ**ad·um'bration** *s* **1.** Andeutung *f*: a) flüchtiger Entwurf, Skizze *f*, b) Vorahnung *f*, Omen *n*. **2.** *bes. poet.* Schatten *m*.

ad va·lo·rem [ˌædvəˈlɔ:rem; -rəm; *Am*. *a*. -ˈləʊ-] (*Lat.*) *adj u. adv* dem Wert entsprechend: ~ **duty** Wertzoll *m*.

ad·vance [ədˈvɑ:ns; *Am*. ədˈvæns] **I** *v/t* **1.** etwas, *e-e Schachfigur*, *den Fuß etc* vorrücken, -schieben, *den Fuß* vorsetzen, *die Hand* ausstrecken, *e-n Tunnel* vortreiben, *mil.* Truppen vorschieben, nach vorn verlegen, vorrücken lassen. **2.** *tech.* vorrücken, weiterstellen, fortschalten: **to ~ the (ignition) timing** *mot.* Frühzündung einstellen. **3.** *e-n Zeitpunkt* vorverlegen. **4.** *ein Argument, e-e Ansicht, e-n Anspruch etc* vorbringen, geltend machen. **5.** *ein Projekt etc* fördern, vorˈanbringen, -treiben: **to ~ one's cause (interest)** s-e Sache (s-e Interessen) fördern. **6.** befördern (**to the rank of general** zum General), verbessern: **to ~ one's position**; **to ~ s.o. socially** j-n gesellschaftlich heben. **7.** *den Preis* erhöhen. **8.** *das Wachstum etc* beschleunigen. **9.** a) im voraus liefern, b) *Geld* vorˈauszahlen, vorschießen, -strecken. **10.** *jur.* j-m den Vorˈausempfang (*e-s Erbteils*) geben: **to ~ a child**. **11.** *obs.* die Lider heben. **12.** *pol. Am.* als Wahlhelfer fungieren in (*dat*), *bes.* e-e Wahlveranstaltung *od*. Wahlveranstaltungen vorbereiten in (*dat*). **II** *v/i* **13.** vor-, vorwärtsgehen, vorrücken, vordringen, 'vormarˌschieren. **14.** vorrücken (*Zeit*): **as time ~s** mit vorrückender Zeit. **15.** zunehmen (**in** an *dat*), steigen: **to ~ in age** älter werden.

16. *fig.* vorˈan-, vorwärtskommen, Fortschritte machen: **to ~ in knowledge** Fortschritte machen. **17.** (*im Rang*) aufrücken, avanˈcieren, befördert werden (**to colonel** zum Oberst). **18.** (an)steigen, anziehen (*Preise*). **19.** *pol. Am*. als Wahlhelfer fungieren, *bes*. Wahlveranstaltungen vorbereiten (**for** für).

III *s* **20.** Vorwärtsgehen *n*, Vorrücken *n*, Vorstoß *m* (*a. fig.*). **21.** (beruflicher, sozialer) Aufstieg, Aufrücken *n* (*im Amt*), Beförderung *f* (**to** zu). **22.** Fortschritt *m*, Verbesserung *f*: **economic ~**; ~ **in the art** (*Patentrecht*) gewerblicher Fortschritt. **23.** Vorsprung *m*: **to be in ~** e-n Vorsprung haben (**of** vor *dat*); **in ~** a) vorn, b) (im) voraus, vorher; **paid in ~** vorausbezahlt; **to book** (*od*. **order**) **in ~** vor(aus)bestellen; **in ~ of** vor (*dat*); **in ~ of his time** s-r Zeit voraus; **in ~ of the other guests** vor den anderen Gästen (ankommen). **24.** *meist pl* a) Annäherungsversuch *m*, *pl a*. Aˈvancen *pl*, b) Entgegenkommen *n*, Anerbieten *n*: **to make ~s to s.o.** j-m entgegenkommen, den ersten Schritt tun, j-m entgegenkommen; sich an j-n heranmachen. **25.** Vorschuß *m*, Vorˈauszahlung *f*, Vorleistung *f*, Krediˈt *m*, Darlehen *n*: ~ **on** (*od*. **of**) **one's salary** Gehaltsvorschuß; ~ **against merchandise** Vorschüsse auf Waren, Warenlombard *m*, *n*. **26.** Mehrgebot *n* (*bei Versteigerungen*). **27.** (Preis)Erhöhung *f*, Auf-, Zuschlag *m*. **28.** *mil.* Vorgehen *n*, -marsch *m*, -rücken *n*: ~ **by bounds** sprungweises *od*. abschnittweises Vorgehen. **29.** *mil. Am*. Vorhut *f*, Spitze *f*: → **advance guard** 1. **30.** *electr.* Voreilung *f*. **31.** *tech*. Vorschub *m*. **32.** *pol. Am*. Wahlhilfe *f*, *bes*. Vorbereitung *f* e-r Wahlveranstaltung *od*. von Wahlveranstaltungen.

IV *adj* **33.** Vorher..., Voraus..., Vor...: ~ **booking** a) Vor(aus)bestellung *f*, b) *thea. etc* Vorverkauf *m*; ~ **censorship** Vorzensur *f*; ~ **copy** *print*. Vorausexemplar *n*; ~ **ignition** (*od*. **sparking**) *mot*. Vor-, Frühzündung *f*; ~ **notice** Ankündigung *f*, Voranzeige *f*; ~ **payment** Vorauszahlung *f*; ~ **sale** Vorverkauf *m*; ~ **sheets** *print*. Aushängebogen. **34.** *mil*. Vorhut..., Spitzen..., vorgeschoben: ~ **command post** vorgeschobener Gefechtsstand; ~ **party** Vorausabteilung *f*.

ad·vanced [ədˈvɑ:nst; *Am*. ədˈvænst] *adj* **1.** *mil*. → **advance** 34. **2.** fortgeschritten: ~ **chemistry** Chemie *f* für Fortgeschrittene; ~ **student** Fortgeschrittene(r *m*) *f*; ~ **studies** wissenschaftliche Forschung. **3.** a) fortschrittlich, moˈdern: ~ **views**; ~ **thinkers**; ~ **guard** → **avant-garde** I, b) gar zu fortschrittlich, exˈtrem. **4.** vorgerückt, fortgeschritten: ~ **age**; **at an ~ hour** zu vorgerückter Stunde; ~ **in pregnancy** hochschwanger; ~ **state** fortgeschrittenes Stadium; ~ **for one's years** weit *od*. reif für sein Alter. ~ **credit** *i*. **advanced standing**. ~ **freight** *s econ*. vorˈausbezahlte Fracht. ~ **stand·ing** *s ped*. *Am*. Anerkennung der an e-r anderen gleichwertigen Lehranstalt erworbenen Zeugnisse.

ad·vance|**guard** *s* **1.** *mil*. Vorhut *f*. **2.** → **avant-garde** I. ~ **guard point** *s* Spitze *f* (*der Vorhut*). ~ **man** *s irr pol. Am*. Wahlhelfer *m*, *bes*. Vorbereiter *m* e-r Wahlveranstaltung *od*. von Wahlveranstaltungen.

ad'vance·ment *s* **1.** Förderung *f*. **2.** Beförderung *f* (**to captain** zum Hauptmann). **3.** Fortschritt *m* (**in** Kenntnissen *etc*), Weiterkommen *n*, Aufstieg *m*. **4.** Wachstum *n*. **5.** Vorschuß *m*. **6.** *jur*. Vorˈausempfang *m* (*e-s Erbteils*).

ad·van·tage [ədˈvɑ:ntɪdʒ; *Am*. -ˈvæn-] **I** *s* **1.** Vorteil *m*: a) Überˈlegenheit *f*, Vorsprung *m*, b) Vorzug *m*: **the ~s of this novel machine** die Vorteile *od*. Vorzüge dieser neuen Maschine; **to gain an ~ over s.o.** sich j-m gegenüber e-n Vorteil verschaffen; **to have the** (*od*. **an**) ~ **of s.o.** j-m gegenüber im Vorteil sein; **you have the ~ of me** ich kenne leider Ihren (werten) Namen nicht. **2.** Nutzen *m*, Gewinn *m*, Vorteil *m*: **to ~** vorteilhaft, günstig, von Vorteil; **to take ~ of s.o.** j-n überˈvorteilen *od*. ausnutzen; **to take ~ of s.th.** etwas ausnutzen, sich etwas zunutze machen; **to derive** (*od*. **draw**) ~ **from s.th.** aus etwas Nutzen *od*. e-n Vorteil ziehen. **3.** günstige Gelegenheit. **4.** *sport* Vorteil *m*: ~ **server** (**receiver**) (*Tennis*) Vorteil Aufschläger (Rückschläger); ~ **law** (*od*. **rule**) Vorteilsregel *f*; **to apply the ~ rule** Vorteil gelten lassen. **II** *v/t* **5.** fördern, begünstigen.

ad·van·ta·geous [ˌædvənˈteɪdʒəs] *adj* (*adv* **~ly**) vorteilhaft, günstig, von Vorteil.

ad·vec·tion [ədˈvekʃn; *Am*. æd-] *s meteor*. Advektiˈon *f* (*in waagerechter Richtung erfolgende Zufuhr von Luftmassen*).

Ad·vent ['ædvənt; *bes. Am*. -vent] *s* **1.** *relig.* Adˈvent *m*, Adˈventszeit *f*: ~ **Sunday** der 1. Advent(ssonntag). **2.** *relig.* Ankunft *f* Christi. **3.** **a~** (Auf-)Kommen *n*, Erscheinen *n*: **the ~ to power** *fig.* Machtergreifung *f*. **'Ad·vent·ism** *s relig*. Advenˈtismus *m*. **Ad·vent·ist** ['ædvəntɪst; *Am. bes.* ədˈventəst] *s* Advenˈtist(in).

ad·ven·ti·tious [ˌædvenˈtɪʃəs; -vən-] *adj* (*adv* **~ly**) **1.** hinˈzukommend, (zufällig) hinˈzugekommen, **2.** zufällig, nebensächlich, Neben... **3.** *med*. zufällig erworben.

ad·ven·tive [ədˈventɪv; *Am. bes.* æd-] **I** *adj bot. zo.* nicht einheimisch: ~ **plant** → II. **II** *s bot*. Advenˈtivpflanze *f*.

ad·ven·ture [ədˈventʃə(r)] **I** *s* **1.** Abenteuer *n*: a) gewagtes Unterˈnehmen, Wagnis *n*, b) (unerwartetes *od*. aufregendes) Erlebnis: ~ **holiday** (*bes. Am*. **vacation**) Abenteuerurlaub *m*; ~ **playground** *Br*. Abenteuerspielplatz *m*. **2.** *econ*. Spekulatiˈonsgeschäft *n*: **joint ~** → **joint venture**; **bill of ~** Bodmereibrief *m*. **3.** *obs*. Zufall *m*. **II** *v/t* **4.** wagen, risˈkieren. **5.** gefährden. **6.** ~ **o.s.** sich wagen (**on**, **upon**, **into**, **in**, **auf** *acc*). **ad'ven·tur·er** *s* **1.** Abenteurer *m* (*a. contp.*). **2.** Spekulˈant *m*. **ad'ven·ture·some** [-səm] *adj* abenteuerlich, abenteuerlustig, verwegen. **ad'ven·tur·ess** [-rɪs] *s* Abenteu(r)erin *f*. **ad'ven·tur·ism** *s* **1.** Abenteurertum *n*. **2.** 'Abenteuerpoliˌtik *f*. **ad'ven·tur·ous** *adj* (*adv* **~ly**) **1.** abenteuerlich: a) verwegen, waghalsig, b) gewagt, kühn (*Sache*), c) aufregend, ˌtoll' (*Sache*). **2.** abenteuerlustig.

ad·verb ['ædvɜ:b; *Am*. ˌædˌvɜ:rb] *s ling*. Adˈverb *n*, 'Umstandswort *n*. **ad·ver·bi·al** [ədˈvɜ:bjəl; *Am*. ædˈvɜ:rbɪəl] **I** *adj* (*adv* **~ly**) adverbiˈal: ~ **phrase** → II. **II** *s* Adverbiˈale *n*, Adverbiˈalbestimmung *f*.

ad·ver·sa·ry ['ædvəsərɪ; *Am*. -vərˌserɪ] **I** *s* **1.** Gegner(in) (*a. sport*), 'Widersacher(in), Feind(in). **2. the A~** *relig.* der 'Widersacher (*Teufel*). **3.** *jur*. (Proˈzeß-) Gegner(in). **II** *adj* **4.** *jur*. gegnerisch.

ad·ver·sa·tive [ədˈvɜ:sətɪv; æd-; *Am*. -ˈvɜ:r-] *adj ling*. adversaˈtiv, gegensätzlich: ~ **word**.

ad·verse ['ædvɜ:s; *Am*. ædˈvɜ:rs; 'ædˌv-] *adj* (*adv* **~ly**) **1.** entgegenwirkend, widrig, zuˈwider (**to** *dat*). **2.** gegnerisch, feindlich: ~ **party** Gegenpartei *f*. **3.** ungünstig, nachteilig (**to** für): ~ **decision**; ~ **balance** *econ*. Unterbilanz *f*; ~ **trade balance** passive Handelsbilanz; ~

budget Haushaltsdefizit *n*; **to have an~ effect (up)on, to affect ~ly** sich nachteilig auswirken auf (*acc*). **4.** *bot.* gegenläufig. **5.** *jur.* entgegenstehend: **~ claim; ~ possession** Ersitzung *f*; **to acquire s.th. by ~ possession** etwas ersitzen.

ad·ver·si·ty [əd'vɜːsətɪ; *Am.* æd'vɜr-] *s* **1.** Not *f*, Unglück *n*: **in ~** im Unglück; **in time of ~** in Zeiten der Not. **2.** 'Mißgeschick *n*.

ad·vert I *v/i* [əd'vɜːt; *Am.* æd'vɜrt] 'hinweisen, sich beziehen (**to** auf *acc*). **II** *s* ['ædvɜːt] *Br. colloq. für* **advertisement**.

ad·ver·tise ['ædvə(r)taɪz] **I** *v/t* **1.** ankündigen, anzeigen, (*durch die Zeitung etc*) bekanntmachen: **to ~ a post** e-e Stelle (öffentlich) ausschreiben. **2.** *econ.* Re'klame machen für, werben für, anpreisen: **~d performance** (werkseitig) angegebene Leistung. **3.** (**of**) in Kenntnis setzen, unter'richten (von), wissen lassen (*acc*). **4.** *contp.* etwas 'auspo͵saunen, an die große Glocke hängen. **5.** *obs.* ermahnen, warnen. **II** *v/i* **6.** inse'rieren, annon'cieren: **to ~ for** durch Inserat suchen. **7.** werben, Re'klame machen, Werbung treiben.

ad·ver·tise·ment [əd'vɜːtɪsmənt; -tɪz-; *Am. bes.* ͵ædvər'taɪz-; *a.* əd'vɜrtɪz-; -tɪs-] *s* **1.** (*öffentliche*) Anzeige, Ankündigung *f* (*in e-r Zeitung*), Inse'rat *n*, An'nonce *f*: **~ columns** Inseraten-, Anzeigenteil *m*; **notice by ~** *jur.* öffentliche Zustellung; **to put an ~ in a newspaper** ein Inserat *od*. e-e Anzeige aufgeben *od*. in die Zeitung setzen. **2.** → **advertising** 2.

ad·ver·tis·er ['ædvə(r)taɪzə(r)] *s* **1.** Inse'rent(in). **2.** Anzeiger *m*, Anzeigenblatt *n*. **3.** Werbefachmann *m*. **'ad·ver·tis·ing** [-zɪŋ] **I** *s* **1.** Inse'rieren *n*, Ankündigung *f*. **2.** Re'klame *f*, Werbung *f*: **to be in ~** in der Werbung sein. **II** *adj* **3.** Anzeigen..., Reklame..., Werbe...: **~ agency** a) Anzeigenannahme *f*, b) Werbeagentur *f*; **~ agent** a) Anzeigenvertreter *m*, b) Werbeagent *m*; **~ angle** werbemäßiges Vorgehen; **~ budget** Werbeetat *m*; **~ campaign** (*od.* **drive**) Werbefeldzug *m*, -kampagne *f*; **~ department** a) Werbeabteilung *f*, b) *Am.* Inseratenannahme *f* (*e-r Zeitung*); **~ expert** Werbefachmann *m*; **~ gift** Werbegeschenk *n*; **~ manager** Werbeleiter *m*; **~ medium** Werbeträger *m*, -medium *n*; **~ rates** Anzeigentarif *m*.

ad·ver·tize, *etc Am. für* **advertise**, *etc*.

ad·vice [əd'vaɪs] *s* (*nur sg*) **1.** Rat *m*, Ratschlag *m od.* Ratschläge *pl*: **a piece** (*od.* **bit**) **of ~** ein Ratschlag, e-e Empfehlung; **legal ~** Rechtsberatung *f*; **on** (*od.* **at**) **s.o.'s ~** auf j-s Anraten, auf j-s Rat hin; **to seek** (*od.* **take**) **~** Rat suchen, sich Rat holen (**from** bei); **to take medical ~** ärztlichen Rat einholen, e-n Arzt zu Rate ziehen; **take my ~** folge m-m Rat, hör auf mich. **2.** a) Nachricht *f*, Anzeige *f*, (*schriftliche*) Mitteilung, b) *econ.* A'vis *m od. n*, Avi'sierung *f*, Bericht *m*: **~ of credit** Gutschriftsanzeige; **~ of draft** Trattenavis; **letter of ~** Avisbrief *m*, Benachrichtigungsschreiben *n*; **~ and consent** *Am.* Zustimmung *f*; **as per ~** laut Avis.

ad·vis·a·bil·i·ty [əd͵vaɪzə'bɪlətɪ] *s* Ratsamkeit *f*. **ad'vis·a·ble** *adj* ratsam, empfehlenswert. **ad'vis·a·bly** *adv* ratsamer-, zweckmäßigerweise.

ad·vise [əd'vaɪz] **I** *v/t* **1.** j-m (an)raten, den *od.* e-n Rat erteilen, (an)empfehlen, *j-n* beraten: **they were ~d to go** man riet ihnen zu gehen; **what would you ~ me to do?** was rätst du mir? **2.** *etwas* (an)raten, raten zu, (an)empfehlen: **to ~ a change of air**; **he ~d waiting** er riet zu warten. **3.** (**against**) *j-n* warnen (vor *dat*), *j-m* abraten (von): **to ~ s.o. against**

doing s.th. j-m davon abraten, etwas zu tun. **4.** *bes. econ.* benachrichtigen, in Kenntnis setzen, avi'sieren, j-m Mitteilung machen (**of** von). **II** *v/i* **5.** *bes. Am.* sich beraten (**with** mit).

ad·vised [əd'vaɪzd] *adj* **1.** beraten: **to be well ~ to** (*inf*) a) gut beraten sein zu (*inf*), b) gut daran tun zu (*inf*). **2.** infor'miert, benachrichtigt: **to keep s.o. ~** j-n auf dem laufenden halten. **ad'vis·ed·ly** [-ɪdlɪ] *adv* **1.** mit Bedacht *od.* Über'legung. **2.** absichtlich, bewußt. **ad'vise·ment** *s bes. Am.* **1.** Über'legung *f*: **to take under ~** sich durch den Kopf gehen lassen. **2.** a) Rat *m*, b) Beratung *f*. **ad'vis·er**, **ad'vi·sor** [-zə(r)] *s* **1.** Berater *m*, Ratgeber *m*. **2.** *ped.* Studienberater *m*. **ad'vi·so·ry** [-zərɪ] *adj* beratend: **~ board** Beratungsstelle *f*; **in an ~ capacity** in beratender Funktion; **~ committee** Beratungsausschuß *m*; **~ council** Beirat *m*; **~ opinion** (Rechts-) Gutachten *n*; **~ procedure** (Völkerrecht) Eintreten *n* (für).

ad·vo·ca·cy ['ædvəkəsɪ] *s* (**of**) Verteidigung *f*, Befürwortung *f*, Empfehlung *f* (*gen*), Eintreten *n* (für).

ad·vo·cate I *s* ['ædvəkət; -keɪt] **1.** Verfechter *m*, Befürworter *m*: **an ~ of peace**. **2.** *bes. relig.* Verteidiger *m*, Fürsprecher *m*. **3.** *jur.* a) *Scot.* Rechtsanwalt *m*: → **Lord Advocate**, b) *Am.* Rechtsbeistand *m*. **II** *v/t* [-keɪt] **4.** verteidigen, befürworten, eintreten für: **to ~ that** dafür eintreten, daß.

ad·vow·son [əd'vaʊzn] *s relig. Br.* Pfründenbesetzungsrecht *n*.

adz(e) [ædz] *s* Breitbeil *n*.

Ae·ge·an [iː'dʒiːən] *geogr.* **I** *adj* ä'gäisch: **the ~ Sea** → **II**. **II** *s*: **the ~** das Ägäische Meer, die Ägäis.

ae·gis ['iːdʒɪs] *s* **1.** *antiq.* Ägis *f* (*Schild des Zeus u. der Athene*). **2.** *fig.* Ä'gide *f*, Schirmherrschaft *f*: **under the ~ of**.

ae·gro·tat [iː'grəʊtæt] (*Lat.*) *s univ. Br.* **1.** 'Krankheitsat͵test *n* (*für Examenskandidaten*). **2.** a. **~ degree** wegen Krankheit in Abwesenheit *od.* ohne Prüfung verliehener aka'demischer Grad.

ae·o·li·an [iː'əʊljən; -lɪən] *adj* **1.** *myth.* Äols...: **~ harp** Äolsharfe *f*. **2.** **A~** *geogr.* ä'olisch. **A~ mode** *s mus.* ä'olischer Kirchenton, äolische Tonart.

ae·on ['iːən] *s a.* Ä'on *m*, Zeit-, Weltalter *n*, b) Ewigkeit *f*.

aer·ate ['eəreɪt; *bes. Am.* 'eər-] *v/t* **1.** *Raum* lüften, (*a. Gewässer*) belüften, (*a. Aquarium, Erdreich*) durch'lüften. **2.** *Flüssigkeit* a) mit Kohlensäure anreichern, b) zum Sprudeln bringen. **3.** a) *med.* dem Blut (durch Atmung) Sauerstoff zuführen, b) *Gewässer* mit Sauerstoff anreichern. **4.** *fig.* e-n Dialog etc spritzig machen (**with** mit, durch). **'aer·at·ed** *adj* mit Kohlensäure angereichert: **~ water** kohlensaures Wasser. **aer'a·tion** *s* **1.** (Be-, Durch)'Lüftung *f*. **2.** Anreicherung *f* mit Kohlensäure. **3.** *med.* Sauerstoffzufuhr *f*.

aer·i·al ['eərɪəl; *Am. a.* eɪ'ɪr-] **I** *adj* **1.** luftig, zur Luft gehörend, in der Luft lebend *od.* befindlich, hoch, Luft...: **~ advertising** Luftwerbung *f*, -reklame *f*, Himmelsschrift *f*; **~ cableway** Seilschwebebahn *f*; **~ ladder** *Am.* Drehleiter *f* (*der Feuerwehr*); **~ railway** Hänge-, Schwebebahn *f*; **~ root** *bot.* Luftwurzel *f*. **2.** aus Luft bestehend, leicht, flüchtig, ä'therisch. **3.** *fig.* ä'therisch: a) schemenhaft, wesenlos, b) zart. **4.** *aer.* zu *od.* Flugzeug *od.* zum Fliegen gehörig, fliegerisch: **~ attack** *mil.* Luft-, Fliegerangriff *m*; **~ barrage** *mil.* a) Luftsperre, Flakfeuer *n*, b) Ballonsperre *f*; **~ camera** Luftkamera *f*; **~ combat** *mil.* Luftkampf

m; **~ defence** (*Am.* **defense**) *mil.* Luftabwehr *f*, -verteidigung *f*; **~ inspection** Luftinspektion *f*; **~ map** Luftbildkarte *f*; **~ navigation** Luftschiffahrt *f*; **~ sports** Flugsport *m*; **~ view** Flugzeugaufnahme *f*, Luftbild *n*. **5.** *tech.* oberirdisch, Ober..., Frei..., Luft...: **~ cable** Luftkabel *n*; **~ line**, **~ wire** *electr.* Ober-, Freileitung *f*. **6.** *Radio etc*: *bes. Br.* Antennen...: **~ array** Richtantennennetz *n*; **~ booster** Antennenverstärker *m*; **~ gain** Antennengewinn *m*; **~ mast** Antennenmast *m*; **~ noise** Antennenrauschen *n*; **~ power** Antennenleistung *f*. **II** *s* **7.** *bes. Br.* An'tenne *f*.

aer·i·al·ist ['eərɪəlɪst; *Am. a.* eɪ'ɪr-] *s bes. Am.* 'Luftakro͵bat(in).

aer·ie ['eərɪ; 'ɪərɪ] *bes. Am. für* **eyrie**.

aer·o ['eərəʊ] *adj* a) Flugzeug...: **~ engine**, b) Luftsport...: **~ club** Aeroclub *m*.

aero- [eərəʊ] *Wortelement mit der Bedeutung* Aero..., Luft...

͵aer·o·bal'lis·tics *s pl* (*als sg konstruiert*) Aerobal'listik *f*.

aer·o·bat·ics [͵eərəʊ'bætɪks; -rə'b-] *s pl* (*als sg konstruiert*) Kunstflug *m*.

aer·obe ['eərəʊb] *s biol.* Ae'robier *m* (*Organismus, der nur mit Sauerstoff leben kann*).

aer·o·bic [eə'rəʊbɪk] *adj* **1.** ae'rob (*Organismus*). **2.** *Sportmedizin*: ae'rob: **~ capacity** aerobe Kapazität.

͵aer·o·bi'ol·o·gy *s biol.* Aerobiolo'gie *f*.

͵aer·o·bi'o·sis [-baɪ'əʊsɪs] *s biol.* Aerobi'ose *f* (*auf Luftsauerstoff angewiesene Lebensvorgänge*).

'aer·o͵bod·y → **aerodyne**.

'aer·o͵cam·er·a *s* Luftkamera *f*.

aer·o·drome ['eərədrəʊm] *s aer. Br.* Flugplatz *m*.

͵aer·o·dy'nam·ic *phys.* **I** *adj* (*adv* **~ally**) aerody'namisch: **~ design** *tech.* aerodynamische Linienführung, Windschnittigkeit *f*, Stromlinienform *f*; **~ volume displacement** Luftverdrängung *f*. **II** *pl* (*als sg konstruiert*) Aerody'namik *f*.

͵aer·o·dy'nam·i·cal → **aerodynamic I**. **͵aer·o·dy'nam·i·cist** [-ɪsɪst] *s* Aerody'namiker *m*.

aer·o·dyne ['eərəʊdaɪn] *s* Luftfahrzeug *n* schwerer als Luft.

'aer·o͵e·las'tic·i·ty *s aer. tech.* Aeroelastizi'tät *f* (*das Verhalten der elastischen Flugzeugbauteile gegenüber den aerodynamischen Kräften*).

͵aer·o'em·bo·lism *s med.* 'Luftembo͵lie *f*.

aer·o·foil ['eərəʊfɔɪl] *s aer. bes. Br.* Tragfläche *f*, *a.* Höhen-, Kiel- *od.* Seitenflosse *f*: **~ section** Tragflächenprofil *n*.

aer·o·gram ['eərəʊgræm] *s* **1.** Funkspruch *m*. **2.** Aero'gramm *n*, Luftpostleichtbrief *m*.

aer·og·ra·pher [͵eə'rɒgrəfər] *s mar. mil. Am.* Wetterbeobachter *m*.

aer·o·lite ['eərəʊlaɪt], *a.* **'aer·o·lith** [-lɪθ] *s* Aero'lith *m*, Mete'orstein *m*.

aer·ol·o·gy *s meteor.* **1.** Aerolo'gie *f*, Erforschung *f* der höheren Luftschichten. **2.** aero'nautische Meteorolo'gie *f*.

͵aer·o·me'chan·ic I *s* **1.** 'Flugzeugme͵chaniker *m*. **2.** *pl* (*als sg konstruiert*) Aerome'chanik *f*. **II** *adj* **3.** 'flugzeugme͵chanisch.

͵aer·o'med·i·cine *s* Aeromedi'zin *f*, 'Luftfahrtmedi͵zin *f*.

aer·om·e·ter [eə'rɒmɪtə; *Am.* ͵eər'ɒmətər] *s phys.* Aero'meter *n*, Luftdichtemesser *m*.

'aer·o͵mod·el·ling *s Br.* Mo'dellflugzeugbau *m*.

aer·o·naut ['eərənɔːt; *Am. a.* -͵nɑːt] *s* Luftfahrer *m*, -schiffer *m*. **͵aer·o'nau-**

aeronautical – affluent

tic I *adj* → aeronautical. II *s pl (als sg konstruiert)* Aero'nautik *f:* a) *obs.* Luftfahrt *f,* b) Luftfahrtkunde *f.* ˌaer·o·'nau·ti·cal *adj (adv ~ly)* aero'nautisch: ~ **engineering** Flugzeugbau *m*; ~ **station** Bodenfunkstelle *f*; ~ **telecommunication service** Flugfernmeldedienst *m.*

aer·on·o·my [eəˈrɒnəmɪ; *Am.* ˌeərˈɑn-] *s phys.* Aeronoˈmie *f*, Erforschung *f* der obersten Atmoˈsphäre.

aer·o·pause [ˈeərəʊpɔːz] *s* Aeroˈpause *f (Bereich in großer Höhe, etwa 20–200 km über der Erde).*

ˌaer·oˈpha·gi·a [-ˈfeɪdʒɪə; -dʒə] *s med.* Aerophaˈgie *f*, (krankhaftes) Luftschlucken.

ˌaer·oˈphil·at·e·ly *s* Sammeln *n* von ˈLuftpostmarken u. ˌumschlägen.

ˌaer·oˈpho·bi·a *s med.* Aerophoˈbie *f*, (krankhafte) Angst vor frischer Luft.

aer·o·phone [ˈeərəfəʊn] *s mus.* Aeroˈphon *n*, ˈBlasinstruˌment *n.*

aer·o·phyte [ˈeərəfaɪt] *s bot.* Aeroˈphyt *m*, Luftpflanze *f.*

aer·o·plane [ˈeərəpleɪm] *s bes. Br.* Flugzeug *n*: ~ **flutter** *TV* Flugzeugflattern *n.*

ˌaer·oˈplank·ton *s biol.* Aeroˈplankton *n.*

aer·o·sol [ˈeərəʊsɒl; *Am. a.* -ˌsɑl] *s* **1.** *chem. phys.* Aeroˈsol *n*: ~ **bomb** Aerosolbombe *f (Insektenpulver verstäubender Metallbehälter)*; ~ **therapy** *med.* Aerosoltherapie *f.* **2.** Spray-, Sprühdose *f.*

aer·o·space [ˈeərəʊspeɪs] I *s* Weltraum *m.* II *adj* a) Raumfahrt...: ~ **industry**; ~ **medicine**, b) (Welt)Raum...: ~ **research**; ~ **vehicle**.

aer·o·sphere [ˈeərəʊˌsfɪə(r)] *s* ˈErdatmoˌsphäre *f.*

aer·o·stat [ˈeərəʊstæt] *s* Luftfahrzeug *n* leichter als Luft.

ˌaer·oˈstat·ics *s pl (als sg konstruiert)* Aeroˈstatik *f (Lehre vom Gleichgewicht der Gase).*

ˈaer·oˌther·aˈpeu·tics *s pl (als sg konstruiert) med.* Aerotheraˈpie *f*, Luftbehandlung *f.*

ae·ru·gi·nous [ɪəˈruːdʒɪnəs] *adj* grünspanartig, patiˈniert.

Aes·cu·la·pi·an [ˌiːskjʊˈleɪpjən; -ɪən; *Am.* ˌeskjə-] *adj* **1.** äskuˈlapisch, Äskulap...: ~ **staff** Äskulapstab *m.* **2.** ärztlich.

aes·thete [ˈiːsθiːt; *bes. Am.* ˈes-] *s* Ästˈthet *m.* **aesˈthet·ic** [-ˈθetɪk] *adj*; **aesˈthet·i·cal** *adj (adv ~ly)* äsˈthetisch.

aes·the·ti·cian [ˌiːsθɪˈtɪʃn; *bes. Am.* ˌes-] *s* Ästhetiker *m.* **aesˈthet·i·cism** [iːsˈθetɪsɪzəm; *bes. Am.* es-] *s* **1.** Ästheˈtizismus *m.* **2.** Schönheitssinn *m.* **aesˈthet·i·cize** *v/t* ästhetiˈsieren, äsˈthetisch machen, verschönern.

aes·thet·ics [iːsˈθetɪks; *bes. Am.* es-] *s pl (als sg konstruiert)* Ästˈhetik *f.*

aes·ti·val, *etc bes. Br. für* estival, *etc.*

ae·ther, ae·the·re·al → ether, ethereal.

ae·ti·ol·o·gy *bes. Br. für* etiology.

a·far [əˈfɑː(r)] *adv* fern, weit (weg), entfernt: ~ **off** in der Ferne; **from** ~ von weit her, aus weiter Ferne.

a·fear(e)d [əˈfɪə(r)d] *adj obs.* furchtsam.

af·fa·bil·i·ty [ˌæfəˈbɪlətɪ] *s* Leutseligkeit *f*, Freundlichkeit *f.* ˈaf·fa·ble *adj (adv* affably) leutselig, freundlich, ˈumgänglich.

af·fair [əˈfeə(r)] *s* **1.** Angelegenheit *f*, Sache *f*, Geschäft *n*: **that is his** ~ das ist s-e Sache; **to make an** ~ **of s.th.** aus etwas e-e Affäre machen; ~ **of hono(u)r** Ehrenhandel *m (Duell)*; **an** ~ **of the imagination** e-e Sache der Phantasie. **2.** *pl* Angelegenheiten *pl*, Verhältnisse *pl*: **public** ~s öffentliche Angelegenheiten; ~s **of state** Staatsangelegenheiten, -ge-

schäfte *pl*; **the state of** ~**s** a) die Lage der Dinge, die Sachlage, b) *jur.* der Tatbestand, der Sachverhalt; → **foreign** 1, **statement** 5. **3.** *colloq.* Ding *n*, Sache *f*, ˌAppaˈrat *m*: **the car was a shiny** ~. **4.** Afˈfäre *f*: a) Ereignis *n*, Geschichte *f*, Sache *f*, b) Skanˈdal *m*, (berüchtigter) Fall, c) ˈLiebesafˌfäre *f*, Verhältnis *n*: **to have an** ~ **with s.o. 5.** *Am. colloq.* ˌSacheˈ *f*, Veranstaltung *f*: **a big social** ~. **6.** *mil.* Gefecht *n.*

af·faire [əˈfeə(r)] → affair 4 c.

af·fect¹ [əˈfekt] *v/t* **1.** lieben, e-e Vorliebe haben für, neigen zu, vorziehen: **to** ~ **loud neckties** auffallende Krawatten bevorzugen; **much** ~ed **by** sehr beliebt bei. **2.** zur Schau tragen, erkünsteln, nachahmen: **he** ~s **an Oxford accent** er redet mit e-m gekünstelten Oxforder Akzent. **3.** vortäuschen: **to** ~ **ignorance**; **to** ~ **a limp** so tun, als hinke man. **4.** sich gern aufhalten in *(dat) (Tiere)*, vorkommen in *(dat).*

af·fect² [əˈfekt] I *v/t* [əˈfekt] **1.** betreffen, berühren, (ein)wirken *od.* sich auswirken auf *(acc)*, beeinflussen, beeinträchtigen, in Mitleidenschaft ziehen. **2.** *med.* angreifen, befallen, affiˈzieren. **3.** bewegen, rühren, ergreifen. **4.** zuteilen (**to** *dat*). II *s* [ˈæfekt] **5.** *psych.* Afˈfekt *m*, Erregung *f.*

af·fec·ta·tion [ˌæfekˈteɪʃn] *s* **1.** Afˈfekˌtiertheit *f*, Geziertheit *f.* **2.** Heucheˈlei *f*, Verstellung *f.* **3.** Vorgeben *n*: **his** ~ **of pity** das von ihm zur Schau getragene Mitleid. **4.** (übertriebene) Vorliebe (**of** für).

af·fect·ed¹ [əˈfektɪd] *adj (adv ~ly)* **1.** affekˈtiert, gekünstelt, geziert. **2.** zur Schau getragen, erkünstelt. **3.** vorgetäuscht. **4.** *obs.* geneigt, gesinnt (**toward**[s] *dat*).

af·fect·ed² [əˈfektɪd] *adj* **1.** *med.* befallen (**with** von), angegriffen. **2.** betroffen, berührt. **3.** gerührt, bewegt, ergriffen.

af·fect·ing [əˈfektɪŋ] *adj* rührend, ergreifend.

af·fec·tion [əˈfekʃn] *s* **1.** *oft pl* a) Liebe *f*, Zuneigung *f* (**for**, **toward**[s] zu), b) Gefühl *n*: **to play on s.o.'s** ~**s** mit j-s Gefühlen spielen. **2.** Afˈfekt *m*, Gemütsbewegung *f*, Stimmung *f.* **3.** *med.* Afˈfekˌtiˈon *f*, Erkrankung *f*, Leiden *n.* **4.** Einfluß *m*, -wirkung *f.* **5.** *obs.* (**toward**[s]) Hang *m* (zu), Neigung *f* (zu), Vorliebe *f* (für).

af·fec·tion·ate [əˈfekʃnət] *adj (adv ~ly)* gütig, liebevoll, zärtlich, herzlich: ~**ly yours** Dein Dich liebender..., Herzlich Dein... *(Briefschluß)*; ~**ly known as Pat** unter dem Kosenamen Pat bekannt. afˈfec·tion·ate·ness *s* liebevolle Art, Zärtlichkeit *f.*

af·fec·tive [əˈfektɪv] *adj (adv ~ly)* **1.** Gemüts..., Gefühls... **2.** *psych.* emotioˈnal, affekˈtiv, Affekt...: ~ **psychosis** Affektpsychose *f.*

af·fen·pin·scher [ˈæfənˌpɪntʃə(r)] *s zo.* Affenpinscher *m.*

af·fi·ance [əˈfaɪəns] *obs.* I *s* **1.** Vertrauen *n* (**in** auf *acc*, zu). **2.** Verlobung *f* (**to** mit). Eheversprechen *n.* II *v/t* **3.** (**o.s. sich**) verloben (**to** mit): **to** ~ **one's daughter to s.o.** j-m die Hand s-r Tochter versprechen. **af·fi·anced** *adj* verlobt (**to** mit).

af·fi·ant [əˈfaɪənt] *s jur. Am.* Aussteller *m* e-s affidavit.

af·fiche [æˈfiːʃ] *s* Afˈfiche *f*, Aushang *m*, Plaˈkat *n.*

af·fi·da·vit [ˌæfɪˈdeɪvɪt] *s jur. (schriftliche)* eidliche Erklärung: **to swear an** ~ e-e (schriftliche) beeidigte Erklärung abgeben; **to swear an** ~ **of means** den Offenbarungseid leisten; ~ **of support** *Am.* Bürgschaftserklärung *f (für Einwanderer).*

af·fil·i·ate [əˈfɪlɪeɪt] I *v/t* **1.** *(als Mitglied)* aufnehmen. **2.** (**on**, **upon**) etwas zuˈrückführen (auf *acc*), zuschreiben *(dat)*: **to** ~ **a child to** *(od.* **on**) **s.o.** *jur.* j-m die Vaterschaft e-s Kindes zuschreiben. **3.** (**to**) a) (eng) verbinden *od.* verknüpfen (mit), b) angliedern, anschließen *(dat, an acc)*. II *v/i* **4.** (**with**) sich anschließen *(dat, an acc)*, (**e-r Organisation**) beitreten. **5.** *Am.* (**with**) verkehren (mit), sich anschließen *(dat, an acc)*. III *adj* [-lɪət] **6.** → affiliated. IV *s* [-lɪət; -lɪeɪt] **7.** *Am.* Mitglied *n.* **8.** a) ˈZweigorganisatiˌon *f*, b) *econ.* Tochtergesellschaft *f.* af·fil·i·at·ed [-lɪeɪtɪd] *adj* angeschlossen, Zweig..., Tochter...: ~ **company** *econ.* Tochtergesellschaft *f.*

af·fil·i·a·tion [əˌfɪlɪˈeɪʃn] *s* **1.** Aufnahme *f (als Mitglied etc)*. **2.** *jur.* Zuschreibung *f od.* Feststellung *f* der Vaterschaft: ~ **proceedings** Vaterschaftsprozeß *m*; **to file an** ~ **petition** *Am.* Unterhaltsklage einreichen. **3.** Zuˈrückführung *f (auf den Ursprung).* **4.** Verbindung *f*, Anschluß *m*, Angliederung *f*, *bes. pol. relig.* Mitgliedschaft *f*, Zugehörigkeit *f.*

af·fined [əˈfaɪnd; *Am. a.* æ-] *adj* verwandt, verbunden (**to** *dat*, mit).

af·fin·i·ty [əˈfɪnətɪ] *s* **1.** Verwandtschaft *f (durch Heirat)*, Verschwägerung *f.* **2.** *(geistige)* Verwandtschaft, Überˈeinstimmung *f.* **3.** Wahlverwandtschaft *f*, gegenseitige Anziehung. **4.** Wahlverwandte(r *m*) *f.* **5.** Wesensverwandtschaft *f*, Ähnlichkeit *f*, *(das)* Gemeinsame *od.* Verbindende. **6.** *chem.* Affiniˈtät *f.* **7.** Neigung *f* (**for**, **to** zu).

af·firm [əˈfɜːm; *Am.* əˈfɜrm] I *v/t* **1.** a) versichern, b) beteuern. **2.** bekräftigen, *jur.* **das Urteil** bestätigen. **3.** *jur.* an Eides Statt versichern. II *v/i* **4.** *jur.* e-e Versicherung an Eides Statt abgeben. **5.** *jur.* das Urteil bestätigen. III *adj* **6. that's** ~ *Am. colloq.* richtig!, stimmt!

af·fir·ma·tion [ˌæfə(r)ˈmeɪʃn] *s* **1.** a) Versicherung *f*, b) Beteuerung *f.* **2.** Bekräftigung *f*, Bestätigung *f.* **3.** *jur.* Versicherung *f* an Eides Statt: **to make an** ~ → affirm 4. afˈfirm·a·tive [-ətɪv] I *adj (adv ~ly)* **4.** bejahend, zustimmend, positiv: **an** ~ **reply**; ~ **vote** *pol.* Ja-Stimme *f.* **2.** bestimmt, positiv. **3.** ~ **action (plan** *od.* **program)** *Am.* Programm, das die Diskriminierung von Minderheitsgruppen, Frauen etc bekämpft. II *s* **4.** Bejahung *f*: **to answer in the** ~ bejahen. **5.** *jur. Am.* beweispflichtige Parˈtei.

af·fix I *v/t* [əˈfɪks; æ-] **1.** (**to**) befestigen, anbringen (**an** *dat*), anheften, ankleben (**an** *acc*), ~ hinˈzu-, beifügen, beilegen. **3.** (**to**) s-e Unterschrift setzen (unter *acc*), ein Siegel anbringen (**an** *dat*), e-n Stempel aufdrücken (**auf** *a. fig.*). II *s* [ˈæfɪks] **4.** *ling.* Afˈfix *n (an den Wortstamm tretendes Bildungselement).* **5.** Hinˈzu-, Beifügung *f*, Anhang *m.*

af·fla·tus [əˈfleɪtəs] *s* Inspiraˈtiˈon *f*: **divine** ~.

af·flict [əˈflɪkt] *v/t* betrüben, bedrücken, plagen, quälen, heimsuchen. afˈflict·ed *adj* **1.** niedergeschlagen, betrübt. **2.** (**with**) a) befallen, geplagt, heimgesucht (von), behaftet (mit), b) leidend (**an** *dat*): **to be** ~ **with** leiden an. afˈflic·tion *s* **1.** Betrübnis *f*, Niedergeschlagenheit *f*, Kummer *m.* **2.** a) Gebrechen *n*, b) *pl* Beschwerden *pl*: ~**s of old age** Altersbeschwerden. **3.** Elend *n*, Not *f*: → brother 3.

af·flu·ence [ˈæflʊəns] *s* **1.** Zustrom *m.* **2.** Fülle *f*, ˈÜberfluß *m.* **3.** Reichtum *m*, Wohlstand *m*: **to live in** ~ im Wohlstand leben; **to rise to** ~ zu Wohlstand kommen; **demoralization by** ~ *sociol.* Wohlstandsverwahrlosung *f.* ˈaf·flu·ent I *adj (adv ~ly)* **1.** reich(lich).

2. wohlhabend, reich (**in** an *dat*): ~ **society** *sociol.* Wohlstandsgesellschaft *f.* **II** *s* **3.** Nebenfluß *m.*
af·flux ['æflʌks] *s* **1.** Zufluß *m*, Zustrom *m* (*a. fig.*). **2.** *physiol.* Zustrom *m*, (Blut-) Andrang *m.*
af·ford [ə'fɔː(r)d; *Am. a.* ə'fəʊərd] *v/t* **1.** sich leisten, sich erlauben, die Mittel haben für: **we can't** ~ **it** wir können es uns nicht leisten (*a. fig.*), es ist für uns unerschwinglich. **2.** aufbringen, *Zeit* erübrigen. **3.** gewähren, bieten: **to** ~ **protection (satisfaction)**; **to** ~ **s.o. pleasure** j-m Freude machen. **4.** (*als Produkt*) liefern: **olives** ~ **oil**. **af·ford·a·ble** *adj* erschwinglich (*Preis*): **at** ~ **prices**.
af·for·est [æ'fɒrɪst; *Am. a.* æ'fɔːr-] *v/t* aufforsten. **af,for·est'a·tion** *s* Aufforstung *f.*
af·fran·chise [ə'fræntʃaɪz; æ-] *v/t* befreien (from aus *dem Gefängnis*, von e-r *Verpflichtung*).
af·fray [ə'freɪ] **I** *v/t obs.* erschrecken. **II** *s jur.* Schläge'rei *f*, Raufhandel *m* (*Störung der öffentlichen Ordnung*).
af·freight [ə'freɪt; æ-] *v/t mar.* ein *Frachtschiff* a) chartern, b) befrachten. **af'freight·ment** *s a.* **contract of** ~ (See)Frachtvertrag *m.*
af·fri·cate ['æfrɪkət] *s ling.* Affri'kata *f* (*Verschlußlaut mit folgendem Reibelaut*). **af·fric·a·tive** [æ'frɪkətɪv; ə-] **I** *adj* affri'ziert, angerieben. **II** *s* → affricate.
af·fright [ə'fraɪt] *obs. od. poet.* **I** *v/t* erschrecken. **II** *s* Schreck *m.*
af·front [ə'frʌnt] **I** *v/t* **1.** beleidigen, beschimpfen. **2.** *Stolz, Würde* verletzen. **3.** *obs.* trotzen (*dat*). **II** *s* **4.** Beleidigung *f*, Af'front *m.* **5.** Verletzung *f* (**to** *gen*): **that was an** ~ **to his pride** das verletzte s-n Stolz.
Afghan ['æfgæn] **I** *s* **1.** Af'ghane *m*, Af'ghanin *f.* **2. a**~ Af'ghan *m* (*handgeknüpfter Wollteppich*). **3.** *ling.* Af'ghanisch *n*, das Afghanische. **4.** *a.* ~ **hound** Af'ghane *m.* **II** *adj* **5.** af'ghanisch.
a·fi·cio·na·do [ə,fɪsjə'nɑːdəʊ; *Am.* ə,fɪsɪ-ə'nɑːdə] *pl* -**dos** *s* Fan *m*, Liebhaber *m*: **jazz** ~.
a·field [ə'fiːld] *adv* **1.** im *od.* auf dem Feld. **2.** ins *od.* aufs Feld. **3.** in der Ferne, draußen. **4.** in die Ferne, hin'aus. **5.** *bes. fig.* in die Irre: **to lead s.o.** ~; **to be quite** ~ **a)** gewaltig im Irrtum *od.* auf dem Holzweg sein (*Person*), **b)** ganz falsch *od.* weit gefehlt sein (*Sache*), **c)** weit über den Rahmen hinausgehen (*Sache*); **to go** ~ **a)** in die Ferne schweifen, **b)** sich (voll u. ganz) irren, **c)** in die Irre gehen, **d)** ,danebengehen' (*Ansicht, Schuß etc*).
a·fire [ə'faɪə(r)] *adv. u. pred adj* in Brand, in Flammen: **to be** ~ in Flammen stehen, brennen; **to set** ~ in Brand setzen *od.* stecken, anzünden; **to be** ~ **with desire** von dem brennenden Wunsch besessen sein (**to do** zu tun); **to be** ~ **with enthusiasm a)** vor Begeisterung glühen, **b)** *a.* **to be all** ~ Feuer u. Flamme sein (**for** für).
a·flame [ə'fleɪm] *adv u. pred adj* → afire: **to be** ~ **with colo(u)r** in allen Farben glühen *od.* leuchten.
af·la·tox·in [,æflə'tɒksɪn; *Am.* -'tɑːk-] *s biol.* Aflato'xin *n* (*Stoffwechselprodukt verschiedener Schimmelpilze*).
a·float [ə'fləʊt] *adv u. pred adj* **1.** flott, schwimmend: **to keep** ~ (sich) über Wasser halten (*a. fig.*); **to set** ~ *mar.* flottmachen (→ 3 u. 4). **2.** an Bord, auf See: **goods** ~ *econ.* schwimmende Güter. **3.** in 'Umlauf (*Gerücht etc*): **to set** ~ in Umlauf bringen; **there is a rumo(u)r** ~ **that** es geht das Gerücht (um), daß. **4.** *fig.* im Gange: **to set** ~ in Gang setzen. **5.** über-'schwemmt: **to be** ~ unter Wasser stehen.

a·flut·ter [ə'flʌtə(r)] *adv u. pred adj* **1.** flatternd. **2.** unruhig, aufgeregt.
a·foot [ə'fʊt] *adv. u. pred adj* **1.** *obs.* zu Fuß. **2.** *obs.* auf den Beinen: **he is** ~ **again after his illness**. **3.** *fig.* im Gang(e): **to set** ~ in Gang setzen; **something is** ~ es ist etwas im Gange.
a·fore [ə'fɔː(r); *Am. a.* ə'fəʊər) *obs. für* before. **a,fore'men·tioned, a'fore·said** *adj* obenerwähnt, obengenannt, vorerwähnt, obig(er, e, es). **a'fore·thought** *adj jur.* vorbedacht, vorsätzlich: → **malice** 5. **a'fore·time** *obs.* **I** *adv* vormals, früher. **II** *adj* früher, ehemalig.
a for·ti·o·ri [eɪˌfɔː(r)tɪ'ɔːraɪ; *Am.* -'əʊ-] *adv* a forti'ori, erst recht, um so mehr.
a·foul [ə'faʊl] *adv. u. pred adj* in Kollisi'on: **to run** ~ **of** zs.-stoßen mit, rammen (*acc*); **to run** (*od.* **fall**) ~ **of the law** mit dem Gesetz in Konflikt kommen.
a·fraid [ə'freɪd] *adj*: **to be** ~ Angst haben, sich fürchten (**of** vor *dat*); **to be** ~ **to do** (*od.* **of doing**) sich fürchten *od.* scheuen zu tun; ~ **of hard work** faul, arbeitsscheu; **I'm** ~ **he won't come** ich fürchte, er wird nicht kommen; **I'm** ~ **you are wrong** ich glaube fast *od.* fürchte, Sie irren sich; **I'm** ~ **I must go** leider muß ich jetzt gehen; **I'm** ~ **so** leider ja; ja, leider; **I'm** ~ **not** leider nein *od.* nicht.
af·reet ['æfriːt; ə'friːt] *s* böser Dämon.
a·fresh [ə'freʃ] *adv* von neuem, abermals, wieder, von vorn: **to begin** ~.
Af·ric ['æfrɪk] *colloq. für* African I.
Af·ri·can ['æfrɪkən] **I** *s* **1.** Afri'kaner(in). **2.** Neger(in) (*in Amerika lebend*). **II** *adj* **3.** afri'kanisch: ~ **violet** *bot.* Usambaraveilchen *n.* **4.** (*ursprünglich*) afri'kanischer Abstammung, Neger...
Af·ri·can·der [,æfrɪ'kændə(r)] *obs. für* Afrikaner.
Af·ri·can·ism ['æfrɪkənɪzəm] *s bes. ling.* Afrika'nismus *m.* '**Af·ri·can·ist** *s* Afrika'nist(in).
Af·ri·kaans [,æfrɪ'kɑːns; -z] *s ling.* Afri'kaans *n*, Kapholländisch *n.* **Af·ri·kan·der** [,æfrɪ'kændə(r)] *obs. für* Afrikaner. **Af·ri·kan·er** [,æfrɪ'kɑːnə(r)] *s* Afri'ka(a)nder *m* (*Weißer mit Afrikaans als Muttersprache*).
Af·ro ['æfrəʊ] **I** *pl* -**ros** *s* **a)** Afro-Look *m*, **b)** *a.* ~ **hairdo** 'Afro-Fri,sur *f*, Fri'sur im Afro-Look. **II** *adv. u. pred adj*: **to wear one's hair** ~ sein Haar im Afro-Look tragen, e-e Afro-Frisur tragen.
,**Af·ro**|-**'A·mer·i·can** [,æfrəʊ-] **I** *s* 'Afroameri,kaner(in). **II** *adj* 'afroameri,kanisch. ~-**'A·mer·i·can·ism** *s* ameri'kanische 'Negerkul,tur. ~-**'A·sian** *adj* 'afroasi,atisch.
Af·roed [æfrəʊd] *adj* im Afro-Look: ~ **young blacks**.
'**Af·ro·ism** *s* Inter'esse *n* an 'schwarzafri,kanischer Kul'tur u. an der Ausbreitung schwarzafrikanischer Macht.
,**Af·ro·'Sax·on** *s contp.* Schwarzer, der dem weißen Es'tablishment angehört *od.* ihm angehören möchte.
aft [ɑːft; *Am.* æft] *adv mar.* achtern, hinten (im Schiff): **fore and** ~ von vorn nach achtern (zu).
af·ter [ɑːftə(r); *Am.* 'æftər] **I** *adv* **1.** nachher, nach, hinter'her, da'nach, dar'auf, später, hinten'nach: **for months** ~ noch monatelang; **during the weeks** ~ in den (nach)folgenden Wochen; **that comes** ~ das kommt nachher; **shortly** ~ kurz danach. **II** *prep* **2.** hinter (*dat*) ... her, nach, hinter (*dat*): **he came** ~ **me** a) er kam hinter mir her, b) er kam nach mir; **to be** ~ **s.o.** (*od.* **s.th.**) *fig.* hinter j-m (*od.* e-r Sache) hersein; ~ **go after, look after**. **7.** (*zeitlich*) nach: ~ **a week**; **ten** ~ **five** *Am.* 10 nach 5; **day** ~ **day** Tag für

Tag; **blow** ~ **blow** Schlag auf Schlag; **wave** ~ **wave** Welle um Welle; **the month** ~ **next** der übernächste Monat; **one** ~ **the other** einer (eine, eines) nach dem (der, dem) andern, nacheinander, hintereinander; ~ **all** a) schließlich, im Grunde, eigentlich, alles in allem, b) immerhin, dennoch, c) (also) doch; ~ **all my trouble** trotz all m-r Mühe; ~ **you, sir!** (bitte) nach Ihnen!; ~ **hour** 5. **4.** (*im Range*) nach: **the greatest poet** ~ **Shakespeare**. **5.** nach, gemäß: **named** ~ **his father** nach s-m Vater genannt; ~ **his nature** s-m Wesen gemäß; **a picture** ~ **Rubens** ein Gemälde nach *od.* im Stil von Rubens; ~ **what you have told me** nach dem, was Sie mir erzählt haben; → **heart** *Bes. Redew.* **III** *adj* **6.** später, künftig: **in** ~ **years**. **7.** nachträglich, Nach... **8.** hinter(er, e, es), *mar.* Achter... **IV** *conj* **9.** nachdem: **he had sat down**. **V** *s pl* (*als sg konstruiert*) **10.** Br. *colloq.* Nachtisch *m*: **for** ~**s** als *od.* zum Nachtisch. ~**birth** *s med.* Nachgeburt *f.* '~**bod·y** *s* **1.** *mar.* Achterschiff *n.* **2.** *Raumfahrt:* abgestoßener Teil, der der Ra'kete *od.* dem Satel'liten folgt. '~**born** *adj* **1.** später geboren, jünger. **2.** nachgeboren. '~**brain** *s anat.* 'Hinterhirn *n.* '~**burn·er** *s aer. tech.* Nachbrenner *m.* '~**burn·ing** *s aer. tech.* Nachbrennung *f.* '~**care** *s* **1.** *med.* Nachbehandlung *f*, -sorge *f.* **2.** Resoziali'sierungshilfe *f* (*für entlassene Strafgefangene*). '~**clap** *s* nachträgliche (*bes.* unangenehme) Überraschung, Nachspiel *n.* '~**damp** *s tech.* Nachschwaden *m* (*im Bergwerk*). '~**death** *s* Leben *n* nach dem Tode. '~**deck** *s mar.* Achterdeck *n.* '~-,**din·ner** *adj* nach Tisch: ~ **speech** Tischrede *f*; ~ **walk** Verdauungsspaziergang *m.* '~**ef,fect** *s* **1.** *med.* Nachwirkung *f* (*a. fig.*). **2.** *fig.* Folge *f.* '~**glow** *s* **1.** Nachglühen *n* (*a. tech.*). **2.** *TV* Nachleuchten *n.* **3.** *a)* Abendrot *n*, *b)* Alpenglühen *n.* **4.** *fig.* angenehme Erinnerung(en) (**of** an *acc*). '~**grass** → aftermath 1. '~**growth** *s agr.* Nachtrieb *m*, -wachsen *n.* '~**heat** *s phys.* Nachwärme *f* (*in e-m Kernreaktor*). '~**hold** *s mar.* Achterraum *m.* '~-,**im·age** *s opt. psych.* Nachbild *n.* '~-,**im·pres·sion** *s* afterimage, aftersensation. '~**life** *s* **1.** Leben *n* nach dem Tode. **2.** (zu)künftiges Leben. '~**math** [-mæθ; *Br. a.* -mɑːθ] *s* **1.** *agr.* Nachmahd *f*, Grummet *n*, zweite Grasernte. **2.** Folgen *pl*, Nachwirkungen *pl*: **the** ~ **of war**. '~**most** [-məʊst] *adj* hinterst(er, e, es).
af·ter·noon [ɑːftə'nuːn; *Am.* ,æftər-] **I** *s* Nachmittag *m*: **(late) in the** ~ am (späten) Nachmittag; **this** ~ heute nachmittag; **good** ~**!** guten Tag!; **the** ~ **of life** der Herbst des Lebens. **II** *adj* Nachmittags...
,**af·ter'noon·er** *s Am. colloq.* Nachmittagszeitung *f.* ,**af·ter'noons** *adv Am.* nachmittags.
'**af·ter**|**pains** *s pl med.* Nachwehen *pl.* '~**piece** *s thea.* Nachspiel *n.* '~**play** *s* (*sexuelles*) Nachspiel. '~**rip·en·ing** *s bot.* Nachreifen *n.* '~-,**sales ser·vice** *s econ.* Kundendienst *m.* '~**sen,sa·tion** *s opt. psych.* Nachempfindung *f.* '~**shave** (**lo·tion**) *s* After-shave-Lotion *f* n, Ra'sierwasser *n.* '~**shock** *s* Nachbeben *n* (*e-s Erdbebens*). '~**taste** *s* Nachgeschmack *m* (*a. fig.*). '~**tax** *adj econ.* nach Abzug der Steuern, *a.* Netto...: ~ **in·come**. '~**thought** *s* nachträglicher Einfall, spätere Über'legung: **to add s.th. as an** ~ etwas nachträglich hinzufügen. '~**time** *s* Zukunft *f.* '~**treat·ment** *s med. tech.* Nachbehandlung *f*, *med.* Nachkur *f.* '~**war** *adj* Nachkriegs...
af·ter·wards ['ɑːftə(r)wə(r)dz; *Am.*

afterwisdom – aggrieve

æf-], *Am. a.* ˈaf·ter·ward *adv* später, herˈnach, nachher, hinterˈher.
ˈaf·terˌwis·dom → hindsight 2. ˈ~·word *s* Nachwort *n* (to zu). ˈ~·world *s* 1. Nachwelt *f*. 2. Jenseits *n*. ˈ~·years *s pl* folgende Jahre *pl*, Folgezeit *f*.
a·gain [əˈgen; əˈgeɪn] *adv* 1. ˈwieder(um), von neuem, abermals, nochmals: to be o.s. ~ a) sich wieder beruhigt haben, b) wieder auf den Beinen sein, c) wieder ganz der alte sein; what's his name ~? wie heißt er doch noch (schnell)?; → now *Bes. Redew.*, time 21. 2. schon wieder: that fool ~! 3. außerdem, ferner, ebenso, noch daˈzu. 4. noch einmal: → much *Bes. Redew.* 5. *a.* then ~ and(e)rerseits, hinˈgegen, (hin)ˈwiederum.
a·gainst [əˈgenst; əˈgeɪnst] *prep* 1. gegen, wider (*acc*), entgegen (*dat*): ~ the enemy gegen den Feind; ~ the wind gegen den Wind; he was ~ it er war dagegen; ~ expectation 1, law¹ 1. 2. gegenˈüber (*dat*): (over) ~ the town hall dem Rathaus gegenüber; my rights ~ the landlord m-e Rechte gegenüber dem Vermieter. 3. an (*dat od. acc*), vor (*dat od. acc*), gegen: ~ the wall. 4. gegen (*e-n Hintergrund*): dark trees ~ a clear sky. 5. (*im Austausch*) gegen, für: payment ~ documents *econ.* Zahlung gegen Dokumente. 6. gegen, im ˈHinblick auf (*acc*): purchases made ~ tomorrow's earnings. 7. (in Vorsorge) für, in Erwartung von (*od. gen*): money saved ~ a day of need. 8. *a.* as ~ gegenˈüber (*dat*), verglichen mit, im Vergleich zu.
a·gam·ic [əˈgæmɪk; *bes. Am.* eɪ-] *adj biol.* 1. aˈgam, geschlechtslos. 2. krypto'gam.
ag·a·mo·gen·e·sis [ˌægəmoʊˈdʒenɪsɪs; *Am. a.* eɪˌgæməˈdʒ-] *s biol.* Agamoˈgenesis *f*, ungeschlechtliche Fortpflanzung.
ag·a·mous [ˈægəməs] → agamic.
a·gape [əˈgeɪp] *adv u. pred adj* mit (vor) Staunen, Überˈraschung *etc*) offenem Mund.
a·gar [ˈeɪgɑː; ˈeɪgə; *Am.* ˈɑːgɑːr] *s biol.* 1. Nährboden *m*. 2. → agar-agar. ˌ~·ˈa·gar *biol. med.* Agar-Agar *m* (*aus Meeralgen gewonnene Pflanzengelatine*).
a·gar·ic [ˈægərɪk; əˈgærɪk] *s bot.* 1. Blätterpilz *m*, -schwamm *m*. 2. Unechter Feuerschwamm.
ag·ate [ˈægət] *s* 1. *min.* Aˈchat *m*. 2. *tech.* Wolfszahn *m* (*Polierstein der Golddrahtzieher*). 3. bunte Glasmurmel. 4. *print. Am.* Paˈriser Schrift *f* (*Fünfeinhalbpunktschrift*).
a·ga·ve [əˈgeɪvɪ; ˈægeɪv; *Am.* əˈgɑːviː] *s bot.* Aˈgave *f*.
age [eɪdʒ] I *s* 1. (Lebens)Alter *n*, Altersstufe *f*: at the ~ of im Alter von; at his ~ in s-m Alter; at what ~? in welchem Alter?, mit wieviel Jahren?; he is my ~ ist so alt wie ich; when I was your ~ als ich in d-m Alter war, als ich so alt war wie du; when you are my ~ wenn du erst einmal so alt bist wie ich; I have a daughter your ~ ich habe eine Tochter in Ihrem Alter; ten years of ~ zehn Jahre alt; of an ~ with genauso alt wie; their ~s are 4 and 7 sie sind 4 u. 7 (Jahre alt); he does not look his ~ man sieht ihm sein Alter nicht an; what is his ~?, what ~ is he? wie alt ist er?; to act one's ~ sich s-m Alter entsprechend benehmen; be your ~! sei kein Kindskopf! 2. Reife *f* (to come) of ~ ˈmündig *od.* volljährig (werden); under ~ minderjährig, unmündig; → full age. 3. vorgeschriebenes Alter (*für ein Amt etc*): to be over ~ die Altersgrenze überschritten haben, über der Altersgrenze liegen. 4. Zeit(alter *n*) *f*: the ~ of Queen Victoria; the leading poet of his ~; the ~ of reason die Aufklärung; down the ~s durch die Jahrhunderte; in our ~ in unserer Zeit. 5. *a.* old ~ (hohes) Alter: the wisdom of ~; bent by ~ vom Alter gebeugt; ~ before beauty! *humor.* Alter vor Schönheit! 6. Menschenalter *n*, Generatiˈon *f*. 7. *oft pl colloq.* unendlich lange Zeit, Ewigkeit *f*: I haven't seen him for ~s ich habe ihn schon e-e Ewigkeit nicht gesehen; I've known that for ~s das weiß ich schon längst; she was an ~ washing her hair sie brauchte e-e Ewigkeit, um sich die Haare zu waschen. 8. *geol.* Periˈode *f*, (Eis- *etc*)Zeit *f*. II *v/t* 9. *a.*) j-n alt machen (*Kleid etc*), b) j-n altern lassen, um Jahre älter machen (*Sorgen etc*). 10. *tech.* altern, vergüten. 11. a) *Wein etc* ablagern lassen, b) *Käse etc* reifen lassen. III *v/i* 12. alt werden, altern. 13. a) ablagern (*Wein etc*), b) reifen (*Käse etc*). ~ brack·et → age group. ~ class → age group.
aged [eɪdʒd] *adj* 1. im Alter von ..., ...jährig, ... Jahre alt: ~ twenty. 2. a) siebenjährig (*Pferd*), b) vierjährig (*Rind*), c) zweijährig (*Schwein*), d) einjährig (*Schaf*). 3. [ˈeɪdʒɪd] alt, bejahrt: the ~ die alten Leute.
ˈageǀ-ˌfel·low *s* age-mate. ~ group *s* Altersgruppe *f*, -klasse *f*. ˈ~-ˌhard·en *v/t tech.* Metall aushärten. ~ hard·en·ing *s tech.* Aushärtung *f*.
age·ing → aging.
age·ism [ˈeɪdʒɪzəm] *s* Diskrimiˈnierung *f* alter Menschen.
age·less [ˈeɪdʒlɪs] *adj* 1. nicht alternd, ewig jung, alterslos. 2. zeitlos.
ageǀ lim·it *s* Altersgrenze *f*. ˈ~-ˌlong *adj* unendlich lang, ewig. ˈ~-ˌmate *s* Altersgenosse *m*, -genossin *f*.
a·gen·cy [ˈeɪdʒənsɪ] *s* 1. Tätigkeit *f*, Wirksamkeit *f*, Wirkung *f*. 2. a) (be)wirkende Kraft *or.* Ursache, b) (ausführendes Orˈgan, c) Werkzeug *n*, Mittel *n*: by (*od.* through) the ~ of mit Hilfe von (*od. gen*), vermittels(t) (*gen*). 3. Vermittlung *f*. 4. *jur.* a) (Stell)Vertretung *f*, b) (Handlungs)Vollmacht *f*, Vertretungsbefugnis *f*, Geschäftsbesorgungsauftrag *m*. 5. Vermittlung(sstelle) *f*. 6. *econ.* a) (Handels)Vertretung *f* (*a.* als Büro): to have the ~ for s.th., b) (ˈHandels-, *a.* ˈNachrichten-)Agenˌtur *f*, Verˈkaufsbüˌro *n*, c) Vertretungsbezirk *m*, d) Vertretungsauftrag *m*, -vollmacht *f*. 7. *bes. Am. a.*) Geschäfts-, Dienststelle *f*, b) Amt *n*, Behörde *f*.
a·gen·da [əˈdʒendə] *s* 1. Tagesordnung *f*: to be on the ~ auf der Tagesordnung stehen. 2. selten Noˈtizbuch *n*.
a·gent [ˈeɪdʒənt] *s* 1. Handelnde(r *m*) *f*, Ausführende(r *m*) *f*, Urheber(in). 2. → agency 2. 3. *biol. chem. med. phys.* Agens *n*, Wirkstoff *m*, Mittel *n*: protective ~ Schutzmittel. 4. *mil.* Kampfstoff *m*. 5. *jur.* (Handlungs)Bevollmächtigte(r *m*) *f*, Beauftragte(r *m*) *f*, (Stell)Vertreter(in). 6. *econ. a.*) *allg.* Aˈgent *m*, Vertreter *m*, b) Kommissioˈnär *m*, c) (Grundstücks- *etc*)Makler *m*, d) Vermittler *m*, e) (Handlungs)Reisende(r *m*) *f*. 7. (politischer *od.* Geheim)Aˈgent, V-Mann *m*. ˌ~-ˈgen·er·al *pl* ˌa·gents-ˈgen·er·al *s* 1. Generˈalvertreter *m*. 2. A—G— *Br.* Generˈalvertreter *m* (*der in London e-e kanadische Provinz od. e-n australischen Bundesstaat vertritt*).
a·gent pro·vo·ca·teur *pl* a·gents pro·vo·ca·teurs [ˌæʒɑ̃ːprɒvɒkəˈtəː; *Am.* ˌɑːprəˌvɑːkəˈtɜːr] *s* Aˈgent *m* provoca'teur, Lockspitzel *m*.
ag·gior·na·men·to [əˌdʒɔː(r)nəˈmentəʊ] *s R.C.* Aggiornaˈmento *n* (*Versuch der Anpassung der katholischen Kirche u. ihrer Lehre an die Verhältnisse des modernen Lebens*).
ag·glom·er·ate I *v/t u. v/i* [əˈglɒməreɪt; *Am.* əˈglɑːm-] 1. (sich) zs.-ballen, (sich) an- *od.* aufhäufen. II *s* [-rət; -reɪt] 2. Anhäufung *f*, (Zs.-)Ballung *f*, angehäufte Masse. 3. *geol. phys. tech.* Agglomeˈrat *n*. 4. *tech.* Sinterstoff *m*. III *adj* [-rət; -reɪt] 5. zs.-geballt, gehäuft (*a. bot.*), geknäuelt. ag·ˈglom·er·at·ed [-reɪtɪd] → agglomerate III. agˌglom·erˈa·tion *s* Zs.-Ballung *f*, Anhäufung *f*.
ag·glu·ti·nant [əˈgluːtɪnənt] I *adj* klebend. II *s* Klebe-, Bindemittel *n*.
ag·glu·ti·nate I *adj* [əˈgluːtɪnət; -neɪt] 1. zs.-geklebt, verbunden. 2. *bot.* angewachsen. 3. *ling.* aggluti'niert. II *v/t* [-neɪt] 4. zs.-kleben, verbinden. 5. *biol. ling.* aggluti'nieren. 6. *med.* an-, zs.-heilen. III *v/i* [-neɪt] 7. zs.-kleben, sich verbinden.
ag·glu·ti·na·tion [əˌgluːtɪˈneɪʃn] *s* 1. Zs.-kleben *n*, aneinˈanderklebende Masse, Klumpen *m*. 3. *biol. ling.* Aggluti'natiˈon *f*. 4. *med.* Zs.-heilung *f*. ag·ˈglu·ti·na·tive [-nətɪv; *Am.* -ˌneɪtɪv] *adj bes. ling.* aggluti'nierend. ag·ˈglu·ti·nin [əˈgluːtɪnɪn] *s biol.* Agglutiˈnin *n*.
ag·glu·ti·n·o·gen [ˌæglʊˈtɪnədʒən; əˈgluːtɪn-] *s biol.* Agglutinoˈgen *n*.
ag·gran·dize [əˈgrændaɪz; ˈægrən-] *v/t* 1. Reichtum *etc* vergrößern, -mehren, s-e Macht ausdehnen, erweitern. 2. die Macht *od.* den Reichtum *od.* den Ruhm vergrößern von (*od. gen*). 3. verherrlichen. 4. *j-n* erheben, erhöhen. ag·ˈgran·dize·ment [əˈgrændɪzmənt] *s* 1. Vergrößerung *f*, -mehrung *f*. 2. Erhöhung *f*, Aufstieg *m*.
ag·gra·vate [ˈægrəveɪt] *v/t* 1. erschweren, verschärfen, -schlimmern: ~d larceny *jur.* schwerer Diebstahl; ~d risk erhöhtes (Versicherungs)Risiko. 2. *colloq. j-n* (ver)ärgern. ˈag·gra·vat·ing *adj* (*adv* ~ly) 1. erschwerend, verschärfend, -schlimmernd. 2. *colloq. a.*) ärgerlich, unangenehm, b) aufreizend. ˌag·graˈva·tion *s* 1. Erschwerung *f*, Verschärfung *f*, -schlimmerung *f*. 2. *colloq.* Ärger *m*. 3. *jur.* erschwerender ˈUmstand.
ag·gre·gate I *adj* [ˈægrɪgət] 1. (an)gehäuft, vereinigt, gesamt, Gesamt...: ~ income Gesamteinkommen *n*; ~ amount → 9. 2. *biol.* aggre'giert, zs.-gesetzt, gemengt. 3. *a. ling.* Sammel..., kollekˈtiv: ~ fruit *bot.* Sammelfrucht *f*. II *v/t* [-geɪt] 4. anhäufen, ansammeln. 5. vereinigen, -binden (to mit), aufnehmen (to in *acc*). 6. sich (insgesamt) belaufen auf (*acc*). III *v/i* [-geɪt] 7. sich (an)häufen *od.* ansammeln. IV *s* [-gət] 8. Anhäufung *f*, Ansammlung *f*, Masse *f*. 9. Gesamtbetrag *m*, -summe *f*: in the ~ insgesamt, im ganzen, alles in allem. 10. *biol. electr. tech.* Aggreˈgat *n*. 11. *geol.* Gehäufe *n*.
ag·gre·ga·tion [ˌægrɪˈgeɪʃn] *s* 1. (An-)Häufung *f*, Ansammlung *f*. 2. Vereinigung *f*. 3. *phys.* Aggreˈgat *n*: state of ~ Aggregatzustand *m*. 4. *biol.* Aggregatiˈon *f*. 5. *math.* Einklammerung *f*.
ag·gress [əˈgres] *v/i* (against) angreifen (*acc*), (e-n) Streit anfangen (mit).
ag·gres·sion [əˈgreʃn] *s bes. mil.* Angriff *m* (against gegen; on, upon auf *acc*) (*a. fig.*), ˈÜberfall *m* (on, upon auf *acc*), *a. psych.* Aggressiˈon *f*. ag·ˈgres·sive *adj* (*adv* ~ly) 1. aggresˈsiv, angreifend, angriffslustig, Angriffs...: ~ weapon *mil.* Angriffs-, Offensivwaffe *f*. 2. *fig.* eˈnergisch, draufgängerisch, dy'namisch, aggresˈsiv: an ~ businessman. ag·ˈgres·sive·ness *s* Aggressiviˈtät *f*, Angriffslust *f*. ag·ˈgres·sor [-sə(r)] *s bes. mil.* Angreifer *m*, Ag'gressor *m*.
ag·grieve [əˈgriːv] *v/t* 1. betrüben, be-

drücken. 2. kränken. **ag'grieved** *adj* 1. betrübt, bedrückt (**at, over** über *acc*, **wegen**). 2. gekränkt (**at, over** über *acc*, wegen; **by** durch). 3. *jur.* beschwert, benachteiligt, geschädigt: **to feel ~ sich ungerecht behandelt fühlen.** [**siveness**]
ag·gro ['ægrəʊ] *Br. sl. für* aggres-
a·ghast [əˈgɑːst; *Am.* əˈgæst] *adv u. pred adj* entgeistert, bestürzt, entsetzt (**at** über *acc*).
ag·ile ['ædʒaɪl; *Am.* 'ædʒəl] *adj (adv* **~ly**) beweglich, flink, behend(e) (*a. fig.* Verstand *etc*). **a·gil·i·ty** [əˈdʒɪlətɪ] *s* Beweglichkeit *f*, Behendigkeit *f*.
ag·ing ['eɪdʒɪŋ] **I** *s* 1. Altern *n*. 2. *tech.* Altern *n*, Alterung *f*, Vergütung *f*: **~ inhibitor** Alterungsschutzstoff *m*; **~ test** Alterungsprüfung *f*. **II** *adj* 3. a) alternd, b) altmachend.
ag·i·o ['ædʒɪəʊ; 'ædʒəʊ] *pl* **-os** *s econ.* Agio *n*, Aufgeld *n*. **ag·i·o·tage** ['ædʒətɪdʒ] *s* Agio'tage *f*.
ag·ism → ageism.
a·gist [əˈdʒɪst] *v/t jur.* Vieh gegen Entschädigung in Weide nehmen. **a'gist·ment** *s jur.* 1. Weidenlassen *n*. 2. Weiderecht *n*. 3. Weidegeld *n*.
ag·i·tate ['ædʒɪteɪt] **I** *v/t* 1. hin u. her bewegen, in heftige Bewegung versetzen, schütteln, ('um)rühren. 2. *fig.* beunruhigen: a) stören, b) auf-, erregen, aufwühlen. 3. aufwiegeln, -hetzen. 4. a) erwägen, b) lebhaft erörtern. **II** *v/i* 5. a) agi'tieren, wühlen, hetzen (**against** gegen), b) Propa'ganda machen (**for** für). **'ag·i·tat·ed** *adj (adv* **~ly**) aufgeregt, erregt.
ag·i·ta·tion [ˌædʒɪˈteɪʃn] *s* 1. Erschütterung *f*, heftige Bewegung. 2. Aufregung *f*, Unruhe *f*. 3. *pol.* Agitati'on *f*.
ag·i·ta·tor ['ædʒɪteɪtə(r)] *s* 1. Agi'tator *m*, Aufwiegler *m*, Wühler *m*, Hetzer *m*. 2. *tech.* 'Rührappaˌrat *m*, -arm *m*, -werk *n*.
ag·it·prop ['ædʒɪtprɒp; *Am.* ˌprɑp] *s pol.* 1. Agit'prop *m (kommunistische Agitation u. Propaganda)*: **~ theater** (*bes. Br.* **theatre**). 2. Agit'propredner *m*. 3. Agit-'prop-Stelle *f*. [zend.]
a·gleam [əˈgliːm] *adv u. pred adj* gli-
ag·let ['æglɪt] *s* 1. Senkel-, Me'tallstift *m* (*e-s Schnürbandes*), Zierat *m*, Me'tallplättchen *n (als Besatz)*. 2. *bot.* (Blüten-) Kätzchen *n*, hängender Staubbeutel. 3. Achselschnur *f (an Uniformen)*.
a·gley [əˈgleɪ; əˈgliː] *Scot. für* awry 3.
a·glow [əˈgləʊ] *adv u. pred adj* glühend: **the sky was ~ with the setting sun** der Himmel glühte im Licht der untergehenden Sonne; **to be ~ (with enthusiasm)** (vor Begeisterung) strahlen; **to be ~ with health** vor Gesundheit strotzen.
ag·nail ['ægneɪl] *s* Nied-, Neidnagel *m*.
ag·nate ['ægneɪt] **I** *s* 1. A'gnat *m (Verwandter väterlicherseits)*. **II** *adj* 2. a'gnatisch, väterlicherseits verwandt. 3. stamm-, wesensverwandt. **ag·nat·ic** [ægˈnætɪk] *adj*; **ag'nat·i·cal** *adj (adv* **~ly**) → agnate II. **ag·na·tion** [ægˈneɪʃn] *s* 1. Agnati'on *f (Verwandtschaft väterlicherseits)*. 2. Stamm-, Wesensverwandtschaft *f*.
ag·no·men [ægˈnəʊmen; -ən] *pl* **-nom·i·na** [-ˈnɒmɪnə; *Am.* -ˈnɑ-] *s antiq.* Beiname *m*.
ag·nos·tic [ægˈnɒstɪk; əg-; *Am.* -ˈnɑs-] *philos.* **I** *s* A'gnostiker(in). **II** *adj (adv* **~ly**) a'gnostisch. **ag'nos·ti·cal** → agnostic II. **ag'nos·ti·cism** [-sɪzəm] *s* Agnosti'zismus *m (Lehre von der Unerkennbarkeit des wahren Seins)*.
Ag·nus De·i [ˌɑːgnʊsˈdeɪiː; ˌægnəs-ˈdiːaɪ] *pl* **Ag·nus De·i** *s relig.* Agnus *n* Dei: a) *Bezeichnung u. Sinnbild für Christus*, b) *Gebetshymnus n*, c) *vom Papst geweihtes Wachstäfelchen mit dem Bild des Osterlamms*.

a·go [əˈgəʊ] *adv u. adj (nur nachgestellt)* vor: **ten years ~** vor zehn Jahren; **long ~** vor langer Zeit; **long, long ~** lang, lang ist's her; **not long ~** vor nicht allzu langer Zeit, (erst) vor kurzem; **how long ~ is it that you last saw him?** wann hast du ihn zum letztenmal gesehen?
a·gog [əˈgɒg; *Am.* əˈgɑg] *adv u. pred adj* gespannt, erpicht (**for, about** auf *acc*): **all ~** ganz aus dem Häus-chen; **to have s.o. ~** j-n in Atem halten; **he was ~ to hear the news** er konnte es kaum mehr erwarten, die Neuigkeiten zu hören.
a·go·ic [əˈgɒdʒɪk; *Am.* əˈgɑ-; əˈgəʊ-] *mus.* **I** *adj* a'gogisch. **II** *s pl (meist als sg konstruiert)* A'gogik *f*.
à go·go [əˈgəʊgəʊ] *adj u. adv* à go'go, in Hülle u. Fülle, nach Belieben: **champagne ~**.
a·gon·ic [əˈgɒnɪk; *Am.* eɪˈgɒnɪk] *adj math.* a'gonisch, keinen Winkel bildend.
ag·o·nize ['ægənaɪz] **I** *v/t* 1. quälen, martern: **an ~d cry** ein gequälter Schrei. **II** *v/i* 2. mit dem Tode ringen. 3. Höllenqualen erleiden. 4. sich (ab)quälen, verzweifelt ringen (**over** mit *e-r Entscheidung etc*).
ag·o·ny ['ægənɪ] *s* 1. heftiger Schmerz, unerträgliche Schmerzen *pl*, (*a. seelische*) Höllenqual(en *pl*), Marter *f*, Pein *f*, Seelenangst *f*: **to be in an ~ of doubt** (**remorse**) von Zweifeln (Gewissensbissen) gequält werden; **to have an ~ of choice** die Qual der Wahl haben; **to pile** (*od.* **put, turn**) **on the ~** *Br. colloq.* ,dick auftragen'; **to suffer agonies** Höllenqualen ausstehen; **~ column** *colloq.* Seufzerspalte *f (in der Zeitung)*. 2. **A~** Ringen *n* Christi mit dem Tode. 3. Ago-'nie *f*, Todeskampf *m*. 4. Kampf *m*, Ringen *n*. 5. Ausbruch *m*: **~ of joy** Freudenausbruch.
ag·o·ra·pho·bi·a [ˌægərəˈfəʊbjə; -bɪə] *s med.* Agoraphoˈbie *f*, Platzangst *f*.
a·graffe, *Am. a.* **a·grafe** [əˈgræf] *s* A'graffe *f*, Spange *f*.
a·gram·ma·tism [əˈgræmətɪzəm; *bes. Am.* eɪ-] *s med.* Agramma'tismus *m (Unvermögen, beim Sprechen die einzelnen Wörter grammatisch richtig aneinanderzureihen)*.
ag·ra·pha ['ægrəfə] *s pl relig.* A'grapha *pl (Aussprüche Jesu, die nicht in den vier Evangelien enthalten sind)*.
a·graph·i·a [əˈgræfɪə; *bes. Am.* eɪ-] *s med.* Agra'phie *f (Unfähigkeit, einzelne Buchstaben od. zs.-hängende Wörter richtig zu schreiben)*.
a·grar·i·an [əˈgreərɪən] **I** *adj* a'grarisch, landwirtschaftlich, Agrar-: **~ reform** Agrar-, Bodenreform *f*; **~ state** Agrarstaat *m*. **II** *s* Befürworter *m* der gleichmäßigen Verteilung des Grundbesitzes. **a'grar·i·an·ism** *s* 1. Lehre *f* von der gleichmäßigen Verteilung des Grundbesitzes. 2. Bewegung *f* zur Förderung der Landwirtschaft.
a·gree [əˈgriː] **I** *v/t* 1. zugeben, einräumen; **you ~ that** du mußt zugeben, daß. 2. bereit *od.* einverstanden sein (**to do** zu tun). 3. über'einkommen, vereinbaren (**to do** zu tun; **that** daß): **it is ~d es ist** *od.* wird vereinbart; **~d!** einverstanden!, abgemacht!; **to ~ to differ** sich auf verschiedene Standpunkte einigen; **let us ~ to differ** ich fürchte, wir können uns nicht einigen. 4. *bes. Br.* a) sich einigen *od.* verständigen auf (*acc*): **to ~ a common line**, b) *e-n Streit* beilegen. 5. *econ.* **Konten** abstimmen. **II** *v/i* 6. (**to**) zustimmen (*dat*), einwilligen (in *acc*), beipflichten (*dat*), sich einverstanden erklären (mit), gutheißen, genehmigen (*acc*). 7. (**on, upon, about**) einig werden, sich einigen *od.* verständigen (über *acc*),

vereinbaren, verabreden (*acc*): **as ~d upon** wie vereinbart; **to ~ (up)on a price** e-n Preis vereinbaren. 8. (**with**) (sich) einig sein (mit), der gleichen Meinung sein (wie). 9. (**with** mit) zs.-passen, auskommen, sich vertragen. 10. (**with**) über'einstimmen (mit) (*a. ling.*), entsprechen (*dat*). 11. (**with** *dat*) zuträglich sein, bekommen, zusagen: **wine does not ~ with me** ich vertrage keinen Wein.
a·gree·a·ble [əˈgriːəbl] *adj (adv* agreeably) 1. angenehm (**to** *dat od.* für): **an ~ smell**; **agreeably surprised** (**disappointed**) angenehm überrascht (enttäuscht). 2. liebenswürdig, sym'pathisch, nett: **an ~ person**. 3. einverstanden (**to** mit): **to be ~ to doing s.th.** damit einverstanden *od.* bereit sein, etwas zu tun. 4. (**to**) über'einstimmend (mit), entsprechend (*dat*), gemäß (*dat*). **a'gree·a·ble·ness** *s* 1. (*das*) Angenehme. 2. angenehmes Wesen, Liebenswürdigkeit *f*. 3. Bereitschaft *f*.
a·greed [əˈgriːd] *adj*: **to be ~** sich einig sein, gleicher Meinung sein.
a·gree·ment [əˈgriːmənt] *s* 1. a) Vereinbarung *f*, Abmachung *f*, Absprache *f*, Verständigung *f*, Überˈeinkunft *f*, Vertrag *m*, *bes. pol.* Abkommen *n*, c) Vergleich *m*, (gütliche) Einigung: **to come to an ~** zu e-r Verständigung gelangen, sich einig werden *od.* verständigen; **by ~** laut *od.* gemäß Übereinkunft; **~ country** (**currency**) Verrechnungsland *n* (-währung *f*). 2. Einigkeit *f*, Eintracht *f*. 3. Überˈeinstimmung *f (a. ling.)*, Einklang *m*: **there is general ~** es herrscht allgemeine Übereinstimmung (**that** darüber, daß); **in ~ with** in Übereinstimmung mit, im Einvernehmen mit. 4. *jur.* Genehmigung *f*, Zustimmung *f*.
a·gré·ment [ˌægreɪˈmɑːŋ] *s pol.* Agré-'ment *n*.
a·gri·busi·ness ['ægrɪˌbɪznɪs] *s* Erzeugung *f*, Verarbeitung *f u.* Absatz *m* von A'grarproˌdukten.
ag·ri·cul·tur·al [ˌægrɪˈkʌltʃərəl] *adj* (*adv* **~ly**) landwirtschaftlich, Landwirtschaft(s)..., Land..., Agrar..., Ackerbau...: **~ country** Agrarland *n*; **~ credit** Agrarkredit *m*; **~ engineering** Landmaschinenbau *m*; **~ machinery** landwirtschaftliche Maschinen *pl*; **~ meteorology** Agrarmeteorologie *f*; **~ policy** Agrarpolitik *f*; **~ prices** Agrarpreise; **~ show** Landwirtschaftsausstellung *f*. **ˌag·ri·ˈcul·tur·al·ist** → agriculturist. **'ag·ri·cul·ture** *s* Landwirtschaft *f*, Ackerbau *m* (u. Viehzucht *f*). **ˌag·ri·ˈcul·tur·ist** *s* 1. Landwirt *m*. 2. a) Di'plomlandwirt *m*, b) Landwirtschaftssachverständige(r) *m*.
ag·ri·mo·ny ['ægrɪmənɪ; *Am.* ˌməʊniː] *s bot.* Oder-, Ackermennig *m*.
ag·ri·mo·tor ['ægrɪˌməʊtə(r)] *s* landwirtschaftlicher Traktor.
ag·ro·bi·ol·o·gy [ˌægrəʊbaɪˈɒlədʒɪ; *Am.* -ˈɑl-] *s* Agrobiolo'gie *f*.
a·grol·o·gy [əˈgrɒlədʒɪ; *Am.* -ˈgrɑ-] *s* landwirtschaftliche Bodenkunde.
ag·ro·nom·ic [ˌægrəˈnɒmɪk; *Am.* -ˈnɑm-] *adj (adv* **~ally**) agro'nomisch, ackerbaulich: **~ value** Anbauwert *m*. **II** *s pl (als sg konstruiert)* Ackerbaukunde *f*, Agrono'mie *f*. **ˌag·roˈnom·i·cal** [-kl] *adj (adv* **~ly**) → agronomic I. **a·gron·o·mist** [əˈgrɒnəmɪst; *Am.* -ˈgrɑ-] *s* Agro-'nom *m*, Di'plomlandwirt *m*. **a'gron·o·my** [-nəmɪ] *s* agronomic II.
ag·ros·tol·o·gy [ˌægrəˈstɒlədʒɪ; *Am.* -ˈstɑ-] *s bot.* Agrostolo'gie *f*, Gräserkunde *f*.
ag·ro·tech·nol·o·gy [ˌægrəʊtekˈnɒlədʒɪ; *Am.* -ˈnɑl-] *s* A'grartechnik *f*.
a·ground [əˈgraʊnd] *adv u. pred adj* ge-

strandet: **to run ~** a) auflaufen, auf Grund laufen, stranden, b) *ein Schiff* auf Grund setzen; **to be ~** a) aufgelaufen sein, b) *fig.* auf dem trocknen sitzen.
a·gue ['eɪgjuː] *s* **1.** Fieber-, Schüttelfrost *m.* **2.** *med.* Wechselfieber *n*, Ma'laria *f.*
a·gu·ish ['eɪgjuːɪʃ] *adj (adv ~ly)* **1.** fieberhaft, fieb(e)rig. **2.** fiebererzeugend (*Klima*). **3.** zitternd, bebend.
ah [ɑː] *interj* ah!, ach!, oh!, ha!, ei!
a·ha [ɑːˈhɑː] **I** *interj* a'ha!, ha'ha! **II** *adj:* **~ experience** *psych.* Aha-Erlebnis *n.*
a·head [əˈhed] *adv u. pred adj* **1.** vorn, nach vorn zu. **2.** weiter vor, vor'an, vor'aus, vorwärts, e-n Vorsprung habend, an der Spitze: **~ of** vor (*dat*), voraus (*dat*); **the years ~ (of us)** die kommenden *od.* bevorstehenden Jahre; **what is ~ of us** was vor uns liegt, was uns bevorsteht, was auf uns zukommt; **to be ~ of s.o.** j-m voraus sein (*a. fig.*); **to get ~** *colloq.* vorankommen, vorwärtskommen, Fortschritte *od.* Karriere machen; **to get ~ of s.o.** j-n überholen *od.* überflügeln; → **forge²**, **go ahead**, **look ahead**, **plan** 9, 12, **speed** 1, **think** 9.
a·heap [əˈhiːp] *adv u. pred adj* auf e-n *od.* e-m Haufen, in e-m Haufen.
a·hem [əˈhem; hm] *interj* hm!
a·hoy [əˈhɔɪ] *interj* ho!, a'hoi!
a·hunt [əˈhʌnt] *adj bes. poet.* auf der Jagd.
aid [eɪd] **I** *v/t* **1.** unter'stützen, j-m helfen, beistehen, Beistand leisten, behilflich sein (**in bei**; **to do** zu tun): **to ~ and abet** *jur.* a) Beihilfe leisten (*dat*), b) begünstigen (→ 3); **~ed eye** bewaffnetes Auge; **~ed tracking** a) (*Radar*) Nachlaufsteuerung *f,* b) *mil.* Richten *n* mit Steuermotor. **2.** fördern: **to ~ the digestion. II** *v/i* **3.** helfen (in bei): **~ing and abetting** *jur.* a) Beihilfe *f,* b) Begünstigung *f* (*nach der Tat*). **III** *s* **4.** Hilfe *f* (**to** für), Hilfeleistung *f* (**in** bei), Unter'stützung *f*, Beistand *m*: **he came to her ~** er kam ihr zu Hilfe; **they lent** (*od.* **gave**) **their ~** sie leisteten Hilfe; **by** (*od.* **with**) **(the) ~ of** mit Hilfe von (*od. gen*), mittels (*gen*); **in ~ of** a) zum Besten (*gen*), zugunsten von (*od. gen*), b) zur Erreichung von (*od. gen*); **what is all this in ~ of?** *Br. colloq.* wozu soll das alles gut sein?; **an ~ to memory** e-e Gedächtnisstütze; → **legal** 3. **5.** a) Helfer(in), Gehilfe *m*, Gehilfin *f*, Beistand *m*, Assi'stent(in), b) *Am. für* aide-de-camp. **6.** Hilfsmittel *n*, -gerät *n.*
aid-de-camp [ˌeɪdəˈkɑ̃ː; *Am. a.* -dɪˈkæmp] *pl* **aids-de-'camp** [ˌeɪdz-] *bes. Am. für* aide-de-camp.
aide [eɪd] *s* **1.** → aide-de-camp. **2.** Berater *m* (*e-s Ministers etc*).
aide-de-camp [ˌeɪdmemˈwɑː(r); *Am. a.* -dɪˈkæmp] *pl* **aides-de-'camp** [ˌeɪdz-] *s mil.* Adju'tant *m.*
aide-mé·moire [ˌeɪdmemˈwɑː(r); *Am.* -meɪm-] *pl* **aides-mé'moire** [ˌeɪdz-] *s* **1.** Gedächtnisstütze *f.* **2.** *pol.* Denkschrift *f,* Aide-mé'moire *n.*
aid·er [ˈeɪdə(r)] *s* **1.** → aid 5 a. **2.** Hilfe *f:* **~ by verdict** *jur.* Heilung *f* e-s Verfahrensmangels durch Urteil.
ˈaid·man [-mæn] *s irr mil.* Sani'täter *m.*
AIDS [eɪdz] *s med.* AIDS *n,* erworbene Im'munschwäche (*aus* **acquired immunity deficiency syndrome**).
aid sta·tion *s mil.* Truppenverbandplatz *m.*
ai·glet [ˈeɪglɪt] → aglet.
ai·grette [ˈeɪgret; eɪˈgret] *s* **1.** *orn.* kleiner weißer Reiher. **2.** Ai'grette *f*, Kopfschmuck *m* (*aus Federn, Blumen, Edelsteinen etc*). **3.** *phys.* Funkenbüschel *n.*
ai·guille [eɪˈgwiːl; eɪˈgwiːl] *s* Felsnadel *f.*
ai·guil·lette [ˌeɪgwɪˈlet] *s* **1.** *bes. mil.* Achselschnur *f* (*an Uniformen*). **2.** *gastr.*

Aiguil'lette *f* (*gebratener Fisch- od. Fleischstreifen*).
ai·ki·do [aɪkˈiːdəʊ; ˌɪˈdəʊ] *s* Ai'kido *n* (*japanische Form der Selbstverteidigung*).
ail [eɪl] **I** *v/t* schmerzen, weh tun (*dat*): **what ~s you?** a) was fehlt dir?, b) was ist denn los mit dir? **II** *v/i* kränklich sein, kränkeln (*beide a. fig.* Wirtschaft *etc*).
ai·ler·on [ˈeɪlərɒn; *Am.* ˌrɑːn] *s aer.* Querruder *n* (*an den Tragflächenenden*).
ai·lette [eɪˈlet] *s hist.* Schulterplatte *f.*
ail·ing [ˈeɪlɪŋ] *adj* kränklich, kränkelnd (*beide a. fig.* Wirtschaft *etc*). **ˈail·ment** *s* Krankheit *f,* Leiden *n.*
aim [eɪm] **I** *v/t* **1.** zielen (**at** auf *acc,* **nach**). **2.** *fig.* (**at, for**) beabsichtigen, im Sinn(e) haben (*acc*), (ˈhin-, ab)zielen (auf *acc*), bezwecken (*acc*): **to be ~ing to do s.th.** vorhaben, etwas zu tun; **~ing to please** zu gefallen suchend. **3.** streben, trachten (**at** nach). **4.** abzielen, anspielen (**at** auf *acc*): **this was not ~ed at you** das war nicht auf dich gemünzt. **II** *v/t* **5.** (**at**) e-e Schußwaffe richten *od.* anlegen (auf *acc*), mit (*e-m Gewehr etc*) zielen (auf *acc,* **nach**). **6.** e-e Bemerkung, e-n Schlag *etc* richten (**at** gegen). **7.** *Bestrebungen* richten (**at** auf *acc*). **III** *s* **8.** Ziel *n:* **to take ~ at** zielen auf (*acc*) *od.* nach, anvisieren. **9.** *fig.* a) Ziel *n,* b) Absicht *f.*
aim·ing [ˈeɪmɪŋ] *s mil.* Richtkreis *m.* **~ po·si·tion** *s* Anschlag *m* (*mit dem Gewehr*). **~ sil·hou·ette** *s* Kopfscheibe *f,* ˈPappkame₁rad' *m.*
aim·less [ˈeɪmlɪs] *(adv ~ly)* a) ziellos: **to wander about ~ly,** b) planlos: **to work ~ly. ˈaim·less·ness** *s* Ziel-, Planlosigkeit *f.*
ain't [eɪnt] *colloq. für* am not, is not, are not, has not, have not.
air¹ [eə(r)] **I** *s* **1.** Luft *f:* **by ~** auf dem Luftwege, mit dem Flugzeug; **in the open ~** im Freien, unter freiem Himmel; **to be in the ~** a) im Umlauf sein (*Gerücht etc*), b) in der Schwebe sein (*Frage etc*); **to be up in the ~** a) in der Luft hängen *od.* schweben, (völlig) ungewiß *od.* unbestimmt sein, b) *colloq.* ,ganz aus dem Häus-chen sein'; **to beat the ~** a) (Löcher) in die Luft hauen, b) *fig.* vergebliche Versuche machen; **to clear the ~** a) die Luft reinigen, b) *fig.* die Atmosphäre reinigen; **to give s.o. the ~** *bes. Am. colloq.* a) ,j-n abblitzen lassen', b) j-n an die (frische) Luft setzen' (*entlassen*); **to take the ~** a) frische Luft schöpfen, b) *aer.* aufsteigen, c) sich in die Lüfte schwingen (*Vogel*); **to tread** (*od.* **walk**) **on ~** sich wie im (siebenten) Himmel fühlen, selig sein. **2.** Brise *f,* Wind *m,* Luftzug *m,* Lüftchen *n.* **3.** *Bergbau:* Wetter *n:* **foul ~** schlagende Wetter *pl.* **4.** *Rundfunk, TV:* Äther *m:* **on the ~** im Rundfunk *od.* Fernsehen; **to be on the ~** a) senden (*Sender*), b) in Betrieb sein (*Sender*), c) gesendet werden (*Programm*), d) auf Sendung sein (*Person*), e) im Rundfunk zu hören *od.* im Fernsehen zu sehen sein (*Person*); **to go on the ~** a) die Sendung beginnen (*Person*), b) sein Programm beginnen (*Sender*), c) den Sendebetrieb aufnehmen (*Sender*); **to go off the ~** a) die Sendung beenden (*Person*), b) sein Programm beenden (*Sender*), c) den Sendebetrieb einstellen (*Sender*); **we go off the ~ at ten o'clock** Sendeschluß ist um 22 Uhr; **to put on the ~** senden, übertragen; **to stay on the ~** auf Sendung bleiben. **5.** Art *f,* Stil *m.* **6.** Miene *f,* Aussehen *n:* **an ~ of importance** e-e gewichtige Miene; **to have the ~ of** aussehen wie; **to give s.o. the ~ of** j-m das Aussehen (*gen*) geben. **7.** Auftreten *n,* Gebaren *n.* **8.** Anschein *m.* **9.** Al'lüre *f,* Getue *n,* ,Gehabe' *n,* Pose *f:* **~s**

and graces affektiertes Getue; **to put on ~s, to give o.s. ~s** vornehm tun. **10.** Gangart *f* (*e-s Pferdes*). **11. to give ~ to** → 16.
II *v/t* **12.** der Luft aussetzen, lüften: **to ~ o.s.** frische Luft schöpfen. **13.** (be-, durch)lüften, frische Luft einlassen in (*acc*). **14.** *Getränke* abkühlen. **15.** *Wäsche* trocknen, zum Trocknen aufhängen. **16.** *etwas* an die Öffentlichkeit *od.* zur Sprache bringen: **to ~ one's views** s-e Ansichten kundtun *od.* äußern; **to ~ one's knowledge** sein Wissen anbringen. **17.** *Rundfunk, TV: Am. colloq.* über-'tragen, senden.
III *v/i* **18.** trocknen, zum Trocknen aufgehängt sein. **19.** *Rundfunk, TV: Am. colloq.* gesendet werden.
IV *adj* **20.** pneu'matisch, Luft...
air² [eə(r)] *s mus.* **1.** Lied *n,* Melo'die *f,* Weise *f.* **2.** Melo'diestimme *f.* **3.** Arie *f.*
air| a·lert *s* **1.** 'Flieger-, 'Lufta₁larm *m.* **2.** *mil.* A'larmbereitschaft *f.* **ˈ~-a₁lert mis·sion** *s mil.* Bereitschaftseinsatz *m.* **~ at·tack** *s* Luft-, Fliegerangriff *m.* **~ bag** *s mot.* Luftsack *m* (*Aufprallschutz*). **~ bar·rage** *s aer.* Luftsperre *f.* **~ base** *s aer.* Luftstützpunkt *m.* **ˈ~-bath** *s* Luftbad *n.* **~ bea·con** *s aer.* Leuchtfeuer *n.* **~ bed** *s* 'Luftma₁tratze *f.* **ˈ~-blad·der** *s* **1.** *ichth.* Schwimmblase *f.* **2.** Luftblase *f.* **~ blast** *s tech.* **1.** Gebläse *n.* **2.** Luftschleier *m.* **~ bleed** *s tech.* **1.** Belüftung *f.* **2.** Entlüftung *f.* **ˈ~-bleed** *adj tech.* Be- *od.* Entlüfter...: **~ duct** Entlüftungsleitung *f;* **~ screw** Entlüfterschraube *f.* **ˈ~-borne** *adj* **1.** a) *mil.* Luftlande...: **~ troops,** b) im Flugzeug befördert *od.* eingebaut, Bord...: **~ radar** Bordradar *m, n*; **~ trans-mitter** Bordsender *m.* **2.** in der Luft befindlich, aufgestiegen: **the squadron is ~. 3.** in der Luft vor'handen: **~ radio·activity. 4.** *med.* durch die Luft über-'tragen: **~ disease. ~ bot·tle** *s tech.* (Preß)Luftflasche *f.* **~ brake** *s* **1.** *tech.* Druckluftbremse *f.* **2.** *aer.* Luftbremse *f,* Lande-, Bremsklappe *f.* **ˈ~-brake par·a·chute** *s aer.* Landefallschirm *m.* **ˈ~-break switch** *s electr.* Luftschalter *m.* **~ brick** *s tech.* Lüftungs-, Luftziegel *m.* **~ bridge** *s* **1.** *aer.* Luftbrücke *f:* **to form an ~** e-e Luftbrücke errichten. **2.** *aer.* Fluggastbrücke *f.* **3.** Ge'bäude₁übergang *m.* **~ bro·ker** *s econ. Br.* Luftfrachtmakler *m.* **ˈ~-brush** *s* 'Spritzpi₁stole *f.* **~ bub·ble** *s* Luftblase *f.* **bump** *s aer.* Bö *f,* aufsteigender Luftstrom *m.* **ˈ~-burst** *s mil.* 'Luftdetonati₁on *f.* **ˈ~-bus** *s aer.* Airbus *m.* **~ car·go** *s* Luftfracht *f.* **~ car·riage** *s aer.* Luftbeförderung *f.* **~ car·ri·er** *s aer.* **1.** Flug-, Luftverkehrsgesellschaft *f.* **2.** Charterflugzeug *n.* **~ cas·ing** *s tech.* Luftmantel *m* (*um e-e Röhre*). **~ cell** *s* **1.** *aer. orn.* Luftsack *m.* **2.** Luftspeicher *m.* **~ cham·ber** *s* **1.** *biol.* Luftkammer *f.* **2.** *tech.* Luftkammer *f,* Windkessel *m.* **~ check** *s Am.* Mitschnitt *m* e-r Rundfunksendung. **~ chief mar·shal** *s Br.* Gene'ral *m* der Luftwaffe. **~ chuck** *s tech.* **1.** Preßluftfutter *n.* **2.** Luftschlauchkupplung *f.* **~ clean·er** *s* Luftreiniger *m,* -filter *m, n* (*a. mot.*). **~ coach** *s* Passa'gierflugzeug *n* der Touristenklasse. **~ col·umn** *s phys.* Luftsäule *f.* **~ com·mo·dore** *s Br.* Bri'gadegene₁ral *m* der Luftwaffe. **~ com·pres·sor** *s tech.* Luftverdichter *m,* Kom'pressor *m.* **~ con·dens·er** *s* electr. Luftkonden₁sator *m.* **ˈ~-con₁di·tion** *v/t tech.* mit e-r Klimaanlage ausrüsten, klimati'sieren. **~ con·di·tion·er** *s tech.* Klimaanlage *f.* **~ con·di·tion·ing** *s* **1.** Klimati'sierung *f.* **2.** Klimaanlage *f.* **ˈ~-con₁di·tion·ing plant** *s tech.* Klimaanlage *f.* **~**

con·trol → air-traffic control. **~ con·trol·ler** → air-traffic controller. **'~-cooled** *adj tech.* luftgekühlt: ~ steel windgefrischter Stahl. **~ cool·ing** *s tech.* Luftkühlung *f.* **~ core** *s tech.* Luftkern *m.* **'~-core coil** *s electr.* Luftspule *f.* **~ corps** *s mil.* 1. Fliegerkorps *n.* 2. A~ C~ *hist. Am.* Luftstreitkräfte *pl* des Heeres. **~ cor·ri·dor** *s aer.* Luftkorridor *m.* **~ cov·er** *s mil.* 'Luftunter₁stützung *f.* **'air·craft** *pl* **-craft** *s aer.* 1. Flugzeug *n.* 2. *allg.* Luftfahrzeug *n* (*Luftschiff, Ballon etc*). **~ car·ri·er** *s mar. mil.* Flugzeugträger *m.* **~ en·gine** *s* Flugzeugmotor *m.* **~ in·dus·try** *s* 'Luftfahrt-, 'Flugzeugin·du₁strie *f.* **'~-man** [-mən] *s irr Br.* Flieger *m* (*niedrigster Dienstgrad beim brit. Luftwaffen-Bodenpersonal*): ~ **first class** (Flieger)Gefreite(r) *m.* **~ noise** *s* Fluglärm *m.* **~ ra·di·o** *s aer.* Bordfunkgerät *n.* **air**|**crash** *s* Flugzeugabsturz *m.* **'~-crew** *s aer.* Flugzeugbesatzung *f.* **'~-cure** *v/t* Tabak na'türlich trocknen. **~ cur·rent** *s* Luftstrom *m,* -strömung *f.* **~ cur·tain** *s* Luftvorhang *m.* **~ cush·ion** *s* Luftkissen *n* (*a. tech.*). **~ cush·ion·ing** *s tech.* Luftfederung *f.* **'~-₁cush·ion ve·hi·cle** *s tech.* Luftkissenfahrzeug *n.* **~ cyl·in·der** *s tech.* 1. Luftpuffer *m* (*zur Abschwächung des Rückstoßes*). 2. Luftbehälter *m.* **~ de·fence,** *Am.* **~ de·fense** *s mil.* Luft-, Fliegerabwehr *f,* Luftverteidigung *f,* Luftschutz *m.* **~ dis·play** *s aer.* Flugschau *f,* -vorführung *f.* **'~-dock** *s aer.* Hangar *m,* Flugzeughalle *f.* **'~-dried** *adj* luftgetrocknet. **~ drill** *s tech.* Preßluftbohrer *m.* **'~₁drome** *s aer. Am.* Flugplatz *m.* **~ drop I** *s* a) Fallschirmabwurf *m,* b) *mil.* Luftlandung *f.* **II** *v/t* a) mit dem Fallschirm abwerfen, b) *mil.* Fallschirmjäger *etc* absetzen. **'~-dry** *adj* lufttrocken.
Aire·dale ['eə(r)deɪl] *s zo.* Airedale(terrier) *m.*
air|**em·bo·lism** *s med.* 'Luftembo₁lie *f.* **'~-en₁trained con·crete** *s tech.* 'Gas-, 'Schaumbe₁ton *m.*
air·er ['eərə] *s Br.* Trockengestell *n* (*für Kleidung etc*).
air|**ex·press** *s mail Am.* Luftteilgut *n.* **'~-field** *s aer.* 1. Flugplatz *m:* ~ **lighting** Platzbefeuerung *f.* 2. Luftwaffe *n,* -platz *m.* **~ fil·ter** *s mot. tech.* Luftfilter *m, n.* **~ flap** *s tech.* Luftklappe *f.* **~ fleet** *s mil.* Luftflotte *f.* **~ flow** *s* Luftstrom *m.* **'~-foil** *s aer. Am.* Tragfläche *f, a.* Höhen-, Kiel- *od.* Seitenflosse *f:* ~ **section** Tragflächenprofil *n.* **~ force** *s aer.* 1. Luftwaffe *f,* Luftstreitkräfte *pl,* Luftflotte *f* (*als Verband*). 2. A~ F~ a) (*die brit.*) Luftwaffe (*abbr. für* Royal Air Force), b) (*die amer.*) Luftwaffe (*abbr. für* United States Air Force). **~ frame** *s aer.* Flugwerk *n,* (Flugzeug)Zelle *f.* **'~-freight I** *s* 1. Luftfracht *f.* 2. Luftfrachtgebühr *f.* **II** *v/t* 3. per Luftfracht versenden. **'~-freight·er** *s* 1. Luftfrachter *m.* 2. 'Luftspediti₁on *f.* **~ gap** *s tech.* Luftspalt *m.* **~ gap re·act·ance coil** *s electr.* Funkdrosselspule *f.* **~ graph** *s Br.* Fotoluftpostbrief *m.* **₁~'ground** *adj aer.* Bord-Boden-...: ~ **communication** Bord-Boden-Verbindung *f.* **~ gun** *s* 1. Luftgewehr *n.* 2. → a) air hammer, b) airbrush. **~ hall** *s bes. sport Br.* Traglufthalle *f.* **~ ham·mer** *s tech.* Preßlufthammer *m.* **'~-head** *s mil. bes. Am.* Luftlandekopf *m.* **~ hole** *s* 1. Luftloch *n.* 2. *tech.* Gußblase *f.* 3. *aer.* Fallbö *f,* Luftloch *n.* **~ host·ess** *s* Air-hostess *f,* Stewar'deß *f.* **'~-house** *s* Tragluftzelt *n* (*über e-r Baustelle*).
air·i·ly ['eərɪlɪ] *adv* leichthin, sorglos, unbekümmert, leichtfertig. **'air·i·ness** [-ɪnɪs] *s* 1. Luftigkeit *f,* luftige Lage.

2. Leichtigkeit *f,* Zartheit *f.* 3. Lebhaftigkeit, Munterkeit *f.* 4. Leichtfertigkeit *f.* **'air·ing** *s* 1. (Be-, Durch)'Lüftung *f:* to give one's clothes an ~ s-e Kleider lüften; the room needs an ~ das Zimmer muß einmal 'durchgelüftet werden. 2. Trocknen *n.* 3. Spa'ziergang *m,* -ritt *m,* -fahrt *f:* to take an ~ frische Luft schöpfen. 4. to give *s.th.* an ~ → **air**[1] 16. 5. *Rundfunk, TV: Am. colloq.* Sendung *f.*
air|**in·jec·tion** *s tech.* Drucklufteinspritzung *f.* **~ in·let** *s tech.* 1. Lufteinlaß *m.* 2. Zuluftstutzen *m.* **~ in·take** *s tech.* 1. Lufteintritt *m.* 2. a) Luftansaugrohr *n,* b) Schnorchel *m.* **'~₁in·take jet** *s tech.* Lufteinlaßdüse *f.* **~ jack·et** *s* 1. Schwimmweste *f.* 2. *tech.* Luftmantel *m.* **~ jet** *s tech.* Luftstrahl *m od.* -düse *f.* **'~₁land·ed** *adj mil. bes. Am.* Luftlande...: ~ **troops.** **~ lane** *s aer.* (festgelegte) Luftroute. **'~-launch** *v/t e-e* Rakete vom Flugzeug aus abschießen.
'air·less *adj* 1. luftlos. 2. stickig.
air|**let·ter** *s* 1. Luftpostbrief *m.* 2. Luftpostleichtbrief *m.* **~ lev·el** *s tech.* Li'belle *f,* Setzwaage *f.* **'~-lift** *aer.* **I** *s* Luftbrücke *f* (*bes. in Krisenzeiten*). **II** *v/t* über e-e Luftbrücke befördern. **~ line** *s tech.* Luftschlauch *m,* -leitung *f.* **'~-line** *s aer.* Flug-, Luftverkehrsgesellschaft *f:* ~ **hostess** → air hostess. **~ lin·er** *s aer.* Verkehrsflugzeug *n.* **~ lock** *s* 1. Raumfahrt *etc:* Luftschleuse *f.* 2. Bergbau: Wetterschleuse *f.* 3. Luftblase *f,* -einschluß *m.* **'~-mail I** *s* Luftpost *f:* **by** ~ **mail** *od.* per Luftpost. **II** *adj* Luftpost...: ~ **edition** (letter, *etc*). **III** *v/t* mit *od.* per Luftpost schicken. **'~-man** [-mən] *s irr* Flieger *m* (*bes. in der Luftwaffe*). **'~-mark** *v/t aer. e-e* Stadt mit 'Boden·mar₁kierung versehen. **~ mar·shal** *s Br.* Gene'ralleutnant *m* der Luftwaffe. **~ mass** *s* Luftmasse *f.* **~ mat·tress** *s* 'Luftma₁tratze *f.* **~ me·chan·ic** *s* 'Bordme₁chaniker *m.* **'~-₁mind·ed** *adj* flugbegeistert, am Flug(zeug)wesen interes'siert. **'~-₁mind·ed·ness** *s* Flugbegeisterung *f.* **~ miss** *s Br.* Beinahe-Zs.-stoß *m.* **'~-₁op·er·at·ed** *adj tech.* preßluftbetätigt. **~ out·let** *s tech.* 1. Luftablaß *m.* 2. Abluftrohr *n.* **~ par·cel** *s Br.* 'Luftpost₁paket *n.* **~ park** *s Am.* Kleinflughafen *m.* **~ pas·sage** *s* 1. *biol. physiol.* Luft-, Atemweg *m.* 2. *tech.* Luftschlitz *m.* 3. Flug(reise *f*) *m.* **~ pas·sen·ger** *s* Fluggast *m,* -reisende(r *m*) *f.* **~ phi·lat·e·ly** → aerophilately. **~ pho·to·graph** *s* Luftbild *n.* **~ pi·ra·cy** *s* 'Luftpira₁terie *f.* **~ pi·rate** *s* 'Luftpi₁rat(in). **~ pis·tol** *s* 'Luftpi₁stole *f.* **'~₁plane** *s Am.* Flugzeug *n:* ~ **hostess** → air hostess. **~ plant** *s bot.* Luftpflanze *f.* **~ plot** *s mil. Am.* 'Flugkon₁trollraum *m* (auf e-m Flugzeugträger). **~ pock·et** *s* 1. *aer.* Fallbö *f,* Luftloch *n.* 2. *tech.* Luftblase *f,* -einschluß *m.* **~ pol·lu·tion** *s* Luftverschmutzung *f.* **~ pol·lu·tion con·trol** *s* Luftreinhaltung *f.* **~ port** *s aer.* Flughafen *m,* -platz *m:* ~ **of arrival** (departure) Ankunftsflughafen (Abflughafen); ~ **of entry** Zollflughafen *m;* ~ **fee** Flughafengebühr *f.* **~ port** *s tech.* Luftöffnung *f.* **~ po·ta·to** *s bot.* Yamsbohne *f.* **~ pow·er** *s mil. pol.* Luftmacht *f.* **~ pres·sure** *s tech.* Luftdruck *m.* **'~-₁pres·sure** *adj tech.* Luftdruck...: ~ **brake** (ga[u]ge); ~ **line** Druckluftleitung *f.* **'~-proof I** *adj* 1. luftdicht. 2. luftbeständig. **II** *v/t* 3. luftdicht machen. **~ pump** *s tech.* Luftpumpe *f.* **~ raid** *s* Luftangriff *m.*
'air-raid|**pre·cau·tions** *s pl* Luftschutz *m.* **~ shel·ter** *s* Luftschutzraum *m,* -keller *m,* (Luftschutz)Bunker *m.* **~ ward·en** *s* Luftschutzwart *m.* **~ warn-**

air controller – airy-fairy

ing *s* Luftwarnung *f,* 'Fliegera₁larm *m.*
air|**ri·fle** *s* Luftgewehr *n.* **~ route** *s* Flugroute *f.* **~ sac** *s zo.* Luftsack *m.* **~ sched·ule** *s* Flugplan *m.* **~ scout** *s* 1. *mil.* Aufklärungsflugzeug *n.* 2. Luftspäher *m.* **'~-screw** *s Br.* Luftschraube *f,* 'Flugzeugpro₁peller *m.* **'~-seal** *v/t tech.* luftdicht *od.* her'metisch verschließen. **₁~-'sea res·cue** *s* Rettung *f* Schiffbrüchiger aus der Luft. **~ ser·vice** *s* 1. Luftverkehrsdienst *m.* 2. Fluglinien-, Luftverkehr *m.* **~ shaft** *s tech.* Luftschacht *m.* **'~-ship** *s* Luftschiff *n.* **~ shut·tle** *s aer.* Pendelverkehr *m* zwischen Flughäfen mit hohem Aufkommen. **'~-sick** *adj* luftkrank. **'~-sick·ness** *s* Luftkrankheit *f.* **~ sleeve,** ~ **sock** *s aer. phys.* Luftsack *m.* **'~-space** *s* 1. Luftraum *m:* → **territorial** 2. 2. *electr.* Fre'quenzbereich *m.* **~ speed** *s aer.* (Flug)Eigengeschwindigkeit *f.* **'~-speed in·di·ca·tor** *s aer.* Fahrtmesser *m.* **~ spring** *s tech.* Luftfeder *f.* **'~-stream** *s* Luftstrom *m.* **~ strike** *s mil.* Luftangriff *m.* **'~-strip** *s aer.* 1. Behelfsflugplatz *m.* 2. (behelfsmäßige) Start- u. Landebahn. **~ sup·ply** *s tech.* Luftzufuhr *f.* **~ sup·port** *s mil.* 'Luftunter₁stützung *f.* **~ close-in** ~ . **~ switch** *s electr.* Luftschalter *m.* **~ tax·i** *s* Lufttaxi *n.* **~ tee** *s aer.* Landekreuz *n.*
air·tel ['eə(r)tel] *s* Aero'tel *n,* 'Flughafenho₁tel *n.*
air|**ter·mi·nal** *s aer.* 1. Großflughafen *m.* 2. Flughafenabfertigungsgebäude *n.* 3. *Br.* 'Endstati₁on *f* der Zubringerlinie zum u. vom Flugplatz. **~ tick·et** *s* Flugticket *n,* -schein *m.* **'~-tight** *adj* 1. luftdicht, her'metisch (verschlossen). 2. *fig.* hieb- u. stichfest (*Argument etc*). **~ time** *s Rundfunk, TV:* Sendezeit *f.* **~ air·**'**I** *adj* a) *aer.* Bord-Bord-...: ~ **communication** Bord-Bord-(Funk)Verkehr *m,* b) *mil.* Luft-Luft-...: ~ **weapons,** c) *aer. mil.* in der Luft: ~ **combat** Luftkampf *m;* ~ **refuel(l)ing** Luftbetankung *f.* **II** *adv aer.* in der Luft: **to refuel** ~. **₁~-to-'ground** *adj* a) *aer.* Bord-Boden-...: ~ **communication** Bord-Boden-(Funk-)Verkehr *m,* b) *mil.* Luft-Boden-...: ~ **weapons,** **₁~-to-'sur·face** ~ air-to-ground. **~ tour·ism** *s* 'Flugtou₁ristik *f.* **~ traf·fic** *s* Flug-, Luftverkehr *m.* **'~-₁traf·fic con·trol** *s aer.* Flugsicherung *f.* **'~-₁traf·fic con·trol·ler** *s* Fluglotse *m.* **~ train** *s aer.* Luftschleppzug *m.* **~ trav·el** *s* Flug(reise *f*) *m.* **~ trav·el·(l)er** *s* Fluggast *m,* -reisende(r *m*) *f.* **~ tube** *s* 1. *tech.* Luftschlauch *m.* 2. *anat.* Luftröhre *f.* **~ um·brel·la** *s aer. mil.* Luftschirm *m.* **~ valve** *s tech.* 'Luftven₁til *n,* -klappe *f.* **~ vent** *s tech.* Ent- *od.* Belüftungsrohr *n,* 'Auslaßven₁til *n.* **'~-void** *adj phys. tech.* luftleer: ~ **interstellar space** luftleerer Weltraum. **~ war(·fare)** *s* Luftkrieg(führung *f*) *m.* **'~-waves** *s pl colloq.* Ätherwellen *pl.* **'~-way** *s* 1. *Bergbau:* Wetterstrecke *f.* 2. *aer.* Flugroute *f.* 3. *aer.* Flug-, Luftverkehrsgesellschaft *f.* 4. *electr.* Ka'nal *m,* (Fre'quenz)Band *n.* **~ well** *s* Luftschacht *m.* **'~-wise** *adj* flugerfahren. **'~₁wor·thy** *adj aer.* flugtüchtig.
air·y ['eərɪ] *adj* (*adv* → airily) 1. aus Luft bestehend, die Luft betreffend, Luft... 2. luftig: a) mit genügend Luftzufuhr: ~ **room,** b) windig: **an** ~ **hilltop,** c) hoch (-gelegen): ~ **regions.** 3. körperlos: **an** ~ **spirit.** 4. grazi'ös, anmutig: **an** ~ **girl.** 5. lebhaft, munter: **an** ~ **boy.** 6. leer: ~ **promises.** 7. phan'tastisch, verstiegen, über'spannt: ~ **plans.** 8. vornehmtuerisch: **an** ~ **manner.** 9. lässig, ungezwungen: **an** ~ **manner.** **₁~-'fair·y** *adj* 1. elfenhaft: ~ **beauty.** 2. *colloq.* → airy 7.

aisle – A level

aisle [aɪl] *s* **1.** *arch.* Seitenschiff *n*, -chor *m* (*e-r Kirche*). **2.** ('Durch)Gang *m* (*zwischen Sitzbänken, Ladentischen etc*): to roll in the ~s *colloq.* sich vor Lachen kugeln (*bes. Theaterpublikum*). '~**way** *s Am.* 'Durchgang *m*.
ait [eɪt] *s Br. dial.* kleine (Fluß)Insel.
aitch [eɪtʃ] *s* H, h *n* (*Buchstabe*): to drop one's ~es das H nicht aussprechen (*Zeichen der Unbildung*).
'**aitch·bone** *s* **1.** Lendenknochen *m*. **2.** Lendenstück *n* (*vom Rind*).
a·jar¹ [ə'dʒɑː(r)] *adv u. pred adj* angelehnt (*Tür etc*).
a·jar² [ə'dʒɑː(r)] *adv u. pred adj fig.* im Zwiespalt, in Zwietracht (**with** mit).
a·ke·ley [ə'kiːlɪ] *s bot.* Ake'lei *f*.
a·kene, *etc* → **achene**, *etc*.
a·kim·bo [ə'kɪmbəʊ] *adv u. pred adj*: with arms ~ die Arme in die Seite gestemmt.
a·kin [ə'kɪn] *pred adj* **1.** (bluts)verwandt (**to** mit). **2.** *fig.* verwandt, ähnlich (**to** *dat*): to be ~ a) sich ähneln, b) verwandt sein (**to** *dat*).
a·la [eɪlə] *pl* **a·lae** ['eɪliː] *s biol. bot.* Flügel *m*.
al·a·bas·ter ['æləbɑːstə(r); *bes. Am.* -bæs-] **I** *s* **1.** *min.* Ala'baster *m*. **2.** Ala'basterfarbe *f*. **II** *adj* **3.** ala'bastern, ala'basterweiß, Alabaster...
à la carte [ɑːlɑː'kɑːt; ˌælə-] *adj* à la carte (*nachgestellt*): an ~ dinner.
a·lack [ə'læk], **a·lack·a·day** [ə'lækədeɪ] *interj obs. od. poet.* ach!, o weh!
a·lac·ri·ty [ə'lækrətɪ] *s* **1.** Heiterkeit *f*, Munterkeit *f*. **2.** Bereitwilligkeit *f*, Eifer *m*. **3.** Schnelligkeit *f*.
A·lad·din's lamp [ə'lædɪnz] *s* **1.** Aladins Wunderlampe *f*. **2.** *fig.* wunderwirkender Talisman.
a·lae ['eɪliː] *pl von* **ala**.
à la mode [ɑːlɑː'məʊd; ˌælə-] *adj* **1.** à la mode (*nachgestellt*), modisch. **2.** gespickt, geschmort u. mit Gemüse zubereitet: ~ **beef**. **3.** *Am.* mit (Speise)Eis (ser'viert) (*Nachtisch*): **cake** ~.
a·la·mode ['æləməʊd; ˌælə'm-] *s* dünne, hochglänzende Seide.
a·lar ['eɪlə(r)] *adj* **1.** geflügelt, flügelartig, Flügel...: ~ **cartilage** *anat.* Flügelknorpel *m*. **2.** *zo.* Schulter...
a·larm [ə'lɑː(r)m] **I** *s* **1.** A'larm *m*: to give (raise, sound) the ~ a) Alarm geben, b) *fig.* Alarm schlagen; → false alarm. **2.** a) Weckvorrichtung *f* (*e-s Weckers*), b) Wecker *m*. **3.** A'larmvorrichtung *f*, -anlage *f*. **4.** Aufruhr *m*, Lärm *m*: no ~s! alles (ist) ruhig! **5.** Angst *f*, Bestürzung *f*, Unruhe *f*, Besorgnis *f*: to feel ~ at s.th. wegen etwas beunruhigt *od.* in Sorge sein. **II** *v/t* **6.** alar'mieren, warnen. **7.** beunruhigen, erschrecken, ängstigen, alar'mieren: to be~ed at s.th. wegen etwas beunruhigt *od.* in Sorge sein. ~ **bell** *s* A'larmglocke *f*: to sound the ~s *fig.* Alarm schlagen. ~ **clock** *s* Wecker *m*, Weckuhr *f*.
a'larm·ing *adj* (*adv* ~**ly**) beunruhigend, beängstigend, besorgniserregend, alar'mierend. **a'larm·ism** *s* Bangemachen *n*, Schwarzsehe'rei *f*. **a'larm·ist I** *s* Panik-, Bangemacher *m*, Schwarzseher *m*, ,Unke' *f*. **II** *adj* unkenhaft, schwarzseherisch.
a·lar·um [ə'leərəm; -'lɑː-; -'læ-] *obs. für* alarm 4. ~ **clock** *bes. Br. obs. für* alarm clock.
a·lar·y ['eɪlərɪ; 'æl-] → alar 1.
a·las [ə'læs; *Br. a.* ə'lɑːs] *interj* ach!, o weh!, leider!: ~ **the day**! unseliger Tag!
a·las·trim ['æləstrɪm; ə'læs-] *s med.* A'lastrim *f*, weiße Pocken *pl*.
a·late [eɪleɪt] *adj bes. bot.* geflügelt.
alb [ælb] *s relig.* Albe *f*, Alba *f* (*weißes liturgisches Untergewand*).

Al·ba·ni·an [æl'beɪnjən; -ɪən] **I** *adj* **1.** al'banisch. **II** *s* **2.** Al'baner(in). **3.** *ling.* Al'banisch *n*, das Albanische.
al·ba·ta [æl'beɪtə] *s* Neusilber *n*.
al·ba·tross ['ælbətrɒs; *Am. a.* -ˌtrɒs] *s* **1.** *orn.* Albatros *m*, Sturmvogel *m*. **2.** *a.* ~ cloth dünnes, nicht geköpertes Wollgewebe. **3.** *Golf*: *Br.* Albatros *m* (*3 Schläge unter Par*). **4.** *fig.* Last *f*, Belastung *f*: to be an ~ round s.o.'s neck a) j-m ein Klotz am Bein sein (*Person*), b) j-m am Bein hängen (*Hypothek etc*).
albe → alb.
al·be·do [æl'biːdəʊ] *s phys.* Al'bedo *f* (*Verhältnis aus zurückgestrahlter und insgesamt auftreffender Strahlenmenge bei diffus reflektierenden Oberflächen, z. B. Eis, Schnee*).
al·be·it [ɔːl'biːɪt] *conj* ob'gleich, ob'zwar, wenn auch.
al·bert ['ælbə(r)t] *s* (kurze) Uhrkette.
al·bes·cent [æl'besənt; -snt] *adj* weiß(-lich) werdend.
al·bi·nism ['ælbɪnɪzəm] *s med. vet.* Albi'nismus *m* (*a. bot.*).
al·bi·no [æl'biːnəʊ; *Am.* -'baɪ-] *pl* **-nos** *s med. vet.* Al'bino *m* (*a. bot.*), Kakerlak *m*. **al'bi·no·ism** → albinism.
Al·bi·on ['ælbjən; -ɪən] *npr poet.* Albion *n* (*Britannien od. England*).
al·bite ['ælbaɪt] *s min.* Al'bit *m*, Natronfeldspat *m*.
al·bu·go [æl'bjuːgəʊ] *pl* **-gi·nes** [-dʒɪniːz] *s med.* Al'bugo *f*, weißlicher Hornhautfleck.
al·bum ['ælbəm] *s* **1.** (Briefmarken-, Foto-, Platten- etc)Album *n*. **2.** a) 'Schallplattenalbum, sette *f*, b) Album *n* (*Langspielplatte, a. zwei od. mehrere zs.-gehörige*). **3.** (*meist illu'strierte*) Sammlung von Gedichten, Bildern, Mu'sikstücken *etc* in Buchform.
al·bu·men ['ælbjʊmɪn; *bes. Am.* æl'bjuː-] *s* **1.** *biol.* Eiweiß *n*, Al'bumen *n*. **2.** *chem.* Albu'min *n*, Eiweißstoff *m*. **al'bu·men·ize** *v/t phot.* mit e-r Albu'minlösung behandeln.
al·bu·min ['ælbjʊmɪn; *bes. Am.* æl'bjuː-] → albumen 2. **al'bu·mi·nate** [-neɪt] *s chem.* Albumi'nat *n*.
al·bu·mi·noid [æl'bjuːmɪnɔɪd] **I** *s biol.* Albumino'id *n*, Eiweißkörper *m*. **II** *adj* albumino'id, eiweißähnlich, -artig. **al·bu·mi·no·sis** [ˌælbjuːmɪ'nəʊsɪs; *bes. Am.* æl'bjuː-] *s med.* Albumi'nose *f* (*erhöhter Bluteiweißspiegel*). **al'bu·mi·nous** *adj biol.* albumi'nös, eiweißhaltig. **al·bu·mi·nu·ri·a** [ˌælbjuːmɪ'njʊərɪə; *bes. Am.* æl,bjuː-; *Am. a.* -'nʊrɪə] *s med.* Albuminu'rie *f* (*Ausscheidung von Eiweiß im Urin*).
al·bur·num [æl'bɜːnəm; *Am.* -'bɜːr-] *s bot.* Splint(holz *n*) *m*.
al·ca·hest → alkahest.
Al·ca·ic [æl'keɪɪk] *metr.* **I** *adj* al'käisch. **II** *s* al'käischer Vers.
al·chem·ic [æl'kemɪk] *adj*; **al'chem·i·cal** [-kl] *adj* (*adv* ~**ly**) alchi'mistisch.
al·che·mist ['ælkɪmɪst] *s* Alchi'mist *m*. **'al·che·mize** [-kəmaɪz] *v/t* durch Al'chi'mie verwandeln. **'al·che·my** [-kɪmɪ] *s* Alchi'mie *f*.
al·co·hol ['ælkəhɒl] *s* Alkohol *m*: a) Sprit *m*, Spiritus *m*, Weingeist *m*: (**ethyl**) ~ Äthylalkohol; ~**blended fuel** *tech.* Alkoholkraftstoff *m*, b) Al'kyloxyd *n*, c) geistige *od.* alko'holische Getränke *pl.* '**al·co·hol·ate** [-eɪt] *s chem.* Alkoho'lat *n*.
al·co·hol·ic [ˌælkə'hɒlɪk; *Am. a.* -'hɔː-] **I** *adj* (*adv* ~**ally**) **1.** alkoholartig *od.* -haltig, alko'holisch, Alkohol...: ~ **beverage**; ~ **delirium** *med. psych.* Delirium *n* tremens; ~ **excess** Alkoholmißbrauch *m*; ~ **poisoning** *med.* Alkoholvergiftung *f*; ~ **strength** Alkoholgehalt *m*. **2.** alkohol-

süchtig. **II** *s* **3.** Alko'holiker(in): **A**~s **Anonymous** (*die*) Anonymen Alkoholiker. '**al·co·hol·ism** *s* Alkoho'lismus *m*: a) Trunksucht *f*, b) *med. durch Trunksucht verursachte Organismusschädigungen.* '**al·co·hol·ize** *v/t* **1.** *tech.* Spiritus rektifi'zieren. **2.** *chem.* mit Alkohol versetzen *od.* sättigen. **3.** *chem.* in Alkohol verwandeln.
al·co·hol·om·e·ter [ˌælkəhɒ'lɒmɪtə(r); *Am.* -'lɑːm-] *s* Alkoholo'meter *n*.
Al·co·ran [ˌælkɒ'rɑːn; *Am.* -kə'ræn] *s relig.* Ko'ran *m*. ˌ**Al·co'ran·ic** *adj* Koran...
al·cove ['ælkəʊv] *s* **1.** *arch.* Al'koven *m*, Nische *f*. **2.** *meist poet.* a) (Garten)Laube *f*, b) Grotte *f*.
Al·deb·a·ran [æl'debərən] *s astr.* Aldeba'ran *m* (*Hauptstern im Stier*).
al·de·hy·dase ['ældɪhaɪdeɪs] *s chem.* Aldehy'dase *f* (*Enzym*).
al·de·hyde ['ældɪhaɪd] *s chem.* Alde'hyd *n*.
al den·te [æl'denteɪ] *adj* al dente: a) mit Biß (*Spaghetti etc*), b) körnig (*Reis*).
al·der ['ɔːldə(r)] *s bot.* Erle *f*. ~ **buckthorn** *s bot.* Faulbaum *m*. '~**-leaved buck·thorn** *s bot.* Nordamer. Kreuzdorn *m*. '~**-leaved dog·wood** *s bot.* Nordamer. Hartriegelstrauch *m*.
al·der·man ['ɔːldə(r)mən] *s irr* Ratsherr *m*, Stadtrat *m*. ˌ**al·der'man·ic** [-'mænɪk] *adj* **1.** e-n Ratsherrn betreffend, ratsherrlich. **2.** *fig.* würdevoll, gravi'tätisch. '**al·der·man·ry** [-rɪ] *s* **1.** e-m Ratsherrn vertretener Stadtbezirk. **2.** Amt *n* e-s Ratsherrn. '**al·der·man·ship** → aldermanry.
al·dern ['ɔːldə(r)n] *adj* erlen, von *od.* aus Erlenholz.
al·der·wom·an ['ɔːldə(r)ˌwʊmən] *s irr* Ratsherrin *f*, Stadträtin *f*.
Al·dis lamp ['ɔːldɪs] *s aer. mar.* Aldislampe *f* (*zum Signalisieren*). ~ **lens** *s phot.* Aldislinse *f*. ~ **u·nit sight** *s aer. mil.* (Bomben)Zielgerät *n*.
al·dose ['ældəʊs; -z] *s chem.* Al'dose *f*.
ale [eɪl] *s* Ale *n* (*helles, obergäriges Bier*).
a·le·a·to·ric [ˌeɪlɪə'tɒrɪk; *Am.* -'tɑːr-] *adj* **1.** alea'torisch, vom Zufall abhängig, gewagt: ~ **contract** *jur.* aleatorischer Vertrag, Spekulationsvertrag *m*. **2.** *mus.* alea'torisch. ˌ**a·le'at·o·rism** [-'ætərɪzəm] *s mus.* Alea'torik *f* (*Kompositionsrichtung, die dem Zufall breiten Raum gewährt*). '**a·le·a·to·ry** [-tərɪ; *Am.* -ˌtɔːrɪ; -ˌtəʊ-] → aleatoric.
a·leck ['ælɪk] *s* **1.** *Austral. sl.* Idi'ot *m*. **2.** → smart aleck.
'**aleˌcon·ner** *s Br. hist.* Bierprüfer *m*.
a·lee [ə'liː] *adv u. pred adj mar.* leewärts.
'**aleˌhouse** *s obs.* Bierschenke *f*.
a·lem·bic [ə'lembɪk] *s* **1.** *hist.* Destil'lierkolben *m*, -appaˌrat *m*. **2.** *fig.* Filter *m*.
a·lert [ə'lɜːt; *Am.* ə'lɜːrt] **I** *adj* (*adv* ~**ly**) **1.** wachsam, auf der Hut, auf dem Posten: to be ~ to a) achten auf (*acc*), b) auf der Hut sein vor (*dat*) (→ 3). **2.** rege, munter, lebhaft, flink. **3.** aufgeweckt, (hell)wach: an ~ **young man**; to be ~ to *etwas* klar erkennen, sich e-r Sache bewußt sein. **II** *s* **4.** *mil.* (A'larm)Bereitschaft *f*, A'larmzustand *m*: ~ **phase** Alarmstufe *f*; **to be on the ~ a)** in Alarmbereitschaft sein, b) *fig.* auf der Hut sein. **5.** *bes. aer.* A'larm(siˌgnal *n*) *m*, Warnung *f*. **III** *v/t* **6.** a) warnen (**to vor** *dat*), b) alar'mieren, *mil. a.* in A'larmzustand versetzen, *weitS.* mobili'sieren. **7.** *fig.* aufrütteln: to ~ s.o. to s.th. j-m etwas (deutlich) zum Bewußtsein bringen. **a'lert·ness** *s* **1.** Wachsamkeit *f*. **2.** Munterkeit *f*, Flinkheit *f*. **3.** Aufgewecktheit *f*.
A lev·el [eɪ] *s Br.* **1.** *ped.* (*etwa*) Abi'tur *n*: he has three ~s er hat das Abitur in drei

Fächern gemacht. **2.** *colloq. euphem.* A'nalverkehr *m.*

al·e·vin ['ælɪvɪn] *s ichth.* junger Fisch, *bes.* Lachs *m od.* Fo'relle *f.*

ale·wife ['eɪlwaɪf] *s irr* **1.** *obs.* Schankwirtin *f.* **2.** *ichth. Am.* a) Großaugenhering *m,* b) Maifisch *m.*

al·ex·an·ders [ˌælɪg'zɑːndə(r)z; *bes. Am.* -'zæn-] *s bot.* Gelbdolde *f.*

Al·ex·an·dri·an [ˌælɪg'zɑːndrɪən; *bes. Am.* -'zæn-] *adj* alexan'drinisch: a) Alex'andria (*in Ägypten*) betreffend, b) helle'nistisch, c) *metr.* Alexandriner...

Al·ex·an·drine [ˌælɪg'zændraɪn; *Am. bes.* -drən] *metr.* **I** *s* Alexan'driner *m* (*12- od. 13füßiger Vers*). **II** *adj* → Alexandrian c.

a·lex·i·a [eɪ'leksɪə; ə'l-] *s med.* Ale'xie *f,* Leseschwäche *f.*

a·lex·i·phar·mic [əˌleksɪ'fɑː(r)mɪk] **I** *s* Gegengift *n,* -mittel *n* (**against, for, to** gegen). **II** *adj* als Gegengift dienend.

al·fa ['ælfə], *a.* ~ **grass** *s bot.* Halfagras *n.*

al·fal·fa [æl'fælfə] *s Am.* Lu'zerne *f.*

al·fres·co [æl'freskəʊ] *adj u. adv* im Freien: ~ **lunch**; **to lunch** ~.

al·ga ['ælgə] *pl* -**gae** [-dʒiː] *s bot.* Alge *f.*

al·ge·bra ['ældʒɪbrə] *s math.* Algebra *f.*

al·ge'bra·ic [-'breɪɪk] *adj*; **al·ge'bra·i·cal** *adj* (*adv* ~**ly**) alge'braisch: *algebraic curve* (**function, geometry, number,** *etc*).

Al·ge·ri·an [æl'dʒɪərɪən], **Al·ge·rine** [ˌældʒə'riːn; 'ældʒəriːn] **I** *adj* al'gerisch. **II** *s* Al'gerier(in).

al·ge·si·a [æl'dʒiːzɪə, -sɪə] *s med.* Alge'sie *f*, Schmerzempfindlichkeit *f.*

al·ge·sim·e·ter [ˌældʒɪ'sɪmɪtə(r)] *s med.* Algesi'meter *n* (*Gerät zur Messung der Schmerzempfindlichkeit*).

-algia [ældʒə] Wortelement mit der Bedeutung ...schmerz.

al·gid ['ældʒɪd] *adj med.* kühl, kalt.

al·gi·nate ['ældʒɪneɪt] *s chem.* Algi'nat *n* (*Salz der Alginsäure*).

al·gin·ic ac·id [æl'dʒɪnɪk] *s chem.* Al'ginsäure *f.*

Al·gol[1] ['ælgɒl; *Am. a.* -ˌgɑl] *s astr.* Al'gol *m* (*Stern im Sternbild Perseus*).

AL·GOL[2] ['ælgɒl; *Am. a.* -ˌgɑl] *s* ALGOL *n* (*Computersprache*).

al·go·lag·ni·a [ˌælgəʊ'lægnɪə; -gə'l-] *s psych.* Algola'gnie *f* (*Sadomasochismus*).

al·gol·o·gy [æl'gɒlədʒɪ; *Am.* -'gɑ-] *s* Algolo'gie *f*, Algenkunde *f.*

al·gom·e·ter [æl'gɒmɪtə(r); *Am.* -'gɑ-] *s med.* Algo'meter *n* (*Gerät zur Messung der Schmerzempfindlichkeit*).

al·gor ['ælgɔː(r)] *s med.* Kälte *f.*

al·go·rithm ['ælgərɪðm] *s math.* Algo'rithmus *m*, me'thodisches Rechenverfahren.

a·li·as ['eɪlɪæs; -əs] **I** *adv bes. jur.* alias. **II** *s* angenommener Name, Deckname *m, jur. a.* Falschname *m.*

al·i·bi ['ælɪbaɪ] **I** *adv* **1.** anderswo (*als am Tatort*). **II** *s* **2.** *jur.* Alibi *n* (*a. fig. colloq.*): **to establish one's** ~ ein Alibi er- *od.* beibringen. **3.** *colloq.* Ausrede *f*, Entschuldigung *f.* **III** *v/i* **4.** *colloq.* Ausflüchte machen. **IV** *v/t* **5.** *j-m* ein Alibi verschaffen (*a. fig. colloq.*).

ˌ**Al·ice-in-'Won·der·land** [ˌælɪs-] *adj* **1.** unwirklich, Phantasie...: ~ **world. 2.** 'widerspruchsvoll, 'widersprüchlich.

al·i·cy·clic [ˌælɪ'saɪklɪk; -'sɪk-] *adj chem.* ali'zyklisch.

al·i·dade ['ælɪdeɪd], *a.* **'al·i·dad** [-dæd] *s astr.-math.* Alhi'dade *f.*

al·ien ['eɪljən; -ɪən] **I** *adj* **1.** fremd: **on** ~ **soil. 2.** ausländisch: ~ **subjects** *Br.* ausländische Staatsangehörige; ~ **property** *pol.* Feindvermögen *n.* **3.** fremd(artig), ex'otisch. **4.** außerirdisch (*Wesen*). **5.** *fig.* anders (**from** als), fernliegend (**to** *dat*): ~ **to the topic** nicht zum Thema gehörend. **6.** *fig.* (**to**) entgegengesetzt (*dat*), (*j-m od. e-r Sache*) zu'wider(laufend), fremd (*dat*), 'unsym₁pathisch (*dat*): **that is** ~ **to his nature** das ist ihm wesensfremd. **II** *s* **7.** Fremde(r *m*) *f*, Ausländer(in): **enemy (friendly, undesirable** *od.* **unwanted)** ~ feindlicher (befreundeter, unerwünschter) Ausländer. **8.** nicht naturali'sierter Einwohner des Landes. **9.** außerirdisches Wesen: **an** ~ **from another planet** ein Wesen von e-m anderen Planeten. '**al·ien·a·ble** *adj jur.* veräußerlich, über'tragbar: ~ **rights.**

al·ien·age ['eɪljənɪdʒ; -lɪən-] *s* **1.** Ausländertum *n*, Fremdheit *f.* **2.** ausländische Staatsangehörigkeit.

al·ien·ate ['eɪljəneɪt; -lɪən-] *v/t* **1.** *jur. bes.* Grundbesitz veräußern, über'tragen. **2.** a) befremden, b) entfremden (*a. psych. pol.*), abspenstig machen (**from** *dat od.* von), ˌ**al·ien·a'tion** *s* **1.** *jur.* Veräußerung *f*, Über'tragung *f.* **2.** Entfremdung *f* (*a. psych. pol.*) (**from** von), Abwendung *f*, Abneigung *f*: ~ **of affection** *jur.* Entfremdung ehelicher Zuneigung. **3.** *a.* **mental** ~ *med. psych.* Alienati'on *f*, Psy'chose *f.* **4.** (lite'rarische) Verfremdung: ~ **effect** Verfremdungseffekt *m.*

al·ien·ee [ˌeɪljə'niː; -lɪə-] *s jur.* Erwerber(in), neuer Eigentümer.

'**al·ien·ism** *s* **1.** → **alienage. 2.** *obs.* Studium *n od.* Behandlung *f* von Geisteskrankheiten. '**al·ien·ist** *s* **1.** *obs.* Nervenarzt *m.* **2.** *Am.* Arzt, der sich mit den rechtlichen Aspekten der psychiatrischen Behandlung beschäftigt.

al·ien·or ['eɪljənə; *Am.* ˌeɪlɪə'nɔːr] *s jur.* Veräußerer *m.*

a·light[1] [ə'laɪt] *pret u. pp* **a'light·ed, a·lit** [ə'lɪt] *v/i* **1.** (**from**) aussteigen (aus), absteigen (vom *Fahrrad etc*), absitzen (vom *Pferd*). **2.** (**on**) (sanft) fallen (auf *acc*) (*Schnee*), sich niederlassen (auf *dat od. acc*), sich setzen (auf *acc*) (*Vogel*). **3.** *aer.* niedergehen, landen. **4.** *allg.* landen: **to** ~ **on one's feet** auf die Füße fallen. **5.** *obs.* (**on, upon**) (zufällig) stoßen *od.* kommen (auf *acc*).

a·light[2] [ə'laɪt] *adv u. pred adj* **1.** in Brand, in Flammen: **to be** ~ in Flammen stehen, brennen; **to set** ~ in Brand setzen *od.* stecken, anzünden. **2.** erleuchtet, erhellt (**with** von): **his face was** ~ **with happiness** sein Gesicht *od.* er strahlte vor Glück.

a·light·ing [ə'laɪtɪŋ] *s aer.* Landung *f*: ~ **on earth** Bodenlandung *f*; ~ **on water Wassern** *n*, Wasserlandung *f.*

a·lign [ə'laɪn] **I** *v/t* **1.** in e-e (gerade) Linie bringen, in e-r (gerade) Linie *od.* in Reih u. Glied aufstellen, ausrichten (**with** nach). **3.** *fig.* zu e-r Gruppe (*Gleichgesinnter*) zs.-schließen: **to** ~ **o.s. with** sich anschließen (*dat*), sich zs.-schließen mit. **4.** *tech.* a) (aus)fluchten, ausrichten (**with** nach), b) ju'stieren, einstellen. **5.** *electr.* abgleichen. **II** *v/i* **6.** (**with**) e-e (gerade) Linie bilden (mit), sich ausrichten (nach). **a'lign·ment** *s* **1.** Aufstellung *f* in e-r (gerade) Linie, Ausrichten *f.* **2.** *fig.* Zs.-schluß *m* zu e-r Gruppe. **3.** Ausrichtung *f*: **in** ~ **with** in 'einer Linie *od.* Richtung mit, *fig. a.* in Übereinstimmung mit; **out of** ~ schlecht ausgerichtet, *tech.* aus der Flucht, verschoben, -lagert. **4.** *surv. tech.* Flucht-, Absteckungslinie *f*, Trasse *f*, Zeilenführung *f.* **5.** *tech.* a) (Aus)Fluchten *n*, Ausrichten *n*, b) Einstellung *f*, Ju'stierung *f*, c) Flucht *f*, Gleichlauf *m*: ~ **chart** Rechentafel *f*, Leitertafel *f*, Nomogramm *n.* **6.** *electr.* Abgleich en *n*).

a·like [ə'laɪk] **I** *adj* a) gleich: **all music is** ~ **to him** für ihn ist alle Musik gleich, b) ähnlich (**to** *dat*): **they are very much** ~ sie sind sich sehr ähnlich. **II** *adv* a) gleich, ebenso, in gleicher Weise, gleichermaßen: **to treat everybody** ~ alle gleich behandeln, b) ähnlich.

al·i·ment ['ælɪmənt] *s* **1.** Nahrung(smittel *n*) *f.* **2.** etwas Lebensnotwendiges: **not to be an** ~ nicht lebensnotwendig sein. **3.** *Scot.* → **alimony.** ˌ**al·i'men·tal** [-'mentl] → **alimentary** 1.

al·i·men·ta·ry [ˌælɪ'mentərɪ] *adj* **1.** nährend, nahrhaft. **2.** zur Nahrung *od.* zum 'Unterhalt dienend, Nahrungs...: ~ **disequilibrium** gestörtes Nahrungsgleichgewicht. **3.** Ernährungs..., Speise...: ~ **canal** *physiol.* Verdauungskanal *m.*

al·i·men·ta·tion [ˌælɪmen'teɪʃn] *s* **1.** Ernährung *f.* **2.** 'Unterhalt *m.* ˌ**al·i'men·ta·tive** [-tətɪv] *adj* nährend, Nahrungs..., nahrhaft.

al·i·mo·ny ['ælɪmənɪ; *Am.* -ˌməʊnɪ] *s jur.* 'Unterhalt(szahlung *f*) *m*: **to pay** ~ Unterhalt zahlen. ~ **drone** *s Am. bes. contp.* geschiedene Frau, die aus 'Unterhaltsgründen nicht wieder heiratet.

a·line, *etc* → **align**, *etc.*

al·i·ped ['ælɪped] *zo.* **I** *adj* mit Flatterfüßen (versehen). **II** *s* Flatterfüßler *m.*

al·i·phat·ic [ˌælɪ'fætɪk] *adj chem.* ali'phatisch, fetthaltig: ~ **compound** Fettverbindung *f.*

al·i·quant ['ælɪkwənt] *adj math.* ali'quant, mit Rest teilend.

al·i·quot ['ælɪkwɒt; *Am.* -ˌkwɑt] *math.* **I** *adj* ali'quot, ohne Rest teilend. **II** *s* ali'quoter Teil, Ali'quote *f.*

a·lit [ə'lɪt] *pret u. pp* von **alight**[1].

a·live [ə'laɪv] *adj* **1.** lebend, le'bendig, (noch) am Leben: **are your grandparents still** ~? leben d-e Großeltern noch?; **the proudest man** ~ der stolzeste Mann der Welt; **no man** ~ kein Sterblicher; **man** ~! *colloq.* Menschenskind!; **to keep** ~ a) (sich) am Leben erhalten, b) *fig.* (aufrecht)erhalten, bewahren; **he was burnt** ~ er verbrannte bei le'bendigem Leib; → **flay** 1, **skin** 10. **2.** *fig.* le'bendig, tätig, in voller Kraft *od.* Wirksamkeit. **3.** le'bendig, lebhaft, munter, rege, belebt: ~ **and kicking** *colloq.* gesund u. munter; **look** ~! *colloq.* a) mach fix!, b) paß auf! **4.** (**to**) a) empfänglich (für), b) bewußt (*gen*): **to be (become)** ~ **to** s.th. sich e-r Sache bewußt sein (werden). **5.** gedrängt voll, belebt (**with** von): **to be** ~ **with** wimmeln von; **the streets were** ~ **with people** auf der Straße wimmelte es von Menschen. **6.** *fig.* voll, erfüllt (**with** von). **7.** *electr.* spannung-, stromführend, unter Strom stehend. **8.** *tech.* (noch) in Betrieb, funktio'nierend.

a·liz·a·rin [ə'lɪzərɪn] *s chem.* Aliza'rin *n*, Färber-, Krapprot *n.*

al·ka·hest ['ælkəhest] *s hist.* Alka'hest *n*, Univer'sallösungsmittel *n* (*der Alchimisten*).

al·kal·am·ide [ˌælkæl'æmaɪd; -mɪd] *s chem.* Alkala'mid *n*, basisches A'mid.

al·ka·li ['ælkəlaɪ] **I** *pl* -**lies** *od.* -**lis** *s* **1.** *chem.* Al'kali *n*, Laugensalz *n.* **2.** *chem.* al'kalischer Stoff: **mineral** ~ kohlensaures Natron; ~ **metal** Alkalimetall *n.* **3.** *agr. geol.* kalzi'nierte(s) Soda. **4.** *bot.* Salzkraut *n.* **II** *adj* **5.** *chem.* al'kalisch.

al·ka·li·fy ['ælkəlɪfaɪ; æl'kæl-] *v/t u. v/i chem.* (sich) in ein Al'kali verwandeln.

al·ka·lim·e·ter [ˌælkə'lɪmɪtə(r)] *s* Al'kalimesser *m.*

al·ka·line ['ælkəlaɪn; -lɪn] *adj chem.* al'kalisch, al'kalihaltig, basisch: ~ **earths** Erdalkalien; ~**-earth metal** Erdalkalimetall *n*; ~ **water** alkalischer Säuerling.

ˌ**al·ka'lin·i·ty** [-'lɪnətɪ] *s* Alkalini'tät *f*,

alkalinize – all-nighter

al'kalische Eigenschaft. **'al·ka·lin·ize** [-lınaız] *v/t chem.* alkali'sieren.
al·ka·loid ['ælkələɪd] *chem.* **I** *s* Alkalo'id *n*. **II** *adj* al'kaliartig, laugenhaft.
al·kyl group ['ælkıl] *s chem.* Al'kylrest *m*.
all [ɔːl] **I** *adj* **1.** all, sämtlich, gesamt, vollständig, ganz: ~ **one's courage** s-n ganzen Mut; ~ **mistakes** alle *od.* sämtliche Fehler; ~ **my friends** alle m-e Freunde; ~ **night (long)** die ganze Nacht (hindurch); ~ **(the) day,** ~ **day long** den ganzen Tag, den lieben langen Tag; **open** ~ **day** ganztägig geöffnet; ~ **the time** die ganze Zeit (über), ständig, immer; **at** ~ **times** zu jeder Zeit, jederzeit; ~ **the town** die ganze Stadt, jedermann. **2.** jeder, jede, jedes, alle *pl*: **at** ~ **hours** zu jeder Stunde; **beyond** ~ **question** ohne Frage, fraglos; **in** ~ **respects** in jeder Hinsicht; **to deny** ~ **responsibility** jede Verantwortung ablehnen. **3.** vollkommen, völlig, to'tal, ganz, rein: ~ **nonsense** reiner Unsinn; ~ **wool** *Am.* reine Wolle; **she is** ~ **legs** sie besteht fast nur aus Beinen, ‚sie hat Beine bis zum Hals'.
II *adv* **4.** ganz (u. gar), gänzlich, völlig: ~ **alone** ganz allein; ~ **the um so ...**; ~ **the better** um so besser; **she was** ~ **gratitude** sie war voll(er) Dankbarkeit; **she is** ~ **kindness** sie ist die Güte selber; ~ **one** einerlei, gleichgültig; **he is** ~ **for it** er ist unbedingt dafür; ~ **mad** völlig verrückt; ~ **wrong** ganz falsch. **5.** für jede Seite, beide: **the score was two** ~ das Spiel stand zwei zu zwei. **6.** *poet.* gerade, eben.
III *pron* **7.** alles, das Ganze: ~ **of it** alles, das Ganze; ~ **of us** wir alle; ~ **of the year** ein ganzes Jahr; **that's** ~ das ist *(od.* wäre) alles; **that's** ~ **there is to it** das ist die ganze Geschichte; **it** ~ **began** die ganze Sache begann; ~ **of a tremble** am ganzen Leibe zitternd; **and** ~ **that** und dergleichen; **when** ~ **is said and done** *colloq.* letzten Endes, im Grunde (genommen).
IV *s* **8.** Alles *n*: **his** ~ a) sein Hab u. Gut, b) sein ein u. alles. **9.** *philos.* (Welt)All *n*.
Besondere Redewendungen:
~ **along** a) der ganzen Länge nach, b) *colloq.* die ganze Zeit (über), schon immer; ~ **in** *colloq.* ‚total fertig *od.* erledigt'; ~ **in** ~ alles in allem; ~ **out** *colloq.* a) ‚total fertig *od.* erledigt', b) ‚auf dem Holzweg' (*im Irrtum*), c) mit aller Macht (**for s.th.** auf etwas aus), mit restlosem Einsatz, d) vollständig (→ **all-out**); **to go** ~ **out** *colloq.* alles daransetzen, aufs Ganze gehen; ~ **over** a) *colloq.* ganz u. gar, b) überall, c) überallhin, in ganz *England etc* herum, im ganzen *Haus etc* herum, d) am ganzen Körper, überall; **that is Max** ~ **over** das ist ganz *od.* typisch Max, das sieht Max ähnlich; **news from** ~ **over** Nachrichten von überall her; **to be** ~ **over s.o.** *colloq.* ‚an j-m e-n Narren gefressen haben'; ~ **right** a) ganz recht *od.* richtig, b) schon gut, c) in Ordnung, d) na schön!; **I'm** ~ **right** bei mir ist alles in Ordnung; **I'm** ~ **right, Jack** *colloq.* Hauptsache, mir geht's gut; **I'm** ~ **right for money** *colloq.* ‚bei mir stimmt die Kasse'; ~ **round** a) rund(her)um, ringsumher, b) überall, c) ‚durch die Bank', durchweg; ~ **there** gewitzt, gescheit, ‚auf Draht'; **he is not** ~ **there** ‚er ist nicht ganz bei Trost'; ~ **up** *colloq.* ‚total fertig *od.* erledigt ist's'; ~ **up with him** mit ihm ist's aus; *(siehe weitere Verbindungen unter den entsprechenden Stichwörtern).*
al·la bre·ve [ˌæləˈbreɪvɪ; -ˈbreveɪ] *adj u. adv mus.* alla breve, beschleunigt.
Al·lah ['ælə; 'æləː] *s relig.* Allah *m*.
‚all-A'mer·i·can I *adj* **1.** rein *od.* typisch ameri'kanisch. **2.** die ganzen Vereinigten Staaten vertretend. **3.** *sport Am.* National...: ~ **player** → **5**; **the** ~ **team** die von der Presse theoretisch aufgestellte bestmögliche Mannschaft. **4.** den ganzen ameri'kanischen Konti'nent betreffend. **II** *s* **5.** *sport Am.* a) Natio'nalspieler(in), b) Spitzenspieler(in).
al·lan·ite ['ælənaɪt] *s min.* Alla'nit *m*.
al·la pri·ma [ˌɑːlɑːˈpriːmə, ˌæləˈ-] *adj paint.* alla prima *(nur in 'einer Farbschicht gemalt).*
al·lar·gan·do [ˌɑːlɑːr(r)ˈgændəʊ; -ˈgɑːn-] *adj u. adv mus.* allar'gando, langsamer werdend.
‚all-a'round *Am.* für **all-round**.
'all-ˌau·to'mat·ic *adj tech.* 'vollautoˌmatisch.
al·lay [əˈleɪ] *v/t* beruhigen, beschwichtigen, *Streit* schlichten, *Hitze, Schmerzen etc* mildern, lindern, *Hunger, Durst* stillen, *Furcht* nehmen, *Freude* dämpfen.
all clear *s* **1.** Ent'warnung(sˌsiˌgnal *n*) *f (bes. nach e-m Luftangriff).* **2.** *fig.* grünes Licht *n*: **he received the ~ on his plan** er bekam grünes Licht für s-n Plan. **'~-ˌdu·ty** *adj* Allzweck...: ~ **tractor**.
al·le·ga·tion [ˌælɪˈgeɪʃn] *s a. jur.* (unerwiesene) Behauptung, (zu beweisende) Aussage, *(jur.* Par'tei)Vorbringen *n*, (Tatsachen)Darstellung *f*.
al·lege [əˈledʒ] *v/t Unerwiesenes* behaupten, vorbringen, erklären, geltend machen: **he is ~d to have been killed** er soll angeblich umgekommen sein. **al·'leged** *adj*, **al·'leg·ed·ly** [-ɪdlɪ] *adv* angeblich, vorgeblich.
al·le·giance [əˈliːdʒəns] *s* **1.** 'Untertanenpflicht *f*, -treue *f*, -gehorsam *m*: **change one's** ~ s-e Staatsangehörigkeit *od.* Partei wechseln. **2.** (to) Anhänglichkeit *f*, Bindung *f* (an *acc*), Ergebenheit *f* (gegen'über). **3.** Treue *f*, Loyali'tät *f* (to gegen'über), loy'al (gegen[über]). **al·'le·giant** *adj* (to) treu *(dat),* loy'al (gegen[über]).
al·le·gor·ic [ˌælɪˈgɒrɪk; *Am. a.* -ˈgɑː-] *adj*, **ˌal·le'gor·i·cal** [-kl] *adj (adv ~ly)* alle'gorisch, (sinn)bildlich.
al·le·go·rist [ˈælɪɡərɪst; *Am.* -ˌgoʊ-; -ˌgɔː-] *s* Allego'rist *m*.
al·le·go·ri·za·tion [ˌælɪgəraɪˈzeɪʃn; *Am.* -ˌgoʊrəˈz-; -ˌgɔːrəˈz-] *s* alle'gorische Darstellung *od.* Erklärung. **al·le·go·rize** [ˈælɪɡəraɪz; *Am. a.* -ˌgoʊ-; -ˌgɔː-] **I** *v/t* allegori'sieren, allegorisch *od.* sinnbildlich darstellen. **II** *v/i* in Gleichnissen reden.
al·le·go·ry [ˈælɪɡərɪ; *Am.* -ˌgoʊri:; -ˌgɔː-] *s* Allego'rie *f*, sinnbildliche Darstellung, Gleichnis *n*.
al·le·gret·to [ˌælɪˈɡretəʊ; -leˈ-] *mus.* **I** *adj u. adv* alle'gretto, mäßig lebhaft. **II** *pl* **-tos** *s* Alle'gretto *n*.
al·le·gro [əˈleɪɡrəʊ; -ˈleˈ-] *mus.* **I** *adj u. adv* al'legro, lebhaft. **II** *pl* **-gros** *s* Al'legro *n*.
al·le·le [əˈliːl], *a.* **al·lel** [əˈlel] → **allelomorph**.
al·le·lo·morph [əˈliːləmɔː(r)f; əˈlel-] *s biol.* Al'lel *n*, Erbfaktor *m*.
al·le·lu·ia(h), al·le·lu·ja [ˌælɪˈluːjə] **I** *s* Halle'luja *n*, Loblied *n*. **II** *interj* halle'luja!
‚all-em'brac·ing *adj* ('all)umˌfassend, glo'bal: ~ **disapproval** allgemeine Mißbilligung.
al·len screw [ˈælən] *s tech.* Allen-, Inbusschraube *f*. **~ wrench** *s tech.* Inbusschlüssel *m*.
al·ler·gen [ˈæləːdʒen; -dʒən] *s med.* Aller'gen *n*, Aller'giestoff *m*.
al·ler·gic [əˈlɜːdʒɪk; *Am.* əˈlɜːr-] *adj med. physiol.* al'lergisch, 'überempfindlich (to gegen): **to be** ~ **to** *colloq. etwas od. j-n* nicht ausstehen können, ‚allergisch' sein gegen.
al·ler·gol·o·gy [ˌæləˌ(r)ˈɡɒlədʒɪ; *Am.* -ˌɡɑːl-; -ˈdʒɑːl-] *s med.* Allergolo'gie *f*.
al·ler·gy [ˈælədʒɪ] *s* **1.** *med. physiol.* Aller'gie *f*, 'Überempfindlichkeit *f* (to gegen). **2.** *colloq.* ‚Aller'gie' *f*, Abneigung *f*, 'Widerwille *m* (to gegen).
al·le·vi·ate [əˈliːvɪeɪt] *v/t* mildern, lindern, (ver)mindern. **al·le·vi'a·tion** *s* Linderung *f*, Milderung *f*.
al·ley [ˈælɪ] *s* **1.** (enge *od.* schmale) Gasse. **2.** *(bes. von Bäumen gesäumter)* Gartenod. Parkweg. **3.** *arch.* Verbindungsgang *m*, Korridor *m*. **4.** *Bowling, Kegeln:* Bahn *f (a. Gebäude)*: **that's down** *(od.* **up) my** ~ *colloq.* das ist etwas für mich, das ist (genau) mein Fall. ~ **cat** *s* streunende Katze. **'~·way** *s* Gasse, Gäßchen *n*, schmaler Weg; schmaler Durchgang; *(Seiten)*Gang *m*. ~ **way** *s* alley 1.
'All-ˌfa·ther *s relig.* Allvater *m*.
'all|-ˌfired *adj u. adv bes. Am. sl.* verdammt: **he had the** ~ **cheek to call me a liar**; **don't be so** ~ **sure of yourself!**
A~ Fools' Day *s* der erste A'pril. **‚~-'Ger·man** *adj* gesamtdeutsch. ~ **hail** *interj obs.* heil!, sei(d) gegrüßt!
All·hal·lows [ɔːlˈhæləʊz] *s relig.* Aller'heiligen *n*.
al·li·ance [əˈlaɪəns] *s* **1.** Verbindung *f*. **2.** Bund *m*, Bündnis *n*, Alli'anz *f*: **offensive and defensive** ~ Schutz- u. Trutzbündnis; **to enter into** *(od.* **form) an** ~ ein Bündnis schließen, sich alliieren (**with** mit). **3.** Verwandtschaft *f* durch Heirat, Verschwägerung *f*. **4.** *weitS.* Verwandtschaft *f*. **5.** *fig.* Bund *m*, (Inter'essen)Gemeinschaft *f*. **6.** Übereinkunft *f*. **7.** *bot. zo. obs.* 'Unterordnung *f*.
al·lied [əˈlaɪd; *bes. attr* ˈælaɪd] *adj* **1.** a) verbündet, alli'iert, b) A~ *hist.* Alli'iert, die Alliierten betreffend (*im 1. u. 2. Weltkrieg*): A~ **Forces** alliierte Streitkräfte; A~ **and Associated Powers** Alliierte u. Assoziierte Mächte; A~ **High Commission** Alliierte Hohe Kommission; A~ **Nations** Vereinte Nationen. **2.** *fig.* verwandt (**to** mit).
Al·lies [ˈælaɪz] *s pl (die)* Alli'ierten *pl (im 1. u. 2. Weltkrieg)*.
al·li·ga·tion [ˌælɪˈɡeɪʃn] *s math.* Alligati'onsregel *f*: **rule of** ~ Misch(ungs)rechnung *f*.
al·li·ga·tor [ˈælɪɡeɪtə(r)] *s* **1.** *zo.* Alli'gator *m*, Kaiman *m*. **2.** *mus. Am. sl.* Swingfan *m*. ~ **ap·ple** *s* pond apple. ~ **crack·ing** *s tech.* netzartige Rißbildung. ~ **pear** → avocado. ~ **shears** *s pl tech.* Hebelschere *f*. ~ **skin** *s* Kroko'dilleder *n*. ~ **snap·per,** ~ **ter·ra·pin,** ~ **tor·toise,** ~ **tur·tle** *s zo.* Alli'gatorschildkröte *f*. ~ **wrench** *s tech.* Rohrschlüssel *m*. [entscheidend.]
‚all-im'por·tant *adj* äußerst wichtig,
all-in [ɔːln; *attr* ˈɔːln] *adj* **1.** *bes. Br.* alles inbegriffen, Gesamt..., Pauschal...: ~ **insurance** Gesamt-, Generalversicherung *f*; ~ **school** *ped. Br.* Gesamtschule *f*. **2.** ~ **wrestling sport** Catchen *n*.
‚all-in'clu·sive → **all-in 1**.
al·lit·er·ate [əˈlɪtəreɪt; æ-] *v/i* **1.** alliterieren. **2.** im Stabreim dichten. **al·ˌlit·er'a·tion** *s* Alliterati'on *f*, Stabreim *m*. **al·'lit·er·a·tive** [-rətɪv; *Am. bes.* -ˌreɪtɪv] *adj (adv ~ly)* allite'rierend, stab(reim)end: ~ **verse** Alliterationsvers *m*, Stabreimvers *m*.
‚all-'mains *adj electr.* Allstrom..., Netzanschluß...: ~ **receiver**. **‚~-'met·al** *adj tech.* Ganzmetall...: ~ **construction** Ganzmetallbau(weise *f*) *m*.
'all-night *adj* **1.** die ganze Nacht geöffnet: **an** ~ **restaurant** ein Restaurant, das die ganze Nacht geöffnet hat. **2.** die ganze Nacht dauernd: **we had an** ~ **meeting** unsere Sitzung zog sich die ganze Nacht hin. **‚all-'night·er** *s* etwas, was die ganze

Nacht dauert: **he had an ~ over his papers** er saß die ganze Nacht über s-n Akten.
al·lo- ['æləʊ; ælə] *Wortelement mit der Bedeutung* anders..., Fremd...
al·lo·cate ['æləʊkeɪt; -lək-] *v/t* **1.** zuteilen, an-, zuweisen (**to** *dat*): **to ~ duties** Pflichten zuweisen; **to ~ shares** (*bes. Am.* **stocks**) Aktien zuteilen. **2.** a) (*nach e-m Schlüssel*) auf-, verteilen: **to ~ expenses** Unkosten verteilen, Gemeinkosten umlegen, b) *Güter* bewirtschaften, ratio'nieren. **3.** *Geld etc* bestimmen, zu'rücklegen (**to**, **for** für *j-n od. e-n Zweck*). **4.** den Platz bestimmen für. ˌal·lo'ca·tion *s* **1.** Zuteilung *f*, An-, Zuweisung *f*. **2.** a) Auf-, Verteilung *f*: **~ of expenses** Unkostenverteilung, Umlage *f* von Gemeinkosten; **~ of frequencies** *electr.* Wellen-, Frequenzverteilung, b) Bewirtschaftung *f*, Ratio'nierung *f*.
ˌal·lo·chro'mat·ic *adj min.* allochro'matisch (*durch Beimengungen anders gefärbt, als es der Substanz nach zu erwarten wäre*).
al·loch·tho·nous [əˈlɒkθənəs; *Am.* -ˈlɑːk-] *adj biol. geol.* allo'chthon, nicht am Fundort heimisch *od.* entstanden.
al·lo·cu·tion [ˌæləʊˈkjuːʃn; -ləˈkj-] *s* **1.** ermahnende *od.* feierliche Ansprache. **2.** *R.C.* Allokuti'on *f* (*päpstliche Ansprache*). [dial, alodium.}
al·lo·di·al, al·lo·di·um → **alo-**
al·log·a·mous [əˈlɒgəməs; *Am.* əˈlɑ-] *adj bot.* allo'gam(isch). **al'log·a·my** *s* Allogaˈmie *f*, Fremdbestäubung *f*.
al·lo·graph ['æləʊgrɑːf; -ləg-; *bes. Am.* -græf] *s ling.* Allo'graph *n* (*Variante e-s Graphems*).
al·lom·e·try [əˈlɒmɪtrɪ; *Am.* -ˈlɑm-] *s biol.* Allome'trie *f* (*Wachstum e-s Organs etc im Verhältnis zum Wachstum des übrigen Organismus*).
al·lo·morph ['æləʊmɔː(r)f; -ləm-] *s ling.* Allo'morph *n* (*Variante e-s Morphems*).
al·longe [əˈlɔ̃ːʒ; əˈlʌnʒ; *æ*ˈl-] *s econ.* Al'longe *f*, Verlängerungsabschnitt *m* (*an e-m Wechsel*).
al·lo·nym [ˈæləʊnɪm; -lən-] *s* Allo'nym *n* (*Name e-r bekannten Persönlichkeit als Pseudonym*).
al·lo·path [ˈæləʊpæθ; -ləp-] *s med.* Allo'path *m*. ˌal·lo'path·ic *adj* (*adv* **~ally**) allo'pathisch. **al'lop·a·thist** [əˈlɒpəθɪst; *Am.* -ˈlɑ-] → **allopath. al'lop·a·thy** [-θɪ] *s* Allopa'thie *f* (*Heilverfahren, bei dem gegen e-e Krankheit Mittel angewendet werden, die e-e der Krankheitsursache entgegengesetzte Wirkung haben*).
al·lo·phone [ˈæləʊfəʊn; -ləf-] *s ling.* Allo'phon *n* (*Variante e-s Phonems*).
ˈal·lo·plasm *s biol.* Fremdplasma *n* (*bei Kreuzungen*).
ˌall-or-ˈnone *adj* entweder in vollem Ausmaße *od.* über'haupt nicht eintretend, Entweder-oder-...: **an ~ reaction**.
ˌ~-or-ˈnoth·ing *adj* **1.** → **all-or-none**. **2.** Alles-oder-nichts-..., kompro'mißlos.
al·lo·some [ˈæləʊsəʊm; -ləs-] *s biol.* Al'losom *n*, Geˈschlechts-chromoˌsom *n*.
al·lot [əˈlɒt; *Am.* əˈlɑt] *v/t* **1.** durch Los verteilen, auslosen. **2.** zuteilen, an-, zuweisen (**to** *dat*): **to ~ shares** (*bes. Am.* **stocks**) *econ.* Aktien zuteilen; **the ~ted time** die zugeteilte *od.* gewährte *od.* angesetzte Zeit *od.* Frist. **3.** *Geld etc* bestimmen, zu'rücklegen (**to**, **for** für *j-n od. e-n Zweck*). **4.** *fig.* zuschreiben (**to** *dat*).
al'lot·ment *s* **1.** Ver-, Auslosung *f*, Verteilung *f*. **2.** Zuteilung *f*, An-, Zuweisung *f*: **letter** (*Am.* **certificate**) **of ~** Zuteilungsschein *m*. **3.** Par'zelle *f*: ~ (**garden**) *bes. Br.* Schrebergarten *m*. **4.** *mar. mil. etc* Überˈweisung *f* e-s festge-

setzten Teils der Löhnung an e-n Angehörigen *etc*.
al·lo·trope [ˈæləʊtrəʊp; ˈæl-] *s chem.* Allo'trop *m*. **al·lo'trop·ic** [-ˈtrɒpɪk; *Am.* -ˈtrɑ-] *adj* allo'tropisch. **al·lot·ro·pism** [æˈlɒtrəpɪzəm; əˈl-; *Am.* əˈlɑ-], **al'lot·ro·py** [æˈlɒtrəpɪ; *Am.* əˈl-] *s chem.* Allotro'pie *f*, Vielgestaltigkeit *f*.
all'ot·ta·va [ˌæləˈtɑːvə; ˌɑːləʊ-] *adj u. adv mus.* all'ot'tava (*e-e Oktave höher od. tiefer*).
al·lot·tee [əˌlɒˈtiː; *Am.* əˌlɑ-] *s* (Zuteilungs)Empfänger(in), Bezugsberechtigte(r *m*) *f*. **al'lot·ter** [əˈlɒtə; *Am.* əˈlɑtər] *s* Zuteiler *m*.
ˌall-ˈout *adj colloq.* **1.** to'tal, um'fassend, Groß...: **~ effort** äußerste Anstrengung; **~ offensive** Großoffensive *f*; **~ war** totaler Krieg. **2.** *Am.* kompro'mißlos, radi'kal: **an ~ reformer;** → **all** *Bes. Redew*.
ˌ~-ˈout·er *s Am. colloq.* Radi'kale(r *m*) *f*.
ˈ~-ˌo·ver *I s* **1.** Stoff *m* mit 'durchgehendem Muster. **2.** 'durchgehendes Muster. *II adj* **3.** 'durchgehend (*Muster etc*). **4.** Gesamt...
al·low [əˈlaʊ] *I v/t* **1.** a) erlauben, gestatten, b) zuerkennen, bewilligen, *a.* mildernde Umstände, *e-e* Frist, Zeit zubilligen, gewähren (*alle:* **s.o.** *s.th.* j-m etwas), c) zulassen: **to be ~ed to do s.th.** etwas tun dürfen; **smoking ~ed** Rauchen gestattet; **to ~ o.s.** sich erlauben *od.* gestatten *od.* gönnen; **we are ~ed five ounces a day** uns stehen täglich 5 Unzen zu; → **appeal 7. 2.** *e-e* Summe aussetzen, zuwenden, geben. **3.** a) zugeben, einräumen, b) anerkennen, gelten lassen: **to ~ a claim**. **4.** dulden, ermöglichen, lassen: **she ~ed the food to get cold** sie ließ das Essen kalt werden. **5.** in Abzug bringen, ab-, anrechnen, abziehen, absetzen, nachlassen, vergüten: **to ~ 10% for inferior quality; to ~ in full** voll vergüten. **6.** *Am. dial.* a) der Meinung sein, meinen, b) beabsichtigen, planen (**to do** zu tun). *II v/i* **7. ~ of** erlauben, gestatten, zulassen, ermöglichen (*acc*): **it ~s of no excuse** es läßt sich nicht entschuldigen. **8. ~ for** in Betracht ziehen, berücksichtigen, bedenken, ˈeinkalkuˌlieren (*acc*): **to ~ for s.o.'s inexperience** j-m s-e Unerfahrenheit zugute halten; **~ing for** unter Berücksichtigung (*gen*).
al·low·a·ble [əˈlaʊəbl] *adj* (*adv* **allowably**) **1.** erlaubt, zulässig: **~ tolerance** *tech.* zulässige Abweichung. **2.** rechtmäßig. **3.** abzugsfähig: **~ expenses**.
al·low·ance [əˈlaʊəns] *I s* **1.** Erlaubnis *f*, Be-, Einwilligung *f*. **2.** Anerkennung *f*. **3.** ausgesetzte Summe, (geldliche) Zuwendung, gewährter Betrag, Zuschuß *m*, Beihilfe *f*, Taschengeld *n*, Zuteilung *f*: **~ for rent, rental ~** Mietzuschuß, (*staatliches*) Wohngeld; **daily ~** Tagegeld *n*; **dress ~** Kleidergeld *n*; **monthly ~** Monatszuschuß, -wechsel *m* (*bes. für Studenten*); → **family allowance, travel allowance**. **4.** Entschädigung *f*, Vergütung *f*: (**expense**) **~** Aufwandsentschädigung. **5.** *econ.* a) Nachlaß *m*, Ra'batt *m*, Ermäßigung *f*: **~ for cash** Skonto *n*, b) Abschreibung *f*: (**tax**) **~** *Br.* (Steuer-) Freibetrag *m*; **initial ~** *Br.* Sonderabschreibungen bei Neuanschaffungen. **6.** *fig.* Nachsicht *f*: **to make ~(s) for** in Betracht ziehen, berücksichtigen, bedenken, einkalkulieren; **to make ~s for s.o.'s inexperience** j-m s-e Unerfahrenheit zugute halten. **7.** *math. tech.* Tole'ranz *f*, zulässige Abweichung, Spiel(raum *m*) *n*. **8.** *sport* Vorgabe *f*. *II v/t* **9.** a) j-n auf Rati'onen setzen, b) *Güter* ratio'nieren. **10.** *j-m* Geld regelmäßig anweisen.
al·low·ed·ly [əˈlaʊɪdlɪ] *adv* a) zugegebenermaßen, b) anerkanntermaßen.

al·loy *I s* [ˈælɔɪ; *fig.* əˈlɔɪ] **1.** *tech.* a) Meˈtalleˌgierung *f*, b) Leˈgierung *f*, Mischung *f*, Gemisch *n* (*a. fig.*): **~ steel** legierter Stahl. **2.** *fig.* (Bei)Mischung *f*, Zusatz *m*: **pleasure without ~** ungetrübte Freude. *II v/t* [əˈlɔɪ; ˈælɔɪ] **3.** *Metalle* leˈgieren, (ver)mischen, versetzen: **~ing component** Legierungsbestandteil *m*. **4.** *fig.* verschlechtern, trüben, stören. *III v/i* [əˈlɔɪ; ˈælɔɪ] **5.** sich (ver)mischen (*Metalle*).
ˈall-ˌpar·ty *adj* Allparteien...
ˌall-play-ˈall *s sport Br.* Turnier, bei dem jeder gegen alle antritt.
ˈallˌ-ˌpur·pose *adj* für jeden Zweck verwendbar, Allzweck..., Universal...: **~ tool; ~ gun** *mil.* Allzielgeschütz *n*; **~ slicer** Allesschneider *m*. ˌ~-ˈround *adj* **1.** all-, vielseitig: **an ~ athlete** ein Allroundsportler; **an ~ education** e-e vielseitige *od.* umfassende Bildung; **~ man** → **all-rounder 1; ~ tool** Universalwerkzeug *n*; **~ defence** (*Am.* **defense**) *mil.* Rundumverteidigung *f*. **2.** Gesamt..., gloˈbal, pauˈschal: **~ cost**. ˌ~-ˈround·er *s* **1.** Alleskönner *m*, Allerˈweltskerl *m*. **2.** *sport* a) Allroundsportler *m*, b) *bes. Br.* Allroundspieler *m*. **A~ Saints' Day** *s relig.* Allerˈheiligen *n*. **A~ Souls' Day** *s relig.* Allerˈseelen *n*. ˈ~-spice *s* **1.** *bot.* Piˈmentbaum *m*. **2.** Piˈment *m, n*, Nelkenpfeffer *m*. ˈ~-star *adj sport thea.* Star...: **an ~ team; an ~ cast** e-e Star- *od.* Galabesetzung. ˈ~-steel *adj tech.* Ganzstahl... ˈ~-ˌter·rain *adj mot.* geländegängig: **~ vehicle** Geländefahrzeug *n*. ˈ~-ˌtick·et *adj* ausverkauft: **an ~ match**. ˈ~-time *adj* **1.** hauptamtlich, -beruflich, Voll...: **~ job** Ganztagsbeschäftigung *f*. **2.** *fig.* beispiellos, bisher unerreicht: **an ~ record; ~ high** Höchstleistung *f od.* -stand *m*, Rekordhöhe *f*; **~ low** tiefster Punkt, Tiefstand *m*, *sport* (Zuschauer)Minusrekord *m*.
al·lude [əˈluːd] *v/i* (**to**) anspielen (auf *acc*), andeuten (*acc*).
ˈall-up weight *s aer.* Gesamt(flug)gewicht *n*.
al·lure [əˈljʊə; *bes. Am.* əˈlʊə(r)] *v/t u. v/i* **1.** an-, verlocken. **2.** a) gewinnen, ködern (**to** für), b) abbringen (**from** von). **3.** anziehen, bezaubern. **al'lure·ment** *s* **1.** (Ver)Lockung *f*. **2.** Lockmittel *n*, Köder *m*. **3.** Anziehungskraft *f*, Zauber *m*, Reiz *m*, Charme *m*. **al'lur·ing** *adj* (*adv* **~ly**) (ver)lockend, verführerisch, reizend.
al·lu·sion [əˈluːʒn] *s* **1.** (**to**) Anspielung *f* (auf *acc*), Andeutung *f* (*gen*). **2.** Anspielung *f*, ˈindiˌrekte Bezugnahme (*bes. e-s Schriftstellers*). **al'lu·sive** [-sɪv] *adj* (*adv* **~ly**) **1.** anspielend (**to** auf *acc*), verblümt. **2.** voller Anspielungen.
al·lu·vi·a [əˈluːvjə; -vɪə] *pl von* **alluvium**.
al·lu·vi·al [əˈluːvjəl; -vɪəl] *geol. I adj* angeschwemmt, alluviˈal...: **~ cone** Schwemmkegel *m*; **~ gold** Alluvial-, Seifengold *n*; **~ ore deposit** Erzseife *f*; **~ soil** Alluvialboden *m*. *II s* Schwemmland *n*.
al·lu·vi·on [əˈluːvjən; -vɪən] *s* **1.** Anspülung *f*. **2.** Alluviˈon *f*: a) angeschwemmtes Land, b) *jur.* Landvergrößerung *f* durch Anschwemmung.
al·lu·vi·um [əˈluːvjəm; -vɪəm] *pl* **-vi·ums** *od.* **-vi·a** [-ə] (*Lat.*) *s geol.* Alˈluvium *n*, Schwemmland *n*.
ˈall-wave *adj electr.* Allwellen...: **~ receiving set**. ˈ~-ˌweath·er *adj* Allwetter...: **~ roof; ~ fighter** *aer. mil.* Allwetterjäger *m*. ˈ~-wheel *adj tech.* Allrad...: **~ brake; ~ drive; ~ steering**. ˈ~-wing *adj*: **~ type aircraft** Nurflügelflugzeug *n*.
al·ly [əˈlaɪ] *I v/t* **1.** (*durch Heirat, Bündnis*)

od. *Freundschaft, Verwandtschaft, Ähnlichkeit*) verbinden, -einigen (**to, with** mit): **to ~ o.s.** → 2; → **allied. II** v/i 2. sich vereinigen, sich verbinden, sich verbünden (**to, with** mit). **III** s ['ælaɪ] 3. Alli'ierte(r m) f, Verbündete(r m) f, Bundesgenosse m, Bundesgenossin f (a. fig.). 4. *bot. zo.* verwandte Sippe.
al·lyl ['ælɪl] s *chem.* Al'lyl n: **~ alcohol**.
alm [ɑːm; *Am. a.* ɑːlm] s Almosen n.
Al·ma Ma·ter [ˌælməˈmɑːtə(r)] (*Lat.*) s Alma mater f (*Universität, Hochschule*).
al·ma·nac ['ɔːlmənæk; *Am. a.* 'æl-] s Almanach m, Ka'lender m, Jahrbuch n.
al·man·dine ['ælməndiːn; -daɪn] s *min.* Alman'din m, roter Gra'nat.
al·might·i·ness [ɔːl'maɪtɪnɪs] s Allmacht f. **al·might·y** adj 1. all'mächtig: **the A~** der Allmächtige, Gott; **the ~ dollar** die Allmacht des Geldes. 2. *colloq.* (*a. adv*) a) riesig, 'mächtig': **an ~ row** ein fürchterlicher Streit, b) scheußlich, ganz verflixt: **he's in an ~ situation**.
al·mond ['ɑːmənd; *Am. a.* 'æm-; 'ælm-] s 1. *bot.* Mandel(baum m) f. 2. Mandelfarbe f. 3. mandelförmiger Gegenstand. **ˌ~-'eyed** adj mit mandelförmigen Augen, mandeläugig. **~ milk** s *pharm.* Mandelmilch f.
al·mon·er ['ɑːmənə(r); 'æl-] s 1. *hist.* Almosenpfleger m. 2. *Br.* Sozi'alarbeiter(in) im Krankenhaus. **'al·mon·ry** [-rɪ] s *hist.* 1. Wohnung f e-s Almosenpflegers. 2. Kloster n etc, wo Almosen verteilt wurden.
al·most ['ɔːlməʊst] adv fast, beinah(e), nahezu.
alms [ɑːmz; *Am. a.* ɑːlmz] s 1. (*meist als pl konstruiert*) Almosen n. 2. (*als sg konstruiert*) *obs.* Armenhilfe f. 3. (*als sg konstruiert*) *relig. Br.* Kol'lekte f. **~ box** s *relig. Br.* Opferbüchse f, -stock m. **~ dish** s *relig.* Opferteller m. **~ fee** s *R.C.* Peterspfennig m. **'~-ˌhouse** s 1. *Br.* a) pri'vates Altenheim, b) privates Wohnheim für sozi'al Schwache. 2. *hist.* Armenhaus n (mit Arbeitszwang). **'~-man** [-mən] s *irr hist.* Almosenempfänger m.
a·lo·di·al [əˈləʊdjəl; -ɪəl] **I** adj allodi'al, (lehens)zinsfrei u. erb-eigen. **II** s Allodi'albesitz m. **a·lo·di·um** [-əm] pl **-di·a** [-ə] s Al'lodium n, Freigut n.
al·oe ['æləʊ] pl **-oes** s 1. *bot.* Aloe f. 2. *meist pl* (*als sg konstruiert*) *pharm.* Aloe f (*Abführmittel*). 3. *pl* (*als sg konstruiert*) → aloeswood.
al·oes·wood ['æləʊzwʊd] s *bot.* Adler-, Para'dies-, Aloeholz n.
al·o·et·ic [ˌæləʊˈetɪk; *Am.* -əˈw-] *chem. pharm.* **I** adj alo'etisch: **~ acid** Aloesäure f. **II** s 'Aloepräpaˌrat n.
a·loft [əˈlɒft] adv 1. *poet.* hoch (oben od. hin'auf), in der od. die Höhe, em'por, droben, im Himmel. 2. *mar.* oben, in der Takelung.
a·log·i·cal [eɪˈlɒdʒɪkl; *Am.* ˌəˈlɑ-] adj alogisch.
a·lone [əˈləʊn] **I** adj 1. al'lein: → **leave alone, let alone, let¹** *Bes. Redew.*, **stand** 15. 2. selten einzig(artig), ohne'gleichen. **II** adv 3. al'lein, bloß, nur.
a·long [əˈlɒŋ] **I** prep 1. entlang (*dat od. acc*), längs (*gen, a. dat*), an (*dat*) ... vor'bei, an (*dat*) ... hin: **~ the river** am od. den Fluß entlang, entlang dem Fluß. 2. während (*gen*), im Laufe von (*od.* gen): **~ about July 25** *Am. colloq.* um den 25. Juli (herum); → **all** *Bes. Redew.* **II** adv 3. **~ by** → 1. 4. (weiter) fort, vorwärts, weiter: → **get along**. 5. da'hin: **as he rode ~**. 6. **~ with** (zu'sammen) mit: **to take ~ (with o.s.)** mitnehmen; → **come along, go along**. 7. *colloq.* da, her, hin: **I'll be ~ in a few minutes** ich bin in ein paar Minuten da. 8. **right ~** *Am. colloq.* ständig, fortwährend. 9. **~ of** *Am. dial.* wegen (*gen*).
a·long·shore [əˌlɒŋˈʃɔː(r); *Am. a.* -ˈʃəʊr] adv u. adj längs der Küste.
a·long·side [əˌlɒŋˈsaɪd; əˈlɒŋsaɪd] **I** adv 1. *mar.* längsseits. 2. Seite an Seite, neben('her). 3. *colloq.* (**of, with**) verglichen (mit), im Vergleich (zu), neben (*dat*). **II** prep 4. neben (*dat od. acc*), längsseits (*gen*). 5. im gleichen Ausmaß wie.
a·loof [əˈluːf] **I** adv fern, entfernt, abseits, von fern: **to hold** (*od.* **keep**) (**o.s.**) **~**, **to stand ~** sich fernhalten (**from** von), für sich bleiben, Distanz wahren. **II** pred adj a) fern, abseits, b) fig. reser'viert, zu'rückhaltend. **a·loof·ness** s Zu'rückhaltung f, Reser'viertheit f.
al·o·pe·ci·a [ˌæləʊˈpiːʃɪə; -ʃə] s *med.* Alope'zie f: a) krankhafter Haarausfall, b) Kahlheit f.
a·loud [əˈlaʊd] adv laut, mit lauter Stimme.
a·low [əˈləʊ] adv *mar.* (nach) unten.
alp [ælp] s hoher Berg (in den Alpen).
al·pac·a [ælˈpækə] s 1. *zo.* Pako m, Al'paka n, Peru'anisches Ka'mel. 2. Al'pakahaar n, -wolle f, -stoff m.
'al·pen·glow ['ælpən-] s Alpenglühen n. **'~-horn** s *mus.* Alphorn n. **'~-ˌstock** s Bergstock m.
al·pes·tri·an [ælˈpestrɪən] s Alpi'nist(in).
al·pes·trine [ælˈpestrɪn] adj *bot.* subal'pinisch.
al·pha ['ælfə] s 1. Alpha n (griechischer Buchstabe): **~ particle** *phys.* Alphateilchen n; **~ rays** *phys.* Alphastrahlen n. 2. *fig.* Alpha n, der (die, das) erste od. beste, Anfang m: **~ and omega** der Anfang u. das Ende, das A u. O. 3. *ped. Br.* Eins f, Sehr Gut n (*Note*): **~ plus** α plus Eins, Eins mit Sternchen, b) *fig.* hervorragend, erstklassig; **~ test** *psych. Am.* Alpha-Test m (*Intelligenzprüfung*).
al·pha·bet ['ælfəbɪt; -bet] **I** s 1. Alpha'bet n, Abc n, Abe'ce n: **~ noodles** Buchstabennudeln. 2. *fig.* 'Grundeleˌmente pl, Anfangsgründe pl, Ab'c n. **II** v/t *Am.* → alphabetize.
al·pha·bet·ar·i·an [ˌælfəbeˈteərɪən] s Ab'c-Schütze m.
al·pha·bet·ic [ˌælfəˈbetɪk] adj; **ˌal·pha·bet·i·cal** [-kl] adj (adv **~ly**) alpha'betisch: **~ accounting machine** (*Computer*) alphabetschreibende Tabelliermaschine; **~ agency** Institution f mit abgekürzter Bezeichnung; **~ interpreter** (*Computer*) Alpha(bet)lochschriftübersetzer m; **~ order** alphabetische Anordnung od. Reihenfolge; **in ~ order** alphabetisch (an)geordnet; **~ printing punch** (*Computer*) Alpha(bet)schreiblocher m.
al·pha·bet·ize ['ælfəbətaɪz; -bet-] v/t alphabeti'sieren, alpha'betisch (an)ordnen.
al·pha·nu·mer·ic [ˌælfənjuːˈmerɪk; *Am. a.* -nʊˈm-] adj *Computer*: alphanu'merisch.
'alp·horn → alpenhorn.
Al·pine ['ælpaɪn] adj 1. Alpen... 2. a. **a~** al'pin, (Hoch)Gebirgs...: **~ combined** (*Skisport*) Alpine Kombination; **~ lake** Bergsee m; **~ race** (*Anthropologie*) alpine Rasse; **~ sun** *med.* Höhensonne f; **~ troops** *mil.* (Hoch)Gebirgstruppen, Gebirgsjäger.
Al·pin·ism, *a.* **a~** ['ælpɪnɪzəm] s 1. Alpi'nismus m, Alpi'nistik f. 2. al'piner Skisport. **'Al·pin·ist** s 1. Alpi'nist(in). 2. *Skisport:* Al'pine(r m) f.
al·read·y [ɔːlˈredɪ] adv schon, bereits.
al·right [ɔːlˈraɪt] *Br. colloq. od. Am.* für **all right** (→ **all** *Bes. Redew.*).
Al·sa·tian [ælˈseɪʃjən; -ʃən] **I** adj 1. elsässisch, Elsässer: **~ dog** → 3. **II** s 2. Elsässer(in). 3. Schäferhund m.

al·so ['ɔːlsəʊ] **I** adv auch, ferner, außerdem, gleich-, ebenfalls. **II** *conj colloq.* und.
al·so-ran s 1. *sport* Teilnehmer an e-m Rennen (*Läufer, Pferd etc*), der sich nicht plazieren kann: **she was an ~** sie kam unter 'ferner liefen' ein. 2. *colloq.* a) j-d, der od. etwas, was nicht besonders gut abschneidet, b) Versager m, 'Niete' f, c) 'Null' f (*unbedeutende Person*): **he is an ~** er kommt unter 'ferner liefen'.
alt [ælt] s *mus.* Alt(stimme f) m: **in ~** a) in der Oktave über dem Violinsystem, b) *fig.* in gehobener Stimmung, hingerissen.
al·tar ['ɔːltə(r)] s 1. *relig.* Al'tar m: **to lead to the ~** j-n zum Altar führen, heiraten. 2. *relig.* Abendmahlstisch m. 3. *mar.* Stufenweg m (*am Trockendock*). **~ boy** Mini'strant m. **~ cloth** s Al'tardecke f. **'~-piece** s Al'tarbild n, -blatt n, -gemälde n. **~ rail** s Al'targitter n. **~ screen** s Al'tarrückwand f, Re'tabel n.
alt·az·i·muth [æltˈæzɪməθ] s *astr.* Altazi'mut n (*Meßinstrument*).
al·ter ['ɔːltə(r)] **I** v/t 1. (ver)ändern, ab-, 'umändern: **~ing with intent to defraud** *jur.* Verfälschen n (*e-r echten Urkunde*); **this does not ~ the fact that** ... das ändert nichts an der Tatsache, daß ... 2. *bes. Am. colloq.* Tiere ka'strieren. 3. *mus.* alte'rieren. **II** v/i 4. sich (ver)ändern. **'al·ter·a·ble** adj (adv **-ably**) veränderlich: **it is (not) ~** es läßt sich (nicht) (ab)ändern.
al·ter·a·tion [ˌɔːltəˈreɪʃn] s 1. Änderung f (**to an** dat), Ver-, Ab-, 'Umänderung f (*Vorgang u. Ergebnis*): **~ fee** (*Touristik*) Umbuchungsgebühr f. 2. *arch.* 'Umbau m. 3. *mus.* Alterati'on f, Alte'rierung f.
'al·ter·a·tive [-rətɪv; *Am. bes.* -ˌreɪtɪv] **I** adj verändernd. **II** s *med.* Altera'tiv n, Blutreinigungsmittel n.
al·ter·cate ['ɔːltə(r)keɪt] v/i e-e heftige Ausein'andersetzung haben. **ˌal·ter'ca·tion** s heftige Ausein'andersetzung.
al·ter e·go [ˌæltə(r)ˈeɡəʊ; -ˈiːɡəʊ; *Am.* ˌɔːltəˈriːɡəʊ] (*Lat.*) s Alter ego n: a) (*das*) andere Ich, b) Busenfreund(in).
al·ter·nant [ɔːlˈtɜːnənt; *Am.* ˈɔːltər-] **I** adj abwechselnd. **II** s *math.* alter'nierende Größe.
al·ter·nate [ɔːlˈtɜːnət; *Am.* ˈɔːltər-] **I** adj 1. (mitein'ander) abwechselnd, alter'nierend, wechselseitig: **~ angles** *math.* Wechselwinkel; **~ position** *mil.* Ausweich-, Wechselstellung f; **~ routing** *tech.* Umwegsteuerung f; **on ~ days** (abwechselnd) jeden zweiten Tag. 2. *bot.* wechselständig. **II** s 3. *Am.* Stellvertreter m. **III** v/t ['ɔːltə(r)neɪt] 4. wechselweise tun. 5. abwechseln lassen. 6. (miteinander) vertauschen, versetzen, a. *tech.* versetzt anordnen. 7. *tech.* 'hin- u. 'herbewegen. 8. *electr.* durch Wechselstrom in Schwingungen versetzen. 9. *electr. tech.* (peri'odisch) verändern. **IV** v/i ['ɔːltə(r)neɪt] 10. wechselweise (*aufeinander*) folgen, alter'nieren, (miteinander) abwechseln. 11. *electr.* (Wechsel)Strom).
al·ter·nate·ly [ɔːlˈtɜːnətlɪ; *Am.* ˈɔːltər-] adv abwechselnd, wechselweise. **al·ter·nat·ing** ['ɔːltə(r)neɪtɪŋ] adj abwechselnd, Wechsel...; **~ current** *electr.* Wechselstrom m.; **~ perforation** *tech.* Zickzacklochung f; **~ three-phase current** *electr.* Drehstrom m.
al·ter·na·tion [ˌɔːltə(r)ˈneɪʃn] s 1. Abwechslung f, Wechsel m, Alter'nieren n, wechselseitige Folge: **~ of generations** *biol.* Generationswechsel. 2. *math.* a) Permutati'on f, b) alter'nierende Proporti'on. 3. *relig.* Respon'sorium n (*Wechselgesang*). 4. *electr.* (Strom)Wechsel m, 'Halbperiˌode f.
al·ter·na·tive [ɔːlˈtɜːnətɪv; *Am.* -ˈtɜr-]

alternatively – ambition

I adj **1.** alterna'tiv, wahlweise, ein'ander ausschließend, Ersatz...: ~ **airfield** Ausweichflugplatz m; ~ **birthing** natürliche Geburt; ~ **energy** alternative Energie; ~ **frequency** electr. Ausweichfrequenz f; ~ **proposal** Gegenvorschlag m; ~ **society** alternative Gesellschaft. **2.** ander(er, e, es) (von zweien). **II** s **3.** (to) Alterna'tive f (zu), Wahl f, Ausweg m (für): **to have no (other)** ~ keine andere Möglichkeit od. Wahl haben (**but to** inf als zu inf). **al·'ter·na·tive·ly** adv im anderen Falle, ersatz-, hilfs-, wahlweise.

al·ter·na·tor ['ɔ:ltə(r)neɪtə(r)] s electr. 'Wechselstromgene,rator m.

al·th(a)e·a [æl'θi:ə] s bot. Al'thee f, Eibisch m.

Al·thing ['a:lθɪŋ; 'ɔ:l-; 'æl-] s Althing n (Parlament von Island).

al·tho [ɔ:l'ðəʊ] Am. Nebenform für although.

alt·horn ['æltho:(r)n] s mus. Althorn n.

al·though [ɔ:l'ðəʊ] conj ob'wohl, obgleich, wenn auch.

al·ti·graph ['æltɪgra:f; bes. Am. -græf] s phys. Höhenschreiber m.

al·tim·e·ter [æl'tɪmɪtə(r)] s phys. Höhenmesser m.

al·ti·tude ['æltɪtju:d; Am. a. -,tu:d] s **1.** aer. astr. math. Höhe f, (abso'lute) Höhe (über dem Meeresspiegel), Flughöhe f: **at an** ~ **of** in e-r Höhe von; ~ **cabin** Unterdruckkammer f; ~ **control** Höhensteuerung f; ~ **sickness** Höhenkrankheit f; ~ **of the sun** Sonnenstand m; **to lose** ~ aer. an Höhe verlieren. **2.** meist pl Höhe f, Gipfel m, hochgelegene Gegend: **mountain ~s** Berghöhen. **3.** fig. Erhabenheit f. **al·ti'tu·di·nal** [-dɪnl] adj Höhen...

al·to ['æltəʊ] pl **-tos** s mus. Alt m: a) Altstimme f, b) Al'tist(in), c) 'Altinstru,ment n, bes. Vi'ola f, Bratsche f, d) 'Altpar,tie f. ~ **clef** s mus. Altschlüssel m.

,al·to'cu·mu·lus s irr meteor. Alto'kumulus m (Haufenwolke in mittlerer Höhe).

al·to·geth·er [,ɔ:ltə'geðə(r)] **I** adv **1.** insgesamt. **2.** ganz (u. gar), gänzlich, völlig. **3.** im ganzen genommen. **II** s **4. in the** ~ humor. im Adams- od. Evaskostüm.

al·to·re·lie·vo [,æltəʊri:'li:vəʊ; -rɪl'jeɪ-] s 'Hochreli,ef n.

,al·to'stra·tus s irr meteor. Alto'stratus m (Schichtwolke in mittlerer Höhe).

al·tru·ism ['æltrʊɪzəm] s Altru'ismus m, Nächstenliebe f, Selbstlosigkeit f. **'al·tru·ist** s Altru'ist(in). **,al·tru'is·tic** adj (adv ~ally) altru'istisch.

al·u·del ['æljʊdel] s chem. Alu'del m.

al·um ['æləm] s chem. A'laun m.

a·lu·mi·na [ə'lju:mɪnə; bes. Am. ə'lu:-] s chem. Tonerde f, Alu'minium,oxyd n.

a'lu·mi·nate [-neɪt; Am. bes. -nət] **I** s Alumi'nat n. **II** v/t → **aluminize. al·u'min·ic** [,æljʊ'mɪnɪk] adj alu'miniumhaltig, Aluminium... **a·lu·mi·nide** [ə'lju:mɪnaɪd; bes. Am. ə'lu:-] s alu'miniumhaltige Le'gierung. **a'lu·mi'nif·er·ous** [-'nɪfərəs] adj alu'miniumhaltig. **a'lu·mi·nite** [-naɪt] s min. Alumi'nit m.

al·u·min·i·um [,æljʊ'mɪnjəm; -ɪəm] chem. Alu'minium n. **II** adj Aluminium...: ~ **oxide** → **alumina**; ~ **sulfate** Aluminiumsulfat n. **a·lu·mi·nize** [ə'lju:mɪnaɪz; bes. Am. ə'lu:-] v/t chem. **1.** mit A'laun od. Tonerde behandeln od. versetzen. **2.** mit Alu'minium über'ziehen.

a·lu·mi·nous [ə'lju:mɪnəs; bes. Am. ə'lu:-] adj chem. A'laun od. Alu'minium enthaltend od. betreffend.

a·lu·mi·num [ə'lu:mənəm] Am. für aluminium.

a·lum·na [ə'lʌmnə] pl **-nae** [-ni:] s Am. **1.** ehemalige Stu'dentin od. Schülerin. **2.** colloq. ehemaliges Mitglied (e-r Orga-

nisation etc). **a'lum·nor** [-nər; -,nɔ:r] s Am. ,Ehemaligen-Betreuer' m. **a'lum·nus** [-nəs] pl **-ni** [-,naɪ] s Am. **1.** ehemaliger Stu'dent od. Schüler. **2.** colloq. ehemaliges Mitglied (e-r Organisation etc).

al·um| **rock** → **alunite**. **'~·root** s bot. A'launwurzel f. ~ **schist,** ~ **shale,** ~ **slate** s min. A'launschiefer m. **~·stone** → **alunite**.

al·u·nite ['æljʊnaɪt; Am. a. 'ælə,n-] s min. Alu'nit m.

al·ve·o·lar [æl'vɪələ(r); ,ælvɪ'əʊ-] **I** adj **1.** alveo'lär: a) fächerig, zellen-, wabenförmig, b) anat. Zahnfächer od. den Zahndamm betreffend. **2.** physiol. die Lungenbläs-chen betreffend. **3.** ling. alveo'lar, am Zahndamm artiku'liert. **II** s **4.** a. ~ **arch** anat. Zahnhöhlenbogen m. **5.** ling. Alveo'lar m.

al·ve·o·late [æl'vɪələt] → **alveolar** 1 a.

al·ve·ole ['ælvɪəʊl], **al·ve·o·lus** [-ləs] pl **-li** [-laɪ] s anat. Alve'ole f: a) Zahnfach n (im Kiefer), b) Lungenbläs-chen n.

al·vine ['ælvɪn; -vaɪn] adj med. obs. den Darm od. Bauch betreffend.

al·ways ['ɔ:lweɪz; -wɪz] adv **1.** immer, jederzeit, stets, ständig. **2.** auf jeden Fall, immer'hin.

a·lys·sum ['ælɪsəm; Am. ə'lɪsəm] s bot. Steinkraut n.

am [æm] **1.** sg pres von **be**.

am·a·dou ['æmədu:] s Feuerschwamm m.

a·mah ['a:mə; 'æmə] s Br. Ind. Amme f, Kinderfrau f.

a·main [ə'meɪn] adv obs. od. poet. **1.** mit (aller) Macht. **2.** außerordentlich.

Am·a·lek·ite ['æmələkaɪt; Am. a. 'æmə,lekaɪt] s Bibl. Amale'kiter m.

a·mal·gam [ə'mælgəm] **I** s **1.** chem. tech. a) Amal'gam n, b) innige (Stoff)Verbindung, Mischung f. **2.** fig. Mischung f, Verschmelzung f. **II** v/t → **amalgamate** 1.

a·mal·gam·ate [ə'mælgəmeɪt] v/t u. v/i **1.** chem. tech. a) (sich) amalga'mieren, b) a. fig. (sich) vereinigen, verschmelzen. **2.** fig. (sich) zs.-schließen, econ. a. fusio'nieren. **a·mal·gam·a·tion** [ə,mælgə'meɪʃn] s **1.** Amalga'mieren n, Vereinigung f, -schmelzung f, Zs.-schluß m, Zs.-legung f, econ. a. Fusi'on f.

a·man·u·en·sis [ə,mænju:'ensɪs; -jə'w-] pl **-ses** [-si:z] s Amanu'ensis m, (Schreib)Gehilfe m, Sekre'tär(in).

am·a·ranth ['æmərænθ] s **1.** bot. Ama'rant m, Fuchsschwanz m. **2.** poet. unverwelkliche Blume. **3.** Ama'rantfarbe f, Purpurrot n.

am·a·relle ['æmərel; ,æmə'rel] s bot. Ama'relle f, Glaskirsche f.

am·a·ryl·lis [,æmə'rɪlɪs] s bot. **1.** Ama'ryllis f. **2.** Rittersten m.

a·mass [ə'mæs] v/t an-, aufhäufen, ansammeln. **a'mass·ment** s Anhäufung f, Ansammlung f.

am·a·teur ['æmətə(r); -tjʊə(r); Am. a. -,tər; -,tʊr] s Ama'teur m: a) (Kunst-etc)Liebhaber(in): ~ **painter** Sonntagsmaler(in); ~ **value** Liebhaberwert m, b) Ama'teursportler(in): ~ **boxer** Amateurboxer m; ~ **flying** Sportfliegerei f; ~ **status** Amateureigenschaft f, -status m, c) Nichtfachmann m, contp. Dilet'tant(in), Stümper(in): ~ **detective** Amateurdetektiv m, d) Bastler(in): ~ **(frequency) band** (Funk) Amateurband n. **am·a·teur·ish** [,æmə'tɜ:rɪʃ; -'tjʊə-; Am. -,tɜr-; -,tʊr-] adj dilet'tantisch. **'am·a·teur·ism** [-tərɪzəm] s **1.** sport Amateu'rismus m. **2.** contp. Dilet'tantentum n.

A·ma·ti [ə'ma:tɪ; a:-] s mus. A'mati f (Violine).

am·a·tive ['æmətɪv] adj Liebes... **'am·a·tive·ness** s Sinnlichkeit f, Liebesdrang m.

am·a·to·ry ['æmətərɪ; Am. -,tɔ:rɪ; -,tɔ:-] adj amou'rös, sinnlich, e'rotisch, Liebes...

a·maze [ə'meɪz] v/t in (Er)Staunen versetzen, über'raschen, verwundern, verblüffen. **a'mazed** adj erstaunt, verblüfft, über'rascht (**at** über acc). **a'maz·ed·ly** [-ɪdlɪ] adv. **a'maze·ment** s (Er)Staunen n, Über'raschung f, Verwunderung f, -blüffung f. **a'maz·ing** [ə'meɪzɪŋ] **I** adj (adv ~ly) **1.** erstaunlich, verblüffend. **2.** unglaublich, ,furchtbar', ,toll'. **II** adv Am. dial. → 2.

Am·a·zon ['æməzən; Am. a. -,zɑn] s **1.** antiq. Ama'zone f. **2.** a. a~ fig. Ama'zone f, Mannweib n. **3.** a. ~ **ant** Ama'zonenameise f.

Am·a·zo·ni·an [,æmə'zəʊnjən; -ɪən] adj **1.** ama'zonenhaft, Amazonen... **2.** geogr. Amazonas...

am·bag·es [æm'beɪdʒi:z; 'æmbɪdʒɪz] s pl obs. **1.** 'Umschweife pl. **2.** Winkelzüge pl.

am·bas·sa·dor [æm'bæsədə(r)] s **1.** pol. a) a. ~ **extraordinary** Gesandte(r) m (in e-m bestimmten Auftrag), Bevollmächtigte(r) m, b) a. ~ **extraordinary and plenipotentiary** Botschafter m (**to** in e-m Land): **~-at-large** Am. Sonderbotschafter. **2.** Abgesandte(r) m, Bote m (a. fig.). **am,bas·sa'do·ri·al** [æm,bæsə'dɔ:rɪəl] adj Botschafts... **am'bas·sa·dor·ship** s Stellung f od. Rang m e-s Botschafters.

am·bas·sa·dress [æm'bæsədrɪs] s **1.** pol. Botschafterin f (**to** in e-m Land). **2.** Gattin f e-s Botschafters.

am·ber ['æmbə(r)] **I** s **1.** min. Bernstein m. **2.** Bernsteinfarbe f. **3.** Br. Gelb(licht) n, gelbes Licht (Verkehrsampel): **at** ~ bei Gelb; **the lights were at** ~ die Ampel stand auf Gelb. **4.** → **ambergris**. **II** adj **5.** Bernstein... **6.** bernsteinfarben, gelbbraun. **7.** Br. gelb: ~ **light** → 3; **the lights were** ~ die Ampel stand auf Gelb.

am·ber·gris ['æmbə(r)gri:s; -grɪs] s (graue) Ambra.

am·bi·ance → **ambience**.

am·bi·dex·ter [,æmbɪ'dekstə(r)] **I** adj obs. für **ambidextrous**. **II** s obs. Beidhänder(in). **,am·bi'dex·trous** adj **1.** mit beiden Händen gleich geschickt, beidhändig. **2.** ungewöhnlich geschickt. **3.** fig. doppelzüngig, falsch.

am·bi·ence ['æmbɪəns] s Ambi'ente n: a) art alles, was eine Gestalt umgibt (Licht, Luft, Gegenstände), b) Mili'eu n, 'Umwelt f, Mili'eu n, c) fig. Atmo'sphäre f (e-s Raums etc). **'am·bi·ent** **I** adj um'gebend: ~ **light** TV Umgebungs-, Raumbeleuchtung f; ~ **temperature** tech. Umgebungs-, Raumtemperatur f. **II** s 'Umwelt f, Mili'eu n.

am·bi·gu·i·ty [,æmbɪ'gju:ɪtɪ] s Zweideutigkeit f (a. Äußerung), Mehr-, Vieldeutigkeit f, Doppelsinn m, Ambigui'tät f. **am·big·u·ous** [æm'bɪgjʊəs; Am. -jəwəs] adj (adv ~ly) **1.** zwei-, mehr-, vieldeutig, doppelsinnig, dunkel (Ausdruck), unklar, verschwommen: ~ **policy** undurchsichtige Politik. **2.** proble'matisch, ungewiß. **3.** bot. zo. von zweifelhaftem syste'matischem Cha'rakter. **am'big·u·ous·ness** → **ambiguity**.

am·bi·sex·trous [,æmbɪ'sekstrəs] adj bisexu'ell.

am·bi·sex·u·al [,æmbɪ'seksjʊəl; -ʃʊəl; Am. -ʃəwəl] s bisexu'eller Mensch.

am·bit ['æmbɪt] s **1.** 'Umkreis m: **within an** ~ **of** in e-m Umkreis von. **2.** a) 'Umgebung f, b) Grenzen pl. **3.** fig. Aufgaben-, Einflußbereich m.

am·bi·tend·en·cy [,æmbɪ'tendənsɪ] s psych. Ambiten'denz f, Doppelwertigkeit f.

am·bi·tion [æm'bɪʃn] s **1.** Ehrgeiz m,

ambitious – amidship(s)

Ambiti¦on f (beide a. Gegenstand des Ehrgeizes). **2.** (ehrgeiziges) Streben, Wunsch m, Begierde f (of nach; **to do** zu tun). **3.** Ziel n.
am·bi·tious [æm'bɪʃəs] adj (adv ~ly) **1.** ehrgeizig: **to be** ~ **for** s.o. große Dinge mit j-m vorhaben. **2.** ehrgeizig strebend, begierig (of nach). **3.** fig. a) ehrgeizig, ambiti¦ös: ~ **plans**, b) anspruchsvoll, prätenti¦ös: ~ **style**. **am'bi·tious·ness** → ambition 1.
am·biv·a·lence [ˌæmbɪ'veɪləns; bes. Am. æm'bɪvələns] s bes. psych. Ambiva-¹lenz f, Doppelwertigkeit f. **am·biv·a·lent** [-lənt] **I** adj bes. psych. ambiva¹lent. **II** s bisexu¹eller Mensch.
am·bi·ver·sion [ˌæmbɪ'vɜːʃn; -ʒn; Am. -'vɜːr-] s psych. Ambiversi¦on f, Zwischenzustand m zwischen Introversi¦on u. Extraversi¦on. **'am·bi·vert** [-vɜːt; Am. -ˌvɜːrt] s ambiver¹tierter Mensch.
am·ble ['æmbl] **I** v/i **1.** im Paßgang gehen od. reiten. **2.** fig. schlendern, gemächlich gehen. **II** s **3.** Paß(gang) m (e-s Pferdes). **4.** gemächlicher Gang, Schlendern n (von Personen). **5.** gemächlicher Spa¹ziergang. **'am·bling** adj **1.** schlendernd, gemächlich gehend. **2.** gemächlich, geruhsam. **3.** fig. da¹hinplätschernd (Roman etc).
am·blyg·o·nite [æm'blɪɡənaɪt] s min. Amblygo¹nit m.
am·bly·o·pi·a [ˌæmblɪ'əʊpjə; -pɪə] s med. Amblyo¹pie f, Schwachsichtigkeit f.
am·bo·cep·tor [ˈæmbəʊsɛptə(r)] s med. Ambo¹zeptor m, Im¹munkörper m.
am·bro·si·a [æm'brəʊzjə; bes. Am. -ʒɪə; -ʒə] s antiq. Am¹brosia f, Götterspeise f (a. fig.). ~ **bee·tle** s zo. Am¹brosiakäfer m.
am·bro·si·al [æm'brəʊzjəl; bes. Am. -ʒɪəl; -ʒəl] adj (adv ~ly) **1.** antiq. am¹brosisch. **2.** fig. am¹brosisch, köstlich (duftend).
am·bry ['æmbrɪ] s **1.** Br. obs. Speisekammer f, Schrank m. **2.** relig. (in die Wand eingelassenes) Taber¹nakel.
ambs·ace ['eɪmzeɪs; 'æmz-] s **1.** Pascheins f (beim Würfelspiel). **2.** fig. a) ¦Pech¹ n, Unglück n, b) (etwas) Wertloses.
am·bu·lance ['æmbjʊləns] s **1.** Ambu-¹lanz f, Kranken-, Unfall-, Sani¹tätswagen m. **2.** mil. ¹Feldlaza₁rett n. ~ **bat·tal·ion** s mil. ¹Krankentransˌportbataiˌllon n. ~ **box** s Verbandskasten m. ~ **chas·er** s Am. sl. Anwalt, der versucht, Unfallopfer als Kli¹enten zu gewinnen. ~ **dog** s mil. Sani¹tätshund m. ~ **sta·tion** s ¹Unfallstati₁on f.
am·bu·lant ['æmbjʊlənt] **I** adj → ambulatory 1 u. 2. **II** s med. gehfähiger od. ambu¹lant behandelter Pati¹ent. **am·bu·la·to·ry** ['æmbjʊləˌtəʊr-; ˌæmbjʊ'leɪ-təri; Am. 'æmbjələˌtɔːrɪ-; -ˌtɔː-] **I** adj **1.** ambu¹lant, ambula¹torisch (beide a. med.), wandernd, Wander...: ~ **trade**; ~ **patient** → ambulant II; ~ **treatment** med. ambulante Behandlung. **2.** beweglich, (orts)veränderlich. **3.** Geh...: ~ **exercise**. **4.** jur. abänderlich, widerruflich: ~ **will**. **II** s **5.** arch. Ar¹kade f, Wandelgang m.
am·bus·cade [ˌæmbəs'keɪd; Am. a. 'æmbəˌskeɪd] → ambush.
am·bush ['æmbʊʃ] **I** s **1.** ¹Hinterhalt m (a. fig.), Versteck n. **2.** ¹Überfall m aus dem ¹Hinterhalt. **3.** mil. im ¹Hinterhalt liegende Truppen pl. **II** v/t **4.** Truppen in e-n ¹Hinterhalt legen. **5.** aus e-m od. dem ¹Hinterhalt ¦über¹fallen. **III** v/i **6.** im ¹Hinterhalt liegen. [ba, amoebic.⟩
a·me·ba, a·me·bic Am. für amoe-⟨
a·meer → emir.
a·me·li·a [əˈmiːljə; -lɪə; əˈmeliə] s Ame¹lie f (angeborenes Fehlen aller Gliedmaßen).

a·me·lio·rant [əˈmiːljərənt; -lɪə-] s (agr. Boden)Verbesserer m. **aˈme·lio·rate** [-reɪt] **I** v/t verbessern, agr. (a)melio-¹rieren. **II** v/i besser werden, sich bessern.
a·me·lio·ra·tion [əˌmiːljəˈreɪʃn; -lɪə-] s Verbesserung f, agr. (A)Melioratiˈon f. **aˈme·lio·ra·tive** [-rətɪv; Am. bes. -ˌreɪ-] adj (ver)bessernd.
a·men [ˌɑːˈmen; ˌeɪˈmen] **I** interj amen!: **to say** ~ **to** s.th. colloq. etwas ¸absegnen', sein Amen zu etwas geben. **II** s Amen n.
a·me·na·bil·i·ty [əˌmiːnəˈbɪlətɪ; Am. a. əˌmen-] s **1.** Zugänglichkeit f (**to** für). **2.** Verantwortlichkeit f (**to** gegen¹über).
aˈme·na·ble adj (adv amenably) (**to**) **1.** zugänglich (dat): ~ **to flattery**. **2.** a) gefügig, willfährig (dat), b) geeignet (für). **3.** a) verantwortlich (gegen¹über), b) unter¹worfen (dat): ~ **to the laws**; **to be** ~ **to a penalty** e-r Strafe unterliegen.
a·mend [əˈmend] **I** v/t **1.** verbessern, berichtigen. **2.** parl. ein Gesetz abändern, ergänzen, novel¹lieren, die Verfassung ändern: **as** ~**ed on March 1st** das Gesetz in der Fassung vom 1. März. **II** v/i **3.** sich bessern. **aˈmend·a·ble** adj verbesserungsfähig. **aˈmend·a·to·ry** [-dətərɪ; Am. -ˌtəʊrɪ; -ˌtɔː-] adj Verbesserungs...
a·mende ho·no·ra·ble [amɑ̃d ɔnɔrabl] (Fr.) s öffentliche Abbitte, Ehrenerklärung f.
a·mend·ment [əˈmendmənt] s **1.** (bes. sittliche) Besserung. **2.** Verbesserung f, Berichtigung f. **3.** parl. a) Abänderungs-, Ergänzungsantrag m (**zu** e-m Gesetz), b) Am. ¹Zusatzarˌtikel m zur Verfassung, Nachtragsgesetz n: **the Fifth A**~, c) Ergänzung f, Nachtrag m, Novel¹lierung f.
a·mends [əˈmendz] s pl (meist als sg konstruiert) (Schaden)Ersatz m, Vergütung f, Wieder¹gutmachung f, Genugtuung f: **to make** ~ Schadenersatz leisten, es wieder¹gutmachen; **to make** ~ **to** s.o. **for** s.th. j-n für etwas entschädigen.
a·men·i·ty [əˈmiːnətɪ; -ˈmen-] s **1.** oft pl Liebenswürdigkeit f, Artigkeit f, Höflichkeit f, pl a. Konventiˈonen pl, Etiˈkette f: **amenities of diplomacy**; **his** ~ **of temper** sein angenehmes Wesen. **2.** a) oft pl Annehmlichkeit(en pl) f: **within easy reach of all amenities** in günstiger Einkaufs- u. Verkehrslage, b) pl (naˈtürliche) Vorzüge pl od. Reize pl (e-r Person od. e-s Ortes etc), c) angenehme od. schöne Lage (e-s Hauses etc), d) Erholungsgebiet n.
a·men·or·rh(o)e·a [eɪˌmenəˈriːə; Br. a. æ-; ə-] s med. Amenorˈrhö(e) f, Ausbleiben n der Regel.
am·ent¹ [ˈæmənt; ˈeɪ-] s bot. Kätzchen n.
a·ment² [ˈeɪment; -ənt; Br. a. æˈment] s Geistesgestörte(r m) f.
a·men·ti·a [eɪˈmenʃɪə; -ʃə] s Geistesgestörtheit f.
a·merce [əˈmɜːs; Am. əˈmɜrs] v/t obs. **1.** mit e-r Geldstrafe belegen. **2.** (be)strafen. **aˈmerce·ment** s obs. Geldstrafe f.
A·mer·Eng·lish [ˌæmərəˈrɪŋɡlɪʃ] s ling. das ameriˈkanische Englisch.
A·mer·i·can [əˈmerɪkən] **I** adj **1.** ameri-¹kanisch: a) Nord- u./od. Südamerika betreffend, b) die USA betreffend. **II** s **2.** Ameriˈkaner(in): a) Bewohner(in) von Nord- od. Südamerika, b) Bewohner(in) od. Bürger(in) der USA. **3.** ling. Ameri-¹kanisch n, das amerikanische Englisch.
A₁mer·i·ca·na [-ˈkɑːnə; Am. a. -ˈkæ-; -ˈkeɪ-] s pl Ameriˈkana pl (Schriften etc über Amerika).
A·mer·i·can¦ Dream s (der) ameri-¹kanische Traum (Vorstellung von Freiheit, der Gleichheit aller u. von materiellem Wohlstand). ~ **foot·ball** s sport American Football m (rugbyähnliches

Spiel). ~ **In·di·an** s (bes. nordamer.) Indiˈaner(in).
A¹mer·i·can·ism s Amerikaˈnismus m: a) amer. Nationalgefühl, b) amer. Brauch, c) (typisch) amer. Eigenart od. Lebensauffassung, d) ling. amer. Spracheigentümlichkeit.
A¹mer·i·can·ist s **1.** Amerikaˈnist(in) (Kenner[in] der Geschichte, Sprache u. Kultur des alten Amerika). **2.** Anhänger(in) ameriˈkanischer Ideˈale u. Poli-¹tik.
A¹mer·i·can·i·za·tion [əˌmerɪkənaɪˈzeɪʃn; Am. -nəˈz-] s **1.** Amerikaniˈsierung f. **2.** Belehrung f von Einwanderern in amer. Geschichte, Staatsbürgerkunde etc. **A¹mer·i·can·ize** v/t u. v/i (sich) amerikaniˈsieren, amer. Eigenheiten annehmen, Ameriˈkaner(in) werden.
A·mer·i·can¦ lau·rel s bot. Breitblättrige Lorbeerrose. ~ **Le·gion** s Frontkämpferbund m (der Teilnehmer am 1. u. 2. Weltkrieg). ~ **lin·den** s bot. Schwarzlinde f. ~ **or·gan** s mus. amer. Orgel f (Art Harmonium). ~ **plan** s Am. **1.** ¹Vollpensiˌon f. **2.** econ. Beziehungen pl u. Verhandlungen pl zwischen den Soziˈalpartnern unter Ausschluß der Gewerkschaften od. über e-e Betriebsgewerkschaft. ~ **Rev·o·lu·tion** s hist. Amer. Freiheitskrieg m (1775–83).
am·er·i·ci·um [ˌæməˈrɪsɪəm; -ʃɪəm] s chem. Ameˈricium n.
Am·er·ind [ˈæmərɪnd] s amer. Indiˈaner m od. Eskimo m. **ˌAm·erˈin·di·an I** s → Amerind. **II** adj ameriˈkanisch-indiˈanisch.
Am·er·o·Eng·lish [ˌæmərəʊˈɪŋɡlɪʃ] → AmerEnglish.
ames·ace → ambsace.
a·me·tab·o·lism [ˌeɪməˈtæbəlɪzəm; Am. -məˈt-] s zo. Entwicklung f (von Insekten) ohne Metamorˈphose.
am·e·thyst [ˈæmɪθɪst] s **1.** min. Ameˈthyst m. **2.** Vioˈlett n. **am·eˈthys·tine** [-taɪn; Am. -tən] adj ameˈthystartig od. -farben, Amethyst...
am·e·tro·pi·a [ˌæmɪˈtrəʊpjə; -pɪə] s med. Ametroˈpie f (Fehlsichtigkeit infolge Abweichungen von der normalen Brechkraft der Augenlinse).
a·mi·a·bil·i·ty [ˌeɪmjəˈbɪlətɪ; -mɪə-] s Liebenswürdigkeit f.
a·mi·a·ble [ˈeɪmjəbl; -mɪəbl] adj (adv amiably) **1.** liebenswürdig, freundlich, gewinnend. **2.** angenehm, reizend.
am·i·an·thus [ˌæmɪˈænθəs] s min. Amiˈant m, Amphiˈbolasˌbest m.
am·i·ca·bil·i·ty [ˌæmɪkəˈbɪlətɪ] s Freund(schaft)lichkeit f. **ˈam·i·ca·ble** adj (adv → amicably) freund(schaft)lich, friedlich, a. jur. gütlich: ~ **agreement** (od. **settlement**) gütliche Einigung od. Beilegung; ~ **composition** jur. pol. gütliches Schiedsverfahren; ~ **numbers** math. Freundschaftszahlen. **ˈam·i·ca·ble·ness** → amicability. **ˈam·i·ca·bly** adv freundschaftlich, in Güte, gütlich: **to part** ~ im guten auseinandergehen.
am·ice [ˈæmɪs] s relig. Humeˈrale n, (weißes) Schultertuch (des Meßpriesters).
a·mi·cus cu·ri·ae [əˌmaɪkəsˈkjʊərɪiː; əˈmaɪ-], pl **a·mi·ci cu·ri·ae** [əˈmaɪkaɪ; əˈmaɪsaɪ] (Lat.) s jur. sachverständiger Beistand im Proˈzeß.
a·mid [əˈmɪd] prep in¹mitten (gen), (mitten) in od. unter (dat od. acc) (a. zeitlich u. fig.): ~ **tears** unter Tränen.
am·ide [ˈæmaɪd; Am. a. -əd] s chem. Aˈmid n.
amido- [əˈmiːdəʊ; æmɪdəʊ] chem. Wortelement mit der Bedeutung die Gruppe NH₂ enthaltend, Amido...
a·mid·ship(s) [əˈmɪdʃɪp(s)] mar. **I** adv

mittschiffs. **II** *pred adj* in der Mitte des Schiffes (befindlich).
a·midst [ə'mɪdst] → amid.
a·mine [ə'miːn; 'æmɪn] *s chem.* A'min *n*: primary (secondary, tertiary) ~s primäre (sekundäre, tertiäre) Amine.
a·mi·no ac·id [ə'miːnəʊ; ə'maɪ-] *s chem.* A'minosäure *f*.
a·mi·no·ben·zo·ic ac·id [ə,miːnəʊben'zəʊɪk; ə,maɪ-; ,æmɪ-] *s chem.* A'minoben,zoesäure *f*.
a·mi·no·pu·rine [ə,miːnəʊ'pjʊərɪn; -rɪn; ə,maɪ-; ,æmɪ-] *s chem.* Ade'nin *n*.
a·miss [ə'mɪs] *pred adj u. adv* verkehrt, falsch, verfehlt, unangebracht, schlecht, übel: **there is s.th. ~ (with it** *od.* **with him)** etwas stimmt nicht (damit *od.* mit ihm); **it would not be ~** es wäre ganz in Ordnung, es würde nichts schaden; **to come ~** ungelegen kommen; **to take ~** übelnehmen.
am·i·to·sis [,æmɪ'təʊsɪs; *Am. a.* ,eɪmaɪ't-] *s biol.* Ami'tose *f*, di'rekte Zell- *od.* Kernteilung.
am·i·ty ['æmətɪ] *s* Freundschaft *f*, gutes Einvernehmen: **treaty of ~ and commerce** Freundschafts- u. Handelsvertrag *m*.
am·me·ter ['æmɪtə; *Am.* 'æm,miːtər] *s electr.* Am'pere,meter *n*, 'Strom(stärke)messer *m*.
am·mine ['æmiːn; ə'miːn] *s chem.* Am'min *n*.
am·mo ['æməʊ] *s colloq. für* **ammunition.**
am·mo·ni·a [ə'məʊnjə; -nɪə] *s chem.* Ammoni'ak *n*: **~ solution, liquid ~** Salmiakgeist *m*. **am'mo·ni·ac** [-nɪæk] **I** *adj* → ammoniacal. **II** *s* Ammoni'akgummi *m, n*. **am·mo·ni·a·cal** [,æməʊ'naɪəkl; -mə'n-] *adj chem.* ammonia'kalisch, Ammoniak...
am·mo·ni·a·cum [,æməʊ'naɪəkəm; -mə'n-] (*Lat.*) → ammoniac II.
am·mo·ni·ate [ə'məʊnɪeɪt] *chem.* **I** *s* 1. Am'min(salz) *n*. 2. Ammoni'akdünger *m*. **II** *v/t* 3. mit Ammoni'ak verbinden.
am·mon·i·fy [ə'məʊnɪfaɪ; *Br. a.* ə'mɒ-; *Am. a.* ə'maː-] **I** *v/i* Ammoni'ak 'herstellen. **II** *v/t* mit Ammoni'ak versetzen.
am·mo·nite[1] ['æmənaɪt] *s geol.* Ammonshorn *n*, Ammo'nit *m*.
Am·mon·ite[2] ['æmənaɪt] *s Bibl.* Ammo'niter *m*.
am·mo·ni·um [ə'məʊnjəm; -nɪəm] *s chem.* Am'monium *n*. **~ car·bon·ate** Hirschhornsalz *n*. **~ chlo·ride** *s* Am'moniumchlo,rid *n*, Salmi'ak *n*, **~ ni·trate** *s* Am'moniumni,trat *n*, Ammoni'aksal,peter *m*.
am·mu·ni·tion [,æmjʊ'nɪʃn] **I** *s* Muniti'on *f (a. fig.)*: **~ belt** Patronengurt *m*; **~ carrier** Munitionswagen *m*; **~ clip** Ladestreifen *m*; **~ dump** Munitionslager *n*; **to provide** (*od.* **give**) **~ for s.o.** *fig.* j-m Munition liefern. **II** *v/t* mit Muniti'on versehen *od.* versorgen. **III** *v/i* (nach)laden.
am·ne·si·a [æm'niːzjə; *bes. Am.* -ʒə; -ʒɪə; -ʒə] *s med.* Amne'sie *f*, Gedächtnisschwund *m*.
am·nes·ty ['æmnɪstɪ; -nəs-] **I** *s* Amne'stie *f*, allgemeiner Straferlaß: **A~ International** Amnesty *f* International (*Gefangenenhilfsorganisation*). **II** *v/t* amne'stieren, begnadigen.
am·ni·o·cen·te·sis [,æmnɪəʊsen'tiːsɪs] *s med.* Amniozen'tese *f*, 'Fruchtwasserpunkti,on *f*.
am·ni·on ['æmnɪən] *pl* **-ni·ons** *od.* **-ni·a** [-ə] *s med.* Amnion *n*, Frucht-, Embryo'nalhülle *f*, Schafhäutchen *n*.
am·ni·on·ic [-'ɒnɪk; *Am.* -'ɑnɪk] *adj* Schafhäutchen...: **~ fluid** Fruchtwasser *n*.
am·ni·os·co·py [,æmnɪ'ɒskəpɪ; *Am.* -'ɑs-] *s med.* Amniosko'pie *f* (*optische Fruchtblasenuntersuchung*).
am·ni·ot·ic [,æmnɪ'ɒtɪk; *Am.* -'ɑtɪk] → amnionic.
a·moe·ba [ə'miːbə] *pl* **-bae** [-biː] *od.* **-bas** *s biol.* A'möbe *f*. **a'moe·bic** *adj biol.* a'möbisch: **~ dysentery** *med.* Amöbenruhr *f*.
a·mok [ə'mɒk; *Am.* ə'mʌk; ə'mɑk] → amuck.
a·mo·mum [ə'məʊməm] *s bot.* Ingwergewürz *n*, Para'dieskörner *pl*.
a·mong(st) [ə'mʌŋ(st)] *prep* 1. (mitten) unter (*dat. acc*), zwischen (*dat od. acc*), in'mitten (*gen*), bei (*dat*): **~ the crowd** a) unter *od.* in(mitten) der Menge (*sitzen etc*), b) unter *od.* in die Menge (*gehen etc*); **~ experts** unter Fachleuten; **a custom ~ the savages** e-e Sitte bei den Wilden; **they fought ~ themselves** sie stritten unter sich; **~ other things** unter anderem; **to be ~ the best** zu den Besten zählen *od.* gehören; **from ~** aus (der Zahl derer), aus ... heraus. 2. gemeinsam *od.* zu'sammen (mit): **they had two pounds ~ them** sie hatten zusammen 2 Pfund.
a·mon·til·la·do [ə,mɒntɪ'lɑːdəʊ; -'ljɑː-; *Am.* ə,mɑn-] *s* Amontil'lado *m* (*Sherry*).
a·mor·al [,eɪ'mɒrəl; æ'm-; *Am. a.* -'mɑ-] *adj* 'amo,ralisch. **a'mor·al·ism** *s* Amora'lismus *m*. **a·mo·ral·i·ty** [,eɪmə'rælətɪ; ,æ-; -mɒ'r-] *s* Amorali'tät *f*.
am·o·ret·to [,æmə'retəʊ] *pl* **-ti** [-tɪ] *s art* Amo'rette *f*.
am·o·rist ['æmərɪst] *s* 1. Liebhaber *m*. 2. Verfasser(in) von 'Liebesro,manen.
Am·o·rite ['æməraɪt] *s Bibl.* Amo'riter *m*.
am·o·rous ['æmərəs] *adj* (*adv* **~ly**) amou'rös: a) e'rotisch, sinnlich, Liebes...: **~ novel** Liebesroman *m*, b) verliebt (**of in** *acc*): **~ glances** verliebte Blicke. **'am·o·rous·ness** *s* Verliebtheit *f*.
a·mor·phism [ə'mɔː(r)fɪzəm] *s* Amor'phismus *m*, Formlosigkeit *f*. **a'mor·phous** [-fəs] *adj* 1. a'morph: a) form-, gestaltlos, b) 'mißgestaltet, c) *min. phys.* 'unkristal,linisch. 2. *fig.* cha'otisch.
am·or·tiz·a·ble [ə'mɔː(r)taɪzəbl; -tɪz-; *Am. bes.* 'æmər,taɪz-] *adj econ.* amorti'sierbar, tilgbar.
a·mor·ti·za·tion [ə,mɔː(r)tɪ'zeɪʃn; ,æmɔː(r)tɪ-; -taɪ-; *Am. bes.* ,æmərtə-] *s* 1. *econ.* Amortisati'on *f*: a) (*ratenweise*) Tilgung *f (von Schulden)*, b) Abschreibung *f (von Anlagewerten)*: **~ fund** Amortisations-, Tilgungsfonds *m*. 2. *jur.* Veräußerung *f (von Grundstücken)* an die tote Hand. **a·mor·tize** [ə'mɔː(r)taɪz; *Am. bes.* 'æmər-] *v/t* 1. *econ.* amorti'sieren: a) e-e Schuld (*ratenweise*) tilgen, abzahlen, b) Anlagewerte abschreiben. 2. *jur.* Grundstücke an die tote Hand veräußern.
a·mor·tize·ment [ə'mɔː(r)tɪzmənt; *Am. bes.* 'æmər,taɪz-] *s* 1. → amortization. 2. *arch.* a) abgeschrägte oberste Fläche e-s Pfeilers, b) oberster Teil e-s Gebäudes.
A·mos ['eɪmɒs; *bes. Am.* -əs] *npr u. s Bibl.* (*das Buch*) Amos *m*.
a·mount [ə'maʊnt] **I** *v/i* 1. (**to**) sich belaufen *od.* beziffern (auf *acc*), betragen, ausmachen (*acc*): **his debts ~ to £120**; **~ing to** in Höhe *od.* im Betrag von. 2. **~ to** *fig.* hin'auslaufen auf (*acc*), gleichbedeutend sein mit, bedeuten (*acc*): **it ~ed to treason**; **it ~s to the same thing** es läuft *od.* kommt auf dasselbe hinaus; **it doesn't ~ to much** es bedeutet nicht viel, es ist unbedeutend (*a. contp.*); **he'll never ~ to much** *colloq.* aus ihm wird nie etwas werden, er wird es nie weit bringen. **II** *s* 3. a) Betrag *m*, Summe *f*, Höhe *f* (*e-r Summe*), b) Bestand *m*, Menge *f*, Ausmaß *n*: **to the ~ of** in Höhe *od.* im Betrag von; **bis zum Betrag von**; **~ of heat** *phys.* Wärmemenge *f*; **~ of resistance** *phys.* Widerstandswert *m*. 4. *fig.* Inhalt *m*, Bedeutung *f*, Kern *m*.
a·mour [ə'mʊə(r); æ'mʊə(r)] *s* Liebe'lei *f*, Liebschaft *f*, ,Verhältnis‘ *n*.
a·mour-pro·pre [,æmʊə(r)'prɒprə; *Am. a.* -'prəʊpr] *s* 1. Selbstachtung *f*, -gefühl *n*. 2. Eigenliebe *f*, Eitelkeit *f*.
amp[1] [æmp] *s colloq. für* **ampere.**
amp[2] [æmp] *s colloq.* 1. → **amplifier.** 2. *mus. Am.* 'E-Gi,tarre *f* (*Elektrogitarre*).
am·per·age ['æmpərɪdʒ] *s electr.* Stromstärke *f*, Am'perezahl *f*.
am·pere ['æmpeə; *Am.* 'æm,pɪər] *s electr.* Am'pere *n*. **'~-hour** *s electr.* Am'perestunde *f*: **~ efficiency** Amperestunden-Wirkungsgrad *m*. **'~,me·ter** → ammeter.
am·per·sand ['æmpə(r)sænd] *s print.* Et-Zeichen *n* (*das Zeichen &*).
am·phet·a·mine [æm'fetəmiːn; -mɪn] *s chem.* Ampheta'min *n*.
amphi- [æmfɪ] *Wortelement mit der Bedeutung* doppelt, zwei..., beiderseitig, umher...
Am·phib·i·a [æm'fɪbɪə] *s pl zo.* Am'phibien *pl*, Lurche *pl*. **am'phib·i·an I** *adj* 1. → amphibious. **II** *s* 2. *zo.* Am'phibie *f*, Lurch *m*. 3. *aer.* Am'phibienflugzeug *n*. 4. a) Am'phibienfahrzeug *n*, b) *a.* **~ tank** *mil.* Am'phibien-, Schwimmkampfwagen *m*.
am·phib·i·ol·o·gy [æm,fɪbɪ'ɒlədʒɪ; *Am.* -'ɑl-] *s zo.* Lurch-, Am'phibienkunde *f*.
am·phi·bi·ot·ic [,æmfɪbaɪ'ɒtɪk; *Am.* -'ɑtɪk] *adj zo.* in 'einer Lebensstufe auf dem Lande, in e-r anderen im Wasser lebend.
am·phib·i·ous [æm'fɪbɪəs] *adj zo., a. mil. tech.* am'phibisch, Amphibien...: **~ aeroplane** (*Am.* **airplane**) → amphibian 3; **~ operation** *mil.* amphibische Operation, Landungsunternehmen *n*; **~ tank** → amphibian 4 b; **~ vehicle** → amphibian 4 a.
am·phi·bole ['æmfɪbəʊl] *s min.* Amphi'bol *m*, Hornblende *f*.
am·phi·bol·ic [,æmfɪ'bɒlɪk; *Am.* -'bɑ-] *adj* amphi'bolisch, zweideutig, doppelsinnig.
am·phib·o·lite [æm'fɪbəlaɪt] *s geol.* Amphibo'lit *m*, Hornblendefels *m*.
am·phi·bo·log·i·cal [,æmfɪbə'lɒdʒɪkl; *Am.* -'lɑ-] → amphibolic. **am·phi·bol·o·gy** [,æmfɪ'bɒlədʒɪ; *Am.* -'bɑ-] *s* Zweideutigkeit *f*, Doppelsinn *m*. **am·phib·o·lous** [æm'fɪbələs] → amphibolic.
am·phi·brach ['æmfɪbræk] *s metr.* Am'phibrachys *m* (*Versfuß*).
am·phi·car·pic [,æmfɪ'kɑː(r)pɪk] *adj bot.* doppelfrüchtig, amphi'karp.
am·phi·chro·ic [,æmfɪ'krəʊɪk], **am·phi·chro'mat·ic** *adj chem.* amphi'chroisch.
am·phi·dip·loid [,æmfɪ'dɪplɔɪd] *s biol.* amphidiplo'id (*mit doppeltem Chromosomensatz, der von zwei verschiedenen Eltern herrührt*).
am·phi·g(a)e·an [,æmfɪ'dʒiːən] *adj bot. zo.* 1. über alle Zonen verbreitet. 2. in beiden gemäßigten Zonen vorkommend.
am·phi·mix·is [,æmfɪ'mɪksɪs] *s biol.* Amphi'mixis *f*, Keimzellenvereinigung *f* (*bei der Fortpflanzung*).
am·phi·the·a·ter, *bes. Br.* **am·phi·the·a·tre** ['æmfɪ,θiːətə(r)] *s* Am'phithe,ater *n*. **,am·phi'the·a·tral** *adj*; **,am·phi·the'at·ri·cal** [-θɪ'ætrɪkl] *adj* (*adv* **-ly**) amphithea'tralisch.
am·pho·ra ['æmfərə] *pl* **-rae** [-riː] *od.*

ample - analogue

-ras (*Lat.*) *s antiq.* Amphora *f*, Am-ˈphore *f*.
am·ple [ˈæmpl] *adj* (*adv* **amply**) **1.** weit, groß, geräumig, ausgedehnt. **2.** weitläufig, -gehend, ausführlich, umˈfassend. **3.** reich(lich), (vollauf) genügend, beträchtlich: ~ **supplies. 4.** stattlich (*Figur etc*): **an ~ bust** e-e üppige Büste. ˈ**am·ple·ness** *s* **1.** Weite *f*, Geräumigkeit *f*. **2.** Ausführlichkeit *f*. **3.** Reichlichkeit *f*, Fülle *f*.
am·pli·a·tion [ˌæmpliˈeɪʃn] *s jur.* Vertagung *f*, Aufschub *m*.
am·pli·dyne [ˈæmplɪdaɪn] *s electr.* Ampliˈdyne *f* (*Verstärkermaschine*).
am·pli·fi·ca·tion [ˌæmplɪfɪˈkeɪʃn] *s* **1.** Erweiterung *f*, Vergrößerung *f*, Ausdehnung *f*. **2.** a) weitere Ausführung, nähere Erläuterung, b) Weitschweifigkeit *f*, Ausschmückung *f*. **3.** *electr. phys.* Vergrößerung *f*, -stärkung *f*.
am·pli·fi·er [ˈæmplɪfaɪə(r)] *s electr. phys.* Verstärker *m*: ~ **noise** Verstärkerrauschen *n*; ~ **stage** Verstärkerstufe *f*; ~ **tube** (*Br.* **valve**) Verstärkerröhre *f*.
am·pli·fy [ˈæmplɪfaɪ] **I** *v/t* **1.** erweitern, vergrößern, ausdehnen. **2.** a) näher ausführen *od.* erläutern, näher eingehen auf (*acc*), b) ausmalen, -schmücken. **3.** *electr. phys.* vergrößern, -stärken: **~ing circuit** Verstärkerschaltung *f*; **~ing lens** Vergrößerungslinse *f*. **II** *v/i* **4.** sich weitläufig auslassen, sich verbreiten (**on, upon** über *acc*).
am·pli·stat [ˈæmplɪstæt] *s electr.* spannung(s)steuernder Transˈduktor.
am·pli·tude [ˈæmplɪtjuːd; *Am. a.* -ˌtuːd] *s* **1.** Größe *f*, Weite *f*, ˈUmfang *m* (*a. fig.*). **2.** *astr.* Ampliˈtude *f*, Poˈlarwinkel *m*. **3.** *fig.* Fülle *f*, Reichtum *m* (*der Mittel*). **4.** *electr. phys.* Ampliˈtude *f*, Schwingungs-, Ausschlagsweite *f* (*z. B.* e-s *Pendels*): ~ **characteristic** Frequenzgang *m*; ~ **distortion** Amplitudenverzerrung *f*; ~ **filter** (*od.* **separator**) *TV* Amplitudensieb *n*; ~ **modulation** Amplitudenmodulation *f*.
am·poule [ˈæmpuːl], *a.* ˈ**am·pul** [-puːl], ˈ**am·pule** [-puːl] *s med.* Amˈpulle *f*.
am·pul·la [æmˈpʊlə; *Am. a.* æmˈpʌlə] *pl* **-lae** [-liː] *s* **1.** *antiq.* Phiˈole *f*, Salbengefäß *n*. **2.** *hist.* Bleiˈod. Glasflasche *f* (*der Pilger*). **3.** Amˈpulle *f*: a) *med.* Behälter *m* für e-e Injektiˈonslösung, b) *anat.* erweitertes Ende es Gefäßes *od.* Kaˈnals. **4.** *relig.* Amˈpulle *f*: a) Krug *m* für Wein u. Wasser (*bei der Messe*), b) Gefäß *n* für das heilige Öl (*zur Salbung*).
am·pu·tate [ˈæmpjʊteɪt] *v/t* **1.** stutzen. **2.** *med.* ampuˈtieren, *ein Glied* abnehmen. **3.** *fig.* a) gewaltsam entfernen, b) verstümmeln. ˌ**am·puˈta·tion** *s med.* Amputatiˈon *f*, Abnahme *f*. ˌ**am·puˈtee** [-ˈtiː] *s* Ampuˈtierte(r *m*) *f*.
a·muck [əˈmʌk] **I** *adv*: **to run ~** a) Amok laufen, b) (**at, on, against**) in blinder Wut anfallen (*acc*) *od.* losgehen (auf *acc*). **II** *s* Amoklauf(en *n*) *m*.
am·u·let [ˈæmjʊlɪt; -lət] *s* Amuˈlett *n*.
a·muse [əˈmjuːz] *v/t* (*o.s.* sich) amüˈsieren, unterˈhalten, belustigen, ergötzen: **to be ~d** at (*od.* **by, in, with**) sich freuen über (*acc*); **it ~s them** es macht ihnen Spaß. **aˈmused** *adj*, **aˈmus·ed·ly** [-zɪdlɪ] *adv* amüˈsiert, belustigt. **aˈmuse·ment** *s* Unterˈhaltung *f*, Belustigung *f*, Vergnügen *n*, Spaß *m*, Amüseˈment *n*, Zeitvertreib *m*: **for ~** zum Vergnügen; **to look at s.o. in ~** j-n belustigt ansehen; ~ **arcade** *Br.* Spielsalon *m*; ~ **park** Vergnügungspark *m*, Rummelplatz *m*; ~ **tax** Vergnügungssteuer *f*. **aˈmus·ing** *adj* (*adv* **~ly**) amüˈsant, unterˈhaltend, ergötzlich.

a·my·e·li·a [æmɪˈiːlɪə] *s med.* Amyeˈlie *f*, Fehlen *n* des Rückenmarks.
a·myg·da·la [əˈmɪɡdələ] *pl* **-lae** [-liː] *s anat.* Mandel *f*.
a·myg·dal·ic ac·id [æmɪɡˈdælɪk] *s chem.* **1.** Amygdaˈlinsäure *f*. **2.** Mandelsäure *f*.
a·myg·da·loid [əˈmɪɡdəlɔɪd] **I** *s geol.* Amygdaloˈid *n*, Mandelstein *m*. **II** *adj* mandelförmig.
am·yl [ˈæmɪl] *s chem.* Aˈmyl *n*: ~ **alcohol** Amylalkohol *m*; ~ **nitrite** Amylnitrit *n*.
ˌ**am·yˈla·ceous** [-ˈleɪʃəs] *adj* stärkemehlartig, stärkehaltig.
am·yl·ase [ˈæmɪleɪz; -s] *s chem.* Amyˈlase *f* (*stärkespaltendes Enzym*).
am·yl·ate [ˈæmɪleɪt] *s chem.* Stärkeverbindung *f*.
am·yl·ene [ˈæmɪliːn] *s chem.* Amyˈlen *n*.
a·myl·ic [əˈmɪlɪk] *adj chem.* Amyl...
am·y·lo·dex·trin [ˌæmɪləʊˈdekstrɪn] *s chem.* Stärkegummi *m*, *n*.
am·y·loid [ˈæmɪlɔɪd] **I** *s* **1.** stärkehaltige Nahrung. **2.** *chem.* Amyloˈid *n*. **II** *adj* **3.** stärkeartig, -haltig. ˌ**am·yˈloi·dal** → amyloid II.
am·y·lol·y·sis [æmɪˈlɒlɪsɪs; *Am.* -ˈlɑ-] *s chem.* Amyloˈlyse *f*, Verwandlung *f* von Stärke in Dexˈtrin u. Zucker.
am·y·lum [ˈæmɪləm] *s chem.* Stärke *f*.
a·my·o·tro·phi·a [əˌmaɪəˈtrəʊfɪə; ˌeɪmaɪə-] *s med.* Amyotroˈphie *f*, ˈMuskelatroˌphie *f*, -schwund *m*.
an[1] [ən; *betont*: æn] *vor vokalisch anlautendem Wörtern für* **a**[2].
an[2], **an'** [æn] *conj* **1.** *dial. für* **and**. **2.** *obs.* wenn, falls.
an- [æn] *Vorsilbe mit der Bedeutung* nicht, ohne.
ana- [ænə] *Vorsilbe mit den Bedeutungen*: a) auf, aufwärts, b) zurück, rückwärts, c) wieder, aufs neue, d) sehr, außerordentlich.
-ana [ɑːnə; eɪnə] *Wortelement mit der Bedeutung* Anekdoten, Mitteilungen (über), Aussprüche (von): Americana, Johnsoniana.
An·a·bap·tism [ˌænəˈbæptɪzəm] *s relig.* **1.** Anabapˈtismus *m*, Lehre *f* der ˈWiedertäufer. **2.** **a~** zweite Taufe. ˌ**An·aˈbap·tist** *s* ˈWiedertäufer *m*.
an·a·bat·ic [ænəˈbætɪk] *adj meteor.* anaˈbatisch, aufsteigend: ~ **wind** Hang-, Aufwind *m*.
an·a·bi·o·sis [ˌænəbaɪˈəʊsɪs] *s biol.* Anabiˈose *f*.
an·a·bol·ic ster·oid [ˌænəˈbɒlɪk; *Am.* -ˈbɑ-] *s meist pl med.* Anaˈbolikum *n*.
a·nab·o·lism [əˈnæbəʊlɪzəm; -bə-] *s biol.* Anaboˈlismus *m*, aufbauender Stoffwechsel. **aˈnab·o·lite** [-laɪt] *s biol.* Proˈdukt *n* es anaboliˈtischen Stoffˌwechsels. **aˈnab·o·lize** *v/i biol.* sich assimiˈlieren.
an·a·branch [ˈænəbrɑːntʃ; *Am.* -ˌbræntʃ] *s* Arm e-s Flusses, der in den Hauptstrom zuˈrückkehrt.
a·nach·ro·nism [əˈnækrənɪzəm] *s* Anachroˈnismus *m* (*Zeitwidrigkeit*; *a. Sache od. Person*). **aˌnach·roˈnis·tic** *adj*, **aˌnach·roˈnis·ti·cal** *adj* (*adv* **~ly**) anachroˈnistisch. **aˈnach·ro·nous** → anachronistic.
an·a·cid·i·ty [ænəˈsɪdətɪ] *s med.* Anacidiˈtät *f*, Säuremangel *m*.
an·a·clas·tic [ænəˈklæstɪk] *adj* eˈlastisch, federnd.
an·a·clit·ic [ænəˈklɪtɪk] *adj psych.* anaˈklitisch: ~ **depression**.
an·a·co·lu·tha [ænəkəʊˈluːθə; -kəˈl-] *pl von* anacoluthon.
an·a·co·lu·thi·a [ænəkəʊˈluːθɪə; -θjə; -kəˈl-] *s ling.* Anakoˈluthie *f*, Satzbruch *m*.
an·a·co·lu·thon [ænəkəʊˈluːθɒn; -kəˈl-; *Am.* -ˌθɑn] *pl* **-tha** [-θə] *s ling.* Anakoˈluth *n*, *a. m*, Satzbruch *m*.

an·a·con·da [ænəˈkɒndə; *Am.* -ˈkɑn-] *s zo.* Anaˈkonda *f*, Riesenschlange *f*.
A·nac·re·on·tic [əˌnækrɪˈɒntɪk; *Am.* -ˈɑn-] **I** *adj* **1.** anakreˈontisch. **2.** *fig.* heiter, lustig, gesellig. **II** *s* **3.** anakreˈontisches Liebesgedicht.
an·a·cru·sis [ænəˈkruːsɪs] *s metr. mus.* Auftakt *m*, Vorschlag(silbe *f*) *m*.
an·a·cul·ture [ˈænəˌkʌltʃə(r)] *s scient.* ˈMischkulˌtur *f* (*von Bakterien*).
an·a·di·plo·sis [ˌænədɪˈpləʊsɪs] *s rhet.* Anadiˈplose *f*, Anadiˈplosis *f* (*Wiederholung des letzten Wortes e-s Satzes am Anfang des folgenden Satzes*).
a·nae·mi·a, a·nae·mic *bes. Br. für* anemia, anemic.
an·aer·obe [æˈneərəʊb; ˈænərəʊb] *s biol.* Anaeˈrobier *m* (*Organismus, der ohne Sauerstoff leben kann*). ˌ**an·aerˈo·bic** *adj* **1.** *biol.* anaeˈrob (*Organismus*). **2.** Sportmedizin: anaeˈrob.
an·aer·o·bi·o·sis [æˌneərəʊbaɪˈəʊsɪs; ˌænərəʊ-] *s biol.* Anaerobiˈose *f* (*nicht auf Luftsauerstoff angewiesene Lebensvorgänge*).
an·aes·the·si·a, *etc bes. Br. für* anesthesia, *etc*.
an·a·glyph [ˈænəɡlɪf] *s* Anaˈglyphe *f*: a) (flach)erhabenes Bildwerk, ˈBasreliˌef *n*, b) e-s von 2 zs.-gehörenden Teilbildern e-s Raumbildverfahrens.
an·ag·nor·i·sis [ˌænəɡˈnɒrɪsɪs; *Am.* ˌænəɡˈnɔːr-] *s* Anaˈgnorisis *f* (*plötzliches Erkennen e-r Person od. e-s Tatbestandes im Drama*).
an·a·go·ge [ˈænəɡɒdʒɪ; *bes. Am.* -ɡəʊ-] *s relig.* Anagoˈge *f*, sinnbildliche *od.* mystische Auslegung (*bes. der Bibel*). ˌ**an·aˈgog·ic** [-ˈɡɒdʒɪk; *Am.* -ˈɡɑ-] *adj*; ˌ**an·aˈgog·i·cal** *adj* (*adv* **~ly**) anaˈgogisch. ˈ**an·a·go·gy** → anagoge.
an·a·gram [ˈænəɡræm] *s* Anaˈgramm *n* (*Wortbildung durch Buchstabenversetzung, Buchstabenversetzrätsel*). ˌ**an·aˈgram·ma·tize** **I** *v/t* anagramˈmatisch versetzen. **II** *v/i* Anaˈgramme machen.
a·nal [ˈeɪnl] *adj anat.* aˈnal, Anal..., After..., *zo. a.* Steiß..., Schwanz...: ~-**erotic** *psych.* analeˈrotisch; ~ **eroticism** (*od.* **erotism**) *psych.* Analeˈrotik *f*; ~ **intercourse** Analverkehr *m*; ~ **fin** *ichth.* Afterflosse *f*; ~ **sadism** *psych.* Analsadismus *m*; ~-**sadistic** *psych.* analsadistisch; ~ **stage** *psych.* anale Phase.
an·a·lec·ta [ænəˈlektə], ˈ**an·a·lects** *s pl* Anaˈlekten *pl* (*Sammlung von Auszügen aus der Dichtung od. aus wissenschaftlichem Material*).
an·a·lep·tic [ænəˈleptɪk] *pharm.* **I** *adj* anaˈleptisch, belebend, anregend, stärkend. **II** *s* Anaˈleptikum *n*, belebendes Mittel.
an·al·ge·si·a [ænælˈdʒiːzɪə; -sjə; *Am.* ˌænəlˈdʒiːzə; -zɪə] *s med.* Analgeˈsie *f*, Unempfindlichkeit *f* gegen Schmerz, Schmerzlosigkeit *f*. ˌ**an·alˈge·sic** [-ˈdʒiːsɪk; -zɪk; -ˈdʒesɪk], ˌ**an·alˈget·ic** [-ˈdʒetɪk] **I** *adj* schmerzstillend. **II** *s* Analˈgetikum *n*, schmerzstillendes Mittel.
an·a·log *Am. für* analogue.
an·a·log·ic [ænəˈlɒdʒɪk; *Am.* ˌænəlˈɑ-] *adj*; ˌ**an·aˈlog·i·cal** *adj* (*adv* **~ly**) anaˈlog, entsprechend (**to, with** *dat*).
a·nal·o·gist [əˈnælədʒɪst] *s* Anaˈlogiker *m*. **aˈnal·o·gize** *v/i* **1.** (**to, with**) anaˈlog sein (*dat*), im Einklang stehen (mit). **2.** nach Analoˈgie verfahren. **II** *v/t* **3.** anaˈlog erklären.
a·nal·o·gous [əˈnæləɡəs] *adj* (*adv* **~ly**) anaˈlog, entsprechend (**to, with** *dat*).
an·a·logue [ˈænəlɒɡ; *Am. a.* ˈænlˌɑɡ] *s* **1.** Anˈalogon *n*, Entsprechung *f*: ~ **computer** *tech.* Analogrechner *m*; ~ **process quantity** (*Computer*) analoge Prozeß-

größe: ~-to-digital converter (*Computer*) Analog-Digitalumsetzer *m*. **2.** ('Amts)Kol‚lege *m* (*e-s Ministers etc*).
a·nal·o·gy [ə'nælədʒɪ] *s* **1.** Analo'gie *f* (*a. ling.*), Entsprechung *f*: **on the** ~ **of, by** ~ **with** analog, gemäß, entsprechend (*dat*). **2.** *math*. Proporti'on *f*.
an·a·ly·sa·tion [‚ænələɪ'zeɪʃn], **'an·a·lyse, 'an·a·lys·er** *bes. Br. für* analyzation, analyze, analyzer.
a·nal·y·sis [ə'næləsɪs] *pl* **-ses** [-siːz] *s* **1.** Ana'lyse *f*: a) *chem. etc* Zerlegung *f* (in die Grundbestandteile): **to make an** ~ e-e Analyse vornehmen; **in the final** (*od.* **last**) ~ letzten Endes, im Grunde, b) (kritische) Zergliederung, (gründliche) Unter'suchung, Darlegung *f*, Deutung *f*, Auswertung *f*: ~ **sheet** *econ*. Bilanzzergliederung *f*, -analyse, c) *ling*. Zergliederung *f* (*e-s Satzes etc*), d) *math*. Auflösung *f*. **2.** *math*. A'nalysis *f* (*Teil der Mathematik, in dem mit Grenzwerten gearbeitet u. die Infinitesimalrechnung angewendet wird*). **3.** *psych*. (Psycho)Ana'lyse *f*. **an·a·lyst** ['ænəlɪst] *s* **1.** *chem. math.* Ana'lytiker *m* (*a. fig.*): **public** ~ (behördlicher) Lebensmittelchemiker. **2.** Psychoana'lytiker *m*. **3.** Sta'tistiker *m*.
an·a·lyt·ic [‚ænə'lɪtɪk] **I** *adj* (*adv* ~**ally**) **1.** ana'lytisch: ~ **geometry** (**language, psychology,** *etc*); ~ **judg(e)ment** *philos*. analytisches Urteil. **2.** psychoana'lytisch. **II** *s pl* (*als sg konstruiert*) **3.** Ana'lytik *f*. ‚**an·a'lyt·i·cal** *adj* (*adv* ~**ly**) **1.** ana'lytisch: ~ **chemistry**. **2.** psychoana'lytisch.
an·a·ly·za·tion [‚ænlə'zeɪʃən] *s Am*. Analy'sieren *n*, Ana'lyse *f*.
an·a·lyze ['ænl‚aɪz] *v/t Am*. analy'sieren: a) *chem. math. etc* zergliedern, -legen, auflösen, auswerten, b) *fig.* genau unter'suchen. **'an·a‚lyz·er** *s Am*. **1.** Analy'sierende(r *m*) *f*. **2.** Auflösungsmittel *n*. **3.** *phys.* Analy'sator *m*.
an·am·ne·sis [‚ænæm'niːsɪs] *s* Ana-'mnese *f*: a) 'Wiedererinnerung *f* (*a. philos.*), b) *med.* Vorgeschichte *f*.
an·a·mor·pho·sis [‚ænəˈmɔː(r)fəsɪs; -mɔː(r)ˈfəʊsɪs] *pl* **-ses** [-siːz] *s* **1.** (perspek'tivisches) Zerrbild. **2.** a) *bot.* Rückbildung *f*, b) *zo.* Höherentwicklung *f* (*in e-n höheren Typus*). ‚**an·aˈmor·phous** *adj phys.* ana'morph(isch), verzerrt.
an·a·mor-phote lens [‚ænə'mɔː(r)fəʊt] *s phys.* Anamor'photobjek‚tiv *n*, Zerrlinse *f*.
a·na·na(s) [ə'nɑːnə(s)] *s bot.* Ananas *f*.
an·an·drous [æ'nændrəs] *adj bot.* an-'andrisch, staubblattlos.
an·a·paest ['ænəpiːst; *bes. Am*. -pest] *s metr*. Ana'päst *m* (*Versfuß*).
a·naph·o·ra [əˈnæfərə] *s Rhetorik*: A'naphora *f*, A'napher *f* (*Wiederholung e-s Wortes od. mehrerer Wörter zu Beginn aufeinanderfolgender Sätze od. Satzteile*).
an·aph·ro·dis·i·ac [‚ænæfrəˈdɪziæk] *med.* **I** *adj* den Geschlechtstrieb hemmend. **II** *s* Anaphrodi'siakum *n*.
an·a·phy·lac·tic [‚ænəfɪˈlæktɪk] *adj* (*adv* ~**ally**) *med.* anaphy'laktisch. ‚**an·a·phyˈlax·is** [-'læksɪs] *s* Anaphy'la‚xie *f* (*Überempfindlichkeit gegen artfremdes Eiweiß*).
an·arch ['ænɑː(r)k] *s obs*. Anar'chist(in), Re'bell(in). **an·ar·chic** [æ'nɑː(r)kɪk] *adj*; **an'ar·chi·cal** *adj* (*adv* ~**ly**) an-'archisch, anar'chistisch, gesetzlos.
an·arch·ism ['ænə(r)kɪzəm] *s* **1.** Anar-'chie *f*, Re'gierungs-, Gesetzlosigkeit *f*. **2.** Anar'chismus *m*. **'an·arch·ist I** *s* Anar'chist(in), 'Umstürzler(in). **II** *adj* anar'chistisch, 'umstürzlerisch. ‚**an·arˈchis·tic** → **anarchist** II. **'an·arch·ize** *v/t* in Anar'chie verwandeln.

an·arch·y ['ænə(r)kɪ] *s* **1.** → **anarchism** 1. **2.** *fig.* Chaos *n*.
an·a·stat·ic [‚ænə'stætɪk] *adj print*. ana-'statisch: ~ **printing**.
an·as·tig·mat [ə'næstɪgmæt; æ-; ‚ænə-'st-] *s phot*. Anastig'mat *m*, *n*. **an·astig·matˈic** [‚ænəstɪg'mætɪk; ə‚næs-] *adj phys.* anastig'matisch (*Linse*).
a·nas·to·mo·sis [‚ænəstə'məʊsɪs; ə‚næstə'm-] *pl* **-ses** [-siːz] *s* Anasto'mose *f*: a) *bot.* Querverbindung zwischen Gefäßsträngen *od*. Pilzfäden, b) *med*. natürliche Verbindung zwischen Blut- *od*. Lymphgefäßen *od*. Nerven, c) *med.* operativ hergestellte Verbindung zwischen Hohlorganen.
a·nas·tro·phe [ə'næstrəfɪ] *s ling.* A'nastrophe *f*, Wortversetzung *f*.
a·nath·e·ma [ə'næθəmə] *s* **1.** *relig.* Ana'them *n*, A'nathema *n*, Bannfluch *m*, Kirchenbann *m*. **2.** *fig.* Fluch *m*, Verwünschung *f*. **3.** *relig.* Verfluchte(r *m*) *f*. **4.** *fig.* (*etwas*) Verhaßtes, Greuel *m*: **this is** ~ **to me** das ist mir verhaßt (*od.* ein Greuel. **a'nath·e·ma·tize I** *v/t* in den Bann tun, mit dem Kirchenbann belegen, verfluchen. **II** *v/i* fluchen.
an·a·tom·ic [‚ænə'tɒmɪk; *Am.* -'tɑ-] *adj*; ‚**an·aˈtom·i·cal** *adj* (*adv* ~**ly**) ana'tomisch. **a·nat·o·mist** [ə'nætəmɪst] *s* **1.** *med.* Ana'tom *m*. **2.** Zergliederer *m* (*a. fig.*). **aˈnat·o·mize** *v/t* **1.** *med.* zerlegen, se'zieren (*a. fig.*). **2.** *fig.* zergliedern. **a·nat·o·my** [ə'nætəmɪ] *s* **1.** *med.* Anato-'mie *f*: a) ana'tomische Zergliederung, b) ana'tomischer Aufbau, c) Wissenschaft *f* vom Bau e-s or'ganischen Körpers. **2.** (Abhandlung *f* über) Anato'mie *f*. **3.** Mo'dell *n* e-s ana'tomisch zerlegten Körpers. **4.** *fig.* Zergliederung *f*, Ana'lyse *f*. **5.** *obs.* a) se'zierte *od*. mumifi'zierte Leiche, b) Ske'lett *n*. **6.** *humor.* a) ‚wandelndes Gerippe', b) ‚Anato'mie' *f* (*Körper*).
an·a·tro·pus [ə'nætrəpəs] *adj bot.* ana-'trop, ‚umgewendet, gegenläufig.
an·bur·y ['ænbərɪ] *s* **1.** *vet*. schwammige Blutblase. **2.** *bot*. Kohlkropf *m*.
an·ces·tor ['ænsestə(r)] *s* **1.** Vorfahr *m*, Ahn(herr) *m*, Stammvater *m* (*a. fig.*): ~ **cult,** ~ **worship** Ahnenkult *m*, -verehrung *f*. **2.** *jur*. Vorbesitzer *m*. **3.** *fig.* Vorläufer *m* (*Person od. Sache*).
an·ces·tral [æn'sestrəl] *adj* Ahnen..., der Vorfahren *od*. Ahnen, angestammt, Ur..., Erb..., ererbt: ~ **estate** ererbter Grundbesitz, Erbhof *m*; ~ **home** Stammsitz *m*. **'an·ces·tress** [-trɪs] *s* Ahnfrau *f*, Ahne *f*, Stammutter *f*. **'an·ces·try** *s* **1.** (*bes*. vornehme) Abstammung *od*. 'Herkunft. **2.** Vorfahren *pl*, Ahnen(reihe *f*) *pl*: ~ **research** Ahnenforschung *f*. **3.** *fig.* Ent'wicklungspro‚zeß *m*.
an·chor ['æŋkə(r)] **I** *s* **1.** *mar.* Anker *m*: **to cast** (*od.* **come to, drop**) ~ **11** a; **to lie** (*od*. **ride**) **at** ~ ~ 11 b. **2.** *fig.* Rettungsanker *m*, Zuflucht *f*. **3.** *tech.* a) Anker *m*, Querbolzen *m*, b) Schließe *f*, Schlüsselanker *m*, Klammer *f*: ~ **bolt** Ankerbolzen *m*. **4.** *tech.* Anker *m* (*der Uhr*): ~ **escapement** Ankerhemmung *f*. **5.** *Rundfunk, TV: Am.* a) Mode'rator *m*, Modera'torin *f* (*e-r Nachrichtensendung*), b) Diskussi'onsleiter(in). **6.** a) *Leichtathletik, Skisport*: Schlußläufer (-in), b) *Schwimmen*: Schlußschwimmer(in). **II** *v/t* **7.** *mar*. verankern, vor Anker legen. **8.** *tech. u. fig.* verankern, befestigen: **to be** ~**ed in s.th.** *fig.* in etwas verankert sein. **9.** *Rundfunk, TV: Am.* a) e-e Nachrichtensendung mode-'rieren, b) *e-e Diskussion* leiten. **10. to** ~ **a relay team** *sport* Schlußläufer(in) *od*. -schwimmer(in) e-r Staffel sein. **III** *v/i* **11.** *mar.* ankern: a) vor Anker gehen,

b) vor Anker liegen. **12.** *Rundfunk, TV: Am.* a) die Moderati'on (*e-r Nachrichtensendung*) haben, mode'rieren, b) die Diskussi'onsleitung haben. **13.** *sport* zum Schluß laufen *od*. schwimmen.
an·chor·age¹ ['æŋkərɪdʒ] *s* **1.** Ankerplatz *m*. **2.** a) ~ **dues** Anker-, Liegegebühr *f*. **3.** fester Halt, Befestigung *f*, Verankerung *f*. **4.** *fig.* a) sicherer Hafen, b) verläßliche Stütze.
an·chor·age² ['æŋkərɪdʒ] *s* Einsiedlerklause *f*.
an·chor|ball *s mar*. **1.** Ball *m* (*schwarze Signalkugel e-s ankernden Schiffes*). **2.** Geschoß *n* mit Haken (*das in ein Wrack gefeuert wird*). ~ **buoy** *s mar.* Ankerboje *f*.
an·cho·ress ['æŋkərɪs] *s* Einsiedlerin *f*. **'an·cho·ret** [-ret] *s* Einsiedler *m*, Klausner *m*. ‚**an·choˈret·ic** *adj* einsiedlerisch, Einsiedler...
an·chor|hold *s* **1.** *mar*. Festhalten *n* des Ankers. **2.** *fig.* fester Halt, Sicherheit *f*. ~ **ice** *s* Grund-, Bodeneis *n*.
an·cho·rite ['æŋkəraɪt] → **anchoret**. ‚**an·choˈrit·ic** [-'rɪtɪk] → **anchoretic**.
an·chor|leg *s sport* Schlußstrecke *f* (*e-s Staffelwettbewerbs*). **'~man** [-mən; -mæn] *s irr* → **anchor** 5, 6. **'~wom·an** *s irr* → **anchor** 5, 6.
an·cho·vy ['æntʃəvɪ; æn'tʃəʊvɪ] *s zo*. An'(s)chovis *f*, Sar'delle *f*: ~ **paste** *gastr.* Sardellenpaste *f*. ~ **pear** *s bot*. An-'(s)chovisbirne *f*.
an·chu·sa [æŋˈkjuːsə] *s bot.* Ochsenzunge *f*.
an·cient¹ ['eɪnʃənt] **I** *adj* (*adv* → **anciently**). **1.** alt, aus alter Zeit. **2.** a) uralt (*a. humor.*), altberühmt, (alt)ehrwürdig (*Sache*), b) *obs.* alt, hochbetagt, ehrwürdig (*Person*). **3.** altertümlich, altmodisch. **4.** *jur.* durch Verjährung zu Recht bestehend. **II** *s* **5.** *obs.* Alte(r *m*) *f*, Greis(in): **the A**~ **of Days** *Bibl.* der Alte (*Name Gottes*). **6. the** ~**s** *pl* a) die Alten *pl* (*Griechen u. Römer*), b) die (griechischen u. römischen) Klassiker *pl*.
an·cient² ['eɪnʃənt] *s obs*. Banner *n*.
an·cient·ly ['eɪnʃəntlɪ] *adv* vor'zeiten.
an·cil·lar·y [æn'sɪlərɪ; *Am*. 'ænsə‚lerɪ:] *adj* (**to**) 'untergeordnet (*dat*), **ergänzend** (*acc*): ~ **costs** Nebenkosten; ~ **administrator** *jur*. Nachlaßverwalter *m* für das im Ausland befindliche Vermögen des Erb-lassers; ~ **equipment** Zusatz-, Hilfsgeräte *pl*; ~ **industries** Zulieferbetriebe.
an·con ['æŋkɒn; *Am*. -‚kɑn] *pl* **-cones** [-ˈkəʊniːz] (*Lat.*) *s* **1.** *anat*. *obs.* Ell(en)bogen *m*. **2.** *arch*. Krag-, Tragstein *m*.
and [ænd; ən; nd] *conj* **1.** und: → **forth** 5, **on** 14; **better** ~ **better** besser und besser, immer besser; **he ran** ~ **ran** er lief und lief, er lief immer weiter; **there are books** ~ **books** es gibt gute und schlechte Bücher, es gibt solche Bücher und solche; **for miles** ~ **miles** viele Meilen weit; ~ **all** *colloq*. und so weiter; **skin** ~ **all** mitsamt der Haut. **2.** mit: **bread** ~ **butter** Butterbrot *n*; **soap** ~ **water** Seifenwasser *n*; ~ **coach** 1, **nice** 4. **3.** *e-e bedingende Konjunktion ersetzend*: **move,** ~ **I shoot** e-e Bewegung, und ich schieße; **a little more** ~ ... es fehlte nicht viel, und ... **4.** *die Infinitivpartikel* **to** *ersetzend*: **try** ~ **come** versuchen Sie zu kommen; **mind** ~ **bring it** vergiß nicht, es mitzubringen. **5.** und das, und zwar: **he was found,** ~ **by chance**.
An·da·lu·sian [‚ændə'luːzjən; -zɪən; *Am*. -'luːʒən] **I** *s* **1.** Anda'lusier(in). **2.** *a*. ~ **fowl** *zo*. Anda'lusier *m* (*Haushuhnrasse*). **II** *adj* **3.** anda'lusisch.

an·da·lu·site [ˌændəˈluːsaɪt] s min. Andaluˈsit m.
an·dan·te [ænˈdæntɪ; Am. a. ɑːnˈdɑːnteɪ] mus. **I** adj u. adv anˈdante, mäßig langsam. **II** s Anˈdante n.
an·dan·ti·no [ˌændænˈtiːnəʊ; Am. a. ˌɑːnˌdɑːnˈtɪ-] mus. **I** adj u. adv andanˈtino (lebhafter als andante). **II** pl **-nos** s Andanˈtino n.
AND cir·cuit s Computer: UND-Schaltung f.
an·de·sine [ˈændɪziːn; -zɪn] s min. Andeˈsin m.
an·de·site [ˈændɪzaɪt] s geol. Andeˈsit m.
and·i·ron [ˈændaɪə(r)n] s Feuer-, Brat-, Kaˈminbock m.
an·dra·dite [ˈændrədaɪt; ænˈdrɑː-] s min. Andraˈdit m.
An·drew [ˈændruː] npr Anˈdreas m (Schutzheiliger Schottlands).
andro- [ˈændrəʊ; -drə] Wortelement mit der Bedeutung a) Mann..., männlich, b) Staubfaden...
an·dro·gen [ˈændrədʒən] s chem. Androˈgen n (männliches Geschlechtshormon).
an·drog·y·nism [ænˈdrɒdʒɪnɪzəm; Am. -ˈdrɑ-] s Androgyˈnie f: a) med. Vermännlichung f, b) bot. Zwitterbildung f.
anˈdrog·y·nous adj androˈgyn. **anˈdrog·y·ny** → androgynism.
an·droid [ˈændrɔɪd] s Androˈid(e) m (künstlicher Mensch).
An·drom·e·da [ænˈdrɒmɪdə; Am. -ˈdrɑmədə] **I** npr antiq. **1.** Anˈdromeda f. **II** s **2.** gen **-dae** [-diː] astr. Anˈdromeda f (Sternbild): ~ **Nebula** Andromedanebel m. **3.** a ~ bot. Rosmarinheide f.
an·droph·a·gous [ænˈdrɒfəgəs; Am. -ˈdrɑ-] adj menschenfressend.
an·dro·pho·bi·a [ˌændrəʊˈfəʊbjə; -bɪə] s Androphoˈbie f, Männerscheu f.
an·ec·dot·age [ˈænɪkdəʊtɪdʒ] s **1.** Anekˈdotensammlung f. **2.** bes. humor. schwatzhaftes Greisenalter.
an·ec·do·tal [ˌænekˈdəʊtl; -nɪk-] adj anekˈdotenhaft, anekˈdotisch, Anekdoten...
an·ec·dote [ˈænɪkdəʊt] s Anekˈdote f.
an·ec·dot·ic [ˌænekˈdɒtɪk; Am. ˌænɪkˈdɑ-], **ˌan·ecˈdot·i·cal** adj anekˈdotisch, anekˈdotenhaft, Anekdoten...
ˈan·ec·dot·ist [-dəʊtɪst] s Anekˈdotenerzähler(in).
an·e·cho·ic [ˌænˈkəʊɪk] adj echofrei, schalltot (Raum).
an·e·lec·tric [ˌænɪˈlektrɪk] adj phys. ˈnichteˌlektrisch.
a·ne·mi·a [əˈniːmjə; -mɪə] s med. Anäˈmie f, Blutarmut f. **aˈne·mic**, a. **1.** med. anˈämisch (a. fig.), blutarm. **2.** fig. farblos, blaß (Prosa etc).
a·nem·o·chore [əˈneməkɔː(r)] s bot. Anemoˈchore f (Pflanze, deren Samen od. Früchte durch den Wind verbreitet werden).
a·nem·o·gram [əˈneməgræm] s phys. Anemoˈgramm n, Windmeßkurve f.
a·nem·o·graph [əˈneməgrɑːf; bes. Am. -græf] s phys. Anemoˈgraph m, Windschreiber m.
an·e·mol·o·gy [ˌænɪˈmɒlədʒɪ; Am. -ˈmɑ-] s meteor. Anemoloˈgie f, Wissenschaft f von den Luftströmungen.
an·e·mom·e·ter [ˌænɪˈmɒmɪtə(r); Am. -ˈmɑ-] s phys. Anemoˈmeter n, Windmeßgerät n. **ˌan·eˈmom·e·try** [-trɪ] s phys. Windmessung f.
a·nem·o·ne [əˈnemənɪ] s **1.** bot. Aneˈmone f. **2.** zo. → sea anemone.
a·ne·moph·i·lous [ˌænɪˈmɒfɪləs; Am. -ˈmɑ-] adj bot. anemoˈphil. **ˌan·eˈmoph·i·ly** s bot. Anemophiˈlie f, Windbestäubung f.
a·nem·o·scope [əˈneməskəʊp] s phys. Anemoˈskop n (Instrument zum Messen der Windgeschwindigkeit).
a·nent [əˈnent] prep obs. od. Scot. **1.** neben (dat), in gleicher Linie mit. **2.** gegen (acc), gegenˈüber (dat). **3.** bezüglich (gen).
an·er·gy [ˈænə(r)dʒɪ] s Anerˈgie f: a) med. Unempfindlichkeit f (gegen Reize), b) med. psych. Enerˈgielosigkeit f.
an·er·oid [ˈænərɔɪd] phys. **I** adj Aneroid... **II** s a. ~ **barometer** Aneroˈid(baroˌmeter) n.
an·es·the·si·a [ˌænɪsˈθiːzjə; bes. Am. -əsˈθiːʒə], **ˌan·esˈthe·sis** [-ˈθiːsɪs] s med. Anästheˈsie f: a) Narˈkose f, Betäubung f, b) Fehlen n der Schmerzempfindung (bes. bei Nervenschädigungen). **an·esˈthet·ic** [-ˈθetɪk] **I** adj (adv ~ally) **1.** med. anäˈsthetisch: a) narˈkotisch, betäubend, Narkose..., b) schmerzunempfindlich. **2.** fig. verständnislos (to gegenˈüber). **II** s **3.** Betäubungsmittel n, Narˈkotikum n.
an·esˈthe·tist [-ˈniːsθətɪst; Am. əˈnes-] s med. Anästheˈsist m, Narˈkosearzt m. **an·esˈthe·tize** v/t med. anästheˈsieren, betäuben, narkotiˈsieren.
an·eu·rin [əˈnjʊərɪn; Am. ˈænjə-; -ˈnjʊə-] s chem. Aneuˈrin n, Vitaˈmin n B₁.
an·eu·rism, a. **an·eu·rysm** [ˈænjʊərɪzəm; Am. -jə-] s med. Aneuˈrysma n, krankhafte Arˈterienerweiterung.
a·new [əˈnjuː; Am. a. əˈnuː] adv **1.** von neuem, aufs neue, ˈwieder(um), noch einmal. **2.** neu, auf neue Art u. Weise.
an·frac·tu·os·i·ty [ˌænfræktjʊˈɒsɪtɪ; Am. ænˌfræktʃəˈwɑsətɪ] s **1.** Gewundenheit f, Windung f. **2.** anat. Gehirnfurche f.
an·ga·ry [ˈæŋgərɪ] s a. **right of ~** Völkerrecht: Angaˈrienrecht n (Recht e-r kriegführenden Macht, neutrale Schiffe, die sich in ihren Hoheitsgewässern befinden, zu beschlagnahmen u. zu benutzen).
an·gel [ˈeɪndʒl] s **1.** Engel m: ~ **of death** Todesengel; **visits like those of ~s** kurze u. seltene Besuche; **to join the ~s in den Himmel kommen**; **to rush in where ~s fear to tread** sich törichter- od. anmaßenderweise in Dinge einmischen, an die sich sonst niemand heranwagt; → entertain 2. fig. Engel m (Person): be an ~ ... sei doch so lieb und ...; **she is my good ~** sie ist mein guter Engel; **you are an ~** du bist ein Schatz, das ist ˌfurchtbar' nett von dir. **3.** relig. Gottesbote m (Priester etc). **4.** sl. fiˈnanzkräftiger ˈHintermann, Geldgeber m. **5.** a. ~-**noble** Engelstaler m (alte englische Goldmünze). **6.** Christian Science: Botschaft f höherer guter Mächte. **7.** Radar: Engelecho n. **8.** → **angelfish**. ~ **cake** s (etwa) Bisˈkuitkuchen m. ~ **dust** s sl. Engelsstaub m (e-e Droge).
An·ge·le·no [ˌændʒəˈliːnəʊ] pl **-nos** s Einwohner(in) von Los Angeles.
ˈan·gel·fish s ichth. **1.** Engelhai m. **2.** Engelbarsch m. ~ **food (cake)** Am. für angel cake.
an·gel·ic [ænˈdʒelɪk] adj (adv ~ally) engelhaft, -gleich, Engels...: **A~ Salutation** Englischer Gruß.
an·gel·i·ca [ænˈdʒelɪkə] s **1.** bot. Anˈgelika f, Brustwurz f, bes. (Erz)Engelwurz f. **2.** kanˈdierte Anˈgelikawurzel. **3.** Anˈgelikalikör m.
an·gel·i·cal [ænˈdʒelɪkl] adj (adv ~ly) → angelic.
an·gel·ol·o·gy [ˌeɪndʒəˈlɒlədʒɪ; Am. -ˈlɑ-] s relig. Angeloloˈgie f, Lehre f von den Engeln.
ˌan·gels-onˈhorse·back s pl Br. in Speckscheiben gewickelte u. auf Toast serˈvierte Austern pl.
An·ge·lus [ˈændʒɪləs] s R.C. **1.** Angelus(gebet n, -läuten n) m. **2.** a. ~ **bell** Angelusglocke f.
an·ger [ˈæŋgə(r)] **I** s Ärger m, Unwille m, Zorn m, Wut f (at über acc): **(fit of) ~** Wutanfall m, Zornausbruch m; → **bring down** 7. **II** v/t erzürnen, (ver)ärgern, aufbringen.
An·ge·vin [ˈændʒɪvɪn], a. **ˈAn·ge·vine** [-vɪn; -viːn; -vaɪn] **I** adj **1.** aus Anˈjou (in Frankreich). **2.** hist. angeˈvinisch, die Planˈtagenets (englisches Königshaus) betreffend. **II** s **3.** hist. Mitglied n des Hauses Planˈtagenet.
an·gi·na [ænˈdʒaɪnə] s med. Anˈgina f, Rachen-, Halsentzündung f. **~ pec·to·ris** [ˈpektərɪs] s med. Anˈgina f pectoris.
an·gi·o·car·pous [ˌændʒɪəʊˈkɑː(r)pəs] adj bot. angioˈkarp, deckfrüchtig.
an·gi·og·ra·phy [ˌændʒɪˈɒgrəfɪ; Am. -ˈɑg-] s med. Angiograˈphie f (röntgenologische Darstellung von Blutgefäßen).
an·gi·ol·o·gy [ˌændʒɪˈɒlədʒɪ; Am. -ˈɑl-] s med. Angioloˈgie f, Gefäßlehre f.
an·gi·o·ma [ˌændʒɪˈəʊmə] pl **-ma·ta** [-mətə] od. **-mas** s med. Angiˈom n, Blutschwamm m.
an·gi·o·sperm [ˈændʒɪəspɜːm; Am. -ˌspɜrm] s bot. Angioˈsperme f.
an·gle¹ [ˈæŋgl] **I** s **1.** bes. math. Winkel m: **~ of advance** electr. phys. Voreilungswinkel; **~ of attack** aer. Anstellwinkel; **~ of climb** a) tech. Anstiegswinkel, b) aer. Steigwinkel; **~ of departure** (Ballistik) Abgangswinkel; **~ of divergence** Streu(ungs)winkel; **~ of elevation** Höhen-, Steigungswinkel; **~ of incidence** a) Einfallswinkel, b) aer. Anstellwinkel; **~ of inclination** Neigungswinkel; **~ of lag** electr. phys. Nacheilungswinkel; **~ of pitch** aer. Anstellwinkel (der Luftschraube); **~ of taper** Konizität f (des Kegels); **~ of traverse** (Artillerie) Seitenrichtbereich m, Schwenkwinkel; **at right ~s to** im rechten Winkel zu; **at an ~** schräg; **at an ~ to** schräg od. im Winkel zu. **2.** tech. a) Knie(stück) n, b) pl Winkeleisen pl. **3.** Ecke f (e-s Gebäudes etc). **4.** scharfe, spitze Kante. **5.** sport (Schuß)Winkel m: → **narrow** 12. **6.** astr. Haus n. **7.** fig. Standpunkt m, Gesichtswinkel m, Seite f. **8.** fig. Seite f, Aˈspekt m: **to consider all ~s of a question**. **9.** Meˈthode f (etwas anzupacken od. zu erreichen): **he knows all the ~s and wangles** colloq. er kennt alle Tricks. **II** v/t **10.** ab-, ˈumbiegen, abwinkeln. **11.** tech. bördeln. **12.** Bericht etc färben. **III** v/i **13.** (ab)biegen: **the road ~s sharply to the right**.
an·gle² [ˈæŋgl] **I** v/i angeln (for nach): **to ~ for s.th.** fig. nach etwas fischen od. angeln, etwas zu bekommen versuchen, auf etwas aussein. **II** v/t angeln.
ˈan·gleˌbar s tech. Winkeleisen n. **~ bracket** s **1.** tech. ˈWinkelkonˌsole f. **2.** → bracket 5.
an·gled [ˈæŋgld] adj winklig, winkelförmig, Winkel...
ˈan·gleˌdoz·er s tech. Plaˈnierraupe f mit Schwenkschild. **~ drive** s tech. Winkeltrieb m. **~ i·ron** s tech. Winkeleisen n. **ˈ~-park** v/t u. v/i schräg parken.
an·gler [ˈæŋglə(r)] s **1.** Angler(in). **2.** ichth. See-, Meerteufel m.
An·gles [ˈæŋglz] s pl hist. (die) Angeln pl.
An·gli·an [ˈæŋglɪən] **I** adj **1.** anglisch. **II** s **2.** Angehörige(r m) des Volksstammes der Angeln. **3.** ling. Anglisch n, das Anglische.
An·gli·can [ˈæŋglɪkən] **I** adj **1.** relig. angliˈkanisch; b) hochkirchlich: **the ~ Church** die anglikanische Kirche, die englische Staatskirche; **~ Communion** Anglikanischer Kirchenbund. **2.** Am. a) britisch, b) englisch. **II** s **3.** relig. a) Angliˈkaner(in), b) Hochkirchler(in).

Anglicanism – ankylosis

'**Ang·li·can·ism** s relig. Anglika'nismus m.
An·gli·cism ['æŋglɪsɪzəm] s **1.** ling. Angli'zismus m. **2.** englische Eigenart, (etwas) typisch Englisches.
An·gli·cist ['æŋglɪsɪst] s An'glist(in).
An·gli·cize, a. **an·gli·cize** ['æŋglɪsaɪz] **I** v/t angli'sieren (a. ling.), englisch machen. **II** v/i sich angli'sieren, englisch werden.
An·gli·fy, a. **an·gli·fy** ['æŋglɪfaɪ] → Anglicize I.
an·gling ['æŋglɪŋ] s **1.** Angeln n. **2.** Angelsport m.
An·glist ['æŋglɪst] s An'glist(in). **Anglis·tics** [æŋ'glɪstɪks] s pl (als sg konstruiert) An'glistik f.
Anglo- [æŋgləʊ] Wortelement mit der Bedeutung englisch, englisch und ...
An·glo ['æŋgləʊ] pl **-glos** s colloq. für Anglo-American II.
ˌ**An·glo-**'**A**ˈ**mer·i·can I** adj angloameri'kanisch. **II** s Angloameri'kaner(in) (Amerikaner(in) englischer Abstammung). ˌ**~-**'**Cath·o·lic** relig. **I** s **1.** Anglokatho'lik(in). **2.** Hochkirchler(in). **II** adj **3.** angloka'tholisch. **4.** der Hochkirche angehörend. ˌ**~-**'**French I** adj anglofran'zösisch (a. ling.): the **~** Wars die Kriege zwischen England u. Frankreich. **II** s ling. Anglonor'mannisch n, Anglofran'zösisch n.
An·glo·gae·a [ˌæŋgləʊ'dʒiːə] s biol. geogr. ne'arktische Regi'on.
ˌ**An·glo-**'**In·di·an I** adj **1.** anglo'indisch. **II** s **2.** in Indien lebender Engländer. **3.** Anglo-'Inder(in).
ˌ**An·glo**'**ma·ni·a** s Angloma'nie f (übertriebene Bewunderung alles Englischen).
ˌ**An·glo**'**ma·ni·ac** s Anglo'mane m.
ˌ**An·glo-**'**Nor·man I** s **1.** Anglonor-'manne m. **2.** ling. Anglonor'mannisch n. **II** adj **3.** anglonor'mannisch.
An·glo·phile ['æŋgləʊfaɪl; -fɪl], a. '**An·glo·phil** [-fɪl] **I** s Anglo'phile m, Englandfreund m. **II** adj anglo'phil, englandfreundlich. ˌ**An·glo**'**phil·i·a** [-'fɪljə, -lɪə] s Anglophi'lie f.
An·glo·phobe ['æŋgləʊfəʊb] **I** s Anglo-'phobe m, Englandfeind m. **II** adj anglo-'phob, englandfeindlich. ˌ**An·glo**'**pho·bi·a** s Anglopho'bie f.
An·glo·phone ['æŋgləʊfəʊn] **I** adj anglo'phon, englischsprachig. **II** s Anglo'phone m.
ˌ**An·glo-**'**Sax·on I** s **1.** Angelsachse m. **2.** ling. Altenglisch n, Angelsächsisch n. **3.** colloq. urwüchsiges u. einfaches Englisch. **II** adj **4.** angelsächsisch.
an·go·la [æŋ'gəʊlə] → angora.
an·go·ra [æŋ'ɡɔːrə; Am. a. ˈ-'ɡoʊrə] s **1.** Gewebe n od. Kleidungsstück n aus An'gorawolle. **2.** meist **A~** zo. a) a. **~ cat** An'gorakatze f, b) a. **~ goat** An'goraziege f, c) a. **~ rabbit** An'gora-, 'Seidenka,ninchen n. **~ wool** s **1.** An'gorawolle f. **2.** Mo'hair n.
an·gos·tu·ra [ˌæŋgəˈstjʊərə; -'stʊərə] s a. **~ bark** bot. Ango'sturarinde f. **~ bitters** s pl Ango'sturabitter m.
an·gry ['æŋɡrɪ] adj (adv angrily) **1.** (at, about) ärgerlich (auf, über acc), verärgert (über j-n od. etwas), aufgebracht (gegen j-n, über etwas), böse (auf j-n, über etwas; with mit j-m). **2.** med. entzündet, schlimm. **3.** fig. a) drohend, finster (Wolken), b) stürmisch (See). **~ young man** s irr Br. hist. Angry young man m, ,zorniger junger Mann' (in der Literatur).
angst [æŋst] s psych. Angst f.
ang·strom ['æŋstrəm] s a. **~ unit** phys. Angström(einheit f) n (Einheit der Licht- u. Röntgenwellenlänge).
an·guine ['æŋɡwɪn] adj zo. **1.** schlangenähnlich. **2.** Schlangen...

an·guish ['æŋgwɪʃ] s Qual f, Pein f, Schmerz m, Angst f: **~ of mind, mental ~** Seelenqual(en pl).
an·gu·lar ['æŋɡjʊlə(r)] adj (adv **~ly**) **1.** winklig, winkelförmig, eckig, Winkel...: **~ acceleration** phys. Winkelbeschleunigung f; **~ capital** arch. Eckkapitell n; **~ cutter** tech. Winkelfräser m; **~ distance** math. Winkelabstand m; **~ point** math. Scheitelpunkt m; **~ position encoder** Winkelstellungsgeber m mit digitalem Ausgang; **~ velocity** a) phys. Winkelgeschwindigkeit f, b) electr. Kreisfrequenz f. **2.** knochig. **3.** fig. steif: a) linkisch, b) for'mell.
an·gu·lar·i·ty [ˌæŋɡjʊ'lærətɪ] s **1.** Winkligkeit f. **2.** fig. Steifheit f.
an·gus·ti·fo·li·ate [æŋˌɡʌstɪ'fəʊlɪət; -ɪeɪt] adj bot. schmalblättrig.
an·har·mon·ic [ˌænhɑː(r)'mɒnɪk; Am. ˈ-mɑ-] adj math. phys. 'unhar,monisch.
an·he·dral [æn'hiːdrəl] s aer. negative V-Stellung (der Tragflächen).
an·hy·dride [æn'haɪdraɪd] s chem. Anhy'drid n.
an·hy·drite [æn'haɪdraɪt] s min. Anhy-'drit m.
an·hy·drous [æn'haɪdrəs] adj biol. chem. an'hydrisch, wasserfrei.
a·nigh [ə'naɪ] adv u. prep obs. nahe.
an·il[1] ['ænɪl] s **1.** bot. Indigopflanze f. **2.** Indigo(farbstoff) m.
an·il[2] ['ænɪl] s chem. A'nil n (e-n Anilrest enthaltende Verbindung).
an·i·line ['ænɪliːn; -lɪn] s chem. Ani'lin n: **~ dye** a) Anilinfarbstoff m, b) weit S. chemisch hergestellte Farbe; **~ resin** Anilinharz n (Kunststoff).
an·i·ma ['ænɪmə] s **1.** psych. Anima f (Seelenbild der Frau im Unbewußten des Mannes). **2.** philos. Anima f, Seele f.
an·i·mad·ver·sion [ˌænɪmæd'vɜːʃn; Am. ˈ-'vɜrʒən; -ʃən] s (**on, upon**) kritische Anmerkung (zu), Kri'tik f (an dat). ˌ**an·i·mad**'**vert** [-'vɜːt; Am. ˈ-'vɜrt] v/i (**on, upon**) kritische Anmerkungen machen (zu), kriti'sieren (acc).
an·i·mal ['ænɪml] **I** s **1.** Tier n: **the ~ within us** fig. das Tier in uns; **there ain't such ~!** humor. so etwas gibt es doch gar nicht! **2.** a) tierisches Lebewesen (Ggs. Pflanze), b) Säugetier n. **3.** fig. Tier n, Bestie f. **II** adj (adv **~ly**) **4.** ani'malisch, tierisch (beide a. fig.): **~ fat** (**instincts, oil**); **~ poetry** Tierdichtung f; **~ psychology** Tierpsychologie f. **~ black** s tech. Knochenschwarz n. **~ char·coal** s biol. Tierkohle f. **~ crack·er** s meist pl Am. Gebäck n in Tiergestalt.
an·i·mal·cule [ˌænɪ'mælkjuːl] s zo. mikro'skopisch kleines Tierchen.
an·i·mal| **flow·er** s zo. Blumentier n. **~ food** s **1.** Fleischnahrung f. **2.** Tierfutter n. **~ glue** s tech. Tierleim m. **~ hos·pi·tal** s Tierklinik f. **~ hus·band·ry** s Viehzucht f.
an·i·mal·ier [ˌænɪmə'lɪə(r)] → animalist 2.
an·i·mal·ism ['ænɪməlɪzəm] s **1.** Animali'tät f, Sinnlichkeit f, ani'malisches Wesen. **2.** Lebenskraft f, Vitali'tät f. **3.** Lehre, nach der die Menschen auf keiner Stufe mit den Tieren stehen. '**an·i·mal·ist** s **1.** Anhänger(in) des animalism 3. **2.** Tiermaler(in), Tierbildhauer(in).
an·i·mal·i·ty [ˌænɪ'mælətɪ] s **1.** tierische Na'tur. **2.** a) 'Tierna,tur f, (das) Tierische, b) → animalism 1 u. 2. **3.** Tierreich n.
an·i·mal·ize ['ænɪməlaɪz] v/t **1.** biol. durch Assimilati'on in tierischen Stoff verwandeln. **2.** Zellulosefasern etc animali'sieren, wollähnlich machen. **3.** fig. zum Tier machen, verrohen. **4.** in Tierform darstellen.
an·i·mal| **life** s Tierleben n. **~ lov·er** s

Tierfreund(in). ˈ**~**ˌ**lov·ing** adj tierliebend. **~ mag·net·ism** s **1.** obs. ani'malischer od. tierischer Magne'tismus. **2.** oft humor. e'rotische Anziehungskraft. **~ shel·ter** s Am. 'Tierheim n, -aˌsyl n. **~ size** s tech. Tierleim m. **~ spir·its** s pl Vitali'tät f, Lebenskraft f, -geister pl. **~ starch** s chem. tierische Stärke.
an·i·mate I v/t ['ænɪmeɪt] **1.** beseelen, beleben, mit Leben erfüllen (alle a. fig.). **2.** beleben, anregen, aufmuntern, in Schwung bringen. **3.** beleben, le'bendig gestalten: **to ~ a cartoon** e-n Zeichentrickfilm herstellen. **4.** antreiben. **II** adj [-mət] → animated 1 u. 3. '**an·i·mat·ed** adj **1.** le'bendig, beseelt (**with, by** von), lebend. **2.** ,lebend', sich bewegend: **~ puppets**; **~ cartoon** Zeichentrickfilm m. **3.** lebhaft, angeregt, munter. **4.** ermuntert. '**an·i·ma·tor** s animator. ˌ**an·i**'**ma·tion** s **1.** Er-, Aufmunterung f, Belebung f. **2.** Leben n, Feuer n, Lebhaftigkeit f, Munterkeit f. **3.** a) Animati'on f, 'Herstellung f von (Zeichen)Trickfilmen, b) (Zeichen)Trickfilm m, c) (me-'chanische) Trickvorrichtung.
an·i·ma·tism ['ænɪmətɪzəm] s philos. Anima'tismus m.
a·ni·ma·to [ˌænɪ'mɑːtəʊ] adj u. adv mus. **1.** beseelt. **2.** lebhaft(er).
an·i·ma·tor ['ænɪmeɪtə(r)] s Trickfilmzeichner m.
an·i·mism ['ænɪmɪzəm] s philos. Ani-'mismus m.
an·i·mos·i·ty [ˌænɪ'mɒsətɪ; Am. ˈ-mɑ-] s Animosi'tät f, Feindseligkeit f (**against, towards** gegen['über]; **between** zwischen dat).
an·i·mus ['ænɪməs] s **1.** psych. Animus m (Seelenbild des Mannes im Unbewußten der Frau). **2.** a. jur. Absicht f. **3.** → animosity.
an·i·on ['ænaɪən] s chem. phys. 'Aniˌon n, negatives I'on. ˌ**an·i**'**on·ic** [-'ɒnɪk; Am. ˈ-ɑn-] adj Anion...
an·i·sate ['ænɪseɪt] s chem. a'nissaures Salz.
an·ise ['ænɪs] s **1.** bot. A'nis m. **2.** A'nis (-samen) m.
an·i·seed ['ænɪsiːd] s A'nissamen m.
an·i·sette [ˌænɪ'zet; -'set] s Ani'sett m (Anislikör).
an·i·so·mer·ic [æˌnaɪsəʊ'merɪk; -sə'm-] adj chem. nicht iso'mer. ˌ**an·i**'**som·er·ous** [-'sɒmərəs; Am. ˈ-sɑ-] adj bot. ungleichzählig.
an·i·so·trop·ic [æˌnaɪsəʊ'trɒpɪk; Am. ˈ-sə'trɑ-] adj biol. phys. aniso'trop. ˌ**an·i**'**sot·ro·py** [-'sɒtrəpɪ; Am. ˈ-sɑ-] s biol. phys. Anisotro'pie f.
an·ker·ite ['æŋkəraɪt] s min. Anke'rit m, Braunspat m.
ankh [æŋk] s Henkelkreuz n (altägyptisches Lebenssymbol).
an·kle ['æŋkl] **I** s anat. **1.** (Fuß)Knöchel m. **2.** a) Knöchelgegend f (des Beins), b) Fessel f. **II** v/i **3.** Am. sl. ,latschen', mar'schieren. **~-bone** s anat. Sprungbein n. **~ boot** s **1.** Halbstiefel m. **2.** Knöchelbinde f (für Pferde). ˌ**~-**'**deep** adj knöcheltief, bis zu den Knöcheln. **~ jerk** s med. 'Knöchelreˌflex m. **~ joint** s anat. Fuß-, Knöchel-, Sprunggelenk n. '**~-length** adj knöchellang (Kleid etc). **~ sock** s Br. Söckchen n. **~ strap** s Fesselriemen m, Schuhspange f.
an·klet ['æŋklɪt] s **1.** Fußring m, -spange f (als Schmuck). **2.** a) → ankle strap, b) Am. San'dale f (mit Fesselriemen). **3.** Am. Söckchen n. **4.** Fußfessel f, Fußeisen n.
an·ky·lose ['æŋkɪləʊs; -z] med. **I** v/t **1.** Knochen fest vereinigen. **2.** Gelenk steif machen. **II** v/i **3.** fest verwachsen (Knochen). **4.** steif werden (Gelenk). ˌ**an·ky-**

ankylostomiasis – another

'lo·sis [-sɪs] s 1. med. Anky'lose f, Gelenkversteifung f. 2. physiol. Knochenverwachsung f.
an·ky·los·to·mi·a·sis [ˌæŋkɪlɒstəˈmaɪəsɪs; Am. -loʊstoʊˈm-] s med. Ankylostomi'ase f, Ankylosto'miasis f, Hakenwurmkrankheit f.
an·na ['ænə] s hist. An'na m (indische Münze).
an·nal·ist ['ænəlɪst] s Chro'nist m.
an·nals ['ænlz] s pl 1. An'nalen pl, Jahrbücher pl. 2. hi'storischer Bericht. 3. (peri'odisch erscheinende) fachwissenschaftliche Berichte pl. 4. (a. als sg konstruiert) (Jahres)Bericht m.
an·neal [əˈniːl] v/t 1. metall. ausglühen, anlassen, vergüten, tempern: ~ing furnace Glühofen m. 2. Kunststoffe tempern. 3. Glas kühlen. 4. Keramik: einbrennen: ~ing varnish Einbrennlack m. 5. fig. härten, stählen.
an·ne·lid ['ænəlɪd] s zo. Ringelwurm m.
an·nex I v/t [əˈneks; Am. a. ˈænˌeks] 1. (to) beifügen (dat), anfügen, anhängen (an acc): as ~ed econ. laut Anlage. 2. fig. verbinden, -knüpfen (to mit). 3. ein Gebiet annek'tieren, (sich) einverleiben. 4. colloq. (sich) ‚organi'sieren', sich aneignen. II s ['æneks] bes. Am. 5. Anhang m, Zusatz m, Nachtrag m. 6. Anlage f (in e-m Brief). 7. Anbau m, Nebengebäude n.
an·nex·a·tion [ˌænekˈseɪʃn] s 1. Hinˈzu-, Anfügung f (to zu). 2. Verbindung f (to mit). 3. Annexi'on f, Annek'tierung f, Einverleibung f (to in acc). 4. annek'tiertes Gebiet. ˌan·nexˈa·tion·ism s Annexio'nismus m, Annexi'onspoli₁tik f. ˌan·nexˈa·tion·ist I s Annexio'nist m. II adj annexio'nistisch.
an·nexe ['æneks] bes. Br. für annex II.
An·nie Oak·ley [ˌæniːˈoʊklɪ] s Am. sl. Freikarte f.
an·ni·hi·late [əˈnaɪəleɪt] I v/t 1. vernichten (a. fig.). 2. mil. aufreiben. 3. Kernphysik: Elementar-, Antiteilchen annihi'lieren, zerstören. 4. fig. zu'nichte machen. 5. sport colloq. ‚vernaschen', ‚ausein'andernehmen' (hoch schlagen). II v/i 6. Kernphysik: sich annihi-'lieren od. zerstören (Elementar-, Antiteilchen). ˌan₁ni·hiˈla·tion s 1. Vernichtung f (a. fig.): ~ photon phys. Zerstrahlungsphoton n; ~ radiation phys. Vernichtungsstrahlung f. 2. Kernphysik: Annihi'lierung f, Zerstörung f. **anˈni·hi·la·tor** [-tə(r)] s Vernichter m.
an·ni·ver·sa·ry [ˌænɪˈvɜːsərɪ; Am. -ˈvɜːr-] s 1. Jahrestag m, -feier f, a. (zehnjährige etc) 'Wiederkehr (of e-s Gedenktages): the 50th ~ of his death sein fünfzigster Todestag. 2. Jubi'läum n.
an·no Dom·i·ni [ˌænoʊˈdɒmɪnaɪ; -niː; Am. -ˈdɑm-] (Lat.) adv Anno Domini, im Jahre des Herrn.
an·no·tate [ˈænəʊteɪt; -nət-] I v/t e-e Schrift a) mit Anmerkungen versehen, b) kommen'tieren. II v/i (on) a) Anmerkungen machen (zu), b) e-n Kommen'tar schreiben (über acc, zu). ˌan·noˈta·tion s 1. Kommen'tieren n. 2. a) Anmerkung f, Erläuterung f, b) Kommen'tar m. **ˈan·no·ta·tor** [-tə(r)] s Kommen'tator m.
an·nounce [əˈnaʊns] I v/t 1. ankünd(ig)en. 2. bekanntgeben, verkünden. 3. a) Rundfunk, TV: ansagen, b) (über Lautsprecher) 'durchsagen. 4. Besucher etc melden. 5. Geburt etc anzeigen. II v/i 6. Am. s-e Kandida'tur bekanntgeben (for für das Amt gen): to ~ for governor. 7. ~ for Am. sich aussprechen für. **anˈnounce·ment** s 1. Ankündigung f. 2. Bekanntgabe f. 3. a) Rundfunk, TV: Ansage f, b) (ˈLautsprecher)₁Durchsage f. 4. (Geburts- etc)Anzeige f: ~ of sale

econ. Verkaufsanzeige; ~ procedure jur. Aufgebotsverfahren n. **anˈnounc·er** s Rundfunk, TV: Ansager(in), Sprecher(in).
an·noy [əˈnɔɪ] v/t 1. ärgern: to be ~ed sich ärgern (at s.th. über etwas; with s.o. über j-n). 2. behelligen, belästigen, a. mil. stören. **anˈnoy·ance** s 1. Ärgernis n. 2. Störung f, Belästigung f. 3. Ärger m, Verdruß m. 4. Plage(geist m) f. **anˈnoy·ing** adj (adv ~ly) 1. ärgerlich. 2. lästig, störend, unangenehm.
an·nu·al [ˈænjʊəl; Am. -jəwəl] I adj (adv ~ly) 1. jährlich, Jahres...: ~ accounts econ. Jahresabschluß m; ~ balance sheet econ. Jahres-, Schlußbilanz f; ~ (general) meeting econ. Hauptversammlung f; ~ income Jahreseinkommen n; ~ report econ. Geschäfts-, Jahresbericht m; ~ ring bot. Jahresring m. 2. a. bot. einjährig. II s 3. jährlich erscheinende Veröffentlichung, Jahrbuch n. 4. bot. einjährige Pflanze.
an·nu·i·tant [əˈnjuːɪtənt; Am. a. əˈnuː-] s Rentenempfänger(in).
an·nu·i·ty [əˈnjuːɪtɪ; Am. a. əˈnuː-] s 1. (Jahres-, Leib)Rente f: to hold (od. receive) an ~ e-e Rente beziehen; ~ insurance Rentenversicherung f. 2. Jahresgeld n, -gehalt n. 3. Jahresrate f, -zahlung f. 4. jährlich zu zahlende Zinsen pl. 5. a. ~ bond Rentenbrief m, pl ˈRenten₁piere pl.
an·nul [əˈnʌl] v/t 1. Erinnerung etc löschen. 2. annul'lieren, Gesetze, e-e Ehe etc aufheben, für ungültig od. nichtig erklären, Vorschriften etc abschaffen. 3. neutrali'sieren, ausgleichen.
an·nu·lar [ˈænjʊlə(r)] adj (adv ~ly) ringförmig, geringelt, Ring...: ~ auger tech. Ring-, Kreisbohrer m; ~ eclipse astr. ringförmige Sonnenfinsternis; ~ finger Ringfinger m; ~ gear tech. Zahnrad n od. Getriebe n mit Innenverzahnung; ~ saw tech. Band-, Ringsäge f.
an·nu·late [ˈænjʊleɪt; -lɪt], **ˈan·nu·lat·ed** [-leɪtɪd] adj 1. geringelt, aus Ringen bestehend. 2. a. bot. ringförmig, Ring...: ~ column arch. Ringsäule f.
an·nu·let [ˈænjʊlet; -lɪt; -lət] s 1. kleiner Ring. 2. arch. a) schmale, ringförmige Verzierung, b) bes. Anuli pl, Riemchen pl (am dorischen Kapitel).
an·nu·li [ˈænjʊlaɪ] pl von annulus.
an·nul·ment [əˈnʌlmənt] s Annul'lierung f, Ungültigkeitserklärung f, Aufhebung f: ~ of marriage Nichtigkeitserklärung f der Ehe; action for ~ Nichtigkeitsklage f.
an·nu·lus [ˈænjʊləs] pl -li [-laɪ] od. -lus·es s 1. a. biol. bot. physiol. Ring m. 2. math. Kreisring m. 3. astr. Lichtkreis m um den Mondrand (bei Sonnenfinsternis). 4. → annulet 2.
an·nun·ci·ate [əˈnʌnʃɪeɪt; bes. Am. -sɪeɪt] v/t an-, verkünd(ig)en. **anˌnun·ciˈa·tion** [-sɪˈeɪʃn] s 1. An-, Verkündigung f. 2. A~, a. A~ Day Ma'riä Verkündigung f (25. März). **anˈnun·ci·a·tive** [-ʃətɪv; -sɪətɪv; bes. Am. -sɪeɪtɪv] adj an-, verkünd(ig)end. **anˈnun·ci·a·tor** [-sɪeɪtə(r); -ʃɪ-] s 1. Verkünd(ig)er m. 2. a) electr. Si'gnalanlage f, -tafel f, b) teleph. Fallklappenanlage f.
an·od·al [æˈnəʊdl] → anodic.
an·ode [ˈænəʊd] s electr. I s An'ode f, positiver Pol. II adj Anoden...: ~ battery (circuit, current, rays, etc); ~ detection Anodengleichrichtung f; ~ follower Kathodenbasisverstärker m; ~ power zugeführte Anodenleistung.
an·od·ic [æˈnɒdɪk; Am. -ˈnɑd-] adj 1. aufsteigend. 2. electr., a. bot. an'odisch: ~ oxidation (treatment) tech. Eloxalverfahren n.

an·o·dize ['ænəʊdaɪz; -nəd-] v/t tech. eloˈxieren: anodizing process Eloxalverfahren n.
an·o·dyne ['ænəʊdaɪn; -nəd-] med. I adj 1. schmerzstillend. 2. fig. lindernd, beruhigend. 3. fig. a) verwässert, b) kraftlos: ~ translation. II s 4. schmerzstillendes Mittel. 5. fig. Beruhigungsmittel n.
a·noint [əˈnɔɪnt] v/t 1. einölen. ~ing of the sick R.C. Krankenölung f. 2. einreiben, -schmieren. 3. bes. relig. salben: the Lord's Anointed der Gesalbte des Herrn. 4. humor. versohlen. **aˈnoint·ment** s Salbung f.
an·o·lyte ['ænəʊlaɪt; -nəl-] s electr. Ano-'lyt m, An'odenflüssigkeit f.
a·nom·a·lis·tic [əˌnɒməˈlɪstɪk; Am. əˌnɑ-], a. **aˌnom·aˈlis·ti·cal** [-kl] adj 1. astr. ling. philos. anoma'listisch: ~ moon; ~ year. 2. → anomalous 1.
a·nom·a·lous [əˈnɒmələs; Am. əˈnɑ-] adj (adv ~ly) 1. ano'mal, ab'norm, regelwidrig. 2. ungewöhnlich.
a·nom·a·ly [əˈnɒməlɪ; Am. əˈnɑ-] s 1. Anoma'lie f (a. astr. ling.), Abweichung f (von der Norm), Unregelmäßigkeit f, Ungewöhnlichkeit f. 2. biol. 'Mißbildung f.
a·nom·ic [əˈnɒmɪk; æ-; Am. -ˈnɑ-; -ˈnoʊ-] adj sociol. a'nomisch, gesetzlos. **an·o·mie, a. an·o·my** ['ænəʊmɪ; 'ænəmɪ] s Ano'mie f: a) Gesetzlosigkeit f, b) sociol. Zustand m mangelnder sozi'aler Ordnung.
a·non [əˈnɒn; Am. əˈnɑn] adv obs. od. poet. 1. a) bald, b) so'gleich. 2. ein anderes Mal: → ever 1.
an·o·nym ['ænənɪm] s 1. An'onymus m (ein Ungenannter). 2. Pseudo'nym n. ˌan·oˈnym·i·ty s Anonymi'tät f: to hide behind ~ sich in der Anonymität verstecken. **a·non·y·mous** [əˈnɒnɪməs; Am. əˈnɑ-] adj (adv ~ly) ano'nym, namenlos, ungenannt, unbekannten Ursprungs.
a·noph·e·les [əˈnɒfɪliːz; Am. əˈnɑ-] pl -les s zo. Fiebermücke f.
an·oph·thal·mi·a [ˌænɒfˈθælmɪə] s med. Anophthal'mie f (Fehlen des Augapfels).
an·op·tic [æˈnɒptɪk; Am. æˈnɑp-] adj an-'optisch.
an·o·rak ['ænəræk] s Anorak m.
an·o·rex·i·a [ˌænəˈreksɪə] s med. Anore'xie f, Appeˈtitlosigkeit f. **~ ner·vo·sa** [nɜːrˈvoʊsə; Am. nɜr-] s med. psych. ner-'vöse Anore'xie, Magersucht f.
an·or·thic [æˈnɔː(r)θɪk] adj math. 1. ohne rechte Winkel. 2. tri'klinisch.
an·or·thite [æˈnɔːθaɪt] s min. Anor-'thit m.
an·or·tho·site [æˈnɔː(r)θəsaɪt] s geol. Anortho'sit m.
an·os·mi·a [æˈnɒzmɪə; -ɒs-; Am. æˈnɑz-; -ɑs-] s med. Anos'mie f, Verlust m des Geruchssinns.
an·oth·er [əˈnʌðə(r)] adj u. pron 1. ein anderer, e-e andere, ein anderes (than als), ein verschiedener, e-e verschiedene, ein verschiedenes: ~ thing etwas anderes; that is quite ~ thing das steht auf e-m ganz anderen Blatt; he is ~ man now er ist jetzt ein (ganz) anderer Mensch; in ~ place a) anderswo, b) parl. Br. im anderen Hause dieses Parlaments (im Oberhaus bzw. im Unterhaus); one after ~ einer nach dem andern; ~ one 9. 2. noch ein(er, e, es), ein zweiter, e-e zweite, ein zweites, ein weiterer, e-e weitere, ein weiteres: ~ day or two noch einige Tage; ~ five weeks noch od. weitere fünf Wochen; not ~ word! kein Wort mehr!; ~ Shakespeare ein zweiter Shakespeare; tell us ~! colloq. das kannst du d-r Großmutter erzählen!; A.N. Other sport Br. ein (ungenannter) (Ersatz)Spieler.

an·ox·(a)e·mi·a [ˌænɒkˈsiːmɪə; *Am.* -ˌɑk-] *s med.* Anoxä'mie *f*, Sauerstoffmangel *m* im Blut.
an·ox·i·a [ænˈɒksɪə; *Am.* æˈnɑk-] *s med.* Ano'xie *f*, Sauerstoffmangel *m* (im Gewebe).
an·sate [ˈænseɪt] *adj* **1.** mit Henkel(n). **2.** henkelförmig. ~ **cross** → **ankh**.
an·schluss, *oft* **An·schluss** [ˈænʃlʊs; ˈɑːn-] *s* **1.** *pol.* Anschluß *m* (**with** an *acc*). **2.** Vereinigung *f* (**with** mit).
an·ser·ine [ˈænsəraɪn; -rɪn] *adj* **1.** gänseartig, Gänse... **2.** *fig.* albern, dumm.
an·swer [ˈɑːnsə; *Am.* ˈænsər] **I** *s* **1.** Antwort *f*, Erwiderung *f*, Entgegnung *f* (**to** auf *acc*): **in** ~ **to** a) in Beantwortung (*gen*), b) auf (*acc*) hin, c) als Antwort *od.* Reaktion auf (*acc*); **he knows all the** ~**s** *colloq.* a) er weiß Bescheid, er kennt sich aus, b) *contp.* er weiß immer alles besser. **2.** *fig.* Antwort *f*: a) Reakti'on *f*: **his** ~ **was a new attack**, b) Gegenmaßnahme *f*. **3.** *jur.* a) Klagebeantwortung *f*, Gegenschrift *f*, b) *weitS.* Verteidigung *f*, Rechtfertigung *f*. **4.** *bes. math.* (Auf)Lösung *f*. **5.** *fig.* (**to**) a) Lösung *f* (*e-s Problems*), b) Abhilfe *f*, (*das*) Richtige (für). **6.** *mus.* Beantwortung *f* (*in der Fuge*).
II *v/i* **7.** antworten, e-e Antwort geben (**to** auf *acc*): **to** ~ **back** a) freche Antworten geben, b) widersprechen, c) sich (*mit Worten etc*) verteidigen *od.* wehren. **8.** ~ **to** *fig.* → 17 *u.* 18; ~**ing equipment** *teleph.* Abfrageinrichtung *f*; ~**ing signal** Antwortzeichen *n*. **9.** (**to** *s.o.*) sich (j-m gegen'über) verantworten, (j-m) Rechenschaft ablegen, (j-m) Rede (u. Antwort) stehen (**for** für). **10.** verantwortlich sein, die Verantwortung tragen, haften, (sich ver)bürgen (**for** für). **11.** die Folgen tragen, büßen (**for** für): **he has much to** ~ **for** er hat allerhand auf dem Kerbholz. **12.** (**for**) (*e-m Zweck*) dienen, entsprechen (*dat*), sich eignen, taugen (für), s-n Zweck erfüllen. **13.** glücken, gelingen (*Plan*). **14.** ~ **to** hören auf (*e-n Namen*).
III *v/t* **15.** j-m antworten, erwidern, entgegnen: **to** ~ **s.o. back** a) j-m freche Antworten geben, b) j-m widersprechen, c) sich gegen j-n (*mit Worten etc*) verteidigen *od.* wehren. **16.** antworten auf (*acc*), (*a. mus. ein Thema*) beantworten: **to** ~ **s.o. a question** j-m e-e Frage beantworten. **17.** *fig.* rea'gieren auf (*acc*): a) eingehen auf (*acc*): **to** ~ **the bell** (*od.* **door**) (*auf das Läuten od. Klopfen*) die Tür öffnen, aufmachen; **to** ~ **the telephone** ans Telefon gehen, e-n Anruf entgegennehmen; **I'll** ~ **it!** ich geh' schon ran!, b) *tech.* dem Steuer etc gehorchen, c) *e-m Befehl, e-m Ruf etc* Folge leisten, folgen, gehorchen, entsprechen, d) *e-n Wunsch etc* erfüllen, a. *e-m Bedürfnis* entsprechen, abhelfen, *ein Gebet* erhören, e) sich auf *e-e Anzeige* hin melden *od.* bewerben. **18.** *e-r Beschreibung* entsprechen, über'einstimmen mit: **he** ~**s the description** die Beschreibung paßt auf ihn. **19.** sich gegen *e-e Anklage* verteidigen. **20.** sich *j-m gegenüber* verantworten, *j-m* Rechenschaft ablegen, *j-m* Rede (u. Antwort) stehen (**for** für). **21.** j-m genügen, *j-n* zu'friedenstellen. **22.** *e-m Zweck* dienen, entsprechen. **23.** e-e *Aufgabe* lösen. **24.** *e-n Auftrag* ausführen.
an·swer·a·ble [ˈɑːnsərəbl; *Am.* ˈæn-] *adj* **1.** verantwortlich, haftbar (**for** für): **to be** ~ **to s.o. for s.th.** j-m für etwas haften *od.* bürgen, sich j-m gegenüber für etwas verantworten müssen. **2.** *obs.* entsprechend, angemessen, gemäß (**to** *dat*). **3.** zu beantworten(d). **ˈan·swer·less** *adj* **1.** ohne Antwort, unbeantwortet. **2.** unbeantwortbar.
ant [ænt] *s zo.* Ameise *f*: **he has** ~**s in his pants** *colloq.* ‚er hat Hummeln im Hintern'.

an·ta¹ [ˈæntə] *pl* **-tae** [-tiː] *s arch.* Ante *f*, Pi'laster *m*, Eckpfeiler *m*.
an·ta² [ˈæntə; ˈɑːntə] *s zo.* Anta *n*, Gemeiner Amer. Tapir.
ant·ac·id [ˌæntˈæsɪd] **I** *s pharm.* Anti'acidum *n*, gegen Magensäure wirkendes Mittel. **II** *adj* Säuren neutrali'sierend.
an·tag·o·nism [ænˈtægənɪzəm] *s* Antago'nismus *m*: a) 'Widerstreit *m*, Feindschaft *f* (**between** zwischen *dat*), b) 'Widerstand *m*, Wider'streben *n* (**against**, **to** gegen), c) *physiol.* Wechsel-, Gegenwirkung *f*. **anˈtag·o·nist** *s* **1.** Antago'nist(in), Gegner(in), 'Widersacher(in), Feind(in). **2.** *physiol.* Antago'nist *m*, Gegenwirker *m*: ~ (**muscle**) Gegenmuskel *m*. **3.** *biol. chem.* antago'nistisch wirkender Stoff. **anˌtag·oˈnis·tic** *adj*; **anˌtag·oˈnis·ti·cal** *adj* (*adv* ~**ly**) antago'nistisch, gegnerisch, feindlich (**to** gegen), wider'strebend, entgegenwirkend (**to** *dat*). **anˈtag·o·nize** *v/t* **1.** entgegenwirken (*dat*), bekämpfen. **2.** sich j-n zum Feind machen, j-n gegen sich aufbringen.
ant·arc·tic [æntˈɑː(r)ktɪk] **I** *adj* ant'arktisch, Südpol...: **A**~ **Circle** südlicher Polarkreis; **A**~ **Ocean** Südliches Eismeer; **A**~ **pole** Südpol *m*; **A**~ **Zone** → **II**. **II** *s* **A**~ Ant'arktis *f*. **Antˈarc·ti·ca** [-kə] *s* Ant'arktik *f*.
ant| **bear** *s zo.* Ameisenbär *m*. ~ **bird**, ~ **catch·er** *s orn.* Ameisenvogel *m*.
an·te [ˈæntɪ] (*Lat.*) **I** *adv* **1.** (*räumlich*) vorn, vor'an. **2.** (*zeitlich*) vorher, zu'vor. **II** *prep* **3.** (*räumlich u. zeitlich*) vor. **III** *s* **4.** *Poker*: Einsatz *m*: **to raise the** ~ a) den Einsatz erhöhen, b) *colloq.* das (nötige) Geld beschaffen. **5.** *bes. Am. colloq.* Anteil *m*, (finanzi'elle) Beteiligung. **IV** *v/t v/i* **6.** *meist* ~ **up** (*Poker*) a) (be)zahlen, *meist* ~ **up** *bes. Am. colloq.* a) (be)zahlen, ‚blechen', ‚rausrücken' (mit s-m Geld), b) (dazu) beisteuern.
ante- [æntɪ] Wortelement mit der Bedeutung vor, vorher, vorangehend.
ˈantˌeat·er *s zo.* **1.** → **ant bear**. **2.** → **ant bird**.
an·te·bel·lum [ˌæntɪˈbeləm] (*Lat.*) *adj* vor dem Kriege, Vorkriegs..., *bes.* vor dem Amer. Bürgerkrieg.
an·te·ced·ence [ˌæntɪˈsiːdəns] *s* **1.** Vortritt *m*, Vorrang *m*. **2.** *astr.* Rückläufigkeit *f*. **an·teˈced·ent I** *adj* **1.** (**to**) vor'her-, vor'angehend (*dat*), früher (als): ~ **phrase** *mus.* Vordersatz *m*. **II** *s* **2.** *pl* Vorgeschichte *f*, vor'hergegangene Ereignisse *pl*, frühere 'Umstände *pl*: **his** ~**s** a) sein Vorleben, b) s-e Abstammung. **3.** *ling.* Bezugswort *n*. **4.** *philos.* Ante'zedens *n*, Prä'misse *f*. **5.** *math.* Vorderglied *n* (*e-s Verhältnisses*). **6.** *mus.* a) Vordersatz *m*, b) (Kanon- *od.* Fugen-)Thema *n*. **7.** *fig.* Vorläufer *m*.
ˈan·teˌcham·ber *s* **1.** → **anteroom**. **2.** *mot.* Vorkammer *f*.
ˈan·teˌchap·el *s* Vorhalle *f* e-r Ka'pelle.
ˌan·te·comˈmun·ion *s* anglikanische Kirche: 'Vorkommuniˌon *f*.
an·te·date I *s* [ˈ-deɪt] **1.** (Zu)'Rückdaˌtierung *f*. **II** *v/t* [ˌ-ˈdeɪt] **2.** (zu)'rückdaˌtieren, auf früheres Datum setzen auf (*acc*). **3.** beschleunigen. **4.** vor'wegnehmen. **5.** (*zeitlich*) vor'ausgehen (*dat*).
ˌan·te·diˈlu·vi·an I *adj* **1.** antediluvi'anisch, vorsintflutlich (*a. fig.*). **II** *s* **2.** vorsintflutliches Wesen. **3.** *fig.* ‚Fos'sil' *n*: a) verknöcherte *od.* rückständige Per'son, b) (*etwas*) ‚Vorsintflutliches'.
an·te·lope [ˈæntɪləʊp] *pl* **-lopes**, *bes. collect.* **-lope** *s* **1.** *zo.* Anti'lope *f*. **2.** Anti'lopenleder *n*.

ˌan·teˈmeˌrid·i·an *adj* Vormittags...
an·te meˈrid·i·em [ˌæntɪməˈrɪdɪəm; -em] (*Lat.*) *adv* vormittags (*abbr.* **a.m.**): **3 a.m.** 3 Uhr morgens.
ˌan·teˈna·tal *med.* **I** *adj* präna'tal, vor der Geburt, vorgeburtlich: ~ **care** Mutterschaftsvorsorge *f*; ~ **clinic** Schwangerenberatungsstelle *f*; ~ **examination** Mutterschaftsvorsorgeuntersuchung *f*; ~ **exercises** Schwangerschaftsgymnastik *f*. **II** *s colloq.* 'Mutterschaftsˌvorsorgeunterˌsuchung *f*.
an·ten·na [ænˈtenə] *s* **1.** *pl* **-nae** [-iː] *zo.* Fühler *m*, Fühlhorn *n*. **2.** *pl* **-nas** *bes. Am.* An'tenne *f* (*siehe* **aerial** *u.* Komposita). **3.** *fig.* ‚An'tenne' *f*, Gespür *n* (**for** für). **an·tenˈnif·er·ous** [ˌæntɪˈnɪfərəs] *adj zo.* Fühler besitzend. **anˈten·niˌform** [ænˈtenɪfɔː(r)m] *adj zo.* fühlhornartig. **anˈten·nule** [-juːl] *s zo.* An'tennula *f*, Vorderfühler *m*.
ˌan·teˈnup·tial *adj* vorhochzeitlich, *a. jur.* vorehelich: ~ **contract** Ehevertrag *m*.
an·te·pen·di·um [ˌæntɪˈpendɪəm; -dɪəm] *s relig.* Ante'pendium *n* (*Verkleidung des Altarunterbaus*).
an·te·pe·nult [ˌæntɪpɪˈnʌlt; *Am. a.* -ˈpiːˌnʌlt] *s ling. metr.* drittletzte Silbe. **ˌan·te·peˈnul·ti·mate** [-pɪˈnʌltɪmət] **I** *s* **1.** *ling. metr.* drittletzte Silbe. **2.** *Whistspiel*: drittniedrigste Karte e-r Farbe. **II** *adj* **3.** drittletzt(er, e, es).
ˌan·te·poˈsi·tion *s ling.* Vor'anstellung *f*.
an·teˈri·or [ænˈtɪərɪə(r)] *adj* **1.** vorder, Vor..., Vorder... **2.** vor'hergehend, (*zeitlich*) früher (**to** als): ~ **to** vor (*dat*).
antero- [æntərəʊ- -rə] Wortelement mit der Bedeutung vorn, von vorn: **anteroexternal** mit der Vorderseite nach außen.
ˈan·teˌroom *s* **1.** Vorraum *m*, [Wartezimmer *n*.] **2.** → **antechamber**.
ant·he·li·on [æntˈθiːljən; -jən; æntˈh-] *pl* **-li·a** [-ə] *od.* **-li·ons** *s astr.* Ant'helion *n*, Gegensonne *f*.
an·thel·min·tic [ˌæntθelˈmɪntɪk; ˌæntˈhelˈm-] *pharm.* **I** *adj* wurmabtreibend, wurmtötend. **II** *s* Wurmmittel *n*.
an·them [ˈænθəm] *s mus.* **1.** *relig.* a) (Chor)Hymne *f*, Cho'ral *m*, b) Mo'tette *f*, c) *obs.* Wechselgesang *m*. **2.** *allg.* Hymne *f*.
an·ther [ˈænθə(r)] *s bot.* Staubbeutel *m*.
an·the·sis [ænˈθiːsɪs] *s bot.* Blüte(zeit) *f*.
ˈantˌhill *s zo.* **1.** Ameisenhaufen *m*. **2.** Ter'mitenhügel *m*.
an·tho·carp [ˈænθəʊkɑː(r)p] *s bot.* Frucht *f* mit bleibender Blütenhülle.
an·thoid [ˈænθɔɪd] *adj* blumen- *od.* blütenartig.
an·thol·o·gist [ænˈθɒlədʒɪst; *Am.* -ˈθɑː-] *s* Her'ausgeber(in) e-r Antholo'gie. **anˈthol·o·gize I** *v/i* Antholo'gien zs.-stellen. **II** *v/t* in e-r Antholo'gie zs.-fassen *od.* bringen. **anˈthol·o·gy** *s* Antholo'gie *f*, (*bes.* Gedicht)Sammlung *f*.
an·thoph·i·lous [ænˈθɒfɪləs; *Am.* -ˈθɑː-] *adj zo.* blütenliebend.
an·tho·zo·an [ˌænθəʊˈzəʊən] *s zo.* Blumen-, Ko'rallentier *n*.
an·thra·cic [ænˈθræsɪk] *adj med.* den Anthrax *od.* Milzbrand betreffend.
an·thra·cite [ˈænθrəsaɪt] *s min.* Anthra'zit *m*, Glanzkohle *f*.
an·thra·co·sis [ˌænθrəˈkəʊsɪs] *s med.* Anthra'kose *f*, Kohlenstaublunge *f*.
an·thrax [ˈænθræks] *s med.* Anthrax *m*, Milzbrand *m*.
anthropo- [ænθrəʊpəʊ-; ænθrəpə-] Wortelement mit der Bedeutung den Menschen betreffend.
ˌan·thro·poˈgen·e·sis *s* Anthropoge'nie *f*, (Studium *n* der) Entwicklungsgeschichte *f* des Menschen.
ˌan·thro·po·geˈog·ra·phy *s* Anthropogeogra'phie *f*.

anthropography – anti-interference

an·thro·pog·ra·phy [ˌænθrəˈpɒgrəfɪ; *Am.* -ˈpɑ-] *s* Anthropograˈphie *f*, Unterˈsuchung *f* u. Beschreibung *f* des Menschen.

an·thro·poid [ˈænθrəʊpɔɪd; -θrəp-] *zo.* **I** *adj* anthropoˈid, menschenähnlich: ~ ape → II. **II** *s* Anthropoˈid *m*, Menschenaffe *m*.

an·thro·po·lith [ænˈθrəʊpəlɪθ; *Am. a.* -ˈθrɑ-], **an·thro·po·lite** [-laɪt] *s* Anthropoˈlith *m (fossiler Menschenrest)*.

an·thro·po·log·i·cal [ˌænθrəpəˈlɒdʒɪkl; *Am.* -ˈlɑ-] *adj (adv* **~ly**), *a.* **anˈthro·poˈlog·ic** *adj* anthropoˈlogisch.

ˌan·throˈpol·o·gist [-ˈpɒlədʒɪst; *Am.* -ˈpɑ-] *s* Anthropoˈloge *m*. **ˌan·throˈpol·o·gy** *s* Anthropoloˈgie *f*, Lehre *f* vom Menschen.

an·thro·pom·e·try [ˌænθrəˈpɒmɪtrɪ; *Am.* -ˈpɑ-] *s* Anthropomeˈtrie *f*, Messung *f* des menschlichen Körpers.

an·thro·po·mor·phism [ˌænθrəpəʊˈmɔː(r)fɪzəm] *s* Anthropomorˈphismus *m*, Vermenschlichung *f*. **ˌan·thro·poˈmor·phize** *v/t* anthropomorphiˈsieren, *e-m* Gott, Tier *od*. leblosen Ding menschliche Gestalt zuschreiben. **ˌan·thro·poˈmor·pho·sis** [-ˈmɔː(r)fəsɪs] *s* Anthropomorˈphose *f*, ˈUmwandlung *f* in menschliche Gestalt. **ˌan·thro·poˈmor·phous** *adj* anthropoˈmorph(isch), von menschlicher *od*. menschenähnlicher Gestalt.

an·thro·poph·a·gous [ˌænθrəʊˈpɒfəgəs; *Am.* ˌænθrəˈpɑ-] *adj* menschenfressend, kanniˈbalisch. **ˌan·throˈpoph·a·gus** [-gəs] *pl* **-gi** [-gaɪ; -dʒaɪ] *s* Anthropoˈphage *m*, Menschenfresser *m*, Kanniˈbale *m*. **ˌan·throˈpoph·a·gy** [-dʒɪ] *s* Anthropophaˈgie *f*, Kannibaˈlismus *m*.

an·thro·po·soph·i·cal [ˌænθrəpəˈsɒfɪkl; *Am.* -ˈsɑ-] *adj* anthropoˈsophisch. **ˌan·throˈpos·o·phist** [-ˈpɒsəfɪst; *Am.* -ˈpɑ-] *s* Anthropoˈsoph(in). **ˌan·throˈpos·o·phy** *s* **1.** Anthroposoˈphie *f (Lehre Rudolf Steiners)*. **2.** *philos.* Wissen *n* von der Naˈtur des Menschen.

an·thro·pot·o·my [ˌænθrəʊˈpɒtəmɪ; *Am.* ˌænθrəˈpɑ-] *s* Anatoˈmie *f* des menschlichen Körpers.

an·ti [ˈæntɪ; *Am. a.* -ˌtaɪ] *colloq.* **I** *prep* gegen. **II** *adj*: **to be ~** a) in Opposition sein, b) dagegen sein; **the ~ group** die Gruppe der Gegner. **III** *s* Gegner(in) *(e-r Politik etc)*.

anti-[1] [ˈæntɪ; *Am. a.* -ˌtaɪ] *Wortelement mit der Bedeutung* a) gegen ... eingestellt *od.* wirkend, Gegen..., anti..., Anti..., feindlich, b) nicht..., un..., c) vor ... schützend.

anti-[2] [ˈæntɪ; *Am. a.* -ˌtaɪ] *bes. med. Wortelement mit der Bedeutung* vor, vorn, vorder *(fälschlich für* **ante-***)*.

ˌan·tiˈair·craft *adj mil.* Fliegerabwehr..., Flak...: **~ artillery** Flakartillerie *f*; **~ gun** Flakgeschütz *n*.

ˌan·ti·aˈbor·tion·ist *s* Abtreibungsgegner(in).

ˈan·ti-art *s* Antikunst *f*.

ˈan·ti·auˌthor·iˈtar·i·an *adj* ˈantiautoriˌtär.

ˌan·ti·bacˈter·i·al *adj* antibakteriˈell.

ˌan·ti·balˈlis·tic *adj*: **~ missile** *mil.* antiballistische Rakete, Antiballistikrakete *f*.

ˌan·ti·biˈo·sis [-baɪˈəʊsɪs] *s biol. med.* Antibiˈose *f*. **ˌan·ti·biˈot·ic** [-ˈɒtɪk; *Am.* -ˈɑtɪk] *med.* **I** *s* Antibiˈotikum *n*. **II** *adj* antibiˈotisch.

ˈan·tiˌbod·y *s biol. chem.* Antikörper *m*, Abwehrstoff *m*.

an·tic [ˈæntɪk] **I** *s* **1.** *meist pl* a) ˌGekasperˈ *n*, b) *fig.* ˈMätzchenˈ *pl.* **2.** *arch.* groˈteskes Ornaˈment. **3.** *obs.* Hansˈwurst *m*, Possenreißer *m*. **II** *adj* **4.** *obs.* groˈtesk.

an·ti·car·di·um [ˌæntɪˈkɑː(r)djəm; -dɪəm] *s anat.* Magengrube *f*.

ˌan·ti·carˈtel *adj econ.* karˈtellfeindlich, Antikartell...

ˌan·tiˈcath·ode *s electr.* Antikaˈthode *f*.

an·ti·chlor [ˈæntɪklɔː(r); *Am. a.* -ˌklə͡ʊər] *s chem.* Antichlor *n*.

an·ti·chre·sis [ˌæntɪˈkriːsɪs] *pl* **-ses** [-siːz] *s jur.* Nutzungspfandrecht *n*.

ˈAn·tiˌchrist *s relig.* Antichrist *m*.

ˌan·tiˈchris·tian I *adj* christenfeindlich. **II** *s* Christenfeind(in).

an·tic·i·pant [ænˈtɪsɪpənt] → **anticipative**.

an·tic·i·pate [ænˈtɪsɪpeɪt] **I** *v/t* **1.** vorˈaussehen, (vorˈaus)ahnen. **2.** erwarten, erhoffen: **~d profit** *econ.* voraussichtlicher *od.* erwarteter Gewinn. **3.** im voraus tun *od.* erwähnen. **4.** vorˈwegnehmen *(a. Patentrecht)*: **~d interest** *econ.* vorweggenommene Zinsen. **5.** *j-m, e-m Wunsch etc* zuˈvorkommen. **6.** *fig.* beschleunigen. **7.** *econ.* a) vor Fälligkeit *od.* vorzeitig bezahlen *od.* einlösen, b) *Gelder etc* im voraus *od.* vorzeitig verbrauchen: **~d payment** vorˈzeitige Zahlung *f*. **8.** *fig.* vorbauen *(dat)*, verhindern *(acc)*. **II** *v/i* **9.** vorgreifen *(in e-r Erzählung)*.

an·tic·i·pa·tion [ænˌtɪsɪˈpeɪʃn] *s* **1.** Vorgefühl *n*, (Vorˈ)Ahnung *f*. **2.** Ahnungsvermögen *n*, Vorˈaussicht *f (z. B. des Kraftfahrers)*. **3.** a) Vorfreude *f*, b) Erwartung *f*, Hoffnung *f*: **in ~ of s.th.** in Erwartung e-r Sache; **with pleasant ~** voller Vorfreude. **4.** Vorˈwegnahme *f (a. jur. e-r Erfindung)*: **in ~** im voraus dankend *etc*. **5.** Zuˈvorkommen *n*. **6.** Vorgreifen *n*. **7.** Verfrühtheit *f*. **8.** *a.* **~ of payment** *econ.* Zahlung *f* vor Fälligkeit; **(payment by) ~** Vorauszahlung *f*. **9.** *jur.* Auszahlung *f od.* Entnahme *f* treuhänderisch verwalteten Geldes vor dem erlaubten Terˈmin. **10.** *med.* zu früher Eintritt *(z. B. der Menstruation)*. **11.** *mus.* Antizipatiˈon *f*, Vorˈwegnahme *f (e-s Akkordtons etc)*. **an·tic·i·pa·tive** *adj (adv* **~ly**). **1.** ahnungsvoll, vorˈausahnend. **2.** erwartungsvoll, erwartend. **3.** → **anticipatory** 1. **4.** zuˈvorkommend. **5.** vor-, frühzeitig. **anˈtic·i·paˌtor** [-tə(r)] *s j-d, der vorˈausahnt od.* -sieht, vorˈwegnimmt, zuˈvorkommt *od.* vorzeitig handelt. **anˈtic·i·pa·to·ry** [-peɪtərɪ; *Am.* -pəˌtɔːrɪ; -ˌtəʊ-] *adj (adv* **antiˌpatorily**). **1.** vorˈwegnehmend, vorgreifend, erwartend: **~ account** Vorbericht *m*; **~ breach of contract** *jur.* antizipierter *(vorzeitig angekündigter od.* erkennˈbarer*)* Vertragsbruch; **~ control** *tech.* Vorsteuerung *f*. **2.** *jur.* neuheitsschädlich: **~ reference** (Patent)Vorwegnahme *f*. **3.** *ling. (das logische Subjekt od. Objekt)* vorˈwegnehmend, vorˈausdeutend.

ˌan·tiˈcler·i·cal I *adj* antikleriˈkal, kirchenfeindlich. **II** *s* Antikleriˈkale(r *m) f*.

ˌan·tiˈcler·i·cal·ism *s* Antiklerikaˈlismus *m*.

ˌan·tiˈcli·max *s* **1.** *rhet.* Antiˈklimax *f*. **2.** *fig.* enttäuschendes Abfallen, Abstieg *m*: **sense of ~** (plötzliches) Gefühl der Leere *od.* Enttäuschung.

an·ti·cli·nal [ˌæntɪˈklaɪnl] *geol.* **I** *adj* antikliˈnal, sattelförmig: **~ axis** Sattellinie *f*. **II** *s* Sattel-, Neigungslinie *f*.

ˈan·ti·cline *s geol.* Antikliˈnale *f*, Sattelfalte *f*.

ˌan·tiˈclock·wise *adj u. adv* entgegen dem *od.* gegen den Uhrzeigersinn: **~ rotation** Linkslauf *m*, -drehung *f*.

ˌan·ti·coˈag·u·lant *med. pharm.* **I** *adj* koagulatiˈonshemmend. **II** *s* Antikoˈagulans *n*.

ˈan·tiˌcon·stiˈtu·tion·al *adj pol.* verfassungsfeindlich.

ˌan·tiˈcor·ro·sive *adj tech.* a) korrosiˈonsverhütend, rostverhindernd: **~ agent** Rostschutzmittel *n*, b) rostfest.

ˌan·tiˈcy·cli·cal *adj econ.* antiˈzyklisch: **~ policy** Konjunkturpolitik *f*; **for ~ reasons** aus konjunkturpolitischen Gründen.

ˌan·tiˈcy·clone *s meteor.* Antizyˈklone *f*, Hochdruckgebiet *n*, Hoch *n*.

ˌan·tiˈdaz·zle *adj* Blendschutz...: **~ lamp** Blendschutzlampe *f*; **~ screen** Blendschutzscheibe *f*; **~ switch** Abblendschalter *m*.

ˌan·ti·deˈpres·sant *med. pharm.* **I** *adj* antidepresˈsiv. **II** *s* Antidepresˈsivum *n*.

ˌan·tiˈdet·o·nant [-ˈdetənənt] → **antiknock**.

ˌan·tiˈdim, **ˌan·tiˈdim·ming** *adj tech.* Klarsicht..., Klar...

ˌan·ti·disˈtor·tion *s electr.* Entzerrung *f*: **~ device** Entzerrer *m*.

an·ti·dot·al [ˈæntɪdəʊtl] *adj* als Gegengift *od. (a. fig.)* als Gegenmittel dienend, Gegengift... **ˈan·tiˌdote I** *s* **1.** Gegengift *n*, -mittel *n (a. fig.)* **(against, for, to** gegen). **II** *v/t* **2.** ein Gegengift *od. (a. fig.)* ein Gegenmittel verabreichen *od.* anwenden gegen *od.* bei. **3.** *ein Gift* neutraliˈsieren.

ˌan·tiˈdump·ing *adj* **1.** *econ.* Antidumping...: **~ duty.** **2.** **~ law** *pol.* Gesetz *n* gegen wildes Müllabladen.

ˌan·tiˈen·zyme *s med.* Antiferˈment *n*.

ˈan·tiˌEu·roˈpe·an I *adj* **1.** antieuroˈpäisch. **2.** gegen die Zugehörigkeit Großˈbritanniens zur Euroˈpäischen Gemeinschaft gerichtet. **II** *s* **3.** Antieuroˈpäer(in). **4.** Gegner(in) der britischen Zugehörigkeit zur Euroˈpäischen Gemeinschaft.

ˌan·tiˈfad·ing *electr.* **I** *s* Schwundausgleich *m*. **II** *adj* schwundmindernd: **~ aerial** *(bes. Am.* **antenna***)*.

ˌan·tiˈfas·cist *pol.* **I** *s* Antifaˈschist(in). **II** *adj* antifaˈschistisch.

ˌan·tiˈfe·brile *med. pharm.* **I** *adj* fiebersenkend: **~ agent** *(od.* **drug***)* → II. **II** *s* Antifeˈbrin *n*, Fiebermittel *n*.

an·ti·fe·brin [ˌæntɪˈfiːbrɪn] *s med. pharm.* Antifeˈbrin *n (ein Fiebermittel)*.

ˌan·tiˈfed·er·al *adj* antiföˈderal, bundesfeindlich. **ˌan·tiˈFed·er·al·ist** *s Am. hist.* Antiföderaˈlist(in).

ˌan·ti·ferˈtil·i·ty *adj biol.* befruchtungsverhütend.

ˈan·tiˌfreeze *chem. tech.* **I** *s* Gefrier-, Frostschutzmittel *n*. **II** *adj* Gefrier-, Frostschutz...: **~ agent** *(od.* **compound, fluid***)* → I. **ˈan·tiˌfreez·ing** → **antifreeze** II.

ˌan·tiˈfric·tion *s phys.* Mittel *n* gegen Reibung, Schmiermittel *n*: **~ bearing** Gleit-, Wälzlager *n*; **~ metal** *tech.* Lagermetall *n*.

ˌan·tiˈgas *adj mil.* Gasschutz...

an·ti·gen [ˈæntɪdʒən; -dʒen] *s med.* Antiˈgen *n*, Imˈmunkörper *m*, Abwehrstoff *m*.

ˌan·tiˈglare → **antidazzle**.

ˌan·tiˈgov·ern·ment *adj* reˈgierungsfeindlich.

ˌan·ti-ˈG suit *s aer.* Anti-ˈg-Anzug *m*.

ˈan·tiˌha·lo *adj phot.* lichthoffrei.

ˈan·tiˌhe·ro *s* Antiheld *m*.

ˈan·tiˌhis·ta·mine *s med. pharm.* Antihistaˈminikum *n (Mittel gegen allergische Reaktionen)*.

ˈan·tiˌhy·perˈbol·ic *adj math.* inˈvershyperˌbolisch: **~ function** inverse Hyperbelfunktion.

ˌan·tiˈic·er *s tech.* Enteiser *m*, Vereisungsschutzgerät *n*.

ˈan·ti-ˌin·terˈfer·ence *adj electr.* **1.** Störschutz..., Entstörungs...: **~ condenser**. **2.** störungs-, geräuscharm: **~ aerial** *(bes. Am.* **antenna***)*.

‚an·ti'jam v/t u. v/i electr. entstören.
‚an·ti'knock chem. mot. I adj Antiklopf..., klopffest: ~ quality (od. rating, value) Klopffestigkeit(sgrad m) f, Oktanzahl f. II s Anti'klopfmittel n.
‚an·ti'lock brak·ing sys·tem s mot. Antiblo'ckiersy₁stem n.
‚an·ti'log·a·rithm s math. Antiloga-'rithmus m, Numerus m.
an·til·o·gy [æn'tɪlədʒɪ] s Unlogik f.
an·ti·ma·cas·sar [ˌæntɪmə'kæsə(r)] s Sessel-, Sofaschoner m.
‚an·ti·ma'lar·i·al med. pharm. I adj gegen Ma'laria wirksam: ~ agent (od. drug) → II. II s Ma'lariamittel n.
'an·ti·mask, 'an·ti·masque s thea. lustiges Zwischenspiel.
'an·ti₁mat·ter s phys. 'Antima₁terie f.
an·ti·mere ['æntɪˌmɪə(r)] s zo. sym'metrisch entgegengesetzte Körperhälfte.
an·ti·me·tab·o·le [ˌæntɪme'tæbəlɪ; -mɪ-] s rhet. Antimeta'bole f (Wiederholung von Wörtern in veränderter Folge).
‚an·ti·me'tath·e·sis s irr rhet. Antime-'tathesis f (Umstellung e-r Antithese).
‚an·ti'mis·sile mil. I adj Raketenabwehr...: ~ missile → II. II s Antira'ketenra₁kete f.
'an·ti·mist adj: ~ cloth Antibeschlagtuch n.
‚an·ti·mo'nar·chi·cal adj antimon'archisch. ‚an·ti'mon·arch·ist s Gegner(in) der Monar'chie.
an·ti·mo·nate ['æntɪməneɪt] s chem. anti'monsaures Salz. ‚an·ti·mo'ni·al [-'məʊnjəl; -ɪəl] chem. I adj Antimon... II s anti'monhaltiges Präpa'rat. ‚an·ti-'mo·nic ['mɒnɪk; Am. -'mɑ-] adj anti-mon...: ~ acid Antimonsäure f. 'an·ti·mo·nide [-mənaɪd; Am. a. -nəd] s chem. Antimo'nid n. ‚an·ti'mo·ni·ous [-'məʊnjəs; -ɪəs] adj chem. anti'monig-s. acid. 'an·ti·mo·nite [-mənaɪt] s 1. chem. anti'monigsaures Salz. 2. min. Grauspießglanzerz n.
an·ti·mo·ny ['æntɪmənɪ; Am. bes. -ˌməʊnɪ:] s chem. min. Anti'mon n, Spießglanz m: black ~ Antimonsulfid n; yellow ~ Antimon-, Neapelgelb n. ~ blende s min. Rotspießglanzerz n. ~ glance → antimonite 2.
'an·ti·node s phys. Gegenknoten m, Schwingungs-, Strombauch m.
an·tin·o·my [æn'tɪnəmɪ] s jur. philos. Antino'mie f, 'Widerspruch m (zweier Sätze, jur. a. zwischen zwei Gesetzen).
'an·ti₁nov·el s 'Antiro₁man m.
‚an·ti'ox·i·dant s 1. chem. Anti'oxydans n. 2. tech. a) Alterungsschutzmittel n, b) Oxydati'onsbremse f.
‚an·ti·pa'thet·ic adj; ‚an·ti·pa'thet·i·cal adj (adv ~ly) (to dat) 1. abgeneigt. 2. zu'wider. ‚an·ti'path·ic [-'pæθɪk] adj anti'pathisch. an·tip·a·thy [æn'tɪpəθɪ] s 1. Antipa'thie f, Abneigung f, 'Widerwille m (against, to, toward[s] gegen). 2. Gegenstand m der Abneigung, Greuel m.
‚an·ti·per'son·nel adj mil. gegen Personen gerichtet: ~ bomb Splitterbombe f; ~ mine Tretmine f.
an·ti·per·spi·rant [ˌæntɪ'pɜːspɪrənt; Am. -'pɜr-] I adj schweißhemmend. II s Antitranspi'rant n.
‚an·ti·phlo'gis·tic med. pharm. I adj entzündungshemmend: ~ agent (od. drug) → II. II s Antiphlo'gistikum n.
an·ti·phon ['æntɪfən] s mus. relig. Anti-'phon f, Wechselgesang(sstück n) m. an·tiph·o·ny [æn'tɪfənɪ] s 1. Antipho'nie f, Wechselgesang m. 2. → antiphon.
an·tiph·ra·sis [æn'tɪfrəsɪs] s rhet. Anti-'phrase f (ironische Verkehrung ins Gegenteil).
an·tip·o·dal [æn'tɪpədl] adj 1. anti'podisch. 2. genau entgegengesetzt. an₁tip-

o·de·an [-pə'diːən] I adj anti'podisch. II s Anti'pode m, Gegenfüßler m. an-'tip·o·des [-pədiːz] s pl 1. die diame'tral gegen'überliegenden Teile pl der Erde. 2. Anti'poden pl, Gegenfüßler pl. 3. (a. als sg konstruiert) a) (das) (genaue) Gegenteil, b) Gegenseite f.
'an·ti·pole s Gegenpol m (a. fig.).
‚an·ti·pol'lu·tion adj 'umweltschützend: ~ device Abgasentgiftungsanlage f; ~ standards Abgasvorschriften. ‚an·ti·pol'lu·tion·ist s 'Umweltschützer(in).
‚an·ti'pov·er·ty I adj: ~ program → II. II s Am. Re'gierungspro₁gramm n zur Bekämpfung der Armut, Anti-'Poverty-Pro₁gramm n.
'an·ti·pro·ton s phys. Anti'proton n.
‚an·ti·py'ret·ic med. pharm. I adj antipy'retisch, fiebersenkend: ~ agent (od. drug) → II. II s Antipy'retikum n, Fiebermittel n.
an·ti·quar·i·an [ˌæntɪ'kweərɪən] I adj 1. anti'quarisch: ~ books. 2. ~ bookseller Antiquar m; ~ bookshop (bes. Am. bookstore) Antiquariat n. 3. der An'tike: ~ studies. II s 4. → antiquary 1. 5. tech. 'Zeichenpa₁pier n (78,7 × 134,6 cm). ‚an·ti'quar·i·an·ism s Begeisterung f für Altertümer. 'an·ti·quar·y [-kwərɪ; Am. -ˌkwerɪ] s 1. Altertumskenner(in), -forscher(in). 2. a) Antiqui'tätensammler(in), b) Antiqui'tätenhändler(in).
an·ti·quate ['æntɪkweɪt] v/t a) veralten lassen, b) als veraltet abschaffen. 'an·ti·quat·ed adj anti'quiert, veraltet, altmodisch, über'holt, über'lebt.
an·tique [æn'tiːk] I adj 1. an'tik, alt, von ehrwürdigem Alter. 2. colloq. → antiquated. II s 3. Antiqui'tät f: ~ dealer Antiquitätenhändler(in); ~ shop (bes. Am. store) Antiquitätenladen m. 4. print. Egypti'enne f. III v/t 5. in an'tikem Stil 'herstellen, antiki'sieren. 6. Buchbinderei: blindprägen.
an·tiq·ui·ty [æn'tɪkwətɪ] s 1. Altertum n, Vorzeit f. 2. die Alten pl (bes. Griechen u. Römer), b) (die) An'tike. 3. pl Altertümer pl. 4. (ehrwürdiges) Alter.
‚an·ti'res·o·nant|band s electr. Sperrkreisbereich m. ~ cir·cuit s electr. Sperrkreis m.
‚an·ti·rheu'mat·ic med. pharm. I adj antirheu'matisch: ~ agent (od. drug) → II. II s Antirheu'matikum n.
‚an·ti'roll adj mar. tech. Stabilisierungs...: ~ device Schlingertank m.
an·tir·rhi·num [ˌæntɪ'raɪnəm] s bot. Löwenmaul n.
‚an·ti'rust adj tech. gegen Rost schützend, Rostschutz...: ~ paint.
‚an·ti-'Sem·ite s Antise'mit(in). ‚an·ti-Se'mit·ic adj antise'mitisch. ‚an·ti-'Sem·i·tism s Antisemi'tismus m.
‚an·ti'sep·tic I adj (adv ~ally) 1. med. pharm. anti'septisch: ~ agent (od. substance) → II. 2. colloq. nüchtern, sachlich. II s 3. med. Anti'septikum n.
‚an·ti'sep·ti·cize [-'septɪsaɪz] v/t anti'septisch behandeln od. machen.
‚an·ti'se·rum s a. irr med. Anti'serum n, Heilserum n.
‚an·ti'sex, ‚an·ti'sex·u·al adj sexfeindlich.
‚an·ti'skid adj tech. rutsch-, gleitschleudersicher, Gleitschutz...: ~ pattern Gleitschutzprofil n.
‚an·ti'slip adj rutschfest, -sicher: ~ floor.
‚an·ti'so·cial adj 1. 'asozi₁al, gesellschaftsfeindlich. 2. ungesellig.
‚an·ti·spas'mod·ic med. pharm. I adj krampflösend: ~ agent (od. drug) → II. II s Antispas'modikum n.

an·ti·spast ['æntɪspæst] s metr. Anti-'spast m (Versfuß).
‚an·ti'spas·tic adj 1. med. pharm. krampflösend, anti'spastisch. 2. metr. anti'spastisch (Vers).
'an·ti₁sub·ma'rine adj mil. U-Boot-Abwehr...
‚an·ti'tank adj mil. Panzerabwehr..., Pak...: ~ battalion Panzerjägerbataillon n; ~ gun (od. rifle) Panzerbüchse f; ~ obstacle Panzersperre f.
'an·ti₁the·a·ter, bes. Br. 'an·ti₁the·a·tre s 'Antithe₁ater n.
an·tith·e·sis [æn'tɪθɪsɪs] pl -ses [-siːz] s Anti'these f: a) philos. Gegensatz m, b) 'Widerspruch m (of, between, to zu). ‚an·ti'thet·ic [-'θetɪk] adj; ‚an·ti-'thet·i·cal adj (adv ~ly) anti'thetisch, gegensätzlich, im 'Widerspruch stehend.
an'tith·e·size [-saɪz] v/t in Gegensätzen ausdrücken, in 'Widerspruch bringen.
'an·ti·torque mo·ment → antitwisting moment.
‚an·ti'tox·in s med. Antito'xin n, Gegengift n.
‚an·ti'trades s pl meteor. 'Gegenpas₁sat(winde pl) m.
'an·ti₁trig·o·no'met·ric adj math. in-'verstrigono₁metrisch, zyklo'metrisch.
an·ti·trope ['æntɪtrəʊp] s zo. Körperteil, der mit e-m anderen sym'metrisch ist.
‚an·ti'trust adj econ. kar'tell- u. mono-'polfeindlich: ~ laws Antitrustgesetze.
‚an·ti'twist·ing mo·ment s phys. 'Gegen₁drehmo₁ment n.
'an·ti·type s bes. relig. Gegenbild n, Anti'typ(us) m.
‚an·ti'un·ion adj Am. gewerkschaftsfeindlich.
‚an·ti'ven·in [-'venɪn] s med. Schlangenserum n.
'an·ti·world s Antiwelt f.
ant·ler ['æntlə(r)] s zo. 1. Geweihsprosse f. 2. pl Geweih n. 'ant₁lered adj Geweih tragend.
ant li·on s zo. Ameisenlöwe m.
an·to·nym ['æntəʊnɪm; -tənɪm] s ling. Anto'nym n.
an·trum ['æntrəm] pl -tra [-ə] (Lat.) s anat. Höhlung f.
a·nu·cle·ar [eɪ'njuːklɪə(r); Am. a. -'nuː-], a'nu·cle·ate [-ət, -eɪt] adj biol. phys. kernlos.
A num·ber 1 Am. → A 1 2.
an·u·re·sis [ˌænjʊ'riːsɪs; Am. a. ænə'r-], an·u·ri·a [ə'njʊərɪə; Am. a. ə'nʊrɪə] s med. Anu'rie f, U'rinverhaltung f.
a·nus ['eɪnəs] s anat. Anus m, After m.
an·vil ['ænvɪl] s 1. Amboß m: to be on the ~ fig. a) in Arbeit od. in Vorbereitung sein, b) zur Debatte stehen; between hammer and ~ fig. zwischen Hammer u. Amboß. 2. anat. Amboß m (Knochen im Ohr). 3. tech. Amboßfläche f: ~ of a ga(u)ge. ~ block s tech. Amboßstock m. ~ chis·el s tech. (Ab)Schrotmeißel m. ~ e·lec·trode s electr. 'Amboßelek₁trode f.
anx·i·e·ty [æŋ'zaɪətɪ; æŋg-] s 1. Angst f, Ängstlichkeit f, Unruhe f, Besorgnis f, Sorge f (about, for wegen gen, um). 2. med. psych. Beängstigung f, Beklemmung f: ~ dream Angsttraum m; ~ neurosis Angstneurose f; ~ state Angstzustand m. 3. Exi'stenzangst f. 4. starkes Verlangen (for nach).
anx·ious ['æŋkʃəs; -ŋʃ-] adj (adv ~ly) 1. ängstlich, bange, besorgt, unruhig: to be ~ for (od. about) s.th. wegen od. um etwas besorgt sein. 2. fig. (for, to inf) begierig (auf acc, zu inf), (ängstlich) bedacht (auf acc, darauf zu inf), bestrebt (zu inf): ~ for his report auf s-n Bericht gespannt; I am ~ to know ich möchte gern wissen; I am very ~ to see him mir

liegt viel daran, ihn zu sehen; **he is ~ to please** er gibt sich alle Mühe, es allen recht zu machen. **~ bench, ~ seat** *s relig.* Sünderbank *f* (*in e-r Erweckungsversammlung*): **to be on the ~** *fig.* wie auf (glühenden) Kohlen sitzen, Blut u. Wasser schwitzen.

an·y ['enɪ] **I** *adj* **1.** (*in Frage- u. Verneinungssätzen*) (irgend)ein(e), einige *pl,* (irgend)welche *pl,* etwaige *pl,* etwas: **not ~** (gar) keine; **is there ~ hope?** besteht noch irgendwelche Hoffnung?; **have you ~ money on you?** haben Sie Geld bei sich?; **I cannot eat ~ more** ich kann nichts mehr essen; **there wasn't ~ milk in the house** es war keine Milch *od.* kein Tropfen Milch im Hause. **2.** (*in bejahenden Sätzen*) jeder, jede, jedes (beliebige), jeglich(er, e, es): **~ of these books will do** jedes dieser Bücher genügt (für den Zweck); **~ cat will scratch** jede Katze kratzt; **~ number of** jede *od.* e-e Menge von (*od. gen*); **~ amount** jede (beliebige) Menge, ein ganzer Haufen; **~ person who** ... jeder, der ...; *bes. jur.* wer ...; **at ~ time** zu jeder Zeit, jederzeit; **under ~ circumstances** unter allen Umständen. **II** *pron sg u. pl* **3.** irgendein(er, e, es), irgendwelche *pl*: **if there be ~ ...** sollten irgendwelche ... sein; **no money and no prospect of ~** kein Geld u. keine Aussicht auf welches. **III** *adv* **4.** irgend(wie), ein wenig, etwas, (nur) noch, (noch) etwas: **is he ~ happier now?** ist er denn jetzt glücklicher?; **~ more?** noch (etwas) mehr?; **not ~ more than** ebensowenig wie; **have you ~ more to say?** haben Sie noch (irgend) etwas zu sagen?; **~ old how** *colloq.* achtlos; → **if** 1, **old** 12. **5.** *Am.* (*in negativen Sätzen*) gar (*nicht*), überhaupt (*nicht*): **this didn't help matters ~** das nützte (der Sache) überhaupt nichts; **he didn't mind that ~** das hat ihm gar nichts ausgemacht.

'**an·y,bod·y** *pron u. s* **1.** irgend jemand, irgendeine(r), ein beliebiger, e-e beliebige: **is he ~ at all?** *fig.* ist er denn überhaupt ,wer'?; **ask ~ you meet** frage den ersten besten, den du triffst. **2.** jeder (-mann): **~ who** jeder, der; wer; **hardly ~** kaum jemand, fast niemand; **not ~** niemand, keiner; **~ but you** jeder andere eher als du.

'**an·y·how** *adv* **1.** irgendwie, auf irgendeine Art u. Weise, so gut wie's geht, schlecht u. recht. **2.** trotzdem, jedenfalls, sowie'so, immer'hin: **I'm going there ~** ich gehe sowieso hin. **3.** wie dem auch sei, auf alle Fälle, jedenfalls.

'**an·y·one** → anybody.

'**an·y·thing I** *pron u. s* **1.** (irgend)etwas, etwas Beliebiges: **not for ~** um keinen Preis; **not ~** (gar *od.* überhaupt) nichts; **he is (as) drunk as ~** *colloq.* er ist ,blau wie ein Veilchen'; **for ~ I know** soviel ich weiß. **2.** alles(, was es auch sei): **~ but** alles andere als. **II** *adv* **3.** irgend(wie), etwas, über'haupt, in gewissem Maße: **if ~** a) wenn überhaupt, höchstens, b) womöglich; **he is a little better if ~** es geht ihm etwas besser, wenn man von Besserung reden kann.

'**an·y·way** → anyhow.

'**an·y·ways** *obs. od. colloq.* → anyhow.

'**an·y·where** *adv* **1.** irgendwo, -woher, -wohin: **not ~** nirgendwo(hin); **hardly ~** fast nirgends; **~ from 10 to 30 minutes** *Am.* etwa zwischen 10 u. 30 Minuten; → **get** 24. **2.** 'überall: **from ~** von überall her.

'**an·y·wise** *adv* **1.** → anyhow 1. **2.** 'überhaupt.

An·zac ['ænzæk] *s colloq.* Angehörige(r) *m* der au'stralischen u. neu'seeländischen Truppen (*bes. im ersten Weltkrieg; aus* Australian and New Zealand Army Corps).

A one → A 1.

a·o·rist ['eərɪst; 'eɪə-] *ling.* **I** *adj* ao'ristisch: **~ tense** → II. **II** *s* Ao'rist *m*.

a·or·ta [eɪ'ɔː(r)tə] *pl* **-tas, -tae** [-tiː] *s anat.* A'orta *f,* Hauptschlagader *f.*

a·pace [ə'peɪs] *adv* schnell, rasch.

A·pach·e [ə'pætʃɪ] *s* **1.** *pl* **-es** *od.* **-e** A'pache *m,* A'patsche *m* (*Indianer*). **2.** *ling.* A'pache *n* (*athapaskische Sprache*). **3.** a**~** [ə'pæʃ] A'pache *m,* 'Unterweltler *m* (*bes. in Paris*): **a~ dance** Apachentanz *m*.

ap·a·nage → appanage.

a·part [ə'pɑː(r)t] *adv* **1.** einzeln, für sich, besonders, (ab)gesondert (from von), getrennt, ausein'ander: **to grow ~** *fig.* sich auseinanderleben; **they started to grow ~** ihre Wege trennten sich; **to live ~** getrennt leben; **to lie far ~** weit auseinander liegen; **~ from** abgesehen von; **a topic ~** ein Thema für sich; → **keep** 8, **take apart,** **tell** 8. **2.** abseits, bei'seite: → **joking** II, **set apart.**

a·part·heid [ə'pɑː(r)theɪt; -haɪt] *s* **1.** A'partheid *f,* (Poli'tik *f* der) Rassentrennung *f* (*in Südafrika*). **2.** *fig.* Abgeschlossenheit *f,* Exklusivi'tät *f.*

a·part·ho·tel [ə'pɑːthəʊˌtel] *s Br.* Eigentumswohnanlage, deren Wohneinheiten bei Abwesenheit der Eigentümer als Hotelsuiten vermietet werden.

a·part·ment [ə'pɑː(r)tmənt] *s* **1.** Raum *m,* Zimmer *n.* **2.** *bes. Am.* (E'tagen-) Wohnung *f.* **3.** a) *Br.* große Luxuswohnung, b) *pl bes. Br.* (*bes.* Ferien)Wohnung *f.* **4.** → **apartment house. ~ building** → **apartment house. ~ hotel** *s Am.* Apparte'mentho,tel *n.* **~ house** *s Am.* Wohnhaus *n.*

ap·a·thet·ic [ˌæpə'θetɪk] *adj* (*adv* **~ally**) a'pathisch, teilnahmslos, gleichgültig.

ap·a·thy ['æpəθɪ] *s* Apa'thie *f,* Teilnahmslosigkeit *f,* Gleichgültigkeit *f* (to gegen'über).

ape [eɪp] **I** *s* **1.** *zo.* (*bes. Menschen*)Affe *m.* **2.** *fig.* Nachäffer *m.* **3.** *Am. colloq.* ,Go'rilla' *m* (*bulliger, ungeschickter od. grober Mensch*). **II** *adj* **4. to go ~** *bes. Am. colloq.* a) ,aus dem Häus-chen geraten', b) ,durchdrehen', ,überschnappen'. **III** *v/t* **5.** nachäffen. '**~man** [-mæn] *s irr* Affenmensch *m*.

a·pep·sia [ə'pepsɪə; ə-; *Am.* eɪ-; *a.* -ʃə], **a'pep·sy** [-sɪ] *s med.* Apep'sie *f,* mangelhafte Verdauung, Verdauungsstörung *f.*

a·pe·ri·ent [ə'pɪərɪənt] *med. pharm.* **I** *adj* abführend. **II** *s* Abführmittel *n*.

a·pe·ri·od·ic [ˌeɪpɪərɪ'ɒdɪk; *Am.* -'ɑd-] *adj* **1.** a. *electr.* 'aperi,odisch: **~ circuit**. **2.** *tech.* schwingungsfrei. **3.** *electr. phys.* (eigen)gedämpft: **~ instrument**.

a·pé·ri·tif [ɑː,perɪ'tiːf; ə'perɪtɪf] *s* Aperi'tif *m*.

a·per·i·tive [ə'perətɪv] → aperient.

ap·er·ture ['æpə(r)tjʊə(r); -ˌtʃʊə(r); -tʃə(r)] *s* **1.** Öffnung *f,* Schlitz *m,* Loch *n.* **2.** *phot. phys.* licht. Blende *f:* **~ angle** (*Radar*) Bündelbreite *f.* **3.** *TV* Linsenöffnung *f:* **~ lens** Lochscheibenlinse *f.* **4.** ('Film)Projekti,onsfenster *n.* **5.** *anat.* Aper'tur *f,* Ostium *n.* **6.** *zo.* Mündung *f.*

ap·er·y ['eɪpərɪ] *s* **1.** Nachäffe'rei *f.* **2.** alberner Streich, ,Blödsinn' *m*.

a·pet·al·ous [eɪ'petələs] *adj bot.* ohne Blütenblätter, blumenblattlos.

a·pex ['eɪpeks] *pl* '**a·pex·es** *od.* **a·pi·ces** ['eɪpɪsiːz; 'æp-] *s* **1.** (*Kegel- etc, a. anat. Herz-, Lungen- etc*)Spitze *f,* Gipfel *m,* Scheitel(punkt) *m:* **to go base over ~** *colloq.* sich überschlagen. **2.** *fig.* Gipfel *m,* Höhepunkt *m.*

a·phaer·e·sis [æ'fɪərɪsɪs; *Am. bes.* ə'ferə-] *s ling.* Aphä'rese *f* (*Abfall e-s Buchstabens od. e-r unbetonten Silbe am Wortanfang*).

a·pha·si·a [ə'feɪzɪə; *bes. Am.* -ʒɪə; -ʒə] *s med.* Apha'sie *f* (*Verlust des Sprechvermögens od. Sprachverständnisses infolge Erkrankung des Sprachzentrums im Gehirn*).

aph·e·li·on [æ'fiːlɪən] *pl* **-li·a** [-lɪə] *s* **1.** *astr.* A'phel(ium) *n.* **2.** *fig.* entferntester Punkt.

a·pher·e·sis → aphaeresis.

aph·e·sis ['æfɪsɪs] *s ling.* all'mählicher Verlust e-s unbetonten 'Anfangsvo,kals. '**aph·e·tize** *v/t* ein Wort um den 'Anfangsvo,kal kürzen.

a·phid ['eɪfɪd; 'æfɪd], *a.* '**a·phis** [-fɪs] *pl* **aph·i·des** ['æfɪdiːz] *s zo.* Blattlaus *f.*

a·phon·ic [eɪ'fɒnɪk; *Am.* -'fɑ-; -'foʊ-] *adj* **1.** stumm. **2.** *ling.* stimmlos.

aph·o·rism ['æfərɪzəm] *s* Apho'rismus *m,* Gedankensplitter *m.* **aph·o'ris·tic** *adj* (*adv* **~ally**) apho'ristisch.

a·pho·tic [eɪ'fɒtɪk; *Am.* -'foʊ-] *adj* lichtlos, a'photisch.

a·phra·si·a [ə'freɪzɪə; *bes. Am.* -ʒɪə; -ʒə] *s psych.* Aphra'sie *f:* a) *Unvermögen, richtige Sätze zu bilden,* b) *krankhafte Weigerung zu reden.*

aph·ro·dis·i·ac [ˌæfrəʊ'dɪzɪæk; -frə'd-] **I** *adj* **1.** *med. pharm.* aphro'disisch, den Geschlechtstrieb steigernd. **2.** e'rotisch, erregend. **II** *s* **3.** *med. pharm.* Aphrodi'siakum *n.*

aph·tha ['æfθə] *pl* **-thae** [-θiː] *s med.* Aphthe *f,* Mundschwamm *m.*

a·phyl·lous [eɪ'fɪləs] *adj bot.* blattlos.

a·pi·an ['eɪpɪən; -pɪən] *adj* **1.** Bienen... **2.** bienenartig.

a·pi·ar·i·an [ˌeɪpɪ'eərɪən] *adj* die Bienen(zucht) betreffend, Bienen... **a·pi·a·rist** ['eɪpɪərɪst] *s* Bienenzüchter *m,* Imker *m.* **a·pi·ar·y** ['eɪpɪərɪ; *Am.* 'eɪpɪˌerɪ] *s* Bienenhaus *n.*

ap·i·cal ['æpɪkl; *bes. Am.* 'eɪ-] *adj* (*adv* **~ly**) **1.** *anat. biol. med.* die Spitze betreffend, Apikal..., Spitzen...: **~ pneumonia** *med.* Lungenspitzenkatarrh *m.* **2.** *math.* an der Spitze (befindlich): **~ angle**.

a·pi·ces ['eɪpɪsiːz; 'æp-] *pl von* apex.

a·pi·cul·ture ['eɪpɪkʌltʃə(r)] *s* Bienenzucht *f,* Imke'rei *f.*

a·piece [ə'piːs] *adv* **1.** für jedes *od.* pro Stück, je: **20 cents ~**. **2.** für jeden, pro Kopf, pro Per'son: **he gave us £5 ~** er gab jedem von uns 5 Pfund.

ap·ish ['eɪpɪʃ] *adj* (*adv* **~ly**) **1.** affenartig. **2.** *fig.* nachäffend. **3.** *fig.* äffisch.

ap·la·nat ['æplənæt] *s phot. phys.* Apla'nat *m.* **ˌap·la'nat·ic** [-'nætɪk] *adj phot. phys.* apla'natisch.

a·pla·si·a [ə'pleɪzɪə; *bes. Am.* -ʒɪə; -ʒə] *s biol. med.* Apla'sie *f* (*angeborenes Fehlen e-s Gliedes od. Organs*).

a·plen·ty [ə'plentɪ] **I** *adj* (*nachgestellt*) viel(e), jede Menge, haufenweise: **food ~**. **II** *adv* e-e Menge, viel: **he works ~**.

ap·lite ['æplaɪt] *s geol.* A'plit *m* (*aus Feldspat u. Quarz bestehendes Ganggestein*).

a·plomb [ə'plɒm; ə'plʌm] *s* **1.** senkrechte *od.* lotrechte Richtung *f,* Lage. **2.** *fig.* A'plomb *m,* (selbst)sicheres *od.* selbstbewußtes Auftreten.

ap·no(e)·a [æp'nɪə; -'niːə; *Am. bes.* 'æpnɪə] *s med.* Ap'noe *f,* Atemstillstand *m,* -lähmung *f.*

A·poc·a·lypse [ə'pɒkəlɪps; *Am.* ə'pɑ-] *s* **1.** *Bibl.* Apoka'lypse *f,* Offen'barung *f* Jo'hannis. **2.** a**~** *fig.* Enthüllung *f,* Offen'barung *f.* **3.** a**~** *fig.* Unheil *n.*

A·poc·a·lyp·tic [əˌpɒkə'lɪptɪk; *Am.* əˌpɑ-] *adj;* **aˌpoc·a'lyp·ti·cal** [-kl] *adj* (*adv* **~ly**) **1.** apoka'lyptisch, nach Art der Offen'barung Jo'hannis. **2.** *fig.* dunkel, rätselhaft, geheimnisvoll. **3.** *fig.* unheilkündend.

ap·o·car·pous [ˌæpəʊˈkɑː(r)pəs; -pəˈk-] *adj bot.* apoˈkarp, mit getrennten Fruchtblättern.
a·poc·o·pate [əˈpɒkəʊpeɪt; -kəp-; *Am.* -ˈpɑ-] *v/t ein Wort* apokoˈpieren (*am Ende verkürzen*). **a·poc·o·pe** [əˈpɒkəʊpɪ; -kəpɪ; *Am.* -ˈpɑ-] *s ling.* Aˈpokope *f*, Endverkürzung *f*.
A·poc·ry·pha [əˈpɒkrɪfə; *Am.* -ˈpɑ-] *s pl* (*oft als sg mit pl* **-phas** *behandelt*) **1.** *Bibl.* Apoˈkryphen *pl.* **2.** a∼ apoˈkryph(isch)e Schriften *pl.* **aˈpoc·ry·phal** [-fl] *adj* apoˈkryph(isch), von zweifelhafter Verfasserschaft, unecht.
ap·od [ˈæpɒd; *Am.* -ad] **I** *adj* **1.** *zo.* fußlos. **2.** *ichth.* ohne Bauchflossen. **II** *s* **3.** *zo.* fußloses Tier. **4.** *ichth.* Kahlbauch *m*.
ap·o·dal [ˈæpədl] → apod I.
ap·o·deic·tic [ˌæpəʊˈdaɪktɪk; -pəˈd-], **ˌap·oˈdic·tic** [-ˈdɪktɪk] *adj* (*adv* ∼**ally**) apoˈdiktisch, ˈunwiderˌlegbar.
ap·o·gee [ˈæpəʊdʒi:; -pə-] *s* **1.** *astr.* Apoˈgäum *n* (*größte Erdferne des Mondes*). **2.** *fig.* Gipfel *m*, Höhepunkt *m*.
a·po·lit·i·cal [ˌeɪpəˈlɪtɪkl] *adj* ˈunpoˌlitisch, an Poliˈtik ˈuninteresˌsiert.
a·pol·o·get·ic [əˌpɒləˈdʒetɪk; *Am.* əˌpɑ-] **I** *adj* (*adv* ∼**ally**) **1.** rechtfertigend, Verteidigungs... **2.** entschuldigend, Entschuldigungs... **3.** reumütig, kleinlaut. **4.** schüchtern. **II** *s* **5.** Verteidigung *f*, Entschuldigung *f*. **6.** *bes. pl* (*meist als sg konstruiert*) *relig.* Apoloˈgetik *f*. **aˌpol·oˈget·i·cal** [-kl] *adj* (*adv* ∼**ly**) → apologetic I.
ap·o·lo·gi·a [ˌæpəˈləʊdʒɪə; -dʒə] *s* Apoloˈgie *f*: a) Verteidigung *f*, Rechtfertigung *f* (*e-r Lehre, Überzeugung etc*), b) Verteidigungsschrift *f*.
a·pol·o·gist [əˈpɒlədʒɪst; *Am.* əˈpɑ-] *s* **1.** Verteidiger *m*. **2.** *relig.* Apoloˈget *m*.
a·pol·o·gize [əˈpɒlədʒaɪz; *Am.* əˈpɑ-] *v/i* **1. to** ∼ **to s.o.** (**for s.th.**) sich bei j-m (für etwas) entschuldigen, j-n (für etwas) um Entschuldigung *od.* Verzeihung bitten, j-m (für etwas) Abbitte tun *od.* leisten. **2.** sich verteidigen *od.* rechtfertigen.
ap·o·logue [ˈæpəlɒg; *Am. a.* -ˌlɑg] *s* **1.** Apoˈlog *m*, moˈralische Fabel. **2.** Gleichnis *n*.
a·pol·o·gy [əˈpɒlədʒɪ; *Am.* əˈpɑ-] *s* **1.** Entschuldigung *f*: **in** ∼ **for** zur *od.* als Entschuldigung für; **to make** (*od.* **offer**) **s.o. an** ∼ (**for s.th.**) → apologize 1; **to send one's apologies** sich entschuldigen lassen; **letter of** ∼ Entschuldigungsschreiben *n*. **2.** Verteidigung *f*, Rechtfertigung *f*. **3.** → apologia. **4.** *colloq.* minderwertiger Ersatz (**for** für): **an** ∼ **for a meal** ein armseliges Essen.
a·poop, *a.* **a-poop** [əˈpu:p] *adv u. pred adj mar.* achtern, hinten.
ap·o·phthegm → apothegm.
a·poph·y·sis [əˈpɒfɪsɪs; *Am.* əˈpɑ-] *pl* **-ses** [-si:z] *s* **1.** *anat.* Apoˈphyse *f*, Knochenfortsatz *m*. **2.** *biol.* a) Anhang *m*, b) Ansatz *m*. **3.** *geol.* a) Ausläufer *m e-s* Ganges *od.* Stocks, b) Ausstülpung *f*, c) Trum *m, n*.
ap·o·plec·tic [ˌæpəʊˈplektɪk] **I** *adj* (*adv* ∼**ally**) **1.** *med.* apoˈplektisch: ∼ **stroke** (*od.* **fit**) → apoplexy, b) zu Schlaganfällen neigend. **2. to be** ∼ *colloq.* vor Wut fast platzen. **II** *s* **3.** *med.* Apoˈplektiker(in): a) j-d, der zu Schlaganfällen neigt, b) j-d, der an den Folgen e-s Schlaganfalls leidet.
ap·o·plex·y [ˈæpəʊpleksɪ] *s med.* Apopleˈxie *f*, Schlaganfall *m*, Gehirnschlag *m*.
ap·o·si·o·pe·sis [ˌæpəʊsaɪəʊˈpi:sɪs] *s rhet.* Aposioˈpese *f* (*bewußter Abbruch der Rede od. e-s begonnenen Gedankens vor der entscheidenden Aussage*).
a·pos·ta·sy [əˈpɒstəsɪ; *Am.* əˈpɑ-] *s* Apostaˈsie *f*, Abfall *m*, Abtrünnigkeit *f* (*vom Glauben, von e-r Partei etc*). **a·pos·tate** [əˈpɒsteɪt; -tɪt; *Am.* əˈpɑ-] **I** *s* Apoˈstat *m*, Abtrünnige(r *m*) *f*, Reneˈgat *m*. **II** *adj* abtrünnig. **aˈpos·ta·tize** [-tətaɪz] *v/i* **1.** abfallen (**from** von). **2.** abtrünnig *od.* untreu werden (**from** dat). **3.** ˈübergehen (**from** ... **to** von ... zu).
a pos·te·ri·o·ri [ˈeɪpɒsˌterɪˈɔːraɪ; *Am. bes.* ˈɑːpəʊˌstɪrɪˈəʊriː] *adj u. adv philos.* **1.** a posteriˈori, von der Wirkung auf die Ursache schließend, indukˈtiv. **2.** aposteriˈorisch, emˈpirisch.
a·pos·til [əˈpɒstɪl; *Am.* əˈpɑ-] *s* Apoˈstille *f*, Randbemerkung *f*.
a·pos·tle [əˈpɒsl; *Am.* əˈpɑsəl] *s* **1.** *relig.* Aˈpostel *m*: **A**∼**s' Creed** Apostolisches Glaubensbekenntnis. **2.** *fig.* Aˈpostel *m*, Vorkämpfer(in), Verfechter(in). **aˈpos·tle·ship**, **a·pos·to·late** [əˈpɒstəʊlət; *Am.* əˈpɑstəˌleɪt] *s* Apostoˈlat *n*, Aˈpostelamt *n*, -würde *f*.
ap·os·tol·ic [ˌæpəˈstɒlɪk; *Am.* -ˈstɑ-] *adj* (*adv* ∼**ally**) *relig.* **1.** apoˈstolisch: ∼ **succession** apostolische Sukzession *od.* Nachfolge; **A**∼ **Fathers** apostolische Väter. **2.** päpstlich: → see[2] 1, vicar 3. **ˌap·osˈtol·i·cal** *adj* (*adv* ∼**ly**) → apostolic.
a·pos·tro·phe [əˈpɒstrəfɪ; *Am.* əˈpɑ-] *s* **1.** *rhet.* Aˈpostrophe *f*, feierliche Anrede (*an e-e Person od. Sache außerhalb des Publikums*). **2.** *bot.* Aˈpostrophe *f* (*Ansammlung von Chlorophyllkörnern*). **3.** *ling.* Apoˈstroph *m*. **aˈpos·tro·phize** [-faɪz] *v/t* apostroˈphieren: a) *rhet.* feierlich anreden, b) *ling.* mit e-m Apoˈstroph versehen.
a·poth·e·car·y [əˈpɒθəkərɪ; *Am.* əˈpɑθəˌkerɪ] *s obs.* **1.** Apoˈtheker *m*: **apothecaries' weight** Apothekergewicht *n*. **2.** Droˈgist *m*.
ap·o·thegm [ˈæpəθem] *s* Apoˈphthegma *n* (*Sinnspruch*).
a·poth·e·o·sis [əˌpɒθɪˈəʊsɪs; *Am.* əˌpɑ-] *pl* **-ses** [-si:z] *s* **1.** Apotheˈose *f*: a) Vergöttlichung *f*, b) *fig.* Verherrlichung *f*, -götterung *f*. *fig.* Krone *f*, Ideˈal *n*: **the** ∼ **of womanhood**.
a·poth·e·o·size [əˈpɒθɪəʊsaɪz; *Am.* əˈpɑ-] *v/t* **1.** vergöttlichen. **2.** *fig.* verherrlichen.
ap·o·tro·pa·ic [ˌæpəʊtrəˈpeɪɪk] *adj* apotroˈpäisch, Unheil abwehrend (*Zaubermittel*).
ap·pal, *Am. a.* **ap·pall** [əˈpɔːl] *v/t* erschrecken, entsetzen: **to be** ∼**led at** entsetzt sein über (*acc*). **apˈpal·ling** *adj* erschreckend, entsetzlich.
ap·pa·nage [ˈæpənɪdʒ] *s* **1.** Apaˈnage *f* (*e-s Prinzen*). **2.** abhängiges Gebiet. **3.** *fig.* Merkmal *n*.
ap·pa·ra·tus [ˌæpəˈreɪtəs; *Am. bes.* -ˈrætəs] *pl* **-tus, -tus·es** *s* **1.** a) Appaˈrat *m*, Gerät *n*, Vorrichtung *f*, b) *collect.* Appaˈrate *pl.* **2.** Appaˈratur *f*, Maschineˈrie *f* (*beide a. fig.*), Hilfsmittel *n*. **3.** *biol.* Syˈstem *n*, Appaˈrat *m*: **respiratory** ∼ Atmungsapparat, Atemwerkzeuge *pl.* **4.** *sport* Turn-, Übungsgerät *n*: ∼ **work** Geräteturnen *n*. ∼ **crit·i·cus** [ˈkrɪtɪkəs] (*Lat.*) *s* **1.** Appaˈrat *m* (*zs.-gestellte einschlägige Literatur*). **2.** kritischer Appaˈrat, Variˈanten *pl*, Lesarten *pl* (*in e-r wissenschaftlichen Textausgabe*).
ap·par·el [əˈpærəl] **I** *v/t pret u. pp* **-eled**, *bes. Br.* **-elled 1.** *obs. od. poet.* a) (be-)kleiden, b) *fig.* ausstatten, schmücken. **II** *s* **2.** Kleidung *f*, Gewand *n*, Tracht *f*. **3.** *fig.* Schmuck *m*, Gewand *n*, Kleid *n*. **4.** Stickeˈrei *f*.
ap·par·ent [əˈpærənt] *adj* (*adv* ∼**ly**) **1.** sichtbar: ∼ **defects**. **2.** offenbar, offensichtlich, einleuchtend, ersichtlich, klar (**to s.o.** j-m), augenscheinlich: **to be** ∼ **from** hervorgehen aus; **with no** ∼ **reason** ohne ersichtlichen Grund. **3.** a) anscheinend, b) *a. electr. phys.* scheinbar, Schein...(-*frequenz, -leistung, -strom etc*): ∼ **motion** (*Radar*) relative Bewegung; → horizon 1.
ap·pa·ri·tion [ˌæpəˈrɪʃn] *s* **1.** Erscheinen *n u.* Sichtbarwerden *n* (*a. astr.*). **2.** Erscheinung *f*, Gespenst *n*, Geist *m*. **3.** Gestalt *f*, (plötzliche *od.* unerwartete) Erscheinung. **ˌap·paˈri·tion·al** [-ʃənl] *adj* geister-, schemenhaft.
ap·par·i·tor [əˈpærɪtɔː; *bes. Am.* -tə(r)] *s obs.* **1.** Gerichts-, Ratsdiener *m*. **2.** Herold *m*.
ap·pas·sio·na·to [əˌpæsjəˈnɑːtəʊ; *Am.* ɑːˌpɑːsɪə-] *adv u. adj mus.* appassioˈnato, leidenschaftlich.
ap·peal [əˈpiːl] **I** *v/t* **1.** *jur.* a) Berufung *od.* Rechtsmittel *od.* Revisiˈon einlegen gegen, b) *Am.* anklagen. **II** *v/i* **2.** *jur.* Berufung *od.* Rechtsmittel *od.* Revisiˈon einlegen, in die Berufung gehen, *a. allg.* Einspruch erheben, Beschwerde einlegen (**against**, *jur. meist* **from** gegen; **to** bei): **the decision** ∼**ed from** die angefochtene Entscheidung. **3.** (**to**) appelˈlieren *od.* sich wenden (**an** *acc*), (*j-n od. etwas*) anrufen: **to** ∼ **to the country** *pol. Br.* (das Parlament auflösen u.) Neuwahlen ausschreiben. **4.** ∼ **to** sich berufen auf (*acc*): **to** ∼ **to history** die Geschichte als Zeugen anrufen. **5.** (**to**) Gefallen *od.* Anklang finden (**bei**), gefallen, zusagen (*dat*), wirken (**auf** *acc*), anziehen, reizen (*acc*). **6.** ∼ **to** *j-n* dringend bitten (**for um**). **III** *s* **7.** *jur.* Rechtsmittel *n* (**from**, **against** gegen): a) Berufung *f*, Revisiˈon *f*, b) (Rechts)Beschwerde *f*, c) Einspruch *m*: **court of** ∼ Berufungs-, Revisionsgericht *n od.* -instanz *f*; **judg(e)ment on** ∼ Berufungsurteil *n*; **stages of** ∼ Instanzenweg *m*; **to allow an** ∼ e-r Berufung *etc* stattgeben; **to file** (*od.* **lodge**) **an** ∼ **with**, **to give notice of** ∼ **to** Berufung *etc* einlegen bei (**from**, **against** gegen); (**no**) ∼ **lies** (**from**) die Berufung findet (nicht) statt (gegen); **the decision under** ∼ → criminal 2. **8.** Berufung *f* (**to** *auf acc*). **9.** Verweisung *f* (**to an** *acc*). **10.** *fig.* (**to**) Apˈpell *m* (**an** *acc*), Aufruf *m* (*gen od.* **an** *acc*): ∼ **to the country** *pol. Br.* (Auflösung *f* des Parlaments u.) Ausschreibung *f* von Neuwahlen; ∼ **to reason** Appell an die Vernunft; **to make an** ∼ **to** appellieren an (*acc*); ∼ **for mercy** Gnadengesuch *n*. **11.** *fig.* (flehentliche *od.* dringende) Bitte (**to an** *acc*; **for** um). **12.** *fig.* Anziehung(skraft) *f*, Zugkraft *f*, Wirkung *f* (**to** *auf acc*), Anklang *m* (**to** bei): ∼ **to customers** *econ.* Anziehungskraft auf Kunden. **apˈpeal·a·ble** *adj jur.* berufungs-, revisiˈons-, beschwerdefähig: **the decision is** ∼ gegen die Entscheidung kann Berufung eingelegt werden. **apˈpeal·ing** *adj* (*adv* ∼**ly**) **1.** bittend, flehend. **2.** ansprechend, reizvoll, gefällig.
ap·pear [əˈpɪə(r)] *v/i* **1.** erscheinen (*a. fig. auf e-m Konto etc*), sichtbar werden, sich zeigen, (*a.* öffentlich) auftreten: **to** ∼ **in public** sich in der Öffentlichkeit zeigen; **to** ∼ **on television** im Fernsehen auftreten. **2.** (*vor Gericht*) erscheinen, sich einlassen (**in an action** auf e-e Klage): **to** ∼ **against s.o.** gegen j-n (vor Gericht) auftreten; **to** ∼ **by counsel** sich durch e-n Anwalt vertreten lassen; **to** ∼ **for s.o.** j-n (als Anwalt) vor Gericht vertreten. **3.** scheinen, den Anschein haben, aussehen, wirken, j-m vorkommen: **it** ∼**s to me you are right** mir scheint, Sie haben recht; **he** ∼**ed calm** er war äußerlich ruhig. **4.** sich ergeben *od.* herˈausstellen, herˈvorgehen: **it** ∼**s from this** hieraus

ergibt sich *od.* geht hervor; **it does not ~ that** es liegt kein Anhaltspunkt dafür vor, daß. **5.** erscheinen, her'auskommen (*Bücher etc*).
ap·pear·ance [ə'pɪərəns] *s* **1.** Erscheinen *n*: **public ~** Auftreten *n* in der Öffentlichkeit. **2.** Auftreten *n*, Vorkommen *n*. **3.** *jur.* Erscheinen *n* (vor Gericht), Einlassung *f*: **to enter an ~** sich auf die Klage einlassen. **4.** (äußere) Erscheinung, Aussehen *n*, (*das*) Äußere. **5.** (Na-'tur)Erscheinung *f*, (-)Phäno₁men *n*. **6.** *meist pl* äußerer Schein, (An)Schein *m*: **~s are against him der** (Augen)Schein spricht gegen ihn. **7.** *philos.* Erscheinung *f*. **8.** → **apparition** 2. **9.** Veröffentlichung *f*, Erscheinen *n*.
Besondere Redewendungen:
at first ~ beim ersten Anblick; **in ~** anscheinend, dem Anschein nach; **to all ~(s)** allem Anschein nach; **~s are deceptive der** Schein trügt; **there is every ~ that** es hat ganz den Anschein, als ob; **to keep up** (*od.* **save**) **~s** den Schein wahren; **to make** (*od.* **put in**) **one's ~** sich zeigen, erscheinen, sich einstellen, auftreten; **to make an ~ on television** im Fernsehen auftreten; **to put in an ~** (persönlich) erscheinen; → **sake¹**.
ap·pease [ə'piːz] *v/t* **1.** *j-n od. j-s Zorn etc* besänftigen, beschwichtigen. **2.** *e-n Streit* schlichten, beilegen. **3.** *Leiden* mildern. **4.** *den Durst etc* stillen, *s-e Neugier* befriedigen. **5.** *pol.* (durch Zugeständnisse *od.* Nachgiebigkeit) beschwichtigen.
ap'pease·ment *s* **1.** Besänftigung *f*, Beschwichtigung *f*. **2.** Stillung *f*, Befriedigung *f*. **3.** *pol.* Beschwichtigung *f*: (**policy of**) **~** Beschwichtigungspolitik *f*.
ap'peas·er *s* **1.** Besänftiger *m*. **2.** *pol.* Be'schwichtigungspo₁litiker *m*.
ap·pel·lant [ə'pelənt] **I** *adj* **1.** appel'lierend, bittend. **2.** *jur.* in zweiter In'stanz klagend, beschwerdeführend. **II** *s* **3.** *jur.* a) Berufungskläger(in), b) Beschwerdeführer(in). **4.** *fig.* Bittsteller(in).
ap·pel·late [ə'pelət] *adj jur.* Rechtsmittel..., Berufungs..., Revisions..., Beschwerde..., (*nachgestellt*) zweiter In-'stanz: **~ court**; **~ judge** Berufungsrichter *m*; **~ jurisdiction** Zuständigkeit *f* in der Rechtsmittelinstanz.
ap·pel·la·tion [ˌæpə'leɪʃn] *s* Benennung *f*, Name *m*, Bezeichnung *f*.
ap·pel·la·tive [ə'pelətɪv] *bes. ling.* **I** *adj* appella'tiv, benennend, Gattungs...: **~ name** → **II. II** *s* Appella'tiv *n*, Gattungsname *m*.
ap·pel·lee [ˌæpe'liː; -pə-] *s jur.* Berufungs- *od.* Revisi'onsbeklagte(r *m*) *f*, Beschwerdegegner(in).
ap·pend [ə'pend] *v/t* (**to**) **1.** befestigen, anbringen (**an** *dat*), anhängen, anheften (**an** *acc*). **2.** bei-, hin'zufügen (*dat*, **zu**), anfügen (*dat*, **an** *acc*): **to ~ a price list; to ~ one's signature to** s-e Unterschrift setzen unter (*acc*).
ap·pend·age [ə'pendɪdʒ] *s* **1.** Anhang *m*, Anhängsel *n*, Zubehör *n*. **2.** *fig.* Beigabe *f*, Beiwerk *n*, Begleiterscheinung *f*. **3.** *fig.* Anhängsel *n*, (ständiger) Begleiter. **4.** *biol.* Fortsatz *m*.
ap·pend·ant [ə'pendənt] *adj* (**to**, **on**) **1.** da'zugehörig, gehörend (zu), verbunden (mit), beigefügt (*dat*): **the salary ~ to a position** das mit *e-r* Stellung verbundene Gehalt. **2.** *jur.* als Recht gehörend (**zu**), zustehend (*dat*).
ap·pen·dec·to·my [ˌæpen'dektəmɪ; -pən-] *s* Appendekto'mie *f*, 'Blinddarmoperati₁on *f*.
ap·pen·di·ces [ə'pendɪsiːz] *pl von* **appendix**.
ap·pen·di·ci·tis [əˌpendɪ'saɪtɪs] *s med.* Appendi'zitis *f*, Blinddarmentzündung *f*.

ap·pen·dix [ə'pendɪks] *pl* **-dix·es, -di·ces** [-dɪsiːz] *s* **1.** Anhang *m* (*e-s Buches*). **2.** Anhängsel *n*, Zubehör *n*. **3.** *aer. tech.* (Füll)Ansatz *m*. **4.** *anat.* Anhang *m*, Fortsatz *m*: (**vermiform**) **~** Wurmfortsatz *m*, Blinddarm *m*.
ap·per·ceive [ˌæpə(r)'siːv] *v/t psych.* apperzi'pieren (*aktiv ins Bewußtsein aufnehmen*).
ap·per·cep·tion [ˌæpə(r)'sepʃn] *s psych.* Apperzepti'on *f*, bewußte Wahrnehmung.
ap·per·son·a·tion [æˌpɜːsə'neɪʃn; ə-; Am. -ˌpɜːr-] *s psych.* Apperso'nierung *f* (*Übernahme fremden Erlebens od. Verhaltens als eigenes*).
ap·per·tain [ˌæpə(r)'teɪn] *v/i* (**to**) **1.** gehören (zu *od.* *dat*), zugehören (*dat*). **2.** zustehen, gebühren (*dat*).
ap·pe·tence ['æpɪtəns], **'ap·pe·ten·cy** *s* **1.** Verlangen *n*, Begierde *f* (**of**, **for**, **after** nach). **2.** *Verhaltensforschung*: Appe'tenz *f*, (Na'tur)Trieb *m*.
ap·pe·tite ['æpɪtaɪt] *s* **1.** Verlangen *n*, Begierde *f*, Gelüst *n* (**for** nach). **2.** (**for**) Hunger *m* (nach), Neigung *f*, Trieb *m*, Lust *f* (zu): **~ for life** Lebenshunger. **3.** Appe'tit *m* (**for** *auf acc*), Eßlust *f*: **~ comes with eating** der Appetit kommt beim Essen; **a good ~ is the best sauce** Hunger ist der beste Koch; **to give s.o. an ~** *j-m* Appetit machen; **to have an ~** Appetit haben; **to take away** (*od.* **spoil**) **s.o.'s ~** *j-m* den Appetit nehmen *od.* verderben; **my ~ is gone** mir ist der Appetit vergangen. **ap·pe·tiz·er** ['æpɪtaɪzə(r)] *s* appe'titanregendes Mittel *od.* Gericht *od.* Getränk, pi'kante Vorspeise, Aperi'tif *m*. **'ap·pe·tiz·ing** *adj* (*adv* **~ly**) **1.** a) appe'titanregend, b) appe'titlich, lecker (*beide a. fig.*). **2.** *fig.* reizvoll, zum Anbeißen'.
ap·plaud [ə'plɔːd] **I** *v/i* **1.** applau'dieren, Beifall spenden. **II** *v/t* **2.** beklatschen, *j-m* applau'dieren *od.* Beifall spenden. **3.** *fig.* loben, (beifällig) begrüßen, billigen, *j-m* zustimmen. **ap'plaud·er** *s* Applau'dierende(r *m*) *f*, Beifallspender(in).
ap·plause [ə'plɔːz] *s* **1.** Ap'plaus *m*, Beifall(klatschen) *m*: **to break into ~** in Beifall ausbrechen; **to the ~ of** unter dem Beifall (*gen*). **2.** *fig.* Beifall *m*, Zustimmung *f*, Anerkennung *f*. **ap'plau·sive** [-sɪv] *adj obs.* **1.** applau'dierend, Beifall klatschend. *od.* spendend, Beifalls... **2.** lobend, Lob...
ap·ple ['æpl] *s* **1.** *bot.* Apfel *m*: **~ of one's eye** *fig.* Liebling *m*; **there will be trouble** (**as**) **sure as** (**God made**) **little ~s** *colloq.* es gibt garantiert Ärger; → **discord** 3. **2.** apfelartige Frucht. **3.** the **A~** *Am.* Spitzname für die Stadt New York. **~ blight** *s* **1.** *bot.* Apfelmehltau *m*. **2.** *zo.* (*e-e*) Blutlaus. **~ but·ter** *s* 'Apfelkonfi-₁türe *f*. **'~-₁cart** *s* Apfelkarren *m*: **to upset the** (*od.* **s.o.'s**) **~** *fig.* alle (*od. j-s*) Pläne über den Haufen werfen. **~ cheese** *s* (gepreßte) Apfeltrester *pl*. **~ dump·ling** *s* ,Apfel *m* im Schlafrock'. **~ frit·ters** *s pl* (in Teig gebackene) Apfelschnitten *pl*. **'~-₁jack** *s Am.* Apfelschnaps *m*. **~ moth** *s zo.* Apfelwickler *m*. **~ pie** *s* (*warmer*) gedeckter Apfelkuchen. **'~-pie bed** *s* Bett, dessen Laken u. Decken aus Jux so gefaltet sind, daß man sich nicht ausstrecken kann. **'~-pie or·der** *s colloq.* schönste Ordnung: **everything is in ~** alles ist ,in Butter' *od.* in bester Ordnung. **'~-₁pol·ish** *v/i Am. colloq.* ,radfahren'. **~ pol·ish·er** *s Am. colloq.* ,Radfahrer' *m*, ,Speichellecker' *m*. **'~-sauce** *s* **1.** Apfelmus *n*. **2.** *Am. sl.* a) ,Schmus' *m* (*Schmeichelei*), b) ,Quatsch' *m*.
Ap·ple·ton lay·er ['æpltən] *s phys.*

Appletonschicht *f* (*Teil der oberen Atmosphäre*).
'ap·ple tree *s bot.* Apfelbaum *m*.
ap·pli·ance [ə'plaɪəns] *s* **1.** Gerät *n*, Vorrichtung *f*, (Hilfs)Mittel *n*. **2.** *eng S.* (e'lektrisches) Haushaltsgerät. **3.** Anwendung *f*.
ap·pli·ca·bil·i·ty [ˌæplɪkə'bɪlətɪ] *s* (**to**) Anwendbarkeit *f* (**auf** *acc*), Eignung *f* (**für**). **'ap·pli·ca·ble** [-kəbl] *adj* (*adv* **applicably**) (**to**) anwendbar (**auf** *acc*) (*a. jur.*), passend, geeignet (**für**): **to be ~** (**to**) → **apply** 7; **not ~** (*in Formularen*) nicht zutreffend, entfällt.
ap·pli·cant ['æplɪkənt] *s* Bewerber(in) (**for** um), Antragsteller(in): **~** (**for a patent**) Patent)Anmelder *m*; **prior ~** (*Patentrecht*) früherer Anmelder, Voranmelder *m*.
ap·pli·ca·tion [ˌæplɪ'keɪʃn] *s* **1.** (**to**) Anwendung *f* (*auf acc*), Verwendung *f*, Gebrauch *m* (**für**): **many ~s** viele Verwendungszwecke; **point of ~** *phys.* Angriffspunkt *m*. **2.** (Nutz)Anwendung *f*: **the ~ of a theory**. **3.** Anwendung *f*, An-, Verwendbarkeit *f*: **words of varied ~**; **area** (*od.* **scope**) **of ~** Anwendungs-, Geltungsbereich *m* (*e-s Gesetzes etc*); **~s satellite** Nutzsatellit *m*. **4.** (**to**) Anwendung *f* (*auf acc*), Beziehung *f* (**zu**), Bedeutung *f* (**für**): **to have no ~** (**to**) keine Anwendung finden (**bei**); nicht zutreffen (*auf acc*), in keinem Zs.-hang stehen (**mit**). **5.** *med.* a) Applikati'on *f*, Anwendung *f*, Anlegung *f*: **the ~ of a poultice**, b) Mittel *n*, Verband *m*, 'Umschlag *m*. **6.** (**for**) Bitte *f*, Gesuch *n*, Ersuchen *n* (um), Antrag *m* (**auf** *acc*): **on the ~ of** auf Antrag (*gen*); **on ~** auf Ersuchen *od.* Verlangen *od.* Wunsch; **payable on ~** zahlbar bei Bestellung; **~ blank**, **~ form** Antrags-, Bewerbungs-, Anmeldungsformular *n*. **7.** Bewerbung *f* (**for** um): (**letter of**) **~** Bewerbungsschreiben *n*; → **invite** 6. **8.** (Pa'tent)Anmeldung *f*: **to file an ~ for a patent** *e-e* Patentanmeldung einreichen, ein Patent anmelden. **9.** *econ. Br.* Zeichnung *f* (**for shares** von Aktien). **10.** Fleiß *m*, 'Hingabe *f*, Eifer *m* (**in**, **to** bei). **11.** *astr.* Annäherung *f* (*e-s Planeten an e-n Aspekt*).
ap·pli·ca·tor ['æplɪkeɪtə(r)] *s med. tech.* **1.** Appli'kator *m*, Anwendungsgerät *n*, -vorrichtung *f*: **~** (**nozzle**) Auftrags-, Sprühdüse *f*; **~ roll** Auftragswalze *f*. **2.** Strahlungsgerät *n* (*Röntgen*). **3.** Salbenspatel *m*. **'ap·pli·ca·to·ry** [-kətərɪ, -keɪtərɪ; *Am.* -kəˌtɔːrɪ; -ˌtɔː-] *adj* praktisch, anwendbar.
ap·plied [ə'plaɪd] *adj* angewandt: **~ linguistics** (**psychology**, *etc*); **~ energy** *phys.* aufgewendete Energie; **~ music** *Am.* praktische Musik; **~ research** angewandte Forschung, Zweckforschung *f*.
ap·pli·qué [æ'pliːkeɪ; *Am.* ˌæplə'keɪ] **I** *adj* **1.** appli'ziert, aufgelegt, -genäht: **~ work** Applikation(sstickerei) *f*. **2.** *tech.* aufgelegt (*Metallarbeit*). **II** *s* **3.** Applikati'on(en *pl*) *f*. **4.** Appliziertes *n*. **III** *v/t* **5.** a) mit Applikati'onen versehen, b) appli'zieren: **~d pockets** aufgesetzte Taschen.
ap·ply [ə'plaɪ] **I** *v/t* **1.** (**to**) auflegen, -tragen, legen (**auf** *acc*), anbringen (**an**, **auf** *dat*): **to ~ a plaster to a wound** ein Pflaster auf *e-e* Wunde kleben; **to ~ a varnish coating** *e-n* Lacküberzug aufbringen *od.* -tragen. **2.** *die Bremsen etc* betätigen: **to ~ the brakes** bremsen. **3.** (**to**) a) verwenden (**auf** *acc*, **für**), b) anwenden (**auf** *acc*): **to ~ all one's energy** s-e ganze Energie einsetzen *od.* aufbieten; **to ~ a lever** *e-n* Hebel ansetzen; **to ~ drastic measures** drastische Maßnahmen anwenden *od.* ergreifen; **to**

~ money Geld verwenden; **to ~ a voltage** *electr.* e-e Spannung anlegen; **applied to modern conditions** auf moderne Verhältnisse angewandt; **the force is applied to the longer lever arm** *phys.* die Kraft greift am längeren Hebelarm an. **4.** anwenden *od.* beziehen (**to** auf *acc*). **5.** (**to**) den Sinn richten (auf *acc*), beschäftigen (mit). **6. ~ o.s.** sich widmen (**to** *dat*): **to ~ o.s. to a task. II** *v/i* **7.** (**to**) Anwendung finden (bei), zutreffen *od.* sich anwenden lassen (auf *acc*), passen (auf *acc*, zu), anwendbar sein *od.* sich beziehen (auf *acc*), gelten (für): **the law does not ~** das Gesetz findet keine Anwendung *od.* ist nicht anwendbar; **this applies to all cases** dies gilt für alle Fälle, dies läßt sich auf alle Fälle anwenden. **8.** sich wenden (**to** an *acc*; **for** wegen): **to ~ to the manager. 9.** (**for**) beantragen (*acc*), e-n Antrag stellen (auf *acc*), einkommen *od.* nachsuchen (um), (*a. zum Patent*) anmelden (*acc*): **to ~ for shares** *econ. Br.* Aktien zeichnen. **10.** sich bewerben (**for** um): **to ~ for a job. 11.** bitten, ersuchen (**to** *acc*; **for** um).
ap·pog·gia·tu·ra [ə‚pɒdʒə'tuərə; *Am.* ə‚pɑ-] *s mus.* Appoggia'tur *f*, Vorschlag *m*.
ap·point [ə'pɔɪnt] *v/t* **1.** ernennen, machen zu, berufen an-, bestellen, *j-n od. e-n Ausschuß* einsetzen: **to ~ s.o. governor** j-n zum Gouverneur bestellen *od.* ernennen, j-n als Gouverneur berufen *od.* einsetzen; **to ~ s.o. guardian** j-n zum Vormund bestellen; **to ~ an heir** e-n Erben einsetzen; **to ~ s.o. one's heir** j-n als Erben einsetzen; **to ~ s.o. to a chair** j-n auf e-n Lehrstuhl berufen. **2.** anordnen, vorschreiben. **3.** festsetzen, bestimmen, verabreden: **the ~ed day** der festgesetzte Tag *od.* Termin, der Stichtag; **to ~ a day for trial** e-n Termin (zur Verhandlung) anberaumen. **4.** ausstatten, einrichten (**with** mit): **the house is well ~ed. 5.** *obs.* bestimmen, beschließen (**to do** zu tun). **ap·poin·tee** [əpɔɪn'tiː; ‚æp-] *s* Ernannte(r *m*) *f*, (*zu e-m Amt*) Berufene(r *m*) *f*. **ap'point·ive** *adj bes. Am.* **1.** Ernennungs..., Anstellungs... **2.** durch Ernennung zu besetzen(d): **an ~ office.**
ap·point·ment [ə'pɔɪntmənt] *s* **1.** Ernennung *f*, An-, Bestellung *f*, Berufung *f*: **~ of trustees; by ~ to her Majesty** Königlicher Hoflieferant. **2.** *jur.* Einsetzung *f* (*e-s Erben etc, a. e-s Ausschusses*), Bestellung *f* (*e-s Vormunds*), Ernennung *f* (*des Nutznießers*). **3.** Amt *n*, Stellung *f*: **to hold an ~** e-e Stelle innehaben. **4.** Festsetzung *f*, Bestimmung *f*, Anberaumung *f* (*bes. e-s Termins*). **5.** Verabredung *f*, Zs.-kunft *f*, (*geschäftlich, beim Arzt etc*) Ter'min *m*: **by ~** nach Vereinbarung; **to make an ~** a) e-e Verabredung treffen, b) e-n Termin vereinbaren; **he has made an ~ for her to see him at 10 o'clock** er hat sie für 10 Uhr bestellt; **to keep (break) an ~** e-e Verabredung (nicht) einhalten; **~ book** (*od.* **pad**) Terminkalender *m*. **6.** Anordnung *f*, Bestimmung *f*. **7.** *meist pl* Ausstattung *f*, Einrichtung *f*: **~s for a hotel.**
ap·por·tion [ə'pɔː(r)ʃn; *Am. a.* ə'pɔər-] *v/t* **1.** (**to** *dat*) e-n Anteil, *a. e-e Aufgabe* zuteilen, *Lob* erteilen, zollen, *Schuld* beimessen, *Zeit* zumessen. **2.** (proportio'nal *od.* gerecht) zu-*od.* auf-*od.* verteilen: **to ~ the costs** die Kosten umlegen. **ap'por·tion·ment** *s* **1.** (proportio'nale *od.* gerechte) Ver-*od.* Zuteilung: **~ of costs** Kostenumlage *f*. **2.** *jur. pol. Am.* Verteilung der zu wählenden Abgeordneten *od.* der direkten Steuern auf die einzelnen Staaten.
ap·po·site ['æpəʊzɪt] *adj* (*adv* **~ly**) passend, angemessen (**to** *dat*), angebracht,

treffend: **an ~ answer.** **'ap·po·site·ness** *s* Angemessenheit *f*.
ap·po·si·tion [‚æpəʊ'zɪʃn] *s* **1.** Bei-, Hin'zufügung *f*, Bei-, Zusatz *m*. **2.** *ling.* Appositi'on *f*, Beifügung *f*. **3.** *biol. med.* Appositi'on *f*, Auflagerung *f*. **‚ap·po'si·tion·al** [-ʃənl] → **appositive** I.
ap·pos·i·tive [ə'pɒzɪtɪv; *Am.* ə'pɑ-] *ling.* **I** *adj* appositio'nell, beigefügt. **II** *s* appositi'on *f*.
ap·prais·al [ə'preɪzl] *s* **1.** (Ab)Schätzung *f*, Ta'xierung *f* (*a. fig.*). **2.** *bes. ped.* Bewertung *f*. **3.** *fig.* Beurteilung *f*, Würdigung *f*.
ap·praise [ə'preɪz] *v/t* **1.** (ab)schätzen, ta'xieren (*a. fig.*): **~d value** Schätzwert *m*. **2.** *bes. ped.* bewerten. **3.** *fig.* einschätzen, beurteilen, würdigen. **ap'praise·ment** → **appraisal. ap'prais·er** *s* Schätzer *m*.
ap·pre·ci·a·ble [ə'priːʃəbl] *adj* (*adv* **appreciably**) nennenswert, merklich, spürbar.
ap·pre·ci·ate [ə'priːʃɪeɪt] **I** *v/t* **1.** (hoch-)schätzen, richtig einschätzen, würdigen, zu schätzen *od.* zu schätzen wissen: **to ~ s.o.'s ability. 2.** schätzen, aufgeschlossen sein für, Gefallen finden an (*dat*), Sinn haben für: **to ~ music. 3.** (dankbar) anerkennen, dankbar sein für, zu schätzen wissen: **to ~ a gift. 4.** (richtig) beurteilen *od.* einschätzen, (voll u. ganz) erkennen *od.* einsehen, sich bewußt sein (*gen*): **to ~ a difficulty. 5.** *bes. econ. Am.* a) den Wert *od.* Preis (*e-r Sache*) erhöhen, b) aufwerten. **II** *v/i* **6.** im Wert *od.* Preis steigen.
ap·pre·ci·a·tion [ə‚priːʃɪ'eɪʃn] *s* **1.** (Ab-, Ein)Schätzung *f*, Würdigung *f*. **2.** Wertschätzung *f*, Anerkennung *f*. **3.** Verständnis *n*, Aufgeschlossenheit *f*, Sinn *m* (**of, for** für): **~ of music** Musikverständnis. **4.** (klares) Einsehen, (richtige) Beurteilung, Erkennen *n*. **5.** kritische Würdigung, (*bes. günstige*) Kri'tik. **6.** (dankbare) Anerkennung, Dankbarkeit *f* (**of** für). **7.** *econ. a.* Wertsteigerung *f*, -zuwachs *m*, Preiserhöhung *f*, b) *bes. Am.* Aufwertung *f*. **ap·pre·ci·a·tive** [ə'priː-ʃɪətɪv; *Am.* -ʃə-] *adj* (*adv* **~ly**), **ap'pre·ci·a·to·ry** [-ʃjətərɪ; *Am.* -ʃə‚tɔːrɪ; -‚tɔː-] *adj* (*adv* **appreciatorily**) anerkennend, würdigend, achtungsvoll, verständnisvoll, empfänglich: **to be ~ of** → **appreciate 1-4.**
ap·pre·hend [‚æprɪ'hend] *v/t* **1.** ergreifen, fassen, festnehmen, verhaften: **to ~ a thief. 2.** *fig.* etwas wahrnehmen. **3.** *fig.* begreifen, erfassen. **4.** *fig.* vor'aussehen, (be)fürchten.
ap·pre·hen·si·ble [‚æprɪ'hensəbl] *adj* **1.** faßlich, begreiflich. **2.** wahrnehmbar.
ap·pre·hen·sion [‚æprɪ'henʃn] *s* **1.** Festnahme *f*, Ergreifung *f*, Verhaftung *f*: → **warrant 6. 2.** *fig.* Begreifen *n*, Erfassen *n*: **stimulus of ~** *biol.* Erfassungsreiz *m*. **3.** Auffassungsvermögen *n*, -gabe *f*, -kraft *f*, Ver'stand *m*. **4.** Begriff *m*, Ansicht *f*, Vorstellung *f*: **according to popular ~. 5.** Besorgnis *f*, Befürchtung *f*, (Vor)Ahnung *f*: **in ~ of s.th.** etwas befürchtend. **6.** *psych.* Apprehensi'on *f*.
ap·pre·hen·sive [‚æprɪ'hensɪv] *adj* (*adv* **~ly**) **1.** leicht begreifend, schnell auffassend. **2.** empfindlich, empfindsam. **3.** besorgt (**for** um; **that** daß), ängstlich: **to be ~** Bedenken hegen; **to be ~ for one's life** um sein Leben besorgt sein; **to be ~ of dangers** sich vor Gefahren fürchten. **‚ap·pre'hen·sive·ness** *s* **1.** schnelles Auffassungsvermögen. **2.** Furcht *f*, Besorgnis *f*.
ap·pren·tice [ə'prentɪs] **I** *s* **1.** a) Auszubildende(r *m*) *f*, Lehrling *m* (*a. fig.*): **bricklayer's ~**, b) Prakti'kant(in), Volon'tär(in), E'leve *m*: **actor's ~** Schauspielschüler(in); **~ teacher** Jungleh-

rer(in), Lehramtskandidat(in). **2.** *fig.* Anfänger(in), Neuling *m*. **3.** *meist* **~ seaman** 'Seeka‚dett *m*. **II** *v/t* **4.** in die Lehre geben: **to be ~d to** in die Lehre kommen zu, in der Lehre sein bei. **ap'pren·tice·ship** *s* **1.** *a. fig.* Lehrjahre *pl*, -zeit *f*, Lehre *f*: **articles** (*od.* **contract**) **of ~** Ausbildungsvertrag *m*, Lehrvertrag *m*; **to serve one's ~** in der Lehre sein, e-e Lehre durchmachen (**with** bei). **2.** Lehrstelle *f*, Ausbildungsplatz *m*.
ap·prise¹ [ə'praɪz] *v/t* benachrichtigen, in Kenntnis setzen (**of** von).
ap·prise² → **apprize¹.**
ap·prize¹ [ə'praɪz] *v/t Br. obs. od. Am.* (ab)schätzen, ta'xieren.
ap·prize² → **apprise¹.**
ap·pro ['æprəʊ] *s*: **on ~** *econ. colloq.* zur Probe, zur Ansicht.
ap·proach [ə'prəʊtʃ] **I** *v/i* **1.** sich nähern, näherkommen, her'annahen, -rücken, nahen. **2.** *fig.* (**to**) nahekommen, ähnlich *od.* fast gleich sein (*dat*), grenzen (an *acc*). **3.** *aer.* anfliegen. **4.** *Golf*: e-n Annäherungsschlag machen.
II *v/t* **5.** sich nähern (*dat*): **to ~ the city**; **to ~ the end**; **to ~ a limit** *math.* sich e-m Grenzwert nähern. **6.** *fig.* nahekommen (*dat*), (fast) erreichen: **to ~ a certain standard. 7.** her'angehen an (*acc*), *e-e Aufgabe etc* anpacken: **to ~ a task. 8.** a) an *j-n* her'antreten, sich an *j-n* wenden, b) *bes. contp.* sich an *j-n* her'anmachen: **to ~ a customer; to ~ a girl; to ~ s.o. for a loan** j-n um ein Darlehen bitten *od.* angehen. **9.** zu sprechen kommen auf (*acc*), *ein Thema etc* anschneiden. **10.** näherbringen, (an)nähern.
III *s* **11.** (Her'an)Nahen *n* (*a. e-s Zeitpunkts*), (Her)'Anrücken *n*, Annäherung *f*, Anmarsch *m* (*a. mil.*), *aer.* Anflug *m*: **~ beacon** *aer.* Gleitweg-, Lan'dungsbake *f*; **~ flight** Zielanflug *m*; **~ path** Anflugweg *m*, -ebene *f*; **~ navigation** Annäherungsnavigation *f*; **~ shot** (*Golf*) Annäherungsschlag *m*. **12.** a) Zugang *m*, Ein-, Zu-, Auffahrt *f*, b) **a. ~ road** Zufahrtsstraße *f*. **13.** *Skisport*: Anlauf(bahn *f*) *m*. **14.** *fig.* Annäherung *f* (**to** an *acc*), Nahekommen *n*: **a fair ~ to accuracy** ziemliche Genauigkeit; **an ~ to truth** annähernd die Wahrheit. **15.** Ähnlichkeit *f* (**to** mit): **an ~ to a smile** der Versuch e-s Lächelns. **16.** *mar.* a) Ansteuerung *f*, b) Re'vier *n* (*Seegebiet in Hafennähe*). **17.** *pl mil.* a) Laufgräben *pl*, Ap'prochen *pl*, b) Vormarschstraße *f*. **18.** *fig.* erster Schritt, (erster) Versuch (**to** zu). **19.** *oft pl fig.* Annäherung *f*, An'treten *n* (**to** s.o. an j-n): **~es** Annäherungsversuche (*e pl*) *m*. **20.** *a.* **method** (*od.* **line**) **of ~** (**to**) a) Art *f* u. Weise *f* (*etwas*) anzupacken, Me'thode *f*, Verfahren *n*, b) Auffassung *f* (*gen*), Betrachtungsweise *f* (*gen*), Einstellung *f* (zu), Verhalten *n* (gegen'über), c) Behandlung *f* (*e-s Themas etc*), d) *philos. etc* Ansatz *m*. **21.** *fig.* (**to**) Einführung *f* (*in acc*), Weg *m*, Zugang *m* (zu).
ap·proach·a·ble [ə'prəʊtʃəbl] *adj* zugänglich (*a. fig.*).
ap·pro·bate ['æprəʊbeɪt; -rə-] *v/t bes. Am.* (amtlich) billigen, genehmigen. **‚ap·pro'ba·tion** *s* **1.** (amtliche) Billigung, Genehmigung *f*. **2.** Zustimmung *f*, Beifall *m*. **3.** *obs.* Bewährung *f*. **ap·pro·ba·to·ry** [‚æprəʊ'beɪtərɪ; -prə'b-; *Am.* 'æprəbə‚tɔːrɪ; -‚tɔː-; ə'prəʊ-] *adj* **1.** billigend. **2.** beifällig.
ap·pro·pri·ate I *adj* [ə'prəʊprɪət] (*adv* **~ly**) **1.** (**to, for**) passend (zu), geeignet (für, zu), angemessen, dienlich (*dat*): **at the ~ time** zur gegebenen Zeit; **if ~** sofern es zweckdienlich erscheint, gegebenenfalls. **2.** eigen, *j-m* zukommend. **II** *v/t* [-eɪt] **3.** a) verwenden, bestimmen, b) *bes.*

ap·pro·pri·a·tion [əˌprəʊpriˈeɪʃn] s **1.** Bestimmung f, Verwendung f (bes. von zweckgebundenen Geldern). **2.** a. parl. (Geld)Bewilligung f, (zweckgebundene) Bereitstellung; ~s (bereitgestellte) Mittel; ~ **bill** parl. a) Br. Ausgabebudget n, b) Am. Gesetzesvorlage f zur Bewilligung von Geldern; ~ **committee** Bewilligungs-, Haushaltsausschuß m. **3.** Aneignung f, Besitznahme f, -ergreifung f. **ap·pro·pri·a·tive** [-ətɪv; Am. -ˌeɪtɪv] adj aneignend; geneigt, sich (etwas) anzueignen. **ap·pro·pri·a·tor** [-eɪtə(r)] s j-d, der sich etwas aneignet.
ap·prov·a·ble [əˈpruːvəbl] adj **1.** zu billigen(d). **2.** anerkennenswert, löblich.
ap·prov·al [əˈpruːvl] s **1.** a) Billigung f, Genehmigung f, b) bes. tech. Zulassung f: **with the** ~ **of** mit Genehmigung (gen); **to give** ~ **to** billigen (acc); **on** ~ econ. zur Ansicht, zur Probe. **2.** Anerkennung f, Beifall m: → meet 20. ~ **rate**: his ~ is 52 per cent 52% der Bevölkerung erklärten sich mit s-r Politik einverstanden.
ap·prove [əˈpruːv] **I** v/t **1.** billigen, gutheißen, anerkennen, e-e Dissertation annehmen. **2.** (formell) bestätigen, genehmigen. **3.** ~ **o.s.** sich erweisen (as als), sich bewähren. **II** v/i **4.** (**of**) billigen, anerkennen, gutheißen, genehmigen (acc), zustimmen (dat): **to** ~ **of s.o.** j-n akzeptieren; **to be** ~**d of** Anklang finden; **he** ~**d** er billigte es, er war einverstanden. **ap'proved** adj **1.** erprobt, bewährt: **an** ~ **friend**. **2.** anerkannt: ~ **bill** anerkannter Wechsel; ~ **school** Br. hist. staatliche Erziehungsanstalt. **ap'prov·er** s **1.** Billiger m, Beipflichtende(r m) f. **2.** jur. Br. Kronzeuge m. **ap'prov·ing** adj (adv ~**ly**) zustimmend, beifällig.
ap·prox·i·mate I adj [əˈprɒksɪmət; Am. əˈprɑː-] **1.** annähernd, ungefähr, bes. math. approxiˈmativ, annähernd richtig, Näherungs...: ~ **calculation** Näherungsrechnung f; ~ **formula** Näherungs-, Faustformel f; ~ **value** → **4.** **2.** biol. dicht zs.-stehend, eng aneinˈanderwachsend. **3.** fig. sehr ähnlich, annähernd gleich. **II** s [-mət] **4.** math. Näherungswert m. **III** v/t [-meɪt] **5.** math. u. fig. sich (e-m Wert etc) nähern, nahekommen (dat), fast erreichen, annähernd gleich sein (dat). **6.** fig. (an)nähern, angleichen. **IV** v/i [-meɪt] **7.** sich nähern (**to** dat): a) nahe od. näher kommen, b) fig. nahe-, näherkommen. **ap'prox·i·mate·ly** [-mətlɪ] adv annähernd, ungefähr, etwa.
ap·prox·i·ma·tion [əˌprɒksɪˈmeɪʃn; Am. əˌprɑ-] s **1.** a. fig. Annäherung f (**to** an acc): **an** ~ **to the truth** annähernd die Wahrheit. **2.** bes. math. (An)Näherung f (**to** an acc): ~ **method** Näherungsverfahren n. **3.** math. Näherungswert m. **4.** fig. annähernde Gleichheit. **ap'prox·i·ma·tive** [-mətɪv; Am. -ˌmeɪtɪv] adj approxiˈmativ, annähernd.
ap·pur·te·nance [əˈpɜːtɪnəns; Am. əˈpɜːrtn-] s **1.** Zubehör n. **2.** meist pl jur. zugehöriges Recht, Reˈalrecht n (aus Eigentum an Liegenschaften). **3.** meist pl Zubehör n, Ausrüstung f, Appaˈratˈuren pl) f. **ap'pur·te·nant** adj **1.** (**to**) zugehörig (dat), gehörig (zu). **2.** jur. anhaftend, zustehend. ~ **rights**.
a·prax·i·a [əˈpræksɪə; bes. Am. eɪ-] s med. Apraˈxie f (zentral bedingte Unfähigkeit, sinnvolle u. zweckmäßige Bewegungen auszuführen).
a·près-ski [ˌæpreɪˈskiː; ˌɑː-] **I** adj Après-Ski-... **II** s Après-ˈSki n (Vergnügen).
a·pri·cot [ˈeɪprɪkɒt; Am. ˈæprəˌkɑt; ˈeɪ-] s **1.** bot. a) Apriˈkose f, b) Apriˈkosenbaum m. **2.** Apriˈkosenfarbe f, Rotgelb n.

A·pril [ˈeɪprəl] s Aˈpril m: **in** ~ im April; ~ **fool** Aprilnarr m; **to make an** ~ **fool of s.o.** j-n in den April schicken; ~ **Fools' Day** der erste April.
a pri·o·ri [ˌeɪpraɪˈɔːraɪ; ˌɑːpriːˈɔːriː; Am. bes. -ˈəʊriː] adj u. adv **1.** philos. a priˈori: a) deduk'tiv, von Ursache auf Wirkung schließend, b) unabhängig von aller Erfahrung, c) von vornherein. **2.** colloq. mutmaßlich, ohne (Über)ˈPrüfung. **ˌa·priˈo·rism** s Aprioˈrismus m. **ˌa·priˈo·rist** s philos. Apriˈoriker m, Aprioˈrist m.
a·pron [ˈeɪprən] **I** s **1.** Schürze f. **2.** Schurz(fell n) m. **3.** Schurz m (von englischen Bischöfen od. Freimaurern). **4.** tech. a) Schutzblech n, -haube f (an Maschinen), b) mot. Wind-, Blechschutz m, c) Schutzleder n, Kniedecke f, -leder n (an Fahrzeugen). **5.** mar. a) Schutzleiste f, -brett n (e-s Bootes), b) Binnenvorstem m (e-s Schiffes). **6.** tech. Transˈportband n. **7.** aer. Vorfeld n (vor den Hangars etc). **8.** thea. Vorbühne f. **9.** mil. hist. Zündlochkappe f. **10.** zo. a) deckelförmiger ˈHinterleib (der Krabben), b) Bauchhaut f (der Gans od. Ente). **11.** Golf: Vorgrün n. **II** v/t **12.** j-m e-e Schürze ˈumbinden. **13.** mit e-m Schurz versehen. ~ **con·vey·or** → **apron** 6. ~ **lin·ing** s arch. Beschalung f der Treppenbalken. ~ **stage** s thea. Bühne f mit Vorbühne. ~ **strings** s pl Schürzenbänder pl, fig. Gängelband n: **to be tied to one's mother's** ~ **an** Mutters Schürzenzipfel hängen; **to be tied to one's wife's** ~ unter dem Pantoffel stehen.
ap·ro·pos [ˈæprəpəʊ; ˌæprəˈpəʊ] **I** adv **1.** angemessen, zur rechten Zeit: **he arrived very** ~ er kam gerade zur rechten Zeit od. wie gerufen. **2.** ˈhinsichtlich (**of** gen): ~ **of our talk**. **3.** aproˈpos, was ich (noch) sagen wollte, nebenˈbei bemerkt. **II** adj **4.** passend, (zu)treffend.
apse [æps] s **1.** arch. Apsis f (halbkreisförmige Altarnische): ~ **aisle** Apsisschiff n. **2.** → **apsis** 1 u. 2.
ap·si·dal [ˈæpsɪdl] adj **1.** astr. Apsiden... **2.** arch. Apsis...
ap·sis [ˈæpsɪs] pl **ap·si·des** [æpˈsaɪdiːz; ˈæpsɪdiːz] s **1.** astr. Apˈside f, Wendepunkt m (e-s Planeten). **2.** math. Exˈtrempunkt m e-r Kurve (in Polarkoordinaten). **3.** → **apse** 1.
apt [æpt] adj (adv ~**ly**) **1.** passend, geeignet. **2.** treffend: **an** ~ **remark**; **as he so** ~**ly said**. **3.** neigend, geneigt (**to do** zu tun): **he is** ~ **to believe it** er wird es wahrscheinlich glauben; ~ **to be overlooked** leicht zu übersehen; ~ **to rust** rostanfällig. **4.** (**at**) geschickt (in dat), begabt (für), aufgeweckt: **an** ~ **pupil**.
ap·ter·al [ˈæptərəl] adj **1.** → **apterous**. **2.** arch. an den Seiten säulenlos.
ap·ter·ous [ˈæptərəs] adj **1.** orn. flügellos. **2.** bot. ungeflügelt.
ap·ti·tude [ˈæptɪtjuːd; Am. a. -ˌtuːd] s **1.** (**for**) Begabung f, Befähigung f (für), Taˈlent n (für, zu), Geschick n (für, dat), b) ped. psych. Sonderbegabung f: ~ **test** Eignungsprüfung f, ped. Test m für e-e Sonderbegabung. **2.** Neigung f, Hang m (**for** zu). **3.** Auffassungsgabe f, Intelliˈgenz f. **4.** → **aptness** 1.
apt·ness [ˈæptnɪs] s **1.** Angemessenheit f, Eignung f, Tauglichkeit f (**for** für, zu). **2.** Neigung f, Hang m (**for, to** zu). **3.** (**for, to**) Begabung f, Eignung f (für, zu), Geschick n (für, in dat). **4.** Eigenschaft f, Tenˈdenz f.
aq·ua [ˈækwə] pl **ˈaq·uae** [-wiː] od. **ˈaq·uas** s **1.** Wasser n. **2.** chem. obs. Flüssigkeit f. **3.** chem. Lösung f (bes. in Wasser). **4.** Blaugrün n.

aq·ua·belle [ˈækwəbel] s Badeschönheit f.
aq·ua·cade [ˈækwəˌkeɪd] s Am. ˈWasserbalˌlett n.
aq·ua·cul·ture [ˈækwəkʌltʃə(r)] s ˈAquaˌkulˌtur f (systematische Bewirtschaftung des Meeres).
aq·ua·farm [ˈækwəfɑː(r)m] s künstlich angelegter See etc zur Aufzucht von Fischen, Austern u. anderen Wassertieren.
aq·ua for·tis [ˌækwəˈfɔː(r)tɪs] s obs. **1.** chem. Scheidewasser n, Salˈpetersäure f. **2.** Ätzen n mit Salˈpetersäure.
aq·ua·lung [ˈækwəlʌŋ] s Taucherlunge f, (Unterˈwasser)Atmungsgerät n.
aq·ua·ma·rine [ˌækwəməˈriːn] s **1.** min. Aquamaˈrin m. **2.** Aquamaˈrinblau n.
aq·ua·naut [ˈækwənɔːt] s Aquaˈnaut(in) f.
ˌaq·uaˈnau·tics [-tɪks] s pl (als sg konstruiert) Aquaˈnautik f.
aq·ua·plane [ˈækwəpleɪn] **I** s **1.** Wassersport: Monoski m. **II** v/i **2.** Wassersport: Monoski laufen. **3.** mot. a) aufschwimmen (Reifen), b) auf regennasser Straße die Bodenhaftung verlieren. **ˈaq·uaˌplan·ing** s **1.** Wassersport: Monoskilauf m. **2.** mot. Aquaˈplaning n.
aq·ua re·gi·a [ˌækwəˈriːdʒɪə; -ɪə; Am. a. -dʒə] s chem. Königs-, Scheidewasser n.
aq·ua·relle [ˌækwəˈrel] s **1.** Aquaˈrell n (Bild). **2.** Aquaˈrellmaleˌrei f. **ˌaq·uaˈrel·list** s Aquaˈrellmaler(in) f, Aquarelˈlist(in).
a·quar·i·a [əˈkweərɪə] pl von **aquarium**.
A·quar·i·an [əˈkweərɪən] s astr. Wassermann m (Person): **to be an** ~ Wassermann sein.
a·quar·i·um [əˈkweərɪəm] pl **-i·ums** od. **-i·a** [-ɪə] s Aˈquarium n.
A·quar·i·us [əˈkweərɪəs] s astr. Wassermann m (Sternbild u. Tierkreiszeichen): **to be (an)** ~ Wassermann sein.
aq·ua·show [ˈækwəʃəʊ] s Br. ˈWasserbalˌlett n.
aq·ua·stat [ˈækwəstæt] s ˈWassertemperaˌturregler m.
aq·ua·tel [ˈækwətel] s Aquaˈtel n (Hotel, das an Stelle von Zimmern Hausboote vermietet).
a·quat·ic [əˈkwætɪk] **I** adj **1.** auf dem od. im Wasser lebend od. betrieben, Wasser...: ~ **plants** Wasserpflanzen; ~ **fowls** Wasservögel; ~ **sports** → **3**. **II** s **2.** biol. Wassertier n od. -pflanze f. **3.** pl (a. als sg konstruiert) Wassersport m.
aq·ua·tint [ˈækwətɪnt] **I** s **1.** Aquaˈtinta(maˌnier) f, ˈTuschmaˌnier f. **2.** Aquaˈtintastich m, -abdruck m: ~ **engraving** Kupferstich m in Tuschmanier. **II** v/t **3.** in Aquaˈtinta- od. ˈTuschmaˌnier ausführen.
aq·ua·vit [ˈækwəvɪt; Am. ˈɑːkwəˌviːt] s Aquavit m (mit Kümmel aromatisierter, farbloser Branntwein).
aq·ua vi·tae [ˌækwəˈvaɪtiː] s **1.** chem. obs. Alkohol m. **2.** Branntwein m.
aq·ue·duct [ˈækwɪdʌkt] s **1.** Aquäˈdukt m, a. n. **2.** anat. Kaˈnal m.
a·que·ous [ˈeɪkwɪəs; ˈæk-] adj wässerig, wäßrig, wasserartig, -haltig: ~ **ammonia** Ammoniakwasser n; ~ **solution** wäßrige Lösung; ~ **humo(u)r** med. Humor aqueus m des Auges, Kammerwasser n.
aq·ui·cul·ture [ˈækwɪkʌltʃə(r)] s ˈHydrokulˌtur f (Anbau ohne Erde in Nährlösungen).
Aq·ui·la [ˈækwɪlə; Br. a. əˈkwɪlə] s astr. Adler m (Sternbild).
aq·ui·le·gi·a [ˌækwɪˈliːdʒɪə; -ɪə; Am. a. -dʒə] s bot. Akeˈlei f.
aq·ui·line [ˈækwɪlaɪn; Am. a. -lən] adj **1.** Adler..., adlerartig. **2.** gebogen, Adler..., Habichts..., Haken...: ~ **nose**.
Ar·ab [ˈærəb] **I** s **1.** Araber(in) f. **2.** zo.

arabesque – archaize

Araber *m*, a'rabisches Pferd. 3. → street Arab. II *adj* 4. a'rabisch.
ar·a·besque [ˌærə'besk] I *s art, a. mus. u. Ballett*: Ara'beske *f*. II *adj* ara'besk.
A·ra·bi·an [ə'reɪbjən; -bɪən] I *adj* a'rabisch: **The ~ Nights** Tausendundeine Nacht. II *s* → **Arab** 1 *u*. 2. **~ bird** *s* Phönix *m*. **~ cam·el** *s zo*. Drome'dar *n*.
Ar·a·bic ['ærəbɪk] I *adj* a'rabisch: **~ figures** (*od*. **numerals**) arabische Zahlen *od*. Ziffern; **~ gum** Gummiarabikum *n*. II *s ling*. A'rabisch *n*, das Arabische.
a·rab·i·nose [ə'ræbɪnəʊs; -z] *s chem*. Arabi'nose *f*, Gummizucker *m*.
Ar·ab·ist ['ærəbɪst] *s* Ara'bist *m* (*Kenner der arabischen Sprache u. Literatur*).
ar·a·ble ['ærəbl] I *adj* pflügbar, urbar, anbaufähig: **~ land** → II. II *s* Ackerland *n*.
Ar·a·by ['ærəbɪ] *s poet*. A'rabien *n*.
a·rach·nid [ə'ræknɪd], **a'rach·ni·dan** [-dən] *zo*. I *s* spinnenartiges Tier. II *adj* spinnenartig.
a·rach·noid [ə'ræknɔɪd] I *adj* 1. spinnweb(e)artig. 2. *zo*. spinnenartig. 3. *anat*. Spinnwebenhaut... II *s* 4. *zo*. spinnenartiges Tier. 5. *anat*. Spinnwebenhaut *f* (*des Gehirns*).
ar·ach·nol·o·gy [ˌæræk'nɒlədʒɪ; Am. -'nɑl-] *s* Arachnolo'gie *f*, Spinnenkunde *f*.
a·ra·li·a [ə'reɪljə; -lɪə] *s* 1. *bot*. A'ralie *f*. 2. *pharm*. A'ralienwurzel *f*.
Ar·a·m(a)e·an [ˌærə'miːən] I *s* 1. Ara'mäer(in). 2. *ling*. Ara'mäisch *n*, das Aramäische. II *adj* 3. ara'mäisch.
a·ra·ne·id [ə'reɪnɪɪd; ˌærə'niːɪd] *s zo*. (Webe)Spinne *f*. **ar·a·ne·i·dan** [ˌærə'niːɪdən] *zo*. I *s* (Webe)Spinne *f*. II *adj* zu den (Webe)Spinnen gehörig.
A·rau·can [ə'rɔːkən; Am. ə'rɑʊ-] *s ling*. Arau'kanisch *n*, das Araukanische. **Ar·au·ca·ni·an** [ˌærɔː'keɪnjən; -ɪən; Am. bes. əˌrɑʊ'kɑːnɪən] I *s* Arau'kaner(in). II *adj* arau'kanisch.
ar·au·ca·ri·a [ˌærɔː'keərɪə] *s bot*. Zimmertanne *f*, Arau'karie *f*.
ar·ba·lest ['ɑː(r)bəlɪst] *s mil. hist*. Armbrust *f*. **'ar·ba·lest·er** *s* Armbrustschütze *m*.
ar·ba·list, *etc* → **arbalest**, *etc*.
ar·bi·ter ['ɑː(r)bɪtə(r)] *s* 1. Schiedsrichter *m*, Schiedsmann *m*, 'Unparˌteiische(r) *m*. 2. Herr *m*, Gebieter *m* (**of** über *acc*): **~ of our fate**; **to be the ~ of fashion** die Mode bestimmen *od*. diktieren. 3. *fig*. Richter *m*. **~ eˌle·gan·ti·ae** [ˌelɪ'gænʃiː], **~ ˌe·le·gan·ti'a·rum** [-'eərəm; -'eɪrəm] (*Lat*.) *s* Arbiter *m* eleganti'arum.
ar·bi·tra·ble ['ɑː(r)bɪtrəbl] *adj* schiedsrichterlich beilegbar *od*. zu entscheiden(d), schiedsgerichtsfähig: **~ case** Schiedssache *f*.
ar·bi·trage [ˌɑː·bɪ'trɑːʒ; Am. 'ɑː(r)bəˌtrɑːʒ] *s econ*. Arbi'trage *f* (*Nutzung der Kursunterschiede*): **~ dealer** → **arbitrager**; **~ dealings** Arbitragegeschäfte; **~ in securities** (*od*. **stocks**) Effektenarbitrage; **currency ~** Devisenarbitrage. **ar·biˌtrag·er**, **ˌar·biˈtraˈgeur** [-'ʒɜː; Am. -'ʒɜːr] *s* Arbitra'geur *m*, Arbi'tragehändler *m*. **'ar·bi·tral** [-trəl] *adj* schiedsrichterlich: **~ award** Schiedsspruch *m*; **~ case** Schiedssache *f*; **~ jurisdiction** Schiedsgerichtsbarkeit *f*; **~ body** (*od*. **court** *od*. **tribunal**) Schiedsgericht *n*, -instanz *f*. **ar·bi·tra·ment** [ɑː(r)'bɪtrəmənt] *s* 1. *obs*. schiedsrichterliche Gewalt, Entscheidungsgewalt *f*. 2. Schiedsspruch *m*. 3. *obs*. freier Wille.
ar·bi·trar·i·ness ['ɑː(r)bɪtrərɪnɪs; Am. -ˌtrerɪnəs] *s* 1. Willkür *f*, Eigenmächtigkeit *f*. 2. *math*. Beliebigkeit *f*.
ar·bi·trar·y ['ɑː(r)bɪtrərɪ; Am. -ˌtrerɪ] *adj* (*adv* **arbitrarily**) 1. willkürlich: a) beliebig (*a. math*.): **~ constant** will-

kürliche Konstante, b) eigenmächtig: **~ action** eigenmächtige Handlung, Willkürakt *m*, c) des'potisch, ty'rannisch: **~ ruler**. 2. launenhaft, unvernünftig.
ar·bi·trate ['ɑː(r)bɪtreɪt] I *v/t* 1. a) (als Schiedsrichter *od*. durch Schiedsspruch *od*. schiedsrichterlich) entscheiden, schlichten, beilegen, b) über *e-e Sache* schiedsrichterlich verhandeln. 2. e-m Schiedsspruch unter'werfen. II *v/i* 3. als Schiedsrichter fun'gieren, vermitteln. 4. *econ*. Arbi'tragegeschäfte machen.
ar·bi·tra·tion [ˌɑː(r)bɪ'treɪʃn] *s* 1. Schieds(gerichts)verfahren *n*. 2. a) (schiedsrichterliche) Entscheidung, Schiedsspruch *m*, b) Schlichtung *f*: **~ agreement** (*od*. **treaty**) Schiedsvertrag *m*; **~ board** *Am*. Schlichtungs-, Schiedsstelle *f*; **~ clause** Schieds(gerichts)klausel *f*; **~ committee** Schlichtungs-, Vermittlungsausschuß *m*; **court of ~** Schiedsgericht *n*, Schieds(gerichts)hof *m*; **to submit to ~** e-m Schiedsgericht unterwerfen. 3. **~ of exchange** *econ*. 'Wechselarbiˌtrage *f*. **'ar·bi·tra·tor** [-tə(r)] *s bes. econ. jur*. a) Schiedsrichter *m*, -mann *m*, b) Schlichter *m*.
ar·bor¹, *bes. Br*. **ar·bour** ['ɑː(r)bə(r)] *s* 1. Laube *f*, Laubengang *m*. 2. *obs*. a) Rasen *m*, b) (Obst)Garten *m*.
ar·bor² ['ɑː(r)bə(r)] *s* 1. [*Br. bes*. 'ɑːbɔː] *pl* **'ar·bo·res** [-riːz] *bot*. Baum *m*. 2. *pl* **'ar·bors** *tech*. a) Balken *m*, Holm *m*, b) Achse *f*, Welle *f*, c) Spindel *f*, (Aufsteck)Dorn *m*.
ar·bo·ra·ceous [ˌɑː(r)bə'reɪʃəs] → **arboreal**.
Ar·bor Day *s Am*. Tag *m* des Baumes, Baumpflanz(ungs)tag *m*.
ar·bo·re·al [ɑː(r)'bɔːrɪəl; *Am. a*. -'bəʊ-] *adj* 1. baumartig, Baum... 2. auf Bäumen lebend.
ar·bo·re·an [ɑː(r)'bɔːrɪən] → **arboreal**.
ar·bored, *bes. Br*. **ar·boured** ['ɑː(r)bə(r)d] *adj* 1. mit e-r Laube *od*. Lauben (versehen), laubenartig. 2. mit Bäumen besetzt *od*. um'säumt.
ar·bo·re·ous [ɑː(r)'bɔːrɪəs; *Am. a*. -'bəʊ-] *adj* 1. baumreich, waldig, bewaldet. 2. → **arboreal**. 3. → **arborescent**.
ar·bo·res ['ɑː(r)bəriːz; *Br. bes*. -bɔːr-] *pl* von **arbor²** 1.
ar·bo·res·cent [ˌɑː(r)bə'resnt] *adj* 1. baumartig wachsend *od*. verzweigt *od*. sich ausbreitend. 2. *bes. min*. mit baumartiger Zeichnung.
ar·bo·ri·cul·tur·al [ˌɑː(r)bərɪ'kʌltʃərəl] *adj* Baumzucht... **'ar·bo·ri·cul·ture** *s* Baumzucht *f*. **ˌar·bo·ri'cul·tur·ist** *s* Baumzüchter(in), -gärtner(in).
ar·bo·ri·za·tion [ˌɑː(r)bərai'zeɪʃn; *Am*. -rə'z-] *s* 1. baumförmige Bildung. 2. Den'drit *m*: a) *min*. den'dritenartige Bildung, b) *anat*. baumartige Verzweigung.
ar·bo·rous ['ɑː(r)bərəs] *adj* Baum..., aus Bäumen bestehend.
ar·bor vi·tae ['vaɪtiː] *s anat. bot*. Lebensbaum *m*.
'ar·bour, **'ar·boured** *bes. Br*. für **arbor¹**, **arbored**.
ar·bu·tus [ɑː(r)'bjuːtəs] *s bot*. 1. Erdbeerbaum *m*. 2. *a*. **trailing ~** *Am*. Kriechende Heide.
arc [ɑː(r)k] I *s* 1. Bogen *m* (*a. tech*.). 2. *math*. Bogen *m* (*e-s Kreises etc*), Arkus *m*: **~-hyperbolic function** inverse Hyperbelfunktion; **~ secant** Arkussekans *m*; **~ sine** Arkussinus *m*; **~ trigonometric** inverstrigonometrisch. 3. *astr*. a) Bogen *m*, (Tag-Nacht)Kreis *m*, b) Winkelgeschwindigkeitsmaß *n*. 4. *electr*. (Licht)Bogen *m*: **~ ignition** Lichtbogenzündung *f*; **~ spectrum** Bogenspektrum *n*; **~ welding** Lichtbogen-

schweißen *n*. II *v/i pret u. pp* **arc(k)ed**, *pres p* **arc(k)·ing** 5. *a*. **~ over** *electr*. e-n (Licht)Bogen bilden, 'funken': **to ~ back** rückzünden (*Gleichrichter*), ‚feuern' (*elektrische Maschine*).
ar·cade [ɑː(r)'keɪd] *s* 1. *arch*. Ar'kade *f*: a) Säulen-, Bogen-, Laubengang *m*, b) Bogen(reihe *f*) *m*. 2. 'Durchgang *m*, Pas'sage *f*. **ar'cad·ed** *adj* mit e-r Ar'kade (versehen), Arkaden...
Ar·ca·di·a [ɑː(r)'keɪdjə; -dɪə] *npr u. s* Ar'kadien *n* (*a. fig*.).
Ar·ca·di·an¹ [ɑː(r)'keɪdjən; -dɪən] I *s* Ar'kadier(in). II *adj* ar'kadisch: a) aus Ar'kadien, b) *fig*. i'dyllisch.
ar·ca·di·an² [ɑː(r)'keɪdjən; -dɪən] *adj arch*. mit e-r Ar'kade (versehen), Arkaden...
Ar·ca·dy ['ɑː(r)kədɪ] *s poet*. Ar'kadien *n*.
ar·ca·na [ɑː(r)'keɪnə] *pl von* **arcanum**.
ar·cane [ɑː(r)'keɪn] *adj* geheim, geheimnisvoll, verborgen.
ar·ca·num [ɑː(r)'keɪnəm] *pl* **-na** [-nə] *s* 1. *meist pl* Geheimnis *n*, My'sterium *n*. 2. *pharm. hist*. Ar'kanum *n*, Eli'xier *n*.
ar·ca·ture ['ɑː(r)kəˌtjʊə; *bes. Am*. -ˌtʃʊə(r); -tʃə(r)] *s arch*. 1. kleine Ar'kade (*als Balustrade etc*). 2. 'Blendarˌkade *f*.
arc|back *s electr*. Bogenrückschlag *m*. **~ flame** *s electr*. Flammenbogen *m*, (Licht)Bogenflamme *f*. **~ gen·er·a·tor** *s* 'Lichtbogengeneˌrator *m*.
arch¹ [ɑː(r)tʃ] I *s* 1. *arch*. (Brücken-, Fenster-, Gewölbe-, Schwib)Bogen *m*. 2. *arch*. über'wölbter (Ein-, 'Durch)Gang, Gewölbe *n*. 3. Bogen *m*, Wölbung *f*: **the ~ of her eyebrow**; **~ of the instep** *anat*. Fußgewölbe *n*; **~ support** Senkfußeinlage *f*; **~ of the cranium** *anat*. Hirnschädelgewölbe *n*; **fallen arches**. 4. *fig. poet*. Himmelsbogen *m*: a) Regenbogen *m*, b) Himmelsgewölbe *n*. 5. *metall*. a) Vorofen *m*, b) Feuer-, Schmelzofen *m*. 6. *Phonetik*: Gaumenbogen *m*. II *v/t* 7. mit Bogen versehen *od*. über'spannen: **to ~ over** über'wölben. 8. wölben, krümmen: **to ~ one's back** e-n Buckel machen (*bes. Katze*). III *v/i* 9. sich wölben.
arch² [ɑː(r)tʃ] *adj* erst(er, e, es), oberst(er, e, es), größt(er, e, es), Haupt..., Ur..., Erz..., Riesen...: **~ rogue** Erzschurke *m*.
arch³ [ɑː(r)tʃ] *adj* (*adv* **~ly**) 1. verschmitzt, schalkhaft, spitzbübisch, durch'trieben. 2. schlau.
-arch [ɑː(r)k] *Wortelement mit der Bedeutung* Herrscher: oligarch.
arch- [ɑː(r)tʃ] *Wortelement bei Titeln etc mit der Bedeutung* erst, oberst, Haupt..., Erz...
Ar·chae·an [ɑː(r)'kiːən] *geol*. I *adj* a'zoisch, ar'chäisch. II *s* A'zoikum *n*.
ar·chae·o·log·ic [ˌɑː(r)kɪə'lɒdʒɪk; *Am*. -'lɑ-] *adj*, **ˌar·chae·o'log·i·cal** [-kl] *adj* (*adv* **~ly**) archäo'logisch, Altertums...
ˌar·chae'ol·o·gist [-'ɒlədʒɪst; *Am*. -'ɑl-] *s* Archäo'loge *m*, Altertumsforscher *m*. **ˌar·chae'ol·o·gy** *s* 1. Archäolo'gie *f*, Altertumskunde *f*, -wissenschaft *f*. 2. Altertümer *pl*, Kul'turreste *pl*.
ar·chae·om·e·try [ˌɑː(r)kɪ'ɒmɪtrɪ; *Am*. -'ɑmə-] *s* Archäome'trie *f* (*wissenschaftliche Altersbestimmung archäologischer Funde*).
ar·cha·ic [ɑː(r)'keɪɪk] *adj* (*adv* **~ally**) ar'chaisch: a) frühzeitlich, altertümlich (*Kunst etc*), b) *ling*. veraltet, altmodisch, c) *psych*. regres'siv. **ar'cha·i·cism** [-sɪzəm] → **archaism**.
ar·cha·ism [ɑː(r)'keɪɪzəm; *Am. a*. -kiˌɪ-] *s* 1. Archa'ismus *m*: a) veraltete Ausdrucksweise, b) veralteter Ausdruck. 2. (*etwas*) Altertümliches *od*. Veraltetes, alte Sitte.
'ar·cha·ize I *v/t* archai'sieren. II *v/i* alte Formen *od*. Gebräuche nachahmen.

arch·an·gel ['ɑ:(r)k,eɪndʒəl] s **1.** Erzengel m. **2.** bot. An'gelika f, Engelwurz f.

ˌarch'bish·op s relig. Erzbischof m.

ˌarch'bish·op·ric s **1.** Erzbistum n. **2.** Erzbischofsamt n, -würde f.

arch| brace s arch. Bogenstrebe f. **~ bridge** s tech. Bogen-, Jochbrücke f.

ˌarch'dea·con s relig. Archidia'kon m.

ˌarch'dea·con·ry [-rɪ], **ˌarch'dea·con·ship** s Archidiako'nat n, 'Erzdiako,nat n.

ˌarch'di·o·cese s relig. 'Erzdiö,zese f.

ˌarch'du·cal adj erzherzoglich. **ˌarch'duch·ess** s Erzherzogin f. **ˌarch'duch·y** s Erzherzogtum n. **ˌarch'duke** s Erzherzog m. **ˌarch'dukedom** s Erzherzogtum n.

Ar·che·an [ɑ:(r)'ki:ən] bes. Am. für Archaean.

ar·che·bi·o·sis [,ɑ:(r)kɪbaɪ'əʊsɪs] s Urzeugung f.

arched [ɑ:(r)tʃt] adj gewölbt, über'wölbt: ~ **charge** mil. gewölbte Ladung; ~ **roof** Tonnendach n.

ˌarch'en·e·my [,ɑ:(r)tʃ-] → archfiend.

ar·chen·ter·on [ɑ:(r)'kentərɒn; Am. -ˌrɑn; -rən] s biol. Ar'chenteron n, Urdarm m.

ar·che·o·log·ic, etc bes. Am. für archaeologic, etc.

ar·che·om·e·try bes. Am. für archaeometry.

arch·er ['ɑ:(r)tʃə(r)] s **1.** Bogenschütze m. **2. A~** astr. Schütze m (Sternbild u. Tierkreiszeichen): **to be (an) A~** Schütze sein.

'arch·er·y s **1.** Bogenschießen n. **2.** Ausrüstung f e-s Bogenschützen. **3.** collect. Bogenschützen pl.

ar·che·typ·al ['ɑ:(r)kɪtaɪpl] adj **1.** bes. philos. psych. arche'typisch: a) urbildlich, b) mustergültig. **2.** Muster...

ar·che·type ['ɑ:(r)kɪtaɪp] s **1.** Arche'typ(us) m: a) philos. etc Urbild n, Urform f, Vorbild n, Origi'nal n, Muster n, b) bot. zo. Urform f, c) Urhandschrift f, erster Druck. **2.** psych. Arche'typus m (bei C. G. Jung).

ˌarch'fiend [,ɑ:(r)tʃ-] s Erzfeind m: a) Todfeind m, b) oft **A~** (der) Satan.

archi- [ɑ:(r)kɪ] Wortelement mit der Bedeutung a) Haupt..., Ober..., oberst, erst, b) biol. ursprünglich, primitiv.

ar·chi·bald ['ɑ:tʃɪbɔ:ld; -bəld] f archie.

ar·chi·blast ['ɑ:(r)kɪblæst] s biol. **1.** Eiplasma n. **2.** äußeres Keimblatt (des Embryos).

ar·chi·di·ac·o·nal [,ɑ:(r)kɪdaɪ'ækənl] adj relig. archidia'konisch.

ar·chie ['ɑ:tʃɪ] s mil. Br. sl. Flak(geschütz n) f.

ar·chi·e·pis·co·pa·cy [,ɑ:(r)kɪɪ'pɪskəpəsɪ] s relig. 'Kirchenre,gierung f durch Erzbischöfe. **ˌar·chi·e'pis·co·pal** adj erzbischöflich. **ˌar·chi·e'pis·co·pate** f-pɪt; -peɪt] s **1.** Amt n od. Würde f e-s Erzbischofs. **2.** Erzbistum n.

ar·chil ['ɑ:(r)tʃɪl] s Or'seille f: a) bot. Färberflechte f, b) tech. ein Farbstoff.

Ar·chi·me·de·an [,ɑ:(r)kɪ'mi:djən; -ɪən; -mɪ'di:ən] adj archi'medisch: ~ **screw** tech. archimedische Schraube, Wasser-, Förderschnecke f.

ar·chi·pel·a·go [,ɑ:(r)kɪ'pelɪgəʊ] pl **-gos, -goes** s Archi'pel m, Inselmeer n, -gruppe f.

ar·chi·plasm ['ɑ:(r)kɪplæzəm] s biol. Urplasma n.

ar·chi·tect ['ɑ:(r)kɪtekt] s **1.** Archi'tekt m: **~'s scale** Reißbrettlineal n. **2.** fig. Schöpfer m, Urheber m, Gründer m: **everyone is the ~ of his own fortune** jeder ist s-s Glückes Schmied.

ar·chi·tec·ton·ic [,ɑ:(r)kɪtek'tɒnɪk; Am. -'tɑ-] **I** adj (adv **~ally**) **1.** architek'tonisch, baulich. **2.** Bau... **3.** konstruk'tiv, schöpferisch. **4.** planvoll, struktu'rell, syste-'matisch. **5.** mus. philos. systemati'sierend, klar u. logisch aufgebaut. **6.** art tek'tonisch. **II** s meist pl (als sg konstruiert) **7.** Architek'tonik f, Architek'tur f (als Wissenschaft). **8.** Struk'tur f, Aufbau m, Anlage f.

ar·chi·tec·tur·al [,ɑ:(r)kɪ'tektʃərəl] adj (adv **~ly**) Architektur..., Bau..., architek-'tonisch, baulich: ~ **acoustics** Raumakustik f; ~ **design** Raumgestaltung f; ~ **engineering** Hochbau m.

ar·chi·tec·ture ['ɑ:(r)kɪtektʃə(r)] s **1.** Architek'tur f: a) Baukunst f: **school of** ~ Bauschule f, Bauakademie f, b) Bauart f, Baustil m. **2.** a. fig. (Auf)Bau m, Struk'tur f, Anlage f, Konstrukti'on f. **3.** a) Bau(werk n) m, Gebäude n, b) collect. Gebäude pl, Bauten pl. **4.** poet. Schöpferkunst f.

ar·chi·trave ['ɑ:(r)kɪtreɪv] s arch. **1.** Archi'trav m, Quer-, Tragbalken m. **2.** archi'travähnliche (Tür- etc)Einfassung.

ar·chi·val [ɑ:(r)'kaɪvl] adj Archiv... **ar·chive** ['ɑ:(r)kaɪv] s meist pl Ar'chiv n (Sammlung u. Einrichtung). **'ar·chi·vist** [-kɪ-] s Archi'var(in).

ar·chi·volt ['ɑ:(r)kɪvəʊlt] s arch. Archi'volte f, Bogeneinfassung f.

arch·ness ['ɑ:(r)tʃnɪs] s Schalkhaftigkeit f, Schelme'rei f, Durch'triebenheit f.

ˌarch'priest [,ɑ:(r)tʃ-] s relig. hist. Erzpriester m.

'arch|·way ['ɑ:(r)tʃweɪ] s arch. **1.** Bogengang m, über'wölbter Torweg. **2.** Bogen m (über e-m Tor etc). **'~·wise** adv bogenartig.

-archy [ɑ:(r)kɪ; ə(r)kɪ] Wortelement mit der Bedeutung Herrschaft: monarchy.

arc·ing ['ɑ:(r)kɪŋ] s electr. Lichtbogenbildung f: ~ **over** Überschlagen n von Funken; ~ **contact** Abreißkontakt m; ~ **voltage** Überschlagsspannung f.

arc| lamp s electr. Bogen(licht)lampe f: **enclosed ~** Dauerbrandbogenlampe, geschlossene Bogenlampe. **~ light** s electr. **1.** Bogenlichtlampe f. **2.** Bogenlicht n.

Arc·ta·li·a [ɑ:(r)k'teɪljə; -lɪə] s Tiergeographie: arktischer Seebereich.

arc·ti·an [ɑ:(r)kʃɪən; -tɪən] → arctiid.

arc·tic ['ɑ:(r)ktɪk] **I** adj **1.** arktisch, nördlich, Nord..., Polar...: **A~ Ocean** Nördliches Eismeer; **A~ Circle** nördlicher Polarkreis; ~ **fox** Polarfuchs m; ~ **front** meteor. Arktikfront f; ~ **seal** Seal-Imitation f aus Kaninchenfell. **2.** fig. (eis)kalt, eisig. **II** s **3.** meist pl Am. gefütterte, wasserdichte 'Überschuhe pl.

arc·ti·id ['ɑ:(r)ktɪɪd; -kʃɪ-] zo. **I** s Bärenspinner m. **II** adj zu den Bärenspinnern gehörig.

Arc·to·g(a)e·a [,ɑ:(r)ktə'dʒi:ə] s Tiergeographie: nördliche Halbkugel.

Arc·tu·rus [ɑ:(r)k'tjʊərəs; Am. a. -'tʊ-] s astr. Ark'tur(us) m, Bärenhüter m (Stern).

ar·cu·ate ['ɑ:(r)kjʊɪt; -eɪt; Am. -jəwət; -ˌweɪt], **'ar·cu·at·ed** [-eɪtɪd] adj bogenförmig, gebogen.

'arc|-weld v/t electr. mit dem Lichtbogen od. e'lektrisch schweißen. **~ welding** s electr. Lichtbogenschweißen n.

ar·den·cy ['ɑ:(r)dənsɪ] → ardor.

ar·dent ['ɑ:(r)dənt] adj (adv **~ly**) **1.** heiß, brennend, feurig, glühend (alle a. fig.): ~ **love**; ~ **fever** hitziges Fieber; ~ **spirits** hochprozentige Spirituosen. **2.** fig. inbrünstig, leidenschaftlich, heftig, innig: ~ **wish**; ~ **admirer** glühender Verehrer; ~ **loathing** heftiger Abscheu. **3.** fig. eifrig, begeistert: ~ **supporter**.

ar·dor, bes. Br. **ar·dour** ['ɑ:(r)də(r)] s **1.** Hitze f, Glut f. **2.** fig. Leidenschaft (-lichkeit) f, Heftigkeit f, Inbrunst f, Glut f, Feuer n. **3.** fig. Eifer m, Begeisterung f (for für).

ar·du·ous ['ɑ:(r)djʊəs; Am. 'ɑ:rdʒəwəs] adj (adv **~ly**) **1.** schwierig, schwer, anstrengend, mühsam: **an ~ task**. **2.** emsig, ausdauernd, zäh, e'nergisch: **an ~ worker**; ~ **efforts** große Anstrengungen. **3.** steil: **an ~ mountain**. **4.** streng, hart: **an ~ winter**. **'ar·du·ous·ness** s Schwierigkeit f.

are[1] [ɑ:(r); unbetont ə(r)] pl u. 2. sg pres von be.

are[2] [ɑ:(r); Am. a. eər] s Ar n, a. m (Flächenmaß = 100 qm = 119,6 square yards).

a·re·a ['eərɪə] s **1.** (begrenzte) Fläche, Flächenraum m, Boden-, Grundfläche f. **2.** Gebiet n, Zone f, Gegend f (alle a. anat.), Raum m: (culture) ~ Kulturgebiet, -bereich m; **in the Chicago ~** im Raum (von) Chicago; ~ **of low pressure** meteor. Tiefdruckgebiet. **3.** (freier) Platz. **4.** Grundstück n. **5.** fig. Bereich m, Gebiet n: **the ~ of foreign policy; within the ~ of possibility** im Bereich des Möglichen. **6.** math. Flächeninhalt m, -raum m, (Grund)Fläche f, Inhalt m: ~ **of a circle** Kreisfläche. **7.** math. phys. tech. (Ober-) Fläche f. ~ **of contact** Begrenzungs-, Berührungsfläche. **8.** anat. (Gehör-, Seh-, Sprach- etc)Zentrum n (in der Gehirnrinde etc). **9.** arch. lichter Raum. **10.** mil. Abschnitt m, Operati'onsgebiet n: **back ~** Etappe f; **forward ~** Kampfgebiet n; ~ **command** Am. Militärbereich m; ~ **bombing** Bombenflächenwurf m. **11.** → areaway. ~ **code** s teleph. Am. Vorwählnummer f, Vorwahl(nummer) f.

a·re·al ['eərɪəl] adj Flächen(inhalts)... **~ lin·guis·tics** s pl (als sg konstruiert) Are'allingu,istik f, Neolingu'istik f.

a·rear [ə'rɪə(r)] adv a) hinten, b) nach hinten.

a·re·a| re·ha·bil·i·ta·tion s 'Flächensa,nierung f. **~ vec·tor** s math. 'Vektorpro,dukt n. **'~·way** s Kellervorhof m, Lichthof m, -schacht m.

ar·e·ca (palm) ['ærɪkə; ə'ri:kə] s bot. A'rekapalme f.

a·re·na [ə'ri:nə] s A'rena f: a) antiq. Kampfplatz m, b) sport Kampfbahn f, Stadion n, c) Am. Sporthalle f, d) ('Zirkus)Ma,nege f, e) fig. Schauplatz m, Stätte f, Szene f, Bühne f: **the political ~; to descend into the ~** fig. sich in die Arena od. Schlacht begeben; ~ **theater** (bes. Br. **theatre**) Rundum-Theater n (mit Zentralbühne).

ar·e·na·ceous [ˌærɪ'neɪʃəs] adj **1.** sandig, sandartig, -haltig. **2.** bot. in sandigem Boden wachsend.

a·re·o·la [æ'rɪəʊlə; bes. Am. ə'ri:ələ] pl **-lae** [-li:], **-las** s **1.** biol. Are'ole f, Feldchen n, Spiegelzelle f. **2.** anat. a) Are'ole f, Hof m, Brustwarzenhof m, -ring m, c) entzündeter Hautring, d) Teil der Iris, der an die Pupille grenzt. **a're·o·lar** [-lə(r)] adj anat. areo'lar, zellig, netzförmig: ~ **tissue** Zell(en)gewebe n.

ar·e·om·e·ter [ˌærɪ'ɒmɪtə(r); Am. -'ɑm-] s phys. Aräo'meter n, Tauch-, Senkwaage f. **ˌar·e'om·e·try** [-trɪ] s Aräome'trie f.

a·rête [æ'ret; ə-] s (Berg)Kamm m, (Fels)Grat m.

ar·gent ['ɑ:(r)dʒənt] **I** s bes. her. Silber (-farbe f) n. **II** adj silbern, silberfarbig. **ar'gen·tal** [-'dʒentl] adj silbern, silberhaltig: ~ **mercury** Silberamalgam n.

ar·gen·tic [ɑ:(r)'dʒentɪk] adj chem. silberhaltig: ~ **chloride** Silberchlorid n.

ar·gen·tif·er·ous [ˌɑ:(r)dʒən'tɪfərəs] adj min. silberführend, -haltig.

ar·gen·tine[1] ['ɑː(r)dʒəntaɪn; *Am. a.* -tiːn] **I** *adj* **1.** silberartig, -farben, silbern. **2.** *fig.* silberrein, -hell. **II** *s* **3.** Neusilber *n*. **4.** *tech.* Silberfarbstoff *m*.

Ar·gen·tine[2] ['ɑː(r)dʒəntaɪn; -tiːn] **I** *adj* argen'tinisch. **II** *s* Argen'tinier(in).

Ar·gen·tin·e·an [ˌɑː(r)dʒən'tɪnjən; -ɪən] → Argentine[2].

ar·gen·tite ['ɑː(r)dʒəntaɪt] *s min.* Argen'tit *m*, Silberglanz *m*.

ar·gen·tum [ɑː(r)'dʒentəm] *s chem.* Silber *n*.

ar·gil ['ɑː(r)dʒɪl] *s* Ton *m*, Töpfererde *f*. ˌar·gil'la·ceous [-'leɪʃəs] *adj geol.* tonartig, -haltig, Ton...

ar·gle-bar·gle [ˌɑː(r)gl'bɑː(r)gl] → argy-bargy.

ar·gol ['ɑː(r)gɒl] *s chem.* roher Weinstein.

ar·gon ['ɑːgɒn; *Am.* 'ɑːrˌgɑn] *s chem.* Argon *n*.

Ar·go·naut ['ɑː(r)gənɔːt; *Am. a.* -ˌnɑːt] *s* **1.** *myth.* Argo'naut *m*. **2.** *Am.* Goldsucher *m* in Kali'fornien (*1848–49*). **3. a∼** *zo.* → paper nautilus. ˌAr·go'nau·tic *adj* argo'nautisch.

ar·got ['ɑː(r)gəʊ; *Am. a.* -gət] *s* Ar'got *n*, Jar'gon *m*, Slang *m*, *bes.* Gaunersprache *f*.

ar·gu·a·ble ['ɑːgjʊəbl; *Am.* 'ɑːrgjəwəbəl] *adj* (*adv* **arguably**) **1.** zweifelhaft, fraglich. **2. it is ∼** that man kann durchaus die Meinung vertreten, daß. **3. his latest book is arguably his best** sein letztes Buch ist wohl sein bestes.

ar·gue ['ɑː(r)gjuː] **I** *v/i* **1.** argumen'tieren, Gründe (für u. wider) anführen: **to ∼ for s.th.** a) für etwas eintreten (*Person*), b) für etwas sprechen (*Sache*); **to ∼ against s.th.** a) gegen etwas Einwände machen, b) gegen etwas sprechen (*Sache*). **2.** streiten, rechten, polemi'sieren (**with mit**): **don't ∼!** keine Widerrede! **3.** sprechen, dispu'tieren (**about** über *acc*; **for** für; **against** gegen; **with** mit). **4.** folgen (**from** aus). **II** *v/t* **5.** be-, erweisen, zeigen. **6.** (das Für u. Wider) erörtern (von), disku'tieren: **to ∼ s.th. away** etwas (hin)wegdiskutieren. **7.** geltend machen, vorbringen, behaupten (**that** daß). **8.** *j-n* über'reden, bewegen: **to ∼ s.o. into s.th.** j-n zu etwas überreden; **to ∼ s.o. out of s.th.** j-n von etwas abbringen. **9.** schließen, folgern (**from** aus; **that** daß). **10.** beweisen, verraten, anzeigen, zeugen von.

ar·gu·fy ['ɑː(r)gjʊfaɪ] *colloq.* **I** *v/i* **1.** hartnäckig argumen'tieren, streiten. **II** *v/t* **2.** *j-n* (*mit Argumenten*) bearbeiten. **3.** streiten über (*acc*).

ar·gu·ment ['ɑː(r)gjʊmənt] *s* **1.** Argu'ment *n*, (Beweis)Grund *m*, Behauptung *f*, Einwand *m*: **beyond ∼** einwandfrei. **2.** Beweisführung *f*, Schlußfolgerung *f*, Erhärtung *f*: **∼ from design** *philos.* Beweis *m* aus der Zweckmäßigkeit, teleologischer Gottesbeweis. **3.** Erörterung *f*, De'batte *f*: **to hold an ∼** diskutieren. **4.** Streitfrage *f*. **5.** *jur.* Vorbringen *n*, *meist pl* (Beweis-, Rechts)Ausführung(en *pl*) *f*: **closing ∼s** Schlußanträge. **6.** Wortwechsel *m*, Ausein'andersetzung *f*. **7.** Thema *n*, Gegenstand *m*. **8.** (Haupt-)Inhalt *m*. **9.** *math.* a) Argu'ment *n*, unabhängige Vari'able, b) Leerstelle *f*, *c*) Anoma'lie *f* (*komplexe Zahlen etc*). **10.** *philos.* mittlerer Teil e-s Syllo'gismus.

ar·gu·men·ta·tion [ˌɑː(r)gjʊmen'teɪʃn; -mən-] *s* **1.** Argumentati'on *f*, Beweisführung *f*, Schlußfolgerung *f*. **2.** Erörterung *f*.

ar·gu·men·ta·tive [ˌɑː(r)gjʊ'mentətɪv] *adj* (*adv* **∼ly**) **1.** streitlustig. **2.** strittig, um'stritten. **3.** 'hinweisend (**of** auf *acc*): **it is ∼ of his guilt** es deutet auf **∼** e Schuld hin. **4.** folgerichtig. ˌar·gu'men·ta·tive·ness *s* **1.** Streitlust *f*. **2.** Folgerichtigkeit *f*. '**ar·gu·men·ta·tor** [-teɪtə(r)] *s* **1.** Po'lemiker *m*. **2.** Beweisführer *m*.

Ar·gus ['ɑː(r)gəs] **I** *npr* **1.** *myth.* Argus *m*. **II** *s* **2.** *fig.* Argus *m*, wachsamer Hüter. **3.** *orn.* → argus pheasant. ˌ∼-'eyed *adj* argusäugig, mit Argusaugen, wachsam. **a∼ pheas·ant** *s orn.* 'Pfaufaˌsan *m*, Arguspfau *m*. **a∼ shell** *s zo.* Argus-, Porzel'lanschnecke *f*.

ar·gute [ɑː(r)'gjuːt] *adj* (*adv* **∼ly**) **1.** scharf, schrill. **2.** scharfsinnig. **3.** verschmitzt.

ar·gy-bar·gy [ˌɑːdʒɪ'bɑːdʒɪ; *Am.* ˌɑːrgiː-'bɑːrgiː] *s bes. Br. colloq.* Wortwechsel *m*, Ausein'andersetzung *f*.

ar·gyr·i·a [ɑː(r)'dʒɪrɪə] *s med.* Argy'rie *f*, Silbervergiftung *f*.

a·ri·a ['ɑːrɪə; *Am. a.* 'eərɪə] *s mus.* Arie *f*.

Ar·i·an ['eərɪən] *relig.* **I** *adj* ari'anisch. **II** *s* Ari'aner(in). '**Ar·i·an·ism** *s* Aria'nismus *m*.

ar·id ['ærɪd] *adj* (*adv* **∼ly**) **1.** dürr, trocken, unfruchtbar. **2.** *fig.* trocken, nüchtern. **a·rid·i·ty** [ə'rɪdətɪ; ə-] *s* **1.** Dürre *f*, Trockenheit *f*, Unfruchtbarkeit *f*. **2.** *fig.* Trockenheit *f*, Nüchternheit *f*.

Ar·i·el[1] ['eərɪəl] *s astr.* Ariel *m* (*Uranusmond*). [Ga'zelle.]

ar·i·el[2] ['eərɪəl] *s zo.* (*e-e*) a'rabische

A·ri·es ['eəriːz; -riːz] *s astr.* Widder *m*, Aries *m* (*Sternbild u. Tierkreiszeichen*): **to be (an) ∼** Widder sein.

a·right [ə'raɪt] *adv* **1.** recht, richtig, zu Recht: **to set ∼** richtigstellen. **2.** *obs.* gerade(swegs), di'rekt. [mantel *m*.]

ar·il ['ærɪl] *s bot.* A'rillus *m*, Samen-

a·rise [ə'raɪz] *pret* **a·rose** [ə'rəʊz] *pp* **a·ris·en** [ə'rɪzn] *v/i* **1.** (**from**, **out of**) entstehen, -springen, her'vorgehen (aus), 'herrühren, kommen, stammen, die Folge sein (von). **2.** entstehen, sich erheben, auftauchen, -kommen, -treten: **new problems ∼**; **the question ∼s** die Frage erhebt *od.* stellt sich. **3.** aufstehen, sich erheben (*aus dem Bett etc, a. fig. Volk*), auferstehen (*von den Toten*), aufkommen, sich erheben (*Wind etc*), aufgehen (*Sonne etc*), aufsteigen (*Nebel etc*), sich erheben (*Lärm etc*).

a·ris·ta [ə'rɪstə] *pl* **-tae** [-tiː] *s bot.* Granne *f*. **a'ris·tate** [-teɪt] *adj bot.* Grannen tragend.

ar·is·toc·ra·cy [ˌærɪ'stɒkrəsɪ; *Am.* -'stɑ-] *s* **1.** Aristokra'tie *f*: a) Adelsherrschaft *f*, b) *collect.* Adel *m*, (*die*) Adligen *pl*, c) *fig.* Adel *m*, E'lite *f*. **2.** Herrschaft *f* der E'lite.

a·ris·to·crat ['ærɪstəkræt; ə'rɪstə-] *s* Aristo'krat(in): a) Adlige(r *m*) *f*, b) *fig.* Herr *m*, Dame *f*, vornehmer Mensch. **a·ris·to·crat·ic** [ˌærɪstə'krætɪk; *Am. bes.* əˌrɪstə'kr-] *adj*; ˌa·ris·to'crat·i·cal [-kl] *adj* (*adv* **∼ly**) aristo'kratisch, adlig.

a·ris·toc·ra·tism [ˌærɪ'stɒkrətɪzəm; *Am.* -'stɑ-; ə'rɪstəˌkræt-] *s* Aristo'kratentum *n*.

Ar·is·to·phan·ic [ˌærɪstə'fænɪk; -təˈf-; *Am. bes.* əˌrɪstə'f-] *adj* aristo'phanisch, geistreich-spöttisch.

Ar·is·to·te·le·an, **Ar·is·to·te·li·an** [ˌærɪstəʊ'tiːljən; -ɪən] **I** *adj* aristo'telisch: **∼ logic**. **II** *s* Aristo'teliker *m*. ˌAr·is·to'te·li·an·ism, ˌAr·is·tot·e·lism ['ærɪstɒtəlɪzəm; *Am.* -ˌstɑ-] *s* Aristote'lismus *m*, aristo'telische Philoso'phie.

a·rith·me·tic[1] [ə'rɪθmətɪk] *s* **1.** Arith'metik *f*. **2.** Rechnen *n*: **business ∼**, **commercial ∼** kaufmännisches Rechnen; → **mental**[2] **1. 3.** Arith'metik-, Rechenbuch *n*.

ar·ith·met·ic[2] [ˌærɪθ'metɪk], **ar·ith'met·i·cal** [-kl] *adj* arith'metisch, Rechen...: **arithmetic element** (*od.* **unit**) Rechenwerk *n* (*in e-r Rechenmaschine*); **arithmetical progression** (**series**) arithmetische Progression (Reihe); **∼ operation** Rechenoperation *f*.

a·rith·me·ti·cian [əˌrɪθmə'tɪʃn] *s* Arith'metiker *m*, Rechner *m*.

ark [ɑː(r)k] *s* **1.** Arche *f*: **Noah's ∼** Arche Noah(s). **2.** *a.* **∼ of refuge** *fig.* Zufluchtsort *m*. **3.** Schrein *m*: **A∼ of the Covenant** *Bibl.* Bundeslade *f*. **4.** *obs. od. dial.* Truhe *f*, Kiste *f*, Korb *m*. **5.** *hist. Am.* Flachboot *n*.

ar·kose ['ɑː(r)kəʊs] *s geol.* Ar'kose *f*, feldspatreicher Sandstein.

ark shell *s zo.* Arche(nmuschel) *f*.

arm[1] [ɑː(r)m] **I** *v/t* **1.** am Arm führen. **2.** *obs.* um'armen. **II** *v/i* **3.** *bot.* Seitentriebe bilden. **III** *s* **4.** *anat. zo.* Arm *m*: → *Bes. Redew.* **5.** *bot.* Ast *m*, großer Zweig. **6.** Fluß-, Meeresarm *m*. **7.** *physiol.* Abzweigung *f* (*von Adern etc*). **8.** Arm-, Seitenlehne *f* (*e-s Stuhles etc*). **9.** Ärmel *m*. **10.** *tech.* a) Arm *m* (*e-s Hebels, e-r Maschine etc, a. mar. e-s Ankers etc*), Ausleger *m*, b) Zeiger *m*, Stab *m*: **∼ of a balance** Waagebalken *m*. **11.** *mar.* (Rah)Nock *f*. **12.** *electr.* a) Zweig *m* (*e-r Meßbrücke*), b) Schenkel *m* (*e-s Magneten*), c) Tonarm *m* (*am Plattenspieler*). **13.** *fig.* Arm *m*, Macht *f*: **the ∼ of the law** der Arm des Gesetzes.

Besondere Redewendungen:

at ∼'s length a) auf Armeslänge (entfernt), b) *fig.* in angemessener Entfernung; **to keep s.o. at ∼'s length** *fig.* sich j-n vom Leibe halten; **within ∼'s reach** in Reichweite; **with open ∼s** mit offenen Armen; **to fly into s.o.'s ∼s** j-m in die Arme fliegen; **to hold out one's ∼s to s.o.** j-m die Arme entgegenstrecken; **to lend s.o. one's ∼** j-m den Arm reichen; **to make a long ∼** *colloq.* a) den Arm ausstrecken, b) *fig.* sich anstrengen; **to take s.o. in one's ∼s** j-n in die Arme nehmen *od.* schließen; **child** (*od.* **infant** *od.* **babe**) **in ∼s** kleines Kind, Wickelkind *n*, Säugling *m*.

arm[2] [ɑː(r)m] **I** *v/t* **1.** (**o.s.** sich) (be)waffnen. **2.** *mil. tech.* ar'mieren, bewehren, (ver)stärken, (*mit Panzer etc*) beschlagen, schützen. **3.** *mil.* Munition etc scharf machen. **4.** zu'rechtmachen, vorbereiten: **to ∼ a hook in angling**. **5.** (**o.s.** sich) rüsten, wappnen, vorbereiten, bereit machen. **II** *v/i* **6.** sich (be)waffnen, sich wappnen, sich rüsten. **III** *s* **7.** *meist pl mil. u. fig.* Waffe(n *pl*) *f*: **∼s control** Rüstungskontrolle *f*; **∼s dealer** Waffenhändler *m*; **∼s race** Wettrüsten *n*, Rüstungswettlauf *m*. **8.** *mil.* a) Waffen-, Truppengattung *f*, b) Wehrmachtsteil *m*: **the naval ∼** die Kriegsmarine. **9.** *pl* a) Mili'tärdienst *m*, b) Kriegswissenschaft *f*. **10.** *pl her.* Wappen(schild) *n*.

Besondere Redewendungen:

in ∼s in Waffen, bewaffnet, gerüstet; **∼s of courtesy** stumpfe Waffen; **to ∼s!** zu den Waffen!, ans Gewehr!; **under ∼s** unter Waffen, kampfbereit; **up in ∼s** a) kampfbereit, b) in (vollem) Aufruhr, c) *fig.* in Harnisch, in hellem Zorn; **to bear ∼s** a) Waffen tragen, b) als Soldat dienen, c) ein Wappen führen; **pile ∼s!** setzt die Gewehre zusammen!; **port ∼s!** fällt das Gewehr!; **present ∼s!** präsentiert das Gewehr!; **shoulder ∼s!** Gewehr an Schulter!; **slope ∼s!** das Gewehr über!; **to take up ∼s** die Waffen ergreifen; → force 1, lay down 2, passage at arms.

ar·ma·da [ɑː(r)'mɑːdə] *s* **1.** Kriegsflotte *f*. **2. A∼** *hist.* Ar'mada *f*. **3.** Luftflotte *f*, Geschwader *n*.

ar·ma·dil·lo [ˌɑː(r)mə'dɪləʊ] *pl* **-los** *s zo.* **1.** Arma'dill *n*, Gürteltier *n*. **2.** Apo'thekerassel *f*.

Ar·ma·ged·don [ˌɑː(r)mə'gedn] *s*

armament – arrangement

1. *Bibl.* a) Arma'geddon *n*, b) letzter Kampf zwischen Gut u. Böse. **2.** *fig.* Entscheidungskampf *m*, Weltkrieg *m*.
ar·ma·ment ['ɑː(r)məmənt] *s mil.* **1.** Kriegsstärke *f*, Mili'tärmacht *f* (*e-s Landes*). **2.** Streitmacht *f*: **naval ~** Seestreitkräfte *pl.* **3.** Bewaffnung *f*, Bestückung *f*, Feuerstärke *f* (*e-s Kriegsschiffes, e-r Befestigung etc*): **~ officer** Waffenoffizier *m* (*der Luftwaffe*). **4.** a) (Kriegs)Ausrüstung *f*, b) (Kriegs-) Rüstung *f*, Aufrüstung *f*: **~ order** Rüstungsauftrag *m*; **~ race** Wettrüsten *n*, Rüstungswettlauf *m*.
ar·ma·ture ['ɑː(r)mə₁tjʊə; *bes. Am.* -₁tʃʊə(r); -tʃə(r)] *s* **1.** *obs.* a) Rüstung *f*, Panzer *m*, b) Bewaffnung *f*, Waffen *pl.* **2.** *mar. tech.* Panzer *m*, Panzerung *f*, Ar'mierung *f*, (*a.* Kabel)Bewehrung *f*, (Me'tall)Beschlag *m.* **3.** *fig.* Waffe *f*, Schutz *m.* **4.** *arch.* Arma'tur *f*, Verstärkung *f.* **5.** Gerüst *n* (*e-r Skulptur*). **6.** *electr.* a) Anker *m* (*a. e-s Magneten*), Läufer *m*, Rotor *m*, Re'lais *n*, b) *Radio*: pri'mär schwingender Teil e-s Lautsprechers: **~ coil** Ankerwicklung *f*, -spule *f*; **~ current** Läufer-, Ankerstrom *m*; **~ shaft** Ankerwelle *f*.
arm|band *s* Armbinde *f.* **~'chair I** *s* **1.** Arm-, Lehnstuhl *m*, (Lehn)Sessel *m*: **to put o.s. into s.o.'s ~** *fig.* sich in j-n hineinversetzen. **II** *adj* **2.** theo'retisch, vom grünen Tisch. **3.** Salon..., Stammtisch...: **~ politician** Stammtischpolitiker *m.* **~ drag** *s Ringen*: Armzug *m.*
armed[1] [ɑː(r)md] *adj* mit... Armen, ...armig: **one-~**; **bare-~** mit bloßen Armen.
armed[2] [ɑː(r)md] *adj* **1.** *bes. mil.* bewaffnet: **~ conflict** bewaffnete Auseinandersetzung; **~ eye** bewaffnetes Auge; **~ forces, ~ services** (Gesamt)Streitkräfte, Wehrmacht *f*; **~ neutrality** bewaffnete Neutralität; **~ robbery** *jur.* bewaffneter Raubüberfall; **~ service** Dienst *m* mit der Waffe; **~ hilt I, tooth 1. 2.** *mil. tech.* gepanzert, bewehrt (*a. zo.*), ar'miert. **3.** *mil.* scharf, zündfertig (*Munition etc*). **4.** *phys.* mit Arma'tur (versehen): **~ magnet. 5.** *her.* mit (andersfarbigen) Füßen *od.* Hörnern *od.* Spitzen (versehen).
Ar·me·ni·an [ɑː(r)'miːnjən; -nɪən] **I** *adj* **1.** ar'menisch. **II** *s* **2.** Ar'menier(in). **3.** *ling.* Ar'menisch *n*, das Armenische.
ar·met ['ɑː(r)met; -ɪt] *s mil.* Sturmhaube *f.*
arm·ful ['ɑː(r)mfʊl] *s* Armvoll *m*: **an ~ of books** ein Armvoll Bücher.
'arm·hole *s* **1.** → armpit 1. **2.** Ärmel-, Armloch *n.*
ar·mi·ger ['ɑː(r)mɪdʒə(r)] *s* Wappenträger *m.*
arm·ing ['ɑː(r)mɪŋ] *s* **1.** Bewaffnung *f*, (Aus)Rüstung *f.* **2.** Ar'mierung *f.* **3.** *her.* Wappen *n.* **4.** *phys.* Arma'tur *f* (*e-s Magneten*). **5.** *mar.* Talgbeschickung *f* beim Handlot.
ar·mi·stice [ɑː(r)mɪstɪs] *s* Waffenstillstand *m* (*a. fig.*). **A~ Day** *s Br.* Jahrestag *m* des Waffenstillstandes vom 11. No'vember 1918.
arm·less[1] ['ɑː(r)mlɪs] *adj* armlos.
arm·less[2] ['ɑː(r)mlɪs] *adj* unbewaffnet.
arm·let ['ɑː(r)mlɪt; -lət] *s* **1.** kleiner (Meeres- *od.* Fluß)Arm. **2.** *bes. mil.* Armbinde *f.*
arm| le·ver *s Ringen*: Armhebel *m.* **~'lock** *s Ringen*: Armschlüssel *m.*
ar·mor, *bes. Br.* **ar·mour** ['ɑː(r)mə(r)] **I** *s* **1.** Rüstung *f*, Panzer *m.* **2.** *fig.* Schutz *m*, Panzer *m*: **the ~ of virtue. 3.** *mil. tech.* Panzer(ung *f*) *m*, Ar'mierung *f*, (*a.* Kabel)Bewehrung *f.* **4.** Taucheranzug *m.* **5.** *bot. zo.* Panzer *m*, Schutz(decke *f*, -mittel *n*) *m.* **6.** *collect. mil.* a) Panzer(-fahrzeuge) *pl*, b) Panzertruppen *pl.* **II** *v/t* **7.** a) (be)waffnen, (aus)rüsten, b) mit Panzerfahrzeugen ausrüsten. **8.** panzern.
'~-₁bear·er *s hist.* Waffenträger *m*, Schildknappe *m.* **'~-₁clad I** *adj* gepanzert, Panzer... **II** *s* Panzerschiff *n.*
ar·mored, *bes. Br.* **ar·moured** ['ɑː(r)mə(r)d] *adj mil. tech.* gepanzert, Panzer..., bewehrt, ar'miert: **~ attack** Panzerangriff *m*; **~ cable** bewehrtes *od.* armiertes Kabel, Panzerkabel *n*; **~ car** a) Panzerkampfwagen *m*, b) gepanzertes Fahrzeug (*für Geldtransporte etc*); **~ concrete** armierter Beton, Eisenbeton *m*; **~ cruiser** Panzerkreuzer *m*; **~ infantry** Panzergrenadiere *pl*; **~ train** Panzerzug *m.*
ar·mor·er, *bes. Br.* **ar·mour·er** ['ɑː(r)mərə(r)] *s* **1.** *mar. mil.* Waffenmeister *m.* **2.** *hist.* Waffenschmied *m.*
ar·mo·ri·al [ɑː(r)'mɔːrɪəl; *Am. a.* -'moʊ-] **I** *adj* Wappen..., he'raldisch: **~ bearings** Wappen(schild *m, n*) *n.* **II** *s* Wappenbuch *n.*
Ar·mor·ic [ɑːˈmɒrɪk; *Am.* ɑː'mɔːrɪk; -'mɑr-] *adj* ar'morisch, bre'tonisch. **Ar·'mor·i·can I** *s* **1.** Armori'kaner(in). **2.** *ling.* Bre'tonisch *n*, das Bretonische. **II** *adj* → Armoric.
ar·mor·ied ['ɑː(r)mərɪd] *adj* mit Wappen bedeckt. **'ar·mor·ist** *s* He'raldiker *m.*
'ar·mor|-₁pierc·ing, *bes. Br.* **'ar·mour-₁pierc·ing** *adj mil.* panzerbrechend, Panzer(spreng)...: **~ ammunition** a) Panzer(spreng)munition *f*, b) Gewehr: Stahlkernmunition *f.* '**~-₁plat·ed**, *bes. Br.* **'ar·mour-₁plat·ed** → armor-clad I.
ar·mor·y[1] ['ɑː(r)mərɪ] *s* He'raldik *f*, Wappenkunde *f.*
ar·mor·y[2], *bes. Br.* **ar·mour·y** ['ɑː(r)mərɪ] *s* **1.** Rüst-, Waffenkammer *f*, Waffenmeiste'rei *f*, Zeughaus *n*, Arse'nal *n* (*a. fig.*). **2.** 'Waffenfa₁brik *f.* **3.** Exer-'zierhalle *f.*
ar·mour, *etc bes. Br. für* **armor,** *etc.*
ar·mour·y *bes. Br. für* armory[2].
'arm|·pit *s* **1.** *anat.* Achselhöhle *f.* **2.** **the ~ of** *Am. colloq.* das dreckigste Loch von (*od. gen*). **'~·rest** *s* Armlehne *f*, -stütze *f.* '**~·scye** [-saɪ] *s* Ärmelausschnitt *m.* **~ stroke** *s Schwimmen*: Armzug *m.* **~ twist·ing** *s fig.* Druckausübung *f.*
ar·mure ['ɑː(r)mjʊə(r)] *s (ein)* Woll- *od.* Seidenstoff *m* mit eingewebten Reli'efmustern.
arm wres·tling *s* Armdrücken *n.*
ar·my ['ɑː(r)mɪ] *s* **1.** Ar'mee *f*, Heer *n*, Landstreitkräfte *pl*: **~ contractor** Heereslieferant *m*; **~ group** Heeresgruppe *f*; **~ kitchen** Feldküche *f*; **A~ List, A~ Register** Rangordnung *f* (*des Heeres*); **~ manual, ~ regulation** Heeresdienstvorschrift *f*; **~ post office** Feldpostamt *n*; **~ service area** rückwärtiges Armeegebiet. **2.** Ar'mee *f* (*als militärische Einheit*). **3.** Mili'tär *n*: **in the ~** beim Militär; **the ~** *Br.* der Militärdienst; **to join the ~** Soldat werden. **4.** *fig.* Heer *n*, Menge *f*, große (An)Zahl. **~ ant** → driver ant. **~ chap·lain** *s mil.* Mili'tärseelsorger *m*, -geistliche(r) *m.* **~ com·mis·sar·y** *s mil.* Heeresverpflegungsamt *n.* **~ corps** *s mil.* Ar'meekorps *n.* **~ host·ess** *s mil. Am.* Sol'datenbetreuerin *f.*
ar·na [ɑː(r)nɑː] *s zo.* Arni *m*, Riesen-
ar·ni·ca ['ɑː(r)nɪkə] *s bot. pharm.* Arnika *f*: **~ tincture 1.**
ar·oid ['ærɔɪd] *bot.* **I** *adj* zu den Aronstabgewächsen gehörig. **II** *s* Aronstab *m.*
a·roint thee [ə'rɔɪnt] *interj poet.* fort!
a·rol·la [ə'rɒlə; *Am.* ə'rɑːlə; -'roʊlə] *s bot.* Arve *f*, Zirbelkiefer *f.*
a·ro·ma [ə'rəʊmə] *s* **1.** A'roma *n*, Duft *m*, Würze *f*, Blume *f* (*des Weines*). **2.** *fig.* Würze *f*, Reiz *m.*
ar·o·mat·ic [₁ærəʊ'mætɪk; -rəm-] **I** *adj* aro'matisch (*a. chem.*), würzig, duftig: **~ bath** *med.* Kräuterbad *n.* **II** *s* aro'matische Sub'stanz *od.* Pflanze. **a·ro·ma·tize** [ə'rəʊmətaɪz] *v/t* aromati'sieren, A'roma *od. fig.* Reiz verleihen (*dat*).
a·rose [ə'rəʊz] *pret von* arise.
a·round [ə'raʊnd] **I** *adv* **1.** (rings)her-'um: a) (rund)her'um, im Kreise, b) ringsum'her, überall('hin), nach *od.* auf allen Seiten. **2.** um'her, (in der Gegend) her'um: **to travel ~**; **to look ~** a) sich umsehen, b) zurückschauen. **3.** *colloq.* a) in der Nähe, da'bei: **the man was standing ~**, b) zur Hand: **she was always ~**; **stick ~!** bleib da *od.* in der Nähe!; **still ~?** du bist ja noch da! **II** *prep* **4.** um, um ... herum, rund um. **5.** in (*dat*) ... her'um: **to travel ~ the country. 6.** *colloq.* ungefähr, etwa, um ... her'um: **~ two thousand tons. 7.** *colloq.* (nahe) bei, in (*dat*) ... her'um: **to stay ~ the house** sich im *od.* beim Hause aufhalten, zu Hause bleiben.
a₁round-the-'clock *adj* den ganzen Tag dauernd, 24stündig, 'durchgehend, Dauer...
a·rouse [ə'raʊz] *v/t* **1.** j-n (auf)wecken, aus dem Schlaf reißen, wachrütteln. **2.** *fig.* auf-, wachrütteln, *Gefühle etc* wachrufen, wecken, erregen.
ar·peg·gio [ɑː(r)'pedʒɪəʊ; -dʒəʊ] *pl* **-gios** *s mus.* Ar'peggio *n.*
ar·que·bus ['ɑː(r)kwɪbəs; *Am. a.* -kəbəs] → harquebus.
ar·rack ['ærək] *s* Arrak *m.*
ar·rah ['ærə] *interj Ir.* aber!
ar·raign [ə'reɪn] *v/t* **1.** *jur.* a) vor Gericht stellen, b) zur Anklage vernehmen. **2.** *a. weit S.* anklagen, beschuldigen. **3.** *fig.* rügen. **ar·'raign·ment** *s* **1.** *jur.* Vernehmung *f* zur Anklage. **2.** *a. weit S.* Anklage *f*, Beschuldigung *f.*
ar·range [ə'reɪndʒ] **I** *v/t* **1.** arran'gieren, (an)ordnen, aufstellen, in Ordnung bringen, (ein)richten: **to ~ one's affairs** s-e Angelegenheiten ordnen *od.* regeln; **to ~ in layers** *tech.* schichten; **~d in tandem** *tech.* hintereinander angeordnet. **2.** *a. math.* gliedern, grup'pieren, einteilen: **to be ~d** sich gliedern. **3.** festsetzen, -legen, vorbereiten, planen. **4.** Vorkehrungen treffen für, in die Wege leiten, arran'gieren: **to ~ a meeting. 5.** verabreden, vereinbaren, ausmachen: **as ~d** wie vereinbart. **6.** *etwas* erledigen, 'durchführen. **7.** *e-n Streit* schlichten, beilegen. **8. ~ o.s.** sich einrichten *od.* vorbereiten (**for** auf *acc*). **9.** *mus.* arran'gieren, *a. thea. etc* einrichten, bearbeiten. **II** *v/i* **10.** sich verständigen *od.* einigen, ins reine kommen, e-n Vergleich schließen (**with s.o.** about s.th. mit j-m über etwas): **to ~ with a creditor about one's debts. 11.** Vorkehrungen treffen (**for, about** für, zu; **to inf** zu *inf*), es einrichten, dafür sorgen (**that daß**): **I will ~ for the car to be there.**
ar·range·ment [ə'reɪndʒmənt] *s* **1.** (An)Ordnung *f*, Aufbau *m*, Auf-, Zs.-stellung *f*, Dispositi'on *f*, Ein-, Verteilung *f*, Grup'pierung *f*, Einrichtung *f*, Gliederung *f*: **~ of chromosomes** *biol.* Chromosomenanordnung *f.* **2.** *math.* a) Ansatz *m* (*e-r Gleichung*), Einteilung *f*, Anordnung *f*, Gliederung *f*, b) Kom'plexi'on *f.* **3.** Festsetzung *f.* **4.** Vereinbarung *f*, Verabredung *f*, Über'einkunft *f*, Abkommen *n*, Absprache *f*, Arrange'ment *n*: **to make an ~** *od.* **to enter into an ~) with s.o.** mit j-m e-e Vereinbarung *etc* treffen; **salary by ~** Gehalt nach Vereinbarung. **5.** a) Beilegung *f*, Schlich-

tung f, b) Vergleich m (mit Gläubigern): **to come to an ~** e-n Vergleich schließen, sich vergleichen. **6.** Erledigung f, ˈDurchführung f. **7.** pl Vorkehrungen pl, Vorbereitungen pl: **to make ~s** Vorkehrungen od. Vorbereitungen treffen. **8.** pl Veranstaltungen pl. **9.** mus. Arrangeˈment n, a. thea. etc Einrichtung f, Bearbeitung f. **10.** Arrangeˈment n, Zs.-stellung f: **an ~ in red and white**.
arˈrang·er s **1.** Arranˈgeur m, (An-)Ordner(in). **2.** mus. Arranˈgeur m, a. thea. etc Bearbeiter(in).
ar·rant [ˈærənt] adj (adv ~ly) **1.** völlig, ausgesprochen, ˌkomˈplett': **an ~ fool**; **~ nonsense**. **2.** abgefeimt, Erz...: **~ rogue** Erzgauner m.
ar·ras [ˈærəs] s **1.** gewirkter Teppich, gewirkte Taˈpete. **2.** Wandbehang m.
ar·ray [əˈreɪ] **I** v/t **1.** Truppen etc aufstellen. **2.** (o.s. sich) kleiden, (herˈaus-)putzen, schmücken, ˈausstafˌfieren. **3.** fig. aufbieten, ins Feld führen (**against** gegen). **4.** jur. a) **die Geschworenenliste** aufstellen: **to ~ the panel**, b) die Geschworenen aufrufen. **II** s **5.** mil. Schlachtordnung f. **6.** fig. Phalanx f, (stattliche) Reihe, Menge f, Schar f, Aufgebot n (**of** von). **7.** Kleidung f, Tracht f, Aufmachung f, Staat m. **8.** a. math. Anordnung f. **9.** jur. a) (Aufstellung f der) Geschworenenliste f, b) (die) Geschworenen pl, c) Aufruf m der Geschworenen.
ar·rear [əˈrɪə(r)] s meist pl Rückstand m, Rückstände pl: a) ausstehende Forderungen pl, Schulden pl, b) (etwas) Unerledigtes: **~s in** (od. **of**) **rent** rückständige Miete; **~s of interest** rückständige Zinsen; **~s on interest** Verzugszinsen; **~s of work** Arbeitsrückstände; **to be in ~(s) for** (od. **in**) **s.th.** mit etwas im Rückstand od. Verzug sein.
ar·rest [əˈrest] **I** s **1.** An-, Aufhalten n, Hemmung f, Stockung f: **~ of development** biol. Entwicklungshemmung; **~ of growth** biol. Wachstumsstillstand m; **~ of judg(e)ment** jur. Urteilssistierung f, Vertagung f des Urteils (wegen Verfahrensmängel). **2.** jur. a) Verhaftung f, Festnahme f: **you are under ~!** Sie sind verhaftet!; → **warrant** 6, b) Haft f, Arˈrest m: **under ~** in Haft, c) Beschlagnahme f. **II** v/t **3.** an-, aufhalten, hemmen, hindern, zum Stillstand bringen: **~ed growth** Wachstumsstillstand m; **~ed tuberculosis** med. inaktive Tuberkulose. **4.** fig. j-n, j-s Aufmerksamkeit etc fesseln, bannen. **5.** jur. a) festnehmen, verhaften, b) beschlagnahmen, c) **to ~ judg(e)ment** das Urteil (wegen Verfahrensmängel) vertagen. **6.** tech. arreˈtieren, sperren, feststellen, blocˈkieren: **~ing cam** Auflaufnocken m; **~ing gear** Sperrgetriebe n, Arretierung f.
ar·rest·er [əˈrestə(r)] s **1.** j-d, der verhaftet od. beschlagnahmt. **2.** electr. a) Blitzableiter m, b) Funkenlöscher m. **3.** tech. Filtervorrichtung f (in Fabrikschornsteinen etc). **~ ca·ble**, **~ gear** aer. mil. Fangkabel n. **~ hook** s aer. mil. Fanghaken m.
ar·rest·ing adj (adv ~ly) a) fesselnd, eindrucksvoll, interesˈsant, b) verblüffend.
arˈres·tive adj fesselnd.
arˈrest·ment s **1. ~ arrest** 1. **2.** jur. a) Beschlagnahme f, b) Scot. Verhaftung f. **arˈres·tor** [-tə(r)] → **arrester**.
ar·rêt [æˈre; æˈreɪ] s **1.** jur. Urteil(sspruch m) n. **2.** hist. Erlaß m.
ar·rhyth·mi·a [eɪˈrɪðmɪə; ə-; æ-] s a. **cardiac ~** med. Herzrhythmusstörung(en) f.
ar·ride [əˈraɪd] v/t obs. erfreuen.
ar·rière|-ban [ˌærɪeə(r)ˈbæn] s hist. a)

Aufruf m od. Proklamatiˈon f zum Waffendienst, b) Heerbann m. **~-pen·sée** [ˌ-ˈpɒnseɪ; Am. -pɑnˈseɪ] s ˈHintergedanke m.
ar·ris [ˈærɪs] pl **-ris**, **-ris·es** s bes. arch. (scharfe) Kante, Grat(linie f) m. **~ fil·let** s arch. Gratleiste f. **~ gut·ter** s arch. spitzwink(e)lige Dachrinne.
ar·riv·al [əˈraɪvl] s **1.** Ankunft f (a. aer. rail. etc), Eintreffen n: **the day of ~**; **on his ~** bei od. gleich nach s-r Ankunft. **2.** Erscheinen n, Auftauchen n. **3.** a) Ankömmling m, b) (etwas) Angekommenes: **new ~** Neuankömmling, colloq. a. Familienzuwachs m. **4.** pl ankommende Züge pl od. Schiffe pl od. Flugzeuge pl. **5.** fig. Gelangen n (**at** zu): **~ at a conclusion**. **6.** oft pl econ. Eingänge pl, Zufuhr f: **~ of goods** Wareneingang m; **on ~ of goods** bei Eingang od. Eintreffen der Ware.
ar·rive [əˈraɪv] **I** v/i **1.** (an)kommen, eintreffen, anlangen (**at**, **in** an od. in dat). **2.** erscheinen, auftauchen. **3.** fig. (**at**) erreichen (acc), kommen od. gelangen (zu): **to ~ at a decision** (**understanding**, etc). **4.** kommen: **the time has ~d**. **5.** colloq. Erfolg haben, ˌes schaffen', es (in der Welt) zu etwas bringen. **6.** obs. geschehen (**to s.o.** j-m). **II** v/t **7.** poet. erreichen.
ar·ri·vé [ˌærɪˈveɪ] s Arriˈvierte(r m) f, Emˈporkömmling m, Parveˈnü m. **ar·ri·viste** [ˌærɪˈvɪst] s **1.** Karriˈeremacher(in), Erfolgsmensch m. **2. ~ arrivé**.
ar·ro·gance [ˈærəgəns] s Arroˈganz f, Dünkel m, Anmaßung f, Überˈheblichkeit f: **the ~ of power** pol. die Anmaßung der Macht. **ˈar·ro·gant** adj (adv ~ly) arroˈgant, anmaßend, hochmütig, überˈheblich.
ar·ro·gate [ˈærəʊgeɪt; -rəg-] v/t **1. to ~ s.th. to o.s.** a) etwas für sich in Anspruch nehmen, b) sich etwas anmaßen. **2.** zuschreiben, zuschieben, zusprechen (**s.th. to s.o.** j-m etwas). ˌ**ar·roˈga·tion** s Anmaßung f (**of** gen).
ar·row [ˈærəʊ] s **1.** Pfeil m. **2.** Pfeil(zeichen n) m (als Richtungsweiser). **3.** surv. Zähl-, Marˈkierstab m. **4.** bot. Spitze f des Hauptstengels vom Zuckerrohr. **~ grass** s bot. Dreizack m. **ˈ~·head** s **1.** Pfeilspitze f. **2.** Pfeil m (in e-r technischen Zeichnung etc). **3.** bot. Pfeilkraut n. **ˈ~·head·ed** adj in Form e-r Pfeilspitze. **ˈ~·root** s bot. **1.** Pfeilwurz f. **2.** Arrowroot n, Pfeilwurzstärke f. **ˈ~·type** adj tech. pfeilförmig, Pfeil...: **~ wing**.
ar·row·y [ˈærəʊɪ; Am. ˈærəwɪ:] adj **1.** pfeilförmig, Pfeil... **2.** fig. pfeilschnell.
ar·roy·o [əˈrɔɪə; -əʊ] pl **-os** s Am. **1.** Wasserlauf m. **2.** Trockental n. **3.** geol. Erosiˈonsrinne f.
arse [ɑːs] Br. vulg. **I** s **1.** ˌArsch' m: **park your blooming ~!** setz dich (endlich) auf d-n Arsch! **2.** ˌArschloch' n. **3.** fig. contp. ˌArsch(loch' n) m. **4.** (**piece of**) a) ˌMieze' f, b) ˌNummer' f (Geschlechtsverkehr): **to have an ~** e-e Nummer machen od. schieben. **II** v/i **5. ~ about** (od. **around**) a) herˈumblödeln, b) herˈumgammeln. **ˈ~-hole** s Br. vulg. ˌArschloch' n (a. fig. contp.): **his ~ was hanging out** fig. ˌihm ging der Arsch mit Grundeis'. **~ lick·er** s Br. vulg. ˌArschkriecher(in)'. **~ ˈlick·ing** Br. vulg. **I** adj ˌarschkriecherisch'. **II** s ˌArschkriecheˈrei' f.
ar·se·nal [ˈɑː(r)sənl] s **1.** Arseˈnal n (a. fig.), Zeughaus n, Waffenlager n. **2.** ˈWaffen-, Munitiˈonsfaˌbrik f.
ar·se·nate [ˈɑː(r)səneɪt; Am. bes. ˈɑːrsnət] s chem. arˈsensaures Salz.
ar·se·nic **I** s [ˈɑː(r)snɪk] chem. **1.** Arˈsen n. **2.** weißes Arˈsenik. **II** adj [ɑː(r)ˈsenɪk]

3. arˈsenhaltig, Arsen(ik)...: **~ acid** Arsensäure f; **~ poisoning** Arsenvergiftung f. **arˈsen·i·cal** [-ˈsenɪkl] → **arsenic** 3. **arˈsen·i·cate** [-keɪt] v/t chem. mit Arˈsen verbinden od. behandeln.
ar·se·nide [ˈɑː(r)sənaɪd] s chem. Arˈsenmeˌtall n, -verbindung f.
ar·se·ni·ous [ɑː(r)ˈsiːnjəs; -ɪəs] adj chem. **1.** arˈsenig, Arsen..., dreiwertiges Arˈsen enthaltend. **2.** Arsenik...: **~ acid** Arsensäure f.
ar·se·nite [ˈɑː(r)sənaɪt] s chem. arˈsenigsaures Salz.
ar·sine [ˈɑː(r)siːn; ɑː(r)ˈsiːn] s chem. Arˈsenwasserstoff m.
ar·sis [ˈɑː(r)sɪs] pl **-ses** [-siːz] s **1.** metr. a) hist. unbetonter Teil e-s Versfußes, b) Hebung f, Arsis f. **2.** mus. Arsis f, unbetonter Taktteil.
ar·son [ˈɑː(r)sn] s jur. Brandstiftung f. **ˈar·son·ist** s Brandstifter(in).
art[1] [ɑː(r)t] **I** s **1.** (bes. bildende) Kunst: **the ~ of painting** (die Kunst der) Malerei f; **work of ~** Kunstwerk n; **brought to a fine ~** fig. zu e-r wahren Kunst entwickelt; → **fine arts**. **2.** collect. Kunstwerke pl, Kunst f. **3.** Kunst(fertigkeit) f, Geschicklichkeit f: **the ~ of the painter**. **4.** Kunst f (als praktische Anwendung von Wissen u. Geschick): **the ~ of building**; **the ~ of navigation**; **the ~ of cooking** die Hohe Schule des Kochens; **~ and part** Entwurf u. Ausführung; **to be ~ and part in s.th.** planend u. ausführend an etwas beteiligt sein; **applied** (od. **industrial**) **~**, **~s and crafts** Kunstgewerbe n. **5.** a) Wissenszweig m, b) Patentrecht: Fachgebiet n, a. Technik f: **person skilled in the ~** Fachmann f; **term of ~** Fachausdruck m; → **prior**[1] 1, state 6. **6.** pl Geisteswissenschaften pl, b) hist. (die) freien Künste (des Mittelalters): **Faculty of A~s**, Am. **A~s Department** philosophische Fakultät; → **bachelor** 2, **liberal arts**, **master** 12. **7.** meist pl Kunstgriff m, Kniff m, Trick m. **8.** List f, Verschlagenheit f, Tücke f. **9.** Künstlichkeit f, ˈUnnaˌtürlichkeit f, Affekˈtiertheit f.
II adj **10.** Kunst...: **~ ballad** Kunstballade f; **~ critic** Kunstkritiker m; **~ dealer** Kunsthändler m; **~ director** a) thea. etc Bühnenmeister m, b) Art-director m (künstlerischer Leiter des Layouts in e-r Werbeagentur); **~ gallery** Gemälde-, Bildergalerie f; **~ historian** Kunsthistoriker m; **~ lover** Kunstfreund m, -liebhaber m; **~ paper** Kunstdruckpapier n; **~ song** Kunstlied n; **~ theater** Am. Filmkunsttheater n; → **artwork**. **11.** künstlerisch, dekoraˈtiv: **~ pottery**.
art[2] [ɑː(r)t] obs. 2. sg pres von **be**.
ar·te·fact → **artifact**.
ar·te·ri·a [ɑː(r)ˈtɪərɪə] pl **-ri·ae** [-iː] (Lat.) s anat. Arˈterie f, Puls-, Schlagader f. **arˈte·ri·al** adj **1.** anat. arteriˈell, Arterien..., Puls..., Schlagader... **2.** fig. e-e (Haupt)Verkehrsader betreffend: **~ road**, Am. a. **~ highway** Hauptverkehrs-, Durchgangs-, Ausfallstraße f, a. Fernverkehrsstraße f; **~ railroad** (bes. Br. **railway**) Hauptstrecke f.
ar·te·ri·ole [ɑː(r)ˈtɪərɪəʊl] s anat. Arteriˈole f, kleine Arˈterie.
ar·te·ri·o·scle·ro·sis [ɑː(r)ˌtɪərɪəʊskləˈrəʊsɪs; bes. Am. -klə-] s med. Arˌterioskleˈrose f, Arˈterienverkalkung f.
ar·te·ri·ot·o·my [ɑː(r)ˌtɪərɪˈɒtəmɪ; Am. -ˈɑt-] s med. Arteriotoˈmie f, operaˈtive Arˈterien(er)öffnung f.
ar·te·ri·tis [ˌɑː(r)təˈraɪtɪs] s med. Arteriˈitis f, Arˈterienentzündung f.
ar·ter·y [ˈɑː(r)tərɪ] s **1.** anat. Arˈterie f, Puls-, Schlagader f. **2.** fig. (Haupt)Verkehrsader f, bes. a) Hauptstraße f,

artesian well - as

b) Hauptwasserstraße *f*: ~ of trade Haupthandelsweg *m*. **3.** *fig.* Weg *m*.
ar·te·sian well [ɑː(r)ˈtiːzjən; *bes. Am.* -ʒən] *s* **1.** arˈtesischer Brunnen. **2.** *Am.* tiefer Brunnen.
ˈart·ful *adj* (*adv* ~ly) **1.** schlau, listig, verschlagen, raffiˈniert. **2.** gewandt, geschickt. **3.** *selten* kunstvoll. **4.** künstlich.
ˈart·ful·ness *s* **1.** List *f*, Schläue *f*, Verschlagenheit *f*. **2.** Gewandtheit *f*.
ar·thral·gi·a [ɑː(r)ˈθrældʒə; -dʒɪə] *s med.* Arthralˈgie *f*, Gelenkschmerz *m*.
ar·thrit·ic [ɑː(r)ˈθrɪtɪk] *med.* **I** *adj* arˈthritisch. **II** *s* Arˈthritiker(in). **ar·ˈthrit·i·cal** → arthritic I. **ar·ˈthri·tis** [-ˈθraɪtɪs] *s med.* Arˈthritis *f*, Gelenkentzündung *f*.
ar·thro·pod [ˈɑː(r)θrəʊpɒd; -θrə-; *Am.* -ˌpɑd] *s zo.* Gliederfüßer *m*.
ar·thro·spore [ˈɑː(r)θrəʊspɔː(r); -θrə-; *Am. a.* -ˌspʊər] *s bot.* Arthroˈspore *f*, Gliederspore *f*.
Ar·thu·ri·an [ɑː(r)ˈθjʊərɪən; *Am. a.* -ˈθʊr-] *adj* (König) Arthur *od.* Artus betreffend, Arthur..., Artus...
ar·tic [ˈɑːtɪk] *s Br. colloq.* Sattelschlepper *m*.
ar·ti·choke [ˈɑː(r)tɪtʃəʊk] *s bot.* Artiˈschocke *f*.
ar·ti·cle [ˈɑː(r)tɪkl] **I** *s* **1.** (*Zeitungs- etc*) Arˈtikel *m*, Aufsatz *m* (*in e-r Zeitung etc*). **2.** Arˈtikel *m*, Gegenstand *m*, Sache *f*: **the real** ~ *sl.* das Richtige. **3.** *bes. econ.* (Geˈbrauchs-, ˈHandels)Arˌtikel *m*, Ware *f*, Warenposten *m*, Fabriˈkat *n*: ~ **of clothing** (*od.* **dress**) (Be)Kleidungsstück *n*; ~ **of consumption** Bedarfsartikel, Gebrauchsgegenstand *m*. **4.** *ling.* Arˈtikel *m*, Geschlechtswort *n*. **5.** Arˈtikel *m*, Paraˈgraph *m*, Abschnitt *m*, Absatz *m*, Satz *m* (*e-s Gesetzes, Schriftstückes etc*): **the Thirty-Nine A~s** die 39 Glaubensartikel (der anglikanischen Kirche). **6.** a) Arˈtikel *m*, Punkt *m*, Klausel *f* (*e-s Vertrages etc*), b) *pl* Vertrag *m*: **to serve one's ~s** in der Lehre sein, e-e Lehre machen (**with** bei); **~s of association** (*Am.* **incorporation**) Satzung *f* (*e-r Aktiengesellschaft*); **~s of partnership** Gesellschaftsvertrag *m*; **according** (**contrary**) **to the ~s** satzungsgemäß (-widrig); → **apprenticeship 1.** **shipping articles. 7.** *Am. sl.* Kerl *m*, ˌKnülch' *m*. **8.** Augenblick *m*: **in the ~ of death**.
II *v/t* **9.** arˈtikelweise abfassen, Punkt für Punkt darlegen. **10.** in die Lehre geben (**to** bei). **11.** *obs.* anklagen (**for** wegen).
ar·ti·cled [ˈɑː(r)tɪkld] *adj* **1.** vertraglich gebunden. **2.** in der Lehre (**to** bei): ~ **clerk** *jur. Br.* Anwaltsgehilfe *m*.
ar·tic·u·lar [ɑː(r)ˈtɪkjʊlə(r)] *adj anat. biol.* Glied(er)..., Gelenk...
ar·tic·u·late I *adj* [ɑː(r)ˈtɪkjʊlət] (*adv* ~ly) **1.** klar (erkennbar *od.* herˈvortretend), deutlich, (genau) gegliedert. **2.** artikuˈliert, klar *od.* deutlich ausgesprochen, verständlich (*Wörter etc*). **3.** a) fähig(, deutlich) zu sprechen, b) *weitS.* fähig, sich klar auszudrücken. **4.** a) deutlich, vernehmlich, b) sich Gehör verschaffend: **to make** ~ → **7.** **5.** *bot. zo.* gegliedert, Glieder..., Gelenk...: ~ **animal** Gliedertier *n*. **II** *v/t* [-leɪt] **6.** artikuˈlieren: a) (deutlich) aussprechen: **to** ~ **a word**, b) *Phonetik*: *e-n Laut* bilden. **7.** a) äußern, Ausdruck verleihen (*dat*), b) *etwas* zur Sprache bringen, Gehör verschaffen (*dat*). **8.** verbinden, zs.-fügen, durch Glieder *od.* Gelenke verbinden, *tech.* anlenken. **9.** (**with**) abstimmen (auf *acc*), koordiˈnieren (mit). **III** *v/i* [-leɪt] **10.** deutlich sprechen, (*Phonetik*) artikuˈlieren. **11.** (**with**) sich eingliedern (in *acc*), sich verbinden (mit).

ar·tic·u·lat·ed [ɑː(r)ˈtɪkjʊleɪtɪd] *adj* **1.** gegliedert. **2.** *Phonetik*: artikuˈliert. **3.** *tech.* angelenkt, gelenkig, Gelenk...: ~ **coupling** Gelenkkupplung *f*; ~ **lorry** (*bes. Am.* **truck**) Sattelschlepper *m*; ~ **train** *rail.* Gliederzug *m*; ~ **vehicle** Gelenkfahrzeug *n*.
ar·tic·u·late·ness [ɑː(r)ˈtɪkjʊlətnɪs] *s* Artikuˈliertheit *f*, Deutlichkeit *f*.
ar·tic·u·la·tion [ɑː(r)ˌtɪkjʊˈleɪʃn] *s* **1.** *bes. ling.* Artikulatiˈon *f* (*a. mus.*), (deutliche) Aussprache, Lautbildung *f*. **2.** *ling.* artikuˈlierter Laut, *bes.* Konsoˈnant *m*. **3.** Deutlichkeit *f*, Verständlichkeit *f* (*a. teleph.*). **4.** Zs.-, Aneinˈanderfügung *f*, Verbindung *f*. **5.** Koordinatiˈon *f*. **6.** *anat. tech.* a) Gelenk (verbindung) *f n*: ~ **piece** Gelenkstück *n*, b) Gliederung *f*. **7.** *bot.* Knoten *m*, Stengelglied *n*.
ar·ti·fact [ˈɑː(r)tɪfækt] *s* **1.** Arteˈfakt *n*: a) Gebrauchsgegenstand *m*, Werkzeug *n od.* Gerät *n* (*bes. primitiver od. prähistorischer Kulturen*), b) *med.* ˈKunstproˌdukt *n*. **2.** *biol.* durch den Tod *od.* ein Reˈagens herˈvorgerufene Strukˈtur in Geweben *od.* Zellen.
ar·ti·fice [ˈɑː(r)tɪfɪs] *s* **1.** *obs.* Kunst(fertigkeit) *f*, Geschick(lichkeit) *f n*. **2.** List *f*, Verschlagenheit *f*. **3.** Kunstgriff *m*, Kniff *m*, Trick *m*. **ar·tif·i·cer** [ɑː(r)ˈtɪfɪsə(r); ˈɑːtɪ-] *s* **1.** → **artisan**. **2.** *mil. a.* ˈFeuerwerker *m*, b) Kompaˈniehandwerker *m*. **3.** *fig.* Urheber(in).
ar·ti·fi·cial [ɑː(r)tɪˈfɪʃl] **I** *adj* (*adv* ~ly) **1.** Kunst..., künstlich: ~ **flower** (**insemination, kidney, respiration,** *etc*) künstliche Blume (Befruchtung, Niere, Beatmung *etc*); ~ **fertilizer** Kunstdünger *m*; ~ **gem** synthetischer Edelstein; ~ **horizon** *aer. astr.* künstlicher Horizont; ~ **intelligence** (*Computer*) künstliche Intelligenz; ~ **language** Kunstsprache *f*, Welthilfssprache *f*; ~ **limb** *med.* künstliches Glied, Kunstglied *n*, Prothese *f*; ~ **pacemaker** *med.* Herzschrittmacher *m*; ~ **person** juristische Person; ~ **selection** *biol.* künstliche Zuchtwahl; ~ **silk** Kunstseide *f*; ~ **teeth** falsche *od.* künstliche Zähne. **2.** gekünstelt, unecht, falsch. **3.** ˈunnaˌtürlich, affekˈtiert. **4.** *biol.* ˈunorˌganisch. **5.** *bot.* gezüchtet. **II** *s* **6.** *Am.* a) ˈKunstproˌdukt *n*, b) *bes. pl* Kunstdünger *m*.
ar·ti·fi·ci·al·i·ty [ɑː(r)tɪfɪʃɪˈælətɪ] *s* **1.** Künstlichkeit *f*. **2.** (*etwas*) Künstliches *od.* Gekünsteltes.
ar·til·ler·ist [ɑː(r)ˈtɪlərɪst] *s* **1.** Artilleˈrist *m*. **2.** Kanoˈnier *m*.
ar·til·ler·y [ɑː(r)ˈtɪlərɪ] *s* **1.** Artilleˈrie *f*: a) Geschütze *pl*, Kaˈnonen *pl*, b) Artilleˈriekorps *n*. **2.** Artilleˈriefeuer *n*. **3.** *Am. sl.* ˌKaˈnonen' *pl*, Schießeisen *pl*. **4.** *hist.* ˈKriegsmaˌschinen *pl*, Wurfgeschütze *pl*.
ar·ˈtil·ler·y·man [-mən] *s irr* → **artillerist**.
ar·ti·o·dac·tyl [ˌɑː(r)tɪəʊˈdæktɪl] *zo.* **I** *adj* paarzehig, spalthufig. **II** *s* Paarzeher *m*, -hufer *m*.
ar·ti·san [ɑː(r)tɪˈzæn; *Am.* ˈɑːrtəzən] *s* (Kunst)Handwerker *m*.
art·ist [ˈɑː(r)tɪst] *s* **1.** (bildender) Künstler, (bildende) Künstlerin. **2.** Künstler(in) (*ausübend*), *bes.* a) Musiker(in) *b* Sänger(in), c) Tänzer(in), d) Schauspieler(in) *e* Arˈtist(in). **3.** *weitS.* Künstler(in), Könner(in). **4.** *obs.* a) Gelehrte(r) *m, b)* → **artisan**.
ar·tiste [ɑː(r)ˈtiːst] *s* → **artist 1–3**.
ar·tis·tic [ɑː(r)ˈtɪstɪk] *adj*, **ar·ˈtis·ti·cal** [-kl] *adj* (*adv* ~ly) **1.** Kunst..., künstlerisch: **artistic works** Kunstwerke. **2.** künstlerisch: a) kunstvoll, geschmackvoll, b) kunstverständig, c) Bohemien..., Künstler...
art·ist·ry [ˈɑː(r)tɪstrɪ] *s* **1.** Künstlertum *n*.

2. künstlerische Leistung *od.* Wirkung *od.* Vollˈendung. **3.** Kunstfertigkeit *f*.
art·less [ˈɑː(r)tlɪs] *adj* (*adv* ~ly) **1.** *fig.* aufrichtig, arglos, offen, ohne Falsch. **2.** ungekünstelt, naˈtürlich, schlicht, einfach, naˈiv. **3.** unkünstlerisch, stümperhaft. **4.** ungebildet. **ˈart·less·ness** *s* **1.** Arglosigkeit *f*, Offenheit *f*. **2.** Naˈtürlichkeit *f*, Einfachheit *f*. **3.** Kunstlosigkeit *f*. **4.** Ungebildetheit *f*.
Art Nou·veau [ɑː(r)nuːˈvəʊ] *s* Art *f* nouˈveau (*Jugendstil in England u. Frankreich*).
ˈart·work *s* **1.** a) Kunstgewerbe *n*, b) kunstgewerbliche Arˈtikel *pl*. **2.** künstlerische Ausgestaltung. **3.** Artwork *n*: a) künstlerische Gestaltung, Illustratiˈon(en *pl*) *f*, Grafik *f*, b) (grafische *etc*) Gestaltungsmittel *pl*.
art·y [ˈɑː(r)tɪ] *adj colloq.* **1.** a) gewollt boheˈmienhaft (*Person*): **he is the** ~ **type** ,er macht auf Künstler', b) dilet'tantisch, ,kunstbeflissen', ,mit künstlerischen Ambitiˈonen': ~ **women**. **2.** künstlerisch aufgemacht: ~ **furniture**. ˌ**~(-and)- ˈcraft·y** *adj colloq.* **1.** gewollt künstlerisch. **2.** → **arty 1 b**.
ar·um [ˈeərəm] *s bot.* **1.** Aronstab *m*. **2.** Feuerkolben *m*. **3.** Drachenwurz *f*. ~ **lil·y** *s bot.* Weiße Gartenlilie.
Ar·y·an [ˈeərɪən; ˈɑːr-] **I** *s* **1.** Arier *m*, Indoger'mane *m*. **2.** *ling.* a) arische Sprachengruppe, b) indogerˈmanische Sprachen *pl*. **3.** Arier *m*, Nichtjude *m* (*in der Nazi-Ideologie*). **II** *adj* **4.** arisch. **5.** *ling.* a) arisch, indoiˈranisch, b) indogerˈmanisch. **6.** arisch, nichtjüdisch. **ˈAr·y·an·ize** *v/t* ariˈsieren.
ar·yl [ˈærɪl] *s chem.* Aˈryl *n*.
ar·y·te·noid [ˌærɪˈtiːnɔɪd] *anat.* **I** *adj* gießbeckenförmig. **II** *s* Gießbeckenknorpel *m od.* -muskel *m*.
as [æz; *unbetont* əz; z] **I** *adv* **1.** so, ebenso, geradeso: ~ **good** ~ **gold** *fig.* kreuzbrav, musterhaft; **I ran** ~ **fast** ~ **I could** ich lief so schnell ich konnte; **just** ~ **good** ebenso gut; **twice** ~ **large** zweimal so groß. **2.** wie (zum Beispiel): **statesmen,** ~ **Churchill**.
II *conj* **3.** (gerade) wie, so wie: ~ **often** ~ **they wish** sooft (wie) sie wünschen; ~ **you wish** wie Sie wünschen; ~ **is the case** wie es der Fall ist; ~ **it is** (so) wie die Dinge liegen; (~) **soft** ~ **butter** butterweich; ~ **requested** wunschgemäß; **I said before** wie ich vorher *od.* schon sagte; ~ **was their habit** wie es ihre Gewohnheit war. **4.** ebenso wie, genauso wie: **you will reap** ~ **you sow** wie man sät, so erntet man. **5.** als, während, inˈdem: ~ **he entered** als er eintrat, bei s-m Eintritt. **6.** obˈwohl, obˈgleich, wenn auch, wie sehr, sosehr, wie: **late** ~ **it was, he attended the session** trotz s-r Verspätung nahm er noch an der Sitzung teil; **old** ~ **I am** so alt wie ich bin; **try** ~ **he would** sosehr er sich auch mühte. **7.** da, weil: ~ **you are sorry I'll forgive you**. **8.** (als *od.* so) daß: **so clearly guilty** ~ **to leave no doubt** so offensichtlich schuldig, daß kein Zweifel bleibt.
III *pron* **9.** der, die, das, welch(er, e, es) (*nach* **such** *od.* **same**): **such** ~ **need our help** diejenigen, welche unsere Hilfe brauchen; **the same man** ~ **was here yesterday** derselbe Mann, der gestern hier war. **10.** was, welche Tatsache, wie: **his health is not good,** ~ **he himself admits** s-e Gesundheit läßt zu wünschen übrig, was *od.* wie er selbst zugibt.
IV *prep* **11.** als: **to appear** ~ **Hamlet**; **he is** ~ **a father to me** er ist zu mir wie ein Vater.
Besondere Redewendungen:
as ... as (eben)so ... wie; ~ **sweet** ~ **can**

be so süß wie nur möglich; ~ **cheap** ~ **fifty pence the bottle** für nur fünfzig Pence die Flasche; ~ **recently** ~ **last week** erst letzte Woche; ~ **far** ~ **can be ascertained** soweit es sich feststellen läßt; → **far** *Bes. Redew.*; ~ **at** an *od. econ.* zu (*e-m Zeitpunkt*); → **follow** 9; ~ **for** was ... anbetrifft; ~ **from** von *e-m Zeitpunkt* an, ab (*1. April etc*); → **good** 33, **if** 1; ~ **is** im gegenwärtigen Zustand; **the car was sold** ~ **is** der Wagen wurde, so wie er war, verkauft; ~ **it were** sozusagen, gewissermaßen, gleichsam; → **long¹** 20, **much** *Bes. Redew.*; ~ **per** *econ.* a) laut, gemäß (*dat*), b) nach dem Stande vom (*1. Januar etc*); ~ **to** a) was ... (an)betrifft, im Hinblick auf (*acc*), b) nach, gemäß (*dat*); ~ **to this question** was diese Frage betrifft; **he is taxed** ~ **to his earnings** er wird nach s-m Verdienst besteuert; → **invoice** I, **kind²** 1, **usual** I, **well¹** 12, **yet** 1; ~ **you were!** *mil.* Kommando zurück.
as·a·f(o)et·i·da [ˌæsəˈfetɪdə; -ˈfiː-] *s pharm.* Asaˈfötida *f*, Teufelsdreck *m*.
as·a·ra·bac·ca [ˌæsərəˈbækə] *s bot.* Haselwurz *f*.
as·bes·ti·form [æzˈbestɪfɔː(r)m; æs-] *adj min.* asˈbestförmig, -artig. **asˈbes·tine** [-tiːn; -tɪn] *adj* **1.** asˈbestartig, Asbest... **2.** feuerfest, unverbrennbar.
as·bes·tos [æzˈbestɒs; æs-; *bes. Am.* -təs] *s min. tech.* Asˈbest *m*: ~ **board** Asbestpappe *f*.
as·bes·to·sis [ˌæsbesˈtəʊsɪs; ˌæz-] *s med.* Asbesˈtose *f*.
as·ca·rid [ˈæskərɪd] *s zo.* Askaˈride *f*, Spulwurm *m*.
as·cend [əˈsend] I *v/i* **1.** (auf-, emˈpor-, hinˈauf)steigen. **2.** ansteigen, (schräg) in die Höhe gehen. **3.** *fig.* sich erheben, aufsteigen. **4.** *fig.* (*zeitlich*) reichen, zuˈrückgehen (**to**, **into** bis in *acc*, bis auf *acc*). **5.** *mus.* an-, aufsteigen. **6.** *math.* steigen, zunehmen: ~**ing powers** steigende Potenzen. II *v/t* **7.** be-, ersteigen: **to** ~ **a hill**; **to** ~ **the throne** den Thron besteigen. **8.** *e-n Fluß* hinˈauffahren.
asˈcend·a·ble *adj* be-, ersteigbar.
as·cend·ance [əˈsendəns], **asˈcend·an·cy** [-sɪ] *s* ˈÜbergewicht *n*, Überˈlegenheit *f*, (bestimmender) Einfluß (**over** über *acc*): **to rise to** ~ zur Macht kommen; **to gain** ~ **over a country** bestimmenden Einfluß auf ein Land gewinnen.
as·cend·ant [əˈsendənt] I *s* **1.** *astr.* Aszenˈdent *m*, Aufgangspunkt *m* (*e-r Gestirnbahn*): **in the** ~ *fig.* im Aufsteigen (begriffen), im Kommen. **2.** *fig.* → ascendance. **3.** Asˈzendent *m*, Vorfahr *m od.* Verwandte(r) *m* in aufsteigender Linie. **4.** *arch.* Tür-, Fensterpfosten *m*. II *adj* **5.** *astr.* aufgehend, -steigend. **6.** (auf)steigend. **7.** *fig.* überˈlegen (**over** *dat*), (vor)herrschend. **8.** *bot.* aufwärts wachsend.
as·cend·en·cy, *etc* → ascendancy, *etc*.
as·cend·er [əˈsendə(r)] *s print.* **1.** (Klein-) Buchstabe *m* mit Oberlänge. **2.** Oberlänge *f* (*e-s Buchstabens*).
as·cend·i·ble [əˈsendɪbl] → ascendable.
as·cend·ing [əˈsendɪŋ] *adj* **1.** (auf)steigend (*a. fig.*). **2.** (an)steigend. **3.** *fig.* nach oben strebend. **4.** aufsteigend (*Stammbaum*). **5.** *bot.* a) schräg *od.* krumm aufwärts wachsend, b) razeˈmos. ~ **air cur·rent** *s phys.* Aufwind *m*. ~ **cloud** *s phys.* Aufgleitwolke *f*. ~ **con·vec·tion cur·rent** *s phys.* thermischer Aufwind. ~ **gust** *s phys.* Steigbö *f*. ~ **let·ter** *s* ascender 1. ~ **se·ries** *s irr math.* steigende Reihe.
as·cen·sion [əˈsenʃn] *s* **1.** Aufsteigen *n* (*a. astr.*), Aufstieg *m*, Besteigung *f*. **2. the A**~ die Himmelfahrt Christi, Christi Himmelfahrt, Himmelfahrtstag *m*.
as·cent [əˈsent] *s* **1.** Aufstieg *m*. **2.** *tech.* Aufwärtshub *m*. **3.** *fig.* Aufstieg *m*, Emˈporkommen *n*. **4.** Be-, Ersteigung *f*: **the** ~ **of Mount Everest**; **the**~ **to the top** der Aufstieg auf den Gipfel. **5.** *bes. math. tech.* Steigung *f*, Gefälle *n*. **6.** Anstieg *m*, Hang *m*, Höhe *f*. **7.** a) Auffahrt *f*, Rampe *f*, b) (Treppen)Aufgang *m*. **8.** *mus.* Ansteigen *n*, Anstieg *m*.
as·cer·tain [ˌæsə(r)ˈteɪn] *v/t* **1.** feststellen, ermitteln, in Erfahrung bringen. **2.** *obs.* a) festsetzen, bestimmen, b) ~ **o.s.** sich vergewissern (**of** *gen*), c) sichern. ˌas·cerˈtain·a·ble *adj* feststellbar, ermittelbar, zu ermitteln(d). ˌas·cerˈtain·ment *s* Feststellung *f*, Ermittlung *f*.
as·cet·ic [əˈsetɪk] I *adj* (*adv* ~**ally**) asˈketisch, Asketen... II *s* Asˈket *m*. **asˈcet·i·cism** [-sɪzəm] *s* Asˈkese *f*.
as·ci [ˈæsaɪ; ˈæskaɪ] *pl von* ascus.
as·cid·i·an [əˈsɪdɪən] *s zo.* **1.** Asˈzidie *f*, Seescheide *f*. **2.** Manteltier *n*.
as·ci·tes [əˈsaɪtiːz] *s med.* Asˈzites *m*, Bauchwassersucht *f*. [**piadean.**\]
Asˈcle·pi·ad¹ [æˈskliːpɪæd] → Ascle-
as·cle·pi·ad² [æˈskliːpɪæd] *s bot.* Seidenpflanze(ngewächs *n*) *f*.
Asˈcle·pi·a·de·an [æˌskliːpɪəˈdiːən] *metr.* I *adj* asklepiaˈdeisch. II *s* Asklepiaˈdeus *m*, asklepiaˈdeischer Vers.
as·cle·pi·as [æˈskliːpɪæs] *s bot.* Seidenpflanze *f*.
a·scor·bic ac·id [əˈskɔː(r)bɪk; æ-; *Am. a.* eɪ-] *s chem.* Ascorˈbinsäure *f*, Vitaˈmin *n* C.
As·cot [ˈæskət] I *npr* Ascot (*Pferderennbahn bei Windsor*). II *adj* Ascot...: ~ **week**. III *s* **a**~ breite Kraˈwatte, Plaˈstron *n*.
as·crib·a·ble [əˈskraɪbəbl] *adj* zuzuschreiben(d), beizumessen(d) (**to** *dat*).
as·cribe [əˈskraɪb] *v/t* (**to**) **1.** zuˈrückführen (auf *acc*), zuschreiben (*dat*): **his death was** ~**d to an accident**. **2.** zuschreiben (*dat*): **omnipotence is** ~**d to God** Gott wird für allmächtig gehalten.
as·crip·tion [əˈskrɪpʃn] *s* (**to**) Zuˈrückführen *n* (auf *acc*), Zuschreiben *n* (*dat*).
as·cus [ˈæskəs] *pl* **as·ci** [ˈæsaɪ; ˈæskaɪ] *s bot.* Sporenschlauch *m*, Askus *m*.
as·dic [ˈæzdɪk] (*abbr. für* Anti-Submarine Detection Investigation Committee) → sonar.
-ase [eɪs; eɪz] Wortelement mit der Bedeutung Enzym.
a·se·i·ty [eɪˈsiːətɪ; ə-] *s philos.* Aseiˈtät *f*: a) Existenz durch Selbstschaffung, b) die absolute Selbständigkeit Gottes.
a·sep·sis [əˈsepsɪs; eɪ-; ə-] *s med.* Aˈsepsis *f*: a) Keimfreiheit *f*, b) → asepticism.
aˈsep·tic [-tɪk] I *adj* (*adv* ~**ally**) aˈseptisch, keimfrei, steˈril. II *s* aˈseptische Subˈstanz.
aˈsep·ti·cism [æˈseptɪsɪzəm; eɪ-; ə-] *s med.* Aˈseptik *f*, keimfreie Wundbehandlung. **aˈsep·ti·cize** [-saɪz] *v/t* **1.** keimfrei *od.* aˈseptisch machen, steriliˈsieren. **2.** aˈseptisch behandeln.
a·sex·u·al [ˌeɪˈseksjʊəl; *Am.* eɪˈsekʃəwəl; -ʃəl] *adj* (*adv* ~**ly**) **1.** *biol.* ˈasexuˌal (*a. weitS.*), ungeschlechtig, geschlechtslos. **2.** ungeschlechtlich: ~ **generation** Ammengeneration *f*, ungeschlechtliche Generation; ~ **organism** Amme *f*.
ash¹ [æʃ] I *s* **1.** *bot.* Esche *f*: ~ **key** geflügelter Samen der Esche; ~ **tree** Eschenbaum *m*. **2.** Eschenholz *n*. II *adj* → ashen¹.
ash² [æʃ] *s* **1.** *a. chem.* Asche *f*: → **ashes**. **2.** Aschgrau *n*.
a·shamed [əˈʃeɪmd] *adj* beschämt, schamerfüllt: **to be** (*od.* **feel**) ~ **of** sich schämen für (*od. gen*); **to be** (*od.* **feel**) ~ **to do** (*od.* **of doing**) **s.th.** sich schämen, etwas zu tun; **you ought to** (*od.* **should**) **be** ~ (**of yourself**)! du solltest dich schämen!, schäm dich! **aˈsham·ed·ly** [-ɪdlɪ] *adv* beschämt.
ash|bin *s bes. Am.* **1.** Abfall-, Mülleimer *m*. **2.** Abfall-, Mülltonne *f*. **ˈ~·blonde** *adj* aschblond. **ˈ~·cake** *s Am.* in Asche gebackener (Mais)Kuchen. ~ **can** *Am.* → **ash bin**. ~ **con·crete** *s tech.* ˈLöschbeˌton *m*.
ash·en¹ [ˈæʃn] *adj* eschen, aus Eschenholz, Eschen(holz)...
ash·en² [ˈæʃn] *adj* **1.** Aschen... **2.** aschfarben. **3.** aschfahl, -grau.
ash·es [ˈæʃɪz] *s pl* **1.** Asche *f*: **to burn to** (*od.* **lay in**) ~ einäschern, niederbrennen, in e-n Aschenhaufen verwandeln. **2.** a) Asche *f*, (sterbliche) ˈÜberreste *pl*, b) Trümmer *pl*: **to rise from the** ~ *fig.* aus den Trümmern wieder auferstehen, wie ein Phönix aus der Asche steigen, c) Staub *m*. **3.** Totenblässe *f*: **a face of** ~ ein aschfahles Gesicht. **4.** *geol.* Vulˈkanasche *f*. **5. to win the A**~ (*Kricket*) gegen Australien gewinnen.
ash·et [ˈæʃet; -ɪt] *s bes. Scot.* (Serˈvier-) Platte *f*.
ash| fur·nace *s tech.* Glasschmelz-, Frittenofen *m*. **ˌ~-ˈgray**, *bes. Br.* **ˌ~-ˈgrey** *adj* aschgrau, -farben.
a·shine [əˈʃaɪn] *pred adj* leuchtend.
Ash·ke·na·zim [ˌæʃkəˈnæzɪm; -ˈnɑː-] *s pl* As(ch)keˈnasim *pl* (*Juden in Mittel- u. Osteuropa*).
ash·lar [ˈæʃlə(r)] *s arch.* **1.** Quaderstein *m*. **2.** Haustein-, Quadermauer *f*. **ˈash·lar·ing** *s* **1.** → ashlar 2. **2.** (innere) Dachverschalung.
a·shore [əˈʃɔː(r); *Am. a.* əˈʃəʊr] *adv u. pred adj mar.* ans *od.* am Ufer *od.* Land: **to go** ~ an Land gehen; **to run** ~ a) auflaufen, stranden, b) auf Strand setzen.
ˈash|·pan *s* Aschenkasten *m*. **ˈ~·pit** *s* Aschengrube *f*. ~ **re·mov·al** *s tech.* Entaschung *f*. **ˈ~·tray** *s* Aschenbecher *m*, Ascher *m*. **A**~ **Wednes·day** *s* Ascherˈmittwoch *m*.
ash·y [ˈæʃɪ] *adj* **1.** aus Asche (bestehend), Aschen... **2.** mit Asche bedeckt. **3.** → **ashen²** 2 *u.* 3.
A·sian [ˈeɪʃn; -ʒn] I *adj* asiˈatisch: ~ **flu**. II *s* Asiˈat(in). **A·si·an·ic** [ˌeɪʃɪˈænɪk; -sɪ-; *bes. Am.* -ʒɪ-; -zɪ-] *adj ling.* asiˈanisch, die ˈkleinasiˌatische Sprachengruppe betreffend. **A·si·at·ic** [ˌeɪʃɪˈætɪk; -sɪ-; *bes. Am.* -ʒɪ-; -zɪ-] → Asian. ˌA·si·at·i·cism [-ɪsɪzəm] *s* asiˈatische Eigentümlichkeit (*Sitte, Stil etc*).
a·side [əˈsaɪd] I *adv* **1.** bei'seite, auf die Seite, seitwärts; **to step** ~ zur Seite treten. **2.** bei'seite, weg: **to lay** ~. **3.** *thea.* für sich, leise, bei'seite: **to speak** ~. **4.** ~ **from** *bes. Am.* abgesehen von. II *s* **5.** *thea.* Aˈparte *n*, bei'seite gesprochene Worte *pl*. **6.** Nebenbemerkung. **7.** geflüsterte Bemerkung.
as·i·nine [ˈæsɪnaɪn] *adj* **1.** eselartig, Esels... **2.** *fig.* eselhaft, dumm. ˌas·iˈnin·i·ty [-ˈnɪnətɪ] *s* Dummheit *f*.
ask [ɑːsk; *Am. also* æsk] I *v/t* **1.** j-m e-e Frage stellen. **2.** j-n fragen nach, sich bei *j-m* nach *etwas* erkundigen: **to** ~ **s.o. the way**; **to** ~ **s.o.** (**for**) **his name** j-n nach s-m Namen fragen; **to** ~ **s.o.'s opinion** j-n um s-e Meinung fragen; **may I** ~ **you a question?** darf ich Sie etwas fragen? **to** ~, **what s.th.** ist; erfragen: **to** ~ **the time** fragen, wie spät es ist; **to** ~ **a question of s.o.** e-e Frage an j-n stellen *od.* richten, j-m e-e Frage stellen. **4.** a) bitten um, *etwas* erbitten: **to** ~ **advice** e-n Rat erbitten, b) *j-n* bitten *od.* fragen *od.*

askance - assemblage

ersuchen um: to ~ s.o. in j-n hereinbitten; to ~ s.o. out j-n ausführen; ~ him for advice fragen Sie ihn um Rat; we were ~ed to believe man wollte uns glauben machen; → favor 10. **5.** verlangen, fordern: to ~ a high price for s.th.; that's ~ing too much das ist zuviel verlangt; ~ed (*Börse*) Brief; ~ed price (*Börse*) Briefkurs *m*. **6.** *fig*. erfordern. **7.** einladen, bitten, auffordern: to ~ s.o. to dinner; to be ~ed out eingeladen sein. **8.** *Brautleute* aufbieten: to be ~ed in church *colloq*. aufgeboten werden. **II** *v/i* **9.** fragen, sich erkundigen (for, about, after nach): to ~ around herumfragen, sich umhören. **10.** bitten (for um): to ~ for help; he ~ed for it (*od*. for trouble) *colloq*. er wollte es ja so haben, er hat es herausgefordert *od*. selbst heraufbeschworen. **11.** *fig*. verlangen, erfordern (for *acc*): the matter ~s for great care. **12.** to ~ for s.o. j-n *od*. nach j-m verlangen, nach j-m fragen, j-n zu sprechen wünschen.
a·skance [əˈskæns], *selten* **a·skant** [əˈskænt] *adv*: to look ~ at s.o. a) j-n von der Seite ansehen, b) *fig*. j-n schief *od*. mißtrauisch ansehen.
a·skew [əˈskjuː] *adv* **1.** schief: to go ~ *fig*. schiefgehen. **2.** to look ~ at s.o. *fig*. j-n verächtlich ansehen.
ask·ing [ˈɑːskɪŋ; *Am*. ˈæs-] *s* **1.** Fragen *n*, Bitten *n*, Bitte *f*: to be had for the ~ umsonst *od*. leicht *od*. mühelos zu haben sein. **2.** Verlangen *n*, Forderung *f*. **3.** (Ehe)Aufgebot *n*. **ˈask·ing·ly** *adv* **1.** fragend. **2.** flehentlich.
a·slant [əˈslɑːnt; *Am*. əˈslænt] **I** *adv u. pred adj* schräg, schief, quer. **II** *prep* quer über *od*. durch.
a·sleep [əˈsliːp] *adv u. pred adj* **1.** schlafend, im *od*. in den Schlaf: to be ~ schlafen (*a. fig*.); to be fast ~ fest schlafen; to drop (*od*. fall) ~ einschlafen (*a. fig*.); to put ~ einschläfern. **2.** *fig*. entschlafen (*tot*). **3.** *fig*. untätig, unaufmerksam, träge, teilnahmslos. **4.** *fig*. eingeschlafen (*Glied*). [schüssig.)
a·slope [əˈsləʊp] *adv u. pred adj* ab-)
a·so·cial [eɪˈsəʊʃl] *adj* **1.** *psych. sociol*. ungesellig, eigenbrötlerisch, konˈtaktfeindlich. **2.** egoˈistisch. **3.** → **antisocial**.
asp[1] [æsp] *s zo. u. poet*. Natter *f*, Viper *f*, Giftschlange *f*.
asp[2] [æsp] *poet. für* **aspen** I.
as·par·a·gus [əˈspærəgəs] *s bot*. Spargel *m*: ~ tips Spargelspitzen. **~ stone** *s min*. Spargelstein *m*.
as·pect [ˈæspekt] *s* **1.** Aussehen *n*, Erscheinung *f*, Anblick *m*, Form *f*, Gestalt *f*. **2.** Miene *f*, Gesicht(sausdruck *m*) *n*: serious in ~ mit ernster Miene. **3.** *fig*. Aˈspekt *m* (*a. astr*.), Seite *f*, Gesichts-, Blickpunkt *m*: both ~s of a question; from a different ~; in its true ~ im richtigen Licht. **4.** Beziehung *f*, Hinsicht *f*, Bezug *m*. **5.** Aussicht *f*, Lage *f*: the house has a southern ~ das Haus liegt nach Süden. **6.** Seite *f*, Fläche *f*, Teil *m*: the dorsal ~ of a fish. **7.** *Radar*: Gesichtswinkel *m*. **8.** *ling*. Aktiˈonsart *f* (*des Verbs*), Aˈspekt *m*. **9.** *tech*. Ansicht *f* von der Seite *od*. von oben. **10.** *bot*. Aˈspekt *m* (*Aussehen von Pflanzen in e-r bestimmten Jahreszeit*). ~ **ra·tio** *s* **1.** *tech*. a) Flächen-, Streckenverhältnis *n*, b) Schlankheitsgrad *m*. **2.** *aer. tech*. Längen-, Streckungsverhältnis *n*. **3.** *TV* (Bild)Seitenverhältnis *n*.
as·pec·tu·al [æˈspektjʊəl; -tʃʊəl; *Am*. -tʃəwəl] *adj ling*. auf die Aktiˈonsart *od*. den Aˈspekt bezüglich.
as·pen [ˈæspən] **I** *s bot*. Espe *f*, Zitterpappel *f*. **II** *adj* espen, aus Espenholz, Espen...: to tremble like an ~ leaf *fig*. wie Espenlaub zittern.

as·per [ˈæspə(r)] *s ling*. Spiritus *m* asper.
as·per·gill [ˈæspə(r)dʒɪl], **as·perˈgil·lum** [-ˈdʒɪləm] *pl* **-lums, -la** [-lə] *s relig*. Asperˈgill *n*, Weih(wasser)wedel *m*.
as·per·i·ty [æˈsperətɪ; ə-] *s* **1.** a) Rauheit *f*, Unebenheit *f*, b) *pl* Unebenheiten *pl*. **2.** *fig*. Rauheit *f*, Strenge *f* (*des Charakters etc, a. des Klimas*), Schärfe *f*, Schroffheit *f* (*des Benehmens etc*). **3.** Härte *f*, ˈWiderwärtigkeit *f*, Schwierigkeit *f*. **4.** Herbheit *f*, Strenge *f* (*des Stils etc*).
as·perse [əˈspɜːs; *Am*. əˈspɜːrs] *v/t* **1.** verleumden, mit Schmutz bewerfen, verunglimpfen, mit Schmähungen überˈhäufen. **2.** *relig*. besprengen.
as·per·sion [əˈspɜːʃn; *Am*. əˈspɜːrʒn; -ʃən] *s* **1.** Verleumdung *f*, Verunglimpfung *f*, Verunglimpfen *n*, Anwürfe *pl*: to cast ~s on → **asperse** 1. **2.** *relig*. Aspersiˈon *f*, Besprengung *f*.
as·per·so·ri·um [æspəˈ(r)sɔːrɪəm; *Am*. a-ˈsəʊr-] *s relig*. Asperˈsorium *n*, Weihwasserkessel *m*.
as·phalt [ˈæsfælt; *Am. bes*. ˈæsˌfɔːlt] **I** *s min. tech*. Asˈphalt *m*. **II** *adj* Asphalt...: ~ jungle. **III** *v/t* asphalˈtieren. **asˈphal·tene** [-tiːn] *s* Asphalˈten *n*. **asˈphal·tic** *adj* Asphalt...: ~ roofing board Dachpappe *f*.
as·pho·del [ˈæsfədel] *s bot*. **1.** Affoˈdill *m*. **2.** *poet*. Narˈzisse *f*.
as·phyx·i·a [æsˈfɪksɪə; əs-] *s med*. Asphyˈxie *f*, Erstickung(stod *m*) *f*. **asˈphyx·i·ant** **I** *adj* **1.** erstickend. **II** *s* **2.** erstickend herˈvorrufendes Gift. **3.** *mil*. erstickender Kampfstoff. **asˈphyx·i·ate** [əsˈfɪksɪeɪt; æs-] *med*. **I** *v/t* ersticken: to be ~d ersticken. **II** *v/i* ersticken. **asˌphyx·iˈa·tion** *s* **1.** *med*. a) Erstickungszustand *m*, b) Erstickung *f*. **2.** *bot*. (*durch Luftmangel verursachte*) (Pflanzen)Verbildung.
as·pic[1] [ˈæspɪk] *s bot*. (Breitblättriger) Laˈvendel, Spike *f*.
as·pic[2] [ˈæspɪk] *s gastr*. Aˈspik *m*, Geˈlee *n*.
as·pic[3] [ˈæspɪk] → **asp**[1].
as·pir·ant [əˈspaɪərənt; ˈæspɪrənt] **I** *adj* → **aspiring**. **II** *s* (to, after, for) Aspiˈrant(in), Kandiˈdat(in) (für), Bewerber (-in) (um): ~ officer Offiziersanwärter *m*.
as·pi·rate [ˈæspərət] **I** *s ling*. **1.** Aspiˈrata *f*, Hauchlaut *m*. **2.** Spiritus *m* asper. **II** *adj* **3.** *ling*. aspiˈriert. **III** *v/t* [-reɪt] **4.** *ling*. aspiˈrieren. **5.** *med. tech*. aspiˈrieren, ab-, an-, aufsaugen *n*.
as·pi·ra·tion [ˌæspəˈreɪʃn] *s* **1.** (Ein)Atmen *n*, Atemzug *m*. **2.** *fig*. (for, after, toward[s]) Streben *n*, Bestrebung *f*, Trachten *n*, Sehnen *n* (nach), *a. pl* Ambitiˈonen *pl* (auf *acc*). **3.** *ling*. a) Aspiratiˈon *f*, Behauchung *f*, b) Hauchlaut *m*. **4.** *med. tech*. Aspiratiˈon *f*, Ab-, An-, Aufsaugen *n*.
as·pi·ra·tor [ˈæspəreɪtə(r)] *s med. tech*. Aspiˈrator *m*, ˈSaugappaˌrat *m*.
as·pire [əˈspaɪə(r)] *v/i* **1.** streben, trachten, verlangen (to, after nach; to *inf* to *inf*): to ~ to (*od*. after) s.th. *a*. etwas erstreben. **2.** sich erheben, aufsteigen.
as·pi·rin [ˈæspərɪn; ˈæsprɪn] *s pharm*. Aspiˈrin *n*: two ~(s) zwei Aspiˈrin(tabletten).
as·pir·ing [əˈspaɪərɪŋ] *adj* (*adv* ~ly) **1.** strebend, trachtend *od*. verlangend (to, after nach). **2.** ehrgeizig, strebsam. **3.** auf-, emˈporstrebend.
as·por·ta·tion [ˌæspɔː(r)ˈteɪʃn; *Am. bes*. -pɔːrˈt-] *s jur*. (ˈwiderrechtliche) Wegnahme.
a·sprawl [əˈsprɔːl] *adv u. pred adj* lang ausgestreckt.
asp tree → **aspen** I.
a·squat [əˈskwɒt; *Am*. əˈskwɑt] *pred adj* hockend.
a·squint [əˈskwɪnt] *adv*: to look ~ at s.o. j-n aus den Augenwinkeln *od*. verstohlen anschauen.

ass[1] [æs] *s* **1.** *zo*. Esel *m*. **2.** *fig*. Esel *m*, Dummkopf *m*: to make an ~ of s.o. j-n zum Narren halten; to make an ~ of o.s. sich blamieren. lächerlich machen.
ass[2] [æs], *etc Am. vulg. für* **arse**, *etc*.
as·sa·f(o)et·i·da → **asaf(o)etida**.
as·sai[1] [æˈsaɪ; ɑːˈsaɪ:] *s* **1.** *bot*. Asˈsaipalme *f*. **2.** Getränk *n od*. Würze *f* aus den Früchten der Asˈsaipalme.
as·sai[2] [æˈsaɪ; ɑːˈsɑːiː] *adv mus*. asˈsai, sehr: allegro ~ sehr lebhaft.
as·sail [əˈseɪl] *v/t* **1.** angreifen: a) ˈherfallen über (*acc*) (*a. fig*.), anfallen, b) *mil*. bestürmen: to ~ a town. **2.** *fig*. j-n bestürmen: to ~ s.o. with questions; he was ~ed by dark thoughts; ~ed by fear von Furcht gepackt; to ~ s.o.'s ears an j-s Ohr schlagen *od*. dringen. **3.** *e-e Aufgabe etc* in Angriff nehmen, anpakken. **asˈsail·a·ble** *adj* angreifbar (*a. fig*.). **asˈsail·ant** *s* **1.** *a. fig*. Angreifer *m*, Gegner *m*. **2.** *fig*. Kritiker *m*.
as·sart [əˈsɑː(r)t] *s jur. hist*. **I** *s* **1.** Ausroden *n* (*von Bäumen*), Urbarmachen *n*. **2.** Rodung *f*, Lichtung *f*. **II** *v/t* **3.** Bäume ausroden, *e-n Wald* lichten.
as·sas·sin [əˈsæsɪn] *s* **1.** *bes*. poˈlitischer Mörder, Attenˈtäter *m*. **2.** *Am. hist*. Assasˈsine *m* (*Mitglied des mohammedanischen Assassinenbundes*).
as·sas·si·nate [əˈsæsɪneɪt] **I** *v/t* **1.** *bes. pol*. ermorden: to be ~d e-m Attenˈtat *od*. Mordanschlag zum Opfer fallen. **2.** *fig*. *j-s Ruf* morden, j-m die Ehre abschneiden. **3.** *fig*. vernichten. **II** *s* **4.** *obs*. Mörder *m*. **as·ˌsas·siˈna·tion** *s* (of) *bes*. poˈlitischer Mord, Ermordung *f* (*gen*), (geglücktes) Attenˈtat (auf *acc*), (geglückter) Mordanschlag (auf *acc*): to be on the ~ list auf der Abschußliste stehen. **asˈsas·si·na·tor** [-tə(r)] → **assassin** 1.
as·sault [əˈsɔːlt] **I** *s* **1.** *a. fig*. Angriff *m*, Atˈtacke *f*, ˈÜberfall *m* (upon, on auf *acc*). **2.** *mil*. Sturm *m*: to carry (*od*. take) by ~ erstürmen, im Sturm nehmen; ~ boat, ~ craft Landungsboot *n*, Sturmlandefahrzeug *n*; ~ echelon Sturmwelle *f*; ~ gap Sturmgasse *f*; ~ gun Sturmgeschütz *n*; ~ ship erstes Landungsfahrzeug; ~ troops Angriffs-, Stoßtruppen. **3.** *jur*. a) (unmittelbare) Bedrohung, b) tätlicher Angriff, Gewaltanwendung *f*, c) *a*. ~ and battery tätliche Beleidigung; criminal (*od*. indecent) ~ unzüchtige Handlung (*unter Androhung od. Anwendung von Gewalt*). **4.** *fenc*. Freigefecht *n*. **5.** *euphem*. Vergewaltigung *f*. **II** *v/t* **6.** *a. fig*. angreifen, überˈfallen, ˈherfallen über (*acc*). **7.** *mil*. stürmen. **8.** *jur*. tätlich *od*. schwer beleidigen. **9.** *euphem*. vergewaltigen. **III** *v/i* **10.** angreifen.
as·say [əˈseɪ; æ-; *Am*. ˈæseɪ; æˈseɪ] **1.** *chem. tech*. Probe *f*, Prüfung *f*, Anaˈlyse *f*, ˈUnterˌsuchung *f* (*von Metallen, Drogen etc nach Gewicht, Qualität etc*): ~ balance Probier-, Goldwaage *f*; ~ crucible Probiertiegel *m*; ~ office Prüfungsamt *n*; ~ ton Probiertonne *f* (= 29,166 Gramm). **2.** *chem. tech. bes*. Meˈtall- *od*. Münz-Probe *f* (*Prüfstück*). ~ **sample** Probe (-stück *n*) *f*. **3.** *chem. tech*. a) Prüfungsergebnis *n*, b) Gehalt *m* (*an Edelmetall etc*). **II** *v/t* [əˈseɪ; æ-; *Am*. ˈæseɪ] **4.** *bes*. *Metall etc* prüfen, unterˈsuchen. **5.** *fig*. (über)ˈprüfen. **6.** *fig*. etwas versuchen, proˈbieren. **III** *v/i* **7.** *chem. tech. Am*. ~ in *Edelmetall* enthalten. **asˈsay·er** *s chem. tech*. Prüfer *m*.
as·sem·blage [əˈsemblɪdʒ] *s* **1.** Versammeln *n*, Zs.-bringen *n*. **2.** *Am*. Zs.-legung *f* (*von Grundstücken*). **3.** Ansammlung *f*, Schar *f*, Menge *f*, Gruppe *f* (*von Personen u. Sachen*). **4.** Versammlung *f*: a political ~. **5.** *tech*. → **assembly** 4 a. **6.** [*a*. ˌæsəmˈblɑːʒ] *art* Assemˈblage *f*.

as·sem·ble [əˈsembl] **I** v/t **1.** versammeln: a) zs.-bringen, b) mil. bereitstellen, zs.-ziehen. **2.** e-e Mannschaft etc, a. Tatsachen etc zs.-stellen: **to ~ a crew**; **to ~ data**. **3.** tech. mon'tieren, zs.-setzen, -bauen. **4.** Computer: assem'blieren. **II** v/i **5.** sich versammeln, zs.-kommen, parl. etc zs.-treten: **right to ~** jur. Versammlungsrecht n. **as'sem·bler** s **1.** j-d, der zs.-bringt od. -stellt od. (ver)sammelt. **2.** tech. Mon'teur m. **3.** Computer: As'sembler(pro₁gramm n) m, Assem'blierpro₁gramm n, Assem'blierer m: **~ language** Assembler(sprache f) m, Assemblier(er)sprache f.
as·sem·bly [əˈsemblɪ] s **1.** Versammlung f, Zs.-kunft f, Gesellschaft f: **unlawful ~** jur. Zs.-rottung f, Auflauf m; **place of ~** Versammlungsort m, Treffpunkt m; **right of ~** jur. Versammlungsrecht n; **~ room** a) Gesellschafts-, Kur-, Ballsaal m, b) Versammlungssaal m, Aula f. **2.** relig. (Art) Sy¹node f (der reformierten Kirchen). **3.** pol. a) beratende od. gesetzgebende Körperschaft, b) **A~** Am. ¹Unterhaus n (in einigen Staaten): → **general assembly** 2; **A~man** Abgeordnete(r) m. **4.** tech. a) Mon¹tage f, Zs.-bau m, -setzen n: **~ drawing** Montagezeichnung f; **~ instructions** Montageanleitung f; **~ line** Fließband n (a. fig.), Montageband n; **~-line production** Fließbandfertigung f; **~ shop** Montagehalle f, -werkstatt f, b) Baugruppe f (a. Computer): **assemblies** zs.-gesetzte Bauteile; **~ language** Assemblier(sprache f) m, Assemblier(er)sprache f. **5.** mil. Bereitstellung f: **~ area** Bereitstellungs-, Versammlungsraum m. **6.** mil. Si¹gnal n zum Sammeln.
as·sent [əˈsent] **I** v/i (**to**) **1.** zustimmen, beipflichten (dat). **2.** einwilligen (in acc), billigen, genehmigen (acc). **II** s **3.** Zustimmung f, Beipflichtung f. **4.** Einwilligung f, Billigung f, Genehmigung f, Einverständnis n: **Royal ~** pol. Br. königliche Genehmigung. **as'sent·er** s Beipflichtende(r m) f. **as'sen·tient** [-¹senʃɪənt; -ʃənt] **I** adj **1.** zustimmend, beipflichtend. **2.** genehmigend. **II** s **3.** Beipflichtende(r m) f. **as'sen·tor** [-tə] s pol. Br. Unter¹stützer m e-s Wahlvorschlages.
as·sert [əˈsɜːt; Am. əˈsɜrt] v/t **1.** behaupten, erklären. **2.** behaupten, geltend machen, bestehen auf (dat): **to ~ a claim** e-n Anspruch geltend machen. **3.** verteidigen, einstehen für. **4. ~ o.s.** a) sich behaupten od. ¹durchsetzen, b) sich zu viel anmaßen, sich vordrängen. **as'sert·er** → **assertor**. **as·ser·tion** s **1.** Behauptung f, Erklärung f: **to make an ~** e-e Behauptung aufstellen. **2.** Behauptung f, Geltendmachung f: **~ of a right**. **as-¹ser·tive** adj (adv **~ly**) **1.** positiv, bestimmt, ausdrücklich. **2.** dog¹matisch. **3.** math. philos. asser¹torisch. **4.** anmaßend. **as'ser·tive·ness** s selbstbewußtes od. anmaßendes Wesen od. Vorgehen, Anmaßung f. **as'ser·tor** [-tə(r)] s **1.** j-d, der etwas behauptet. **2.** Verfechter(in).
as'ser·to·ry adj behauptend.
as·sess [əˈses] v/t **1.** e-e Entschädigungssumme, e-e Geldstrafe, Kosten festsetzen: **to ~ damages**. **2. (at)** Einkommen etc (zur Steuer) veranlagen (mit), (ab-, ein)schätzen, ta¹xieren, bewerten (auf acc): **~ed value** Einheits-, Steuerwert m. **3.** a) besteuern (acc), b) Steuern, Geldstrafe etc auferlegen (**on, upon** dat). **4.** fig. ab-, einschätzen, (be)werten, beurteilen, würdigen: **to ~ the facts**. **5.** Am. e-n Beitrag in Höhe von ... fordern von (Vereinsmitgliedern etc). **as·¹sess·a·ble** adj (adv assessably) **1.** (ab)schätzbar. **2.** steuer-, abgabepflichtig: **~ to income tax** einkommensteuerpflichtig.
as·sess·ee [₁æseˈsiː; əˈseˌsiː] s Am. Zahlungspflichtige(r m) f.
as·sess·ment [əˈsesmənt] s **1.** Festsetzung f (e-r Entschädigung etc): **~ of damages**. **2.** (Steuer)Veranlagung f, Ta¹xierung f, (Ab-, Ein)Schätzung f, Bewertung f: **~ of (od. on) property** Veranlagung zur Vermögenssteuer; **~ of income tax** Einkommensteuerveranlagung f; **~ of value** math. Wertermittlung f. **3.** a) Steuer(betrag m) f, Abgabe f, b) Besteuerung f, c) ¹Steuerta₁rif m. **4.** fig. Einschätzung f, (Be)Wertung f, Beurteilung f. **5.** Am. (einmaliger) Beitrag, ¹Umlage f. **6. stock ~** econ. Am. a) Aufforderung f zu Nachschußzahlungen auf Aktien, b) Zahlungsaufforderung f an Aktienzeichner.
as·ses·sor [əˈsesə(r)] s **1.** Steuereinschätzer m. **2.** jur. Br. sachverständiger Beisitzer, Sachverständige(r) m. **3.** Br. Schadenssachverständige(r) m (e-r Versicherung). **4.** obs. a) Ratgeber m, b) Amtsbruder m.
as·set [ˈæset] s **1.** econ. a) Ak¹tivposten m: **to enter on the ~ side** aktivieren, b) Vermögenswert m, -gegenstand m, c) pl Ak¹tivseite f (der Bilanz), d) pl Ak¹tiva pl, (Ak¹tiv-, Betriebs-, Gesellschafts-) Vermögen n, Vermögenswerte pl, Guthaben n od. pl, Kapi¹talanlagen pl: **~ account** Anlagenkonto n; **~s and liabilities** Aktiva u. Passiva; → **fixed** 6, **foreign** 2, **frozen** 6. **2.** fig. jur. a) ¹Vermögen(smasse f) n (bes. zur Deckung von Schulden), b) Nachlaß m, c) Kon¹kursmasse f. **3.** fig. a) Vorzug m, Wert m, wichtiger Faktor, Plus n, Gewinn m, Ak¹tivposten m: **shorthand an ~, not essential** (in Annoncen) Stenographie erwünscht; aber nicht Bedingung, b) Gewinn m (**to** für), wertvolle Kraft, guter Mitarbeiter etc.
as·sev·er·ate [əˈsevəreɪt] v/t beteuern, versichern, feierlich erklären. **as₁sev·er¹a·tion** s Beteuerung f.
as·sib·i·late [əˈsɪbɪleɪt] v/t ling. assibi¹lieren, mit e-m Zischlaut aussprechen. **as₁sib·i¹la·tion** s ling. Assibi¹lierung f.
as·si·du·i·ty [₁æsɪˈdjuːətɪ; Am. a. -¹duː-] s **1.** Emsigkeit f, Fleiß m, Eifer m. **2.** Beharrlichkeit f, Unverdrossenheit f. **3.** Aufmerksamkeit f, Dienstbeflissenheit f. **4.** meist pl beharrliche Aufmerksamkeit. **as·sid·u·ous** [əˈsɪdjʊəs; Am. -dʒəwəs] adj (adv **~ly**) **1.** emsig, fleißig, eifrig. **2.** beharrlich, unverdrossen. **3.** aufmerksam, dienstbeflissen. **as¹sid·u·ous·ness** s assiduity.
as·sign [əˈsaɪn] **I** v/t **1.** e-n Anteil, e-e Aufgabe etc zuweisen, anweisen, zuteilen (**to** dat). **2.** ein Amt, e-e Aufgabe etc über¹tragen, anvertrauen (**to s.o.** j-m). **3. (to)** j-n bestimmen, einsetzen, -teilen (zu, für e-e Aufgabe etc), j-n beauftragen (mit). **4.** e-e Aufgabe, e-n Zeitpunkt etc festsetzen, bestimmen: **to ~ a day for trial**. **5.** e-n Grund etc anführen: **to ~ a reason**. **6.** etwas e-r Person, Zeit etc zuschreiben: **to ~ s.th. to an epoch (author)**. **7.** math. a) zuordnen: **to ~ a coordinate to each point**, b) beilegen: **to ~ a meaning to a constant**. **8.** jur. abtreten, über¹tragen, -¹eignen, ze¹dieren. **II** s **9.** jur. Zessio¹nar m, Rechtsnachfolger(in) (durch Abtretung). **as¹sign·a·ble** adj **1.** bestimmbar, zuweisbar, zuzuschreiben(d) (Zahl, Zeit etc). **2.** anführbar (Grund). **3.** jur. über¹tragbar.
as·sig·na·tion [₁æsɪgˈneɪʃn] s **1.** → assignment 1, 2, 4, 6. **2.** (etwas) Zugewiesenes, (Geld)Zuwendung f. **3.** Am. (bes. heimliches od. verbotenes) Treffen (e-s Liebespaares).

---

assemble – assize

as·sign·ee [₁æsɪˈniː; -saɪ-] s jur. **1.** → assign 9. **2.** Bevollmächtigte(r) m, Treuhänder m: **~ in bankruptcy** Konkursverwalter m.
as·sign·ment [əˈsaɪnmənt] s **1.** An-, Zuweisung f (**to an** acc). **2.** Bestimmung f, Festsetzung f. **3.** bes. Am. Aufgabe f, Arbeit f (beide a. ped.), Auftrag m. **4.** Zuschreibung f. **5.** Angabe f, Anführen n: **~ of reasons**. **6.** econ. jur. Über¹tragung f, -¹eignung f, Abtretung f, Zessi¹on f. **7.** jur. Abtretungsurkunde f.
as·sign·or [₁æsɪˈnɔː(r); Am. bes. əˈsaɪnər; ə₁saɪˈnɔːr] s jur. Abtretende(r) m, Ze¹dent m.
as·sim·i·la·ble [əˈsɪmɪləbl] adj **1.** assimi¹lierbar. **2.** vergleichbar (**to** mit).
as·sim·i·late [əˈsɪmɪleɪt] **I** v/t **1.** assimi¹lieren: a) angleichen (a. ling.), anpassen (**to, with** dat, an acc), b) biol. Nahrung einverleiben, ¹umsetzen, c) bes. sociol. aufnehmen, absor¹bieren, d. gleichsetzen (**to, with** mit). **II** v/i **3.** gleich od. ähnlich werden, sich anpassen od. angleichen (**to, with** dat). **4.** biol. sociol. sich assimi¹lieren.
as·sim·i·la·tion [ə₁sɪmɪˈleɪʃn] s (**to**) Assimilati¹on f (**an** acc): a) a. psych. sociol. Angleichung f, Anpassung f (**an** acc), Gleichsetzung f (mit), b) biol. sociol. Einverleibung f, Aufnahme f (in acc), c) bot. Photosyn¹these f, d) ling. Assimi¹lierung f. **as¹sim·i·la·tive** [-lətɪv; Am. bes. -₁leɪtɪv], **as¹sim·i·la·to·ry** [-lətərɪ; Am. -₁tɔːrɪ; -₁tɔː-] adj **1.** (sich) assimi¹lierend, Assimilierungs... **2.** Assimilations... **3.** assimi¹lierbar.
as·sist [əˈsɪst] **I** v/t **1.** helfen (dat), j-m beistehen, j-n unter¹stützen: **~ed person** jur. Br. Partei, der das Armenrecht od. kostenlose Rechtsberatung zugebilligt ist. **2.** fördern, (a. finanziell) unter¹stützen: **~ed immigration** Einwanderung f mit (staatlicher) Beihilfe; **~ed take-off** aer. Abflug m mit Starthilfe; **to ~ the voltage** die Spannung erhöhen. **II** v/i **3.** (aus)helfen, Hilfe leisten, mitarbeiten, -helfen (**in** bei): **to ~ in doing a job** bei e-r Arbeit (mit)helfen. **4. (at)** beiwohnen (dat), zu¹gegen sein (bei), teilnehmen (**an** dat): **to ~ at a meeting**. **III** s **5.** Am. assistance. **6.** Eishockey: Vorlage f.
as·sist·ance [əˈsɪstəns] s Hilfe(leistung) f, Beistand m, (a. finanzielle) Unter¹stützung od. Beihilfe, Mitwirkung f: **to afford (od. lend, render) ~** Hilfe leisten od. gewähren; **economic ~** Wirtschafts¹hilfe, wirtschaftliche Unterstützung; **judicial ~** jur. Rechtshilfe; **medical ~** ärztliche Versorgung; **social ~** Sozialhilfe; **in need of ~** hilfsbedürftig.
as·sist·ant [əˈsɪstənt] **I** adj **1.** behilflich (**to** dat). **2.** assi¹stierend, stellvertretend, Hilfs..., Unter...: **~ adjutant** mil. zweiter Adjutant; **~ driver** Beifahrer m; **~ editor** Redaktionsassistent m; **~ judge** jur. Beisitzer m, (Gerichts)Assessor m; **~ manager** stellvertretender Leiter, zweiter Geschäftsführer; **~ professor** univ. Am. (etwa) Lehrbeauftragte(r) m; **~ secretary** pol. Am. Ministerialdirektor m. **II** s **3.** Assi¹stent(in), Gehilfe m, Gehilfin f, Hilfskraft f, Mitarbeiter(in). **4.** Angestellte(r m) f: **(shop) ~** Br. Verkäufer(in). **5.** univ. Am. Assi¹stent(in) (Hilfslehrkraft). **6.** fig. Hilfe f, Hilfsmittel n.
as·size [əˈsaɪz] **I** s **1.** hist. Verfügung f, E¹dikt n. **2.** hist. Gesetz n zur Festsetzung der Preise, Maße u. Gewichte. **3.** jur. Scot. a) Schwurgericht n, b) (die) Geschworenen pl. **4.** meist pl jur. Br. hist. a) a. **court of ~** As'sisengericht n, peri¹odisches Geschworenengericht, b) Sitzung f des **court of assize** in den einzelnen Grafschaften, c) Zeit f od. Ort m zur

assizer – astir

Abhaltung der As'sisen. **5.** *fig.* Gericht *n*: → **great assize. II** *v/t* **6.** *hist.* Preise, Maße *etc* festsetzen. **as'siz·er** *s hist.* Marktmeister *m*.

as·so·ci·a·ble [ə'səʊʃjəbl; -ʃɪəbl, -sɪ-] *adj* **1.** (gedanklich) vereinbar (**with** mit), assozi'ierbar. **2.** *physiol.* sym'pathisch.

as·so·ci·ate I *v/t* [ə'səʊʃɪeɪt; -sɪ-] **1.** (**with**) (o.s. sich) vereinigen, -binden, zs.-schließen, assozi'ieren (mit), zugesellen, angliedern, anschließen, hin'zufügen (*dat*): **to ~ o.s. with a party** sich e-r Partei anschließen; **to ~ o.s. with s.o.'s views** sich j-s Ansichten anschließen; **~d company** *econ. Br.* Schwester-, Konzerngesellschaft *f*; **~d state** *pol.* assoziierter Staat. **2.** *bes. psych.* (gedanklich) verbinden, in Verbindung *od.* Zs.-hang bringen, verknüpfen (**with** mit). **3.** *chem.* (lose) verbinden, assozi'ieren. **4.** *math.* zuordnen.
II *v/i* [-ʃɪət; -sɪ-] **5.** (**with**) sich anschließen (an *j-n*), verkehren, 'Umgang pflegen (mit). **6.** (**with**) sich verbinden *od.* zs.-tun (mit), sich anschließen (*dat*).
III *adj* [-ʃɪət; -sɪɪt; -sɪeɪt] **7.** a) eng verbunden, b) verwandt (**with** mit), zugehörig. **8.** beigeordnet, Mit...: **~ counsel** Mitanwalt *m*; **~ editor** Mitherausgeber *m*; **~ judge** beigeordneter Richter, Beisitzer *m*; **A~ Justice** *Am.* (beisitzender) Richter am Obersten Gerichtshof. **9.** außerordentlich: **~ member**; **~ professor** *univ. Am.* (etwa) planmäßiger außerordentlicher Professor. **10.** *math.* assozi'iert.
IV *s* [-ʃɪət; -ʃɪɪt; -ʃɪeɪt] **11.** *econ.* Teilhaber *m*, Gesellschafter *m*. **12.** Gefährte *m*, Genosse *m*, Freund *m*, *iro. contp.* Spießgeselle *m*, Kom'plize *m*. **13.** Kollege *m*, Mitarbeiter *m*. **14.** *fig.* Begleiterscheinung *f*. **15.** außerordentliches Mitglied, Beigeordnete(r) *m* (*e-r Akademie etc*). **16.** *univ. Am.* Lehrbeauftragte(r) *m*. **17.** *psych.* Assoziati'onswort *n od.* -i̦dee *f*: **paired ~s** Paarassoziationen.

as·so·ci·a·tion [ə̩səʊsɪ'eɪʃn, -ʃɪ'eɪʃn] *s* **1.** Vereinigung *f*, -bindung *f*, Zs.-schluß *m*, Anschluß *m*. **2.** Bund *m*. **3.** Verein(igung *f*) *m*, Gesellschaft *f* (*des bürgerlichen Rechts*). **4.** *econ.* Genossenschaft *f*, (Handels)Gesellschaft *f*, Verband *m*. **5.** Freundschaft *f*, Kame'radschaft *f*. **6.** 'Umgang *m*, Verkehr *m*. **7.** *psych.* (I'deen-, Ge'danken)Assoziati̦on *f*, Gedankenverbindung *f*: **~ of ideas**; **free ~s** freie Assoziationen. **8.** Beziehung *f*, Verknüpfung *f*, Zs.-hang *m*. **9.** *biol.* Vergesellschaftung *f*: **~ type** Gesellschaftseinheit *f*. **10.** Assoziati̩on *f*: a) *bot.* Pflanzengesellschaft *f*, b) *chem.* das Zs.-treten gleichartiger Moleküle zu e-m losen Verband. **11.** *Statistik*: Abhängigkeit *f*. **~ foot·ball** *s sport Br.* (Verbands)Fußball(spiel *n*) *m* (*Ggs. Rugby*).

as·so·ci·a·tive [ə'səʊʃjətɪv; -sjə-; *Am.* -ʃɪ̩eɪtɪv, -sɪ̩eɪ-; -ʃətɪv] *adj* **1.** (sich) vereinigend *od.* verbindend. **2.** *math. psych.* assozia'tiv.

as·soil [ə'sɔɪl] *v/t obs.* j-n los-, freisprechen (**of, from** von).

as·so·nance ['æsəʊnəns; -sən-] *s* **1.** As-so'nanz *f*: a) vo'kalischer Gleichklang, b) Halbreim. **2.** *fig.* ungefähre Entsprechung *f*, Ähnlichkeit *f*. **'as·so·nant I** *adj* asso'nierend, anklingend. **II** *s* asso-'nierendes Wort. ̩**as·so'nan·tal** [-'næntl] *adj* ~ **assonant** I. **'as·so·nate** [-neɪt] *v/i* asso'nieren.

as·sort [ə'sɔː(r)t] **I** *v/t* **1.** sor'tieren, ordnen, grup'pieren, aussuchen, (passend) zs.-stellen: **to ~ samples**. **2.** ein-, zuordnen, klassifi'zieren. **3.** *econ.* assor-'tieren, mit e-m Sorti'ment ausstatten, ein *Lager* ergänzen, auffüllen: **to ~ a cargo** e-e Ladung (aus verschiedenen Sorten) zs.-stellen. **II** *v/i* **4.** (**with**) passen (zu), über'einstimmen (mit). **5.** verkehren, 'Umgang haben (**with** mit). **as-'sort·a·tive** [-ətɪv] *adj* **1.** ordnend. **2.** zs.-passend. **3.** auswählend: **~ mating** *biol.* Gattenwahl *f*. **as'sort·ed** *adj* **1.** sor'tiert, geordnet. **2.** assor'tiert, zs.-gestellt, gemischt, verschiedenartig, allerlei: **a curiously ~ pair** ein seltsames *od.* ungleiches Paar. **as'sort·ment** *s* **1.** Sor'tieren *n*, Ordnen *n*. **2.** Assor'tieren *n*, Zs.-stellen *n*. **3.** Zs.-stellung *f*, Sammlung *f*. **4.** *bes. econ.* (**of**) Sorti'ment *n* (von), Auswahl *f* (an *dat*), Kollekti'on *f* (von).

as·suage [ə'sweɪdʒ] *v/t* **1.** lindern, mildern: **to ~ grief**. **2.** stillen: **to ~ one's thirst**. **3.** besänftigen, beruhigen. **as-'suage·ment** *s* **1.** Linderung *f*, Milderung *f*. **2.** Stillung *f*. **3.** Besänftigung *f*, Beruhigung *f*. **4.** Beruhigungsmittel *n*.

as·sum·a·ble [ə'sjuːməbl; *bes. Am.* ə'suːm-] *adj* (*adv* **assumably**) anzunehmen(d).

as·sume [ə'sjuːm; *bes. Am.* ə'suːm] *v/t* **1.** (als wahr *od.* erwiesen) annehmen, vor'aussetzen, unter'stellen: **assuming that** vorausgesetzt *od.* angenommen, daß; **this ~s that** dies setzt voraus, daß. **2.** *ein Amt, Schulden, e-e Verantwortung etc* über'nehmen, *a. e-e Gefahr* auf sich nehmen, *e-e Verbindlichkeit* eingehen: **to ~ an office**. **3.** *e-e Eigenschaft, e-e Gestalt etc* annehmen, bekommen: **to ~ a different look**. **4.** annehmen, sich angewöhnen: **to ~ new habits**. **5.** an-, einnehmen: **to ~ a pose**. **6.** vorgeben, täuschen. **7.** sich aneignen *od.* anmaßen: **to ~ a right** (**to** *o.s.*). **8.** *Kleider* anlegen, anziehen, *Hut, Brille etc* aufsetzen. **as-'sumed** *adj* **1.** (nur) angenommen, vor-'ausgesetzt. **2.** angemaßt. **3.** vorgetäuscht. **4.** angenommen, unecht, Schein..., Deck...: **~ name** Deckname *m*. **as'sum·ed·ly** [-ɪdlɪ] *adv* vermutlich, mutmaßlich. **as'sum·ing** *adj* (*adv* **~ly**) anmaßend.

as·sump·sit [ə'sʌmpsət; ə'sʌmsət] *s jur. Am.* **1.** formloses (Leistungs)Versprechen. **2.** (**action of**) ~ Schadenersatzklage *f* wegen Nichterfüllung (*bei formlosen Verträgen*).

as·sump·tion [ə'sʌmpʃn] *s* **1.** Annahme *f*, Vor'aussetzung *f*, Vermutung *f*: **on the ~ that** in der Annahme *od.* unter der Voraussetzung, daß; → **proceed** 7. **2.** 'Übernahme *f*, Annahme *f*: (**unlawful**) ~ **of authority** Amtsanmaßung *f*; ~ **of power** Machtübernahme. **3.** ('widerrechtliche) Aneignung *f*. **4.** Anmaßung *f*, Arro'ganz *f*. **5. A~** (**Day**) *R.C.* Ma'riä Himmelfahrt *f* (*15. August*). **as'sump·tive** [ə'sʌmptɪv] *adj* **1.** → **assumed** 1. **2.** kri'tiklos. **3.** anmaßend. **4.** ~ **arms** *her.* (rechtmäßig) angenommenes Wappen.

as·sur·ance [ə'ʃʊərəns] *s* **1.** Zu-, Versicherung *f*, Beteuerung *f*, Versprechen *n*. **2.** *Burgschaft f*, Sicherheit *f*, Garan'tie *f*. **3.** *bes. Br.* (Lebens)Versicherung *f*: **industrial ~** Kleinlebensversicherung. **4.** Sicherheit *f*, Gewißheit *f*. **5.** Zuversicht(lichkeit) *f*. **6.** Selbstsicherheit *f*, -vertrauen *n*, sicheres Auftreten. **7.** Dreistigkeit *f*, Anmaßung *f*. **8.** *relig.* Gewißheit *f* göttlicher Gnade.

as·sure [ə'ʃʊə(r)] *v/t* **1.** *j-m* versichern (**that** daß): **to ~ s.o. of s.th.** j-n e-r Sache versichern. **2.** (o.s. sich) über'zeugen (**of** von). **3.** sichern (**from, against** gegen), sicherstellen, bürgen für, garan'tieren: **this ~s the success of your work**. **4.** *j-m* Sicherheit verleihen, *j-m* Zuversicht einflößen, *j-n* beruhigen. **5.** *bes. Br. j-s Leben* versichern: **to ~ one's life with** e-e Lebensversicherung abschließen bei. **6.** *j-m etwas* zusichern: **to ~ s.o. of a definite salary**. **as·sured** [ə'ʃʊə(r)d] **I** *adj* **1.** (**of**) versichert (*gen*), über'zeugt (von), gewiß (*gen*): **to be ~ of s.th.**; **be** (*od.* **rest**) ~ **that** Sie können sicher sein *od.* sich darauf verlassen, daß. **2.** beruhigt, ermutigt. **3.** sicher, gewiß, unzweifelhaft. **4.** gesichert: **our future is ~**. **5.** zuversichtlich. **6.** selbstsicher, -bewußt. **7.** anmaßend, dreist. **II** *s* **8.** *bes. Br.* Versicherungsnehmer (-in), Versicherte(r *m*) *f*. **as·sur·ed·ly** [ə'ʃʊərɪdlɪ] *adv* sicherlich, ganz gewiß. **as'sured·ness** → **assurance** 4–6. **as-'sur·er, as'sur·or** *s bes. Br.* Versicherer *m*.

As·syr·i·an [ə'sɪrɪən] **I** *adj* **1.** as'syrisch. **II** *s* **2.** As'syrer(in). **3.** *ling.* As'syrisch *n*, das Assyrische.

a·sta·ble [eɪ'steɪbl] *adj* **1.** 'insta̩bil. **2.** *electr.* 'asta̩bil.

a·stare [ə'steə(r)] *pred adj* starrend, mit großen Augen: **with eyes ~** mit weitaufgerissenen Augen.

a·start [ə'stɑː(r)t] *adv* plötzlich, mit 'einem Ruck.

a·stat·ic [æ'stætɪk; eɪ-] *adj* **1.** veränderlich, 'insta̩bil. **2.** *phys.* a'statisch. **a'stat·i·cism** [-sɪzəm] *s phys.* a'statischer Zustand.

as·ta·tine ['æstətiːn; -tɪn] *s chem.* Asta-'tin *n*.

as·ter ['æstə(r)] *s* Aster *f*: a) *bot.* Sternblume *f*, b) *biol.* Teilungsstern *m* zu Beginn der Mi'tose.

as·ter·i·at·ed [æ'stɪərɪeɪtɪd] *adj min.* sternförmig, strahlig, Stern...

as·ter·isk ['æstərɪsk] **I** *s print.* Sternchen *n*. **II** *v/t* mit (e-m) Sternchen kennzeichnen.

as·ter·ism ['æstərɪzəm] *s* **1.** *astr.* Sterngruppe *f*. **2.** *min.* Aste'rismus *m* (*sternförmige Lichtbrechung*). **3.** *print.* (Gruppe *f* von) drei Sternchen *pl*.

a·stern [ə'stɜːn; *Am.* ə'stɜrn] *adv mar.* **1.** achtern, hinten: **~ of the ship** hinter dem Schiff. **2.** nach achtern *od.* hinten, achteraus, rückwärts, zu'rück.

as·ter·oid ['æstərɔɪd] **I** *adj* **1.** sternartig, -förmig. **2.** *bot.* asterblütig. **3.** *zo.* seesternartig. **II** *s* **4.** *astr.* Astero'id *m*, Planeto'id *m*. **5.** *zo.* seesternartiges Tier.

as·the·ni·a [æs'θiːnjə; -nɪə] *s med.* Asthe-'nie *f*: a) Kraftlosigkeit *f*, Schwächlichkeit *f*, b) (krankheitsbedingter) Kräfteverfall. **as'then·ic** [æs'θenɪk] **I** *adj* a'sthenisch: a) *med.* kraftlos, b) *physiol.* schlank-, schmalwüchsig. **II** *s* A'stheniker(in).

as·the·no·pi·a [̩æsθɪ'nəʊpjə; -pɪə] *s med.* Astheno'pie *f*, rasche Ermüdung der Augen (*beim Nahelesen*).

as·the·no·sphere [æs'θiːnə̩sfɪə(r); *bes. Am.* -s'θenə-] *s geol.* Astheno'sphäre *f* (*in etwa 100 bis 200 km Tiefe gelegener Bereich des Erdmantels*).

asth·ma ['æsmə; *Am.* 'æzmə] *s med.* Asthma *n*, Atemnot *f*, Kurzatmigkeit *f*. **asth'mat·ic** [-'mætɪk] **I** *adj* (*adv* **~ally**) asth'matisch: a) *med.* kurzatmig, Asthma...: ~ **attack**, b) *fig.* keuchend: **an ~ engine**. **II** *s med.* Asth'matiker(in).

as·tig·mat·ic [̩æstɪg'mætɪk] *adj*; ̩**as-tig'mat·i·cal** [-kl] *adj* (*adv* **~ly**) *med. phys.* astig'matisch. **a·stig·ma·tism** [æ'stɪgmətɪzəm, ə-] *s* Astigma'tismus *m* a) *phys.* Abbildungsfehler von Linsen, b) *med.* Sehstörung infolge krankhafter Veränderung der Hornhautkrümmung.

a·stir [ə'stɜː; *Am.* ə'stɜr] *pred adj* **1.** auf den Beinen: a) in Bewegung, b) auf(gestanden), aus dem Bett, munter. **2.** belebt: **to be ~ with** wimmeln von; **the streets were ~ with people** auf den

Straßen wimmelte es von Menschen. **3.** in Aufregung (**at**, **with** über *acc*, wegen).

a·stom·a·tous [æˈstɒmətəs; -ˈstəʊ-; *Am*. eɪˈstɑmətəs; -ˈstəʊ-], **as·to·mous** [ˈæstəʊməs; -stə-] *adj zo*. mundlos.

as·ton·ied [əˈstɒnɪd; *Am*. əˈstɑn-] *adj obs*. (wie) betäubt, bestürzt.

as·ton·ish [əˈstɒnɪʃ; *Am*. əˈstɑn-] *v/t* **1.** in Erstaunen *od*. Verwunderung setzen: **to be ~ed** erstaunt *od*. überrascht sein (**at** über *acc*; **to** *inf* zu *inf*), sich wundern (**at** über *acc*). **2.** verblüffen, über'raschen, befremden. **3.** *obs*. erschrecken. **as'ton·ish·ing** *adj* (*adv* ~**ly**) erstaunlich, überˈraschend. **as'ton·ish·ment** *s* **1.** Verwunderung *f*, (Er)Staunen *n*: **to cause ~ Staunen erregen; to fill** (*od*. **strike**) **with ~** → astonish 1. **2.** Überˈraschung *f*, Befremden *n*. **3.** Überˈraschung *f*, Ursache *f od*. Gegenstand *m* des (Er-)Staunens.

as·tound [əˈstaʊnd] **I** *v/t* verblüffen, in Staunen *od*. Schrecken versetzen, äußerst über'raschen. **II** *adj obs*. verblüfft. **asˈtound·ing** *adj* (*adv* ~**ly**) verblüffend, höchst erstaunlich.

as·tra·chan → astrakhan.

a·strad·dle [əˈstrædl] → astride.

as·tra·gal [ˈæstrəɡəl; *Am*. -strɪ-] *s* **1.** Astraˈgal *m*: a) *anat*. Sprungbein *n*, b) *arch*. Rundstab *m*, Ring *m* (*an e-r Säule*). **2.** *mil*. Ring *m* (*am Geschützrohr*).

as·tra·khan [ˌæstrəˈkæn; *Am*. ˈæstrəkən] *s* Astrachan *m* (*Pelzart od. Plüschgewebe*).

as·tral [ˈæstrəl] *adj* **1.** Stern(en)..., Astral...: **~ lamp** Astrallampe *f*; **~ spirits** Astralgeister. **2.** sternförmig. **3.** gestirnt, sternig. **4.** *biol*. aˈstral (*den Teilungsstern bei der Mitose betreffend*). **5.** *Parapsychologie*: aˈstral, Astral...: **~ body** Astralleib *m*; **~ excursion** Astralreise *f*, -wanderung *f*.

a·stray [əˈstreɪ] **I** *adv*: **to go ~** a) vom Weg abkommen, b) *fig*. auf Abwege geraten, vom rechten Weg abkommen, c) *fig*. irre-, fehlgehen, d) *sport* das Ziel verfehlen (*Schuß etc*), nicht ankommen (*Paß etc*); **to lead ~** *fig*. irreführen, verleiten. **II** *pred adj fig*. irrig, falsch.

as·trict [əˈstrɪkt] *v/t* **1.** *obs. für* astringe 1. **2.** *med*. a) abbinden, b) verstopfen. **3.** *fig*. beschränken (**to** auf *acc*). **asˈtric·tion** *s* **1.** Zs.-ziehen *n*. **2.** *med*. a) Abbinden *n*, b) Verstopfung *f*. **3.** *fig*. Beschränkung *f*. **asˈtric·tive** → astringent 1 *u*. 3.

a·stride [əˈstraɪd] *adv u. prep u. pred adj* **1.** rittlings, mit gespreizten Beinen: **~ of** reitend auf (*dat*); **to ride ~** im Herrensitz reiten; (**of**) **a horse** zu Pferde. **2.** quer über (*acc*), über (*acc*).

as·tringe [əˈstrɪndʒ] *v/t* **1.** zs.-ziehen, zs.-pressen, festbinden. **2.** *med*. adstrinˈgieren, zs.-ziehen. **asˈtrin·gen·cy** [-dʒənsɪ] *s* **1.** zs.-ziehende Eigenschaft *od*. Kraft. **2.** *fig*. Härte *f*, Strenge *f*. **asˈtrin·gent I** *adj* (*adv* ~**ly**) **1.** *med*. adstrinˈgierend, zs.-ziehend. **2.** *fig*. streng, hart. **II** *s* **3.** *med*. Adˈstringens *n*.

as·tri·on·ics [ˌæstrɪˈɒnɪks; *Am*. -ˈɑn-] *s pl* (*als sg od. pl konstruiert*) Astriˈonik *f*, ˈRaumfahrteleˌktronik *f*.

astro- [æstrəʊ; -trə] *Wortelement mit der Bedeutung* (Welt)Raum.

ˌ**as·tro·biˈol·o·gy** *s* ˈAstrobioˌlogie *f*.

as·tro·bleme [ˈæstrəʊbliːm] *s* Meteoˈritenkrater *m*.

ˌ**as·troˈbot·a·ny** *s* ˈAstroboˌtanik *f*.

ˌ**as·troˈcom·pass** *s aer. astr*. Astroˈkompaß *m*.

as·tro·cyte [ˈæstrəʊsaɪt] *s anat. biol*. Astroˈzyte *f*, Sternzelle *f*.

ˈ**as·tro·dome** *s aer*. Astrokuppel *f*.

ˌ**as·tro·dyˈnam·ics** *s pl* (*oft als sg konstruiert*) ˈAstrodyˌnamik *f*.

ˌ**as·tro·geˈol·o·gy** *s* ˈAstrogeoˌlogie *f*.

as·tro·graph [ˈæstrəʊɡrɑːf; *bes. Am*. -ɡræf] *s astr*. Astroˈgraph *m* (*Fototeleskop*). **asˈtrog·ra·phy** [æˈstrɒɡrəfɪ; *Am*. -ˈstrɑ-] *s* Astrograˈphie *f*, Sternbeschreibung *f*.

as·tro·labe [ˈæstrəʊleɪb] *s astr. hist*. Astroˈlabium *n* (*Instrument zur lagemäßigen Bestimmung von Gestirnen*).

as·trol·o·ger [əˈstrɒlədʒə(r); *Am*. -ˈstrɑ-] *s* Astroˈloge *m*. ˌ**as·tro·log·ic** [ˌæstrəˈlɒdʒɪk; *Am*. -ˈlɑ-] *adj*; ˌ**as·troˈlog·i·cal** *adj* (*adv* ~**ly**) astroˈlogisch. **asˈtrol·o·gy** [-dʒɪ] *s* Astroloˈgie *f*, Sterndeutung *f*.

as·trom·e·try [æˈstrɒmɪtrɪ; *Am*. əˈstrɑ-] *s* Astromeˈtrie *f* (*Sternmessung*).

as·tro·naut [ˈæstrənɔːt; *Am. a*. -ˌnɑːt] *s* (Welt)Raumfahrer *m*, Astroˈnaut *m*. ˈ**as·tro·naut·ess** *s* (Welt)Raumfahrerin *f*, Astroˈnautin *f*. ˌ**as·troˈnau·tic I** *adj* (*adv* ~**ally**) astroˈnautisch. **II** *s pl* (*meist als sg konstruiert*) Astroˈnautik *f*, (Wissenschaft *f* von der) Raumfahrt *f*. ˌ**as·troˈnau·ti·cal** *adj* (*adv* ~**ly**) → astronautic I.

as·tron·o·mer [əˈstrɒnəmə(r); *Am*. əˈstrɑ-] *s* Astroˈnom *m*. **as·tro·nom·ic** [ˌæstrəˈnɒmɪk; *Am*. -ˈnɑ-] → astronomical. ˌ**as·troˈnom·i·cal** *adj* (*adv* ~**ly**) astroˈnomisch: a) Stern-, Himmels...: **~ chart** Himmels-, Sternkarte *f*; **~ clock** astronomische Uhr; **~ year** Sternjahr *n*, b) *fig*. riesig, ungeheuer: **~ figures** astronomische Zahlen. **asˈtron·o·my** *s* Astronoˈmie *f*, Stern-, Himmelskunde *f*.

ˌ**as·troˈpho·tog·ra·phy** *s* Astrofotograˈfie *f*.

ˌ**as·troˈphys·ics** *s pl* (*als sg konstruiert*) Astrophyˈsik *f*.

a·stute [əˈstjuːt; *Am. a*. əˈstuːt] *adj* (*adv* ~**ly**) **1.** scharfsinnig, klug. **2.** schlau, gerissen, raffiˈniert. **asˈtute·ness** *s* **1.** Scharfsinn(igkeit *f*) *m*, Klugheit *f*. **2.** Schlauheit *f*.

a·sun·der [əˈsʌndə(r)] **I** *adv* auseinˈander, entˈzwei, in Stücke: **to cut s.th. ~**. **II** *pred adj* (voneinˈander) getrennt, auseinˈander(liegend), *fig. a*. verschieden.

a·swarm [əˈswɔː(r)m] *adv u. pred adj* wimmelnd (**with** von): **the market place is ~ with people** auf dem Marktplatz wimmelt es von Menschen.

a·sy·lum [əˈsaɪləm] *s* **1.** *obs*. (Pflege)Anstalt *f*, *bes*. Irrenanstalt *f*: **~ for the blind** Blindenanstalt. **2.** Aˈsyl *n*: a) Freistätte *f*, Zufluchtsort *m*, b) *fig*. Zuflucht *f*, Schutz *m*. **3.** (poˈlitisches) Aˈsyl: (**right of**) **~** Asylrecht *n*; **to ask for ~** um (politisches) Asyl bitten *od*. nachsuchen; **to give s.o. ~** j-m (politisches) Asyl gewähren.

a·sym·met·ric [ˌæsɪˈmetrɪk; ˌeɪ-] *adj*; ˌ**a·symˈmet·ri·cal** *adj* (*adv* ~**ly**) ˈasymˌmetrisch, ˈunsymˌmetrisch (*beide a. electr*.), ungleichmäßig: **asymmetric bars** (*Turnen*) Stufenbarren *m*. **a·sym·me·try** [æˈsɪmɪtrɪ; eɪ-] *s* Asymmeˈtrie *f*.

a·symp·tote [ˈæsɪmptəʊt; -sɪmt-] *s math*. Asymˈptote *f*. ˌ**a·sympˈtot·ic** [-ˈtɒtɪk; *Am*. -ˈtɑ-] *adj*; ˌ**a·sympˈtot·i·cal** *adj* (*adv* ~**ly**) asymˈptotisch.

a·syn·chro·nous [æˈsɪŋkrənəs; eɪ-] *adj* asynˈchron, Asynchron...: **~ generator**.

as·yn·det·ic [ˌæsɪnˈdetɪk] *adj ling*. asynˈdetisch, verbindungslos. **a·syn·de·ton** [æˈsɪndɪtɒn; *Am*. əˈsɪndəˌtɑn] *pl* **-ta** [-tə] *s* Aˈsyndeton *n* (*Auslassung der Konjunktionen*).

as·y·ner·gi·a [ˌæsɪˈnɜːdʒɪə; -dʒə; *Am*. ˌeɪsɪˈnɜr-], **a·syn·er·gy** [æˈsɪnə(r)dʒɪ; *Am. bes*. eɪ-] *s med*. Asynerˈgie *f*, Koordinatiˈonsstörung *f*.

a·sys·to·le [æˈsɪstəlɪ; *Am. bes*. eɪ-], **a·sys·to·lism** [-lɪzəm] *s med*. Asystoˈlie *f* (Kontraktionsstörung des Herzens).

at¹ [æt] *prep* **1.** (*Ort, Stelle*) in (*dat*), an (*dat*), bei, zu, auf (*dat*) (*in Verbindung mit Städtenamen steht* **at** *im allgemeinen bei kleineren Städten, bei größeren Städten nur dann, wenn sie bloß als Durchgangsstationen, bes. auf Reisen, betrachtet werden; bei London u. der Stadt, in der der Sprecher wohnt, ebenso nach* **here**, *steht* **stets in**, *nie* **at**): **~ a ball** auf e-m Ball; **~ the baker's** beim Bäcker; **~ the battle of N.** in der Schlacht bei N.; **~ court** bei Hofe; **~ the door** an der Tür; **he lives ~ 48, Main Street** er wohnt Main Street Nr. 48; **he was educated ~ Christ's College** er hat am Christ's College studiert. **2.** (*Richtung etc*) auf (*acc*), gegen, nach, bei, durch: **he threw a stone ~ the door** er warf e-n Stein gegen die Tür. **3.** (*Beschäftigung etc*) bei, beschäftigt mit, in (*dat*): **he is still ~ it** er ist noch dabei *od*. d(a)ran *od*. damit beschäftigt. **4.** (*Art u. Weise, Zustand, Lage*) in (*dat*), bei, zu, unter (*dat*), nach, vor: **~ all** überhaupt; **not ~ all** überhaupt *od*. durchaus *od*. gar nicht, keineswegs; **not ~ all!** *colloq*. nichts zu danken!, gern geschehen!; **nothing ~ all** gar nichts, überhaupt nichts; **no doubts ~ all** überhaupt *od*. gar keine Zweifel, keinerlei Zweifel; **is he ~ all suitable?** ist er überhaupt geeignet? **5.** (*Ursprung, Grund, Anlaß*) über (*acc*), bei, von, aus, auf (*acc*), anläßlich (*gen*). **6.** (*Preis, Wert, Verhältnis, Ausmaß, Grad etc*) für, um, zu, auf (*acc*), mit, bei: **~ 6 dollars** für *od*. zu 6 Dollar. **7.** (*Zeit, Alter*) um, bei, zu, im Alter von, auf (*dat*), an (*dat*): **~ 21** mit 21 (Jahren), im Alter von 21 Jahren; **~ 3 o'clock** um 3 Uhr; **~ his death** bei s-m Tod. (*Siehe weitere Verbindungen bei den entsprechenden Stichwörtern*).

a·tac·tic [əˈtæktɪk; æ-; eɪ-] → ataxic.

at·a·man [ˈætəmən; *Am. bes*. -ˈmæn] *pl* **-mans** *s hist*. Ataˈman *m* (*frei gewählter Stammesführer u. militärischer Führer der Kosaken*).

at·a·rax·i·a [ˌætəˈræksɪə], **at·a·rax·y** [ˈætəræksɪ] *s* Ataˈraxie *f*, Unerschütterlichkeit *f*, Seelenruhe *f*.

a·taunt [əˈtɔːnt; *Am. a*. əˈtɑːnt], **aˈtaun·to** [-təʊ] *pred adj* **1.** *mar*. vollständig aufgetakelt, aufgeriggt. **2.** *fig*. vollkommen in Ordnung.

at·a·vism [ˈætəvɪzəm] *s* Ataˈvismus *m*: a) *biol*. das Wiederauftreten von Merkmalen der Vorfahren, die den unmittelbar vorhergehenden Generationen fehlen, b) entwicklungsgeschichtlich als überholt geltendes, unvermittelt wieder auftretendes körperliches *od*. geistig-seelisches Merkmal. ˌ**at·aˈvis·tic** *adj* (*adv* ~**ally**) ataˈvistisch.

a·tax·i·a [əˈtæksɪə] *s med*. Ataˈxie *f*, Koordinatiˈonsstörung *f*. **aˈtax·ic** *adj med*. aˈtaktisch.

a·tax·y [əˈtæksɪ] → ataxia.

ate¹ [et; *bes. Am*. eɪt] *pret von* eat.

A·te² [ˈɑːtɪ; *bes. Am*. ˈeɪtɪ] **I** *npr* Ate *f* (*griechische Göttin der Verblendung*). **II** *s* **a·~** *fig*. Verblendung *f*.

at·e·lec·ta·sis [ˌætɪˈlektəsɪs] *s med*. Ateˈlektase *f* (*Luftverknappung od. -leere in der Lunge*).

at·el·ier [ˈætəlɪeɪ; æˈtel-; *Am. bes*. ˌætlˈjeɪ] *s* Ateliˈer *n*.

Ath·a·na·sian [ˌæθəˈneɪʃn; *Am. bes*. -ʒən] *relig*. **I** *adj* athanasiˈanisch. **II** *s* Athanasiˈaner *m*. **~ Creed** *s relig*. Athanasiˈanisches Glaubensbekenntnis.

a·the·ism [ˈeɪθɪɪzəm] *s* Atheˈismus *m*, Gottesleugnung *f*. **2.** *obs*. Gottlosigkeit *f*. ˈ**a·the·ist** *s* **1.** Atheˈist(in), Gottesleugner(in). **2.** *obs*. gottloser Mensch. ˌ**a·theˈis·tic** *adj*; ˌ**a·theˈis·ti·cal** *adj*

atheling – atrophy

(*adv* ~**ly**) **1.** athe'istisch. **2.** *obs.* gottlos.
ath·el·ing ['æθəlɪŋ] *s hist.* Edeling *m*, Fürst *m* (*der Angelsachsen*), *bes.* Thronerbe *m*.
a·the·mat·ic [,æθɪ'mætɪk; ,eɪ-] *adj* **1.** *bes. mus.* 'athe,matisch. **2.** *ling.* 'athe,matisch, ohne 'Themavo,kal gebildet: ~ **verb**.
ath·e·n(a)e·um [,æθɪ'niːəm] *s* Athe-'näum *n*: a) *Institut zur Förderung von Literatur u. Wissenschaft*, b) *Lesesaal, Bibliothek*, c) *literarischer od. wissenschaftlicher Klub*, d) **A~** *antiq.* Hadrianische Schule (*in Rom*), e) **A~** *antiq.* Heiligtum der Athene.
A·the·ni·an [ə'θiːnjən; -ɪən] **I** *adj* a'thenisch. **II** *s* A'thener(in).
a·ther·ma·nous [æ'θɜːmənəs; eɪ-; *Am.* -'θɜːr-] *adj phys.* ather'man, 'wärme,un,durchlässig.
ath·er·o·ma [,æθə'rəʊmə] *pl* **-mas, -ma·ta** [-tə] *s med.* Athe'rom *n*: a) *Talgdrüsen-, Haarbalggeschwulst f*, b) *atheromatöse Veränderung der Gefäßwände*. ,**ath·er'om·a·tous** [-'rəʊmətəs] *adj* atheroma'tös.
ath·er·o·scle·ro·sis [,æθərəʊskliː'rəʊsɪs; *bes. Am.* -sklə'r-] *s med.* Atheroskle'rose *f*, Ar,terioskle'rose *f*.
a·thirst [ə'θɜːst; *Am.* ə'θɜːrst] *pred adj* **1.** *obs.* durstig. **2.** begierig (for nach).
ath·lete ['æθliːt] *s* **1.** Ath'let(in): a) Wettkämpfer(in), Sportler(in), b) Kraftmensch *m*. **2.** *Br.* 'Leichtath,let(in).
ath·lete's| foot *s med.* Fußpilz(erkrankung *f*) *m*. ~ **heart** *s med.* Sportherz *n*.
ath·let·ic [æθ'letɪk] **I** *adj* (*adv* ~**ally**) **1.** ath'letisch: a) *Sport...*: ~ **field** Sportplatz *m*; ~ **foot** → **athlete's foot**; ~ **heart** → **athlete's heart**; ~ **supporter** → **jockstrap**, b) *von ath'letischem Körperbau*, *musku'lös*: **man of** ~ **build** Athlet *m*, c) sportlich (gewandt). **2.** *Br.* 'leichtath,letisch. **3.** *fig.* spannkräftig, a'gil: **an** ~ **mind**. **II** *s pl* **4.** (*a. als sg konstruiert*) Sport *m*. **5.** (*meist als sg konstruiert*) *Br.* 'Leichtath,letik *f*. **6.** (*meist als sg konstruiert*) → **athleticism**.
ath·let·i·cism [æθ'letɪsɪzəm] *s* Sportlichkeit *f*: a) sportliche Betätigung, b) sportliche Gewandtheit, c) Sportbegeisterung *f*.
ath·o·dyd ['æθədɪd; 'æθəʊdaɪd] *s aer. tech.* Strahldüse *f*, Lorin-Triebwerk *n*.
at-home [ət'həʊm] *s* a) (*zwangloser*) Besuchs-, Empfangstag, b) (*zwangloser*) Empfang: **to give an** ~.
a·thwart [ə'θwɔː(r)t] **I** *adv* **1.** quer, schräg (hin'durch), kreuzweise. **2.** *mar.* dwars('über). **3.** *fig.* verkehrt, schief: **to go** ~ schiefgehen. **II** *prep* **4.** (quer) über (*acc*), (quer) durch. **5.** *mar.* dwars (über *acc*). **6.** *fig.* (ent)gegen. **a'thwart-hawse** [-hɔːz] *adj u. adv mar.* quer vor dem Bug (*e-s anderen vor Anker liegenden Schiffes*): ~ **sea** Dwarssee *f*. **a'thwart-ship** *adj u. adv mar.* quer- *od.* dwarsschiffs.
a·tilt [ə'tɪlt] *adv u. pred adj* **1.** vorgebeugt, vorn'übergeneigt, -kippend. **2.** *hist.* mit eingelegter Lanze: **to run** (*od.* **ride**) ~ **at s.o.** a) mit eingelegter Lanze auf j-n losgehen, b) *fig.* gegen j-n e-e Attacke reiten.
a·tip·toe [ə'tɪptəʊ] *adv* a) auf (den) Zehenspitzen, b) *fig.* neugierig, gespannt.
At·lan·te·an [,ætlæn'tiːən; ət'læntɪən] *adj* **1.** at'lantisch, den Halbgott Atlas betreffend. **2.** *fig.* gi'gantisch, mächtig. **3.** at'lantisch, (die sagenhafte Insel) At-'lantis betreffend.
at·lan·tes [ət'læntiːz; æt-] *pl von* **atlas¹** 5.
At·lan·tic [ət'læntɪk; *Am. a.* æt-] **I** *adj* **1.** at'lantisch, Atlantik...: ~ **cable** Kabel *n* für transozeanischen Verkehr. **2.** das Atlasgebirge betreffend, Atlas... **II** *s*

3. At'lantik *m*, At'lantischer Ozean. ~ **Char·ter** *s pol.* At'lantik-Charta *f* (*vom 14.8.1941*). ~ **(stand·ard) time** *s* At'lantische (Standard)Zeit (*im Osten Kanadas*). ~ **States** *s pl Am.* Bundesstaaten *pl* der USA an der At'lantikküste.
at·las¹ ['ætləs] *s* **1.** *geogr.* Atlas *m* (*Kartenwerk*). **2.** (Fach)Atlas *m* (*der Anatomie etc*), (Bild)Tafelwerk *n*. **3.** *anat.* Atlas *m* (*oberster Halswirbel*). **4.** **A~** *myth.* Atlas *m* (*a. fig.*). **5.** *pl* **at·lan·tes** [ət'læntiːz; æt-] *arch.* At'lant *m*, Atlas *m*, Gebälkträger *m*. **6.** *a.* ~ **folio** *print.* 'Atlasfor,mat *n*. **7.** *großes Papierformat* (*0,84 × 0,66 m*).
at·las² ['ætləs] *s* Atlas(seide *f*) *m*.
at·man ['ɑːtmən] *s Hinduismus*: Atman *m*, *n*, (Welt)Seele *f*.
at·mol·y·sis [æt'mɒlɪsɪs; *Am.* -'mɑː-] *pl* **-ses** [-siːz] *s phys.* Atmo'lyse *f*. **at·mo·lyze** ['ætməlaɪz] *v/t* Gase durch Atmo-'lyse trennen.
at·mom·e·ter [æt'mɒmɪtə(r); *Am.* -'mɑː-] *s phys.* Atmo'meter *n*, Verdunstungsmesser *m*.
at·mos·phere ['ætməˌsfɪə(r)] *s* **1.** *astr.* Atmo'sphäre *f*, Lufthülle *f*. **2.** *chem.* Gashülle *f* (*allgemein*). **3.** Luft *f*: **a moist** ~. **4.** *tech.* Atmo'sphäre *f* (*Druckeinheit: 1 kp/cm²*). **5.** *fig.* Atmo'sphäre *f*: a) Umgebung *f*, b) Stimmung *f*: **to clear the** ~ die Atmosphäre reinigen.
at·mos·pher·ic [,ætməs'ferɪk; *Am. a.* -'sfɪr-] **I** *adj* (*adv* ~**ally**) **1.** atmo'sphärisch, Luft...: ~ **conditions** Wetterlage *f*; ~ **electricity** atmosphärische Elektrizität, Luftelektrizität *f*; ~ **pressure** atmosphärischer Druck, Luftdruck *m*. **2.** Witterungs..., Wetter... **3.** *tech.* mit (Luft-)Druck betrieben, (Luft)Druck... **4.** *fig.* stimmungsvoll: **very** ~ atmosphärisch dicht. **II** *s pl* **5.** *tech.* atmo'sphärische Störungen. **6.** *fig.* (*bes.* freundliche) Atmo'sphäre. ,**at·mos'pher·i·cal** *adj* (*adv* ~**ly**) → **atmospheric** I.
at·oll ['ætɒl; *Am.* 'æ,tɔːl] *s* A'toll *n*.
at·om ['ætəm] *s* **1.** *phys.* A'tom *n*: ~ **bomb**. **2.** *fig.* A'tom *n*, winziges Teilchen, Spur *f*, Fünkchen *n*: **not an** ~ **of truth**.
a·tom·ic [ə'tɒmɪk; *Am.* ə'tɑː-] **I** *adj* (*adv* ~**ally**) **1.** *chem. phys.* ato'mar, a'tomisch, Atom...: ~ **age** Atomzeitalter *n*. **2.** a'tomisch, winzig. **II** *s pl* (*als sg konstruiert*) **3.** A'tomphy,sik *f*. **a'tom·i·cal** [-kl] *adj* (*adv* ~**ly**) → **atomic** I.
a·tom·ic| base *s mil.* Abschußbasis *f* für A'tomra,keten. ~ **bomb** *s mil.* A'tombombe *f*. ~ **clock** *s* A'tomuhr *f*. ~ **de·cay,** ~ **dis·in·te·gra·tion** *s phys.* A'tomzerfall *m*. ~ **dis·place·ment** *s chem.* A'tomverschiebung *f*. ~ **en·er·gy** *s phys.* A'tomener,gie *f*. ~ **heat** *s phys.* A'tomwärme *f*. ~ **hy·dro·gen weld·ing** *s tech.* Arca'tomschweißen *n*, Wasserstoff-Lichtbogenschweißen *n*. ~ **in·dex** → **atomic number**.
a·tom·ic·i·ty [,ætəʊ'mɪsətɪ; -tə'm-] *s* **1.** *chem.* a) Va'lenz *f*, Wertigkeit *f*, b) A'tomzahl *f* e-s Mole'küls. **2.** *chem. phys.* Bestehen *n* aus A'tomen.
a·tom·ic| link·age *s chem.* A'tomverkettung *f*. ~ **mass** *s chem. phys.* A'tommasse *f*. ~ **nu·cle·us** *s bes. irr phys.* A'tomkern *m*. ~ **num·ber** *s chem. phys.* A'tom-, Ordnungszahl *f*. ~ **pile** *s phys.* A'tomreaktor *m*. ~ **pow·er** *s phys.* A'tomkraft *f*.
a'tom·ic-,pow·ered *adj* mit A'tomkraft betrieben: ~ **submarine** Atomunterseeboot *n*. ~ **pow·er plant** *s tech.* A'tomkraftwerk *n*.
a·tom·ic| the·o·ry *s phys.* A'tomtheo-,rie *f*. ~ **war(·fare)** *s mil.* A'tomkrieg (-führung *f*) *m*. ~ **war·head** *s mil.* A'tomsprengkopf *m*. ~ **waste** *s* A'tommüll *m*. ~ **weight** *s chem. phys.* A'tom-

gewicht *n*. ~ **yield** *s phys.* Detonati'onswert *m* (*e-r Atombombe*).
at·om·ism ['ætəmɪzəm] *s philos.* Ato-'mismus *m*. '**at·om·ist I** *s* Ato'mist *m*, Anhänger *m* des Ato'mismus. **II** *adj* ato'mistisch. ,**at·om·is·tic** [,ætəʊ'mɪstɪk; -tə'm-] *adj* (*adv* ~**ally**) ato'mistisch.
at·om·i·za·tion [,ætəʊmaɪ'zeɪʃn; *Am.* ,ætəmə'z-] *s tech.* Atomi'sierung *f*, Zerstäubung *f*.
at·om·ize ['ætəʊmaɪz; -təm-] *v/t* **1.** ato-mi'sieren: a) zerstäuben: **to** ~ **a liquid**, b) in A'tome auflösen, c) *weitS. u. fig.* in s-e Bestandteile auflösen, zerstückeln: ~**d society** pluralistische Gesellschaft. **2.** a) mit A'tombomben belegen, b) durch A'tombomben *od.* -waffen vernichten. '**at·om·iz·er** *s tech.* Zerstäuber *m*.
at·om| smash·er *s phys.* Teilchenbeschleuniger *m*. ~ **smash·ing** *s phys.* A'tomzertrümmerung *f*. ~ **split·ting** *s phys.* A'tom(kern)spaltung *f*.
at·o·my¹ ['ætəmɪ] *s obs.* **1.** A'tom *n*. **2.** *fig.* Knirps *m*.
at·o·my² ['ætəmɪ] *s* Gerippe *n*: **to waste away to an** ~ bis zum Gerippe *od.* bis auf die Knochen abmagern.
a·ton·al [eɪ'təʊnl; æ-] *adj mus.* ato'nal. **a'ton·al·ism** [-nəlɪzəm] *s* Atona'lismus *m*, Atonali'tät *f* (*als Prinzip*). ,**a·to'nal·i·ty** [-'nælətɪ] *s* Atonali'tät *f*.
a·tone [ə'təʊn] *v/i* (**for**) büßen (für *Verbrechen etc*), sühnen, wieder'gutmachen (*acc*), Ersatz leisten (für). **a'tone·ment** *s* **1.** Buße *f*, Sühne *f*, Genugtuung *f*, Ersatz *m* (**for** für): **to make** ~ (**for**) → **atone**; **Day of A~** *relig.* Versöhnungstag *m* (*jüdischer Feiertag*). **2.** *relig.* Sühneopfer *n* (Christi). **3.** *Christian Science*: Exemplifikati'on *f* der Einheit des Menschen mit Gott.
a·ton·ic [æ'tɒnɪk; *Am.* eɪ'tɑː-] **I** *adj* **1.** *med.* a) a'tonisch, abgespannt, schlaff, kraftlos, b) schwächend. **2.** *ling.* a) unbetont, b) stimmlos. **II** *s ling.* **3.** unbetonte Silbe, unbetontes Wort. **4.** stimmloser Konso-'nant.
at·o·ny ['ætənɪ] *s* **1.** *med.* Ato'nie *f*, Schwäche *f*. **2.** *ling.* Unbetontheit *f*.
a·top [ə'tɒp; *Am.* ə'tɑːp] **I** *adv u. pred adj* oben('auf), zu'oberst. **II** *prep a.* ~ **of** (oben) auf (*dat*).
a·tox·ic [eɪ'tɒksɪk; *Am.* -'tɑː-] *adj med.* a'toxisch, ungiftig.
at·ra·bil·i·ous [,ætrə'bɪljəs] *adj* **1.** melan'cholisch, schwermütig. **2.** schlechtgelaunt, mürrisch.
a·trem·ble [ə'trembl] *adv u. pred adj* zitternd.
a·tri·a ['ɑːtrɪə; 'eɪ-] *pl von* **atrium**.
a·trip [ə'trɪp] *adv u. pred adj mar.* **1.** gelichtet (*Anker*). **2.** steifgeheißt u. klar zum Trimmen (*Segel*).
a·tri·um ['ɑːtrɪəm; 'eɪ-] *pl* '**a·tri·a** [-ə] *s* Atrium *n*: a) *anat.* Hauptraum *m*, b) *anat.* (*bes.* Herz)Vorhof *m*, Vorkammer *f*.
a·tro·cious [ə'trəʊʃəs] *adj* (*adv* ~**ly**) **1.** ab'scheulich, scheußlich, gräßlich, grauenhaft, entsetzlich, fürchterlich (*alle a. colloq.*). **2.** grausam. **3.** mörderisch. **a'tro·cious·ness** → **atrocity** 1.
a·troc·i·ty [ə'trɒsətɪ; *Am.* ə'trɑː-] *s* **1.** Ab-'scheulichkeit *f*, Scheußlichkeit *f*, Gräßlichkeit *f*. **2.** Greueltat *f*, Greuel *m*. **3.** *colloq.* a) Ungeheuerlichkeit *f* (*grober Verstoß*), b) 'Greuel *m*, (*etwas*) Scheußliches.
at·ro·phied ['ætrəfɪd] *adj* **1.** ausgemergelt, abgezehrt. **2.** *med.* atro'phiert, geschrumpft, verkümmert (*a. fig.*).
at·ro·phy ['ætrəfɪ] **I** *s med.* Atro'phie *f*, Schwund *m*, Rückbildung *f*, Verkümmerung *f* (*a. fig.*). **II** *v/t* aus-, abzehren, absterben *od.* schwinden *od.* verkümmern lassen. **III** *v/i* schwinden, verkümmern (*a. fig.*), absterben.

at·ro·pine ['ætrəpɪn; *bes. Am.* -piːn] *s chem.* Atro'pin *n*.
at·ta·boy ['ætəbɔɪ] *interj bes. Am. colloq.* so ist's recht!, bravo!
at·tach [ə'tætʃ] **I** *v/t* **1.** (to) befestigen, anbringen (an *dat*), anheften, anbinden, ankleben (an *acc*), beifügen (*dat*), verbinden (mit): → **hereto** 1. **2.** *fig.* j-n gewinnen, fesseln, für sich einnehmen: **to ~ o.s. to sich anschließen** (*dat od.* an *acc*); **to be ~ed to s.o.** j-m zugetan sein, an j-m hängen. **3.** (to) zuteilen, angliedern, zur Verfügung stellen (*dat*), *mil. a.* ('ab)kommanˌdieren (zu), unter'stellen (*dat*). **4.** *fig. Bedeutung, Schuld etc* beimessen (**to** *dat*): → **importance** 1. **5.** *magische Kräfte etc* zuschreiben (**to** *dat*). **6.** *fig.* e-n *Sinn etc* verknüpfen *od.* verbinden (**to** mit): **to ~ conditions to** Bedingungen knüpfen an (*acc*); **a curse is ~ed to this treasure** ein Fluch liegt auf diesem Schatz. **7.** *jur.* a) j-n verhaften (*für Zwecke des Zivilprozesses*), b) (gerichtlich) beschlagnahmen, e-e *Forderung*, ein *Konto*, *Gehalt etc* pfänden: **to ~ a claim**. **II** *v/i* **8.** (to) anhaften (*dat*), verknüpft *od.* verbunden sein (mit): **no condition ~es** (to it) keine Bedingung ist damit verknüpft; **no blame ~es to him** ihn trifft keine Schuld. **9.** *jur.* (als Rechtsfolge) eintreten: **liability ~es**; **the risk ~es** das Risiko beginnt.
at·tach·a·ble [ə'tætʃəbl] *adj* **1.** *jur.* a) zu verhaften(d), b) beschlagnahmefähig, pfändbar. **2.** *fig.* (to) a) verknüpfbar (mit), b) zuzuschreiben(d) (*dat*). **3.** anfügbar, an-, aufsteckbar, monˈtierbar.
at·ta·ché [ə'tæʃeɪ; *Am.* ˌætə'ʃeɪ] *s* At·ta'ché *m*. **~ case** [ə'tæʃɪkeɪs; *bes. Am.* -ʃeɪ-] *s* Aktentasche *f od.* -koffer *m*.
at·tached [ə'tætʃt] *adj* **1.** befestigt, fest (-angebracht). **2.** *zo.* unbeweglich, fest. **3.** *biol.* festgewachsen, festsitzend. **4.** anhänglich, zugetan. **5. to be already ~** schon vergeben sein, ‚in festen Händen sein' (*Mädchen etc*).
at·tach·ment [ə'tætʃmənt] *s* **1.** Befestigung *f*, Anbringung *f*. **2.** (*etwas*) An- *od.* Beigefügtes, Anhängsel *n*, Beiwerk *n*. **3.** *tech.* Zusatzgerät *n*: ~**s** Zubehörteile, Ausrüstung *f*; **~ plug** *electr.* Zwischenstecker *m*. **4.** Band *n*, Verbindung *f*: ~**s of a muscle** *anat.* Muskelbänder. **5.** *fig.* (**to**, **for**) a) Treue *f* (zu, gegen), Anhänglichkeit *f* (an *acc*), b) Bindung *f* (an *acc*), (Zu)Neigung *f*, Liebe *f* (zu). **6.** (**to**) a) Angliederung *f* (an *acc*), b) Zugehörigkeit *f* (zu). **7.** *jur.* a) Verhaftung *f* (*e-s Schuldners etc*), b) Beschlagnahme *f*, Pfändung *f*, dinglicher Arˈrest: ~ **of a debt** Forderungspfändung *f*; **warrant** 6, c) Eintritt *m* (*e-r Rechtsfolge*).
at·tack [ə'tæk] **I** *v/t* **1.** angreifen (*a. mil. sport Schach etc*), anfallen, überˈfallen. **2.** *fig.* angreifen, ˈherfallen über (*acc*), attac'kieren, scharf kritiˈsieren. **3.** *fig.* e-e *Arbeit etc* in Angriff nehmen, anpacken, über e-e *Mahlzeit etc* ˈherfallen. **4.** *fig.* a) befallen (*Krankheit*), b) *chem.* angreifen, anfressen: **acid ~s metal**. **5.** *mus.* den *Ton* (*sicher od. genau*) ansetzen, einsetzen mit. **II** *v/i* **6.** angreifen (*a. sport etc*). **7.** *mus.* ein-, ansetzen. **III** *s* **8.** Angriff *m* (*a. mil. sport Schach etc*), ˈÜberfall *m* (**on** auf *acc*): ~ **is the best form of defence** (*Am.* **defense**) Angriff ist die beste Verteidigung; ~ **in waves** *mil.* rollender Angriff; ~ **transport** *mil.* Landungsschiff *n*; ~**ing zone** (*Eishockey*) Angriffsdrittel *n*, -zone *f*. **9.** *fig.* Angriff *m*, Atˈtacke *f*, (scharfe) Kritik: **under ~** ‚unter Beschuß'. **10.** *med.* Atˈtacke *f*, Anfall *m*. **11.** *fig.* Inˈangriffnahme *f* (*e-r Arbeit etc*). **12.** *chem.* Angriff *m*, Einwirkung *f* (**on** auf *acc*): **the ~ of acids**. **13.** *mus.* (sicherer

od. genauer) Ein- *od.* Ansatz, (*Jazz*) Atˈtacke *f*. **at·tack·er** *s* Angreifer(in).
at·tain [ə'teɪn] **I** *v/t* ein *Ziel etc* erreichen, erlangen, gelangen *od.* kommen zu *od.* an (*acc*): **to ~ the opposite shore**; **to ~ an age** ein Alter erreichen; **after ~ing the age of 21 (years)** nach Vollendung des 21. Lebensjahres. **II** *v/i* ~ **to** → **I**: **to ~ to knowledge** Wissen erlangen. **atˈtain·a·ble** *adj* erreichbar, zu erlangen(d).
at·tain·der [ə'teɪndə(r)] *s jur. hist.* Verlust *m* der bürgerlichen Ehrenrechte u. Einziehung *f* des Vermögens (*als Folge e-r Verurteilung wegen Kapitalverbrechen od. Hochverrat*): **bill of ~** parlamentarischer Strafbeschluß (*der ohne vorhergehende Gerichtsverhandlung zum* **attainder** *führte*).
at·tain·ment [ə'teɪnmənt] *s* **1.** Erreichung *f*, Erlangung *f*, Aneignung *f*. **2.** (*das*) Erreichte, Errungenschaft *f*. **3.** *meist pl* Kenntnisse *pl*, Fertigkeiten *pl*, (geistige) Errungenschaften *pl*.
at·taint [ə'teɪnt] *v/t* **1.** *jur. hist.* zum Tode u. zur Ehrlosigkeit verurteilen, dem **attainder** aussetzen. **2.** *obs.* befallen (*Krankheit*). **3.** *fig. obs.* anstecken, vergiften. **4.** *fig. obs.* beflecken, entehren. **II** *s* **5.** *jur. hist.* → **attainder**. **6.** *fig. obs.* Schandfleck *m*, Makel *m*.
at·tar ['ætə(r)] *s* ˈBlumenˌsenz *f*, *bes.* Rosenöl *n*: ~ **of roses**.
at·tem·per [ə'tempə(r)] *v/t obs.* **1.** (*durch Mischung*) schwächen, mildern. **2.** *Luft etc* tempeˈrieren. **3.** *fig.* dämpfen, mildern. **4.** (to) anpassen (*dat*, an *acc*), in Einklang bringen (mit).
at·tempt [ə'tempt; ə'temt] **I** *v/t* **1.** versuchen, proˈbieren (**to do**, **doing** zu tun): ~**ed murder** Mordversuch *m*. **2.** es versuchen mit, sich machen *od.* wagen an (*acc*), in Angriff nehmen: **to ~ a problem**. **3.** zu überˈwältigen suchen, angreifen: **to ~ s.o.'s life** e-n Mordanschlag auf j-n verüben; **ein Attentat auf j-n verüben. II** *s* **4.** Versuch *m* (*a. jur.*) (**to do**, **doing** zu tun): ~ **at explanation** Versuch e-r Erklärung, Erklärungsversuch; **an ~ at a novel** ein Versuch zu e-m Roman. **5.** Unterˈnehmung *f*, Bemühung *f*. **6.** Angriff *m* (*on*, *upon* auf *acc*), Anschlag *m*: **an ~ on s.o.'s life** ein Mordanschlag *od.* Attentat *n* auf j-n.
at·tend [ə'tend] **I** *v/t* **1.** bedienen, pflegen, warten. ~ **to** → **machinery**. **2.** *Kranke* a) pflegen, b) (ärztlich) behandeln. **3.** a) (als Diener *od.* dienstlich) begleiten, b) j-m aufwarten. **4.** *fig.* begleiten: **to be ~ed by** (*od.* **with**) nach sich ziehen, zur Folge haben; **to be ~ed with great difficulties** mit großen Schwierigkeiten verbunden sein. **5.** beiwohnen (*dat*), anwesend sein bei, teilnehmen an (*dat*), *die Kirche*, *Schule*, e-e *Versammlung etc* besuchen, e-e *Vorlesung* hören. **6.** *obs.* → **7**. **II** *v/i* **7.** (to) beachten (*acc*), achten, merken (auf *acc*): ~ **to these directions! 8.** (to) a) sich kümmern (um), sich befassen (mit), sich widmen (*dat*), b) erledigen, besorgen (*acc*): **to ~ to a matter**. **9.** *econ.* bedienen, abfertigen (**to** a customer *e-n* Kunden): **are you being ~ed to?** werden Sie schon bedient? **10.** zuˈgegen *od.* anwesend sein (**at** bei, in *dat*), sich einfinden, erscheinen (**in court** vor Gericht). **11.** (**on**, **upon**) begleiten (*acc*), folgen (*dat*). **12.** (**on**, **upon**) (j-n) bedienen, pflegen, (j-m) aufwarten, zur Verfügung stehen.
at·tend·ance [ə'tendəns] *s* **1.** Dienst *m*, Bereitschaft *f*, Aufsicht *f*: **physician in ~** diensthabender Arzt; **hours of ~** Dienststunden (→ 3); **~ centre** *jur. Br.* Heim *n* für Freizeitarrest (*straffälliger Jugendlicher*); → **dance** 4. **2.** Bedienung *f*, (Auf-)

Wartung *f*, Pflege *f* (**on**, **upon** *gen*), Dienstleistung *f*: → **medical** 1 a. **3.** Anwesenheit *f*, Erscheinen *n*, Besuch *m*: **to be in ~ at** anwesend sein bei; **~ list** (*od.* **record**) Anwesenheitsliste *f*; **~ teacher** *Am.* Schulbeamter, der Fälle von häufigem unentschuldigtem Fehlen untersucht; **hours of ~** Besuchszeit *f* (→ 1). **4.** a) Besucher *pl*, Teilnehmer *pl*, b) Besucherzahl *f*, Besuch *m*, Beteiligung *f*, Erscheinen *n* (at bei). **5.** Begleitung *f*, Gefolge *n*, Dienerschaft *f*.
at·tend·ant [ə'tendənt] **I** *adj* **1.** (**on**, **upon**) a) begleitend (*acc*), b) im Dienst stehend (bei). **2.** *jur.* abhängig (**to** von). **3.** *fig.* (**on**, **upon**) verbunden (mit), folgend (auf *acc*): ~ **circumstances** Begleitumstände; ~ **expenses** Nebenkosten. **4.** anwesend. **5.** *mus.* nächstverwandt (*Tonarten*). **II** *s* **6.** Begleiter(in), Gefährte *m*, Gefährtin *f*, Gesellschafter(in). **7.** Diener(in), Bediente(r *m*) *f*. **8.** *pl* Dienerschaft *f*, Gefolge *n*. **9.** Aufseher(in). **10.** *tech.* Bedienungsmann *m*, Wart *m*. **11.** *fig.* Begleiterscheinung *f*, Folge *f* (**of**, **on**, **upon** *gen*). **~ phe·nom·e·non** *s irr phys.* Begleiterscheinung *f*.
at·ten·tion [ə'tenʃn] *s* **1.** Aufmerksamkeit *f*: **to attract ~** Aufmerksamkeit erregen; **to bring to the ~ of s.o.** j-m zur Kenntnis bringen, j-n (von *e-r Sache*) unterrichten; **to call** (*od.* **draw**) **~ to** die Aufmerksamkeit lenken auf (*acc*), aufmerksam machen auf (*acc*); **catch** 15; **to come to the ~ of s.o.** j-m zur Kenntnis gelangen; **to pay ~ to** j-m *od.* e-r *Sache* Beachtung schenken, s-e Aufmerksamkeit zuwenden (*dat*), achtgeben auf (*acc*); **to pay close ~**, **to be all ~** ganz Ohr sein, ganz bei der Sache sein; (**for the**) ~ **of** zu Händen von (*od.* gen). **2.** Beachtung *f*, Erledigung *f*: **for immediate ~!** zur sofortigen Veranlassung!; **to give a matter prompt ~** e-e Sache rasch erledigen. **3.** a) Aufmerksamkeit *f*, Gefälligkeit *f*, Freundlichkeit *f*, b) *pl* Aufmerksamkeiten *pl*: **to pay one's ~s to s.o.** j-m den Hof machen. **4.** *mil.* Grundhaltung *f*: **to stand to ~** stillstehen; ~**!** Stillgestanden!, Achtung! **5.** *tech.* Wartung *f*, Bedienung *f*.
at·ten·tive [ə'tentɪv] *adj* (*adv* ~**ly**) **1.** achtsam, aufmerksam: **to be ~ to s.th.** auf etwas achten. **2.** *fig.* (**to**) aufmerksam (gegen), höflich (zu). **atˈten·tive·ness** *s* Aufmerksamkeit *f* (*a. weit.S.* Gefälligkeit).
at·ten·u·ate [ə'tenjʊeɪt; *Am.* -jəˌweɪt] **I** *v/t* **1.** dünn *od.* schlank machen. **2.** *bes. chem.* verdünnen. **3.** *fig.* vermindern, (ab)schwächen. **4.** *med.* die Viruˈlenz (*gen*) vermindern. **5.** *electr.* dämpfen, herˈunterregeln, -teilen: **to ~ the voltage** die Spannung herabsetzen. **II** *v/i* **6.** dünner *od.* schwächer werden, sich vermindern. **III** *adj* [-jʊɪt; *Am.* -jəwət] **7.** verdünnt, vermindert, abgeschwächt. **8.** abgemagert. **9.** *bot.* zugespitzt. **10.** *biol.* verjüngt.
at·ten·u·a·tion [əˌtenjʊ'eɪʃn; *Am.* -jə'w-] **I** *s* **1.** Verminderung *f*. **2.** *bes. chem.* Verdünnung *f*. **3.** *med.* Schwächung *f*, Abmagerung *f*. **4.** *electr.* Dämpfung *f*. **5.** *fig.* (Ab)Schwächung *f*. **II** *adj* **6.** *electr.* Dämpfungs...
at·ten·u·a·tor [ə'tenjʊeɪtə(r); *Am.* -jəˌw-] *s electr.* (regelbarer) Abschwächer, Dämpfungsglied *n*, Spannungsteiler *m*.
at·test [ə'test] **I** *v/t* **1.** bezeugen, beglaubigen, bescheinigen, atteˈstieren, amtlich bestätigen *od.* beglaubigen *od.* beurkunden: ~**ed copy** beglaubigte Abschrift; ~**ed will** vom Zeugen unterzeichnetes Testament. **2.** zeugen von, bestätigen, erweisen, zeigen. **3.** vereidigen (*Br. a.*

attestation - auditory

mil.). **4.** *mil.* Rekruten einstellen. **II** *v/i* **5.** zeugen (to für). **6.** *mil.* sich (zum Wehrdienst) melden. **at·tes·ta·tion** [͵æte'steɪʃn] *s* **1.** a) Bezeugung *f* (*der Errichtung e-r Urkunde etc*), b) Beglaubigung *f* (*durch Unterschrift*), c) Bescheinigung *f*, At'test *n*; ~ **clause** Beglaubigungsvermerk *m.* **2.** Zeugnis *n*, Beweis *m.* **3.** Eidesleistung *f*, Vereidigung *f* (*Br. a. mil.*). **at·tes·tor** [-tə(r)] *s* Beglaubiger *m*, Zeuge *m.*
at·tic[1] ['ætɪk] *s arch.* **1.** Attika *f.* **2.** a) *a. pl* Dachgeschoß *n*, b) Dachstube *f*, Man-'sarde *f.*
At·tic[2] ['ætɪk] *adj* attisch: a) a'thenisch, b) *fig.* (rein) klassisch: ~ **base** *arch.* attischer Säulenfuß; ~ **order** *arch.* attische Säulenordnung; ~ **salt** (*od.* **wit**) *fig.* attisches Salz, feiner (beißender) Witz.
At·ti·cism, a· ['ætɪsɪzəm] *s* **1.** Vorliebe *f* für A'then. **2.** Atti'zismus *m*, attischer Stil *m.* Ausdruck. **3.** *fig.* Ele'ganz *f od.* Reinheit *f* der Sprache.
at·tire [ə'taɪə(r)] **I** *v/t* **1.** (be)kleiden, anziehen: ~**d in** angetan in (*dat*) *od.* mit. **2.** schmücken, putzen. **II** *s* **3.** Kleidung *f*, Gewand *n*: **official** ~ Amtstracht *f.* **4.** Putz *m*, Schmuck *m.*
at·ti·tude ['ætɪtjuːd; *Am. a.* -͵tuːd] *s* **1.** (Körper)Haltung *f*, Stellung *f*, Posi'tur *f*: **a threatening** ~ e-e drohende Haltung; **to strike an** ~ → attitudinize 1 a. **2.** Haltung *f*: a) Verhalten *n*: ~ **of mind** Geisteshaltung, b) Standpunkt *m*, Stellung(nahme) *f*, Einstellung *f*, Positi'on *f* (**to, towards** zu, gegen'über). **3.** *a.* ~ **of flight** *aer.* Fluglage *f.*
at·ti·tu·di·nize [͵ætɪ'tjuːdɪnaɪz; *Am. a.* -'tuː-] *v/i* **1.** a) e-e thea'tralische Haltung *od.* e-e Pose annehmen, b) *a. fig.* sich in Posi'tur setzen, po'sieren. **2.** sich affek'tiert benehmen, affektiert reden *od.* schreiben. **͵at·ti·tu·di·niz·er** *s* Po-'seur *m.*
at·torn [ə'tɜːn; *Am.* ə'tɜrn] **I** *v/i* **1.** *hist.* a) e-n neuen Lehnsherrn anerkennen, b) huldigen u. dienen (**to** *dat*). **2.** *jur.* j-n als (den neuen) Eigentümer *od.* Vermieter anerkennen. **II** *v/t* **3.** *hist.* die Lehnspflicht *etc* auf e-n anderen Lehnsherrn über'tragen.
at·tor·ney [ə'tɜːnɪ; *Am.* ə'tɜrnɪ] *s* **1.** *jur. bes. Am.* a) *a.* ~ **at law** (Rechts)Anwalt *m*: ~ **for the defense** *Am.* Anwalt der beklagten Partei, (*im Strafprozeß*) Verteidiger *m*; ~ **district attorney**, b) *a.* ~ **in fact** Bevollmächtigte(r) *m*, gesetzlicher Vertreter. **2.** *jur.* Bevollmächtigung *f*, Vollmacht *f*: **letter** (*od.* **warrant of** ~) schriftliche Vollmacht; **power of** ~ a) Vollmacht *f*, b) Vollmachtsurkunde *f*; **by** ~ in Vertretung, in Vollmacht, im Auftrag; → **full**[1] **11.** ~ **gen·er·al** *pl* ~**s gen·er·al** *od.* ~ **gen·er·als** *s jur.* **1.** *Br.* erster Kronanwalt. **2.** *Am.* Ju'stizmi͵nister *m.*
at·tract [ə'trækt] **I** *v/t* **1.** anziehen. **2.** *fig. Kunden, Touristen etc* anziehen, anlocken, *j-n* fesseln, reizen, gewinnen, für sich einnehmen: **to** ~ **new members** neue Mitglieder gewinnen; **to be** ~**ed to** sich hingezogen fühlen zu. **3.** *fig. j-s Interesse, Blicke etc* auf sich ziehen, *j-s Mißfallen etc a.* erregen: → **attention** 1. **II** *v/i* **4.** Anziehung(skraft) ausüben (*a. fig.*). **5.** *fig.* anziehend wirken *od.* sein.
at·trac·tion [ə'trækʃn] *s* **1.** *fig.* a) Anziehungskraft *f*, Reiz *m*, b) Attrakti'on *f*, (*etwas*) Anziehendes, *thea. etc* Zugnummer *f*, -stück *n.* **2.** *phys.* Attrakti'on *f*, Anziehung(skraft) *f*: ~ **of gravity** Gravitationskraft *f.* **3.** *ling.* Attrakti'on *f.*
at·trac·tive [ə'træktɪv] *adj* (*adv* ~**ly**) **1.** anziehend: ~ **force** (*od.* **power**) *phys.* Anziehungskraft *f.* **2.** *fig.* attrak'tiv: a) anziehend, reizvoll: **to be** ~ **to women** auf Frauen anziehend wirken, b) einnehmend: **an** ~ **appearance**, c) zugkräftig: ~ **offers**. **at·trac·tive·ness** *s* **1.** anziehendes Wesen. **2.** (*das*) Anziehende *od.* Reizende. **3.** → **attraction** 1 a.
at·trib·ut·a·ble [ə'trɪbjʊtəbl] *adj* zuzuschreiben(d) (**to** *dat*).
at·trib·ute I *v/t* [ə'trɪbjuːt; *Am.* -bjət] **1.** (**to** *dat*) zuschreiben, beilegen, -messen, *contp.* 'unterschieben, unter'stellen. **2.** zu'rückführen (**to auf** *acc*). **II** *s* ['ætrɪbjuːt] **3.** Attri'but *n*, Eigenschaft *f*, (*wesentliches*) Merkmal: **mercy is an** ~ **of God**; **statistical** ~ *math.* festes Merkmal. **4.** Attri'but *n*, (Kenn)Zeichen *n*, Sinnbild *n.* **5.** *ling.* Attri'but *n.* **at·tri·bu·tion** [͵ætrɪ'bjuːʃn] *s* **1.** Zuschreibung *f*, Beilegung *f* (**to** *dat*). **2.** beigelegte Eigenschaft. **3.** zuerkanntes Recht, (erteilte) Befugnis.
at·trib·u·tive [ə'trɪbjʊtɪv] **I** *adj* (*adv* ~**ly**) **1.** zuerkennend. **2.** zugeschrieben, beigelegt. **3.** *ling.* attribu'tiv. **II** *s* **4.** *ling.* Attri'but *n.*
at·trit [ə'trɪt] *v/t mil. Am.* Gegner durch Abnutzung schwächen. **at·trit·ed** [ə'traɪtɪd] *adj* abgenutzt, zermürbt.
at·tri·tion [ə'trɪʃn] *s* **1.** a) Ab-, Zerreibung *f*, b) *a. fig.* Aufreibung *f*, Abnutzung *f*, Verschleiß *m.* **2.** *fig.* Zermürbung *f*: ~ **war** → *mil.* Abnutzungs-, Zermürbungskrieg *m.* **3.** *relig.* unvollkommene Reue.
at·tune [ə'tjuːn; *Am. a.* ə'tuːn] *v/t* **1.** *mus.* (ein-, ab)stimmen (**to auf** *acc*). **2.** *fig.* (**to**) ein-, abstimmen (auf *acc*), anpassen (*dat*), in Einklang bringen (mit).
a·typ·i·cal [͵eɪ'tɪpɪkl] *adj* a'typisch (**of** für).
au·baine [əʊ'beɪn] *s a.* **right of** ~ *jur. hist.* Heimfallsrecht *n.*
au·ber·gine ['əʊbə(r)ʒiːn; -dʒiːn] *s bot.* Auber'gine *f.*
au·burn ['ɔːbə(r)n] **I** *adj* **1.** ka'stanienbraun (*Haar*). **2.** *obs.* hellbraun. **II** *s* **3.** Ka'stanienbraun *n* (*Farbe*).
auc·tion ['ɔːkʃn] **I** *s* Aukti'on *f*, (öffentliche) Versteigerung: **to sell by** (*Am.* **at**) ~ versteigern; **to put up for** (*Am.* **at**) ~ zur Versteigerung anbieten; **sale by** (*Am.* **at**) ~, ~ **sale** Versteigerung; ~ **bridge** Auktionsbridge *n*; ~ **law** *jur.* Gantrecht *n*; ~ **mart** (*od.* **room**) Auktionslokal *n*; → **Dutch auction**. **II** *v/t meist* ~ **off** versteigern.
auc·tion·eer [͵ɔːkʃə'nɪə(r)] **I** *s* Auktio'nator *m*, Versteigerer *m*: ~**s** Auktionshaus *n*: ~**'s fees** Auktionsgebühren *f.* **II** *v/t* versteigern.
au·da·cious [ɔː'deɪʃəs] *adj* (*adv* ~**ly**) **1.** kühn, verwegen, waghalsig. **2.** dreist, unverfroren. **au'da·cious·ness** *s* → **audacity**.
au·dac·i·ty [ɔː'dæsətɪ] *s* **1.** Kühnheit *f*, Verwegenheit *f*, Waghalsigkeit *f.* **2.** Dreistigkeit *f*, Unverfrorenheit *f.*
au·di·bil·i·ty [͵ɔːdɪ'bɪlətɪ] *s* Hörbarkeit *f*, Vernehmbarkeit *f.* **'au·di·ble** [-dəbl] *adj* (*adv* **audibly**) hör-, vernehmbar, vernehmlich (**to** für), *tech. a.* a'kustisch. **'au·di·ble·ness** → **audibility**.
au·di·ence ['ɔːdjəns, -dɪ-; *Am.* 'ɑː·d-] *s* **1.** *a. jur.* Anhörung *f*, Gehör *n*: **to give** ~ **to s.o.** j-m Gehör schenken, j-n anhören; **right of** ~ *jur.* rechtliches Gehör. **2.** Audi'enz *f* (**of, with** bei): **to have an** ~ **of the Queen**; **to be received in** ~ in Audienz empfangen werden; ~ **chamber** Audienzzimmer *n*; **A·** ~ **Court** *jur. relig.* Audienzgericht *n.* **3.** Publikum *n*: a) Zuhörer(schaft *f*) *pl*, b) Zuschauer *pl*, c) Besucher *pl*, d) Leser(kreis *m*) *pl.* **4.** Anhänger(schaft *f*) *pl.*
audio- ['ɔːdɪəʊ] *Wortelement mit der Be-deutung* a) Hör..., Ton..., akustisch, b) *electr.* audio..., Hör-, Ton-, Niederfrequenz..., c) Rundfunk-, Fernseh- u. Schallplatten..., *bes.* High-Fidelity-..., Hi-Fi-...

au·di·o͵ am·pli·fi·er *s electr. phys.* 'Tonfre͵quenz-, 'Niederfre͵quenzverstärker *m.* ~ **con·trol en·gi·neer** *s* 'Toningeni͵eur *m*, -meister *m.* ~ **de·tec·tor** *s* NF-Gleichrichter *m.* ~ **fre·quen·cy** *s* 'Audio-, 'Nieder-, 'Ton-, 'Hörfre͵quenz *f.* ~'**lin·gual** *adj ped.* audiolingu'al (*vom gesprochenen Wort ausgehend*).
au·di·ol·o·gy [͵ɔːdɪ'ɒlədʒɪ; *Am.* -'ɑl-] *s med.* Audiolo'gie *f* (*Teilgebiet der Medizin, das sich mit den Funktionen u. den Erkrankungen des Gehörs befaßt*).
au·di·om·e·ter [͵ɔːdɪ'ɒmɪtə(r); *Am.* -'am-] *s electr. med.* Audio'meter *n*, Gehörmesser *m.* **͵au·di'om·e·try** [-trɪ] *s* **1.** *med.* Audiome'trie *f*, Gehörmessung *f*: **puretone** ~ Tonaudiometrie; **speech** ~ Sprechaudiometrie. **2.** *electr.* 'Tonfre͵quenzmessung *f.*
'au·di·o͵mix·er *s TV* (Ton)Mischtafel *f.*
au·di·on ['ɔːdɪən] *s Radio:* Audion *n*: ~ **valve** (*Am.* **tube**) Audionröhre *f.*
au·di·o·phile ['ɔːdɪəʊfaɪl] *s* Hi-Fi-Fan *m.* ~ **range** *s electr.* 'Hör-, 'Tonfre͵quenzbereich *m.* ~ **sig·nal** *s* **1.** *tech.* a'kustisches Si'gnal. **2.** *electr.* 'Ton(fre͵quenz)si͵gnal *n.* ~ **stage** *s* 'Niederfre͵quenzstufe *f*, NF-Stufe *f.* **'~·tape** *s* Tonband *n.* **'~͵typ·ist** *s* Phonoty'pistin *f.* ~**'vis·u·al** *adj* audiovisu'ell: ~ **aids** → **II**; ~ **instruction** audiovisueller Unterricht. **II** *s pl* audiovisu'elle 'Unterrichtsmittel *pl.*
au·di·phone ['ɔːdɪfəʊn] *s med.* Audi'phon *n*, 'Hörappa͵rat *m.*
au·dit ['ɔːdɪt] **I** *s* **1.** *econ.* a) (Buch-, Rechnungs-, Wirtschafts)Prüfung *f*, ('Bücher-, 'Rechnungs)Revisi͵on *f*, b) Schlußrechnung *f*, Bi'lanz *f*: **personal** ~ *psych. Am.* Persönlichkeitstest *m*, -analyse *f* (*für Angestellte*); ~ **office** *Br.* Rechnungsprüfungsamt *n*; ~ **year** Prüfungs-, Revisionsjahr *n.* **2.** *fig.* Rechenschaft(slegung) *f.* **3.** *obs.* Zeugenverhör *n.* **II** *v/t* **4.** *econ.* (amtlich) prüfen, revi'dieren: **to** ~ **the books**. **5.** *univ. Am.* e-n Kurs *etc* als Gasthörer(in) besuchen.
au·dit·ing ['ɔːdɪtɪŋ] *s econ.* → **audit** 1 a: ~ **of accounts** Rechnungsprüfung *f*; **external** ~ außerbetriebliche Revision (*durch betriebsfremde Prüfer*); **internal** ~ betriebsinterne Revision. **~ com·pa·ny** *s econ.* Revisi'onsgesellschaft *f.* **~ de·part·ment** *s econ.* Revisi'onsabtei͵lung *f.*
au·di·tion [ɔː'dɪʃn] **I** *s* **1.** *physiol.* Hörvermögen *n*, Gehör *n.* **2.** Hören *n.* **3.** Zu-, Anhören *n.* **4.** *mus. thea.* a) Vorspiel(en) *n* (*e-s Instrumentalisten*), b) Vorsingen *n*, c) Vorsprechen *n*, d) Anhörprobe *f* (*durch Theaterleitung etc*). **II** *v/t u. v/i* **5.** *mus. thea.* vorspielen *od.* vorsingen *od.* vorsprechen (lassen).
au·di·tive ['ɔːdɪtɪv] → **auditory** 3.
au·di·tor ['ɔːdɪtə(r)] *s* **1.** (Zu)Hörer(in). **2.** *univ. Am.* Gasthörer(in). **3.** *econ.* Wirtschafts-, Rechnungs-, Buchprüfer *m*, ('Bücher)Re͵visor *m.*
au·di·to·ri·um [͵ɔːdɪ'tɔːrɪəm; *Am. a.* -'toʊr-] *pl* **-ums, -ri·a** [-ə] *s* **1.** Audi'torium *n*, Zuhörer *od.* Zuschauerraum *m.* **2.** *Am.* Vortragssaal *m*, Vorführungsraum *m*, *a.* Kon'zerthalle *f*, (*a.* 'Film-) The͵ater *m.*
au·di·tor·ship ['ɔːdɪtə(r)ʃɪp] *s econ.* Rechnungsprüfer-, Re͵visoramt *n.*
au·di·to·ry ['ɔːdɪtərɪ; *Am.* -͵tɔːrɪ; -͵toʊr-] **I** *s* **1.** *obs.* Zuhörer(schaft *f*) *pl.* **2.** *obs.* für **auditorium**. **II** *adj* **3.** *anat.*

Gehör..., Hör...: ~ **nerve** Gehörnerv *m.*
au fait [ˌəʊˈfeɪ] *pred adj* auf dem laufenden: **to put s.o. ~ of** (*od.* **with**) **s.th.** j-n mit etwas vertraut machen.
Au·ge·an [ɔːˈdʒiːən] *adj* **1.** *myth. u. fig.* Augias...: **to clean** (*od.* **cleanse**) **the ~ stables** den Augiasstall reinigen. **2.** *fig.* a) ˈüberaus schmutzig, b) äußerst schwierig: **an ~ task**.
au·gend [ˈɔːdʒend; ɔːˈdʒend] *s math.* Auˈgend *m,* erster Sumˈmand.
au·ger [ˈɔːgə(r)] *s tech.* **1.** großer Bohrer, Vor-, Schneckenbohrer *m.* **2.** Erdbohrer *m.* **3.** Löffelbohrer *m.* **4.** Förderschnecke *f*: **~ conveyor** Schneckenförderer *m.* **~ bit** *s tech.* **1.** Bohreisen *n.* **2.** Löffel-, Hohlbohrer *m.*
Au·ger ef·fect [ˈəʊʒeɪ; əʊˈʒeɪ] *s phys.* Auˈger-Efˌfekt *m.*
aught [ɔːt; *Am. a.* ɑːt] *obs. od. poet.* **I** *pron* (irgend) etwas: **for ~ I care** meinetwegen; **for ~ I know** soviel ich weiß. **II** *adv* irgendwie.
au·gite [ˈɔːgaɪt; *Am. bes.* ˈɔːdʒaɪt] *s min.* Auˈgit *m.*
aug·ment [ɔːgˈment] **I** *v/t* **1.** vermehren, -größern, steigern. **2.** *mus.* ein Thema vergrößern. **II** *v/i* **3.** sich vermehren, zunehmen, (an)wachsen. **III** *s* [ˈɔːgmənt; *Am.* -ˌment] **4.** *ling.* Augˈment *n.*
aug·men·ta·tion [ɔːgmenˈteɪʃn; -mən-] *s* **1.** Vergrößerung *f,* -mehrung *f,* Wachstum *n,* Zunahme *f*: **~ factor** *phys.* Wachstumsfaktor *m.* **2.** Zuwachs *m.* **3.** *her.* besonderes hinˈzugefügtes Ehrenzeichen. **4.** *mus.* Augmentatiˈon *f,* Vergrößerung *f* (*e-s Themas*).
aug·men·ta·tive [ɔːgˈmentətɪv] **I** *adj* vermehrend, -stärkend, Verstärkungs... **II** *s ling.* Verstärkungsform *f.*
au gra·tin [ˌəʊˈgrætæ̃; *Am.* -ˈgrætn] *adj gastr.* au graˈtin, überˈbacken.
au·gur [ˈɔːgə(r)] **I** *s* **1.** *antiq.* Augur *m.* **2.** Wahrsager *m,* Proˈphet *m.* **II** *v/t* **3.** vorˈaus-, weissagen, ahnen lassen, verheißen, propheˈzeien. **III** *v/i* **4. to ~ ill** (**well**) a) ein schlechtes (gutes) Zeichen *od.* Omen sein (**for** für), b) Böses (Gutes) erwarten (**of** von; **for** für). ˈ**au·gu·ral** [-gjʊrəl; *Am. a.* -gə-] *adj* **1.** Auguren... **2.** vorbedeutend. **au·gu·ry** [ˈɔːgjʊrɪ; *Am. a.* -gə-] *s* **1.** Wahrsagen *n.* **2.** Weissagung *f,* Propheˈzeiung *f.* **3.** Vorbedeutung *f,* Vor-, Anzeichen *n,* Omen *n.* **4.** Vorahnung *f* (**of** von).
au·gust[1] [ɔːˈgʌst] *adj* (*adv* ~**ly**) erhaben, hehr, herrlich, erlaucht, hoheitsvoll.
Au·gust[2] [ˈɔːgəst] *s* Auˈgust *m*: **in ~** im August.
Au·gus·tan [ɔːˈgʌstən] **I** *adj* **1.** den Kaiser Auˈgustus betreffend, auguˈsteisch. **2.** *relig.* Auguˈstanisch, Augsburgisch (*Konfession*). **3.** klassisch. **II** *s* **4.** Schriftsteller *m* des Auguˈsteischen Zeitalters. **~age** *s* **1.** Auguˈsteisches Zeitalter. **2.** klassisches Zeitalter, Blütezeit *f* (*e-r nationalen Literatur; in England* Zeitalter der Königin Anna).
Au·gus·tine [ɔːˈgʌstɪn] **I** *npr* Auguˈstin(us) *m.* **II** *s a.* **~ friar** (*od.* **monk**) Auguˈstiner(mönch) *m.* **III** *adj* auguˈstinisch.
Au·gus·tin·i·an [ˌɔːgəˈstɪnɪən] *relig.* **I** *s* **1.** Anhänger *m* des Augustiˈnismus. **2.** Auguˈstiner(mönch) *m.* **II** *adj* **3.** auguˈstinisch.
au·gust·ness [ɔːˈgʌstnɪs] *s* Erhabenheit *f,* Hoheit *f.*
auk [ɔːk] *s orn.* Alk *m.*
auld [ɔːld] *adj Scot.* alt. **~ lang syne** [ˌlæŋˈsaɪn] *s Scot.* die gute alte Zeit.
au·lic [ˈɔːlɪk] *adj* höfisch, Hof...
aunt [ɑːnt; *Am.* ænt] *s* Tante *f* (*a. fig.*): **my ~!** *colloq.* a) du liebe Zeit!, b) ˌvon wegen!' ˈ**aunt·ie** [-tɪ] *s* Tantchen *n.*

Aunt Sal·ly [ˈsælɪ] *s* **1.** Spiel auf Jahrmärkten, bei dem e-e Frauengestalt mit Bällen *od.* Stöcken umgeworfen werden muß. **2.** *a.* **~** *Br. colloq.* gute Zielscheibe.
aunt·y [ˈɑːntɪ; *Am.* ˈæntɪː] → **auntie**.
au pair [ˌəʊˈpeə] *Br.* **I** *s a.* **~ girl** Auˈpair-Mädchen *n.* **II** *adv* als Au-ˈpair-Mädchen: **to work ~**. **III** *v/i* als Au-ˈpair-Mädchen arbeiten.
au·ra [ˈɔːrə] *pl* **-rae** [-riː], **-ras** *s* **1.** Hauch *m,* Duft *m.* **2.** Aˈroma *n.* **3.** *med.* Aura *f,* Vorgefühl *n* vor (epiˈleptischen *etc*) Anfällen. **4.** *fig.* Aura *f*: a) Fluidum *n,* Ausstrahlung *f,* b) Atmoˈsphäre *f,* c) Nimbus *m.* **5.** *Parapsychologie*: Aura *f.*
au·ral [ˈɔːrəl] *adj* **1.** Ohr..., Ohren..., Gehör...: **~ surgeon** *med.* Ohrenarzt *m.* **2.** *phys. tech.* aˈkustisch, Hör..., Ton...: **~ carrier** *TV* Tonträger *m.*
au·rate [ˈɔːreɪt; *Am. bes.* -rət] *s chem.* ˈGoldoˌxydsalz *n*: **~ of ammonia** Knallgold *n.*
au·re·ate [ˈɔːrɪɪt; -ɪeɪt] *adj* golden.
au·re·li·a [ɔːˈriːljə; -lɪə] *s zo.* **1.** *obs.* Puppe *f* (*bes. e-s Schmetterlings*). **2.** Ohrenqualle *f.*
au·re·o·la [ɔːˈrɪəʊlə] → **aureole**.
au·re·ole [ˈɔːrɪəʊl] *s* Aureˈole *f*: a) Strahlenkrone *f,* Heiligen-, Glorienschein *m,* b) *fig.* Nimbus *m,* Ruhmeskranz *m,* c) *astr.* Hof *m* (*um Sonne u. Mond*).
au·ric [ˈɔːrɪk] *adj* **1.** Gold... **2.** *chem.* aus Gold gewonnen.
au·ri·cle [ˈɔːrɪkl] *s* **1.** *anat.* äußeres Ohr, Ohrmuschel *f.* **2.** *a.* **~ of the heart** *anat.* Herzvorhof *m,* Herzohr *n.* **3.** *bot.* Öhrchen *n* (*am Blattgrund*).
au·ric·u·la [əˈrɪkjʊlə; *bes. Am.* ɔː-] *pl* **-lae** [-liː], **-las** *s* **1.** *bot.* Auˈrikel *f.* **2.** → **auricle** 2, 3.
au·ric·u·lar [ɔːˈrɪkjʊlə(r)] *adj* **1.** das Ohr betreffend, Ohren..., Hör...: **~ canal** *anat.* Ohrkanal *m;* **~ nerves** *anat.* Ohrennerven; **~ tube** *anat.* äußerer Gehörgang. **2.** ins Ohr geflüstert, Ohren...: **~ confession** Ohrenbeichte *f;* **~ tradition** mündliche Überlieferung; **~ witness** Ohrenzeuge *m.* **3.** *anat.* a) zu den Herzohren gehörig, b) aurikuˈlär, ohrförmig.
au·ric·u·late [ɔːˈrɪkjʊlət], **auˈric·u·lat·ed** [-leɪtɪd] *adj* **1.** *zo.* geohrt. **2.** ohrförmig.
au·rif·er·ous [ɔːˈrɪfərəs] *adj* goldhaltig.
au·ri·form [ˈɔːrɪfə(r)m] *adj* ohrförmig.
Au·ri·ga [ɔːˈraɪgə] *gen* **-gae** [-dʒiː] *s astr.* Auˈriga *m,* Fuhrmann *m.*
au·ri·scalp [ˈɔːrɪskælp] *s* **1.** Ohrlöffel *m.* **2.** *med.* Ohrsonde *f.*
au·ri·scope [ˈɔːrɪskəʊp] *s med.* Auriˈskop *n,* Ohrenspiegel *m.*
au·rist [ˈɔːrɪst] *s med.* Ohrenarzt *m.*
au·rochs [ˈɔːrɒks; *Am.* -ˌɑks; ˈaʊər-] *pl* **-rochs** *s zo.* Auerochs *m,* Ur *m.*
au·ro·ra [ɔːˈrɔːrə; *Am. a.* əˈrɔːrə] *pl* **-ras**, *selten* **-rae** [-riː] *s* **1.** *poet.* Auˈrora *f,* Morgen(röte *f*) *m.* **2.** **A~** Auˈrora *f* (*Göttin der Morgenröte*). **3.** → **aurora borealis**. **~ aus·tra·lis** [ɒˈstreɪlɪs; *Am.* ɔː-; ɑː-] *s phys.* Poˈlar-, Südlicht *n.* **~ bo·re·al·is** [ˌbɔːrɪˈeɪlɪs; *Am. a.* -ˈælɪs] *s phys.* Nordlicht *n.*
au·ro·ral [ɔːˈrɔːrəl; *Am. a.* əˈrəʊ-] *adj* **1.** a) die Morgenröte betreffend, b) rosig (glänzend). **2.** Nordlicht...
au·rous [ˈɔːrəs] *adj* **1.** goldhaltig. **2.** *chem.* Gold..., Goldoxydul...
au·rum [ˈɔːrəm] *s chem.* Gold *n.*
aus·cul·tate [ˈɔːskəlteɪt] *v/t med.* auskulˈtieren, abhorchen. ˌ**aus·culˈta·tion** *s med.* Auskultatiˈon *f,* Abhorchen *n.* ˈ**aus·cul·ta·tive** *adj med.* auskultaˈtiv, Hör... ˈ**aus·cul·ta·tor** [-tə(r)] *s med.* **1.** auskulˈtierender Arzt. **2.** Stethoˈskop *n.*
aus·pi·cate [ˈɔːspɪkeɪt] *v/t* unter günstigen Vorzeichen beginnen *od.* einführen, inauguˈrieren.
aus·pice [ˈɔːspɪs] *s* **1.** *antiq.* Auˈspizium *n.* **2.** *pl fig.* (günstiges) An- *od.* Vorzeichen, Auˈspizien *pl.* **3.** *pl fig.* Auˈspizien *pl,* Schirmherrschaft *f*: **under the ~s of s.o.**
aus·pi·cious [ɔːˈspɪʃəs] *adj* (*adv* ~**ly**) günstig: a) vielversprechend, b) glücklich: **to be ~** unter e-m günstigen Stern stehen. **ausˈpi·cious·ness** *s* günstige *od.* verheißungsvolle Aussicht, Glück *n.*
Aus·sie [ˈɒzɪ; ˈɒsɪ; *Am.* ˈɔːsiː; ˈɑːsiː] *colloq.* **I** *s* Auˈstralier(in). **II** *adj* auˈstralisch.
Aus·ter [ˈɔːstə(r)] *s poet.* Südwind *m.*
aus·tere [ɒˈstɪə(r); *Am.* ɔː-] *adj* (*adv* ~**ly**) **1.** streng, ernst: **an ~ person**. **2.** a) asˈketisch, enthaltsam, b) dürftig, karg. **3.** herb, rauh, hart, streng. **4.** streng, nüchtern, schmucklos: **an ~ room**; **an ~ style**. **aus·ter·i·ty** [ɒˈsterətɪ; *Am.* ɔː-] *s* **1.** Ernst *m,* Strenge *f.* **2.** a) Asˈkese *f,* Enthaltsamkeit *f,* b) Dürftigkeit *f,* Kargheit *f.* **3.** Herbheit *f,* Rauheit *f.* **4.** Strenge *f,* Nüchternheit *f,* Schmucklosigkeit *f.* **5.** *econ. pol.* wirtschaftliche Einschränkung, Sparmaßnahmen *pl* in Notzeiten: **~ budget** Sparbudget *n;* **~ program(me)** Sparprogramm *n.*
Aus·tin [ˈɒstɪn; *Am.* ˈɔː-; ˈɑː-] → **Augustine**.
aus·tral [ˈɔːstrəl; *Am. a.* ˈɑː-] *adj* südlich, Süd...: **~ wind**.
Aus·tral·a·sian [ˌɒstrəˈleɪʒn; *Am.* ˌɔː-] **I** *adj* auˈstralˌasisch. **II** *s* Auˈstralˌasier(in).
Aus·tral·ian [ɒˈstreɪljən; *Am.* ɔː-; ɑː-] **I** *adj* **1.** auˈstralisch. **II** *s* **2.** Auˈstralier(in). **3.** auˈstralisches Englisch. **~ bal·lot** *s pol. Am.* nach australischem Muster eingeführter Stimmzettel, auf dem alle Kandidaten verzeichnet stehen u. der völlig geheime Wahl sichert.
Aus·tri·an [ˈɒstrɪən; *Am.* ˈɔː-; ˈɑː-] **I** *adj* österreichisch. **II** *s* Österreicher(in).
Austro- [ɒstrəʊ; *Am.* ɔː-; ɑː-] *Wortelement mit der Bedeutung* österreichisch, Austro...: **~-Hungarian Monarchy** Österreichisch-Ungarische Monarchie.
Aus·tro·ne·sian [ˌɒstrəʊˈniːzjən; *Am.* ˌɔː-; ˌɑː-] *adj ling.* austroˈnesisch.
au·ta·coid [ˈɔːtəkɔɪd] *s physiol.* Autakoˈid *n,* Inˈkret *n,* bes. Horˈmon *n.*
au·tar·chic [ɔːˈtɑː(r)kɪk], **auˈtar·chi·cal** [-kl] *adj* **1.** selbstreˌgierend, souveˈrän, Selbstregierungs... **2.** → **autarkic**. ˈ**au·tarch·y** *s* **1.** ˈSelbstreˌgierung *f,* volle Souveräniˈtät. **2.** → **autarky**.
au·tar·kic [ɔːˈtɑː(r)kɪk], **auˈtar·ki·cal** [-kl] *adj econ.* auˈtark, wirtschaftlich unabhängig. ˈ**au·tar·kist** *s econ.* Anhänger(in) der Autarˈkie. ˈ**au·tar·ky** *s econ.* Autarˈkie *f,* wirtschaftliche Unabhängigkeit, auˈtarkes ˈWirtschaftssyˌstem.
au·teur [əʊˈtɜː; *Am.* əʊˈtɜːr] *s* ˈFilmregisˌseur *m* mit e-m ausgeprägten Stil.
au·then·tic [ɔːˈθentɪk; *Am. a.* ə-] *adj* (*adv* ~**ally**) **1.** auˈthentisch: a) echt, unverfälscht, verbürgt, b) glaubwürdig, zuverlässig, c) origiˈnal, urschriftlich: **~ text** maßgebender Text, authentische Fassung. **2.** *jur.* gültig, rechtskräftig, urkundlich beglaubigt *od.* belegt. **3.** rechtlich. **4.** *mus.* auˈthentisch.
au·then·ti·cate [ɔːˈθentɪkeɪt; *Am. a.* ə-] *v/t* **1.** beglaubigen, rechtskräftig *od.* -gültig machen, legaliˈsieren. **2.** die Echtheit (*gen*) bescheinigen. **auˌthen·tiˈca·tion** *s* **1.** Beglaubigung *f,* Legaliˈsierung *f.* **2.** Bescheinigung *f* der Echtheit.
au·then·tic·i·ty [ˌɔːθenˈtɪsətɪ] *s* **1.** Authentiziˈtät *f*: a) Echtheit *f,* b) Glaubwürdigkeit *f.* **2.** *jur.* Gültigkeit *f,* Rechtskräftigkeit *f.*
au·thor [ˈɔːθə(r)] **I** *s* **1.** Urheber(in) (*a.*

authoress – automatize

contp.), Schöpfer(in), Begründer(in). **2.** Ursache *f.* **3.** Autor *m*, Au'torin *f*, Verfasser(in), *a. allg.* Schriftsteller(in): ~'s **correction** Autor(en)korrektur *f*; ~'s **edition** im Selbstverlag herausgegebenes Buch; ~'s **rights** Verfasser-, Urheberrechte. **4.** *pl* (*als sg konstruiert*) *Am.* ein Kartenspiel. **II** *v/t* **5.** schreiben, verfassen. **6.** schaffen, kre'ieren. **'au·thor·ess** *s* Au'torin *f*, Verfasserin *f*, *a. allg.* Schriftstellerin *f*.
au·thor·i·tar·i·an [ɔːˌθɒrɪˈteərɪən; *Am.* ɔːˌθɑrə-] *adj* autori'tär. **auˌthor·i'tar·i·an·ism** *s pol.* Autorita'rismus *m*.
au·thor·i·ta·tive [ɔːˈθɒrɪtətɪv; *Am.* əˈθɔrəˌteɪtɪv] *adj* (*adv* ~ly) **1.** gebieterisch, herrisch. **2.** autorita'tiv, maßgebend, -geblich. **3.** amtlich.
au·thor·i·ty [ɔːˈθɒrətɪ; *Am.* əˈθɑr-] *s* **1.** Autori'tät *f*, (Amts)Gewalt *f*: **on one's own** ~ aus eigener Machtbefugnis; **to be in** ~ die Gewalt in Händen haben; **misuse of** ~ Mißbrauch *m* der Amtsgewalt. **2.** Autori'tät *f*, Ansehen *n* (**with** bei), Einfluß *m* (**over** auf *acc*). **3.** Nachdruck *m*, Gewicht *n*: **to add** ~ **to the story. 4.** Vollmacht *f*, Ermächtigung *f*, Befugnis *f*: **by** ~ mit amtlicher Genehmigung, **on the** ~ **of** im Auftrage *od.* mit Genehmigung (*gen*) (→ 6); **to have full** ~ **to act** volle Handlungsvollmacht besitzen; ~ **to sign** Unterschriftsvollmacht, Zeichnungsberechtigung *f*. **5.** *meist pl* a) Re'gierung *f*, Obrigkeit *f*, b) (Verwaltungs-)Behörde *f*: **the local authorities** die Ortsbehörden; **competent** ~ zuständige Behörde *od.* Dienststelle. **6.** Autori'tät *f*, Zeugnis *n* (*e-r Persönlichkeit*, *e-s Schriftstellers etc*), Gewährsmann *m*, Quelle *f*, Beleg *m*, Grundlage *f* (**for** für): **on good (the best)** ~ aus glaubwürdiger (bester) Quelle; **on the** ~ **of** a) nach Maßgabe *od.* auf Grund (*gen*), b) mit ... als Gewährsmann (→ 4). **7.** Autori'tät *f*, Kapazi'tät *f*, Sachverständige(r) *m*, (Fach)Größe *f*: **to be an** ~ **on a subject** e-e Autorität auf e-m Gebiet sein. **8.** *jur.* a) Vorgang *m*, Präze'denzfall *m*, b) bindende Kraft (*e-r gerichtlichen Vorentscheidung*). **9.** Glaubwürdigkeit *f*: **of unquestioned** ~ unbedingt glaubwürdig.
au·thor·iz·a·ble [ˈɔːθəraɪzəbl] *adj* **1.** autori'sierbar. **2.** gutzuheißen(d).
au·thor·i·za·tion [ˌɔːθəraɪˈzeɪʃn; *Am.* -rə'z-] *s* **1.** Autorisati'on *f*, Ermächtigung *f*, Bevollmächtigung *f*, Befugnis *f*. **2.** Genehmigung *f*. **'au·thor·i·ze** [-raɪz] *v/t* **1.** autori'sieren, ermächtigen, bevollmächtigen, berechtigen, beauftragen. **2.** gutheißen, billigen, genehmigen. **'author·ized** [-raɪzd] *adj* **1.** autori'siert, bevollmächtigt, befugt, verfügungsberechtigt, beauftragt: ~ **agent** *econ.* (Handlungs)Bevollmächtigte(r) *m*, (bevollmächtigter) Vertreter; ~ **capital** *econ.* autorisiertes (*zur Ausgabe genehmigtes*) Kapital; **A~ Version** englische Bibelversion von 1611; ~ **person** Befugte(r *m*) *f*; ~ **to sign** unterschriftsbevollmächtigt, zeichnungsberechtigt. **2.** *jur.* rechtsverbindlich.
'au·thor·less *adj* ohne Verfasser, ano'nym.
'au·thor·ship *s* **1.** Urheberschaft *f*. **2.** Autor-, Verfasserschaft *f*: **of unknown** ~ e-s unbekannten Verfassers. **3.** Schriftstellerberuf *m*.
au·tism [ˈɔːtɪzəm] *s psych.* Au'tismus *m*.
au·to [ˈɔːtəʊ; ˈɑːtəʊ] *Am. colloq.* **I** *pl* **-tos** *s* Auto *n*. **II** *v/i* (im Auto) fahren.
auto- [ɔːtəʊ; ɔːtə] Wortelement mit den Bedeutungen a) Eigen..., Selbst..., b) automatisch.
ˌau·to·ag'gres·sive *adj*: ~ **disease** *med.* Autoaggressionskrankheit *f*.
ˌau·to'an·ti·ˌbod·y *s biol. chem.* Autoantikörper *m*.
au·to·bahn [ˈɔːtəʊbɑːn; -təb-; ˈaʊt-] *pl* **-bahns, -ˌbah·nen** [-nən] *s* Autobahn *f*.
ˌau·to·bi'og·ra·pher *s* Autobio'graph (-in) *f*. **ˈau·toˌbi·o'graph·ic** *adj*; **ˌau·toˌbi·o'graph·i·cal** *adj* (*adv* ~ly) autobio'graphisch. **ˌau·to·bi'og·ra·phy** *s* Autobiogra'phie *f*, 'Selbstbiogra,phie *f*.
'au·toˌbus *s Am.* Autobus *m*.
au·to·cade [ˈɔːtəʊˌkeɪd] *Am. für* **motorcade**.
au·to·ca'tal·y·sis *s chem.* Autokata'lyse *f*.
'au·toˌchang·er *s* Plattenwechsler *m*.
'au·to·chrome *s phot.* Auto'chromplatte *f*.
au·toch·tho·nous [ɔːˈtɒkθənəs; *Am.* -ˈtɑk-] *adj* auto'chthon: a) alteingesessen, bodenständig (*Völker, Stämme*), b) *biol. geol.* am Fundort entstanden *od.* vorkommend.
au·to·cide¹ [ˈɔːtəʊsaɪd] *s* Selbstzerstörung *f*.
au·to·cide² [ˈɔːtəʊsaɪd] *s* Selbstmord *m* durch e-n absichtlich her'beigeführten Autounfall.
ˌau·to'clas·tic *adj geol.* auto'klastisch.
au·to·clave [ˈɔːtəʊkleɪv] **I** *s* **1.** Auto'klav *m*: a) Druckapparat in der chemischen Technik, b) Apparat zum Sterilisieren von Lebensmitteln etc, c) Rührapparat bei der Härtung von Speiseölen. **2.** Schnell-, Dampfkochtopf *m*. **II** *v/t* **3.** autokla'vieren, mit dem Auto'klav erhitzen.
au·to court *Am. colloq. für* **motel**.
au·toc·ra·cy [ɔːˈtɒkrəsɪ; *Am.* -ˈtɑ-] *s pol.* Autokra'tie *f*. **au·to·crat** [ˈɔːtəʊkræt] *s* Auto'krat *m*: a) *pol.* dikta'torischer Al'leinherrscher, b) selbstherrlicher Mensch. **ˌau·to'crat·ic** *adj*; **ˌau·to'crat·i·cal** *adj* (*adv* ~ly) auto'kratisch: a) *pol.* 'unumˌschränkt, b) selbstherrlich.
'au·to·cross *s sport* Auto-Cross *n*.
'au·to·cue *s TV Br.* „Neger" *m* (*Texttafel als Gedächtnisstütze*).
au·to·da·fé [ˌɔːtəʊdɑːˈfeɪ; *Am.* ˌaʊtədəˈfeɪ] *pl* **ˌau·tos·da'fé** *s hist.* Autoda'fé *n*, Ketzergericht *n od.* -verbrennung *f*.
au·to·di·dact [ˈɔːtəʊdɪˌdækt; *Am.* ˈɔːtəʊˌdaɪˌdækt] *s* Autodi'dakt(in). **ˌau·to·di'dac·tic** *adj* autodi'daktisch.
au·to·drome [ˈɔːtədrəʊm; *Am. a.* ˈɑː-] *s* Motorsport: Moto-, Auto'drom *n*.
au·to·dyne [ˈɔːtəʊdaɪn] *s Radio:* Auto'dyn *n*, 'Selbstüberˌlagerer *m*: ~ **receiver** Überlagerungsempfänger *m*; ~ **reception** Autodynempfang *m*.
ˌau·to·e'rot·ic *adj* (*adv* ~ally) *psych.* autoe'rotisch. **ˌau·to·e'rot·i·cism,** *bes. Am.* **ˌau·to'er·o·tism** *s* Autoe'rotik *f*, Autoero'tismus *m*.
au·tog·a·mous [ɔːˈtɒgəməs; *Am.* -ˈtɑ-] *adj bot.* auto'gam, selbstbefruchtend.
au'tog·a·my *s bot.* Autoga'mie *f*, Selbstbefruchtung *f*.
ˌau·to'gen·e·sis *s* Selbstentstehung *f*. **ˌau·to'gen·ic** *adj med.* auto'gen: ~ **training**. **au·tog·e·nous** [ɔːˈtɒdʒɪnəs; *Am.* -ˈtɑ-] *adj* **1.** (von) selbst entstanden. **2.** *med.* auto'gen, im Orga'nismus selbst erzeugt: ~ **vaccine** Autovakzin *n*. **3.** *tech.* auto'gen: ~ **welding** Autogenschweißen *n*.
au·to·ges·tion [ˌɔːtəʊˈdʒestʃn] *s econ.* Betriebsselbstverwaltung *f*.
ˌau·to'gi·ro *pl* **-ros** *s aer.* Auto'giro *n*, Hub-, Tragschrauber *m*.
au·to·graph [ˈɔːtəgrɑːf; *bes. Am.* -græf] **I** *s* **1.** Auto'gramm *n*, eigenhändige 'Unterschrift *f*. **2.** eigene Handschrift. **3.** Auto'graph *n*, Urschrift *f*. **4.** *print. hist.* auto'graphischer Abdruck. **II** *adj* **5.** auto'graphisch, eigenhändig geschrieben *od.* unter'schrieben: ~ **letter** Handschreiben *n*. **6.** Autogramm...: ~ **album** (collector, hunter, etc). **III** *v/t* **7.** eigenhändig (unter)'schreiben. **8.** sein Auto'gramm schreiben in (*acc*) *od.* auf (*acc*), Buch etc si'gnieren. **9.** *print. hist.* autogra'phieren. **ˌau·to'graph·ic** [-'græfɪk] *adj*; **ˌau·to'graph·i·cal** *adj* (*adv* ~ly) **1.** → **autograph 5. 2.** *electr. tech.* a) 'selbstregiˌstrierend, b) von e-m Regi'strierinstruˌment aufgezeichnet. **'au·toˌgraph·ing** *adj*: ~ **session** Autogrammstunde *f*: **to hold an** ~ **session** e-e Autogrammstunde geben.
au·tog·ra·phy [ɔːˈtɒɡrəfɪ; *Am.* -ˈtɑ-] *s* **1.** Handschriftenkunde *f*. **2.** → **autograph** 2 *u.* 3. **3.** *print. hist.* Autogra'phie *f*.
au·to grave·yard *s Am. colloq.* Autofriedhof *m*.
ˌau·to'gy·ro → **autogiro**.
'au·to·harp *s mus.* Klavia'turzither *f*.
ˌau·to·hyp'no·sis *s med.* Autohyp'nose *f*, 'Selbsthypˌnose *f*.
ˌau·to·ig'ni·tion *s tech.* Selbstzündung *f*.
ˌau·to·im'mune *adj*: ~ **disease** *med.* Autoimmunkrankheit *f*.
ˌau·to·inˌtox·i'ca·tion *s med.* Autointoxikati'on *f*, Selbstvergiftung *f*.
au·to·ist [ˈɔːtəwəst; ˈɑː-] *s Am. colloq.* Autofahrer(in).
'au·toˌload·ing *adj* Selbstlade..., selbstladend (*Pistole etc*).
au·tol·y·sis [ɔːˈtɒlɪsɪs; *Am.* -ˈtɑ-] *s biol.* Auto'lyse *f* (*Abbau von Organeiweiß ohne Bakterienhilfe*).
'au·toˌmak·er *s Am. colloq.* Automo'bilˌhersteller *m*.
au·to·mat [ˈɔːtəʊmæt] *s* **1.** *bes. Am.* Auto'matenrestauˌrant *n*. **2.** (Ver'kaufs)Autoˌmat *m*. **3.** *tech.* → **automatic 2**.
au·tom·a·ta [ɔːˈtɒmətə; *Am.* -ˈtɑ-] *pl von* **automaton**.
au·to·mate [ˈɔːtəmeɪt] *v/t* automati'sieren: ~**d** vollautomatisiert.
au·to·mat·ic [ˌɔːtəˈmætɪk] **I** *adj* (*adv* ~ally) **1.** *allg.* auto'matisch: a) *a. tech.* selbsttätig, Selbst..., b) zwangsläufig: ~ **change**, c) *mil.* Repetier..., Selbstlade...: ~ **pistol** → 3 a; ~ **rifle** → 3 b, d) unwillkürlich, me'chanisch: **an** ~ **gesture**. **II** *s* **2.** *tech.* Auto'mat *m*, auto'matische Ma'schine. **3.** a) 'Selbstladepiˌstole *f*, b) Selbstladegewehr *n*. **4.** *mot.* Auto *n* mit Auto'matik(getriebe). **ˌau·to'mat·i·cal** *adj* (*adv* ~ly) → **automatic I**.
au·to·mat·ic choke *s mot.* 'Startautoˌmatik *f*. ~ **cirˈcuit break·er** *s electr.* Selbstausschalter *m*. ~ **gun** *s mil.* auto'matisches Geschütz, Schnellfeuergeschütz *n*. ~ **lathe** *s tech.* 'Drehautoˌmat *m*. ~ **ma·chine** *s tech.* Auto'mat *m*, auto'matische Ma'schine. ~ **pen·cil** *s* Druck(blei)stift *m*. ~ **pi·lot** *s* → **autopilot**. ~ **start·er** *s electr.* Selbstanlasser *m*. ~ **tel·e·phone** *s electr.* 'Selbstˌwähltele,fon *n*. ~ **trans·mis·sion** *s tech.* auto'matisches Getriebe. ~ **vol·ume con·trol** *s electr.* (selbsttätiger) Schwundausgleich. ~ **writ·ing** *s Parapsychologie:* auto'matisches Schreiben.
au·to·ma·tion [ˌɔːtəˈmeɪʃn] *s* **1.** Automati'on *f*. **2.** Automati'sierung *f*.
au·tom·a·tism [ɔːˈtɒmətɪzəm; *Am.* -ˈtɑ-] *s* **1.** Unwillkürlichkeit *f*, Auto'matik *f*. **2.** auto'matische *od.* unwillkürliche Tätigkeit *od.* Handlung *od.* Reakti'on. **3.** *med. psych.* Automa'tismus *m*. **4.** *philos.* Lehre von der rein mechanischkörperlichen Bestimmtheit der Handlungen von Menschen *u.* Tieren.
au·tom·a·tize [ɔːˈtɒmətaɪz; *Am.* -ˈtɑ-] *v/t* automati'sieren.

au·tom·a·ton [ɔːˈtɒmətən; *Am.* -ˈtɑ-] *pl* **-ta** [-tə], **-tons** *s* Autoˈmat *m*, Roboter *m* (*a. fig.*).
au·to·mo·bile [ˈɔːtəməʊbiːl; -məb-; ˌ-ˈməʊbiːl; *Am. bes.* ˌ-məʊˈbiːl] *s* Auto *n*, Automoˈbil *n*, Kraftwagen *m*, Kraftfahrzeug *n*: ~ (liability) insurance Kraftfahrzeugversicherung *f*.
au·to·mo·bil·ism [ˌɔːtəməʊˈbiːlɪzəm; ˌɔːtəˈməʊbiːl-] *s* Kraftfahrwesen *n*. **au·to·mo·bil·ist** *s* Kraftfahrer(in).
au·to·mo·tive [ˌɔːtəˈməʊtɪv] *adj* **1.** selbstfahrend, -getrieben, mit Eigenantrieb. **2.** kraftfahrtechnisch, Kraftfahrzeug..., Auto...: ~ engineering Kraftfahrzeugtechnik *f*; ~ industry Automobilindustrie *f*; ~ manufacturer Automobilhersteller *m*.
au·to·nom·ic [ˌɔːtəʊˈnɒmɪk; *Am.* ˌɔːtəˈnɑ-] *adj* (*adv* ~ally) autoˈnom: a) selbständig, unabhängig, sich selbst reˈgierend, nach eigenen Gesetzen lebend, b) *physiol.* selbständig funktioˈnierend, c) *biol.* durch innere Vorgänge verursacht. **au·ton·o·mist** [ɔːˈtɒnəmɪst; *Am.* -ˈtɑ-] *s* Autonoˈmist *m*, Verfechter *m* der Autonoˈmie. **au·ton·o·mous** *adj* autoˈnom, sich selbst reˈgierend. **au·ton·o·my** *s* Autonoˈmie *f*: a) Eigengesetzlichkeit *f*, Selbständigkeit *f*, b) *philos.* sittliche Selbstbestimmung.
au·to·nym [ˈɔːtənɪm] *s* Autoˈnym *n* (*Buch, das unter dem wirklichen Verfassernamen erscheint*).
au·to·phyte [ˈɔːtəʊfaɪt] *s bot.* autoˈtrophe Pflanze.
ˈau·to·pi·lot *s aer.* Autopiˈlot *m*, automatische Steuerungsanlage. **au·to·plast** [ˈɔːtəʊplæst] *s biol.* durch Selbstbildung entstandene (Embryo)Zelle. **ˈau·to·plas·ty** *s biol. med.* Autoˈplastik *f*.
au·top·sy [ˈɔːtəpsɪ; *Br. a.* ɔːˈtɒpsɪ; *Am. a.* ˈɔːˌtɑpsɪ] **I** *s* **1.** perˈsönliche Inˈaugenscheinnahme. **2.** *fig.* kritische Anaˈlyse. **3.** *med.* Autopˈsie *f*, Obduktiˈon *f*, Leichenöffnung *f*: to conduct (*od.* carry out) an ~ e-e Autopsie vornehmen. **II** *v/t* **4.** *med.* e-e Autopˈsie vornehmen an (*dat*).
ˌau·toˈra·di·o·graph *s phys.* Autoradioˈgramm *n*. **ˈau·toˌra·diˈog·ra·phy** *s* Autoradiograˈphie *f* (*Methode zur Sichtbarmachung der räumlichen Anordnung radioaktiver Stoffe*).
ˈau·to·sled *s* Motorschlitten *m*.
au·to·some [ˈɔːtəsəʊm] *s biol.* Autoˈsom *n*, Euchromoˈsom *n*.
ˌau·to·sugˈges·tion *s psych.* Autosuggestiˈon *f*. **ˌau·to·sugˈges·tive** *adj* autosuggeˈstiv.
ˈau·toˌtim·er *s* Vorwahluhr *f* (*e-s Herds*).
au·tot·o·my [ɔːˈtɒtəmɪ; *Am.* -ˈtɑ-] *s zo.* Autotoˈmie *f* (*Abwerfen von meist später wieder nachwachsenden Körperteilen*).
au·to·troph [ˈɔːtəʊtrɒf; *Am.* ˈɔːtəˌtrəʊf; -ˌtrɑf] *s bot.* autoˈtrophe Pflanze. **ˌau·toˈtroph·ic** *adj* autoˈtroph (*sich von anorganischen Stoffen ernährend*). **au·tot·ro·phy** [ɔːˈtɒtrəfɪ; *Am.* -ˈtɑ-] *s* Autotroˈphie *f*.
au·to·type [ˈɔːtəʊtaɪp] *phot. print.* **I** *s* **1.** Autotyˈpie *f*: a) Rasterätzung *f*, b) Rasterbild *n*. **2.** Fakˈsimileabdruck *m*. **II** *v/t* **3.** mittels Autotyˈpie vervielfältigen. **ˌau·toˈtyp·ic** [-ˈtɪpɪk] *adj* autoˈtypisch, Autotyp... **ˌau·toˈtyˈpog·ra·phy** [-taɪˈpɒgrəfɪ; *Am.* -pə-] *s print.* Autotypograˈphie *f*, autoˈgraphischer Buchdruck. **ˈau·toˌtyp·y** [-ˌtaɪpɪ] → autotype 1.
au·to·vac [ˈɔːtəʊvæk] *s tech.* ˈUnterdruckförderer *m*.
au·to·vac·cine [ˌɔːtəʊˈvæksiːn; *Am.* ˈɔːtə-

væk‚siːn] *s med.* Autovakˈzine *f*, Eigenimpfstoff *m*.
au·tumn [ˈɔːtəm] **I** *s* Herbst *m* (*a. fig.*): the ~ of life; in ~ im Herbst. **II** *adj* Herbst...
au·tum·nal [ɔːˈtʌmnəl] *adj* herbstlich, Herbst... (*a. fig.*): → equinox 1.
aux·e·sis [ɔːkˈsiːsɪs; ɔːgˈziː-] *s biol.* ˈÜberentwicklung *f* (*von Zellen*).
aux·il·ia·ry [ɔːgˈzɪljərɪ; *Am. a.* -lərɪ:] **I** *adj* **1.** helfend, mitwirkend, Hilfs...: ~ cruiser *mar.* Hilfskreuzer *m*; ~ equation *math.* Hilfsgleichung *f*; ~ variable *math.* Nebenveränderliche *f*; ~ troops → 4; ~ verb → 5. **2.** *tech.* Hilfs..., Zusatz..., Behelfs..., Ersatz..., *mil. a.* Ausweich...: ~ drive Nebenantrieb *m*; ~ engine Hilfsmotor *m*; ~ jet Hilfs-, Zusatzdüse *f*; ~ tank Reservetank *m*. **II** *s* **3.** Helfer(in), Hilfskraft *f*, *pl a.* ˈHilfspersoˌnal *n*. **4.** *pl mil.* Hilfstruppen *pl*. **5.** *ling.* Hilfsverb *n*. **6.** *math.* Hilfsgröße *f*. **7.** *mar.* Hilfsschiff *n*.
a·vail [əˈveɪl] **I** *v/t* **1.** nützen (*dat*), helfen (*dat*), fördern. **2.** to ~ o.s. of s.th. sich e-r Sache bedienen, sich etwas zuˈnutze machen, etwas benutzen, Gebrauch machen von e-r Sache. **II** *v/i* **3.** nützen, helfen: what ~s it? was nützt es? **III** *s* **4.** Nutzen *m*, Vorteil *m*, Gewinn *m*: of no ~ nutzlos, erfolglos; of what ~ is it? was nützt es?; of little ~ von geringem Nutzen; to no ~ vergebens, vergeblich. **5.** *pl econ. Am.* Ertrag *m*, Erlös *m*.
a·vail·a·bil·i·ty [əˌveɪləˈbɪlətɪ] *s* **1.** Vorˈhandensein *n*. **2.** Verfügbarkeit *f*. **3.** *Am.* verfügbare Perˈson *od.* Sache. **4.** *jur.* Gültigkeit *f*; period of ~ Gültigkeitsdauer *f*. **5.** *pol. Am.* Erfolgschance *f* (*e-s Kandidaten*).
a·vail·a·ble [əˈveɪləbl] *adj* (*adv* availably) **1.** verfügbar, vorˈhanden, zur Verfügung *od.* zu Gebote stehend: to make ~ zur Verfügung stellen, bereitstellen; ~ power *tech.* verfügbare Leistung; ~ (machine) time (*Computer*) nutzbare Maschinenzeit, verfügbare Benutzerzeit. **2.** verfügbar, anwesend, erreichbar (on unter *e-r* Telefonnummer), abkömmlich: he was ~. **3.** *econ.* lieferbar, vorrätig, erhältlich. **4.** zugänglich, benutzbar (for für). **5.** *jur.* a) zulässig, statthaft, b) gültig. **6.** *pol. Am.* a) ~ for nomination bereit zu kandiˈdieren, b) aussichtsreich (*Kandidat*).
a·val [ˈævæl] *s jur.* Aˈval *m*, Wechselbürgschaft *f*.
av·a·lanche [ˈævəlɑːnʃ; *Am.* -ˌlæntʃ] **I** *s* **1.** Laˈwine *f* (*a. electr. phys. u. fig.*): dry ~ Staublawine; wet ~ Grundlawine; ~ (of electrons) Elektronenlawine. **2.** *fig.* Unmenge *f*, Flut *f*: an ~ of letters. **II** *v/i* **3.** wie e-e Laˈwine herˈabstürzen. **III** *v/t* **4.** *fig.* überˈschütten (with mit).
a·vale·ment [əˈvælmənt] *s Skisport*: Jet-Schwung *m*.
a·vant-garde [ˌævɑ̃ːŋˈgɑː(r)d; *Am.* ˌɑːˌvɑːn-] **I** *s fig.* Aˈvantgarde *f*. **II** *adj* avantgarˈdistisch. **ˌ~ˈgard·ist(e)** [-ˈgɑː(r)dɪst] *s fig.* Avantgarˈdist(in).
av·a·rice [ˈævərɪs] *s* Geiz *m*, Habsucht *f*. **ˌav·aˈri·cious** [-ˈrɪʃəs] *adj* (*adv* ~ly) geizig (of mit), habsüchtig.
a·vast [əˈvɑːst; *Am.* əˈvæst] *interj mar.* fest!
av·a·tar [ˌævəˈtɑː; *bes. Am.* ˈævəˌtɑ(r)] *s* **1.** *Hinduismus*: Avaˈtara *m* (*Verkörperung göttlicher Wesen beim Herabsteigen auf die Erde*). **2.** Offenˈbarung *f*.
a·vaunt [əˈvɔːnt; *Am. a.* əˈvɑːnt] *interj obs.* fort!
a·ve [ˈɑːvɪ; ˈɑːveɪ] **I** *interj* **1.** sei gegrüßt! **2.** leb wohl! **II** *s* **3.** A~ *relig.* Ave *n*. **A~ Ma·ri·a** [məˈrɪə] *s relig.* **1.** ˈAve-Maˈria *n*, Englischer Gruß. **2.** Zeit *f* des Ave-Betens.

automaton – avgas

a·venge [əˈvendʒ] *v/t* **1.** *j-n* rächen: to ~ o.s., to be ~d sich rächen (on s.o. for s.th. an j-m für etwas). **2.** *etwas* rächen (on, upon an *dat*): avenging angel Racheengel *m*. **aˈveng·er** *s* Rächer(in).
av·ens [ˈævɪnz] *pl* **-ens** *s bot.* Nelkenwurz *f*.
a·ven·tu·rin(e) [əˈventjʊrɪn; *Am.* -tʃəˌriːn; -rən] **I** *s* **1.** *min.* Aventuˈrin *n*, Glimmerquarz *m*. **2.** *tech.* Aventuˈringlas *n*. **3.** Aventuˈrin-, Gold(siegel)lack *m*. **II** *adj* **4.** aventuˈrinartig: ~ glass → 2.
av·e·nue [ˈævənjuː; *Am. bes.* -ˌnuː] *s* **1.** *meist fig.* Zugang *m*, Weg *m* (to, of zu): an ~ to fame ein Weg zum Ruhm. **2.** Alˈlee *f*. **3.** a) Bouleˈvard *m*, Haupt-, Prachtstraße *f*, b) *bes. Am.* Straße *f* (*in bestimmter Richtung verlaufend, Ggs.* Street): 5th A~ of New York.
a·ver [əˈvɜː; *Am.* əˈvɜːr] *v/t* **1.** behaupten, als Tatsache ˈhinstellen (that daß). **2.** beweisen.
av·er·age [ˈævərɪdʒ; ˈævrɪdʒ] **I** *s* **1.** ˈDurchschnitt *m*, Mittelwert *m*: above (the) ~ über dem Durchschnitt; below (the) ~ unter dem Durchschnitt; on (an *od.* the) ~ im Durchschnitt, durchschnittlich; rough ~ annähernder Durchschnitt; ~ of ~s Oberdurchschnitt; calculation of ~s Durchschnittsrechnung *f*; to strike an ~ → 5. **2.** *jur. mar.* Havaˈrie *f*, Seeschaden *m*: ~ adjuster Dispacheur *m*; ~ bond Havarieschein *m*; ~ statement Dispache *f*, (Aufmachung *f* der) Schadensberechnung *f*; to make ~ havarieren; to adjust (*od.* make up *od.* settle) the ~ die Dispache aufmachen; free from ~ frei von Havarie, nicht gegen Havarie versichert; ship under ~ havariertes Schiff; → general (particular, petty) average. **3.** *Börse: Am.* Aktienindex *m*.
II *adj* **4.** ˈdurchschnittlich, Durchschnitts...: ~ earnings (price, speed, *etc*); the ~ Englishman der Durchschnittsengländer; to be only ~ nur Durchschnitt sein.
III *v/t* **5.** *a.* ~ out den ˈDurchschnitt schätzen (at auf *acc*) *od.* ermitteln *od.* nehmen von (*od. gen*). **6.** *econ.* anteil(s)mäßig aufteilen (among unter *dat*). **7.** ˈdurchschnittlich betragen *od.* ausmachen *od.* haben *od.* leisten *od.* erreichen *etc*: to ~ sixty miles an hour e-e Durchschnittsgeschwindigkeit von 100 km pro Stunde fahren *od.* erreichen; to ~ more than im Durchschnitt über (*dat*) liegen.
IV *v/i* **8.** e-n ˈDurchschnitt erzielen: to ~ out at → 7.
a·ver·ment [əˈvɜːmənt; *Am.* əˈvɜːr-] *s* **1.** Behauptung *f*. **2.** *jur.* Beweisangebot *n*, Tatsachenbehauptung *f*.
a·verse [əˈvɜːs; *Am.* əˈvɜːrs] *adj* (*adv* ~ly) **1.** (to, *bes. Br.* a. from) abgeneigt (*dat*), voller Abneigung (gegen): to be ~ to verabscheuen (*acc*); to be ~ to doing s.th. abgeneigt sein, etwas zu tun. **2.** *bot.* von der Mittelachse abgewendet.
a·ver·sion [əˈvɜːʃn; *Am.* əˈvɜːrʒn; -ʃən] *s* **1.** (to, for, from) ˈWiderwille *m*, Abneigung *f*, Aversiˈon *f* (gegen), Abscheu *m*, *f* (vor *dat*): to take an ~ to e-e Abneigung fassen gegen. **2.** Unlust *f*, Abgeneigtheit *f* (to do zu tun). **3.** Gegenstand *m* des Abscheus: beer is my pet ~ *colloq.* gegen Bier habe ich e-e besondere Abneigung, Bier ist mir ein wahrer Greuel. **~ ther·a·py** *s psych.* Aversiˈonstheraˌpie *f*.
a·vert [əˈvɜːt; *Am.* əˈvɜːrt] *v/t* **1.** abwenden, wegkehren (from von): to ~ one's face. **2.** *fig.* abwenden, verhüten.
av·gas [ˈævˌgæs] *s aer. Am. colloq.* ˈFlugbenˌzin *n*.

a·vi·an ['eɪvjən; -vɪən] *adj orn.* Vogel...
a·vi·ar·ist ['eɪvjərɪst; -vɪə-] *s* Vogelzüchter *m.*
a·vi·ar·y ['eɪvjərɪ; *Am.* 'eɪvɪˌerɪ:] *s* Vogelhaus *n*, Avi'arium *n.*
a·vi·ate ['eɪvɪeɪt; *Am. a.* 'æ-] *v/i aer.* fliegen.
a·vi·a·tion [ˌeɪvɪ'eɪʃn; *Am. a.* ˌæv-] *s aer.* **1.** Luftfahrt *f*, Flugwesen *n*, Luftschiffahrt *f*, Fliegen *n*, Fliege'rei *f*: **civil ~** Zivilluftfahrt; **~ gasoline** *Am.* Flugbenzin *n*; **~ cadet** *mil. Am.* Fliegeroffiziersanwärter *m*; **~ industry** Flugzeugindustrie *f*; **~ medicine** Luftfahrtmedizin *f*. **2.** *mil. Am.* Flugzeug(e *pl*) *n*. **3.** Flugzeugbau *m*, -technik *f.*
a·vi·a·tor ['eɪvɪeɪtə(r); *Am. a.* 'æv-] *s obs.* Flieger *m*, Pi'lot *m.*
a·vi·cul·ture ['eɪvɪkʌltʃə(r); *Am. a.* 'æv-] *s* Vogelzucht *f.* ˌ**a·vi'cul·tur·ist** *s* Vogelzüchter *m.*
av·id ['ævɪd] *adj* (*adv* ~**ly**) **1.** (be)gierig (**for**, *a.* **of** nach): **~ for fame** ruhmsüchtig. **2.** begeistert, leidenschaftlich: **an ~ gardener.**
a·vid·i·ty [ə'vɪdətɪ; æ-] *s* **1.** Gier *f*, Begierde *f* (**for**, *a.* **of** nach). **2.** Begeisterung *f.* **3.** *chem.* betonte Affini'tät.
a·vi·fau·na [ˌeɪvɪ'fɔːnə] *s orn.* Vogelwelt *f* (e-s Bezirks).
av·i·ga·tion [ˌævɪ'geɪʃən] *s aer. Am.* 'Flugnavigatiˌon *f.*
a·vi·on·ics [ˌeɪvɪ'ɒnɪks; *Am.* -'ɑn-; *a.* ˌæv-] *s pl (als sg konstruiert)* Avi'onik *f*, 'Flugelekˌtronik *f.*
a·vir·u·lent [æ'vɪrʊlənt; eɪ-] *adj med.* aviru'lent, nicht viru'lent.
a·vi·so [ə'vaɪzəʊ] *pl* **-sos** *s* **1.** A'viso *n*, Benachrichtigung *f*. **2.** *mar.* A'viso *m*, Meldeboot *n.*
a·vi·ta·min·o·sis [æˌvɪtəmɪ'nəʊsɪs; eɪ-; *Am.* ˌeɪˌvaɪ-] *s med.* Avitami'nose *f*, Vita'minmangelkrankheit *f.*
av·o·ca·do [ˌævəʊ'kɑːdəʊ; -və'k-] *pl* **-dos** *s a.* **~ pear** *bot.* Avo'cato(birne) *f.*
av·o·ca·tion [ˌævəʊ'keɪʃn; -və'k-] *s obs.* **1.** (Neben)Beschäftigung *f*. **2.** (Haupt-)Beruf *m*. **3.** Zerstreuung *f.*
A·vo·ga·droǀcon·stant [ˌævə'gɑːdrəʊ] *s phys.* Avo'gadro-Konˌstante *f*. **~ number** *s phys.* Avo'gadro-Zahl *f.*
a·void [ə'vɔɪd] *v/t* **1.** (ver)meiden, j-m *od.* e-r Sache ausweichen *od.* aus dem Wege gehen, *e-e Pflicht od. Schwierigkeit* umˈgehen, *e-r Gefahr* entgehen, **-rinnen**: **to ~ s.o.** j-n meiden; **to ~ doing s.th.** es vermeiden, etwas zu tun. **2.** *jur.* a) aufheben, annul'lieren, b) anfechten. **a'void·a·ble** *adj* **1.** vermeidbar, vermeidlich. **2.** *jur.* a) annul'lierbar, b) anfechtbar.
a'void·ance *s* **1.** Vermeidung *f*, Umˈgehung *f* (of s.th. e-r Sache), Meidung *f* (of s.o. e-r Person): **in ~ of** um zu vermeiden. **2.** *jur.* a) Aufhebung *f*, Annul'lierung *f*, Nichtigkeitserklärung *f*, b) Anfechtung *f*. **3.** Freiwerden *n*, Va'kanz *f* (e-s Amtes etc).
av·oir·du·pois [ˌævə(r)də'pɔɪz] *s* **1.** *econ. a.* **~ weight** gesetzliches Handelsgewicht (*1 Pfund = 16 Unzen, 1 Unze = 16 Drams*); für alle Waren außer Edelsteinen, Edelmetallen u. Arzneien): **~ pound** Handelspfund *n*. **2.** *colloq.* „Lebendgewicht" *n* (e-r Person).
a·vouch [ə'vaʊtʃ] *obs.* **I** *v/t* **1.** behaupten, versichern. **2.** verbürgen. **3.** anerkennen, eingestehen. **II** *v/i* **4.** einstehen, garan'tieren (**for** für).
a·vow [ə'vaʊ] *v/t* **1.** (offen) bekennen, (ein)gestehen: **to ~ o.s. (to be) the author** sich als Autor bekennen. **2.** anerkennen. **a'vow·al** *s* (offenes) Bekenntnis *od.* Geständnis, Erklärung *f.* **a'vowed** *adj* erklärt, offen ausgesprochen *od.* anerkannt: **his ~ principle;** **he** **is an ~ Jew** er bekennt sich offen zum Judentum. **a'vow·ed·ly** [-ɪdlɪ] *adv* eingestandenermaßen, offen. **a·vow·ry** [ə'vaʊrɪ] *s* Eingeständnis *n* (a. jur.).
a·vun·cu·lar [ə'vʌŋkjʊlə(r)] *adj* **1.** Onkel... **2.** onkelhaft.
a·wait [ə'weɪt] *v/t* **1.** erwarten, warten auf (acc), entgegensehen (dat): **~ing your answer** in Erwartung Ihrer Antwort; **to ~ instructions** Anweisungen abwarten; **to ~ trial** *jur.* auf s-n Prozeß warten. **2.** *j-n* erwarten (*Dinge*): **a lavish dinner ~ed them.**
a·wake [ə'weɪk] *pret* **a·woke** [ə'wəʊk], **a'waked**, *pp* **a'waked**, **a'wok·en I** *v/t* **1.** (*aus dem Schlaf*) (auf)wecken. **2.** *fig.* (*zur Tätigkeit etc*) erwecken, wachˈrütteln (**from** aus): **to ~ s.o. to s.th.** j-m etwas zum Bewußtsein bringen. **II** *v/i* **3.** auf-, erwachen. **4.** *fig.* (*zu neuer Tätigkeit etc*) erwachen: **to ~ to s.th.** sich e-r Sache (voll) bewußt werden. **III** *adj* **5.** wach: **wide ~** a) hellwach (*a. fig.*), b) *fig.* aufgeweckt, ˌhell': **to ~ to s.th.** sich e-r Sache (voll) bewußt sein. **6.** *fig.* aufmerksam, auf der Hut, wachsam.
a·wak·en [ə'weɪkən] → **awake** 1–4.
a'wak·en·ing [-knɪŋ] *s* **1.** Erwachen *n*: **a rude ~** *fig.* ein unsanftes *od.* böses Erwachen. **2.** (Er-, Auf)Wecken *n*. **3.** *fig.* (*bes. religi'öse*) Erweckung.
a·ward [ə'wɔː(r)d] **I** *v/t* **1.** (durch Urteilsˌod. Schiedsspruch) zuerkennen *od.* zusprechen: **he was ~ed the prize** der Preis wurde ihm zuerkannt; **to ~ damages against s.o.** *jur.* j-n zur Leistung von Schadenersatz verurteilen; **to be ~ed damages** Schadenersatz zugesprochen bekommen; **they were ~ed a penalty kick** (*Fußball*) sie bekamen e-n Strafstoß zugesprochen. **2.** *allg.* gewähren, erteilen, verleihen, zukommen lassen. **II** *s* **3.** Urteil *n*, *bes.* Schiedsspruch *m*. **4.** Zuerkennung *f*, *econ.* Zuschlag *m* (*auf ein Angebot*), Vergabe *f* (von Aufträgen). **5.** (zuerkannte) Belohnung *od.* Auszeichnung, (a. Film- etc)Preis *m*, (Ordens- etc)Verleihung *f*. **6.** *econ.* Prämie *f*. **7.** *bes. univ.* Sti'pendium *n.*
a·ware [ə'weə(r)] *adj* (**of**) gewahr (*gen*), unter'richtet (von): **to be ~ of s.th.** von etwas wissen *od.* Kenntnis haben, etwas kennen, sich e-r Sache bewußt sein; **I am well ~ that** ich weiß wohl, daß; **ich bin mir darüber im klaren, daß**; **to become ~ of s.th.** etwas gewahr werden *od.* merken; **not that I am ~ of** nicht daß ich wüßte; **to make s.o. ~ of s.th.** j-m etwas bewußtmachen. **a'ware·ness** *s* Bewußtsein *n*, Kenntnis *f*: **~ of a problem** Problembewußtsein *n.*
a·wash [ə'wɒʃ; *Am. a.* ə'wɑʃ] *adv u. pred adj mar.* **1.** mit der Wasseroberfläche abschneidend (*Sandbänke etc*), in gleicher Höhe (**with mit**). **2.** über'flutet, unter Wasser. **3.** über'füllt (**with** von). **4.** *colloq.* betrunken.
a·way [ə'weɪ] **I** *adv u. pred adj* **1.** weg, hinˈweg, fort (**from** von): **to go ~** wegˌ, fortgehen; **~ with you!** fort mit dir!; **~ from the question** nicht zur Frage *od.* Sache gehörend. **2.** (weit) entfernt, (weit) weg (*örtlich u. zeitlich*): **six miles ~** sechs Meilen entfernt. **3.** fort, abwesend, außer Hause, verreist: **he is ~**; **on business** geschäftlich unterwegs; **~ on leave** auf Urlaub. **4.** weg, zur Seite, in andere(r) Richtung. **5.** weithin. **6.** fort, weg (*aus j-s Besitz, Gebrauch etc*). **7.** d(a)rauflos, immer weiter, immer'zu. **8.** *Am.* weit, bei weitem: **~ below the average. 9.** *poet. abbr. für* **ago** *od.* **hasten = ~**: **I must ~** ich muß fort. **10.** *sport* auswärts: **our next game is ~** unser nächstes Spiel findet auswärts statt. **II** *adj* **11.** *sport* Auswärts...: **~ defeat (game, win,** *etc*); **~ strength** Auswärtsstärke *f*; **~ weakness** Auswärtsschwäche *f*. **III** *s* **12.** *sport* a) Auswärtsspiel *n*, b) Auswärtssieg *m.*
awe[1] [ɔː] **I** *s* **1.** (Ehr)Furcht *f*, (heilige) Scheu: **to hold s.o. in ~**, **to inspire (od. strike) s.o. with ~** j-m (Ehr)Furcht *od.* (ehrfürchtige) Scheu *od.* großen Respekt einflößen (**of** vor *dat*); **to stand in ~ of** a) e-e (heilige) Scheu haben *od.* sich fürchten vor (*dat*), b) e-n gewaltigen Respekt haben vor (*dat*); **to be struck with ~** von Scheu ergriffen werden. **2.** *obs.* ehrfurchtgebietende Größe *od.* Macht, Maje'stät *f*. **II** *v/t* **3.** (Ehr)Furcht einflößen (*dat*). **4.** einschüchtern: **to be ~d into obedience** so eingeschüchtert werden, daß man gehorcht.
awe[2] [ɔː] *s tech.* Schaufel *f* e-s 'unterˌschlächtigen Wasserrads.
a·wea·ried [ə'wɪərɪd] *adj poet.* müde.
a'wea·ry *adj* müde, 'überdrüssig (**of** *gen*).
a·weath·er [ə'weðə(r)] *adv u. pred adj mar.* luvwärts.
a·weigh [ə'weɪ] *adv u. pred adj mar.* los, aus dem Grund (*Anker*): **to be ~** Anker auf sein.
'**awe-inˌspir·ing** *adj* ehrfurchtgebieˌtend, erhaben, ehrwürdig, eindrucksvoll.
awe·less *bes. Br. für* **awless.**
awe·some ['ɔːsəm] *adj* (*adv* ~**ly**) **1.** furchteinflößend, schrecklich. **2.** → **awe-inspiring. 3.** ehrfürchtig.
'**awe-ˌstrick·en**, '**awe-struck** *adj* von Ehrfurcht *od.* Scheu ergriffen.
'**aw·ful** *adj* **1.** furchtbar, schrecklich. **2.** *colloq.* furchtbar, schrecklich: a) riesig, kolos'sal: **an ~ lot** e-e riesige Menge, b) scheußlich, entsetzlich, gräßlich: **an ~ noise. 3.** *obs. für* **awe-inspiring. 4.** *obs.* ehrfurchtsvoll. **II** *adv* **5.** *colloq.* → **awfully.** '**aw·ful·ly** *adv colloq.* furchtbar, schrecklich: a) riesig: **~ nice**; **~ cold** furchtbar kalt; **thanks ~!** tausend Dank!, b) scheußlich, entsetzlich, gräßlich: **~ bad** furchtbar schlecht. '**aw·ful·ness** *s* **1.** Schrecklichkeit *f*. **2.** *obs.* Ehrwürdigkeit *f*, Erhabenheit *f.*
a·while [ə'waɪl] *adv* e-e Weile.
awk·ward ['ɔːkwə(r)d] *adj* (*adv* ~**ly**) **1.** ungeschickt, unbeholfen, linkisch: **to be ~ with s.th.** ungeschickt mit etwas umgehen. **2.** tölpelhaft: → **squad** 1. **3.** verlegen: **an ~ silence. 4.** peinlich, unangenehm: **an ~ situation; to ask ~ questions. 5.** unhandlich, schwer zu handhaben(d), sperrig. **6.** unangenehm: a) schwer zu behandeln(d): **an ~ customer**, b) schwierig, c) lästig, d) gefährlich. **7.** unpassend, ˌungeschickt', ˌdumm' (*Zeitpunkt etc*). '**awk·ward·ness** *s* **1.** Ungeschicklichkeit *f*, Unbeholfenheit *f*, linkisches Wesen. **2.** Verlegenheit *f*. **3.** Peinlichkeit *f*, Unannehmlichkeit *f*. **4.** Unhandlichkeit *f*. **5.** Lästigkeit *f.*
awl [ɔːl] *s* **1.** *tech.* Ahle *f*, Pfriem(e) *f*) *m*. **2.** *mar.* Marlspieker *m.*
aw·less, *bes. Br.* **awe·less** ['ɔːlɪs] *adj* **1.** unehrerbietig. **2.** furchtlos. **3.** *obs.* keine Ehrfurcht einflößend.
awn [ɔːn] *s bot.* Granne *f.* **awned** *adj* mit Grannen (versehen), grannig.
awn·ing ['ɔːnɪŋ] *s* **1.** Zeltbahn *f*, (*a.* Wagen)Plane *f*. **2.** Mar'kise *f*, Baldachin *m*. **3.** *mar.* Sonnenzelt *n*, -segel *n*: **~ deck** Sturmdeck *n*. **4.** Vorzelt *n.*
awn·y ['ɔːnɪ] *adj bot.* grannig.
a·woke [ə'wəʊk] *pret u. pp von* **awake.**
a'wok·en *pp von* **awake.**
a·wry [ə'raɪ] *adv u. pred adj* **1.** schief, krumm: **his hat was all ~** sein Hut saß

ax – azyme

ganz schief. **2.** schielend: **to look ~** a) schielen, b) *fig.* schief *od.* scheel blicken. **3.** *fig.* verkehrt, schief: **to go ~fehlgehen,** (sich) irren (*Person*), schiefgehen (*Sache*). **4.** *fig.* schief, entstellt, unwahr.

ax, axe [æks] **I** *s* **1.** Axt *f*, Beil *n*: **to have an ~ to grind** *fig.* eigennützige Zwecke verfolgen; **to lay the ~ to** *a. fig.* die Axt legen an (*acc*); **to put the ~ in the helve** *fig.* die Sache klären. **2.** Henkersbeil *n*. **3.** *colloq.* a) rücksichtslose Sparmaßnahme *od.* Streichung(en *pl*) (*von Staatsausgaben etc*), b) Abbau *m* (*von Dienststellen, Beamten etc*), c) Entlassung *f*: **he got the ~ er ist ‚rausgeflogen'. 4.** *mus. Am. sl.* Instru'ment *n*. **II** *v/t* **5.** mit der Axt *etc* bearbeiten *od.* niederschlagen. **6.** *colloq.* a) rücksichtslos kürzen *od.* (zs.-)streichen *od.* abschaffen, b) *Beamte, Dienststellen* abbauen, *Leute* entlassen, ‚feuern'.
ax·el ['æksl] *s Eis-, Rollkunstlauf*: Axel *m*.
ax·es¹ ['æksɪz] *pl von* **ax(e)**.
ax·es² ['æksiːz] *pl von* **axis¹**.
ax·i·al ['æksɪəl] *adj* (*adv* **~ly**) *math. tech.* axi'al, Achsen...: **~-flow turbine** Axialturbine *f*; **~ force** *phys.* Längsdruck *m*; **~ symmetry** *math.* Achsensymmetrie *f*; **~ thrust** *tech.* Axialschub *m*.
ax·il ['æksɪl] *s bot.* (Blatt)Achsel *f*.
ax·ile¹ ['æksaɪl; -sɪl] *adj bot.* achselständig.
ax·ile² ['æksaɪl; -sɪl] → **axial**.
ax·il·la [æk'sɪlə; *Am. a.* æg'z-] *pl* **-lae** [-liː], **-las** *s anat.* A'xilla *f*, Achselhöhle *f*.
ax·il·lar·y [æk'sɪləri; *Am.* 'æksə,leri:] *adj* **1.** *anat.* Achsel...: **~ gland** Achsellymphdrüse *f*. **2.** *bot.* blattachselständig.
ax·i·ol·o·gy [,æksɪ'ɒlədʒɪ; *Am.* -ˈɑl-] *s philos.* Axiolo'gie *f*, Wertlehre *f*.
ax·i·om ['æksɪəm] *s* **1.** Axi'om *n*, Grundsatz *m* (*der keines Beweises bedarf*): **~ of continuity** *math.* Stetigkeitsaxiom; **~ of law** Rechtsgrundsatz. **2.** allgemein anerkannter Grundsatz. ˌ**ax·i·oˈmat·ic** [-ˈmætɪk] *adj*; ˌ**ax·i·oˈmat·i·cal** *adj* (*adv* **~ly**) **1.** axio'matisch, einleuchtend, 'unum,stößlich, von vornherein sicher, selbstverständlich. **2.** apho'ristisch: **~ wisdom**.
ax·is¹ ['æksɪs] *pl* **'ax·es** [-siːz] *s* **1.** *bot. math. min. phys. tech.* Achse *f*, Mittellinie *f*: **~ of a balance**; **~ of the earth** Erdachse; **~ of incidence** Einfallslot *n*. **2.** *anat. zo.* a) Dreher *m*, zweiter Halswirbel, b) Achse *f*: **cardiac ~** Herzachse; **vertical ~** Körperlängsachse. **3.** *aer.* Leitlinie *f*. **4.** *paint. etc* Bild-, Zeichnungsachse *f*. **5.** *pol.* Achse *f* (*Bündnis zwischen Großmächten*): **the A~** die Achse (Berlin-Rom-Tokio) (*vor dem u. im 2. Weltkrieg*); **the A~ powers** die Achsenmächte.
ax·is² ['æksɪs] *s a.* **~ deer** *zo.* Axis(hirsch) *m*, Gangesreh *n*.
ax·is|**of ab·scis·sas** *s math.* Ab'szissenachse *f*, x-Achse *f*. **~ of cur·va·ture** *s* Po'lare *f*, Krümmungsachse *f*. **~ of or·di·nates** *s* Ordi'natenachse *f*, y-Achse *f*. **~ of os·cil·la·tion** *s* Mittellinie *f* e-r Schwingung. **~ of sup·ply** *s mil.* Nachschub-, Versorgungsachse *f*. **~ of the bore** *s mil.* Seelenachse *f*.
ax·le ['æksl] *s tech.* **1.** (Rad)Achse *f*, Welle *f*. **2.** Angel(zapfen *m*) *f*. **~ arm** *s tech.* Achszapfen *m*. **~ bed** *s* Achsfutter *n*. **~ box** *s* **1.** Achs-, Schmierbüchse *f*. **2.** Achsgehäuse *n*. **~ end** *s* Wellenzapfen *m*. **~ jour·nal** *s* Achsschenkel *m*. **~ load** *s* Achslast *f*. **~ swiv·el** *s* Achsschenkel *m*. '**~-tree** → **axle 1**.
Ax·min·ster (car·pet) ['æksmɪnstə(r)] *s* Axminsterteppich *m*.
ax·o·nom·e·try [,æksə'nɒmɪtrɪ; *Am.* ˌæksə'nɑ-] *s math.* Axonome'trie *f* (*geometrisches Verfahren, räumliche Gebilde durch Parallelprojektion auf e-e Ebene darzustellen*).
ay¹ [eɪ] *interj obs. od. poet.* ach!, oh!
ay² [eɪ] *adv obs. od. poet.* immer, ewig: **for ever and ~** für immer u. ewig.
ay³ → **aye¹**.
a·yah ['aɪə; 'ɑːjə] *s Br. Ind.* Aja *f*, indisches Kindermädchen.
aye¹ [aɪ] **I** *interj* **1.** *mar. od. dial.* ja: **~, ~, Sir!** *mar.* jawohl!, zu Befehl! **2.** *parl.* ja (*bei Abstimmungen*). **II** *s* **3.** Ja *n*, bejahende Antwort. **4.** *parl.* Jastimme *f*: **the ~s have it** der Antrag ist angenommen.
aye² → **ay²**.
aye-aye ['aɪaɪ] *s zo.* Fingertier *n*.
Ayr·shire ['eə(r)ʃə(r); -ˌʃɪə(r)] *s zo.* Ayrshire-Rind *n*.
ˌ**A-ˈZ** *adj* vollständig, um'fassend (*Bericht etc*).

a·za·le·a [ə'zeɪljə] *s bot.* Aza'lee *f*.
a·ze·o·trope [ə'ziːətrəʊp; eɪ-] *s chem.* azeo'tropes Gemisch.
az·i·muth ['æzɪməθ] *s astr.* Azi'mut *m*, Scheitelkreis *m*: **~ angle** (*Artillerie*) Seitenwinkel *m*; **~ circle** a) *astr.* Azimutkreis *m*, b) *mil.* Seitenrichtskala *f*; **~ reading** *mil.* Nadelzahl *f*; **~ value** (*Radar*) Azimutwert *m*. ˌ**az·i·ˈmuth·al** [-ˈmʌθl] *adj* azimu'tal, Azimutal..., scheitelwinklig.
az·o·ben·zene [ˌeɪzəʊ'benziːn; -ben'ziːn; ˌæz-], ˌ**az·oˈben·zol** [-zɒl; *Am. a.* -ˌzəʊl] *s chem.* ˈAzoben,zol *n*.
az·o dye ['eɪzəʊ; 'æzəʊ] *s chem.* Azofarbstoff *m*.
a·zo·ic [ə'zəʊɪk; æ-; eɪ-] *adj geol.* a'zoisch, ohne Lebewesen: **~ age** Azoikum *n*.
az·ole [ə'zəʊl; 'æzəʊl; 'eɪ-] *s chem.* Aˈzol *n*.
az·on ['æzɒn; 'eɪ-; *Am.* -ˌzɒn; -ˌzɑn] *s a.* **~ bomb** *aer. mil.* ferngesteuerte Bombe.
az·ote [ə'zəʊt; 'æzəʊt; 'eɪ-] *s chem. obs.* Stickstoff *m*.
az·o·te·mi·a [ˌæzəʊ'tiːmɪə; ˌeɪ-] *s med.* Azotä'mie *f* (*Stickstoffüberschuß im Blut*).
az·oth ['æzɒθ; *Am. a.* ˈæˌzɒθ; ˈæˌzɑθ] *s Alchimie*: Aˈzoth *n*: a) Quecksilber *n*, b) Univer'salmittel *n*.
az·o·tize ['æzətaɪz; 'eɪ-] *v/t chem.* azo'tieren, mit Stickstoff verbinden.
a·zo·to·bac·ter [ə'zəʊtəʊˌbæktə(r); eɪ-ˈzəʊtə-] *s biol.* Azoto'bakter *m*, *n*.
Az·tec ['æztek] **I** *adj* **1.** az'tekisch. **II** *s* **2.** Az'teke *m*, Az'tekin *f*. **3.** *ling.* Nahuatl *n*.
az·ure ['æʒə(r); 'eɪ-] **I** *adj* **1.** a'zur-, himmelblau: **~ spar** *min.* Lazulith *m*, Blauspat *m*; **~ stone** → **azurite**. **2.** a'zurn (*Himmel*). **II** *s* **3.** A'zur-, Himmelblau *n*. **4.** blauer Farbstoff, *bes.* Kobaltblau *n*. **5.** *poet.* A'zur *m*, Blau *n* des Himmels. **6.** *her.* blaues Feld. **III** *v/t* **7.** himmelblau färben.
az·u·rite ['æʒʊraɪt; -ʒər-] *s min.* Azu'rit *m*, La'surstein *m*.
az·y·gos, az·y·gous ['æzɪɡəs] *adj anat.* a'zygisch, unpaar(ig).
az·ym ['æzɪm], **az·yme** ['æzaɪm; -zɪm] *s relig.* Azymon *n*, ungesäuertes Brot.

B

B, b [biː] **I** *pl* **B's, Bs, b's, bs** [biːz] *s* **1.** B, b *n* (*Buchstabe*). **2.** *mus.* H, h *n* (*Tonbezeichnung*): B flat B, b *n*; B sharp His, his *n*; B double flat Heses, heses *n*; B double sharp Hisis, hisis *n*. **3.** b *math.* b (*2. bekannte Größe*). **4.** B *ped.* Zwei *f*, Gut *n* (*Note*). **5.** B B *n*, B-förmiger Gegenstand. **II** *adj* **6.** zweit(er, e, es): company B. **7.** B B-..., B-förmig. **8.** B *electr.* Anoden...: B battery.
ba [baː] *s relig.* die unsterbliche Seele (*im Glauben der alten Ägypter*).
baa [baː] **I** *s* Blöken *n*. **II** *v/i* blöken. **III** *interj* bäh!
Baal ['beɪəl] *pl* '**Baa·lim** [-lɪm], **Baals** **I** *npr Bibl.* Baal *m*. **II** *a.* **b~** *s* Baal *m*, Götze *m*. '**Ba·al·ism** *s* Baals-, Götzendienst *m*.
baas [baːs] *s S.Afr.* Baas *m*, Herr *m*.
bab·bitt¹ ['bæbɪt] *tech.* **I** *s* **1.** *a.* B~ metal 'Babbit-, 'Weiß-, 'Lagerme͵tall *n*. **2.** Lager(futter) *n* aus 'Babbitme͵tall. **II** *v/t* **3.** mit 'Weißme͵tall ausgießen.
Bab·bitt² ['bæbət] *s Am.* selbstzufriedener Spießer. '**Bab·bitt·ry** [-trɪ] *s Am.* selbstzufriedenes Spießertum.
bab·ble ['bæbl] **I** *v/i* **1.** stammeln, lallen. **2.** plappern, schwatzen. **3.** plätschern, murmeln (*Bach etc*). **II** *v/t* **4.** etwas stammeln. **5.** plappern, schwatzen. **6.** ausplaudern: to ~ (out) a secret. **III** *s* **7.** Geplapper *n*, Geschwätz *n*. **8.** Geplätscher *n*, Gemurmel *n*. '**bab·ble·ment** → babble III. '**bab·bler** *s* **1.** Schwätzer(in). **2.** Plaudertasche *f*: he is a ~ er plaudert (immer) alles gleich aus, er kann nichts für sich behalten. **3.** *orn.* (ein) Schwätzer *m*.
babe [beɪb] *s* **1.** kleines Kind, Baby *n* (*beide a. fig. naiver Mensch*): ~ in the woods *fig.* großes Kind, 'Dummerchen' *n*; → arm¹ *Bes. Redew.* **2.** *bes. Am. sl.* 'Puppe' *f* (*Mädchen*).
Ba·bel ['beɪbl] **I** *npr Bibl.* **1.** Babel *n*, Babylon *n*. **II** *s oft* **b~ 2.** a) Wirrwarr *m*, Durchein'ander *n*, b) Stimmengewirr *n*. **3.** grandi'oser Plan, großer Traum.
Bab·ism ['baːbɪzəm] *s relig.* Ba'bismus *m* (*religiöse Bewegung des persischen Islams im 19. Jh.*).
ba·boo ['baːbuː] *pl* **-boos** → babu.
ba·boon [bə'buːn; *Am.* bæ-] *s* **1.** *zo.* Pavian *m*. **2.** *colloq.* ͵Go'rilla' *m*. **ba'boon·er·y** [-nərɪ] *s colloq.* go'rillahaftes Getue.
ba·bu ['baːbuː] *s Br. Ind.* Babu *m*: a) Herr *m* (*bei den Hindus*) (*a. Titel*), b) *oft contp.* Inder *m* mit oberflächlicher englischer Bildung.
ba·bul [baː'buːl; *Am.* bə-] *s bot.* **1.** (*e-e*) A'kazie, *bes.* Babul *m*. **2.** Babulrinde *f od.* -schoten *pl*. [Kopftuch.)
ba·bush·ka [bə'buː∫kə] *s* (*dreieckiges*)
ba·by ['beɪbɪ] **I** *s* **1.** Baby *n*, Säugling *m*, kleines Kind: from a ~, von frühester Kindheit an; to throw the ~ out with the bath water *fig.* das Kind mit dem Bad ausschütten; to be left holding the ~ *colloq.* die Sache ausbaden müssen, der Dumme sein; to pass the ~ over to s.o. *colloq.* j-m den Schwarzen Peter zuschieben; (as) smooth as a ~'s bottom glatt wie ein Kinderpopo. **2.** (*der, die, das*) Jüngste, 'Benjamin' *m* (*a. fig.*): the ~ of the family. **3.** *contp.* a) 'Kindskopf' *m*, kindische Per'son, b) 'Heulsuse' *f*. **4.** *sl.* 'Bier' *n* (*Angelegenheit*): it's your ~! **5.** *sl.* a) 'Puppe' *f* (*Mädchen*), b) Schatz *m*, Liebling *m*. **II** *adj* **6.** (Klein)Kinder..., Baby..., Säuglings... **7.** kindlich, Kinder...: a ~ face. **8.** kindisch. **9.** *colloq.* klein, Klein... **III** *v/t* **10.** wie ein Baby behandeln, (ver)hätscheln. **11.** *colloq.* etwas sorgsam *od.* liebevoll behandeln. ~ **beef** *s Am.* **1.** Jungrind *n*. **2.** Jungrindfleisch *n*. ~ **bond** *s econ. Am.* 'Kleinobligati͵on *f*, kleingestückelte Schuldverschreibung (*bis zu 100 Dollar*). ~ **boom** *s* Babyboom *m*. ~ **bot·tle** *s* (Saug)Flasche *f*. ~ **bug·gy** *s* **1.** *Br.* Sportwagen *m* (*für Kinder*). **2.** *Am. colloq.* Kinderwagen *m*. ~ **car** *s* Kleinwagen *m*. ~ **car·riage** *s Am.* Kinderwagen *m*. ~ **con·vert·er** *s tech.* kleine Thomasbirne, Kleinbirne *f*. ~ **farm** *s meist contp.* Säuglingsheim *n*. ~ **farm·er** *s meist contp.* Frau, die gewerbsmäßig Kinder in Pflege nimmt. ~ **grand** *s mus.* Stutzflügel *m*.
'**ba·by·hood** *s* frühe Kindheit, Säuglingsalter *n*.
'**ba·by·ish** *adj* **1.** kindisch. **2.** kindlich.
Bab·y·lon ['bæbɪlən; *Am. a.* -͵lɑn] **I** *npr* Babylon *n*. **II** *s fig.* (Sünden)Babel *n*.
Bab·y·lo·ni·an [͵bæbɪ'ləʊnjən; -nɪən] **I** *adj* **1.** baby'lonisch: ~ captivity Baby'lonische Gefangenschaft. **2.** *fig.* a) üppig, luxuri'ös, b) verderbt. **II** *s* **3.** Baby'lonier(in). **4.** *ling.* Baby'lonisch *n*, das Babylonische.
'**ba·by-͵mind·er** *s Br.* Tagesmutter *f*. '**~-sit** *v/i irr* babysitten. '**~-͵sit·ter** *s* Babysitter(in). ~ **snatch·er** *s* **1.** Kindesentführer(in). **2.** *colloq.* a) Mann, der mit e-m Mädchen ein Verhältnis hat *od.* der ein Mädchen heiratet, dessen Vater er sein könnte, b) Frau, die mit e-m Mann ein Verhältnis hat *od.* die e-n Mann heiratet, dessen Mutter sie sein könnte: I'm not a ~! ich vergreif' mich doch nicht an kleinen Kindern! ~ **spot** *s* Baby-Spot *m* (*kleiner Suchscheinwerfer*). ~ **talk** *s* kindlich-(tuend)es Gebabbel. ~ **tooth** *s irr* Milchzahn *m*.
bac [bæk] *s* Brauerei etc: Kühlschiff *n*.
bac·ca·lau·re·ate [͵bækə'lɔːrɪət; *Am. a.* -ˈlɑː-] *s univ.* **1.** → bachelor **2.** *bes. Am.* a) Promoti'onsgottesdienst *m*, b) *a.* ~ sermon Abschiedspredigt *f* an die promo'vierten Stu'denten.
bac·ca·rat, *a.* **bac·ca·ra** ['bækəraː; *Am.* ͵baːkə'raː] *s* Bakkarat *n* (*Glücksspiel*).
bac·cate ['bækeɪt] *adj bot.* **1.** beerenartig. **2.** beerentragend.
bac·cha·nal ['bækənl] **I** *s* **1.** Bac'chant(in). **2.** ausgelassener *od.* trunkener Zecher. **3.** *oft pl* Baccha'nal *n*, Orgie *f*, wüstes Gelage. **II** *adj* **4.** bacchisch. **5.** bac'chantisch.
Bac·cha·na·li·a [͵bækə'neɪljə] *s pl* **1.** *antiq.* Baccha'nal *n*, Bacchusfest *n*. **2.** **b~** → bacchanal 3. ͵**bac·cha'na·li·an** **I** *adj* → bacchanal II. **II** *s* → bacchanal 2.
bac·chant ['bækənt; *Am. a.* bə'kænt; bə'kɑːnt] **I** *pl* **-chants, -chan·tes** [-tiːz] *s* **1.** *antiq.* Bac'chant *m*. **2.** *fig.* wüster Trinker *od.* Schwelger. **II** *adj* **3.** bac'chantisch. **bac·chan·te** [bə'kæntɪ; *Am. a.* -ˈkɑːn-] *s* Bac'chantin *f*. **bac'chan·tic** *adj* bac'chantisch.
Bac·chic ['bækɪk] *adj* bac'chantisch: a) bacchisch, b) *meist* **b~** *fig.* ausschweifend, ausgelassen.
bac·cif·er·ous [bæk'sɪfərəs] *adj bot.* beerentragend.
bac·cy ['bækɪ] *s colloq.* Tabak *m*.
bach [bæt∫] *v/i oft* ~ **it** *Am. sl.* ein Strohwitwerdasein führen.
bach·e·lor ['bæt∫ələ(r)] *s* **1.** Junggeselle *m*: ~ flat *Br.* Junggesellenwohnung *f*; ~ girl Junggesellin *f*. **2.** *univ.* Bachelor *m*, Bakka'laureus *m* (*Inhaber des niedrigsten akademischen Grades*): B~ of Arts Bakkalaureus der philosophischen Fakultät; B~ of Science Bakkalaureus der Naturwissenschaften. **3.** *hist.* Knappe *m* niedrigsten Ranges. **4.** *zo.* Tier *n* (*bes.* junger Seehund) ohne Weibchen während der Brunstzeit. ͵**bach·e·lor'ette** [-ˈret] *s* Junggesellin *f*. '**bach·e·lor·hood** *s* **1.** Junggesellenstand *m*. **2.** *univ.* Bakkalau̇re'at *n* (*niedrigster akademischer Grad*).
bach·e·lor's but·ton *s* **1.** *bot.* a) Kornblume *f*, b) 'Kugelama͵rant *m*, c) Scharfer Hahnenfuß. **2.** Pa'tentknopf *m*. ~ **de·gree** → bachelorhood 2.
'**bach·e·lor·ship** → bachelorhood.
ba·cil·la·ry [bə'sɪlərɪ; *Am. a.* 'bæsəˌlerɪ] *adj* **1.** stäbchenförmig. **2.** *med.* bazil'lär, Bazillen...
ba·cil·li [bə'sɪlaɪ] *pl von* bacillus.
ba͵cil·lo'pho·bi·a [bəˌsɪləʊ-] *s med.* Bazillopho'bie *f*, Baˈzillenangst *f*.
ba·cil·lus [bə'sɪləs] *pl* **-li** [-laɪ] *s med.* **1.** Ba'zillus *m*, 'Stäbchenbak͵terie *f*. **2.** Bak'terie *f*.
back¹ [bæk] **I** *s* **1.** *anat. zo.* a) Rücken *m*, b) Rückgrat *n*, Kreuz *n*: at the ~ of hinter (*dat*), hinten in (*dat*); to be at the ~ of s.th. hinter etwas stecken; (in) ~ of *Am.* hinter (*dat*); behind s.o.'s ~ *fig.* a) hinter j-s Rücken, b) in j-s Abwesenheit; on one's ~ a) auf dem Leib (*Kleidungsstück*), b) *a.* flat on one's ~ bettlägerig, krank, c) *a.* flat on one's ~ hilflos, ͵aufge-

schmissen'; **to have s.o. on one's ~** j-n auf dem Hals haben; **with one's ~ to the wall** mit dem Rücken zur Wand; **to have one's ~ to the wall** mit dem Rücken zur Wand stehen; **to spend every penny on one's ~** sein ganzes Geld für Kleidung ausgeben; **to break one's ~** sich abplagen; **to break s.o.'s ~** a) j-m das Kreuz brechen (*a. fig.*), b) *fig.* j-n ,fertigmachen' *od.* zugrunde richten; **to break the ~ of s.th.** das Schwierigste e-r Sache hinter sich bringen; **we have broken the ~ of it** wir sind über den Berg; **to put** (*od.* **get**) **s.o.'s ~ up** j-n ,auf die Palme bringen'; **to put one's ~ into s.th.** sich bei e-r Sache ins Zeug legen, sich in e-e Sache ,hineinknien'; **to be glad** (*od.* **pleased**) **to see the ~ of s.o.** froh sein, j-n los zu sein; **to turn one's ~ on s.o.** a) j-m den Rücken zuwenden, b) *fig.* j-m den Rücken kehren, j-n fallenlassen; **to make a ~** e-n Buckel machen, sich bücken; **~ to ~** Rücken an Rücken; **he has a strong ~** er hat e-n breiten Rücken *od.* Buckel (*a. fig.*); → **scratch** 12. **2.** 'Hinter-, Rückseite *f* (*des Kopfes, Hauses, Briefes, e-r Tür etc*), 'Unterseite *f* (*e-s Blattes*), (*Buch-, Berg-, Hand-, Messer- etc*)Rücken *m*, Kehrseite *f* (*e-s Bildes etc*), (Rück)Lehne *f* (*e-s Stuhls*), linke Seite (*des Tuches*), Boden *m* (*e-s Saiteninstruments*). **3.** hinterer *od.* rückwärtiger *od.* entferntgelegener Teil, 'Hintergrund *m*: **~ of the head** Hinterkopf *m*; **~ of the house** rückwärtiger *od.* hinterer Teil des Hauses; **at the ~ of beyond** *fig. bes. Br.* am Ende *od.* ,Arsch' der Welt; **to have s.th. at the ~ of one's mind** a) sich dunkel an etwas erinnern, b) insgeheim an etwas denken; **at the ~ of the stage** im Hintergrund der Bühne; **in the ~ of the car** im Fond des Autos. **4.** Rückenteil *m* (*e-s Kleidungsstückes*): **to have one's pullover on ~ to front** den Pullover verkehrt herum anhaben. **5.** 'Hinterstück *n*: **~ of a roe** *gastr.* Rehziemer *m*. **6.** *arch.* Hauptdachbalken *m*. **7.** → **back yard**. **8.** *sport* Verteidiger *m*.
II *adj* **9.** rückwärtig, letzt(er, e, es), hinter(er, e, es), Hinter..., Rück..., Nach...: **~ entrance** Hintereingang *m*; **~ pass** *sport* a) Rückpaß *m*, b) Rückgabe *f* (*zum Tormann*). **10.** fern, abgelegen: **~ country** Hinterland *n*; **~ province** finster(st)e Provinz. **11.** *ling.* hinten im Mund geformt: **a ~ vowel** ein dunkler Vokal. **12.** rückläufig: **a ~ current**. **13.** rückständig: **~ rent**; **~ wages. 14.** alt, zu'rückliegend: **~ issue** alte Ausgabe *od.* Nummer (*e-r Zeitung etc*).
III *adv* **15.** zu'rück, rückwärts: **~ and forth** hin u. her, vor u. zurück; **to move ~** zurückgehen; **two miles ~** zwei Meilen zurück *od.* weiter hinten; (*siehe die Verbindungen mit den entsprechenden Verben*). **16.** (wieder) zu'rück: **he is ~** (**again**) er ist wieder da; **~ home** a) wieder zu Hause, b) *Am.* daheim, bei uns (zulande). **17.** zu'rück, vorher: **20 years ~** vor 20 Jahren; **~ in 1900** (damals *od.* noch *od.* schon) im Jahre 1900. **18.** *colloq.* zu'rück, im Rückstand: **to be ~ in one's rent** mit der Miete im Rückstand sein.
IV *v/t* **19.** *a.* **~ up** j-n *od.* etwas unter'stützen, eintreten für, j-m den Rücken stärken, j-n decken, etwas bekräftigen, unter'mauern, *econ.* die Währung *etc* stützen, *Noten* decken. **20.** *a.* **~ up** zu'rückbewegen, *e-n Wagen, e-e Maschine, ein Pferd etc* rückwärts fahren *od.* laufen lassen: **to ~ one's car up** mit dem Auto rückwärts fahren *od.* zurückstoßen; **to ~ the car out of the garage** den Wagen rückwärts aus der Garage fahren *od.* **to ~** **water** a) *mar.* ein Schiff rückwärtsrudern, rückwärts fahren, b) *Am. colloq.* e-n Rückzieher machen. **21.** wetten *od.* setzen auf (*acc*): → **horse** 1. **22.** a) *ein Pferd etc* besteigen, b) *ein Pferd* zureiten. **23.** *a.* **~ up** *ein Buch etc* mit e-m Rücken versehen, an der Rückseite verstärken, *e-n Stuhl* mit e-r Lehne *od.* Rückenverstärkung versehen. **24.** *tech.* beschichten, mit e-m 'Überzug versehen. **25.** *tech., a. ein Tuch etc* füttern. **26.** *econ.* e-n Scheck indos'sieren, gegenzeichnen, *e-n Wechsel* als Bürge unter'schreiben, ava'lieren. **27.** auf der Rückseite beschreiben *od.* bedrucken. **28.** den 'Hintergrund (*gen*) bilden, hinten grenzen an (*acc*). **29.** *colloq.* auf dem Rücken tragen, auf den Rücken nehmen. **30.** *hunt.* hinter u. mit (*dem Leithund*) (vor)stehen (*Meute*).
V *v/i* **31.** *oft* **~ up** sich zu'rückbewegen, sich rückwärts bewegen, zu'rückgehen *od.* -treten *od.* -fahren, *mot. a.* zu'rückstoßen. **32.** links 'umspringen, rückdrehen (*Wind*). **33. to ~ and fill** a) *mar.* back u. voll brassen, la'vieren, b) *fig.* unschlüssig sein.
Verbindungen mit Adverbien:
back| down (*od.* **off**) (**from**), **~ out** (**of**) *v/i* zu'rücktreten *od.* sich zu'rückziehen *od.* ,abspringen' (von), ,aussteigen' (aus), ausweichen (*dat*), ,sich drücken' (um), ,kneifen' (vor *dat*). **~ up** → **back¹** 19, 20, 23, 31.
back² → **bac.**
'**back**|**·ache** *s med.* Rückenschmerzen *pl*. **~ al·ley** *s Am.* finsteres Seitengäßchen. '**~band** *s* Kreuzriemen *m*, Rückengurt *m* (*e-s Pferdes*). **~ bas·ket** *s* Kiepe *f*, Rückentragkorb *m*. **~ bench** *s parl. Br.* a) hintere Sitzreihe, b) 'Hinterbänkler *pl*. '**~bench** *adj parl. Br.* der 'Hinterbänkler: **~ support for the plan**. '**~bench·er** *s parl. Br.* 'Hinterbänkler *m*. '**~bend** *s sport* Brücke *f* (aus dem Stand). '**~bite** *v/t* irr verleumden (**to be**) *irr*. '**~bit·er** *s* Verleumder(in). '**~bit·ing I** *adj* verleumderisch. **II** *s* Verleumdung *f*. '**~board** *s* **1.** Rücken-, Lehnbrett *n* (hinten im Boot, Wagen etc). **2.** Geradehalter *m*. **3.** Basketball: Korb-, Spielbrett *n*. **4.** *tech.* Gegenschlagbug *m*. '**~bone** *s* **1.** Wirbelsäule *f*, Rückgrat *n*: **to the ~** *fig.* bis auf die Knochen, durch u. durch. **2.** Hauptgebirgszug *m*. **3.** (Buch)Rücken *m*. **4.** *fig.* Rückgrat *n*: a) Cha'rakter(stärke *f*) *m*, Mut *m*, b) Hauptstütze *f*. '**~break·ing** *adj* erschöpfend, zermürbend, ,mörderisch': **a ~ job**. **~ burn·er** *s*: **to put s.th. on the ~** etwas (als nebensächlich *od.* zweitrangig) zu'rückstellen. '**~-**·**burn·er** *adj* nebensächlich, zweitrangig. '**~chat** *s colloq.* **1.** freche Antwort(en *pl*). **2.** *bes. Am.* schlagfertiges Hin u. Her. **~ cloth** *bes. Br.* für **backdrop** 1. '**~comb** *v/t Haar* tou'pieren. '**~-**·**cou·pled** *adj electr.* rückgekoppelt. **~ court** *s Tennis: bes. Am.* 'Hinterfeld *n*. '**~cross** *biol.* **I** *v/t* rückkreuzen. **II** *s* Rückkreuzung *f*. **~ date** *v/t* **1.** (zu')rückda,tieren. **2.** rückwirkend in Kraft setzen: **the wage increases are to be ~d to April 1** die Lohnerhöhungen sollen rückwirkend ab 1. April gelten. **~ door** *s* **1.** 'Hintertür *f*. **2.** *fig.* 'Hintertürchen *n*. **~-**'**door** *adj* geheim, heimlich. '**~down** *s* ,Rückzieher' *m* (on von). '**~drop** *s* **1.** *thea.* Pro'spekt *m*. **2.** *fig.* 'Hintergrund *m*: **to be the ~ for** den Hintergrund (*gen*) bilden; **against the ~ of** vor dem Hintergrund (*gen*).
backed [bækt] *adj* **1.** mit Rücken, Lehne *etc* versehen, ...rückig, ...lehnig. **2.** gefüttert: **a curtain ~ with satin**. **3.** *in Zssgn* mit (e-m) ... Rücken: **straight-~**.
back| e·lec·tro·mo·tive force *s electr.* e'lektromo,torische Gegenkraft, Gegen-EMK *f*. **~ end** *s* **1.** letzter Teil. **2.** *Br. dial.* (Spät)Herbst *m*.
'**back·er** *s* **1.** Unter'stützer(in), Förderer *m*, Helfer(in). **2.** *econ.* 'Hintermann *m*, Geldgeber *m*. **3.** *econ.* Wechselbürge *m*, Ava'list *m*. **4.** Wetter *m*: **his ~s** diejenigen, die auf ihn gesetzt haben *od.* hatten.
'**back**|·**fall** *s tech.* Sattel *m*, Kropf *m* (*e-s Papierholländers*). '**~field** *s American Football:* a) hinteres Feld, b) *collect.* 'Hinterfeld(spieler *pl*) *n*. **~ fire I** *v/i* [,bæk'f-; *Am.* '-,f-]. **1.** *tech.* früh-, fehlzünden. **2.** *electr. tech.* zu'rückschlagen. **3.** *fig.* fehlschlagen, ,ins Auge gehen': **his plan ~d on him** der Schuß ging nach hinten los. **II** *s* ['bæk,f-] **4.** *tech.* a) Früh-, Fehlzündung *f*, b) (Auspuff)Knall *m*. **5.** *electr. tech.* (Flammen)Rückschlag *m*. **6.** *fig. Am.* heftige Reakti'on. '**~flash I** *s* **1.** → **flashback**. **II** *v/i* **2.** → **backfire** 2. **3.** → **flash** 28. **~ for·ma·tion** *s ling.* Rückbildung *f*. **~ freight** *s econ.* Rückfracht *f*. **~**'**gam·mon** *s* Backgammon *n*. **~ gear** *s tech.* Vorgelegerad *n*: **~s** Vorgelege *n*. '**~gear shaft** *s tech.* Vorgelegewelle *f*. '**~ground** *s* **1.** 'Hintergrund *m* (*a. fig.*): **against the ~ of** vor dem Hintergrund (*gen*); **to form a ~ to s.th.** e-n Hintergrund für etwas bilden; **to keep** (*od.* **stay**) **in the ~** im Hintergrund bleiben; **~ projection** (*Film*) Hintergrundprojektion *f*. **2.** *fig.* a) 'Hintergrund *m*, 'Umstände *pl*: **~ information** Hintergrundinformationen *pl*, b) 'Umwelt *f*, Mili'eu *n*, c) Werdegang *m*, Vorgeschichte *f*, d) Erfahrung *f*, Wissen *n*: **educational ~** Vorbildung *f*, Bildungsgang *m*, e) Anhaltspunkte *pl*, Grundlage *f*. **3.** Mu'sik-, Ge'räuschku,lisse *f*: **~ music** musikalischer Hintergrund, musikalische Untermalung, Hintergrundmusik *f*. **4.** *a.* **~ noise** (*Radio etc*) Hintergrundgeräusch *n*. **5.** *a.* **~ brightness** *TV* Grundhelligkeit *f*: **~ control** Steuerung *f* der mittleren Helligkeit. '**~ground·er** *s Am.* inoffizielle Pressekonferenz, auf der Journalisten von e-m Regierungsvertreter mit Hintergrundinformationen versorgt werden. '**~hand I** *s* **1.** nach links geneigte Handschrift. **2.** *sport* a) Rückhand *f*: **he took the ball with his ~** er nahm den Ball mit der Rückhand, b) Rückhandschlag *m*. **II** *adj* → **backhanded** I. **III** *adv* → **backhanded** I. '**~hand·ed I** *adj* (*adv* **~ly**) **1.** *sport* Rückhand... **2.** mit dem Handrücken (*Schlag*). **3.** nach links geneigt (*Schrift*). **4.** 'indi,rekt: **~ censorship**. **5.** ,krumm', unredlich: **~ methods**. **6.** zweifelhaft, zweischneidig: **~ compliment**. **7.** schüchtern, scheu. **II** *adv* **8.** *sport* mit der Rückhand. **9.** mit dem Handrücken. '**~hand·er** *s* **1.** *sport* Rückhandschlag *m*. **2.** Schlag *m* mit dem Handrücken. **3.** *colloq.* 'indi,rekter Angriff. **4.** *colloq.* ,Schmiergeld' *n* (*Bestechungsgeld*): **to give s.o. a ~** j-n schmieren. '**~house** *s* **1.** 'Hinterhaus *n*. **2.** *Am. colloq.* ,Häus-chen' *n* (*primitive Toilette außerhalb des Hauses*).
'**back·ing** *s* **1.** Unter'stützung *f*, Hilfe *f*. **2.** *collect.* 'Hintermänner *pl*, Geldgeber *pl*. **3.** *tech.* versteifende Ausfütterung, Verstärkung *f*. **4.** (*Rock- etc*)Futter *n*. **5.** *tech.* Belag *m*, 'Überzug *m*. **6.** *phot.* Lichthof-Schutzschicht *f*. **7.** *econ.* a) Wechselbürgschaft *f*, Gegenzeichnung *f*, A'val *n*, b) Deckung *f* (*der Banknoten*), c) Stützungskäufe *pl*. **8.** *mus.* Begleitung *f* (*bes. e-s Popsängers*). **~ met·al** *s tech.* Hinter'gießme,tall *n*. '**~off lathe** *s tech.* 'Hinterdrehbank *f*. **~ stor·age** *s Computer:* Ergänzungsspeicher *m*.
'**back**|·**kick** *s* **1.** *tech.* Rückschlag *m*. **2.** *electr.* Rückentladung *f*. **~ land** *s*

'Hinterland n. '~·**lash** s **1.** tech. toter Gang, (Flanken)Spiel n. **2.** verwickelte Angelschnur an der Haspel. **3.** Rückprall m. **4.** fig. Gegenschlag m, (heftige) Reakti'on (**to** auf acc): (white) ~ Am. Widerstand konservativer Weißer gegen die Integration der Schwarzen.
'**back·less** adj rückenfrei (Kleid).
'**back**|,**light·ing** s 'Hintergrundbeleuchtung f. '~·**log** s **1.** bes. Am. großes Scheit im Ka'min (um das Feuer zu unterhalten). **2.** (Arbeits-, Auftrags- etc)Rückstand m, 'Überhang m (**of** an dat), Re'serve f (**of** an dat, von): ~ **of** (unfilled) **orders** Auftragsüberhang m od. -polster n; ~ **demand** Nachholbedarf m. ~ **matter** s print. Endbogen m. ~ **num·ber** s **1.** alte Nummer (e-r Zeitschrift etc). **2.** colloq. (etwas) Über'holtes, rückständige od. altmodische Per'son od. Sache. '~·**pack** s bes. Am. colloq. **1.** ~, '**pack·ing** s bes. Am. 'Rucksacktou,rismus m. ~ **pay** s econ. rückständiger Lohn, Lohn-, Gehaltsnachzahlung f. ,~·-'**ped·al** v/i pret u. pp **-aled**, bes. Br. **-alled 1.** rückwärtstreten (Radfahrer). **2.** zu'rückweichen, „den Rückwärtsgang einlegen' (bes. Boxer). **3.** e-n Rückzieher machen. '~·,**ped·al brake** s tech. Rücktrittbremse f. ~ **pres·sure** s tech. Gegendruck m. ~ **pres·sure valve** s tech. 'Rückschlagven,til n. ~ **pro·jec·tion** s Film: 'Hintergrundprojekti,on f. '~·**rest** s Rückenstütze f, -lehne f. ~ **room** s 'Hinterzimmer n. '~·-**room boy** s bes. Br. colloq. Wissenschaftler, der an Ge'heimpro,jekten arbeitet. '~·**saw** s tech. Fuchsschwanz m mit Rückenschiene. '~·,**scat·ter** s electr. Rückstreuung f. ~ **scratch·ing** s colloq. gegenseitige Unter'stützung. ~ **seat** s **1.** Rücksitz m. **2.** colloq. 'untergeordnete Stellung: **to take a** ~ in den Hintergrund treten (**to** gegen'über) (a. Sache). '~·-**seat driv·er** s colloq. **1.** mot. besserwisserischer Mitfahrer. **2.** fig. Besserwisser m. '~·**set** s **1.** Rückschlag m. **2.** mar. Gegenströmung f.
back·sheesh, back·shish → baksheesh.
,**back**|'**side** s **1.** Kehr-, Rückseite f, hintere od. linke Seite. **2.** colloq. 'Hinterteil n, ,Hintern' m. '~·**sight** s **1.** a) tech. Vi'sier n, b) surv. 'Standvi,sier n. **2.** mil. Kimme f, 'Klappvi,sier n. **3.** Rückblick m. **4.** Verzögerung f der Wörter (beim Sprechen). '~·**slap·per** s bes. Am. colloq. **1.** jovi'aler od. leutseliger Mensch. **2.** plump-vertraulicher Mensch. ,~·**slide** v/i irr **1.** rückfällig werden. **2.** relig. abtrünnig werden. ,~·**slid·er** s **1.** relig. Abtrünnige(r m) f. **2.** Rückfällige(r m) f. '~·**space key** s, '~·**spac·er** s Rücktaste f (der Schreibmaschine). '~·**spin** s sport Backspin m, 'Rückef,fet m. '~·**stage** thea. **I** s **1.** Garde'robenräume pl u. Bühne f (hinter dem Vorhang). **II** adj **2.** hinter dem Vorhang od. (a. fig.) den Ku'lissen. **III** adv [,-'st-] **3.** (hinten) auf der Bühne. **4.** hinter dem Vorhang od. (a. fig.) den Ku'lissen, in den Garde'roben. '~·**stair** → backstairs II. ,~·**stairs** I s pl **1.** 'Hintertreppe f. **II** adj **2.** ~ **gos·sip** (od. **talk**) (bösartige) Anspielungen pl (**about** auf acc). **3.** ~ **influence** Protektion f. '~·**stitch** s Steppstich m: ~ **seam** Steppnaht f. '~·**stop** s **1.** Kricket: Feldspieler m, Fänger m. **2.** a) Baseball etc: Netz n hinter dem Fänger, b) Tennis: Zaun m hinter der Grundlinie. **3.** Am. Kugelfang m (im Schießstand). **4.** tech. rückwärtiger Anschlag. ~ **straight** → backstretch. ~ **street** s Seitenstraße f. ,~·-'**street** adj heimlich: ~ **abortion** illegale Abtreibung; ~ **abortionist** Engelmacher(in). '~·**stretch** s sport Gegen-

gerade f. '~·**stroke** s **1.** sport a) Rückschlag m (des Balls), b) Rückenschwimmen n. **2.** tech. Rückschlag m, -lauf m, -hub m. '~·**swept** adj nach hinten zu'rückgenommen od. verjüngt: ~ **hair** zu'rückgekämmtes Haar; ~ **wing** aer. pfeilförmige Tragfläche. '~·**swing** s Golf: Aufschwung m. ~ **talk** s bes. Am. colloq. freche Antwort(en pl). ,~·-**to**-'**back** adj **1.** Rücken an Rücken. **2.** aufein'anderfolgend: ~ **method** electr. Rückarbeitsverfahren n; ~ **rectifier** Gegentaktgleichrichter m. ,~·-**to**-'**work** adj: ~ **order** jur. gerichtliches Verfügung, die Streikende zur Wiederaufnahme der Arbeit zwingt. '~·**trace** v/t teleph. Anrufer ermitteln, feststellen. '~·**track** v/i **1.** den'selben Weg zu'rückgehen od. -verfolgen. **2.** fig. a) e-n Rückzieher machen, sich zu'rückziehen (**from** von), b) e-e Kehrtwendung machen. '~·**up** I s **1.** → **backing 1, 3. 2.** Verstopfung f (e-s Rohrs etc). **3.** mot. Am. (Rück)Stau m. **4.** fig. Rückzieher m (**on** 'hinsichtlich). **5.** tech. Er'satzgerät n, -ma,schine f. **II** adj **6.** Unterstützungs-, Hilfs...: ~ **troops. 7.** tech. Ersatz-, Reserve... **8.** ~ **light** mot. Am. Rückfahrscheinwerfer m.
back·ward ['bækwə(r)d] **I** adj **1.** rückwärts gerichtet, Rück(wärts)...: ~ **flow** Rückfluß m; a ~ **glance** ein Blick zurück od. nach hinten; ~ **pass** sport a) Rückpaß m, b) Rückgabe f (zum Tormann). **2.** hinten gelegen, Hinter... **3.** 'umgekehrt. **4.** a) langsam, träge: **to be** ~ **in one's duty** s-e Pflicht vernachlässigen, b) (geistig) schwerfällig. **5.** (in der Entwicklung etc) zu'rück(geblieben) (Kind etc), 'unterentwickelt (a. Land etc), spät reifend (Früchte), spät eintretend (Jahreszeit). **6.** rückständig: a ~ **country**; a ~ **person**; **to be in one's work** mit s-r Arbeit im Rückstand sein. **7.** zögernd, 'widerwillig. **8.** colloq. a. ~ **in coming forward** zu'rückhaltend, schüchtern, scheu. **II** adv **9.** rückwärts, zu'rück, nach hinten: ~ **and forward** hin u. her, vor u. zurück. **10.** rücklings, verkehrt. **11.** zu'rück, in die Vergangenheit: **to look** ~ fig. zurückblicken. **12.** zu'rück, zum Schlechten: **to go** ~ fig. sich verschlechtern.
back·war·da·tion [,bækwə(r)'deɪʃn] s Börse: Br. De'port m, Kursabschlag m.
'**back·ward·ness** s **1.** Langsamkeit f, Trägheit f. **2.** Rückständigkeit f. **3.** 'Widerwilligkeit f. **4.** Schüchternheit f.
back·wards ['bækwə(r)dz] → backward II.
'**back**|**wash** s **1.** Rückströmung f, mar. a. Bugwellen pl od. Kielwasser n. **2.** fig. Aus-, Nachwirkung(en pl) f. '~·**wa·ter** s **1.** ~ **backwash 1. 2.** Stauwasser n. **3.** totes Wasser. **4.** fig. Ort m od. Zustand m der Rückständigkeit u. Stagnati'on, Pro'vinz f, (kultu'relles) Notstandsgebiet. '~·**woods** I s pl **1.** unerschlossenes Waldgebiet, abgelegene Wälder pl. **2.** contp. Pro'vinz f. **II** adj **3.** contp. 'hinterwäldlerisch, Provinz... '~·**woods·man** [-mən] s irr **1.** contp. 'Hinterwäldler m. **2.** Mitglied n des brit. Oberhauses, das nur selten erscheint. '~·**yard** s **1.** Br. 'Hinterhof m. **2.** Am. Garten m hinter dem Haus. **3. in our own** ~ fig. bei uns, unter uns.
ba·con ['beɪkən] s Speck m: **to bring home the** ~ colloq. a) die ,Brötchen' verdienen, b) (bei e-m Unternehmen etc) Erfolg haben; **to bring home the** ~ **on a contract** e-n Vertrag unter Dach u. Fach bringen; **to save one's** ~ Br. colloq. mit heiler Haut davonkommen.
Ba·co·ni·an the·o·ry [beɪ'kəʊnjən, -nɪən] s Bacon-Theo,rie f (Theorie, nach der Francis Bacon Shakespeares Dramen verfaßt habe).

bac·te·ri·a [bæk'tɪərɪə] pl von **bacterium**.
bac·te·ri·al [bæk'tɪərɪəl] adj bakteri'ell.
bac·te·ri·cid·al [bæk,tɪərɪ'saɪdl] adj med. bakteri'zid, bak'terientötend.
bac'te·ri·cide [-saɪd] s Bakteri'zid n.
bac·te·rin ['bæktərɪn] s med. Bak'terienvak,zin n.
bac·te·ri·o·log·i·cal [bæk,tɪərɪə'lɒdʒɪkl; Am. -'lɑ-] adj (adv **-ly**) bakterio'logisch, Bakterien... **bac·te·ri·ol·o·gist** [-'ɒlədʒɪst; Am. -'ɑ-] s Bakterio'loge m. **bac·te·ri·ol·o·gy** s Bakteriolo'gie f, Bak'terienkunde f, -forschung f.
bac·te·ri·ol·y·sis [bæk,tɪərɪ'ɒlɪsɪs; Am. -'ɑ-] s med. Bakterio'lyse f (Zerstörung von Bakterien durch Antikörper).
bac·te·ri·o·phage [bæk'tɪərɪəfeɪdʒ] s med. Bakterio'phage m (virenähnliches Kleinstlebewesen, das Bakterien zerstört).
bac·te·ri·o·sta·sis [bæk,tɪərɪə'steɪsɪs] s med. Bakterio'stase f (Hemmung des Wachstums u. der Vermehrung von Bakterien).
bac·te·ri·um [bæk'tɪərɪəm] pl **-ri·a** [-ə] s biol. Bak'terie f.
bac·ter·oid ['bæktərɔɪd] **I** adj bak'terienähnlich. **II** s biol. Bakte'ro,id n.
Bac·tri·an cam·el ['bæktrɪən] s zo. Zweihöckeriges Ka'mel.
bad[1] [bæd] **I** adj comp **worse** [wɜːs; Am. wɜːrs] sup **worst** [wɜːst; Am. wɜːrst] (adv → **badly**) **1.** allg. schlecht. **2.** böse, schlimm, arg, schwer: a ~ **mistake** ein schwerer Fehler. **3.** böse, ungezogen: a ~ **boy. 4.** verdorben, lasterhaft: a ~ **woman. 5.** unanständig, unflätig: ~ **language** a) unanständige Ausdrücke pl, b) (gottes)lästerliche Reden pl, c) beleidigende Äußerungen pl; a ~ **word** ein häßliches Wort. **6.** falsch, fehlerhaft, schlecht: **his** ~ **English** sein schlechtes Englisch; ~ **grammar** grammatisch falsch od. schlecht. **7.** unbefriedigend, schlecht: a ~ **plan** (**harvest, year,** etc); **not** ~ **fun** ganz amüsant. **8.** ungünstig, schlecht: ~ **news**; **to be** ~ **news** colloq. ein Ärgernis sein (Person od. Sache). **9.** schädlich, ungesund, schlecht (**for** für): ~ **for the eyes**; ~ **for you**; ~ **for one's health** ungesund. **10.** unangenehm, ärgerlich: **that's too** ~ ist (zu) schade, das ist (doch) zu dumm. **11.** schlecht (Qualität, Zustand): ~ **teeth**; a ~ **repair job**; **in** ~ **condition**; ~ **trip** sl. ,Bad Trip' m (Drogenrausch mit Angstzuständen). **12.** ungültig (Anspruch, Münze etc), ungedeckt (Scheck): ~ **debts** econ. uneinbringliche Forderungen; ~ **title** jur. mangelhafter Rechtstitel; ~ **shot** sport ungültiger Schuß od. Schlag. **13.** schlecht, verdorben: ~ **meat**; **to go** ~ schlecht werden, verderben. **14.** schlecht, angegriffen: ~ **health. 15.** a) unwohl, krank: **she is** (od. **feels**) **very** ~ **today** es geht ihr heute sehr schlecht; **he is in a** ~ **way** (a. weitS.) es geht ihm schlecht, er ist übel dran, b) niedergeschlagen: **he felt** ~ **at** (od. **about**) **it** er war (sehr) deprimiert darüber. **16.** schlimm, böse, arg, heftig: a ~ **cold**; a ~ **shock**; a ~ **finger** ein böser od. schlimmer Finger. **17.** widerlich, schlecht: a ~ **smell. 18.** schlecht, schwach (**at** in dat). **II** s **19.** (das) Schlechte, (das) Böse, Unglück n: **to go from** ~ **to worse** immer schlimmer werden; **to take the** ~ **with the good** (auch) die Nachteile od. die schlechten Seiten in Kauf nehmen; **to go to the** ~ auf die schiefe Bahn geraten. **20.** econ. Defizit n: **to be $ 25 to the** ~ ein Defizit od. e-n Verlust von 25 Dollar haben. **21.** colloq. **to be in** ~ **with** schlecht angeschrieben sein bei; **to get in** ~ **with** sich unbeliebt machen bei. **III** adv colloq. für **badly**.

bad² [bæd] *obs. pret von* bid.
bad³ [bæd] *obs. pret von* bide.
bad·der·locks [ˈbædə(r)lɒks; *Am.* -ˌlɑks] *s bot.* (eßbarer) arktischer Seetang.
bad·die [ˈbædɪ] *s TV, Film etc: colloq.* Bösewicht *m*, Schurke *m*.
bad·dish [ˈbædɪʃ] *adj* ziemlich schlecht.
bad·dy → baddie.
bade¹ [bæd; beɪd] *pret u. pp von* bid.
bade² [bæd] *pret von* bide.
badge [bædʒ] *s* **1.** Abzeichen *n*. **2.** *mil.* a) Dienstgrad-, Rangabzeichen *n*, b) (Ehren)Spange *f*, Auszeichnung *f*. **3.** *fig.* Ab-, Kennzeichen *n*, Merkmal *n*, Stempel *m*.
badg·er [ˈbædʒə(r)] **I** *s* **1.** *zo.* Dachs *m*. **2.** B~ *Am.* (Spitzname für e-n) Bewohner von Wisˈconsin: B~ **State** Wisconsin *n*. **II** *v/t* **3.** hetzen. **4.** *fig.* plagen, *j-m* zusetzen: **to ~ s.o. for s.th.** *j-m* wegen etwas keine Ruhe lassen; **to ~ s.o. into doing s.th.** *j-m* so lange zusetzen, bis er etwas tut. **~ bait·ing** *s* Dachshetze *f*. **~ dog** *s* Dachshund *m*. **~ draw·ing** *s* Dachshetze *f*. **~ game** *s Am. colloq.* abgekartetes Spiel, bei dem ein Mann von e-r Frau in e-e verfängliche Situation gelockt u. anschließend von e-m Komplizen, der sich als Ehemann od. Bruder ausgibt, erpreßt wird.
ba·di·geon [bəˈdɪdʒən] *s tech.* Gips-, Stuckmörtel *m*.
bad·i·nage [ˈbædɪnɑːʒ; ˌbædɪˈnɑːʒ] *s* Schäkeˈrei *f*, Neckeˈrei *f*.
ˈbad·lands *s pl* Ödland *n*.
ˈbad·ly *adv* **1.** schlecht, schlimm: **he is ~ off** es geht ihm sehr schlecht. **2.** schlecht, mangelhaft, miseˈrabel: **to do ~** schlecht fahren (in bei, mit). **3.** dringend, sehr: **~ needed** dringend nötig (*od.* benötigt). **4.** schwer: **~ wounded**.
bad·min·ton [ˈbædmɪntən] *s* **1.** a) *sport* Badminton *n*, b) *Freizeitsport*: Federball(spiel *n*) *m*. **2.** *a.* **~ cup** Erfrischungsgetränk aus Rotwein, Sodawasser u. Zucker.
ˈbad-ˌmouth *v/t Am. colloq. j-n od. etwas* schlechtmachen, ˈherziehen über (*acc*).
ˈbad·ness *s* **1.** Verdorbenheit *f*, Lasterhaftigkeit *f*. **2.** Schädlichkeit *f*. **3.** schlechter Zustand, schlechte Beschaffenheit.
ˌbad-ˈtem·pered *adj* schlechtgelaunt, übellaunig.
Bae·de·ker [ˈbeɪdɪkə(r)] *s* **1.** Baedeker *m*, Reiseführer *m*. **2.** *allg.* Handbuch *n*.
baf·fle [ˈbæfl] **I** *v/t* **1.** verwirren, -blüffen, narren, täuschen, *j-m* ein Rätsel sein: **the police are ~d** die Polizei steht vor e-m Rätsel; **it ~s (all) description** es spottet jeder Beschreibung. **2.** e-n Plan etc durchˈkreuzen, vereiteln. **3.** *tech.* a) ablenken, b) dämpfen, bremsen. **II** *s* **4.** → bafflement. **5.** *tech.* Ablenkplatte *f*, Schutzschirm *m*, *bes.* Schallwand *f*, -schirm *m*. **ˈbaf·fle·ment** *s* **1.** Verwirrung *f*. **2.** Vereit(e)lung *f*.
ˈbaf·fle plate *s tech.* Prall-, Ablenkplatte *f*, *mot.* Schlingerwand *f*.
ˈbaf·fling *adj* (*adv* ~ly) **1.** verwirrend, verblüffend, vertrackt: **a ~ problem**. **2.** vereitelnd, hinderlich. **3.** unstet (*Wind*).
bag [bæg] **I** *s* **1.** (*a.* Post-, Schlaf- *etc*)Sack *m*, Beutel *m*, (Schul-, Reise-, Hand- *etc*) Tasche *f*: **~ and baggage** (mit) Sack u. Pack, mit allem Drum u. Dran; **~s under the eyes** a) Ringe unter den Augen, b) Hängesäcke; **~s of** *colloq.* jede Menge (*Geld etc*); **to give s.o. the ~** *colloq.* j-n ‚feuern' (*entlassen*); **to be left holding the ~** *Am. colloq.* die Sache ausbaden müssen, der Dumme sein; **it's in the ~** *colloq.* das haben wir in der Tasche *od.* sicher; **the whole ~ of tricks** *colloq.* der ganze Krempel; → **bone**¹ 1, *a. Bes. Redew.*, **nerve** 1. **2.** *tech.* (Zellophan- *etc*)Beutel *m* (*zur Verpackung*): **inner ~**

Innenbeutel. **3.** Tüte *f*. **4.** Sack *m* (*als Maß*). **5.** Geldbeutel *m*. **6.** *hunt.* a) Jagdtasche *f*, b) Jagdbeute *f*, Strecke *f*. **7.** *zo.* a) Euter *n*, b) Honigmagen *m* (*e-r Biene*). **8.** *Boxen:* (Sand)Sack *m*. **9.** *Baseball:* a) Mal *n*, b) Sandsack *m* (*um das Mal zu bezeichnen*). **10.** *sl.* a) ‚Nutte' *f* (*Prostituierte*), b) *a.* **old ~** alte Schlampe. **11.** *colloq.* a) ‚Sack' *m*, weites Kleidungsstück, b) *pl a.* **pair of ~s** *bes. Br.* Hose *f*. **12.** *colloq.* Briefchen *n* (*Rauschgift*). **13.** *colloq.* (Gemüts)Zustand *m*, (-)Verfassung *f*. **14.** *colloq.* a) Geschmack *m*, b) Stärke *f*. **II** *v/t* **15.** a) in e-n Sack *od.* e-e Tasche stecken, einsacken, b) in (Zellophan-*etc*)Beutel verpacken *od.* abfüllen. **16.** *hunt.* zur Strecke bringen, fangen (*a. fig.*). **17.** *colloq.* a) (sich) *etwas* schnappen, einsacken, b) ‚klauen', stehlen, c) *j-n* ‚in die Tasche stecken', schlagen, besiegen. **18.** aufbauschen, ausdehnen: **~ged** → baggy. **III** *v/i* **19.** sich sackartig ausbauchen, sich bauschen. **20.** herˈunterhängen wie ein Sack (*Kleidungsstück*).
bag·a·telle [ˌbægəˈtel] *s* **1.** Bagaˈtelle *f*, Kleinigkeit *f*. **2.** *mus.* Bagaˈtelle *f* (*kurzes Musikstück*). **3.** Tivolispiel *n*.
bag·ful [ˈbægfʊl] *s* (ein) Sack(voll) *m* (*a. fig. Menge*).
bag·gage [ˈbægɪdʒ] *s* **1.** *bes. Am.* (Reise-)Gepäck *n*. **2.** *mil.* Gepäck *n*, Troß *m*. **3.** *fig. Am.* Ballˈlast *m*. **4.** *contp.* ‚Luder' *n*, ‚Flittchen' *n*. **5.** *colloq. humor.* ‚Fratz' *m* (*Mädchen*). **~ al·low·ance** *s aer. bes. Am.* Freigepäck *n*. **~ car** *s rail. bes. Am.* Gepäckwagen *m*. **~ check** *s bes. Am.* Gepäckschein *m*. **~ com·part·ment** *s aer. rail. bes. Am.* Gepäckraum *m*. **~ in·sur·ance** *s bes. Am.* Reisegepäckversicherung *f*. **~ lock·er** *s bes. Am.* Gepäckschließfach *n* (*auf Bahnhöfen etc*). **~ rack** *s rail. bes. Am.* Gepäcknetz *n*. **~ train** *s mil.* Troß *m*.
bag·ging [ˈbægɪŋ] **I** *s* **1.** Sack-, Packleinwand *f*. **2.** a) Einsacken *n*, b) Verpackung *f od.* Abfüllung *f* in (Zellophan-*etc*)Beutel. **3.** Aufbauschung *f*. **II** *adj* → baggy.
bag·gy [ˈbægɪ] *adj* **1.** sackartig. **2.** bauschig. **3.** sackartig herˈunterhängend: **~ clothes**; **~ cheeks** Hängebacken. **4.** ausgebeult: **~ trousers**.
bag la·dy *s Am. colloq.* Stadtstreicherin *f*. **ˈ~·man** [-mən] *s irr* **1.** *bes. Br. colloq.* (Handels)Vertreter *m*. **2.** *Am. colloq.* Kasˈsierer *m*. Verteiler *m* von Schutzgeldern.
ba·gnio [ˈbɑːnjəʊ; *Am. a.* ˈbæn-] *pl* **-gnios** *s* **1.** Borˈdell *n*. **2.** *obs.* türkisches Badehaus. **3.** *obs.* Gefängnis *n* (*im Orient*).
ˈbag·pipe *s meist pl mus.* Dudelsack *m*. **ˈ~·pip·er** *s* Dudelsackpfeifer *m*. **ˈ~·reef** *s mar.* ˈUnterreff *n*. **ˈ~·snatch·er** *s* Handtaschenräuber *m*. **ˈ~·wig** *s hist.* Peˈrücke *f* mit Haarbeutel. **ˈ~·worm** *s zo.* Raupe *f* des Sackträgers: **~ moth** Sackträger *m*.
bah [bɑː] *interj contp.* bah!
Ba·ha·i [bəˈhɑːɪ; *Am. a.* bɑː-] *relig.* **I** *s* Baˈhai *m*. **II** *adj* Bahaismus... **Baˈha·ism** *s* Bahaˈismus *m* (*aus dem Babismus entstandene universale Religion*).
bail¹ [beɪl] *jur.* **I** *s* **1.** *nur sg* Bürge(n *pl*) *m*: **to find ~** sich (e-n) Bürgen verschaffen; (ˈHaft)Kautiˈon *f*: **to admit to ~** 5; **to allow** (*of. grant*) **~** 4, 5; Sicherheitsleistung *f*. Kaution zulassen; **to be out on ~** gegen Kaution auf freiem Fuß sein; **to forfeit one's ~** *bes. wegen Nichterscheinens vor Gericht*) die Kaution verlieren; **to furnish** (*od.* **give**) **~** Sicherheit leisten, Kaution stellen; **to go** (*od.* **stand**)

~ for s.o. für *j-n* Sicherheit leisten *od.* Kaution stellen; **to jump ~** *Am. colloq.* die Kaution ‚sausen lassen', flüchtig werden; **to refuse ~** die Freilassung gegen Kaution *od.* Sicherheitsleistung verweigern; **release** (*Br. a.* **remand**) **on ~** → 3; **to release** (*Br. a.* **remand**) **on ~** → 5; **to save** (*od.* **surrender to**) **one's ~** vor Gericht erscheinen. **3.** Freilassung *f od.* Entlassung *f* aus der Unterˈsuchungshaft gegen Kautiˈon *od.* Sicherheitsleistung. **II** *v/t* **4.** *meist* **~ out** *j-s* Freilassung *od.* Entlassung aus der Unterˈsuchungshaft gegen Kautiˈon *od.* Sicherheitsleistung erwirken. **5.** gegen Kautiˈon *od.* Sicherheitsleistung freilassen *od.* aus der Unterˈsuchungshaft entlassen. **6.** *Güter* (*zur treuhänderischen Verwahrung*) überˈgeben (**to** *dat*). **7.** *meist* **~ out** *fig. j-n* retten, *j-m* (herˈaus)helfen ([**out**] *of aus dat*).
bail² [beɪl] **I** *v/t* **1.** *meist* **~ out** a) *Wasser etc* ausschöpfen, b) *ein Boot* ausschöpfen. **II** *v/i* **2.** Wasser ausschöpfen. **3.** **~ out** *aer.* ‚aussteigen', (mit dem Fallschirm) abspringen. **4.** **~ out** *fig. colloq.* ‚aussteigen' (**of** *aus dat*).
bail³ [beɪl] *s* **1.** Bügel *m*, Henkel *m*, (Hand)Griff *m*. **2.** Reif *m*, Halbreifen *m* (*z. B. e-s Planwagendaches*).
bail⁴ [beɪl] *s* **1.** *bes. Br.* Schranke *f* (*im Stall*). **2.** *Kricket:* Querstab *m* (*über den stumps*). **3.** äußere Burgmauer.
ˈbail·a·ble *adj jur.* kautiˈonsfähig.
bail bond *s jur.* schriftliche Verpflichtungserklärung e-s Untersuchungsgefangenen *od.* Angeschuldigten u. s-s Bürgen anstelle von Zahlung e-r Kaution.
bail·ee [ˌbeɪˈliː] *s jur.* Verwahrer *m* (*e-r beweglichen Sache*), (treuhänderischer) Verwahrer *m*, *z. B.* Frachtführer *m*, Spediˈteur *m*.
bai·ley [ˈbeɪlɪ] *s* **1.** Außenmauer *f* (*e-r Burg*). **2.** Burghof *m*: → **Old Bailey**.
bail·ie [ˈbeɪlɪ] *s Scot.* Stadtverordnete(r) *m*.
bail·iff [ˈbeɪlɪf] *s* **1.** *jur.* a) *Br.* Gerichtsvollzieher *m*, Hilfsbeamte(r) *m* e-s **sheriffs**, b) *Am.* Juˈstizwachtmeister *m*, c) *Am.* Vollˈstreckungsbeamte(r) *m*. **2.** *Br.* (Guts)Verwalter *m*.
bail·i·wick [ˈbeɪlɪwɪk] *s* **1.** *jur.* Amtsbezirk *m* e-s **bailiff**. **2.** *fig.* Speziˈalgebiet *n*.
ˈbail·ment *s jur.* **1.** a) (vertragliche) Hinterˈlegung *f* (*e-r beweglichen Sache*), Verwahrung(svertrag *m*) *f*, b) hinterˈlegte Sachen *pl*, anvertrautes Gut. **2.** → **bail¹** 3.
bail·or [ˈbeɪlə(r); beɪˈlɔː(r)] *s jur.* Hinterˈleger *m* (*e-r beweglichen Sache*), Depoˈnent *m*.
bails·man [ˈbeɪlzmən] *s irr jur.* Bürge *m*.
bairn [beə(r)n] *s Scot.* Kind *n*.
bait [beɪt] **I** *s* **1.** Köder *m* (*a. fig.*): **live ~** lebender Köder; **to rise to** (*od.* **swallow, take**) **the ~** anbeißen, *fig.* a. sich ködern lassen. **2.** *obs.* Erfrischungspause *f*, Rast *f* (*auf der Reise*). **3.** *obs.* Füttern *n u.* Tränken *n* (*der Pferde etc*). **II** *v/t* **4.** mit e-m Köder versehen. **5.** *fig.* ködern, (an)locken. **6.** *hunt.* (mit Hunden) hetzen. **7.** *fig.* quälen, peinigen, ‚piesacken'. **8.** *obs. Pferde etc* (*bes. auf der Reise*) füttern u. tränken. **III** *v/i* **9.** *obs.* einkehren, Rast machen. **10.** *obs.* fressen.
ˈbait·er *s fig.* Quäler *m*.
ˈbait·ing *s* **1.** *fig.* Quäleˈrei *f*. **2.** → **bait** 2. **3.** → **bait** 3.
baize [beɪz] **I** *s* **1.** Boi *m* (*Art Flanell od. Fries, meist grün*). **2.** ˈTisch, überzug *m etc* aus Boi. **II** *v/t* **3.** mit Boi überˈziehen.
bake [beɪk] **I** *v/t* **1.** backen, im (Back-)Ofen braten: **~d beans** Baked Beans (*in Tomatensoße gekochte Bohnen*); **~d po·ta·toes** a) ungeschälte, im Ofen gebackene Kartoffeln, b) Folienkartoffeln. **2.** a) dör-

bakehouse – ball

ren, härten, austrocknen, b) *Ziegel* brennen, c) *tech. Lack* einbrennen: **to ~ on** aufbrennen. **II** *v/i* **3.** backen, braten (*a. fig. in der Sonne*), gebacken werden (*Brot etc*). **4.** dörren, hart werden. **5.** zs.- *od.* festbacken. **III** *s* **6.** *Scot.* Keks *m*, *n*. **7.** *Am. gesellige Zs.-kunft, bei der e-e Backspezialität als Hauptgericht serviert wird*. '**~·house** *s* Backhaus *n*, -stube *f*.
Ba·ke·lite, b~ [ˈbeɪkəlaɪt] (*TM*) *s tech.* Bakeˈlit *n*.
'**bak·er** *s* **1.** Bäcker *m*: → **dozen 2. 2.** tragbarer Backofen.
bak·er·y [ˈbeɪkərɪ] *s* **1.** Bäckeˈrei *f*. **2.** → bakehouse.
bakh·shish → baksheesh.
'**bak·ing** *s* **1.** Backen *n*. **2.** Schub *m* (*Brote etc*). **3.** *tech.* a) Brennen *n* (*von Ziegeln*), b) Einbrennen *n* (*von Lack*). **~-ˈhot** *adj* glühendheiß (*Tag etc*). **~ pow·der** *s* Backpulver *n*. **~ so·da** *s* ˈNatriumˌbikarboˌnat *n*.
bak·sheesh, bak·shish [ˈbækʃiːʃ; -ˈʃiːʃ] *s* (*ohne art*) Bakschisch *n*.
Ba·laam [ˈbeɪlæm, -ləm] **I** *npr Bibl.* Bileam *m*. **II b~** *s print. Am. colloq.* Füller *m*.
Ba·la·cla·va (hel·met) [ˌbæləˈklɑːvə] *s* (wollener) Kopfschützer.
ba·la·lai·ka [ˌbæləˈlaɪkə] *s mus.* Balaˈlaika *f*.
bal·ance [ˈbæləns] **I** *s* **1.** Waage *f* (*a. fig.*). **2.** Gleichgewicht *n*: a) Baˈlance *f*, b) *a*. **~ of mind** Fassung *f*, Gemütsruhe *f*; **in the ~** *fig.* in der Schwebe; **to hang** (*od.* **tremble**) **in the ~** *fig.* auf Messers Schneide stehen; **to hold the ~** *fig.* das Zünglein an der Waage bilden; **to keep one's ~** a) das Gleichgewicht halten, b) *fig.* sich nicht aus der Fassung bringen lassen; **to lose one's ~** das Gleichgewicht *od.* (*fig.*) die Fassung verlieren; **off ~** aus dem Gleichgewicht; **to throw s.o. off (his) ~** *fig.* j-n aus der Fassung bringen; **~ of power** (politisches) Gleichgewicht, Gleichgewicht der Kräfte. **3.** (**to**) *bes. fig.* Gegengewicht *n* (zu), Ausgleich *m* (für). **4.** *bes. fig.* ˈÜbergewicht *n*. **5.** *fig.* Abwägen *n*: **on ~** wenn man alles berücksichtigt, alles in allem genommen. **6.** *art* harˈmonisches Verhältnis, Ausgewogenheit *f* (*a. e-s Fernsehprogramms etc*). **7.** *econ.* a) Biˈlanz *f*, b) Rechnungsabschluß *m*, c) (Konten-, Rechnungs)Saldo *m*, Kontostand *m*, Bestand *m*, Guthaben *n*, d) Restbetrag *m*, -summe *f*: **~ at** (*od.* **in**) **the bank** Banksaldo, -guthaben *n*; **~ of accounts** Kontenabschluß *m*; **~ of payments** Zahlungsbilanz; **~ of the books** Abschluß *m* der Bücher; **~ due** Debetsaldo, geschuldeter Restbetrag; **~ in your favo(u)r** Saldo zu Ihren Gunsten; **~ in** (*od.* **on**) **hand** Bar-, Kassenbestand; **to show a ~** e-n Saldo aufweisen; **to strike a ~** den Saldo *od.* (*a. fig.*) (die) Bilanz ziehen; **~** per Saldo. **8.** *Am. colloq.* Rest *m*. **9.** Baˈlance *f* (*Tanzschritt*). **10.** *tech.* Unruh *f* (*der Uhr*). **11.** *electr.* (Null)Abgleich *m* (*e-r Meßbrücke*). **12.** *phys.* Ausgleich *m*, Kompensatiˈon *f*. **13.** *physiol.* (*Stickstoff- etc*)Gleichgewicht *n*: **~ thyroid** ~ Schilddrüsengleichgewicht, normales Funktionieren der Schilddrüse. **14. B~** *astr.* Waage *f*.
II *v/t* **15.** wiegen. **16.** *fig.* (ab-, er-)wägen: **to ~ one thing against another** e-e Sache gegen e-e andere abwägen. **17.** (o.s. sich) im Gleichgewicht halten, balanˈcieren. **18.** ins Gleichgewicht bringen, ausgleichen, ˈausbalanˌcieren. **19.** *electr.* a) abgleichen, b) entkoppeln, neutraliˈsieren, c) symmeˈtrieren. **20.** *tech.* Räder *etc* auswuchten. **21.** *econ.* Konten *od.* Rechnungen aus-, begleichen, salˈdieren, abschließen: **to ~ one item against another** e-n Posten gegen e-n anderen

aufrechnen; **to ~ our account** zum Ausgleich unserer Rechnung; **to ~ the ledger** das Hauptbuch (ab)schließen; **to ~ the cash** Kasse(nsturz) machen. **22.** *econ.* gleichstehen mit: **the expenses ~ the receipts**. **23.** *art* harˈmonisch gestalten.
III *v/i* **24.** sich im Gleichgewicht halten (*a. fig.*), balanˈcieren: **to ~ with** ein Gegengewicht bilden zu, *etwas* ausgleichen. **25.** sich (hin u. her) wiegen, wippen. **26.** *a.* **~ out** *tech.* (sich) einspielen (*Zeiger etc*). **27.** *econ.* sich ausgleichen (*Rechnungen*).
balˈance|ˈacˈcount *s econ.* Ausgleichskonto *n*. **~ beam** *s* **1.** Waagearm *m*, -balken *m*. **2.** *Turnen*: Schwebebalken *m*. **~ card** *s econ.* Bestandskarte *f*.
balˈanced [ˈbælənst] *adj* **1.** im Gleichgewicht befindlich, ˈausbalanˌciert. **2.** *fig.* ausgewogen, ausgeglichen: **~ budget**; **~ diet** ausgeglichene Kost; **~ team** *sport* ausgeglichene Mannschaft. **3.** *fig.* wohlerwogen: **~ judg(e)ment**. **4.** *electr.* ausgeglichen, symˈmetrisch: **~ aerial** (*bes. Am.* **antenna**) Ausgleichsantenne *f*; **~ circuit** symmetrische Schaltung; **~ voltage** (erd)symmetrische Spannung. **5.** *tech.* ausgewuchtet: **~ wheels**.
'**balˈanc·er** *s* **1.** Balanˈcierkünstler(in). **2.** *tech.* Auswuchtgerät *n*.
balˈance| sheet *s econ.* **1.** (*aufgestellte*) Biˈlanz, Rechnungsabschluß *m*: **first** (*od.* **opening**) **~** Eröffnungsbilanz; **~ item** Bilanzposten *m*. **2.** *fig.* Biˈlanz *f*. **~ spring** *s tech.* Unruhfeder *f* (*der Uhr*). **~ wheel** *s* **1.** *tech.* Hemmungsrad *n*, Unruh *f*. **2.** *fig.* ausgleichendes Moˈment.
'**balˈancˈing** *adj* **1.** Balance..., Balanˈcier...: **~ act** Balanceakt *m* (*a. fig.*); **~ pole** Balancierstange *f*. **2.** *electr.* Ausgleichs...: **~ battery**; **~ condenser**; **~ force** *phys.* Gleichgewichts-, Kompensationskraft *f*; **~ loop** Symmetrierschleife *f*; **~ method** Nullabgleichmethode *f*.
balˈas [ˈbæləs] *s min.* ˈBalasruˌbin *m*.
balˈcoˈnied [ˈbælkənɪd] *adj* mit e-m Balˈkon versehen, mit Balˈkonen. '**balˈcoˈny** *s* Balˈkon *m*, *thea. a.* zweiter Rang.
bald [bɔːld] **I** *adj* (*adv* **~·ly**) **1.** kahl (-köpfig), glatzköpfig: **to go ~** e-e Glatze bekommen, kahl werden. **2.** kahl (*ohne Haar, Federn, Laub, Pflanzenwuchs*). **3.** (völlig) abgefahren (*Reifen*). **4.** *fig.* kahl, schmucklos, armselig, dürftig. **5.** *fig.* nackt, unverhüllt, unverblümt: **~ egotism**; **a ~ statement** e-e knappe Erklärung; **to put it ~·ly** um es ganz offen zu sagen. **6.** weißköpfig (*Vogel*), weißfleckig (*Pferde, bes. am Kopf*): **~ eagle** Weißköpfiger Seeadler (*Wappentier der USA*). **II** *v/i* **7.** *Am.* kahl werden, e-e Glatze bekommen.
bal·da·chin, *a.* **bal·da·quin** [ˈbɔːldəkɪn; *Am. a.* ˈbæl-] *s* Baldachin *m* (*a. arch.*), Thron-, Traghimmel *m*.
bal·der·dash [ˈbɔːldə(r)dæʃ] *s* ˈQuatsch' *m*, Unsinn *m*.
bald| face *s Am.* **1.** Blesse *f* (*Pferd*). **2.** *sl.* ˈFusel' *m* (*schlechter Whisky*). '**~·head** *s* **1.** Kahl-, Glatzkopf *m*. **2.** *orn.* (e-e) Haustaube. **~·ˈhead·ed I** *adj* kahl, glatzköpfig. **II** *adv*: **to go ~** *colloq.* a) blindlings losgehen (**at, for** auf *acc*), b) blindlings rennen (**into** in *acc*).
'**bald·ing** *adj* kahl (*od.* schütter) werdend: **he is ~** er bekommt langsam e-e Glatze; **~ head** schütteres Haar.
'**bald·ness** *s* **1.** Kahlheit *f* (*a. fig.*). **2.** *fig.* Schmucklosigkeit *f*, Dürftigkeit *f*. **3.** *fig.* Unverblümtheit *f*.
'**bald|·pate** *s* **1.** Kahl-, Glatzkopf *m*. **2.** *orn. Amer.* Pfeifente *f*. **~·ˈpat·ed** *adj* kahl(köpfig), glatzköpfig.

balˈdric [ˈbɔːldrɪk] *s* (Horn-, Degen-, Wehr)Gehenk *n*.
'**bald·y** *s Am. colloq.* Glatzkopf *m*.
'**bale¹** [beɪl] **I** *s econ.* Ballen *m*: **~ goods** Ballenware *f*; **in ~s** ballenweise. **II** *v/t* in Ballen verpacken.
bale² [beɪl] *s obs. od. poet.* **1.** Unheil *n*. **2.** Leid *n*, Weh *n*.
bale³ → bail².
ba·leen [bəˈliːn] *s* Fischbein *n*.
'**bale|ˌfire** *s obs.* **1.** Siˈgnalfeuer *n*. **2.** Freudenfeuer *n*. **3.** Scheiterhaufen *m* (*zur Feuerbestattung*).
'**bale·ful** (*adv* **~·ly**) **1.** *Person*: a) bösartig, b) rachsüchtig. **2.** haßerfüllt (*Blick*). **3.** verderblich (*Einfluß*). **4.** unheilvoll. **5.** niedergeschlagen, depriˈmiert.
'**bal·er** *s* Ballen-, Packpresse *f*.
Ba·li·nese [ˌbɑːlɪˈniːz] **I** *s* **1.** Baliˈnese *m*, Baliˈnesin *f*. **2.** *ling.* Baliˈnesisch *n*, das Balinesische. **II** *adj* **3.** baliˈnesisch.
balk [bɔːk] **I** *s* **1.** Hindernis *n*. **2.** Enttäuschung *f*. **3.** *Am. obs.* Auslassung *f*. **4.** *agr.* (Furchen)Rain *m*. **5.** *arch.* Haupt-, Zug-, Spannbalken *m*. **6.** *Billard*: Quarˈtier *n*, Kessel *m*: **~ line** Feldlinie *f*; **~-line game** Karreespiel *n*. **7.** *Baseball*: vorgetäuschter Wurf (*des Werfers*) (*Regelverstoß*). **8.** *sport* mißˈglückter Versuch. **9.** Haupttau *n* (*e-s Fischernetzes*). **II** *v/i* **10.** stokken, stutzen, nicht weiter wollen. **11.** scheuen (**at** vor *dat*) (*Pferd*), *Reitsport*: verweigern. **12.** (**at**) a) sich sträuben (gegen), b) zuˈrückschrecken (vor *dat*). **III** *v/t* **13.** (ver)hindern, durchˈkreuzen, vereiteln. **14.** verfehlen, sich entgehen lassen: **~ed landing** *aer.* Fehllandung *f*. **15.** *fig.* umˈgehen, sich drücken vor (*dat*): **to ~ a topic**.
Bal·kan [ˈbɔːlkən] **I** *adj* Balkan... **II** *s* **the ~s** *pl* die Balkanstaaten *pl*, der Balkan.
'**Bal·kan·ize** *v/t Gebiet* balkaniˈsieren.
'**balk·y** [ˈbɔːkɪ] *adj* störrisch (*Pferd etc*).
ball¹ [bɔːl] **I** *s* **1.** Ball *m*, Kugel *f*, kugelförmiger Körper, Knäuel *m*, *n* (*Garn etc*), Ballen *m*, Klumpen *m*, (*Fleisch- etc*)Kloß *m*. **2.** Kugel *f* (*zum Schießen*), *a. collect.* Kugeln *pl*, Blei *n*: **to load with ~** scharf laden. **3.** *anat.* Ballen *m*: **~ of the eye** Augapfel *m*; **~ of the foot** Fußballen; **~ of the thumb** Handballen. **4.** → **ballot 1 a. 5.** (Spiel)Kugel *f*. **6.** *sport* a) (Spiel)Ball *m*: **tennis ~**, b) *Am.* Ballspiel *n*, *bes.* Baseball(spiel *n*) *m*, c) Ball *m*, (*Kricket etc*) Wurf *m*, (*Tennis etc*) Schlag *m*, (*Fußball etc*) Schuß *m*: **a fast ~** ein scharfer Ball; **no ~!** (*Kricket*) der Ball gilt nicht; → **no-ball**, d) *Baseball*: ungültiger Wurf *od.* Ball. **7.** *astr.* Himmelskörper *m*. **8.** *Tischlerei*: Poˈlierwachs *n*. **9.** *metall.* Luppe *f*. **10.** *vet.* große Pille (*für Pferde*). **11.** → **balls**.
Besondere Redewendungen:
to be on the ~ *colloq.* ˈauf Draht' sein; **to have the ~ at one's feet** *Br.* s-e große Chance haben; **to have a lot on the ~** *Am. colloq.* ˌe-e Menge auf dem Kasten haben'; **to keep the ~ rolling** das Gespräch *od.* die Sache in Gang halten; **the ~ is with you** (*od.* **in your court**) du bist an der Reihe *od.* dran *od.* am Zug; **to play ~** a) den Ball spielen, b) *colloq.* mitmachen, ˌspuren'; **to set** (*od.* **start**) **the ~ rolling** den Stein ins Rollen bringen; **to take the ~ away from s.o.** *Am. colloq.* j-m die Sache (*e-e Aufgabe etc*) aus der Hand nehmen.
II *v/t* **12.** zs.-ballen, zu Kugeln *od.* Ballen formen. **13. ~ up** *Am. sl.* a) (völlig) durcheinˈanderbringen, **to get ~ed up** 16, b) ˌversauen', verpfuschen.
III *v/i* **14.** sich (zs.-)ballen. **15. ~ up** *metall.* Luppen bilden. **16. ~ up** *Am. sl.* (völlig) durcheinˈanderkommen (**on bei**).
ball² [bɔːl] **I** *s* **1.** Ball *m*, Tanzveranstal-

ballad – band

tung *f*: **to open the ~** a) den Ball eröffnen, b) *fig.* den Reigen eröffnen; **to have a ~** → 2; **to get a ~ out of** *bes. Am. colloq.* Spaß haben an (*dat*). II *v/i* 2. *bes. Am. colloq.* sich köstlich amü'sieren. 3. *bes. Am. vulg.* „bumsen', ‚vögeln' (*miteinander schlafen*). III *v/t* 4. *bes. Am. vulg.* ‚bumsen', ‚vögeln'.
bal·lad ['bæləd] *s* 1. Bal'lade *f.* 2. Bänkellied *n.*
bal·lade [bæ'la:d; *Am. a.* bə-] *s* 1. Bal'lade *f* (*Gedichtform aus meist drei Strophen mit je 7, 8 od. 10 Versen u. Refrain*). 2. *mus.* Bal'lade *f.* ~ **roy·al** *s mus.* Ballade mit Strophen von 7 od. 8 zehnsilbigen Zeilen.
'**bal·lad**|**mon·ger** *s* 1. Bänkelsänger *m.* 2. *contp.* Dichterling *m.* ~ **op·er·a** *s* Singspiel *n.*
bal·lad·ry ['bælədrɪ] *s* Bal'ladendichtung *f.*
ball|**am·mu·ni·tion** *s mil.* 'Vollmunition *f.* ~ **and chain** *s* 1. Kugel- u. Kettenfessel *f.* 2. *fig.* ‚Klotz *m* am Bein'. 3. *sl.* ‚Hauskreuz' *n* (*Ehefrau*). ⟨~**and- -'sock·et joint** *s anat. tech.* Kugelgelenk *n.*
bal·last ['bæləst] I *s* 1. *bes. aer. mar.* Ballast *m*: **in ~** in Ballast, nur mit Ballast beladen. 2. *fig.* (sittlicher) Halt, Grundsätze *pl.* 3. *tech.* Steinschotter *m*, rail. 'Bettungsmateri,al *n.* II *v/t* 4. *bes. aer. mar.* mit Ballast beladen. 5. *fig.* j-m Halt geben. 6. beschottern.
bal·last|**con·crete** *s tech.* 'Schotterbe,ton *m.* ~ **port** *s mar.* Ballastpforte *f* (*an der Schiffsseite*). ~ **re·sis·tor** *s electr.* 'Ballast,widerstand *m.*
ball|**bear·ing** *s tech.* 1. Kugellager *n.* 2. Kugellagerkugel *f.* ~ **boy** *s sport* Balljunge *m.* ~ **car·tridge** *s mil.* 'Voll-, 'Kugelpa,trone *f.* ~ **check valve** *s tech.* 'Kugel,rückschlagven,til *n.* ~ **cock** *s tech.* 'Schwimmerhahn *m*, -ven,til *n.* ~ **con·trol** *s sport* 'Ballkon,trolle *f.* ~ **dress** *s* Ballkleid *n.*
bal·le·ri·na [,bælə'ri:nə] *s* 1. Balle'rina *f*, Bal'lettänzerin *f.* 2. *Am.* Primaballe'rina *f.*
bal·let ['bæleɪ; *Am. a.* bæ'leɪ] *s* Bal'lett *n*: a) Bal'lettkunst *f*, -stil *m*, b) Bal'lettaufführung *f*, c) Bal'lettkorps *n*, d) Bal'lettmu,sik *f.* ~ **danc·er** *s* Bal'lettänzer(in).
bal·let·ic [bæ'letɪk] *adj* 1. Ballett... 2. tänzerisch (*Bewegungen*).
bal·let mas·ter *s* Bal'lettmeister *m.*
bal·let·o·mane ['bælɪtəʊmeɪn; *Am.* bæ-'letə,meɪn] *s* Bal'lettfa,natiker(in).
bal·let skirt *s* Bal'lettröckchen *n.*
'**ball**|**flow·er** *s arch.* Ballenblume *f* (*gotische Verzierung*). ~ **game** *s* 1. *sport* a) Ballspiel *n*, b) *Am.* Baseballspiel *n.* 2. *bes. Am. colloq.* ‚Chose' *f*, Sache *f*: **that's a completely different ~** das ist etwas ganz anderes. 3. *Am. colloq.* Schauplatz *m*, Ort *m* der Handlung *od.* des Geschehens: **to be in the ~** an Ort u. Stelle sein. 4. *Am. colloq.* Sachlage *f*, Situati'on *f.*
bal·lis·tic [bə'lɪstɪk] *adj* (*adv* ~**ally**) *mil. phys.* bal'listisch: ~ **curve**; ~ **cap** *mil.* Geschoßhaube *f*; ~ **missile** *mil.* ballistische Rakete; ~ **parabola** *phys.* Wurfparabel *f.* **bal·lis·ti·cian** [,bælɪ'stɪʃn] *s* Bal'listiker *m.* **bal·lis·tics** *s pl* (*meist als sg konstruiert*) *mil. phys.* Bal'listik *f.*
ball|**joint** *s anat. tech.* Kugelgelenk *n.* ~ **light·ning** *s* Kugelblitz *m.*
bal·locks ['bæləks] → **bollocks**.
bal·lo·net [,bælə'net; *Am.* -'neɪ] *s aer.* Luftsack *m* (*im Gasraum des Luftschiffs*).
bal·loon [bə'lu:n] I *s* 1. *aer.* ('Frei-, 'Fessel)Bal,lon *m*: **the ~ goes up** *colloq.* ‚die Sache steigt', es geht los; **to shoot ~s** *Am. colloq.* wilde Theorien aufstellen. 2. 'Luftbal,lon *m* (*Kinderspielzeug*). 3. *arch.* (Pfeiler)Kugel *f.* 4. *chem.* Bal'lon

m, Rezipi'ent *m.* 5. (*in Comics etc*) Sprech-, Denkblase *f.* 6. *Weberei*: Trockenhaspel *f.* 7. *a.* ~ **glass** Kognakglas *n*, -schwenker *m.* 8. *sport Br. colloq.* a) *Fußball*: ‚Kerze' *f* (*steil in die Luft geschossener Ball*), b) *Kricket*: vom Schläger in steilem Winkel geschlagener Ball. II *v/i* 9. *aer.* (*bei der Landung*) springen (*Flugzeug*). 10. im Bal'lon aufsteigen *od.* fliegen. 11. sich blähen. 12. *sport Br. colloq.* a) *Fußball*: ‚e-e Kerze fabri'zieren', b) *Kricket*: den Ball in steilem Winkel schlagen. 13. *econ. Am.* in die Höhe schnellen (*Kosten, Preise*). III *v/t* 14. aufblähen, ausdehnen (*a. med.*). 15. **to ~ the ball** → 12. 16. *econ. Am.* Kosten, Preise in die Höhe treiben. IV *adj* 17. Bal'lonförmig, aufgebläht, aufgebauscht: ~ **sleeve** Puffärmel *m.* ~ **as·tron·o·my** *s astr.* Bal'lonastrono,mie *f*, Stratosko'pie *f.* ~ **bar·rage** *s mil.* Bal-'lonsperre *f.*
bal'loon·ist *s* Bal'lonfahrer(in).
bal·loon|**jib** *s mar. obs.* 'Kreuzbal,lon *m.* ~ **sail** *s mar. obs.* Bal'lon(segel *n*) *m.* ~ **tire**, *bes. Br.* ~ **tyre** *s tech.* Bal'lonreifen *m.* ~ **vine** *s bot.* Bal'lonrebe *f.*
bal·lot ['bælət] I *s* 1. a) *hist.* Wahlkugel *f*, b) Wahl-, Stimmzettel *m.* 2. Gesamtzahl *f* der abgegebenen Stimmen: **large ~** hohe Wahlbeteiligung. 3. Geheimwahl *f*: **voting is by ~** die Abstimmung ist geheim. 4. (*bes. geheime*) Wahl *od.* Abstimmung: **to have** (*od.* **hold, take**) **a ~** abstimmen (**on** über *acc*). 5. Wahlgang *m*: **second ~** zweiter Wahlgang, Stichwahl *f.* 6. Auslosung *f.* II *v/i* 7. (**for**) stimmen (für), (*bes. in geheimer Wahl*) wählen (*acc*). 8. abstimmen (**on** über *acc*). 9. losen: **to ~ for s.th.** etwas auslosen. III *v/t* 10. abstimmen über (*acc*). 11. j-n abstimmen lassen (**on** über *acc*). 12. auslosen. ~ **box** *s pol.* Wahlurne *f.* ~ **card**, ~ **pa·per** *s* ballot 1 b.
ball|**park** *s Am.* 1. *sport* Baseballstadion *n.* 2. **to be in the right ~** *colloq.* ungefähr hinkommen (*Zahl etc*). '~**park** *adj*: ~ **figure** *Am. colloq.* ungefähre Zahl. ~ **pen** *s* Kugelschreiber *m.* '~**play·er** *s sport* 1. Ballspieler *m.* 2. *Fußball*: *Br.* 'Ballar,tist *m.* 3. *Am.* Baseballprofi *m.* '~**point** (**pen**) *s* Kugelschreiber *m.* ~ **race** *s tech.* Kugellager-, Laufring *m.* '~**room** *s* Ball-, Tanzsaal *m*: ~ **dancing** Gesellschaftstanz *m*, -tänze *pl.*
balls [bɔ:lz] *vulg.* I *s pl* ‚Eier' *pl* (*Hoden*): **to have s.o. by the ~** j-n (fest) in der Hand haben. II *interj* ‚Scheiße!' III *v/t* ~ **up** *Br.* für **ball**[1] 13. '~**up** *Br. vulg.* für **ballup**.
ball·sy ['bɔ:lzi:] *adj Am. colloq.* 1. draufgängerisch. 2. aggres'siv.
ball|**tap** → **ball cock**. ~ **thrust bear·ing** *s tech.* Druckkugellager *n.* '~**up** *s Am. sl.* 1. Durchein'ander *n.* 2. **to make a ~ of s.th.** etwas ‚versauen' *od.* verpfuschen. ~ **valve** *s tech.* 'Kugelven,til *n.*
bal·ly ['bælɪ] → **bloody** 4, 5.
'**bal·ly·hack** ['bælɪhæk] *s Am. sl.* Hölle *f*: **go to ~!** geh zum Teufel!
bal·ly·hoo [,bælɪ'hu:; *Am.* 'bælɪ,hu:] *colloq.* I *s* 1. ‚Wirbel' *m*, ‚Tam'tam' *n*, Getue *n* (**about** um). 2. Ballyhoo *n*, marktschreierische Re'klame. II *v/t* 3. *Am.* marktschreierisch anpreisen.
bal·ly·rag ['bælɪræg] → **bullyrag**.
balm [ba:m; *Am. a.* balm] *s* 1. Balsam *m*: a) aro'matisches Harz, b) wohlriechende Salbe, c) *fig.* Wohltat *f.* 2. bal'samischer Duft. 3. *bot.* Me'lisse *f.* 4. ~ **of Gilead** *bot.* a) Balsamstrauch *m*, b) *dessen aromatisches Harz.*
bal·mor·al [bæl'mɒrəl; *Am. a.* -'mɑ-] *s* 1. Schnürstiefel *m.* 2. (*Art*) Schottenmütze *f.* 3. B~ *hist.* wollener 'Unterrock.

'**balm·y** *adj* 1. bal'samisch, wohlriechend. 2. lind, mild (*Wetter*). 3. heilend. 4. *bes. Am. sl.* ‚bekloppt', verrückt: **to go ~** überschnappen.
bal·ne·al ['bælnɪəl] *adj* Bade...
bal·ne·ol·o·gy [,bælnɪ'ɒlədʒɪ; *Am.* -'ɑ-] *s med.* Balneolo'gie *f*, Bäderkunde *f.*
ba·lo·ney → **boloney**.
bal·sa ['bɒlsə; 'bɔ:lsə] *s* 1. *bot.* Balsabaum *m*: ~ **wood** Balsaholz *n.* 2. *Am.* leichtes Brandungsfloß.
bal·sam ['bɔ:lsəm] *s* 1. → **balm** 1. 2. *bot.* Springkraut *n.* 3. *bot.* a) ~ **fir** Balsamtanne *f*, b) *a.* ~ **poplar** *Am.* Balsampappel *f.*
bal·sam·ic [bɔ:l'sæmɪk] *adj* 1. bal'samisch, Balsam... 2. bal'samisch, wohlriechend. 3. lindernd, heilend.
Balt [bɔ:lt] *s* 1. Balte *m*, Baltin *f.* 2. *Austral.* neueingetroffener Einwanderer aus Mitteleuropa. '**Bal·tic** [-tɪk] I *adj* 1. baltisch. 2. Ostsee... II *s* 3. *a.* ~ **Sea** Ostsee *f.* 4. *ling.* Baltisch *n*, das Baltische.
,**Bal·to-'Slav·ic** [,bɔ:ltəʊ-], ,**Bal·to-'Sla'von·ic** I *adj* balto'slawisch. II *s ling.* Balto'slawisch *n*, das Baltoslawische.
bal·un ['bælən] *s electr.* Symme'trierglied *n.*
bal·us·ter ['bæləstə(r)] *s arch.* Geländersäule *f* (*e-r Treppe*): **~s** Balustrade *f*, Treppengeländer *n.*
bal·us·trade [,bælə'streɪd] *s arch.* Balu-'strade *f*, Treppen-, Brückengeländer *n*, Brüstung *f.*
bam·bi·no [bæm'bi:nəʊ; *Am. a.* bam-] *pl* **-nos**, **-ni** [-ni:] *s* Bam'bino *m*: a) *colloq.* kleines Kind, kleiner Junge, b) *art* Jesuskind *n.*
bam·boo [bæm'bu:] *pl* **-boos** *s* 1. *bot.* Bambus(rohr *n*) *m*: B~ **Curtain** *pol.* Bambusvorhang *m* (*von Rotchina*). 2. Bambusstock *m.*
bam·boo·zle [bæm'bu:zl] *v/t colloq.* 1. prellen, betrügen (**out of** um), j-m übers Ohr hauen': **to ~ s.o. into doing s.th.** j-n so ‚einwickeln', daß er etwas tut. 2. irremachen, verwirren.
ban [bæn] I *v/t* 1. verbieten: **to ~ a play**; **to ~ a political party**; **to ~ s.o. from speaking** j-m Rede- *od.* Sprechverbot erteilen. 2. *relig.* auf den Index setzen. 3. *sport* sperren. 4. *obs.* verfluchen. II *s* 5. (amtliches) Verbot (**on** *gen*), Sperre *f* (*a. sport*): **import ~** Einfuhrverbot, -sperre; **to place a ~ on** → 1. 6. (gesellschaftliche) Achtung, Ablehnung *f* durch die öffentliche Meinung: **under (a) ~** geächtet, allgemein mißbilligt. 7. *relig.* (Kirchen)Bann *m*: **under the ~ a)** *hist.* in Acht u. Bann, b) exkommuniziert. 8. *obs.* Fluch *m.* 9. *obs.* öffentliche Aufforderung *od.* Bekanntmachung. 10. *pl* → **banns**.
ba·nal [bə'na:l; 'beɪnl] *adj* ba'nal, abgedroschen, seicht.
ba·nal·i·ty [bə'nælətɪ] *s* Banali'tät *f*: a) Abgedroschenheit *f*, b) Gemeinplatz *m.*
ba·nal·ize [bə'nalaɪz] *v/t* banali'sieren, ins Ba'nale ziehen.
ba·na·na [bə'na:nə; *Am.* -'næ-] *s* 1. *bot.* Ba'nane *f* (*Pflanze u. Frucht*). 2. *sl.* **to go ~s** ‚bekloppt' *od.* verrückt sein; **to go ~s** überschnappen. ~ **oil** *s* 1. *chem.* A'mylace,tat *n.* 2. *Am. sl.* a) ‚Quatsch' *m*, b) verlogenes Zeug. ~ **plug** *s electr.* Ba'nanenstecker *m.* ~ **re·pub·lic** *s* Ba-'nanenrepu,blik *f.*
banc [bæŋk] *s jur.* Richterbank *f*: **sitting in ~** (*a. in banco*) Plenarsitzung *f*, Sitzung als Kollegialgericht.
ban·co[1] ['bæŋkəʊ] *pl* **-cos** *s econ.* Pa-'pier-, Rechnungsgeld *n.*
ban·co[2] ['bæŋkəʊ] → **banc**.
band[1] [bænd] I *s* 1. Schar *f*, Gruppe *f.*

band – bank

2. *mus.* a) (Mu'sik-, *bes.* 'Blas)Ka,pelle *f*, ('Tanz-, Unter'haltungs)Or,chester *n*, (Jazz-, Rock- *etc*)Band *f*, b) *mil.* Mu'sikkorps *n*, c) (Instru'menten)Gruppe *f* (*im Orchester*): **big ~** Big Band; → **beat¹** 22. **3.** bewaffnete Schar, (*bes. Räuber*)Bande *f.* **4.** *zo.* Am. a) Herde *f*, b) (*Insekten-, Vogel*)Schwarm *m*. **5.** *fig.* Am. Reihe *f*, Anzahl *f.* **II** *v/t* **6.** *meist* **~ together** zu e-r Gruppe, Bande *etc* vereinigen. **III** *v/i* **7.** *meist* **~ together** a) sich zs.-tun, b) sich zs.-rotten.
band² [bænd] **I** *s* **1.** (flaches) Band, (Heft)Schnur *f*: **~ rubber¹** 3. **2.** Band *n* (*an Kleidern*), Gurt *m*, Binde *f*, (*Hosen- etc*)Bund *m*. **3.** (*andersfarbiger od. andersartiger*) Streif(en). **4.** *zo.* Querstreifen *m* (*z. B. beim Zebra*). **5.** *anat.* (Gelenk)Band *n*: **~ of connective tissue** Bindegewebsbrücke *f.* **6.** *med.* → **bandage** 1. **7.** *Radio:* (Fre'quenz)Band *n*: **~ filter** Bandfilter *n, m.* **8.** Ring *m* (*a. e-s Vogels*): **wedding ~** Ehe-, Trauring. **9.** *tech.* a) Treibriemen *m*, b) Band *n*. **10.** *pl* Beffchen *n* (*der Richter, Geistlichen etc*). **11.** *arch.* Band *n*, Borte *f*, Leiste *f*. **12.** Band *n*, Ring *m* (*zur Verbindung od. Befestigung*). **13.** *tech.* (Rad)Schiene *f*. **14.** *tech.* Zwischenschicht *f*. **15.** Bauchbinde *f* (*e-r Zigarre*). **16.** *meist pl fig.* Band *n*, Bande *pl*, Bindung *f*. **17.** *obs. od. fig.* Fessel *f*. **II** *v/t* **18.** mit e-m Band zs.-binden *od.* kennzeichnen, Bäume mit e-r (Leim)Binde versehen. **19.** mit (e-m) Streifen versehen. **20.** Vogel beringen.
band·age ['bændɪdʒ] **I** *s* **1.** *med.* a) Ban'dage *f* (*a. des Boxers etc*), b) Verband *m*, c) Binde *f*. **2.** Binde *f*, Band *n*. **II** *v/t* **3.** a) banda'gieren, b) verbinden.
ban·da·la ['bæn,dælə] *s* Ma'nilahanf *m*.
ban·dan·(n)a [bæn'dænə] *s* großes, buntes Taschen- *od.* Halstuch.
ban·dar ['bʌndə(r)] *s zo.* Rhesusaffe *m*.
'~-log *s* seichter Schwätzer.
'band·box *s* Hutschachtel *f*: **she looked as if she had come out of the ~** sie sah aus wie aus dem Ei gepellt. **~ brake** *s tech.* Band- *od.* Bremsenbremse *f.* **~ con·vey·or** *s tech.* Förderband *n*.
ban·deau ['bændəʊ] *pl* **-deaux** [-dəʊz] *s* Haar-, Stirnband *n*.
ban·de·ril·la [bændə'riːljə; -'riːjə] *s* Bande'rilla *f* (*mit Bändern geschmückter Spieß mit Widerhaken*). **,ban·de·ril'le·ro** [-'jeərəʊ] *s* **-ros** *s mil.* (*um die Brust geschlungener*) Pa'tronengurt, Bande'lier *n*.
ban·dore ['bændɔː(r); *Am. a.* -,dəʊər] *s mus.* Ban'dura *f* (*alte Lautenart*).
'band-,pass fil·ter *s Radio:* Band-, Paßfilter *n, m.* **~ pul·ley** *s tech.* Riemenscheibe *f*, Schnurrad *n*. **~ saw** *s tech.* 'Bandsäge(ma,schine) *f.* **~ shell** *s* (muschelförmiger) Or'chesterpavillon.
bands·man ['bændzmən] *s irr mus.* Mitglied *n* e-r (Mu'sik)Ka,pelle.
'band| spec·trum *s phys.* Band-, Streifenspektrum *n*. **~ spread** *s Radio:* Bandspreizung *f.* **'~-stand** *s* **1.** Mu'sikpavil-lon *m*. **2.** Mu'sikpodium *n*. **'~-string** *s* **1.** Buchbinderei: Heftschnur *f.* **2.** *hist.* Halskrausenband *n*. **~ switch** *s Radio:* Wellenschalter *m*, Fre'quenz(band),umschalter *m*. **'~-,wag·(g)on** *s* **1.** Wagen *m* mit e-r Mu'sikka,pelle (*bes. bei e-m Straßenumzug*). **2.** *colloq.* a) erfolgreiche Seite *od.* Par'tei: **to climb** (*od.* **get, jump**) **on the ~** zur erfolgreichen Partei übergehen; **to get on s.o.'s ~** sich an j-n anhängen, b) gewaltiger (po'litischer) Appa'rat, c) (laut)starke (po'litische *etc*) Bewegung, d) 'Welle *f*, Mode *f.* **~ wheel** *s tech.* Riemenscheibe *f.* **~ width** *s Radio:* Bandbreite *f.*

ban·dy¹ ['bændɪ] **I** *v/t* **1.** sich e-n Ball *etc* zuwerfen. **2.** sich Geschichten *etc* erzählen. **3.** sich Beleidigungen *etc* an den Kopf werfen, sich (gegenseitig) Komplimente, Vorwürfe machen: **to ~ blows** sich prügeln *od.* schlagen; **to ~ words** sich streiten; **they bandied words** ein Wort gab das andere. **4.** **a** **~ about** (*od.* **around**) Gerüchte *etc* a) in 'Umlauf setzen, b) weitererzählen, -tragen. **5.** *meist* **~ about** (*od.* **around**) j-s Namen immer wieder nennen: **he has his name bandied about** a) sein Name fällt dauernd (**in connection with** in Zs.-hang mit), b) er ist ins Gerede gekommen. **II** *s* **6.** *sport* a) Bandy *n* (*Abart des Eishockeys mit Ball statt Puck*), b) *Stock für dieses Spiel.*
ban·dy² ['bændɪ] *adj* **1.** krumm, nach außen gebogen: **~ legs** Säbelbeine, O-Beine. **2.** → **bandy-legged**.
ban·dy³ ['bændɪ] *s* (Ochsen)Wagen *m* (*in Indien*).
'ban·dy-leg·ged *adj* säbel-, O-beinig.
bane [beɪn] *s* **1.** Vernichtung *f*, Tod *m*, *bes.* (tödliches) Gift (*obs. außer in Zssgn*): **rats~**. **2.** *fig. poet.* Verderben *n*, Ru'in *m*, Plage *f*: **the ~ of his life** (*od.* **existence**) der Fluch s-s Lebens, ein Nagel zu s-m Sarg. **II** *v/t* **3.** *obs.* töten, *bes.* vergiften.
'bane·ful *adj* (*adv* **-ly**) **1.** tödlich, *bes.* giftig. **2.** *fig. poet.* verderblich: **~ influence**. **'bane·ful·ness** *s* Giftigkeit *f.*
'bane·wort *s bot.* Tollkirsche *f.*
bang¹ [bæŋ] **I** *s* **1.** heftiger *od.* knallender Schlag: **he gave the ball a ~** er drosch den Ball weg. **2.** Bums *m*, Krach *m*, Knall *m*: **to close** (*od.* **shut**) **the door with a ~** die Tür zuschlagen *od.* zuknallen. **3.** *colloq.* a) 'Paukenschlag' *m*, Sensati'on *f*: **it started with a ~**; **to go off** (*Am.* **over**) **with a ~** großartig ,ankommen' (*Schallplatte etc*), b) Schwung *m*, E'lan *m*, c) *Am.* (Nerven)Kitzel *m*, Spaß *m*: **to get a ~ out of s.th.** an e-r Sache mächtig Spaß haben. **4.** *sl.* ,Schuß' *m* (*Heroin etc*). **5.** *vulg.* ,Nummer' *f* (*Geschlechtsverkehr*): **to have a ~** e-e Nummer machen *od.* schieben. **II** *v/t* **6.** dröhnend schlagen, knallen mit, krachen lassen, e-e Tür *etc* zuschlagen, zuknallen, Ball *etc* dreschen: **to ~ one's fist on the table** mit der Faust auf den Tisch schlagen; **to ~ one's head against** (*od.* **on**) sich den Kopf anschlagen (*an dat*), mit dem Kopf stoßen gegen; **to ~ one's head against a brick wall** *fig.* mit dem Kopf gegen die Wand rennen; **to ~ off** losknallen mit *e-m Gewehr etc*, ein Musikstück (*auf dem Klavier*) herunterhämmern; **to ~ out** ein Artikel *etc* (schnell) herunterschreiben, ,hinwerfen'; **to ~ sense into s.o.** *fig.* j-m Vernunft einhämmern *od.* einbleuen; **to ~ up** ruinieren, *bes.* Auto zuschanden fahren. **7.** **~ about** (*od.* **around**) *fig.* j-n her'umstoßen. **8.** *colloq. obs.* ,vermöbeln', verprügeln. **9.** *vulg.* ,bumsen', ,vögeln' (*schlafen mit*). **III** *v/i* **10.** knallen: a) krachen, b) zuschlagen (*Tür etc*), c) ,ballern', ,schießen': **to ~ away** drauflosknallen (→ **11**); **to ~ into** a) stoßen *od.* prallen *od.* ,bumsen' gegen *od.* an (*acc*), zs.-stoßen mit, b) *fig. colloq.* zufällig treffen; **to ~ about** (*od.* **around**) herumpoltern (**in** *dat*) (→ **12**). **11.** **~ away** *colloq.* schuften; **to ~ away at sich** ,klemmen' hinter (*acc*). **12.** **~ about** (*od.* **around**) *Am. colloq.* sich her'umtreiben (**in** *dat*). **13.** *sl.* sich e-n Schuß (*Heroin etc*) setzen *od.* drücken. **14.** *vulg.* ,bumsen', ,vögeln' (*Geschlechtsverkehr haben*). **IV** *adv* **15.** ,bums', mit lautem *etc* Krach *od.* Knall, krachend: **to go ~** explodieren. **16.** ,bums', auf 'einmal: **~ went the money** bums war das Geld weg!; **~ in the eye** ,peng' ins Auge. **17.** (ganz) genau: **~ on time** auf die Sekunde pünktlich. **V** *interj* **18.** peng!, bum(s)!
bang² [bæŋ] **I** *s* **1.** *meist pl* Pony *m*, 'Ponyfri,sur *f*. **II** *v/t* **2.** das Haar an der Stirn kurz abschneiden. **3.** den Schwanz stutzen.
bang³ → **bhang**.
ban·ga·lore (**tor·pe·do**) [,bæŋgə-'lɔː(r); *Am. a.* -'ləʊər] *s 'mil.* gestreckte Ladung.
'bang-bang *s colloq.* **1.** Knalle'rei *f*, Schieße'rei *f.* **2. there is a lot of ~ in that film** in dem Film wird ganz schön gerauft (u. geschossen).
'bang·er *s Br.* **1.** Feuerwerks-, Knallkörper *m*. **2.** *colloq.* (alter) Klapperkasten (*Auto*). **3.** *colloq.* (Brat)Wurst *f*, Würstchen *n*.
ban·gle ['bæŋgl] *s* Armring *m*, -reif *m*, -band *n*, (*a.* Fuß)Spange *f*, -ring *m*.
'ban·gled *adj* mit Armreifen *etc* geschmückt.
'bang-up *adj bes. Am. colloq.* ,prima': **you've done a ~ job** das hast du prima gemacht.
ban·ian ['bænɪən; -jən] *s* **1.** Banjan *m* (*Händler od. Kaufmann, der zur Vaishyakaste der Hindus gehört*). **2.** loses (Baumwoll)Hemd, lose Jacke (*in Indien*).
ban·ish ['bænɪʃ] *v/t* **1.** verbannen, ausweisen (**from** aus), des Landes verweisen. **2.** *fig.* (ver)bannen, verscheuchen, -treiben: **to ~ care**. **'ban·ish·ment** *s* **1.** Verbannung *f* (*a. fig.*), Ausweisung *f*: **to go into ~** in die Verbannung gehen. **2.** *fig.* Vertreiben *n*.
ban·is·ter ['bænɪstə(r)] *s* **1.** Geländersäule *f.* **2.** *pl* Treppengeländer *n*.
ban·jax ['bændʒæks] *v/t sl.* **1.** (nieder-, zs.-)schlagen. **2. to be ~ed** ,baff' *od.* sprachlos sein.
ban·jo ['bændʒəʊ] *pl* **-jos, -joes** *s mus.* Banjo *n*. **'ban·jo·ist** *s* Banjospieler *m*.
bank¹ [bæŋk] **I** *s* **1.** *econ.* Bank(haus *n*) *f*: **~ of deposit** Depositenbank; **~ of issue** (*od.* **circulation**) Noten-, Emissionsbank; **the B~** *Br.* die Bank von England; **at the ~** auf der Bank; **to deposit money in** (*od.* **at**) **a ~** Geld in e-r Bank deponieren. **2.** (*bes.* Kinder)Sparbüchse *f.* **3.** Bank *f* (*bei Glücksspielen*): **to be** (*od.* **keep**) **the ~** die Bank halten; **to break the ~** die Bank sprengen. **4.** *med.* (*Blut- etc*)Bank *f.* **5.** Vorrat *m*, Re'serve *f* (**of an** *dat*). **II** *v/i* **6.** *econ.* Bankgeschäfte machen. **7.** *econ.* ein Bankkonto haben (**with** bei), Geld auf der Bank haben: **where do you ~?** welche Bankverbindung haben Sie?, bei welcher Bank haben Sie Ihr Konto? **8.** Geld auf die Bank bringen. **9.** die Bank halten (*bei Glücksspielen*). **10.** **~ (up)on** bauen *od.* sich verlassen auf (*acc*): **~ on s.o.('s) doing** (*od.* **on s.o. to do**) **s.th.** fest damit rechnen, daß j-d etwas tut. **III** *v/t* **11.** *econ.* Geld bei e-r Bank einzahlen *od.* deponieren. **12.** *med.* Blut *etc* konser'vieren u. aufbewahren.

bank² [bæŋk] **I** s **1.** Erdwall m, Damm m, Wall m. **2.** (Straßen- etc)Böschung f. **3.** Über'höhung f (e-r Straße etc in Kurven). **4.** Abhang m. **5.** oft pl Ufer n (e-s Flusses etc). **6.** (Fels-, Sand)Bank f, Untiefe f. **7.** Bank f, Wand f, Wall m, Zs.-ballung f: ~ of clouds Wolkenbank; ~ of snow Schneewall, -wächte f. **8.** geol. Bank f, Steinlage f (in Steinbrüchen). **9.** Bergbau: a) bearbeitetes Kohlenlager, b) Tagesfläche f des Grubenfeldes. **10.** aer. Querneigung f, Schräglage f (in der Kurve): angle of ~ Querneigungswinkel m. **11.** Billard: Bande f. **II** v/t **12.** eindämmen, mit e-m Wall um'geben. **13.** e-e Straße etc (in der Kurve) über-'höhen: ~ed curve überhöhte Kurve. **14.** ~ up aufhäufen, zs.-ballen. **15.** aer. in die Kurve legen, in Schräglage bringen. **16.** ein Feuer mit Asche belegen (um den Zug zu vermindern). **III** v/i **17.** a. ~ up sich aufhäufen, sich zs.-ballen. **18.** über-'höht sein (Straße, Kurve). **19.** e-e Bank bilden (Wolken etc). **20.** aer. in die Kurve gehen.

bank³ [bæŋk] **I** s **1.** tech. a) Gruppe f, Reihe f (z. B. Tastatur der Schreibmaschine): ~ of capacitors electr. Kondensator(en)batterie f; ~ lights Lampenaggregat n; ~ transformers Gruppentransformatoren, b) Reihenanordnung f. **2.** hist. a) Ruderbank f (in e-r Galeere), b) Reihe f von Ruderern. **II** v/t **3.** in (e-r) Reihe anordnen.

'**bank·a·ble** adj **1.** econ. bankfähig, diskon'tierbar: ~ securities bankmäßige Sicherheiten. **2.** fig. zuverlässig, verläßlich (Freund etc): a ~ promise ein Versprechen, auf das man sich verlassen kann.

bank| ac·cept·ance s econ. 'Bankakˌzept n. ~ **ac·count** s Bankkonto n, -guthaben n. ~ **an·nu·i·ties** → consols. ~ **bill** s **1.** Bankwechsel m. **2.** Am. Banknote f, Geldschein m. '~**book** s Kontobuch n, a. Sparbuch n. ~ **card** s Scheckkarte f. ~ **check**, Br. ~ **cheque** s Bankscheck m. ~ **clerk** s Bankangestellte(r m) f. ~ **de·pos·it** s Bankeinlage f. ~ **dis·count** s 'Bankdisˌkont m. ~ **draft** s Bankwechsel m, -tratte f.

'**bank·er¹** s **1.** econ. Banki'er m: his ~s s-e Bank; ~'s acceptance, etc → bank acceptance, etc; ~'s card Scheckkarte f; ~'s discretion Bankgeheimnis n; ~'s order Br. Dauerauftrag m (e-s Kunden). **2.** Bankhalter m (bei Glücksspielen). **3.** a. ~ and broker ein Kartenglücksspiel.

'**bank·er²** s Maßbrett n (der Maurer), Model'lierbank f (der Bildhauer).

ban·ket ['bæŋkɪt] s geol. goldhaltiges Konglome'rat (Südafrika).

'**bank|-ˌfund·ed** adj econ. 'bankfinanˌziert (Bauprojekt etc). ~ **group** s 'Bankenkonˌsortium n. ~ **hold-up** s 'Bank,überfall m. ~ **hol·i·day** s Br. Bankfeiertag m.

'**bank·ing¹** econ. **I** s Bankwesen n, -geschäft(e pl) n. **II** adj Bank...

'**bank·ing²** s aer. Querneigung f, Schräglage f (in der Kurve).

bank·ing| ac·count s econ. Bankkonto n. ~ **doc·trine** s Br. Doktrin, daß nur ein Drittel Deckung durch Edelmetall für umlaufende Banknoten vorhanden sein muß. ~ **hours** s pl Öffnungszeiten pl, Geschäftsstunden pl (e-r Bank). ~ **house** s Bank (-haus n) f.

bank| mon·ey s econ. Gi'ral-, Buchgeld n. ~ **night** s Am. Kinovorstellung f mit Lotte'rie. ~ **note** s econ. Banknote f, Geldschein m.

ban·ko ware ['bæŋkəʊ] s ja'panisches 'ungla,siertes Steingut.

bank| pa·per s econ. 'Bankpaˌpier n, -wechsel m. ~ **pass·book** s Kontobuch n, a. Sparbuch n. ~ **post bill** s Br. Solawechsel m der Bank von England. ~ **raid** s 'Bank,überfall m, -raub m. ~ **raid·er** s Bankräuber m. ~ **rate** s econ. Dis'kontsatz m. ~ **rob·ber** s Bankräuber m. ~ **rob·ber·y** s Bankraub m. '~**roll** bes. Am. **I** s **1.** Bündel n Banknoten od. Geldscheine. **2.** Geld(mittel pl) n. **II** v/t **3.** colloq. a) finanzi'ell unter'stützen, b) finan'zieren.

bank·rupt ['bæŋkrʌpt; -rəpt] **I** s **1.** jur. Zahlungsunfähige(r m) f, Kon'kurs-, Gemeinschuldner m: (un)discharged ~ (noch nicht) entlasteter Gemeinschuldner; ~'s creditor Konkursgläubiger m; ~'s estate (od. property) Konkursmasse f. **2.** (betrügerischer) Bankrot'teur. **3.** fig. (politisch etc) bank'rotter od. (sittlich etc) her'untergekommener Mensch. **II** adj **4.** jur. a) bank'rott, zahlungsunfähig: to become (od. go) ~ in Konkurs gehen od. geraten, Bankrott machen; ~ declare 1, b) Konkurs... **5.** fig. a) arm (in, of an dat): to be ~ in ideas keine Ideen (mehr) haben, b) bank'rott, ruiˌ'niert: morally ~ moralisch bankrott, sittlich heruntergekommen; he is politically ~ er ist politisch erledigt od. am Ende, er hat als Politiker abgewirtschaftet; a ~ career e-e zerstörte Karriere. **III** v/t **6.** jur. bank'rott machen. **7.** fig. zu'grunde richten, ruiˌ'nieren: to ~ of (gänzlich) berauben (gen).

'**bank·rupt·cy** s **1.** jur. Bank'rott m, Kon'kurs m: act of ~ Konkurshandlung f, -grund m; **B~ Act** Konkursordnung f; court of ~ Konkursgericht n; notice of ~ Zahlungsaufforderung f mit Konkursandrohung; petition in ~, ~ petition Konkursantrag m; ~ proceedings Konkursverfahren n; to initiate (od. institute) ~ proceedings den Konkurs od. das Konkursverfahren eröffnen; to terminate ~ proceedings den Konkurs aufheben od. einstellen; referee in ~ Konkursrichter m; trustee in ~ (von Gläubigern ernannter) Konkursverwalter; to go into ~ Konkurs anmelden; → declare 1, declaration 6. **2.** fig. Bank'rott m, Schiffbruch m, Ru'in m.

bank state·ment s econ. **1.** Bank-, Kontoauszug m. **2.** Am. Bankausweis m.

ban·ner ['bænə(r)] **I** s **1.** a) Stan'darte f, b) Banner n, Heeres-, Reichsfahne f. **2.** Vereins-, Kirchenfahne f: the ~ of freedom das Banner der Freiheit. **3.** Banner n (mit Inschrift), Spruchband n, Transpa'rent n (bei politischen Umzügen). **4.** bot. Fahne f (oberstes Blatt der Schmetterlingsblüten). **5.** a. ~ **headline** (Zeitung) 'Balken,überschrift f, breite Schlagzeile. **II** adj **6.** Am. erstklassig, her'vorragend.

'**ban·nered** adj mit Bannern (versehen), ein Banner führend.

ban·ner·et¹ ['bænərɪt; Am. a. ˌbænə'ret] s hist. Bannerherr m.

ban·ner·et², **ban·ner·ette** [ˌbænə'ret; Am. a. 'bænərət] s kleines Banner, Fähnlein n.

ban·nock ['bænək] s Br. Hafer- od. Gerstenmehlkuchen m.

banns [bænz] s pl relig. Aufgebot n (des Brautpaares vor der Ehe): **to ask** (od. **publish**, **put up**) **the** ~ ein Brautpaar (kirchlich) aufbieten; **to forbid the** ~ Einspruch gegen die Eheschließung erheben.

ban·quet ['bæŋkwɪt] **I** s **1.** Bankett n, Festessen n: ~ **hall**, ~ **room** Bankettsaal m; **at the** ~ auf dem Bankett. **2.** obs. a) Nachtisch m, b) Zwischenmahlzeit f. **II** v/t **3.** festlich bewirten. **III** v/i **4.** tafeln, schmausen. ˌ**ban·quet'eer** [-'tɪə(r)] s Teilnehmer (-in) an e-m Ban'kett. '**ban·quet·er** s Teilnehmer(in) an e-m Ban'kett.

ban·quette [bæŋ'ket] s **1.** mil. Ban'kett n, Wallbank f, Schützenauftritt m. **2.** Am. a) erhöhter Fußweg, b) Bürgersteig m. **3.** tech. Ban'kett n, steile Böschung. **4.** bes. Am. gepolsterte Bank.

ban·shee ['bænˈʃiː; ˈ-] s Ir. Todesfee f.

bant [bænt] v/i e-e Banting-Kur machen.

ban·tam ['bæntəm] **I** s **1.** meist **B~** orn. Bantam-, Zwerghuhn n, -hahn m. **2.** fig. kleiner Kampfhahn, draufgängerischer Knirps. **3.** → **bantamweight I. 4.** mil. mot. Jeep m. **II** adj **5.** Zwerg...: ~ **rooster**. **6.** fig. a) klein, tech. Klein..., b) handlich: a ~ edition. **7.** aggres'siv, streitlustig. **8.** → **bantamweight II.** '~**weight** sport **I** s Bantamgewicht(ler m) n. **II** adj Bantamgewichts...

ban·ter ['bæntə(r)] **I** v/t **1.** necken. **2.** Am. her'ausfordern (for, to zu). **II** v/i **3.** necken. **III** s **4.** Necke'rei f, neckisches Geplänkel. '**ban·ter·ing** adj (adv **~ly**) neckend.

bant·ing ['bæntɪŋ], '**ban·ting·ism** s hist. Banting-Kur f (e-e Abmagerungskur durch fett- u. kohlehydratarme Diät).

bant·ling ['bæntlɪŋ] s contp. obs. Balg m, n, Bankert m (Kind).

ban·tu [ˌbæn'tuː] **I** pl **-tu** od. **-tus** s **1.** a) Bantu m, f, Bantuneger(in), b) pl Bantu pl. **2.** ling. Bantu n. **II** adj **3.** Bantu...

ban·zai [bɑːn'zaɪ] **I** interj Bansai!, Banzai! (japanischer Hoch- od. Schlachtruf). **II** adj: ~ **attack** (od. **charge**) mil. selbstmörderischer Massenangriff.

ba·o·bab ['beɪəʊbæb; Am. a. 'baʊ-] s bot. Baobab m, Affenbrotbaum m.

bap [bæp] s Br. weiche Semmel.

bap·tism ['bæptɪzəm] s **1.** relig. Taufe f: ~ of blood Blutzeugenschaft f, Märtyrertod m; ~ of fire relig. u. mil. Feuertaufe (a. fig.). **2.** Christian Science: Reinigung f durch den Geist. **bap'tis·mal** [-'tɪzml] adj relig. Tauf...: ~ **water**, ~ **font** Taufstein m, -becken n.

Bap·tist ['bæptɪst] relig. **I** s **1.** Bap'tist(in). **2.** **B~** Täufer m: **John the B~** Johannes der Täufer. **II** adj **3.** bap'tistisch, Baptisten... '**bap·tis·ter·y** [-tɪstərɪ; Am. -təstriː] s relig. **1.** Bapti'sterium n, 'Taufkaˌpelle f. **2.** a) Taufbecken n, Taufstein m, b) 'Taufbasˌsin n (der Baptisten). **bap'tis·tic** adj relig. **1.** Tauf... **2.** → **Baptist 3.** '**bap·tist·ry** [-trɪ] → **baptistery.**

bap·tize [bæp'taɪz; Am. a. 'bæpˌtaɪz] v/t **1.** relig. u. fig. taufen: **to** ~ **s.o. John** j-n (auf den Namen) John taufen. **2.** fig. reinigen, läutern.

bar [bɑː(r)] **I** s **1.** Stange f, Stab m: ~s Gitter; **behind** ~s fig. hinter Gittern, hinter Schloß u. Riegel, hinter schwedischen Gardinen; **to put behind** ~s fig. hinter Schloß u. Riegel bringen. **2.** Riegel m, Querbalken m, -holz n, -stange f. **3.** Schranke f, Barri'ere f, Sperre f: **the** ~ **(of the House)** parl. die Schranke (bes. im brit. Unterhaus, bis zu der geladene Zeugen vortreten dürfen). **4.** fig. (to) Hindernis n (für), Schranke f (gegen): **to be a** ~ **to progress** dem Fortschritt im Wege stehen; **to let down the** ~s **alle** (bes. moralischen) Beschränkungen fallen lassen, Am. die polizeiliche Überwachung (bes. des Nachtlebens) lockern. **5.** Riegel m, Stange f: **a** ~ **of soap** ein Riegel od. Stück Seife; **a** ~ **of chocolate**, **a chocolate** ~ ein Riegel (weit S. e-e Tafel) Schokolade; ~ **copper** Stangenkupfer n; ~ **soap** Stangenseife f. **6.** Brechstange f. **7.** econ. tech. (Gold- etc)Barren m. **8.** tech. a) allg. Schiene f, b) Zugwaage f (am Wagen), c) Maschinenbau: Leitschiene f od. -stange f, d) Schieber m, Schubriegel m, e) La'melle f. **9.** Barren m, Stange f

barb - bargain

(*als Maßeinheit*). **10.** Band *n*, Streifen *m*, Strahl *m* (*von Farbe, Licht etc*). **11.** *mar*. Barre *f*, Sandbank *f* (*am Hafeneingang*). **12.** a) (dicker) Strich: **a vertical ~**, b) *her*. (horizon'taler) Balken, c) *TV* Balken *m* (*auf dem Bildschirm*). **13.** *mus*. a) Taktstrich *m*, b) (*ein*) Takt *m*: **~ rest** (Ganz-)Taktpause *f*. **14.** a) Bar *f*, b) Bar *f*, Schanktisch *m*, Theke *f*, c) Schankraum *m*, d) Lo'kal *n*, Imbißstube *f*. **15.** *jur*. a) Hindernis *n* (**to** für), Ausschließungsgrund *m*, b) Einrede *f*: **defence** (*Am*. **defense**) **in ~** perem(p)torische Einrede; **~ to marriage** Ehehindernis; **as a ~ to, in ~ of** *etwas* ausschließend, zwecks Ausschlusses (*gen*). **16.** *jur*. (Gerichts-)Schranke *f*: **at the ~** vor Gericht; **case at ~** *Am*. zur Verhandlung stehender Fall; **prisoner at the ~** Angeklagte(r *m*) *f*; **trial at ~** Verhandlung *f* vor dem Gericht in vollständiger Besetzung; **to be called within the ~** *Br*. zum King's (Queen's) Counsel ernannt werden. **17.** *jur*. (*das tagende*) Gericht. **18.** *fig*. Gericht *n*, Tribu'nal *n*, Schranke *f*: **at the ~ of public opinion** vor den Schranken *od*. vor dem Tribunal der öffentlichen Meinung. **19.** *jur*. a) Schranke *f* in den **Inns of Court**, b) Anwaltsberuf *m*, c) *collect*. (*die gesamte*) Anwaltschaft, *Br*. (*der*) Stand der barristers: **admission** (*Br*. **call** [-ing]) **to the ~** Zulassung *f* als Anwalt (*Br*. barrister); **to be admitted** (*Br*. **called**) **to the ~** als Anwalt (*Br*. barrister) zugelassen werden; **to go to the ~** *Br*. barrister werden; **to read for the ~** *Br*. Jura studieren; **B~ Association** *Am*. Anwaltskammer *f*, -vereinigung *f*; **B~ Council** *Br*. Standesrat *m* der barristers. **20.** *phys*. Bar *n* (*Maßeinheit des Drucks*). **21.** a) Schaumstange *f* (*e-s Stangengebisses*), b) Träger *pl* (*Teile des Pferdegaumens*), c) *pl* Sattelbäume *pl*, Stege *pl*. **22.** (Quer)Band *n* an e-r Me'daille, (Ordens)Spange *f*. **23.** *sport* a) (Reck)Stange *f*, b) (Barren)Holm *m*, c) (Tor-, Quer-)Latte *f*, d) (Sprung)Latte *f*.
II *v/t* **24.** zu-, verriegeln: → **barred**. **25.** *a*. **~ up** vergittern, mit Schranken um'geben. **26.** *a*. **~ in** einsperren; **to ~ out** aussperren. **27.** versperren: **it ~red the way**. **28.** *jur*. *e-e* Klage, *den Rechtsweg etc* ausschließen. **29.** a) (ver)hindern, hemmen, b) (**from**) hindern (an *dat*), abhalten (von), c) *j-n od*. *etwas* ausschließen (**from** aus): → **barring**. **30.** verbieten, unter'sagen: → **hold**[2] **3. 31.** mit Streifen versehen. **32.** *mus*. mit Taktstrichen unter'teilen, in Takte einteilen.
III *prep* **33.** außer, ausgenommen, abgesehen von: **~ none** außer einem; **~ one** (alle) ohne Ausnahme, ausnahmslos.

barb[1] [bɑ:(r)b] **I** *s* **1.** a) 'Widerhaken *m* (*e-s Pfeils etc*), b) Stachel *m* (*von Stacheldraht etc*). **2.** *fig*. a) Stachel *m*: **the ~ of remorse**, b) Spitze *f*, spitze *od*. bissige Bemerkung. **3.** *bot. zo*. Bart *m*. **4.** *orn*. Fahne *f* (*e-r Feder*). **5.** *ichth*. Bartfaden *m* (*e-s Fisches*). **6.** *pl vet*. Frosch *m* (*wildes Fleisch unter der Zunge von Pferden etc*). **7.** gefältelte Hals- u. Brustbedeckung aus weißem Leinen (*bes. der Nonnen*). **8.** *her*. Kelchblatt *n*. **II** *v/t* **9.** mit 'Widerhaken *etc* versehen.

barb[2] [bɑ:(r)b] *s zo*. Berberpferd *n*.
barb[3] [bɑ:(r)b] → **barbarian** 2.
barb[4] [bɑrb] *Am. colloq*. für **barbiturate**.
bar·bar·i·an [bɑ:(r)ˈbeərɪən] **I** *s* **1.** Bar'bar(in): a) Angehörige(r *m*) *f* e-s 'unzivili̩sierten Volkes, b) ungebildeter *od*. ungesitteter Mensch, c) Unmensch *m*. **2.** *univ. Am. sl*. Student(in), der/die keiner **fraternity** *od*. **sorority** angehört. **II** *adj* **3.** bar'barisch: a) 'unzivili̩siert, b) un-
gebildet, ungesittet, c) roh, grausam. **4.** fremd(ländisch).
bar·bar·ic [bɑ:(r)ˈbærɪk] *adj* **1.** → **barbarian** 3 *u*. 4. **2.** *art* bar'barisch, primi'tiv.
bar·ba·rism [ˈbɑ:(r)bərɪzəm] *s* **1.** *ling*. Barba'rismus *m*, Sprachwidrigkeit *f*. **2.** Barba'rei *f*, 'Unkul̩tur *f*.
bar·bar·i·ty [bɑ:(r)ˈbærətɪ] *s* **1.** Barba'rei *f*, Roheit *f*, Grausamkeit *f*, Unmenschlichkeit *f*. **2.** *art* Barba'rismus *m*.
bar·ba·rize [ˈbɑ:(r)bəraɪz] **I** *v/t* **1.** in den Zustand der Barba'rei versetzen, verrohen *od*. verwildern lassen. **2.** *Sprache, Kunst etc* barbari'sieren, durch Stilwidrigkeiten *etc* verderben. **II** *v/i* **3.** in Barba'rei versinken, verrohen. **'bar·ba·rous** *adj* (*adv* **~ly**) **1.** → **barbarian** 3 *u*. 4. **2.** bar'barisch: a) sprachwidrig, unklassisch, b) rauh(klingend), wild (*Sprache, Musik*). **'bar·ba·rous·ness** → **barbarity**.
Bar·ba·ry [ˈbɑ:(r)bərɪ] *s zo*. Magot *m* (*Affe*). **~ horse** *s* Berberpferd *n*.
bar·be·cue [ˈbɑ:(r)bɪkju:] **I** *v/t* **1.** (auf dem Rost *od*. am Spieß über offenem Feuer) im ganzen *od*. in großen Stücken braten. **2.** *bes. Am*. kleine Fleisch- *od*. Fischstücke in stark gewürzter (Essig-)Soße zubereiten. **3.** auf den Rost braten, grillen. **4.** *Am*. a) dörren, b) räuchern. **II** *s* **5.** am Spieß *od*. auf dem Rost gebratenes Tier (*bes. Ochse, Schwein*). **6.** Barbecue *n*: a) Gartenfest, bei dem ganze Tiere gebraten werden, b) Grillfest *n*, c) Bratrost *m*, Grill *m*, d) *auf dem Rost od. Grill gebratenes Fleisch*. **7.** *bes. Am*. in stark gewürzter (Essig)Soße zubereitete kleine Fleisch- *od*. Fischstücke.
barbed [bɑ:(r)bd] *adj* **1.** mit 'Widerhaken *od*. Stacheln (versehen), Stachel... **2.** stachelartig. **3.** *fig*. spitz, bissig: **a ~ remark**. **~ wire** *s* Stacheldraht *m*.
bar·bel [ˈbɑ:(r)bəl] *s* **1.** *ichth*. (Fluß)Barbe *f*. **2.** → **barb**[1] 5 *u*. 6.
'bar·bell [-bel] *s Gewichtheben*: Hantel *f*.
bar·bel·late [ˈbɑ:(r)bəleɪt; bɑ:(r)ˈbelɪt] *adj bot*. gebärtet.
bar·ber [ˈbɑ:(r)bə(r)] **I** *s* ('Herren)Fri̩seur *m*. **II** *v/t* a) ra'sieren, b) fri'sieren.
bar·ber·ry [ˈbɑ:(r)bərɪ; *Am*. -̩berɪ] *s bot*. Berbe'ritze *f*.
'bar·ber·shop I *s bes. Am*. Fri'seurladen *m*. **II** *adj*: **~ singing** *Am*. (zwangloses) Singen im Chor.
bar·ber's' itch *s med*. Bartflechte *f*. **~ pole** *s* spiralig bemalte Stange als Geschäftszeichen der Friseure. **~ rash** *s med*. Bartflechte *f*. **~ shop** *Br*. für **barbershop** I.
bar·bet [ˈbɑ:(r)bɪt] *s zo*. **1.** kleiner, langhaariger Pudel. **2.** (*ein*) Bartvogel *m*.
bar·bi·can[1] [ˈbɑ:(r)bɪkən] *s mil*. Außen-, Vorwerk *n*. [Bartvogel *m*.]
bar·bi·can[2] [ˈbɑ:(r)bɪkən] *s orn*. (*ein*)
bar·bi·tal [ˈbɑrbəˌtɔ:l] *s chem. med. pharm. Am*. Barbi'tal *n*. **~ so·di·um** *s chem. Am*. Natriumsalz *n* von Barbi'tal.
bar·bi·tone [ˈbɑ:(r)bɪtoʊn] *s chem. med. pharm. Br*. Barbi'tal *n*.
bar·bi·tu·rate [bɑ:(r)ˈbɪtjʊrət; *Am*. -tʃə-] *s chem. med. pharm*. Barbitu'rat *n*.
bar·bi·tu·ric ac·id [ˌbɑ:(r)bɪˈtjʊərɪk; *Am. a*. -ˈtʊ-] *s chem*. Barbi'tursäure *f*.
bar·bo·la (work) [bɑ:(r)ˈboʊlə] *s* Verzierung *f* (*kleiner Gegenstände*) durch Aufkleben bunter Plastikblumen *etc*.
'barb̩wire *Am*. für **barbed wire**.
bar·ca·rol(l)e [ˈbɑ:(r)kərəʊl] *s mus*. Barka'role *f*, Barke'role *f* (*Gondellied*)
bar code *s* Strichcode *m*.
bard[1] [bɑ:(r)d] *s* **1.** Barde *m* (*keltischer Sänger*). **2.** *obs. od. poet*. Barde *m*, Sänger *m* (*Dichter*): **the B~ (of Avon)** Shakespeare.
bard[2] [bɑ:(r)d] *s mil. hist*. **1.** Panzer *m* e-s Rosses. **2.** *pl* Plattenpanzer *m*.
'bar·dic, 'bard·ish *adj* bardisch, Barden...
bard·ol·a·try [bɑ:(r)ˈdɒlətrɪ; *Am*. -ˈdɑ-] *s* Shakespeare-Vergötterung *f*.
bare[1] [beə(r)] **I** *adj* (*adv* → **barely**) **1.** nackt, unbekleidet, bloß, entblößt: **~ feet** bloße Füße; **on one's ~ feet** barfüßig, barfuß; **with ~ hands** mit bloßer Hand (*unbewaffnet*); **in one's ~ skin** nackt; **~ to the waist** mit nacktem Oberkörper. **2.** barhäuptig, unbedeckt. **3.** kahl, leer, nackt, bloß: **~ walls** kahle Wände; **the ~ boards** der nackte Fußboden; **~ pile** (Atom)Reaktor *m* ohne Reflektor; **~ sword** bloßes *od*. blankes Schwert; **~ wire** *tech*. blanker Draht. **4.** *bot. zo*. kahl. **5.** klar, unverhüllt: **~ nonsense** barer *od*. blanker Unsinn; **to lay ~** → **11** *u*. **12. 6.** *fig*. nackt, bloß, ungeschminkt: **the ~ facts** die nackten Tatsachen. **7.** abgetragen, fadenscheinig, schäbig. **8.** (*a*) dürftig, arm (*an dat*), leer, entblößt (von), ohne: **~ of vegetation** vegetationslos. **9.** bloß, kaum 'hinreichend, knapp: **to earn a ~ living** knapp das Nötigste zum Leben verdienen; **~ majority** hauchdünne *od*. (ganz) knappe Mehrheit; **~ majority of votes** *pol*. einfache Stimmenmehrheit; **the ~ necessities of life** das Notwendigste (zum Leben). **10.** bloß, al'lein: **the ~ thought** der bloße (*od*. allein der, schon der) Gedanke; **~ words** bloße Worte. **II** *v/t* **11.** entblößen, -hüllen, frei machen, *weitS*. *die Zähne* zeigen, blecken: **to ~ the end of a wire** *electr*. e-n Draht abisolieren. **12.** *fig*. enthüllen, bloßlegen, offen'baren.
bare[2] [beə(r)] *obs. pret von* **bear**[1].
'bare̩back *adj u. adv* ungesattelt, ohne Sattel: **to ride ~; ~ rider** (*Zirkus*) Voltigeur *m*, Voltigierer *m*. **'~̩backed** → **bareback**. **'~̩faced** *adj* **1.** bartlos. **2.** mit unverhülltem Gesicht, ohne Maske. **3.** *fig*. unverhüllt, unverschämt, schamlos, frech: **~ lie; that's ~ robbery!** das ist ja der reinste Wucher! **'~̩fac·ed·ly** [-feɪsɪdlɪ; -feɪstlɪ] *adv*. **'~̩fac·ed·ness** [-feɪsɪdnɪs; -feɪstnɪs] *s fig*. Frechheit *f*, Unverschämtheit *f*. **'~̩foot** *adj u. adv* barfuß, barfüßig: **~ doctor** Barfußarzt *m*, -doktor *m*. **'~̩foot·ed** → **barefoot**.
ba·rege, ba·rège [bəˈreʒ] *s* Ba'rège *m* (*durchsichtiges Seidengewebe*).
'bare'hand·ed *adj u. adv* mit bloßer Hand (*unbewaffnet*). **'~̩head·ed** *adj u. adv* barhäuptig, ohne Kopfbedeckung. **'~̩leg·ged** *adj* nacktbeinig, mit nackten Beinen.
'bare·ly *adv* **1.** kaum, knapp, gerade (noch), bloß: **~ enough food** kaum genug zu essen; **he ~ escaped** er kam gerade noch *od*. mit knapper Not davon; **I ~ know her** ich kenne sie kaum. **2.** ärmlich, spärlich: **~ furnished rooms**.
'bare·ness *s* **1.** Nacktheit *f*, Entblößtheit *f*, Blöße *f*. **2.** Kahlheit *f*. **3.** Dürftigkeit *f*. **4.** Knappheit *f*.
bare·sark [ˈbeə(r)sɑ:(r)k] *hist*. **I** *s* Ber'serker *m*. **II** *adv* ohne Rüstung.
barf [bɑrf] *Am. sl*. **I** *v/i* ,kotzen' (*sich übergeben*). **II** *s* ,Kotze' *f*.
'bar·fly *s bes. Am. colloq*. Kneipenhocker *m*.
bar·gain [ˈbɑ:(r)gɪn] **I** *s* **1.** Vertrag *m*, Abmachung *f*. **2.** Kauf(vertrag) *m*, Handel *m*, Geschäft *n* (*a. fig*.): **a good (bad) ~** ein gutes (schlechtes) Geschäft. **3.** vorteilhafter Kauf *od*. Verkauf, vorteilhaftes Geschäft. **4.** Gelegenheit(skauf *m*) *f*, Sonderangebot *n*, preisgünstige Ware,

günstiges 'Kaufob¡jekt. **5.** *Börse: Br. (einzelner)* Abschluß: ~ **for account** Termingeschäft *n*.
Besondere Redewendungen:
a ~'s a ~! abgemacht ist abgemacht!; it's a ~! abgemacht!; **into the** ~ obendrein, noch dazu; **to strike a** ~ e-n Handel abschließen, e-e Vereinbarung treffen, handelseinig werden; **to make the best of a bad** ~ sich so gut wie möglich aus der Affäre ziehen; → **drive** 25.
II *v/i* **6.** handeln, feilschen **(for** um). **7.** verhandeln **(for** über *acc*): **to** ~ **on** übereinkommen über *(acc)*, vereinbaren *(acc)*; **as** ~**ed for** wie verabredet; ~**ing chip** *(bes. bei Verhandlungen)* a) Trumpf *m*, b) Druckmittel *n*; ~**ing point** Verhandlungspunkt *m*; ~**ing position** Verhandlungsposition *f*; → **collective bargaining**. **8. (for)** rechnen (mit), gefaßt sein auf *(acc)*, erwarten *(acc)* *(meist neg)*: **we did not** ~ **for that!** darauf waren wir nicht gefaßt!; **it was more than we** ~**ed for!** damit hatten wir nicht gerechnet! **9.** ~ **on** sich verlassen auf *(acc)*, zählen auf *(acc)*.
III *v/t* **10.** (ein)tauschen: **to** ~ **one horse for another**. **11.** verkaufen: **to** ~ **away** a) verschachern *(a. fig.)*, b) (ohne entsprechende Gegenleistungen) verzichten auf *(Freiheit, Rechte etc)*. **12.** ~ **down** her'unterhandeln, -feilschen. **13.** aushandeln, durch Verhandlungen erreichen.
bar·gain| and sale *s jur. Am.* Kaufvertrag *m (bes. bei Grundstücksverkäufen)*. ~ **base·ment** *s* 'Niedrigpreisab¡teilung *f* im Tiefgeschoß *(e-s Kaufhauses)*. ~ **count·er** *s* Verkaufstisch *m* für Sonderangebote, ‚Wühltisch' *m*.
bar·gain·ee [¡bɑːgəˈniː] *s jur. Am.* Käufer(in).
'**bar·gain·er** *s* **1. to be a good** ~ a) (gut) handeln *od*. feilschen können, b) (gut) verhandeln können. **2.** → **bargainor**.
bar·gain hunt·er *s j-d*, der (ständig) auf der Suche nach Sonderangeboten ist.
bar·gain·or [¡bɑːgəˈnɔːr] *s jur. Am.* Verkäufer(in) *(bes. bei Grundstückstransaktionen)*.
bar·gain| price *s* Gelegenheits-, Sonderpreis *m*. ~ **sale** *s* **1.** Verkauf *m* zu her'abgesetzten Preisen. **2.** Ausverkauf *m*.
barge [bɑː(r)dʒ] **I** *s* **1.** *mar.* flaches Flußod. Ka'nalboot, Last-, Schleppkahn *m*, Leichter *m*, Prahm *m*. **2.** *mar.* Scha'luppe *f*. **3.** *mar.* (Offi'ziers)Bar¡kasse *f*. **4.** (geschmücktes) Gala(ruder)boot. **5.** Hausboot *n*. **6.** *sport Am.* zu Trainingszwecken benutztes breites, schweres Rennruderboot. **7.** *colloq. contp.* (alter) Kahn. **8.** *colloq.* Rempler *m*, Stoß *m*. **II** *v/i* **9.** sich schwerfällig (da'her)bewegen, trotten. **10.** *colloq.* **(into)** stoßen, prallen, ‚bumsen' (gegen, an *acc*), zs.-stoßen (mit). **11.** ~ **in(to)** *colloq.* a) hereinplatzen (in *acc*): **to** ~ **into the room**, b) sich einmischen (in *acc*): **to** ~ **into the conversation**. **12.** ~ **through** *colloq.* sich ‚boxen' *od*. drängen durch. **III** *v/t* **13.** mit Schleppkähnen *etc* befördern. **14.** *colloq. j-m* e-n Rempler *od*. Stoß geben. **15. to** ~ **one's way through** *colloq.* → 12. '~¡**board** *s arch.* Giebelschutzbrett *n*. ~ **course** *s arch.* **1.** Firstpfette *f*. **2.** Ortsziegel *f*.
bar·gee [bɑːˈdʒiː] *s mar. Br.* Kahnführer *m*: **to swear like a** ~ fluchen wie ein Droschkenkutscher.
'**barge**|**·man** [-mən] *s irr mar. Am.* Kahnführer *m*. '~¡**pole** *s* Bootsstange *f*: **I wouldn't touch him (it) with a** ~ *Br. colloq.* a) den (das) würde ich nicht einmal mit e-r Feuerzange anfassen, b) mit dem (damit) möchte ich nichts zu tun haben. ~ **stone** *s arch.* Giebelstein *m*.

bar girl *s bes. Am.* **1.** Ani'mierdame *f*. **2.** Prostitu'ierte, die sich ihre Kunden in Bars sucht.
bar·ic[1] [ˈbeərɪk; ˈbærɪk] *adj chem.* Barium...
bar·ic[2] [ˈbærɪk] *adj phys.* baro'metrisch, Gewichts...
ba·ril·la [bəˈrɪlə; *Am.* bəˈriːljə] *s* **1.** *bot.* Ba'rillakraut *n*. **2.** *econ.* Ba'rilla *f*, rohe Soda.
bar i·ron *s tech.* Stabeisen *n*.
bar·ite [ˈbeərait] *s min.* Ba'ryt *m*, Schwerspat *m*.
bar·i·tone [ˈbærɪtəʊn] *mus.* **I** *s* **1.** Bariton *m*: a) Baritonstimme *f*, b) Baritonsänger *m*, c) 'Baritonpar¡tie *f*. **2.** Baryton *n*: a) B- *od.* C-Saxhorn *m*, b) *hist.* Vi'ola di bor'done. **II** *adj* **3.** Bariton...
bar·i·um [ˈbeərɪəm] *s chem.* Barium *n*. ~ **chlo·ride** *s* 'Bariumchlo¡rid *n*. ~ **ox·ide** *s* 'Bariumo¡xid *n*.
bark[1] [bɑː(r)k] **I** *s* **1.** *bot.* (Baum)Rinde *f*, Borke *f*. **2.** → **Peruvian bark**. **3.** (Gerber)Lohe *f*. **4.** *colloq.* Haut *f*, ‚Fell' *n*. **II** *v/t* **5.** Bäume a) abrinden, b) ringeln. **6.** mit Rinde bedecken. **7.** *tech.* lohgerben. **8.** abschürfen: **to** ~ **one's knees**.
bark[2] [bɑː(r)k] **I** *v/i* **1.** bellen, kläffen *(beide a. fig.)*: **to** ~ **at** anbellen, *fig. j-n* anschnauzen; ~**ing dogs never bite** Hunde, die bellen, beißen nicht; **to** ~ **up the wrong tree** *colloq.* a) ‚auf dem Holzweg sein', b) ‚an der falschen Adresse sein'. **2.** *colloq.* ‚bellen' *(husten)*. **3.** ‚bellen' *(Geschütz etc)*. **II** *v/t* **4.** meist ~ **out** Worte ‚bellen', barsch her'vorstoßen. **5.** *colloq.* Ware marktschreierisch *od.* reißerisch anpreisen. **III** *s* **6.** Bellen *n*, Kläffen *n*, Gebell *n*, *fig. a.* Gebelfer *n*: **his** ~ **is worse than his bite** *fig.* er bellt nur, aber beißt nicht. **7.** *colloq.* ‚Bellen' *n (Husten)*. **8.** ‚Bellen' *n (von Geschützen etc)*.
bark[3] [bɑː(r)k] *s mar.* **1.** Barke *f*. **2.** *poet.* Schiff *n*. **3.** Bark(schiff *n*) *f (ein dreimastiges Segelschiff)*.
'**bar**|¡**keep** *Am. colloq.* für **barkeeper**. '~¡**keep·er** *s* Barkeeper *m*: a) Barbesitzer *m*, b) Barmann *m*, Barmixer *m*.
bark·en·tine [ˈbɑː(r)kəntiːn] *s mar.* Schonerbark *f*.
'**bark·er** *s* **1.** Beller *m*, Kläffer *m*. **2.** *colloq.* a) Marktschreier *m*, b) ‚Anreißer' *m (e-s Clubs etc)*, c) *Am.* Fremdenführer *m*.
bark| **house** *s* Gerberei: Lohhaus *n*. ~ **mill** *s tech.* **1.** Gerberei: Lohmühle *f*. **2.** Ent¡rindungs¡ma¡schine *f*. ~ **pit** *s* Gerberei: Lohgrube *f*. ~ **tree** *s bot.* Chinarindenbaum *m*.
'**bark·y** *adj* borkig, rindig.
bar lathe *s tech.* Prismendrehbank *f*.
bar·ley [ˈbɑː(r)lɪ] *s bot.* Gerste *f*. '~**bree** [-briː], '~**broo** [-bruː] *s bes. Scot.* **1.** a) Ale *n*, b) Bier *n*. **2.** Whisky *m*. '~**corn** *s* **1.** Gerstenkorn *n*: **(Sir) John B-** scherzhafte Personifikation der Gerste als Grundstoff von Bier *od.* Whisky. **2.** altes Längenmaß *(= 8,5 mm)*. ~ **sug·ar** *s* Gerstenzucker *m*. ~ **wa·ter** *s* Getränk aus Gerstenextrakt, meist mit Orangen- *od.* Zitronengeschmack. ~ **wine** *s* ein extrem starkes Bier.
bar line *s mus.* Taktstrich *m*.
bar·low [ˈbɑːrləʊ] *s Am.* großes einschneidiges Taschenmesser.
barm [bɑː(r)m] *s* Bärme *f*, (Bier)Hefe *f*.
bar| **mag·net** *s phys.* 'Stabma¡gnet *m*. '~**maid** *s bes. Br.* Bardame *f*. '~**man** [-mən] *s irr* Barmann *m*, Barkeeper *m*, Barmixer *m*.
barm·brack [ˈbɑː(r)mbræk] *s Ir.* (ein) Ro'sinenkuchen *m*.
bar mitz·va [¡bɑː(r)ˈmɪtsvə] *relig.* **I** *s* **1.** Bar-'Mizwa *n (Einführung e-s 13jähri-*

gen Jungen in die jüdische Glaubensgemeinschaft). **2.** Junge, der Bar-Mizwa feiert. **II** *v/t* **3.** Jungen in die jüdische Glaubensgemeinschaft einführen.
'**barm·y** *adj* **1.** heftig gärend, schaumig. **2.** *sl.* ‚bekloppt', verrückt: **to go** ~ überschnappen.
barn[1] [bɑː(r)n] *s* **1.** Scheune *f*, Schuppen *m (beide a. contp. Gebäude)*. **2.** (Vieh)Stall *m*. **3.** *Am.* (Straßenbahn- etc)De¡pot *n*.
barn[2] [bɑː(r)n] *s phys.* Barn *n (Einheit des Wirkungsquerschnitts)*.
Bar·na·by [ˈbɑː(r)nəbɪ] *npr* Barnabas *m*: ~ **day**, ~ **bright** Barnabastag *m (11. Juni)*.
bar·na·cle[1] [ˈbɑː(r)nəkl] *s* **1.** *zo.* (ein) Rankenfußkrebs *m*, *bes.* Entenmuschel *f*. **2.** *fig.* a) ‚Klette' *f (lästiger Mensch)*, b) *(lästige)* Fessel, *bes.* ‚alter Zopf'. **3.** *a.* ~ **goose** *orn.* Ber'nikel-, Ringelgans *f*.
bar·na·cle[2] [ˈbɑː(r)nəkl] *s* **1.** meist *pl a.* **pair of** ~**s** Nasenknebel *m (für unruhige Pferde)*. **2.** *pl a.* **pair of** ~**s** *Br. dial.* Brille *f*.
barn| **dance** *s* **1.** ein dem Schottischen ähnlicher Tanz. **2.** *Am.* Tanzveranstaltung *f* mit ländlichen Mu'sik. ~ **door** *s* **1.** Scheunentor *n*: **(as) big as a** ~ *colloq.* so groß wie ein Scheunentor, nicht zu verfehlen. **2.** *TV, Film: sl.* Lichtschirm *m*. '~**door fowl** *s orn.* Haushuhn *n*.
bar·ney[1] [ˈbɑːnɪ] *s Br. colloq.* **1.** ‚Krach' *m*, Streit *m*. **2.** Raufe'rei *f*, Schläge'rei *f*.
bar·ney[2] [ˈbɑː(r)nɪ] *s Bergbau:* kleiner Karren.
barn| **owl** *s orn.* Schleiereule *f*. '~**storm** *bes. Am.* **I** *v/i* ‚auf die Dörfer gehen': a) her'umreisen u. auf dem Land The'aterauffführungen veranstalten, auf (e-e Kon'zert- *etc.* 'Vortrags)Tour¡nee gehen, *b) pol.* von Ort zu Ort reisen u. Wahlreden halten. **II** *v/t e-e* Gegend bereisen *od. e-n Ort* besuchen u. dort The'ater spielen *etc* (→ I). '~¡**storm·er** *s* **1.** Wander-, *bes.* Schmierenschauspieler(in). **2.** Wahlredner(in) *od.* Kandi'dat(in) auf Rundreise. ~ **swal·low** *s orn.* Rauchschwalbe *f*. '~**yard** *s* Scheunenhof *m*: ~ **fowl** *orn.* Haushuhn *n*; ~ **humo**¡**ur** derber Humor.
bar·o·gram [ˈbærəʊgræm; -rə-] *s meteor.* Baro'gramm *n*.
bar·o·graph [ˈbærəʊgrɑːf; -rə-; *bes. Am.* -græf] *s meteor.* Baro'graph *m*.
ba·rom·e·ter [bəˈrɒmɪtə; *Am.* -ˈrɑːmətər] *s* Baro'meter *n*: a) *phys.* Luftdruckmesser *m*, Wetterglas *n*, b) *fig.* Grad-, Stimmungsmesser *m*. ~ **ga(u)ge** *s* 'Niederdruckmano¡meter *n*. **2.** *aer.* (baro'metrisches) Höhenmeßgerät.
bar·o·met·ric [¡bærəʊˈmetrɪk; -rə-] *adj (adv* ~**ally)** *phys.* baro'metrisch, Barometer...: ~ **cell** Druckdose *f*; ~ **column** Quecksilbersäule *f*; ~ **height** Barometerhöhe *f*; ~ **level(l)ing** barometrische Höhenmessung; ~ **maximum** *meteor.* Hoch(druckgebiet) *n*; ~ **pressure** Luft-, Atmosphärendruck *m*. **bar·o**¡**met·ri·cal** *adj (adv* ~**ly)** → **barometric**.
ba·rom·e·try [bəˈrɒmɪtrɪ; *Am.* -ˈrɑːmə-] *s phys.* Barome'trie *f*, Luftdruckmessung *f*.
bar·on [ˈbærən] *s* **1.** *Br.* a) *hist.* Pair *m*, Ba'ron *m*, b) *(heute)* Ba'ron *m (niedrigster Titel des höheren brit. Adels)*. **3.** (nichtbrit.) Ba'ron *m*, Freiherr *m*. **3.** (Indu'strie*etc)Ba¡ron *m*, Ma'gnat *m*: **beer** ~ Bierkönig *m*. **4.** *her. jur.* Ehemann *m*. **5.** *gastr.* ungeteilte Lendenstücke *pl*: ~ **of beef**. '**bar·on·age** [-ɪdʒ] *s* **1.** *collect.* (Gesamtheit *f* der) Ba'rone *pl.* **2.** Verzeichnis *n* der Ba'rone. **3.** Rang *m* od. Würde *f* e-s Ba'rons. '**bar·on·ess** *s* **1.** a) Ba'ronin *f*, b) Baro'neß *f*, Baro'nesse *f*. **2.** (nichtbrit.) Ba'ronin *f*, Freifrau *f*.
bar·on·et [ˈbærənɪt] **I** *s* Baronet *m (Angehöriger des niederen brit. Adels,*

baronetage – basal body

zwischen **knight** *u.* **baron** *stehend*). **II** *v/t* zum Baronet ernennen. **'bar·on·et·age** [-ɪdʒ] *s* **1.** *collect.* (Gesamtheit *f* der) Baronets *pl.* **2.** Verzeichnis *n* der Baronets. **3.** Rang *m od.* Würde *f* e-s Baronets.
'bar·on·et·cy → baronetage 3.
ba·ro·ni·al [bəˈrəʊnjəl; -nɪəl] *adj* **1.** Barons... **2.** prunkvoll, großartig. **bar·o·ny** [ˈbærənɪ] *s* **1.** Baroˈnie *f*: a) Herrschaftsgebiet *n* e-s Baˈrons, b) Rang *m od.* Würde *f* e-s Baˈrons. **2.** Macht- *od.* Einflußbereich *m* e-s (Induˈstrie- *etc*)Barons.
ba·roque [bəˈrɒk; bəˈrəʊk; *Am. a.* bəˈraʊk] **I** *adj* **1.** *art etc* baˈrock, Barock... **2.** *fig.* baˈrock: a) überˈladen, prunkvoll, b) überˈsteigert, c) verschnörkelt, d) biˈzarr, seltsam. **3.** baˈrock, schiefrund (*Perlen*). **II** *s* **4.** Baˈrock *n, m*: a) Baˈrockstil *m,* b) Baˈrockzeitalter *n.* **5.** baˈrockes Kunstwerk. **6.** Baˈrockperle *f.*
bar·o·scope [ˈbærəskəʊp] *s phys.* Baroˈskop *n*, Schweremesser *m.*
ba·rouche [bəˈruːʃ] *s* Landauer *m*, (viersitzige) Kaˈlesche.
bar parˈlour *s Br.* Schank-, Gaststube *f.*
barque → bark³.
bar·quen·tine → barkentine.
bar·rack¹ [ˈbærək] **I** *s* **1.** Baˈracke *f*, Hütte *f.* **2.** *meist pl* (*aber meist als sg konstruiert*) *mil.* Kaˈserne *f*: ~(s) bag Kleidersack *m*; ~(s) square (*od.* yard) Kasernenhof *m*; ~s stores *Br.* Unterkunftsgerät *n.* **3.** *meist pl* (*aber meist als sg konstruiert*) *contp.* ˈMietskaˌserne *f.* **II** *v/t* **4.** in Baˈracken *od.* Kaˈsernen ˈunterbringen, kaserˈnieren.
bar·rack² [ˈbærək] *Br. u. Austral. colloq.* **I** *v/t* **1.** ausbuhen, auspfeifen, *Redner a.* niederbrüllen, -schreien. **II** *v/i* **2.** buhen, pfeifen. **3.** ~ **for** schreien für, (lautstark) anfeuern.
bar·ra·cou·ta [ˌbærəˈkuːtə] *pl* **-tas**, *bes. collect.* **-ta**, **barˈraˈcuˈda** [-ˈkjuːdə; *Am.* -ˈkuː-] *pl* **-das**, *bes. collect.* **-da** *ichth.* Barraˈkuda *m*, Pfeilhecht *m.*
bar·rage¹ [ˈbærɑːʒ; *Am.* bəˈrɑːʒ] **I** *s* **1.** *mil.* a) Sperrfeuer *n*, b) (Balˈlon-, Minen- *etc*)Sperre *f*: ~ balloon Sperrballon *m*; ~ jamming (*Radar*) Teppich-, Sperrstörung *f*; ~ reception (*Radio*) Richtempfang *m*; ~ creeping barrage, *etc.* **2.** (Pfeil-, Stein- *etc*)Hagel *m.* **3.** *fig.* Hagel *m*, (Wort-, Rede)Schwall *m*: a ~ of questions ein Schwall von Fragen. **II** *v/t* **4.** *mil.* mit Sperrfeuer belegen. **5.** *fig.* bombarˈdieren, eindecken (with mit *Fragen etc*). **III** *v/i* **6.** *mil.* Sperrfeuer schießen.
bar·rage² [ˈbærɑːʒ; *Am.* ˈbɑːrɪdʒ] *s tech.* Damm *m*, *bes.* Talsperre *f*, Staudamm *m.*
bar·ran·ca [bəˈræŋkə], **barˈranˈco** [-kəʊ] *pl* **-cos** *s geol. Am.* Wasserriß *m*, tiefe Schlucht.
bar·ra·tor, *a.* **bar·ra·ter** [ˈbærətə(r)] *s* **1.** *mar.* j-d, der e-e Baratteˈrie (→ barratry 1) begeht. **2.** *jur.* schikaˈnöser Proˈzeßstifter, Queruˈlant *m.* **3.** j-d, der öffentliche *od.* geistliche Ämter kauft *od.* verkauft.
bar·ra·try [ˈbærətrɪ] *s* **1.** *mar.* Baratteˈrie *f* (*Veruntreuung durch Schiffsführer od. Besatzung gegenüber dem Reeder od. Charterer*). **2.** *jur.* a) schikaˈnöses Prozesˈsieren, b) Anstiftung *f* zu mutwilliger Klageführung. **3.** Kauf *m od.* Verkauf *m* von öffentlichen *od.* geistlichen Ämtern, *relig. a.* Simoˈnie *f.*
barred [bɑː(r)d] *adj* **1.** (ab)gesperrt, verriegelt. **2.** vergittert, Gitter...: ~ windows. **3.** gestreift. **4.** *mus.* mit Taktstrichen unterˈteilt.
bar·rel [ˈbærəl] **I** *s* **1.** Faß *n*, Tonne *f* (*a. als Maß*), (*als Rohölmaß meist*) Barrel *n*: ~ cargo Faßladung *f*; by the ~ faßweise;

to have s.o. over a ~ *colloq.* j-n in der Hand haben; to scrape the ~ *colloq.* auf dem letzten Loch pfeifen. **2.** Faß(voll) *n.* **3.** *colloq.* ˈHaufenˈ *m*, große Menge: a ~ (*od.* ~s) of money; we had a ~ of fun wir hatten jede Menge Spaß. **4.** *tech.* a) Walze *f*, Rolle *f*, Trommel *f*, b) Lauf-, Zyˈlinderbüchse *f*, c) (Gewehr)Lauf *m*, (Geschütz-) Rohr *n*, d) Federgehäuse *n* (*der Uhr*), e) Stiefel *m*, Kolbenrohr *n* (*e-r Pumpe*), f) Rumpf *m* (*e-s Dampfkessels*), g) Tintenbehälter *m* (*e-r Füllfeder*), h) Glockenkörper *m*, i) Walze *f* (*der Drehorgel*), j) (rundes) Gehäuse. **5.** *med.* Zyˈlinder *m* (*der Spritze*). **6.** *orn.* Kiel *m* (*e-r Feder*). **7.** Rumpf *m* (*e-s Pferdes od. Ochsen*). **II** *v/t pret u. pp* **-reled**, *bes. Br.* **-relled 8.** in Fässer packen *od.* füllen. **9.** *Am. colloq.* a) schnell befördern, b) rasen mit: he ~ed his car to the nearest hospital. **III** *v/i* **10.** *meist* ~ along *Am. colloq.* (daˈhin)rasen. ~ **burst** *s mil.* ˈRohrkreˌpierer *m.* ~ **chair** *s* Wannensessel *m.* ˈ~-ˌchestˈed *adj* mit gewölbter Brust: to be ~ e-e gewölbte Brust haben. ~ **compass** *s tech.* Trommelkompaß *m.*
bar·reled, *bes. Br.* **barˈrelled** [ˈbærəld] *adj* **1.** faßförmig. **2.** in Fässer gefüllt: ~ beer Faßbier *n.* **3.** *in Zssgn* ...läufig (*Gewehr etc*): double-~. **4.** gewölbt: ~ road.
bar·rel·ful [ˈbærəlfʊl] *s* Faß(voll) *n.*
ˈbar·rel ˌhouse *s Am. colloq.* Speˈlunke *f*, Kneipe *f.*
ˈbar·relled *bes. Br. für* barreled.
ˈbar·rel ˌmakˈer *s* Faßbinder *m.* ~ **organ** *s mus.* **1.** Orgelwalze *f* (*mechanische Orgel*). **2.** Drehorgel *f*, Leierkasten *m.* ~ **roll** *s aer.* Rolle *f* (*im Kunstflug*). ˈ~-ˌroll *v/i aer.* e-e Rolle ausˈführen. ~-**roof** *s arch.* Tonnendach *n.* ~-**roofed** *adj arch.* mit Tonnendach: ~ vault Tonnengewölbe *n.* ~ **saw** *s tech.* zyˈlinderförmige Rundsäge. ~ **shutˈter** *s phot.* Trommelverschluß *m.* ~ **switch** *s electr.* Walzenschalter *m.* ~ **vault** *s arch.* Tonnengewölbe *n.*
bar·ren [ˈbærən] **I** *adj* (*adv* ~**ly**) **1.** unfruchtbar: a) steˈril (*Mensch, Tier, Pflanze*), b) öde, dürr, kahl, ˈunprodukˌtiv (*Land*). **2.** *fig.* a) öde, trocken, uninteresˌsant, b) seicht, c) dürftig, armselig. **3.** *fig.* (*geistig*) ˈunprodukˌtiv: a ~ phase. **4.** *fig.* leer, arm (of an *dat*): his speech was ~ of wit s-r Rede fehlte der *od.* jeglicher Witz. **5.** nutzlos: a ~ conquest; ~ capital *econ.* totes Kapital; a ~ title ein leerer Titel. **6.** milchlos (*Kuh*). **7.** *geol.* taub (*Gestein*). **II** *s* **8.** *meist pl Am.* Ödland *n.*
ˈbar·ren·ness *s* **1.** Unfruchtbarkeit *f* (*a. fig.*). **2.** *fig.* Trockenheit *f*, Uninteresˌsantheit *f.* **3.** *fig.* (*geistige*) ˈUnproduktiˌviˌtät. **4.** *fig.* Armut *f* (of an *dat*).
bar·ri·cade [ˌbærɪˈkeɪd; *Am. a.* ˈbærəˌkeɪd] **I** *s* **1.** Barriˈkade (*a. fig.*): to go to (*od.* mount) the ~s *fig.* auf die Barrikaden gehen *od.* steigen. **2.** Hindernis *n.* **3.** *fig.* Schutzwall *m.* **II** *v/t* **4.** verbarriˈkaˌdieren, verrammeln: to ~ o.s. (in) sich verbarrikadieren; to ~ off Straße *etc* durch Barrikaden versperren; his mind was ~d against new ideas er war neuen Ideen gegenüber (völlig) unzugänglich.
bar·ri·er [ˈbærɪə(r)] *s* **1.** Schranke *f* (*a. fig.*), Barriˈere *f*, Sperre *f.* **2.** Schlag-, Grenzbaum *m.* **3.** *phys.* Schwelle *f*, (Schall)Mauer *f.* **4.** *a.* ~ **bar**, ~ **beach** *geol.* der Küste vorgelagerte Barriˈere, freier Strandwall. **5.** *oft* **B**~ *geogr.* ˈEisbarriˌere *f* der Antˈarktis. **6.** *Pferderennen*: ˈStartmaˌschine *f.* **7.** *Verpackungstechnik*: Isoˈlierung *f* (*gegen Hitze etc*). **8.** *fig.* Hindernis *n* (to für). **9.** *fig.* Mauer *f*: a ~ of distrust. **10.** Grenze *f.* **11.** *pl hist.* Turnier, bei dem über e-e Schranke hin-

weg gekämpft wurde. ~ **cream** *s* Schutzcreme *f.* ~ **gear** *s mil.* Fangvorrichtung *f* (*auf e-m Flugzeugträger*). ˈ~-**grid ˌstorage tube** *s electr.* Sperrgitterröhre *f.*
bar·ring [ˈbɑːrɪŋ] *prep* abgesehen von, ausgenommen: ~ rain falls *od.* wenn es nicht regnet; ~ errors Irrtümer vorbehalten.
bar·ris·ter [ˈbærɪstə(r)] *s jur.* **1.** *Br.* Barrister *m* (*vor den höheren Gerichten plädierender Rechtsanwalt; voller Titel*: ~**-at-law**; *Ggs.* solicitor). **2.** *Am. allg.* Rechtsanwalt *m.*
ˈbar·room *Am. für* bar parlour.
bar·row¹ [ˈbærəʊ] *s* **1.** (Obst- *etc*)Karre(n *m*) *f* (*e-s Straßenhändlers*). **2.** Handkarre(n *m*) *f.* **3.** Schubkarre(n *m*) *f.* **4.** Gepäckkarre(n *m*) *f.*
bar·row² [ˈbærəʊ] *s* **1.** *Archäologie*: Tumulus *m*, Hügelgrab *n.* **2.** Hügel *m.*
bar·row³ [ˈbærəʊ] *s agr.* Bork *m*, Borg *m* (*im Ferkelalter kastriertes Schwein*).
ˈbar·rowˌ boy *s*, ˈ~-**man** [-mən] *s irr* Straßenhändler *m.*
barˈ shoe *s tech.* Ringeisen *n* (*hinten geschlossenes Hufeisen*). ~ **shot** *s mil. hist.* Stangenkugel *f.* ~ **sight** *s mil.* ˈStangenviˌsier *n.* ~ **sin·is·ter** *s* **1.** *her.* Schrägˈlinksbalken *m* (*als Zeichen unehelicher Geburt*). **2.** *fig.* Stigma *n*, Schandfleck *m.* ~ **spring** *s tech.* Stabfeder *f.* ~ **steel** *s tech.* Stangenstahl *m.* ˈ~-**stool** *s* Barhocker *m.* ˈ~-ˌtendˈer *s bes. Am.* Barmann *m*, Barkeeper *m*, Barmixer *m.*
bar·ter [ˈbɑː(r)tə(r)] **I** *v/i* **1.** Tauschhandel treiben. **2.** verhandeln: to ~ for peace über e-n Frieden verhandeln. **II** *v/t* **3.** (im Handel) (ein-, ˈum)tauschen, austauschen (for, against gegen): to ~ away *a.* im Tausch weggeben, b) verschleudern, -schachern (*a. fig.*), c) (ohne entsprechende Gegenleistungen) verzichten auf (*Freiheit, Rechte etc*). **III** *s* **4.** Tausch(handel *m*, -geschäft *n*) *m* (*a. fig.*): ~ shop (*bes. Am.* store) Tauschladen *m*; ~ transaction *econ.* Tausch-, Kompensationsgeschäft *n.* **5.** Tauschobˌjekt *n.*
ˈbar·terˈer *s* Tauschhändler *m.*
Bar·thoˈlinˈs glands [ˈbɑː(r)θəlɪnz; *Am. a.* ˈbɑːrtlənz] *s pl anat.* Bartholin-Drüsen *pl.*
Bar·thol·o·mew [bɑː(r)θɒləmjuː; *Am.* -θə-] *npr Bibl.* Bartholoˈmäus *m*: (St.) ~ˈs Day, ~tide Bartholomäustag *m* (24. August).
bar·ti·zan [ˈbɑː(r)tɪzən; ˌbɑː(r)tɪˈzæn] *s arch.* Erkertürmchen *n.*
bar·ton [ˈbɑːtn] *Br. obs. für* farmyard.
bar tracˈer·y *s arch.* Maßwerk *n* in Querstreben.
barˈ windˈing *s electr.* Stabwicklung *f.* ˈ~-**wise** *adv her.* horizonˈtal. ˈ~-**wound arˈmaˌture** *s electr.* Stabanker *m*, Anker *m* mit Stabwicklung.
ˈbar·yˌcenˈter, *bes. Br.* **ˈbar·yˌcentre** [ˈbærɪ-] *s phys.* Baryzentrum *n*, Schwerpunkt *m.*
bar·y·on [ˈbærɪɒn; *Am.* -ˌɑn] *s phys.* Baryon *n* (*Elementarteilchen, dessen Masse mindestens so groß ist wie die e-s Protons*).
ˈbar·yˌsphere [ˈbærɪ-] *s geol.* Baryˈsphäre *f* (*innerster Teil der Erde*).
ba·ry·ta [bəˈraɪtə] *s chem.* ˈBariumˌoxid *n.*
ba·ry·tes [bəˈraɪtiːz] *pl* **-tes** *s min.* Baˈryt *m*, Schwerspat *m.*
ba·ryt·ic [bəˈrɪtɪk] *adj min.* Baryt...
bar·y·tone → baritone.
bas·al [ˈbeɪsl] *adj* (*adv* ~**ly**) **1.** an der Basis *od.* Grundfläche befindlich, baˈsal, Grund... **2.** *fig.* grundlegend, fundamenˈtal, Grund... **3.** *biol.* baˈsal, basisständig, Basal... ~ **bod·y** *s biol.* Baˈsalkörperchen

n. ~ **cell** *s biol.* Grund-, Ba'salzelle *f.* ~ **leaf** *s irr bot.* grundständiges Blatt. ~ **met·a·bol·ic rate** *s med.* 'Grund,umsatz *m.* ~ **me·tab·o·lism** *s med.* Grundstoffwechsel *m.*
ba·salt ['bæsɔ:lt; bə'sɔ:lt] *s* **1.** *geol.* Ba'salt *m.* **2.** Ba'saltgut *n* (*schwarzes Steingut*).
ba·sal·tic [bə'sɔ:ltɪk] *adj geol.* ba'saltisch, Basalt...
bas·an ['bæzən] *s* Ba'sane *f* (*für Bucheinbände verwendetes* (*braunes*) *Schafleder*).
bas·a·nite ['bæsənaɪt; -zə-] *s min.* Basa-'nit *m.*
bas·cule ['bæskju:l] *s tech.* Hebebaum *m*: ~ **bridge** Hub-, Klappbrücke *f.*
base¹ [beɪs] **I** *s* **1.** *a. fig.* Basis *f*, Grundlage *f*, Funda'ment *n* (*a. arch.*). **2.** *fig.* Ausgangspunkt *m*, -basis *f.* **3.** Grund-, Hauptbestandteil *m* (*e-r Arznei etc*), Grundstoff *m.* **4.** *chem.* Base *f.* **5.** *arch.* Basis *f*, Sockel *m*, Posta'ment *n* (*e-r Säule etc*). **6.** *math.* a) Basis *f*, Grundlinie *f od.* -fläche *f*, b) Träger *m* (*e-r Punktreihe*), c) Basis *f*, Grundzahl *f* (*e-s Logarithmenod. Zahlensystems od. e-r Potenz*), d) Bezugsgröße *f.* **7.** *surv.* Standlinie *f.* **8.** *biol.* a) Befestigungspunkt *m* (*e-s Organs*), b) Basis *f*, 'Unterteil *n*, *m*: ~ **of the brain** *anat.* Gehirnbasis. **9.** *mil.* a) Standort *m*, b) (Operati'ons- *od.* Versorgungs)Basis *f*, Stützpunkt *m*, c) *aer.* Flugbasis *f*, *Am.* (Flieger)Horst *m*, d) E'tappe *f.* **10.** *Baseball*: Mal *n*: **to be off** ~ *Am. colloq.* auf dem Holzweg sein; **to catch s.o. off** ~ *Am. colloq.* j-n überraschen *od.* -rumpeln; **to get to first** ~ *Am. colloq.* e-n ersten (erfolgreichen) Schritt tun; **he didn't get to first** ~ **with her** *Am. colloq.* er hat bei ihr überhaupt nichts erreicht; **to touch** ~ **with** *Am. colloq.* sich in Verbindung setzen mit. **11.** *bei verschiedenen Spielen*: a) Start(punkt) *m*, b) Ziel (-punkt *m*) *n*. **12.** *ling.* Stamm *m.* **13.** *tech.* a) Mon'tage-, Grundplatte *f*, Sockel *m*, Gestell *n*, b) (Ge'häuse-, Ma'schinen-) ,Unterteil *n*, *m*, c) Funda'ment *n*, 'Unterlage *f*, Bettung *f*, d) Sohle *f* (*e-r Mauer*), e) Trägerstoff *m* (*z. B. für Magnetschicht*), f) *mil.* (Geschoß)Boden *m.* **14.** *electr.* (Lampen-, Röhren)Sockel *m*, (-)Fassung *f.* **15.** *Färberei*: Beize *f.* **16.** *geol.* (*das*) Liegende.
II *v/t* **17.** stützen, gründen (**on, upon** auf *acc*): **to be** ~**d on** beruhen *od.* basieren auf (*dat*); **to** ~ **o.s.** on sich verlassen auf (*acc*); → **based 1. 18.** *mil.* statio'nieren; → **based** 3 a. **19.** e-e Basis bilden für.
III *adj* **20.** als Basis dienend, Grund..., Ausgangs...
base² [beɪs] *adj* (*adv* ~**ly**) **1.** gemein, niedrig, niederträchtig. **2.** minderwertig. **3.** unedel: → **base metal. 4.** falsch, unecht: ~ **coin** a) *Br.* Falschgeld *n*, b) *Am.* Scheidemünze *f.* **5.** *ling.* unrein, unklassisch. **6.** *jur. Br. hist.* dienend: ~ **estate** durch gemeine Dienstleistungen erworbenes Lehen. **7.** *mus. obs.* Baß...: → **tones** Baßtöne. **8.** *obs.* niedrigen Standes.
base| an·gle *s mil.* Grundrichtungswinkel *m.* **2.** *math.* Basiswinkel *m.* '~**ball** *s sport* **1.** Baseball(spiel *n*) *m.* **2.** Baseball *m.* '~**board** *s arch. Am.* Fuß-, Scheuerleiste *f.* '~**born** → base² 8, 9. ~ **camp** *s mount.* Basislager *n.* ~ **charge** *s* Hauptladung *f* (*Munition*). ~ **cir·cle** *s tech.* Grundkreis *m* (*von Zahnrädern*).
based [beɪst] *adj* **1.** (**on**) gegründet *od.* gestützt (auf *acc*), beruhend (auf *dat*). **2.** *fig.* mit e-r (*fundierten etc*) Basis: **a soundly** ~ **argument** ein stichhaltiges Argument. **3.** (*in Zssgn*) a) *mil.* mit ... (*dat*) als Stützpunkt, statio'niert in (*dat*): **a London-**~ **unit**, b) *econ. etc* mit Sitz in (*dat*): **a Liverpool-**~ **firm.**

base| de·pot *s mil.* 'Hauptde,pot *n.* ~ **ex·change** *s chem.* Basenaustausch *m.* ~ **hos·pi·tal** *s Austral.* Krankenhaus mit e-m großen ländlichen Versorgungsgebiet.
'**base·less** *adj* grundlos, unbegründet.
base| line *s* **1.** Grundlinie *f.* **2.** *surv.* Standlinie *f.* **3.** *mil.* a) *bes.* Radar: Basislinie *f*, b) Grundrichtungslinie *f.* **4.** *sport* a) *Baseball*: Verbindungslinie zwischen den Malen, b) *Tennis*: Grundlinie *f.* '~**-line** *adj Tennis*: Grundlinien...: ~ **player** (*player, etc*). '~**lin·er** *s Tennis*: Grundlinienspieler(in). ~ **load** *s electr.* Grundlast *f*, -belastung *f.* '~**man** [-mən] *s irr Baseball*: Malhüter *m.*
'**base·ment** *s arch.* **1.** Kellergeschoß *n.* **2.** Grundmauer(n *pl*) *f.*
base| met·al *s tech.* **1.** unedles Me'tall. **2.** Hauptbestandteil *m* (*e-r Legierung*).
,~**-'mind·ed** → base² 12.
'**base·ness** *s* **1.** Gemeinheit *f*, Niedrigkeit *f*, Niederträchtigkeit *f.* **2.** Minderwertigkeit *f.* **3.** Unechtheit *f.* **4.** *obs.* Niedrigkeit *f* (*der Geburt*). **5.** *obs.* Unehelichkeit *f.*
base| pin *s electr.* Sockelstift *m.* ~ **plate** → base¹ 13 a. ~ **price** *s econ.* Grundpreis *m.* ~ **rate** *s econ. Br.* Eckzins *m.*
ba·ses ['beɪsi:z] *pl von* basis.
base| time *s econ.* (für e-n Arbeitsvorgang benötigte) Grundzeit (*ohne Erholungszuschläge etc*). ~ **wal·lah** *s mil. Br. sl.* ,E'tappenschwein' *n.*
bash [bæʃ] *colloq.* **I** *v/t* **1.** heftig schlagen, j-n verprügeln: **he** ~**ed his finger with a hammer** er drosch sich mit dem Hammer auf den Finger; **she** ~**ed him on the head with her umbrella** sie schlug ihm den Schirm über den Kopf; **to** ~ **one's head against** sich den Kopf anschlagen an (*dat*), mit dem Kopf ,knallen' gegen; **to** ~ **down** Tür einschlagen; **to** ~ **in** a) *Fenster etc* einschlagen, b) *Kotflügel etc* ein-, verbeulen; **to** ~ **s.o.'s head in** j-m den Schädel einschlagen; **to** ~ **up** a) *j-n* zs.-schlagen, krankenhausreif schlagen, b) *Auto etc* zu Schrott fahren. **II** *v/i* **2.** ~ **into** ,knallen' *od.* krachen gegen: **the car** ~**ed into a tree. III** *s* **3.** *bes. Br.* ,Pfund' *n* (*heftiger Schlag*): **to give s.o. a** ~ (**on the nose**) j-m ,ein Ding' (auf die Nase) verpassen'. **4.** *bes. Br.* Beule *f* (*am Auto etc*): **my car has had a** ~ **of** *colloq.* mein Auto hat etwas abgekriegt. **5.** *Br.* ausgelassene Party. **6.** *Br.* Versuch *m*: **to have a** ~ e-n Versuch wagen; **to have a** ~ **at s.th.** es mit etwas probieren.
ba·shaw [bə'ʃɔ:] *s hist. u. fig.* Pascha *m.*
'**bash·ful** *adj* (*adv* ~**ly**) schüchtern, verschämt, scheu. '**bash·ful·ness** *s* Schüchternheit *f*, Scheu *f.*
bas·ic¹ ['beɪsɪk] **I** *adj* (*adv* → **basically**) **1.** grundlegend, Grund...: ~ **driving** *bes. mil.* elementare Fahrschulung; ~ **facts** grundlegende Tatsachen, Grundlagen; ~ **fee** Grundgebühr *f*; ~ **flying training** *aer.* fliegerische Grundausbildung; ~ **material** *tech.* Ausgangsmaterial *n*, Grundstoff *m*; ~ **position** Grundposition *f*; → **knowledge 2. 2.** *biol. chem. geol. min.* basisch. **3.** *metall.* im Thomasverfahren 'hergestellt, Thomas... **4.** *electr.* ständig (*Belastung*). **II** *s* **5.** *pl* Grundlagen *pl.* **6.** *Am.* → **basic training.**
BAS·IC² ['beɪsɪk] *s Computer*: BASIC *n* (*e-e Computersprache*).
'**bas·i·cal·ly** *adv* **1.** im Grunde. **2.** im wesentlichen.
bas·ic| Bes·se·mer con·vert·er steel *s tech.* Thomas(fluß)stahl *m.* ~ **Bes·se·mer pro·cess** → basic process. **B. Eng·lish** *s* Basic Englisch *n* (*auf 850 Grundwörtern beschränktes u. in der Grammatik vereinfachtes Englisch; von C. K. Ogden*). ~ **food** *s*, ~ **food-**

stuffs *s pl* Grundnahrungsmittel *pl.* ~ **for·mu·la** *s a. irr math.* Grundformel *f.* ~ **in·dus·try** *s* 'Grund(stoff)-, 'Schlüsselindu,strie *f.*
ba·sic·i·ty [beɪ'sɪsətɪ] *s chem.* **1.** Basei'tät *f*, Basizi'tät *f* (*e-r Säure*). **2.** basischer Zustand.
bas·ic| law *s pol.* Grundgesetz *n.* ~ **load** *s electr.* ständige Grundlast. ~ **op·er·a·tion** *s math.* 'Grundrechnung *f*, -operati,on *f.* ~ **pro·cess** *s metall.* basisches Verfahren, Thomasverfahren *n.* ~ **pro·te·in** *s biol.* Al'kalieiweiß *n.* ~ **re·search** *s* Grundlagenforschung *f.* ~ **sal·a·ry** *s econ.* Grundgehalt *n.* ~ **set** *s Zwölftonmusik*: Reihe *f.* ~ **size** *s tech.* Sollmaß *n.* ~ **steel** *s tech.* Thomasstahl *m.* ~ **train·ing** *s mil.* Grundausbildung *f.* ~ **wage** *s meist pl econ.* Grundlohn *m.*
ba·si·fy ['beɪsɪfaɪ] *v/t chem.* basisch machen.
bas·il ['bæzl; *Am. a.* 'beɪ-] *s bot.* a) **sweet** ~ Ba'silienkraut *n*, Ba'silikum *n*, b) *a.* ~ **bush, lesser** ~ Kleine 'Nelkenba,silie.
bas·i·lar ['bæsɪlə(r)] *adj* **1.** *bot.* grundständig, Grund... **2.** *med.* basi'lar, die Schädelbasis betreffend. **3.** grundlegend, Grund...: ~ **instinct** Grundtrieb *m.*
ba·sil·i·ca [bə'zɪlɪkə; -'sɪ-] *s arch.* Ba'silika *f.*
bas·i·lisk ['bæzɪlɪsk; *Am. a.* -sə-] **I** *s* **1.** Basi'lisk *m* (*Fabeltier*). **2.** *zo.* Basi'lisk *m*, Kroneidechse *f.* **II** *adj* **3.** Basilisken...: ~ **eye.**
ba·sin ['beɪsn] *s* **1.** (Wasser-, Wasch-*etc*)Becken *n*, Schale *f.* **2.** Becken(voll) *n.* **3.** (*einzelne*) Waagschale. **4.** a) Bas'sin *n*, Wasserbecken *n*, -behälter *m*, b) Teich *m*, c) Bai *f*, kleine Bucht, d) Hafenbecken *n*, Innenhafen *m*, e) *mar. tech.* Dock(raum *m*) *n*, f) Schwimmbecken *n*, Basin *n.* **5.** *opt.* Schleifschale *f.* **6.** Einsenkung *f*, Vertiefung *f.* **7.** *geol.* a) Bas'sin *n*, Becken *n*, b) (Senkungs)Mulde *f*, Kessel *m*, c) (Fluß-, See)Becken *n*, Stromgebiet *n.* **8.** *anat.* a) dritte Gehirnhöhlung, b) (Rumpf- *etc*)Becken *n.*
bas·i·net ['bæsɪnet; ,bæsə'net] *s mil. hist.* Kesselhaube *f.*
'**ba·sin·ful** [-fʊl] *s* Becken(voll) *n*: **to have had a** ~ **of** *colloq.* ,die Nase voll haben' von.
ba·sis ['beɪsɪs] *pl* -**ses** [-sɪ:z] *s* **1.** *bes. arch.* Basis *f*, Grund *m*, Funda'ment *n.* **2.** → **base¹** 3 *u.* 8 b. **3.** *mil.* (Operati'ons)Basis *f*, Stützpunkt *m.* **4.** *fig.* Basis *f*, Grundlage *f*: **on the** ~ **of** auf der Basis von (*od. gen*); ~ **of discussion** Diskussionsgrundlage; ~ **of comparison** Vergleichsbasis; **to form** (*od.* **lay**) **the** ~ **of s.th.** den Grund zu etwas legen; **to take as a** ~ etwas zugrunde legen. **5.** *math.* a) Grund-, Basisfläche *f*, b) Grundlinie *f*, Basis *f.*
bask [bɑ:sk; *Am.* bæsk] *v/i* **1.** sich (wohlig) wärmen, sich aalen, sich sonnen (*a. fig.*): **to** ~ **in the sun**(**shine**) ein Sonnenbad nehmen; **to** ~ **in s.o.'s admiration** *fig.* sich in j-s Bewunderung sonnen. **2.** *fig.* (**in**) schwelgen in (*dat*), genießen (*acc*).
bas·ket ['bɑ:skɪt; *Am.* 'bæskət] **I** *s* **1.** Korb *m* (*a. als Maß*): **what's left in the** ~ was übrigbleibt, der schäbige Rest; → **egg¹**1, **pick¹** 4. **2.** Korb(voll) *m*: **a** ~ **of potatoes. 3.** *fig.* Korb *m*, Pa'ket *n*, b) Gruppe *f*, Reihe *f.* **4.** *Basketball*: a) Korb *m*, b) Treffer *m*, Korb *m.* **5.** *mil. hist.* Säbelkorb *m.* **6.** *aer.* (Passa'gier-) Korb *m*, Gondel *f.* **7.** *bes. Bergbau*: Fördergefäß *n.* **8.** (Typen)Korb *m* (*der Schreibmaschine*). **9.** *colloq.* Blödmann *m*, Idi'ot *m.* **II** *v/t* **10.** in e-n Korb *od.* Körbe legen *od.* verpacken. '~**ball** *s sport* **1.** Basketball(spiel *n*) *m.* **2.** Basket-

basket case - bathometer

ball *m*. ~ **case** *s Am.* **1.** 'Arm- u. 'Beinampu͵tierte(r *m*) *f.* **2.** *sl.* Nervenbündel *n*. ~**chair** *s* Korbsessel *m*. ~**din·ner** *s Am.* Picknick *n*.
'**bas·ket·ful** [-fʊl] *s* Korb(voll) *m*.
'**bas·ket|-͵han·dle** *s arch.* Korbhenkel-, Stichbogen *m*. ~ **hilt** *s mil. hist.* Säbelkorb *m*. ~ **lunch** *s Am.* Picknick *n*. ~ **mak·er** *s* **1.** Korbmacher *m*, -flechter *m*. **2.** B~ M~ Korbflechter *m* (*prähistorischer Bewohner der südwestl. USA u. angrenzender Gebiete Mexikos*). ~ **o·sier** *s bot.* Korbweide *f*.
bas·ket·ry ['bɑːskɪtrɪ; *Am.* 'bæs-] *s* Korbwaren *f*.
'**bask·ing shark** *s ichth.* Riesenhai *m*.
bas·oid ['beɪsɔɪd] *agr.* **I** *adj* al'kalisch. **II** *s* al'kalischer Boden.
Basque [bæsk] **I** *s* **1.** Baske *m*, Baskin *f*. **2.** *ling.* Baskisch *n*, das Baskische. **II** *adj* **3.** baskisch.
bas-re·lief ['bæsrɪ͵liːf; *bes. Am.* ͵bɑːrɪ-'liːf] *s art* 'Bas-, 'Flachreli͵ef *n*.
bass[1] [beɪs] *mus.* **I** *s* Baß *m*: a) Baßstimme *f*, b) Baßsänger *m*, Bas'sist *m*, c) 'Baßpar͵tie *f*, d) 'Baßinstru͵ment *n, bes.* Streich-, Kontrabaß *m*. **II** *adj* tief, Baß...
bass[2] [bæs] *pl* '**bass·es,** *bes. collect.* **bass** *s ichth.* (Fluß- *od.* See)Barsch *m*.
bass[3] [bæs] *s* **1.** (Linden)Bast *m*. **2.** → basswood. **3.** Bastmatte *f*.
bass|bar [beɪs] *s mus.* (Baß)Balken *m*. ~ **clar·i·net** *s mus.* 'Baßklari͵nette *f*. ~ **clef** *s mus.* Baßschlüssel *m*. ~ **con·trol** *s Radio:* Baßregler *m*. ~ **drum** *s mus.* große Trommel, Baßtrommel *f*.
bas·set[1] ['bæsɪt] *s zo.* Basset *m*.
bas·set[2] ['bæsɪt] *Bergbau* **I** *s* Ausgehende(s) *n* e-s Flözes. **II** *adj* (zu Tage) ausgehend.
bas·set|horn *s mus. hist.* Bas'setthorn *n*. ~ **hound** → basset[1].
bass|gui·tar [beɪs] *s mus.* 'Baßgi͵tarre *f*. ~ **horn** *s mus.* **1.** Baßtuba *f*. **2.** (Englisch)Baßhorn *n*.
bas·si ['bæsɪ; *Am.* 'bɑːsiː] *pl von* **basso**.
bas·si·net [͵bæsɪ'net] *s* a) Korbwiege *f*, b) Korbkinderwagen *m* (*mit Verdeck*), c) *Am.* Korbkindertrage *f*.
bass·ist ['beɪsɪst] *s* Bas'sist *m* (*Sänger u., bes. in e-r Jazzband, Instrumentalist*).
bas·so ['bæsəʊ; *Am. a.* 'bɑː-] *pl* **-sos, -si** ['bæsɪ; *Am.* 'bɑːsiː] *s* Bas'sist *m*, Baßsänger *m*. ~ **con·tin·u·o** *pl* **-so -os** *s mus.* Gene'ralbaß *m*.
bas·soon [bə'suːn] *s mus.* Fa'gott *n*. **bas-'soon·ist** *s* Fago'ttist *m*.
bas·so| pro·fun·do [prəʊ'fʌndəʊ] *pl* **-si -di** [-dɪ], **-so -dos** *s mus.* tiefer Baß (*Stimme od. Sänger*). ͵~**re'lie·vo** [͵-rɪ-'liːvəʊ] → bas-relief.
bass|trom·bone [beɪs] *s mus.* 'Baßpo͵saune *f*. ~ **vi·ol** *s mus.* **1.** Gambe *f*. **2.** Kontrabaß *m*.
'**bass·wood** ['bæs-] *s bot.* **1.** (*bes.* Schwarz)Linde *f*. **2.** Linde(nholz *n*) *f*.
bast [bæst] *s* **1.** *bot.* Bast *m*. **2.** Bastmatte *f*.
bas·tard ['bɑːstə(r)d; *bes. Am.* 'bæs-] **I** *s* **1.** Bastard *m*: a) Bankert *m*, uneheliches Kind, b) *biol.* Mischling *m*. **2.** *fig.* a) Nachahmung *f*, Fälschung *f*, b) Scheußlichkeit *f*. **3.** *sl.* *contp.* ‚Schwein' *n*, ‚Scheißkerl' *m*, b) Kerl *m*, Bursche *m*: **a fine** ~, **a poor** ~ ein armer Hund, ein armes Schwein, c) **that job is a real** ~ diese Arbeit ist einfach ‚beschissen'; **this** ~ **of a headache** diese verfluchten Kopfschmerzen. **4.** unreiner, grober Braunzucker. **II** *adj* **5.** unehelich. **6.** *biol.* Bastard..., Mischlings..., falsch. **7.** *fig.* nachgemacht, unecht, verfälscht, Bastard..., Zwitter..., Pseudo... **8.** *fig.* ab'norm, von der Norm abweichend: ~ **size** *tech.* Abmaß *n*, Maßabweichung *f*.
bas·tard| a·ca·cia *s bot.* Ro'binie *f*, Falsche A'kazie. ~ **file** *s tech.* Bastard-, Vorfeile *f*.
bas·tard·ize ['bæstə(r)daɪz] **I** *v/t* **1.** *jur.* für unehelich erklären. **2.** verfälschen, verderben. **3.** entarten lassen. **II** *v/i* **4.** entarten. '**bas·tard·ized** *adj* entartet, Mischlings..., Bastard...
bas·tard| ribs *s pl anat.* kurze, falsche Rippen *pl*. ~ **rock·et** *s bot.* Ackersenf *m*. ~ **ti·tle** *s print.* Schmutztitel *m*. ~ **type** *s print.* Bastardschrift *f*.
'**bas·tard·y** *s* uneheliche Geburt: ~ **pro·ce·dure** Verfahren *n* zur Feststellung der (unehelichen) Vaterschaft u. Unterhaltspflicht.
baste[1] [beɪst] *v/t* **1.** (ver-, 'durch)prügeln, (ver)hauen. **2.** *fig.* beschimpfen, 'herfallen über (*j-n*).
baste[2] [beɪst] *v/t* e-n Braten mit Fett begießen.
baste[3] [beɪst] *v/t* (an)heften.
bas·ti·na·do [͵bæstɪ'neɪdəʊ; -'nɑː-] **I** *pl* **-does** *s* Basto'nade *f* (*Stockschläge auf die Fußsohlen*). **II** *v/t j-m* die Basto'nade geben.
'**bast·ing**[1] *s* (Tracht *f*) Prügel *pl*.
'**bast·ing**[2] *s* **1.** Heften *n*. **2.** a) Heftfaden *m*, b) Heftnaht *f*.
bas·tion ['bæstɪən; *Am.* 'bæstʃən] *s mil.* Basti'on *f*, Ba'stei *f*, Bollwerk *n* (*a. fig.*).
bat[1] [bæt] **I** *s* **1.** *bes. Baseball u. Kricket:* Schlagholz *n*, Schläger *m*: **to carry one's** ~ (*Kricket*) noch im Spiel sein; **off one's own** ~ *colloq.* auf eigene Faust; (**right**) **off the** ~ *Am. colloq.* auf Anhieb, prompt. **2.** *Tischtennis etc:* Schläger *m*. **3.** *Kricket:* Schläger *m*, Schlagmann *m*. **4.** Schlagen *n*: **to be at** (**the**) ~ → 11 b; **to go to** ~ **for s.o.** a) (*Baseball*) für j-n einspringen, b) *fig.* → 12. **5.** Knüttel *m*, Keule *f*, Stock *m*. **6.** *colloq.* Stockhieb *m*. **7.** *tech.* Schlegel *m*. **8.** *Br. colloq.* Tempo *n*: **at a fair** ~ mit e-m ganz schönen ‚Zahn'. **9.** *Am. sl.* ‚Saufe'rei' *f*: **to go on a** ~ e-e ‚Sauftour' machen. **II** *v/t* **10.** *bes. auf Ball* schlagen: **to** ~ **s.th. around** *Am. colloq.* etwas ‚bequatschen' *od.* diskutieren; **to** ~ **s.th. out** *Am. colloq.* etwas ‚hinhauen' (*schnell schreiben etc*); **to** ~ **s.th. out on the typewriter** *Am. colloq.* etwas 'heruntertippen. **III** *v/i* **11.** *Baseball, Kricket:* a) (*gut etc*) schlagen, b) an Schlagen *od.* dran sein. **12.** (**to go to**) ~ **for** *fig.* für j-n eintreten, sich für j-n einsetzen. **13.** ~ **around** *Am. colloq.* herumtreiben.
bat[2] [bæt] *s* **1.** *zo.* Fledermaus *f*: **to be (as) blind as a** ~ stockblind sein; **to have** ~**s in the belfry** *colloq.* ,en Vogel haben', verrückt sein. **2.** *aer. mil.* radargelenkte Gleitbombe. **3.** *Am. sl.* a) ‚Nutte' *f* (*Prostituierte*), b) Schlampe *f*.
bat[3] [bæt] *v/t* mit (*den Augen*) blinzeln *od.* zwinkern: **to** ~ **one's eyes; without** ~**ting an eyelid** ohne mit der Wimper zu zucken; **I never** ~**ted an eyelid** ich habe (*in der Nacht*) kein Auge zugetan.
bat[4] [bæt] *s Br. Ind. colloq.* Jar'gon *m* der Eingeborenen (*ursprünglich Indiens*): **to sling the** ~ die (Umgangs)Sprache der Einheimischen sprechen.
ba·ta·ta [bə'tɑːtɑː] *s bot.* Ba'tate *f*, ‚Süßkar͵toffel *f*.
Ba·ta·vi·an [bə'teɪvjən; -vɪən] **I** *adj* **1.** *hist.* ba'tavisch. **2.** *obs. od. poet.* holländisch. **II** *s* **3.** *hist.* Ba'tavier(in). **4.** *obs. od. poet.* Hol'länder(in).
batch [bætʃ] **I** *s* **1.** Schub *m* (*auf einmal gebackene Menge Brot*): **a** ~ **of bread** ein Schub Brot. **2.** Schub *m*, Schwung *m*: a) Gruppe *f* (*von Personen*): **a** ~ **of prisoners** ein Trupp Gefangener, b) Satz *m* (*Muster etc*), Stapel *m*, Stoß *m* (*Briefe etc*), Par'tie *f*, Posten *m* (*gleicher Dinge*): **in** ~**es, ~wise** schubweise. **3.** *Computer:* Stapel *m*. **4.** *tech.* a) in 'einem Arbeitsgang erzeugte Menge, Schub *m*, b) für 'einen Arbeitsgang erforderliches Materi'al, Satz *m*, Charge *f*, Füllung *f*, *z. B. Gießerei:* (Beschickungs)Schicht *f*, *Glasfabrikation:* (Glas)Satz *m*. **II** *v/t* **5.** schub- *od.* stoßweise verarbeiten *od.* zumessen, in Schübe *od.* Gruppen einteilen. **6.** → batch-process. '~-**pro·cess** *v/t Computer:* stapelweise verarbeiten. ~ **pro·cess·ing** *s Computer:* Stapelverarbeitung *f*, -betrieb *m*.
bate[1] [beɪt] **I** *v/t* **1.** *fig.* schwächen, vermindern, *j-s Neugier etc* mäßigen, *Preis, e-e Forderung etc* her'absetzen, *den Atem* anhalten: **with** ~**d breath** mit angehaltenem Atem, gespannt. **2.** *obs.* a) etwas ausnehmen: → **bating,** b) berauben (**s.o. s.th.** j-n e-r Sache). **II** *v/i* **3.** *dial.* sich vermindern, abnehmen.
bate[2] [beɪt] (*Gerberei*) **I** *s* Beizbrühe *f*, Ätzlauge *f*. **II** *v/t* in die Beizbrühe legen.
bate[3] [beɪt] *v/i* (*unruhig*) um'herflattern (*Falke*).
bate[4] [beɪt] *s Br. colloq.* a) schlechte Laune, b) Wut *f*.
ba·teau [bæ'təʊ] *pl* **-teaux** [-'təʊ; -'təʊz] *s Am. Canad.* leichtes flaches Flußboot. ~ **bridge** *s Am. Canad.* Pon'tonbrücke *f*.
'**bate·ment** *s arch.* Maßwerk *n*: ~ **light** Maßwerklichte *f*.
Bath[1] [bɑːθ] *npr* Bath *n* (*Stadt u. Badeort in England*).
bath[2] [bɑːθ; *Am.* bæθ] **I** *pl* **baths** [-ðz] *s* **1.** (Wannen)Bad *n*: **to take a** ~ a) *a.* **to have a** ~ baden, ein Bad nehmen, b) *Am. sl.* (*finanziell*) ‚baden gehen' (**on** bei). **2.** Badewasser *n*. **3.** (Bade)Wanne *f*. **4.** Bad *n*, Badezimmer *n*. **5.** *meist pl* Bad *n*: a) Badeanstalt *f*, b) Heil-, Kurbad *n*, Badeort *m*. **6.** *chem. phot.* a) Bad *n* (*Behandlungsflüssigkeit*), b) Behälter *m* da'für. **7. the** (*Order of the*) **B~** *Br.* der Bathorden; **Knight of the B~** Ritter *m* des Bathordens; **Knight Commander of the B~** Komtur *m* des Bathordens. **II** *v/t* **8.** *Br.* ein Kind *etc* baden. **III** *v/i* **9.** *Br.* ein Bad nehmen.
Bath| brick *s Br.* Putzstein *m*. ~ **bun** *s* Kuchen-, Ro'sinenbrötchen *n*. ~ **chair** *s* Rollstuhl *m* (*für Kranke*). ~ **chap** *s gastr.* Schweinebacke *f*.
bathe [beɪð] **I** *v/t* **1.** e-e Wunde *etc*, *bes. Am.* ein Kind *etc* baden: **to** ~ **o.s.** → 6. **2.** waschen. **3.** befeuchten, benetzen. **4.** *fig.* baden, (ein)tauchen (**in** *acc*): ~**d in sunlight** sonnenüberflutet, in Sonnenlicht getaucht; ~**d in sweat** in Schweiß gebadet, schweißgebadet; ~**d in tears** in Tränen aufgelöst, tränenüberströmt. **5.** *poet.* bespülen. **II** *v/i* **6.** *bes. Am.* baden, ein Bad nehmen. **7.** baden, schwimmen. **8.** (Heil)Bäder nehmen. **9.** *fig.* sich baden, eingetaucht *od.* versunken sein, *a.* schwelgen (**in** in *dat*). **III** *s* **10.** *Br.* Bad *n* (*im Freien*): **to have** (*od.* **take**) **a** ~ → 7.
ba·thet·ic [bə'θetɪk] *adj* **1.** trivi'al, platt. **2.** kitschig. **3.** voll von falschem Pathos.
'**bath·house** *s* **1.** Badehaus *n*, Badeanstalt *f*. **2.** *Am.* 'Umkleideka͵binen *pl*.
bath·ing ['beɪðɪŋ] *s* Baden *n*. ~ **ac·ci·dent** *s* Badeunfall *m*. ~ **beau·ty,** *obs.* ~ **belle** *s* Badeschönheit *f*. ~ **cap** *s* Bademütze *f*, -kappe *f*. ~ **cos·tume** *s bes. Br.* Badeanzug *m*. ~ **dress** *s bes. Br.* Badeanzug *m*. ~ **ma·chine** *s hist.* Badekarren *m* (*fahrbare Umkleidekabine*). ~ **suit** *s* Badeanzug *m*.
bath mat *s* Bademette *f*, -vorleger *m*.
Bath met·al *s metall.* Tombak *m*.
bath·o·lite ['bæθəlaɪt], '**bath·o·lith** [-lɪθ] *s geol.* Batho'lit *m*.
Bath Ol·i·ver *s Br.* (*ein*) ungesüßter Keks.
ba·thom·e·ter [bə'θɒmɪtə(r); *Am.* -'θɑ-]

Batho'meter *n*, (Meeres)Tiefenmesser *m* (*Gerät*), Tiefseelot *n*.
Bath·o·ni·an [bəˈθəʊnjən; -nɪən] **I** *s* Bewohner(in) von Bath (*England*). **II** *adj* aus *od.* von Bath.
'**bat·horse** *s mil.* Packpferd *n*.
ba·thos [ˈbeɪθɒs; *Am.* -ˌθɑs] *s* **1.** 'Übergang *m* vom Erhabenen zum Lächerlichen *od.* Triviˈalen. **2.** Gemeinplatz *m*, Plattheit *f.* **3.** falsches Pathos. **4.** Kitsch *m.* **5.** Null-, Tiefpunkt *m*: **the ~ of stupidity** der Gipfel der Dummheit.
Bath| **pa·per, ~ post** *s* feines ˈBriefpaˌpier.
'**bath**|-**robe** *s* **1.** Bademantel *m.* **2.** *Am.* Morgen-, Schlafrock *m.* '**~-room** *s* **1.** Badezimmer *n*: **~ cabinet** Badezimmerschrank *m.* **2.** *Am.* Toiˈlette *f.* **~ salts** *s pl* Badesalz *n.* **B~ stone** *s geol.* Muschelkalkstein *m.* **~ tow·el** *s* Badetuch *n.* '**~-tub** *s* **1.** Badewanne *f.* **2.** Skisport: *Am.* ‚Badewanne' *f*.
bath·y·al [ˈbæθɪəl] *adj* bathyˈal, Tiefsee...
ba·thym·e·try [bəˈθɪmətrɪ] *s* **1.** Tiefenmessung *f.* **2.** Tiefseemessung *f*.
bath·y·scaphe [ˈbæθɪskæf; *Am. a.* -ˌskeɪf] *s* Bathyˈskaph *m, n* (*Tiefseetauchgerät*).
bath·y·sphere [ˈbæθɪˌsfɪə(r)] *s tech.* Tiefseetaucherkugel *f*.
ba·tik [ˈbætɪk; *Am. a.* bəˈtiːk] *s* **1.** Batik (-druck *m*), *a. f.* **2.** gebatikter Stoff.
bat·ing [ˈbeɪtɪŋ] *prep* abgerechnet, abgesehen von, ausgenommen.
ba·tiste [bæˈtiːst; bə-] *s* Baˈtist *m*.
bat·man [ˈbætmən] *s irr mil. Br.* Offiˈziersbursche *m*, Putzer *m*.
ba·ton [ˈbætən; *Am.* bəˈtɒn] *s* **1.** (Amts-, Komˈmando)Stab *m*: **Field Marshal's ~** Marschall(s)stab. **2.** *mus.* Taktstock *m*, (Diriˈgenten)Stab *m.* **3.** *Leichtathletik*: (Staffel)Stab *m*, (-)Holz *n.* **4.** Schlagstock *m*, Gummiknüppel *m* (*der Polizei*). **5.** *her.* (schmaler) Schrägbalken. **6.** *Am.* a) langes Brot, b) Käsestange *f*. **~ charge** *s* Schlagstockeinsatz *m*: **to make a ~ on →** **baton-charge.** '**~-charge** *v/t* mit dem Schlagstock vorgehen gegen.
'**ba·toned** *adj* **1.** mit e-m Schlagstock ausgerüstet (*Polizist*). **2.** *her.* mit e-m Schrägbalken (versehen).
ba·tra·chi·an [bəˈtreɪkjən; -ɪən] *zo.* **I** *adj* frosch-, krötenartig. **II** *s* Baˈtrachier *m*, Froschlurch *m*.
bats [bæts] → **batty.**
bats·man [ˈbætsmən] *s irr* **1.** *Kricket*: Schläger *m*, Schlagmann *m.* **2.** *aer.* Marshaler *m*.
'**bats·wing burn·er** *s tech.* Fledermausbrenner *m*.
bat·tal·ion [bəˈtæljən] *s mil.* Bataillˈlon *n* (*a. fig.*).
bat·tels [ˈbætlz] *s pl univ. Br.* Collegerechnung *f* für Lebensmittel u. sonstige Einkäufe (*Oxford*).
bat·ten¹ [ˈbætn] *v/i* **1.** (**on**) a) sich gütlich tun (an *dat*), b) sich ‚vollfressen' (an *dat*, mit). **2.** (**on**) a) sich mästen (mit), b) *meist fig.* dick u. fett werden (auf Kosten *gen*).
bat·ten² [ˈbætn] **I** *s* **1.** Latte *f*, Leiste *f*. **2.** *mar.* a) achteres Schalstück (*der Rahen*), b) Perˈsenningleiste *f*: **~ of the hatch** Schalkleiste *f*. **3.** Diele *f*, (Fußboden)Brett *n.* **4.** *Weberei*: Lade *f*. **II** *v/t* **5.** *a.* **~ down, ~ up** (mit Latten) verkleiden *od.* befestigen. **6.** *mar.* verschalen: **to ~ down the hatches** a) die Luken dicht machen, b) *fig.* alles dicht machen.
bat·ter¹ [ˈbætə(r)] **I** *v/t* **1.** a) wiederˈholt mit heftigen Schlägen bearbeiten: **to ~ down** (*od.* **in, open**) Tür einschlagen, b) *Ehefrau, Kind etc* (wiederˈholt) schlagen *od.* mißˈhandeln: '**~ed wives' refuge** Frauenhaus *n.* **2.** umˈpeitschen (*Sturm etc*), schlagen gegen (*Wellen etc*). **3.** *a.* nutzen. **4.** (arg) läˈdieren *od.* zerbeulen, *a. fig.* arg in Mitleidenschaft ziehen: **a ~ed old car**; **our ~ed democracy** unsere stark angeschlagene Demokratie. **5.** *mil.* wiederˈholt bombarˈdieren: **to ~ down** zerbomben, zs.-schießen. **II** *v/i* **6.** wiederˈholt heftig schlagen *od.* stoßen (**against** gegen; **at** *an acc*): **to ~ (away) at the door** gegen die Tür hämmern. **III** *s* **7.** Eierkuchenteig *m* (*a.* zum Friˈtieren). **8.** *print.* beschädigte Type, deˈfekter Schriftsatz.
bat·ter² [ˈbætə(r)] *arch.* **I** *v/i* sich nach oben verjüngen (*Mauer*). **II** *v/t* einziehen, verjüngen. **III** *s* Böschung *f*, Verjüngung *f*, Abdachung *f*.
bat·ter³ [ˈbætə(r)] *s Baseball, Kricket*: Schläger *m*, Schlagmann *m*.
'**bat·terˌcake** *s Am.* (Art) Pfannkuchen *m*.
'**bat·tered** *adj* **1.** zerschmettert, zerschlagen. **2.** a) abgenutzt, zerbeult, b) *a. fig.* arg mitgenommen, übel zugerichtet.
'**bat·ter·ing** *adj mil. hist.* a) Sturm..., Angriffs..., b) Belagerungs... **~ ram** *s mil. hist.* (Belagerungs)Widder *m*, Sturmbock *m*.
bat·ter rule *s tech.* Bleilot *n*.
bat·ter·y [ˈbætərɪ] *s* **1.** *mil. hist.* Angriff *m* (mit dem Sturmbock etc). **2.** *jur.* tätlicher Angriff, tätliche Beleidigung, *a.* Körperverletzung *f*. **3.** *mil. a) Am.* Batteˈrie *f*, b) *Br.* Artilleˈrieabˌteilung *f*, -bataillˌlon *n*, c) *mar.* Geschützgruppe *f*. **4.** *mil. Am.* Schußbereitschaft *f* (*e-s Gewehrs*): **in ~** schußfertig. **5.** *electr.* Batteˈrie *f*. **6.** Batteˈrie *f* (*von Flaschen, Scheinwerfern, Maschinen etc*), *a. opt.* Reihe *f*, Satz *m*, *opt.* ˈLinsen- u. ˈPrismensyˌstem *n*. **7.** *agr.* ˈLegebatteˌrie *f*. **8.** *fig.* Batteˈrie *f*, Phalanx *f*, Reihe *f*. **9.** *Baseball*: Werfer *m* u. Fänger *m* (*zusammen*). **10.** *mus.* Batteˈrie *f*, Schlagzeuggruppe *f*. **11.** *psych.* Test (-reihe *f*) *m*. **~ ac·id** *s electr.* Akkumulaˈtoren-, Sammelsäure *f*. **~ cell** *s* Sammlerzelle *f*, Batteˈrieˌelement *n*. **~ charg·er** *s* (Batteˈrie)Ladesatz *m*, -gerät *n*. '**~-ˌcharg·ing sta·tion** *s* Batteˈrieladestelle *f*. **~ e·lim·i·na·tor** *s* ˈNetzanˌode *f*. '**~-ˌfed → battery-operated. ~ hen** *s agr.* Batteˈriehenne *f*. **~ igˌni·tion** *s mot.* Batteˈriezündung *f*. '**~-ˌop·er·at·ed** *adj* batteˈriegespeist, -betrieben, Batteˈrie...
bat·tik → batik.
bat·ting [ˈbætɪŋ] *s* **1.** Schlagen *n* (bes. von Rohbaumwolle zu Watte). **2.** *Baseball, Kricket*: Schlagen *n*, Schlägerspiel *n*: **~ average** Durchschnittˈ(sleistung *f*) *m* (*a. fig.*). **3.** (Baumwoll)Watte *f*.
bat·tle [ˈbætl] **I** *v/i* **1.** *bes. fig.* kämpfen, streiten (**with** mit; **for** um; **against** gegen): **to ~ it** (**out**) es auskämpfen; **to ~ for breath** nach Atem ringen. **2.** **~ through** sich (durch)kämpfen durch; **to ~ through the crowd** (through difficulties, *etc*). **II** *v/t* **3.** *Am.* kämpfen gegen, bekämpfen (*a. fig.*). **4.** **to ~ one's way through → 2. III** *s* **5.** Schlacht *f* (**of** meist bei), *a.* Gefecht *n*: **~ of Britain** (Luft)Schlacht um England (2. Weltkrieg); **line of ~** Schlacht-, Gefechtslinie *f*; **(-) of words** Wortgefecht *n*; **~ bulge 1**. **6.** *fig.* Kampf *m*, Ringen *n*, Schlacht *f* (**for** um). **7.** Zweikampf *m*: **trial by ~** *hist.* Gottesurteil *n* durch Zweikampf; **~ of wits** *fig.* geistiges Duell. **8.** *mil. hist.* a) Heer *n*, Schlachtreihe *f*, b) *a.* **main ~** Haupttreffen *n*.
Besondere Redewendungen:
to do ~ kämpfen, sich schlagen; **to do ~ for s.o., to fight s.o.'s ~** j-s Sache verfechten; **to give** (*od.* **join**) **~** sich zum Kampf stellen; **to have the ~** den Sieg davontragen; **to be killed in ~** fallen; **the ~ is to the strong** der Sieg gehört den Starken; **that is half the ~** damit ist schon viel gewonnen, ‚das ist schon die halbe Mieteʻ; **a good start is half the ~** frisch gewagt ist halb gewonnen.
bat·tle| **ar·ray → battle order 1.** '**~-ax(e)** *s* **1.** *mil. hist.* a) Streitaxt *f*, b) Helleˈbarde *f*. **2.** *colloq.* alter ‚Drachenʻ (*bösartige Frau*). **~ clasp** *s mil.* Erinnerungsspange *f* (*für Schlachtteilnehmer*). **~ cruis·er** *s mar.* Schlachtkreuzer *m*. **~ cry** *s* Schlachtruf *m* (*a. fig.*).
bat·tle·dore [ˈbætldɔː(r); *Am. a.* -ˌdɔʊər] *s* **1.** *hist.* Waschschlegel *m*. **2.** *sport hist.* a) *a.* **~ and shuttlecock** Vorläufer des Federballspiels, b) *der dabei verwendete* Schläger. **3.** Bäckerschaufel *f*. **4.** *hist.* (Kinder)Fibel *f*.
bat·tle| **dress** *s mil.* Dienst-, Feldanzug *m* (*Uniform*). **~ fa·tigue** *s mil. psych.* ˈKriegsneuˌrose *f*. '**~-ˌfield**, '**~-ˌground** *s* Schlachtfeld *n* (*a. fig.*).
'**bat·tle·ment** *s mil.* (Brustwehr *f* mit) Zinnen *pl*. '**bat·tle·ment·ed** [-məntɪd; *Am.* -ˌmen-] *adj* mit Zinnen (versehen).
bat·tle| **or·der** *s mil.* **1.** Schlachtordnung *f*, Gefechtsgliederung *f*. **2.** Gefechtsbefehl *m*. **~ piece** *s* Schlachtenszene *f* (*in Malerei, Literatur etc*). '**~-ˌplane** *s aer. mil.* Kampf-, Kriegsflugzeug *n*. **~ roy·al** *pl* **-tles -al, -tle -als** *s* **1.** Handgemenge *n*, Massenschläˈgeˈrei *f*. **2.** *fig.* heftige Auseinˈandersetzung, erregte Diskussiˈon. '**~-ship** *s mar.* Schlachtschiff *n*. **~ sight** *s mil.* ‚Standviˌsierʻ *n*. '**~-ˌwag·(g)on** *s mil. sl.* **1.** *mar.* ‚großer Pottʻ, Schlachtschiff *n*. **2.** *aer.* schwerer Bomber.
bat·tue [bæˈtuː; bæˈtjuː] *s* **1.** Treibjagd *f*. **2.** (*auf e-r Treibjagd erlegte*) Strecke. **3.** geschäftiges *od.* reges Treiben. **4.** Gemetzel *n*, Metzeˈlei *f*.
bat·ty [ˈbætɪ] *adj sl.* ‚bekloppt'.
'**bat·wing I** *s* **1.** Fledermausflügel *m*. **2.** *a.* **~ burner** *tech.* Fledermaus-, Flächenbrenner *m*. **II** *adj* **3.** Fledermausflügel..., Fächer... **~ sleeve** Fledermausärmel *m*.
bau·ble [ˈbɔːbl; *Am. a.* ˈbɑː-] *s* **1.** Nippsache *f*. **2.** (Kinder)Spielzeug *n*. **3.** *fig.* Spieleˈrei *f*. **4.** *hist.* Narrenzepter *n*. **5.** *obs.* Kindskopf *m*, Narr *m*.
baud [bɔːd; *Am. a.* baʊd] *s electr.* Baud *n*: a) *Einheit der Telegrafiergeschwindigkeit*, b) *Computer: Einheit der Schrittgeschwindigkeit*.
baulk → balk.
Bau·mé scale [boʊˈmeɪ] *s phys.* BauˈméSkala *f*.
baux·ite [ˈbɔːksaɪt] *s min.* Bauˈxit *m*.
Ba·var·i·an [bəˈveərɪən] **I** *adj* bay(e)risch. **II** *s* Bayer(in).
baw·cock [ˈbɔːkɒk; *Am.* -ˌkɑk] *s colloq. obs.* feiner Kerl.
bawd [bɔːd] *s obs.* **1.** Kuppler(in). **2.** Borˈdellwirt(in). **3.** Hure *f*. '**bawd·ry** [-rɪ] *s obs.* **1.** Kuppeˈlei *f*. **2.** Unzucht *f*, Hureˈrei *f*. **3.** Unflätigkeit *f*, Obszöniˈtät *f*. '**bawd·y I** *adj* unzüchtig, unflätig, obˈszön. **II** *s* Zoten *pl*: **to talk ~** Zoten reißen. '**~-house** *s obs.* Borˈdell *n*.
bawl [bɔːl] **I** *v/t* **1.** *oft* **~ out** (herˈaus-) schreien, (-)brüllen: **to ~ out an order**. **2.** **~ out** *colloq.* j-n anbrüllen, ‚anschnauzenʻ. **II** *v/i* **3.** schreien, brüllen: **to ~ at s.o.** j-n anbrüllen; **to ~ for help** um Hilfe schreien. **4.** *colloq.* laut ‚flennenʻ *od.* ‚heulenʻ (*weinen*). **III** *s* Schrei *m*.
bawn [bɔːn] *s Ir.* **1.** befestigter Schloßhof. **2.** (Vieh)Gehege *n*.
bay¹ [beɪ] *s* **1.** *a.* **~ tree**, **~ laurel** *bot.* Lorbeer(baum) *m*. **2.** *meist pl* a) Lorbeerkranz *m*, b) *fig.* Lorbeeren *pl*.
bay² [beɪ] *s* **1.** Bai *f*, Bucht *f*. **2.** Talmulde *f*. **3.** *Am.* Präˈriearm *m* (*zwischen Wäldern*).

bay³ [beɪ] *s* **1.** *arch.* Lücke *f*, (Mauer-, Tür)Öffnung *f*. **2.** *arch.* Joch *n*, Fach *n*, Ab¦teilung *f* (*zwischen Pfeilern u. Balken*): ~ **of a bridge** Brückenjoch. **3.** *arch.* Feld *n*, Kas¦sette *f* (*e-r Balkendecke*). **4.** *arch.* a) Fensternische *f*, b) Erker(fenster *n*) *m*. **5.** Banse(nfach *n*) *f* (*e-r Scheune*). **6.** *aer.* a) Ab¦teilung *f* zwischen den Streben u. Schotten, b) (Rumpf)Zelle *f*: → **bomb bay. 7.** *mar.* ¦Schiffslaza¦rett *n*. **8.** *rail. Br.* Seitenbahnsteig *m*, *bes.* ¦Endstati¦on *f* e-r Nebenlinie. **9.** *tech.* Gestell *n*.

bay⁴ [beɪ] **I** *v/i* **1.** (dumpf) bellen, Laut geben (*Hund*): to ~ at anbellen (*acc*), *fig.* anschreien (*acc*); → **moon** 1. **II** *v/t* **2.** anbellen. **3.** (*von Jagdhunden*) a) Wild stellen, b) jagen, hetzen. **4.** *e-n Befehl etc* ¦bellen¦ *od.* schreien. **5.** a) *j-n* in Schach halten, b) *ein Feuer, e-e Seuche etc* eindämmen, unter Kon¦trolle halten. **III** *s* **6.** (dumpfes) Gebell (*der Meute*): **to be** (*od.* **stand**) **at ~ a**) gestellt sein (*Wild*), b) *fig.* in die Enge getrieben sein; **to bring to ~** a) *Wild* stellen, b) *fig.* in die Enge treiben; **to hold** (*od.* **keep**) **at ~** → 5.

bay⁵ [beɪ] **I** *adj* rötlich-, ka¦stanienbraun (*Pferd etc*): ~ **horse** → II. **II** *s* Braune(r) *m* (*Pferd*).

bay⁶ [beɪ] *s zo.* Eissprosse *f* (*am Geweih*).

bay·ber·ry [ˈbeɪbərɪ; *Am.* -¦berɪ:] *s bot.* **1.** Frucht *f* des Lorbeerbaumes. **2.** *Am.* Frucht *f* der Wachsmyrthe. **3.** Pi¦mentbaum *m*.

bay leaf *s irr* Lorbeerblatt *n*.

bay·o·net [ˈbeɪənɪt] *mil.* **I** *s* Bajo¦nett *n*, Seitengewehr *n*: **to take** (*od.* **carry**) **at the point of the ~** mit dem Bajonett *od.* im Sturm nehmen; **the ~ at the charge** mit gefälltem Bajonett; **to fix the ~** das Bajonett aufpflanzen **II** *v/t pret u. pp* **-net·ed**, *bes. Br.* **-net·ted** mit dem Bajo¦nett angreifen *od.* erstechen. **~ catch, ~ joint** *s tech.* Bajo¦nettverschluß *m*. **~ sock·et** *s tech.* Bajo¦nettfassung *f*.

bay·ou [ˈbaɪəʊ; -uː] *s Am.* **1.** Altwasser *n*, Ausfluß *m* aus e-m See. **2.** sumpfiger Flußarm.

bay¦rum *s* Pi¦mentöl *n*. **~ salt** *s* Seesalz *n*. **B~ State** *s Am.* (*Beiname für den Staat*) Massa¦chusetts *n*. **~ win·dow** *s* **1.** Erkerfenster *n*. **2.** *Am. humor.* ¦Vorbau¦ *m*, Bauch *m*. **¦~wood** *s* Kam¦pescheholz *n*. **¦~work** *s arch.* Fachwerk *n*.

ba·zaar, *a.* **ba·zar** [bəˈzɑː(r)] *s* **1.** Ba¦sar *m*, Markt *m* (*im Orient*). **2.** *econ.* Kaufhaus *n*. **3.** (¦Wohltätigkeits)Ba¦sar *m*.

ba·zoo·ka [bəˈzuːkə] *s* **1.** *mil.* a) Ba¦zooka *f* (*Panzerabwehrwaffe*), b) *aer.* Ra¦ketenabschußvorrichtung *f* (*unter den Tragflächen*). **2.** *Radio: sl.* Symme¦trierkopf *m*.

B bat·ter·y *s electr. Am.* An¦odenbatte-¦rie *f*.

BB gun *s Am. colloq.* Luftgewehr *n*.

bdel·li·um [ˈdelɪəm] *s* **1.** *a.* ~ **shrub** *bot.* (*ein*) Balsamstrauch *m*. **2.** *chem.* Bdellium *n* (*Gummiharz von* 1). **3.** *Bibl.* Be¦dellion *n*.

be [biː] *1. sg pres* **am** [æm], *2. sg pres* **are** [ɑː(r)], *obs.* **art** [ɑːt], *3. sg pres* **is** [ɪz], *pl pres* **are** [ɑː(r)], *1. u. 3. sg pres* **was** [wɒz; wəz; *Am.* wɑz], *2. sg pret* **were** [wɜː; *Am.* wɜr], *pl pret* **were** [wɜː; *Am.* wɜr], *pp* **been** [biːn; bɪn], *pres p* **be·ing** [ˈbiːɪŋ] **I** *v/aux* **1.** sein (*mit dem pp zur Bildung der zs.-gesetzten Zeiten von intransitiven Verben zur Bezeichnung e-s dauernden Zustandes*): **he is gone** er ist weg; **I am come** ich bin da. **2.** werden (*mit dem pp zur Bildung des pass*): **the register was signed** das Protokoll wurde unterzeichnet; **we were appealed to** man wandte sich an uns; **you will be sent for** man wird Sie holen lassen. **3.** (*mit* **to** *u. inf*) sollen, müssen, dürfen, können: **he is to be pitied** er ist zu bedauern; **he is to die** er muß *od.* soll sterben; **it is not to be seen** es ist nicht zu sehen; **he was to become a great writer** er sollte ein großer Schriftsteller werden; **it was not to be** es sollte nicht sein *od.* sich nicht erfüllen; **if I were to die** wenn ich sterben sollte. **4.** (*mit dem pres p e-s anderen Verbs zur Bildung der Verlaufsform*): **he is reading** er liest (eben *od.* gerade), er ist beim Lesen; **he was working when the teacher entered** er arbeitete (gerade), als der Lehrer hereinkam; **the house is building** das ist being built das Haus ist im Bau. **5.** → **go¹** 49. **6.** (*als Kopula*) sein: **he is my father.**

II *v/i* **7.** (*Zustand od. Beschaffenheit bezeichnend*) sein, sich befinden, der Fall sein: **be it so, so be it, let it be so** gut so, so sei es; **be it that** gesetzt den Fall (daß); **how is it that ...?** wie kommt es, daß ...?; **it is I** (*od. colloq.* **me**) ich bin es. **8.** (*vor¦handen*) sein, bestehen, exi¦stieren: **I think, therefore I am** ich denke, also bin ich; **he is no more** er ist (*lebt*) nicht mehr; **to be or not to be: that is the question** Sein oder Nichtsein, das ist die Frage. **9.** a) geschehen, stattfinden, vor sich gehen, sein: **when will the meeting be?** wann findet die Versammlung statt?, b) gehen, fahren (*Bus etc*): **when is the next bus?** **10.** (*beruflich*) werden: **I'll be an engineer** ich werde Ingenieur (*wenn ich erwachsen bin*). **11.** (*e-e bestimmte Zeit*) her sein: **it is ten years since he died** es ist zehn Jahre her, daß er starb; er starb vor zehn Jahren. **12.** (*aus*)gegangen sein (*mit Formen der Vergangenheit u. Angabe des Zieles der Bewegung*): **he had been to town** er war in die Stadt gegangen; **he had been bathing** er war baden (gegangen); **I won't be long** ich werde nicht lange wegbleiben. **13.** (*mit dem Possessiv*) gehören: **this book is my sister's**. **14.** stammen: **he is from Liverpool** er ist *od.* stammt aus Liverpool. **15.** kosten: **how much are the gloves?** was kosten die Handschuhe? **16.** bedeuten: **what is that to me?** was kümmert mich das? **17.** *zur Bekräftigung der bejahenden od. verneinenden Antwort*: **are these your horses?** yes, they are gehören diese Pferde Ihnen? Ja. **18.** dauern: **the performance is approximately two hours; it will probably be some time before ...**
Besondere Redewendungen:
it is they that have seen him ¦sie haben ihn gesehen; **to be an hour in going to ...** e-e Stunde brauchen, um nach ... zu gehen; **has any one been?** *colloq.* ist jemand dagewesen?; **the government that is (was)** die gegenwärtige (vergangene) Regierung; **my wife that is to be** m-e zukünftige Frau; **he is dead, is he not** (*od.* **isn't he**)? er ist tot, nicht wahr?; **he is not dead, is he?** er ist doch nicht (etwa) tot?; **have you ever been to Rome?** sind Sie schon einmal in Rom gewesen?; **we have been in the matter** wir haben uns damit (bereits) befaßt.

be- [bɪ] Wortelement mit der Bedeutung be..., an..., ver..., um..., über... etc.

beach [biːtʃ] **I** *s* (flacher) (Meeres)Strand, flaches Ufer: **on the ~** am Strand; **to be on the ~** *sl.* gestrandet *od.* heruntergekommen sein; **to run on the ~** → II a. **II** *v/t mar.* ein Schiff a) auf den Strand laufen lassen, auf den Strand setzen *od.* ziehen, b) stranden lassen. **III** *v/i mar.* (*absichtlich*) auf den Strand laufen, stranden. **~ ball** *s* Wasserball *m*. **~ bug·gy** *s mot.* Strandbuggy *m*. **¦~¦comb·er** [-¦kəʊ-

mə(r)] *s* **1.** a) Strandläufer *m*, Strandguträuber *m*, b) Her¦umtreiber *m od.* Gelegenheitsarbeiter *m* (*bes. Weißer auf e-r pazifischen Insel*). **2.** *Am.* Feriengast *m* an der See. **3.** *fig.* Nichtstuer *m*. **4.** breite Strandwelle. **¦~head** *s* **1.** *mil.* Lande-, Brückenkopf *m*. **2.** *fig.* (Ausgangs)Basis *f*. **¦~mas·ter** *s* **1.** *mar.* ¦Strandkomman¦dant *m*, ¦Landungsoffi¦zier *m*. **2.** *zo.* männlicher Seehund. **~ tow·el** *s* Bade-, Strandlaken *n*. **~ um·brel·la** *s* Sonnenschirm *m*. **~ wag·on** *s mot. Am.* Kombiwagen *m*. **¦~wear** *s* Strandkleidung *f*.

beach·y *adj* **1.** kieselig. **2.** sandig.

bea·con [ˈbiːkən] **I** *s* **1.** Leucht-, Si¦gnalfeuer *n*. **2.** Leuchtturm *m*, -feuer *n*, (Feuer)Bake *f*, (landfestes) Seezeichen. **3.** *aer.* Funkfeuer *n*, -bake *f*, Leitstrahlsender *m*: ~ **course** (*Radar*) Bakenkurs *m*. **4.** *Br.* Aussichtshügel *m*. **5.** *fig.* a) Fa¦nal *n*, b) Leitstern *m* (*a.* **for, to for** für). **6.** a) (Verkehrs)Ampel *f*, b) → **Belisha beacon**. **II** *v/t* **7.** *mar.* mit Baken mar¦kieren. **8.** erleuchten (*a. fig.*). **III** *v/i* **9.** leuchten (*a. fig.*).

bead [biːd] **I** *s* **1.** (Glas-, Holz-, Stick-) Perle *f*. **2.** *relig.* a) Rosenkranzperle *f*, b) *pl* Rosenkranz *m*: **to say** (*od.* **tell**) **one's ~s** den Rosenkranz beten. **3.** (Schaum)Bläs·chen *n*, (Tau-, Schweiß-*etc*)Perle *f*, Tröpfchen *n*. **4.** (Blei-*etc*) Kügelchen *n*. **5.** *arch.* a) perlartige Verzierung, Perle *f*, b) *pl* → **beading** 2. **6.** *tech.* Wulst *m*, Randversteifung *f*, *bes.* a) (e¦lastischer) Wulst (*Gummireifen*), b) Schweißnaht *f*, c) Bördelrand *m*, d) (Borax)Perle *f* (*vor dem Lötrohr*): **~ of rim** Felgenrand *m*. **7.** *meist* ~ **sight** *mil.* (Perl)Korn *n* (*am Gewehr*): **to draw** (*od.* **take**) **a ~ on** *a*) zielen auf (*acc*), b) *fig.* sich *j-n* herauspicken. **II** *v/t* **8.** mit Perlen *od.* perlartiger Verzierung *etc* versehen. **9.** (*wie Perlen*) aufziehen, aufreihen. **10.** *tech.* bördeln, falzen. **III** *v/i* **11.** perlen, Perlen bilden.

bead·ed [ˈbiːdɪd] *adj* **1.** mit Perlen (versehen *od.* verziert). **2.** perlschnurförmig. **3.** *tech.* mit Wulst. **~ screen** *s tech. Film:* Perlwand *f*, Kri¦stall-Projekti¦onsleinwand *f*. **~ tire,** *bes. Br.* **~ tyre** *s tech.* Wulstreifen *m*.

bead·ing *s* **1.** Perlsticke¦rei *f*. **2.** *bes. arch.* Perl-, Rundstab(verzierung *f*) *m*. **3.** *tech.* a) Wulst *m*, b) Bördelrand *m*. **~ ma·chine** *s tech.* ¦Sickenma¦schine *f*. **~ plane** *s tech.* Rundhobel *m*.

bea·dle [ˈbiːdl] *s* **1.** *obs.* Kirchendiener *m*. **2.** *univ. Br.* uniformierter Angestellter, der Umzüge anführt, für Ordnung sorgt *etc*. **3.** *obs.* Gerichtsbote *m*, Büttel *m*. **¦bea·dle·dom** *s* sture Bürokra¦tie, Pedante¦rie *f*.

bead¦mo(u)ld·ing *s arch.* Perl-, Rundstab *m*. **¦~roll** *s* **1.** *relig. hist.* Liste *f* der Per¦sonen, die ins Fürbittgebet mit eingeschlossen werden sollen. **2.** *fig.* (Namens-*etc*)V¦erzeichnis *n*. **3.** *relig.* Rosenkranz *m*. **4.** Buchbinderei: Punk¦tierlinie *f*. **beads·man** **1.** *relig.* Fürbitter *m*. **2.** Armenhäusler *m* (*bes. e-r, der für die Stifter des Hauses beten mußte*). **bead¦weld** *s tech.* Schweißraupe *f*. **¦~work** *s* **1.** Perlsticke¦rei *f*, Perlarbeit *f*. **2.** → **beading** 2.

bead·y *adj* **1.** klein, rund u. glänzend (*Augen*). **2.** perlend.

bea·gle [ˈbiːɡl] *s zo.* Beagle *m*.

beak¹ [biːk] *s* **1.** *zo.* a) Schnabel *m* (*der Vögel*), b) schnabelartiges Mundwerkzeug (*einiger Tiere*), c) (Stech)Rüssel *m* (*der Insekten*). **2.** *bot. zo.* Fortsatz *m*. **3.** Schnabel *m*, schnabelförmiges Ende. **4.** *colloq.* ¦Zinken¦ *m* (*große, unförmige Nase*). **5.** *tech.* a) Tülle *f*, Ausguß *m* (*an e-m Gefäß*), b) Schnauze *f*, Nase *f*,

Röhre *f.* **6.** *mar. hist.* Schiffsschnabel *m*, (Ramm)Sporn *m*.
beak² [bi:k] *s Br. sl.* **1.** ‚Kadi' *m* (*Richter*). **2.** *ped.* ‚Direx' *m* (*Direktor*).
beaked [bi:kt] *adj* **1.** mit (e-m) Schnabel, geschnäbelt, schnabelförmig, Schnabel... **2.** vorspringend, spitz.
beak·er ['bi:kə(r)] *s* **1.** Becher *m*. **2.** *chem.* Becherglas *n*.
'**beak·head** *s* **1.** *mar.* a) Vordeck *n*, b) *hist.* Schiffsschnabel *m*, Gali'on(sfi‚gur *f*) *n*. **2.** *arch.* Schnabelkopf *m* (*Verzierung an e-m Fries*).
'**be-all** *s*: the ~ and end-all *colloq.* das A u. O, das Wichtigste; sport is his ~ and end-all Sport ist sein ein u. alles.
beam [bi:m] **I** *s* **1.** *arch.* a) Balken *m*, b) Tragbalken *m*, c) *pl* Gebälk *n*, 'Unterzug *m*: the ~ in one's own eye *Bibl. u. fig.* der Balken im eigenen Auge. **2.** *tech.* a) Brückenbalken *m*, b) Hebebalken *m* (*e-r Zugbrücke*), c) Weberei: (Weber-)Kamm *m*, d) *agr.* Pflugbaum *m*, e) Waagebalken *m*, f) Spindel *f* (*e-r Drehbank*), g) Deichsel *f* (*am Wagen*), h) Holm *m* (*a. aer.*), Querstange *f*, i) Triebstange *f*, Balan'cier *m*: ~ and scales Balkenwaage *f*. **3.** *mar.* a) Deckbalken *m*, b) Ladebaum *m*, c) Ankerrute *f*, d) größte Schiffsbreite: before the ~ im Vorschiff; in the ~ breit, in der Breite (*bei Längenmaßen*); to be broad in the ~ *colloq.* breit um die Hüften sein; on the starboard ~ querab an Steuerbord. **4.** *zo.* Stange *f* (*am Hirschgeweih*). **5.** *poet.* Baum *m*. **6.** (Licht)Strahl *m*, *electr. phys.* Strahl *m*, Bündel *n*: ~ of rays *phys.* Strahlenbündel; full (*od.* high, main) ~ *mot.* Fernlicht *n*; ~ of hope Hoffnungsstrahl. **7.** *electr.* a) Peilstrahl *m*, b) (Funk)Leit-, Richtstrahl *m*: to come in on the ~ auf dem Peil- *od.* Leitstrahl ein- *od.* anfliegen (*aer.*) *od.* einkommen (*mar.*); to ride the ~ *aer.* genau auf dem Leitstrahl steuern; to be off (the) ~ a) *aer. mar.* vom Kurs abgekommen sein, b) *colloq.* ‚auf dem Holzweg sein', ‚danebenliegen'; to be on (the) ~ a) *aer. mar.* auf Kurs sein, b) *colloq.* ‚richtig liegen'. **8.** strahlendes Lächeln.
II *v/t* **9.** mit Balken versehen. **10.** *Weberei:* die Kette aufbäumen. **11.** ausstrahlen (*a. phys.*). **12.** *Rundfunk, TV:* Programm ausstrahlen (to nach *London etc*, für *Frauen etc*). **13.** Werbung *etc* zuschneiden (at auf *acc*): this campaign is ~ed at sportsmen dieser Werbefeldzug wendet sich speziell an den Sportler.
III *v/i* **14.** strahlen (*a. fig.* with vor *dat*): to ~ on s.o. j-n anstrahlen, j-n strahlend anblicken; ~ing with joy freudestrahlend.
beam| aer·i·al *s electr. bes. Br.* 'Richt(‚strahl)an‚tenne *f*, Richtstrahler *m*. ~ **a·lign·ment** *s TV* ('Bündel)Zen‚trierung *f*. ~ **an·ten·na** *bes. Am. für* beam aerial. ~ **ant·lers** *s pl zo.* drittes u. viertes Ende des Hirschgeweihes. ~ **com·pass** *s tech.* Stangenzirkel *m*.
beamed [bi:md] *adj* **1.** (*meist in Zssgn*) mit (e-m) Balken (versehen). **2.** *zo.* mit e-m Geweih *od.* Gehörn.
‚**beam|-'ends** *s pl* **1.** Waagebalkenenden *pl*. **2.** *mar.* Balkenköpfe *pl*: the vessel is (laid *od.* thrown) on her ~ das Schiff hat starke Schlagseite *od.* liegt zum Kentern; to be on one's ~ *fig.* ‚auf den letzten Loch pfeifen'. ~ **pow·er valve** *s electr.* Bremsfeldröhre *f*, 'Strahlelek‚trode *f*. '~‚**rid·er guid·ance** *s aer.* Leitstrahlsteuerung *f*. ~ **scale** *s tech.* Hebelwaage *f*. ~ **trans·mis·sion** *s Radio:* Richtsendung *f*. ~ **trans·mit·ter** *s Radio:* Richt(strahl)sender *m*. ~ **volt·age** *s electr.* An'odenspannung *f*.

'**beam·y** *adj* **1.** wuchtig, schwer. **2.** *zo.* mit vollem Geweih (*Hirsch*). **3.** *mar.* breit (*Schiff*). **4.** strahlend (*a. fig.* with vor *dat*).
bean [bi:n] *s* **1.** *bot.* Bohne *f*: not to know ~s about bes. *Am. colloq.* keine Ahnung *od.* keinen ‚Dunst' haben von; to be full of ~s *colloq.* a) ‚aufgekratzt' sein, b) voller Leben(skraft) stecken; to spill the ~s *colloq.* alles ausplaudern; I don't care a ~ (*od.* ~s) for that *Am. colloq.* ‚das kann mir gestohlen bleiben'; to give s.o. ~s *colloq.* j-m ‚Saures' geben (*j-n schlagen, schimpfen, strafen etc*). **2.** bohnenartige Pflanze. **3.** bohnenförmiger Samen, (Kaffee- *etc*)Bohne *f*. **4.** *Am. sl.* a) ‚Birne' *f* (*Kopf*), b) ‚Grips' *m* (*Verstand*). **5.** *sl.* Geldstück *n*, Pfennig *m*, *Am. a.* Dollar *m*: not to have (*od.* to be without) a ~ ‚keinen roten Heller haben'; ~s ‚Zaster' *m*, ‚Moneten' *pl* (*Geld*). **6.** old ~! *obs. Br. colloq.* ‚altes Haus!' ~ **bag** *s* Sitzsack *m*. ~ **curd** *s* 'Bohnengal‚lerte *f* (*als Nahrungsmittel in Ostasien*).
bean·er·y ['bi:nərɪ] *s colloq.* billiges Restau'rant.
'**bean·feast** *s colloq.* **1.** *Br.* jährliches Festessen e-s Arbeitgebers für s-e Belegschaft. **2.** *bes. Br.* (feucht)fröhliches Fest.
bean·ie ['bi:nɪ] *s bes. Am.* kleiner, runder (Damen)Hut.
bean·o ['bi:nəʊ] *pl* -os → beanfeast *f*.
bean| pod *s bot.* Bohnenhülse *f*. ~ **pole** *s* Bohnenstange *f* (*a. fig. colloq.* Person). '~‚**shoot·er** *s Am.* Blas-, Pusterohr *n*.
'**bean·y** *adj colloq.* tempera'mentvoll, (*Pferd a.*) feurig.
bear¹ [beə(r)] *pret* **bore** [bɔ:(r)]; *Am. a.* 'bəʊər] *obs.* **bare** [beə(r)], *pp* **borne** [bɔ:(r)n]; *Am. a.* 'bəʊərn] **I** *v/t* **1.** Lasten *etc* tragen, befördern. **2.** *fig.* Kosten, e-n Verlust, die Verantwortung, die Folgen *etc* tragen: to ~ a loss; to ~ the consequences. **3.** Blumen, Früchte, *a.* Zinsen *etc* tragen: → fruit 1, interest 11 (*u. andere Verbindungen mit Substantiven*). **4.** (*pp* borne *od.* born; *letzteres nur in der passiven Bedeutung*: geboren [werden], sofern nicht by ... von ... *folgt*) zur Welt bringen, gebären: to ~ a child a) ein Kind gebären, b) ein Kind (unter dem Herzen) tragen; the children borne to him by this woman die ihm von dieser Frau geborenen Kinder; he was born into a rich family er kam als Kind reicher Eltern zur Welt. **5.** *e-n Namen, einen Titel, a. Waffen etc* tragen, führen: to ~ arms against Krieg führen gegen; → arm² *Bes. Redw.* **6.** *ein Amt etc* innehaben, ausüben. **7.** *ein Datum, e-n Stempel, ein Zeichen etc* tragen, aufweisen: to ~ a proportion to in e-m Verhältnis stehen zu; → resemblance. **8.** e-e Bedeutung *etc* haben, in sich schließen: to ~ a sense. **9.** *ein Gefühl* hegen: → grudge 5, will² 6. **10.** *e-e Rolle* spielen (in bei): to ~ a part. **11.** Schmerzen *etc* ertragen, (er-)dulden, (er)leiden. **12.** aushalten, e-r Prüfung *etc* standhalten: → comparison 1, repeat 1. **13.** (*meist neg*) ausstehen, leiden: I cannot ~ him (it) ich kann ihn (es) nicht ausstehen *od.* (v)ertragen. **14.** e-e Nachricht *etc* leisten, Lob zollen (to *dat*): to ~ s.o. a hand j-m helfen *od.* zur Hand gehen; → company 1. **16.** Zeugnis ablegen: to ~ witness (*od.* evidence) zeugen (to für). **17.** ~ o.s. sich betragen, sich benehmen.
II *v/i* **18.** tragen, (sicher) halten (*Balken, Eis etc*). **19.** (on, upon) schwer lasten *od.* liegen (auf *dat*), drücken, e-n Druck ausüben (auf *acc*). **20.** (against) drücken, sich lehnen (gegen), anliegen (an *dat*). **21.** (on, upon) a) einwirken, Einfluß haben (auf *acc*), sich beziehen, Bezug

haben (auf *acc*), im Zs.-hang stehen (mit), betreffen (*acc*): to bring to ~ (up)on a) einwirken lassen auf (*acc*), b) richten *od.* anwenden auf (*acc*); to ~ hard on sehr zusetzen (*dat*), hart treffen, arg mitnehmen; → pressure 5. **22.** e-e Richtung einschlagen, sich halten: to ~ (to the) left sich links halten; to ~ to a star *aer. mar.* ein Gestirn anpeilen; the beacon ~s 240 degrees die Bake liegt bei *od.* auf 240°. **23.** *mar.* a) abfahren, absegeln (to nach), b) abfallen. **24.** sich erstrecken. **25.** ~ with Nachsicht üben mit, (geduldig) ertragen (*acc*). **26.** *bot.* (Früchte) tragen. **27.** *zo.* tragen, trächtig sein (*Tier*). **28.** *mil.* tragen (*Geschütz*): to ~ on beschießen (*acc*).

Verbindungen mit Adverbien:

bear|a·way I *v/t* **1.** forttragen, fort-, mitreißen (*a. fig.*). **2.** *fig.* den Sieg *etc* da'vontragen. **II** *v/i* → bear 23 a. ~ **down I** *v/t* **1.** zu Boden drücken. **2.** über'winden, -'wältigen, *Widerstand* brechen. **II** *v/i* **3.** ~ (up)on a) sich (schnell) nähern (*dat*), zusteuern auf (*acc*), b) sich wenden gegen, sich stürzen auf (*acc*), c) her'abstoßen auf (*acc*) (*Raubvogel*), d) *fig.* lasten auf (*dat*), bedrücken (*acc*), e) e-r Sache zu Leibe gehen. **4.** a) sich anstrengen, b) (*bei der Geburt*) pressen. ~ **in** I *v/t meist pass* j-m etwas klarmachen: it was borne in (up)on him die Erkenntnis drängte sich ihm auf, es wurde ihm klar (that daß). **II** *v/i mar.* zusegeln, zuhalten (with auf *acc*). ~ **off I** *v/t* **1.** wegtragen, -schaffen, *den Sieg etc* da'vontragen. **2.** abhalten (*a. mar.*), entfernt halten. **3.** pa'rieren, abwehren. **II** *v/i* **4.** *mar.* (vom Lande) abhalten. ~ **out** *v/t* **1.** eintreten für, unter'stützen. **2.** bestätigen, erhärten, bekräftigen: to bear s.o. out j-m recht geben. ~ **up** I *v/t* **1.** tragen, stützen. **2.** *fig.* aufrechterhalten, ermutigen. **II** *v/i* **3.** (against, under) (tapfer) standhalten (*dat*), die Stirn bieten (*dat*), sich behaupten (gegen), (tapfer) ertragen (*acc*). **4.** *Br.* Mut fassen!, (wieder) fröhlich werden: ~! Kopf hoch!, laß den Mut nicht sinken.

bear² [beə(r)] **I** *s* **1.** *zo.* Bär *m*: he's like a ~ with a sore head today er ist heute unausstehlich. **2.** *fig.* a) Bär *m*, Tolpatsch *m*, b) ‚Brummbär' *m*, ‚Ekel' *n*, c) *Am.* ‚Ka'none' *f* (at in *dat*). **3.** *econ.* Baissi'er *m*, 'Baissespeku‚lant *m*: to sell a ~ → 6. **4.** *astr.* a) the Greater (*od.* Great) B~ der Große Bär, b) the Lesser (*od.* Little) B~ der Kleine Bär. **5.** *metall.* Eisenklumpen *m*, Bodensau *f*. **II** *v/i* **6.** *econ.* auf Baisse speku'lieren, fixen. **III** *v/t* **7.** ~ the market *econ.* die Kurse drücken *od.* zu drücken versuchen. **IV** *adj* **8.** *econ.* a) flau (*Markt*), fallend (*Preise*), b) Baisse...: ~ campaign Angriff *m* der Baissepartei. ~ market Baisse *f*; ~ operation Baissespekulation *f*; ~ sale Leerverkauf *m*.
'**bear·a·ble** *adj* (*adv* bearably) erträglich, zum Aushalten.
bear| an·i·mal·cule *s zo.* Bärtierchen *n*. '~‚**bait·ing** *s hist.* Bärenhetze *f*. '~**ber·ry** [-bərɪ; *Am.* ‚berɪ] *s bot.* Bärentraube *f*. ~ **cat** *s* **1.** *zo.* → binturong. **2.** *Am. colloq.* ‚Ka'none' *f* (at in *dat*), ‚Wucht' *f*, ‚prima Sache' *f*.
'**beard** [bɪə(r)d] **I** *s* **1.** Bart *m* (*a. von Tieren*): to laugh in one's ~ sich ins Fäustchen lachen. **2.** *bot.* Grannen *pl*, Fasern *pl*. **3.** *zo.* a) *ichth.* Bartfäden *pl*, Barteln *pl*, b) Barten *pl* (*des Wals*), c) Bart *m* (*der Auster etc*). **4.** *tech.* a) Widerhaken *m* (*an Pfeilen, Angeln etc*), b) *print.* Grat *m* (*e-r Type*), c) Schlosserei: Bart *m*, Angriff *m*) *od.* Gußhand *f*. **II** *v/t* **5.** beim Bart fassen. **6.** *fig.* Trotz bieten, (mutig) entgegentreten (*dat*): to ~ the lion in his

bearded – beatification

den sich in die Höhle des Löwen wagen. 'beard·ed adj 1. bärtig. 2. bot. zo. mit Grannen etc (versehen): ~ wheat Grannenweizen m. 3. mit (e-m) 'Widerhaken (Angelhaken, Pfeil etc). 4. poet. geschweift (Komet). 'beard·less adj 1. bartlos. 2. fig. jugendlich, unreif. 3. bot. zo. ohne Grannen.
bear·er ['beərə(r)] s 1. Träger(in). 2. (Amts)Träger m. 3. Über'bringer(in): ~ of this letter. 4. econ. Inhaber(in) (e-s Wertpapiers), Über'bringer(in) (e-s Schecks etc): check (Br. cheque) to ~ Inhaberscheck m; payable to ~ zahlbar an Überbringer, auf den Inhaber lautend (Scheck). 5. tech. a) ('Unter)Zug m, Stütze f, Träger m, b) Auflageknagge f, c) print. Schmitz-, Druckleiste f. 6. bot. fruchttragender Baum: a good ~ ein Baum, der gut trägt. 7. her. Schildhalter m. ~ bond s econ. Inhaberobligati,on f, -schuldverschreibung f. ~ check, Br. ~ cheque s econ. Inhaberscheck m. ~ clause s econ. Über'bringerklausel f. ~ se·cu·ri·ties s pl econ. 'Inhaberpa,piere pl. ~ shares, bes. Am. ~ stock s econ. Inhaberaktie f.
bear| gar·den s 1. Bärenzwinger m. 2. fig. ,Tollhaus' n. ~ hug s colloq. heftige od. ungestüme Um'armung.
'bear·ing I adj 1. tragend: ~ 4 per cent econ. vierprozentig. 2. chem. min. ...haltig. II s 3. Tragen n, Stützen n. 4. bot. zo. Tragen n: past ~ a) bot. keine Früchte mehr tragend, b) zo. nicht mehr gebärend. 5. fig. Ertragen n, Erdulden n: past (od. beyond) ~ unerträglich, nicht zum Aushalten. 6. Betragen n, Verhalten n. 7. (Körper)Haltung f. 8. fig. (on) a) Einfluß m (auf acc), b) Zs.-hang m (mit), c) Verhältnis n, Beziehung f (zu), Bezug m (auf acc), d) Tragweite f, Bedeutung f: to have no ~ on keinen Einfluß haben auf (acc), in keinem Zs.-hang stehen mit, nichts zu tun haben mit. 9. aer. mar. Lage f, Positi'on f, Richtung f, (a. Funk)Peilung f, a. fig. Orien'tierung f: to take one's ~s aer. mar. e-e Peilung vornehmen, die Richtung od. Lage feststellen, a. fig. sich orientieren; to take a ~ of s.th. aer. mar. etwas anpeilen; to lose one's ~(s) a) die Orientierung verlieren, sich verirren, b) fig. in Verlegenheit geraten; to find (od. get) one's ~s sich zurechtfinden; to bring s.o. to his ~s fig. j-m den Kopf zurechtsetzen; true ~(s) a) mar. rechtweisende Peilung, b) fig. wahrer Sachverhalt; to consider a question in all its ~s e-e Frage von allen Seiten beleuchten. 10. Vi'sierlinie f: ~ of the compass Kompaßstrich m. 11. mar. (Tief)Ladelinie f. 12. astr. geogr. Abweichung f (from von). 13. arch. Tragweite f, freitragende Länge. 14. tech. a) (Achsen-, Wellen-, Zapfen)Lager n, Auflager n, Lagerung f, b) Lager(schale f) n. 15. meist pl her. Wappenbild n.
bear·ing| an·gle s mar. Peilwinkel m. ~ brack·et s tech. Lagerbock m. ~ com·pass s mar. Peilkompaß m. ~ fric·tion loss s tech. (Lager)Reibungsverluste pl. ~ met·al s tech. 'Lager,metall n. ~ note s mus. Ausgangston m. ~ plate s tech. 1. aer. mar. Peilscheibe f. 2. Grundplatte f. ~ pres·sure, ~ re·ac·tion s tech. Auflager-, Stauchdruck m.
'bear·ish adj 1. bärenhaft. 2. fig. a) tolpatschig, b) brummig, unfreundlich. 3. econ. a) 'baissetendenzi,ös, fallend, b) Baisse...: ~ tendency (od. tone) Baissetendenz f. 4. pessi'mistisch: to be ~ on s.th. etwas pessimistisch sehen.
bear lead·er s hist. Bärenführer m (a. fig.).
'bear's|-breech → acanthus 1. '~-ear

s bot. Au'rikel f. '~-foot s irr bot. Stinkende Nieswurz.
'bear|-skin s 1. Bärenfell n. 2. Kal'muck m (langhaariger Wollstoff). 3. mil. Br. Bärenfellmütze f. '~-wood s bot. Kreuz-, Wegdorn m.
beast [bi:st] s 1. (bes. vierfüßiges) Tier: ~ of burden Lasttier; ~ of chase Jagdwild n; ~s of the forest Waldtiere. 2. (wildes) Tier, Bestie f: ~ of prey Raubtier; the ~ (with) in us das Tier(ische) in uns. 3. agr. Vieh n, bes. Mastvieh n. 4. fig. a) bru'taler Mensch, Rohling m, Bestie f, Vieh n, b) colloq. ,Biest' n, ,Ekel' n. 5. colloq. (etwas) Scheußliches: a ~ of a day ein scheußlicher Tag; a ~ of a job e-e ,ekelhafte' Arbeit. 6. the B~ relig. das Tier, der Antichrist.
beast·ings Am. für beestings.
beast·li·ness ['bi:stlɪnɪs] s 1. Bestiali'tät f, Roheit f. 2. colloq. ,Ekelhaftigkeit' f, Gemeinheit f. 3. colloq. Scheußlichkeit f.
'beast·ly I adj 1. viehisch, tierisch, besti'alisch, roh. 2. colloq. ,ekelhaft', ,eklig', ,garstig', gemein. 3. colloq. ab-'scheulich, scheußlich: ~ weather ,Sauwetter' n. 4. tierähnlich, Tier... II adv 5. colloq. scheußlich, ,verflucht', ,verdammt': it was ~ hot.
beat¹ [bi:t] I s 1. (bes. regelmäßig wiederholter) Schlag, z.B. Herz-, Puls-, Trommelschlag m, Pochen n, Klopfen n (des Herzens etc), Ticken n (der Uhr), (An-) Schlagen n (der Wellen). 2. sport (Ruder-) Schlag m, Schlagzahl f (pro Minute). 3. fenc. Bat'tuta f. 4. mus. a) Takt(schlag) m: in ~ im Takt; out of ~, off (the) ~ aus dem Takt, b) Schlag(zeit f) m, Taktteil m, c) Jazz: Beat m, rhythmischer Schwerpunkt, d) 'Beat(mu,sik f) m. 5. metr. Hebung f, Ton m. 6. electr. phys. Radio: Schwebung f. 7. Am. colloq. I never heard the ~ of that das schlägt od. übersteigt alles, was ich je gehört habe, b) (sensatio'nelle) Al'lein- od. Erstmeldung (e-r Zeitung). 8. → beatnik. 9. Runde f, Re'vier n (e-s Schutzmanns etc): to be on one's ~ s-e od. die Runde machen; to be off (od. out of) one's ~ fig. nicht in s-m Element sein; that is out of my ~ das schlägt nicht in mein Fach. 10. hunt. Treiben n.
II adj 11. colloq. ,wie erschlagen', ,fix u. fertig', völlig erschöpft. 12. mus. Beat...: ~ club (fan, group, music, etc). 13. Beatnik...: ~ philosophy; the B~ Generation die Beat generation. 14. phys. Radio: Schwebungs...
III v/t pret beat pp 'beat·en, obs. dial. beat 15. schlagen, (ver)prügeln, verhauen: to ~ s.th. into s.o.('s head) j-m etwas einbleuen; → air¹ 1. 16. (regelmäßig od. häufig) schlagen, z.B. a) e-n Teppich etc klopfen, Kleider etc (aus-) klopfen, b) Metall hämmern od. schmieden, c) Steine klopfen, d) Eier etc (zu Schaum od. Schnee) schlagen. 17. den Takt, die Trommel schlagen: to ~ the charge mil. das Signal zum Angriff geben; to ~ the drum for s.o. (s.th.) fig. für j-n (etwas) die Trommel rühren; → retreat 1. 18. peitschen, schlagen gegen (Wind, Wellen, Regen etc): ~en by storms sturmgepeitscht. 19. schlagen mit den Flügeln etc: to ~ the wings; to ~ one's hands (in die Hände) klatschen. 20. e-n Weg stampfen, treten, (sich) bahnen: to ~ one's way Am. colloq. ,per Anhalter' reisen, trampen; to ~ it colloq. ,abhauen', ,verduften'. 21. hunt. u. weit S. ein Revier durch'stöbern, -'streifen, e-n Rundgang machen um. 22. e-n Gegner schlagen, besiegen, s.o. at swimming j-n im Schwimmen schlagen; to ~ s.o. into second place j-n auf den

zweiten Platz verweisen; I'll not be ~en fig. ich lasse mich nicht unterkriegen; to ~ s.o. to it (od. to the punch) colloq. j-m zuvorkommen; to ~ the band bes. Am. colloq. a) alles übertreffen, b) (als Wendung) mit (aller) Macht, wie toll; she was screaming to ~ the band colloq. sie schrie aus Leibeskräften; he was sleeping to ~ the band colloq. er schlief wie ein Murmeltier; to ~ the deadline colloq. noch rechtzeitig fertig werden, die Frist einhalten; → gun¹ 3, hollow 4. 23. fig. schlagen, über'treffen, -'bieten: to ~ a record e-n Rekord brechen; that ~s all (od. everything)! das ist doch der Gipfel od. die Höhe!; that ~s everything I've ever heard das ist das Tollste, was ich je gehört habe; can you ~ it (od. that)! colloq. das darf doch nicht wahr sein! 24. fig. verblüffen: that ~s me ,das ist mir zu hoch', da komme ich nicht mehr mit. 25. colloq. erschöpfen, ,fertigmachen': the journey quite ~ him. 26. print. abklopfen: to ~ a proof e-n Bürstenabzug machen.
IV v/i 27. (heftig) schlagen, pochen, klopfen (Herz), ticken (Uhr): to ~ at (od. on) the door gegen die Tür hämmern od. schlagen. 28. schlagen, peitschen (against gegen): the rain ~s against the house. 29. schlagen, (er)tönen (Trommel etc). 30. mar. la'vieren, kreuzen: to ~ against the wind, to ~ to windward (luvwärts) kreuzen, abfallen. 31. hunt. e-e Treibjagd veranstalten: → bush¹ 1.
Verbindungen mit Adverbien:
beat| back v/t e-n Gegner zu'rückschlagen, -treiben, abwehren. ~ down I v/t 1. fig. niederschlagen, unter'drucken. 2. econ. a) den Preis drücken, her'unterhandeln, b) j-n her'unterhandeln (to auf acc). II v/i 3. a) her'unterbrennen (on auf acc) (Sonne), b) her'unter-, niederprasseln (on auf acc) (Regen). ~ in v/t Tür einschlagen: to beat s.o.'s head in j-m den Schädel einschlagen. ~ off v/t e-n Angriff, e-n Gegner zu'rückschlagen, abwehren. ~ out v/t 1. Metall etc ausham̈mern od. ausschmieden: to beat s.o.'s brains out colloq. j-m den Schädel einschlagen; → brain 2. 2. e-n Plan etc ausarbeiten, ,ausknobeln'. 3. colloq. j-n ausstechen, j-m das Nachsehen geben. 4. Feuer ausschlagen. 5. e-e Melodie etc trommeln (on auf dat). ~ up I v/t 1. aufrütteln (a. fig.). 2. → beat¹ 16 d. 3. mil. Rekruten werben. 4. zs.-schlagen, krankenhausreif schlagen. II v/i 5. mar. aufkreuzen.
beat² [bi:t] s Br. Flachs- od. Hanfbündel n.
beat board s Turnen: Sprungbrett n.
beat·en ['bi:tn] I pp von beat¹. II adj 1. geschlagen, besiegt. 2. tech. gehämmert: ~ gold Blattgold n. 3. ,erledigt', ,fertig', erschöpft. 4. a) abgetragen, abgenutzt: a ~ suit, b) zerfleddert: a ~ book, c) popu'niert, zerbeult: a ~(-up) old car ein alter Klapperkasten. 5. a) vielbegangen (Weg), b) fig. gewohnt, abgedroschen: the ~ track fig. das ausgefahrene Geleise; off the ~ track abgelegen, fig. ungewohnt, ungewöhnlich. ~ bis·cuit s Am. (Art) Blätterteiggebäck n. ~ zone s mil. bestrichener Raum.
'beat·er s 1. hunt. Treiber m. 2. tech. a) Stampfe f, b) Rammeisen n, c) Stößel m, d) Schlegel m, e) Klopfer m. 3. gastr. Schneebesen m.
be·a·tif·ic [bi:ə'tɪfɪk] adj; ,be·a'tif·i·cal [-kl] adj (adv -ly) 1. (glück)selig. 2. beseligend, seligmachend: beatific vision relig. beseligende Gottesschau. 3. glückstrahlend. be·at·i·fi·ca·tion

[biːˌætɪfɪˈkeɪʃn] s 1. (Glück)Seligkeit f. 2. R.C. Seligsprechung f, Beatifikatiˈon f.
be·at·i·fy [biːˈætɪfaɪ] v/t 1. beseligen, glücklich machen. 2. R.C. seligsprechen, beatifiˈzieren.
ˈbeat·ing s 1. Schlagen n. 2. a) Prügel pl, b) fig. Niederlage f: **to give s.o. a good** (od. **sound**) ~ j-m e-e tüchtige Tracht Prügel verabreichen, fig. j-m e-e böse Schlappe zufügen; **to take a** ~ Prügel beziehen, fig. e-e Schlappe erleiden. 3. (rhythmisches) Schlagen od. Klopfen od. Pochen: ~ **of the heart** Herzschlag m.
be·at·i·tude [biːˈætɪtjuːd; Am. a. -ˌtuːd] s 1. (Glück)Seligkeit f. 2. relig. a) **the** ~**s** pl die Seligpreisungen pl (Christi in der Bergpredigt), b) **B**~ (Eure) Seligkeit (Anrede e-s Patriarchen etc).
beat·nik [ˈbiːtnɪk] s Beatnik m: a) Angehöriger der Beatgeneration, b) j-d, der sich in Kleidung u. Verhalten gegen die gesellschaftliche Konvention stellt.
beat| note s electr. phys. Schwebungs-, Interfeˈrenzton m. ~ **re·ceiv·er** s electr. Superhet m, ˈ~**up** adj bes. Am. colloq. für **beaten** 4.
beau [bəʊ] pl **beaus, beaux** [bəʊz] s obs. 1. Beau m, Stutzer m. 2. ˌKavaˈlier m, Liebhaber m.
Beau·fort scale [ˈbəʊfə(r)t] s Beaufortskala f (Windskala).
beau i·de·al s 1. vollˈkommene Schönheit, Schönheit f in höchster Vollˈendung. 2. pl **-als** (ˈSchönheits)Ideˌal n, Vorbild n.
Beau·jo·lais [ˈbəʊʒəleɪ; Am. ˌbəʊʒəʊˈleɪ] s Beaujoˈlais m (Wein).
beaut [bjuːt] bes. Am. u. Austral. sl. für **beauty** 3.
beau·te·ous [ˈbjuːtjəs; -tɪəs] adj (adv ~**ly**) 1. schön. 2. wunderbar.
beau·ti·cian [bjuːˈtɪʃn] s Kosˈmetiker(in).
beau·ti·ful [ˈbjuːtəfʊl; -tɪ-] I adj (adv ~**ly**) 1. schön: **the** ~ **people** die Schickeria. 2. wunderbar, prächtig. II s 3. **the** ~ das Schöne.
beau·ti·fy [ˈbjuːtɪfaɪ] I v/t 1. schön(er) machen, verschön(er)n. 2. ausschmükken, verzieren. II v/i 3. sich verschöne(r)n.
beau·ty [ˈbjuːtɪ] s 1. Schönheit f. 2. colloq. (das) Schön(st)e: **the** ~ **of it is that** das Schöne daran ist, daß; **that is the** ~ **of it all** das ist das Schönste an der ganzen Sache. 3. colloq. (of von) ˈGedichtˈ n, Prachtstück n, (a. iro.) ˈPrachtexemˌplar n (a. Person, Tier etc). 4. Schönheit f (bes. Frau). ~ **com·pe·ti·tion,** ~ **con·test** s Schönheitswettbewerb m. ~ **cream** s Schönheitscreme f. ~ **farm** s Schönheitsfarm f. ~ **par·lo(u)r** s ˈSchönheitssaˌlon m. ~ **patch** s beauty spot 1. ~ **queen** s Schönheitskönigin f. ~ **sa·lon,** Am. ~ **shop** → **beauty parlo(u)r.** ~ **sleep** s colloq. Schlaf m vor Mitternacht. ~ **spot** s 1. Schönheitspfläßterchen n. 2. Schönheits-, Leberfleck m. 3. colloq. Schönheitsfehler m. 4. schönes Fleckchen Erde, lohnendes Ausflugsziel.
beaux [bəʊz] pl von **beau.**
beaux es·prits [ˌbəʊzɛsˈpriː] pl von **bel esprit.**
bea·ver¹ [ˈbiːvə(r)] I s 1. zo. Biber m: **to work like a** ~ arbeiten wie ein Pferd. 2. Biberpelz m. 3. hist. a. ~ **hat** a) Biber-, Kastorhut m, b) Filz-, Seidenhut m, Zyˈlinder m. 4. Biber m, n (filziger Wollstoff). 5. colloq. obs. ˈBiberˈ m: a) Vollbart m, b) Mann m mit Vollbart. II v/i 6. meist ~ **away** Br. colloq. schuften, schwer od. hart arbeiten.
bea·ver² [ˈbiːvə(r)] s mil. hist. 1. Kinnschutz m (am Helm). 2. Viˈsier n.
ˈbea·ver·board s Hartfaserplatte f.

bea·ver| rat s zo. 1. Auˈstralische Schwimmratte. 2. Bisam-, Zibetratte f. ~ **tree,** ˈ~·**wood** s bot. Virˈginische Maˈgnolie, Biberbaum m.
beˈcall v/t obs. beschimpfen.
beˈcalm v/t 1. beruhigen, besänftigen, beschwichtigen. 2. mar. bekalmen: **to be** ~**ed** a) in e-e Flaute geraten, b) blind liegen.
be·came [bɪˈkeɪm] pret von **become.**
be·cause [bɪˈkɒz; Am. bɪˈkɔːz] I conj 1. weil, da. 2. obs. daˈmit. II prep 3. ~ **of** wegen (gen), inˈfolge von (od. gen).
bé·cha·mel (sauce) [ˌbeɪʃəˈmel] s gastr. Béchaˈmelsoße f.
beˈchance → **befall.**
beˈcharm v/t be-, verzaubern.
bêche|-de-mer [ˌbeɪʃdəˈmeə(r); ˌbeɪʃ-] s 1. zo. Eßbare Holoˈthurie, Trepang m. 2. Bêche-de-mer n, Beach-la-mar n (dem Pidgin-Englisch ähnliche Verkehrssprache in West-Ozeanien). ˌ~-**le-ˈmar** [-ləˈmɑː(r)] → **bêche-de-mer** 2.
beck¹ [bek] s Wink m, Zeichen n: **to be at s.o.'s** ~ **and call** j-m auf den leisesten Wink gehorchen, nach j-s Pfeife tanzen.
beck² [bek] s Br. (Wild)Bach m.
beck·on [ˈbekən] I v/t 1. j-m (zu)winken, zunicken, ein Zeichen geben. 2. j-n herˈanwinken. 3. fig. (an)locken. II v/i 4. winken. 5. fig. locken, rufen.
beˈcloud v/t 1. umˈwölken, verdunkeln (a. fig.). 2. fig. vernebeln: **to** ~ **the issue.**
be·come [bɪˈkʌm] pret **beˈcame** [-ˈkeɪm] pp **beˈcome** I v/t 1. werden: **what has** ~ **of him?** a) was ist aus ihm geworden?, b) colloq. wo steckt er nur?; **to** ~ **better** besser werden. II v/i 2. anstehen (dat), sich (ge)ziemen (dat), schicken für: → **ill** 8. 3. j-m stehen, passen zu, j-n kleiden.
beˈcom·ing I adj (adv ~**ly**) 1. passend, kleidsam: **a most** ~ **coat** ein äußerst kleidsamer Mantel; **this dress is very** ~ **to you** dieses Kleid steht Ihnen sehr gut. 2. schicklich, geziemend: **as is** ~ **wie es sich gebührt; with** ~ **respect** mit geziemender Hochachtung. II s 3. (das) Passende od. Schickliche. **beˈcom·ing·ness** s 1. Kleidsamkeit f. 2. Schicklichkeit f.
bed [bed] I s 1. Bett n: a) Bettstelle f, b) (Feder- etc)Bett n: ~ **and bedding** Bett u. Zubehör (Bettzeug etc). 2. ˌLager(statt f) n (a. e-s Tieres): ~ **of straw** Strohlager f; ~ **of oysters** Bett n (junger) Austern; ~ **of snakes** Nest n (junger) Schlangen. 3. letzte Ruhestätte, Grab n. 4. ˈUnterkunft f: ~ **and breakfast** in Gasthöfen: Zimmer n mit Frühstück. 5. (Ehe)Bett n: → **separation** 4. 6. (Garten)Beet n. 7. (Fluß-, Strom)Bett n. 8. geol. u. Bergbau: Lage(r n) f, Bett n, Schicht f, (Kohlen)Flöz n: ~ **of ore** Erztrum n, Bank f; ~ **of sand** Sandschicht f. 9. tech. ˈUnterlage f, Bettung f) n, Fundaˈment n, Schicht f, z. B. a) ⊕ Bett n (e-r Werkzeugmaschine), b) rail. ˈUnterbau m, Kies-, Schotterbett n, c) (Pflaster- etc) Bettung f, d) print. Zurichtung f (Druckform), e) Schriftguß: Sattel m, f) untere Backe, Maˈtrize f (e-r Stanz- od. Lochmaschine), g) innere, schräge Fläche (des Hobels), h) mar. Schiffsschlitten m (auf der Werft), i) mil. Bettungs-, Bodenplatte f (e-s Geschützes). *Besondere Redewendungen:* **his life is no** ~ **of roses** er ist nicht (gerade) auf Rosen gebettet; **marriage is not always a** ~ **of roses** die Ehe hat nicht nur angenehme Seiten; ~ **of state** Prunkbett; **his life was a** ~ **of thorns** (od. **nails**) er mußte in s-m Leben allerhand durchmachen; **to be brought to** ~ entbunden werden (**of** von); **to die in**

one's ~ e-s natürlichen Todes sterben; **to get out of** ~ **on the wrong side** mit dem verkehrten od. linken Fuß (zuerst) aufstehen; **to go to** ~ ins od. zu Bett gehen, b) ˈins Bett gehenˈ (**with** mit); **to keep one's** ~ das Bett hüten; **to lie in the** ~ **one has made** die Suppe auslöffeln müssen, die man sich eingebrockt hat; **to make the** ~ das Bett machen; **as you make your** ~ **so you must lie on it** wie man sich bettet, so liegt man; **to put to** ~ j-n zu od. ins Bett bringen; **to take to one's** ~ sich (krank) ins Bett legen. II v/t 10. zu od. ins Bett bringen. 11. **to be** ~**ded** bettlägerig sein: **to be** ~**ded for a week with influenza** e-e Woche mit Grippe im Bett liegen. 12. meist ~ **down** a) Gäste etc für die Nacht ˈunterbringen, b) j-m das Bett machen, c) ein Pferd etc mit Streu versorgen. 13. ˈins Bett gehenˈ mit j-m. 14. in ein Beet od. in Beete pflanzen: **to** ~ **out** auspflanzen, -setzen. 15. meist ~ **in** (ein)betten, (ein-, auf-)lagern. III v/i 16. ins od. zu Bett gehen. 17. meist ~ **down** sein Nachtlager aufschlagen. 18. ˈins Bett gehenˈ (**with** mit).
beˈdab·ble v/t besprit z e n: ~**d with blood** blutbespritzt.
ˌbed-and-ˈbreak·fast ho·tel s Hoˈtel n garˈni.
beˈdaub v/t beschmieren: ~**ed with clay** lehmbeschmiert.
beˈdaz·zle v/t blenden (a. fig.).
ˈbed|·bug s zo. Wanze f. ~ **bun·ny** s colloq. ˈBetthasˈchenˈ n. ˈ~·**cham·ber** s Schlafzimmer n, Schlafgemach n (obs. außer in): **Gentleman of the B**~ königlicher Kammerjunker; ~ **Lady (Lord) of the Bedchamber.** ˈ~·**clothes** s pl Bettwäsche f. ˈ~·**cov·er** s Bettdecke f.
bed·da·ble [ˈbedəbl] adj: **she's quite** ~ colloq. die wärˈ was fürs Bett.
bed·der [ˈbedə(r)] s 1. univ. Br. Aufwärter(in) (der Collegestudenten in Cambridge). 2. bot. Freilandsetzling m.
bed·ding [ˈbedɪŋ] I s 1. Bettzeug n. 2. (Lager)Streu f (für Tiere). 3. tech. a) Betten n, b) Bettung f, Lager n, c) Auflagefläche f. 4. arch. Fundaˈment n, ˈUnterlage f. 5. geol. tech. Schichtung f. II adj 6. **Beet-...,** Freiland...: ~ **plants.**
beˈdeck v/t zieren, schmücken.
be·del(l) [bɪˈdel; bəˈ] obs. für **beadle** 2.
be·dev·il [bɪˈdevl] v/t pret u. pp **-iled,** bes. Br. **-illed** 1. bes. fig. be-, verhexen. 2. fig. a) durcheiˈnanderbringen, verwirren, b) verderben, -pfuschen. 3. a) plagen, peinigen, b) bedrücken, belasten. **beˈdev·il·ment** s 1. Besessenheit f. 2. Verwirrung f.
beˈdew v/t betauen, benetzen: **her face was** ~**ed with tears** ihr Gesicht war tränenfeucht.
ˈbed·fast adj obs. bettlägerig. ˈ~·**fel·low** s 1. Bettgenosse m, ˈSchlafkameˌrad m. 2. Verbündete(r) m, Genosse m: **adversity** (od. **misfortune**) **makes strange** ~**s** Unglück bringt die verschiedensten Leute zusammen. ˈ~·**gown** s (Frauen)Nachtgewand n.
be·dight [bɪˈdaɪt] pret u. pp **beˈdight, beˈdight·ed** v/t obs. poet. 1. ausrüsten. 2. schmücken.
beˈdim v/t 1. verdunkeln, trüben. 2. fig. vernebeln: **to** ~ **the issue.**
be·diz·en [bɪˈdaɪzn] v/t obs. geschmacklos herˈausputzen.
bed·lam [ˈbedləm] s 1. Aufruhr m, Tuˈmult m: **to cause** ~ e-n Tumult auslösen. 2. Gewirr n: a ~ **of alleys.** 3. obs. a) Irren-, Tollhaus n (a. fig.): **the classroom was a regular** ~ im Klassenzimmer ging es zu wie in e-m Tollhaus, b) Irre(r m) f. **ˈbed·lam·ite** s obs. Irre(r m) f.

bed lift – beg

bed| lift s Stellkissen n (*für Kranke*). ~ **lin·en** s Bettwäsche f.
Bed·ling·ton (ter·ri·er) ['bedlɪŋtən] s zo. Bedlingtonterrier m.
'**bed-mate** → bedfellow 1.
Bed·ou·in ['beduɪn; *Am.* 'bedəwən] **I** *pl* **-ins, -in** s Bedu'ine m, Bedu'inin f. **II** *adj* bedu'inisch, Beduinen...
'**bed|·pan** s **1.** Wärmpfanne f, -flasche f. **2.** *med.* Stechbecken n, Bettpfanne f, -schüssel f s *tech.* Bett-, Grund-, 'Unterlagsplatte f, Funda'mentplatte f, -rahmen m. '**~·post** s Bettpfosten m: ~ **between** 2.
be·drag·gled [bɪ'drægld] *adj* **1.** a) durch-'näßt, b) verdreckt. **2.** *fig.* a) her'untergekommen: a ~ house, b) ungepflegt: ~ appearance.
'**bed|·rail** s Seitenteil n des Bettes. **~rest** s Bettruhe f. '**~·rid·den** *adj* bettlägerig. '**~·rock** **I** s **1.** *geol.* Grund-, Muttergestein n, gewachsener Fels. **2.** *fig.* a) Grundlage f, Funda'ment n: to get down to the ~ of a matter e-r Sache auf den Grund gehen, b) (sachlicher) Kern (*e-s Problems etc*), c) Tiefpunkt m: at ~ auf dem Tiefpunkt. **II** *adj* **3.** *colloq.* a) grundlegend, b) (felsen)fest, c) sachlich, kon'kret, d) *econ.* äußerst, niedrigst: ~ price. '**~·roll** s zs.-gerolltes Bettzeug. '**~·room** s Schlafzimmer n: ~ **eyes** *humor.* ‚Schlafzimmeraugen, -blick' m; ~ **scene** (*Film etc*) Bettszene f; ~ **suburb** (*od.* **town**) ‚Schlafstadt' f. ~ **sheet** s Bettlaken n. '**~·side** s Seite f des Bettes: at the ~ am (*a. Kranken*)Bett; the doctor has a good ~ manner der Arzt kann gut mit Kranken umgehen; ~ lamp Nachttischlampe f; ~ **rug** Bettvorleger m; ~ **table** Nachttisch(chen n) m; ~ **teaching** Unterricht m am Krankenbett. '**~-'sit** *Br.* **I** s → bed-sitter. **II** *v/i* ein möbliertes Zimmer *od.* ein Ein'zimmera partment bewohnen. '**~-'sit·ter,** ~**-'sit·ting room** s *Br.* **1.** möbliertes Zimmer. **2.** Ein'zimmera partment n. '**~·sore** s *med.* wundgelegene Stelle. '**~·space** s 'Bettenzahl f, -kapazi tät f (*in Klinik, Hotel etc*). '**~·spread** s Tagesdecke f. '**~·stead** s Bettstelle f, -gestell n. '**~·straw** s *bot.* **1.** Labkraut n. **2.** Wandelklee m. '**~·tick** s Inlett n. '**~·time** s Schlafenszeit f: ~ **reading** Bettlektüre f; ~ **story** Gutenachtgeschichte f; it's past ~ es ist höchste Zeit zum Schlafengehen; it's long past your ~ du müßtest schon längst im Bett sein. ~ **wet·ting** s *med.* Bettnässen n.

bee¹ [bi:] s **1.** *zo.* Biene f: (as) busy as a ~ bienenfleißig, emsig wie e-e Biene; to have a ~ in one's bonnet *colloq.* e-n ‚Fimmel' *od.* ‚Tick' haben. **2.** *fig.* Biene f (*fleißiger Mensch*). **3.** *Am. colloq.* Grille f, Ma'rotte f. **4.** *bes. Am.* a) Treffen n (*von Freunden*) zur Gemeinschaftshilfe *od.* Unter haltung: sewing ~ Nähkränzchen n, b) Wettbewerb m.
bee² [bi:] s *mar.* Backe f, Klampe f.
bee³ [bi:] s B, b n (*Buchstabe*).
Beeb [bi:b] s: the ~ *Br. colloq.* die BBC.
beech [bi:tʃ] s **1.** *bot.* (Rot)Buche f. **2.** Buchenholz n. '**beech·en** *adj* buchen, aus Buchenholz, Buchen...
beech| fern s *bot.* Buchenfarn m. ~ **mar·ten** s zo. Stein-, Hausmarder m. ~ **mast** s Buchmast f, -eckern *pl.* '**~·nut** s Buchecker f, Buchel f.
bee eat·er s *orn.* Bienenfresser m.
beef [bi:f] **I** s **1.** *pl* **beeves** [bi:vz], *a.* **beefs** Mastbulle m, -ochse m, -rind n. **2.** Rindfleisch n. **3.** *colloq.* a) Fleisch n (*am Menschen*), b) (Muskel)Kraft f: put some ~ into it! *fig.* streng dich ein bißchen an! **4.** *pl* **beefs** *sl.* ‚Mecke'rei' f, Nörge'lei f, Beschwerde f. **II** *v/i* **5.** *sl.* ‚meckern', nörgeln, sich beschweren (about über *acc*). **III** *v/t* **6.** ~ **up** *Am. colloq.* Streitkräfte *etc* verstärken. '**~·bur·ger** s [-, bɜ:gə; *Am.* ‚bɜrgər] s *gastr.* Hamburger m. '**~·cake** s *sl.* Zur'schaustellung f von Muskelkraft (*bes. auf Fotografien*). '**~·eat·er** s *Br.* Beefeater m, Tower-Wächter m (*in London*).
‚**beef|'steak** s Beefsteak n. ~ **tea** s (Rind)Fleisch-, Kraftbrühe f, Bouil'lon f. '**~·wit·ted** *adj* dumm, schwer von Begriff.
'**beef·y** *adj* **1.** fleischig: ~ **cattle**. **2.** *colloq.* bullig, kräftig, vierschrötig.
bee| glue s Bienenharz n. ~ **hawk** s *orn.* Wespenbussard m. '**~·hive** s **1.** Bienenstock m, -korb m. **2.** *fig.* a) Bienenhaus n, ‚Taubenschlag' m, b) emsiges Gewühl. **3.** *etwas Bienenkorbförmiges:* ~ (hairdo) toupierte Hochfrisur. **4.** *mil.* Hohl-(raum)ladung f. '**~·house** s Bienenhaus n. '**~·keep·er** s Bienenzüchter m, Imker m. '**~·keep·ing** s Bienenzucht f, Imke'rei f. **~·kill·er** s zo. Bienentöter m. '**~·line** s *fig.* kürzester Weg: to make a ~ for s.th. schnurstracks auf etwas los- *od.* zugehen; he made a ~ for his dinner er stürzte sich sofort auf sein Essen.
Be·el·ze·bub [bɪ'elzɪbʌb] **I** *npr Bibl.* Be'elzebub m. **II** s Teufel m (*a. fig.*).
bee| mar·tin s *orn.* Königsvogel m. '**~·mas·ter** s beekeeper.
been [bi:n; bɪn] *pp von* be.
bee| net·tle s *bot.* **1.** Hanfnessel f. **2.** Bienensaug m. ~ **or·chis** s *bot.* Bienenragwurz f.
beep [bi:p] **I** s a. ~ **signal** a) *mot.* Hupen n, 'Hupsi gnal n, b) Tuten n (*e-r Schiffssirene etc*), c) *electr.* kurzes Summerzeichen, Piepton m. **II** *v/t:* to ~ one's horn *mot.* hupen. **III** *v/i* a) *mot.* hupen, b) tuten (*Schiffssirene etc*). '**~·er** s **1.** Si'gnalgeber m, -gerät n (*für ferngesteuerte Flugkörper*). **2.** Fernsteuerungsgerät n.
beer¹ [bɪə(r)] s **1.** Bier n: two ~s zwei (Glas) Bier; life is not all ~ and skittles *colloq.* das Leben besteht nicht nur aus Vergnügen; → small beer. **2.** bierähnliches Getränk (*aus Pflanzen*): → ginger beer.
beer² [bɪə(r)] s *Weberei:* Kettfadenbündel n.
beer| bust s *Am. colloq.* Bierparty f. ~ **cel·lar** s Bierkeller m. ~ **en·gine** s Bierpumpe f, 'Bierdruckappa rat m. ~ **gar·den** s Biergarten m. '**~·house** s *Br.* Bierstube f, -schenke f. ~ **mat** s Bierfilz m, ‚deckel m. ~ **pump** s Bierpumpe f. ~ **stone** s Bierstein m (*Ablagerung*).
'**beer·y** *adj* **1.** bierartig, Bier... **2.** bierselig. **3.** nach Bier riechend: ~ breath.
bee skep s Bienenkorb m, -stock m.
beest·ings ['bi:stɪŋz] s *pl* (oft als sg konstruiert) Biest(milch f) m (erste Milch nach dem Kalben).
'**bees|·wax** **I** s Bienenwachs n. **II** *v/t* mit Bienenwachs einreiben. '**~·wing** s feines Häutchen (*auf altem Wein*).
beet [bi:t] s **1.** *bot.* Bete f, *bes.* Runkelrübe f, Mangold m, *Am. a.* Rote Bete *od.* Rübe. **2.** *a.* ~ **greens** Mangoldgemüse n.
bee·tle¹ ['bi:tl] **I** s zo. Käfer m: (as) blind as a ~ stockblind. **II** *v/i colloq.* hasten, sausen: to ~ off ‚abschwirren'.
bee·tle² ['bi:tl] **I** s **1.** Holzhammer m, Schlegel m. **2.** *tech.* a) Erdstampfe f, b) 'Stampfka lander m (*für Textilien*). **II** *v/t* **3.** mit e-m Schlegel ode bearbeiten, (ein)stampfen. **4.** *tech.* Textilien ka'landern.
bee·tle³ ['bi:tl] **I** *adj* 'überhängend. **II** *v/i* vorstehen, 'überhängen.
'**bee·tle|-browed** *adj* **1.** mit buschigen (Augen)Brauen. **2.** finster blickend. '**~·crush·er** s *sl.* **1.** ‚Elbkahn' m, ‚Kindersarg' m (*riesiger Schuh*). **2.** *mil.* ‚Landser' m (*Infanterist*).
'**beet|·root** s *bot.* **1.** *Br.* Wurzel f der (Roten) Bete. **2.** *Am. für* beet 1. ~ **sug·ar** s Rübenzucker m.
beeves [bi:vz] *pl von* beef 1.
beez·er ['bi:zə(r)] s *sl.* ‚Gurke' f (*Nase*).
be'fall, *pret* **be'fell,** *pp* **be'fall·en** *obs. od. poet.* **I** *v/i* sich ereignen, zustragen. **II** *v/t* j-m zustoßen, wider'fahren, begegnen.
be'fit *v/t* anstehen (*dat*), sich (ge)ziemen *od.* schicken für: → ill 8. **be'fit·ting** *adj* (*adv* **~·ly**) geziemend, schicklich.
be'fog *v/t* **1.** in Nebel hüllen. **2.** *fig.* vernebeln: to ~ the issue.
be'fool *v/t* **1.** zum Narren haben *od.* halten, täuschen. **2.** *obs.* als Narren behandeln.
be·fore [bɪ'fɔ:(r); *Am. a.* bɪ'fəʊər] **I** *adv* **1.** (räumlich) vorn, vor'an: to go ~ vor'angehen. **2.** (zeitlich) vorher, zu'vor, vormals, früher (schon), bereits, schon: an hour ~ e-e Stunde vorher *od.* früher; long ~ lange vorher *od.* zuvor; the year ~ das vorhergehende *od.* das vorige Jahr; he had been in Paris ~ er war schon (früher) einmal in Paris; never ~ noch nie(mals). **II** *prep* **3.** (*räumlich*) vor (*acc od. dat*): ~ my eyes vor m-n Augen; he sat ~ me er saß vor mir; the question ~ us die (uns) vorliegende Frage; he has the world ~ him ihm steht die Welt offen. **4.** vor (*dat*), in Gegenwart (*od. gen*): ~ witnesses vor Zeugen. **5.** (*zeitlich*) vor (*dat*): the week ~ last vorletzte Woche; ~ long in Kürze, bald; what is ~ us was (*in der Zukunft*) vor uns liegt; three minutes ~ nine *Am.* drei Minuten vor neun. **6.** (*Reihenfolge, Rang*) vor'aus, vor (*acc od. dat*): to be ~ the others den anderen (*in der Schule etc*) voraus sein. **III** *conj* **7.** bevor, ehe: not ~ nicht früher *od.* eher als bis, erst als, erst wenn. **8.** lieber *od.* eher ..., als daß: I would die ~ I lied (*od.* ~ lying) eher *od.* lieber will ich sterben als lügen. **be'fore·hand I** *adv* **1.** zu'vor, (im) vor'aus: to know s.th. ~ etwas im voraus wissen. **2.** zu'vor, früher. **3.** zu früh, verfrüht. **II** *adj* **4.** *a.* ~ **with the world** gut versorgt: to have nothing ~ nichts in Reserve haben. **5.** to be ~ with a) j-m *od.* e-r Sache zu'vorkommen, b) *etwas* vor'wegnehmen. **be'fore-,men·tioned** *adj* oben-, vorerwähnt. **be'fore-tax** *adj econ.* vor Abzug der Steuern, *a.* Brutto...
be'for·tune → befall.
be'foul *v/t* besudeln, beschmutzen (*a. fig.*): to ~ one's own nest sein eigenes Nest beschmutzen.
be'friend *v/t* j-m behilflich sein, sich j-s annehmen.
be'fud·dle *v/t* **1.** ‚benebeln', berauschen. **2.** verwirren.
beg [beg] **I** *v/t* **1.** etwas erbitten (of s.o. von j-m), bitten um: to ~ **leave** to (*inf*) (j-n) um Erlaubnis bitten; → pardon 4. **2.** erbetteln, betteln *od.* bitten um: to ~ a **meal**. **3.** j-n bitten (**to do s.th.** etwas zu tun). **4.** (*ohne Beweis*) annehmen: → **question** 1. **5.** ~ **off** j-n entschuldigen. **II** *v/i* **6.** betteln: to go ~ging a) betteln gehen, b) *fig.* keinen Interessenten *od.* Abnehmer finden: this post is going ~ging *fig.* niemand will den Posten übernehmen. **7.** (dringend) bitten, flehen (for um): I ~ of you ich bitte Sie; to ~ off sich entschuldigen (lassen), absagen. **8.** sich erlauben *od.* gestatten (to do etwas zu tun): I ~ to differ ich erlaube mir, anderer Meinung zu sein; I ~ to inform you *econ. obs.* ich

erlaube mir, Ihnen mitzuteilen. **9.** schönmachen, Männchen machen (*Hund*).
be·gad [bɪˈgæd] *interj colloq. obs.* bei Gott!
be·gan [bɪˈgæn] *pret von* begin.
be·get [bɪˈget] *pret* **be'got** [-ˈgɒt; *Am.* -ˈgɑt], *obs.* **be'gat** [-ˈgæt], *pp* **be'gotten** [-ˈgɒtn; *Am.* -ˈgɑtn] *obs.* **be·got** *v/t* **1.** *Kinder* zeugen. **2.** *fig.* erzeugen, herˈvorbringen. **beˈget·ter** *s* **1.** Erzeuger *m*, Vater *m*. **2.** *fig.* Urheber *m*.
beg·gar [ˈbegə(r)] **I** *s* **1.** Bettler(in). **2.** *fig.* Arme(r *m*) *f*, Bedürftige(r *m*) *f*: **~s can't be choosers** in der Not darf man nicht wählerisch sein. **3.** *humor. od. contp.* Kerl *m*, Bursche *m*: **lucky ~** Glückspilz *m*; **a naughty little ~** ein kleiner Frechdachs. **II** *v/t* **4.** an den Bettelstab bringen, arm machen. **5.** *fig.* entwerten. **6.** *fig.* überˈsteigen: **it ~s description** a) es läßt sich nicht mit Worten beschreiben, b) es spottet jeder Beschreibung.
beg·gar·li·ness [ˈbegə(r)lɪnɪs] *s* **1.** Bettelarmut *f*. **2.** *fig.* Armseligkeit *f*. **ˈbeg·gar·ly** *adj* **1.** bettelarm. **2.** *fig.* armselig, lumpig, erbärmlich, kümmerlich: **a ~ salary**.
ˌbeg·gar·my·ˈneigh·bo(u)r [ˌ-mɪˈ-] *s* Bettelmann *m* (*Kartenspiel*).
beg·gar·y [ˈbegərɪ] *s* Bettelarmut *f*.
beg·ging [ˈbegɪŋ] **I** *adj* bettelnd: **~ letter** Bettelbrief *m*. **II** *s* **2.** Betteˈlei *f*. **3.** Bitten *n*.
be·gin [bɪˈgɪn] *pret* **be'gan** [-ˈgæn] *pp* **be'gun** [-ˈgʌn] **I** *v/t* **1.** beginnen, anfangen: **when did you ~ (to learn** *od.* **learning) English?** wann hast du mit dem Englisch angefangen (angefangen, Englisch zu lernen)?; **he began his lecture by saying that ...** er leitete s-n Vortrag mit den Worten ein, daß ...; **to ~ the world** ins Leben treten. **2.** (be)gründen: **to ~ a dynasty**. **II** *v/i* **3.** beginnen, anfangen: **he began by saying that ...** er sagte einleitend, daß ...; **to ~ with s.th.** (*s.o.*) anfangen mit etwas (bei j-m); **to ~ with** (*adverbiell*) a) zunächst (einmal), fürs erste, b) erstens (einmal), um es gleich zu sagen; **to ~ on s.th.** etwas in Angriff nehmen; **to ~ on a new bottle** e-e neue Flasche anbrechen; **not to ~ to do s.th.** nicht entfernt *od.* im entferntesten daran denken, etwas zu tun; **he does not even ~ to try** er versucht es nicht einmal; **it began to be put into practice** es wurde langsam aber sicher in die Praxis umgesetzt; **well begun is half done** gut begonnen ist halb gewonnen. **4.** entstehen, ins Leben gerufen werden. **beˈgin·ner** *s* Anfänger(in), Neuling *m*: **~'s luck** Anfängerglück *n*. **beˈgin·ning** *s* **1.** Anfang *m*, Beginn *m*: **at** (*od.* **in**) **the ~** am *od.* im *od.* zu Anfang, anfangs; **from the (very) ~** (ganz) von Anfang an; **from ~ to end** von Anfang bis Ende; **the ~ of the end** der Anfang vom Ende. **2.** Ursprung *m*. **3.** *pl* a) (erste) Anfangsgründe *pl*, b) (erste) Anfänge *pl*, Anfangsstadium *n*.
beˈgird *pret u. pp* **beˈgirt** *od.* **beˈgird·ed** *v/t* **1.** umˈgürten. **2.** umˈgeben.
be·gone [bɪˈgɒn; *Am.* -ˈgɑn] *interj obs. od. poet.* fort!, (scher dich) weg!
be·go·ni·a [bɪˈgəʊnjə] *s bot.* Beˈgonie *f*.
be·gor·ra [bɪˈgɒrə; *Am. a.* -ˈgɑ-] *interj Ir. colloq.* bei Gott!
be·got [bɪˈgɒt; *Am.* -ˈgɑt] *pret u. obs. pp von* beget.
be·got·ten [bɪˈgɒtn; *Am.* -ˈgɑtn] **I** *pp von* beget. **II** *adj* gezeugt: **the first ~** der Erstgeborene; **God's only ~ son** Gottes eingeborener Sohn.
beˈgrime *v/t* besudeln, beschmutzen (*a. fig.*).
beˈgrudge *v/t* **1.** mißˈgönnen (**s.o. s.th.** j-m etwas): **to ~ s.o. the shirt on his back** j-m nicht das Schwarze unterm Nagel *od.* das Weiße im Auge gönnen. **2.** nur ungern geben (**s.o. s.th.** j-m etwas). **3. to ~ doing s.th.** etwas nur widerwillig *od.* ungern tun.
beˈguile *v/t* **1.** betrügen (**of, out of** um), täuschen, hinterˈgehen. **2.** verleiten, -locken (**into doing** zu tun). **3.** *sich die Zeit* (angenehm) vertreiben *od.* verkürzen (**by, with** mit). **4.** *fig.* betören, berücken. **beˈguile·ment** *s* Hinterˈgehung *f*, Betrug *m*, Täuschung *f*.
be·gun [bɪˈgʌn] *pp von* begin.
be·half [bɪˈhɑːf; *Am.* bɪˈhæf] *s*: **on** (*Am. a.* **in**) **~ of** a) zugunsten von (*od. gen*), für *j-n*, b) im Namen *od.* im Auftrag von (*od. gen*), für *j-n*, namens (*gen*); **on one's own ~** in eigenem Namen, in eigener Sache; **on ~ of s.th.** mit Rücksicht auf e-e Sache.
be·have [bɪˈheɪv] **I** *v/i* **1.** sich (gut) benehmen, sich zu benehmen wissen: **please ~!** bitte benimm dich!; **he can't ~** er kann sich nicht (anständig) benehmen. **2.** sich verhalten *od.* benehmen (**to, toward[s]** gegen *j-n*, gegenˈüber *j-m*). **3.** sich verhalten (*Sache*), arbeiten, funktioˈnieren (*Maschine etc*). **II** *v/t* **4. ~ o.s.** sich (gut) benehmen: **~ yourself!** benimm dich!; **beˈhaved** *adj* (*meist in Zssgn*) von *gutem etc* Benehmen: → well-behaved, *etc.*
be·hav·ior, *bes. Br.* **be·hav·iour** [bɪ-ˈheɪvjə(r)] *s* **1.** Benehmen *n*, Betragen *n*, Verhalten *n*, *jur.* Führung *f* (*e-s Strafgefangenen*): **during good ~** *Am. sul.* Lebenszeit (*ernannt od. gewählt*); **to be in office on (one's) good ~** ein Amt auf Bewährung innehaben; **to be on one's best ~** sich von s-r besten Seite zeigen; **to put s.o. on his good ~** j-m einschärfen, sich (ja) gut zu benehmen; **~ disorder** *psych.* Verhaltensstörung *f*; **~ investigation of ~** *psych.* Verhaltensforschung *f*; **~ modification** *psych.* Verhaltensmodifikation *f*; **~ therapy** *psych.* Verhaltenstherapie *f*; → **pattern** 11. **2.** *chem. math. phys. tech.* Verhalten *n*. **beˈhav·io(u)r·al** *adj psych.* Verhaltens-...: **~ disturbance**; **~ science** Verhaltensforschung *f*; **~ scientist** Verhaltensforscher(in). **beˈhav·io(u)r·ism** *s psych.* Behavioˈrismus *m*. **beˈhav·io(u)r·ist** *s* Behavioˈrist *m*. **II** *adj* behavioˈristisch. **beˌhav·io(u)rˈis·tic** *adj* (*adv* **~ally**) behavioˈristisch.
be·head [bɪˈhed] *v/t* enthaupten, köpfen. **beˈhead·al** [-dl], **beˈhead·ing** *s* Enthauptung *f*.
be·held [bɪˈheld] *pret u. pp von* behold.
be·he·moth [bɪˈhiːmɒθ; *Am.* -məθ] *s* **1.** *Bibl.* Behemoth *m*. **2.** *colloq.* a) Koˈloß *m*, Riese *m* (*Mensch*), b) Ungetüm *n*, Monstrum *n* (*Sache*).
be·hen·ic ac·id [bɪˈhenɪk; -ˈhiː-] *s chem.* Bensäure *f*.
be·hen·ol·ic ac·id [ˌbiːhəˈnɒlɪk; *Am.* -ˈnɑ-] *s chem.* Behensäure *f*.
be·hest [bɪˈhest] *s* **1.** *obs. od. poet.* Geheiß *n*, Befehl *m*: **at the ~ of** auf Befehl von (*od. gen*); **Land of ~** Land der Verheißung. **2.** Forderung *f*. **3.** Veranlassung *f*. **4.** dringende Bitte.
be·hind [bɪˈhaɪnd] **I** *prep* **1.** (*räumlich u. zeitlich*) hinter (*acc od. dat*): **~ the tree** hinter dem *od.* den Baum; **he looked ~ him** er blickte hinter sich; **he has the majority ~ him** er hat die Mehrheit hinter sich; **to get s.th. ~ one** etwas hinter sich bringen; **his schooldays are ~ him** s-e Schulzeit liegt hinter ihm; **what is ~ all this?** was steckt dahinter? **2.** (*Reihenfolge, Rang*) hinter (*acc od. dat*): **to be ~ s.o.** j-m nachstehen, hinter *j-m* zurück sein (**in** in *dat*). **II** *adv* **3.** hinten, daˈhinter, hinterˈher, -ˈdrein, hintenˈnach: **to walk ~** zurückbleiben, hinterhergehen. **4.** nach hinten, zuˈrück: **to look ~** zurückblicken. **III** *pred adj* **5.** zuˈrück, im Rückstand: **to be ~** (*od.* **with**) **one's work** mit s-r Arbeit im Rückstand *od.* im Verzug sein; **to remain ~** zurückbleiben. **6.** *fig.* daˈhinter, verborgen: **there is more ~** da steckt (noch) mehr dahinter. **IV** *s* **7.** *colloq.* ˈHinterteil *n*, „Hintern" *m*. **beˈhind-hand** *adv u. adj* **1.** im Rückstand, im Verzug (**with** mit). **2.** verschuldet, in schlechten Verhältnissen. **3.** verspätet: **to be ~** Verspätung haben. **4.** rückständig. **5. to be ~ with s.o.** in etwas im Rückstand sein (**in** *dat*). **beˌhind-the-ˈscenes** *adj fig.* hinter den Kuˈlissen.
be·hold [bɪˈhəʊld] **I** *v/t pret u. pp* **beˈheld** [-ˈheld], *obs.* **beˈhold·en** sehen, erblicken, anschauen. **II** *interj* siehe (da)! **beˈhold·en** *adj* (zu Dank) verpflichtet, dankbar (**to** *dat*). **beˈhold·er** *s* Betrachter(in), Zuschauer(in).
be·hoof [bɪˈhuːf] *pl* **beˈhooves** [-ˈhuːvz] *s* Vorteil *m*, Nutzen *m*.
be·hoove [bɪˈhuːv], *bes. Br.* **be·hove** [-ˈhəʊv] *v/t impers* erforderlich sein für, sich schicken für: **it ~s you** a) es obliegt dir *od.* ist d-e Pflicht (**to do** zu tun), b) es gehört sich für dich.
be·hooves [bɪˈhuːvz] *pl von* behoof.
be·hove *bes. Br. für* behoove.
beige [beɪʒ] **I** *adj* **1.** beige, sandfarben. **II** *s* **2.** Beige *f* (*Wollstoff*). **3.** Beige *n* (*Farbton*).
ˈbe-in *s* zwangloses Beiˈsammensein (*bes. im Freien*).
be·ing [ˈbiːɪŋ] *s* **1.** (Da)Sein *n*, Exiˈstenz *f*: **in ~** existierend, wirklich (vorhanden); **to call into ~** ins Leben rufen; **to come into ~** entstehen. **2.** *j-s* Wesen *n*, Naˈtur *f*. **3.** (Lebe)Wesen *n*, Geschöpf *n*.
beˈjew·el *v/t pret u. pp* **-eled**, *bes. Br.* **-elled** mit Edelsteinen *od.* Juˈwelen schmücken.
bel [bel] *s electr.* Bel *n* (*logarithmische Verhältniseinheit bei Spannungen u. Leistungen*).
beˈla·bor, *bes. Br.* **beˈla·bour** *v/t* **1.** *obs.* verprügeln. **2.** *fig.* (*mit Worten*) ‚bearbeiten', *j-m* zusetzen.
be·lat·ed [bɪˈleɪtɪd] *adj* **1.** verspätet: **~ best wishes** nachträglich herzlichen Glückwunsch. **2.** *obs.* von der Nacht *od.* Dunkelheit überˈrascht.
beˈlaud [bɪˈlɔːd] *v/t* preisen, rühmen.
be·lay [bɪˈleɪ] *v/t* **1.** *mar.* festmachen, *ein Tau* belegen. **2.** *mount. j-n* sichern. **II** *v/i* **3. ~ there!** *mar.* Schluß!, genug (jetzt)! **III** *s* **4.** *mount.* Sichern *n*.
bel can·to [belˈkæntəʊ; *Am.* -ˈkɑn-] *s mus.* Belˈcanto *m*, Belˈkanto *m*.
belch [beltʃ] **I** *v/i* **1.** aufstoßen, rülpsen. **2.** quellen (**from** aus) (*Rauch etc*). **II** *v/t* **3.** a. **~ out** (*od.* **forth**) *Feuer, Rauch etc* speien, (*a. fig. Beleidigungen etc*) ausstoßen. **III** *s* **4.** a) Aufstoßen *n*, Rülpsen *n*, b) Rülpser *m*. **5.** *fig.* (Rauch-, Flammen- *etc*)Stoß *m*. **6.** *fig.* Schwall *m* (*von Beleidigungen etc*).
ˈbel·cher *s* (buntes) Halstuch.
bel·dam(e) [ˈbeldəm] *s* **1.** a) alte Frau, b) *obs.* Großmutter *f*. **2.** (böse) Hexe, alte Vettel.
be·lea·guer [bɪˈliːgə(r)] *v/t* **1.** *mil.* belauern. **2.** *fig.* umˈgeben. **3.** *fig.* quälen, plagen.
ˌB-eˈlec·trode *s electr.* Dreielekˈtrodenröhre *f*, Triˈode *f*.
bel·em·nite [ˈbeləmnaɪt] *s geol.* Belemˈnit *m*, Donnerkeil *m*.
bel es·prit [ˌbeleˈspriː] *pl* **beaux es·prits** [ˌbəʊzeˈspriː] *s* Schöngeist *m*.

bel·fry – belt 112

bel·fry ['belfrɪ] s **1.** a) Glockenturm m, b) Glockenstuhl m, -gehäuse n: → bat² 1. **2.** mil. hist. (beweglicher) Belagerungsturm.
Bel·gian ['beldʒən] **I** s Belgier(in). **II** adj belgisch.
Be·li·al ['bi:ljəl; -lɪəl] npr Bibl. Belial m, Teufel m: **man of ~** Verworfene(r) m.
be'lie v/t **1.** obs. Lügen erzählen über (acc), falsch darstellen. **2.** j-n od. etwas Lügen strafen. **3.** wider'sprechen (dat). **4.** hin'wegtäuschen über (acc). **5.** e-e Hoffnung etc enttäuschen, e-r Sache nicht entsprechen.
be·lief [bɪ'li:f] s **1.** relig. Glaube m, Religi'on f. **2.** (in) Glaube m (an acc): **beyond ~** unglaublich, b) Vertrauen n (auf e-e Sache od. zu j-m). **3.** Meinung f, Anschauung f, Über'zeugung f: **to the best of my ~** nach bestem Wissen u. Gewissen. **4.** B~ relig. das Apo'stolische Glaubensbekenntnis.
be·liev·a·ble [bɪ'li:vəbl] adj **1.** glaublich, glaubhaft. **2.** glaubwürdig.
be·lieve [bɪ'li:v] **I** v/i **1.** glauben (in an acc). **2.** (in) vertrauen (auf acc), Vertrauen haben (zu). **3.** viel halten (in von): **I do not ~ in sports** ich halte nicht viel von Sport. **II** v/t **4.** glauben, meinen, denken: **do not ~ it** glaube es nicht; **~ it or not!** ob Sie es glauben oder nicht!; **would you ~ it!** ist das denn die Möglichkeit!; **he made me ~ it** er machte es mich glauben; **I wouldn't have ~d it of him** das hätte ich nicht von ihm geglaubt od. gedacht. **5.** Glauben schenken (dat), glauben (dat): **~ me** glaube mir. **be-'liev·er** s **1.** relig. Gläubige(r m) f: **true ~** Rechtgläubige(r). **2. to be a great ~ in** fest glauben an (acc), viel halten von. **be'liev·ing** adj (adv ~ly) relig. gläubig.
be·like [bɪ'laɪk] adv obs. **1.** (höchst)wahrscheinlich. **2.** vielleicht.
Be·lim·i·na·tor s electr. 'Umformer m, Netzgerät n.
Be·lish·a bea·con [bɪ'li:ʃə] s Br. gelbes Blinklicht an Fußgängerüberwegen.
be'lit·tle v/t **1.** a) verkleinern, b) klein erscheinen lassen. **2.** fig. her'absetzen, schmälern: **to ~ o.s.** sein Licht unter den Scheffel stellen. **3.** fig. verharmlosen, bagatelli'sieren.
bell¹ [bel] **I** s **1.** Glocke f, Klingel f, Schelle f: **to bear** (od. **carry away**) **the ~** den Preis od. Sieg davontragen; **(as) clear as a ~** glockenhell, -rein; **(as) sound as a ~** a) ohne Sprung, ganz (Geschirr), b) kerngesund, gesund wie ein Fisch im Wasser; **that rings a ~** colloq. das kommt mir bekannt vor, das erinnert mich an etwas. **2.** Glockenzeichen n, Läuten n, Klingeln n. **3.** teleph. Wecker m. **4.** mar. a) Schiffsglocke f, b) Glasen pl (halbstündiges Schlagen): **eight ~s** acht Glasen. **5.** mus. a) Glockenspiel n, b) Becher m, Stürze f (e-s Blasinstruments). **6.** bot. glockenförmige Blumenkrone, Kelch m. **7.** arch. Glocke f, Kelch m (am Kapitell). **8.** Taucherglocke f. **9.** tech. a) metall. Gichtglocke f, b) Tiefbau: Fangglocke f, c) konischer Teil (der Ziehdüse), d) Muffe f (an Röhren), e) 'Schweißman,schette f. **II** v/t **10.** mit e-r Glocke etc versehen: **to ~ the cat** fig. der Katze die Schelle umhängen.
bell² [bel] **I** v/i rö(h)ren (Hirsch). **II** s Rö(h)ren n.
bel·la·don·na [ˌbelə'dɒnə; Am. -'da-] s Bella'donna f, bot. Tollkirsche f, b) med. pharm. aus der Tollkirsche gewonnenes Arzneimittel.
'bell|·bind·er s bot. Zaunwinde f. **'~-ˌbot·tomed** adj unten weit auslabend: **~ trousers** Hose f mit Schlag. **'~-boy** s bes. Am. (Ho'tel)Page m. ~

buoy s mar. Glockenboje f. **~-but·ton** s electr. Klingelknopf m. **~ cage** s arch. Glockenstuhl m. **~ cap·tain** s Am. Leiter m des Ho'telpagendienstes. **~ clap·per** s tech. Glockenklöppel m. **~ cord** s Glocken-, Klingelzug m. **~ cot** s arch. Giebeltürmchen n (für ein od. zwei Glocken).
belle [bel] s Schöne f, Schönheit f: **~ of the ball** Ballkönigin f.
belles-let·tres [ˌbel'letrə] s pl (als sg konstruiert) Belle'tristik f, Unter'haltungslitera,tur f.
bel·let·rist [bel'letrɪst] s Belle'trist m. **ˌbel·le'tris·tic** adj belle'tristisch.
'bell|ˌflow·er s bot. Glockenblume f. **~ found·er** s Glockengießer m. **~ found·ry** s Glockengieße'rei f. **~ glass** s Glasglocke f. **~ heath·er** s bot. Glockenheide f. **'~ hop** s. (Ho'tel)Page m.
bel·li·cose ['belɪkəʊs] adj (adv ~ly) **1.** kriegslustig, kriegerisch. **2.** → belligerent **3.** ˌbel·li'cos·i·ty [-'kɒsətɪ; Am. -'ka-] s **1.** Kriegslust f. **2.** → belligerence **2.**
bel·lied ['belɪd] adj **1.** bauchig. **2.** (in Zssgn) ...bauchig, ...bäuchig: → potbellied, etc.
bel·lig·er·ence [bɪ'lɪdʒərəns] s **1.** Kriegsführung f. **2.** Streit-, Kampf(es)lust f, Aggressivi'tät f. **bel'lig·er·en·cy** [-sɪ] s **1.** Kriegszustand m. **2.** → belligerence **1.** **bel'lig·er·ent I** adj (adv ~ly) **1.** bellicose **1. 2.** kriegsführend: **the ~ powers; ~ occupation** kriegerische Besetzung; **~ rights** Rechte e-s kriegführenden Staates. **3.** fig. streit-, kampflustig, aggres'siv. **II** s **4.** kriegführender Staat.
bell| jar s phys. tech. Glas-, Vakuumglocke f. **~ lap** s sport letzte Runde (e-s Rennens). **~ ly·ra** s mus. Schellenbaum m. **'~-man** [-mən] s irr **1.** hist. öffentlicher Ausrufer. **2.** Am. (Ho'tel)Page m. **~ mare** s Stute f mit Glocke (als Leittier). **~ met·al** s tech. 'Glockenme,tall n, -speise f.
Bel·lo·na [bə'ləʊnə] **I** npr Bel'lona f (Kriegsgöttin). **II** s fig. ‚Wal'küre' f, gebieterische Frau.
bel·low ['beləʊ] **I** v/i **1.** brüllen (with vor dat). **2.** grölen. **II** v/t a. **~ out 3.** Befehl etc brüllen. **4.** Lied etc grölen. **II** s **5.** Brüllen n. **6.** Grölen n.
bel·lows [-əʊz] s pl (a. als sg konstruiert) **1.** tech. a) Gebläse n, b) a. **pair of ~** Blasebalg m. **2.** Am. colloq. Lunge f. **3.** phot. Balg m.
'bell|ˌpull s Klingelzug m. **~ push** s electr. Klingeltaste f, -knopf m. **~ ring·er** s **1.** Glöckner m. **2.** Glockenspieler m. **3.** Am. colloq. ‚Schlager' m, ‚Knüller' m. **~ rope** s **1.** Glockenstrang m. **2.** Klingelzug m. **'~-shaped** adj glockenförmig: **~ curve** math. Glockenkurve f; **~ insulator** electr. Glockeniso'lator m. **~ tent** s Rundzelt n. **~ tow·er** s Glockenturm m. **'~ˌweth·er** s Leithammel m (a. fig., meist contp.). **~ wire** s electr. Klingeldraht m.
bel·ly ['belɪ] **I** s **1.** Bauch m: **to go ~ up** **10. 2.** Magen m. **3.** fig. a) Appe'tit m, b) Schlemme'rei f. **4.** Bauch m, (das) Innere n (of a ship). **5.** Bauch m, Ausbauchung f (e-r Flasche etc). **6.** mus. a) Decke f (e-s Saiteninstruments), b) Reso'nanzboden m (des Klaviers etc). **7.** fig. 'Unterseite f. **II** v/i **8.** a. **~ out** sich (aus)bauchen, (an)schwellen. **9.** robben, auf dem Bauch kriechen. **10. ~ up** sl. a) ,e-n kalten Arsch kriegen' (sterben), b) ,Pleite machen'. **III** v/t **11.** a. **~ out** (an)schwellen lassen, (auf)bauschen. **'~·ache I** s colloq. Bauchweh n, -schmerzen pl. **II** v/i sl. ‚meckern', nörgeln, quengeln (**about** über acc). **'~-band** s Bauchriemen m, Sattelgurt m.

'~-ˌbust Am. → belly-flop. **~ bust(·er)** Am. → belly flop(per). **~ but·ton** s colloq. ‚Bauchknöpfchen' n (Nabel). **~ clear·ance** s mot. tech. Bodenfreiheit f. **~ dance** s Bauchtanz m. **'~-dance** v/i bauchtanzen. **~ danc·er** s Bauchtänzerin f. **'~-flop** v/i Schwimmen: colloq. e-n ‚Bauchklatscher' machen. **~ flop (-per)** s Schwimmen: colloq. ‚Bauchklatscher' m: **to do a ~** e-n Bauchklatscher machen.
bel·ly·ful ['belɪfʊl] s **1. to have a ~ of** colloq. sich den Bauch ‚vollschlagen' mit. **2. to have had a** (od. **one's**) **~ of** colloq. ‚die Nase voll haben' von.
bel·ly| god s colloq. obs. Schlemmer m. **'~-hold** s aer. Gepäckraum m (im Flugzeugrumpf). **'~-land** v/i u. v/t aer. e-e Bauchlandung machen (mit). **~ land·ing** s aer. Bauchlandung f. **~ laugh** s colloq. dröhnendes Lachen. **~ tank** s aer. Rumpfabwurfbehälter m.
be·long [bɪ'lɒŋ] v/i **1.** gehören (to dat): **this ~s to me. 2.** gehören (to zu): **this lid ~s to another pot; where does this book ~?** wohin gehört dieses Buch?; **a dictionary ~s in every office** in Lexikon gehört in jedes Büro. **3.** an-, zugehören (to dat): **to ~ to a club. 4.** da'zugehören, am richtigen Platz sein: **he does not ~** er gehört nicht hierher, er ist fehl am Platze; **do you ~ here?** wohnen Sie hier? **5.** sich gehören od. schicken (**to**, **for** für). **6.** Am. a) gehören (**to** zu), verbunden sein (**with** mit), b) das Wohnrecht haben (**in** in dat). **be'long·ing** s **1.** Zugehörigkeit f. **2.** pl a) Habseligkeiten pl, Habe f, b) Zubehör n, c) colloq. Angehörige pl.
be·lov·ed [bɪ'lʌvd; -vɪd] **I** adj (innig) geliebt (**of**, **by** von). **II** s Geliebte(r m) f.
be·low [bɪ'ləʊ] **I** adv **1.** unten, mar. unter Deck: **as stated ~** wie unten aufgeführt od. angegeben; **a few houses ~** ein paar Häuser weiter unten; **he is ~** er ist unten (im Haus). **2.** hin'unter, hin'ab, nach unten, mar. unter Deck. **3.** meist **here ~** poet. hie'nieden, auf Erden. **4.** in der Hölle. **5.** (dar'unter, niedriger, tiefer: **the court ~** jur. die Vorinstanz; **the judge ~** der Richter der Vorinstanz; **the rank ~** der nächstniedere Rang. **II** prep **6.** unter (dat od. acc), 'unterhalb (gen): s.o. unter j-s Rang, Würde etc. **be'low-ground** adv u. adj **1.** a) 'unterirdisch, b) Bergbau: unter Tage. **2.** unter der Erde, tot. **be'low-stairs** adv unten, par'terre.
belt [belt] **I** s **1.** Gürtel m: **to hit below the ~** a) Boxen: tief schlagen, j-m e-n Tiefschlag versetzen (a. fig.), b) fig. sich (j-m gegenüber) unfair verhalten; **under one's ~** colloq. a) im Magen, b) fig. ,in der Tasche', c) fig. hinter sich; → **tighten 2.** **2.** mil. Koppel n, Gehenk n. **3.** (Anschnall-, Sicherheits)Gurt m. **4.** Boxen: (Meisterschafts)Gürtel m. **5.** mil. (Ma'schinengewehr-, Pa'tronen)Gurt m. **6.** mar. Panzergürtel m (e-s Kriegsschiffes). **7.** Gürtel m, Gebiet n, Zone f: → **black belt, green belt. 8.** geogr. Meerenge f, Belt m: **the Great** (**Little**) **B~** der Große (Kleine) Belt. **9.** tech. a) (Treib)Riemen m, b) Gürtel m, c) Förderband n. **10.** arch. Gurt(gesims n) m. **11.** colloq. Schlag m: **to give s.o. a ~** j-m eins ,knallen'. **12.** Am. sl. → **bang¹ 3 c. II** v/t **13.** um'gürten, mit Riemen od. Gurten befestigen: **to ~ on an**, umschnallen. **14.** a. **~ up** den Gürtel (gen) zumachen. **15.** zs.-halten. **16.** colloq. a) j-n verprügeln, b) j-m e-e ,knallen', c) Ball etc ,knallen', ,dreschen'. **17.** a. **~ out** colloq. ein Lied etc schmettern. **III** v/i **18. ~ up** mot. etc sich anschnallen. **19.** a. **~ along** bes. mot.

colloq. (da'hin)rasen. **20.** ~ **up** *(meist imp) sl.* ‚die Schnauze halten'.
belt | con·vey·or *s tech.* Bandförderer *m*, Förderband *n.* ~ **cou·pling** *s tech.* Riemenkupplung *f.* ~ **course** *s arch.* **1.** Eckbindesteine *pl.* **2.** Gurt *m.* ~ **drive** *s tech.* Riemenantrieb *m.* '~-,**driv·en** *adj tech.* mit Riemenantrieb (versehen).
belt·ed ['beltɪd] *adj* **1.** mit e-m Gürtel (versehen). **2.** *bes. zo.* gestreift.
belt | gear·ing *s tech.* Riemenvorgelege *n.* ~ **high·way** *s Am.* Um'gehungsstraße *f* (*um e-e Stadt*).
'**belt·ing** *s* **1.** a) 'Gürtelmateri,al *n*, b) *collect.* Gürtel *pl.* **2.** *colloq.* (Tracht *f*) Prügel *pl*: **to give s.o. a good** ~ j-m e-e gehörige Tracht Prügel verpassen.
belt | line *s Am.* Verkehrsgürtel *m (um e-e Stadt).* ~ **pul·ley** *s tech.* Riemenscheibe *f.* '~-**sand·ing ma·chine** *s tech.* 'Bandschleifma,schine *f.* ~ **saw** *s tech.* Bandsäge *f.* ~ **tight·en·er** *s tech.* Riemenspanner *m.* '~-**way** → **belt highway.**
be·lu·ga [bə'lu:gə] *s ichth.* Be'luga *f*: a) Hausen *m*, b) Weißwal *m*.
bel·ve·dere ['belvɪ,dɪə(r)] *s* Gebäude *n* mit schönem Ausblick.
be·mazed [bɪ'meɪzd] *adj obs.* verwirrt.
be·mean [bɪ'mi:n] *v/t* erniedrigen.
be'mire *v/t* beschmutzen.
be'moan *v/t* **1.** beklagen, beweinen, betrauern. **2.** *obs.* j-n bedauern.
be'mock *v/t* verhöhnen.
be'mud·dle *v/t* verwirren.
be·muse [bɪ'mju:z] *v/t* **1.** verwirren, benebeln. **2.** betäuben. **3.** nachdenklich stimmen. **be'mused** *adj* **1.** verwirrt. **2.** betäubt. **3.** gedankenverloren.
ben¹ [ben] *Scot.* **I** *adv* **1.** (dr)innen. **2.** her'ein, hin'ein: **come** ~ komm herein *(ins Wohnzimmer).* **II** *prep* **3.** in den *od.* im Innen- *od.* Wohnraum von *(od. gen).* **III** *adj* **4.** inner(er, e, es). **IV** *s* **5.** Innen-, Wohnraum *m*.
ben² [ben] *s Scot. Ir.* Berggipfel *m*.
be'name *pret u. pp* **be'named**, *pp a.* **be·nempt** [bɪ'nempt] *v/t obs.* (be)nennen.
bench [bentʃ] **I** *s* **1.** (Sitz)Bank *f*: **to play to empty** ~**es** *thea.* vor leeren Bänken spielen. **2.** *sport* (Teilnehmer-, Auswechsel-, Re'serve)Bank *f*: **to be on the** ~ a) auf der Bank sitzen, b) auf s-n Einsatz warten. **3.** *meist* B~ *jur.* a) Richtersitz *m*, -bank *f*, b) Gericht *n*, c) *fig.* Richteramt *n*, d) *collect.* Richter(schaft *f*) *pl*: B~ **and Bar** Richter u. Anwälte; **to be on the** ~ Richter sein, den Vorsitz *od.* die Verhandlung führen; **to be raised to the** ~ zum Richter ernannt werden; → **King's Bench (Division). 4.** Sitz *m (im Parlament etc),* (Abgeordneten-, Zeugen- *etc)* Bank *f.* **5.** Werk-, Arbeitsbank *f*, -tisch *m*: **carpenter's** ~ Hobelbank *f.* **6.** a) Platt- form, *auf der Tiere, bes. Hunde, ausgestellt werden,* b) Hundeausstellung *f.* **7.** *Berg- bau:* horizon'tale Schicht, Bank *f.* **8.** *tech.* Bank *f*, Reihe *f (von Geräten, Retorten etc).* **9.** *geogr. Am.* ter'rassenförmiges Flußufer. **10.** *mar.* Ruderbank *f.* **II** *v/t* **11.** mit Bänken versehen. **12.** *bes. Hunde* ausstellen. **13.** *Am.* abstufen, terras'sieren. **14.** *sport* Spieler auf die Re'servebank verbannen. ~ **coal** *s* Bank-, Flözkohle *f.*
'**bench·er** *s* **1.** *Br.* Vorstandsmitglied *n* e-r Anwaltsinnung: ~ **of an Inn of Court. 2.** *parl. Br. (in Zssgn)* Parla'mentsmitglied *n*: → **backbencher, frontbencher.**
bench | lathe *s tech.* Me'chaniker-, Tischdrehbank *f.* '~-**mark** *s tech.* **1.** *surv.* Abrißpunkt *m.* **2.** *fig.* Bezugspunkt *m*, -größe *f*: ~ **problem** *(Computer)* Be-

wertungsaufgabe *f.* ~ **plane** *s tech.* Bankhobel *m.* ~ **sci·en·tist** *s* La'borwissenschaftler *m.* ~ **seat** *s mot.* Sitzbank *f (im Auto).* ~ **warm·er** *s sport Am. colloq.* Ersatzmann *m (der nur selten zum Einsatz kommt).* ~ **war·rant** *s jur.* (vom Verhandlungsrichter erlassener) Haftbefehl.
bend [bend] **I** *s* **1.** Biegung *f*, Krümmung *f,* (*e-r Straße a.*) Kurve *f*: **round the** ~ *Br. colloq.* ‚bekloppt', übergeschnappt; **to drive s.o. round the** ~ *Br. colloq.* j-n (noch) wahnsinnig *od.* verrückt machen. **2.** Knoten *m*, Schlinge *f.* **3.** *tech.* Krümmer *m*, Knie(stock, -rohr) *n.* **4.** *her.* Schrägbalken *m.* **5. the** ~**s** *pl* (*a. als sg konstruiert*) *med.* Luftdruck-, Cais'sonkrankheit *f.*
II *v/t pret u. pp* **bent** [bent], *obs.* **bend·ed** ['bendɪd] **6.** ('um-, 'durch-, auf)biegen, krümmen; **to** ~ **at (right) angles** *tech.* abkanten; **to** ~ **on edge** *tech.* hochkantbiegen; **to** ~ **out of line** *tech.* verkanten; **to** ~ **out of shape** verbiegen. **7.** beugen, neigen: **to** ~ **one's head** den Kopf neigen; **to** ~ **one's knee** a) das Knie beugen, b) *fig.* sich unterwerfen, c) beten; **on** ~**ed knees** kniefällig, auf Knien; → **knee** 1. **8.** *e-n Bogen*, *e-e Feder etc* spannen. **9.** *mar.* festmachen. **10.** *fig.* beugen, unter'werfen: **to** ~ **the law** *jur.* das Recht beugen **to s.o.'s convenience** zu j-s Gunsten); **to** ~ **s.o. to one's will** sich j-n gefügig machen. **11.** *s-e Blicke, Gedanken etc* richten, *a. s-e Schritte* lenken, *s-e Anstrengungen etc* konzen'trieren (**on, to, upon** *auf acc*): **to** ~ **one's energies on s.th.** s-e ganze Kraft auf etwas verwenden; **to** ~ **o.s. (one's mind) to a task** sich (s-e Aufmerksamkeit) e-r Aufgabe widmen; → **bent¹** 2.
III *v/i* **12.** sich krümmen, sich ('um-, 'durch-, auf)biegen. **13.** *a.* ~ **down** a) sich bücken, b) sich neigen, sich nach unten biegen (*Ast etc*), c) sich verbeugen (**to, before** vor *dat*): **to** ~ **over** sich beugen *od.* neigen über (*acc*), sich nach vorn beugen. **14.** *a.* Biegung machen (*Fluß*), (*Straße a.*) e-e Kurve machen: **to** ~ **left** e-e Linkskurve machen. **15.** *fig.* sich beugen (**before, to** *dat*). **16.** neigen, ten'dieren (**toward[s]** zu).
'**bend·er** *s* **1.** *tech.* 'Biegema,schine *f od.* -zange *f.* **2.** *colloq.* ‚Saufe'rei' *f*: **to go (out) on a** ~ ‚Sauftour' machen.
'**bend·ing | fa·tigue strength** *s phys.* Biegeschwingungsfestigkeit *f.* ~ **pressure** *s phys.* Biegedruck *m*, -beanspruchung *f,* -spannung *f.* ~ **re·sist·ance** *phys.* Biegesteifigkeit *f.* ~ **strain** → **bending pressure.** ~ **strength** → **bending resistance.** ~ **stress** → **bending pressure.** ~ **test** *s tech.* Biegeprobe *f.*
bend sin·is·ter *s her.* Schräg'linksbalken *m.*
'**bend·y** *adj* **1.** biegsam. **2.** kurvenreich: **a** ~ **road.**
be·neath [bɪ'ni:θ] **I** *adv* **1.** unten: **on the earth** ~ *poet.* hienieden. **2.** dar'unter, unten drunter, (*weiter*) unten. **II** *prep* **3.** unter (*dat od. acc*), 'unterhalb (*gen*): ~ **the same roof** unter demselben Dach; ~ **him** (*od. his dignity*) *fig.* unter s-r Würde; **he is** ~ **notice** er verdient keine Beachtung; ~ **contempt** 1.
ben·e·dic·i·te [,benɪ'daɪsɪtɪ; *Am.* -ˈdɪ-] (*Lat.*) *s* **1.** B~ *R.C.* Bene'dicite *n (Danklied).* **2.** Segnung *f.*
ben·e·dick [ˈbenɪdɪk], *a.* '**ben·e·dict** [-dɪkt] *s* frischgebackener Ehemann (*bes. e-r, der lange Junggeselle war*).
Ben·e·dic·tine [,benɪ'dɪktɪn] **I** *s* **1.** *relig.* Benedik'tiner(in). **2.** [-tiːn] Benedik'tiner *m (Likör).* **II** *adj* **3.** *relig.* Benediktiner...
ben·e·dic·tion [,benɪ'dɪkʃn] *s relig.*

1. Benedikti'on *f*, Segnung *f.* **2.** Segen(swunsch) *m (a. fig.).* **3.** Danksagungsgottesdienst *m*, Dankgebet *n.* ,**ben·e**'**dic·tion·al** [-ʃənl] *relig.* **I** *s* Segensformelbuch *n.* **II** *adj* Segens...
ben·e·fac·tion [,benɪ'fækʃn] *s* **1.** Wohltat *f.* **2.** Wohltätigkeit *f*, Spende *f*, wohltätige Gabe *od.* Stiftung. '**ben·e·fac·tor** [-tə(r)] *s* Wohltäter *m.* '**ben·e·fac·tress** [-trɪs] *s* Wohltäterin *f.*
ben·e·fice ['benɪfɪs] *s* **1.** *relig.* Pfründe *f.* **2.** *hist.* Lehen *n.* '**ben·e·ficed** *adj* im Besitz e-r Pfründe *etc.*
be·nef·i·cence [bɪ'nefɪsns; bə-] *s* **1.** Wohltätigkeit *f.* **2.** Wohltat *f.* **3.** Schenkung *f*, Stiftung *f.* **be'nef·i·cent** *adj* (*adv* -**ly**) **1.** wohltätig. **2.** → **beneficial** 1.
ben·e·fi·cial [,benɪ'fɪʃl] *adj* (*adv* ~**ly**) **1.** (**to**) nützlich, förderlich, zuträglich (*dat*), vorteilhaft, günstig, gut, wohltuend, heilsam (*für*). **2.** *jur.* nutznießend; ~ **interest** materieller Eigentumsanspruch; ~ **owner** (wahrer) Eigentümer. ,**ben·e'fi·cial·ness** *s* Nützlichkeit *f*, Zuträglichkeit *f.*
ben·e·fi·ci·ar·y [,benɪ'fɪʃərɪ; *Am. a.* -ʃɪ,erɪ] **I** *adj* **1.** *relig.* Pfründen... **2.** *hist.* Leh(e)ns... **II** *s* **3.** *relig.* Pfründner *m.* **4.** *hist.* Leh(e)nsmann *m.* **5.** *jur. allg.* (Bezugs)Berechtigte(r *m*) *f*, Begünstigte(r *m*) *f*, Empfänger(in), *z. B.* a) Nutznießer (-in), Nießbraucher(in) *b)* Versicherungsnehmer(in): ~ **of an insurance policy** Begünstigte(r) aus e-m Versicherungsvertrag, c) Vermächtnisnehmer (-in): ~ **under a will** Testamentserbe *m*, d) Kre'ditnehmer(in), e) Unter'stützungsempfänger(in).
ben·e·fi·ci·ate [,benɪ'fɪʃɪeɪt] *v/t metall.* Erz *etc* redu'zieren.
ben·e·fit ['benɪfɪt] **I** *s* **1.** Vorteil *m*, Nutzen *m*, Gewinn *m*: **to be of** ~ **to** j-m, e-r Sache nützen; **for the** ~ **of** zugunsten *od.* zum Besten *od.* im Interesse (*gen*); **to derive** ~ (**from**) → 10; **to give s.o. the** ~ **of s.th.** j-n in den Genuß e-r Sache kommen lassen, j-m etwas gewähren. **2.** Vergünstigung *f.* **3.** *econ.* Zuwendung *f*, Beihilfe *f*: a) (Sozial-, Versicherungs- *etc*) Leistung *f*: **cash** ~ Barleistung; ~ **in kind** Sachleistung, b) (Alters-, Invaliden-, Unfall- *etc*)Rente *f*, c) (Arbeitslosen- *etc*) Unterstützung *f*, d) (Kranken-, Sterbe- *etc*)Geld *n.* **4.** *jur.* a) Vorrecht *n*: ~ **of clergy** *hist.* Vorrecht des Klerus (sich nur vor geistlichen Gerichten verantworten zu müssen); **to live together without** ~ **of clergy** ohne kirchlichen Segen zs.-leben, b) Rechtswohltat *f*: ~ **of counsel** Rechtswohltat der Vertretung durch e-n Anwalt; ~ **of the doubt** Rechtswohltat des Grundsatzes ‚im Zweifel für den Angeklagten'; **to give s.o. the** ~ **of the doubt** im Zweifelsfalle zu j-s Gunsten entscheiden. **5.** Bene'fiz(vorstellung *f, sport* -spiel *n) n*, Wohltätigkeitsveranstaltung *f.* **6.** *obs.* Wohltat *f*, Gefallen *m.* **7.** Lotterie: *obs.* Treffer *m.* **II** *v/t pret u. pp* -**ed**, *bes. Am.* -**ted 8.** nützen, zu'gute kommen (*dat*), fördern (*acc*), im Inter'esse (*gen*) sein *od.* liegen: **the sea air will** ~ **you** die Seeluft wird dir guttun. **9.** begünstigen. **III** *v/i* **10.** (**by, from**) Vorteil haben (von, durch), Nutzen ziehen (aus): **you will** ~ **by the sea air** die Seeluft wird dir guttun. ~ **clause** *s* Begünstigungsklausel *f (in e-r Lebensversicherung).* ~ **fund** *s econ.* Versicherungsfonds *m.* ~ **game,** ~ **match** *s sport* Bene'fizspiel *n.* ~ **so·ci·e·ty** *s* **1.** Wohltätigkeits-, Unter'stützungsverein *m.* **2.** *econ. bes. Br.* Versicherungsverein *m* auf Gegenseitigkeit.
be·nempt [bɪ'nempt] *pp von* **bename.**
be·nev·o·lence [bɪ'nevələns] *s* **1.** Wohl-, Mildtätigkeit *f.* **2.** Wohlwollen *n.* **3.**

be·nev·o·lent [bɪ'nevələnt] *adj* (*adv* ~ly) **1.** wohl-, mildtätig, gütig. **2.** wohlwollend. ~ **fund** *s* Unter'stützungsfonds *m*, -kasse *f*. ~ **so·ci·e·ty** *s* Hilfs-, Unter'stützungsverein *m* (auf Gegenseitigkeit).

Ben·gal [,ben'gɔːl; ,ben-] *adj* ben'galisch: ~ **light** (*od.* **fire**) bengalisches Feuer; ~ **tiger** *zo.* Bengalischer Tiger.

Ben·ga·lee, Ben·ga·li [ben'gɔːliː; ben-] **I** *s* **1.** Ben'gale *m*, Ben'galin *f*. **2.** *ling.* Ben'gali *n*, das Ben'galische. **II** *adj* **3.** ben'galisch.

be·night·ed [bɪ'naɪtɪd] *adj* **1.** *obs.* von der Nacht *od.* Dunkelheit über'rascht. **2.** *obs. od. poet.* a) unbedarft: ~ **minds**, b) rückständig: a ~ **country**.

be·nign [bɪ'naɪn] *adj* (*adv* ~ly) **1.** gütig, freundlich. **2.** günstig, vorteilhaft. **3.** mild: ~ **climate**. **4.** *med.* gutartig: ~ **tumo(u)r**.

be·nig·nan·cy [bɪ'nɪgnənsɪ] *s* **1.** Güte *f*, Milde *f*. **2.** *med.* Gutartigkeit *f*. **be'nig·nant** *adj* (*adv* ~ly) → **benign**. **be'nig·ni·ty** [-nətɪ] *s* **1.** Wohlwollen *n*. **2.** → **benignancy**.

ben·i·son ['benɪzn; -sn] *s obs. od. poet.* **1.** Segen *m*. **2.** Segnung *f*.

ben·ja·min[1] ['bendʒəmɪn] *npr* Benjamin *m* (*a. fig. jüngstes Kind*).

ben·ja·min[2] ['bendʒəmɪn] → **benzoin**.

ben·ja·min tree *s bot.* Ben'zoebaum *m*.

ben·net ['benɪt] *s bot.* **1.** Bene'diktenkraut *n*. **2.** Gänseblümchen *n*. **3.** 'Bockspeter,silie *f*.

bent[1] [bent] **I** *pret u. pp von* **bend**. **II** *adj* **1.** gebeugt, gebogen, gekrümmt: ~ (**at right angles**) *tech.* gekröpft; ~ **lever** Winkelheber *m*; ~ **thermometer** Winkelthermometer *n*. **2.** a) entschlossen (**on doing** zu tun), b) erpicht (**on** auf *acc*), darauf aus *od.* versessen *od.* ,scharf' (**on doing** zu tun). **3.** *Br. sl.* a) betrügerisch, b) bestechlich, kor'rupt. **4.** *Br. sl.* ,bekloppt', verrückt. **5.** *Br. sl.* ,schwul' (*homosexuell*). **III** *s* **6.** *fig.* Neigung *f*, Hang *m* (**for** zu): **to follow one's** ~ s-r Neigung folgen; **to the top of one's** ~ nach Herzenslust. **7.** Veranlagung *f*: **to have a** ~ **for art** künstlerisch veranlagt sein; ~ **for languages** Sprachbegabung *f*.

bent[2] [bent] *s* **1.** *bot.* a) *a.* ~ **grass** (*ein*) Straußgras *n*, b) Heidekraut *n*, c) Teichbinse *f*, d) Sandsegge *f*. **2.** *Br. dial.* Heide (-moor *n*) *f*.

Ben·tham·ism ['bentəmɪzəm; -θə-] *s philos.* Bentha'mismus *m*, Utilita'rismus *m* Jeremy Benthams (*mit dem Prinzip des größten Glücks der größten Zahl als sittlichem Maßstab*). **'Ben·tham·ite** [-maɪt] *s* Anhänger(in) (der Lehre) Benthams.

ben·thos ['benθɒs; *Am.* -,θɑs] *s biol.* **1.** Benthal *n* (*die Region des Gewässergrundes od. Meeresbodens*). **2.** Benthos *n* (*die Fauna u. Flora des Meeresbodens*).

ben·ton·ite ['bentənaɪt] *s geol.* Bento'nit *m*.

'bent·wood *s* Bugholz *n* (*für Stuhllehnen, Tennisschläger etc*): ~ **chair** Wiener Stuhl *m*.

be'numb *v/t* betäuben: a) gefühllos machen, erstarren lassen, b) *fig.* lähmen. **be'numbed** *adj* betäubt: a) gefühllos, erstarrt: **my fingers were** ~ **with cold** m-e Finger waren starr vor Kälte, b) *fig.* gelähmt.

benz·al·de·hyde [ben'zældɪhaɪd] *s chem.* Benzalde'hyd *m*.

Ben·ze·drine ['benzədriːn] (*TM*) *s pharm.* Benze'drin *n*.

ben·zene ['benziːn] *s chem.* Ben'zol *n*: ~ **ring** Benzolring *m*, -kern *m*.

ben·zi·dine ['benzɪdiːn] *s chem.* Benzi-

ben·zine ['benziːn] *s chem.* **1.** 'Leichtben,zin *n*. **2.** *bes. Austral.* Ben'zin *n*.

ben·zo·ate ['benzəʊeɪt; *Am.* -zə,weɪt] *s chem.* Benzo'at *n*, ben'zoesaures Salz.

ben·zo·ic [ben'zəʊɪk] *adj chem.* Benzoe...: ~ **acid** Benzoesäure *f*.

ben·zo·in [ben'zəʊɪn; *Am.* -zwən] *s* **1.** *chem.* Benzo'in *n*. **2.** *a.* ~ **gum** (*od.* **resin**) *tech.* Ben'zoe(harz *n*) *f*.

ben·zol(e) ['benzɒl; *Am. a.* -,zəʊl] → **benzene**.

ben·zo·yl ['benzəʊɪl] *s chem.* Benzo'yl *n*.

ben·zyl ['benzɪl; -ziːl] *s chem.* Ben'zyl *n*: ~ **alcohol** Benzylalkohol *m*.

ben·zyne ['benzaɪn] *s chem.* Ben'zyn *n*, A'rin *n*.

be·queath [bɪ'kwiːð; -θ] *v/t* **1.** *jur.* hinter'lassen, (testamen'tarisch) vermachen (**s.th. to s.o.** j-m etwas). **2.** *fig.* über'liefern, vererben.

be·quest [bɪ'kwest] *s* **1.** *jur.* Vermächtnis *n*, Le'gat *n*. **2.** *a. fig.* Hinter'lassenschaft *f*, Erbe *n*.

be·rate [bɪ'reɪt] *v/t* ausschelten, auszanken (**about, for** wegen).

Ber·ber ['bɜːbə; *Am.* 'bɜrbər] **I** *s* **1.** Berber(in). **2.** *ling.* Berbersprache(n *pl*) *f*. **II** *adj* **3.** Berber...

ber·ber·ine ['bɜːbəriːn; *Am.* 'bɜr-] *s chem.* Berbe'rin *n*.

ber·ber·is ['bɜːbərɪs; *Am.* 'bɜr-], **ber·ber·ry** ['bɜːbərɪ; *Am.* 'bɜr,berɪ] → **barberry**.

be·reave [bɪ'riːv] *pret u. pp* **be'reaved** *od.* **be·reft** [bɪ'reft] *v/t* berauben (**s.o. of s.th.** j-n e-r Sache): **an accident** ~**d him of his wife** er verlor s-e Frau be e-m Unfall; **indignation bereft him of speech** die Empörung raubte ihm die Sprache; ~**d** durch den Tod beraubt, hinterblieben; **the** ~**d** *der od.* **die** Hinterbliebene, **die** Hinterbliebenen. **be'reave·ment** *s* **1.** Beraubung *f*, schmerzlicher Verlust (*durch Tod*). **2.** Trauerfall *m*.

be·reft [bɪ'reft] **I** *pret u. pp von* **bereave**. **II** *adj meist fig.* beraubt (**of** *gen*): ~ **of all hope**; ~ **of one's senses** von Sinnen.

be·ret ['bereɪ; *Am.* bə'reɪ] *s* **1.** Baskenmütze *f*. **2.** *mil. Br.* 'Felduni,formmütze *f*.

berg [bɜːg; *Am.* bɜrg] *s* **1.** Eisberg *m*. **2.** *bes. S. Afr.* Berg *m*, Hügel *m*.

ber·ga·mot ['bɜːgəmɒt; *Am.* 'bɜrgə,mɑt] *s* **1.** *bot.* Berga'mottenbaum *m*. **2.** *a.* **essence of** ~, ~ **oil** *chem.* Berga'mottöl *n*. **3.** Berga'motte *f* (*Birnensorte*). **4.** *bot.* a) Zi'tronenminze *f*, b) Pfefferminze *f*.

berg|mehl ['bɜrkmeːl] (*Ger.*) *s geol.* Bergmehl *n*. **'~schrund** [-frʊnt] (*Ger.*) *s geol.* Randspalte *f* (*e-s Gletschers*).

be'rib·boned *adj* mit (Ordens)Bändern geschmückt.

ber·i·ber·i [,berɪ'berɪ] *s med.* Beri'beri *f*, Reisesserkrankheit *f*.

berk → **burk**.

Berke·le·ian [bɑː'kliːən; *Am.* 'bɑrkl-; 'bɜr-] *philos.* **I** *adj* die Lehre Berkeleys betreffend. **II** *s* Anhänger(in) (des sub,jek'tiven Idea'lismus) Berkeleys.

berke·li·um ['bɑːklɪəm; *Am.* 'bɜr-] *s chem.* Ber'kelium *n*.

ber·lin [bɜː'lɪn; *Am.* bɜr-] *s* **1.** Ber'line *f* (*zweisitziger Reisewagen im 17. u. 18. Jh.*). **2.** *mot.* Limou'sine *f* mit Glasscheiben zwischen Fahrersitz u. Wagenfond. **B~ black** *s tech.* schwarzer Eisenlack. **B~ blue** *s* Ber'liner Blau *n*.

ber·line [bɜː'liːn; *Am.* bɜr-] → **berlin**.

Ber·lin| gloves *s pl* Strickhandschuhe *pl*. **~ wool** *s* feine St(r)ickwolle *f*.

berm(e) [bɜːm; *Am.* bɜrm] *s* **1.** Berme *f*: a) *mil.* Böschungsstütze *f*, Wall *m*, b) Ban'kett *n* (*waagrechter Absatz e-r Böschung*). **2.** (*Straßen*)Ban'kett *n*.

Ber·mu·da grass [bə(r)'mjuːdə] *s bot.* Ber'muda-, Hundszahngras *n*.

Ber·mu·das [bə(r)'mjuːdəz] *s pl a.* **pair of** ~ Ber'mudas *pl* (*Bermudashorts*).

Ber·mu·da shorts *s pl a.* **pair of** ~ Ber'mudashorts *pl*.

Ber·mu·di·an [bə(r)'mjuːdɪən] **I** *s* Bewohner(in) der Ber'mudainseln. **II** *adj* zu den Ber'mudainseln gehörig.

Ber·nard·ine ['bɜːnə(r)dɪn; -diːn; *Am.* 'bɜr-] *relig.* **I** *adj* Bernhardiner..., Zisterzienser... **II** *s* Bernhar'diner(in), Zisterzi'enser(in).

Ber·nese [,bɜː'niːz; *Am.* ,bɜr-] **I** *adj* aus Bern, Berner: ~ **Alps** Berner Alpen. **II** *s* a) Berner(in), b) *pl* Berner *pl*.

ber·ried ['berɪd] *adj* **1.** beerenförmig. **2.** *bot.* beerentragend. **3.** *zo.* a) eiertragend (*Hummer*), b) rogentragend (*Fisch*).

ber·ry ['berɪ] *s* **1.** *bot.* a) Beere *f*, b) Korn *n*, Kern *m* (*beim Getreide*). **2.** *jede kleine Frucht, bes.* Hagebutte *f*. **3.** Kaffeebohne *f*. **4.** *zo.* Ei *n* (*vom Hummer od. Fisch*). **II** *v/i* **5.** *bot.* Beeren tragen *od.* ansetzen. **6.** Beeren sammeln *od.* suchen.

ber·serk [bə'sɜːk; *Am.* bər'sɜrk] **I** *adj* wütend, rasend: ~ **rage** Berserkerwut *f*; **to go** ~ a) wild werden, b) Amok laufen. **II** *s* → **berserker**. **ber'serk·er** *s hist.* Ber'serker *m* (*a. fig.*).

berth [bɜːθ; *Am.* 'bɜrθər] **I** *s* **1.** *mar.* Seeraum *m*: **to give a wide** ~ **to** a) weit abhalten von (*der Küste etc*), b) *fig.* e-n (großen) Bogen machen um, j-m aus dem Weg gehen. **2.** *mar.* Liege-, Ankerplatz *m*. **3.** *mar.* (Schlaf)Koje *f*, Ka'jütenbett *n*, *allg.* Schiffsplatz *m*. **4.** (Schlafwagen)Bett *n od.* (-)Platz *m*. **5.** *colloq.* Stellung *f*, ,Pöstchen' *n*: **he has a good** ~. **II** *v/t* **6.** *mar.* am Kai festmachen, vor Anker legen. **7.** *j-m* e-e (Schlaf)Koje *od.* ein (Schlafwagen)Bett zuweisen. **III** *v/i* **8.** *mar.* festmachen, anlegen: **to** ~ **in the dock** docken.

ber·tha ['bɜːθə; *Am.* 'bɜrθə] *s* Bert(h)e *f* (*Spitzeneinfassung am Ausschnitt e-s Kleides*).

'berth·age *s mar.* **1.** Kaigebühr *f*. **2.** → **berth** 2.

Berth·on boat ['bɜːθɒn; *Am.* 'bɜr,θɑn] *s mar.* Faltboot *n*.

ber·yl ['berɪl] *s* **1.** *min.* Be'ryll *m*. **2.** Be'ryllfarbe *f*, helles Meergrün.

be·ryl·li·um [be'rɪlɪəm; -ɪəm] *s chem.* Be'ryllium *n*.

be·seech [bɪ'siːtʃ] *pret u. pp* **be·sought** [bɪ'sɔːt] *u.* **be'seeched** *v/t* **1.** inständig *od.* flehentlich bitten, anflehen (**for** *um*; **to do** zu tun). **2.** inständig *od.* flehentlich bitten um: **to** ~ **s.th. of s.o.** etwas von j-m erflehen. **be'seech·ing** *adj* flehend, bittend. **be'seech·ing·ly** *adv* flehentlich.

be·seem [bɪ'siːm] *obs. od. poet.* **I** *v/t* sich ziemen *od.* schicken für: → **ill** 8. **II** *v/i* sich ziemen, sich schicken. **be'seem·ing·ly** *adv* auf schickliche Art, geziemend.

be·set [bɪ'set] *pret u. pp* **be·set** *v/t* **1.** a) *mil.* einschließen, belagern, b) anfallen, attac'kieren. **2.** *j-n* (von allen Seiten) bedrängen. **3.** *fig.* a) heimsuchen, peinigen: **he was** ~ **by doubts**, b) *etwas* (*mit Problemen etc*) über'häufen *od.* behaften: **a task** ~ **with difficulties** e-e mit vielen Schwierigkeiten verbundene Aufgabe. **4.** *e-e Straße etc* blo'ckieren, versperren. **5.** *obs.* besetzen: **to** ~ **with pearls**. **be'set·ting** *adj* **1.** hartnäckig, eingefleischt, unausrottbar, **2.** ständig drohend: ~ **danger**.

be·shrew [bɪ'ʃruː] *v/t* verfluchen (*obs. außer in*): ~ **it!** hol's der Teufel!

be·side [bɪ'saɪd] *prep* **1.** neben (*acc od. dat*), dicht bei: **sit** ~ **me** setzen Sie sich

neben mich. **2.** außerhalb (*gen*): → **point** 19. **3.** außer: **to be ~ o.s.** außer sich sein (**with** vor *Freude etc*).
be·sides [bɪˈsaɪdz] **I** *adv* **1.** außerdem, ferner, über'dies, noch da'zu. **2.** *neg* sonst. **II** *prep* **3.** außer, neben (*dat*). **4.** über ... (*acc*) hin'aus.
be·siege [bɪˈsiːdʒ] *v/t* **1.** *mil.* belagern (*a. fig.*). **2.** *fig.* bestürmen, bedrängen.
beˈslob·ber *v/t* **1.** begeifern. **2.** *contp.* j-m lobhudeln.
beˈsmear *v/t* **1.** beschmieren. **2.** *fig.* besudeln, beflecken: **to ~ s.o.'s reputation**.
beˈsmirch *v/t* besudeln, beschmutzen, *fig. a.* in den Schmutz ziehen: **to ~ s.o.'s name**.
be·som [ˈbiːzəm] *s* (*bes.* Reisig)Besen *m*.
be·sot·ted [bɪˈsɒtɪd; *Am.* -ˈsɑ-] *adj* **1.** töricht, dumm. **2.** (**about, on, with**) betört (von), vernarrt (in *acc*). **3.** betrunken, berauscht (**with** von) (*a. fig.*).
be·sought [bɪˈsɔːt] *pret u. pp von* **beseech**.
be·spake [bɪˈspeɪk] *obs. pret von* **bespeak**.
beˈspan·gle *v/t* mit Flitter schmücken *od.* besetzen: **the grass is ~d with dewdrops** auf dem Gras glitzern Tautropfen.
beˈspat·ter *v/t* **1.** bespritzen (**with** mit *bes. Schmutz*). **2.** *fig.* über'schütten (**with** mit *Vorwürfen etc*). **3.** *fig.* den Wert (*gen*) mindern.
be·speak [bɪˈspiːk] *pret* **beˈspoke** [-ˈspəʊk] *od. obs.* **beˈspake** [-ˈspeɪk] *pp* **beˈspo·ken** *v/t* **1.** a) im voraus bitten um: **to ~ the reader's patience**, b) (vor'aus)bestellen: **to ~ a seat** e-n Platz bestellen. **2.** mit Beschlag belegen. **3.** zeugen von: **this ~s a kindly heart**. **4.** *obs.* ankündigen. **5.** *poet.* anreden.
beˈspec·ta·cled *adj* bebrillt, brillentragend.
be·spoke [bɪˈspəʊk] **I** *pret von* **bespeak**. **II** *adj Br.* nach Maß *od.* auf Bestellung angefertigt, Maß...: **~ suit** Maßanzug *m*; **~ tailor** Maßschneider *m*. **beˈspo·ken** *pp von* **bespeak**.
beˈsprin·kle *v/t* **1.** besprengen, bespritzen. **2.** bestreuen.
Bes·se·mer [ˈbesɪmə(r)] *abbr. für* **Bessemer converter** *od.* **Bessemer steel**. **~ conˈvert·er** *s tech.* 'Bessemerbirne *f*, -kon₁verter *m*.
Bes·se·mer·ize [ˈbesɪməraɪz] *v/t tech.* bessemern.
Bes·se·mer| **pro·cess** *s tech.* 'Bessemerpro₁zeß *m*, -verfahren *n*. **~ steel** *s tech.* Bessemerstahl *m*.
best [best] **I** (*sup von* **good**) *adj* **1.** best(er, e, es): **to be ~ at** hervorragend sein in (*dat*); **~ evidence** *jur.* primärer Beweis; **the ~ of wives** die beste aller Frauen; **the ~ families** die besten *od.* feinsten Familien; → **bet 2, foot 1. 2.** best(er, e, es), geeignetst(er, e, es), passendst(er, e, es): **the ~ thing to do** das Beste(, was man tun kann). **3.** größt(er, e, es), meist(er, e, es), höchst(er, e, es): **the ~ part of the week** der größte Teil der Woche. **II** (*sup von* **well¹**) *adv* **4.** am besten, am meisten, am vorteilhaftesten, am passendsten: **the ~-hated man of the year** *colloq.* der meistgehaßte Mann des Jahres; **as ~ they could** so gut sie konnten, nach besten Kräften; **you had ~ go** es wäre das beste, wenn Sie gingen. **III** *v/t* **5.** über'treffen. **6.** *colloq.* über'vorteilen, übers Ohr hauen. **IV** *s* **7.** (*der, die, das*) Beste: **all the ~!** alles Gute!, viel Glück! **8.** *colloq.* ‚bestes Stück' (*bester Anzug etc*).
Besondere Redewendungen:
at ~ bestenfalls, höchstens; **with the ~** (mindestens) so gut wie jeder andere; **the**

~ of it is ... das Beste daran *od.* der Witz dabei ist ...; **to be at one's ~** a) in Hochod. Höchstform sein, b) sein möglichstes tun; **to do s.th. for the ~** etwas in bester Absicht tun; **to have** (*od.* **get**) **the ~ of s.o.** → **best 5, 6**; **to have** (*od.* **get**) **the ~ of it** am besten dabei wegkommen; **to look one's ~** am vorteilhaftesten *od.* besonders gut aussehen; **to make the ~ of** a) sich zufriedengeben mit, b) sich abfinden mit (*etwas Unabänderlichem*), c) etwas bestens *od.* voll ausnutzen, d) e-r Sache die beste Seite abgewinnen, das Beste machen aus; **he meant it for the ~** er hat es (doch nur) gut gemeint; → **ability 1, belief 3, job¹ 5, knowledge 1, memory 1, recollection 1**.
ˈbest-ball match *s Golf:* Bestball(spiel *n*) *m*.
be·stead [bɪˈsted] *obs.* **I** *v/t pret u. pp* **beˈstead·ed** *pp a.* **beˈstead 1.** j-m a) helfen, beistehen, b) nützen. **II** *adj* **2.** in e-r schwierigen *od.* gefährlichen Lage. **3.** bedrängt: **ill ~, hard ~** schwer bedrängt.
be·sted → **bestead II**.
bes·tial [ˈbestjəl; *Am.* -tʃəl; *a.* ˈbiːs-] *adj* (*adv* **~ly**) **1.** tierisch (*a. fig.*). **2.** *fig.* besti'alisch, entmenscht, viehisch. **3.** gemein.
₁bes·tiˈal·i·ty [-tɪˈælətɪ; *Am.* -tʃɪ-] *s* **1.** Bestiali'tät *f*: a) tierisches Wesen, b) *fig.* besti'alische Grausamkeit, c) Greueltat *f*. **2.** Sodo'mie *f*. **ˈbes·tial·ize** [-tjəlaɪz; *Am.* -tʃəl-] *v/t j-n* zum Tier machen, entmenschlichen.
bes·ti·ar·y [ˈbestɪərɪ; *Am.* ˈbestʃɪˌerɪ; *a.* ˈbiːs-] *s hist.* Besti'arium *n* (*Tierbuch*).
beˈstir *v/t* anspornen: **to ~ o.s. to do s.th.** sich dazu aufraffen, etwas zu tun.
best man *s irr* Freund des Bräutigams, der bei der Ausrichtung der Hochzeit e-e wichtige Rolle spielt.
be·stow [bɪˈstəʊ] *v/t* **1.** etwas, *a.* s-e Aufmerksamkeit schenken, e-n Preis, e-n Titel verleihen, e-e Gunst, ein Lob gewähren, *e-e Ehre* erweisen, zu'teil werden lassen, *Zeit* widmen (**s.th.** [**up**]**on** s.o. j-m etwas). **2.** *obs.* 'unterbringen (*a. beherbergen*), aufspeichern, verstauen. **3.** *obs.* zur Ehe geben. **beˈstow·al** *s* **1.** a) Gabe *f*, b) Schenkung *f*, Verleihung *f*. **2.** *obs.* 'Unterbringung *f*.
beˈstrad·dle → **bestride**.
be·strew [bɪˈstruː] *pret* **beˈstrewed** *pp* **beˈstrewed** *u.* **beˈstrewn** *v/t* **1.** bestreuen. **2.** verstreuen. **3.** verstreut liegen auf (*dat*).
be·strid [bɪˈstrɪd] *pret u. pp von* **bestride**. **beˈstrid·den** *pp von* **bestride**.
be·stride [bɪˈstraɪd] *pret* **beˈstrode** [-ˈstrəʊd] *a.* **beˈstrid** [-ˈstrɪd] *pp* **beˈstrid·den** [-ˈstrɪdn], *a.* **beˈstrid** [-ˈstrɪd] *v/t* **1.** rittlings sitzen auf (*dat*). **2.** mit gespreizten Beinen stehen *od.* über (*dat*). **3.** *fig.* sich wölben *od.* spannen über (*acc od. dat*), über'spannen (*acc*). **4.** sich mit gespreizten Beinen stellen auf *od.* über (*acc*). **5.** *obs.* (hin'weg)schreiten über (*acc*). **6.** beherrschen.
be·strode [bɪˈstrəʊd] *pret u. pp von* **bestride**.
ˈbest| **ˌsell·er** *s* **1.** Bestseller *m*, Verkaufsschlager *m* (*Buch, Schallplatte etc*). **2.** Bestsellerautor *m*. **ˈ~-ˌsell·ing** *adj* a) meistverkauft: **~ novel** Bestseller *m*, b) Bestseller...: **~ author**.
bet [bet] **I** *s* **1.** Wette *f*: **to make** (*od.* **lay**) **a ~ on** wetten *od.* setzen auf (*acc*). **2.** Gegenstand *m* der Wette: **it is a safe ~** er ist ein sicherer Tip; **the best ~** *colloq.* die sicherste Methode; das Beste, was man tun kann. **3.** Wetteinsatz *m*, Gegenstand *od.* Gegenstand. **II** *v/t u. v/i pret u. pp* **bet** *od.* **ˈbet·ted 4.** wetten, setzen

(**on** auf *acc*), einsetzen: **I ~ you ten pounds** ich wette mit Ihnen (um) zehn Pfund; **you ~!** *colloq.* und ob!, aber sicher!; **you can ~ your boots** (*od.* **bottom dollar, life, shirt**) **on that!** *colloq.* darauf kannst du Gift nehmen!
be·ta [ˈbiːtə; *Am.* ˈbeɪtə] *s* Beta *n*: a) griechischer Buchstabe, b) *astr. math. phys.* Symbol für 2. Größe, c) der (die, das) Zweite, d) *ped. Br.* Zwei *f*, Gut *n* (*Note*).
be·ta| **ˈblock·er** *s med. pharm.* Betablocker *m*. **~ deˈcay** *s phys.* Betazerfall *m*.
be·ta·ine [ˈbiːtəɪn] *s chem.* Beta'in *n*.
be·take [bɪˈteɪk] *pret* **beˈtook** [-ˈtʊk] *pp* **beˈtak·en** *v/t*: **to ~ o.s.** (**to**) *obs. od. poet.* a) sich begeben (nach), b) s-e Zuflucht nehmen (zu); **to ~ o.s. to flight** die Flucht ergreifen.
be·ta|**ˈpar·ti·cle** *s phys.* Betateilchen *n*. **~ rays** *s pl phys.* Betastrahlen *pl*.
be·ta·tron [ˈbiːtətrɒn] *s phys.* Betatron *n* (*Elektronenschleuder*).
be·tel [ˈbiːtl] *s* **1.** *a.* **~ pepper** *bot.* Betelpfeffer *m*. **2.** Betel *m* (*Kaumittel*).
Be·tel·geuse, Be·tel·geuze [ˈbiːtlˈdʒɜːz; *Am.* ˈbiːtlˌdʒuːs] *s astr.* Betei'geuze *m*.
ˈbe·tel| **nut** *s bot.* Betel-, Aˈrekanuß *f*. **~ palm** *s bot.* Betelnuß-, Aˈrekapalme *f*.
bête noire [ˌbeɪtˈnwɑː; *Am.* ˌbetnəˈwɑːr; ˌbeɪt-] *pl* **bêtes noires** [-(r)z] *s fig.* a) Greuel *m*, b) Schreckgespenst *n* (*beide Person od. Sache*).
Beth·el [ˈbeθl] **I** *npr Bibl.* **1.** Bethel *n*. **II** *s* **b~ 2.** Disˈsenterkaˌpelle *f*. **3.** Kirche *f* für Maˈtrosen.
be·think [bɪˈθɪŋk] *pret u. pp* **beˈthought** [-ˈθɔːt] *obs.* **I** *v/t* **1.** sich *etwas* ins Gedächtnis zuˈrückrufen. **2.** **~ o.s.** a) sich besinnen (**of** *gen*), b) sich erinnern (**of an** *acc*), c) sich vornehmen, beschließen (**to do** zu tun). **II** *v/i* **3.** überˈlegen.
be·thought [bɪˈθɔːt] *pret u. pp von* **bethink**.
be·tide [bɪˈtaɪd] *v/t u. v/i j-m* geschehen, *j-m* widerˈfahren: **whatever may ~ was auch immer geschehen mag**; → **woe II**.
be·times [bɪˈtaɪmz] *adv* **1.** *obs.* beiˈzeiten, rechtzeitig. **2.** *obs.* früh(zeitig). **3.** *obs.* bald. **4.** *Am. dial.* gelegentlich.
be·to·ken [bɪˈtəʊkən] *v/t* **1.** bezeichnen, bedeuten. **2.** anzeigen, verkünden.
bet·o·ny [ˈbetənɪ] *s bot.* Rote Beˈtonie.
be·took [bɪˈtʊk] *pret von* **betake**.
be·tray [bɪˈtreɪ] *v/t* **1.** verraten, Verrat begehen an (*dat*): **to ~ s.o. to** j-n verraten (*dat od.* an *acc*). **2.** verraten, im Stich lassen, (*j-m*) die Treue brechen: **to ~ one's principles** s-n Prinzipien untreu werden. **3.** *j-n* hinter'gehen: **to ~ s.o.'s trust** j-s Vertrauen mißbrauchen. **4.** *fig.* verraten, offenˈbaren, zeigen: **to ~ o.s.** sich verraten. **5.** verleiten, -führen (**into, to** zu). **6.** ein Mädchen verführen u. dann sitzenlassen. **beˈtray·al** *s* Verrat *m*, Treubruch *m*.
be·troth [bɪˈtrəʊð; *Am.* bɪˈtrɑːθ; bɪˈtrɔːθ] *v/t j-n* (*od.* **o.s.** sich) verloben (**to** mit). **beˈtroth·al** [bɪˈtrəʊðl] *s obs.* Verlobung *f*. **beˈtrothed** [bɪˈtrəʊðd] **I** *adj* verlobt. **II** *s* Verlobte(r *m*) *f*.
bet·ter¹ [ˈbetə(r)] **I** (*comp von* **good**) *adj* **1.** besser: **I am ~** es geht mir (*gesundheitlich*) besser; **I am none the ~ for it** das hilft mir auch nicht; **it is no ~ than I should be** man konnte nicht mehr erwarten; **to be ~ than one's word** mehr tun, als man versprach; **to get ~** a) besser werden, sich bessern, b) sich erholen; **to go one ~ than s.o.** j-n (noch) übertreffen; **my ~ half** *humor.* m-e bessere Hälfte; → **safe 1. 2.** größer: **upon ~ acquaintance** bei näherer Bekanntschaft. **II** *s* **3.** (*das*) Bessere, (*das*) Vor'züglichere: **for ~ for worse** a) in Freud u. Leid, in guten wie in schlechten Tagen

(*Trauformel*), b) was auch (immer) geschieht; **I expected ~** ich habe (etwas) Besseres erwartet; → **change** 8, 17, **turn¹** 8. **4.** Vorteil *m*: **to get the ~ of a)** die Oberhand gewinnen über (*j-n*), *j-n* besiegen *od.* ausstechen, b) *etwas* überwinden. **5.** *meist pl* (*die*) Vorgesetzten *pl*, (*im Rang*) Höherstehende *pl*, (*finanziell*) Bessergestellte *pl*: **his ~s** die ihm (*geistig etc*) Überlegenen. **III** (*comp von* **well¹**) *adv* **6.** besser: **~ off a)** besser daran, b) (*finanziell*) bessergestellt; **to think ~ of it** sich e-s Besseren besinnen, es sich anders überlegen; **so much the ~** desto besser; **you had ~** (*Am. colloq.* **you ~**) **go** es wäre besser, du gingest: **you had ~** (*Am. colloq.* **you ~**) **not!** laß das lieber sein!; → **know** 7. **7.** mehr: **~ loved**; **~ than 10 miles** über *od.* mehr als 10 Meilen; → **like²** 1. **IV** *v/t* **8.** Beziehungen, Lebensbedingungen, e-n Rekord *etc* verbessern. **9.** über'treffen. **10.** den Spieleinsatz erhöhen. **11. ~ o.s.** a) sich (*finanziell*) verbessern, b) sich weiterbilden. **V** *v/i* **12.** besser werden, sich (ver)bessern.
bet·ter² ['betə(r)] *s* Wettende(r *m*) *f*, Wetter(in).
'**bet·ter·ment** *s* **1.** a) Verbesserung *f*, b) *econ.* Wertsteigerung *f*, Meliorati'on *f* (*an Grundstücken*): **~ tax** Wertzuwachssteuer *f*. **2.** Besserung *f*.
'**bet·ting** *s* Wetten *n*. **~ man** *s irr* (regelmäßiger) Wetter. **~ of·fice**, *Br.* **~ shop** *s* 'Wettbü,ro *n*.
bet·tor → **better**².
be·tween [bɪ'twi:n] **I** *prep* **1.** (*räumlich u. zeitlich*) zwischen (*dat od. acc*): **~ meals** zwischen den Mahlzeiten; **the relations ~ them** die Beziehungen zwischen ihnen, ihr Verhältnis zueinander; → **devil** 1, **stool** 1. **2.** unter (*dat od. acc*): **~ ourselves** unter uns (gesagt); **~ you and me (and the bedpost** *od.* **gatepost** *od.* **lamppost)** *colloq.* unter uns *od.* im Vertrauen (gesagt), ,unter uns Pastorentöchtern'; **they bought it ~ them** sie kauften es gemeinschaftlich; **we have only one pound ~ us** wir haben zusammen nur ein Pfund; **they shared the money ~ them** sie teilten das Geld unter sich. **II** *adv* **3.** da'zwischen: **few and far ~** a) (ganz) vereinzelt, b) (ganz) selten; **the space ~** der Zwischenraum; **in ~** dazwischen. **~ decks** *s pl* (*als sg konstruiert*) *mar.* Zwischendeck *n*.
be'tween·times, **be'tween·whiles** *adv* zwischen'durch.
be·twixt [bɪ'twɪkst] **I** *adv*: **~ and between** zwischendrin, halb u. halb, weder das e-e noch das andere. **II** *obs. für* **between**.
bev·a·tron ['bevətrɒn; *Am.* -,trɑn] *s phys.* Bevatron *n* (*großes Protonensynchrotron an der University of California*).
bev·el ['bevl] **I** *s tech.* **1.** Schräge *f*, (Ab-) Schrägung *f*: **on a ~ schräg**; **~ edge** abgeschrägte Kante, Facette *f*. **2.** schräger Ausschnitt, Fase *f*. **3.** Winkelpasser *m*, Schmiege *f*, Schrägmaß *n*. **4.** Kegel *m*, Konus *m*. **5.** Böschung *f*. **II** *v/t pret u. pp* **-eled**, *bes. Br.* **-elled 6.** abkanten, abschrägen, gehren, facet'tieren: **~(l)ed cutter** Kegelfräser *m*; **~(l)ed gear** → **bevel gear**; **~(l)ed glass** facettiertes Glas; **~(l)ing plane** Schräghobel *m*. **III** *v/i* **7.** schräg verlaufen. **IV** *adj* **8.** schräg, abgeschrägt: **~ cut** Schräg-, Gehrungsschnitt *m*. **9.** konisch, kegelig. **bev·el| gear** *s tech.* **1.** Kegel(zahn)rad *n*. **2.** *pl* a) Kegelrad-, Winkelgetriebe *n*, konisches Getriebe, b) Schrägverzahnung *f*. '**~-gear drive** *s tech.* Kegelradantrieb *m*. **~ gear·ing** *s* bevel gear 2. **~ pin·ion** *s tech.* konisches Ritzel. **~ sec·tion** *s math.* Schrägschnitt *m*. **~ square** → **bevel** 3. **~ wheel** *s tech.* Kegelrad *n*.
bev·er·age ['bevərɪdʒ] *s* Getränk *n* (*außer Wasser*).
bev·y ['bevɪ] *s orn.* Flug *m*, Schar *f*, Schwarm *m* (*a. fig. bes. Mädchen*).
be'wail I *v/t* beklagen, beweinen. **II** *v/i* wehklagen.
be·ware [bɪ'weə(r)] *v/i u. v/t* sich in acht nehmen, sich hüten *od.* vorsehen (**of** vor *dat*; **lest** daß nicht): **to ~ (of) doing s.th.** sich (davor) hüten, etwas zu tun; **~!** Vorsicht!, Achtung!; **~ of pickpockets (of the dog)!** vor Taschendieben wird gewarnt (Warnung vor dem Hunde)!
be·wil·der [bɪ'wɪldə(r)] *v/t* **1.** *obs.* irreführen. **2.** verblüffen, verwirren, konfus machen. **3.** bestürzen. **be'wil·dered** *adj* **1.** verblüfft, verwirrt, kon'fus, verdutzt. **2.** bestürzt. **be'wil·der·ing** *adj* (*adv* **~ly**) **1.** *obs.* irreführend. **2.** verblüffend, verwirrend. **be'wil·der·ment** *s* Verwirrung *f*: **in ~** bewildered.
be·witch [bɪ'wɪtʃ] *v/t* **1.** behexen, verzaubern. **2.** bezaubern, bestricken, berücken, becircen, *j-m* den Kopf verdrehen. **be'witch·ing** *adj* (*adv* **~ly**) bezaubernd, berückend, bestrickend, entzückend. **be'witch·ment** *s* **1.** Zauber *m*. **2.** Verzauberung *f*.
be·wray [bɪ'reɪ] *obs. für* betray 4.
bey [beɪ] *s* Bei *m* (Titel e-s höheren türkischen Beamten).
be·yond [bɪ'jɒnd; *Am.* bi:'ɑnd] **I** *adv* **1.** dar'über hin'aus, jenseits. **2.** weiter weg. **II** *prep* **3.** jenseits. **4.** außer. **5.** über ... (*acc*) hin'aus: **that is ~ me** *colloq.* das ist mir zu hoch, das geht über m-n Horizont *od.* Verstand. **III** *s* **6.** *a.* **(Great) B~** (*das*) Jenseits. **7.** → **back¹** 3.
bez·ant ['bezənt] *s* **1.** *hist.* Byzan'tiner *m* (*Goldmünze*). **2.** *her.* runde Scheibe.
bez·el ['bezl; *Am. a.* 'bi:-] *s* **1.** *tech.* zugeschärfte Kante, Schneide *f* (*e-s Meißels*). **2.** Schräg-, *bes.* Rautenfläche *f* (*e-s Edelsteins*). **3.** Ringkasten *m* (*zur Einfassung e-s Edelsteins*).
be·zique ['bi:zi:k; bə-] *s* Bé'zigue *n*: a) Kartenspiel, b) Bézigue von Pikdame u. Karobube in diesem Spiel.
be·zoar ['bi:zɔ:(r); *Am. a.* -,zəʊər] *s zo.* Bezo'ar *m*, Magenstein *m*.
be·zo·ni·an [bɪ'zəʊnɪən] *s obs.* Schurke *m*.
'**B-girl** *s Am. colloq.* Ani'mierdame *f*, -mädchen *n*.
Bha·ga·vad-Gi·ta [,bʌgəvəd'gi:tə; *Am.* ,bɑ:gəvɑ:d-] *s* Bhagawad'gita *f* (*indisches religionsphilosophisches Gedicht*).
bhak·ti ['bʌktɪ] *s Hinduismus*: Bhakti *f* (*liebende Hingabe an Gott*).
bhang [bæŋ] *s Br. Ind.* **1.** *bot.* Hanfpflanze *f*. **2.** Bhang *n*, Haschisch *n*.
bi- [baɪ] *Vorsilbe mit der Bedeutung* zwei(fach, -mal), doppel(t).
bi [baɪ] *adj colloq.* ,bi' (*bisexuell*).
bi'an·nu·al *adj* zweimal jährlich vorkommend *od.* erscheinend.
bi·as ['baɪəs] **I** *s* **1.** schiefe Seite, schräge Fläche *od.* Richtung. **2.** schräger Schnitt: **cut on the ~** diagonal geschnitten. **3.** *fig.* (**toward**[**s**] **o**) Neigung *f*, Hang *m* (zu), b) Vorliebe *f* (für). **4.** *fig.* Vorurteil *n*, *jur.* Befangenheit *f*: **free from ~** unvoreingenommen, vorurteilsfrei; **to challenge for ~** e-n Richter *etc* wegen Befangenheit ablehnen. **5.** *Rasenbowling*: a) Überhang *m* (*der einseitig beschwerten Kugel*), b) Neigung *f* (*der Kugel*), gekugelt lau-fen, c) *Kurve, die diese Kugel beschreibt*. **6.** *electr.* a) (Gitter)Vorspannung *f* (*e-r Elektronenröhre*), b) 'Gitter(ableit)widerstand *m*. **7.** *Schneiderei*: Schrägstreifen *m*. **II** *adj u. adv* **8.** schräg, schief, diago'nal. **III** *v/t pret u. pp* **-ased**, **-assed 9.** auf 'eine Seite lenken. **10.** *fig.* 'hinlenken, richten (**toward**[**s**] auf *acc*, nach). **11.** *fig.* (*meist ungünstig*) beeinflussen, *j-n* einnehmen (**against** gegen).
bi·as(s)ed ['baɪəst] *adj* voreingenommen, *bes. jur.* befangen.
bi'ath·lete *s sport* 'Biath,let *m*, Biathlonkämpfer *m*. **bi'ath·lon** [baɪ'æθlən] *s* Biathlon *n*.
,**bi'ax·i·al** *adj* zweiachsig.
bib [bɪb] **I** *s* **1.** Lätzchen *n*. **2.** Schürzenlatz *m*: **best ~ and tucker** *colloq.* Sonntagsstaat *m*. **3.** *ichth.* (*ein*) Schellfisch. **II** *v/t u. v/i obs.* **4.** (unmäßig) trinken, ,bechern'.
bi·ba·cious [bɪ'beɪʃəs; baɪ-] *adj* dem Trunk ergeben.
,**bi'ba·sic** *adj chem.* zweibasisch, -basig.
'**bib·ber** *s* (Gewohnheits)Trinker(in), Säufer(in).
'**bib·cock** *s tech.* Zapfhahn *m*.
bi·be·lot ['bɪbləʊ; *Am.* 'bi:bə,ləʊ] *s* Nippsache *f*.
bi·bi ['bi:bi:] *s Br. Ind.* Dame *f*.
'**bi·,va·lent** *adj chem. phys.* in zwei 'biva,lente I'onen zerfallend (*Elektrolyt*).
Bi·ble ['baɪbl] *s* **1.** *relig.* Bibel *f*: **I don't know my ~** very well ich bin nicht bibelfest. **2. b~** *fig.* Bibel *f*, Evan'gelium *n* (*maßgebendes Buch etc*). **~ bash·er** *s colloq.* schwärmerischer *od.* aggres'siver Bibelverfechter. **~ clerk** *s* (*in Oxford*) Student, der in der College-Kapelle die Bibeltexte verliest. **~ oath** *s* Eid *m* auf die Bibel. **~ pa·per** *s* 'Dünndruckpa,pier *n*. '**~-thump** *v/i colloq.* Mo'ral predigen, morali'sieren. **~ thump·er** *s colloq.* Mo'rala,postel *m*, -prediger *m*.
bib·li·cal ['bɪblɪkl] *adj* (*adv* **~ly**) biblisch, Bibel... **~ crit·i·cism** *s* 'Bibelkri,tik *f*.
B~ Lat·in *s ling.* 'Bibella,tein *n*.
Bib·li·cism ['bɪblɪsɪzəm] *s* **1.** Bibli'zismus *m* (*pietistische Richtung der evangelischen Theologie, die nur die Bibel als göttliche Offenbarung gelten läßt*). **2.** Bibelkunde *f*. '**Bib·li·cist** *s* **1.** Bibli'zist *m*. **2.** Bib'list *m*, Bibelkundige(r *m*) *f*.
biblio- [bɪblɪəʊ; bɪblɪə] *Wortelement mit der Bedeutung* Buch.
bib·li·o·clasm ['bɪblɪəʊklæzəm] *s* Bücherzerstörung *f*.
'**bib·li·o·film** *s tech.* Mikrofilm *m*, Mikroko'pie *f* (*von Buchseiten*), *a.* Mi'krat *n* (*bei sehr starker Verkleinerung*).
bib·li·og·ra·pher [,bɪblɪ'ɒgrəfə(r); *Am.* -'ɑ-] *s* Biblio'graph *m*, Verfasser *m* e-r Bibliogra'phie. ,**bib·li·o'graph·ic** [-əʊ'græfɪk], ,**bib·li·o'graph·i·cal** *adj* (*adv* **~ly**) biblio'graphisch. ,**bib·li'og·ra·phy** *s* Bibliogra'phie *f*: a) Bücher-, Litera'turverzeichnis *n*, b) Bücherkunde *f*.
bib·li·o·la·ter [,bɪblɪ'ɒlətə(r); *Am.* -'ɑ-], *a.* ,**bib·li'ol·a·trist** *s* **1.** Bibelverehrer *m*. **2.** Bibelverehrer *m*. ,**bib·li'ol·a·try** [-trɪ] *s* Bibliola'trie *f*, Bücher-*od.* Bibelverehrung *f*.
bib·li·o·log·i·cal [,bɪblɪəʊ'lɒdʒɪkl; *Am.* -'lɑ-] *adj* biblio'logisch. ,**bib·li'ol·o·gy** [-'ɒlədʒɪ; *Am.* -'ɑ-] *s* Bibliolo'gie *f*, Bücherkunde *f*.
bib·li·o·man·cy ['bɪblɪəʊmænsɪ] *s* Biblioman'tie *f*, Wahrsagen *n* aus der Bibel.
,**bib·li·o'ma·ni·a** *s* Biblioma'nie *f*, (krankhafte) Bücherleidenschaft. ,**bib·li·o'ma·ni·ac I** *s* Biblio'mane *m*, Büchernarr *m*. **II** *adj* biblio'manisch, büchernärrisch, -wütig. ,**bib·li·o·ma'ni·a·cal** → **bibliomaniac II**.
bib·li·o·phile ['bɪblɪəʊfaɪl], *a.* '**bib·li·o·phil** [-fɪl] *s* Biblio'phile *m*, Bücherfreund *m*. ,**bib·li·o'phil·ic** [-'fɪlɪk] *adj* biblio'phil. **bib·li'oph·i·lism** [-'ɒfɪlɪzəm; *Am.* -'ɑ-] *s* Bibliophi'lie *f*, Bücherliebhabe'rei *f*.

bib·li·o·pole ['bɪblɪəʊpəʊl] s Buchhändler m (bes. mit wertvollen Büchern).
bib·li·o·the·ca [ˌbɪblɪəʊ'θiːkə] pl **-cas, -cae** [-kiː; Am. a. -ˌsiː] s **1.** Biblio'thek f (Bücherei u. Büchersammlung). **2.** 'Bücherkataˌlog m, -liste f.
ˌbib·li·o'ther·a·py s psych. Bibliothera'pie f (Verfahren, durch ausgewählte Lektüre die Heilung zu fördern).
bib·li·ot·ics [ˌbɪblɪ'ɒtɪks; Am. -'ɑː-] s pl (a. als sg konstruiert) Wissenschaft f von der 'Handschriftenanaˌlyse u. Prüfung der Echtheit von Manu'skripten.
Bib·list ['bɪblɪst] s **1.** Bibelgläubige(r m) f. **2.** → Biblicist.
bib·u·lous ['bɪbjʊləs] adj (adv ~ly) **1.** aufsaugend. **2.** schwammig. **3.** a) trunksüchtig, b) feuchtfröhlich.
bi·cam·er·al [ˌbaɪ'kæmərəl] adj pol. Zweikammer...
bi'car·bon·ate s chem. 'Bikarboˌnat n: ~ **of soda** doppel(t)kohlensaures Natrium, Natriumbikarbonat.
ˌbi'car·bu·ret·(t)ed adj chem. zwei A'tome Kohlenstoff enthaltend.
bice [baɪs] s **1.** a. ~ **blue** A'zurblau n. **2.** a. ~ **green** Malaˈchitgrün n.
ˌbi·cen'te·nar·y I adj **1.** zweihundertjährig. **2.** alle 200 Jahre eintretend. **II** s **3.** Zweihundert'jahrfeier f. **ˌbi·cen'ten·ni·al** bes. Am. für bicentenary.
ˌbi·ce'phal·ic, bi'ceph·a·lous adj biol. zweiköpfig.
bi·ceps ['baɪseps] pl **-ceps, -ceps·es** s anat. Bizeps m.
ˌbi'chlo·rid, ˌbi'chlo·ride s chem. 'Bichloˌrid n.
ˌbi'chro·mate I s chem. 'Bichromaˌnat n: ~ **of potash** Kaliumbichromat. **II** v/t phot. mit 'Bichroˌmat behandeln.
bick·er ['bɪkə(r)] **I** v/i **1.** (sich) zanken od. streiten (**about**, **over** um). **2.** poet. a) plätschern (Wasser), prasseln (Regen), b) zucken, huschen: **a smile ~ed across her face. II** s **3.** Streit m, Zank m. **'bick·er·ing** s Gezänk n.
ˌbi'col·o(u)r(ed) adj zweifarbig, Zweifarben...
ˌbi·con'cave adj phys. bikon'kav.
ˌbi·con'vex adj phys. bikon'vex.
bi·cy·cle ['baɪsɪkl] **I** s Fahrrad n: ~ **kick** (Fußball) Scherenschlag m; ~ **pump** Fahrradpumpe f. **II** v/i a) radfahren, b) mit dem Rad fahren. **'bi·cy·cler** s bes. Am., **'bi·cy·clist** [-klɪst] s Radfahrer(in).
bid¹ [bɪd] **I** s **1.** a) econ. Gebot n (bei Versteigerungen), b) econ. Angebot n (bei Ausschreibungen), c) econ. Am. (Lieferungs)Angebot n, Kostenvoranschlag m, d) Börse: Geld, e) fig. Bewerbung f (**for** um), Versuch m (**to do** zu tun): **first** ~ Erstgebot; **highest** ~ Meistgebot; ~ **price** (Börse) (gebotener) Geldkurs; **invitation for ~s** Ausschreibung f; **to invite ~s for** ein Projekt ausschreiben; ~ **for power** Griff m nach der Macht; **to make a (strong)** ~ **for s.th.** sich (sehr) um etwas bemühen, etwas (unbedingt) erringen wollen; **to make a** ~ **for power** nach der Macht greifen. **2.** Kartenspiel: Reizen n, Melden n: **no ~!** (ich) passe! **3.** obs. Einladung f (**to** zu). **II** v/t pret **bid, bade** [bæd; beɪd], obs. **bad** [bæd], pp **bid, 'bid·den,** a. **bade 4.** econ. bieten (bei Versteigerungen) od. ~ **up** den Preis (e-r Sache) in die Höhe treiben. **5.** Kartenspiel: reizen, melden. **6.** e-n Gruß entbieten, j-m e-n guten Morgen etc wünschen: **to ~ s.o. good morning;** **to ~ farewell** Lebewohl sagen. **7.** j-m etwas gebieten, befehlen, j-n heißen (**to do** zu tun): **to ~ s.o. (to) go** j-n gehen heißen. **8.** obs. einladen (**to** zu). **III** v/i **9.** econ. a) (bei Versteigerungen) bieten, ein Gebot abgeben, b) Am. ein (Lieferungs)Angebot od. e-n Kostenvoranschlag machen, c) an e-r Ausschreibung teilnehmen: **invitation to ~** Ausschreibung f. **10.** Kartenspiel: melden, reizen. **11.** sich bewerben od. bemühen (**for** um). **12.** sich gut etc anlassen: ~ **fair¹** 18.
bid² [bɪd] obs. pp von bide.
bid·den¹ ['bɪdn] pp von bid¹.
bid·den² ['bɪdn] obs. pp von bide.
'bid·der s **1.** Bieter m (bei Versteigerungen): **highest (od. best) ~** Meistbietende(r m) f. **2.** Bewerber m (bei Ausschreibungen). **3.** obs. Einladende(r m) f.
'bid·ding s **1.** → bid¹ 1 a u. 2. **2.** Geheiß n, Befehl m: **to do s.o.'s ~** tun, was j-d will. ~ **price** s econ. Erstgebot n. [Henne f.]
bid·dy¹ ['bɪdɪ] s dial. a) Küken n, b)
bid·dy² ['bɪdɪ] s colloq. altes klatschsüchtiges od. aufdringliches Weib.
bide [baɪd] **I** v/t pret **bode** [bəʊd], **'bid·ed,** a. **bade** [bæd; beɪd], obs. **bad** [bæd], pp **'bid·ed,** obs. **bid** [bɪd], **'bid·den 1.** er-, abwarten: **to ~ one's time** den rechten Augenblick abwarten od. abpassen. **2.** obs. e-r Sache trotzen. **3.** obs. od. dial. ertragen. **II** v/i **4.** obs. od. dial. bleiben.
bi·det [bi:'deɪ; Am. bɪ'deɪ] s Bi'det n.
bi·don·ville [ˌbi:dɔn'vi:l] s Bidon'ville n, Elendsviertel n.
Bie·der·mei·er ['bi:də(r)ˌmaɪə(r)] adj **1.** Biedermeier...: ~ **furniture. 2.** fig. a) eintönig, langweilig, fad, b) phi'listerhaft, spießbürgerlich.
bi·en·ni·al [baɪ'enɪəl] **I** adj **1.** zweijährlich. **2.** zweijährig, bot. a. bi'enn. **II** s **3.** bot. Bi'enne f, zweijährige Pflanze. **4.** art etc Bien'nale f. **bi'en·ni·al·ly** adv alle zwei Jahre.
bier [bɪə(r)] s (Toten)Bahre f.
bier·kel·ler ['bɪəˌkelə] (Ger.) s Br. Bierkeller m.
biest·ings → beestings. [teilig.]
bi·far·i·ous [baɪ'feərɪəs] adj bot. zwei-]
biff [bɪf] sl. **I** v/t ,hauen', schlagen: **to ~ s.o. on the nose** j-m eins auf die Nase geben. **II** s Schlag m, Hieb m.
bif·fin ['bɪfɪn] s Br. roter Kochapfel.
bi·fi·lar [ˌbaɪ'faɪlə(r)] electr. tech. **I** adj bifi'lar, zweifädig. **II** s a. ~ **micrometer** Bifiˈlarmikroˌmeter n.
ˌbi'fo·cal adj **1.** Bifokal..., Zweistärken..., mit zwei Brennpunkten (Linse). **II** s **2.** Bifo'kal-, Zwei'stärkenglas n od. -linse f. **3.** pl a pair of ~s Bifo'kal-, Zwei'stärkenbrille f.
ˌbi'fo·li·ate adj bot. zweiblättrig.
bi·fur·cate ['baɪfə(r)keɪt] **I** v/t gabeln, gabelförmig teilen. **II** v/i sich gabeln. **III** adj [a. -kɪt] gegabelt, gabelförmig, zweiästig. **'bi·fur·cat·ed** = bifurcate III. **ˌbi·fur'ca·tion** s Gabelung f.
big [bɪg] **I** adj **1.** groß, dick, stark: **a ~ fellow;** **the ~gest party** die stärkste Partei; **the win might have been ~ger sport** der Sieg hätte höher ausfallen können; **to earn ~ money** colloq. ,das große Geld verdienen'. **2.** groß, breit, weit: **this coat is too ~ for me** dieser Mantel ist mir zu groß; **to get too ~ for one's boots** (od. **breeches,** bes. Am. **pants**) colloq. größenwahnsinnig werden. **3.** groß, hoch: ~ **trees. 4.** groß, erwachsen. **5.** a) (**with**) voll, schwer, strotzend (von), beladen (mit), reich (an dat): ~ **with fate** schicksalsschwer, -schwanger; ~ **with rage** wutentbrannt, b) ausgiebig, reichlich (Mahlzeit). **6.** trächtig (Tier), (hoch)schwanger (Frau): ~ **with child** (hoch)schwanger. **7.** colloq. aufgeblasen, eingebildet: **to have ~ ideas** ,große Rosinen im Kopf haben'; **what's the ~ idea?** was soll denn das?; ~ **talk** ,große Töne', Angeberei f. **8.** voll, laut: **a ~ voice. 9.** colloq. a) groß, hoch (-stehend), wichtig, bedeutend, b) bes. Am. sehr popu'lär. **10.** großzügig, ,nobel': **that's very ~ of you. 11.** groß, ,Mords...': **a ~ rascal** ein Erzgauner; **a ~ eater** ein starker Esser. **12. to be ~ on** colloq. ,stehen auf' (acc), begeistert sein von. **II** adv **13.** colloq. ,mächtig', ,mordsmäßig'. **14.** colloq. teuer: **to pay ~. 15.** colloq. großspurig: **to talk ~** ,große Töne spucken', angeben. **16.** Am. colloq. tapfer.
big·a·mist ['bɪgəmɪst] s Biga'mist(in). **'big·a·mous** adj (adv ~ly) biga'mistisch: a) bi'gamisch, in Biga'mie lebend, b) die Doppelehe betreffend: ~ **marriage** Doppelehe f. **'big·a·my** s Biga'mie f.
Big Ap·ple s Am. **1. the** ~ Spitzname für die Stadt New York. **2. b~ a~** fig. a) Mittelpunkt m, b) Hauptanliegen n.
big·ar·reau ['bɪgərəʊ], Br. a. **'big·a·roo(n)** [-'ruː(n)] s bot. Weiße Herzkirsche.
big| **bang** s Kosmologie: Urknall m. **~-'bang the·o·ry** s Kosmologie: 'Urknalltheoˌrie f. **B~ Ben** s Big Ben m (Glocke im Uhrturm u. Uhrturm des brit. Parlamentsgebäudes). **B~ Ber·tha** s mil. colloq. Dicke Bertha (deutscher 42-cm-Mörser im 1. Weltkrieg). **B~ Board** s Am. colloq. (die) New Yorker ('Wertpaˌpier)Börse. **'~-boned** adj grobknochig. **'~-bore** adj großkaˌlibrig: ~ **gun.** ~ **broth·er** s **1.** großer Bruder (a. fig. Freund). **2. B~** pol. ,der große Bruder' (Diktator; "Nineteen Eighty-Four" von George Orwell). ~ **bug** → bigwig. ~ **busi·ness** s econ. Big Business n: a) monopolartige Ballung von Großkapital u. Industrieorganisationen, b) die Geschäftswelt der Großunternehmen. ~ **C** s: **the** ~ med. colloq. Krebs m. ~ **cheese,** ~ **chief** s bigwig. **'~-ˌcir·cu'la·tion** adj auflagenstark (Zeitung etc). ~ **dip·per** s **1.** Achterbahn f. **2. B~ D~** Am. → bear² 4 a.
bi·ge·ner ['baɪdʒɪnə(r)] s biol. Gattungsbastard m. **ˌbi·ge'ner·ic** [-'nerɪk] adj biol. ge'nerisch.
big| **game** s **1.** hunt. Großwild n. **2.** fig. a) hochgestecktes Ziel, b) risˈkante, aber lohnende Sache. **~-'game hunt·ing** s Großwildjagd f.
big·gie ['bɪgi:] Am. → bigwig.
big·gish ['bɪgɪʃ] adj ziemlich groß.
big gun s colloq. **1.** ~ bigwig. **2.** ,grobes od. schweres Geschütz': **to bring out** (od. **up**) **the** (od. **one's**) ~**s** schwere Geschütze auffahren.
big·gy ['bɪgi:] Am. → bigwig.
'big·head s colloq. **1.** eingebildeter Kerl. **2.** Am. Einbildung f. **'~ˌhead·ed** adj colloq. eingebildet. **'~ˌheart·ed** adj großherzig, -mütig. **'~-horn** pl **-horns,** bes. collect. **-horn** s zo. Am. Dickhornschaf n. **~ house** s Am. sl. **1.** ,Kittchen' n (Gefängnis). **2.** Herrschaftshaus n, bes. Haus n e-r Lo'kalgröße.
bight [baɪt] s **1.** Bucht f. **2.** Einbuchtung f. **3.** geol. Krümmung f. **4.** mar. Bucht f (im Tau).
big| **lau·rel** s bot. **1.** Großblütige Maˈgnolie. **2.** Große Alpenrose. **~ mouth** colloq. **I** s **1.** Großmaul n. **2.** a) Plaudertasche f: **he's a ~** er plaudert (immer) alles gleich aus, er kann nichts für sich behalten, b) Klatschmaul n. **II** adj = bigmouthed. **~-'mouthed** adj **1.** großmäulig. **2.** klatschmäulig. ~ **name** s colloq. Berühmtheit f, Größe f (Person). **~-'name** adj colloq. **1.** berühmt. **2.** mit berühmten Leuten od. mit großen Namen (besetzt): ~ **committee.**
'big·ness s Größe f, Dicke f, 'Umfang m.
big noise → bigwig.

big·no·ni·a [bɪgˈnəʊnɪə] s bot. Biˈgnonie f, Tromˈpetenbaum m.
big·ot [ˈbɪgət] s **1.** selbstgerechte od. ˈintoleˌrante Perˈson. **2.** Frömmler(in), Betbruder m, Betschwester f, biˈgotte Perˈson. **ˈbig·ot·ed** adj **1.** selbstgerecht, ˈintoleˌrant. **2.** biˈgott, frömmlerisch, frömmelnd. **ˈbig·ot·ry** [-trɪ] s **1.** Selbstgerechtigkeit f, ˈIntoleˌranz f. **2.** Bigotteˈrie f, Frömmeˈlei f.
big **screen** s colloq. Kino n. **~ shot** bes. Am. → bigwig. **~ stick** s bes. mil. pol. colloq. Gewalt(androhung) f. ˌ~ˈstick pol·i·cy s Poliˈtik f der Stärke od. des Säbelrasselns. **~ time** s bes. Showbusineß, sport: sl. a) Eˈlite f, b) Groß-, Spitzenverdiener pl: **to be in the ~** zur Elite gehören; zu den Groß- od. Spitzenverdienern gehören, ‚das große Geld verdienen'. **ˈ~-time** adj sl. **1.** erstklassig: **a ~ performance** a) Eliteˌ... b) ein Eliteschauspieler od. ein Spitzenverdiener unter den Schauspielern; **a ~ boxer** ein Boxer mit ‚dicken' od. ‚fetten' Börsen. **ˈ~-ˌtim·er** s sl. **a)** Eˈliteschauspieler(in), -sportler(in), **b)** Groß-, Spitzenverdiener(in). **~ top** s **1.** Hauptzelt n (e-s Zirkus). **2.** Zirkus m. **~ wheel** s **1.** Br. Riesenrad n. **2.** bes. Am. → bigwig. **ˈ~wig** s colloq. ‚großes od. hohes Tier', bes. Parˈteibonze m.
bi·jou [ˈbiːʒuː] **I** pl **-joux** [-ʒuːz] s Biˈjou m, n. **II** adj klein, aber geschmackvoll (ausgestattet od. eingerichtet): **a ~ theatre.**
bike [baɪk] colloq. **I** s **a)** Rad n (Fahrrad): **on your ~!** ‚hau ab!', verschwinde!, **b)** ‚Maˈschine' f (Motorrad). **II** v/i **a)** radeln, **b)** Motorrad fahren, **c)** mit dem Motorrad fahren. **ˈbik·er** s colloq. **a)** Radler(-in), **b)** Motorradfahrer(in) (bes. Mitglied e-r Motorradbande).
ˈbikeˌway s Am. colloq. Rad(fahr)weg m.
bi·ki·ni [bɪˈkiːnɪ] s Biˈkini m.
ˌbiˈla·bi·al I adj **1.** ling. bilabiˈal, mit beiden Lippen gebildet. **2.** → bilabiate. **II** s **3.** Bilabiˈal(laut) m. **ˌbiˈla·bi·ate** adj bot. zweilippig.
ˌbiˈlat·er·al adj (adv **-ly**) **1.** bilateˈral, zweiseitig: **a)** jur. beiderseitig verbindlich, gegenseitig: **~ agreement**, **b)** biol. beide Seiten betreffend, **c)** bot. bisymˈmetrisch. **2.** soˈwohl auf väterliche wie mütterliche Vorfahren zuˈrückgehend. **3.** tech. doppelseitig: **~ drive**; **~ symmetry** math. bilaterale Symmetrie.
bil·ber·ry [ˈbɪlbərɪ; Am. -ˌberɪ] s bot. Heidel-, Blaubeere f.
bil·bo [ˈbɪlbəʊ] pl **-boes** s hist. **1.** pl **a. -bos** gutgehärtetes Schwert. **2.** pl Fußfesseln pl.
Bil·dungs·ro·man [ˈbɪldʊŋsroˌmaːn] pl **-ˌma·ne** [-ˌmaːnə], **-mans** (Ger.) s ˈBildungsroˌman m.
bile [baɪl] s **1.** physiol. Galle(nflüssigkeit) f. **2.** fig. a) Gereiztheit f, schlechte Laune, b) Reizbarkeit f. **~ cal·cu·lus** s. irr physiol. Gallenstein m. **~ cyst** s anat. Gallenblase f. **~ duct** s anat. Gallengang m. **ˈ~stone** s physiol. Gallenstein m.
bilge [bɪldʒ] s **1.** Bauch m (des Fasses). **2.** mar. **a)** Kielraum m (unterster Teil des Schiffsrumpfes), Bilge f, Kimm f, b) Flach n (Boden in der Mitte des Schiffes). **3.** → bilge water **1. 4.** colloq. ‚Quatsch' m, ‚Mist' m, ‚Käse' m, dumme Redensarten pl. **~ keel** s Schlingerkiel m. **~ line** s Lenzleitung f. **~ pipe** s Bilgenrohr n. **~ pump** s Bilgen-, Lenzpumpe f. **~ wa·ter** s **1.** Bilgen-, Kielwasser n. **2.** → bilge 4. **~ ways** s pl Schlittenbalken pl.
bil·i·ar·y [ˈbɪljərɪ; Am. ˈbɪlɪˌerɪ:] adj biliˈar, Gallen...
ˌbiˈlin·e·ar adj. doppellinig. **2.** math. bilineˈar.

bi·lin·gual [baɪˈlɪŋgwəl] adj zweisprachig (Person od. Text). **biˈlin·gual·ism** s Zweisprachigkeit f. **biˈlin·guist** s Zweisprachige(r m) f; j-d, der zwei Sprachen spricht.
bil·ious [ˈbɪljəs] adj (adv **-ly**) **1.** med. biliˈös: **a)** gallig, gallenartig, b) Gallen...: **~ attack** Gallenkolik f; **~ complaint** Gallenleiden n. **2.** fig. **a)** gereizt, schlechtgelaunt, **b)** reizbar. **3.** fig. widerlich (bes. Farbe). **ˈbil·ious·ness** s **1.** med. Gallenbeschwerden pl, -krankheit f. **2.** → bile 2.
bilk [bɪlk] **I** v/t **1.** etwas verhindern, durchˈkreuzen, vereiteln. **2.** e-n Gläubiger betrügen, prellen ([out] of um). **3.** j-m entwischen. **II** s **4.** Betrug m. **5.** Betrüger(in). **ˈbilk·er** → bilk 5.
bill¹ [bɪl] **I** s **1.** zo. **a)** Schnabel m, **b)** schnabelähnliche Schnauze. **2.** Schnabel m, Spitze f (am Anker, Zirkel etc). **3.** mar. Hippe f. **4.** geogr. spitz zulaufende Halbinsel, Spitze f: **Portland B~. 5.** hist. **a)** Helleˈbarde f, Pike f, **b)** Hellebarˈdier m. **II** v/i **6. a. ~ and coo** wie die Turteltauben mitein'ander schnäbeln, (mitein'ander) turteln.
bill² [bɪl] **I** s **1.** pol. (Gesetzes)Vorlage f, (-)Antrag m, Gesetzentwurf m: **B~ of Rights Bill f of Rights: a)** Br. Staatsgrundgesetz von 1689, **b)** Am. die 1791 in Kraft getretenen 10 ersten Zusatzartikel zur Verfassung von 1787. **2.** jur. (An)Klageschrift f, Schriftsatz m: **~ of particulars a)** den Tatbestand spezifizierender Schriftsatz, b) Klageantrag m; **to find a true ~** die Anklage für begründet erklären; → **attainder, indictment 2 b. 3. a. ~ of exchange** econ. Wechsel m, Tratte f: **~s payable** Wechselschulden; **~s receivable** Wechselforderungen; **~ after date** Datowechsel; **~ of credit** Kreditbrief m; → **sight 5. 4.** econ. etc Rechnung f: **waiter, the ~, please!** (Herr) Ober, bitte zahlen!; **~ of costs a)** Kostenberechnung f, **b)** jur. Br. Gebührenrechnung des Solicitors, **c)** jur. Am. Prozeßkostenaufstellung f (des Gerichts), **d)** jur. Am. (der obsiegenden Partei zu erstattende) (Gerichts)Kosten pl; **~ of parcels** econ. Faktura f, (spezifizierte) Warenrechnung f; **to fill the ~** fig. den Ansprüchen genügen (a. Person), den Zweck erfüllen. **5.** Liste f, Aufstellung f: **~ of fare** Speisekarte f; **there are two sonatas on the ~ of fare** Am. auf dem Programm stehen zwei Sonaten; **~ of materials** Stückliste, Materialaufstellung. **6.** Bescheinigung f: **~ of delivery** econ. Lieferschein m; **~-paß** m, **b)** fig. Unbedenklichkeitsbescheinigung; **to give s.o. a clean ~ of health a)** j-m (gute) Gesundheit bescheinigen, **b)** fig. j-m Unbedenklichkeit bescheinigen, **c)** econ. j-m Zahlungsfähigkeit bescheinigen; **~ of lading** econ. Konnossement n, Frachtbrief m, Am. a. allg. Frachtbrief m; **air ~ of lading** Am. Luftfrachtbrief m; **on board ~ of lading** Bordkonnossement n; **straight ~ of lading** Am. Namenskonnossement n; **~ of sale** jur. Verkaufsurkunde f (über bewegliche Sachen); **~ of sale by way of security** jur. Br. Urkunde f über Sicherungsübereignung; **~ of sight** econ. schriftliche Warenbeschreibung (des Importeurs), vorläufige Zollangabe; **~ of store(s)** econ. Br. Genehmigung f zur zollfreien Wiedereinfuhr (zollfrei ausgeführter Waren); **~ of sufferance** econ. Br. Zollpassierschein m. **7.** Plaˈkat n, Anschlag(zettel) m: **stick no ~s!** Plakate ankleben verboten! **8.** thea. etc a) Proˈgramm(zettel m) n, b) weitS. Proˈgramm n, Darbietung(en pl) f: **who's on the ~ tonight?** wer tritt

heute abend auf?; **to head** (od. **top**) **the ~** der Star des Programms sein, die Hauptattraktion sein. **9.** Am. Banknote f, (Geld)Schein m. **II** v/t **10.** econ. **a)** j-m e-e Rechnung ausstellen: **to ~ s.o. for s.th.** j-m etwas berechnen od. in Rechnung stellen, b) j-m e-e Rechnung schicken. **11.** eintragen, buchen. **12.** (durch Plaˈkate etc) ankündigen od. bekanntgeben: **he's ~ed** (**to appear**) **as Hamlet** er wird den Hamlet spielen. **13.** thea. etc Am. Darsteller, Programm etc bringen.
bil·la·bong [ˈbɪləbɒŋ; Am. a. -ˌbɑːŋ] s Austral. **1.** Seitenarm m (e-s Flusses). **2.** stehendes Wasser.
ˈbillˌboard s bes. Am. **a)** Reˈklametafel f, **b)** Film, TV: Vorspann m. **~ book** s econ. Wechselbuch n. **~ case** s econ. Br. ˈWechselporteˌfeuille n (e-r Bank). **~ dis·count** s econ. ˈWechseldisˌkont m.
bil·let¹ [ˈbɪlɪt] **I** s **1.** mil. **a)** Quarˈtierschein m (Priˈvat)Quarˌtier n: **in ~s** privat einquartiert, in Ortsunterkunft; **every bullet has its ~** jede Kugel hat ihre Bestimmung. **2.** ˈUnterkunft f. **3.** colloq. ‚Job' m, Posten m. **4.** obs. Bilˈlett n, Briefchen n. **II** v/t **5.** mil. ˈeinquarˌtieren (**with**, **on** bei). **6.** ˈunterbringen. **III** v/i **7.** mil. ˈeinquarˌtiert sein. **8.** (bes. vorˈübergehend) wohnen.
bil·let² [ˈbɪlɪt] s **1.** Holzscheit m, -klotz m. **2.** her. Schindel f. **3.** arch. Spannkeil m. **4.** metall. Knüppel m. **5.** Kunststoffherstellung: Puppe f.
bil·let-doux [ˌbɪleɪˈduː] pl **bil·lets--doux** [-eɪˈduːz] s obs. od. humor. Liebesbrief m.
ˈbillˌfold s Am. **a)** Scheintasche f, **b)** Brieftasche f. **ˈ~head** s **1.** gedrucktes ˈRechnungsformuˌlar. **2.** gedruckter Firmenkopf (e-r Rechnung). **ˈ~ˌhold·er** s econ. Wechselinhaber m. **ˈ~hook** s agr. electr. Hippe f.
bil·liard [ˈbɪljə(r)d] **I** s **1.** pl (meist als sg konstruiert) Billard(spiel) n. **2.** Billard: Am. Karamboˈlage f. **II** adj **3.** Billard... **~ ball** s Billardkugel f. **~ cue** s Queue n, Billardstock m. **~ ta·ble** s Billardtisch m.
ˈbill·ing s **1.** econ. Faktuˈrierung f, Rechnungserstellung f: **~ machine** Faktuˈriermaschine f. **2.** Buchung f: **a)** Eintragung f, **b)** (Vorˈaus)Bestellung f. **3.** Am. Geˈsamtbudˌget n od. -ˌumsatz m (bes. e-r Werbeagentur). **4.** thea. etc bes. Am. **a)** Ankündigung f, **b)** Reˈklame f, **c)** Bewertung f (e-s Darstellers etc): **to get top ~** an erster Stelle genannt werden.
Bil·lings·gate [ˈbɪlɪŋzgɪt] **I** npr Fischmarkt in London. **II** s **b~** wüstes Geschimpfe, Unflat m.
bil·lion [ˈbɪljən] s **1.** Milliˈarde f (10^9). **2.** Br. obs. Billiˈon f (10^{12}).
ˈbillˌjob·ber s econ. Br. Wechselreiter m. **~ job·bing** s Wechselreiteˈrei f. **ˈ~man** [-mən] s irr Am. → billposter 1.
bil·lon [ˈbɪlən] s **1.** Billˈlon m, n (Silberlegierung mit hohem Kupfer-, Zinn- od. Zinkgehalt). **2.** Scheidemünze f aus Billˈlon.
bil·low [ˈbɪləʊ] **I** s **1.** Woge f. **2.** (Nebel-, Rauch)Schwaden m. **II** v/i **3.** wogen. **4. a. ~ out** sich bauschen od. blähen (Segel, Vorhänge etc). **III** v/t **5.** bauschen, blähen. **ˈbil·low·y** adj **1.** wogend. **2.** in Schwaden ziehend. **3.** gebauscht, gebläht.
ˈbillˌpost·er s **1.** Plaˈkatkleber m. **2.** (Reˈklame)Plaˌkat n. **ˈ~ˌstick·er** → billposter 1.
bil·ly [ˈbɪlɪ] s **1.** Am. (Poliˈzei)Knüppel m. **2.** Feldkessel m. **3.** → billy goad. **4.** tech. Bezeichnung verschiedener Maschinen u. Geräte, bes. ˈVorspinnmaˌschine f. **ˈ~boy** s mar. Br. colloq. (Art) Fluß- u. Küstenbarke f. **ˈ~can** s billy 2. **ˈ~cock (hat)** s Br. colloq. ‚Meˈlone' f

(*steifer runder Filzhut*). ~ **gate** *s tech.* Spindelwagen *m* (*der Vorspinnmaschine*). ~ **goat** *s* Ziegenbock *m*.
bil·ly-(h)o ['bɪlɪ(h)əʊ] *s*: **like** ~ *bes. Br. colloq.* „wie verrückt", „mordsmäßig".
ˌbi·lo'ca·tion *s Parapsychologie:* Bilokati'on *f*.
bil·tong ['bɪltɒŋ; *Am. a.* -ˌtɑŋ], **'biltongue** [-tʌŋ] *s S. Afr.* Biltongue *n*, buka'niertes Fleisch.
bim·bo ['bɪmbəʊ] *pl* **-bos, -boes** *s sl.* 1. „Knülch" *m*, Kerl *m*. 2. „Flittchen" *n* (*leichtes Mädchen*).
ˌbi·me'tal·lic *adj* 'bimeˌtallisch (*a. econ.*). ˌbi'met·al·lism [-'metəlɪzəm] *s* Bimetal'lismus *m*, Doppelwährung *f*.
ˌbi'mod·al *adj math.* zweigipfelig (*Häufigkeitskurven*).
ˌbi·mo'lec·u·lar *adj chem.* 'bimolekuˌlar.
ˌbi'month·ly I *adj u. adv* 1. zweimonatlich, alle zwei Monate ('wiederkehrend *od.* erscheinend). 2. zweimal im Monat (erscheinend). II *s* 3. zweimonatlich erscheinende Veröffentlichung. 4. zweimal im Monat erscheinende Veröffentlichung.
ˌbi'mo·tored *adj aer.* 'zweimoˌtorig.
bin [bɪn] I *s* 1. (großer) Behälter: a) → **bread bin**, b) → **dustbin**, c) → **litter-bin**, d) (Getreide)Silo *m, n*, (-)Speicher *m*. 2. (Kar'toffel- *etc*)Verschlag *m*, (Wein-)Keller *m*. 3. *colloq.* „Klapsmühle" *f* (*Nervenheilanstalt*). II *v/t* 4. Kartoffeln, Wein *etc* einlagern.
bi·na·ry ['baɪnərɪ] I *adj* 1. *chem. math. phys. tech.* bi'när, aus zwei Ele'menten bestehend. II *s* 2. → **binary number**. 3. → **binary star**. ~ **ad·der** *s Computer:* Bi'näradˌdierer *m*. ~ **cell** *s Computer:* bi'näre Speicherzelle, Bi'närzelle *f*, -eleˌment *n*. ~ **code** *s Computer:* Bi'närcode *m*. ~ **col·o(u)r** *s phys.* bi'näre Farbe. ~ **com·pound** *s chem.* bi'näre Verbindung, Zweifachverbindung *f*. ~ **dig·it** *s Computer:* Bi'när-, Du'alziffer *f*. ~ **fission** *s biol.* Zweiteilung *f*. ~ **no·ta·tion** *s Computer:* Bi'närdarstellung *f*, bi'näre Schreibweise. ~ **num·ber** *s math.* Bi'när-, Du'alzahl *f*. ~ **op·er·a·tion** *s math.* Bi'näroperatiˌon *f*. ~ **scale** *s Computer:* Bi'när-, Du'al-, 'Zweierˌsystem *n*. ~ **star** *s astr.* Doppelstern *m*. ~ **sys·tem** *s* 1. → binary scale 2. → binary star. ˌ~-**to-**ˌ**dec·i·mal con·ver·sion** *s Computer:* Bi'när-Dezi'mal-ˌUmsetzung *f*.
bin·au·ral [ˌbaɪn'ɔːrəl] *adj* binau'ral: a) beide Ohren betreffend, beidohrig, b) für beide Ohren (*Stethoskop, Kopfhörer*), c) *electr.* 'zweikaˌnalig (*Schallübertragungen*), Stereo...: ~ **hearing** Raumhören *n*.
bind [baɪnd] I *s* 1. a) Band *n*, b) Bindfaden *m*. 2. *mus.* a) Haltebogen *m*, b) Bindebogen *m*, c) Klammer *f*, d) Querbalken *m*. 3. *min.* eisenhaltige Tonerde. 4. *fenc.* Bindung *f*. 5. → **bine**. 6. *colloq.* to be (a bit of) a ~ recht lästig sein; to be in a ~ in „Schwulitäten" sein. II *v/t pret u. pp* **bound** [baʊnd] *obs. pp* **'bound·en** 7. (an-, ˌum-, fest)binden, knoten, knüpfen: **to** ~ **to a tree** an e-n Baum binden. 8. (ein)binden, verbinden, umˈwickeln. 9. *e-n Saum etc* einfassen. 10. *ein Rad etc* beschlagen. 11. fesseln, binden (*a. fig.* to an acc). 12. *fenc.* die Klinge des Gegners binden. 13. *chem. etc* (mit e-m Bindemittel) binden. 14. *fig.* behindern. 15. hart machen. 16. *med.* verstopfen. 17. *fig.* (*a. vertraglich*) binden, verpflichten (**to s.th.** zu etwas): **to** ~ **o.s. to do s.th.**; **to** ~ **a bargain** e-n Handel (durch Anzahlung) verbindlich machen; **to** ~ **s.o.** (**as an**) **apprentice** j-n in die Lehre geben (**to** bei); → **bound¹** 2 *u.* 4. **18.** *ein Buch* (ein)binden. III *v/i* **19.** *chem. etc* binden. **20.** fest *od.* hart werden. **21.** *med.* stopfen. **22.** *fig.* binden(d sein), verpflichten.
Verbindungen mit Adverbien:
bindˌ**off** *v/t tech.* kette(l)n. ~ **out** *v/t* in die Lehre geben (**to** bei). ~ **o·ver** *v/t jur.* 1. zum Erscheinen verpflichten (**to** *vor e-m Gericht*). 2. *Br.* **to bind s.o. over (to keep the peace)** j-n auf Bewährung entlassen; **he was bound over for a year** er erhielt e-e einjährige Bewährungsfrist. ~ **to·geth·er** *v/t* zs.-binden (*a. fig.*). ~ **up** *v/t* 1. aneinˈander-, zs.-binden. 2. *e-e Wunde* verbinden. 3. *meist pass* **to be bound up a) (with)** eng verknüpft sein (mit), b) (**with, in**) ganz aufgehen (in *dat*), ganz in Anspruch genommen werden (von).
'bind·er *s* 1. (Buch-, Garben- *etc*)Binder(in). 2. Garbenbinder *m* (*Maschine*). 3. a) Band *n*, b) Bindfaden *m*. 4. Einband *m*, (Akten- *etc*)Deckel *m*, Hefter *m*, 'Umschlag *m*. 5. *med.* a) Leibbinde *f* (*für Wöchnerinnen*), b) Nabelbinde *f* (*für Säuglinge*). 6. *chem.* Bindemittel *n*. 7. *tech.* 'Trägermeˌtall *n*. 8. *arch.* Binder *m*: a) Bindestein *m*, b) Bindebalken *m*. 9. *jur. Am.* a) Vor(verkaufs)vertrag *m* (*bei Grundstückskauf*), b) (Quittung *f* für e-e) Anzahlung *f*. 10. *econ.* Deckungszusage *f* (*vor Aushändigung der Police*).
bind·er·y ['baɪndərɪ] *s* (Buch)Binde'rei *f*.
'bind·ing I *adj* (*adv* ~**ly**) 1. bindend, verbindlich ([**up**]**on** für): **legally** ~ rechtsverbindlich; ~ **authority** (*od.* **force**) *jur.* bindende Kraft; ~ **law** zwingendes Recht; **not** ~ **offer** unverbindliches *od.* freibleibendes Angebot. II *s* 2. (Buch)Einband *m*. 3. Einfassung *f*, Borte *f*. 4. (Me'tall)Beschlag *m*: ~ **of a wheel**. 5. *sport* (Ski)Bindung *f*. 6. *chem. etc* Bindemittel *n*. ~ **a·gent** *s binding* 6. ~ **course** *s arch.* Binderschicht *f*. ~ **en·er·gy** *s phys. chem.* 'Bindungsenerˌgie *f*. '~-**head screw** *s tech.* Setzschraube *f*. ~ **joist** *s arch.* Binderbalken *m*. ~ **nut** *s tech.* Kontermutter *f*. ~ **post** *s electr.* Klemmschraube *f*, (Pol-, Anschluß)Klemme *f*.
bin·dle ['bɪndl] *s Am. sl.* 1. Bündel *n* (*Kleider u. Kochgerät*). 2. a) Briefchen *n* (*Kokain etc*), b) Prise *f*. ~ **stiff** *s Am. sl.* ˌTippelbruder" *m*.
'bind·weed *s bot.* (*e-e*) Winde.
bine [baɪn] *s bot.* 1. Ranke *f*. 2. Rankengewächs *n*.
binge [bɪndʒ] *s colloq.* „Sauf- *od.* Freßgelage" *n*: **to go (out) on a** ~ e-e „Sauf- *od.* Freßtour" machen; **to go on a buying** (*od.* **shopping, spending**) ~ wie verrückt einkaufen.
bin·go ['bɪŋɡəʊ] I *s* Bingo *n* (*ein Glücksspiel*). II *interj colloq.* zack!
bin·na·cle ['bɪnəkl] *s mar.* Kompaßhaus *n*.
bin·oc·u·lar I *adj* [ˌbaɪ'nɒkjʊlə(r); *Am.* -'nɑ-] *phys.* binoku'lar, beidäugig: ~ **microscope** Binokularmikroskop *n*; ~ **telescope** Doppelfernrohr *n*; ~ **vision** binokulares Sehen. II *s* [bɪ'n-] *meist pl a.* **pair of** ~**s** Feldstecher *m*, Opern-, Fernglas *n*.
bi·node ['baɪnəʊd] *s electr.* Bi'node *f*, Verbundröhre *f*.
bi·no·mi·al [ˌbaɪ'nəʊmjəl; -ɪəl] I *adj* 1. *math.* bi'nomisch, zweigliedrig. 2. *biol.* binominal. II *s* 3. *math.* Bi'nom *n*, zweigliedriger Ausdruck. 4. *biol.* Doppelname *m*. ~ **char·ac·ter** *s math.* Zweigliedrigkeit *f*. ~ **co·ef·fi·cient** *s math.* Binomi'alkoeffiziˌent *m*. ~ **dis·tri·bu·tion** *s Wahrscheinlichkeitsrechnung:* Binomi'alverteilung *f*. ~ **the·o·rem** *s math.* bi'nomischer Lehrsatz.
bi·nom·i·nal [ˌbaɪ'nɒmɪnl; *Am.* -'nɑ-] *adj biol.* zweinamig: ~ **nomenclature** binäre Nomenklatur.
bint [bɪnt] *s sl. contp.* Weib *n* (*Frau od. Mädchen*).
bin·tu·rong ['bɪntjʊrɒŋ; *Am.* bɪn'tuːˌrɔːŋ] *s zo.* Binturong *m* (*Schleichkatze*).
ˌ**bi'nu·cle·ar**, *a.* ˌ**bi'nu·cle·ate** *adj biol. phys.* zweikernig.
bio- [baɪəʊ; baɪə] *Wortelement mit den Bedeutungen* a) Lebens..., b) leiblich: ~**mother**.
ˌ**bi·o'ac·tive** *adj* bioak'tiv. ˌ**bi·o·ac'tiv·i·ty** *s* Bioaktivi'tät *f*.
ˌ**bi·o·as'say** *s med.* Erprobung *f* e-r Droge, e-s Hor'mons *od.* e-s Vita'mins an e-m lebenden Orga'nismus.
'**bi·o·bib·li'og·ra·phy** *s* Biobibliogra'phie *f* (*Bibliographie, die das über e-e Person erschienene Schrifttum verzeichnet*).
bi·o·blast ['baɪəʊblɑːst; *Am.* -ˌblæst] → biophor(e).
ˌ**bi·o'cat·a·lyst** *s chem.* Biokataly'sator *m*.
ˌ**bi·o·ce·nol·o·gy** [ˌbaɪəʊsɪ'nɒlədʒɪ; *Am.* -ˌnɑ-] *s* Biozänolo'gie *f* (*Wissenschaft von den biologischen Lebensgemeinschaften*).
ˌ**bi·o'chem·i·cal** I *adj* (*adv* ~**ly**) bio'chemisch. II *s* Biochemi'kalie *f*. ˌ**bi·o'chem·ist** *s* Bio'chemiker(in). ˌ**bi·o'chem·is·try** *s* Bioche'mie *f*.
bi·o·cide ['baɪəsaɪd] *s* Bio'zid *n*, Schädlingsbekämpfungsmittel *n*.
'**bi·o·cli·ma'tol·o·gy** *s* Bioklimatolo'gie *f* (*Wissenschaft von den Einwirkungen des Klimas auf das Leben*).
'**bi·o·cy·ber'net·ics** *s pl* (*als sg konstruiert*) Biokyber'netik *f* (*Wissenschaft, die die Steuerungs- u. Regelungsvorgänge in biologischen Systemen untersucht*).
ˌ**bi·o·de'grad·a·ble** *adj* bio'logisch abbaubar.
ˌ**bi·o·dy'nam·ic**, ˌ**bi·o·dy'nam·i·cal** *adj* biody'namisch. ˌ**bi·o·dy'nam·ics** *s pl* (*als sg konstruiert*) Biody'namik *f* (*Wissenschaft von den Wirkungen verschiedener Außeneinflüsse auf Organismen*).
ˌ**bi·o·e'col·o·gy** *s biol.* Bioökolo'gie *f*.
'**bi·o·en·er'get·ics** *s pl* (*als sg konstruiert*) Bioener'getik *f* (*Lehre von der Anwendung der Energiegesetze auf die Lebensvorgänge*).
'**bi·o·en·gi'neer·ing** *s* Bio'technik *f* (*technische Nutzbarmachung biologischer Vorgänge*).
ˌ**bi·o'eth·ics** *s pl* (*als sg konstruiert*) Bio'ethik *f* (*Untersuchung der jüngsten Erkenntnisse der Biologie u. medizinischen Verfahrenstechnik auf die humanitäre, soziale, ethische u. religiöse Relevanz hin*).
ˌ**bi·o'feed·back** *s physiol. psych.* Bio'feedback(meˌthode *f*) *n* (*e-e Technik, durch Konzentration automatische Vorgänge wie Herzschlag u. Atmung zu beeinflussen*).
ˌ**bi·o'gen·e·sis** *s biol.* 1. Bioge'nese *f* (*Entwicklung*[*sgeschichte*] *der Lebewesen*). 2. Rekapitulati'onstheoˌrie *f*. ˌ**bi·o·ge'net·ic**, ˌ**bi·o·ge'net·i·cal** *adj* (*adv* ~**ly**) biogeˌnetisch: **biogenetic law** biogenetisches Grundgesetz. **bi·og·e·nous** [baɪ'ɒdʒənəs; *Am.* -'ɑ-] *adj* 'biogen: a) *durch Tätigkeit von Lebewesen entstanden*, b) *aus abgestorbenen Lebewesen gebildet*. **bi·og·e·ny** *s* Bioge'nie *f* (*Entwicklungsgeschichte der Lebewesen*).
ˌ**bi·o·ge'og·ra·phy** *s* Biogeogra'phie *f*.
bi·og·ra·pher [baɪ'ɒɡrəfə(r); *Am.* -'ɑ-] *s* Bio'graph *m*. **bi·o·graph·ic** [ˌbaɪə'ɡræfɪk; -əʊ'ɡ-] *adj*, ˌ**bi·o'graph·i·cal** *adj* (*adv* ~**ly**) bio'graphisch. **bi'og·ra·phy** *s* Biogra'phie *f*, Lebensbeschreibung *f*.
bi·o·lith ['baɪəʊlɪθ], *a.* '**bi·o·lite** [-laɪt] *s geol.* Bio'lith *m* (*aus abgestorbenen Lebewesen entstandenes Sediment*).

biologic - bisector

bi·o·log·ic [ˌbaɪəʊˈlɒdʒɪk; *Am.* -ˈlɑ-] *adj* (*adv* ~ally) *obs. für* **biological** I. **bi·o·ˈlog·i·cal** I *adj* (*adv* ~ly) bioˈlogisch: ~ **clock** biologische *od.* innere *od.* physiologische Uhr; ~ **shield** *phys. tech.* biologischer Schild; ~ **species** ökologische Art; ~ **warfare** biologische Kriegsführung, Bakterienkrieg *m.* **II** *s med. pharm.* bioˈlogisches Präpaˈrat (*z. B.* Serum).
bi·ol·o·gist [baɪˈɒlədʒɪst; *Am.* -ˈɑ-] *s* Bioˈloge *m*, Bioˈlogin *f.* **bi·ˈol·o·gy** *s* Bioloˈgie *f.*
ˈbi·o͵lu·miˈnes·cence *s* Biolumineˈszenz *f* (*auf biochemischen Vorgängen beruhende Lichtausstrahlung vieler Lebewesen*).
bi·ol·y·sis [baɪˈɒlɪsɪs; *Am.* -ˈɑl-] *s biol.* Bioˈlyse *f:* a) Tod u. Auflösung e-s lebenden Organismus, b) chemische Zersetzung organischer Substanz durch lebende Organismen.
ˈbi·o·mass *s* Biomasse *f* (*Gesamtmasse der in e-m Lebensraum vorkommenden Lebewesen*).
bi·ome [ˈbaɪəʊm] *s* Biˈom *n* (*Lebensgemeinschaft von Tieren u. Pflanzen in e-m größeren geographischen Raum*).
bi·o·met·rics [ˌbaɪəʊˈmetrɪks] *s pl* (*als sg konstruiert*), **bi·ˈom·e·try** [-ˈɒmɪtrɪ; *Am.* -ˈɑ-] *s* **1.** Bioˈmetrik *f*, Biomeˈtrie *f* (*Erfassung u. Bearbeitung von Meß- u. Zählwerten in der Biologie*). **2.** statistische Berechnung der wahrscheinlichen Dauer des menschlichen Lebens.
bi·on·ics [baɪˈɒnɪks; *Am.* -ˈɑ-] *s pl* (*als sg konstruiert*) Biˈonik *f* (*Wissenschaft, die technische, bes. elektronische Probleme nach dem Vorbild der Funktionen von Körperorganen zu lösen sucht*).
bi·o·nom·ics [ˌbaɪəʊˈnɒmɪks; *Am.* -ˈnɑ-] *s pl* (*a. als sg konstruiert*) *biol.* Ökoloˈgie *f.*
bi·o·phor(e) [ˈbaɪəfɔː(r); *Am. a.* -ˌfəʊər] *s biol.* Bioˈphor *m* (*früher angenommene Elementareinheit des Zellplasmas*).
ˌbi·oˈphys·ics *s pl* (*als sg konstruiert*) Biophyˈsik *f.*
ˈbi·o͵phys·iˈog·ra·phy *s biol.* beschreibende Bioloˈgie.
ˈbi·o·plasm *s* Bioˈplasma *n* (*a. Parapsychologie*).
bi·op·sy [ˈbaɪɒpsɪ; *Am.* -ˌɑp-] *s med.* Biopˈsie *f* (*Untersuchung von Gewebe etc, das dem lebenden Organismus entnommen ist*).
ˈbi·o͵rhythm *s* Biorhythmus *m.*
ˈbi·o͵sphere *s biol.* Bioˈsphäre *f* (*Zone des Erdballs, die Lebewesen beherbergt*).
ˌbi·oˈstat·ics *s pl* (*als sg konstruiert*) *biol.* Bioˈstatik *f*, Stoffwechsellehre *f.*
ˌbi·oˈsyn·the·sis *s* Biosynˈthese *f:* a) Aufbau chemischer Verbindungen in den Zellen des lebenden Organismus, b) Herstellung organischer Substanzen mit Hilfe von Mikroorganismen.
bi·o·ta [baɪˈəʊtə] *s* Fauna *f* u. Flora *f* (*e-s Gebiets od. e-r Periode*).
ˌbi·o·techˈnol·o·gy *Am.* → **ergonomics**.
bi·ot·ic [baɪˈɒtɪk; *Am.* -ˈɑ-] *adj* biˈotisch: ~ **Lebens**...
bi·o·tin [ˈbaɪətɪn] *s chem.* Bioˈtin *n*, Vitaˌmin *n* ˈH.
bi·o·tite [ˈbaɪətaɪt] *s min.* Bioˈtit *m.*
bi·o·tope [ˈbaɪətəʊp] *s* Bioˈtop *m, n:* a) durch bestimmte Pflanzen- u. Tiergesellschaften gekennzeichneter Lebensraum, b) Lebensraum e-r einzelnen Art.
ˈbi·o·type *s biol.* Bioˈtyp(us) *m*, reiner Typ, reine Linie.
ˌbi·parˈti·san *adj bes. pol.* **1.** zwei Parˈteien vertretend. **2.** aus Mitgliedern zweier Parˈteien bestehend, Zweiparˈteien... **3.** von zwei Parˈteien getragen: ~ **foreign policy**. **ˌbi·parˈti·san͵ship** *s* **1.** Zugehörigkeit *f* zu zwei Parˈteien. **2.** von zwei Parˈteien getragene (*bes.* ˈAußen)Poliˌtik.
ˌbiˈpar·tite *adj* **1.** zweiteilig, Zweier..., Zwei... **2.** *jur. pol.* a) zweiseitig: ~ **contract**, b) in doppelter Ausfertigung: ~ **document**. **ˌbi·parˈti·tion** *s* Zweiteilung *f.*
bi·ped [ˈbaɪped] *zo.* **I** *s* Zweifüßer *m*, zweifüßiges Tier. **II** *adj* zweifüßig. **bi·ped·al** [ˈ-ˌpedl; *Am.* -ˌpedl] → **biped** II.
ˌbiˈphen·yl *s chem.* Dipheˈnyl *n.*
bi·plane [ˈbaɪpleɪn] *s aer.* Doppel-, Zweidecker *m.*
bi·pod [ˈbaɪpɒd; *Am.* -ˌpɑd] *s* Zweifuß *m.*
ˌbiˈpo·lar *adj* zweipolig (*a. electr.*), bipoˈlar (*a. anat. math.*).
ˌbiˈquad·rate *s math.* ˈBiquaˌdrat *n*, vierte Poˈtenz. **ˌbi·quadˈrat·ic** **I** *adj* biquaˈdratisch: ~ **equation** → II. **II** *s* biquaˈdratische Gleichung, Gleichung vierten Grades.
birch [bɜːtʃ; *Am.* bɜrtʃ] **I** *s bot.* a) Birke *f*, b) Birkenholz *n*, c) Birkenreis *n*, -rute *f.* **II** *adj* birken. **III** *v/t* (mit der Rute) züchtigen. **ˈbirch·en** *adj bot.* birken, Birken... **ˈbirch·ing** *s* Züchtigung *f* (mit der Rute): **to get a** ~ gezüchtigt werden.
birch| oil *s* Birkenöl *n.* ~ **rod** *s* Birkenrute *f.*
bird [bɜːd; *Am.* bɜrd] *s* **1.** Vogel *m.* **2.** *hunt.* Jagdvogel *m*, *bes.* Rebhuhn *n*, b) Skeet-, Trapschießen *n*; *colloq.* Taube *f.* **3.** *colloq.* a) „Knülch" *m*, Bursche *m*, b) ˈTante' *f*, Mädchen *n*: **queer** ~ komischer Kauz; **a cunning old** ~ ein alter Fuchs. **4.** *Br. colloq.* „Biene" *f*, „Puppe" *f* (*Mädchen, bes. Freundin*). **5.** *aer. colloq.* a) ˈVogel' *m* (*Flugzeug*), b) Raˈkete *f* (*a. mil.*). **6.** *mil. colloq.* Adlerabzeichen e-s Obersten *etc.* **7.** *Am. colloq.* a) „toller" Kerl, b) „tolles" Ding. **8.** *Federballspiel: colloq.* (Feder)Ball *m.* **9.** *Br. colloq.* „Knast" *m* (*Haftstrafe*): **to do** ~ Knast schieben.
Besondere Redewendungen:
a ~ **in the hand is worth two in the bush** besser ein Spatz *od.* Sperling in der Hand als e-e Taube auf dem Dach; **a little** ~ **told me** a) das hat mir mein kleiner Finger gesagt, b) das hat mir j-d „geflüstert"; **to tell a child about the ~s and the bees** ein Kind aufklären; **that's (strictly) for the ~s** *colloq.* a) das ist „für die Katz", b) das taugt nichts, c) das soll glauben, wer will; **to give s.o. the** ~ *colloq.* a) j-n auspfeifen *od.* auszischen *od.* ausbuhen, b) j-n „abfahren" lassen, c) j-m den „Laufpaß" geben (*entlassen*); → **early** 5, **feather** 1, **fly** 1 9, **kill** 1.
ˈbird|·brain *s:* **to be a** ~ ein Spatzen(ge)hirn haben. **ˈ~·brained** *adj:* **to be** ~ birdbrain. **ˈ~·cage** *s* Vogelbauer *n, a. m*, -käfig *m.* **ˈ~·call** *s* **1.** Vogelruf *m.* **2.** Locke *f*, ˈLockinstruˌment *n, bes.* Lockpfeife *f.* **ˈ~·catch·er** *s* Vogelfänger *m*, -steller *m.* **ˈ~·dog** *s Am.* **1.** *hunt.* Hühner-, Vorstehhund *m.* **2.** *fig.* a) „Spürnase" *f* (*Person*), b) *bes. sport* Taˈlentsucher *m.* **ˈ~·ˌdog** *v/t Am. colloq.* j-m nachspüren.
ˈbird·er *s* **1.** Vogelbeobachter *m.* **2.** Vogelfänger *m*, -steller *m.*
ˈbird·house *s* **1.** Nistkasten *m.* **2.** Vogelhaus *n.*
bird·ie [ˈbɜːdɪ; *Am.* ˈbɜrdɪ] **I** *s* **1.** Vögelchen *n.* **2.** „Täubchen" *n* (*Kosename*). **3.** *Golf:* Birdie *n* (*1 Schlag unter Par*). **II** *v/t* **4. to** ~ **the 12th hole** (*Golf*) am 12. Loch ein Birdie spielen.
ˈbird·ing *s* **1.** Vogelbeobachtung *f.* **2.** Vogelfang *m.*
bird| life *s* Vogelleben *n*, -welt *f.* **ˈ~·like** *adj* vogelartig. **ˈ~·lime** *s* Vogelleim *m.* **ˈ~·man** [-mən] *s irr* **1.** a) Vogelfänger *m*, b) Vogelkenner *m*, c) ˈVogelpräpaˌrator *m.* **2.** *aer. colloq. obs.* Flieger *m.* ~ **mi·gra·tion** *s* Vogelzug *m.* ~ **of free·dom** *s Am.* Weißköpfiger Seeadler (*Wappentier der USA*). ~ **of Jove** *s orn.* Adler *m.* ~ **of Ju·no** *s orn.* Pfau *m.* ~ **of par·a·dise** *s orn.* Paraˈdiesvogel *m.* ~ **of pas·sage** *s orn.* Zugvogel *m* (*a. fig.*). ~ **of peace** *s* Friedenstaube *f.* ~ **of prey** *s* Raubvogel *m.* ~ **pep·per** *s bot.* Caˈyenne-Pfeffer *m.* ~ **sanc·tu·a·ry** *s* Vogelschutzgebiet *n.* **ˈ~·seed** *s* Vogelfutter *n.*
ˈbird's-eye **I** *s* **1.** *bot.* a) Aˈdonisröschen *n*, b) Gaˈmander-Ehrenpreis *m*, c) Mehlprimel *f.* **2.** a) Pfauen-, Vogelauge *n* (*Stoff*), b) Pfauenaugen-, Vogelaugenmuster *n.* **II** *adj* **3.** aus der ˈVogelperˌspekˌtive (gesehen): ~ **view** a) (Blick *m* aus der) Vogelschau *f*, b) *fig.* allgemeiner Überblick (**of** über *acc*); ~ **perspective** Vogelperspektive *f.* **4.** mit Pfauenaugen *od.* Vogelaugenmuster.
bird shot *s* Vogeldunst *m* (*Schrot*).
bird's| nest *s* **1.** (*a. eßbares*) Vogelnest. **2.** *bot.* a) Nestwurz *f*, b) Fichtenspargel *m*, c) Mohrrübe *f.* **ˈ~·nest** **I** *adj:* ~ **soup** *gastr.* Schwalbennestersuppe *f.* **II** *v/i* Vogelnester ausnehmen.
bird| strike *s aer.* Zs.-stoß *m* zwischen e-m Flugzeug u. e-m Vogel(schwarm). ~ **watch·er** *s* Vogelbeobachter *m.*
ˌbi·recˈtan·gu·lar *adj math.* mit zwei rechten Winkeln.
bi·reme [ˈbaɪriːm] *s mar. antiq.* Biˈreme *f* (*Zweiruderer*).
bi·ret·ta [bɪˈretə] *s* Biˈrett *n* (*Kopfbedeckung röm.-kath. Geistlicher*).
bi·ro [ˈbaɪərəʊ] *pl* **-ros** (*TM*) *s Br.* Kugelschreiber *m.*
birth [bɜːθ; *Am.* bɜrθ] *s* **1.** Geburt *f:* **at** ~ bei der Geburt; **a musician by** ~ ein geborener Musiker; **from** (*od.* **since**) (**one's**) ~ von Geburt an; **on** (*od.* **at**) **one's** ~ bei s-r Geburt; **to give** ~ **to** gebären, zur Welt bringen (→ 4). **2.** *zo.* Wurf *m.* **3.** (*a.* vornehme *adlige*) Abstammung *od.* Ab-, ˈHerkunft: **he's a man of (good)** ~ er stammt aus gutem Hause; **she's English by** ~ sie ist gebürtige Engländerin; → **high** 8. **4.** Ursprung *m*, Entstehung *f:* **to give** ~ **to** hervorbringen, -rufen, gebären (→ 1). ~ **cer·tif·i·cate** *s* Geburtsurkunde *f.* ~ **con·trol** *s* Geburtenregelung *f*, -beschränkung *f.* **ˈ~·day** **I** *s* Geburtstag *m:* **when is your** ~? wann hast du Geburtstag?; **happy** ~! alles Gute *od.* herzlichen Glückwunsch zum Geburtstag! **II** *adj* Geburtstags...: ~ **party**; ~ **present**; ~ **honours** *Br.* Titelverleihungen anläßlich des Geburtstags des Königs *od.* der Königin; **in one's** ~ **suit** *colloq. humor.* im Adams- *od.* Evaskostüm. **ˈ~·mark** *s* Muttermal *n.* **~·pill** *s med. pharm.* Antiˈbabypille *f.* **ˈ~·place** *s* Geburtsort *m.* ~ **rate** *s* Geburtenziffer *f:* **falling** ~, **decline of** (*od.* **in**) **the** ~ Geburtenrückgang *m.* **ˈ~·right** *s* (Erst)Geburtsrecht *n.*
bis [bɪs] (*Lat.*) *adv* **1.** zweimal. **2.** *mus.* bis, noch einmal.
bis·cuit [ˈbɪskɪt] **I** *s* **1.** *Br.* Keks *m, n:* **to take the** ~ *colloq.* „den Vogel abschießen"; **that (really) takes the** ~! *colloq.* a) das ist (einsame) Spitze!, b) *contp.* das ist (wirklich) das Allerletzte! **2.** *Am.* kleines weiches Brötchen. **3.** → **biscuit ware**. **4.** a) Rehbraun *n*, b) Beige *n.* **II** *adj* **5.** a) rehbraun, b) beige. ~ **ware** *s tech.* Bisˈkuit(porzelˌlan) *n* (*zweimal gebranntes Porzellan*).
bi·sect [baɪˈsekt; *Am. a.* ˈbaɪˌsekt] **I** *v/t* **1.** in zwei Teile (zer)schneiden *od.* teilen. **2.** *math.* halˈbieren: ~**ing line** → **bisector**. **II** *v/i* **3.** sich teilen *od.* gabeln. **biˈsec·tion** *s math.* Halˈbierung *f.* **biˈsec·tor** [-tə(r)] *s math.* Halˈbierungs-

linie *f*, Hal'bierende *f*. **bi'sec·trix** [-trɪks] *pl* **-tri·ces** [-trɪsiːs] *s math. min.* 'Winkelhal,bierende *f*, Mittellinie *f*.

,**bi'sex·u·al** *adj* bisexu'ell: a) *biol.* doppelgeschlechtig, zwitterhaft, b) *mit beiden Geschlechtern sexuell verkehrend*, c) *auf beide Geschlechter gerichtet* (*Sexualtrieb*).

bish [bɪʃ] *s Br. sl.* Fehler *m*.

bish·op ['bɪʃəp] *s* **1.** *relig.* Bischof *m*. **2.** *Schach:* Läufer *m*. **3.** Bischof *m* (*Getränk aus Rotwein, Zucker u. Pomeranzenschalen*). '**bish·op·ric** [-rɪk] *s* Bistum *n*, Diö'zese *f*.

Bis·marck her·ring ['bɪzmɑː(r)k] *s gastr.* Bismarckhering *m*.

bis·muth ['bɪzməθ] *s chem. min.* Wismut *n*. '**bis·muth·ate** [-θeɪt] *s chem.* wismutsaures Salz.

bi·son ['baɪsn] *pl* **-sons**, *bes. collect.* **-son** *s zo.* **1.** Bison *m*, Amer. Büffel *m*. **2.** Euro'päischer Wisent.

bisque¹ [bɪsk] *s Golf, Tennis:* Vorgabe *f* (*bes. e-e, die bei Bedarf in Anspruch genommen werden kann*).

bisque² [bɪsk] *s* **1.** a) Krebs- *od.* Geflügelcremesuppe *f*, b) (Gemüse)Cremesuppe *f*: **tomato ~. 2.** Nußeis *n*.

bisque³ [bɪsk] → **biscuit ware.**

bis·sex·tile [bɪ'sekstaɪl] **I** *s* Schaltjahr *n*. **II** *adj* Schalt...: **~ day** Schalttag *m*.

,**bi'sta·ble** *adj electr. tech.* 'bista,bil.

bis·ter, *bes. Br.* **bis·tre** ['bɪstə(r)] *s* Bister *m, n* (*aus Holzruß hergestellte bräunliche Wasserfarbe*).

bis·tort ['bɪstɔːt] *s bot.* Natterwurz *f*.

bis·tou·ry ['bɪstʊrɪ] *s med.* Bi'stouri *n* (*langes, schmales Skalpell mit auswechselbarer Klinge*).

bis·tre *bes. Br. für* **bister**.

bis·tro ['biːstrəʊ] *pl* **-tros** *s* Bistro *n*.

,**bi'sul·fate**, *bes. Br.* ,**bi'sul·phate** *s chem.* Bisul'fat *n*, saures Sul'fat. **~ of pot·ash** *s chem.* 'Kaliumbisul,fat *n*.

,**bi'sul·fite**, *bes. Br.* ,**bi'sul·phite** *s chem.* Bisul'fit *n*, doppelschwefligsaures Salz.

bit¹ [bɪt] **I** *s* **1.** Gebiß *n* (*am Pferdezaum*): **to take the ~ between** (*od.* **in**) **one's teeth** a) durchgehen (*Pferd*), b) *fig.* störrisch werden, c) *fig.* ,sich reinknien', sich mächtig anstrengen; → **chafe** 4, **champ**¹ 3. **2.** *fig.* Zaum *m*, Zügel *m u. pl*, Kan'dare *f*: **to bite on the ~** a) s-n Ärger verbeißen, b) sich e-e Äußerung *etc* verkneifen. **3.** *tech.* schneidender *od.* packender Werkzeugteil: a) Bohrer(spitze *f*) *m*, Stich *m*, Meißel *m*, Schneide *f*, b) Hobeleisen *n*, c) Backe *f*, Maul *n* (*der Zange etc*), d) (Schlüssel)Bart *m*. **4.** Mundstück *n* (*e-r Tabakspfeife, Zigarettenspitze etc*). **II** *v/t* **5.** e-m Pferd das Gebiß anlegen. **6.** *fig.* zügeln.

bit² [bɪt] *s* **1.** Bissen *m*, Happen *m*, Stück(chen) *n*. **2.** *a. fig.* Stück(chen) *n*: **to fall to ~s** entzweigehen, zerbrechen; **to pull** (*od.* **pick**, **tear**) **to ~s** a) in Stücke reißen, b) *fig.* e-e Äußerung *etc* zerpflücken; **a ~** ein bißchen, ein wenig, etwas; **a ~ dull** ziemlich langweilig. **3.** *colloq.* kurze Augenblick *m*, Mo'ment *m*: **wait a ~; after a ~** nach e-m Weilchen. **4.** *colloq.* kleine Münze: **twopenny ~**; → **two bits. 5.** *a.* **~ part** *thea. etc* kleine (Neben)Rolle. **6.** *Am. sl.* ,Knast' *m* (*Freiheitsstrafe*). **7.** *sl. contp.* Weib *n* (*Mädchen od. Frau*). **Besondere Redewendungen:** **a ~ of all right** *bes. Br. colloq.* a) ,schwer in Ordnung', ein ,prima' Kerl, e-e ,prima' Sache, b) ein ,sexy Zahn'; **he is a ~ of a comedian** er hat etwas von e-m Komödianten (an sich); **a ~ of a coward** ziemlich feig(e); **a ~ of a fool** ein bißchen dumm; **a ~ of good luck** ein glücklicher Zufall; **a ~ of a mystery** e-e ziemlich rätselhafte Geschichte; **not a ~** keine

Spur, ganz u. gar nicht, nicht im geringsten, überhaupt nicht; **not a ~!** keine Spur!; **a good ~** ein tüchtiges Stück; **quite a ~** ziemlich viel; **~ by ~, a ~ at a time** Stück für Stück, nach u. nach, allmählich; **to do one's ~** a) s-e Pflicht (u. Schuldigkeit) tun, b) s-n Beitrag leisten; **he's doing the boss ~** er spielt sich als Boß auf; **you misunderstood every ~ of it** das hast du ganz u. gar mißverstanden; **~ as good** ganz genauso gut; **one's ~s and pieces** s-e Siebensachen; **to have a ~ on the side** *colloq.* e-n Freund/e-e Freundin haben, fremdgehen; → **mind** 4.

bit³ [bɪt] *s Computer:* Bit *n*.

bit⁴ [bɪt] *pret u. obs. od. colloq. pp von* **bite**.

,**bi'tan·gent** *s math.* 'Doppeltan,gente *f*.

bitch [bɪtʃ] **I** *s* **1.** *zo.* Hündin *f*. **2.** *zo.* Weibchen *n*: **~ (fox)** Füchsin *f*; **~ (wolf)** Wölfin *f*. **3.** *sl.* a) Schlampe *f*, b) ,Miststück' *n*, ,Mistweib' *n*: → **son** 2. **4.** *Am. sl.* ,Mistding' *n*, (*etwas*) Scheußliches: **he had a ~ of a time** ihm ist es ganz schön dreckig gegangen. **5.** *sl.* ,Mecke'rei' *f*. **II** *v/t* **6.** *a.* **~ up** *sl.* ,versauen', verpfuschen. **7.** *sl.* ,meckern' über (*acc*). **III** *v/i* **8.** *sl.* ,meckern' über (*acc*).

'**bitch·y** *adj* gemein, gehässig (*Frau*).

bite [baɪt] **I** *v/t pret* **bit** [bɪt] *pp* **bit·ten** ['bɪtn], *obs. od. colloq.* **bit 1.** beißen: **to ~ the hand that feeds one** Gutes mit Schlechtem vergelten; **to ~ one's nails** a) an den Nägeln kauen, b) *fig.* nervös *od.* unruhig sein; **to ~ the dust** (*Am. a.* **ground**) *colloq.* a) ,ins Gras beißen' (*umkommen*), b) ,abgeschmettert' werden (*Plan etc*), c) ,dran glauben müssen' (*getrunken werden, ausrangiert werden*); **what's biting you?** *colloq.* was ist mit dir los?; **to ~ back** sich e-e Äußerung *etc* verkneifen; **to ~ off** abbeißen; **to ~ off more than one can chew** *colloq.* sich zuviel zumuten; → **bitten** II, **head** *Bes. Redew.*, **lip** 1, **tongue** 1. **2.** beißen, stechen (*Insekt*). **3.** a) beißen in (*dat*): **smoke ~s the eyes**, b) *j-m* schneiden in (*acc*): **the wind was biting his face**. **4.** schneiden in (*acc*) (*Säge*). **5.** *chem.* beizen, ätzen, zerfressen, angreifen. **6.** *fig.* (*nur pass*) angreifen, in Mitleidenschaft ziehen: **badly bitten** schwer mitgenommen. **7.** *colloq.* (*nur pass*) betrügen: **to be bitten** hereingefallen sein; **the biter bit** der betrogene Betrüger; **the biter will be bitten** wer andern e-e Grube gräbt, fällt selbst hinein. **II** *v/i* **8.** (zu)beißen: **to ~ into** a) (hinein)beißen in (*acc*), b) → 4, 5; **s.th. to ~ on** etwas zum Beißen, b) *fig.* etwas Konkretes. **9.** anbeißen (*a. fig.*), schnappen (**at** nach) (*Fisch*). **10.** beißen, stechen (*Insekt*). **11.** beißen (*Rauch, Gewürz etc*), schneiden (*Wind, Kälte etc*). **12.** fassen, greifen (*Rad, Schraube etc*). **13.** *fig.* beißend *od.* verletzend sein. **14.** sich (*bes. negativ*) auswirken (*Maßnahme*). **III** *s* **15.** Beißen *n*, Biß *m*: **to put the ~ on** *s.o. Am. sl.* j-n unter Druck setzen. **16.** Biß *m*, Stich *m* (*s. Insekts*). **17.** Biß(wunde *f*) *m*. **18.** Bissen *m*, Happen *m* (*a. weitS.* Imbiß *od.* Nahrung): **not a ~ to eat. 19.** *colloq.* Anbeißen *n* (*der Fische*): **he hasn't had** (*od.* **got**) **a single ~ yet** bei ihm hat noch kein einziger Fisch angebissen. **20.** Fassen *n*, Greifen *n* (*von Rädern, Schrauben etc*): **these screws have plenty of ~** diese Schrauben fassen *od.* greifen sehr gut; **s.th. has lost its ~** etwas greift *od.* zieht nicht mehr. **21.** *chem.* Beizen *n*, Ätzen *n*. **22.** Schärfe *f*: **the ~ of a spice. 23.** *fig.* a) Bissigkeit *f*, Schärfe *f*, b) Würze *f*, Geist *m*, c) *sport* Biß *m*.

'**bit·er** *s* Beißende(r *m*) *f*: → **bite** 7.

'**bite-shaped** *adj* mundgerecht.

'**bit·ing** *adj* (*adv* **~ly**) beißend (*Rauch, Kälte etc*), schneidend (*Wind, Kälte etc*) (*beide a. Worte etc*).

bitt [bɪt] *mar.* **I** *s* Poller *m*. **II** *v/t* e-e Trosse um e-n Poller nehmen.

bit·ten ['bɪtn] **I** *pp von* **bite**. **II** *adj* gebissen: **once ~ twice shy** (ein) gebranntes Kind scheut das Feuer; **to be ~ with** *s.th. colloq.* von etwas angesteckt *od.* gepackt sein.

bit·ter ['bɪtə(r)] **I** *adj* (*adv* **~ly**) **1.** bitter (*Geschmack*): → **pill** 1. **2.** bitterkalt (*Nacht, Wind etc*). **3.** *fig.* bitter (*Schicksal, Wahrheit, Tränen, Worte etc*), schmerzlich, hart: **to weep ~ly** bitterlich weinen; **to the ~ end** bis zum bitteren Ende. **4.** *fig.* scharf, heftig (*Kritik etc*). **5.** *fig.* a) erbittert (*Feinde etc*), b) verbittert (**about** wegen). **II** *adv* **6.** bitter (*nur in Verbindungen wie*): **~ cold** bitterkalt. **III** *s* **7.** Bitterkeit *f*. **8.** *fig.* (*das*) Bittere: **the ~s of life** die Widrigkeiten des Lebens; **to take the ~ with the sweet** das Leben so nehmen, wie es ist. **9.** *meist pl* bitteres (alko'holisches) Getränk, (Magen)Bitter *m*. **10.** *Br.* stark gehopftes (Faß)Bier. **IV** *v/t u. v/i* **11.** bitter machen (werden). **~ al·mond** *s* a) Bittermandel *f*, b) bittere Mandeln (*Samen*). ,**~-'al·mond oil** *s* Bittermandelöl *n*. **~ earth** *s chem.* Bittererde *f*, Ma'gnesiumoxyd *n*.

bit·ter·ling ['bɪtə(r)lɪŋ] *s ichth.* Euro'päischer Bitterling: **~ test** *med.* ein Schwangerschaftstest.

bit·tern¹ ['bɪtə(r)n] *s orn.* Rohrdommel *f*.

bit·tern² ['bɪtə(r)n] *s* **1.** *chem.* Mutterlauge *f*. **2.** Bitterstoff *m* (*für Bier*).

'**bit·ter·ness** *s* **1.** (*das*) Bittere, Bitterkeit *f*, bitterer Geschmack. **2.** *fig.* Bitterkeit *f*, Schmerzlichkeit *f*, Härte *f*. **3.** *fig.* a) Erbitterung *f*, b) Verbitterung *f*.

'**bit·ter|-nut** *s bot.* (*e-r*) amer. Hickorynuß. **~ salt** *s chem.* Bittersalz *n*, Ma'gnesiumsalz *n*, Magne'sit *m*. '**~-sweet I** *adj* bittersüß. **II** *s bot.* Bittersüß *n*. '**~-wood** *s* Bitter-, Quassiaholz *n*. '**~-wort** *s bot.* Goldenzian *m*.

bit·ty ['bɪtɪ] *adj oft contp.* (bunt) zs.-gewürfelt.

bi·tu·men ['bɪtjʊmɪn; *Am.* bə'tjuːmən; -'tuː-; *a.* baɪ-] *s* **1.** *min.* Bi'tumen *n*, Erdpech *n*, As'phalt *n*. **2.** *geol.* Bergteer *m*. **~ lig·nite** *s* ölreiche Braunkohle. **~ road** *s* As'phaltstraße *f*. **~ slate** *s* Brandschiefer *m*. **~ tar** *s* Braunkohlenteer *m*.

bi·tu·mi·nize [bɪ'tjuːmɪnaɪz; *Am. a.* -'tuː-] *v/t* **1.** bitumi'nieren. **2.** asphal'tieren: **~d road** Asphaltstraße *f*.

bi·tu·mi·nous [bɪ'tjuːmɪnəs; *Am. a.* -'tuː-; *a.* baɪ-] *adj min. tech.* bitumi'nös, as'phalt-, pechhaltig. **~ coal** *s* Stein-, Fettkohle *f*.

'**bi,va·lent I** *s* **1.** *biol.* Geminus *m*, Chromo'somenpaar *n*. **II** *adj* **2.** *chem.* zweiwertig. **3.** *biol.* 'doppelchromo,somig.

'**bi·valve** *zo.* **I** *s* zweischalige Muschel. **II** *adj* zweischalig.

biv·ou·ac ['bɪvʊæk; 'bɪvwæk] *bes. mil. mount.* **I** *s* Biwak *n*. **II** *v/i* biwa'kieren.

,**bi'week·ly I** *adj u. adv* **1.** zweiwöchentlich, vierzehntägig, halbmonatlich, Halbmonats... **2.** zweimal in der Woche (erscheinend). **II** *s* **3.** Halbmonatsschrift *f*. **4.** zweimal in der Woche erscheinende Veröffentlichung.

biz [bɪz] *colloq. für* **business**.

bi·zarre [bɪ'zɑː(r)] **I** *adj* bi'zarr, seltsam, ab'sonderlich, phan'tastisch. **II** *s bot.* buntgestreifte Nelken- *od.* Tulpenart.

,**bi'zon·al** *adj* bizo'nal.

blab [blæb] **I** *v/t* **1.** *oft* **~ out** (aus)plappern, ausplaudern, verraten. **II** *v/i* **2.** plappern, schwatzen. **3.** ,plaudern', die

blabber – blackout

Sache verraten. **III** *s* **4.** Geschwätz *n*. **5.** Schwätzer(in), Klatschbase *f*. ˈ**blab·ber** → **blab**. ˈ**blab·ber·maul** *s colloq*. Plappermaul *n*.

black [blæk] **I** *adj* **1.** schwarz (*a*. Kaffee, Tee): (as) ~ as coal (*od*. pitch *od*. the devil *od*. ink *od*. night) schwarz wie die Nacht, kohlraben-, pechschwarz; **the house went** ~ im ganzen Haus ging das Licht aus. **2.** schwärzlich, dunkel(farben): ~ **in the face** dunkelrot im Gesicht (*vor Aufregung etc*); **to beat s.o.** ~ **and blue** j-n grün u. blau schlagen; **he was** ~ **and blue all over** er hatte am ganzen Körper blaue Flecken; → **black eye**. **3.** schwarz, dunkel(häutig): ~ **man** Schwarze(r) *m*, Neger *m*. **4.** schwarz, schmutzig: ~ **hands**. **5.** *fig*. finster, düster, schwarz: **to look** ~ düster blicken; **things are looking** ~, **the outlook is** ~ es sieht schlimm aus (for mit, für); ~ **despair** völlige Verzweiflung. **6.** böse, schwarz: **a** ~ **deed** e-e schlimme Tat; ~ **humo(u)r** schwarzer Humor; **a** ~ **look** ein böser Blick; **to look** ~ **at s.o.**, **to give s.o. a** ~ **look** j-n (böse) anfunkeln; **not so** ~ **as he is painted** besser als sein Ruf. **7.** *fig*. negerfreundlich. **8.** *pol*. a) ‚schwarz', kleriˈkal, b) faˈschistisch. **9.** schwarz, ungesetzlich: ~ **payments**. **10.** *econ. bes. Br.* boykotˈtiert.
II *s* **11.** Schwarz *n* (*a. bei Brettspielen*), schwarze Farbe: **dressed in** ~ schwarz *od*. in Schwarz gekleidet. **12.** (*etwas*) Schwarzes: **in the** ~ **of the night** in tiefster Nacht. **13.** *oft* B~ Schwarze(r *m*) *f*, Neger(in). **14.** *pol*. a) ‚Schwarze(r)' *m*, Kleriˈkale(r) *m*, b) Faˈschist *m*. **15.** Schwärze *f*, schwarzer Farbstoff. **16.** Schwarz *n*, schwarze Kleidung, Trauerkleidung *f*: **to be in** (*od*. **wear**) ~ Trauer(-kleidung) tragen. **17.** *meist of print*. Spieß *m*. **18.** **to be in the** ~ *econ*. a) mit Gewinn arbeiten, b) aus den roten Zahlen heraussein. **19.** *econ. bes. Br.* Boyˈkott *m*.
III *v/t* **20.** → blacken 1, 3. **21.** Schuhe (schwarz) wichsen. **22.** **to** ~ **s.o.'s eye** j-m ein ‚blaues Auge' *od*. ein ‚Veilchen' schlagen. **23.** *econ. bes. Br.* boykotˈtieren.
IV *v/i* **24.** → blacken 4.

Verbindungen mit Adverbien:
black| out I *v/t* **1.** (völlig) abdunkeln, *a. mil*. verdunkeln: **to** ~ **the windows**. **2.** Geschriebenes schwarz überˈmalen. **3.** Nachrichten *etc* unterˈdrücken. **4.** e-e Funkstation (durch Störgeräusche) ausschalten, Sendungen überˈdecken. **5.** *TV* a) (*durch Streik*) die Ausstrahlung e-s Programms verhindern: **to** ~ **a program(me)**; **the television technicians blacked out last night's program(me)s** durch s-n Streik brachte das technische Fernsehpersonal gestern abend den Sendebetrieb zum Erliegen, b) *ein Gebiet* ausdunkeln. **6.** a) *j-n* bewußtlos machen, b) *tech. u. fig.* etwas außer Betrieb setzen, ausschalten. **II** *v/i* **7.** sich verdunkeln. **8.** ein Blackout haben. **9.** bewußtlos *od*. ohnmächtig werden. **10.** *tech. u. fig.* ausfallen. ~ **up** *v/i thea*. sich als Neger schminken.

black|Afˈri·ca *s pol*. Schwarzafrika *n*. **Afˈri·can I** *adj* ˈschwarzafriˌkanisch. **II** *s* ˈSchwarzafriˌkaner(in).
black·a·moor [ˈblækəˌmʊə(r)] *s obs. od. humor*. Neger(in), Mohr(in).
ˌ**black|-and-ˈblue** *adj* dunkelblau (verfärbt) (*Körperstelle*). ~ **and tan** *pl* **black and tans** *s* **1.** *zo*. Manchesterterrier *m*. **2.** *Br.* Mischgetränk aus Stout *od.* Porter u. Ale. **3. Black and Tans** *pl mil. hist. brit.* Truppen, die 1920–21 gegen Irland eingesetzt wurden. ˌ~**-and-ˈtan I** *adj* **1.** schwarz mit hellbraunen Flecken: ~ **terrier** → **black and tan** 1. **2.** *Am.* a) Schwarze u. Weiße zuˈsammen betreffend, b) von Schwarzen u. Weißen besucht: ~ **bar**. **II** *s* **3.** *Am.* von Schwarzen u. Weißen besuchte Bar. ~ **and white** *pl* **black and whites** *s* **1.** (*etwas*) Gedrucktes *od*. Geschriebenes: **in** ~ schwarz auf weiß, schriftlich. **2.** Schwarzˈweißbild *n*, -zeichnung *f*. **3.** *fig*. **to depict s.th. in** ~ etwas schwarzweißmalen; **he always sees things in** ~ für ihn gibt es nur Schwarz *od*. Weiß. ˌ~**-and-ˈwhite** *adj* **1.** schriftlich. **2.** *art, Film etc*: Schwarzweiß... (*a. fig.*): ~ **photograph** (**television**, *etc*); ~ **depiction** *fig*. Schwarzweißmalerei *f*. ~ **art** → **black magic**. ˈ~**·ball I** *s* **1.** a) schwarze Wahlkugel, b) *fig*. Gegenstimme *f*. **II** *v/t* **2.** stimmen gegen. **3.** a) j-n (aus der Gesellschaft, aus e-m Berufsverband *etc*) ausstoßen, b) *Am.* boykotˈtieren. ~ **bear** *s zo*. Schwarzbär *m*. ~ **bee·tle** *s zo*. Küchenschabe *f*. ~ **belt** *s Am.* **1.** Zone *f* mit vorwiegend schwarzer Bevölkerung. **2.** Zone *f* mit schwarzerdigem, fruchtbarem Boden. ˈ~**·ber·ry** [ˈ~bərɪ; *Am.* -ˌberɪ] *s bot.* Brombeere *f*. ˈ~**·bird** *s* **1.** *orn.* Schwarzdrossel *f*. **2.** *hist. sl. gefangener Südseeinsulaner, der – bes. nach Australien – als Sklave verkauft wurde.* ~ **blende** *s min.* Uˈranpechblende *f*. ˈ~**·board** *s* (Schul-, Wand)Tafel *f*: ~ **jungle** a) Schule *f* mit aufsässigen u. rowdyhaften Schülern, b) *die Verhältnisse* in *e-r solchen Schule*. ˈ~**·bod·y** *s phys*. schwarzer Strahler *od*. Körper: ~ **radiation** schwarze Strahlung. ~ **box** *s* **1.** *Kybernetik*: Black box *f* (*Teil e-s Systems, dessen Aufbau u. innerer Ablauf aus den Reaktionen auf eingegebene Signale erst erschlossen werden muß*). **2.** *aer. colloq*. Flugschreiber *m*. ~ **cap** *s hist. Br.* schwarze Kappe (*der Richter bei Todesurteilen*). ˈ~**·cap** *s orn.* a) Schwarzköpfige Grasmücke, b) Kohlmeise *f*, c) Schwarzköpfige Lachmöwe. ~ **cat** *s zo*. Kaˈnadischer Marder. ~ **cat·tle** *s* ursprünglich schwarze Rinderrasse aus Schottland *u.* Wales. ~ **cin·der** *s tech.* Rohschlacke *f*. ~ **coal** *s* Stein-, Schwarzkohle *f*. ˈ~**·coat** *s meist contp*. ‚Schwarzrock' *m*, *bes. Geistliche(r) m*. ˌ~**·coat·ed** *adj Br. Büro*...: ~ **proletariat** ‚Stehkragenproletariat' *n*; ~ **worker** (Büro)Angestellte(r *m*) *f*. ˈ~**·cock** *s orn.* Birkhahn *m*. **B~ Code** *s Am. hist.* die Neger (*bes. die Negersklaven vor der Befreiung*) betreffende Gesetzessammlung. ~ **com·e·dy** *s thea*. schwarze Koˈmödie. **B~ Coun·try** *s* (*das kohlen- u. eisenreiche*) Induˈstriegebiet von Staffordshire und Warwickshire (*in England*). ~ **damp** *s Bergbau*: Ferch *m*, (Nach)Schwaden *m*, Stickwetter *n*. **B~ Death** *s* (*der*) Schwarze Tod, (*die*) Pest. ~ **di·a·mond** *s* **1.** Karboˈnado *m* (*grauschwarze Diamantenart*). **2.** *pl* schwarzes Gold (Kohle). ~ **dog** *s colloq*. ‚miese' Stimmung, Katzenjammer *m*. ~ **ea·gle** *s orn.* Steinadler *m*. ~ **earth** *s geol.* (Steppen)Schwarzerde *f*.
ˈ**black·en I** *v/t* **1.** schwarz machen, schwärzen. **2.** → **black** 21. **3.** *fig*. **to** ~ **s.o.'s character** j-n verunglimpfen; **to** ~ **s.o.'s name** (*od.* **reputation**) j-n schlechtmachen; **to** ~ **the picture** a) etwas Negatives sagen, b) schwarzmalen. **II** *v/i* **4.** schwarz *od*. dunkel werden.

Black Eng·lish *s* von schwarzen Ameriˈkanern gesprochenes Englisch.
black| eye *s* **1.** ‚blaues Auge', ‚Veilchen' *n*: **to give s.o. a** ~ j-m ein blaues Auge schlagen, b) *fig*. j-m e-e Abfuhr erteilen. ˈ~**·face** *s* **1.** a) als Neger geschminkter Schauspieler, b) schwarze Schminke: **in** ~ schwarzgeschminkt. **2.** *print*. (halb-) fette Schrift. ˈ~ₙ**fel·low** *s* Auˈstralneger *m*. ~ **flag** *s* schwarze (Piˈraten)Flagge. ~ **flux** *s tech.* schwarzer Fluß (*Schmelzod. Flußmittel aus Kohle u. Pottasche*). ~ **fly** *s zo*. **1.** (*e-e*) Kriebelmücke. **2.** Schwarze Blattlaus. ˈ**B~·foot** *s irr* ˈSchwarzfuß(indiˌaner) *m*. **B~ Friˈar** *s relig*. Dominiˈkaner *m*. ~ **frost** *s* strenge, aber trockene Kälte. ~ **game** *s orn*. Schwarzes Rebhuhn. ~ **grouse** *s orn*. Birkhuhn *n*.
black·guard [ˈblægɑː(r)d; *Am.* ˈblægərd] **I** *s* **1.** Lumpenpack *n*, Gesindel *n*. **2.** gemeiner Kerl, Lump *m*, Schuft *m*. **3.** *obs*. ˈKüchenpersoˌnal *n*. **II** *adj* **4.** gemein, schuftig. **5.** unflätig (*Sprache*). **III** *v/t* **6.** unflätig ˈherziehen über (*acc*). ˈ**black·guardˌism** *s* **1.** Lumpeˈrei(en *pl*) *f*. **2.** Unflat *m*. ˈ**black·guard·ly** → **blackguard** II.
ˈ**black|·head** *s med.* Mitesser *m*. ˌ~**·ˈheart·ed** *adj* boshaft, gemein. ~ **hole** *s* **1.** *astr.* schwarzes Loch. **2.** *mil.* ‚Bau' *m*, ‚Loch' *n*. ~ **ice** *s* Glatteis *n*.
ˈ**black·ing** *s* **1.** schwarze (Schuh)Wichse: ~ **shining** — Glanzwichse. **2.** (Ofen-) Schwärze *f*. ~ **brush** *s* Wichsbürste *f*.
black i·ron plate *s tech.* Schwarzblech *n*.
ˈ**black·ish** *adj* schwärzlich: ~ -**blue** bläulichschwarz.
ˈ**black|·jack I** *s* **1.** a. ~ **oak** *bot. Am.* Schwarzeiche *f*. **2.** → **black flag**. **3.** *min.* Christoˈphit *m*. **4.** ˈSiebzehnundˈvier *n* (*Kartenglücksspiel*). **5.** *bes. Am.* Totschläger *m* (*Waffe*). **II** *v/t* **6.** *bes. Am.* mit e-m Totschläger zs.-schlagen. **7.** **to** ~ **s.o. into doing s.th.** *bes. Am.* j-n durch Drohungen dazu zwingen, etwas zu tun. ~ **lead** [led] *s min.* Reißblei *n*, Graˈphit *m*. ˌ~**-ˈlead pow·der** *s* Eisenschwärze *f*. ˈ**black·leg I** *s* **1.** a) Falschspieler *m*, b) Wettbetrüger *m*. **2.** *bes. Br.* Streikbrecher *m*. **II** *v/i* **3.** *bes. Br.* sich als Streikbrecher betätigen. ˈ**black·legˌger·y** *s bes. Br.* Betätigung *f* als Streikbrecher.

black|ˈlet·ter *s print.* Frakˈtur *f*, gotische Schrift. ~ **let·ter day** *s* schwarzer Tag, Unglückstag *m*. ~ **lev·el** *s TV* Schwarzwert *m*, -pegel *m*. ˈ~**·list I** *s* schwarze Liste. **II** *v/t* j-n auf die schwarze Liste setzen. ˈ~ **mag·ic** *s* Schwarze Maˈgie. ˈ~**·mail I** *s* **1.** *jur*. Erpressung *f*. **2.** Erpressungsgeld *n*. **II** *v/t* **3.** j-n erpressen (**over s.th.** mit etwas), Geld erpressen von (*j-m*): **to** ~ **s.o. into doing s.th.** j-n durch Erpressung dazu zwingen, etwas zu tun. ˈ~**·mail·er** *s* Erpresser(in). **B~ Maˈri·a** *s colloq*. ‚grüne Minna' (*Gefangenentransportwagen*). ~ **mark** *s fig.* Minuspunkt *m*: **to be a** ~ **against** ein Hindernis sein für. ~ **mar·ket** *s* schwarzer Markt, Schwarzmarkt *m*, -handel *m*. ˌ~**-ˈmar·ket I** *v/i* Schwarzhandel treiben. **II** *v/t* *auf dem schwarzen Markt* verkaufen. ~ **mar·keˈteer** *s* Schwarzhändler(in). ˌ~**-marˈketˈeer** → **blackmarket** I. ~ **mass** *s* Schwarze Messe, Teufelsmesse *f*. ˌ~**·mea·sles** *s pl* (*meist als sg konstruiert*) *med*. hämorˈrhagische Masern *pl*. ~ **mon·ey** *s* schwarzes Geld (*das nicht versteuert wird*). **B~ Monk** *s relig.* Benediktiner(mönch) *m*. **B~ Mus·lim** *s* Black Muslim *m* (*Mitglied e-r radikalen mohammedanischen Sekte, bes. in den USA*).
ˈ**black·ness** *s* **1.** Schwärze *f*. **2.** → negritude. **3.** schwarzer Huˈmor.
ˈ**black|·out** *s* **1.** *bes. mil.* Blackout *n, m*, Verdunk(e)lung *f*. **2.** *thea.* Blackout *n, m*: a) *plötzliches Verdunkeln der Szene bei Bildschluß*, b) *kleinerer Sketch, der mit e-r scharfen Pointe u. plötzlichem Verdunkeln endet*. **3.** *med.* Blackout *n, m*: a) zeitweili-

ger Ausfall des Sehvermögens unter der Einwirkung hoher Beschleunigung od. bei Kreislaufstörungen, b) *plötzlich auftretender, kurz dauernder Verlust des Bewußtseins, Erinnerungsvermögens etc.* **4.** *med.* Ohnmacht *f,* Bewußtlosigkeit *f.* **5.** Blackout *n, m:* a) *phys.* Aussetzen des Kurzwellenempfangs durch den Einfluß von Röntgenstrahlen der Sonne, b) *Raumfahrt: Unterbrechung des Funkkontaktes zwischen Raumschiff u. Bodenstation.* **6.** *TV* a) *(streikbedingter)* Pro¦grammausfall, Stillegung *f* des Sendebetriebs, b) Ausdunk(e)lung *f (e-s Gebiets).* **7.** *TV Am.* Austasten *n:* ~ **signal** Austastsignal *n.* **8.** *(bes.* Nachrichten)Sperre *f:* **to draw a ~ over** *e-e* Nachrichtensperre verhängen über *(acc).* **9.** a) *tech. u. fig.* Ausfall *m,* b) Blackout *n, m,* to¦taler Stromausfall. **B~ Pope** *s R.C.* Schwarzer Papst *(der Jesuitengeneral).* ~ **pop·lar** *s bot.* Schwarzpappel *f.* ~ **pow·er** *s* Black Power *f (Bewegung nordamerikanischer Schwarzer gegen die Rassendiskriminierung).* **B~ Prince** *s (der)* Schwarze Prinz *(Eduard, Prinz von Wales).* ~ **pud·ding** *s* Blutwurst *f.* **B~ Rod** *s* **1.** oberste(r) Dienstbeamte(r) des englischen Oberhauses. **2.** erster Zere¦monienmeister bei Ka¦piteln des Hosenbandordens *(voller Titel:* Gentleman Usher of the ~). ~ **rot,** ~ **rust** *s bot.* Schwarz(trocken)fäule *f.* ~ **sheep** *s fig.* ‚schwarzes Schaf': **the ~ of the family.** ~**sheet** *s tech.* Schwarzblech *n.* '**B~shirt** *s pol.* **1.** *hist.* Schwarzhemd *n (italienischer Faschist).* **2.** *allg.* Fa¦schist *m.* ~ **sil·ver** *s min.* Stepha¦nit *m.* '~**smith** *s* (Grob-, Huf)Schmied *m:* ~('s) **shop** Schmiede *f.* '~**snake** *s* **1.** *zo.* Kletternatter *f.* **2.** *a.* ~ **whip** *Am.* lange, geflochtene Lederpeitsche. ~ **spot** *s* **1.** *bot.* Schwarzfleckigkeit *f (bei Rosen).* **2.** schwarzer Punkt *(Gefahrenstelle e-r Straße).* '~**strap** *s* **1.** *Am.* a) Getränk aus Rum u. Sirup, b) *colloq.* roter Tischwein aus dem Mittelmeergebiet. **2.** *tech.* schwarzes Schmieröl. '~**thorn** *s bot.* Schwarz-, Schlehdorn *m.* ~ **tie** *s* **1.** schwarze Fliege. **2.** Smoking *m.* ~·'**tie** *adj:* ~ **reception** Empfang, bei dem Smoking vorgeschrieben ist. ~ **top** *s bes. Am.* a) As¦phaltbelag *m,* b) As¦phaltstraße *f.* ~ **var·nish** *s* As¦phaltlack *m,* Teerfirnis *m.* ~ **vel·vet** *s* Getränk aus Stout u. Sekt. ~ **vom·it** *s med.* **1.** Gelbfiebersputum *n.* **2.** *colloq.* Gelbfieber *n.* **B~ Watch** *s mil. Br. (das)* 42. 'Hochländerregi, ment. '~**wa·ter fe·ver** *s med.* Schwarzwasserfieber *n.* ~·'**white con·trol** *s electr.* Hell¦dunkelsteuerung *f.* ~ **wid·ow** *s zo.* Schwarze Witwe *(giftige Spinne).* '~**wood** *s* **1.** Schwarzholz *n.* **2.** *bot.* a) Schierlingstanne *f,* b) Schwarze Man¦grove.
'**black·y** *s sl.* Schwarze(r *m*) *f,* Neger(in).
blad·der ['blædə(r)] *s* **1.** *anat. zo.* Blase *f, engS. anat.* Harnblase *f, zo.* Schwimmblase *f.* **2.** Blase *f:* **football ~. 3.** *med.* Bläs-chen *n (auf der Haut).* **4.** *fig.* Schaumschläger *m,* aufgeblasener Mensch. ~ **cam·pi·on** *s bot.* Gemeines Leimkraut. ~ **cher·ry** *s bot.* Judenkirsche *f.* ~ **wrack** *s bot.* Blasentang *m.*
blade [bleɪd] *I s* **1.** *bot.* Blatt *n,* Spreite *f (e-s Blattes),* Halm *m:* ~ **of grass** Grashalm; **in the** ~ auf dem Halm. **2.** *tech.* Blatt *n (der Säge, Axt, Schaufel, des Ruders).* **3.** *tech.* a) Flügel *m (des Propellers),* b) Schaufel *f (des Schiffsrades od. der Turbine).* **4.** *tech.* Klinge *f (des Degens, Messers etc).* **5.** *phot.* Blendenflügel *m.* **6.** *electr.* 'Messer(kon¦takt *m*) *n:* ~ **switch** Messerschalter *m.* **7.** a) *agr.* Pflugschar *f,* b) *tech.* Pla¦nierschild *m (e-r Planierraupe etc).* **8.** *arch.* Hauptdachbalken *m.*

9. *math.* Schiene *f.* **10.** *poet.* Degen *m,* Klinge *f.* **11.** *poet.* Kämpfer *m,* Streiter *m.* **12.** *obs.* forscher Kerl. **13.** *ling.* Rücken *m (der Zunge). II v/t* **14.** mit e-m Blatt *od.* e-r Klinge *etc* versehen. **15.** *tech.* Schutt *etc* mit e-r Pla¦nierraupe (weg)räumen.
blad·ed ['bleɪdɪd] *adj* **1.** *bot.* behalmt, beblättert. **2.** *(in Zssgn)* a) mit e-m Blatt *etc* (versehen), b) ...klingig: **two-**~ zwei-, doppelklingig.
blae·ber·ry ['bleɪbərɪ; *Am.* ¸berɪ:] *bes. Scot. für* bilberry.
blag [blæg] *s Br. sl.* bewaffneter 'Raubüberfall.
blague [blɑ:g] *s* Schaumschläge¦rei *f.*
blah¹ [blɑ:], *a* ¸**blah**'**blah** *colloq. I s* ‚Bla¦bla' *n,* ¸Geschwafel' *n. II v/i* ,schwafeln'. *III v/t* Parolen *etc* wieder¦holen.
blah² [blɑ:] *colloq. I adj* fad, langweilig. *II s pl Am.* a) Langeweile *f,* b) Unbehagen *n,* c) allgemeine Unzufriedenheit: **to have the ~s** sich langweilen; sich unbehaglich fühlen.
blain [bleɪn] *s med.* Pustel *f,* Eiterbläschen *n.*
blam·a·ble ['bleɪməbl] *adj (adv* **blamably**) **1.** tadelnswert, zu tadeln(d). **2.** schuldig.
blame [bleɪm] *I v/t* **1.** tadeln, rügen (**for** wegen). **2.** (**for**) verantwortlich machen (für), *j-m od. e-r* Sache die Schuld geben *od.* zuschreiben (an *dat*): **to ~ s.o. for s.th.;** he is **to ~ for it** er ist daran schuld; he ~d it on his brother er gab s-m Bruder die Schuld daran, er lastete es s-m Bruder an; **he has only himself to ~** er hat es sich selbst zuzuschreiben; I can't ~ him ich kann es ihm nicht verübeln; **to ~ the other fellow** die Schuld auf andere schieben. **3.** *bes. Am. euphem.* ~ **this rainy weather!** dieses verdammte Regenwetter!; ~ **it!** verflucht noch mal! *II s* **4.** Tadel *m,* Vorwurf *m,* Rüge *f:* **beyond all ~** über jeden Tadel erhaben, untadelig. **5.** Schuld *f,* Verantwortung *f:* **to lay** *(od.* **put, cast) the ~ on** *s.o j-m* die Schuld geben *od.* zuschieben; **to bear** *(od.* **take) the ~** die Schuld auf sich nehmen. **6.** Fehler *m,* Vergehen *n. III adj* → **blamed. blamed** *adj bes. Am. euphem.* verdammt, verflucht. '**blame·ful** *adj (adv* ~**ly**) → **blamable.** '**blame·less** *adj (adv* ~**ly**) **1.** untadelig, makellos: ~ **past. 2.** schuldlos (**of** an *dat).* '**blame·wor·thy** *adj* blamable.
blanch [blɑ:ntʃ; *Am.* blæntʃ] *I v/t* **1.** bleichen, weiß machen. **2.** *agr. Pflanzen (durch Ausschluß von Licht)* bleichen: **to ~ celery. 3.** *gastr.* blan¦chieren, brühen. **4.** *tech.* weiß sieden. **5.** *tech.* verzinnen. **6.** *oft* ~ **over** *fig.* beschönigen. **7.** erbleichen lassen. *II v/i* **8.** erblassen, erbleichen, bleich werden (**with** vor *dat*).
'**blanch·er** *s* **1.** Bleicher(in). **2.** *tech.* Weißsalzerei *f.* **3.** *chem.* Bleichmittel *n.*
blanc·mange [blə'mɒnʒ; *Am.* ¸'mɑndʒ] *s* Pudding *m.*
bland [blænd] *adj (adv* ~**ly**) **1.** a) mild *(Wetter),* sanft, b) verbindlich, höflich, c) (ein)schmeichelnd. **2.** gleichgültig, kühl. **3.** fad, langweilig.
blan·dish ['blændɪʃ] *v/t j-m* schmeicheln, schöntun. '**blan·dish·ment** *s meist pl* Schmeiche¦lei *f.*
blank [blæŋk] *I adj (adv* ~**ly**) **1.** *obs.* weiß. **2.** leer: a) unbeschrieben, unbedruckt: a ~ **sheet** (**of paper**); ~ **leaf** leere Seite, Leerblatt *n;* ~ **space** freier *od.* leerer Raum, Lücke *f;* **to leave** ~ frei lassen, b) unbespielt: ~ **tape** Leerband *n.* **3.** *econ. jur.* unausgefüllt, unausgefertigt, Blanko...: ~ **signature** Blankounterschrift *f;* ~ **form** → **11** b; **in** ~ blanko; → **blank acceptance,** *etc.* **4.** *arch.* 'undurch¸brochen, glatt *(Mauer),* blind *(Fenster, Tür):* ~

wall *fig.* unüberwindliche Barriere. **5.** *fig.* a) inhaltslos, leer, unausgefüllt: ~ **life; my mind went** ~ plötzlich konnte ich mich an nichts mehr erinnern, b) trüb: **her future looks** ~, c) ausdruckslos: ~ **face**; **to keep one's face** ~ sich nichts anmerken lassen. **6.** a) verdutzt, verblüfft, b) verständnislos: **a** ~ **look. 7.** *mil.* ~ **ammunition** Übungsmunition *f;* ~ **cartridge** Platzpatrone *f;* ~ **fire,** ~ **practice** blindes Schießen. **8.** völlig, bar, rein: ~ **astonishment** sprachloses Erstaunen; ~ **despair** helle Verzweiflung; ~ **idiot** *colloq.* Vollidiot *m;* ~ **terror** nackte Angst. **9.** *metr.* reimlos: → **blank verse.**
II s **10.** freier *od.* leerer Raum, Lücke *f:* **to leave a ~** *(beim Schreiben etc)* Platz *od.* e-n freien Raum lassen. **11.** a) unbeschriebenes Blatt *(a. fig.),* Leerblatt *n,* b) (unausgefülltes) Formu¦lar *od.* Formblatt, Vordruck *m.* **12.** Leerstelle *f,* ungelochte Stelle *(e-r Lochkarte etc).* **13.** Gedankenstrich *m (an Stelle e-s verpönten Wortes etc),* ‚Pünktchen' *pl.* **14.** Leere *f,* Lücke *f (beide a. fig.):* **his mind was a ~** a) in s-m Kopf herrschte völlige Leere, b) er hatte alles vergessen. **15.** *Lotterie:* Niete *f:* **to draw a ~** a) e-e Niete ziehen *(a. fig.),* b) *fig.* kein Glück haben. **16.** *mil.* 'Platzpa,trone *f.* **17.** *arch.* blindes Fenster, blinde Tür. **18.** *fig.* Öde *f,* Nichts *n.* **19.** *(das)* Schwarze *(e-r Zielscheibe).* **20.** *tech.* a) ungeprägte Münzplatte, b) rohes Formstück, Rohling *m,* c) ausgestanztes Stück, Stanzteil *n.*
III v/t **21.** *meist* ~ **out** a) aus-, 'durchstreichen, b) *fig.* verhindern, vereiteln. **22.** ~ **out** *print.* gesperrt drucken. **23.** *ein verpöntes Wort etc durch e-n Gedankenstrich od. durch ‚Pünktchen' ersetzen.* **24.** *colloq.* verfluchen: ~ **him!** zum Henker mit ihm!; ~**ed!** verflucht!, verdammt! **25.** (aus)stanzen. **26.** *TV* austasten.
blank¦ **ac·cept·ance** *s econ.* 'Blankoak¸zept *n.* ~ **bill** *s econ.* Blankowechsel *m.* '~¸**book** *s Am.* No'tizbuch *n.* ~ **check**, *Br.* ~ **cheque** *s* **1.** *econ.* Blankoscheck *m,* 'Scheckformu¸lar *n.* **2.** *colloq.* Blankovollmacht *f:* **to give s.o. a ~** *j-m* (völlig) freie Hand lassen. ~ **cred·it** *s econ.* 'Blankokre¸dit *m.* ~ **en·dorse·ment** *s econ.* 'Blankoindossa¸ment *n.*
blan·ket ['blæŋkɪt] *I s* **1.** (wollene) Decke, Bettdecke *f,* (Pferde-, Esels)Decke *f:* **to get between the ~s** *colloq.* ‚in die Federn kriechen'; **to be born on the wrong side of the ~** *Br.* unehelich (geboren) sein; → **wet blanket. 2.** *a.* ~ **cloth** *Am.* Frot¦tee *n, m (Stoff).* **3.** *fig.* Decke *f,* Hülle *f:* ~ **of snow** (**clouds**) Schnee-(Wolken)decke; **security** ~ umfassende Sicherheitsmaßnahmen *pl. 4. tech.* 'Filz¸unterlage *f.*
II v/t **5.** zudecken: ~**ed in** *(od.* **with**) **fog** in Nebel eingehüllt. **6.** *hist.* prellen *(auf e-r Decke hochschleudern).* **7.** *mar. e-m* Segelschiff den Wind abfangen. **8.** *Feuer, Gefühle* ersticken. **9.** *Radio:* stören, über¦lagern. **10.** *electr., a. sport* Gegenspieler abschirmen. **11.** um¦fassen, ganz erfassen. **12.** *mil. (durch künstlichen Nebel)* abschirmen.
III adj **13.** gemeinsam, allgemein, gene¦rell, um¦fassend, General..., Gesamt..., Pauschal...
blan·ket¦ clause *s econ.* Gene¦ralklausel *f.* ~ **coat·ing** *s tech.* Gummituch-Streichverfahren *n.* ~ **In·di·an** *s Am.* Indi¦aner, der den alten Bräuchen treu bleibt.
'**blan·ket·ing** *s* **1.** a) Deckenstoff *m,* b) Decken(vorrat *m*) *pl.* **2.** *electr.* Überlagerung *f* von Emp¦fangssi¸gnalen.
blan·ket¦ in·sur·ance *s econ.* Kollek-

blanket mortgage – bleed

'tivversicherung f. ~ **mort·gage** s econ. Ge'samthypo,thek f. ~ **or·der** s econ. Blankoauftrag m. ~ **pol·i·cy** s Gene'ral-, Pau'schalpo,lice f. ~ **price** s econ. Am. Pau'schalpreis m. ~ **roll** s Am. Tor-'nisterrolle f. ~ **sheet** s Zeitung f in Großfolio. ~ **stitch** s Einfaßstich m.
'**blan·ket·y**(-**blank**) adj u. adv euphem. verflixt.
'**blank·ing**| **pulse** s TV 'Austastim,puls m. ~ **sig·nal** s TV 'Austastsi,gnal n. ~ **tool** s tech. Stanzwerkzeug n.
blank| **line** s print. blinde Zeile. ~ **mate·ri·al** s print. 'Blindmateri,al n, Ausschluß m. ~ **verse** s metr. 1. Blankvers m (reimloser fünffüßiger Jambus). 2. allg. reimloser Vers.
blare [bleə(r)] **I** v/i 1. dial. heulen, plärren, brüllen. 2. a. ~ **out** a) schmettern (Trompete), b) brüllen, plärren (Radio etc). 3. grell leuchten (Farben etc). **II** v/t 4. a. ~ **out** a) Befehl etc brüllen, b) Musikstück etc schmettern. 5. Lärm machen mit: **to** ~ **the horn** laut hupen. 6. a. ~ **out** fig. 'auspo,saunen. **III** s 7. a) Schmettern n, b) Brüllen n, Plärren n, c) Lärm m: **a** ~ **of horns** lautes Hupen. 8. grelles Leuchten. 9. (Reklame- etc) Rummel m.
blar·ney ['blɑː(r)nɪ] **I** s Schmeiche'lei f: **he's kissed the B**~ **Stone** colloq. er ist ein großer Schmeichler. **II** v/t u. v/i (j-m) schmeicheln.
bla·sé ['blɑːzeɪ; Am. blɑː'zeɪ] adj 1. gleichgültig, gelangweilt: **he was** ~ **about his success** sein Erfolg ließ ihn kalt. 2. abgestumpft.
blas·pheme [blæs'fiːm] **I** v/t 1. Gott od. etwas Heiliges lästern. 2. allg. j-n, etwas schmähen. **II** v/i 3. Gott lästern: **to** ~ **against** ~ 1, 2. **blas'phem·er** s (Gottes)Lästerer m. **blas·phe·mous** ['blæsfəməs] adj (adv ~ly) blas'phemisch, (gottes)lästerlich. '**blas·phe·my** s 1. Blasphe'mie f, (Gottes)Lästerung f. 2. 'tant: **a** ~ **lie; a** ~ **discrepancy** e-e krasse Diskrepanz.
blast [blɑːst; Am. blæst] **I** s 1. (starker) Windstoß 2. Blasen n, Schmettern n, Schall m (e-s Blasinstruments), Si'gnal n, (Heul-, Pfeif)Ton m, 'Hupsi,gnal n, Tuten n: **a** ~ **of the trumpet** ein Trompetenstoß. 3. fig. Fluch m, verderblicher Einfluß. 4. bot. a) Brand m, Mehltau m, b) Verdorren n. 5. a) ausgeatmete od. beim Husten her'ausgepreßte Luft, b) poet. Atem m, Hauch m: **winter's chilly** ~. 6. fig. colloq. heftiger Angriff (**against** gegen). 7. tech. Gebläse(luft f) n: **(at) full** ~ tech. u. fig. auf Hochtouren (laufen od. arbeiten); **the radio was playing (at) full** ~ das Radio war voll aufgedreht; **to play a record (at) full** ~ e-e Schallplatte mit voller Lautstärke abspielen; **at half** ~ tech. u. fig. mit halber Kraft; **out of** ~ außer Betrieb (Hochofen). 8. a) Explosi'on f, Detonati'on f, b) Druckwelle f. 9. a) Sprengung f, b) Sprengladung f. 10. Am. sl. Party f.
II v/t 11. bot. a) durch Brand od. Mehltau vernichten, b) verdorren lassen. 12. sprengen: **to** ~ **away** wegsprengen. 13. colloq. a) mil. unter Beschuß nehmen, beschießen, b) oft ~ **down** ,niederknallen' (niederschießen). 14. fig. zu'nichte machen, vereiteln. 15. fig. colloq. j-n, etwas heftig attac'kieren. 16. sport Am. colloq. ,vernaschen', ,überfahren' (hoch schlagen). 17. sl. verfluchen: ~**ed**! verdammt!, verflucht!; ~ **it (all)**! verdammt (nochmal)!; ~ **him**! der Teufel soll ihn holen!; a ~**ed idiot** ein Vollidiot. 18. **to** ~ **off (into space)** Rakete, Astronauten in den Weltraum schießen.
III v/i 19. a) sprengen, b) fig. Himmel u. Hölle in Bewegung setzen. 20. colloq. ,knallen' (schießen): **to** ~ **away at** a) ,ballern' auf (acc), b) fig. j-n, etwas heftig attac'kieren. 21. Am. sl. ,kiffen' (Marihuana rauchen). 22. ~ **off** abheben, starten (Rakete).
blas·te·ma [blæ'stiːmə] s biol. Keimstoff m, 'Keimmateri,al n, Bla'stem n.
blast| **fur·nace** s tech. Hochofen m. '~**hole** s tech. Sprengloch n.
'**blast·ing**| **cap** s tech. Sprengkapsel f. ~ **car·tridge** s 'Sprengpa,trone f. ~ **charge** s mil. Sprengladung f. ~ **gel·a·tin** s tech. 'Sprenggela,tine f. ~ **nee·dle** s tech. 1. Bergbau: Schieß-, Räumnadel f. 2. Bohreisen n, -nadel f. ~ **oil** s tech. Sprengöl n, Nitroglyze'rin n.
blast lamp s Stich-, Lötlampe f.
blas·to·cyst ['blæstəʊsɪst; -tə-] s biol. Keimbläs·chen n. '**blas·to·derm** [-dɜːm; Am. -,dɜːrm] s biol. Blasto'derm n, Keimhaut f.
'**blast-off** s Start m (e-r Rakete).
blas·to·gen·e·sis [,blæstəʊ'dʒenɪsɪs] s biol. Blastoge'nese f (ungeschlechtliche Vermehrung durch Knospung od. Sprossung). '**blas·to·mere** [-mɪə(r)] s biol. Blasto'mere f, Furchungszelle f. '**blas·to·pore** [-pɔː(r); Am. a. -,pɔʊər] s biol. Blasto'porus m, Urmund m. '**blas·to·sphere** [-,sfɪə(r)] → blastula.
blast| **pipe** s tech. 1. Düse(nrohr n) f. 2. Bergbau: Windleitung f. 3. Abblasrohr n. ~ **pres·sure** s tech. Gebläse- od. Explosi'onsdruck m. ~ **tube** s aer. Strahlrohr n (e-r Rakete).
blas·tu·la ['blæstjʊlə; Am. -tʃə-] pl **-lae** [-liː], **-las** s biol. Blastula f, Blasenkeim m.
blat [blæt] Am. **I** v/i blöken (Schaf, Rind). **II** v/t colloq. 'auspo,saunen.
bla·tan·cy ['bleɪtənsɪ] s Aufdringlichkeit f. '**bla·tant** adj (adv ~**ly**) 1. lärmend, laut, plärrend. 2. a) marktschreierisch, b) aufdringlich. 3. offenkundig, eklatant: **a** ~ **lie; a** ~ **discrepancy** e-e krasse Diskrepanz.
blath·er ['blæðə(r)] **I** v/i Unsinn reden, ,blöd da'herreden od. quatschen'. **II** s dummes Geschwätz, 'Gequatsche' n, ,Quatsch' m. '**blath·er·skite** [-skaɪt] s 1. ,Quatschkopf' m, Schwätzer(in). 2. → blather II.
blaze [bleɪz] **I** s 1. (lodernde) Flamme, loderndes Feuer, Lohe f: **to be in a** ~ in hellen Flammen stehen. 2. fig. colloq. Hölle f: **go to** ~**s**! scher dich zum Teufel!; **like** ~**s** wie verrückt, wie toll; **what the** ~**s is the matter?** was zum Teufel ist denn los? 3. blendender (Licht)Schein, Leuchten n, Strahlen n, Glanz m (a. fig.): **in the** ~ **of day** am hellichten Tag; ~ **of fame** Ruhmesglanz; ~ **of colo(u)rs** Farbenpracht f, -meer n; **the** ~ **of publicity** das grelle Licht der Öffentlichkeit. 4. fig. plötzlicher Ausbruch, Anfall m: ~ **of anger** Wutanfall. 5. Blesse f (weißer Stirnfleck bei Pferden od. Rindern). 6. Anschalmung f, Mar'kierung f (an Bäumen). **II** v/i 7. lodern: **in a blazing temper** fig. in heller Wut. 8. a. fig. leuchten, glühen, strahlen: **to** ~ **with anger** a) vor Zorn glühen (Wangen), b) vor Zorn funkeln (Augen); **to** ~ **above** fig. überstrahlen. 9. brennen, glühen (Sonne). 10. **to** ~ **into prominence** e-n kometenhaften Aufstieg erleben. **III** v/t 11. verbrennen, -sengen. 12. Bäume anschalmen, e-n Weg mar'kieren: → **trail** 21. 13. strahlen od. leuchten vor (dat). 14. s-e Verärgerung etc deutlich zeigen (**to** s.o. j-m). 15. → blaze abroad. Verbindungen mit Adverbien:
blaze| **a·broad** v/t öffentlich verkünden, verbreiten, contp. 'auspo,saunen. ~ **a·way** v/i 1. lodern. 2. (wild) drauf'losschießen (at auf acc). 3. ~ **about** colloq. a) etwas mit Nachdruck vertreten, b) 'herziehen über (acc). **II** v/t 4. Munition verschießen. ~ **down** v/i her'unterbrennen (**on** auf acc) (Sonne). ~ **out** v/i 1. aufflammen, -flackern, -lodern. 2. fig. (wütend) auffahren (**at** bei e-r Beleidigung etc). ~ **up** v/i 1. aufflammen, -flackern, -lodern, fig. a. entflammen, -brennen: **the fight blazed up again.** 2. → blaze out 2.
'**blaz·er** s Blazer m, Klub-, Sportjacke f. '**blaz·ing** adj 1. flammend, (hell) glühend. 2. auffällig, schreiend, offenkundig, ekla'tant, unerhört: ~ **colo(u)rs** grelle Farben; **a** ~ **lie** e-e freche Lüge; ~ **scent** hunt. warme Fährte. 3. colloq. verteufelt. ~ **star** s fig. Gegenstand m allgemeiner Bewunderung (Person od. Sache).
bla·zon ['bleɪzn] **I** s 1. a) Wappen(schild m, n) n, b) he'raldische Erklärung e-s Wappens. 2. a) Darstellung f, b) Her'ausstellung f, -streichung f. **II** v/t 3. Wappen a) he'raldisch erklären, b) ausmalen. 4. schmücken, verzieren. 5. fig. her'ausstellen, -streichen (**as** als). 6. meist ~ **abroad** → blaze abroad. '**bla·zon·er** s Wappenkundige(r m) f od. -maler(in). '**bla·zon·ry** [-rɪ] s 1. → blazon 1 b. 2. fig. a) künstlerische od. prächtige Gestaltung, b) künstlerische Verzierung.
bleach [bliːtʃ] **I** v/t 1. bleichen. 2. fig. reinigen, läutern. **II** v/i 3. bleichen. **III** v/t 4. Bleichen n: **to give s.th. a** ~ etwas bleichen. 5. Bleichmittel n: ~ **liquor** Bleichlauge f. '**bleach·er** s 1. Bleicher(in). 2. bes. sport Am. a) meist pl (a. als sg konstruiert) 'unüber,dachte Tri'büne (meist mit unnumerierten Plätzen), b) pl 'unüber,dachte Tri'bünenplätze pl, c) pl (die) 'unüber,dachte Tri'büne, (die) Zuschauer pl auf den unüberdachten Tribünenplätzen. '**bleach·er,ite** [-,raɪt] s bes. sport Am. Zuschauer(in) auf e-m 'unüber,dachten Tri'bünenplatz. '**bleach·ing** s Bleichen n: **chemical** ~ Schnellbleiche f; ~ **powder** chem. Bleichpulver n, Chlorkalk m.
bleak[1] [bliːk] s ichth. Uke'lei m.
bleak[2] [bliːk] adj (adv ~**ly**) 1. kahl, öde. 2. ungeschützt, windig, zugig. 3. rauh, kalt: ~ **weather**; **a** ~ **wind**. 4. fig. trost-, freudlos (Dasein etc), trüb, düster (Aussichten etc): **the future looks** ~ die Zukunft sieht düster aus. '**bleak·ness** s 1. Kahlheit f, Öde f. 2. Rauheit f, Kälte f. 3. fig. Trostlosigkeit f, Düsterheit f.
blear [blɪə(r)] **I** adj 1. ~ → bleary 1-3. **II** v/t 2. **den Blick** trüben. 3. bes. **to** ~ **the eyes of** obs. j-n hinters Licht führen. '~-**eyed**, ~-'**wit·ted** → bleary-eyed.
blear·y ['blɪərɪ] adj 1. trübe, verschwommen, trüb, (durch Tränen od. Müdigkeit) getrübt (Augen). 3. fig. dunkel, nebelhaft. 4. (völlig) erschöpft. '~-**eyed** adj 1. a) mit trüben Augen: **she looked at him** ~ sie sah ihn durch e-n Tränenschleier an, b) verschlafen (Person). 2. fig. a) einfältig, b) kurzsichtig.
bleat [bliːt] **I** v/i 1. blöken (Schaf, Kalb), meckern (Ziege). 2. plärren. 3. in weinerlichem Ton reden. **II** v/t 4. oft ~ **out** etwas plärren. 5. oft ~ **out** etwas in weinerlichem Ton sagen. **III** s 6. Blöken n, Meckern n. 7. Plärren n.
bleb [bleb] s 1. Bläs·chen n, Luftblase f. 2. med. (Haut)Bläs·chen n.
bled [bled] pret u. pp von bleed.
bleed [bliːd] **I** v/i pret u. pp **bled** [bled] 1. bluten (a. Pflanze): **to** ~ **to death** verbluten. 2. sein Blut vergießen, sterben (**for** für). 3. **my heart** ~**s for him** a) ich empfinde tiefes Mitleid mit ihm, b) iro. ich fang' gleich an zu weinen, mir kom-

men gleich die Tränen. **4.** *colloq.* ‚bluten', ‚blechen' (*zahlen*): **to ~ for s.th.** für etwas schwer bluten müssen. **5.** ver-, auslaufen (*Farbe*). **6.** *tech.* zerlaufen (*Asphalt etc*). **7.** schwitzen (*Mauer etc*). **8.** *tech.* leck sein, lecken. **9.** *print.* a) angeschnitten *od.* bis eng an den Druck beschnitten sein (*Buch, Bild*), b) über den Rand gedruckt sein (*Illustration*). **II** *v/t* **10.** *med.* zur Ader lassen. **11.** a) *e-m Baum* Saft abzapfen, b) Gas *od.* e-e Flüssigkeit ablassen aus: **to ~ a brake** *mot.* e-e Bremse entlüften. **12.** *colloq.* ‚bluten lassen', ‚schröpfen': **to ~ s.o. white** in bis zum Weißbluten auspressen; **to ~ s.o. for £1,000** j-m 1000 Pfund ‚abknöpfen'. **13.** *Färberei*: den Farbstoff entziehen (*dat*). **14.** a) den Rand (*e-r Illustration etc*) abschneiden, b) über den Rand drucken. **III** *s* **15.** *print.* angeschnittene Seite.
'**bleed·er** *s* **1.** *med.* Bluter *m*: **~'s disease** Bluterkrankheit *f*. **2.** *colloq.* ‚Blutsauger' *m*. **3.** *sl.* a) Kerl *m*: **lucky ~** Glückspilz *m*; **poor (old) ~** armer Hund, armes Schwein, b) Gauner *m* (*a. humor.*): **you old ~!**, c) *Br.* ‚Scheißkerl' *m*, d) *Br.* ‚Scheißding *n*, -sache' *f*: **that job is a real ~** diese Arbeit ist einfach ‚beschissen'; **a ~ of a headache** verfluchte Kopfschmerzen. **4.** *tech.* 'Ablaßven,til *n*. **5.** *electr.* 'Vorbelastungs,widerstand *m*: **~ current** Vorbelastungsstrom *m*; **~ (resistor)** *TV* Nebenschlußwiderstand.
'**bleed·ing** **I** *s* **1.** *med.* a) Blutung *f*, b) Aderlaß *m*: **~ of the nose** Nasenbluten *n*. **2.** Auslaufen *n* (*von Farbe*). **3.** *tech.* Zerlaufen *n* (*von Asphalt etc*). **4.** Entlüften *n* (*der Bremsen*). **II** *adj u. adv* **5.** *sl.* verdammt, verflucht: **~ idiot** Vollidiot *m*; **~ beautiful** wahnsinnig schön. **~ heart** *s bot.* Flammendes Herz.
bleed valve *s tech.* 'Ablaßven,til *n*.
bleep [bli:p] **I** *s* **1.** Piepton *m*. **2.** *colloq.* ‚Piepser' *m* (*Funkrufempfänger*). **II** *v/i* **3.** piepen. **III** *v/t* **4.** *TV etc* ein anstößiges Wort *etc* durch e-n Piepton ersetzen. **5.** *j-n* ‚anpiepsen' (*mit j-m über e-n Funkrufempfänger Kontakt aufnehmen*).
'**bleep·er** → bleep 2.
blem·ish ['blemɪʃ] **I** *v/t* **1.** entstellen, verunstalten. **2.** *fig.* beflecken, schänden, (*dat*) schaden. **II** *s* **3.** Fehler *m*, Mangel *m*, Verunstaltung *f*, Schönheitsfehler *m* (*a. fig.*). **4.** *fig.* Makel *m*. **5.** *tech.* Fehlstelle *f*.
blench¹ [blentʃ] **I** *v/i* **1.** verzagen, den Mut verlieren. **2.** zu'rückschrecken (**at** vor *dat*). **II** *v/t* **3.** *obs.* (ver)meiden.
blench² [blentʃ] → blanch 8.
blend [blend] **I** *v/t pret u. pp* '**blended**, *obs. od. poet.* **blent** [blent] **1.** a) vermengen, (ver)mischen, verschmelzen, b) *Flüssigkeiten* mixen, c) *Kartoffeln etc* pü'rieren. **2.** mischen, e-e (*Tee-, Tabak-, Whisky- etc*)Mischung zs.-stellen aus, *Wein* verschneiden. **3.** *Farben* inein'ander 'übergehen lassen. **4.** *Pelze* dunkel färben. **II** *v/i* **6.** *a.* **~ in (with)** sich vermischen, sich (har'monisch) verbinden (mit), gut passen (*zu*). **7.** verschmelzen, inein'ander 'übergehen (*Farben, Klänge, Kulturen etc*): **to ~ into** sich vereinigen zu (*e-m Ganzen etc*). **8.** *biol.* sich mischen (*Vererbungsmerkmale*). **III** *s* **9.** Mischung *f*, (har'monische) Zs.-stellung (*Getränke, Farben etc*), Verschnitt *m* (*Spirituosen*). **10.** Verschmelzung *f* (*von Klängen etc*). **11.** *biol.* Vermischung *f*. **12.** *ling.* Kurzwort *n* (*z. B.* **smog** *aus* **smoke** *u.* **fog**).
blende [blend] *s min.* (*engS.* Zink-) Blende *f*.
'**blend·er** *s* Mixer *m*, Mixgerät *n*.
blend word → blend 12.
ble·noid ['blenɔɪd] *adj med.* schleimähnlich. ,**blen·nor'rh(o)e·a** [-nə'ri:ə] *s med.* Blennor'rhö(e) *f*, eitrige Bindehautentzündung.
'**blen·ny** ['blenɪ] *s ichth.* (*ein*) Schleimfisch *m*.
blent [blent] *obs. od. poet. pret u. pp von* **blend**.
bles·bok ['blesbɒk; -bʌk; *Am.* -ˌbɑk] *pl* **-boks**, *bes. collect.* **-bok** *s zo.* Bläßbock *m*.
bless [bles] *pret u. pp* **blessed**, *a.* **blest** [blest] *v/t* **1.** segnen, den Segen sprechen über (*acc*). **2.** *Hostie, Reliquie* weihen, segnen. **3.** Gott bene'deien, lobpreisen. **4.** glücklich machen, beseligen: **a child ~ed the union** dem Ehepaar wurde ein Kind beschert; **to be ~ed with** gesegnet sein mit (*Talenten, Reichtum etc*). **5.** glücklich preisen: **to ~ o.s.** sich glücklich preisen *od.* schätzen; **I ~ the day when** ich segne *od.* preise den Tag, an dem; → **star 3**. **6.** a) *obs.* behüten (**from** vor *dat*), b) das Kreuz machen über (*acc*): **to ~ o.s.** sich bekreuzigen. **7.** *euphem.* verwünschen: **~ him!** der Teufel soll ihn holen! *Besondere Redewendungen*: **(God) ~ you!** a) alles Gute!, b) Gesundheit!; **to be ~ed**, **well, I'm blest!** *colloq.* na, so was!; **~ me!, ~ my heart!, ~ my soul!** *colloq.* du m-e Güte!; **not at all, ~ you!** *iro.* o nein, mein Verehrtester!; **Mr Brown, ~ him** *iro.* Herr Brown, der Gute; **I am ~ed if I know** ich weiß es wirklich nicht; **~ that boy, what is he doing there?** *colloq.* was zum Kuckuck stellt der Junge dort an?; **he hasn't a penny to ~ himself with** er hat keinen roten Heller.
bless·ed ['blesɪd] **I** *adj* **1.** gesegnet, selig, glücklich: **~ event** *humor.* freudiges Ereignis (*Geburt e-s Kindes*); **of ~ memory** seligen Angedenkens; **the whole ~ day** den lieben langen Tag; **I ~ bless 3**. **2.** gepriesen. **3.** selig, heilig: **the B~ Virgin** die heilige Jungfrau (Maria); **to declare ~** seligsprechen. **4.** *euphem.* verwünscht, verflixt: **not a ~ day of sunshine** aber auch nicht ein einziger Sonnentag; **not a ~ soul** keine Menschenseele. **II** *s* **5.** **the ~** die Seligen: → **island 1**. '**bless·ed·ly** *adv* glücklicherweise. '**bless·ed·ness** *s* **1.** (Glück)'Seligkeit *f*, Glück *n*: **single ~** *humor.* Junggesellendasein *n*; **to live in single ~** Junggeselle sein. **2.** Seligkeit *f*, Heiligkeit *f*.
'**bless·ing** *s* Segen *m*: a) Segensspruch *m*, Segnung *f*, b) Wohltat *f*, Gnade *f* (**to** für): **to ask a ~** das Tischgebet sprechen; **what a ~ that I was there!** welch ein Segen, daß ich da war!; **it turned out to be a ~ in disguise** es stellte sich im nachhinein als Segen heraus; **maybe it is a ~ in disguise** wer weiß, wofür es gut ist; **to count one's ~s** dankbar sein für alles, was e-m beschert wurde; **to give one's ~ to** *fig.* s-n Segen geben zu, *etwas* absegnen; → **mixed blessing**.
blest [blest] **I** *pret u. pp von* **bless**. **II** *s*: → **isle**.
blet [blet] **I** *v/i* teigig werden (*Obst*). **II** *s* (Innen)Fäule *f*.
bleth·er ['bleðə(r)] → **bleth·er·skite** [-skaɪt] → **blatherskite**.
blew [blu:] *pret von* **blow**¹ *od.* **blow**³.
blight [blaɪt] **I** *s* **1.** *bot.* a) Pflanzenkrankheit *f*, *bes.* (Trocken)Fäule *f*, Brand *m*, Mehltau *m*, b) Schädling(sbefall) *m*. **2.** *bes. Br.* Blutlaus *f*. **3.** *fig.* a) Gift-, Pesthauch *m*, schädlicher *od.* verderblicher Einfluß, b) Vernichtung *f*, Vereitelung *f*, c) Fluch *m*: **the ~ of poverty**; **to cast (*od.* put) a ~ on s.o.'s life** j-m das Leben vergällen. **4.** a) Verwahrlosung *f* (*e-r Wohngegend*): **area of ~** b), b) verwahrloste Wohngegend. **5.** *med. Austral.* schmerzhafte Entzündung der Augenlider. **II** *v/t* **6.** (durch Brand *etc*) vernichten, verderben, rui'nieren (*a. fig.*): **to ~ s.o.'s life** j-m das Leben vergällen. **7.** *fig.* im Keim ersticken, zu'nichte machen, zerstören, vereiteln.
'**blight·er** *s Br. colloq.* a) Kerl *m*: **lucky ~** Glückspilz *m*; **poor ~** armer Hund, b) ‚Mistkerl' *m*, c) ‚Mistding' *n*: **that job is a real ~** diese Arbeit ist verdammt schwer; **a ~ of a headache** ekelhafte Kopfschmerzen *pl*.
Blight·y ['blaɪtɪ] *s mil. Br. sl.* **1.** die Heimat, England *n*: **back to ~**. **2.** *a.* **~ one** ‚Heimatschuß' *m*. **3.** Heimaturlaub *m*.
bli·mey ['blaɪmɪ] *interj bes. Br. sl.* a) Mensch Meier! (*überrascht*), b) verdammt!
blimp¹ [blɪmp] *s tech.* **1.** unstarres Kleinluftschiff. **2.** Schallschutzhülle *f* (*e-r Filmkamera*).
Blimp² [blɪmp] *s a.* **Colonel ~** *bes. Br.* selbstgefälligte(r) 'Erzkonserva,tive(r).
blind [blaɪnd] **I** *adj* (*adv* **~ly**) **1.** blind, Blinden...: **~ in one eye** auf 'einem Auge blind; **to strike ~** blenden (*a. fig.*); **to be struck ~** mit Blindheit geschlagen sein *od.* werden (*a. fig.*). **2.** *fig.* blind (**to** gegen['über]), verständnislos: **love is ~** Liebe macht blind; **~ to one's own defects** den eigenen Fehlern gegenüber blind; **~ with fury** blind vor Wut; **~ rage** blinde Wut; **~ side** ungeschützte *od. fig.* schwache Seite; **to turn a ~ eye** a) ein Auge zudrücken, b) sich den Tatsachen verschließen; **to turn a ~ eye to s.th.** a) bei etwas ein Auge zudrücken, b) etwas bewußt ignorieren. **3.** *fig.* blind, unbesonnen, wahllos: **~ bargain** unüberlegter Handel; **~ chance** blinder Zufall; **~ faith** blinder Glaube. **4.** blind (*ohne nähere Kenntnisse*): **~ interpretation**, **~ rating** (*Statistik etc*) blinde Auswertung. **5.** zwecklos, ziellos, leer: **~ excuse** faule Ausrede; **~ pretence** (*Am.* **pretense**) Vorwand *m*. **6.** verdeckt, verborgen, geheim, *a. econ. tech.* ka'schiert: **~ staircase** Geheimtreppe *f*; **~ vein** (*Bergbau*) blinde Erzader. **7.** schwererkennbar *od.* -verständlich: **~ copy** *print.* unleserliches Manuskript; **~ corner** unübersichtliche Kurve *od.* Ecke; **~ hole** (*Golf*) Blind Hole *n* (*Loch, dessen Grün man beim Annäherungsschlag nicht sehen kann*); **~ letter** unzustellbarer Brief. **8.** *arch.* blind, nicht durch'brochen: **~ arch** Bogenblende *f*; **~ door** blinde (*zugemauerte*) Tür. **9.** *bot.* blütenlos, taub. **10.** *phot.* nur gegen blaues, vio'lettes u. 'ultravio,lettes Licht empfindlich: **~ film**. **11.** matt, nicht po'liert. **12.** *colloq.* ‚blau'. **13.** *colloq.* **he didn't take a ~ bit of notice** er nahm nicht die geringste Notiz davon; **he hasn't done a ~ bit of work yet** er hat noch keinen (Hand)Schlag *od.* Strich getan; **it's not a ~ bit of use** es hat überhaupt keinen Zweck.
II *v/t* **14.** blenden (*a. fig.*), blind machen: **his left eye was ~ed** er wurde auf dem linken Auge blind; **to ~ s.o. with one's knowledge** j-n mit s-m Wissen stark beeindrucken. **15.** *j-m* die Augen verbinden. **16.** *fig.* mit Blindheit schlagen, verblenden, blind machen (**to** für, gegen): **to ~ o.s. to facts** sich den Tatsachen verschließen. **17.** verdunkeln, das Licht nehmen (*dat*). **18.** verbergen, -hehlen, -tuschen: **to ~ a trail** e-e Spur verwischen. **19.** *mil.* verblenden, mit e-r Blende versehen. **20.** *Straßenbau*: mit Kies *od.* Erde ausfüllen. **21.** *tech.* mat'tieren.
III *v/i* **22.** *mot. Br. sl.* wie ein Verrückter rasen.
IV *s* **23.** **the ~** die Blinden. **24.** a) Rolladen *m*, b) Rou'leau *n*, Rollo *n*, c) *bes. Br.* Mar'kise *f*: → **Venetian 1**. **25.** *pl*

blindage – block plan

Scheuklappen *pl.* **26.** *fig.* a) Vorwand *m,* b) (Vor)Täuschung *f,* c) Tarnung *f.* **27.** *colloq.* Strohmann *m.* **28.** → blindage. **29.** *hunt. bes. Am.* Deckung *f.* **30.** *Br. sl.* ‚Saufe'rei' *f.* **31.** → blind tooling.
V *adv* **32.** blind: → fly¹ **10. 33.** blindlings, sinnlos: to go lit ~ *colloq.* blind (-lings) drauflosgehen; ~ **drunk** *colloq.* ‚sternhagelvoll'.
'**blind·age** *s mil. hist.* Blin'dage *f (Deckwand gegen Splitter im Festungsbau).*
blind|al·ley *s* Sackgasse *f (a. fig.)*: to lead up a ~ in e-e Sackgasse führen. ‚~'**al·ley** *adj* zu nichts führend: ~ occupation Stellung *f* ohne Aufstiegsmöglichkeiten. ~ **ap·proach** *s aer.* Blindanflug *m.* ‚~-**ap'proach** *adj:* ~ **beacon** Blindlandefeuer *n;* ~ **beam system** impulsgesteuerte Navigationsbake *(zum Ansteuern der Landebahn).* ~ **block·ing** → blind tooling. ~ **coal** *s* Taubkohle *f,* Anthra'zit *m.* ~ **date** *s colloq.* a) Rendez-'vous *n* mit e-r *od.* e-m Unbekannten, b) unbekannter Partner bei e-m solchen Rendezvous.
'**blind·er** *s* **1.** *pl Am.* Scheuklappen *pl (a. fig.).* **2.** *Br. sl.* a) ‚Saufe'rei' *f,* b) ‚Sauftour' *f*: **to go on a** ~ e-e Sauftour machen.
blind|flight *s aer.* Blind-, Instru'mentenflug *m.* '~**fold I** *adj* **1.** mit verbundenen Augen: ~ **chess** Blindschach *n.* **2.** *fig.* blind: ~ **rage.** **II** *adv* **3.** *fig.* blindlings. **III** *v/t* **4.** *j-m* die Augen verbinden. **5.** *fig.* blind machen. **IV** *s* **6.** Augenbinde *f.* **B~ Fred·die** *s:* ~ **could see that!** *Austral. colloq.* das sieht doch ein Blinder! ~ **jack** *s anat.* Blinddarm *m.*
blind·man's| buff [-mænz] *s* Blindekuh(spiel *n*) *f.* ~ **hol·i·day** *s obs.* Zwielicht *n,* Abenddämmerung *f.*
'**blind·ness** *s* **1.** Blindheit *f (a. fig.).* **2.** *fig.* Verblendung *f.*
blind|net·tle *s bot.* Weiße Taubnessel. ~ **shell** *s mil.* **1.** Gra'nate *f* ohne Sprengladung. **2.** Blindgänger *m.* ~ **spot** *s* **1.** *med.* blinder Fleck *(auf der Netzhaut).* **2.** *fig.* schwacher *od.* wunder Punkt. **3.** *tech.* tote Zone, Totpunkt *m.* **4.** *mot.* toter Winkel *(im Rückspiegel).* **5.** *electr.* Schattenstelle *f,* Empfangsloch *n (e-s Senders).* '~**stamp** *v/t bes.* Buchenband blindprägen. '~**stitch** *s* blinder *(unsichtbarer)* Stich. ~ **tool·ing** *s* Buchbinderei: Blindpressung *f,* Blind(rahmen)prägung *f.* '~**worm** *s zo.* Blindschleiche *f.*
blink [blɪŋk] **I** *v/i* **1.** blinzeln, zwinkern: **to ~ at** a) *j-m* zublinzeln, b) → **2** *u.* **6. 2.** erstaunt *od.* verständnislos dreinblicken: **to ~ at** *fig.* sich maßlos wundern über *(acc).* **3.** a) schimmern, flimmern, b) blinken. **II** *v/t* **4.** **to ~ one's eyes** (mit den Augen) zwinkern. **5. to ~ away one's tears** s-e Tränen wegblinzeln. **6.** *a.* ~ **away** *fig.* igno'rieren: **there is no ~ing the fact** es läßt sich nicht bestreiten, es ist nicht zu leugnen (that daß). **7.** blinken, durch 'Lichtsi‚gnale mitteilen. **8.** *Am.* erkennen: **to ~ the truth.** **III** *s* **9.** Blinzeln *n.* **10.** *bes. Br.* flüchtiger Blick. **11.** a) (Licht)Schimmer *m,* b) Blinken *n.* **12.** Augenblick *m.* **13.** → iceblink. **14. on the ~** *sl.* nicht in Ordnung.
'**blink·er I** *s* **1.** *pl* Scheuklappen *pl (a. fig.).* **2.** *pl a.* **pair of ~s** *colloq.* Schutzbrille *f.* **3.** *colloq.* ‚Gucker' *pl (Augen).* **4.** a) Blinklicht *n (an Straßenkreuzungen etc),* b) *mot.* Blinker *m.* **5.** a) 'Lichtsi‚gnal *n,* Blinkspruch *m,* b) Blinkgerät *n,* Si-'gnallampe *f:* ~ **beacon** Blinkfeuer *n.* **II** *v/t* **6.** e-m Pferd Scheuklappen anlegen: **~ed** mit Scheuklappen *(a. fig.).* **7.** → blink I **7.**
'**blink·ing** *adj u. adv Br. colloq.* verdammt: ~ **good;** ~ **idiot** Vollidiot *m.*
blip [blɪp] **I** *s* **1.** Klicken *n.* **2.** Radar: 'Echoim‚puls *m,* -si‚gnal *n.* **II** *v/i* **3.** klikken. **III** *v/t* **4.** *TV etc* ein anstößiges Wort *etc* durch e-n Piepton ersetzen.
bliss [blɪs] *s* Seligkeit *f (a. relig.),* Glück (-'seligkeit *f*) *n,* Wonne *f.* '**bliss·ful** *adj (adv* **~ly**) (glück)'selig: ~ **ignorance** *iro.* selige Unwissenheit. '**bliss·ful·ness** → bliss.
blis·ter ['blɪstə(r)] **I** *s* **1.** *med.* a) (Brand-, Wund)Blase *f,* b) (Haut)Bläs-chen *n,* Pustel *f.* **2.** *med.* Zugpflaster *n.* **3.** *tech.* a) Gußblase *f,* b) Glasblase *f,* c) Blase *f (auf Holz etc).* **4.** *bot.* Kräuselkrankheit *f.* **5.** *aer. colloq.* a) Bordwaffen- *od.* Beobachterstand *m (Kuppel),* b) Radarkuppel *f.* **6.** *mar.* Tor'pedowulst *m.* **7.** *rail. Am.* Aussichtskuppel *f.* **II** *v/t* **8.** *med.* her'vorrufen auf *(dat).* **9.** *fig. j-n* heftig attac'kieren. **III** *v/i* **10.** Blasen ziehen: **his hands ~** easily er bekommt leicht Blasen an den Händen. **11.** *metall. etc* Blasen werfen. '**blis·tered** *adj med.* mit Blasen bedeckt, blasig *(a. metall. etc).*
blis·ter gas *s mil.* ätzender Kampfstoff.
'**blis·ter·ing** *adj* **1.** *med.* blasenziehend. **2.** brennend *(a. fig.)*: ~ **sun;** a ~ **issue.** **3.** *fig.* a) heftig: **a ~ attack;** ~ **pace** mörderisches Tempo, b) scharf, ätzend: **a ~ letter. 4.** *sl.* verdammt, verflucht.
blithe [blaɪð; *Am. a.* blaɪθ] *adj (adv* **~ly**) **1.** fröhlich, munter, vergnügt. **2.** unbekümmert.
blith·er·ing ['blɪðərɪŋ] *adj Br. colloq.* verdammt: ~ **idiot** Vollidiot *m.*
blitz [blɪts] **I** *s* **1.** heftiger (Luft)Angriff: **the B~** die deutschen Luftangriffe auf London *(1940/41).* **2.** → blitzkrieg 1. **II** *v/t* **3.** a) e-n Blitzkrieg führen gegen, b) Großangriffe fliegen *od.* machen auf *(acc);* schwer bombar'dieren: **~ed area** zerbombtes Gebiet. **4.** *fig.* überrumpeln, (blitzartig *od.* mas'siv) attac'kieren.
'~**krieg** [-kri:g] **I** *s* **1.** Blitzkrieg *m.* **2.** *fig.* Über'rumpelung *f.* **II** *v/t* → blitz 3 a.
bliz·zard ['blɪzə(r)d] *s* Blizzard *m,* Schneesturm *m.*
bloat¹ [bləʊt] **I** *v/t* **1.** *meist* ~ **up** aufblasen, -blähen *(a. fig.).* **II** *v/i* **2.** *a.* ~ **out** auf-, anschwellen. **III** *s* **3.** aufgeblasene Per-'son. **4.** *sl.* Säufer *m.* **5.** *vet.* Blähsucht *f.*
bloat² [bləʊt] *v/t bes.* Heringe räuchern: ~ **herring** → bloater.
bloat·ed ['bləʊtɪd] *adj* aufgeblasen *(a. fig. Person),* (an)geschwollen, aufgebläht *(a. fig.* Budget *etc),* aufgedunsen *(Gesicht etc)*: ~ **with pride** stolzgeschwellt.
'**bloat·er** *s* Räucherhering *m,* Bückling *m.*
blob [blɒb; *Am.* blɑb] **I** *s* **1.** (Farb-, Tinten)Klecks *m, (Wachs- etc)*Tropfen *m*: **a ~ of jam** ein Klecks Marmelade. **2.** etwas Undeutliches *od.* Formloses: **small ~s of satire** satirische Ansätze. **3.** Kricket: *sl.* null Punkte *pl.* **II** *v/t* **4.** beklecksen.
bloc [blɒk; *Am.* blɑk] *s econ. pol.* Block *m.*
block [blɒk; *Am.* blɑk] **I** *s* **1.** a) Block *m,* Klotz *m (aus Stein, Holz, Metall etc),* b) *arch.* (hohler) Baustein, c) Baustein *m,* (Bau)Klötzchen *n (für Kinder).* **2.** Hackklotz *m.* **3. the ~** der Richtblock: **to go to the ~** das Schafott besteigen; **to send s.o. to the ~** *j-n* aufs Schafott schicken. **4.** (Schreib-, Notiz- *etc*)Block *m.* **5.** Buchbinderei: Prägestempel *m.* **6.** Pe'rückenstock *m.* **7.** *colloq.* ‚Birne' *f (Kopf).* **8.** Hutstock *m.* **9.** Schuhmacherei: a) Lochholz *n,* b) Leisten *m.* **10.** *print.* a) Kli'schee *n,* Druckstock *m,* b) Ju'stierblock *m (für Stereotypieplatten),* c) Farbstein *m (für Klischees).* **11.** *tech.* Block *m,* Kloben *m,* Rolle *f*: ~ **and pulley,** ~ **and fall,** ~ **and tackle** Flaschenzug *m.* **12.** *tech.* (Auflage)Block *m,* Sockel *m,* Gestell *n.* **13.** *mot.* (Motor-, Zylinder-) Block *m.* **14.** *tech.* Block *m (dicke Platte von Kunststoffhalbzeug).* **15.** *rail.* Blockstrecke *f.* **16.** a) *a.* ~ **of flats** *Br.* Wohnhaus *n,* b) → **office block,** c) *Am.* Zeile *f (Reihenhäuser),* d) *bes. Am.* (Häuser-) Block *m:* **three ~s from here** drei Straßen weiter. **17.** Bauland *n.* **18.** a) *bes. Austral.* Siedlungsgrundstück *n,* b) *oft* B~ *Austral.* 'Stadtprome‚nade *f.* **19.** *bes. Am.* (Ausstellungs)Sockel *m (für Maschinen etc)*: **to put on the ~** zur Versteigerung anbieten. **20.** *sport (Start)*Block *m.* **21.** *fig.* Block *m,* Gruppe *f,* Masse *f, z. B.* a) *a.* ~ **of shares** *(bes. Am.* **stocks**) *econ.* 'Aktienpa‚ket *n,* b) *a.* ~ **of seats** Zuschauerblock *m,* Sitzreihe(n *pl*) *f,* c) *a.* ~ **of information** *(Computer)* Datenblock *m,* d) Sta'tistik: Testgruppe *f.* **22.** *med.* Blok-'kierung *f,* Block *m: mental* ~ *fig.* (geistige) Sperre. **23.** a) Hindernis *n,* b) Absperrung *f,* c) Verstopfung *f,* (Verkehrs-) Stockung *f: traffic* ~; **there was a ~ in the pipe** das Rohr war verstopft. **24.** Dummkopf *m.* **25.** *sport* Abblocken *n (e-s Gegenspielers,* Schlags *etc).* **26.** *Volleyball:* Block *m:* **three-man** ~ Dreierblock.
II *v/t* **27.** (auf e-m Block) formen: **to ~ a hat. 28.** Buchbinderei: (mit Prägestempeln) pressen. **29.** *tech.* a) sperren, b) aufbocken. **30.** a) hemmen, hindern *(a. fig.),* b) *fig.* verhindern, durch'kreuzen: **to ~ a bill** *parl. Br.* die Annahme e-s Gesetzentwurfes *(durch Hinauszögern der Beratung)* verhindern. **31.** (ab-, ver)sperren, blo'ckieren, verstopfen: **road ~ed** Straße gesperrt; **my nose is ~ed** m-e Nase ist verstopft *od.* zu. **32.** *econ.* Konten sperren, Geld einfrieren, blo'ckieren: **~ed account** Sperrkonto *n;* **~ed credit** eingefrorener Kredit. **33.** *chem.* blok-'kieren, *Säuren* neutrali'sieren, *Katalysator* inakti'vieren. **34.** *sport* Gegenspieler, Schlag *etc* abblocken.
III *v/i* **35.** *sport* s-n Gegenspieler, den Schlag *etc* abblocken. **36.** *(unerwünscht)* zs.-kleben *(Papier).* **37.** *tech.* blo'ckieren *(Rad etc).*
Verbindungen mit Adverbien:
block|in *v/t* **1.** entwerfen, skiz'zieren. **2.** *Fenster etc* zumauern. ~ **out** *v/t* **1.** → **block in 1. 2.** Licht nehmen *(Bäume etc).* **3.** *phot.* Teil e-s Negativs abdecken. ~ **up** → block 31.
block ad·dress *s* Computer: 'Block‚a‚dresse *f.*
block·ade [blɒ'keɪd; *Am.* blɑ-] **I** *s* **1.** Blo'ckade *f:* **economic** ~ Wirtschaftsblockade; **to break** *(od.* **run**) **a** ~ e-e Blockade brechen. **2.** a) Hindernis *n,* b) Sperre *f,* Barri'kade *f.* **II** *v/t* **3.** e-e Blo'ckade verhängen über *(acc).* **4.** blok-'kieren, ab-, versperren.
block'ad·er *s* Bloc'kadeschiff *n.*
block'ade-‚run·ner *s* Bloc'kadebrecher *m.*
'**block·age** *s* **1.** Bloc'kierung *f.* **2.** Verstopfung *f:* **there was a ~ in the pipe** das Rohr war verstopft.
block| brake *s tech.* Backenbremse *f.* '~**bust·er** *s colloq.* **1.** *mil.* Minenbombe *f.* **2.** ‚Knüller' *m (Sache),* (*a.* Person) ‚Wucht' *f.* **3.** *Am.* Immobilienspekulant, der den Bewohnern e-r weißen Wohngegend einredet, ihr Gebiet werde von Angehörigen rassischer Minderheiten überschwemmt, damit sie unter Wert verkaufen. ~ **cap·i·tals** → **block letter 2.** ~ **chain** *s tech.* **1.** Kette *f* ohne Ende. **2.** Flaschenzugkette *f.* ~ **di·a·gram** *s tech.* 'Blockdia‚gramm *n, electr. meist* Blockschaltbild *n.* '~**head** *s* Dummkopf *m.* '~**head·ed** *adj* dumm, einfältig. '~**house** *s* Blockhaus *n.*
'**block·ish** *adj* dumm, einfältig.
block|let·ter *s print.* **1.** Holztype *f.* **2.** *pl* Blockschrift *f.* ~ **plan** *s* skiz'zierter Plan.

~ plane s tech. Stirnhobel m. **~ print** s 1. Holz-, Li'nolschnitt m. 2. Kat'tun-, Tafel-, Handdruck m. **~ print·ing** s 1. Handdruck m (Verfahren). 2. Drucken n od. Schreiben n in Blockschrift. **~ signal** s rail. 'Blocksi,gnal n. **~ system** s 1. rail. 'Blocksy,stem n. 2. electr. Blockschaltung f. **~ tin** s tech. Blockzinn n. **~ vote** s Sammelstimme f (wobei ein Abstimmender e-e ganze Gruppe vertritt).
bloke [bləʊk] s bes. Br. colloq. Kerl m.
blond [blɒnd; Am. blænd] **I** s 1. Blonde(r) m. **II** adj 2. blond (Haar), hell (Haut, Augen). 3. blond(haarig). **blonde** [blɒnd; Am. blænd] **I** s 1. Blon'dine f. 2. a. ~ lace Blonde f (Spitze aus Rohseide). **II** adj → blond II.
blood [blʌd] **I** s 1. Blut n: to give one's ~ (for) sein Blut od. sein Leben lassen (für); to have English ~ in one's veins englisches Blut in den Adern haben; to taste ~ Blut lecken; to inject fresh ~ into fig. frisches Blut zuführen (dat); his ~ froze (od. ran cold) das Blut erstarrte ihm in den Adern; ~ and thunder fig. ,Mord u. Totschlag' m (in der Literatur etc). 2. fig. Blut n, Tempera'ment n: it made his ~ boil es brachte ihn in Rage; his ~ was up sein Blut war in Wallung; to breed (od. make) bad (od. ill) ~ böses Blut machen od. schaffen (between zwischen dat); one cannot get ~ out of a stone man kann von herzlosen Menschen kein Mitgefühl erwarten; → cold blood. 3. (edles) Blut, Geblüt n, Abstammung f: prince of the ~ royal Prinz m von königlichem Geblüt; a gentleman of ~ ein Herr aus adligem Haus; ~ blue blood. 4. Blutsverwandtschaft f, Fa'milie f, Geschlecht n: allied (od. related) by ~ blutsverwandt; ~ will out Blut bricht sich Bahn; ~ is thicker than water Blut ist dicker als Wasser; it runs in the ~ es liegt im Blut od. in der Familie. 5. zo. Vollblut n (bes. Pferd). 6. (bes. roter) Saft: ~ of grapes Traubensaft. 7. Blutvergießen n, Mord m: his ~ be on us Bibl. sein Blut komme über uns. 8. obs. Leben n, Lebenskraft f: in ~ in kraftvoll, gesund (Tier). 9. obs. Lebemann m, Dandy m. 10. Br. colloq. ,Reißer' m (Roman). **II** v/t 11. hunt. e-n Hund an Blut gewöhnen. 12. j-n s-e Feuertaufe (im Krieg u. fig.) erleben lassen, fig. j-n od. etwas ,taufen' od. einweihen.
blood|al·co·hol s med. Blutalkohol m: ~ concentration Blutalkoholgehalt m, ,Promille' pl. **~-and-'thun·der** adj: ~ novel ,Reißer' m. **~ bank** s med. Blutbank f. **'~-bath** s Blutbad n. **~ blis·ter** s med. Blutblase f. **~ bond** s Blutsbande pl. **~ broth·er** s 1. leiblicher Bruder. 2. Blutsbruder m. **~ broth·er·hood** s Blutsbrüderschaft f. **~ cell** s physiol. Blutzelle f, bes. rotes Blutkörperchen. **~ clot** s med. Blutgerinnsel n, Thrombus m. **~ count** s med. Blutkörperchenzählung f, Blutbild n. **~ cri·sis** s med. Blutkrise f. **'~cur·dler** s colloq. ,Reißer' m (Roman od. Theaterstück). **'~cur·dling** adj grauenhaft. **~ do·na·tion** s Blutspende f. **~ do·nor** s med. Blutspender (-in).
blood·ed ['blʌdɪd] adj 1. reinrassig, Vollblut... (Tier). 2. (in Zssgn) ...blütig: → pureblooded, etc.
blood| feud s Blutfehde f. **~ gland** s physiol. endo'krine Drüse. **~ group** s med. Blutgruppe f. **~ group·ing** s Blutgruppenbestimmung f. **'~-guilt**, **'~-guilt·i·ness** s Blutschuld f. **'~-guilt·y** adj mit Blutschuld beladen. **~ heat** s physiol. Blutwärme f, 'Körpertempera,tur f. **~ horse** s Vollblut(pferd) n, Vollblüter m. **'~-hound** s Bluthund m

(a. fig.). **~ is·lands** s pl med. Blutinseln pl (des Embryos).
'blood·less adj 1. blutlos, -leer (a. fig. leblos). 2. bleich. 3. gefühllos, kalt. 4. unblutig, ohne Blutvergießen: ~ revolution; ~ victory.
'blood|,let·ting s 1. med. Aderlaß m (a. fig.). 2. Blutvergießen n (bes. bei e-r Blutfehde). **'~-line** s biol. zo. Blutlinie f (Abstammungsverlauf). **~ meal** s agr. Blutmehl n. **~ mo,bile** [-məʊ,biːl] s med. Am. fahrbare Blutspenderstelle. **~ mon·ey** s Blutgeld n. **~ or·ange** s 'Bluto,range f. **~ pic·ture** s med. Blutbild n. **~ plas·ma** s physiol. Blutflüssigkeit f, -plasma n. **~ poi·son·ing** s med. Blutvergiftung f. **~ pres·sure** s med. Blutdruck m. **~ pud·ding** s Blutwurst f. **,~-'red** adj blutrot. **~ re·la·tion** s Blutsverwandte(r m) f. **~ re·la·tion·ship** s Blutsverwandtschaft f. **~ rel·a·tive** s Blutsverwandte(r m) f. **~ re·venge** s Blutrache f. **'~-root** s bot. Blutwurz f. **~ sam·ple** s med. Blutprobe f. **~ sau·sage** s bes. Am. Blutwurst f. **~ se·rum** s physiol. Blutserum n. **'~-shed**, **'~,shed·ding** s Blutvergießen n. **'~-shot** adj 'blutunter,laufen. **~ spav·in** s vet. Blutspat m (Pferd). **~ spec·i·men** s med. Blutprobe f. **~ sport** s hunt. Hetz-, bes. Fuchsjagd f. **~ stain** s Blutfleck m. **'~-stained** adj blutbefleckt. **'~-stock** s Vollblutpferde pl. **'~-stone** s min. 1. Blutstein m, Häma'tit m. 2. Helio'trop m (e-e Quarz-Abart). **~ stream** s 1. physiol. Blutstrom m, -kreislauf m. 2. fig. Lebensstrom m. **'~,suck·er** s zo. Blutsauger m (a. fig.). **~ sug·ar** s physiol. Blutzucker m, Glu'kose f. **~ test** s med. 'Blutprobe f, -unter,suchung f. **'~-thirst, '~,thirst·i·ness** s Blutdurst m. **'~,thirst·y** adj blutdürstig. **~ trans·fu·sion** s med. 'Bluttransfusi,on f, -,über,tragung f. **~ type** s med. Blutgruppe f. **'~-type** v/t med. die Blutgruppe (gen) bestimmen. **~ typ·ing** s med. Blutgruppenbestimmung f. **'~,vas·cu·lar** adj anat. Blutgefäß...: ~ system; ~ gland Blut-, Hormondrüse f. **~ ven·geance** s Blutrache f. **~ ves·sel** s anat. Blutgefäß n. **'~-wort** s bot. 1. Blutampfer m. 2. Attich m, 'Zwergho,lunder m. 3. (e-e) 'Blutnar,zisse. 4. (ein) Tausend'güldenkraut n. 5. Schafgarbe f. 6. Ruprechtskraut n.
'blood·y I adj 1. blutig, blutbefleckt. 2. Blut...: ~ feud; ~ flux rote Ruhr. 3. blutdürstig, -rünstig, mörderisch, grausam: a ~ battle e-e blutige Schlacht. 4. Br. sl. verdammt, verflucht (oft nur verstärkend): ~ fool Vollidiot m; not a ~ soul ,kein Schwanz'. **II** adv 5. Br. sl. verdammt, verflucht: ~ awful saumäßig, ganz fürchterlich; not ~ likely! kommt überhaupt nicht in Frage!; he can ~ well wait der Kerl kann ruhig warten. **III** v/t 6. blutig machen, mit Blut beflecken. 7. j-n blutig schlagen. **B~ Ma·ri·a** s Am. Getränk aus Tequila u. Tomatensaft. **B~ Ma·ry** s Getränk aus Wodka u. Tomatensaft. **,~-'mind·ed** adj Br. colloq. **1.** stur. 2. boshaft, niederträchtig. **~ shirt** s: to wave the ~ Am. hetzen, Haßgesänge anstimmen.
bloo·ey ['bluːɪ] adj: to go ~ Am. sl. schief-, danebengehen.
bloom¹ [bluːm] **I** s 1. Flaum m, Hauch m (auf Früchten u. Blättern), Schmelz m (a. fig.). 2. poet. Blume f, Blüte f, Flor m: to be in full ~ in voller Blüte stehen. 3. fig. Blüte(zeit) f, Jugend(frische) f, Glanz m: the ~ of youth die Jugendblüte; the ~ of her cheeks die rosige Frische ihrer Wangen. 4. Brauerei: Gärungsschaum m. 5. Wolkigkeit f (des Firnisses). 6. Fluores'zenz f (von Petroleum). 7. TV

Über'strahlung f. 8. min. Blüte f. **II** v/i 9. blühen, in Blüte stehen (a. fig.). 10. (er)blühen, (in Jugendfrische, Schönheit etc) (er)strahlen.
bloom² [bluːm] s metall. 1. Vor-, Walzblock m. 2. Puddelluppe f: ~ steel Luppenstahl m.
'bloom·er ['bluːmə(r)] s bes. Br. colloq. grober Fehler, Schnitzer m.
'bloom·ers ['bluːməz] s pl a. pair of ~ 1. hist. (Damen)Pumphose f. 2. Am. Schlüpfer m mit langem Bein.
'bloom·ing¹ adj 1. blühend (a. fig.). 2. colloq. (a. adv) verflixt.
'bloom·ing² s metall. Luppenwalzen n.
bloop [bluːp] colloq. **I** s Film etc: Klebstellengeräusch n. **II** v/i Radio: heulen.
bloop·er ['bluːpə(r)] s bes. Am. colloq. 1. grober Fehler, Schnitzer m. 2. peinlicher Irrtum.
blos·som ['blɒsəm; Am. 'blɑː-] **I** s 1. a) (bes. fruchtbildende) Blüte, b) Blütenstand m, -fülle f: to be in full ~ in voller Blüte stehen. 2. fig. Blüte(zeit) f. 3. fig. ,Perle' f (hervorragende Sache od. Person). 4. Pfirsichfarbe f. **II** v/i 5. blühen: a) Blüten treiben (a. fig.), b) fig. gedeihen. 6. ~ (out) fig. erblühen, gedeihen (into zu).
blot [blɒt; Am. blɑt] **I** s 1. (Farb-, Tinten-) Klecks m. 2. fig. (Schand)Fleck m, Makel m: to cast a ~ upon a. j-n verunglimpfen; → escutcheon 1. 3. Verunstaltung f, Schönheitsfehler m. **II** v/t 4. (mit Tinte etc) beklecksen: → copybook 1. 5. fig. a) beflecken, b) verunglimpfen. 6. oft ~ out Schrift aus-, 'durchstreichen. 7. oft ~ out e-e Familie etc, a. fig. Erinnerungen auslöschen. 8. den Himmel verdunkeln (Wolken), Berge etc einhüllen (Nebel). 9. (mit Löschpapier) (ab)löschen. 10. print. unsauber abziehen. **III** v/i 11. klecksen, schmieren.
blotch [blɒtʃ; Am. blɑtʃ] **I** s 1. (Farb-, Tinten)Klecks m. 2. fig. Makel m, (Schand)Fleck m. 3. med. Hautfleck m. 4. bot. allg. Fleckenkrankheit f. **II** v/t 5. (mit Tinte etc) beklecksen. **III** v/i 6. klecksen, schmieren. **'blotch·y** adj 1. klecksig. 2. med. fleckig (Haut).
blot·ter ['blɒtə; Am. 'blɑtər] s 1. (Tinten)Löscher m, Kladde f, b) → police blotter.
blo·tesque [blɒ'tesk; Am. blɑ-] adj paint. mit schweren (Pinsel)Strichen ausgeführt.
'blot·ting|book s 'Löschpa,pierblock m. **~ pad** s 'Schreib,unterlage f od. Block m aus 'Löschpa,pier. **~ pa·per** s 'Löschpa,pier n.
blot·to ['blɒtəʊ; Am. 'blɑ-] adj sl. ,(stink-) besoffen', ,sternhagelvoll'.
blouse [blaʊz; Am. blaʊs] s 1. Bluse f. 2. a) bes. mil. Uni'formjacke f, b) mil. Feldbluse f.
blow¹ [bləʊ] **I** s 1. Blasen n, Wehen n. 2. mar. steife Brise, b) Luftzug m, frischer Wind: to go for a ~ an die frische Luft gehen. 3. Blasen n, Stoß m (in ein Instrument): a ~ on a whistle ein Pfiff. 4. a) Schnauben n, b) (Nase)Schneuzen n: to give one's nose a ~ sich die Nase putzen, sich schneuzen. 5. Am. colloq. 6. Eierlegen n, Schmeiß m (der Fliegen). 7. tech. a) undichte Stelle, Leck n, b) Damm-, Deichbruch m. 8. metall. Chargengang m (Hochofen), Schmelze f (Konverterbetrieb). 9. colloq. Verschnauf-, Atempause f. 10. → blowout 4.
II v/i pret **blew** [bluː] pp **blown** [bləʊn] 11. blasen, wehen, pusten: it is **~ing hard** es weht in starker Wind; to **~ hot and cold** fig. unbeständig od. wet-

blow – blue baby

terwendisch sein. **12.** *mus.* a) blasen, spielen (**on** auf *dat*), b) *Am. sl.* Jazz spielen. **13.** ertönen (*Pfiff etc*), (er)schallen (*Trompete etc*). **14.** keuchen, schnaufen, pusten. **15.** zischen (*Schlange*). **16.** spritzen, blasen (*Wal, Delphin*). **17.** Eier legen (*Schmeißfliege*). **18.** *Am. colloq.* angeben. **19.** *sl.* ‚verduften', ‚abhauen'. **20.** *tech.* a) quellen (*Zement*), b) Blasen bilden (*Papier etc*). **21.** (*aus dem Bohrloch*) ¹unkontrol₁liert ausbrechen (*Erdgas, Erdöl*). **22.** a) explo¹dieren, in die Luft fliegen, b) platzen (*Reifen*), c) *electr.* ¹durchbrennen (*Sicherung*). **III** *v/t* **23.** blasen, wehen, (auf)wirbeln, treiben (*Wind*). **24.** *Rauch etc* blasen, pusten: → **kiss** 1. **25.** *Suppe etc* blasen, *Feuer* anfachen, *den Blasebalg* treten *od.* ziehen. **26.** *die Trompete etc* blasen, ertönen lassen: **to ~ the horn** a) das Horn blasen, ins Horn stoßen, b) *mot.* hupen; **to ~ one's own horn** *Am. fig.* sein eigenes Lob(lied) singen; → **trumpet** 1, **whistle** 6. **27.** *bes. ein Pferd* a) außer Atem bringen, b) verschnaufen lassen. **28.** aufblasen, -blähen: **to ~ bubbles** Seifenblasen machen; **to ~ glass** Glas blasen. **29.** a) → **blow up** 1, b) **he blew a fuse** *electr.* ihm ist die Sicherung durchgebrannt (*a. fig. colloq.*); **to ~ a gasket**, **to ~ one's cool** (*od.* **lid, stack, top**) *colloq.* ‚an die Decke gehen' (*vor Wut*), e-n ‚Tobsuchtsanfall bekommen'; **to ~ s.o.'s mind** *sl.* j-s Bewußtsein verändern (*Droge*), *fig.* j-n vom Stuhl hauen'. **30.** *sl.* a) ‚verpfeifen', verraten, b) enthüllen, aufdecken; → **gaff**³ 2, **lid** 1. **31.** aus-, ¹durchblasen: **to ~ one's nose** sich die Nase putzen, sich schneuzen; **to ~ an egg** ein Ei ausblasen; **to ~ an oil well** *tech.* e-e Ölquelle durch Sprengung löschen. **32.** *sl. e-e Droge* a) rauchen: **to ~ grass** ‚kiffen', b) ‚schnüffeln', ‚sniffen' (*inhalieren*). **33.** *sl.* Geld ‚verpulvern' (**on** für). **34.** *Am. sl.* **to ~ s.o. to s.th.** j-m etwas spendieren; **to ~ o.s. to s.th.** sich etwas leisten. **35.** *sl.* a) *Klassenarbeit etc* ‚versauen', b) *sport Chance* vergeben. **36.** *sl.* ‚verduften' *od.* ‚abhauen' von *od.* aus (*e-r Stadt etc*). **37.** **to ~ o.s.** *vulg.* j-m e-n ‚blasen' (*j-n fellationieren*). **38.** (*pp* **blowed**) *colloq.* verfluchen: **~ it!** verdammt!; **I'll be ~ed** if der Teufel soll mich holen, wenn; **~ the expense!**, **expense be ~ed!** Kosten spielen keine Rolle! **39.** *Damespiel:* e-n Stein wegnehmen. *Verbindungen mit Adverbien:* **blow¦ a·way** *v/t* **1.** fort-, wegblasen, -fegen (*a. fig.*): → **cobweb** 1. **2.** *fig.* verjagen. **~ down I** *v/t* ¹um-, her¹unterwehen. **II** *v/i* ¹um-, her¹untergeweht werden. **~ in** *v/t* **1.** *Scheiben* eindrücken (*Wind*). **2.** *tech.* den Hochofen anblasen. **II** *v/i* **3.** eingedrückt werden. **4.** *colloq.* ‚her¦einschneien' (*Besucher*). **~ off I** *v/t* **1.** → **blow away** 1 *u.* 2. **2.** *tech. Dampf od. Gas* ablassen, *~* **steam** 1. **II** *v/i* **3.** abtreiben (*Schiff*). **4.** ausströmen (*Dampf etc*). **5.** *Am colloq.* ‚meckern', geifern (**about** über *acc*). **6.** *Br. sl.* ‚e-n fahren lassen'. **~ out I** *v/t* **1.** *Licht* ausblasen, *a. Feuer* (aus)löschen. **2.** *tech.* den Hochofen ausblasen. **3.** *electr.* Funken *etc* löschen. **4.** a) *Rohr etc* ¹durch-, ausblasen, b) *etwas* her¦ausblasen. **5.** her¦aussprengen, -treiben: **to ~ one's brains** *colloq.* sich e-e Kugel durch den Kopf jagen. **6.** *e-n Reifen etc* platzen lassen: **he blew out a tire** (*bes. Br.* **tyre**) ihm *od.* an s-m Wagen platzte ein Reifen. **7.** → **blow** 29 b. **8. to blow itself out** → 13. **II** *v/i* **9.** ausgeblasen werden, verlöschen. **10.** her¦ausgesprengt *od.* her¦ausgetrieben werden. **11.** → **blow¹** 22 b *u. c.* **12.** verpuffen (*Sprengladung*). **13.** sich austoben (*Sturm*). **14.** →

blow¹ 21. **~ o·ver I** *v/t* **1.** ¹umwehen. **II** *v/i* **2.** ¹umgeweht werden. **3.** sich legen (*Sturm*) (*a. fig.*). **~ up I** *v/t* **1.** a) (in die Luft) sprengen, b) vernichten, zerstören, c) zur Explosi¹on bringen. **2.** aufblasen, -pumpen. **3.** a) *ein Foto* vergrößern, b) *fig.* aufbauschen (**into** zu). **4.** *colloq.* a) sich negativ auswirken auf (*acc*), b) j-s *Ruf etc* rui¹nieren. **5.** *colloq.* j-n ‚anschnauzen'. **II** *v/i* **6.** a) in die Luft fliegen, explo¹dieren (*a. fig. colloq.*): **to ~ at s.o.** j-n ‚anschnauzen'. **7.** sich aufblasen *od.* aufpumpen lassen. **8.** losbrechen (*Sturm etc*), ausbrechen (*Streit etc*). **9.** *colloq.* rui¹niert werden (*Ruf etc*). **10.** *fig. colloq.* auf-, eintreten.

blow² [bləʊ] *s* **1.** Schlag *m*, Streich *m*, Hieb *m*, Stoß *m*: **at one** (*od.* **a [single]**) **~** mit ¹einem Schlag; **without (striking) a ~** a) ohne jede Gewalt(anwendung), b) mühelos; **to come to ~s** handgemein *od.* handgreiflich werden; **to strike a ~ against** e-n Schlag versetzen (*dat*) (*a. fig.*); **to strike a ~ for** *fig.* sich einsetzen für, e-e Lanze brechen für; **~ by ~** *fig.* genau, minuti¹ös, detail¹liert. **2.** *fig.* (Schicksals)Schlag *m*: **it was a great** (*od.* **heavy**) **~ to his pride** es traf ihn schwer in s-m Stolz.

blow³ [bləʊ] **I** *v/i pret* **blew** [bluː] *pp* **blown** [bləʊn] (auf-, er)blühen. **II** *s* Blüte(zeit) *f*: **to be in full ~** in voller Blüte stehen.

'blow¦·back *s mil. tech.* Rückstoß *m*: **~ (-operated gun)** Gasdrucklader *m*. **'~·ball** *s bot.* Pusteblume *f*. **~·by--'blow** *adj* genau, minuti¹ös, detail¹liert. **'~·dry** *v/t* a) *j-m die Haare* fönen: **to ~ s.o.'s hair**, b) *j-m die Haare* fönen: **to ~ s.o.** **~ dry·er** *s* Haartrockner *m*, Fön *m* (*TM*).

blowed [bləʊd] *pp von* **blow¹** 38.

'blow·er I *s* **1.** Bläser *m*: **~ of a horn** Hornist *m*. **2.** *tech.* Gebläse *n*. **3.** *mot.* Vorverdichter *m*, Auflader *m*. **4.** *Am. colloq.* Angeber *m*. **5.** *Br. colloq.* Tele¹fon *n*: **to get on the ~** ‚sich an die Strippe hängen'; **to get on the ~ to s.o.** j-n anrufen. **II** *adj* **6.** *tech.* Gebläse...: **~ cooling** Gebläsekühlung *f*. **7.** *mot.* Vorverdichtungs...: **~(-type) supercharger** Aufladegebläse *n*.

'blow¦·fly *s zo.* Schmeißfliege *f*, *bes.* Blauer Brummer. **~ form·ing** *s tech.* Blasformung *f* (*von Folien*). **'~·gun** *s* **1.** Blasrohr *n*. **2.** *tech.* ¹Spritzpi₁stole *f*. **'~·hard** *s Am. colloq.* Angeber *m*. **'~·hole** *s* **1.** Luft-, Zugloch *n*. **2.** Nasenloch *n* (*Wal*). **3.** Loch *n* im Eis (*zum Atmen für Wale etc*). **4.** *metall.* (Luft)Blase *f* (*im Guß*), Lunker *m*. **~ job**: **to do a ~ on s.o.** *vulg.* j-m e-n ‚blasen' (*j-n fellationieren*). **'~·lamp** *s tech.* Lötlampe *f*. **'~·mo·bile** [-məʊˌbiːl] *s Am.* Motorschlitten *m* mit Pro¹pellerantrieb.

blown¹ [bləʊn] *pp von* **blow¹**. **II** *adj* **1.** *film tech.* Blasfolie *f*. **2.** außer Atem.
blown² [bləʊn] *pp von* **blow³**.

'blow¦·off *s* **1.** *tech.* Ablassen *n* (*von Dampf etc*). **2.** *tech.* Ablaßvorrichtung *f*: **~ cock** Ablaßhahn *m*; **~ pipe** Ablaß-, Aufblaserohr *n*. **3.** *Am. colloq.* a) ¹Knall¦ef¹fekt' *m*, Höhepunkt *m*, b) ‚Kladderadatsch' *m* (*Skandal*), c) ‚Schlager' *m*, Zugnummer *f*, d) → **blowout** 4. **'~·out** *s* **1.** a) Zerplatzen *n* (*e-s Behälters*), b) Sprengloch *n*, c) Reifenpanne *f*. **2.** Blowout *m* (*unkontrollierter Ausbruch von Erdgas od. Erdöl aus e-m Bohrloch*). **3.** *electr.* a) ¹Durchbrennen *n* der Sicherung: **he had a ~** ihm ist die Sicherung durchgebrannt (*a. fig. colloq.*), b) a. **magnetic ~** ma¹gnetische Bogenbeeinflussung: **~ coil** (Funken)Löschspule *f*; **~ fuse** Durchschlagssicherung *f*. **4.** *colloq.*

‚Freß- *od.* Saufgelage' *n*: **to go (out) for a ~** e-e ‚Freß- *od.* Sauftour' machen. **'~·pipe** *s* **1.** *tech.* Lötrohr *n*, Schweißbrenner *m*: **~ analysis** Lötrohranalyse *f*; **~ proof** Lötrohrprobe *f*. **2.** → **blowtube** 2. **3.** Blasrohr *n*. **'~·torch** *s* **1.** *tech.* Lötlampe *f*. **2.** *aer.* *sl.* Düsentriebwerk *n*. **'~·tube** *s* **1.** → **blowgun** 1. **2.** Glasbläserpfeife *f*. **'~·up** *s* **1.** Explosi¹on *f* (*a. fig. colloq.*). **2.** *fig. colloq.* ‚Krach' *m*: **they had a ~** sie hatten Krach (miteinander). **3.** *phot.* Vergrößerung *f*.

'blow·y *adj* windig.

blowzed [blaʊzd], **'blowz·y** *adj* **1.** (drall *u.*) rotgesichtig (*Frau*). **2.** schlampig (*bes. Frau*).

blub [blʌb] *Br. sl. für* **blubber** II, III.

blub·ber [ˈblʌbə(r)] **I** *s* **1.** Tran *m*, Speck *m*. **2.** *colloq.* Schwabbelspeck *m* (*an Menschen u. Tieren*). **3.** Flennen *n*, Geplärr *n*. **II** *v/i* **4.** flennen, plärren, schluchzen. **III** *v/t* **5.** *oft* **~ out** schluchzend (gesagt). **IV** *adj* **6.** wulstig: **~ lips**. **'~-cheeked** *adj* pausbäckig.

blu·cher [ˈbluːtʃə(r), -kə(r)] *s hist.* fester Halbschuh zum Schnüren.

bludg·eon [ˈblʌdʒən] **I** *s* **1.** a) Knüppel *m*, Keule *f*, b) Totschläger *m*. **2.** *fig.* a) heftige Angriffe *pl*, heftige Kri¹tik, b) ¹Holzhammerme₁thode *f*. **II** *v/t* **3.** mit e-m Knüppel *etc* schlagen, niederknüppeln. **4.** *fig.* tyranni¹sieren, drangsa¹lieren. **5. to ~ s.o. into doing s.th.** j-n zwingen, etwas zu tun.

blue [bluː] **I** *adj* **1.** blau: **you can wait till you are ~ in the face** du kannst warten, bis du schwarz wirst; → **moon** 1. **2.** bläulich, fahl (*Licht, Haut etc*). **3.** (grau-)blau, dunstig: **~ distance** blaue Ferne. **4.** *colloq.* melan¹cholisch, traurig, bedrückt, depri¹miert: **to look ~** a) traurig dreinblicken (*Person*), b) trüb aussehen (*Umstände*); **a ~ lookout** trübe Aussichten *pl*. **5.** *pol. Br.* konserva¹tiv. **6.** blau(gekleidet). **7.** *Am.* (*moralisch*) streng, puri¹tanisch: → **blue laws**. **8.** *bes. contp.* intellektu¹ell (*Frau*). **9.** a) unanständig, gewagt, nicht sa¹lonfähig, schlüpfrig: **~ jokes**, b) Porno...: **~ film**. **10.** wüst, ordi¹när (*Rede*): **to turn the air ~** lästerlich fluchen. **11.** *colloq.* schrecklich (*oft nur verstärkend*): **~ despair** helle Verzweiflung; **~ fear** Heidenangst *f*; → **funk¹** 1, 2, **murder** 1.
II *s* **12.** blaue Farbe: **dressed in ~** blau *od.* in Blau gekleidet; **chemical ~** Chemischblau *n*, Indigoschwefelsäure *f*; **constant ~** Indigokarmin *n*. **13.** blauer Farbstoff, Waschblau *n*. **14.** a) Student von Oxford *od.* Cambridge, der bei Wettkämpfen s-e Universität vertritt *od.* vertreten hat: **an Oxford ~**, **a ~ in cricket**, b) blaue Mütze zum Zeichen dafür, daß man s-e Universität bei Wettkämpfen vertritt *od.* vertreten hat: **to get** (*od.* **win**) **one's ~** in die Universitätsmannschaft berufen werden. **15.** *pol. Br.* Konserva¹tive(r) *m*. **16. the ~** *poet.* a) der (blaue) Himmel: **out of the ~** *fig.* aus heiterem Himmel, völlig unerwartet, b) die (weite) Ferne, c) das (blaue) Meer. **17.** *colloq. bes. contp.* Blaustrumpf *m*. **18.** *pl* (*a. als sg konstruiert*) *colloq.* Melancho¹lie *f*: **to have the ~s**, **to be in the ~s** ‚den Moralischen haben'. **19.** *pl mus.* → **blues** 2. **20.** *Austral. colloq.* a) ‚Krach' *m*, b) Schläge¹rei *f*.
III *v/t* **21.** blau färben *od.* streichen, *Wäsche* bläuen. **22.** *metall.* blau anlaufen lassen. **23.** *Br. colloq. Geld* ‚verpulvern', ‚verjuxen', verprassen.
IV *v/i* **24.** blau werden.

blue¦ ash·es *s pl* (*meist als sg konstruiert*) *tech.* Kupferblau *n*. **~ ba·by** *s med.* Blue baby *n* (*Kind mit ausgeprägter Blausucht*

bei angeborenem Herzfehler). **'B⁓beard** *s* (Ritter) Blaubart *m* (*Frauenmörder*). **'⁓bell** *s bot.* **1.** (*bes.* Rundblättrige) Glockenblume. **2.** Nickende 'Sternhya¡zinthe. **3.** 'Traubenhya¡zinthe *f.* **4.** Gemeine Ake'lei. **'⁓ber·ry** [-bərɪ; *Am.* -¸berɪ] *s bot.* Heidelbeere. **'⁓bird** *s orn.* e-e dem Rotkehlchen verwandte Drossel. ¡⁓'**black** *adj* blauschwarz. **⁓ blood** *s* **1.** blaues Blut, alter Adel. **2.** Aristo'krat(in), Adlige(r *m*) *f.* ¡⁓'**blood·ed** *adj* blaublütig, adlig. **⁓ book** *s* **1.** *oft* B⁓ B⁓ *pol.* Blaubuch *n.* **2.** *oft* B⁓ B⁓ *colloq. Am. Verzeichnis prominenter Persönlichkeiten.* **3.** *univ. Am.* a) Prüfungsheft *n,* b) Prüfung *f.* **'⁓¸bot·tle** *s* **1.** *zo.* Schmeißfliege *f.* **2.** *bot.* a) Kornblume *f,* b) (*e-e*) 'Traubenhya¡zinthe. **3.** *Br. colloq.* „Bulle' *m* (*Polizist*). **⁓ box** *s TV, Film:* Blue box *f* (*Gerät für ein Projektionsverfahren, bei dem künstliche Hintergründe in Aufnahmestudios geschaffen werden können*). **⁓ cheese** *s* Blauschimmelkäse *m.* **⁓ chip** *s* **1.** *Poker:* blaue Spielmarke (*von hohem Wert*). **2.** *econ.* erstklassiges 'Wertpa¡pier. **'⁓¸coat** *s Am. colloq.* „Bulle' *m* (*Polizist*). ¡⁓'**col·lar work·er** *s* (Fa'brik)Arbeiter(in). **⁓ dev·il** *s colloq.* **1.** *pl* Säuferwahn *m.* **2.** *pl* → **blue 18. 3.** *bot.* (*e-e*) Aster. **B⁓ En·sign** *s Flagge der brit. Marinereserve.* ¡⁓'**eyed** *adj* **1.** blauäugig. **2. ⁓ boy** *colloq.* Liebling *m* (*des Chefs etc*). **3.** *Am. colloq.* (*bes. von Schwarzen gebraucht*) weiß: **⁓ devil** *contp.* Weiße(r *m*) *f.* **⁓ fox** *s zo.* Blaufuchs *m.* **'⁓¸grass** *s bot. Am.* (*bes.* Wiesen)Rispengras *n.* **B⁓ grass State** *s Am.* (Spitzname für den Staat) Ken'tucky *n.* **⁓ hel·met** *s mil. pol.* Blauhelm *m* (*Mitglied der UN-Friedenstruppe*). **⁓ i·ron earth** *s min.* Eisenblau *n.* **⁓ i·ron ore** *s min.* Blaueisenstein *m.* **'⁓¸jack·et** *s* Blaujacke *f,* Ma'trose *m.* **⁓ jeans** *s pl* Blue jeans *pl.* **⁓ laws** *s pl Am.* strenge, puri'tanische Gesetze *pl, bes.* Sonntagsgesetze *pl* (*gegen Entheiligung der Sonn- u. Feiertage*). **B⁓ Man·tle** *s Name es-e der* 4 Wappenherolde von England. **⁓ met·al** *s min.* blauer Konzentrati'onsstein (60% Kupfer enthaltend).
'**blue·ness** *s* **1.** Bläue *f,* blaue Farbe. **2.** *pol. Br.* konserva'tive Einstellung. '**blue|·nose** *s colloq.* **1.** *Am.* Puri'taner(in), sittenstrenge Per'son. **2.** B⁓ Einwohner(in) von Neu'schottland. **⁓ note** *s mus.* Blue note *f* (*erniedrigter 3. u. 7. Ton der Durtonleiter im Blues*). **⁓ pen·cil** *s* **1.** Blaustift *m.* **2.** *fig.* Rotstift *m,* Zen'sur *f.* ¡⁓'**pen·cil** *v/t pret u. pp* **-ciled,** *bes. Br.* **-cilled 1.** *Manuskript etc* (*mit Blaustift*) korri'gieren *od.* zs.-streichen. **2.** *fig.* zen-'sieren. **⁓ pe·ter** *s mar.* blauer Peter (*Abfahrtsignalflagge*). **'⁓print** *I s* **1.** *phot.* Blaupause *f.* **2.** *fig.* Plan *m,* Entwurf *m:* **⁓ stage** Planungsstadium *n.* **II** *v/t* **3.** e-e Blaupause machen von (*etwas*). **4.** e-n (genauen) Plan ausarbeiten für, planen, entwerfen. **'⁓print·er** *s* Blaudrucker *m* (*Arbeiter u. Maschine*). **⁓ rib·bon** *s* **1.** blaues Band: a) *Br.* des Hosenbandordens, b) *Am.* als Abzeichen von Mäßigkeitsvereinen, c) *bes. sport* Auszeichnung für Höchstleistungen: **the B⁓ R⁓** *mar.* das Blaue Band (*des Ozeans*). **2.** *fig.* erster Preis, Lorbeer *m.* ¡⁓'**rib·bon** *adj Am.* **1.** erstklassig. **2.** her'ausragend. **3. ⁓ jury** → **special jury.**
blues [bluːz] *s pl* **1.** → **blue 18. 2.** (*a. als sg konstruiert*) *mus.* Blues *m.*
blue|shark *s ichth.* Blau-, Menschenhai *m.* **⁓ shift** *s astr. phys.* Blau-, Vio'lettverschiebung *f.* ¡⁓'**sky law** *s jur.* Gesetz *n* zur Verhütung unlauterer Manipulati'onen im 'Wertpa¡pierhandel.
'**blues·man** [-mən] *s irr mus.* **1.** Bluessänger *m.* **2.** Bluesmusiker *m.*
blue| spar *s min.* Blauspat *m,* Lazu'lith *m.* '**⁓¸stock·ing** *s bes. contp.* Blaustrumpf *m.*
blu·et ['bluːɪt] *s bot.* **1.** *Am.* (*ein*) Engelsauge *n.* **2.** (*e-e*) Heidelbeere.
'**blue|·throat** *s orn.* Blaukehlchen *n.* '**⁓tit** *s orn.* Blaumeise *f.* **⁓ vit·ri·ol** *s chem.* Kupfersul¸fat *n.*
bluff¹ [blʌf] **I** *v/t* **1.** a) *j-n* bluffen: **to ⁓ s.o. into doing s.th.** j-n durch e-n Bluff dazu bringen, etwas zu tun, b) **⁓ it out** sich herausreden: **to ⁓ one's way out of** sich herausreden aus. **2.** *etwas* vortäuschen. **II** *v/i* **3.** bluffen. **III** *s* **4.** Bluff *m:* **to call s.o.'s ⁓** j-n zwingen, Farbe zu bekennen. **5.** → **bluffer. 6.** *pl Am.* Scheuklappen *pl.*
bluff² [blʌf] **I** *adj* **1.** *mar.* breit (*Bug*). **2.** schroff, steil (*Felsen, Küste*). **3.** *fig.* ehrlich-grob, gutmütig-derb; rauh, aber herzlich. **II** *s* **4.** Steil-, Felsufer *n,* Klippe *f.* **5.** *Am.* Baumgruppe *f.*
'**bluff·er** *s* Bluffer *m.*
'**bluff·ness** *s* **1.** Steilheit *f.* **2.** rauhe Herzlichkeit.
blu·ing ['bluːɪŋ] *s* **1.** Bläuen *n* (*von Wäsche*). **2.** (Wasch)Blau *n.* **3.** bläuliches (Haar)Tönungsmittel. '**blu·ish** *adj* bläulich.
blun·der ['blʌndə(r)] **I** *s* **1.** (grober) Fehler *od.* „Schnitzer', (*gesellschaftlich*) Faux-'pas *m:* **to make a ⁓** → **2. II** *v/i* **2.** e-n (groben) Fehler *od.* „Schnitzer' machen, ¸e-n Bock schießen, (*gesellschaftlich*) e-n Faux¡pas begehen. **3.** (grobe) Fehler *od.* „Schnitzer' machen, pfuschen, stümpern. **4.** unbesonnen handeln. **5.** stolpern, tappen (*beide a. fig.*): **he ⁓ed into a dangerous situation; to ⁓ on** a) blind darauflostappen, b) *fig.* weiterwursteln; **to ⁓ upon s.th.** zufällig auf etwas stoßen. **III** *v/t* **6.** verpfuschen, verderben, ¸verpat-'zen'. **7.** *meist* **⁓ out** her'ausplatzen mit. '**blun·der·buss** [-bʌs] *s* **1.** *mil. hist.* Donnerbüchse *f.* **2.** *colloq.* für blunderer.
'**blun·der·er** *s* **1.** Stümper *m,* Pfuscher *m.* **2.** Tölpel *m.*
'**blun·der|·head** *s* Tölpel *m.* '**⁓¸headed** *adj* tölpelhaft.
'**blun·der·ing** *adj* (*adv* **⁓ly**) **1.** stümperhaft, ungeschickt. **2.** tölpelhaft.
blunt [blʌnt] **I** *adj* **1.** stumpf: **⁓ edge; ⁓ instrument** *jur.* stumpfer Gegenstand (*unidentifizierte Mordwaffe*). **2.** *fig.* abgestumpft, unempfindlich (**to** gegen). **3.** *fig.* ungeschliffen, ungehobelt: **⁓ manners. 4.** barsch, grob, rauh(beinig). **5.** offen, schonungslos. **6.** dumm, beschränkt. **7.** schlicht. **II** *v/t* **8.** stumpf machen, abstumpfen (*a. fig.* to gegen). **9.** *fig.* die Schärfe *od.* Spitze nehmen (*dat*), (ab)schwächen. **III** *v/i* **10.** stumpf werden, sich abstumpfen. **IV** *s* **11.** stumpfe Seite (*e-r Klinge etc*). **12.** *pl* kurze Nähnadeln *pl.* **13.** *sl. obs.* „Mo'neten' *pl* (*Geld*). '**blunt·ly** *adv fig.* frei her'aus, mit schonungsloser Offenheit: **to put it ⁓** um es ganz offen zu sagen; **to refuse ⁓** glatt ablehnen. '**blunt·ness** *s* **1.** Stumpfheit *f.* **2.** *fig.* Abgestumpftheit *f* (**to** gegen). **3.** Grobheit *f.*
blur [blɜː; *Am.* blɜr] **I** *v/t* **1.** verwischen: a) *Schrift etc* verschmieren, b) *a. opt. u. fig.* undeutlich *od.* verschwommen machen. **2.** *phot. TV* verwackeln. **3.** *Sinne etc* trüben. **4.** *fig.* besudeln, entstellen. **II** *v/i* **5.** schmieren. **6.** *opt. etc* verschwommen (*a.* Töne; *a. fig.* Eindruck *etc*). **7.** *fig.* sich verwischen (*Unterschiede etc*). **III** *s* **8.** Fleck *m,* verwischte Stelle. **9.** *fig.* Makel *m,* Schandfleck *m.* **10.** undeutlicher *od.* nebelhafter Eindruck, verschwommene Vorstellung: **a ⁓ in one's**
memory e-e nebelhafte Erinnerung. **11.** Schleier *m od. pl* (*vor den Augen*). **12.** Geräusch *n:* **⁓ of engines** Motorengeräusch.
blurb [blɜːb; *Am.* blɜrb] *colloq.* **I** *s* **1.** a) „Waschzettel' *m,* Klappentext *m,* b) „Bauchbinde' *f,* Re'klamestreifen *m* (*um ein Buch*). **2.** *allg.* (über'triebene) Anpreisung. **II** *v/t* **3.** ein Buch mit Waschzettel *etc* versehen, *weitS.* Re'klame machen für (*ein Buch etc*), anpreisen.
blurred [blɜːd; *Am.* blɜrd], '**blur·ry** *adj* **1.** unscharf, verschwommen, verwischt (*alle a. phot. TV*). **2.** *fig.* nebelhaft.
blurt [blɜːt; *Am.* blɜrt] *v/t oft* **⁓ out** a) her'ausplatzen mit, b) *Worte* ausstoßen.
blush [blʌʃ] **I** *v/i* **1.** erröten, rot werden (**at** bei): **to ⁓ for** (*od.* **with**) **shame** schamrot werden. **2.** *fig.* sich schämen (**for** für). **3.** *meist poet.* sich röten, in rötlichem Glanze erstrahlen. **4.** *tech.* wolkig *od.* trübe werden (*Lack etc*). **II** *s* **5.** Erröten *n,* (Scham)Röte *f:* **to put s.o. to the ⁓** j-n zum Erröten *od.* in Verlegenheit bringen; → **spare 1. 6.** a) Röte *f,* rötlicher Glanz, b) rosiger Hauch. **7. at first ⁓** *obs. od. poet.* auf den ersten Blick. '**blush·er** *s* Rouge *n.* '**blush·ing I** *s* **1.** → **blush 5. II** *adj* (*adv* **⁓ly**) **2.** errötend. **3.** schamhaft, züchtig.
blus·ter ['blʌstə(r)] **I** *v/i* **1.** brausen, toben (*Wind*). **2.** *fig.* a) poltern, toben, „donnern', b) Drohungen ausstoßen, c) (laut) prahlen, sich aufblasen: **⁓ing fellow** Großmaul *n.* **II** *v/t* **3.** a. **⁓ out** a) poltern(d äußern), „donnern', b) „tönen'. **4.** *j-n* (durch Drohungen) zwingen (**into doing** zu tun) *od.* abbringen (**out of** von). **III** *s* **5.** Brausen *n,* Toben *n.* **6.** *fig.* a) Poltern *n,* Toben *n,* b) große Töne *pl,* Prahlen *n,* c) Drohung(en *pl*) *f.* '**blus·ter·ing** *adj* (*adv* **⁓ly**) **1.** stürmisch (*Wetter etc*). **2.** *fig.* a) polternd, b) prahlerisch, c) drohend.
B mi·nus *s electr.* Minuspol *m* (*der Anodenstromversorgung*).
bo! [bəʊ] *interj* huh! (*um andere zu erschrecken*): **he wouldn't** (*od.* **couldn't**)**, won't**) **say ⁓ to a goose** er ist ein Hasenfuß.
bo² [bəʊ] *s Am. sl.* alter Knabe (*als Anrede*).
bo³ [bəʊ] *pl* **boes** *s Am. sl.* Landstreicher *m,* Tippelbruder *m.*
bo·a ['bəʊə] *s* **1.** *zo.* Boa *f,* Riesenschlange *f.* **2.** *Mode:* Boa *f.* **⁓ con·stric·tor** *s zo.* Boa *f* con'strictor, Königsschlange *f.*
boar [bɔː(r); *Am. a.* 'bəʊər] *s zo.* Eber *m,* (*Wildschwein*) Keiler *m.*
board¹ [bɔːrd; *Am. a.* 'bəʊərd] **I** *s* **1.** a) Brett *n,* Diele *f,* Planke *f,* b) *Leichtathletik:* Balken *m.* **2.** Tisch *m,* Tafel *f* (*nur noch in festen Ausdrücken*): → **above-board, separation 4. 3.** *fig.* Kost *f,* Beköstigung *f,* Verpflegung *f,* 'Unterhalt *m:* **⁓ and lodging** Kost u. Logis, Wohnung u. Verpflegung, Vollpension *f;* **to put out to ⁓** in Kost geben. **4.** (Beratungs-, Gerichts)Tisch *m.* **5.** *oft* B⁓ *fig.* a) Ausschuß *m,* Kommissi'on *f,* b) Amt *n,* Behörde *f,* c) Mini'sterium *n:* B⁓ **of Arbitration** *econ. Br.* Schlichtungsstelle *f;* **⁓ of examiners** Prüfungskommission *f;* B⁓ **of Health** Gesundheitsbehörde, -amt; **⁓ of directors** *econ.* Vorstand *m* (*e-r Aktiengesellschaft*); **⁓ of management** *econ.* Vorstand *m* (*e-r Aktiengesellschaft*); **⁓ of governors** (Schul- *etc*)Behörde; B⁓ **of Inland Revenue** *econ. Br.* oberste Steuerbehörde; B⁓ **of Trade** *Br.* Handelsministerium, *Am.* Handelskammer *f;* **⁓ of trustees** Treuhandausschuß *m;* **to be on the ⁓** im Verwaltungsrat *etc* sitzen; → **admiralty 2. 6.** (Anschlag-)

Brett *n*. **7.** *ped.* (Wand)Tafel *f.* **8.** (Schach-, Bügel)Brett *n*: **to sweep the ~** a) alles gewinnen, b) überlegen siegen. **9.** *pl thea*. Bretter *pl*, Bühne *f*: **on the ~s** a) beim *od*. am Theater, b) auf der Bühne; **to tread** (**walk**) **the ~s** ,auf den Brettern' stehen, Schauspieler(in) sein. **10.** *sport* a) (Surf)Board *n*, b) *pl* ,Bretter' *pl*, Skier *pl*. **11.** *pl Eishockey*: Bande *f*. **12.** a) Kar'ton *m*, Pappe *f*, Pappdeckel *m*, b) Buchdeckel *m*: (**bound**) **in ~s** kartoniert, c) *tech*. Preßspan *m*. **13.** *econ. Am*. Börse *f*.
II *v/t* **14.** dielen, täfeln, mit Brettern belegen *od*. absperren, verschalen: **~ed ceiling** getäfelte Decke; **~ed floor** Bretter(fuß)boden *m*. **15.** beköstigen, in Kost nehmen *od*. geben, *Tier* in Pflege nehmen *od*. geben (**with** bei).
III *v/i* **16.** sich in Kost *od*. Pensi'on befinden, wohnen, lo'gieren (**with** bei). *Verbindungen mit Adverbien*:
board|**a·round** *v/i Am*. abwechselnd bei j-m anderen speisen. **~ in** in board up. **~ out I** *v/t* in Kost *od*. Pflege geben. **II** *v/i* auswärts essen. **~ up** *v/t* mit Brettern vernageln.
board² [bɔː(r)d; *Am. a.* 'bəʊərd] **I** *s* **1.** Seite *f*, Rand *m* (*nur noch in Zssgn*): → **seaboard. 2.** *mar*. Bord *m*, Bordwand *f* (*nur in festen Ausdrücken*): **on ~** a) an Bord (*e-s Schiffes, Flugzeugs*), b) im Zug *od*. Bus; **on ~** (**a**) **ship** an Bord e-s Schiffes; **to go on ~** a) an Bord gehen, b) einsteigen; **to go by the ~** a) über Bord gehen *od*. fallen (*a. fig.*), b) *fig*. zunichte werden (*Hoffnungen, Pläne etc*), c) *fig*. kleingeschrieben werden, nicht mehr gefragt sein (*Höflichkeit etc*). **3.** *mar*. Gang *m*, Schlag *m* (*beim Kreuzen*): **good ~** Schlagbug *m*; **long** (**short**) **~s** lange (kurze) Gänge; **to make ~s** lavieren, kreuzen. **II** *v/t* **4.** a) an Bord (*e-s Schiffes od. Flugzeugs*) gehen, *mar. mil.* entern, b) einsteigen in (*e-n Zug od. Bus*). **III** *v/i* **5.** *mar*. laˈvieren.
'**board·er** *s* **1.** a) Kostgänger(in), b) Pensi'onsgast *m*. **2.** *ped. Br.* Inter'natsschüler(in). **3.** *mar. mil.* Enterer *m*: **~s** Entermannschaft *f*.
board game *s* Brettspiel *n*.
'**board·ing** *s* **1.** Verschalen *n*, Dielen *n*, Täfeln *n*. **2.** Bretterverkleidung *f*, Verschalung *f*, Dielenbelag *m*, Täfelung *f*. **3.** *pl* Schalbretter *pl*. **4.** *econ*. Verpflegung *f*. **~ card** *s aer*. Bordkarte *f*. '**~-house** *s* **1.** Pensi'on *f*, Fremdenheim *n*. **2.** *Br*. Wohngebäude *n* e-s Inter'nats. **~ joist** *s tech*. Dielenbalken *m*. **~·of·fi·cer** *s mar*. 'Prisenoffi,zier *m*. **~ pass** → **boarding card. ~ school** *s* Inter'nat *n*, Pensio'nat *n*.
'**board**|**lot** *s Börse*: *Am*. handlungsfähige Nomi'nalgröße (*z. B. in New York*: 100 Stück). '**~-man** [-mən] *s irr econ. Am*. Börsenvertreter *m*, -makler *m* (*e-r Firma*). **~ mea·sure** *s econ*. Kuˈbikmaß *n* (*Raummaß im Holzhandel*). **~·meet·ing** *s econ*. Verwaltungsrats-, Vorstandssitzung *f*. **~ room** *s* **1.** Sitzungssaal *m*. **2.** *econ*. Zimmer in e-m Maklerbüro, in dem die Börsennotierungen angeschlagen sind. **~ school** *s Br. hist*. Volksschule *f*. **~ wag·es** *s pl* Kostgeld *n* (*des Personals*). '**~-walk** *s* **1.** *Am*. a) Plankenweg *m*, b) (*bes*. hölzerne) 'Strandprome,nade. **2.** *bes. mil*. Knüppeldamm *m*.
'**boar·ish** *adj fig*. a) schweinisch, b) grausam, c) geil.
boart → **bort**.
boast¹ [bəʊst] **I** *s* **1.** Prahleˈrei *f*: a) Großtueˈrei *f*, b) prahlerische *od*. stolze Behauptung: **to make ~ of s.th.** sich e-r Sache rühmen. **2.** Stolz *m* (*Gegenstand des Stolzes*): **he was the ~ of his age** er war der Stolz s-r Zeit. **II** *v/i* **3.** (**of**, **about**)

sich rühmen (*gen*), prahlen, großtun (mit), stolz sein *auf* (*acc*): **it is not much to ~ of** darauf ist es nicht weit her; **he ~s of being strong** er ist stolz darauf, stark zu sein. **III** *v/t* **4.** sich des Besitzes (*e-r Sache*) rühmen (können), aufzuweisen haben, besitzen: **the town ~s the largest stadium of the country**.
boast² [bəʊst] *v/t* **1.** Steine roh behauen. **2.** *Bildhauerei*: aus dem Groben arbeiten.
'**boast·er** *s* Prahler *m*.
'**boast·ful** *adj* (*adv* **~·ly**) prahlerisch.
boat [bəʊt] **I** *s* **1.** Boot *n*, Kahn *m*, Nachen *m*: **to be in the same ~** *fig*. im selben Boot sitzen; **to burn one's ~s** (**behind one**) *fig*. alle Brücken hinter sich abbrechen; **to push the ~ out** *Br. colloq*. ,ein Faß aufmachen'; **to take to the ~s** *mar*. in die (Rettungs)Boote gehen; → **miss² 1**, **rock² 2**. **2.** Schiff *n* (*jeder Art*) (*Br. a.* Kaˈnal)Dampfer *m*. **3.** (bootförmiges) Gefäß, (*bes*. Soßen)Schüssel *f*.
II *v/i* **4.** (in e-m) Boot fahren, rudern, segeln: **to go ~ing** e-e Bootsfahrt machen. **III** *v/t* **5.** in e-m Boot befördern, transporˈtieren: **to ~ s.o. across the river** j-n über'setzen. **6.** in ein Boot verladen: → **oar** *Bes. Redew*.
'**boat·age** *s* **1.** Beförderung *f od*. 'Transport *m* mit e-m Boot. **2.** (Boot)Frachtgebühr *f*.
'**boat**|**build·er** *s* Bootsbauer *m*. '**~·build·ing** *s* Bootsbau *m*. **~ deck** *s mar*. Bootsdeck *n*. **~ drill** *s mar*. Rettungsübung *f*.
boa·tel → **botel**.
'**boat·er** *s* **1.** Bootsfahrer *m*, Ruderer *m*, Segler *m*. **2.** *bes. Br*. steifer Strohhut, ,Kreissäge' *f*.
'**boat**|**·hook** *s* Bootshaken *m*. '**~-house** *s* Bootshaus *n*, -schuppen *m*.
'**boat·ing** *s* **1.** Bootfahren *n*, Rudersport *m*. **2.** Bootsfahrt *f*.
'**boat**|**load** *s* **1.** *mar*. Bootsladung *f*. **2.** *fig. colloq*. Masse *f*, Haufen *m*. '**~-man** [-mən] *s irr* **1.** *mar*. Bootsführer *m*. **2.** Bootsverleiher *m*. **~ race** *s* Bootsrennen *n*.
boat·swain ['bəʊsn] *s mar*. Bootsmann *m*: **~ 1st class** Oberbootsmann; **~ 2nd class** Bootsmann; **~ 3rd class** Unterbootsmann; **~'s mate** Bootsmannsmaat *m*.
boat train *s* Zug *m* mit Schiffsanschluß.
bob¹ [bɒb; *Am*. bab] **I** *s* **1.** *allg*. baumelnder rundlicher Körper, *bes*. a) (Haar-)Knoten *m*, (-)Büschel *n*, b) Quaste *f*, (Pferde)Gewicht *n*, e) Senkblei *n* (*der Lotleine*), f) Laufgewicht *n* (*der Schnellwaage*). **2.** kurzgestutzter Pferdeschwanz. **3.** kurzer Haarschnitt, 'Bubikopf(fri,sur *f*) *m*. **4.** *a.* **~ wheel** *tech*. Schwabbelscheibe *f*. **5.** *pl* **bob** *Br. colloq. hist*. Schilling *m*: **five ~** a *od*. e-n Schilling pro Kopf. **6.** a) → **bobsled**, b) Kufe(npaar *n*) *f*. **7.** kurze, ruckartige Bewegung, Ruck *m*: **~ of the head** ein Hochwerfen des Kopfes. **8.** Knicks *m*. **9.** (*Art*) harˈmonisches Wechselgeläute. **10.** *obs*. (*kurzer*) Kehrreim, Reˈfrain *m*. **II** *v/i* **11.** ruckweise (hin u. her *od*. auf u. ab) bewegen: **to ~ one's head into the room** den Kopf kurz ins Zimmer stecken; **to ~ a curts(e)y** e-n Knicks machen. **12.** *Haare, Pferdeschwanz etc* kurz schneiden, stutzen: **to have one's hair ~bed** sich e-n Bubikopf schneiden lassen. **13.** *tech*. mit e-r Schwabbelscheibe poˈlieren. **14.** *Langholz* auf e-m Doppelschlitten transporˈtieren.
III *v/i* **15.** sich auf u. ab *od*. hin u. her bewegen, hüpfen, springen, tanzen, schnellen. **16.** a) knicksen (**at**, **before**, **to** vor *dat*), b) (kurz) nicken. **17.** haschen,

schnappen (**for** nach). **18.** **~ up** (plötzlich) auftauchen (*a. fig.*): **to ~ up like a cork** sich nicht unterkriegen lassen, (wie ein Stehaufmännchen) immer wieder hochkommen. **19.** *sport* Bob fahren.
Bob² [bɒb] *s*: **~'s your uncle!** *colloq*. ,fertig ist die Laube!'
bobbed [bɒbd; *Am*. babd] *adj* kurzgeschnitten, gestutzt: **~ hair** Bubikopf (-frisur *f*) *m*.
'**bob·bin** ['bɒbɪn; *Am*. 'ba-] *s* **1.** Spule *f*, Garnrolle *f*. **2.** Klöppel(holz *n*) *m*. **3.** dünne Schnur. **4.** *electr*. Induktiˈonsrolle *f*, Spule *f*.
'**bob·bi·net** [,bɒbɪ'net; *Am*. 'babə,net] *s* Bobinet *m*, englischer Tüll.
'**bob·bin lace** *s* Klöppelspitze *f*.
'**bob·ble** ['bɒbl; *Am*. 'babl] **I** *s* **1.** ruckartige (Hinund'her- *od*. Aufund'ab)Bewegung. **2.** Bommel *f*, Troddel *f*. **3.** *bes. sport Am. colloq*. ,Patzer' *m*, Fehler *m*. **II** *v/i* **4.** → **bob¹ 15**. **5.** *bes. sport Am. colloq*. ,patzen'. **III** *v/t* **6.** *bes. sport Am. colloq*. ,verpatzen'.
'**bob·by** ['bɒbɪ; *Am*. 'ba-] *s* **1.** *Br. colloq*. ,Bobby' *m* (*Polizist*). **2.** *a.* **~ calf** *Austral*. Kalb *n* von weniger als 100 Pfund Lebendgewicht. **~ pin** *s bes. Am*. Haarklammer *f*, Haarklemme *f*. **~ sock** *pl* **socks**, **sox** *s* Söckchen *n* (*bes. hist. der bobby-sockers*). '**~-,sock·er**, '**~-,sox·er** [-,sɑksər] *s Am. colloq. hist*. Backfisch *m*, junges Mädchen.
'**bob·cat** *s zo*. Rotluchs *m*.
'**bob·let** ['bɒblɪt; *Am*. 'bab-] *s sport* Zweierbob *m*.
bob·o·link ['bɒbə,lɪŋk] *s orn. Am*. Reisstärling *m*.
'**bob**|**sled**, '**~·sleigh I** *s* **1.** Doppelschlitten *m* (*zum Langholztransport*). **2.** *sport* Bob *m*. **II** *v/i* **3.** *sport* Bob fahren. '**~·stay** *s mar*. Wasserstag *n*. '**~·tail I** *s* **1.** Stutzschwanz *m*. **2.** Pferd *n od*. Hund *m etc* mit Stutzschwanz. **3.** *Am. colloq*. a) *mot*. (ˈAnhänger)Zugma,schine *f*, b) *rail*. Ranˈgierlokomo,tive *f*. **4.** *mil. Am. sl*. unehrenhafte Entlassung. **II** *adj* **5.** mit gestutztem Schwanz (*Tier*). **III** *v/t* **6.** *e-m Tier* den Schwanz stutzen. **7.** (ab-, ver-) kürzen.
bock (beer) [bɒk; *Am*. bak] *s* Bock(bier *n*) *n*, *a. m*.
bod [bɒd] *s Br. colloq*. Kerl *m*: **a queer ~** ein queerer Kauz.
bod biz [bad] *s psych. Am. colloq*. Sensitiviˈtätstraining *n*.
bode¹ [bəʊd] *pret von* **bide**.
bode² [bəʊd] **I** *v/t* be'deuten, ahnen lassen: **this ~s him no good** das bedeutet nichts Gutes für ihn. **II** *v/i*: **to ~ ill** Unheil verkünden; **to ~ well** Gutes versprechen.
'**bode·ful** *adj* unheilvoll.
bodge [bɒdʒ; *Am*. badʒ] → **botch II, III**.
'**bod·ice** ['bɒdɪs; *Am*. 'ba-] *s* **1.** Mieder *n*: a) *Teil der Unterkleidung für Frauen mit stützender u. formender Wirkung*, b) enganliegendes, ärmelloses Oberteil e-s Trachtenkleids. **2.** Oberteil *n* (*e-s Kleids etc*).
'**bod·ied** ['bɒdɪd; *Am*. 'ba-] *adj* **1.** (*in Zssgn*) ... gebaut, von ... Gestalt *od*. Körperbau: **small-~** klein von Gestalt. **2.** *tech*. verdickt: **~ paint**.
'**bod·i·less** ['bɒdɪlɪs; *Am*. 'ba-] *adj* **1.** körperlos. **2.** unkörperlich, wesenlos.
'**bod·i·ly** ['bɒdɪlɪ; *Am*. 'ba-] **I** *adj* **1.** körperlich, leiblich, physisch: **~ harm** (*od*. **injury**) *jur*. Körperverletzung *f*; **~ needs** (*od*. **wants**) leibliche Bedürfnisse; **~ grievous 2**, **serious 3**. **II** *adv* **2.** leibˈhaftig, perˈsönlich. **3.** a) als Ganzes, b) geschlossen: **the audience rose** ~.
'**bod·kin** ['bɒdkɪn; *Am*. 'bad-] *s* **1.** *tech*. Ahle *f*: a) Pfriem *m*, b) *print*. Punkˈturspitze *f*, c) 'Durchzieh-, Schnürˈnadel *f*.

2. *obs.* lange Haarnadel. **3.** *obs.* Dolch *m*.
Bod·lei·an (Li·brar·y) [bɒdˈliːən; *Am.* bɑd-] *s* Bodley'anische Biblio'thek (*in Oxford*).
bod·y [ˈbɒdɪ; *Am.* ˈbɑ-] **I** *s* **1.** Körper *m*, Leib *m* (*a. relig.*): ~ **and soul** mit Leib u. Seele; **to keep** ~ **and soul together** Leib u. Seele zs.-halten; → **heir. 2.** *oft* **dead** ~ Leiche *f*, Leichnam *m*: **over my dead** ~ *colloq.* nur über m-e Leiche. **3.** *engS.* Rumpf, Leib *m*. **4.** Rumpf *m*, Haupt-(bestand)teil *m*, Mittel-, Hauptstück *n*, Zentrum *n*, *z. B.* a) (Schiffs-, Flugzeug-) Rumpf *m*, b) *mil.* (Geschoß-)Hülle *f*, c) Bauch *m* (*e-r Flasche etc*), d) *mus.* (Schall)Körper *m*, Reso'nanzkasten *m*, e) (ˈAuto-, ˈWagen)Karosse'rie *f*, f) Hauptgebäude *n*, g) (Kirchen)Schiff *n*, h) *mil.* Hauptfestung *f*. **5.** *mil.* Truppenkörper *m*: ~ **of horse** Kavallerieeinheit *f*; ~ **of men** Trupp *m*, Abteilung *f*; **the main** ~ das Gros. **6.** (*die*) große Masse, (*das*) Gros. **7.** (gegliedertes) Ganzes, Gesamtheit *f*, Sy'stem *n*: **in a** ~ zusammen, wie 'ein Mann; ~ **corporate** a) juristische Person, Körperschaft *f*, b) Gemeinwesen *n*, Gemeinde *f*; ~ **of facts** Tatsachenmaterial *n*; ~ **of history** Geschichtswerk *n*; ~ **of laws** Kodex *m*, Gesetz(es)sammlung *f*; ~ **politic** a) juristische Person, b) organisierte Gesellschaft, c) Staat(skörper) *m*. **8.** Körper (-schaft *f*) *m*, Gesellschaft *f*, Gruppe *f*, Or'gan *n*, Gremium *n*: **student** ~ Studentenschaft *f*; ~ **administrative** 1, **diplomatic** 1, **governing** 1. **9.** *fig.* Kern *m*, eigentlicher Inhalt, Sub'stanz *f*, (*das*) Wesentliche: ~ **of a speech. 10.** Haupt-teil *m*, Text(teil) *m*: ~ **of an advertisement**; ~ **of a letter. 11.** *phys.* (ˈdreidimensioˌnaler) Körper, Masse *f* (*Menge*). **12.** *chem.* Sub'stanz *f*, Stoff *m*. **13.** *anat.* Körper *m*, Stamm *m*: ~ **of the uterus** Gebärmutterkörper. **14.** *geogr.* Masse *f*: ~ **of water** Wasserfläche *f*, stehendes Gewässer; ~ **of cold air** kalte Luftmasse. **15.** *fig.* Körper *m*, Gehalt *m* (*von Wein*), Stärke *f* (*von Papier etc*), Deckfähigkeit *f* (*von Farbe*), Dichtigkeit *f*, Güte *f* (*von Gewebe etc*), (Klang)Fülle *f*. **16.** *colloq.* Per'son *f*, Mensch *m*: **a curious (old)** ~ ein komischer (alter) Kauz; **not a (single)** ~ keine Menschenseele. **17.** Töpferei: Tonmasse *f*. **18.** *electr.* Iso'lier-, Halteteil *m*.
II *v/t* **19.** *meist* ~ **forth** verkörpern: a) versinnbildlichen, b) darstellen.
bod·y|blow *s* **1.** *Boxen*: Körperschlag *m*. **2.** *fig.* harter *od.* schwerer Schlag (**to** für). ~ **build** *s* biol. Körperbau *m*. ~ **build·er** *s* Bodybuilder *m*. ~ **build·ing** *s* Bodybuilding *n*. ~ **cav·i·ty** *s* *anat.* Körperhöhle *f*. ˈ~-**check** (*Eishockey*) **I** *s* Bodycheck *m*. **II** *v/t* checken. ~ **clock** *s* innere Uhr. ~ **coat** *s* *tech.* Grun'dierung *f*. ~ **col·o(u)r** *s* Deckfarbe *f*. ~ **con·tact** *s* *electr.* Körperschluß *m*. ~ **danc·ing** *s* Tanzen *n* mit 'Körperkonˌtakt. ~ **flu·id** *s* *physiol.* Körperflüssigkeit *f*. ~ **guard** *s* **1.** Leibwächter *m*. **2.** Leibgarde *f*, -wache *f*. ~ **lan·guage** *s* Körpersprache *f*. ~ **louse** *s irr zo.* Kleiderlaus *f*. ˈ~ˌ**mak·er** *s tech.* Karosserieˈbauer *m*. ~ **o·do(u)r** *s* (*bes.* unangenehmer) Körpergeruch. ~ **plasm** *s biol.* Körperplasma *n*, Somato-ˈplasma *n*. ~ **search** *s* 'Leibesvisitaˌtion *f*. ~ **seg·ment** *s biol.* 'Körper-, 'Rumpfˌsegˌment *n*. ~ **serv·ant** *s* Leib-, Kammerdiener *m*. ~ **shop** *s* **1.** *tech.* Karosse'riewerkstatt *f*. **2.** *Am. sl.* a) Puff *m, a. n* (*Bordell*), b) Unternehmen, das Claqueure, Demonstrationsteilnehmer etc vermietet. ~ **slam** *s Ringen*: Ausheber *m*. ~ **snatch·er** *s hist.* Leichenräuber *m*. ~ **snatch·ing** *s hist.* Leichenraub *m*. ~

stock·ing *s* Bodystocking *m* (*eng anliegende, einteilige Unterkleidung [mit angearbeiteten Strümpfen]*). ~ **type** *s print.* Werk-, Grundschrift *f* (*Hauptschrift, in der ein Buch gesetzt ist*). ˈ~**work** *s tech.* Karosse'rie *f*.
Boehm·ite [ˈbɜːmaɪt; *Am.* ˈbeɪm-] *s min.* Böh'mit *m*.
Boer [ˈbəʊə(r)] **I** *s* Bur(e) *m*, Boer *m* (*Südafrika*). **II** *adj* burisch: ~ **War** Burenkrieg *m*.
bof·fin [ˈbɒfɪn] *s Br. colloq.* Wissenschaftler *m*, Forscher *m* (*bes. auf dem Gebiet der Militärwissenschaft*).
bog [bɒg; *Am. a.* bɑg] **I** *s* **1.** Sumpf *m*, Mo'rast *m* (*beide a. fig.*), (Torf)Moor *n*. **2.** *Br. u. Austral. vulg.* „Scheißhaus" *n*. **3.** *Austral. vulg.* „Scheißen" *n*: **to have (go for) a** ~ scheißen (gehen). **II** *v/t* **4. to get** ~**ged (down)** → 6a; **to** ~ **down** *fig.* zum Stocken bringen. **5.** ~ **up** *colloq.* durchein'anderbringen. **III** *v/i* **6.** *oft* ~ **down** a) im Schlamm *od.* Sumpf versinken, b) *a. fig.* sich festfahren, steckenbleiben. **7.** ~ **in** *Austral. colloq.* a) ˌsich hin'einknien': **to** ~ **into a task** sich in e-e Arbeit knien, b) (*beim Essen*) ˌreinhauen': **to** ~ **into s.th.** sich etwas schmecken lassen. ˈ~**ber·ry** [-bərɪ; *Am.* -ˌberɪ] *s bot.* **1.** Moosbeere *f*. **2.** *Am.* (*e-e*) Himbeere. ~ **but·ter** *s min.* Sumpfbutter *f*. ~ **earth** *s min.* Moorerde *f*.
bo·gey [ˈbəʊgɪ] **I** *s* **1.** *Golf*: a) *bes. Br.* Par *n*, b) Bogey *n* (*ein Schlag über Par*). **2.** *sl.* Popel *m*. **3.** *sl.* a) *mil.* 'unidentifiˌziertes *od.* feindliches Flugzeug, b) UFO *n*, Ufo *n*. **4.** → **bogie** 1–4. **5.** → **bogy** 1, 2. **II** *v/t* **6.** *to* ~ **the 12th hole** (*Golf*) am 12. Loch ein Bogey spielen.
bog·gle [ˈbɒgl; *Am.* ˈbɑgəl] **I** *v/i* **1.** a) erschrecken, zs.-fahren, b) zuˈrückschrecken, c) scheuen (*Pferd*) (**at** *or dat*). **2.** stutzen, zögern, schwanken. **3.** Schwierigkeiten machen (*Person*). **4.** überˈwältigt *od.* fassungslos sein, ˌBauklötze' staunen: **imagination** (*od.* **the mind**) ~**s at the thought** es wird e-m schwindlig bei dem (bloßen) Gedanken. **5.** *Am.* pfuschen, stümpern. **II** *v/t* **6.** *Am.* verpfuschen. ˈ**bog·gler** *s* **1.** *fig.* Angsthase *m*. **2.** *Am.* Pfuscher(in).
bog·gy [ˈbɒgɪ; *Am.* ˈbɑ-] *adj* sumpfig, mo'rastig.
bo·gie [ˈbəʊgɪ] *s* **1.** *tech. Br.* a) Blockwagen *m* (*mit beweglichem Radgestell*), b) *rail.* Dreh-, Rädergestell *n*. **2.** Bergbau: Förderkarren *m* (*zum Befahren von Kurven*). **3.** *mot. Am.* Drehschemel *m* (*am Großlaster*). **4.** → **bogie wheel 5.** → **bogey** 1–3. **6.** → **bogy** 1, 2. ~ **en·gine** *s tech.* (*e-e*) Ge'lenklokomoˌtive. ~ **wheel** *s* (Ketten)Laufrad *n* (*am Panzerwagen*).
bog·i·ron (ore) *s min.* Raseneisenerz *n*. ˈ~**land** *s* Marsch-, Sumpf-, Moorland *n*. ~ **moss** *s bot.* Torfmoos *n*. ~ **myr·tle** *s bot.* Heidemyrte *f*. ~ **ore** → **bog iron (ore)**. ~ **spav·in** *s vet. zo.* Spat *m* (*beim Pferd*). ˈ~**trot·ter** *s contp.* Ire *m*, Irländer *m*, *bes.* irischer Bauer. ˈ~**up** *s*: **to make a** ~ **of s.th.** *colloq.* etwas durcheinanderbringen.
bo·gus [ˈbəʊgəs] **I** *adj* **1.** nachgemacht, falsch, unecht. **2.** Schein..., Schwindel...: ~ **bill** *econ.* Kellerwechsel *m*; ~ **company** Schwindelgesellschaft *f*. **II** *s* **3.** *Am.* Getränk aus Rum u. Sirup. **4.** *Am. sl.* 'Füllarˌtikel *m* (*in Zeitungen*).
bo·gy [ˈbəʊgɪ; *Am. a.* ˈbʊ-] *s* **1.** (*der*) Teufel. **2.** a) Kobold *m*, b) (Schreck)Gespenst *n* (*a. fig.*): **the** ~ **of war**; ~ **team** *sport* Angstgegner *m*. **3.** → **bogey** 1–3. **4.** → **bogie** 1–4. ˈ~**man** [-mən] *s irr* Butzemann *m*, (*der*) schwarze Mann (*Kindersprache*).
Bo·he·mi·a [bəʊˈhiːmjə; -mɪə] *s* a) Bo-

'heme *f* (*Künstlerwelt*), b) Künstlerviertel *n*. **Bo·ˈhe·mi·an I** *s* **1.** Böhme *m*, Böhmin *f*. **2.** Ziˈgeuner(in). **3.** *fig.* Bohemiˈen *m*. **II** *adj* **4.** böhmisch. **5.** *fig.* a) 'unkonventioˌnell, unbürgerlich: ~ **life**, b) Künstler...: ~ **circles (quarters**, *etc*). **Bo·ˈhe·mi·an·ism** *s* 'unkonventioˌnelle *od.* unbürgerliche Lebensweise.
bo·hunk [ˈbəʊhʌŋk] *s Am. sl.* **1.** *contp.* (*bes. aus Süd- od. Osteuropa eingewanderter*) Arbeiter. **2.** (blöder) Kerl.
boil¹ [bɔɪl] *s med.* Geschwür *n*, Fu'runkel *m, n*, Eiterbeule *f*.
boil² [bɔɪl] **I** *s* **1.** Kochen *n*, Sieden *n*: **to be on the** ~ kochen; **to bring to the** ~ zum Kochen bringen; **to come to the** ~ a) zu kochen anfangen, b) **to be brought to the** ~ *colloq.* s-n Höhepunkt erreichen; **to go off the** ~ zu kochen aufhören; **he went off the** ~ *colloq.* sein Interesse kühlte ab, er verlor die Lust; **to keep on the** ~ a) kochen lassen, b) *colloq.* hinhalten, vertrösten. **2.** Brodeln *n*, Tosen *n* (*des Meeres etc*). **II** *v/i* **3.** kochen, sieden: **the kettle (the water) is** ~**ing** der Kessel (das Wasser) kocht; → **pot¹** 2. **4.** brodeln, tosen (*Meer etc*). **5.** *fig.* kochen, schäumen (**with rage** vor Wut). **III** *v/t* **6.** kochen (lassen): **to** ~ **eggs** Eier kochen; **to** ~ **clothes** Wäsche (aus)kochen.
Verbindungen mit Adverbien:
boil| a·way I *v/i* **1.** a) → **boil²** 3, b) weiterkochen. **2.** verdampfen. **3.** *fig.* abkühlen (*Interesse etc*). **II** *v/t* **4.** verdampfen lassen. ~ **down I** *v/t* **1.** einkochen lassen. **2.** *fig.* zs.-fassen (**to a few sentences** in ein paar Sätzen). **II** *v/i* **3.** einkochen. **4.** *fig.* sich (*gut*) zs.-fassen lassen. **5.** ~ **to** (*letzten Endes*) hin'auslaufen auf (*acc*). ~ **off** *v/t* **1.** aus-, abkochen. **2.** *tech.* Seide degum'mieren. ~ **out** → **boil off**. ~ **o·ver** *v/i* **1.** überkochen, -laufen. **2.** *fig.* vor Wut kochen *od.* schäumen. **3.** *fig. Situation*: a) außer Kon'trolle geraten, b) sich auswachsen (**into** zu). ~ **up** *v/i* **1.** aufkochen: **anger was boiling up in him** Wut stieg in ihm auf. **2.** *Austral.* Tee machen. **3.** *fig.* sich zs.-brauen (*Unheil etc*).
ˈ**boil**ˌ**down** *s Am.* Kurz-, Zs.-fassung *f*.
boiled [bɔɪld] *adj* **1.** gekocht. **2.** *Am. sl.* ˌstinkbeˈsoffen'. ~ **din·ner** *s Am.* Eintopf(gericht *n*) *m*. ~ **shirt** *s colloq.* Frackhemd *n*. ~ **sweet** *s Br.* Bon'bon *m, n*.
ˈ**boil·er** *s* **1.** (*meist in Zssgn*) Sieder *m*: **soap** ~. **2.** (Heiz-, Koch-, Siede-, *Br.* Wasch)Kessel *m*, Kochtopf *m*. **3.** *tech.* Dampfkessel *m*. **4.** Boiler *m*, Heißwasserspeicher *m*. **5.** Zuckerfabrikation: Siedepfanne *f*. **6. to be a good** ~ sich (*gut*) zum Kochen eignen. **7.** Suppenhuhn *n*. ˈ~**house** *s* Kesselhaus *n*. ˈ~ˌ**mak·er** *s* Kesselschmied *m*. ~ **plate** *s tech.* **1.** Kesselblech *n*. **2.** Zeitungswesen: *Am.* Platte *f* e-s Materndienstes. ~ **suit** *s* Overall *m*.
boil·er·y [ˈbɔɪlərɪ] *s tech.* Siede'rei *f*.
ˈ**boil·ing I** *s* **1.** siedend, kochend: ~ **heat** Siedehitze *f*; ~ **spring** heiße Quelle. **2.** *fig.* kochend, schäumend (**with rage** vor Wut). **II** *adv* **3.** kochend: ~ **hot** kochend-, glühendheiß. **4.** *Am. colloq.* ˌmordsmäßig': ~ **drunk** ˌstinkbesoffen'; **they got** ~ **mad** sie wurden ˌstinkwütend'. **III** *s* **5.** Kochen *n*, Sieden *n*. ~ **point** *s* Siedepunkt *m* (*a. fig.*): **to reach** ~ den Siedepunkt erreichen, *fig. a.* auf den Siedepunkt steigen. ˌ~**wa·ter reˈac·tor** *s* Atomenergie: ˈSiedewasserreˌaktor *m*.
bois·ter·ous [ˈbɔɪstərəs] *adj* (*adv* ~**ly**) **1.** stürmisch (*Meer, Wetter etc*). **2.** lärmend, laut. **3.** ausgelassen, wild (*Person, Party etc*). ˈ**bois·ter·ous·ness** *s* Ausgelassenheit *f*.

bo·la ['bəʊlə] *s* Bola *f*, Wurfschlinge *f*.
bold [bəʊld] **I** *adj* (*adv* ~ly) **1.** kühn: a) mutig, beherzt, verwegen, unerschrocken, b) keck, dreist, frech, unverschämt, anmaßend: **to make** ~ **to** sich erdreisten *od.* sich die Freiheit nehmen *od.* es wagen zu; **to make** ~ (**with**) sich Freiheiten herausnehmen (gegen); (**as**) ~ **as brass** *colloq.* frech wie Oskar, unverschämt. **2.** kühn: a) gewagt, mutig: a ~ **plan**; a ~ **speech**, b) fortschrittlich: **a** ~ **design**. **3.** scharf her'vortretend, ins Auge fallend, deutlich, ausgeprägt: **in** ~ **outline** in deutlichen Umrissen; **a few** ~ **strokes of the brush** mit ein paar kühnen Pinselstrichen. **4.** steil, abschüssig. **5.** → **bold-face. II** *s* → **bold face**. ~-**face** *s print.* (halb)fette Schrift. '~-**face** *adj print.* (halb)fett: ~ **type** (halb)fette Schrift. '~-**faced** *adj* **1.** → **bold** 1 b. **2.** → **bold-face**.
'**bold·ness** *s* **1.** Kühnheit *f*: a) Mut *m*, Beherztheit *f*, b) Keckheit *f*, Dreistigkeit *f*. **2.** *fig.* Kühnheit *f*. **3.** Steilheit *f*.
bole¹ [bəʊl] *s* **1.** Baumstamm *m*. **2.** Rolle *f*, Walze *f*. **3.** *mar.* kleines Boot (*für hohen Seegang*).
bole² [bəʊl] *s min.* Bolus *m*, Siegelerde *f*.
bo·le·ro [bə'leərəʊ] *pl* -**ros** *s* Bo'lero *m*: a) *spanischer Tanz*, b) [*Br.* 'bɒlərəʊ] *kurzes Jäckchen*.
bo·le·tus [bəʊ'liːtəs] *pl* -**tus·es**, -**ti** [-taɪ] *s bot.* Bo'letus *m*, Röhrenpilz *m*.
bo·lide ['bəʊlaɪd] *s astr.* Bo'lid *m*, Feuerkugel *f*.
boll [bəʊl] *s bot.* Samenkapsel *f* (*Baumwolle, Flachs*).
bol·lard ['bɒlə(r)d; *Am.* 'bɑ-] *s* **1.** *mar.* Poller *m* (*am Kai*). **2.** *Br.* Poller *m*, Sperrpfosten *m* (*e-r Verkehrsinsel etc*).
bol·lix ['bɒlɪks] *Am.* → **bollocks**.
bol·locks ['bɒləks; *Am.* 'bɑ-] *vulg.* **I** *s pl* ,Eier' *pl* (*Hoden*): ~! ,Scheiße! **II** *v/t meist* ~ **up** *e-e Prüfung etc* ,versauen'.
boll | **wee·vil** *s zo.* Baumwollkapselkäfer *m*. '~-**worm** *s zo.* Larve *e-s* Eulenfalters (*Baumwollschädling*).
Bo·lo|**gna flask**, ~ **phi·al** [bə'ləʊnjə] *s phys.* Bolo'gneser Flasche. ~ **sau·sage** [*Am. meist* bə'ləʊni:] *s bes. Am.* Morta'della *f*.
bo·lo·graph ['bəʊləgrɑːf; *Am.* -ˌgræf] *s phys.* bolo'metrische Aufzeichnung.
bo·lom·e·ter [bəʊ'lɒmɪtə(r); *Am.* -'lɑ-] *s phys.* Bolo'meter *n* (*Strahlungsmeßgerät mit temperaturempfindlichem elektrischem Widerstand*).
bo·lo·ney [bə'ləʊnɪ] *s colloq.* **1.** ,Quatsch' *m*, Geschwafel *n*. **2.** *bes. Am.* Morta'della *f*.
Bol·she·vik, b~ ['bɒlʃɪvɪk; *Am.* 'bəʊlʃə-; 'bɑlʃə-] **I** *s* **1.** Bolsche'wik *m*, Bolsche'wist *m*. **2.** Kommu'nist *m*. **3.** *contp.* Radi'kale(r) *m*, *bes.* Revolutio'när *m*. **II** *adj* **4.** bolsche'wistisch. **5.** kommu'nistisch. **6.** *contp.* radi'kal, *bes.* revolutio'när. '**Bol·she·vism, b~** *s* Bolsche'wismus *m*. '**Bol·she·vist, b~ I** *s* → Bolshevik I. **II** *adj* → Bolshevik II. ˌ**Bol·she**'**vis·tic, b~** → Bolshevik II. ˌ**Bol·she·vi**'**za·tion, b~** *s* Bolschewi'sierung *f*. '**Bol·she·vize, b~** *v/t* bolschewi'sieren.
Bol·shie, b~, *a.* **Bol·shy, b~** ['bɒlʃɪ; *Am. a.* 'bəʊl-; 'bɑl-] *colloq.* **I** *s* **1.** → Bolshevik I. **II** *adj* **2.** → Bolshevik II. **3.** *Br. colloq.* aufsässig. **4.** *Br. colloq.* stur.
bol·ster ['bəʊlstə(r)] **I** *s* **1.** a) Keilkissen *n*, b) Nackenrolle *f*. **2.** Polster *n*, Kissen *n*, 'Unterlage *f* (*a. tech.*). **3.** *tech.* a) *allg.* Lager(ung *f*) *n*, b) Achsschemel *m* (*am Wagen*), c) Scheibe *f* zwischen Angel u. Klinge (*des Messers*), d) Endplatte *f* (*am Heft e-s Taschenmessers*). **4.** *arch.* a) ~ **of cent(e)ring** Schalbrett *n* e-s Lehrgerüstes, b) Polster *n* (*zwischen den Voluten e-s ionischen Kapitells*), c) Sattel-, Trummholz *n*. **II** *v/t* **5.** *j-m* Kissen 'unterlegen. **6.** (aus)polstern. **7.** *meist* ~ **up** *e-e* Sache unter'stützen, *e-e* Währung stützen, *j-m* den Rücken stärken: **to** ~ **up s.o.'s morale** *j-m* Mut machen.
bolt¹ [bəʊlt] **I** *s* **1.** Bolzen *m*: **to shoot one's** ~ e-n letzten Versuch machen; **he has shot his** ~ er hat sein Pulver verschossen; **a fool's** ~ **is soon shot** Narrenwitz ist bald zu Ende. **2.** Blitz(strahl) *m*, Donnerkeil *m*: **a** ~ **from the blue** *fig.* ein Blitz aus heiterem Himmel. **3.** (Wasser- *etc*)Strahl *m*. **4.** *tech.* (Tür-, Schloß-)Riegel *m*. **5.** *tech.* (Schrauben)Bolzen *m*, Schraube *f* (*mit Mutter*): ~ **nut** Schraubenmutter *f*. **6.** *tech.* Dorn *m*, Stift *m*. **7.** *mil. tech.* Bolzen *m*, (Gewehr- *etc*) Schloß *n*. **8.** *Buchbinderei:* noch unaufgeschnittener Druckbogen. **9.** (Stoff)Ballen *m*, (Ta'peten)Rolle *f*. **10.** *bot.* a) Butterblume *f*, b) (*bes.* Knolliger) Hahnenfuß. **11.** plötzlichen Satz *od.* Sprung, (blitzartiger) Fluchtversuch: **he made a** ~ **for the door** er machte e-n Satz zur Tür; **to make a** ~ **for it** → 15. **12.** *pol. Am.* Weigerung *f*, die Poli'tik *od.* e-n Kandi'daten der eigenen Par'tei zu unter'stützen.
II *adv* **13.** ~ **upright** bolzen-, kerzengerade.
III *v/i* **14.** rasen, stürmen, stürzen (**from**, **out of** aus). **15.** 'durchbrennen, da'vonlaufen, ausreißen, sich aus dem Staub machen. **16.** scheuen, 'durchgehen (*Pferd*). **17.** *a.* ~ **up** (erschreckt) hochfahren (**from** aus). **18.** *pol. Am.* den Beschlüssen der eigenen Par'tei zu'widerhandeln *od.* die Zustimmung verweigern. **19.** *agr.* vorzeitig in Samen schießen.
IV *v/t* **20.** Worte her'vorstoßen, her'ausplatzen mit. **21.** *hunt.* Hasen *etc* aufstöbern, aus dem Bau treiben. **22.** *oft* ~ **down** Essen hin'unterschlingen, aus dem Getränk hin'unterstürzen. **23.** *e-e* Tür *etc* ver-, zuriegeln. **24.** *tech.* mit Bolzen befestigen, verbolzen, ver-, festschrauben: ~**ed connection**, ~**ed joint** Schraubverbindung *f*, Verschraubung *f*. **25.** *Stoff* in Ballen *od.* Tapeten in Rollen wickeln. **26.** *obs. fig.* fesseln. **27.** *pol. Am.* die eigene Partei *od.* ihre Kandidaten nicht unter'stützen, sich von s-r Partei lossagen.
bolt² [bəʊlt] *v/t* **1.** Mehl sieben, beuteln. **2.** *fig.* unter'suchen, sichten.
bol·tel ['bəʊltl] *s arch.* starker Rundstab, Wulst *m*.
'**bolt·er** *s* **1.** 'Durchgänger *m* (*Pferd*). **2.** *pol. Am.* j-d, der (den Beschlüssen) s-r Par'tei zu'widerhandelt, Abtrünnige(r) *m f*.
'**bolt**|**han·dle** *s* **1.** Handgriff *m* des Schubriegels (*an Türen etc*). **2.** *mil.* Kammerstengel *m* (*am Gewehr*). '~**head** *s* **1.** *tech.* Schrauben-, Bolzenkopf *m*. **2.** *chem. hist.* (Destil'lier)Kolben *m*. '~**hole** *s* **1.** *tech.* Bolzenloch *n*. **2.** *Bergbau:* Wetterloch *n*: **to cut** ~**s** e-n Gang verschrämen. **3.** Schlupfloch *n*. ~ **po·si·tion** *s mil.* Riegelstellung *f*. '~**rope** *s mar.* Liek *n* (*a.* am Ballon), Saum *m* (*am Segel*): ~ **line** Liekleine *f*. ~ **screw** *s tech.* Bolzenschraube *f*.
Boltz·mann's con·stant ['bəʊltsmənz; -mɑːnz] *s phys.* 'Boltzmann-Kon,stante *f*.
bo·lus ['bəʊləs] *s* **1.** *vet. pharm.* Bolus *m*, große Pille. **2.** runder Klumpen, Kloß *m*. **3.** → bole².
bomb [bɒm; *Am.* bɑm] **I** *s* **1.** Bombe *f*: **the** ~ die (Atom)Bombe; **to go like a** ~ *Br. colloq.* a) ein Bombenerfolg sein (*Party etc*), b) e-e richtige Rakete sein (*Wagen*); **to go down a** ~ *Br. colloq.* Riesenanklang finden (**with** bei). **2.** *tech.* a) Gasflasche *f*, b) Zerstäuberflasche *f* (*für Schädlingsbekämpfung etc*). **3.** *Br. colloq.* ,Heidengeld' *n*: **to cost** (**make**, **spend**) **a** ~. **4.** *thea. etc Am. colloq.* ,Flop' *m*, 'Durchfall' *m*. **II** *v/t* **5.** mit Bomben belegen, bombar'dieren, zerbomben: ~**ed out** ausgebombt; ~**ed site** Ruinengrundstück *n*. **6.** ~ **up** Bomber *etc* mit Bomben beladen. **III** *v/i* **7.** *thea. etc Am. colloq.* 'durchfallen'. ~ **a·lert** *s* 'Bombenˌalarm *m*.
bom·bard I *s* ['bɒmbɑːd; *Am.* 'bɑmˌbɑrd] **1.** *mil. hist.* Bom'barde *f* (*altes Steingeschütz*), **2.** *mus.* a) *hist.* Bom'barde(*e f*) *m*, (Baß)Pommer *m* (*a. Orgelregister*), b) Kontrabaßtuba *f*. **II** *v/t* [bɒm'bɑː(r)d; *Am.* bɑm-] **3.** bombar'dieren, beschießen (*beide a. phys.*), Bomben werfen auf (*acc.*). **4.** *fig.* bombar'dieren, bestürmen (**with** mit): **to** ~ **with blows** (*Boxen*) mit Schlägen eindecken.
bom·bar·dier [ˌbɒmbə(r)'dɪə(r); *Am.* ˌbɑm-] *s mil.* **1.** *Br.* Artille'rieˌunteroffi'zier *m*. **2.** *aer.* Bombenschütze *m*. **3.** *obs.* Kano'nier *m*.
bom'bard·ment *s* Bombarde'ment *n*, Bombar'dierung *f*, Beschießung *f* (*alle a. phys.*).
bom·bar·don [bɒm'bɑː(r)dn; *Am.* bɑm-; *a.* 'bɑmbə(r)ˌdəʊn] *s mus.* Bombar'don *n*, Helikon *n*.
bom·bast ['bɒmbæst; *Am.* 'bɑm-] *s* **1.** *fig.* Bom'bast *m*, Wortschwall *m*, Schwulst *m*. **2.** *obs.* a) rohe Baumwolle, b) Wat'tierung *f*. **bom'bas·tic** *adj* (*adv* -**ally**) bom'bastisch, hochtrabend, schwülstig.
bomb at·tack *s* Bombenanschlag *m*.
Bom·bay duck ['bɒmbeɪ; *Am.* 'bɑm-] *s* **1.** *ichth.* indischer Seewels. **2.** Delikatesse aus getrockneten ostindischen Seefischen.
bomb| **bay** *s aer.* Bombenschacht *m*. ~ **cal·o·rim·e·ter** *s phys.* 'Bombenkaloriˌmeter *n*. ~ **car·pet** *s* Bombenteppich *m*. ~ **dis·pos·al** *s* Bombenräumung *f*. '~-**dis·pos·al squad** *s* 'Bombenˌräum-, 'Sprengkomˌmando *n*. ~ **door** *s aer.* Bombenklappe *f*.
bombe [bɔ̃ːmb; *Am.* bɑm] *s gastr.* Eisbombe *f*.
bombed [bɒmbd; *Am.* bɑmbd] *adj sl.* **1.** ,besoffen'. **2.** ,high' (*im Drogenrausch*).
'**bomb·er** *s* **1.** Bomber *m*, Bombenflugzeug *n*. **2.** Bombenleger *m*.
bomb| **ketch** *s mar. hist.* Bombar'dierfahrzeug *n*, -schiff *n*. ~ **lance** *s mar.* Har'pune *f* mit Sprenggeschoß. '~-**proof** *mil.* **I** *adj* bombensicher: ~ **shelter** → II. **II** *s* Bunker *m*. ~ **rack** *s aer.* Bombenaufhängevorrichtung *f*. '~-**re**ˌ**lease tel·e·scope** *s aer.* (Bomben)Abwurffernrohr *n*. ~ **scare** *s* Bombenalarm *m*. '~-**shell** *s* **1.** Bombe *f*: **the news was a** ~ die Nachricht schlug wie e-e Bombe ein. **2.** **a blonde** ~ *colloq.* e-e blonde ,Sexbombe'. '~-**sight** *s aer.* Bombenzielgerät *n*. ~ **site** *s* Ru'inengrundstück *n*. ~ **threat** *s* Bombendrohung *f*.
bom·by·cid ['bɒmbɪsɪd; *Am.* 'bɑm-] *s zo.* Spinner *m* (*Nachtschmetterling*).
bo·na|**fi·de** [ˌbəʊnə'faɪdɪ; *Am. a.* 'bəʊnəˌfaɪd] *adj u. adv* **1.** ehrlich, aufrichtig: ~ **friends**. **2.** echt: **a** ~ **manuscript**. **3.** *jur.* gutgläubig, in gutem Glauben: **to act** ~; ~ **possessor** gutgläubiger Besitzer. **4.** *econ.* so'lid: **a** ~ **offer**. ~ **fi·des** [-'faɪdiːz] (*Lat.*) *s* **1.** *jur.* guter Glaube. **2.** a) Ehrlichkeit *f*, Aufrichtigkeit *f*, b) ehrliche Absicht.
bo·nan·za [bəʊ'nænzə; bə-] **I** *s* **1.** *geol. min. Am.* reiche Erzader (*bes. Edelmetalle*). **2.** *fig.* Goldgrube *f*. **3.** *fig.* Fülle *f*, Reichtum *m*, große Menge. **II** *adj* **4.** einträglich *od.* lukra'tiv: **a** ~ **enterprise** e-e Goldgrube.

bon·bon ['bɒnbɒn; Am. 'bɑn,bɑn] s Bonbon m, n.
bonce [bɒns] s Br. sl. ‚Birne' f, ‚Rübe' f (Kopf).
bond[1] [bɒnd; Am. bɑnd] **I** s **1.** pl obs. od. poet. Fesseln pl, Ketten pl, Bande pl: in ~s a) in Fesseln, gefangen, b) versklavt; **to burst one's ~s** s-e Ketten sprengen. **2.** pl fig. Bande pl: **the ~s of love**. **3.** Bund m, Verbindung f. **4.** econ. Zollverschluß m: in ~ unter Zollverschluß, unverzollt; **to place under** (od. **into**) **~s** in Zollverschluß legen; **to release from ~** aus dem Zollverschluß nehmen, verzollen. **5.** econ. a) allg. (gesiegelte) Schuldurkunde, Schuld-, Verpflichtungsschein m, (urkundliche) Verpflichtung, b) festverzinsliches 'Wertpa,pier, (öffentliche) Schuldverschreibung, Obligati'on f, (Schuld-, Staats)Anleihe f, c) meist **mortgage ~** (Hypo'theken)Pfandbrief m; **industrial** (**municipal**) **~** Industrie-(Kommunal)anleihe f; **~ creditor** Obligations-, Pfandbriefgläubiger m; **~ debtor** Obligations-, Pfandbriefschuldner m; **to enter (into) ~s** (durch Urkunde) e-e Verpflichtung eingehen. **6.** a) Bürge m, b) Bürgschaft f, Sicherheit f, (a. 'Haft)Kauti,on f: **to furnish a ~** Kaution stellen, Sicherheit leisten; **his word is as good as his ~** er ist ein Mann von Wort. **7.** chem. a) Bindung f: **~ energy** chem. phys. Bindungsenergie f, b) Wertigkeit f. **8.** tech. Bindemittel n: **~ strength** Haftfestigkeit f. **9.** electr. Strombrücke f (a. an Schienenstößen). **10.** arch. (Holz-, Mauer-, Stein)Verband m. **11.** → bond paper. **II** v/t **12.** econ. a) verpfänden, b) durch Schuldverschreibung sichern, c) mit Obligati'onen belasten. **13.** econ. unter Zollverschluß legen. **14.** chem. tech. binden. **15.** Steine etc in Verband legen, einbinden. **III** v/i **16.** tech. binden.
bond[2] [bɒnd; Am. bɑnd] adj hist. in Knechtschaft, leibeigen.
'bond·age s **1.** hist. Knechtschaft f, Sklave'rei f (a. fig.), Leibeigenschaft f: **to be in the ~ of vice** dem Laster verfallen sein. **2.** Gefangenschaft f. **3.** Zwang m. **4.** Sadomasochismus: Fesseln m.
bond·ed ['bɒndɪd; Am. 'bɑn-] adj **1.** econ. verpfändet. **2.** econ. durch Schuldverschreibung gesichert: **~ claim** Forderung f aus Schuldverschreibung; **~ debt** Obligations-, Anleiheschuld f. **3.** econ. unter Zollverschluß (befindlich): **~ goods**; **~ warehouse** Zollspeicher m (für unverzollte Güter); **~ value** unverzollter Wert; **~ to destination** Verzollung f am Bestimmungsort. **4.** **~ fabrics** Vlies-, Faserverbundstoffe.
'bond·er → bondstone.
bond·er·ize ['bɒndəraɪz; Am. 'bɑn-] v/t Stahl bondern (mittels Phosphatlösung korrosionsfest machen).
'bond,hold·er s econ. Obligati'onsinhaber m.
'bond·ing s chem. tech. Bindung f: **~ agent** Bindemittel n.
bond| is·sue s econ. Obligati'onsausgabe f, 'Anleiheemissi,on f. **'~man** [-mən] s irr hist. **1.** Leibeigene(r) m, Sklave m. **2.** Fronpflichtige(r) m. **~ mar·ket** s econ. Rentenmarkt m. **~ pa·per** s Bankpost f, 'Post-, 'Banknotenpa,pier n. **~ serv·ant** → bondman 1.
'bonds·man ['bɒndzmən; Am. 'bɑndz-] s irr **1.** jur. a) Bürge m, b) j-d, der gewerblich Kauti'on(en) stellt. **2.** → bondman.
'bond·stone s arch. Binder m, Ankerstein m.
bone[1] [bəʊn] **I** s **1.** Knochen m: **to make no ~s about** (od. **of**) a) nicht viel Federlesens machen mit, nicht lange fackeln mit, b) keine Skrupel haben hinsichtlich (gen), c) kein Hehl machen aus; **to be near** (od. **close**) **to the ~** a) gewagt sein (Witz etc), b) am Hungertuch nagen; **to feel s.th. in one's ~s** etwas in den Knochen od. instinktiv spüren; **to have a ~ to pick with s.o.** mit j-m ein Hühnchen zu rupfen haben; **chilled** (od. **frozen**) **to the ~** völlig durchgefroren; **cut to the ~** aufs äußerste reduziert (Preis etc); **bred in the ~** angeboren; **bag of ~s** ‚Gerippe', dürre Person; **to make old ~s** alt werden, lange leben; **the (bare) ~s** die wesentlichen Punkte; → contention 1. **2.** pl Gebein(e pl) n. **3.** Ske'lett n, Gerippe n. **4.** pl colloq. ‚Knochen' pl, Körper m: **my old ~s**. **5.** (Fisch)Gräte f. **6.** pl Würfel pl: **to rattle the ~s** würfeln. **7.** pl Dominosteine pl. **8.** pl Kasta'gnetten pl. **9.** (Fischbein)Stäbchen n, Kor'settstange f. **10.** vulg. ‚Ständer' m (erigierter Penis). **II** v/t **11.** a) die Knochen her'ausnehmen aus, ausbeinen, b) e-n Fisch entgräten. **12.** (Fischbein)Stäbchen einarbeiten in (ein Korsett). **13.** agr. mit Knochenmehl düngen. **14.** Br. sl. ‚klauen' (stehlen). **III** v/i **15.** **to ~ up on s.th.** colloq. etwas ‚pauken' od. ‚büffeln' od. ‚ochsen'. **IV** adj **16.** beinern, knöchern.
bone[2] [bəʊn] v/t tech. nivel'lieren.
bone| ash s Knochenasche f. **~ bed** s geol. (diluviales) Knochenlager. **~ black** s **1.** chem. Knochenkohle f. **2.** paint. Beinschwarz n (Farbe). **~ brec·ci·a** s geol. Knochenbrekzie f (durch Kalk verkittete diluviale Knochenablagerung). **~ car·ti·lage** s zo. Knochenknorpel m. **~ chi·na** s 'Knochenporzel,lan n.
boned [bəʊnd] adj **1.** (in Zssgn) ...knochig: → strong-boned. **2.** gastr. a) ohne Knochen, ausgebeint, b) entgrätet (Fish). **3.** mit (Fischbein)Stäbchen (versehen) (Korsett).
'bone-'dry adj **1.** knochen-, staubtrocken. **2.** Am. colloq. völlig ‚trocken': a) streng 'antialko,holisch, b) ohne jeden Alkohol: **a ~ party**. **~ dust** → bone meal. **~ earth** → bone ash. **~ glue** s Knochenleim m. **'~head** s colloq. ‚Holzkopf' m, Dummkopf m. **'~,head·ed** adj colloq. dumm. **'~-'i·dle** ~ **bone-lazy**. **~ lace** s Klöppelspitze f. **'~-'la·zy** adj ‚stinkfaul'.
'bone·less adj **1.** ohne Knochen od. Gräten. **2.** fig. rückgratlos.
bone| meal s Knochenmehl n. **~ oil** s chem. Knochenöl n.
bon·er ['bəʊnə(r)] s bes. Am. sl. (grober) Fehler, ‚Schnitzer' m.
'bone|,set·ter s Knocheneinrichter m. **'~,shak·er** s colloq. ‚Klapperkasten' m (Bus etc). **~ spav·in** s vet. Hufspat m (des Pferdes). **~ tar** s chem. Knochenteer m. **'~yard** s Am. **1.** Abdecke'rei f. **2.** sl. Friedhof m. **3.** colloq. ‚(Auto- etc)Friedhof' m, Schrottplatz m.
bon·fire ['bɒn,faɪə(r); Am. 'bɑn-] s **1.** Freudenfeuer n. **2.** a) Feuer n im Freien (zum Unkrautverbrennen etc): **to make a ~ of s.th.** etwas vernichten.
bong[1] [bɒŋ; Am. a. bɑŋ] **I** v/i dröhnen. **II** s Dröhnen n.
bong[2] [bɒŋ; Am. a. bɑŋ] s Haschisch-, Marihu'anapfeife f.
bon·go[1] ['bɒŋgəʊ; Am. a. 'bɑŋ-] pl **-gos**, bes. collect. **-go** s zo. Bongo m.
bon·go[2] ['bɒŋgəʊ; Am. a. 'bɑŋ-] pl **-gos**, **-goes** s mus. Bongo n, f.
bon·go[3] ['bɒŋgəʊ; Am. a. 'bɑŋ-] pl **-gos**, **-goes** s sl. Kopfverletzung f.
bon·go drum s mus. Bongotrommel f.
bon·ho(m)·mie ['bɒnɒmi; Am. ,bɑnə'mi:; -əʊ-] s Gutmütigkeit f, Joviali'tät f.
bon·i·fi·ca·tion [,bɒnɪfɪ'keɪʃn; Am. ,bɑ-] s **1.** agr. Bodenverbesserung f, Meliorati'on f. **2.** Sa'nierung f (e-s Bezirks).
'bon·ing tech. **I** s Nivel'lieren n. **II** adj Nivellier...
bon·kers ['bɒŋkə(r)z; Am. a. 'bɑŋ-] adj sl. ‚übergeschnappt', verrückt: **to go ~** überschnappen.
bon mot [bɒn'məʊ; Am. bɑʊn-] pl **bons mots** [bɒn'məʊ; -'məʊz; Am. bɑʊn-] s Bon'mot n.
bonne [bɒn; Am. bɔːn] s Hausangestellte f, bes. Kindermädchen n.
bon·net ['bɒnɪt; Am. 'bɑ-] **I** s **1.** (bes. Schotten)Mütze f, Kappe f: **~ bee** → bee[1] 1. **2.** (Damen)Hut m, (Damen- od. Kinder-)Haube f (meist randlos u. mit Bändern unter dem Kinn befestigt). **3.** Kopfschmuck m (der Indianer). **4.** tech. allg. (Schutz)Kappe f, Haube f, z. B. a) e-s offenen Kamins, b) rail. Funkenfänger m, c) rail. (Plattform)Dach n, d) Bergbau: Schutzplatte f (im Schacht), e) mot. Br. Motorhaube f, f) Schutzkappe f (für Ventile, Zylinder, Hydranten etc). **5.** zo. zweiter Magen, Haube f (der Wiederkäuer). **II** v/t **6.** j-m e-e Mütze od. Haube aufsetzen. **7.** mit e-r Schutzkappe etc versehen. **8.** j-m den Hut über die Augen drücken. **~ mon·key** s zo. Hutaffe m. **~ piece** s Scot. hist. schottische Goldmünze.
bon·ny ['bɒnɪ; Am. 'bɑ-] adj bes. Scot. **1.** hübsch, schön, nett (alle a. iro.), niedlich, ‚süß': **a ~ girl**; **my ~ lad!** iro. (mein) Freundchen! **2.** prächtig, ‚prima'. **3.** drall, rosig. **4.** gesund. **5.** obs. lustig.
bon·sai ['bɒnsaɪ; Am. bɑʊn'saɪ] pl **-sai** s Bonsai n: a) die japanische Kunst, Zwergbäume zu ziehen, b) Bonsaibaum m.
bo·nus ['bəʊnəs] **I** s **1.** econ. Bonus m, Prämie f, Sondervergütung f, (Sonder-)Zulage f: **~ issue** (bei Kapitalerhöhung ausgegebene) Gratisaktie; **~ share** Br. (z. B. anstelle e-r Bardividende ausgegebene) Gratisaktie; **~ system** (od. **plan**) Prämiensystem n (für geleistetes Übersoll). **2.** Gratifikati'on f: **Christmas ~**. **3.** econ. bes. Br. Extradivi,dende f, Sonderausschüttung f. **4.** Br. Gewinnanteil m (Erhöhung der Lebensversicherungssumme durch Ausschüttung). **5.** econ. Am. Subventi'on f, staatlicher Zuschuß. **6.** Am. Dreingabe f: **two steak knives as a ~**. **7.** allg. Vergünstigung f. **8.** euphem. Br. Bestechungsgelder pl, Schmiergeld n. **II** v/t **9.** Prämien etc gewähren (dat). **10.** econ. Am. subventio'nieren.
bon vi·vant [,bɒnviː'vɒnt; Am. ,bɑnviː'vɑnt] pl **bons vi·vants** [-t; -ts] s Bonvi'vant m, Lebemann m.
bon·y ['bəʊnɪ] adj **1.** knöchern, Knochen...: **~ process** Knochenfortsatz m. **2.** (stark-, grob)knochig. **3.** a) voll(er) Knochen, b) voll(er) Gräten (Fisch). **4.** knochendürr.
bonze [bɒnz; Am. bɑnz] s Bonze m (buddhistischer Mönch od. Priester).
boo[1] [buː] **I** interj **1.** huh! (um j-n zu erschrecken): **he wouldn't** (od. **couldn't, won't**) **say ~ to a goose** er ist ein Hasenfuß. **2.** buh! (Ausruf der Verachtung). **3. the baby didn't say ~ all through church** das Baby gab während des gesamten Gottesdienstes keinen Laut von sich. **II** s **4.** Buh(ruf m) n: **greeted by ~s**. **III** v/i **5.** buhen. **IV** v/t **6.** j-n ausbuhen: **to ~ a team off the field** sport e-e Mannschaft mit Buhrufen verabschieden.
boo[2] [buː] s Am. sl. Marihu'ana n.
boob [buːb] sl. **I** s **1.** ‚Blödmann', ‚Idi'ot' m. **2.** Br. (grober) Fehler, ‚Schnitzer' m. **3.** pl ‚Titten' pl (Busen). **II** v/i **4.** Br. e-n ‚Schnitzer' machen. **III** v/t **5.** ‚verarschen', veralbern. **6.** Br. Prüfung etc ‚versauen'.

'boo-boo s bes. Am. sl. (grober) Fehler, 'Schnitzer' m.
boob tube s bes. Am. sl. a) ,Glotzkasten m, -kiste' f, ,Glotze' f (Fernseher), b) Fernsehen n.
boo·by ['bu:bɪ] s 1. Trottel m, Dummkopf m. 2. sport etc Letzte(r m) f, Schlechteste(r m) f. 3. orn. (ein) Tölpel m (Seevogel). 4. → **boob** 3. ~ **hatch** s 1. mar. Schiebeluke f. 2. Am. sl. ,Klapsmühle' f (Nervenheilanstalt). ~ **prize** s sport etc Scherzpreis für den Letzten od. Schlechtesten. ~ **trap** s 1. a) versteckte Bombe od. Sprengladung, b) Auto etc, in dem e-e Bombe od. Sprengladung versteckt ist. 2. fig. grober Scherz, ,Falle' f (bes. über e-r halbgeöffneten Tür angebrachter Wassereimer). 3. fig. Falle f. '~-**trap** v/t a) e-e Bombe od. Sprengladung verstecken in (dat), b) durch e-e versteckte Bombe od. Sprengladung e-n Anschlag verüben auf (acc).
boo·dle ['bu:dl] bes. Am. sl. **I** s 1. → **caboodle**. 2. bes. pol. Schmier-, Korrupti'onsgeld(er pl) n. 3. ,Blüten' pl, Falschgeld n. 4. a) ,Zaster' m (Geld), b) (ein) Haufen m Geld. 5. allg. Beute f. **II** v/t 6. prellen, betrügen. 7. ,schmieren', bestechen. **III** v/i 8. Schmiergelder (an)nehmen. 9. Schmiergelder zahlen.
boo·gie ['bu:gɪ; Am. a. 'bʊ-] sl. **I** s 'Diskomu,sik f. **II** v/i zu 'Diskomu,sik tanzen. ~-**woo·gie** [,-'wu:gɪ; ,-'wʊ-] Am. a. -'wʊ-] **I** s Boogie-Woogie m (Musikstil u. Tanz). **II** v/i Boogie-Woogie tanzen.
boo·hoo [,bu:'hu:] **I** pl ~-**hoos** s oft pl lautes Geschluchze. **II** v/i laut schluchzen.
book [bʊk] **I** s 1. Buch n: the ~ of life fig. das Buch des Lebens, a closed ~ fig. ein Buch mit sieben Siegeln (to für); as far as I am concerned the affair is a closed ~ für mich ist die Angelegenheit erledigt; an open ~ fig. ein offenes od. aufgeschlagenes Buch (to für); to be at one's ~s über s-n Büchern sitzen; in my ~ colloq. m-r Meinung od. Erfahrung nach, für mich; without ~ a) aus dem Gedächtnis, b) unbefugt; one for the ~(s) colloq. ein ,Knüller' od. Schlager, e-e großartige Leistung; I read him like a ~ er ist wie ein aufgeschlagenes od. offenes Buch für mich; to speak (od. talk) like a ~ geschraubt od. gestelzt reden; to suit s.o.'s ~ j-m passen od. recht sein; → hit 10, leaf 4, reference 8. 2. Buch n (als Teil e-s literarischen Gesamtwerkes od. der Bibel): the ~s of the Old Testament. 3. the B~, a. the ~ of ~s, the divine ~, the ~ of God die Bibel: → kiss 4, swear 1. 4. fig. Vorschrift f, Kodex m: to follow the ~ sich an die Vorschriften halten; according to the ~ ganz vorschriftsmäßig; by the ~ a) ganz genau od. korrekt, b) ,nach allen Regeln der (Kriegs)Kunst'; every trick in the ~ jeder nur denkbare Trick; he knows every trick in the ~ er ist mit allen Wassern gewaschen. 5. to throw the ~ at s.o. a) jur. j-n zur Höchststrafe verurteilen, b) jur. j-n aller einschlägigen Verbrechen bezichtigen od. anklagen, c) colloq. j-m ,gehörig den Kopf waschen'. 6. obs. (bes. 'Grundbesitzer,tragungs)Urkunde f. 7. Liste f, Verzeichnis n: to be on the ~s auf der (Mitglieder- etc)Liste stehen, eingetragenes Mitglied sein. 8. pl univ. Geschäftsbuch n: ~ of accounts Kontobuch; ~s of account Geschäftsbücher; ~ account Buchkonto n; ~ of charges Ausgabe(n)-, Unkostenbuch f; ~ of rates Zolltarif n; ~ of sales Warenverkaufsbuch; to close (od. balance) the ~s die Bücher abschließen; to shut the ~s das Geschäft (s-

unternehmen) aufgeben; to keep the ~s die Bücher führen; to get (od. run) into s.o.'s ~s bei j-m Schulden machen; to be deep in s.o.'s ~s bei j-m tief ,in der Kreide stehen'; to call (od. bring) s.o. to ~ fig. j-n zur Rechenschaft ziehen. 10. a) No'tizbuch n, -block m, b) (Schreib-, Schul)Heft n: to be in s.o.'s good (bad od. black) ~s fig. bei j-m gut (schlecht) angeschrieben sein. 11. Wettbuch n: to make ~ a) Wetten annehmen od. abschließen (on über acc), b) wetten; you can make ~ on it that ich möchte wetten, daß. 12. a) thea. Text m, b) mus. Textbuch n, Li'bretto n, c) mus. bes. Am. Reper'toire n (e-s Orchesters od. Musikers). 13. Heft(chen) n: ~ of stamps (tickets) Marken-(Fahrschein)heft (-chen); ~ of matches Streichholz-, Zündholzbriefchen n. 14. Whist u. Bridge: Buch n (die ersten 6 Stiche).
II v/t 15. econ. a) (ver)buchen, eintragen, b) e-n Auftrag no'tieren. 16. aufschreiben, no'tieren, sport a. verwarnen: to ~ s.o. for wreckless driving j-n wegen rücksichtslosen Fahrens aufschreiben (Polizei). 17. j-n verpflichten, enga'gieren: to ~ a band. 18. j-n als (Fahr)Gast, Teilnehmer etc einschreiben, vormerken: to ~ s.o. into (od. in at) bes. Br. j-m ein Zimmer reservieren lassen in (dat). 19. e-n Platz, ein Zimmer etc (vor)bestellen, e-e Reise etc buchen, e-e Eintritts- od. Fahrkarte lösen: to ~ a seat (od. ticket) to London e-e Fahr-(Schiffs-, Flug)karte nach London lösen; to ~ in advance im voraus bestellen, thea. a. im Vorverkauf besorgen; ~-ed-up ausgebucht (Künstler), (Hotel etc a.) belegt, (Veranstaltung etc a.) ausverkauft. 20. e-n Termin ansetzen. 21. Gepäck aufgeben (to nach). 22. ~ out bes. Br. sich ein Buch etc (aus e-r Bibliothek etc) (aus-)leihen.
III v/i 23. Br. a. ~ up e-e (Fahr-, Schiffs-, Flug)Karte lösen (to, for nach): to ~ through durchlösen (to bis, nach). 24. sich (für e-e Fahrt etc) vormerken lassen, e-n Platz etc bestellen, buchen. 25. ~ in bes. Br. sich (im Hotel) eintragen: to ~ in at absteigen in (dat). 26. ~ out bes. Br. sich (im Hotel etc) abmelden.
'**book·a·ble** adj econ. erhältlich.
book·a·te·ri·a → booketeria.
'**book**|**bind·er** s Buchbinder m. '~-,**bind·er·y** s Buchbinde'rei f. '~**,bind·ing** s 1. Buchbinden n. 2. Buchbinderhandwerk n, Buchbinde'rei f. ~ **burn·ing** s Bücherverbrennung f. '~-**case** s 1. Bücherschrank m, -regal n. 2. Buchdeckel m. ~ **claim** s econ. Buchforderung f, buchmäßige Forderung. ~ **clamp** s Bücherpreßlade f. ~ **cloth** s Buchbinderleinwand f. ~ **club** s Buchgemeinschaft f. ~ **debt** s econ. Buchschuld f, buchmäßige Schuld. ~ **end** s Bücherstütze f.
book·e·te·ri·a [,bʊkə'tɪərɪə] s bes. Am. Buchhandlung f mit Selbstbedienung.
'**book·,hold·er** s Buchstütze f.
book·ie ['bʊkɪ] colloq. für bookmaker 2.
'**book·ing** s 1. Buchen n, (Vor)Bestellung f: to make a ~ buchen; onward (return) ~ aer. Reservierung f den Weiterflug (Rückflug). 2. (Karten)Ausgabe f. 3. econ. (Ver)Buchung f, Eintragung f. ~ **clerk** s Schalterbeamte(r) m, Fahrkartenverkäufer m. ~ **hall** s Schalterhalle f. ~ **of·fice** s 1. (Fahrkarten)Schalter m. 2. Am. Gepäckschalter m, -annahme f. 3. (The'ater- etc)Kasse f, Vorverkaufsstelle f. ~ **or·der** s econ. Bestellzettel m.
'**book·ish** adj (adv ~**ly**) 1. Buch..., Bücher...: ~ **knowledge** Bücherweisheit f; ~ **person** a) Büchermensch m, -narr m,

b) Stubengelehrte(r) m. 2. voll Bücherweisheit: ~ **style** papierener Stil. 3. a) belesen, b) gelehrt. '**book·ish·ness** s trockene Gelehrsamkeit.
book| **jack·et** s 'Schutz,umschlag m, Buchhülle f (aus Papier). '~**,keep·er** s econ. Buchhalter(in). '~**,keep·ing** s econ. Buchhaltung f, -führung f: ~ **by single** (**double**) **entry** einfache (doppelte) Buchführung; ~ **department** Buchhaltung(sabteilung) f. ~ **knowl·edge** s Buchwissen n, -gelehrsamkeit f, Bücherweisheit f. '~-**learn·ed** → bookish 3. ~ **learn·ing** → book knowledge.
book·let ['bʊklɪt] s Büchlein n, Bro'schüre f.
'**book**|**·lore** → book knowledge. ~ **loss** s econ. Buchverlust m, buchmäßiger Verlust. ~ **louse** s irr zo. Bücherlaus f. '~-,**lov·er** s Bücherliebhaber(in), -freund (-in). '~**,mak·er** s 1. Bücherschreiber m, bes. Kompi'lator m. 2. Buchmacher m. '~**,mak·ing** s 1. Bücherschreiben n, bes. Kompilati'on f. 2. Buchmache'rei f. '~**-man** [-mən] s irr 1. Büchermensch m, (Stuben)Gelehrte(r) m. 2. Buchhändler m. '~**-mark**, '~**,mark·er** s Lesezeichen n. '~**-mo,bile** [-məʊˌbi:l] s Am. 'Wander-, 'Autobüche,rei f. ~ **mus·lin** s Buchbinderei: Or'gandy m. **B~ of Common Prayer** s Gebetbuch n der Angli'kanischen Kirche. '~**-plate** s Ex'libris n. ~ **post** s bes. Br. Büchersendung f: to send s.th. by ~ etwas als Büchersendung schicken. ~ **prof·it** s econ. Buchgewinn m, buchmäßiger Gewinn. '~**-rack** s 1. 'Bücherge,stell n, -re,gal n. 2. a) Lesepult n, b) Buchstütze f. ~ **rest** s → bookrack 2 a. ~ **re·view** s Buchbesprechung f, 'Buchkri,tik f. ~ **re·view·er** s Buchkritiker m. '~**,sell·er** s Buchhändler(in). '~**,sell·ing** s Buchhandel m. '~**-shelf** s irr 'Bücherre,gal n. '~**-shop** s Buchhandlung f. '~**-stack** s 'Bücherre,gal n. '~**-stall** s 1. Bücherstand m. 2. bes. Br. Zeitungskiosk m, -stand m. '~**-store** s Am. Buchhandlung f.
book·sy ['bʊksɪ] adj Am. colloq. contp. ,hochgestochen', ,auf intellektu'ell machend'.
book| **to·ken** s Br. Büchergutschein m. ~ **trade** s Buchhandel m. ~ **truck** s bookmobile. ~ **val·ue** s econ. Buchwert m, buchmäßiger Wert. '~**-work** s 1. print. Werk-, Buchdruck m. 2. Buchstudium n. '~**-worm** s zo. u. fig. Bücherwurm m.
Bool·e·an al·ge·bra ['bu:lɪən] s math. Boolesche Algebra.
boom[1] [bu:m] **I** s 1. Dröhnen n (e-r Stimme), (Geschütz- etc)Donner, Brausen n (der Wellen etc). 2. Schrei m (der Rohrdommel etc). **II** v/i 3. dröhnen (Stimme etc), donnern (Geschütz etc), brausen (Wellen etc). 4. schreien (Rohrdommel etc). **III** v/t 5. meist ~ **out** dröhnen(d äußern).
boom[2] [bu:m] s 1. mar. Baum m, Ausleger m (als Hafen- od. Flußsperrgerät). 2. mar. Baum m, Spiere f: fore ~ Schonerbaum m. 3. pl mar. Barring f. 4. Am. Schwimmbaum m (zum Auffangen des Flößholzes). 5. tech. Ausleger m (e-s Krans), Ladebaum m. 6. Film, TV: (Mikrophon)Galgen m.
boom[3] [bu:m] **I** s 1. econ. Boom m: a) 'Hochkonjunk,tur f, b) Börse: Hausse f, c) (plötzlicher) (wirtschaftlicher od. geschäftlicher) Aufschwung: ~ **market** Haussemarkt m; to curb (od. check) the ~ die Konjunktur bremsen. 2. bes. Am. plötzliches Entstehen u. ra'pide Entwicklung (e-r Stadt etc). 3. bes. Am. a) Re'klamerummel m, (aufdringliche) Pro pa'ganda, Stimmungsmache f (bes. für

e-n Wahlkandidaten), b) anwachsende Stimmung für e-n Kandi'daten. **4.** *bes. Am.* a) ko'metenhafter Aufstieg, b) Blüte(zeit) *f*, große Zeit, *a.* (Zeit *f* der) Populari'tät *f*. **II** *v/i* **5.** e-n ra'piden Aufschwung nehmen, flo'rieren, blühen: ~**ing** florierend, im Aufschwung (begriffen). **6.** in die Höhe schnellen, ra'pide (an)steigen (*Kurse*, *Preise*). **7.** *bes. Am.* sehr rasch an Populari'tät gewinnen (*Person*). **III** *v/t* **8.** hochpeitschen, zu e-r ra'piden (Aufwärts)Entwicklung zwingen, *Preise* (künstlich) in die Höhe treiben. **9.** *bes. Am.* die Werbetrommel rühren für.

,**boom-and-'bust** *s econ. Am. colloq.* Zeit *f* außergewöhnlichen Aufstiegs, der e-e ernste Krise folgt.

'**boom·er** *s* **1.** *Am. colloq.* Wanderarbeiter *m*. **2.** *zo.* a) *Austral.* männliches Riesenkänguruh, b) Ka'nadischer Biber.

boom·er·ang ['bu:məræŋ] **I** *s* **1.** Bumerang *m* (*a. fig.*). **2.** *thea. Am.* Hebebühne *f* (*für Bühnenmaler*). **II** *v/i* **3.** *fig.* sich als Bumerang erweisen (**on** für).

boon¹ [bu:n] *s* **1.** *obs.* Gunst *f*, Gnade *f*. **2.** *fig.* Segen *m* (**to** für).

boon² [bu:n] *adj* **1.** *obs.* a) gefällig, b) wohlgesinnt. **2.** ~ **companion** lustiger Kumpan.

'**boon,docks** *s pl Am. sl.* **1.** Wildnis *f*. **2.** finsterste Pro'vinz. '~**dog·gle** [-,dɒgəl] *Am.* **I** *s* **1.** einfacher, handgemachter Gebrauchsgegenstand (*bes. aus Leder od. Weide*). **2.** *colloq.* a) nutzlose u. aufwendige Angelegenheit, b) Scheinbeschäftigung *f* (*bes. im öffentlichen Dienst*). **II** *v/i* **3.** *colloq.* a) sich mit nutzlosen u. aufwendigen Angelegenheiten beschäftigen, b) e-r Scheinbeschäftigung nachgehen.

boon·ies ['bu:ni:z] *s pl* → **boondocks**.

boor [buə(r)] *s* **1.** *contp.* ,Bauer' *m*, ungehobelter Kerl. **2.** B~ → **Boer** I. '**boor·ish** *adj* (*adv* ~**ly**) *contp.* bäu(e)risch, ungehobelt. b) Ka'nadischer '**boor·ish·ness** *s contp.* bäu(e)risches *od.* ungehobeltes Benehmen *od.* Wesen.

boost [bu:st] **I** *v/t* **1.** e-n Kletternden von unten hochschieben, j-m *od.* e-r Sache nachhelfen (*a. fig.*). **2.** *econ. colloq.* die Preise in die Höhe treiben. **3.** *colloq.* fördern, Auftrieb geben (*dat*), *die Produktion etc* ankurbeln, steigern: **to ~ business** *econ.* die Wirtschaft ankurbeln; **to ~ morale** die (*Arbeits- etc*)Moral heben. **4.** *bes. Am. colloq.* Re'klame machen *od.* die Werbetrommel rühren für. **5.** *tech.* a) *Flüssigkeiten etc* unter erhöhten Druck setzen, b) **den Druck** erhöhen, c) durch erhöhten Druck regu'lieren. **6.** *electr.* a) *die Spannung* verstärken, anheben, b) *e-e Batterie* verstärken. **7.** *aer. mot.* aufladen. **8.** *Am. sl.* ,klauen' (*stehlen*) (*bes. in e-m Laden*). **II** *s* **9.** *colloq.* Förderung *f*, ,Spritze' *f*, Schützenhilfe *f*. **10.** *colloq.* Auftrieb *m*, Belebung *f*. **11.** *colloq.* (*Lohn-, Preis-, Produktionsetc*)Erhöhung *f*, Steigerung *f*: ~ **in salary** Gehaltserhöhung. **12.** *electr. tech.* Verstärkung *f* (*a. fig.*). **13.** *aer. mot.* Aufladung *f*, Ladedruck *m*. **14.** *bes. Am. colloq.* Re'klame.

'**boost·er** *s* **1.** *colloq.* Förderer *m*. **2.** *colloq.* Preistreiber *m*. **3.** *bes. Am. colloq.* Re'klamemacher *m*. **4.** *tech.* Verstärker *m*, Verstärkung *f*, 'Zusatz(aggre,gat *n*) *m*. **5.** *electr.* a) *a.* ~ **dynamo** 'Zusatzdy,namo *m*, b) Servomotor *m*, c) *a.* ~ **amplifier** Zusatzverstärker *m*. **6.** *a.* ~ **charge** *mil. tech.* Über'tragungsladung *f*. **7.** *tech.* Kom'pressor *m*. **8.** *a.* ~ **pump** *tech.* Antriebpumpe *f*. **9.** Raketentechnik: a) 'Antriebsaggre,gat *n*, b) erste Stufe, Zündstufe *f*. **10.** → **booster shot**.

11. *mil.* 'Trägerra,kete *f*. **12.** *sl.* (*bes.* Laden)Dieb *m*. ~ **coil** *s electr.* Anlaßspule *f*. ~ **re·lay** *s electr.* 'Hilfsre,lais *n*. ~ **rock·et** *s aer.* 'Startra,kete *f*. ~ **shot** *s med.* Wieder'holungsimpfung *f*.

boot¹ [bu:t] **I** *s* **1.** Stiefel *m*: **the ~ is on the other foot** (*od.* **leg**) a) der Fall liegt umgekehrt, b) die Verantwortung liegt (jetzt) bei der anderen Seite; **his courage** (*od.* **heart**) **sank in(to) his ~s** ihm fiel (vor Angst) das Herz in die Hose; **I'll eat my ~s if** ... *colloq.* ich fresse e-n Besen, wenn ...; **to hang up the ~s** *colloq.* s-n Beruf, die Fußballschuhe *etc* an den Nagel hängen; **to put the ~ in** *bes. Br. colloq.* a) e-n wehrlos am Boden Liegenden mit (Fuß)Tritten traktieren, b) *fig.* j-n vollends fertigmachen; **the ~ of Italy** *geogr. humor.* der italienische ,Stiefel'; → **bet 4**, **die**¹, **lick 1**. **2.** *hist.* spanischer Stiefel (*Folterinstrument*). **3.** *hist.* Beinharnisch *m*. **4.** Hufstiefel *m* (*für Pferde*). **5.** *orn.* Beinfedern *pl* (*von Geflügel*). **6.** *Br.* a) *hist.* Kutschkasten *m* (*für Gepäck*), b) *mot.* Kofferraum *m*. **7.** *tech.* a) Schutzkappe *f*, b) ('Autoreifen)Unter,legung *f*. **8.** *obs.* Trinkschlauch *m*. **9.** Strumpfbein *n*. **10.** *a.* ~ (Fuß)Tritt *m*: **to give s.o. a** ~ j-m e-n Fußtritt geben *od.* versetzen, b) *sl.* Rausschmiß *m*, *bes.* Entlassung *f*: **to get the ~** rausgeschmissen (*bes.* entlassen) werden; **to give s.o. the ~** → **16**. **11.** *Am. sl.* a) *mil.* Re'krut *m* (*bes. der Marine* [-*infanterie*]), b) Anfänger *m*. **12.** *Br. sl.* a) ,Schreckschraube' *f* (*häßliche Frau*), b) ,Hexe' *f* (*bösartige Frau*): **you old ~! 13.** Baseball: *sl.* ,Patzer' *m*. **II** *v/t* **14.** j-m (die) Stiefel anziehen. **15.** *colloq.* a) e-n (Fuß)Tritt geben *od.* versetzen (*dat*), b) *sl.*, Fußball: **den Ball** treten, kicken. **16.** *meist* ~ **out** *sl.* j-n rausschmeißen, *bes.* entlassen.

boot² [bu:t] *s* **1.** *obs.* Vorteil *m*, Gewinn *m*, Nutzen *m*. **2. to** ~ obendrein, noch dazu. **II** *v/i u. v/t* **3.** *obs.* (j-m) nützen: **what ~s it to complain?**

boot³ [bu:t] *s obs.* Beute *f*.

'**boot·black** *s* Schuhputzer *m*.

boot·ed ['bu:tɪd] *adj* gestiefelt: ~ **and spurred** gestiefelt u. gespornt.

boot·ee ['bu:ti:; ,bu:'ti:] *s* **1.** Damenhalbstiefel *m*. **2.** gestrickter Babyschuh *m*.

Bo·ö·tes [bəʊ'əʊti:z] *s astr.* Bärenhüter *m* (*Sternbild*).

booth [bu:ð; *Am. bes.* bu:θ] *s* **1.** (Markt-, Schau)Bude *f*, (Messe)Stand *m*. **2.** a) (Tele'fon-, Fernsprech)Zelle *f*, b) ('Wahl)Ka,bine *f*, (-)Zelle *f*. **3.** a) *Rundfunk*, *TV*: ('Über'tragungs)Ka,bine *f*, b) ('Abhör)Ka,bine *f* (*in e-m Schallplattengeschäft*). **4.** Sitzgruppe *f* (*im Restaurant*).

'**boot·jack** *s* Stiefelknecht *m*. '~**lace** *s* Schnürsenkel *m*: **to pull o.s. up by one's (own) ~s** *colloq.* es aus eigener Kraft zu etwas bringen.

'**boot·leg I** *s* 'ille,gal 'hergestellte, schwarz verkaufte *od.* geschmuggelte Spiritu'osen *pl*. **II** *v/t bes.* Spiritu'osen 'ille,gal 'herstellen, schwarz verkaufen *od.* schmuggeln. **III** *v/i* Spiritu'osen 'ille,gal 'herstellen, (*bes.* Alkohol)Schmuggel *od.* (-)Schwarzhandel treiben. **IV** *adj* 'ille,gal, geschmuggelt, Schmuggel...: ~ **whisky** geschmuggelter Whisky; ~ **radio station** Schwarzsender *m*. '**boot,leg·ger** *s* (*bes.* Alkohol)Schmuggler *m*, (-)Schwarzhändler *m*. '**boot,leg·ging** *s* (*bes.* Alkohol)Schmuggel *m*, (-)Schwarzhandel *m*.

'**boot·less** *adj* nutzlos.

'**boot·lick** *colloq.* **I** *v/t u. v/i* ,kriechen' (*vor j-m*). **II** → **bootlicker**. '~**lick·er** *s colloq.* ,Kriecher' *m*. '~**load·er** *s Computer*: 'Urlesepro,gramm *n*, b) 'Ureingabepro,gramm *n*.

boots [bu:ts] *pl* **boots** *s Br.* Hausdiener *m* (*im Hotel*).

'**boot·strap I** *s* **1.** Stiefelstrippe *f*, -schlaufe *f*: **to pull o.s. up by one's (own) ~s** *colloq.* es aus eigener Kraft zu etwas bringen; ~ **circuit** *electr.* Bootstrap-Schaltung *f*. **2.** *Computer*: Ureingabe *f*: ~ **loader** a) 'Urlesepro,gramm *n*, b) Ureingabeprogramm *n*. **II** *v/t* **3.** *Computer*: durch Ureingabe laden. ~ **top** *s* Stiefelstulpe *f*. ~ **tree** *s* Stiefelleisten *m*.

boot·y ['bu:tɪ] *s* **1.** (Kriegs)Beute *f*, Beutegut *n*, Raub *m*: **to play** ~ a) sich mit e-m Dritten zur Ausplünderung e-s Dritten zs.-tun u. anfangs absichtlich verlieren, b) *fig.* sich listig verstellen. **2.** *fig.* (Aus)Beute *f*, Fang *m*.

booze [bu:z] *colloq.* **I** *v/i* ,saufen', (gewohnheits- *od.* 'übermäßig) trinken: ~**d** ,blau' (*betrunken*). **II** *s* a) ,Zeug' *n* (*alkoholisches Getränk*), b) ,Saufe'rei *f*: **to go on** (*od.* **hit**) **the** ~ ,saufen', c) ,Sauftour' *f*: **to go on a** ~ e-e Sauftour machen, d) ,Besäufnis' *n*. '~**hound** *s Am. colloq.* Säufer *m*.

'**booz·er** *s colloq.* **1.** Säufer *m*. **2.** *Br.* Kneipe *f*.

'**booze-up** *s Br. colloq.* → **booze II c, d**.

booz·y ['bu:zɪ] *adj colloq.* **1.** ,versoffen'. **2. Sauf...**: **a ~ party** ein ,Besäufnis'.

bop [bɒp; *Am.* bɑp] *colloq.* **I** *s* Schlag *m*: **to give s.o. a ~ on the nose** j-m eins auf die Nase geben. **II** *v/t* j-n schlagen.

bo-peep [,bəʊ'pi:p] *s* Guck-guck-Spiel *n*.

'**bop·per** → **teeny-bopper**.

bo·ra ['bɔ:rə; *Am. a.* 'bəʊrə] *s* Bora *f* (*trocken-kalter Fallwind*).

bo·rac·ic [bə'ræsɪk] *adj chem.* boraxhaltig, Bor...: ~ **acid** Borsäure *f*.

bo·ra·cite ['bɔ:rəsaɪt; *Am. a.* 'bəʊ-] *s min.* Bora'cit *m*.

bor·age ['bɒrɪdʒ; *Am. a.* 'bɑ-] *s bot.* Boretsch *m*, Gurkenkraut *n*.

bo·rate ['bɔ:reɪt] *s chem.* borsaures Salz: ~ **of lead** Bleiborat *n*.

bo·rax ['bɔ:ræks; *Am. a.* 'bəʊ-] *s chem.* Borax *m*.

'**bor·dar** ['bɔ:də] *s Br. hist.* Kätner *m*.

Bor·deaux [bɔ:(r)'dəʊ] *s* Bor'deaux (-wein) *m*. ~ **mix·ture** *s agr. chem.* Borde'laiser Brühe.

'**bor·del** ['bɔ:(r)del] *s obs.* Bor'dell *n*.

bor·del·lo [bɔ:(r)'deləʊ] *pl* -**los** *s* Bor'dell *n*.

bor·der ['bɔ:(r)də(r)] **I** *s* **1.** Rand *m*. **2.** Einfassung *f*, Saum *m*, Um'randung *f*, Borte *f*, Randverzierung *f*, *a. print.* Rand-, Zierleiste *f*. **3.** Gebiets- *od.* Landesgrenze *f*: **on the** ~ an der Grenze; ~ **crossing point** Grenzübergang(sstelle *f*) *m*; ~ **incident** Grenzzwischenfall *m*; ~ **war** Grenzkrieg *m*. **4.** *a.* ~ **area** Grenzgebiet *n*: **the B~** die Grenze *od.* das Grenzgebiet zwischen England u. Schottland; **north of the B~** in Schottland. **5.** *agr.* Rain *m*. **6.** Gartenbau: Ra'batte *f*, Randbeet *n*. **7.** *a.* ~ **borderlights**. **II** *v/t* **8.** einfassen. **9.** (um)säumen: **a lawn ~ed by trees**. **10.** begrenzen, (an)grenzen *od.* stoßen an (*acc*). **11.** *tech.* rändern, (um)bördeln. **III** *v/i* **12.** (an)grenzen, (an)stoßen (**on**, **upon** an *acc*): **it ~s on insolence** *fig.* es grenzt an Unverschämtheit.

bor·de·reau [,bɔ:(r)də'rəʊ] *pl* -**reaux** [-'rəʊ; -'rəʊz] *s Bankwesen*: Borde'reau *m*, *n* (*Verzeichnis eingelieferter Wertpapiere*, *bes. von Wechseln*).

'**bor·der·er** *s* Grenzbewohner *m* (*Br. Bewohner des Grenzgebiets zwischen England u. Schottland*).

'**bor·der·ing** *s* **1.** Einfassung *f*, Besatz *m*. **2.** Materi'al *n* (*Stoff etc*) zum Einfassen *od.* Besetzen. **3.** *tech.* Bördeln *n*, Rändelung *f*.

'bor·der|·land *s* **1.** Grenzland *n*, -gebiet *n*. **2.** *fig.* a) Grenzland *n*, b) Randgebiet *n*, c) Niemandsland *n*. **~lights** *s pl thea.* Soffittenlichter *pl.* **'~line I** *s* **1.** Grenzlinie *f*. **2.** *fig.* Grenze *f*. **II** *adj* **3.** auf *od.* an der Grenze (*a. fig.*): **~ case** Grenzfall *m*; **~ disease** *med.* latente Krankheit; **~ joke** nicht mehr ganz salonfähiger Witz; **~ state** Zwischenstadium *n*. **~ stone** *s* **1.** Bord-, Randstein *m*. **2.** Grenzstein *m*.
bor·dure ['bɔːdjʊə; *Am.* 'bɔːrdʒər] *s her.* 'Schild-, 'Wappenum‚randung *f*.
bore¹ [bɔː(r); *Am. a.* 'bəʊər] **I** *s* **1.** *tech.* Bohrung *f*: a) Bohrloch *n*, b) 'Innen‚durchmesser *m*. **2.** *Bergbau*: Bohr-, Schieß-, Sprengloch *n*. **3.** *mil. tech.* Bohrung *f*, Seele *f*, Ka'liber *n*: **~ of a gun**. **4.** *geol.* Ausflußöffnung *f* (*e-s Geysirs*). **II** *v/t* **5.** (*bes.* aus)bohren, durch'bohren. **6.** durch'dringen, sich 'durchbohren durch: **to ~ one's way (into, through)** sich (mühsam) e-n Weg bahnen in (*dat od. acc*, durch). **7.** *sport sl.* ein anderes Rennpferd abdrängen. **III** *v/i* **8.** bohren, Bohrungen machen, *Bergbau*: schürfen (**for** nach). **9.** *tech.* a) (*bei Holz*) (ins Volle) bohren, b) (*bei Metall*) (aus-, auf)bohren. **10.** *fig.* 'durch- *od.* vordringen, sich e-n Weg bahnen (**to** bis, **to, up, into** nach), sich (hin'ein)bohren (**into** in *acc*).
bore² [bɔː(r); *Am. a.* 'bəʊər] **I** *s* **1.** a) langweilige *od.* stumpfsinnige *od.* fade Sache: **the book is a ~ to read** das Buch ist langweilig, b) *bes. Br.* unangenehme *od.* lästige Sache: **what a ~!** wie dumm!, wie lästig!, c) *a.* Langweiler *m*, fader Kerl, b) *bes. Br.* lästiger Kerl. **II** *v/t* **3.** langweilen: **to ~ s.o. stiff** (*od.* **to tears**) *colloq.* j-n ‚zu Tode' langweilen; **to be ~d** sich langweilen. **4.** *bes. Br.* j-m lästig sein *od.* auf die Nerven gehen.
bore³ [bɔː(r); *Am. a.* 'bəʊər] *s* Springflut *f*, Flutwelle *f*.
bore⁴ [bɔː(r); *Am. a.* 'bəʊər] *pret von* **bear¹**.
bo·re·al ['bɔːrɪəl; *Am. a.* 'bəʊ-] *adj* **1.** bore'al: a) nördlich, b) dem nördlichen Klima Eu'ropas, Asiens u. A'merikas zugehörend. **2.** Nordwind...
Bo·re·as ['bɔːrɪæs; *Am.* 'bəʊrɪəs; 'bɔː-] *npr* Boreas *m* (*Gott des Nordwindes*). **II** *s poet.* Boreas *m* (*kalter Nordwind*).
'bore·dom *s* **1.** Lang(e)weile *f*, Gelangweiltsein *n*. **2.** Langweiligkeit *f*.
'bor·er *s* **1.** *tech.* Bohrer *m*. **2.** Bohrarbeiter *m*. **3.** *zo.* (*ein*) Bohrer *m* (*Insekt*).
bo·ric ['bɔːrɪk; *Am. a.* 'bəʊ-] *adj chem.* Bor...: **~ acid** Borsäure *f*.
bo·ride ['bɔːraɪd; *Am. a.* 'bəʊ-] *s chem.* Bo'rid *n*.
'bor·ing¹ I *s* **1.** Bohren *n*, Bohrung *f*. **2.** Bohrloch *n*. **3.** *pl* Bohrspäne *pl*. **II** *adj* **4.** bohrend, Bohr...
'bor·ing² *adj* langweilig.
'bor·ing bar *s tech.* Bohrstange *f*. **~ head** *s tech.* Bohrkopf *m*. **~ ma·chine** *s tech.* 'Bohrma‚schine *f*. **~ tool** *s tech.* Innendrehmeißel *m*.
born [bɔː(r)n] **I** *pp von* **bear¹ 4. II** *adj* **1.** geboren: **~ of** geboren von, Kind des *od.* der; **~ again** wiedergeboren; **an Englishman ~ and bread** ein (wasch-)echter Engländer; **a ~ fool** ein völliger Narr; **never in all my ~ days** noch nie in m-m Leben. **2.** geboren, bestimmt (**to** zu): **~ a poet, a ~ poet** zum Dichter geboren, ein geborener Dichter. **3.** angeboren: **~ dignity**.
borne [bɔː(r)n] **I** *pp von* **bear¹. II** *adj* **1.** (*in Zssgn*) getragen von, befördert mit *od.* auf (*dat*) *od.* in (*dat*): **lorry-~** mit (e-m) Lastwagen befördert; → **air-borne**, *one of them* (*by* von).
bor·né [bɔː'neɪ] *adj* bor'niert.
Born·holm dis·ease ['bɔːnhɒlm *Am.* ‚hoʊlm; ‚hoʊm] *s med.* Born'holmer Krankheit *f*.
born·ite ['bɔː(r)naɪt] *s min.* Bor'nit *m*, Buntkupferkies *m*.
bo·ron ['bɔːrɒn; *Am.* 'bɔːrˌɑn; *a.* 'bəʊər-] *s chem.* Bor *n*.
bo·ro·si·lic·ic ac·id [‚bəʊrəʊsɪ'lɪsɪk] *s chem.* Borkieselsäure *f*.
bor·ough ['bʌrə; *Am.* 'bɜːrəʊ; 'bʌ-] *s* **1.** *Br. hist.* Burg(flecken *m*) *f*. **2.** *Br.* a) Stadt *f* (*mit Selbstverwaltung*), b) *a.* **parliamentary ~** Stadt *f od.* städtischer Wahlbezirk mit eigener Vertretung im Parla'ment, c) Stadtteil *m od.* Dorfgemeinde *f* (*in einigen Staaten*), b) Stadtbezirk *m* (*in New York*). **B~ Coun·cil** *s Br.* Stadtrat *m*. **~ 'Eng·lish** *s jur. hist.* Vererbung *f* auf den jüngsten Sohn.
bor·row ['bɒrəʊ; *Am.* 'bɑː-] **I** *v/t* **1.** (sich) *etwas* borgen (*a. math.*) *od.* (ent-)leihen (**from** von): **~ed funds** *econ.* Fremdmittel; **he lives on ~ed time** a) s-e Tage sind gezählt, b) s-e Uhr ist abgelaufen. **2.** *fig.* entlehnen, -nehmen, *iro.* (sich) *etwas* ‚borgen': **to ~ a phrase from Shaw**; **to ~ trouble** sich unnötigen Ärger einhandeln; **~ed word** *ling.* Lehnwort *n*. **3.** *euphem.* ‚mitgehen lassen' (*stehlen*). **II** *v/t* **4.** borgen, *econ. a.* Geld *od.* Darlehen *od.* Kre'dit aufnehmen: **to ~ on securities** Effekten lombardieren.
'bor·row·er *s* **1.** Entleiher(in), Borger(in): **~'s ticket** Leihkarte *f*. **2.** *econ.* Geld-, Darlehens-, Kre'ditnehmer(in). **3.** *fig.* Entlehner(in) (**from** von). **'bor·row·ing** *s* **1.** Borgen *n*, (Ent)Leihen *n*. **2.** *econ.* Geld-, Darlehens-, Kre'ditaufnahme *f*: **~ power** Kreditfähigkeit *f*.
Bor·stal ['bɔːstl] *s a.* **~ Institution** *Br.* erzieherisch gestaltete Strafanstalt *für die Altersgruppe 15–21*: **~ training** Strafvollzug in e-m Borstal.
bort [bɔː(r)t] *s* **1.** Dia'mantenschleifpulver *n*. **2.** *min.* unreiner, farbiger, *bes.* schwarzer Dia'mant.
bor·zoi ['bɔː(r)zɔɪ] *s* Bar'soi *m* (*russischer Windhund*).
bos·cage → **boskage**.
bosh¹ [bɒʃ; *Am.* bɑʃ] *s metall.* **1.** Kohlensack *m*, Rast *f* (*am Hochofen*). **2.** Löschtrog *m*.
bosh² [bɒʃ; *Am.* bɑʃ] *s a. interj colloq.* ‚Quatsch' *m*, Blödsinn *m*.
bosk [bɒsk; *Am.* bɑsk] *s poet.* Gehölz *n*.
bos·kage ['bɒskɪdʒ; *Am.* 'bɑs-] *s poet.* **1.** Gebüsch *n*, Buschwerk *n*, Dickicht *n*. **2.** 'Unterholz *n*. **'bosk·y** *adj poet.* buschig.
bos'n, bo's'n → **boatswain**.
bos·om ['bʊzəm] **I** *s* **1.** Busen *m*: **to take to one's ~** → **6. 2.** *fig.* Busen *m*, Herz *n* (*als Sitz der Gefühle etc*): **to conceal** (*od.* **lock**) **in one's ~** → **7**; **~ friend** Busenfreund(in). **3.** *fig.* Schoß *m*: **in the ~ of one's family** (**the Church**) im Schoße der Familie (der Kirche); → **Abraham**. **4.** Tiefe *f*, (*das*) Innere: **the ~ of the earth** das Erdinnere. **5.** Brustteil *m* (*e-s Kleides etc*), *bes. Am.* (Hemd)Brust *f*. **II** *v/t* **6.** j-n ans Herz drücken. **7.** *fig.* etwas in s-m Busen verschließen. **'bos·omed** *adj* **1.** (*in Zssgn*) ...busig. **2.** *fig.* (in) um'geben (von), eingebettet (in *acc*). **'bos·om·y** *adj* vollbusig.
bos·on ['bəʊzɒn; *Am.* ‚zɑn] *s phys.* Boson *n*, Bose-Teilchen *n*.
bos·quet ['bɒskɪt; *Am.* 'bɑs-] → **bosk**.
boss¹ [bɒs; *Am. a.* bɑs] **I** *s* **1.** (An)Schwellung *f*, Beule *f*, Höcker *m*. **2.** runde erhabene Verzierung, (*a.* Schild)Buckel *m*, Knauf, Knopf *m*. **3.** *arch.* Bossen *m*. **4.** *tech.* a) Rad-, Pro'peller-, Kolben-*etc*)Nabe *f*, b) Hals *m*, Verstärkung *f* (*e-r Welle*), c) Nocken *m*. **5.** *tech.* (Streich-) Ballen *m*, (Auftrags)Kissen *n* (*für Farbe*). **6.** *geol.* Lakko'lith *m*, säulenförmiger Gesteinsblock. **II** *v/t* **7.** mit Buckeln *etc* verzieren *od.* besetzen. **8.** *tech.* bossen, treiben.
boss² [bɒs] *colloq.* **I** *s* **1.** Chef *m*, Boß *m*, Vorgesetzte(r) *m*, Meister *m*. **2.** *fig.* ‚Macher' *m*, Tonangebende(r) *m*, ‚Obermimer' *m*: **who is the ~ in the house?** wer ist der Herr im Haus?, wer hat die Hosen an? **3.** *pol. bes. Am.* (Par'tei-, Gewerkschafts)Bonze *m*, (-)Boß *m*. **II** *adj* **4.** erstklassig, ‚Super...': **a ~ player**. **5.** Haupt... **III** *v/t* **6.** Herr sein über (*acc*), komman'dieren, leiten: **to ~ the show** der Chef vom Ganzen sein, ‚den Laden schmeißen'; **to ~ about** (*od.* **around**) herumkommandieren, ‚schurigeln'.
bos·sa no·va [‚bɒsə'nəʊvə; *Am.* ‚bɑ-] *s mus.* Bossa Nova *m*.
'boss-eyed *adj colloq.* schielend: **to be ~** schielen, e-n Knick im Auge *od.* in der Linse *od.* in der Optik haben'.
'boss‚ism *s pol. Am.* po'litisches Bonzentum *od.* Cliquenwesen.
'boss·y¹ *adj* mit Buckeln *etc* verziert (→ **boss¹**).
'boss·y² *adj colloq.* **1.** herrisch, herrschsüchtig, dikta'torisch. **2.** rechthaberisch.
Bos·ton ['bɒstən] *s* **1.** *hist.* Boston *n* (*Kartenspiel*). **2.** Boston *m* (*langsamer Walzer*). **~ bag** *s Am.* (*e-e*) Tragetasche. **~ baked beans** *s pl gastr. Am.* Gericht aus Bohnen, gepökeltem Schweinefleisch u. Sirup. **~ rock·er** *s Am.* (*ein*) Schaukelstuhl *m*. **~ ter·ri·er** *s ein kleiner, glatthaariger Hund* (*Kreuzung zwischen Bulldogge u. Bullterrier*).
bo·sun → **boatswain**.
bo·tan·ic [bə'tænɪk] *adj* (*adv* **~ally**) → **botanical I**. **bo·tan·i·cal** [-kl] **I** *adj* bo'tanisch, Pflanzen...: **~ drug** → **II**; **~ garden(s)** botanischer Garten. **II** *s med.* Pflanzenheilmittel *n*. **bot·a·nist** ['bɒtənɪst; *Am.* 'bɑ-] *s* Bo'taniker(in). **'bot·a·nize I** *v/i* botani'sieren, Pflanzen (*zu Studienzwecken*) sammeln. **II** *v/t* bo'tanisch erforschen. **'bot·a·ny** *s* Bo'tanik *f*, Pflanzenkunde *f*.
botch [bɒtʃ; *Am.* bɑtʃ] **I** *s* **1.** *fig.* Flickwerk *n*, -schuste'rei *f*. **2.** Pfusch(arbeit *f*) *m*: **to make a ~ of** *s.th.* etwas verpfuschen. **II** *v/t* **3.** *fig.* zs.-flicken, zs.-stoppeln, zs.-schustern. **4.** verpfuschen. **III** *v/i* **5.** pfuschen.
'botch·er¹ *s* **1.** *fig.* Flickschuster *m*. **2.** Pfuscher *m*.
'botch·er² *s* junger Lachs.
'botch·y *adj* zs.-geflickt, zs.-gestoppelt, zs.-geschustert.
bo·tel [bəʊ'tel] *s* Bo'tel *n* (*als Hotel ausgebautes verankertes Schiff*).
bot·fly ['bɒtflaɪ; *Am.* 'bɑt-] *s zo.* Pferdebremse *f*.
both [bəʊθ] **I** *adj u. pron* beide, beides: **~ my brothers** m-e beiden Brüder; **~ daughters** beide Töchter; **~ of them** sie *od.* alle beide; **they have ~ gone** sie sind beide gegangen; **look at it ~ ways** betrachte es von beiden Seiten; **you can't have it ~ ways** du kannst nicht beides haben, du kannst nur e-s von beiden haben; **I met them ~** ich traf sie beide. **II** *adv. od. conj*: **~ ... and** so'wohl ... als (auch); nicht nur ..., sondern auch.
both·er ['bɒðə(r); *Am.* 'bɑ-] **I** *s* **1.** Belästigung *f*, Störung *f*, Plage *f*, Mühe *f*, Schere'rei *f*, Ärger *m*, Verdruß *m*, Kummer *m*: **this boy is a great ~** der Junge ist e-e große Plage; **don't put yourself to any ~** machen Sie sich keine Umstände; **we had quite a lot of ~ (in) getting here** es war ziemlich schwierig hierherzukommen. **2.** Lärm *m*, Aufregung *f*, Getue *n*, ‚Wirbel' *m*. **II** *v/t*

botheration – bound

3. belästigen, quälen, stören, beunruhigen, ärgern, plagen: **don't ~ me!** laß mich in Ruhe!; **it won't ~ me** mir soll's recht sein; **to be ~ed about s.th.** über etwas beunruhigt sein; **I can't be ~ed with it now** ich kann mich jetzt nicht damit abgeben; **to ~ one's head about s.th.** sich über etwas den Kopf zerbrechen. **III** v/i **4.** (**about**) a) sich befassen, sich abgeben (mit), sich kümmern (um), b) sich aufregen (über acc): **I shan't ~ about it** ich werde mich nicht damit abgeben od. mir keine Sorgen darüber machen; **don't ~!** bemühen Sie sich nicht! **IV** interj colloq. **5.** verflixt!, Mist!: **~ it!** zum Kuckuck damit! ˌboth·er·**'a·tion** colloq. **I** s → bother 1. **II** interj → bother 5.
both·er·some ['bɒðə(r)səm; Am. 'bɑ-] adj lästig, unangenehm.
both·y ['bɒθɪ] s Scot. Schutzhütte f.
bo tree [bəʊ] s **1.** bot. Heiliger Feigenbaum. **2.** B~ T~ relig. (der) heilige (Feigen)Baum (Buddhas).
bot·ry·oid ['bɒtrɪɔɪd; Am. 'bɑ-], ˌbot·ry·**'oi·dal** adj biol. etc traubenförmig.
bot·ry·ose ['bɒtrɪəʊs; Am. 'bɑ-] → botryoid.
bot·tle¹ ['bɒtl; Am. 'bɑtl] **I** s **1.** Flasche f (a. Inhalt): **to bring up on the ~** e-n Säugling mit der Flasche aufziehen; **over a ~** bei e-r Flasche (Wein etc); **to break** (od. **crack**) **a ~** e-r Flasche den Hals brechen; **he is fond of the ~**, he likes his ~ er trinkt gern; **to be on the ~** trinken; → **hit** 8. **2.** tech. (Gas)Flasche f. **3.** Br. sl. ‚Mumm' m (Mut): **his ~ is all over the shop** er hat keinen Mumm mehr in den Knochen. **II** v/t **4.** in Flaschen abfüllen, auf Flaschen ziehen. **5.** Br. Früchte etc in Gläser einmachen, einwecken. **6. ~ up** fig. Gefühle etc unter'drücken; **~d-up emotions** aufgestaute Emotionen. **7. ~ up** bes. mil. einschließen: **to ~ up the enemy troops**. **8.** colloq. j-m e-e Flasche über den Kopf schlagen.
bot·tle² ['bɒtl] s dial. Br. (Heu-, Stroh-)Bündel n, Bund n.
bot·tle| **ba·by** s Flaschenkind n. ˈ**~brush** s bot. a) Ackerschachtelhalm m, b) Tannenwedel m, c) (e-e) Banksie, (ein) Eisenholzbaum m.
bot·tled ['bɒtld; Am. 'bɑtld] adj **1.** flaschenförmig. **2.** in Flaschen od. Br. (Einmach)Gläser gefüllt: **~ beer** Flaschenbier n; **~ gas** Flaschengas n.
ˈ**bot·tle**|**-feed** v/t irr Kind, Tier aus der Flasche ernähren: **bottle-fed child** Flaschenkind n. **~ gourd** s bot. Flaschenkürbis m. **~ green** s Flaschen-, Dunkelgrün n. ˈ**~head** pl **-heads**, bes. collect. **-head** s zo. (ein) Schnabelwal m. ˈ**~ˌhold·er** s **1.** Boxen: Sekun'dant m. **2.** colloq. Helfer m. **~ imp** s Flaschenteufelchen n. ˈ**~ neck** s Flaschenhals m, Engpaß m (e-r Straße) (a. fig.). **II** v/t u. v/i Am. fig. hemmen. ˈ**~nose** s zo. **1.** verschiedene Wale: a) Großer Tümmler, Flaschennase f, b) → **bottlehead**, c) (ein) Grindwal m. **2.** Am. (ein) 'nordameriˌkanischer Karpfenfisch. **~ nose** s Säufernase f. **~ par·ty** s Bottle-Party f (zu der die Gäste die Getränke selbst mitbringen). **~ post** s Flaschenpost f.
ˈ**bot·tler** s **1.** a) Abfüller m, b) ˈAbfüllmaˌschine f. **2.** Abfüllbetrieb m.
bot·tle| **tree** s bot. Au'stralischer Flaschenbaum. **~ˌwash·er** s **1.** Flaschenreiniger m, b) ˈFlaschenspülmaˌschine f. **2.** colloq. Fak'totum n, Mädchen n für alles.
ˈ**bot·tling** s Flaschenfüllung f, Abziehen n auf Flaschen: **~ machine** Abfüllmaschine f.

bot·tom ['bɒtəm; Am. 'bɑ-] **I** s **1.** unterster Teil, Boden m (Gefäß, Faß, Glas etc), Fuß m (Berg, Druckseite, Treppe etc), Sohle f (Brunnen, Schacht, Graben, Tal etc), ˈUnterseite f: **~!** (Aufschrift auf Behältern) Unten!; **to start at the ~ of the ladder** (beruflich etc) klein od. ganz unten anfangen; **at the ~ of the page** unten auf der Seite; **at the ~ of the road** am Ende der Straße; **at the ~ of the table** a) am Fuße od. untersten Ende der Tafel, b) sport am Tabellenende; **from the ~ up** fig. von Grund auf; **from the ~ of my heart** fig. aus Herzensgrund, aus tiefstem Herzen; **~s up!** colloq. ex! **2.** Boden m, Grund m (von Gewässern): **the ~ of the sea** der Meeresboden od. -grund; **to go to the ~** versinken; **to send to the ~** auf den Grund schicken, versenken; **to touch the ~** auf Grund geraten, fig. den Tiefpunkt erreichen (Preis etc). **3.** Grund(lage f) m: **to stand on one's own ~** fig. auf eigenen Beinen od. Füßen stehen; **to be at the ~ of** der (wahre) Grund sein für, hinter e-r Sache stecken; **to get to the ~ of s.th.** e-r Sache auf den Grund gehen od. kommen; **to knock the ~ out of s.th.** e-r Sache den Boden entziehen, etwas gründlich widerlegen; **the ~ has fallen out of the market** der Markt hat e-n Tiefstand erreicht; **at ~** im Grunde. **4.** meist pl geol. Schwemmland n (Fluß), Tiefland n. **5.** mar. a) Schiffsboden m: **~ up**(**wards**) kieloben, b) weitS. Schiff n: **in British ~s**. **6.** (Stuhl-)Sitz m. **7.** meist pl ˈUnterteil n (e-s Kleidungsstücks), bes. Py'jamahose f. **8.** unterste (Spiel)Karte f. **9.** meist pl tech. Bodenrückstand m (in e-m Öltank). **10.** colloq. ‚Hintern' m, ‚Po'po' m. **11.** fig. Ausdauer f (bes. bei Hunden u. Pferden). **II** adj **12.** unterst(er, e, es), niedrigst(er, e, es), Tiefst...: **~ drawer** bes. Br. colloq. Aussteuer(truhe) f; **~ line** letzte od. unterste Zeile; **~ price** niedrigster od. äußerster Preis; **~ view** hintere Ansicht f von unten; → **gear** 3 b. **13.** fig. zuˈgrundeliegend, grundlegend, Grund...: **the ~ idea**. **14.** letzt(er, e, es): → **bet** 4. **III** v/t **15.** mit e-m Boden od. (Stuhl)Sitz versehen. **16.** fig. ergründen. **17.** als ˈUnterlage dienen (dat). **18.** tech. grun'dieren. **19.** fig. etwas gründen (**on**, **upon** auf dat): **~ed on** beruhend auf (dat). **IV** v/i **20.** tech. den Boden erreichen. **21.** fig. fußen (**on**, **upon** auf dat). **22.** meist **~ out** fig. den Tiefpunkt erreichen (Preis etc).
bot·tom land s → **bottom** 4.
ˈ**bot·tom·less** adj (adv **~ly**) **1.** bodenlos (a. fig.). **2.** fig. a) unergründlich, b) unerschöpflich, unbegrenzt, c) jeder Grundlage entbehrend.
bot·tom·ry ['bɒtəmrɪ; Am. 'bɑ-] s mar. Bodmeˈrei(geld n) f, Schiffsverpfändung(svertrag m) f: **~ bond** econ. Bodmereibrief m.
bot·u·lism ['bɒtjʊlɪzəm; Am. 'bɑtʃə,l] s med. Botuˈlismus m (bakterielle Lebensmittelvergiftung).
bou·chée [buːˈʃeɪ] s Bouˈchée f (gefülltes Pastetchen als warme Vorspeise).
bou·cher·ize ['buːʃəraɪz] v/t tech. boucheriˈsieren.
bou·clé [ˈbuːkleɪ; Am. a. buːˈkleɪ] s **1.** Bouˈclé n (Garn). **2.** Bouˈclé m (Gewebe).
bou·doir ['buːdwɑː(r)] s Bouˈdoir n, (eleˈgantes) Damenzimmer.
bouf·fant [buːˈfɒ̃; Am. buːˈfɑːnt; ˈbuːˌf] **1.** gebauscht, Puff... (Ärmel etc). **2.** touˈpiert (Haare).
bou·gain·vil·l(a)e·a [ˌbuːɡənˈvɪlɪə] s bot. Bougainˈvillea f.
bough [baʊ] s Ast m, Zweig m.

bought [bɔːt] pret u. pp von **buy**.
bou·gie ['buːʒiː] s **1.** Wachslicht n. **2.** med. Bouˈgie f, Dehnsonde f.
bouil·la·baisse ['buːjəbɛs; Am. ˌ-ˈbeɪs] s Bouillaˈbaisse f (würzige Fischsuppe).
bouil·lon ['buːjɒ̃; Am. 'buːˌjɑːn; 'bʊl-] s Bouilˈlon f, Fleischbrühe f.
boul·der ['bəʊldə(r)] s **1.** Fluß-, Kopfstein m: **~ing** Kopfsteinpflaster n. **2.** geol. erˈratischer Block, Findling m. **3.** min. (Erz)Klumpen m (Ggs. Erzader). **~ clay** s geol. Geschiebelehm m. **~ drift** s geol. erˈratisches Geschiebe. **~ field** s geol. Felsen-, Blockmeer n. **~ for·ma·tion** → **boulder drift**. **B~ pe·ri·od** s geol. Eiszeit f.
bou·le·vard ['buːlvɑː; Am. 'bʊləˌvɑːrd] s **1.** Bouleˈvard m (breite [Ring]Straße), Am. a. Hauptverkehrsstraße f. **2.** Am. Grünstreifen m e-s Bouleˈvards.
boult s → **bolt**².
boul·ter ['bəʊltə(r)] s lange Angelschnur mit mehreren Haken.
bounce [baʊns] **I** s **1.** Aufprall(en n) m, Aufspringen n (e-s Balles etc): **on the ~** beim Aufspringen. **2.** a) Elastiziˈtät f (von Gummi etc), b) **the ball has plenty of ~** der Ball springt sehr gut. **3.** Sprung m, Satz m, Schwung m. **4.** colloq. ‚Schwung' m, ‚Schmiß' m (Lebenskraft, -freude). **5.** colloq. ‚Rausschmiß' m (a. Entlassung): **to give s.o. the ~** j-n rausschmeißen; **to get the ~** rausgeschmissen werden. **6.** fig. a) ‚Angabe' f, b) freche Lüge, c) Unverfrorenheit f. **II** v/t **7.** e-n Ball etc aufprallen od. aufspringen lassen. **8.** (herˈum)schmeißen, (-)schleudern. **9.** bes. Br. colloq. j-n drängen (**into** zu). **10.** colloq. j-n ‚rausschmeißen' (a. entlassen). **III** v/i **11.** aufprallen, aufspringen (Ball etc): **to ~ off** abprallen (**von**). **12.** a) federn, eˈlastisch sein (Gummi etc), b) springen (Ball). **13.** springen, e-n Satz machen, (hoch)schnellen, hüpfen: **to ~ over a fence**; **to ~ about** (od. **around**) herumhüpfen; **to ~ into the room** ins Zimmer platzen od. stürzen; **he ~d out of his chair** er schnellte von s-m Stuhl in die Höhe. **14.** colloq. ‚platzen' (ungedeckter Scheck). **15. ~ back** colloq. a) sich rasch wieder fangen, b) rasch wieder auf die Beine kommen, c) Am. sich als Bumerang erweisen (**on** für). **16.** bes. Br. colloq. ‚angeben', ‚aufschneiden'.
bounce pass s Basketball: Bodenpaß m.
ˈ**bounc·er** s **1.** **the ball is a good ~** der Ball springt gut. **2.** Br. ‚Angeber' m. **3.** colloq. ‚Rausschmeißer' m (in e-m Nachtklub etc). **4.** colloq. ungedeckter Scheck. **5.** Am. sl. ˈPrachtexemˌplar n: a) ‚Mordssache' f, b) ‚Mordskerl' m, c) ‚Prachtweib' n.
ˈ**bounc·ing** adj **1.** aufprallend, aufspringend (Ball etc): **~ shot** (Fußball) Aufsetzer m. **2.** ‚stramm' (kräftig): **a ~ baby boy**; **a ~ girl**. **3.** munter, lebhaft.
ˈ**bounc·y** adj **1.** → **bouncing** 2, 3. **2.** federnd, eˈlastisch.
bound¹ [baʊnd] **I** pret u. pp von **bind**. **II** adj **1.** a. chem. electr. ling. gebunden. **2.** verpflichtet: **he is ~ to tell me** er muß es mir sagen; **~ by contract** vertraglich verpflichtet; → **honor** 9. **3. to be ~ to do s.th.** (zwangsläufig) etwas tun müssen; **he is ~ to come** er kommt bestimmt; **he is ~ to be late** er muß ja zu spät kommen; **the plan was ~ to fail** der Plan mußte fehlschlagen; **it is ~ to happen one day** e-s Tages passiert es bestimmt. **4. I'll be ~!** colloq. darauf möchte ich wetten!, da bin ich mir ganz sicher! **5.** entschlossen (**on doing**, **to do** zu tun). **6.** → **bind up** 3. **7.** in Zssgn festgehalten durch: → **snowbound**, etc.
bound² [baʊnd] adj bestimmt, unter-

bound – bowl

'wegs (for nach) (bes. Schiff): ~ for London; homeward (outward) ~ mar. auf der Heimreise (Ausreise) befindlich; outward ~ course Br. Abenteuerkurs m; outward ~ school Kurzschule f; where are you ~ for? wohin reisen od. gehen Sie?

bound³ [baʊnd] **I** s **1.** meist pl Grenze f, fig. a. Schranke f: **least upper ~ of a sequence** math. obere Grenze e-r Folge; **to keep s.th. within ~s** etwas in (vernünftigen) Grenzen halten; **to know no ~s** keine Grenzen kennen; **to set ~s to s.th.** e-r Sache e-e Grenze setzen, etwas in Schranken halten; **beyond all ~s** über alle Maßen, maßlos, grenzenlos; **out of ~s** sport aus, im od. ins Aus; **the park is out of ~s** (to) das Betreten des Parks ist (für od. dat) verboten; **the village is out of ~s** das Dorf ist Sperrgebiet. **2.** meist pl Bereich m: **within the ~s of possibility** im Bereich des Möglichen. **3.** meist pl eingegrenztes Land. **II** v/t **4.** be-, eingrenzen. **5.** fig. beschränken, in Schranken halten. **6.** die Grenze bilden von.

bound⁴ [baʊnd] **I** s **1.** Sprung m, Satz m, Schwung m: → **leap** 9. **2.** Aufprall(en n) m, Aufspringen n (e-s Balles etc): **on the ~** beim Aufspringen. **3.** mil. Sprung m (beim sprungweisen Vorgehen). **II** v/i **4.** springen, e-n Satz machen, hüpfen. **5.** aufprallen, aufspringen (Ball etc).

bound·a·ry ['baʊndərɪ] s **1.** Grenze f, Grenzlinie f, Rand m. **2.** Kricket: a) Spielfeldgrenze f, b) Schlag m über die Spielfeldgrenze hin'aus. **3.** math. phys. a) Be-, Abgrenzung f, b) Rand m, c) 'Umfang m. **4.** tech. Um'randung f. **5.** mil. Nahtstelle f. ~ **con·di·tion** s math. Grenzbedingung f. ~ **light** s aer. Grenzlichtbake f, (Platz)Randfeuer n. ~ **light·ing** s aer. (Platz)Randbefeuerung f. ~ **line** s math. Grenz-, Begrenzungslinie f. ~ **val·ue** s math. Randwert m.

bound·en ['baʊndən] **I** adj **1.** obs. fig. a) gebunden, b) verpflichtet (to an). **2.** verpflichtend: **my ~ duty** m-e Pflicht u. Schuldigkeit. **II** obs. pp von **bind**.

'**bound·er** s bes. Br. colloq. obs. Lump m, Schurke m.

'**bound·less** adj (adv ~ly) **1.** a. fig. grenzenlos, unbegrenzt. **2.** un-, 'übermäßig.

boun·te·ous ['baʊntɪəs] adj (adv ~ly) → **bountiful**.

boun·ti·ful ['baʊntɪfʊl] adj (adv ~ly) **1.** freigebig (of mit; to gegen), mild(tätig): → **Lady Bountiful**. **2.** reichlich, ('über)reich.

boun·ty ['baʊntɪ] s **1.** Mildtätigkeit f, Freigebigkeit f. **2.** großzügige Gabe od. Spende. **3.** Belohnung f, Prämie f. **4.** mil. Handgeld n. **5.** econ. Prämie f (zur Förderung e-r Industrie etc), Zuschuß m (on auf acc, für): **on exports** Ausfuhrprämie. '**~-fed** adj econ. subventio'niert.

bou·quet [bʊ'keɪ; bəʊ-] s **1.** Bu'kett n, (Blumen)Strauß m. **2.** A'roma n, Blume f (von Wein). **3.** Kompli'ment n.

Bour·bon¹ ['bʊə(r)bən; Am. a. 'bʊər-; 'bɜːr-] s **1.** pol. Am. Reaktio'när m, 'Stockkonserva'tive(r) m. **2.** bot. Bour'bon-Rose f.

bour·bon² ['bɜːbən; Am. 'bɜːr-] s Bourbon m (amer. Whiskey aus Mais).

bour·don¹ ['bʊə(r)dn] s mus. Bor'dun m: a) Brummbaß m, -ton m, b) gedacktes Orgelregister, c) Brummer m (des Dudelsacks), d) Schnarrseite f.

bour·don² ['bʊə(r)dn] s obs. (bes. Pilger)Stab m.

Bour·don' ga(u)ge ['bʊə(r)dn] s tech. 'Röhrenfederma,nometer n. ~ **spring** s Bour'donfeder f.

bourg [bʊə(r)g] s **1.** Marktflecken m (in Frankreich). **2.** Stadt f.

bour·geois¹ [,bʊə(r)ʒwaː] sociol. contp. **I** s Bour'geois m, eta'blierter, konventio'nell ausgerichteter Bürger. **II** adj bour'geois, konventio'nell ausgerichtet.

bour·geois² [bɜː'dʒɔɪs; Am. bɜːr-] print. hist. **I** s Borgis f (Schriftgrad). **II** adj in Borgislettern gedruckt.

bour·geoi·sie [,bʊə(r)ʒwaː'ziː] s Bourgeoi'sie f: a) sociol. contp. etabliertes, konventionell ausgerichtetes Bürgertum, b) (Marxismus) herrschende Grundklasse der kapitalistischen Gesellschaft, die im Besitz der Produktionsmittel ist.

bourn(e)¹ [bʊə(r)n; bɔː(r)n; Am. a. 'bʊərn] s (Gieß)Bach m.

bourn(e)² [bʊə(r)n; bɔː(r)n; Am. a. 'bʊərn] s obs. **1.** Ziel n. **2.** Grenze f.

bourse [bʊə(r)s] s econ. **1.** Börse f. **2.** B~ Pa'riser Börse f.

bouse [baʊz] v/t mar. anholen.

bou·sou·ki → **bouzouki**.

bout [baʊt] s **1.** a) fenc. Gefecht n, b) Boxen, Ringen: Kampf m. **2.** a) (lange) Sitzung, b) (Verhandlungs)Runde f. **3.** med. Anfall m: ~ **of rheumatism** Rheumaanfall. **4.** (Trink)Gelage n. **5.** mus. Bügel m (e-s Streichinstruments).

bou·tique [buː'tiːk] s Bou'tique f.

bou·ton·niere [,buːtɒnɪ'eə(r); Am. bes. ,buːtn'jɜːr] s bes. Am. Knopflochsträußchen n.

bou·zou·ki [bʊ'zuːkɪ] pl **-ki·a** [-kɪə], a. **-kis** s mus. Bu'suki, Bou'zouki f.

bo·vine ['bəʊvaɪn] **I** adj **1.** zo. Rinder... **2.** fig. (a. geistig) träge, schwerfällig. **II** s **3.** zo. Rind n.

bov·ver ['bɒvə] Br. sl. **I** s Straßenkämpfe pl (bes. unter Rockerbanden). **II** adj: ~ **boots** schwere Stiefel, mit denen Rocker aufeinander eintreten; ~ **boy** Rocker m. **III** v/i sich Straßenkämpfe liefern (with mit).

bow¹ [baʊ] **I** s **1.** Verbeugung f, Verneigung f: **to make one's ~** a) sich verbeugen od. verneigen (to vor dat), b) sich vorstellen, c) → **bow out** II; **to take a ~** sich verbeugen, sich für den Beifall bedanken; **a ~ to** fig. e-e Reverenz an (acc). **II** v/t **2.** beugen, neigen: **to ~ one's head** den Kopf neigen; **to ~ the neck** den Nacken beugen; **to ~ one's thanks** sein dankend verneigen; **~ed with age** vom Alter gebeugt; **~ed with grief** gramgebeugt; → **knee** 1. **3.** biegen. **III** v/i **4.** (to) sich verbeugen od. verneigen (vor dat), grüßen (acc): **to ~ to s.o.** j-s Gruß erwidern; **~ing acquaintance** oberflächliche(r) Bekannte(r), Grußbekanntschaft f, flüchtige Bekanntschaft; **to have a ~ing acquaintance with s.o.** j-n flüchtig kennen; **we are on ~ing terms** wir stehen auf dem ,Grüßfuß'; **to ~ and scrape** katzbuckeln. **5.** fig. sich beugen od. unter'werfen (to dat): **to ~ to the inevitable** sich in das Unvermeidliche fügen.

Verbindungen mit Adverbien:

bow| **down** v/i **1.** → **bow**¹ 4. **2.** → **bow**¹ 5. ~ **in** v/t j-n unter Verbeugungen hin'einführen od. -kompli,mentieren. ~ **out I** v/t **1.** j-n unter Verbeugungen hin'ausgeleiten od. -kompli,mentieren. **II** v/i **2.** sich verabschieden od. (unter Verbeugungen) zu'rückziehen. **3.** fig. a) aussteigen (of aus), b) sich ins Pri'vatleben zu'rückziehen (of aus der Politik etc).

bow² [baʊ] **I** s **1.** a) (Schieß)Bogen m: **to have more than one string to one's ~** fig. mehrere Eisen im Feuer haben; **to draw the long ~** fig. aufschneiden, übertreiben, b) Bogenschütze m. **2.** mus. a) (Vio'lin- etc)Bogen m, b) (Bogen-)Strich m. **3.** math. Bogen m, Kurve f. **4.** tech. a) Gradbogen m, b) 'Bogenline,al n, c) pl a. pair of ~s Bogenzirkel m. **5.** tech. Bügel m. **6.** electr. Bügel m, Wippe f (zur Stromabnahme). **7.** Am. a) (Brillen-) Gestell n, b) (Brillen)Bügel m. **8.** arch. Erker m. **9.** Knoten m, Schleife f (a. vom Halstuch). **II** v/t **10.** mus. (mit dem Bogen) streichen od. spielen od. geigen. **III** v/i **11.** mus. den Bogen führen.

bow³ [baʊ] s mar. **1.** a. pl (Schiffs)Bug m: **at the ~** am Bug; **on the starboard (port) ~** an Steuerbord (Backbord) voraus. **2.** a) Bugmann m, b) Bugriemen m.

'**bow-back** ['bəʊ-] s ichth. Seehering m, Weißfisch m (Nordamerika). **B~ bells** [bəʊ] s pl Glocken pl der Kirche St. Mary le Bow (in der City von London): **to be born within the sound of ~** ein echter Cockney sein. ~ **chas·er** [bəʊ] s mar. mil. Heckgeschütz n. ~ **col·lec·tor** [bəʊ] s tech. Bügel(strom)abnehmer m. ~ **com·pass** [bəʊ] s math. tech. Bogenzirkel m.

Bow·den ca·ble ['baʊdn; 'bəʊdn] s tech. Bowdenzug m.

bowd·ler·ism ['baʊdlərɪzəm; Am. a. 'bəʊd-] s Sucht f, Bücher von anstößig erscheinenden Stellen zu reinigen. ,**bowd·ler·i'za·tion** s **1.** Reinigung f von anstößig erscheinenden Stellen. **2.** fig. Verwässerung f. '**bowd·ler·ize** v/t **1.** Bücher von anstößig erscheinenden Stellen reinigen. **2.** fig. verwässern.

bow drill [bəʊ] s tech. Bogenbohrer m.

bowed¹ [baʊd] adj gebeugt: → **bow**¹ 2.

bowed² [bəʊd] adj **1.** bogenförmig. **2.** mit e-m Bügel etc (versehen).

bow·el ['baʊəl] **I** s **1.** anat. a) meist pl Darm m, b) pl Eingeweide pl, Gedärm n: **to move** (od. **open**) **~s** abführen; **to have open ~s** regelmäßig(en) Stuhlgang haben. **2.** pl (das) Innere, Mitte f: **the ~s of the earth** das Erdinnere. **3.** pl obs. fig. a) Sitz m: **the ~s of compassion**, b) Herz n, (Mit)Gefühl n. **II** v/t → **disembowel**. ~ **move·ment** s physiol. a) Stuhlgang m, b) Stuhl m.

bow·er¹ ['baʊə(r)] **I** s **1.** (Garten)Laube f, schattiges Plätzchen. **2.** i'dyllisch gelegenes Landhaus. **3.** hist. Frauengemach n, Bou'doir n. **II** v/t **4.** einschließen.

bow·er² ['baʊə(r)] s mar. Buganker m.

'**bow·er·bird** s orn. Laubenvogel m.

bow·er·y¹ ['baʊərɪ] adj **1.** laubenähnlich. **2.** voller Lauben, schattig.

bow·er·y² ['baʊərɪ] s **1.** Am. hist. Farm f, Pflanzung f (der holländischen Siedler im Staat New York). **2.** the B~ die Bowery (Straße u. Gegend in New York mit billigem Amüsierbetrieb).

'**bow**| **grace** [baʊ] s mar. Eisschutz m (am Schiffsbug). ~ **hand** [bəʊ] s mus. Bogenschießen: Bogenhand f. '**~-head** [bəʊ] s zo. Grönlandwal m.

bow·ie| knife ['bəʊɪ; Am. a. 'buːɪ] s irr Bowiemesser n (langes Jagdmesser). **B~ State** s Am. (Spitzname für den Staat) Ar'kansas n.

bowl¹ [bəʊl] s **1.** a) Schüssel f, b) (Obst etc)Schale f, c) (Zucker)Dose f, d) Napf m (für Tiere etc), e) (Trink)Schale f, f) Bowle f (Gefäß). **2.** (Wasch)Becken n. **3.** (Klosett)Becken n, (-)Schüssel f. **4.** ausgehöhlter od. schalenförmiger Teil, bes. a) (Pfeifen)Kopf m, b) (Waag-, Leuchter- etc) Schale f, c) Höhlung f (vom Löffel etc). **5.** geogr. Becken n. **6.** Am. Stadion n.

bowl² [bəʊl] **I** s **1.** a) (Bowling-, Bowls-, Kegel)Kugel f, b) → **bowls** 1, c) Wurf m (a. Kricket). **2.** Scot. a) Murmel f, b) → **bowls** 2. **3.** pl tech. Walze f (der Tuchpresse). **II** v/t **5.** allg. rollen (lassen), b) e-n Reifen rollen, treiben, c) Bowling etc: die Kugel werfen, d) Krikket: den Ball werfen. **6.** Bowling etc: ein Ergebnis erzielen. **7.** → **bowl out** 1.

III v/i **8.** a) bowlen, Bowls spielen, b) bowlen, Bowling spielen, c) kegeln. **9.** Bowling, Kricket etc: werfen. **10.** → bowl along.
Verbindungen mit Adverbien:
'bowl|a·long v/i **1.** daˈhinrollen (*Wagen etc*). **2.** ˌlaufen (*Arbeit etc*). **~ down** → bowl out **2.** **~ out** v/t **1.** Kricket: den Schlagmann (durch Treffen des Dreistabs) ‚ausmachen'. **2.** *fig. bes. Br.* j-n ‚erledigen', aus dem Rennen werfen, schlagen. **~ o·ver** v/t **1.** ˈumwerfen (*a. fig.*), ˈumstoßen. **2.** ˈumfahren. **3.** *fig.* j-m die Sprache verschlagen.
'bowl·leg·ged ['bəʊ-] *adj* O-beinig. '**~·legs** s pl O-Beine pl.
'bowl·er s **1.** a) Bowlsspieler(in), b) Bowlingspieler(in). **2.** a) Bowlingspieler(in), b) Kegler(in). **3.** Kricket: Werfer m. **4.** a. ~ **hat** bes. Br. Bowler m, ‚Meˈlone' f.
'bow·line ['bəʊlɪn; Am. a. -ˌlaɪn] s mar. Buˈlin f: **on a ~** dicht beim Wind gebraßt. **~ knot** s einfacher Palstek.
'bowl·ing s **1.** Bowling n (*Kugelspiel auf Rasenplätzen*). **2.** a) Bowling n, b) Kegeln n. **~ al·ley** s a) Bowlingbahn f, b) Kegelbahn f (*beide a. Gebäude*). **~ green** s Bowling, Bowls- (Rasen)Platz m.
bowls [bəʊlz] s pl (als sg konstruiert) **1.** a) Bowls n (*dem Boccia entsprechendes Spiel*), b) → bowling **2.** **2.** Scot. Murmelspiel n.
bow·man ['bəʊmən] s irr Bogenschütze m. [ˌsäge f.]
bow saw [bəʊ] s tech. Bogen-, Bügel-
bowse [baʊz] → bouse.
'bow·shot ['bəʊ-] s Bogenschußweite f.
~·sprit ['baʊsprɪt; Am. a. 'bəʊ-] s mar. Bugspriet n.
'bow·string ['bəʊ-] **I** s Bogensehne f. **II** v/t irr mit e-r Bogensehne erdrosseln. **~ bridge** s arch. tech. Bogenbrücke f mit Zugband.
bow tie [bəʊ] s (Frack)Schleife f, Fliege f. **~ win·dow** s arch. Erkerfenster n.
bow-wow I interj [ˌbaʊˈwaʊ] **1.** wauˈwau! **II** s ['baʊwaʊ] **2.** Wauwau n (*Hundegebell*). **3.** *Kindersprache:* Wauwau m (*Hund*): **to go to the ~s** *Am. colloq.* vor die Hunde gehen. **III** v/i **4.** bellen. **~ the·o·ry** s onomatopoˈetische ˈSprachtheoˌrie.
box¹ [bɒks; Am. baks] **I** s **1.** Kasten m, Kiste f (*a. colloq.* Sarg): **to be in a ~** *Am. colloq.* ‚in der Klemme' sein. a. sitzen od. stecken. **2.** Schachtel f: **~ of chocolates** Bonbonniere f. **3.** Büchse f, Dose f, Kästchen n, Etuˈi n. **4.** Behälter m, (*a. Buch-, Film- etc*)Kasˈsette f. **5.** tech. Gehäuse n, Kapsel f, Muffe f, Hülse f. **6.** Br. obs. (Schrank)Koffer m. **7.** Fach n (*für Briefe etc*). **8.** a) Briefkasten m, b) Postfach n. **9.** (Wahl)Urne f. **10.** Br. (Teleˈfon-, Fernsprech)Zelle f. **11.** → Christmas box. **12.** → box junction. **13.** Br. (Jagd)Hütte f. **14.** hist. a) Kutschkasten m, b) Wagenkasten m. **15.** a) rail. Siˈgnalhäusˌchen n, b) mil. Schilderhäusˌchen n. **16.** Box f (*in e-m Restaurant etc*). **17.** thea. etc Loge f. **18.** jur. a) Zeugenstand m, b) Geschworenenbank f. **19.** Box f: a) Pferdestand, in dem sich das Pferd frei bewegen kann, b) durch Zwischenwände abgeteilter Einstellplatz in e-r Großgarage. **20.** mar. Bootsführerplatz m. **21.** print. a) Fach n (*im Schriftkasten*), b) Kasten m (*vom Hauptteil abgesetzt eingerahmter Text*), c) Kästchen n (*auf Formularen, zum Ankreuzen*), d) Bild(einheit) f) in (*im Comic strips*), e) → box number, f) allg. Ruˈbrik f, Feld n. **22.** Gießerei: Form-, Gießkasten m. **23.** tech. Bohrspindel f (*e-s Vollbohrers*). **24.** tech. (Pumpen)Stiefel m, Röhre f. **25.** tech. Weberschiffkasten m. **26.** tech. Kompaßgehäuse n. **27.** Baseball: a) Wurfmal n, b) Schlägerbox f. **28.** Aushöhlung f (*e-s Baumes*) (*zum Saftsammeln*). **29.** Fußball: colloq. Strafraum m. **30.** colloq. a) ‚Kasten' m (Fernseher), b) Fernsehen n: **on the ~** im Fernsehen.
II v/t **31.** oft **~ in**, **~ up** in Schachteln od. Kästen etc packen od. legen, ver-, einpacken. **32.** oft **~ up** einschließen, -sperren: **to feel ~ed up** sich beengt fühlen. **33.** oft **~ in** (*od.* up) a) sport Läufer etc einschließen, b) parkendes Fahrzeug einklemmen. **34.** oft **~ off** abteilen, abtrennen (from von). **35.** Farben etc von Dose zu Dose mischen. **36.** meist **~ out**, **~ up** arch. (*mit Holz*) verschalen. **37.** Blumen etc in Kästen od. Kübel pflanzen. **38.** Bäume anzapfen. **39.** tech. ausbuchsen, mit e-r Achsbuchse versehen. **40.** to **~ the compass** a) mar. die Kompaßpunkte der Reihe nach aufzählen, b) fig. e-e völlige Kehrtwendung machen. **41.** → boxhaul.

box² [bɒks; Am. baks] **I** s **1. on the ear** Ohrfeige f. **II** v/t **2.** to **~ s.o.'s ears** j-n ohrfeigen. **3.** sport boxen mit j-m od. gegen j-n. **III** v/i **4.** sport boxen.

box³ [bɒks; Am. baks] s **1.** bot. Buchs(-baum) m. **2.** Buchsbaumholz n.

box|·bar·rage s mil. Abriegelungsfeuer n. **~ beam** s tech. **1.** Doppel-T-Träger m. **2.** Kastenbalken m. **~ bed** s Klappbett n. '**~·board** s Schachtelpappe f, Karˈton m. **~ bod·y** s mot. Kastenaufbau m. **~ calf** s Boxkalf n (*Leder*). **~ cam·e·ra** s phot. Box(kamera) f. '**~·car** s rail. Am. geschlossener Güterwagen.
'**box·er¹** s **1.** sport Boxer m. **2.** zo. Boxer m (*Hunderasse*).
'**Box·er²** s hist. Boxer m (*Anhänger e-s chinesischen Geheimbundes um 1900*).
'**box|·haul** v/t mar. das Schiff backhalsen. '**~·head** s **1.** print. a) ˈÜberschrift f e-s umˈrandeten Arˈtikels, b) umrandete Überschrift f. **2.** techˈtabellenkopf m. **2.** electr. Dosenendverschluß m. **~ head·ing** → boxhead 1.
'**box·ing¹** s Boxen n, Boxsport m.
'**box·ing²** s **1.** Ver-, Einpacken n. **2.** collect. Kisten pl, Schachteln pl, Verˈpackungsmateriˌal n. **3.** arch. (Ver-)ˈSchalung(smateriˌal n). **4.** mar. Laschung f. **5.** Schuhmacherei: Kappensteifung f.
box·ing| bout s boxing match. **B-Day** s Br. der 2. Weihnachtsfeiertag. **~ gloves** s pl Boxhandschuhe pl. **~ match** s Boxkampf m. **~ ring** s Boxring m.
box| i·ron s Bolzen(bügel)eisen n. **~ junc·tion** s Br. gelbmarkierte Kreuzung, in die bei stehendem Verkehr nicht eingefahren werden darf. '**~·keep·er** s thea. Logenschließer(in). **~ key** s box wrench. **~ kite** s Kastendrachen m. **~ lev·el** s tech. ˈDosenliˌbelle f. **~ num·ber** s Chiffre(nummer) f (*in Zeitungsannoncen*). **~ nut** s tech. ˈÜberwurfmutter f. **~ of·fice** s thea. etc **1.** Kasse f. **2.** to **be good~** im Kassenerfolg od. -schlager sein; to **be bad~** beim Publikum durchfallen. **3.** Einspielergebnis n, -summe f. '**~-of·fice** adj: **~ success** Kassenerfolg m, -schlager m. **~ pleat** s Kellerfalte f (*an Kleidern*). '**~·room** s Abstellraum m. **~ score** s sport Am. tabelˈlarischer Ergebnisbericht e-s komˈpletten Spiels. **~ span·ner** → box wrench. **~ stall** s box¹ 19 a. **~ switch** s electr. Dosen-, Drehschalter m. '**~·thorn** s bot. Bocksdorn m. '**~·wal·lah** s Br. Ind. **1.** Hauˈsierer m. **2.** contp. Handlungsreisende(r) m. '**~·wood** → box³ 2. **~ wrench** s tech. (Auf)Steck-, Ringschlüssel m.
boy [bɔɪ] **I** s **1.** Knabe m, Junge m, Bursche m (*a. als vertrauliche Anrede*):~'s name männlicher Vorname; a German ~ ein junger Deutscher; he has been with us from a ~ er ist schon von Kindheit an bei uns; ~s will be ~s Jungen sind nun einmal so; the (od. our) ~s unsere Jungs (*z. B. Soldaten*); jobs for the ~s colloq. Vetternwirtschaft f; ˌoh ~! ˌMann!'; oh ~! ,au weia!'; ach, du Schreck!; → old boy. **2.** colloq. Sohn m: my ~ mein Junge. **3.** colloq. Freund m (*e-s Mädchens*). **4.** Diener m, Boy m, (*bes. eingeborener od. farbiger*) Angestellter. **5.** Laufbursche m. **6.** bes. Am. colloq. Bursche m, Knülch m, ,Heini' m: **the ~s** collect. die ,Bande', der ,Verein'; **the science ~s** humor. die Wissenschaftler. **II** adj **7.** männlich, Knaben...: **~ child** männliches Kind, Junge m, Kind n männlichen Geschlechts; **~ singer** Sängerknabe m; **~ wonder** Wunderkind n, -knabe m.
'**boy·cott** ['bɔɪkɒt; Am. -ˌkɑt] **I** v/t boykotˈtieren. **II** s Boyˈkott m: **to put under a ~, to put a ~ on** den Boykott verhängen über (acc), mit Boykott belegen.
'**boy·friend** s Freund m (*e-s Mädchens*).
'**boy·hood** s Knabenjahre pl, -zeit f, Jugend(zeit) f: **during his ~** in s-r Jugend.
'**boy·ish** adj (adv ~**ly**) **1.** a) jungenhaft: **his ~ laughter**, b) knabenhaft: **her ~ movements**. **2.** Jungen...: **~ games**.
'**boy·ish·ness** s a) Jungenhaftigkeit f, b) Knabenhaftigkeit f.
'**boy-ˌmeets-'girl** adj triviˈal (*Liebesgeschichte etc*). **~ scout** s Pfadfinder m: **B- S-s** Pfadfinder (bewegung f) pl.
'**boy's-love** s bot. Eberraute f.
bo·zo ['bəʊzəʊ] pl **-zos** s Am. sl. Kerl m (*bes. e-r, der mehr Muskeln als Verstand hat*).
B| plus s electr. Pluspol m (*der Anodenstromversorgung*). **~ pow·er sup·ply** s electr. Enerˈgieversorgung f des Anˈodenkreises.
bra [brɑː] s colloq. BˈH m (Büstenhalter).
brab·ble ['bræbl] **I** s **1.** Zänkeˈrei f, Streit m. **2.** (*lautes*) Geschwätz, Geplapper n. **II** v/i **3.** schwatzen, plappern.
bra·burn·er s colloq. contp. miliˈtante Femiˈnistin.
brac·cate ['brækeɪt] adj orn. an den Füßen gefiedert.
brace [breɪs] **I** s **1.** tech. Band n, Bügel m, Halter m, Strebe f, Stütze f. **2.** arch. tech. a) Winkel-, Tragband n, Gurt m, b) Strebe f, Verstrebung f, c) Anker m, Klammer f, d) Stützbalken m, Versteifung f. **3.** Spannschnur f (*e-r Trommel*). **4.** tech. Griff m der Bohrleier: **~ and bit** Bohrleier f, -kurbel f. **5.** a. pair of **~s** Br. Hosenträger pl. **6.** print. geschweifte Klammer. **7.** mus. Klammer f. **8.** med. a) metal f (Zahn)Klammer f, ˈSpange f, b) Stützband n, engS. Bruchband n. **9.** mar. a) Brasse f (*Tau an beiden Rahenenden*), b) Ruderöse f. **10.** (pl brace) Paar n (*zwei Tiere, bes. Hunde u. Kleinwild, od. Dinge gleicher Art; iro. contp. a. von Personen*): **a ~ of pistols** ein Paar Pistolen; **a ~ of thieves** ein Diebespaar. **11.** hist. Armschiene f (*der Rüstung*). **12.** Am. aufrechte od. mil. stramme Haltung.
II v/t **13.** tech. verstreben, -steifen, -ankern, stützen, klammern. **14.** mus. e-e Trommel etc spannen. **15.** a) erfrischen, b) kräftigen, stärken. **16.** oft **~ up** fig. j-s e-e Kräfte, s-n Mut zs.-nehmen: **to ~ o.s. (up)** → 22; **to ~ o.s. for** sich gefaßt machen auf (acc). **17.** zs.-heften. **18.** mus. print. Notenzeilen mit Klammern versehen, zs.-klammern. **19.** mar. brassen: **to ~ back** (*a. v/i*) backbrassen, -holen; **to ~ about** (*a. v/i*) rundbrassen; **to ~ in** (*od.* to) (*a. v/i*) aufˌ anbrassen; **to ~ in** (*od.* to) (*a. v/i*) aufˌ zurückbrassen. **20.** Am. colloq. a) zur

bracelet – brake van

Rede stellen (**for** wegen), b) ‚in die Mangel nehmen'.
III v/i **21.** → 15. **22.** oft ~ **up** fig. a) sich zs.-nehmen od. -reißen, s-e Kräfte od. s-n Mut zs.-nehmen (**for** für), b) sich aufraffen od. -schwingen (**to** zu).
brace·let [ˈbreɪslɪt] s **1.** Armband n (a. für Uhren etc), Armreif m, -spange f: ~ **watch** kleine (bes. Damen)Armbanduhr. **2.** pl colloq. ‚Armbänder' pl, ‚Man¹schetten' pl (Handschellen). **3.** → brace 11.
ˈ**brac·er** s **1.** sport Armschutz m. **2.** colloq. etwas, was die Lebensgeister weckt: a) anregendes Getränk, bes. ‚Schnäps-chen' n, b) fig. Ermunterung f.
bra·chi·al [ˈbreɪkjəl; -kɪəl] adj anat. brachi¹al, Arm...
bra·chi·ate [ˈbreɪkɪɪt; -eɪt] adj bot. paarweise gegenständig.
bra·chi·o·pod [ˈbreɪkɪəpɒd; Am. -ˌpɑd] pl ˌ**bra·chi**ˈ**op·o·da** [-ˈɒpədə; Am. -ˈɑ-] s zo. Brachio¹pode m, Armfüßer m.
brach·y·ce·phal·ic [ˌbrækɪkeˈfælɪk; -se-] adj brachyze¹phal, kurzköpfig. ˌ**brach·y**ˈ**ceph·a·lism** [-ˈkefəlɪzəm; -ˈse-] s Brachyzepha¹lie f, Kurzköpfigkeit f. ˌ**brach·y**ˈ**ceph·a·lous** → brachycephalic.
bra·chyl·o·gy [bræˈkɪlədʒɪ] s ling. Brachylo¹gie f, gedrängte Ausdrucksweise.
bra·chyp·ter·ous [bræˈkɪptərəs] adj zo. kurzflügelig.
brach·y·u·ral [ˌbrækɪˈjʊərəl], ˌ**brach·y**ˈ**u·rous** adj zo. kurzschwänzig.
ˈ**brac·ing** I adj **1.** stärkend, kräftigend. **2.** erfrischend. **II** s **3.** arch. tech. a) Verankerung f, b) Verstrebung f, Verspannung f, Versteifung f: ~ **cable** Spannkabel n.
brack·en [ˈbrækən] s bot. bes. Br. **1.** Adlerfarn m, Farnkraut n. **2.** Farndickicht n, -gestrüpp n.
brack·et [ˈbrækɪt] I s **1.** tech. a) Träger m, Halter m, Stützarm m, Stütze f, Kon¹sole f, b) Gabel f, Gestell n, c) (Wand)Arm m (e-r Leuchte etc), d) electr. Iso¹lator-, Winkelstütze f. **2.** arch. tech. a) Kon¹sole f, Krag-, Tragstein m, b) Stützbalken m (im Dachstuhl), c) Schwingbaum m (e-r Brücke). **3.** kurzes Wandbrett. **4.** mil. Gabel f (beim Einschießen): **long** ~ große od. weite Gabel; **short** ~ kleine od. enge Gabel. **5.** math. print. (meist eckige) Klammer: **in** ~s; (**angle** od. **broken** od. **pointed**) ~ spitz(ig)e Klammer; **round** ~s runde Klammern, Parenthese f; **square** ~s eckige Klammern. **6.** Ru¹brik f (durch Klammer verbundener Teil e-r Liste etc). **7.** (soziologische) Schicht, (sta¹tistische) Katego¹rie, (bes. Alters-, Steuer)Klasse f, (Einkommens- etc-)Gruppe f, (-)Stufe f.
II v/t **8.** einklammern, in Klammern setzen od. schreiben. **9.** a. ~ **together** a) in die¹selbe Katego¹rie einordnen, in ¹eine Gruppe zs.-fassen, b) auf ¹eine od. die gleiche Stufe stellen (**with** mit). **10.** oft ~ **off** fig. ausklammern. **11.** mil. das Ziel eingabeln.
brack·ish [ˈbrækɪʃ] adj **1.** brackig, leicht salzig: ~ **water** Brackwasser n. **2.** a) ungenießbar, b) fig. ekelhaft.
bract [brækt] s bot. **1.** Hochblatt n. **2.** Trag-, Deckblatt n (e-r Blüte). ˈ**brac·te·ate** [-tɪɪt; -eɪt] I adj **1.** bot. mit Hochblättern, b) aus dünnem Me¹tall geprägt (Münze). **II** s **3.** hist. Brakte¹at m (nur auf e-r Seite geprägte Münze).
brad [bræd] s tech. **1.** Nagel m ohne Kopf (Draht)Stift m. **2.** Boden-, Lattennagel m. ˈ~**awl** s tech. Vorstech-, Bindeahle f, Spitzbohrer m.

Brad·shaw [ˈbrædʃɔː] s rail. Br. Kursbuch n (1839–1961).
brad·y·car·di·a [ˌbrædɪˈkɑː(r)dɪə; Am. a. ˌbreɪ-] s med. Bradykar¹die f, langsame Herztätigkeit.
brae [breɪ] s Scot. a) Hügel m, b) Abhang m.
brag [bræg] I s **1.** Prahle¹rei f. **2.** → **boast**[1] **2. 3.** → braggart I. **4.** hist. pokerähnliches Kartenspiel. **II** v/i **5.** (**about**, **of**) prahlen, aufschneiden (mit), sich rühmen (gen). **brag·ga·do·ci·o** [ˌbrægəˈdəʊtʃɪəʊ; Am. -ˌʃiːəʊ; -siː-; -ˈʃəʊ] pl -**os** s **1.** → braggart I. **2.** Prahle¹rei f.
brag·gart [ˈbrægə(r)t] I s Prahler m, Prahlhans m, Aufschneider m. **II** adj prahlerisch.
Bragg's law [brægz] s phys. Braggsche Gleichung.
brah·ma [ˈbrɑːmə; Am. a. ˈbreɪ-; ˈbræ-] → brahmapootra.
Brah·man [ˈbrɑːmən] s **1.** Brah¹mane m (Angehöriger der Priesterkaste der Inder). **2.** [a. ˈbreɪ-; ˈbræ-] zo. Am. Zebu n. **Brah·ma·nee** [ˈbrɑːməniː], ˈ**Brah·ma·ni** [-nɪ] s Brah¹manin f. **Brah·man·ic** [-ˈmænɪk], **Brah·man·i·cal** adj brah¹manisch. ˈ**Brah·man·ism** s Brahma¹nismus m, Lehre f der Brah¹manen.
brah·ma·poo·tra [ˌbrɑːməˈpuːtrə] s orn. Brahma¹putra-Huhn n.
Brah·min [ˈbrɑːmɪn] I s **1.** → Brahman. **2.** Am. gebildete, kulti¹vierte Per¹son. **3.** Am. iro. (eingebildeter) Intellektu¹eller. **4.** Am. kulti¹viertes, konserva¹tives Mitglied e-r alteingesessenen Fa¹milie in Boston od. New England. **II** adj **5.** brah¹manisch: ~ **bull** heiliges Zebu. ˈ**Brah·mi·nee** [-niː] → Brahmanee. **Brah·min·ic**, **Brah·min·i·cal** → Brahmanic. ˈ**Brah·min·ism** → Brahmanism.
braid [breɪd] I v/t **1.** bes. Haar, Bänder flechten. **2.** mit Litze od. Borte besetzen od. schmücken. **3.** tech. Draht etc um¹spinnen, -¹klöppeln. **II** s **4.** (Haar)Flechte f. **5.** Borte f, Litze f, bes. mil. Tresse f: **gold** ~ goldene Tresse(n pl). **6.** Um¹klöppelung f. ˈ**braid·ed** adj **1.** geflochten. **2.** mit Litze etc besetzt. **3.** tech. um¹spinnen: ~ **wire**.
brail [breɪl] I s **1.** mar. Geitau n (beim Gaffelsegel). **2.** Riemen m (zum Festbinden der Fittiche e-s Falken). **II** v/t **3.** die Fittiche des Falken binden. **4.** ~ **up** mar. aufgeien.
Braille [breɪl] I s Braille-, Blindenschrift f. **II** v/t in Brailleschrift (¹um)schreiben.
brain [breɪn] I s **1.** anat. Gehirn n. **2.** oft pl fig. colloq. Gehirn n, Hirn n, Verstand m, Intelli¹genz f, Kopf m, ‚Köpfchen' n, ‚Grips' m: **to have** ~**s** gescheit sein, Köpfchen haben; **to beat** (**out**) (od. **cudgel** od. **rack**) **one's** ~**s** sich das Hirn zermartern, sich den Kopf zerbrechen; **he's got sex on the** ~ er hat nur Sex im Kopf, er denkt immer nur an Sex; **to pick** (od. **suck**) **s.o.'s** ~ a) geistigen Diebstahl an j-m begehen, b) j-n ‚ausholen', j-m ‚die Würmer aus der Nase ziehen'; **to turn s.o.'s** ~ j-m den Kopf verdrehen; ~ **blow out** 5. **3.** colloq. a) kluger Kopf, Ge¹nie n (Person): **he's no big** ~ er ist nicht besonders intelligent, b) meist pl Kopf m, Gehirn n, contp. ‚Drahtzieher' m. **II** v/t **4.** j-m den Schädel einschlagen. **5. to** ~ **s.o. with s.th.** colloq. j-m etwas über den Schädel schlagen. ˈ~**case** s anat. Hirnschale f, Schädeldecke f. ~ **child** s irr colloq. ¹Geistespro¸dukt n. ~ **death** s med. Hirntod m. ~ **drain** s Brain-Drain m (Abwanderung von Wissenschaftlern ins Ausland). ˈ~-**drain** v/i ins Ausland abwandern

(Wissenschaftler). ~ **drain·er** s ins Ausland abwandernder od. abgewanderter Wissenschaftler.
brained [breɪnd] adj (in Zssgn) ...köpfig, mit e-m ... Gehirn: **feeble-**~ schwachköpfig.
ˈ**brain**ˌ**fag** s geistige Erschöpfung. ~ **fe·ver** s med. a) Gehirnentzündung f, b) Hirnhautentzündung f.
ˈ**brain·less** adj fig. a) hirn-, geistlos, dumm, blöd(e), b) töricht, gedankenlos.
ˈ**brain**|·**pan** → braincase. ~ **pow·er** s Geisteskraft f, Intelli¹genz f. ˈ~-**sick** adj geisteskrank, verrückt. ~ **stem** s anat. Hirnstamm m. ˈ~-**storm** s **1.** med. Anfall m von Geistesstörung. **2. to have a** ~ Br. colloq. geistig weggetreten sein. **3.** Am. colloq. a) verrückter Einfall, hirnverbrannte I¹dee, b) → brain wave 2. ˈ~ˌ**storm·ing** s Brainstorming n (Verfahren, durch Sammeln von spontanen Einfällen die beste Lösung e-s Problems zu finden).
brains trust [breɪnz] s Br. **1.** Teilnehmer pl an e-r ¹Podiumsdiskussi¸on. **2.** → brain trust.
ˈ**brain**‖ˌ**teas·er** → brain twister. ~ **trust** s Am. ‚Gehirntrust' m, Brain-Trust m (bes. politische od. wirtschaftliche Beratergruppe). ~ **trust·er** s Am. Braintruster m, Mitglied n e-s Brain-Trust. ~ **tu·mo(u)r** s med. Gehirntumor m. ~ **twist·er** s colloq. ‚harte Nuß' (schwieriges Problem). ˈ~-**wash** I v/t **1.** bes. pol. j-n e-r Gehirnwäsche unter¹ziehen. **2. to** ~ **s.o. into doing s.th.** j-n so lange bearbeiten, bis er etwas tut. **II** s → brainwashing. ˈ~ˌ**wash·ing** s bes. pol. Gehirnwäsche f. ~ **wave** s **1.** med. Hirnwelle f. **2.** colloq. Geistesblitz m, guter Einfall, ‚tolle I¹dee'. ˈ~-**work** s Geistes-, Kopfarbeit f. ˈ~ˌ**work·er** s Geistes-, Kopfarbeiter m.
ˈ**brain·y** adj colloq. gescheit, intelli¹gent (a. Vorschlag etc).
braise [breɪz] v/t schmoren: ~**d beef** Schmorbraten m.
brake[1] [breɪk] s obs. pret von break[1].
brake[2] [breɪk] s **1.** Dickicht n, Gestrüpp n. **2.** a. ~ **fern** bot. Farnkraut n.
brake[3] [breɪk] I s Flachs-, Hanfbreche f. **II** v/t Flachs od. Hanf brechen.
brake[4] [breɪk] I s **1.** tech. Bremse f: **to put on** (od. **apply**) **the** ~**s** die Bremse ziehen (a. fig.), mot. auf die Bremse treten, bremsen (a. fig.); **to put a** ~ **on s.th.**, **to apply** (od. **put**) **the** ~**s on s.th.** e-e Sache bremsen, e-r Sache Einhalt gebieten. **2.** tech. a) Bremsvorrichtung f, -anlage f, b) Hemm-, Radschuh m. **3.** tech. Pumpenschwengel m. **4.** Bobsport: Bremser m. **5.** hist. Folter(bank) f, Streckfolter f. **6.** mot. Br. Kombiwagen m. **7.** rail. Br. Bremswagen m. **II** v/t **8.** bremsen (a. fig.). **III** v/i **9.** bremsen. **10.** Bergbau: die ¹Förderma¸schine bedienen. **IV** adj **11.** tech. Brems...: ~ **cylinder** (**disk**, **drum**, **fluid**, **hose**, **light**, **pedal**, **test**, etc).
brake‖ **chute** → brake parachute. ~ **flap** s aer. Lande-, Bremsklappe f. ~ **horse·pow·er** s tech. Nutzleistung f (e-s Verbrennungsmotors). ~ **line** s tech. Bremsleitung f. ˈ~-**lin·ing** s tech. Bremsbelag m. ˈ~-**load** s tech. **1.** Bremslast f, -gewicht n. **2.** Belastung f der Bremse(n). ˈ~-**man** [-mən] Am. → brakesman. ~ **pad** s tech. Bremsklotz m. ~ **par·a**-**chute** s aer. Bremsfallschirm m. ~ **pow·er** s → brake horsepower. ~ **shoe** s tech. Bremsbacke f.
brakes·man [ˈbreɪksmən] s irr bes. Br. **1.** rail. etc Bremser m. **2.** Bergbau: ¹Fördermaschi¸nist m.
brake‖ **valve** s tech. ¹Bremsven¸til n. ~ **van** s rail. Br. Bremswagen m.

'**brak·ing** *s tech.* Bremsen *n*, Bremsung *f*. **~ dis·tance** *s mot. etc* Bremsweg *m.* **~ force** *s tech.* Bremsleistung *f.* **~ rock·et** *s Raumfahrt:* 'Bremsra,kete *f*.
'**bra·less** *adj colloq.* ohne B'H: **she's ~** sie hat keinen BH an.
bram·ble ['bræmbl] *s* 1. *bot. bes. Br.* a) Brombeerstrauch *m*, b) Brombeere *f*. 2. Dornenstrauch *m.* '**~ber·ry** [-bəri; *Am.* -ˌberi:] *s bot. bes. Br.* Brombeere *f.* **~ finch** → brambling. **~ rose** → dog rose.
bram·bling ['bræmblɪŋ] *s orn.* Bergfink *m*.
bran [bræn] *s* Kleie *f.*
branch [bra:ntʃ; *Am.* bræntʃ] **I** *s* 1. Ast *m*, Zweig *m.* 2. *fig.* Zweig *m*, Linie *f* (*e-r Familie*). 3. *fig.* a) Zweig *m*, ('Unter)Abˌteilung *f*, Sparte *f* (*e-r Wissenschaft etc*), b) Branche *f*, Wirtschafts-, Geschäftszweig *m*, c) *a.* **~ of service** *mil.* Waffen-, Truppengattung *f*, d) *zo.* 'Hauptabˌteilung *f* (*des Tierreichs*). 4. *a.* **~ establishment, ~ house** *econ.* Außen-, Zweig-, Nebenstelle *f*, Fili'ale *f*, (Zweig)Niederlassung *f*, Zweiggeschäft *n*: **main ~** Hauptfiliale; **network of ~es** Filialnetz *n*; **~ manager** Filialleiter *m*. 5. *rail.* Zweigbahn *f*, Nebenlinie *f*. 6. *geogr.* a) Arm *m* (*e-s Gewässers*), b) Ausläufer *m* (*e-s Gebirges*), c) *Am.* Nebenfluß *m*, d) *Am.* Flüßchen *n*. 7. *math.* Zweig *m od.* Ast *m* (*e-r Kurve*). 8. *electr.* Abzweigleitung *f*. 9. *tech.* Zweigrohr *n*, (Rohr)Abzweigung *f*. 10. *Computer:* (Pro'gramm)Verzweigung *f*: **~ program(me)** Verzweigungsprogramm *n*. 11. *arch.* (*gotische*) Zweigrippe. 12. Arm *m* (*e-s Leuchters etc*). 13. Sprosse *f*, Stange *f* (*am Hirschgeweih*). **II** *adj* 14. Zweig..., Tochter..., Filial..., Neben...
III *v/i* 15. Zweige *od.* Äste treiben. 16. *oft* **~ off, ~ out** a) sich verzweigen *od.* verästeln, b) abzweigen *od.* sich gabeln (*Straße etc*). 17. ('her)stammen (**from** von). 18. 'übergehen, auslaufen (**into** in *acc*).
IV *v/t* 19. in Zweige *od.* 'Unterabˌteilungen *etc* teilen.
Verbindungen mit Adverbien:
branch| **off** *v/i* 1. → branch 16. 2. abbiegen (*Fahrer*). 3. → branch out 4. **~ out** *v/i* 1. → branch 16. 2. *econ.* die Produkti'on *od.* das Sorti'ment erweitern (**into** auf *acc*), das Angebot vergrößern. 3. **to ~ on one's own** sich selbständig machen. 4. (vom Thema) abschweifen, sich verlieren (**into** in *acc*).
branch| **bank** *s econ.* 'Bankfiliˌale *f*, Fili'albank *f.* **~ cir·cuit** *s electr.* 1. Verzweigungsleitung *f*. 2. Teilschaltung *f*.
bran·chi·a ['bræŋkɪə] *pl* **-chi·ae** [-kii:] *s zo.* Kieme *f.* '**bran·chi·al** *adj zo.* Kiemen...: **~ cleft** Kiemenöffnung *f.* '**bran·chi·ate** [-kɪeɪt; -kɪɪt] *adj zo.* kiementragend.
'**branch·ing I** *adj* 1. zweige-, ästetragend. 2. sich verzweigend *od.* verästelnd (*a. fig.*). **II** *s* 3. Verzweigung *f*, Verästelung *f* (*a. fig.*).
bran·chi·o·pod ['bræŋkɪəpɒd; *Am.* -ˌpɒd] *zo.* **I** *pl* ˌ**bran·chi'op·o·da** [-'ɒpədə; *Am.* -'a-] *s* Blatt-, Kiemenfüßer *m*. **II** *adj* kiemenfüßig.
branch·let ['bra:ntʃlɪt; *Am.* 'bræntʃ-] *s* Ästchen *n*.
branch|**line** *s* 1. *rail.* Neben-, Zweiglinie *f*. 2. Seitenlinie *f* (*e-r Familie*). 3. *electr.* Anschlußleitung *f.* **~ of·fice** → branch 4. **~ point** *s* 1. *math.* Verzweigungspunkt *m*. 2. *electr. phys.* Abzweigpunkt *m.* **~ road** *s Am.* Nebenstraße *f*.
'**branch·y** *adj* 1. zweige-, ästetragend. 2. verästelt, verzweigt.
brand [brænd] **I** *s* 1. *econ.* a) (Handels-, Schutz)Marke *f*, Warenzeichen *n*, b) *a.* **~ name** Markenbezeichnung *f*, -name *m*, c) 'Markenarˌtikel *m*, d) Sorte *f*, Klasse *f* (*e-r Ware*). 2. *fig.* ,Sorte' *f*, Art *f*: **his ~ of humo(u)r**. 3. Brandmal *n*, eingebranntes Zeichen *n* (*auf Fässern, Vieh etc*). 4. → branding iron. 5. *fig.* Schandfleck *m*, -mal *n*: **the ~ of Cain** Kainszeichen *n*. 6. *bot.* Brand *m* (*Pflanzen-, bes. Getreidekrankheit*). 7. (Feuer)Brand *m* (*angebranntes, brennendes od. schon ausgelöschtes Stück Holz*). 8. *poet.* a) Fackel *f*, b) (sengender Sonnen-, Blitz)Strahl, c) Schwert *n*. **II** *v/t* 9. ein Zeichen *od.* Mal einbrennen (**into**, **on** *dat od.* in *acc*). 10. *fig.* unauslöschlich einprägen (**on** *s.o.'s mind* j-m, j-s Gedächtnis). 11. mit e-m Brandmal *od.* Warenzeichen *etc* versehen: **~ed goods** Markenartikel. 12. *fig.* brandmarken.
'**brand·ing i·ron** *s* Brand-, Brenneisen *n*.
bran·dish ['brændɪʃ] **I** *v/t* (*bes.* drohend) schwingen. **II** *s* (*bes.* drohendes) Schwingen.
'**brand·ling** ['brændlɪŋ] *s* 1. *ichth.* junger Lachs. 2. *zo.* Mistwurm *m*.
ˌ**brand-'new** *adj* (funkel)nagelneu.
bran·dreth ['brændrɪθ] *s* 1. hölzerne Einfassung (*e-s Brunnens*). 2. Gestell *n*, Stütze *f*.
bran·dy ['brændɪ] **I** *s* 1. Weinbrand *m*, Kognak *m*, Brandy *m*. 2. Obstwasser *n*: **plum ~** Zwetschgenwasser. **II** *v/t* 3. mit Weinbrand versetzen. 4. Obst in Weinbrand einlegen: **brandied peaches** Pfirsiche in Weinbrand. '**~·ball** *s Br.* 'Weinbrandˌbon *m*, -*n.* **~ mint** *s bot.* Pfefferminze *f.* **~ paw·nee** *s Br. Ind.* Kognak *m* mit Wasser. **~ snap** *s oft mit* Schlagsahne gefülltes Gebäckröllchen aus mit Ingwer gewürztem Teig.
bran-new [ˌbrænˈnjuː; *Am.* -ˈnuː] → brand-new.
brant [brænt] *bes. Am.* → brent.
brash [bræʃ] **I** *s* 1. *geol.* Trümmergestein *n*. 2. *mar.* Eistrümmer *pl*. 3. Abfall(haufen) *m*, *bes.* Heckenschnitzel *pl*. 4. *med.* Sodbrennen *n*. **II** *adj* (*adv* **-ly**) 5. *Am.* → brashy. 6. a) ungestüm, b) draufgängerisch, c) 'unüberˌlegt, d) taktlos, ungezogen, e) frech, unverfroren. 7. a) aufdringlich, laut (*Musik etc*), b) grell, schreiend (*Farben*).
'**brash·y** *adj* a) bröckelig (*Gestein*), b) morsch (*Holz*).
bra·sier → brazier[2].
brass [bra:s; *Am.* bræs] **I** *s* 1. Messing *n*. 2. *hist.* 'Kupferleˌgierung *f*, Bronze *f*, Erz *n*: **the age of ~** *fig.* das eherne Zeitalter. 3. a) Messinggegenstand *m od.* -verzierung *f*, b) *a. pl* Messinggerät *n*, -ware *f*: **to clean** (*od.* **do**) **the ~(es)** das Messing putzen. 4. *Br.* Grabplatte *f*, Gedenktafel *f* (*aus Bronze od. Messing*). 5. **the ~** *mus.* das Blech (*im Orchester*), die Blechbläser *pl*. 6. *tech.* Lagerschale *f*. 7. *colloq. collect.* ,hohe Tiere' *pl* (*bes. hohe Offiziere*): **the top ~** a) *mil.* die höchsten Offiziere, b) die ,höchsten Tiere' (*es Konzerns etc*). 8. *Br. colloq.* ,Moos' *n*, ,Kies' *m* (*Geld*). 9. *colloq.* Frechheit *f*, Unverschämtheit *f*: → bold 1. **II** *adj* 10. Messing... **III** *v/t* 11. a) mit Messing über'ziehen, b) bronzieren.
bras·sard ['bræsɑ(r)d; *Am.* a. brəˈsɑːrd], *a.* **bras·sart** ['bræsə(r)t; *Am.* a. brəˈsɑːrt] *s* 1. *hist.* Armrüstung *f*, -schiene *f*. 2. Armbinde *f* (*als Abzeichen*).
brass| **band** *s mus.* 'Blaskaˌpelle *f*, -orˌchester *n.* '**~·bound** *adj* 1. messingbeschlagen. 2. *fig.* starr (*Traditionen etc*), b) (streng) konservaˈtiv, kompro'mißlos.
brassed [brɑːst] *adj*: **to be ~ off with s.th.** *Br. colloq.* ,die Nase voll' haben von etwas.

brass hat *s colloq.* ,hohes Tier' (*bes. hoher Offizier*).
bras·si·ca ['bræsɪkə] *s bot.* Kohl *m*.
brass·ie ['bræsɪ; *Br. a.* 'brɑː-] *s Golf:* Brassie *m* (*Holzschläger Nr. 2*).
bras·siere, bras·sière ['bræsɪə; *Am.* brəˈzɪər] *s* Büstenhalter *m*.
brass|**knob** *s* Messinggriff *m*: **the same to you with ~s on!** *colloq. iro.* danke gleichfalls! **~ knuck·les** *s pl* (*a. als sg konstruiert*) *Am.* Schlagring *m.* **~ tacks** *s pl colloq.* Hauptsache *f*: **to get down to ~** zur Sache *od.* auf den Kern der Sache kommen.
'**brass·y I** *adj* (*adv* **brassily**) 1. messingartig. 2. messingfarben. 3. blechern (*Klang*). 4. *colloq.* unverschämt, frech. 5. unangenehm laut (*Musik etc*, *a.* Person, bes. Frau). **II** *s* → brassie.
brat[1] [bræt] *s contp.* Balg *m, n*, Gör *n* (*Kind*).
brat[2] [bræt] *s Br. dial.* a) Schürze *f*, b) Kittel *m*.
brat·tice ['brætɪs] *s* 1. *hist.* a) hölzerne Brustwehr, b) Wehrgang *m* (*e-r Festung*). 2. Bergbau: Bretter(scheide)wand *f*.
brat·wurst ['brɑːtwəːst; *Am.* -wɜːrst] *s* Bratwurst *f*.
braun·ite ['braʊnaɪt] *s min.* Brau'nit *m*.
Braun tube [braʊn] *s phys.* Braunsche Röhre, Ka'thodenstrahlröhre *f*.
bra·va·do [brəˈvɑːdəʊ] *pl* **-does** *od.* **-dos** *s* 1. a) gespielte Tapferkeit, prahlerisches *od.* her'ausforderndes Benehmen, b) prahlerische Drohung. 2. *obs.* Prahler *m*, Maulheld *m*.
brave [breɪv] **I** *adj* (*adv* **~ly**) 1. tapfer, mutig, unerschrocken. 2. *obs.* prächtig: a) stattlich, ansehnlich, b) glänzend, prunkhaft. **II** *s* 3. *poet.* Tapfere(r) *m*. 4. (indiˈanischer) Krieger. **III** *v/t* 5. mutig begegnen, die Stirn bieten, trotzen (*dat*): **to ~ death**; **to ~ it out** es durchstehen.
brav·er·y ['breɪvərɪ] *s* 1. Tapferkeit *f*, Mut *m*. 2. *obs.* a) Pracht *f*, b) Gepränge *n*, Putz *m*, Staat *m*. 3. *obs.* *für* bravado 1.
bra·vo[1] [ˌbrɑːˈvəʊ] **I** *interj* bravo! **II** *pl* **-vos** *s* Bravo(ruf *m*) *n*.
bra·vo[2] ['brɑːvəʊ] *pl* **-voes** *od.* **-vos** *s* Bravo *m*, (gedungener Meuchel)Mörder.
bra·vu·ra [brəˈvʊərə; -ˈvjʊə-] **I** *s mus. u. fig.* 1. Bra'vour *f*, Meisterschaft *f*. 2. Bra'vourstück *n*. **II** *adj* 3. bravou'rös, Bravour...: **~ performance**.
brawl [brɔːl] **I** *s* 1. laute Auseinˈandersetzung. 2. Raufe'rei *f*, Schläge'rei *f*. 3. Tosen *n*, Rauschen *n* (*e-s Flusses etc*). 4. *Am. colloq.* (*bes.* Sauf)Party *f*. **II** *v/i* 5. e-e laute Auseinˈandersetzung haben. 6. raufen, sich schlagen. 7. tosen, rauschen (*Fluß etc*). '**brawl·er** *s* Raufbold *m*. '**brawl·ing I** *s* 1. → brawl 1–3. **II** *adj* 2. rauflustig. 3. tosend, rauschend (*Fluß etc*).
brawn [brɔːn] *s* 1. a) Muskeln *pl*, b) musku'löser Teil (*des Armes, Beines etc*). 2. Muskelkraft *f*: **brains against ~**; **~ drain** Abwanderung *f* von Arbeitern, Sportlern *etc* ins Ausland. 3. *gastr. Br.* (Schweine)Sülze *f*, Preßkopf *m*.
'**brawn·y** *adj* muskuˈlös, kräftig.
bray[1] [breɪ] **I** *s* 1. Schrei *m* (*e-s Esels, a. e-r Person*): → **of protest** Protestschrei. 2. a) Schmettern *n* (*e-r Trompete*), b) Lärmen *n*, Tosen *n* (*des Verkehrs etc*). **II** *v/i* 3. schreien (*Esel, a. Person*): **to ~ at s.o.** j-n anschreien, b) schmettern (*Trompete*), c) lärmen, tosen (*Verkehr etc*). **III** *v/t* 4. *oft* **~ out** (hinˈaus)schreien.
bray[2] [breɪ] *v/t* (*bes. im Mörser*) (zer-)stoßen, (-)reiben, (-)stampfen.
'**bray·er** *s* 1. Mörserkeule *f*, Stößel *m*. 2. *print.* a) (Farb)Läufer *m*, b) Reibwalze *f*.

braze¹ [breɪz] v/t mit Messing verzieren.
braze² [breɪz] tech. **I** v/t hartlöten. **II** s Hartlötstelle f.
bra·zen ['breɪzn] **I** adj (adv ~ly) **1.** Messing...: ~ **age** fig. ehernes Zeitalter. **2.** me'tallisch (Klang). **3.** fig. unverschämt, unverfroren, schamlos, frech. **II** v/t **4.** to ~ it out sich mit großer Unverfrorenheit behaupten. **'~-faced** → **brazen 3.**
'bra·zen·ness s fig. Unverschämtheit f, Unverfrorenheit f, Schamlosigkeit f, Frechheit f.
bra·zier¹ ['breɪzjə] bes. Am. -ʒə(r) s **1.** Messingarbeiter m. **2.** tech. Gelb-, Rotgießer m.
bra·zier² ['breɪzjə] bes. Am. -ʒə(r) s **1.** (große) flache Kohlenpfanne (korbförmiger) Rost. **2.** mil. Bunkerofen m.
bra·zil [brəˈzɪl] → **brazilwood**.
Bra·zil·ian [brəˈzɪljən] **I** s Brasili'aner(in). **II** adj brasili'anisch.
Bra·zil nut [brəˈzɪl] s bot. Paranuß f.
bra·zil·wood s **1.** Indisches Rotholz. **2.** Bra'silien-, Pernam'bucoholz n. **3.** Ba'hama-, Brasi'lettholz n.
'braz·ing s tech. Hartlöten n: ~ **solder** Hartlot n.
breach [briːtʃ] **I** s **1.** fig. Bruch m, Über'tretung f, Verletzung f. **2.** a) Bruch m, Riß m, Sprung m, b) Lücke f. **3.** fig. Bruch m, Zwiespalt m, Zwist m. **4.** mil. Bresche f (a. fig.): to blow a ~ in fig. e-e Bresche schlagen in (acc); to fill (od. fling o.s. into, step into, throw o.s. into) the ~ fig. in die Bresche springen (for für); to stand in the ~ a) mil. die Hauptlast des Angriffs tragen, b) fig. die Hauptarbeit leisten. **5.** mar. Brechen n, Einbruch m (der Wellen). **6.** tech. 'Durchbruch m. **7.** fig. a) Kluft f (**between** zwischen), b) Unter'brechung f, Lücke f. **II** v/t **8.** mil. a) e-e Bresche schlagen in (acc), b) durch'brechen (a. fig.). **9.** e-n Vertrag etc brechen, verletzen.
Besondere Redewendungen:
~ **of close** jur. unbefugtes Betreten fremden Besitztums; ~ **of confidence** (od. **faith**) Vertrauensbruch m; ~ **of contract**, ~ **of covenant** jur. Vertragsbruch m; ~ **of etiquette** Verstoß m gegen den guten Ton; ~ **of the peace** jur. (Land)Friedensbruch m, öffentliche Ruhestörung; ~ **of prison** Ausbruch m aus dem Gefängnis; ~ **of the rules** Verstoß m gegen die Regeln; ~ **of trust** jur. Vertrauensbruch m, Veruntreuung f; → **duty 1, promise 1.**
bread [bred] **I** s **1.** Brot n. **2.** a. daily ~ fig. (tägliches) Brot, 'Lebens,unterhalt m: ~ **riot** Hungerrevolte f; **to earn** (od. **make**) **one's ~** sein Brot verdienen; **out of ~**, **without ~** brotlos. **3.** (ein) Stollen m: **Easter ~**. **4.** relig. Hostie f: ~ **and wine** das (heilige) Abendmahl. **5.** sl. ‚Kies' m, ,Moos' n (Geld). **II** v/t **6.** gastr. pa'nieren.
Besondere Redewendungen:
~ **and butter** a) Butterbrot n, b) colloq. Lebensunterhalt m; **writing is his ~ and butter** colloq. er verdient sich s-e ‚Brötchen' mit Schreiben; **to butter one's ~ on both sides** colloq. zwei Einnahmequellen haben, zweimal abkassieren; **to quarrel with one's ~ and butter** colloq. a) mit s-m Los hadern, b) sich in eigene Fleisch schneiden; **to know which side one's ~ is buttered (on)** colloq. s-n Vorteil (er)kennen; ~ **and cheese** a) Käsebrot n, b) bescheidenes Mahl; ~ **and circuses** Brot u. Spiele; **to be the greatest** (od. **best**) **thing since sliced** ~ colloq. einfach ‚klasse' sein; **to cast one's ~ upon the waters** uneigennützig handeln; **man cannot live by ~ alone** der Mensch lebt nicht vom Brot allein; **to** be put on ~ **and water** auf Wasser u. Brot gesetzt werden; **to take the ~ out of s.o.'s mouth** j-n brotlos machen.
,bread|-and-'but·ter adj colloq. **1.** a) ~ **job** Stellung, die ihren Mann (er)nährt; ~ **education** Brotstudium n, b) ~ **play** thea. Stück, das immer ‚zieht'. **2.** ~ **questions** Fragen, die die Grundbedürfnisse des täglichen Lebens betreffen. **3.** praktisch, sachlich: ~ **arguments**. **4.** ('grund)so,lide: a ~ **player**. **5.** ~ **letter** Dankesbrief m für erwiesene Gastfreundschaft. **'~bas·ket** s **1.** Brotkorb m. **2.** fig. Kornkammer f (e-s Landes). **3.** sl. Magen m. ~ **bin** s Brotkasten m. **'~board** s **1.** a) Brett n zum Kneten von (Brot)Teig, b) Brotschneidebrett n. **2.** electr. La'borschaltbrett n: ~ **as·sembly** → **breadboarding. '~board·ing** s electr. La'bor-, Brettaufbau m. ~ **crumb** s **1.** Brotkrume f, -krümel m. **2.** Paniermehl n. **2.** Krume f (das weiche Innere des Brotes). **'~-crumb** v/t gastr. pa'nieren. **'~fruit** s bot. **1.** Brotfrucht f. ~ **grain** s Brotgetreide n. ~ **knife** s irr Brotmesser n. **'~line** s Schlange von Bedürftigen vor e-r Nahrungsmittelausgabestelle: **to be on the** ~ fig. nur das Allernotwendigste zum Leben haben. ~ **sauce** s Brottunke f. **'~stuff** s **1.** a) Brotmehl n, b) Brotgetreide n. **2.** Brot n.
breadth [bredθ] s **1.** Breite f, Weite f (beide a. fig.): **ten yards in** ~ 10 Yards breit. **2.** Ausdehnung f, Größe f, Spannweite f, 'Umfang m. **3.** fig. Großzügigkeit f. **4.** art großzügige Wirkung, Breite f u. Geschlossenheit f. **5.** tech. Bahn f, Breite f: **a ~ of silk. '~ways, '~wise** adv der Breite nach, in der Breite.
bread| tree → **breadfruit 2. '~win·ner** s **1.** Ernährer m, (Geld)Verdiener m (e-r Familie). **2.** Beruf m, Verdienstquelle f. **'~win·ning** s Broterwerb m, Verdienst m.
break¹ [breɪk] **I** s **1.** (Ab-, Zer-, 'Durch-, Entzwei)Brechen n, Bruch m. **2.** Bruch(-stelle) m, 'Durchbruch m, Riß m, Spalt m, Bresche f, Öffnung f, Zwischenraum m, Lücke f (a. fig.). **3.** fig. Bruch m (**from**, **with** mit; **between** zwischen), Abbruch m (von Beziehungen etc): **a ~ with tradition**; **she made a ~ from her family** sie brach mit ihrer Familie. **4.** (Wald)Lichtung f. **5.** Pause f (Br. a. ped.), Unter-'brechung f (a. electr.): **without a ~** unterbrochen; **to have** (od. **take**) **a ~** ausspannen; **to have a ~ for a cigarette** e-e Zigarettenpause machen. **6.** fig., a. metr. Zä'sur f, Einschnitt m. **7.** Ausbrechen n (e-s Gefangenen), Fluchtversuch m: **to make a ~ for it** (od. **for freedom**) das Weite suchen, flüchten; **to make a ~ for the woods** zum Wald hin flüchten. **8.** Einbruch m. **9.** (plötzlicher) Wechsel, 'Umschwung m: ~ **in the weather** Wetterumschlag m; **at ~ of day** bei Tagesanbruch. **10.** econ. (Preis-, Kurs)Sturz m, Kurseinbruch m. **11.** mus. a) Re'gisterwechsel m, b) Jazz: **Break** n (kurzes Zwischensolo). **12.** mus. a) Versagen n (im Ton), b) Versager m (Ton). **13.** Richtungswechsel m. **14.** Billard: a) Serie f, b) Abweichen n (des Balles) (a. Kricket). **15.** Boxen: 'Trennkom,mando n. **16.** Pferderennen: Start m. **17.** colloq. a) **bad ~** ‚Pech' n; **lucky ~** ‚Dusel' m, ‚Schwein' n; **to get (all) the ~s** e-n ‚Mordsdusel' haben, ein Glückspilz sein, b) Chance f: **to give s.o. a ~. 18.** Tennis: **Break** n (Punktgewinn bei gegnerischem Aufschlag): **he had a ~** er schaffte ein Break, ihm gelang ein Break.
II v/t pret **broke** [brəʊk] obs. **brake** [breɪk], pp **bro·ken** ['brəʊkən] obs. **broke 19.** ab-, auf-, 'durchbrechen, (er-, zer)brechen: **to ~ one's arm** sich den Arm brechen; **to ~ s.o.'s head** j-m den Schädel einschlagen; **to ~ a glass** ein Glas zerbrechen; **to ~ jail** aus dem Gefängnis ausbrechen; ~ **a leg, John!** colloq. bes. thea. Hals- u. Beinbruch!; **to ~ a record** fig. e-n Rekord brechen; **to ~ a seal** ein Siegel erbrechen; **to ~ s.o.'s service** (Tennis) j-s Aufschlag durch-'brechen; → **heart** Bes. Redew. **20.** zerreißen, -schlagen, -trümmern, ka'puttmachen. **21.** phys. Licht, Strahlen, a. Wellen, Wind brechen, e-n Stoß od. Fall abfangen, dämpfen, a. fig. abschwächen. **22.** ab-, unter'brechen, trennen, aufheben, sprengen: **to ~ company** a) auseinandergehen, b) sich wegstehlen; **to ~ a journey** e-e Reise unterbrechen; **to ~ the silence** das Schweigen brechen; **a cry broke the silence** ein Schrei zerriß die Stille; **to ~ a set** a) e-n Satz (z. B. Gläser durch Zerbrechen e-s einzelnen Teiles) unvollständig machen, b) e-n Satz (z. B. Briefmarken) auseinanderreißen; **to ~ a siege** e-e Belagerung aufheben; → **camp 1, fast³ 2, ice 1. 23.** electr. a) e-n Stromkreis od. Kontakt unter'brechen, e-n Kontakt öffnen, b) ab-, ausschalten. **24.** aufgeben, ablegen: **to ~ a custom** mit e-r Tradition brechen, e-e Gewohnheit, sich etwas abgewöhnen; **to ~ s.o. of s.th.** j-m etwas abgewöhnen; → **habit 1. 25.** a) Speise, Ware, Geldschein anbrechen: **to ~ bottle¹ 1**, b) Geldschein kleinmachen, wechseln. **26.** fig. j-s Macht, Willen etc brechen, j-n zerbrechen, j-n ruinieren: **to ~ s.o.'s resistance** j-s Widerstand brechen. **27.** Tiere zähmen, abrichten, ein Pferd zureiten, einfahren, a. (**to** an acc): **to ~ a horse to harness (to rein)** ein Pferd einfahren (zureiten); → **break in 4** b u. c. **28.** das Gesetz, e-n Vertrag, sein Versprechen etc brechen, e-e Regel verletzen, e-e Vorschrift über'treten, verstoßen gegen: **to ~ a contract (the law, a rule, one's promise)**; **to ~ bounds** die erlaubten Grenzen überschreiten. **29.** fig. vernichten, (a. finanziell) rui'nieren od. zu'grunde richten, e-e Ehe etc zerrütten: **to ~ a will** jur. ein Testament (durch gerichtliches Verfahren) aufheben; → **bank¹ 3. 30.** mil. a) entlassen, kas'sieren, b) degra'dieren (**to** zu). **31.** eröffnen, kundtun: **to ~ the bad news gently to s.o.** j-m die schlechte Nachricht schonend beibringen. **32.** Am. colloq. e-e Unternehmung starten: **to ~ a sales campaign. 33.** foltern, auf die od. die Folter strecken: → **wheel 6. 34.** a) e-n **Code** etc ‚knacken', entschlüsseln, b) e-n **Fall** lösen. **35.** ~ (**the**) **ground** agr. ein Brachfeld 'umbrechen, -pflügen; → **ground¹ 1. 36.** mus. a) e-n Akkord brechen, b) Notenwerte zerlegen.
II v/i **37.** brechen: **to ~ into** a) in ein Haus etc einbrechen, b) allg. u. fig. eindringen od. (erlaubt) in (acc): **to ~ into the best social circles**, c) etwas unterbrechen, hineinplatzen in (acc), d) → **53**, e) → **25 a**; **to ~ with** mit j-m, e-r Tradition etc brechen. **38.** (zer)brechen, zerspringen, -reißen, platzen, ka'putt-, entzweigehen: **the rope broke** das Seil riß. **39.** unter'brochen werden. **40.** (plötzlich) auftauchen (Fisch, U-Boot). **41.** sich (zer)teilen (Wolken). **42.** zersprengt werden, in Unordnung geraten, weichen (Truppen), sich auflösen (Heer). **43.** med. aufgehen, -platzen, -springen, -reißen (Wunde, Geschwür). **44.** fig. brechen (Herz, Kraft, Mut). **45.** nachlassen, abnehmen, gebrochen od. zerrüttet werden, verfallen (Geist od. Gesundheit), (a. see-

lisch) zs.-brechen. **46.** 'umschlagen, mu-'tieren (*Stimme*): **his voice broke** a) er befand sich im Stimmbruch, er mutierte, b) ihm brach die Stimme (*vor Rührung etc*). **47.** *sport* a) die Gangart wechseln (*Pferd*), b) *bes. Baseball u. Kricket:* die Flugrichtung ändern (*Ball*). **48.** sich brechen, branden (*Wellen*). **49.** brechen (*Eis*). **50.** 'umschlagen (*Wetter*). **51.** anbrechen (*Tag*). **52.** los-, ausbrechen (**over** über *dat*): **the storm broke** der Sturm brach los. **53.** *fig.* in Gelächter, Tränen *etc* ausbrechen: **to ~ into laughter**. **54.** eröffnet werden, bekanntgegeben werden (*Nachricht*). **55.** *econ.* plötzlich im Preis *od.* Kurs fallen (*Ware, Wertpapier*). **56.** *econ.* rui'niert werden, bank'rott machen *od.* gehen. **57.** *Boxen:* sich trennen (*aus dem Clinch gehen*): ~! break! **58.** rennen, hasten: **to ~ for cover** hastig in Deckung gehen. **59.** *Pferderennen:* starten. **60.** e-e Pause machen. **61.** sich zersetzen. **62.** *bes. Am. colloq.* sich entwickeln: **things are ~ing well**.
Verbindungen mit Adverbien:
break|a·way I *v/t* **1.** ab-, losbrechen, wegreißen (**from** von). II *v/i* **2.** los-, abbrechen, absplittern (**from** von) (*a. fig.*). **3.** (**from** von) a) *a. fig.* sich losmachen *od.* -reißen, b) *fig.* sich lossagen *od.* trennen: **to ~ from a habit** mit e-r Gewohnheit brechen, sich etwas abgewöhnen. **4.** a) sich da'vonmachen, fortstürzen, b) *sport* sich absetzen (**from**, **of** von), sich freimachen (*bes. Radsport*) ausreißen, c) **they broke away** *sport* ihnen gelang ein Break. **5.** *sport Am.* e-n Fehl- *od.* Frühstart verursachen. **6.** *tech.* losbrechen (*Maschine*). **~ clear** → **break away** 4 b. **~ down** I *v/t* **1.** ein-, niederreißen, *ein Haus* abbrechen, abreißen. **2.** *fig. j-n, j-s Widerstand etc* brechen, zermürben, über'winden. **3.** *tech.* e-e Maschine (in ihre Bestandteile) zerlegen. **4.** *fig.* aufgliedern, aufschlüsseln, analy-'sieren. **5.** *chem.* aufspalten, auflösen. II *v/i* **6.** zs.-brechen (*a. fig.*). **7.** versagen (*Maschine, Stimme, Schüler beim Examen*), ka'puttgehen, steckenbleiben, *mot. a.* e-e Panne haben. **8.** zerbrechen, in die Brüche gehen (*a. fig.*). **9.** scheitern (*Ehe, Verhandlungen etc*): **their marriage is irretrievably broken down** *jur. Br.* unheilbar zerrüttet. **10.** *fig.* zerfallen (*in einzelne Gruppen, Teile etc*). **~ e·ven** I *v/i econ.* kostendeckend arbeiten. **~ forth** *v/i* **1.** her'vorbrechen. **2.** sich plötzlich erheben (*Geschrei etc*). **~ in** I *v/i* **1.** einbrechen, -dringen: **to ~ (up)on s.o.** hereinplatzen bei j-m. **~ (up)on s.o.** einmischen in (*acc*), *e-e Unterhaltung etc* unter'brechen. II *v/t* **3.** einschlagen, *e-e Tür* aufbrechen. **4.** a) → break¹ 27, b) *Auto etc* einfahren, *neue Schuhe* einlaufen, austreten, c) *j-n* einarbeiten, anlernen. **~ loose** I *v/t* **1.** los-, abbrechen (**from** von). II *v/i* **2.** losgehen, abbrechen (**from** von). **3.** sich befreien, sich losreißen (**from** von). **4.** (*aus der Haft*) ausbrechen, -reißen. **5.** *mar.* abtreiben. **~ off** I *v/t* **1.** ein Stück abbrechen (**from** von). **2.** *e-e Rede, e-e Freundschaft etc* abbrechen, *Schweigen etc* (unter)'brechen, Schluß machen mit: **to ~ an engagement** e-e Verlobung (auf)lösen; **to ~ negotiations** die Verhandlungen abbrechen; **to break it off** sich entloben. **3. to ~ work** die Arbeit unterbrechen, e-e Pause machen. II *v/i* **4.** abbrechen (**from** von). **5.** *in der Rede etc* (plötzlich) abbrechen. **6.** die Arbeit unter'brechen, e-e Pause machen: **to ~ for tea** e-e Teepause machen. **~ o·pen** I *v/t e-e Tür etc* aufbrechen. II *v/i* aufspringen, -platzen.

out I *v/t* **1.** (her)'aus-, losbrechen. **2.** *etwas* gebrauchsfertig *od.* einsatzbereit machen, *mar. die Boote* klarmachen. **3.** *Speisen, Getränke* auspacken. **4.** *e-e Flagge* hissen. II *v/i* **5.** ausbrechen (*Feuer, Krankheit, Krieg, Gefangener etc*): **to ~ of prison** aus dem Gefängnis ausbrechen. **6. ~ in a rash** (*od.* **in spots**) Ausschlag bekommen; **to ~ with measles** die Masern bekommen; **he broke out in a sweat** ihm brach der Schweiß aus. **7.** *fig.* ausbrechen (**in laughter**, **laughing** in Gelächter; **in tears** in Tränen). **~ through** I *v/t* **1.** durch'brechen, *e-e Schwierigkeit etc* über'winden. II *v/i* **2.** 'durchbrechen (*Sonne etc*) her'vorkommen. **3.** *fig.* den 'Durchbruch schaffen. **~ up** I *v/t* **1.** abbrechen, beendigen, schließen, *e-e Versammlung* auflösen, sprengen. **2.** *e-n Haushalt etc* auflösen. **3.** *e-e Ehe, die Gesundheit etc* zerrütten. **4.** *Wild* aufbrechen, zerlegen. **5.** *Straße, Eis etc* aufbrechen. **6.** *Holz etc* zerkleinern, *Schiff* abwracken. **7.** *e-e siegreiche Mannschaft etc* ausein'anderreißen. **8.** → **break¹** 35. II *v/i* **9.** a) aufgehoben werden (*Sitzung etc*), sich auflösen (*Versammlung*), b) *päd. bes. Br.* aufhören: **when do you ~?, when does your school ~?** wann beginnen bei euch die Ferien? **10.** a) zerbrechen, ausein'andergehen (*Ehe etc*), b) sich trennen (*Ehepaar etc*), c) zerfallen (*Reich etc*). **11.** sich zerteilen, auflösen (*Nebel*), aufklaren, sich aufklären (*Wetter, Himmel*), nachlassen (*Frost*). **12.** (*körperlich od. seelisch*) zs.-brechen. **13.** aufbrechen (*Straße, Eis etc*). **14.** zerschellen (*Schiff*).
break² [breɪk] *s* **1.** Break *m* (*Art Kremser mit zwei Längssitzen*). **2.** Wagen *m* zum Eingewöhnen von Pferden.
'break·a·ble I *adj* zerbrechlich. II *s* zerbrechlicher Gegenstand: ~**s** zerbrechliche Ware. **'break·age** *s* **1.** (Zer-)Brechen *n*, Bruch *m*. **2.** a) Bruch(stelle *f*) *m*, b) Bruch(schaden) *m*. **3.** *econ.* Re-'faktie *f*, Entschädigung *f* für Bruchschaden.
'break·a·way I *s* **1.** (**from**) Lossagung *f*, Trennung *f* (von), Bruch *m* (mit). **2.** *sport* a) (*bes. Radsport*) Ausreißen *n*, b) Break *n* (*Durchbrechen aus der Verteidigung etc*). **3.** *sport Am.* Fehl-, Frühstart *m*. **4.** *tech.* Losbrechen *n* (*e-r Maschine*). **5.** *thea. etc* Requisit, *das bei Raufszenen etc besonders leicht zerbricht*. II *adj* **6.** *Br.* Splitter...: ~ **group**. **7.** *thea. etc* besonders leicht zerbrechlich (*Requisiten*). **8.** *tech.* mit Soll-Bruchstelle.
'break·down *s* **1.** Zs.-bruch *m* (*a. fig.*): **nervous ~** Nervenzusammenbruch. **2.** *tech.* a) Panne *f*, Fahrzeug-, Ma'schinenschaden *m*, (Betriebs)Störung *f*, b) *electr.* Zs.-bruch *m* (*der Spannung*), c) *electr.* (erster) 'Durchschlag. **3.** Scheitern *n* (*e-r Ehe, von Verhandlungen etc*): **irretrievable ~ of marriage** *jur. Br.* unheilbare Zerrüttung der Ehe. **4.** *fig.* Aufgliederung *f*, Aufschlüsselung *f*, Ana-'lyse *f*. **5.** *chem.* Aufspaltung *f*, Auflösung *f*. ~ **ser·vice** *s mot. Br.* Pannen-, Straßendienst *m*. ~ **strength** *s electr.* 'Durchschlagsfestigkeit *f*. ~ **truck**, ~ **van** *s mot. Br.* Abschleppwagen *m*. ~ **volt·age** *s electr.* 'Durchschlagspannung *f*.
'break·er *s* **1.** (*bes. in Zssgn*) Brecher *m* (*Person od. Gerät*): **coal-~**. **2.** *Br. mot.* Verschrotter *m*, *mar. a.* 'Abwracker,nehmer *m*. **3.** Abrichter *m*, Dres'seur *m*, Zureiter *m*. **4.** *mar.* Sturzwelle *f*, Brecher *m*. **5.** *electr.* Unter'brecher *m*. **6.** *tech.* Name für verschiedene Geräte, bes. a) *Kürschnerei:* Schabmesser *n*, b) *Pa-*

pierherstellung: Halbzeugholländer *m*. ~ **arm** *s electr.* Im'pulskon,takt *m*.
'break-'e·ven point *s econ.* Rentabili-'tätsgrenze *f*, Gewinnschwelle *f*.
'break·fast ['brekfəst] I *s* Frühstück *n*: **to have ~** frühstücken. II *v/i* frühstücken: **to ~ on s.th.** etwas frühstücken, etwas zum Frühstück haben. III *v/t j-m* das Frühstück ser'vieren *od.* machen. ~ **food** *s* Frühstücksnahrung *f* (*z. B. Cornflakes*). ~ **tel·e·vi·sion** *s* Frühstücksfernsehen *n*.
'break-in *s* **1.** *jur.* Einbruch *m*. **2.** a) Abrichten *n* (*von Tieren*), Zureiten *n* (*von Pferden*), b) Einfahren *n* (*von Autos etc*), c) Einlaufen *n* (*von neuen Schuhen*), d) Einarbeitung *f*, Anlernen *n* (*von Personen*).
'break·ing *s* **1.** Brechen *n*, Bruch *m* (*etc* → **break¹**): ~ **of the voice** Stimmbruch *m*; ~ **and entering** *jur.* Einbruch *m*. **2.** *ling.* Brechung *f* (*Diphthongierung*). ~ **cur·rent** *s electr.* 'Öffnungs(indukti,ons)strom *m*. ~ **de·lay** *s* Abfallverzögerung *f*: a) *aer.* vom Fallschirm, b) *electr.* e-s Relais. ~ **fac·tor** *s phys. tech.* Bruchfaktor *m*. ~ **load** *s phys.* Bruchlast *f*. ~ **point** *s phys. tech.* Bruch-, Zerreißgrenze *f*: **he has reached** (*od.* **is at**) ~ er steht (*körperlich od. seelisch*) kurz vor dem Zs.-bruch; **to work to ~** bis zur Erschöpfung arbeiten. ~ **strain** → **breaking stress**. ~ **strength** *s phys. tech.* Bruchfestigkeit *f*. ~ **stress**, ~ **ten·sion** *s tech.* Bruchbeanspruchung *f*, Zerreißspannung *f*. ~ **test** *s tech.* Bruchprobe *f*.
break|·key *s electr.* Unter'brechertaste *f*. **'~·neck** *adj* a) halsbrecherisch: ~ **speed**, b) lebensgefährlich steil: ~ **stairs**. **'~-off** *s* Abbruch *m* (*von Verhandlungen etc*). **'~·out** *s* Ausbruch *m* (*aus dem Gefängnis etc*). **~·spark** *s electr.* Abreißfunke *m*. **'~·through** *s bes. mil. u. fig.* 'Durchbruch *m*. **'~·up** *s* **1.** Aufhebung *f* (*e-r Sitzung etc*), Auflösung *f* (*e-r Versammlung, e-s Haushalts etc*). **2.** Zerrüttung *f* (*e-r Ehe, der Gesundheit etc*). **3.** (*körperlicher od. seelischer*) Zs.-bruch. **4.** Zerfall *m* (*e-s Reichs etc*). **'~·wa·ter** *s* Wellenbrecher *m*.
bream [briːm] *pl* **bream** *s ichth.* Brassen *m*.
breast [brest] I *s* **1.** a) Brust *f* (*von Mensch u. Tier*): **to beat one's ~** sich an die Brust schlagen, sich Vorwürfe machen; ~ **of chicken** *gastr.* Hühnerbrust *f*, b) (weibliche) Brust, Busen *m*: **to give the ~ to a baby** e-m Kind die Brust geben. **2.** *fig.* Brust *f*, Herz *n*, Busen *m*, Gemüt *n*: **to make a clean ~ of s.th.** sich etwas von der Seele reden, etwas offen eingestehen. **3.** Wölbung *f*: **the ~ of a hill**. **4.** *agr.* Streichbrett *n* (*des Pfluges*). **5.** *arch.* a) Brüstung *f*, b) Brandmauer *f*, c) unterer Teil (*e-s Geländers*). **6.** Brust(teil *m*) *f*: **the ~ of a jacket**. II *v/t* **7.** mutig auf *etwas* losgehen, *Br. e-n Berg* angehen. **8.** sich gegen *etwas* stemmen, trotzen (*dat*), die Stirn bieten (*dat*), gegen *etwas* ankämpfen: **to ~ the waves** gegen die Wellen ankämpfen. **9.** *sport das Zielband* durch'reißen. **'~-,beat·ing** *s* Selbstvorwürfe *pl*. **'~·bone** *s anat.* Brustbein *n*. **,~-'deep** *adj* brusttief, -hoch. ~ **drill** *s tech.* Brustbohrer *m*.
'breast·ed ['brestɪd] *adj* (*in Zssgn*) ...brüstig: **narrow-~** engbrüstig.
'breast|·feed *v/t u. v/i irr* stillen: **breast-fed child** Brustkind *n*. **'~-high** *adj* brusthoch, -tief. ~ **milk** *s* Muttermilch *f*. **'~·pin** *s* **1.** Brosche *f*, Ansteck-nadel *f*. **2.** Kra'wattennadel *f*. **'~·plate** *s* **1.** Brustharnisch *m*. **2.** *zo.* Bauchplatte *f*, -schild *m* (*der Schildkröte*). **3.** Brustgurt

breastplough – bribe

m (am Pferdegeschirr). **4.** *tech.* Brustplatte *f (der Handbohrmaschine).* '**~plough,** *bes. Am.* '**~plow** *s agr.* Abstech-, Rasenpflug *m.* **~pock·et** *s* Brusttasche *f.* '**~stroke** *s sport* Bruststil *m,* -schwimmen *n.*
'breast·sum·mer ['bresəmə(r)] → bressumer.
breast|wall *s arch.* **1.** Stützmauer *f (am Fuße e-s Abhanges).* **2.** Brustwehr *f,* Geländer *n.* '**~work** *s arch. u. mil.* Brustwehr *f.*
breath [breθ] *s* **1.** Atem(zug) *m:* **bad ~** schlechter Atem, Mundgeruch *m;* **to have bad ~** aus dem Mund riechen; **to be out of ~** außer Atem sein; **to catch** (*od.* **hold**) **one's ~** den Atem anhalten; **to draw ~** Atem holen; **to draw one's first ~** das Licht der Welt erblicken; **to draw one's last ~** den letzten Atemzug tun (*sterben*); **to gasp for ~** nach Luft schnappen; **to get one's ~** (**again** *od.* **back**) wieder zu Atem kommen; **to go out for a ~ of fresh air** an die frische Luft gehen, frische Luft schnappen gehen; **to have no ~ left** (völlig) außer Atem sein; **to lose one's ~** außer Atem kommen; **save your ~!** spare dir d-e Worte!; **to ~** Atem schöpfen, verschnaufen (*a. fig.*); **to take s.o.'s ~ away** j-m den Atem verschlagen; **to take a deep ~** tief Luft holen; **to waste one's ~** in den Wind reden; **you are wasting your ~** du kannst dir die Worte sparen; **short of ~** kurzatmig; **under** (*od.* **below**) **one's ~** im Flüsterton, leise; **with his last ~** mit s-m letzten Atemzug; **in the same ~** im gleichen Atemzug. **2.** *fig.* Hauch *m,* Spur *f,* Anflug *m:* **not a ~ of suspicion** nicht der geringste Verdacht. **3.** Lufthauch *m,* Lüftchen *n:* **there wasn't a ~ of air** kein Lüftchen rührte *od.* regte sich. **4.** Duft *m:* **a ~ of roses. 5.** *ling.* stimmloser Hauch.
breath·a·lyse ['breθəlaɪz] *bes. Br.,* '**breath·a,lyze** *Am.* **I** *v/t* Verkehrsteilnehmer (ins ‚Röhrchen') blasen *od.* pusten lassen. **II** *v/i* (ins ‚Röhrchen') blasen *od.* pusten. '**breath·a·lys·er** *s bes. Br.,* '**breath·a,lyz·er** *s Am.* Alkoholtestgerät *n,* ‚Röhrchen' *n.*
breathe [briːð] **I** *v/i* **1.** atmen, *weitS.* leben: **to ~ in** (**out**) ein-(aus)atmen; **to ~ down s.o.'s neck** a) *bes. sport* j-m im Nacken sitzen, b) j-m auf die Finger schauen; **to ~ heavily** schwer atmen, keuchen. **2.** Atem holen *od.* schöpfen: **to** (**be able to**) **~ again** (*od.* **freely**) (erleichtert) aufatmen. **3.** (sich) verschnaufen, sich erholen. **4.** wehen (*Lüftchen etc*). **5.** *obs.* duften, riechen (**of** nach). **6.** *tech.* atmen (*Leder etc*). **II** *v/t* **7.** etwas atmen: **to ~ in** a) einatmen, b) *Worte etc* begierig aufnehmen; **to ~ out** ausatmen; **to ~ fire** a) Feuer speien *od.* spucken (*Drache*), b) *fig.* Gift u. Galle speien *od.* spucken; **to ~ new life into** neues Leben bringen in (*acc*); **to ~ vengeance** Rache schnauben; → **last¹** *Bes. Redew.* **8.** *fig.* atmen, ausströmen. **9.** flüstern, hauchen: **to ~ a wish; to ~ a sigh** leise (auf)seufzen. **10.** verlauten lassen: **not to ~ a word** (**of it**) kein Sterbenswörtchen (davon) sagen. **11.** verschnaufen lassen: **to ~ a horse. 12.** *ling.* stimmlos aussprechen: **~d** stimmlos. **13.** *tech.* entlüften.
'**breath·er** *s* **1.** j-d, der (*schwer etc*) atmet: **to be a heavy ~** e-n schweren Atem haben; **to be a mouth ~** durch den Mund atmen. **2.** *colloq.* Atem-, Verschnaufpause *f:* **to give s.o. a ~** j-n verschnaufen lassen; **to have** (*od.* **take**) **a ~** (sich) verschnaufen. **3.** *sport Am. colloq.* ‚Spaˈziergang' *m* (*leichtes Spiel*). **4.** *Am. colloq.* Straˈpaze *f.* **5.** *tech.* Entlüfter *m:* **~ valve** Druckausgleichsventil *n.*
'**breath·ing I** *s* **1.** Atmen *n,* Atmung *f:* **heavy ~** Keuchen *n.* **2.** → **breather** 2. **3.** Lufthauch *m,* Lüftchen *n.* **4.** → **breather** 4. **5.** *ling.* Hauchlaut *m.* **6.** *tech.* Entlüftung *f.* **II** *adj* **7.** Atem...: **~ exercise; ~ difficulties** Atembeschwerden. **8.** lebenswahr (*Bild etc*). **9.** *tech.* 'atmungsakˌtiv (*Leder etc*). **~ ap·pa·ra·tus** *s tech.* Atem-, Sauerstoffgerät *n.* **~ mark** *s mus.* Atemzeichen *n.* **~ space** *s* **1.** Platz *m,* um arbeiten *od.* sich bewegen zu können *etc:* **the train was so crowded that there was hardly ~** daß man kaum Luft bekam. **2.** Atem-, Verschnaufpause *f.*
'**breath·less** *adj* (*adv* **~ly**) **1.** atemlos (*a. fig.*), außer Atem: **with ~ attention** mit atemloser Spannung. **2.** atemberaubend: **~ speed. 3.** windstill: **a ~ day.**
'**breath|,tak·ing** *adj* (*adv* **~ly**) atemberaubend. **~ test** *s Br.* (an e-m Verkehrsteilnehmer vorgenommener) Alkoholtest. '**~-test** *Br.* → **breathalyse I.**
brec·ci·a ['bretʃɪə] *s geol.* Breccie *f,* Brekzie *f,* Trümmergestein *n.*
bred [bred] *pret u. pp von* **breed.**
breech [briːtʃ] *s* **1.** 'Hinterteil *n,* Gesäß *n.* **2.** hinterer Teil, Boden *m, bes.* a) Hosenboden *m,* b) Verschluß *m* (*e-s Hinterladers od. Geschützes*). **3.** *tech.* unterster Teil e-s Flaschenzuges. **4.** → **breech delivery. 5.** *pl* → **breeches.** '**~block** *s* **1.** *mil.* Verschlußstück *n* (*an Hinterladern*), (Geschütz)Verschlußblock *m.* **2.** *tech.* Verschluß *m.* '**~cloth,** '**~clout** *s* Lendenschurz *m.* **~ de·liv·er·y** *s med.* Steißgeburt *f.*
breeched [briːtʃt] *adj* behost.
breech·es ['brɪtʃɪz] *s pl* **a. pair of ~** Breeches(hose *pl*), Knie-, bund-, Reithose(n *pl*) *f:* → **wear¹** 1. **~ buoy** *s mar.* Hosenboje *f.*
'**breech|,load·er** *s* 'Hinterlader *m.* **~ pres·en·ta·tion** *s med.* Steißlage *f.*
breed [briːd] **I** *v/t pret u. pp* **bred** [bred] **1.** erzeugen, herˈvorbringen, gebären. **2.** a) *Tiere* züchten: **to ~** in (**out**) e-e Eigenschaft hinein-(weg)züchten, b) *e-e Kuh etc* decken lassen. **3.** *Pflanzen* züchten, ziehen: **to ~ roses. 4.** *fig.* herˈvorrufen, verursachen, führen zu: → **blood** 2. **5.** auf-, erziehen, ausbilden: **to ~ s.o. a scholar** j-n zum Gelehrten heranziehen. **II** *v/i* **6.** Nachkommenschaft zeugen, sich fortpflanzen, sich vermehren: **to ~ like rabbits** *colloq. contp.* sich wie die Kaninchen vermehren; → **in-and-in. 7.** brüten. **8.** *fig.* ausgebrütet werden, entstehen, sich bilden. **III** *s* **9.** Rasse *f,* Zucht *f,* Brut *f:* **~ of horses** Zucht Pferde, Gestüt *n.* **10.** Art *f,* (Menschen)Schlag *m.*
'**breed·er** *s* **1.** Züchter *m.* **2.** a) Zuchttier *n,* b) Zuchtpflanze *f.* **3. rabbits are persistent ~s** Kaninchen vermehren sich immer wieder. **4.** *phys.* Brüter *m.*
'**breed·ing** *s* **1.** Fortpflanzung *f.* **2.** Ausbildung *f,* Erziehung *f.* **3.** (gutes) Benehmen, (gute) ‚Kinderstube' *od.* Maˈnieren *pl.* **4.** Züchten *n,* (Auf)Zucht *f,* Züchtung *f (von Tieren u. Pflanzen):* → **in-and-in. 5.** *phys.* (Aus)Brüten *n.* **~ ground** *s* Brutplatz *m,* -stätte *f* (*a. fig.*). **~ mare** *s* Zuchtstute *f.* **~ place** *s* breeding ground. **~ sea·son** *s* **1.** Brutzeit *f.* **2.** Fortpflanzungszeit *f.*
breeze¹ [briːz] **I** *s* **1.** Brise *f,* leichter Wind. **2.** *bes. Br. colloq.* Krach *m:* a) Lärm *m,* b) Streit *m.* **3.** **to bat** (*od.* **shoot**) **the ~** *Am. colloq.* a) plaudern, b) ‚quatschen', Unsinn reden, c) übertreiben. *Am. colloq.* ‚Kinderspiel' *n* (*leichte Sache*). **II** *v/i* **5.** wehen (*Wind*). **6.** *colloq.* a) schweben, tänzeln (*Person*): **to ~ in** hereinwehen, hereingeweht kommen, b) sausen, flitzen, c) ‚abhauen'. **7. ~ through** a) überˈfliegen: **to ~ through a report,** b) sich nur oberflächlich beschäftigen mit.
breeze² [briːz] *s zo. Br. obs. od. dial.* Viehbremse *f.*
breeze³ [briːz] *s tech.* Lösche *f,* Kohlenklein *n.*
breeze block *s tech. Br.* **1.** Abschlußblock *m* (*e-s Hochofens mit Schlackenöffnung*). **2.** Schlackenstein *m.*
'**breez·i·ness** ['briːzɪnɪs] *s* **1.** Windigkeit *f.* **2.** Heiterkeit *f,* Unbeschwertheit *f.*
'**breez·y** ['briːzɪ] *adj* (*adv* **breezily**) **1.** luftig, windig. **2.** heiter, unbeschwert: **his ~ nature. 3.** *colloq.* oberflächlich, seicht: **a ~ conversation.**
breg·ma ['bregmə] *pl* **-ma·ta** [-mətə] *s anat.* Scheitel(höhe *f*) *m,* Bregma *n.*
Bre·hon ['briːhən; *Am.* -ˌhɑn] *s hist.* irischer Richter: **~ law** *jur.* altirisches (Gewohnheits)Recht (*vor 1650*).
brek·ky ['brekɪ] *s bes. Austral. colloq.* Frühstück *n.*
Bren (**gun**) [bren] *s mil.* (ein) leichtes Maˈschinengewehr.
brent [brent] *pl* **brents,** *bes. collect.* **brent** *s,* **a. brent goose** *s irr orn.* (e-e) Meergans.
bres·sum·mer ['bresəmə(r)] *s tech.* Ober-, Trägerschwelle *f.*
breth·ren ['breðrən] *pl von* **brother** 2.
Bre·ton ['bretən] **I** *adj* **1.** breˈtonisch. **II** *s* **2.** Breˈtone *m,* Breˈtonin *f.* **3.** *ling.* Breˈtonisch *n,* das Bretonische.
Bret·wal·da [bret'wɔːldə] *s Br. hist.* Herrscher *m* über alle Briten.
breve [briːv; *Am. a.* brev] *s* **1.** *ling.* Kürzezeichen *n.* **2.** *mus.* Brevis *f.* **3.** *R.C.* (päpstliches) Breve.
bre·vet ['brevɪt; *Am.* brɪ'vet] *mil.* **I** *s* Breˈvet *n (Offizierspatent, das nur e-n höheren Rang, aber keine höhere Besoldung etc mit sich bringt).* **II** *adj* Brevet...: **~ major** Hauptmann *m* im Rang e-s Majors; **~ rank** Titularrang *m.* **III** *v/t pret u. pp* **-ed,** *Am. a.* **-ted** durch Breˈvet befördern *od.* ernennen.
bre·vi·ar·y ['briːvjərɪ; *Am. a.* 'briːvɪˌerɪ] *s relig.* Breˈvier *n.*
bre·vi·er [brə'vɪə(r)] *s print.* Peˈtitschrift *f.*
ˌbrev·i'fo·li·ate [ˌbrevɪ-] *adj bot.* kurzblättrig. **ˌbrev·i'lin·gual** *adj zo.* kurzzüngig. **ˌbrev·i'ros·trate** *adj zo.* kurzschnäblig, -schnäuzig.
brev·i·ty ['brevɪtɪ] *s* Kürze *f.*
brew [bruː] **I** *v/t* **1.** Bier brauen. **2.** *ein Getränk,* a. Tee brauen, (zu)bereiten. **3.** *fig.* aushecken, ausbrüten. **II** *v/i* **4.** brauen, Brauer sein. **5. ~ up** *Br. colloq.* sich e-n Tee machen. **6.** *fig.* sich zs.-brauen, im Anzug sein, in der Luft liegen (*Gewitter, Unheil*). **III** *s* **7.** Gebräu *n* (*a. fig.*), Bräu *n.* **8.** (Bier)Brauer *m:* **~'s yeast** Bierhefe *f;* **he's suffering from ~'s droop** *Br. colloq.* er säuft so viel *od.* hat so viel gesoffen, daß bei ihm (*sexuell*) nichts mehr geht.
'**brew·er·y** ['broːərɪ] *s* Braueˈrei *f.*
Brezh·nev Doc·trine ['breʒnef] *s pol.* 'Breschnew-Dokˌtrin *f.*
bri·ar → **brier.**
brib·a·ble ['braɪbəbl] *adj* bestechlich.
bribe [braɪb] **I** *v/t* bestechen: **to ~ s.o. into silence** j-n bestechen, damit er nichts sagt; j-m Schweigegeld zahlen. **II** *v/i* Bestechungsgelder zahlen. **III** *s* Bestechung *f,* Bestechungsgeld *n,* -summe *f,* -geschenk *n:* **to accept** (*od.* **take**) **~s** sich bestechen lassen; **accepting** (*od.* **taking**) **of ~s** passive Bestechung; **to give s.o. a ~** j-n bestechen; **giving of ~s** aktive Bestechung; **to offer s.o. a ~** j-n be-

stechen wollen. '**brib·er** s Bestechende(r) m. '**brib·er·y** s Bestechung f: open to ~ bestechlich.
bric·a·brac ['brɪkəbræk] s 1. Antiquitäten pl. 2. Nippsachen pl.
brick [brɪk] I s 1. Ziegel(stein) m, Backstein m: to come down on s.o. like a ton of ~s colloq. j-m ganz gewaltig ‚aufs Dach steigen'; to drop a ~ Br. colloq. ins Fettnäpfchen treten; to hit s.o. like a ton of ~s colloq. bei j-m wie e-e Bombe einschlagen (Nachricht etc); to shit ~s (od. a ~) vulg. sich vor Aufregung fast in die Hosen ‚scheißen'; to swim like a ~ humor. schwimmen wie e-e bleierne Ente. 2. Br. Baustein m, (Bau)Klötzchen n (für Kinder): box of ~s Baukasten m. 3. colloq. ‚Pfundskerl' m, feiner Kerl. II adj 4. Ziegel..., Backstein..., gemauert. 5. ziegelförmig. III v/t 6. mit Ziegeln etc belegen od. pflastern od. einfassen: to ~ up (od. in) zumauern. 7. ziegelartig übermalen. '~**bat** s 1. Ziegelbrocken m (bes. als Wurfgeschoß). 2. fig. ‚schwerer Brocken' (abfällige Bemerkung etc): the critic threw several ~s at the singer der Kritiker ließ kaum ein gutes Haar an dem Sänger; he was at the receiving end of a lot of ~s er mußte sich einiges einstecken, er mußte sich einiges anhören (for wegen). '~**built** → brick 4. ~ **cheese** s Am. (Art) Backsteinkäse m. ~ **clay** s Ziegelton m. ~ **earth** s Ziegelerde f. '~**field** s Ziege'lei f. '~**kiln** s Ziegelofen m, Ziege'lei f. '~**lay·er** s Maurer m. ~ **lin·ing** s (Ziegel)Ausmauerung f, Mauerausbau m. '~**mak·er**, '~**ma·son** s Ziegelbrenner m. ~ **red** s Ziegelrot n (Farbton). ~ **tea** s (chinesischer) Ziegeltee. ~ **wall** s Backsteinmauer f: → bang¹ 6, knock 5, run 104. '~**work** s 1. Mauerwerk n. 2. pl (oft als sg konstruiert) Ziege'lei f.
bri·cole [brɪ'kəʊl] s Billard: Bri'kole f, Bandenstoß m.
brid·al ['braɪdl] I adj a) Braut...: ~ **dress** (**veil**, etc), b) Hochzeits...: ~ **ceremony** (**dress**, etc); ~ **suite** Appartement n für Hochzeitsreisende. II s obs. Hochzeit f.
bride [braɪd] s Braut f (am u. kurz nach dem Hochzeitstag), neuvermählte Frau: to give away the ~ die Braut zum Altar führen; ~ of Christ relig. Braut Christi. '**bride·groom** s Bräutigam m, ‚frischgebackener' Ehemann. '**brides·maid** s Brautjungfer f. [fängnis n.]
bride·well ['braɪdwəl; -wel] s Ge-]
bridge¹ [brɪdʒ] I s 1. Brücke f, (Brükken)Steg m: golden ~ fig. goldene Brücke; ~ of boats Pontonbrücke f; to burn one's ~s (behind one) fig. alle Brücken hinter sich abbrechen; don't cross your ~s before you come (of. get) to them fig. laß doch die Dinge (einfach) auf dich zukommen; a lot of water has flowed under the ~ since then seitdem ist schon sehr viel Wasser die Isar etc heruntergeflossen. 2. mar. a) (Kom'mando)Brücke f, b) Landungsbrücke f. 3. fig. Brücke f, Über'brückung f, 'Überleitung f (a. mus.). 4. ('Straßen-)Überführung f. 5. anat. (Nasen)Rücken m: ~ of the nose. 6. (Brillen)Steg m. 7. med. (Zahn)Brücke f. 8. chem. Brücke f. 9. electr. a) (Meß)Brücke f, b) Brücke(nschaltung) f. 10. mus. a) Steg m (e-s Streichinstruments), b) Saitenhalter m (bei Zupfinstrumenten u. beim Klavier). 11. Ringen, Turnen: Brücke f. II v/t 12. e-e Brücke schlagen od. bauen über (acc): to ~ a river. 13. electr. u. fig. über'brücken: to ~ over a difficulty; this money will ~ you over till next month dieses Geld wird dich bis zum nächsten Monat über Wasser halten.

III v/i 14. Ringen, Turnen: in die Brücke gehen.
bridge² [brɪdʒ] s Bridge n (Kartenspiel).
bridge| **bond** s chem. Brückenbindung f. '~**build·er** s Brückenbauer m (a. fig.). ~ **cir·cuit** → bridge 9 b. ~ **crane** s tech. Brückenkran m. '~**head** s mil. Brückenkopf m. ~ **rec·ti·fi·er** s electr. Graetz-, Brückengleichrichter m. ~ **toll** s Brückenmaut f. '~**way** s Am. 1. Brückengang m od. -fahrbahn f. 2. Verbindungsbrücke f (zwischen zwei Gebäuden). '~**work** s 1. Brückenbau m. 2. → bridge 7.
'**bridg·ing loan** s econ. Über'brückungskre,dit m.
bri·dle ['braɪdl] I s 1. a) Zaum, Zaumzeug n, b) Zügel m (a. fig.): driving ~ Fahrleine f; to give a horse the ~ e-m Pferd die Zügel schießen lassen; to put a ~ on → 4. 2. anat. Sehnenband n. II v/t 3. ein Pferd (auf)zäumen. 4. a) ein Pferd zügeln, im Zaum halten (a. fig.), b) fig. bändigen, (be)zähmen. III v/i 5. oft ~ up a) (verächtlich od. stolz) den Kopf zu'rückwerfen, b) (at) Anstoß nehmen (an dat), sich beleidigt fühlen (durch), c) rebel'lieren (against gegen). ~ **hand** s Zügelhand f. ~ **path** s schmaler Saumpfad, Reitweg m. ~ **port** s mar. obs. Bugpforte f. ~ **rein** s Zügel m.
bri·doon [brɪ'du:n] s Trense f.
Brie (cheese) [bri:] s Brie(käse) m.
brief [bri:f] I adj (adv ~**ly**) 1. kurz: a ~ interruption; be ~! fasse dich kurz!; to make ~ of s.th. etwas rasch erledigen. 2. kurz(gefaßt), gedrängt, knapp: a ~ speech. 3. kurz angebunden: to be ~ with s.o. 4. knapp: a ~ bikini. II s 5. kurze Zs.-fassung. 6. R.C. (päpstliches) Breve. 7. jur. a) (kurzer) Schriftsatz, b) Br. schriftliche Beauftragung u. Informati'on (des Barristers durch den Solicitor) zur Vertretung des Falles vor Gericht, weitS. Man'dat n: to abandon (od. give up) one's ~ sein Mandat niederlegen, c) a. trial ~ Verhandlungsschriftsatz m (des Anwalts), d) Am. Informati'on f des Gerichts (durch den Anwalt), e) Br. sl. Anwalt m. 8. to hold a ~ for j-n od. j-s Sache vor Gericht vertreten, a. fig. als Anwalt auftreten für, fig. sich einsetzen od. e-e Lanze brechen für. 9. mil. → briefing 2. 10. pl → briefs. III v/t 11. kurz zs.-fassen, in gedrängter Form darstellen. 12. a. mil. j-n instru'ieren od. einweisen, j-m genaue Anweisungen geben. 13. jur. Br. a) e-n Barrister mit der Vertretung des Falles betrauen, b) den Anwalt über den Sachverhalt infor'mieren. IV v/i 14. in ~ kurz(um). '~**case** s Aktentasche f.
'**brief·ing** s 1. (genaue) Anweisung(en pl), Instrukti'on(en pl) f (a. mil.). 2. mil. Lage-, Einsatzbesprechung f. 3. jur. Br. Beauftragung f (e-s Barristers).
'**brief·less** adj Br. unbeschäftigt, ohne Kli'enten (Barrister).
'**brief·ness** s Kürze f.
briefs [bri:fs] s pl a. pair of ~ Slip m (kurze Unterhose).
bri·er ['braɪə(r)] s 1. bot. Dornstrauch m. 2. collect. Dorngebüsch n. 3. bot. Wilde Rose. 4. a) Bruy'ère f (Wurzel der Baumheide), b) a. ~ **pipe** Bruy'èrepfeife f. '**bri·er·y** adj voller Dornen(sträucher), dornig, stachelig.
brig¹ [brɪg] s mar. Brigg f, zweimastiges Segelschiff.
brig² [brɪg] s Am. 1. mar. Schiffsgefängnis n. 2. mil. colloq. ‚Bau', ‚Bunker' m (Arrestlokal).
bri·gade [brɪ'geɪd] I s 1. mil. Bri'gade f. 2. (zu e-m bestimmten Zweck gebildete) Organisati'on, (meist unifor'mierte) Vereinigung: → fire brigade. II v/t 3. mil. e-e Bri'gade for'mieren aus. 4. zu e-r Gruppe vereinigen.
brig·a·dier [,brɪgə'dɪə(r)] s mil. a) Br. Bri'gadekomman,deur m, b) a. ~ **general** Am. Bri'gadegene,ral m.
brig·and ['brɪgənd] s Ban'dit m, (Straßen)Räuber m. '**brig·and·age** s Räuberunwesen n.
brig·an·dine ['brɪgəndaɪn; -di:n] s hist. Panzerhemd n, Schuppenpanzer m.
brig·an·tine ['brɪgəntaɪn; -ti:n] s mar. Brigan'tine f, Brigg f.
Briggs log·a·rithms [brɪgz] s pl math. Briggsche Loga'rithmen pl, 'Zehnerloga,rithmen pl.
bright [braɪt] I adj (adv ~**ly**) 1. hell, glänzend, leuchtend, strahlend (**with** von, vor): a ~ **day** ein strahlender Tag; ~ **eyes** glänzende od. strahlende Augen; a ~ **face** ein strahlendes Gesicht; a ~ **red** ein leuchtendes Rot; to be (as) ~ as a **button** colloq. ein ‚heller' Kopf sein. 2. hell, me'tallisch: a ~ **sound**. 3. tech. blank: ~ **wire**; ~ **annealing** Blankglühen n; ~ **steel** Blankstahl m. 4. electr. lichtstark, helleuchtend. 5. heiter: ~ **weather**; to look on (od. at) the ~ side of things fig. das Leben von s-r heiteren Seite betrachten. 6. lebhaft, munter. 7. klar: ~ **water**. 8. gescheit, intelli'gent, klug, ,hell': a ~ **boy**. 9. glorreich, glänzend: a ~ **victory**. 10. günstig, vielversprechend: ~ **prospects**. II adv 11. hell etc: the fire was burning ~. 12. → and early in aller Frühe. III s 13. pl mot. Am. colloq. Fernlicht n.
'**bright·en** I v/t oft ~ **up** 1. hell(er) machen, auf-, erhellen (a. fig.). 2. fig. a) heiter(er) machen, beleben: to ~ a **party** (a **room**, etc), b) j-n fröhlich stimmen, aufheitern, c) noch mehr Glanz verleihen (dat): to ~ **an already famous name**. 3. po'lieren, blank putzen, glänzend machen. II v/i oft ~ **up** 4. hell(er) werden, sich aufhellen (Gesicht, Wetter etc), aufleuchten (Augen): his face ~ed sein Gesicht erhellte sich. 5. fig. sich beleben, lebhafter werden. 6. besser od. erfreulicher werden: prospects ~ed die Aussichten besserten sich.
,**bright-**'**eyed** adj 1. helläugig. 2. mit strahlenden (Kinder)Augen: ~ **and bushy-tailed** colloq. quietschvergnügt. ~ **lev·el** s TV Hellspannung(swert m) f. ~ **lights** s pl colloq. (die) Vergnügungsstätten pl (e-r Stadt). '~**line spec·trum** s phys. Hellinienspektrum n.
'**bright·ness** s 1. Helligkeit f, Glanz m. 2. Heiterkeit f. 3. Lebhaftigkeit f, Munterkeit f. 4. oft iro. Gescheitheit f, Intelli'genz f. 5. phys. tech. Leuchtdichte f. 6. TV Helligkeit f: ~ **contrast** Helligkeitskontrast m; ~ **control** Helligkeitssteuerung f.
Bright's dis·ease [braɪts] s med. Nierenentzündung f, Brightsche Krankheit.
brill [brɪl] pl **brills**, bes. collect. **brill** s ichth. Glattbutt m.
bril·liance ['brɪljəns], '**bril·lian·cy** s 1. Leuchten n, Glanz m, Helligkeit f. 2. fig. a) funkelnder Geist, durchdringender Verstand, b) (das) Glänzende od. Her'vorragende, Bril'lanz f. 3. TV Helligkeit f: ~ **control** Helligkeitssteuerung f.
'**bril·liant** adj (adv ~**ly**) 1. leuchtend, glänzend, hell, glitzernd. 2. fig. glänzend, her'vorragend, bril'lant: a ~ **speaker** (**scientist**); a ~ **victory** ein glänzender Sieg. II s 3. a) Bril'lant m (geschliffener Diamant), b) a. ~ **cut** Bril'lantschliff m. 4. print. Bril'lant f (Schriftgrad von rund 3 Punkt).
bril·lian·tine [,brɪljən'ti:n] s 1. Brillan-

ˈtine f, ˈHaarpoˌmade f. 2. bes. Am. alˈpakaartiger Webstoff.
brim [brɪm] **I** s **1.** Rand m (bes. e-s Gefäßes): **full to the ~** randvoll. **2.** (Hut)Krempe f. **II** v/i **3.** voll sein: **to ~ over** a) übervoll sein (**with** von) (a. fig.), b) überfließen, -sprudeln (**with** von) (a. fig.): **her eyes were ~ming (over) with tears** ihre Augen schwammen in Tränen; **he is ~ming (over) with health** er strotzt vor od. vor Gesundheit. **III** v/t **4.** bis zum Rand füllen.
ˈbrimˈful(l) [-ˈfʊl] adj randvoll: **her eyes were ~ of tears** ihre Augen schwammen in Tränen; **he is ~ of health** er strotzt von od. vor Gesundheit.
ˈbrim·less adj ohne Rand od. Krempe.
brimmed [brɪmd] adj **1.** mit Rand od. Krempe. **2.** randvoll. ˈ**brim·mer** s randvolles Glas. ˈ**brim·ming** adj randvoll.
brim·stone [ˈbrɪmstən; Am. -ˌstəʊn] s **1.** Schwefel m. **2.** obs. colloq. ‚Drachen' m (böses Weib). **3.** a. **~ butterfly** zo. (ein) Zitronenfalter m.
brin·dle [ˈbrɪndl] **I** s gestreifte od. scheckige Farbe. **II** adj → **brindled**. ˈ**brin·dled** adj gestreift, scheckig.
brine [braɪn] **I** s **1.** a) Sole f, b) Lake f, Salzbrühe f. **2.** Salzwasser n. **3.** meist poet. Meer n. **II** v/t **4.** (ein)salzen, (ein)pökeln. **~ bath** s Solbad n.
Briˈnell ma·chine [brɪˈnel] s metall. Briˈnellappaˌrat m, Härteprüfgerät n. **~ num·ber** s tech. Briˈnellzahl f.
brine| pan s Salzpfanne f. **~ pit** s Salzgrube f, Solquelle f.
bring [brɪŋ] pret u. pp **brought** [brɔːt] v/t **1.** bringen, ˈmit-, ˈherbringen, her'beischaffen, überˈbringen: **~ him (it) with you** bringe ihn (es) mit; **to ~ s.th. upon o.s.** sich etwas einbrocken, etwas auf sich laden; **what ~s you here?** was führt Sie zu mir?; → **account** 7, **bear¹** 21, **book** 9, **light¹** 9, **low¹** 1. **2.** her'vorbringen, Ehre, e-n Gewinn etc (ein)bringen: **to ~ a profit. 3.** (mit sich) bringen, nach sich ziehen, bewirken: **to ~ a change**; **to ~ relief from pain** den Schmerz lindern. **4.** e-e Fähigkeit etc mitbringen (**to** zu): **to ~ a rich experience to one's task**. **5.** Publikum anziehen, (an)locken (**to** zu). **6.** j-n dazu bringen od. bewegen, ver'anlassen, überˈreden (**to do** zu tun): **I can't ~ myself to do it** ich kann mich nicht dazu durchringen od. ich bringe es (einfach) nicht fertig, es zu tun. **7.** Beweise, Gründe etc vorbringen: → **action** 12, **suit** 4.
Verbindungen mit Adverbien:
bring| a·bout v/t **1.** bewerkstelligen, zu'stande bringen. **2.** bewirken, verursachen. **3.** mar. wenden. **~ a·long** v/t **1.** mitbringen. **2.** → **bring on** 4. **~ a·round** → **bring round** 1, 4. **~ a·way** v/t Eindrücke, Erinnerungen mitnehmen. **~ back** v/t **1.** zuˈrückbringen. **2.** a) Erinnerungen wachrufen (**of an** acc), b) Erinnerungen wachrufen **an** (acc).**3.** die Todesstrafe etc wiedereinführen. **~ to life** a) j-n wieder zu(m) Bewußtsein bringen, b) a. **~ to health** j-n wieder gesund machen od. wiederherstellen. **~ down** v/t **1.** a. Flugzeug herˈunterbringen. **2.** hunt. Wild erlegen, schießen. **3.** aer. mil. ein Flugzeug abschießen, herˈunterholen. **4.** bes. Fußball: zu Fall bringen, ‚legen'. **5.** Regierung etc zu Fall bringen, stürzen. **6.** den Preis etc herˈabsetzen, senken. **7.** to **~ s.o.'s anger** (od. **fury, wrath**) **(up)on one's head** sich j-s Zorn zuziehen. **8.** to **~ the house** colloq. a) stürmischen Beifall auslösen, b) Lachstürme erregen. **~ forth** v/t **1.** allg. herˈvorbringen, (**2.** b) Kinder gebären, c) zo.

Junge werfen, d) Früchte tragen. **2.** verursachen, bewirken, zeitigen. **3.** fig. ans Tageslicht bringen. **~ for·ward** v/t **1.** Wissen etc vorˈanbringen, fördern. **2.** e-n Antrag, e-e Entschuldigung etc vorbringen. **3.** econ. e-n Betrag über'tragen: **amount** (od. **balance**) **brought forward** Übertrag m, (Saldo)Vortrag m. **4.** a) Versammlung etc vorverlegen (**to auf** acc), b) die Uhr vorstellen (**one hour um** e-e Stunde). **~ home** v/t **1.** nach Hause bringen: → **bacon**. **2.** → **home** 17. **~ in** v/t **1.** herˈeinbringen, Ernte einbringen: **to ~ capital** Kapital einbringen; **brought-in capital** eingebrachtes Kapital, Geschäftseinlage f. **2.** e-n Gewinn etc ein-, erbringen, erzielen. **3.** parl. e-n Gesetzentwurf einbringen: **to ~ a bill**. **4.** j-n einschalten. **5.** j-n beteiligen (**on an** e-m Entscheidungsprozeß etc). **6.** jur. e-n Spruch fällen (Geschworene): **to ~ a verdict of guilty** e-n Schuldspruch fällen. **~ off** v/t **1.** bes. Schiffbrüchige retten. **2.** etwas zuˈstande bringen, fertigbringen, ‚schaffen'. **3.** vulg. (a. sexuell) befriedigen. **~ on** v/t **1.** herˈan-, herˈbeibringen. **2.** bes. Krankheit herˈbeiführen, verursachen. **3.** a) → **bring forward** 1, b) in Gang bringen. **4.** Ernte etc gut gedeihen lassen (Wetter). **5.** sport Spieler bringen, einwechseln. **~ out** v/t **1.** herˈausbringen. **2.** ein Buch, Theaterstück, Auto etc herˈausbringen. **3.** fig. ans Licht bringen. **4.** vorbringen, aussprechen. **5.** herˈvorheben, betonen. **6.** zum Ausdruck bringen, erkennen lassen. **7.** den Sinn e-s Gedichts etc herˈausarbeiten. **8.** e-e junge Dame in die Gesellschaft einführen. **9.** econ. Beschäftigte zum Streiken bringen. **10.** to **bring s.o. out (of himself)** j-m s-e Hemmungen nehmen, j-n dazu bringen, etwas aus sich herauszugehen. **11.** to **bring s.o. out in a rash** med. bei j-m e-n Ausschlag verursachen. **~ o·ver** v/t **1.** herˈüberbringen. **2.** → **bring round** 4. **~ round** v/t **1.** ˈher-, vorˈbeibringen. **2.** mar. wenden. **3.** a) e-n Ohnmächtigen wieder zu sich bringen, b) e-n Kranken wieder auf die Beine bringen. **4.** j-n ˈumstimmen, überˈreden, bekehren, ‚herˈumkriegen': **to bring s.o. round to one's side** j-n auf s-e Seite bringen. **5.** das Gespräch bringen (**to auf** acc). **~ through** v/t e-n Kranken ˈdurchbringen. **~ to I** v/t **1.** → **bring round** 3 a. **2.** mar. stoppen. **II** v/i **3.** mar. stoppen. **~ up** v/t **1.** herˈaufbringen. **2.** ein Kind a) auf-, großziehen, b) erziehen: **to bring s.o. up to do s.th.** j-n dazu erziehen, etwas zu tun. **3.** zur Sprache bringen. **4.** Truppen herˈanführen. **5.** e-e Zahl etc hinˈaufsetzen, erhöhen, e-n Betrag bringen (**to auf** acc). **6.** etwas(er)brechen: **to ~ one's lunch. 7.** zum Stillstand od. zum Halten bringen: **to ~ one's car**; **to bring s.o. up short** (od. **sharply**) j-n innehalten lassen. **8.** jur. vor Gericht stellen (**for wegen**). **9.** to **bring s.o. up against s.th.** j-n mit etwas konfrontieren.
ˈ**bring·er** s (Überˈ)Bringer(in).
ˌ**bring·ing-ˈup** s **1.** Auf-, Großziehen n. **2.** Erziehung f.
brink [brɪŋk] s **1.** Rand m (a. fig.): **to be on the ~ of doing s.th.** nahe daran sein, etwas zu tun; **to be on the ~ of the grave** mit dem Fuß im Grab stehen; **to be on the ~ of tears** den Tränen nahe sein; **to be on the ~ of war** am Rande e-s Krieges stehen; **to bring s.o. to the ~ of ruin** j-n an den Rand des Ruins bringen; **to be on the ~ of collapse** vor dem Zs.-bruch stehen. **2.** Ufer n.
brink·man·ship [ˈbrɪŋkmənʃɪp] s pol. Poliˈtik f des äußersten Risikos.

brin·y [ˈbraɪnɪ] **I** adj salzig, solehaltig. **II** s: **the ~** Br. colloq. die See.
bri·o [ˈbriːəʊ] s Schwung m, Feuer n (a. mus.).
bri·oche [ˈbriːɒʃ; -ˈəʊʃ] s Briˈoche f (feines Hefegebäck in Brötchenform).
bri·o·lette [ˌbriːəʊˈlet] s Brioˈlette f (Diamant mit Dreieckschliff).
bri·quet, bri·quette [brɪˈket] **I** s Briˈkett n. **II** v/t briketˈtieren.
bri·sance [ˈbriːzəns; Am. brɪˈzɑːnts] s Briˈsanz f, Sprengkraft f.
brisk [brɪsk] **I** adj (adv **-ly**) **1.** rasch, flott: **a ~ walk**. **2.** lebhaft, flott: a) munter, frisch, b) eˈnergisch. **3.** frisch (Luft, Wetter), kräftig: **a ~ wind**. **4.** a) frisch (im Geschmack): **~ tea**, b) prickelnd, schäumend: **~ wine**. **5.** lebhaft, lustig (Feuer). **6.** econ. lebhaft, rege: **a ~ demand**; **a ~ trade**. **II** v/t **7.** meist **~ up** anregen, beleben. **III** v/i **8.** meist **~ up** sich beleben, (wieder) aufleben. ˈ**brisk·en** → brisk 7 u. 8.
bris·ket [ˈbrɪskɪt] s gastr. Brust(stück n) f.
ˈ**brisk·ness** s **1.** Lebhaftigkeit f, Munterkeit f, Flottheit f. **2.** Frische f.
bris·ling [ˈbrɪslɪŋ; -z-] s ichth. Brisling m, Sprotte f.
bris·tle [ˈbrɪsl] **I** s **1.** a) Borste f (a. bot.), b) (Bart)Stoppel f. **II** v/i **2.** a. **~ up** sich sträuben (Borsten, Haare, Stacheln). **3.** a. **~ up** a) e-e drohende Haltung annehmen, b) zornig od. böse werden: **to ~ with anger** vor Wut schnauben. **4.** starren, strotzen, voll sein (**with** von): **to ~ with mistakes** von Fehlern strotzen od. wimmeln; **to ~ with weapons** von Waffen starren. **III** v/t **5.** a. **~ up** Borsten, Haare etc sträuben, aufrichten. **6.** mit Borsten versehen. ˈ**bris·tled** adj borstig.
ˈ**bris·tle fern** s bot. Hautfarn m.
ˈ**bris·tly** adj **1.** a) borstig, b) stopp(e)lig, Stoppel...: **~ beard**; **~ chin**. **2.** fig. kratzbürstig.
Bris·tol| board [ˈbrɪstl] s ˈBristolkarˌton m, feiner (ˈZeichen)Karˌton. **~ pa·per** s ˈBristol-, ˈZeichenpaˌpier n.
bris·tols [ˈbrɪstlz] s pl Br. sl. ‚Titten' pl (Brüste).
Brit [brɪt] s colloq. Brite m, Britin f.
Bri·tan·ni·a (met·al) [brɪˈtænjə] s tech. Briˈtanniameˌtall n.
Bri·tan·nic [brɪˈtænɪk] adj briˈtannisch (bes. in): **His** (od. **Her**) **~ Majesty**.
Brit·i·cism [ˈbrɪtɪsɪzəm] s ling. Britiˈzismus m.
Brit·ish [ˈbrɪtɪʃ] **I** adj britisch: **~ English** ling. britisches Englisch; **the best of ~** (**luck**)! Br. colloq. na, dann mal viel Glück! **II** s: **the ~** pl die Briten pl.
ˈ**Brit·ish·er** s Am. Brite m, Britin f, Engländer(in).
Brit·on [ˈbrɪtn] s **1.** Brite m, Britin f. **2.** hist. Briˈtannier(in).
brit·tle [ˈbrɪtl] **I** adj **1.** spröde, zerbrechlich (a. fig.). **2.** brüchig (Metall etc) (a. fig.). **3.** fig. scharf, hart, schneidend: **~ voice**. **4.** a) hart, kalt, b) schwierig: **a ~ personality**, c) reizbar: **to have a ~ temper** leicht aufbrausen, jähzornig sein. **II** s **5.** (ˈNuß)Kroˌkant m. **~ i·ron** s sprödes Eisen.
ˈ**brit·tle·ness** s **1.** Sprödigkeit f, Zerbrechlichkeit f. **2.** Brüchigkeit f.
broach [brəʊtʃ] **I** s **1.** Stecheisen n, Ahle f, Pfriem m. **2.** tech. Räumnadel f. **3.** Bratspieß m. **4.** (achteckige) Turmspitze. **II** v/t **5.** ein Faß anstechen. **6.** abzapfen. **7.** tech. ausräumen. **8.** ein Thema anschneiden. **9.** Am. ankündigen.
broad [brɔːd] **I** adj (adv → **broadly**) **1.** breit: **it is as ~ as it is long** fig. es ist gehupft wie gesprungen. **2.** weit, ausgedehnt: **~ plains**. **3.** hell: → **daylight** 1.

broadax(e) – bronchus

4. weitreichend, weitgehend: ~ **sympathies; in the ~est sense** im weitesten Sinne. 5. breit, stark: **a ~ accent**. 6. großzügig, tole'rant, libe'ral: **to have~ views on s.th. 7.** a) derb, b) anstößig, schlüpfrig: **a ~ joke**. 8. klar, deutlich: → **hint** 1. 9. allgemein (Ggs. detailliert): **a ~ agreement; a ~ rule; the ~ facts** die allgemeinen Tatsachen, die wesentlichen Punkte; **in ~ outline** in großen Zügen, in groben Umrissen. 10. ~ **tuning** (Radio) unscharfe od. breite Einstellung. **II** adv 11. ~ **awake** hellwach. **III** s 12. breiter Teil (e-r Sache): ~ **of the hand** Handfläche f. 13. pl Br. System von Seen u. Flüssen (im Südosten Englands): **the Norfolk B~s**. 14. Film, TV: 'Lampenaggre‚gat n, Beleuchtungsbühne f. 15. bes. Am. sl. a) ‚Frauenzimmer' n, ‚Weib(sbild)' n, b) ‚Nutte' f. **'~‚ax(e)** s Breitbeil n. **'~band am·pli·fi·er** s electr. Breitbandverstärker m. ~ **beam** s electr. Breitstrahler m. ~ **bean** s bot. Saubohne f. **'~‚brim** s 1. breitrandiger (bes. Quäker)Hut. 2. humor. Quäker m. **'~‚brimmed** adj breitrandig, -krempig. **'~‚brush** adj grob, überschlägig (Schätzung).
broad·cast ['brɔːdkɑːst; Am. ‚-ˌkæst] **I** v/t pret u. pp **-cast** od. **-cast·ed** 1. breitwürfig säen. 2. fig. e-e Nachricht verbreiten, iro. 'auspo‚saunen. 3. a) durch den Rundfunk od. das Fernsehen verbreiten, im Rundfunk od. Fernsehen bringen, b) ausstrahlen, senden, c) über'tragen. **II** v/i 4. im Rundfunk od. Fernsehen sprechen od. auftreten. 5. senden. **III** s 6. agr. Breitsaat f. 7. a) Rundfunk-, Fernsehsendung f, b) Über'tragung f. **IV** adj 8. im Rundfunk od. Fernsehen gesendet od. über'tragen, Rundfunk..., Fernseh...: ~ **advertising** Rundfunk-, Fernsehwerbung f, Werbefunk m, -fernsehen n. 9. (weit)verstreut, (nachgestellt) nach allen Richtungen. **'broad·cast·er** s 1. a) Rundfunk-, Fernsehsprecher(in), b) beim Rundfunk od. Fernsehen Beschäftigte(r m) f: **~s** Rundfunk-, Fernsehleute. 2. 'Rundfunk-, 'Fernsehstati‚on f, (-)Sender m, Sendeanstalt f. 3. agr. 'Breitsäma‚schine f.
'broad·‚cast·ing s 1. ~ **broadcast** 7. 2. Sendebetrieb m. 3. Rundfunk m, Fernsehen n: **in the early days of** ~. ~ **ar·e·a** s Sendegebiet n, -bereich m. ~ **sat·el·lite** s 'Rundfunk-, 'Fernsehsatel‚lit m. ~ **sta·tion** → broadcaster 2. ~ **stu·di·o** s Senderaum m, Studio n.
Broad 'Church s relig. Broad-Church f (liberale Richtung in der anglikanischen Kirche). **‚B~·'Church** adj relig. Broad-Church..., der Broad-Church. **‚B~·-'Church·man** s irr relig. Anhänger m der Broad-Church. **'~‚cloth** s feiner Wollstoff.
broad·en ['brɔːdn] **I** v/t breiter machen, verbreitern, erweitern (a. fig.): **to ~ one's horizon(s)** (od. **mind, outlook**) s-n Horizont erweitern; **travel(l)ing ~s the mind** Reisen bildet. **II** v/i a. ~ **out** breiter werden, sich verbreitern (into zu), sich erweitern (a. fig.): **his face ~ed into a grin** auf s-m Gesicht machte sich ein Grinsen breit.
broad| **ga(u)ge** s rail. Breitspur f. **'~-‚ga(u)ge** adj Breitspur... ~ **jump** s Leichtathletik: Am. Weitsprung m. ~ **jump·er** s Leichtathletik: Am. Weitspringer(in). **'~‚loom car·pet** s nahtloser, auf breitem Webstuhl gewebter Teppich.
'broad·ly adv 1. weitgehend (etc; → broad I). 2. allgemein (gesprochen). 3. in großen Zügen.
‚broad|-'mind·ed adj großzügig, liberal (gesinnt), tole'rant. **‚~-'mind·ed·ness** s Großzügigkeit f, Tole'ranz f.
Broad·moor pa·tient ['brɔːd‚mʊə] s Br. geisteskranker Krimi'neller.
'broad·ness s 1. → **breadth** 1–3. 2. Derbheit f.
'broad| **piece** s hist. Br. Zwanzig-'Schilling-Münze f (aus Gold; 17. Jh.). ~ **seal** s Staatssiegel n. **'~‚sheet** s 1. print. Planobogen m. 2. hist. große, einseitig bedruckte Flugschrift. **'~·side I** s 1. mar. Breitseite f: a) alle Geschütze auf e-r Schiffsseite, b) Abfeuern e-r Breitseite: **to fire a ~** e-e Breitseite abfeuern, b) Abfeuern e-r Breitseite: ~ **on** breitseitig. 2. fig. Breitseite f, mas'sive At'tacke. 3. → **broadsheet**. **II** adv 4. mar. breitseitig. 5. in 'einer Salve. 6. fig. alle zu'sammen. 7. fig. wahllos. **'~‚sword** s breites Schwert, Pallasch m. **'~‚tail** s zo. Breitschwanzschaf n. **'B~‚way** npr Broadway m (Hauptstraße u. Theaterviertel in New York): **on ~** auf dem Broadway.
'broad·ways, 'broad·wise adv der Breite nach, in der Breite.
bro·cade [brəʊ'keɪd] **I** s 1. Bro'kat m. 2. → **brocatel(le)**. **II** v/t 3. mit Bro'katmuster verzieren. **bro'cad·ed** adj 1. bro'katen. 2. mit Bro'kat geschmückt. 3. wie Bro'kat gemustert. 4. in Bro'kat gekleidet.
bro·card ['brəʊkə(r)d; -kɑː(r)d] s elemen'tarer Grundsatz.
broc·a·tel(le) [‚brɒkə'tel; Am. ‚brɑ-] s Broka'tell(e f) m (mittelschweres Baumwoll- od. Halbseidengewebe mit plastisch hervortretenden Mustern).
broc·co·li ['brɒkəlɪ; Am. 'brɑ-] s pl Brokkoli pl, Spargelkohl m.
broch [brɒk; brʌk] s Scot. Broch m, runder Steinturm.
bro·ché [brəʊ'ʃeɪ] adj bro'chiert (mit eingewebtem, stickereiartig wirkendem Muster).
bro·chure ['brəʊʃə; Am. brəʊ'ʃʊər] s Bro'schüre f, Pro'spekt m.
brock·et ['brɒkɪt; Am. 'brɑ-] s hunt. Spießer m, zweijähriger Hirsch.
bro·die ['brəʊdiː] s Am. sl. 1. Todessprung m (bes. von e-r Brücke): **to do a ~** sich in selbstmörderischer Absicht in die Tiefe stürzen. 2. a) ‚Schnitzer' m, (grober) Fehler: **to pull a ~** e-n Schnitzer machen, b) ‚Pleite' f, ‚Reinfall' m.
bro·gan ['brəʊɡən] s geschnürter Arbeitsstiefel.
brogue[1] [brəʊɡ] s derber Straßenschuh.
brogue[2] [brəʊɡ] s ling. 1. irischer Ak'zent (des Englischen). 2. allg. (stark) dia'lektisch gefärbte Aussprache.
broil[1] [brɔɪl] **I** v/t 1. (auf dem Rost) braten, grillen. 2. **to get ~ed** vor Hitze fast umkommen. **II** v/i 3. (auf dem Rost) braten, grillen. 4. **to be ~ing in the sun** a) sich vor der Sonne braten lassen, b) in der Sonne schmoren. 5. vor Wut kochen. **III** s 6. Gebratenes n, Gegrilltes n.
broil[2] s laute Ausein'andersetzung. **II** v/i e-e laute Ausein'andersetzung haben.
'broil·er[1] s 1. (Brat)Pfanne f, Bratrost m. 2. Bratofen m mit Grillvorrichtung. 3. a. ~ **chicken** Brathühnchen n (bratfertig). 4. colloq. glühendheißer Tag.
'broil·er[2] s Krachmacher m.
'broil·ing I adj glühendheiß: **a ~ day**. **II** adv: ~ **hot** glühend heiß.
broke[1] [brəʊk] pret u. obs. pp von **break**[1].
broke[2] [brəʊk] adj colloq. ‚pleite': a) ‚abgebrannt', ‚blank' (ohne Geld), b) bank'rott: **to go ~** pleite gehen; **to go for ~** den Bankrott riskieren.
broke[3] [brəʊk] s tech. (Pa'pier)Ausschuß m, Kollerstoff m.

bro·ken ['brəʊkən] **I** pp von **break**[1]. **II** adj (adv → **brokenly**) 1. zerbrochen, entzwei, ka'putt. 2. gebrochen: **a ~ leg; a ~ promise**. 3. zerrissen. 4. unter'brochen, gestört: ~ **sleep**. 5. (seelisch od. körperlich) gebrochen: **a ~ man**. 6. zer'rüttet: ~ **marriage**; ~ **health**; ~ **home** zerrüttete Familienverhältnisse. 7. rui'niert, bank'rott. 8. gezähmt, bes. zugeritten: ~ **horse**. 9. mil. a) degra'diert, b) kas'siert. 10. meteor. a) unbeständig: ~ **weather**, b) fast bedeckt. 11. a) uneben, holp(e)rig: ~ **ground**, b) zerklüftet: ~ **country**, c) bewegt: ~ **sea**. 12. unvollständig. 13. ling. a) gebrochen: **to speak ~ English** gebrochen Englisch sprechen, b) gebrochen, diphthon'giert. 14. gebrochen: ~ **colo(u)r**. ~ **coal** s Bruchkohle f (Anthrazit). **‚~·'down** adj 1. verbraucht, erschöpft. 2. a) (a. gesundheitlich) her'untergekommen, b) ruiniert. 3. (seelisch) gebrochen. **‚~·'heart·ed** adj (adv **~·ly**) gebrochen, verzweifelt, untröstlich. ~ **line** s unter'brochene Linie (a. im Straßenverkehr), gestrichelte od. punk'tierte Linie.
'bro·ken·ly adv 1. stoßweise. 2. mit Unter'brechungen. 3. mit gebrochener Stimme.
'bro·ken| **num·ber** s math. gebrochene Zahl, Bruch m. ~ **stone** s Schotter m, Splitt m. ~ **wind** s vet. Dämpfigkeit f (von Pferden). **‚~·'wind·ed** adj vet. dämpfig.
bro·ker ['brəʊkə(r)] s 1. econ. a) Makler m, b) (Börse) Broker m (der im Kundenauftrag Geschäfte tätigt). 2. (a. Heirats-)Vermittler m: **honest ~** ehrlicher Makler. **'bro·ker·age** s 1. Maklerberuf m, Maklergeschäft n. 2. Maklergebühr f, Cour'tage f.
brol·ly ['brɒlɪ] s Br. colloq. (Regen-) Schirm m.
bro·mate ['brəʊmeɪt] chem. **I** s Bro'mat n, bromsaures Salz. **II** v/t mit bromsaurem Salz versetzen.
brome (grass) [brəʊm] s bot. Trespe f.
bro·mic ['brəʊmɪk] adj chem. bromhaltig: ~ **acid** Bromsäure f.
bro·mide ['brəʊmaɪd] s 1. chem. pharm. Bro'mid n: ~ **paper** phot. Bromsilberpapier n. 2. fig. a) Langweiler m, fader Kerl, b) Gemeinplatz m, Plattheit f.
bro·mid·ic [brəʊ'mɪdɪk] adj 1. langweilig. 2. abgedroschen, platt.
bro·mine ['brəʊmiːn] s chem. Brom n.
'bro·min·ism [-mɪnɪzəm], **'bro·mism** s med. Bro'mismus m, Bromvergiftung f.
bron·chi ['brɒŋkaɪ; Am. 'brɑŋ-], **'bron·chi·a** [-kɪə] s pl anat. Bronchien pl. **'bron·chi·al** [-kjəl; -kɪəl] adj bronchi'al: ~ **asthma** Bronchialasthma n; ~ **tube** Bronchie f.
bron·chi·ec·ta·sis [‚brɒŋkɪ'ektəsɪs; Am. ‚brɑŋ-] s med. Bronchiekta'sie f (krankhafte Erweiterung der Bronchien).
bron·chi·ole ['brɒŋkɪəʊl; Am. 'brɑŋ-] s anat. Bronchi'ole f (feinere Verzweigung der Bronchien in den Lungenläppchen).
bron·chi·tis [brɒŋ'kaɪtɪs; Am. brɑŋ-] s Bron'chitis f, Bronchi'alka‚tarrh m.
bron·cho s Bronco.
‚bron·cho·pneu'mo·ni·a [‚brɒŋkəʊ-; Am. ‚brɑŋ-] s med. Bronchopneumo'nie f (Lungenentzündung mit diffusen Infiltrationsherden).
bron·cho·scope ['brɒŋkəskəʊp; Am. 'brɑŋ-] s med. Broncho'skop n (Spiegelgerät zur Untersuchung der Bronchien). **bron'chos·co·py** [-'kɒskəpɪ; Am. -'kɑ-] s med. Bronchosko'pie f.
bron·chot·o·my [brɒŋ'kɒtəmɪ; Am. brɑŋ-] s med. Bronchoto'mie f (operative Öffnung der Bronchien).
bron·chus ['brɒŋkəs; Am. 'brɑŋ-] pl

-chi [-kaɪ] *s anat.* Bronchus *m:* a) Hauptast *m* der Luftröhre, b) Bronchie *f.*
bron·co ['brɒŋkəʊ; *Am.* 'brɑŋ-] *pl* **-cos** *s* **1.** kleines, halbwildes Pferd *(des nordamer. Westens).* **2.** *allg.* wildes Pferd, Mustang *m.* '**~buster** *s Am.* Zureiter *m* (von wilden Pferden).
Bronx [brɒŋks] **I** *npr* Stadtteil von New York City. **II** *s* Cocktail aus Wermut, Gin u. Orangensaft. **~ cheer** *s Am. sl.* → **raspberry** 4.
bronze [brɒnz; *Am.* brɑnz] **I** *s* **1.** Bronze *f.* **2.** 'Bronzele,gierung *f.* **3.** (Statue *f etc* aus) Bronze *f.* **4.** Bronzefarbe *f.* **II** *v/t* **5.** bron'zieren. **6.** *Haut etc* bräunen. **III** *v/i* **7.** bräunen, braun werden *(Haut etc).* **IV** *adj* **8.** a) bronzen, bronzefarben, b) Bronze...: **~ age**, *meist* **B~ Age** *hist.* Bronzezeit *f;* **~ medal** *bes. sport* Bronzemedaille *f;* **~ medal(l)ist** *bes. sport* Bronzemedaillengewinner(in). **bronzed** *adj* **1.** bron'ziert. **2.** (sonnen)gebräunt, braun.
brooch [brəʊtʃ; *Am. a.* bruːtʃ] *s* Brosche *f,* Spange *f.*
brood [bruːd] **I** *s* **1.** *zo.* Brut *f,* Hecke *f.* **2.** Nachkommenschaft *f,* Art *f,* Sippe *f.* **3.** *contp.* Brut *f,* Horde *f.* **II** *v/t* **4.** *Eier* ausbrüten. **5.** *fig.* ausbrüten. **III** *v/i* **6.** brüten *(Henne).* **7.** *fig.* a) (on, over, about) brüten (über *dat),* grübeln (über *acc od.* dat), b) (dumpf) vor sich 'hinbrüten. **8.** (over) a) hängen (über *dat) (dunkle Wolken etc),* b) lasten (auf *dat) (Schwierigkeiten etc).* **IV** *adj* **9.** brütend. **10.** Brut...: **~ hen, ~ bud** *biol.* Brutknospe *f;* **~ pouch** *biol.* Bruttasche *f.* **11.** Zucht...: **~ mare** Zuchtstute *f.*
'**brood·er** *s* **1.** 'Brutappa,rat *m,* -kasten *m.* **2.** *fig.* Grübler *m.*
'**brood·y** *adj* **1.** brütig *(Henne):* to be **~** a) glucken, b) *colloq.* gern ein Kind haben wollen *(Frau).* **2.** *fig.* a) grüblerisch, b) niedergeschlagen, trübsinnig.
brook[1] [brʊk] *s* Bach *m.*
brook[2] [brʊk] *v/t* ertragen, erdulden *(meist neg):* it **~s no delay** es duldet keinen Aufschub.
brook·ite ['brʊkaɪt] *s min.* Broo'kit *m.*
brook·let ['brʊklɪt] *s* Bächlein *n.*
brook trout *s ichth.* 'Bachfo,relle *f.*
broom [bruːm; brʊm] **I** *s* **1.** Besen *m:* a **new ~ sweeps clean** neue Besen kehren gut. **2.** *bot.* a) Besenginster *m,* b) Geißklee *m,* c) (ein) Ginster *m.* **II** *v/t* **3.** kehren, fegen: **to ~ up** auf-, zs.-kehren. '**~corn** *s bot.* **1.** Besenhirse *f,* Sorghum *n.* **2.** Kaffern-, Zuckerhirse *f.* '**~rape** *s bot.* (ein) Sommerwurzgewächs *n.* '**~stick** *s* Besenstiel *m.*
broth [brɒθ] *s* Suppe *f,* (Kraft-, Fleisch-)Brühe *f:* **clear ~** klare Brühe; **a ~ of a boy** *Ir. colloq.* ein Prachtkerl.
broth·el ['brɒθl; *Am. a.* 'brɑθəl] *s* Bor'dell *n.*
broth·er ['brʌðə(r)] **I** *s* **1.** Bruder *m:* **~s and sisters** Geschwister; **Smith B~s** *econ.* Gebrüder Smith. **2.** *relig. pl* **brethren** Bruder *m:* a) Nächste(r) *m,* b) Glaubensgenosse *m,* Mitglied *n* e-r religi'ösen Gemeinschaft, c) R.C. (Laien-)Bruder *m.* **3.** Amtsbruder *m,* Kol'lege *m,* Genosse *m,* Gefährte *m,* Kame'rad *m:* **~ in affliction** *(od.* distress) Leidensgefährte, -genosse; **~ in arms** Waffenbruder *m,* Kampfgenosse. **II** *adj* **4.** Bruder...: **~ officer** Regimentskamerad *m;* **~ scientist** wissenschaftlicher Kollege; **~ student** Kommilitone *m,* Studienkollege *m.* **III** *interj* **5.** *colloq.* Freund(chen)!, ,Kumpel!' **6.** *colloq.* Mann!, Mensch!: **~ was I sick!** '**~-**,**ger·man** *pl* '**~s-**,**ger·man** *s* leiblicher Bruder.
'**broth·er·hood** *s* **1.** *relig.* Bruderschaft *f.* **2.** brüderliches Verhältnis. **3.** Brüderlichkeit *f.*
'**broth·er-in-law** *pl* '**broth·ers-in--law** *s* Schwager *m.*
Broth·er Jon·a·than *s bes. Br. obs. humor.* Bruder Jonathan *(Amerikaner).*
'**broth·er·less** *adj* bruderlos, ohne Bruder *od.* Brüder. '**broth·er·ly** *adj* brüderlich: **~ love** Bruderliebe *f.*
brough·am ['bruːəm] *s* **1.** Brougham *m* (geschlossener vierrädriger, zweisitziger Wagen). **2.** *hist.* Limou'sine *f* mit offenem Fahrersitz.
brought [brɔːt] *pret u. pp von* **bring.**
brou·ha·ha [bruːˈhɑːhɑː; *Am. a.* 'bruː-,hɑːˌhɑː] *s colloq.* Getue *n,* Wirbel *m,* Lärm *m.*
brow [braʊ] *s* **1.** (Augen)Braue *f.* **2.** Stirn *f.* **3.** Miene *f,* Gesichtsausdruck *m.* **4.** Vorsprung *m,* Rand *m (e-s Abhangs).* **~ant·ler** *s zo.* Augsprosse *f* (beim Hirschgeweih). '**~beat** *v/t irr* **1.** ein-, verschüchtern: **to ~ s.o. into doing s.th.** j-n so einschüchtern, daß er etwas tut. **2.** tyranni'sieren.
brown [braʊn] **I** *adj* **1.** braun: **to do s.o.** *Br. colloq.* j-n ,reinlegen' *od.* ,anschmieren' *(betrügen);* **to do s.th. up ~** *Am. colloq.* etwas (sehr) gründlich tun. **2.** brü'nett, bräunlich (Gesichtsfarbe etc): **(as) ~ as a berry** braun wie e-e Kastanie. **II** *s* **3.** Braun *n,* braune Farbe. **4.** *hunt.* Schar *f* Vögel. **III** *v/t* **5.** *Haut etc* bräunen, *Fleisch etc* (an)bräunen. **6.** *tech.* brü'nieren. **7. ~ off** *colloq.* verärgern: **to be ~ed off with s.th.** ,die Nase voll' haben von etwas, etwas satt haben; **to be ~ed off at s.o.** auf j-n ,sauer' sein. **IV** *v/i* **8.** braun werden, bräunen.
brown|**al·gae** *s pl bot.* Braunalgen *pl.* **~ bear** *s zo.* Braunbär *m.* **~ Bess** [bes] *s mil. hist.* Kuhfuß *m (altes Steinschloßgewehr).* **~ Bet·ty** ['betɪ] *s gastr. Am.* Auflauf aus geschichteten Apfelstücken u. Brotkrumen. **~ bread** *s* a) Mischbrot *n,* b) Vollkornbrot *n,* c) Schwarzbrot *n.* **~ coal** *s* Braunkohle *f.*
brown·ie ['braʊnɪ] *s* **1.** Heinzelmännchen *n.* **2.** *bes. Am.* kleiner Schoko'ladenkuchen mit Nüssen. **3.** B~ ,Wichtel' *m* (Pfadfinderin, Br. im Alter von 8 bis 11 Jahren, Am. im Alter von 7 bis 9 Jahren).
Brown·ing ['braʊnɪŋ] *s* Browning *m (e-e Pistole).*
'**brown·ish** *adj* bräunlich.
'**brown**|**·nose** *v/t bes. Am. vulg.* j-m ,in den Arsch kriechen'. '**~,nos·er** *s bes. Am. vulg.* ,Arschkriecher' *m.* '**~out** *s bes. Am.* **1.** *bes. mil.* teilweise Verdunkelung. **2.** Stromeinschränkung *f (bes. für Straßenbeleuchtung, Leuchtreklame etc).* **~ owl** *s orn.* Waldkauz *m.* **~ pa·per** *s* 'Packpa,pier *n.* **~ rat** *s zo.* Hausratte *f.* '**B~shirt** *s pol.* Braunhemd *n:* a) *hist.* Mitglied von Hitlers Sturmabteilung, b) Natio'nalsozia,list *m.* **~ spar** *s min.* Braunspat *m.* '**~stone** *Am.* **I** *s* **1.** rötlichbrauner Sandstein. **2.** *a.* **~ front** (Reihen)Haus *n* aus rötlichbraunem Sandstein *(bes. in New York City).* **II** *adj* **3.** *fig. obs.* wohlhabend, vornehm. **~ sug·ar** *s* brauner Zucker.
browse [braʊz] **I** *s* **1.** junge Sprößlinge *pl (als Rinderfutter).* **2.** Grasen *n.* **3. to have a ~** sich umsehen; **to have a ~ through a book** in e-m Buch schmökern *od.* blättern; **to have a ~ in** *(od.* around) **a shop** *(bes. Am.* store) sich (unverbindlich) in e-m Laden umschauen. **II** *v/t* **4.** abfressen, *Weide etc* abgrasen. **5.** *fig.* a) schmökern *od.* blättern in *(e-m Buch etc),* b) sich (unverbindlich) 'umsehen in *(e-m Laden etc).* **III** *v/i* **6.** grasen, weiden. **7.** *a.* **~ around** sich 'umsehen: **to ~ through a book** in e-m Buch schmökern *od.* blättern; **to ~ in** *(od.* **around) a shop** *(bes. Am.* store) sich (unverbindlich) in e-m Laden umsehen.
bru·cel·lo·sis [ˌbruːsɪˈləʊsɪs] *s med. vet.* Brucel'lose *f,* Maltafieber *n.*
bru·cine ['bruːsiːn] *s chem.* Bru'cin *n.*
bru·in ['bruːɪn] *s* Meister *m* Petz *(Bär in Märchen od. Fabeln).*
bruise [bruːz] **I** *v/t* **1.** e-n Körperteil quetschen, j-m Prellungen zufügen, j-n grün u. blau schlagen. **2.** *etwas* übel zurichten, *Früchte* anstoßen. **3.** (zer)quetschen, zerstampfen, *Malz etc* schroten. **4.** j-n kränken, *a.* j-s Gefühle verletzen. **II** *v/i* **5.** e-e Quetschung *od.* e-n blauen Fleck bekommen. **6.** *fig.* (leicht *etc)* verletzt *od.* gekränkt sein. **III** *s* **7.** *med.* Quetschung *f,* Prellung *f,* blauer Fleck, Bluterguß *m.* **8.** Druckstelle *f (auf Obst).* '**bruis·er** *s colloq.* **1.** (Berufs)Boxer *m.* **2.** a) ,Schläger' *m (Raufbold),* b) ,Schrank' *m (großer Kerl).*
bruit [bruːt] **I** *v/t* **1.** *meist* **~ about** *Br. obs. od. Am.* Gerüchte aussprengen, verbreiten. **II** *s* **2.** *obs.* Lärm *m.* **3.** *obs.* Gerücht *n.* **4.** *med.* Geräusch *n.*
Brum [brʌm] → **Brummagem** I.
bru·mal ['bruːml] *adj* winterlich.
brume [bruːm] *s* Nebel *m.*
Brum·ma·gem ['brʌmədʒəm] *colloq.* **I** *npr* **1.** Birmingham *n (Stadt in England).* **II** *s* **2.** b~ billiger Kitsch, Schund *m,* Talmi *n.* **III** *adj* **b~** **3.** billig, kitschig, wertlos. **4.** unecht.
Brum·mie ['brʌmɪ] *s colloq.* Einwohner(in) von Birmingham.
'**bru·mous** ['bruːməs] *adj* neblig.
brunch [brʌntʃ] *s colloq.* Brunch *m (spätes reichliches Frühstück, das das Mittagessen ersetzt).* **~ coat** *s* (Damen)Hausmantel *m.*
bru·nette, *Am. a.* **bru·net** [bruːˈnet] **I** *adj* brü'nett. **II** *s* Brü'nette *f (Frau).*
brunt [brʌnt] *s* Hauptstoß *m,* volle Wucht *(e-s Angriffs) (a. fig.):* **to bear the ~ (of the costs)** die Hauptlast (der Kosten) tragen; **the main ~ of his criticism fell on me** s-e Kritik entlud sich hauptsächlich über mich.
brush[1] [brʌʃ] **I** *s* **1.** Bürste *f.* **2.** Pinsel *m.* **3.** *paint.* a) Pinsel *m,* b) Pinselstrich *m,* c) Stil *m,* d) Maler *m,* e) **the ~** die Malerei. **4.** Bürsten *n (Tätigkeit):* **to give s.th. a ~** etwas ab- *od.* ausbürsten. **5.** buschiger Schwanz, Rute *f,* Lunte *f:* **the ~ of a fox. 6.** *electr.* a) (Kon'takt)Bürste *f,* b) → **brush discharge. 7.** *electr. tech.* (Abtast)Bürste *f (für Lochkarten).* **8.** *electr. phys.* Strahlen-, Lichtbündel *n.* **9.** (Vor'bei)Streifen *n.* **10.** *mil. u. fig.* Schar'mützel *n,* kurzer Zs.-stoß: **to have a ~ with s.o.** mit j-m aneinandergeraten. **11.** → **brushoff. II** *v/t* **12.** a) bürsten, b) fegen, kehren: **to ~ away** *(od.* **off)** wegbürsten, abwischen, abstreifen *(a. mit der Hand)* (→ 16, 17); **to ~ down** abbürsten; **to ~ up** aufkehren (→ 18). **13.** *tech.* Farbe etc auftragen, -bürsten. **14.** *Stoff* rauhen. **15.** a) streifen, leicht berühren, b) *fig.* j-n (innerlich) berühren. **16. ~ aside** *(od.* **away)** a) zur Seite schieben, wegschieben, b) *fig.* (mit e-r Handbewegung) abtun, wegwischen. **17. ~ off** *sl.* a) j-n ,abwimmeln', loswerden, b) j-m e-n ,Korb' geben *od.* e-e Abfuhr erteilen. **18. ~ up** *Kenntnisse* ,'aufpo,lieren', auffrischen. **III** *v/i* **19. ~ off** sich wegbürsten *od.* abwischen lassen. **10. to ~ past s.o.** a) j-n streifen *od.* leicht berühren, b) an j-m vorbeihuschen, c) an j-m (gerade noch) vorbeikommen. **21. ~ up on** → 18.
brush[2] [brʌʃ] *s* **1.** Gebüsch *n,* Strauchwerk *n,* Gestrüpp *n,* Dickicht *n,* 'Unterholz *n,* Niederwald *m.* **2.** Busch(land *n) m,*

¹Hinterwald *m* (*in USA u. Australien*). **3.** Reisig *n*.
brush|coat·ing *s tech.* Bürstenauftrag *m*. **~ dis·charge** *s electr.* Büschel-, Sprühentladung *f*. **'~fire war** *s mil.* begrenzter *od.* lo'kaler Kon'flikt.
brush·ings [ˈbrʌʃɪŋz] *s pl* Kehricht *m*.
'brush·land → brush² 2.
'brush·less *adj* **1.** ohne Bürste. **2.** ohne Schwanz.
'brush|·off *s sl.* Abfuhr *f*, ‚Korb' *m*: to give s.o. the ~ → brush¹ 17. **'~·up** *s colloq.* ‚Aufpo₁lierung' *f*, Auffrischung *f*: to give one's English a ~ s-e Englischkenntnisse ‚aufpolieren'. **'~wood** *s* → brush². **'~work** *s paint.* Pinselführung *f*, Stil *m*, Technik *f*.
brusque [bruːsk; *bes. Am.* brʌsk] *adj* (*adv* ~ly) brüsk, barsch, schroff, kurz (angebunden). **'brusque·ness** *s* Schroffheit *f*, brüske Art.
Brus·sels|car·pet [ˈbrʌslz] *s* Brüsseler Teppich *m*. **~ lace** *s* Brüsseler Spitzen *pl*. **~ sprouts** *s pl bot.* Rosenkohl *m*.
bru·tal [ˈbruːtl] *adj* (*adv* ~ly) **1.** tierisch, viehisch. **2.** bru'tal, roh, viehisch, unmenschlich. **3.** scheußlich, ‚grausam': ~ **heat;** the ~ **truth** die bittere Wahrheit.
'bru·tal·ism *s arch.* Bruta'lismus *m*.
bruˈtal·i·ty [-ˈtælətɪ] *s* Brutali'tät *f*, Roheit *f*. **'bru·tal·iˈzaˑtion** *s* Verrohung *f*. **'bru·tal·ize I** *v/t* **1.** zum Tier machen, verrohen lassen. **2.** bru'tal behandeln. **II** *v/i* **3.** vertieren, zum Tier werden.
brute [bruːt] **I** *s* **1.** (*unvernünftiges*) Tier, Vieh *n*. **2.** *fig.* Untier *n*, Vieh *n*, Scheusal *n*, Rohling *m*: the ~ **in him** das Tier in ihm. **II** *adj* **3.** tierisch: a) unvernünftig, ohne Verstand, b) triebhaft, c) → brutal 2: **by ~ force** (*od.* **strength**) mit roher Gewalt. **4.** seelenlos. **5.** hirnlos, dumm. **6.** ungeschlacht, roh, primi'tiv. **7.** hart, ungeschminkt: the ~ **facts** die nackten Tatsachen. **'brut·ish** *adj* (*adv* ~ly) → brute II.
bry·ol·o·gy [braɪˈɒlədʒɪ; *Am.* -ˈɑ-] *s bot.* Bryolo'gie *f*, Mooskunde *f*.
bry·o·ny [ˈbraɪənɪ] *s bot.* Zaunrübe *f*.
bry·o·phyte [ˈbraɪəfaɪt] *s bot.* Bryo'phyt *m*, Moospflanze *f*.
bry·o·zo·an [ˌbraɪəˈzəʊən] *s zo.* Bryo'zoon *n*, Moostierchen *n*.
Bryth·on [ˈbrɪθən] *s hist.* cymbrischer Angehöriger der brit. Kelten. **Bry'thon·ic** [-ˈθɒnɪk; *Am.* -ˈθɑ-] *hist.* **I** *s ling.* Bry'thonisch *n*, Ursprache *f* der Kelten in Wales, Cornwall u. der Bre'tagne. **II** *adj* bry'thonisch.
bub [bʌb] *interj Am. colloq.* Freund (-chen)!
bub·bies [ˈbʌbiːz] *s pl vulg.* ‚Titten' *pl* (*Brüste*).
bub·ble [ˈbʌbl] **I** *s* **1.** (Luft-, Gas-, Seifen)Blase *f*. **2.** *bes. sport Am.* Traglufthalle *f*. **3.** *fig.* Seifenblase *f*. **4.** *fig.* Schwindel (*geschäft*) *m*: to **prick the ~ company** Schwindelfirma *f*. **5.** a) Sprudeln *n*, Brodeln *n*, (Auf)Wallen *n*, b) Perlen *n*. **II** *v/i* **6.** a) sprudeln, brodeln, (auf)wallen (*kochendes Wasser etc*), b) sprudeln, perlen (*Sekt etc*), c) Blasen bilden (*Gas*): to **~ up** aufsprudeln (*Sekt etc*), in Blasen aufsteigen (*Gas*); to **~ over** übersprudeln (**with** *vor dat*) (*a. fig.*). **~ and squeak** *s gastr.* Eintopfgericht aus Kohl, Kartoffeln (*u. Fleisch*). **~ bath** *s* Schaumbad *n* (*a. Badezusatz*). **~ can·o·py** *s aer.* stromlinienförmiger Baldachin. **~ cap** *s phys. tech.* Frakti'o¹nierbodenglocke *f*. **~ car** *s mot.* **1.** *Br.* Kleinstwagen *m*, Ka'binenroller *m*. **2.** Wagen *m* mit e-m ¹durchsichtigen, kugelförmigen Aufsatz. **~ cham·ber** *s Atomphysik*: Blasenkammer *f*. **~ dance** *s* Nackttanz *m* hinter

¹Luftbal₁lons. **~ gum** *s* **1.** Bubble-gum *m*, Bal'lon-, Knallkaugummi *m*. **2.** *mus. colloq.* ‚Teenyrock' *m*. **'~gum mu·sic** → bubble gum 2. **'~head·ed** *adj Am. colloq.* albern. **~ lev·el** *s tech.* Li'belle *f*, Wasserwaage *f*. **~ mem·o·ry** *s Computer*: (Ma¹gnet)Blasenspeicher *m*.
'bub·bler *s* Trinkwasserbrunnen *m*.
bub·ble|top *s* **1.** ¹durchsichtiger, kugelsicherer Aufsatz (*auf e-m Wagen*). **2.** → bubble umbrella. **~ um·brel·la** *s* ¹durchsichtiger, stark gewölbter (Regen)Schirm.
'bub·bly **I** *adj* **1.** sprudelnd. **2.** blasenförmig. **3.** *fig.* tempera¹mentvoll. **II** *s* **4.** *bes. Br. colloq.* ‚Schampus' *m* (*Sekt*).
bu·bo [ˈbjuːbəʊ] *pl* **-boes** *s med.* Bubo *m*, Lymphdrüsenschwellung *f*.
bu·bon·ic plague [bjuːˈbɒnɪk; *Am.* -ˈbɑ-] *s med.* Beulenpest *f*.
buc·cal [ˈbʌkəl] *adj anat.* a) buk'kal, Wangen...: **~ gland** Wangendrüse *f*, b) Mund...: **~ cavity** Mundhöhle *f*.
buc·ca·neer [ˌbʌkəˈnɪə(r)] **I** *s* Pi¹rat *m*, Seeräuber *m*, Freibeuter *m* (*a. fig.*), *hist. a.* Buka'nier *m*. **II** *v/i* Seeräube'rei betreiben.
Buch·man·ism [ˈbʊkmənɪzəm] *s relig.* Oxfordgruppenbewegung *f*, Mo¹ralische Aufrüstung.
buck¹ [bʌk] **I** *s* **1.** *zo.* (Hirsch-, Ziegen- *etc*)Bock *m*, *engS.* Rehbock *m*, *allg.* Männchen *n*, *bes.* a) Rammler *m* (*Hase, Kaninchen*), b) Widder *m*. **2.** *zo.* Anti¹lope *f*. **3.** *Am.* Stutzer *m*, Geck *m*. **4.** Draufgänger *m*, (toller) Kerl. **5.** *Am. contp.* a) Nigger *m*, b) Rothaut *f*. **6.** Bocken *m* (*vom Pferd*). **7.** *Am.* (Säge- *etc*)Bock *m*. **8.** *Turnen:* Bock *m*. **9.** *Poker: Gegenstand, der e-n Spieler daran erinnern soll, daß er am Geben ist:* **to pass the ~** *colloq.* den Schwarzen Peter weitergeben; **to pass the ~ to s.o.** *colloq.* j-m den Schwarzen Peter zuschieben *od.* zuspielen. **II** *v/i* **10.** bocken (*Pferd etc*). **11.** *bes. Am. colloq.* a) bocken, ‚meutern', sich auflehnen *od.* sträuben (**against** gegen), b) bocken, sich ruckweise fortbewegen (*Auto*), c) angehen (**against** gegen). **12.** **~ for s.th.** *Am. colloq.* sich rücksichtslos um etwas bemühen, etwas unbedingt haben wollen. **13.** *electr.* entgegenwirken. **14. ~ up** *colloq.* aufleben: **~ up!** Kopf hoch! **15. ~ up** *colloq.* sich ranhalten. **III** *v/t* **16.** den Reiter durch Bocken abzuwerfen versuchen: **to ~ (off)** *j-n* abwerfen. **17.** *bes. Am. colloq.* a) sich auflehnen *od.* sträuben gegen, b) angehen gegen. **18. ~ up** *colloq.* *j-n* aufmuntern. **19. ~ up** *colloq.* *j-m* Dampf machen. **20. to ~ one's ideas up** *colloq.* sich zs.-reißen. **21.** *Am. colloq.* weitereichen (**to an** acc) (*a. fig.*). **22.** *American Football:* (mit dem Ball) anstürmen gegen. **23.** *Am. colloq.* setzen *od.* wetten gegen. **24.** *electr.* kompen¹sieren. **IV** *adj* **25.** männlich. **26.** *mil. Am. sl.* einfach: **~ private** einfacher Soldat.
buck² *s Am. sl.* Dollar *m*: **to make big ~s** ein ‚Schweinegeld' verdienen; **to make a quick ~** ‚auf die schnelle' ein paar Dollar verdienen.
buck·a·roo [ˌbʌkəˈruː] *s Am.* Cowboy *m*.
'buck·board *s Am.* (ein) leichter, vierrädriger Wagen.
buck·et [ˈbʌkɪt] **I** *s* **1.** Eimer *m*, Kübel *m*: **to kick the ~** *colloq.* ‚den Löffel weglegen' (*sterben*). **2.** *tech.* a) Schaufel *f* (*e-s Schaufelrades*), b) Förderkübel *m*, Eimer *m* (*e-s Baggers*), c) Flügelrad *n*. **3.** *tech.* (Pumpen)Kolben *m*. **4.** (Leder)Behälter *m* (*für Peitsche, Karabiner etc*). **5.** *mar.* bucketful. **6.** *colloq.* a) ‚Kahn' *m* (*Schiff*), b) ‚Karre' *f* (*Auto*). **7.** *Am. sl.* ‚Kittchen' *n* (*Gefängnis*). **II** *v/t* **8.** schöp- fen: **to ~ out** ausschöpfen. **9.** *Br. sein Pferd* (ab)hetzen *od.* zu¹schanden reiten. **III** *v/i* **10. it's ~ing (down),** the rain's ~ing (down) *Br. colloq.* es gießt wie aus *od.* mit Kübeln. **11.** *a.* **~ along** (da¹hin-) rasen. **12.** *colloq.* holpern (*Fahrzeug*). **13.** *Am. colloq.* (**about, around** *in dat*) a) her¹umschlendern, b) her¹umgondeln. **~ con·vey·or** *s tech.* Becherförderer *m*, -werk *n*. **~ dredg·er** *s tech.* Löffel-, Eimerbagger *m*. **~ el·e·va·tor** → bucket conveyor.
'buck·et·ful [-fʊl] *s* (ein) Eimer(voll) *m*: **in ~s** eimerweise.
'buck·et| seat *s* **1.** *mot.* Schalensitz *m*. **2.** *aer. mot.* Klapp-, Notsitz *m*. **~ shop** *s* **1.** ¹unre₁elle Maklerfirma. **2.** *bes. Br.* kleine ‚windige' Firma. **~ wheel** *s tech.* Schöpfrad *n*.
'buck|eye *s Am.* **1.** *bot.* (e-e) ¹Roßka₁stanie. **2. B~** *colloq.* Bewohner(in) O'hios. **3.** *zo.* Nordamer. Pfauenauge *n* (*Schmetterling*). **~ fe·ver** *s hunt. u. weitS.* Lampenfieber *n*. **'~horn** *s* Hirschhorn *n*. **'~hound** *s* Jagdhund *m*.
'buck·ish *adj Br. obs.* stutzerhaft.
'buck₁jump·er *s* störrisches Pferd.
buck·le [ˈbʌkl] **I** *s* **1.** Schnalle *f*, Spange *f*. **2.** *mil.* Koppelschloß *n*. **3.** verbogene *od.* verzogene Stelle (*bes. in Metall*). **II** *v/t* **4.** *a.* **~ up** zu-, festschnallen: **to ~ on** anschnallen; **to ~ s.o. into one's seat** *mot. aer.* sich anschnallen. **5.** *bes. Metall* verbiegen, verziehen. **6. to ~ o.s. to a task** *colloq.* a) sich auf e-e Aufgabe vorbereiten, b) sich hinter e-e Aufgabe ‚klemmen'. **III** *v/i* **7.** mit e-r Schnalle *od.* Spange geschlossen werden. **8.** *a.* **~ up** sich (leicht *etc*) zu- *od.* festschnallen lassen. **9. ~ up** *mot. aer.* sich anschnallen. **10.** sich verbiegen *od.* verziehen (*Metall etc*). **11. off ~ up** einknicken, zs.-sacken, nachgeben (**under** *unter dat*). **12.** *fig.* zs.-brechen (**under** *unter dat*). **13. meist ~ down** *colloq.* ‚sich da¹hinterklemmen': **to ~ down to a task** → 6 b. **14. ~ to** *colloq.* ‚sich am Riemen reißen'.
'buck·led *adj* mit e-r Schnalle versehen *od.* befestigt, Schnallen...
'buck·ler *s* **1.** kleiner runder Schild. **2.** *zo.* Schild *m*. **3.** *fig.* a) Schutz *m*, b) Beschützer(in).
'buck·ling| load *s tech.* Knicklast *f*. **~ re·sist·ance, ~ strength** *s tech.* Knickfestigkeit *f*.
buck·o [ˈbʌkəʊ] **I** *pl* **-oes** *s Am. für* bully² 1. **II** *interj bes. Ir.* Freund(chen)!
'buck-₁pass·ing *s colloq.* Drückeberge'rei *f*.
buck·ram [ˈbʌkrəm] **I** *s* **1.** Buckram *m*, *a. n*, Buchbinderleinwand *f*. **2.** *fig. obs.* Steifigkeit *f*. **II** *v/t* **3.** mit Buckram füttern, versteifen. **III** *adj* **4.** *fig. obs.* steif, for¹mell.
'buck·saw *s* Bocksäge *f*.
buck·shee [ˌbʌkˈʃiː] *adj u. adv Br. colloq.* gratis, um¹sonst: **~ ticket** Freikarte *f*.
'buck|·shot *s hunt.* grober Schrot, Rehposten *m*. **'~skin** *s* **1.** Wildleder *n*. **2.** *pl a.* **pair of ~s** *Am.* Lederhose *f*. **3.** Buckskin *m* (*geköperter Wollstoff*). **4.** *Am. hist.* ¹Hinterwäldler *m*. **5.** *Am.* Falbe *m*. **~ slip** *s Am.* innerbetriebliche Mitteilung, ¹Aktenno₁tiz *f*. **'~thorn** *s bot.* Weg-, Kreuzdorn *m*. **'~tooth** *s irr* vorstehender Zahn. **'~wheat** *s bot.* (ein) Buchweizen *m*.
bu·col·ic [bjuːˈkɒlɪk; *Am.* -ˈkɑ-] **I** *adj* **1.** bu'kolisch: a) Hirten..., b) ländlich, i'dyllisch. **II** *s* **2.** *humor.* Landmann *m*, Bauer *m*. **3.** *lit.* Hirtengedicht *n*.
bu'col·i·cal → bucolic I.
bud¹ [bʌd] **I** *s* **1.** *bot.* Knospe *f*, Auge *n*: **to be in ~** knospen. **2.** Keim *m*. **3.** *fig.* Keim *m*: a) Anfangsstadium *n*, b) erste Ansätze *pl*, (zaghafter) Beginn: **to nip in the ~** im

Keim ersticken. **4.** *zo.* Knospe *f*, Keim *m*. **5.** *biol.* in der Entwicklung befindliches Or'gan. **7.** *Am. colloq.* für **debutante**. **8.** (noch) ,in den Kinderschuhen stek-kende' Sache. **II** *v/i* **9.** knospen, keimen, sprossen. **10.** *a.* ~ **out,** ~ **up** sich entwickeln *od.* entfalten, her'anreifen: **a** ~**ding lawyer** ein angehender Jurist; **to** ~ **off (from)** erwachsen (aus *dat*). **III** *v/t* **11.** *agr.* oku'lieren.
bud² [bʌd] → **buddy** II.
Bud·dhism ['bʊdɪzəm] *s* Bud'dhismus *m.* '**Bud·dhist** I *s* Bud'dhist *m*. II *adj* bud'dhistisch. **Bud'dhis·tic** *adj* bud-'dhistisch.
bud·dy ['bʌdɪ] *bes. Am. colloq.* **I** *s* ,Kumpel' *m*, Kame'rad *m*, ,Spezi' *m*. **II** *interj* (*bes. drohend*) Freund(chen)! ,**bud·dy--'bud·dy** *adj*: **to be** ~ **with** s.o. *bes. Am. colloq.* mit j-m ,dick' befreundet sein.
budge¹ [bʌdʒ] *meist neg* **I** *v/i* sich regen, sich (von der Stelle) rühren, sich (im geringsten) bewegen: **he didn't** ~; **to** ~ **from one's opinion** von s-r Meinung abrücken *od.* abgehen. **II** *v/t* (vom Fleck) bewegen: **to** ~ **s.o. from his opinion** j-n von s-r Meinung abbringen.
budge² [bʌdʒ] *s* (gegerbtes) Lammfell.
budg·er·i·gar ['bʌdʒərɪɡɑː(r)] *s orn.* Wellensittich *m*.
budg·et ['bʌdʒɪt] **I** *s* **1.** *bes. pol.* Bud'get *n*, Haushaltsplan *m*, (Staats)Haushalt *m*, E'tat *m*; ~ **bill** *Am.* Haushaltsvorlage *f*; ~ **cut** Etatkürzung *f*; ~ **grant** bewilligte Haushaltsmittel *pl*; **according to** ~ etatmäßig; **to make a** ~ e-n Haushaltsplan aufstellen; **to** ~ **before** ~ das Budget vorlegen. **2.** Bud'get *n*, E'tat *m*, Fi'nanzen *pl*: **family** ~; **for the low** ~ für den schmalen Geldbeutel; ~ **account** Kundenkonto *n*; ~-**conscious** preisbewußt; ~-**priced** preis-, kostengünstig; ~ **dress** preisgünstiges Kleid. **3.** Bündel *n*: **a** ~ **of letters.** **4.** Vorrat *m*, Menge *f*: **a** ~ **of news** ein Sackvoll Neuigkeiten. **II** *v/t* **5.** *a*) Mittel bewilligen *od.* vorsehen, *b*) e-e Ausgabe einplanen. **6.** haushalten mit, gut einteilen. **III** *v/i* **7.** planen, ein Bud-'get machen: **to** ~ **for** die Kosten für *etwas* veranschlagen, e-e Ausgabe von … vorsehen. **'budg·et·a·ry** [-tərɪ; *Am.* -ˌterɪ] *adj* **1.** *bes. pol.* Budget…, Etat… *f*. Finanz…
budg·ie ['bʌdʒɪ] *colloq. für* budgerigar.
buff¹ [bʌf] *s* **1.** starkes Ochsen- (*ursprünglich* Büffel)Leder. **2.** Lederbraun *n*, Lederfarbe *f*. **3.** *colloq.* bloße Haut: **in the** ~ **in** *Adams- od.* Evaskostüm; **to strip to the** ~ *a*) sich nackt auszuziehen, *b*) alle Hüllen fallen lassen. **4.** *tech.* Schwabbelscheibe *f*. **II** *adj* **5.** aus starkem Leder. **6.** lederfarben. **III** *v/t* **7.** *tech.* schwa⬦beln, po'lieren.
buff² [bʌf] *s colloq.* (*in Zssgn*) …fan *m*: film ~.
buff³ [bʌf] *s obs.* Puff *m*, Schlag *m*.
buf·fa·lo ['bʌfələʊ] **I** *pl* **-loes, -los,** *bes. collect.* **-lo** *s* **1.** *zo.* (*ein*) Büffel *m*, *bes.* *a*) Indischer Arni-Büffel, Kerabau *m*, *b*) Büffel *m*, Nordamer. Bison *m*. **2.** Büffelfell *n* (*als Reisedecke*). **II** *v/t* **3.** *Am. colloq.* *a*) j-n ,reinlegen', täuschen, *b*) j-n ins Bockshorn jagen, einschüchtern, *c*) j-n verwirren, aus der Fassung bringen. ~ **chips** *s pl* getrockneter Büffelmist (*als Brennstoff*). ~ **grass** *s bot.* Büffelgras *n*. ~ **robe** → buffalo 2.
'**buff·er¹** **I** *s* **1.** *tech.* *a*) Stoßdämpfer *m*, *b*) Puffer *m* (*a. fig.*), *c*) Prellbock *m* (*a. fig.*), *d*) *mil.* (Rohr)Rücklaufbremse *f*. **2.** *electr.* *a*) Puffer *m*, Entkoppler *m*, *b*) Trennkreis *m*, -stufe *f*. **3.** *Computer*: Puffer *m*. **4.** *chem.* *a*) Puffer *m*, *b*) Pufferlösung *f*. **5.** *pol.* Pufferstaat *m*. **II** *v/t* **6.** Stöße (ab)dämpfen, als Puffer wirken gegen. **7.** *Computer*: puffern, zwischenspeichern. [mann *m*.]
'**buff·er²** *s*: (old) ~ *Br. colloq.* Blöd-'
buff·er|**bar** *s tech.* **1.** *rail.* Kopfschwelle *f*. **2.** Stoßstange *f*. ~ **mem·o·ry** *s Computer*: Pufferspeicher *m*. ~ **so·lu·tion** *s chem.* Pufferlösung *f*. ~ **stage** *s electr.* Trennstufe *f*. ~ **state** *s pol.* Pufferstaat *m*. ~ **stock** *s econ.* Ausgleichs-, Puffervorrat *m*. ~ **zone** *s mil.* Pufferzone *f*.
buf·fet¹ ['bʌfɪt] **I** *s* **1.** *a*) (Faust)Schlag *m*, *b*) Ohrfeige *f*. **2.** *fig.* (Schicksals)Schlag *m*: ~**s of fate.** **II** *v/t* **3.** *a*) j-m e-n (Faust-)Schlag versetzen, *b*) j-m e-e Ohrfeige geben. **4.** *a.* ~ **about** 'durchrütteln, -schütteln. **5.** ankämpfen gegen (*acc*). **6. to** ~ **one's way through the crowd** sich durch die Menge (hindurch)kämpfen. **III** *v/i* **7.** kämpfen: **to** ~ **against** ankämpfen gegen (*acc*); **to** ~ **through the crowd** → 6. **8.** *aer.* flattern (*Leitwerk*).
buf·fet² ['bʌfɪt; *Am.* bə'feɪ] *s* **1.** Bü'fett *n*, Anrichte *f*. **2.** [*Br.* 'bʊfeɪ] Bü'fett *n*: *a*) Theke *f*, *b*) Tisch mit Speisen u. Getränken: ~ **dinner, ~ luncheon** kaltes Büfett. ~ **car** *s* Bü'fettwagen *m*.
'**buf·fet·ing** *s aer.* Flatterschwingung *f* (*des Leitwerks*).
buf·fi ['bʊfɪ] *pl von* buffo.
'**buf·fing** **wheel** *s tech.* Schwabbelscheibe *f*.
buf·fo ['bʊfəʊ] *mus.* **I** *pl* **-fos,** *a.* **-fi** [-fɪ] *s* Buffo *m*. **II** *adj* Buffo…: ~ **aria**.
buf·foon [bə'fuːn] *s* Possenreißer *m*, Hans'wurst *m* (*a. fig. contp.*): **to play the** ~ den Hanswurst spielen. **buf·foon·er·y** [-ərɪ] *s* Possen(reißen *n*) *pl*.
bug¹ [bʌɡ] **I** *s* **1.** *zo.* Wanze *f*, *b*) *bes. Am. allg.* In'sekt *n* (*Käfer, Spinne, Fliege etc*). **2.** *colloq.* *a*) Ba'zillus *m* (*a. fig.*): **I must have picked up a** ~ **somewhere** ich muß mir irgendwo e-n Bazillus ,eingehandelt' haben, *b*) *fig.* Leidenschaft *f*, Spleen *m*, ,Fieber' *n*: **bitten by the golf** ~ von der Golfleidenschaft gepackt; **he got bitten by** (*od.* **he's got**) **the** ~ ihn hat's gepackt. **3.** *Am. colloq.* *a*) Fa'natiker(in), (Foto-, Ski- *etc*)Fex *m*, (-)Narr *m*: **camera** ~, **ski** ~, *b*) Verrückte(r *m*) *f*. **4.** *colloq.* *a*) (technischer) De'fekt, *pl* ,Mucken' *pl*, *b*) *Computer*: Programˈmierfehler *m*. **5.** *colloq.* *a*) *Am.* Wanze *f*, *b*) *teleph. Am.* Abhörvorrichtung *f*, *c*) Wanze *f*, ˈMinispiˌon' *m*. **II** *v/t* **6.** *Am. colloq.* *a*) ärgern, wütend machen, *b*) nerven, j-m ,auf den Wecker fallen'. **7.** *colloq.* *a*) e-e A'larmanlage einbauen in (*acc od. dat*), *b*) *Am.* Telefongespräche abhören, *c*) Wanzen' anbringen in (*dat*). **III** *v/i* **8.** ~ **off** *colloq.* (*bes. imp*) sich abhauen', verschwinden. **9.** *Am. colloq.* her-'vortreten, -quellen (*Augen*).
bug² [bʌɡ] *s obs.* → bugaboo.
bug·a·boo ['bʌɡəbuː] *s* (Schreck)Gespenst *n* (*a. fig.*).
'**bug**|**bear** *s* Popanz *m*, (Schreck)Gespenst *n*. '~**bite** *s* Wanzen-, *bes. Am.* In'sektenstich *m*.
bug·ger ['bʌɡə(r); *Am. a.* 'buː-] **I** *s* **1.** *a*) j-d, der A'nalverkehr prakti'ziert, *b*) Homosexu'elle(r) *m*, *c*) Sodo'mit *m*. **2.** *vulg.* *a*) ,Scheißkerl' *m*, *b*) *allg.* Bursche *m*, Kerl *m*: **a poor** ~ ein armer Hund, ein armes Schwein, *c*) **that job is a real** ~ diese Arbeit ist einfach ,beschissen'; **this** ~ **of a headache** diese verfluchten Kopfschmerzen. **II** *interj* **3.** *vulg.* ,Scheiße!' **III** *v/t* **4.** *a*) a'nal verkehren mit, *b*) Sodo'mie treiben mit. **5.** *vulg.* j-n ,fertigmachen': **we were completely** ~**ed up** wir waren ,fix u. fertig'. **6.** *vulg.* ~ **it!** ,Scheiße!'; ~ **him!** *b*) dieser ,Scheißkerl'!, *b*) der soll mich mal am Arsch lecken! **7.** ~ **about** (*od.* **around**) *vulg. Br. a*) j-n wie e-n Deppen behandeln, *b*) j-n ,verarschen'. **8. meist** ~ **up** *vulg.* etwas ,versauen': ~**ed up** ,im Arsch'. **IV** *v/i* **9.** ~ **about** (*od.* **around**) *vulg.* *a*) her'umgammeln, herumspielen (**with** mit). **10.** ~ **off** *vulg.* (*meist imp*) ,sich verpissen'. '**bug·ger·y** [-ərɪ] *s a*) A'nalverkehr *m*, *b*) Sodo'mie *f*.
bug·gy¹ ['bʌɡɪ] *adj* **1.** *a*) verwanzt, *b*) *bes. Am.* von In'sekten befallen. **2.** *Am. sl.* verrückt.
bug·gy² ['bʌɡɪ] *s* **1.** Buggy *m*: *a*) leichter, einspänniger Wagen, vierrädrig in den USA, zweirädrig in England, *b*) *mot.* geländegängiges Freizeitauto mit offener Kunststoffkarosserie. **2.** → baby buggy.
'**bug**ˌ**house** *Am. sl.* **I** *s* ,Klapsmühle' *f* (*Nervenheilanstalt*). **II** *adj* verrückt.
bu·gle¹ ['bjuːɡl] **I** *s* **1.** (Wald-, Jagd)Horn *n*. **2.** *mil.* Si'gnalhorn *n*: **to sound the** ~ ein Hornsignal blasen; ~ **call** Hornsignal *n*. **II** *v/t u. v/i* **3.** *bes. mil.* den Horn blasen.
bu·gle² ['bjuːɡl] *s* Glas-, Schmelzperle *f*.
bu·gle³ ['bjuːɡl] *s bot.* Günsel *m*.
'**bu·gler** *s* Hor'nist *m*.
build [bɪld] **I** *v/t pret u. pp* **built** [bɪlt] **1.** (er)bauen, errichten, erstellen: **to** ~ **a house**; **to** ~ **a railroad** e-e Bahnlinie bauen; **to** ~ **a fire** (ein) Feuer machen; **to** ~ **on** anbauen. **2.** bauen: *a*) konstru'ieren, machen, *b*) 'herstellen, fertigen: **to** ~ **cars**; **to** ~ **in(to)** einbauen (in *acc*) (*a. fig.*); → **built-in**. **3.** ~ **up** zu-, vermauern, zubauen, *b*) Gelände bebauen: **to** ~ **up an area**; → **built-up area**. **4.** ~ **up** aufbauen, schaffen, gründen: **to** ~ **up an empire**; **to** ~ **up a business**; **to** ~ **up an existence** (sich) e-e Existenz aufbauen; **to** ~ **up a reputation** sich e-n Namen machen; **to** ~ **up one's health** s-e Gesundheit festigen. **5.** gestalten, bilden. **6.** zs.-stellen, -tragen, (an)sammeln, e-e Briefmarkensammlung etc aufbauen: **to** ~ **up a case** (Beweis)Material zs.-tragen. **7.** ~ **up** vergrößern, steigern, erhöhen. **8.** ~ **up** *fig.* j-n (*in der Presse etc*) ,aufbauen', lan'cieren, groß her'ausstellen, Re'klame machen für. **9. to** ~ **one's hope on** s-e Hoffnung setzen auf (*acc*). **10.** ~ **up** *electr. phys.* einschwingen, aufschaukeln. **II** *v/i* **11.** bauen. **12.** *fig.* bauen, sich verlassen (**on, upon** auf *acc*). **13. to be** ~**ing** im Bau (begriffen) sein. **14.** ~ **up** zunehmen, sich vergrößern *od.* steigern *od.* erhöhen, (*Musik etc*) anschwellen (**to** zu). **15.** ~ **up** sich bilden: **traffic queues built up**. **III** *s* **16.** Bauart *f*, Form *f*, Gestalt *f*. **17.** Körperbau *m*, Fi'gur *f*, Sta'tur *f*. **18.** Schnitt *m* (*Kleid*). **19.** *Am.* Steigerung *f*, Intensi'vierung *f*. '**build·er** *s* **1.** Erbauer *m*. **2.** 'Bauunterˌnehmer *m*: ~'**s laboˌ(u)rer** Bauhilfsarbeiter *m*. **3.** Bauhandwerker *m*.
'**build·ing** *s* **1.** (Er)Bauen *n*, Errichten *n*. **2.** *a*) Bauwesen *n*, *b*) *a.* ~ **construction** Hochbau *m*. **3.** Gebäude *n*, Bau(werk *n*) *m*. ~ **and loan as·so·ci·a·tion** *s Am.* → **building society**. ~ **block** *s* **1.** (Zeˈment- *etc*) Block *m* für Bauzwecke. **2.** *tech. u. fig.* Baustein *m*: ~ **system** *tech.* Bausteinsystem *n*. **3.** Baustein *m*, (Bau-) Klötzchen *n* (*für Kinder*). ~ **con·tractor** → **builder** 2. ~ **freeze** *s* Baustopp *m*. ~ **in·dus·try** *s* Baugewerbe *n*, -wirtschaft *f*. ~ **lease** *s jur. Br.* Baupacht(vertrag *m*) *f* (*mit Bau- u. Nutzungsrecht des Pächters*). ~ **line** *s tech.* Baufluchtˌ(linie) *f*, Fluchtlinie *f*. ~ **lot** → **building plot**. ~ **own·er** *s* Bauherr *m*. ~ **plot** *s* Bauplatz *m*, -grundstück *n*. ~ **site** *s* **1.** → **building plot**. **2.** Baustelle *f*. ~ **so·ci·e·ty** *s Br.* Bausparkasse *f*. ~-'**up**

pro·cess *s electr. phys.* Aufschaukelvorgang *m*.
'build-up *s* **1.** Aufbau *m*. **2.** *fig.* (starker) Zuwachs, Zunahme *f*. **3.** Re'klame *f*, Propa'ganda *f*, Publizi'tät *f*: **to give** *s.o.* **a ~** → **build 8**.
built [bɪlt] **I** *pret u. pp von* **build**. **II** *adj* gebaut, konstru'iert, geschaffen, geformt: **well ~** gut gebaut; **~ for** geschaffen für; **he is ~ that way** *colloq.* so ist er eben. **~ in I** *adj arch. tech.* eingebaut (*a. fig.*), Einbau...: **~ furniture** Einbaumöbel *pl*. **II** *s meist pl* Einbaumöbel *n*. **'~-up ar·e·a** *s* bebautes Gelände *n*. Gebiet, *Verkehr:* geschlossene Ortschaft.
bulb [bʌlb] **I** *s* **1.** *bot.* a) Knolle *f*, Zwiebel *f* (*e-r Pflanze*), b) Zwiebelgewächs *n*. **2.** zwiebelförmiger Gegenstand, ('Glas-*etc*)Bal,lon *m*, Birne *f*, *bes.* a) (Thermo-'meter)Kugel *f*, b) *electr.* Glühbirne *f*, -lampe *f*, c) *electr.* (Röhren)Kolben *m*, d) *phot.* Ball'lonauslöser *m*. **3.** *anat.* zwiebelförmiger ana'tomischer Teil (*Zahnwurzel etc*). **4.** *med.* Schwellung *f* e-s Or'gans (*Harnröhre etc*). **II** *v/t* **5.** *a.* **~ out** anschwellen. **6.** *bot.* Knollen *od.* Zwiebeln bilden. **bulbed** *adj* **1.** knollenförmig, knollig, wulstig. **2.** *bot.* knollig, zwiebelartig. **'bulb·i·form** [-bɪfɔː(r)m] → **bulbed 1**.
bul·bous ['bʌlbəs] *adj* → **bulbed:** **~ nose** Knollennase *f*. **~ root** *s bot.* Knollenwurzel *f*.
Bul·gar ['bʌlɡɑ:(r); *Am. a.* 'bʊl-] → **Bulgarian 1**. **Bul'gar·i·an** [-'ɡeərɪən] **I** *s* **1.** Bul'gare *m*, Bul'garin *f*. **2.** *ling.* Bul'garisch *n*, das Bulgarische. **II** *adj* **3.** bul'garisch.
bulge [bʌldʒ] **I** *s* **1.** (Aus)Bauchung *f*, (*a. mil.* Front)Ausbuchtung *f*, Vorsprung *m*, Wulst *m*, Anschwellung *f*, Beule *f*, Buckel *m*: **Battle of the B~** Ardennenschlacht *f* (*1944*); **to fight the battle of the ~** *humor.* gegen sein Übergewicht ankämpfen; **~ electrode** Bauchelektrode *f*. **2.** Rundung *f*, Bauch *m* (*vom Faß etc*). **3.** *mar.* a) → **bilge 2**, b) *mil.* Tor'pedowulst *m*. **4. to get the ~ on** *Am. colloq.* die Oberhand gewinnen über (*acc*). **5.** *fig.* Anschwellen, Anwachsen *n*, Zunahme *f*. **6.** *econ.* (plötzlicher) Preisanstieg. **7.** ra'pide Zunahme: **population ~** Bevölkerungsexplosion *f*. **II** *v/i* **8.** *a.* **~ out** sich (aus)bauchen, bauchig her'vortreten, her'vorquellen (*a. Augen*), sich blähen *od.* bauschen: **his eyes will ~** *colloq.* er wird ,Stielaugen' machen. **9.** sich (plötzlich *od.* schwerfällig) schieben (**into** *acc*): **to ~ into vision. 10. ~ with** strotzen von, (fast) platzen vor (*dat*), (zum Bersten) voll sein von *od.* mit. **III** *v/t* **11.** s-e Backen aufblähen. **12.** s-e Taschen vollstopfen (**with** mit). **'bulger** *s Golf:* Bulger *m* (*Holzschläger mit stark konvexer Schlagfläche*). **'bulg·y** *adj* bauchig (her'vortretend), geschwollen.
bu·lim·i·a [bjuː'lɪmɪə] *s med.* Buli'mie *f*, Gefräßigkeit *f*.
bulk [bʌlk] **I** *s* **1.** 'Umfang *m*, Vo'lumen *n*, Größe *f*, Masse *f*, Menge *f*. **2.** große *od.* massige Gestalt, (hochragende *od.* dunkle *od.* schwere) Masse. **3.** 'Körper,umfang *m*, -fülle *f*. **4.** (der) größere Teil, Großteil *m*, Hauptteil *m*, -masse *f*, (*die*) Mehrheit: **the ~ of our property; the ~ of the citizens**. **5.** *econ.* unverpackte (Schiffs)Ladung: **in ~** *econ.* a) lose, unverpackt, b) in großen Mengen, en gros: **to sell in ~** (*od.* **by the**) im ganzen *od.* in Bausch u. Bogen verkaufen; **to break ~** *mar.* zu löschen anfangen; **~ manufacture** Massenfertigung *f*. **II** *v/i* **6.** 'umfangreich *od.* massig *od.* sperrig sein (*fig.*), wichtig sein: **to ~ large** *fig.* e-e große Rolle spielen. **7.** *oft* **~ up** a) (an-, auf)schwellen, b) hochragen. **III** *v/t* **8.** *Am.* a) *bes.* Tabak aufstapeln, b) Teesorten mischen. **~ buy·ing** *s econ.* Massenankauf *m*, Mengen-, Großeinkauf *m*. **~ car·go** *s econ.* Schüttgut *n*. **~ e·ras·er** *s tech.* Löschspule *f*. **~ goods** *s pl* → **bulk cargo**. **'~ head** *s* **1.** *mar.* Schott *n*. **2.** *tech.* a) Schutzwand *f*, b) Spant *m*.
bulk·i·ness ['bʌlkɪnɪs] *s* **1.** Größe *f*, 'Umfang *m*. **2.** (*das*) Massige.
bulk mail *s Am.* Postwurfsendung *f*. **~ mort·gage** *s Am.* Verpfändung *f* ganzer Bestände. **~ pur·chase** *s* bulk buying. **~ sale**, **~ sell·ing** *s econ.* Massenverkauf *m*. **~ stor·age** *s Computer:* Großraumspeicher *m*.
'bulk·y *adj* **1.** sehr 'umfangreich, massig. **2.** unhandlich, sperrig: **~ goods** sperrige Güter, Sperrgut *n*; **~ refuse** (*od.* **waste**) Sperrmüll *m*.
bull¹ [bʊl] **I** *s* **1.** *zo.* Bulle *m*, (Zucht)Stier *m*: **to take the ~ by the horns** den Stier bei den Hörnern packen; **like a ~ in a china shop** wie ein Elefant im Porzellanladen. **2.** (Ele'fanten-, Elch-, Wal-, *etc*)Bulle *m*, Männchen *n* (*großer Säugetiere*). **3.** *colloq.* Bulle *m*, bulliger *od.* ungeschlachter Kerl. **4.** *econ.* Haussi·er *m*, 'Haussespekul,lant *m*: **to go a ~** → **12**. **5.** *Am. sl.* „Bulle" *m* (*Polizist*). **6.** **B~** *astr.* Stier *m* (*Sternbild*). **7.** → **bull's-eye 3** a. **II** *v/t* **8.** *econ.* a) die Preise für (*etwas*) in die Höhe treiben, b) *die Kurse* in die Höhe treiben. **9.** *die Kuh* decken (*Stier*). **10. to ~ one's way through the crowd** sich durch die Menge (hindurch)kämpfen. **III** *v/i* **11.** den Stier annehmen (*Kuh*). **12.** *econ.* auf Hausse spekulieren. **13.** im Preis steigen. **IV** *adj* **14.** männlich (*Tier*). **15.** *econ.* a) steigend (*Preise*), b) Hausse...: **~ campaign** Kurstreiberei *f*, Angriff *m* der Haussepartei; **~ market** Hausse *f*; **~ operation** Haussespekulation *f*.
bull² [bʊl] *s* (päpstliche) Bulle.
bull³ [bʊl] *s colloq.* **1.** a) „Quatsch" *m*, Blödsinn *m*, b) Schnitzer *m*, (grober) Fehler, c) komisch wirkende logische Ungereimtheit. **2. to shoot the ~** *Am. colloq.* a) schwatzen, b) ,große Töne spucken', angeben.
bul·lace ['bʊlɪs] *s bot.* Pflaumenschlehe *f*.
bull calf *s irr zo.* Stier-, Bullenkalb *n*. **'~ dag·ger** *s sl.* ,kesser Vater' (*Lesbierin, die sich betont männlich kleidet u. gibt*). **'~ dike** → **bulldagger**. **'~ dog I** *s* **1.** *zo.* Bulldogge *f*, Bullenbeißer *m*. **2.** *fig.* a) mutiger Kerl, b) zäher *od.* hartnäckiger Bursche. **3.** *univ. Br.* Begleiter *m* des Proctors. **4.** 'großka,librige Pi'stole mit kurzem Lauf. **II** *adj* **5.** a) mutig, b) zäh, hartnäckig. **III** *v/t* **6.** *Am.* e-n Stier bei den Hörnern packen u. werfen. **'~ dog e·di·tion** *s Am.* Frühausgabe *f* (*e-r Zeitung*). **'~ doze** *v/t* **1.** *colloq.* a) einschüchtern, terrori'sieren, b) j-n zwingen (**into do·ing s.th.** etwas zu tun). **2.** *colloq.* **to ~ a bill through parliament** e-e Vorlage im Parlament durchpeitschen; **to ~ one's way through the crowd** sich e-n Weg durch die Menge bahnen. **3.** *tech.* (mit e-r Planierraupe) planieren, räumen. **~ doz·er** *s* **1.** *tech.* Pla'nierraupe *f*, Bulldozer *m*. **2.** → **bully² 1** a, b. **'~ dyke** → **bulldagger**.
bul·let ['bʊlɪt] *s* (Gewehr-, Pi'stolen)Kugel *f*: **to bite (on) the ~** *colloq.* in den sauren Apfel beißen; **to give s.o. the ~** *colloq.* ,gefeuert' (*entlassen*) *werden*. **'~ head** *s* **1.** Rundkopf *m*. **2.** *Am. colloq.* Dickkopf *m*. **'~ head·ed** *adj* **1.** rundköpfig. **2.** *Am. colloq.* dickköpfig.
bul·le·tin ['bʊlɪtɪn] *s* **1.** Bulle'tin *n*: a) Tagesbericht *m* (*a. mil.*), b) *med.* Krankenbericht *m*, c) offizi'elle Bekanntmachung. **2.** Mitteilungsblatt *n*. **3.** *Rundfunk, TV:* Kurznachricht(en *pl*) *f*. **~ board** *s Am.* Schwarzes Brett, Anschlagtafel *f*.
'bul·let-proof I *adj* **1.** kugelsicher: **~ vest**; **~ glass** Panzerglas *n*. **2.** *fig. Am.* hieb- u. stichfest (*Argument etc*). **II** *v/t* **3.** kugelsicher machen. **~ trap** *s* Kugelfang *m*. **~ wound** *s* Schußwunde *f*, -verletzung *f*.
'bull·fight *s* Stierkampf *m*. **'~ fight·er** *s* Stierkämpfer *m*. **'~ finch** *s orn.* (ein) Dompfaff *m*, (*bes. Gemeiner*) Gimpel. **'~ frog** *s zo.* Ochsenfrosch *m*. **'~ head** *s* **1.** *fig.* a) Dummkopf *m*, b) Dickkopf *m*. **2.** *ichth.* a) (ein) Kaulkopf *m*, b) (*ein*) Katzenwels *m*. **'~ head·ed** *adj* dickköpfig. **'~ horn** *s Am.* Mega'phon *n*.
bul·lion ['bʊljən] *s* **1.** ungemünztes Gold *od.* Silber. **2.** Gold-, Silberbarren *m*: **~ point** *econ.* Goldpunkt *m*. **3.** *a.* **~ fringe** Gold-, Silbertroddel *f*, -schnur *f*, -litze *f*. **'bul·lion·ism** *s econ.* Metall'ismus *m*. **'bul·lion·ist** *s* Anhänger *m* der reinen Me'tallwährung.
'bull·ish *adj* **1.** bullenartig, bullig. **2.** dickköpfig. **3.** *econ.* a) 'haussetendenzi,ös, steigend, b) Hausse...: **~ tendency** (*od.* **tone**) Haussetendenz *f*. **4.** opti'mistisch: **to be ~ on** *s.th.* etwas optimistisch sehen.
bull moose *s zo. Amer.* Elchbulle *m*. **'~ necked** *adj* stiernackig. **~ nose** *s* abgerundete Kante. **'~ nosed** *adj* mit abgerundeten Kanten.
bull·ock ['bʊlək] *s zo.* Ochse *m*.
bull pen *s Am. colloq.* **1.** große Zelle (*für Untersuchungshäftlinge*). **2.** *Baseball:* Übungsplatz *m* für Re'servewerfer. **3.** 'Großraumbü,ro *n*. **~ ring** *s* 'Stierkampfa,rena *f*. **'~ roar·er** *s* (Kinder-) Rassel *f*. **~ ses·sion** *s Am. colloq.* angeregtes Männergespräch.
bull's-eye ['bʊlzaɪ] *s* **1.** *arch. mar.* Bullauge *n*, rundes Fensterchen. **2.** *a.* **~ pane** Ochsenauge *n*, Butzenscheibe *f*. **3.** a) Zentrum *n*, (*das*) Schwarze (*der Zielscheibe*): **to hit the ~** ins Schwarze treffen (*a. fig.*), b) *a. fig.* Schuß *m* ins Schwarze, Volltreffer *m*. **4.** a) Kon'vexlinse *f*, b) ('Blend)La,terne *f* (*mit Kon'vexlinse*). **5.** kugelförmiger Bon'bon.
'bull·shit *vulg.* **I** *s* ,Scheiß' *m*: **to talk ~** → **II**. **II** *v/i. irr* ,Scheiß' reden.
bull ter·ri·er *s zo.* Bullterrier *m*.
bul·ly¹ ['bʊlɪ] *s* Rinderpökelfleisch *n*.
bul·ly² ['bʊlɪ] **I** *s* **1.** a) bru'taler Kerl, ,Schläger' *m*, b) Ty'rann *m*, (Kame'raden)Schinder *m*, c) Maulheld *m*. **2.** *obs.* Zuhälter *m*. **II** *v/t* **3.** tyranni'sieren, drangsa'lieren, schika'nieren, ,piesacken', einschüchtern: **to ~ s.o. about** (*od.* **around**) j-n herumkommandieren; **to ~ s.o. into doing s.th.** j-n so einschüchtern, daß er etwas tut. **III** *adj u. interj* **4.** ,prima': **~ for you!** a) na und?, b) *iro.* gratuliere!
bul·ly³ [bʊlɪ] (*Hockey*) **I** *s* Bully *n*. **II** *v/t*: **to ~** (*Br. a.* **~ off**) **the ball** → **III**. **III** *v/i Br. a.* **~ off** das Bully ausführen.
bul·ly beef *s* bully¹. **'~ rag** *v/t colloq.* mit j-m Schindluder treiben.
bul·rush ['bʊlrʌʃ] *s bot.* (große) Binse.
bul·wark ['bʊlwə(r)k] *s* **1.** *a. fig.* Bollwerk *n*, Wall *m*. **2.** Hafendamm *m*, Mole *f*. **3.** *mar.* Schanzkleid *n*.
bum¹ [bʌm] *s bes. Br. colloq.* „Hintern" *m*.
bum² [bʌm] *bes. Am. colloq.* **I** *s* **1.** a) Tagedieb *m*, ,fauler Hund' *m*, b) 'Herumtreiber *m*, (*junger*) Gammler *m*. **2.** ,Schnorrer' *m*, ,Nassauer' *m*. **3.** a) Tippelbruder *m*, b) um'herziehender Gelegenheitsarbeiter. **4.** Säufer *m*. **5.** ,Saukerl' *m*. **6.** (in

bumbailiff – bur

Zssgn) ...narr *m*: baseball ~. **7. to give s.o the ~'s rush** *j-n* ‚rausschmeißen'; **to get the ~'s rush** ‚rausgeschmissen' werden. **8.** ‚Schnorren' *n*, ‚Nassauern' *n*: **to come to s.o. on the ~** zu *j-m* zum Schnorren kommen. **9.** Tippeln *n*: **to be on the ~** tippeln. **10.** ‚Saufe¦rei' *f*. **11. on the ~** kaputt, ‚im Eimer'. **II** *v/i* **12.** *meist* **~ around** (*od.* **about**) **a)** in den Tag hin¦ein leben, **b)** her¦umgammeln. **13.** ‚schnorren', ‚nassauern' (**off** bei). **14.** tippeln (**through** durch). **III** *v/t* **15.** *etwas* ‚schnorren' (**off** bei, **von**): **he ~med a lift** er schaffte es, (im Auto) mitgenommen zu werden. **IV** *adj* **16.** ‚mies', schlecht. **17.** ka¦putt (*a. Knie etc*).
‚bum'bail·iff *s hist. Br. contp.* Büttel *m*.
bum·ble[1] [ˈbʌmbl] **I** *v/i* **1. a)** stümpern, pfuschen, ‚patzen', **b)** stottern: **he ~d through his speech** er stotterte s-e Rede herunter. **2.** stolpern, taumeln, wanken. **II** *v/t* **3.** verpfuschen, ‚verpatzen'. **III** *s* **4.** ‚Patzer' *m*. **5.** Pfusch(arbeit *f*) *m*.
bum·ble[2] [ˈbʌmbl] *v/i* summen.
bum·ble[3] [ˈbʌmbl] *s Br.* kleiner wichtigtuerischer Beamter.
'bum·ble·bee *s zo.* Hummel *f*.
'bum·ble·dom *s* Wichtigtue¦rei *f* der kleinen Beamten.
'bum·ble·pup·py *s* Spiel, bei dem ein angebundener Ball um e-n Pfosten geschlagen wird.
bum·bo [ˈbʌmbəʊ] *s* Rum- *od.* Ginpunsch *m*.
'bum·boat *s mar.* Bumboot *n* (*Proviantboot*).
bumf [bʌmf] *s Br. colloq.* **1.** *contp. collect.* ‚Pa¦pierkram' *m* (*Akten etc*). **2.* ‚Klo¦pa¦pier' *n*
bum·kin [ˈbʌmkɪn] → bumpkin[2].
bum·mer [ˈbʌmə(r)] *s colloq.* **1.** → bum[1] 1, 2. **2.** ‚Bad Trip' *m* (*Drogenrausch mit Angstzuständen*). **3.** unangenehme Sache *od.* Situati¦on. **4.** ‚Reinfall' *m*, ‚Pleite' *f*.
bump [bʌmp] **I** *v/t* **1.** (heftig) stoßen. **2.** rennen mit (*etwas*) (**against** gegen), zs.-stoßen mit, *etwas* rammen, auf *ein Auto* auffahren: **to ~ a car**; **~ one's head against the door** mit dem Kopf gegen die Tür rennen *od.* ‚knallen'. **3.** *tech. Am.* Kotflügel etc ausbeulen. **4. ~ off** *colloq.* ‚umlegen', ‚kaltmachen', ‚umbringen. **5.** *mil. Am. sl.* degra¦dieren (**to** zu). **6. ~ up** *colloq.* **a)** Preise etc hochtreiben, **b)** Gehalt, Ergebnis etc aufbessern. **II** *v/i* **7.** (**against, into**) stoßen, prallen, ‚bumsen' (gegen, an *acc*), zs.-stoßen (mit). **~ into** *fig. j-n* zufällig treffen. **8.** rumpeln, holpern (*Fahrzeug*). **9.** *meist* ~ **and grind** *bes. Am. colloq.* mit den Hüften wackeln (*Stripteasetänzerin etc*). **III** *s* **10.** heftiger Ruck *od.* Stoß, Bums *m*. **11.** Beule *f*. **12.** Unebenheit *f*. **13. a)** *Phrenologie*: Höcker *m* am Schädel, **b)** Fähigkeit *f*, Sinn *m*, Or¦gan *n* (**of** für): **~ locality**. **14.** *Am. colloq.* ‚Rundung' *f* (*Busen*). **15.** *Am. colloq. fig.* Hindernis *n*. **16.** *mil. Am. sl.* Degra¦dierung *f* (**to** zu). **17.** *aer.* Steigbö *f*.
'bump·er[1] **I** *s* **1.** randvolles Glas, randvoller Becher. **2.** etwas Riesiges. **II** *adj* **3.** riesig: **~ crop** Rekordernte *f*. **III** *v/t* **4.** Glas, Becher bis zum Rand füllen.
'bump·er[2] *s* **1.** *mot.* Stoßstange *f*: **to drive ~ to ~** Stoßstange an Stoßstange fahren. **2.** *rail. etc Am.* **a)** Rammbohle *f*, **b)** Puffer *m*.
'bump·er[3] *s Austral. colloq.* (Ziga¦retten)Kippe *f*.
bump·er| car *s* (Auto)Skooter *m*. **~ guard** *s mot.* Stoßstangenhorn *n*. **~ stick·er, ~ strip** *s* Autoaufkleber *m*.
bumph → bumf.
'bump·ing race *s univ. Br.* Ruderrennen

mit gestaffeltem Start, bei dem jedes Boot das nächstvordere einzuholen u. anzustoßen versucht, um beim nächsten Rennen dessen Platz einzunehmen.
bump·kin[1] [ˈbʌmpkɪn] *s a.* **country ~** *contp.* ‚Bauer' *m*, ‚Pro¦vinzler' *m*.
bump·kin[2] [ˈbʌmpkɪn] *s mar.* Butenluv *n*.
bump| start *s Br.* Anschieben *n*. **'~-start** *v/t Br.* *ein Auto* anschieben.
bump·tious [ˈbʌmpʃəs] *adj* (*adv* **~ly**) *colloq.* aufgeblasen, wichtigtuerisch.
'bump·y *adj* **1.** holperig, uneben. **2.** *aer.* unruhig (*Flug*). **3. we are having a ~ time** (**of it**) *colloq.* uns geht es mal so, mal so; uns geht es ‚durchwachsen'.
bum| steer *s bes. Am. sl.* falsche *od.* irreführende Informati¦on: **to give s.o. a ~** *j-n* ‚anschmieren'. **'~¦suck·er** *s Br. vulg.* ‚Arschkriecher(in)'. **'~¦suck·ing** *Br. vulg.* **I** *s* ‚Arschkriecherei' *f*. **II** *adj* ‚arschkriecherisch'.
bun [bʌn] *s* **1.** süßes Brötchen: **she has a ~ in the oven** *colloq.* bei ihr ist was unterwegs. **2.** (Haar)Knoten *m*: **she wears her hair in a ~** sie trägt e-n Knoten.
bu·na [ˈbjuːnə; ˈbuːnə] *s* (*TM*) *m* Buna (*synthetischer Kautschuk*).
bunch [bʌntʃ] **I** *s* **1.** Bündel *n*, Bund *n*, *m*, Büschel *n*, Traube *f*: **~ of flowers** Blumenstrauß *m*; **~ of grapes** Weintraube *f*; **~ of keys** Schlüsselbund *m*, *n*; **~ of fives** *colloq.* Faustschlag *m*. **2.** *electr. phys.* (Leitungs-, Strahlen)Bündel *n*. **3.** Anzahl *f*, Pack *m*, Haufen *m*: **a ~ of orders**; **a ~ of partridges** e-e Kette Rebhühner; → **pick**[1] 4. **4.** *colloq.* ‚Verein' *m*, ‚Haufen' *m*, ‚Blase' *f*. **II** *v/t* **5. a. ~ up** bündeln (*a. electr.*), zs.-fassen, binden. **~ed circuit** *electr.* Leitungsbündel *n*. **III** *v/i* **6. ~ out** her¦vortreten (*Muskeln etc*). **7.** *oft* **~ up** (*od.* **together**) Grüppchen *od.* Haufen bilden: **don't ~ up!** nicht alle auf e-n Haufen! **'bunch·ing** *s electr.* Bündelung *f*, Im¦pulsbildung *f*.
'bunch·y *adj* **1.** büschelig, buschig, traubenförmig. **2.** bauschig.
bun·co [ˈbʌŋkəʊ] *Am. colloq.* **I** *pl* **-cos** *s* **1.** Bauernfängerspiel *n*. **2.** Schwindel *m*, Betrug *m*: **~ steerer** Schwindler *m*, Betrüger *m*. **II** *v/t* **3.** *j-n* ‚reinlegen'.
bun·combe *bes. Am.* → bunkum.
bun·dle [ˈbʌndl] **I** *s* **1.** Bündel *n*, Bund *n*, Pa¦ket *n*, Ballen *m*: **by ~s** bündelweise; **~ of rays** *phys.* Strahlenbündel *n*; **~ pillar** *arch.* Bündelpfeiler *m*. **2.** *colloq.* **a)** (*Kraft-, Nerven- etc*)Bündel *n*: **a ~ of energy**, **b)** Menge *f*, Haufen *m*, (‚Batzen' *m* (*Geld*). **3.** (*Papier- etc*)Rolle *f*. **4.** *anat.* Fas¦cilus *m*: **~ sheath** Gefäßbündelscheide *f*. **5. to go a ~ on** *colloq.* etwas wahnsinnig gern mögen. **II** *v/t* **6.** *oft* **~ up** (in (ein) Bündel binden, bündeln, zs.-binden, -packen. **7.** stopfen: **we ~d everything into a drawer**. **8. to ~ o.s. up against the cold** sich warm anziehen. **9.** *meist* **~ off** *j-n od.* etwas eilig *od.* ohne viel Federlesens fortschaffen, *j-n* abschieben: **he was ~d into a taxi** er wurde in ein Taxi gepackt *od.* verfrachtet. **III** *v/i* **10. to ~ up against the cold** → 8. **11.** *meist* **~ off** sich packen *od.* eilig da¦vonmachen. **12.** *hist.* angekleidet im gleichen Bett liegen (alte Sitte bei Verlobten in Wales u. Neuengland).
bung [bʌŋ] **I** *s* **1. a)** Spund(zapfen) *m*, Stöpsel *m*, **b)** → **bunghole**. **2.** *mil.* Mündungspfropfen *m* (*am Geschütz*). **3.** Töpferei: Kapselstoß *m*. **II** *v/t* **4.** ein Faß **a)** verspunden, **b)** verfüllen. **5.** *meist* **~ up** *colloq.* e-e Öffnung etc verstopfen: **my nose is ~ed up** m-e Nase ist zu; **to be ~ed up** an Verstopfung leiden. **6.** *colloq.* ‚schmeißen', werfen: **to ~ out** raus-

schmeißen. **7.** *meist* **~ up** *Am. colloq.* **a)** *j-n* grün u. blau schlagen, **b)** *ein Auto etc* schwer beschädigen *od.* verbeulen. **III** *adj* **8. to go ~** *Austral. colloq.* **a)** ‚den Löffel weglegen' (*sterben*), **b)** ‚pleite gehen'.
bun·ga·low [ˈbʌŋɡələʊ] *s* Bungalow *m*.
'bung·hole *s* Spund-, Zapfloch *n*.
bun·gle [ˈbʌŋɡl] **I** *v/i* **1.** stümpern, pfuschen, ‚patzen'. **II** *v/t* **2.** verpfuschen, ‚verpatzen'. **III** *s* **3.** Stümpe¦rei *f*, Pfusch(arbeit *f*) *m*: **to make a ~ of s.th.** → 2. **4.** (grober) Fehler, ‚Schnitzer' *m*. **'bun·gler** [-lə(r)] *s* Stümper *m*, Pfuscher *m*. **'bun·gling** [-lɪŋ] *adj* (*adv* **~ly**) ungeschickt, stümperhaft.
bun·ion [ˈbʌnjən] *s med.* entzündeter Fußballen.
bunk[1] [bʌŋk] **I** *s* **a)** *mar.* (Schlaf)Koje *f*, **b)** → **bunk bed**, **c)** *colloq.* Schlafstelle *f*, Bett *n*, ‚Falle' *f*. **II** *v/i* **3.** Stümpe¦rei *f*: **to ~** schlafen, **b)** *oft* **~ down** *colloq.* in e-r Koje etc schlafen, **b)** *oft* **~ down** *colloq.* ‚kam¦pieren': **to ~ in** im Bett bleiben.
bunk[2] [bʌŋk] → bunkum.
bunk[3] [bʌŋk] *Br. colloq.* **I** *v/i* ‚verduften', ‚türmen'. **II** *s*: **to do a ~** → I.
bunk bed *s* E¦tagenbett *n*.
bunk·er [ˈbʌŋkə(r)] **I** *s* **1.** *mar.* (*bes.* Kohlen)Bunker *m*: **~ coal** Bunkerkohle *f*; **~ oil** Bunkeröl *n*. **2.** *mil.* Bunker *m*, bombensicherer ¦Unterstand. **3.** *Golf*: Bunker *m*, Sandhindernis *n*. **II** *v/i* **4.** *mar.* bunkern, Kohle *etc* über¦nehmen. **III** *v/t* **5.** *Golf*: den Ball in e-n Bunker schlagen: **he is ~ed** er hat den Ball in e-n Bunker geschlagen. **6.** *Am. colloq.* **a)** etwas zum Erliegen bringen, **b)** *j-n* in ‚Schwuli¦täten' bringen.
'bunk·house *s Am.* ¦Schlafba¦racke *f*.
bun·ko → bunco.
bun·kum [ˈbʌŋkəm] *s* Blödsinn *m*, ‚Quatsch' *m*, ‚Blech' *n*, Gewäsch *n*.
bun·ny [ˈbʌnɪ] *s* **1. a.** ~ **rabbit** (*Kosename für*) Häs-chen *n*. **2.** *colloq.* ‚Häs-chen' *n* (*attraktives Mädchen*).
Bun·sen burn·er [ˈbʊnsn; *Am.* ¦bʌnsən] *s chem. tech.* Bunsenbrenner *m*.
bunt[1] [bʌnt] *s mar.* **1.** Buk *m*, Bauch *m* (*e-s Segels*). **2.** Mittelteil *m* e-r Raa.
bunt[2] [bʌnt] **I** *v/t u. v/i* **1.** mit den Hörnern *od.* dem Kopf stoßen (*Ziege etc*). **2.** Baseball: (den Ball) kurz *od.* leicht schlagen. **II** *s* **3.** Stoß *m* mit dem Kopf *od.* den Hörnern.
bunt[3] [bʌnt] *s bot.* Weizenstein-, Stinkbrand *m*.
bun·ting[1] [ˈbʌntɪŋ] *s bes. mar.* **1.** Flaggentuch *n*. **2.** *collect.* Flaggen *pl*.
bun·ting[2] [ˈbʌntɪŋ] *s orn.* Ammer *f*.
buoy [bɔɪ] **I** *s* **1.** *mar.* Boje *f*, Bake *f*, Seezeichen *n*. **2.** Rettungsboje *f*. **II** *v/t* **3.** *meist* **~ up** **a)** aufbojen, flott erhalten, **b)** über Wasser halten. **4. ~ off** (*od.* **out**) ausbojen, e-e Fahrrinne durch Bojen mar¦kieren. **5.** *meist* **~ up** *fig.* Auftrieb geben (*dat*), beleben: **~ed up** von neuem Mut erfüllt. **'buoy·age** *s mar.* **1.** *collect.* (ausgelegte) Bojen *pl*. **2.** Mar¦kierung *f* durch Bojen.
buoy·an·cy [ˈbɔɪənsɪ] *s* **1.** *phys.* Schwimm-, Tragkraft *f* (*schwimmender Körper*). **2.** *aer.* Auftrieb *m*. **3.** *fig.* **a)** Lebens-, Spannkraft *f*, **b)** Schwung *m*, Lebhaftigkeit *f*, Heiterkeit *f*. **4.** *econ.* Lebhaftigkeit *f*.
buoy·ant [ˈbɔɪənt] *adj* **1.** schwimmend, tragend (*Wasser etc*). **2.** federnd (*Schritt*). **3.** *fig.* schwungvoll, lebhaft. **4.** *econ.* lebhaft. **~ gas** *s tech.* Traggas *n*.
bur [bɜː; *Am.* bɜːr] *s* **1.** *bot.* Klette *f* (*a. fig.*): **to cling** (*od.* **stick**) **to s.o. like a ~** an *j-m* wie e-e Klette hängen. **2.** *bot.* rauhe *od.* stachelige Samenschale (*z. B. Igel der Kastanie*). **3.** *zo.* Knotenbildung *f* (*z. B. Rose am Hirschgeweih*). **4.** *tech.* → burr[1] 1–3.

bur·ble ['bɜ:bl; *Am.* 'bɜrbəl] **I** *v/i* **1.** plätschern. **2.** oft ~ **away** (*od.* **on**) plappern. **II** *s* **3.** *aer. tech.* Wirbel *m*. ~ **point** *s aer.* Grenzschichtablösungspunkt *m*.
bur·bot ['bɜ:bət; *Am.* 'bɜr-] *pl* **-bots**, *bes. collect.* **-bot** *s zo.* (Aal)Quappe *f*.
burd [bɜ:d; *Am.* bɜrd] *s poet.* (junge) Dame.
bur·den[1] ['bɜ:dn; *Am.* 'bɜrdn] **I** *s* **1.** Last *f*, Ladung *f*: **to bear a ~ e-e** (schwere) Last tragen. **2.** (*seelische od. finanzielle*) Last, Bürde *f*, Belastung *f*, Druck *m*: ~ **of years** Last der Jahre; **to be a ~ to** (*od.* **on**) s.o. j-m zur Last fallen; **to throw off a ~ e-e** Last abschütteln; **the ~ of proof rests with him** die Beweislast trifft ihn. **3.** *econ.* Gemeinkosten *pl*. **4.** *tech.* a) (Trag)Last *f*, b) Druck *m*, c) *Hochofen*: Möller *m*, Gicht *f*. **5.** *mar.* a) Tragfähigkeit *f*, Tonnengehalt *m*: **a ship of 1,000 tons ~** ein Schiff von 1000 Tonnen, b) Gewicht *n* der Schiffsladung. **II** *v/t* **6.** belasten (*a. fig.*): **to ~ s.o. with s.th.** j-m etwas aufbürden.
bur·den[2] ['bɜ:dn; *Am.* 'bɜrdn] *s* **1.** *mus.* a) Baß *m*, tiefe Begleitung, b) → **bourdon**[1] c. **2.** Re'frain *m*, Kehrreim *m*. **3.** 'Haupt₁idee *f*, -punkt *m*, -gedanke *m*, Kern *m*.
'bur·den·some [-səm] *adj* lästig, beschwerlich, drückend.
bur·dock ['bɜ:dɒk; *Am.* 'bɜr₁dɑk] *s bot.* (*bes. Große*) Klette.
bu·reau ['bjʊərəʊ] *pl* **-reaus, -reaux** [-rəʊz] *s* **1.** *Br.* Schreibtisch *m*, -pult *n*. **2.** *Am.* (*bes.* Spiegel)Kom₁mode *f*. **3.** Bü'ro *n*, Geschäfts-, Amtszimmer *n*. **4.** a) Ab'teilung *f* (*e-s Staatsamtes*), b) Amt *n*, Dienststelle *f*. **5.** Auskunfts- *od.* Vermittlungsstelle *f*. **bu'reauc·ra·cy** [-'rɒkrəsɪ; *Am.* -'rɑ-] *s* **1.** Bürokra'tie *f*. **2.** büro'kratisches Re'gierungs₁system. **3.** *collect.* (Berufs)Beamtentum *n*. **'bu·reau·crat** [-kræt] *s* Büro'krat *m*. ₁**bu·reau·crat·i·ese** [-krə'ti:z] *s* Amts-, Beamtenstil *m*, -sprache *f*. ₁**bu·reau-'crat·ic** *adj* (*adv* **~ally**) büro'kratisch. **bu'reau·cra·tism** [-'rɒkrətɪzəm; *Am.* -'rɑ-] *s* **bu'reauc·ra·tist** *s* **1.** Büro'krat *m*. **2.** Verfechter *m* des Bürokra'tismus. **bu'reauc·ra·tize** *v/t* bürokrati'sieren.
bu·rette [bjʊə'ret] *s* **1.** *chem.* Bü'rette *f*, Meßröhre *f*. **2.** verzierte Kanne (*bes. für Meßwein*).
burg [bɜ:g; *Am.* bɜrg] *s* **1.** *hist.* befestigte Stadt. **2.** *Am. colloq.* Stadt *f*.
bur·gee ['bɜ:dʒi:; *Am.* bɜr'dʒi:] *s* **1.** *mar.* Doppelstander *m* (*Wimpel*). **2.** *tech. Br.* e-e kleine Kohlensorte.
bur·geon ['bɜ:dʒən; *Am.* 'bɜr-] **I** *s* **1.** *bot.* Knospe *f*, Auge *n*. **2.** *zo.* Keim *m*. **II** *v/i* **3.** oft ~ **forth** (**out**) a) knospen, b) *fig.* sich entwickeln *od.* entfalten.
burg·er ['bɜ:gə; *Am.* 'bɜrgər] *s gastr. bes. Am. colloq.* Hamburger *m*.
bur·gess ['bɜ:dʒɪs; *Am.* 'bɜrdʒəs] *s hist.* **1.** *Br.* (freier) Bürger. **2.** *Br.* Abgeordnete(r) *m*. **3.** *Am.* Abgeordneter der Volksvertretung in Maryland *od.* Virginia.
burgh ['bʌrə; *Am.* 'bɜrəʊ] *s* **1.** *Scot. für* borough 2 a. **2.** *obs. für* borough 2 b.
burgh·er ['bɜ:gə; *Am.* 'bɜrgər] *s* **1.** Städter *m*. **2.** (eta'blierter, konventio'nell ausgerichteter) Bürger.
bur·glar ['bɜ:glə; *Am.* 'bɜrglər] *s* Einbrecher *m*: **we had ~s last night** bei uns wurde letzte Nacht eingebrochen. ~ **a·larm** *s* A'larmanlage *f*.
bur·glar·i·ous [bɜ:'gleərɪəs; *Am.* bɜr-] *adj* (*adv* **~ly**) einbrecherisch, Einbrecher..., Einbruchs...: ~ **attempt**; ~ **tools**.
bur·glar·ize ['bɜ:glə₁raɪz] *Am. für* burgle.
'bur·glar·proof *adj* einbruch(s)sicher.

bur·gla·ry ['bɜ:glərɪ; *Am.* 'bɜr-] *s* Einbruch(sdiebstahl) *m*.
bur·gle ['bɜ:gl; *Am.* 'bɜrgəl] *v/t u. v/i* einbrechen (in *acc od.* dat): **he was ~d** bei ihm wurde eingebrochen.
bur·go·mas·ter ['bɜ:gəʊ₁mɑ:stə; *Am.* 'bɜrgə₁mæstər] *s* Bürgermeister *m* (*in Belgien, Deutschland, den Niederlanden u. Österreich*).
bur·go·net ['bɜ:gənet; *Am.* 'bɜrgənət] *s hist.* Sturmhaube *f*.
bur·grave ['bɜ:greɪv; *Am.* 'bɜr-] *s hist.* (*deutscher*) Burggraf.
Bur·gun·dy ['bɜ:gəndɪ; *Am.* 'bɜr-] *s a.* ~ **wine** Bur'gunder *m*.
bur·i·al ['berɪəl] *s* Begräbnis *n*, Beerdigung *f*, Beisetzung *f*. ~ **ground** *s* Friedhof *m*. ~ **mound** *s* Grabhügel *m*. ~ **place** *s* Grab(stätte *f*) *n*. ~ **ser·vice** *s* Trauerfeier *f*.
bu·rin ['bjʊərɪn] *s* *Am. a.* 'bɜrən] *s tech.* Grabstichel *m*.
burk [bɜ:k] *s Br. sl.* Idi'ot *m*, Trottel *m*.
burke [bɜ:k; *Am.* bɜrk] *v/t* **1.** erwürgen. **2.** *fig.* vertuschen. **3.** *fig.* um'gehen, vermeiden.
burl [bɜ:l; *Am.* bɜrl] **I** *s* **1.** Knoten *m* (*in Tuch od. Garn*). **2.** *bot.* Auswuchs *m*, Knoten *m* (*an Bäumen*). **II** *v/t* **3.** Tuch belesen, noppen. **~ing irons** Noppzange *f*; ~ **machine** Zeugsichtemaschine *f*.
bur·lap ['bɜ:læp; *Am.* 'bɜr-] *s* Rupfen *m*, Juteleinen *n*, Sackleinwand *f*.
bur·lesque [bɜ:'lesk; *Am.* bɜr-] **I** *adj* **1.** bur'lesk, possenhaft. **II** *s* **2.** Bur'leske *f*, Posse *f*, Persi'flage *f*. **3.** *fig.* Karika'tur *f*. **4.** *Am.* Tingeltangel *n*, Varie'té *n*. **III** *v/t* **5.** persi'flieren. **6.** *fig.* kari'kieren.
bur·ly ['bɜ:lɪ; *Am.* 'bɜrlɪ] *adj* **1.** stämmig.
Bur·man ['bɜ:mən; *Am.* 'bɜr-] → **Burmese** 2 a.
Bur·mese [₁bɜ:'mi:z; *Am.* ₁bɜr-] **I** *adj* **1.** bir'manisch. **II** *s* **2.** a) Bir'mane *m*, Bir'manin *f*, b) Bir'manen *pl*. **3.** *ling.* Bir'manisch *n*, das Birmanische.
burn[1] [bɜ:n; *Am.* bɜrn] **I** *s* **1.** verbrannte Stelle. **2.** *med.* Brandwunde *f*, Verbrennung *f*. **3.** *tech.* Zündung *f* (*e-r Rakete*). **4. to do a ~** a slow burn.
II *v/i pret u. pp* **burned** *u.* **burnt** **5.** (ver)brennen, in Flammen stehen: **the house is ~ing** das Haus brennt. **6.** brennen (*Ofen, Licht etc*). **7.** *fig.* brennen (**with** vor *dat*): **to ~ with impatience**; **~ing with anger** wutentbrannt; **~ing with love** von Liebe entflammt; **to be ~ing to do s.th.** darauf brennen, etwas zu tun. **8.** ver-, anbrennen, versengen: **the meat is ~t** das Fleisch ist angebrannt. **9.** brennen (*Gesicht, Wunde etc*): **his face ~ed**; → **ear**[1] *Bes. Redew.* **10. you are ~ing!** (*bes. bei Rätsel- od. Suchspielen*) heiß! **11.** *chem.* verbrennen, oxy'dieren. **12.** a) in den Flammen 'umkommen, verbrennen, b) verbrannt werden, den Feuertod erleiden, c) *Am. sl.* auf dem e'lektrischen Stuhl 'hingerichtet werden. **13.** *fig.* sich (unauslöschlich) einbrennen (**into** dat *od.* **in** acc): **her words ~ed into his memory**. **16.** *tech.* (Holz)Kohle, Ziegel, Kalk, Porzellan brennen. **17.** a) heizen mit, Kohle etc verwenden: **we ~ gas this winter**, b) *bes. mar.* betrieben werden *od.* fahren mit. **18.** *Am. sl.* auf dem e'lektrischen Stuhl 'hinrichten. **19.** *Am. sl.* e-n Ball etc ,pfeffern', schmeißen.

III *v/t* **14.** verbrennen: **his house was ~t** sein Haus brannte ab; **to be ~t to death** → 12 a; → **boat** 1, **bridge**[1] 1, **candle** 1, **midnight** 11. **15.** ab-, verbrennen, versengen, durch Feuer *od.* Hitze beschädigen, *Speise* anbrennen (lassen): **to ~ one's fingers** sich die Finger verbrennen (*a. fig.*); **to ~ a hole** ein Loch brennen (**in** in acc); **to ~ the throat** im Hals brennen.

Verbindungen mit Adverbien:
burn a·way I *v/i* **1.** (vor sich hin) brennen. **2.** her'unterbrennen (*Kerze etc*). **3.** verbrennen. **II** *v/t* **4. to be burnt away** *med.* wegbrennen (*Haut etc*). ~ **down I** *v/t* **1.** ab-, niederbrennen: **to be burnt down →** 2. **II** *v/i* **2.** ab-, niederbrennen. **3.** her'unterbrennen (*Feuer, Kerze etc*). ~ **in** *v/t* **1.** *Farben etc* einbrennen. **2.** *phot.* nachbelichten. ~ **off** *v/t Farbe etc* abbrennen. ~ **out** *v/t* **1.** ausbrennen (*Feuer, Kerze etc, a. tech. Rakete*). **2.** *agr.* ausgelaugt werden (*Boden*). **3.** *electr.* 'durchbrennen. **4. to be burnt out** ausbrennen (*Haus, Fahrzeug etc*): **they were burnt out of their home** ihr Haus brannte ab. **5. to burn itself out →** 1. **6. to burn o.s. out** a) sich (*gesundheitlich*) ruinieren, sich kaputtmachen, b) *bes. sport* sich völlig verausgaben. **7.** *feindliche Truppen* ausräuchern. ~ **up I** *v/i* **1.** auflodern. **2.** a) verbrennen, b) verglühen (*Rakete etc*). **3.** *Am. colloq.* wütend werden. **II** *v/t* **4.** *Abfall etc* verbrennen. **5.** *Am. colloq.* j-n wütend machen.

burn[2] [bɜ:n] *s Scot.* Bach *m*.
'burn·er *s* Brenner *m* (*Person u. Gerät*).
bur·net ['bɜ:nɪt; *Am.* 'bɜr-] *s bot.* **1.** Wiesenknopf *m*. **2.** → **pimpernel**. ~ **rose** *s bot.* Biber'nellrose *f*. ~ **sax·i·frage** *s pharm.* Biber'nellwurz *f*.
Burn·ham scale ['bɜ:nəm] *s Br.* Gehaltskala für Lehrer an staatlichen Schulen.
'burn·ing I *adj* **1.** brennend (*a. fig.*), (*Kohle a.*) glühend: **a ~ question**; **to take a ~ing interest in** brennend interessiert sein an (*dat*); **~ sensation** *med.* Brennen *n*. **2.** ungeheuer (*Schande etc*). **II** *s* **3.** Brennen *n* (*a. tech.*). **4.** *tech.* Über'hitzung *f*. ~ **bush** *s Bibl.* brennender Dornbusch. ~ **glass** *s* Brennglas *n*. ~ **life** *s* Brenndauer *f* (*e-r Glühlampe etc*).
bur·nish ['bɜ:nɪʃ; *Am.* 'bɜr-] **I** *v/t* **1.** po'lieren, blank reiben. **2.** *Metall* brü'nieren, glanzschleifen, ('preß)po₁lieren. **3.** *hunt.* das Geweih fegen (*Hirsch*). **II** *v/i* **4.** glänzend *od.* blank werden. **III** *s* **5.** Glanz *m*, Poli'tur *f*. **'bur·nish·er** *s* **1.** Po'lierer *m*. **2.** Brü'nierer *m*. **3.** *tech.* Po'lierstahl *m*.
bur·noose, bur·nous [bɜ:'nu:s; *Am.* bɜr-], **bur'nouse** [-'nu:z] *s* **1.** Burnus *m* (*Kapuzenmantel der Beduinen*). **2.** burnusähnlicher Damenmantel.
'burn·out *s* **1.** *electr.* 'Durchbrennen *n*. **2.** *tech.* Brennschluß *m* (*e-r Rakete*).
burnt [bɜ:nt; *Am.* bɜrnt] *pret u. pp von* **burn**[1]. ~ **al·monds** *s pl* gebrannte Mandeln *pl*. ~ **lime** *s tech.* Ätzkalk *m*, gebrannter Kalk. ~ **of·fer·ing** *s* **1.** *Bibl.* Brandopfer *n*. **2.** *humor.* angebranntes Essen.
'burn-up *s Atomphysik:* Abbrand *m*.
burp [bɜ:p; *Am.* bɜrp] *colloq.* **I** *s* a) Rülpsen *n*, b) Rülpser *m*, (*e-s Babys*) ‚Bäuerchen' *n*: ~ **gun** *mil. Am.* Maschinenpistole *f*. **II** *v/i* rülpsen, aufstoßen, (*Baby*) ein ‚Bäuerchen' machen. **III** *v/t* ein Baby ein ‚Bäuerchen' machen lassen.
burr[1] [bɜ:; *Am.* bɜr] **I** *s* **1.** *tech.* (Bohr-, Stanz-, Walz- *etc*)Grat *m* (*rauhe Kante od. Naht*). **2.** *tech.* kleine Beilagscheibe. **3.** *med.* (Zahn)Bohrer *m*. **4.** → **bur** 1-3. **II** *v/t* **5.** *tech.* abgraten.
burr[2] [bɜ:; *Am.* bɜr] **I** *s* **1.** *ling.* Zäpfchenaussprache *f* des R. **2.** schnarrende Aussprache. **3.** Schnarrton *m*. **II** *v/i* **4.** rauh *od.* gutu'ral *od.* undeutlich sprechen. **5.** schnarren. **III** *v/t* **6.** guttu'ral aussprechen, schnarren: **he ~s his r's**.
burr[3] [bɜ:; *Am.* bɜr] *s* **1.** Mühlstein *m*. **2.** Wetzstein *m*.
burr drill *s tech.* Drillbohrer *m*.

bur·ro ['bʌrəʊ; 'bʊ-] pl **-ros** s Am. kleiner (Pack)Esel.
bur·row ['bʌrəʊ; Am. a. 'bɜːrəʊ] **I** s **1.** (Fuchs- etc)Bau m, Höhle f, Erdloch n. **2.** Fraßgang m, (Wurm- etc)Loch n. **3.** ‚Loch' n, (notdürftiger) 'Unterschlupf. **II** v/i **4.** e-e Höhle od. e-n Gang graben. **5.** sich eingraben od. verkriechen (**into** in acc). **6.** fig. (**into**) a) sich vertiefen (in acc): he ~ed into his records, b) graben od. wühlen (in dat): he ~ed into his pockets. **7.** sich schmiegen (**against** an acc). **III** v/t **8.** ein Loch etc graben. **9.** to ~ one's head into s.o.'s shoulder s-n Kopf an j-s Schulter schmiegen.
'**bur·row·ing owl** s orn. Höhleneule f.
bur·sa ['bɜːrsə] pl **-sae** [-siː] od. **-sas** s Bursa f: a) zo. Tasche f, Beutel m, b) anat. Schleimbeutel m.
bur·sar ['bɜːrsə; Am. 'bɜːrsər] s univ. **1.** Quästor m, Fi'nanzverwalter m. **2.** Scot. Stipendi'at m. '**bur·sar·ship** → bursary 2. '**bur·sa·ry** s univ. **1.** Quä'stur f. **2.** Scot. Sti'pendium n.
bur·si·tis [bɜːˈsaɪtɪs; Am. bɜːr-] s med. Bur'sitis f, Schleimbeutelentzündung f.
burst [bɜːst; Am. bɜːrst] **I** v/i pret u. pp **burst 1.** a) bersten (Eis, Mauer etc), (zer)platzen (Luftballon, Reifen etc), brechen (Damm etc), b) a. ~ **open** aufplatzen (Knospe, Wunde etc), aufspringen (Knospe, Tür etc): **she was ~ing out of her dress** sie platzte fast aus ihrem Kleid. **2.** explo'dieren, (Granate etc a.) kre'pieren. **3.** zerbrechen, zersplittern. **4.** fig. ausbrechen (**into** in acc): to ~ **out laughing**, to ~ **into laughter** in Gelächter ausbrechen, loslachen, ‚herausplatzen'; to ~ **into tears** in Tränen ausbrechen; to ~ **into bloom** plötzlich erblühen; to ~ **into flame(s)** in Flammen aufgehen; to ~ **into rage** plötzlich in Wut geraten. **5.** ~ **out** ‚her'ausplatzen': '**I don't believe it!' he ~ out. 6.** zum Bersten voll sein (**with** von): **barns ~ing with grain**; **to ~ with health** (**energy**) fig. von od. vor Gesundheit (Energie) strotzen. **7.** fig. (vor Neugierde, Neid etc) bersten, platzen: **to ~ with curiosity** (**envy**) zu ~ **with laughter** sich vor Lachen schütteln; **I am ~ing to tell you** ich brenne darauf, es dir zu sagen. **8.** ~ **in** (**out**) her'ein-(hin'aus)stürmen: **to ~ into the room** ins Zimmer platzen od. stürzen; **to ~ in** (**up**)**on** a) hereinplatzen bei (j-m), b) sich einmischen in (acc), e-e Unterhaltung etc unterbrechen. **9.** to ~ **into view** (od. **sight**) plötzlich sichtbar werden; **to ~ forth** hervorbrechen, -sprudeln; **to ~ through** durchbrechen (Sonne etc); **to ~ upon s.o.** j-m plötzlich klar werden. **II** v/t **10.** (auf)sprengen, aus Platzen bringen: **to ~ open** aufbrechen; **I have ~ a blood vessel** mir ist e-e Ader geplatzt; **to ~ a hole into s.th.** ein Loch in etwas sprengen; **the car ~ a tire** (bes. Br. **tyre**) ein Reifen am Wagen platzte; **the river ~ its banks** der Fluß trat über die Ufer od. durchbrach die Dämme. ~ **side** 4. **III** s **11.** Bersten n, Platzen n. **12.** Explosi'on f. **13.** Bruch m, Riß m. **14.** fig. Ausbruch m: ~ **of applause** Beifallssturm m; ~ **of hospitality** plötzliche Anwendung von Gastfreundschaft; ~ **of laughter** Lachsalve f. **15.** a. ~ **of fire** Feuerstoß m, Salve f (a. fig.) **16.** electr. phys. a) (Strom)Stoß m, Im'puls m, b) Ionisati'onsstoß m. **17.** a. ~ **of speed** sport (Zwischen)Spurt m.
'**burst·ing point** s **1.** mil. Sprengpunkt m. **2.** fig. Siedepunkt m: **at ~** zum Zerreißen gespannt (Nerven). ~ **strength** s tech. Berst-, Bruchfestigkeit f.
bur·then ['bɜːðən; Am. 'bɜːrðən] obs. für burden¹.

bur·ton ['bɜːtn; Am. 'bɜːrtn] s **1.** mar. ein leichter Flaschenzug. **2. to have gone for a ~** Br. colloq. a) ‚im Eimer' (kaputt od. gescheitert) sein, b) ‚futsch' (weg) sein, c) ‚den Löffel weggelegt haben' (gestorben sein).
bur·y ['berɪ] v/t **1.** ver-, eingraben, (ver)senken, electr. tech. in die Erde verlegen: **to ~ one's face in the pillows** sein Gesicht in den Kissen vergraben; **to ~ o.s.** (**away** od. **alive**) **in the country** fig. sich auf dem Land vergraben; **buried cable** tech. Erdkabel n; **buried wire** electr. Unterputzleitung f; ~ **hatchet** 2, **head** Bes. Redew. **2.** begraben, beerdigen, bestatten: **she has buried three husbands** sie hat drei Männer überlebt. **3.** verschütten, begraben: **buried under an avalanche**; **to be buried in** (od. **under**) **work** bis über den Hals in Arbeit stecken. **4.** fig. begraben, vergessen: **to ~ a quarrel**; **to ~ the past** e-n Schlußstrich unter die Vergangenheit ziehen. **5.** to ~ o.s. sich vertiefen od. versenken (**in** in acc): **to be buried in** vertieft sein in (acc); **to be buried in thought**(s) gedankenversunken od. in Gedanken versunken sein.
'**bur·y·ing bee·tle** s zo. (ein) Totengräber(käfer) m. ~ **ground** s Friedhof m.
bus [bʌs] **I** pl **-es, -ses** s **1.** Omnibus m, (Auto)Bus m: → **miss²** 1. **2.** colloq. ‚Kiste' f: a) Auto n, b) Flugzeug n. **II** v/i pret u. pp **bused, bussed 3.** mit dem Bus fahren. **4.** Am. als Hilfskellner arbeiten. **III** v/t **5.** mit Bussen befördern od. fahren. **6.** Am. Schulkinder mit Bussen in andere Bezirke befördern, um in den Klassen ein rassisches Gleichgewicht zu erzielen. ~ **bar** s electr. Strom-, Sammelschiene f. ~ **boy** s Am. Hilfskellner m.
bus·by ['bʌzbɪ] s Bärenmütze f.
bush¹ [bʊʃ] **I** s **1.** Busch m, Strauch m: **to beat about** (od. **around**) **the ~** fig. wie die Katze um den heißen Brei herumgehen, um die Sache herumreden. **2.** Gebüsch n, Dickicht n. **3.** a) (australischer etc) Busch m, b) Waldland n. **4.** ~ **of hair** (Haar)Schopf m. **5.** a) obs. Buschen m (zur Kennzeichnung e-r Buschenschenke), b) Wirtshausschild n, c) Re'klame f: **it needs no ~. II** adj → **bush-league**.
bush² [bʊʃ] tech. **I** s Buchse f, Büchse f. **II** v/t ausbuchsen.
bushed [bʊʃt] adj colloq. (tod)müde, (völlig) ‚groggy'.
bush·el¹ ['bʊʃl] s **1.** Bushel m, Scheffel m (Br. 36,37 l, Am. 35,24 l): → **light¹** 4. **2.** fig. Haufen m.
bush·el² ['bʊʃl] v/t pret u. pp **-eled** Am. Kleidung a) ausbessern, flicken, b) ändern.
'**bush|ˌfight·er** s Am. Gue'rilla(kämpfer) m. '~ˌham·mer s tech. Stockhammer m. ~ **har·row** s Buschegge f.
'**bush·ing** s **1.** tech. a) → **bush²** I, b) Muffe f, Spannhülse f. **2.** electr. 'Durchführungshülse f.
bush|**jack·et** s Buschhemd n. ~ **league** s bes. Baseball: Am. colloq. a) untere Spielklasse, b) Pro'vinzliga f. '~-**league** adj Am. colloq. a) dilet'tantisch, Schmalspur..., b) Provinz..., c) minderwertig. ~ **leagu·er** s Am. colloq. **1.** Spieler m in e-r **bush league. 2.** Dilet'tant m. '**B~-man** [-mən] s irr **1.** Buschmann m (Südafrikas). **2.** Am. Austral. j-d, der im Wald od. Busch lebt. **3.** b~ Am. 'Hinterwäldler m. '~ˌmas·ter s zo. Buschmeister m (amer. Giftschlange). ~ **met·al** s tech. Hartguß m. '~ˌrang·er s **1.** Austral. entsprungener Strafgefangener, der im Busch lebt. **2.** Am. 'Hinterwäldler m. ~ **shirt** s Buschhemd n. ~ **tel·e·graph** s 'Urwaldtele,fon n: **I heard it on the ~** colloq.

ich hab' so etwas läuten hören. '~ˌwhack **I** v/i **1.** Am. Austral. im Wald od. Busch leben od. her'umstreichen. **2.** Am. a) als Gue'rilla kämpfen, b) e-n Gue'rillakampf führen. **II** v/t **3.** Am. aus e-m od. dem 'Hinterhalt über'fallen. '~ˌwhack·er s **1.** Am. Austral. j-d, der im Wald od. Busch lebt od. herumstreicht. **2.** Am. Gue'rilla(kämpfer) m.
'**bush·y** adj buschig. '~-**tailed** adj zo. mit buschigem Schwanz: → **bright-eyed** 2.
busi·ness ['bɪznɪs] s **1.** Geschäft n, Beruf m, Tätigkeit f, Gewerbe n, Arbeit f: **to carry on ~ as an estate agent** als Grundstücksmakler tätig sein; **on ~** geschäftlich, beruflich, in Geschäften, in e-r geschäftlichen Angelegenheit; **to discuss ~** über geschäftliche Dinge reden; **he knows his ~** er versteht sein Geschäft; **on the way to ~** auf dem Weg zur Arbeit(sstätte). **2.** a) Kaufmannsberuf m, b) Geschäftsleben n, Handel m: **to be in ~** Geschäftsmann od. Kaufmann sein, ein Geschäft haben; **to go into ~** Kaufmann werden; **to go out of ~** das Geschäft od. s-n Beruf aufgeben; ~ **is** ~ Geschäft ist Geschäft. **3.** econ. Geschäft(sgang m) n, Ge'schäftsvoˌlumen n, 'Umsatz m: **how is ~?** wie gehen die Geschäfte?; ~ **is slack** das Geschäft ist flau; ~ **done** (Börse) Umsatz(betrag) m, (tatsächlich getätigte) Abschlüsse pl; **no ~** (**done**) (Börse) ohne Umsatz; **to do good ~** (**with**) gute Geschäfte machen (mit); **to lose ~** Kundschaft od. Aufträge verlieren. **4.** econ. Geschäft n, (Ge'schäfts)ˌUnterˌnehmen n, (-)Betrieb m, Firma f. **5.** (Laden)Geschäft n. **6.** Arbeit f, Tätigkeit f, Beschäftigung f: ~ **before pleasure** erst die Arbeit, dann das Vergnügen. **7.** a. ~ **of the day** Tagesordnung f. **8.** Sache f, Aufgabe f, Pflicht f: **that's your ~** (**to do**) das (zu tun) ist d-e Aufgabe; **to make it one's ~ to do s.th.**, **to make a ~ of doing s.th.** es sich zur Aufgabe machen, etwas zu tun. **9.** Angelegenheit f, Sache f: **to get down to ~** zur Sache kommen; **that's my ~** das ist m-e Sache; **this is none of your ~**, **that is no ~ of yours** das geht Sie nichts an; **the whole ~** die ganze Sache; **I'm trying to keep out of this demonstration ~** colloq. ich versuche, mich aus der ganzen Demonstrie'rerei her'auszuhalten; **to send s.o. about his ~** j-m heimleuchten; **to do s.o.'s ~**, **to give s.o. the ~** colloq. j-n ‚fertigˌmachen', ‚es j-m besorgen'; → **mean¹** 1, **mind** 10. **10.** Anliegen n: **what is your ~?** was haben Sie auf dem Herzen? **11.** Anlaß m, Grund m, Berechtigung f: **you have no ~ doing** (od. **to do**) **that** Sie haben kein Recht, das zu tun; **what ~ had he to say that?** wie kam er dazu, das zu sagen? **12.** thea. Akti'on f (stumme Szenen, Bewegungen etc; Ggs. Sprechtext). **13.** ‚Geschäft' n (Notdurft): **to do one's ~** sein Geschäft erledigen od. machen od. verrichten.
busi·ness|**ac·tiv·i·ty** → **business** 3. ~ **ad·dress** s Ge'schäftsaˌdresse f. ~ **a·gent** s **1.** Handelsvertreter m. **2.** Am. Ge'werkschaftsfunktioˌnär m. ~ **cap·i·tal** s econ. Be'triebs-, Ge'schäftskapiˌtal n. ~ **card** s Geschäftskarte f. ~ **cir·cles** s pl Geschäftskreise pl. ~ **col·lege** s Wirtschaftsoberschule f. ~ **con·sult·ant** s econ. Betriebsberater m. ~ **cy·cle** s econ. bes. Am. Konjunk'turzyklus m. ~ **end** s colloq. wesentlicher Teil (e-r Sache), z. B. Spitze f (e-s Bohrers od. Dolchs), Mündung f od. Lauf m (e-r Pistole etc). ~ **hours** s pl Geschäftsstunden pl, -zeit f: **after ~** nach Geschäftsschluß. ~ **in·come** s econ. a) Geschäftseinkommen n,

b) gewerbliche Einkünfte *pl*, c) Unter-ˈnehmensgewinn *m*. ~ **let·ter** *s* Geschäftsbrief *m*. '**~like** *adj* **1.** geschäftsmäßig, geschäftlich, sachlich, nüchtern. **2.** (geschäfts)tüchtig, praktisch. ~ **lunch** *s* Geschäftsessen *n*. ~ **ma·chine** *s* Büroma,schine *f*. '~**man** [-mæn] *s irr* Geschäftsmann *m*: **he is a good** ~ er ist geschäftstüchtig. ~ **out·look** *s econ.* Geschäftsaussichten *pl*. ~ **part·ner** *s econ.* Geschäftspartner *m*. ~ **prac·tic·es** *s pl* Geschäftsgebaren *pl*. ~ **prem·is·es** *s pl* Geschäftsräume *pl*. ~ **re·la·tions** *s pl* Geschäftsbeziehungen *pl*. ~ **re·ply card** *s* Werbeantwortkarte *f*. ~ **re·search** *s econ.* Konjunk'turforschung *f*. ~ **se·cret** *s* Betriebs-, Geschäftsgeheimnis *n*. ~ **suit** *s* Straßenanzug *m*. ~ **trip** *s* Geschäftsreise *f*. '~**wom·an** *s irr* Geschäftsfrau *f*: **she is a good** ~ sie ist geschäftstüchtig. ~ **year** *s econ.* Geschäftsjahr *n*.
ˈ**bus·ing** *s Am.* Busbeförderung von Schulkindern in andere Bezirke, um in den Klassen ein rassisches Gleichgewicht zu erzielen.
busk¹ [bʌsk] *s* Korˈsettstäbchen *n*.
busk² [bʌsk] *v/i Br.* auf der Straße musiˈzieren, singen *od.* akroˈbatische Kunststücke *etc* vorführen.
ˈ**busk·er** *s Br.* a) ˈStraßenmusiˌkant(in), b) Straßensänger(in), c) *j-d, der auf der Straße akrobatische Kunststücke etc vorführt*.
bus·kin [ˈbʌskɪn] *s* **1.** geschnürter (Halb-)Stiefel *m*. **2.** *antiq. thea.* Koˈthurn *m*. **3.** Traˈgödie *f*, Trauerspiel *n*.
ˈ**bus·load** *s* Busladung *f*. '~**man** [-mən] *s irr* Omnibusfahrer *m*: '~**'s hol·i·day** *s* Urlaub, der mit der üblichen Berufsarbeit verbracht wird.
buss¹ [bʌs] **I** *s* Kuß *m*. **II** *v/t* küssen.
buss² [bʌs] *s mar.* Büse *f*, Heringsfischerboot *n*.
bus ser·vice *s* Busverbindung *f*. ~ **shel·ter** *s* Wartehäus·chen *n*.
bus·sing → busing
bus stop *s* Bushaltestelle *f*.
bust¹ [bʌst] *s* **1.** a) Büste *f* (*aus Stein, Bronze etc*), b) Busen *m*. **2.** Schneiderei: ˈBrustˌumfang *m*.
bust² [bʌst] *colloq.* **I** *v/i pret u. pp* ˈ**bust·ed, bust 1.** a) ˌkaˈputtgehen': **and if I** ~ und wenn es mich umbringt, b) (zer)platzen. **2.** ˌpleite' gehen. **3.** ~ **up** a) ˌKrach' haben, b) sich ˌverkrachen'. **4.** ~ **out** *ped. Am.* ˌdurchrasseln', ˌdurchrauschen'. **II** *v/t* **5.** *a.* ~ **up** a) etwas, *a. fig.* e-e Ehe ˌkaˈputtmachen', b) zum Platzen bringen, c) e-n Safe, *mil.* e-n Panzer knacken, d) *Am.* sich *etwas* brechen: **he** ~**ed his arm**, e) e-e Versammlung *etc* sprengen. **6.** ˌpleite' machen. **7.** a) festnehmen, verhaften (**for** wegen), b) e-e Razzia machen in (*dat*), c) durch'suchen. **8.** *mil. Am.* degra'dieren (**to** zu). **9.** *Am.* ein Pferd zureiten. **10.** *bes. Am.* j-m e-n (Faust)Schlag versetzen: **he** ~**ed him on the jaw** er 'verpaßte' ihm e-n Kinnhaken. **III** *s* **11.** ˌPleite' *f, a. weitS.* ˌReinfall' *m*. **12.** a) Festnahme *f*, Verhaftung *f*, b) Razzia *f*, c) Durch'suchung *f*. **13.** *mil. Am.* Degra'dierung *f*. **14.** *bes. Am.* (Faust)Schlag *m*: **to give s.o. a** ~ **on the jaw** j-m e-n Kinnhaken ˌverpassen'. **15.** a) ˌSauferei' *f*, b) ˌSauftour' *f*: **to go on a** ~ e-e Sauftour machen. **IV** *adj* **16.** ˌkaˈputt', ˌim Eimer'. **17.** ˌpleite': **to go** ~ pleite gehen.
bus·tard [ˈbʌstə(r)d] *s orn.* Trappe *m*, *a. f*.
ˈ**bust·er** *s colloq.* **1.** a) ˌMordsding' *n*, b) ˌMordskerl' *m*. **2.** *oft* B~ *bes. Am.* (als Anrede) ˌChef!', ˌMeister!', (drohend) Freundchen! **3.** (*in Zssgn*) ...knacker *m*: **safe** ~ Geldschrankknacker *m*; → **tank buster**. **4.** *Am.* Zureiter *m*. **5.** *Am.* a) → bust² 15, b) Gröler *m*. **6.** *Austral.* heftiger, kalter Südwind.
bus·tle¹ [ˈbʌsl] **I** *v/i* **1.** *a.* ~ **about** (*od.* **around**) geschäftig hin u. her eilen. **2.** a) sich beeilen, b) eilen, hasten. **3.** *the streets are bustling with life* auf den Straßen herrscht geschäftiges Treiben. **II** *v/t* **4.** *a.* ~ **up** antreiben, hetzen. **III** *s* **5.** *a)* Geschäftigkeit *f*, b) geschäftiges Treiben.
bus·tle² [ˈbʌsl] *s hist.* Tourˈnüre *f* (*unter dem Kleid getragenes Gesäßpolster*).
ˈ**bus·tler** *s* geschäftiger Mensch. ˈ**bus·tling** *adj* **1.** geschäftig. **2.** belebt (*Straße etc*).
ˈ**bust-up** *s colloq.* ˌKrach' *m*: **to have a** ~ → bust² 3.
bus·y [ˈbɪzɪ] **I** *adj* (*adv* **busily**) **1.** beschäftigt, tätig: **he was** ~ **sorting the books** er war damit beschäftigt, die Bücher zu ordnen. **2.** geschäftig, emsig, rührig, fleißig: **get** ~**!** an die Arbeit!, ˌran!'; → **bee**¹ 1. **3.** *Straßen etc*: a) belebt, b) verkehrsreich, stark befahren. **4.** arbeitsreich: **a** ~ **day**; **I had a** ~ **day yesterday** ich hatte gestern viel zu tun. **5.** ˈüber-, diensteifrig, auf-, zudringlich, lästig. **6.** *teleph. bes. Am.* besetzt. **7.** unruhig (*Muster, Tapete etc*). **II** *v/t* **8.** (*o.s. sich*) beschäftigen (**with** mit): **to** ~ **o.s. doing s.th.** sich damit beschäftigen, etwas zu tun. '~**bod·y** *s* ˌGschaftlhuber' *m*, ˈÜbereifrige(r *m*) *f*, aufdringlicher Mensch.
ˈ**bus·y·ness** *s* Geschäftigkeit *f*.
bus·y sig·nal *s teleph. bes. Am.* Besetztzeichen *n*.
but [bʌt] **I** *adv* **1.** nur, bloß: ~ **a child**; **there is** ~ **one way out** es gibt nur 'einen Ausweg; **I did** ~ **glance** ich blickte nur flüchtig hin. **2.** erst, gerade: **he left** ~ **an hour ago** er ist erst vor e-r Stunde gegangen. **3.** wenigstens, immer'hin: **you could** ~ **try**. **4.** all ~ fast, beinahe, ˌum ein Haar': **he all** ~ **died** er wäre fast gestorben.
II *prep* **5.** außer: **all** ~ **him** alle außer ihm; **the last** ~ **one** der vorletzte; **the last** ~ **two** der drittletzte; **nothing** ~ **nonsense** nichts als Unsinn; ~ **that** außer daß; es sei denn, daß. **6.** ~ **for** ohne: ~ **for my parents** wenn m-e Eltern nicht (gewesen) wären.
III *conj* **7.** (*nach Negativen od. Interrogativen*) außer, als: **what can I do** ~ **refuse** was bleibt mir anderes übrig als abzulehnen; **he could not** ~ **laugh** er mußte einfach lachen. **8.** ohne daß: **he never comes** ~ **he causes trouble** er kommt nie, ohne Unannehmlichkeiten zu verursachen. **9.** *a.* ~ **that, that, what** (*nach Negativen*) daß nicht: **you are not so stupid** ~ (*od.* ~ **that,** ~ **what**) **you can learn** that du bist nicht so dumm, daß du das nicht lernen könntest. **10.** ~ **that** daß: **you cannot deny** ~ **that you did it. 11.** ~ **that** wenn nicht: **I would do it** ~ **that I am busy. 12.** aber, jeˈdoch: **you want to do it** ~ **you cannot** du willst es tun, aber du kannst es nicht; **small** ~ **select** klein, aber fein; ~ **then** a) aber schließlich, b) aber anderseits, c) immerhin. **13.** dennoch, nichtsdestoˈweniger: ~ **yet**. ~ **for all that** (aber) trotzdem. **14.** sondern: **not only** ... ~ **also** nicht nur ..., sondern auch.
IV *neg rel pron* **15.** der *od.* die *od.* das nicht: **there is no one** ~ **knows about it** es gibt niemanden, der nicht weiß; **few of them** ~ **rejoiced** es gab nur wenige, die sich nicht freuten.
V *s* **16.** Aber *n*, Einwand *m*, 'Widerrede *f*: → **if** 5.

VI *v/t* **17.** ~ **me no buts!** hier gibt es kein Aber!, keine Widerrede!
bu·ta·di·ene [ˌbjuːtəˈdaɪiːn] *s chem.* Butadiˈen *n*.
bu·tane [ˈbjuːteɪn] *s chem.* Buˈtan *n*.
bu·ta·nol [ˈbjuːtənɒl; *Am. a.* -ˌnəʊl] *s chem.* Butaˈnol *n*, Buˈtylalkohol *m*.
bu·ta·none [ˈbjuːtənəʊn] *s chem.* Butaˈnon *n*.
butch [bʊtʃ] *sl.* **I** *s* **1.** a) Mannweib *n*, b) ˌkesser Vater' (*Lesbierin, die sich betont männlich kleidet u. gibt*). **2.** *Br.* Schläger(-typ) *m*. **II** *adj* **3.** maskulin: ~ **woman** → 1 a, b; **to go** ~ ˌauf kesser Vater machen'. **4.** *Br.* gewalttätig.
butch·er [ˈbʊtʃə(r)] **I** *s* **1.** Fleischer *m*, Metzger *m*, Schlachter *m*. **2.** *fig.* a) (Menschen)Schlächter *m*, bruˈtaler Mörder, b) ˌHenker' *m* (*Richter, der wegen s-r Bluturteile berüchtigt ist*), c) General *etc, der sinnlos Blut vergießt*. **3.** Pfuscher *m*. **4.** *Am.* Verkäufer *m* (*von Süßigkeiten etc bes. in Zügen od. Theatern*). **II** *v/t* **5.** schlachten. **6.** abschlachten, niedermetzeln. **7.** verpfuschen. ˈ**butch·er·ly** *adj* grausam, blutdürstig.
butch·er's (hook) *s Br. sl.* Blick *m*: **to have a** ~ **at** e-n Blick werfen auf (*acc*).
ˈ**butch·er·y** *s* **1.** Fleischer-, Metzger-, Schlachterhandwerk *n*. **2.** Schlachthaus *n*, -hof *m*. **3.** *fig.* a) Metzeˈlei *f*, Gemetzel *n*, b) Abschlachten *n*, Niedermetzeln *n*.
bu·tene [ˈbjuːtiːn] *s chem.* Buˈten *n*.
but·ler [ˈbʌtlə(r)] *s* **1.** Kellermeister *m*. **2.** Butler *m*.
butt¹ [bʌt] **I** *s* **1.** (dickes) Ende (*e-s Werkzeugs etc*). **2.** (Gewehr- *etc*)Kolben *m*. **3.** a) (Ziˈgarren-, Zigaˈretten-, Kerzen-)Stummel *m*, (Zigaˈretten)Kippe *f*, b) *Am. colloq.* ˌGlimmstengel' *m* (Zigarette). **4.** *bot.* unteres Ende (*vom Stiel od. Stamm*). **5.** *tech.* a) Berührungsstelle von Bauteilenden, b) → **butt joint**. **6.** a) Kugelfang *m*, b) *meist pl* Schießstand *m*. **7.** *fig.* Zielscheibe *f* (*des Spottes etc*). **8.** a) ˌKopfstoß *m* (*a. Boxen*), b) Stoß *m* mit den Hörnern. **9.** *sl.* ˌHintern' *m*, ˌArsch' *m*. **10.** *obs.* Ziel *n*. **II** *v/t* **11.** *tech.* stumpf aneinˈanderfügen. **12.** a) j-m e-n Kopfstoß versetzen (*a. Boxen*), b) j-m e-n Stoß mit den Hörnern versetzen. **13.** Zigarre, Zigaˈrette ausdrücken. **III** *v/i* **14.** ~ **in** *colloq.* sich einmischen (**on** in *acc*): **to** ~ **into** sich einmischen in (*acc*). **15.** (an)stoßen, (an)grenzen (**on, against** an *acc*): **to** ~ **out** vorspringen. **16.** a) mit dem Kopf stoßen (*a. Boxen*), b) mit den Hörnern stoßen.
butt² [bʌt] *s* **1.** a) Wein-, Bierfaß *n*, b) Regentonne *f*. **2.** Butt *n* (*englisches Flüssigkeitsmaß = 108 gallons*).
butte [bjuːt] *s geol. Am.* Spitzkuppe *f*.
butt end *s* **1.** dickes Endstück. **2.** *tech.* Plankenende *n*.
but·ter [ˈbʌtə(r)] **I** *s* **1.** Butter *f*: **melted** ~ zerlassene Butter; **run** ~ Butterschmalz *n*; **he looks as if** ~ **would not melt in his mouth** er sieht aus, als könnte er nicht bis drei zählen *od.* als könnte er kein Wässerchen trüben; → **bread** *Bes. Redew.* **2.** butterähnliche Masse: → **cocoa butter, peanut butter. 3.** *colloq.* ˌSchmus' *m*, Schmeicheˈlei *f*, Schönˈtuerei *f*. **II** *v/t* **4.** buttern, mit Butter bestreichen: ~**ed toast** Toast *m* mit Butter. **5.** mit Butter zubereiten. **6.** *colloq.* j-m schöntun, j-m schmeicheln. **III** *v/i* **7.** ~ **up to 6.** '~**ball** *s colloq.* Dicke(r *m*) *f*, Dickerchen *n*. ~**bean** *s bot.* Wachsbohne *f*. ~**boat** *s* kleine Sauciˈere (*für zerlassene Butter*). ~ **churn** *s* Butterfaß *n* (*zum Buttern*). '~**cup** *s bot.* Butterblume *f*, Hahnenfuß *m*. '~ **dish** *s* Butterdose *f*, -schale *f*. '~**fat** *s* Butterfett *n*. '~**fin·gered** *adj*: **he's** ~ *colloq.* er ist tol-

butterfingers ~ *fin·gers* s pl (als sg konstruiert) colloq. Tolpatsch m.

'but·ter·fly s **1.** zo. Schmetterling m, Tagfalter m: **to have butterflies in one's stomach** colloq. ein flaues Gefühl in der Magengegend haben; → **wheel** 6. **2.** fig. a) ‚Schmetterling' m, flatterhafter, oberflächlicher Mensch, b) ‚Papa'gei' m (auffällig u. geschmacklos gekleideter Mensch), c) vergnügungssüchtiger Mensch. **3.** a. ~ **stroke** (Schwimmen) Schmetterlingsstil m, Butterfly(stil) m. ~ **bomb** s mil. Flügelsprengbombe f. ~ **nut** s tech. Flügelmutter f. ~ **screw** s tech. Flügelschraube f. ~ **valve** s tech. Drossel-, Absperrklappe f.

but·ter·ine ['bʌtəri:n] s Kunstbutter f.

'but·ter|-milk s Buttermilch f. ~ **moun·tain** s econ. Butterberg m. ~ **mus·lin** s locker gewebter Musse'lin. '~**nut** s **1.** bot. a) Grauer Walnußbaum, b) Graunuß f. **2.** Am. hist. sl. Spitzname für e-n Soldaten der Südstaaten im Bürgerkrieg. '~**scotch** s Kara'melbon‚bon m, n. '~**wort** s bot. Fettkraut n.

'but·ter·y I adj **1.** butterartig, Butter... **2.** mit Butter bestrichen. **3.** colloq. schöntuerisch, schmeichlerisch. **II** s **4.** Speisekammer f. **5.** univ. Br. Kan'tine f.

butt| joint s tech. Stoßverbindung f, -fuge f. **~-joint** v/t tech. stumpf stoßen. '~**leg·ging** s Am. colloq. 'ille‚galer Verkauf von unversteuerten Ziga'retten.

but·tock ['bʌtək] s **1.** Ge'säßbacke f, zo. 'Hinterbacke f. **2.** pl Gesäß n, colloq. od. zo. 'Hinterteil n. **3.** meist pl mar. Heck n.

but·ton ['bʌtn] **I** s **1.** (Kleider)Knopf m: **not worth a** ~ colloq. keinen Pfifferling wert; **to be a** ~ **short** colloq. nicht alle Tassen im Schrank haben; ~ **care** f. **2.** (Klingel-, Licht-, Druck-, Schalt-) Knopf m, (Druck)Taste f. **3.** Knopf m, knopfähnlicher Gegenstand, z.B. a) ('Ansteck)Pla‚kette f, (-)Nadel f, Abzeichen n, b) fenc. Spitzenschutz m, c) mus. (Re'gister)Knopf m, d) mus. (Spiel-) Knopf m (der Ziehharmonika), e) electr. (Mikro'phon)Kapsel f, f) 'Rundkopfmar‚kierung f (im Straßenverkehr). **4.** bot. knotenartige Bildung bei Pflanzen: a) Auge n, Knospe f, b) Fruchtknoten m, c) kleine od. verkümmerte Frucht, d) junger Pilz. **5.** pl (als sg konstruiert) bes. Br. colloq. Ho'telpage m. **6.** Boxen: colloq. ‚Punkt' m (Kinnspitze): **his answer was right on the** ~ s-e Antwort traf genau ins Schwarze. **II** v/t **7.** meist ~ **up** zuknöpfen: **to** ~ **s.th. up** etwas unter Dach u. Fach bringen; **to** ~ **up one's lip** (od. **mouth**) colloq. den Mund halten; ~**ed** mit Knöpfen (versehen), (zu)geknöpft; ~**ed up** colloq. a) ‚zugeknöpft', zurückhaltend, b) unter Dach u. Fach. **III** v/i **8.** sich knöpfen lassen. **IV** s **1.** Knöpfen n. **2.** bes. Br. Knopflochsträußchen n, Blume f im Knopfloch. **II** v/t **3.** a) j-n ansprechen (u. auf ihn einreden), b) Am. j-n aufhorchen lassen. **4.** Knopflöcher nähen in (acc). **5.** mit Knopflochstichen nähen. '~**hole stitch** s Knopflochstich m. '~**hook** s Stiefelknöpfer m. ~ **switch** s tech. Druckknopfschalter m.

but·tress ['bʌtrɪs] **I** s **1.** arch. Strebe-, Stützpfeiler m. **2.** fig. Stütze f. **3.** vorspringender Teil. **II** v/t a. ~ **up 4.** (durch Strebepfeiler) stützen. **5.** fig. (unter-) 'stützen.

butt| shaft s mil. hist. Pfeil m. ~ **strap** s tech. Stoßblech n, Lasche f. ~ **weld** s tech. Stumpf(schweiß)naht f. '~-**weld** v/t Stumpfschweißen. ~ **weld·ing** s Stumpfschweißen n.

bu·tyl ['bju:tɪl] s chem. Bu'tyl n. ~ **al·co·hol** s chem. Bu'tylalkohol m.

bu·tyl·ene ['bju:tɪli:n] s chem. Buty'len n.

bu·tyr·a·ceous [‚bju:tɪ'reɪʃəs] adj chem. butterartig od. -haltig.

bu·tyr·al·de·hyde [‚bju:tɪ'rældɪhaɪd] s chem. Bu'tyralde‚hyd n.

bu·tyr·ate ['bju:tɪreɪt] s chem. Buty'rat n.

bu·tyr·ic [bju:'tɪrɪk] adj chem. Butter...: ~ **acid** Buttersäure f.

bux·om ['bʌksəm] adj drall.

buy [baɪ] **I** s **1.** colloq. Kauf m, (das) Gekaufte: **a good** ~ ein guter Kauf. **II** v/t pret u. pp **bought** [bɔ:t] **2.** (ein)kaufen, beziehen (of, from von; at bei): **to** ~ **s.th. from s.o.** j-m etwas abkaufen; **all that money can** ~ alles, was für Geld zu haben ist; **$1,000 will** ~ **that car für 1000 Dollar bekommt man diesen Wagen**; **he's bought it** Br. colloq. ‚ihn hat's erwischt' (er ist umgekommen). **3.** e-e Fahrkarte etc lösen. **4.** econ. **to** ~ **o.s. into** sich einkaufen in (acc); **to** ~ **insurance** sich versichern lassen. **5.** fig. a) e-n Sieg etc erkaufen (**with** mit): **dearly bought** teuer erkauft, b) Zeit gewinnen. **6.** j-n ‚kaufen', bestechen. **7.** relig. erlösen. **8.** bes. Am. colloq. a) etwas glauben: **I won't** ~ **that!** ‚das kauf ich dir etc nicht ab!', b) etwas akzep'tieren. **III** v/i **9.** kaufen. **10.** **to** ~ **into** → 4.

Verbindungen mit Adverbien:

buy|back v/t zu'rückkaufen. ~ **in I** v/t **1.** sich eindecken mit. **2.** (auf e-r Auktion) zu'rücknehmen. **3.** **to buy o.s. in** econ. sich einkaufen. **II** v/i **4.** sich eindecken (**for** für). **5.** → 3. ~ **off** v/t → **buy** 6. ~ **out** v/t **1.** Teilhaber etc abfinden, auszahlen. **2.** Firma etc aufkaufen. **3.** mil. los-, freikaufen (**of** von). ~ **o·ver** v/t → **buy** 6. ~ **up** v/t aufkaufen.

'buy·er s **1.** Käufer(in), Abnehmer(in): ~**s** (Börse) Geld n; ~**-up** Aufkäufer m; ~**'s market** econ. Käufermarkt m; ~**'s option** Kaufoption f, (Börse) Vorprämie(ngeschäft n) f; ~**s' strike** Käuferstreik m. **2.** econ. Einkäufer(in).

'buy·ing s (Ein-, Ab)Kauf m. **II** adj (Ein)Kauf(s)...: ~ **agent** Einkaufsvertreter m, Einkäufer m; ~ **brokerage** Einkaufsprovision f; ~ **department** Einkauf(sabteilung f) m; ~ **order** Kaufauftrag m; (**excessive**) ~ **power** (überschüssige) Kaufkraft.

buzz [bʌz] **I** v/i **1.** summen, surren, brummen, schwirren: **to** ~ **about** (od. **around**) herumschwirren (a. fig.); **to** ~ **off** colloq. (meist imp) ‚abschwirren', ‚abhauen'. **2.** **to** ~ **for s.o.** j-n mit dem Summer rufen. **3.** fig. dröhnen (**with** von): **my ears are** ~**ing** mir dröhnen die Ohren; ~**ing with excitement** in heller Aufregung. **II** v/t a. ~ **abroad** Gerücht etc verbreiten, in 'Umlauf setzen. **5.** surren lassen. **6.** Am. mit e-r Kreissäge schneiden. **7.** a) j-n mit dem Summer rufen, b) teleph. colloq. j-n anrufen. **8.** aer. a) in geringer Höhe über'fliegen, b) (bedrohlich nahe) her'anfliegen an ein Flugzeug etc. **III** s **9.** Summen n, Brummen n, Surren n, Schwirren n: **to give s.o. a** ~ **1** j-n mit dem Summer rufen bzw. teleph. colloq. j-n anrufen. **10.** Gemurmel n, Stimmengewirr n. **11.** Gerede n, Gerücht n.

buz·zard ['bʌzə(r)d] s **1.** orn. a) Bussard m, b) Amer. Truthahngeier m, c) Fischadler m. **2.** meist **old** ~ colloq. ‚alter Gauner'.

buzz bomb → **flying bomb**.

'buzz·er s **1.** Summer m, Brummer m, bes. summendes In'sekt. **2.** Summer m, Summpfeife f. **3.** electr. a) Summer m: **at the** ~ beim Ertönen des Summers, b) Unter'brecher m. **4.** Am. sl. Poli'zeimarke f.

buzz| saw s tech. Am. Kreissäge f. ~ **track** s Film: Geräuschspur f. ~ **word** s Schlagwort n.

by¹ [baɪ] **I** prep **1.** (örtlich) (nahe od. dicht) bei od. an (dat), neben (dat): **a house** ~ **the river** ein Haus beim od. am Fluß; **side** ~ **side** Seite an Seite. **2.** vor'bei od. vor'über an (dat), an (dat) ... entlang: **he went** ~ **the church**. **3.** über (acc): **to go** ~ **London**. **4.** auf (dat), entlang (acc) (Weg etc): **to come** ~ **another road** e-e andere Straße entlangkommen. **5.** per, mit, mittels, durch (ein Verkehrsmittel): → **air¹** 1, **post³** 1, etc. **6.** (zeitlich) bis zu, bis um, bis spätestens: **be here** ~ **4.30** sei um 4 Uhr 30 hier; ~ **that time** a) bis dahin, unterdessen, b) um diese Zeit, (ungefähr) zu diesem Zeitpunkt; → **now** Bes. Redew. **7.** während, bei (Tageszeit): → **day** Bes. Redew. etc. **8.** nach, ...weise: **sold** ~ **the meter** (bes. Br. **metre**) meterweise verkauft; → **hour**, etc. **9.** nach, gemäß: **it is ten** ~ **my watch** nach od. auf m-r Uhr ist es zehn. **10.** von: → **nature** 2, **trade** 4. **11.** von, durch (Urheberschaft): **she has a son** ~ **him** sie hat e-n Sohn von ihm; **a play** ~ **Shaw** ein Stück von Shaw; **it was settled** ~ **him** es wurde durch ihn od. von ihm erledigt; → **oneself** 1. **12.** mittels, mit Hilfe von, mit, durch: **written** ~ **pencil** mit Bleistift geschrieben; ~ **listening** durch Zuhören; ~ **(his) talking rapidly** dadurch, daß er schnell redete; → **force** 1, 3, 4, **letter¹** 2. **13.** um (bei Größenverhältnissen): **(too) short** ~ **an inch** um e-n Zoll zu kurz. **14.** math. a) mal: **3** × **4**; **the size is 9 feet** ~ **6** die Größe ist 9 auf 6 (od. 9 × 6) Fuß; → **multiply** 2, b) durch: **6** ~ **2**; → **divide** 7 a. **15.** an (dat), bei: → **root¹** 1, **seize** 1 a. **II** adv **16.** nahe, da('bei): ~ **and large** im großen u. ganzen; ~ **and** ~ a) bald, demnächst, b) nach u. nach; → **close** 28, **hard** 26. **17.** vor'bei, vor'über: → **go by**, **pass by**, etc. **18.** bei'seite: → **put by**, etc.

by² → **bye¹** II.

by- [baɪ] Wortelement mit den Bedeutungen a) (nahe) dabei od. vorbei, b) Neben..., c) geheim.

‚by|-and-'by s Am. (nahe) Zukunft. '~**-blow** s **1.** versehentlicher Schlag. **2.** obs. uneheliches Kind. '~**by** Am. → bye-bye. '~**cor·ner** s abgelegener Ort.

bye² [baɪ] **I** s **1.** Nebensache f: **by the** ~ übrigens, nebenbei (bemerkt). **2.** Krikket: durch e-n vor'beigelassenen Ball ausgelöster Lauf. **3.** sport Freilos n: **to draw a** ~ ein Freilos ziehen. **II** adj **4.** seitlich, Seiten... **5.** Neben...

bye² [baɪ] → bye-bye III.

bye- → by-.

bye-bye I s ['baɪbaɪ] meist pl ‚Heia' f (Kindersprache für Bett od. Schlaf): **to go to** ~**(s)** a) in die Heia gehen, b) einschlafen. **II** adv → **bye-byes**. **III** interj [‚baɪ'baɪ] colloq. a) 'Wiedersehen!, Tschüs!, b) teleph. 'Wiederhören! **bye-byes** v/t **to go** ~ a) in die ‚Heia' gehen, b) einschlafen.

'bye-e‚lec·tion → by-election. **'bye-law** → bylaw.

'by-ef‚fect s Nebenwirkung f. **'by-e‚lec·tion** s Nachwahl f. **'by·gone I** adj vergangen. **II** s (das) Vergangene: **let** ~**s be** ~ laß(t) das Vergangene ruhen, sprechen wir nicht mehr davon. **'by·law** s **1.** bes. Br. 'Ortssta‚tut n, städtische Verordnung, Gemeindesatzung f: **building** ~**s** örtliche Bauvorschriften. **2.** a) Sta'tuten pl, Satzung f (e-r Körperschaft des öffentlichen Rechts), b) pl econ. Am. Satzung f (e-r Aktiengesellschaft, bes. das Innenverhältnis betreffend). **3.** 'Durchführungsverordnung f, Ergänzungsgesetz n.

'by-line s **1.** rail. Nebenlinie f. **2.** Nebenbeschäftigung f. **3.** Verfasserzeile f, -angabe f (unter der Überschrift e-s Zeitungsartikels). **'by·name** s **1.** Beiname m. **2.** Spitzname m.
'by·pass I s **1.** 'Umleitung f, Um'gehungsstraße f. **2.** tech. Bypass m, Nebenleitung f. **3.** 'Seiten-, 'Nebenka‚nal m. **4.** electr. Nebenschluß m, Shunt m. **5.** Gasbrenner: Dauerflamme f. **6.** med. Bypass m: a) vorübergehende Blutumleitung e-s Gefäßes während e-r Operation an diesem Gefäß, b) Überbrückung e-s krankhaft veränderten Blutgefäßabschnitts durch Einpflanzung e-s Venenstücks etc. **II** v/t **7.** um'gehen (a. fig.). **8.** vermeiden. **9.** fig. über'gehen. **10.** ab-, 'umleiten. **11.** electr. a) shunten, vor'beileiten, b) über'brücken. ~ **con·dens·er** s electr. Über'brückungskonden‚sator m. ~ **op·er·a·tion** s med. 'Bypassoperati‚on f.
'by·path → byway. **'by·play** s thea. bes. Am. Nebenspiel n. **'by·plot** s Nebenhandlung f (im Drama etc). **'by-‚prod·uct** s 'Nebenpro‚dukt n (a. fig.), Nebenerzeugnis n.
byre ['baɪə] s Br. Kuhstall m.
byr·nie ['bɜːnɪ; Am. 'bɜrniː] s hist. Brünne f.
'by·road s Seiten-, Nebenstraße f.
By·ron·ic [baɪ'rɒnɪk; Am. -'rɑ-] adj (adv ~ally) **1.** Byronsch(er, e, es), **2.** by'ronisch, sa'tirisch-melan'cholisch.
'by‚stand·er s 'Umstehende(r m) f, Zuschauer(in).
'by·street s Seiten-, Nebenstraße f.
byte [baɪt] s Computer: Byte n, Bi'närwort n.
'by·way s **1.** Seiten-, Nebenstraße f. **2.** fig. a) 'Nebena‚spekt m, b) Nebengebiet n.
'by·word s **1.** Sprichwort n. **2.** (for) Innbegriff m (gen), Musterbeispiel (für): to be a ~ for stehen für, gleichbedeutend sein mit. **3.** fig. Gespött n, Gegenstand m der Verachtung. **4.** (bes. verächtlicher) Beiname. **5.** stehende Redensart, Schlagwort n.
Byz·an·tine [bɪ'zæntaɪn; bes. Am. 'bɪzəntiːn; -taɪn] **I** adj byzan'tinisch. **II** s Byzan'tiner(in).

C

C,c [siː] **I** *pl* **C's, Cs, c's, cs** [siːz] *s* **1.** C, c *n* (*Buchstabe*). **2.** *mus.* C, c *n* (*Tonbezeichnung*): **C flat** Ces, ces *n*; **C sharp** Cis, cis *n*; **C double flat** Ceses, ceses *n*; **C double sharp** Cisis, cisis *n*. **3.** *mus.* C *n* (*Taktzeichen des Vierviertaktakts*). **4.** C *ped.* Drei *f*, Befriedigend *n* (*Note*). **5.** C *Am. sl.* Hundert'dollarschein *m*. **6.** C C *n*, C-förmiger Gegenstand. **II** *adj* **7.** dritt(er, e, es): **Company C. 8.** C C-..., C-förmig.

C 3 *adj Br. colloq.* **1.** I'm C 3 mir geht es (*gesundheitlich*) nicht besonders (gut). **2.** minderwertig.

cab [kæb] **I** *s* **1.** a) Droschke *f*, b) Taxi *n*. **2.** a) Führerstand *m* (*Lokomotive*), b) Fahrerhaus *n* (*Lastkraftwagen*), (a. *Kran*) Führerhaus *n*. **II** *v/i* **3.** mit dem Taxi *od.* der Droschke fahren.

ca·bal [kəˈbæl] **I** *s* **1.** Kaˈbalc *f*, Komˈplott *n*, Verschwörung *f*, Inˈtrige *f*. **2.** Clique *f*, Verschwörergruppe *f*. **3.** exkluˈsiver (*literarischer etc*) Zirkel. **II** *v/i* **4.** sich verschwören. **5.** intriˈgieren.

ca·ba·la [kəˈbɑːlə; *Am. a.* ˈkæbələ] *s* Kabbala *f*: a) jüdische Geheimlehre, b) *allg.* Geheimlehre *f*.

cab·a·lism [ˈkæbəlɪzəm] *s* Kabbaˈlistik *f*, Geheimwissenschaft *f*. **cab·a·lis·tic** *adj*; **cab·a·lis·ti·cal** *adj* (*adv* **-ly**) kabbaˈlistisch.

cab·al·line [ˈkæbəlaɪn; -lɪn] *adj* Pferde...: ~ **fountain** (*od.* **spring**) *poet.* Hippokrene *f*, Musenquell *m*.

ca·ba·na [kəˈbɑːnə; *Am.* kəˈbænə] *s bes. Am.* Bade-, ˈUmkleidezelt *n*.

cab·a·ret [ˈkæbəreɪ; *Am.* ˌkæbəˈreɪ] *s* **1.** a. ~ **show** Varieˈtédarbietungen *pl* (*in e-m Restaurant od. Nachtklub*). **2.** *bes. Am.* Restauˈrant *n. od.* Nachtklub *m* mit Varieˈtédarbietungen.

cab·bage [ˈkæbɪdʒ] **I** *s* **1.** *bot.* a) Kohl *m*, -pflanze *f*, b) Kohlkopf *m*. **2.** *a.* **palm** ~ *bot.* Palmkohl *m*. **3.** *Br. colloq.* ‚geistiger Kleinrentner *od.* -gärtner'. **4.** *a.* ~ **leaves** *pl Am. sl.* ‚Lappen' *pl* (*Papiergeld, Geldscheine*). **II** *v/i* **5.** stehlen, stiˈbitzen. ~ **but·ter·fly** *s zo.* Großer Kohlweißling. ~ **fly** *s zo.* (*e-e*) Kohlfliege. ˈ~**head** *s* **1.** Kohlkopf *m*. **2.** *colloq.* ~ **cabbage** 3. ~ **let·tuce** *s bot.* ˈKopfsaˌlat *m*. ~ **palm** *s bot.* Kohlpalme *f*. ~ **rose** *s bot.* Hundertblättrige Rose, Zentiˈfolie *f*. ~ **tree** *s bot.* Kohlpalme *f* (*verschiedene Palmarten mit eßbaren Knospen*). ~ **white** → cabbage butterfly.

cab·ba·la, cab·ba·lism, cab·ba·lis·tic(al) → cabala, *etc.*

cab·bie, cab·by [ˈkæbɪ] *colloq.* für cabdriver.

ˈ**cab**ˌ**driv·er** *s* **1.** Taxifahrer *m*. **2.** Droschkenkutscher *m*.

ca·ber [ˈkeɪbə] *s Scot.* Baumstamm *m*: tossing the ~ Baumstammwerfen *n*.

cab·in [ˈkæbɪn] **I** *s* **1.** Häuschen *n*, Hütte *f*. **2.** *mar.* Kaˈbine *f*, Kaˈjüte *f*. **3.** *aer.* Kaˈbine *f*: a) Fluggastraum *m*, b) Kanzel *f*. **4.** Kaˈbine *f* (*Seilbahn etc*). **5.** *Br.* → cab 2b. **6.** *rail. Br.* Stellwerk *n*. **II** *v/t* **7.** einpferchen. **III** *v/i* **8.** a) beengt hausen, b) in e-r Hütte wohnen. ~ **boy** *s mar.* junger Kaˈbinensteward. ~ **class** *s mar.* Kaˈbinen-, Kaˈjütsklasse *f*. ~ **cruis·er** *s mar.* Kaˈbinenkreuzer *m*.

cab·i·net [ˈkæbɪnɪt] *s* **1.** *oft* C~ *pol.* Kaˈbiˈnett *n*: ~ **crisis** Regierungskrise *f*; ~ **list** Kabinettsliste *f*; ~ **meeting** Kabinettssitzung *f*; ~ **minister** Kabinettsminister *m*; ~ **question** Kabinettsfrage *f*; ~ **reshuffle** Kabinettsumbildung *f*. **2.** *pol. obs.* Beratungs-, Sitzungszimmer *n*. **3.** kleiner Raum, Kaˈbine *f*. **4.** *obs.* Priˈvat-, Stuˈdierzimmer *n*. **5.** Viˈtrine *f*, Kaˈbiˈnett-, Sammlungsschrank *m*. **6.** (Büˈro-, Karˈtei-, Laˈbor- *etc*) Schrank *m*, (Wand)Schränkchen *n*. **7.** Schaˈtulle *f*, kleine Truhe. **8.** *Radio etc*: Gehäuse *n*, Schrank *m*. **9.** a) → **cabinet photograph**, b) → **cabinet size**. ~ **at·tend·ant** *s aer.* Flugbegleiter(in). ~ **e·di·tion** *s* biblioˈphile Ausgabe (*Buch*). ~ **mak·er** *s* Kunst-, Möbeltischler *m*. ˈ~**mak·ing** *s* Kunst-, Möbeltischleˈrei *f*. ~ **paint·ing** *s* Kabiˈnettmalerei *f*. ~ **pho·to·graph** *s* Fotoˈgrafie *f* im Kabiˈnettforˌmat. ~ **pi·an·o** *s mus.* Piaˈnino *n*. ~ **pud·ding** *s gastr.* Süßspeise aus Brot *od.* Kuchen, Trockenobst, Eiern u. Milch. ~ **saw** *s tech.* zweischneidige Handsäge. ~ **size** *s phot.* Kabiˈnettforˌmat *n* (100 × 140 mm). ~ **var·nish** *s* ˈMöbelpoliˌtur *f*, -lack *m*. ˈ~**work** *s* Kunsttischlerarbeit *f*.

ca·ble [ˈkeɪbl] **I** *s* **1.** Kabel *n*, Tau *n*, (Draht)Seil *n*. **2.** *mar.* Ankertau *n*, -kette *f*: **to slip the** ~ a) das Ankertau schießen lassen, b) *colloq.* ‚den Löffel weglegen' (*sterben*). **3.** *electr.* (Leitungs)Kabel *n*. **4.** *arch.* Schiffstauverzierung *f*. **5.** → cablegram. **6.** → cable transfer. **II** *v/t* **7.** mit e-m Kabel versehen *od.* befestigen. **8.** Drähte *etc* kaˈblieren, zu e-m Kabel zs.-drehen. **9.** a) j-m etwas telegraˈfieren, b) j-n teleˈgrafisch benachrichtigen. **10.** j-m Geld teleˈgrafisch anweisen *od.* überˈweisen. **11.** *arch.* e-n Säulenschaft seilförmig winden. **III** *v/i* **12.** telegraˈfieren. ~ **ad·dress** Teleˈgrammˌadresse *f*. ~ **box** *s electr.* Kabelabzweiger *m*, -kasten *m*. ~ **bridge** *s* Seil(hänge)brücke *f*. ~ **car** *s Seilbahn*: a) Kaˈbine *f*, b) Wagen *m*. **2.** Wagen *m* (→ **cable railway** 2). ˈ~**cast** [-kɑːst, *Am.* -ˌkæst] *v/t pret u. pp* **-cast** *od.* -ˌ**cast·ed** per Kabelfernsehen überˈtragen. **II** *s* per Kabelfernsehen überˈtragene Sendung. ~ **con·trol** *s tech.* Seil(zug)steuerung *f*. ~ **gram** [ˈkeɪblɡræm] *s* (ˈÜbersee)Teleˌgramm *n*. ~ **joint** *s* **1.** *tech.* a) Seilschloß *n*, b) Seilverbindung *f*. **2.** *electr.* Kabelverbindung *f*. ˈ~**laid** *adj tech.* kabelartig gedreht: ~ **rope** Kabeltrosse *f*. ~ **length** → **cable's length**. ~ **mo(u)ld·ing** *s arch.* Schiffstauverzierung *f*. ~ **rail·way** *s* **1.** (Draht)Seilbahn *f*. **2.** Straßenbahn in San Francisco, deren Wagen durch unter der Straße liegende Drahtseile gezogen werden. ~ **re·lease** *s phot.* Drahtauslöser *m*.

ca·ble·se [keɪbˈliːz] *s* Teleˈgrammstil *m*.

ca·ble's length [ˈkeɪblz] *s mar.* Kabellänge *f* (*Br.* 185,3 m, *Am.* 219,5 m).

ca·ble stitch *s* Kettenstich *m*, Zopfmuster *n*.

ca·blet [ˈkeɪblɪt] *s tech.* kleines Kabel (*mit e-m Umfang von unter 25 cm*).

ca·ble| tel·e·vi·sion *s* Kabelfernsehen *n*. ~ **tier** [ˈtɪə(r)] *s mar.* Kabelgatt *n*. ~ **trans·fer** *s Am.* teleˈgrafische ˈGeldˌüberˌweisung. ˈ~**way** *s tech.* Seilförderanlage *f*.

ca·bling [ˈkeɪblɪŋ] *s arch.* Schiffstauverzierung(en *pl*) *f*.

ˈ**cab·man** [-mən] *s irr* → cabdriver.

ca·boo·dle [kəˈbuːdl] *s*: **the whole (kit and)** ~ *colloq.* a) (*von Sachen*) der ganze Plunder *od.* Kram, b) (*von Leuten*) die ganze ‚Blase' *od.* Sippschaft.

ca·boose [kəˈbuːs] *s* **1.** *mar.* Komˈbüse *f*. **2.** *rail. Am.* Dienstwagen *m*.

cab·o·tage [ˈkæbətɑːʒ; -tɪdʒ] *s* Land-, See-, Luftverkehr: Kaboˈtage *f* (*die meist den eigenen Staatsangehörigen e-s Staats vorbehaltene Erbringung von Beförderungsleistungen zwischen zwei Punkten des Inlands*).

cab rank *s Br.* → cabstand.

cab·ri·ole [ˈkæbrɪəʊl; *bes. Am.* ˈkæbrɪˌəʊl] *s* geschwungenes, verziertes (Stuhl- *etc*)Bein.

cab·ri·o·let [ˌkæbrɪəʊˈleɪ] *s* Kabrioˈlett *n*: a) zweirädriger Einspänner mit Klappdach, b) *obs.* Auto mit Klappverdeck.

ˈ**cab**|**stand** *s* **1.** Taxistand *m*. **2.** Droschkenstand *m*. ˈ~**track** *s* Kaˈbinentaxi *n*.

ca·can·ny [kɑːˈkænɪ; kɔː-] *s econ. Scot.* Bummelstreik *m*.

ca·ca·o [kəˈkɑːəʊ; kəˈkeɪəʊ; *Am. a.* kəˈkaʊ] *s* **1.** *bot.* Kaˈkaobaum *m*. **2.** → **cacao bean**. ~ **bean** *s* Kaˈkaobohne *f*. ~ **but·ter** *s* Kaˈkaobutter *f*.

cach·a·lot [ˈkæʃəlɒt; *Am.* -ˌlɑt; -ˌləʊ] *s zo.* Pottwal *m*.

cache [kæʃ] **I** *s* **1.** Versteck *n*, geheimes (Waffen- *od.* Proviˈant)Lager. **2.** versteckte Vorräte *pl*. **II** *v/t* **3.** verstecken.

ca·chec·tic [kəˈkektɪk] *adj med.* kaˈchektisch, ˈhinfällig.

cache·pot [ˈkæʃpɒt; kæʃˈpəʊ; *Am.* ˈkæʃˌpɑt; -ˌpəʊ] *s* ˈÜbertopf *m*.

ca·chet [ˈkæʃeɪ] *s* **1.** Siegel *n*: **to place one's** ~ **upon** *fig.* e-e Sache billigen. **2.** *fig.* Stempel *m*, Merkmal *n*, Gepräge *n*.

3. Pre'stige *n*, Ansehen *n*. **4.** *pharm.* (Ob'laten)Kapsel *f*. **5.** *mail* a) Sonderstempel *m*, b) Werbeaufdruck *m*.
ca·chex·i·a [kə'keksɪə], **ca·chex·y** [kə'keksɪ] *s med.* Kache'xie *f*, (starker) Kräfteverfall.
cach·in·nate ['kækɪneɪt] *v/i* vor Lachen brüllen.
ca·chou ['kæʃu:; kæ'ʃu:] *s* **1.** → catechu. **2.** Ca'chou *n* (*Pille gegen Mundgeruch*).
ca·cique [kæ'si:k; kə-] *s* **1.** Ka'zike *m*: a) *südamerikanischer Indianerhäuptling*, b) *Ortsvorsteher in Südamerika*. **2.** *orn.* (*ein*) Stirnvogel *m*.
cack-hand·ed [,kæk'hændɪd] *adj colloq.* **1.** linkshändig. **2.** ungeschickt, tolpatschig.
cack·le ['kækl] **I** *v/i* gackern (*Huhn*), schnattern (*Gans*), *fig. a.* gackernd lachen. **II** *v/t* Worte *etc* (her'vor)schnattern, gackern. **III** *s* Gegacker *n*, Geschnatter *n*, *fig. a.* gackerndes Lachen: cut the ~! *colloq.* Schluß mit dem Geschnatter! **'cack·ling** → cackle III.
cac·o·ep·y ['kækəʊepɪ; *Am.* 'kækəˌwepɪ:] *s* schlechte *od.* fehlerhafte Aussprache.
cac·o·gen·ics [,kækəʊ'dʒenɪks; -ə'dʒ-] *s pl (als sg konstruiert) sociol.* Erforschung *f* der Rassenschädigungen.
ca·cog·ra·phy [kæ'kɒɡrəfɪ; *Am.* kæ'kɑ-] *s* Kakogra'phie *f*: a) schlechte Handschrift, b) fehlerhafte Schreibweise.
ca·col·o·gy [kæ'kɒlədʒɪ; *Am.* kæ'kɑ-] *s* Kakolo'gie *f*: a) fehlerhafte Ausdrucksweise, b) schlechte Aussprache.
cac·o·phon·ic [,kækəʊ'fɒnɪk; *Am.* ,kækə-'fɑnɪk], **cac·o'phon·i·cal** → cacophonous. **ca·coph·o·nous** [kæ'kɒfənəs; *Am.* kæ'kɑ-] *adj* 'mißtönend, kako'phon.
ca·coph·o·ny *s* Kakopho'nie *f*: a) *mus.* 'Mißklang *m*, Disso'nanz *f*, b) *ling.* schlecht klingende Folge von Lauten.
cac·ta·ceous [kæk'teɪʃəs] *adj bot.* **1.** kaktusartig. **2.** zu den Kak'teen gehörend, Kaktus...
cac·tus ['kæktəs] *pl* **-ti** [-taɪ], **-tus·es** *s bot.* Kaktus *m*.
ca·cu·mi·nal [kæ'kju:mɪnl; kə-] *ling.* **I** *adj* Kakuminal... **II** *s* Kakumi'nal *m* (*mit der Zungenspitze am Gaumendach gebildeter Laut*).
cad [kæd] *s obs.* Schuft *m*, Schurke *m*.
ca·das·ter → cadastre.
ca·das·tral [kə'dæstrəl] *adj* Kataster...
ca·das·tre [kə'dæstə(r)] *s* Ka'taster *m*, *n*, Flur-, Grundbuch *n*.
ca·dav·er [kə'deɪvə; *Am.* kə'dævər] *s med.* Leichnam *m*.
ca·dav·er·ic [kə'dævərɪk] *adj* leichenhaft, Leichen... **ca'dav·er·ous** *adj* **1.** → cadaveric. **2.** a) leichenblaß, b) ab-, ausgezehrt.
cad·die ['kædɪ] (*Golf*) **I** *s* a) Caddie *m* (*Schlägerträger*), b) → caddie cart. **II** *v/i* Caddie sein. **~ cart** *s* Caddie(-cart) *m* (*kleiner Wagen zum Transport der Golftasche*).
cad·dis ['kædɪs] *s* a. ~ bait, ~ worm *zo.* Larve *f* der Köcherfliege. **~ fly** *s zo.* (e-*e*) Köcherfliege.
cad·dish ['kædɪʃ] *adj obs.* schuftig, schurkisch.
cad·dy[1] ['kædɪ] *s* (*bes.* Tee)Büchse *f*.
cad·dy[2] → caddie.
cade [keɪd] *adj* von Menschen aufgezogen (*Jungtier*).
ca·dence ['keɪdəns] *s* **1.** (Vers-, Sprech-)Rhythmus *m*. **2.** Takt(schlag) *m*, Rhythmus *m* (*a. fig.*). **3.** *mus.* a) Ka'denz *f*, Schluß(fall) *m*, b) Schlußphrase *f*, c) Schlußverzierung *f*: half ~, imperfect ~ Halbschluß. **4.** b) Sinken(lassen) *n*, b) Tonfall *m*, Modulati'on *f* (*der Stimme*), c) (*besonderer*) Ak'zent *m* (*e-r Sprache*). **5.** *mil.* Zeitmaß *n*, Gleichschritt *m*

(*Marsch*). **'ca·denced** *adj mus.* kaden'ziert. **'ca·den·cy** *s* **1.** → cadence. **2.** *her.* Abstammung *f* von e-r jüngeren Linie.
ca·den·za [kə'denzə] *s mus.* Ka'denz *f*: a) (*eingeschaltete*) 'Solopasˌsage, b) Kon'zertkaˌdenz *f*.
ca·det [kə'det] *s* **1.** *mil.* Ka'dett *m*: ~ corps *Br.* Kadettenkorps *n*. **2.** (*Polizei etc*)Schüler *m*: ~ nurse Schwesternschülerin *f*. **3.** jüngerer Sohn *od.* Bruder: ~ branch jüngere Linie (*e-r Familie*).
cadge [kædʒ] **I** *v/i* **1.** 'schnorren', ,nassauern' (from bei). **II** *v/t* **2.** erbetteln, ,schnorren', ,nassauern' (from bei, von). **III** *s* **3.** to be on the ~ *Br. colloq.* ,schnorren', ,nassauern'. **4.** → cadger. **'cadg·er** *s* ,Schnorrer' *m*, ,Nassauer' *m*.
ca·di ['kɑ:dɪ; 'keɪdɪ] *s* Kadi *m*, Bezirksrichter *m* (*im Orient*).
Cad·me·an vic·to·ry [kæd'mi:ən] *s* Pyrrhussieg *m*.
cad·mi·um ['kædmɪəm] *s chem.* Kadmium *n*. **~ or·ange** *s* 'Kadmiumoˌrange *n*. **'~-plate** *v/t tech.* kad'mieren.
ca·dre [kɑ:; *Am.* 'kædri:] *s* **1.** *econ. mil. pol.* Kader *m*. **2.** *econ. pol.* Kader *m* (*Mitglied e-s Kaders*). **3.** 'Rahmenorganisatiˌon *f*. **4.** *fig.* Grundstock *m*, Rahmen *m*.
ca·du·ce·us [kə'dju:sjəs; -sɪəs; *Am. a.* -'du:-; -'dʒu:-; -ʃəs] *pl* **-ce·i** [-sjaɪ; -sɪaɪ] *s myth.* Mer'kurstab *m*, *a.* Äsku'lapstab *m*.
ca·du·ci·ty [kə'dju:sətɪ; *Am. a.* -'du:-] *s* **1.** Flüchtigkeit *f*, Vergänglichkeit *f*. **2.** a) Seni'li'tät *f*, b) Greisenalter *n*. **3.** *jur.* a) Erlöschen *n* (*von Ansprüchen*), b) Verfall *m*, Heimfall *m* (*e-s Rechts*), c) Ablauf *m* (*e-s Vertrags*). **ca'du·cous** [-kəs] *adj* **1.** flüchtig, vergänglich. **2.** *bot.* leicht *od.* frühzeitig abfallend. **3.** to be ~ *zo.* abgestoßen *od.* abgeworfen werden. **4.** *jur.* a) erloschen, b) verfallen, heimgefallen, c) abgelaufen.
cae·ca ['si:kə] *pl von* caecum.
cae·cal ['si:kəl] *adj anat.* Blinddarm... **'cae·cum** [-kəm] *pl* **-ca** [-kə] *s anat.* Blinddarm *m*.
Cae·sar ['si:zə(r)] *s* **1.** Cäsar *m* (*Titel der römischen Kaiser*). **2.** *a.* **c~** Auto'krat *m*. **3.** *fig.* weltliche Gewalt.
Cae·sar·e·an, Cae·sar·i·an [si:-'zeərɪən] **I** *adj* **1.** cä'sarisch. **2.** *a.* **c~** *med.*: ~ operation (*od.* section) → **3**; she had a ~ birth sie hatte e-n Kaiserschnitt. **II** *s* **3.** *a.* **c~** *med.* Kaiserschnitt *m*.
Cae·sar·ism ['si:zərɪzəm] *s* Cäsa'rismus *m*, Autokra'tie *f*.
cae·su·ra [si:'zjʊərə; *Am.* sɪ'zʊrə; -'ʒʊrə] *s* Zä'sur *f*: a) *metr.* (Vers)Einschnitt *m*, b) *mus.* Ruhepunkt *m*.
ca·fé ['kæfeɪ; -fɪ; *Am.* kæ'feɪ; kə-] *s* **1.** Ca'fé *n*. **2.** Restau'rant *n*. **3.** *Am.* a) Kneipe *f*, b) Nachtklub *m*. **4.** Kaffee *m*. **~ au lait** [əʊ'leɪ] *s* Milchkaffee *m*. **~ fil·tre** ['fɪltə(r)] *s* Filterkaffee *m*. **~ noir** [nwɑ:(r)] *s* schwarzer Kaffee.
caf·e·te·ri·a [,kæfɪ'tɪərɪə] *s* Cafete'ria *f*, 'Selbstbedienungsrestauˌrant *n*, *a.* Kan'tine *f*, *univ.* Mensa *f*. **~ car** *s rail. Am.* Bü'fettwagen *m*.
caff [kæf] *s Br. sl.* → café 1, 2.
caf·fein, caf·feine ['kæfi:n; *Am.* kæ'fi:n] *s chem.* Koffe'in *n*, Kaffe'in *n*. **'caf·fein·ism** *s med.* Koffe'invergiftung *f*.
Caf·fer, Caf·fre → Kaf(f)ir.
caf·tan [kæf'tæn] *s* Kaftan *m*.
cage [keɪdʒ] **I** *s* **1.** (Tier-, Vogel)Käfig *m*, Vogelbauer *n*, *a. m*. **2.** *fig.* Käfig *m*, Gefängnis *n*. **3.** *a.* **~** *mil.* Kriegsgefangenenlager *n*. **4.** a) Ka'bine *f* (*e-s Aufzugs*), b) Bergbau: Förderkorb *m*. **5.** *tech.* a) Käfig *m* (*e-s Kugellagers*), b) Stahlgerüst *n* (*a. arch. e-s Hochhauses*): ~ construction *arch.* (Stahl)Skelettbau *m*. **6.** *electr.* Käfig(schutz) *m*. **7.** *colloq.* a) *Baseball*: Fanggitter *n*, b) *Basketball*: Korb *m*, c) *Eishockey*: Tor *n*. **II** *v/t* **8.** in e-n Käfig sperren, einsperren: to feel ~d in sich eingesperrt *od.* wie in e-m Käfig *od.* Gefängnis fühlen. **9.** *Eishockey*: die Scheibe im Tor 'unterbringen. **~ aer·i·al**, *bes. Am.* **an·ten·na** *s Radio*: 'Käfig-, 'Reusenanˌtenne *f*. **~ bird** *s* Käfig-, Stubenvogel *m*.
caged [keɪdʒd] *adj* (in e-n Käfig) eingesperrt, hinter Gittern: ~ bird → cage bird. **~ valve** *s tech.* hängendes Ven'til.
cage·ling ['keɪdʒlɪŋ] → cage bird.
cage·y ['keɪdʒɪ] *adj colloq.* **1.** verschlossen: to be very ~ about ein großes Geheimnis machen aus. **2.** vorsichtig. **3.** *Am.* schlau, ,gerissen'.
ca·hoot [kə'hu:t] *s bes. Am. colloq.* to be in ~s (with) gemeinsame Sache machen (mit), unter 'einer Decke stecken (mit); to be in ~s with the devil mit dem Teufel im Bunde stehen; to go into ~s sich zs.-tun (with mit).
cai·man → cayman.
Cain [keɪn] *s*: to raise ~ *colloq.* a) Krach machen, lärmen, b) ,Krach machen *od.* schlagen'.
cai·no·zo·ic [,kaɪnəʊ'zəʊɪk; ˌkeɪ-] → cenozoic.
cairn [keə(r)n] *s* **1.** Steinhaufen *m*, -hügel *m*: a) Grenzmal *n*, b) Hügelgrab *n*. **2.** *a.* **~ terrier** *zo.* Cairn Terrier *m*.
cairn·gorm [,keə(r)n'ɡɔ:(r)m], *a.* **~ stone** *s min.* Rauchquarz *m*.
cais·son [kə'su:n; *bes. Am.* 'keɪsən] *s* **1.** *tech.* a) Cais'son *m*, Senkkasten *m* (*im Tiefbau*), b) 'Schleusenponˌton *m*, *a.* → camel 2. **2.** *mil.* a) Muniti'onswagen *m*, b) kistenförmige Mine. **~ dis·ease** *s med.* Cais'son-, Druckluftkrankheit *f*.
cai·tiff ['keɪtɪf] *s obs. od. poet.* Schurke *m*.
ca·jole [kə'dʒəʊl] *v/t* **1.** j-m schmeicheln, ,um den Bart gehen', schöntun. **2.** j-n beschwatzen, j-m gut zureden (into doing zu tun): to ~ s.o. out of s.th. j-m etwas ausreden; to ~ s.th. out of s.o. j-m etwas abbetteln. **ca'jole·ment, ca'jol·er·y** [-ərɪ] *s* **1.** Schmeiche'lei *f*, schmeichlerische Worte *pl*. **2.** gutes Zureden.
cake [keɪk] **I** *s* **1.** Kuchen *m*, Torte *f*: marriage is not always ~s and ale die Ehe hat nicht nur angenehme Seiten; to go (*od.* sell) like hot ~s ,weggehen wie warme Semmeln' (*Waren*); to take the ~ *colloq.* ,den Vogel abschießen'; that (really) takes the ~! *colloq.* a) das ist (einsame) Spitze!, b) *contp.* das ist (wirklich) das Allerletzte!; you can't have your ~ and eat it!, *a.* you can't eat your ~ and have it! du kannst nur eines von beiden tun *od.* haben!, entweder — oder!; a share in (*od.* a slice of) the ~ *colloq.* ein Stück vom Kuchen; ~ piece 1. **2.** Fladen *m*, ungesäuertes Brot, *bes. Scot.* Haferkuchen *m*. **3.** ('Fleisch-, 'Fisch)Frikaˌdelle *f*. **4.** kuchen- *od.* laibförmige Masse, z. B. Tafel *f* Schokolade, Riegel *m* Seife. **5.** Kruste *f*: ~s of dirt. **II** *v/t* **6.** mit e-r Kruste *von Schmutz etc* über'ziehen: ~d in (*od.* with) mud schmutzverkrustet. **III** *v/i* **7.** sich zs.-ballen, (in Klumpen) zs.-backen, klumpen. **'~-ˌeat·er** *s Am. colloq.* Sa'lonlöwe *m*. **'~-ˌhole** *s sl.* ,Fresse' *f* (*Mund*). **~ mix** *s* Back-, Teigmischung *f*. **~ serv·er** *s* Tortenheber *m*, -schaufel *f*. **~ tin** *s* Kuchenblech *n*. **'~-ˌwalk I** *s mus.* Cakewalk *m*. **II** *v/i* Cakewalk tanzen.
cak·ey, cak·y ['keɪkɪ] *adj* a) klumpend, b) klumpig.

cal·a·bash ['kæləbæʃ] *s* **1.** *bot.* a) Flaschenkürbis *m*, b) *a.* **~ tree** Kale'bassenbaum *m*. **2.** Kale'basse *f:* a) *bot.* Frucht des Kalebassenbaums, b) aus der Schale des Flaschenkürbis *od.* der Frucht des Kalebassenbaums hergestelltes Gefäß.
cal·a·boose ['kæləˌbuːs] *s Am.* ‚Kittchen' *n* (*Gefängnis*).
cal·a·mar·y ['kæləmərɪ; *Am.* -ˌmeriː] → squid 1.
cal·a·mi ['kæləmaɪ] *pl von* calamus.
cal·a·mine ['kæləmaɪn] *s min. obs.* Gal'mei *m:* a) *Br.* Zinkspat *m,* b) *Am.* Kieselzinkerz *n*.
cal·a·mint ['kæləmɪnt], *a.* **~ balm** *s bot.* Kölle *f,* Bergminze *f*.
cal·a·mite ['kæləmaɪt] *s geol.* Kala'mit *m* (*fossiler Schachtelhalm*).
ca·lam·i·tous [kə'læmɪtəs] *adj* (*adv* ~ly) verheerend, katastro'phal. **ca'lam·i·ty** [-mətɪ] *s* **1.** großes Unglück, Kata'strophe *f:* **in the** ~ bei der Katastrophe; **~ of nature** Naturkatastrophe; **~ howler** *bes. Am.* Schwarzseher(in), Panikmacher(in); **C~ Jane** Pechmarie *f.* **2.** Elend *n,* Mi'sere *f*.
cal·a·mus ['kæləməs] *pl* **-mi** [-maɪ] *s* **1.** *bot.* Gemeiner Kalmus. **2.** *antiq.* Calamus *m* (*Schreibgerät aus Schilfrohr*). **3.** *zo.* Calamus *m* (*hohler Teil des Federkiels*).
ca·lash [kə'læʃ] *s* **1.** Ka'lesche *f* (*leichte vierrädrige Kutsche*). **2.** *hist.* (*e-e*) (*Frauen*)Haube.
cal·ca·ne·us [kæl'keɪnɪəs] *pl* **-ne·i** [-nɪaɪ] *s anat.* Cal'caneus *m,* Fersenbein *n*.
cal·car·e·ous [kæl'keərɪəs] *adj chem.* **1.** kalkartig. **2.** kalkig, Kalk...
cal·ce·o·lar·i·a [ˌkælsɪə'leərɪə] *s bot.* Pan'toffelblume *f*.
cal·ces ['kælsiːz] *pl von* calx.
cal·cic ['kælsɪk] *adj* Kalk..., Kalzium...
cal·ci·cole ['kælsɪkəʊl] *s bot.* kalzi'phile *od.* kalkliebende Pflanze.
cal·cif·er·ous [kæl'sɪfərəs] *adj chem.* **1.** kalkhaltig. **2.** kohlensauren Kalk enthaltend.
cal·cif·ic [kæl'sɪfɪk] *adj* kalkbildend. **ˌcal·ci·fi'ca·tion** *s* **1.** *med.* Verkalkung *f.* **2.** Kalkbildung *f.* **3.** *geol.* Kalkablagerung *f*.
cal·ci·fy ['kælsɪfaɪ] *v/t u. v/i* verkalken.
cal·ci·mine ['kælsɪmaɪn] **I** *s* Kalkanstrich *m.* **II** *v/t* kalken.
cal·ci·na·tion [ˌkælsɪ'neɪʃn] *s chem.* Kalzi'nierung *f.* **cal·cine** ['kælsaɪn] **I** *v/t* kalzi'nieren. **II** *v/i* kalzi'niert werden.
cal·cite ['kælsaɪt] *s min.* Cal'cit *m,* Kalkspat *m*.
cal·ci·um ['kælsɪəm] *s chem.* Kalzium *n.* **~ car·bide** *s* ('Kalzium)Kar₁bid *n.* **~ car·bon·ate** *s* 'Kalziumkarbo₁nat *n.* **~ chlo·ride** *s* 'Kalziumchlo₁rid *n,* Chlorkalzium *n.* **~ hy·drox·ide** *s* gelöschter Kalk, 'Kalzium₁hydro₁xyd *n.* **~ light** → limelight 1. **~ ox·ide** *s* 'Kalziumo₁xid *n,* Ätzkalk *m,* gebrannter Kalk. **~ phos·phate** *s* 'Kalziumphos₁phat *n*.
'calc¦-ˌsin·ter ['kælk-] *s geol.* Kalksinter *m,* Traver'tin *m.* **'~ˌspar** *s min.* Kalkspat *m.* **'~ˌtu·fa,** *a.* **'~ˌtuff** *s geol.* Kalktuff *m*.
cal·cu·la·ble ['kælkjʊləbl] *adj* **1.** berechen-, kalku'lierbar: **~ risk** kalkulierbares Risiko. **2.** verläßlich.
cal·cu·late ['kælkjʊleɪt] **I** *v/t* **1.** berechnen, ausrechnen: **to ~ that** ... damit rechnen, daß ... **2.** *econ.* Preise *etc* kalku'lieren. **3.** Entfernung *etc* kalku'lieren, berechnen, abschätzen. **4.** *s-e Chancen etc* abwägen. **5.** *a) die Wirkung s-r Worte* kalku'lieren, berechnen. **6.** *meist pass* berechnen, planen: → calculated 2. **7.** *Am. colloq.*

vermuten, denken, glauben (**that** daß). **II** *v/i* **8.** rechnen, e-e Berechnung anstellen. **9.** *econ.* kalku'lieren. **10.** ~ (**up**)**on** rechnen mit *od.* auf (*acc*), zählen *od.* sich verlassen auf (*acc*): **you can't ~ on his coming** du kannst nicht damit rechnen, daß er kommt. **'cal·cu·lat·ed** *adj* **1.** berechnet (**for** auf *acc*), gewollt, beabsichtigt: **a ~ indiscretion** e-e gezielte Indiskretion; **a ~ insult** e-e bewußte Beleidigung; **a ~ risk** ein kalkuliertes Risiko. **2.** gedacht, bestimmt (**for** für; **to do** zu tun): **it was ~ to impress** es sollte Eindruck machen. **'cal·cu·lat·ing** *adj* **1.** (kühl) über'legend *od.* abwägend. **2.** a) berechnend, b) schlau, ‚gerissen'. **3.** Rechen...: **~ machine;** **~ punch** Rechenlocher *m.* **ˌcal·cu'la·tion** *s* **1.** Berechnung *f,* Ausrechnung *f:* **to be out in one's ~** sich verrechnet haben. **2.** *econ.* Kalkulati'on *f:* **~ of profits** Gewinnkalkulation, Rentabilitätsrechnung *f.* **3.** Über'legung *f:* **after much ~** nach reiflicher Überlegung. **4.** a) Berechnung *f,* Schläue *f,* ‚Gerissenheit' *f.* **'cal·cu·la·tive** [-lətɪv; *bes. Am.* -ˌleɪtɪv] *adj* berechnend. **'cal·cu·la·tor** [-tə(r)] *s* **1.** *econ.* Kalku'lator *m.* **2.** 'Rechenta₁belle *f.* **3.** Rechner *m* (*Gerät*).
cal·cu·li ['kælkjʊlaɪ] *pl von* calculus¹, ².
cal·cu·lous ['kælkjʊləs] *adj med.* **1.** steinkrank. **2.** Stein...
cal·cu·lus¹ ['kælkjʊləs] *pl* **-li** [-laɪ], **-lus·es** *s med.* (*Blasen-, Gallen- etc*)Stein *m:* **renal ~** Nierenstein.
cal·cu·lus² ['kælkjʊləs] *pl* **-li** [-laɪ], **-lus·es** *s math.* Kal'kül *n:* a) Rechnungsart *f,* (*Differential- etc*)Rechnung *f,* b) höhere A'nalysis, *bes.* Infinitesi'mal₁kal₁kül *n:* **~ of probabilities** Wahr-scheinlichkeitsrechnung *f.*
cal·dron → cauldron.
ca·lèche, ca·leche [kə'læʃ; kə'leʃ] → calash.
Cal·e·do·ni·an [ˌkælɪ'dəʊnjən] *poet.* **I** *adj* kale'donisch (*schottisch*). **II** *s* Kale'donier *m* (*Schotte*).
cal·e·fa·cient [ˌkælɪ'feɪʃnt] *adj u.* er'wärmend(es Mittel). **ˌcal·e'fac·tion** [-'fækʃn] *s* **1.** Erwärmung *f.* **2.** 'Umweltschädigung *f* durch Wärme.
ca·lem·bour ['kæləm₁bʊə(r)] *s* Wortspiel *n.*
cal·en·dar ['kælɪndə(r)] **I** *s* **1.** Ka'lender *m.* **2.** Jahrbuch *n,* Almanach *m.* **3.** *fig.* Ka'lender *m,* Zeitrechnung *f.* **4.** Liste *f,* Re'gister *n,* (Urkunden)Verzeichnis *n.* **5.** a) *econ. jur.* Ter'minka₁lender *m,* b) *parl. Am.* 'Sitzungska₁lender *m.* **6.** *obs.* Vorbild *n,* Muster *n.* **II** *adj* **7.** Kalender...: **~ month;** **~ year;** **~ clock** (*od.* **watch**) Kalender-, Datumsuhr *f.* **III** *v/t* **8.** in e-n Ka'lender eintragen. **9.** regi'strieren.
cal·en·der¹ ['kælɪndə(r)] *tech.* **I** *s* Ka'lander *m,* Sati'nierma₁schine *f.* **II** *v/t* ka'landern, sati'nieren.
cal·en·der² ['kælɪndə(r)] *s* Derwisch *m.*
cal·ends ['kælɪndz; 'kæləndz] *s pl* (*a. als sg konstruiert*) *antiq.* Ka'lenden *pl* (*1. Tag des altrömischen Monats*): **on the Greek ~** fig. an St. Nimmerleinstag.
cal·en·ture ['kæləntjʊə; *bes. Am.* -₁tʃʊə(r)] *s med.* hitziges Fieber, Tropenfieber *n.*
calf¹ [kɑːf; *Am.* kæf] *pl* **calves** [-vz] *s* **1.** Kalb *n* (*bes. der Kuh, a. vom Elefanten, Seehund, Wal, Hirsch etc*): **with** (*od.* **in**) **~** trächtig (*Kuh*). **2.** Kalb(s)leder *n.* **3.** *a.* **~ binding** (*Buchbinderei*) Franz-, Lederband *m.* **4.** *colloq.* ‚Kalb' *n,* ‚Schafskopf' *m.* **5.** treibende Eisscholle.
calf² [kɑːf; *Am.* kæf] *pl* **calves** [-vz] *s* Wade *f* (*Bein, Strumpf etc*).
'calf¦-bound *adj* in Kalb(s)leder gebun-

den. **~ love** *s colloq.* jugendliche Schwärme'rei.
'calf's-foot ˌjel·ly ['kɑːvzfʊt; *Am.* 'kævz-] *s gastr.* Kalbsfußsülze *f.*
'calf·skin *s* a) Kalb(s)fell *n,* b) Kalb(s)-leder *n.*
Cal·i·ban ['kælɪbæn] *s* Kaliban *m,* Unhold *m.*
cal·i·ber, *bes. Br.* **cal·i·bre** ['kælɪbə(r)] *s* **1.** *mil.* Ka'liber *n:* **~ of a gun;** **~ of a shell. 2.** (innerer) 'Durchmesser: **~ of a cylinder. 3.** *tech.* Ka'liber(lehre *f*) *n* (*Meßwerkzeug*). **4.** *fig.* Ka'liber *n,* For'mat *n:* **a man of his ~.** **'cal·i·bered,** *bes. Br.* **'cal·i·bred** *adj* ...kalibrig.
cal·i·brate ['kælɪbreɪt] *v/t tech.* kali'brieren: a) eichen, b) mit e-r Gradeinteilung versehen. **'cal·i·brat·ed** *adj* gradu'iert. **ˌcal·i'bra·tion** *s tech.* Kali'brierung *f,* Eichung *f.*
cal·i·bre, cal·i·bred *bes. Br. für* caliber, calibered.
cal·i·ces ['keɪlɪsiːz; 'kæ-] *pl von* calix.
cal·i·co ['kælɪkəʊ] **I** *pl* **-cos, -coes** *s* **1.** *bes. Am.* Kaliko *m,* (bedruckter) Kat'tun. **2.** *Br.* weißer *od.* ungebleichter Baumwollstoff. **II** *adj* **3.** *bes. Am.* Kattun... **4.** *Am. colloq.* bunt, scheckig.
cal·if, cal·if·ate → caliph, caliphate.
Cal·i·for·ni·an [ˌkælɪ'fɔː(r)njən] **I** *adj* kali'fornisch. **II** *s* Kali'fornier(in).
cal·i·for·ni·um [ˌkælɪ'fɔː(r)nɪəm] *s chem.* Cali'fornium *n* (*stark radioaktives, künstlich hergestelltes Metall*).
cal·i·pash ['kælɪpæʃ] *s* (eßbare) Gal'lerte an der oberen Platte der Schildkröte.
cal·i·pee ['kælɪpiː] *s* (eßbare) Gal'lerte am Bauchschild der Schildkröte.
cal·i·per, *bes. Br.* **cal·li·per** ['kælɪpə(r)] **I** *s* **1.** *tech. meist pl, a.* **pair of ~s** Greif-, Tastzirkel *m,* Taster *m:* **inside ~s** Innen-, Lochtaster; **outside ~s** Außentaster. **2.** *med.* (Geh)Schiene *f.* **3.** *tech.* Bremssattel *m.* **II** *v/t* **4.** *tech.* mit e-m Greifzirkel messen. **~ rule** *s tech.* (Werkstatt)Schieblehre *f.* **~ slide** *s tech.* Schublehre *f.*
ca·liph ['kælɪf; 'keɪ-] *s* Ka'lif *m.* **'ca·liph·ate** ['-feɪt; -fɪt] *s* Kali'fat *n.*
cal·is·then·ic, *bes. Br.* **cal·lis·then·ic** [ˌkælɪs'θenɪk], **ˌcal·is'then·i·cal** [-kl] *adj* gym'nastisch, Gymnastik... **ˌcal·is'then·ics,** *bes. Br.* **ˌcal·lis'then·ics** *s pl* **1.** (*meist als sg konstruiert*) Gym'nastik *f* (*-lehre*) *f.* **2.** (*als pl konstruiert*) Gym'nastik *f,* Freiübungen *pl.*
ca·lix ['keɪlɪks; 'kælɪks] *pl* **cal·i·ces** [-lɪsiːz] *s anat. zo., a. relig.* Kelch *m.*
calk¹ [kɔːk] *v/t* **1.** *mar.* kal'fatern, (*a. allg.* Ritzen) abdichten. **2.** *tech.* verstemmen.
calk² [kɔːk] *s* **1.** Stollen *m* (*am Hufeisen*). **2.** *bes. Am.* Griffeisen *n,* Gleitschutzbeschlag *m* (*an der Schuhsohle*). **II** *v/t* **3.** mit Stollen *etc* versehen.
calk³ [kɔːk] *v/t* (ab-, 'durch)pausen.
cal·kin ['kælkɪn; 'kɔːkɪn] → calk².
call [kɔːl] **I** *s* **1.** Ruf *m,* Schrei *m* (**for** nach): **~ for help** Hilferuf; **within ~** in Rufweite; **they came at my ~** sie kamen auf mein Rufen hin; **the doctor had a ~ this morning** der Arzt wurde heute morgen zu e-m Patienten gerufen. **2.** (Lock)Ruf *m* (*e-s Tieres*). **3.** *fig.* Lockung *f,* Ruf *m:* **the ~ of the sea** (**of nature**); **that's the ~ of nature** das ist etwas ganz Natürliches; **he felt a ~ of nature** *euphem. humor.* er verspürte ein menschliches Rühren. **4.** Si'gnal *n:* **~ to quarters** *mil. Am.* Zapfenstreich *m.* **5.** *fig.* Berufung *f,* Missi'on *f.* **6.** Ruf *m,* Berufung *f* (**to** auf *e-n Lehrstuhl,* an *e-e Universität,* in *ein Amt*): **~ bar** 19. **7.** Aufruf *m* (*a. für e-n Flug u. Computer*), Aufforderung *f,* Befehl *m:* **to make a ~ for s.th.** zu etwas aufrufen; **to make a ~ on** e-e Auffor-

derung richten an (*acc*); ~ **to arms** *mil.* Einberufung *f.* **8.** *thea.* Her¦ausruf *m* (*vor den Vorhang*). **9.** (kurzer) Besuch (**on** s.o., **at** s.o.'s [**house**] bei j-m; **at the hospital** im Krankenhaus): **to make a ~** e-n Besuch machen (*a. Arzt*); **to make** (*od.* **pay**) **a ~ on** s.o. j-m besuchen, j-m e-n Besuch abstatten; **mailman's** (*bes. Br.* **postman's**) **~** (*das*) Eintreffen der Post. **10.** *mar.* Anlaufen *n* (*e-s Hafens*), *aer.* Anfliegen *n* (*e-s Flughafens*): **to make a ~ at a port** e-n Hafen anlaufen; → **port¹ 1.** **11.** *neg* a) Veranlassung *f*, Grund *m*: **there is no ~ for you to worry** du brauchst dir keine Sorgen zu machen, b) Recht *n*, Befugnis *f*: **he had no ~ to do that. 12.** In¦anspruchnahme *f*: **to make many ~s on s.o.'s time** s-e Zeit oft in Anspruch nehmen. **13.** → **roll call. 14.** *teleph.* Anruf *m*, Gespräch *n*: **to give s.o. a ~** j-n anrufen; **I had three ~s** ich wurde dreimal angerufen; **to make a ~** ein Gespräch führen, telefonieren. **15.** *Kartenspiel:* a) Ansage *f*, b) *Poker:* Aufforderung *f*, s-e Karten auf den Tisch zu legen. **16.** *econ.* a) Zahlungsaufforderung *f*, b) Abruf *m*, Kündigung *f* (*von Geldern*): **at** (*od.* **on**) **~** auf Abruf (bereitstehend), auf tägliche Kündigung; **money at ~** tägliches Geld, Tagesgeld *n*, c) Einlösungsaufforderung *f* (*auf Schuldverschreibungen*), d) Nachfrage *f* (**for** nach). **17.** *Börse:* ¦Kaufopti₁on *f*, Vorprämie *f*: **to have the first ~** *fig.* den Vorrang haben. **18.** *sport* Entscheidung *f* (*des Schiedsrichters*).
II *v/t* **19.** j-n (her¦bei)rufen, Arzt, Auto *etc* kommen lassen: **to ~ to arms** *od.* **to the Waffen rufen;** → **attention 1, being 1,** *etc.* **20.** zu *etwas* aufrufen: **to ~ a strike. 21.** befehlen, anordnen: **~ halt¹ 1. 22.** *Versammlung etc* einberufen, zs.-rufen: **to ~ a meeting. 23.** j-n wecken: **~ me at 7 o'clock. 24.** *Tiere* (an)locken. **25.** *teleph.* j-n anrufen. **26.** *Namen etc* verlesen: → **roll 2. 27.** a) *jur. Streitsache, Zeugen* aufrufen: **to ~ a case**, b) *Computer: Programm* aufrufen. **28.** *econ.* Schuldverschreibung etc einfordern, kündigen. **29.** j-n berufen, ernennen (**to** zu); → **bar 16, 19. 30.** j-n *od. etwas* rufen, nennen: **to ~ s.o. Peter**; **to be ~ed** heißen, genannt werden (**after** nach): **a man ~ed Smith** ein Mann namens Smith; **to ~ s.th. one's own** etwas sein eigen nennen; **to ~ a thing by its name** e-e Sache beim richtigen Namen nennen; → **spade¹ 1. 31.** (be)nennen, bezeichnen (als): **what do you ~ this?** wie heißt *od.* nennt man das? **32.** nennen, finden, heißen, halten für: **I ~ that stupid. 33.** j-n *etwas* schimpfen, nennen: **to ~ s.o. a fool;** → **name 11. 34.** *Kartenspiel: Farbe* ansagen: **to ~ diamonds**; **to ~ s.o.'s hand** (*Poker*) j-n auffordern, s-e Karten auf den Tisch zu legen. **35. the umpire ~ed the ball out** (*Tennis*) der Schiedsrichter gab den Ball aus.
III *v/i* **36.** rufen: **to ~ to s.o.** j-m zurufen. **37.** *a. fig.* rufen, schreien, dringend verlangen (**for** nach): **to ~ for help** um Hilfe rufen; **the situation ~s for courage** die Lage erfordert Mut; **duty ~s** die Pflicht ruft; **nature ~ed** *euphem. humor.* er *etc* verspürte ein menschliches Rühren; **not ~ed for** unnötig. **38.** vorsprechen, e-n (kurzen) Besuch machen (**on** s.o., **at** s.o.'s [**house**] bei j-m; **at the hospital** im Krankenhaus): **to ~ on** s.o. j-n besuchen, j-m e-n Besuch abstatten; **has he ~ed yet?** ist er schon dagewesen?; **to ~ for** a) *etwas* anfordern, bestellen, b) j-n, *etwas* abholen; **to ~ ed for postlagernd;** → **leave¹ 3. 39. ~ at** a) *mar.* anlegen in (*dat*): **to ~ at a port** e-n

Hafen anlaufen, b) *rail.* halten in (*dat*), c) *aer.* e-n Flughafen anfliegen. **40. ~ (up)on** a) sich wenden an (*acc*) (**for** s.th. um etwas *od.* wegen e-r Sache), appel¦lieren an (*acc*) (**to do** zu tun): **to be ~ed upon to do s.th.** aufgefordert sein, etwas zu tun; **I feel ~ed upon** ich fühle mich genötigt (**to do** zu tun), b) j-n bitten (**to do** zu tun). **41.** anrufen, telefo¦nieren.
Verbindungen mit Adverbien:
call¦ a·side *v/t* bei¦seite rufen, auf die Seite nehmen. **~ a·way** *v/t* **1.** wegrufen (**from** von): **they were called away from the meeting** sie wurden aus der Sitzung gerufen; **the doctor has been called away (to an accident)** der Arzt ist zu e-m Patienten (zu e-m Unfall) gerufen worden. **2.** *fig.* Gedanken *etc* ablenken (**from** von). **~ back I** *v/t* **1.** *a. teleph.* zu¦rückrufen. **2.** *defekte Autos etc* (in die Werkstatt) zu¦rückrufen. **3.** wider¦rufen. **II** *v/i* **4.** *a. teleph.* zu¦rückrufen. **5.** noch einmal vorsprechen *od.* vor¦beikommen. **~ down** *v/t* **1.** *Segen etc* her¦abflehen, -rufen. **2.** *colloq. Theaterstück etc* ‚verreißen'. **4.** *Am. colloq.* ‚her¦unterput-zen', ausschimpfen (**for** wegen). **~ forth** *v/t* **1.** her¦vorrufen, auslösen, *Fähigkeiten etc* wachrufen, wecken. **2.** *fig. Willen, Kraft etc* aufbieten. **~ in I** *v/t* **1.** her¦einhin¦einrufen. **2.** *Geld* einfordern, außer ¦Umlauf setzen, *defekte Ware* aus dem Verkehr ziehen. **3.** *Sachverständigen, Arzt etc* hin¦zu¦ziehen, zu Rate ziehen. **4.** *Schulden* einfordern, *Forderungen etc* einziehen. **5.** *Kredit etc* kündigen. **II** *v/i* **6.** (kurz) vor¦beischauen (**on** s.o., **at** s.o.'s [**house**]) bei j-m; **at the hospital** im Krankenhaus). **7. to ~ sick** *Am.* sich (tele¦fonisch) krank melden. **~ off** *v/t* **1.** *Hund etc* zu¦rückrufen. **2.** *j-n von e-m Posten* abberufen. **3.** *Aufmerksamkeit etc* ablenken (**from** von). **4.** *Streik etc* a) absagen, b) abbrechen. **~ out I** *v/t* **1.** ausrufen, *Namen etc* aufrufen. **2.** *Militär, Polizei etc* a) aufbieten, b) alar¦mieren. **3.** *Fähigkeiten etc* wachrufen, wecken. **4.** zum Streik aufrufen. **II** *v/i* **5.** rufen, (auf)schreien: **to ~ for help** um Hilfe rufen. **~ o·ver** *v/t Namen, Liste etc* verlesen. **~ round ~ call in 6. ~ up I** *v/t* **1.** j-n her¦auf-, hin¦aufrufen. **2.** *teleph.* anrufen. **3.** *Geister etc* beschwören. **4.** *Erinnerungen etc* wachrufen, wecken. **II** *v/i* **6.** *teleph.* anrufen.
call·a·ble [ˈkɔːləbl] *adj econ.* **1.** einforderbar (*Schulden*), einziehbar (*Forderungen etc*). **2.** kündbar (*Kredit etc*).
'call¦back *s* Rückruf *m* (in die Werkstatt), ¦Rückrufakti₁on *f.* **~ bell** *s* Tisch-, Rufglocke *f.* **~ bird** *s* Lockvogel *m.* **~ box** *s* **1.** *Br.* Tele¦fon-, Fernsprechzelle *f.* **2.** *mail Am.* Postfach *n* (*aus dem man die Post ausgehändigt bekommt*). **3.** *Am.* a) Notrufsäule *f*, b) Feuermelder *m.* **'~boy** *s* **1.** *Am.* Ho¦telpage *m.* **2.** *thea.* Inspizi¦entengehilfe *m* (*der die Schauspieler zu ihrem Auftritt ruft*). **~ but·ton** *s* Klingelknopf *m.* **~ card** *s Am.* Bücherbestellkarte *f* (*in Leihbibliotheken*). **~ day** *s jur. Br.* Zulassungstag *m* (*für barristers*). **~ duck** *s hunt.* Lockente *f.*
call·er¹ [ˈkɔːlə(r)] *s* **1.** Rufer(in). **2.** *teleph.* Anrufer(in): (*unübersetzt in Sätzen wie*) **I'm sorry, ~, their telephone seems to be broken. 3.** Besucher(in).
cal·ler² [ˈkælə(r)] *adj Scot.* **1.** frisch (*Nahrungsmittel, bes. Fisch*). **2.** frisch, kühl (*Brise etc*).
call girl *s* Callgirl *n*: **~ ring** Callgirlring *m.*
cal·li [ˈkælaɪ] *pl von* **callus**.
cal·lig·ra·pher [kəˈlɪɡrəfə(r)] *s* Kalli-

¦graph *m.* **cal·li·graph·ic** [ˌkælɪˈɡræfɪk] *adj* kalli¦graphisch. **calˈlig·ra·phist** → **calligrapher**. **calˈlig·ra·phy** *s* **1.** Kalligra¦phie *f*, Schönschreibkunst *f.* **2.** (schöne) Handschrift.
'call-₁in *Am.* → **phone-in**.
call·ing [ˈkɔːlɪŋ] **I** *s* **1.** Rufen *n.* **2.** Beruf *m*, Gewerbe *n*: **what is his ~?** was ist er von Beruf? **3.** *bes. relig.* Berufung *f*: **he had a ~ to become a priest** er fühlte sich berufen, Priester zu werden. **4.** Einberufung *f* (*e-r Versammlung*). **5.** Aufruf *m.* **6.** *mil.* a) Einberufung *f*, b) Mobili¦sierung *f.* **II** *adj* **7.** rufend. **8.** *teleph.* (An)Ruf... **9.** Besuchs... **~ card** *s Am.* **1.** Vi¦sitenkarte *f.* **2.** Kre¦ditkarte *f* (*e-r Telefongesellschaft*).
Cal·li·o·pe [kəˈlaɪəpɪ] **I** *npr myth.* Kal-¦liope *f* (*Muse der epischen Dichtung*). **II** *s* **c~** *mus. Am.* Dampf(pfeifen)orgel *f.*
cal·li·per *bes. Br. für* **caliper**.
cal·lis·then·ic, cal·lis·then·ics, *etc bes. Br. für* **calisthenic, etc.**
cal·li·thump [ˈkælɪθʌmp] *s Am. colloq.* Katzenmu₁sik *f.*
call¦ let·ters *s pl bes. Am.* → **call sign. ~ loan** *s econ.* täglich kündbares Darlehen. **~ mark** *s* **call number. ~ mon·ey** *s econ.* tägliches Geld, Tagesgeld *n.* **~ num·ber** *s* **1.** *teleph.* Rufnummer *f* (*a. Computer*). **2.** Standnummer *f*, Signa¦tur *f* (*e-s Buches in e-r Bibliothek*).
cal·los·i·ty [kæˈlɒsətɪ, kə-; *Am.* -ˈlɑː-] *s* **1.** Schwiele *f*, harte (Haut)Stelle, Hornhautbildung *f.* **2.** *bot. med.* → **callus**. **3.** *fig.* Gefühllosigkeit *f*, Abgestumpftheit *f* (**to** gegen¦über).
cal·lous [ˈkæləs] **I** *adj* (*adv* **~ly**) **1.** *med.* schwielig, verhärtet. **2.** *fig.* abgestumpft, gefühllos (**to** gegen¦über). **II** *v/t u. v/i* **3.** hart *od.* schwielig machen (werden), (sich) verhärten. **4.** *fig.* gefühllos machen (werden), abstumpfen (**to** gegen¦über). **'cal·lous·ness** *s* **1.** Schwieligkeit *f.* **2.** *fig.* Gefühllosigkeit *f*, Abgestumpftheit *f* (**to** gegen¦über).
cal·low [ˈkæləʊ] **I** *adj* **1.** *orn.* ungefiedert, nackt. **2.** dünn, leicht (*Bart, Flaum etc*). **3.** *fig.* ‚grün', unreif, unerfahren: **a ~ youth. 4.** *Br. dial.* brach, kahl: **~ land**. **5.** *Ir.* tiefliegend, sumpfig: **~ meadow**. **II** *s* **6.** *Ir.* Niederung *f.*
call¦ rate *s econ.* Zinsfuß *m* für tägliches Geld. **~ sign, ~ sig·nal** *s* Kennung *f* (*e-s Senders etc*). **~ slip** *s* Bücherbestellzettel *m* (*in Leihbibliotheken*). **'~-up** *s mil.* a) Einberufung *f*: **there was a large ~** es wurden sehr viele Wehrpflichtige einberufen, b) Mobili¦sierung *f.*
cal·lus [ˈkæləs] *pl* **-lus·es**, *a.* **-li** [-laɪ] *s* **1.** *med.* a) Kallus *m*, Knochennarbe *f*, b) Schwiele *f*, Hornhaut *f.* **2.** *bot.* Kallus *m*: a) Gewebewulst, Zellwucherung an Wundflächen, b) *Belag älterer Siebplatten*.
calm [kɑːm] **I** *s* **1.** Stille *f*, Ruhe *f* (*a. fig.*): **the ~ before the storm; ~ (of mind)** Gelassenheit *f*, Gemütsruhe *f.* **2.** *mar.* Windstille *f*: **dead ~** völlige Windstille, Flaute *f.* **II** *adj* (*adv* **~ly**) **3.** still, ruhig. **4.** windstill. **5.** *fig.* ruhig, gelassen: **~ and collected** ruhig u. gefaßt. **6.** unverschämt, unverfroren: **a ~ liar**. **III** *v/t* **7.** *oft* **~ down** beruhigen, besänftigen, beschwichtigen. **IV** *v/i oft* **~ down 8.** sich beruhigen. **9.** sich legen (*Sturm, Zorn etc*).
cal·ma·tive [ˈkælmətɪv; *bes. Am.* ˈkɑːm-] **I** *s med. pharm.* Beruhigungsmittel *n.* **II** *adj* beruhigend.
calm·ness [ˈkɑːmnɪs] → **calm 1**.
cal·o·mel [ˈkæləʊmel] *s chem. med.* Kalomel *n*, ¦Quecksilber-¦I-Chlo₁rid *n*.
cal·o·res·cence [ˌkæləˈresns] *s phys.*

Calor gas – camping site

Kalores'zenz f (Übergang von Wärmestrahlen in Lichtstrahlen).
Cal·or gas ['kælə(r)] (TM) s Flaschen-, Bu'tangas n.
ca·lor·ic [kə'lɒrɪk; 'kælərɪk; Am. kə'lɑ-] I s 1. phys. obs. Wärme f. 2. hist. Wärmestoff m. II adj 3. phys. ka'lorisch, Wärme...: ~ **engine** Heißluftmaschine f.
cal·o·rie ['kælərɪ] s chem. phys. Kalo'rie f. **'~-con·scious** adj kalo'rienbewußt.
ca·lor·i·fa·cient [kə,lɒrɪ'feɪʃnt; Am. a. -lɑ-] adj Wärme erzeugend. **cal·o·rif·ic** [,kælə'rɪfɪk] adj 1. Wärme erzeugend. 2. Erwärmungs..., Wärme...: ~ **capacity** phys. spezifische Wärme; ~ **value** Heizwert m.
cal·o·rim·e·ter [,kælə'rɪmɪtə(r)] s phys. Kalori'meter m, Wärmemesser m. ,**cal·o'rim·e·try** [-trɪ] s Kalorime'trie f, Wärmemessung f.
cal·o·ry → calorie.
ca·lotte [kə'lɒt; Am. kə'lɑt] s 1. R.C. Ka'lotte f, Scheitelkäppchen n. 2. Schneekuppe f (e-s Berges). 3. math. Ka'lotte f (gekrümmte Fläche e-s Kugelabschnitts). 4. arch. Ka'lotte f, flache Kuppel.
cal·trop, a. **cal·trap** ['kæltrəp] s 1. mil. hist. Fußangel f. 2. bot. a) Stern-, Wegedistel f, b) Wassernuß f.
cal·u·met ['kæljʊmet] s Kalu'met n, (indi'anische) Friedenspfeife.
ca·lum·ni·ate [kə'lʌmnɪeɪt] v/t verleumden. **ca,lum·ni'a·tion** s Verleumdung f. **ca'lum·ni·a·tor** [-tə(r)] s Verleumder(in). **ca'lum·ni·a·to·ry** [-nɪətərɪ; Am. -nɪə,tɔːrɪ;, -,toː-], **ca'lum·ni·ous** adj verleumderisch. **cal·um·ny** ['kæləmnɪ] s Verleumdung f.
cal·u·tron ['kæljʊtrɒn; Am. -jə,trɑn] s phys. Calu'tron n (Trennanlage für Isotope).
Cal·va·dos ['kælvədɒs; Am. ,-'doʊs] s Calvados m.
cal·var·i·a [kæl'veərɪə] s anat. Schädeldach n, -decke f.
Cal·va·ry ['kælvərɪ] s 1. Bibl. Golgatha n. 2. **c~** relig. art Kal'varienberg m, Kreuzigungsgruppe f. 3. **c~** fig. Mar'tyrium n.
calve [kɑːv; Am. kæv] I v/i 1. a. ~ **down** kalben, Junge werfen. 2. geol. kalben (Eisberg, Gletscher etc). II v/t 3. Junge zur Welt bringen. 4. Stücke abstoßen.
calves [kɑːvz; Am. kævz] pl von calf[1] u. [2].
Cal·vin·ism ['kælvɪnɪzəm] s Kalvi'nismus m. '**Cal·vin·ist** I s Kalvi'nist(in). II adj kalvi'nistisch. ,**Cal·vin'is·tic**, ,**Cal·vin'is·ti·cal** adj kalvi'nistisch.
calx [kælks] pl **'calx·es**, **'cal·ces** [-siːz] → calcium oxide.
cal·y·ces ['keɪlɪsiːz; 'kæl-] pl von calyx.
cal·y·cif·er·ous [,kælɪ'sɪfərəs] adj bot. kelchtragend.
ca·lyp·so [kə'lɪpsoʊ] pl **-sos** s mus. Ca'lypso m.
ca·lyx ['keɪlɪks; 'kæl-] pl **'ca·lyx·es** [-ksiːz], '**cal·y·ces** [-lɪsiːz] s 1. anat. bot. Kelch m. 2. anat. Nierenkelch m.
cam [kæm] s tech. Nocken m, Kurvenscheibe f: ~**-controlled** nockengesteuert; ~ **gear** Kurvengetriebe n; ~ **lever** Nocken-, Kipphebel m.
ca·ma·ra·de·rie [,kæmə'rɑːdərɪ:; Am. a. ,kɑː-] s 1. Kame'radschaft(lichkeit) f. 2. Kumpa'nei f.
cam·a·ril·la [,kæmə'rɪlə] s Kama'rilla f (Clique in unmittelbarer Umgebung e-s Herrschers, die auf diesen e-n unkontrollierbaren Einfluß ausübt).
cam·ber ['kæmbə(r)] I v/t 1. biegen, krümmen, wölben, schweifen. II v/i 2. sich biegen od. krümmen. III s 3. leichte kon'vexe Krümmung. 4. (leichte) Wölbung. 5. mot. Sturz m. 6. aer. Pro'filwölbung f. ~ **beam** s arch. Krumm-, Kehlbalken m.
cam·bered ['kæmbə(r)d] adj gekrümmt, gewölbt, geschweift. ~ **ax·le** s tech. gestürzte Achse. ~ **wheel** s mot. gestürztes Rad.
cam·bist ['kæmbɪst] s 1. econ. a) Wechselmakler m, b) De'visenhändler m. 2. 'Umrechnungsta,bellen pl.
Cam·bo·di·an [kæm'boʊdjən; -ɪən] I s Kambo'dschaner(in). II adj kambo'dschanisch.
Cam·bri·an ['kæmbrɪən] I s 1. Wa'liser(in). 2. geol. kambrische Formati'on, Kambrium n. II adj 3. wa'lisisch. 4. geol. kambrisch.
cam·bric ['keɪmbrɪk] s Kambrik m, Cambric m (lockeres, feinfädiges Zellwoll- od. Baumwollgewebe).
Cam·bridge blue ['keɪmbrɪdʒ] s Hellblau n.
came [keɪm] pret von come.
cam·el ['kæml] s 1. zo. Ka'mel n. 2. mar. tech. Ka'mel n, Hebeleichter m. '~**-back** s mot. etc Runderneuerungsgummi m, n. ~ **driv·er** s Ka'meltreiber m.
cam·el·eer [,kæmɪ'lɪə(r); -mə-] s Ka'meltreiber m.
cam·el hair → camel's hair.
ca·mel·i·a [kə'miːljə] s bot. Ka'melie f.
cam·el·ry ['kæməlrɪ] s mil. Ka'meltruppe f.
cam·el's|hair ['kæmlz] s 1. Ka'melhaar n. 2. Ka'melhaar(stoff m) n. '**~-hair** adj 1. Kamelhaar... 2. paint. aus Eichhörnchenhaaren (Pinsel).
cam·el spin s Eis-, Rollkunstlauf: 'Waagepirou,ette f.
Cam·em·bert ['kæməmbeə(r)] s gastr. Camembert m (französischer Käse).
cam·e·o ['kæmɪoʊ] pl **-os** s 1. Ka'mee f (Edelstein mit erhabener figürlicher Darstellung). 2. kurzes literarisches Werk od. Bühnenstück, das e-e Person, e-n Ort od. ein Ereignis in den Mittelpunkt stellt. 3. thea. etc e-n bekannten Schauspieler od. e-r bekannten Schauspielerin gespielte kleine Nebenrolle od. kurze Szene.
cam·er·a ['kæmərə; 'kæmrə] pl **-er·as**, (für 4) **-er·ae** [-riː] s 1. Kamera f, 'Fotoappa,rat m: **the** ~ **cannot lie** das Auge der Kamera ist unbestechlich. 2. Film-, Fernsehkamera f: ~ **crane** Kamerakran m; ~ **tube** TV Aufnahme-, Abtaströhre f; **to be on** ~ a) vor der Kamera stehen, b) im Bild sein. 3. → camera obscura. 4. jur. Richterzimmer n: **in** ~ a) unter Ausschluß der Öffentlichkeit, b) fig. geheim. 5. arch. Gewölbe n. 6. Apo'stolische Kammer f, päpstliche Vermögensverwaltung f. ~ **lu·ci·da** ['luːsɪdə] pl **-ra -das** s opt. Zeichenprisma n. '~-**man** [-mæn] s irr 1. Kameramann m. 2. 'Pressefoto,graf m. 3. Fotohändler m. ~ **ob·scu·ra** [ɒb'skjʊərə; Am. əb'skjʊrə] pl **-ra -ras** s Camera ob'scura, Lochkamera f. '~-**shy** adj kamerascheu.
cam·i·knick·ers [,kæm'nɪkəz] s pl Br. hist. (Damen)Hemdhose f.
cam·i·on ['kæmɪən] s Last(kraft)wagen m.
cam·i·sole ['kæmɪsoʊl] s 1. Bett-, Morgenjäckchen n. 2. Mieder n (e-s Trachtenkleids etc).
cam·let ['kæmlɪt] s Kame'lott m (feines Kammgarngewebe).
cam·o·mile ['kæməmaɪl] s bot. Ka'mille f. ~ **tea** s Ka'millentee m.
cam·ou·flage ['kæmʊflɑːʒ; -mə-] I s mil. zo. Tarnung f, fig. a. Verschleierung f: ~ **measures** Verschleierungsmaßnahmen; ~ **paint** Tarnfarbe f, -anstrich m. II v/t mil. tarnen, fig. a. verschleiern.
camp[1] [kæmp] I s 1. (Zelt-, Ferien-, Mili'tär)Lager n, Lager(platz m) n, Camp n (alle a. collect. Personen): ~ **bed** (Am. a. **cot**) a) Feldbett n, b) Campingliege f; ~ **chair** Klapp-, Campingstuhl m; ~ **disease** Fleckfieber n, Lagerseuche f; **to pitch one's** ~ sein Lager aufschlagen; **to break** (od. **strike**) ~ das Lager abbrechen. 2. Sol'datenleben n. 3. fig. Lager n, Par'tei f, Anhänger pl (e-r Richtung): **the rival** ~ das gegnerische Lager. 4. Am. Siedlung f, bes. 'Goldgräberkolo,nie f. II v/i 5. sein Lager aufschlagen, kam'pieren: **to** ~ **on s.o.'s trail** Am. colloq. unablässig hinter j-m her sein. 6. oft ~ **out** zelten, campen. 7. ~ **out** colloq. a) vor'übergehend wohnen (**in** in dat; **with** bei), b) primi'tiv hausen (**in** in dat). III v/t 8. a) in e-m Lager 'unterbringen, b) vor'übergehend 'unterbringen (**in** in dat).
camp[2] [kæmp] colloq. I adj 1. a) lächerlich altmodisch, b) unfreiwillig komisch, na'iv wirkend, c) gewollt na'iv, d) künstlich, gewollt, e) ,aufgemotzt', thea. etc a. über'zogen. 2. tuntenhaft. II s 3. etwas lächerlich Altmodisches etc (→ 1). 4. tuntenhaftes Benehmen. 5. Tunte f (betont femininer Homosexueller). III v/i 6. a) sich tuntenhaft benehmen, b) (tuntenhaft) tänzeln od. trippeln. IV v/t 7. etwas in lächerlich altmodischer Weise etc (→ 1) darbieten od. darstellen. 8. **to** ~ **it up** a) → 6, b) der Sache ,aufmotzen', thea. etc a. über'ziehen.
cam·paign ['kæmpeɪn] I s 1. mil. Feldzug m. 2. fig. Kam'pagne f, Feldzug m, Akti'on f: ~ **advertising campaign**, etc. 3. pol. Wahlkampf m: ~ **button** Wahlkampfplakette f; ~ **pledge** (od. **promise**) Wahlversprechen n. 4. metall. Hütten-, Ofenreise f. 5. obs. 'Landpar,tie f. II v/i 6. mil. an e-m Feldzug teilnehmen, kämpfen. 7. fig. kämpfend zu Felde ziehen (**for** für; **against** gegen). 8. pol. a) sich am Wahlkampf beteiligen, im Wahlkampf stehen, b) Wahlkampf machen (**for** für), c) Am. kandi'dieren (**for** für). **cam'paign·er** s 1. mil. Feldzugteilnehmer m: **old** ~ a) Veteran m, b) fig. alter Praktikus. 2. fig. Kämpfer m (**for** für; **against** gegen).
cam·pa·ni·le [,kæmpə'niːlɪ] pl **-les**, **-li** [-liː] s Kampa'nile m, Campa'nile m, freistehender Glockenturm.
cam·pan·u·la [kəm'pænjʊlə; Am. kæm-] s bot. Glockenblume f.
Camp·bell·ite ['kæmbəlaɪt; 'kæməl-] s relig. Am. Mitglied n der Sekte „Jünger Christi" (Disciples of Christ).
cam·pea·chy wood [kæm'piːtʃɪ], **cam·pe·che wood** [kɑː'mpetʃə] s Cam'peche-, Blauholz n.
camp·er ['kæmpə(r)] s 1. Zeltler(in), Camper(in). 2. Am. a) Wohnanhänger m, -wagen m, b) 'Wohnmo,bil n.
'**camp|,fire** s 1. Lagerfeuer n. 2. fig. Treffen n: ~ **girl** Am. (Art) Pfadfinderin f. '**~-fol·low·er** s 1. Sol'datenprostitu,ierte f. 2. pol. etc Mitläufer m, Sympathi'sant m. '**~-ground** s 1. Lagerplatz m. 2. Zelt-, Campingplatz m.
cam·phire ['kæmfaɪə(r)] obs. für henna 1.
cam·phol ['kæmfɒl; Am. -,fɔːl] s chem. Borne'ol n.
cam·phor ['kæmfə(r)] s chem. Kampfer m: ~ **ball** Mottenkugel f. '**cam·phor·ate** [-reɪt] chem. I v/t kampfern. II s kampfersaures Salz. **cam·phor·ic** [kæm'fɒrɪk; Am. -'fɔː-] adj chem. 1. kampferhaltig. 2. Kampfer...: ~ **acid**.
cam·phor| ice s chem. Kampfereis n. ~ **oil** s chem. Kampferöl n. ~ **tree** s bot. Kampferbaum m. '**~-wood** s Kampferholz n.
camp·ing ['kæmpɪŋ] s Zelten n, Camping n. ~ **ground**, ~ **site** → campground.

cam·pi·on ['kæmpjən; -ɪən] s bot. Feuer-, Lichtnelke f.
camp meet·ing s bes. Am. (oft mehrtägige) religi'öse Versammlung im Freien od. im Zelt.
cam·po·ree [ˌkæmpə'riː] s regio'nales Pfadfindertreffen.
'camp|·shed v/t Br. Ufermauer durch Bohlen verstärken. **'~shed·ding, '~sheet·ing, '~shot** s Br. Bohlenverstärkung f (e-r Ufermauer). **'~site** → campground. **'~stool** s Klapp-, Campinghocker m.
cam·pus ['kæmpəs] s 1. a) Campus m (Gesamtanlage e-r Universität, e-s College od. e-r Schule), b) Rasenfläche in der Mitte e-s Universitäts-, College- od. Schulgeländes. 2. bes. Am. a) ein von den Hauptgebäuden entfernt liegender Teil e-r Universität, b) ein in sich abgeschlossener Teil e-r Universität mit eigenem Lehrkörper, der mit der Universität durch e-n gemeinsamen Rektor verbunden ist.
camp·y ['kæmpɪ] → camp² I.
campyl(o)- [kæmpɪl(əʊ)] bot. Wortelement mit der Bedeutung gebogen, gekrümmt.
'cam|·shaft s tech. Nockenwelle f. **~ switch** s tech. Nockenschalter m. **~ wheel** s tech. Nockenrad n, Ex'zentrik f. **'~wood** s Kamholz n.

can¹ [kæn; unbetont kən] inf u. pp fehlen, 2. sg pres obs. **canst** [kænst] 3. sg pres **can** neg **can·not**, pret **could** [kʊd; unbetont kəd] v/aux (mit folgendem inf ohne to) 1. ich, er, sie, es kann, du kannst, wir, Sie, sie können, ihr könnt: **you do it?**; **I shall do all I** ~ ich werde alles tun, was ich (tun) kann od. was in m-n Kräften steht; **~ he still be living?** kann es sein, daß er noch am Leben ist?, ob er wohl noch lebt?; → could. 2. dürfen, können.

can² [kæn] I s 1. (Blech)Kanne f: **to have to carry the ~** colloq. den Kopf hinhalten müssen (for für). 2. (Blech-, Kon'serven)Dose f, (-)Büchse f: **~ opener** Dosen-, Büchsenöffner m; **in the ~** colloq. a) ‚gestorben', abgedreht (Filmszene), b) ‚im Kasten', abgedreht (Film), c) unter Dach u. Fach (Vertrag etc); **a ~ of worms** colloq. e-e ‚harte Nuß', e-e komplizierte Geschichte. 3. Am. (Ein)Weckglas n. 4. Am. a) Müll-, Abfalleimer m, b) Müll-, Abfalltonne f. 5. Ka'nister m. 6. sl. ‚Kittchen' n (Gefängnis). 7. Am. sl. ‚Klo' n, Ab'ort m. 8. sl. ‚Arsch' m, ‚Hintern' m. 9. mar. mil. sl.) Wasserbombe f, b) Am. ‚Eimer' m, Zerstörer m. 10. sl. Unze f Marihu'ana. 11. colloq. Kopfhörer m. II v/t 12. konser'vieren, (in Büchsen) einmachen, eindosen: → canned 1. 13. tech. einkapseln, her'metisch verschließen. 14. Am. sl. ‚rausschmeißen' (entlassen). 15. Am. sl. aufhören mit: **~ it!** hör auf damit! 16. colloq. (auf Band od. Schallplatte) aufnehmen: → canned 2.

Ca·naan·ite ['keɪnənaɪt] Bibl. I s Kanaa'niter(in). II adj kanaa'näisch.
Ca·na·di·an [kə'neɪdjən; -ɪən] I adj ka'nadisch. II s Ka'nadier(in).
ca·naille [kə'neɪl; kə'naɪ] s Pöbel m, Gesindel n, Pack n.
ca·nal [kə'næl] I s 1. Ka'nal m (für Schiffahrt, Bewässerung etc). 2. Förde f, Meeresarm m. 3. anat. zo. Ka'nal m, Gang m, Röhre f. 4. astr. 'Marska,nal m. II v/t pret u. pp **-naled**, bes. Br. **-nalled** 5. kanali'sieren.
ca·nal·i·za·tion [ˌkænəlaɪ'zeɪʃn; Am. -lə'z-] s Kanalisati'on f, Kanali'sierung f.
ca·nal·ize ['kænəlaɪz] v/t 1. kanali'sieren. 2. a) in e-n Ka'nal verwandeln, b) e-n Fluß kanali'sieren, schiffbar machen.

3. fig. etwas kanali'sieren, (in bestimmte Bahnen) lenken.
ca·nal|·lock s Ka'nalschleuse f. **~ rays** s pl chem. phys. Ka'nalstrahlen pl. **C~ Zone** s Ka'nalzone f (am Panamakanal).
can·a·pé ['kænəpeɪ] s gastr. Appe'tit-, Cocktailhappen m.
ca·nard [kæ'nɑː(r)d; kə-] s 1. (Zeitungs-) Ente f, Falschmeldung f. 2. aer. Ente(nflugzeug n) f.
ca·nar·y [kə'neərɪ] s 1. a. ~ **bird** Ka'narienvogel m: **to have a ~** Br. colloq. ‚Zustände kriegen'. 2. a. ~ **yellow** Ka'nariengelb n. 3. Am. sl. a) (bes. Kolora'tur)Sopra,nistin f, b) (Schlager)Sängerin f. **~ creep·er** s bot. Ka'narien-, Kapu'zinerkresse f.
ca·nas·ta [kə'næstə] s Ka'nasta n (Kartenspiel).
ca·nas·ter [kə'næstə(r)] s grober Tabak.
can buoy s mar. Stumpftonne f, -boje f.
can·can ['kænkæn] s mus. Can'can m.
can·cel ['kænsl] I v/t pret u. pp **-celed**, bes. Br. **-celled** 1. (durch-, aus)streichen. 2. Erlaubnis etc wider'rufen, Beschluß etc rückgängig machen, Abonnement etc kündigen, econ. Auftrag etc stor'nieren, mot. Blinker abstellen, ausmachen: **to ~ a magazine subscription** e-e Zeitschrift abbestellen; **to ~ one's membership** (aus dem Verein etc) austreten; **until ~(l)ed** bis auf Widerruf. 3. Eintragung, Bandaufnahme etc löschen. 4. Verabredung etc absagen, Veranstaltung etc ausfallen lassen. 5. Briefmarke, Fahrschein entwerten. 6. math. kürzen. 7. mus. Vorzeichen auflösen, -heben. 8. a. ~ **out** ausgleichen, kompen'sieren. II v/i 9. math. sich kürzen lassen. 10. a. ~ **out** sich (gegenseitig) aufheben. III s 11. → cancellation. 12. mus. Auflösungs-, Wieder'herstellungszeichen n. 13. pl. a. **pair of ~s** Lochzange f. **ˌcan·cel'la·tion** Am. für cancellation.
can·cel·er, bes. Br. **can·cel·ler** [-sələ(r)] s tech. (Briefmarken-, Fahrschein)Entwerter m.
can·cel·late ['kænsɪleɪt; Am. a. kæn'seleɪt], **'can·cel·lat·ed** [-sɪleɪtɪd] adj 1. bot. gegittert, gitterförmig. 2. med. schwammig.
can·cel·la·tion [ˌkænsə'leɪʃn] s 1. Streichung f. 2. Wider'rufung f (e-r Erlaubnis etc), Rückgängigmachung f (e-s Beschlusses etc), Kündigung f (e-s Abonnements etc), econ. Stor'nierung f (e-s Auftrags etc), mot. Abstellen n, Ausmachen n (e-s Blinkers). 3. Löschung f (e-r Eintragung, e-r Bandaufnahme etc). 4. Absage f (e-r Verabredung etc). 5. Entwertung f (e-r Briefmarke, e-s Fahrscheins). 6. math. Kürzung f. 7. mus. Auflösung f, -hebung f (e-s Vorzeichens). [canceler.)
can·cel·ler ['kænsələ(r)] bes. Br. für)
can·cel·lous ['kænsɪləs; Am. a. kæn'seləs] → cancellate.
can·cer ['kænsə(r)] I s 1. med. a) Krebs m, b) Karzi'nom n, Krebsgeschwulst f. 2. fig. Krebsgeschwür n, -schaden m. 3. **C~** astr. Krebs m (Sternbild u. Tierkreiszeichen): **to be (a) ~** Krebs sein; → tropic 1. II adj 4. med. Krebs...: ~ **cells** (clinic, research, etc); ~ **stick** sl. ‚Sargnagel' m (Zigarette). **'can·cer·ous** adj med. a) krebsbefallen: **a ~ lung**; **a ~ man** ein Krebskranker, b) Krebs...: → **tumo(u)r growth** fig. Krebsgeschwür n, c) krebsartig: ~ **artig**.
can·croid ['kæŋkrɔɪd] I adj 1. zo. krebsartig. 2. med. → cancerous b. II s 3. med. Hautkrebs m, Stachelzellenkrebs m.
can·de·la [kæn'diːlə] s phys. Can'dela f (Einheit der Lichtstärke).
can·de·la·bra [ˌkændɪ'lɑːbrə] s 1. pl

-bras → candelabrum. 2. pl von candelabrum. **ˌcan·de'la·brum** [-brəm] pl **-bra** [-brə], **-brums** s Kande'laber m, Armleuchter m.
can·des·cence [kæn'desns] s (Weiß-) Glühen n, (-)Glut f. **can'des·cent** adj (adv **-ly**) (weiß)glühend.
can·did ['kændɪd] I adj (adv **-ly**) 1. offen (u. ehrlich), aufrichtig, freimütig. 2. unvoreingenommen, objek'tiv: **a ~ opinion**. 3. phot. ungestellt: ~ **camera** a) Kleinstbildkamera f, b) versteckte Kamera; ~ **picture** Schnappschuß m. II s 4. phot. Schnappschuß m. **'can·did·ness** → candor.
can·di·da·cy ['kændɪdəsɪ] s bes. Am. Kandida'tur f, Bewerbung f, Anwartschaft f.
can·di·date ['kændɪdət; -deɪt] s 1. (for) Kandi'dat(in), Anwärter(in) (auf acc) (beide a. iro.), Bewerber(in) (um): **to run** (bes. Br. **stand**) **as a ~ for** kandidieren für, sich bewerben um; ~ **chemicals** in Frage kommende od. in engerer Wahl stehende Stoffe. 2. ('Prüfungs)Kandi,dat(in), Prüfling m. **'can·di·da·ture** [-dətʃə(r); -dəˌtʊə(r)] bes. Br. für candidacy.
can·died ['kændɪd] adj 1. kan'diert, überzuckert: ~ **peel** Zitronat n. 2. kristalli'siert (Sirup etc). 3. fig. honigsüß, schmeichlerisch.
can·dle ['kændl] I s 1. (Wachs- etc)Kerze f, Licht n: **to burn the ~ at both ends** fig. Raubbau mit s-r Gesundheit treiben, sich übernehmen; **not to be fit** (od. **able**) **to hold a ~ to** j-m das Wasser nicht reichen können; **the game is not worth the ~** die Sache ist nicht der Mühe wert. 2. phys. hist. Kerze f (Einheit der Lichtstärke). II v/t 3. bes. Eier durch'leuchten. **'~ber·ry** s bot. Wachsmyrte(nbeere) f. **~ end** s Kerzenstummel m. **'~foot** s irr → foot-candle. **'~light** I s 1. Kerzenlicht n: **by ~** bei Kerzenlicht. 2. gedämpftes künstliches Licht. 3. Abenddämmerung f: **at early ~** am frühen Abend. II adj 4. bei Kerzenlicht: ~ **dinner**.
Can·dle·mas ['kændlməs] s R.C. (Ma'riä) Lichtmeß f.
'can·dle|,pow·er s phys. hist. Kerzenstärke f. **'~stick** s Kerzenleuchter m, -ständer m. **'~wick** s 1. Kerzendocht m. 2. Gewebe mit chenilleähnlichem Charakter.
can·dock ['kændɒk; Am. -ˌdɑk] s bot. Gelbe Teichrose.
can·dor, bes. Br. **can·dour** ['kændə(r)] s 1. Offenheit f, Aufrichtigkeit f, Freimütigkeit f. 2. Unvoreingenommenheit f, Objektivi'tät f.
can·dy ['kændɪ] I s 1. Kandis(zucker) m. 2. bes. Am. a) Süßwaren pl, Süßigkeiten pl, Kon'fekt n, b) a. **hard ~** Bon'bon m, n. II v/t 3. kan'dieren, gla'sieren, mit Zucker über'ziehen od. einmachen. 4. Zucker etc kristalli'sieren lassen. **'~floss** s Br. 1. Zuckerwatte f. 2. Hirngespinste pl. **~ store** s Am. Süßwarenladen m, -geschäft n.
cane [keɪn] I s 1. Spa'zierstock m. 2. (Rohr)Stock m: **to give s.o. the ~** 5. 3. bot. a) (Bambus-, Zucker-, Schilf)Rohr n, b) Schaft m (einiger Palmen), c) Stamm m (des Himbeerstrauchs etc). 4. collect. spanisches Rohr, Peddigrohr n (für Korbflechtarbeiten). II v/t 5. (mit dem Stock) züchtigen. 6. a) aus Rohr flechten, b) e-n Stuhl etc mit Rohrgeflecht versehen. **'~ˌbot·tomed** adj mit Sitz aus Rohr(geflecht). **'~brake** s Am. Rohrdickicht n, Röhricht n. **~ chair** s Rohrstuhl m.
ca·nel·la [kə'nelə], ~ **al·ba** ['ælbə], ~ **bark** s Ca'nellarinde f, Ka'neel m.

cane sugar – cantilever

cane|sug·ar s Rohrzucker m. ~ **trash** s Ba'gasse f. '~**work** s Rohrgeflecht n.
cang, cangue [kæŋ] s hist. (schwerer) Holzkragen (chinesisches Strafinstrument).
Ca·nic·u·la [kə'nɪkjʊlə] s astr. Hundsstern m, Sirius m.
ca·nic·u·lar| cy·cle [kə'nɪkjʊlə(r)] s astr. 'Hundssternperi,ode f. ~ **days** s pl Hundstage pl. ~ **heat** s Hundstagshitze f.
ca·nine ['keɪnaɪn] I adj 1. Hunde..., Hunds... 2. contp. hündisch: ~ **devotion** hündische Ergebenheit. II s 3. zo. Hund m. 4. ['kænaɪn; 'keɪ-] a. ~ **tooth** Augen-, Eckzahn m. ~ **mad·ness** s med. vet. Tollwut f.
can·ing ['keɪnɪŋ] s: to give s.o. a ~ j-n (mit dem Stock) züchtigen.
Ca·nis| Ma·jor ['keɪnɪs] s astr. Großer Hund (Sternbild). ~ **Mi·nor** s astr. Kleiner Hund (Sternbild).
can·is·ter ['kænɪstə(r)] s 1. Blechbüchse f, -dose f. 2. mil. a) Atemeinsatz m (der Gasmaske), b) a. ~ **shot** hist. Kar'tätsche f.
can·ker ['kæŋkə(r)] I s 1. med. a) Soor m, b) Lippengeschwür n. 2. vet. Strahlfäule f (am Pferdefuß). 3. bot. Baumkrebs m. 4. zo. schädliche Raupe. 5. fig. Krebsgeschwür n. II v/t 6. fig. a) anstecken, vergiften, b) zerfressen. III v/i 7. fig. a) angesteckt od. vergiftet werden, (langsam) verderben, b) zerfressen werden. '**can·kered** adj 1. bot. a) vom Baumkrebs befallen, b) von Raupen zerfressen. 2. fig. a) giftig, bösartig, b) verdrießlich, mürrisch. '**can·ker·ous** adj 1. bot. a) → cankered 1 a, b) von Baumkrebs verursacht. 2. fig. a) anstecken, vergiftend, b) zersetzend, zerfressend.
can·ker|sore s med. Soor m. '~**worm** s zo. schädliche Raupe.
can·na·bis ['kænəbɪs] s Cannabis m: a) bot. Hanf m, b) Haschisch n (Rauschgift).
canned [kænd] adj 1. konser'viert, Dosen..., Büchsen...: ~ **fruit** Obstkonserven pl; ~ **meat** Büchsenfleisch n. 2. colloq. (auf Band od. Schallplatte) aufgenommen: ~ **music** 'Musik f aus der Konserve'; ~ **program(me)** (Rundfunk, TV) 'Programmkonserve' f. 3. Am. colloq. abgedroschen. 4. sl. ,blau', betrunken.
can·nel ['kænl], ~ **coal** s Kännelkohle f (bituminöse Pechkohle).
can·nel·lo·ni [,kænə'ləʊnɪ] s pl Cannel'loni pl.
can·ne·lure ['kænəlʊə(r)] s 1. arch. Kanne'lierung f, Auskehlung f. 2. mil. Führungsrille f (e-r Patrone).
can·ner ['kænə(r)] s 1. Kon'servenfabri,kant m. 2. Arbeiter(in) in e-r Kon'servenfa,brik. '**can·ner·y** s Kon'servenfa,brik f.
can·ni·bal ['kænɪbl] s 1. Kanni'bale m, Menschenfresser m. 2. Tier, das s-e Artgenossen frißt. 3. (Auto- etc)Ausschlachter m. ,**can·ni'bal·ic** [-'bælɪk] adj kanni'balisch (a. fig. unmenschlich). '**can·ni·bal·ism** [-bəlɪzəm] s 1. Kannibalismus m (a. fig. Unmenschlichkeit). 2. zo. Kanniba'lismus m, Fressen n von Artgenossen. ,**can·ni·bal'is·tic** adj kanni'balisch. '**can·ni·bal·ize** v/t altes Auto etc ausschlachten.
can·ning ['kænɪŋ] s Kon'servenfabrikati,on f: ~ **factory** (od. **plant**) → cannery.
can·non ['kænən] I pl -nons, -non s 1. pl meist -**non** mil. (aer. 'Bord)Ka,none f, (-)Geschütz n. 2. tech. a) Henkel m, Krone f (e-r Glocke), b) sich frei um e-e Welle drehender Zy'linder. 3. Gebiß n (des Pferdegeschirrs). 4. zo. Ka'nonenbein n (Mittelfußknochen). 5. Billard: Br. Karambo'lage f. 6. Am. sl. ,Ka'none' f (Revolver). 7. Am. sl. Taschendieb m.

II v/i 8. Billard: Br. karambo'lieren. 9. (**into**) rennen, prallen (gegen, an acc), karambo'lieren, zs.-stoßen (mit). III v/t → cannonade 3.
can·non·ade [,kænə'neɪd] I s 1. mil. Kano'nade f, Beschießung f. 2. Dröhnen n, Donnern n. II v/t 3. mil. mit (aer. 'Bord)Ka,nonen beschießen. III v/i 4. dröhnen, donnern.
'**can·non|·ball** I s 1. Ka'nonenkugel f. 2. Hocksprung m (ins Wasser). 3. sport a) bes. Fußball: ,Bombe' f, b) a. ~ **service** (Tennis) Ka'nonenaufschlag m. II v/i 4. a. ~ **along** (da'hin)rasen. ~ **bit** → **cannon** 3. ~ **bone** s zo. 1. → cannon 4. 2. Sprungbein n.
can·non·eer [,kænə'nɪə(r)] s mil. (aer. 'Bord)Kano,nier m.
can·non fod·der s Ka'nonenfutter n.
can·non·ry ['kænənrɪ] s mil. 1. collect. (aer. 'Bord)Ka,nonen pl, (-)Geschütze pl. 2. → cannonade 1.
can·non shot s mil. Schußweite f (e-r Kanone).
can·not ['kænɒt; Am. -nɑt; kə'nɑt] neg von can[1].
can·nu·la ['kænjʊlə] pl -**las**, -**lae** [-liː] s med. Ka'nüle f.
can·ny ['kænɪ] adj (adv cannily) 1. ,gerissen', schlau (bes. in Geldangelegenheiten). 2. bes. Scot. nett. 3. to be ~ Scot. Glück haben.
ca·noe [kə'nuː] I s Kanu n (a. sport), Paddelboot n; ~ **slalom** Kanuslalom m; **to paddle one's own** ~ a) auf eigenen Beinen od. Füßen stehen, b) sich um s-e eigene Angelegenheiten kümmern. II v/i Kanu fahren, paddeln. **ca'noe·ist** s Ka'nute m, Ka'nutin f (beide bes. sport), Kanufahrer(in), Paddler(in).
can·on[1] ['kænən] s 1. Kanon m, Regel f, Richtschnur f, Vorschrift f. 2. Maßstab m, Wertmesser m. 3. Grundsatz m: ~s **of professional ethics** Standesregeln pl der Anwälte, Ärzte etc). 4. relig. Kanon m: a) ka'nonische Bücher pl (der Bibel), b) C~ Meßkanon m, c) Heiligenverzeichnis n. 5. relig. a) Ordensregeln pl, b) **canon law**. 6. au'thentische Schriften pl (e-s Autors): **the Chaucer** ~. 7. mus. Kanon m. 8. print. Kanon(schrift) f.
can·on[2] ['kænən] s relig. 1. Chor-, Domstiftsherr m, Ka'nonikus m. 2. hist. Mitglied n e-r klösterlichen Gemeinschaft von Klerikern.
ca·ñon → canyon.
can·on bit → cannon 3.
can·on·ess ['kænənɪs] s relig. Kano'nissin f, Stiftsdame f.
ca·non·i·cal [kə'nɒnɪkl; Am. -'nɑ-] I adj (adv ~**ly**) 1. ka'nonisch, vorschriftsmäßig. 2. Bibl. ka'nonisch: ~ **books**. 3. anerkannt, autori'siert. 4. mus. in Kanonform. II s 5. pl relig. Meßgewänder pl, kirchliche Amtstracht. ~ **hours** s pl 1. relig. ka'nonische Stunden pl (offizielle Gebetsstunden). 2. Br. Zeit von 8 bis 18 Uhr, während der in den englischen Pfarrkirchen getraut wird.
can·on·ist ['kænənɪst] s Kano'nist m, Kirchenrechtler m.
can·on·i·za·tion [,kænənaɪ'zeɪʃn; Am. -nə'z-] s relig. Kanonisati'on f, Heiligsprechung f. '**can·on·ize** [-naɪz] v/t relig. 1. heiligsprechen, kanoni'sieren. 2. sanktio'nieren, b) unter die ka'nonischen Bücher aufnehmen.
can·on law s ka'nonisches Recht, Kirchenrecht n.
can·on·ry ['kænənrɪ] s Kanoni'kat n, Domherrnpfründe f.
ca·noo·dle [kə'nuːdl] v/i sl. ,knutschen', ,schmusen' (with mit).
can·o·pied ['kænəpɪd] adj mit e-m Baldachin (über'dacht).

can·o·py ['kænəpɪ] I s 1. Baldachin m, (Bett-, Thron-, Trag)Himmel m: ~ **bed** Himmelbett n; ~ **top** mot. Sonnendach n, Verdeck n. 2. arch. Vordach n. 3. arch. Baldachin m (Überdachung des Altars etc). 4. aer. a) Fallschirmkappe f, b) ('durchsichtige) Ka'binenhaube, Verglasung f. 5. electr. 'Lampenarma,tur f. 6. Firma'ment n. II v/t 7. (mit e-m Baldachin) über'dachen.
ca·no·rous [kə'nɔːrəs] adj me'lodisch.
canst [kænst] obs. 2. sg pres von can[1].
cant[1] [kænt] I s 1. Gewinsel n. 2. Ar'got n, Jar'gon m, Bettler-, Gaunersprache f. 3. Fach-, Zunftsprache f. 4. fig. Kauderwelsch n, Gewäsch n. 5. Frömme'lei f, frömmlerisches Gerede. 6. (leere) Phrase(n pl): **the same old** ~ die alte Leier. II v/i 7. mit kläglicher Stimme reden. 8. frömmeln, frömmlerisch reden. 9. Jar'gon reden. 10. Phrasen dreschen.
cant[2] [kænt] I s 1. Schrägung f, geneigte Fläche. 2. ~ **of a polygon**. 2. Neigung f. 3. plötzlicher Ruck, Stoß m. II v/t 4. schräg legen, kanten, kippen: **to** ~ **over** umstürzen, umkippen. 5. tech. abschrägen. III v/i 6. a. ~ **over** a) sich neigen, sich auf die Seite legen, b) 'umkippen.
can't [kɑːnt; Am. kænt] colloq. für cannot.
Can·tab ['kæntæb] colloq. für Cantabrigian.
can·ta·bi·le [kæn'tɑːbɪlɪ; Am. -'tæb-; a. kɑːn'tɑːbəˌleɪ] adj u. adv mus. can'tabile, gesangartig.
Can·ta·brig·i·an [,kæntə'brɪdʒɪən] I s 1. Einwohner(in) von Cambridge (England od. USA). 2. Stu'dent(in) an der od. Absol'vent(in) der Universi'tät Cambridge (England) od. der Harvard University (USA). II adj 3. von od. aus Cambridge.
can·ta·loup(e) ['kæntəluːp; Am. -tˌləʊp] s bot. Kanta'lupe f, 'Beutel-, 'Warzenme,lone f.
can·tan·ker·ous [kæn'tæŋkərəs] adj (adv ~**ly**) giftig, streitsüchtig. **can'tan·ker·ous·ness** s fig. giftiges Wesen, Streitsucht f.
can·ta·ta [kæn'tɑːtə; kən-] s mus. Kan'tate f.
cant dog s tech. Kanthaken m.
can·teen [kæn'tiːn] s 1. bes. Br. Kan'tine f. 2. mil. a) Feldküche f, b) Me'nagekoffer m (der Offiziere), c) Feldflasche f, d) Kan'tine f, e) Kochgeschirr n: ~ **cup** Feldbecher m. 3. Erfrischungsstand m, Bü'fett n (bei Veranstaltungen). 4. a) Besteckkasten m, b) Besteck n.
cant·er[1] ['kæntə(r)] s 1. Frömmler(in). 2. Phrasendrescher(in).
can·ter[2] ['kæntə(r)] I s Kanter m (kurzer, leichter Galopp): **to win at a** ~ fig. mühelos gewinnen od. siegen. II v/t kantern lassen. III v/i kantern.
can·ter·bur·y ['kæntərˌberɪ] s Am. Noten- od. Zeitschriftenständer m. **C~ bell** ['kæntəbərɪ; -brɪ, -tərˌberɪ] s bot. (e-e) Glockenblume.
can·thar·i·des [kæn'θærɪdiːz] 1. pl von cantharis. 2. pl (a. als sg konstruiert) med. pharm. Kantha'riden pl (aus getrockneten Weichkäfern zubereitetes Pulver etc). **can·tha·ris** [ˈkænθərɪs] s zo. Kantha'ride m, Weichkäfer m (z. B. Spanische Fliege).
cant hook s tech. Kanthaken m.
can·ti·cle ['kæntɪkl] s relig. Lobgesang m (bes. Bibl.): (C~ **of**) C~**s** Bibl. (das) Hohelied Salomons, (das) Lied der Lieder.
can·ti·le·na [,kæntɪ'leɪnə; -'liːnə] s mus. Kanti'lene f.
can·ti·le·ver ['kæntɪliːvə(r); Am. a.

-[levər] **I** *s* **1.** *arch.* Kon'sole *f.* **2.** *tech.* freitragender Arm, vorspringender Träger, Ausleger *m.* **3.** *aer.* unverspreizte *od.* freitragende Tragfläche. **II** *adj* **4.** freitragend. **~ arm, ~ beam** *s tech.* Ausleger(balken) *m.* **~ bridge** *s tech.* Auslegerbrücke *f.* **~ roof** *s arch.* Krag-, Auslegerdach *n.* **~ wing** → cantilever 3.
cant·ing ['kæntɪŋ] *adj* **1.** frömmlerisch. **2.** Phrasen dreschend.
can·tle ['kæntl] *s* **1.** 'Hinterpausche *f,* -zwiesel *m (des Reitsattels).* **2.** Ausschnitt *m,* Teil *m, n,* Stück *n.*
can·to ['kæntəʊ] *pl* **-tos** *s* **1.** Gesang *m (Teil e-r größeren Dichtung).* **2.** *mus.* a) Ober-, So'pranstimme *f (in vokaler Mehrstimmigkeit),* b) Melo'diestimme *f (a. instrumental).*
can·ton I *s* **1.** ['kæntɒn; *Am.* 'kæntən] Kan'ton *m (in der Schweiz u. in Frankreich).* **2.** ['kæntən] a) *her.* Feld *n,* b) *mar.* Gösch *f.* **II** *v/t* **3.** [kæn'tɒn; *Am.* 'kæntən] oft **~ out** in Kan'tone einteilen. **5.** [kæn'tu:n; *Am.* kæn'təʊn] *mil.* 'einquar,tieren.
can·ton·al ['kæntənl] *adj* kanto'nal.
can·ton·ment [kæn'tu:nmənt; *Am.* -'təʊn-] *s mil.* **1.** ('Orts),Unterkunft *f,* Quar'tier *n.* **2.** großes Ausbildungslager.
can·tor ['kæntɔː; *Am.* -tər] *s* Kantor *m.*
can·trip ['kæntrɪp] *s bes. Scot.* **1.** Zauber(spruch) *m.* **2.** (Schelmen)Streich *m.*
Ca·nuck [kə'nʌk] *s contp.* a) *Am.* Ka'nadier(in), b) *Canad.* Ka'nadier(in) fran'zösischer Abstammung.
can·vas ['kænvəs] **I** *s* **1.** *mar.* a) Segeltuch *n,* b) *collect.* Segel *pl*: **under ~** unter Segel (→ 3), **under full ~** mit allen Segeln. **2.** Pack-, Zeltleinwand *f.* **3.** Zelt *n, collect.* Zelte *pl*: **under ~** in Zelten (→ 1). **4.** Kanevas *m,* Stra'min *m (für Stickereien).* **5.** *paint.* a) Leinwand *f,* b) (Öl)Gemälde *n* auf Leinwand. **II** *v/t* **6.** mit Segeltuch beziehen *od.* auskleiden.
'~·back *pl* **-backs,** *bes. collect.* **-back** *s orn.* Kanevasente *f.*
can·vass ['kænvəs] **I** *v/t* **1.** eingehend unter'suchen *od.* erörtern *od.* prüfen. **2.** j-n ausfragen, son'dieren. **3.** *pol.* a) werben um (Stimmen), b) e-n Wahldistrikt bearbeiten, c) die Stimmung erforschen in (e-m Wahlkreis). **4.** *econ.* a) e-n Geschäftsbezirk bereisen, bearbeiten, b) *Aufträge* her'einholen, *Abonnenten, Inserate* sammeln. **5.** um j-n *od.* etwas werben. **6.** *pol. bes. Am.* Wahlstimmen prüfen. **II** *v/i* **7.** *pol.* e-n Wahlfeldzug veranstalten, Stimmen werben. **8.** werben (**for** um für), *econ. a.* e-n Werbefeldzug 'durchführen. **9.** debat'tieren, disku'tieren. **III** *s* **10.** eingehende Unter'suchung *od.* Erörterung *od.* Prüfung. **11.** *pol.* Wahlfeldzug *m.* **12.** *econ.* Werbefeldzug *m.* **13.** → canvassing 3.
can·vass·er ['kænvəsə(r)] *s* **1.** *pol.* Stimmenwerber *m,* Wahlhelfer *m.* **2.** *pol. bes. Am.* Wahlstimmenprüfer *m.* **3.** *econ.* Handelsvertreter *m*: **advertising ~** Anzeigenvertreter; **insurance ~** Versicherungsagent *m.*
can·vas shoes *s pl* Segeltuchschuhe *pl.*
can·vass·ing ['kænvəsɪŋ] *s* **1.** *econ.* (Kunden)Werbung *f,* Re'klame *f*: **~ campaign** Werbefeldzug *m.* **2.** *pol.* Stimmenwerbung *f.* **3.** *pol. bes. Am.* Wahlstimmenprüfung *f.*
can·vas top *s mot.* Planverdeck *n.*
can·yon ['kænjən] *s* Cañon *m.*
caou·tchouc ['kaʊtʃʊk] *s* Kautschuk *m.*
cap [kæp] **I** *s* **1.** Mütze *f,* Kappe *f,* Haube *f*: **~ and bells** Schellen-, Narrenkappe; **~ in hand** demütig, unterwürfig; **to set one's ~ at** (*od.* **for**) s.o. *colloq.* j-n zu angeln suchen, hinter j-m hersein, es auf j-n abgesehen haben (*Frau*) → **fit¹** 19, **thinking** 3. **2.** (viereckige) Universi'tätsmütze, Ba'rett *n*: **~ and gown** Universi'tätstracht *f,* Barett *n u.* Talar *m.* **3.** a) (Sport-, Stu'denten-, Klub-, Dienst-) Mütze *f,* b) *sport Br.* Mütze, die ein Spieler anläßlich s-r Berufung in e-e Auswahlmannschaft, *bes. in die Nationalmannschaft, erhält*: **to get** (*od.* **win**) **one's ~** in die Nationalmannschaft berufen werden; **he has won three England ~s** er hat schon dreimal in der englischen Nationalmannschaft gespielt, c) *sport Br.* Auswahl-, *bes.* Natio'nalspieler(in): **new ~** (Nationalmannschafts)Neuling *m.* **4.** *bot.* Hut *m (e-s Pilzes).* **5.** Gipfel *m,* Spitze *f.* **6.** *arch.* a) Haubendach *n,* b) Kapi'tell *n,* c) Aufsatz *m.* **7.** a) *mil. u. Bergbau*: Zünd-, Sprengkapsel *f,* b) Zündplättchen *n* (*e-r* **pistol** Kinderpistole *f.* **8.** *tech.* a) (Schutz-, Verschluß-) Kappe *f,* (Abdeck-, Schutz)Haube *f,* b) Deckel *m,* c) Schuhkappe *f,* -spitze *f,* d) *mot.* (Reifen)Auflage *f*: **full ~** Runderneuerung *f.* **9.** *geol.* Deckschicht *f.* **10.** *med.* Pes'sar *n.* **11.** Kapsel *f (Heroin etc).*
II *v/t* **12.** *Flasche etc* verschließen, zumachen. **13.** (mit *od.* wie mit e-r Kappe) bedecken. **14.** krönen: a) oben liegen auf (*dat*), b) *fig.* abschließen. **15.** *bes. Scot.* j-m e-n aka'demischen Grad verleihen. **16.** *sport Br.* in e-e Auswahl-, *bes.* in die Natio'nalmannschaft berufen: **he has been ~ped three times for** (*od.* **by**) **England** er hat schon dreimal in der englischen Nationalmannschaft gespielt. **17.** *obs.* vor j-m die Mütze abnehmen *od.* ziehen. **18.** *fig.* über'treffen, -'trumpfen, schlagen: **to ~ the climax** *od.* **everything** allem die Krone aufsetzen, alles übertreffen; **to ~ it all** als Krönung des Ganzen; → **verse** 1. **19.** *Reifen* runderneuern.
ca·pa·bil·i·ty [,keɪpə'bɪlətɪ] *s* **1.** Fähigkeit *f* (**of s.th.** zu etwas), Vermögen *n.* **2.** Tauglichkeit *f* (**for** zu). **3.** *a. pl* Befähigung *f,* Ta'lent *n,* Begabung *f.*
ca·pa·ble ['keɪpəbl] *adj* (*adv* **capably**) **1.** (leistungs)fähig, tüchtig: **a ~ teacher.** **2.** fähig (**of** zu *od. gen*; **of doing** zu tun), im'stande (**of doing** zu tun): **~ of murder** fähig, e-n Mord zu begehen; **do you think he is ~ of murder?** trauen Sie ihm e-n Mord zu? **3.** geeignet, tauglich (**for** zu). **4.** (**of**) zulassend (*acc*), fähig (*gen*): **~ of being divided** teilbar; **~ of improvement** verbesserungsfähig; **~ of being misunderstood** mißverständlich; **this text is not ~ of translation** dieser Text läßt sich nicht übersetzen. **5.** **legally ~** *jur.* rechts-, geschäftsfähig.
ca·pa·cious [kə'peɪʃəs] *adj* (*adv* **~ly**) **1.** geräumig (*Saal, Tasche etc*), groß (*Flasche, Topf etc*). **2.** aufnahmefähig (*Verstand*), ausgezeichnet (*Gedächtnis*).
ca'pa·cious·ness *s* Geräumigkeit *f,* Weite *f.*
ca·pac·i·tance [kə'pæsɪtəns] *s electr.* Kapazi'tät *f.*
ca·pac·i·tate [kə'pæsɪteɪt] *v/t* befähigen.
ca·pac·i·tive [kə'pæsɪtɪv] *adj electr.* kapazi'tiv: **~ load** kapazitive Belastung; **~ reactance** Kapazitanz *f,* kapazitiver Widerstand. **ca'pac·i·tor** [-tə(r)] *s electr.* Konden'sator *m.*
ca·pac·i·ty [kə'pæsətɪ] **I** *s* **1.** a) Fassungsvermögen *n,* Kapazi'tät *f*: **filled to ~** ganz voll, *thea. etc* (bis auf den letzten Platz) ausverkauft, b) (Raum)Inhalt *m,* Vo'lumen *n*: **~ measure** 1. **2.** *phys.* Aufnahmefähigkeit *f.* **3.** *electr.* Kapazi'tät *f,* b) Leistungsfähigkeit *f,* Belastbarkeit *f.* **4.** *mar. rail.* Ladefähigkeit *f.* **5.** (Leistungs)Fähigkeit *f,* Vermögen *n*: **~ for learning** Lernfähigkeit *f*; **~ for remembering** Erinnerungsvermögen. **6.** *econ. tech.* Kapazi'tät *f,* Leistungsfähigkeit *f,* (Nenn)Leistung *f*: **working to ~** mit Höchstleistung arbeiten, voll ausgelastet. **7.** *fig.* (geistiges) Fassungsvermögen, Auffassungsgabe *f*: **that is beyond his ~** damit ist er überfordert, das ist für ihn zu hoch; **the book is well within the ~ of young readers** das Buch können auch junge Leser ohne weiteres verstehen. **8.** Eigenschaft *f,* Stellung *f*: **in his ~ as** in s-r Eigenschaft als. **9.** *jur.* (Geschäfts-, Te'stier- *etc*)Fähigkeit *f*: **criminal ~** strafrechtliche Verantwortlichkeit; **~ to sue and to be sued** Prozeßfähigkeit. **II** *adj* **10.** maxi'mal, Höchst...: **~ business** Rekordgeschäft *n.* **11. ~ audience** *thea. etc* (bis auf den letzten Platz) ausverkauftes Haus; **~ crowd** *sport* ausverkauftes Stadion. **12.** *electr.* kapazi'tiv.
cap-a-pie, cap-à-pie [,kæpə'piː] *adv* von Kopf bis Fuß.
ca·par·i·son [kə'pærɪsn] **I** *s* **1.** Scha'bracke *f (verzierte Pferdedecke).* **2.** Aufputz *m,* reicher Schmuck. **3.** e-e Scha'bracke breiten über (*acc*). **4.** j-n her'ausputzen. **5.** *fig.* s-e Gedanken *etc* kleiden (**in** in *acc*).
cape¹ [keɪp] *s* Cape *n,* 'Umhang *m.*
cape² [keɪp] *s* Kap *n,* Vorgebirge *n*: **the C~** das Kap der Guten Hoffnung; **C~ doctor** starker Südostwind (*in Südafrika*); **C~ Dutch** *ling.* Kapholländisch *n*; **C~ wine** Kapwein *m.*
ca·per¹ ['keɪpə(r)] **I** *s* **1.** Kapri'ole *f*: a) Freuden-, Luftsprung *m*: **to cut ~s** → 4, b) *fig.* 'übermütiger Streich. **2.** *sl.* a) 'Ding' *n (Verbrechen),* b) Gaune'rei *f.* **3.** *sl.* 'Ding' *n,* Sache *f.* **II** *v/i* **4.** a) Freudenod. Luftsprünge machen, b) her'umtollen, -hüpfen.
ca·per² ['keɪpə(r)] *s* **1.** *bot.* Kapernstrauch *m.* **2.** Kaper *f (Gewürz)*: **~ sauce** Kapernsoße *f.*
cap·er·cail·lie [,kæpə(r)'keɪlɪ; -ljɪ], **,cap·er'cail·zie** [-'keɪlɪ; -lzɪ] *s orn.* (Großer) Auerhahn.
cap·ful ['kæpfʊl] *s* (*e-e*) Mützevoll: **a ~ of wind)** *mar.* Wind *m* von kurzer Dauer, e-e 'Mütze Wind'.
ca·pi·as ['keɪpɪæs; -əs] *s a.* **writ of ~** *jur.* Haftbefehl *m* (*bes. im Vollstreckungsverfahren*).
cap·il·lar·i·ty [,kæpɪ'lærətɪ] *s phys.* Kapillari'tät *f.* **cap·il·lar·y** [kə'pɪlərɪ; *Am.* 'kæpəleri:] **I** *adj* **1.** haarförmig, -fein, kapil'lar: **~ vessel** → 4. **2.** haarähnlich, Haar... **3.** *phys.* Kapillar...: **~ action** Kapillareffekt *m*; **~ attraction** → capillarity. **II** *s* **4.** *anat.* Haar-, Kapil'largefäß *n.*
cap·i·tal¹ ['kæpɪtl] *s arch.* Kapi'tell *n.*
cap·i·tal² ['kæpɪtl] **I** *s* **1.** Hauptstadt *f.* **2.** Großbuchstabe *m*: **to write a word with a ~** ein Wort groß (*mit großem Anfangsbuchstaben*) schreiben; **to write a word in ~s** ein Wort groß (*in Großbuchstaben*) schreiben. **3.** *econ.* Kapi'tal *n,* Vermögen *n*: **~ invested** → Anlagekapital. **4.** *econ.* Reinvermögen *n.* **5.** *oft* **C~** *sociol.* Kapi'tal *n,* Unter'nehmer(tum *n*) *pl*: **C~ and Labo(u)r** Kapital u. Arbeit. **6.** Vorteil *m,* Nutzen *m*: **to make ~ (out) of s.th.** aus etwas Kapital schlagen, Nutzen ziehen. **II** *adj* **7.** *jur.* a) kapi'tal: **~ crime** Kapitalverbrechen *n,* by Tod(es)...: **~ punishment** Todesstrafe *f*; → **sin** 1. **8.** größt(er, e, es), höchst(er, e, es), äußerst(er, e, es): **of ~ importance 9.** Haupt..., wichtigst(er, e, es): **~ city** Hauptstadt *f.* **10.** verhängnisvoll: **a ~ error** ein Kapitalfehler. **11.** großartig, ausgezeichnet, fabelhaft: **a ~ fellow** ein famoser Kerl; **a ~ joke** ein Mordsspaß. **12.** groß (geschrieben): **~ letter** → 2; **~ B**

capital account – caravansary

großes B; he is mean with a ~ M er ist ein furchtbarer Geizhals; it was murder with a ~ M es war hundertprozentig Mord.
cap·i·tal| ac·count s econ. **1.** Kapitalkonto n. **2.** Kapitalaufstellung f (e-s Unternehmens). **~ as·sets** s pl econ. **1.** Kapitalvermögen n. **2.** Bilanz: Anlagevermögen n. **~ ex·pend·i·ture** s econ. Investitionsaufwand m, -ausgaben pl. **~ flight** s econ. Kapitalflucht f. **~ gain** s econ. (Kapital)Veräußerungsgewinn m. **~ goods** s pl econ. Investitionsgüter pl. **'~-in₁ten·sive** adj econ. kapital₁talintenˌsiv. **~ in·vest·ment** s **1.** Kapitalanlage f, Investitionen pl. **2.** langfristig angelegtes Kapital.
cap·i·tal·ism [ˈkæpɪtəlɪzəm] s Kapitalismus m. **'cap·i·tal·ist I** s Kapitalist m (a. contp.). **II** adj kapitalistisch. **ˌcap·i·talˈis·tic** adj (adv ~ally) kapitalistisch.
cap·i·tal·i·za·tion [ˌkæpɪtəlaɪˈzeɪʃn; Am. -ləˈz-] s **1.** econ. Kapitalisation f, Errechnung f des Kapitalbetrages aus den Zinsen. **2.** econ. Kapitalisierung f (e-r Gesellschaft). **3.** Großschreibung f.
cap·i·tal·ize [ˈkæpɪtəlaɪz] **I** v/t **1.** econ. a) kapitalisieren, den Kapitalbetrag (gen) errechnen, b) zum Vermögen schlagen, c) e-e Gesellschaft kapitalisieren, mit Kapital ausstatten. **2.** groß schreiben: a) mit großem Anfangsbuchstaben schreiben, b) mit Großbuchstaben schreiben. **II** v/i **3.** Kapital anhäufen. **4.** econ. e-n Kapitalwert haben (at von). **5. ~ on** Kapital schlagen od. Nutzen ziehen aus.
cap·i·tal| lev·y s econ. Vermögens-, Kapitalabgabe f. **~ loss** s econ. (Kapital)Veräußerungsverlust m. **~ mar·ket** s econ. Kapitalmarkt m. **~ re·turns tax** s econ. Kapitalertragssteuer f. **~ ship** s mar. mil. Großkampfschiff n. **~ stock** s econ. bes. Am. ˈAktienkapital n. **~ trans·fer tax** s econ. Br. Schenkungs- u. Erbschaftssteuer f.
cap·i·ta·tion [ˌkæpɪˈteɪʃn] s **1.** Kopfzählung f. **2.** a. **~ tax** Kopfsteuer f. **3.** Zahlung f pro Kopf.
Cap·i·tol [ˈkæpɪtl] s Kapitol n: a) antiq. im alten Rom, b) Kongreßhaus in Washington, a. einzelstaatliches Regierungsgebäude.
ca·pit·u·lar [kəˈpɪtjʊlə; Am. -tʃələr] relig. **I** adj kapitular, zu e-m Kapitel gehörig. **II** s Kapitular m, Dom-, Stiftsherr m.
ca·pit·u·late [kəˈpɪtjʊleɪt; Am. -tʃə-] v/i mil. (to) kapitulieren, die Waffen strecken (vor) (beide a. fig.), sich ergeben (dat). **caˌpit·uˈla·tion** s **1.** mil. a) Kapitulation f, ˈÜbergabe f, b) Kapitulationsurkunde f. **2.** hist. Kapitulation f (Vertrag über Exterritorialitätsrechte).
ca·pon [ˈkeɪpən; Am. a. -ˌpɒn] s Kapaun m. **ca·pon·ize** [ˈkeɪpənaɪz] v/t kapaunen, kaˈstrieren.
cap·o·ral [ˌkæpəˈrɑː; Am. -ˈræl; ˈkæprəl] s (ein) grober Tabak.
capped [kæpt] adj mit e-r Kappe od. Mütze (bedeckt): **~ and gowned** univ. in vollem Ornat.
cap·per [ˈkæpə(r)] s Am. sl. **1.** Ende n (for, to von od. gen). **2.** Höhepunkt m (for, to gen).
cap·puc·ci·no [ˌkæpʊˈtʃiːnəʊ] pl **-nos** s Cappucˈcino m.
cap·ric ac·id [ˈkæprɪk] s chem. Caˈprin-, Kaˈprinsäure f.
ca·pric·ci·o [kəˈprɪtʃɪəʊ; -tʃəʊ] pl **-ci·os**, a. **-ci** [-tʃiː] s **1.** mus. Caˈpriccio n. **2.** (ˈübermütiger) Streich. **3.** → caprice **1.** **ca·pric·ci·o·so** [kəˌprɪtʃɪˈəʊzəʊ; -səʊ] adj u. adv mus. capricˈcioso, kapriziˈös.
ca·price [kəˈpriːs] s **1.** mus. Caˈprice f.

2. Laune f, launischer Einfall, Kaˈprice f. **3.** Launenhaftigkeit f. **ca·pri·cious** [kəˈprɪʃəs] adj (adv ~ly) launenhaft, launisch, kapriziˈös. **caˈpri·cious·ness** s Launenhaftigkeit f.
Cap·ri·corn [ˈkæprɪkɔː(r)n] s astr. Steinbock m (Sternbild u. Tierkreiszeichen): to be (a) **~** Steinbock sein; → tropic 1.
ca·prine [ˈkæpraɪn] adj zo. ziegenähnlich, Ziegen...
ca·pri·ole [ˈkæprɪəʊl] (Hohe Schule) **I** s Kapriˈole f. **II** v/i e-e Kapriˈole machen.
ca·pro·ic ac·id [kəˈprəʊɪk] s chem. Caˈpron-, Kaˈpronsäure f.
ca·pryl·ic ac·id [kəˈprɪlɪk] s chem. Caˈpryl-, Kaˈprylsäure f.
cap·si·cum [ˈkæpsɪkəm] s **1.** bot. Spanischer Pfeffer. **2.** Kapsikum n, spanischer Pfeffer (Gewürz).
cap·size [kæpˈsaɪz; Am. a. ˈ-ˌsaɪz] mar. **I** v/i kentern, ˈumschlagen. **II** v/t zum Kentern bringen.
cap·stan [ˈkæpstən] s **1.** tech. a) Winde f mit senkrechter Welle, Spill n, b) Bergbau: Schachtwinde f, c) Tonrolle f, -welle f (e-s Tonbandgeräts etc): **~ idler** Andruckrolle f. **2.** mar. (Gang)Spill n, Ankerwinde f. **~ en·gine** s mar. ˈAnkerˌlichtmaˌschine f. **~ lathe** s tech. ˈSattelreˌvolverˌdrehmaˌschine f.
'cap·stone s arch. (Ab)Deckstein m, Schlußstein m (a. fig.), Mauerkappe f.
cap·su·lar [ˈkæpsjʊlə; Am. -sələr] adj kapselförmig, Kapsel... **'cap·su·lat·ed** [-leɪt], **'cap·su·lat·ed** [-leɪtɪd] adj eingekapselt, verkapselt.
cap·sule [ˈkæpsjuːl; Am. -səl; -suːl] **I** s **1.** anat. Kapsel f, Hülle f, Schale f: articular **~** Gelenkkapsel f. **2.** bot. a) Kapselfrucht f, b) Sporenkapsel f. **3.** pharm. (Arznei-)Kapsel f. **4.** (Meˈtall)Kapsel f (als Flaschenverschluß). **5.** (Raum)Kapsel f. **6.** fig. kurze ˈÜbersicht, ˈÜberblick m: **~ of history** geschichtlicher Überblick. **7.** chem. Abdampfschale f, -tiegel m. **II** v/t **8.** ein-, verkapseln. **9.** fig. kurz umˈreißen. **III** adj **10.** kurz, Kurz...: **~ biography**. **'cap·sul·ize** → capsule II.
cap·tain [ˈkæptɪn] **I** s **1.** (An)Führer m, Oberhaupt n: **~ of industry** Industriekapitän m. **2.** mil. a) Hauptmann m, b) hist. Rittmeister m (der Kavallerie). **3.** mar. a) Kapiˈtän m, Komˈmandant m, b) mil. Kapiˈtän m zur See, c) ˈUnteroffiˌzier m mit den besonderen Aufgaben: **~ of the gun** Geschützführer m. **4.** sport (ˈMannschafts)Kapiˈtän m, Mannschaftsführer m. **5.** Bergbau: bes. Br. Obersteiger m. **6.** aer. (ˈFlug)Kapiˈtän m. **7.** Am. Poliˈzeihauptmann m. **8.** Am. a) Oberkellner m, b) → bell captain. **II** v/t **9.** Kapiˈtän (gen) sein, Schiff a. befehligen.
cap·tain·cy [ˈkæptɪnsɪ], **'cap·tain·ship** s **1.** mar. mil. Stelle f od. Rang m e-s Hauptmanns od. Kapiˈtäns etc. **2.** miliˈtärisches Geschick.
cap·ta·tion [kæpˈteɪʃn] s Streben n nach Beifall od. Gunst.
cap·tion [ˈkæpʃn] **I** s **1.** a) ˈÜberschrift f, Titel m, Kopf m: **~ of an article**, b) ˈBildˌunterschrift f, -text m, c) ˈUntertitel m (Film). **2.** jur. a) Präˈambel f: **~ of a document**, b) Rubrum n (Bezeichnung der Prozeßparteien u. des Gerichts), c) Spalte f, Ruˈbrik f. **3.** obs. Wegnahme f. **II** v/t **4.** mit e-r ˈÜberschrift etc versehen; Film unterˈtiteln.
cap·tious [ˈkæpʃəs] adj (adv ~ly) **1.** verfänglich: **a ~ question**. **2.** spitzfindig, peˈdantisch, krittelig: **a ~ critic**. **'cap·tious·ness** s **1.** Verfänglichkeit f. **2.** Spitzfindigkeit f, Pedanterie f.
cap·ti·vate [ˈkæptɪveɪt] v/t fig. gefangennehmen, fesseln, für sich einnehmen,

bestricken, bezaubern: to be **~d with** s.th. von etwas eingenommen sein. **'cap·ti·vat·ing** adj (adv ~ly) fesselnd, bezaubernd, einnehmend. **ˌcap·ti·vaˈtion** s Bezauberung f.
cap·tive [ˈkæptɪv] **I** adj **1.** gefangen, in Gefangenschaft: **~ knights**, **~ animals**; to hold **~** gefangenhalten (a. fig.); to take **~** gefangennehmen (a. fig.). **2.** festgehalten: **~ audience** (bes. Rundfunk, TV) unfreiwilliges Publikum; **~ balloon** Fesselballon m. **3.** Gefangenen... **4.** fig. gefangen, gefesselt (to von). **5.** tech. unverlierbar: **~ screw**. **6.** econ. Am. für den Eigenbedarf (nicht für den Markt) bestimmt. **II** s **7.** Gefangene(r m) f. **8.** fig. Gefangene(r m) f, Sklave m (to, of gen).
cap·tiv·i·ty [kæpˈtɪvɪtɪ] s **1.** Gefangenschaft f. **2.** fig. Unterˈdrückung f (by durch).
cap·tor [ˈkæptə(r)] s **1.** j-d, der Gefangene macht: **his ~** der ihn gefangennahm. **2.** mar. Kaper m, Aufbringer m (e-s Schiffes).
cap·ture [ˈkæptʃə(r)] **I** v/t **1.** fangen, gefangennehmen. **2.** mil. a) erobern, b) erbeuten: **~d property** Beute f. **3.** mar. kapern, aufbringen. **4.** fig. erobern: a) Macht etc an sich reißen, b) erlangen, gewinnen: to **~ a prize**, c) gewinnen, fesseln, für sich einnehmen. **5.** fig. e-e Stimmung, a. phys. Neutronen einfangen: to **~ a mood**. **II** s **6.** Gefangennahme f. **7.** mil. a) Einnahme f, Eroberung f, b) Erbeutung f. **8.** mar. a) Kapern n, Aufbringen n, b) Beute f, Prise f. **9.** fig. Eroberung f.
cap·u·chin [ˈkæpjʊʃɪn; -jɒtʃɪn; Am. a. ˈkæpəʃən] s **1.** C~ relig. Kapuˈziner (-mönch) m. **2.** Kaˈpuze f. **3.** (ˈDamen-)ˌUmhang m mit Kaˈpuze. **4.** a) a. **~ monkey** zo. Kapuˈzineraffe m, b) orn. (e-e) Lockentaube.
car [kɑː(r)] s **1.** Auto n, Wagen m: **by~** mit dem (od. im) Auto. **2.** rail. Am. allg. Wagen m, Wagˈgon m, Br. (nur in Zssgn) Perˈsonenwagen m: → **dining car**, etc. **3.** (Straßenbahn- etc)Wagen m. **4.** Gondel f (e-s Ballons etc). **5.** Kaˈbine f (e-s Aufzugs). **6.** poet. (Kriegs-, Triˈumph-)Wagen m.
car·a·ba·o [ˌkærəˈbeɪəʊ; Am. -ˈbɑːəʊ] pl **-os** → buffalo 1 a.
car·a·bin [ˈkærəbɪn], **'car·a·bine** [-baɪn; Am. -biːn] → carbine.
car·a·bi·neer, car·a·bi·nier [ˌkærəbɪˈnɪə(r)] → carbineer.
car·a·cal [ˈkærəkæl] s zo. Karaˈkal m, Wüstenluchs m.
car·a·col [ˈkærəkɒl; Am. -ˌkɑl], **'car·a·cole** [-kəʊl] **I** s **1.** Dressurreiten: Karaˈkole f, halbe Wendung. **2.** arch. Wendeltreppe f. **II** v/i **3.** Dressurreiten: karakoˈlieren.
ca·rafe [kəˈræf; kəˈrɑːf] s Kaˈraffe f.
car·a·mel [ˈkærəmel; -məl] s **1.** Karaˈmel m, gebrannter Zucker. **2.** Karaˈmelle f, ˈSahnebonˌbon m, n.
car·a·pace [ˈkærəpeɪs] s zo. Schale f, Rückenschild m (der Schildkröte etc).
car·at [ˈkærət] s Kaˈrat n: a) Juwelen- u. Perlengewicht (= 200 mg), b) Goldfeingehalt: **18-~ gold** 18karätiges Gold.
car·a·van [ˈkærəvæn] **I** s **1.** Karaˈwane f (a. fig.). **2.** a) Wohnwagen m (von Schaustellern etc), b) Br. Caravan m, Wohnwagen m, Wohnanhänger m: **~ site** (od. **park**) Platz m für Wohnwagen. **II** v/i pret u. pp **-vaned**, bes. Br. **-vanned 3.** in e-r Karaˈwane reisen od. ziehen. **4.** im Wohnwagen (Br. a. im Caravan) reisen.
ˌcar·a·vanˈeer [-ˈnɪə(r)] → **caravan-(n)er 1**. **ˌcar·a·ˈvan(n)er** s **1.** Reisende(r) m in e-r Karaˈwane. **2.** Br. Caravaner m. **carˈa·vanˌsa·ry** [-səri], a.

caravanserai – cardinalate

ˌcar·a'van·se·rai [-raɪ] s **1.** Karawan·seˈrei f. **2.** großes Gasthaus.
car·a·vel [ˈkærəvel] s mar. Karaˈvelle f.
car·a·way [ˈkærəweɪ] s bot. Kümmel m (a. Gewürz). ~ seeds s pl Kümmelsamen pl, -körner pl.
car·bam·ic ac·id [kɑː(r)ˈbæmɪk] s chem. Carbaˈmid-, Karbaˈmidsäure f.
car·bam·ide [ˈkɑː(r)bəmaɪd; kɑː(r)-ˈbæmaɪd] s chem. Carbaˈmid n, Karbaˈmid n, Harnstoff m.
car·bide [ˈkɑː(r)baɪd] s chem. Karˈbid n.
car·bine [ˈkɑː(r)baɪn; Am. a. -ˌbiːn] s mil. Karaˈbiner m. ˌcar·biˈneer, ˌcar·biˈnier [-bɪˈnɪə(r)] s mil. Karabiniˈer m.
car bod·y s tech. Karosseˈrie f.
car·bo·hy·drate [ˌkɑː(r)bəʊˈhaɪdreɪt; -drɪt] s chem. ˈKohle(n)hyˌdrat n.
car·bol·ic ac·id [kɑː(r)ˈbɒlɪk; Am. -ˈbɑ-] s chem. Karˈbol(säure f) n, Pheˈnol n.
car·bo·lize [ˈkɑː(r)bəlaɪz] v/t chem. mit Karˈbolsäure behandeln od. tränken.
car bomb s Autobombe f.
car·bon [ˈkɑː(r)bən] s **1.** chem. Kohlenstoff m. **2.** electr. ˈKohle(elekˌtrode) f. **3.** a) ˈKohlepaˌpier n, b) ˈDurchschlag m, Koˈpie f.
car·bo·na·ceous [ˌkɑː(r)bəʊˈneɪʃəs] adj **1.** chem. kohlenstoffhaltig, -artig. **2.** geol. kohlenhaltig. **3.** kohleartig.
car·bo·na·do [ˌkɑː(r)bəˈneɪdəʊ; -ˈnɑː-] pl **-dos,** **-does** s Karboˈnado m (grauschwarze Diamantenabart).
car·bon·ate [ˈkɑː(r)bənɪt; -bəneɪt] chem. **I** s **1.** Karboˈnat n, kohlensaures Salz: ~ of lime Kalziumkarbonat, Kreide f, Kalkstein m; ~ of soda Natriumkarbonat, kohlensaures Natron, Soda n. **II** v/t [-neɪt] **2.** mit Kohlensäure od. Kohlenˈdioˌxyd behandeln od. sättigen od. verbinden; ~d water kohlensäurehaltiges Wasser, Sodawasser n. **3.** karboniˈsieren, in Karboˈnat ˈumwandeln.
car·bon| black s Kohlenschwarz n, (Lampen)Ruß m. ~ brush s electr. Kohlebürste f, Schleifkohle f. ~ but·ton s electr. Mikroˈphonkapsel f. ~ cop·y s **1.** → carbon 3b. **2.** fig. Ebenbild n. ~ dat·ing s Radiokarˈbonmeˌthode f, ˈC-14-Meˌthode f (zur Altersbestimmung organischer Reste). ~ di·ox·ide s chem. Kohlenˈdioˌxyd n, Kohlensäure f. ˈ~-diˌox·ide snow s tech. Kohlensäureschnee m, Trockeneis n. ~ di·sul·fide, ~ di·sul·phide s chem. Schwefelkohlenstoff m. ~ dust s electr. Kohlenstaub m. ˈ~-dust mi·cro·phone s electr. ˈKohlenstaubmikroˌphon n. ˈ~-ˈ14 dat·ing → carbon dating.
car·bon·ic [kɑː(r)ˈbɒnɪk; Am. -ˈbɑ-] adj **1.** chem. kohlenstoffhaltig: ~ acid Kohlensäure f. **2.** Kohlen... **3.** C~ → carboniferous 2b.
car·bon·ic-|-ˈac·id gas → carbon dioxide. ~ ox·ide s chem. Kohlenˈmonoˌxyd n.
car·bon·if·er·ous [ˌkɑː(r)bəˈnɪfərəs] **I** adj **1.** a) chem. kohlenstoffhaltig, b) kohlehaltig, kohlig. **2.** geol. a) kohleführend, -haltig, b) C~ das Karˈbon betreffend, Karbon... **II** s **3.** C~ geol. a) Karˈbon n, b) Karˈbon n u. Perm n.
car·bon·i·za·tion [ˌkɑː(r)bənaɪˈzeɪʃn; Am. -nəˈz-] s **1.** Verkohlung f. **2.** chem. tech. Karbonisatiˈon f, Durchˈtränkung f od. Verbindung f mit Kohlenstoff. **3.** tech. Verkokung f, Verschwelung f. ~ plant Kokerei f. **4.** Wollverarbeitung: Karbonisatiˈon f. **5.** geol. Inkohlung f.
car·bon·ize [ˈkɑː(r)bənaɪz] v/t **1.** verkohlen. **2.** chem. tech. karboniˈsieren. **3.** tech. verkoken, verschwelen. **4.** Wolle karboniˈsieren, aus-, entkohlen. **II** v/i **5.** verkohlen: to ~ at low temperature schwelen.

car·bon| lamp s tech. Kohle(n)fadenlampe f. ~ mi·cro·phone s electr. ˈKohlemikroˌphon n. ~ mon·ox·ide s chem. Kohlenˈmonoˌxyd n. ~ pa·per s **1.** ˈKohlepaˌpier n. **2.** phot. Pigˈmentpaˌpier n. ~ print s print. Kohle-, Pigˈmentdruck m. ~ pro·cess s phot. Pigˈmentdruck(verfahren n) m. ~ steel s metall. Kohlenstoff-, Flußstahl m. ~ tet·ra·chlo·ride s chem. Tetraˈchlorkohlenstoff m. ~ tis·sue → carbon paper 2. ~ trans·mit·ter → carbon microphone.
car·bon·yl [ˈkɑː(r)bənɪl; Br. a. -naɪl] s chem. Karboˈnyl n.
ˈcar·borne adj **1.** im Auto mitgeführt (Gegenstand). **2.** to be ~ das Auto benutzen, mit dem Auto fahren.
car·bo·run·dum [ˌkɑː(r)bəˈrʌndəm] s tech. Karboˈrundum n (Schleifmittel).
car·boy [ˈkɑː(r)bɔɪ] s Korbflasche f, (ˈGlas)Balˌlon m (bes. für Säuren).
car·bun·cle [ˈkɑː(r)bʌŋkl] s **1.** med. Karˈbunkel m. **2.** a) rund geschliffener Graˈnat, b) obs. Karˈfunkel(stein) m.
car·bu·ra·tion [ˌkɑː(r)bjʊˈreɪʃn; -bəˈr-] → carburetion.
car·bu·ret [ˈkɑː(r)bjʊret; -bəret; Am. a. -ˌreɪt] **I** s **1.** chem. obs. Karˈbid n. **II** v/t pret u. pp **-ret·ed,** bes. Br. **-ret·ted** **2.** chem. mit Kohlenstoff verbinden. **3.** tech. karbuˈrieren. **car·bu·ret·er, car·bu·ret·or,** bes. Br. **car·bu·ret·tor** [kɑːbjʊˈretə; -bəˈr-; Am. ˈkɑːrbəˌreɪtər; -bjə-] s tech. **1.** Vergaser m. **2.** Karbuˈrator m. ~ float s tech. Vergaserschwimmer m. ~ jet s tech. Vergaserdüse f. ~ nee·dle s tech. Schwimmernadel f.
car·bu·ret·ter, car·bu·ret·tor bes. Br. für carbureter, carburetor.
car·bu·rize [ˈkɑː(r)bjʊraɪz; -bər-] v/t **1.** → carburet II/2. **2.** einsatzˈhärten: ~d steel einsatzgehärteter Stahl.
car·ca·jou [ˈkɑː(r)kədʒuː; -ʒuː] s zo. Amer. Vielfraß m.
car·ca·net [ˈkɑː(r)kənet; -nɪt] s obs. goldenes od. juˈwelenbesetztes Halsband etc.
car·case, car·cass [ˈkɑː(r)kəs] s **1.** Kaˈdaver m, Aas n, (Tier-, contp. Menschen)Leiche f. **2.** humor. „Leichnam" m (Körper). **3.** Rumpf m (e-s ausgeweideten Tieres): ~ meat frisches (Ggs. konserviertes) Fleisch. **4.** Trümmer pl, Wrack n. **5.** Gerippe n, Skeˈlett n: the ~ of a ship. **6.** Geˈbäudekörper m, -skeˌlett n. **7.** tech. Karˈkasse f (e-s Reifens). **8.** mil. hist. Karˈkasse f, ˈBrandgraˌnate f.
car| cem·e·ter·y s Autofriedhof m. ~ chase s Verfolgungsjagd f im Auto.
car·cin·o·gen [kɑː(r)ˈsɪnədʒən; ˈkɑː(r)sɪnədʒen] s med. Karzinoˈgen n, Kanzeroˈgen n. ˌcar·ci·noˈgen·ic [-ˈdʒenɪk] adj med. karzinoˈgen, kanzeroˈgen, krebserzeugend. ˌcar·ciˈnol·o·gy [-ˈnɒlədʒɪ; Am. -ˈnɑ-] s Karzinoloˈgie f: a) med. Lehre von den Krebserkrankungen, b) zo. Lehre von den Krebsen. car·ci·no·ma [ˌkɑː(r)sɪˈnəʊmə] pl **-ma·ta** [-mətə] od. **-mas** s med. Karzinˈom n, Krebsgeschwulst f. ˈcar·ciˌno·maˈto·sis [-ˈtəʊsɪs], ˌcar·ciˈno·sis [-ˈnəʊsɪs] s med. Karziˈnose f (über den ganzen Körper verbreitete Krebsgeschwülste).
car coat s Autocoat m.
card[1] [kɑː(r)d] s **1.** a) (Spiel)Karte f: house of ~s Kartenhaus n (a. fig.); a safe ~ fig. e-e sichere Karte, ein sicheres Mittel; he is a safe ~ auf ihn kann man sich verlassen; it is quite on (Am. a. in) the ~s fig. es ist durchaus möglich od. ˌdrin'; he has a ~ up his sleeve fig. er hat

(noch) e-n Trumpf in der Hand; he holds all the ~s fig. er hat alle Trümpfe in der Hand; to lay (od. place, put) one's ~s on the table s-e Karten auf den Tisch legen (a. fig.); to play one's ~s well (od. right) fig. geschickt vorgehen; to play one's best ~ fig. s-n Trumpf ausspielen; to play one's last ~ fig. die letzte Karte ausspielen; to show one's ~s s-e Karten aufdecken (a. fig.); to throw up the ~s fig. aufgeben, sich geschlagen geben, b) pl (a. als sg konstruiert) Kartenspiel n: at ~s beim Kartenspiel. **2.** (Post)Karte f. **3.** (Geschäfts-, Viˈsiten-, Speise-, Wein-, Hochzeits-, Einladungs- etc)Karte f: to go through the (whole) ~ fig. alle Möglichkeiten in Betracht ziehen od. durchspielen. **4.** tech. (Loch)Karte f. **5.** Mitgliedskarte f. **6.** pl (ˈArbeits)Paˌpiere pl: to get one's ~s entlassen werden. **7.** (Eintritts)Karte f. **8.** sport Proˈgramm n. **9.** Windrose f (e-s Kompasses): by the ~ fig. präzise. **10.** colloq. Spaßvogel m, Witzbold m.
card[2] [kɑː(r)d] tech. **I** s **1.** Karˈdätsche f, Wollkratze f, Krempel f, Karde f. **2.** ˈKrempelmaˌschine f. **II** v/t **3.** Wolle karˈdätschen, krempeln: ~ed yarn Streichgarn n.
car·dam·i·ne [kɑː(r)ˈdæmɪnɪ] s bot. Schaumkraut n.
Car·dan| joint [ˈkɑː(r)dæn] s tech. Karˈdan-, Kreuzgelenk n. ~ shaft s tech. Karˈdan-, Gelenkwelle f.
ˈcard|·board s **1.** Karˈton(paˌpier n) m, Pappe f, Papp(en)deckel m. **II** adj **2.** Papp...: ~ box Pappschachtel f, -karton m. **3.** fig. subˈstanzlos: a ~ smile ein nichtssagendes Lächeln; a ~ general ein blasser od. farbloser General. ˈ~-ˌcar·ry·ing adj **1.** eingetragen: a ~ member. **2.** typisch: a ~ representative of modern art. ~ cat·a·log(ue) s ˈZettelkataˌlog m, Kartoˈthek f, Karˈtei f. ~ cloth, ~ cloth·ing s tech. Kratzenleder n, -tuch n. ˈ~-conˌtrolled cal·cu·la·tor s tech. (loch)kartengesteuerte ˈRechenmaˌschine f.
card·er [ˈkɑː(r)də(r)] s tech. **1.** Krempler m, Wollkämmer m. **2.** ˈKrempelmaˌschine f.
card| file → card catalog(ue). ~ game s Kartenspiel n.
car·di·a [ˈkɑː(r)dɪə] s anat. **1.** Kardia f, Magenmund m. **2.** Magengrund m.
car·di·ac [ˈkɑː(r)dɪæk] **I** adj **1.** anat. med. physiol. Herz...: ~ asthma (death, massage, pacemaker, etc). **2.** anat. die Kardia od. den Magengrund betreffend. **II** s **3.** med. pharm. Herzmittel n. **4.** med. ˈHerzpatiˌent m. ~ ac·tiv·i·ty s physiol. Herztätigkeit f. ~ ar·rest s med. Herzstillstand m. ~ in·farct, ~ in·farc·tion s med. ˈHerzinˌfarkt m. ~ mur·mur s med. Herzgeräusch n. ~ or·i·fice s anat. Magenmund m. ~ valve s anat. Herzklappe f.
car·di·al·gia [ˌkɑː(r)dɪˈældʒə; -dʒɪə] s med. **1.** Kardialˈgie f, Herzschmerzen pl. **2.** Sodbrennen n.
car·di·gan [ˈkɑː(r)dɪɡən] s Strickjacke f.
car·di·nal [ˈkɑː(r)dɪnl] **I** adj (adv ~ly) **1.** grundsätzlich, hauptsächlich, Grund..., Haupt..., Kardinal...: of importance von grundsätzlicher Bedeutung; ~ number, ~ numeral → 7; ~ points geogr. (die) vier (Haupt)Himmelsrichtungen; ~ signs astr. (die) Hauptzeichen im Tierkreis; ~ virtues Kardinaltugenden; ~ humor 6. **2.** R.C. Kardinals... **3.** scharlachrot: ~ flower bot. Kardinalsblume f. **II** s **4.** R.C. Karˈdiˌnal m. **5.** a. ~ bird orn. Kardiˈnal(vogel) m. **6.** Scharlachrot n. **7.** Kardiˈnal-, Grundzahl f. ˈcar·di·nalˌate [-nlət;

-nleɪt], **'car·di·nal·ship** s R.C. **1.** Kardi'nalswürde f. **2.** collect. Kardi'nalskollegium n.
card| in·dex → card catalog(ue). **'~-ˌin·dex** v/t **1.** e-e Kar'tei anlegen von, verzetteln. **2.** in e-e Kar'tei eintragen.
card·ing ['kɑː(r)dɪŋ] s tech. Krempeln n, Kar'dätschen n. **~ ma·chine** s tech. 'Krempelmaˌschine f.
car·di·o·gram ['kɑː(r)dɪəʊɡræm] s med. Kardio'gramm n. **'car·di·o·graph** [-grɑːf; bes. Am. -ˌgræf] s med. Kardio'graph m (Apparat).
car·di·oid ['kɑː(r)dɪɔɪd] **I** s math. Kardio'ide f, Herzkurve f. **II** adj herzförmig.
car·di·ol·o·gy [ˌkɑː(r)dɪ'ɒlədʒɪ; Am. -'ɑl-] s med. Kardiolo'gie f, Herz(heil)kunde f.
car·di·tis [kɑː(r)'daɪtɪs] s med. Kar'ditis f, Herzentzündung f.
card| punch s **1.** Computer: (Loch)Kartenstanzer m. **2.** (manueller) Kartenlocher. **~ read·er** s Computer: (Loch)Kartenleser m. **~ room** s Kartenspielzimmer n. **'~ˌsharp, ~ˌsharp·er** s Falschspieler m. **~ trick** s Kartenkunststück n. **~ vote** s Br. (meist gewerkschaftliche) Abstimmung durch Wahlmänner.
care [keə(r)] **I** s **1.** Sorge f, Besorgnis f, Kummer m: **to be free from ~(s)** keine Sorgen haben; **without a ~ in the world** völlig sorgenfrei. **2.** Sorge f, Achtsamkeit f, Aufmerksamkeit f, Vorsicht f: **my first ~ was for** m-e erste Sorge galt (dat); **ordinary ~** jur. verkehrsübliche Sorgfalt; **with due ~** mit der erforderlichen Sorgfalt; **to bestow great ~ (up)on** große Sorgfalt verwenden auf (acc); **have a ~!** Br. colloq. paß (doch) auf!; **to take ~** a) vorsichtig sein, aufpassen, b) sich Mühe geben, c) darauf achten od. nicht vergessen (to do zu tun; that daß); **take ~!** colloq. mach's gut!; **to take ~ not to do s.th.** sich hüten, etwas zu tun; **take ~ not to drop it!** paß auf, daß du es nicht fallen läßt!, laß es ja nicht fallen! **3.** a) Obhut f, Schutz m, Fürsorge f, Betreuung f, (Kinder- etc, a. Körperetc)Pflege f: **to take ~ of** aufpassen auf (acc); **that takes ~ of that!** das wäre (damit) erledigt!; **that will take ~ of itself** das erledigt sich von selbst; **that took ~ of him** damit ‚hatte er sein Fett weg', b) Aufsicht f, Leitung f: **~ and custody** (od. control) jur. Sorgerecht n (to the person of f-n). **4.** a) Pflicht f: **his special ~s**, b) → charge 29 a u. b.
II v/i u. v/t **5.** sich sorgen (**about** über acc, um). **6. ~ for** sorgen für, sich kümmern um, betreuen, pflegen: (well) **~d-for** (gut)gepflegt; **easy to ~ for** pflegeleicht; **more than I ~d for** mehr als mir lieb war. **7.** (for) Inter'esse haben (für), (j-n, etwas) gern haben od. mögen: **he doesn't ~ for her** er macht sich nichts aus ihr, er mag sie nicht; **he ~s for it** die Sache liegt ihm sehr am Herzen. **8. ~ for** (meist neg od. interrog) sich etwas machen aus: **I don't ~ for whisky** ich mache mir nichts aus Whisky; **he's a great deal** es ist ihm sehr daran gelegen, es macht ihm schon etwas aus; **she doesn't really ~** in Wirklichkeit liegt ihr nicht viel daran; **I don't ~ a button** (od. damn, fig, pin, straw), **I couldn't ~ less,** Am. colloq. **I could ~ less** das ist mir völlig gleich(gültig) od. egal od. ‚schnuppe' od. ‚Wurst'; **who ~s?** was macht das schon (aus)?, na und?, von mir aus?; **for all I ~** meinetwegen, von mir aus; **for all you ~** wenn es nach dir ginge. **9.** (neg od. interrog) Lust haben, es gern haben od. tun od. sehen: **would you ~ for a drink?** möchtest du etwas zu trinken?; **I don't ~ to do it now** ich habe keine Lust, es jetzt zu tun; **I don't ~ to be seen with you** ich lege keinen Wert darauf, mit dir gesehen zu werden. **10.** (neg od. konditional) etwas da'gegen haben: **we don't ~ if you stay here** wir haben nichts dagegen od. es macht uns nichts aus, wenn du hierbleibst; **I don't ~ if I do!** colloq. von mir aus!

ca·reen [kə'riːn] **I** v/t **1.** mar. Schiff kielholen (auf die Seite legen). **2.** mar. ein Schiff (in dieser Lage) reinigen, ausbessern. **II** v/i **3.** mar. krängen, sich auf die Seite legen. **4.** mar. kielholen, Schiffe reinigen. **5.** fig. (hin u. her) schwanken, (Person a.) torkeln. **ca'reen·age** s mar. **1.** (a. Kosten pl der) Kielholung f. **2.** Kielholplatz m.
ca·reer [kə'rɪə(r)] **I** s **1.** Karri'ere f, Laufbahn f, Werdegang m: **to enter upon a ~** e-e Laufbahn einschlagen. **2.** (erfolgreiche) Karri'ere: **to make a ~ for o.s.** Karriere machen. **3.** Beruf m: **~ change** Berufswechsel m; **~ consular officer** Berufskonsul m; **~ diplomat** Berufsdiplomat m; **~ girl** (od. woman) Karrierefrau f. **4.** gestreckter Ga'lopp, Karri'ere f: **in full ~** a) in gestrecktem Galopp, b) weit S. mit Höchstgeschwindigkeit. **II** v/i **5.** galop'pieren. **6.** rennen, rasen, jagen. **ca·reer·ist** [kə'rɪərɪst] s Karri'eremacher m.
ca·reers| guid·ance s Br. Berufsberatung f. **~ mas·ter** s Br. mit Berufsberatung befaßter Lehrer. **~ mis·tress** s Br. mit Berufsberatung befaßte Lehrerin. **~ of·fi·cer** s Br. Berufsberater m.
'care·free adj sorgenfrei, sorglos.
'care·ful adj (adv **~ly**) **1.** vorsichtig, achtsam: **be ~!** paß auf!, gib acht!, nimm dich in acht!; **to be ~ to do** darauf achten zu tun, nicht vergessen zu tun; **to be ~ not to do** sich hüten zu tun; **be ~ not to drop it!** paß auf, daß du es nicht fallen läßt!, laß es ja nicht fallen!; **he has to be very ~ what he says about it** er muß sich sehr genau überlegen, was er darüber od. dazu sagt. **2.** sorgfältig, gründlich: **a ~ study**; **to be ~ about s.th.** sorgfältig mit etwas umgehen. **3.** sorgsam bedacht (**of, for, about** auf acc), 'umsichtig, achtsam, behutsam: **be ~ of your clothes!** sieh dich mit d-r Kleidung vor! **4.** Br. sparsam: **to be ~ with one's money** sparsam mit s-m Geld umgehen. **'care·ful·ness** s **1.** Vorsicht f, Achtsamkeit f. **2.** Sorgfalt f, Gründlichkeit f.
care·less ['keə(r)lɪs] adj (adv **~ly**) **1.** nachlässig, unordentlich, liederlich. **2.** 'unüberˌlegt, unbedacht: **a ~ remark**; **a ~ mistake** ein Flüchtigkeitsfehler. **3.** (**of, about**) unbekümmert (um), gleichgültig (gegen): **to be ~ of** nicht achten auf (acc), unachtsam umgehen mit. **4.** unvorsichtig, leichtsinnig, fahrlässig: **~ driving** Br. leichtsinnige Fahrweise. **5.** sorglos. **'care·less·ness** s **1.** Nachlässigkeit f. **2.** 'Unüberˌlegtheit f. **3.** Unachtsamkeit f. **4.** Fahrlässigkeit f, Leichtsinn m.
ca·ress [kə'res] **I** s **1.** Liebkosung f. **II** v/t **2.** liebkosen, streicheln. **3.** fig. schmeicheln (dat): **this music ~es the ear**. **ca'ress·ing** adj (adv **~ly**) **1.** liebkosend, zärtlich. **2.** fig. schmeichelnd.
car·et ['kærət] s Einschaltungszeichen n (für fehlendes Wort im Text).
'care·tak·er I s a) Hausmeister m, b) (Haus- etc)Verwalter m. **II** adj Interims...: **~ government** geschäftsführende Regierung, Übergangskabinett n.
'~-ˌtak·ing adj sorgsam. **'~-worn** adj vergrämt, abgehärmt, von Sorgen gezeichnet.
car·ex ['keəreks] pl **car·i·ces** ['kærɪsiːz] s bot. Segge f, Riedgras n.
Car·ey Street ['keərɪ] s Br. Bank'rott m: **to bring s.o. into ~** j-n bankrott machen; **to lead down ~** zum Bankrott führen.
'car·ˌfare s Am. Fahrpreis m, -geld n.
car·fax ['kɑːfæks] s Br. (Straßen)Kreuzung f (bes. von 4 Straßen in e-r Stadt).
car·fuf·fle → kerfuffle.
car·go ['kɑː(r)ɡəʊ] pl **-goes** od. **-gos** s **1.** Ladung f: **to take in ~** (ein)laden. **2.** Fracht(gut n) f. **~ air·craft** s Trans'portflugzeug n. **~ boat** s mar. Frachtschiff n. **~ book** s mar. Ladebuch n. **'~-ˌcar·ry·ing** adj Fracht..., Transport... **~ hold** s mar. Laderaum m. **~ lin·er** s mar. Linienfrachtschiff n. **~ par·a·chute** s aer. Lastenfallschirm m. **~ port** s mar. Luke f, Ladepforte f.
car·hop ['kɑːˌhɒp] Am. colloq. **I** s Kellner(in) in e-m Drive-'in-Restau,rant. **II** v/i als Kellner(in) in e-m Drive-'in-Restauˌrant arbeiten.
Car·ib ['kærɪb] pl **-ibs, -ib** s Ka'ribe m, Ka'ribin f. **Car·ib·be·an** [ˌkærɪ'biːən; kə'rɪbɪən] **I** adj ka'ribisch. **II** pl **-ans, -an** s → Carib.
car·i·bou ['kærɪbuː] pl **-bous,** bes. collect. **-bou** s zo. Kari'bu n (nordamer. Ren).
car·i·ca·ture ['kærɪkəˌtjʊə(r); -ˌtʃʊə(r); Am. a. -ˌtʊr] **I** s Karika'tur f (a. fig.): **he is a ~ of a statesman**. **II** v/t kari'kieren. **'car·i·caˌtur·ist** [-ˌtjʊərɪst; -ˌtʃʊə-; Am. a. -ˌtʊr-] s Karikatu'rist m.
car·i·ces ['kærɪsiːz] pl von carex.
car·i·es ['keərɪiːz; Am. -riːz] s med. Karies f: a) Knochenfraß m, b) Zahnfäule f.
car·il·lon ['kærɪljən; kə'rɪljən; Am. 'kærəˌlɒn; -lən] s mus. Caril'lon n: a) (Turm)Glockenspiel n, b) Stahlspiel n, c) e-e Orgelmixtur, d) 'Glockenspielmuˌsik f.
ca·ri·na [kə'riːnə; -'raɪnə] pl **-nae** [-niː], **-nas** s zo. a. anat. zo. Kiel m. **car·i·nate** ['kærɪneɪt] adj bot. zo. gekielt.
car·ing ['keərɪŋ] adj fürsorglich (Charakter etc).
Ca·rin·thi·an [kə'rɪnθɪən] adj kärntnerisch, Kärntner(...).
car·i·ous ['keərɪəs] adj med. kari'ös, von Karies befallen.
car jack s tech. Wagenheber m.
cark [kɑːk] s obs. Kummer m, Sorge f. **'cark·ing** adj bedrückend, quälend.
carl(e) [kɑːl] s **1.** bes. Scot. Kerl m. **2.** Scot. Flegel m. **3.** Scot. Geizhals m.
car·li·na [kɑː(r)'laɪnə], **car·line** ['kɑː(r)lɪn] s bot. Eberwurz f.
'car·load s **1.** Wagenladung f. **2.** rail. Am. Wag'gonladung f: **mixed ~** Sammelladung. **3.** econ. rail. Am. Mindestlademenge f (für ermäßigten Frachttarif).
Car·lo·vin·gi·an [ˌkɑː(r)ləʊ'vɪndʒɪən; -dʒən] → Carolingian.
'car·man [-mən] s irr **1.** Fuhrmann m. **2.** (Kraft)Fahrer m. **3.** Spedi'teur m. **4.** Am. Straßenbahnfahrer m.
Car·mel·ite ['kɑː(r)mɪlaɪt; -məl-] relig. **I** s Karme'liter(in). **II** adj Karmeliter...
car·min·a·tive ['kɑː(r)mɪnətɪv; Am. -ˌneɪtɪv; kɑː(r)'mɪnətɪv] med. pharm. **I** s Karmina'tivum n, blähungstreibendes Mittel. **II** adj blähungstreibend.
car·mine ['kɑː(r)maɪn; Am. a. -mən] **I** s **1.** Kar'minrot n. **2.** Kar'min n (Farbstoff). **II** adj **3.** kar'minrot.
car·nage ['kɑː(r)nɪdʒ] s Blutbad n, Gemetzel n.
car·nal ['kɑː(r)nl] adj (adv **~ly**) körperlich: a) fleischlich, sinnlich, b) geschlechtlich, sexu'ell: **~ delight** Fleisches-, Sinnenlust f; **~ desire** sinnliche Begierde; **to have ~ knowledge of s.o.** bes. jur. mit j-m geschlechtlichen Umgang haben.
car·nal·i·ty [kɑː(r)'nælətɪ] s Fleischeslust f, Sinnlichkeit f. **'car·nal·ize** v/t sinnlich machen.

carnallite – carry

car·nall·ite [ˈkɑː(r)nəlaɪt] s min. Karnalˈlit m.
ˈcarˌnap·per, Am. a. **ˈcarˌnap·er** [-ˌnæpə(r)] s Autodieb m.
car·nas·si·al [kɑː(r)ˈnæsɪəl] zo. **I** adj: ~ tooth → II. **II** s Reißzahn m.
car·na·tion [kɑː(r)ˈneɪʃn] s **1.** bot. (Garten)Nelke f. **2.** Blaßrot n, Rosa n. **3.** oft pl paint. Fleischfarbe f, -ton m.
car·nel·ian [kəˈniːljən; bes. Am. kɑː(r)-] s min. Karneˈol m.
car·net [ˈkɑː(r)neɪ; kɑː(r)ˈneɪ] s mot. Carˈnet n, ˈZollpasˌsierscheinheft n.
car·ney → **carny**.
car·ni·fi·ca·tion [ˌkɑː(r)nɪfɪˈkeɪʃn] s med. Karnifikatiˈon f (Umwandlung von entzündlichem Lungengewebe in Bindegewebe).
car·ni·val [ˈkɑː(r)nɪvl] s **1.** Karneval m, Fasching m. **2.** Volksfest n. **3.** ausgelassenes Feiern.
car·niv·o·ra [kɑː(r)ˈnɪvərə] s pl zo. Fleischfresser pl. **ˈcar·ni·vore** [-vɔː(r); Am. a. -ˌvəʊər] s **1.** zo. fleischfressendes Tier, bes. Raubtier n. **2.** bot. fleischfressende Pflanze. **carˈniv·o·rous** adj (adv ~ly) bot. zo. fleischfressend.
Car·not cy·cle [ˈkɑː(r)nəʊ; ˌ-ˈnəʊ] s phys. Carˈnot-Proˌzeß m.
car·no·tite [ˈkɑː(r)nətaɪt] s min. Carnoˈtit m.
car·ny [ˈkɑːnɪ] v/t Br. colloq. **1.** j-m schmeicheln, ˌum den Bart gehen‘, schöntun. **2.** j-n beschwatzen, j-m gut zureden (into doing zu tun): to ~ s.o. out of s.th. j-m etwas ausreden; to ~ s.th. out of s.o. j-m etwas abbetteln.
car·ob [ˈkærəb] s bot. **1.** Joˈhannisbrotbaum m. **2.** a. ~ **bean** Joˈhannisbrot n.
ca·roche [kəˈrɒʃ; Am. kəˈrəʊtʃ; kəˈrəʊʃ] s hist. Kaˈrosse f, Staatskutsche f.
car·ol [ˈkærəl] **I** s **1.** Freuden-, Lobgesang m, Jubellied n. **2.** (Weihnachts)Lied n: ~ **singers** Weihnachtssänger (Kinder, die am Weihnachtsabend singend von Haus zu Haus ziehen). **II** v/i pret u. pp **-oled**, bes. Br. **-olled 3.** fröhlich singen, jubiˈlieren. **4.** Weihnachtslieder singen.
Car·o·lin·gi·an [ˌkærəˈlɪndʒɪən; -dʒən] hist. **I** adj karolingisch. **II** s Karolinger m.
car·om [ˈkærəm] bes. Am. **I** s **1.** Billard: Karamboˈlage f. **II** v/i **2.** Billard: karamboˈlieren. **3.** abprallen.
car·o·tene [ˈkærətiːn] s chem. Karoˈtin n.
ca·rot·id [kəˈrɒtɪd; Am. -ˈrɑ-] anat. **I** s Kaˈrotis f, Halsschlag-, Kopfschlagader f. **II** adj die Kaˈrotis betreffend.
car·o·tin [ˈkærətɪn] → **carotene**.
ca·rous·al [kəˈraʊzl] s Trinkgelage n, Zecheˈrei f. **ca·rouse** [kəˈraʊz] **I** v/i (lärmend) zechen. **II** s → **carousal**.
car·ou·sel → **carrousel**.
carp[1] [kɑː(r)p] v/i (herˈum)nörgeln, (-)kritteln (**at** an dat).
carp[2] [kɑː(r)p] pl **carps**, bes. collect. **carp** s ichth. Karpfen m.
car·pal [ˈkɑː(r)pəl] anat. **I** s **1.** Handwurzel f. **2.** Handwurzelknochen m. **II** adj **3.** Handwurzel...: ~ **bone** → 2.
carˈparkˈ s bes. Br. **1.** Parkplatz m. **2.** Parkhaus n. ~ **pas·sen·ger** s Autoinsasse m.
car·pel [ˈkɑːpel; Am. ˈkɑːrpəl] s bot. Karˈpell n, Fruchtblatt n.
car·pen·ter [ˈkɑː(r)pəntə(r)] **I** s (mar. Schiffs)Zimmermann m, (Bau)Tischler m. **II** v/t u. v/i zimmern. ~ **ant** s zo. (e-e) Holzameise. ~ **bee** s zo. (e-e) Holzbiene.
car·pen·ter·ing [ˈkɑː(r)pəntərɪŋ; -trɪŋ] s Zimmeˈrei f, Zimmermannsarbeit f.
car·pen·terˈmoth s zo. Holzbohrer m. ~ **scene** s thea. Szene f auf der Vorbühne.
car·pen·try [ˈkɑː(r)pəntrɪ] s **1.** Zimmerhandwerk n. **2.** → **carpentering**.

carp·er [ˈkɑː(r)pə(r)] s Nörgler(in), Krittler(in).
car·pet [ˈkɑː(r)pɪt] **I** s **1.** Teppich m (a. fig.), (Treppen)Läufer m: a ~ **of moss** ein Moosteppich; **to be on the ~** a) zur Debatte stehen, auf dem Tapet sein, b) colloq. ˌzs.-gestauchtˈ werden; **to have s.o. on the ~** colloq. j-n ˌzs.-stauchenˈ od. ˌzur Minna machenˈ; **to pull the ~ (out) from under s.o.** fig. j-m den Boden unter den Füßen wegziehen; **to sweep** (od. **brush**) **s.th. under** (-neath) (od. **beneath**) **the ~** fig. etwas unter den Teppich kehren; → **red carpet**. **II** v/t **2.** mit Teppichen od. e-m Teppich auslegen. **3.** bes. Br. colloq. j-n ˌzs.-stauchenˈ, ˌzur Minna machenˈ. **ˈ~ˌbag** s Reisetasche f. **ˈ~ˌbag·ger** s Am. **1.** hist. Spekulant aus dem Norden, der nach dem Bürgerkrieg vom Wiederaufbau im Süden profitieren wollte. **2.** j-d, der sich in die Politik e-r Gegend einmischt, zu der er gar keine echte Beziehung hat. **ˈ~ˌbeat·er** s Teppichklopfer m. ~ **bomb·ing** s mil. Bombenteppichwurf m. ~ **dance** s zwangloses Tänzchen.
car·pet·ing [ˈkɑː(r)pɪtɪŋ] s **1.** ˈTeppichstoff m, -materiˌal n. **2.** collect. Teppiche pl.
car·petˈknight s contp. Saˈlonlöwe m. ~ **moth** s zo. **1.** Taˈpetenmotte f. **2.** Kleidermotte f. **3.** (ein) Blattspanner m. ~ **rod** s (Treppen)Läuferstange f. ~ **slip·per** s Panˈtoffel m, Hausschuh m. ~ **square** s Teppichfliese f. ~ **sweep·er** s ˈTeppichkehrer m, -kehrmaˌschine f. ~ **tile** s Teppichfliese f.
car·pi [ˈkɑː(r)paɪ] pl von **carpus**.
carp·ing [ˈkɑː(r)pɪŋ] **I** s Nörgeˈlei f, Kritteˈlei f. **II** adj (adv ~ly) nörgelig, krittelig.
car·po·lite [ˈkɑː(r)pəlaɪt] s bot. geol. Karpoˈlith m, Frucht- od. Samenversteinerung f.
car·pol·o·gy [kɑː(r)ˈpɒlədʒɪ; Am. -ˈpɑ-] s bot. Karpoloˈgie f, Fruchtlehre f.
carˈpool s **1.** Fahrbereitschaft f, Fuhrpark m. **2.** Fahrgemeinschaft f. **ˈ~ˌpool** v/i Am. sich zu e-r Fahrgemeinschaft zs.-schließen.
car·poph·a·gous [kɑː(r)ˈpɒfəgəs; Am. -ˈpɑ-] adj zo. fruchtfressend, von Früchten lebend.
car·po·phore [ˈkɑː(r)pəfɔː(r); Am. a. -ˌfəʊər] s bot. Karpoˈphor m, Fruchtträger m.
car·po·phyl [ˈkɑː(r)pəfɪl] → **carpel**.
ˈcar·port s Einstellplatz m (im Freien).
car·pus [ˈkɑː(r)pəs] pl **-pi** [-paɪ] (Lat.) s anat. Handgelenk n, -wurzel f.
car·rel(l) [ˈkærəl] s kleine Lesenische (in e-r Bibliothek).
car·riage [ˈkærɪdʒ] s **1.** Wagen m, Kutsche f, Equiˈpage f: ~ **and pair** Zweispänner m. **2.** rail. Br. (Perˈsonen-) Wagen m. **3.** Beförderung f, Transˈport m (von Waren). **4.** econ. Transˈport-, Beförderungskosten pl, Fracht(gebühr) f, Rollgeld n: **bill of ~** (Bahn)Frachtbrief m; **to charge for ~** Frachtkosten berechnen; ~ **forward** Br. Frachtkosten per Nachnahme; **to send s.th. ~ for·ward** etwas per Frachtnachnahme schicken; ~ **free** (od. **paid**) frachtfrei. **5.** mil. (Geˈschütz)Laˌfette f. **6.** tech. a) Fahrgestell n (a. aer.), Wagen m (a. e-r Druck- od. Schreibmaschine), b) Laufwerk n, c) Supˈport m, Schlitten m (e-r Werkzeugmaschine). **7.** (Körper)Haltung f: ~ **of head** Kopfhaltung. **8.** pol. ˈDurchbringen n (e-r Gesetzesvorlage). **9.** obs. Benehmen n, Auftreten n. **10.** obs. Bürde f. **ˈcar·riage·a·ble** adj **1.** transporˈtierbar. **2.** → **road**.
car·riageˈdog → **coach dog**. ~ **horse** s Kutschpferd n. **ˈ~ˌway** s Br. Fahrbahn f.

car·ri·er [ˈkærɪə(r)] s **1.** Träger m, Überˈbringer m, Bote m. **2.** Spediˈteur m. **3.** a) Frachtführer m, b) mar. Verfrachter m. **4.** med. Keimträger m, (Krankheits-) Überˌträger m. **5.** a) chem. (Über)ˈTräger m, Katalyˈsator m, b) Atomphysik: ˈTräger(subˌstanz) f m. **6.** tech. a) Schlitten m, Transˈport m, b) Mitnehmer m (auf Drehbänken), c) ˈFördermaˌschine f, d) phot. Halterahmen m, e) Leitung f. **7.** a) Gepäckträger m (am Fahrrad), b) mot. Dachgepäckträger m. **8.** Transˈportbehälter m. **9.** electr. a) Trägerstrom m, b) Trägerwelle f. **10.** → **aircraft carrier**. **11.** → **carrier pigeon**. **12.** aer. Flug-, Luftverkehrsgesellschaft f. ~ **bag** s Br. Einkaufsbeutel m, -tasche f. **ˈ~-ˌbased**, **ˈ~-ˌborne** adj mil. (Flugzeug)Träger...: ~ **aircraft** trägergestütztes Flugzeug. ~ **cur·rent** → **carrier** 9 a. ~ **fre·quen·cy** s electr. ˈTrägerfreˌquenz f. ~ **pi·geon** s Brieftaube f. ~ **te·leg·ra·phy** s electr. ˈTräger(freˌquenz)telegraˌfie f. ~ **trans·mis·sion** s electr. **1.** ˈTräger(freˌquenz)-überˌtragung f. **2.** Radio: Drahtfunk m. ~ **wave** → **carrier** 9 b.
car·ri·on [ˈkærɪən] **I** s **1.** Aas n. **2.** verdorbenes Fleisch. **3.** fig. Schmutz m. **II** adj **4.** aasfressend. **5.** aasig. ~ **bee·tle** s zo. Aaskäfer m, Totengräber m. ~ **crow** s orn. Aas-, Rabenkrähe f.
ˈcar·ron oil [ˈkærən] s med. Brandöl n.
car·rot [ˈkærət] s **1.** bot. Kaˈrotte f, Möhre f, Mohrrübe f, Gelbe Rübe: **to hold out** (od. **offer**) **a ~ to s.o., to dangle a ~ before s.o.** fig. j-n zu ködern versuchen. **2.** colloq. a) pl rotes Haar, b) Rotkopf m. **ˈcar·rot·y** adj **1.** gelbrot. **2.** rothaarig.
car·rou·sel [ˌkæruːˈzel; ˌkærəˈsel] s **1.** bes. Am. Karusˈsell n. **2.** hist. Reiterspiel n.
car·ry [ˈkærɪ] **I** s **1.** Trag-, Schußweite f. **2.** Golf: Flugstrecke f (des Balls). **3.** Am. → **portage** 3.
II v/t **4.** tragen: **to ~ s.th. in one's hand**; **he carried his jacket** er trug s-e Jacke (über dem Arm); **pillars ~ing an arch** bogentragende Pfeiler; **to ~ one's head high** den Kopf hoch tragen; **to ~ o.s. well** a) sich gut halten, b) sich gut benehmen; **to ~ a disease** e-e Krankheit weitertragen od. verbreiten; **to ~ sails** mar. Segel führen; **he knows how to ~ his liquor** er kann e-e Menge (Alkohol) vertragen; **as fast as his legs could ~ him** so schnell ihn s-e Beine trugen; **to ~ all** (od. **everything**) **before one** a) auf der ganzen Linie siegen od. erfolgreich sein, b) humor. ˌviel Holz vor der Hütte (e-n großen Busen) haben‘. **5.** fig. tragen, (unter)ˈstützen. **6.** bringen, tragen, führen, schaffen, befördern: **to ~ mail** rail. Post befördern; **the pipes ~ water** die Rohre führen Wasser; → **coal** 4. **7.** Nachricht etc (über)ˈbringen: **to ~ a message**; **he carried his complaint to the manager** er trug s-e Beschwerde dem Geschäftsführer vor. **8.** mitführen, mit sich od. bei sich tragen: **to ~ arms**; **to ~ a watch** e-e Uhr tragen od. haben; **to ~ s.th. in one's head** fig. etwas im Kopf haben od. behalten; **to ~ with one** fig. im Geiste mit sich herumtragen. **9.** fig. (an sich od. zum Inhalt) haben: **to ~ con·viction** überzeugen(d sein od. klingen); **to ~ a moral** e-e Moral (zum Inhalt) haben; **to ~ weight** Gewicht od. Bedeutung haben, viel gelten (**with** bei); **this does not ~ any weight with him** das beeindruckt ihn nicht im mindesten. **10.** fig. nach sich ziehen, zur Folge haben: **treason carries the death penalty** auf Hochverrat steht die Todesstrafe; **to ~ consequences** Folgen haben. **11.** weiterführen, (hinˈdurch-, hinˈauf- etc)füh-

carryall – carve

ren, *e-e Hecke, Mauer etc* ziehen: **to ~ the chimney through the roof** den Schornstein durch das Dach führen. **12.** *fig.* fortreißen, über'wältigen: **to ~ the audience with one** die Zuhörer mitreißen. **13.** *fig.* treiben: **to ~ s.th. too far** (*od.* **to excess**) etwas übertreiben *od.* zu weit treiben; **to ~ it with a high hand** gebieterisch auftreten. **14.** *fig.* a) erreichen, 'durchsetzen: **to ~ into effect** verwirklichen, ausführen; → **point 22**, b) *pol. Antrag etc* 'durchbringen: **to ~ a motion unanimously** e-n Antrag einstimmig annehmen; **the motion was carried** der Antrag ging durch. **15.** *fig.* a) erlangen, erringen, gewinnen: **to ~ a prize**, b) siegreich her-'vorgehen aus: **to ~ an election**; → **day** *Bes. Redew.*, c) *mil.* (ein)nehmen, erobern: **to ~ a fortress**. **16.** *Früchte etc* tragen, her'vorbringen. **17.** *Mineralien etc* führen, enthalten. **18.** tragen, unter-'halten, ernähren: **the country cannot ~ such a population**. **19.** *e-n Bericht etc* bringen: **this newspaper carries no weather forecast**; **the press carried the statement without comment** die Presse brachte *od.* veröffentlichte die Erklärung kommentarlos. **20.** *econ.* a) *Ware* führen: **to ~ hardware**, b) in den Büchern führen: **to ~ a debt**, c) *Zinsen* tragen; → **interest 11**, d) *Versicherung etc* zahlen: **to ~ insurance** versichert sein. **21.** *hunt.* die Spur festhalten (*Hund*). **22.** *mus.* Ton, Melodie tragen.
III *v/i* **23.** tragen (*a. mus.* Ton, Stimme). **24.** den Kopf *gut etc* halten (*Pferd*): **the horse carries well**. **25.** tragen, reichen (*Stimme, Schußwaffe etc*): **his voice carries far** s-e Stimme trägt weit. **26.** sich *gut etc* tragen lassen. **27.** fliegen (*Ball etc*). **28.** *bes. Am.* Anklang finden, 'einschlagen' (*Kunstwerk etc*).
Verbindungen mit Adverbien:
car·ry|a·bout *v/t* her'umtragen: **to ~ with one** mit sich herumtragen, Paß *etc* bei sich haben *od.* führen. **~ a·long** *v/t* **1.** mitnehmen, forttragen. **2.** *fig.* anspornen: **the team was carried along by the enthusiasm of its supporters** die Mannschaft wurde von der Begeisterung ihrer Anhänger getragen. **~ a·way** *v/t* **1.** weg-, forttragen, -schaffen. **2.** wegreißen (*Sturm etc*), (*Flut etc a.*) wegspülen. **3.** *fig.* mitreißen: **to get carried away** in Verzückung geraten. **4. to get carried away** *fig.* die Kontrolle über sich verlieren. **~ back** *v/t* **1.** zu-'rücktragen, -bringen. **2.** *fig. Gedanken* zu'rücklenken (**to** auf *acc*). **3.** *fig.* zu-'rückversetzen (**to** in *acc*): **this carries me back to my youth**. **~ down** *v/t* hin'unter-, her'untertragen, -bringen. **~ for·ward** *v/t* **1.** fortsetzen, (erfolgreich) fortführen. **2.** *econ.* Summe, Saldo *etc* vor-, 'übertragen: **amount** (*od.* **balance**) **carried forward** → **carry-forward**. **~ in** *v/t* hin'ein-, her'eintragen, -schaffen. **~ off** *v/t* **1.** forttragen, -schaffen. **2.** abführen (**to prison** ins Gefängnis). **3.** entführen. **4.** *j-n* hin'wegraffen (*Krankheit*). **5.** *Preis etc* gewinnen, erringen. **6. to carry it off well** die Sache gut durchstehen. **~ on** I *v/t* **1.** fortführen, -setzen, weiterführen. **2.** *Geschäft, Prozeß etc* betreiben, führen: **to ~ business as a broker** als Makler tätig sein. **3.** *e-n Plan etc* beharrlich verfolgen. II *v/i* **4.** weitermachen (**with mit**): **~!** a) weiter!, *mil.* weitermachen!, b) nur (immer) zu! **5.** *colloq.* a) ein 'The'ater' *od.* e-e Szene machen (**about** wegen), b) sich 'da'nebenbenehmen', es wild *od.* wüst treiben, c) **~ with** 'es haben' mit, ein (Liebes-)Verhältnis haben mit *j-m*. **6. to ~ with**, **to be carrying on with** erst einmal, fürs erste: **here's $10 to be carrying on with**. **~ out** *v/t* **1.** hin'aus-, her'austragen, -schaffen, -bringen. **2.** *Plan etc* aus-, 'durchführen, *Drohung* wahrmachen. **3.** *Vertrag etc* erfüllen. **~ o·ver** *v/t* **1.** hin'über-, her'übertragen, -schaffen, -führen. **2.** auf-, verschieben. **3.** *Waren etc* zu'rück(be)halten. **4.** *econ.* → **carry forward 2**. **5.** *Börse: Br.* prolon'gieren. **~ through** *v/t* **1.** 'durch-, ausführen. **2.** etwas 'durchsetzen. **3.** *j-m* 'durchhelfen, *j-n* 'durchbringen. **~ up** *v/t* **1.** hin-'auf-, her'aufbringen, -führen, -tragen. **2.** *e-e Mauer etc* errichten, hochziehen. **3.** *Tatsachen etc* zu'rückverfolgen.

'**carry|·all** s **1.** *hist.* leichter, gedeckter Einspänner. **2.** *Am.* Per'sonenkraftwagen *m* mit Längssitzen. **3.** *bes. Am.* Reisetasche *f.* **~·cot** s *Br.* (Baby)Tragetasche *f*, Kindertrage *f.* **~·for·ward** s *econ. Br.* (Saldo)Vortrag *m*, 'Übertrag *m*.
car·ry·ing ['kærɪŋ] I s **1.** Tragen *n.* **2.** Trans'port *m*, Beförderung *f.* II *adj* **3.** tragend, haltend, Trag(e)...: **~ strap** Tragriemen *m*, -gurt *m.* **4.** Speditions-, Transport-...: **~ cost** Transportkosten. **~ a·gent** s Spedi'teur *m.* **~ busi·ness** s carrying trade. **~ ca·pac·i·ty** s **1.** *electr.* Belastbarkeit *f.* **2.** Lade-, Tragfähigkeit *f.* **~-'on** *pl* **~s-'on** s *meist pl colloq.* Treiben *n:* **scandalous carryings-on** skandalöse Geschichten. **~ trade** s **1.** Speditionsgeschäft *n.* **2.** Spediti'onsgewerbe *n.*
,**car·ry-'on** I s **1.** *aer.* Bordcase *n, m.* **2.** *bes. Br. colloq.* 'The'ater' *n.* II *adj* **3.** **~ baggage** (*bes. Br.* **luggage**) *aer.* Bordgepäck *n.* **~-'o·ver** s *econ.* **1.** → **carry forward 2**. **2.** *Börse: Br.* Prolongati'on *f.*
car·sey → **carzey**.
'**car·sick** *adj:* **she gets easily ~** ihr wird beim Autofahren leicht übel *od.* schlecht. **~ sick·ness** s Übelkeit *f* beim Autofahren. **~ stick·er** s Autoaufkleber *m.*
cart [kɑ:(r)t] I s **1.** (*meist zweirädriger*) (Fracht-, Last)Karren, Karre *f:* **~ horse** Zugpferd *n*; **to be in the ~** *Br. colloq.* ,in der Klemme' sein *od.* sitzen *od.* stecken; **to put the ~ before the horse** *fig.* das Pferd beim Schwanz aufzäumen. **2.** zweirädriger Wagen (*für Personen*). **3.** (Hand-)Wagen *m*, Wägelchen *n.* II *v/t* **4.** karren, (in e-m Karren) befördern *od.* fahren: **to ~ about** (*od.* **around**) *colloq.* (mit sich) herumschleppen. **cart·age** ['kɑ:(r)tɪdʒ] s **1.** Trans'port *m.* **2.** Fuhrlohn *m*, Rollgeld *n.*
carte [kɑ:(r)t] s *fenc.* Quart *f.*
carte blanche [,kɑ:(r)t'blɑ̃:ʃ; -'blɑ:nʃ] *pl* **cartes blanches** [,kɑ:(r)ts'blɑ̃:nʃ; -'blɑ:nʃ] s **1.** *econ.* Blan'kett *n.* **2.** *fig.* Carte *f* blanche, unbeschränkte Vollmacht: **to have ~** (völlig) freie Hand haben.
car·tel [kɑ:(r)'tel] s **1.** *econ.* Kar'tell *n.* **2.** *oft* C*~ pol.* Kar'tell *n* (*festes Bündnis mehrerer Parteien*). **3.** *Völkerrecht:* Abkommen *n* über den Austausch von Kriegsgefangenen. **4.** *hist.* schriftliche Her'ausforderung zum Du'ell. **car·tel·ism** ['kɑ:(r)tlɪzəm; kɑ:(r)'tel-] s Kar'tellwesen *n.* **car·tel·i·za·tion** [,kɑ:(r)tlaɪ'zeɪʃn; kɑ:(r)təlaɪ'z-; *Am.* -lə'z-] s *econ.* Kartel'lierung *f.* **car·tel·ize** ['kɑ:(r)tlaɪz; kɑ:(r)'telaɪz] I *v/t* kartelli'sieren. II *v/i* sich zu e-m Kar'tell zs.-schließen.
cart·er ['kɑ:(r)tə(r)] s Fuhrmann *m.*
Car·te·sian [kɑ:(r)'ti:zjən; *Am.* kɑ:r'ti:ʒən] I *adj* **1.** kar'tesisch, kartesi'anisch: **~ coordinates** *math.* kartesische Koordinaten. II s **2.** Kartesi'aner *m.* **3.** *a.* **~ curve** *math.* kar'tesische Kurve. **Car-'te·sian·ism** s *philos.* Kartesia'nismus *m*, Lehre *f* des Des'cartes.

Car·tha·gin·i·an [,kɑ:(r)θə'dʒɪnɪən; -jən] *hist.* I *adj* kar'thagisch. II s Kar'thager(in).
Car·thu·sian [*Br.* kɑ:'θju:zjən; -'θu:-; *Am.* kɑ:r'θu:ʒən; -'θju:-] *R.C.* I s Kar'täuser(mönch) *m.* II *adj* Kartäuser...
car·ti·lage ['kɑ:(r)tɪlɪdʒ] s *anat. zo.* Knorpel *m:* **~ operation** *med.* Meniskusoperation *f.* ,**car·ti·'lag·i·nous** [-'lædʒɪnəs] *adj anat. zo.* knorpelig, Knorpel...
'**cart·load** s Karren-, Wagenladung *f*, Fuder *n*, Fuhre *f:* **by ~s** fuder-, fuhren-, wagenweise.
car·to·gram ['kɑ:(r)təgræm] s Karto'gramm *n*, sta'tistische Karte.
car·tog·ra·pher [kɑ:(r)'tɒgrəfə(r); *Am.* -'tɑ:g-] s Karto'graph(in). ,**car·to-'graph·ic** [-tə'græfɪk], ,**car·to-'graph·i·cal** *adj* karto'graphisch: **~ distance** Entfernung *f* auf der Karte. **car·'tog·ra·phy** s Kartogra'phie *f.*
car·to·man·cy ['kɑ:(r)təʊmænsɪ] s Karto'mantie *f*, Kartenlegen *n.*
car·ton [kɑ:(r)tn] s **1.** ('Papp)Kar,ton *m*, (Papp)Schachtel *f:* **a ~ of cigarettes** e-e Stange Zigaretten. **2.** (*das*) ,Schwarze' (*der Schießscheibe*).
car·toon [kɑ:(r)'tu:n] I s **1.** Car'toon *m, n*, Karika'tur *f.* **2.** Zeichentrickfilm *m.* **3.** Car'toon *m, n*, Bilderfortsetzungsgeschichte *f* (*in Zeitschriften etc*). **4.** *paint.* Kar'ton *m*, Entwurf *m* (*in natürlicher Größe*). II *v/t* **5.** kari'kieren. **6.** *paint.* als Kar'ton entwerfen. III *v/i* **7.** Car'toons *od.* Karika'turen zeichnen. **car·'toon·ist** s Car'toonist *m*, Karikatu'rist *m.*
car·touch(e) [kɑ:(r)'tu:ʃ] s **1.** Kar'tusche *f:* a) *arch.* medaillonförmiges Ornamentmotiv, b) Umrahmung e-r ägyptischen Hieroglyphe, die e-n Königsnamen darstellt. **2.** a) Sprengkapsel *f* (*e-s Feuerwerkskörpers*), b) *mil.* Pa'pierkar,tuschhülse *f.*
car·tridge ['kɑ:(r)trɪdʒ] s **1.** *mil.* a) Pa'trone *f*, b) Artille'rie: Kar'tusche *f.* **2.** *phot.* ('Film)Pa,trone *f* (*e-r Kleinbildkamera*), ('Film)Kas,sette *f* (*e-r Film- od. Kassettenkamera*). **3.** *phys.* Spaltstoffhülse *f.* **4.** Tonabnehmer *m* (*e-s Plattenspielers*). **5.** Pa'trone *f* (*e-s Füllhalters*). **~ belt** s *mil.* **1.** Pa'tronen-, Ladegurt *m* (*e-s Maschinengewehrs*). **2.** Pa'tronentragegurt *m.* **~ case** s Pa'tronenhülse *f:* **~ jacket** Hülsenmantel *m.* **~ clip** s *mil.* Ladestreifen *m.* **~ fuse** s *electr.* Pa'tronensicherung *f.* **~ pa·per** s *tech.* **1.** 'Kardus-, 'Linienpa,pier *n.* **2.** Kar'tonpa,pier *n.* **~ pen** s Pa'tronenfüllhalter *m.*
cart|·road, **~·track**, **'~·way** s Feldweg *m.* '**~·wheel** I s **1.** Wagenrad *n.* **2.** *sport* Rad *n:* **to do** (*od.* **turn**) **~s** radschlagen. **3.** *Am. colloq.* Silberdollar *m.* II *v/i* **4.** radschlagen. a) sich mehrmals (seitlich) über'schlagen, b) *aer.* auf e-m Flügelende landen. **'~·wright** s Stellmacher *m*, Wagenbauer *m.*
car·un·cle ['kærəŋkl; kə'rʌŋk-] s **1.** *med.* Ka'runkel *f*, Fleischgeschwulst *f.* **2.** *orn.* Fleischauswuchs *m*, -lappen *m.* **3.** *bot.* Auswuchs *m.*
carve [kɑ:(r)v] I *v/t* **1.** (in) Holz schnitzen, (in) Stein meißeln: **~d work** Schnitzwerk *n*, -arbeit *f.* **2.** ausschnitzen, -meißeln: **to ~ out of stone** aus Stein meißeln *od.* hauen. **3.** einschneiden, -meißeln: **to ~ one's initials on a tree trunk** s-e Initialen in e-n Baumstamm schnitzen. **4.** (mit Schnitze'reien) verzieren: **to ~ a stone with figures**. **5.** *Fleisch etc* zerlegen, vorschneiden, tran'chieren. **6.** *oft* **~ out** *fig.* gestalten: **to ~ out a fortune** ein Vermögen machen; **to ~ out a career for o.s.** sich e-e Karriere aufbauen, Karriere machen. **7.** *meist* **~ up** *Gebiet etc* aufteilen. **8. ~ up** *colloq. j-n* mit e-m

Messer übel zurichten. **II** *v/i* **9.** schnitzen, meißeln. **10.** (*bei Tisch*) vorschneiden, tran'chieren.
car·vel [ˈkɑː(r)vəl] → **caravel**. '**~-built** *adj mar.* karˈweel-, glattgebaut: **~ boat** Karweelboot *n.*
carv·en [ˈkɑː(r)vən] *adj obs. od. poet.* geschnitzt, gemeißelt.
carv·er [ˈkɑː(r)və(r)] *s* **1.** (Holz)Schnitzer *m,* Bildhauer *m.* **2.** Tranˈchierer *m.* **3.** Tranˈchiermesser *n:* (**pair of**) **~s** Tranchierbesteck *n.*
carv·er·y [ˈkɑː(r)vərɪ] *s bes. Br.* Lokal, in dem man für e-n Einheitspreis soviel Fleisch essen kann, wie man will.
'**carve-up** *s* Aufteilung *f* (*e-s Gebiets etc*).
carv·ing [ˈkɑː(r)vɪŋ] *s* **1.** Schnitzen *n,* Meißeln *n.* **2.** Schnitzeˈrei *f,* Schnitzwerk *n,* geschnitztes Bildwerk. **3.** Tranˈchieren *n.* **~ chis·el** *s tech.* Schnitzmeißel *m,* Bosˈsiereisen *n.* **~ knife** *s irr* Tranˈchiermesser *n.*
car wash *s* **1.** Autowäsche *f.* **2.** Waschanlage *f,* -straße *f.*
car·y·at·id [ˌkærɪˈætɪd] *pl* **-i·des** [-ɪdiːz], **-ids** *s arch.* Karyaˈtide *f* (*weibliche Figur als Säule*).
car·zey [ˈkɑːzɪ] *s Br. sl.* ˌKloˈ *n* (*Klosett*).
ca·sa·ba [kəˈsɑːbə], *a.* **~ mel·on** *s bot.* ˈWintermeˌlone *f.*
Cas·a·no·va [ˌkæzəˈnəʊvə; ˌkæsə-] *s* Casaˈnova *m.*
cas·bah → **kasbah**.
cas·cade [kæˈskeɪd] **I** *s* **1.** Kasˈkade *f,* (*bes. mehrstufiger*) Wasserfall. **2.** *etwas kaskadenartig Fallendes, z. B.* Faltenwurf *m.* **3.** (*bes.* ˈSpitzen-)Jaˌbot *n.* **4.** Kasˈkade *f:* a) *chem.* Anordnung über- *od.* hintereinandergeschalteter Gefäße *od.* Geräte, b) *electr.* → **cascade connection**. **II** *v/i* **5.** kasˈkadenartig herˈabstürzen. **III** *v/t* **6.** *electr.* in Kasˈkade schalten: **~d circuit** Kaskadenschaltung *f.* **~ am·pli·fi·ca·tion** *s electr.* Kasˈkadenverstärkung *f.* **~ bomb·ing** *s mil.* Kasˈkaden-, Marˈkierungsbombenwurf *m.* **~ con·nec·tion** *s electr.* Kasˈkadenschaltung *f.*
case[1] [keɪs] **I** *s* **1.** Fall *m:* **a ~ in point** ein typischer Fall, ein einschlägiges Beispiel; **a clear ~ of injustice** ein klarer Fall von Ungerechtigkeit; **it is a ~ of** es handelt sich um. **2.** Fall *m,* ˈUmstand *m,* Lage *f:* **in any ~** auf jeden Fall, jedenfalls, sowieso; **in no ~** auf keinen Fall, keinesfalls; **in ~** a) *a.* **in ~ that** im Falle daß, falls, b) für alle Fälle; **in ~ of** im Falle von (*od. gen*); **in ~ of need** nötigenfalls, im Notfall; **in that ~** in diesem Falle; **the ~ is this** die Sache ist ˈdie, der Fall liegt ˈso; **as the ~ may be** je nachdem. **3.** Fall *m,* Tatsache *f:* **that is not the ~** (**with him**) das ist (bei ihm) nicht der Fall, das trifft (auf ihn) nicht zu; **as is the ~ with me** wie es bei mir der Fall ist; **if that is the ~** wenn das der Fall ist, wenn das zutrifft. **4.** Sache *f,* Angelegenheit *f,* Frage *f:* **~ of conscience** Gewissensfrage; **that alters the ~** das ändert die Sache; **to come down to ~s** *colloq.* zur Sache kommen. **5.** *jur.* (Streit-, Rechts)Sache *f,* (Rechts)Fall *m:* **the ~ of Brown** der Fall Brown; → **leading case**. **6.** *bes. jur.* a) (Gesamtheit *f* der) Beweise *pl,* Beˈweismateriˌal *n,* b) (begründeter) Standpunkt (*e-r Partei*), c) *allg.* Arguˈmente *pl,* (triftige) Gründe *pl:* **the ~ for the defence** (*Am.* **defense**) die Verteidigung; **to make out a ~** s-e Sache beweisen; **to make out one's ~** triftige Gründe vorlegen, s-e Gründe als stichhaltig beweisen; **to state one's ~** s-e Klage *od.* Verteidigung *od.* (*a. allg.*) s-e Sache vortragen; **he has a good** (*od.* **strong**) **~** viele Tatsachen sprechen für ihn, er hat gute Beweise, s-e Sache steht

gut; **there is a ~ for it** es gibt triftige Gründe dafür, vieles spricht dafür; → **rest**[1] **28. 7.** *ling.* Kasus *m,* Fall *m.* **8.** *med.* (Krankheits)Fall *m,* Patiˈent(in): **two ~s of typhoid** zwei Fälle von Typhus *od.* zwei Typhuskranke. **9.** *colloq.* komischer Kauz. **10.** *Am. colloq.* Verliebtheit *f:* **they had quite a ~ on each other** ˌsie waren schrecklich ineinander verknallt'.
II *v/t* **11.** *Am. sl.* ˌausbaldowern', auskundschaften.
case[2] [keɪs] **I** *s* **1.** Kiste *f,* Kasten *m:* **a ~ of wine** e-e Kiste Wein. **2.** *allg.* Behälter *m,* Behältnis *n, bes.* a) Schachtel *f,* b) (*Schmuck*)Kästchen *n,* c) (*Brillen-, Zigaretten- etc*)Eˈtui *n,* (*Brillen-, Messer*)Futteˈral *n,* (Schutz)Hülle *f* (*für Bücher, Messer etc*), d) (*Akten-, Schreib-*)Mappe *f,* e) Koffer *m,* f) (*Glas*)Schrank *m,* g) (*Uhr- etc*)Gehäuse *n,* h) (*Kissen-*)Bezug *m,* ˈÜberzug *m.* **3.** Besteckkasten *m* (*e-s Chirurgen etc*): **~ of instruments** Besteck *n.* **4.** *arch.* (Tür-, Fenster)Futter *n,* Einfassung *f.* **5.** *Buchbinderei:* Einbanddecke *f.* **6.** *print.* Setzkasten *m:* **lower** (**upper**) **case 1. 7.** *tech.* Verkleidung *f,* Mantel *m.* **8.** *mil.* → **case shot**.
II *v/t* **9.** in ein Gehäuse *od.* Futteˈral stecken, mit e-m Gehäuse *od.* e-r Hülle umˈgeben. **10.** (**in**) einhüllen (in *acc*), umˈgeben (mit). **11.** *hunt.* Tier abziehen, abbalgen: **to ~ a fox. 12.** *Buchbinderei:* Buchblock (in die Einbanddecke) einhängen. **13.** *tech.* verkleiden, umˈmanteln. **14.** *print.* Lettern in den Setzkasten einordnen.
caseˌ **bind·ing** *s* **1.** Einhängen *n* (*des Buchblocks*) in die Einbanddecke. **2.** Einbanddecke *f.* '**~-book** *s* **1.** *jur.* kommenˈtierte Entscheidungssammlung. **2.** *med.* Patiˈentenbuch *n* (*des Arztes*). '**~-bound** *adj* gebunden (*Buch*). **~ cast·ings** *s pl tech.* Hartguß *m.* **~ end·ing** *s ling.* Kasusendung *f.* **~ fur·ni·ture** *s* Kastenmöbel *pl.* '**~-hard·en** *v/t* **1.** *metall.* einsatzhärten. **2.** *fig.* abhärten. '**~-hard·ened** *adj* **1.** *metall.* im Einsatz gehärtet, schalenhart. **2.** *fig.* abgehärtet, ˌhartgeˈsotten'. **~ his·to·ry** *s* **1.** *bes. jur. sociol.* Vorgeschichte *f* (*e-s Falles*). **2.** *med.* Anaˈmnese *f,* Krankengeschichte *f.* **3.** typisches Beispiel.
ca·sein [ˈkeɪsiːɪn; *Am. a.* keɪˈsiːn] *s chem.* Kaseˈin *n.*
caseˌ **knife** *s irr* Dolch *m,* Hirschfänger *m.* **~ law** *s jur.* Fallrecht *n* (*auf Präzedenzfällen beruhend*). **~ load** *s* Gesamtheit der von e-m Arzt, Gericht etc zu behandelnden Fälle: **to have a heavy ~** viele Fälle (zu behandeln) haben.
case·mate [ˈkeɪsmeɪt] *s mar. mil.* Kaseˈmatte *f.*
case·ment [ˈkeɪsmənt] *s arch.* a) Fensterflügel *m:* **~ cloth** Gardinenstoff *m,* b) *a.* **~ window** Flügelfenster *n,* c) Hohlkehle *f.*
ca·se·ous [ˈkeɪsɪəs] *adj* käsig, käseartig.
ca·sern(**e**) [kəˈzɜːn; *Am.* kəˈzɜrn] *s mil. obs.* Kaˈserne *f.*
caseˌ **shot** *s mil.* Schrapˈnell *n,* Karˈtätsche *f.* **~ stud·y** *s sociol.* (Einzel)Fallstudie *f.* **~ sys·tem** *s jur.* (ˈRechts-)ˌUnterricht *m* an Hand von Präzeˈdenzfällen *u.* praktischen Beispielen. '**~-work**[1] *s* **1.** *Buchbinderei:* ˈHerstellen *n* der Buchdecken. **2.** *print.* Handsatz *m.* '**~-work**[2] *s* Einzelfallhilfe *f,* soziˈale Einzelarbeit. '**~-work·er** *s* Soziˈalarbeiter(in) (*der/die individuelle Fälle betreut*).
cash[1] [kæʃ] **I** *s* **1.** (Bar)Geld *n:* → **hard cash. 2.** *econ.* Barzahlung *f,* Barkasse *f:* **for ~, ~ down** gegen bar *od.* Barzahlung; **~ in advance** gegen Vorauszahlung; **~ in bank** Bankguthaben *n;* **~ in hand** Barkassenbestand *m;* **~ with order** zahlbar bei Bestellung; **in ~** per Kassa, bar; **to be**

in (**out of**) **~** (nicht) bei Kasse sein; **short of ~** knapp bei Kasse; **to turn into ~** zu Geld machen, einlösen; → **delivery 1, prompt 4, ready 7. II** *v/t* **3.** *Scheck etc* einlösen. **4.** zu Geld machen.
Verbindungen mit Adverbien:
cashˌ **in I** *v/t* **1.** *Scheck etc* einlösen: → **chip 4. 2.** zu Geld machen. **II** *v/i* **3.** *Am. sl.* ˌden Löffel weglegen' (*sterben*). **4. ~ on** *colloq.* a) profiˈtieren von, Nutzen ziehen *od.* Kapiˈtal schlagen aus, b) ausnutzen (*a. contp.*). **~ up** *v/i Br.* Kasse machen.
cash[2] [kæʃ] *pl* **cash** *s* Käsch *n* (*ost- u. südasiatische Münze*).
cashˌ **ac·count** *s econ.* Kassenkonto *n.* **~ ad·vance** *s* Barvorschuß *m.* **~ and car·ry** *econ.* **I** *s* **1.** Selbstabholung *f* gegen Barzahlung. **2.** Cash-and-carry-Geschäft *n.* **II** *adv* (nur) gegen Barzahlung u. Selbstabholung. '**~-and-ˈcar·ry** *adj econ.* Cash-and-carry-...
ca·shaw [kəˈʃɔː] *s bot.* Meˈlonenkürbis *m.*
cashˌ **bal·ance** *s econ.* Kassenbestand *m,* -saldo *m,* Barguthaben *n.* '**~-book** *s econ.* Kassenbuch *n.* '**~-boxˌ**sette *f.* **~ busi·ness** *s econ.* Bar(zahlungs)-, Kassageschäft *n.* **~ cheque** *s econ. Br.* Barscheck *m.* **~ crop** *s* für den Verkauf bestimmte Anbaufrucht. **~ desk** *s* Kasse *f* (*im Warenhaus etc*). **~ dis·count** *s econ.* (Kassa)Skonto *m, n,* ˈBarzahlungsraˌbatt *m.* **~ dis·pens·er** *s* ˈGeldautoˌmat *m,* Bankoˈmat *m.*
ca·shew [ˈkæʃuː; kə-; ˈkeʃuː] *s bot.* **1.** Acaˈjou-, Caˈshew-, Nierenbaum *m.* **2.** *a.* **~ nut** Acaˈjou-, Caˈshewnuß *f.*
cash flow *s econ.* Cash-flow *m,* Kassenzufluß *m.*
cash·ier[1] [kæˈʃɪə(r)] *s* Kasˈsierer(in), Kassenverwalter(in): **~'s check** *econ. Am.* Bankscheck *m;* **~'s desk** (*od.* **office**) Kasse *f.*
cash·ier[2] [kəˈʃɪə(r); kæˈʃ-] *v/t* **1.** *mil.* (unehrenhaft) entlassen. **2.** verwerfen.
cash·less [ˈkæʃlɪs] *adj* bargeldlos.
cash·mere [kæʃˈmɪə(r); ˈkæʃmɪə(r); *Am. a.* ˈkæʒ-] *s* **1.** Kaschmirwolle *f.* **2.** Kaschmir *m* (*Gewebe*).
cash note *s econ.* Kassen-, Auszahlungsanweisung *f.*
cash·o·mat [ˈkæʃəʊmæt] *s* ˈGeldautoˌmat *m,* Bankoˈmat *m.*
cashˌ **pay·ment** *s* Barzahlung *f.* '**~-point** → **cash dispenser**. **~ price** *s* Bar(zahlungs)preis *m.* **~ pur·chase** *s* Barkauf *m.* **~ reg·is·ter** Strˈier-, Konˈtrollkasse *f.* **~ sale** *s* Barverkauf *m.* **~ sur·ren·der val·ue** *s* Rückkaufswert *m* (*e-r Police*). **~ vouch·er** *s* Kassenbeleg *m,* -zettel *m.*
cas·i·mere → **cassimere**.
cas·ing [ˈkeɪsɪŋ] *s* **1.** *tech.* a) Verkleidung *f,* Umˈmantelung *f,* (Schutz)Hülle *f,* (Ver)Schalung *f,* b) Gehäuse *n.* **2.** *tech.* Verˈschalungs-, Beˈkleidungsmateriˌal *n.* **3.** (Fenster-, Tür)Futter *n.* **4.** *mot.* (Reifen)Mantel *m.* **5.** *tech.* Futterrohr *n* (*e-s Bohrloches etc*). **6.** (Wurst)Darm *m,* (-)Haut *f.*
ca·si·no [kəˈsiːnəʊ; -ˈziː-] *pl* **-nos** *s* **1.** Kaˈsino *n:* a) Gebäude mit Räumen für gesellige Zs.-künfte, b) ˈSpielkaˌsino *n,* -bank *f.* **2.** → **cassino**.
cask [kɑːsk; *Am.* kæsk] **I** *s* Faß *n:* **a ~ of wine**. **II** *v/t* in ein Faß *od.* in Fässer füllen.
cas·ket [ˈkɑːskɪt; *Am.* ˈkæs-] **I** *s* **1.** Schaˈtulle *f,* Kästchen *n.* **2.** *bes. Am.* Sarg *m.* **II** *v/t* **3.** in e-e Schaˈtulle legen. **4.** *bes. Am.* einsargen. [pisch.]
Cas·pi·an [ˈkæspɪən] *adj geogr.* Kas-
casque [kæsk] *s poet.* Helm *m.* **casqued** [-kt] *adj poet.* behelmt.
cas·sa·ba → **casaba**.
Cas·san·dra [kəˈsændrə] *s fig.* Kasˈsandra *f* (*Unglücksprophetin*).

cas·sa·ta [kəˈsɑːtə] s Casˈsata f (Eisspezialität).
cas·sa·tion [kæˈseɪʃn; kəˈs-] s jur. Kassatiˈon f, Aufhebung f: Court of C~ Kassationshof m.
cas·se·role [ˈkæsərəʊl] I s 1. Kasseˈrolle f, Schmortopf m. 2. in der Kasseˈrolle serˈviertes Gericht. II v/t 3. schmoren.
cas·sette [kæˈset; kə-] s (ˈFilm-, ˈBand- etc)Kasˌsette f. ~ **deck** s Kasˈsettendeck n. ~ **ra·di·o** s ˈRadioˌrecorder m. ~ **re·cord·er** s Kasˈsettenreˌcorder m. ~ **tel·e·vi·sion** s Kasˈsettenfernsehen n.
cas·sia [ˈkæsɪə; Am. ˈkæʃə] s 1. bot. Kassie f. 2. a. ~ **tree** bot. Kassia-Zimtbaum m. ~ **bark** s Kassiarinde f.
cas·si·mere [ˈkæsɪˌmɪə(r); Am. a. ˈkæzə-] s Kasimir m (feines, weiches Wollgewebe).
cas·si·no [kəˈsiːnəʊ] s Kaˈsino n (Kartenspiel).
cas·sit·er·ite [kəˈsɪtəraɪt] s min. Kassiteˈrit m, Zinnstein m.
cas·sock [ˈkæsək] s relig. Souˈtane f.
cast [kɑːst; Am. kæst] I s 1. Wurf m (a. mit Würfeln): ~ **of fortune** Zufall m. 2. Wurfweite f. 3. a) Auswerfen n (der Angel etc), b) Angelhaken m, Köder m. 4. a) Gewölle n (von Raubvögeln), b) (von Würmern aufgeworfenes) Erdhäufchen, c) abgestoßene Haut (e-s Insekts). 5. (bes. seitwärts gerichteter) Blick, (Augen)Fehler m: **to have a** ~ **in one eye** auf einem Auge schielen. 6. thea. Besetzung f: a) Rollenverteilung f, b) Enˈsemble n, (die) Mitwirkenden pl: **with the full** ~ **in voller Besetzung.** 7. Faltenwurf m (auf Gemälden). 8. Anlage f (e-s Werkes), Form f, Zuschnitt m. 9. Schatˈtierung f, (Farb-) Ton m, Anflug m (a. fig.): **to have a slight** ~ **of blue** ins Blaue spielen; **green** ~ phot. Grünstich m. 10. Gesichtsschnitt m. 11. tech. Guß(form f, -stück n) m. 12. tech. Abdruck m, Moˈdell n, Form f. 13. med. Gipsverband m. 14. (angeborene) Art: ~ **of mind** Geistesart. 15. Typ m, Gattung f, Schlag m. 16. a) Berechnung f, b) Aufrechnung f, Additiˈon f.
II v/t pret u. pp **cast 17.** werfen: **to** ~ **a burden (up)on** fig. j-m e-e Last aufbürden; ~ **blame** 5, **die²** 1, **dust** 1, **lot** 1, **slur¹** 3, **spell²** 2, **tooth** 1. **18.** Angel, Anker, Lot, Netz etc auswerfen. **19.** zo. a) Haut, Gehörn abwerfen, Zähne verlieren, b) Junge (vorzeitig) werfen, gebären. **20.** Stimmzettel abgeben: **to** ~ **one's vote** s-e Stimme abgeben. **21.** Blicke werfen, sein Auge richten (**at, on, upon** auf acc). **22.** Licht, Schatten etc werfen (**on** auf acc; **over** über acc). **23.** jur. j-n e-n Proˈzeß verlieren lassen. **24.** meist ~ **up** zs.-zählen, ausrechnen: **to** ~ **accounts** econ. Abrechnung machen, Saldo ziehen; → **horoscope. 25.** tech. Metall, Glas, Statue etc gießen, formen. **26.** fig. formen, bilden, gestalten: → **mold¹** 1. **27.** thea. etc a) Stück etc besetzen, b) (**to**) Rollen verteilen (an acc), zuweisen (dat): **the play is perfectly** ~ das Stück ist ausgezeichnet besetzt; **to** ~ **s.o. as Othello** j-m die Rolle des Othello geben; **he was badly** ~ er war e-e Fehlbesetzung.
III v/i **28.** sich werfen, krumm werden (Holz), sich (ver)ziehen (Stoff). **29.** die Angel auswerfen. **30.** tech. a) sich gießen od. (a. fig.) formen lassen, b) sich formen. **31.** mar. abfallen.
Verbindungen mit Adverbien:
cast | **a·bout,** ~ **a·round** v/i **1.** ~ **for** suchen (nach), fig. a. sich ˈumsehen nach. **2.** mar. umˈherlaˌvieren. ~ **a·side** v/t **1.** Möbel etc ˈausranˌgieren, Kleidung a. ablegen. **2.** Gewohnheit etc ablegen, Freund etc fallenlassen. ~ **a·way** v/t **1.** wegwerfen. **2.** verschwenden, vergeuden. **3. to be** ~ mar. verschlagen werden.

~ **back** I v/t: **to** ~ **one's mind (**od. **thoughts)** s-e Gedanken zurückschweifen lassen (**to** in acc). II v/i zuˈrückdenken (**to** an acc). ~ **down** v/t **1.** j-n erniedrigen. **2.** entmutigen: **to be** ~ niedergeschlagen od. deprimiert sein. **3.** die Augen niederschlagen: **to** ~ **one's eyes. 4.** die Stimmung dämpfen. ~ **in** v/t: **to** ~ **lot** 1. ~ **off** I v/t **1.** Kleidungsstück abwerfen. **2.** Kleidung ablegen, ˈausranˌgieren. **3.** Freund etc fallenlassen. **4.** (beim Stricken) Maschen abnehmen. **5.** print. den ˈUmfang (e-s Buchs etc) berechnen. **6.** mar. losmachen. II v/i **7.** mar. ablegen, losmachen. ~ **on** v/t (beim Stricken) die ersten Maschen aufnehmen. ~ **out** v/t verstoßen, vertreiben (**from** aus), Dämonen etc austreiben. ~ **up** v/t **1.** die Augen aufschlagen: **to** ~ **one's eyes. 2.** → **cast** 24. **3.** anspülen, an Land spülen.

cas·ta·net [ˌkæstəˈnet] s Kastaˈgnette f.
ˈcast·a·way I s **1.** (von der Gesellschaft) Ausgestoßene(r m) f. **2.** mar. Schiffbrüchige(r m) f. **3.** etwas ˈAusranˌgiertes, bes. abgelegtes Kleidungsstück. II adj **4.** ausgestoßen. **5.** ˈausranˌgiert (Möbel etc), (Kleidung a.) abgelegt. **6.** mar. schiffbrüchig.
caste [kɑːst; Am. kæst] s **1.** (indische) Kaste: ~ **feeling** Kastengeist m; ~ **mark** Kastenzeichen n. **2.** Kaste f, Gesellschaftsklasse f. **3.** gesellschaftliche Stellung, Rang m, Ansehen n: **to lose** ~ an gesellschaftlichem Ansehen verlieren (**with, among** bei).
cas·tel·lan [ˈkæstɪlən] s Kastelˈlan m, Burg-, Schloßvogt m.
cas·tel·lat·ed [ˈkæstəleɪtɪd] adj **1.** burgartig (gebaut), mit Türmen u. Zinnen (versehen). **2.** burgengekrönt. **3.** burgenreich.
cast·er [ˈkɑːstə; Am. ˈkæstər] s **1.** Berechner(in): ~ **of horoscopes** Horoskopsteller(in). **2.** tech. a) Gießer m, b) Walzrad n, c) Lenkrad n, d) → **castor². 3.** → **castor⁵.**
cas·ti·gate [ˈkæstɪgeɪt] v/t **1.** züchtigen. **2.** fig. geißeln, scharf kritiˈsieren. **3.** fig. literarischen Text verbessern, berichtigen. ˌ**cas·tiˈga·tion** s **1.** Züchtigung f. **2.** Geißelung f, scharfe Kriˈtik. **3.** Textverbesserung f. ˈ**cas·ti·ga·tor** [-tə(r)] s **1.** Züchtiger m. **2.** Geißler m, scharfer Kritiker. **3.** Emenˈdator m.
Cas·tile [kæˈstiːl] s a. ~ **soap** Oˈlivenölseife f. **Casˈtil·ian** [-ˈstɪljən; -ljən] I s **1.** Kaˈstilier(in). **2.** ling. Kaˈstilisch n, das Kastilische, Spanisch n. II adj **3.** kaˈstilisch.
cast·ing [ˈkɑːstɪŋ; Am. ˈkæs-] I s **1.** tech. a) Guß m, Gießen n, b) Gußstück n, c) Gußwaren n, d) Gußwaren pl. **2.** Maurerei: (roher) Bewurf, Kalkverputz m: **rough** ~. **3.** thea. → **cast** 6 a. II adj **4.** Wurf... ~ **bot·tle** s Parˈfümzerstäuber m. ~ **burr** s tech. Gußnaht f. ~ **gate** s tech. Guß trichter m. ~ **la·dle** s tech. Gießkelle f. ~ **net** s Wurfnetz n. ~ **shop** s tech. Gieße rei f. ~ **vote** s (die) entscheidende Stimme: **he shall have the** ~ s-e Stimme entscheidet.
cast | **i·ron** s tech. Guß-, Roheisen n. ˌ~**-ˈi·ron** adj **1.** gußeisern, ~ **castings** Grauguß(stücke) m. **2.** fig. eisern, unbeugsam (Wille), eisern (Konstitution), unempfindlich (Magen), hart (Gesetze etc), hieb- u. stichfest (Alibi).
cas·tle [ˈkɑːsl; Am. ˈkæsəl] I s **1.** Kaˈstell n, Burg f, Schloß n: **to build** ~**s in the air (**od. **in Spain)** fig. Luftschlösser bauen. **2.** Schach: Turm m. II v/i **3.** Schach: roˈchieren. ˈ~**-ˌbuild·er** s Phanˈtast m. ~ **nut** s tech. Kronenmutter f.

cas·tling [ˈkɑːslɪŋ; Am. ˈkæsəlɪŋ] s Schach: Roˈchade f.
ˌ**cast**|**ˈoff** s **1.** abgelegtes od. ˈausranˌgiertes Kleidungsstück. **2.** print. ˈUmfangsberechnung f.
ˌ**cast-ˈoff** adj abgelegt, ˈausranˌgiert (Kleidungsstück).
Cas·tor¹ [ˈkɑːstə; Am. ˈkæstər] s **1.** astr. Kastor m (Stern). **2.** meteor. Elmsfeuer n.
cas·tor² [ˈkɑːstə; Am. ˈkæstər] s (schwenkbare) Laufrolle.
cas·tor³ [ˈkɑːstə; Am. ˈkæstər] s **1.** zo. Biber m. **2.** med. pharm. Bibergeil n. **3.** → **beaver¹** 3.
cas·tor⁴ [ˈkɑːstə; Am. ˈkæstər] s vet. Spat m.
cas·tor⁵ [ˈkɑːstə; Am. ˈkæstər] s **1.** (Salz- etc)Streuer m. **2.** pl Meˈnage f, Gewürzständer m.
cas·tor| **oil** s med. pharm. Rizinus-, Kastoröl n. ~ **sug·ar** s bes. Br. Kastorzucker m, feinkörniger Kriˈstallzucker.
cas·trate [kæˈstreɪt; bes. Am. ˈkæstreɪt] v/t **1.** kaˈstrieren: a) med. entmannen, b) vet. verschneiden, c) vet. die Eierstöcke (gen) entfernen. **2.** fig. kraftlos machen, abschwächen. **3.** Buch etc zenˈsieren, die anstößigen Stellen entfernen aus.
cas·tra·ti [kæˈstrɑːtiː] pl von **castrato.**
cas·tra·tion [kæˈstreɪʃn] s Kaˈstrierung f, Kastratiˈon f.
cas·tra·to [kæˈstrɑːtəʊ] pl -**ti** [-tiː], -**tos** s mus. hist. Kaˈstrat m.
Cas·tro·ism [ˈkæstrəʊɪzəm] s pol. Castroˈismus m, Caˈstrismus m.
cast steel s tech. Gußstahl m.
cas·u·al [ˈkæʒjʊəl; -ʒʊəl; Am. ˈkæʒəwəl; -ʒəl] I adj (adv -**ly**) **1.** zufällig: a ~ **visit;** a ~ **observer. 2.** gelegentlich, unregelmäßig: ~ **customer** Laufkunde m; ~ **labo(u)rer** → 7 a. **3.** beiläufig: a ~ **remark;** a ~ **glance** ein flüchtiger Blick. **4.** lässig: a) gleichgültig, nachlässig, b) zwanglos, saˈlopp: **his** ~ **manner. 5.** sportlich, saˈlopp (Kleidung): ~ **wear** Freizeitkleidung f. II s **6.** a) sportliches od. saˈloppes Kleidungsstück, b) pl Slipper(s) pl (Schuhe mit flachen Absätzen). **7.** a) Gelegenheitsarbeiter m, b) gelegentlicher Besucher, Laufkunde m. **8.** pl mil. Am. ˈDurchgangspersoˌnal n. ˈ**cas·u·al·ism** s philos. Kasuaˈlismus m, Zufallsglaube m. ˈ**cas·u·al·ness** s Nachlässigkeit f, Gleichgültigkeit f.
cas·u·al·ty [ˈkæʒjʊəltɪ; -ʒʊ- Am. ˈkæʒəltɪ;-ʒəl-] s **1.** Unfall m. **2.** a) Verunglückte(r m) f, Opfer n, b) mil. Verwundete(r) m od. Gefallene(r) m: **casualties** Opfer pl (e-r Katastrophe etc), mil. meist Verluste pl; ~ **list** Verlustliste f. **3.** a. ~ **ward (**od. **department)** ˈUnfallstatiˌon f.
cas·u·ist [ˈkæzjʊɪst; Am. ˈkæʒəwɪst] s Kasuˈist m (a. fig. Wortverdreher, Haarspalter). ˌ**cas·u·isˈtic** adj; ˌ**cas·u·isˈti·cal** adj (adv -**ly**) kasuˈistisch (a. fig. spitzfindig, haarspalterisch). ˈ**cas·u·ist·ry** [-trɪ] s Kasuˈistik f (a. fig. Wortverdreherei, Haarspalterei).
ca·sus bel·li, ca·sus bel·li [ˈkɑːsʊsˈbelɪː; ˌkeɪsəsˈbelaɪ] (Lat.) s Casus m belli.
cat [kæt] I s **1.** zo. Katze f: **(domestic)** ~ Hauskatze. **2.** fig. Katze f, falsches Frauenzimmer: **old** ~ boshafte Hexe. **3.** → **cat-o'-nine-tails. 4.** mar. Katt f. **5.** colloq. → **caterpillar** 2. **6.** sl. Kerl m. **7.** → **hepcat. 8.** II v/t **8.** (aus)peitschen. **9.** mar. den Anker katten. III v/i **10.** Br. sl. ˌkotzenˈ (sich übergeben).
Besondere Redewendungen:
to be like a ~ **on hot bricks** (bes. Am. **on a hot tin roof)** furchtbar nervös sein; **when the** ~ **is away the mice will play** wenn die Katze aus dem Haus ist, tanzen die Mäuse (auf dem Tisch); **all** ~s **are**

gray (*bes. Br.* grey) **in the dark** in der Nacht sind alle Katzen grau; **not to have** (*od.* **stand**) **a ~ in hell's chance** *colloq.* nicht die Spur e-r Chance haben; **has the ~ got your tongue?** *colloq.* hat es dir die Rede *od.* Sprache verschlagen?; **to let the ~ out of the bag** die Katze aus dem Sack lassen; **a ~ may look at a king** schaut die Katz' den Kaiser an!; **look what the ~'s brought** (*od.* **dragged**) **in!** *colloq.* wie schaust denn du aus!; **to live like ~ and dog** wie Hund und Katze leben; **it's enough to make a ~ laugh** *colloq.* da lachen ja die Hühner!; **to play ~ and mouse with** Katz u. Maus spielen mit; **to put** (*od.* **set**) **the ~ among the pigeons** für helle Aufregung sorgen; **it is raining ~s and dogs** es gießt in Strömen; **to see which way the ~ jumps** sehen, wie der Hase läuft; **to think one is the ~'s whiskers** (*od.* **pyjamas**) *colloq.* sich für etwas Besonderes halten; **to wait for the ~ to jump** die Entwicklung der Ereignisse abwarten.

ca·tab·o·lism [kəˈtæbəlɪzəm] *s biol.* Kataboˈlismus *m*, Abbau *m*.

cat·a·chre·sis [ˌkætəˈkriːsɪs] *s ling.* Kataˈchrese *f*, Bildbruch *m*. ˌ**cat·a-**ˈ**chres·tic** [-ˈkrestɪk] *adj*, ˌ**cat·a-**ˈ**chres·ti·cal** *adj* (*adv* ~**ly**) kataˈchrestisch.

cat·a·clysm [ˈkætəklɪzəm] *s* **1.** *geol.* Kataˈklysmus *m*, erdgeschichtliche Kataˈstrophe. **2.** Überˈschwemmung *f*. **3.** *fig.* ˈUmwälzung *f*, ˈUmbruch *m*. ˌ**cat·a**ˈ**clys·mic** [-ˈklɪzmɪk] *adj* **1.** *geol.* kataˈklystisch. **2.** *fig.* ˈumwälzend.

cat·a·comb [ˈkætəkuːm; *bes. Am.* -koum] *s meist pl* Kataˈkombe *f*.

cat·a·cous·tics [ˌkætəˈkuːstɪks] *s pl* (*meist als sg konstruiert*) *phys.* Kataˈkustik *f*.

cat·a·falque [ˈkætəfælk] *s* **1.** Kataˈfalk *m*. **2.** offener Leichenwagen.

Cat·a·lan [ˈkætələn; -læn] *I s* **1.** Kataˈlane *m*, Kataˈlanin *f*. **2.** *ling.* Kataˈlanisch *n*, das Katalanische. **II** *adj* **3.** kataˈlanisch.

cat·a·lec·tic [ˌkætəˈlektɪk] *adj metr.* kataˈlektisch, unvollständig (*Vers*).

cat·a·lep·sis [ˌkætəˈlepsɪs] *s*, ˈ**cat·a·lep·sy** [-sɪ] *s med. psych.* Katalepˈsie *f*, Starrkrampf *m*.

cat·a·logue, *Am. a.* **cat·a·log** [ˈkætəlɒg; *Am.* ˈkætlˌɔːg; -ˌɑg] *I s* **1.** Kataˈlog *m*. **2.** Verzeichnis *n*, (Preis- *etc*)Liste *f*. **3.** *univ. Am.* Vorlesungsverzeichnis *n*. **4.** Kataˈlogpreis *m*, -wert *m*. **II** *v/t* **5.** in e-n Kataˈlog aufnehmen, kataloˈgisieren. **III** *v/i* **6.** an e-m Kataˈlog arbeiten, e-n Katalog erstellen. **7.** ~ **at** e-n Kataˈlogpreis haben von, im Katalog stehen mit.

ca·tal·pa [kəˈtælpə] *s bot.* Kaˈtalpa *f*, Kaˈtalpe *f*, Tromˈpetenbaum *m*.

cat·a·lyse [ˈkætəlaɪz] *v/t chem. Br.* katalyˈsieren, beschleunigen (*beide a. fig.*). ˈ**cat·a·lys·er** *Br.* → catalyst. **ca·tal·y·sis** [kəˈtælɪsɪs] *s* Kataˈlyse *f*. **cat·a·lyst** [ˈkætəlɪst] *s* Katalyˈsator *m* (*a. fig.*). **cat·a·lyt·ic** [ˌkætəˈlɪtɪk] *adj* kataˈlytisch (*a. fig.*). ~ **converter** *mot. tech.* Katalysator *m*. ˈ**cat·a**ˌ**lyze** *Am.* → catalyse. ˈ**cat·a**ˌ**lyz·er** *Am.* → catalyst.

cat·a·ma·ran [ˌkætəməˈræn] *s* **1.** (primiˈtives) Floß. **2.** *mar.* Katamaˈran *m*. **3.** *colloq.* ‚Kratzbürste' *f*, Xanˈthippe *f*.

cat·a·me·ni·a [ˌkætəˈmiːnɪə] *s physiol.* Kataˈmenien *pl*, Menstruatiˈon *f*.

cat·a·mite [ˈkætəmaɪt] *s* Lustknabe *m*.

cat·am·ne·sis [ˌkætæmˈniːsɪs] *s med.* Katamˈnese *f* (abschließender Krankheitsbericht).

cat·a·mount [ˈkætəmaʊnt] *s zo.* **1.** → cougar. **2.** → lynx 1. **3.** → catamountain.

cat·a·moun·tain [ˌkætəˈmaʊntɪn] *s zo.* a) (euroˈpäische) Wildkatze, b) → leopard 1.

ˌ**cat-and-**ˈ**dog** *adj*: **to lead a ~ life** wie Hund u. Katze leben. ˌ~-ˈ**mouse** *adj*: **to play a ~ game with** Katz u. Maus spielen mit.

cat·a·phyll [ˈkætəfɪl] *s bot.* Keim-, Niederblatt *n*.

cat·a·plasm [ˈkætəplæzəm] *s med.* Kataˈplasma *n*, heißer ˈBreiˌumschlag.

cat·a·plex·y [ˈkætəpleksɪ] *s* Katapleˈxie *f*, Schrecklähmung *f*, -starre *f*.

cat·a·pult [ˈkætəpʌlt] *I s* **1.** Kataˈpult *n*, *a. m*: a) *mil. hist.* ˈWurf-, ˈSchleudermaˌschine *f*, b) *Br.* (Stein)Schleuder *f*, c) *aer.* Startschleuder *f*: ~ **seat** Schleudersitz *m*; ~ **take-off** Katapultstart *m*. **II** *v/t* **2.** schleudern, katapulˈtieren (*beide a. aer.*): **she was ~ed to stardom** overnight sie wurde über Nacht zum Star. **3.** *Br.* mit einer Schleuder beschießen. **III** *v/i* **4.** geschleudert *od.* katapulˈtiert werden (*a. aer.*).

cat·a·ract [ˈkætərækt] *s* **1.** Kataˈrakt *m*: a) Wasserfall *m*, b) Stromschnelle *f*, c) *fig.* Flut *f*, rasche Aufeinˈanderfolge. **2.** *med.* Kataˈrakt *f*, grauer Star.

ca·tarrh [kəˈtɑː(r)] *s med.* Kaˈtarrh *m*, Schnupfen *m*. **ca**ˈ**tarrh·al** *adj* katarˈrhalisch, Schnupfen...

ca·tas·ta·sis [kəˈtæstəsɪs] *pl* **-ses** [-siːz] *s thea.* Kataˈstase *f*, Höhepunkt *m*.

ca·tas·tro·phe [kəˈtæstrəfɪ] *s* **1.** Kataˈstrophe *f* (*a. im Drama*), Verhängnis *n*. **2.** *geol.* erdgeschichtliche Kataˈstrophe. **cat·a·stroph·ic** [ˌkætəˈstrɒfɪk; *Am.* -strɑ-] *adj*, ˌ**cat·a**ˈ**stroph·i·cal** *adj* (*adv* ~**ly**) katastroˈphal.

ˈ**cat**|·**bird** *s orn.* (*e-e*) amer. Spottdrossel. ˈ~·**boat** *s mar.* Catboat *n* (*kleines Segelboot mit Mast am Bug*). ~ **bur·glar** *s* Fasˈsadenkletterer *m*, Einstiegdieb *m*. ˈ~·**call** *I s* a) Buh(ruf *m*) *n*, b) Pfiff *m*. **II** *v/i* a) buhen, b) pfeifen. **III** *v/t* a) j-n ausbuhen, b) auspfeifen.

catch [kætʃ] *I s* **1.** Fangen *n*. **2.** Fang *m*, Beute *f* (*beide a. fig.*): **a good ~** a) ein guter Fang (*beim Fischen od. fig.*), b) *colloq.* e-e gute Partie (*Heirat*); **no ~** *colloq.* kein (gutes) Geschäft. **3.** *Baseball, Kricket*: a) Fang *m* (*e-s Balles*), b) Fänger *m*. **4.** Stocken *n* (*des Atems*): **there was a ~ in his voice** e-r Stimme stockte. **5.** Halt *m*, Griff *m*. **6.** *tech.* a) Haken *m*, Schnäpper *m*, (Tür)Klinke *f*: ~ **of a lock** Schließhaken, b) Sperre *f*, Sicherung *f*, Verschluß *m* (*e-r Brosche etc*), c) Knagge *f*, Mitnehmer *m*, d) *arch.* Halter *m*. **7.** *fig.* Haken *m*: a) Falle *f*, Kniff *m*, b) Schwierigkeit *f*: **there must be a ~ somewhere** die Sache muß irgendwo e-n Haken haben; ~**·22,** *Am. a.* **~·23** gemeiner Trick, böse Falle. **8.** a) Brocken *m*, Bruchstück *n*: **by ~es** stückchenweise, b) Pause *f*, kurze Unterˈbrechung. **9.** *Am.* Keimen *n*, Ausschlagen *n*. **10.** *mus.* Kanon *m*.

II *v/t pret u. pp* **caught** [kɔːt] **11.** a) e-n Ball fangen, *a. e-n Blick* auf fangen, (er)haschen, *ein Tier etc* (ein)fangen, *Flüssigkeiten* auffangen, b) *allg.* ‚kriegen', bekommen, erwischen: **to ~ a thief** e-n Dieb fassen *od.* ‚schnappen'; **to ~ a train** e-n Zug (noch) kriegen *od.* erwischen; → **breath 1, crab¹ 1, glimpse 1, sight 2, Tartar¹ 2. 12.** *j-n* einholen. **13.** überˈraschen, erwischen, ertappen (**s.o. at s.th.** j-n bei etwas; **s.o. doing** j-n dabei, wie er etwas tut): **I caught myself lying** ich ertappte mich bei e-r Lüge; **let me ~ you at it again!** laß dich ja nicht mehr dabei erwischen!; **they were caught in a storm** sie wurden vom Sturm überrascht, sie gerieten in ein Unwetter; ~ **me** (**doing that**)! *Br. colloq.* (das) fällt mir nicht im Traum ein!, ‚denkste!'; ~ **him!** der läßt sich nicht erwischen!; **he caught himself** er hielt plötzlich inne (*beim Sprechen*), er fing sich (gerade noch); → **nap¹ 2, unawares 2. 14.** *a. fig.* packen, ergreifen, erfassen: **she caught her child to herself** sie riß ihr Kind an sich; **the fire caught the curtains** das Feuer erfaßte die Vorhänge; **he caught** (**was caught with**) **the general enthusiasm** er wurde von der allgemeinen Begeisterung erfaßt *od.* angesteckt; → **hold² 1. 15.** *fig.* **to ~ the ear** ans Ohr dringen; **to ~ the eye** ins Auge fallen; **to ~ s.o.'s eye** (*od.* **attention**) j-s Aufmerksamkeit auf sich lenken; → **fancy 7, speaker 2. 16.** erfassen, verstehen, ‚mitkriegen': **she did not ~ his name. 17.** *fig.* einfangen: **he caught the atmosphere well; caught from life** dem Leben abgelauscht. **18.** sich *e-e Krankheit etc* holen, sich *e-e Erkältung etc, a. e-e Strafe etc* zuziehen, bekommen: **to ~** (**a**) **cold** sich erkälten; **to ~ a bullet in one's leg** e-n Schuß ins Bein abbekommen; **to ~ it** *sl.* ‚sein Fett (ab)kriegen', eins aufs Dach kriegen'; → **fire 1, hell 1, packet 5. 19.** *fig. Gewohnheit, Aussprache* annehmen. **20.** a) streifen *od.* stoßen an (*acc*), b) hängenbleiben *od.* sich verfangen mit *etwas*: **to ~ one's foot in s.th.** mit dem Fuß in etwas hängenbleiben; **my fingers were caught in the door** ich kammte mir die Finger in der Tür. **21.** *sl.* a) e-n Schlag versetzen (*dat*): **to ~ s.o. a blow,** b) treffen: **the blow caught him on the chin.**

III *v/i* **22.** fassen, greifen: **to ~ at** greifen *od.* schnappen nach, (*fig. Gelegenheit gern*) ergreifen; → **shadow 5, straw 1. 23.** *tech.* ineinˈander- *od.* eingreifen (*Räder*), einschnappen, -rasten (*Schloß etc*). **24.** sich verfangen, hängenbleiben: **her dress caught on a nail; the plane caught in the trees. 25.** klemmen, festsitzen: **the bolt ~es somewhere. 26.** sich ausbreiten (*Feuer*). **27.** anspringen (*Motor*). **28.** *gastr.* anbrennen. **29.** *Am.* keimen, ausschlagen.

Verbindungen mit Adverbien:

catch| **on** *v/i colloq.* **1.** kaˈpieren, verstehen (**to s.th.** etwas). **2.** einschlagen, Anklang finden, popuˈlär werden. ~ **out** *v/t* **1.** a) ertappen, b) überˈführen. **2.** *Kricket: den Schläger* (durch Fangen des Balles) ‚aus' machen. ~ **up** *I v/t* **1.** unterˈbrechen. **2.** *Br.* einholen (*a. bei der Arbeit*). **3.** (schnell) ergreifen. *a. Kleid* aufraffen. **4. to be caught up in** a) vertieft sein in (*acc*), b) verwickelt sein in (*acc*). **II** *v/i* **5.** aufholen: **to ~ with** einholen (*a. bei der Arbeit*); **to ~ on** (*od.* **with**) e-n Arbeitsrückstand *etc* aufholen; **to ~ on one's sleep** Schlaf nachholen.

ˈ**catch**|·**all** *s bes. Am.* **1.** Tasche *f od.* Behälter *m* für alles mögliche. **2.** *fig.* Sammelbezeichnung *f*: **~ term** Sammelbegriff *m*. ˈ~-**as-**ˌ**catch-**ˈ**can** *s sport* Catch-as-catch-can *n*, Catchen *n*: **~ wrestler** Catcher *m*. ~ **ba·sin** → catch pit. ~ **bolt** *s tech.* Riegel *m* mit Feder. ~ **crop** *s agr.* Zwischenfrucht *f*. ˈ~·**cry** *s* Schlagwort *n*.

catch·er [ˈkætʃə(r)] *s* Fänger *m* (*a. Trapezkünstler*).

ˈ**catch·fly** *s bot.* **1.** (*bes.* Garten)Leimkraut *n*. **2.** Pechnelke *f*.

catch·ing [ˈkætʃɪŋ] *adj* (*adv* ~**ly**) **1.** *med.* ansteckend (*a. fig. Lachen etc*). **2.** *fig.* anziehend, fesselnd (**to** für). **3.** → catchy 1. **4.** ~ **bargain** *jur.* a) Rechtsgeschäft *n* (*bes.* Darlehen *n*) zu unfairen *od.* wuche-

catchment – causation

rischen Bedingungen, b) Ablistung *f* des Erbanteils. **catch·ment** ['kætʃmənt] *s* **1.** (Auf)Fangen *n* (*von Wasser*). **2.** *geol.* Auffangbehälter *m*, Reser'voir *n*. ~ **a·re·a** *s* **1.** *geol.* Einzugsgebiet *n* (*e-s Flusses*). **2.** *fig.* Einzugsbereich *m*, -gebiet *n* (*e-s Krankenhauses etc*). ~ **ba·sin** → catchment area 1.
'**catch|pen·ny I** *adj* wertlos, Schund..., auf Kundenfang berechnet: ~ title reißerischer Titel. **II** *s* Schund(ware *f*) *m*, 'Lock-, 'Schleuderar₁tikel *m*. '~**phrase** *s* Schlagwort *n*. ~ **pit** *s tech.* Auffangbehälter *m*. '~**pole**, '~**poll** *s jur. hist.* Büttel *m*, Gerichtsdiener *m*. ~ **quo·ta** *s* Fischfang: Fangquote *f*. '~**up** *bes. Am.* → ketchup. '~**waist spin** *s Eis-, Rollkunstlauf*: 'Waagepirou₁ette *f* (*im Paarlauf*). '~**weed** *s bot.* (ein) Labkraut *n*. '~**weight** *s sport* durch keinerlei Regeln beschränktes Gewicht e-s Wettkampfteilnehmers. '~**word** *s* **1.** Stichwort *n* (*im Lexikon etc*) (*a. thea.*). **2.** Schlagwort *n*. **3.** *print.* a) *hist.* Kustos *m*, b) Ko'lumnentitel *m*.
catch·y ['kætʃɪ] *adj* **1.** eingängig: ~ tune. **2.** → catching **3.** unregelmäßig: ~ breathing. **4.** a) schwierig, b) Fang...: ~ question.
cate [keɪt] *s obs.* **1.** *pl* Lebensmittel *pl*. **2.** *meist pl* Leckerbissen *m*.
cat·e·che·sis [ˌkætɪ'kiːsɪs] *s relig.* Kate'chese *f*. ˌ**cat·e'chet·ic** [-'ketɪk] *adj*; ˌ**cat·e'chet·i·cal** *adj* (*adv* **~ly**) katechetisch.
cat·e·chin ['kætəkɪn] *s chem.* Kate'chin *n*.
cat·e·chism ['kætɪkɪzəm] *s* **1.** *relig.* Kate'chismus *m*. **2.** *fig.* Reihe *f od.* Folge *f* von Fragen. '**cat·e·chist** *s relig.* Kate'chet(in), Religi'onslehrer(in). ˌ**cat·e'chis·tic** *adj*; ˌ**cat·e'chis·ti·cal** *adj* (*adv* **~ly**) *relig.* kate'chetisch, Katechismus... '**cat·e·chize** *v/t* **1.** *relig.* katechi'sieren, durch Frage u. Antwort unter'richten. **2.** ausfragen, ausforschen.
cat·e·chol ['kætɪkɒl; -kəʊl; -tɪtʃ-] *s chem. phot.* 'Brenzkate₁chin *n*.
cat·e·chu ['kætɪtʃuː] *s chem.* Katechu *n*, Katschu *n*.
cat·e·chu·men [ˌkætɪ'kjuːmen] *s* **1.** *relig. bes. hist.* Katechu'mene *m* (*Taufbewerber im Vorbereitungsunterricht*). **2.** *fig.* Neuling *m*, Anfänger(in).
cat·e·gor·i·cal [ˌkætɪ'gɒrɪkl; *Am. a.* -'gɑːr-] *adj* (*adv* **~ly**), *a.* ˌ**cat·e'gor·ic** *adj* (*adv* **~ally**) **1.** *philos.* kate'gorisch: categorical imperative. **2.** *allg.* kate'gorisch, bestimmt. '**cat·e·go·rize** [-gəraɪz] *v/t* kategori'sieren, nach Kate'gorien ordnen. **cat·e·go·ry** ['kætɪgərɪ; *Am.* 'kætəˌgɔːrɪ; -ˌgoʊ-] *s* Katego'rie *f*: a) *philos.* Begriffsklasse *f*, b) *fig.* Art *f*, Klasse *f*, Gruppe *f*.
ca·te·na [kə'tiːnə], *pl* **-nae** [-niː], **-nas** *s* **1.** Reihe(nfolge) *f*, Kette *f*. **2.** *relig.* Ka'tene *f* (*Sammlung von Auslegungen der Kirchenväter zu Bibelstellen*). **3.** *geogr.* Ca'tena *f*, Standortreihe *f*. **cat·e·nar·i·an** [ˌkætɪ'neərɪən] *adj math.* zu e-r Kettenlinie gehörig. **cat·e·nar·y** [kə'tiːnərɪ; *Am.* 'kætə₁nerɪ] **I** *adj* Ketten...: ~ bridge Hängebrücke *f*. **II** *s math.* Kettenlinie *f*. **cat·e·nate** ['kætɪneɪt] *v/t* verketten, anein'anderreihen.
ca·ter ['keɪtə(r)] **I** *v/i* **1.** (for) Speisen u. Getränke liefern (für). **2.** sorgen (for für). **3.** *fig.* (for, to) befriedigen (*acc*), etwas bieten (*dat*): to ~ to popular taste. **II** *v/t* **4.** Speisen u. Getränke liefern für, mit Speisen u. Getränken beliefern.
cat·er·an ['kætərən] *s* **1.** *mil. hist.* (schottischer) Irregu'lärer. **2.** Ban'dit *m*, Räuber *m*.

cat·er·cor·ner(ed) [ˌkætɪ'kɔːrnər(d)] *adj Am. colloq.* diago'nal.
'**ca·ter-₁cous·in** ['keɪtə(r)-] *s obs.* Busenfreund(in).
ca·ter·er ['keɪtərə(r)] *s* Liefe'rant *m od.* Lieferfirma *f* für Speisen u. Getränke.
cat·er·pil·lar ['kætə(r)pɪlə(r)] *s* **1.** *zo.* Raupe *f*. **2.** (*TM*) *tech.* Raupenfahrzeug *n*.
cat·er·waul ['kætə(r)wɔːl] **I** *s* **1.** Jaulen *n*. **2.** *fig.* Keifen *n*. **II** *v/i* **3.** jaulen (*Katze*). **4.** *fig.* (sich an)keifen. **5.** *contp.* geil sein.
'**cat|-eyed** *adj* **1.** katzenäugig. **2.** to be ~ im Dunkeln sehen können. '~**fall** *s mar.* Kattläufer *m*. '~**fish** *s ichth.* **1.** Kat-, Katzenfisch *m*, Wels *m*. **2.** Petermännchen *n*. **3.** Gemeiner Seewolf. '~**gut** *s* **1.** Darmsaite *f*. **2.** *med.* Katgut *n*. **3.** (*Art*) Steifleinen *n*.
ca·thar·sis [kə'θɑː(r)sɪs] *s* **1.** Ästhetik: Katharsis *f*. **2.** *med.* Abführung *f*. **3.** *Psychotherapie*: Katharsis *f*, 'Abreakti₁on *f*. **ca'thar·tic** [-tɪk] **I** *s* **1.** *med. pharm.* Abführmittel *n*. **II** *adj* (*adv* **~ally**) **2.** ka'thartisch. **3.** *med. pharm.* abführend: ~ drug (*od.* agent) → 1. **ca'thar·ti·cal** *adj* (*adv* **~ly**) → cathartic II.
ca·the·dra [kə'θiːdrə] *s relig.* Cathedra *f*, Bischofsstuhl *m*.
ca·the·dral [kə'θiːdrəl] **I** *s* **1.** Kathe'drale *f*, Dom *m*. **II** *adj* **2.** Dom...: ~ city (*od.* town); ~ church → **1**. **3.** autorita'tiv, maßgebend, maßgeblich.
cath·er·ine wheel ['kæθərɪn; -θrɪn] *s* **1.** Katha'rinenrad *n*: a) *arch.* ein Radfenster, b) *her.* Rad mit Spitzen *od.* Haken am Kranz. **2.** Feuerrad *n* (*Feuerwerkskörper*). **3.** *sport* Rad *n*: to turn ~s radschlagen.
cath·e·ter ['kæθɪtə(r)] *s med.* Ka'theter *m*. '**cath·e·ter·ize** *v/t* katheteri'sieren, ka'thetern.
cath·o·dal [kæ'θəʊdl; 'kæθəʊdl] *adj electr.* Kathoden...
cath·ode [kæθəʊd] *s electr.* Ka'thode *f*. ~ **cur·rent** *s electr.* **1.** Ka'thodenstrom *m* (*bei Elektronenröhren etc*). **2.** Entladungsstrom *m* (*bei Gasentladungsgefäßen*). '~-**ray tube** *s* Ka'thodenstrahlröhre *f*, Braunsche Röhre.
ca·thod·ic [kæ'θɒdɪk; *Am.* -'θɑ-] *adj electr.* ka'thodisch.
cath·o·lic ['kæθəlɪk; -θlɪk] **I** *adj* **1.** ('all)um₁fassend, univer'sal: a man with ~ interests ein vielseitig interessierter Mann. **2.** vorurteilslos. **3.** großzügig, tole'rant. **4.** C~ *relig.* (*bes.* römisch-) ka'tholisch. **II** *s* **5.** C~ *relig.* Katho'lik(in). **Ca'thol·i·cism** [kə'θɒlɪsɪzəm; *Am.* -'θɑ-] *s relig.* Katholi'zismus *m*. **cath·o·lic·i·ty** [ˌkæθəʊ'lɪsɪtɪ; -θl'I-] *s* **1.** Universali'tät *f*. **2.** Großzügigkeit *f*, Tole'ranz *f*. **3.** *a.* katholischer Glaube. **4.** C~ Katholizi'tät *f* (*Gesamtheit der katholischen Kirche*). **ca·thol·i·cize** [kə'θɒlɪsaɪz; *Am.* -'θɑ-] *v/t u. v/i* ka'tholisch machen (werden), katholi'sieren.
'**cat|house** *s Am. colloq.* ,Puff' *m*, a'n (Bordell). ~ **ice** *s* dünne Eisschicht.
cat·i·on ['kætaɪən] *s chem. phys.* Kation *n* (*positiv geladenes Ion*).
'**cat·kin** ['kætkɪn] *s bot.* (Blüten)Kätzchen *n* (*der Weiden etc*).
'**cat|·lick** *s colloq.* ,Katzenwäsche' *f*: to have a ~ Katzenwäsche machen. '~**like** *adj* katzenartig, -haft.
cat·ling ['kætlɪŋ] *s* **1.** *obs.* Kätzchen *n*. **2.** *med.* feines zweischneidiges Amputati'onsmesser. **3.** Darmsaite *f*.
'**cat| lit·ter** *s* Katzenstreu *f*. '~**mint** *s bot.* → catnip. '~**nap I** *v/i* ein Schläfchen *od.* Nickerchen machen. **II** *s* Schläfchen *n*, Nickerchen *n*: to have (*od.* take) a ~ → I. '~**nip** ['kætnɪp], *a.* '~**nep** [-nep] *s bot.* Echte Katzenminze.

cat-o'-moun·tain [ˌkætə'maʊntɪn] → catamountain.
ˌ**cat-o'-'nine-tails** *s sg u. pl* neunschwänzige Katze (*Peitsche*).
ca·top·tric [kə'tɒptrɪk; *Am.* -'tɑp-] *phys.* **I** *adj* kat'optrisch, Spiegel... **II** *s* (*als sg konstruiert*) Kat'optrik *f* (*Lehre von der Reflexion des Lichtstrahlen*).
cat's| cra·dle *s* Abnehme-, Fadenspiel *n*. '~**ear** *s bot.* Ferkelkraut *n*. '~**eye** *s* **1.** *min.* Katzenauge *n*. **2.** *bot.* (ein) Ehrenpreis *m*. **3.** *tech.* a) Katzenauge *n*, Rückstrahler *m*, b) Leuchtnagel *m*. '~**foot** *s irr bot.* Katzenpfötchen *n*. **2.** Gundermann *m*. '~**paw** *s* **1.** Katzenpfote *f*. **2.** *fig.* Handlanger *m*, j-s Werkzeug *n*.
cat suit *s* einteiliger Hosenanzug.
cat·sup ['kætsəp; 'ketʃəp; 'kætʃəp] *bes. Am.* → ketchup.
ca·ta·lo ['kætələʊ] *pl* **-los** *od.* **-loes** *s* Kreuzung zwischen amer. Büffel u. Hausrind.
cat·ti·ness ['kætɪnɪs] *s* Bosheit *f*. '**cat·tish** *adj* (*adv* **~ly**) **1.** katzenhaft. **2.** *fig.* boshaft, gehässig.
cat·tle ['kætl] *s collect.* (meist als *pl* konstruiert) **1.** (Rind)Vieh *n*: ten head of ~ zehn Stück Vieh, zehn Rinder. **2.** *contp.* Viehzeug *n* (*Menschen*). ~ **car** *s rail. Am.* Viehwagen *m*. ~ **lift·er** *s* Viehdieb *m*. '~**man** [-mən] *s irr* **1.** *bes. Am.* Viehzüchter *m*. **2.** Viehknecht *m*. ~ **pen** *s* Viehgehege *n*, Pferch *m*. ~ **plague** *s vet.* Rinderpest *f*. ~ **range** *s* Weideland *n*, Viehtrift *f*.
cat tray *s* 'Katzenklo₁sett *n*.
cat·ty¹ ['kætɪ] → cattish.
cat·ty² ['kætɪ] *s* Katt(i) *n* (*ostasiatisches Gewicht, etwa ein Pfund*).
cat·ty-cor·ner(ed) → cater-cor·ner(ed).
'**cat|·walk** *s* **1.** *tech.* Laufplanke *f*, Steg *m*. **2.** Laufsteg *m* (*bei Modeschauen*). ~ **whisk·er** *s electr.* De'tektornadel *f*.
Cau·ca·sian [kɔː'keɪzjən; -ʒjən; *Am.* kɔː'keɪʒən; -'kæʒən] **I** *adj* kau'kasisch. **II** *s* Kau'kasier(in).
cau·cus [kɔːkəs] *pol.* **I** *s* **1.** *bes. Am.* Wahlversammlung *f* (*e-r Partei zur Benennung von Kandidaten etc*). **2.** *bes. Am.* Versammlung *f* von Par'teiführern, Par'teikonfe₁renz *f*. **3.** *Br.* örtlicher Par'teiausschuß. **II** *v/i* **4.** *bes. Am.* e-e Wahl- *od.* Par'teiversammlung abhalten.
cau·dal ['kɔːdl] *adj zo.* Schwanz..., Steiß...: ~ fin *ichth.* Schwanzflosse *f*.
'**cau·date** [-deɪt] *adj zo.* geschwänzt.
cau·dle ['kɔːdl] *s* Getränk aus erwärmtem Ale *od.* Wein mit Brot *od.* Haferschleim u. Gewürzen.
caught [kɔːt] *pret u. pp* von catch.
caul [kɔːl] *s* **1.** Haarnetz *n* (*bes. e-r Haube*). **2.** *anat.* a) großes Netz, b) Glückshaube *f* (*der Neugeborenen*).
caul·dron ['kɔːldrən] *s* großer Kessel (*a. fig.*): witches' ~ Hexenkessel.
cau·li·flow·er ['kɒlɪˌflaʊə(r); *Am. a.* 'kɑlɪ-] *s bot.* Blumenkohl *m*. ~ **ear** *s* Boxen: Blumenkohlohr *n*.
cau·li·form ['kɔːlɪfɔː(r)m] *adj bot.* stengelförmig. '**cau·line** [-lɪn; *bes. Am.* -laɪn] *adj* Stengel..., stengelständig.
caulk → calk¹.
cau·lome ['kɔːləʊm] *s bot.* Caulom *n*, (blättertreibende) Achse.
caus·al ['kɔːzl] *adj* (*adv* **~ly**) **1.** ursächlich, kau'sal: ~ connection Kausalzusammenhang *m*; ~ law Kausalgesetz *n*. **2.** verursachend: ~ agent Verursacher *m* (*e-r Krankheit etc*). **cau·sal·i·ty** [kɔː'zælɪtɪ] *s* **1.** Ursächlichkeit *f*, Kausali'tät *f*: law of ~ Kausalgesetz *n*. **2.** Kau'sal₁zusammenhang *m*, Kau'salnexus *m*.
cau·sa·tion [kɔː'zeɪʃn] *s* **1.** Verur-

sachung *f*: **chain of** ~ Kausalzusammenhang *m*. **2.** Ursache *f*. **3.** Ursächlichkeit *f*. **4.** *philos*. Kau'salprin,zip *n*.
cau·sa·tion·ism → causation 4.
caus·a·tive ['kɔːzətɪv] **I** *adj* **1.** kau'sal, begründend, verursachend (**of** *acc*). **2.** *ling*. kausativ. **II** *s* **3.** *ling*. Kausativ *n*.
cause [kɔːz] **I** *s* **1.** Ursache *f*: ~ **of death** Todesursache; ~ **and effect** Ursache u. Wirkung *f*. **2.** Grund *m*, Anlaß *m*, Veranlassung *f* (**for** zu): **to give s.o.** ~ **for** j-m Anlaß geben zu; **you have no** ~ **for complaint** (*od.* **to complain**) Sie haben keinen Grund zur Klage (*od.*, sich zu beklagen); **for** ~ *jur*. aus wichtigem Grunde; **without** ~ ohne triftigen Grund. **3.** (gute) Sache: **to work for a good** ~; **to fight for one's** ~; **to make common** ~ **with** gemeinsame Sache machen mit; **in the** ~ **of** zum Wohle (*gen*), für. **4.** *jur*. a) Sache *f*, Rechtsstreit *m*, Pro'zeß *m*: **lost** ~ *fig.* verlorene *od.* aussichtslose Sache, b) Gegenstand *m*, Grund *m* (*e-s Rechtsstreits*): ~ **of action** Klagegrund; **to show** ~ s-e Gründe darlegen, dartun (**why** warum). **5.** Sache *f*, Angelegenheit *f*, Frage *f*: **living** ~**s** aktuelle Fragen *od*. Angelegenheiten. **II** *v/t* **6.** veranlassen, lassen: **to** ~ **s.o. to do s.th.** j-n etwas tun lassen; j-n veranlassen, etwas zu tun; **to** ~ **s.th. to be done** etwas veranlassen; **he** ~**d the man to be arrested** er ließ den Mann verhaften; er veranlaßte, daß der Mann verhaftet wurde. **7.** verursachen, her'vorrufen, bewirken. **8.** bereiten, zufügen: **to** ~ **s.o. trouble** j-m Mühe *od*. Schwierigkeiten bereiten.
cause cé·lè·bre [,kəʊzse'lebrə; *Am*. -seɪ-] *pl* **caus·es cé·lè·bres** [*wie sg oder* ,kəʊzɪz-] *s jur*. Cause *f* cé'lèbre, berühmter Rechtsstreit.
cause·less ['kɔːzlɪs] *adj* (*adv* ~**ly**) unbegründet, grundlos, ohne Grund.
cause list *s jur*. Ter'min-, Pro'zeßliste *f*.
cau·se·rie ['kəʊzəri:; *Am. bes.* ,kəʊzə'riː] *s* Plaude'rei *f*.
cause·way ['kɔːzweɪ] *s* **1.** erhöhter Fußweg, Damm *m* (*durch e-n See od. Sumpf*). **2.** *obs.* Chaus'see *f*.
caus·tic ['kɔːstɪk] **I** *adj* (*adv* ~**ally**) **1.** *chem.* kaustisch, ätzend, beizend, brennend. **2.** *fig.* beißend, ätzend, sar'kastisch: ~ **humo(u)r**; **a** ~ **reply**. **3.** *phys.* kaustisch. **II** *s* **4.** Beiz-, Ätzmittel *n*. **5.** *phys.* ~ a) **caustic curve**, b) **caustic surface**. ~ **curve** *s phys.* Brennlinie *f*, kaustische Kurve.
caus·tic·i·ty [kɔːˈstɪsətɪ] *s* **1.** Ätz-, Beizkraft *f*. **2.** *fig.* Sar'kasmus *m*, Schärfe *f*.
caus·tic| lime *s chem.* Ätzkalk *m*. ~ **pot·ash** *s chem.* Ätzkali *n*. ~ **so·da** *s chem.* Ätznatron *n*. ~ **sur·face** *s phys.* Brennfläche *f*.
cau·ter·i·za·tion [,kɔːtəraɪˈzeɪʃn; *Am*. -rəˈz-] *s med. tech.* **1.** Kauterisati'on *f*, (Aus)Brennen *n*. **2.** Ätzen *n*, Ätzung *f*.
'cau·ter·ize [-raɪz] *v/t* **1.** *med. tech.* kauteri'sieren, (aus)brennen, (ver)ätzen. **2.** *fig.* Gefühl, Gewissen abtöten, abstumpfen. **cau·ter·y** ['kɔːtərɪ] *s* **1.** → **cauterization**. **2.** *med.* a) **actual** ~ Kauter *m*, Brenneisen *n*, b) a. **chemical** ~ Ätzmittel *n*, -stift *m*.
cau·tion ['kɔːʃn] **I** *s* **1.** Vorsicht *f*, Behutsamkeit *f*: **to act** (*od.* **proceed**) **with** ~ Vorsicht walten lassen; ~! *mot. etc* Vorsicht! **2.** a) Verwarnung *f*, b) Warnung *f*. **3.** *jur*. a) Rechtsmittel- *od*. Eidesbelehrung *f*, b) (poli'zeiliche) Verwarnung, c) Vormerkung *f* (*zur Sicherung von Grundstücksrechten*), d) *bes. Scot*. Kauti'on *f*, Bürgschaft *f*. **4.** *mil.* 'Ankündigungskom,mando *n*. **5.** *colloq*. a) (*etwas*) Origi'nelles, drollige *od.* ,tolle' Sache, b) Origi'nal *n*, ,ulkige Nummer'

(*Person*), c) unheimlicher Kerl. **II** *v/t* **6.** warnen (**against** vor *dat*): **to** ~ **o.s.** sich in acht nehmen. **7.** verwarnen. **8.** *jur.* belehren (**as to** über *acc*). **cau·tion·ar·y** ['kɔːʃnərɪ; *Am*. -ʃə,nerɪ:] *adj* warnend, Warn..., Warnungs...: ~ **command** *od* **caution** 4; ~ **mortgage** *Am*. Sicherungshypothek *f*; ~ **signal** Warnsignal *n*; ~ **tale** Geschichte *f* mit e-r Moral.
cau·tion mon·ey *s bes. univ. Br.* Kauti'on *f*, (hinter'legte) Bürgschaft (*für eventuell verursachte Schäden*).
cau·tious ['kɔːʃəs] *adj* (*adv* ~**ly**) **1.** vorsichtig, behutsam, auf der Hut. **2.** achtsam. **3.** verhalten, gedämpft (*Optimismus etc*). **'cau·tious·ness** *s* Vorsicht *f*, Behutsamkeit *f*.
cav·al·cade [,kævl'keɪd; '-keɪd] *s* Kaval'kade *f*, Reiterzug *m*, *weitS. a.* Zug *m* von Autos *etc*.
cav·a·lier [,kævə'lɪə(r)] **I** *s* **1.** *hist.* Ritter *m*, Edelmann *m*. **2.** Kava'lier *m*: a) ritterlicher Mensch, b) Verehrer *m od.* Begleiter *m* (*e-r Dame*). **3.** C~ *hist.* Kava'lier *m*, Roya'list *m* (*Anhänger Karls I. von England*). **II** *adj* **4.** arro'gant, anmaßend, rücksichtslos. **5.** unbekümmert, lässig. **6.** C~ *hist.* roya'listisch: **the C~ Poets** die Kavalierdichter.
cav·al·ry ['kævlrɪ] *s mil.* a) *bes. hist.* Kavalle'rie *f*, Reite'rei *f*: **two hundred** ~ 200 Mann Kavallerie, b) Panzertruppe(n *pl*) *f*. '~**man** [-mən] *s irr mil.* a) *bes. hist.* Kavalle'rist *m*, b) Angehörige(r) *m* e-r Panzertruppe.
cav·a·ti·na [,kævə'tiːnə] *pl* **-nas, -ne** [-niː] *s mus.* Kava'tine *f*.
cave[1] [keɪv] **I** *s* **1.** Höhle *f*. **2.** *pol. Br. hist.* a) Absonderung *f*, Sezessi'on *f* (*e-s Teils e-r Partei*), b) Sezessi'onsgruppe *f*: **to form a** ~ → **7**. **II** *v/t* **3.** aushöhlen. **4.** *meist* ~ **in** eindrücken, zum Einsturz bringen. **III** *v/i* **5.** *meist* ~ **in** einbrechen, -stürzen, -sinken. **6.** *meist* ~ **in** *colloq*. a) (*vor Erschöpfung*) ,zs.-klappen', ,schlappmachen', b) nachgeben (**to** *dat*), klein beigeben. **7.** *pol. Br. hist.* (in *e-r bestimmten Frage von der Partei*) absondern.
ca·ve[2] ['keɪvɪ] (*Lat.*) *ped. Br. sl.* **I** *interj* Vorsicht!, Achtung! **II** *s*: **to keep** ~ ,Schmiere stehen', aufpassen.
ca·ve·at ['kævɪæt; 'keɪ-] *s jur.* **1.** Einspruch *m*: **to file** (*od*. **enter**) **a** ~ Einspruch erheben, Verwahrung einlegen (**against** gegen). **2.** a) *Am*. (vorläufige) Pa'tentanmeldung, b) *Br.* Einspruch *m* gegen e-e Pa'tenterneuerung.
cave| bear *s zo.* Höhlenbär *m*. ~ **dwell·er** *s* Höhlenbewohner(in). '~**-in** *s* Ein'sturz *m*, Senkung *f* (*des Bodens*). ~ **man** *s irr* **1.** Höhlenbewohner *m*, -mensch *m*. **2.** *colloq*. a) Na'turbursche *m*, b) ,Tier' *n*.
cav·en·dish ['kævəndɪʃ] *s* Cavendish *m* (*in Täfelchen gepreßter Tabak*).
cav·ern ['kævə(r)n] *s* (große) Höhle. **'cav·ern·ous** *adj* **1.** voller Höhlen. **2.** po'rös. **3.** tiefliegend (*Augen*). **4.** hohl, eingefallen (*Wangen etc*). **5.** höhlenartig. **6.** *anat.* kaver'nös: ~ **body** Schwellkörper *m*.
cav·es·son ['kævɪsən] *s* Kappzaum *m*.
cav·i·ar(e) ['kævɪɑː(r); *Am. a.* 'kɑː-] *s* Kaviar *m*: ~ **to the general** *fig.* Kaviar fürs Volk.
cav·il ['kævɪl] **I** *v/i pret u. pp* **-iled**, *bes. Br.* **-illed** nörgeln, kritteln: **to** ~ **at** (*od.* **about**) s.th. an etwas herumnörgeln, etwas bekritteln. **II** *s* Nörge'lei *f*, Krit'te'lei *f*. **'cav·il·(l)er** *s* Nörgler(in), Krittler(in). **'cav·il·(l)ing** *adj* nörglerisch, krittelig.
cav·i·ty ['kævətɪ] *s* **1.** (Aus)Höhlung *f*,

Hohlraum *m*. **2.** Kunststoffverarbeitung: a) (Ma'trizen)Hohlraum *m*, b) Ma'trize *f*, 'Form,unterteil *n*: **multiple** ~ **mo(u)ld** Mehrfachform *f*. **3.** *anat.* Höhle *f*, Raum *m*, Grube *f*: **abdominal** ~ Bauchhöhle; → **oral 2, pelvic. 4.** *med.* a) Ka'verne *f*, b) Loch *n* (im Zahn) (*bei Karies*).
ca·vort [kə'vɔː(r)t] *v/i colloq*. her'umhüpfen, -tanzen.
ca·vy ['keɪvɪ] *s zo.* (*bes.* Gemeines) Meerschweinchen.
caw [kɔː] **I** *s* Krächzen *n*. **II** *v/i* krächzen (*Rabe, Krähe*).
Cax·ton ['kækstən] *s* **1.** Caxton *m* (*von William Caxton gedrucktes Buch*). **2.** C~ **print**. Caxton *f* (*altgotische Schrift*).
cay [keɪ; kiː] *s* **1.** Riff *n*. **2.** Sandbank *f*.
cay·enne [keɪ'en; *Am. a.* kaɪ-], a. ~ **pep·per** ['keɪen; *Am. a.* 'kaɪ-] *s* Cay'ennepfeffer *m*.
cay·man ['keɪmən; *Am. a.* keɪ'mæn; kaɪ-] *pl* -**mans**, *bes. collect.* -**man** *s zo.* Kaiman *m* (*ein Alligator*).
ca·zique [kæ'zɪːk; kə-] → **cacique**.
C clef *s mus.* C-Schlüssel *m*.
ce → **cee**.
cease [siːs] **I** *v/i* **1.** aufhören, zu Ende gehen, enden: **the noise** ~**d** der Lärm verstummte. **2.** *obs*.ablassen (**from** von). **3.** *obs*. (aus)sterben. **II** *v/t* **4.** aufhören (**to do** *od.* **doing** zu): **they** ~**d to work** sie hörten auf zu arbeiten, sie stellten die Arbeit ein; **to** ~ **fire** *mil.* das Feuer einstellen; **to** ~ **payment** *econ*. die Zahlungen einstellen; ~ **and desist order** *econ. jur. Am*. Unterlassungsbefehl *m*. **III** *s* **5.** *obs*. Aufhören *n* (*nur in*): **without** ~ unaufhörlich, ohne Unterlaß. ~**-'fire** *s mil.* **1.** (Befehl *m* zur) Feuereinstellung *f*. **2.** Waffenruhe *f*, (zeitweiliger) Waffenstillstand.
cease·less ['siːslɪs] *adj* (*adv* ~**ly**) unaufhörlich, fortwährend, unablässig.
ce·cal → **caecal**.
ce·cum → **caecum**.
ce·dar ['siːdə(r)] *s bot.* **1.** Zeder *f*: ~ **of Lebanon** Echte Zeder, Libanonzeder; ~ **of Atlas** Atlas-, Silberzeder. **2.** verschiedene zedernähnliche Bäume, *z. B.* Wa'cholder *m*: **red** ~ Rote *od.* Falsche Zeder, b) Lebensbaum *m*, c) 'Zederzy,presse *f*. **3.** Zedernholz *n*. **II** *adj* **4.** aus Zedernholz, Zedern...: ~ **nut** Zirbelnuß *f*; ~ **pine** (*e-e*) *amer*. Kiefer. **ce·darn** ['siːdə(r)n] *adj poet.* Zedern...
cede [siːd] **I** *v/t* **1.** (**to**) abtreten, abgeben (*dat od.* an *acc*), über'lassen (*dat*): **to** ~ **a right** ein Recht abtreten. **2. to** ~ **a point** in e-m Punkt nachgeben. **II** *v/i* **3.** *obs*. nachgeben (**to** *dat*).
ce·dil·la [sɪ'dɪlə] *s ling*. Ce'dille *f*.
ce·drate ['siːdreɪt] *s* Zitro'nat *n*.
cee [siː] **I** *s* C, c *n* (*Buchstabe*). **II** *adj* C-..., C-förmig.
ceil [siːl] *v/t* **1.** Zimmerdecke täfeln *od.* verputzen. **2.** e-e Decke einziehen in (*e-n Raum*).
ceil·idh ['keɪlɪ] *s* schottischer *od.* irischer Unterhaltungsabend, bei dem musiziert u. getanzt wird u. Gedichte vorgetragen werden.
ceil·ing ['siːlɪŋ] *s* **1.** Decke *f*, Pla'fond *m* (*e-s Raumes*): **to hit the** ~ *colloq*. ,an die Decke gehen'. **2.** *mar.* Wegerung *f*, Innenbeplankung *f*. **3.** a) Maximum *n*, Höchstmaß *n*, b) *econ*. Höchstgrenze *f* (*von Preisen etc*), Pla'fond *m* (*e-s Kredits*): ~ **price** Höchstpreis *m*. **4.** *aer.* Gipfelhöhe *f*: **service** ~ Dienstgipfelhöhe, Gipfelhöhe unter normalen Betriebsbedingungen; → **absolute ceiling**. **5.** *aer. phys.* Wolkenhöhe *f*, 'Wolken,untergrenze *f*: **unlimited** ~ unbegrenzte Wolkenhöhe *od*. Sicht.

cel·a·don ['seləd ɒn; *Am.* -ˌdɑn] *s* Blaßgrün *n*.
cel·an·dine ['seləndaɪn] *s bot.* **1.** *a.* **greater** ~ Schöllkraut *n*. **2.** *a.* **lesser** ~ Scharbockskraut *n*.
cel·e·brant ['selɪbrənt] *s* **1.** *relig.* Zele'brant *m*. **2.** Feiernde(r *m*) *f*.
cel·e·brate ['selɪbreɪt] **I** *v/t* **1.** Fest *etc* feiern, (festlich) begehen. **2.** *j-n* feiern, preisen. **3.** *relig.* Messe *etc* zele'brieren, abhalten, feiern, lesen. **II** *v/i* **4.** feiern. **5.** *relig.* zele'brieren. **'cel·e·brat·ed** *adj* **1.** gefeiert, berühmt (for für, wegen). **2.** (berühmt-)berüchtigt. ˌcel·e'bration *s* **1.** Feier *f*. **2.** Feiern *n*, Begehen *n* (*e-s Festes*): **in** ~ **of** zur Feier (*gen*). **3.** Verherrlichung *f*. **4.** *relig.* Zele'brieren *n*, Lesen *n* (*der Messe*). **'cel·e·bra·tor** [-tə(r)] *s* Feiernde(r *m*) *f*.
ce·leb·ri·ty [sɪ'lebrətɪ] *s* Berühmtheit *f*: a) promi'nente Per'son, b) Ruhm *m*.
cel·er·i·ac [sɪ'lerɪæk] *s bot.* Knollensellerie *m, f*.
ce·ler·i·ty [sɪ'lerətɪ] *s* Schnelligkeit *f*, Geschwindigkeit *f*.
cel·er·y ['selərɪ] *s bot.* Sellerie *m, f*.
ce·les·ta [sɪ'lestə] *s mus.* Ce'lesta *f*, 'Stahl(platten)kla̱vier *n*.
ce·leste [sɪ'lest] *s* **1.** Himmelblau *n*. **2.** *mus.* a) Vox *f* ce'lestis (*Orgelregister*), b) leises (Kla'vier)Pe̱dal.
ce·les·tial [sɪ'lestjəl; *Am.* -tʃəl] *adj* (*adv* **~ly**) **1.** himmlisch, Himmels..., göttlich: **C~ City** *relig.* Himmlisches Jerusalem. **2.** *astr.* Himmels...: ~ **body**; ~ **equator**; ~ **light** Himmels-, Astrallicht *n*; ~ **navigation** Astronavigation *f*. **3.** *humor. chi'*nesisch: **C~ Empire** *hist.* Reich *n* des Himmels (*China*). **II** *s* **4.** Himmelsbewohner(in), Selige(r *m*) *f*. **5.** **C~** *humor. Chi'*nese *m*, Chi'nesin *f*. **6.** *a.* ~ **blue** Himmelblau *n*.
cel·es·tine ['selɪstaɪn; sə'lestaɪn], **cel·es·tite** ['selɪstaɪt; *Am. a.* sə'les-] *s min.* Zöle'stin *m*.
ce·li·ac ['siːlɪˌæk] *adj anat. Am.* Bauch...
cel·i·ba·cy ['selɪbəsɪ] *s* Zöli'bat *n, m*, Ehelosigkeit *f*. ˌ**cel·i·ba'tar·i·an** [-'teərɪən] *adj* **1.** unverheiratet. **2.** das Zöli'bat befürwortend. **'cel·i·bate** [-bət] **I** *s* Unverheiratete(r *m*) *f*. **II** *adj* unverheiratet.
cell [sel] *s* **1.** (Kloster-, Gefängnis- *etc*) Zelle *f*. **2.** *allg.* Zelle *f* (*a. pol.*), Kammer *f* (*a. physiol., im Gewebe*), Fach *n* (*a. bot., des Fruchtknotens*). **3.** *biol.* Zelle *f*: ~ **division** Zellteilung *f*; ~ **fluid** Zellsaft *m*; ~ **membrane** Plasmahaut *f*; ~ **nucleus** Zellkern *m*; ~ **therapy** *med.* Zelltherapie *f*; ~ **wall** Zellwand *f*. **4.** *electr.* a) Zelle *f*, Ele'ment *n* (*e-r Batterie*), b) Speicherzelle *f* (*e-r Rechenmaschine*), c) Schaltzelle *f*. **5.** *chem. phys.* elektro'lytische Zelle. **6.** *aer.* a) Flügel *u.* Verspannungsglieder *auf e-r Seite des Rumpfes*, b) Gaszelle *f*.
cel·lar ['selə(r)] **I** *s* **1.** Keller *m*. **2.** a) Weinkeller *m*, b) Weinvorrat *m*: **he keeps a good** ~ er hat gute Weine. **3.** → **saltcellar**. **II** *v/t* **4.** *a.* ~ **in** einkellern.
'cel·lar·age *s* **1.** *collect.* Keller(räume) *pl*. **2.** Kellermiete *f*. **3.** Einkellerung *f*.
cel·lar·et [ˌselə'ret] *s* Wein-, Flaschenschränkchen *n*. **'cel·lar·man** [-mən] *s irr* Kellermeister *m*.
-celled [seld] *adj* (*in Zssgn*) ...zellig.
cel·list ['tʃelɪst] *s mus.* Cel'list(in).
cel·lo ['tʃeləʊ] *pl* **-los** *s mus.* (Violon-) 'Cello *n*.
cel·lo·phane ['seləʊfeɪn] *s tech.* Zello'phan *n*, Zellglas *n*: ~ **package** Zellophan-, Klarsichtpackung *f*.
cel·lu·lar ['seljʊlə(r)] *adj* zellu'lar, zellig, Zell(en)...: ~ **shirt** Netzhemd *n*; ~ **therapy** *med.* Zelltherapie *f*; ~ **tissue** *biol.* Zellgewebe *n*. **cel·lule** ['seljuːl] *s*

kleine Zelle. **cel·lu·li·tis** [ˌseljʊ'laɪtɪs] *s med.* Zellu'litis *f*, Zellgewebsentzündung *f*. **'cel·lu·loid** [-ljʊlɔɪd; *Am. a.* -ləˌlɔɪd] *s tech.* Zellu'loid *n*. **'cel·lu·lose** [-jʊləʊs] **I** *s* **1.** Zellu'lose *f*, Zellstoff *m*. **II** *adj* **2.** Zellulose...: ~ **nitrate** Nitrozellulose *f*. **3.** zellu'lar. **cel·lu'los·i·ty** [-jʊ'lɒsətɪ; *Am.* -'lɑ-] *s* zellu'lare Beschaffenheit.
Cel·si·us ['selsjəs; -sɪəs], *a.* ~ **thermom·e·ter** *s phys.* 'Celsiusthermoˌmeter *n*: **20° Celsius** 20° Celsius.
celt[1] [selt] *s hist.* Kelt *m*, Faustkeil *m*.
Celt[2] [kelt; *Am. bes.* selt] *s* Kelte *m*, Keltin *f*.
Celt·ic ['keltɪk; *Am. bes.* 'sel-] **I** *adj* keltisch. **II** *s ling.* Keltisch *n*, das Keltische.
Celt·i·cism ['keltɪsɪzəm; *Am. bes.* 'sel-] *s* Kelti'zismus *m*: a) keltischer Brauch, b) *ling.* keltische Spracheigentümlichkeit.
cel·tuce ['seltɪs] *s ein Gemüse, das den Geschmack von Kopfsalat u. Sellerie in sich vereinigt*.
cem·ba·lo ['tʃembələʊ] *pl* **-li** [-lɪ], **-los** *s mus.* Cembalo *n*.
ce·ment [sɪ'ment] **I** *s* **1.** Ze'ment *m*, (Kalk)Mörtel *m*. **2.** Klebstoff *m*, Kitt *m*. **3.** Bindemittel *n*. **4.** *fig.* Bindung *f*, Band *n*. **5.** a) *biol.* 'Zahnze̱ment *m*, b) Ze'ment *m zur Zahnfüllung*. **II** *v/t* **6.** zemen'tieren. **7.** (ver)kitten, einkitten. **8.** *metall.* harteinsetzen. **9.** *fig.* festigen, 'zemen tieren'.
ce·men·ta·tion [ˌsiːmen'teɪʃn] *s* **1.** Zemen'tierung *f*. **2.** (Ver)Kitten *n*. **3.** *a.* ~ **process** *metall.* Einsatzhärtung *f*. **4.** *fig.* Festigung *f*.
ce·ment mix·er *s* Be'tonmischmaˌschine *f*.
cem·e·ter·y ['semɪtrɪ; *Am.* -əˌterɪ:] *s* Friedhof *m*.
cen·o·bite ['siːnəʊbaɪt; *Am.* 'senəˌbaɪt] *s relig.* Zöno'bit *m*, Klostermönch *m*. ˌ**cen·o'bit·ic** [-'bɪtɪk], ˌ**cen·o'bit·i·cal** *adj* klösterlich, Kloster...
cen·o·taph ['senəʊtɑːf; *Am.* 'senəˌtæf] *s* Zeno'taph *n*, (leeres) Ehrengrabmal: **the C~** *das brit.* Ehrenmal in London für die Gefallenen beider Weltkriege.
Ce·no·zo·ic [ˌsiːnəʊ'zəʊɪk; *Am. a.* ˌsen-] *s geol.* Käno'zoikum *n* (*Periode zwischen Tertiär u. Jetztzeit*).
cense [sens] *v/t* beräuchern. **'cen·ser** [-sə(r)] *s relig.* (Weih)Rauchfaß *n*.
cen·sor ['sensə(r)] **I** *s* **1.** Zensor *m* (*a. psych.*). **2.** *antiq.* Zensor *m*, Sittenrichter *m* (*in Rom*). **II** *v/t* **3.** zen'sieren.
cen·so·ri·ous [sen'sɔːrɪəs; *Am. a.* -'sɔʊr-] *adj* (*adv* **~ly**) **1.** kritisch, streng. **2.** tadelsüchtig, krittelig (*of* gegen über). **cen'so·ri·ous·ness** *s* Tadelsucht *f*, Kritte'lei *f*.
cen·sor·ship ['sensə(r)ʃɪp] *s* Zen'sur *f* (*a. psych.*): ~ **of the press** Pressezensur.
cen·sur·a·ble ['senʃərəbl] *adj* tadelnswert, sträflich.
cen·sure ['senʃə(r)] **I** *s* **1.** Tadel *m*, Verweis *m*, Rüge *f*: **vote of** ~ Mißtrauensvotum *n*. **2.** (**of**) Kri'tik *f* (*an dat*), 'Mißbilligung *f* (*gen*). **3.** *obs.* Urteil *n*, Meinung *f*. **II** *v/t* **4.** tadeln: **to** ~ **s.o. for being lazy** *j-n* wegen *s-r* Faulheit tadeln. **5.** kriti'sieren, miß'billigen.
cen·sus ['sensəs] *s* Zensus *m*, (*bes.* Volks-) Zählung *f*, Erhebung *f*: **C~ Bureau** *Am.* Statistisches Bundesamt; ~ **of opinion** Meinungsbefragung *f*; **livestock** ~ Viehzählung *f*; **traffic** ~ Verkehrszählung *f*: **to take a** ~ *e-e* Zählung vornehmen.
cent [sent] *s* **1.** Hundert *n* (*nur noch in Wendungen wie*): **at five per** ~ zu 5 Prozent; ~ **per** ~ hundertprozentig (*a. fig.*). **2.** *Am.* Cent *m* ($^1/_{100}$ *Dollar*). **3.** *colloq.* Pfennig *m*, Heller *m*: **not worth a** ~ keinen Heller wert.
cen·tal ['sentl] *s* Zentner *m* (*45,3 kg*).
cen·taur ['sentɔː(r)] *s myth.* Zen'taur *m*.

Cen·tau·rus [sen'tɔːrəs] *s astr.* Zen'taur *m* (*Sternbild*).
cen·tau·ry ['sentɔːrɪ] *s bot.* **1.** (*e-e*) Flockenblume. **2.** Tausend'güldenkraut *n*. **3.** Bitterling *m*.
cen·te·nar·i·an [ˌsentɪ'neərɪən] **I** *adj* hundertjährig, 100 Jahre alt. **II** *s* Hundertjährige(r *m*) *f*. **cen·te·nar·y** [sen'tiːnərɪ; -'ten-; *Am.* 'sentəˌnerɪ:; sen'tenərɪ:] **I** *adj* **1.** hundertjährig, von 100 Jahren. **2.** hundert betragend. **II** *s* **3.** Jahr'hundert *n*, Zeitraum *m* von 100 Jahren. **4.** Hundert'jahrfeier *f*, hundertjähriges Jubi'läum.
cen·ten·ni·al [sen'tenjəl; -nɪəl] **I** *adj* hundertjährig. **II** *s bes. Am.* → **centenary 4**.
cen·ter, *bes. Br.* **cen·tre** ['sentə(r)] **I** *s* **1.** *math. mil. phys. etc, a. fig.* Zentrum *n*, Mittelpunkt *m*: ~ **of attraction** a) *phys.* Anziehungsmittelpunkt *m*, b) *fig.* Hauptanziehungspunkt *m*; ~ **of gravity** *phys.* a) Schwerpunkt *m* (*a. fig.*), b) Gleichgewichtspunkt *m*; ~ **of gyration** (*od.* **motion**) *phys.* Drehpunkt *m*; ~ **of inertia** (*od.* **mass**) Massen-, Trägheitszentrum; ~ **of interest** Hauptinteresse *n*, Mittelpunkt (*des Interesses*); **to be the** ~ **of interest** im Mittelpunkt des Interesses stehen; ~ **of trade** Handelszentrum. **2.** Zen'trale *f*, Zen'tralstelle *f*, (Haupt)Sitz *m*, Hauptgebiet *n*: **research** ~ Forschungszentrum *n*; **training** ~ Ausbildungszentrum *n*; ~ **shopping** II. **3.** *fig.* Herd *m*: **the** ~ **of the revolt**; → **storm center**. **4.** *pol.* a) (*die*) Mitte, b) 'Zentrums-, 'Mittelparˌtei *f*. **5.** *physiol.* (Ner ven)Zentrum *n*. **6.** Basketball: Center *m*. **7.** *bes.* Fußball: Flanke *f*. **8.** *tech.* a) (Dreh-, Körner)Spitze *f* (*e-r Drehbank*), b) Bogenlehre *f*, Lehrbogen *m*. **II** *v/t* **9.** in den Mittelpunkt stellen (*a. fig.*). **10.** *fig.* richten, konzen'trieren (**on** auf *acc*). **11.** *tech.* a) zen'trieren, einmitten: **to** ~ **the bubble** die Libelle (*der Wasserwaage*) einspielen lassen, b) ankörnen. **12.** *math.* den Mittelpunkt (*gen*) finden. **13. to** ~ **the ball** (*bes.* Fußball) flanken. **III** *v/i* **14.** im Mittelpunkt stehen. **15.** sich richten *od.* konzen'trieren (**in**, **on** auf *acc*), sich drehen (**round** um). **16.** *fig.* sich gründen (**on** auf *dat*). **17.** *bes.* Fußball: flanken. ~ **bit** *s tech.* Zentrumbohrer *m*. **'~-board** *s mar.* **1.** Kielschwert *n*. **2.** Schwertboot *n*. ~ **court** *s* Tennis: Centre Court *m*. ~ **drill** *s tech.* Zen'trierbohrer *m*. ~ **for·ward** *s* Fußball *etc*: Mittelstürmer *m*: **at** ~ auf dem Mittelstürmerposten. ~ **half** *s bes.* Fußball: Vorstopper *m*.
cen·ter·ing, *bes. Br.* **cen·tre·ing** ['sentərɪŋ], **'cen·tring** [-trɪŋ] *s tech.* **1.** Zen'trierung *f*, Einmitten *n*. **2.** Lehrbogen-, Wölbgerüst *n*. ~ **lathe** *s tech.* Spitzendrehbank *f*. ~ **ma·chine** *s tech.* Zen'triermaˌschine *f*.
ˌ**cen·ter|-'left**, *bes. Br.* ˌ**cen·tre|-'left** *adj pol.* Mitte-Links-...: ~ **coalition**. ~ **line** *s* **1.** Mitte *f*, Mittellinie *f*. **2.** *mar.* Mittschiffslinie *f*. **'~-piece** *s* **1.** Mittelteil *m, n*, -stück *n*. **2.** (mittlerer) Tafelaufsatz. ~ **punch** *s tech.* Körner *m*. ~ '**right** *adj pol.* Mitte-Rechts-...: ~ **coalition**. ~ **sec·ond** *s* Zen'tralseˌkunde(nzeiger *m*) *f*.
cen·tes·i·mal [sen'tesɪml] *adj* (*adv* **~ly**) **1.** hundertst(er, e, es). **2.** zentesi'mal, hundertteilig.
cen·ti·are ['sentɪeə(r)] *s* Qua'dratmeter *m, n*.
cen·ti·grade ['sentɪgreɪd] *adj* hundertteilig, -gradig: ~ **thermometer** Celsiusthermometer *n*; **20 degrees** ~ 20 Grad Celsius.
cen·ti·gram(me) ['sentɪgræm] *s* Zentigramm *n*.

cen·ti·li·ter, *bes. Br.* **cen·ti·li·tre** ['sentɪˌliːtə(r)] *s* Zentiliter *m, n.*
cen·ti·me·ter, *bes. Br.* **cen·ti·me·tre** ['sentɪˌmiːtə(r)] *s* Zentimeter *m, n.* **'~-ˌgram-'sec·ond** *s phys.* Zenti'meter-ˌGramm-Seˌkunde *f.*
cen·ti·pede ['sentɪpiːd] *s zo.* Hundertfüßer *m.*
cent·ner ['sentnə(r)] *s* **1.** Zentner *m (50 kg, in Großbritannien etc 45,3 kg).* **2.** Doppelzentner *m (100 kg).*
cen·tral ['sentrəl] **I** *adj (adv* **~ly) 1.** zen-'tral (gelegen), zentrisch. **2.** Mittel-(punkts)... **3.** Haupt..., Zentral...: **~ bank** *econ.* Zentralbank *f;* **~ figure** Schlüssel-, Hauptfigur *f;* **~ idea** Hauptgedanke *m;* **~ question** Schlüsselfrage *f.* **II** *s* **4.** *(Am.* Tele'fon)Zenˌtrale *f.* **C~ A·mer·i·can** *adj* zen'tral-, ˈmittelameriˌkanisch. **~ com·mit·tee** *s pol.* Zen'tralkomiˌtee *n.* **C~ Crim·i·nal Court** *s jur. Br.* oberster Strafgerichtshof. **C~ Eu·ro·pe·an Time** *s* ˈmitteleuroˌpäische Zeit. **~ heat·ing** *s* Zen'tralheizung *f.*
cen·tral·ism ['sentrəlɪzəm] *s* Zentra-'lismus *m,* (Poli'tik *f* der) Zentrali'sierung *f.* **'cen·tral·ist** *s* Zentra'list *m.* **cen-'tral·i·ty** [-'trælətɪ] *s* Zentrali'tät *f,* zen-'trale Lage. **ˌcen·tral·i'za·tion** *s* Zentrali'sierung *f.* **'cen·tral·ize I** *v/t* zentrali'sieren. **II** *v/i* sich zentrali'sieren.
centralˈ lock·ing *s mot.* Zen'tralverˌrieg(e)lung *f.* **~ lu·bri·ca·tion** *s tech.* Zen'tralschmierung *f.* **~ nerˈvous sys·tem** *s physiol.* Zen'tralˌnervensyˌstem *n.* **~ point** *s* **1.** *math.* Mittelpunkt *m.* **2.** *electr.* Nullpunkt *m.* **C~ Pow·ers** *s pl pol. hist.* Mittelmächte *pl (des. Deutschland u. Österreich-Ungarn).* **~ pro·cess·ing u·nit** *s Computer:* Zen'traleinheit *f.* **~ re·serve,** *a.* **~ res·er·va·tion** *s Br.* Mittelstreifen *m (e-r Autobahn).* **~ sta·tion** *s* **1.** *mar.* ('Bord)Zenˌtrale *f.* **2.** Haupt-, Zen'tralbahnhof *m.* **3.** *electr.* Zen'tral-, ˈHauptstatiˌon *f.* **~ u·nit** *s Computer:* Zen'traleinheit *f.*
cen·tre *bes. Br. für* **center. ~ bit,** *etc bes. Br. für* **center bit,** *etc.*
cen·tre·ing ['sentərɪŋ] *bes. Br. für* **centering.**
cen·tric ['sentrɪk] *adj;* **'cen·tri·cal** [-kl] *adj (adv* **~ly)** zen'tral, zentrisch, mittig, im Mittelpunkt befindlich. **cenˈtric·i·ty** [-'trɪsətɪ] *s* zen'trale Lage.
cen·trif·u·gal [sen'trɪfjʊgl] *adj (adv* **~ly)** *phys.* zentrifu'gal *(a. physiol. Nerven).* **~ blow·er** *s tech.* Schleudergebläse *n.* **~ brake** *s tech.* Zentrifu'gal-, Fliehkraftbremse *f.* **~ clutch** *s tech.* Fliehkraftkupplung *f.* **~ force** *s phys.* Flieh-, Zentrifu'galkraft *f.* **~ gov·er·nor** *s tech.* Fliehkraft-, Zentrifu'galregler *m.*
cen·trif·u·gal·ize [sen'trɪfjʊgəlaɪz], **cenˈtrif·u·gate** [-geɪt] → **centrifuge II.**
cen·tri·fuge ['sentrɪfjuːdʒ] *tech.* **I** *s* Zentri'fuge *f,* Trennschleuder *f.* **II** *v/t* schleudern, zentrifu'gieren.
cen·tring ['sentrɪŋ] *bes. Br. für* **centering.**
cen·trip·e·tal [sen'trɪpɪtl] *adj phys.* zen-tripe'tal: **~ force** Zentripetalkraft *f.*
cen·tu·ple ['sentjʊpl; *Am. a.* -tʊpl] **I** *adj* hundertfach. **II** *v/t* verhundertfachen. **III** *s (das)* Hundertfache. **cen·tu·pli·cate** [sen'tjuːplɪkət; *Am. a.* -'tuː-] **I** *adj* **1.** hundertfach. **II** *v/t* [-keɪt] **2.** verhundertfachen. **3.** in hundertfacher Ausfertigung anfertigen. **III** *s (das)* Hundertfache. **5.** hundertfache Ausfertigung: **in ~.**
cen·tu·ri·on [sen'tjʊərɪən; *Am. a.* -'tʊr-] *s antiq. mil.* Zen'turio *m (Hauptmann e-r römischen Zenturie).*
cen·tu·ry ['sentʃərɪ; -tʃərɪ] *s* **1.** Jahrhundert *n:* **centuries-old** jahrhundertealt. **2.** Satz *m od.* Gruppe *f* von hundert: a) *sport* 100 Punkte *pl,* b) *Rennsport:* 100 Meilen *pl,* c) *Kricket:* 100 Läufe *pl.* **3.** *print. e-e* Typenart. **4.** *antiq.* Zen'turie *f.* **~ plant** *s bot. (e-e)* A'gave.
ceorl ['tʃeɔːrl; 'tʃeɪ-; *Br. a.* 'tʃeəl] *s hist.* Freie(r) *m (der untersten Stufe bei den Angelsachsen).*
ce·phal·ic [ke'fælɪk; *bes. Am.* sɪ-] *adj anat.* Schädel..., Kopf...: **~ index** Schädelindex *m.*
ceph·a·lo·pod ['sefələʊpɒd; *Am.* -lə-pɒd] *s zo.* Kopffüßer *m.*
-cephalous [sefələs] *Wortelement mit der Bedeutung* ...köpfig.
-cephaly [sefəlɪ] *Wortelement mit der Bedeutung* ...köpfigkeit.
Ce·pheus ['siːfjuːs; -fɪəs] *s astr.* Kepheus *m (Sternbild).*
ce·ram·ic [sɪ'ræmɪk; sə'r-] **I** *adj* **1.** ke-'ramisch. **II** *s* **2.** Ke'ramik *f (einzelnes Erzeugnis).* **3.** *pl (meist als sg konstruiert)* Ke'ramik *f (Technik).* **4.** *pl* Ke'ramik *f,* ke'ramische Erzeugnisse *pl.* **cer·a·mist** ['serəmɪst; sə'ræm-] *s* Ke'ramiker(in).
cer·a·toid ['serətɔɪd] *adj* hornig.
Cer·be·re·an [sə(r)'bɪərɪən; *Am. bes.* ˌsɜrbə'riːən] *adj* Zerberus..., zerberusgleich.
Cer·ber·us ['sɜːbərəs; -brəs; *Am.* 'sɜr-] *s* **1.** *fig.* Zerberus *m, (bes.* grimmiger) Wächter: → **sop 6. 2.** *astr.* Zerberus *m (Sternbild).*
cere [sɪə(r)] **I** *s orn.* Wachshaut *f (am Schnabel).* **II** *v/t e-e Leiche etc* in ein Wachstuch einhüllen.
ce·re·al ['sɪərɪəl] **I** *adj* **1.** Getreide... **II** *s* **2.** Zere'alie *f,* Getreidepflanze *f,* Kornfrucht *f.* **3.** Getreide *n.* **4.** Getreideflocken(gericht *n) pl,* Frühstückskost *f (aus Getreide).*
cer·e·bel·lar [ˌserɪ'belə(r)] *adj anat.* Kleinhirn... **cer·e'bel·lum** [-ləm] *pl* **-lums, -la** [-lə] *s* Zere'bellum *n,* Kleinhirn *n.*
cer·e·bra ['serɪbrə; *Am. a.* sə'riː-] *pl von* **cerebrum.**
cer·e·bral ['serɪbrəl; *Am. a.* sə'riː-] **I** *adj* **1.** *anat.* zere'bral, Gehirn...: **~ death** *med.* Hirntod *m;* **~ function** *(od.* **activity) Gehirntätigkeit *f.* **2.** *ling.* Kakuminal... **3.** a) (rein) intellektu'ell, b) *humor.* durch-'geistigt, vergeistigt. **II** *s* **4.** *ling.* Kakumi'nallaut *m,* Zere'bral *m.* **cer·e·ˈbra·tion** [-'breɪʃn] *s* Denken *n,* Gehirntätigkeit *f.*
cer·e·bro·spi·nal [ˌserɪbrəʊ'spaɪnl; *Am. a.* səˌriːbrəʊ'sp-] *adj med.* zerebrospi'nal, Gehirn u. Rückenmark betreffend: **~ meningitis** *(od.* **fever)** zerebrospinale Meningitis, Genickstarre *f.*
cer·e·brum ['serɪbrəm; *Am. a.* sə'riː-] *pl* **-brums, -bra** [-brə] *s anat.* Großhirn *n.*
'cere·cloth *s* Wachstuch *n,* -leinwand *f, bes. als* Leichentuch *n.*
cere·ment ['sɪə(r)mənt; *Am. a.* 'serə-] *s meist pl* **1.** → **cerecloth. 2.** Totenhemd *n.*
cer·e·mo·ni·al [ˌserɪ'məʊnjəl; -nɪəl] **I** *adj (adv* **~ly) 1.** zeremoni'ell, feierlich. **2.** → **ceremonious 2** *u.* **3. II** *s* **3.** Zeremoni'ell *n.* **ˌcer·e'mo·ni·al·ism** *s* Vorliebe *f* für Zeremo'nien.
cer·e·mo·ni·ous [ˌserɪ'məʊnjəs; -nɪəs] *adj (adv* **~ly) 1.** feierlich. **2.** zeremoni'ös, förmlich. **3.** 'ritu'ell. **4.** umständlich, steif. **ˌcer·e'mo·ni·ous·ness** *s* **1.** Feierlichkeit *f.* **2.** Förmlichkeit *f.* **3.** 'Umständlichkeit *f.*
cer·e·mo·ny ['serɪmənɪ; *Am.* 'serəˌməʊnɪ] *s* **1.** Zeremo'nie *f,* Feier(lichkeit) *f,* feierlicher Brauch: **master of ceremonies** a) Zeremonienmeister *m,* b) *thea. etc bes. Am.* Conférencier *m.* **2.** Förmlichkeit(en *pl) f:* **without ~** ohne Umstände (zu machen); → **stand on 1. 3.** Höflichkeitsgeste *f.*
ce·re·ous ['sɪərɪəs] *adj* wächsern.
cer·iph ['serɪf] → **serif.**
ce·rise [sə'riːz; sə'riːs] **I** *adj* kirschrot, ce'rise. **II** *s* Kirschrot *n.*
ce·ri·um ['sɪərɪəm] *s chem.* Cer *n.* **~ met·als** *s pl* Ce'rite *pl.*
ce·rog·ra·phy [sɪə'rɒgrəfɪ; *Am.* sə'rɑg-] *s* Zerogra'phie *f,* ˈWachsgraˌvierung *f.*
ce·ro·type ['sɪərətaɪp; *Am. a.* 'ser-] *s print.* Wachsdruckverfahren *n.*
cert [sɜːt] *s Br. colloq.* sichere Sache: **it's a dead ~** that he'll come er kommt hundertprozentig *od.* todsicher.
cer·tain ['sɜːtn; *Am.* 'sɜrtn] *adj* **1.** *allg.* sicher: a) *(meist von Sachen)* gewiß, bestimmt: **it is ~ that** es ist sicher, daß; **it is ~ to happen** es wird mit Sicherheit geschehen; **for ~** ganz gewiß, mit Sicherheit; **I don't know for ~** ich weiß es nicht sicher, b) *(meist von Personen)* über-'zeugt, gewiß: **to be** *(od.* **feel) ~ of s.th.** e-r Sache sicher *od.* gewiß sein; **to make ~ of s.th.** sich e-r Sache vergewissern, c) verläßlich, zuverlässig: **a ~ remedy** ein sicheres Mittel; **the news is quite ~** die Nachricht ist durchaus zuverlässig. **2.** bestimmt: **a ~ day** ein (ganz) bestimmter Tag. **3.** gewiß, unbestimmt: **a ~ charm; a ~ Mr. Brown** ein gewisser Herr Brown; **in a ~ sense** in gewissem Sinne; **to a ~ extent** bis zu e-m gewissen Grade, gewissermaßen; **for ~ reasons** aus bestimmten Gründen; **~ something 1. 'cer·tain·ly** *adv* **1.** sicher, gewiß, zweifellos, bestimmt. **2.** *(in Antworten)* sicherlich, aber sicher, bestimmt, na'türlich.
cer·tain·ty ['sɜːtntɪ; *Am.* 'sɜr-] *s* **1.** Sicherheit *f,* Bestimmtheit *f,* Gewißheit *f:* **to know for** *(a.* **of, to) a ~** mit Sicherheit wissen; **it is a ~ that he will come** er kommt mit Sicherheit *od.* bestimmt. **2.** Über'zeugung *f.*
cer·tes ['sɜːtɪz; *Am.* 'sɜrtɪz; sɜrts] *adv obs.* sicherlich.
cer·ti·fi·a·ble [ˌsɜːtɪ'faɪəbl; *Am.* ˌsɜrtəf-] *adj (adv* **certifiably) 1.** zu bescheinigen(d). **2.** a) in e-m Zustand, der die Einweisung in e-e Heilanstalt rechtfertigt *(Geisteskranker),* b) *(an)meldepflichtig (Krankheit),* c) *colloq.* verrückt.
cer·tif·i·cate I *s* [sə(r)'tɪfɪkət] **1.** Bescheinigung *f,* At'test *n,* Scheine *m,* Zertifi'kat *n,* Urkunde *f:* **~ of baptism** Taufschein; **~ of (good) conduct** Führungs-, Leumundszeugnis *n;* **~ of deposit** Depotschein *(Bank);* **~ of incorporation** *econ. jur.* Gründungsbescheinigung; **~ of indebtedness** *econ.* a) Schuldschein, b) *Am.* Schatzanweisung *f;* **~ of origin** *econ.* Ursprungszeugnis *n;* **~ of stock** *econ. Am.* Aktienzertifikat *n.* **2.** *ped.* Zeugnis *n:* **General C~ of Education** *Br. a.* **General C~ of Education ordinary level** *(etwa)* mittlere Reife, b) *a.* **General C~ of Education advanced level** *(etwa)* Abitur(zeugnis) *n,* Reifeprüfung *f od.* -zeugnis; **school ~** Schul-, *bes.* Abgangszeugnis. **3.** Gutachten *n.* **4.** *econ.* a) Geleitzettel *m (Zollbehörde),* b) *Am.* Papiergeld mit dem Vermerk, daß Gold *od.* Silber als Gegenwert hinterlegt wurde. **5.** *mar.* Befähigungsschein *m (Handelskapitän).* **II** *v/t* [-keɪt] **6.** etwas bescheinigen, e-e Bescheinigung *od.* ein Zeugnis ausstellen über *(acc).* **7.** *j-m* e-e Bescheinigung *od.* ein Zeugnis geben: **~d** a) (amtlich) zugelassen, b) diplomiert; **~d bankrupt** *jur. Br.* rehabilitierter Konkursschuldner; **~d engineer** Diplomingenieur *m.*
cer·ti·fi·ca·tion [ˌsɜːtɪfɪ'keɪʃn; *Am.* ˌsɜr-] *s* **1.** (Ausstellen *n* e-r) Beschei-

certificatory – chalk

nigung f. 2. → certificate 1. 3. a) (amtliche) Beglaubigung, b) beglaubigte Erklärung. 4. econ. Bestätigung f (e-s Schecks durch e-e Bank). **cer·tif·i·ca·to·ry** [sə(r)'tɪfɪkətərɪ; Am. ˌtəʊrɪ; ˌtɔː-] adj bescheinigend, Beglaubigungs...
cer·ti·fied ['sɜːtɪfaɪd; Am. 'sɜr-] adj **1.** bescheinigt, beglaubigt: → **copy** 1. **2.** garan'tiert. **3.** (amtlich) für geisteskrank erklärt. ~ **ac·count·ant** s econ. Br. a) konzessio'nierter Buchprüfer, b) konzessionierter Steuerberater. ~ **check** s econ. Am. (als gedeckt) bestätigter Scheck. ~ **mail** s Am. eingeschriebene (aber unversicherte) Sendung(en pl). ~ **milk** s amtlich geprüfte Milch. ~ **pub·lic ac·count·ant** s econ. Am. amtlich zugelassener Wirtschaftsprüfer.
cer·ti·fi·er ['sɜːtɪfaɪə(r); Am. 'sɜr-] s Aussteller m e-r Bescheinigung.
cer·ti·fy ['sɜːtɪfaɪ; Am. 'sɜr-] I v/t **1.** bescheinigen, versichern, atte'stieren: this is to ~ that es wird hiermit bescheinigt, dadß. **2.** beglaubigen, beurkunden: → **copy** 1. **3.** econ. Am. Scheck (als gedeckt) bestätigen (Bank). **4.** j-n versichern (of gen). **5.** j-n (amtlich) für geisteskrank erklären. **6.** jur. e-e Sache verweisen (to an ein anderes Gericht). II v/i **7.** ~ to etwas bezeugen.
cer·ti·o·ra·ri [ˌsɜːtɪəʊ'reərɪ; Am. ˌsɜrʃɪə'reərɪ; -'rɑːrɪ;] s jur. Aktenanforderung f (durch ein übergeordnetes Gericht).
cer·ti·tude ['sɜːtɪtjuːd; Am. 'sɜrtəˌtjuːd; a. -ˌtuːd] s Sicherheit f, Bestimmtheit f, Gewißheit f.
ce·ru·le·an [sɪ'ruːljən, -lɪən] adj poet. himmel-, tiefblau.
ce·ru·men [sɪ'ruːmen] s physiol. Ze'rumen n, Ohrenschmalz n.
ce·ruse ['sɪərʊs; -ruːs] s **1.** chem. Bleiweiß n. **2.** (e-e) weiße Schminke.
ce·ru(s)·site ['sɪərəsaɪt; Am. a. sə'rʌsaɪt] s min. Zerus'sit m.
cer·ve·lat ['sɜːvəlæt; -lɑːt; Am. 'sɜr-] s Zerve'latwurst f.
cer·vi·cal [sɜː'vaɪkl; 'sɜːvɪkl; Am. 'sɜr-vɪkl] anat. **1.** adj zervi'kal: a) Hals-, Nacken-, b) Gebärmutterhals-: ~ **smear** med. Abstrich m. II s Halswirbel m.
cer·vi·ces ['sɜːvɪsiːz; sə'vaɪ-; Am. 'sɜrvə-ˌsiːz; sər'vaɪ-] pl von cervix.
cer·vine ['sɜːvaɪn; Am. 'sɜr-] adj **1.** zo. Hirsch-. **2.** schwarzbraun.
cer·vix ['sɜːvɪks; Am. 'sɜr-] s pl **-vi·ces** ['sɜːvɪsiːz; sə'vaɪ-; Am. 'sɜrvəˌsiːz; sər'vaɪ-] od. **-vix·es** [-vɪksɪz] s anat. **1.** Hals m, bes. Genick n. **2.** (bes. Gebärmutter-) Hals m.
Ce·sar·e·an, Ce·sar·i·an Am. → Caesarean 2, 3.
ce·sar·e·vitch [sɪ'zɑːrəvɪtʃ] s hist. Za'rewitsch m.
ce·si·um Am. → caesium.
cess¹ [ses] s Scot. Grundsteuer f.
cess² [ses] s Ir. colloq. Glück n (bes. in): bad ~ to you! der Teufel soll dich holen!
cess³ [ses] → cesspool.
ces·sa·tion [se'seɪʃn] s Aufhören n, Einstellung f: ~ of hostilities.
cess·er ['sesə(r)] s jur. Einstellung f, a. Ablauf m (e-s Zeitraums etc).
ces·sion ['seʃn] s Zessi'on f, Abtretung f.
ces·sion·ar·y ['seʃnərɪ; Am. 'seʃəˌnerɪ;] s Zessio'nar m.
'cess|·pit [ses] → cesspool 1. **'~·pool** s **1.** Jauche(n)-, Senkgrube f. **2.** fig. Pfuhl m: ~ of iniquity ein Sündenpfuhl.
ces·tode ['sestəʊd], **ces·toid** ['sestɔɪd] s zo. Bandwurm m.
ce·su·ra → caesura.
ce·ta·cean [sɪ'teɪʃɪən; -ʃən] zo. **I** s Wal m. **II** adj Wal... **ce·ta·ceous** [-ʃəs; Am. -ʃəs] adj zo. walartig, Wal...
ce·tane ['siːteɪn] s chem. Ce'tan m. ~

num·ber, ~ rat·ing s chem. Ce'tanzahl f.
Ce·tus ['siːtəs] s astr. Cetus m, Walfisch m (Sternbild).
ce·vi·tam·ic ac·id [ˌsiːvɪ'tæmɪk; bes. Am. -vaɪ't-] s chem. Ascor'binsäure f, Vita'min C.
chab·a·zite ['kæbəzaɪt] s min. Chaba'sit m.
chab·lis ['ʃæblɪ] s Cha'blis m (Wein).
cha-cha(-cha) ['tʃɑːˌtʃɑː; ˌtʃɑːtʃɑː'tʃɑː] I s mus. Cha-Cha-Cha m. II v/i Cha-Cha-Cha tanzen.
chafe [tʃeɪf] I v/t **1.** warmreiben, frot'tieren. **2.** (auf-, 'durch)reiben, scheuern, wund reiben: clothing that ~s one's skin Kleidung, die auf der Haut scheuert. **3.** fig. ärgern, reizen. II v/i **4.** (sich 'durch)reiben, scheuern, schaben: to ~ at the bit to do s.th. fig. es kaum mehr erwarten können, etwas zu tun. **5.** sich reiben (against an dat). **6.** sich ärgern (at, against über acc). III s **7.** wund- od. 'durchgescheuerte Stelle. **8.** obs. Ärger m.
chaf·er ['tʃeɪfə(r)] s zo. (bes. Mai)Käfer m.
chaff¹ [tʃɑːf; bes. Am. tʃæf] s **1.** Spreu f, Kaff n: to separate the grain (od. wheat) from the ~ die Spreu vom Weizen trennen. **2.** Häcksel m, n. **3.** wertloses Zeug. **4.** mil. Düppel(streifen) pl, Stanni'olstreifen m (zur Radarstörung).
chaff² [tʃɑːf; bes. Am. tʃæf] colloq. I v/t necken, 'aufziehen' (about wegen). II s Necke'rei f.
'chaff|·cut·ter s agr. **1.** Häckselschneider m. **2.** Häckselbank f.
chaf·fer ['tʃæfə(r)] I s **1.** Handeln n, Feilschen n II v/i **2.** handeln, feilschen (over um). **3.** Br. schwatzen. III v/t ~ **down** Preis etc her'unterhandeln (to auf acc).
chaf·finch ['tʃæfɪntʃ] s orn. Buchfink m.
chaf·ing ['tʃeɪfɪŋ] s **1.** ('Durch-, Wund-) Reiben n, Scheuern n. **2.** Ärger m. ~ **dish** s Re'chaud n.
cha·grin ['ʃægrɪn; Am. ʃə'grɪn] I s **1.** Ärger m, Verdruß m: to his ~ zu s-m Verdruß. II v/t **2.** (ver)ärgern, verdrießen. **3.** kränken.
chain [tʃeɪn] I s **1.** Kette f (a. tech.): a ~ is (only) as strong as its weakest link jede Kette ist (nur) so stark wie das schwächste ihrer Glieder; ~ of Amtskette. **2.** Kette f, Fessel f (beide a. fig.): in ~s gefangen, in Ketten; the ~s of poverty die Last od. Bürde der Armut. **3.** fig. Kette f, Reihe f: the ~ of events; a link in the ~ of evidence ein Glied in der Beweiskette. **4.** a. ~ of mountains Gebirgskette f. **5.** econ. (Laden- etc)Kette f. **6.** chem. Kette f (von Atomen des gleichen Elementes). **7.** tech. a) Meßkette f, b) Maßeinheit f (66 Fuß = 20,12 m). **8.** Weberei: Kette f, Zettel m. II v/t **9.** (an)ketten, mit e-r Kette befestigen (to an dat): to ~ (up) a dog e-n Hund anketten od. an die Kette legen; ~ed to his wife fig. an s-e Frau gekettet. **10.** e-n Gefangenen in Ketten legen, fesseln: to ~ a prisoner. **11.** Land mit der Meßkette messen. **12.** math. verketten.
chain| ar·gu·ment s philos. Kettenschluß m. **~ ar·mo(u)r** s Kettenpanzer m. **~ belt** s **1.** tech. endlose Kette. **2.** Kettengürtel m. **~ bridge** s Kettenbrücke f. **~ dredg·er** s tech. Eimerkettenbagger m. **~ drive** s tech. Kettenantrieb m. **'~-ˌdriv·en** adj tech. mit Kettenantrieb. **~ gang** s Am. Trupp m aneinandergeketteter Sträflinge. **~ gear** s tech. Kettengetriebe m.
chain·less ['tʃeɪnlɪs] adj kettenlos.
chain| let·ter s Kettenbrief m. **~ mail** s

Kettenpanzer m. **~ pump** s Kettenpumpe f, Pater'nosterwerk n. **~ re·ac·tion** s phys. 'Kettenreakti̩on f (a. fig.). **'~-smoke** v/i Kette rauchen, e-e (Zi-ga'rette) nach der anderen rauchen. **~ smok·er** s Kettenraucher(in). **~ stitch** s Nähen: Kettenstich m. **~ store** s Kettenladen m.
chair [tʃeə(r)] I s **1.** Stuhl m, Sessel m: to take a ~ Platz nehmen, sich setzen; on a ~ auf e-m Stuhl; in a ~ in e-m Sessel. **2.** fig. a) Amtssitz m, b) Richterstuhl m, c) Vorsitz m: to be in the ~, to take the ~ den Vorsitz führen od. übernehmen; to leave the ~ die Sitzung aufheben, d) Vorsitzende(r m) f: to address the ~ sich an den Vorsitzenden wenden; ~, ~! parl. Br. zur Ordnung! **3.** Lehrstuhl m, Profes'sur f (of für): ~ of Natural History. **4.** Am. colloq. (der) e'lektrische Stuhl. **5.** tech. a) rail. Schienenstuhl m, b) Glasmacherstuhl m. **6.** Sänfte f. II v/t **7.** bestuhlen, mit Stühlen versehen. **8.** in ein Amt od. auf e-n Lehrstuhl etc berufen, einsetzen. **9.** bes. Br. (im Tri'umph) auf den Schultern tragen. **10.** den Vorsitz haben od. führen bes: a committee ~ed by ... ein Ausschuß unter dem Vorsitz von ... **~ back** s Stuhl-, Sessellehne f. **'~-borne** adj: to be ~ colloq. e-n Schreibtischjob haben. **~ bot·tom** s Stuhlsitz m. **~ car** s rail. Am. **1.** Sa'lonwagen m. **2.** Wagen m mit verstellbaren Sitzen. **'~ˌla·dy** s Vorsitzende f. **~ lift** s Sessellift m.
chair·man ['tʃeə(r)mən] s irr **1.** Vorsitzende(r) m, Präsi'dent m. **2.** j-d, der e-n Rollstuhl schiebt. **'chair·man·ship** s Vorsitz m: under the ~ of unter dem Vorsitz von.
chair·o·planc ['tʃeərəplɛn] s 'Kettenka̩rus̩sell n.
'chair·ˌwom·an s irr Vorsitzende f.
chaise [ʃeɪz] s Chaise f, Ka'lesche f. ~ **longue** ~(s) longues [ˌ-'lɔ̃ːŋg] s Chaiselongue f, Liegesofa n.
cha·la·za [kə'leɪzə] pl **-zas, -zae** [-ziː] s Cha'laza f: a) bot. Nabel-, Keimfleck m, b) zo. Hagelschnur f (im Ei).
chal·ced·o·ny [kæl'sedənɪ] s min. Chalce'don m.
chal·co·cite ['kælkəsaɪt] s min. Chalko'zit m, Kupferglanz m.
chal·cog·ra·pher [kæl'kɒgrəfə(r); Am. -'kɑː-], **chal·cog·ra·phist** s Kupferstecher m.
chal·dron ['tʃɔːldrən] s ein englisches Hohlmaß = 1,30 m³.
cha·let ['ʃæleɪ; ʃæ'leɪ] s Cha'let n: a) Sennhütte f, b) Landhaus n.
chal·ice ['tʃælɪs] s **1.** poet. (Trink)Becher m. **2.** relig. (Abendmahls)Kelch m.
chalk [tʃɔːk] I s **1.** min. Kreide f, Kalk m. **2.** Zeichenkreide f, Kreidestift m: col-o(u)red ~ Pastell-, Bunt-, Farbstift; to give ~ for cheese Gutes mit Schlechtem vergelten; (as) different (od. like) as ~ and cheese verschieden wie Tag u. Nacht; he doesn't know (od. can't tell) ~ from cheese er hat keine blasse Ahnung. **3.** Kreidestrich m: to be still able to walk the ~ → chalk line. **4.** Br. a) (angekreidete) Schuld, b) Plus-, Gewinnpunkt m (bei Spielen): that is one ~ to me! colloq. das ist ein Punkt für mich!; not by a long ~ colloq. bei weitem nicht. II v/t **5.** mit Kreide behandeln. **6.** mit Kreide schreiben od. zeichnen. mar'kieren, ankreiden: to ~ s.th. up colloq. etwas rot im Kalender anstreichen. **7.** kalken, weißen: to ~ a wall. **8.** ~ **up** a) anschreiben, auf die Rechnung setzen, b) no'tieren: to ~ s.th. up against s.o. j-m etwas ankreiden; to ~ s.th. up to fig. etwas j-m od. e-r Sache zuschreiben. **9.** entwerfen, skiz'zieren: to ~ out a plan.

178

~bed s geol. Kreideschicht f. **'~,board** s Am. (Schul-, Wand)Tafel f. **'~,cut·ter** s Kreidegräber m. **~ line** s tech. Schlagschnur f: **to be still able to walk the ~** noch auf dem (Kreide)Strich gehen können (noch nüchtern sein). **~ talks** Am. Vortrag, bei dem der Redner Illustrationen an die Tafel zeichnet.

chal·lenge ['tʃælɪndʒ] **I** s **1.** Her'ausforderung f (**to** gen od. an acc) (a. sport u. fig.), Kampfansage f. **2.** fig. (to) a) Angriff m (auf acc), b) Pro'test m, Einwand m (gegen). **3.** fig. Pro'blem n, (schwierige od. lockende) Aufgabe, Probe f: **the ~ now is** jetzt gilt es (**to do** zu tun). **4.** mil. a) Anruf m (durch Wachtposten), b) Radar: Abfragung f. **5.** hunt. Anschlagen n (der Hunde). **6.** jur. a) Ablehnung f (e-s Geschworenen od. Richters), b) Anfechtung f (e-s Beweismittels etc). **7.** Aufforderung f zur Stellungnahme. **8.** med. Immuni'tätstest m. **II** v/t **9.** (zum Kampf etc) her'ausfordern. **10.** auf-, her'ausfordern (**to do** zu tun). **11.** a) jur. e-n Geschworenen od. Richter ablehnen, b) etwas od. die Gültigkeit e-r Sache anfechten. **12.** etwas stark anzweifeln, angreifen, in Frage stellen. **13.** Aufmerksamkeit etc fordern, in Anspruch nehmen, Bewunderung abnötigen, j-n locken od. reizen od. fordern (Aufgabe). **14.** in scharfen Wettstreit treten mit. **15.** mil. a) anrufen, b) (Radar) abfragen. **III** v/i **16.** anschlagen (Hund). **'chal·lenge·a·ble** adj anfechtbar.

chal·lenge cup s bes. sport 'Wanderpoˌkal m.

'chal·leng·er s bes. sport Her'ausforderer m.

chal·lenge tro·phy s bes. sport Wanderpreis m.

chal·leng·ing ['tʃælɪndʒɪŋ] adj (adv **~ly**) **1.** her'ausfordernd, provo'zierend. **2.** lockend: **a ~ task. 3.** schwierig.

cha·lyb·e·ate [kə'lɪbɪət] **I** adj min. stahl-, eisenhaltig: **~ spring** Stahlquelle f. **II** s med. pharm. Stahlwasser n.

chal·y·bite ['kælɪbaɪt] s geol. Eisenspat m, Spateisenstein m.

cham·ber ['tʃeɪmbə(r)] **I** s **1.** obs. (bes. Schlaf)Zimmer n, Stube f, Kammer f, Gemach n: **bridal ~** Brautgemach. **2.** fig. Br. a) (zu vermietende) Zimmer pl: **to live in ~s** privat wohnen, b) Geschäftsräume pl. **3.** (Empfangs)Zimmer n, Raum m (in e-m Palast od. e-r Residenz): **audience ~. 4.** parl. a) Ple'narsaal m, b) Kammer f, gesetzgebende Körperschaft. **5.** Kammer f, Amt n: **~ of commerce** Handelskammer. **6.** jur. Amtszimmer n des Richters: **in ~s** in nichtöffentlicher Sitzung. **7.** pl jur. 'Anwaltszimmer pl, -büˌros pl (bes. in den Inns of Court). **8.** obs. Schatzamt n. **9.** tech. Kammer f (a. e-s Gewehrs od. e-r Schleuse). **10.** anat. zo. Kammer f: **~ of the eye** Augenkammer. **11.** → chamber pot. **II** v/t **12.** a. Gewehr etc mit e-r Kammer versehen. **~ con·cert** s mus. 'Kammerkonˌzert n. **~ coun·sel** s Rechtsberater m (der nur privat berät u. nicht vor Gericht plädiert).

cham·ber·er ['tʃeɪmbərə(r)] s obs. a) Stubenmädchen n, b) Diener m, c) Ga'lan m, Hofmacher m.

cham·ber·lain ['tʃeɪmbə(r)lɪn] s **1.** Kammerherr m: **Lord Great C~ of England** Großkämmerer m (Vorsteher des Hofstaates); → **Lord Chamberlain (of the Household). 2.** Stadtkämmerer m. **3.** Haushofmeister m (in adligem Haushalt). **4.** Schatzmeister m.

'cham·ber|maid s Zimmermädchen n (im Hotel). **~ mu·sic** s 'Kammermuˌsik f. **~ or·ches·tra** s 'Kammerorˌchester n. **~ or·gan** s Zimmerorgel f. **~ pot** s Nachtgeschirr n, -topf m. **~ prac·tice** s (private) Rechtsanwaltspraxis.

cha·me·leon [kə'miːljən] s **1.** zo. Cha-'mäleon n (a. fig. Mensch). **2.** C**~** astr. Cha'mäleon n (Sternbild).

cham·fer ['tʃæmfə(r)] **I** s **1.** arch. Auskehlung f, Hohlrinne f, Kanne'lierung f (e-r Säule). **2.** tech. a) abgeschrägte Kante, Schrägkante f (Tisch), b) Abschrägung f, Fase f. **II** v/t **3.** arch. auskehlen, kanne'lieren. **4.** tech. a) abkanten, schräg abstoßen, b) abschrägen, c) riffeln, abfasen, verjüngen.

cham·fron ['tʃæmfrən; Am. a. 'ʃæm-] s hist. Stirnschild m (e-s Streitrosses).

cham·ois ['ʃæmwɑː; Am. 'ʃæmiː] s **1.** zo. Gemse f. **2.** a. **~ leather** [meist 'ʃæmɪ] Sämischleder n. **3.** tech. Po'lierleder n.

cham·o·mile → camomile.

champ[1] [tʃæmp] **I** v/t **1.** (heftig od. geräuschvoll) kauen. **2.** kauen auf (dat), beißen auf (acc) (z.B. Pferde auf das Zaumgebiß). **II** v/i **3.** kauen: **to ~ at the bit** a) am Gebiß kauen (Pferd), b) fig. ungeduldig sein, es kaum mehr erwarten können (**to do** zu tun). **III** s **4.** Kauen n.

champ[2] [tʃæmp] colloq. für **champion** 3, 4.

cham·pagne [ʃæm'peɪn] s **1.** a) Cham-'pagner m, b) Sekt m, Schaumwein m. **2.** Cham'pagnerfarbe f. **~ buck·et** s Sektkübel m.

cham·pers ['ʃæmpə(r)z] colloq. für champagne.

cham·per·ty ['tʃæmpə(r)tɪ; Am. -pərtiː] s jur. Unterstützung einer Prozeßpartei gegen Zusicherung eines Teils des Prozeßgewinns.

cham·pi·gnon [tʃæm'pɪnjən; ʃæm-] s bot. Wiesenchampignon m.

cham·pi·on ['tʃæmpjən; -pɪən] **I** s **1.** obs. a) Krieger m, Kämpe m. **2.** (of) Streiter m (für), Verfechter m, Fürsprecher m (von od. gen). **3.** Sieger m (bei e-m Wettbewerb etc). **4.** sport Meister m. **II** v/t **5.** Sache, Idee etc verfechten, eintreten für, verteidigen. **III** adj **6.** Meister...: **~ team.**

'cham·pi·on·ship s **1.** sport etc a) Meisterschaft f, -titel m, b) pl Meisterschaftskämpfe pl, Meisterschaften pl. **2.** (of) Verfechten n (gen), Eintreten n (für).

chance [tʃɑːns; Am. tʃæns] s **1.** Zufall m: **a lucky ~**; **game of ~** Glücksspiel n; **by ~** durch Zufall, zufällig; **by the merest ~** rein zufällig; **to leave it to ~** es dem Zufall überlassen; **as ~ would have it** wie es der Zufall wollte. **2.** Schicksal n: **whatever be my ~. 3.** Möglichkeit f, Wahr'scheinlichkeit f: **all ~s of error** alle denkbaren Fehlerquellen; **on the (off) ~** a) auf die (entfernte) Möglichkeit hin, für den Fall (**of** s.o.'s **doing** s.th. daß j-d etwas tut), b) auf gut Glück; **the ~s are that** es besteht Aussicht, daß; **aller** Wahrscheinlichkeit nach. **4.** Chance f: a) (günstige) Gelegenheit, (sich bietende) Möglichkeit, sport (Tor)Gelegenheit f: **the ~ of a lifetime** e-e einmalige Gelegenheit, 'die Chance s-s etc Lebens; **give him a ~!** gib ihm e-e Chance!, versuch's mal mit ihm!; → **main chance,** b) Aussicht f (**of** auf acc): **a good ~ of success** gute Erfolgsaussichten; **to stand a ~** Aussichten od. e-e Chance haben; **the ~s are against you** die Umstände sind gegen dich; **~ would be a fine thing!** colloq. schön wär's! **5.** Risiko n: **to take a ~** es darauf ankommen lassen, es riskieren; **to take no ~s** nichts riskieren (wollen), kein Risiko eingehen (wollen). **6.** obs. 'Mißgeschick n. **7.** Am. dial. Menge f, Anzahl f. **II** v/i **8.** (unerwartet) eintreten od. geschehen, sich ~d that es fügte sich (so), daß; **I ~d to meet her** zufällig traf ich sie. **9.** (up)on a) zufällig begegnen (dat) od. treffen (acc), b) zufällig stoßen auf (acc) od. finden (acc). **III** v/t **10.** es ankommen lassen auf (acc), ris'kieren: **to ~ defeat**; **to ~ missing him** es riskieren, ihn zu verfehlen; **to ~ one's arm** Br. etwas riskieren; **to ~ it** colloq. es darauf ankommen lassen. **IV** adj **11.** zufällig, Zufalls...: **a ~ acquaintance**; **~ customers** Laufkundschaft f; **~ hit** Zufallstreffer m. **~ child** s uneheliches Kind.

chan·cel ['tʃɑːnsl; Am. 'tʃænsəl] s relig. Al'tarraum m, hoher Chor: **~ table** Altar m, Abendmahlstisch m.

chan·cel·ler·y ['tʃɑːnsələrɪ; Am. 'tʃæn-] s **1.** Amt n e-s Kanzlers. **2.** Kanz'lei f. **3.** Am. 'Botschafts-, Ge'sandtschafts-, Konsu'latskanzˌlei f.

chan·cel·lor ['tʃɑːnsələ; Am. 'tʃænslər] s **1.** Kanzler m: a) Vorsteher m e-r 'Hofkanzˌlei, b) (Art) Sekre'tär m, Kanz'leivorstand m (an Konsulaten etc). **2.** pol. Kanzler m (Regierungschef in Deutschland etc). **3.** Br. Titel hoher Staatswürdenträger: **C~ of the Exchequer** Schatzkanzler m, Finanzminister m; → **Lord Chancellor. 4.** univ. a) Br. Kanzler m (Ehrentitel des höchsten Gönners od. Protektors an verschiedenen Universitäten), b) Am. Rektor m. **5.** jur. Am. Vorsitzende(r) m od. Richter m e-s **chancery court. 'chan·cel·lor·ship** s **1.** Kanzleramt n. **2.** Kanzlerschaft f.

chance-'med·ley s **1.** jur. Totschlag m (in Notwehr od. Affekt). **2.** reiner Zufall.

chan·cer·y ['tʃɑːnsərɪ; Am. 'tʃæn-] s **1.** Kanz'lei f. **2.** jur. a) hist. Br. Gericht des Lordkanzlers bis 1873, b) Am. → **chancery court. 3.** jur. Billigkeitsrecht n. **4.** gerichtliche Verwaltung: **in ~** a) unter gerichtlicher (Zwangs)Verwaltung, b) Ringen pl: **im Schwitzkasten'**; **to be in ~** ,in der Klemme' sein od. sitzen od. stecken; → **ward** 5 a. **~ court** s jur. Am. Gericht, das nach Billigkeitsgrundsätzen urteilt. **C~ Di·vi·sion** s jur. für Grundstücks-, Erbschaftssachen etc zuständige Abteilung des **High Court of Justice.**

chan·cre ['ʃæŋkə(r)] s med. Schanker m. **'chan·croid** [-krɔɪd] s weicher Schanker.

chanc·y ['tʃɑːnsɪ; Am. 'tʃænsɪ] adj colloq. unsicher, ris'kant.

chan·de·lier [ˌʃændə'lɪə(r)] s Kronleuchter m, Lüster m.

chan·delle [ʃæn'del] s aer. Chan'delle f (hochgezogene Kehrtkurve).

chan·dler ['tʃɑːndlə; Am. 'tʃændlər] s **1.** Kerzengießer m, -macher m, -zieher m. **2.** Händler m: → **ship chandler.**

change [tʃeɪndʒ] **I** v/t **1.** (ver)ändern, 'umändern, verwandeln (**into** in acc): **to ~ one's address** (od. **lodgings**) umziehen, verziehen; **to ~ colo(u)r** die Farbe wechseln (erbleichen, erröten); **to ~ one's note** (od. **tune**) colloq. e-n anderen Ton anschlagen, andere Saiten aufziehen; **to ~ one's position** die Stellung wechseln, sich (beruflich) verändern; → **subject** 1. **2.** wechseln, (ver)tauschen: **~ one's shoes** andere Schuhe anziehen, die Schuhe wechseln; **to ~ places with** s.o. mit j-m den Platz od. die Plätze tauschen; **to ~ trains** umsteigen; **to ~ ends** sport die Seiten wechseln; **to ~ hand** Bes. Redew., **mind** 4, etc. **3.** a) Bettzeug etc wechseln, Bett frisch beziehen, b) Baby trockenlegen, wickeln. **4.** Geld wechseln: **can you ~ this note?**; **to ~ dollars into francs** Dollar in Francs umwechseln. **5.** tech. Teile (aus-)wechseln, Öl wechseln. **6.** mot. tech. schalten: **to ~ over** a) 'umschalten, b) Maschine, a. Industrie etc umstellen (**to**

changeability – character

auf *acc*); → **gear** 3 b. **7.** *electr.* kommu'tieren.
II *v/i* **8.** sich (ver)ändern, wechseln: **the moon is changing** der Mond wechselt; **the prices have ~d** die Preise haben sich geändert; **to ~ for the better (worse)** besser werden, sich bessern (sich verschlimmern *od.* verschlechtern). **9.** sich verwandeln (**to, into** in *acc*). **10.** 'übergehen (**to** zu): **he ~d to cigars. 11.** sich 'umziehen (**for dinner** zum Abendessen): **she ~d into a dress** sie zog ein Kleid an. **12.** *rail. etc* 'umsteigen. **13.** wechseln, 'umspringen (**from** ... **to** von ... auf [*acc*]) (*Verkehrsampel*). **14.** *mot. tech.* schalten: **to ~ up (down)** hinauf-(herunter)schalten; → **gear** 3 b. **15. ~ over** *Rundfunk, TV:* 'umschalten (**to** auf *acc*). **16.** *sport bes. Br.* die Seiten wechseln.
III *s* **17.** (Ver)Änderung *f*, Wechsel *m*, (Ver)Wandlung *f*, *weitS. a.* 'Umschwung *m*, Wendung *f*: **in case of ~ of address** falls verzogen; **~ of air** Luftveränderung; **~ for the better (worse)** Besserung *f* (Verschlimmerung *f*, Verschlechterung *f*); **~ of course** *aer. mar.* Kurswechsel (*a. fig.*); **~ of ends** *sport* Seitenwechsel; **~ of front** *fig.* Frontenwechsel; **~ of heart** Sinnesänderung; **~ of life** *physiol.* a) Wechseljahre *pl*, b) Menopause *f*; **~ of the moon** Mondwechsel; **~ of scenery** *fig.* Tapetenwechsel; **~ in thinking** Umdenken *n*; **~ of voice** Stimmwechsel, -bruch *m*; **~ in weather** Witterungsumschlag *m*. **18.** (Aus)Tausch *m*. **19.** (*etwas*) Neues, Abwechslung *f*: **for a ~** zur Abwechslung. **20.** a) Wechsel *m* (*Kleidung etc*): **~ of clothes** Umziehen *n*, b) Kleidung *f* zum Wechseln, frische Wäsche. **21.** a) Wechselgeld *n*, b) Kleingeld *n*, c) her'ausgegebenes Geld: **to get (give) ~** Geld herausbekommen (herausgeben) (**for a pound** auf ein Pfund); **to get no ~ out of s.o.** *fig.* nichts aus j-m herausholen können. **22.** C~ *econ. Br. colloq.* Börse *f*. **23.** *mus.* a) (Tonart-, Takt-, Tempo-) Wechsel *m*, b) Vari'ierung *f*, c) (*enharmonische*) Verwechslung, d) *meist pl* Wechsel(folge *f*) *m* (*beim Wechselläuten*): **to ring the ~s** wechselläuten, *Br. fig.* für Abwechslung sorgen.
change·a·bil·i·ty [ˌtʃeɪndʒəˈbɪlətɪ] *s* **1.** Wankelmut *m*, Unbeständigkeit *f*, Wandelbarkeit *f*. **2.** Veränderlichkeit *f*, Unbeständigkeit *f*. **'change·a·ble** *adj* (*adv* **changeably**) **1.** wankelmütig, unbeständig, wandelbar (*Mensch*): **to be (as) ~ as a weathercock** wetterwendisch sein. **2.** veränderlich, unbeständig (*Wetter*). **3.** chan'gierend (*Stoff*). **'change·a·ble·ness** → **changeability**.
'change·ful *adj* (*adv* **~ly**) veränderlich, wechselvoll.
change gear *s tech.* Wechselgetriebe *n*.
change·less [ˈtʃeɪndʒlɪs] *adj* unveränderlich, beständig, ohne Wechsel.
change·ling [ˈtʃeɪndʒlɪŋ] *s* **1.** Wechselbalg *m*, 'untergeschobenes Kind. **2.** *obs.* wankelmütiger Mensch.
'change₁o·ver *s* **1.** *electr. tech.* 'Umschaltung *f*: **~ switch** Umschalter *m*, Polwender *m*. **2.** *tech. u. fig.* 'Umstellung *f* (*e-r Maschine, Industrie etc*). **3.** *sport bes. Br.* Seitenwechsel *m*.
chang·er [ˈtʃeɪndʒə(r)] *s* **1.** (Ver)Änderer *m*. **2.** *in Zssgn* (Platten- *etc*)Wechsler *m*.
change| 'ring·ing *s* Wechselläuten *n*. |₁~'speed gear *s tech.* Wechsel-, Schaltgetriebe *n*.
chang·ing [ˈtʃeɪndʒɪŋ] **I** *adj* veränderlich (*a. Wetter*), wechselnd. **II** *s* Wechsel *m*, Veränderung *f*: **~ of the guard** Wachablösung *f*; **~ of gears** Schalten *n* (*der Gänge*). **~ room** *s* 'Umkleideraum *m*.
chan·nel [ˈtʃænl] **I** *s* **1.** Flußbett *n*. **2.** Fahrrinne *f*, Ka'nal *m*. **3.** (breite Wasser)Straße: **the English C~**, *bes. Br.* **the C~** der (Ärmel)Kanal. **4.** *mar.* a) schiffbarer Wasserweg (*der 2 Gewässer verbindet*), b) Seegatt *n*, c) Rüst *f*. **5.** Zufahrtsweg *m*, (Hafen)Einfahrt *f*. **6.** Rinne *f*, Gosse *f*. **7.** *fig.* Ka'nal *m*, Bahn *f*, Weg *m*: **to direct a matter into** (*od.* **through**) **other ~s** e-e Angelegenheit in andere Bahnen lenken; **~s of distribution** Absatzwege; **~s of supply** Versorgungswege; **through official ~s** auf dem Dienst- *od.* Instanzenweg; **~s of trade** Handelswege. **8.** *electr.* Fre'quenzband *n*, (Fernseh- *etc*)Ka'nal *m*, (-)Pro'gramm *n*: **to switch ~s** umschalten; **~ selector** Kanalwähler *m*. **9.** *tech.* 'Durchlaßröhre *f*. **10.** *arch.* Auskehlung *f*, Kanne'lierung *f*. **11.** *tech.* Nut *f*, Furche *f*, Riefe *f*. **12.** *a.* **~ iron** *tech.* U-Eisen *n*. **II** *v/t pret u. pp* **-neled**, *bes. Br.* **-nelled 13.** rinnenförmig aushöhlen, furchen. **14.** *arch.* auskehlen, kanne'lieren. **15.** *tech.* nuten, furchen. **16.** *fig.* kanali'sieren, lenken.
chant [tʃɑːnt; *Am.* tʃænt] **I** *s* **1.** Gesang *m*, Weise *f*, Melo'die *f*. **2.** *relig.* a) (*rezitierender*) Kirchengesang, *bes.* Psalmo'die *f*, b) 'Kirchenmelo₁die *f*. **3.** Singsang *m*, mono'toner Gesang *od.* Tonfall. **4.** Sprechchor *m*. **II** *v/t* **5.** singen. **6.** besingen, preisen. **7.** ('her-, her'un-ter)leiern. **8.** in Sprechchören rufen. **III** *v/i* **9.** singen, *relig. a.* psalmo'dieren. **10.** Sprechchöre anstimmen. **'chant·er** *s* **1.** a) (Kirchen)Sänger(in), b) Kantor *m*, Vorsänger *m*. **2.** *mus.* Melo'diepfeife *f* (*des Dudelsacks*).
chan·te·relle¹ [ˌtʃæntəˈrel; ˌʃæn-] *s bot.* Pfifferling *m*.
chan·te·relle² [ˌtʃæntəˈrel; ˌʃæn-] *s mus.* E-Saite *f*, Sangsaite *f*.
chant·ey [ˈʃæntɪ; ˈtʃæn-] *s bes. Am.* Shanty *n*, Seemannslied *n*.
chan·ti·cleer [ˌtʃæntɪˈklɪə(r); ˌʃæn-] *s poet.* Hahn *m*.
chan·try [ˈtʃɑːntrɪ; *Am.* ˈtʃæn-] *s relig.* **1.** Stiftung *f* von Seelenmessen. **2.** Vo'tiv₁kapelle *f od.* -al₁tar *m*.
chant·y → **chantey**.
cha·os [ˈkeɪɒs; *Am.* ₁ɑs] *s* Chaos *n*: a) Urzustand *m* (*vor der Schöpfung*), b) *fig.* Wirrwarr *m*, Durchein'ander *n*: **to throw into ~** ein Chaos auslösen in (*dat*); **the room is in a state of ~** in dem Zimmer herrscht ein furchtbares Durcheinander. **cha'ot·ic** [-ˈɒt-] *Am.* ₋ˈɑt-] *adj* (*adv* **~ally**) cha'otisch, wirr.
chap¹ [tʃæp] *s colloq.* Bursche *m*, Junge *m*, Kerl *m*: **old ~** ₁alter Knabe'.
chap² [tʃæp] *s* Kinnbacke(n *m*) *f*, Kiefer *m od. pl*, Maul *n* (*e-s Tieres*).
chap³ [tʃæp] **I** *v/t* **1.** *Holz* spalten. **2.** Risse verursachen in *od.* auf (*dat*), *die Haut* rissig machen. **II** *v/i* **3.** aufspringen, rissig werden (*Haut*): → **chapped. III** *s* **4.** Riß *m*, Sprung *m*.
'chap·book *s* **1.** *hist.* Volksbuch *n*, Bal₁ladenbüchlein *n*. **2.** kleines (Unter'hal-tungs)Buch.
chape [tʃeɪp] *s* **1.** *mil.* a) Ortband *n* (*e-r Degenscheide*), b) Schuh *m* (*e-r Säbelscheide*), c) Scharnierhaken *m*. **3.** *Br.* 'Durchziehschlaufe *f*.
chap·el [ˈtʃæpl] *s* **1.** Ka'pelle *f*: a) *Teil e-r Kirche*, b) Pri'vatkapelle *e-s Schlosses, Klosters etc*), c) *a.* **~ of ease** Fili'alkirche *f*. **2.** Gottesdienst *m* (*in e-r Kapelle*). **3.** Gotteshaus *n*: a) *e-r Universität etc*, b) *Br. der Dissenters*: **he is ~** colloq. er ist ein Dissenter. **4.** *mus.* a) Or'chester *n od.* Chor *m* e-r Ka'pelle, b) ('Hof-, 'Haus)Kapelle *f*. **5.** *print.* a) Drucke'rei *f*, b) gewerkschaftliche Gruppe *od.* Zelle (*in e-r Druckerei*), c) Versammlung e-r solchen Gruppe. **'chap·el·ry** [-rɪ] *s relig.* Sprengel *m*.
chap·er·on [ˈʃæpərəʊn] **I** *s* **1.** Anstandsdame *f*. **2.** 'Aufsichts-, Be'gleitper₁son *f*. **II** *v/t* **3.** (als Anstandsdame) begleiten. **4.** beaufsichtigen. **'chap·er·on·age** *s* **1.** Begleitung *f*. **2.** Beaufsichtigung *f*.
chap·fall·en [ˈtʃæpˌfɔːlən] *adj* entmutigt, niedergeschlagen, bedrückt.
chap·i·ter [ˈtʃæpɪtə(r)] *s arch.* Kapi'tell *n*.
chap·lain [ˈtʃæplɪn] *s* **1.** Ka'plan *m*, Geistliche(r) *m* (*an e-r Kapelle*). **2.** Hof-, Haus-, Anstaltsgeistliche(r) *m*. **3.** Mili'tär- *od.* Marinegeistliche(r) *m*: **army ~; navy ~**. **'chap·lain·cy** *s* Ka'plansamt *n*, -würde *f*, -pfründe *f*.
chap·let [ˈtʃæplɪt] *s* **1.** Kranz *m*. **2.** Perlenschnur *f*, -kette *f*. **3.** *relig.* (*verkürzter*) Rosenkranz.
chap·man [ˈtʃæpmən] *s irr Br. obs.* Hau'sierer *m*, Händler *m*.
chapped [tʃæpt] *adj* aufgesprungen, rissig (*bes. Haut*): **~ hands**.
chap·pie [ˈtʃæpɪ] *s colloq.* Kerlchen *n*.
chap·py [ˈtʃæpɪ] → **chapped**.
chap·ter [ˈtʃæptə(r)] **I** *s* **1.** Ka'pitel *n* (*e-s Buches u. fig.*): **~ and verse** a) Kapitel u. Vers (*Angabe e-r Bibelstelle*), b) genaue Einzelheiten; **he knows ~ and verse of** er weiß genau Bescheid über (*acc*); **to the end of the ~** bis ans Ende; **a ~ of accidents** e-e Unfallserie. **2.** *Br.* Titel der einzelnen Parlamentsbeschlüsse e-r Sitzungsperiode. **3.** *relig.* Zweig *m* e-r religi'ösen Gesellschaft. **4.** *relig.* a) 'Dom₁kapitel *n*, b) 'Ordenska₁pitel *n*, c) Vollversammlung *f* der Ka'noniker e-r Pro'vinz. **5.** *bes. Am.* Ortsgruppe *f* (*e-s Vereins etc*). **6.** *pl* römische Zahlen *pl* (*bes. auf dem Zifferblatt*). **II** *v/t* **7.** in Ka'pitel einteilen. **~ house** *s* **1.** *relig.* 'Domka₁pitel *n*, Stift(shaus) *n*. **2.** *Am.* Klubhaus *n* (*e-r Studentenverbindung*).
char¹ [tʃɑː(r)] **I** *v/t* **1.** verkohlen, -koken: **a ~red body** e-e verkohlte Leiche. **2.** anbrennen. **II** *v/i* **3.** verkohlen. **III** *s* **4.** Holz-, Knochen-, Tierkohle *f*.
char² [tʃɑː(r)] *s ichth.* 'Rotfo₁relle *f*.
char³ [tʃɑː(r)] **I** *s* **1.** *Br. colloq. für* **charlady, charwoman**. **2.** Putzen *n* (*als Lebensunterhalt*). **II** *v/i* **3.** putzen: **to go out ~ring** putzen gehen.
char⁴ [tʃɑː(r)] *s Br. sl.* Tee *m*.
char·a·banc, char-à-banc [ˈʃærəbæŋ] *pl* **-bancs** [-z] *s* **1.** Kremser *m*. **2.** *Br.* Ausflugsomnibus *m*.
char·ac·ter [ˈkærəktə(r); -rɪk-] **I** *s* **1.** *allg.* Cha'rakter *m*: a) Wesen *n*, Art *f* (*e-s Menschen etc*): **bad ~; a man of noble ~**, b) guter Charakter: (**strong**) **~** Charakterstärke *f*; **he has** (*od.* **is a man of**) **~** er hat Charakter, c) (ausgeprägte) Per'sönlichkeit: **he is an odd ~** er ist ein merkwürdiger Mensch *od.* Charakter; **he is** (**quite**) **a ~** *colloq.* er ist (schon) ein Original *od.* ein komischer Kerl, d) Eigenschaft(en *pl*) *f*, (charakte'ristisches) Kennzeichen, Gepräge *n*, *a. biol.* Merkmal *n*: **the ~ of the landscape** der Landschaftscharakter; **~ generic 1. 2.** a) Ruf *m*, Leumund *m*, b) Zeugnis *n* (*bes. für Personal*): **to give s.o. a good ~** j-m ein gutes Zeugnis ausstellen (*a. fig.*). **3.** Eigenschaft *f*, Rang *m*, Stellung *f*: **in his ~ of ambassador** in s-r Eigenschaft als Botschafter. **4.** Fi'gur *f*, Gestalt *f* (*e-s Romans etc*): **the ~s of the play** die Charaktere des Stückes; → **imaginary 1. 5.** *thea.* Rolle *f*: **in ~** a) der Rolle gemäß, b) *fig.* (zum Charakter des Ganzen) passend; **it is in ~** es paßt dazu, zu ihm *etc*; **it is out of ~** es paßt nicht dazu, zu ihm *etc*, es fällt aus dem Rahmen. **6.** Schrift(zeichen *n*) *f*, Buchstabe *m*: **in Greek ~s**; **in large ~s** mit großen Buchstaben; **to**

know s.o.'s ~s j-s Handschrift kennen. **7.** Ziffer *f*, Zahl(zeichen *n*) *f*. **8.** Geheimzeichen *n*. **II** *adj* **9.** Charakter...: ~ **actor** *thea. etc* Charakterdarsteller *m*, -schauspieler *m*; ~ **assassination** Rufmord *m*; ~ **building** Charakterbildung *f*; ~ **dance** a) Ausdruckstanz *m*, b) (typischer) Nationaltanz; ~ **defect** Charakterfehler *m*; ~ **part** (*od.* role) *thea. etc* Charakterrolle *f*; ~ **piece** *mus.* Charakterstück *n*; ~ **study** Charakterstudie *f*; ~ **trait** Charakterzug *m*; ~ **witness** *jur.* Leumundszeuge *m*.

'**char·ac·ter·ful** *adj* cha'raktervoll.
char·ac·ter·is·tic [ˌkærəktəˈrɪstɪk; -rɪk-] **I** *adj* **1.** charakte'ristisch, bezeichnend, eigentümlich, typisch (**of** für): ~ **curve** *tech.* Leistungskurve *f*, -kennlinie *f*; ~ **note** *mus.* Leitton *m*. **II** *s* **2.** charakte'ristisches Merkmal, Eigentümlichkeit *f*, Kennzeichen *n*. **3.** *math.* Index *m* e-s Loga'rithmus, Kennziffer *f*. ˌ**char·ac·ter'is·ti·cal** → characteristic I.
ˌ**char·ac·ter'is·ti·cal·ly** *adv* in charakte'ristischer Weise, typischerweise.
char·ac·ter·i·za·tion [ˌkærəktəraɪˈzeɪʃn; -rɪk-; *Am.* -rəˈz-] *s* Charakteri'sierung *f*.
char·ac·ter·ize [ˈkærəktəraɪz; -rɪk-] *v/t* charakteri'sieren: a) beschreiben, schildern, b) kennzeichnen.
char·ac·ter·less [ˈkærəktə(r)lɪs; -rɪk-] *adj* **1.** cha'rakterlos. **2.** nichtssagend.
char·ac·ter·ol·o·gy [ˌkærəktəˈrɒlədʒɪ; -rɪk-; *Am.* -ˈrɑ-] *s psych.* Charakterolo'gie *f*, Cha'rakterkunde *f*.
cha·rade [ʃəˈrɑːd; *Am.* ʃəˈreɪd] *s* **1.** Scha'rade *f*. **2.** *bes. Br.* Farce *f*.
'**char·broil** *v/t* auf Holzkohle grillen.
char·coal [ˈtʃɑː(r)kəʊl] *s* **1.** Holz-, Knochenkohle *f*. **2.** (Reiß-, Zeichen)Kohle *f*, Kohlestift *m*. **3.** Kohlezeichnung *f*. ~ **burn·er** *s* Köhler *m*, Kohlenbrenner *m*. ~ **draw·ing** *s* **1.** Kohlezeichnung *f*. **2.** Kohlezeichnen *n* (*als Kunst*).
chard [tʃɑː(r)d] *s* **1.** Blattstiele *pl* der Arti'schocke. **2.** a) *bot.* Mangold *m*, b) Mangold(gemüse *n*) *m*.
charge [tʃɑː(r)dʒ] **I** *v/t* **1.** beladen, (*a. fig.* sein Gedächtnis *etc*) belasten. **2.** (an)füllen, *tech. a.* beschicken. **3.** Gewehr, Mine *etc* laden (**with** mit). **4.** *electr.* Batterie *etc* (auf)laden. **5.** *chem.* sättigen, ansetzen (**with** mit). **6.** ~ **with** *fig.* j-m etwas aufbürden. **7.** *j-n* beauftragen (**with** mit): **to** ~ **s.o. with a task** j-n mit e-r Aufgabe betrauen; **to** ~ **s.o. to be careful** j-m einschärfen, vorsichtig zu sein. **8.** belehren, *j-m* Weisungen geben: **to** ~ **the jury** *jur.* den Geschworenen Rechtsbelehrung erteilen. **9.** (**with**) *j-m* (*etwas*) zur Last legen *od.* vorwerfen *od.* anlasten, *a. jur.* *j-n* (*e-r Sache*) beschuldigen *od.* anklagen *od.* bezichtigen: **to** ~ **s.o. with murder**. **10.** (**with**) *econ. j-n* belasten (mit e-m Betrag), *j-m* (*etwas*) in Rechnung stellen: **to** ~ **an amount to s.o.'s account** j-s Konto mit e-m Betrag belasten. **11.** berechnen, (als Preis) fordern: **how much do you** ~ **for it?** wieviel berechnen od. verlangen Sie dafür?; **he** ~**d me 3 dollars for it** er berechnete mir 3 Dollar dafür; ~**d at** berechnet mit. **12.** *mil.* a) angreifen, b) stürmen. **13.** *sport* e-n Gegenspieler ‚angehen', rempeln. **14.** *mil.* Waffe zum Angriff fällen.
II *v/i* **15.** stürmen: **to** ~ **at s.o.** auf j-n losgehen.
III *s* **16.** *bes. fig.* Last *f*, Belastung *f*, Bürde *f*. **17.** Fracht(ladung) *f*. **18.** *tech.* a) Beschickung(sgut *n*) *f*, Füllung *f*, *metall.* Charge *f*, Gicht *f*, b) Ladung *f* (*e-r Schußwaffe, Batterie etc*), (Pulver-, Spreng-) Ladung *f*. **19.** *fig.* Explo'sivkraft *f*, Dy'namik *f*: **emotional** ~. **20.** (finanzi'elle)

Belastung *od.* Last: ~ **on an estate** Grundstücksbelastung, Grundschuld *f*. **21.** *fig.* (**on, upon**) Anforderung *f* (*an acc*), Beanspruchung *f* (*gen*). **22.** a) Preis *m*, Kosten *pl*, b) Forderung *f*, in Rechnung gestellter Betrag, c) Gebühr *f*, d) *a. pl* Unkosten *pl*, Spesen *pl*: ~ **for admission** Eintrittspreis; **at s.o.'s** ~ auf j-s Kosten; **free of** ~ kostenlos, gratis; **what is the** ~**?** was kostet es?; **there is no** ~ es kostet nichts. **23.** *econ.* Belastung *f* (**to an account** e-s Kontos). **24.** Beschuldigung *f*, Vorwurf *m*, *jur. a.* (Punkt *m* der) Anklage *f*: **to be on a** ~ **of murder** unter Mordanklage stehen; **to return to the** ~ *fig.* auf das alte Thema zurückkommen. **25.** *mil.* a) Angriff *m*, b) Sturm *m*. **26.** *mil.* Si'gnal *n* zum Angriff: **to sound the** ~ zum Angriff blasen. **27.** Verantwortung *f*: a) Aufsicht *f*, Leitung *f*, b) Obhut *f*, Verwahrung *f*: **the person in** ~ **die** verantwortliche Person, der *od.* die Verantwortliche; **to be in** ~ **of** verantwortlich sein für, die Aufsicht *od.* den Befehl führen über (*acc*), leiten, beaufsichtigen (*acc*); **to be in s.o.'s** ~, **to be in** (*od.* **under**) **the** ~ **of s.o.** unter j-s Obhut stehen, von j-m betreut werden; **to have** ~ **of** in Obhut *od.* Verwahrung haben, betreuen; **to place** (*od.* **put**) **s.o. in** ~ (**of**) j-m die Leitung (*gen*) *od.* Aufsicht (über *acc*) übertragen; **to take** ~ die Leitung *etc* übernehmen, die Sache in die Hand nehmen; → **drunk** 1. **28.** *Br.* (poli'zeilicher) Gewahrsam: **to give s.o. in** ~ j-n der Polizei übergeben. **29.** a) Schützling *m*, Pflegebefohlene(r *m*) *f*, Mündel *m, n*, b) *j-m* anvertraute Sache, c) *relig.* Gemeinde(glied *n*) *f* (*e-s Seelsorgers*), ‚Schäflein' *n od. pl.* **30.** Befehl *m*, Anweisung *f*. **31.** *jur.* Rechtsbelehrung *f* (*an die Geschworenen*). **32.** *her.* Wappenbild *n*.
charge·a·ble [ˈtʃɑː(r)dʒəbl] *adj* (*adv* **chargeably**). **1.** (**to**) anrechenbar, anzurechnen(d) (*dat*), zu Lasten gehend (*von*). **2.** anzuklagen(d), belangbar (**for** wegen): ~ **offence** (*Am.* **offense**) gerichtlich zu belangendes Vergehen.
charge ac·count *s econ.* **1.** ˈKundenkreˌditkonto *n*. **2.** Abzahlungskonto *n* (*bei Teilzahlungen*).
char·gé d'af·faires [ˌʃɑː(r)ʒeɪdæˈfeə(r)] *pl* **char·gés d'af·faires** [-ʒeɪz-] *s* Char'gé d'af'faires *m*, Geschäftsträger *m*.
charge nurse *s med. Br.* Oberschwester *f*.
charg·er[1] [ˈtʃɑː(r)dʒə(r)] *s* **1.** *mil. bes. hist.* Chargen-, Dienstpferd *n* (*e-s Offiziers*), b) *poet.* (Schlacht)Roß *n*. **2.** *a.* ~ **strip** *mil.* Ladestreifen *m*. **3.** *electr.* Ladegerät *n*. **4.** *tech.* Aufgeber *m*.
charg·er[2] [ˈtʃɑː(r)dʒə(r)] *s obs.* Ta'blett *n*, Platte *f*.
charge sheet *s* **1.** a) Poli'zeiˌregister *n* (*der Verhafteten u. der gegen sie erhobenen Beschuldigungen*), b) poli'zeiliches Aktenblatt *n* (*über den Einzelfall*). **2.** *mil.* Tatbericht *m*.
charg·ing [ˈtʃɑː(r)dʒɪŋ] *s* **1.** Beladung *f*. **2.** *tech.* Beschickung *f* (*e-r Anlage*). **3.** *electr.* (Auf)Ladung *f*. **4.** *econ.* Belastung *f*, Auf-, Anrechnung *f*. ~ **ca·pac·i·tor** *s electr.* ˈLadekonden₁sator *m*. ~ **floor** *s tech.* Gichtbühne *f*. ~ **hole** *s tech.* Einschüttöffnung *f*. ~ **or·der** *s jur. Br.* Beschlagnahmeverfügung *f*.
char·i·ness [ˈtʃeərɪnɪs] *s* **1.** Vorsicht *f*, Behutsamkeit *f*. **2.** Sparsamkeit *f*.
char·i·ot [ˈtʃærɪət] *s* **1.** *antiq.* zweirädriger Streit- *od.* Tri'umphwagen. **2.** leichter vierrädriger Wagen. ˌ**char·i·ot'eer** [-ˈtɪə(r)] *s bes. poet.* Wagen-, Rosselenker *m*.
cha·ris·ma [kəˈrɪzmə] *s* Charisma *n*: a) *relig.* göttliche Gnadengabe, b) *fig.* Ausstrahlung(skraft) *f*. **char·is·mat·ic** [ˌkærɪzˈmætɪk] *adj* charis'matisch.

characterful – chart

char·i·ta·ble [ˈtʃærətəbl] *adj* (*adv* **charitably**) **1.** wohltätig, mild(tätig), karita'tiv: ~ **society** Wohltätigkeitsverein *m*. **2.** gütig, nachsichtig (**to** *j-m* gegen'über): **to take a** ~ **view of s.th.** e-e Sache mit Nachsicht beurteilen. ˈ**char·i·ta·ble·ness** → **charity** 2 *u.* 3. **char·i·ty** [ˈtʃærətɪ] *s* **1.** (christliche) Nächstenliebe: **Brother of** ~ barmherziger Bruder. **2.** Wohl-, Mildtätigkeit *f* (**to the poor** gegen die Armen): ~ **begins at home** zuerst kommt einmal die eigene Familie *od.* das eigene Land; (**as**) **cold as** ~ *fig.* hart wie Stein. **3.** Liebe *f*, Güte *f*, Milde *f*, Nachsicht *f*: **to practice** (*bes. Br.* **practise**) ~ **toward(s) s.o.** j-m gegenüber Milde *od.* Nachsicht üben. **4.** Almosen *n*, milde Gabe. **5.** gutes Werk. **6.** wohltätige Einrichtung *od.* Stiftung, ˈWohlfahrtsinstiˌtut *n*. **II** *adj* **7.** Wohltätigkeits...: ~ **bazaar**; ~ **stamp** *mail* Wohlfahrtsmarke *f*.
cha·ri·va·ri [ˌʃɑːrɪˈvɑːrɪ; *Am.* ˌʃɪvəˈriː; ˈʃɪvəˌriː] *s* **1.** ˈKatzenmuˌsik *f* (*bes. als Ständchen für Neuvermählte*). **2.** Getöse *n*, Lärm *m*.
char·la·dy [ˈtʃɑː(r)ˌleɪdɪ] *Br. für* charwoman.
char·la·tan [ˈʃɑː(r)lətən] *s* Scharlatan *m*: a) Quacksalber *m*, Kurpfuscher *m*, b) Schwindler *m*. ˌ**char·la'tan·ic** [-ˈtænɪk], ˌ**char·la'tan·i·cal** *adj* quacksalberisch, pfuscherhaft. ˈ**char·la·tan·ism**, ˈ**char·la·tan·ry** [-rɪ] *s* Scharlatane'rie *f*.
Charles·ton [ˈtʃɑː(r)lstən] **I** *s mus.* Charleston *m*. **II** *v/i a.* **c**~ Charleston tanzen.
char·ley horse [ˈtʃɑːlɪ] *s Am. colloq.* Muskelkater *m*.
char·lie [ˈtʃɑːlɪ] *s colloq.* **1.** *Br.* Trottel *m*. **2.** *Austral.* ‚Puppe' *f* (*Mädchen*).
char·lock [ˈtʃɑː(r)lɒk; *Am.* ˈtʃɑː(r)ˌlɑk] *s bot.* Ackersenf *m*, Hederich *m*.
char·lotte [ˈtʃɑː(r)lət] *s gastr.* Charˈlotte *f* (*Süßspeise*).
charm [tʃɑː(r)m] **I** *s* **1.** Charme *m*, Zauber *m*, bezauberndes Wesen, (Lieb)Reiz *m*: **feminine** ~**s** weibliche Reize; ~ **of style** gefälliger Stil; **to turn on the** (*od.* **one's**) ~ *colloq.* s-n (ganzen) Charme spielen lassen. **2.** a) Zauberformel *f*, -mittel *n*, b) Zauber *m*: **to be under a** ~ unter e-m Zauber *od.* e-m Bann stehen; **like a** ~ *fig.* wie Zauberei, fabelhaft. **3.** Talisman *m*, Amu'lett *n*. **II** *v/t* **4.** bezaubern, entzücken: ~**ed by** (*od.* **with**) bezaubert *od.* entzückt von; **to be** ~**ed to meet s.o.** entzückt sein, j-n zu treffen. **5.** be-, verzaubern, behexen, *Schlangen* beschwören: ~**ed against s.th.** gegen etwas gefeit; **to have a** ~**ed life** ein Schutzengel haben. **6.** **to** ~ **away** wegzaubern, *Sorgen etc* zerstreuen. **III** *v/i* **6.** bezaubern(d wirken), entzücken. ˈ**charm·er** *s* **1.** Zauberer *m*, Zauberin *f*. **2.** a) bezaubernder Mensch, Charˈmeur *m*, b) reizvolles Geschöpf, ‚Circe' *f* (*Frau*). **3.** Schlangenbeschwörer *m*.
charm·ing [ˈtʃɑː(r)mɪŋ] *adj* (*adv* ~**ly**) charˈmant, bezaubernd, entzückend, reizend. ˈ**charm·ing·ness** *s* bezauberndes Wesen.
char·nel [ˈtʃɑː(r)nl] **I** *s* → **charnel house**. **II** *adj* Leichen... ~ **house** *s hist.* Leichen-, Beinhaus *n*.
char·qui [ˈtʃɑː(r)kɪ] *s* in Streifen geschnittenes, getrocknetes Rindfleisch.
chart [tʃɑː(r)t] **I** *s* **1.** Taˈbelle *f*: **genealogical** ~. **2.** a) graphische Darstellung, *z. B.* (Farb)Skala *f*, (Fieber)Kurve *f*, (Wetter)Karte *f*, b) *bes. tech.* Plan *m*, Diaˈgramm *n*, Tafel *f*, Schaubild *n*, Kurve(nblatt *n*) *f*. **3.** (*bes.* See-, Himmels-) Karte *f*: **admiralty** ~ Admiralitätskarte;

→ **astronomical. 4.** *pl* **Charts** *pl,* Hitliste(n *pl*) *f:* **to get into the ~s** in die Charts kommen. **II** *v/t* **5.** auf e-r Karte *etc* einzeichnen od. verzeichnen. **6.** graphisch darstellen, skiz'zieren. **7.** *fig.* entwerfen, planen.

char·ter [ˈtʃɑː(r)tə(r)] **I** *s* **1.** Urkunde *f,* Freibrief *m.* **2.** Priviˈleg *n* (von Freiheiten u. Rechten). **3.** Gnadenbrief *m.* **4.** a) *urkundliche Genehmigung seitens e-r Gesellschaft etc zur Gründung e-r Filiale, Tochtergesellschaft etc,* b) Gründungsurkunde *f (e-r juristischen Person des öffentlichen od. privaten Rechts),* c) *Am.* Satzung *f (e-r Aktiengesellschaft),* d) Konzessiˈon *f.* **5.** *pol.* Charta *f,* Verfassung(surkunde) *f:* **the C~ of the United Nations. 6.** a) Chartern *n,* b) → **charter party. II** *v/t* **7.** Bank *etc* konzessioˈnieren. **8.** chartern: a) *Schiff, Flugzeug etc* mieten, b) *mar. (durch Chartepartie)* befrachten. **ˈchar·ter·age** *s mar.* Befrachtung *f,* Charter *f.*

char·tered [ˈtʃɑː(r)tə(r)d] *adj* **1.** konzessioˈniert: ~ **accountant** *Br.* a) konzessionierter Buchprüfer, b) konzessionierter Steuerberater; ~ **company** *Br.* (königlich) privilegierte (Handels)Gesellschaft; ~ **corporation** staatlich konzessionierte juristische Person. **2.** gechartert: a) gemietet, Charter...: ~ **aircraft;** ~ **flight,** b) *mar.* befrachtet. **ˈchar·ter·er** *s mar.* Befrachter *m.*

ˈchar·ter| flight *s* Charterflug *m.* ~ **ˈmem·ber** *s* Gründungsmitglied *n.* ~ **ˈpar·ty** *s mar.* ˈCharteparˌtie *f,* Befrachtungsvertrag *m.*

Chart·ism [ˈtʃɑː(r)tɪzəm] *s hist. Br.* Charˈtismus *m (politische Bewegung 1830–48).*

char·tog·ra·pher, *etc* → **cartographer,** *etc.*

char·treuse [ʃɑːˈtrɜːz; *Am.* ʃɑːrˈtruːz] *s* **1.** Charˈtreuse *m (Kräuterlikör).* **2.** *a.* **green** hellgrüne Farbe. **3.** *gastr.* Charˈtreuse *f (Gericht aus Gemüse od. Teigwaren u. Fleisch).*

ˈchart·room *s mar.* Kartenzimmer *n,* -haus *n,* Navigatiˈonsraum *m.*

char·wom·an [ˈtʃɑː(r)ˌwʊmən] *s irr* Putzfrau *f,* Raumpflegerin *f.*

char·y [ˈtʃɛərɪ] *adj (adv* **charily**) **1.** vorsichtig, behutsam (**in, of** in *dat,* bei). **2.** wählerisch. **3.** sparsam, zuˈrückhaltend (**of** mit).

chase¹ [tʃeɪs] **I** *v/t* **1.** a) jagen, Jagd machen auf *(acc),* nachjagen *(dat) (a. fig. e-m Traum etc),* verfolgen, b) *colloq.* e-m *Mädchen etc* nachlaufen. **2.** *hunt.* hetzen, jagen. **3.** *a.* ~ **away** verjagen, -treiben: **go (and)** ~ **yourself!** *colloq.* hau ab! **II** *v/i* **4.** jagen: **to** ~ **after s.o.** j-m nachjagen. **5.** *colloq.* rasen, rennen. **III** *s* **6.** a) *hunt. u. fig.* (Hetz)Jagd *f:* **to go in** ~ **of** the fox hinter dem Fuchs herjagen, b) *fig.* Verfolgung(sjagd) *f:* **to give** ~ **to s.o.** (s.th.) j-n (etwas) verfolgen, j-m (e-r Sache) nachjagen. **7.** gejagtes Wild *(a. fig.) od.* Schiff *etc.* **8.** *Br.* a) ˈJagd(reˌvier *n) f,* b) *jur.* Jagdrecht *n.*

chase² [tʃeɪs] **I** *s* **1.** *print.* Formrahmen *m.* **2.** Kupferstecherrahmen *m.* **3.** Rinne *f,* Furche *f.* **4.** *mil.* langes, gezogenes Feld *(e-s Geschützrohres).* **II** *v/t* **5.** ziseˈlieren, ausmeißeln: ~**d work** getriebene Arbeit. **6.** *tech.* a) punzen, b) *Gewinde* strählen, strählen.

chase gun *s mar.* Buggeschütz *n.*

chas·er¹ [ˈtʃeɪsər] *s* **1.** Jäger *m,* Verfolger *m.* **2.** *mar.* a) Jagd machendes Schiff, *(bes.* U-Boot-)Jäger *m,* b) Jagdgeschütz *n.* **3.** *aer.* Jagdflugzeug *n,* Jäger *m.* **4.** *Am. colloq.* ˈSchluck *m* zum Nachspülen *(Schnaps auf Kaffee etc).* **5.** *Am.*

colloq. ˈRausschmeißerˈ *m (letzter Tanz etc).* **6.** *colloq.* Schürzenjäger *m.*

chas·er² [ˈtʃeɪsə(r)] *s* **1.** Ziseˈleur *m.* **2.** *tech.* Gewindestahl *m,* -strähler *m.* **3.** *tech.* Treibpunzen *m.*

chas·ing lathe [ˈtʃeɪsɪŋ] *s tech.* Drück-(dreh)bank *f.*

chasm [ˈkæzəm] *s* **1.** Kluft *f,* Abgrund *m (a. fig.).* **2.** Schlucht *f,* Klamm *f.* **3.** Riß *m,* Spalte *f.* **4.** *fig.* Lücke *f.*

chas·sé [ˈʃæseɪ; *Am.* ʃæˈseɪ] **I** *s* gleitender Tanzschritt. **II** *v/i pret u. pp* -**séd** schasˈsieren.

chas·seur [ʃæˈsɜː; *Am.* ʃæˈsɜːr] *s* **1.** *mil.* Jäger *m (in der französischen Armee).* **2.** liˈvrierter Laˈkai. **3.** Jäger *m.*

chas·sis [ˈʃæsɪ; *Am. a.* -sɪs] *s* **1.** Chasˈsis *n:* a) *aer. mot.* Fahrgestell *n,* b) *Radio:* Grundplatte *f.* **2.** *mil.* Laˈfettenrahmen *m.*

chaste [tʃeɪst] *adj (adv* ~**ly**) **1.** keusch: a) rein, unschuldig, b) züchtig, zuˈrückhaltend, sittsam, zuˈrückhaltend. **2.** stilrein, von edler Schlichtheit: **a** ~ **design. 3.** bescheiden, schlicht: **a** ~ **meal. chas·ten** [ˈtʃeɪsn] *v/t* **1.** züchtigen, strafen. **2.** *fig.* reinigen, läutern, *Stil etc* verfeinern. **3.** *fig.* a) mäßigen, dämpfen, b) ernüchtern, nachdenklich stimmen. **ˈchaste·ness** *s* Keuschheit *f.*

chas·tise [tʃæˈstaɪz] *v/t* **1.** züchtigen, (be)strafen. **2.** *fig.* geißeln, scharf tadeln. **chas·tise·ment** [ˈtʃæstɪzmənt; tʃæˈstaɪz-] *s* Züchtigung *f,* Strafe *f.*

chas·ti·ty [ˈtʃæstətɪ] *s* **1.** Keuschheit *f:* ~ **belt** *hist.* Keuschheitsgürtel *m.* **2.** Reinheit *f,* Unschuld *f.* **3.** Schlichtheit *f.*

chas·u·ble [ˈtʃæʒʊbl; *Am.* -zəbl] *s relig.* Kasel *f,* Meßgewand *n.*

chat¹ [tʃæt] **I** *v/i* plaudern, plauschen, schwatzen. **II** *v/t* **up** *Br. colloq.* a) einreden auf *(acc),* b) sich ˌranmachenˈ an *(ein Mädchen etc),* ˌanquatschenˈ. **III** *s* Plaudeˈrei *f (a. im Radio etc),* Schwätzchen *n,* Plausch *m:* **to have a** ~ **with s.o.** mit j-m plaudern.

chat² [tʃæt] *s orn.* Steinschmätzer *m.*

chat·e·lain [ˈʃætəleɪn] *s* Kastelˈlan *m.*

chat·e·laine [ˈʃætəleɪn] *s* **1.** Kastelˈlanin *f.* **2.** Schloßherrin *f.* **3.** Chateˈlaine *f,* (Gürtel)Kette *f.*

chat| show *s Br.* Talk-Show *f.* ˈ~-**show host** *s Br.* Talkmaster *m.*

chat·tel [ˈtʃætl] *s* **1.** Sklave *m,* Leibeigene(r *m) f.* **2.** *meist pl jur.* a) *a.* ~(**s**) **personal** Moˈbilien *pl,* bewegliches Eigentum, b) jegliches Eigentum *(mit Ausnahme von Grundstücken u. Gebäuden):* ~ **real** Besitzrecht *n (z. B. Pacht).* ~ **ˈmort·gage** *s jur.* Mobiliˈarhypoˌthek *f.* ~ **ˈpa·per** *s Am.* Verˈkehrspaˌpier *n.*

chat·ter [ˈtʃætə(r)] **I** *v/i* **1.** schnattern *(Affen),* krächzen *(Elstern etc).* **2.** schnattern: a) schwatzen, plappern, b) klappern: **his teeth** ~**ed with cold** er klapperte vor Kälte (mit den Zähnen). **3.** rattern, klappern *(Blech etc).* **4.** plätschern. **II** *v/t* **5.** (daˈher)plappern. **III** *s* **6.** Geschnatter *n,* Geplapper *n,* Geschwätz *n.* **7.** Klappern *n,* Rattern *n.* ˈ~-**box** *s* Plaudertasche *f,* Plappermaul *n.*

chat·ter·er [ˈtʃætərə(r)] *s* Schwätzer(in).

chat·ti·ness [ˈtʃætɪnɪs] *s* Gesprächigkeit *f,* Redseligkeit *f.*

chat·ty [ˈtʃætɪ] *adj (adv* **chattily**) **1.** geschwätzig, redselig, gesprächig. **2.** plaudernd, im Plauderton (geschrieben *etc*), unterˈhaltsam: **a** ~ **letter.**

chauf·feur [ˈʃoʊfə(r); ʃoʊˈfɜː; *Am.* -ˈfɜr] **I** *s* Chaufˈfeur *m,* Fahrer *m.* **II** *v/t* chaufˈfieren, fahren. ~**ed** *mit* Chauffeur. **III** *v/i* ~ **for** als Chaufˈfeur angestellt sein bei.

chauf·feuse [-ˈfɜːz] *s* Fahrerin *f.*

chau·vi [ˈʃoʊvɪ] *s colloq.* ˌChauviˈ *m (männlicher Chauvinist).*

chau·vin·ism [ˈʃoʊvɪnɪzəm] *s* Chauviˈ-

ˈnismus *m:* **male** ~ männlicher Chauvinismus. **ˈchau·vin·ist** *s* Chauviˈnist *m:* **male** ~ männlicher Chauvinist; **male pig** *colloq.* ˈChauvischweinˈ *n.* ˌ**chau·vin·ˈis·tic** *adj (adv* ~**ally**) chauviˈnistisch. [*s* Priem *m.*}

chaw [tʃɔː] *dial.* **I** *v/t* Priem kauen. **II** ˈ**chaw·dron** [ˈtʃɔːdrən] *s obs.* Kalˈdaunen *pl,* (Tier)Eingeweide *pl.*

cheap [tʃiːp] **I** *adj (adv* ~**ly**) **1.** billig, preiswert: ~ **flights** Billigflüge; ~ **rate** *teleph. etc* Billigtarif *m;* **to hold s.th.** ~ e-e geringe Meinung von etwas haben; **(as)** ~ **as dirt** *colloq.* spottbillig; **it is** ~ **at that price** für diesen Preis ist es billig. **2.** *fig.* billig: a) mühelos: ~ **glory,** b) minderwertig, kitschig: ~ **finery. 3.** *fig.* a) schäbig, gemein: **to conduct** schäbiges Benehmen; **to feel** ~ sich schäbig vorkommen, b) billig, ordiˈnär: **a** ~ **girl. 4.** *Br.* verbilligt, ermäßigt: **a** ~ **fare. II** *adv* **5.** billig: **to buy s.th.** ~. **III** *s* **6. on the** ~ *colloq.* billig. ˈ**cheap·en I** *v/t* **1.** verbilligen, (im Preis) herˈabsetzen. **2.** *fig.* schlechtmachen. **3.** *fig.* ordiˈnär erscheinen lassen: **to** ~ **o.s.** sich herabwürdigen. **II** *v/i* **4.** billiger werden.

ˈ**cheap·jack I** *s* billiger Jakob. **II** *adj* Ramsch...

cheap·ness [ˈtʃiːpnɪs] *s* Billigkeit *f.*

ˈ**cheap·skate** *s colloq.* ˌKnickerˈ *m,* ˌGeizkragenˈ *m,* Geizhals *m.*

cheat [tʃiːt] **I** *s* **1.** Betrüger(in), Schwindler(in), ˌMogler(in)ˈ. **2.** Betrug *m (a. jur.),* Schwindel *m,* ˌMogeˈleiˈ *f.* **II** *v/t* **3.** betrügen *(a. fig.* um e-e Möglichkeit *etc),* beschwindeln, ˌbemogelnˈ **(of, out of** um): **to** ~ **s.o. into doing s.th.** j-n dazu verleiten, etwas zu tun; **to** ~ **s.o. into believing that** j-m weismachen, daß. **4.** ein Schnippchen schlagen, sich entziehen *(dat):* **to** ~ **justice. III** *v/i* **5.** betrügen, schwindeln, ˌmogelnˈ: **to** ~ **at cards** beim Kartenspiel mogeln. **6.** ~ **on** *colloq. s-e Frau etc* betrügen. **ˈcheat·er** *s* **1.** → **cheat 1. 2.** *pl,* **a pair of ~s** *Am. sl.* Brille *f.* **3.** *pl Am. sl.* Schaumgummieinlagen *pl (im Büstenhalter).* ˈ**cheat·er·y** [-ərɪ] → **cheat 2.**

cheat sheet *s ped.* Spickzettel *m.*

cheat·ing pack *s* Mogelpackung *f.*

check [tʃek] **I** *s* **1.** Schach(stellung *f) n:* ~ im Schach (stehend); **to give** ~ Schach bieten; **to hold** *od.* **keep in** ~ *fig.* in Schach halten. **2.** Hemmnis *n,* Hindernis *n (Person od. Sache)* **(on** für): **without a** ~ ungehindert; **to put a** ~ **(up)on s.o.** j-m e-n Dämpfer aufsetzen, j-n zurückhalten. **3.** *fig.* Einhalt *m,* ˈUnterˌbrechung *f,* Rückschlag *m:* **to give a** ~ **to** Einhalt gebieten *(dat).* **4.** Konˈtrolle *f,* Überˈprüfung *f,* Nachprüfung *f,* Überˈwachung *f:* **to keep a** ~ **(up)on s.th.** etwas unter Kontrolle halten. **5.** *Am.* Konˈtrollzeichen *n, bes.* Häkchen *n (auf Listen etc).* **6.** *econ. Am.* Scheck *m (= Br.* ˈ**cheque**) *(*for über *acc).* **7.** *bes. Am.* Kassenschein *m,* -zettel *m,* Rechnung *f (im Kaufhaus od. Restaurant).* **8.** Konˈtrollabschnitt *m,* -marke *f,* -schein *m.* **9.** *bes. Am.* Aufbewahrungsschein *m:* a) Gardeˈrobenmarke *f,* b) Gepäckschein *m.* **10.** *(Essens- etc)*Bon *m,* Gutschein *m.* **11.** a) Schachbrett *n,* Würfel-, Karomuster *n,* b) Karo *n,* Viereck *n,* c) kaˈrierter Stoff. **12.** Spielmarke *f (z. B. beim Pokerspiel):* **to pass** (*od.* **hand**) **in one's** ~ *Am. colloq.* ˌden Löffel weglegenˈ *(sterben).* **13.** *tech.* Arreˈtiervorrichtung *f,* -feder *f.* **14.** kleiner Riß *od.* Spalt *(in Holz, Stahl etc).* **15.** *Eishockey:* Check *m.* **16. to come to a** ~ von der Fährte abkommen *(Jagdhund).* **II** *interj* **17.** Schach! **18.** *Am. colloq.* klar! **III** *v/t* **19.** Schach bieten *(dat).* **20.** hemmen, hindern, zum Stehen bringen, auf-

checkable – chenille

halten, eindämmen. **21.** *tech., a. fig. econ. etc* drosseln, bremsen. **22.** zu¹rückhalten, zügeln: **to ~ o.s.** sich beherrschen. **23.** *Eishockey:* checken. **24.** checken, kon-trol¹lieren, über¹prüfen, nachprüfen (**for** auf *e-e Sache* hin): **to ~ against** verglei-chen mit. **25.** *Am. (auf e-r Liste etc)* abhaken, ankreuzen. **26.** *bes. Am.* a) (zur Aufbewahrung *od.* in der Garde¹robe) abgeben, b) (als Reisegepäck) aufgeben. **27.** *bes. Am.* a) (zur Aufbewahrung) an-nehmen, b) zur Beförderung (als Reise-gepäck) über¹nehmen *od.* annehmen. **28.** ka¹rieren, mit e-m Karomuster ver-sehen. **29.** *a.* **~ out** *Am.* Geld mittels Scheck abheben. **30.** *Br.* Karte lochen. **31.** *obs.* j-n rügen, tadeln.
IV *v/i* **32.** *bes. Am.* a) sich als richtig erweisen, stimmen, b) (**with**) genau ent-sprechen (*dat*), über¹einstimmen (mit). **33.** *oft* **~ up (on)** (*e-e Sache*) nachprüfen, (*e-e Sache od. j-n*) über¹prüfen. **34.** *Am.* e-n Scheck ausstellen (**for** über *acc*). **35.** (plötzlich) inne- *od.* anhalten, stut-zen. **36.** *tech.* rissig werden.
Verbindungen mit Adverbien:
check|back *v/i* rückfragen (**with** bei). **~ in I** *v/i* **1.** sich (*in e-m Hotel*) anmelden. **2.** einstempeln. **3.** *aer.* einchecken. **II** *v/t* **4.** (*in e-m Hotel*) anmelden. **5.** *aer.* ein-checken. **~ off** → check **25.** **~ out I** *v/i* **1.** → check **24**. **2.** → check **29**. **3.** sich erkundigen nach, sich infor¹mieren über (*acc*). **II** *v/i* **4.** (*aus e-m Hotel*) abreisen. **5.** ausstempeln. **6.** *Am. sl.* ‚abkratzen' (*sterben*). **~ o·ver** → check 24. **~ up** → check 33.
check·a·ble [ˈtʃekəbl] *adj* kontrol¹lier-bar, nachprüfbar.
ˈ**check|·back** *s* Rückfrage *f*. **~ bit** *s* Computer: Prüf-, Kon¹trollbit *n*. ˈ**~book**, Br. ˈ**cheque·book** *s* Scheck-buch *n*, -heft *n*. **~ card**, Br. **cheque card** *s* Scheckkarte *f*. **~col·lar** *s* **1.** (*Art*) Kummet *n* (*zum Einfahren von Pferden*). **2.** Dres¹surhalsband *n* (*für Hunde*).
checked [tʃekt] *adj* **1.** ka¹riert: **~ pattern** Karomuster *n*. **2.** *ling.* auf e-n Konso-¹nanten endend (*Silbe*).
check·er[^1], *bes. Br.* **cheq·uer** [ˈtʃekə(r)] **I** *s* **1.** *Am.* a) (Dame)Stein *m*, b) *pl* (*als sg konstruiert*) Damespiel *n:* **to play (at) ~s** Dame spielen. **2.** *obs.* Schachbrett *n*. **3.** Karomuster *n*. **II** *v/t* **4.** ka¹rieren. **5.** *fig.* vari¹ieren, bunt *od.* wechselvoll gestalten.
check·er[^2] [ˈtʃekə(r)] *s bes. Am.* **1.** Kas-¹siererin *f* (*bes. im Supermarkt*). **2.** Gar-de¹robenfrau *f*. **3.** *rail.* Angestellte(r *m*) *f* in e-r Gepäckaufbewahrung.
ˈ**check·er|board**, *bes. Br.* ˈ**cheq·uer-board I** *s* Schach- *od.* Damebrett *n*. **II** *adj* → checkered 1.
check·ered, *bes. Br.* **cheq·uered** [ˈtʃekə(r)d] *adj* **1.** ka¹riert, gewürfelt, schachbrettartig. **2.** bunt (*a. fig.*). **3.** *fig.* wechselvoll, bewegt: **a ~ history** (*past*).
ˈ**check·er|work**, *bes. Br.* ˈ**cheq·uer-work** *s* schachbrettartig ausgelegte Arbeit, Schachbrettmuster *n*.
ˈ**check-in** *s* **1.** Anmeldung *f* (*in e-m Hotel*). **2.** Einstempeln *n*. **3.** *aer.* Einchecken *n:* **~ counter** Abfertigungsschalter *m*.
check·ing| ac·count [ˈtʃekɪŋ] *s econ. Am.* Girokonto *n*. **~ slip** *s* Kon¹troll-abschnitt *m*.
check| list *s* Check-, Kon¹troll-, Ver-gleichsliste *f*. **~ lock** *s* kleines Sicher-heitsschloß *f*. ˈ**~mate I** *s* **1.** (Schach-)¹Matt *n*, Mattstellung *f*. **2.** *fig.* Niederlage *f*. **II** *v/t* **3.** (schach)¹matt setzen (*a. fig.*). **III** *interj* **4.** schach¹matt! **~ nut** *s tech.* Gegenmutter *f*. **~off** *s Am.* Einbehal-tung *f* der Gewerkschaftsbeiträge durch den Betrieb. ˈ**~out** *s* **1.** a) Abreise *f (aus e-m Hotel*), b) *a.* **~ time** Zeit, zu der ein Hotelzimmer geräumt sein muß: **~ is at 10** die Zimmer müssen um 10 geräumt sein. **2.** Ausstempeln *n*. **3.** *a.* **~ counter** Kasse *f* (*bes. im Supermarkt*). **4.** *tech.* Bestehen *n* e-s Tauglichkeitstests: **~ test** Tauglich-keitstest *m*. ˈ**~·point** *s* **1.** *mil.* Bezugs-, Orien¹tie-rungspunkt *m*. **2.** *electr. tech.* Kon¹troll-, Eichpunkt *m*. **3.** *pol.* ¹Kontrollpunkt *m* (*an der Grenze*). **~ rail** *s rail.* Radlenker *m*. ˈ**~rein** *s Am.* Ausbindezügel *m*. ˈ**~room** *s bes. Am.* **1.** *rail.* Gepäckauf-bewahrung (*sraum m*) *f*. **~s and bal·anc·es** *s pl pol. bes. Am.* gegenseitige Kon¹trolle (*zur Ver-hinderung von Machtmißbrauch*). ˈ**~·up** *s* **1.** Über¹prüfung *f*, Kon¹trolle *f*. **2.** *med.* Check-up *m*, (¹umfangreiche) ¹Vorsorge-unter¹suchung. **~ valve** *s tech.* **1.** ¹Ab-sperrven¸til *n*. **2.** ¹Kontrollven¸til *n*. ˈ**~weigh·er** *s tech.* **1.** Wiegemeister *m*. **2.** Kon¹trollwaage *f*.
Ched·dar (cheese) [ˈtʃedə(r)] *s* Ched-darkäse *m*.
cheek [tʃiːk] **I** *s* **1.** Backe *f*, Wange *f*: **to be ~ by jowl** Tuchfühlung haben (mit) (*a. fig.*). **2.** *colloq.* ‚Backe' *f* (*Gesäßhälfte*). **3.** *colloq.* Frechheit *f*, Unverfrorenheit *f:* **to have the ~ to do s.th.** die Frechheit *od.* Stirn besitzen, etwas zu tun; **he had the ~ to be late** er kam glatt zu spät. **4.** *tech.* Backe *f* (*Seitenteil e-s Schraub-stocks etc*). **~s** *of* **a vice**. **5.** ~**s** *of* a vice. **5.** Knebel *m* (*am Trensengebiß e-s Pferdes*), b) *pl* Backenteile *pl* (*des Pferdegeschirrs*). **II** *v/t* **6.** *colloq.* frech sein zu. ˈ**~bone** *s* Backenknochen *m*.
cheeked [tʃiːkt] *adj in Zssgn* ...wangig: **hollow-~; rosy-~** *a.* rotbäckig.
cheek·i·ness [ˈtʃiːkɪnɪs] *s colloq.* Frech-heit *f*.
ˈ**cheek|·piece** *s* Backenriemen *m* (*am Pferdegeschirr*). **~ pouch** *s zo.* Backen-tasche *f*. **~ tooth** *s irr* Backenzahn *m*.
cheek·y [ˈtʃiːkɪ] *adj* (*adv* cheekily) *colloq.* frech, unverschämt (**to** zu).
cheep [tʃiːp] **I** *v/i u. v/t* piepsen. **II** *s* a) Piepsen *n*, b) Pieps(er) *m* (*a. fig.*): **we didn't get a ~ out of him** er hat nicht piep gesagt. ˈ**cheep·er** *s orn.* junger Vogel, Küken *n*.
cheer [tʃɪə(r)] **I** *s* **1.** Beifall(sruf) *m*, Hur¹ra(ruf) *n*, Hoch(ruf *m*) *n:* **three ~s for him!** ein dreifaches Hoch auf ihn!, er lebe hoch, hoch, hoch!; **to give ~s for s.o.** ein dreifaches Hoch auf j-n aus-bringen, j-n dreimal hochleben lassen; **the ~s of** unter dem Beifall *etc* (*gen*). **2.** Auf-, Ermunterung *f*, Aufheiterung *f*, Trost *m:* **words of ~** aufmunternde Wor-te; **~!** → **cheerio**. **3.** a) gute Laune, vergnügte Stimmung, Frohsinn *m*, Fröh-lichkeit *f*, b) Stimmung *f:* **good ~** → a; **to be of good ~** guter Laune *od.* Dinge sein, vergnügt *od.* froh sein; **be of good ~!** sei guten Mutes!; **to make good ~** sich amüsieren, *a.* gut essen u. trinken. **4.** *obs.* Speise *f u.* Trank *m*. **II** *v/t* **5.** Beifall spenden (*dat*), zujubeln (*dat*), mit Hoch-*od.* Bravorufen begrüßen, hochleben las-sen. **6.** *a.* **~ on** anspornen, anfeuern: **to ~ on a football team**. **7.** *a.* **~ up** j-n er-aufmuntern, aufheitern. **III** *v/i* **8.** Beifall spenden, hoch *od.* hur¹ra rufen, jubeln. **9.** *meist* **~ up** Mut fassen, (wieder) fröhlich werden: **~ up!** Kopf hoch!, laß den Kopf nicht hängen!
ˈ**cheer·ful** *adj* **1.** fröhlich, vergnügt, munter. **2.** freundlich (*Raum, Wetter etc*). **3.** fröhlich (*Lied etc*). **4.** bereitwillig (ge-geben). ˈ**cheer·ful·ly** *adv* **1.** → cheer-ful. **2.** *iro.* ,quietschvergnügt', ganz ge-mütlich. ˈ**cheer·ful·ness, cheer·i-ness** [ˈtʃɪərɪnɪs] *s* Fröhlichkeit *f*.
cheer·i·o [¸tʃɪərɪˈəʊ] *interj bes. Br. colloq.* **1.** mach's gut!, tschüs! **2.** prost!
ˈ**cheer|·lead·er** *s sport* Einpeitscher *m*.
cheer·less [ˈtʃɪə(r)lɪs] *adj* (*adv* ~ly) **1.** freudlos, trüb(e), trostlos. **2.** unfreund-lich (*Raum, Wetter etc*). ˈ**cheer·y** *adj* (*adv* cheerily) fröhlich, vergnügt, mun-ter.
cheese[^1] [tʃiːz] *s* Käse *m:* **say ~!** *phot.* bitte recht freundlich!; **hard ~!** *sl.* Künstler-pech!; **the ~** *sl.* genau das Richtige, das einzig Wahre; **that's the ~!** genau!
cheese[^2] [tʃiːz] *v/t sl.* **1.** **~ it!** a) ¸hau ab!‛, b) ¸halt die Klappe!‛, c) hör auf (damit)! **2. ~ off** *Br.* anöden: **I'm ~d off with him** er ödet mich an.
ˈ**cheese|·burg·er** *s* Cheeseburger *m*. ˈ**~cake** *s* **1.** (*ein*) Käsekuchen *m*. **2.** *sl.* Zur¹schaustellung *f* weiblicher Reize (*bes. auf Fotografien*). **~cloth** *s* Mull *m*. **~cov·er** *s* Käseglocke *f*. **~knife** *s irr* **1.** Käsefabrikation: Käsespachtel *m*, *f*. **2.** Käsemesser *n* (*a. humor. Säbel etc*). **~mite** *s zo.* Käsemilbe *f*. ˈ**~mon·ger** *s* Käsehändler *m*. ˈ**~par·ing I** *s* **1.** Käse-rinde *f*. **2.** wertlose Sache. **3.** Knause¹rei *f*. **II** *adj* **4.** knauserig. **~ ren·net** *s bot.* Echtes Labkraut. **~ scoop** *s* Käsestecher *m*. **~ screw** *s tech.* Zy¹linderschraube *f*. **~ spread** *s* Streich-, Schmelzkäse *m*. **~ stick, ~ straw** *s* Käsestange *f* (*Gebäck*).
chees·y [ˈtʃiːzɪ] *adj* **1.** käsig. **2.** *Am. sl.* a) mise¹rabel, b) piekfein.
chee·tah [ˈtʃiːtə] *s zo.* Gepard *m*.
chef [ʃef] *s* Küchenchef *m*. **~ de cui·sine** [¸ʃefdəkwiːˈziːn] *pl* **chefs de cui·sine** [¸ʃefs-] → chef. **~ d'œu·vre** *pl* **chefs d'œu·vre** [ʃeɪˈdɜːvrə] *s* Meisterwerk *n*.
Che·ka [ˈtʃekə; *Am.* ˈtʃeɪkɑː] *s hist.* Tscheka *f* (*sowjetrussische Geheimpoli-zei*).
che·la[^1] [ˈkiːlə] *pl* **-lae** [-liː] *s zo.* Schere *f*.
che·la[^2] [ˈtʃeɪlə] *s Br. Ind.* Schüler *m*, Jünger *m* (*e-s Mahatmas etc*).
che·loid → keloid.
che·lo·ni·an [kɪˈləʊnjən; -nɪən] *zo.* **I** *adj* schildkrötenartig. **II** *s* Schildkröte *f*.
chem·ic [ˈkemɪk] *obs.* **1.** alchi¹mi-stisch. **2.** chemisch. **II** *s* **3.** Alchi¹mist *m*. **4.** Chemiker(in).
chem·i·cal [ˈkemɪkl] **I** *adj* (*adv* ~ly) **1.** chemisch: **~ changes; ~ laboratory; ~ fiber** (*bes. Br.* fibre) Chemie-, Kunst-faser *f*. **2.** *mil.* chemisch, Kampfstoff...: **~ agent** Kampfstoff *m;* **~ projector** Gas-werfer *m*. **II** *s* **3.** Chemi¹kalie *f*, chemi-sches Präpa¹rat. **~ bond** *s* chemische Bindung. **~ clos·et** *s* ¹Trockenklo¸sett *n*, chemisches Klo¹sett. **~ en·gi·neer** *s* Chemo¹techniker *m*. **~ en·gi·neer·ing** *s* Indu¹strieche¸mie *f*. **~ war·fare** *s* che-mische Kriegsführung.
che·mise [ʃəˈmiːz] *s* (Damen)Hemd *n*.
chem·i·sette [¸ʃemɪˈzet] *s* Chemi¹sett *n*, Chemi¹sette *f*, Einsatz *m* (*im Kleid*).
chem·ism [ˈkemɪzəm] *s* Che¹mismus *m* (*chemische Wirkung od. Zs.-setzung*).
chem·ist [ˈkemɪst] *s* **1.** *a.* **analytical ~** Chemiker(in). **2.** *Br.* Apo¹theker(in), Dro¹gist(in): **~'s shop** Apotheke *f*, Dro-gerie *f*. **chem·is·try** [-trɪ] *s* **1.** Che¹mie *f*. **2.** chemische Eigenschaften *pl od.* Zs.-setzung. **3.** *fig.* Wesen *n*, Na¹tur *f*.
chem·i·type [ˈkemɪtaɪp] *s print.* Chemi-ty¹pie *f*.
chem·o·ther·a·peu·tics [¸keməʊ¸θerəˈpjuːtɪks] *s pl* (*als sg konstruiert*), ¸**chem·o·ther·a·py** *s* Chemothera¹pie *f*.
chem·ur·gy [ˈkemɜːdʒɪ; *Am.* -¸ɜːr-; -ər-] *s* Chemur¹gie *f* (*Gewinnung chemischer Produkte aus land- u. forstwirtschaftlichen Erzeugnissen*).
che·nille [ʃəˈniːl] *s* **1.** Che¹nille *f*. **2.** Stoff *m* mit eingewebter Che¹nille.

cheque *Br. für* check 6. ~ **ac·count** *s econ. Br.* Girokonto *n.*

cheq·uer, cheq·uered *bes. Br. für* checker, checkered.

cher·ish ['tʃerɪʃ] *v/t* **1.** (wert)schätzen, hochhalten: to ~ s.o.'s memory j-s Andenken in Ehren halten. **2.** zugetan sein (*dat*), zärtlich lieben. **3.** sorgen für, (hegen u.) pflegen. **4.** *Gefühle etc* hegen: to ~ hope; to ~ no resentment keinen Groll hegen. **5.** *fig.* festhalten an (*dat*): to ~ an idea.

che·root [ʃə'ruːt] *s* Stumpen *m* (*Zigarre ohne Spitzen*).

cher·ry ['tʃerɪ] *I s* **1.** a) *bot.* Kirsche *f*, b) → cherry tree, c) → cherrywood. **2.** kirschenähnliche Pflanze *od.* Beere. **3.** Kirschrot *n*. **4.** *tech.* Kugelfräser *m*. **5.** *sl.* a) Jungfräulichkeit *f*, b) Jungfernhäutchen *n*. *II adj* **6.** kirschfarben, -rot. ~ **bounce** *s* **1.** *Br.* → cherry brandy. **2.** *Am. Kirschlikör auf Whiskey- od. Rumbasis.* ~ **bran·dy** *s* Cherry Brandy *m*, 'Kirschli,kör *m.* ~ **coal** *s* weiche, nicht backende Kohle. ~ **lau·rel** *s bot.* Kirschlorbeer *m.* ~ **pie** *s* **1.** Kirschtorte *f*. **2.** *bot.* (*ein*) Helio'trop *m*. ~ **pit** *Am. für* cherry stone. ~'**red** *adj* **1.** kirschrot. **2.** rotglühend: ~ heat volle Rotgluthitze. ~ **reds** *s pl Br. sl.* schwere Stiefel, mit denen Rocker aufeinander eintreten. ~ **stone** *s* Kirschkern *m*, -stein *m*. ~ **to·ma·to** *s* 'Zucker-, 'Kirschto,mate *f*. ~ **tree** *s* Kirschbaum *m*. '~**wood** *s* Kirschbaum(holz *n*) *m*.

cher·so·nese ['kɜːsəniːs; -niːz; *Am.* 'kɜr-] *s* Halbinsel *f*.

chert [tʃɜːt; *Am.* tʃɜrt] *s min.* Kieselsäuregestein *n.*

cher·ub ['tʃerəb] *pl* **-ubs, -u·bim** [-əbɪm] *s* **1.** Cherub *m*, Engel *m*. **2.** geflügelter Engelskopf. **3.** *pl* **-ubs** *fig.* Engel (-chen *n*) *m* (*Kind*). **4.** *pl* **-ubs** pausbäckige Per'son (*bes. Kind*). **che·ru·bic** [tʃe'ruːbɪk; tʃə-] *adj* (*adv* -**ally**) engelhaft.

cher·vil ['tʃɜːvɪl; *Am.* 'tʃɜrvəl] *s bot.* Kerbel *m.*

Chesh·ire| **cat** ['tʃeʃə(r)] *s*: to grin (*od.* to wear a grin) like a ~ breit grinsen. ~ **cheese** *s* Chesterkäse *m*.

chess[1] [tʃes] *s* Schach(spiel) *n*: a game of ~ e-e Partie Schach, e-e Schachpartie.

chess[2] [tʃes] *pl* **chess, 'chess·es** *s* Bohle *f*, Planke *f* (*e-r Pontonbrücke*).

chess[3] [tʃes] *s bot. Am.* Roggentrespe *f*.

'**chess**|**·board** *s* Schachbrett *n*. '~**man** [-mæn] *s irr,* ~ **piece** *s* 'Schachfi,gur *f*. ~ **play·er** *s* Schachspieler(in). ~ **prob·lem** *s* Schachaufgabe *f*.

ches·sy·lite ['tʃesɪlaɪt; *Am.* 'tʃesə-] *s min.* Azu'rit *m*.

chest [tʃest] *I s* **1.** Kiste *f*, Kasten *m*, Truhe *f*: tool ~ Werkzeugkasten; ~ (of drawers) Kommode *f*; ~-on-~ Kommode *f* mit Aufsatz. **2.** *anat.* Brust(kasten *m*) *f*: ~ expander *sport* Expander *m*; ~ freezer Gefrier-, Tiefkühltruhe *f*; ~ note, ~ tone *mus.* Brustton *m*; ~ trouble *med.* Lungenleiden *n*; ~ voice, ~ register *mus.* Bruststimme *f*; to beat one's ~ sich an die Brust schlagen, sich Vorwürfe machen; to have a cold in one's ~ es auf der Brust haben, e-n Bronchialkatarrh haben; to get s.th. off one's ~ *colloq.* sich etwas von der Seele reden, etwas loswerden. **3.** Kasse *f*, Fonds *m*. *II v/t* **4.** to ~ down the ball (*Fußball*) den Ball von der Brust abtropfen lassen.

chest·ed ['tʃestɪd] *adj* (*in Zssgn*) ...brüstig: narrow-~ engbrüstig.

Ches·ter → Cheshire cheese.

ches·ter·field ['tʃestə(r)fiːld] *s* **1.** Chesterfield *m* (*eleganter Herrenmantel mit verdeckter Knopfleiste*). **2.** Polstersofa *n*.

chest·nut ['tʃesnʌt; 'tʃest-] *I s* **1.** Ka-'stanie *f*: a) *bot.* 'Edel- *od.* 'Roßka,stanie *f*: to pull the ~s out of the fire (for s.o.) *fig.* (für j-n) die Kastanien aus dem Feuer holen, b) *bot.* Ka'stanienbaum *m*, c) Ka-'stanienholz *n*, d) Ka'stanienbraun *n*. **2.** *colloq.* ,alte *od.* olle Ka'melle', alter Witz. **3.** a) Braune(r) *m* (*Pferd*), b) *vet.* Ka'stanie *f*, Hornwarze *f*. *II adj* **4.** ka-'stanienbraun.

chest·y ['tʃestɪ] *adj* (*adv* chestily) **1.** *colloq.* ,mit viel Holz vor der Hütte' (*mit großem Busen*). **2.** *colloq.* tiefsitzend (*Husten*). **3.** *sl.* eingebildet, arro'gant.

che·val|**-de-frise** [ʃəˌvældə'friːz] *s*, **che·ˌvaux-de-'frise** [ʃəˌvəʊ-] *s mil.* spanischer Reiter. ~ **glass** *s* Drehspiegel *m*.

chev·a·lier [ˌʃevə'lɪə(r)] *s* **1.** (Ordens)Ritter *m*: ~ of the Legion of Hono(u)r Ritter der Ehrenlegion. **2.** Cheva'li[,]er *m* (*französischer Adliger*). **3.** *fig.* Kava'lier *m*.

che·vaux-de-frise [ʃəˌvəʊdə'friːz] *pl von* cheval-de-frise.

che·vet [ʃə'veɪ] *s arch.* Apsis *f*.

Chev·i·ot ['tʃevɪət; 'tʃiː-] *s* **1.** *zo.* Bergschaf *n*. **2.** *meist* **c**~ [*Am.* 'ʃevɪət] Cheviot (-stoff) *m*.

chev·ron ['ʃevrən] *s* **1.** *her.* Sparren *m*. **2.** *mil.* Winkel *m* (*Rangabzeichen*). **3.** *arch.* Zickzackleiste *f*.

chev·ro·tain ['ʃevrəteɪn; -tɪn] *s zo.* Kant(s)chil *m*, Zwergböckchen *n*.

chev·y ['tʃevɪ] *I s* **1.** *Br. obs.* Ruf bei der (*Hetz*)Jagd. **2.** *Br.* (Hetz)Jagd *f*. **3.** *Br.* Barlauf(spiel *n*) *m*. *II v/t* **4.** *Br.* jagen. **5.** j-n her'umhetzen, -jagen, *weit S.* piesacken, schika'nieren. *III v/i* **6.** *Br.* her-'umrennen.

chew [tʃuː] *I v/t* **1.** (zer)kauen: to ~ one's nails an den Nägeln kauen; → cud 1, fat 6, rag[1] 1. **2.** *fig.* sinnen auf (*acc*), brüten: to ~ revenge. *II v/i* **3.** kauen: to ~ on herumkauen auf (*dat*). **4.** Tabak kauen. **5.** nachsinnen, grübeln (**on, over** über *acc*). *III s* **6.** Kauen *n*: to have a ~ on herumkauen auf (*dat*). **7.** (*das*) Gekaute, (*a.* ~ of tobacco) Priem *m*.

chew·ing ['tʃuːɪŋ] ~ **chew** 6. ~ **gum** *s* Kaugummi *m, a. n.*

chi [kaɪ] *s* Chi *n* (*griechischer Buchstabe*).

chi·an·ti [kɪ'æntɪ] *s* Chi'anti *m*.

chi·a·ro·scu·ro [kɪˌɑːrə'skʊərəʊ] *pl* **-ros** *s paint.* **1.** Chiaro'scuro *n*, Helldunkel *n*. **2.** Verteilung *f* von Licht u. Schatten.

chi·as·mus [kaɪ'æzməs] *pl* **-mi** [-maɪ] *s* Chi'asmus *m*.

chic [ʃiːk; ʃɪk] *colloq. I s* Schick *m*, Ele-'ganz *f*, Geschmack *m*. *II adj* (*adv* ~**ly**) schick, ele'gant, geschmackvoll.

chi·cane [ʃɪ'keɪn] *I s* **1.** ~ chicanery. **2.** *Bridge:* Blatt *n* ohne Trümpfe. **3.** *Motorsport:* Schi'kane *f*. *II v/t* **4.** j-n über-'vorteilen, betrügen (out of um). **5.** her-'umnörgeln an (*dat*), bekritteln. *III v/i* **6.** Rechtskniffe anwenden. **chi'can·er·y** [-ərɪ] *s* Schi'kane *f*, Rechtskniff *m*, -verdrehung *f*.

Chi·ca·no [tʃɪ'kɑːnəʊ] *pl* **-nos** Ameri-'kaner(in) mexi'kanischer Abstammung.

chic·co·ry *Am.* ~ chicory.

chi·chi ['ʃiːʃiː] *adj colloq.* **1.** (tod)schick. **2.** *contp.* auf schick gemacht.

chick [tʃɪk] *s* **1.** Küken *n*, junger Vogel. **2.** *colloq.* Kleine(s) *n* (*Kind; als Anrede*). **3.** *sl.* ,Biene' *f*, ,Puppe' *f* (*Mädchen*).

chick·a·ree ['tʃɪkəˌriː] *s zo. Am.* Rotes Nordamer. Eichhörnchen.

chick·en ['tʃɪkɪn] *I s* **1.** Küken *n*, Hühnchen *n*, Hähnchen *n*: to count one's ~s before they are hatched das Fell des Bären verkaufen, ehe man ihn hat. **2.** Huhn *n*. **3.** Hühnerfleisch *n*. **4.** *colloq.* ,Küken' *n* (*junge Person*): she is no ~ sie ist auch nicht mehr die Jüngste. **5.** *colloq.* Feigling *m*. **6.** *mil. sl.* Schi'kane *f*, ,Schleifen' *n*: to give s.o. ~ j-n ,schleifen', mit j-m ,Schlitten fahren'. *II adj* **7.** *colloq.* feig: he is ~; to get ~ → 8. *III v/i* **8.** *colloq.* ,Schiß' bekommen: to ~ out ,kneifen' (**of, on** vor *dat*). ~ **breast** *s med.* Hühnerbrust *f*. '~**breast·ed** *adj* hühnerbrüstig. ~ **broth** *s gastr.* Hühnerbrühe *f*. ~ **farm·er** *s* Geflügelzüchter *m*. ~ **feed** *s* **1.** Hühnerfutter *n*. **2.** *sl. contp.* ,ein paar Pfennige' *pl, a.* Hungerlohn *m*: a thousand pounds is no ~ sind kein Pappenstiel. '~**heart·ed,** '~**liv·ered** *adj* furchtsam, feige. ~ **pest** *s vet.* Hühnerpest *f*. ~ **pox** *s med.* Windpocken *pl.* ~ **run** *s* Hühnerhof *m*, Auslauf *m*. ~ **wire** *s* feinmaschiges Drahtgeflecht.

'**chick**|**·pea** *s bot.* Kichererbse *f*. '~**weed** *s bot.* Vogelmiere *f*.

chi·cle ['tʃɪkl; *Am. a.* -kliː], *a.* ~ **gum** *s* Chicle(gummi) *m* (*für Kaugummi*).

chic·o·ry ['tʃɪkərɪ] *s* **1.** Zi'chorie *f, a. m.* **2.** Zi'chorie *f* (*als Kaffeezusatzmittel*).

chide [tʃaɪd] *pret* **chid** [tʃɪd], **chid·ed** ['tʃaɪdɪd] *pp* **chid, chid·ed** *od.* **chid·den** ['tʃɪdn] *I v/t* (aus)schelten, tadeln (for wegen). *II v/i* zanken, tadeln, schelten.

chief [tʃiːf] *I s* **1.** (Ober)Haupt *n*, (An-)Führer *m*, Chef *m*, Vorgesetzte(r) *m*, Leiter *m*: ~ of a department, department ~ Abteilungsleiter. **2.** Häuptling *m*: Red Indian ~ Indianerhäuptling; ~ of the tribe Stammeshäuptling. **3.** *mil. Am.* Inspizi[,]ent *m*. **4.** *her.* Schildhaupt *n* (*Wappenbild*). **5.** Hauptteil *m*, wichtigster Teil. *II adj* (*adv* → chiefly) **6.** erst(er, e, es), oberst(er, e, es), höchst(er, e, es), Ober..., Haupt...: ~ accountant *econ.* Hauptbuchhalter *m*; ~ cameraman (*Film*) Aufnahmeleiter *m*; ~ designer Chefkonstrukteur *m*; ~ meal Hauptmahlzeit *f*; ~ problem Hauptproblem *n*. **7.** hauptsächlich, wichtigst(er, e, es): the ~ thing to remember was man sich vor allem merken muß. *III adv obs.* **8.** hauptsächlich. ~ **clerk** *s* a) Bü'rovorsteher *m*, b) erster Buchhalter. ~ **con·sta·ble** *s Br.* Poli'zeipräsi,dent *m* (*e-r Stadt od. Grafschaft*). ~ **en·gi·neer** *s* **1.** 'Chefinge,nieur *m*. **2.** *mar.* erster Maschi'nist. **3.** *mil.* leitender Inge'nieur *od.* Pio'nieroffi,zier *m*. ~ **ex·am·in·er** *s* Patentrecht: Oberprüfer *m*. **C~ Ex·ec·u·tive** *s Am.* oberster Re'gierungsbeamter: a) Präsi'dent *m* (*der USA*), b) Gouver'neur *m* (*e-s Bundesstaates*). ~ **jus·tice** *s* **1.** *jur.* Oberrichter *m*, Präsi'dent *m* e-s mehrgliedrigen Gerichtshofes. **2.** *Am.* Vorsitzende(r) *m* des Supreme Court *u.* anderer hoher Gerichte: C~ J~ of the United States.

chief·ly ['tʃiːflɪ] *adv* hauptsächlich, vor allem, in der Hauptsache.

chief| **of staff** *s mil.* **1.** (Gene'ral)Stabschef *m*, Chef *m* des (Gene'ral)Stabes. **2.** *e-s Heeres m u.* Gene'ralstabschef *m* (*e-r Teilstreitkraft*). ~ **of state** *s* Staatschef *m*, -oberhaupt *n*. ~ **pet·ty of·fi·cer** *s mar. mil.* **1.** *Am.* Stabsbootsmann *m*. **2.** *Br.* Oberbootsmann *m*.

chief·tain ['tʃiːftən; -tɪn] *s* **1.** Häuptling *m* (*e-s Stammes*). **2.** Anführer *m* (*e-r Bande*). '**chief·tain·cy,** '**chief·tain·ship** *s* Amt *n od.* Würde *f* e-s Häuptlings.

chiff·chaff ['tʃɪftʃæf] *s orn.* Weidenlaubsänger *m*, Zilpzalp *m*.

chif·fon ['ʃɪfɒn; *Am.* ʃɪf'ɑn] *s* **1.** Chif'fon *m* (*Gewebe*). **2.** *pl colloq.* Garni'tur *f* (*an Damenkleidern*).

chif·fo·nier [ˌʃɪfə'nɪə(r)] *s* Chiffoni'ere *f* (*Kommode, oft mit Spiegel*).

chig·ger ['tʃɪgə(r)] *s zo.* **1.** *parasitische*

Larve einiger Herbst- od. Erntemilben. **2.** → **chigoe.**
chi·gnon [ˈʃiːnjɔ̃ːŋ; *Am.* -ˌjɑːn] *s* Chiˈgnon *m*, Nackenknoten *m*.
chig·oe [ˈtʃɪɡəʊ] *pl* **-oes** *s zo.* Sandfloh *m*.
chi·hua·hua [tʃɪˈwɑːwə; -wɑː] *s zo.* Chihuˈahua *m* (*dem Zwergpinscher ähnlicher Hund*).
chil·blain [ˈtʃɪlbleɪn] *s* Frostbeule *f.* **ˈchil·blained** *adj* mit Frostbeulen bedeckt.
child [tʃaɪld] *pl* **chil·dren** [ˈtʃɪldrən] *s* **1.** Kind *n*: with ~ schwanger; to get with ~ schwängern; from a ~ von Kindheit an; be a good ~! sei artig!; that's ~'s play (compared to [*od.* with]) a) das ist ein Kinderspiel *od.* kinderleicht (verglichen mit), b) das ist harmlos (verglichen mit); ~ bride kindliche *od.* (sehr) junge Braut; ~ labo(u)r Kinderarbeit *f.* **2.** *fig.* Kind *n*, kindliche *od.* (*contp.*) kindische Perˈson: don't be such a ~! sei doch nicht so kindisch!; he's a ~ in such (*od.* these) matters er ist in solchen Dingen ziemlich unerfahren. **3.** Kind *n*, Nachkomme *m*: the children of Israel die Kinder Israels; the children of light a) *Bibl.* die Kinder des Lichtes, b) die Quäker. **4.** *obs. od. poet.* Jüngling *m* vornehmer Abkunft, Junker *m.* **5.** *fig.* Jünger *m*, Schüler *m.* **6.** *fig.* Kind *n*, Proˈdukt *n.* ~ **a·buse** *s jur.* ˈKindesmißˌhandlung *f.* ~ **al·low·ance** *s* Kinderfreibetrag *m.* ˈ~ˌbear·ing *s* Gebären *n*: of ~ age in gebärfähigem Alter. ˈ~ˌbed *s* Kind-, Wochenbett *n*: to be in ~ im Wochenbett liegen; ~ fever *med.* Kindbettfieber *n.* ~ **ben·e·fit** *s Br.* Kindergeld *n.* **ˈ~ˌbirth** *s* Geburt *f*, Niederkunft *f*, Entbindung *f*: to die in ~ bei der Entbindung sterben. ~ **care** *s* **1.** Kinderbetreuung *f.* **2.** *Br.* Kinderfürsorge *f.*
childe → **child 4.**
Chil·der·mas [ˈtʃɪldə(r)mæs] *s relig. obs.* Fest *n* der Unschuldigen Kinder (*28. Dezember*).
child ˈguid·ance *s* ˈheilpädaˌgogische Betreuung (von Kindern).
child·hood [ˈtʃaɪldhʊd] *s* Kindheit *f*: from ~ von Kindheit an; → **second childhood.**
child·ish [ˈtʃaɪldɪʃ] *adj* (*adv* ~**ly**) **1.** kindlich. **2.** kindisch. **ˈchild·ish·ness** *s* **1.** Kindlichkeit *f.* **2.** kindisches Wesen, Kindeˈrei *f.*
child·less [ˈtʃaɪldlɪs] *adj* kinderlos.
ˈchild·like *adj* kindlich.
childˈmind·er *s* Tagesmutter *f.* **~ˌpor·nog·ra·phy** *s* ˈKinderpornograˌphie *f.* ~ **prod·i·gy** *s* Wunderkind *n.* **ˈ~ˌproof** *adj* kindersicher: ~ lock *mot.* Kindersicherung *f.*
chil·dren [ˈtʃɪldrən] *pl von* **child**: ~'s clinic Kinderklinik *f*; ~'s home Kinderheim *n.* **Cˌ~ Act** *s jur.* Kinderschutzgesetz *n.*
chil·dren·ese [ˌtʃɪldrəˈniːz, -s] *s Am.* kindertümliche *od.* kindgemäße Sprache.
childˈsteal·ing *s jur.* Kindesraub *m.* ~ **wel·fare** *s* Jugendfürsorge *f*, -hilfe *f*: ~ worker Jugendfürsorger(in) *m.* **ˈ~ˌwife** *s irr* Kindweib *n*, (sehr) junge Ehefrau.
chil·e → **chili.**
Chil·e·an [ˈtʃɪlɪən] **I** *s* Chiˈlene *m*, Chiˈlenin *f.* **II** *adj* chiˈlenisch.
Chil·eˈni·ter, *bes. Br.* ~ **ˈni·tre** [ˈtʃɪlɪ] → Chile saltpeter. ~ **ˈsalt·pe·ter**, *bes. Br.* ~ **salt·pe·tre** *s chem.* ˈChilesalˌpeter *m.*
chil·i [ˈtʃɪlɪ] *pl* **chil·ies** *s bot.* Chili *m* (*a. Cayennepfeffer*): ~ **sauce** Chili(soße *f*) *m.*
chil·i·ad [ˈkɪlɪæd] *s* **1.** Tausend *n.* **2.** Jahrˈtausend *n.* **chil·i·asm** [ˈkɪlɪæzəm] *s relig.* Chiliˈasmus *m*, Lehre *f* vom tausendjährigen Reich Christi.

chill [tʃɪl] **I** *s* **1.** Kältegefühl *n*, Frösteln *n*, (*a.* Fieber)Schauer *m*: ~**s (and fever)** *Am.* Schüttelfrost *m*; a ~ of fear ein Angstschauder. **2.** Kälte *f*, Kühle *f* (*beide a. fig.*): autumn ~ in the air; to take the ~ off etwas leicht anwärmen, überschlagen lassen. **3.** Erkältung *f*: to catch a ~ sich erkälten; she's got a ~ on the bladder *colloq.* sie hat sich die Blase erkältet. **4.** *fig.* Gefühl *n* der Entmutigung, gedrückte Stimmung: to cast a ~ upon → **11. 5.** *metall.* a) Koˈkille *f*, Abschreck-, Gußform *f*, b) Abschreckstück *n.* **II** *adj* **6.** *a. fig.* kalt, frostig, kühl: a ~ night; a ~ reception ein kühler Empfang. **7.** fröstelnd. **8.** *fig.* bedrückend, entmutigend. **III** *v/i* **9.** abkühlen. **IV** *v/t* **10.** a) *j-n* frösteln lassen, b) abkühlen (lassen), kalt machen, *Lebensmittel etc* kühlen: ~ed gekühlt; ~ed cargo Kühlgut *n*, gekühlte Ladung; ~ed meat Kühlfleisch *n.* **11.** *fig.* abkühlen, entmutigen, dämpfen. **12.** *metall.* a) abschrecken, härten: ~ed iron Hartguß *m*, b) in Koˈkille (ver)gießen. **ˈ~ˌcast** *adj metall.* in Koˈkillen gegossen, abgeschreckt. **~ˌcast·ing** *s metall.* Koˈkillen-, Hartguß *m.*
chil·li *pl* **-lies** → **chili.**
chill·i·ness [ˈtʃɪlɪnɪs] *s* Kälte *f*, Frostigkeit *f* (*beide a. fig.*).
chill·ing [ˈtʃɪlɪŋ] **I** *s* **1.** Abkühlung *f* (*a. fig.*). **2.** *tech.* Abschrecken *n.* **3.** *tech.* Kühlen *n.* **II** *adj* → **chill 6** *u.* **7.**
ˈchill·room *s* Kühlraum *m.*
chill·y[1] [ˈtʃɪlɪ] *adj* a) kalt, frostig, kühl (*alle a. fig.*), b) fröstelnd: to feel ~ frösteln.
chill·y[2] → **chili.**
Chil·tern ˈHun·dreds [ˈtʃɪltən] *s pl Br.* Kronamt *n* (*dessen Verwaltung der Form halber zurücktretenden Parlamentariern übertragen wird*): to apply for the ~ s-n Sitz im Parlament aufgeben.
chi·mae·ra [kaɪˈmɪərə; kɪˈm-] *s* **1.** *zo.* a) Chiˈmäre *f*, Seehase *m*, b) Seedrachen *m.* **2.** → **chimera.**
chimb → **chime**[2].
chime[1] [tʃaɪm] **I** *s* **1.** (Turm)Glockenspiel *n.* **2.** *mus.* Glocken-, Stahlspiel *n* (*des Orchesters*). **3.** Satz *m* Glocken u. Hämmer (*wie bei Spieluhren etc*). **4.** *fig.* Einklang *m*, Harmoˈnie *f.* **5.** harˈmonisches Glockengeläute. **6.** Muˈsik *f*, Meloˈdie *f.* **II** *v/i* **7.** (Glocken) läuten. **8.** ertönen, erklingen. **9.** *fig.* harmoˈnieren, überˈeinstimmen (with mit). **10.** ~ in sich (ins Gespräch) einmischen, (*a. mus.*) einfallen: to ~ in with a) zustimmen, beipflichten (*dat*), b) übereinstimmen mit. **III** *v/t* **11.** Glocken läuten, *a.* e-e Melodie erklingen lassen. **12.** die Stunde schlagen: Big Ben ~s the hours. **13.** rhythmisch *od.* meˈchanisch ˈhersagen.
chime[2] [tʃaɪm] *s* Zarge *f* (*e-s Fasses*).
chim·er[1] [ˈtʃaɪmə(r)] *s* Glockenspieler *m.*
chim·er[2] [ˈtʃaɪmə(r); ˈʃaɪmə(r)] → **chimere.**
chi·me·ra [kaɪˈmɪərə; kɪˈm-] *s* **1.** *myth.* Chiˈmära *f* (*Ungeheuer*). **2.** *fig.* a) Schreckgespenst *n*, b) Schiˈmäre *f*, Hirngespinst *n*, Trugbild *n.* **3.** *bot.* Chiˈmäre *f* (*Pflanze aus Geweben von zwei genotypisch verschiedenen Arten*).
chi·mere [kaɪˈmɪə(r); ʃɪˈm-] *s relig.* Saˈmarie *f*, Siˈmarre *f* (*Obergewand*).
chi·mer·ic [kaɪˈmerɪk; kɪ-] *adj*, **chiˈmer·i·cal** *adj* (*adv* ~**ly**) **1.** schiˈmärisch, trügerisch. **2.** schiˈmärenhaft, phanˈtastisch.
chim·ney [ˈtʃɪmnɪ] *s* **1.** Schornstein *m*, Schlot *m*, Kaˈmin *m*, Rauchfang *m*: to smoke like a ~ *fig.* rauchen wie ein Schlot. **2.** (ˈLampen)Zyˌlinder *m.* **3.** a) *geol.* Vulˈkanschlot *m*, b) *mount.*

Kaˈmin *m* (*Felsspalt*). **4.** Kaˈmin *m*, Herd *m*, Esse *f*: open ~ offener Kamin. **~ breast** *s* **1.** Kaˈminvorsprung *m.* **2.** → **chimneypiece.** ~ **flue** *s* ˈRauchkaˌnal *m*, Schornsteinzug *m.* **ˈ~ˌpiece** *s* Kaˈminsims *m*, *n.* ~ **pot** *s* Kaˈmin-, Schornsteinkappe *f.* ~ **stack** *s* Schornsteinkasten *m* (*mehrerer Schornsteinröhren*). ~ **swal·low** *s orn.* **1.** Rauchschwalbe *f.* **2.** → **chimney swift.** ~ **sweep(·er)** *s* Schornsteinfeger *m.* ~ **swift** *s orn.* (*ein*) Stachelschwanzsegler *m.*
chimp [tʃɪmp] *s colloq. für* **chimpanzee.**
chim·pan·zee [ˌtʃɪmpənˈziː; -pæn-; *Am.* a. tʃɪmˈpænzɪ] *s zo.* Schimˈpanse *m.*
chin [tʃɪn] **I** *s* Kinn *n*: up to the ~ a) bis zum Kinn, b) *fig.* bis über die Ohren; to take it (right) on the ~ *colloq.* a) schwer einstecken müssen, e-e böse ˈPleite' erleben, b) es standhaft ertragen, es mit Fassung tragen; (keep your) ~ up! Kopf hoch!, halt die Ohren steif!; to stick one's ~ out viel riskieren, den Kopf hinhalten (for für). **II** *v/t* to ~ o.s. (up), to ~ the bar e-n Klimmzug machen. **III** *v/i Am. colloq.* schwatzen, plappern.
chi·na [ˈtʃaɪnə] **I** *s* **1.** Porzelˈlan *n.* **2.** (Porzelˈlan)Geschirr *n.* **II** *adj* **3.** aus Porzelˈlan, Porzellan... **Cˌ~ ˈas·ter** *s bot.* China-, Garten-, Sommeraster *f.* ~ **bark** *s bot.* Chinarinde *f.* ~ **blue** *s chem.* Kobaltblau *n.* **Cˌ~ ˈclay** *s* Kaoˈlin *n*, *m*, Porzelˈlanerde *f.* **Cˌ~ ˈink** *s* chiˈnesische Tusche. [*contp.* Chiˈnese *m.*]
Chi·na·man [ˈtʃaɪnəmən] *s irr meist*
ˈchi·naˌroot *s bot.* Chinawurzel *f.* **Cˌ~ ˈrose** *s bot.* **1.** Chiˈnesischer Roseneibisch. **2.** Monatsrose *f.* **Cˌ~ ˈtown** *s* Chiˈnesenviertel *n.* **ˈ~ˌware** *s* Porzelˈlan(waren *pl*) *n.*
chinch [tʃɪntʃ] *s zo. Am.* **1.** Bettwanze *f.* **2.** ~ bug Getreidewanze *f.*
chin·chil·la [tʃɪnˈtʃɪlə] *s* **1.** *zo.* Chinˈchilla *f.* **2.** Chinˈchilla(pelz) *m.*
chin-chin [ˌtʃɪnˈtʃɪn; *Am.* -ˌtʃɪn] *interj colloq.* **1.** a) (guten) Tag!, b) tschüs!, adiˈeu! **2.** chin-chin!, prosit!, prost!
chine[1] [tʃaɪn] *s Br. dial.* Klamm *f*, tiefe, enge Schlucht.
chine[2] [tʃaɪn] *s* **1.** Rückgrat *n*, Kreuz *n.* **2.** Kamm-, Lendenstück *n* (*vom Schlachttier*). **3.** (Berg)Kamm *m*, Grat *m.* **4.** *mar.* Kimme *f.*
Chi·nee [tʃaɪˈniː] *s colloq.* Chiˈnese *m.*
Chi·nese [ˌtʃaɪˈniːz] **I** *adj* **1.** chiˈnesisch. **II** *s* **2.** a) Chiˈnese *m*, Chiˈnesin *f*, b) *pl* Chiˈnesen *pl.* **3.** *ling.* Chiˈnesisch *n*, das Chiˈnesische. ~ **cab·bage** *s bot.* Chinakohl *m.* ~ **lan·tern** *s* Paˈpierlaˌterne *f*, Lampiˈon *m*, *n.* ~ **puz·zle** *s* **1.** (*ein*) Geduld(s)spiel *n.* **2.** *fig.* kompliˈzierte Angelegenheit. ~ **red** *s* Zinˈnoberrot *n.* ~ **stud·ies** *s pl* Sinoloˈgie *f.* ~ **white** *s* Zinkweiß *n.*
Chink[1] [tʃɪŋk] *s sl. contp.* Chiˈnese *m.*
chink[2] [tʃɪŋk] *s* **1.** Riß *m*, Ritze *f*, Spalt *m*, Spalte *f*: the ~ in s.o.'s armo(u)r *fig.* j-s schwacher Punkt; → **glottal.** **2.** ~ of light schmaler Lichtstrahl *od.* -streifen. **II** *v/t* **3.** *bes. Am.* die Ritzen etc schließen von. *od.* in (*dat*).
chink[3] [tʃɪŋk] **I** *v/t* klingen *od.* klirren lassen, klimpern mit (*Geld etc*), mit den Gläsern anstoßen. **II** *v/i* klimpern, klingeln. **III** *s* Klingen *n*, Klirren *n*, Klimpern *n.*
chink·y [ˈtʃɪŋkɪ] *adj* rissig.
chin·less [ˈtʃɪnlɪs] *adj* **1.** to be ~ a) ein fliehendes Kinn haben, b) *Br. colloq.* willensschwach sein. **2.** ~ **wonder** *Br. colloq.* Trottel *m*, bes. vertrottelter Vertreter der Oberschicht.
Chino- [tʃaɪnəʊ] Wortelement mit der Bedeutung chinesisch.
Chi·nook [tʃɪˈnʊk; *Am.* a. ʃə-] *s* **1.** *pl*

-nook, -nooks Chi'nook(indi̱aner) m. **2.** ling. Chi'nook n. **3.** c∼ Am. Chi'nook m, föhnartiger Wind.
chin strap s Kinn-, Sturmriemen m.
chintz [tʃɪnts] s Chintz m, 'Möbelkaˌtun m. '**chintz·y** adj colloq. **1.** schmuck. **2.** Am. ˌbillig, geschmacklos.
'**chin-wag** colloq. **I** s **1.** Plaude'rei f, Schwätzchen n, Plausch m. **2.** Klatsch m, Tratsch m. **II** v/i **3.** plaudern, schwatzen, plauschen. **4.** klatschen, tratschen.
chip [tʃɪp] **I** s **1.** (Holz- od. Me'tall)Splitter m, Span m, Schnitzel n, m, Abfall m: **he is a ∼ of the old block** fig. er ist ganz der Vater; **to have a ∼ on one's shoulder** colloq. a) sich ständig angegriffen fühlen, b) e-n Komplex haben (about wegen). **2.** angeschlagene Stelle (an Geschirr etc). **3.** gastr. a) Scheibchen n: **orange-∼s**, b) pl Br. Pommes 'frites pl, c) pl Am. (Kar'toffel)Chips pl. **4.** Spielmarke f: **to be in the ∼s** Am. colloq. ‚Zaster haben', reich sein; **to cash in one's ∼s** bes. Am. colloq. ‚den Löffel weglegen' (sterben); **the ∼s are down** colloq. jetzt geht es um die Wurst; **when the ∼s are down** colloq. wenn es hart auf hart geht; **to have had one's ∼** Br. colloq. keine Chance mehr haben. **5.** Golf: Chip (shot) m (kurzer Annäherungsschlag, bei dem der Ball so auf das Grün gehoben wird, daß er noch rollen kann). **6.** (geschliffener Bril'lant- etc) Splitter. **7.** Holz- od. Strohfasern pl (für Korbflechter etc). **8.** electr. Chip m (Siliziumplättchen mit gedruckten Schaltungen). **II** v/t **9.** (mit der Axt od.) dem Meißel etc) behauen. **10.** abraspeln, abschnitzeln. **11.** anbrechen. **12.** Kanten, Ecken von Geschirr etc an-, abschlagen. **III** v/i **13.** abbrechen, abbröckeln. **14.** Golf: chippen, e-n Chip schlagen od. spielen.
Verbindungen mit Adverbien:
chip | **in I** v/i **1.** Am. (ein)setzen (beim Spiel), **2.** colloq. dazu beitragen, e-n Beitrag leisten: **to ∼ with** → **5. 3.** colloq. sich (in ein Gespräch) einmischen. **II** v/t colloq. **4.** (im Gespräch) einwerfen. **5.** Geld etc beisteuern. **∼ off I** v/t abbrechen. **II** v/i abbröckeln, abblättern.
chip | **ax(e)** s Schlichtbeil n. **∼ bas·ket** s Spankorb m. **∼ bird** s orn. (ein) amer. Sperling m. '**∼·board** s **1.** (Holz)Spanplatte f. **2.** Graupappe f. '**∼·munk** s zo. Am. gestreiftes Eichhörnchen. **∼ pan** s Fri'teuse f.
chipped [tʃɪpt] adj **1.** angeschlagen (Geschirr etc). **2.** abgebröckelt.
Chip·pen·dale [ˈtʃɪpəndeɪl] s Chippendale n (Möbelstil).
chip·per¹ [ˈtʃɪpə(r)] adj bes. Am. colloq. lebhaft, munter, vergnügt.
chip·per² [ˈtʃɪpə(r)] v/i Am. **1.** zwitschern. **2.** schwatzen, plappern.
chip·ping [ˈtʃɪpɪŋ] s **1.** Abspringen n, Abbröckeln n (e-s Stückes). **2.** tech. Ab-, Grobmeißeln n. **3.** a) Span m, Schnitzel m, n, abgesprungenes od. abgeschlagenes Stück, b) angestoßene Ecke. **4.** pl tech. a) Bohrspäne pl, b) (Straßen)Splitt m.
chip·py [ˈtʃɪpɪ] s **1.** Am. sl. ‚Flittchen' n, ‚leichtes Mädchen'. **2.** → chip bird. **II** adj **3.** angeschlagen (Geschirr etc). **4.** fig. trocken, fad. **5.** Am. sl. verkatert.
chip shot → chip 5.
chirk [tʃɜːk] Am. colloq. **I** adj → **chipper¹. II** v/t ∼ **up** aufheitern, aufmuntern.
chi·rog·ra·pher [kaɪˈrɒgrəfə(r); Am. -ˈrɑː-] s **1.** Schönschreiber m. **2.** Br. hist. (Amts)Schreiber m. **chi'rog·ra·phy** s **1.** Schönschreibkunst f. **2.** Handschrift f.
chi·ro·man·cer [ˈkaɪərəʊmænsə(r)] s Chiro'mant m, Handliniendeuter m. '**chi·ro·manˌcy** s Chiroman'tie f, Handlesekunst f.
chi·rop·o·dist [kɪˈrɒpədɪst; ʃɪˈr-; Am. -ˈrɑː-] s Fußpfleger(in), Pedi'küre f. **chi'rop·o·dy** s Fußpflege f, Pedi'küre f.
chi·ro·prac·tic [ˌkaɪərəʊˈpræktɪk] s med. Chiroˈpraktik f. '**chi·roˌprac·tor** [-tə(r)] s Chiro'praktiker m.
chirp [tʃɜːp; Am. tʃɝːp] **I** v/t u. v/i **1.** a) zirpen (Grille etc), b) zwitschern, piepsen (Vogel) (alle a. fig. Person etc). **II** s **2.** a) Gezirp n, b) Zwitschern n, Piepsen n. **3.** Piepser m. '**chirp·y** adj (adv chirpily) colloq. ‚quietschvergnügt', munter.
chirr [tʃɜː; Am. tʃɝː] **I** v/i zirpen (Grille). **II** s Zirpen n.
chir·rup [ˈtʃɪrəp; Am. a. ˈtʃɜːrəp] **I** v/i **1.** (a. v/t) → **chirp** I. **2.** mit der Zunge schnalzen. **II** s **3.** → **chirp** II. **4.** (Zungen)Schnalzer m.
chis·el [ˈtʃɪzl] **I** s **1.** Meißel m. **2.** tech. (Stech)Beitel m, Stemmeisen n. **II** v/t pret u. pp **-eled**, bes. Br. **-elled 3.** mit dem Meißel bearbeiten, (aus)meißeln. **4.** fig. sti'listisch ausfeilen. **5.** sl. a) ‚reinlegen', betrügen (out, of um), b) ergaunern. **III** v/i **6.** meißeln. **7.** sl. ‚krumme Sachen machen'. '**chis·el(l)ed** adj **1.** (aus)gemeißelt, geformt. **2.** fig. scharfgeschnitten: **∼ face**; **a finely ∼ mouth** ein feingeschnittener Mund. **3.** fig. a) durchgefeilt, geschliffen: **∼ style**, b) durch'dacht: **∼ idea**. '**chis·el(l)er** s sl. Gauner(in), Betrüger(in).
chi-square | **dis·tri·bu·tion** [ˌkaɪskweə(r)] s Statistik: 'Chi-Quaˌdrat-Verteilung f. **∼ test** s Statistik: 'Chi-Quaˌdrat-Test m.
chit¹ [tʃɪt] s Kind n: **a ∼ of a girl** ein junges Ding, b) contp. ein Fratz.
chit² [tʃɪt] s **1.** vom Gast abgezeichnete Speisen- od. Getränkerechnung (e-s Clubs etc). **2.** Rechnung f, Quittung f. **3.** a) kurzer Brief, (kurze) No'tiz f, b) beschriebener Zettel. **4.** Zeugnis n (für Hausangestellte etc).
chit-chat [ˈtʃɪttʃæt] **I** s **1.** Plaude'rei f, Plausch m. **2.** Klatsch m, Tratsch m. **II** v/i **3.** plaudern, plauschen. **4.** klatschen, tratschen.
chit·ter·lings [ˈtʃɪtə(r)lɪŋz] s pl Inne'reien pl, Gekröse n (bes. vom Schwein).
chiv [tʃɪv] → **chive²**.
chiv·al·resque [ˌʃɪvlˈresk], **chiv·al·ric** [ˈʃɪvæl-; Am. ʃəˈvæl-] adj ritterlich, ga'lant, chevale'resk. '**chiv·al·rous** adj (adv **∼ly**) **1.** → **chivalresque. 2.** a) tapfer, b) loy'al, c) großzügig. '**chiv·al·ry** [-rɪ] s **1.** Ritterlichkeit f, ritterliches od. ga'lantes Benehmen: **the age of ∼ is not dead yet** es gibt noch immer Kavaliere. **2.** ritterliche Tugend. **3.** hist. a) Rittertum n, -wesen n, b) Ritterstand m, c) Gruppe f von Rittern.
chive¹ [tʃaɪv] s bot. Schnittlauch m.
chive² [tʃaɪv] sl. **I** s Messer n. **II** v/t mit dem Messer verletzen, b) erstechen.
chive gar·lic → **chive¹**.
chiv·y, chiv·vy [ˈtʃɪvɪ] → **chevy**.
chlo·ral [ˈklɔːrəl] s chem. Chlo'ral n: ∼ (**hydrate**) Chloralhydrat n. '**chlo·ral·ism** s med. Chlora'lismus m, Chlo'ralvergiftung f.
chlo·rate [ˈklɔːreɪt] s chem. Chlo'rat n, chlorsaures Salz. '**chlo·ric** adj chem. chlorhaltig, Chlor..., chlorsauer: **∼ acid** Chlorsäure f. '**chlo·ride** [-raɪd] s chem. Chlo'rid n, Chlorverbindung f: **∼ of lime** Chlorcalcium n. '**chlo·rin·ate** [-rɪneɪt] v/t **1.** chem. chlo'rieren, mit Chlor verbinden od. behandeln: **∼d lime** Chlorkalk m. **2.** Wasser etc chloren. '**chlo·rine** [-riːn] s chem. Chlor n.
chlo·rite¹ [ˈklɔːraɪt] s min. Chlo'rit m.
chlo·rite² [ˈklɔːraɪt] s chem. chlorigsaures Salz.
chlo·ro·form [ˈklɒrəfɔː(r)m; Am. a. ˈklɔː-] **I** s chem. Chloro'form n. **II** v/t a) chlorofor'mieren, b) Tier durch Chloro'form töten.
chlo·ro·phyll, Am. a. **chlo·ro·phyl** [ˈklɒrəfɪl; Am. a. ˈkləʊ-] s bot. Chloro'phyll n, Blattgrün n.
chlo·ro·plast [ˈklɒrəplæst; Am. a. ˈkləʊ-] s bot. Chloro'plast m, Farbstoffträger m.
chlo·ro·sis [kləˈrəʊsɪs] s bot. Chlo'rose f, med. a. Bleichsucht f. **chlo'rot·ic** [-ˈrɒtɪk; Am. -ˈrɑː-] adj bot. chlo'rotisch, med. a. bleichsüchtig.
chlo·rous [ˈklɔːrəs; Am. a. ˈkləʊərəs] adj chem. chlorig: **∼ acid** Chlorsäure f.
chock [tʃɒk] **I** s **1.** (Brems-, Hemm)Keil m. **2.** mar. (Boots)Klampe f. **II** v/t **3.** festkeilen. **4.** meist **∼ up** vollstopfen (with mit). **III** adv **5.** möglichst nahe, dicht: **∼ against the wall** dicht an die Wand stellen etc. **∼-a-'block** adj **1.** mar. Block an Block. **2.** fig. vollgestopft (with mit). **∼-'full** adj zum Bersten od. ‚gerammelt' voll (of mit).
choc·o·late [ˈtʃɒkələt; -lət; Am. ˈtʃɑːk-] **I** s **1.** Scho·ko'lade f (a. als Getränk). **2.** Pra'line f: **∼s** Pralinen, Konfekt n. **3.** Schoko'lade(n)braun n. **II** adj **4.** schoko'laden, Schokolade(n)... **5.** schoko'lade(n)braun. **∼ cream** s 'Cremepra·line f.
choice [tʃɔɪs] **I** s **1.** allg. Wahl f: a) Auswahl f: **to have the ∼** die Wahl haben; **to make a ∼** wählen, e-e Wahl treffen; **to take one's ∼** s-e Wahl treffen, sich etwas aussuchen; **his ∼ fell on me** s-e Wahl fiel auf mich; **colo(u)r of ∼** bevorzugte Farbe; **∼ of ends** sport Seiten-, Platzwahl f, b) freie Wahl: **at ∼** nach Belieben; **of one's own free ∼** aus eigener freier Wahl; **for** (od. **by**) **∼** am liebsten, vorzugsweise; **to give s.o. his ∼** j-m die Wahl lassen; → **Hobson's choice**, c) gewählte od. auserwählte Per'son od. Sache: **you are his ∼** s-e Wahl ist auf Sie gefallen; **it was his ∼** er wollte es ja so od. nicht anders, d) Alterna'tive f, andere Möglichkeit: **I have no ∼** ich habe keine andere Wahl (**but to do** als zu tun), a. es ist mir einerlei. **2.** (große od. reichhaltige) Auswahl (**of** an dat): **a wide** (od. **big**) **∼ of products. 3.** Auslese f, (das) Beste, (die) E'lite: **the ∼ of everything** das Beste, was es gibt; **the ∼ of our troops** unsere Kerntruppen. **II** adj (adv **∼ly**) **4.** auserlesen, ausgesucht (gut): **∼ quality**; **a ∼ dinner** ein erlesenes od. vorzügliches Mahl; **∼ goods** ausgesuchte od. ausgesucht gute Waren; **in ∼ words** in gewählten Worten. **5.** wählerisch (**of** mit). **6.** humor. deftig (Sprache): **∼ word** Kraftausdruck m. '**choice·ness** s Auserlesenheit f, Gewähltheit f.
choir [ˈkwaɪə(r)] **I** s **1.** mus. a) (bes. Kirchen)Chor m, b) Stimmgruppe f (e-s Chors), c) Instruˌmentengruppe f (Orchester), d) Gruppe f, Chor m (gleicher Instrumente od. Orgelregister). **2.** arch. Chor m: a) Chor-, Al'tarraum m, b) 'Choremˌpore f. **II** v/i **3.** im Chor singen. '**∼·boy** s Chor-, Sängerknabe m. **∼ loft** s 'Choremˌpore f (Kirche). '**∼·master** s 'Chordiriˌgent m, -leiter m. **∼ or·gan** s Chororgel f.
choke [tʃəʊk] **I** s **1.** Würgen n. **2.** mot. Choke m, Luftklappe f: **to pull out the ∼** den Choke ziehen. **3.** electr. Drosselspule f. **4.** → **chokebore** 1. **5.** Judo: Würgegriff m. **II** v/t **6.** würgen. **7.** an e-m Erstickungsanfall her'vorrufen bei j-m. **8.** erwürgen, erdrosseln, (a. weitS. Feuer) ersticken: **the smoke almost ∼d me** ich bin an dem Rauch fast erstickt; **rage ∼d him** er brachte vor Wut kein Wort her-

aus. **9.** *a.* ~ **back** (*od.* **down**) *fig.* Bemerkung, Ärger *etc* unter'drücken, hin'unterschlucken, *Tränen* zu'rückhalten. **10.** *tech.* Motor a) drosseln, b) *colloq.* ,abwürgen'. **11.** *electr.* Strom drosseln. **12.** *a.* ~ **back** *fig.* Konjunktur *etc* drosseln, dämpfen: **to** ~ **(back) the building boom. 13.** *a.* ~ **off** *fig.* a) Diskussion *etc* abwürgen, b) *j-s* Redefluß stoppen. **14.** *a.* ~ **up** a) verstopfen, b) vollstopfen. **III** *v/i* **15.** würgen. **16.** ersticken (**on an** *dat*): **he was choking with anger** er erstickte fast vor Wut. **17.** e-n Erstickungsanfall haben. **18.** *a.* ~ **up** sich verstopfen. **19. the words ~d in his throat** die Worte blieben ihm im Hals stecken. **20. he ~d up** es schnürte ihm die Kehle zu(sammen). **21.** ~ **up** verkrampfen (*Sportler etc*). **'~bore** *s tech.* **1.** Chokebohrung *f.* **2.** Schrotflinte *f* mit Chokebohrung. **~ coil** *s* **1.** *electr.* Drosselspule *f.* **2.** *tech.* Abflachungsdrossel *f.* **'~damp** *s Bergbau:* Ferch *m*, (Nach-)Schwaden *m*, Stickwetter *n.* **~'full** ~ **chock-full.**
chok·er ['tʃəʊkə(r)] *s colloq.* a) ‚Vatermörder' *m* (*enger od.* hoher Kragen), b) enge Kette, enges Halsband.
chok·ing ['tʃəʊkɪŋ] *adj* **1.** erstickend: ~ **air** stickige Luft. **2.** *fig.* (*vor Bewegung, Zorn etc*) erstickt: **to speak with a ~ voice.**
chok·y¹ ['tʃəʊkɪ] *adj* stickig: ~ **air.**
chok·y² ['tʃəʊkɪ] *s* **1.** *Br. Ind.* 'Poststati̩on *f.* **2.** *Br. sl.* ‚Kittchen' *n.*
chol·er ['kɒlə; *Am.* 'kɑlər; 'kəʊ-] *s* **1.** *obs.* Galle *f.* **2.** *fig.* Zorn *m*: **to raise s.o.'s ~** j-s Zorn erregen.
chol·er·a ['kɒlərə; *Am.* 'kɑ-] *s med. vet.* Cholera *f.*
chol·er·ic ['kɒlərɪk; *Am.* 'kɑ-] *adj* (*adv* ~**ally**) cho'lerisch, aufbrausend, jähzornig.
chol·er·ine ['kɒlərɪn; -raɪn; *Am.* 'kɑ-] *s med.* Chole'rine *f*, 'Brech̩durchfall *m.*
cho·les·ter·in [kə'lestərɪn], **cho·les·ter·ol** [kə'lestərɒl; *Am. a.* -̩rəʊl] *s physiol.* Chole'sterin *n.*
choo-choo ['tʃuːtʃuː] *s Kindersprache:* Puff-Puff *f (Eisenbahn).*
choose [tʃuːz] *pret u. obs. pp* **chose** [tʃəʊz] *u.* **cho·sen** ['tʃəʊzn] **I** *v/t* **1.** (aus)wählen, aussuchen: **to ~ a hat; to** ~ **s.o. as** (*od.* **for** *od.* **to be**) **one's leader** j-n zum Führer wählen; ~ **chosen II. 2.** *a. iro.* belieben, (es) vorziehen, beschließen (**to do** zu tun): **he chose to run** er zog es vor davonzulaufen; **he did not** ~ **to answer** er geruhte nicht zu antworten; **to do as one ~s** tun, wie es e-m beliebt; **stay as long as you** ~ bleibe so lange, wie du willst *od.* wie es dir gefällt. **II** *v/i* **3.** wählen: **you have chosen well** Sie haben e-e gute Wahl getroffen. **4.** die Wahl haben, wählen (können): **there are three versions to** ~ **from** es stehen drei Ausführungen zur (Aus)Wahl; **there is not much to** ~ **between them** es ist kaum ein Unterschied zwischen ihnen; **he cannot** ~ **but come** er hat keine andere Wahl als zu kommen; es bleibt ihm nichts anderes übrig, als zu kommen. **'choos·er** *s* (Aus)Wählende(r *m*) *f*: → **beggar 2.**
'choos·ey *adj* **choosy. 'choos·ing** *s* Auswahl *f*: **it is all of your** ~ Sie wollten es ja so *od.* nicht anders. **'choos·y** *adj colloq.* wählerisch, heikel.
chop¹ [tʃɒp; *Am.* tʃɑp] **I** *s* **1.** Hieb *m*, Schlag *m* (*a. Karate*): **he got the ~** *colloq.* er ist ‚rausgeflogen' (*entlassen worden*). **2.** Chop *m*: a) (*Boxen*) kurzer, nach unten gerichteter Schlag, b) (*Tennis*) Schlag, bei dem sich Schlägerbahn u. Schlagfläche in e-m Winkel von mehr als 45° schneiden.

3. *gastr.* Kote'lett *n.* **4.** *agr.* gehäckseltes Futter. **5.** *pl* kurzer, unregelmäßiger Wellenschlag. **II** *v/t* **6.** (zer)hacken, hauen, spalten, in Stücke hacken: **to** ~ **wood** Holz hacken; → **logic 2. 7.** *Tennis:* den Ball choppen. **8.** *aer. Am.* (ab)drosseln. **III** *v/i* **9.** hacken. **10.** sich einmischen (**in**[**to**] in *ein Gespräch*). **11.** schnappen (**at** nach). **12.** *Tennis:* choppen.
Verbindungen mit Adverbien:
chop a·way I *v/t* abhacken. **II** *v/i* (munter) drauf'loshacken. ~ **down** *v/t* **1.** fällen. **2.** *Fußball:* 'umsäbeln. ~ **in** *v/i* sich (*in ein Gespräch*) einmischen. ~ **off** *v/t* **1.** abhacken. **2.** *tech.* Metall abschroten, schruppen. ~ **up** *v/t* zer-, kleinhacken.
chop² [tʃɒp; *Am.* tʃɑp] **I** *v/i* **1.** *oft* ~ **about**, ~ **round** sich drehen u. wenden, plötzlich 'umschlagen (*Wind etc*): **to** ~ **and change** *fig.* dauernd s-e Meinung *od.* s-e Pläne ändern, hin u. her schwanken. **II** *v/t* **2.** ~ **logic** (*bes.* haarspalterisch) dispu'tieren (**with** mit). **3.** *Br. obs.* → **barter 3. III** *s* **4.** *meist pl* Wechsel *m*: ~**s and changes** ewiges Hin u. Her.
chop³ [tʃɒp; *Am.* tʃɑp] *s* **1.** *meist pl* (Kinn)Backen *pl.* **2.** *pl humor.* Mund *m*: **to lick one's ~s** sich die Lippen lecken. **3.** *pl fig.* Maul *n*, Rachen *m*, Mündung *f* (*e-r Kanone etc*).
chop⁴ [tʃɒp; *Am.* tʃɑp] *s* (*in Indien u. China*) **1.** (Amts)Stempel *m.* **2.** amtlich gestempeltes Doku'ment, Pas'sierschein *m*: **grand** ~ Zollschein. **3.** (*bes. in China*) Handelsmarke *f.* **4.** Quali'tät *f*: **first ~** a) erste Sorte, b) erstklassig.
̩chop-'chop (*Pidgin-English*) **I** *adv* schnell. **II** *interj* hopphopp!
'chop·house¹ *s* Steakhaus *n.*
'chop·house² *s* (*China*) Zollhaus *n.*
chop·per ['tʃɒpə; *Am.* 'tʃɑpər] **I** *s* **1.** (Holz- *etc*)Hacker *m.* **2.** Hackmesser *n*, -beil *n*, Häckselmesser *n.* **3.** *electr.* Zerhacker *m.* **4.** *pl sl.* ‚Beißerchen' *pl* (*Zähne*). **5.** *colloq.* Hubschrauber *m.* **6.** *bes. Am. sl.* Ma'schinengewehr *n.* **7.** *bes. Br. sl.* ‚Schwanz' *m* (*Penis*). **II** *v/t* **8.** *colloq.* mit dem Hubschrauber transpor'tieren *od.* befördern. **III** *v/i* **9.** *colloq.* mit dem Hubschrauber fliegen.
chop·ping ['tʃɒpɪŋ] **I** *adj* **1.** unruhig, ungleichmäßig, gegenein'anderlaufend (*Wellen etc*): ~ **sea** kabbelige See. **2.** plötzlich 'umschlagend, böig (*Wind etc*). **II** *s* **3.** Wechsel *m*: ~ **and changing** ewiges Hin u. Her.
'chop·ping|-block *s* Hackblock *m*, -klotz *m.* ~ **knife** *s irr* Hack-, Wiegemesser *n.*
chop·py ['tʃɒpɪ; *Am.* 'tʃɑ-] *adj* **1.** *mar.* unruhig, kabbelig: ~ **sea. 2.** böig (*Wind*). **3.** *fig.* a) abgehackt (*Stil*), b) zu'sammenhang(s)los.
'chop·stick *s* Eßstäbchen *n* (*der Chinesen etc*). ~ **su·ey** ['suːɪ] *s gastr.* Chop Suey *n* (*chinesisches Gericht aus verschiedenen Gemüsen mit Hühner- od. Schweinefleisch*).
cho·ra·gus [kɒ'reɪgəs; *bes. Am.* kə'r-] *pl* **-gi** [-dʒaɪ], **-gus·es** *s* **1.** *antiq.* Cho'reg *m*, Chorführer *m.* **2.** *mus.* a) Chorleiter *m*, b) 'Chordi̩rektor *m* (*Kirche*).
cho·ral ['kɔːrəl] *adj* (*adv* ~**ly**) Chor..., chorartig: ~ **concert** Chorkonzert *n*; ~ **service** Chorgottesdienst *m*; ~ **society** Gesangverein *m*, Chor *m.* **cho·ral(e)** [kɒ'rɑːl; *Am.* kə'ræl; kə'rɑːl] *s* Cho'ral *m.*
chord¹ [kɔː(r)d] *s* **1.** *mus.* Saite *f.* **2.** *fig.* Saite *f*, Ton *m*: **to strike the right ~** den richtigen Ton treffen; **does that strike a ~?** erinnert dich das an etwas? **3.** *math.* Sehne *f.* **4.** *tech.* a) Kämpferlinie *f*, b) Spannweite *f.* **5.** *anat.* a) Band *n*, b) Strang *m.* **6.** *aer.* (Pro'fil)Sehne *f.*

chord² [kɔː(r)d] *s mus.* Ak'kord *m*: **to break into a ~** *sl.* e-n Tusch blasen.
chor·di·tis [kɔː(r)'daɪtɪs] *s med.* **1.** Chor'ditis *f*, Stimmbandentzündung *f.* **2.** Samenstrangentzündung *f.*
chore [tʃɔː(r)] **I** *s* **1.** *pl* Hausarbeit *f*: **to do the ~s** den Haushalt machen, die Hausarbeit erledigen. **2.** schwierige *od.* unangenehme Aufgabe. **II** *v/i* **3.** *Am.* den Haushalt machen, die Hausarbeit erledigen.
cho·re·a [kɒ'rɪə; *Am.* kə'riːə] *s med.* Cho'rea *f*, Veitstanz *m.*
cho·re·o·graph ['kɒrɪəgræf; *Am. a.* 'kəʊ-] *v/t Ballett* choreogra'phieren.
cho·re·og·ra·pher [̩kɒrɪ'ɒgrəfə; *Am.* ̩kəʊrɪ'ɑgrəfər] *s* Choreo'graph(in).
̩cho·re·o'graph·ic [-rɪə'græfɪk] *adj* (*adv* ~**ally**) choreo'graphisch. **̩cho·re·'og·ra·phy** *s* Choreogra'phie *f*: a) Tanzschrift *f*, b) Bal'lett-, Tanzgestaltung *f.*
cho·ri·amb ['kɒrɪæmb; -æm; *Am. a.* 'kəʊ-] *s*, **cho·ri·am·bus** [̩kɒrɪ'æmbəs; *Am. a.* ̩kəʊ-] *pl* **-bus·es**, **-bi** [-baɪ] *s metr.* Chori'ambus *m* (*aus Trochäus und Jambus*).
cho·ric ['kɒrɪk; *Am. a.* 'kəʊ-; 'kɑ-] *adj* Chor..., chorisch.
cho·ri·oid ['kɒrɪɔɪd; *Am. a.* 'kəʊ-] *s anat.* Chorio'idea *f*, Aderhaut *f* des Auges.
cho·ri·on ['kɒrɪɒn; *Am.* 'kəʊriː̩ɑn] *s biol.* Chorion *n*, Ei-, Fruchthaut *f.*
chor·is·ter ['kɒrɪstə; *Am. a.* 'kəʊ-; 'kɑ-] *s* **1.** (*bes.* Kirchen)Chorsänger(in), *bes.* Chorknabe *m.* **2.** *Am.* Kirchenchorleiter *m.*
cho·rog·ra·phy [kɒ'rɒgrəfɪ; *Am.* kə'rɑ-] *s* **1.** Chorogra'phie *f*, Land(schafts)beschreibung *f.* **2.** karto'graphische Darstellung *e-s* Landstrichs.
cho·roid ['kɔːrɔɪd; *Am. a.* 'kəʊ-] → **chorioid.**
cho·rol·o·gy [kə'rɒlədʒɪ; *Am.* -'rɑl-] *s biol.* Chorolo'gie *f*, Studium *n* der örtlichen Verbreitung von Lebewesen.
chor·tle ['tʃɔː(r)tl] **I** *v/t u. v/i* **1.** glucksen (**with** *vor Vergnügen etc*). **II** *s* **2.** Glucksen *n.* **3.** Gluckser *m.*
cho·rus ['kɔːrəs; *Am. a.* 'kəʊrəs] **I** *s* **1.** *antiq.* Chor *m* (*im Drama*). **2.** *thea.* a) (Sänger)Chor *m*, b) Tanzgruppe *f* (*bes. e-r Revue*). **3.** *mus.* Chor *m*: a) 'Chorpar̩tie *f*, b) 'Chorkompositi̩on *f*, c) ('Chor)Re̩frain *m*, Kehrreim *m.* **4.** *hist.* Chorus *m*, Chorsprecher *m* (*bes. im Elisabethanischen Drama*). **5.** *fig.* Chor *m*: ~ **of protest** Protestgeschrei *n*; **in** ~ **im Chor**, alle gemeinsam. **6.** Mix'turenchor *m* (*e-r Orgel*). **7.** *Jazz:* Chorus *m*, Variati'onsthema *n od.* -peri̩ode *f.* **II** *v/t u. v/i* **8.** im Chor singen *od.* sprechen *od.* rufen. ~ **girl** *s* (Re'vue)Tänzerin *f.* ~ **mas·ter** *s thea.* Chorleiter *m.*
chose¹ [tʃəʊz] *pret u. obs. pp von* **choose.**
chose² [tʃəʊz] *s jur.* Sache *f*, 'Rechtsob-̩jekt *n*: ~ **in action** a) obligatorischer Anspruch (*auf Eigentum, das nur auf gerichtlichem Wege zu erlangen ist*), b) unkörperlicher Rechtsgegenstand; ~ **in possession** im unbestrittenen Besitz befindliches Rechtsobjekt.
cho·sen ['tʃəʊzn] **I** *pp von* **choose. II** *adj* ausgesucht, auserwählt: **the ~ people** *Bibl.* das auserwählte Volk (*die Juden*). **III** *s* **the** ~ die Auserwählten.
chough [tʃʌf] *s orn.* (*ein*) Rabenvogel *m*: **alpine ~** Alpendohle *f*; **Cornish ~** Alpenkrähe *f*, Steindohle *f.*
choux pas·try [ʃuː] *s gastr.* Brandteig *m.*
chow [tʃaʊ] *s* **1.** *zo.* Chow-Chow *m* (*chinesischer Hund*). **2.** 'Futter' *n*, Essen *n.*
chow-chow [̩tʃaʊ'tʃaʊ; '-tʃaʊ] *s* **1.** (*China u. Indien*) a) Konfi'türe *f* aus gemischten Früchten, b) gemischtes Allerlei.

2. zerkleinerte Mixed Pickles *pl* in Senfsoße. **3.** → chow 1.
chow·der [ˈtʃaʊdə(r)] *s gastr. bes. Am.* dicke Suppe aus Meeresfrüchten.
chre·ma·tis·tics [ˌkriːməˈtɪstɪks; *Am. a.* ˌkremə-] *s pl (als sg konstruiert) econ.* Chremaˈtistik *f* (*Lehre von der Gütererwerbung u. -erhaltung*).
chres·tom·a·thy [kreˈstɒməθɪ; *Am.* -ˈstɑ-] *s* Chrestomaˈthie *f* (*für den Unterricht bestimmte Sammlung ausgewählter Texte aus den Werken bekannter Autoren*).
chrism [ˈkrɪzəm] *relig.* **I** *s* **1.** Chrisam *n, m*, Chrisma *n*, geweihtes Salböl. **2.** Salbung *f.* **II** *v/t* **3.** salben.
chris·om [ˈkrɪzəm] *s* **1.** → chrism I. **2.** Taufkleid *n.* **3.** *obs.* Täufling *m.*
Christ [kraɪst] **I** *s Bibl.* der Gesalbte, Christus *m*: **before~** vor Christi Geburt. **II** *interj sl.* verdammt noch mal!, Herrgott noch mal!
christ·cross [ˈkrɪskrɒs; -krɔːs] *s obs.* Zeichen *n* des Kreuzes.
chris·ten [ˈkrɪsn] *v/t* **1.** taufen. **2.** *j-n, a. Schiff etc* (auf den Namen ...) taufen: **he was ~ed John** er wurde John getauft. **3.** *colloq.* ˈeinweihen'.
Chris·ten·dom [ˈkrɪsndəm] *s* **1.** *obs.* Christenheit *f.* **2.** die christliche Welt: **in ~** *fig.* auf Gottes Erde.
chris·ten·ing [ˈkrɪsnɪŋ] **I** *s* Taufe *f.* **II** *adj* Tauf-...
Christ·er [ˈkraɪstər] *s Am. sl.* Frömmler *m*, Betbruder *m.*
Christ·hood [ˈkraɪsthʊd] *s* Sendung *f od.* Amt *m* des Mesˈsias.
Chris·tian [ˈkrɪstjən; *bes. Am.* ˈkrɪstʃən] **I** *adj* (*adv* ~ly) **1.** christlich. **2.** *colloq.* anständig, menschlich, menschenfreundlich. **II** *s* **3.** Christ(in). **4.** Christ(enmensch) *m*, guter Mensch. **5.** *bes. Am. dial.* Mensch *m* (*Ggs.* Tier). **~ E·ra** *s* christliche Zeitrechnung.
Chris·tian·ism [ˈkrɪstjənɪzəm; *bes. Am.* ˈkrɪstʃə-] *s* Christentum *n*, christlicher Glaube.
Chris·ti·an·i·ty [ˌkrɪstɪˈænɪtɪ; *Am. a.* -tʃɪˈæ-; krɪsˈtʃæn-] *s* **1.** Christenheit *f.* **2.** Christentum *n*, christlicher Glaube. **3.** christliches Denken *od.* Handeln.
Chris·tian·ize [ˈkrɪstjənaɪz; *bes. Am.* -tʃə-] **I** *v/t* christianiˈsieren, zum Christentum bekehren. **II** *v/i* sich zum Christentum bekennen. [*adj* christlich.]
ˈ**Chris·tian·like**, ˈ**Chris·tian·ly**|
Chris·tian| name *s* Vorname *m.* **~ Sci·ence** *s* Christian Science *f* (*e-e christliche Gemeinschaft*). **~Sci·en·tist** *s* Anhänger(in) der Christian Science.
Christ·mas [ˈkrɪsməs] *s* **1.** Weihnachtsfest *n*, Weihnachten *n u. pl*: **at ~** zu Weihnachten; → **merry** 1. **2.** Weihnachtszeit *f.* **~ bo·nus** *s econ.* Weihnachtsgratifikatiˌon *f.* **~ box** *s Br.* Geldgeschenk *n* zu Weihnachten (*für Briefträger etc*). **~ card** *s* Weihnachtskarte *f.* **~ car·ol** *s* Weihnachtslied *n.* **~ Day** *s* der erste Weihnachtsfeiertag. **~ Eve** *s* Heiliger Abend, Heiligabend *m*, Weihnachtsabend *m.* **~ flow·er** *s bot.* **1.** Christrose *f.* **2.** Winterling *m.* **3.** Weihnachtsstern *m*, Poinˈsettie *f.* **~ pud·ding** *s Br.* Plumpudding *m.* **~ rose** *s bot.* Christrose *f.* **~ sea·son** *s* Weihnachtszeit *f.*
Christ·mas·sy [ˈkrɪsməsɪ] *adj colloq.* weihnachtlich.
ˈ**Christ·mas**|**·tide**, ˈ**~·time** *s* Weihnachtszeit *f.* **~ tree** *s* **1.** Christ-, Weihnachtsbaum *m.* **2.** *tech.* Erupti·ˈonskreuz *n* (*Erdöl-, Erdgasbohrung*).
Christ·mas·y → Christmassy.
ˈ**Christ's-thorn** *s bot.* Christusdorn *m.*
chro·ma [ˈkrəʊmə] *s phys.* **1.** Far-

benreinheit *f.* **2.** ˈFarbenintensiˌtät *f.*
chro·mate [ˈkrəʊmeɪt] *s chem.* Chroˈmat *n*, chromsaures Salz.
chro·mat·ic [krəʊˈmætɪk] *adj* (*adv* ~ally) **1.** *phys.* chroˈmatisch, Farben-... **2.** *mus.* a) chroˈmatisch, b) alteˈriert, c) (stark) moduˈlierend: **~ sign** Versetzungs-, Vorzeichen *n.* **chro·ˈmat·ics** *s pl (als sg konstruiert)* **1.** *phys.* Chroˈmatik *f*, Farbenlehre *f.* **2.** *mus.* Chroˈmatik *f.*
chro·ma·tid [ˈkrəʊmətɪd] *s biol.* Chromaˈtid *n*, Chromoˈsomenspalthälfte *f.*
ˈ**chro·ma·tin** [-tɪn] *s biol.* Chromaˈtin *n* (*Zustandsform der Chromosomen zwischen zwei Kernteilungen*). ˈ**chro·ma·tism** *s* **1.** Chromaˈtismus *m*, Färbung *f.* **2.** *bot.* ˌunnaˈtürliche Färbung einzelner Pflanzenteile. **3.** *phys.* Farbenzerstreuung *f.*
chro·ma·tog·ra·phy [ˌkrəʊməˈtɒgrəfɪ; *Am.* -ˈtɑ-] *s chem.* Chromatograˈphie *f* (*Verfahren zur Trennung chemisch nahe verwandter Stoffe*). **chro·ma·to·phore** [krəʊˈmætəfɔː(r); krəˈmætə-] *s* Chromatoˈphor *n*: a) *zo.* Farbstoffzelle *f*, b) *bot.* Farbstoffträger *m.*
chrome [krəʊm] **I** *s* **1.** → chromium. **2.** *tech.* ˈKaliumˌdichroˌmat *n* (*gelber Farbstoff*). **3.** a. **~ yellow** Chromgelb *n.* **4.** *a.* **~ leather** Chromleder *n.* **II** *v/t* **5.** *a.* **~plate** *tech.* verchromen. **~ red** *s* Chromrot *n.* **~ steel** *s* Chromstahl *n.*
chro·mic [ˈkrəʊmɪk] *adj chem.* chromsäurehaltig: **~ acid** Chromsäure *f.*
chro·mite [ˈkrəʊmaɪt] *s min.* Chromeisenerz *n*, Chroˈmit *m.*
chro·mi·um [ˈkrəʊmɪəm; -mɪəm] *s chem.* Chrom *n.* **~·ˈplate** *v/t tech.* verchromen. **~·ˈplat·ing** *s* Verchromung *f.* **~ steel** *s* Chromstahl *m.*
chro·mo·gen [ˈkrəʊməʊdʒən] *s chem.* Farbenerzeuger *m*, Chromoˈgen *n.*
chro·mo·lith·o·graph [ˌkrəʊməʊˈlɪθəɡrɑːf; *bes. Am.* -ˌləˈɡræf] *s* Chromolithograˈphie *f*, Mehrfarbensteindruck *m* (*Bild*). ˌ**chro·mo·liˈthog·ra·phy** [-lɪˈθɒɡrəfɪ; *Am.* -lɪˈθɑɡ-] *s* Chromolithograˈphie *f*, Mehrfarbensteindruck *m* (*Verfahren*).
chro·mo·mere [ˈkrəʊməmɪə(r)] *s biol.* Chromoˈmer *n* (*Träger bestimmter Erbfaktoren*).
chro·mo·plasm [ˈkrəʊməplæzəm] *s biol.* Chromoˈplasma *n.* ˈ**chro·mo·plast** [-plæst] *s biol.* Chromoˈplast *m*, Pigˈmentzelle *f.*
chro·mo·some [ˈkrəʊməsəʊm] *s biol.* Chromoˈsom *n*, Kernschleife *f.*
chro·mo·sphere [ˈkrəʊməˌsfɪə(r)] *s astr.* Chromoˈsphäre *f* (*glühende Gasschicht um die Sonne*).
chro·mo·type [ˈkrəʊməʊtaɪp] *s* **1.** Farbdruck *m.* **2.** Chromotyˈpie *f*, ˈFarbfotograˌfie *f* (*Bild u. Verfahren*).
chron·ic [ˈkrɒnɪk; *Am.* ˈkrɑ-] *adj*; ˈ**chron·i·cal** *adj* (*adv* ~ly) **1.** ständig, (an)dauernd, ˌewig': **~ unemployment** Dauerarbeitslosigkeit *f.* **2.** a) eingewurzelt, b) unverbesserlich, eingefleischt: **a ~ grumbler. 3.** *bes. med.* chronisch, langwierig: **~ disease**; **~ carrier** Dauerausscheider *m.* **4.** *Br. colloq.* scheußlich, miseˈrabel.
chron·i·cle [ˈkrɒnɪkl; *Am.* ˈkrɑnɪkəl] **I** *s* **1.** Chronik *f*: **~ play** Geschichtsdrama *n*, historisches Drama. **2.** **C~s** *pl Bibl.* Chronik *f*, Bücher *pl* der Chronika. **II** *v/t* **3.** aufzeichnen. ˈ**chron·i·cler** [-klə(r)] *s* Chroˈnist *m.*
chron·o·bi·ol·o·gy [ˌkrɒnəʊbaɪˈɒlədʒɪ; *Am.* ˌkrɑnəbaɪˈɑl-; ˌkrəʊ-] *s* Chronobioloˈgie *f* (*Fachgebiet der Biologie, das sich mit die zeitlichen Gesetzmäßigkeiten im Ablauf von Lebensvorgängen erforschen lässt*).
chron·o·gram [ˈkrɒnəʊɡræm; *Am.*

ˈkrɑnə-; ˈkrəʊnə-] *s* Chronoˈgramm *n*: a) Inschrift (*in lateinischer Sprache*), *in der hervorgehobene Großbuchstaben als Zahlzeichen die Jahreszahl eines geschichtlichen Ereignisses ergeben, auf das sich der Satz bezieht*, b) Aufzeichnung *f* e-s Chronoˈgraphen. **chron·o·graph** [-ɡrɑːf; *bes. Am.* -ɡræf] *s* Chronoˈgraph *m*, Zeitmesser *m*, -schreiber *m.*
chro·nol·o·ger [krəˈnɒlədʒə(r); *Am.* -ˈnɑl-] *s* Chronoˈloge *m*, Zeitforscher *m.* **chron·o·log·i·cal** [ˌkrɒnəˈlɒdʒɪkl; *Am.* ˌkrɑnəlˈɑdʒɪkəl; ˌkrəʊnl-] *adj* (*adv* ~ly) chronoˈlogisch: **~ order** chronologische Reihenfolge. **chroˈnol·o·gist** → chronologer. **chroˈnol·o·gize** *v/t* chronoloˈgisieren, nach der Zeitfolge ordnen. **chroˈnol·o·gy** *s* **1.** Chronoloˈgie *f*, Zeitbestimmung *f*, -rechnung *f.* **2.** Zeittafel *f.* **3.** chronoˈlogische Aufstellung.
chro·nom·e·ter [krəˈnɒmɪtə; *Am.* -ˈnɑmətər] *s* Chronoˈmeter *n*, Zeitmesser *m*, Präziˈsionsuhr *f.* **chron·o·met·ric** [ˌkrɒnəʊˈmetrɪk; *Am.* ˌkrɑnə-; ˌkrəʊnə-] *adj*; ˌ**chron·oˈmet·ri·cal** *adj* (*adv* ~ly) chronoˈmetrisch. **chroˈnom·e·try** [-trɪ] *s* Chronomeˈtrie *f*, Zeitmessung *f.*
chron·o·scope [ˈkrɒnəskəʊp; *Am.* ˈkrɑ-; ˈkrəʊ-] *s* Chronoˈskop *n*, regiˈstrierender Zeitmesser.
chrys·a·lid [ˈkrɪsəlɪd] *zo.* **I** *adj* puppenartig. **II** *s* → chrysalis. **chrys·a·lis** [ˈkrɪsəlɪs] *pl* ˈ**chrys·a·lis·es** *od.* **chry·sal·i·des** [krɪˈsælɪdiːz] *s zo.* Schmetterlingspuppe *f.*
chrys·an·the·mum [krɪˈsænθəməm] *s bot.* Chrysˈanthemum *n*, Chrysanˈtheme *f.*
chrys·o·lite [ˈkrɪsəʊlaɪt] *s min.* Chrysoˈlith *m.*
chtho·ni·an [ˈθəʊnjən; -nɪən], **chthon·ic** [ˈθɒnɪk; *Am.* ˈθɑ-] *adj* chthonisch, ... der ˈUnterwelt.
chub [tʃʌb] *pl* **chubs**, *bes. collect.* **chub** *ichth.* Döbel *m.*
chub·bi·ness [ˈtʃʌbɪnɪs] *s* a) Rundlichkeit *f*, b) Pausbäckigkeit *f.* ˈ**chub·by** *adj* a) dicklich, rundlich: **~ cheeks** Pausbacken, b) pausbäckig.
chuck[1] [tʃʌk] **I** *s* **1.** *colloq.* Wurf *m.* **2.** zärtlicher Griff unters Kinn. **3. to give s.o. the ~** *Br. colloq.* j-n ˌrausschmeißen' (*entlassen*). **II** *v/t* **4.** *colloq.* werfen, ˌschmeißen': → **weight** 3. **5.** *colloq.* a) Schluß machen mit (*e-r Freundin etc*): **~ it!** laß das!, b) → chuck up. **6. to ~ s.o. under the chin** j-n *od.* j-m zärtlich unters Kinn fassen.
Verbindungen mit Adverbien:
chuck| a·way *v/t colloq.* **1.** ˌwegschmeißen' **to chuck o.s. away on s.o. 2.** *Geld* verschwenden. **3.** *Gelegenheit etc* verpassen, verschenken. **~ in** → chuck up. **~ out** *v/t colloq.* *j-n* ˌrausschmeißen', *etwas Altes etc a.* ˌwegschmeißen'. **~ up** *v/t colloq. Job etc a.* ˌhinschmeißen'.
chuck[2] [tʃʌk] *s* **1.** Glucken *n* (*der Henne*). **2.** *obs.* ˌSchnucki' *m* (*Kosewort*). **II** *v/t u. v/i* **3.** glucken. **III** *interj* **4.** put, put! (*Lockruf für Hühner*).
chuck[3] [tʃʌk] *tech.* **I** *s* **1.** Spann-, Klemmfutter *n* (*e-s Werkzeuges*). **2.** Spannvorrichtung *f.* **3.** ˈBohr(maˌschinen)futter *n.* **II** *v/t* **4.** in das Futter einspannen.
chuck·er-out [ˌtʃʌkərˈaʊt] *s colloq.* ˌRausschmeißer' *m* (*in e-m Nachtclub etc*).
chuck lathe *s tech.* Futterdrehbank *f.*
chuck·le [ˈtʃʌkl] **I** *v/i* **1.** glucksen: **to ~** (**to o.s.**) (stillvergnügt) in sich hineinlachen. **2.** lachen (*Henne*). **II** *s* **3.** Glucksen *n*, leises Lachen. ˈ**~·head** *s colloq.* Dummkopf *m.* ˌ**~·ˈhead·ed** *adj colloq.* dumm, blöd.

chud·dah ['tʃʌdə], **chud·dar** ['tʃʌdə(r)] *s Br. Ind.* 'Umhängetuch *n (für Frauen).*
chu·fa ['tʃuːfə] *s bot.* Erdmandel *f.*
chuff¹ [tʃʌf] *s contp.* ,Bauer' *m,* ungehobelter Kerl.
chuff² [tʃʌf] **I** *s* Puffen *n (der Lokomotive).* **II** *v/i* puffen.
chuff³ [tʃʌf] *v/t:* ~ **up** *Br. colloq.* aufmuntern.
chuffed [tʃʌft] *adj Br. colloq.* froh, glücklich (**about** über *acc*).
chug [tʃʌg] **I** *s* **1.** Tuckern *n (des Motors).* **II** *v/i* **2.** tuckern. **3.** tuckern(d fahren): **to ~ along** dahintuckern.
chuk·ka ['tʃʌkə], **chuk·ker** ['tʃʌkə(r)] *s Polo:* Chukker *m (Spielabschnitt).*
chum¹ [tʃʌm] *colloq.* **I** *s* **1.** *obs.* Stubengenosse *m.* **2.** ,Kumpel' *m,* Kame'rad *m:* **to be great ~s** ,dicke' Freunde sein. **II** *v/i* **3.** *obs.* ein Zimmer teilen (**with** mit). **4.** ,dick' befreundet sein: **to ~ up with** *s.o.* enge Freundschaft mit j-m schließen.
chum² [tʃʌm] *s bes. Am.* Fisch- *od.* Fleischreste *pl* (*als Fischköder*).
chum·my ['tʃʌmɪ] *adj colloq.* chummily *colloq.* **1.** gesellig. **2.** ,dick' befreundet: **don't get ~ with me!** keine plumpe(n) Vertraulichkeit(en)!
chump [tʃʌmp] *s* **1.** Holzklotz *m.* **2.** dickes Ende (*z. B. der Hammelkeule*). **3.** *colloq.* Trottel *m,* Dummkopf *m.* **4.** *Br. sl.* ,Birne' *f,* Kopf *m:* **to be off one's ~** ,e-n Vogel haben'.
chunk [tʃʌŋk] *s colloq.* **1.** a) (Holz)Klotz *m,* b) (dickes) Stück: **a ~ of bread** ein ,Runken'. **2.** *Am.* a) ,Bulle' *m,* vierschrötiger Kerl, b) (*bes.* kleines) stämmiges Tier (*bes. Pferd*). **3.** *fig.* ,Batzen' *m,* ,großer Brocken'. **'chunk·y** *adj colloq.* **1.** *Am.* unter'setzt, stämmig, vierschrötig. **2.** klobig, klotzig.
Chun·nel ['tʃʌnl] *s* geplanter Tunnel unter dem Ärmelkanal zwischen Frankreich u. England.
church [tʃɜːtʃ; *Am.* tʃɜrtʃ] **I** *s* **1.** Kirche *f.* **2.** Kirche *f,* Gottesdienst *m:* **in ~** in der Kirche; **to go to ~** in die Kirche gehen; **to attend ~** am Gottesdienst teilnehmen; **~ is over** die Kirche ist aus. **3.** Kirche *f, bes.* Christenheit *f.* **4.** Glaubens-, Religi'onsgemeinschaft *f.* **5.** Geistlichkeit *f:* **to enter the ~** Geistlicher werden. **II** *v/t* **6.** (*zur Taufe etc*) in die Kirche bringen. **7.** *Br.* e-n Dankgottesdienst abhalten für (*e-e Wöchnerin*). **III** *adj* **8.** Kirchen..., kirchlich: ~ **court**. **C~ Ar·my** *s* kirchlich-soziale Laienbewegung der anglikanischen Kirche. **~-go·er** *s* Kirchgänger(in). **~ in·vis·i·ble** *s* unsichtbare Kirche, Gemeinschaft *f* der (*irdischen u. überirdischen*) Gläubigen. **~ law** *s* Kirchenrecht *n.* **~-man** [-mən] *s irr* **1.** Geistliche(r) *m.* **2.** Mitglied e-r Glaubensgemeinschaft. **~ mil·i·tant** *s (die)* streitende Kirche (*auf Erden*). **~ mode** *s mus.* Kirchenton(art *f*) *m.* **~ mouse** *s irr:* **as poor as a ~** arm wie e-e Kirchenmaus. **C~ of Eng·land** *s* englische Staatskirche, angli'kanische Kirche. **C~ of (Je·sus Christ of) Lat·ter-Day Saints** *s* Mor'monenkirche *f.* **C~ of Scot·land** *s* schottische Staatskirche. **~ rate** *s* Kirchenabgabe *f.* **~ reg·is·ter** *s* 'Kirchenbuch *n,* -re,gister *n.* **~-scot, ~-shot** *s hist.* Kirchenabgabe *f.* **~ text** *s* **1.** altenglische Kirchenschrift. **2.** *print.* Angelsächsisch *f (Schrifttyp).* **~ tri·um·phant** *s (die)* trium'phierende Kirche, himmlische Gemeinde. **~-'ward·en** *s* **1.** *Br.* Kirchenvorsteher *m.* **2.** *Am.* Verwalter *m* der weltlichen Angelegenheiten e-r Kirche *od.* Gemeinde. **3.** *Br. colloq.* langstielige Tonpfeife. **~ wed·ding** *s* kirchliche Trauung. **~-wom·an** *s irr* weibliches Mitglied e-r Glaubensgemeinschaft.
church·y ['tʃɜːtʃɪ; *Am.* 'tʃɜr-] *adj colloq.* kirchlich (gesinnt).
'church·yard *s* Kirchhof *m,* Friedhof *m:* → **cough** 1.
churl [tʃɜːl; *Am.* tʃɜrl] *s* **1.** Flegel *m,* Grobian *m.* **2.** Bauer *m.* **3.** Geizhals *m.* **4.** *Br. hist.* freier Mann (*niedersten Ranges*). **'churl·ish** *adj (adv ~ly)* **1.** *fig.* grob, ungehobelt, flegelhaft. **2.** mürrisch. **3.** geizig, knauserig.
churn [tʃɜːn; *Am.* tʃɜrn] **I** *s* **1.** 'Butterfaß *n,* -ma,schine *f.* **2.** *Br.* Milchkanne *f.* **II** *v/t* **3.** buttern: **to ~ cream; to ~ out** *fig.* am laufenden Band produzieren, ausstoßen. **4.** a. ~ **up** Flüssigkeiten heftig schütteln, aufschäumen, *die Wellen* aufwühlen, peitschen. **III** *v/i* **5.** buttern. **6.** schäumen. **7.** sich heftig bewegen: **ideas ~ed in his head** Gedanken schwirrten ihm im Kopf herum. **~ drill** *s tech.* **1.** Seilbohrer *m.* **2.** Schlagbohrer *m.* **'~-milk** *s bes. Am. dial.* Buttermilch *f.*
churr [tʃɜː; *Am.* tʃɜr] *v/i* surren, schwirren.
chute [ʃuːt] **I** *s* **1.** a) Stromschnelle *f,* b) Wasserfall *m.* **2.** Rutsche *f,* Rutschbahn *f (auf Spielplätzen etc).* **3.** *tech.* a) Rutsche *f,* (Förder)Rinne *f,* b) Schacht *m,* c) Müllschlucker *m.* **4.** *sport* Rodelbahn *f.* **5.** *colloq. für* **parachute** I. **II** *v/t* **6.** auf e-r Rutsche befördern. **7.** *colloq. für* **parachute** II. **III** *v/i* **8.** rutschen. **9.** e-e Rutsche benützen. **10.** *colloq. für* **parachute** III.
chut·ist ['ʃuːtɪst] *colloq. für* **parachutist**.
chut·nee, chut·ney ['tʃʌtnɪ] *s gastr.* Chutney *n (scharf gewürzte Paste aus Früchten).*
chut·tie, chut·ty ['tʃʌtɪ] *s Austral. colloq.* Kaugummi *m, n.*
chutz·pa(h) ['hʊtspə] *s Am. colloq.* Chutzpe *f,* Frechheit *f,* Unverschämtheit *f.*
chyle [kaɪl] *s physiol.* Chylus *m (milchig trüber Inhalt der Darmlymphgefäße).*
chyme [kaɪm] *s physiol.* Chymus *m (nicht zu Ende verdauter Speisebrei im Magen).*
ci·bo·ri·um [sɪ'bɔːrɪəm; *Am. a.* sɪ'boʊ-], *pl* **-ri·a** [-rɪə], **-ri·ums** *s relig.* a) Zi'borium *n (Gefäß für die geweihte Hostie),* b) Taber'nakel *n, m,* c) Al'tarbaldachin *m.*
ci·ca·da [sɪ'kɑːdə; -'keɪ-] *pl* **-dae** [-diː], **-das** *s zo.* Zi'kade *f,* Baumgrille *f.*
cic·a·trice ['sɪkətrɪs] *s* Narbe *f (a. bot.).* **'cic·a·triced** *adj med.* vernarbt. **,cic·a·'tri·cial** [-trɪʃl] *adj* Narben... **'cic·a·tri·cle** [-trɪkl] *s* **1.** *bot.* a) Samennabel *m,* b) Blattnarbe *f.* **2.** *zo.* Hahnentritt *m (im Ei).* **cic·a·'tri·ces** [-'traɪsiːz] *s* **1.** Narbe *f.* **2.** ~ **cicatricle**. **'cic·a·trize** *v/i u. v/t* vernarben (lassen).
cic·er·o ['sɪsərəʊ] *s print.* Cicero *f (Schriftgrad von 12 Punkt).*
ci·ce·ro·ne [ˌtʃɪtʃə'rəʊnɪ; ˌsɪsə-] *pl* **-ni** [-niː], **-nes** *s* Cice'rone *m,* Fremdenführer *m.*
Cic·e·ro·ni·an [sɪsə'rəʊnjən; -ɪən] *adj* cice'ronisch, redegewandt.
ci·cu·ta [sɪ'kjuːtə] *s bot.* Schierling *m.*
ci·der ['saɪdə(r)] *s (Am. hard ~)* Apfelwein *m:* (**sweet**) ~ *Am.* Apfelmost *m,* -saft *m.* ~ **press** *s* Apfelpresse *f.*
C.I.F., cif [sɪf] (*abbr. von* **cost, insurance, freight**) *econ.* Kosten, Versicherung, Fracht (*zum benannten Bestimmungshafen*): **~ New York cif New York; ~ price** cif-Preis *m;* ~ **landed** Verkäufer übernimmt außer den cif-Verpflichtungen auch die Abladekosten.
cig [sɪg] *s colloq.* ,Glimmstengel' *m (Zigarette).*
ci·gar [sɪ'gɑː(r)] *s* Zi'garre *f.* ~ **box** *s* Zi'garrenkiste *f,* -schachtel *f.* ~ **case** *s* Zi'garrenetui *n.* ~ **cut·ter** *s* Zi'garrenabschneider *m.*
cig·a·rette, *Am. a.* **cig·a·ret** [ˌsɪgə'ret; *Am. a.* 'sɪgəret] *s* Ziga'rette *f.* ~ **card** *s* Ziga'rettenbild *n.* ~ **case** *s* Ziga'rettene,tui *n.* ~ **end** *s* Ziga'rettenstummel *m.* ~ **hold·er** *s* Ziga'rettenspitze *f.* ~ **light·er** *s* Feuerzeug *n.* ~ **pa·per** *s* Ziga'rettenpa,pier *n.*
ci·gar hold·er *s* Zi'garrenspitze *f (Halter).*
cig·a·ril·lo [ˌsɪgə'rɪləʊ] *pl* **-los** *s* Ziga'rillo *m, n.*
ci·gar light·er *s mot.* Zi'garren-, Ziga'rettenanzünder *m.*
cig·gy ['sɪgɪ] → **cig**.
cil·i·a ['sɪlɪə] *pl von* **cilium**.
cil·i·ar·y ['sɪlɪərɪ; *Am.* -lɪˌerɪ] *adj anat.* Wimper...: ~ **movement;** ~ **muscle** Linsen-, Ziliarmuskel *m (des Augapfels).*
cil·i·ate ['sɪlɪət; -ɪeɪt] **I** *adj anat. bot.* bewimpert. **II** *s zo.* Wimpertierchen *n.* **cil·i·at·ed** ['sɪlɪeɪtɪd] = **ciliate** I.
cil·ice ['sɪlɪs] *s* härenes Hemd.
cil·i·um ['sɪlɪəm] *pl* **cil·i·a** [-ə] *s* **1.** *anat.* (Augen)Wimper *f.* **2.** *bot. zo.* Wimper *f,* Cilium *n.*
Cim·me·ri·an [sɪ'mɪərɪən] *adj* **1.** *antiq.* kim'merisch. **2.** dunkel: ~ **darkness** kimmerische Finsternis.
cinch¹ [sɪntʃ] **I** *s* **1.** *Am.* Sattel-, Packgurt *m.* **2.** *sl.* a) ,todsichere' Sache, b) Leichtigkeit *f,* ,Kinderspiel' *n.* **II** *v/t* **3.** **to ~ (up) a horse** *Am.* den Sattelgurt anziehen. **4.** *sl.* sicherstellen.
cinch² [sɪntʃ] *s* ein Kartenspiel.
cin·cho·na [sɪŋ'kəʊnə] *s* **1.** *bot.* China-, Fieberrindenbaum *m.* **2.** a. ~ **bark** China-, Fieberrinde *f.* **'cin·cho·nine** [-kəniːn; -nɪn] *s chem.* Cincho'nin *n.* **'cin·cho·nism** *s med.* Chi'ninvergiftung *f.*
cinc·ture ['sɪŋktʃə(r)] **I** *s* **1.** Gürtel *m.* **2.** *arch.* (Säulen)Kranz *m.* **II** *v/t* **3.** gürten. **4.** um'geben, einschließen.
cin·der ['sɪndə(r)] *s* **1.** Zinder *m, a. metall.* Schlacke *f,* ausgeglühte Kohle: **burnt to a ~** verkohlt, verbrannt. **2.** *pl* Asche *f.* ~ **block** *s tech.* **1.** Abschlußblock *m* (*e-s Hochofens mit Schlackenöffnung*). **2.** Schlackenstein *m.* ~ **con·crete** *s* 'Aschen-, 'Löschbe,ton *m.* ~ **cone** *s geol.* vul'kanischer Aschenkegel.
Cin·der·el·la [ˌsɪndə'relə] *s* Aschenbrödel *n,* -puttel *n (a. fig.).*
cin·der|path *s* **1.** Weg *m* mit Schlackenschüttung. **2.** → **cinder track**. **~ pig** *s metall.* Schlackenroheisen *n.* **~ track** *s sport* Aschenbahn *f.*
cin·der·y ['sɪndərɪ] *adj* schlackig.
cin·e·aste ['sɪnɪæst] *s* Cine'ast *m,* begeisterter Kinogänger.
cin·e·cam·er·a ['sɪnɪˌkæmərə] *s* (Schmal)Filmkamera *f.* **'cin·e·film** *s* Schmalfilm *m.*
cin·e·ma ['sɪnəmə] *s* **1.** *bes. Br.* Kino *n,* 'Film-, 'Lichtspielthe,ater *n.* **2. the ~** der Film, die Filmkunst. **'cin·e·ma,go·er** *s bes. Br.* Kinobesucher(in), -gänger(in).
,cin·e·ma'theque [-'tek] *s bes. Br.* Werkraumkino *n.* **,cin·e'mat·ic** [-nɪ'mætɪk] *adj (adv ~ally)* Film..., filmisch. **,cin·e'mat·o·graph** [-'mætəgrɑːf; *bes. Am.* -græf] *bes. Br.* **I** *s hist.* Kinemato'graph *m (Apparat zur Aufnahme u. Wiedergabe bewegter Bilder).* **II** *v/t obs.* (ver)filmen. **III** *v/i obs.* filmen. **,cin·e·ma'tog·ra·pher** [-mə'tɒgrəfə(r); *Am.* -'tɑː-] *s obs.* Kameramann *m.* **,cin·e·mat·o'graph·ic** [-mætə'græfɪk] *adj (adv ~ally)* kinemato'graphisch, Film..., **,cin·e·ma'tog·ra·phy** [-mə'tɒgrəfɪ; *Am.* -'tɑː-] *s* Kinematogra'phie *f:* a) *hist.* Verfahren zur Aufnahme u. Wiedergabe bewegter Bilder, b) Filmkunst *f,* -technik *f.*

ci·né·ma vé·ri·té [ˌsɪnəməˈverɪteɪ] s Cinéˈma-vériˈté n (*um extreme Authentizität bemühte Stilrichtung der Filmkunst*).
cin·e·phile [ˈsɪnəfaɪl] s *bes. Br.* Filmliebhaber(in).
cin·e·rar·i·um [ˌsɪnəˈreərɪəm] *pl* -i·a [-ə] s **1.** Urnenfriedhof *m.* **2.** Urnennische *f.*
cin·er·ar·y [ˈsɪnərərɪ; *Am.* -ˌrerɪ:] *adj* Aschen... ~ **urn** s Urne *f.*
cin·er·a·tor [ˈsɪnəreɪtə(r)] s *bes. Am.* Leichenverbrennungsofen *m* (*im Krematorium*).
cin·e·re·cord [ˈsɪnɪrɪˈkɔː(r)d] *v/t* filmen, mit der (Schmal)Filmkamera aufnehmen.
ci·ne·re·ous [sɪˈnɪərɪəs] *adj* aschgrau.
ci·né·vé·ri·té [ˌsɪneɪˈverɪteɪ] → cinéma vérité.
Cin·ga·lese → Singhalese.
cin·na·bar [ˈsɪnəbɑː(r)] s **1.** *min.* Zinˈnober *m.* **2.** zinˈnoberroter Farbstoff. **3.** Zinˈnoberrot *n.*
cin·nam·ic [sɪˈnæmɪk] *adj chem.* Zimt...: ~ **acid.**
cin·na·mon [ˈsɪnəmən] **I** s **1.** *bot.* Zimtbaum *m.* **2.** Zimt *m,* Kaˈneel *m.* **3.** Zimtfarbe *f.* **II** *adj* **4.** zimtfarben. ~ **bark** s Zimtrinde *f.* ~ **bear** s *zo.* Baribal *m,* Amer. Schwarzbär *m.* ~ **stick** s Stangenzimt *m.*
cinque [sɪŋk] s Fünf *f* (*auf Würfeln od. Spielkarten*).
cin·que·cen·to [ˌtʃɪŋkwɪˈtʃentəʊ] s Cinqueˈcento *n* (*italienischer Kunststil des 16. Jahrhunderts*).
cinque·foil [ˈsɪŋkfɔɪl] s **1.** *bot.* (*ein*) Fingerkraut *n.* **2.** *arch. her.* ˈFünfblattroˌsette *f.* **C~ Ports** *s pl* Cinque Ports *pl* (*ursprünglich die 5 Seestädte Hastings, Sandwich, Dover, Romney u. Hythe*).
ci·on → scion.
ci·pher [ˈsaɪfə(r)] **I** s **1.** *math.* Null *f* (*Ziffer*). **2.** (aˈrabische) Ziffer, Zahl *f.* **3.** *fig.* a) Null *f* (*unbedeutende Person*), b) Nichts *n* (*unbedeutende Sache*). **4.** a) Chiffre *f,* Geheimschrift *f:* **in** ~ chiffriert, b) chifˈfrierter Text, c) Schlüssel *m* (*zu e-r Geheimschrift*). **5.** Monoˈgramm *n.* **II** *v/i* **6.** rechnen. **III** *v/t* **7.** chifˈfrieren, verschlüsseln. **8.** ~ **out** a) be-, ausrechnen, b) entˈziffern, dechifˈfrieren, c) *Am. colloq.* ˈausknobeln', ˌaustüftelnˈ. ~ **clerk** s (De)Chifˈfreur *m.* ~ **key** → cipher 4 c. ~ **text** s Schlüsseltext *m.*
cir·ca [ˈsɜːkə; *Am.* ˈsɜrkə] **I** *adv* zirka, ungefähr, etwa. **II** *prep* um ... herˈum: ~ 1850 um das Jahr 1850.
cir·ca·di·an [sɜːˈkeɪdɪən; *Am.* sɜr-; *a.* -ˈkæ-] *adj biol.* circadiˈan, zirkadiˈan (*e-n 24-Stunden-Rhythmus aufweisend*).
Cir·cas·sian [sɜːˈkæsɪən; -ʃɪən; *Am.* sɜrˈkæʃən] **I** s **1.** Tscherˈkesse *m,* Tscherˈkessin *f.* **2.** *ling.* Tscherˈkessisch *n,* das Tscherkessische. **3.** **C~** Zirkas *m* (*Wollstoff*). **II** *adj* **4.** tscherˈkessisch.
Cir·ce [ˈsɜːsɪ; *Am.* ˈsɜrsɪ:] *npr myth.* Circe *f* (*a. fig. Verführerin*). **Cirˈce·an** [-ˈsɪːən] *adj* verführerisch, betörend.
cir·cle [ˈsɜːkl; *Am.* ˈsɜrkəl] **I** s **1.** *math.* a) Kreis *m,* b) Kreisfläche *f,* -inhalt *m,* c) ˈKreisˌumfang *m:* ~ **of curvature** Krümmungskreis *m;* **to go** (*od.* **run**) **round in ~s** *fig.* sich im Kreis bewegen; **to square the ~** den Kreis quadrieren (*a. fig. das Unmögliche vollbringen*); **to come full ~** *fig.* sich schließen (*Zyklus etc*); **things have come full ~** *fig.* der Kreis hat sich geschlossen. **2.** Kreis *m,* Kranz *m,* Ring *m* (*von Dingen*). **3.** ˈZirkusmaˌnege *f.* **4.** *thea.* Rang *m:* **upper ~** zweiter Rang; → **dress circle. 5.** Wirkungskreis *m,* Einflußsphäre *f.* **6.** *fig.* Kreislauf *m:* **the ~ of the seasons** der Zyklus der Jahreszeiten. **7.** *philos.* Zir-kelschluß *m:* **to argue in a ~** im Kreis argumentieren; → **vicious circle. 8.** Serie *f,* Zyklus *m,* Ring *m.* **9.** a) Zirkel *m:* **theatrical ~s,** b) (Gesellschafts)Kreis *m:* **business ~s** Geschäftskreise; **court ~s** Hofkreise; **to have a large ~ of friends** in großen Freundeskreis haben. **10.** (Verwaltungs)Kreis *m.* **11.** ˈUmkreis *m.* **12.** *mar.* (Längen- *od.* Breiten)Kreis *m:* ~ **of longitude** (latitude). **13.** *astr.* a) Bahn *f od.* Umˈdrehungsperiˌode *f* (*e-s Himmelskörpers*), b) Hof *m* (*bes. des Mondes*). **14.** Krone *f,* Diaˈdem *n.* **15.** *Hockey:* (Schuß)Kreis *m.* **II** *v/t* **16.** umˈgeben, umˈringen. **17.** umˈkreisen. **18.** einkreisen, -schließen, umˈzingeln. **19.** umˈwinden. **20.** kreisförmig machen. **III** *v/i* **21.** kreisen (*a. aer.*), sich im Kreis bewegen, die Runde machen (*a. Pokal*). **22.** *mil.* e-e Schwenkung ausführen.
cir·clet [ˈsɜːklɪt; *Am.* ˈsɜr-] s **1.** kleiner Kreis. **2.** Reif *m,* Ring *m.* **3.** Diaˈdem *n.*
circs [sɜːks; *Am.* sɜrks] s *pl bes. Br. colloq.* ˈUmstände *pl.*
cir·cuit [ˈsɜːkɪt; *Am.* ˈsɜr-] **I** s **1.** a) Kreisbewegung *f,* b) ˈUm-, Kreislauf *m.* **2.** ˈUmfang *m,* ˈUmkreis *m:* **10 miles in ~** im Umfang. **3.** Bereich *m,* Gebiet *n.* **4.** Runde *f,* Rundreise *f:* **to make the ~ of** die Runde *od.* e-e Rundreise machen in (*dat*). **5.** *jur.* a) *Br.* Rundreise *f* von Richtern (*zur Abhaltung von Gerichtstagen*): **to go on ~** auf Rundreise gehen, b) Gerichtsbezirk *m.* **6.** *aer.* Rundflug *m:* **to do a ~** e-e Platzrunde fliegen. **7.** Theˈater- *od.* ˈKinokonˌzern *m,* -ring *m.* **8.** ˈUmweg *m* (*a. fig.*): **to make a ~.** **9.** *electr.* a) Strom-, Schaltkreis *m:* **in ~** angeschlossen; **to put in ~** anschließen; **to close** (**open**) **the ~** den Stromkreis schließen (öffnen); → **closed 1, control circuit, integrated 1, short circuit,** b) Schaltung *f,* ˈSchaltsyˌstem *n* (*e-s Gerätes etc*), c) → **circuit diagram,** d) Wechselsprechanlage *f.* **10.** *phys.* maˈgnetischer Kreis. **11.** *Motorsport: bes. Br.* Rennbahn *f.* **12.** *sport* Zirkus *m:* **the international tennis ~. 13.** *Am.* (Perˈsonen)Kreis *m,* ˌVereinˈ *m.* **II** *v/t* **14.** umˈkreisen, die Runde machen um. ~ **break·er** s *electr.* Unterˈbrecher *m* (*a. mot.*), Leistungsschalter *m.* ~ **clos·er** s *electr.* Einschalter *m.* ~ **court** s *jur.* **1.** *Br.* Bezirksgericht *n* (*das in verschiedenen Orten Gerichtstage abhält*). **2.** *Am.* a) *etwa* ordentliches Gericht, *z. B.* a) (*etwa*) Landgericht *n,* b) (*etwa*) Oberlandesgericht *n.* ~ **di·a·gram** s *electr.* Schaltplan *m.* ~ **log·ic** s *electr.* Schaltkreislogik *f.*
cir·cu·i·tous [sə(r)ˈkjuːɪtəs] *adj* (*adv* ~ly) **1.** e-n ˈUmweg machend *od.* bedeutend: **by a ~ route** auf e-m Umweg; **the river's ~ course** der gewundene Flußlauf. **2.** weitschweifig, ˈumständlich.
cir·cuit·ry [ˈsɜːkɪtrɪ; *Am.* ˈsɜr-] s *electr.* **1.** Schaltungen *pl.* **2.** Schaltungsanordnung *f.* **3.** Schaltungsbauteile *pl.*
cir·cuit train·ing s *sport* Zirkel-, Circuittraining *n.*
cir·cu·i·ty [sə(r)ˈkjuːətɪ] s ˈUmständlichkeit *f,* ˈUmschweife *pl.*
cir·cu·lar [ˈsɜːkjələ; *Am.* ˈsɜrkjələr] **I** *adj* (*adv* ~ly) **1.** (kreis)rund, kreisförmig. **2.** a) Kreis...: ~ **motion,** b) Rund...: ~ **dance,** c) Ring...: ~ **road. 3.** periˈodisch, (im Kreislauf) ˈwiederkehrend. **4.** umˈständlich. **5.** Umlaufs..., Rund..., Zirkular...: ~ **order** Runderlaß *m.* **II** s **6.** a) Rundschreiben *n,* -brief *m,* b) Zirkular *n,* c) (Post)Wurfsendung *f.* ~ **cone** s *math.* Kreiskegel *m.* ~ **func·tion** s *math.* ˈKreisfunktiˌon *f.* ~ **in·san·i·ty** s *med.* manisch-depresˈsives Irresein.
cir·cu·lar·i·ty [ˌsɜːkjʊˈlærətɪ; *Am.* ˌsɜrkjə-] s Kreisförmigkeit *f.*
cir·cu·lar·ize [ˈsɜːkjʊləraɪz; *Am.* ˈsɜrkjə-] *v/t* **1.** rund machen. **2.** Rundschreiben, *a.* (Post)Wurfsendungen verschicken an (*acc*). **3.** a) Fragebogen schicken an (*acc*), b) befragen. **4.** durch (Post)Wurfsendungen werben für.
cir·cu·lar| let·ter s circular 6 a. ~ **let·ter of cred·it** s ˈReisekreˌditbrief *m.* ~ **meas·ure** s *math.* (Kreis)Bogenmaß *n.* ~ **note** s **1.** Zirkuˈlarnote *f,* diploˈmatisches Rundschreiben. **2.** *econ.* ˈReisekreˌditbrief *m.* ~ **num·ber** s *math.* Zirkuˈlarzahl *f.* ~ **pitch** s *tech.* Zahnteilung *f* im Teilkreis. ~ **saw** s *tech.* Kreissäge *f.* ~ **skirt** s Tellerrock *m.* ~ **stair**(·**case**) s *Am.* Wendeltreppe *f.* ~ **tick·et** s Rundreisefahrschein *m.* ~ **tour** s Rundreise *f,* -fahrt *f.* ~ **track** s *mil.* (Dreh)Kranz *m.* ~ **tri·an·gle** s *math.* sphärisches Dreieck.
cir·cu·late [ˈsɜːkjʊleɪt; *Am.* ˈsɜrkjə-] **I** *v/i* **1.** zirkuˈlieren: a) ˈumlaufen, kreisen, b) im ˈUmlauf sein, kurˈsieren (*Geld, Nachricht etc*), (*Gerücht etc a.*) ˈumgehen. **2.** herˈumreisen, -gehen. **II** *v/t* **3.** in ˈUmlauf setzen (*a. fig.*), zirkuˈlieren lassen, *Wechsel* giˈrieren.
cir·cu·lat·ing [ˈsɜːkjʊleɪtɪŋ; *Am.* ˈsɜrkjə-] *adj* **1.** zirkuˈlierend, ˈumlaufend, kurˈsierend. **2.** *math.* periˈodisch: ~ **frac·tion.** ~ **cap·i·tal** s *econ.* ˈUmlauf-, Beˈtriebskapiˌtal *n.* ~ **dec·i·mal** s *math.* periˈodischer Deziˈmalbruch. ~ **li·brar·y** s Leihbüchereˌi *f.* ~ **me·di·um** s *econ.* **1.** Tauschmittel *n.* **2.** ˈUmlaufs-, Zahlungsmittel *n.* ~ **mem·o·ry** s *Computer:* ˈUmlaufspeicher *m.* ~ **pump** s *tech.* ˈUmlauf-, ˈUmwälzpumpe *f.*
cir·cu·la·tion [ˌsɜːkjʊˈleɪʃn; *Am.* ˌsɜrkjə-] s **1.** Kreislauf *m,* Zirkulatiˈon *f.* **2.** *physiol.* (Blut)Kreislauf *m,* ˈBlutzirkulatiˌon *f.* **3.** *econ.* a) ˈUmlauf *m,* Verkehr *m:* ~ **of bills** Wechselverkehr, -umlauf; ~ **of capital** Kapitalverkehr; **to be in ~** im Umlauf sein, zirkulieren (*Geld etc*) (*a. fig.*); **to bring** (*od.* **put**) **into ~** in Umlauf setzen (*a. fig.*), in den Verkehr bringen; **out of ~** außer Kurs (gesetzt); **to withdraw from ~** aus dem Verkehr ziehen; **she's back in ~** *colloq.* sie ist wieder frei, b) im ˈUmlauf befindliche Zahlungsmittel *pl.* **4.** *econ.* a) Verbreitung *f,* Absatz *m* (*e-s Artikels*), b) Auflage *f,* Auflagenhöhe *f,* -ziffer *f* (*e-s Buches, e-r Zeitung etc*), c) (Fernseh- *etc*)Teilnehmer *pl,* d) (durch Werbung) angesprochene Perˈsonen. **5.** Strömung *f,* ˈDurchzug *m,* -fluß *m.* **6.** *arch.* Verbindungsräume *pl* (*Treppen, Gänge etc*). ~ **heat·ing** s *tech.* ˈUmlaufheizung *f.*
cir·cu·la·tive [ˈsɜːkjʊlətɪv; *Am.* ˈsɜrkjəˌleɪtɪv] → circulatory.
cir·cu·la·tor [ˈsɜːkjʊleɪtə(r); *Am.* ˈsɜrkjə-] s **1.** Verbreiter(in): ~ **of scandal.** **2.** *tech.* Zirkulatiˈonsvorrichtung *f.*
cir·cu·la·to·ry [ˌsɜːkjʊˈleɪtərɪ; ˈsɜrkjʊlətɔːrɪ; *Am.* ˈsɜrkjələˌtɔːrɪ; -ˌtɔː-] *adj* **1.** zirkuˈlierend, ˈumlaufend, kreisend, Kreis...: ~ **motion. 2.** Umlaufs..., Zirkulations..., *physiol.* (Blut)Kreislauf...: ~ **collapse** *med.* Kreislaufkollaps *m;* ~ **disturbance** *med.* Kreislaufstörung *f;* ~ **system** *physiol.* Kreislauf *m.*
cir·cum·am·bi·ent [ˌsɜːkəmˈæmbɪənt; *Am.* ˌsɜrkəm-] *adj* umˈgebend, umˈschließend, einschließend (*a. fig.*). **ˌcir·cumˈam·bu·late** [-ˈæmbjʊleɪt] **I** *v/t* **1.** herˈumgehen um. **II** *v/i* **2.** herˈum-, umˈhergehen. **3.** *fig.* um die Sache herˈumreden.
ˌcir·cumˈben·di·bus [-ˈbendɪbəs] s *humor. fig.* ˈUmschweife *pl,* ˈumständliche Ausdrucksweise.
cir·cum·cen·ter, *bes. Br.* **cir·cumˈcen·tre** [-ˈsentə(r)] s *math.* ˈUmkreismittelpunkt *m.*

cir·cum·cise ['sɜːkəmsaɪz; *Am.* 'sɜr-] *v/t* **1.** *med. relig.* beschneiden. **2.** *fig.* reinigen, läutern. ˌ**cir·cum'ci·sion** [-'sɪʒn] *s* **1.** *med. relig.* Beschneidung *f.* **2.** *fig.* Reinigung *f,* Läuterung *f.* **3.** C~ *relig.* Fest *n* der Beschneidung Christi (*am 1. Januar*). **4. the** ~ *Bibl.* die Beschnittenen *pl* (*Juden*).

cir·cum·fer·ence [sə(r)'kʌmfərəns] *s math.* 'Umkreis *m,* ('Kreis)Umfang *m,* Periphe'rie *f.* ˌ**cir·cum·fe'ren·tial** [-fə'renʃl] *adj* peri'pherisch, Umfangs-...

cir·cum·flex ['sɜːkəmfleks; *Am.* 'sɜr-] **I** *s* **1.** *a.* ~ **accent** *ling.* Zirkum'flex *m.* **II** *adj* **2.** *ling.* mit e-m Zirkum'flex (versehen) (*Laut*). **3.** *anat.* gebogen, gekrümmt (*bes. Blutgefäß*). **III** *v/t* **4.** *ling.* mit (e-m) Zirkum'flex schreiben.

cir·cum·fuse [ˌsɜːkəm'fjuːz; *Am.* ˌsɜr-] *v/t* **1.** um'fließen, (mit Flüssigkeit) umˈgeben. **2.** *fig.* um'geben. ˌ**cir·cum**'**ja·cent** [-'dʒeɪsnt] *adj* 'umliegend, um'gebend. ˌ**cir·cum·lo'cu·tion** [-lə'kjuːʃn; *Am.* -loʊ-] *s* **1.** Um'schreibung *f.* **2.** a) 'Umschweife *pl* (*beim Reden*), b) Weitschweifigkeit *f,* 'umständliche Ausdrucksweise. ˌ**cir·cum**'**loc·u·to·ry** [-'lɒkjʊtərɪ; *Am.* -'lɑːkjəˌtɔːrɪ; -ˌtoʊ-] *adj* um'schreibend. **2.** weitschweifig. ˌ**cir·cum**'**lu·nar** *adj* den Mond umˈkreisend: ~ **flight** Mondumkreisung *f,* -umrundung *f.* ˌ**cir·cum**'**nav·i·gate** [-'nævɪɡeɪt] *v/t* um'schiffen, um'segeln. '**cir·cumˌnav·i'ga·tion** *s* Um'schiffung *f,* Um'seg(e)lung *f:* ~ **of the globe** Weltumseglung *f.* ˌ**cir·cum**'**nav·i·ga·tor** *s* Um'segler *m:* ~ **of the globe** Weltumsegler.

cir·cum·scribe ['sɜːkəmskraɪb; *Am.* 'sɜr-] *v/t* **1.** e-e Linie ziehen um. **2.** begrenzen, einschränken. **3.** a) (*a. math. e-e Figur*) um'schreiben, b) defi'nieren. ˌ**cir·cum**'**scrip·tion** [-'skrɪpʃn] *s* **1.** Beschränkung *f,* Begrenzung *f.* **2.** Um'schreibung *f.* **3.** a) Um'grenzung *f,* b) um'grenzte Fläche. **4.** 'Umschrift *f* (*e-r Münze etc*).

cir·cum·spect ['sɜːkəmspekt; *Am.* 'sɜr-] *adj* (*adv* ~**ly**) **1.** 'umsichtig, wohlerwogen: **a** ~ **plan.** **2.** vorsichtig, behutsam: ~ **behavio(u)r.** ˌ**cir·cum**'**spec·tion** *s* **1.** 'Umsicht *f.* **2.** Vorsicht *f,* Behutsamkeit *f.* ˌ**cir·cum**'**spec·tive** → **circumspect.**

cir·cum·stance ['sɜːkəmstəns; -stæns; *Am.* 'sɜr-] *s* **1.** 'Umstand *m:* a) Be'gleitˌumstand *m,* b) Tatsache *f,* c) Einzelheit *f,* d) Ereignis *n:* **a fortunate** ~ ein glücklicher Umstand; **a victim of** ~ ein Opfer der Umstände. **2.** *meist pl* (Sach)Lage *f,* Sachverhalt *m,* 'Umstände *pl,* Verhältnisse *pl:* **in** (*od.* **under**) **no** ~**s** unter keinen Umständen, auf keinen Fall; **in** (*od.* **under**) **the** ~**s** unter diesen Umständen. **3.** *pl* Verhältnisse *pl,* Lebenslage *f:* **in easy** (**reduced**) ~**s** in gesicherten (beschränkten) Verhältnissen *leben.* **4.** Ausführlichkeit *f,* Weitschweifigkeit *f,* 'Umständlichkeit *f.* **5.** Zeremoni'ell *n,* Formali'tät(en *pl*) *f,* 'Umstände *pl:* **without any** ~ ohne alle Umstände. '**cir·cumˌstanced** *adj* **1.** in e-r *guten etc* Lage, (*gut- etc*) situ'iert: **to be poorly** ~ in ärmlichen Verhältnissen leben. **2.** gelagert (*Sache*): **well timed and** ~ zur rechten Zeit und unter günstigen Umständen.

cir·cum·stan·tial [ˌsɜːkəm'stænʃl; *Am.* ˌsɜr-] *adj* (*adv* ~**ly**) **1.** durch die 'Umstände bedingt. **2.** nebensächlich, zufällig. **3.** ausführlich, detail'liert. **4.** 'umständlich, weitschweifig. ~ **ev·i·dence** *s jur.* In'dizien(beweis *m*) *pl.*

ˌ**cir·cum·stan·ti·al·i·ty** [ˌsɜːkəmˌstænʃɪ'ælətɪ; *Am.* ˌsɜr-] *s* **1.** Ausführ-

lichkeit *f.* **2.** 'Umständlichkeit *f.* **3.** Einzelheit *f,* De'tail *n.* ˌ**cir·cum**'**stan·ti·ate** [-eɪt] *v/t* **1.** genau beschreiben *od.* darstellen. **2.** *jur.* durch In'dizien beweisen.

ˌ**cir·cum·val·la·tion** [ˌsɜːkəmvə'leɪʃn; -væl-; *Am.* ˌsɜr-] *s bes. mil.* Um'wallung *f.*

ˌ**cir·cum·vent** [ˌsɜːkəm'vent; *Am.* ˌsɜr-] *v/t* **1.** um'zingeln. **2.** über'listen, hinterˈgehen, täuschen. **3.** vereiteln, verhindern. **4.** ausweichen (*dat*), umˈgehen: **to** ~ **a rule.** ˌ**cir·cum**'**ven·tion** *s* **1.** Um'zingelung *f.* **2.** Über'listung *f.* **3.** Vereitelung *f.* **4.** Um'gehung *f,* ˌcir·cum'**ven·tive** *adj* betrügerisch, raffi'niert.

ˌ**cir·cum·vo·lu·tion** [ˌsɜːkəmvə'ljuːʃn; -'luː-; *Am.* ˌsɜrˌkʌmvə'luːʃən; ˌsɜrkəmvəʊ'l-] *s* **1.** ('Um)Drehung *f.* **2.** 'Umwälzung *f.* **3.** Windung *f.*

cir·cus ['sɜːkəs; *Am.* 'sɜr-] *s* **1.** a) Zirkus *m,* b) Zirkus(truppe *f*) *m,* c) Zirkusvorstellung *f,* d) 'Zirkusˌarena *f:* ~ **parade** (festlicher) Umzug e-s Zirkus; ~ **rider** Zirkusreiter(in). **2.** kreisförmige Anordnung von Bauten. **3.** *Br.* runder, von Häusern um'schlossener Platz (*von dem strahlenförmig Straßen ausgehen*). **4.** *antiq. u. fig.* Am'phitheˌater *n.* **5.** *mil. Br. sl.* a) im Kreis fliegende Flugzeugstaffel, b) 'fliegende' motori'sierte Truppeneinheit. **6.** *Am. sl.* „Mordsspaß" *m.* **7.** *colloq.* „Rummel" *m,* „Zirkus" *m.*

cirl bun·ting [sɜːl; *Am.* sɜrl] *s orn.* Zaunammer *f.*

cirque [sɜːk; *Am.* sɜrk] *s* **1.** *geol.* Kar *n,* na'türliche Am'phitheˌater: ~ **lake** Karsee *m.* **2.** Ring *m,* kreisförmige Aufstellung.

cir·rho·sis [sɪ'rəʊsɪs] *s med.* Zir'rhose *f,* (*bes.* Leber)Schrumpfung *f.*

cir·ri ['sɪraɪ] *pl von* **cirrus.** [*m.*]

cir·ri·ped ['sɪrɪped] *s zo.* Rankenfüßer *f*]

ˌ**cir·ro·cu·mu·lus** [ˌsɪrəʊ'kjuːmjʊləs] *irr meteor.* Zirrokumulus *m,* Schäfchenwolke *f.*

cir·rose ['sɪrəʊs; sɪ'rəʊs] *adj* **1.** *bot.* mit Ranken. **2.** *zo.* mit Haaren *od.* Fühlern. **3.** federartig.

cir·ro·stra·tus [ˌsɪrəʊ'strɑːtəs; *bes. Am.* -'streɪ-; *Am. a.* -'stræ-] *s irr meteor.* Zirrostratus *m,* Schleierwolke *f.*

cir·rous ['sɪrəs] *adj* → **cirrose.**

cir·rus ['sɪrəs] *pl* -**ri** [-aɪ] *s* **1.** *bot.* Ranke *f.* **2.** *zo.* a) Wimper *f,* b) Rankenfuß *m.* **3.** *meteor.* Zirrus *m,* Federwolke *f.*

cis- [sɪs] *Vorsilbe mit der Bedeutung* a) diesseits, b) nach (*e-m Zeitpunkt*).

cis·al·pine [sɪs'ælpaɪn] *adj* zisalˈpin(isch), diesseits der Alpen (*von Rom aus*).

cis·at·lan·tic [ˌsɪsət'læntɪk] *adj* diesseits des At'lantischen Ozeans.

cis·mon·tane [sɪs'mɒnteɪn; *Am.* -'mɑːn-] *adj* diesseits der Berge.

cis·soid ['sɪsɔɪd] *math.* **I** *s* Zisso'ide *f,* Efeulinie *f.* **II** *adj* zisso'id.

cis·sy → **sissy.**

cist [sɪst] *s antiq.* **1.** Kiste *f,* Truhe *f.* **2.** keltisches Steingrab.

Cis·ter·cian [sɪ'stɜːʃən; -ʃn; *Am.* sɪs'tɜrʃən] **I** *s* Zisterzi'enser(mönch) *m.* **II** *adj* Zisterzi'ensisch, Zisterzienser...

cis·tern ['sɪstə(r)n] *s* **1.** Wasserbehälter *m,* (*in der Toilette*) Spülkasten *m:* ~ **baˌrometer** *phys.* Gefäßbarometer *n.* **2.** Zi'sterne *f,* 'unterirdischer Regenwasserspeicher. **3.** *anat.* Lymphraum *m.*

cis·tus ['sɪstəs] *pl* -**ti** [-aɪ] *s bot.* Zistrose *f.*

cit·a·ble ['saɪtəbl] *adj* anführbar, zi'tierbar.

cit·a·del ['sɪtədl; -del] *s mil.* **1.** Zita'delle *f* (*a. fig.*). **2.** *mar.* Zita'delle *f,* gepanzerte Mittelaufbauten *pl.*

ci·ta·tion [saɪ'teɪʃn] *s* **1.** Zi'tieren *n,* Anführung *f.* **2.** a) Zi'tat *n* (*zitierte Stelle*),

b) *jur.* (**of**) Berufung *f* (*auf e-e Grundsatzentscheidung etc*), Her'anziehung *f* (*gen*). **3.** a) Vorladung *f* (*vor Gericht etc*), b) *Br.* Streitverkündigung *f* (*im Zivilprozeß vor dem* **High Court**). **4.** Aufzählung *f.* **5.** a) (lobende) Erwähnung, b) *mil.* lobende Erwähnung (*z. B. im Tagesbefehl*).

cite [saɪt] *v/t* **1.** zi'tieren. **2.** (als Beispiel *od.* Beweis) anführen, vorbringen, sich berufen auf (*acc*). **3.** vorladen, zi'tieren (*vor Gericht etc*). **4.** *poet.* aufforden, aufrufen. **5.** *mil.* lobend (*in e-m Bericht*) erwähnen.

cith·a·ra ['sɪθərə] *s antiq. mus.* Kithara *f* (*dreieckige Leier*).

cith·er ['sɪθə(r); *Am. a.* 'sɪðər], '**cith·ern** [-ə(r)n] *s mus.* **1.** → **cithara. 2.** → **zither.**

cit·i·fy ['sɪtɪfaɪ] *v/t* verstädtern.

cit·i·zen ['sɪtɪzn] *s* **1.** Bürger(in): a) Staatsbürger(in), Staatsangehörige(r *m*) *f:* ~ **of the world** Weltbürger, b) Einwohner(in) e-r Stadt: ~**s' initiative group** Bürgerinitiative *f;* ~**s' band** CB-Funk *m.* **2.** Stadtbewohner(in), Städter(in). **3.** *jur.* Bürger *m* im Genuß der Bürgerrechte. **4.** Zivi'list *m.* '**cit·i·zen·ry** [-rɪ] *s* Bürgerschaft *f.* '**cit·i·zen·ship** *s* **1.** Staatsbürgerschaft *f.* **2.** Bürgerrecht *n.*

cit·ral ['sɪtrəl; *Am.* -træl] *s chem.* Zi'tral *n.*

cit·rate ['sɪtreɪt; -rət; 'saɪt-] *s chem.* Zi'trat *n.*

cit·re·ous ['sɪtrɪəs] *adj* zi'tronengelb.

cit·ric ac·id ['sɪtrɪk] *s chem.* Zi'tronensäure *f;* ~ **cycle** (*Biochemie*) Zi'tronensäurezyklus *m.*

cit·ri·cul·ture ['sɪtrɪˌkʌltʃə(r)] *s* Anbau *m* von Zitrusfrüchten.

cit·rin ['sɪtrɪn] *s chem.* Zi'trin *n,* Vita'min *n* P.

cit·rine ['sɪtrɪn] **I** *adj* **1.** zi'tronengelb. **II** *s* **2.** *min.* Zi'trin *m.* **3.** Zi'tronengelb *n.*

cit·ron ['sɪtrən] *s* **1.** *bot.* Gemeiner Zi'tronenbaum. **2.** Zitro'nat *n.*

cit·ron·el·la [ˌsɪtrə'nelə] *s* **1.** *bot.* Zi'tronengras *n.* **2.** *a.* ~ **oil** Zitro'nell-Öl *n.*

'**cit·ron·wood** *s* **1.** Zi'tronenbaumholz *n.* **2.** Sandarakholz *n.*

cit·rus ['sɪtrəs] *bot.* **I** *s* Zitrus(gewächs *n*) *f.* **II** *adj* Zitrus...: ~ **fruit.**

cit·tern ['sɪtɜːn; *Am.* -tərn] *s mus. hist.* 'Lautengiˌtarre *f.*

cit·y ['sɪtɪ] *s* **1.** (Groß)Stadt *f:* C~ **of God** *relig.* Reich *n* Gottes. **2.** *Br.* inkorpo'rierte Stadt (*meist mit Kathedrale*). **3. the** C~ a) die (Londoner) City: **b**) (*Londons*) Geschäftsviertel in der City, c) *fig.* Londoner Geschäftswelt. **4.** *Am.* inkorpo'rierte Stadtgemeinde (*unter e-m Bürgermeister u. Gemeinderat*). **5.** *Canad.* Stadtgemeinde *f* erster Ordnung (*mit großer Einwohnerzahl*). **6.** *antiq.* Stadtstaat *m.* **C~ ar·ti·cle** *s econ. Br.* Börsenbericht *m* (*in e-r Zeitung*). '~**-born** *adj* in e-r (Groß)Stadt geboren. '~**-bred** *adj* in der Stadt aufgewachsen: ~ **person** Großstadtkind *n.* ~ **cen·tre** *s Br.* Innenstadt *f,* City *f.* ~ **child** *s Br.* Großstadtkind *n.* C~ **Com·pa·ny** *s* e-e der großen *Londoner Gilden.* ~ **coun·cil** *s* Stadtrat *m.* ~**ˌcoun·cil·(l)or** *s* Stadtrat(smitglied *n*) *m.* ~ **desk** *s* **1.** *Am.* Lo'kalredakti͏̱ˌon *f.* **2.** *Br.* 'Wirtschaftsredakti͏̱ˌon *f.* ~ **ed·i·tor** *s* **1.** *Am.* Lo'kalredakˌteur *m.* **2.** *Br.* 'Wirtschaftsredakˌteur *m.* ~ **fa·ther** *s* Stadtrat *m:* ~**s** Stadtväter. '~**-folk** *s* Städter *pl,* Stadtbevölkerung *f.* ~ **hall** *s* **1.** Rathaus *n.* **2.** *bes. Am.* Stadtverwaltung *f.* C~ **man** *s irr Br.* Fi'nanz- *od.* Geschäftsmann *m* der City. ~ **man·ag·er** *s Am.* (*vom Stadtrat ernannter*) 'Stadtdiˌrektor. ~ **plan·ning** *s* Städte-, Stadtplanung *f,* städtebauliche Planung. ~ **re·cord·er** *s* Stadtsyndikus *m.* '~**-scape** [-skeɪp] *s* Stadtbild *n.* ~ **slick·er** *s colloq.* **1.** „Großstadtpflanze"

city state – clap

f. **2.** ‚Schlitzohr' *n.* ~ **state** *s* Stadtstaat *m.*
civ·et ['sɪvɪt] *s zo.* **1.** Zibet *m (moschusartiges Sekret).* **2.** *a.* ~ **cat** Zibetkatze *f.*
civ·ic ['sɪvɪk] **I** *adj (adv* ~**ally**) **1.** *(a.* staats)bürgerlich, Bürger...: ~ **duties**; ~ **pride**; ~ **action campaign** Bürgerinitiative *f*; ~ **action group** Bürgerinitiative *f*; ~ **rights** → **civil rights. 2.** städtisch, Stadt...: ~ **centre** *(Am.* **center**) Behördenviertel *n*; ~ **problems** städtische Probleme. **II** *s pl (als sg konstruiert)* **3.** *bes. ped.* Staatsbürgerkunde *f.*
civ·ies →**civvies**.
civ·il ['sɪvl; -ɪl] *adj (adv* ~**ly**) **1.** staatlich, Staats...: ~ **institutions**; ~ **affairs** Verwaltungsangelegenheiten. **2.** *(a.* staats-)bürgerlich, Bürger...: ~ **duties**; ~ **life** bürgerliches Leben; ~ **society** bürgerliche Gesellschaft; → **civil rights. 3.** zi'vil, Zivil... *(Ggs. militärisch, kirchlich etc)*: ~ **aviation**; → **civil marriage. 4.** *obs.* zivili'siert. **5.** höflich: **a** ~ **answer**; → **tongue** l. **6.** staatlich festgesetzt *(Zeitrechnung).* **7.** *jur.* a) zi'vil-, pri'vatrechtlich, bürgerlich-rechtlich: ~ **case** *(od.* **suit**) Zivilsache *f*, -prozeß *m*, b) gemäß römischem Recht. ~ **death** *s* bürgerlicher Tod *(Verlust der Rechtsfähigkeit).* ~ **de·fence,** *Am.* ~ **de·fense** *s* Zi'vilschutz *m*, -verteidigung *f*; ~ **corps** Zivilschutz(korps *n).* ~ **dis·o·be·di·ence** *s* zi'viler Ungehorsam. ~ **en·gi·neer** *s* 'Bauingeni‚eur *m.* ~ **en·gi·neer·ing** *s* Tiefbau *m.* ~ **gov·ern·ment** *s* Zi'vilre‚gierung *f.*
ci·vil·ian [sɪ'vɪljən] **I** *s* **1.** Zivi'list *m.* **2.** *jur.* Kenner *m* des römischen *od.* des bürgerlichen Rechts. **II** *adj* **3.** zi'vil, Zivil ~ **government (life, population,** *etc)*; ~ **casualties** Verluste unter der Zivilbevölkerung; **in** ~ **clothes** in Zivil. **ci‚vil·ian·i'za·tion** [-naɪ'zeɪʃn; *Am.* -nə'z-] *s* 'Umwandlung *f (e-r Garnison etc)* zur zi'vilen Verwendung.
ci·vil·i·ty [sɪ'vɪlətɪ] *s* **1.** Höflichkeit *f (a. Bemerkung etc)*: **in** ~ anständiger-, höflicherweise. **2.** *oft pl* Gefälligkeit *f.*
civ·i·liz·a·ble ['sɪvɪlaɪzəbl] *adj* zivili-'sierbar. ‚**civ·i·li'za·tion** *s* **1.** Zivilisati'on *f*, Kul'tur *f*: **disease of** ~ *med.* Zivilisationskrankheit *f.* **2.** zivili'sierte Welt. '**civ·i·lize** *v/t* zivili'sieren. '**civ·i·lized** *adj* **1.** zivili'siert, gebildet, kulti-'viert: ~ **nations** Kulturvölker. **2.** höflich.
civ·il| **jus·tice** *s jur.* Zi'vilgerichtsbarkeit *f.* ~ **law** *s jur.* **1.** römisches Recht *(Ggs.* common law). **2.** Zi'vil-, Pri'vatrecht *n*, bürgerliches Recht. ~ **list** *s parl. Br.* Zi'villiste *f (die zur Bestreitung des königlichen Haushalts bewilligten Beträge).* **C.~ Lord** *s Br.* zi'viles Mitglied der Admirali'tät. ~ **mar·riage** *s* Zi'viltrauung *f*, -ehe *f*, standesamtliche Trauung. ~ **rights** *s pl* bürgerliche Ehrenrechte *pl*, (Staats)Bürgerrechte *pl*: **loss of** ~ *jur.* Verlust *m* der bürgerlichen Ehrenrechte; ~ **activist** Bürgerrechtler(in); ~ **movement** Bürgerrechtsbewegung *f.* ~ **ser·vant** *s* Staatsbeamte(r) *m*, Beamte(r) *m* im öffentlichen Dienst. ~ **ser·vice** *s* **1.** Staatsdienst *m*, öffentlicher Dienst. **2.** Beamtenschaft *f.* ~ **war** *s* **1.** Bürgerkrieg *m.* **2.** *C~* **W.~** a) *amer.* Sezessi'onskrieg *m (1861-65),* b) Krieg *m* zwischen den englischen Roya'listen u. dem Parla'ment *(1642 bis 1652).* ~ **wrong** *s jur.* unerlaubte Handlung.
civ·ism ['sɪvɪzəm] *s* Bürgersinn *m.*
civ·vies ['sɪvɪz] *s pl sl.* ‚Zi'vilkla‚motten' *pl.*
civ·vy street ['sɪvɪ] *s mil. Br. sl.* Zi'villeben *n*: **in** ~ im Zivilleben.

clach·an ['klaxən; 'klæ-] *s Scot. od. Ir.* kleines Dorf, Weiler *m.*
clack [klæk] **I** *v/i* **1.** klappern. **2.** knallen *(Peitsche).* **3.** schnattern *(Gans),* gackern, glucken *(Henne).* **4.** plappern, ‚gackern'. **II** *v/t* **5.** plappern. **6.** klappern lassen. **7.** knallen mit *(e-r Peitsche etc).* **III** *s* **8.** Klappern *n*, Geklapper *n*, Rasseln *n.* **9.** Klapper *f.* **10.** Geplapper *n.* **11.** *sl.* ‚Klappe' *f (Mund).* **12.** *tech.* Ven'tilklappe *f.* ~ **valve** *s* 'Klappenven‚til *n.*
clad [klæd] **I** *pret u. pp von* **clothe. II** *adj* **1.** gekleidet. **2.** *tech.* ('nichtgal‚vanisch) plat'tiert.
claim [kleɪm] **I** *v/t* **1.** *(ein Recht od. als Recht)* fordern, beanspruchen, verlangen, geltend machen, Anspruch erheben auf *(acc)*: **to** ~ **compensation** Ersatz fordern; **to** ~ **back** zurückfordern. **2.** *fig.* in Anspruch nehmen, (er)fordern: **to** ~ **attention. 3.** *fig. Todesopfer, Leben* fordern: **the plague** ~**ed thousands of lives. 4.** a) behaupten **(s.th.** etwas; **that** daß), b) (von sich) behaupten (**to be** zu sein), für sich in Anspruch nehmen, Anspruch erheben auf *(acc)*: **to** ~ **victory,** c) aufweisen (können), haben, d) sich bekennen zu, die Verantwortung über-'nehmen für *(e-n Terroranschlag etc).* **5.** zu'rück-, einfordern, *(als sein Eigentum)* abholen. **II** *v/i* **6.** ~ **against** Klage erheben gegen. **III** *s* **7.** Anspruch *m*, Forderung *f (***on, against** gegen): **to lay** ~ **to** → **1, 4b**; **to make a** ~ e-e Forderung erheben *od.* geltend machen; **to make (many)** ~**s (up)on** *fig. j-n, j-s* Zeit (stark) in Anspruch nehmen. **8.** a) (Rechts)Anspruch *m*, Anrecht *n* **(to, [up]on** auf *acc*, gegen): ~ **for damages** Schadenersatzanspruch; **to put in** *(od.* **enter) a** ~ e-e Forderung erheben, e-n Anspruch geltend machen, b) (Zahlungs)Forderung *f*, c) (Pa'tent)Anspruch *m.* **9.** Behauptung *f*, Anspruch *m.* **10.** *Am.* a) Stück *n* Staatsland *(das von Ansiedlern abgesteckt u. beansprucht wird),* b) Claim *m (Anteil an e-m Goldgräberunternehmen).* **11.** *Bergbau:* Mutung *f*, Grubenanteil *m.* '**claim·a·ble** *adj* zu beanspruchen(d). '**claim·ant, 'claim·er** *s* Beanspruchende(r *m) f*, Antragsteller(in): **rightful** ~ Anspruchsberechtigte(r *m) f.* **2.** Präten'dent *m.* **3.** Anwärter(in) **(to** auf *acc).*
clair·voy·ance [kleə(r)'vɔɪəns] *s* **1.** Hellsehen *n.* **2.** ungewöhnliche Scharfsicht. **clair'voy·ant I** *adj* hellseherisch. **II** *s* Hellseher(in).
clam[1] [klæm] **I** *s* **1.** *zo.* eßbare Muschel: **hard** ~, **round** ~ Venusmuschel; **long** ~, Sand- ~ Schwertmuschel; (**as**) **close as a** ~ geizig, ‚knickerig'. **2.** *colloq.* ‚zugeknöpfter' Mensch. **II** *v/i* **3.** *bes. Am.* Muscheln suchen. **4.** ~ **up** *colloq.* den Mund zumachen, nichts mehr sagen.
clam[2] → **clamp**[1].
cla·mant ['kleɪmənt; *Am. a.* 'klæ-] *adj* **1.** lärmend, schreiend *(a. fig.)*: **a** ~ **wrong. 2.** dringend.
clam·bake ['klæm‚beɪk] *s Am.* **1.** Picknick *n (bes. am Strand).* **2.** *sl.* große Party. **3.** *Rundfunk, TV: sl.* verpatzte Sendung.
clam·ber ['klæmbə(r)] **I** *v/i* (mühsam) klettern. **II** *v/t* erklettern. **III** *s* Klettern *n.*
clam·mi·ness ['klæmɪnɪs] *s* feuchtkalte Klebrigkeit.
clam·my ['klæmɪ] *adj (adv* **clammily**) feuchtkalt (u. klebrig), klamm.
clam·or, *bes. Br.* **clam·our** ['klæmə(r)] **I** *s* **1.** Lärm *m*, lautes Geschrei, Tu'mult *m.* **2.** *bes. fig.* (Weh)Geschrei *n*, lautstarker Pro'test **(against** gegen), *(fordernder)* Schrei **(for** nach). **II** *v/i* **3.** (laut) schreien, lärmen, toben. **4.** *fig.* schreien: a) wütend *od.* lautstark verlangen **(for** nach), b) Lärm schlagen, heftig protestieren **(against** gegen). **III** *v/t* **5.** *etwas* schreien. **6.** ~ **down** *j-n* niederbrüllen.
'**clam·or·ous** *adj (adv* ~**ly**) **1.** lärmend, schreiend, tobend. **2.** lärmerfüllt, tosend. **3.** *fig.* lautstark: ~ **demands.**
clamp[1] [klæmp] **I** *s* **1.** *tech.* a) Klemme *f*, Klampe *f*, Klammer *f*, Krampe *f*, Zwinge *f*, b) Klemmschraube *f*, -schelle *f*, Einspannkopf *m*, c) *electr.* Erdungsschelle *f*, d) Hirnleiste *f*, e) Haspe *f*, Angel *f*, f) Halterung *f*, g) Schraubstockklemmstück *n*, h) Einschiebeleiste *f.* **2.** *Formerei:* Formkastenpresse *f.* **3.** *bes. hist.* Strammer *m (e-r Skibindung).* **II** *v/t* **4.** *tech.* festklemmen, mit Klammer(n) *etc* befestigen. **5.** ~ **down** *fig.* als Strafe auferlegen, anordnen. **6.** *mar.* Deck reinigen. **III** *v/i* **7.** ~ **down** *fig. colloq.* zuschlagen, scharf vorgehen *od.* einschreiten **(on** gegen).
clamp[2] [klæmp] **I** *s* **1.** Haufen *m*, Stapel *m.* **2.** *Br.* (Kar'toffel- *etc*)Miete *f.* **II** *v/t* **3.** *Br.* (auf)stapeln.
clamp[3] [klæmp] **I** *v/i* schwerfällig auftreten, trampeln. **II** *s* schwerer Tritt.
clamp| **bolt** *s tech.* Klemmbolzen *m.* ~ **bush·ing** *s* Klemmbuchse *f.* ~ **cou·pling** *s* Klemm-, Schalenkupplung *f.* '~**down** *s colloq.* scharfes Vorgehen **(on** gegen).
clamp·ing ['klæmpɪŋ] *adj tech.* Spann..., Klemm...: ~ **lever**; ~ **screw. ~ cir·cuit** *s electr.* Klemmschaltung *f.* ~ **col·lar,** ~ **ring** *s tech.* Klemmring *m*, Schelle *f.* ~ **sleeve** *s* Spannhülse *f.*
'**clam·shell** *s* **1.** *zo.* Muschelschale *f.* **2.** *a.* ~ **bucket** *Am.* Greifbaggereimer *m.*
clan [klæn] *s* **1.** *Scot.* Stamm *m*, b) *allg.* Sippe *f*, Geschlecht *n*: **gathering of the** ~**s** Sippentag *m.* **2.** *Gruppe innerhalb e-s Stammes mit gemeinsamen Vorfahren in der weiblichen od. männlichen Linie.* **3.** Gruppe *f*, *bes. contp.* Clique *f.*
clan·des·tine [klæn'destɪn] *adj (adv* ~**ly**) heimlich, verborgen, verstohlen: ~ **trade** Schleichhandel *m.*
clang [klæŋ] **I** *v/i* schallen, klingen, klirren, rasseln. **II** *v/t* laut schallen *od.* erklingen lassen. **III** *s* (lauter, me'tallischer) Klang *od.* Ton, Geklirr *n.*
clang·er ['klæŋə] *s Br. colloq.* unpassende Bemerkung, Faux'pas *m*: **to drop a** ~ ins Fettnäpfchen treten.
clang·or, *bes. Br.* **clang·our** ['klæŋgə(r)] → **clang III.** '**clang·or·ous** *adj (adv* ~**ly**) **1.** schallend, schmetternd. **2.** klirrend.
clank [klæŋk] **I** *s* Klirren *n*, Geklirr *n*, Gerassel *n*: ~ **of arms** Waffengeklirr; ~ **of chains** Kettengerassel. **II** *v/i u. v/t* klirren *od.* rasseln (mit).
clan·nish ['klænɪʃ] *adj (adv* ~**ly**) **1.** zu e-m Clan gehörig, Sippen...: ~ **pride** Sippenstolz *m.* **2.** stammesbewußt, stammesverbunden. **3.** *(unter sich)* zs.-haltend, *bes. contp.* cliquenhaft. '**clan·nish·ness** *s* **1.** Stammesverbundenheit *f.* **2.** Zs.-halten *n*, *bes. contp.* Cliquenwesen *n.*
clan·ship ['klænʃɪp] *s* **1.** Vereinigung *f* in e-m Clan. **2.** Stammesbewußtsein *n.*
'**clans·man** ['klænzmən] *s irr* Stammesmitglied *n*, Mitglied *n* e-s Clans.
clap[1] [klæp] **I** *s* **1.** *(a.* Hände-, Beifall-) Klatschen *n.* **2.** leichter Schlag, Klaps *m.* **3.** Krachen *n*, Schlag *m*: **a** ~ **of thunder** ein Donnerschlag. **II** *v/t* **4.** schlagen *od.* klappen *od.* klatschen mit, *(hörbar)* zs.-schlagen: **to** ~ **one's hands** in die Hände klatschen; **to** ~ **the wings** mit den Flügeln schlagen. **5.** Beifall klatschen, applau'dieren *(dat).* **6.** klopfen **(s.o. on the shoulder** *j-m* auf die Schulter). **7.** hastig *od.* e'nergisch 'hinstellen, -setzen, -werfen: **to** ~ **on one's hat** sich den Hut aufstülpen; **to** ~ **eyes on** zu Gesicht

bekommen, erblicken; **to ~ to** *die Tür etc* zuschlagen; **to ~ up** a) *j-n* einsperren, b) *etwas* zs.-pfuschen. **8.** *fig.* ‚aufbrummen', auferlegen: **to ~ import duties on** *s.th.* etwas mit Einfuhrzoll belegen. **III** *v/i* **9.** klatschen, schlagen. **10.** (Beifall) klatschen, applau'dieren.
clap² [klæp] *s med. sl.* Tripper *m.*
clap·board [ˈklæpbɔː(r)d; ˈklæbə(r)d] **I** *s* Schindel *f.* **II** *v/t* mit Schindeln decken *od.* verkleiden, schindeln.
Clap·ham [ˈklæpəm] *s*: **the man on the ~ omnibus** *Br. colloq.* der Mann auf der Straße, der Durchschnittsbürger, der gewöhnliche Sterbliche.
ˈ**clap·net** *s* Schlagnetz *n.*
ˈ**clapped-out** *adj Br. colloq.* **1.** baufällig. **2.** schäbig, verwahrlost. **3.** schrottreif. **4.** ‚kaˈputt', erschöpft.
clap·per [ˈklæpə(r)] *s* **1.** Beifallklatscher *m.* **2.** Klöppel *m* (*Glocke*): **to drive like the ~s** *Br. colloq.* wie ein Verrückter fahren. **3.** Klapper *f* (*a. tech.* der Mühle). **4.** *colloq.* Zunge *f,* Mundwerk *n.* **5.** → **clapper board. ~ board** *s Am. meist pl Film:* (Synˈchron)Klappe *f.* ˈ**~·claw** *v/t obs.* **1.** zerkratzen. **2.** ausschelten.
ˈ**clap-trap I** *s* **1.** Efˌfekthascheˈrei *f.* **2.** Phrasendrescheˈrei *f,* Gewäsch *n.* **II** *adj* **3.** efˈfekthaschend. **4.** phrasenhaft.
claque [klæk] *s* Claque *f,* Claˈqueure *pl.*
cla·queur [klæˈkɜː; *Am.* -ˈkɜr] *s* Claˈqueur *m.*
clar·ence [ˈklærəns] *s* vierrädrige, geschlossene Kutsche (*für 4 Personen*).
clar·en·don [ˈklærəndən] *s print.* halbfette Egyptiˈenne.
clar·et [ˈklærət] **I** *s* **1.** roter Borˈdeaux (-wein). **2.** *allg.* Rotwein *m.* **3.** *a.* **~ red** Weinrot *n.* **4.** *bes. Boxen: sl.* Blut *n.* **II** *adj* **5.** weinrot. **~ cup** *s* gekühlte Rotweinbowle.
clar·i·fi·ca·tion [ˌklærɪfɪˈkeɪʃn] *s* **1.** (Er-, Auf)Klärung *f,* Klarstellung *f.* **2.** *tech.* (Abwasser)Klärung *f,* (Ab)Läuterung *f,* Abklärung *f:* **~ plant** Kläranlage *f.*
clar·i·fy [ˈklærɪfaɪ] **I** *v/t* **1.** *fig.* (auf-, er)klären, erhellen, klarstellen. **2.** *tech.* (ab)klären, (ab)läutern, reinigen. **II** *v/i* **3.** *fig.* sich (auf)klären, klar werden. **4.** sich (ab)klären (*Flüssigkeit etc*).
clar·i·net [ˌklærɪˈnet] *s mus.* Klariˈnette *f* (*a. Orgelregister*). ˌ**clar·iˈnet·(t)ist** *s* Klarinetˈtist(in).
clar·i·on [ˈklærɪən] **I** *s* **1.** *mus.* Claˈrino *n,* Claiˈron *n*: a) ˈBachtromˌpete *f,* b) Zungenstimme der Orgel. **2.** *poet.* heller Tromˈpetenton: **~ call** *fig.* (Weck)Ruf *m*; **~ voice** *fig.* Trompetenstimme *f.* **II** *v/t* **3.** laut verkünden.
clar·i·o·net [ˌklærɪəˈnet] *obs.* → **clarinet.**
clar·i·ty [ˈklærətɪ] *s allg.* Klarheit *f.*
cla·ro [ˈklɑːrəʊ] *pl* **-roes** *s* helle, milde Ziˈgarre.
clar·y [ˈkleərɪ] *s bot.* **1.** Muskaˈtellersalbei *m.* **2.** Scharlachsalbei *m.*
clash [klæʃ] **I** *v/i* **1.** klirren, rasseln. **2.** klirrend aneinˈanderstoßen *od.* -schlagen. **3.** prallen, stoßen (**into** gegen), (*a. feindlich*) zs.-prallen, zs.-stoßen (**with** mit), *a. fig.* (**with**) kolliˈdieren *u.* aneinˈandergeraten (mit), b) im ˈWiderspruch stehen (zu), unverˈeinbar sein (mit), c) (zeitlich) zs.-fallen (mit). **5.** nicht zs.-passen *od.* harmoˈnieren (**with** mit): **these colo(u)rs ~** diese Farben ‚beißen sich'. **II** *v/t* **6.** klirren *od.* rasseln mit. **7.** klirrend aneinˈanderschlagen. **III** *s* **8.** Geklirr *n,* Gerassel *n.* **9.** (*a. feindlicher*) Zs.-stoß, Zs.-prall *m,* Kollisiˈon *f* (*a. fig.*): **~ of interests** Interessenkollision. **10.** *fig.* Konˈflikt *m,* ˈWiderspruch *m,* -streit *m,* Reibung *f.* **11.** (zeitliches) Zs.-fallen.

clasp [klɑːsp; *Am.* klæsp] **I** *v/t* **1.** einˌzuhaken, zu-, festschnallen, mit Schnallen *od.* Haken befestigen *od.* schließen. **2.** mit Schnallen *od.* Haken *etc* versehen. **3.** ergreifen, umˈklammern, (fest) umˈfassen: **to ~** *s.o.*ˈ**s hand** a) j-m die Hand drücken, b) j-s Hand umklammern; **to ~** *s.o.* **to one's breast** j-n an die Brust drücken. **II** *s* **4.** Klammer *f,* Haken *m,* Schnalle *f,* Spange *f:* **~ and eye** Haken u. Öse. **5.** Schloß *n,* Schließe *f* (*e-s Buches, e-r Handtasche etc*). **6.** *mil.* Ordensspange *f.* **7.** Umˈklammerung *f,* Umˈarmung *f:* **by ~ of hands** durch Händedruck *od.* Handschlag. ˈ**clasp·er** *s* **1.** (Haken-, Schnallen)Verschluß *m.* **2.** *pl zo.* a) Haltezange *f,* b) ˈHaftorˌgan *n.* **3.** *bot.* Ranke *f.*
clasp ˈ **knife** *s irr* Klapp-, Taschenmesser *n.* **~ lock** *s* Schnappschloß *n.*
class [klɑːs; *Am.* klæs] **I** *s* **1.** Klasse *f* (*a. biol.*), Gruppe *f,* Kategoˈrie *f,* Art *f.* **2.** (Wert)Klasse *f:* **in the same ~ with** gleichwertig mit; **in a ~ by oneself** (*od.* **of one's own**) e-e Klasse für sich; **no ~** *colloq.* minderwertig. **3.** (Güte)Klasse *f,* Qualiˈtät *f.* **4.** *rail. etc* Klasse *f.* **5.** a) gesellschaftlicher Rang, soziˈale Stellung, b) (Gesellschafts)Klasse *f,* (Bevölkerungs)Schicht *f:* **to pull ~ on** *s.o. colloq.* j-n s-e gesellschaftliche Überlegenheit fühlen lassen. **6.** *colloq.* ‚Klasse' *f,* Erstklassigkeit *f:* **he** (**it**) **has ~** er (es) ist (große) Klasse. **7.** *ped.* a) (Schul)Klasse *f:* **to be at the top of one's ~** der Klassenerste sein, b) (ˈUnterrichts)Stunde *f:* **to attend ~es** am Unterricht teilnehmen. **8.** Kurs *m.* **9.** *univ. Am.* a) Stuˈdenten *pl* e-s Jahrgangs, Stuˈdentenjahrgang *m,* b) Promotiˈonsklasse *f,* c) Semiˈnar *n:* **Spanish ~. 10.** *univ. Br.* a) → **honors degree,** b) Stufe *f,* Gruppe *f,* Klasse *f* (*Einteilung der Kandidaten nach dem Resultat der honours-Prüfung*): **to take a ~** e-n **honours degree** erlangen. **11.** *mil.* Reˈkrutenjahrgang *m.* **12.** *math.* Aggreˈgat *n,* mehrgliedrige Zahlengröße. **II** *v/t* **13.** klassifiˈzieren: a) in Klassen einteilen, b) in e-e Klasse einteilen, einordnen, einstufen: **to ~ with** gleichstellen mit, rechnen zu; **to be ~ed a)** angesehen werden (**as** als), b) *univ. Br.* e-n **honours degree** verliehen bekommen. **III** *v/i* **14.** angesehen werden (**as** als). ˈ**~ˌbook** *s ped. Am.* Klassenbuch *n.* **~ conˈflict** ˈKlassenauseinˌandersetzung *f,* -konˌflikt *m.* ˈ**~-ˌconˈscious** *adj* klassenbewußt. ˈ**~-ˌconˈscious·ness** *s* Klassenbewußtsein *n.* **~ day** *s ped. univ. Am.* Abschlußfeier (-lichkeiten *pl*) *f.* **~ disˈtinc·tion** *s* ˈKlassenˌunterschied *m.*
clas·ses [ˈklɑːsɪz] *pl von* **classis.**
ˈ**class** ˈ**fel·low** *s* ˈKlassenkameˌrad(in), Mitschüler(in). **~ haˈtred** *s* Klassenhaß *m.* **~ hour** *s ped.* ˈUnterrichtsstunde *f.*
clas·sic [ˈklæsɪk] **I** *adj* (*adv* **~ally**) **1.** erstklassig, ausgezeichnet. **2.** klassisch, mustergültig, vollˈendet: **~ prose; a ~ example** ein klassisches Beispiel. **3.** *obs.* a) das klassische Altertum betreffend, b) die klassische Literaˈtur *etc* betreffend, c) (durch e-n Schriftsteller *od.* ein geschichtliches Ereignis) berühmt: **~ districts of London. 4.** klassisch: a) ˈherkömmlich, tradiˈtioˈnell: **a ~ method,** b) typisch, c) zeitlos: **a ~ dress.** **II** *s* **5.** Klassiker *m* (*Literatur od. Kunst*). **6.** klassisches Werk. **7.** *pl* klassische Philoloˈgie. **8.** Jünger(in) der Klassik, Verˈehrer(in) der Klassiker. **9.** (*das*) Klassische (*Stil, Kunst etc*). **10.** *sport* Klassiker *m.* **11.** *Am.* klassisches Beispiel (**of** für).
clas·si·cal [ˈklæsɪkl] *adj* (*adv* **~ly**) **1.** → **classic,** 3 a, b, 4. **2.** klassisch, dem anˈtiken Stil entsprechend: **~ architecture** a) klassischer *od.* antiker Baustil, b) klassizistischer Baustil. **3.** klassisch: a) humaˈnistisch gebildet, b) die klassische Kunst *od.* Literaˈtur betreffend: **~ education** klassische *od.* humanistische (Aus)Bildung; **the ~ languages** die alten Sprachen; **~ scholar** Altphilologe *m,* Humanist *m.* **4.** klassisch (*Musik*). **clas·si·cism** [ˈklæsɪsɪzəm] *s* **1.** a) Klassik *f,* b) Klassiˈzismus *m.* **2.** klassische Bildung. **3.** klassische Redewendung *od.* Bezeichnung. ˈ**clas·si·cist** *s* Kenner *m od.* Anhänger *m* des Klassischen u. der Klassiker. ˈ**clas·si·cize I** *v/t* klassisch machen. **II** *v/i* dem klassischen Stil entsprechen.
clas·si·fi·a·ble [ˈklæsɪfaɪəbl] *adj* klassifiˈzierbar. ˌ**clas·si·fi·ˈca·tion** *s* **1.** Klassifikatiˈon *f:* a) Einteilung *f,* Anordnung *f,* Aufstellung *f,* b) *bot. zo.* Syˈstem *n,* Gruppeneinteilung *f.* **3.** *mil. poc.* Geheimhaltungsstufe *f.* **clas·si·fi·ca·to·ry** [ˌklæsɪfɪˈkeɪtərɪ; *Am.* ˈklæsəfəkəˌtɔːrɪ; -ˌtəʊ-; klæˈsɪ-] *adj* klassifiˈzierend, Klassifikations-. ˈ**clas·si·fied** [-faɪd] *adj* **1.** klassifiˈziert, (in *od.* nach Klassen *od.* Gruppen) eingeteilt: **~ ad**(**vertisement**) Kleinanzeige *f;* **~ directory** Branchenverzeichnis *n.* **2.** *mil. pol.* geheim: **~ matter** *mil.* Verschlußsache *f.* ˈ**clas·si·fy** [-faɪ] *v/t* **1.** klassifiˈzieren, (ˈein)grupˌpieren, (in *od.* nach Klassen *od.* Gruppen) einteilen. **2.** einstufen. **3.** *math.* (aus)gliedern. **4.** *tech.* sorˈtieren, klasˈsieren. **5.** *mil. pol.* für geheim erklären.
clas·sis [ˈklæsɪs] *pl* **-ses** [-siːz] *s relig.* ˈKreissynˌode *f* (*in einigen reformierten Kirchen*).
class·less [ˈklɑːslɪs; *Am.* ˈklæs-] *adj* klassenlos: **~ society.**
class ˈ**lim·it** *s math.* Klassenende *n,* Grenzpunkt *m.* **~ list** *s Br.* Benotungsliste *f* (*der Kandidaten, die nicht nach den Ergebnissen der honours-Prüfung in 3 Gruppen eingeteilt werden*). ˈ**~·mate** → **classfellow. ~ mean·ing** *s ling.* Bedeutung *f* e-r gramˈmatischen Kategoˈrie. **~ num·ber** *s Bibliothek:* Signaˈtur *f,* Kennummer *f.* ˈ**~·room** *s* Klassenzimmer *n.* **~ strug·gle, ~ war** *s* Klassenkampf *m.*
class·y [ˈklɑːsɪ; *Am.* ˈklæsɪ] *adj sl.* ‚Klasse', ‚Klasse...', erstklassig.
clas·tic [ˈklæstɪk] **I** *adj* **1.** zerlegbar (*bes. anatomisches Modell*). **2.** *geol.* klastisch. **II** *s* **3.** *pl geol.* sekunˈdäre Gesteine *pl.*
clat·ter [ˈklætə(r)] **I** *v/i* **1.** klappern, rasseln. **2.** poltern, klappern, trappen: **to ~ about** (*od.* **around**) herumtrampeln. **3.** *fig.* plappern, schwatzen. **II** *v/t* **4.** klappern *od.* rasseln mit. **III** *s* **5.** Klappern *n,* Gerassel *n.* **6.** Getrappel *n,* Getrampel *n.* **7.** Krach *m,* Lärm *m.* **8.** Geplapper *n.*
clause [klɔːz] *s* **1.** *ling.* Satz(teil *m,* -glied *n*) *m.* **2.** *jur.* a) Klausel *f,* Vorbehalt *m,* Bestimmung *f,* b) Abschnitt *m,* Absatz *m.*
claus·tral [ˈklɔːstrəl] *adj* klösterlich, Kloster...
claus·tro·pho·bi·a [ˌklɔːstrəˈfəʊbjə; -bɪə] *s med.* Klaustrophoˈbie *f,* ‚Platzangst' *f.*
clave [kleɪv] *obs. pret von* **cleave¹.**
clav·i·a·ture [ˈklævɪətjʊə; *bes. Am.* -ˌtʃʊə(r); -tʃə(r)] *s mus.* **1.** Klaviaˈtur *f.* **2.** Klaˈvierfingersatz *m.*
clav·i·chord [ˈklævɪkɔː(r)d] *s mus.* Klaviˈchord *n.*
clav·i·cle [ˈklævɪkl] *s* **1.** *anat.* Schlüsselbein *n.* **2.** *bot.* kleine Ranke.
cla·vic·u·lar [kləˈvɪkjʊlə(r); klæ-] *adj anat.* Schlüsselbein...
cla·vier [ˈklævɪə(r); *Am. a.* kləˈvɪər] *s mus.* **1.** Klaviaˈtur *f.* **2.** [*Br.* kləˈvɪə; ˈklævɪə] ˈTasten-, Klaˈvierinstru-

claw – clear

,ment n. **3.** (stumme) 'Übungsklaviatur.
claw [klɔː] **I** s **1.** zo. a) Klaue f, Kralle f (beide a. fig.), b) Schere f (Krebs etc): **to get one's ~s into s.o.** fig. j-n in s-e Klauen bekommen; **to pare s.o.'s ~s** fig. j-m die Krallen beschneiden. **2.** fig. ‚Klaue' f, ‚Pfote' f (Hand). **3.** Kratzwunde f. **4.** bot. Nagel m (an Blütenblättern). **5.** tech. a) Klaue f, Kralle f, Haken m, Greifer m, b) gespaltene Finne (des Hammers). **II** v/t **6.** die Krallen schlagen in (acc). **7.** (zer)kratzen, zerkrallen, zerreißen: **to ~ s.o.'s face** j-m das Gesicht zerkratzen. **8.** um'krallen, packen. **9. ~ off** sich entledigen (gen), loswerden. **III** v/i **10.** kratzen. **11.** (mit den Krallen) reißen, zerren (at an dat). **12.** packen, greifen (at nach). **13.** oft **~ off** mar. windwärts vom Ufer abhalten. **~ bar** s tech. lange Nagelklaue, Brecheisen n mit Finne. **~ clutch** s tech. Klauenkupplung f.
clawed [klɔːd] adj zo. mit Klauen.
claw|ham·mer s **1.** tech. Splitt-, Klauenhammer m. **2.** a. **claw-hammer coat** humor. Frack m. **~ wrench** s tech. Nagelzieher m.
clay [kleɪ] **I** s **1.** Ton(erde) f m, Lehm m, Mergel m: **baked ~** gebrannte Erde. **2.** (feuchte) Erde, zäher Lehm. **3.** fig. Erde f, Staub m u. Asche f, irdische Hülle (Leib): **~ wet** 15. **4. ~ clay pipe.** **II** v/t **5.** mit Ton od. Lehm behandeln, verschmieren. **6.** tech. Zucker decken, ter'rieren. **'~bank** s **1.** geol. Tonschicht f. **2.** Am. lehmfarben, gelblich-braun. **~ brick** s tech. **1.** Lehmstein m, ungebrannter Ziegel. **2.** Tonziegel m. **~ court** s Tennis: Rotgrantplatz m.
clay·ey ['kleɪɪ] adj tonig, lehmig, Ton..., Lehm...
clay marl s geol. Tonmergel m.
clay·more ['kleɪmɔː] s Scot. **1.** hist. Zweihänder m, Breitschwert n. **2.** Säbel m mit Korbgriff.
clay|pi·geon s sport Ton-, Wurftaube f. **~ pipe** s Tonpfeife f (zum Rauchen). **~ pit** s Ton-, Lehmgrube f. **~ slate** s Tonschiefer m. **~ soil** s Lehm-, Tonboden m. **~ sug·ar** s gedeckter Zucker.
clean [kliːn] **I** adj (adv → **cleanly** II) **1.** rein, sauber: **a ~ room** ein sauberer (sterilisierter) Raum; → **breast 2, heel¹** Bes. Redew. **2.** sauber, frisch (gewaschen). **3.** reinlich, stubenrein: **the dog is ~.** **4.** unvermischt, rein: **~ gold.** **5.** einwandfrei: **~ food.** **6.** rein, makellos (Edelstein etc; a. fig.): **~ record** tadellose Vergangenheit. **7.** (moralisch) rein, lauter, schuldlos: **a ~ conscience** ein reines Gewissen. **8.** anständig, sauber: **a ~ story**; **keep it ~!** keine Schweinereien!; **~ living!** bleib sauber!; **Mr C~** Herr Saubermann; → **liver².** **9.** unbeschrieben, leer: **a ~ sheet.** **10.** sauber, ohne Korrek'turen (Schrift): → **copy 1.** **11.** anständig, fair: **a ~ fighter**; **~ rivalry.** **12.** klar, sauber: **a ~ set of fingerprints.** **13.** glatt, sauber, tadellos (ausgeführt), fehlerfrei: **a ~ leap** ein glatter Sprung (über ein Hindernis). **14.** glatt, eben: **~ cut** glatter Schnitt; **~ wood** astfreies Holz. **15.** restlos, gründlich: **a ~ miss** ein glatter Fehlschuß; **to make a ~ break with the past** völlig mit der Vergangenheit brechen. **16.** mar. a) mit gereinigtem Kiel u. Rumpf, b) leer, ohne Ladung, c) scharf, spitz zulaufend, mit gefälligen Linien. **17.** klar, ebenmäßig, 'wohlpro'portio,niert: **~ features** klare Gesichtszüge. **18.** sl. ‚clean' (nicht mehr drogenabhängig). **19.** sl. ‚sauber' (unbewaffnet). **II** adj adv **20.** rein(lich), sauber, sorgfältig: **to sweep ~** a) rein ausfegen, b) fig. völlig hinwegfegen, vollständig beseitigen mit (etwas); **to come ~** colloq. (alles) gestehen; → **broom 1. 21.** anständig, fair: **to fight ~. 22.** rein, glatt, völlig, ganz u. gar, to'tal: **to go ~ off one's head** colloq. völlig den Kopf verlieren; **to forget ~ about s.th.** colloq. etwas total vergessen; **the bullet went ~ through the door** die Kugel durchschlug glatt die Tür; **~ gone** colloq. a) spurlos verschwunden, b) ‚total übergeschnappt'.
III v/t **23.** reinigen, säubern, Fenster, Schuhe, Silber, Zähne putzen: **to ~ house** Am. fig. colloq. gründlich aufräumen, e-e Säuberungsaktion durchführen. **24.** waschen. **25.** freimachen von, leerfegen. **26.** → **clean out. 27.** → **clean up I.**
Verbindungen mit Adverbien:
clean| down v/t gründlich reinigen, Auto etc waschen, Wand etc abwaschen. **~ off** v/t abputzen. **~ out** v/t **1.** reinigen, Stall ausmisten. **2.** colloq. j-n ‚ausnehmen', schröpfen. **3.** colloq. Kasse etc leer machen, Vorräte etc erschöpfen. **4.** colloq. Laden etc leer kaufen. **5.** colloq. Bank etc ‚ausräumen' (Einbrecher etc). **6.** Am. colloq. ‚rausschmeißen', hin'auswerfen. **~ up I** v/t **1.** gründlich reinigen. **2.** in Ordnung bringen, aufräumen. **3.** fig. Stadt etc säubern. **4.** bes. Am. colloq. Profit einheimsen. **II** v/i **5.** bes. Am. colloq. ,abkas,sieren'.
clean·a·ble ['kliːnəbl] adj gut zu reinigen(d), waschbar.
clean| ac·cept·ance s econ. bedingungsloses Ak'zept, vorbehaltlose Annahme. **~ and jerk** s Gewichtheben: Stoßen n. **~ bill** s **1.** econ. reine Tratte: **~ of lading** reines konnossement. **2.** clean bill² 6. **'~-bred** adj reinrassig. **,~-'cut** adj **1.** klar, scharfgeschnitten: **~ features. 2.** fig. klar um'rissen, klar, deutlich. **3.** wohlgeformt. **4.** anständig, sauber (Person).
clean·er ['kliːnə(r)] s **1.** a) Reiniger m (Person od. Vorrichtung), 'Reinigungsma,schine f, b) pl Reinigung(sanstalt) f: **~'s naphtha** Waschbenzin n; **to take to the ~s** a) zur Reinigung bringen, b) → **clean out 2. 2.** Reinigungsmittel n. **3.** Staubsauger m. **4.** Rein(e)machefrau f, (Fenster- etc)Putzer m.
clean|·'fin·gered adj **1.** fig. ehrlich. **2.** geschickt. **~'hand·ed** adj fig. schuldlos.
clean·ing ['kliːnɪŋ] **I** s: **to do the ~** saubermachen, putzen. **II** adj Reinigungs...: **~ cloth**; **~ woman** (od. **lady**) Rein(e)machefrau f.
,clean-'limbed adj 'wohlproportio,niert, gutgebaut.
clean·li·ness ['klenlɪnɪs] s Reinlichkeit f.
,clean-'liv·ing adj mit einwandfreiem Lebenswandel, cha'rakterlich sauber.
clean·ly I adj ['klenlɪ] reinlich: a) sauber, b) sauberkeitsliebend. **II** adv ['kliːnlɪ] säuberlich, reinlich. **clean·ness** ['kliːnnɪs] s Sauberkeit f, Reinheit f.
'clean-out s **1.** Reinigung f, Säuberung f: **to give s.th. a ~** etwas reinigen od. säubern. **2.** tech. Reinigungsöffnung f.
cleanse [klenz] v/t **1.** a. fig. reinigen, säubern, reinwaschen (**of, from** von). **2.** obs. heilen. **3.** befreien, frei-, lossprechen (**of, from** von). **'cleans·er** s **1.** Reiniger m. **2.** Reinigungsmittel n.
,clean-'shav·en adj 'glattra,siert.
cleans·ing ['klenzɪŋ] adj Reinigungs...: **~ cream**; **~ tissue** Reinigungstuch n.
'clean-up s **1.** gründliche Reinigung: **to give s.th. a ~** → **clean up 1. 2.** fig. 'Säuberung(sakti,on) f. **3.** bes. Am. colloq. ‚Schnitt' m, (großer) Pro'fit.
clear [klɪə(r)] **I** adj (adv → **clearly**) **1.** klar, hell: **~ day** (**eyes, light, water,** etc): **(as) ~ as mud** colloq. ‚klar wie Kloßbrühe'. **2.** klar, 'durchsichtig, rein: → **crystal 1. 3.** klar, heiter: **~ sky**; **~ weather. 4.** rein, flecken-, makellos: **~ skin. 5.** klar, rein, hell: **~ voice**; → **bell¹ 1. 6.** fig. klar, hell, scharf: **a ~ head** ein klarer od. heller Kopf. **7.** klar, unvermischt: **~ soup** gastr. klare Suppe. **8.** Funk etc: unverschlüsselt: → **text** → 23. **9.** 'übersichtlich, klar: **~ design. 10.** klar, verständlich, deutlich: **~ speech**; **to make s.th. ~** (**to s.o.**) (j-m) etwas klarmachen; **to make it ~ that** klipp u. klar sagen, daß; **to make o.s. ~** sich klar ausdrücken, sich verständlich machen. **11.** klar, offensichtlich: **a ~ case of bribery**; **a ~ victory** ein klarer Sieg; **to be ~ about s.th.** sich über etwas im klaren sein; **for no ~ reason** ohne ersichtlichen Grund. **12.** klar: a) sicher, b) in Ordnung: **all ~** alles klar. **13.** frei (**of** von), unbehindert, offen: **~ road** freie Straße; **~ of snow** schneefrei. **14. (of)** frei (von Schulden etc), unbelastet (von): **~ of debt** schuldenfrei; **~ title** einwandfreier Rechtstitel; **a ~ conscience** ein reines Gewissen. **15.** econ. netto, Netto..., Rein...: **~ gain** (od. **profit**) Reingewinn m; **~ loss** Nettoverlust m, reiner Verlust. **16.** glatt, voll, ganz: **a ~ ten minutes**; **~ 15 yards. 17.** tech. licht: **~ height**; **~ width.**
II adv **18.** hell, klar. **19.** klar, deutlich: **to speak ~. 20.** colloq. völlig, ganz, glatt: **to jump ~ over the fence** glatt über den Zaun springen. **21.** frei, los, weg (**of** von): **to keep ~ of** sich fernhalten von, meiden (acc); **to be ~ of s.th.** etwas los sein; **to get ~ of** loskommen von; **to jump ~** wegspringen, sich durch e-n Sprung retten; **to see one's way ~** freie Bahn haben; → **steer¹** 4.
III s **22.** freier Raum: **in the ~** a) frei, sport freistehend, b) fig. aus der Sache heraus, bes. vom Verdacht gereinigt. **23.** Funk etc: Klartext m: **in the ~** im Klartext.
IV v/t **24.** oft **~ away** wegräumen, -schaffen (**from** von), Geschirr abräumen. **25.** e-e Straße etc freimachen, e-n Saal etc, econ. a. (Waren)Lager räumen. **26.** den Tisch abräumen, abdecken. **27.** Land, Wald roden. **28.** reinigen, säubern: **to ~ one's throat** sich räuspern; → **air¹ 1,** atmosphere **5. 29.** reinen, entladen. **30.** Schulden tilgen, bezahlen, reinigen. **31.** von Schulden befreien: **to ~ an estate. 32.** econ. a) e-n Scheck einlösen, b) e-n Scheck etc durch ein Clearinghaus verrechnen lassen, c) als Reingewinn erzielen. **33.** frei-, losprechen, entlasten: **to ~ o.s.** (**s.o.**) **of a crime** sich (j-n) vom Verdacht e-s Verbrechens reinigen; **to ~ one's conscience** sein Gewissen entlasten; **to ~ one's name** s-n Namen reinwaschen. **34.** etwas (auf)klären. **35.** allg. abfertigen, bes. mar. a) Waren dekla'rieren, verzollen, b) das Schiff 'auskla,rieren, c) aus dem Hafen auslaufen, d) die Ladung löschen, e) von der Küste freikommen: **to ~ the decks (for action)** das Schiff gefechtsklar machen, fig. sich bereit- od. fertigmachen. **36.** a) ein Hindernis (glatt) nehmen, über e-e Hecke etc setzen: **to ~ a hedge,** b) sport die Latte, e-e Höhe über'springen. **37.** (knapp od. heil) vor'beikommen an (dat): **his car just ~ed the bus. 38.** to → **the ball** sport klären.
V v/i **39.** sich klären (Wein etc), klar od. hell werden. **40.** aufklaren, sich aufhellen (Wetter). **41.** oft **~ away** sich verziehen (Nebel etc). **42.** econ. mar. a) die 'Zollformali,täten erledigen, b) 'auskla,rieren, den Hafen nach Erledigung der 'Zollformali,täten verlassen.
Verbindungen mit Adverbien:
clear| in v/i mar. 'einkla,rieren. **~ off I**

v/t **1.** (weg)räumen, beseitigen. **2.** → clear 30. **II** *v/i* → clear out 4. **~ out I** *v/t* **1.** (aus)räumen, leeren. **2.** vertreiben. **II** *v/i* **3.** *mar.* 'auskla̱rieren. **4.** *colloq.* 'sich verziehen', 'abhauen'. **~ up I** *v/t* **1.** aufräumen, in Ordnung bringen. **2.** (auf)klären, erklären, lösen. **3.** → clear 30. **4.** *Arbeit* erledigen. **II** *v/i* **5.** aufräumen. **6.** → clear 39.
clear·ance ['klɪərəns] *s* **1.** Räumung *f*, Beseitigung *f*, Freimachung *f*. **2.** Leerung *f*. **3.** a) Abholzung *f*, Rodung *f*, b) Lichtung *f*. **4.** *tech.* a) lichter Abstand, Zwischenraum *m*, b) lichte Höhe, c) Spiel (-raum *m*) *m*, Luft *f*, d) *mot. etc* Bodenfreiheit *f*, e) → **clearance angle**. **5.** *econ.* a) Tilgung *f*, volle Bezahlung, b) Verrechnung *f* (im Clearingverkehr), c) → **clearance sale**. **6.** *mar.* a) 'Auskla̱rierung *f*, Zollabfertigung *f*, Zollschein *m*: ~ (**papers**) Zollpapiere. **7.** *allg.* Abfertigung *f*, *bes.* a) *aer.* Freigabe *f*, Startod. 'Durchflugerlaubnis *f*, b) *mar.* Auslaufgenehmigung *f*. **8.** *allg.* Erlaubnis *f*, Genehmigung *f*. **9.** *jur. pol. etc* Unbedenklichkeitsbescheinigung *f*. **~ an·gle** *s tech.* Freiwinkel *m*. **~ light** *s aer.* seitliches Begrenzungslicht. **~ sale** *s* Räumungs-, Ausverkauf *m*. **~ space** *s mot.* Verdichtungsraum *m*.
'**clear|-,chan·nel sta·tion** *s tech.* Sender, der auf s-m eigenen Frequenzkanal mit maximaler Stärke senden kann. **~'cut** *adj* **1.** scharfgeschnitten. **2.** klar um'rissen. **3.** klar, deutlich, bestimmt. **~-'eyed** *adj* **1.** mit scharfen Augen. **2.** *fig.* scharfblickend, -sichtig. **~'head·ed** *adj* klardenkend, intelli'gent.
clear·ing ['klɪərɪŋ] *s* **1.** (Auf-, Aus)Räumen *n*. **2.** Säuberung *f*. **3.** Aufklärung *f*. **4.** Lichtung *f*, Schlag *m*, Rodung *f* (im Wald). **5.** *econ.* a) Clearing *n*, Verrechnungsverkehr *m*, b) *pl* Verrechnungssumme *f* (im Clearingverkehr). **~ check**, *Br.* **~ cheque** *s econ.* Verrechnungsscheck *m*. '**~house** *s econ.* Clearinghaus *n*, Verrechnungsstelle *f*. **~ sta·tion** *s mil. Am.* Truppen-, Hauptverbandsplatz *m*. **~ sys·tem** *s econ.* Clearingverkehr *m*.
clear·ly ['klɪə(r)lɪ] *adv* **1.** klar, deutlich. **2.** offensichtlich, zweifellos. '**clear·ness** *s* **1.** Klarheit *f*: a) Helle *f*, b) Deutlichkeit *f*. **2.** Reinheit *f*. **3.** *phot. etc* (Bild-)Schärfe *f*.
clear| ob·scure *s paint.* Helldunkel *n*. **~-'sight·ed** → clear-eyed. **~-'starch** *v/t Wäsche* stärken. **~-,think·ing** *adj* klardenkend. '**~-up** *s* Aufräumen *n*: **to have a ~** aufräumen. '**~way** *s Br.* Schnellstraße *f*.
cleat [kli:t] *I s* **1.** Keil *m*, Pflock *m*. **2.** *mar.* Klampe *f* (*Verstärkungsleiste*). **3.** *tech.* Kreuzholz *n*, Querleiste *f*. **4.** *electr.* Iso'lierschelle *f*. **5.** breitköpfiger Schuhnagel. **II** *v/t* **6.** mit Klampen *etc* befestigen.
cleav·age ['kli:vɪdʒ] *s* **1.** Spaltung *f* (*a. chem. u. fig.*), (Auf-, Zer)Teilung *f*. **2.** Spalt *m*. **3.** *biol.* (Zell)Teilung *f*. **4.** *zo.* (Ei)Furchung *f*. **5.** *min.* a) Spaltbarkeit *f* (*Kristalle*), b) *a.* **~ face** Spaltebene *f*. **6.** *geol.* Schieferung *f*. **7.** Brustansatz *m* (im Dekolleté).
cleave[1] [kli:v] *pret* **cleft** [kleft], **cleaved**, **clove** [kləʊv], *obs.* **clave** [kleɪv], *pp* **cleft**, **cleaved**, **clo·ven** ['kləʊvn] *I v/t* **1.** (zer)spalten, (zer)teilen. **2.** ab-, lostrennen. **3.** *Luft*, *Wasser etc* durch'schneiden. **4.** *e-n Weg* bahnen: **to ~ a path**. **II** *v/i* **5.** sich spalten.
cleave[2] [kli:v] *v/i* **1.** (an)kleben, hängenbleiben (**to** *an dat*). **2.** *fig.* (**to**) treu bleiben (*dat*), halten (*zu*).
cleav·er ['kli:və(r)] *s* Hackmesser *n*, Hackbeil *n*.

cleav·ers ['kli:və(r)z] *s pl* (*meist als sg konstruiert*) *bot.* (*ein*) Labkraut *n*.
clef [klef] *s mus.* (Noten)Schlüssel *m*.
cleft[1] [kleft] *pret u. pp von* cleave[1].
cleft[2] [kleft] *I s* **1.** Spalt *m*, Spalte *f*, Schlitz *m*, Ritze *f*: **~ of a rock** Felsspalte. **2.** Kluft *f*. **3.** *zo.* a) Spalt *m* (*im Pferdehuf*), b) Zehe *f* (*Spalthufer*). **4.** *vet.* Hornspalte *f* (*am Pferdehuf*). **II** *adj* **5.** gespalten, geteilt. **~'foot·ed** *adj zo.* mit Spalthuf: **~ animal** Spalthufer *m*. **~ pal·ate** *s med.* Gaumenspalte *f*, Wolfsrachen *m*. **~ stick** *s*: **to be in a ~** 'in der Klemme' sein *od.* sitzen *od.* stecken.
cleis·tog·a·my [klaɪ'stɒgəmɪ; *Am.* -'stɑ:-] *s bot.* Kleistoga'mie *f*, Selbstbestäubung *f* bei geschlossener Blüte.
clem [klem] *v/i u. v/t Br. dial.* verschmachten (lassen).
clem·a·tis ['klemətɪs] *s bot.* Waldrebe *f*, Kle'matis *f*.
clem·en·cy ['klemənsɪ] *s* **1.** Milde *f*, Gnade *f*, Nachsicht *f*: **~ board** Gnadenbehörde *f*. **2.** Milde *f* (*des Wetters etc*).
clem·ent ['klemənt] *adj* (*adv* ~**ly**) **1.** mild, nachsichtig, gnädig. **2.** mild (*Wetter*).
clench [klentʃ] *I v/t* **1.** *die Lippen etc* (fest) zs.-pressen: **to ~ one's fist** die Faust ballen; **to ~ one's teeth** die Zähne zs.-beißen. **2.** fest packen *od.* anfassen. **3.** → clinch 1–3. **4.** *fig. Nerven, Geist etc* anspannen: **with ~ed attention** mit gespannter Aufmerksamkeit. **II** *v/i* **5.** sich fest zs.-pressen. **6.** → clinch 5. **III** *s* **7.** Festhalten *n*, fester Griff, Zs.-pressen *n*. '**~·er** *s* clincher.
clep·to·ma·ni·a, *etc* → kleptomania, *etc*.
clere·sto·ry ['klɪə(r)stɔ:rɪ; *bes. Am.* -ˌstɔ:ri:] *s* **1.** *arch.* Lichtgaden *m*, Fenstergeschoß *n* (*am Hauptschiff e-r Kirche*). **2.** *rail.* Dachaufsatz *m* (*mit Fenstern*).
cler·gy ['klɜ:dʒɪ; *Am.* 'klɜ:r-] *s relig.* Geistlichkeit *f*, Klerus *m*, (die) Geistlichen *pl*. '**~·man** [-mən] *s irr* **1.** Geistliche(r) *m*. **2.** ordi'nierter Priester.
cler·ic ['klerɪk] *I s* **1.** Geistliche(r) *m*, Kleriker *m*. **2.** ordi'nierter Priester. **II** *adj* → clerical I. '**cler·i·cal** [-kl] *I adj* (*adv* ~**ly**) **1.** kleri'kal, geistlich. **2.** Schreib..., Büro...: **~ error** Schreibfehler *m*; **~ work** Büroarbeit *f*. **II** *s* **3.** → cleric 1. **4.** *pol.* Kleri'kale(r) *m*. **5.** *pl* Priestertracht *f*. '**cler·i·cal·ism** *s pol.* Klerika'lismus *m*.
cler·i·hew ['klerɪhju:] *s* Clerihew *n* (*vierzeiliger humoristischer Vers*).
clerk [klɑ:k; *Am.* klɜ:rk] *I s* **1.** Schriftführer *m*, Sekre'tär *m*, Schreiber *m* (*in öffentlichen Ämtern*): **~ of the court** *jur.* Urkundsbeamte(r) *m*, Protokollführer *m*. **2.** kaufmännische(r) Angestellte(r), (Bü'ro-, *a.* Bank-, Post)Angestellte(r *m*) *f*, (Bank-, Post)Beamte(r *m*), (-)Beamtin *f*: **bookkeeping ~** Buchhalter(in); **signing ~** Prokurist(in); **chief clerk**. **3.** → articled 2. **4.** *Br.* Vorsteher *m*, Leiter *m*: **~ of (the) works** Bauleiter; **the ~ of the weather** *fig.* der Wettergott, Petrus. **5.** *Am.* (Laden)Verkäufer(in). **6.** *Am.* Empfangschef *m* (*im Hotel*). **7.** *relig.* a) → cleric 1 *u.* 2, b) Kirchenbeamte(r) *m*. **8.** *obs.* a) Schreibkundige(r) *m*, b) Gelehrte(r) *m*. **II** *v/i* **9.** als Schreiber *od. Am.* als Verkäufer *od.* Angestellter arbeiten. '**clerk·ly** *adj* **1.** Schreiber..., Sekretärs..., Angestellten...: **a ~ hand** e-e schöne Handschrift. **2.** *obs.* gelehrt. '**clerk·ship** *s* Stellung *f* e-s Buchhalters *etc*; → clinical 1.
clev·er ['klevə(r)] *adj* (*adv* ~**ly**) **1.** clever: a) geschickt, gewandt, tüchtig (**at** *in dat*): **a ~ artisan** *f*, **gerissen**, raffi'niert (*a. Gerät etc*): **a ~ salesman**; **a ~ trick**; **a ~ dick** *bes. Br. sl.* 'Schlaumeier' *m*. **2.** gescheit: a) klug, intelli'gent, b) geistreich:

a ~ remark. **3.** → clever-clever. **4.** begabt (**at** *in dat*, **für**). '**~-'clev·er** *adj colloq.* 'oberschlau'.
'**clev·er·ness** *s* **1.** Cleverness *f*: a) Geschick(lichkeit *f*) *n*, Gewandtheit *f*, Tüchtigkeit *f*, b) Gerissenheit *f*, Raffi'niertheit *f*. **2.** Gescheitheit *f*, Klugheit *f*.
clev·is ['klevɪs] *s tech.* **1.** U-förmige Zugstange, Bügel *m* (*an der Wagendeichsel etc*).
clew [klu:] *I s* **1.** (Woll-, Garn- *etc*-) Knäuel *m*, *n*. **2.** → clue 1 *u.* 2. **3.** *myth. fig.* (Leit)Faden *m* (*im Labyrinth etc*). **4.** *mar.* Schothorn *n*. **II** *v/t* **5.** (auf)wickeln, knäueln. **6.** *mar.* a) **~ down** Segel streichen, b) **~ up** Segel aufgeien. **~ gar·net** *s mar.* Geitau *n* (*des Haupt- od. Focksegels*). **~ line** *s* Geitau *n* (*der kleinen Segel*).
cli·ché ['kli:ʃeɪ; *Am.* kli:'ʃeɪ] *s* **1.** *print.* Kli'schee *n*, Druckstock *m*. **2.** *fig.* Kli'schee *n*, Gemeinplatz *m*, abgedroschene Phrase *od.* Sache. **cli·chéd** ['kli:ʃeɪd; *Am.* kli:'ʃeɪd] *adj* kli'scheehaft.
click [klɪk] *I s* **1.** Klicken *n*, Knipsen *n*, Knacken *n*, Ticken *n*. **2.** Einschnappen *n* (*der Türklinke etc*). **3.** Schnappvorrichtung *f*. **4.** *tech.* a) Sperrklinke *f*, -vorrichtung *f*: **~ spring** Sperrfeder *f*, b) *electr.* Schaltklinke *f*. **5.** a) *ling.* Schnalzlaut *m*, b) Schnalzer *m* (*mit der Zunge*). **6.** Ringen: Beinausheber *m*. **II** *v/i* **7.** klicken, knacken, ticken. **8.** (*mit der Zunge*) schnalzen. **9.** klappern. **10.** zu-, einschnappen (*Klinke, Schloß*): **to ~ into place** a) einrasten, b) *fig.* sein (richtiges) Plätzchen finden; **to ~ shut** ins Schloß fallen (*Tür etc*). **11.** *colloq.* über'einstimmen (**with** *mit*). **12.** **it ~ed when I heard her name** *colloq.* bei mir ˌklingelte' es. **13.** *colloq.* einschlagen, Erfolg haben (**with** *bei*). **14.** *colloq.* a) so'fort Gefallen anein'ander finden, b) sich so'fort inein-'ander ˌverknallen' (*verlieben*): **they ~ed (with each other) as soon as they met** bei ihnen ˌfunkte' es vom ersten Augenblick an. **III** *v/t* **15.** klicken *od.* knacken *od.* einschnappen lassen: **to ~ the door (to)** die Tür zuklinken; **to ~ one's heels** die Hacken zs.-schlagen. **16.** **to ~ glasses** anstoßen. **17.** schnalzen mit (*der Zunge*). '**~-clack** *s* Klippklapp *n*.
'**click·er** ['klɪkə(r)] *s* **1.** Ausstanzer *m* (*von Schuhoberteilen etc*). **2.** *print.* Met'teur *m*.
cli·ent ['klaɪənt] *s* **1.** *jur.* Kli'ent(in), Man'dant(in) (*e-s Anwalts*). **2.** Kunde *m*, Kundin *f*, Auftraggeber(in). **3.** Abhängige(r *m*) *f*, Va'sall *m*. **4.** *a.* state *pol.* abhängiger Staat. '**cli·ent·age** *s* clientele. **2.** Kli'entschaft *f*. **cli·en·tele** [ˌkli:ɑ:n'tel; *Am.* ˌklaɪən'ti:l; ˌkli:ɑ:n-] *s* **1.** Klien'tel *f*, Kli'enten *pl* (*e-s Anwalts*). **2.** Pati'enten(kreis *m*) *pl* (*e-s Arztes*). **3.** *econ.* Kunden(kreis *m*) *pl*, Kundschaft *f*. **4.** Gefolgschaft *f*.
cliff [klɪf] *s* **1.** Klippe *f*, Felsen *m*. **2.** steiler Abhang, (Fels)Wand *f*. **~ dwell·er** *s* **1.** Felsenbewohner *m* (*Vorfahre der Puebloindianer*). **2.** *Am. sl.* Bewohner(in) e-r 'Mietskaˌserne. **~ dwell·ing** *s* **1.** Felsenwohnung *f*. **2.** *Am. sl.* 'Mietskaˌserne *f*. '**~hang** *v/i irr* in der Schwebe sein. '**~hang·er** *s* **1.** a) spannender 'Fortsetzungsroˌman (*der immer im spannendsten Moment aufhört*), b) Rundfunk, TV: spannender Mehrteiler. **2.** *fig.* spannende Sache: **the election was a ~** die Wahl war spannend bis zum Schluß. '**~hang·ing** *adj* spannend.
'**cliff·y** ['klɪfɪ] *adj* felsig, steil, schroff.
cli·mac·ter·ic [klaɪ'mæktərɪk; ˌklaɪmæk'terɪk] *I adj* (*adv* ~**ally**) **1.** *physiol.* klimak-'terisch. **2.** entscheidend, kritisch. **3.** → climactic. **II** *s* **4.** entscheidende *od.* kritische Zeit. **5.** *physiol.* Klimak'terium *n*,

climacterical – clock

Wechseljahre *pl*, kritisches Alter. ˌcli·macˈter·i·cal → climacteric 1 u. 2.
cli·mac·tic [klaɪˈmæktɪk] *adj* sich steigernd, sich zuspitzend.
cli·mate [ˈklaɪmɪt] *s* **1.** Klima *n*. **2.** Himmelsstrich *m*, Gegend *f*. **3.** *fig*. Klima *n*, Atmoˈsphäre *f*: **~ of opinion(s)** herrschende Ansichten; **~ of the workplace** Arbeitsklima. **cliˈmat·ic** [-ˈmætɪk] *adj* (*adv* **~ally**) kliˈmatisch, Klima... ˌcli·ma·toˈlog·ic [-mətəˈlɒdʒɪk; *Am.* -ˈlɑ-] *adj*; ˌcli·ma·toˈlog·i·cal *adj* (*adv* **~ly**) klimatoˈlogisch. **cli·maˈtol·o·gist** [-məˈtɒlədʒɪst; *Am.* -ˈtɑ-] *s* Klimatoˈloge *m*. **cli·maˈtol·o·gy** *s* Klimatoloˈgie *f*, Klimakunde *f*. **ˌcli·maˈtom·e·ter** [-məˈtɒmɪtə; *Am.* -ˈtɑmətər] *s* Klimatoˈmeter *n* (*Instrument zur Messung der Temperaturschwankungen*).
cli·max [ˈklaɪmæks] **I** *s* **1.** Rhetorik: Klimax *f*, Steigerung *f*. **2.** Gipfel *m*, Höhepunkt *m*: **to reach a ~** e-n Höhepunkt erreichen. **3.** *physiol*. Höhepunkt *m*, Orˈgasmus *m*. **II** *v/t* **4.** steigern, auf den Höhepunkt bringen. **5.** *Laufbahn etc* krönen: **to ~ one's career. III** *v/i* **6.** sich steigern. **7.** den Höhepunkt erreichen.
climb [klaɪm] **I** *s* **1.** Aufstieg *m* (*a. fig.*), Besteigung *f*. **2.** ˈKletterparˌtie *f*, Berg-, Klettertour *f*. **3.** *aer*. Steigen *n*, Steigflug *m*: **rate of ~** Steiggeschwindigkeit *f*. **4.** *mot*. Bergˈauffahrt *f*. **II** *v/i* **5.** klettern: **to ~ up (down) a tree** auf e-n Baum klettern (von e-m Baum herunterklettern). **6.** (auf-, emˈpor)steigen (*a. Rauch etc*), sich emporarbeiten (*a. fig.*). **7.** (an-)steigen (*Straße, Weg*). **8.** *bot*. klettern, sich hinˈaufranken. **9.** (hoch)klettern (*Preise etc*). **III** *v/t* **10.** er-, besteigen, erklettern, klettern auf (*acc*).
Verbindungen mit Adverbien:
climb| down *v/i* **1.** hinˈunter-, herˈuntersteigen, -klettern. **2.** *colloq*. klein beigeben, e-n Rückzieher machen. **~ up** *v/t* hinˈauf-, herˈaufsteigen, -klettern.
climb·a·ble [ˈklaɪməbl] *adj* ersteigbar.
ˌclimb|-and-ˈdive in·di·ca·tor → climb indicator. ˈ**~-down** *s colloq*. ˈRückzieher *m*, Nachgeben *n*.
climb·er [ˈklaɪmə(r)] *s* **1.** Kletterer *m* (*a. Radrennfahrer*), *engS*. Bergsteiger *m*: **a good ~** a) ein guter Bergsteiger *od*. Kletterer, b) *mot*. ein bergfreudiger Wagen. **2.** *bot*. Schling-, Kletterpflanze *f*. **3.** *orn*. Klettervogel *m*. **4.** Steigeisen *n*. **5.** → social climber.
climb in·di·ca·tor *s aer*. Statoˈskop *n*. **climb·ing|a·bil·i·ty** [ˈklaɪmɪŋ-] **1.** *aer*. Steigvermögen *n*. **2.** *mot*. Steigfähigkeit *f*. **~ i·ron** *s* Steigeisen *n*. **~ rose** *s bot*. Kletterrose *f*.
climb mill·ing *s tech*. Gleichlauffräsen *n*.
clime [klaɪm] *s poet*. **1.** Gegend *f*, Landstrich *m*: **to seek milder ~s** Gegenden mit milderem Klima aufsuchen. **2.** *fig*. Gebiet *n*, Sphäre *f*.
clinch [klɪntʃ] **I** *v/t* **1.** (vollends) entscheiden: **to ~ the game**; **that ~ed it** damit war die Sache entschieden; **to ~ the argument** den Streit für sich entscheiden; **to ~ s.o.'s suspicion** j-s Verdacht endgültig bestätigen. **2.** *tech*. a) sicher befestigen, b) (ver)nieten, c) *Nagel etc* stauchen. **3.** *mar*. Tau mit Ankerstich befestigen. **4.** *Boxen*: umˈklammern. **II** *v/i* **5.** *Boxen*: clinchen, in den Clinch gehen. **III** *s* **6.** *tech*. a) Vernietung *f*, Niet *m*, b) Haspe *f*. **7.** fester Halt (*a. fig.*). **8.** Griff *m*. **9.** *Boxen*: Clinch *m* (*a. sl*. Umˈarmung). **10.** *mar*. Ankerstich *m*.
clinch·er [ˈklɪntʃə(r)] *s* **1.** Klammer *f*, Klampe *f*. **2.** Niet(nagel) *m*. **2.** *colloq*. a) entscheidendes Arguˈment, Trumpf *m*, b) entscheidender ˈUmstand:

that's the ~ damit ist der Fall erledigt *od*. die Sache entschieden. ˈ**~-built** → clinker-built. **~ rim** *s tech*. Wulstfelge *f*. **~ tire, ~ tyre** *s tech*. Wulstreifen *m*.
clinch nail *s tech*. Nietˈ(nagel) *m*.
cline [klaɪn] *s biol*. Ableitung *f*, Progressiˈon *f* (*Fortschrittslinie e-s Verwandtschaftsmerkmals*).
cling [klɪŋ] *v/i pret u. pp* **clung** [klʌŋ] **1.** (fest) haften, kleben (**to** an *dat*): **to ~ together** aneinanderhaften, -hängen, zs.-halten (*a. fig.*); **the wet dress clung to her body** klebte ihr am Leib. **2.** *a. fig*. (**to**) hängen (an *dat*), anhaften (*dat*): **the smell clung to his clothes** der Geruch setzte sich in s-r Kleidung fest; **the nickname clung to him** der Spitzname haftete ihm an *od*. blieb an ihm hängen. **3.** *a. fig*. (**to**) sich klammern (an *e-e Sache, j-n, e-e Hoffnung etc*), festhalten (an *e-r Meinung, Sitte etc*): **to ~ to a hope (to an opinion, a custom)**; **to ~ to the text** sich eng an den Text halten, am Text ˈkleben'. **4.** sich (an)schmiegen (an *acc*). ˈ**~stone I** *s* **1.** am Fleisch haftender (*Pfirsich*)Stein. **2.** Pfirsich *m* mit haftendem Stein. **II** *adj* **3.** mit haftendem Stein.
cling·y [ˈklɪŋɪ] *adj* **1.** haftend. **2.** zäh, klebrig.
clin·ic [ˈklɪnɪk] **I** *s* **1.** *allg*. Klinik *f*, Krankenhaus *n*. **2.** a) Klinik *f*, Universiˈtätskrankenhaus *n*, b) Klinikum *n*, klinischer ˈUnterricht. **3.** Poliklinik *f*, Ambuˈlanz *f*. **4.** *relig. hist*. auf dem Sterbebett Getaufte(r *m*) *f*. **II** *adj* → clinical.
clin·i·cal [ˈklɪnɪkl] *adj* (*adv* **~ly**) **1.** *med*. *allg*. klinisch: **~ death**; **~ diagnosis**; **~ instruction** Unterweisung *f* (*der Studenten*) am Krankenbett; **~ thermometer** Fieberthermometer *n*; **to do one's ~ clerkship** sein Klinikum machen. **2.** *fig*. nüchtern (*a. Einrichtung etc*), kühl analyˈsierend. **3.** *relig*. am Kranken- *od*. Sterbebett gespendet (*Sakrament*): **~ baptism** Taufe *f* am Sterbebett.
clin·i·car [ˈklɪnɪkɑː(r)] *s* Notarztwagen *m*.
cli·ni·cian [klɪˈnɪʃn] *s* Kliniker *m*.
clink¹ [klɪŋk] **I** *v/i* klingen, klimpern, klirren. **II** *v/t* klingen *od*. klirren lassen: **to ~ glasses** (mit den Gläsern) anstoßen. **III** *s* Klingen *n*, Klimpern *n*, Klirren *n*.
clink² [klɪŋk] *s sl*. ˈKittchen' *n*: **in ~** im ˈKnast'.
clink·er¹ [ˈklɪŋkə(r)] *s* **1.** Klinker(stein) *m*, Hartziegel *m*. **2.** verglaster Backstein. **3.** Schlacke *f*. **4.** sich bei der Härtung von Stahl bildende Kruste.
clink·er² [ˈklɪŋkə(r)] *s bes. Am. sl*. a) Schnitzer *m*, ˈPatzer' *m* (*Fehler*), b) ˈPleite' *f* (*Mißerfolg*).
clink·er| brick *s* → clinker¹ 1. ˈ**~-built** *adj mar*. klinkergebaut.
clink·ing [ˈklɪŋkɪŋ] *adj u. adv sl*. ˈprima', ˈKlasse', eˈnorm.
cli·noid pro·cess [ˈklaɪnɔɪd] *s anat*. Sattelfortsatz *m*.
cli·nom·e·ter [klaɪˈnɒmɪtə; *Am.* -ˈnɑmətər] *s* **1.** Klinoˈmeter *n*, Neigungsmesser *m*. **2.** *math*. Winkelmesser *m*. **3.** *mil*. ˈWinkelquaˌdrant *m*.
clin·quant [ˈklɪŋkənt] **I** *adj* goldflimmernd. **II** *s* Flitter(gold *n*) *m*.
Cli·o [ˈklaɪəʊ] *pl* **-os** *s* Clio *f* (*alljährlich verliehene Statuette für die beste Werbespotproduktion, die beste schauspielerische Leistung in e-m Werbespot etc im amerikanischen Fernsehen*).
clip¹ [klɪp] **I** *v/t* **1.** (be)schneiden, stutzen (*a. fig.*): **to ~ a hedge**; **to ~ s.o.'s wings** *fig*. j-m die Flügel stutzen. **2.** *fig*. kürzen, beschneiden: **to ~ s.o.'s power**; **to ~ wages**. **3.** *a*. **~ off** abschneiden: **he ~ped three seconds off the record** *sport* er verbesserte den Rekord um 3 Sekunden.

4. *aus der Zeitung* ausschneiden. **5.** *Haare* schneiden. **6.** *Schaf etc* scheren. **7.** *Wolle* beim Scheren abwerfen (*Schaf*). **8.** *Münze* beschneiden. **9.** *Silben* verschlucken, *Worte* verstümmeln: **~ped speech** knappe *od*. schneidige Sprechweise. **10.** *colloq*. j-m e-n Schlag ˈverpassen'. **11.** *sl.* a) j-n ˌerleichtern' (**for** um *Geld*), b) j-n ˌneppen'. **12.** *Fahrkarte etc* lochen. **13.** schneiden. **14.** *colloq*. ˌsausen', (daˈhin)jagen. **III** *s* **15.** (Be)Schneiden *n*, Stutzen *n*. **16.** Haarschnitt *m*. **17.** Schur *f*. **18.** Wollertrag *m* (*e-r Schur*). **19.** Ausschnitt *m*. **20.** *pl*, *a. pair of ~s* (Schaf-) Schere *f*. **21.** *colloq*. (Faust)Schlag *m*. **22.** *colloq*. (hohes) Tempo: **to go at a good ~** einen ziemlichen ˌZahn drauf haben'.
clip² [klɪp] **I** *v/t* **1.** festhalten, mit festem Griff packen. **2.** *a.* **~ on** befestigen, anklammern. **3.** *American Football*: Gegner (regelwidrig) von hinten zu Fall bringen. **4.** *obs. od. dial*. umˈfassen, umˈarmen. **II** *s* **5.** (Heft-, Büˈro- *etc*)Klammer *f*, Klipp *m*, Spange *f*. **6.** *tech*. a) Klammer *f*, Lasche *f*, b) Kluppe *f*, c) Schelle *f*, Bügel *m*. **7.** *electr*. Halterung *f*, Clip *m*. **8.** *mil*. a) Paˈtronenrahmen *m*, b) Ladestreifen *m*.
clip joint *s sl*. ˌNepploˌkal' *n*.
clip·per [ˈklɪpə(r)] *s* **1.** (*Tier*)Scherer *m*. **2.** *pl*, *a. pair of ~s* (Nagel- *etc*)Schere *f*, ˈHaarschneideˌmaschine *f*. **3.** Renner *m*, schnelles Pferd. **4.** *mar. bes. hist*. Klipper *m* (*Schnellsegler*). ˈ**~ cir·cuit** *s TV* Clipper *m*, Ampliˈtudenseparator *m*.
clip·pie [ˈklɪpɪ] *s Br. colloq*. (Bus)Schaffnerin *f*.
clip·ping [ˈklɪpɪŋ] **I** *s* **1.** (Be)Schneiden *n*, Stutzen *n*. **2.** Schur *f*. **3.** *bes. Am*. (Zeitungs)Ausschnitt *m*: **~ bureau** Zeitungsausschnittbüro *n*. **4.** *meist pl* Schnitzel *pl*, Abfälle *pl*. **II** *adj* **5.** *colloq*. schnell: **a ~ pace** ein scharfes *od*. hohes Tempo.
clique [kliːk; klɪk] *s* Clique *f*, Klüngel *m*. ˈ**cli·quey**, ˈ**cli·quish** → cliquy. ˈ**cli·quism** *s* Cliquenwesen *n*. ˈ**cli·quy** *adj* cliquenbildend, cliquenhaft.
clit [klɪt] *s anat. colloq*. Kitzler *m*.
cli·to·ris [ˈklɪtərɪs; ˈklaɪ-] *s anat*. Klitoris *f*, Kitzler *m*.
clo·a·ca [kləʊˈeɪkə] *pl* **-cae** [-kiː] *s* **1.** Kloˈake *f*: a) ˈAbzugskaˌnal *m*, Senkgrube *f*, b) *anat. zo*. Endabschnitt des Darmkanals, c) *fig*. moˈralischer Sumpf, Pfuhl *m*. **2.** Aˈbort *m*. **cloˈa·cal** *adj* Kloaken..., kloˈakenhaft.
cloak [kləʊk] **I** *s* **1.** (loser) Mantel, Cape *n*, ˈUmhang *m*. **2.** *fig*. Deckmantel *m*: **the ~ of secrecy** der Schleier des Geheimnisses; **under the ~ of** unter dem Deckmantel *od*. Vorwand (*gen*), im Schutz (*der Nacht etc*). **3.** *zo*. Mantel *m* (*der Weichtiere*). **II** *v/t* **4.** (wie) mit e-m Mantel bedecken *od*. umhüllen. **5.** *fig*. bemänteln, verhüllen. ˌ**~-and-ˈdag·ger** *adj* **1.** Mantel-u.-Degen-...: **~ drama**. **2.** Spionage... ˌ**~-and-ˈsword** *adj* ˌabenteuerlich-roˈmantisch: **~ play**. ˈ**~ room** *s* **1.** Gardeˈrobe(nraum *m*) *f*, Kleiderablage *f*: **~ attendant** Garderobenfrau *f*; **~ ticket** (*bes. Am. Check*) Garderobenmarke *m*, -zettel *m*. **2.** *Br. euphem*. Toiˈlette *f*.
clob·ber¹ [ˈklɒbə; *Am.* ˈklɑbər] *s* **1.** Lederpaste *f*. **2.** *Br. sl.* a) ˌKlaˈmotten' *pl* (*Kleider*), b) ˌKlaˈmotten' *pl*, ˌPlunder' *m*, ˌKram' *m*.
clob·ber² [ˈklɒbə; *Am.* ˈklɑbər] *v/t sl*. **1.** zs.-schlagen, ˌfertigmachen' (*a. fig.*). **2.** *sport* ˌüberˈfahren', ˌvernaschen' (*hoch besiegen*).
cloche [kləʊʃ; *Br. a.* klɒʃ; *Am. a.* klɑʃ; klɔːʃ] *s* **1.** Glasglocke *f* (*für Pflanzen*). **2.** *hist*. Glocke *f* (*Damenhut*).
clock¹ [klɒk; *Am.* klɑk] **I** *s* **1.** (Wand-,

Turm-, Stand)Uhr *f*: (a)round the ~ a) rund um die Uhr, vierundzwanzig Stunden (lang), b) *fig.* ununterbrochen; five o'~ fünf Uhr; to know what o'~ it is a) wissen, wieviel Uhr es ist, b) *fig.* wissen, wieviel es geschlagen hat; to put (*od.* turn) the ~ back *fig.* das Rad der Zeit zurückdrehen. 2. *colloq.* a) Kon'troll-, Stoppuhr *f*, b) Fahrpreisanzeiger *m* (*Taxi*). 3. *colloq.* Pusteblume *f* (*Fruchtstand des Löwenzahns*). 4. *Br. sl.* ,Vi'sage' *f*, ,Fresse' *f* (*Gesicht*). II *v/t* 5. *bes. sport* a) (ab)stoppen, die Zeit (*e-s Läufers etc*) nehmen, b) a. ~ up *e-e* Zeit erreichen (for über *e-e* Distanz). 6. Arbeitszeit an der Stechuhr, Geschwindigkeit, Zahlen etc registrieren. 7. ~ up Geschwindigkeit, Strecke fahren. 8. ~ up *colloq.* a) Erfolg verbuchen, b) Schulden machen. 9. to ~ s.o. one *Br. sl.* j-m e-e ,scheuern' *od.* ,kleben'. III *v/i* 10. to ~ in (*od.* on) einstempeln; to ~ out (*od.* off) ausstempeln.
clock² [klɒk; *Am.* klɑk] *s* eingewebte *od.* eingestickte Verzierung (*am Strumpf*).
clock| card *s* Stechkarte *f*. **~ cy·cle** *s* Taktzyklus *m* (*e-r Rechenmaschine*). '**~face** *s* Zifferblatt *n*. **~ gen·er·a·tor** *s* Rechenmaschine: 'Taktim‚pulsgeber *m*. **~ hour** *s* volle Stunde. '**~mak·er** *s* Uhrmacher *m*. **~ ra·di·o** *s* Radiowecker *m*. **~ watch** *s* Taschenuhr *f* mit Schlagwerk. **~ watch·er** *s* *colloq.*: to be a ~ bei der Arbeit immer wieder auf die Uhr sehen. '**~wise** *adj* im Uhrzeigersinn, rechtsläufig, Rechts...: **~ rotation**. '**~work** *s tech.* Lauf-, Gehwerk *n*, a. *fig.* Uhr-, Räderwerk *n*: **~ fuse** *mil.* Uhrwerkszünder *m*; **toy** Spielzeug *n* zum Aufziehen, mechanisches Spielzeug; like ~ a) wie am Schnürchen, wie ,geschmiert', b) (pünktlich) wie die Uhr.
clod [klɒd; *Am.* klɑd] *s* 1. Klumpen *m*. 2. Erdklumpen *m*, Scholle *f*. 3. *fig.* Körper *m* (*Ggs. Seele*). 4. Dummkopf *m*, Trottel *m*. 5. Teil *m*, *n* der Rindsschulter.
'**clod·dish**, '**clod·dy** *adj* klumpig.
'**clod|,hop·per** *s* 1. *colloq.* a) ,Bauer' *m*, ungehobelter Kerl, b) Tolpatsch *m*. 2. *pl* schwere, klobige Schuhe *pl*. '**~,hopping** *adj colloq.* ungehobelt. '**~pate**, '**~pole**, '**~poll** [-pəʊl] → clod 4.
clog [klɒg; *Am.* klɑg] I *s* 1. (Holz)Klotz *m*. 2. *fig.* Hemmschuh *m*, Hemmnis *n*, Klotz *m* am Bein. 3. fester Arbeitsschuh mit Holzsohle, Holzschuh *m*, Pan'tine *f*. 4. *tech.* Verstopfung *f*. 5. → clog dance. II *v/t* 6. (be)hindern, hemmen, belasten. 7. a. ~ up verstopfen. 8. Schuhe mit Holzsohlen versehen. III *v/i* 9. sich verstopfen. 10. klumpig werden, sich zs.-ballen. 11. *Fußball: colloq.* ,holzen'. **~ dance** *s* Holzschuhtanz *m*.
cloi·son·né [klwa:'zɔneɪ; *Am.* ‚klɔɪzn'eɪ] I *s a.* ~ enamel Cloison'né *f*, Goldzellenschmelz *m*. II *adj* Cloisonné...
clois·ter ['klɔɪstə(r)] I *s* 1. Kloster *n*. 2. *arch.* a) Kreuzgang *m*, b) gedeckter (Säulen)Gang (*um e-n Hof*), Ar'kade *f*. II *v/t* 3. in ein Kloster stecken. 4. *fig.* (a. o.s.) sich von der Welt abschließen, einsperren. '**clois·tered** *adj* 1. *arch.* mit e-m Kreuzgang (versehen). 2. *fig.* a) einsam, zu'rückgezogen, klösterlich, b) weltfremd.
clois·tral ['klɔɪstrəl] *adj* klösterlich, Kloster...
clon [klɒn; kləʊn; *Am.* kləʊn; klɑn], **clone** [kləʊn] *biol.* I *s* Klon *m* (*durch ungeschlechtliche Fortpflanzung entstandener erbgleicher Stamm*). II *v/t* klonen.
clon·ic ['klɒnɪk; *Am.* 'klɑ-] *adj med.* klonisch: ~ spasm ~ clonus.
clonk [klɒŋk; *Am.* a. klɑŋk] I *v/i* 1. plumpsen. II *v/t* 2. *colloq.* j-n schlagen. III *s* 3. Plumps *m*. 4. *colloq.* Schlag *m*.
clo·nus ['kləʊnəs] *s med.* Klonus *m*, Schüttelkrampf *m*.
cloot [klu:t] *s bes. Scot.* 1. a) Zehe *f* (*e-s gespaltenen Hufes*), b) Huf *m*. 2. **C~s** *pl* (*als sg konstruiert*) → Clootie. '**Cloot·ie** [-tɪ] *s bes. Scot.* (Ritter *m* mit dem) Pferdefuß *m*, Teufel *m*.
clop [klɒp; *Am.* klɑp] I *v/i* trappeln. II *s* Getrappel *n*.
close I *adj* [kləʊs] (*adv* → closely) 1. ver-, geschlossen, (*nur pred*) zu. 2. *obs.* von Mauern *etc* um'geben. 3. zu'rückgezogen, abgeschieden. 4. verborgen, geheim. 5. dumpf, schwül, stickig, drückend: ~ atmosphere. 6. *fig.* verschlossen, -schwiegen, zu'rückhaltend. 7. geizig, knauserig. 8. knapp, beschränkt: money is ~ das Geld ist knapp. 9. nicht zugänglich, nicht öffentlich, geschlossen. 10. dicht, fest: ~ texture. 11. eng, (dicht)gedrängt: ~ handwriting enge Schrift. 12. knapp, kurz, bündig: ~ style. 13. kurz (*Haar*). 14. eng(anliegend): ~ dress. 15. (wort)getreu, genau: ~ translation. 16. stark: ~ resemblance. 17. nah, dicht: ~ combat *mil.* Nahkampf *m*; ~ fight Handgemenge *n*, *weitS.* zähes Ringen, harter Kampf; ~ proximity nächste Nähe; ~ together dicht beieinander; ~ to a) nahe *od.* dicht bei, b) (*zeitlich*) dicht vor (*dat*), nahe (*dat*), c) *fig.* (j-m) verwandt *od.* verbunden mit; ~ to tears den Tränen nahe; a speed ~ to that of sound e-e Geschwindigkeit, die dicht an die Schallgrenze herankommt. 18. eng, vertraut: ~ friends; he was a ~ friend of mine wir waren eng befreundet. 19. nah: ~ relatives. 20. *fig.* knapp: → shave 11, squeak 8, squeeze 22. 21. *fig.* scharf, hart, knapp: ~ victory knapper Sieg; ~ election knapper Wahlausgang; ~ finish scharfer Endkampf. 22. gespannt: ~ attention. 23. gründlich, eingehend, scharf, genau: ~ investigation gründliche *od.* eingehende Untersuchung; ~ observer scharfer Beobachter; ~ questioning strenges Verhör. 24. streng, scharf: ~ arrest strenge Haft; ~ prisoner streng bewachter Gefangener; ~ in custody unter scharfer Bewachung; to keep a ~ watch on scharf im Auge behalten. 25. streng, logisch, lückenlos (*Beweisführung etc*): ~ reasoning. 26. *ling.* geschlossen: ~ sound; ~ syllable; → punctuation 1. 27. *mus.* eng: ~ harmony enger Satz.
II *adv* [kləʊs] 28. eng, nahe, dicht: ~ by a) nahe *od.* dicht dabei, ganz in der Nähe, b) nahe *od.* dicht bei, neben (*dat*); ~ at hand nahe bevorstehend; ~ on two hundred fast *od.* annähernd zweihundert; to fly ~ to the ground dicht am Boden fliegen; to come ~ to *fig.* dicht herankommen *od.* -reichen an (*acc*), fast ... sein; to cut ~ ganz kurz schneiden; to keep ~ to the man bleiben; to lie (*od.* keep) ~ sich verborgen halten; to press s.o. ~ j-n hart bedrängen; to run s.o. ~ j-m dicht auf den Fersen sein; if you look ~r wenn du näher *od.* genauer hinsiehst.
III *s* [kləʊz] 29. (Ab)Schluß *m*, Ende *n*: to come (*od.* draw) to a ~ sich dem Ende nähern. 30. Schlußwort *n*. 31. Briefschluß *m*. 32. *mus.* Ka'denz *f*, Schluß(fall) *m*. 33. Handgemenge *n*, Kampf *m*. 34. [kləʊs] *Br.* a) Einfriedung *f*, Hof *m* (*e-r Kirche, Schule etc*), b) Gehege *n*, c) *jur.* (eingefriedetes) Grundstück: → breach *Bes. Redew.* 35. [kləʊs] *Br.* (kurze, um'baute) Sackgasse. 36. [kləʊs] *Scot.* 'Haus‚durchgang *m* zum Hof.

IV *v/t* [kləʊz] 37. (ab-, ver-, zu)schließen, zumachen: → closed, door *Bes. Redew.*, eye 1, gap 6, heart *Bes. Redew.*, mind 2, rank¹ 7. 38. verstopfen: to ~ a hole. 39. e-n Betrieb, die Schule etc schließen. 40. ein Gelände, e-e Straße (ab)sperren: to ~ a road to traffic e-e Straße für den Verkehr sperren. 41. die Hand schließen, die Faust ballen. 42. die Sicht versperren: to ~ the view. 43. *electr.* den Stromkreis schließen. 44. *fig.* beenden, be-, abschließen: to ~ a career (debate, speech, war, *etc*); to ~ the court *jur.* die Verhandlung schließen; to ~ an issue e-e (strittige) Sache erledigen; to ~ a procession e-n Zug beschließen; to ~ one's days s-e Tage beschließen (*sterben*). 45. *econ.* ein Konto, e-e Rechnung abschließen: to ~ an account; → book 9. 46. *e-n* Handel, ein Geschäft abschließen: to ~ a bargain. 47. *e-e* Strecke zu'rücklegen: to ~ a distance. 48. *mar.* näher her'angehen an (*acc*): to ~ the wind an den Wind gehen. 49. *econ. Am.* → close out 2.
V *v/i* [kləʊz] 50. *allg.* sich schließen (*a. Lücke, Wunde etc*). 51. geschlossen werden. 52. schließen, zumachen: schools ~d for the holiday; the shop ~s at 5 o'clock. 53. enden, aufhören, zu Ende gehen. 54. schließen (with the words mit den Worten). 55. *Börse:* abschließen (at mit). 56. her'anrücken: sich nähern: to ~ (a)round (*about*) s.o. j-n einschließen, j-n umzingeln. 57. to ~ with s.o. mit j-m (handels)einig werden, sich mit j-m einigen (on über *acc*). 58. to ~ with s.o. mit j-m handgemein werden *od.* anein'andergeraten. 59. sich verringern (*Abstand, Strecke*): the distance ~d.
Verbindungen mit Adverbien:
close| down I *v/t* 1. ein Geschäft etc schließen, aufgeben, e-n Betrieb stillegen. II *v/i* 2. schließen, zumachen, stillgelegt werden. 3. *Rundfunk, TV: Br.* das Pro'gramm beenden, Sendeschluß haben. 4. *fig.* scharf vorgehen (on gegen): to ~ on gambling dens. ~ in *v/i* 1. sich her'anarbeiten (on, upon an *acc*). 2. kürzer werden (*Tage*). 3. her'einbrechen (*Dunkelheit, Nacht*). **~ out** *Am.* I *v/t* 1. ausschließen. 2. *econ.* Waren *etc* (im Ausverkauf *etc*) abstoßen, verkaufen. 3. außer Betrieb stellen, stillegen. 4. (plötzlich) beenden. II *v/i* 5. *Am.* im Ausverkauf machen. ~ up I *v/t* 1. → close 37–39. 2. *fig.* abschließen, beenden, erledigen. II *v/i* 3. → close down 2. 4. *mil. etc* die Reihen schließen. 5. aufschließen, -rücken (on zu).

‚**close|-**'**bod·ied** *adj* enganliegend (*Kleidungsstück*). **~ bor·ough** *s Br. hist.* Wahlbezirk *m* mit engbegrenzter Zahl von Wahlberechtigten. **~ col·umn** *s mil.* (auf)geschlossene 'Marschko‚lonne (*Fahrzeuge*). **~ com·pa·ny** *s econ. Br.* → close corporation 1. **~ cor·po·ra·tion** *s* 1. *econ. Am.* (Aktien)Gesellschaft *f* mit geschlossenem Mitgliederkreis (*entspricht etwa der deutschen GmbH*). 2. *fig.* exklu'siver Zirkel. '**~-cropped** *adj* kurzgeschoren.
closed [kləʊzd] *adj* 1. geschlossen (*a. electr. tech. u. ling.*), *pred* zu: behind ~ doors hinter verschlossenen Türen. ~ circuit *electr.* geschlossener Stromkreis, Ruhestromkreis *m*; ~ current *electr.* Ruhestrom *m*; to sit in ~ court *jur.* unter Ausschluß der Öffentlichkeit verhandeln; → book 1. 2. ge-, versperrt: ~ to vehicles für Fahrzeuge gesperrt. 3. geheim: a ~ file. 4. geschlossen, exklu'siv: a ~ circle; ~ company *Br.* → close corporation 1; ~ corporation → close corporation. 5. in sich geschlossen,

au'tark: ~ economy. '~-,cir·cuit tel·e·vi·sion s 'Fernseher,tragung f im Kurzschlußverfahren, z. B. Betriebsfernsehen n. '~-door adj hinter verschlossenen Türen. '~-end fund s econ. In'vestmentfonds m mit begrenzter Emissi'onshöhe.
'close-down s 1. Schließung f, Stillegung f. 2. Rundfunk, TV: Sendeschluß m.
closed| schol·ar·ship s ped. univ. Br. nur bestimmten Kandi'daten gewährtes Sti'pendium. ~ ses·sion s pol. Sitzung f unter Ausschluß der Öffentlichkeit. ~ shop s econ. gewerkschaftspflichtiger Betrieb.
,close|'fist·ed adj geizig, knauserig. ,~'fist·ed·ness s Geiz m, Knause'rei f. ~ fit s 1. enge Paßform. 2. tech. Feinpassung f. ,~'fit·ting adj enganliegend (Kleidungsstück). ,~'grained adj feinkörnig (Holz, Stein etc) & 'hauled adj mar. hart am Wind. ~ in·ter·val s mil. Tuchfühlung f. '~-knit adj fig. eng od. fest zs.-gewachsen, eng verbunden. ,~-'lipped adj fig. verschlossen, schweigsam.
close·ly ['kləʊslɪ] adv 1. genau, eingehend. 2. scharf, streng. 3. fest, dicht, eng. 4. nah. 5. aus der Nähe.
,close'mouthed → close-lipped.
close·ness ['kləʊsnɪs] s 1. Nähe f: ~ of relationship enge Beziehung; ~ to life Lebensnähe. 2. Knappheit f. 3. Festigkeit f, Dichtheit f, Dichte f. 4. Genauigkeit f. 5. Verschwiegenheit f, Verschlossenheit f. 6. Schwüle f, Stickigkeit f. 7. Schärfe f, Strenge f. 8. Geiz m.
close| or·der s mil. geschlossene Ordnung. '~-out ['kləʊz-] s a. ~ sale Ausverkauf m wegen Geschäftsaufgabe. ~ quar·ters s pl 1. Nahkampf m, Handgemenge n: to come to ~ handgemein werden. 2. Beengtheit f, beengte Lage. 3. Nähe f, enger Kon'takt: at ~ in (od. aus) nächster Nähe.
clos·er ['kləʊzə(r)] s 1. Schließer(in). 2. tech. Verschlußvorrichtung f. 3. arch. Schlußstein m, Kopfziegel m. 4. abschließende (Pro'gramm)Nummer.
,close|-'range adj aus nächster Nähe, Nah... ~ sea·son s hunt. Schonzeit f.
clos·et ['klɒzɪt; Am. a. 'klɑzət] I s 1. (Wand-, Einbau-, Vorrats)Schrank m. 2. Kabi'nett n, Gelaß n, Kammer f, Geheimzimmer n: ~ drama bes. Am. Lesedrama n. 3. ('Wasser)Klo,sett n. II adj 4. pri'vat, vertraulich, geheim: ~ homosexual (colloq. queen, queer) heimlicher Homosexueller od. ,Schwuler'. 5. Am. theo'retisch, wirklichkeitsfern. III v/t 6. in e-n Raum (zwecks Beratung etc) einschließen: to be ~ed together with s.o. mit j-m geheime Besprechungen führen. 7. einschließen, verbergen.
close| time → close season. ,~-'tongued → close-lipped. '~-up s 1. phot. Film: Nah-, Großaufnahme f. 2. fig. a) genaue Betrachtung, b) genaues Bild.
clos·ing| cer·e·mo·ny ['kləʊzɪŋ] s bes. sport 'Schlußzeremo,nie f. ~ date s letzter Ter'min (for applicants für Bewerbungen). ~ price s Börse: 'Schlußno,tierung f. ~ scene s thea. etc Schlußszene f. ~ speech s jur. 'Schlußplädo,yer n. ~ time s a) Laden-, Geschäftsschluß m, b) Ende m ou der Schalterstunden (e-r Bank etc), c) Poli'zeistunde f (e-s Pubs).
clo·sure ['kləʊʒə(r)] I s 1. (Zu-, Ver-) Schließen n. 2. Schließung f, Stillegung f (e-s Betriebs). 3. Abgeschlossenheit f. 4. tech. Verschluß(vorrichtung f) m. 5. Schluß m, Beendigung f (e-r Debatte etc): to apply (od. move) the ~ parl. Br. den Antrag auf Schluß der Debatte (mit anschließender Abstimmung) stellen.

II v/t 6. parl. Br. e-e Debatte zum Abschluß bringen.
clot [klɒt; Am. klɑt] I s 1. Klumpen m, Klümpchen n: ~ of blood, blood ~ med. Blutgerinnsel n. 2. Br. colloq. Trottel m. II v/i 3. gerinnen. 4. Klumpen bilden: → clotted.
cloth [klɒθ; klɔːθ] I pl cloths [-θs; -ðz] s 1. Tuch n, Gewebe n, (engS. Woll)Stoff m: American ~ (Art) Wachstuch; ~ of state Baldachin m, Thronhimmel m; ~ coat 1. 2. Tuch n, Lappen m. 3. (Tisch-) Tuch n, (-)Decke f: to lay the ~ den Tisch decken. 4. (bes. geistliche) Tracht: the ~ der geistliche Stand, die Geistlichkeit. 5. mar. a) Segeltuch n, b) Segel pl. 6. pl thea. Sof'fitten pl. 7. (Buchbinder)Leinwand f: bound in ~, ~bound in Leinen (gebunden). II adj 8. aus Tuch, bes. Leinen...: ~ board Leinwanddeckel m (e-s Buches); ~ binding Leineneinband m. '~-cap adj Br. colloq. Arbeiterklassen...
clothe [kləʊð] pret u. pp clothed [kləʊðd] od. clad [klæd] v/t 1. (an-, be)kleiden. 2. einkleiden, mit Kleidung versehen. 3. mit Stoff beziehen. 4. fig. um'hüllen, einhüllen: mist ~d the hills. 5. in Worte kleiden, fassen.
,cloth|-'eared adj colloq. schwerhörig. ~ ears s pl colloq. Schwerhörigkeit f: to have ~ schwerhörig sein.
clothes [kləʊðz; kləʊz] s pl 1. Kleider pl, Kleidung f: a suit of ~ ein Anzug; to change one's ~ sich umziehen; to put on one's ~ sich ankleiden od. anziehen; with one's ~ on (off) angezogen (ausgezogen). 2. Wäsche f: to wash ~. 3. Bettwäsche f. ~ bas·ket s Wäschekorb m. ~ brush s Kleiderbürste f. ~ hang·er s Kleiderbügel m. '~-horse s 1. Wäscheständer m. 2. colloq. a) Modepuppe f, b) Modenarr m. '~-line s Wäscheleine f. ~ moth s zo. 1. Kleidermotte f. 2. Pelzmotte f. ~ peg s Br., '~pin s Am. Wäscheklammer f. '~press s Kleideroder. Wäscheschrank m. ~ tree s Garde'roben-, Kleiderständer m.
cloth hall s hist. Tuchbörse f.
cloth·ier ['kləʊðɪə(r); -jə(r)] s 'Tuch-, 'Kleiderfabri,kant m od. -händler m.
cloth·ing ['kləʊðɪŋ] s 1. (Be)Kleidung f: ~ industry Bekleidungsindustrie f. 2. Um'hüllung f, Hülle f, Decke f. 3. mar. Segel pl, Take'lage n. ~ wool s Kratz-, Streichwolle f.
cloth| pa·per s 'Glanzpa,pier n (zum Appretieren). ~ wheel s tech. (mit Tuch überzogenes) Po'lier-, Schmirgelrad. '~-work·er s Tuchmacher m, -wirker m. ~ yard s hist. Tuchelle f.
clot·ted ['klɒtɪd; Am. 'klɑ-] adj 1. geronnen. 2. klumpig: ~ cream (Art) verdickte Sahne; ~ hair verklebtes od. verfilztes Haar. 'clot·ting [-tɪŋ] s 1. med. (Blut-) Gerinnung f. 2. Klumpenbildung f. 'clot·ty adj klumpig.
clo·ture ['kləʊtʃər] Am. für closure 5 u. 6.
clou [kluː] s Clou m, Höhepunkt m.
cloud [klaʊd] I s 1. Wolke f: ~ of dust Staubwolke; to have one's head in the ~s fig. in höheren Regionen schweben, b) in Gedanken vertieft sein; to be on ~ nine colloq. im siebten Himmel schweben; → silver lining. 2. Wolke f, Schwarm m, Haufe(n) m: a ~ of insects; ~ of electrons phys. Elektronenwolke, -schwarm m; ~ track phys. Nebelspur f. 3. Wolke f (a. in Flüssigkeiten), dunkler Fleck, Fehler m (in Edelsteinen, Holz etc). 4. (dunkler) Fleck (z. B. auf der Stirn e-s Pferdes). 5. fig. a) (drohende) Wolke: the ~s of war, b) Schatten m, Trübung f: to cast a ~ on s.th. e-n Schatten auf etwas werfen, etwas trüben; under a ~ unter

dem Schatten e-s Verdachtes, in Verruf, in Ungnade; ~ on title jur. (geltend gemachter) Fehler im Besitz. II v/t 6. be-, um'wölken. 7. Glas etc, a. j-s Verstand, Urteil etc trüben: to ~ the issue die Sache vernebeln od. unklar machen. 8. fig. verdunkeln, trüben, e-n Schatten werfen auf (acc): a ~ed future e-e trübe Zukunft. 9. Ruf etc beflecken. 10. ädern, flecken. 11. tech. a) Seide moi'rieren, b) Stoff, a. Stahl flammen. III v/i a. ~ over 12. sich bewölken. 13. sich verdunkeln od. trüben, sich um'wölken (a. fig.). 14. (sich) beschlagen (Glas). '~bank s Wolkenbank f. '~-built adj fig. phan'tastisch, unwirklich. '~-burst s Wolkenbruch m. '~-capped adj wolkenverhangen, pred in Wolken. ~ cham·ber s phys. Nebelkammer f. '~-,cuck·oo-land s Wolken'kuckucksheim n. ~ drift s 1. Wolkenzug m. 2. Verstäuben von Insektenvertilgungsmitteln vom Flugzeug aus.
cloud·ed ['klaʊdɪd] adj 1. be-, um'wölkt. 2. trübe, wolkig (Flüssigkeit). 3. beschlagen (Glas). 4. fig. a) düster, trübe, b) um'wölkt, getrübt (Verstand etc). 5. wolkig (Edelstein). 'cloud·i·ness ['klaʊdɪnɪs] s 1. Bewölkung f. 2. tech. Trübung f, Schleier m. 'cloud·ing s 1. Wolkigkeit f. 2. Wolken-, Moi'rémuster n (auf Seidenstoff etc). 3. Um'wölkung f, Trübung f (a. fig.).
'cloud·land s 1. 'Wolkenregi,on f. 2. Phanta'sieland n. 'cloud·less adj (adv -ly) 1. wolkenlos, klar. 2. fig. ungetrübt. 'cloud·let [-lɪt] s Wölkchen n.
cloud·y ['klaʊdɪ] adj (adv cloudily) 1. wolkig, bewölkt. 2. wolkenartig, Wolken... 3. wolkig (Edelstein etc) 4. moi'riert (Stoff). 5. wolkig, trübe (Flüssigkeit). 6. fig. düster, um'wölkt (Stirn). 7. fig. nebelhaft, unklar.
clough [klʌf] s (Berg)Schlucht f.
clout [klaʊt] I s 1. colloq. Schlag m (a. Baseball): to give s.o. a ~, runterhauen' od. ,schmieren'. 2. Bogenschießen: a) Zentrum n (der Zielscheibe), b) Treffer m. 3. bes. pol. Am. colloq. Macht f, Einfluß m. II v/t 4. colloq. schlagen, Ball a. ,dreschen'; to ~ s.o. one j-m e-e ,runterhauen' od. ,schmieren'. ~ nail s tech. Schuhnagel m.
clove[1] [kləʊv] s 1. (Gewürz)Nelke f. 2. bot. Gewürznelkenbaum m.
clove[2] [kləʊv] s 1. bot. Brut-, Nebenzwiebel f (des Knoblauchs, Schnittlauchs etc): ~ of garlic Knoblauchzehe f. 2. Teilfrucht f.
clove[3] [kləʊv] pret von cleave[1].
clove[4] [kləʊv] s Am. (Berg)Schlucht f.
clove hitch s mar. Webeleinstek m (Knoten).
clo·ven ['kləʊvn] pp von cleave[1]. ~ foot s irr → cloven hoof 2. ~ hoof s 1. zo. Huf m der Paarzeher. 2. Pferdehuf m (des Teufels): the ~ fig. der (Ritter mit dem) Pferdefuß, der Teufel; to show the ~ den Pferdefuß (od. sein wahres Gesicht) zeigen. ,~-'hoofed adj 1. zo. paarzehig. 2. fig. mit e-m Pferdefuß, teuflisch.
clove pink s 1. bot. (e-e) Gartennelke. 2. Nelkenrot n.
clo·ver ['kləʊvə(r)] s bot. Klee m, bes. Kopf-, Wiesenklee m: to be (od. to live) in ~ wie Gott in Frankreich leben. '~leaf s irr 1. Kleeblatt n. 2. mot. Kleeblatt n (Autobahnkreuzung). II adj 3. kleeblattförmig: ~ aerial (bes. Am. antenna) Kleeblattantenne f; ~ intersection → cloverleaf 2.
clown [klaʊn] I s 1. Clown m, Hans'wurst m, Possenreißer m, Kasper m (alle a. fig.). 2. contp. ,Bauer' m, ungehobelter Kerl. 3. obs. Bauer m. II v/i 4. a. ~ about (od. around) her'umkaspern. 'clown·er·y

clownish – coalition

[-ərɪ] s 1. Clowne'rie f, clownisches Benehmen. 2. Posse f. **'clown·ish** adj (adv ~ly) 1. clownisch. 2. ungehobelt.
cloy [klɔɪ] **I** v/t 1. über'sättigen, -'laden. 2. anwidern. **II** v/i 3. Über'sättigung verursachen. 4. unangenehm werden. **'cloy·ing** adj unangenehm, widerlich.
club [klʌb] **I** s 1. Keule f, Knüttel m, Prügel m. 2. sport a) Schlagholz n, b) (Golf)Schläger m, c) → **Indian club**. 3. Klumpen m, Knoten m. 4. hist. Haarknoten m (der Herren im 18. Jh.). 5. zo. keulenförmiger Fühler. 6. a) Klub m, Verein m, Gesellschaft f: **sports** ~ Sportverein; **to be in the** ~ colloq. ein Kind ,kriegen'; **to put a girl in the** ~ colloq. e-m Mädchen ein Kind ,machen'; **join the** ~! bes. Br. colloq. du auch?, b) → **clubhouse**. 7. Spielkarten: a) Treff n, Kreuz n, Eichel f, b) Karte f der Treff- od. Kreuzfarbe, c) Treffansage f. **II** v/t 8. einknüppeln auf (acc), (nieder)knüppeln. 9. zs.-fassen, -ballen. 10. vereinigen: **to** ~ **efforts** sich gemeinsam bemühen. 11. sich teilen in (acc), gemeinsam aufkommen für (Kosten), Geld etc beisteuern od. zs.-legen. **III** v/i 12. meist ~ **together** sich zs.-tun: a) e-n Verein etc bilden, b) (Geld) zs.-legen. 13. sich zs.-ballen. 14. oft ~ **down** mar. vor schleppendem Anker mit dem Strom treiben (Schiff). **'club·(b)a·ble** adj colloq. 1. klubfähig. 2. gesellig. **clubbed** [klʌbd] adj 1. keulenförmig. 2. klumpig, Klump... **'club·ber** s Am. Klubmitglied n. **'club·by** adj colloq. gesellig.
club car s rail. Am. Sa'lonwagen m. ~ **chair** s Klubsessel m. ~ **com·pass** s Kolbenzirkel m. **⎵'foot** s irr med. Klumpfuß m. **⎵'foot·ed** adj klumpfüßig. ~ **grass** → club rush 2. **⎵'house** s Klub (-haus n) m, Vereinshaus n. **⎵'land** s Klubviertel n (bes. in London). **⎵'man** [-mən] s irr 1. Klubmitglied n. 2. Klubmensch m. **⎵'mo,bile** [-mə,biːl] s Erfrischungswagen m, -fahrzeug n (für Arbeiter etc). ~ **moss** s bot. Bärlapp m. ~ **rush** s bot. 1. Simse f. 2. Breitblättriger Rohrkolben. ~ **sand·wich** s bes. Am. Sandwich n (meist aus drei Lagen Toast, kaltem Geflügel, grünem Salat u. Mayonnaise bestehend). ~ **steak** s gastr. Clubsteak n. ~ **sus·pen·sion** s sport ver'einsin,terne Sperre. ~ **swing·ing** s Gymnastik: Keulenschwingen n.
cluck [klʌk] **I** v/i 1. a) gackern, b) glukken. 2. schnalzen. 3. ~ **over** fig. Inter'esse an (dat) od. Besorgnis über (acc) äußern. **II** v/t 4. gluckend locken (Henne). 5. **to** ~ **one's tongue** mit der Zunge schnalzen. **III** s 6. a) Gackern n, b) Glucken n. 7. Schnalzen n. 8. Am. sl. a) Trottel m, b) Na'ivling m.
clue [kluː] **I** s 1. (to) 'Hinweis m (auf acc), Anhaltspunkt m (für), Fingerzeig m. 2. Schlüssel m (to zu e-m Rätsel etc): **I haven't a** ~ colloq. ich hab' keinen Schimmer. 3. Faden m (e-r Erzählung etc). 4. → clew 1, 3, 4. **II** v/t 5. ~ **up** infor'mieren, ins Bild setzen.
clum·ber (span·iel) ['klʌmbə(r)] s zo. Clumberspaniel m (englischer Jagdhund).
clump [klʌmp] **I** s 1. Büschel n. 2. (bes. Baum- od. Häuser)Gruppe f: **a** ~ **of trees**. 3. (Holz)Klotz m, (Erd- etc)Klumpen m. 4. Haufen m, Masse f. 5. Zs.-ballung f. 6. Trampeln n. 7. Doppelsohle f. 8. colloq. Schlag m. 9. pl Frage- u. Antwortspiel n. **II** v/i 10. trampeln: **to** ~ **about** (od. **around**) a) herumtrampeln, b) herumpoltern. 11. sich zs.-ballen. **III** v/t 12. zs.-ballen, aufhäufen. 13. doppelt besohlen. 14. colloq. j-m e-n Schlag ,verpassen'.
clum·si·ness ['klʌmzɪnɪs] s Plumpheit f:

a) Ungeschick(lichkeit f) n, Unbeholfenheit f, b) Schwerfälligkeit f, c) Taktlosigkeit f, d) Unförmigkeit f. **'clum·sy** adj (adv **clumsily**) allg. plump: a) ungeschickt, unbeholfen: ~ **hands** ungeschickte Hände; **a** ~ **excuse** e-e plumpe Ausrede; **a** ~ **forgery** e-e plumpe Fälschung, b) schwerfällig: **a** ~ **man**; **a** ~ **style**, c) taktlos: **a** ~ **joke**, d) unförmig.
clung [klʌŋ] pret u. pp von **cling**.
Clu·ni·ac ['kluːnɪæk] relig. **I** s Kluniazenser m. **II** adj kluniaˈzensisch.
Clu·ny lace ['kluːnɪ] s Clu'nyspitze f.
clu·pe·id ['kluːpɪɪd] s ichth. Hering(sfisch) m. **'clu·pe·oid I** adj heringsartig. **II** s heringsartiger Fisch.
clus·ter ['klʌstə(r)] **I** s 1. bot. Büschel n, Traube f: **a** ~ **of grapes** e-e Weintraube. 2. Haufen m, Menge f, Schwarm m, Anhäufung f, Gruppe f: **a** ~ **of bees** ein Bienenschwarm; **a** ~ **of trees** e-e Baumgruppe. 3. astr. Sternhaufen m. 4. a. tech. traubenförmige Anordnung, Bündel n (von Bomben, Lampen etc). 5. mil. Spange f (am Ordensband). **II** v/i 6. e-e Gruppe od. Gruppen bilden, sich versammeln od. scharen od. drängen (**round** um). 7. trauben- od. büschelartig wachsen, sich ranken (**round** um). 8. sich (zs.-) ballen (Schnee). **III** v/t 9. in Büscheln sammeln, häufen, bündeln. 10. mit Büscheln etc bedecken. ~ **bomb** s mil. Streubombe f.
'clus·tered adj 1. büschel- od. traubenförmig, gebündelt. 2. mit Büscheln bedeckt.
clus·ter gear s tech. Zahnradblock m. ~ **pine** s bot. Strandkiefer f.
clutch¹ [klʌtʃ] **I** v/t 1. packen, (er)greifen. 2. um'klammern, um'krampfen, krampfhaft festhalten: **to** ~ **to one's breast** an die Brust pressen. 3. a. fig. an sich reißen. 4. tech. kuppeln. **II** v/i 5. ~ **at** (heftig od. gierig) greifen nach: → **straw** 1. **III** s 6. (krampfhafter od. gieriger) Griff: **to make a** ~ **at** → 5. 7. a) zo. Klaue f, Kralle f (beide a. fig.): **to have s.o.** (s.th.) **in one's** ~**es** j-n (etwas) in s-n Fängen halten, b) fig. Hand f, Pranke f: **in s.o.'s** ~**es** in j-s Klauen od. Gewalt. 8. tech. a) Greifer m, Klaue f, b) Kupplungshebel m, c) (Ausrück-, Schalt)Kupplung f: **to let in** (od. **engage**) **the** ~ (ein)kuppeln.
clutch² [klʌtʃ] s 1. Brut f (junger Hühner). 2. Nest n (mit Eiern), Gelege n. 3. colloq. Gruppe f, Haufen m.
clutch cou·pling s tech. Kupplungsgelenk n. ~ **disk** s Kupplungsscheibe f. ~ **fac·ing**, ~ **lin·ing** s Kupplungsbelag m. ~ **ped·al** s Kupplungs,pedal n.
clut·ter ['klʌtə(r)] **I** v/t 1. a. ~ **up** (unordentlich) vollstopfen, über'häufen. 2. durchein'anderwerfen, her'umstreuen. **II** v/i 3. durchein'anderlaufen. **III** s 4. Wirrwarr m, Durchein'ander n. 5. Unordnung f. 6. Radar: Störflecke pl. 7. Lärm m.
Clydes·dale ['klaɪdzdeɪl] s e-e Rasse schwerer, ursprünglich schottischer Zugpferde. ~ **ter·ri·er** s zo. Seidenpinscher m.
clyp·e·ate ['klɪpɪət; -pɪeɪt], **'clyp·e·i·form** [-pɪɪfɔː(r)m] adj biol. schildförmig. **'clyp·e·us** [-əs] pl -**i** [-aɪ] s zo. Kopfschild m (der Insekten).
clys·ter ['klɪstə(r)] med. obs. **I** s Kli'stier n, Einlauf m. **II** v/t j-m e-n Einlauf geben.
C mi·nus s electr. Minuspol m (e-r Gitterbatterie).
coach [kəʊtʃ] **I** s 1. (große, geschlossene) Kutsche: ~ **and four** Vierspänner m. 2. rail. Br. (Per'sonen)Wagen m. 3. Br. Omnibus m, bes. Reisebus m. 4. Am. geschlossenes Auto, Limou'sine f (meist mit zwei Türen). 5. mot. Karosse'rie f. 6. Einpauker m, Nachhilfe-, Hauslehrer

m. 7. sport Trainer m: **football** ~. 8. fig. Lehrmeister m. 9. Am. kurzer Leitfaden. **II** v/t 10. j-m 'Nachhilfe,unterricht geben: **to** ~ **s.o. in s.th.** j-m etwas einpauken, j-n in e-e Sache einarbeiten. 11. j-m Anweisungen geben, j-n instru'ieren. 12. sport trai'nieren. **III** v/i 13. in e-r Kutsche reisen, kut'schieren. 14. a) 'Nachhilfe,unterricht geben, b) 'Nachhilfe,unterricht haben (**with** bei). ~ **box** s Kutschbock m, Kutschersitz m. **⎵'build·er** s 1. Stellmacher m. 2. mot. Br. Karosse'riebauer m. ~ **dog** s zo. Dalma'tiner m.
coach·ee ['kəʊtʃiː] s Kutscher m.
coach·er ['kəʊtʃə(r)] s 1. Einpauker m. 2. sport Trainer m. 3. Kutschpferd n.
coach horse s Kutschpferd n. ~ **house** s Wagenschuppen m, Re'mise f.
coach·ing ['kəʊtʃɪŋ] s 1. 'Nachhilfe,unterricht m, Einpauken n. 2. Unter'weisung f, Anleitung f.
'coach·man [-mən] s irr 1. Kutscher m. 2. Angeln: Kutscher m (künstliche Fliege). **⎵'whip** s 1. Kutscherpeitsche f. 2. zo. Peitschenschlange f. **⎵'work** s mot. Karosse'rie f.
co·ac·tion [kəʊ'ækʃn] s 1. Zs.-wirken n. 2. Zwang m. **co'ac·tive** adj 1. zs.-wirkend. 2. zwingend.
co·ad·ju·tor [kəʊ'ædʒʊtə(r); Am. a. ˌkəʊəˈdʒuːtər] s 1. Gehilfe m, Assi'stent m. 2. relig. Koad'jutor m (e-s Bischofs).
co·ag·u·la·ble [kəʊˈægjʊləbl] adj gerinnbar. **co'ag·u·lant** s Koagu'lans n, Gerinnungsmittel n. **co'ag·u'la·tion** s Gerinnung f, Koagulati'on f. **co'ag·u·la·tive** [-lətɪv; bes. Am. -ˌleɪtɪv] adj Gerinnung verursachend. **co'ag·u·lum** [-ləm] pl -**la** [-lə] s 1. geronnene Masse, Gerinnsel n. 2. Blutgerinnsel n, -klumpen m.
coal [kəʊl] **I** s 1. min. a) Kohle f, b) engS. Steinkohle f, c) (ein) Stück n Kohle. 2. Holzkohle f. 3. (glühendes) Stück Kohle m. Holz: **to drop s.o. like hot** ~**s** fig. j-n fallenlassen wie e-e heiße Kartoffel. 4. pl Br. Kohle f, Kohlen pl, Kohlenvorrat m: **to lay in** ~**s** sich mit Kohlen eindecken; **to carry** (od. **take**) ~**s to Newcastle** fig. Eulen nach Athen tragen; **to haul** (od. **drag**) **s.o. over the** ~**s** fig. j-m die Hölle heiß machen; **to heap** ~**s of fire on s.o.'s head** fig. feurige Kohlen auf j-s Haupt sammeln. 5. chem. Schlacke f. **II** v/t 6. zu Kohle brennen. 7. mar. rail. bekohlen, mit Kohle versorgen. **III** v/i 8. mar. rail. Kohle einnehmen, bunkern. **C**~ **and Steel Com·mu·ni·ty** s econ. Mon'tanuni,on f. ~ **bed** s geol. Kohlenflöz n. **⎵'bin** s 1. Verschlag m (im Keller) für Kohlen. 2. tech. Kohlenbunker m. **⎵'black** adj kohlschwarz. ~ **black·ing** s schwarzer Eisenlack. ~ **brass** s geol. Schwefelkiesminen pl.
coal·er ['kəʊlə(r)] s a) Kohlenschlepper m, b) 'Kohlenwag,gon m, -zug m.
co·a·lesce [ˌkəʊə'les] v/i verschmelzen, zs.-wachsen, sich vereinigen od. verbinden (alle a. fig.). **ˌco·a'les·cence** s Verschmelzung f, Vereinigung f. **ˌco·a'les·cent** adj verschmelzend.
'coal|field s 'Kohlenre,vier n. **⎵'fish** s ichth. 1. Köhler m. 2. Kerzenfisch m. ~ **gas** s 1. Kohlengas n. 2. Leuchtgas n. ~ **heav·er** s Kohlenträger m.
coal·ing sta·tion ['kəʊlɪŋ] s mar. 'Bunker-, 'Kohlenstati,on f.
co·a·li·tion [ˌkəʊə'lɪʃn] **I** s 1. pol. Koaliti'on f: **to form a** ~ e-e Koalition eingehen od. bilden, koalieren. 2. Bündnis n, Zs.-schluß m. **II** adj 3. pol. Koalitions...: ~ **crisis** (**government**,

coalitionist – coccygeal

partner, *etc*). ˌco·aˈli·tion·ist *s* Koaliˈtionist *m*.

coal|**mas·ter** *s* Besitzer *m od*. Pächter *m* e-s Steinkohlenbergwerks. ~ **measures** *s pl geol*. Kohlengebirge *n*. ~ **mine** *s* Kohlenbergwerk *n*, Kohlengrube *f*, -zeche *f*. ~ **min·er** *s* Grubenarbeiter *m*, Bergmann *m*, -arbeiter *m*. ~ **min·ing** *s* Kohlenbergbau *m*. '**~mouse** *s irr orn*. Tannenmeise *f*. ~ **oil** *s Am*. Peˈtroleum *n*. ~ **own·er** → coal master. '**~pit** *s* 1. Kohlengrube *f*. 2. *Am*. Holzkohlenmeiler *m*. ~ **plant** *s geol*. Pflanzenabdruck *m* in Steinkohlen. ~ **pow·er station** *s* Kohlekraftwerk *n*. ~ **screen** *s* Kohlensieb *n*. ~ **scut·tle** *s* Kohleneimer *m*, -behälter *m*, -kiste *f*. ~ **seam** *s geol*. Kohlenflöz *n*. ~ **tar** *s* Steinkohlenteer *m*. ~**tit(·mouse)** → coalmouse. ~ **wharf** *s mar*. Bunkerkai *m*.

coam·ing [ˈkəʊmɪŋ] *s meist pl mar*. Süll *n*, Lukenkimming *f*.

co·ap·ta·tion [ˌkəʊæpˈteɪʃn] *s* 1. Zs.-passen *n* (*von Teilen*). 2. *med*. Einrichten *n* (*gebrochener Knochenteile*).

coarse [kɔː(r)s; *Am. a*. ˈkəʊərs] *adj* (*adv* ~**ly**) 1. *allg*. grob: a) rauh: ~ **skin**; ~ **linen** Grobleinwand *f*; ~ **fare** grobe *od*. einfache Kost, b) grobkörnig: ~ **sand**; ~ **bread** Schrotbrot *n*; ~ **fodder** *agr*. Rauhfutter *n*, c) derb: ~ **face**. 2. grob, ungenau: ~ **adjustment** *tech*. Grobeinstellung *f*. 3. *fig*. grob, derb, roh, ungehobelt: a ~ **fellow**; ~ **language** derbe Ausdrucksweise; ~ **manners** ungehobeltes Benehmen. 4. gemein, unanständig. '**~-grained** *adj* 1. *tech*. a) grobkörnig, b) grobfaserig. 2. *fig*. rauh, ungehobelt.

coars·en [ˈkɔː(r)sn; *Am. a*. ˈkəʊrsn] I *v/t* grob machen, vergrobern (*a. fig*.). II *v/i* grob werden, sich vergröbern. '**coarse·ness** *s* 1. Grobheit *f*, grobe Qualiˈtät. 2. *fig*. a) Grob-, Derbheit *f*, b) Gemeinheit *f*, Unanständigkeit *f*.

coast [kəʊst] I *s* 1. Küste *f*, Gestade *n*, Meeresufer *n*: **the ~ is clear** *fig*. die Luft ist rein. 2. Küstenlandstrich *m*. 3. **the C~** *Am*. die (Paˈzifik)Küste. 4. *Am*. a) Rodelbahn *f*, b) (Rodel)Abfahrt *f*. II *v/i* 5. *mar*. a) die Küste entlangfahren, b) Küstenschiffahrt treiben. 6. *Am*. rodeln. 7. mit e-m Fahrzeug (bergˈab) rollen, im Leerlauf (*Auto*) *od*. im Freilauf (*Fahrrad*) fahren. 8. *tech*. leerlaufen (*Maschine*, *Motor*). 9. sich ohne Anstrengung (*unter Ausnutzung e-s Schwungs*) fortbewegen: **to ~ to victory** mühelos siegen. 10. ~ **on** *sl*. ˌreisenˈ auf (*e-n Trick etc*). III *v/t* 11. an der Küste entlangfahren von (*od. gen*). '**coast·al** *adj* Küsten...: ~ **road** (strip, *etc*).

coast ar·til·ler·y *s mil. Am*. ˈKüstenartilleˌrie *f*.

coast·er [ˈkəʊstə(r)] *s*. *mar*. a) Küstenfahrer *m* (*bes. Schiff*), b) Küstenfahrzeug, das nur Inlandshäfen anläuft. 2. Küstenbewohner(in). 3. *Am*. (Rodel)Schlitten *m*. 4. Berg-u.-Tal-Bahn *f* (*im Vergnügungspark*). 5. Taˈblett *n*, *bes*. Serˈviertischchen *n*. 6. ˈUntersatz *m* (*für Gläser etc*). 7. Fußstütze *f* (*an der Vordergabel des Fahrrads*). ~ **brake** *s* Rücktrittbremse *f*.

coast guard *s* 1. *Br*. Küstenwache *f* (*a. mil*.), Küstenzollwache *f*. 2. *C~ G~ Am*. (staatlicher) Küstenwach- u. Rettungsdienst. 3. Angehörige(r) *m* der Küsten(zoll)wache *od*. des Küstenwachdienstes.

coast·ing [ˈkəʊstɪŋ] *s* 1. Küstenschiffahrt *f*. 2. *Am*. Rodeln *n*. 3. Bergˈabfahren *n* (*ohne Arbeitsleistung, im Freilauf od. bei abgestelltem Motor*). ~ **trade** *s* Küstenhandel *m*.

coast|**line** *s* Küstenlinie *f*, -strich *m*. '**~wait·er** *s Br*. Beamte(r) *m* der Zollaufsicht über den Küstenhandel. '**~-**

wise I *adv* an der Küste entlang, längs der Küste. II *adj* Küsten...

coat [kəʊt] I *s* 1. Rock *m*, Jacke *f*, Jacˈkett *n* (*des Herrenanzugs*): **to cut one's ~ according to one's cloth** sich nach der Decke strecken; **to wear the king's ~** *hist*. des Königs Rock tragen, Soldat sein. 2. Mantel *m*: **to turn one's ~** *fig*. sein Mäntelchen nach dem Wind hängen; → **trail** 1. 3. Damenjacke *f*: ~ **and skirt** (Schneider)Kostüm *n*. 4. *meist pl Br. dial*. a) ˈUnterrock *m*, b) Frauenrock *m*. 5. *zo*. a) Pelz *m*, Fell *n*, b) Haut *f*, c) Gefieder *n*. 6. Haut *f*, Schale *f*, Hülle *f*. 7. (Farb-, Metall- *etc*)ˈÜberzug *m*, Anstrich *m*, Schicht *f*, (Gips)Bewurf *m*: **to apply a second ~ of paint** e-n zweiten Anstrich auftragen. 8. → **coat of arms**. II *v/t* 9. mit e-m Mantel *od*. e-r Jacke bekleiden. 10. mit e-m ˈÜberzug (*von Farbe etc*) versehen, (an)streichen, überˈstreichen, -ˈziehen, beschichten: **to ~ with silver** mit Silber plattieren. 11. bedecken, umˈhüllen, umˈgeben (**with** mit). ~ **ar·mor**, *bes. Br*. ~ **ar·mour** *s* 1. Faˈmilienwappen *n*. 2. *obs. für* coat of arms. ~ **dress** *s* Mantelkleid *n*.

coat·ed [ˈkəʊtɪd] *adj* 1. (*a. in Zssgn*) mit e-m (...) Rock *od*. Mantel bekleidet; ...röckig: **black-~** schwarzgekleidet; **rough-~ dog** rauhhaariger Hund. 2. (mit ...) überˈzogen *od*. gestrichen *od*. bedeckt *od*. beschichtet: **sugar-~** mit Zuckerüberzug; ~ **tablet** Draˈgee *n*. 3. *tech*. a) gestrichen: ~ **paper**, b) impräˈgniert: ~ **fabric**. 4. *med*. belegt (*Zunge*).

coat·ee [ˈkəʊtiː; ˌkəʊˈtiː] *s* enganliegender, kurzer (*bes*. Waffen-, Uniˈform-) Rock.

coat|**hang·er** *s* Kleiderbügel *m*. ~ **hook** *s* Kleiderhaken *m*.

co·a·ti [kəʊˈɑːtɪ; kəˈwɑːtiː] *s zo*. Nasenbär *m*.

coat·ing [ˈkəʊtɪŋ] *s* 1. Mantelstoff *m*, -tuch *n*. 2. → coat 7. 3. *tech*. a) Futter *n*, b) Beschlag *m*.

coat of arms *s* Wappen(schild *m od. n*) *n*. ~ **of mail** *s* Harnisch *m*, Panzer(hemd *n*) *m*. ~ **peg** *s* Kleiderhaken *m*. '**~tail** *s* Rockschoß *m*. '**~trail·ing** I *adj* provoˈzierend, provokaˈtiv. II *s* Provokaˈtion *f*.

co·au·thor [ˌkəʊˈɔːθə(r)] *s* Mitautor *m*.

coax [kəʊks] I *v/t* 1. (durch Schmeicheln) überˈreden, beschwatzen, bewegen (**s.o. to do** *into* **doing s.th.** j-n zu etwas), j-m gut *od*. schmeichelnd zureden: **to ~ s.th. out of s.o.** j-m etwas abschwatzen. 3. etwas ganz vorsichtig *od*. mit Gefühl in e-n bestimmten Zustand bringen: **he ~ed the fire to burn** ˌmit Geduld u. Spuckeˈ brachte er das Feuer in Gang. 4. *obs*. schmeicheln (*dat*), liebkosen. II *v/i* 5. schmeicheln, Überˈredungskunst aufbieten.

co·ax·al [ˌkəʊˈæksl] → **coaxial**.

coax·er [ˈkəʊksə(r)] *s* Schmeichler(in), Überˈredungskünstler(in).

co·ax·i·al [ˌkəʊˈæksɪəl] *adj math. tech*. koaxiˈal, konˈzentrisch: ~ **cable** *electr*. Koaxialkabel *n*.

coax·ing [ˈkəʊksɪŋ] *adj* (*adv* ~**ly**) schmeichelnd, überˈredend.

cob¹ [kɒb; *Am*. kɑb] *s* 1. *zo*. männlicher Schwan. 2. kleines, gedrungenes Pferd. 3. *Am*. Pferd *n* mit außergewöhnlich hohem Tritt. 4. Klumpen *m*, Stück *n* (*Kohle etc*). 5. Maiskolben *m*. 6. *Br*. ˈBaumateriˌal *n* für Wellerbau, Strohlehm *m*. 7. → **cobloaf**. 8. → **cobnut**. 9. *obs. od. dial*. bedeutender Mann.

cob² [kɒb; *Am*. kɑb] *s orn*. (*e-e*) Seemöwe, *bes*. Mantelmöwe *f*.

co·balt [kəʊˈbɔːlt; *bes*. ˈkəʊbɔːlt] *s*

1. *chem. min*. Kobalt *n* (*Zeichen*: Co); ~-60 ⁶⁰Co (*künstlich erzeugtes radioaktives Isotop*); ~ **bomb** a) *mil*. Kobaltbombe *f*, b) *med*. Kobaltkanone *f*. 2. → **cobalt blue**. ~ **blue** *s* 1. Kobaltblau *n*. 2. Schmalt *m*, Schmelzblau *n*.

co·bal·tic [kəʊˈbɔːltɪk], **co·balt·if·er·ous** [ˌkəʊbɔːlˈtɪfərəs] *adj* kobalthaltig.

co·bal·tite [kəʊˈbɔːltaɪt; ˈkəʊbɔːltaɪt] *s min*. Kobaltglanz *m*.

cob·ble¹ [ˈkɒbl; *Am*. ˈkɑbəl] I *s* 1. Kopfstein *m*, runder Pflasterstein. 2. *pl* Kopfsteinpflaster *n*. 3. *pl* → **cob coal**. 4. Klumpen *m* Abfalleisen. II *v/t* 5. mit Kopfsteinen pflastern: ~**d street** Straße *f* mit Kopfsteinpflaster.

cob·ble² [ˈkɒbl; *Am*. ˈkɑbəl] I *v/t* 1. Schuhe flicken. 2. *a*. ~ **up** zs.-pfuschen, zs.-schustern. II *v/i* 3. Schuhe flicken.

cob·bler [ˈkɒblə; *Am*. ˈkɑblər] *s* 1. (Flick-) Schuster *m*. 2. *obs*. Pfuscher *m*, Stümper *m*. 3. Cobbler *m* (*Cocktail aus Wein, Rum od. Whisky u. Zucker*). 4. *Am*. ˈFruchtpaˌstete *f*. 5. *pl Br. sl*. ˌScheißˈ *m*: **I've never heard such a load of old ~s** so e-n Scheiß. 6. *pl Br. vulg*. ˌEierˈ *pl* (*Hoden*).

ˈcob·bler·fish *s ichth*. (*e-e*) ˈStachelmaˌkrele.

ˈcob·ble·stone → cobble¹ 1.

cob coal *s bes. Br*. Nuß-, Stückkohle *f*.

Cob·den·ism [ˈkɒbdənɪzəm; *Am*. ˈkɑb-] *s econ. hist*. Manchestertum *n*, Freihandelslehre *f*.

co·bel·lig·er·ent [ˌkəʊbɪˈlɪdʒərənt] I *s* mitkriegführender Staat (*ohne Bestehen e-s Bündnisvertrages*). II *adj* mitkriegführend.

co·ble [ˈkəʊbl; *Br. a*. ˈkɒbl; *Am. a*. ˈkɑbəl] *s* flaches Fischerboot.

ˈcob|**loaf** *s irr* rundes Brot, runder Laib Brot. '**~nut** *s* 1. *bot*. Haselnuß *f*. 2. ein Kinderspiel mit an Schnüren befestigten Nüssen.

Co·bol [ˈkəʊbɒl] *s* COBOL *n* (*Computersprache*).

co·bra [ˈkəʊbrə] *s zo*. 1. Kobra *f*: a) (*e-e*) Hutschlange, b) → **cobra de capello**. 2. Mamba *f*. ~ **de ca·pel·lo** [diːkəˈpeləʊ] *s zo*. Indische Brillenschlange, Kobra *f*.

cob swan *s orn*. männlicher Schwan.

co·burg [ˈkəʊbɜːg; *Am*. -ˌbɜrg] *s* ein dünner Kleiderstoff aus Kammgarn mit Baumwolle *od*. Seide.

ˈcob·web *s* 1. Spinn(en)gewebe *n*, Spinnwebe *f*: **to go for a walk to blow the ~s away** *colloq*. um e-n klaren Kopf zu bekommen. 2. Spinnenfaden *m*. 3. feines, zartes Gewebe (*a. fig*.). 4. *fig*. Netz *n*, Schlinge *f*. 5. *fig*. Staub *m*. '**cob·webbed** *adj* voller Spinnweben. '**cob**ˌ**web·by** *adj* 1. spinnwebartig, zart. 2. → cobwebbed.

co·ca [ˈkəʊkə] *s* 1. *bot*. (*e-e*) Koka. 2. getrocknete Kokablätter *pl*.

co·cain(e) [kəʊˈkeɪn; *Am. a*. ˈkəʊˌkeɪn] *s chem*. Kokaˈin *n*.

co·cain·ism [kəʊˈkeɪnɪzəm; ˈkəʊkə-] *s med*. 1. Kokaˈinvergiftung *f*. 2. Kokaˈinsucht *f*. **co·cain·ize** [kəʊˈkeɪnaɪz; ˈkəʊkəˌnaɪz] *v/t med*. kokaiˈnisieren, mit Kokaˈinlösung betäuben.

coc·ci [ˈkɒkaɪ, -ksaɪ; *Am*. ˈkɑ-] *pl von* coccus.

coc·cid [ˈkɒksɪd; *Am*. ˈkɑ-] *s zo*. Schildlaus *f*.

coc·coid [ˈkɒkɔɪd; *Am*. ˈkɑ-] *adj bot. med*. kokkenähnlich.

coc·cous [ˈkɒkəs; *Am*. ˈkɑ-] *adj bot*. aus Kokken bestehend.

coc·cus [ˈkɒkəs; *Am*. ˈkɑ-] *pl* -**ci** [ˈkɒkaɪ, -ksaɪ; *Am*. ˈkɑ-] *s* 1. *med*. (Mikro)Kokkus *m*, Kokke *f*, ˈKugelbakˌterie *f*. 2. *bot*. a) Kokke *f* (*runde Teilfrucht*), b) Sporenmutterzelle *f*.

coc·cyg·e·al [kɒkˈsɪdʒɪəl; *Am*. kɑk-; *a*. -dʒəl] *adj anat*. Steißbein...: ~ **bone** →

coccyx 1. coc·cyx ['kɒksɪks; *Am.* 'kɑ-] *pl* **-cy·ges** [-sɪdʒiːz]; *a.* -'saɪdʒiːz] *s* **1.** *anat.* Steißbein *n.* **2.** *zo.* Schwanzfortsatz *m.*
Co·chin, c~ ['kɒtʃɪn; *bes. Am.* 'kəʊ-], *a.* ,**Co·chin-'Chi·na,** ,**c~-'c~** *s orn.* Kotschin'chinahuhn *n.*
coch·i·neal ['kɒtʃɪniːl; *Am.* 'kɑtʃənɪːl; 'kəʊ-] *s* **1.** Kosche'nille(farbe *f*, -rot *n*) *f.* **2.** *a.* **~ insect** *zo.* Kosche'nille(schildlaus) *f.*
coch·le·a ['kɒklɪə; *Am.* 'kɑ-] *s pl* **-le·ae** [-lɪiː] *s anat.* Cochlea *f*, Schnecke *f* (*im Ohr*).
cock¹ [kɒk; *Am.* kɑk] **I** *s* **1.** *orn.* Hahn *m*: **~ of the north** Bergfink *m*; **~ of the wood** Schopfspecht *m*; **old ~!** *Br. colloq.* alter Knabe! **2.** Männchen *n*, Hahn *m* (*von Vögeln*). **3.** *a)* Hahnenschrei *m*, Zeit *f* des ersten Hahnenschreis. **4.** Turmhahn *m*, Wetterhahn *m*. **5.** *colloq.* (An)Führer *m*: **~ of the school** Erste(r) *m od.* Anführer unter den Schülern; **~ of the walk** (*od.* **roost**) *oft contp.* der Größte. **6.** *tech.* (Absperr-, Wasser-, Gas)Hahn *m*. **7.** *a)* (Gewehr-, Pi'stolen)Hahn *m*, *b)* Hahnstellung *f*: **at full ~** mit gespanntem Hahn; **at half ~** mit Hahn in Ruh; → **half cock. 8.** *a)* (vielsagendes *od.* verächtliches) (Augen)Zwinkern, *b)* Hochtragen *n* (*des Kopfes, der Nase*), *c)* keckes Schiefsetzen (*des Hutes*): **to give one's hat a saucy ~** s-n Hut keck aufs Ohr setzen, d) Spitzen *n* (*der Ohren*), *e)* Aufrichten *n* (*des Schweifs*). **9.** aufgebogene Hutkrempe. **10.** *tech.* Unruhscheibe *f* (*der Uhr*). **11.** *vulg.* ,Schwanz' *m* (*Penis*). **12.** *Br. colloq.* ,Quatsch' *m*, Blödsinn *m*: **I've never heard such a load of ~** so e-n Quatsch. **II** *v/t* **13.** *den Gewehrhahn* spannen. **14.** aufrichten, schiefstellen: **to ~ (up) one's head** herausfordernd den Kopf heben; **to ~ one's ears** die Ohren spitzen; **to ~ one's eye at** s.o. j-n schräg ansehen; **to ~ one's hat** den Hut schief aufsetzen; → **snook. 15.** *Hutkrempe* aufstülpen. **16. ~ up** *Br. sl.* ,versauen', verpfuschen. **III** *v/i* **17.** *obs.* ein'herstol,zieren, großspurig auftreten. **IV** *adj* **18.** *meist orn.* männlich: **~ canary** Kanarienhähnchen *n*; **~ lobster** männlicher Hummer. **19.** *colloq.* Ober..., Haupt...
cock² [kɒk; *Am.* kɑk] **I** *s* kleiner Heu-, Getreide-, Dünger-, Torfhaufen. **II** *v/t Heu etc* in Haufen setzen.
cock³ [kɒk; *Am.* kɑk] *obs. für* **cockboat.**
cock·ade [kɒ'keɪd; *Am.* kɑ'k-] *s* Ko'karde *f.* **cock'ad·ed** *adj* mit e-r Ko'karde.
cock-a-doo·dle-doo [,kɒkədu:dl'du:; *Am.* 'kɑkə,du:dl'du:] *s* **1.** Kikeri'ki *n* (*Krähen des Hahns*). **2.** *humor.* Kikeri'ki *m* (*Hahn*).
cock-a-hoop [,kɒkə'hu:p; *Am.* ,kɑ-] *adj u. adv* **1.** trium'phierend. **2.** prahlerisch, arro'gant. **3.** ausgelassen, fi'del.
Cock·aigne [kɒ'keɪn; *Am.* kɑ'k-] *s* Schla'raffenland *n.*
cock-a-leek·ie [,kɒkə'li:kɪ; *Am.* ,kɑkɪ-] *s* Hühnersuppe *f* mit Lauch. ,**cock·a'lo·rum** [-ə'lɔ:rəm] *s* (kleiner) Gernegroß.
,**cock·a'ma·mie,** ,**cock·a'ma·my** [-'meɪmɪ; *Am. sl.*] **I** *adj* blödsinnig. **II** *s* ,Quatsch' *m*, Blödsinn *m*.
,**cock-and-'bull sto·ry** *s colloq.* Ammenmärchen *n*, Lügengeschichte *f*. ,**~-and-'hen** *adj colloq.* gemischt: **a ~ party.**
cock·a·too [,kɒkə'tu:; *Am.* 'kɑkə,tu:] *s orn.* Kakadu *m.*
cock·a·trice ['kɒkətraɪs; -trɪs; *Am.* 'kɑ-] *s* **1.** *myth.* Basi'lisk *m*. **2.** *fig.* Schlange *f*, tückische Per'son.
Cock·ayne → **Cockaigne.**
'**cock·boat** *s mar.* kleines Boot, *bes.* Beiboot *n*. ,**~'chaf·er** *s zo.* Maikäfer *m.* '**~crow,** '**~crow·ing** *s* **1.** Hahnenschrei *m*. **2.** *fig.* Tagesanbruch *m.*

cocked [kɒkt; *Am.* kɑkt] *adj* **1.** aufwärts gerichtet. **2.** aufgestülpt (*Hutkrempe*). **3.** gespannt (*Gewehrhahn*). **~ hat** *s* Dreispitz *m* (*Hut*): **to knock** (*od.* **beat**) **into a ~** *sl.* a) *sport* ,überfahren', ,vernaschen' (*hoch schlagen*), *b)* j-n, etwas weit in den Schatten stellen, *c)* e-n Plan *etc* völlig ,über den Haufen werfen'.
cock·er¹ ['kɒkə; *Am.* 'kɑkər] *s* **1.** → **cocker spaniel. 2.** *a)* Kampfhahnzüchter *m*, *b)* Liebhaber *m* von Hahnenkämpfen.
cock·er² ['kɒkə; *Am.* 'kɑkər] *v/t* verhätscheln, verwöhnen: **to ~ up** aufpäppeln.
Cock·er³ ['kɒkə; *Am.* 'kɑkər] *npr nur in*: **according to ~** nach Adam Riese, genau.
cock·er·el ['kɒkərəl; *Am.* 'kɑ-] *s* **1.** junger Hahn. **2.** *fig.* junger Mann.
cock·er span·iel *s zo.* Cockerspaniel *m.*
cock·et ['kɒkɪt] *s Br. hist. a)* königliches Zollsiegel, *b)* Zollplombe *f.*
'**cock·eye** *s* **1.** *colloq.* Schielauge *n*. **2.** *tech.* Kara'binerhaken *m* (*am Pferdegeschirr*). ,**~eyed** *adj colloq.* **1.** schielend: **to be ~** schielen. **2.** (krumm *u.*) schief. **3.** ,blöd', verrückt. **4.** ,blau' (*betrunken*). ,**~feath·er** *s* Feder *f* (*am Pfeil*). ,**~fight,** ,**~fight·ing** *s* Hahnenkampf *m*: **that beats cockfighting** *colloq.* ,das ist 'ne Wucht'. ,**~horse I** *s* a) Schaukel-, Steckenpferd *n*, *b)* Knie *n* (*auf dem man ein Kind reiten läßt*): **a ~** → **II. II** *adj u. adv* **2.** hoch zu Roß. **3.** *fig.* hochmütig, stolz.
cock·i·ness ['kɒkɪnɪs; *Am.* 'kɑ-] *s colloq.* Großspurigkeit *f*, Anmaßung *f.*
cock·ish ['kɒkɪʃ; *Am.* 'kɑ-] *adj colloq.* **1.** wie ein Hahn. **2.** → **cocky.**
cock·le¹ ['kɒkl; *Am.* 'kɑkəl] **I** *s* **1.** *zo.* (*bes.* eßbare) Herzmuschel: **that warms the ~s of my heart** *fig.* das tut m-m Herzen wohl, dabei wird mir warm ums Herz. **2.** → **cockleshell. 3.** Runzel *f*, Falte *f*. **II** *v/i* **4.** runz(e)lig werden. **5.** sich kräuseln *od.* werfen. **III** *v/t* **6.** runzeln. **7.** kräuseln.
cock·le² ['kɒkl; *Am.* 'kɑkəl] → **corn cockle.**
cock·le³ ['kɒkl; *Am.* 'kɑkəl] *s* **1.** *a.* **~ stove** Kachelofen *m*. **2.** *a.* **~ oast** Hopfendarrofen *m.*
'**cock·le,boat** → **cockboat.** '**~bur** *s bot.* Spitzklette *f.* '**~shell** *s* **1.** Muschelschale *f.* ,Nußschale' *f*, kleines Boot.
'**cock·|·loft** *s* Dachkammer *f.* '**~mas·ter** → **cocker¹. ~ met·al** *s tech.* 'Graume,tall *m.*
cock·ney ['kɒknɪ; *Am.* 'kɑknɪ] **I** *s* **1.** *oft* **C~** Cockney *m*, waschechter Londoner (*bes. aus dem* **East End**). **2.** *oft* **C~** 'Cockney(dia,lekt *m*, -aussprache *f*) *n*. **3.** *obs.* verhätscheltes Kind. **4.** *obs.* Städter *m*. **II** *adj* **5.** Cockney... '**cock·ney·dom** *s* **1.** Gegend, in der die Cockneys wohnen (*bes. das* **East End**). **2.** *collect.* die Cockneys *pl.* '**cock·ney·fy** [-faɪ] *v/t u. v/i* zum Cockney machen (werden). '**cock·ney·ism** *s* **1.** Cockneyausdruck *m*. **2.** Cockneyeigenart *f.*
'**cock·pit** *s* **1.** *aer. mar.* Cockpit *n* (*a. e-s Rennwagens*). **2.** *mar. obs. a)* Raumdeck *n* für jüngere Offi'ziere, *b)* Verbandsplatz *m*. **3.** Hahnenkampfplatz *m*. **4.** *fig.* Kampfplatz *m.*
'**cock·roach** *s zo.* (Küchen)Schabe *f.*
'**cocks·comb** ['kɒkskəʊm; *Am.* 'kɑ-] *s* **1.** *zo.* Hahnenkamm *m*. **2.** Narrenkappe *f*. **3.** *bot. a)* Ko'rallenbaum *m*, *b)* (*ein*) Hahnenkamm *m*. **4.** *obs.* Stutzer *m*, Geck *m*. '**~foot** *s irr bot.* Band-, Knäuelgras *n.*
'**cock·shy** [-ʃaɪ] *s* **1.** (*ein*) Wurfspiel *n*. **2.** Wurf *m* auf ein Ziel. **3.** Zielscheibe *f* (*a.*

fig.). '**~spur** *s* **1.** *zo.* Hahnensporn *m*. **2.** *bot. a)* Hahnensporn-Weißdorn *m*, *b)* Stachelige Pi'sonie. ,**~sure** *adj* (*adv* **~ly**) **1.** ganz sicher, todsicher, vollkommen über'zeugt (**of, about** von). **2.** über'trieben selbstsicher, anmaßend. **3.** *obs.* ganz ohne Gefahr.
cock·sy ['kɒksɪ; *Am.* 'kɑ-] → **cocky.**
'**cock·|·tail** *s* **1.** *a)* Cocktail *m*: **~ cherry** (**dress**, *etc*); **~ belt** Prominentenvorstadt *f*, *b)* Austern-, Hummer-, Krabbencocktail *m*, *c)* Fruchtcocktail *m*, gemischte Fruchtschale. **2.** *a)* Pferd *n* mit gestutztem Schweif, *b)* Halbblut *n* (*Pferd*). '**~tailed** *adj* mit gestutztem Schweif.
'**cock·up** *s Br. sl.* Pfusch *m*: **to make a ~ of** → **cock¹ 16.**
cock·y ['kɒkɪ; *Am.* 'kɑ-] *adj colloq.* großspurig, anmaßend.
cock·y-leek·y [,kɒkɪ'li:kɪ; *Am.* ,kɑ-] → **cockaleekie.**
cock·y·ol·(l)y bird [,kɒkɪ'ɒlɪ; *Am.* ,kɑki'ɑli:] *s humor.* Piepvögelchen *n.*
co·co ['kəʊkəʊ] **I** *pl* **-cos** *s* **1.** *bot. a)* Kokospalme *f*, *b)* Kokosnuß *f*. **2.** *sl.* ,Nuß' *f* (*Kopf*). **II** *adj* **3.** aus Kokosfasern 'hergestellt, Kokos...: **~ matting** Kokosmatte *f.*
co·coa ['kəʊkəʊ] **I** *s* **1.** *a)* Ka'kao(pulver *n*) *m*, *b)* Ka'kao *m* (*Getränk*). **2.** *fälschlich für* **coco. ~ bean** *s* Ka'kaobohne *f.* **~ but·ter** *s* Ka'kaobutter *f.*
co·con·scious [kəʊ'kɒnʃəs; *Am.* -'kɑn-] *adj psych.* nebenbewußt. **co'con·scious·ness** *s psych.* Nebenbewußtsein *n.*
co·co·nut ['kəʊkənʌt] **I** *s* **1.** Kokosnuß *f*: **that accounts for the milk in the ~** *humor.* ,daher der Name!'. **2.** *sl.* ,Nuß' *f* (*Kopf*). **II** *adj* → **coco 3. ~ but·ter** *s* Kokosbutter *f.* **~ milk** *s* Kokosmilch *f.* **~ oil** *s* Kokosöl *n.* **~ palm, ~ tree** *s bot.* Kokospalme *f.*
co·coon [kə'ku:n] **I** *s* **1.** *zo. a)* Ko'kon *m*, Puppe *f* (*der Seidenraupe*), *b)* Gespinst *n*, Schutzhülle *f* (*bes. für Egel, Spinnen, Fische*). **2.** *mil.* Schutzhülle *f* (*aus Plastik, für Geräte*). **II** *v/t* **3.** in e-n Ko'kon einspinnen. **4.** *mil. Gerät* ,einmotten'. **5.** *fig.* einhüllen. **III** *v/i* **6.** sich (in e-n Ko'kon) einspinnen. **co'coon·er·y** [-ərɪ] *s* (Gebäude *n od.* Raum *m* für) Seidenraupenzucht *f.*
co·co palm → **coconut palm.**
co·cotte [kɒ'kɒt; *Am.* *a.* kəʊ'kɑt] *s* **1.** Ko'kotte *f*. **2.** Kasse'rolle *f.*
cod¹ [kɒd; *Am.* kɑd] *pl* **cods**, *bes. collect.* **cod** *s ichth.* Kabeljau *m*, Dorsch *m*: **dried ~** Stockfisch *m*; **cured ~** Klippfisch *m.*
cod² [kɒd; *Am.* kɑd] *s* **1.** *dial.* Hülse *f*, Schote *f*. **2.** *obs.* Beutel *m*, Tasche *f.*
cod³ [kɒd; *Am.* kɑd] *v/t u. v/i* foppen.
co·da ['kəʊdə] *s mus.* Coda *f*, Schlußteil *m* (*e-s Satzes*).
cod·dle ['kɒdl; *Am.* 'kɑdl] *v/t* **1.** langsam kochen lassen. **2.** verhätscheln, verzärteln: **to ~ up** aufpäppeln.
code [kəʊd] **I** *s* **1.** *jur.* Kodex *m*, Gesetzbuch *n*, Gesetzessammlung *f*. **2.** Kodex *m*, Regeln *pl*: **~ of hono(u)r** Ehrenkodex *m*. **3.** *mar. mil.* Si'gnalbuch *n*. **4.** (Tele-'gramm)Schlüssel *m*. **5.** *a)* Code *m*, Schlüsselschrift *f*, *b)* Chiffre *f*: **~ name** Deckname *m*; **~ number** Code-, Kennziffer *f*; **~ word** Code-, Schlüsselwort *n*, *c)* Code *m*, Schlüssel *m*. **II** *v/t* **6.** kodifi'zieren. **7.** in Code *od.* Schlüsselschrift 'umsetzen, verschlüsseln, co'dieren, chif'frieren: **~d message** verschlüsselte *od.* chiffrierte Nachricht; **~d instruction** (*Computer*) codierter Befehl.
co·de·fend·ant [,kəʊdɪ'fendənt] *s jur. a)* (*Zivilrecht*) Mitbeklagte(r *m*) *f*, *b)* (*Strafrecht*) Mitangeklagte(r *m*) *f.*

code flag s mar. Si'gnalflagge f.
co·deine ['kəʊdi:n; -di:ɪn] s med. pharm. Kode'in n.
code plug s electr. Schlüsselstecker m.
'co·de,ter·mi'na·tion s econ. Mitbestimmung(srecht n) f.
co·dex ['kəʊdeks] pl **co·di·ces** ['kəʊdɪsi:z] s Kodex m, alte Handschrift.
'cod·fish → cod¹. **'~fish·er** s 1. Kabeljaufänger m, -fischer m. 2. Boot n zum Kabeljaufang.
codg·er ['kɒdʒə; Am. 'kɑdʒər] s colloq. komischer (alter) Kauz.
co·di·ces ['kəʊdɪsi:z] pl von **codex**.
cod·i·cil ['kɒdɪsɪl; Am. 'kɑdə-] s jur. 1. Kodi'zill n, Testa'mentsnachtrag m. 2. Zusatz m, Anhang m. **,cod·i'cil·la·ry** [-lərɪ] adj Kodizill...
cod·i·fi·ca·tion [,kəʊdɪfɪ'keɪʃn; ,kɒd-; Am. -də]-] s Kodifi'zierung f. **'cod·i·fy** [-faɪ] v/t 1. jur. kodifi'zieren. 2. in ein Sy'stem bringen. 3. Nachricht etc verschlüsseln.
co·di·rec·tion·al [,kəʊdɪ'rekʃənl; -daɪ-] adj die'selbe Richtung habend.
cod·lin ['kɒdlɪn; Am. 'kɑd-] → **codling²**.
cod·ling¹ ['kɒdlɪŋ; Am. 'kɑd-] s ichth. junger Kabeljau od. Dorsch.
cod·ling² ['kɒdlɪŋ] s Br. (ein) Kochapfel m.
cod·ling moth s zo. Apfelwickler m.
'cod-,liv·er oil s Lebertran m.
'cod·piece s hist. Hosenbeutel m.
co·driv·er [,kəʊ'draɪvə(r)] s Beifahrer m.
cods·wal·lop ['kɒdz,wɒləp; Am. 'kɑdz,wɑ-] s bes. Br. sl. ‚Quatsch' m, Blödsinn m.
co·ed [,kəʊ'ed; 'kəʊed] ped. colloq. **I** s 1. Am. Stu'dentin f od. Schülerin f e-r gemischten Schule. 2. Br. gemischte Schule, Koedukati'onsschule f. **II** adj 3. gemischt, Koedukations-.
co·ed·u·ca·tion [,kəʊedʒʊ'keɪʃn; Am. -,edʒə'k-] s ped. Koeduka'tion f, Gemeinschaftserziehung f. **,co·ed·u'ca·tion·al** [-ʃənl] adj: **~ school** gemischte Schule, Koedukationsschule f; **~ teaching** → coeducation.
co·ef·fi·cient [,kəʊɪ'fɪʃnt] **I** s 1. math. phys. Koeffizi'ent m. 2. mitwirkende Kraft, Faktor m. **II** adj 3. mit-, zuwirkend. **~ of fric·tion** s phys. 'Reibungskoeffizi,ent m. **~ of meas·ure** s math. Maßzahl f.
coe·horn ['kəʊhɔ:(r)n] s mil. hist. kleiner tragbarer Mörser (18. Jh.).
coe·len·ter·ate [sɪ'lentəreɪt; -rət] s zo. Hohltier n. **coe'len·ter·on** [-rɒn; Am. -,rɒn] pl **-ter·a** [-rə] s zo. 1. Ga'stralraum m (der Hohltiere). 2. Darmleibeshöhle f.
coe·li·ac bes. Br. → celiac.
co·emp·tion [kəʊ'empʃn] s obs. Ankauf m des gesamten Vorrats (e-r Ware).
coe·no·bi·a [sɪ'nəʊbɪə] pl von **coenobium**.
coe·no·bite → cenobite.
coe·no·bi·um [sɪ'nəʊbɪəm] pl **-bi·a** [-ə] s 1. Kloster(gemeinschaft f) n. 2. biol. 'Zellkolo,nie f. 3. bot. Klause f (einsamige Teilfrucht).
co·en·zyme [kəʊ'enzaɪm] s med. Koen'zym n, 'Konfer,ment n.
co·e·qual [kəʊ'i:kwəl] **I** adj (adv ~ly) ebenbürtig, gleichrangig, -gestellt. **II** s Rang-, Standesgenosse m, Ebenbürtige(r m) f.
co·erce [kəʊ'ɜ:s; Am. -'ɜːrs] v/t 1. zu'rückhalten. 2. zwingen, nötigen (into doing zu tun). 3. erzwingen: **to ~ obedience**.
co'er·ci·ble adj (adv **coercibly**) 1. erzwingbar, zu erzwingen(d). 2. phys. kompri'mierbar.
co·er·cion [kəʊ'ɜ:ʃn; Am. -'ɜːrʃn] s 1. Einschränkung f. 2. Zwang m, Gewalt

f: **by ~** → **coercively**. 3. pol. 'Zwangsre,gierung f, -re,gime n. 4. jur. Nötigung f. **co'er·cion·ist** s Anhänger(in) der 'Zwangspoli,tik.
co·er·cive [kəʊ'ɜ:sɪv; Am. -'ɜːr-] **I** adj 1. zwingend, Zwangs...: **~ measure** Zwangsmaßnahme f. 2. über'zeugend, zwingend. **~ reasons**. 3. phys. koerzi'tiv: **~ force** Koerzitivkraft f. **II** s 4. Zwangsmittel n. **co'er·cive·ly** adv durch Zwang, zwangsweise. **co'er·cive·ness** s (das) Zwingende.
co·es·sen·tial [,kəʊɪ'senʃl] adj wesensgleich.
co·e·ta·ne·ous [,kəʊɪ'teɪnjəs; -nɪəs] → **coeval** I.
co·e·val [kəʊ'i:vl] **I** adj (adv ~ly) 1. zeitgenössisch: **to be ~ with** aus der gleichen Zeit stammen wie. 2. gleichalt(e)rig. 3. von gleicher Dauer. **II** s 4. Zeitgenosse m. 5. Altersgenosse m.
co·ex·ec·u·tor [,kəʊɪɡ'zekjʊtə(r)] s jur. 'Mitvoll,strecker m (e-s Testaments).
co·ex·ist [,kəʊɪɡ'zɪst] v/i gleichzeitig od. nebenein'ander bestehen od. leben, koexi'stieren. **,co·ex'ist·ence** s gleichzeitiges Bestehen, Nebenein'anderleben n, Koexi'stenz f: **peaceful ~** pol. friedliche Koexistenz. **,co·ex'ist·ent** adj gleichzeitig od. nebenein'ander bestehend, koexi'stent.
co·fac·tor [,kəʊ'fæktə(r)] s math. Ad'junkte f, Faktor m.
coff [kɒf] v/t pret u. pp **coffed, coft** [kɒft] Scot. kaufen.
cof·fee ['kɒfɪ; Am. a. 'kɑ-] s 1. Kaffee m (Getränk). 2. Kaffee(bohnen pl) m: **ground (roasted) ~** gemahlener (gebrannter) Kaffee. 3. bot. Kaffeebaum m. 4. Kaffeebraun n. **~ bar** s Br. a) Ca'fé n, b) Imbißstube f. **~ bean** s Kaffeebohne f. **~ ber·ry** s Kaffeebeere f. **~ break** s Kaffeepause f. **~ cup** s Kaffeetasse f. **~ grind·er** s Kaffeemühle f. **~ grounds** s pl Kaffeesatz m. **~ house** s Kaffeehaus n, Ca'fé n. **~ klat(s)ch** [klætʃ] s Am. colloq. Kaffeeklatsch m. **~ ma·chine** s 'Kaffeema,schine f. **~ mak·er** s 'Kaffeea,schine f. **~ mill** s Kaffeemühle f. **'~ pot** s Kaffeekanne f. **~ roast·er** s 1. Kaffeebrenner m. 2. Kaffeetrommel f. **~ roy·al** s Kaffee m mit Schuß. **~ set** s 'Kaffeeser,vice n. **~ shop** Am. für coffee bar. **~ ta·ble** s Couchtisch m. **'~-,ta·ble** adj 'großfor,matig u. reichbebildert: **~ book** Bildband m. **~ tree** s bot. 1. Kaffeebaum m. 2. Schusserbaum m. **~ urn** s ('Groß)'Kaffeema,schine f. **~ whit·en·er** s Kaffeeweißer m.
cof·fer ['kɒfə(r); Am. a. 'kɑ-] **I** s 1. Kasten m, Kiste f, Truhe f (bes. für Geld, Schmuck etc). 2. pl a) Schatz m, Schätze pl, Gelder pl, b) Schatzkammer f, Tre'sor m. 3. tech. a) Brückenbau: Fangdamm m, b) Kammer f (e-r Schleuse). 4. arch. Deckenfeld n, Kas'sette f. **II** v/t 5. (in e-r Truhe) verwahren. 6. arch. kasset'tieren. **~ed ceiling** Kassettendecke f. **'~dam** s mar. Cais'son m (zur Reparatur von Schiffen unter der Wasserlinie).
cof·fin ['kɒfɪn] **I** s 1. Sarg m. 2. Pferdehuf m. 3. print. Karren m. **II** v/t 4. einsargen. 5. ein-, wegschließen. **~ bone** s zo. Hufbein n (des Pferdes). **~ cor·ner** s American Football: Spielfeldecke f zwischen Mal- u. Marklinie. **~ joint** s zo. Hufgelenk n (des Pferdes). **~ nail** s Sargnagel m (a. Am. sl. Zigarette).
cof·fle ['kɒfl; Am. a. 'kɑfəl] s Zug m anein'andergeketteter Menschen (bes. Sklaven) od. Tiere.
coft [kɒft] pret u. pp von coff.
cog¹ [kɒɡ; Am. kɑɡ] s tech. a) (Rad)Zahn m, Kamm m, b) Zahnrad n: **he's just a ~**

in the machine (od. **wheel**) er ist nur ein Rädchen im Getriebe.
cog² [kɒɡ; Am. kɑɡ] v/t colloq. 1. Würfel mit Blei beschweren: **to ~ the dice** beim Würfeln betrügen. 2. ‚übers Ohr hauen'.
cog³ [kɒɡ; Am. kɑɡ] s mar. 1. hist. Kogge f, Handelssegler m. 2. → **cockboat**.
co·gen·cy ['kəʊdʒənsɪ] s zwingende Kraft, Beweiskraft f, Triftigkeit f. **'co·gent** adj (adv ~ly) zwingend, über'zeugend, triftig: **~ arguments**.
cogged [kɒɡd; Am. kɑɡd] adj 1. tech. gezahnt: **~ wheel** Kammrad n; **~ rail·way** bes. Am. Zahnradbahn f. 2. **~ dice** colloq. (mit Blei) beschwerte od. falsche Würfel pl.
cog·ging joint ['kɒɡɪŋ; Am. 'kɑ-] s tech. verzahnte Verbindung. **~ mill** s tech. Vor-, Blockwalzwerk n.
cog·i·ta·ble ['kɒdʒɪtəbl; Am. 'kɑdʒə-təbl] adj denkbar. **'cog·i·tate** [-teɪt] **I** v/t 1. nachdenken od. (nach)sinnen od. medi'tieren über (acc), über'legen (acc). 2. ersinnen. **II** v/i 3. (nach)denken, (nach)sinnen: **to ~ (up)on** → 1. **,cog·i'ta·tion** s 1. (Nach)Sinnen n. 2. Denkfähigkeit f. 3. Gedanke m, Überlegung f. 4. Denk...: **~ faculty** Denkfähigkeit f. 4. denkfähig, denkend.
cog·i·ta·tive ['kɒdʒɪtətɪv; Am. 'kɑdʒə-,teɪ-] adj (adv ~ly) 1. (nach)sinnend. 2. nachdenklich. 3. Denk...: **~ faculty** Denkfähigkeit f. 4. denkfähig, denkend.
co·gnac ['kɒnjæk; bes. Am. 'kəʊn-] s 1. Cognac m (französischer Weinbrand). 2. weitS. Kognak m, Weinbrand m.
cog·nate ['kɒɡneɪt; Am. 'kɑɡ-] **I** adj 1. (bluts)verwandt. 2. fig. (art)verwandt. 3. ling. a) gleichen Ursprungs, verwandt: **~ words**, b) sinnverwandt, aus demselben Stamm: **~ object** Objekt n des Inhalts. **II** s 4. jur. (Bluts)Verwandte(r m) f. 5. fig. (etwas) Verwandtes. 6. ling. verwandtes Wort. **cog'na·tion** s (Bluts-) Verwandtschaft f.
cog·ni·tion [kɒɡ'nɪʃn; Am. kɑɡ'n-] s 1. Erkennen n. 2. Erkenntnis f. 3. Erkenntnisvermögen n. 4. a) Wahrnehmung f, b) Begriff m. 5. Kenntnis f, Wissen n. 6. jur. bes. Scot. gerichtliches Erkenntnis. **'cog·ni·tive** adj kogni'tiv, erkenntnismäßig.
cog·ni·za·ble ['kɒɡnɪzəbl; 'kɒnɪ-; Am. 'kɑɡnəzəbəl; -nə-] adj (adv **cognizably**) 1. a) erkennbar, b) wahrnehmbar. 2. jur. a) der Gerichtsbarkeit e-s (bestimmten) Gerichts unter'worfen, b) gerichtlich verfolgbar, c) zu verhandeln(d).
cog·ni·zance ['kɒɡnɪzəns; 'kɒnɪ-; Am. 'kɑɡnə-] s 1. Erkenntnis f, Kenntnis f (-nahme) f: **to have ~ of s.th.** von etwas Kenntnis haben, (um) etwas wissen; **to take ~ of s.th.** von etwas Kenntnis nehmen. 2. jur. a) gerichtliches Erkenntnis, b) (Ausübung f der) Gerichtsbarkeit f, Zuständigkeit f, c) Einräumung f od. Anerkennung f der Klage: **to fall under the ~ of a court** unter die Zuständigkeit e-s Gerichts fallen; **to have ~ over** zuständig sein für (a. weitS.); **to take (judicial) ~ of** sich zuständig mit e-m Fall befassen; **beyond my ~** außerhalb m-r Befugnis (→ 3). 3. Erkenntnissphäre f: **beyond his ~** außerhalb s-s Wissensbereichs (liegend). 4. bes. her. Ab-, Kennzeichen n. **'cog·ni·zant** adj 1. unter'richtet (**of** über acc od. von): **to be ~ of s.th.** von etwas Kenntnis haben, (um) etwas wissen (→ 3). 2. jur. zuständig. 3. erkennend: **to be ~ of s.th.** etwas erkennen (→ 1).
cog·nize [kɒɡ'naɪz; '-naɪz; Am. kɑɡ'n-] v/t erkennen.
cog·no·men [kɒɡ'nəʊmen; Am. kɑɡ-'nəʊmən] pl **-mens, -nom·i·na** [-'nɒmɪnə; '-nəʊ-; Am. -'nɑ-] s 1. Fa'milien-, Zuname m. 2. Spitz-, Beiname m.

cog·nosce [kɒgˈnɒs] v/t jur. Scot. **1.** unterˈsuchen. **2.** entscheiden. **3.** → **certify** 5.
co·gno·scen·te [ˌkɒnjəʊˈʃentɪ; Am. ˌkɑnjə-] pl **-ti** [-tiː] s (bes. Kunst)Kenner m.
cog·nos·ci·ble [kɒgˈnɒsəbl; Am. kɑgˈnɑsəbəl] adj erkennbar.
cog·no·vit [kɒgˈnəʊvɪt; Am. kɑgˈn-] s jur. Anerkennung f e-r klägerischen Forderung seitens des Beklagten.
ˈcog·rail s tech. Zahnschiene f. **~ railway**, **ˈ~way** s bes. Am. Zahnradbahn f. **ˈ~wheel** s tech. Zahn-, Kammrad n: **~ drive** Zahnradantrieb m.
co·hab·it [kəʊˈhæbɪt] v/i (unverheiratet) zs.-leben, jur. in e-m eheähnlichen Verhältnis zs.-leben. **coˈhab·it·ant** s Lebensgefährte m, -gefährtin f. **coˈhab·i·ta·tion** [ˌkəʊhæbɪˈteɪʃn; kəʊˌhæbɪˈt-] s **1.** Zs.-leben n. **2.** Beischlaf m, Beiwohnung f.
co·heir [ˌkəʊˈeə(r)] s Miterbe m. **coˈheir·ess** [-ˈeərɪs] s Miterbin f.
co·here [kəʊˈhɪə(r)] v/i **1.** zs.-hängen, -kleben. **2.** fig. zs.-hängen, in (logischem) Zs.-hang stehen. **3.** zs.-halten, -gehalten werden. **4.** fig. (with) zs.-passen, überˈeinstimmen (mit), passen (zu). **5.** Radio: fritten.
co·her·ence [kəʊˈhɪərəns], **coˈher·en·cy** s **1.** Zs.-halt m (a. fig.): family **~**. **2.** phys. Kohäˈrenz f (Eigenschaft von Wellen, e-e feste Phasenbeziehung zu besitzen). **3.** Radio: Frittung f. **4.** (logischer) Zs.-hang: **~ of speech** Klarheit f der Rede. **5.** Überˈeinstimmung f. **coˈher·ent** adj (adv **~ly**) **1.** zs.-hängend, -haftend, verbunden. **2.** phys. kohäˈrent. **3.** (logisch) zs.-hängend, einheitlich, klar, verständlich: **to be ~ in oneˈs speech** sich klar ausdrücken (können). **4.** überˈeinstimmend, zs.-passend. **coˈher·er** s Radio: Fritter(empfänger) m.
co·he·sion [kəʊˈhiːʒn] s **1.** Zs.-halt m, -hang m. **2.** Bindekraft f. **3.** phys. Kohäsiˈon f (durch die Molekularkräfte bedingter Zs.-halt der Moleküle e-s Stoffes). **coˈhe·sive** [-sɪv] adj **1.** Kohäsions-, Binde...: **~ force** → **cohesiveness** 1. **2.** fest zs.-haltend od. -hängend. **coˈhe·sive·ness** s **1.** Kohäsiˈons-, Bindekraft f. **2.** Festigkeit f.
co·hort [ˈkəʊhɔː(r)t] s **1.** antiq. mil. Koˈhorte f. **2.** Gruppe f, Schar f (Krieger etc). **3.** Statistik: (Perˈsonen)Gruppe f mit e-m gleichen staˈtistischen Faktor.
co·hune [kəʊˈhuːn], a. **~ palm** s bot. Coˈhunepalme f.
coif [kɔɪf] **I** s **1.** Kappe f, (a. Nonnen-) Haube f. **2.** jur. hist. Br. weiße Kappe der Anwälte, bes. der **serjeants at law**: **to take the ~ zum serjeant at law** befördert werden. **II** v/t **3.** mit e-r Kappe etc bekleiden.
coif·feur [kwɑːˈfɜː; Am. -ˈfɜr] s Friˈseur m.
coif·fure [kwɑːˈfjʊə(r)] **I** s **1.** Friˈsur f, Haartracht f. **2.** obs. Kopfputz m. **II** v/t **3.** friˈsieren.
coign [kɔɪn] s Ecke f, Eckstein m. **~ of van·tage** s fig. a) günstiger (Angriffs-) Punkt, vorteilhafte Stellung, b) (hohe) Warte.
coil[1] [kɔɪl] **I** v/t **1.** a. **~ up** aufrollen, (auf)wickeln: **to ~ o.s. up** sich zs.-rollen. **2.** mar. Tau aufschießen, in Ringen übereinˈanderlegen. **3.** spiˈralenförmig winden. **4.** umˈschlingen. **5.** electr. wickeln. **II** v/i **6.** a. **~ up** sich winden, sich zs.-rollen. **7.** sich winden od. wickeln, sich schlingen (**about**, **around** um). **8.** sich (daˈhin)schlängeln. **III** s **9.** Rolle f, Spiˈrale f. **10.** mar. Tauwerks-, Seilrolle f. **11.** Ring m, Spule f: **~ of wire**; **~ of yarn** Garnknäuel g, m. **12.** tech. a) Spiˈrale f, (a. einzelne) Windung f, (Rohr)Schlange f, b) electr. Spule f, Wicklung f. **13.** Haarrolle f. **14.** a) Rolle f von Briefmarken (→ **coil stamps**), b) Briefmarke in e-r solchen Rolle. **15.** med. Spiˈrale f (Pessar).
coil[2] [kɔɪl] s obs. od. poet. a) Tuˈmult m, Wirrwarr m, b) Plage f: **mortal ~ Drang m od. Mühsal f des Irdischen.**
coil| **ig·ni·tion** s electr. Batteˈriezündung f. **ˈ~-load** v/t electr. pupiniˈsieren, bespulen. **~ spring** s tech. Schraubenfeder f. **~ stamps** s pl Briefmarken pl in perfoˈrierten, zs.-gerollten Bogen (zu 500 Stück).
coin [kɔɪn] **I** s **1.** Münze f: a) Geldstück n, b) (gemünztes) Geld, Meˈtallgeld n: **to pay s.o. back in his own** (od. **in the same) ~** fig. es j-m mit od. in gleicher Münze heimzahlen; **the other side of the ~** fig. die Kehrseite der Medaille. **2.** → **coign**. **II** v/t **3.** a) Metall münzen, b) Münzen schlagen, prägen: **to ~ money** colloq. Geld wie Heu verdienen. **4.** fig. Wort prägen. **5.** fig. zu Geld machen. **III** v/i **6.** münzen, Geld prägen. **ˈcoin·age** s **1.** Prägen n, (Aus)Münzen n: **~ metal** Münzmetall n. **2.** collect. Münzen pl, (gemünztes) Geld. **3.** ˈMünzsyˌstem n: **decimal ~** Dezimalmünzsystem. **4.** Münzrecht n. **5.** fig. Prägung f (von Wörtern etc).
ˈcoin-box tel·e·phone s Münzfernsprecher m. **~ chang·er** s Münzwechsler m (Automat).
co·in·cide [ˌkəʊɪnˈsaɪd] v/i **1.** (örtlich od. zeitlich) zs.-treffen, -fallen (**with** mit). **2.** überˈeinstimmen, sich decken (**with** mit): **they ~d in opinion** sie waren der gleichen Meinung.
co·in·ci·dence [kəʊˈɪnsɪdəns] s **1.** (örtliches od. zeitliches) Zs.-treffen, Zs.-fallen n. **2.** zufälliges Zs.-treffen, Zufall m: **not a mere ~** kein bloßer Zufall; **by mere ~** rein zufällig. **3.** Überˈeinstimmung f. **co·in·ci·dent** adj (adv **~ly**) **1.** zs.-fallend, -treffend (örtlich u. zeitlich), gleichzeitig (**with** mit). **2.** (**with**) genau überˈeinstimmend (mit), sich deckend (mit), genau entsprechend (dat). **co·inˌci·ˈden·tal** [-ˈdentl] adj **1.** → **coincident** 2. **2.** zufällig. **3.** tech. zwei Arbeitsvorgänge gleichzeitig ausführend.
coin·er [ˈkɔɪnə(r)] s **1.** Münzschläger m, Präger m. **2.** fig. Präger m. **3.** bes. Br. Falschmünzer m. **ˈcoin·ing** adj Münz-, Präge...: **~ die** Münz-, Prägestempel m.
coin|**-op** [ˈkɔɪnɒp; Am. -ˌnɑp] s colloq. **1.** ˈWaschsaˌlon m. **2.** Münztankstelle f. **ˈ~-opˈer·at·ed** adj mit Münzbetrieb, Münz-... **~ ring** s Münzring m.
co·in·stan·ta·ne·ous [ˌkəʊɪnstənˈteɪnjəs; -nɪəs] adj (adv **~ly**) (genau) gleichzeitig.
co·in·sur·ance [ˌkəʊɪnˈʃʊərəns] s econ. **1.** Mitversicherung f. **2.** Rückversicherung f.
coir [ˈkɔɪə(r)] s Coˈir n, f (Kokosfasergarn).
cois·trel [ˈkɔɪstrəl], **ˈcois·tril** [-trɪl] s obs. **1.** Stallknecht m. **2.** Schuft m.
co·i·tal [ˈkəʊɪtl] adj (den) Geschlechtsverkehr betreffend: **~ position** Stellung f.
co·i·tion [kəʊˈɪʃn], **co·i·tus** [ˈkəʊɪtəs] s Koitus m, Geschlechtsverkehr m. **co·i·tus in·ter·rup·tus** [ˌɪntəˈrʌptəs] pl **-tus -ti** [-taɪ] s Koitus m interˈruptus.
co·ju·ror [kəʊˈdʒʊərə(r)] s jur. hist. Eideshelfer m.
coke[1] [kəʊk] tech. **I** s Koks m: **~ breeze** Koksgrus m; **~ iron** Kokseisen n. **II** v/t verkoken (lassen). **III** v/i verkoken.
coke[2] [kəʊk] s sl. „Koks" m (Kokain).
Coke[3] [kəʊk] (TM) s ˈCoke' n, ˈColaˈ n, f, ˈCocaˈ n, f (Coca-Cola).
co·ker·nut [ˈkəʊkə(r)nʌt] → **coconut**
col [kɒl; Am. kɑl] s **1.** Gebirgspaß m, Joch n. **2.** meteor. schmales Tief.
co·la[1] → **kola**.
co·la[2] [ˈkəʊlə] pl von **colon**[1] u. **colon**[2]

col·an·der [ˈkʌləndə(r)] **I** s Sieb n, Seiher m. **II** v/t ˈdurchseihen, (ˈdurch)sieben.
co·la nut → **kola** 1.
co·lat·i·tude [kəʊˈlætɪtjuːd; Am. -ˌtuːd] s astr. Kompleˈment n der Breite e-s Gestirns, Diffeˈrenz f zwischen e-r angegebenen Breite u. 90°.
col·can·non [kɒlˈkænən; Am. kɑlˈk-] s gastr. Eintopf aus Kartoffeln u. Kohl.
col·chi·cum [ˈkɒltʃɪkəm; ˈkɒlkɪ-; Am. ˈkɑl-] s **1.** bot. Herbstzeitlose f. **2.** Herbstzeitlosensamen pl od. -knollen pl. **3.** pharm. Colchiˈcin n.
cold [kəʊld] **I** adj (adv **~ly**) **1.** kalt: (**as**) **~ as ice** eiskalt; **~ fury** fig. kalte Wut; → **cold blood, meat** 4, **shoulder** 1, **sweat** 18, **water** Bes. Redew. **2.** kalt, frierend: **I feel** (od. **am**) **~** mir ist kalt, ich friere, mich friert; **to get ~ feet** colloq. „kalte Füße" (Angst) bekommen. **3.** tot: **he lay ~ in his coffin. 4.** fig. kalt, kühl: a) frostig, unfreundlich: **a ~ welcome**, b) nüchtern, sachlich: **the ~ facts** die nackten Tatsachen; **in ~ print** schwarz auf weiß, c) ˈunperˌsönlich: **~ style**, d) ruhig, gelassen: **it left me ~** es ließ mich kalt, e) gefühllos, gleichgültig, teilnahmslos (**to** gegen): **~ comfort** ein schwacher Trost; → **charity** 2. **5.** (gefühls)kalt, friˈgid: **a ~ woman. 6.** lau, wenig interesˈsiert: **a ~ audience. 7.** fig. a) alt, überˈholt, ˌabgestanden': **~ news**, b) fad, langweilig, trocken. **8.** kalt (unvorbereitet od. noch nicht in Schwung): **a ~ player**; **a ~ motor**; **~ start** mot. Kaltstart m. **9.** hunt. u. fig. kalt: **~ scent** kalte Fährte. **10.** colloq. „kalt" (im Suchspiel): **youˈre still ~** a) immer noch kalt, b) fig. du bist noch weit davon entfernt. **11.** ˌkalt': **~ coloˈu(r)s**; **a ~ room. 12.** colloq. bewußtlos: **to knock s.o. ~** a) j-n bewußtlos schlagen, b) fig. j-n ˌglatt umhauen'. **13.** Am. sl. betrügerisch: **~ check** gefälschter Scheck.
II adv **14.** Am. sl. (tod)sicher: **to know s.th. ~**.
III s **15.** Kälte f. **16.** Kälte f, kalte Witterung: **to be left out in the ~** fig. a) kaltgestellt sein, ignoriert werden, leer ausgehen, b) schutzlos dastehen. **17.** med. Erkältung f: (**common**) **~**, **~** (**in the head**) Schnupfen m; → **catch** 18.
cold| **blood** s fig. kaltes Blut, Kaltblütigkeit f: **to murder s.o. in ~** j-n kaltblütig od. kalten Blutes ermorden. **ˌ~-ˈblood·ed** adj **1.** zo. kaltblütig: **~ animal** Kaltblüter m. **2.** fig. a) kaltblütig, gefühllos, b) kaltblütig (begangen): **~ murder. 3.** colloq. kälteempfindlich. **~ cash** s Am. flüssige Mittel pl, Bargeld n. **~ cath·ode** s electr. ˈKaltkaˌthode f. **~ chis·el** s tech. Kalt-, Schrotmeißel m. **~ cream** s Cold Cream f, n (pflegende, kühlende Hautcreme). **ˌ~-ˈdrawn** adj tech. **1.** kaltgezogen (Metall). **2.** kaltgepreßt (Öl). **~ duck** s kalte Ente (Getränk). **~ e·mis·sion** s phys. kalte Elekˈtronenemissiˌon. **~ frame** s Frühbeet n. **~ front** s meteor. Kaltfront f. **ˌ~-ˈham·mer** v/t tech. kalthämmern, -schmieden. **ˌ~-ˈheart·ed** adj (adv **~ly**) kalt-, hartherzig. **ˌ~-ˈheart·ed·ness** s Kalt-, Hartherzigkeit f.
cold·ish [ˈkəʊldɪʃ] adj ziemlich od. etwas kalt.
cold·ness [ˈkəʊldnɪs] s Kälte f (a. fig.).
cold| **pack** s med. kalte Packung. **ˈ~-pack meth·od** s tech. Kaltverfahren n (beim Konservieren). **~ press** s tech. Kaltpresse f. **ˈ~-reˌsist·ant** adj kältebeständig. **~ room** s Kühlraum m. **~ rub·ber** s tech. ˈTieftemperaˌtur-kautschuk m, Cold Rubber m. **~ saw** s tech. **1.** Kaltsäge f. **2.** Trennsäge f. **ˌ~-ˈshort** adj tech. kaltbrüchig. **ˌ~-ˈshoul·der** v/t colloq. j-m die kalte Schulter zeigen, j-n kühl od. abweisend behandeln. **~ sore** s

med. Lippen-, Gesichtsherpes *m*, Fieberbläs-chen *pl.* ~ **steel** *s* blanke Waffe (*Messer, Bajonett etc*). ~ **stor·age** *s* Kühlraum-, Kaltlagerung *f:* **to put s.th. into** ~ *fig.* etwas ‚auf Eis legen' (*aufschieben*). ~'**stor·age room** *s* Kühlraum *m.* ~ **store** *s* Kühlhalle *f*, -haus *n*. ~ **tur·key** *s sl.* radi'kale Entziehung(skur). ~ **war** *s pol.* ‚kalter Krieg'. ~ **war·ri·or** *s pol.* ‚kalter Krieger'. ~'**wa·ter·cure** *s med.* Kalt'wasser-, Kneippkur *f.* ~ **wave** *s* **1.** *meteor.* Kältewelle *f.* **2.** Kaltwelle *f (Frisur).* '~*,***weld·ing** *s tech.* Kaltschweißen *n.* '~*,***work·ing** *s tech.* Kaltverformung *f*, Kaltrecken *n*.
cole [kəʊl] *s bot.* (*ein*) Kohl *m*, *bes.* Raps *m*.
co·le·op·ter·ist [ˌkɒlɪˈɒptərɪst; *Am.* ˌkəʊlˈɑp-] *s* Käferkenner *m.* ,**co·leˈop·ter·on** [-rən] *pl* -**ter·a** [-rə] *s* Käfer *m*. ,**co·leˈop·ter·ous** *adj* zu den Käfern gehörig, Käfer...
co·le·o·rhi·za [ˌkɒlɪəˈraɪzə; *Am.* ˌkəʊ-] *pl* -**zae** [-ziː] *s bot.* (Keim)Wurzelscheide *f.* '**cole|seed** *s bot.* **1.** Rübsamen *m.* **2.** Raps *m*, Rübsen *m.* '~**slaw** *s* 'Kohlsaˌlat *m.*
co·le·us [ˈkəʊlɪəs] *s bot.* Buntlippe *f.*
'**cole·wort** → **cole.**
co·li·ba·cil·lus [ˌkɒlɪbəˈsɪləs; *Am.* ˌkəʊ-; ˌkɑ-] *s irr med.* 'Koliba,zillus *m*, Ba'zillus *m* Coli.
col·ic [ˈkɒlɪk; *Am.* ˈkɑ-] *med.* **I** *s* **1.** Kolik *f:* **renal** ~ Nierenkolik. **II** *adj* **2.** → **colicky. 3.** Dickdarm... '**col·ick·y** *adj* **1.** kolikartig, Kolik... **2.** Kolik verursachend.
col·i·se·um [ˌkɒlɪˈsɪəm; *Am.* ˌkɑləˈsiːəm] *s* **1.** Am'phitheˌater *n.* **2.** *sport* a) Sporthalle *f*, b) Stadion *n.* **3.** *C~* Kolos'seum *n* (*in Rom*).
co·li·tis [kʊˈlaɪtɪs, *bes. Am.* kəʊˈl-; kəˈl-] *s med.* Koˈlitis *f*, Dickdarmentzündung *f.*
col·la [ˈkɒlə] *pl von* **collum**.
col·lab·o·rate [kəˈlæbəreɪt] *v/i* **1.** zs.-mitarbeiten: **to** ~ **with s.o. in s.th.** mit j-m an e-r Sache zs.-arbeiten. **2.** zs.-gehen, sich zs.-tun (**with** mit). **3.** *pol.* mit dem Feind zs.-arbeiten, kollabo'rieren. **col,lab·o'ra·tion** *s* **1.** Zs.-arbeit *f* (in bei *e-r Sache*): **in** ~ **with** gemeinsam mit. **2.** *pol.* Kollaboratiˈon *f.* **col,lab·o'ra·tion·ist** *s pol.* Kollaboraˈteur *m.* **col'lab·o·ra·tive** [-rətɪv; *Am.* -,reɪtɪv] *adj* zs.-arbeitend, Gemeinschafts... **col'lab·o·ra·tor** [-tə(r)] *s* **1.** Mitarbeiter(in). **2.** *pol.* Kollaboraˈteur *m.*
col·lage [kɒˈlɑːʒ; kəˈl-] *art* **I** *s* Col'lage *f.* **II** *v/t* Material zu e-r Col'lage verarbeiten.
col·laps·a·ble → **collapsible.**
col·lapse [kəˈlæps] **I** *v/i* **1.** zs.-brechen, einfallen, -stürzen. **2.** *fig.* zs.-brechen, scheitern: **the whole plan** ~**d.** **3.** *fig.* (*moralisch od. physisch*) zs.-brechen, ‚zs.-klappen'. **4.** *med.* e-n Kol'laps erleiden, (*a. Lunge*) kolla'bieren. **5.** *tech.* zs.-legbar sein, sich zs.-klappen lassen. **II** *s* **6.** Einsturz *m:* ~ **of a house. 7.** *fig.* Zs.-bruch *m*, Fehlschlag *m:* ~ **of a bank** Bankkrach *m;* ~ **of prices** (tiefer) Preissturz. **8.** *fig.* (*moralischer od. physischer*) Zs.-bruch. **9.** *med.* Kol'laps *m:* **nervous** ~ Nervenzusammenbruch. **col'laps·i·ble** *adj* zs.-klappbar, Klapp...,Falt...:~ **boat** Faltboot *n;* ~ **chair** Klappstuhl *m;* ~ **roof** Klapp-, Rollverdeck *n*.
col·lar [ˈkɒlə; *Am.* ˈkɑlər] **I** *s* **1.** (*Hemd-, Rock-, Pelz- etc*)Kragen *m*: **to take s.o. by the** ~ j-n beim Kragen nehmen *od.* packen. **2.** (*Hunde- etc*)Halsband *n:* **to slip the** ~ (*od.* **one's**) ~ a) sich (von s-m Halsband) befreien, b) *fig.* den Kopf aus der Schlinge ziehen. **3.** Kummet *n* (*Pferdegeschirr*): **to work against the** ~ *fig.* schuften wie ein Pferd. **4.** Hals-, Amts-, Ordenskette *f:* ~ **of SS** (*od.* **Esses**) *Br.* a) *hist.* Insignien *pl* des Hauses Lancaster, b) *heute:* Kette *f* des **Lord Justice** von England. **5.** Kolli'er *n:* **a** ~ **of pearls** Perlenkollier, -halsband *n.* **6.** *Am. hist.* eisernes Halsband (*für Sklaven*): **he wears no man's** ~ *pol.* er ist unabhängig *od.* kein Parteigänger. **7.** *zo.* a) Halsstreifen *m*, -kragen *m*, b) Mantelwulst *m*. **8.** *tech.* a) Bund *m*, Kragen *m* (*bei Wellen od. Achsen*), b) Ring *m*, Einfassung *f*, c) Zwinge *f*, d) Bohrlochöffnung *f*, e) runde 'Unterlegscheibe, f) → **collar beam. II** *v/t* **9.** mit e-m Kragen versehen. **10.** *sport* den Gegner stoppen *od.* angehen. **11.** *j-n* beim Kragen packen. **12.** *colloq.* schnappen: a) *j-n* festnehmen, b) *etwas* ‚ergattern', erwischen. **13.** *Br.* Fleisch *etc* rollen u. zs.-binden. ~ **beam** *s arch.* Quer-, Kehlbalken *m.* '~**bone** *s anat.* Schlüsselbein *n.* ~ **but·ton** *s Am.* Kragenknopf *m.*
col·lar·et(te) [ˌkɒləˈret; *Am.* ˌkɑ-] *s* kleiner (Spitzen- *etc*)Kragen.
col·lar| in·sig·ni·a *s pl mil.* Kragenabzeichen *pl.* ~ **nut** *s tech.* Ringmutter *f.* ~ **patch** *s mil.* Kragenspiegel *m.* ~ **stud** *s Br.* Kragenknopf *m.* ~ **work** *s* **1.** Fahrt *f* bergˈauf. **2.** *fig.* harte Arbeit, Schindeˈrei *f.*
col·late [kɒˈlet; *Am.* kəˈ-] *v/t* **1.** *Texte etc* kollatio'nieren: a) *mit dem Original vergleichen*, b) *print.* auf richtige Zahl u. Anordnung überprüfen. **2.** *Texte* zs.-stellen (u. vergleichen). **3.** *electr. tech.* Lochkarten *etc* mischen. **4.** *relig.* (in *e-e Pfründe*) einsetzen.
col·lat·er·al [kɒˈlætərəl; *bes. Am.* kəˈl-] **I** *adj* (*adv* -**ly**) **1.** seitlich, Seiten... **2.** paralˈlel (laufend). **3.** *bot.* nebenständig. **4.** begleitend, Neben...: ~ **circum·stances** Begleit-, Nebenumstände. **5.** zusätzlich, Neben...: ~ **insurance. 6.** 'indiˌrekt. **7.** gleichzeitig (auftretend). **8.** in der Seitenlinie (verwandt): ~ **descent** Abstammung *f* von e-r Seitenlinie. **II** *s* **9.** *econ.* Nebensicherheit *f*, -bürgschaft *f.* **10.** Seitenverwandte(r *m*) *f.* ~ **cir·cu·la·tion** *s med.* Kollate'ral-, Um'gehungskreislauf *m.* ~ **loan** *s econ.* Lom'barddarlehen *n*, -kreˌdit *m.* ~ **se·cu·ri·ty** → **collateral I.** ~ **sub·ject** *s ped.* Nebenfach *n.* ~ **trust bond** *s econ.* Am. Schuldverschreibung, die durch Deponierung von Effekten als Treuhandgut gesichert ist.
col·la·tion [kɒˈleɪʃn; *Am.* kəˈ-] *s* **1.** (Text)Vergleichung *f*, Kollatiˈon *f.* **2.** Zs.-stellen *n* (*von Texten etc*) zum Vergleichen. **3.** Überˈprüfung *f.* **4.** Beschreibung *f* der technischen Einzelheiten e-s Buches (*Format, Seitenzahl etc*). **5.** Verifiˈzierung *f* (*e-r Depesche durch Wiederholung*). **6.** *relig.* Verleihung *f* e-r Pfründe. **7.** *relig.* Zs.-kunft *f* (*zu erbaulicher Lektüre*). **8.** Imbiß *m.* **colˈla·tor** [-tə(r)] *s* **1.** Kollatio'nierende(r *m*) *f.* **2.** *relig.* Verleiher *m*.
col·league [ˈkɒliːg; *Am.* ˈkɑ-] **I** *s* Kolˈlege *m*, Kolˈlegin *f*, Mitarbeiter(in). **II** *v/i* sich zs.-tun.
col·lect[1] [kəˈlekt] **I** *v/t* **1.** Briefmarken *etc* sammeln: **to** ~ **stamps. 2.** (ein)sammeln: **to** ~ **the letters** den Briefkasten leeren. **3.** auflesen, aufsammeln. **4.** versammeln. **5.** (an)sammeln, zs.-bringen, -tragen: **to** ~ **facts. 6.** *etwas od. j-n* abholen. **7.** *Geld, Rechnungsbetrag etc* ('ein)kasˌsieren: **to** ~ **an insurance benefit** e-e Versicherungsleistung beziehen *od.* erhalten; **to** ~ **a fine** e-e Geldstrafe eintreiben; **to** ~ **taxes** Steuern erheben *od.* einziehen. **8.** *Gedanken etc* sammeln: **to** ~ **o.s.** sich sammeln *od.* fassen; **to** ~ **one's thoughts** se Gedanken zs.-nehmen, sich konzentrieren. **9.** *ein Pferd* fest in die Hand nehmen. **10.** folgern, schließen (**from** aus). **II** *v/i* **11.** sich (ver)sammeln. **12.** sich (an)sammeln, sich (an)häufen. **13.** sammeln. **III** *adj* **14.** *Am.* Nachnahme..., bei Lieferung zu bezahlen(d): ~ **call** *teleph.* R-Gespräch *n.* **IV** *adv* **15.** *a.* ~ **on delivery** *Am.* per Nachnahme; **to call** ~ *teleph. Am.* ein R-Gespräch führen.
col·lect[2] [ˈkɒlekt; *Am.* ˈkɑlɪkt] *s relig.* Kollekte *f*, Kirchengebet *n*.
col·lect·a·ble → **collectible.**
col·lec·ta·ne·a [ˌkɒlekˈteɪnɪə; *Am.* ˌkɑl,ekˈteɪnɪə] *s pl* Lesefrüchte *pl* (*gesammelte Auszüge*).
col·lect·ed [kəˈlektɪd] *adj* (*adv* -**ly**) **1.** gesammelt: ~ **works. 2.** *fig.* a) gefaßt, gesammelt, ruhig, b) konzen'triert. **col'lect·ed·ness** *s fig.* Gefaßtheit *f*, Fassung *f*, Sammlung *f.* **col'lect·i·ble I** *adj* **1.** sammelbar. **2.** *econ.* einzieh-, eintreibbar, einlösbar. **II** *s* **3.** 'Sammelobˌjekt *n.*
col·lect·ing [kəˈlektɪŋ] *s* **1.** Sammeln *n.* **2.** *econ.* Einziehung *f*, -treibung *f*, In'kasso *n.* **II** *adj* **3.** Sammel... ~ **a·gent** *s econ.* In'kassoˌaˌgent *m.* ~ **bar** *s electr.* Sammelschiene *f.* ~ **cen·ter**, *bes. Br.* ~ **cen·tre** *s* Sammelstelle *f.* ~ **e·lec·trode** *s* 'Fangelekˌtrode *f.* ~ **sta·tion** *s mil.* Truppenverbandsplatz *m.*
col·lec·tion [kəˈlekʃn] *s* **1.** (Ein)Sammeln *n.* **2.** (*Briefmarken- etc*)Sammlung *f:* ~ **of stamps.** **3.** Kollekte *f*, (Geld)Sammlung *f.* **4.** *econ.* In'kasso *n*, Ein-, Beitreibung *f:* **forcible** ~ Zwangsbeitreibung; ~ **at source** Steuererhebung *f* an der Quelle; ~ **department** In'kassoabteilung *f.* **5.** *econ.* ('Muster)Kollektiˌon *f*, Auswahl *f*, Sortiˈment *n:* **winter** ~ Winterkollektion. **6.** Beschaffung *f*, Einholung *f:* ~ **of news;** ~ **of statistics** statistische Erhebung(en *pl*). **7.** Abholung *f.* **8.** Leerung *f* des Briefkastens. **9.** Ansammlung *f*, Anhäufung *f.* **10.** *fig.* Fassung *f*, Sammlung *f*, Gefaßtheit *f.* **11.** *pl univ. Br.* Schlußprüfung *f* am Ende e-s Tri'mesters (*Oxford*). **12.** *Br.* Steuerbezirk *m.*
col·lec·tive [kəˈlektɪv] **I** *adj* (*adv* → **collectively**) **1.** gesammelt, vereint, zs.-gefaßt. **2.** kollekˈtiv: a) e-e ganze Gruppe betreffend, gesamt: ~ **interests** Gesamtinteressen, b) gemeinsam: ~ **ownership**, c) Gemeinschafts..., gemeinschaftlich: ~ **consciousness** *psych.* Kollektivbewußtsein *n*, d) um'fassend, zs.-fassend. **3.** Sammel... (*a. bot.*), Gemeinschafts...: ~ **number** *teleph.* Sammelnummer *f*, -anschluß *m;* ~ **order** *econ.* Sammelbestellung *f.* **II** *s* **4.** *ling.* Kollekˈtivum *n*, Sammelbegriff *m.* **5.** Gemeinschaft *f*, Gruppe *f.* **6.** *pol.* a) Kollekˈtiv *n*, Produkti'onsgemeinschaft *f* (*in kommunistischen Ländern*), b) → **collective farm.** ~ **a·gree·ment** *s econ.* Kollekˈtivvertrag *m*, Taˈrifabkommen *n.* ~ **bar·gain·ing** *s econ.* Taˈrifverhandlungen *pl* (*zwischen Arbeitgeber*[n] *u. Gewerkschaften*). ~ **be·hav·io(u)r** *s sociol.* Kollekˈtivverhalten *n.* ~ **farm** *s* Kolˈchose *f (UdSSR),* landwirtschaftliche Produktiˈonsgenossenschaft *f (DDR).*
col·lec·tive·ly [kəˈlektɪvlɪ] *adv* **1.** gemeinsam, zuˈsammen, gemeinschaftlich. **2.** insgesamt.
col·lec·tive| mort·gage *s econ.* Geˈsamthypoˌthek *f.* ~ **noun** → **collective 4.** ~ **se·cu·ri·ty** *s pol.* kollek'tive Sicherheit.
col·lec·tiv·ism [kəˈlektɪvɪzəm] *s* Kollekti'vismus *m:* a) Lehre, die mit Nachdruck den Vorrang des gesellschaftlichen Ganzen vor dem Individuum betont, b) *econ. pol.* kollekˈtive Wirtschaftslenkung, c) *econ. pol.* Vergesellschaftung *f* des Pri'vateigentums. **col'lec·tiv·ist I** *s* Kollekˈtiˌvist(in). **II** *adj* kollekti'vistisch.
col·lec·tiv·i·ty [ˌkɒlekˈtɪvətɪ; *Am.* ˌkɑ-] *s* **1.** Kollektiviˈtät *f*, kollek'tiver Cha'rakter. **2.** (*die*) Gesamtheit, (*das*) Ganze. **3.** (*die*) Gesamtheit des Volkes.

collectivization – color

col·lec·tiv·i·za·tion [kəˌlektɪvaɪˈzeɪʃn; Am. -vəˈz-] s econ. pol. Kollektiˈvierung f.
colˈlec·tiv·ize v/t kollektiˈvieren.
col·lec·tor [kəˈlektə(r)] s **1.** Sammler(in): ~'s item (Br. a. piece) Sammlerstück n. **2.** Kasˈsierer m, (Steuer- etc)Einnehmer m. **3.** Einsammler m. **4.** electr. a) Stromabnehmer m, b) ˈAuffangelekˌtrode f. **5.** tech. Sammelscheibe f. **6.** Br. Ind. oberste(r) Verwaltungsbeamte(r) e-s Bezirkes. ~ **ring** s electr. Schleifring m.
col·leen [ˈkɒliːn; kɒˈliːn] s Ir. Mädchen n.
col·lege [ˈkɒlɪdʒ; Am. ˈkɑ-] s **1.** Br. College n (Wohngemeinschaft von Dozenten u. Studenten innerhalb e-r Universität): to enter (od. go to) ~ e-e Universität beziehen. **2.** Br. höhere (zu e-r Universität gehörende) Lehranstalt: **University C~** (in London); ~ **of education** pädagogische Hochschule. **3.** Am. a) College n, höhere Lehranstalt (selbständig od. vereinigt mit e-r Universität; mit meist vierjährigem Lehrplan den Übergang bildend zwischen der High-School u. dem Universitäts- od. Berufsstudium), b) Instiˈtut n (für Sonderausbildung): **medical ~**. **4.** höhere Lehranstalt, Akadeˈmie f: a) Br. e-e der großen Public Schools wie Eton etc, b) Lehranstalt für besondere Studienzweige: **Naval C~** Marineakademie. **5.** College(gebäude) n. **6.** Kolˈlegium n: a) organisierte Vereinigung von Personen mit gemeinsamen Pflichten u. Rechten, b) Ausschuß m: → **electoral** 1. **7.** relig. (Kardinals- etc)Kolˈlegium n. **8.** a) Gemein-, Gesellschaft f, b) Schwarm m (Bienen). **9.** bes. Br. sl. obs. „Kittchen" n (Gefängnis). ~ **liv·ing** s Br. Pfründe f für e-n (meist theologischen) Gelehrten an e-m College. **C~ of Arms** → **Heralds' College. C~ of Jus·tice** s jur. Scot. oberstes Gericht für Ziˈvilsachen. ~ **pud·ding** s Br. (Art) Plumpudding m.
col·leg·er [ˈkɒlɪdʒə(r); Am. ˈkɑ-] s **1.** Br. (im College wohnender) Stipendiˈat (Eton). **2.** Am. Stuˈdent m e-s College.
col·lege wid·ow s Am. colloq. ˌewige Stuˈdentenbrautˈ.
col·le·gi·al [kəˈliːdʒɪəl; Am. a. -dʒəl] → **collegiate. colˈle·gi·an** [-dʒɪən; -dʒɪən; Am. a. -dʒən] s Mitglied n od. Stuˈdent m e-s College.
col·le·gi·ate [kəˈliːdʒɪət; Am. a. -dʒət] adj College..., Hochschul..., akaˈdemisch, Studenten...: ~ **dictionary** Schulwörterbuch n. ~ **church** s relig. **1.** Br. Kollegiˈat-, Stiftskirche f. **2.** Am. Vereinigung f mehrerer ehemals unabhängiger Kirchen. **3.** Scot. Kirche f ohne Geˈmeinde f mit mindestens zwei ranggleichen Paˈstoren.
col·let [ˈkɒlɪt; Am. ˈkɑlət] s tech. **1.** Meˈtallring m, Spannhülse f, Zwinge f. **2.** Fassung f (e-s Edelsteins).
col·lide [kəˈlaɪd] v/i (with) kolliˈdieren (mit): a) zs.-stoßen (mit) (a. fig.), b) stoßen (gegen), c) fig. im ˈWiderspruch stehen (zu).
col·lie [ˈkɒlɪ; Am. ˈkɑliː] s zo. Collie m (langhaariger, schottischer Schäferhund).
col·lier [ˈkɒlɪə; Am. ˈkɑljər] s **1.** Kohlenarbeiter m, Bergmann m. **2.** mar. a) Kohlendampfer m, -schiff n, b) Maˈtrose m auf e-m Kohlenschiff. **3.** obs. Kohlenträger m, -händler m. **ˈcol·lier·y** [-ljərɪ] s Kohlengrube f, (Kohlen)Zeche f.
col·li·gate [ˈkɒlɪgeɪt; Am. ˈkɑ-] v/t **1.** philos. Tatsachen logisch verbinden. **2.** verbinden, vereinigen.
col·li·mate [ˈkɒlɪmeɪt; Am. ˈkɑ-] v/t astr. phys. **1.** zwei Linien etc zs.-fallen lassen. **2.** Teleskop etc richten, einstellen. ˌ**col·liˈma·tion** s astr. phys. **1.** Kollimatiˈon f (Übereinstimmung in der Parallelität zweier Richtungen an e-m Meßgerät): ~ **error**
Kollimationsfehler m; ~ **line** Sehlinie f. **2.** genaues Einstellen (Meßgerät). ˈ**col·li·ma·tor** [-tə(r)] s astr. phys. TV Kolliˈmator m.
col·lin·e·ar [kɒˈlɪnɪə; Am. kəˈlɪniːər] adj math. kollineˈar (auf derselben Geraden liegend).
col·lins [ˈkɒlɪnz; Am. ˈkɑ-] s Getränk aus Gin, Wodka, Rum etc, vermischt mit Fruchtsaft, Sodawasser u. Zucker.
col·li·qua·tion [ˌkɒlɪˈkweɪʃn; Am. ˌkɑ-; a. -ʒən] s med. Kolliquatiˈon f, Zersetzung f (von Geweben).
col·li·sion [kəˈlɪʒn] s **1.** Zs.-stoß m, Zs.-prall m, Kollisiˈon f (alle a. fig.): **to come into ~ with** s.th. mit etwas zs.-stoßen; **to be on a ~ course** auf Kollisionskurs sein. **2.** fig. ˈWiderspruch m, -streit m, Konˈflikt m, Gegensatz m: **to bring** s.o. **into ~ with the law** j-n mit dem Gesetz in Konflikt bringen.
col·lo·cate [ˈkɒləʊkeɪt; Am. ˈkɑlə-] v/t zs.-stellen, ordnen. ˌ**col·loˈca·tion** s **1.** Zs.-stellung f. **2.** ling. Kollokatiˈon f.
col·loc·u·tor [ˈkɒləkjuːtə(r); kəˈlɒkjʊ-; Am. ˈkɑlə-; kəˈlɑkjə-] s Gesprächspartner(in).
col·lo·di·on [kəˈləʊdjən; -ɪən] chem. **I** s Kolˈlodium n. **II** adj Kollodium...: ~ **cotton** tech. Schießbaumwolle f. **colˈlo·di·on·ize** v/t mit Kolˈlodium behandeln.
col·lo·di·um [kəˈləʊdjəm; -ɪəm] → **collodion**.
col·logue [kəˈləʊg] v/i sich beraten (**with** mit).
col·loid [ˈkɒlɔɪd; Am. ˈkɑ-] chem. **I** s Kolloˈid n, gallertartiger Stoff. **II** adj → **colloidal** 1. **colˈloi·dal** adj **1.** chem. kolloiˈdal, gallertartig. **2.** min. aˈmorph.
col·lop [ˈkɒləp; Am. ˈkɑ-] s **1.** kleine Scheibe Speck od. Fleisch. **2.** Stückchen n.
col·lo·qui·a [kəˈləʊkwɪə] pl von **colloquium**.
col·lo·qui·al [kəˈləʊkwɪəl] adj (adv ~ly) ˈumgangssprachlich, familiˈär, Umgangs...: ~ **English** Umgangsenglisch n; ~ **expression** → **colloquialism. colˈlo·qui·al·ism** s **1.** ˈumgangssprachlicher od. ˈUmgangssprache. **colˈlo·qui·al·ize** v/t ˈumgangssprachlich abfassen.
col·lo·quist [ˈkɒləkwɪst; Am. ˈkɑ-] → **collocutor**.
col·lo·qui·um [kəˈləʊkwɪəm] pl **-qui·ums, -qui·a** [-kwɪə] s Kolˈloquium n.
col·lo·quy [ˈkɒləkwɪ; Am. ˈkɑ-] s Unterˈredung f, Gespräch n.
col·lo·type [ˈkɒləʊtaɪp; Am. ˈkɑlə-] phot. **I** s **1.** Lichtdruckverfahren n. **2.** Farbenlichtdruck m. **3.** Lichtdruckplatte f (mit Chromgelatineschicht überzogen). **II** v/t **4.** im Lichtdruckverfahren ˈherstellen.
col·lude [kəˈluːd; Br. a. kəˈljuːd] v/i in heimlichem Einverständnis stehen od. handeln, unter e-r Decke stecken.
col·lum [ˈkɒləm; Am. ˈkɑ-] pl **-la** [-lə] s anat. bot. Hals m, halsähnlicher Teil.
col·lu·sion [kəˈluːʒn; Br. a. -ˈljuː-] s **1.** jur. Kollusiˈon f: a) geheimes od. betrügerisches Einverständnis, Absprache f: **to act in ~** in geheimem Einverständnis handeln, b) Verdunkelung f: **risk (od. danger) of ~** Verdunkelungsgefahr f. **2.** abgekartete Sache, Schwindel m. **colˈlu·sive** [-sɪv] adj (adv ~ly) heimlich verabredet, abgekartet.
col·lyr·i·um [kɒˈlɪərɪəm; Br. a. kɒ-] pl **-i·a** [-ə], **-i·ums** s med. Augenwasser n.
col·ly·wob·bles [ˈkɒlɪˌwɒblz; Am. ˈkɑlɪ-ˌwɑblz] s pl (als sg od. pl konstruiert): **to have the ~** colloq. ein flaues Gefühl in der Magengegend haben.
co·lo·en·ter·i·tis [ˌkəʊləʊˌentəˈraɪtɪs] s med. Enterokoˈlitis f, Entzündung f des Dünn- u. Dickdarms.

co·logne [kəˈləʊn], a. ~ **wa·ter** s Kölnischwasser n, Eau n, f de Coˈlogne.
Co·lom·bi·an [kəˈlɒmbɪən; bes. Am. -ˈlʌm-] **I** adj koˈlumbiˈanisch, koˈlumbisch. **II** s Kolumbiˈaner(in), Koˈlumbier(in).
co·lon[1] [ˈkəʊlən] pl **-lons, -la** [-lə] s anat. Colon n, Dickdarm m.
co·lon[2] [ˈkəʊlən] s ling. **1.** Doppelpunkt m. **2.** pl **-la** [-lə] ˈHauptabˌteilung f e-r rhythmischen Periˈode.
co·lon[3] [ˈkəʊləʊn; kəˈl-] pl **-lons, -lo·nes** [-neɪs] s Coˈlon m (Währungseinheit in Costa Rica u. El Salvador).
colo·nel [ˈkɜːnl; Am. ˈkɜːrnl] **I** s **1.** mil. Oberst m: → **Blimp**[2]. **2.** **C~** Am. Ehrentitel für prominente Bürger. **II** v/t **3.** mil. zum Oberst befördern. **ˈcolo·nel·cy** s Stelle f od. Rang m e-s Obersten.
colo·nel gen·er·al pl **colo·nels gen·er·al** od. **colo·nel gen·er·als** s mil. Geneˌralˈoberst m.
ˈcolo·nel-in-chief pl **ˈcolo·nels-in-chief** od. **ˈcolo·nel-in-chiefs** s mil. Regiˈmentschef m (ehrenhalber).
co·lo·nes [kəʊˈləʊneɪs; kəˈl-] pl von **colon**[3].
co·lo·ni·al [kəˈləʊnjəl; -nɪəl] **I** adj (adv ~ly). koloniˈal, Kolonial...: ~ **masters** Kolonialherren; ~ **system** → **colonialism** 2. **2.** Am. a) die dreizehn brit. Koloˈnien betreffend (die sich als Vereinigte Staaten selbständig machten), b) die Zeit vor 1776 od. (weit S.) das 18. Jh. betreffend. **3.** biol. koloˈniebildend, gesellig. **4. C~** arch. Am. den Koloniˈalstil (des 18. Jhs.) betreffend. **II** s → **colonist**.
coˈlo·ni·al·ism s **1.** (ein) für e-e Koloˈnie typischer Zug (in Sitte, Ausdrucksweise etc). **2.** pol. Koloniaˈlismus m, Koloniˈalsyˌstem n, -poliˌtik f.
Co·lo·ni·al Of·fice s pol. Br. Koloniˈalmiˌnisterium n. ~ **Sec·re·tar·y** s Koloniˈalmiˌnister m.
co·lon·ic [kəʊˈlɒnɪk; kəˈl-; Am. -ˈlɑ-] adj anat. Dickdarm...
col·o·nist [ˈkɒlənɪst; Am. ˈkɑ-] s Koloˈnist(in), (An)Siedler(in). ˌ**col·o·niˈza·tion** [-naɪˈzeɪʃn; Am. -nə-] s **1.** Kolonisatiˈon f, Besiedlung f (a. biol.). **2.** pol. vorˈübergehende Ansiedlung von Wählern in e-m Wahlbezirk (um Stimmen zu gewinnen). ˈ**col·o·nize** [-naɪz] **I** v/t **1.** koloniˈsieren, besiedeln. **2.** ansiedeln. **II** v/i **3.** sich ansiedeln. **4.** e-e Koloˈnie bilden. ˈ**col·o·niz·er** s **1.** Koloniˈsator m. **2.** → **colonist**.
col·on·nade [ˌkɒləˈneɪd; Am. ˌkɑ-] s **1.** arch. Kolonˈnade f, Säulengang m. **2.** Alˈlee f.
col·o·ny [ˈkɒlənɪ; Am. ˈkɑ-] s allg. Koloˈnie f: a) Koloniˈal-, Siedlungsgebiet n: **the Colonies** hist. die dreizehn brit. Kolonien (die sich als Vereinigte Staaten von Amerika selbständig machten), b) Siedlung f, c) Gruppe f von Ansiedlern, d) (ˈAusländer-, ˈFremden)Koloˌnie f: **the German ~ in Rome**; **a ~ of artists** e-e Künstlerkolonie, e) biol. (Bakˈterien-, ˈPflanzen- od. ˈTier)Koloˌnie f.
co·lo·phon [ˈkɒləfən; Am. ˈkɑ-] s Koloˈphon m (Schlußschrift alter Druckwerke).
co·loph·o·ny [kɒˈlɒfənɪ; kəˈlɑ-; ˌkɑləˈfəʊniː] s Koloˈphonium n, Geigenharz n.
col·or, bes. Br. **col·our** [ˈkʌlə(r)] **I** s **1.** (bes. chroˈmatische) Farbe: **what ~ is it?** welche Farbe hat es? **2.** (a. gesunde) Gesichtsfarbe: **to have a ~** gesund aussehen; **to lose ~** die Farbe verlieren, erbleichen, blaß werden; **she has little ~** sie ist blaß; → **change** 1. **3.** (bes. dunkle) Hautfarbe: **gentleman of ~** Farbige(r) m; **people of ~** Farbige. ~ **problem**

colorable – Comanchean

Rassenfrage *f.* **4.** (Gesichts)Röte *f*: **her ~ came and went** sie wurde abwechselnd rot u. blaß. **5.** *fig.* Farbe *f*, Kolo'rit *n*: **a novel with a great deal of local ~** ein Roman mit viel Lokalkolorit; **to add** (*od.* **lend**) **~ to** *etwas* beleben, lebendig *od.* realistisch machen. **6.** *paint. tech.* Farbe *f*, Farbstoff *m*: **~ additive** Farbstoffzusatz *m*; **to lay on the ~s too thickly** *fig.* zu dick auftragen; **to paint in bright** (**dark**) **~s** *etwas* in rosigen (düsteren) Farben schildern. **7.** a) Farbgebung *f*, b) Farbwirkung *f*. **8.** *mus.* Klangfarbe *f*. **9.** *fig.* Färbung *f*, Ton *m*, Cha'rakter *m*, Stimmung *f*. **10.** Farbe *f*, farbiges Band *od.* Abzeichen (*e-r Schule, e-s Jockeys etc*): **to get one's ~s** sein Mitgliedsabzeichen (*als neues Mitglied*) erhalten. **11.** *pl mil.* Fahne *f*: **to call to the ~s** einberufen; **to join the ~s** zur Fahne eilen, Soldat werden; **to come off with flying ~s** e-n glänzenden Sieg *od.* Erfolg erringen; **he passed his examination with flying ~s** er hat s-e Prüfung glänzend bestanden. **12.** *pl mar.* Flagge *f*: **to lower one's ~s** die Flagge streichen (*a. fig.*); **to nail one's ~s to the mast** sich unwiderruflich festlegen; **to stick to one's ~s** standhaft bleiben, nicht kapitulieren (wollen); **to sail under false ~s** unter falscher Flagge segeln (*a. fig.*); **to come out in one's true ~s** s-n wahren Charakter zeigen; **to show one's true ~s** a) sein wahres Gesicht zeigen, b) Farbe bekennen, sich erklären. **13.** Anschein *m*, Anstrich *m*: **~ of truth**; **to give ~ to the story** der Geschichte den Anstrich der Wahrscheinlichkeit geben, die Geschichte glaubhafter machen; **~ of office** *jur.* Amtsanmaßung *f*; **~ of title** *jur. Am.* (zu Unrecht) behaupteter Rechtstitel. **14.** Deckmantel *m*, Vorwand *m*: **under the ~ of charity** unter dem Vorwand *od.* Mäntelchen der Nächstenliebe. **15.** Art *f*, Sorte *f*: **a man of his ~** ein Mann s-s Schlages. **16.** *colloq.* Spur *f*: **he will not see the ~ of my money** von mir bekommt er keinen Pfennig. **17.** Kartenspiel: rote u. schwarze Farbe. **18.** *her.* Wappenfarbe *f*. **19.** ausgewaschenes Goldteilchen.
II *v/t* **20.** färben, kolo'rieren, anstreichen, anmalen. **21.** *fig.* färben: a) e-n Anstrich geben (*dat*), gefärbt darstellen, entstellen: **a ~ed report** ein gefärbter Bericht, b) schönfärben, beschönigen. **22.** *fig.* abfärben auf (*acc*), beeinflussen.
III *v/i* **23.** sich (ver)färben, (e-e) Farbe annehmen. **24.** *a.* **~ up** erröten, rot werden.
col·or·a·ble, *bes. Br.* **col·our·a·ble** ['kʌlərəbl] *adj* (*adv* colo[u]rably) **1.** färbbar. **2.** plau'sibel, glaubhaft. **3.** vorgeblich, fin'giert: **~ imitation** *jur.* täuschend ähnliche Nachahmung (*e-s Warenzeichens*); **~ title** *jur.* unzureichender Anspruch auf Eigentumsrecht.
Col·o·ra·do (**po·ta·to**) **bee·tle** [ˌkɒlə'rɑːdəʊ; *Am.* ˌkæləˈrædəʊ; -ˈrɑː-] *s zo.* Kar'toffelkäfer *m*.
col·or·ant ['kʌlərənt] *s* Farbstoff *m*, Färbemittel *n*.
col·or·a·tion [ˌkʌlə'reɪʃn] *s* **1.** Färben *n*, Kolo'rieren *n*. **2.** Farb(en)gebung *f*, 'Farbzuˌsammenstellung *f*. **3.** *biol.* Färbung *f*.
col·o·ra·tu·ra [ˌkɒlərə'tʊərə; -'tjʊə-; *Am.* ˌkʌl-] *s mus.* **1.** Kolora'tur *f*. **2.** virtu'ose Mu'sik. **3.** Kolora'tursängerin *f*. **~ so·pra·no** *s* Kolora'tursoˌpran *m*, b) Kolora'tursoˌpraˌnistin *f*.
col·or| bar, *bes. Br.* **col·our| bar** *s* Rassenschranke *f*. **'~ˌbear·er** *s mil.* Fahnenträger *m*. **'~ˌblind** *adj* **1.** *med.* farbenblind. **2.** *Am. fig.* blind (to für). **3.** *fig.* frei von Rassenvorurteilen. **~ˌblind·ness** *s med.* Farbenblindheit *f*. **~ cast** *s* Farbfernsehsendung *f*. **~ chart** *s* Farbenskala *f*. **'~ˌcode** *v/t* durch verschiedene Farben kennzeichnen.

col·ored, *bes. Br.* **col·oured** ['kʌlə(r)d] **I** *adj* **1.** farbig, bunt (*beide a. fig.*), kolo'riert: **~ pencil** Bunt-, Farbstift *m*; **~ plate** Farbenkunstdruck *m*. **2.** farbig: **a ~ man** ein Farbiger; **~ people** Farbige; **a ~ school** e-e Schule für Farbige. **3.** *fig.* gefärbt: a) beschönigt, b) nicht objek'tiv, tendenzi'ös: **~ account**, c) beeinflußt: **politically ~**. **4.** *fig.* angeblich, falsch: **a ~ ally**. **5.** *in Zssgn* ...farbig, ...farben. **II** *pl* **-o(u)red, -o(u)reds** *s* **6.** Farbige(r) *m* *f*: **the ~**; **a school for ~s**.
'col·or|·fast, *bes. Br.* **'col·our|·fast** *adj* farbecht. **~ film** *s phot.* Farbfilm *m*. **~ fil·ter** *s phot.* Farbfilter *m, n*.
'col·or·ful, *bes. Br.* **'col·our·ful** *adj* **1.** farbenfreudig, -prächtig, bunt. **2.** *fig.* farbig, bunt, lebhaft, abwechslungsreich: **a ~ pageant**; **a ~ description** e-e anschauliche Beschreibung. **3.** *fig.* auffallend, interes'sant: **a ~ personality**.
col·or guard, *bes. Br.* **col·our guard** *s mil.* Fahnenwache *f*, -abordnung *f*.
col·or·if·ic [ˌkɒlə'rɪfɪk; *bes. Am.* ˌkʌl-] *adj* **1.** farbgebend. **2.** *obs.* a) Farb..., b) farbenfreudig.
col·or·im·e·ter [ˌkɒlə'rɪmɪtə(r); *bes. Am.* ˌkʌl-] *s phys.* Kolori'meter *n*, Farbenmesser *m*.
col·or·ing, *bes. Br.* **col·our·ing** ['kʌlərɪŋ] **I** *s* **1.** Färben *n*. **2.** Farbe *f*, Färbemittel *n*. **3.** Färbung *f*, Kolo'rit *n*, Farbe *f*, Farbgebung *f*. **4.** Gesichtsfarbe *f*. **5.** *fig.* äußerer Anstrich, Schein *m*. **6.** *fig.* Schönfärbe'rei *f*, Beschöningung *f*. **7.** *fig.* Färbung *f*, Ten'denz *f*. **II** *adj* **8.** Farb...: **~ book** Malbuch *n*; **~ matter** Farbstoff *m*.
'col·or·inˌten·sive, *bes. Br.* **'col·our·inˌten·sive** *adj* 'farbintenˌsiv.
col·or·ist, *bes. Br.* **col·our·ist** ['kʌlərɪst] *s paint.* Farbenkünstler *m, engS.* Kolo'rist *m*.
'col·or·key, *bes. Br.* **'col·our·key** → color-code.
col·or·less, *bes. Br.* **col·our·less** ['kʌlə(r)lɪs] *adj* (*adv* **-ly**) **1.** farblos (*a. fig.* nichtssagend). **2.** *fig.* neu'tral, 'unparˌteiisch.
col·or| line, *bes. Br.* **col·our| line** *s* Rassenschranke *f*. **'~-man** [-mən] *s irr Br.* Farbenhändler *m*. **~ or·gan** *s* Lichtorgel *f*. **~ pho·tog·ra·phy** *s* 'Farbfotograˌfie *f*. **~ plate** *s* Farben(kunst)druck *m*. **~ prej·u·dice** *s* Rassenvorurteil *n*. **~ print** *s print.* Farbendruck *m* (Bild). **~ print·ing** *s print.* Bunt-, Farbendruck *m* (Verfahren). **~ prob·lem** *s* 'Rassenproˌblem *n*. **~ sa·lute** *s mil.* Flaggengruß *m*. **~ scheme** → coloration 2. **~ screen** *s tech.* Farbraster *m*. **~ ser·geant** *s mil.* (*etwa*) Oberfeldwebel *m*. **~ set** *s* Farbfernseher *m*. **~ sup·ple·ment** *s* Farbbeilage *f* (*e-r Zeitung*). **~ tel·e·vi·sion** *s* Farbfernsehen *n*.
co·los·sal [kə'lɒsl; *Am.* kə'læsəl] *adj* kolos'sal, riesig, Riesen..., ungeheuer (*alle a. fig. colloq.*): **a ~ mistake**; **a ~ statue** e-e Kolossalstatue.
col·os·se·um [ˌkɒlə'sɪəm; *Am.* ˌkɑ-] → coliseum.
co·los·si [kə'lɒsaɪ; *Am.* -'lɑ-] *pl von* colossus.
Co·los·sians [kə'lɒʃnz; *Am.* -'lɑ-] *s pl Bibl.* (Brief *m* des Paulus an die) Ko'losser *pl*.
co·los·sus [kə'lɒsəs; *Am.* -'lɑ-] *pl* **-si** [-saɪ], **-sus·es** *s* Ko'loß *m*: a) Riese *m* (*etwas*) Riesengroßes, c) Riesenstandbild *n*.
co·los·to·my [kə'lɒstəmɪ; *Am.* -'lɑ-] *s med.* Kolosto'mie *f* (*Anlegung e-r Dickdarmfistel*).
co·los·trum [kə'lɒstrəm; *Am.* -'lɑ-] *s biol.* Vormilch *f*.
col·our, col·our·a·ble, col·our bar, etc → color, colorable, color bar, etc.
co·li·pi·tis [ˌkɒlɪ'paɪtɪs; *Am.* ˌkɑl'p-] *s med.* Kol'pitis *f*, Scheidenentzündung *f*.
col·por·tage ['kɒlpɔː(r)tɪdʒ; *Am.* ˌkɑlp-] *s* Kolpor'tage *f*. **'col·por·teur** [-tə(r)] *s* Kolpor'teur *m*, Hau'sierer *m* mit (*bes. religiösen*) Büchern *od.* Zeitschriften.
colt[1] [kəʊlt] **I** *s* **1.** Füllen *n*, Fohlen *n*: (**as**) **sound as a ~** gesund wie ein Fisch im Wasser. **2.** *fig.* 'Grünschnabel *m*, 'junger Dachs'. **3.** *sport* 'unroutiˌnierter Spieler. **4.** *mar.* Tauende *n*. **II** *v/t* **5.** *mar.* mit dem Tauende verprügeln.
Colt[2] [kəʊlt] (*TM*) *s* Colt *m* (*Revolver*).
col·ter, *bes. Br.* **coul·ter** ['kəʊltə(r)] *s agr.* Kolter *n* (*am Pflug*).
colt·ish ['kəʊltɪʃ] *adj* **1.** fohlenartig. **2.** ausgelassen, 'übermütig.
'colts·foot *pl* **-foots** *s bot.* Huflattich *m*.
colt's tooth *s irr* **1.** *zo.* a) Milchzahn *m*, b) Wolfszahn *m* (*beim Pferd*). **2.** (jugendlicher) 'Übermut: **to cast** (*od.* **shed**) **one's ~** sich die Hörner abstoßen.
Co·lum·bi·an[1] [kə'lʌmbɪən] *adj* **1.** *poet.* ameri'kanisch. **2.** Ko'lumbus betreffend.
Co·lum·bi·an[2] [kə'lʌmbɪən] *s print.* Tertia *f* (16 Punkt; Schriftgröße).
co·lum·bic ac·id [kə'lʌmbɪk] *s chem.* Co'lumbium-, Ni'obsäure *f*.
col·um·bine[1] ['kɒləmbaɪn; *Am.* 'kɑ-] *adj* **1.** taubenartig, Tauben... **2.** taubengrau.
col·um·bine[2] ['kɒləmbaɪn; *Am.* 'kɑ-] *s bot.* Ake'lei *f*.
Col·um·bine[3] ['kɒləmbaɪn; *Am.* 'kɑ-] *s thea.* Kolom'bine *f* (*Geliebte des Harlekin*).
co·lum·bite [kə'lʌmbaɪt] *s min.* Kolum'bit *m*. **co·lum·bi·um** [-bɪəm] → niobium.
col·umn ['kɒləm; *Am.* 'kɑləm] *s* **1.** *arch.* Säule *f*, Pfeiler *m*. **2.** *tech.* a) Ständer *m*, Pfosten *m*, Stütze *f*, b) Ko'lonne *f*, säulenförmiger Destil'lierappaˌrat. **3.** *fig.* (Rauch-, Wasser- etc)Säule *f*: **~ of smoke**; **~ of mercury** *phys.* Quecksilbersäule; → spinal column. **4.** *print.* Ko'lumne *f* (*Satz-, Zeitungs*)Spalte *f*: **printed in double ~s** zweispaltig gedruckt. **5.** *Zeitung:* Ko'lumne *f* (*regelmäßig an bestimmter Stelle veröffentlichter Meinungsbeitrag*). **6.** *math.* Ko'lonne *f*, senkrechte (Zahlen)Reihe. **7.** Feld *n*, Ru'brik *f* (*e-r Tabelle*). **8.** *mil.* ('Marsch-)Koˌlonne *f*: **~ left**, **march!** links schwenkt, marsch!; → fifth column.
co·lum·nar [kə'lʌmnə(r)] *adj* **1.** säulenartig, -förmig. **2.** Säulen... **3.** in Spalten gedruckt *od.* angeordnet. **col·um·nat·ed** ['kɒləmneɪtɪd; *Am.* 'kɑ-], **'col·umned** *adj* **1.** mit Säulen (versehen), von Säulen getragen, Säulen... **2.** → columnar. **col·um·nist** ['kɒləmnɪst; -mɪst; *Am.* 'kɑ-] *s Zeitung:* Kolum'nist(in).
co·lure [kə'ljʊə; *Am.* 'kəʊlʊr] *s astr.* Ko'lur, Deklinati'onskreis *m*.
col·za ['kɒlzə; *Am.* 'kɑl-; 'kəʊl-] *s bot.* Raps *m*: **~ oil** Rüb-, Rapsöl *n*.
co·ma[1] ['kəʊmə] *s med.* Koma *n*, tiefe Bewußtlosigkeit: **to be in a ~** im Koma liegen; **to fall** (*od.* **go**) **into a ~** ins Koma fallen. **2.** Apa'thie *f*, Stumpfheit *f*.
co·ma[2] ['kəʊmə] *pl* **-mae** [-miː] *s* **1.** *bot.* a) Schopf *m*, b) Haarbüschel *n* (*an Samen*). **2.** Koma *f*: a) *astr.* Nebelhülle um den Kern e-s Kometen, b) *phys.* Linsenfehler.
Co·man·che [kə'mæntʃɪ] *s* **1.** Ko'mantsche *m*, Ko'mantschin *f*. **2.** *ling.* Ko'mantschensprache *f*.
Co·man·che·an [kə'mæntʃɪən] *s* e-e

nordamer. geologische Periode (zwischen Jura- u. Kreidezeit).
co·ma·tose [ˈkəʊmətəʊs; *Am. a.* ˈkɑm-] *adj* **1.** *med.* komaˈtös. **2.** aˈpathisch, stumpf.
comb [kəʊm] **I** *s* **1.** a) Kamm *m*, b) Kämmen *n*: **your hair needs a good ~** du mußt dich mal richtig kämmen. **2.** (Pferde)Striegel *m*. **3.** *tech.* Kamm *m, bes.* a) Wollkamm *m*, b) (Flachs)Hechel *f*, c) Gewindeschneider *m (an e-r Drehbank)*, d) *electr.* (Kamm)Stromabnehmer *m*. **4.** *zo.* Kamm *m (des Hahnes etc)*: **to cut s.o.'s ~** *fig.* j-n demütigen. **5.** (Berg- od. Wellen)Kamm *m*. **6.** Honigwabe *f*. **II** *v/t* **7.** *Haar* kämmen. **8.** *a.* **~ out** a) *Wolle* auskämmen, krempeln, b) *Flachs* hecheln. **9.** *Pferd* striegeln. **10.** *fig. Gegend* ˈdurchkämmen, absuchen, durchˈsuchen. **11.** *meist* **~ out** *fig.* a) sieben, sichten, b) aussondern, -suchen, c) *mil.* ausmustern.
com·bat [ˈkɒmbæt; *Am.* ˈkɑm-] **I** *v/t* **1.** bekämpfen, kämpfen gegen. **II** *v/i* **2.** kämpfen. **III** *s* **3.** Kampf *m*. **4.** *mil.* (Entscheidungs)Kampf *m*, Gefecht *n*, (Kampf)Einsatz *m*. **IV** *adj* **5.** *Kampf...*: **~ dress**; **~ sport**; **~ airfield** Feldflugplatz *m*.
com·bat·ant [ˈkɒmbətənt; *Am.* ˈkɑm-; *a.* kəmˈbætnt] **I** *s* **1.** Kämpfer *m*. **2.** *mil.* Angehörige(r) *m* der Kampftruppen, Frontkämpfer *m*. **II** *adj* **3.** kämpfend. **4.** *mil.* zur Kampftruppe gehörig, Kampf...
com·bat| car *s mil. Am.* Kampfwagen *m*. **~ ef·fi·cien·cy** *s mil.* Kampfwert *m*. **~ fa·tigue** *s mil. psych.* ˈKriegsneuˌrose *f*. **~ group** *s mil.* Kampfgruppe *f*.
com·ba·tive [ˈkɒmbətɪv; *Am.* kəmˈbætɪv] *adj (adv* **~ly) 1.** kampfbereit. **2.** aggresˈsiv.
com·bat| or·der *s mil.* Gefechtsbefehl *m*. **~·ˌread·y** *adj mil.* einsatz-, gefechtsbereit. **~ team** *s mil. Am.* Kampfgruppe *f*. **~ train·ing** *s mil.* Gefechtsausbildung *f*. **~ troops** *s pl mil.* Kampftruppen *pl*. **~ u·nit** *s mil. Am.* Kampfverband *m*.
combe → coomb(e).
comb·er [ˈkəʊmə(r)] *s* **1.** a) Wollkämmer *m*, Krempler *m*, b) Flachshechler *m*. **2.** *tech.* a) ˈKrempelmaˌschine *f*, b) ˈHechelmaˌschine *f*. **3.** *mar.* Sturzwelle *f*, Brecher *m*.
comb hon·ey *s* Scheibenhonig *m*.
com·bi·na·tion [ˌkɒmbɪˈneɪʃn; *Am.* ˌkɑmbəˈneɪʃən] *s* **1.** Verbindung *f*, Vereinigung *f*, Verknüpfung *f*, Kombinatiˈon *f (a. Sport, Schach etc)*. **2.** Zs.-stellung *f*. **3.** Vereinigung *f*, Verbindung *f*, Interˈessengemeinschaft *f (von Personen)*. **4.** a) Gewerkschaft *f*, b) Konˈzern *m*, Karˈtell *n*, Ring *m*. **5.** Zs.-schluß *m*, Bündnis *n*, Absprache *f*: **~ in restraint of trade** Abkommen *n* zur Monopolisierung des Handels. **6.** *mus.* Combo *f*, (kleine) Jazzband. **7.** *tech.* Kombinatiˈon *f*, kombiˈniertes Gerät. **8.** Motorrad *n* mit Beiwagen, ˈBeiwagenmaˌschine *f, bes. dort* Gespann *n*. **9.** *chem.* Verbindung *f*. **10.** *math.* Kombinatiˈon *f*. **11.** *tech.* a) (ˈBuchstaben)Kombinatiˈon *f (Vexierschloß)*, b) Mechaˈnismus *m* e-s Veˈxierschlosses. **12.** *meist pl* Kombinatiˈon *f*: a) Hemdhose *f* mit langem Bein, b) (einteiliger) Schutzanzug, Monˈtur *f*. **~ fuse** *s tech.* kombiˈnierter Zünder, Doppelzünder *m*. **~ lock** *s tech.* Kombinatiˈons-, Veˈxierschloß *n*. **~ pli·ers** *s pl (a. als sg konstruiert)* Kombi(natiˈons)zange *f*. **~ room** *s Br.* Gemeinschaftsraum *m (der Fellows e-s College der Universität Cambridge)*.
com·bi·na·tive [ˈkɒmbɪnətɪv; -neɪtɪv; *Am.* ˈkɑmbəˌneɪtɪv; kəmˈbaɪnə-] *adj* **1.** verbindend. **2.** Verbindungs...

com·bi·na·to·ri·al [ˌkɒmbɪnəˈtɔːrɪəl; *Am.* ˌkɑmbənəˈtəʊriːəl; kəmˌbaɪnəˈt-] *adj math.* kombinaˈtorisch. **~ a·nal·y·sis** *s math.* Kombinatiˈons- u. Permutatiˈonslehre *f*.
com·bi·na·to·rics [ˌkɒmbɪnəˈtɔːrɪks; *Am.* ˌkɑmbənəˈtɔːrɪks; kəmˌbaɪnəˈt-] *s pl (als sg konstruiert) math.* Kombinaˈtorik *f*, Kombinatiˈonslehre *f*.
com·bine [kəmˈbaɪn] **I** *v/t* **1.** verbinden *(a. chem.)*, vereinigen, zs.-setzen, kombiˈnieren: **to ~ business with pleasure** das Nützliche mit dem Angenehmen verbinden; **to ~ forces** die Kräfte vereinigen. **2.** in sich vereinigen, *Eigenschaften etc* gleichzeitig besitzen. **II** *v/i* **3.** sich verbinden *(a. chem.)*, sich vereinigen. **4.** sich zs.-schließen, sich verbünden. **5.** zs.-wirken: **everything ~d against him** alles verschwor sich gegen ihn. **6.** e-e Einheit bilden. **III** *s* [ˈkɒmbaɪn; *Am.* ˈkɑm-] **7.** Verbindung *f*, Vereinigung *f*. **8.** a) poˈlitische *od.* wirtschaftliche Interˈessengemeinschaft, b) *econ.* Verband *m*, Konˈzern *m*, Karˈtell *n*: **~ price** Verbandspreis *m*. **9.** *a.* **~ harvester** *agr.* Mähdrescher *m*. **10.** *art* ˈBildobˌjekt *n*.
com·bined [kəmˈbaɪnd] *adj* **1.** vereinigt: **all his talents ~** all s-e Talente zusammen. **2.** verbündet. **3.** *chem.* verbunden. **4.** gemeinsam, gemeinschaftlich: **~ efforts** gemeinsame Bemühungen. **5.** *mil.* verbunden *(mehrere Truppengattungen)*, ˈinterallilˌiiert *(mehrere Alliierte)*. **~ arms** *s pl mil.* verbundene Waffen *pl*, gemischte Verbände *pl*. **~ e·vent** *s sport* Mehrkampf *m*. **~ op·er·a·tion** *s mil.* Operatiˈon *f* verbundener Waffen.
comb·ing [ˈkəʊmɪŋ] *s* **1.** (Aus)Kämmen *n*. **2.** *pl* ausgekämmte Haare *pl*. **~ works** *s pl (oft als sg konstruiert) tech.* Kämmeˈrei *f*.
com·bin·ing form [kəmˈbaɪnɪŋ] *s ling.* in Zs.-setzungen verwendete Wortform *(wie* Anglo- *etc)*.
com·bo [ˈkɒmbəʊ; *Am.* ˈkɑm-] *pl* **-bos** → combination 6.
ˈcomb-out *s* **1.** Auskämmen *n*. **2.** *fig.* Siebung *f*, Sichtung *f*.
com·bus·ti·bil·i·ty [kəmˌbʌstəˈbɪlətɪ] *s* (Ver)Brennbarkeit *f*, Entzündlichkeit *f*.
comˈbus·ti·ble I *adj (adv* combustibly) **1.** (ver)brennbar, (leicht)entzündlich. **2.** *fig.* erregbar, jähzornig. **II** *s* **3.** ˈBrennstoff *m*, -materiˌal *n*.
com·bus·tion [kəmˈbʌstʃən] *s* **1.** Verˈbrennung *f (a. biol. chem.)*. **2.** *fig.* Erregung *f*, Aufruhr *m*, Tuˈmult *m*. **~ cham·ber** *s tech.* Verbrennungskammer *f*, -raum *m*, Brennkammer *f*. **~ en·gine** *s tech.* Verˈbrennungs(ˌkraft)maˌschine *f*, Verbrennungsmotor *m*.
com·bus·tive [kəmˈbʌstɪv] *adj* **1.** entzündend, Zünd... **2.** Verbrennungs..., Brenn..., Entzündungs... **comˈbus·tor** [-tə(r)] → combustion chamber.
come [kʌm] **I** *v/i pret* **came** [keɪm] *pp* **come 1.** kommen: **s.o. is coming** es kommt j-d; **to be long in coming** lange auf sich warten lassen; **to ~ before the judge** vor den Richter kommen; **he came to see us** er besuchte uns, er suchte uns auf; **no work has ~ his way** er hat (noch) keine Arbeit gefunden; *that* **~s on page 4** das kommt auf Seite 4; *the* **message has ~** die Nachricht ist gekommen *od.* eingetroffen; **ill luck came to him** ihm widerfuhr ein Unglück; **I was coming to that** darauf wollte ich gerade hinaus. **2.** (dran)kommen, an die Reihe kommen: **who ~s first? 3.** kommen, erscheinen, auftreten: **to ~ and go** a) kommen u. gehen, b) erscheinen u. verschwinden; **love will ~ in time** mit

der Zeit wird sich die Liebe einstellen. **4.** reichen, sich erstrecken: **the dress ~s to her knees** das Kleid reicht ihr bis zu den Knien. **5.** kommen, gelangen **(to** zu): **to ~ to the throne** den Thron besteigen; **to ~ into danger** in Gefahr geraten; **when we ~ to die** wenn es zum Sterben kommt, wenn wir sterben müssen; **how came it to be yours?** wie kamen *od.* gelangten Sie dazu? **6.** kommen, abstammen **(of, from** von): **he ~s of a good family** er kommt *od.* stammt aus gutem Hause; **I ~ from Leeds** ich stamme aus Leeds. **7.** kommen, ˈherrühren **(of** von): **that's what ~s of your hurry** das kommt von d-r Eile; **nothing came of it** es wurde nichts daraus. **8.** kommen, geschehen, sich entwickeln, sich ereignen: **~ what may** *(od.* will) komme, was da wolle. **9.** sich erweisen: **it ~s expensive** es kommt teuer; **the expenses ~ rather high** die Kosten kommen recht hoch. **10.** ankommen **(to s.o** j-n): **it ~s hard (easy)** to me es fällt mir schwer (leicht). **11.** *(vor inf)* werden, sich entwickeln, dahin *od.* dazu kommen: **he has ~ to be a good musician** er ist ein guter Musiker geworden, aus ihm ist ein guter Musiker geworden; **it has ~ to be the custom** es ist Sitte geworden; **to ~ to know s.o.** j-n kennenlernen; **to ~ to know s.th.** etwas erfahren; **I have ~ to believe that** ich bin zu der Überzeugung gekommen, daß; **how did you ~ to do that?** wie kamen Sie dazu, das zu tun? **12.** *(bes. vor adj)* werden, sich entwickeln: **to ~ true** sich bewahrheiten *od.* erfüllen, eintreffen; **to ~ all right** in Ordnung kommen; **the butter will not ~** die Butter bildet sich nicht *od.* „wird" nicht. **13.** *agr. bot.* (herˈaus)kommen, sprießen, keimen. **14.** auf den Markt kommen, erhältlich sein: **these shirts ~ in three sizes** diese Hemden gibt es in drei Größen. **15. to ~** *(als adj gebraucht)* (zu)künftig, kommend: **the life to ~** das zukünftige Leben; **for all time to ~** für alle Zukunft; **in the years to ~** in den kommenden Jahren. **16.** *sl.* ˈkommen' *(e-n Orgasmus haben)*.
II *v/t* **17.** *colloq.* sich aufspielen als, j-n *od.* etwas spielen, herˈauskehren: **don't try to ~ the great scholar over me!** versuche nicht, mir gegenüber den großen Gelehrten zu spielen; **don't ~ that dodge over me!** mit dem Trick kommst du bei mir nicht an!
III *interj* **18.** na (hör mal)!, komm!, bitte!: **~, ~!** a) a. **~ now!** nanu!, nicht so wild!, immer langsam!, b) *(ermutigend)* na komm schon!, auf geht's!
IV *s* **19.** Kommen *n*: **the ~ and go of the years** das Kommen u. Gehen der Jahre. **20.** *vulg.* ‚Soße' *f (Sperma)*.
Besondere Redewendungen:
~ again! *colloq.* sag's nochmal!; **~ to that** *colloq.* was das betrifft; **as stupid as they ~** *colloq.* dumm wie Bohnenstroh; **how ~s it that?**, *colloq.* **how ~ that?** wie kommt es, daß?; **how ~?** *colloq.* wieso (denn)?, wie das?; **a year ago ~ March** *colloq.* im März vor e-m Jahr; **came Christmas** *obs.* dann kam Weihnachten; **he is coming nicely** *colloq.* er macht sich recht gut; **to ~ to o.s.** (wieder) zu sich kommen; **to ~ it** *Br. colloq.* ‚es schaffen'; **he can't ~ that** *Br. colloq.* das schafft er nicht; *(siehe a. die Verbindungen mit den entsprechenden Substantiven etc)*.
Verbindungen mit Präpositionen:
come| a·cross *v/i* **1.** zufällig treffen *od.* finden *od.* sehen, stoßen auf *(acc)*. **2.** *j-m* in den Sinn kommen: **the thought came across my mind that** mir kam der Gedanke, daß. **~ af·ter** *v/i* **1.** *j-m*

folgen, hinter *j-m* 'hergehen. **2.** *etwas* holen kommen. **3.** suchen, sich bemühen um. **~ at** *v/i* **1.** erreichen, bekommen, erlangen, *Wahrheit etc* her'ausfinden. **2.** angreifen, auf *j-n* losgehen. **~ be·tween** *v/i fig.* zwischen (*Personen od. Dinge*) treten. **~ by** *v/i* **1.** kommen zu *etwas*, erlangen, bekommen, sich *e-e Verletzung etc* holen. **2.** → **come across** 1. **~ for** *v/i* **1.** *etwas* abholen kommen, kommen wegen. **2.** *j-n* attac'kieren, losgehen auf (*acc*). **~ in·to** *v/i* **1.** eintreten in (*acc*). **2.** *e-m Klub* beitreten. **3.** (*rasch od. unerwartet*) zu *etwas* kommen: **to ~ a fortune** ein Vermögen erben; → **fashion** 1, *own Bes. Redew.*, use 10. **~ near** *v/i* **1.** *fig.* nahekommen (*dat*). **2. to ~ doing s.th.** etwas beinahe tun. **~ off** *v/i* **1.** her'unterfallen von (*Pferd, Rad etc*). **2. ~ it!** *colloq.* hör schon *auf* damit! **~ on** → **come upon**. **~ o·ver** *v/i* **1.** über'kommen, beschleichen, befallen: **what has ~ you?** was ist mit dir los?, was fällt dir ein? **2.** *colloq.* *j-n* reinlegen. **3.** → **come** 17. **~ through** *v/i Krankheit etc* über'leben, -'leben. **~ to** *v/i* **1.** *j-m* zufallen (*bes. durch Erbschaft*): *j-m* zukommen, zustehen: **all the credit that's coming to him**; **he had it coming to him** *colloq.* er hatte das längst verdient. **3.** *zum Bewußtsein etc* kommen, zur Besinnung kommen. **4.** kommen *od.* gelangen zu: **what are things coming to?, I don't know what the world's coming to** wo soll das denn nur hinführen?; **when it comes to paying** wenn es ans Bezahlen geht. **5.** sich belaufen auf (*acc*): **it comes to £100.** **~ un·der** *v/i* **1.** kommen *od.* fallen unter (*acc*): **to ~ a law. 2.** geraten unter (*acc*). **~ up·on** *v/i* **1.** *j-n* befallen, über'kommen, *j-m* zustoßen. **2.** über *j-n* 'herfallen. **3.** → **come across** 1. **4.** *j-m* zur Last fallen. **~ with·in** → **come under.**

Verbindungen mit Adverbien:

come¦ a·bout *v/i* **1.** geschehen, pas'sieren. **2.** entstehen. **3.** *mar.* umspringen (*Wind*). **~ a·cross** *v/i* **1.** her'überkommen. **2. a)** verstanden werden, **b)** ,ankommen', ,rüberkommen' (*Rede etc*). **3.** *colloq.* da'mit 'rausrücken': **to ~ with a)** mit *Informationen* her'ausrücken, **b)** *Geld* her'ausrücken. **~ a·long** *v/i* **1.** mitkommen, -gehen: **~!** *colloq.* ,dalli'!, komm schon!. **2.** kommen, sich ergeben (*Chance etc*). **3.** *colloq.* vorwärtskommen, Fortschritte machen: **how is your English coming along?** wie kommst du mit d-m Englisch voran? **~ a·part** *v/i* ausein'anderfallen, in Stücke gehen. **~ a·way** *v/i* **1.** sich lösen, ab-, losgehen (*Knopf etc*). **2.** weggehen (*Person*). **~ back** *v/i* **1. a)** zu'rückkommen, 'wiederkehren: **to ~ to s.th.** auf e-e Sache zu'rückkommen, **b)** wieder in Mode kommen, **c)** wieder eingeführt werden. **2.** ein Come'back feiern. **3.** wieder einfallen (**to** s.o. *j-m*). **4.** (schlagfertig) antworten: **she came back at him with an angry remark** sie entgegnete ihm mit e-r wütenden Bemerkung. **~ by** *v/i* vor'beikommen, ,reinschauen' (*Besucher*). **~ down** *v/i* **1.** her'ab-, her'unterkommen, (*Regen, Schnee*) fallen. **2.** (ein)stürzen, (-)fallen. **3.** *aer.* niedergehen. **4.** *a.* **~ in the world** *fig.* her'unterkommen (*Person*): **she has ~ quite a bit** sie ist ganz schön tief gesunken. **5.** *ped. univ. Br.* **a)** die Universi'tät verlassen, **b)** in die Ferien gehen. **6.** über'liefert werden. **7.** *colloq.* her'untergehen, sinken (*Preis*), billiger werden (*Dinge*). **8.** nachgeben, kleinlaut werden: → **peg** 1. **9. ~ on** a) sich stürzen auf (*acc*), b) 'herfallen über (*acc*), *j-m* ,aufs Dach steigen': → **brick** 1. **10. ~ with** *colloq.*

Geld her'ausrücken: **to ~ handsomely** sich spendabel zeigen. **11. ~ with** erkranken an (*dat*). **12. ~ to a)** hin'auslaufen auf (*acc*), **b)** ankommen auf (*acc*). **~ forth** *v/i* **1.** her'vorkommen. **2. nothing new came forth** es gab keine neuen Erkenntnisse. **~ for·ward** *v/i* **1.** an die Öffentlichkeit treten, her'vortreten: **to ~ as a candidate** als Kandidat auftreten. **2.** sich (freiwillig) melden, sich anbieten. **~ home** *v/i* **1.** nach Hause kommen, heimkommen. **2. to ~ to s.o.** *j-m* schmerzlich klar werden. **~ in** *v/i* **1.** her'einkommen: **~!** a) herein!, b) (*Funk*) (bitte) kommen! **2.** eingehen, -treffen (*Nachricht, Geld etc*), *mar. sport* einkommen, *rail.* einlaufen: **to ~ second** *sport* den zweiten Platz belegen. **3.** aufkommen, in Mode kommen: **long skirts ~ again**. **4.** an die Macht *od.* ans Ruder kommen. **5.** an die Reihe kommen. **6.** sich als *nützlich etc* erweisen: **this will ~ useful**; → **handy** 5. **7.** Berücksichtigung finden: **where do I ~?** wo bleibe ich?; **that's where you ~** da bist dann du dran; **where does the joke ~?** was ist daran so witzig? **8. ~ for** Bewunderung *etc* erregen, auf *Kritik etc* stoßen. **9. ~ on** mitmachen bei, sich beteiligen an (*dat*). **~ off** *v/i* **1.** ab-, losgehen, sich lösen. **2.** her'unterfallen (*vom Rad etc*). **3.** auslaufen (*Stück*), enden (*Ausstellung*). **4.** *colloq.* stattfinden, ,über die Bühne gehen'. **5.** *colloq.* a) abschneiden: **he came off best**, b) erfolgreich verlaufen, glücken. **6.** *sl.* ,kommen' (*e-n Orgasmus haben*). **~ on** *v/i* **1.** her'ankommen: **~!** a) komm (mit)!, b) komm her!, c) na, komm schon!; los!, d) *colloq.* na, na!; nur sachte! **2.** beginnen, einsetzen: **it came on to rain** es begann zu regnen. **3.** an die Reihe kommen. **4.** *thea.* auftreten, b) aufgeführt werden. **5.** stattfinden: **it comes on next week**. **6.** a) wachsen, gedeihen, b) vor'ankommen, Fortschritte machen. **7.** *jur.* verhandelt werden (*Fall*). **~ out** *v/i* **1.** her'aus-, her'vorkommen, sich zeigen. **2.** *a.* **~ on strike** *bes. Br.* streiken. **3.** her'auskommen: a) erscheinen (*Buch*), b) bekanntwerden, an den Tag kommen (*Wahrheit etc*). **4.** ausgehen (*Haare, Farbe*), her'ausgehen (*Fleck etc*). **5.** *colloq.* werden, sich *gut etc* entwickeln. **6.** ausbrechen (*Ausschlag*): **to ~ in a rash** e-n Ausschlag bekommen. **7.** a) debü'tieren: a) zum ersten Male auftreten (*Schauspieler*), b) in die Gesellschaft eingeführt werden (*Bild*), b) *gut etc* her'auskommen (in *dat*) (*Person*). **9. ~ with** *colloq.* a) mit *der Wahrheit etc* ,her'ausrücken', b) Flüche *etc* ,vom Stapel lassen'. **10. ~ against** a) sich aussprechen gegen, b) den Kampf ansagen (*dat*). **11.** sich offen zu s-r Homosexuali'tät bekennen. **~ o·ver** *v/i*. **1.** her'überkommen. **2.** 'übergehen (**to** zu). **3.** *Br.* werden, sich fühlen: **to ~ faint**. **~ round** *v/i* **1.** ,vor'beikommen' (*Besucher*). **2.** 'wiederkehren (*Fest, Zeitabschnitt*). **3. to ~ to s.o.'s way of thinking** sich zu *j-s* Meinung bekehren. **4.** a) wieder zu sich kommen, das Bewußtsein 'wiedererlangen, b) sich erholen. **5.** a) sich wieder beruhigen, b) sich wieder vertragen. **6. to ~ to doing s.th.** dazu kommen, etwas zu tun. **~ through** *v/i* **1.** 'durchkommen (*Funkspruch etc*): **to ~ on the telephone** telefonisch durchkommen. **2.** 'durchkommen (*Patient etc*): **to ~ without a scratch** ohne e-n Kratzer davonkommen. **~ to** *v/i* **1.** → **come round** 4. **2.** *mar.* vor Anker gehen. **~ up** *v/i* **1.** her'aufkommen. **2.** her'ankommen: **to ~ to s.o.** an *j-n* herantreten. **3.** aufgehen (*Sonne*). **4.** *jur.* verhandelt werden (*Fall*). **5. a. ~ for discussion** zur Sprache

kommen, angeschnitten werden: **the question came up**. **6. ~ for** zur Abstimmung, Entscheidung kommen. **7.** gezogen werden, gewinnen (*Los etc*): **he came up on the football pools** er gewann im Fußballtoto. **8.** aufkommen, Mode werden. **9.** *Br.* sein Studium aufnehmen, zu stu'dieren anfangen. **10. if a vacancy comes up** falls e-e Stelle frei wird. **11.** *Br.* nach London kommen. **12. ~ to a)** reichen bis an (*acc*) *od.* zu, b) erreichen (*acc*), c) *fig.* her'anreichen an (*acc*): → **expectation** 1, **scratch** 5. **13. ~ with** *d*,*a*'her'kommen' mit, ,auftischen': **to ~ with a solution** e-e Lösung präsentieren. **14. his supper came up again** das Abendessen kam ihm wieder hoch. **15. ~ with**, *d*,*a*'her'kommen' mit, ,auftischen': **to ~ with a solution** e-e Lösung präsentieren.

come-at-a·ble [ˌkʌmˈætəbl] *adj colloq.* erreichbar, zugänglich.
'**come-back** s **1.** Come'back n: **to stage** (*od.* **make**) **a ~** ein Comeback feiern. **2.** (schlagfertige) Antwort.
co·me·di·an [kəˈmiːdjən, -ɪən] s **1. a)** Ko'mödienschauspieler m, **b)** Komiker m (*a. contp.*). **2.** Ko'mödien-, Lustspieldichter m. **3.** Spaßvogel m, Witzbold m (*beide a. contp.*). **co·me·di·enne** [kəˌmiːdɪˈen; kəˌmiː-] s a) Ko'mödienschauspielerin f, b) Komikerin f. **co**,**me·di-**'**et·ta** [-ˈetə] s kurzes Lustspiel, Posse f.
com·e·dist [ˈkɒmɪdɪst; *Am.* ˈkɑː-] s Ko'mödien-, Lustspieldichter m.
com·e·do [ˈkɒmɪdəʊ; *Am.* ˈkɑː-] *pl* **-do·nes** [-ˈdəʊniːz], **-dos** *s med.* Mitesser m.
'**come-down** s *fig.* **1.** Niedergang m, Abstieg m. **2.** *colloq.* Enttäuschung f.
com·e·dy [ˈkɒmɪdɪ; *Am.* ˈkɑː-] s *thea.* Ko'mödie f, Lustspiel n: **light ~** Schwank m; **~ of character** Charakterkomödie; **~ of manners** Sittenstück n; **~ of mistaken identity** Verwechslungskomödie. **2.** *fig.* ,Ko'mödie' f, komische Sache. Komik f. '**~wright** → **comedian** 2.
ˌ**come-**'**hith·er** *adj colloq.* einladend: **a ~ look**.
come·li·ness [ˈkʌmlɪnɪs] s Attraktivi'tät f, Schönheit f. '**come·ly** *adj* **1.** attrak'tiv, schön. **2.** *obs.* schicklich.
'**come**|-**off** s *colloq.* **1.** Vorwand m, Ausflucht f. **2.** Ausgang m, Ende n. '**~-on** s *colloq.* **1.** Lockvogelangebot n, Köder m (*bes. für Käufer*). **2.** Schwindler m. **3.** leichtes Opfer, Gimpel m. **4. to give s.o. the ~** *j-n* ,anmachen' (*bes. Frau*).
com·er [ˈkʌmə(r)] s **1.** Ankömmling m: **the ~s and goers** die Ankommenden u. die Abreisenden; **to watch the ~s and goers** das Kommen u. Gehen der Leute beobachten; **first ~** Zuerstkommende(r) m) f, wer zuerst kommt, *weitS.* (*der od. die*) erstbeste; **all ~s** jedermann. **2.** *bes. Am. colloq.* vielversprechende Per'son *od.* Sache: **he is a ~** er ist der kommende Mann.
co·mes·ti·ble [kəˈmestɪbl] **I** *adj* eßbar, genießbar. **II** s pl Eßwaren pl, Nahrungs-, Lebensmittel pl.
com·et [ˈkɒmɪt; *Am.* ˈkɑːmɪt] s **1.** *astr.* Ko'met m. **2.** *fig.* Senkrechtstarter, der schnell wieder in der Versenkung verschwindet.
come·up·pance [ˌkʌmˈʌpəns] s *colloq.* wohlverdiente Strafe.
com·fit [ˈkʌmfɪt] s *obs.* Kon'fekt n, Zuckerwerk n, kan'dierte Früchte pl.
com·fort [ˈkʌmfə(r)t] **I** v/t **1.** trösten, *j-m* Trost zusprechen *od.* spenden. **2.** beruhigen. **3.** erfreuen. **4.** *j-m* Mut zusprechen. **5.** *obs.* unter'stützen, *j-m* helfen. **II** s **6.** Trost m, Tröstung f, Erleichterung f (**to für**): **to derive** (*od.* **take**) **~ from s.th.** aus etwas Trost schöpfen; **to give ~ to** → 1; **what a ~!** Gott sei Dank!, welch ein Trost!; **he was a great ~ to**

her er war ihr ein großer Trost od. Beistand; **a few words of** ~ ein paar tröstliche Worte; → **cold** 4 e. **7.** Wohltat *f*, Labsal *n*, Erquickung *f* (**to** für). **8.** Behaglichkeit *f*, Wohlergehen *n*: **to live in** ~ ein behagliches u. sorgenfreies Leben führen. **9.** *a. pl* Kom'fort *m*: **a hotel with every modern** ~ (*od.* **all modern** ~**s**) ein Hotel mit allem Komfort; ~ **station** (*od.* **room**) *Am.* öffentliche Bedürfnisanstalt. **10.** *a.* **soldiers'** ~**s** *pl* Liebesgaben *pl* (für Sol-'daten). **11.** *obs.* Hilfe *f*.

com·fort·a·ble ['kʌmfə(r)təbl; 'kʌmf-təbl] *adj* (*adv* **comfortably**) **1.** komfor-'tabel, bequem, behaglich, gemütlich: **to make o.s.** ~ es sich bequem machen; **are you** ~? haben Sie es bequem?, sitzen *od.* liegen *etc* Sie bequem?; **to feel** ~ sich wohl fühlen; **the patient is** ~ der Patient hat keine Beschwerden. **2.** bequem, sorgenfrei: **to live in** ~ **circumstances** in angenehmen Verhältnissen leben. **3.** ausreichend, recht gut: **a** ~ **income**. **4.** tröstlich. **5.** angenehm, wohltuend. **6.** *bes. sport* beruhigend (*Vorsprung, Führung*). **com·fort·er** ['kʌmfə(r)tə(r)] *s* **1.** Tröster *m*: **the C**~ *relig.* der Tröster (*der Heilige Geist*); → **Job**². **2.** *bes. Br.* Wollschal *m*. **3.** *Am.* Steppdecke *f*. **4.** *bes. Br.* Schnuller *m* (*für Babys*). '**com·fort·ing** *adj* tröstlich, ermutigend. '**com·fort·less** *adj* **1.** unbequem. **2.** trostlos. **3.** unerfreulich.

com·frey ['kʌmfrɪ] *s bot.* Schwarzwurz *f*.
com·fy ['kʌmfɪ] *colloq.* → **comfortable** 1.

com·ic ['kɒmɪk; *Am.* 'kɑ-] **I** *adj* (*adv* → **comically**) **1.** komisch, Komödien..., Lustspiel...: ~ **actor** *a* Komödienschauspieler *m*, *b*) Komiker *m*; ~ **tragedy** Tragikomödie *f* (*a. fig.*); ~ **writer** Komödien-, Lustspieldichter *m*. **2.** komisch, humo'ristisch: ~ **book** *Am.* buntes (Monats)Heft mit Bildergeschichten; ~ **paper** ~ 5 a. **3.** → **comical** 1. **II** *s* **4.** ~ **comedian** 1. **5.** *colloq.* a) Witzblatt *n*, b) *pl* → **comic strips**. **6.** 'Filmko,mödie *f*. **7.** → **comicality**. '**com·i·cal** *adj* (*adv* → **comically**) **1.** komisch, ulkig, spaßig. **2.** *colloq.* komisch, sonderbar. ,**com·i·'cal·i·ty** [-'kælətɪ] *s* Komik *f*, (*das*) Komische, Spaßigkeit *f*. '**com·i·cal·ly** *adv* komisch(erweise). '**com·i·cal·ness** → **comicality**.

'**com·ic**| '**op·er·a** *s mus.* komische Oper. ~ **strips** *s pl* Comics *pl*.

com·ing ['kʌmɪŋ] **I** *adj* **1.** kommend: a) (zu)künftig: **the** ~ **man** der kommende Mann, b) nächst(er, e, es): ~ **week**. **II** *s* **2.** Kommen *n*, Nahen *n*, Ankunft *f*. **3.** Eintritt *m* (*e-s Ereignisses*): ~ **of age** Mündigwerden *n*. **4.** **C**~ *relig.* Ad'vent *m*, Kommen *n* (*Christi*). ~ **in** *pl* **com·ings in** *s* **1.** Anfang *m*, Beginn *m*. **2.** *pl* Einkommen *n*, Einnahmen *pl*.

com·i·ty ['kɒmɪtɪ; *Am.* 'kɑm-; 'kəʊm-] *s* **1.** Freundlichkeit *f*, Höflichkeit *f*. **2.** ~ **of nations** *jur.* gutes Einvernehmen der Nati'onen.

com·ma ['kɒmə; *Am.* 'kɑmə] *s* **1.** Komma *n* (*a. mus.*), Beistrich *m*. **2.** *pl a.* -**ma·ta** [-mətə] *metr.* a) Halbvers *m* (*des Hexameters*), b) Zä'sur *f*. **3.** *fig.* (kurze) Pause. ~ **ba·cil·lus** *s irr med.* 'Kommaba,zillus *m*.

com·mand [kə'mɑːnd; *Am.* kə'mænd] **I** *v/t* **1.** befehlen, gebieten (*dat*): **to** ~ **s.o. to come** j-m befehlen zu kommen. **2.** gebieten, fordern, (gebieterisch) verlangen: **to** ~ **silence** sich Ruhe erbitten. **3.** beherrschen, gebieten über (*acc*), unter sich haben. **4.** *mil.* komman'dieren: a) *j-m* befehlen, b) *Truppe* befehligen, führen. **5.** *Gefühle, a. die Lage* beherrschen: **to** ~ **o.s.** (*od.* **one's temper**) sich beherrschen. **6.** zur Verfügung haben, verfügen über (*acc*): **to** ~ **a sum**; **to** ~ **s.o.'s services**. **7.** *Mitgefühl, Vertrauen etc* einflößen: **to** ~ **sympathy**; **to** ~ (**s.o.'s**) **admiration** (j-m) Bewunderung abnötigen, (j-s) Bewunderung verdienen; **to** ~ **respect** Achtung gebieten. **8.** (*durch strategisch günstige Lage*) beherrschen: **this hill** ~**s a wide area**. **9.** *Aussicht* gewähren, bieten: **this window** ~**s a fine view**. **10.** *arch.* den einzigen Zugang bilden zu (*e-m Gebäudeteil etc*). **11.** *econ.* a) *Preis* einbringen, erzielen, b) *Absatz* finden. **12.** *obs.* bestellen.
II *v/i* **13.** befehlen, gebieten. **14.** *mil.* komman'dieren, das Kom'mando führen, den Befehl haben. **15.** Ausblick gewähren: **as far as the eye** ~**s** soweit das Auge reicht.
III *s* **16.** Befehl *m* (*a. Computer*), Gebot *n*: **at s.o.'s** ~ auf *j-s* Befehl; **by** ~ laut Befehl. **17.** *fig.* Herrschaft *f*, Gewalt *f* (**of** über *acc*): **to lose** ~ **of one's temper** die Beherrschung verlieren. **18.** Verfügung *f*: **to be at s.o.'s** ~ j-m zur Verfügung stehen; **to have at** ~ → 6. **19.** Beherrschung *f*, Kenntnis *f* (*e-r Sprache etc*): **to have** ~ **of** *e-e Fremdsprache etc* beherrschen; **his** ~ **of English** s-e Englischkenntnisse; ~ **of language** Sprachbeherrschung *f*, Redegewandtheit *f*. **20.** *mil.* Kom'mando *n*: a) (Ober)Befehl *m*, Führung *f*: **to be in** ~ das Kommando führen; **in** ~ **of** befehligend; **to take** ~ **of an army** das Kommando über e-e Armee übernehmen; **the higher** ~ *Br.* die höhere Führung, b) (volle) Kom'mandogewalt, Befehlsbefugnis *f*, c) Befehl *m*: ~ **of execution** Ausführungskommando, d) Befehlsbereich *m*. **21.** *mil.* Kom'mandobehörde *f*, Führungsstab *m*, 'Oberkom,mando *n*. **22.** (*strategische*) Beherrschung (*e-s Gebiets etc*). **23.** Sichtweite *f*, Aussicht *f*. **24.** *Br.* königliche Einladung.

com·man·dant [,kɒmən'dænt; -'dɑːnt; *Am.* 'kɑmən,d-] → **commander** 1 b.
com·mand car *s mil. Am.* Befehlsfahrzeug *n*, Kübelwagen *m*.
com·man·deer [,kɒmən'dɪə(r); *Am.* ,kɑ-] *v/t* **1.** zum Mili'tärdienst zwingen. **2.** *mil.* requi'rieren, beschlagnahmen. **3.** *colloq.* ,organi'sieren', sich aneignen.
com·mand·er [kə'mɑːndə(r); *Am.* -'mæn-] *s* **1.** *mil.* Truppen-, Einheitsführer *m*: a) Komman'deur *m* (*vom Bataillon bis einschließlich Korps*), Befehlshaber *m* (*e-r Armee*), b) Komman'dant *m* (*e-r Festung od. e-s Panzers od. Flugzeugs*), c) (Zug)Führer *m*, (Kompa'nie-) Chef *m*, d) ~ **in chief** *pl* ~**s in chief** Oberbefehlshaber *m*. **2.** *mar. Am.* Fre-'gattenkapi,tän *m*. **3.** **C**~ **of the Faithful** *hist.* Beherrscher m der Gläubigen (*Sultan der Türkei*). **4.** Kom'tur *m*, Komman'deur *m* (*e-s Verdienstordens*). **5.** *hist.* Kom'tur *m* (*e-s Ritterordens*): **Grand C**~ Großkomtur. **com'mand·er·y** *s* **1.** *hist.* Komtu'rei *f*. **2.** *mil.* Kommandan'tur *f* (*Bezirk*).
com·mand| **file** *s Computer*: Kom'mandoda,tei *f*. ~ **func·tion** *s Computer*: Kom'mandofunkti,on *f*.
com·mand·ing [kə'mɑːndɪŋ; *Am.* -'mænd-] *adj* (*adv* ~**ly**) **1.** herrschend, domi'nierend, gebietend, befehlend. **2.** achtunggebietend, impo'nierend, eindrucksvoll. **3.** herrisch, gebieterisch. **4.** *mar. mil.* komman'dierend, befehlshabend: ~ **general** komman'dierender General, (Armee)Befehlshaber *m*; ~ **officer** Kommandeur *m*, Einheitsführer *m*. **5.** (*die Gegend*) beherrschend. **6.** weit: ~ **view**.
com·mand·ment [kə'mɑːndmənt; *Am.* -'mænd-] *s* **1.** Gebot *n*, Gesetz *n*, Vorschrift *f*: **the Ten C**~**s** *Bibl.* die Zehn Gebote. **2.** Befehlsgewalt *f*.
com·mand mod·ule *s Raumfahrt*: Kom'mandokapsel *f*.
com·man·do [kə'mɑːndəʊ; *Am.* -'mæn-] *pl* -**dos**, -**does** *s mil.* **1.** Kom'mando *n*: ~ **attack** Kommandounternehmen *n*; ~ **squad** (*od.* **unit**) Kommandotrupp *m*, -einheit *f*. **2.** Angehörige(r) *m* e-s Kom'mandos.
com·mand| **pa·per** *s parl. Br.* (*dem Parlament vorgelegter*) Kabi'nettsbeschluß. ~ **per·form·ance** *s thea.* Aufführung *f* auf königlichen Befehl *od.* Wunsch. ~ **post** *s mil.* Befehls-, Gefechtsstand *m*.
com·ma·ta ['kɒmətə; *Am.* 'kɑ-] *pl* von **comma** 2.
com·mem·o·rate [kə'meməreɪt] *v/t* **1.** erinnern an (*acc*): **a monument to** ~ **a victory** ein Denkmal zur Erinnerung an e-n Sieg. **2.** e-e Gedenkfeier abhalten für, *j-s* Gedächtnis feiern, (ehrend) gedenken (*gen*). **com,mem·o'ra·tion** *s* **1.** (ehrendes) Gedenken, Erinnerung *f*, Gedächtnis *n*: **in** ~ **of** zum Gedenken *od.* Gedächtnis an (*acc*). **2.** Gedenk-, Gedächtnisfeier *f*.
com·mem·o·ra·tive [kə'memərətɪv; -reɪtɪv], **com'mem·o·ra·to·ry** [-rətərɪ; *Am.* -rə,tɔːrɪ; -,toː-] *adj* **1.** **to be** ~ **of** erinnern an (*acc*). **2.** Gedenk..., Gedächtnis..., Erinnerungs...: ~ **issue** Gedenkausgabe *f* (*Briefmarken etc*); ~ **plaque** Gedenktafel *f*.
com·mence [kə'mens] **I** *v/i* **1.** beginnen, anfangen. **2.** *bes. Br.* e-n aka'demischen Grad erwerben: **to** ~ **M.A.** zum M.A. promovieren. **II** *v/t* **3.** beginnen, anfangen. **4.** *jur.* e-e *Klage* anhängig machen, e-n Pro'zeß einleiten *od.* anstrengen. **com'mence·ment** *s* **1.** Anfang *m*, Beginn *m*. **2.** *bes. Am.* (Tag *m* der) Feier *f* der Verleihung aka'demischer Grade. **com'menc·ing** *adj* Anfangs...: ~ **salary**.
com·mend [kə'mend] *v/t* **1.** empfehlen: **to** ~ **o.s.** sich (*als geeignet*) empfehlen (*a. Sache*); ~ **me to your parents** empfehlen Sie mich Ihren Eltern. **2.** loben. **3.** empfehlen, anvertrauen (**to** *dat*): **to** ~ **one's soul to God** s-e Seele Gott befehlen. **com'mend·a·ble** *adj* (*adv* **commendably**) **1.** empfehlenswert. **2.** lobenswert, löblich.
com·men·dam [kə'mendæm] *s relig.* Kom'mende *f*.
com·men·da·tion [,kɒmen'deɪʃn; *Am.* ,kɑmən'd-] *s* **1.** Empfehlung *f*. **2.** Lob *n*. **3.** *relig.* Sterbegottesdienst *m*, Toten-, Seelenmesse *f*. '**com·men·da·tor** [-teɪ(r)] *s relig.* Verwalter *m* e-r Kom'mende. **com·mend·a·to·ry** [kə'mendətərɪ; *Am.* -də,tɔːrɪ; -,toː-] *adj* **1.** empfehlend, Empfehlungs...: ~ **letter**. **2.** lobend, anerkennend.
com·men·sal [kə'mensl] **I** *s* **1.** Tischgenosse *m*. **2.** *biol.* Kommen'sale *m* (*mit e-m anderen in Ernährungsgemeinschaft lebender Organismus*). **II** *adj* **3.** am gleichen Tisch essend. **4.** *biol.* kommen'sal.
com·men·su·ra·bil·i·ty [kə,menʃərə'bɪlətɪ] *s* **1.** Kommensurabili'tät *f* (*a. math. phys.*), Vergleichbarkeit *f*. **2.** richtiges Verhältnis. **com'men·su·ra·ble I** *adj* (*adv* **commensurably**) **1.** (**with**) kommensu'rabel (mit) (*a. math. phys.*), vergleichbar (mit), mit dem'selben Maß meßbar (wie). **2.** angemessen, im richtigen Verhältnis. **II** *s* **3.** *math.* kommensu'rable Größe.
com·men·su·rate [kə'menʃərət] *adj* (*adv* ~**ly**) **1.** gleich groß, von gleicher Dauer, von gleichem 'Umfang *od.* (Aus-)Maß (**with** wie). **2.** (**with, to**) im Ein-

commensuration – commitment

klang stehend (mit), entsprechend *od.* angemessen (*dat*). **3.** → **commensurable**.
com·men·su'ra·tion *s* **1.** Anpassung *f*. **2.** Gleichmaß *n*. **3.** richtiges Verhältnis.
com·ment ['kɒment; *Am.* 'kɑ-] **I** *s* **1.** (on, upon) Kommen'tar *m* (zu): a) Bemerkung *f*, Erklärung *f*, Stellungnahme *f* (zu): no ~! kein Kommentar!, b) (kritische *od.* erklärende) Erläuterung, Anmerkung *f* (zu), Deutung *f* (*gen*): fair ~ (on a matter of public interest) *jur.* sachliche Kritik. **2.** Kri'tik *f*, kritische Bemerkungen *pl*. **3.** Gerede *n*: to give rise to much ~ viel von sich reden machen. **II** *v/i* (on, upon) **4.** e-n Kommen'tar abgeben (zu), Erläuterungen *od.* Anmerkungen machen (zu), Stellung nehmen (zu): to ~ on s.th. etwas kommentieren. **5.** (kritische) Bemerkungen machen *od.* sich kritisch äußern (über *acc*). **6.** reden, klatschen (über *acc*). **III** *v/t* **7.** bemerken: he ~ed that er wies darauf hin, daß.
com·men·tar·y ['kɒməntəri, -tri; *Am.* 'kɑmənˌteri:] *s* **1.** Kommen'tar *m* (on zu *Texten etc*): a ~ on the Bible ein Bibelkommentar. **2.** Kommen'tar *m*, erläuternder Bericht: radio ~ Rundfunkkommentar. **3.** → **comment** 1. **4.** *pl* Kommen'tare *pl*, tagebuchartige Bemerkungen *pl*, Denkschriften *pl*. '**com·men·tate I** *v/t* e-n *Text etc* kommen'tieren. **II** *v/i* ~ (up)on (*Rundfunk, TV*) kommen'tieren (*acc*). ˌ**com·men'ta·tion** *s* Kommen'tierung *f*. '**com·men·ta·tor** [-mentetə(r), -mən-] *s* **1.** Kommen'tator *m*, Erläuterer *m*. **2.** *Rundfunk, TV*: Kommen'tator *m*, Re-'porter *m*. **3.** Berichterstatter *m*.
'**com·ment·less** *adj* kommen'tarlos.
com·merce ['kɒmɜːs; *Am.* 'kɑmərs, -ˌmɜːrs] *s* **1.** Handel *m*, Handelsverkehr *m*: domestic (*od.* internal) ~ *Am.* Binnenhandel; foreign ~ *Am.* Außenhandel. **2.** (gesellschaftlicher) Verkehr, 'Umgang *m*: to have no ~ with *fig.* nichts zu tun haben mit. **3.** *obs.* Geschlechtsverkehr *m*. **4.** (Gedanken)Austausch *m*.
com·mer·cial [kə'mɜːʃl; *Am.* -'mɜːrʃəl] **I** *adj* (*adv* -ly) **1.** Handels..., Geschäfts..., kommerzi'ell, kaufmännisch, geschäftlich. **2.** handeltreibend. **3.** für den Handel bestimmt, Handels... **4.** a) in großen Mengen erzeugt *od.* vorkommend, b) abbauwürdig (*Ölvorkommen etc*), c) mittlerer *od.* niederer Quali'tät, d) nicht (ganz) rein (*Chemikalien*). **5.** handelsüblich: ~ quality. **6.** *Rundfunk, TV*: Werbe..., Reklame...: ~ broadcasting a) Werbefunk *m*, b) kommerzieller Rundfunk; ~ television a) Werbefernsehen *n*, b) kommerzielles Fernsehen. **7.** a) kommerzi'ell, auf finanzi'ellen Gewinn abzielend: a ~ drama ein kommerzielles Stück, b) finanzi'ell: a ~ success. **II** *s* **8.** *Rundfunk, TV*: a) Werbespot *m*, b) von e-m Sponsor finan-'zierte Sendung. ~ **a·gen·cy** *s* **1.** 'Handelsauskunftˌtei *f*. **2.** 'Handelsagenˌtur *f*, -vertretung *f*. ~ **al·co·hol** *s* handelsüblicher Alkohol, Sprit *m*. ~ **art** *s* Gebrauchs-, Werbegraphik *f*. ~ **at·ta·ché** *s* 'Handelsattaˌché *m*. ~ **a·vi·a·tion** *s* Handels-, Verkehrsluftfahrt *f*. ~ **col·lege** *s* Wirtschafts(ober)schule *f*. ~ **cor·re·spond·ence** *s* 'Handels-, Ge-'schäftskorresponˌdenz *f*. ~ **court** *s jur.* Handelsgericht *n*. ~ **cred·it** *s* 'Waren-, 'Handels-, Ge'schäftskreˌdit *m*. ~ **di·rec·to·ry** *s* 'Handelsaˌdreßbuch *n*. ~ **fer·ti·liz·er** *s* Handelsdünger *m*. ~ **ge·og·ra·phy** *s* 'Wirtschaftsgeoˌgraphie *f*. ~ **ho·tel** *s* Ho'tel *n* für Handlungsreisende.
com·mer·cial·ism [kəˈmɜːʃəlɪzəm; *Am.* -ˈmɜːr-] *s* **1.** Handelsgeist *m*. **2.** Handelsgepflogenheit *f*. **3.** kommerzi'elle Ausrichtung. **com'mer·cial·ist** *s* **1.** Handeltreibende(r) *m*. **2.** kommerzi'ell denkender Mensch. **com·mer·cial·i-'za·tion** [-laɪˈzeɪʃn; *Am.* -ləˈz-] *s* Kommerziali'sierung *f*, Vermarktung *f*. **com'mer·cial·ize** *v/t* **1.** kommerziali'sieren, vermarkten. **2.** in den Handel bringen.
com·mer·cial | law *s jur.* Handelsrecht *n*. ~ **let·ter** *s* Geschäftsbrief *m*. ~ **let·ter of cred·it** *s* Akkredi'tiv *n*. ~ **loan** *s* 'Warenkreˌdit *m*. ~ **man** *s irr* Geschäftsmann *m*. ~ **pa·per** *s* kurzfristiges 'Handelspaˌpier (*bes. Wechsel*). ~ **school** *s* Handelsschule *f*. ~ **tim·ber** *s* Nutzholz *n*. ~ **trav·el·(l)er** *s* Handlungsreisende(r) *m*. ~ **trea·ty** *s* Handelsvertrag *m*, -abkommen *n*. ~ **val·ue** *s* Handels-, Marktwert *m*. ~ **ve·hi·cle** *s* Nutzfahrzeug *n*.
com·mie, C~ ['kɒmɪ; *Am.* 'kɑmi:] *s colloq.* Kommu'nist(in).
com·mi·na·tion [ˌkɒmɪ'neɪʃn; *Am.* ˌkɑ-] *s* **1.** Drohung *f* (mit e-r Strafe *od.* mit Rache). **2.** *relig.* (*anglikanische Kirche*) a) Androhung *f* göttlicher Strafe, b) Bußgottesdienst *m*.
com·min·gle [kɒ'mɪŋgl; *Am.* kɑ-] *v/t u. v/i* (sich) vermischen.
com·mi·nute ['kɒmɪnjuːt; *Am.* 'kɑ-; *a.* -ˌnuːt] *v/t* **1.** zerreiben, pulveri'sieren. **2.** zerkleinern, zersplittern: ~d fracture *med.* Splitterbruch *m*. ˌ**com·mi'nu·tion** *s* **1.** Zerreibung *f*, Pulveri'sierung *f*. **2.** Zerkleinerung *f*. **3.** Abnutzung *f*. **4.** *med.* (Knochen)Splitterung *f*.
com·mis·er·ate [kə'mɪzəreɪt] **I** *v/t* j-n bemitleiden, bedauern. **II** *v/i* Mitleid empfinden (with mit). **comˌmis·er'a·tion** *s* Mitleid *n*, Bedauern *n*. **com-'mis·er·a·tive** [-rətɪv; *Am.* -ˌreɪtɪv] *adj* mitleidsvoll.
com·mis·sar [ˌkɒmɪˈsɑː; 'kɒmɪsɑː; *Am.* 'kɑməˌsɑːr] *s* Kommis'sar *m* (*bes. in der Sowjetunion*): People's C~ *pol. obs.* Volkskommissar. ˌ**com·mis'sar·i·al** [-'seərɪəl] *adj* kommis'sarisch, Kommissar... ˌ**com·mis'sar·i·at** [-'seərɪət] *s* **1.** *mil.* a) Intendan'tur *f*, b) Ver'pflegungsorganisatiˌon *f*. **2.** Lebensmittelversorgung *f*. **3.** *pol. obs.* 'Volkskommissariˌat *n*.
com·mis·sar·y ['kɒmɪsərɪ; *Am.* 'kɑməˌseri:] *s* **1.** (*relig.* bischöflicher) Kommis'sar, Beauftragte(r) *m*. **2.** *pol.* (*obs.* 'Volks)Kommisˌsar *m*. **3.** *jur.* a) *Scot.* Richter *m* e-s Grafschaftsgerichts, b) *Br.* Universi'tätsrichter *m* (*Oxford, Cambridge*). **4.** Ver'pflegungsstelle *f*, -magaˌzin *n*. **5.** *mil.* Verpflegungsausgabestelle *f*. ~ **gen·er·al** **com·mis·sar·ies gen·er·al** *s* Gene'ralkommisˌsar *m*.
com·mis·sion [kə'mɪʃn] **I** *s* **1.** Über'tragung *f* (to an *acc*). **2.** Auftrag *m*, Anweisung *f*. **3.** Bevollmächtigung *f*, Beauftragung *f*, Vollmacht *f* (*a.* als Urkunde). **4.** a) Ernennungsurkunde *f*, b) *mil.* Offi-'zierspaˌtent *n*: to hold a ~ e-e Offiziersstelle innehaben. **5.** Kommissi'on *f*, Ausschuß *m*: to be on the ~ Mitglied der Kommission sein; ~ of inquiry Untersuchungsausschuß. **6.** kommis'sarische Stellung *od.* Verwaltung: in ~ a) bevollmächtigt, beauftragt (*Person*), b) in kommissarischer Verwaltung (*Amt etc*). **7.** (über'tragenes) Amt: in ~ amtlicher Stellung. **8.** über'tragene Aufgabe, Auftrag *m*. **9.** *econ.* a) (Geschäfts)Auftrag *m*, b) Kommissi'on *f*, Geschäftsvollmacht *f*: on ~ in Kommission, c) Provisi'on *f*, Kommissi'ons-, Vermittlungsgebühr *f*: to sell on ~ gegen Provision verkaufen; on a ~ basis auf Provisionsbasis; agent Kommissionär *m*, Provisionsvertreter *m*, d) Cour'tage *f*, Maklergebühr *f*. **10.** Verübung *f*, Begehung *f*: ~ of a crime. **11.** a) *mar.* Dienst *m* (*e-s Schiffes*), b) *colloq.* Betrieb(sfähigkeit *f*) *m*: to put (*od.* place) a ship in (*od.* into) ~ ein Schiff (wieder) in Dienst stellen; to put out of ~ *Schiff* außer Dienst stellen, *colloq. etwas* ‚außer Gefecht setzen', ‚kaputtmachen'; out of ~ außer Betrieb, ‚kaputt'. **II** *v/t* **12.** bevollmächtigen, beauftragen. **13.** a) j-m e-n Auftrag *od.* e-e Bestellung geben, b) *etwas* in Auftrag geben: to ~ a statue; ~ed work Auftragswerk *n*, -arbeit *f*. **14.** *mar. mil.* j-m ein Offi'zierspaˌtent verleihen, j-n zum Offi-'zier ernennen: ~ed officer (durch Patent bestallter) Offizier. **15.** *mar. Schiff* in Dienst stellen. **16.** j-m ein Amt über'tragen.
com·mis·sion·aire [kəˌmɪʃə'neə(r)] *s* **1.** *bes. Br.* (li'vrierter) Porti'er (*Theater, Hotel etc*). **2.** *Am.* (Handels)Vertreter *m*, *bes.* (Auslands)Einkäufer *m*.
com·mis·sion·er [kə'mɪʃnə(r)] *s* **1.** Bevollmächtigte(r) *m*, Beauftragte(r) *m*. **2.** (Re'gierungs)Kommisˌsar *m*: High C~ Hochkommissar (*diplomatischer Vertreter e-s Commonwealth-Landes*). **3.** *bes. Am.* Leiter *m* des Amtes (*für*) (*das e-m Ministerium unterstellt ist*): ~ of patents Leiter des Patentamts; ~ of police Polizeichef *m*. **4.** Mitglied *n* e-r (Re'gierungs)Kommissiˌon, Kommis'sar *m*. **5.** *pl* Re'gierungskommissiˌon *f*. **6.** ~ of deeds *jur. Am.* (*etwa*) No'tar *m*; ~ for oaths *jur. Br.* (*etwa*) Notar *m*.
com·mis·sion | mer·chant *s econ.* Kommissio'när *m*, 'Handelsaˌgent *m*, Inhaber *m* e-s Kommissi'onsgeschäfts. ~ **of the peace** *s Br.* Friedensrichteramt *n*.
com·mis·sure ['kɒmɪsjʊə; *Am.* 'kɑməˌʃʊər] *s* **1.** Naht *f*, Verbindungsstelle *f*. **2.** *anat.* Verbindung *f*, *bes.* a) Nervenverbindungsstrang *m*, b) Fuge *f*, (Knochen-)Naht *f*.
com·mit [kə'mɪt] *v/t* **1.** anvertrauen, über'geben, -'tragen, -'antworten (to *dat*): to ~ s.th. to s.o.'s care etwas j-s Fürsorge anvertrauen; to ~ one's soul to God s-e Seele Gott befehlen; to ~ to the grave der Erde übergeben, beerdigen. **2.** festhalten (to auf, in *dat*): to ~ to paper (*od.* to writing) zu Papier bringen; to ~ to memory auswendig lernen. **3.** *jur.* a) j-n einweisen (to prison in e-e Strafanstalt; to an institution in e-e Heil- u. Pflegeanstalt), b) j-n über'geben: to ~ s.o. for trial j-n dem zuständigen Gericht zur Hauptverhandlung überstellen. **4.** *parl.* Gesetzesantrag *etc* an e-n 'Ausschuß über'weisen. **5.** *ein Verbrechen etc* begehen, verüben: to ~ murder; to ~ a sin (folly) e-e Sünde (Dummheit) begehen; → foul 16, suicide 1. **6.** (to) j-n (*od.* o.s. sich) verpflichten (zu), binden (an *acc*), festlegen (auf *acc*): to ~ o.s. to s.th. sich zu etwas verpflichten; to be ~ted sich festgelegt haben; ~ted writer engagierter Schriftsteller. **7.** kompromit'tieren, gefährden: to ~ o.s. sich e-e Blöße geben, sich kompromittieren. **8.** *mil.* Truppen einsetzen.
com·mit·ment [kə'mɪtmənt] *s* **1.** Über-'tragung *f*, -'antwortung *f*, 'Übergabe *f* (to an *acc*). **2.** *jur.* a) → **committal** 2, b) Verhaftung *f*, c) schriftlicher Haftbefehl. **3.** *parl.* Über'weisung *f* an e-n 'Ausschuß. **4.** Begehung *f*, Verübung *f*: ~ of a crime. **5.** (to) Verpflichtung *f* (zu), Festlegung *f* (auf *acc*), Bindung *f* (an *acc*), *a.* (*politisches etc*) Engage'ment: to undertake a ~ e-e Verpflichtung eingehen; without any ~ ganz unverbindlich.

6. *econ.* a) Verbindlichkeit *f*, (finanzi'elle) Verpflichtung, b) *Am. Börse:* Engage-ment *n*.
com·mit·ta·ble [kə'mɪtəbl] *adj* leicht zu begehen(d): ~ **mistake**. **com'mit·tal** *s* **1.** → **commitment** 1–5. **2.** *jur.* Über'stellung *f*, Einlieferung *f*, Einweisung *f* (**to** in *e-e Strafanstalt od. e-e Heil- u. Pflegeanstalt*): ~ **to prison**; ~ **order** Einweisungsbeschluß *m*. **3.** Beerdigung *f*: ~ **service** Bestattungsfeier *f*.
com·mit·tee [kə'mɪtɪ] *s* **1.** Komi'tee *n*, Ausschuß *m*, Kommissi'on *f* (**on** für): **to be** (*od.* **sit**) **on a** ~ in e-m Ausschuß sein; **standing** ~ ständiger Ausschuß; **the House goes into C~** (*od. Br.* **resolves itself into a C~**) *parl.* das Abgeordnetenhaus konstituiert sich als Ausschuß; ~ **of the whole (House)** *parl.* das gesamte als Ausschuß zs.-getretene Haus; **C~ of Supply** *Br.* Staatsausgaben-Bewilligungsausschuß; **C~ of Ways and Means** *bes. Br.* Finanz-, Haushaltsausschuß; **~man**, **~woman** *bes. Am.* Komiteemitglied *n*; ~ **stage** Stadium *n* der Ausschußberatung (*zwischen 2. u. 3. Lesung e-s Gesetzentwurfs*). **2.** [*Br.* ˌkɒmɪ'tiː] *jur. obs.* Vormund *m* (*e-s Entmündigten*).
com·mix [kɒ'mɪks; *Am.* kə'm-; ka'm-] *v/t u. v/i* (sich) (ver)mischen. **com'mix·ture** [-tʃə(r)] *s* **1.** (Ver)Mischung *f*. **2.** Gemisch *n*.
com·mode [kə'məʊd] *s* **1.** ('Wasch-)Komˌmode *f*. **2.** hoher Nachtstuhl. **3.** *hist.* Faltenhaube *f*.
com·mo·di·ous [kə'məʊdjəs; -dɪəs] *adj* (*adv* **~ly**) **1.** geräumig. **2.** *obs.* (zweck-)dienlich, geeignet. **com'mo·di·ous·ness** *s* **1.** Geräumigkeit *f*. **2.** *obs.* Zweckdienlichkeit *f*.
com·mod·i·ty [kə'mɒdətɪ; *Am.* -'mɑ-] *s* **1.** *econ.* Ware *f*, ('Handels)Arˌtikel *m*, Gebrauchsgegenstand *m*. **2.** *econ.* Rohstoff, Grundstoff *m*. **3.** Vermögensgegenstand *m*. **4.** *obs.* Vorteil *m*, Nutzen *m*. **~ 'dol·lar** *s econ. Am.* Warendollar *m* (*vorgeschlagene Währungseinheit, deren Goldgehalt sich der jeweiligen Warenindexziffer anpassen würde*). **~ ex·change** *s econ.* Warenbörse *f*. **~ 'mar·ket** *s econ.* **1.** Warenmarkt *m*. **2.** Rohstoffmarkt *m*. **~ mon·ey** *s econ. Am.* auf dem **commodity dollar** fußende Währung. **~ pa·per** *s econ.* Doku'mententratte *f*.
com·mo·dore ['kɒmədɔː(r); *Am.* 'kɑ-] *s mar.* **1.** Kommo'dore *m*: a) *Am.* Kapitän zur See mit Admiralsrang, b) *Br.* Kapitän zur See, Geschwaderkommandant (*kein offizieller Dienstgrad*), c) rangältester Kapitän mehrerer (*Kriegs*)*Schiffe*, d) Ehrentitel für verdiente Kapitäne der Handelsmarine. **2.** Präsi'dent *m* e-s Jachtklubs. **3.** Kommo'doreschiff *n*.
com·mon ['kɒmən; *Am.* 'kɑ-] **I** *adj* (*adv* → **commonly**) **1.** gemeinsam, gemeinschaftlich: **our ~ interest**; ~ **to all allen gemeinsam**; **to be on ~ ground with s.o.** j-s Ansichten teilen, mit j-m e-r Meinung sein; **that was ~ ground in yesterday's debate** darüber waren sich in der gestrigen Debatte alle einig; **to be ~ ground between the parties** *jur.* von keiner der Parteien bestritten werden; → **cause** 3. **2.** allgemein, öffentlich: **by ~ consent** mit allgemeiner Zustimmung; ~ **crier** *bes. hist.* öffentlicher Ausrufer. **3.** Gemeinde..., Stadt... **4.** no'torisch, berüchtigt: ~ **criminal**. **5.** allgemein (bekannt), all'täglich, gewöhnlich, nor'mal, vertraut: **it is a ~ belief** es wird allgemein geglaubt; **it is ~ knowledge** (**usage**) es ist allgemein bekannt (üblich); **a very ~ name** ein sehr häufiger Name; ~ **sight** alltäglicher *od.* vertrauter Anblick; ~ **talk** Stadtgespräch *n*. **6.** üblich, allgemein gebräuchlich: ~ **salt** gewöhnliches Salz, Kochsalz *n*. **7.** *bes. biol.* gemein (*die häufigste Art bezeichnend*): ~ **or garden** *colloq.* ˌFeld-Wald-u.-Wiesen-...'; → **cold** 15. **8.** allgemein zugänglich, öffentlich: ~ **woman** Prostituierte *f*. **9.** gewöhnlich, minderwertig, zweitklassig. **10.** abgedroschen: **a ~ phrase**. **11.** *colloq.* gewöhnlich, ordi'när: ~ **manners**. **12.** gewöhnlich, ohne Rang: **the ~ people** das einfache Volk; ~ **soldier** einfacher Soldat. **13.** *math.* gemeinsam: → **denominator** 1.
II *s* **14.** All'mende *f*, Gemeindeland *n* (*heute oft Parkanlage in der Ortsmitte*). **15.** *a.* **right of ~** Mitbenutzungsrecht *n* (*of an dat*): ~ **of pasture** Weiderecht; → **fishery** 5, **piscary** 1. **16.** Gemeinsamkeit *f*: (**to act**) **in ~** gemeinsam (vorgehen); **in ~ with** (genau) wie; **to have in ~ with** gemein haben mit; **to hold in ~** gemeinsam besitzen. **17.** (*das*) Gewöhnliche, Norm *f*: **out of the ~** außergewöhnliche, -ordentlich. **18.** → **commons**.
com·mon·a·ble ['kɒmənəbl; *Am.* 'kɑ-] *adj* **1.** in gemeinsamem Besitz (*Land*), Gemeinde... **2.** *hist.* Gemeindeweide...: ~ **cattle**. **'com·mon·age** *s* **1.** gemeinsames Nutzungsrecht (*von Weideland etc*). **2.** gemeinsamer Besitz. **ˌcom·mon'al·i·ty** [-'nælətɪ] → **commonalty** 1. **'com·mon·al·ty** [-nltɪ] *s* **1.** (*das*) gemeine Volk, Allge'meinheit *f*. **2.** (Mitglieder *pl* e-r) Körperschaft *f*.
com·mon| car·ri·er *s* **1.** öffentliche Verkehrs- *od.* Trans'portgesellschaft. **2.** 'Fuhrunterˌnehmer *m*, Spedi'teur *m*, Speditiˌon *f*. **~ coun·cil** *s* Gemeinderat *m* (*in USA u. London*). **~ di·vi·sor** *s math.* gemeinsamer Teiler.
com·mon·er ['kɒmənə(r); *Am.* 'kɑ-] *s* **1.** Bürger(liche[r]) *m*, Nichtadlige(r) *m*. **2.** *Br.* Stu'dent, der s-n 'Unterhalt selbst bezahlt. **3.** **C~** *Br.* a) *parl.* 'Unterhausabgeordnete(r) *m*, b) Mitglied *n* des Londoner Stadtrats.
com·mon| frac·tion *s math.* gemeiner Bruch. **~ gen·der** *s ling.* doppeltes Geschlecht. **~ law** *s jur.* **1.** (ungeschriebenes englisches) Gewohnheitsrecht (*Ggs.* **statute law**). **2.** *das gesamte anglo-amerikanische Rechtssystem* (*Ggs.* **civil law**). **3.** *das von den früheren Gerichten in England angewandte strengere Recht* (*Ggs.* **equity** [**law**]). **'~-law** *adj jur.* gewohnheitsrechtlich: ~ **marriage** eheähnliches Zs.-leben (*ohne kirchliche od. Zivil*trauung), Konsensehe *f*; ~ **wife** Lebensgefährtin *f*.
com·mon·ly ['kɒmənlɪ; *Am.* 'kɑ-] *adv* gewöhnlich, im allgemeinen, nor'malerweise.
Com·mon| Mar·ket *s econ. pol.* Gemeinsamer Markt. **C~ meas·ure** *s* **1.** **common divisor**. **2.** *mus.* gerader Takt, *bes.* Vier'vierteltakt *m*. **C~ mul·ti·ple** *s math.* gemeinsames Vielfaches. **C~ name** *s* Gattungsname *m*.
com·mon·ness ['kɒmənɪs; *Am.* 'kɑ-] *s* **1.** Gemeinsamkeit *f*, Gemeinschaftlichkeit *f*, All'täglichkeit *f*, Häufigkeit *f*. **3.** *colloq.* Gewöhnlichkeit *f*, ordi'näre Art.
com·mon| night·shade *s bot.* Schwarzer Nachtschatten. **~ noun** *s ling.* Gattungsname *m*, -wort *n*.
com·mon·place ['kɒmənpleɪs; *Am.* 'kɑ-] **I** *s* **1.** Gemeinplatz *m*, Binsenwahrheit *f*, Plati'tüde *f*. **2.** All'täglichkeit *f*, Abgedroschenheit *f*. **3.** all'tägliche (*uninteressante*) Sache. **4.** Lesefrucht *f*, Aufzeichnung *f* (*aus e-m Buch*): ~ **book** Kollektaneen-, Notizbuch *n*. **II** *adj* **5.** all'täglich, Alltags..., abgedroschen, *pred a.* gang u. gäbe.
com·mon| pleas *s pl jur. Br. hist.* Zi'vilrechtsklagen *pl*. **C~ prayer** *s relig.* **1.** angli'kanische Litur'gie. **2.** (**Book of**) ~ Gebetbuch *n* der angli'kanischen Kirche. **~ room** *s* **1.** Gemeinschaftsraum *m*: **junior** (**senior**) ~ *univ. Br.* Gemeinschaftsraum für Studenten (für den Lehrkörper *od.* die Fellows). **2.** *ped.* Lehrerzimmer *n*.
com·mons ['kɒmənz; *Am.* 'kɑ-] *s pl* **1.** (*das*) gemeine Volk, (*die*) Gemeinen *pl od.* Bürgerlichen *pl*. **2.** **the C~** *parl.* a) die 'Unterhausabgeordneten *pl*, b) a. **House of C~** Unterhaus *n* (*in GB u. Kanada*). **3.** *Br.* a) Gemeinschaftsessen *n* (*bes. in Colleges*): **to eat at ~** am gemeinsamen Mahl teilnehmen, b) tägliche Kost, Essen *n*, Ratiˌon *f*: **kept on short ~** auf schmale Kost gesetzt.
com·mon| school *s Am.* staatliche (Volks)Schule. **~ sense** *s* gesunder Menschenverstand, praktischer Sinn: **in ~** vernünftigerweise. **'~-sense** *adj* vernünftig (denkend), verständig, dem gesunden Menschenverstand entsprechend. **~ ser·geant** *s* Richter *m u.* Rechtsberater *m* der **City of London**. **~ stock** *s econ. Am.* Stammaktie *f*. **~ time** → **common measure** 2. **'~-weal** *s* **1.** Gemeinwohl *n*, (*das*) allgemeine Wohl. **2.** *obs.* → **commonwealth**.
'com·mon·wealth *s* **1.** Gemeinwesen *n*, Staat *m*, Natiˌon *f*. **2.** Freistaat *m*, Repu'blik *f*. **3.** **C~** *Br. hist.* Repu'blik *f*, Commonwealth *n* (*unter Cromwell 1649–60*). **4.** *Am.* a) *offizielle Bezeichnung für e-n der Staaten Massachusetts, Pennsylvania, Virginia u. Kentucky*, b) *hist.* Bundesstaat *m* der USA. **5.** Commonwealth *n*, Staatenbund *m*: **the British C~ of Nations** das Commonwealth; **the C~ of Australia** der Australische Bund; **C~ Day** *Br.* Commonwealth-Feiertag *m* (*am 24. Mai, dem Geburtstag der Queen Victoria*); **the ~ of learning** *fig.* die Gelehrtenwelt. **6.** *obs.* Gemeinwohl *n*.
com·mo·tion [kə'məʊʃn] *s* **1.** heftige Bewegung, Erschütterung *f*. **2.** Erregung *f*, Aufregung *f*. **3.** *pol. u. fig.* Aufruhr *m*, Tu'mult *m*. **4.** Durchein'ander *n*, Wirrwarr *m*.
com·mu·nal ['kɒmjʊnl; *bes. Am.* kə'mjuːnl; *Am. a.* 'kɑmjənl] *adj* **1.** Gemeinde..., Kommunal... **2.** gemeinschaftlich, Gemeinschafts...: ~ **aerial** (*bes. Am.* **antenna**) TV Gemeinschaftsantenne *f*. **3.** einfach, Volks...: ~ **poetry** Volksdichtung *f*. **4.** ~ **living** *sociol.* Leben *n* in Kommunen. **com·mu·nal·ism** *s* Kommu'nalismus *m* (*Regierungssystem in Form von fast unabhängigen, verbundenen kommunalen Bezirken*). **ˌcom·mu·nal·i'za·tion** [-laɪ'zeɪʃn; *Am.* -lə'z-] *s* Kommunali'sierung *f*. **com·mu·nal·ize** ['kɒmjʊnlaɪz; *bes. Am.* kə'mjuːnl-; *Am. a.* 'kɑmjənl-] *v/t* kommunali'sieren, in Gemeindebesitz *od.* -verwaltung 'überführen.
com·mu·nard ['kɒmjʊnɑːd; *Am.* ˌkɑmjʊ'nɑːd] *s sociol.* Kommu'narde *m*.
com·mune¹ [kə'mjuːn] **I** *v/i* **1.** sich (vertraulich) unter'halten, sich besprechen, Gedanken austauschen (**with** mit): **to ~ with o.s.** mit sich zu Rate gehen. **2.** *relig.* kommuni'zieren, das heilige Abendmahl empfangen. **II** *s* ['kɒmjuːn; *Am.* 'kɑ-] **3.** Gespräch *n*.
com·mune² ['kɒmjuːn; *Am.* 'kɑ-] *s* Gemeinde *f*, Kom'mune *f* (*a. sociol.*).
com·mu·ni·ca·bil·i·ty [kəˌmjuːnɪkə'bɪlətɪ] *s* **1.** Mitteilbarkeit *f*. **2.** Über'tragbarkeit *f*. **3.** *obs.* Mitteilsamkeit *f*.
com'mu·ni·ca·ble *adj* (*adv* **communicably**) **1.** mitteilbar: ~ **knowledge**. **2.** über'tragbar: ~ **disease** *med.* übertragbare *od.* ansteckende Krankheit.

3. *obs.* kommunika'tiv, mitteilsam. **com'mu·ni·ca·ble·ness** → communicability. **com'mu·ni·cant** [-kənt] **I** *s* **1.** *relig.* a) Kommuni'kant(in), b) (*kommunizierendes*) Kirchenmitglied. **2.** Mitteilende(r *m*) *f*, Gewährsmann *m*. **II** *adj* **3.** mitteilend. **4.** teilhabend. **com·mu·ni·cate** [kəˈmjuːnɪkeɪt] **I** *v/t* **1.** mitteilen (**s.th.** to **s.o.** j-m etwas). **2.** über'tragen (**to** auf *acc*): **to ~ a disease**; **to ~ itself** (**to**) sich mitteilen (*dat*) (*Erregung etc*). **3.** *obs.* teilnehmen an (*dat*). **II** *v/i* **4.** kommuni'zieren, sich besprechen, Gedanken *od.* Informati'onen *od.* Briefe *etc* austauschen, in Verbindung stehen (**with** mit). **5.** sich in Verbindung setzen (**with s.o.** mit j-m). **6.** mitein'ander in Verbindung stehen *od.* (durch e-e Tür *etc*) verbunden sein, zs.-hängen: **these two rooms ~** diese beiden Zimmer haben e-e Verbindungstür; **communicating door** Verbindungstür *f.* **7.** *relig.* → commune¹ 2. **com·mu·ni·ca·tion** [kəˌmjuːnɪˈkeɪʃn] *s* **1.** (**to**) *allg.* Mitteilung *f* (an *acc*): a) Verständigung *f* (*gen od.* von), b) Über'mittlung *f* (*e-r Nachricht*) (an *acc*), c) Nachricht *f*, Botschaft *f* (an *acc*), d) Kommunikati'on *f* (*von Ideen etc*). **2.** *a. med. phys.* Über'tragung *f* (**to** auf *acc*): **~ of motion** Bewegungsfortpflanzung *f*; **~ of power** Kraftübertragung. **3.** Gedanken-, Meinungsaustausch *m*, (Brief-, Nachrichten)Verkehr *m*, Schriftwechsel *m*, Verbindung *f*: **to be in ~ with s.o.** mit j-m in Verbindung stehen; **to break off all ~** jeglichen Verkehr abbrechen. **4.** Verbindung *f*, Verkehrsweg *m*, 'Durchgang *m*. **5.** *pl bes. mil.* Fernmeldewesen *n*: **~ officer** Fernmeldeoffizier *m*; **~ system** Fernmeldenetz *n.* **6.** *pl mil.* Nachschublinien *pl*, Verbindungswege *pl.* **7.** Versammlung *f* (*Freimaurerloge*). **~ center,** *bes. Br.* **~ centre** *s mil.* 'Fernmeldestelle *f*, -meldezen,trale *f*. **~ cord** *s rail. Br.* Notbremse *f*: **to pull the ~.** **en·gi·neer·ing** *s* Fernmelde-, Nachrichtentechnik *f*. **~ ser·vice** *s* 'Nachrichten,system *n*, -dienst *m*. **~s sat·el·lite** *s* 'Nachrichtensatel,lit *m*. **com·mu·ni·ca·tive** [kəˈmjuːnɪkətɪv, -keɪtɪv] *adj* (*adv* **~ly**) **1.** mitteilsam, gesprächig, kommunika'tiv. **com'mu·ni·ca·tive·ness** *s* Mitteilsamkeit *f*. **com'mu·ni·ca·tor** [-keɪtə(r)] *s* **1.** Mitteilende(r) *m*. **2.** *tel.* (Zeichen)Geber *m*. **com'mu·ni·ca·to·ry** [-kətərɪ; *Am.* -kəˌtɔːrɪː, -ˌtoː-] *adj* mitteilend. **com·mun·ion** [kəˈmjuːnjən] *s* **1.** Teilhaben *n*. **2.** gemeinsamer Besitz: **~ of goods** Gütergemeinschaft *f*. **3.** Gemeinschaft *f* (*von Personen*): **C~ of Saints** Gemeinschaft der Heiligen. **4.** Verkehr *m*, Verbindung *f*, 'Umgang *m*, (enge) Gemeinschaft: **to have** (*od.* **hold) ~ with s.o.** mit j-m Umgang pflegen; **to hold ~ with o.s.** Einkehr bei sich selbst halten. **5.** *relig.* Religi'onsgemeinschaft *f*: **to receive into the ~ of the Church** in die Gemeinschaft der Kirche aufnehmen. **6.** **C~** *relig.* (heiliges) Abendmahl, *R.C.* (heilige) Kommuni'on: **to go to C~** zum Abendmahl gehen; **C~ cup** Abendmahlskelch *m*; **C~ rail** Altargitter *n*; **C~ service** Abendmahlsgottesdienst *m*; **C~ table** Abendmahlstisch *m*. **com·mu·ni·qué** [kəˈmjuːnɪkeɪ] *s* Kommuni'qué *n*. **com·mu·nism** [ˈkɒmjʊnɪzəm; *Am.* ˈkɑmjə-] *s* **1.** *econ. pol.* Kommu'nismus *m*. **2.** *biol.* Kommensa'lismus *m*. **'com·mu·nist, C~ I** *s* Kommu'nist(in). **II** *adj* kommu'nistisch. **ˌcom·mu'nis·tic** *adj* (*adv* **~ally**) kommu'nistisch. **com·mu·ni·ty** [kəˈmjuːnətɪ] *s* **1.** Ge-

meinschaft *f*: **the ~ of saints; ~ of heirs** Erbengemeinschaft; **~ singing** gemeinsames Singen; **~ spirit** Gemeinschaftsgeist *m*. **2.** (organi'sierte po'litische *od.* sozi'ale) Gemeinschaft. **3.** Gemeinde *f*. **4. the ~** die Allge'meinheit, die Öffentlichkeit, das Volk. **5.** Staat *m*, Gemeinwesen *n*. **6.** *relig.* (*nach e-r bestimmten Regel lebende*) Gemeinschaft. **7.** in Gütergemeinschaft lebende (Per'sonen-) Gruppe. **8.** *bot. zo.* Gemein-, Gesellschaft *f*. **9.** Gemeinschaft *f*, Gemeinsamkeit *f*, gemeinsamer Besitz: **~ of goods** Gütergemeinschaft; **~ of interests** Interessengemeinschaft; **~ property** *jur.* (eheliches) Gemein-, Gesamtgut; **~ aerial** (*bes. Am.* **antenna**) *TV* Gemeinschaftsantenne *f*. **10.** *jur.* eheliche Gütergemeinschaft. **~ cen·ter,** *bes. Br.* **~ cen·tre** *s* Gemeinschaftszentrum *n*. **~ chest, ~ fund** *s Am.* (öffentlicher) Wohlfahrtsfonds. **~ home** *s Br.* Erziehungsheim *n*. **com·mu·ni·za·tion** [ˌkɒmjʊnaɪˈzeɪʃn; *Am.* ˌkɑmjənəˈz-] *s* Über'führung *f* in Gemeinbesitz. **'com·mu·nize** *v/t* **1.** in Gemeinbesitz 'überführen, verstaatlichen. **2.** kommu'nistisch machen. **com·mut·a·ble** [kəˈmjuːtəbl] *adj* **1.** austauschbar. **2.** 'umwandelbar (*a. jur.*), ablösbar. **com·mu·tate** [ˈkɒmjuːteɪt; *Am.* ˈkɑmjə-] *v/t electr.* a) Strom wenden, 'umpolen, b) Wechselstrom in Gleichstrom verwandeln, gleichrichten: **commutating pole** Wendepol *m*. **com·mu·ta·tion** [ˌkɒmjuːˈteɪʃn; *Am.* ˌkɑmjə-] *s* **1.** ('Um-, Aus)Tausch *m*, 'Umwandlung *f*. **2.** a) Ablösung *f* (*durch Geld*), Abfindung *f*, b) Ablöse(summe) *f*. **3.** *jur.* ('Straf)Umwandlung *f*, (-)Milderung *f*. **4.** *rail. etc* Pendeln *n*, Pendelverkehr *m*: **~ ticket** *Am.* Dauer-, Zeitkarte *f*. **5.** *electr.* Kommutati'on *f*, Stromwendung *f*. **6.** *astr. math.* Kommutati'on *f*. **com·mu·ta·tive** [kəˈmjuːtətɪv; *Br.* ˈkɒmjuːteɪtɪv; *Am.* aˈkɑmjəˌteɪtɪv] *adj* (*adv* **~ly**) **1.** auswechselbar, Ersatz... **2.** Tausch... **3.** gegen-, wechselseitig. **4.** *math.* kommuta'tiv, vertauschbar. **com·mu·ta·tor** [ˈkɒmjuːteɪtə(r); *Am.* ˈkɑmjə-] *s electr.* a) Kommu'tator *m*, Pol-, Stromwender *m*, b) Kol'lektor *m*, c) *mot.* Zündverteiler *m*. **~ bar** *s electr.* Kommu'tator-, Kol'lektorseg,ment *n*. **~ pitch** *s electr.* Kommu'tatorteilung *f*. **~ switch** *s electr.* Wendeschalter *m*. **com·mute** [kəˈmjuːt] **I** *v/t* **1.** aus-, 'umtauschen, auswechseln. **2.** eintauschen (**for** für). **3.** (**to, into**) *jur.* Strafe 'umwandeln (in *acc*), mildern (zu). **4.** *Verpflichtungen etc* 'umwandeln (**into** in *acc*), ablösen (**for, into** durch). **5.** *electr.* → commutate. **II** *v/i* **6.** *rail. etc* pendeln. **III** *s* **7.** Pendelfahrt *f*. **com'mut·er** *s* **1.** a) *Am.* Zeitkarteninhaber(in), b) Pendler(in); **~ train** Pendler-, Vorort-, Nahverkehrszug *m*. **2.** → **commutator**.

comp [*Br.* ˈkɒmp; *Am.* ˈkʌmp; ˈkɑmp] *colloq.* **I** *s* **1.** (Schrift)Setzer *m*. **2.** *mus.* a) Begleiter(in), b) Begleitung *f*. **3.** Wettbewerb *m*. **II** *v/t* **4.** *mus.* begleiten. **com·pact¹** [ˈkɒmpækt; *Am.* ˈkɑm-] *s* Vertrag *m*, Pakt *m*. **com·pact²** [kəmˈpækt] **I** *adj* (*adv* **~ly**) **1.** kom'pakt, fest, dicht, gedrängt, raumsparend: **~ car** → 10; **~ cassette** Kompaktkassette *f*. **2.** *geol.* dicht, mas'siv. **3.** gedrungen: **~ figure**. **4.** *fig.* knapp, gedrängt: **~ style**. **II** *v/t* **5.** kom'pakt machen, zs.-drängen, -pressen, fest mitein'ander verbinden, verdichten: **~ed →** I; **~ed of** zs.-gesetzt aus. **6.** konsoli'dieren, festigen. **III** *s* [ˈkɒmpækt] **7.** kom-'pakte Masse. **8.** *tech.* Preßling *m* (*aus Metallstaub etc*). **9.** Puderdose *f*. **10.** *mot. Am.* Kom'paktauto *n*, -wagen *m*. **com·pact·ness** [kəmˈpæktnɪs] *s* **1.** Kom'paktheit *f*. **2.** *fig.* Knappheit *f*, Gedrängtheit *f* (*des Stils etc*). **com·pan·ion¹** [kəmˈpænjən] **I** *s* **1.** Begleiter(in) (*a. astr. u. fig.*). **2.** Kame'rad(in), Genosse *m*, Genossin *f*, Gefährte *m*, Gefährtin *f*: **~ in arms** Waffengefährte; **~ in misfortune** Leidensgefährte, -genosse. **3.** Gesellschafterin *f*. **4.** Gegenstück *n*, Pen'dant *n*. **5.** Handbuch *n*, Leitfaden *m*. **6.** Ritter *m* (*unterste Stufe*): **C~ of the Bath** Ritter des Bath-Ordens. **7.** *obs.* Kum'pan *m*, Kerl *m*. **II** *v/t* **8.** j-n begleiten. **III** *v/i* **9.** verkehren (**with** mit). **IV** *adj* **10.** dazu passend, da'zugehörig: **~ piece →** 4; **~ volume** Begleitband *m*. **com·pan·ion²** [kəmˈpænjən] *s mar.* **1.** Ka'jütskappe *f* (*Überdachung der Kajütstreppe*). **2.** Ka'jütstreppe *f*, Niedergang *m*. **3.** Deckfenster *n*. **com·pan·ion·a·ble** [kəmˈpænjənəbl] *adj* (*adv* **companionably**) 'umgänglich, gesellig, leutselig. **com'pan·ion·a·ble·ness** *s* 'Umgänglichkeit *f*. **com·pan·ion·ate** [kəmˈpænjənɪt] *adj* kame'radschaftlich: **~ marriage** Kameradschaftsehe *f*. **com·pan·ion** | **crop** *s agr.* Zwischenfrucht *f*. **~ hatch →** companion² 1. **~ hatch·way, ~ lad·der →** companion² 2. **com·pan·ion·ship** [kəmˈpænjənʃɪp] *s* **1.** Begleitung *f*, Gesellschaft *f*. **2.** Gesellschaft *f*, Gemeinschaft *f*. **3.** *print. Br.* Ko'lonne *f* (*von Setzern*). **com'pan·ion·way →** companion² 2. **com·pa·ny** [ˈkʌmpənɪ, -pnɪ] **I** *s* **1.** Gesellschaft *f*: **in ~ (with)** in Gesellschaft *od.* Begleitung (*gen od.* von), zusammen (mit); **to be in good ~** sich in guter Gesellschaft befinden; **I sin in good ~** ich befinde mich in guter Gesellschaft (*wenn ich das tue*); **to keep** (*od.* **bear) s.o. ~** j-m Gesellschaft leisten; **to cry for ~** mitweinen; **to part ~ with** (*od.* **from**) a) sich von j-m trennen, b) *fig.* sich von j-m lossagen, c) *fig.* anderer Meinung sein als j-d (**over, on** in *dat*); **he is good ~** es ist nett, mit ihm zs.-zusein; **two is ~, three is none** (*od.* **three is a crowd**) zu zweit ist es gemütlich, ein Dritter stört; → **break¹** 22. **2.** Gesellschaft *f*: a) **to see much ~** a) viel in Gesellschaft gehen, b) oft Gäste haben; **to be fond of ~** die Geselligkeit lieben; **to be on one's ~ manners** s-e besten Manieren zur Schau tragen. **3.** Gesellschaft *f*, 'Umgang *m*, Verkehr *m*: **to keep good ~** guten Umgang pflegen; **to keep ~ with** verkehren *od.* Umgang haben mit. **4.** Besuch *m*, Gast *m od.* Gäste *pl*: **to have ~ for tea** Gäste zum Tee haben; **present ~ excepted!** Anwesende ausgenommen! **5.** *econ.* (Handels)Gesellschaft *f*, Firma *f*: **~ car** Firmenwagen *m*; **~ name** Firmenname *m*; **~ pension** Betriebsrente *f*; **~ physician** Betriebsarzt *m*. **6.** *econ.* (*in Firmennamen*) Teilhaber *m od. pl*: **Brown & C~** (*abbr.* **Co.**) Brown u. Kompanie *od.* Kompagnon (*abbr.* **&** Co.). **7.** *colloq.* (*meist contp.*) Genossen *pl*, Kum'pane *pl*, Kon'sorten *pl*. **8.** (The'ater)Truppe *f*. **9.** *mil.* Kompa'nie *f*. **10.** *mar.* Mannschaft *f*, Besatzung *f*. **11.** Anzahl *f*, Menge *f*. **12.** *hist.* Zunft *f*, Innung *f*. **II** *v/i* **13.** *obs.* verkehren (**with** mit). **III** *v/t* **14.** *obs.* begleiten.

com·pa·ny | law *s* Geschäftsrecht *n*. **~ man** *s irr Am. contp.* a) Betriebsspitzel *m*, b) „Radfahrer" *m*. **~ of·fi·cer** *s mil.* Kompa'nie-, Subal'ternoffi,zier *m*. **~ ser·geant ma·jor** *s mil.* Hauptfeld-

webel m. ~ **store** s Am. firmeneigenes (Laden)Geschäft, Firmenladen m. ~ **time** s: **on** ~ während der Arbeitszeit (*private Arbeit etc*). ~ **un·ion** s bes. Am. Betriebsgewerkschaft f.
com·pa·ra·bil·i·ty [ˌkɒmpərəˈbɪlətɪ; Am. ˌkɑm-] → comparableness. '**com·pa·ra·ble** adj (adv **comparably**) vergleichbar (**to**, with mit). '**com·pa·ra·ble·ness** s Vergleichbarkeit f.
com·par·a·tist [kəmˈpærətɪst] s vergleichender Litera'turwissenschaftler.
com·par·a·tive [kəmˈpærətɪv] **I** adj **1.** vergleichend: ~ **advertising**; ~ (**study of**) **literature** vergleichende Literaturwissenschaft, Komparatistik f; → law¹ 5. **2.** Vergleichs... **3.** verhältnismäßig, rela'tiv. **4.** beträchtlich, ziemlich: **with** ~ **speed**. **5.** *ling*. komparativ, Komparativ...: ~ **degree** → 6. **II** s **6.** *ling*. Komparativ m. **com'par·a·tive·ly** adv verhältnismäßig, ziemlich.
com·par·a·tor [kəmˈpærətə(r)] s Kompa'rator m (*Gerät zum Vergleich u. zur genauen Messung von Längenmaßen*).
com·pare [kəmˈpeə(r)] **I** v/t **1.** vergleichen (**with**, **to** mit): (**as**) ~**d with** im Vergleich zu, gegenüber (*dat*). **2.** vergleichen, gleichsetzen, -stellen (**to** mit): **not to be** ~**d to** (*od.* **with**) nicht zu vergleichen mit. **3.** Vergleiche anstellen zwischen (*dat*), mitein'ander vergleichen, nebenein'anderstellen: **to** ~ **notes** Meinungen *od.* Erfahrungen austauschen, sich beraten. **4.** *ling*. steigern. **II** v/i **5.** sich vergleichen (lassen), e-n Vergleich aushalten (**with** mit): **to** ~ **favo(u)rably with** den Vergleich mit ... nicht zu scheuen brauchen, (noch) besser sein als. **III** s **6.** Vergleich m: **beyond** ~, **without** ~ unvergleichlich.
com·par·i·son [kəmˈpærɪsn] s **1.** Vergleich m: **by** ~ vergleichsweise, im Vergleich dazu; **in** ~ **with** im Vergleich mit *od.* zu; **to draw** (*od.* **make**) **a** ~ e-n Vergleich anstellen *od.* ziehen; **to bear** (*od.* **stand**) ~ **with** e-n Vergleich aushalten mit; **points of** ~ Vergleichspunkte; **without** ~, **beyond** (**all**) ~ unvergleichlich. **2.** *ling*. Komparati'on f, Steigerung f. **3.** *rhet*. Gleichnis n. ~ **shop·ping** s preisbewußtes Einkaufen.
com·part·ment [kəmˈpɑː(r)tmənt] **I** s **1.** Ab'teilung f, Fach n, Kammer f. **2.** *rail*. ('Wagen)Ab'teil n, Cou'pé n. **3.** Fläche f, Feld n, Abschnitt m. **4.** *arch*. (abgeteiltes) Fach, Kas'sette f. **5.** *mar*. → **watertight compartment**. **6.** *pol*. Br. Abschnitt m der Tagesordnung (*für dessen Diskussion von der Regierung e-e bestimmte Zeitspanne angesetzt wird*). **7.** *fig*. a) Sektor m, b) abgegrenzte Gruppe. **II** v/t **8.** aufteilen, unter'teilen. **com·part·men·tal** [ˌkɒmpɑː(r)tˈmentl; Am. ˌkɑm-] adj **1.** Abteilungs... **2.** aufgeteilt. **3.** fach-, felderartig.
com·pass [ˈkʌmpəs] **I** s **1.** *phys*. Kompaß m: **point of the** ~ Himmelsrichtung f; → **box**¹ 40. **2.** *meist pl*, a. **pair of** ~**es** *math. tech*. (Einsatz)Zirkel m. **3.** 'Umkreis m, 'Umfang m, Ausdehnung f (*a. fig.*): **in** ~ **an Umfang**; **within the** ~ **of a year** innerhalb e-s Jahres; **within the** ~ **of the law** im Rahmen des Gesetzes; **the** ~ **of the eye** der Gesichtskreis; **this is beyond my** ~ das geht über m-n Horizont. **4.** Grenzen *pl*, Schranken *pl*: **to keep within** ~ in Schranken halten; **narrow** ~ enge Grenzen. **5.** Bereich m, Sphäre f: **the** ~ **of man's imagination**. **6.** *mus*. 'Umfang m (*der Stimme etc*). **7.** a) Kreis m, Ring m, b) Kreisbewegung f. **8.** C~**es** *pl astr*. Zirkel m (*Sternbild*). **9.** *obs*. 'Umweg m. **II** v/t **10.** → **encompass**. **11.** her'umgehen um, um'kreisen.

12. (*geistig*) begreifen, erfassen. **13.** voll'bringen, *Ziel* erreichen, *Ergebnis* erzielen. **14.** planen. **15.** *Plan* aushecken, *etwas* anzetteln. **16.** biegen. **III** adj **17.** bogenförmig. ~ **bear·ing** s *mar*. Kompaßpeilung f. ~ **box** s *mar*. Kompaßgehäuse n. ~ **brick** s *tech*. Krummziegel m. ~ **card** s *mar*. Kompaßrose f.
com·pas·sion [kəmˈpæʃn] **I** s Mitleid n, Mitgefühl n, Erbarmen n (**for** mit): **out of** ~ aus Mitleid; **to have** (*od.* **take**) ~ (**up**)**on s.o.** Mitleid mit j-m empfinden *od.* haben; **to look at s.o. in** (*od.* **with**) ~ j-n mitfühlend ansehen. **II** v/t → **compassionate II. com'pas·sion·ate** [-ʃənət] (*adv* ~**ly**) mitfühlend, mitleidsvoll, mitleidig: ~ **allowance** gesetzlich nicht verankerte Beihilfe in Härtefällen; ~ **case** Härtefall m; ~ **leave** *mil. bes. Br.* Urlaub m aus dringenden familiären Gründen. **II** v/t [-neɪt] bemitleiden, Mitleid empfinden *od.* haben mit. **com'pas·sion·ate·ness** s **1.** mitfühlendes Wesen. **2.** Mitleid n.
com·pass|~**nee·dle** s Kompaß-, Ma'gnetnadel f. ~ **plane** s *tech*. Rund-, Schiffshobel m. ~ **plant** s *bot*. Kompaßpflanze f. ~ **rose** s *mar*. Windrose f. ~ **saw** s *tech*. Schweif-, Loch-, Stichsäge f. ~ **win·dow** s *arch*. Rundbogenfenster n.
com·pat·i·bil·i·ty [kəmˌpætəˈbɪlətɪ] s **1.** Vereinbarkeit f, Kompatibili'tät f. **2.** Verträglichkeit f. **com'pat·i·ble** adj (*adv* **compatibly**) **1.** vereinbar: a) 'widerspruchsfrei, b) kompa'tibel (*Ämter*). **2.** verträglich: a) zs.-passend (*a. Personen*): **to be** ~ (**with**) sich vertragen (mit), zs.-passen, passen (zu), b) *med*. kompa'tibel (*Blutgruppen, Arzneimittel*): ~ **blood** Blut n der entsprechenden Gruppe. **3.** *Nachrichtentechnik*: kompa'tibel, austauschbar (*Wiedergabesysteme*). **com'pat·i·ble·ness** s compatibility.
com·pa·tri·ot [kəmˈpætrɪət; Am. -ˈpeɪt-] **I** s Landsmann m, -männin f. **II** adj landsmännisch. **com·pa·tri'ot·ic** [-ˈɒtɪk; Am. -ˈɑt-] → **compatriot II**.
com·peer [kɒmˈpɪə; ˈkɒmpɪə; Am. kəmˈpɪər; kɑmˈp-] s **1.** Gleichgestellte(r m) f, Standesgenosse m: **to have no** ~ nicht seinesgleichen haben. **2.** Kame'rad(in).
com·pel [kəmˈpel] v/t **1.** zwingen, nötigen: **to be** ~**led to do** (*od.* **into doing**) gezwungen sein, *etwas* zu tun; *etwas* tun müssen. **2.** *etwas* erzwingen. **3.** *a. Bewunderung etc* abnötigen (**from s.o.** j-m): **to** ~ **s.o.'s respect** j-m Respekt abnötigen. **4.** unter'werfen (**to** *dat*), bezwingen. **com'pel·la·ble** adj **1.** zu zwingen(d) (**to** zu). **2.** erzwingbar.
com·pel·ling [kəmˈpelɪŋ] adj (*adv* ~**ly**) **1.** zwingend: ~ **reason**. **2.** 'unwider, stehlich. **[compendium.]**
com·pend [ˈkɒmpend; Am. ˈkɑm-] → **com·pen·di·a** [kəmˈpendɪə] *pl von* compendium.
com·pen·di·ous [kəmˈpendɪəs] adj (*adv* ~**ly**) kurz(gefaßt), gedrängt. **com'pen·di·ous·ness** s Kürze f, Gedrängtheit f. **com'pen·di·um** [-əm] *pl* **-ums**, **-a** [-ə] s **1.** Kom'pendium n, Leitfaden m, Handbuch n, Grundriß m. **2.** Abriß m, Zs.-fassung f.
com·pen·sate [ˈkɒmpenseɪt; -pən-; Am. ˈkɑm-] **I** v/t **1.** kompen'sieren (*a. psych.*), ausgleichen, aufwiegen, wettmachen. **2.** a) j-n entschädigen (**for** für), b) Am. j-n bezahlen, entlohnen, c) *etwas* ersetzen, vergüten, für *etwas* Ersatz leisten (**to s.o.** j-m). **3.** *phys. tech*. a) aufheben, ausgleichen, kompen'sieren, b) auswuchten. **II** v/i **4.** Ersatz bieten *od.* leisten, entschädigen (**for** für). **5.** ~ **for** → 1.
com·pen·sat·ing [ˈkɒmpenseɪtɪŋ; -pən-;

Am. ˈkɑm-] adj ausgleichend, Ausgleichs..., Kompensations... ~ **con·dens·er** s *electr*. 'Ausgleichskondenˌsator m. ~ **er·rors** s *pl* sich gegenseitig aufhebende Fehler *pl*. ~ **gear** s *tech*. Ausgleichs-, *bes*. Differenti'algetriebe n.
com·pen·sa·tion [ˌkɒmpenˈseɪʃn; -pən-; Am. ˌkɑm-] s **1.** a. *chem. electr. tech*. Kompensati'on f, Ausgleich m: **in** ~ **for** als Ausgleich für. **2.** *econ. jur.* a) Vergütung f, (Rück)Erstattung f, b) gegenseitige Abrechnung, c) Vergütung f, Entgelt n, d) (Schaden)Ersatz m, Entschädigung f: **to pay** ~ Schadenersatz leisten; **as** (*od.* **by way of**) ~ als Ersatz; (**workmen's**) ~ (Betriebs)Unfallentschädigung. **3.** *jur.* Kompensati'on f: a) Abfindung f, b) Aufrechnung f. **4.** Am. Bezahlung f, Gehalt n, Lohn m. **5.** *psych.* Kompensati'on f, Ersatzhandlung f. ˌ**com·pen'sa·tion·al** [-ʃənl] adj Kompensations..., Ersatz..., Ausgleichs...
com·pen·sa·tion| **bal·ance** s *tech*. Kompensati'onsunruh f (*der Uhr*). ~ **in·sur·ance** s *econ*. wechselseitige Versicherung.
com·pen·sa·tive [kəmˈpensətɪv; Br. a. ˈkɒmpenseɪtɪv; -pən-; Am. a. ˈkɑmpənˌseɪtɪv; -pen-] adj **1.** kompen'sierend, ausgleichend. **2.** entschädigend, vergütend, Entschädigungs... **3.** Ersatz...
com·pen·sa·tor [ˈkɒmpenseɪtə(r); -pən-; Am. ˈkɑm-] s *tech*. Kompen'sator m, Ausgleichsvorrichtung f. **com·pen·sa·to·ry** [kəmˈpensətərɪ; Am. -ˌtɔːri; -ˌtoʊ-] adj **1.** → **compensative**. **2.** ~ **lengthening** *ling*. Ersatzdehnung f.
com·père, com·pere [ˈkɒmpeə(r); Am. ˈkɑm-] *bes. Br.* **I** s Conférenci'er m, Ansager(in). **II** v/t konfe'rieren, ansagen. **III** v/i konfe'rieren, als Conférenci'er fun'gieren.
com·pete [kəmˈpiːt] v/i **1.** in Wettbewerb treten, sich (mit)bewerben (**for s.th.** um etwas). **2.** *econ. u. weitS.* konkur'rieren (**with** mit): **competing business** (**product**) Konkurrenzgeschäft n (-erzeugnis n). **3.** wetteifern, sich messen (**with** mit). **4.** *sport* a) am Wettkampf teilnehmen, b) *a. weitS.* kämpfen (**for** um; **against** gegen).
com·pe·tence [ˈkɒmpɪtəns; Am. ˈkɑmpə-], ˈ**com·pe·ten·cy** s **1.** Fähigkeit f, Tüchtigkeit f. **2.** *jur.* a) *a. weitS.* Zuständigkeit f, Kompe'tenz f, b) Zulässigkeit f, c) Geschäftsfähigkeit f. **3.** (*gutes etc*) Auskommen: **to enjoy a** ~ sein Auskommen haben. ˈ**com·pe·tent** adj (*adv* ~**ly**) **1.** fähig (**to do** zu tun), tüchtig. **2.** fach-, sachkundig, qualifi'ziert. **3.** gut(gemacht), gekonnt. **4.** *jur.* a) *a. weitS.* kompe'tent, zuständig (*Gericht etc*): **a** ~ **judge** ein zuständiger Richter, *fig*. ein sachkundiger Beurteiler, ein Kenner, b) zulässig (*Beweise, Zeuge*), c) geschäftsfähig. **5.** (**for**) ausreichend (für), angemessen (*dat*): **a** ~ **answer** e-e zufriedenstellende Antwort. **6.** *geol*. kompe'tent, tek'tonisch verformbar (*Gestein*).
com·pe·ti·tion [ˌkɒmpɪˈtɪʃn; Am. ˌkɑmpə-] s **1.** *allg*. Wettbewerb m, -kampf m, -streit m (**for** um). **2.** Konkur'renz f: a) *econ*. Wettbewerb m: **free** (**unfair**) ~ freier (unlauterer) Wettbewerb; ~ **clause** Konkurrenzklausel f; **to enter into** ~ **with** in Konkurrenz treten mit, konkurrieren mit, b) *econ*. Konkur'renzfirma f, -firmen *pl*, c) *weitS*. Gegner *pl*, Ri'valen *pl*. **3.** *sport* Wettkampf m, Konkur'renz f, Veranstaltung f: ~ **rules** Wettkampfbestimmungen. **4.** Preisausschreiben n, Wettbewerb m. **5.** *biol*. Exi'stenzkampf m.
com·pet·i·tive [kəmˈpetətɪv] adj (*adv* ~**ly**) **1.** konkur'rierend, wetteifernd.

2. Wettbewerbs..., Konkurrenz..., auf Wettbewerb eingestellt *od.* beruhend, *econ. a.* konkur'renz-, wettbewerbsfähig: ~ **advantage** Vorteil *m* gegenüber der Konkurrenz; ~ **career** *sport* aktive Laufbahn; ~ **examination** Ausleseprüfung *f*; ~ **position** (*od.* **capacity**) *econ.* Konkurrenzfähigkeit *f*; ~ **pressure** *econ.* Wettbewerbszwang *m*; ~ **prices** *econ.* konkurrenzfähige Preise; ~ **sports** Wettkampfsport *m*; **on a** ~ **basis** *econ.* auf Wettbewerbsgrundlage. **com'pet·i·tive·ness** *s econ.* Konkur'renz-, Wettbewerbsfähigkeit *f*. **com'pet·i·tor** [-tɪtə(r)] *s* **1.** Mitbewerber(in) (**for** um). **2.** *bes. econ.* Konkur'rent *m*, Konkur'renz (-firma) *f*. **3.** *bes. sport* (Wettbewerbs-) Teilnehmer(in), Ri'vale *m*, Ri'valin *f*.

com·pi·la·tion [ˌkɒmpɪ'leɪʃn; *Am.* ˌkɑmpə-] *s* Kompilati'on *f*: a) Zs.-stellen *n*, Sammeln *n*, b) Sammlung *f*, Sammelwerk *n* (*Buch*). **com'pil·a·to·ry** [kəm'pɪlətərɪ; -'paɪl-; *Am.* -ˌtɔːriː; -ˌtoː-] *adj* kompila'torisch. **com·pile** [kəm'paɪl] *v/t* **1.** *ein Verzeichnis etc* kompi'lieren, zs.-stellen, sammeln, *Material* zs.-tragen. **2.** *Computer*: kompi'lieren. **com'pil·er** *s* **1.** Kompi'lator *m*. **2.** *Computer*: Com'piler *m*, Kompi'lierer *m*.

com·pla·cence [kəm'pleɪsns], **com'pla·cen·cy** *s* **1.** 'Selbstzuˌfriedenheit *f*, -gefälligkeit *f*. **2.** *obs.* a) Zu'friedenheit *f*, b) Quelle *f* der Zu'friedenheit *f*. **3.** *obs.* → **complaisance. com'pla·cent** *adj* (*adv* ~**ly**) **1.** 'selbstzuˌfrieden, selbstgefällig. **2.** *obs.* zu'frieden. **3.** *obs.* → **complaisant. com·plain** [kəm'pleɪn] *v/i* **1.** sich beklagen, sich beschweren, Klage *od.* Beschwerde führen (**of, about** über *acc*; **to** bei): **we have nothing to** ~ **of** wir können uns nicht beklagen. **2.** klagen (*of* über *acc*): **he** ~**ed of a sore throat.** **3.** *jur.* a) klagen, b) (Straf)Anzeige erstatten (**of** gegen). **4.** *econ.* rekla'mieren: **to** ~ **about** *etwas* reklamieren *od.* beanstanden. **com'plain·ant** *s* **1.** Beschwerdeführer(in). **2.** *jur.* Kläger(in). **com'plain·er** *s* **1.** Nörgler(in). **2.** *jur. Scot.* Kläger(in).

com·plaint [kəm'pleɪnt] *s* **1.** Klage *f*, Beschwerde *f* (**about** über *acc*): ~ **book** Beschwerdebuch *n*; **to make a** ~ (**about**) → **complain** 1; **we have no cause** (*od.* **grounds**) **for** ~ wir können uns nicht beklagen. **2.** *econ.* Reklamati'on *f*, Beanstandung *f*, Mängelrüge *f*. **3.** *jur.* a) (*Zivil*)Klage *f*, b) Klageschrift *f*, c) Beschwerde *f*, d) Beschwerdeschrift *f*, e) (Straf)Anzeige *f*. **4.** *med.* Beschwerden *pl*, (chronisches) Leiden.

com·plai·sance [kəm'pleɪzəns; *Am. a.* -'pleɪs-; ˌkæmpleɪ'zæns] *s* Gefälligkeit *f*, Entgegenkommen *n*, Höflichkeit *f*, Zu'vorkommenheit *f*. **com'plai·sant** *adj* (*adv* ~**ly**) gefällig, höflich, zu'vor-, entgegenkommend (**to** gegen).

com·pla·nate ['kɒmplənɛɪt, -nət; *Am.* 'kɑm-] *adj* abgeplattet, abgeflacht.

com·ple·ment I *s* ['kɒmplɪmənt; *Am.* 'kɑmplə-] **1.** a) Ergänzung *f* (**to** *gen*), b) Vervollkommnung *f* (**to** *gen*). **2.** Ergänzungsstück *n*. **3.** *obs.* Voll'kommenheit *f*. **4.** Vollständigkeit *f*, -zähligkeit *f*. **5.** *a.* **full** ~ volle (An)Zahl *od.* Menge *od.* Besetzung, *bes.* a) *mar.* vollzählige Besatzung, b) *mil.* (volle) Stärke, Sollstärke *f*. **6.** *ling.* Ergänzung *f*. **7.** *math.* Komple'ment *n*. **8.** *mus.* Er'gänzung(sinterˌvall *n*) *f*. **9.** *Serologie*: Komple'ment *n*, Ale'xin *n*. **II** *v/t* [-ment] **0.** a) ergänzen, b) vervollkommnen, abrunden: **a wide range of wines to** ~ **your food.** ˌ**com·ple'men·tal** [-'mentl] → **complementary.**

com·ple·men·ta·ry [ˌkɒmplɪ'mentərɪ; -trɪ; *Am.* ˌkɑmplə-] *adj* **1.** ergänzend, komplemen'tär: **to be** ~ **to s.th.** etwas ergänzen. **2.** sich gegenseitig ergänzend. ~ **an·gle** *s math.* Komplemen'tär-, Ergänzungswinkel *m*. ~ **col·o(u)rs** *s pl* Komplemen'tärfarben *pl*.

com·plete [kəm'pliːt] **I** *adj* (*adv* ~**ly**) **1.** kom'plett, vollständig, voll'kommen, völlig, ganz, to'tal: ~ **combustion** vollständige Verbrennung; ~ **defeat** vollständige Niederlage; ~ **edition** Gesamtausgabe *f*; ~ **outfit** komplette Ausstattung; **he is a** ~ **stranger to me** er ist mir völlig unbekannt; **it was a** ~ **surprise to me** es war *od.* kam für mich völlig überraschend. **2.** vollzählig, kom'plett. **3.** beendet, voll'endet, fertig. **4.** *obs.* voll'kommen, per'fekt: **a** ~ **hostess.** **II** *v/t* **5.** vervollständigen, ergänzen. **6.** voll'enden, abschließen, beendigen, fertigstellen: **to** ~ **a contract** e-n Vertrag erfüllen; **to** ~ **one's sentence** *jur.* s-e Strafe verbüßen. **7.** *fig.* voll'enden, vervollkommnen: **that** ~**d his happiness** das machte sein Glück vollkommen. **8.** *ein Formular* ausfüllen. **9.** *e-e Telefonverbindung* 'herstellen. **com'plete·ness** *s* Vollständigkeit *f*, Voll'kommenheit *f*. **com'ple·tion** [-ʃn] *s* **1.** Vervollständigung *f*, Ergänzung *f*: ~ **test** *psych.* Lückentest *m*. **2.** Voll'endung *f*, Beendigung *f*, Fertigstellung *f*: **to bring to** ~ zum Abschluß bringen; ~ **date** Fertigstellungstermin *m*. **3.** Erfüllung *f* (*e-s Vertrags*). **4.** Ausfüllen *n* (*e-s Formulars*).

com·plex I *adj* ['kɒmpleks; *Am.* kəm'pleks; 'kɑmˌpleks] (*adv* ~**ly**) **1.** zs.-gesetzt: ~ **word;** → **sentence** 1. **2.** kom'plex, vielschichtig: ~ **problem.** **3.** *math.* kom'plex: ~ **fraction** komplexer Bruch, Doppelbruch *m*. **II** *s* ['kɒmpleks; *Am.* 'kɑm-] **4.** Kom'plex *m*, (das) Ganze, Gesamtheit *f*. **5.** (*Gebäude- etc*)Kom'plex *m*: ~ **of buildings; industrial** ~ Industriekomplex. **6.** *psych.* Kom'plex *m* (*a. weitS. Phobie, fixe Idee*). **7.** *chem.* Kom'plexverbindung *f*.

com·plex·ion [kəm'plekʃn] *s* **1.** Gesichtsfarbe *f*, Teint *m*. **2.** *fig.* Aussehen *n*, Cha'rakter *m*, Zug *m*: **to put a fresh** ~ **on s.th.** e-r Sache e-n neuen Anstrich geben; **that puts a different** ~ **on it** dadurch bekommt die Sache (freilich) ein (ganz) anderes Gesicht. **3.** allgemeines Aussehen, Farbe *f*. **4.** *fig.* Cou'leur *f*, (po'litische) Richtung: **people of all political** ~**s.** **com'plex·ioned** *adj* (*meist in Zssgn*) mit (*hellem etc*) Teint, von (*blasser etc*) Gesichts- *od.* Hautfarbe: **dark-**~.

com·plex·i·ty [kəm'pleksətɪ] *s* **1.** Komplexi'tät *f* (*a. math.*), Vielschichtigkeit *f*. **2.** (*etwas*) Kom'plexes.

com·pli·ance [kəm'plaɪəns] *s* **1.** (**with**) a) Einwilligung *f* (in *acc*), Gewährung *f*, Erfüllung *f* (*gen*), b) Befolgung *f*, Einhaltung *f* (*gen*): **in** ~ **with** e-r Vorschrift, e-m Wunsche *etc* gemäß. **3.** Willfährigkeit *f*, Unter'würfigkeit *f*. **com'pli·an·cy** → **compliance** 2. **com'pli·ant** *adj* (*adv* ~**ly**) willfährig, unter'würfig.

com·pli·ca·cy ['kɒmplɪkəsɪ; *Am.* 'kɑm-] *s* Kompli'ziertheit *f*. **'com·pli·cate I** *adj* [-keɪt] **1.** kompli'ziert. **2.** *bot.* zo. längsgefaltet. **II** *v/t* [-keɪt] **3.** kompli'zieren. **'com·pli·cat·ed** *adj* **1.** kompli'ziert. **2.** *math.* verschlungen. ˌ**com·pli'ca·tion** *s* **1.** Komplikati'on *f* (*a. med.*). **2.** Kompli'ziertheit *f*. **3.** *math.* Verschlingung *f*.

com·plic·i·ty [kəm'plɪsətɪ] *s* Mitschuld *f*, Mittäterschaft *f*, Teilnahme *f* (**in** an *dat*): ~ **in murder** *jur.* Beihilfe *f* zum Mord; **a look of** ~ ein komplizenhafter *od.* verständnisinniger Blick.

com·pli·ment I *s* ['kɒmplɪmənt; *Am.* 'kɑmplə-] **1.** Kompli'ment *n*, Höflichkeiten *pl*, Schmeiche'leif: **to pay s.o. a** ~ j-m ein Kompliment machen (**on** wegen). **2.** Lob *n*, Ausdruck *m* der Bewunderung: **in** ~ **to** zu Ehren (*gen*); **he paid you a high** ~ er hat dir ein großes Lob gespendet; **to do** (*od.* **pay**) **s.o. the** ~ **of doing s.th.** j-m die Ehre erweisen, etwas zu tun. **3.** Empfehlung *f*, Gruß *m*: **my best** ~**s** m-e besten Empfehlungen; **with the** ~**s of the season** mit den besten Wünschen zum Fest. **4.** *obs.* Geschenk *n*. **II** *v/t* [-ment] **5.** (**on**) a) j-m ein Kompli'ment *od.* Komplimente machen (wegen), b) *j-m* gratu'lieren (zu). **6.** *j-n* beehren, auszeichnen (**with** mit). ˌ**com·pli'men·ta·ry** [-'mentərɪ; -trɪ] *adj* **1.** höflich, Höflichkeits...: ~ **close** Gruß-, Schlußformel *f* (*in Briefen*). **2.** schmeichelhaft. **3.** Ehren...: ~ **dinner** Festessen *n*; ~ **ticket** Ehren-, Freikarte *f*. **4.** Frei..., Gratis...: ~ **copy** Freiexemplar *n* (*Buch*), Werbenummer *f* (*Zeitschrift*).

com·plin ['kɒmplɪn; *Am.* 'kɑm-], **'com·pline** [-ɪn; -aɪn] *s relig.* Kom'plet *f* (*Tagesschlußgebet*).

com·plot I *s* ['kɒmplɒt; *Am.* 'kɑmˌplɑt] Kom'plott *n*, Verschwörung *f*. **II** *v/t* [kəm'plɒt; *Am.* -'plɑt] anzetteln. **III** *v/i* sich verschwören.

com·ply [kəm'plaɪ] *v/i* (**with**) a) einwilligen (*in acc*), sich fügen (*dat*), b) (*e-m Wunsche od. Befehl*) nachkommen *od.* entsprechen *od.* Folge leisten, erfüllen (*acc*): **to** ~ **with a wish** (**an order**), c) (*e-e Anordnung*) befolgen, einhalten: **to** ~ **with an instruction; to** ~ **with the law** sich an die Gesetze halten; **he complied** er fügte sich.

com·po ['kɒmpəʊ; *Am.* 'kɑm-] *pl* **-pos** *s* **1.** *tech.* Kompositi'on *f*: a) Me'tallkompositi,on *f*, b) Putz *m* (*aus Harz, Leim etc zu Wandverzierungen*), c) Gips *m*, Mörtel *m*. **2.** *econ.* Abfindungssumme *f* (*an Gläubiger*).

com·po·nent [kəm'pəʊnənt] **I** *adj* **1.** e-n Teil bildend, Teil...: ~ **sentence** Teilaussage *f*; ~ **part** Bestandteil *m*. **II** *s* **2.** (Bestand)Teil *m*, *a. math. phys.* Kompo'nente *f*, *electr. tech.* 'Baueleˌment *n*. **3.** *fig.* Baustein *m*.

com·po·ra·tion *s mil.* 'Sammelratiˌon *f*.

com·port [kəm'pɔː(r)t] **I** *v/t* ~ **o.s.** sich betragen, sich benehmen, sich verhalten: **to** ~ **o.s. as if** auftreten, als ob. **II** *v/i* (**with**) sich vertragen (mit), passen (zu). **III** *s obs.* Betragen *n*, Benehmen *n*. **com'port·ment** *s* **1.** Betragen *n*, Benehmen *n*. **2.** Verhalten *n*. **3.** Haltung *f* (*des Körpers*).

com·pose [kəm'pəʊz] **I** *v/t* **1.** zs.-setzen *od.* -stellen: **to be** ~**d of** bestehen *od.* sich zs.-setzen aus. **2.** bilden: ~ **a sentence. 3.** Schriften *etc* ab-, verfassen, aufsetzen: **to** ~ **a speech. 4.** dichten, *ein Gedicht etc* verfassen. **5.** *mus.* kompo'nieren. **6.** Gemälde *etc* entwerfen. **7.** *print.* (ab)setzen. **8.** besänftigen: **to** ~ **o.s.** sich beruhigen, sich fassen. **9.** Streit *etc* beilegen, schlichten. **10.** a) in Ordnung bringen, regeln, b) ordnen, zu'rechtlegen: **to** ~ **one's thoughts** s-e Gedanken sammeln. **11.** ~ **o.s.** sich anschicken (**to** zu). **II** *v/i* **12.** schriftstellern, schreiben, dichten. **13.** *mus.* kompo'nieren. **14.** (*als Künstler etc*) Entwürfe machen. **15.** *print.* setzen. **com'posed** *adj*, **com'pos·ed·ly** [-zɪdlɪ] *adv* ruhig, gelassen, gesetzt. **com'pos·ed·ness** [-ɪdnɪs] *s* Gelassenheit *f*, Ruhe *f*. **com'pos·er** *s* **1.** *mus.* Kompo'nist *m*. **2.** Verfasser(in), Schlichter(in).

com·pos·ing [kəm'pəʊzɪŋ] **I** *s* **1.** Kompo'nieren *n*, Dichten *n*. **2.** Schriftsetzen *n*. **II** *adj* **3.** beruhigend, Beruhigungs...: ~ **draught** Schlaftrunk *m*. ~ **ma·chine**

print. 'Setzma‚schine f. ~ **room** s print. Setze'rei f, Setzersaal m. ~ **rule** s print. Setzlinie f. ~ **stick** s print. Winkelhaken m.
com·pos·ite ['kɒmpəzɪt; Am. kəm-'pɑzət; kəm-] **I** adj **1.** zs.-gesetzt (a. math. Zahl), gemischt (of aus): ~ **arch** Spitzbogen m; ~ **candle** (Art) Stearinkerze f; ~ **construction** tech. Gemischtbauweise f. **2.** bot. Kompositen..., Korbblüter... **II** s **3.** Zs.-setzung f, Mischung f. **4.** bot. Korbblüter m, Kompo'site f. ~ **connection** s tech. Doppelbetriebsschaltung f. ~ **index number** s math. Hauptmeßzahl f. ~ **ma·te·ri·al** s Verbund(werk)stoff m. ~ **met·al** s Ver-'bundme‚tall n. ~ **pho·to·graph** s Kompo'sitfotogra‚fie f (Fotomontage etc).
com·po·si·tion [‚kɒmpə'zɪʃn; Am. ‚kɑm-] s **1.** Zs.-setzung f, Bildung f. **2.** Abfassung f, Entwurf m (e-r Schrift etc). **3.** Schrift(stück n) f, (Schrift)Werk n, Dichtung f. **4.** ped. a) (Schul)Aufsatz m, b) Stilübung f. **5.** ling. a) ('Wort)Zusammensetzung f, b) 'Satzkonstrukti‚on f. **6.** Kompositi'on f: a) Mu'sikstück n, b) (künstlerische) Anordnung od. Gestaltung, Aufbau m. **7.** Zs.-setzung f, Verbindung f, Struk'tur f, Syn'these f; **chemical** ~ chemisches Präparat; ~ **metal** Kupferlegierung f. **8.** print. a) Setzen n, Satz m, b) Walzenmasse f. **9.** Beschaffenheit f, Na'tur f, Anlage f, Art f. **10.** jur. Kompro'miß m, Vergleich m (mit Gläubigern etc): ~ **in bankruptcy** Zwangsvergleich im Konkursverfahren; ~ **proceedings** (Konkurs)Vergleichsverfahren n. **11.** Über-'einkunft f, Abkommen n. **12.** Ablöse (-summe) f.
com·pos·i·tor [kəm'pɒzɪtə; Am. kəm-'pɑzətər] s (Schrift)Setzer m.
com·pos men·tis [‚kɒmpəs'mentɪs; Am. ‚kɑm-] (Lat.) adj **1.** jur. geistig gesund, zurechnungsfähig. **2.** colloq. ‚voll da'.
com·post ['kɒmpɒst; Am. 'kɑm‚pəʊst] **I** s Kom'post m: ~ **heap**. **II** v/t kompo'stieren: a) zu Kom'post verarbeiten, b) mit Kom'post düngen.
com·po·sure [kəm'pəʊʒə(r)] s (Gemüts-)Ruhe f, Fassung f, Gelassenheit f.
com·pote ['kɒmpɒt; -pəʊt; Am. 'kɑm‚pəʊt] s **1.** Kom'pott n. **2.** Kom'pottschale f.
com·pound[1] ['kɒmpaʊnd; Am. 'kɑm-] s **1.** Lager n. **2.** Gefängnishof m. **3.** (Tier)Gehege n.
com·pound[2] [kəm'paʊnd; Am. a. 'kɑm-] **I** v/t **1.** zs.-setzen, (ver)mischen. **2.** zs.-setzen, zs.-stellen. **3.** 'herstellen, bilden. **4.** a) Streit beilegen, b) Sache gütlich od. durch Vergleich regeln. **5.** econ. jur. a) Schulden durch Vergleich tilgen, b) laufende Verpflichtungen durch einmalige Zahlung ablösen, c) Gläubiger befriedigen, d) Zinseszinsen zahlen. **6.** jur. e-e Straftat wegen erhaltener Entschädigung nicht anzeigen. **7.** Am. steigern, bes. verschlimmern. **8.** electr. compoun'dieren. **II** v/i **9.** sich vergleichen, sich einigen (**with** mit; **for** über acc). **10.** fig. sich vereinigen (**into** zu). **III** adj ['kɒmpaʊnd; Am. 'kɑm-; a. kəm'paʊnd] **11.** allg. zs.-gesetzt. **12.** med. kompli-'ziert. **13.** electr. tech. Verbund... **IV** s ['kɒmpaʊnd; Am. 'kɑm-] **14.** Zs.-setzung f, Mischung f. **15.** Mischung f, Masse f: **cleaning** ~ Reinigungsmasse. **16.** chem. Verbindung f, Präpa'rat n. **17.** ling. Kom-'positum n, zs.-gesetztes Wort.
com·pound | an·i·mal s zo. Tierstock m. **| ‚com·plex sen·tence** s ling. Zs.-gesetzter Satz mit e-m Nebensatz od. mehreren Nebensätzen. ~ **du·ty** s econ.

Mischzoll m. ~ **en·gine** s **1.** aer. Compoundtriebwerk n. **2.** tech. Ver'bund-, 'Compoundma‚schine f. ~ **eye** s zo. Netz-, Fa'cettenauge n. ~ **flow·er** s bot. zs.-gesetzte Blüte. ~ **frac·tion** s math. kom'plexer Bruch, Doppelbruch m. ~ **frac·ture** s math. kompli'zierter Bruch. ~ **fruit** s bot. Sammelfrucht f. ~ **in·ter·est** s econ. Staffel-, Zinseszinsen pl. ~ **mo·tor** s electr. Verbund-, Compoundmotor m. ~ **noun** s ling. Kom'positum n, zs.-gesetztes Hauptwort. ~ **nu·cle·us** s bes. irr Atomphysik: Verbund-, Compoundkern m. ~ **num·ber** s math. **1.** zs.-gesetzte Zahl (keine Primzahl). **2.** benannte Zahl. ~ **oil** s Compoundöl n. ~ **op·tion** s econ. Doppelprämiengeschäft n. ~ **sen·tence** s ling. zs.-gesetzter Satz. ~ **steel** s Verbundstahl m. ~ **tense** s ling. zs.-gesetzte Zeit(form). '~**-wound dy·na·mo** s electr. Ver'bunddy‚namo m.
com·preg ['kɒmpreg; Am. 'kɑm-] s tech. Kunstharzpreßholz n.
com·pre·hend [‚kɒmprɪ'hend; Am. ‚kɑm-] v/t **1.** um'fassen, einschließen, in sich fassen. **2.** begreifen, erfassen, verstehen. '**com·pre‚hen·si'bil·i·ty** [-sə-'bɪlətɪ] s Faßlichkeit f. ‚**com·pre'hen·si·ble** adj begreiflich, verständlich, faßlich. ‚**com·pre'hen·si·bly** adv verständlicherweise.
com·pre·hen·sion [‚kɒmprɪ'henʃn; Am. ‚kɑm-] s **1.** Einbeziehung f. **2.** 'Umfang m. **3.** → comprehensiveness. **4.** Begriffsvermögen n, Fassungskraft f, Verstand m, Einsicht f: **it is beyond my** ~ das geht über m-n Horizont; **past** ~ unfaßbar, unfaßlich. **5. (of)** Begreifen n (gen), Verständnis n (für): **to be quick (slow) of** ~ schnell (langsam) begreifen. **6.** philos. Inhalt m e-s Begriffes. **7.** relig. Einbeziehung f der 'Nonkonfor‚misten in die angli'kanische Kirche. ‚**com·pre'hen·sive** [-sɪv] **I** adj (adv ~**ly**) **1.** um'fassend, weit: ~ **law** allgemeines Gesetz; ~ **insurance** Vollkaskoversicherung f; ~ **school** bes. Br. Gesamtschule f. **2.** in sich fassend (of acc). **3.** inhaltsreich. **4.** Begriffs...: ~ **faculty** Fassungskraft f, Begriffsvermögen n. **II** s **5.** bes. Br. Gesamtschule f. ‚**com·pre'hen·sive·ness** s 'Umfang m, Reichhaltigkeit f, (das) Um'fassende. ‚**com·pre'hen·si·vize** v/t bes. Br. a) e-e Schule in e-e Gesamtschule 'umwandeln, b) das Schulwesen auf Gesamtschulen 'umstellen.
com·press I v/t [kəm'pres] zs.-drücken, -pressen, phys. tech. kompri'mieren (a. fig.), verdichten. **II** s ['kɒmpres; Am. 'kɑm-] med. Kom'presse f.
com·pressed [kəm'prest] adj **1.** zs.-gedrückt, -gepreßt, phys. tech. kompri-'miert (a. fig.), verdichtet: ~ **air** Preß-, Druckluft f; ~**-air brake** Druckluftbremse f; ~ **steel** Preßstahl m. **2.** bot. zs.-gedrückt. **3.** zo. schmal.
com·press·i·bil·i·ty [kəm‚presə'bɪlətɪ] s Zs.-drückbarkeit f, phys. tech. Kompri-'mierbarkeit f, Verdichtbarkeit f. **com-'press·i·ble** adj (adv **compressibly**) zs.-drückbar, phys. tech. kompri'mier-, verdichtbar.
com·pres·sion [kəm'preʃn] s **1.** Zs.-pressen n, -drücken n. **2.** fig. knappe Formu'lierung. **3.** phys. tech. a) (Dampf-etc)Druck m, b) Kompressi'on f, Verdichtung f (bei Explosionsmotoren), c) Druckbeanspruchung f. ~ **cham·ber** s mot. Kompressi'ons-, Verdichtungsraum m. ~ **cup** s tech. Preßöler m, Schmierbüchse f. ~ **pres·sure** s tech. Verdichtungsdruck m. ~ **ra·tio** s tech. Verdichtungsverhältnis n. ~ **spring** s tech. Druckfeder f. ~ **stroke** s mot. Kompressi'onshub m.

com·pres·sive [kəm'presɪv] adj zs.--drückend, -pressend, Preß..., Druck...: ~ **strength** Druckfestigkeit f; ~ **stress** Druckspannung f.
com·pres·sor [kəm'presə(r)] s **1.** anat. Preß-, Schließmuskel m. **2.** med. a) Gefäßklemme f, (Ader)Presse f, b) Druckverband m. **3.** tech. Kom'pressor m, Verdichter m. **4.** mar. Kettenkneifer m.
com·pris·al [kəm'praɪzl] s **1.** Um'fassung f, Einschließung f. **2.** Zs.-fassung f. **com'prise I** v/t **1.** einschließen, um'fassen, enthalten. **2.** sich zs.-setzen aus, bestehen aus. **II** v/t **→** 2.
com·pro·mise ['kɒmprəmaɪz; Am. 'kɑm-] **I** s **1.** Kompro'miß m: **to make a** ~ e-n Kompromiß schließen. **2.** jur. (gütlicher od. obs. schiedsrichterlicher) Vergleich. **3.** Konzessi'on f, Zugeständnis n. **4.** Kompro'miß m, Mittelding n. **II** v/t **5.** durch e-n Kompro'miß regeln od. beilegen od. schlichten. **6.** Ruf, Leben etc gefährden, aufs Spiel setzen. **7.** (o.s. sich) bloßstellen, kompromit'tieren. **III** v/i **8.** a) e-n Kompro'miß od. (a. fig. contp.) Kompro'misse schließen, b) jur. sich (gütlich) vergleichen (**on** über acc). **9.** Entgegenkommen zeigen (**on** in dat). ~ **for·mu·la** s. irr Kompro'mißformel f. ~ **set·tle·ment, ~ so·lu·tion** s Kompro'mißlösung f.
Comp·ton ef·fect ['kʌmptən; 'kɒmp-; Am. 'kɑmp-] s phys. 'Comptonef‚fekt m.
comp·trol·ler [kən'trəʊlə(r)] s (staatlicher) Rechnungsprüfer (Beamter): **C~ General** a) Am. Präsident m des Rechnungshofes, b) Br. Präsident m des Patentamtes; **C~ of the Currency** Am. Kontrolleur m der Umlaufmittel.
com·pul·sion [kəm'pʌlʃn] s **1.** Zwang m: **under** ~ unter Zwang od. Druck, gezwungen, zwangsweise. **2.** psych. Zwang m, 'unwider‚stehlicher Drang. **com-'pul·sive** [-sɪv] adj (adv ~**ly**) **1.** zwingend, Zwangs... **2.** psych. zwanghaft.
com·pul·so·ry [kəm'pʌlsərɪ; -srɪ] adj (adv **compulsorily**) **1.** zwangsweise, gezwungen, Zwangs...: ~ **measures**; ~ **auction** Zwangsversteigerung f; ~ **purchase** Br. Zwangsenteignung f. **2.** obligatorisch, zwingend (vorgeschrieben), Pflicht...: ~ **dives** (Kunstspringen) Pflichtsprünge; ~ **education** allgemeine Schulpflicht; ~ **military service** allgemeine Wehrpflicht; ~ **subject** ped. univ. Pflichtfach n.
com·punc·tion [kəm'pʌŋkʃn] s a) Gewissensbisse pl, b) Reue f, c) Bedenken pl: **without** ~. **com'punc·tious** adj (adv ~**ly**) reuevoll, reuig.
com·pur·ga·tion [‚kɒmpɜː'geɪʃn; Am. ‚kɑmpɜːr'g-; -pər'g-] s jur. **1.** Reinwaschung f, Schuldlossprechung f, Rechtfertigung f. **2.** hist. Reinigung f durch Eideshilfe. '**com·pur·ga·tor** [-geɪtə(r)] s jur. hist. Eideshelfer m.
com·put·a·ble [kəm'pjuːtəbl] adj berechenbar, zu berechnen(d).
com·pu·ta·tion [‚kɒmpjuː'teɪʃn; Am. ‚kɑmpjʊ't-] s **1.** (Be)Rechnen n, Kalku-'lieren n. **2.** Berechnung f. **3.** Anschlag m, 'Überschlag m, Kalkulati'on f, Schätzung f.
com·pute [kəm'pjuːt] **I** v/t **1.** berechnen. **2.** schätzen, veranschlagen (**at** auf acc). **II** v/i **3.** rechnen (**by** nach).
com·put·er s **1.** (Be)Rechner m, Kalku-'lator m. **2.** electr. Com'puter m, Rechner m. ~ **age** s Com'puterzeitalter n. ~ **cen·ter**, bes. Br. ~ **cen·tre** s Rechenzentrum n.
com·put·er-con‚trolled adj com'putergesteuert.
com·put·er| crim·i·nal·i·ty s Com-'puterkriminali‚tät f. ~ **dat·ing** s Hei-

ratsvermittlung *f* mit Hilfe e-s Com'puters. ~ **di·ag·nos·tics** *s pl* (*als sg konstruiert*) *med.* Com'puterdia,gnostik *f*.
com·put·er·ese [kəmˌpjuːtəˈriːz] *s* **1.** Jar'gon *m* der Com'puterfachleute. **2.** Com'putersprache *f*.
com·put·er| fore·cast *s* Hochrechnung *f*. ~ **graph·ics** *s pl* (*als sg konstruiert*) Com'putergraphik *f*.
com·put·er·ize [kəmˈpjuːtəraɪz] *v/t* a) *Werk, Industrie* mit Com'putern ausstatten, auf Computer 'umstellen, b) *System, Verfahren* mit e-m Com'puter 'durchführen, c) mit Hilfe e-s Com'puters errechnen *od.* zs.-stellen. [sprache *f*.]
com·put·er lan·guage *s* Com'puter-
com'put·er·man [-mæn] *s irr* Com'puterspezia‚list *m*.
com·put·er| pre·dic·tion *s* Hochrechnung *f*. ~ **sci·ence** *s* Infor'matik *f*. ~ **sci·en·tist** *s* **1.** Com'puterspezia‚list *m*. **2.** Infor'matiker *m*. ~ **sim·u·la·tion** *s* Com'putersimulati‚on *f*.
com'put·er-sup‚port·ed *adj* com'putergestützt.
com·put·er sys·tem *s* Rechenanlage *f*.
com·rade [ˈkɒmreɪd; -rɪd; *Am.* ˈkɑmˌræd] *s* **1.** Kame'rad *m*, Genosse *m*, Gefährte *m*: ~ **in arms** Waffengefährte *m*. **2.** *pol.* (Par'tei)Genosse *m*. **'com·rade·ly** *adj* kame'radschaftlich. **'com·rade·ship** *s* Kame'radschaft *f*.
com·sat [ˈkɒmsæt; *Am.* ˈkɑm-] *s* 'Nachrichtensatel‚lit *m*.
com·stock·er·y [ˈkɒmˌstɒkərɪ] *s Am.* über'trieben strenge Zen'sur (gegen Immorali'tät in Kunst u. Litera'tur).
Com·ti·an [ˈkɒntɪən; *Am.* ˈkɑmptɪən] *adj* Comtesch(er, e, es) (*A. Comte od. s-e Lehre betreffend*). **'Comt·ism** *s philos.* Positi'vismus *m*.
con[1] [kɒn; *Am.* kɑn] *v/t* lernen, sich *etwas* einprägen.
con[2] → conn.
con[3] [kɒn; *Am.* kɑn] *s* **1.** Nein-Stimme *f*, Stimme *f* da'gegen. **2.** 'Gegenargu‚ment *n*: → **pro**[1] 2. **3.** *colloq.* Gegner(in). **II** *adv* **4.** (da)'gegen.
con[4] [kɒn; *Am.* kɑn] *sl.* **I** *adj* betrügerisch: ~ **man** a) Betrüger *m*, b) Hochstapler *m*; ~ **game** a) aufgelegter Schwindel, b) Hochstapelei *f*. **II** *v/t* j-n ,reinlegen', betrügen.
con[5] [kɒn; *Am.* kɑn] *s sl.* Sträfling *m*.
co·nar·i·um [kəʊˈneərɪəm] *pl* **-ri·a** [-ə] *s anat.* Zirbeldrüse *f*.
co·na·tion [kəʊˈneɪʃn] *s philos. psych.* Willenstrieb *m*, Begehren *n*. **co·na·tive** [ˈkəʊnətɪv] *adj* Begehrens..., triebhaft.
con·cat·e·nate [kɒnˈkætɪneɪt; *Am.* kɑn-] *v/t* verketten, verknüpfen: ~**d connection** *electr.* Kaskadenschaltung *f*. **con‚cat·e'na·tion** *s* **1.** Verkettung *f*. **2.** Kette *f*.
con·cave [ˈkɒnkeɪv; ˈkɒŋkeɪv; *Am.* kɑnˈk-; ˌkɑŋˈk-] (*adv* ~**ly**) *adj* **a)** hohl, ausgehöhlt, b) *tech.* hohlgeschliffen, Hohl...: ~ **brick** Hohlziegel *m*; ~ **lens** Zerstreuungslinse *f*; ~ **mirror** Hohlspiegel *m*. **II** *s* [ˈkɒnkeɪv; ˈkɒŋkeɪv; *Am.* ˈkɑnˌk-; ˈkɑŋˌk-] (Aus)Höhlung *f*, Wölbung *f*, Hohlrundung *f*, kon'kave Fläche. **III** *v/t* [ˌkɒnˈkeɪv; *Am.* kɑnˈk-] aushöhlen, konˈkav formen. **con'cav·i·ty** [-ˈkævətɪ] *s* **1.** hohle Beschaffenheit, Konkavi'tät *f*. **2.** → concave II. **con·ca·vo-con·cave** [kɒŋˌkeɪvəʊkɒnˈkeɪv; *Am.* kɑŋˌkeɪvəʊkɑnˈkeɪv] *adj* ˈbikonˌkav, auf beiden Seiten hohl. **con‚ca·vo-con'vex** [-kɒnˈveks; *Am.* -kɑnˈv-] *adj* konˈkavkonˌvex, hohlerhaben.
con·ceal [kənˈsiːl] *v/t* (*from* vor *dat*) **1.** *allg.* verbergen: **a)** *a. tech.* verdecken, ka'schieren: ~**ing power** Deckkraft *f* (*von Farben*), b) verstecken, c) verborgen halten, geheimhalten, verschleiern: **to** ~ **the true state of affairs**; ~**ed assets** *econ.* (*Konkursrecht*) verschleierte Vermögenswerte, (*Buchführung*) unsichtbare Aktiva; ~**ed damage** verborgener *od.* latenter Schaden, d) verschweigen, verhehlen, verheimlichen. **2.** *mil.* verschleiern, tarnen: **to** ~ **by smoke** vernebeln. **con'ceal·er** *s* Verberger(in), (Ver)Hehler(in). **con'ceal·ment** *s* **1.** Verbergung *f*, Verheimlichung *f*, Verschweigung *f*, Geheimhaltung *f*. **2.** Verborgenheit *f*, Versteck *n*: **to stay in** ~ sich verborgen halten. **3.** *mil.* Deckung *f*, Tarnung *f*.
con·cede [kənˈsiːd] **I** *v/t* **1.** zugestehen, einräumen: **a)** gewähren, bewilligen (**s.o. s.th.** j-m etwas): **to** ~ **a privilege** ein Vorrecht einräumen, b) anerkennen, zugeben, zubilligen (*a.* **that** daß): **to** ~ **the battle** *mil. sport.* → 5; **to** ~ **a right** ein Recht anerkennen; **to** ~ **a goal** *sport* ein Tor hinnehmen müssen *od.* zulassen; **to** ~ **a point** in e-m Punkt nachgeben, *sport* e-n Punkt abgeben (**to** gegen). **2.** abtreten (**to** *dat*). **3.** **to** ~ **an election** s-e (Wahl)Niederlage eingestehen. **II** *v/i* **4.** nachgeben, Zugeständnisse machen. **5.** *mil. pol. sport* sich geschlagen geben. **con'ced·ed·ly** [-dɪdlɪ] *adv* zugestandenermaßen.
con·ceit [kənˈsiːt] **I** *s* **1.** Eingebildetheit *f*, Einbildung *f*, (Eigen)Dünkel *m*, Selbstgefälligkeit *f*, Eitelkeit *f*. **2.** günstige Meinung (*nur noch in*): **out of** ~ **with** überdrüssig (*gen*); **to put s.o. out of** ~ **with s.th.** j-m die Lust an etwas nehmen. **3.** *obs.* Gedanke *m*, Vorstellung *f*, I'dee *f*. **4.** *obs.* guter Einfall, Witz *m*. **5.** a) *obs.* seltsamer Einfall, Ma'rotte *f*, b) gesuchte Me'tapher. **6.** *obs.* per'sönliche Meinung: **in my own** ~ m-r Ansicht nach. **7.** *obs.* Begriffsvermögen *n*. **II** *v/t* **8.** *obs.* glauben, denken (**of** von): **well** ~**ed** gut ausgedacht; **to** ~ **o.s. to be s.th.** sich einbilden, etwas zu sein. **con'ceit·ed** *adj* (*adv* ~**ly**) selbstgefällig, dünkelhaft, eitel, eingebildet (**about**, **of** auf *acc*).
con·ceiv·a·bil·i·ty [kənˌsiːvəˈbɪlətɪ] *s* Begreiflichkeit *f*. **con'ceiv·a·ble** *adj* **1.** begreiflich, faßlich. **2.** denkbar, vorstellbar: **the best plan** ~ der denkbar beste Plan; **it is hardly** ~ **to me that** ich kann mir kaum vorstellen, daß. **con'ceiv·a·ble·ness** *s* conceivability. **con'ceiv·a·bly** [-blɪ] *adv* denkbar: **he may** ~ **be wrong** es ist durchaus denkbar, daß er irrt.
con·ceive [kənˈsiːv] **I** *v/t* **1.** *biol.* ein Kind empfangen. **2.** begreifen, sich vorstellen, sich denken, sich e-n Begriff *od.* e-e Vorstellung machen von. **3.** planen, ersinnen, ausdenken, entwerfen: **to** ~ **an idea** auf e-n Gedanken kommen; **a badly** ~**d project** e-e Fehlplanung. **4.** *e-e Neigung etc* fassen (**for** zu): **to** ~ **an affection for s.o.**; **to** ~ **a desire** e-n Wunsch hegen. **5.** *in Worten* ausdrücken. **II** *v/i* **6.** → 2. **7.** *biol.* **a)** empfangen, schwanger werden (*Mensch*), b) aufnehmen, trächtig werden (*Tier*).
con·cen·trate [ˈkɒnsəntreɪt; *Am.* ˈkɑn-] **I** *v/t* **1.** konzen'trieren (**on**, **upon** auf *acc*): **a)** zs.-ziehen, zs.-ballen, vereinigen, sammeln, mas'sieren: **to** ~ **troops**; ~**d fire** *mil.* konzentriertes *od.* zs.-gefaßtes Feuer, b) *Anstrengungen etc* richten: **to** ~ **one's thoughts upon s.th.** s-e Gedanken auf etwas richten, auf etwas konzentrieren. **2.** *fig.* zs.-fassen (**in** in *dat*). **3.** *chem. Lösung etc* **a)** sättigen, konzen'trieren, b) verstärken, *bes. metall.* anreichern. **II** *v/i* **4.** sich konzen'trieren (*etc*; → 1). **5.** sich (**an e-m Punkt**) sammeln. **III** *s* **6.** *chem.* Konzen'trat *n*. **'con·cen·trat·ed** *adj* konzen'triert.
con·cen·tra·tion [ˌkɒnsənˈtreɪʃn; *Am.* ˌkɑn-] *s* **1.** Konzen'trierung *f*, Konzentrati'on *f*: **a)** Zs.-fassung *f*, Zs.-ziehung *f*, (Zs.-)Ballung *f*, Mas'sierung *f*, (An-)Sammlung *f* (*alle a. mil.*): ~ **area** *mil.* Bereitstellungsraum *m*, Aufmarschgebiet *n*; ~ **camp** *pol.* Konzentrationslager *n*, b) 'Hinlenkung *f* auf 'einen Punkt, c) *fig.* (geistige) Sammlung, gespannte Aufmerksamkeit: **power of** ~ Konzentrationsfähigkeit *f*. **2.** *chem.* Konzentrati'on *f*, Dichte *f*, Sättigung *f*. **3.** *metall.* Anreicherung *f*. **4.** *biol.* Konzentrati'on *f* der erblichen Veranlagung.
con·cen·tra·tive [ˈkɒnsəntreɪtɪv; *Am.* ˈkɑn-] *adj* konzen'trierend.
con·cen·tric [kɒnˈsentrɪk; *bes. Am.* kənˈ-; *Am. a.* kɑn-] *adj*; **con'cen·tri·cal** *adj* (*adv* ~**ly**) konˈzentrisch. **con·cen·tric·i·ty** [ˌkɒnsənˈtrɪsətɪ; *Am.* ˌkɑnˌsen-] *s* Konzentrizi'tät *f*.
con·cept [ˈkɒnsept; *Am.* ˈkɑn-] *s* **1.** *philos.* (*allgemeiner logischer*) Begriff. **2.** Gedanke *m*, Auffassung *f*, Konzepti'on *f*. ~ **art** *s* Concept-Art *f* (*moderne Kunstrichtung, in der das Konzept das fertige Kunstwerk ersetzt*).
con·cep·tion [kənˈsepʃn] *s* **1.** *biol.* Empfängnis *f*: **(statutory) period of** ~ *jur.* (gesetzliche) Empfängniszeit. **2. a)** Begreifen *n*, Begriffsvermögen *n*, Verstand *m*, c) (*philos.* logischer) Begriff, Vorstellung *f* (**of** von): **in my** ~ nach m-r Auffassung, d) Konzepti'on *f*, I'dee *f*. **3.** Entwurf *m*, Kon'zept *n*, Plan *m*, Anlage *f*. **4.** (Geistes)Schöpfung *f*. **con'cep·tion·al** [-ʃənl] *adj* begrifflich, ab'strakt.
con'cep·tive [-tɪv] *adj* **1.** begreifend, empfänglich: ~ **power** Begriffsvermögen *n*. **2.** *med.* empfängnisfähig.
con'cep·tu·al [-tjʊəl; -tʃʊəl; *Am.* -tʃəwəl; -tʃəl] *adj* begrifflich, Begriffs...: ~ **art** Conceptual art *f* (*moderne Kunstrichtung, in der das Konzept das fertige Kunstwerk ersetzt*); ~ **artist** → conceptualist 2. **con'cep·tu·al·ism** *s philos.* Konzeptua'lismus *m* (*scholastische Lehre, die dem Allgemeinen nur ein Sein im Begriff, aber nicht in der Realität zugesteht*). **con'cep·tu·al·ist** *s philos.* Konzeptua'list *m*. **2.** Künstler *m* auf dem Gebiet der Conceptual art. **con'cep·tu·al·ize I** *v/t* in Begriffe fassen. **II** *v/i* begrifflich denken.
con·cern [kənˈsɜːn; *Am.* -ˈsɜːrn] **I** *v/t* **1.** betreffen, angehen, sich beziehen auf (*acc*): **it does not** ~ **me** es betrifft mich nicht, es geht mich nichts an; **as far as I am** ~**ed** soweit es mich betrifft, was mich anbelangt; **To Whom It May C**~ an alle, die es angeht (*Überschrift auf Attesten etc*). **2.** von Wichtigkeit *od.* Belang *od.* Inter'esse sein für, angehen: **this problem** ~**s us all** dieses Problem geht uns alle an *od.* ist für alle wichtig; **your reputation is** ~**ed** es geht um d-n Ruf. **3.** beunruhigen: **don't let that** ~ **you** mache dir deswegen keine Sorgen; **to be** ~**ed about** (*od.* **at**) sich Sorgen machen wegen; **to be** ~**ed for s.o.'s safety** um j-s Sicherheit besorgt sein; → **concerned** 5. **4.** interes'sieren, beschäftigen: **to** ~ **o.s. with** sich beschäftigen *od.* befassen mit; **to be** ~**ed in a plot** in e-e Verschwörung verwickelt sein; → **concerned** 2, 3. **II** *s* **5.** Angelegenheit *f*, Sache *f*: **that is your** ~ das ist Ihre Sache; **that is no** ~ **of mine** das geht mich nichts an; **the** ~**s of the nation** die Belange der Nation. **6.** Geschäft *n*, Firma *f*, Unter'nehmen *n*: **first** ~ Firma, die noch in den Händen der Gründer ist; **a going** ~ **a)** ein gutgehendes Unternehmen, b) *fig.* e-e gut funktionierende Sache. **7.** Unruhe *f*, Sorge *f*, Besorgnis *f* (**at**, **about**, **for** wegen, um): **there is** ~ es herrscht Besorgnis. **8.** Wichtigkeit *f*: **to be of no small** ~ nicht ganz unbedeutend sein, sehr wich-

tig sein; **a matter of national ~ ein nationales Anliegen. 9.** Beziehung *f* **(with zu): to have no ~ with a matter** mit e-r Sache nichts zu tun haben. **10.** (**at, about, for, in, with**) Teilnahme *f* (an *dat*), Rücksicht *f* (auf *acc*), Anteil *m* (an *dat*), Inter'esse *n* (für): **to feel a ~ for** Teilnahme empfinden für, sich interessieren für. **11.** *colloq.* ,Ding' *n*, Sache *f*, ,Geschichte' *f*.
con·cerned [kən'sɜːnd; *Am.* -'sɜrnd] *adj* **1.** betroffen, betreffend: **the matter ~. 2. (in)** beteiligt, interes'siert (an *dat*), *contp.* verwickelt (in *acc*): **the parties ~** die Beteiligten. **3. (with, in)** a) befaßt *od.* beschäftigt (mit), b) handelnd (von). **4.** bemüht (**to do** zu tun). **5.** (**about, at, for**) a) besorgt (um), beunruhigt (wegen), in Unruhe *od.* Sorge (um, wegen), b) bekümmert, betrübt (über *acc*). **6.** (po'litisch *od.* sozi'al) enga'giert. **con-'cern·ed·ly** [-'nɪdlɪ] *adv*, **con'cern·ing** *adj* betreffend (*acc*), betreffs (*gen*), 'hinsichtlich, bezüglich, wegen (*gen*), über (*acc*): **~ me** was mich (an)betrifft *od.* anbelangt.
con·cern·ment [kən'sɜːnmənt; *Am.* -'sɜrn-] *s* **1.** Wichtigkeit *f*, Bedeutung *f*, Inter'esse *n*: **of general ~. 2.** Beteiligung *f*, Anteil *m*. **3.** Besorgtheit *f*, Sorge *f* (**for** um *acc*, wegen *gen*).
con·cert ['kɒnsət; *Am.* 'kɑnsərt; -,sɜrt] **I** *s* **1.** *mus.* a) Kon'zert *n*: **~ hall** Konzertsaal *m*; **~ overture** Konzertouvertüre *f*; **~ pianist** Konzertpianist(in); **~ tour** Konzertreise *f*, -tournee *f*, b) har'monische Über'einstimmung. **2.** [*Br.* 'kɒnsɜːt] Einvernehmen *n*, Einverständnis *n*, Über'einstimmung *f*, Harmo'nie *f*: **in ~ with** im Einvernehmen *od.* in Übereinstimmung mit. **3.** [*Br.* 'kɒnsɜːt] Zs.-wirken *n*: **to act in ~ with s.o.** gemeinsam mit j-m vorgehen. **II** *v/t* [kən'sɜːt; *Am.* -'sɜrt] **4.** *etwas* verabreden, abmachen, absprechen, aufein'ander abstimmen: **to ~ measures. 5.** planen. **III** *v/i* **6.** zs.-arbeiten. **con'cert·ed** *adj* **1.** gemeinsam (geplant *od.* ausgeführt): **~ action** gemeinsames Vorgehen, b) *econ. pol.* konzertierte Aktion. **2.** *mus.* mehrstimmig (arran'giert).
'con·cert,go·er *s* Kon'zertbesucher(in). **~ grand** *s mus.* Kon'zertflügel *m*.
con·cer·ti [kən'tʃeətɪ; *Am.* -'tʃertɪ] *pl von* **concerto**.
con·cer·ti·na [ˌkɒnsə'tiːnə; *Am.* ˌkɑnsər-] **I** *s* Konzer'tina *f*, (sechseckige) 'Ziehhar,monika: **~ door** Falttür *f*. **II** *v/t u. v/i* 'ziehhar,monikaförmig zs.-drücken *od.* -falten (zs.-gedrückt *od.* -gefaltet werden).
con·cer·ti·no [ˌkɒntʃə(r)'tiːnəʊ; *Am.* ˌkɑn-] *pl* **-nos, -ni** [-nɪ] *s mus.* Concer'tino *n*: a) kleines (-'solo)Kon,zert, b) Solistengruppe im Concerto grosso.
con·cer·tize ['kɒnsətaɪz; *Am.* 'kɑnsər-] *v/i* Kon'zerte geben (*bes. Solist od. Dirigent*).
'con·cert,mas·ter *s mus. Am.* Kon'zertmeister *m*.
con·cer·to [kən'tʃeətəʊ; *Am.* -'tʃer-] *pl* **-tos, -ti** [-tɪ] *s mus.* ('Solo)Kon,zert *n* (*mit Orchesterbegleitung*): **piano (violin) ~** Klavier-(Violin)konzert.
con·cert of Eu·rope *s pol. hist.* Euro'päisches Kon'zert.
con·cer·to gros·so ['grɒsəʊ; *Am.* 'grɑʊsəʊ] *pl* **-ti -si** [-sɪ], **-to -sos** *s mus.* Con'certo *n* grosso.
con·cert| per·form·ance *s mus.* konzer'tante Aufführung (*e-r Oper etc*). **~ pitch** *s mus.* Kammer-, Kon'zertton *m*: **to be at ~** *colloq.* a) in Höchst- *od.* Bestform sein, b) *mil.* in Alarmbereitschaft stehen.

con·ces·sion [kən'seʃn] *s* **1.** Konzessi'on *f*, Entgegenkommen *n*, (*econ. a.* Zoll-)Zugeständnis *n*: **to make a ~ of a right** ein Recht einräumen; **to make no ~(s)** keine Konzessionen machen (**to s.o.** j-m; **to s.th.** hinsichtlich e-r Sache). **2.** Anerkennung *f*, Zugeständnis *n* (*der Berechtigung e-s Standpunkts*). **3.** Genehmigung *f*, Bewilligung *f*. **4.** (amtliche *od.* staatliche) Konzessi'on, Privi'leg *n*: **~ of a mine** Bergwerkskonzession. **5.** a) behördliche Über'lassung von Grund u. Boden, b) *Am.* Konzessi'on *f*, Gewerbeerlaubnis *f*, c) über'lassenes Stück Land. **6.** Über'lassung *f* von Grund u. Boden an e-e fremde Macht. **con·ces·sion'aire** [-ʃə'neə(r)] *s econ.* Konzessi'ons,inhaber(in). **con'ces·sion·ar·y** [-ʃnərɪ; *Am.* -ʃəˌnerɪ] **I** *adj* **1.** Bewilligungs..., Konzessions... **2.** konzessio'niert, bewilligt. **II** *s* → **concessionaire. con'ces·sive** [-sɪv] *adj* **1.** Zugeständnisse machend. **2.** *ling.* konzes'siv: **~ clause** einräumender Satz, Konzessivsatz *m*.
conch [kɒntʃ; kɒŋk; *Am.* kɑŋk; kɑntʃ] *pl* **-s** [-ks] *od.* **con·ches** ['kɒntʃɪz; *Am.* 'kɑn-] *s* **1.** *zo.* Muschel(schale) *f*. **2.** *zo.* (e-e) See- *od.* Schneckenmuschel. **3.** → **concha. 4.** *Am. bes. contp.* Landbewohner im Süden der USA, *bes.* in Florida.
con·cha ['kɒŋkə; *Am.* 'kɑŋ-] *pl* **-chae** [-kiː] *s* **1.** *anat.* Ohrmuschel *f*. **2.** *arch.* Kuppeldach *n* (*e-r Apsis*). **'con·choid** [-kɔɪd] *s math.* Koncho'ide *f*, Schneckenlinie *f*.
con·chy ['kɒntʃɪ; *Am.* 'kɑntʃɪː] *sl. für* **conscientious objector**.
con·cil·i·ar [kən'sɪlɪə(r)] *adj relig.* Konzil...
con·cil·i·ate [kən'sɪlɪeɪt] *v/t* **1.** aus-, versöhnen, j-n versöhnlich stimmen. **2.** *Gunst etc* gewinnen. **3.** in Einklang bringen, auf ei'nen gemeinsamen Nenner bringen. **con,cil·i'a·tion** *s* Aus-, Versöhnung *f*: **~ committee** Schlichtungsausschuß *m*; **~ hearing** *jur.* Sühnetermin *m* (*in Scheidungssachen*). **con'cil·i·a·tive** [-ɪətɪv; *Am.* -lɪˌeɪtɪv] → **conciliatory. con'cil·i·a·tor** [-eɪtə(r)] *s* Schlichter *m*, Vermittler *m*. **con'cil·i·a·to·ry** [-ɪətərɪ; *Am.* -ljəˌtɔːrɪ; -ˌtoʊ-] *adj* versöhnlich, vermittelnd, Versöhnungs...: **~ proposal** Vermittlungsvorschlag *m*.
con·cise [kən'saɪs] *adj* (*adv* **~ly**) kurz, bündig, prä'gnant, prä'zis(e), knapp: **~ dictionary** Handwörterbuch *n*. **con-'cise·ness** *s* Kürze *f*, Prä'gnanz *f*. **con-'ci·sion** [-'sɪʒn] *s* **1.** → **conciseness. 2.** *obs.* Verstümmelung *f*.
con·clave ['kɒnkleɪv; *Am.* 'kɑn-] *s* **1.** *obs.* Beratungszimmer *n*. **2.** *R.C.* Kon'klave *n*. **3.** geheime Versammlung *od.* Sitzung.
con·clude [kən'kluːd] **I** *v/t* **1.** *a. e-e Rede etc* beenden, (be-, ab)schließen (**with** mit): **to be ~d** Schluß folgt. **2.** *Vertrag etc* (ab)schließen. **3.** *etwas* folgern, schließen (**from** aus). **4.** beschließen, entscheiden. **II** *v/i* **5.** schließen, enden, aufhören (**with** mit): **he ~d by saying** zum Schluß sagte er. **6.** sich entschieden *od.* entschlossen haben (**to do** zu tun). **con'clud·ing** *adj* abschließend, End..., Schluß...: **~ scene** Schlußszene *f*; **~ words** Schlußworte.
con·clu·sion [kən'kluːʒn] *s* **1.** (Ab-)Schluß *m*, Ende *n*: **to bring to a ~** zum Abschluß bringen; **in ~** zum Schluß, schließlich, endlich. **2.** Abschluß *m* (*e-s Vertrages etc*): **~ of peace** Friedensschluß. **3.** (logischer) Schluß, (Schluß-)Folgerung *f*: **to come to** (*od.* **arrive at**) **the ~ that** zu dem Schluß *od.* der Überzeugung kommen, daß; **to draw a ~** e-n Schluß ziehen; **to jump at** (*od.* **to**) **~s, to leap to ~s, to rush at ~s** voreilig(e)

Schlüsse ziehen. **4.** Beschluß *m*, Entscheidung *f*. **5.** *jur.* a) bindende Verpflichtung, b) (*prozeßhindernde*) Einrede, c) Ausspruch *m*, Entscheidung *f*, d) Schlußausführungen *pl.* **6.** Erfolg *m*, Folge *f*, Ausgang *m*. **7. to try ~s** *Br.* es versuchen, sich *od.* s-e Kräfte messen (**with** mit). **8.** *ling.* A'podosis *f* (*Nachsatz e-s Bedingungssatzes*). **9.** *math.* Rückschluß *m*.
con·clu·sive [kən'kluːsɪv] *adj* (*adv* **~ly**) **1.** abschließend, Schluß... **2.** endgültig. **3.** über'zeugend, schlüssig: **~ evidence. con'clu·sive·ness** *s* **1.** Endgültigkeit *f*. **2.** (*das*) Entscheidende *od.* Endgültige *od.* Über'zeugende. **3.** Schlüssigkeit *f*, Triftigkeit *f*, Beweiskraft *f*.
con·coct [kən'kɒkt; *Am.* -'kɑkt; *a.* kɑn-] *v/t* **1.** (zs.-)brauen (*a. fig.*). **2.** *fig.* aushecken, -brüten, sich ausdenken: **to ~ a plan. con'coc·tion** *s* **1.** (Zs.-)Brauen *n*. **2.** *med.* Absud *m*, zs.-gemischter Trank. **3.** *a. contp. u. fig.* Gebräu *n*. **4.** *fig.* Ausbrüten *n*, -hecken *n*: **~ of a plan** (**story**). **5.** *fig.* (*das*) Zs.-gebraute *n*, Ausgeheckte, Erfindung *f*.
con·com·i·tance [kən'kɒmɪtəns; *Am.* -'kɑm-; *a.* kɑn'k-], **con'com·i·tan·cy** *s* **1.** Zs.-bestehen *n*, gleichzeitiges Vor'handensein. **2.** *relig.* Konkomi'tanz *f*. **con-'com·i·tant** **I** *adj* (*adv* **~ly**) begleitend, gleichzeitig: **~ circumstances** Begleitumstände. **II** *s* Be'gleiterscheinung *f*, -,umstand *m*.
con·cord ['kɒŋkɔː(r)d; *Am.* 'kɑn-] *s* **1.** Einmütigkeit *f*, Eintracht *f*, Einklang *m*, (*ling.* syn'taktische) Über'einstimmung. **2.** *mus.* a) Zs.-klang *m*, Harmo'nie *f*, b) Konso'nanz *f*. **3.** Vertrag *m*, Über'einkommen *n*.
con·cord·ance [kən'kɔː(r)dəns] *s* **1.** Über'einstimmung *f* (**in** mit). **2.** Konkor'danz *f* (*alphabetisches Wörter- od. Sachverzeichnis etc*): **C~ to the Bible** Bibelkonkordanz. **3.** *geol. tech.* Konkor'danz *f*. **con'cord·ant** *adj* (*adv* **~ly**) **1.** (**with, to**) über'einstimmend (mit), entsprechend (*dat*). **2.** har'monisch.
con·cor·dat [kən'kɔː(r)dæt; *bes. Am.* kən'k-] *s* **1.** Über'einkommen *n*, Vertrag *m*. **2.** *relig.* Konkor'dat *n*.
con·course ['kɒŋkɔː(r)s; *Am.* 'kɑn-] *s* **1.** a) *allg.* Zs.-treffen *n*, b) Zs.-fluß *m*: **a ~ of streams. 2.** (Menschen)Auflauf *m*, (-)Menge *f*, Ansammlung *f*, Gewühl *n*. **3.** a) *Am.* Bahnhofshalle *f*, b) freier Platz (*für Versammlungen etc*). **4.** *jur.* Konkur'renz *f*, Klagenhäufung *f*.
con·cres·cence [kən'kresns] *s biol.* **1.** Verwachsung *f* von Or'ganen *od.* Zellen. **2.** Zs.-wachsen *n* embryo'naler Teile.
con·crete **I** *v/t* [kən'kriːt; *Am.* 'kɑnˌkriːt; kən'k-] **1.** zu e-r kom'pakten Masse formen *od.* verbinden. **2.** *fig.* vereinigen (**with** mit). **3.** konkreti'sieren. **4.** *fig.* festigen. **5.** [*Br.* 'kɒnkriːt] *tech.* beto'nieren: **to ~ s.th. over** etwas zubetonieren. **II** *v/i* **6.** sich zu e-r kom'pakten Masse vereinigen, fest werden. **III** *adj* [*Br.* 'kɒnkriːt] (*adv* **~ly**) **7.** fest, dicht, massig, kom'pakt. **8.** *tech.* beto'niert, Beton...: **~ construction** Betonbau *m*; **~ jungle** Betonwüste *f*; **~ mixer** Betonmischmaschine *f*; **~ pile** Betonklotz *m*, -silo *m*; **~ steel** Stahlbeton *m*. **9.** konkret (*a. ling. philos.*; *Ggs. abstrakt*), greifbar, wirklich, gegenständlich, 'festum,rissen: **~ noun** *ling.* Konkretum *n*; **~ proposals** konkrete Vorschläge. **10.** *math.* benannt. **11.** *mus. Literatur*: kon'kret: **~ music** (**poem, poet**); **~ poetry** konkrete Literatur *od.* Dichtung. **IV** *s* [*Br.* 'kɒnkriːt] **12.** *philos.* kon'kreter Gedanke *od.* Begriff: **in the ~** im konkreten Sinne, in Wirklichkeit. **13.** feste *od.* kom'pakte Masse. **14.** *tech.* Be'ton

concreteness – condor

m. **15.** *Am.* Be'tondecke *f (e-r Straße etc).*
con·crete·ness ['kɒnkri:tnɪs; *Am.* kɑn'k-; 'kɑn,k-] *s* Kon'kretheit *f.*
con·cre·tion [kən'kri:ʃn; *Am. a.* kɑn'k-] *s* **1.** Zs.-wachsen *n,* Verwachsung *f.* **2.** Festwerden *n.* **3.** feste *od.* kom'pakte Masse. **4.** Verhärtung *f,* Häufung *f,* Knoten *m.* **5.** *geol.* Konkreti'on *f.* **6.** *med.* Konkre'ment *n:* **bronchial** ~ Bronchienstein *m;* **gouty** ~ Gichtknoten *m.*
con·cret·ism ['kɒnkri:tɪzəm; *Am.* kɑn-'kri:t-; 'kɑn,k-] *s* kon'krete Litera'tur *od.* Dichtung. **con·cret·ist** *s* kon'kreter Dichter.
con·cu·bi·nage [kɒn'kju:bɪnɪdʒ; *Am.* kɑn-] *s* Konkubi'nat *n,* wilde Ehe. **con-'cu·bi·nar·y** [-bɪnərɪ; *Am.* -,neri:] *adj* **1.** Konkubinats... **2.** im Konkubi'nat lebend. **con·cu·bine** ['kɒŋkjʊbaɪn; *Am.* 'kɑŋ-] *s* **1.** *obs.* Konku'bine *f,* Mä'tresse *f.* **2.** Nebenfrau *f.*
con·cu·pis·cence [kən'kju:pɪsəns; *Am. a.* kɑn-] *s* Lüsternheit *f,* sinnliche Begierde, Sinnlichkeit *f.* **con'cu·pis·cent** *adj* lüstern.
con·cur [kən'kɜ:; *Am.* -'kɜr; *a.* kɑn-] *v/i* **1.** zs.-fallen, -treffen *(Ereignisse etc).* **2.** *relig.* aufein'anderfallen *(Feste).* **3.** (with s.o., in s.th.) über'einstimmen (mit j-m, in e-r Sache), beipflichten, -stimmen (j-m, e-r Sache). **4.** mitwirken, beitragen (to zu). **5.** zs.-wirken. **6.** *jur.* gemeinsam mit anderen Gläubigern Ansprüche auf e-e Kon'kursmasse erheben.
con·cur·rence [kən'kʌrəns; *Am.* -'kɜr-] *s* **1.** Zs.-treffen *n.* **2.** Über'ein-, Zustimmung *f,* Einverständnis *n.* **3.** Mitwirkung *f,* **4.** Zs.-wirken *n,* **5.** *math.* Schnittpunkt *m.* **6.** *jur.* Kon'flikt *m,* Kollisi'on *f:* ~ **of rights.** **con'cur·ren·cy** → concurrence 1–5.
con·cur·rent [kən'kʌrənt; *Am.* -'kɜr-] **I** *adj (adv* ~ly) **1.** gleichlaufend, nebenein'ander bestehend, gleichzeitig (with mit). **2.** zs.-fallend (with mit). **3.** zs.-, mitwirkend. **4.** *jur.* a) gleichberechtigt, b) gleich zuständig, c) gleichzeitig abgeschlossen *(Pacht, Versicherung etc).* **5.** über'einstimmend (with mit). **6.** *math.* durch den'selben Punkt gehend: ~ **lines.** **II** *s* **7.** mitwirkender 'Umstand, Be'gleit-,umstand *m.* **8.** *obs.* Konkur'rent *m.*
con·cuss [kən'kʌs] *v/t* **1.** erschüttern: **he was** ~**ed** *med.* er erlitt e-e Gehirnerschütterung. **2.** einschüchtern, durch Drohung zwingen. **con'cus·sion** [-ʃn] *s* Erschütterung *f:* ~ **(on the brain)** *med.* Gehirnerschütterung; ~ **fuse** *mil.* Erschütterungszünder *m;* ~ **spring** *tech.* Stoßdämpfer *m.* **con'cus·sive** [-sɪv] *adj* erschütternd.
con·cy·clic [kɒn'saɪklɪk; *Am.* kɑn-] *adj math.* kon'zyklisch.
con·demn [kən'dem] *v/t* **1.** verdammen, verurteilen, verwerfen, miß'billigen, tadeln (as als; for wegen; on account of wegen): **to ~ as untrustworthy** als unglaubwürdig verwerfen. **2.** a) *jur. u. fig.* verurteilen (to death zum Tode): ~**ed cell** Todeszelle *f,* b) *fig.* verdammen (to zu): **his own words** ~ **him** er hat sich selbst das Urteil gesprochen; **his very looks**~ **him** sein bloßes Aussehen verrät ihn. **3.** *jur.* a) *Schmuggelware etc* als verfallen erklären, beschlagnahmen, b) *Am.* enteignen. **4.** für unbrauchbar *od.* unbewohnbar *od.* gesundheitsschädlich erklären: **to ~ a building** (a food product). **5.** *mar.* a) *ein Schiff* kondem'nieren *(für seeuntüchtig erklären),* b) als Prise erklären, mit Beschlag belegen. **6.** *e-n Kranken* aufgeben, für unheilbar erklären. **con'dem·na·ble** [-'demnəbl; -'demɑbl] *adj* verdammenswert, zu verdammen(d).

con·dem·na·tion [,kɒndem'neɪʃn; *Am.* ,kɑn-] *s* **1.** *jur. u. fig.* Verurteilung *f.* **2.** *fig.* Verdammung *f,* 'Mißbilligung *f,* Verwerfung *f,* Tadel *m:* **his conduct was sufficient** ~ sein Betragen genügte (als Grund), um ihn zu verurteilen. **3.** *mar.* Kondem'nierung *f.* **4.** *jur.* a) *a. mar.* Beschlagnahme *f,* b) *Am.* Enteignung *f.*
con·dem·na·to·ry [kən'demnətərɪ; *Am.* -,tɔːrɪ; -,tɔː-] *adj* **1.** *jur.* verurteilend. **2.** *fig.* verdammend.
con·den·sa·bil·i·ty [kən,densə'bɪlətɪ] *s phys.* Konden'sierbarkeit *f.* **con'den·sa·ble** *adj phys.* konden'sierbar, verdichtbar. **con·den·sate** [kən'denseɪt; *Am. a.* 'kɑndən-] → **condensation** 1c.
con·den·sa·tion [,kɒnden'seɪʃn; *Am.* ,kɑn-] *s* **1.** *phys.* a) Kondensati'on *f (a. chem.),* Verdichtung *f:* ~ **of gases,** b) Konzentrati'on *f:* ~ **of light,** c) Konden'sat *n,* Kondensati'onspro,dukt *n:* ~ **trail** *aer.* Kondensstreifen *m.* **2.** *psych.* 'Wiedergabe *f* (zweier *od.* mehrerer Gedanken *etc)* durch ein Wort *od.* Wortbild *(in Allegorien, Träumen etc).* **3.** Zs.-drängung *f,* Anhäufung *f:* ~ **point** *math.* Häufungspunkt *m.* **4.** *fig.* Zs.-fassung *f,* (Ab-)Kürzung *f,* bündige Darstellung. **5.** gekürzte Fassung *(e-s Romans etc).*
con·dense [kən'dens] **I** *v/t* **1.** *tech.* konden'sieren, verdichten *(beide a. chem.),* kompri'mieren, zs.-pressen. **2.** *phys.* a) *Gase* niederschlagen, b) konzen-'trieren: **to ~ light rays. 4.** kürzen, zs.-fassen, gedrängt darstellen. **II** *v/i* **4.** sich verdichten, konden'siert werden. **5.** flüssig werden.
con·densed [kən'denst] *adj* **1.** verdichtet, kompri'miert *(Gase etc).* **2.** gekürzt, zs.-gedrängt. **3.** *print.* schmal. ~ **milk** *s* konden'sierte Milch, Kon'densmilch *f.* ~ **type** *s print.* schmale Drucktype.
con·dens·er [kən'densə(r)] *s* **1.** *phys. tech.* a) Konden'sator *m (a. electr.),* Verdichter *m,* b) Verflüssiger *m,* c) Vorlage *f (bei Destillationseinrichtungen).* **2.** *opt.* Kon'densor (linse *f) m,* Sammellinse *f:* ~ **aer·i·al,** *bes. Am.* ~ **an·ten·na** *s Radio:* Konden'satoran,tenne *f.* ~ **mi·cro·phone** *s electr.* Konden'satormikro,phon *n.*
con·dens·ing| coil [kən'densɪŋ] *s tech.* Kühlschlange *f.* ~ **lens** → condenser 2.
con·de·scend [,kɒndɪ'send; *Am.* ,kɑn-] *v/i* **1.** *a. iro.* sich her'ablassen, geruhen, belieben (to do s.th. etwas zu tun): **to ~ to s.th.** sich zu etwas herablassen. **2.** *contp.* sich (soweit) erniedrigen (to do zu tun). **3.** gönnerhaft *od.* her'ablassend sein (to gegen). **4.** ~ **upon** *Scot. od. obs.* (besonders) erwähnen. ,**con·de'scend·ing** *adj (adv* ~ly) gönnerhaft, her'ablassend. ,**con·de'scen·sion** [-'senʃn] *s* Her'ablassung *f,* gönnerhafte Art.
con·dign [kən'daɪn; *Am. a.* 'kɒnɪd-] *adj (adv* ~ly) gebührend, angemessen *(bes. Strafe).*
con·di·ment ['kɒndɪmənt; *Am.* 'kɑndə-] *s* Würze *f,* Gewürz *n.*
con·di·tion [kən'dɪʃn] **I** *s* **1.** *a. jur.* Bedingung *f:* a) Abmachung *f,* b) *jur.* Bestimmung *f,* Klausel *f,* Vertragspunkt *m,* Vorbehalt *m:* **peace** ~**s** Friedensbedingungen; **(up)on ~ that** unter der Bedingung, daß; **vorausgesetzt, daß; on ~** freibleibend; **on ~ of his leaving** unter der Bedingung, daß er abreist; **on no** ~ unter keinen Umständen, keinesfalls; **to make s.th. a** ~ etwas zur Bedingung machen. **2.** *a. philos.* Vor'aussetzung *f,* (Vor)Bedingung *f.* **3.** *ling.* Bedingung *f,* (vorgestellter) Bedingungssatz. **4.** Verfassung *f:* a) Zustand *m,* Beschaffenheit *f,* b) (körperlicher *od.* Gesundheits)Zustand, *sport* Konditi'on *f,* Form *f:* **in good** ~; **out of** ~

in schlechter Verfassung, in schlechtem Zustand; **the** ~ **of her health** ihr Gesundheitszustand. **5.** *med.* Leiden *n:* **heart** ~. **6.** Lage *f:* **in every** ~ **of life** in jeder Lebenslage. **7.** Fi'nanz-, Vermögenslage *f.* **8.** Rang *m,* (gesellschaftliche) Stellung, (a. Fa'milien)Stand *m:* **persons of** ~ hochgestellte Persönlichkeiten; **to change one's** ~ heiraten. **9.** *ped. Am.* (Gegenstand *m* der) Nachprüfung *f (bei Nichterreichen des Studienzieles).* **10.** *pl* (Lebens)Bedingungen *pl,* Verhältnisse *pl,* 'Umstände *pl:* **living** ~**s; weather** ~**s** Witterungs-, Wetterverhältnisse.
II *v/t* **11.** zur Bedingung machen, sich ausbedingen, festsetzen, aus-, abmachen, die Bedingung stellen (that daß). **12.** die Vor'aussetzung sein für, bedingen: ~**ed by** bedingt durch. **13.** abhängig machen (on von): **to be** ~**ed on** abhängen von. **14.** *univ. Am.* a) *e-m Studenten* e-e Nachprüfung *(od. sonstige Bedingung)* auferlegen, b) e-e Nachprüfung ablegen müssen in *(e-m Fach).* **15.** *tech. etwas* auf s-n Zustand *od.* s-e Beschaffenheit prüfen, *Textilien* konditio'nieren. **16.** in den richtigen *od.* gewünschten Zustand bringen: → **air-condition. 17.** *fig.* a) formen, b) anpassen, c) beein-flussen. **18.** *fig.* j-n program'mieren (to, for auf acc).
con·di·tion·al [kən'dɪʃənl] **I** *adj (adv* ~ly) **1.** bedingt (on, upon durch), abhängig (on, upon von), eingeschränkt: ~ **acceptance** *econ.* bedingte Annahme; ~ **discharge** *jur.* bedingte Entlassung; ~ **offer** *econ.* bedingtes Angebot; ~ **sale** *econ,* Verkauf *m* mit Eigentumsvorbehalt; **to be** ~ **(up)on** abhängen von; **to make** ~ **(up)on** abhängig machen von. **2.** *ling.* konditio'nal, Bedingungs...: ~ **clause** (*od.* sentence) → 5 a; ~ **mood** → 5 b. **3.** *philos.* a) hypo'thetisch, b) e-e hypo'thetische Prä'misse enthaltend: ~ **proposition** → **II** *s* **4.** bedingender Ausdruck. **5.** *ling.* a) Bedingungs-, Konditio'nalsatz *m,* Bedingung *f,* b) Bedingungsform *f,* Konditio'nal(is) *m,* c) Bedingungspar,tikel *f.* **6.** *philos.* hypo'thetischer Satz. **con,di·tion·al'i·ty** [-'nælətɪ] *s* Bedingtheit *f.*
con·di·tioned [kən'dɪʃnd] *adj* **1.** bedingt, abhängig: ~ **reflex** *med.* bedingter Reflex; → **condition** 12 *u.* 13. **2.** beschaffen, geartet. **3.** in gutem Zustand, in guter Verfassung. **con'di·tion·er** *s* **1.** *tech.* Konditio'nierappa,rat *m.* **2.** Klimaanlage *f.* **3.** *agr.* Bodenverbesserer *m.* **4.** *sport* (Konditi'ons)Trainer *m.*
con·do ['kɒndəʊ] *pl* -**dos** *s Am. colloq.* Eigentumswohnung *f.*
con·do·la·to·ry [kən'dəʊlətərɪ; *Am.* -,tɔːrɪ:; -,tɔː-] *adj* Beileid bezeigend, Beileids..., Kondolenz... **con'dole** *v/i* sein Beileid bezeigen *od.* ausdrücken, kondo-'lieren (with s.o. on s.th. j-m zu etwas). **con'do·lence** *s* Beileid(sbezeigung *f) n,* Kondo'lenz *f:* **please accept my** ~**s** mein herzliches *od.* aufrichtiges Beileid; **letter of** ~ Beileidsbrief *m;* **register of** ~ Kondolenzliste *f;* **visit of** ~ Kondolenzbesuch *m.*
con·dom ['kɒndəm; *Am.* 'kɑn-; 'kɑn-] *s med.* Kon'dom *n, m,* Präserva'tiv *n.*
con·do·min·i·um [,kɒndə'mɪnɪəm; *Am.* ,kɑn-] *s* **1.** *pol.* Kondo'minium *n.* **2.** *Am.* a) Eigentumswohnanlage *f,* b) *a.* ~ **apartment** Eigentumswohnung *f.*
con·do·na·tion [,kɒndəʊ'neɪʃn; *Am.* ,kɑn-] *s* Verzeihung *f (a. jur. e-s ehelichen Fehltritts),* Vergebung *f.* **con·done** [kən'dəʊn] *v/t* verzeihen, vergeben.
con·dor ['kɒndɔː(r); -də(r); *Am.* 'kɑn-] *s orn.* Kondor *m.*

con·duce [kənˈdjuːs; *Am. a.* -ˈduːs] *v/i* (**to, toward**[**s**]) beitragen (zu), dienlich *od.* förderlich sein, dienen (*dat*). **conˈdu·cive** *adj* (**to**) dienlich, förderlich (*dat*), nützlich, ersprießlich (für).
con·duct¹ I *s* [ˈkɒndʌkt; -dəkt; *Am.* ˈkʌn-] 1. Führung *f*: a) Leitung *f*, Verwaltung *f*, b) Handhabung *f*, ˈDurchführung *f*: ~ **of state** Staatsverwaltung; ~ **of war** Kriegführung. 2. Geleit *n*, Begleitung *f*: ~ **safe-conduct**. 3. *fig.* Führung *f*, Betragen *n*, Benehmen *n*, Verhalten *n*, Haltung *f*: **good** ~ gute Führung; **line of** ~ Lebensführung; ~ **certificate** 1. 4. *obs.* Schutzgeleit *n*. 5. *paint. etc* Ausführung *f*. II *v/t* [kənˈdʌkt] 6. führen, geleiten, begleiten: ~**ed tour** (**of**) a) Führung *f* (durch), b) Gesellschaftsreise *f* (durch). 7. *ein Geschäft* führen, betreiben, leiten, verwalten: **to** ~ **a campaign** (**a lawsuit**) e-n Feldzug (e-n Prozeß) führen; **to** ~ **war** Krieg führen. 8. *mus.* ein Orchester leiten, diriˈgieren. 9. ~ **o.s.** sich betragen, sich benehmen, sich (auf)führen, sich verhalten. 10. *phys.* Wärme, Elektrizität *etc* leiten. III *v/i* 11. *phys.* leiten, als Leiter wirken. 12. *mus.* diriˈgieren.
con·duct² [ˈkɒndʌkt] *s Br.* Geistliche(r) *m* am Eton College.
con·duct·ance [kənˈdʌktəns] *s electr.* Leitfähigkeit *f*, Wirkleitwert *m*. **conˌduct·iˈbil·i·ty** *s phys.* Leitvermögen *n*. **conˈduct·i·ble** *adj phys.* leitfähig.
con·duct·ing [kənˈdʌktɪŋ] *adj electr. phys.* leitfähig, leitend.
con·duc·tion [kənˈdʌkʃn] *s* 1. Leitung *f* (*a. phys.* von Wärme *etc*). 2. *phys.* Leitvermögen *n*. 3. *physiol.* Überˈtragung *f* von Imˈpulsen (*durch das Nervensystem*). 4. *bot.* Saftsteigen *n*. **con·duc·tiv·i·ty** [ˌkɒndʌkˈtɪvətɪ; *Am.* ˌkʌn-] *s phys.* (*electr.* speˈzifisches) Leitvermögen.
con·duc·tor [kənˈdʌktə(r)] *s* 1. Führer *m*, (*a.* Reise)Leiter *m*, Begleiter *m*. 2. Leiter *m*, Verwalter *m*. 3. a) (Omnibus-, Straßenbahn)Schaffner *m*, b) *rail. Am.* Zugbegleiter *m*. 4. *mus.* (Orˈchester)Diriˌgent *m*, (Chor)Leiter *m*. 5. *phys.* Leiter *m*. 6. *electr.* a) (Strom)Leiter *m*, Leitung *f*, b) Blitzableiter *m*, c) (Kabel)Ader *f*, Seele *f*: ~ **circuit** Leiterkreis *m*; ~ **rail** Leit(ungs)-schiene *f*. **conˈduc·tor·ship** *s* 1. Amt *n od.* Tätigkeit *f* e-s Leiters *od.* Diriˈgenten *etc*. 2. Leitung *f*. **conˈduc·tress** [-trɪs] *s* 1. Leiterin *f*, Führerin *f*. 2. Schaffnerin *f*. 3. *mus.* Diriˈgentin *f*.
con·duit [ˈkɒndɪt; *Am.* ˈkʌnˌduːɪt; -ˌdjuːət] *s* 1. (Leitungs)Rohr *n*, Röhre *f*, Rohrleitung *f*, Kaˈnal *m* (*a. fig.*). 2. [*Br. a.* ˈkɒndʒɔɪt; -dwɪt] *electr.* a) Rohrkabel *n*, b) Isoˈlierrohr *n* (*für Leitungsdrähte*). 3. *geol.* Vulˈkanschlot *m*. ~ **box** *s electr.* Abzweigdose *f*. ~ **pipe** *s* Leitungsrohr *n*.
con·dyle [ˈkɒndɪl; *Am.* ˈkʌnˌdaɪl] *s anat.* Gelenkhöcker *m*, -knorren *m*.
cone [kəun] I *s* 1. *math. u. fig.* Kegel *m*: **blunt** (*od.* **truncated**) ~ stumpfer Kegel, Kegelstumpf *m*; ~ **of fire** Feuergarbe *f*; **luminous** ~, ~ **of light** *tech.* Lichtkegel; ~ **of silence** (*Radar*) Null-, Schweigekegel *m*. 2. *bot.* (Tannen- *etc*)Zapfen *m*. 3. kegelförmiger Gegenstand, *z. B.* a) Waffeltüte *f* (*für Speiseeis*), b) Pyˈlon *m*, Pyˈlone *f*, Leitkegel *m*. 4. *tech.* Konus *m*, Kegel *m*. 5. Bergkegel *m*. 6. *anat.* Zapfen *m*, Zäpfchen *n* (*in der Netzhaut des Auges*). 7. *geol.* Butze *f* (*Erzkegel im Taubgestein*). II *v/t* 8. kegelförmig machen *od.* ausschleifen *od.* ausdrehen. 9. ~ **off** mit Leitkegeln absperren. ~ **bearing** *s tech.* Kegellager *n*. ~ **brake** *s tech.* Kegelbremse *f*. ~ **clutch** *s tech.* Kegel-, Konuskupplung *f*.
coned [kəund] *adj* 1. kegelförmig. 2. *bot.* zapfentragend.

cone| (**loud**-)**speak·er** *s* Konuslautsprecher *m*. ~ **pul·ley** *s tech.* Stufenscheibe *f*. ˈ~**-shaped** *adj* kegelförmig. ~ **shell** *s zo.* Kegelschnecke *f*, Tüte *f*. ~ **sug·ar** *s* Hutzucker *m*. ~ **valve** *s tech.* ˈKegelvenˌtil *n*.
co·ney → **cony**.
con·fab [ˈkɒnfæb; kɒnˈfæb; *Am.* kənˈfæb; ˈkʌnˌfæb] *colloq. für* **confabulate** *u.* **confabulation**. **con·fab·u·late** [kənˈfæbjʊleɪt] *v/i* sich (vertraulich) unterˈhalten, plaudern. **conˌfab·uˈla·tion** *s* 1. Plaudeˈrei *f*. 2. *psych.* Konfabulatiˈon *f*.
con·fect I *v/t* [kənˈfekt] 1. ˈherstellen, (zu)bereiten, mischen. 2. → **confection** 5. 3. *obs.* einmachen, einpökeln. II *s* [ˈkɒnfekt; *Am.* ˈkʌn-] → **confection** 2.
con·fec·tion [kənˈfekʃn] I *s* 1. Zubereitung *f*, Mischung *f*. 2. a) (mit Zucker) Eingemachtes *n*: ~**s** Konfitüren, b) Konˈfekt *n*, Süßwaren *pl*, c) *pharm.* Latˈwerge *f*. 3. ˈDamenmode-, Konfektiˈonsˌartikel *m*. II *v/t* 4. *Damenkleider etc* faˈbrikmäßig ˈherstellen, konfektioˈnieren. 5. (mit Zucker) einmachen. **conˈfec·tion·ar·y** [-ʃənərɪ; *Am.* -ˌnerɪ] *s* 1. *bes. Am.* Konditoˈrei *f*. 2. Konˈfekt *n*. II *adj* 3. *bes.* Konfekt... 4. Konfekt... **conˈfec·tion·er** *s* Konˈditor *m*: ~'**s sugar** *Am.* Puderzucker *m*. **conˈfec·tion·er·y** [-ʃənərɪ; *Am.* -ˌnerɪ:] *s* 1. Süßigkeiten *pl*, Süß-, Konditoˈreiwaren *pl*. 2. Konditoˈreiˌwerbe *n*. 3. Konditoˈrei *f*, Süßwarengeschäft *n*.
con·fed·er·a·cy [kənˈfedərəsɪ; -drəsɪ] *s* 1. Bündnis *n*, Bund *m*. 2. (Staaten)Bund *m*: **C**~ *Am. hist.* Konföderation *f* (*der Südstaaten im Sezessionskrieg*). 3. Komˈplott *n*, Verschwörung *f*.
con·fed·er·ate [kənˈfedərət; -drət] I *adj* 1. verbündet, verbunden, konföˈderiert (**with** mit), Bundes... 2. **C**~ *Am. hist.* zu den Konföˈderierten Staaten von Aˈmerika gehörig: **C**~ **States of America**. II *s* 3. Verbündete(r) *m*, Bundesgenosse *m*. 4. Komˈplize *m*, Mitschuldige(r) *m*, Helfershelfer *m*. 5. *Am. hist.* Konföˈderierte(r) *m*, Südstaatler *m*. III *v/t u. v/i* [-reɪt] 6. (sich) verbünden *od.* (zu e-m Bund) vereinigen *od.* zs.-schließen.
con·fed·er·a·tion [kənˌfedəˈreɪʃn] *s* 1. Bund *m*, Bündnis *n*, (föderaˈtiver) Zs.-schluß: **Articles of C~** *Am. hist.* Bundesartikel (*von 1777, die erste Verfassung der 13 Kolonien*). 2. (Staaten)Bund *m*: **Germanic C~** Deutscher Bund; **Swiss C~** (*die*) Schweizer Eidgenossenschaft. **conˈfed·er·a·tive** [-dərətɪv; -drə-; *Am. a.* -dəˌreɪtɪv] *adj* föderaˈtiv, Bundes...
con·fer [kənˈfɜː; *Am.* -ˈfɜr] I *v/t* 1. *ein Amt, e-n Titel etc* verleihen, überˈtragen, erteilen (**on, upon** *dat*): **to** ~ **a degree** (**up**)**on** s.o. j-m e-n (akademischen) Grad verleihen; **to** ~ **a favo**(**u**)**r upon** s.o. j-m e-e Gefälligkeit erweisen. 2. *im Imperativ:* vergleiche (*abbr.* **cf.**) II *v/i* 3. sich beraten, konfeˈrieren, Rücksprache nehmen (**with** mit). **con·fer·ee** [ˌkɒnfəˈriː; *Am.* ˌkʌn-] *s* 1. Konfeˈrenzteilnehmer(in). 2. Empfänger(in) (*e-s Titels etc*).
con·fer·ence [ˈkɒnfərəns; *Am.* ˈkʌn-] *s* 1. Konfeˈrenz *f*: a) Beratung *f*, Besprechung *f*, Verhandlung *f*, b) Tagung *f*, Zs.-kunft *f*, Sitzung *f*: ~ **call** *teleph.* Sammel-, Konferenzgespräch *n*; ~ **interpreter** Konferenzdolmetscher(in); ~ **room** Besprechungszimmer *n*, Sitzungssaal *m*; **at the** ~ auf der Konferenz *od.* Tagung; **in** ~ **with** in Beratung mit; **he is in** ~ er ist in e-r Besprechung. 2. *parl.* Verhandlung *f* zwischen Ausschüssen gesetzgebender Körperschaften: ~ **committee** *Am.* Vermittlungsausschuß *m*. 3. *sport Am.* a) Verband *m*, b) Liga *f*. **conˌferˈen·tial** [-ˈrenʃl] *adj* Konferenz...
con·fer·ment [kənˈfɜːmənt; *Am.* -ˈfɜr-] *s* Verleihung *f* (**on, upon** *an acc*). **conˈfer·ra·ble** *adj* überˈtragbar.
con·fess [kənˈfes] I *v/t* 1. bekennen, (ein-) gestehen: **to** ~ **a crime**; **to** ~ **a debt** e-e Schuld anerkennen. 2. zugeben, (zu)gestehen, einräumen (*a.* **that** daß): **to** ~ **o.s. guilty of s.th.** sich e-r Sache schuldig bekennen. 3. *bes. relig.* a) beichten, b) *j-s* Beichte abnehmen *od.* hören: **to** ~ **s.o.** 4. *Bibl. u. poet.* offenˈbaren, kundtun. II *v/i* 5. (**to**) (ein)gestehen (*acc*), sich schuldig bekennen (*gen, an dat*), beichten (*acc*), sich bekennen (zu): **to** ~ **to doing s.th.** (ein)gestehen, etwas getan zu haben; **he has** ~**ed** *jur.* er hat gestanden, er ist geständig. 6. *relig.* a) beichten (**to** s.o. j-m), b) die Beichte abnehmen *od.* hören. **conˈfessed** *adj* zugestanden, erklärt: **a** ~ **enemy** ein erklärter Gegner. **conˈfess·ed·ly** [-ɪdlɪ] *adv* zugestandenermaßen, eingestandenermaßen.
con·fes·sion [kənˈfeʃn] *s* 1. Geständnis *n* (*a. jur.*), Bekenntnis *n*, (*Zivilrecht*) (förmliches) Anerkenntnis: **to make a full** ~ ein volles Geständnis ablegen; **by** (*od.* **on**) **his own** ~ nach s-m eigenen Geständnis. 2. Einräumung *f*, Zugeständnis *n*. 3. *jur.* Anerkennen *n*, Anerkennung *f* (*e-s Rechts etc*). 4. *relig.* Beichte *f*, Sündenbekenntnis *n*: **to go to** ~ zur Beichte gehen; → **auricular** 2, **dying** 2. 5. *relig.* Konfessiˈon *f*: a) Glaubensbekenntnis *n*, b) Glaubensgemeinschaft *f*. 6. *arch. relig.* Grabmal *n od.* Alˈtar *m* e-s Bekenners. **conˈfes·sion·al** [-ʃnl; -ʃnəl] I *adj* 1. konfessioˈnell, Konfessions..., Bekenntnis...: ~ **school**. 2. Beicht... II *s* 3. *relig.* Beichtstuhl *m*: **secret of the** ~ Beichtgeheimnis *n*. **conˈfes·sion·ar·y** [-ʃnərɪ; *Am.* -ˌʃəˌnerɪ:] *adj relig.* Beicht...
con·fes·sor [kənˈfesə(r)] *s* 1. *relig.* Beichtvater *m*. 2. Bekenner *m*, Glaubenszeuge *m*: **Edward the C**~ Eduard der Bekenner (*König Eduard III.*).
con·fet·ti [kənˈfetɪ] *s pl* (*als sg konstruiert*) 1. Konˈfetti *n*. 2. a) Bonˈbons *pl*, b) Konˈfekt *n*, Praˈlinen *pl*.
con·fi·dant [ˌkɒnfɪˈdænt; *Am.* ˈkʌnfəˌdænt] *s* Vertraute(r) *m*, Mitwisser *m*. **ˌcon·fiˈdante** [-ˈdænt] *s* Vertraute *f*, Mitwisserin *f*.
con·fide [kənˈfaɪd] I *v/i* 1. sich anvertrauen (**in** *dat*). 2. vertrauen (**in** *dat od.* auf *acc*): **to** ~ **in** s.o. j-m vertrauen, j-m Vertrauen schenken. II *v/t* 3. *j-m* etwas anvertrauen: a) vertraulich mitteilen, b) zu treuen Händen überˈgeben, c) *j-n* betrauen mit *e-r Aufgabe etc*.
con·fi·dence [ˈkɒnfɪdəns; *Am.* ˈkʌnfə-] *s* 1. (in) Vertrauen *n* (auf *acc, zu*), Zutrauen *n* (zu): **vote of** ~ *parl.* Vertrauensvotum *n*; **vote of no** ~ *parl.* Mißtrauensvotum *n*; **to pass a vote of no** ~ **in** s.o. *parl.* j-m das Mißtrauen aussprechen; **to have** (*od.* **place**) ~ **in** s.o. zu j-m Vertrauen haben, in j-n Vertrauen setzen; **to take** s.o. **into one's** ~ j-n ins Vertrauen ziehen; **to be in** s.o.'s ~ j-s Vertrauen genießen; **in** ~ im Vertrauen, vertraulich. 2. Selbstvertrauen *n*, -bewußtsein *n*, Zuversicht *f*. 3. Dreistigkeit *f*. 4. vertrauliche Mitteilung *f*, Geheimnis *n*. 5. feste Überˈzeugung. ~ **course** *s mil.* Hindernisbahn *f*. ~ **game** *fin.* → **confidence trick**. ~ **lim·its** *s pl* staˈtistisches Zahlenpaar (*zur Feststellung e-r Bevölkerungseigenschaft*). ~ **man** *s irr* a) Betrüger *m*, b) Hochstapler *m*. ~ **trick** *s* a) aufgelegter Schwindel, b) Hochstapeˈlei *f*. ~ **trick·ster** ~ confidence man.
con·fi·dent [ˈkɒnfɪdənt; *Am.* ˈkʌnfə-] I *adj* (*adv* ~**ly**) 1. (**of, that**) überˈzeugt

confidential – confusion

(von, daß), gewiß, sicher (*gen*, daß): ~ **of victory** siegesgewiß, -sicher. **2.** zuversichtlich. **3.** selbstsicher, -bewußt. **4.** anmaßend, dreist. **II** *s* **5.** Vertraute(r) *m*.
con·fi·den·tial [ˌkɒnfɪˈdenʃl; *Am.* ˌkɑːn-fə-] *adj* **1.** vertraulich, geheim, priˈvat: **private and** ~ streng vertraulich. **2.** Vertrauen genießend, vertraut, Vertrauens...: ~ **agent** Geheimagent(in); ~ **clerk** *econ.* Prokurist(in); ~ **person** Vertrauensperson *f*; ~ **secretary** Privatsekretär(in). **3.** inˈtim, vertraulich: ~ **communication** *jur.* vertrauliche Mitteilung (*an e-e schweigepflichtige Person, z. B. Anwalt*). ˌcon·fiˈden·tial·ly [-ʃəlɪ] *adv* vertraulich, im Vertrauen, priˈvatim.
con·fid·ing [kənˈfaɪdɪŋ] *adj* (*adv* ~**ly**) vertrauensvoll, zutraulich. conˈfid·ing·ness *s* Zutraulichkeit *f*.
con·fig·u·ra·tion [kənˌfɪɡjʊˈreɪʃn; *Am.* -ˌfɪɡəˈr-; -ɡjəˈr-] *s* **1.** (*äußere*) Bildung, Gestalt(ung) *f*, Bau *m*, *a.* geol. Strukˈtur *f*: ~ **of the skull** Schädelbau. **2.** *astr.* a) Konfiguratiˈon *f*, Aˈspekt(e *pl*) *m*, b) Sternbild *n*. **3.** *phys.* a) Aˈtomanordnung *f* in Moleˈkülen, b) Elekˈtronenanordnung *f*. **4.** *math.* Fiˈgur *f*, Zs.-stellung *f*. **5.** *psych.* Gestalt *f*. **conˌfig·uˈra·tion·ism** *s* Geˈstaltpsycholoˌgie *f*.
con·fin·a·ble [kənˈfaɪnəbl] *adj* zu begrenzen(d), zu beschränken(d) (**to** auf *acc*).
con·fine I *s* [ˈkɒnfaɪn; *Am.* ˈkɑːn-] *meist pl* **1.** Grenze *f*, Grenzgebiet *n*, *fig.* Rand *m*, Schwelle *f*: **on the** ~ **s of death an** Rande des Todes. **2.** [kənˈfaɪn] *obs.* Gebiet *n*. **3.** a) *poet.* Gefangenschaft *f*, b) *obs.* Gefängnis *n*. **II** *v/t* [kənˈfaɪn] **4.** begrenzen, be-, einschränken (**to** auf *acc*): **to** ~ **o.s.** to sich beschränken auf. **5.** einschließen, einsperren. **6.** *j-s* Bewegungsfreiheit einschränken: ~**d to bed** ans Bett gefesselt, bettlägerig; ~**d to one's room** ans Zimmer gefesselt; **to be** ~**d to barracks** Kasernenarrest haben. **7.** *pass* (**of**) niederkommen (mit), entbunden werden (**of**), entbinden (*acc*): **to be** ~**d of a boy**. **conˈfined** *adj* **1.** begrenzt, beschränkt, beengt. **2.** im Wochenbett liegend. **conˈfin·ed·ness** [-ɪdnɪs] *s* Beschränktheit *f*, Eingeengtheit *f*, Enge *f*.
con·fine·ment [kənˈfaɪnmənt] *s* **1.** Ein-, Beschränkung *f*, Ein-, Beengung *f*. **2.** Bettlägerigkeit *f*. **3.** Beengtheit *f*. **4.** Niederkunft *f*, Entbindung *f*. **5.** Gefangenschaft *f*, Haft *f*, *mil.* Arˈrest(strafe *f*) *m*: ~ **to quarters** *mil.* Stubenarrest; **close** ~ strenge Haft; **solitary** ~ Einzelhaft; **to place under** ~ in Haft nehmen.
con·firm [kənˈfɜːm; *Am.* -ˈfɜrm] *v/t* **1.** *Nachricht, econ.* Auftrag, *jur.* Urteil *etc* bestätigen: **to** ~ **a contract**; **to** ~ **by oath** eidlich bekräftigen; **this** ~**ed my suspicions** dies bestätigte m-n Verdacht; **she** ~**ed his words** sie bestätigte die Richtigkeit s-r Aussage. **2.** a) Entschluß bekräftigen, b) bestärken (**s.o. in s.th.** j-n in etwas). **3.** *j-s* Macht *etc* festigen. **4.** *j-n* in e-m Amt *etc* bestätigen. **5.** *relig.* a) konfirˈmieren, b) *R.C.* firmen. **conˈfirm·a·ble** *adj* zu bestätigen(d), erweisbar. **conˈfirm·and** [ˈkɒnfə(r)mænd; *Am.* ˈkɑːn-] *s relig.* a) Konfirˈmand(in), b) *R.C.* Firmling *m*.
con·fir·ma·tion [ˌkɒnfə(r)ˈmeɪʃn; *Am.* ˌkɑːn-] *s* **1.** Bestätigung *f*: **in** ~ **of a report** (**theory, treaty**); **in** ~ **of** in *dat.* zur Bestätigung (*gen*). **2.** Bekräftigung *f*, (Be)Stärkung *f*. **3.** Festigung *f*. **4.** *relig.* a) Konfirmatiˈon *f*, b) *R.C.* Firmung *f*: ~ **candidate** → confirmand. **conˈfirm·a·tive** [kənˈfɜːmətɪv; *Am.* -ˈfɜr-] *adj* (*adv* ~**ly**); **conˈfirm·a·to·ry** [-tərɪ; *Am.* -ˌtɔːrɪ; -ˌtoʊ-] *adj* bestätigend, bekräftigend, Bestätigungs-...

con·firmed [kənˈfɜːmd; *Am.* -ˈfɜrmd] *adj* **1.** bestätigt. **2.** bestärkt. **3.** a) fest, eingewurzelt: **a** ~ **habit** e-e feste Gewohnheit, b) erklärt, überˈzeugt: ~ **democrat**; **a** ~ **bachelor** ein eingefleischter Junggeselle. **4.** chronisch: **she is a** ~ **invalid** sie ist chronisch krank. **conˈfirm·ed·ness** [-ɪdnɪs] *s* Eingewurzeltsein *n*.
con·fis·ca·ble [kɒnˈfɪskəbl; *bes. Am.* kən-] *adj* konfisˈzierbar, einziehbar.
con·fis·cate [ˈkɒnfɪskeɪt; *Am.* ˈkɑːn-] **I** *v/t* beschlagnahmen, einziehen, konfisˈzieren. **II** *adj* beschlagnahmt, konfisˈziert. ˈcon·fis·cat·ed → confiscate II. ˌcon·fisˈca·tion *s* Einziehung *f*, Beschlagnahme *f*, Konfisˈzierung *f*. **con·fis·ca·to·ry** [kɒnˈfɪskətərɪ; *Am.* -ˌtɔːrɪ; -ˌtoʊ-] *adj* **1.** konfisˈzierend, Beschlagnahme... **2.** *colloq.* räuberisch: ~ **taxes** ruinöse Steuern.
con·fla·grate [ˈkɒnfləɡreɪt; *Am.* ˈkɑːn-] **I** *v/t* in Flammen setzen. **II** *v/i* Feuer fangen (*a. fig.*). ˌcon·flaˈgra·tion *s* (*bes.* Groß)Brand *m*.
con·flate [kɒnˈfleɪt] *v/t bes.* zwei Textversionen verschmelzen, vereinigen (**into** in *acc*). **conˈfla·tion** *s* Verschmelzung *f*.
con·flict I *s* [ˈkɒnflɪkt; *Am.* ˈkɑːn-] **1.** Konˈflikt *m* (*a. im Drama etc*): a) (feindlicher) Zs.-stoß, Zs.-prall *m*, Auseinˈandersetzung *f*, Kampf *m*, Kontroˈverse *f*: ~ **area** *mil.* Kampfgebiet *n*, Konfliktzone *f*: ~ **research** Konfliktforschung *f*; → **armed**[2] **1**, **wordy** **1**, b) ˈWiderstreit *m*, -spruch *m*: **to come into** ~ **with s.o.** mit j-m in Konflikt geraten; ~ **of ideas** Ideenkonflikt; ~ **of interests** Interessenkonflikt *m*, -kollision *f*; ~ **of laws** *jur.* Gesetzeskollision *f*, *weit S.* internationales Privatrecht; **inner** ~ innerer *od.* seelischer Konflikt. **II** *v/i* [kənˈflɪkt] (**with**) in Konˈflikt stehen, kolliˈdieren (mit), im ˈWiderspruch *od.* Gegensatz stehen (zu): ~**ing claim** (*Patentrecht*) entgegenstehender *od.* kollidierender Anspruch; ~**ing emotions** Widerstreit *m* der Gefühle; ~**ing laws** einander widersprechende Gesetze. **conˈflict·ing** *adj* ˈwiderspruchsˌvoll → conflict II.
con·flu·ence [ˈkɒnfluəns; *Am.* ˈkɑːn-] *s* **1.** Zs.-fluß *m*: **the** ~ **of two rivers**. **2.** Zs.-strömen *n*, Zustrom *m* (*von Menschen*). **3.** (Menschen)Auflauf *m*, Gewühl *n*, Menge *f*. **4.** *physiol.* Zs.-wachsen *n*. **5.** *tech.* Konfluˈenz *f*. ˈcon·flu·ent *adj* zs.-fließend, -laufend. **II** *s* Nebenfluß *m*.
con·flux [ˈkɒnflʌks; *Am.* ˈkɑːn-] → confluence **1–3**.
con·form [kənˈfɔː(r)m] **I** *v/t* **1.** anpassen, -gleichen (**to** *dat* an *acc*): **to** ~ **o.s.** (**to**) → **2**. **2.** in Einklang bringen. **II** *v/i* (**to**) sich anpassen *od.* angleichen (*dat*), sich richten (nach). **4.** überˈeinstimmen. **5.** sich fügen (**to** *dat*). **6.** *relig. Br.* sich in den Rahmen der angliˈkanischen Staatskirche einfügen. **conˌform·aˈbil·i·ty** *s* Gleichförmigkeit *f*, Überˈeinstimmung *f*. **conˈform·a·ble** *adj* (*adv* **conformably**) **1.** (**to**, **with**) konˈform, überˈeinstimmend, gleichförmig (mit), entsprechend, gemäß (*dat*): **to be** ~ **to** entsprechen (*dat*), übereinstimmen mit. **2.** vereinbar (**with** mit). **3.** fügsam. **4.** *geol.* gleichstreichend, -gelagert. **conˈform·al** *adj math.* konˈform, winkeltreu: ~ **projection**. **conˈform·ance** *s* ˈÜberˌeinstimmung *f*: **in** ~ **with** in Übereinstimmung mit, gemäß (*dat*). **2.** Anpassung *f* (**to an** *acc*).
con·for·ma·tion [ˌkɒnfɔː(r)ˈmeɪʃn; -fə(r)m-; *Am.* ˌkɑːn-] *s* **1.** Angleichung *f*, Anpassung *f* (**to an** *acc*). **2.** Gestaltung *f*: a) Gestalt *f*, Strukˈtur *f*, Anordnung *f*, (*a.* Körper)Bau *m*, b) Formgebung *f*.

con·form·er [kənˈfɔː(r)mə(r)], **conˈform·ist** *s* **1.** j-d, der sich anpaßt *od.* fügt. **2.** *relig. Br.* Konforˈmist(in), Anhänger(in) der englischen Staatskirche.
conˈform·i·ty *s* **1.** Gleichförmigkeit *f*, ˈÜbereinˌstimmung *f* (**with** mit): **to be in** ~ **with s.th.** mit e-r Sache übereinstimmen; **in** ~ **with** in Übereinstimmung *od.* übereinstimmend mit, gemäß (*dat*); ~ **with law** *math.* Gesetzlichkeit *f*. **2.** (**to**) Anpassung *f* (an *acc*), Fügsamkeit *f* (gegenˈüber), Befolgung *f* (*gen*). **3.** überˈeinstimmender Punkt, Ähnlichkeit *f*: **conformities in style** Ähnlichkeiten des Stils. **4.** *relig. Br.* Konforˈmismus *m*, Zugehörigkeit *f* zur englischen Staatskirche.
con·found [kənˈfaʊnd] *v/t* **1.** verwechseln, vermengen, durcheinˈanderbringen (**with** mit). **2.** *j-n od. etwas* verwirren, durcheinˈanderbringen. **3.** vernichten, vereiteln. **4.** widerˈlegen, (*im Streitgespräch*) e-e Abfuhr erteilen (*dat*). **5.** *bes. Bibl. j-n* beschämen. **6.** *als Verwünschung*: ~ **him!** zum Teufel mit ihm!; ~ **it!** zum Henker!, verdammt!; ~ **his cheek!** so e-e Frechheit! **conˈfound·ed I** *adj* (*adv* ~**ly**) **1.** verwirrt, bestürzt. **2.** *colloq.* (*a. interj u. adv*) verdammt: a) verwünscht, verflucht, verflixt, b) (*als Verstärkung*) ˌtoll', scheußlich: ~(**ly**) **cold** verdammt *od.* scheußlich kalt.
con·fra·ter·ni·ty [ˌkɒnfrəˈtɜːnɪtɪ; *Am.* ˌkɑːnfrəˈtɜr-] *s* **1.** *bes. relig.* Bruderschaft *f*, Gemeinschaft *f*. **2.** Brüderschaft *f*, brüderliche Gemeinschaft. **3.** (Berufs)Genossenschaft *f*. **con·frere** [ˈkɒnfreə(r); *Am.* ˈkɑːn-], *Br.* ˈconˈfrère *s* Kolˈlege *m*.
con·front [kənˈfrʌnt] *v/t* **1.** (*oft feindlich*) gegenˈübertreten, -stehen (*dat*): **to be** ~**ed with** Schwierigkeiten *etc* gegenüberstehen, sich gegenüber sehen (*dat*). **2.** mutig begegnen, sich stellen (*dat*). **3.** *a. jur.* (**with**) konfronˈtieren (mit), gegenˈüberstellen (*dat*): **to** ~ **s.o. with s.th.** j-m etwas entgegenhalten. **4.** vergleichen. **con·fron·ta·tion** [ˌkɒnfrʌnˈteɪʃn, -frən-; *Am.* ˌkɑːn-] *s* Gegenˈüberstellung *f*, Konfrontatiˈon *f* (*a. pol.*). ˌcon·fronˈta·tion·ist *adj* **1.** die Konfrontatiˈon suchend. **2.** Konfrontations... conˈfront·ment → confrontation.
Con·fu·cian [kənˈfjuːʃjən; *Am.* -ʃən] **I** *adj* konfuziˈanisch. **II** *s* Konfuziˈaner(in). **Conˈfu·cian·ism** *s* Konfuziaˈnismus *m*.
con·fuse [kənˈfjuːz] *v/t* **1.** (miteinˈander) verwechseln, durcheinˈanderbringen (**with** mit): **I've got the two terms** ~**d** ich habe die beiden Ausdrücke durcheinandergebracht. **2.** verwirren: a) in Unordnung bringen, b) aus der Fassung bringen, verlegen machen. **3.** verworren *od.* undeutlich machen. **conˈfused** *adj* **1.** verwirrt: a) konˈfus, verworren, wirr, b) verlegen, bestürzt. **2.** verworren: ~ **noises**. **conˈfus·ed·ly** [-ɪdlɪ] *adv*. **conˈfus·ed·ness** [-ɪdnɪs] *s* Verworrenheit *f*, Durcheinˈander *n*. **conˈfus·ing** *adj* (*adv* ~**ly**) verwirrend.
con·fu·sion [kənˈfjuːʒn] *s* **1.** Verwirrung *f*, Durcheinˈander *n*, (heillose) Unordnung: **to cause** ~ Verwirrung stiften *od.* anrichten; **to throw everything into** ~ alles durcheinanderbringen; **my things were lying in** ~ **on the floor** m-e Sachen lagen wild durcheinander auf dem Boden. **2.** Aufruhr *m*, Lärm *m*. **3.** Verwirrung *f*, Bestürzung *f*, Verlegenheit *f*: **in** ~ verwirrt, bestürzt, verlegen; **to put s.o. to** ~ j-n in Verlegenheit bringen; **to be in a state of** ~ verwirrt *od.* bestürzt sein. **4.** Verwechslung *f*: ~ **of names** Namensverwechslung. **5.** geistige Verwirrung. **6.** Verworrenheit *f*. **7.** *als*

Verwünschung: ~ **to our enemies!** Tod unseren Feinden! **8.** *jur.* a) Vereinigung *f* (*zweier Rechte*), b) Verschmelzung *f* (*von Gütern*).
con·fut·a·ble [kən'fju:təbl] *adj* wider-'legbar. **con·fu·ta·tion** [ˌkɒnfjuː'teɪʃn; *Am.* ˌkɑnfjʊ-] *s* Wider'legung *f*, Über'führung *f* (*durch Argumente etc*). **con'fut-a·tive** [-ətɪv] *adj* wider'legend, Widerlegungs...
con·fute [kən'fju:t] *v/t* **1.** *etwas* wider-'legen: **to ~ an argument. 2.** *j-n* wider-'legen, e-s Irrtums über'führen: **to ~ an opponent. 3.** *obs.* zu'nichte machen.
con·gé ['kɔ̃:nʒeɪ; *Am.* kəʊn'ʒeɪ] *s* **1.** Abschied *m*: a) Verabschiedung *f*, b) Entlassung *f*: **to give s.o. his ~** j-n verabschieden *od.* entlassen; **to make one's ~** sich verabschieden. **2.** (Abschieds)Verbeugung *f*.
con·geal [kən'dʒi:l] **I** *v/t* **1.** gefrieren *od.* gerinnen *od.* erstarren lassen (*a. fig.*). **II** *v/i* **2.** gefrieren, gerinnen, erstarren (*a. fig. vor Entsetzen*). **3.** *fig.* feste Gestalt annehmen. **con'geal·a·ble** *adj* gerinnbar, gefrierbar. **con'geal·ment** → congelation.
con·gee ['kɒndʒi:; *Am.* 'kɑn-] → congé 1.
con·ge·la·tion [ˌkɒndʒɪ'leɪʃn; *Am.* ˌkɑn-] *s* **1.** Gefrieren *n*, Gerinnen *n*, Erstarren *n*: **point of ~** Gefrierpunkt *m*. **2.** gefrorene *od.* geronnene *od.* erstarrte Masse.
con·ge·ner ['kɒndʒɪnə(r); *Am.* 'kɑn-; *Br. u. Am. a.* kən'dʒi:nə(r)] **I** *s* **1.** *bes. bot. zo.* gleichartiges, verwandtes Ding *od.* Wesen, Gattungsverwandte(r) *m*, -genosse *m*. **2.** Art-, Stammverwandte(r) *m*. **II** *adj* **3.** (art-, stamm)verwandt (**to** mit). ˌ**con·ge'ner·ic** [-'nerɪk], ˌ**con·ge'ner·i·cal** *adj* gleichartig, verwandt.
con·ge·ni·al [kən'dʒi:njəl; -nɪəl] *adj* (*adv* **~ly**) **1.** gleichartig, kongeni'al, (geistes-) verwandt (**with** mit *od. dat*). **2.** sym'pathisch, angenehm (**to** *dat*): **~ manners**. **3.** angenehm, zusagend, entsprechend (**to** *dat*): **to be ~ to s.o.** (*od.* **to s.o.'s taste**) j-m zusagen. **4.** zuträglich (**to** *dat od.* für): **~ to one's health** gesund. **5.** freundlich. ˌ**con·ge·ni'al·i·ty** [-nɪ'ælətɪ] *s* **1.** Geistesverwandtschaft *f*. **2.** Zuträglichkeit *f*.
con·gen·i·tal [kən'dʒenɪtl; *Am. a.* kɑn-] *adj biol.* angeboren (*a. fig.*), ererbt, kongeni'tal (*a. bot.*): **~ defect** Geburtsfehler *m*; **~ instinct** angeborener *od.* natürlicher Instinkt; **a ~ liar** ein geborener Lügner. **con'gen·i·tal·ly** [-təlɪ] *adv* **1.** von Geburt (an): **~ deaf. 2.** von Na'tur (aus): **~ sceptical**.
con·ge·ries [kɒn'dʒɪəri:z; *Am.* 'kɑndʒəri:z] *pl* -**ries** *s* Anhäufung *f*, Masse *f*.
con·gest [kən'dʒest] **I** *v/t* **1.** ansammeln, anhäufen, zs.-drängen, stauen. **2.** verstopfen, blocˈkieren, (*med.* mit Blut) über'füllen: **~ed streets; to ~ the market** *econ.* den Markt überschwemmen. **II** *v/i* **3.** sich ansammeln (*etc;* → **I**). **con'gest·ed** *adj* **1.** über'füllt (**with** von): **~ area** übervölkertes Gebiet, Ballungsgebiet *n*. **2.** *med.* mit Blut über'füllt. **con·ges·tion** [kən'dʒestʃən] *s* **1.** Ansammlung *f*, Anhäufung *f*, Andrang *m*: **~ of population** Übervölkerung *f*; **~ of traffic** Verkehrsstockung *f*, -stauung *f*, -stau *m*. **2.** *med.* Kongesti'on *f*, Blutandrang *m* (**of the brain** zum Gehirn); **vascular ~** Gefäßstauung *f*.
con·glo·bate ['kɒnɡləʊbeɪt; *Am.* kɑn'ɡləʊ-] **I** *adj* [*Am. a.* -bət] (zs.-)geballt, kugelig. **II** *v/t u. v/i* (sich) (zs.-)ballen (**into** zu).
con·glom·er·ate I *v/t u. v/i* [kən'ɡlɒməreɪt; *Am.* -'ɡlɑm-] **1.** (sich) zs.-ballen: a) (sich) fest verbinden (**to** zu), b) (sich) anhäufen *od.* ansammeln. **II** *adj* [-rət] **2.** (zs.-)geballt, geknäult. **3.** *fig.* zs.-gewürfelt. **III** *s* [-rət] **4.** Konglome'rat *n*: a) *geol.* Trümmergestein *n*, b) *fig.* Anhäufung *f*, zs.-gewürfelte Masse, (*a. phys.*) Gemisch *n*. **5.** *econ.* 'Mischkonˌzern *m*. **con·glom·er'at·ic** [-'rætɪk] *adj geol.* Konglomerat...: **~ rock** Trümmergestein *n*. **con·glom·er'a·tion** [-'reɪʃn]. **2.** → **conglomerate** 4 b. **3.** *math.* Häufung *f*. **4.** *geol.* Ballung *f*.
con·glu·ti·nate [kən'ɡluːtɪneɪt] **I** *v/t* zs.-leimen, -kitten. **II** *v/i* zs.-kleben, -haften, sich mitein'ander vereinigen, *med.* konglutiˈnieren, verkleben (*rote Blutkörperchen*). **con·glu·ti'na·tion** *s* Vereinigung *f*, *med.* Konglutinatiˈon *f*.
Con·go·lese [ˌkɒnɡəʊ'liːz; *Am.* ˌkɑnɡə-'liːz] **I** *adj* Kongo..., kongo'lesisch. **II** *s* Kongo'lese *m*, Kongo'lesin *f*.
Con·go| pa·per ['kɒnɡəʊ; *Am.* 'kɑn-] *s* 'Kongopaˌpier *n* (*mit Kongorot gefärbtes Reagenzpapier*). **~ pink, ~ red** *s* Kongorot *n* (*Azofarbstoff*).
con·grats [kən'ɡræts] *interj bes. Br. colloq.* gratu'liere!
con·grat·u·lant [kən'ɡrætjʊlənt; -tʃʊ-; *bes. Am.* -tʃə-] **I** *s* Gratu'lant(in). **II** *adj* congratulatory. **con'grat·u·late** [-leɪt] *v/t j-m* gratu'lieren, Glück wünschen, *j-n* beglückwünschen (**on** zu): **to ~ o.s. on s.th.** sich zu etwas gratulieren. **con·ˌgrat·u'la·tion** *s* Gratulatiˈon *f*, Glückwunsch *m*: **~s!** ich gratuliere!, herzlichen Glückwunsch! **con'grat·u·la·tor** [-tə(r)] *s* Gratu'lant(in). **con'grat·u·la·to·ry** [-lətərɪ; *Am.* -ˌtɔː-; -ˌtəʊ-] *adj* Gratulations..., Glückwunsch...: **~ telegram**.
con·gre·gate ['kɒnɡrɪɡeɪt; *Am.* 'kɑnɡ-] *v/t u. v/i* (sich) (ver)sammeln. **con·gre'ga·tion** [ˌkɒnɡrɪ'ɡeɪʃn; *Am.* ˌkɑnɡ-] *s* **1.** (Ver)Sammeln *n*. **2.** Ansammlung *f*, Menge *f*. **3.** Versammlung *f*. **4.** *relig.* (Kirchen)Gemeinde *f*. **5.** *R.C.* a) Kardiˈnalskongregatiˌon *f*, b) Kongregatiˈon *f*, Ordensgemeinschaft *f*. **6.** *Bibl.* Gemeinschaft *f* der Juden. **7.** *univ. Br.* a) akaˈdemische Versammlung (*Oxford*), b) Seˈnatsversammlung *f* (*Cambridge*). **8.** *Am. hist.* (Stadt)Gemeinde *f*, Niederlassung *f*. ˌ**con·gre'ga·tion·al** [-ʃənl; -ʃnəl] *adj relig.* **1.** Gemeinde..., Versammlungs... **2.** gottesdienstlich. **3. C~** indepenˈdent, unabhängig: **C~ chapel** Kapelle *f* der freien Gemeinden. ˌ**con·gre'ga·tion·al·ism** *s relig.* **1.** Kongregationa'lismus *m*, Syˈstem *n* der Selbstverwaltung der Kirchengemeinde. **2. C~** Lehre *f* der sich zu e-r Gemeinde vereinigenden Indepenˈdenten. ˌ**Con·gre'ga·tion·al·ist** *s* Kongregationa'list(in), Mitglied *n* e-r Gemeinde von Indepenˈdenten.
con·gress ['kɒnɡres; *Am.* 'kɑnɡrəs] *s* **1.** Konˈɡreß *m*, Tagung *f*. **2.** Begegnung *f*, Zs.-kunft *f*. **3.** Geschlechtsverkehr *m*. **4.** *Am. a.* (*ohne art*) **C~** Konˈɡreß *m*, gesetzgebende Versammlung (*Senat u. Repräsentantenhaus*): **Member of C~** Kongreßabgeordnete(r *m*) *f*, b) gesetzliche Dauer e-s Kongresses. **5.** gesetzgebende Körperschaft (*bes. e-r Republik*). **con·gres·sion·al** [kən'ɡreʃənl; -ʃnəl; *Am.* kɑn'ɡ-] *adj* **1.** Kongreß... **2. C~** den amer. Konˈɡreß betreffend: **C~ debate** Kongreßdebatte *f*; **C~ district** Wahlbezirk für die Abgeordneten des Repräsentantenhauses; **C~ medal** Verdienstmedaille *f*; **C~ Medal of Honor** *mil.* höchste Tapferkeitsauszeichnung. **'con·gress-ist, con'gres·sion·al·ist** *s parl.* Konˈɡreßabgeordnete(r *m*) *f*. **'con·gress|·man** [-mən] *s irr parl.* Konˈɡreßabgeordnete(r *m*): **C~** Mitglied *n* des amer. Repräsenˈtantenhauses. **C~ of Vi·en·na** *s hist.* Wiener Konˈɡreß *m*. **'~ˌwom·an** *s irr parl.* Konˈɡreßabgeordnete *f* (→ **congressman**).
con·gru·ence ['kɒnɡrʊəns; *Am.* kən-'ɡruːəns; 'kɑnɡrəwəns] *s* **1.** Über'einstimmung *f*. **2.** *math.* Kongru'enz *f* (*a. fig.*): a) Deckungsgleichheit *f*: **to be in ~ with** sich decken, kongruent sein, b) Übereinstimmung von zwei Zahlen, die, durch e-e dritte geteilt, gleiche Reste liefern. **con·gru·ent** *adj* **1.** (**to, with**) über'einstimmend (mit), entsprechend, gemäß (*dat*). **2.** (**to, with**) passend (zu), vereinbar (mit). **3.** *math.* kongru'ent (*a. fig.*). **con·gru·i·ty** [kɒn'ɡruːətɪ; *bes. Am.* kən'ɡ-; *Am. a.* kɑn-] *s* **1.** Über'einstimmung *f*. **2.** Folgerichtigkeit *f*. **3.** Angemessenheit *f*. **4.** Kongrui'tät *f*. **5.** → **congruence** 2. **con·gru·ous** ['kɒnɡrʊəs; *Am.* 'kɑnɡrəwəs] *adj* (*adv* **~ly**) **1.** → **congruent** 1. **2.** folgerichtig. **3.** → **congruent** 2. **4.** → **congruent** 3. **'con·gru·ous·ness** → **congruity**.
con·ic ['kɒnɪk; *Am.* 'kɑ-] **I** *adj* **1.** → **conical. II** *s* **2.** → **conics. 3.** → **conic section** 1. **con·i·cal** ['kɒnɪkl; *Am.* 'kɑ-] *adj* (*adv* **~ly**) **1.** konisch, kegelförmig. **2.** verjüngt, kegelig. **~ ˈbear·ing** *s tech.* Spitzenlager *n*. **~ frus·tum** *s a. irr math.* Kegelstumpf *m*. '**con·i·cal·ness, co·ni·ci·ty** [kəʊ-'nɪsətɪ] *s* Kegelform *f*, Konizi'tät *f*. **con-i·co·cy'lin·dri·cal** [ˌkɒnɪkəʊ-; *Am.* ˌkɑ-] *adj* konisch-zy'lindrisch. '**con·i-coid** [-kɔɪd] **I** *s math.* Fläche *f* zweiter Ordnung. **II** *adj* kegelförmig, kegelig. **con·ic pro·jec·tion** *s* **1.** *Kartographie*: Kegelabbildung *f*. **2.** *math.* 'Kegelprojektiˌon *f*. **con·ics** ['kɒnɪks; *Am.* 'kɑ-] *s pl* (*als sg konstruiert*) *math.* Lehre *f* von den Kegelschnitten. **con·ic sec·tion** *s math.* **1.** Kegelschnitt *m*. **2.** *pl* → **conics**.
co·ni·fer ['kɒnɪfə(r); 'kəʊ-; *Am.* 'kɑ-] *s bot.* Koni'fere *f*, Nadelbaum *m*. **co·nif·er·ous** [kəʊ'nɪfərəs] *adj bot.* a) zapfentragend, b) Nadel...: **~ tree; ~ wood**. **co·ni·form** ['kəʊnɪfɔː(r)m] *adj* kegelförmig.
con·jec·tur·a·ble [kən'dʒektʃərəbl] *adj* (*adv* **conjecturably**) zu vermuten(d). **con'jec·tur·al** *adj* (*adv* **~ly**) **1.** auf Vermutungen beruhend, mutmaßlich. **2.** zu Mutmaßungen neigend. **con·jec·ture** [kən'dʒektʃə(r)] **I** *s* **1.** Vermutung *f*, Mutmaßung *f*, Annahme *f*: **to make a ~** Mutmaßungen anstellen; **to be reduced to ~** auf Vermutungen angewiesen sein; **this is a matter for pure ~** das kann man nur vermuten. **2.** Theo'rie *f*, (*vage*) I'dee. **3.** Konjekˈtur *f* (*Textverbesserung*). **II** *v/t* **4.** vermuten, mutmaßen. **III** *v/i* **5.** Vermutungen anstellen, mutmaßen (**of, about** über *acc*).
con·join [kən'dʒɔɪn] *v/t u. v/i* (sich) verbinden *od.* vereinigen. **con'joined** *adj* **1.** verbunden, verknüpft. **2.** zs.-treffend: **~ events**. **con'joint** ['kɒndʒɔɪnt; *bes. Am.* kən'dʒ-] *adj* **1.** verbunden, vereinigt, gemeinsam. **2.** Mit...: **~ minister** Mitminister *m*. **3.** *mus.* nebenein'ander liegend: **~ degree** Nachbarstufe *f*. **con'joint·ly** ['kɒndʒɔɪntlɪ; *bes. Am.* kən'dʒ-] *adv* zu'sammen, gemeinsam (**with** mit).
con·ju·gal ['kɒndʒʊɡəl; *Am.* 'kɑndʒəɡl; kən'dʒuː-] *adj* (*adv* **~ly**) ehelich, Ehe..., Gatten...: **~ bed** Ehebett *n*; **~ life** Eheleben *n*; **~ rights** *jur.* eheliche Rechte. ˌ**con·ju'gal·i·ty** [-'ɡælətɪ] *s* Ehestand *m*.
con·ju·gate ['kɒndʒʊɡeɪt; *Am.* 'kɑndʒə-] **I** *v/t* **1.** *ling.* konju'ɡieren, beugen. **II** *v/i* **2.** *biol.* sich paaren. **III** *adj* [-dʒʊɡɪt; *Am.* -dʒəɡət] **3.** (paarweise) verbunden, gepaart. **4.** *ling.* stammverwandt. **5.** *math.*

(ein'ander) zugeordnet, konju'giert: ~ **axis**; ~ **lines**; ~ **number. 6.** *bot.* paarweise stehend, paarig. **7.** *chem. med.* konju'giert, assozi'iert. **IV** *s* [-dʒʊgɪt; *Am.* -dʒɪgət] **8.** *ling.* stammverwandtes Wort. **9.** *chem.* konju'giertes Radi'kal. **'con·ju·gat·ed** *adj chem.* **1.** durch Koppelung von Verbindungen od. Radi'kalen gebildet. **2.** konju'gierte Doppelbindungen enthaltend. **ˌcon·ju'ga·tion** *s* **1.** Vereinigung *f.* **2.** *ling.* Konjugati'on *f:* a) Beugung *f*, b) Konjugati'onsgruppe *f:* **first** ~ erste Konjugation. **3.** *biol.* Konjugati'on *f* (*von Geschlechtszellen*). **4.** *chem.* Konjugati'on *f* (*der Doppelbindungen od. π-Elektronen*).
con·junct [kənˈdʒʌŋkt] *adj* (*adv* ~**ly**) **1.** verbunden, vereint, gemeinsam (**with** mit): ~ **consonant** (*Sanskrit*) Ligatur *f*; ~ **degree** *mus.* Nachbarstufe *f.* **2.** *jur.* befangen.
con·junc·tion [kənˈdʒʌŋkʃn] *s* **1.** Verbindung *f*, Vereinigung *f* (*a. fig.*): **in** ~ **with** in Verbindung od. zusammen mit; **taken in** ~ **with**, zusammen-od. -gefaßt mit. **2.** Zs.-treffen *n*: **a** ~ **of events**. **3.** *ling.* Konjunkti'on *f*, Bindewort *n*. **4.** *astr.* Konjunkti'on *f*. **con'junc·tion·al** [-ʃənl] *adj* **1.** *astr.* konjunktio'nal. **2.** *ling.* Konjunktions...
con·junc·ti·va [ˌkɒndʒʌŋkˈtaɪvə; *Am.* ˌkɑn-] *pl* **-vas, -vae** [-viː] *s anat.* Bindehaut *f.*
con·junc·tive [kənˈdʒʌŋktɪv] **I** *adj* **1.** (eng) verbunden. **2.** verbindend, Verbindungs...: ~ **tissue** *anat.* Bindegewebe *n*; ~ **word** *ling.* Bindewort *n*, Konjunktion *f.* **3.** *ling. Am.* konjunktivisch: ~ **mood** → 5. **4.** *math.* konjunk'tiv. **II** *s* **5.** *ling. Am.* Konjunktiv *m*. **con'junc·tive·ly** *adv* gemeinsam, vereint.
con·junc·ti·vi·tis [kənˌdʒʌŋktɪˈvaɪtɪs] *s med.* Konjunkti'vitis *f*, Bindehautentzündung *f.*
con·junc·ture [kənˈdʒʌŋktʃə(r)] *s* **1.** Verbindung *f.* **2.** *a)* Zs.-treffen *n*, b) Zs.-treffen *n* von (*bes. ungünstigen*) 'Umständen. **3.** *astr.* Konjunkti'on *f.*
con·ju·ra·tion [ˌkɒndʒʊəˈreɪʃn; *Am.* ˌkɑn-] *s* **1.** Beschwörung *f:* a) feierliche Anrufung: ~ **of spirits**, b) Verzauberung *f.* **2.** Zauberformel *f.* **3.** Zaube'rei *f.* **4.** *obs.* Verschwörung *f.*
con·jure [ˈkʌndʒə(r)] **I** *v/t* **1.** [kənˈdʒʊə(r)] beschwören, inständig bitten (um). **2.** *den Teufel etc* beschwören, (an-) rufen: **to** ~ **up** heraufbeschwören (*a. fig.*), zitieren (→ 3). **3.** be-, verhexen: **to** ~ **away** wegzaubern, bannen; **to** ~ **up** hervorzaubern (*a. fig.*) (→ 2). **II** *v/i* **4.** zaubern, hexen: **a name to** ~ **with** ein Name, der Wunder wirkt. **5.** Geister beschwören.
con·jur·er [ˈkʌndʒərə(r)] *s* **1.** Zauberer *m*, Geisterbeschwörer *m*: **I'm not a** ~! ich kann (auch) nicht hexen! **2.** Zauberkünstler *m.*
con·jur·ing trick [ˈkʌndʒərɪŋ] *s* Zauberkunststück *n*, Zaubertrick *m.*
con·jur·or[1] [ˈkʌndʒərə(r)] → **conjurer**.
con·jur·or[2] [ˌkɒnˈdʒʊərə(r); *Am.* ˌkɑn-] *s obs.* Mitverschworene(r) *m.*
conk[1] [kɒŋk] *s* **1.** a) ˌRiecher' *m* (*Nase*), b) ˌBirne' *f* (*Kopf*). **II** *v/t* **2.** a) j-m eins auf die Nase geben, b) j-m ˌeins über die Birne ziehen'. **3.** *Am.* Haar entkräuseln.
conk[2] [kɒŋk; kɔːŋk] *s bot. Am.* **1.** Holzfäule *f.* **2.** kon'solenförmige Pilz-Fruchtkörper *m* (*an faulingen Stämmen*).
conk[3] [kɒŋk; *Am. a.* kɑŋk] *v/i sl. meist* ~ **out 1.** ˌstreiken', ˌden Geist aufgeben' (*Fernseher etc*), ˌabsterben' (*Motor*). **2.** a) ˌumkippen' (*ohnmächtig werden*), b) ˌzs.-klappen' (*vor Erschöpfung etc*), c) *a.* ~ **off**

ˌeinpennen' (*einschlafen*). **3.** ˌden Löffel weglegen' (*sterben*).
conk·er [ˈkɒŋkə(r); *Am.* ˈkɑ-] *s* Ka'stanie *f:* ~**s** *pl* (*als sg konstruiert*) *Br.* Spiel, bei dem die Teilnehmer mit e-r an e-r Schnur befestigten Kastanie versuchen, die des Partners zu zerschlagen.
ˈconkˌout *s Am. sl.* (*Motor- etc*)Panne *f.*
conn [kɒn; *Am.* kɑn] *mar.* **I** *v/t* ein Schiff führen. **II** *v/i* das Steuern über'wachen.
con·nate [ˈkɒneɪt; *Am.* kɑˈn-] *adj* **1.** angeboren. **2.** gleichzeitig geboren od. entstanden. **3.** (abstammungs-, art)verwandt. **4.** gleichgeartet. **5.** *biol.* verwachsen.
con·nat·u·ral [kɒˈnætʃrəl; *Am.* kɑˈn-] *adj* (*adv* ~**ly**) (**to**) von gleicher Na'tur (wie), ähnlich, verwandt (*dat*).
con·nect [kəˈnekt] **I** *v/t* **1.** *a. fig.* verbinden, verknüpfen, e-e Verbindung 'herstellen (**with** mit). **2.** *fig.* in Zs.-hang od. in Verbindung bringen: **to** ~ **ideas** Gedanken verknüpfen; **to become** ~**ed** (**with**) a) in Verbindung treten (mit), b) in verwandtschaftliche Beziehungen treten (zu). **3.** (**to**) *tech.* verbinden, kuppeln, zs.-fügen (mit), *Wagen etc* anhängen, ankuppeln (an *acc*). **4.** (**to**) *electr.* anschließen (an *acc*), verbinden (mit), (zu)schalten (*dat*), Kon'takt 'herstellen zwischen (*dat*). **5.** *j-n* (tele'fonisch) verbinden (**to**, **with** mit): **to** ~ **s.o. further** j-n weiterverbinden; **to be** ~**ed** verbunden sein. **II** *v/i* **6.** in Verbindung treten od. stehen. **7.** in (logischem) Zs.-hang stehen (**with** mit). **8.** *rail. etc* Anschluß haben (**with** an *acc*). **9.** Boxen *etc*: *colloq.* treffen: **to** ~ **with a blow** e-n Schlag ˌlanden'.
con·nect·ed [kəˈnektɪd] *adj* **1.** verbunden, verknüpft. **2.** (logisch) zs.-hängend: **the two deaths may be** ~ zwischen den beiden Todesfällen besteht möglicherweise ein Zs.-hang. **3.** verwandt: ~ **industries**; **to be well** ~ einflußreiche Verwandte *od.* gute Beziehungen haben; ~ **by marriage** verschwägert. **4.** (**with**) verwickelt in (*acc*), beteiligt (an *dat*): **to be** ~ **with an affair**. **5.** *tech.* gekoppelt. **6.** *electr.* angeschlossen, (zu)geschaltet: ~ **load** Anschlußwert *m*. **con'nect·ed·ly** *adv* (logisch) zs.-hängend: **to think** ~. **con'nect·ed·ness** *s* (logischer) Zs.-hang. **con'nect·er** → **connector**.
con·nect·ing [kəˈnektɪŋ] *adj* Binde..., Verbindungs..., Anschluß... ~ **cord** *s electr.* Verbindungsschnur *f.* ~ **flange** *s tech.* Anschlußflansch *m*. ~ **link** *s* Binde-, Zwischenglied *n.* ~ **mem·brane** *s biol.* Verbindungshaut *f.* ~ **piece** *s tech.* Verbindungs-, Anschlußstück *n*, Stutzen *m*. ~ **plug** *s electr.* Stecker *m.* ~ **re·lay** *s electr.* 'Durchschalterelais *n*. ~ **rod** *s tech.* Pleuel-, Kurbel-, Schubstange *f.* ~ **shaft** *s tech.* Transmissi'onswelle *f.*
con·nec·tion, *bes. Br. a.* **con·nex·ion** [kəˈnekʃn] *s* **1.** Verbindung *f.* **2.** *tech. allg.* Verbindung *f*, Anschluß *m* (*beide a. electr. rail. teleph. etc*), Verbindungs-, Bindeglied *n*, *electr.* Schaltung *f*, Schaltverbindung *f:* ~ (**piece**) → **connecting piece**; ~ **fee** *teleph.* Anschlußgebühr *f*; **hot-water** ~**s** Heißwasseranlage *f*; **pipe** ~ Rohranschluß; ~ **plug** Anschlußstecker *m*. **3.** Zs.-hang *m*, Beziehung *f*: **in this** ~ in diesem Zs.-hang; **in** ~ **with this** im Zs.-hang damit. **4.** per'sönliche Beziehung, Verbindung *f*: **to enter into** ~ **with s.o.** mit j-m in Verbindung treten. **5.** a) (*geschäftliche etc*) Verbindung, (*einflußreicher*) Bekannter *m*, b) *pl* (gute, nützliche, geschäftliche *etc*) Beziehungen *pl od.* Verbindungen *pl*, Bekannten-, Kundenkreis *m*, Verwandtschaft *f*: **business** ~**s**; **business with first-rate** ~**s** Geschäft *n* mit erstklassigem Kun-

denkreis. **6.** religi'öse *od.* po'litische Gemeinschaft. **7.** *nur* **connexion** *Br.* Metho'distengemeinschaft *f.* **8.** Geschlechtsverkehr *m.*
con·nec·tive [kəˈnektɪv] **I** *adj* (*adv* ~**ly**) verbindend: ~ **tissue** *anat.* Binde-, Zellgewebe *n*. **II** *s ling.* Bindewort *n.*
con·nec·tor [kəˈnektə(r)] *s* **1.** *tech.* Verbindungsglied *n*, Anschlußstück *n*. **2.** *electr.* Klemmverbindung *f*, Stecker *m*.
con·nex·ion *bes. Br. für* **connection.**
con·ning bridge [ˈkɒnɪŋ; *Am.* ˈkɑ-] *s mar.* Kom'mandobrücke *f*. ~ **tow·er** *s mar. mil.* Kom'mandoturm *m.*
con·nip·tion [kəˈnɪpʃən], *a.* ~ **fit** *s Am. colloq.* (Wut-, Lach)Anfall *m*, ˌRappel' *m*: **to throw a** ~ e-n ˌAnfall' bekommen.
con·niv·ance [kəˈnaɪvəns] *s* **1.** stillschweigende Einwilligung *od.* Duldung, bewußtes Über'sehen (**at, in, with** *gen od.* von). **2.** *jur.* a) Begünstigung *f*, strafbares Einverständnis, b) (*stillschweigende*) Duldung ehebrecherischer Handlungen des Ehepartners.
con·nive [kəˈnaɪv] *v/i* **1.** (**at**) ein Auge zudrücken (bei), stillschweigend dulden, geflissentlich über'sehen (*acc*). **2.** *a. jur.* (stillschweigend) Vorschub leisten (**with s.o.** j-m; **at s.th.** [bei] e-r Sache). **3.** *a. jur.* im geheimen Einverständnis stehen, ˌzs.-arbeiten' (**with** mit). **4.** *Am.* ein Kom'plott schmieden. **5.** *biol.* konver'gieren. **con'niv·ence** → **connivance**.
con·nois·seur [ˌkɒnəˈsɜː; *Am.* ˌkɑnəˈsɜr] *s* (Kunst- *etc*)Kenner *m*: ~ **of wines** Weinkenner. **ˌcon·nois'seurˌship** *s* Kennerschaft *f.*
con·no·ta·tion [ˌkɒnəʊˈteɪʃn; *Am.* ˌkɑnəˈt-] *s* **1.** Mitbezeichnung *f.* **2.** Konnotati'on *f*, Nebenbedeutung *f*, Beiklang *m*. **3.** *ling. philos.* Begriffsinhalt *m*, (Wort-)Bedeutung *f.* **con'no·ta·tive** [ˈkɒnəʊteɪtɪv; kəˈnəʊtətɪv; *Am.* ˈkɑnə-] *adj* **1.** mitbedeutend. **2.** logisch um'fassend. **3.** Nebenbedeutungen habend. **con·note** [kɒˈnəʊt; *Am.* kəˈnəʊt; kɑ-] *v/t* mitbezeichnen, (zu'gleich) bedeuten, in sich schließen, den Beiklang haben von.
con·nu·bi·al [kəˈnjuːbjəl; *Am. a.* kəˈnuːbɪəl] *adj* (*adv* ~**ly**) ehelich, Ehe... **con·ˌnu·bi'al·i·ty** [-bɪˈælətɪ] *s* Ehestand *m.*
co·noid [ˈkəʊnɔɪd] **I** *adj* **1.** kegelförmig. **2.** *math.* kono'idisch. **II** *s* **3.** *math.* a) Kono'id *n*, b) Kono'ide *f* (*Fläche*). **co'noi·dal, co'noi·dic, co'noi·di·cal** → **conoid** I.
con·o·scen·te [ˌkɒnəʊˈʃentɪ; *Am.* ˌkəʊnəʃ-; ˌkɑ-] → **cognoscente**.
con·quer [ˈkɒŋkə(r); *Am.* ˈkɑŋ-] **I** *v/t* **1.** erobern: a) *Land etc* einnehmen: **to** ~ **territories from s.o.** j-m Land abgewinnen, b) *fig.* erringen, erkämpfen: **to** ~ **one's independence**, c) *fig.* erringen, *j-s Herz* gewinnen. **2.** a) unter'werfen, besiegen: **to** ~ **the enemy**, b) *a. fig.* über'winden, -'wältigen, bezwingen, Herr werden (*gen*): **to** ~ **one's fear**; **to** ~ **difficulties**; **to** ~ **a mountain** e-n Berg bezwingen. **II** *v/i* **3.** Eroberungen machen. **4.** siegen: **to stoop to** ~ sein Ziel durch Zugeständnisse zu erreichen trachten. **ˈcon·quer·a·ble** *adj* **1.** zu erobern(d). **2.** a) besiegbar, b) über'windlich. **ˈcon·quer·ing** *adj* (*adv* ~**ly**) erobernd, siegreich. **ˈcon·quer·or** [-rə(r)] *s* **1.** Eroberer *m*: (**William**) **the C**~ *hist.* Wilhelm der Eroberer. **2.** (Be)Sieger *m*.
con·quest [ˈkɒŋkwest; *Am.* ˈkɑŋkwest; ˈkɑŋ-] *s* **1.** Eroberung *f*: a) Einnahme *f*: **the C**~ *hist.* die normannische Eroberung, b) erobertes Gebiet, c) *fig.* Errigung *f*: **the** ~ **of liberty**. **2.** a) Besiegung *f*, b) *a. fig.* Über'windung *f*, Bezwingung *f.* **3.** *fig.* ˌEroberung' *f* (*Person*): **to make a** ~ **of s.o.** j-n erobern *od.* für sich gewin-

nen; **you have made a ~!** Sie haben e-e Eroberung gemacht! **4.** *jur. Scot.* (Güter-) Erwerb *m.*
con·san·guine [kɒnˈsæŋgwɪn; *Am.* kɑn-], **ˌcon·sanˈguin·e·ous** [-ɪəs] *adj* blutsverwandt. **ˌcon·sanˈguin·i·ty** *s* Blutsverwandtschaft *f.*
con·science [ˈkɒnʃəns; *Am.* ˈkɑn-] *s* **1.** Gewissen *n:* **a good (bad, guilty) ~** ein gutes (böses, schlechtes) Gewissen. **2.** Gewissenhaftigkeit *f.* **3.** *obs.* a) Bewußtsein *n,* b) innerstes Denken. *Besondere Redewendungen:* **a matter of ~** e-e Gewissensfrage; **in (all) ~** a) sicherlich, wahrhaftig, b) nach allem, was recht u. billig ist; **upon my ~** auf mein Wort, gewiß; **my ~!** mein Gott!; **for ~'s sake** um das Gewissen zu beruhigen; **to have s.th. on one's ~** Gewissensbisse *od.* ein schlechtes Gewissen haben wegen e-r Sache; **to have the ~ to do s.th.** die Frechheit *od.* Stirn besitzen, etwas zu tun; **to speak one's ~** *obs.* s-e Meinung (unverblümt) sagen; **with a safe ~** mit ruhigem Gewissen; **to act on ~** nach s-m Gewissen handeln, s-m Gewissen folgen.
conˈscience| clause *s jur.* Gewissensklausel *f.* **~ money** *s* freiwillige (*bes.* anoˈnyme) Steuernachzahlung. **~-proof** *adj* ‚abgebrüht', ohne Gewissen(sregungen). **~-ˌsmit·ten,** **~-ˌstrick·en** *adj* von Gewissensbissen gepeinigt, reuevoll.
con·sci·en·tious [ˌkɒnʃɪˈenʃəs; *Am.* ˌkɑn-] *adj* (*adv* **~ly**) **1.** gewissenhaft: **a ~ worker; a ~ description** e-e genaue Beschreibung. **2.** Gewissens...: **on ~ grounds** aus Gewissensgründen. **ˌcon·sciˈen·tious·ness** *s* Gewissenhaftigkeit *f.*
ˌcon·sci·en·tious obˈjec·tor *s* Kriegsdienstverweigerer *m* (*aus Gewissensgründen*).
con·scion·a·ble [ˈkɒnʃnəbl; *Am.* ˈkɑn-] *adj obs.* **1.** gewissenhaft. **2.** gerecht, billig.
con·scious [ˈkɒnʃəs; *Am.* ˈkɑn-] *adj* (*adv* **~ly**) **1.** *pred* bei Bewußtsein: **the patient is ~.** **2.** bewußt: **~ mind** Bewußtsein *n;* **to be ~ of s.th.** sich e-r Sache bewußt sein, sich über e-e Sache im klaren sein, von etwas wissen *od.* Kenntnis haben; **to be ~ that** wissen, daß; **she became ~ that** es kam ihr zum Bewußtsein *od.* sie wurde sich klar darüber, daß. **3.** denkend: **man is a ~ being.** **4.** bewußt (schaffend): **~ artist.** **5.** dem Gewissen gegenwärtig, bewußt: **~ guilt.** **6.** befangen. **7.** bewußt, wissentlich, absichtlich: **a ~ lie.** **-conscious** [ˈkɒnʃəs; *Am.* ˈkɑn-] *Wortelement mit den Bedeutungen:* a) aufgeschlossen für, interesˈsiert an (*dat*), ...freudig: **art-~,** b) empfindlich gegen (*etwas Schlechtes*), c) ...bewußt: **class-~.**
con·scious·ness [ˈkɒnʃəsnɪs; *Am.* ˈkɑn-] *s* **1. (of)** Sichbeˈwußtsein *n (gen),* Wissen *n* (von *od.* um). **2.** Bewußtsein(szustand *m*) *n:* **to lose ~** das Bewußtsein verlieren; **to regain ~** wieder zu sich kommen, das Bewußtsein wiedererlangen. **3.** (Gesamt-)Bewußtsein *n,* Denken *n,* Empfinden *n.* **~-exˌpand·ing** *adj* bewußtseinserweiternd (*Droge*). **~-ˌrais·ing** *s* Bewußtseinsentwicklung *f.*
con·scribe [kənˈskraɪb] → **conscript** 4.
con·script I *adj* [ˈkɒnskrɪpt; *Am.* ˈkɑn-] **1.** zwangsweise verpflichtet: **~ nurses.** **2.** *mil.* einberufen, eingezogen: **~ soldiers.** **3. ~ fathers** *antiq.* (*die*) römischen Senaˈtoren *pl.* **II** *s* [ˈkɒnskrɪpt] **4.** *mil.* a) einziehen, -berufen, b) *hist.* Truppen *etc* ausheben. **III** *s* [ˈkɒnskrɪpt; *Am.* ˈkɑn-] **5.** *mil.* a) Wehr(dienst)pflichtige(r) *m,* b) Einberufene(r) *m.*
con·scrip·tion [kənˈskrɪpʃn] *s* **1. *mil.***

Einberufung *f,* Einziehung *f.* **2.** *a.* **universal ~** *mil.* allgemeine Wehrpflicht. **3.** *a.* **industrial ~** Arbeitsverpflichtung *f.* **4.** *a.* **~ of wealth** (Herˈanziehung *f* zur) Vermögensabgabe *f.*
con·se·crate [ˈkɒnsɪkreɪt; *Am.* ˈkɑnsə-] **I** *v/t allg.* weihen: a) *relig.* konseˈkrieren, einsegnen, b) widmen (**to** *dat*): **to ~ one's life to an idea,** c) heiligen: **a custom ~d by tradition.** **II** *v/i relig.* konseˈkrieren, die Wandlung vollˈziehen (*in der Messe*). **III** *adj* a) geweiht (**to** *dat*), b) geheiligt.
ˌcon·seˈcra·tion *s* **1.** *relig.* a) (*a.* Priester)Weihe *f,* Weihung *f,* b) Einsegnung *f,* c) Konsekratiˈon *f,* Wandlung *f.* **2.** Heiligung *f.* **3.** Widmung *f,* ˈHingabe *f* (**to an** *acc*).
con·se·cu·tion [ˌkɒnsɪˈkjuːʃn; *Am.* ˌkɑn-] *s* **1.** (Aufeinˈander-, Reihen)Folge *f:* **~ of tenses** *ling.* Zeitenfolge. **2.** logische Folge.
con·sec·u·tive [kənˈsekjʊtɪv; *Am.* *a.* -kətɪv] *adj* **1.** aufeinˈanderfolgend: **for three ~ weeks** drei Wochen hintereinander. **2.** (fort)laufend: **~ numbers.** **3.** konsekuˈtiv, abgeleitet: **~ clause** *ling.* Konsekutiv-, Folgesatz *m.* **4.** *mus.* parˈallel (fortschreitend) (*Intervalle*). **5.** Folge...: **~ symptom** *med.* Folgeerscheinung *f.* **conˈsec·u·tive·ly** *adv* **1.** nach-, hintereinˈander. **2.** (fort)laufend: **~ numbered.** **conˈsec·u·tive·ness** *s* Aufeinˈanderfolge *f.*
con·sen·su·al [kənˈsensjʊəl, -ʃʊəl; *Am.* -ˈsenʃəwəl; -ˈsenʃəl] *adj* (*adv* **~ly**) **1.** *jur.* auf bloßer mündlicher Überˈeinkunft beruhend: **~ contract** obligatorischer Vertrag. **2.** unwillkürlich, Reflex...: **~ motion.**
con·sen·sus [kənˈsensəs] *s a.* **~ of opinion** (allgemein) überˈeinstimmende Meinung, (allgemeine) Überˈeinstimmung.
con·sent [kənˈsent] **I** *v/i* **1. (to)** zustimmen (*dat*), einwilligen (**in** *acc*). **2.** sich bereit erklären (**to do s.th.** etwas zu tun). **3.** nachgeben. **4.** *obs.* überˈeinstimmen. **II** *s* **5. (to)** Zustimmung *f,* Einverständnis *n* (zu), Einwilligung *f* (**in** *acc*), Genehmigung *f* (**gen** *od.* für): **age of ~** *jur.* (*bes.* Ehe)Mündigkeit *f;* **with one ~** einstimmig, einmütig; **with the ~ of** mit Genehmigung von (*od. gen*); → **common** 2, **informed** 1. **conˌsen·taˈne·i·ty** [-təˈniːətɪ] *s* **1.** Überˈeinstimmung *f.* **2.** Einmütigkeit *f.* **con·senˈta·ne·ous** [ˌkɒnsenˈteɪnɪəs; *Am.* ˌkɑn-], **con·senˈtient** [kənˈsenʃnt] *adj* (*adv* **~ly**) **1.** (to, with) zustimmend (*dat*), überˈeinstimmend (mit). **2.** einmütig, einstimmig.
con·se·quence [ˈkɒnsɪkwəns; *Am.* ˈkɑn-; *a.* -səˌkwens] *s* **1.** Folge *f,* Resulˈtat *n,* Ergebnis *n,* Auswirkung *f,* Konseˈquenz *f:* **bad ~s** schlimme Folgen; **in ~** infolgedessen, folglich, daher; **in ~ of** infolge von (*od. gen*); **to take the ~s** die Folgen tragen; **with the ~ that** mit dem Ergebnis, daß; → **carry** 10. **2.** Folgerung *f,* Schluß(satz) *m.* **3.** Bedeutung *f,* Wichtigkeit *f:* **of (no)** *od.* **of no (ohne)** Bedeutung, (un)bedeutend, (un)wichtig (**to** für); **it is of no ~** es hat nichts auf sich. **4.** Einfluß *m,* Ansehen *n:* **a person of great ~** e-e bedeutende *od.* einflußreiche Persönlichkeit. **5.** Würde *f.* **6.** Wichtigtueˈrei *f.*
con·se·quent [ˈkɒnsɪkwənt; *Am.* ˈkɑn-; *a.* -səˌkwent] *adj* (*adv* **~ly consequently**) **1. (on, upon)** a) (nach)folgend (*dat,* auf *acc*): **to be ~ on s.th.** die Folge von etwas sein, e-r Sache folgen, b) sich ergebend, resulˈtierend, entstehend (aus): **the ~ trouble** *a.* die entstandenen Schwierigkeiten. **2.** → **consequential** 2. **II** *s* **3.** Folge(erscheinung) *f,* Folgerung *f,* Schluß *m.* **5.** *ling.*

Nachsatz *m.* **6.** *math.* ˈHinterglied *n.*
ˌcon·seˈquen·tial [-ˈkwenʃl] *adj* (*adv* **~ly**) **1.** a) (logisch) folgend (**on, upon** auf *acc*), b) → **consequent** 1. **2.** folgerichtig, logisch richtig, konseˈquent. **3.** wichtigtuend, überˈheblich. **4.** mittelbar, ˈindiˌrekt: **~ damage** *jur.* Folgeschaden *m.* **5.** bedeutend, einflußreich: **~ people.** **ˈcon·seˌquen·tiˈal·i·ty** [-ʃɪˈælətɪ] *s* Wichtigtueˈrei *f,* Überˈheblichkeit *f.* **ˈcon·seˈquent·ly** *adv* **1.** als Folge, in der Folge. **2.** folglich, infolgeˈdessen, daher, deshalb.
con·serv·a·ble [kənˈsɜːvəbl; *Am.* -ˈsɜr-] *adj* konserˈvierbar. **conˈserv·an·cy** *s* **1.** Erhaltung *f.* **2.** → **conservation** 1. **3.** *Br.* Konˈtrollbehörde *f (für Flüsse, Häfen, Forste etc*).
con·ser·va·tion [ˌkɒnsə(r)ˈveɪʃn; *Am.* ˌkɑn-] *s* **1.** Erhaltung *f,* Bewahrung *f:* **~ of energy (mass, matter)** *phys.* Erhaltung der Energie (Masse, Materie). **2.** a) Naˈturschutz *m:* **~ area,** b) ˈUmweltschutz *m.* **3.** Konserˈvieren *n,* Haltbarmachen *n.* **ˌcon·serˈva·tion·ist** *s* a) Naˈturschützer(in), b) ˈUmweltschützer(in).
con·serv·a·tism [kənˈsɜːvətɪzəm; *Am.* -ˈsɜr-] *s* **1.** *a. pol.* Konservaˈtismus *m:* a) konservaˈtive Grundsätze *pl od.* Einstellung, b) C~ *Br.* Grundsätze *pl* u. Ziele *pl* der konservaˈtiven Parˈtei. **2.** *Am.* Vorsicht *f,* Zuˈrückhaltung *f.* **conˈserv·a·tive I** *adj* (*adv* **~ly**) **1.** *allg.* (*pol. meist* C~) konservaˈtiv: **C~ Party** *pol. Br.* Konservative Parˈtei. **2.** erhaltend, bewahrend, konserˈvierend: **~ force** erhaltende Kraft. **3.** zuˈrückhaltend, vorsichtig: **a ~ estimate; ~ investments.** **II** *s* **4.** *meist* C~ *pol.* Konservaˈtive(r *m*) *f,* Mitglied *n* der Konservativen Parˈtei. **5.** konservaˈtiver Mensch.
con·ser·va·toire [kənˈsɜːvətwɑː(r); *Am.* -ˈsɜr-] *s mus.* Konservaˈtorium *n.*
con·ser·va·tor [ˈkɒnsə(r)veɪtə(r); kənˈsɜːvətə(r); *Am.* ˈkɑn-; kənˈsɜr-] *s* **1.** Konserˈvator *m,* Muˈseumsdiˌrektor *m.* **2.** *Br.* Mitglied *n* der ˈFlußkonˌtrollbeˈhörde: **C~ of the River Thames** Titel *des* Lord Mayor *von* London *als* Vorsitzender *der* conservancy. **3.** Erhalter *m,* Beschützer *m:* **C~ of the Peace** Erhalter *des* Friedens (*Titel des englischen Königs*). **4.** *jur. Am.* Vormund *m,* Pfleger *m.*
con·serv·a·to·ry [kənˈsɜːvətərɪ; *Am.* kənˈsɜrvəˌtɔːrɪ; -ˌtoʊ-] **I** *s* **1.** Treib-, Geˈwächshaus *n,* *bes.* Wintergarten *m.* **2.** → **conservatoire.** **3.** *obs.* Aufbewahrungsort *m.* **II** *adj* **4.** erhaltend.
con·serve I *s* [ˈkɒnsɜːv; ˈkɑnsɜrv; *Am.* ˈkɑnsɜrv] *s. meist pl* Eingemachtes *n.* **II** *v/t* [kənˈsɜːv; *Am.* -ˈsɜrv] **2.** erhalten, bewahren. **3.** *Obst etc* einmachen. **4.** *fig.* beibehalten, aufrechterhalten: **to ~ a custom** e-e Gewohnheit beibehalten.
con·sid·er [kənˈsɪdə(r); *Am.* -ər] **I** *v/t* **1.** nachdenken über (*acc*). **2.** betrachten *od.* ansehen als, halten für: **to ~ s.o. (to be) a fool; to ~ s.th. (to be) a mistake; to be ~ed rich** als reich gelten, für reich gehalten werden; **you may ~ yourself lucky** du kannst von Glück sagen *od.* dich glücklich schätzen; **~ yourself dismissed!** betrachten Sie sich als entlassen! **3.** sich überˈlegen, ins Auge fassen, in Erˈwägung ziehen, erˈwägen: **to ~ buying a car** den Kauf e-s Wagens erˈwägen; → **considered.** **4.** berückˈsichtigen, in Betracht ziehen: **all things ~ed** wenn man alles erˈwägt; **~ his age** beˈdenken Sie sein Alter; → **considering I.** **5.** Rücksicht nehmen auf (*acc*), beˈdenken an (*acc*): **he never ~s others.** **6.** achten, respekˈtieren. **7.** finden, meinen, der Meinung sein, denken (**that** daß). **8.** (eingehend) betrachten. **9.** *obs.* j-n

considerable – conspire

entschädigen *od.* belohnen. **II** *v/i* **10.** nachdenken, über'legen. **con·sid·er·a·ble I** *adj* (*adv* **considerably**) **1.** beachtlich, beträchtlich, erheblich, ansehnlich. **2.** bedeutend, wichtig (*a. Person*). **II** *s* **3.** *Am. colloq.* e-e ganze Menge, viel: *he spent ~ of his life abroad* e-n Großteil s-s Lebens. **con·sid·er·a·ble·ness** *s* **1.** Beträchtlichkeit *f.* **2.** Bedeutung *f.*
con·sid·er·ate [kənˈsɪdərət; -drət] *adj* (*adv ~ly*) **1.** aufmerksam, rücksichtsvoll (**to, toward[s]** gegen). **2.** taktvoll. **3.** 'umsichtig, besonnen. **4.** ('wohl)über'legt, besonnen. **con·sid·er·ate·ness** *s* **1.** Rücksichtnahme *f,* Aufmerksamkeit *f.* **2.** 'Umsicht *f,* Besonnenheit *f.*
con·sid·er·a·tion [kənˌsɪdəˈreɪʃn] *s* **1.** Erwägung *f,* Über'legung *f:* **on** (*od.* **under**) **no ~** unter keinen Umständen; *the matter is under ~* die Angelegenheit wird (noch) erwogen; *to give s.th. one's careful ~* e-e Sache sorgfältig erwägen; **to take into ~** in Erwägung *od.* in Betracht ziehen, berücksichtigen; **to leave a question out of ~** e-e Frage ausklammern. **2.** Berücksichtigung *f:* **in ~ of** in Anbetracht (*gen*). **3.** Rücksicht(nahme) *f* (**for,** *of acc*): **lack of ~** Rücksichtslosigkeit *f;* **out of ~ for s.o.** aus Rücksicht auf j-n. **4.** (zu berücksichtigender) Grund: *that is a ~* das ist ein triftiger Grund, das ist von Belang; *money is no ~* Geld spielt keine Rolle *od.* ist Nebensache. **5.** Entgelt *n,* Entschädigung *f,* Vergütung *f:* **in ~ of** als Entgelt für; **for a ~** gegen Entgelt. **6.** *jur.* (vertragliche) Gegenleistung: **concurrent** (**executed**) **~** gleichzeitige (vorher empfangene) Gegenleistung; **for valuable ~** entgeltlich. **7.** (Hoch)Achtung *f:* **a person of ~** e-e geachtete Persönlichkeit.
con·sid·ered [kənˈsɪdəd] *adj a.* **well-~** 'wohlüber₁legt, -erwogen. **con·sid·er·ing I** *prep* in Anbetracht (*gen*), wenn man ... (*acc*) bedenkt. **II** *adv colloq.* den 'Umständen entsprechend: *he is quite well ~* es geht ihm soweit ganz gut.
con·sign [kənˈsaɪn] *v/t* **1.** über'geben, ausliefern (**to** *dat*): *to ~ to the flames* den Flammen übergeben, verbrennen; *→* **oblivion** 1. **2.** j-m etwas anvertrauen. **3.** *jur. Scot.* Geld hinter'legen. **4.** *etwas* vorsehen, bestimmen (**for, to** für). **5.** (**to**) *econ.* Waren a) über'senden, zusenden (*dat*), b) adres'sieren (an *acc*), c) (*Überseehandel*) in Kommissi'on *od.* Konsignati'on geben (*dat*). **6.** *to ~* (**for sale**) (zur Auktion) einliefern.
con·sig·na·tion [ˌkɒnsaɪˈneɪʃn; *Am.* ˌkɑn-; *a.* -sɪɡˈn-] *s* **1.** *→* **consignment** 1. **2.** *jur.* Hinter'legung *f.*
con·sign·ee [ˌkɒnsaɪˈniː; *Am.* ˌkɑnsəˈniː; -ˌsaɪ-] *s econ.* **1.** Empfänger *m,* Adres'sat *m.* **2.** *Überseehandel:* Konsigna'tar *m,* Ver'kaufskommissio₁när *m.*
con·sign·er [kənˈsaɪnə(r)] *→* **consignor**.
con·sign·ment [kənˈsaɪnmənt] *s* **1.** *econ.* a) Über'sendung *f,* Zusendung *f:* **bill of ~, ~ note** Frachtbrief *m,* b) (*Überseehandel*) Konsignati'on *f:* **sale** Konsignations-, Kommissionsverkauf *m;* **in ~** in Konsignation *od.* Kommission. **2.** *econ.* (Waren)Sendung *f,* b) konsi'gnierte Konsignati'onsware(n *pl*) *f.* **3.** *jur. Scot.* Hinter'legung *f.*
con·sign·or [kənˈsaɪnə; ˌkɒnsaɪˈnɔː; *Am.* ˌkɑnsəˈnɔːr; -ˌsaɪˈn-] *s* **1.** *econ.* a) Über'sender *m,* b) (*Überseehandel*) Konsi'gnant *m.* **2.** *jur. Scot.* Hinter'leger *m.*
con·sist [kənˈsɪst] *v/i* **1. ~ of** bestehen *od.* sich zs.-setzen aus. **2. ~ in** bestehen in (*dat*): *his task ~s mainly in writing letters* s-e Arbeit besteht hauptsächlich

darin, Briefe zu schreiben. **3.** über'einstimmen, vereinbar sein (**with** mit).
con·sist·ence [kənˈsɪstəns], **con·sist·en·cy** *s* **1.** Konsi'stenz *f,* Beschaffenheit *f,* (Grad *m* der) Festigkeit *f od.* Dichtigkeit *f.* **2.** *fig.* a) Konse'quenz *f,* Folgerichtigkeit *f,* b) Gleichmäßigkeit *f,* Unbeirrbarkeit *f.* **3.** *fig.* Über'einstimmung *f,* Einklang **m. 4.** *fig.* 'Widerspruchsfreiheit *f,* Konsi'stenz *f.* **con·sist·ent** *adj* **1.** konsi'stent, fest, dicht. **2.** *fig.* konse'quent: a) folgerichtig, b) gleichmäßig, unbeirrbar (*a. Person*). **3.** *fig.* über'einstimmend, vereinbar, in Einklang stehend (**with** mit). **4.** *fig.* 'widerspruchsfrei, (*bes. Logik a.*) konsi'stent. **5.** *sport etc* beständig (*Leistung etc*). **con·sist·ent·ly** *adv* **1.** im Einklang (**with** mit). **2.** 'durchweg.
con·sis·to·ry [kənˈsɪstərɪ; -strɪ] *s* **1.** Kirchenrat *m,* geistliche Behörde, Konsi'storium *n.* **2.** *R.C.* Kardi'nalsversammlung *f.* **3.** *a.* **C~ Court** bischöfliches Konsi'storium der angli'kanischen Kirche (*Diözesangericht*). **4.** kirchliche Behörde, 'Presbyterkol₁legium *n* (*einiger reformierter Kirchen*). **5.** *obs.* Versammlungsort *m,* Beratungsraum *m.*
con·so·ci·ate [kənˈsəʊʃɪeɪt; -sɪ-] **I** *adj* verbunden. **II** *s* Genosse *m,* Teilhaber *m.* **III** *v/t u. v/i* [-ʃɪeɪt; -sɪ-] (sich) vereinigen, (sich) verbinden. **con₁so·ci·'a·tion** [-ʃɪˈeɪʃn; -sɪ-] *s* Vereinigung *f,* Bund *m.*
con·so·la·tion [ˌkɒnsəˈleɪʃn; *Am.* ˌkɑn-] *s* Tröstung *f,* Trost *m* (**to** für): **poor ~** schwacher Trost; **a few words of ~** ein paar tröstliche Worte; **~ goal** *sport* Ehrentor *n;* **~ prize** Trostpreis *m.*
con·sol·a·to·ry [kənˈsɒlətərɪ; -trɪ; *Am.* kənˈsəʊləˌtɔːrɪ; -ˌtəʊr-; -ˌtɔːr-; -ˈsɑlə-] *adj* tröstend, tröstlich, Trost...: **a few ~ words** ein paar Worte des Trostes; **to be ~ to s.o.** j-n trösten.
con·sole¹ [ˈkɒnsəʊl; *Am.* ˈkɑn-] *s* **1.** Kon'sole *f:* a) *arch.* Krag-, Tragstein *m,* b) Wandgestell *n.* **2.** *a.* **~ table** Kon'soltischchen *n.* **3.** *tech.* Stütze *f,* Strebe *f.* **4.** *mus.* (Orgel)Spieltisch *m.* **5.** (Fernseh-, Mu'sik)Truhe *f,* (Radio)Schrank *m.* **6.** *Computer, electr.* Schalt-, Steuerpult *n,* Kon'sole *f.*
con·sole² [kənˈsəʊl] *v/t* j-n trösten: *to ~ o.s. with s.th.* sich mit etwas trösten; *to ~ s.o. for s.th.* j-n über etwas hinwegtrösten.
con·sol·er [kənˈsəʊlə(r)] *s* Tröster(in).
con·sol·i·date [kənˈsɒlɪdeɪt; *Am.* -ˈsɑlə-] **I** *v/t* **1.** (ver)stärken, festigen (*beide a. fig.*). **2.** *mil.* a) *Truppen* zs.-ziehen, b) *Stellung* ausbauen, verstärken. **3.** *econ.* a) (*bes. Staats*)*Schulden* konsoli'dieren, fun'dieren, b) *Emissionen* vereinigen, *Aktien* zs.-legen, c) *Gesellschaften* zs.-schließen, -legen. **4.** *jur. Klagen* mitein'ander verbinden, zs.-legen. **5.** *tech.* verdichten. **II** *v/i* **6.** *econ.* sich zusammen-, fest werden. **7.** *bes. fig.* sich festigen: **to ~ into** sich kristallisieren zu e-m Ganzen. **8.** *econ.* sich zs.-schließen. **III** *adj* *→* **consolidated.**
con·sol·i·dat·ed [kənˈsɒlɪdeɪtɪd; *Am.* -ˈsɑlə-] *adj* **1.** *tech.* fest, dicht, kom'pakt. **2.** *bes. fig.* gefestigt. **3.** *econ.* vereinigt, konsoli'diert. **~ an·nu·i·ties** *→* **consols. ~ bal·ance sheet** *s econ.* konsoli'dierte Bi'lanz, Kon'zernbi₁lanz *f.* **~ bonds** *s pl econ.* konsoli'dierte 'Wertpa₁piere *pl.* **C~ Fund** *s econ. Br.* konsoli'dierter Staatsfonds. **~ state·ment** *s econ. Am.* gemeinsame Gewinn- u. Verlustrechnung (*Konzern*).
con·sol·i·da·tion [kənˌsɒlɪˈdeɪʃn; *Am.* -ˌsɑlə-] *s* **1.** (Ver)Stärkung *f,* Festigung *f* (*beide a. fig.*). **2.** *mil.* a) Zs.-ziehung *f,*

b) Ausbau *m.* **3.** *econ.* a) Konsoli'dierung *f,* Fun'dierung *f,* b) Vereinigung *f,* Zs.-legung *f,* c) Zs.-schluß *m.* **4.** *jur.* Verbindung *f.* **5.** *tech.* Verdichtung *f.* **6.** *agr.* Flurbereinigung *f.* **7.** *med.* heilende Verhärtung (*bei Tuberkulose etc*). **8.** *tech.* na'türliche Bodenverdichtung, Sacken *n.*
con·sols [ˈkɒnsəlz; -sɒlz] *s pl econ. Br.* Kon'sols *pl,* konsoli'dierte Staatsanleihen *pl.*
con·som·mé [kənˈsɒmeɪ; ˈkɒnsɒmeɪ; *Am.* ˌkɑnsəˈmeɪ] *s* Consom'mé *f* (*klare Kraftbrühe*).
con·so·nance [ˈkɒnsənəns; -snəns; *Am.* ˈkɑn-] *s* **1.** Zs.-, Gleichklang *m,* Harmo'nie *f,* Über'einstimmung *f:* **~ of words** Gleichlaut *m;* **~ of opinions** Meinungsgleichheit *f;* **in ~ with** im Einklang mit. **2.** Konso'nanz *f:* a) *mus.* har'monischer Zs.-klang, b) *phys.* Mitschwingen *n.* **ˈcon·so·nant I** *adj* (*adv ~ly*) **1.** *mus.* konso'nant, har'monisch zs.-klingend. **2.** gleichlautend: **~ words.** **3.** über'einstimmend, vereinbar (**with** mit). **4.** (*to*) passend (*zu*), gemäß, entsprechend (*dat*). **5.** *ling.* konso'nantisch. **II** *s* **6.** *ling.* Kon'sonant *m,* Mitlaut *m:* **~ shift(ing)** Lautverschiebung *f.* **ˌcon·soˈnan·tal** [-ˈnæntl] *adj ling.* konso'nantisch, Konsonanten...
con·sort I *s* [ˈkɒnsɔː(r)t; *Am.* ˈkɑn-] **1.** Gemahl(in), Gatte *m,* Gattin *f:* **king ~, prince ~** Prinzgemahl *m.* **2.** Gefährte *m,* Gefährtin *f:* **~s contp.** Konsorten, Kumpane. **3.** *mar.* Begleit-, Geleitschiff *n.* **4.** *obs.* Über'einstimmung *f:* **in ~ with** im Einklang mit. **II** *v/i* [kənˈsɔː(r)t; *Am. a.* ˈkɑn₁s-; -ˈsɔ-] **5.** (**with**) verkehren, 'umgehen (mit), sich gesellen (zu). **6.** pak'tieren. **7.** *fig.* (**with**) über'einstimmen, harmo'nieren (mit), passen (*zu*). **conˈsor·ti·um** [-tjəm; -tɪəm; -ʃɪəm] *pl* **-ti·a** [-ə] *s* **1.** *jur.* (eheliche) Gemeinschaft. **2.** Vereinigung *f,* Kon'sortium *n.* **3.** *econ.* Kon'sortium *n:* **~ of banks** Bankenkonsortium.
con·spec·tus [kənˈspektəs] *s* **1.** (allgemeine) 'Übersicht *f.* **2.** Zs.-fassung *f.*
con·spi·cu·i·ty [ˌkɒnspɪˈkjuːətɪ; *Am.* ˌkɑn-] *→* **conspicuousness.**
con·spic·u·ous [kənˈspɪkjʊəs; *Am.* -jəwəs] *adj* (*adv ~ly*) **1.** deutlich sichtbar, in die Augen fallend. **2.** auffallend, auffällig (*a. contp.*): **to make o.s. ~** sich auffällig benehmen, auffallen; **~ consumption** *econ.* aufwendige Lebenshaltung aus Prestigegründen. **3.** *fig.* bemerkenswert, her'vorragend (**for** wegen): **to be ~ by one's absence** durch Abwesenheit glänzen (*Person*), völlig fehlen (*Sache*); **to render o.s. ~** sich hervortun; **~ service** *mil.* hervorragende Dienste. **conˈspic·u·ous·ness** *s* **1.** Augenfälligkeit *f,* Deutlichkeit *f.* **2.** Auffälligkeit *f.*
con·spir·a·cy [kənˈspɪrəsɪ] *s* **1.** Verschwörung *f,* Kom'plott *n,* Konspirati'on *f:* **~ (to commit a crime)** *jur.* Verabredung *f* zur Verübung e-r Straftat; **~ of silence** verabredetes Stillschweigen. **2.** *fig.* Zs.-wirken *n,* Verkettung *f:* **~ of circumstances.** **conˈspir·a·tor** [-tə(r)] *s* Verschwörer *m,* Konspi'rant *m:* **con₁spir·aˈto·ri·al** [-ˈtɔːrɪəl; *Am. a.* -ˈtəʊ-] *adj* (*adv ~ly*) verschwörerisch, Verschwörungs..., konspira'tiv. **conˈspir·a·tress** [-trɪs] *s* Verschwörerin *f,* Konspi'rantin *f.* **conˈspire** [-ˈspaɪə(r)] **I** *v/i* **1.** sich verschwören, ein Kom'plott schmieden, konspi'rieren (**against** gegen). **2.** *jur.* sich verabreden: **to ~ to defraud s.o. 3.** *fig.* zs.-wirken, -treffen, dazu beitragen, sich verschwören: **everything ~d against him** alles hatte

sich gegen ihn verschworen; **all things ~ to make him happy** alles trifft zu s-m Glück zusammen. **II** *v/t* **4.** (heimlich) planen, aushecken, anzetteln.
con·spue [kənˈspjuː] *v/t* verachten.
con·sta·ble [ˈkʌnstəbl] *s* **1.** *bes. Br.* a) Poliˈzist *m*, Wachtmeister *m*: → **special 3** *u.* **5 a**, b) (höherer) Poliˈzeibeamter: **high ~** (*bis 1869*) Befehlshaber *m* e-r Hundertschaft; → **chief constable. 2.** *hist.* Konneˈtabel *m*, hoher Reichsbeamter: **C~ of France**; → **Lord High Constable. 3.** *hist.* Schloßvogt *m*.
con·stab·u·lar·y [kənˈstæbjʊləri; *Am.* -jəˌleri:] *bes. Br.* **I** *s* **1.** Poliˈzei(truppe) *f* (*e-s Bezirks*). **2.** (*Art*) Gendarmeˈrie *f*, miliˈtärisch organiˈsierte Schutztruppe. **II** *adj* **3.** poliˈzeilich, Polizei...
con·stan·cy [ˈkɒnstənsɪ; *Am.* ˈkɑn-] *s* **1.** Beständigkeit *f*, Unveränderlichkeit *f*, Konˈstanz *f*. **2.** Bestand *m*, Dauer *f*. **3.** *fig.* Beständigkeit *f*, Unerschütterlichkeit *f*, Standhaftigkeit *f*. **4.** Treue *f*.
con·stant [ˈkɒnstənt; *Am.* ˈkɑn-] **I** *adj* (*adv* **~ly**) **1.** beständig, unveränderlich, gleichbleibend, konˈstant. **2.** (be)ständig, fortwährend, unaufhörlich, (an)dauernd, stet(ig): **~ change** stetiger Wechsel; **~ rain** anhaltender Regen. **3.** *fig.* a) beständig, standhaft, beharrlich, fest, unerschütterlich, b) (ge)treu: **~ companion** ständiger Begleiter. **4.** *electr. math. phys.* konˈstant: **~ quantity**; **~ speed**; **~ value** *math.* fester Wert; **~ white** *chem.* Permanentweiß *n*. **II** *s* **5.** (*das*) Beständige. **6.** *math. phys.* konˈstante Größe, Konˈstante *f* (*beide a. fig.*), Koeffiziˈent *m*, Expoˈnent *m*: **~ of friction** Reibungskoeffizient; **~ of gravitation** Gravitations- *od.* Erdbeschleunigungskonstante.
con·stel·late [ˈkɒnstəleɪt; *Am.* ˈkɑn-] **I** *v/t* Sterne (zu e-r Gruppe) vereinigen (*a. fig.*). **II** *v/i* sich vereinigen. ˌ**con·stelˈla·tion** *s* **1.** Konstellatiˈon *f*: a) *astr.* Sternbild *n*, b) Stellung *f* der Plaˈneten zueinˈander, c) *fig.* Anordnung *f*, Gruppierung *f*, d) Zs.-treffen *n* (*von Umständen*). **2.** glänzende Versammlung.
con·ster·nate [ˈkɒnstə(r)neɪt; *Am.* ˈkɑn-] *v/t* bestürzen, verblüffen, verwirren: **~d** konsterniert, bestürzt, verblüfft. ˌ**con·sterˈna·tion** *s* Bestürzung *f*: **to be filled with ~** bestürzt sein; **in ~** konsterniert, bestürzt.
con·sti·pate [ˈkɒnstɪpeɪt; *Am.* ˈkɑn-] *v/t med.* konstiˈpieren, verstopfen. ˌ**con·stiˈpa·tion** *s med.* Verstopfung *f*.
con·stit·u·en·cy [kənˈstɪtjʊənsɪ; *Am.* kənˈstɪtʃəwənsɪ:] *s* **1.** Wählerschaft *f*. **2.** Wahlbezirk *m*, -kreis *m*. **3.** *Am. colloq.* Kundenkreis *m*. **con·stit·u·ent I** *adj* **1.** e-n (Bestand)Teil bildend, zs.-setzend: **~ part** → **4**; **~ fact** *jur.* Tatbestandsmerkmal *n*. **2.** *pol.* Wähler..., Wahl...: **~ body** Wählerschaft *f*. **3.** *pol.* konstituˈierend, verfassunggebend: **~ assembly** verfassunggebende Versammlung. **II** *s* **4.** (wesentlicher) Bestandteil. **5.** *jur.* Vollmachtgeber(in). **6.** *econ.* Auftraggeber *m*. **7.** *pol.* Wähler(in). **8.** *ling.* ˈSatzteil *m*, -eleˌment *n*. **9.** *chem. phys.* Kompoˈnente *f*.
con·sti·tute [ˈkɒnstɪtjuːt; *Am.* ˈkɑn-; *a.* -ˌtuː] *v/t* **1.** j-n ernennen, einsetzen (*in ein Amt etc*): **to ~ s.o. a judge** j-n als Richter einsetzen *od.* zum Richter ernennen; **to ~ o.s. a judge of** sich zum Richter aufwerfen über (*acc*). **2.** ein Gesetz erlassen, in Kraft setzen. **3.** einrichten, gründen, konstituˈieren: **to ~ a committee** e-n Ausschuß einsetzen; **to ~ o.s. a committee** sich als Ausschuß konstituieren; **the ~d authorities** die verfassungsmäßigen Behörden. **4.** ausmachen, bilden, darstellen: **this ~s a precedent** dies stellt e-n Präzedenzfall dar; **to be so ~d that** so beschaffen sein, daß.

con·sti·tu·tion [ˌkɒnstɪˈtjuːʃn; *Am.* ˌkɑn-; *a.* -ˈtuː-] *s* **1.** Zs.-setzung *f*, (Auf-)Bau *m*, Strukˈtur *f*, Beschaffenheit *f*. **2.** Konstitutiˈon *f*, körperliche Veranlagung, Naˈtur *f*: **strong (weak) ~** starke (schwache) Konstitution; **~ type** Konstitutionstyp *m*. **3.** Naˈtur *f*, (seelische) Veranlagung, Wesen *n*: **by ~** von Natur (aus). **4.** Einsetzung *f*, Bildung *f*, Errichtung *f*, Gründung *f*. **5.** Erlaß *m*, Verordnung *f*, Gesetz *n*. **6.** *pol.* Verfassung *f*. **7.** Satzung *f* (*e-s Verbands etc*). ˌ**con·stiˈtu·tion·al** [-ʃnl] **I** *adj* (*adv* **~ly**) **1.** *med.* konstitutioˈnell, anlagebedingt: **a ~ disease** e-e Konstitutionskrankheit. **2.** gesundheitsfördernd. **3.** grundlegend, wesentlich. **4.** *pol.* verfassungsmäßig, Verfassungs..., konstitutioˈnell: **~ charter** Verfassungsurkunde *f*; **~ government** verfassungsmäßige Regierung; **~ law** *jur.* Verfassungsrecht *n*; **~ liberty** verfassungsmäßig verbürgte Freiheit; **~ state** Rechtsstaat *m*; **~ monarchy 1. 5.** verfassungstreu. **II** *s* **6.** *colloq.* Verˈdauungs- *od.* Geˈsundheitsspaˌziergang *m*. ˌ**con·stiˈtu·tion·al·ism** [-ʃnəlɪzəm] *s pol.* Konstitutionaˈlismus *m*, konstitutioˈnelle Reˈgierungsform. ˌ**con·stiˈtu·tion·al·ist** *s pol.* **1.** Anhänger *m* der konstitutioˈnellen Reˈgierungsform. **2.** Verfassungsrechtler *m*. ˌ**con·stiˌtu·tion·alˈi·ty** [-ʃəˈnælətɪ] *s pol.* Verfassungsmäßigkeit *f*. ˌ**con·stiˈtu·tion·al·ize** [-ʃnəlaɪz] *v/t pol.* konstitutioˈnell machen.

con·sti·tu·tive [ˈkɒnstɪtjuːtɪv; kənˈstɪtjuː-; *Am.* ˈkɑnstə-; *a.* -ˌtuː-; *a.* kənˈstɪtʃətɪv] *adj* **1.** → **constituent** I. **2.** grundlegend, wesentlich. **3.** gestaltend, aufbauend, richtunggebend. **4.** *philos.* konstituˈtiv, (*das Wesen e-r Sache*) bestimmend. **5.** begründend, konstituˈierend.

con·strain [kənˈstreɪn] *v/t* **1.** j-n zwingen, nötigen, drängen: **to be** (*od.* **feel) ~ed to do s.th.** gezwungen *od.* genötigt sein *od.* sich gezwungen fühlen, etwas zu tun. **2.** *etwas* erzwingen. **3.** einengen. **4.** einsperren (**to** in *dat*). **5.** fesseln, binden. **6.** bedrücken. **conˈstrained** *adj* gezwungen, verlegen, verkrampft, ˈunnaˌtürlich, steif: **a ~ laugh** ein gezwungenes Lachen. **conˈstrain·ed·ly** [-ɪdlɪ] *adv* gezwungen.

con·straint [kənˈstreɪnt] *s* **1.** Zwang *m*, Nötigung *f*: **under ~** unter Zwang, gezwungen. **2.** Beschränkung *f*. **3.** *fig.* a) Befangenheit *f*, b) Gezwungenheit *f*. **4.** Zuˈrückhaltung *f*, (Selbst)Beherrschung *f*.

con·strict [kənˈstrɪkt] *v/t* **1.** zs.-ziehen, -pressen, -schnüren, einengen (*a. fig.*). **2.** *fig.* beschränken. **conˈstrict·ed** *adj* **1.** zs.-gezogen, -geschnürt. **2.** eingeengt, *fig. a.* beschränkt. **3.** *bot.* eingeschnürt. **conˈstric·tion** *s* **1.** Zs.-ziehung *f*, Einschnürung *f*. **2.** Beengtheit *f*, Enge *f*. **conˈstric·tive** *adj* zs.-ziehend, -schnürend, einengend (*a. fig.*). **conˈstric·tor** [-tə(r)] *s* **1.** *anat.* Schließmuskel *m*. **2.** *zo.* Riesenschlange *f*.

con·stru·a·ble [kənˈstruːəbl] *adj* auszulegen(d), auslegbar.

con·struct I *v/t* [kənˈstrʌkt] **1.** errichten, bauen. **2.** *tech.* konstruˈieren, bauen. **3.** *ling. math.* konstruˈieren. **4.** *fig.* gestalten, entwerfen, formen, ausarbeiten. **II** *s* [ˈkɒnstrʌkt; *Am.* ˈkɑn-] **5.** konstruˈiertes Gebilde. **6.** *philos.* (*geistige*) Konstruktiˈon. **conˈstruct·er** → **constructor**. **conˈstruct·i·ble** *adj math.* konstruˈierbar.

con·struc·tion [kənˈstrʌkʃn] *s* **1.** Konstruktiˈon *f*, (Er)Bauen *n*, Bau *m*, Errich-

conspue – consult

tung *f*: **~ of transformers** Transformatorenbau; **~ engineer** Bauingenieur *m*; **~ industry** Bauindustrie *f*; **~ material** Baumaterial *n*, -stoff *m*; **~ site** Baustelle *f*; **under ~** im Bau (befindlich). **2.** Bauweise *f*, Konstruktiˈon *f*: **steel ~** Stahlbauweise, -konstruktion. **3.** Bau(werk *n*) *m*, Baulichkeit *f*, Anlage *f*. **4.** *fig.* Aufbau *m*, Anlage *f*, Gestaltung *f*, Konstruktiˈon *f*. **5.** *math.* Konstruktiˈon *f* (*e-r Figur od. Gleichung*). **6.** *ling.* ˈWort- *od.* ˈSatzkonstruktiˌon *f*. **7.** *fig.* Auslegung *f*, Deutung *f*: **to put** (*od.* **place) a favo(u)rable (wrong) ~ on s.th.** etwas günstig (falsch) auslegen; **on the strict ~ of** bei strenger Auslegung (*gen*). **conˈstruc·tion·al** [-ʃnl] *adj* **1.** *tech.* Konstruktions..., Bau..., baulich, konstruktiˈonstechnisch: **~ details**; **~ engineer** Tiefbauingenieur *m*. **2.** *geol.* aufbauend.

con·struc·tive [kənˈstrʌktɪv] *adj* (*adv* **~ly**) **1.** schöpferisch, konstrukˈtiv: **~ talent**; **~ work**. **2.** konstrukˈtiv (*Ggs. destruktiv*): **~ criticism**. **3.** → **constructional 1. 4.** a) *jur.* gefolgert, abgeleitet, angenommen, b) *jur.* ˈindiˌrekt, mittelbar, forˈmaljuˌristisch: **~ delivery** symbolische Übergabe (*z. B. e-s Schlüssels*); **~ fraud** Betrug *m* kraft gesetzlicher Vermutung; **~ possession** mittelbarer Besitz. **conˈstruc·tiv·ism** *s art* Konstruktiˈvismus *m*. **conˈstruc·tor** [-tə(r)] *s* Erbauer *m*, Konstrukˈteur *m*.

con·strue [kənˈstruː] **I** *v/t* **1.** *ling.* a) e-n Satz konstruˈieren, zergliedern, analyˈsieren, b) *ein Wort* konstruˈieren, bilden: **to be ~d with** konstruiert werden mit (*e-r Präposition etc*), c) *obs.* Wort für Wort überˈsetzen. **2.** auslegen, deuten, auffassen (**as** als). **II** *v/i* **3.** *ling.* a) e-e ˈSatzanaˌlyse vornehmen, konstruˈieren, b) sich konstruˈieren lassen (*Satz etc*). **III** *s* [ˈkɒnstruː] **4.** *obs.* wörtliche Überˈsetzung.

con·sub·stan·tial [ˌkɒnsəbˈstænʃl; *Am.* ˌkɑn-] *adj bes. relig.* ˈeines Wesens: **~ unity** Wesenseinheit *f*. ˌ**con·subˈstan·tial·ism** [-ʃəlɪzəm] *s relig.* Lehre *f* von der Wesensgleichheit. ˌ**con·subˌstan·tiˈal·i·ty** [-ʃɪˈælətɪ] *s relig.* Konsubstantialiˈtät *f*, Wesensgleichheit *f* (*der drei göttlichen Personen*). ˌ**con·sub·stan·tiˈa·tion** *s relig.* Konsubstantiatiˈon *f* (*Mitgegenwart des Leibes u. Blutes Christi beim Abendmahl*).

con·sue·tude [ˈkɒnswɪtjuːd; *Am.* ˈkɑn-; *a.* -ˌtuːd] *s* Gewohnheit *f*, Brauch *m*. ˌ**con·sueˈtu·di·nar·y** [-ˈdɪnərɪ; *Am.* -dnˌerɪ:] *adj* gewohnheitsmäßig, Gewohnheits...: **~ law** *jur.* Gewohnheitsrecht *n*.

con·sul [ˈkɒnsəl; *Am.* ˈkɑnsəl] *s* Konsul *m* (*a. antiq. hist.*).

con·su·lar [ˈkɒnsjʊlə; *Am.* ˈkɑnsələr; -slər] *adj* Konsulats..., Konsular..., konsuˈlarisch: **~ agency** Konsularagentur *f*; **~ agent** Konsularagent *m*; **~ invoice** *econ.* Konsulatsfaktura *f*; **~ officer** Konsularbeamte(r) *m*, Konsul *m*; **~ service** Konsulatsdienst *m*.

con·su·late [ˈkɒnsjʊlət; *Am.* ˈkɑnsələt; -slət] *s* **1.** Konsuˈlat *n*. **2.** Konsuˈlat(sgebäude) *n*. **~ gen·er·al** *pl* **-lates -al** *s* Generalkonsuˌlat *n*.

con·sul gen·er·al *pl* **-suls -al** *s* Generalˈkonsul *m*.

ˈ**con·sul·ship** *s* Amt *n* e-s Konsuls, Konsuˈlat *n*.

con·sult [kənˈsʌlt] **I** *v/t* **1.** um Rat fragen, zu Rate ziehen, konsulˈtieren (*about wegen*): **to ~ a doctor**; **to ~ one's watch** auf die Uhr schauen. **2.** nachschlagen *od.* -sehen in (*e-m Buch*): **to ~ a dictionary**; **to ~ an author** bei e-m Autor nachschlagen. **3.** berücksichtigen, in Erwägung

consultant – contemporary

ziehen, im Auge haben: **they ~ed his wishes.** II v/i **4.** (sich) beraten, beratschlagen (**about** über acc).
con·sult·ant [kənˈsʌltənt] s **1.** (fachmännischer) Berater, Gutachter m: **firm of ~s** Beraterfirma f. **2.** med. a) fachärztlicher Berater, hinˈzugezogener zweiter Arzt, b) Facharzt m (an e-m Krankenhaus). **3.** Ratsuchende(r m) f.
con·sul·ta·tion [ˌkɒnsəlˈteɪʃn; Am. ˌkɑn-] s Beratung f, Rücksprache f, Konsultatiˈon f (a. med.): **on ~ with** nach Rücksprache mit; **to be in ~ over** (od. **on**) sich beraten über (acc); **~ hour** Sprechstunde f; **~ mechanism** pol. Konsultationsmechanismus m.
con·sul·ta·tive [kənˈsʌltətɪv], **conˈsul·ta·to·ry** [-tərɪ, -trɪ; Am. ˌ-təˈɔː-, ˌ-təːˈ-] adj beratend. **con·sul·tee** [ˌkɒnsʌlˈtiː; Am. ˌkɑn-] s fachlicher Berater.
con·sult·er [kənˈsʌltə(r)] s Ratsuchende(r m) f. **conˈsult·ing** adj **1.** beratend: **~ engineer** technischer (Betriebs)Berater; **~ fee** Beraterhonorar n; **~ firm** Beraterfirma n; **~ physician** beratender Arzt; **~ room** Sprechzimmer n. **2.** ratsuchend. **conˈsul·tive** → consultative.
con·sum·a·ble [kənˈsjuːməbl; bes. Am. -ˈsuːm-] I adj **1.** zerstörbar. **2.** verbrauchbar, Verbrauchs-: **~ goods.** II s meist pl **3.** Verbrauchsgut n.
con·sume [kənˈsjuːm; bes. Am. -ˈsuːm] I v/t **1.** zerstören, vernichten: **~d by fire** ein Raub der Flammen. **2.** fig. verzehren: **to be ~d with desire** (**hatred**) von Begierde (Haß) verzehrt werden. **3.** auf-, verzehren, (auf)essen, trinken. **4.** auf-, verbrauchen, konsuˈmieren: **this car ~s a lot of oil** dieser Wagen verbraucht viel Öl. **5.** verschwenden, vergeuden (**on** für). **6.** Zeit verbrauchen, ˈhinbringen. **7.** Aufmerksamkeit etc in Anspruch nehmen. II v/i **8.** a. **~ away** sich abnutzen, sich verbrauchen, abnehmen, (daˈhin-) schwinden. **conˈsum·ed·ly** [-ɪdlɪ] adv obs. höchst.
con·sum·er [kənˈsjuːmə(r); bes. Am. -ˈsuː-] s **1.** Verzehrer(in). **2.** econ. Verbraucher(in), Konsuˈment(in): **~ behavio(u)r** Verbraucherverhalten n; **~ co-operative** Verbrauchergenossenschaft f; **~ credit** Verbraucher-, Kundenkredit m; **~ demand** Verbrauchernachfrage f; **~ durables** Gebrauchsgüter, langlebige Konsumgüter; **~ education** Verbrauchererziehung f; **~ goods** Konsumgüter; **~ industry** Verbrauchsgüterindustrie f; **~ market** Konsumgütermarkt m; **~ protection** Verbraucherschutz m; **~ research** Verbraucherbefragung f, -forschung f; **~ resistance** Kaufunlust f; **~ society** Konsumgesellschaft f. **conˈsum·er·ism** s **1.** Verbraucherschutzbewegung f. **2.** kritische Verbraucherhaltung f. **conˈsum·ing** adj **1.** fig. verzehrend. **2.** econ. verbrauchend, Verbraucher...
con·sum·mate I v/t [ˌkɒnsəˈmeɪt; Am. ˈkɑn-] **1.** vollˈenden, ˈbringen, -ˈführen, zum Abschluß bringen. **2.** **die Ehe** vollˈziehen. **3.** vollˈkommen machen. II adj [kənˈsʌmɪt; Am. a. ˈkɑnsəmət] **4.** vollˈendet, vollˈkommen, vollˈständig: **~ actor** vollendeter od. meisterhafter Schauspieler; **~ cruelty** äußerste Grausamkeit; **~ fool** ausgemachter Narr; **~ skill** höchstes Geschick; **with ~ art** mit künstlerischer Vollendung.
con·sum·ma·tion [ˌkɒnsəˈmeɪʃn; Am. ˌkɑn-] s **1.** Vollˈendung f, Vollˈbringung f. **2.** (höchstes) Ziel, Ende n. **3.** jur. Vollˈziehung f (der Ehe). **ˈconˈsum·ma·tor** [-tə(r)] s Vollˈender m.
con·sump·tion [kənˈsʌmpʃn] s **1.** Verzehrung f. **2.** Zerstörung f. **3.** Verbrauch m (**of an** dat): **fuel ~** Brennstoffverbrauch. **4.** econ. Konˈsum m, Verbrauch m. **5.** Verzehr m: **(un)fit for human ~** für den menschlichen Verzehr (un)geeignet; **for public ~** fig. für die Öffentlichkeit bestimmt. **6.** med. obs. Schwindsucht f: **pulmonary ~** Lungenschwindsucht.
conˈsump·tive I adj (adv **~ly**) **1.** fig. verzehrend: **~ hatred. 2.** zerstörend, verˈheerend: **~ fire. 3.** verschwendend: **~ of time** zeitraubend. **4.** econ. Verbrauchs-. **5.** med. obs. schwindsüchtig. II s **6.** med. obs. Schwindsüchtige(r m) f.
con·tact [ˈkɒntækt; Am. ˈkɑn-] I s **1.** a) Konˈtakt m, Berührung f (a. math.), b) mil. Feindberührung f: **to bring in(to) ~ with** in Berührung bringen mit. **2.** fig. Verbindung f, Fühlung f, Konˈtakt m: **to be in close ~ with s.o.** enge Fühlung mit j-m haben; **to make ~s** Verbindungen anknüpfen od. herstellen; **business ~s** Geschäftsverbindungen. **3.** electr. Konˈtakt m: a) Anschluß m, b) Konˈtakt-, Schaltstück n: **to make** (**break**) **~** Kontakt herstellen, einschalten (unterbrechen, ausschalten). **4.** med. Konˈtaktperˌson f, ansteckungsverdächtige Perˈson. **5.** Verbindungs-, Konˈtaktmann m (z.B. Geheimagent), Gewährsmann m. **6.** aer. Bodensicht f. II v/t [a. kənˈtækt] **7.** in Berührung bringen (**with** mit). **8.** sich in Verbindung setzen mit, Kontakt aufnehmen mit, sich wenden an (acc): **to ~ s.o. by mail.** Kontakt haben mit, berühren. III v/i [a. kənˈtækt] **10.** bes. electr. einˈander berühren, Konˈtakt haben.

ˈcon·tact|**ac·id** s chem. Konˈtaktsäure f. **~ ˈbreak·er** s electr. (ˈStrom)ˈUnterˌbrecher m, Ausschalter m. **~ ˈbrush** s electr. Konˈtaktbürste f. **~ e·lecˈtric·i·ty** s electr. Konˈtakt-, Beˈrührungselektriziˌtät f. **~ flight** s aer. Flug m mit (ständiger) Boden- od. Seesicht, Sichtflug m. **~ fuse** s mil. Konˈtaktzünder m. **~ ˈhaft·glas** n, -linse f, -schale f, Konˈtaktglas n, -linse f, -schale f. **~ ˈmag·a·zine** s Zeitschrift f für Konˈtaktanzeigen. **~ ˈmak·er** s electr. Konˈtaktgeber m, Einschalter m, Schaltstück n. **~ ˈman** s irr → contact 5. **~ mine** s mil. Konˈtakt-, Tretmine f.
con·tac·tor [ˈkɒntæktə(r); Am. ˈkɑn-; Br. u. Am. a. kənˈt-] s electr. (Schalt)Schütz n: **~ control** Schützensteuerung f; **~ controller** Schalt-, Steuerwalze f.
ˈcon·tact|**ˌpa·per** s phot. ˈGaslichtpaˌpier n. **~ print** s phot. Konˈtaktabzug m. **~ rail** s electr. Konˈtaktschiene f.
con·ta·gi·a [kənˈteɪdʒɪə; -dʒə] pl von **contagium**.
con·ta·gion [kənˈteɪdʒən] s **1.** med. a) Ansteckung f (durch Berührung), b) ansteckende Krankheit, c) Ansteckungsstoff m. **2.** fig. Verseuchung f, verderblicher Einfluß: **a ~ of fear swept through the crowd** unter der Menge machte sich Furcht breit. **3.** fig. a) Überˈtragung f (e-r Idee etc), b) (das) Ansteckende: **the ~ of enthusiasm. 4.** poet. Gift n.
con·ta·gious [kənˈteɪdʒəs] adj (adv **~ly**) **1.** med. diˈrekt überˈtragbar, ansteckend: **~ disease. 2.** infiˈziert: **~ matter** Krankheitsstoff m. **3.** fig. ansteckend: **laughing is ~** Lachen steckt an. **4.** obs. verderblich, schädlich. **con·ta·gi·um** [-dʒɪəm; -dʒəm] pl **-gi·a** [-ə] s med. Konˈtagium n, Ansteckungsstoff m.
con·tain [kənˈteɪn] v/t **1.** enthalten: **to be ~ed in** enthalten sein in (dat). **2.** aufnehmen, fassen: **each bottle ~s the same quantity. 3.** umˈfassen, einschließen. **4.** fig. Gefühle etc zügeln, im Zaume halten, zuˈrückhalten: **to ~ one's rage** s-n Zorn bändigen; **he could hardly ~ his laughter** er konnte das Lachen kaum unterdrücken. **5.** **~ o.s.** (an) sich halten, sich beherrschen. **6.** math. enthalten, teilbar sein durch: **twenty ~s five four times** 5 ist in 20 viermal enthalten, messen: **one yard ~s three feet. 8.** mil. Feindkräfte binden, fesseln: **~ing action** Fesselungsangriff m. **9.** pol. in Schach halten, einˈdämmen.
conˈtain·er s **1.** Behälter m, (Benˈzinetc)Kaˌnister m. **2.** econ. Conˈtainer m, (genormter) Großbehälter. **conˈtain·er·ize** v/t **1.** auf Conˈtainerbetrieb ˈumstellen. **2.** in Conˈtainern transporˈtieren. **conˈtain·er**|**port** s Conˈtainerhafen m. **~ ship** s Conˈtainerschiff n.
conˈtain·ment s pol. Eindämmung f, In-ˈSchach-Halten n: **policy of ~** Eindämmungspolitik f.
con·tam·i·nant [kənˈtæmɪnənt] s Atomphysik: Verseuchungsstoff m.
con·tam·i·nate [kənˈtæmɪneɪt] v/t **1.** verunreinigen. **2.** infiˈzieren, vergiften (beide a. fig.), (a. radioakˈtiv) verseuchen. **conˌtam·iˈna·tion** s **1.** Verunreinigung f. **2.** mil. a) Vergiftung f (mit Kampfstoff), b) Verseuchung f (mit biologischen Kampfmitteln). **3.** (radioakˈtive) Verseuchung: **~ meter** Geigerzähler m. **4.** ling. Kontaminatiˈon f (von Wörtern, Texten etc).
con·tan·go [kənˈtæŋɡəʊ] econ. (Londoner Börse) I pl **-gos, -goes** s Reˈport m (Kurszuschlag beim Prolongationsgeˌschäft). II v/i Reˈportgeschäfte abschließen.
con·temn [kənˈtem] v/t poet. verachten.
conˈtem·nor [-ə(r); -nə(r)] s jur. wegen ˈMißachtung des Gerichts verurteilte Perˈson.
con·tem·plate [ˈkɒntempleɪt; -təm-; Am. ˈkɑn-] I v/t **1.** (nachdenklich) betrachten. **2.** nachdenken od. (nach)sinnen über (acc). **3.** erwägen, ins Auge fassen, vorhaben, beabsichtigen (**doing** zu tun): **to ~ suicide** sich mit Selbstmordgedanken tragen. **4.** erwarten, rechnen mit. **5.** (geistig) betrachten, sich befassen mit. II v/i **6.** nachdenken, (nach)sinnen.
con·tem·pla·tion [ˌkɒntemˈpleɪʃn; -təm-; Am. ˌkɑn-] s **1.** (nachdenkliche) Betrachtung. **2.** Nachdenken n, -sinnen n. **3.** bes. relig. Kontemplatiˈon f, Versunkenheit f. **4.** Erwägung f (e-s Vorhabens): **to be in ~** erwogen od. geplant werden; **to have in ~** → contemplate 3. **5.** Absicht f.
con·tem·pla·tive [ˈkɒntempleɪtɪv; -təm-; Am. a. Br. u. Am. a. kənˈtempləˈ-] I adj (adv **~ly**) **1.** nachdenklich. **2.** bes. relig. kontemplaˈtiv, beschaulich. II s **3.** bes. relig. kontemplaˈtiver Mensch. **ˈcon·tem·pla·tive·ness** s Nachdenklichkeit f. **ˈcon·tem·pla·tor** [-tə(r)] s **1.** nachdenklicher Mensch. **2.** Betrachter m.
con·tem·po·ra·ne·i·ty [kənˌtempərəˈniːətɪ; -ˈneɪ-; -prəˈn-] s Gleichzeitigkeit f.
con·tem·poˈra·ne·ous [-ˈpəreɪnjəs; -nɪəs] adj (adv **~ly**) gleichzeitig: **to be ~ with** zeitlich zs.-fallen mit; **~ performance** jur. Erfüllung f Zug um Zug. **conˌtem·poˈra·ne·ous·ness** s Gleichzeitigkeit f.
con·tem·po·rar·y [kənˈtempərərɪ; -prərɪ; Am. -pəˌrerɪ] I adj **1.** zeitgenössisch: a) heutig, unserer Zeit, b) der damaligen Zeit. **2.** → contemporaneous. **3.** gleichalt(e)rig. II s **4.** Zeitgenosse m, -genossin f. **5.** Altersgenosse m, -genossin f. **6.** gleichzeitig erscheinende Zei-

tung, Konkur'renzblatt *n.* **con'tempo·rize** *v/i u. v/t* zeitlich zs.-fallen (lassen) **(with** mit).
con·tempt [kən'tempt; -'temt] *s* **1.** Verachtung *f*, Geringschätzung *f*: **~ of death** Todesverachtung; **to feel ~ for s.o., to hold s.o. in ~** j-n verachten (→ 4); **to bring into ~** verächtlich machen, der Verachtung preisgeben; **beneath ~** unter aller Kritik; **his accusations were beneath ~** s-e Anschuldigungen waren absolut lächerlich. **2.** Schande *f*, Schmach *f*: **to fall into ~** in Schande geraten. **3.** '**Mißachtung** *f* (*e-r Vorschrift etc*). **4.** *jur. a.* **~ of court** 'Mißachtung *f* des Gerichts (*Nichtbefolgung von Gerichtsbefehlen, vorsätzliches Nichterscheinen od. Ungebühr vor Gericht, unberechtigte Aussageverweigerung als Zeuge, Eingriff in ein schwebendes Verfahren durch die Presse etc*): **to hold s.o. in ~** j-n wegen Mißachtung des Gerichts verurteilen. **con͵tempt·i'bil·i·ty** *s* **1.** Verächtlichkeit *f*, Nichtswürdigkeit *f*. **2.** Gemeinheit *f*. **con'tempt·i·ble** *adj* (*adv* **con'temptibly**) **1.** verächtlich, verachtenswert, nichtswürdig. **2.** gemein, niederträchtig. **con'temp·tu·ous** [-tjʊəs; *Am.* -tʃəs; -tʃəs] *adj* (*adv* **~ly**) verächtlich, verachtungsvoll, geringschätzig: **to be ~ of s.th.** etwas verachten. **con'temp·tu·ous·ness** *s* Verächtlichkeit *f*, Geringschätzigkeit *f*.
con·tend [kən'tend] **I** *v/i* **1.** kämpfen, ringen **(with** mit; **for** um): **to ~ with many difficulties** mit vielen Schwierigkeiten (zu) kämpfen (haben). **2. a)** (*mit Worten*) streiten, dispu'tieren (**about** über *acc*), **b)** sich einsetzen (**for** für). **3.** wetteifern, sich bewerben (**for** um). **II** *v/t* **4.** *a. jur.* Behauptung aufstellen (**that** daß). **con'tend·er** *s* **1.** Kämpfer(in). **2.** Bewerber(in) (**for** um), Konkur'rent(in). **con'tend·ing** *adj* **1.** streitend, kämpfend. **2.** konkur'rierend. **3.** wider'streitend: **~ claims**.
con·tent[1] ['kɒntent; *Am.* 'kan-] *s* **1.** (Raum)Inhalt *m*, Fassungsvermögen *n*, Vo'lumen *n*. **2.** *meist pl* (*stofflicher*) Inhalt: **the ~s of my pockets. 3.** *pl* Inhalt *m* (*e-s Buches etc*): **table of ~s** Inhaltsverzeichnis *n*. **4.** *chem. etc* Gehalt *m* (**of** an *dat*): **~ of moisture** Feuchtigkeitsgehalt; **gold ~** Goldgehalt. **5.** *fig.* (*geistiger*) Gehalt, Inhalt *m*, Sub'stanz *f*. **6.** Wesen *n*. **7.** *fig.* Ma'terie *f*, Stoff *m*.
con·tent[2] [kən'tent] **I** *pred adj* **1.** zu'frieden **(with** mit). **2.** bereit, willens (**to do s.th.** etwas zu tun). **3.** *parl.* (*im brit. Oberhaus*) einverstanden: **to declare o.s. (not) ~** mit Ja (Nein) stimmen. **II** *v/t* **4.** befriedigen, zu'friedenstellen. **5. ~ o.s.** zu'frieden sein, sich zufrieden geben **od.** begnügen **(with** mit): **to ~ o.s. with doing s.th.** sich damit zufrieden geben, etwas zu tun. **III** *s* **6.** Zu'friedenheit *f*, Befriedigung *f*: → **heart** *Bes. Redew.* **7.** *parl.* (*im brit. Oberhaus*) Ja-Stimme *f*. **con'tent·ed** *adj* (*adv* **~ly**) zu'frieden **(with** mit). **con'tent·ed·ness** *s* Zu'friedenheit *f*.
con·ten·tion [kən'tenʃn] *s* Streit *m*, Zank *m*, Hader *m*: **bone of ~** *fig.* Zankapfel *m*. **2.** Wettstreit *m*. **3.** (Wort-, Meinungs)Streit *m*, Kontro'verse *f*, Dis'put *m*. **4.** Argu'ment *n*, Behauptung *f*: **my ~ is that** ich behaupte, daß. **5.** Streitpunkt *m*. **con'ten·tious** *adj* (*adv* **~ly**) **1.** streitsüchtig, zänkisch. **2.** um'stritten, *a. jur.* streitig, strittig: **~ point** Streitpunkt *m*; **~ jurisdiction** streitige (*Ggs. freiwillige*) Gerichtsbarkeit. **con'ten·tious·ness** *s* Streitsucht *f*.
con·tent·ment [kən'tentmənt] *s* Zu'friedenheit *f*.

con·ter·mi·nal [kən'tɜːmɪnl; *Am.* kən-'tɜːrmnəl; -mənl], **con·'ter·mi·nous** *adj* **1.** (an)grenzend, anstoßend **(with, to** an *acc*): **to be ~** e-e gemeinsame Grenze haben. **2.** zeitlich zs.-fallend. **3.** sich deckend.
con·test I *s* ['kɒntest; *Am.* 'kan-] **1.** (*Br. a.* Wahl)Kampf *m*, Streit *m*. **2.** Wettstreit *m*, *a. sport etc* Wettkampf *m*, -bewerb *m* (**for** um). **3.** Wortwechsel *m*, -streit *m*. **4.** Dis'put *m*, Kontro'verse *f*, Ausein'andersetzung *f*. **II** *v/t* [kən'test; *Am. a.* 'kan-] **5.** kämpfen um, streiten um. **6.** wetteifern um, sich bewerben um, kandi'dieren für: **to ~ a seat in Parliament; to ~ an election** *pol.* für e-e Wahl kandidieren. **7.** bestreiten, *a. jur.* e-e Aussage, ein Testament etc anfechten: **to ~ an election** *pol.* ein Wahlergebnis *od.* e-e Wahl anfechten. **III** *v/i* **8.** wetteifern **(with, against** mit). **con'test·a·ble** *adj* (*adv* **contestably**) anfechtbar. **con-'test·ant** *s* **1.** Wettkämpfer(in), (Wettkampf)Teilnehmer(in). **2.** *jur. a.* streitende Par'tei, **b)** Anfechter(in) (*a. pol. e-r Wahl*). **3.** (Wett-, Mit)Bewerber(in), Kandi'dat(in). **con·tes·ta·tion** [͵kɒntes-'teɪʃn; *Am.* ͵kan-] *s* **1. ~ contest** I, **4.** um'stritten, strittig. **2.** Streitpunkt *m*. **con'test·ed** *adj* **1.** um'stritten: **a ~ decision. 2.** Streit...: **~ case; ~ point** strittiger Punkt, Streitfrage *f*.
con·text ['kɒntekst; *Am.* 'kan-] *s* **1.** Zs.-hang *m*, Kontext *m* (*e-r Schriftstelle etc*): **to take words from their ~** Worte aus ihrem Zs.-hang reißen; **in this ~** in diesem Zs.-hang; **out of ~** aus dem Zs.-hang gerissen. **2.** Um'gebung *f*, Mili'eu *n*.
con·tex·tu·al [kɒn'tekstjʊəl; -tʃʊəl; *Am.* kən'tekstʃəwəl; -tʃəl] *adj* (*adv* **~ly**) **1.** dem Zs.-hang entsprechend. **2.** aus dem Zs.-hang *od.* Kontext ersichtlich. **con'tex·ture** [-tʃə(r)] *s* **1.** Verwebung *f*, -knüpfung *f*. **2.** Gewebe *n*. **3.** Struk'tur *f*.
con·ti·gu·i·ty [͵kɒntɪ'gjuːətɪ; *Am.* ͵kan-] *s* **1.** Anein'andergrenzen *n*. **2.** (**to**) Angrenzen *n* (an *acc*), Berührung *f* (mit). **3.** Nähe *f*, Nachbarschaft *f*. **4.** (zs.-hängende) Masse, Reihe *f*. **con·tig·u·ous** [kən'tɪɡjʊəs; *Am.* -jəwəs] *adj* (*adv* **~ly**) **1. (to)** angrenzend, anstoßend (an *acc*), berührend (*acc*). **2. (to)** nahe (*dat od.* an *dat*), benachbart (*dat*). **3.** *math.* anliegend: **~ angles**.
con·ti·nence ['kɒntɪnəns; *Am.* 'kan-tnəns], **'con·ti·nen·cy** *s* **1.** (*bes. sexuelle*) Enthaltsamkeit, Mäßigkeit *f*. **2.** *med.* Konti'nenz *f* (*Fähigkeit, Harn od. Stuhl zurückzuhalten*): **~ of the f(a)eces, f(a)ecal** (*od.* **rectal**) **~** Stuhlkontinenz; **urinary ~** Blasen-, Harnkontinenz.
con·ti·nent ['kɒntɪnənt; *Am.* 'kan-tnənt] **I** *s* **1.** Kontinent *m*, Erdteil *m*: **on the ~ of Australia** auf dem australischen Kontinent. **2.** Festland *n*: **the C~ a)** *Br.* das (europäische) Festland, **b)** *hist.* der Kontinent (*die nordamer.* Kolonien während des Unabhängigkeitskrieges). **II** *adj* (*adv* **~ly**) **3.** (*bes. sexuell*) enthaltsam, mäßig. **4.** *obs.* einschränkend.
con·ti·nen·tal [͵kɒntɪ'nentl; *Am.* ͵kantn-'entl] **I** *adj* **1.** *geogr.* kontinen'tal, Kontinental..., Festland...: **~ climate. 2.** *meist* **C~** *Br.* kontinen'tal(-euro͵päisch), *weitS.* ausländisch: **~ breakfast** kleines Frühstück; **~ quilt** Federbett *n*; **~ tour** Europareise *f*; **C~ system** *hist.* Kontinentalsystem *n*, -sperre *f* (*Napoleons I.*). **3. C~** *hist.* (*während des Unabhängigkeitskrieges*) kontinen'tal (*die nordamer.* Kolonien betreffend): **C~ Congress** Kontinentalkongreß *m* (*1774-83*). **II** *s* **4.** Festländer(in), Bewohner(in) e-s Kontinents. **5. C~** *Br.* Bewohner(in) des euro'päischen Festlands. **6.** *hist.* **a) C~** Sol'dat *m* der

nordamer. Kontinen'talar͵mee (*1776 bis 1783*), **b)** Banknote während des Unabhängigkeitskriegs: **not worth a ~** *Am. sl.* keinen Pfifferling wert.
͵con·ti'nen·tal·ism *s* Kontinenta'lismus *m*, charakte'ristischer Zug der Festlandbewohner. **͵con·ti'nen·tal·ize** *v/t* kontinen'tal machen, (*dat*) kontinentalen Cha'rakter geben: **~d**, *meist* **C~d** *Br.* 'europäisiert'.
con·tin·gence [kən'tɪndʒəns] *s* **1.** Berührung *f*, Kon'takt *m*: **angle of ~** *math.* Berührungswinkel *m*. **2.** *selten für* **contingency**. **con'tin·gen·cy** *s* **1.** Zufälligkeit *f*, Abhängigkeit *f* vom Zufall. **2.** Möglichkeit *f*, Eventuali'tät *f*, mögliches *od.* zufälliges *od.* 'unvor͵hergesehenes Ereignis. **3.** *jur.* Bedingung *f* (*als Rechtskraft auslösendes Ereignis*): **(not) happening of the ~** (Ausfall *m*) Eintritt *m* der Bedingung. **4.** 'unvor͵hergesehene Ausgaben *pl*: **~ reserve** Delkredererückstellung *f*. **5.** Neben-, Folgeerscheinung *f*. **con'tin·gent I** *adj* (*adv* **~ly**) **1. (on, upon**) abhängig (von), bedingt (durch): **to be ~ (up)on** abhängen von; **~ claim** (*od.* **right**) *jur.* bedingter Anspruch. **2.** möglich, eventu'ell, Eventual..., ungewiß: **~ fee** *Am.* Erfolgshonorar *n*; **~ liability** *econ.* Eventualverbindlichkeit *f*. **3.** zufallsbedingt, zufällig. **4.** *philos.* kontin'gent (*nicht notwendig, unwesentlich*). **II** *s* **5.** Kontin'gent *n*, Anteil *m*, Beitrag *m*, (Beteiligungs)Quote *f*. **6.** *mil.* ('Truppen)Kontin͵gent *n*. **7.** Zufall *m*, zufälliges Ereignis.
con·tin·u·a [kən'tɪnjʊə; *Am.* -jəwə] *pl von* **continuum**.
con·tin·u·a·ble [kən'tɪnjʊəbl; *Am.* -jəwəbəl] *adj* fortsetzbar. **con'tin·u·al** *adj* **1.** fortwährend, 'ununter͵brochen, (an)dauernd, unaufhörlich, anhaltend, (be)ständig. **2.** immer 'wiederkehrend, sich wieder'holend: **a ~ knocking** ein wiederholtes Klopfen. **3.** *math.* kontinu'ierlich, stetig: **~ proportion**. **con'tin·u·al·ly** *adv* **1.** fortwährend (*etc*; → **continual** 1). **2.** immer wieder.
con·tin·u·ance [kən'tɪnjʊəns; *Am.* -jəwəns] *s* **1.** → **continuation** 1, 2. **2.** Beständigkeit *f*. **3.** stetige Folge *od.* Wieder'holung. **4.** (Ver)Bleiben *n*: **~ in office**. **5.** *jur. Am.* Vertagung *f*. **con'tin·u·ant** *s* **1.** *ling.* Dauerlaut *m*. **2.** *math.* Kontinuante *f*.
con·tin·u·a·tion [kən͵tɪnjʊ'eɪʃn; *Am.* -jə'w-] *s* **1.** Fortsetzung *f* (*a. e-s Romans etc*), Weiterführung *f*. **2** Fortbestand *m*, -dauer *f*. **3.** Verlängerung(sstück *n*) *f*. **4.** Erweiterung *f*. **5.** *Br. für* **contango** I: **~ bill** Prolongationswechsel *m*. **~ school** *s* Fortbildungsschule *f*. **~ train·ing** *s* berufliche Fortbildung.
con·tin·ue [kən'tɪnjuː] **I** *v/i* **1.** fortfahren, weitermachen: **~!** *mil.* Weitermachen!; **to ~** (*Redew.*) sodann, um fortzufahren. **2.** an-, fortdauern, weitergehen, anhalten, Bestand sein. **4.** (ver)bleiben: **to ~ in a place** an e-m Ort bleiben; **to ~ in office** im Amt bleiben. **5.** be-, verharren **(in** in *dat*, bei). **6. a) ~ to do, ~ doing** (auch) weiterhin tun: **to ~ to sing** weitersingen; **to ~ to be manufactured** weiterhin hergestellt werden; **the boat ~d downstream** das Boot fuhr weiter den Fluß hinab, **b) ~ to be, ~ being** weiterhin *od.* immer noch ... sein, bleiben: **to ~ (to be) unconscious** weiterhin *od.* immer noch bewußtlos sein. **II** *v/t* **7.** fortsetzen, -führen, fortfahren mit: **to ~ a story; to ~ talking** weitersprechen; **the ~d** Fortsetzung folgt. **8.** *econ.* (*Londoner Börse*) in Re'port nehmen. **9.** beibehalten, er-

halten, (*in e-m Zustand etc*) belassen: **to ~ judges in their posts** Richter auf ihrem Posten belassen. **10.** *Beziehungen etc* aufrechterhalten. **11.** *jur. Am.* vertagen.
con'tin·ued *adj* **1.** anhaltend, fortgesetzt, -laufend, stetig, unaufhörlich, kontinu'ierlich: **~ existence** Fortbestand *m*; **~ use** Weiterbenutzung *f*; **~ validity** Fortdauer *f* der Gültigkeit. **2.** in Fortsetzungen erscheinend (*Roman etc*). **~ bass** [beɪs] *s mus.* Gene'ralbaß *m.* **~ frac·tion** *s math.* kontinu'ierlicher Bruch, Kettenbruch *m.* **~ pro·por·tion** *s math.* fortlaufende, stetige Proporti'on. **~ quan·ti·ty** *s math.* stetige Größe.
con·ti·nu·i·ty [ˌkɒntɪ'nju:ətɪ; *Am.* ˌkɑntn'u:rətɪ; -'ju:-] *s* **1.** Kontinui'tät *f*, Stetigkeit *f*, 'ununter brochenes Fortdauern *od.* -bestehen. **2.** 'ununter brochener Zs.-hang. **3.** zs.-hängendes Ganzes, kontinu'ierliche Reihe *od.* Folge, *a.* roter Faden (*e-r Erzählung etc*). **4.** (*Film-*) Drehbuch *n*, (*Rundfunk-, Fernseh*)Manu'skript *n*: **~ writer** *a* Drehbuchautor *m*, b) Textschreiber *m*; **~ girl** Scriptgirl *n*. **5.** *Rundfunk*: Zwischenansage *f*, verbindender Text. **6.** → continuum 2.
con·tin·u·o [kən'tɪnjuəʊ; -nʊəʊ; *Am.* -nəwəʊ; -njəwəʊ] *pl* **-os** *s mus.* Gene'ralbaß *m.*
con·tin·u·ous [kən'tɪnjʊəs; *Am.* -jəwəs] *adj* (*adv* **~ly**) **1.** 'ununter brochen, (fort-, an)dauernd, (fort)laufend, fortwährend, (be)ständig, stetig, unaufhörlich. **2.** *a. math. phys. tech.* kontinu'ierlich: **~ motion, ~ operation** Dauerbetrieb *m*, kontinuierliche Arbeitsweise. **3.** zs.-hängend, 'ununter brochen: **a ~ line**. **4.** *ling.* progres'siv: **~ form** Verlaufsform *f.* **~ cre·a·tion** *s* fortdauernde Schöpfung. **~ cur·rent** *s electr.* Gleichstrom *m.* **~ dash** *s tel.* Dauerstrich *m.* **~ fire** *s mil.* Dauerfeuer *n.*
con'tin·u·ous-flow pro·duc·tion *s tech.* 'Herstellung *f* nach dem 'Fließprinˌzip.
con·tin·u·ous | func·tion *s math.* kontinu'ierliche Funkti'on. **~ in·dus·try** *s econ.* Indu'strie, die sämtliche Arbeitsphasen (*vom Rohprodukt bis zur Fertigware*) 'durchführt. **~ mill** *s metall.* kontinu'ierliches Walzwerk. **~ per·form·ance** *s Kino, Varieté etc*: 'durchgehende Vorstellung. **~ spec·trum** *s irr phys.* kontinu'ierliches Spektrum. **~ wave** *s phys.* ungedämpfte Welle.
con·tin·u·um [kən'tɪnjʊəm; *Am.* -jəwəm] *pl* **-u·a** [-jʊə; *Am.* -jəwə], **-u·ums** *s* **1.** → continuity 2. *math.* Kon'tinuum *n*, kontinu'ierliche Größe. **3.** 'ununter brochener Zs.-hang.
con·to ['kɒntəʊ; *Am.* 'kɑn-] *pl* **-tos** *s* Conto de 'Reis *n* (*Rechnungsmünze*): a) *in Brasilien*: 1000 Cruzeiros, b) *in Portugal*: 1000 Escudos.
con·tort [kən'tɔ:(r)t] *v/t* **1.** Glieder verdrehen, verrenken. **2.** *das Gesicht* verzerren, verziehen. **3.** *fig.* Tatsachen *etc* verdrehen. **II** *v/i* **4.** sich verzerren *od.* verziehen (*with vor dat*; *in a grimace* zu e-r Gri'masse). **con'tort·ed** *adj* **1.** verdreht, verrenkt. **2.** verzerrt: **~ with pain** schmerzverzerrt. **3.** *bot.* gedreht: **~ leaves in the bud**. **4.** *fig.* verdreht.
con'tor·tion *s* **1.** Verrenkung *f*: **mental ~s** geistige Verrenkungen. **2.** Verzerrung *f.* **3.** *fig.* Verdrehung *f.* **con'tor·tion·ist** *s* **1.** Schlangenmensch *m.* **2.** *a.* verbal **~** *fig.* Wortverdreher(in).
con·tour ['kɒnˌtʊə(r); *Am.* 'kɑn-] **I** *s* **1.** Kon'tur *f*, 'Umriß *m.* **2.** 'Umriß linie *f.* **3.** *math.* geschlossene Kurve. **4.** → contour line. **II** *v/t* **5.** kontu'rieren, die Kon'turen zeichnen *od.* andeuten von (*a. fig.*). **6.** *e-e* Straße *etc* der Landschaft anpassen. **~ chair** *s* körpergerecht geformter Stuhl *od.* Sessel. **~ chas·ing** *s aer. mil.* Ter'rainfolge-, Kon'turenflug *m.* **~ farm·ing** *s agr.* Anbau *m* längs der Höhenlinien (*zur Verhütung der Bodenerosion*). **~ feath·er** *s orn.* Kon'turfeder *f.* **~ line** *s* Kartographie': Höhenlinie *f.* **~ map** *s geogr.* Höhenlinienkarte *f.* **~ plough·ing**, *bes. Am.* **~ plow·ing** *s agr.* Kon'turpflügen *n*, Pflügen *n* längs der Höhenlinien.
con·tra ['kɒntrə; *Am.* 'kɑn-] **I** *prep* **1.** gegen, wider, kontra (*acc*): **~ bonos mores** *jur.* sittenwidrig, unsittlich (*Vertrag etc*). **II** *adv* **2.** da'gegen, kontra. **III** *s* **3.** Gegen *n*, Wider *n.* **4.** *econ.* Kreditseite *f*: (**as**) **per ~** als Gegenleistung *od.* -rechnung; **~ account** Gegenrechnung *f*, -konto *n.*
con·tra·band ['kɒntrəbænd; *Am.* 'kɑn-] **I** *s* **1.** *econ.* unter Ein- *od.* Ausfuhrverbot stehende Ware. **2.** Konterbande *f*: a) Schmuggel-, Bannware *f*, b) *a.* **~ of war** Kriegskonterbande *f.* **3.** Schmuggel *m*, Schleichhandel *m.* **II** *adj econ.* unter Ein- *od.* Ausfuhrverbot stehend: **~ goods**. **5.** Schmuggel..., 'ille gal: **~ trade** → **3.** '**con·tra·band·ist** *s* Schmuggler(in).
con·tra·bass [ˌkɒntrə'beɪs; '-beɪs; *Am.* ˌkɑntrəˌbeɪs] *mus.* **I** *s* Kontrabaß *m*, Baß geige *f.* **II** *adj* Kontrabaß..., sehr tief. **con·tra·bass·ist** *s mus.* 'Kontrabasˌsist *m*, Baßgeiger *m.*
con·tra·bas·soon [ˌkɒntrəbə'su:n; *Am.* ˌkɑn-] *s mus.* 'Kontrafaˌgott *n.*
con·tra·cep·tion [ˌkɒntrə'sepʃn; *Am.* ˌkɑn-] *s med.* Empfängnisverhütung *f.* ˌ**con·tra'cep·tive** *adj u. s med.* empfängnisverhütend(es Mittel).
ˌ**con·tra'clock·wise** *Am.* → anticlockwise.
con·tract I *s* ['kɒntrækt; *Am.* 'kɑn-] **1.** a) *jur.* Vertrag *m*: **~ of employment** Arbeitsvertrag; **~ of sale** Kaufvertrag; **to enter into** (*od.* **make**) **a ~** e-n Vertrag schließen; **by ~** vertraglich; **to be under ~** unter Vertrag stehen (**with**, **to** bei); **to be under ~ to s.o.** j-m vertraglich verpflichtet sein, b) *a.* **~ to kill** Mordauftrag *m*: **~ killer** professioneller Killer. **2.** *jur.* Vertragsurkunde *f.* **3.** a) Ehevertrag *m*, b) Verlöbnis *n.* **4.** *econ.* a) (Liefer-, Werk)Vertrag *m*, (fester) Auftrag: **~ for services** Dienstvertrag; **under ~** in Auftrag gegeben, b) *Am.* Ak'kord *m*: **to give out work by the ~** Arbeit im Akkord vergeben. **5.** *Kartenspiel*: a) *a.* **~ bridge** Kon'trakt-Bridge *n*, b) höchstes Gebot.
II *v/t* [kən'trækt] **6.** zs.-ziehen: **to ~ a muscle**; **to ~ one's eyebrows**; **to ~ one's forehead** die Stirn runzeln. **7.** *ling.* zs.-ziehen, verkürzen. **8.** einschränken, verringern, verkleinern. **9.** *e-e* Gewohnheit annehmen: **to ~ a habit**. **10.** sich (*e-e Krankheit*) zuziehen: **to ~ a disease**. **11.** *Schulden* machen: **to ~ debts**. **12.** *e-e Verpflichtung* eingehen: **to ~ a liability**. **13.** [*Am.* 'kɑnˌtrækt] *e-n* Vertrag, *e-e* Ehe *etc* schließen. **14.** *Freundschaft* schließen, *e-e* Bekanntschaft machen.
III *v/i* **15.** sich zs.-ziehen, (ein)schrumpfen. **16.** sich verkleinern, kleiner werden. **17.** [*Am.* 'kɑnˌtrækt] *jur.* kontra'hieren, e-n Vertrag schließen *od.* eingehen: **capable to ~** geschäftsfähig. **18.** a) sich vertraglich verpflichten (**to do s.th.** etwas zu tun; **for s.th.** zu etwas), b) (**for s.th.**) sich (etwas) ausbedingen: **the fee ~ed for** das vertraglich festgesetzte Honorar.

Verbindungen mit Adverbien:

con·tract | in *v/i pol. Br.* sich (schrift-lich) zur Bezahlung des Par'teibeitrages für die Labour Party verpflichten. **~ out I** *v/i* **1.** sich (*vertraglich*) befreien (**of** von). **2.** *colloq.* 'aussteigen' (**of** aus). **II** *v/t* **3.** Arbeit im Ak'kord vergeben.
con·tract·ed [kən'træktɪd] *adj* **1.** zs.-gezogen, (ein)geschrumpft. **2.** verkürzt. **3.** gerunzelt (*Stirn etc*). **4.** *fig.* engherzig, beschränkt. **con₁tract·i'bil·i·ty** *s* Zs.-ziehbarkeit *f.* **con'tract·i·ble** *adj* zs.-ziehbar. **con'trac·tile** [-taɪl; *Am.* bes. -tl] *adj bes. biol.* zs.-ziehbar, kontrak'til. **con·trac·til·i·ty** [ˌkɒntræk'tɪlətɪ; *Am.* ˌkɑn-] *s bes. biol.* Zs.-ziehungsvermögen *n*, Kontraktili'tät *f.* **con'tract·ing** [kən'træktɪŋ] *adj* **1.** (sich) zs.-ziehend. **2.** *jur.* vertragschließend, Vertrags...: **the ~ parties**; **~-out clause** (*Völkerrecht*) Freizeichnungsklausel *f.*
con'trac·tion [kən'trækʃn] *s* **1.** Kontrakti'on, Zs.-ziehung *f.* **2.** *ling.* Zs.-ziehung *f*, Verkürzung *f* (*Wort*), Kurzwort *n.* **3.** *med.* a) Zuziehung *f*: **~ of a disease**, b) Kontrak'tur *f* (*dauernde Verkürzung*), c) Wehe *f.* **4.** *econ.* Kontrakti'on *f* (*Einschränkung des Notenumlaufs*). **con'trac·tive** [-tɪv] *adj* zs.-ziehend.
con'tract note *s econ. Br.* (*Börse*) (*von e-m* **broker** *ausgestellter*) Schlußschein.
con·trac·tor [kən'træktə(r)] *s* **1.** [*Am.* 'kɑnˌtræktər] *econ.* a) Kontra'hent(in), Vertragschließende(r *m f*), b) Unter'nehmer *m* (*gemäß e-m Werk- od. Dienstvertrag*): (**building**) **~** Bauunternehmer, c) (Ver'trags)Liefeˌrant *m.* **2.** *anat.* Schließmuskel *m.*
con·trac·tu·al [kən'træktʃʊəl; -tjʊəl; *Am.* -tʃəwəl; -tʃəl] *adj* (*adv* **~ly**) vertraglich, vertragsmäßig, Vertrags...: **~ agreement** (*od.* **arrangement**) vertragliche Vereinbarung; **~ capacity** Geschäftsfähigkeit *f*; **to have ~ capacity** geschäftsfähig sein.
con·trac·ture [kən'træktʃə(r)] *s med.* Kontrak'tur *f* (*dauernde Verkürzung*).
con·tra·dict [ˌkɒntrə'dɪkt; *Am.* ˌkɑn-] **I** *v/t* **1.** j-m, *e-r* Sache wider'sprechen, etwas bestreiten. **2.** wider'sprechen (*dat*), im 'Widerspruch stehen zu, unvereinbar sein mit: **his actions ~ his principles**. **II** *v/i* **3.** wider'sprechen. ˌ**con·tra'dic·tion** *s* **1.** 'Widerspruch *m*, -rede *f*: **spirit of ~** Widerspruchsgeist *m.* **2.** Bestreitung *f* (*e-r Behauptung etc*). **3.** 'Widerspruch *m*, Unvereinbarkeit *f*: **to be in ~ to** im Widerspruch stehen zu; **~ in terms** Widerspruch in sich (selbst). ˌ**con·tra'dic·tious** *adj* (*adv* **~ly**) zum 'Widerspruch geneigt, streitsüchtig. ˌ**con·tra'dic·tious·ness** *s* 'Widerspruchsgeist *m.*
con·tra·dic·to·ri·ness [ˌkɒntrə'dɪktərɪnɪs; -trɪ-; *Am.* ˌkɑn-] *s* **1.** (to) 'Widerspruch *m* (zu), Unvereinbarkeit *f* (mit). ˌ**con·tra'dic·to·ry I** *adj* (*adv* contradictorily) **1.** (to) wider'sprechend (*dat*), im 'Widerspruch stehend (zu), unvereinbar (mit). **2.** ein'ander *od.* sich wider'sprechend, unvereinbar. **3.** *philos.* kontradik'torisch, wider'sprechend. **4.** rechthaberisch, streitsüchtig. **II** *s* **5.** *philos.* kontradik'torischer Begriff. **6.** 'Widerspruch *m.*
con·tra·dis·tinc·tion [ˌkɒntrədɪ'stɪŋkʃn; *Am.* ˌkɑn-] *s* (Unter'scheidung *f* durch) Gegensatz *m*: **in ~ to** im Gegensatz *od.* Unterschied zu. ˌ**con·tra·dis'tinc·tive** *adj* **1.** gegensätzlich. **2.** unter'scheidend, Unterscheidungs... ˌ**con·tra·dis'tin·guish** [-'stɪŋgwɪʃ] *v/t* (*durch Gegensätze*) unter'scheiden (**from** von).
con·trail ['kɒntreɪl; *Am.* 'kɑn-] *s aer.* Kon'densstreifen *m.*
con·tra·in·di·cat·ed [ˌkɒntrə'ɪndɪkeɪtɪd; *Am.* ˌkɑn-] *adj med.* 'kontraindiˌziert,

nicht anwendbar. 'con·tra,in·di'ca-tion *s med.* 'Kontra-, 'Gegenindikati͵on *f*, Gegenanzeige *f*.

con·tral·to [kən'træltəʊ] *pl* -tos *s mus.* Alt *m*: a) Altstimme *f*, b) Al'tist(in), c) 'Altpar͵tie *f*.

con·tra·plex ['kɒntrəpleks; *Am.* 'kɑn-] *adj tel.* Gegensprech..., Duplex...

con·tra·prop ['kɒntrəprɒp; *Am.* 'kɑntrə͵prɑp] *s aer.* zwei einachsige gegenläufige Pro'peller *pl.*

con·trap·tion [kən'træpʃn] *s colloq.* (neumodischer *od.* kompli'zierter *od.* ͵komischer') Appa'rat.

con·tra·pun·tal [͵kɒntrə'pʌntl; *Am.* ͵kɑn-] *adj mus.* kontra'punktisch. ͵con·tra'pun·tist *s mus.* Kontra'punktiker *m*.

con·tra·ri·e·ty [͵kɒntrə'raɪətɪ; *Am.* ͵kɑn-] *s* 1. → contrariness 1 *u.* 2. 2. 'Widerspruch *m*, Gegensatz *m* (to zu).

con·tra·ri·ly ['kɒntrərəlɪ; *Am.* 'kɑn͵trer-; kən'trer-] *adv* 1. entgegen (to *dat*). 2. andererseits. 'con·tra·ri·ness *s* 1. Gegensätzlichkeit *f*, 'Widerspruch *m*, Unvereinbarkeit *f*. 2. Widrigkeit *f*, Ungunst *f*. 3. [*a.* ͵kɒn'treərɪnɪs] 'Widerspenstigkeit *f*, Aufsässigkeit *f*.

con·trar·i·ous [kən'treərɪəs] *adj (adv* ~ly) widrig, 'widerwärtig.

con·tra·ri·wise ['kɒntrərɪwaɪz; *Am.* 'kɑn͵trerɪ͵waɪz; kən'tr-] *adv* 1. im Gegenteil. 2. 'umgekehrt. 3. andererseits.

con·tra·ro·tat·ing [͵kɒntrərəʊ'teɪtɪŋ] *adj tech.* gegenläufig.

con·tra·ry ['kɒntrərɪ; *Am.* 'kɑn͵trerɪ:] I *adj (adv →* contrarily) 1. entgegengesetzt, wider'sprechend (to s.th. e-r Sache): ~ policy; ~ motion *mus.* Gegenbewegung *f*. 2. ein'ander entgegengesetzt, gegensätzlich: ~ opinions. 3. ander(er, e, es): the ~ sex. 4. widrig, ungünstig (*Wind, Wetter*). 5. (to) verstoßend (gegen), im 'Widerspruch (zu): ~ to orders befehlswidrig; his conduct is ~ to rules sein Benehmen verstößt gegen die Regeln; → 8. 6. [*a.* kən'treərɪ] 'widerspenstig, -borstig, eigensinnig, aufsässig. 7. *philos.* kon'trär. II *adv* 8. im Gegensatz, im 'Widerspruch (to zu): ~ to expectations wider Erwarten; to act ~ to nature wider die Natur handeln; to act ~ to one's principles s-n Grundsätzen zuwiderhandeln; → 5, law[1] 1. III *s* 9. Gegenteil *n (a. philos.)*: on the ~ im Gegenteil; to be the ~ to das Gegenteil sein von; to the ~ a) gegenteilig, b) *Am.* ungeachtet (*gen*); proof to the ~ Gegenbeweis *m*; unless I hear to the ~ falls ich nichts Gegenteiliges höre.

con·trast I *s* ['kɒntrɑːst; *Am.* 'kɑn͵træst] 1. Kon'trast *m* (*a. TV etc*), Gegensatz *m* (between zwischen); to ~ to form a ~ e-n Kontrast bilden (to zu); by ~ with im Vergleich mit, verglichen mit; in ~ to *od.* with) im Gegensatz zu; to be in ~ to s.th. zu etwas im Gegensatz stehen; he is a great ~ to his brother er ist völlig anders als sein Bruder; ~ bath *med.* Wechselbad *n*; ~ control *TV* Kontrastregler *m*; ~ medium *med. (Röntgen)* Kontrastmittel *n*. II *v/t* [kən'trɑːst; *Am.* -'træst; *a.* 'kɑn͵træst] 2. (with) kontra'stieren, vergleichen (mit), entgegensetzen, gegen'überstellen (*dat*). III *v/i* 3. (with) kontra'stieren (mit), sich abheben, abstechen (von, gegen): ~ing colo(u)rs kontrastierende Farben, Kontrastfarben 4. e-n Gegensatz bilden, im Gegensatz stehen (with zu).

con·tra·stim·u·lant [͵kɒntrə'stɪmjʊlənt; *Am.* ͵kɑn-] *med.* I *adj* 1. reizentgegengesetzt wirkend. 2. beruhigend. II *s* 3. Beruhigungsmittel *n*.

con·trast·y [kən'trɑːstɪ; *Am.* 'kɑn͵træstɪ:] *adj phot. TV* kon'trastreich.

con·tra·ten·or [͵kɒntrə'tenə(r); *Am.* ͵kɑn-] → countertenor.

con·tra·vene [͵kɒntrə'viːn; *Am.* ͵kɑn-] *v/t* 1. zu'widerhandeln (*dat*), *Gesetz* über'treten, verstoßen gegen, verletzen: to ~ a law. 2. im 'Widerspruch stehen zu. 3. bestreiten. ͵con·tra'ven·tion [-'venʃn] *s (of)* Über'tretung *f (von od. gen)*, Zu'widerhandlung *f (gegen)*: in ~ of entgegen (*dat*).

con·tre·temps ['kɔ̃ːntrətɑ̃ːŋ] *pl* -temps [-z] *s* unglücklicher Zufall, 'Panne' *f*.

con·trib·ute [kən'trɪbjuːt; *Am.* -bjət] I *v/t* 1. beitragen, beisteuern (to zu). 2. *Artikel etc* beitragen (to zu e-r Zeitung *etc*): ~d work *Am.* Sammelband *m*, -werk *n (mit Beiträgen verschiedener Autoren)*. 3. spenden (to für). 4. *econ.* a) Kapital (*in e-e Firma*) einbringen, b) *Br.* Geld nachschießen (*bei Liquidation*): to ~ cash *od.* Bareinlage leisten; liable to ~ beitrags-, *Br.* nachschußpflichtig. II *v/i* 5. (to) beitragen, ein Beitrag leisten, beisteuern (zu), mitwirken (an *dat*): to ~ to (*od.* toward[s]) the expenses sich an den Unkosten beteiligen; to ~ to a newspaper für e-e Zeitung schreiben. 6. spenden (to für).

con·tri·bu·tion [͵kɒntrɪ'bjuːʃn; *Am.* ͵kɑn-] *s* 1. Beitragung *f*, Beisteuerung *f* (to zu). 2. Beitrag *m* (*a. für Zeitschriften etc*), Beisteuer *f* (to zu): ~ to (*od.* toward[s]) the expenses Unkostenbeitrag. 3. Spende *f* (to für): a small ~, please. 4. *econ.* a) Einlage *f*: ~ in cash (kind) Bareinlage (Sacheinlage), b) Nachschuß *m*. 5. *econ.* Sozi'alversicherungsbeitrag *m*: employer's ~ Arbeitgeberanteil *m*. 6. *econ.* anteilmäßiger Beitrag bei Versicherungsschäden. 7. *mil. bes. hist.* Kontributi'on *f*.

con·trib·u·tive [kən'trɪbjʊtɪv] *adj* beisteuernd, mitwirkend. con'trib·u·tor [-tə(r)] *s* 1. Beisteuernde(r *m*) *f*, Beitragsleistende(r *m*) *f*, Beitragende(r *m*) *f*. 2. Mitwirkende(r *m*) *f*, Mitarbeiter(in) (to a newspaper bei *od.* an e-r Zeitung).

con'trib·u·to·ry [-tərɪ, -trɪ; *Am.* -͵tɔːrɪ; -͵to:-] I *adj* 1. beitragend (to zu). 2. a) beitragspflichtig: ~ members, b) vom Arbeit'geber *u.* -'nehmer zu gleichen Teilen getragen: ~ insurance, c) *econ. Br.* nachschußpflichtig: ~ shareholders. 3. mitwirkend, mitarbeitend (to an *dat*). 4. *fig.* mitwirkend, fördernd: ~ causes *bes. jur.* mitverursachende Umstände; ~ negligence *jur.* mitwirkendes Verschulden, Mitverschulden *n (seitens des Geschädigten)*. 5. *obs.* tri'butpflichtig. II *s* 6. → contributor 1. 7. fördernder 'Umstand. 8. Beitrags- *od.* (*econ. Br.*) Nachschußpflichtige(r *m*) *f*.

con·trite ['kɒntraɪt; *Am.* 'kɑn-; *a.* kən'traɪt] *adj (adv* ~ly) zerknirscht, reuig, reumütig. 'con·trite·ness, con·tri·tion [kən'trɪʃn] *s* Zerknirschung *f*, Reue *f*.

con·triv·a·ble [kən'traɪvəbl] *adj* 1. erfind-, erdenkbar. 2. 'durchführ-, 'herstellbar. con'triv·ance *s* 1. *tech.* a) Ein-, Vorrichtung *f*: adjusting ~ Stellvorrichtung, b) Gerät *n*, Appa'rat *m*. 2. Erfindung *f*. 3. Erfindungsgabe *f*, Findigkeit *f*. 4. Bewerkstelligung *f*. 5. Plan *m*. 6. Kunstgriff *m*, List *f*, Kniff *m*.

con·trive [kən'traɪv] I *v/t* 1. erfinden, ersinnen, (sich) ausdenken, entwerfen: to ~ ways and means Mittel u. Wege finden. 2. *etwas Böses* aushecken, Pläne schmieden. 3. zu'stande bringen, bewerkstelligen. 4. es fertigbringen, es verstehen, es einrichten: he ~d to make himself popular er verstand es *od.* es gelang ihm, sich beliebt zu machen. II *v/i* 5. Pläne schmieden. 6. Ränke schmieden. 7. haushalten. con'trived *adj* gekünstelt (*Freundlichkeit, Stil etc*).

con·trol [kən'trəʊl] I *v/t* 1. beherrschen, die Herrschaft *od.* Kon'trolle haben über (*acc*), etwas in der Hand haben, gebieten über (*acc*): the company ~s the entire industry die Gesellschaft beherrscht die gesamte Industrie; ~ling interest *econ.* maßgebliche Beteiligung, ausschlaggebender Kapitalanteil; ~ling shareholder (*bes. Am.* stockholder) *econ.* Besitzer *m* der Aktienmajorität, maßgeblicher Aktionär. 2. in Schranken halten, *e-r Sache* Herr werden, Einhalt gebieten (*dat*), (erfolgreich) bekämpfen, eindämmen: to ~ a fire (insect pests, an epidemic disease, *etc*); to ~ o.s. (*od.* one's temper) sich beherrschen. 3. kontrol'lieren: a) über'wachen, beaufsichtigen, b) (nach)prüfen: to ~ an experiment ein Experiment durch Gegenversuche kontrollieren. 4. regeln: vitamin D ~s bone growth. 5. leiten, lenken, führen, verwalten. 6. *econ.* (staatlich) bewirtschaften, planen, diri'gieren, *Absatz, Konsum, Kaufkraft etc* lenken, *Preise* binden; ~led economy gelenkte Wirtschaft, Planwirtschaft *f*; ~led prices gebundene Preise. 7. *electr. tech.* steuern, regeln, regu'lieren: ~led by compressed air druckluftgesteuert; ~led rocket gesteuerte Rakete; ~led ventilation regulierbare Lüftung. II *s* 8. (of, over) Beherrschung *f (gen)* (*a. fig.*), Macht *f*, Gewalt *f*, Kon'trolle *f*, Herrschaft *f* (über *acc*): to bring (*od.* get) under ~ Herr werden (*gen*), unter Kontrolle bringen; to get ~ over in s-e Gewalt *od.* in die Hand bekommen; to get beyond s.o.'s ~ j-m über den Kopf wachsen; to get out of ~ außer Kontrolle geraten; circumstances beyond our ~ unvorhersehbare Umstände, Fälle höherer Gewalt; to have ~ over a) → 1, b) Gewalt über *j-n* haben; to have the situation under ~ Herr der Lage sein, die Lage beherrschen; to keep under ~ im Zaum halten, fest in der Hand haben; to lose ~ (over, of) die Herrschaft *od.* Gewalt *od.* Kontrolle verlieren (über e-e Partei, ein Auto *etc*); to lose ~ of o.s. die (Selbst)Beherrschung verlieren. 9. Selbstbeherrschung *f*. 10. Körperbeherrschung *f*. 11. (of, over) Aufsicht *f*, Kon'trolle *f* (über *acc*), Über'wachung *f (gen)*: government (*od.* state) ~ staatliche Aufsicht; board of ~ Aufsichtsbehörde *f*, -amt *n*; to be in ~ of s.th. etwas leiten *od.* unter sich haben; to be under s.o.'s ~ j-m unterstehen *od.* unterstellt sein. 12. Leitung *f*, Verwaltung *f*: ~ of an enterprise; traffic ~ Verkehrsregelung *f*. 13. *econ.* a) (*Kapital-, Konsum-, Kaufkraft- etc*)Lenkung *f*, b) (*Devisen- etc*)Bewirtschaftung *f*. 14. *jur.* a) Gewahrsam *m*, b) Verfügungsgewalt *f* (of, over über *acc*): ~ of s.o.'s property, c) a. parental ~ (of, over) elterliche Gewalt (über *acc*), Per'sonensorge *f*: to have the ~ of a child; to place s.o. under ~ j-n unter Vormundschaft stellen. 15. Bekämpfung *f*, Eindämmung *f*: ~ of (the spread of) a disease. 16. *tech.* Steuerung *f*, Bedienung *f*, Führung *f*: ~ of a vehicle. 17. *meist pl tech.* a) Steuerung *f*, 'Steuervorrichtung *f*, -or͵gan *n*, Be'dienungselemente *pl*, b) Kon'troll-, Regu'liervorrichtung *f*, Kon'troll-, Betätigungshebel *m*: to be at the ~s das Sagen haben, an den (Schalt)Hebeln der Macht sitzen. 18. *electr. tech.* a) Regelung *f*, Regu'lierung *f*, b) Regler *m*. 19. *pl aer.* Steuerung *f*, Leitwerk *n*, Steuerzüge *pl*. 20. a) Kon'trolle *f*, Anhaltspunkt *m*, b)

Vergleichswert m, c) → **control experiment**. **con·trol| and re·port·ing** s mil. Fliegerleit- u. Flugmeldedienst m. **~ center,** bes. Br. **~ cen·tre** s Kon'trollzentrum n. **~ chart** s 1. sta'tistische Darstellung der Bevölkerungsdichte. 2. tech. 'Steuerungsdia,gramm n. **~ cir·cuit** s electr. Regler, Steuerkreis m. **~ column** s aer. Steuersäule f. **~ desk** s 1. electr. Steuer-, Schaltpult n. 2. Rundfunk, TV: Re'giepult m. **~ en·gi·neer·ing** s Steuerungs-, Regeltechnik f. **~ ex·per·i·ment** s Kon'troll-, Gegenversuch m. **~ gear** s 1. tech. Steuergetriebe n, Schaltgetriebe n. 2. electr. Steuergerät n. **~ grid** s electr. Steuergitter n. **~ group** s bes. med. Kon'trollgruppe f. **~ knob** s tech. Bedienungsknopf m, -griff m.
con·trol·la·ble [kən'trəʊləbl] adj 1. kontrol'lierbar. 2. der Aufsicht od. Gewalt unter'worfen, zu beaufsichtigen(d) (**by** von). 3. electr. tech. steuer-, regel-, regu'lierbar.
con·trol·ler [kən'trəʊlə(r)] s 1. a) Kon'trol'leur m, Aufseher m, b) Aufsichts-, Kon'troll-, Prüfbeamte(r) m, c) (staatlicher) Rechnungsprüfer (Beamter), d) Am. Leiter m des Rechnungswesens. 2. aer. a) Kon'trollbeamte(r) m, b) mil. 'Leitoffi,zier m. 3. electr. tech. Regler m, mot. Fahrschalter m: **automatic ~** (Schalt)Wächter m. 4. sport Kon'trollposten m.
con·trol| le·ver s 1. mot. tech. Schalthebel m. 2. aer. → **control stick**. **~ pan·el** s electr. Bedienungsfeld n. **~ rod** s Kerntechnik: Steuerstab m. **~ room** s electr. tech. 1. Kon'trollraum m, (mil. Be'fehls)Zen,trale f. 2. Rundfunk, TV: Re'gieraum m. **~ stick** s aer. Steuerknüppel m. **~ sur·face** s aer. Leit-, Steuerfläche f, Steuerruder n. **~ switch** s electr. Steuerschalter m, -wähler m. **~ tow·er** s aer. Kon'trollturm m, Tower m.
con·tro·ver·sial [,kɒntrə'vɜːʃl; Am. ,kɑntrə'vɜːrʃəl; -siəl] adj (adv **~ly**) 1. strittig, um'stritten, kontro'vers: **a ~ book** ein umstrittenes Buch; **a ~ subject** ein e Streitfrage. 2. po'lemisch. 3. streitsüchtig. **,con·tro·ver·sial·ist** [-ʃəlɪst] s Po'lemiker m. **'con·tro·ver·sy** [-sɪ] s 1. Kontro'verse f: a) (Meinungs)Streit m, Ausein'andersetzung f, b) Dis'put m, Diskussi'on f, De'batte f: **beyond ~,** without **~** fraglos, unstreitig. 2. jur. Rechtsstreit m, (Zi'vil)Pro,zeß m: → **matter** 3. 3. a. **point in ~** Streitfrage f, -punkt m.
con·tro·vert ['kɒntrəvɜːt; Am. ,kɑntrə'vɜːrt] v/t etwas bestreiten, anfechten, a. j-m wider'sprechen: **a ~ed doctrine** e-e umstrittene od. angefochtene Doktrin. **,con·tro'vert·i·ble** adj (adv **controvertibly**) 1. streitig, strittig. 2. anfechtbar.
con·tu·ma·cious [,kɒntju'meɪʃəs; Am. ,kɑntjə'm-; -tə'm-] adj 1. aufsässig, 'widerspenstig. 2. jur. (trotz Vorladung) nicht erschienen. **,con·tu'ma·cious·ness, con·tu·ma·cy** ['kɒntjʊməsɪ; Am. -kən'tju:-; a. -'tu:-] s 1. Aufsässigkeit f, 'Widerspenstigkeit f. 2. jur. (absichtliches) Nichterscheinen vor Gericht: **to con·demn for ~** gegen j-n ein Versäumnisurteil fällen.
con·tu·me·li·ous [,kɒntjuː'miːljəs; Am. ,kɑntjə-; a. -tə-] adj (adv **~ly**) 1. anmaßend, unverschämt, beleidigend. 2. schändlich. **,con·tu'me·li·ous·ness, con·tu·me·ly** ['kɒntjuːmlɪ; Am. kən'tjuːmɛlɪ; a. -'tuː-] s 1. Anmaßung f, Unverschämtheit f. 2. Beleidigung f, Schmähung f.
con·tuse [kən'tjuːz; Am. -'tuːz] v/t med. quetschen: **~d wound** Quetschwunde f.

con·tu·sion [-'tjuːʒn; Am. a. -'tuːʒən] s med. Kontusi'on f, Quetschung f.
co·nun·drum [kə'nʌndrəm] s 1. Scherzfrage f, (Scherz)Rätsel n: **to set ~s** Rätsel aufgeben. 2. fig. Rätsel n.
con·ur·ba·tion [,kɒnɜː'beɪʃn; Am. ,kɑnɜːr'b-] s Ballungsraum m, -zentrum n, Stadtgroßraum m.
con·va·lesce [,kɒnvə'les; Am. ,kɑn-] v/i gesund werden, genesen. **,con·va'les·cence** s Rekonvales'zenz f, Genesung f. **,con·va'les·cent I** adj 1. rekonvales'zent, genesend. 2. Genesungs...: **home** Genesungsheim n. **II** s 3. Rekonvales'zent(in), Genesende(r m) f.
con·vec·tion [kən'vekʃn] s Konvekti'on f: a) phys. Mitführung von Energie od. elektrischer Ladung durch die kleinsten Teilchen e-r Strömung: **~ current** Konvektionsstrom m; **~ heater** → **convector** 2, b) meteor. Zufuhr von Luftmassen in senkrechter Richtung. **con'vec·tion·al** [-ʃnl] adj Konvektions... **con'vec·tive** [-tɪv] adj konvek'tiv, Konvektions... **con'vec·tor** [-tə(r)] s 1. phys. Konvekti'ons(strom)leiter m. 2. Heizlüfter m.
con·ve·nance ['kɔ̃nvənɑ̃ːns; Am. 'kɑʊn-] s 1. Schicklichkeit f. 2. pl Anstandsformen pl, Eti'kette f.
con·vene [kən'viːn] **I** v/i 1. a) zs.-kommen, sich versammeln, b) (formell) zs.-treten (Parlament etc). 2. fig. zs.-treffen, -kommen (Ereignisse). **II** v/t 3. versammeln, zs.-rufen, Versammlung einberufen, a. jur. vorladen (**before** vor acc). **con'ven·er** s bes. Br. j-d, der Versammlungen einberuft, bes. Vorsitzende(r m) f.
con·ven·ience [kən'viːnjəns] s 1. Angemessenheit f. 2. Annehmlichkeit f, Bequemlichkeit f: **at your ~** nach Belieben, gelegentlich, wenn es Ihnen gerade paßt; **at your earliest ~** so bald wie möglich; **suit your own ~** handeln Sie ganz nach Ihrem Belieben; **~ of operation** tech. leichte Handhabung; **~ outlet** electr. Netzsteckdose (an e-m Gerät); → **sake** 1. 3. Vorteil m: **it is a great ~** es ist sehr vorteilhaft; **to make a ~ of s.o.** j-n ausnutzen. 4. Bequemlichkeit f, Kom'fort m, (der Bequemlichkeit dienende) Einrichtung: **all (modern) ~s** alle Bequemlichkeiten od. aller Komfort (der Neuzeit); **~ food** Fertignahrung f; **~ goods** econ. Am. Waren des täglichen Bedarfs (die der Verbraucher in s-r Nachbarschaft erhält). 5. bes. Br. Klo'sett n, Toi'lette f. **con'ven·ien·cy** → **convenience**. **con'ven·ient** adj 1. bequem, praktisch, gut geeignet (**for** zu). 2. bequem, günstig, passend, gelegen: **it is not ~ for me** es paßt mir schlecht; **when will it be ~ for me to call?** wann paßt Ihnen mein Anruf? 3. bequem gelegen, leicht zu erreichen(d) (Ort): **~ to** in der Nähe von, nahe bei. 4. handlich: **a ~ tool.** 5. obs. geziemend, angemessen (**to, for** für). **con'ven·ient·ly** adv 1. bequem (etc = **convenient**). 2. bequemerweise etc.
con·vent ['kɒnvənt; -vent; Am. 'kɑn-] s (bes. Nonnen)Kloster n: **~ (school)** Klosterschule f.
con·ven·ti·cle [kən'ventɪkl] s 1. Konven'tikel n, (heimliche) Zs.-kunft (bes. der englischen Dissenters zur Zeit ihrer Unterdrückung). 2. Versammlungshaus n, bes. Andachtsstätte f (der englischen Nonkonformisten od. Dissenters). **con'ven·ti·cler** s Besucher(in) von Konven'tikeln, Sek'tierer(in), bes. Dis'senter m.
con·ven·tion [kən'venʃn] s 1. Zs.-kunft f, Tagung f, Versammlung f, Treffen n. 2. a) pol. Am. Par'teiversammlung f, -tag m: → **national convention,** b) parl. verfassunggebende od. -ändernde Versammlung, c) Kon'greß m, Tagung f: **~**

center (bes. Br. centre) Kongreßzentrum n. 3. parl. Br. hist. aus eigenem Recht erfolgte Versammlung: **C~ Par·liament** Freiparlament (das ohne den König zs.-trat; 1660 u. 1688). 4. a) (bi·laterales) Abkommen, b) (multilaterales) Über'einkommen, Konventi'on f. 5. (ge·sellschaftliche) Konventi'on, Sitte f, Gewohnheits- od. Anstandsregel f, (stillschweigende) Gepflogenheit od. Über'einkunft. 6. oft pl Traditi'on f.
con·ven·tion·al [kən'venʃənl; -ʃnl] adj (adv **~ly**) 1. konventio'nell, traditio'nell, 'herkömmlich (alle a. mil., Ggs. atomar), üblich: **~ methods; ~ weapons; ~ sign** Symbol n, (bes. Karten)Zeichen n; **~ society** bürgerliche Gesellschaft; **the ~ wisdom is that** die allgemeine Meinung geht dahin, daß. 2. contp. scha'blonenhaft, 'unorigi,nell, abgedroschen. 3. konventio'nell, förmlich. 4. jur. a) vertraglich vereinbart, vertragsgemäß, Vertrags..., b) gewohnheitsrechtlich. **con'ven·tion·al·ism** [-ʃnəlɪzəm] s Konventionа'lismus m, Festhalten an Konventi'onen od. am 'Hergebrachten. **con'ven·tion·al·ist** s Konventiona'list m. **con,ven·tion·al'i·ty** [-ʃə'nælətɪ] s 1. Konventionali'tät f, 'Herkömmlichkeit f, Üblichkeit f. 2. contp. Scha'blonenhaftigkeit f. 3. → **conventionalism**. **con·ven·tion·al·ize** v/t konventio'nell machen od. (a. art) darstellen, den Konventi'onen unter'werfen.
con·ven·tion·eer [kən,venʃə'nɪər] s Am. Kon'greßteilnehmer(in).
con·ven·tu·al [kən'ventjʊəl; -tʃʊəl; Am. -tʃəwəl] **I** adj klösterlich, Kloster... **II** s Nonne f.
con·verge [kən'vɜːdʒ; Am. -'vɜːrdʒ] **I** v/i 1. zs.-laufen (Straßen, Flüsse), math. konver'gieren (a. fig.), konver'gent verlaufen, fig. sich (ein'ander) annähern: **to ~ on** von überallher strömen nach. 2. math. phys. sich nähern (**to, toward[s]** dat). 3. biol. ein'ander ähnlich sein od. werden. **II** v/t 4. math. konver'gieren lassen, fig. ein'ander annähern. **con'ver·gence, con'ver·gen·cy** s 1. Zs.-laufen n. 2. math., a. fig. a) Konver'genz f (a. biol. phys.), b) Annäherung f (**to, toward[s]** an acc). **con'ver·gent** adj math. konver'gent, fig. a. sich (ein'ander) annähernd. **con'verg·ing** adj zs.-laufend, math. konver'gierend (a. fig.), fig. sich (ein'ander) annähernd.
con·vers·a·ble [kən'vɜːsəbl; Am. -'vɜːr-] adj (adv **conversably**) unter'haltsam, gesprächig, 'umgänglich, gesellig.
con·ver·sance [kən'vɜːsəns; Am. -'vɜːr-], **con'ver·san·cy** [-sɪ] s Vertrautheit f (**with** mit). **con'ver·sant** adj 1. bekannt, vertraut (**with** mit). 2. (**with** gen) geübt, bewandert, erfahren (in dat), kundig (gen).
con·ver·sa·tion [,kɒnvə(r)'seɪʃn; Am. ,kɑn-] s 1. Konversati'on f, Unter'haltung f, Gespräch n: **by way of ~** gesprächsweise; **in ~ with** im Gespräch mit; **to get into ~ with s.o.** ein Gespräch mit j-m anknüpfen, mit j-m ins Gespräch kommen; **to make ~** Konversation machen; → **subject** 1. 2. 'Umgang m, Verkehr m. 3. jur. Geschlechtsverkehr m: → **crim·inal** 1. 4. a. **~ piece** a) paint. Genrebild n, b) thea. Konversati'onsstück n. 5. ('in·offizi,elles) diplo'matisches Gespräch. **,con·ver·sa·tion·al** [-ʃənl] adj (adv → **conversationally**) 1. gesprächig. 2. Unterhaltungs..., Konversations..., Gesprächs...: **~ English** Umgangsenglisch n; **~ grammar** Konversationsgrammatik f; **~ style** Konversationsstil m; **~ tone** Plauderton m. **,con·ver'sa·tion·al·ist** s gewandter Unter'halter, guter Gesell-

schafter. ˌcon·verˈsa·tion·al·ly adv 1. gesprächsweise, in der Unterˈhaltung. 2. im Plauderton. ˌcon·verˈsa·tion·ist → conversationalist.
con·ver·sa·zi·o·ne [ˌkɒnvəsætsɪˈəʊnɪ; Am. ˌkɑnvərˌsɑːt-] pl -ni [-niː], -nes [-nɪz] s 1. ˈAbendunterˌhaltung f. 2. liteˈrarischer Gesellschaftsabend.
con·verse¹ I v/i [kənˈvɜːs; Am. -ˈvɜrs] 1. sich unterˈhalten, sprechen, ein Gespräch führen (with mit). 2. obs. verkehren (with mit). II s [ˈkɒnvɜːs; Am. ˈkɑnˌvɜrs] 3. Gespräch n. 4. obs. ˈUmgang m, Verkehr m.
con·verse² [ˈkɒnvɜːs; Am. ˈkɑnˌvɜrs] I adj [Am. a. kənˈvɜrs] gegenteilig, ˈumgekehrt. II s ˈUmkehrung f, Gegenteil n (of von).
con·verse·ly adv ˈumgekehrt.
con·ver·sion [kənˈvɜːʃn; Am. -ˈvɜrʃən; -ʒən] s 1. allg. ˈUmwandlung f, Verwandlung f (into in acc). 2. arch. tech. ˈUmbau m (into in acc). 3. tech., a. econ. ˈUmstellung f (to auf acc): ~ of a plant to war production; ~ of gas to coke firing Umstellung von Gas- auf Koksfeuerung. 4. chem. phys. ˈUmsetzung f: ~ of energy. 5. electr. ˈUmformung f: ~ of current. 6. math. a) ˈUmrechnung f (into in acc): ~ table Umrechnungstabelle f, b) ˈUmwandlung f, c) ˈUmkehrung f: ~ of proportions, d) Redukti'on f: ~ of equations. 7. Computer: ˈUmsetzung f, ˈUmwandlung f. 8. philos. ˈUmkehrung f: ~ of proposition. 9. econ. a) Konverˈtierung f, Konversi'on f, ˈUmwandlung f: ~ of securities (of debts); ~ loan Konvertierungs-, Konversionsanleihe f, b) Zs.-legung f: ~ of shares, c) ˈUmstellung f: ~ of currency, d) ˈUmrechnung f, ˈUmwechslung f, e) ˈUmwandlung f, ˈUmgründung f (into in acc): ~ of a partnership. 10. jur. a) to one's own use Veruntreuung f, Unterˈschlagung f, a. ˈwiderrechtliche Aneignung, Besitzentziehung f, (Verˈmögens)ˌUmwandlung f: ~ of real property into personal. 11. (to) Bekehrung f (zu): a) relig. Konversi'on f, a. pol. etc ˈÜbertritt m (zu): his ~ to Communism, b) Meinungsänderung f (bezüglich gen): his ~ to Shakespeare. 12. psych. Konversi'on f (Umwandlung unbewältigter starker Erlebnisse in körperliche Symptome). 13. sport Verwandlung f (e-s Strafstoßes etc in ein Tor).
con·vert I v/t [kənˈvɜːt; Am. -ˈvɜrt] 1. allg., a. chem. ˈumwandeln, verwandeln (into in acc), a. electr. ˈumformen (into zu): to ~ into power phys. in Energie umsetzen; to ~ into cash flüssig od. zu Geld machen. 2. arch. tech. ˈumbauen (into zu). 3. econ. tech. e-n Betrieb, e-e Maschine, die Produktion ˈumstellen (to auf acc). 4. tech. a) verwandeln: to ~ into coal verkohlen; to ~ into steel stählen, in Stahl verwandeln, b) metall. frischen, bessemern, c) Tiegelgußstahl zemenˈtieren. 5. econ. a) Wertpapiere, Schulden etc konverˈtieren, ˈumwandeln: to ~ debts, b) Geld ˈum-, einwechseln: to ~ money, c) Aktien zs.-legen: to ~ shares, d) Währung ˈumstellen (to auf acc): to ~ currency. 6. math. a) ˈumrechnen (into in acc), b) auflösen, reduˈzieren: to ~ equations, c) ˈumkehren: to ~ the proportions. 7. Computer: ˈumsetzen, ˈumwandeln. 8. a. ~ to one's own use jur. a) unterˈschlagen, veruntreuen, b) sich ˈwiderrechtlich aneignen, unrechtmäßig für sich verwenden. 9. relig. bekehren (to zu). 10. (to) (zu e-r anderen Ansicht) bekehren, zum ˈÜbertritt (in e-e andere Partei etc) veranlassen. 11. sport verwandeln: to ~ a free kick. II v/i 12. ˈumgewandelt (etc; → I) werden. 13. sich verwandeln od. ˈumwandeln (into in acc). 14. sich verwandeln (etc) lassen (into in acc): the sofa ~s into a bed. 15. sich bekehren, relig. a. konverˈtieren (to zu). 16. sport verwandeln, einschießen. III s [ˈkɒnvɜːt; Am. ˈkɑnˌvɜrt] 17. Bekehrte(r m) f, relig. a. Konverˈtit(in): to become a ~ (to) → 15. conˈvert·ed adj ˈumgewandelt, verwandelt (etc; →convert I): ~ cruiser mar. Hilfskreuzer m; ~ apartment (bes. Br. flat) in Teilwohnungen umgebaute große Wohnung; ~ steel Zementstahl m. conˈvert·er s 1. Bekehrer m. 2. metall. Konˈverter m, (Bessemer)Birne f: ~ process Thomasverfahren n. 3. electr. ˈUmformer m. 4. tech. Bleicher m, Appreˈteur m (von Textilien). 5. TV Wandler m. 6. mil. ˈSchlüssel-, Chifˈfriermaˌschine f. 7. a. ~ reactor (Kerntechnik) Konˈverter m. conˌvertiˈbil·i·ty s 1. ˈUmwandelbarkeit f. 2. econ. a) Konverˈtierbarkeit f, ˈUmwandelbarkeit f, b) ˈUmwechselbarkeit f, c) ˈUmstellbarkeit f. 3. math. ˈUmrechenbarkeit f. conˈvert·i·ble I adj (adv convertibly) 1. ˈumwandelbar, verwandelbar: ~ aircraft → convertiplane; ~ husbandry agr. Fruchtwechselwirtschaft f. 2. econ. a) konverˈtierbar, ˈumwandelbar: ~ bond Wandelschuldverschreibung f, b) ˈum-, einwechselbar, c) ˈumstellbar. 3. gleichbedeutend: ~ terms. 4. math. ˈumrechenbar. 5. mot. mit Klappverdeck od. Faltdach: ~ coupé → 8; ~ sedan Am. Cabriolimousine f. 6. bekehrbar (to zu). II s 7. ˈumwandelbare Sache. 8. mot. Kabrioˈlett n. conˈvert·i·ble·ness s convertibility.
con·vert·i·plane [kənˈvɜːtəpleɪn; Am. -ˈvɜr-] s aer. Verwandlungsflugzeug n.
con·ver·tor → converter 3.
con·vex I adj [kɒnˈveks; Am. kɑn-] 1. konˈvex, erhaben, nach außen gewölbt: ~ lens Konvex-, Sammellinse f; ~ mirror Konvex-, Wölbspiegel m. 2. math. ausspringend: ~ angle. II s [ˈkɒnveks; Am. ˈkɑn-] 3. a) konˈvexer Körper, b) konˈvexe Fläche. conˈvex·i·ty s konˈvexe Form od. Eigenschaft, Wölbung f.
conˌvex·o-ˈcon·cave adj phys. konˈvex-konˌkav. conˌvex·o-ˈplane adj phys. ˈplankonˌvex.
con·vey [kənˈveɪ] v/t 1. Waren etc befördern, transporˈtieren (beide a. tech.), (ver)senden, bringen. 2. tech. zuführen, fördern: ~ing capacity Förderleistung f. 3. überˈbringen, -ˈmitteln, -ˈsenden: to ~ greetings. 4. jur. Grundstück überˈtragen, abtreten (to an acc): to ~ real estate. 5. phys. Schall fortpflanzen, überˈtragen, a. Elektrizität leiten. 6. Krankheit etc überˈtragen: to ~ an infection. 7. fig. Ideen etc mitteilen, vermitteln, Meinung, Sinn ausdrücken: to ~ a certain meaning e-n gewissen Sinn haben; this word ~s nothing to me dieses Wort sagt mir nichts.
con·vey·ance [kənˈveɪəns] s 1. (a. ˈAb-)Transˌport m, Überˈsendung f, Beförderung f: ~ by rail Eisenbahntransport m; means of ~ → 2. 2. Transˈport-, Verkehrsmittel n, Fahrzeug n. 3. Überˈbringung f, -ˈsendung f. 4. fig. Vermittlung f, Mitteilung f: ~ of ideas. 5. jur. a) Überˈtragung f, Abtretung f, Auflassung f: ~ of (title to) land, b) deed of ~ Abtretungs-, Auflassungsurkunde f. 6. electr. Leitung f: open-air ~ Freileitung f. 7. phys. Überˈtragung f, Fortpflanzung f: ~ of sound. 8. tech. a) Zuführung f, Förderung f, b) → conveyer 3. conˈvey·anc·er s jur. Noˈtar m für ˈEigentumsüberˌtragungen.
con·vey·er [kənˈveɪə(r)] s 1. Beförderer m, (Über)ˈBringer(in). 2. Vermittler(in): ~ of new ideas. 3. tech. a) Förderer m, Fördergerät n, -anlage f, Transˈporteinrichtung f, b) Förderband n. ~ belt → conveyer 3 b. ~ buck·et s tech. Förderkübel m. ~ chain s tech. Becher-, Förderkette f. ~ chute s tech. Förderrutsche f.
conˈvey·er-ˌline pro·ducˈtion s tech. Fließbandfertigung f.
con·vey·or → conveyer.
con·vey·or·ize [kənˈveɪəraɪz] v/t 1. mit Fördereinrichtung(en) versehen, für Fließbandarbeit einrichten. 2. am Fließband ˈherstellen.
con·vict I v/t [kənˈvɪkt] 1. jur. a) überˈführen, für schuldig erklären (s.o. of murder j-n des Mordes), b) verurteilen (of wegen). 2. überˈzeugen (of von e-m Unrecht etc): to ~ s.o. of an error j-m e-n Irrtum zum Bewußtsein bringen. II s [ˈkɒnvɪkt; Am. ˈkɑn-] 3. Verurteilte(r m) f. 4. Strafgefangene(r m) f, Sträfling m: ~ colony Sträflingskolonie f; ~ labo(u)r Gefangenenarbeit f.
con·vic·tion [kənˈvɪkʃn] s 1. jur. a) Schuldigsprechung f, Schuldspruch m, b) Überˈführung f, c) Verurteilung f: summary ~ Verurteilung im Schnellverfahren; → previous 1. 2. (innere) Überˈzeugung: by ~, from ~ aus Überzeugung; it is my ~ that ich bin der Überzeugung, daß; to be open to ~ sich gern überzeugen lassen; → carry 9. 3. (Schuld- etc)Bewußtsein n, (innere) Gewißheit.
con·vince [kənˈvɪns] v/t 1. (a. o.s. sich) überˈzeugen (of von; that daß). 2. zum Bewußtsein bringen (s.o. of s.th. j-m etwas). 3. obs. a) überˈführen, b) widerˈlegen, c) überˈwinden. conˈvinc·ing adj 1. überˈzeugend: ~ proof schlagender Beweis; ~ performance fig. überˈzeugende (ausgezeichnete) Darstellung od. Leistung; to be ~ überˈzeugen; he is at his most ~ when er ist am überˈzeugendsten, wenn. 2. Überzeugungs… conˈvinc·ing·ly adv überˈzeugend, in überˈzeugender Weise od. Maˈnier. conˈvinc·ing·ness s Überˈzeugungskraft f.
con·viv·i·al [kənˈvɪvɪəl; -vjəl] adj (adv ~ly) gesellig, lustig, heiter. conˈviv·i·al·ist s lustiger Gesellschafter. conˌviv·iˈal·i·ty [-ˈælətɪ] s Geselligkeit f, unbeschwerte Heiterkeit.
con·vo·ca·tion [ˌkɒnvəˈkeɪʃn; -vəˈk-; Am. ˌkɑnvəˈkeɪʃn] s 1. Zs.-berufung f. 2. Versammlung f. 3. relig. a) Provinziˈalsynode f (der anglikanischen Kirche, bes. von Canterbury u. York), b) Episkoˈpalsynode f, Kirchspielversammlung f (der protestantischen Kirche). 4. univ. a) gesetzgebende Versammlung (Oxford u. Durham), b) außerordentliche Seˈnatssitzung f (Cambridge), c) Am. Promoti'ons- od. Eröffnungsfeier f.
con·voke [kənˈvəʊk] v/t (bes. amtlich) einberufen, zs.-rufen.
con·vo·lute [ˈkɒnvəluːt; Am. ˈkɑn-] adj bes. bot. (zs.-, übereinˈander)gerollt, gewickelt, ringelförmig. ˈcon·vo·lut·ed adj 1. bes. bot. zs.-gerollt, gewunden, spiˈralig. 2. med. knäuelförmig. ˌcon·voˈlu·tion s 1. Ein-, Zs.-rollung f, (Zs.-)Wick(e)lung f. 2. tech. Windung f, ˈSchrauben(ˌum)gang m. 3. anat. (bes. Gehirn)Windung f.
con·vol·vu·lus [kənˈvɒlvjʊləs; Am. a. -ˈvɑlv-] pl -lus·es od. -li [-laɪ] s bot. Winde f.
con·voy [ˈkɒnvɔɪ; Am. ˈkɑn-] I s 1. Geleit n, Begleitung f, Schutz m. 2. mil. a) Esˈkorte f, Bedeckung f, b) a. allg. (ˈWagen)Koˌlonne f, Konˈvoi m, c) (bewachter) Transˈport. 3. mar. Geleitzug m, Konˈvoi m: to sail under ~ im Geleit-

con·vulse - **coordination allowance**

zug fahren. **II** v/t [a. kənˈvɔɪ] **4.** Geleitschutz geben (dat), eskorˈtieren.
con·vulse [kənˈvʌls] **I** v/t **1.** erschüttern (a. fig. pol. etc), in Zuckungen versetzen: **to be ~d with** → **4. 2.** Muskeln etc krampfhaft zs.-ziehen: **~d features** verzerrte Züge. **3.** in Lachkrämpfe versetzen. **II** v/i **4.** ~ **with** sich krümmen vor (Lachen, Schmerzen etc). **conˈvul·sion** s **1.** bes. med. Krampf m, Zuckung f, Konvulsiˈon f: **nervous ~s** nervöse Zuckungen; **to go into ~s, to be seized with ~s** Krämpfe bekommen. **2.** pl Lachkrampf m: **they were all in ~s** sie krümmten sich alle vor Lachen. **3.** pol. Erschütterung f. **4.** geol. Erdstoß m, (Boden)Erschütterung f. **conˈvul·sion·ar·y** [-ʃnərɪ; Am. -ʃəˌneri] **I** s **1.** an Zuckungen od. Krämpfen Leidende(r m) f. **2.** C~ relig. hist. Janseˈnist m. **II** adj **3.** → **convulsive** 1. **4.** C~ relig. hist. janseˈnistisch.
con·vul·sive [kənˈvʌlsɪv] adj (adv ~ly) **1.** krampfhaft, -artig, konvulˈsiv. **2.** von Krämpfen befallen. **3.** fig. erschütternd.
co·ny [ˈkəʊnɪ] s **1.** zo. (bes. ˈWild)Kaˌninchen n: ~ **burrow** Kaninchenbau m. **2.** Kaˈninchenfell n, bes. ˈSealkaˌnin n (Imitation von Sealskin).
coo [ku:] **I** v/i orn. gurren (a. fig.). **II** v/t fig. etwas gurren, säuseln, ˌflötenʼ. **III** s Gurren n. **IV** interj Br. sl. Mensch!, Mann!
coo·ee, coo·ey [ˈkuː-ɪ; ˈkuː-iː] **I** s Huhu n (Signalruf): **within ~** in Rufweite. **II** v/i huhu rufen. **III** interj huhu!
cook [kʊk] **I** s **1.** Koch m, Köchin f: **too many ~s spoil the broth** viele Köche verderben den Brei. **II** v/t **2.** Speisen kochen, zubereiten, braten, backen; → **goose** 1. **3.** bes. tech. der Hitze aussetzen, rösten. **4.** a. ~ **up** colloq. zs.-brauen, sich ausdenken, erfinden, erdichten: **to ~ up a story**. **5.** colloq. ˌfriˈsierenʼ, (ver)fälschen: **~ed accounts** econ. frisierte od. gefälschte Abrechnungen. **6.** (durch Einführen in e-n Reaktor) radioakˈtiv machen. **7.** ~**ed** colloq. a) ˌerledigtʼ, ˌfertigʼ (erschöpft od. ruiniert), b) Am. ˌblauʼ (betrunken). **III** v/i **8.** kochen: **to ~ out** Am. abkochen; **now you are ~ing with gas!** sl. ˌjetzt bist du auf dem richtigen Dampfer!ʼ **9.** kochen, gekocht werden (Speisen): **what's ~ing?** colloq. was ist los?, was tut sich? **10.** sich gut etc kochen lassen.
ˈcook·book s bes. Am. Kochbuch n.
cook·er [ˈkʊkə(r)] s **1.** a) Kocher m, Kochgerät n, b) Br. Herd m. **2.** Kochgefäß n. **3.** Kochfrucht f, zum Kochen geeignete Frucht, z.B. Kochapfel m. ~ **hood** s Br. Abzugshaube f.
cook·er·y [ˈkʊkərɪ] s **1.** Kochen n. **2.** Kochen, Kochkunst f. **3.** Am. Kochstelle f. ~ **book** s bes. Br. Kochbuch n. ~ **dem·on·stra·tion** s Kochvorführung f.
ˌcookˈgen·er·al pl **ˌcooksˈgen·er·al** s Br. Mädchen n für alles. **ˈ~house** s **1.** bes. mil. Feldküche f. **2.** mar. Komˈbüse f, Schiffsküche f.
cook·ie [ˈkʊkɪ] s **1.** Am. (süßer) Keks, Plätzchen n: ~ **cutter** Ausstech(back)form f; ~ **pusher** colloq. a) ˌzahmer Salonlöweʼ, ˌWaschlappenʼ m, c) Karrieremacher m; **that's the way the ~ crumbles** colloq. so geht's nun mal im Leben, so ist's nun mal; **to toss one's ~s** sl. ˌBröckchen husten od. lachenʼ (sich übergeben). **2.** Scot. Brötchen n, Semmel f. **3.** bes. Am. colloq. a) Kerl m, Bursche m: **a smart ~**; **he's a tough ~** mit ihm ist nicht gut Kirschen essen, b) ˌSüßeʼ f, Schätzchen n.
cook·ing [ˈkʊkɪŋ] **I** s **1.** Kochen n. **2.** Küche f, Art f zu kochen: **Italian ~** die italienische Küche. **II** adj **3.** Koch... ~ **ap·ple** s Kochapfel m. ~ **plate** s electr. Kochplatte f. ~ **range** s Kochherd m. ~ **so·da** s colloq. Natron n.
ˈcookˌout s Am. Abkochen n. **ˈ~ˌroom** s Am. **1.** Küche f. **2.** → **cookhouse** 2. **ˈ~ˌshop** s Speisehaus n. **ˈ~ˌstove** s Am. Herd m.
cook·y → **cookie**.
cool [ku:l] **I** adj (adv ~ly) **1.** kühl, frisch: **to get ~** sich abkühlen; **to keep ~** frisch bleiben. **2.** kühl(end), Kühle ausstrahlend: **a ~ dress** ein leichtes Kleid. **3.** kühl(end), erfrischend. **4.** fieberfrei. **5.** kühl, ruhig, beherrscht, gelassen, kalt (-blütig): **to keep ~** e-n kühlen Kopf behalten; **keep ~!** reg dich nicht auf!; → **cucumber** 1. **6.** kühl, gleichgültig, lau. **7.** kühl, kalt, abweisend: **a ~ reception** ein kühler Empfang. **8.** unverschämt, unverfroren, frech: ~ **cheek** fig. Frechheit f. **9.** fig. colloq. glatt, rund: **a ~ thousand dollars** glatte od. die Kleinigkeit von tausend Dollar. **10.** kühl, kalt: ~ **colo(u)r**. **11.** colloq. ˌkleinʼ, leidenschaftslos, intellektuˈell unterˈkühlt. **12.** bes. Am. colloq. ˌklasseʼ, ˌprimaʼ. **II** s **13.** Kühle f, Frische f (der Luft): **in the ~ of the evening** in der Abendkühle. **14.** kühler Ort. **15.** kühle Tageszeit. **16.** colloq. (Selbst)Beherrschung f: **to blow** (od. **lose**) **one's ~** ˌhochgehenʼ, die Beherrschung verlieren; **to keep one's ~** ruhig bleiben, die Nerven behalten. **III** v/t **17.** (ab)kühlen, kalt werden lassen: **to ~ a bearing** tech. ein (heißgelaufenes) Lager abkühlen; **to ~ a liquid** e-e Flüssigkeit abkühlen lassen; **to ~ it** colloq. a) ruhig bleiben, die Nerven behalten, b) ˌsich raushaltenʼ; ~ **it!** colloq. immer mit der Ruhe!; reg dich ab!; → **heel**[1] Bes. Redew. **18.** fig. Leidenschaften etc abkühlen, beruhigen. **19.** (ab)kühlen, erfrischen. **IV** v/i **20.** kühl werden, sich (ab-)kühlen: **to let one's soup ~** s-e Suppe abkühlen lassen. **21.** ~ **down** (od. **off**) fig. sich abkühlen, sich legen, nachlassen, sich beruhigen. **22.** ~ **down** colloq. a) besonnener werden, b) sich abregen.
cool·ant [ˈku:lənt] s tech. Kühlmittel n, bes. mot. Kühlwasser n. [Kühlbox f.]
cool| **bag** s Kühltasche f. ~ **box** s/
cool·er [ˈku:lə(r)] s **1.** (Wein- etc)Kühler m. **2.** a) Kühlraum m, b) Kühlbehälter m. **3.** kühlendes Getränk od. Mittel. **4.** fig. Dämpfer m, ˌkalte Duscheʼ: **to put a ~ on s.th.** e-r Sache e-n Dämpfer aufsetzen. **5.** sl. ˌKittchenʼ n (Gefängnis).
ˈcool-ˌham·mer v/t tech. kalthämmern, -schmieden. **ˌ~ˈhead·ed** adj **1.** besonnen, kaltblütig. **2.** leidenschaftslos. **ˈ~house** s Kühlhaus n.
coo·lie [ˈku:lɪ] s Kuli m, Tagelöhner m.
cool·ing [ˈku:lɪŋ] **I** adj **1.** (ab)kühlend. **2.** kühlend, erfrischend. **3.** tech. Kühl...: ~ **air**; ~ **liquid**; ~ **tower**; ~ **coil** Kühlschlange f; ~ **fin** Kühlrippe f; ~ **plant** Kühlanlage f. **II** s **4.** (Ab)Kühlung f. **ˌ~ˈoff** **I** s bes. fig. Abkühlung f. **II** adj fig. zur Beruhigung (der Gemüter): ~ **period** econ. Am. Abkühlungsfrist f.
cool·ish [ˈku:lɪʃ] adj etwas kühl.
cool·ness [ˈku:lnɪs] s **1.** Kühle f. **2.** fig. Kühle f, Gelassenheit f, Kaltblütigkeit f. **3.** Gleichgültigkeit f, Lauheit f. **4.** Kälte f, kalte Förmlichkeit f. **5.** Unverfrorenheit f.
cool·y → **coolie**.
coom [ku:m] s Br. dial. **1.** Kohlenstaub m, Ruß m. **2.** a) Schlacke f, b) Asche f.
coomb(e) [ku:m] s Br. enge Talmulde.
coon [ku:n] s **1.** zo. colloq. Waschbär m: **he is a gone ~** mit ihm ist's aus; **for a ~'s age** Am. seit e-r Ewigkeit. **2.** Am. sl. a) contp. Neger(in): ~ **song** Negerlied n, b) ˌschlauer Fuchsʼ.
coon·can [ˈku:nˌkæn] s Am. (Art) Rommé n (Kartenspiel).
coop [ku:p] **I** s **1.** Hühnerstall m. **2.** Fischkorb m (zum Fischfang). **3.** colloq. ˌKaˈbuffʼ n, enger Raum. **4.** colloq. Gefängnis n, ˌKittchenʼ n: **to fly the ~** sich aus dem Staub machen. **II** v/t **5.** oft ~ **up**, ~ **in** einsperren, einpferchen.
co-op [ˈkəʊɒp; Am. ˈkəʊˌɑp; kəʊˈɑp] s colloq. Co-op m (Genossenschaft u. Laden).
coop·er[1] [ˈku:pə(r)] **I** s **1.** Faßbinder m, Küfer m, Böttcher m: **dry ~** Trockenfaßbinder; **white ~** Feinböttcher. **2.** Mischbier n (aus Stout u. Porter). **II** v/t **3.** Fässer machen, binden, ausbessern. **4.** oft ~ **out**, ~ **up** anfertigen. **5.** Am. colloq. ˌvermasselnʼ.
coop·er[2] → **coper**[1].
coop·er·age [ˈku:pərɪdʒ] s **1.** Böttcheˈrei f. **2.** Böttcher-, Küferlohn m.
co·op·er·ate [kəʊˈɒpəreɪt; Am. -ˈɑp-] v/i **1.** koopeˈrieren, zs.-arbeiten (**with** mit j-m; **in** bei e-r Sache; **to, toward**[s] zu e-m Zweck). **2.** (in) mitwirken (an dat), helfen od. behilflich sein (bei). **co·opˌer·ˈa·tion** s **1.** Kooperatiˈon f, Zs.-arbeit f. **2.** Mitarbeit f, Mitwirkung f, Hilfe f. **3.** a) genossenschaftlicher Zs.-schluß, b) auf Gegenseitigkeit begründete Zs.-arbeit e-r Genossenschaft. **co·opˈer·a·tion·ist** → **cooperator** 2. **coˈop·er·a·tive** [-rətɪv; Am. a. -reɪtɪv] **I** adj (adv ~ly) **1.** koopeˈrierend, zs.-arbeitend. **2.** mitarbeitend, -wirkend. **3.** kooperaˈtiv, zur Mitarbeit bereit, hilfsbereit. **4.** econ. a) Gemeinschafts..., b) genossenschaftlich, Genossenschafts...: ~ **advertising** Gemeinschaftswerbung f; ~ **bank** Genossenschaftsbank f; ~ **building society** Br. Bau(spar)genossenschaft f; ~ **buying** (**marketing**, **selling**) **association** Einkaufs-(Absatz-, Verkaufs)genossenschaft f; ~ **society** → 5; ~ **store** → 6. **II** s **5.** Co-op m: a) Genossenschaft f, b) Konˈsumverein m. **6.** Co-op m, Konˈsumladen m. **coˈop·er·a·tive·ness** s **1.** Bereitschaft f zur Zs.-arbeit. **2.** Hilfsbereitschaft f. **coˈop·er·a·tor** [-reɪtə(r)] s **1.** Mitarbeiter(in), Mitwirkende(r m) f. **2.** Genossenschaftsmitglied n, Mitglied n e-s Konˈsumvereins.
Coo·per pair [ˈku:pə(r)] s phys. Cooper-Paar n.
co-opt [kəʊˈɒpt; Am. -ˈɑpt] v/t hinzuwählen. **ˌco-opˈta·tion** s Zuwahl f.
co·or·di·nate [kəʊˈɔ:(r)dɪneɪt; -neɪt] **I** v/t **1.** koordiˈnieren, bei-, gleichordnen, gleichschalten, einheitlich gestalten, (miteiˈnander) in Einklang bringen, aufeiˈnander abstimmen. **2.** ausrichten, richtig anordnen. **II** v/i **3.** sich aufeiˈnander abstimmen, harˈmonisch zs.-wirken. **III** adj [-dnət; Am. a. -dnˌeɪt] (adv ~ly) **4.** koordiˈniert, bei-, gleichgeordnet, gleichrangig, -wertig, -artig: ~ **clause** beigeordneter Satz; ~ **court** jur. gleichgeordnetes Gericht. **5.** math. Koordinaten...: ~ **system**; ~ **geometry** analytische Geometrie. **6.** ped. univ. Am. nach Geschlechtern getrennt: ~ **university**. **IV** s [-dnət; Am. a. -dnˌeɪt] **7.** Beigeordnete n, Gleichwertiges n, -rangiges n. **8.** math. Koordiˈnate f. **9.** pl Coˈordinates pl (in Farbe, Material etc aufeinander abgestimmte Kleidungsstücke).
co·or·di·na·tion [kəʊˌɔ:(r)dɪˈneɪʃn; -dnˈeɪʃn] s **1.** Koordinatiˈon f, Koordiˈnierung f, Gleich-, Beiordnung f, Gleichstellung f, -schaltung f, Abstimmung f (aufeiˈnander). **2.** Ausrichtung f. **3.** harˈmonisches Zs.-spiel, Zs.-arbeit f, Übereˈinstimmung f. **4.** physiol. Koordinatiˈon f (harmonisches Zs.-wirken der Muskeln). ~ **al·low·ance** s econ. Am. sich

über mehrere Monate erstreckende Ausgleichszahlung bei Entlassung. **~ compound** *s chem.* Koordinati'onsverbindung *f*.
co·or·di·na·tive [kəʊ'ɔː(r)dɪnətɪv; -dnətɪv; *Am. a.* -dn̩ˌeɪtɪv] *adj* bei-, gleichordnend. **co'or·di·na·tor** [-dɪneɪtə(r); -dn-] *s* Koordi'nator *m*.
coot [kuːt] *s* **1.** *orn.* Wasser-, *bes.* Bläßhuhn *n*: **(as) bald as a ~** *colloq.* völlig kahl. **2.** *colloq.* Trottel *m*.
coot·er ['kuːtə(r)] *s zo.* **1.** (*e-e*) Dosenschildkröte. **2.** (*e-e*) Schmuckschildkröte. **3.** Alli'gatorschildkröte *f*.
coot·ie ['kuːtiː] *s Am. sl.* Kleiderlaus *f*.
cop¹ [kɒp; *Am.* kɑp] *s* **1.** Spinnerei: a) (Garn)Kötzer *m*, (Garn)Winde *f*, b) Garnwickel *m*, -spule *f*, -knäuel *m*. **2.** a) Haufen *m*, b) (kleiner) Hügel.
cop² [kɒp; *Am.* kɑp] *s*. **I** *v/t* **1.** erwischen (**at** bei): **to ~ s.o. doing s.th.** j-n (dabei) erwischen, wie er etwas tut; **to ~ it** ,sein Fett (ab)kriegen'; → **packet** 5. **2.** ,klauen', stehlen. **3. ~ a plea** *bes. Am.* sich wegen e-r kleinen Straftat schuldig bekennen (*um nicht wegen e-r größeren vor Gericht gestellt zu werden*). **II** *v/i* **4. ~ out** a) in e-n Rückzieher machen, ,aussteigen' (**of, on** aus): **to ~ out on society** aussteigen, b) sich drücken (**of, on** vor *dat*). **III** *s* **5.** *Br.* Erwischen *n*: **it's a fair ~** jetzt hat's mich erwischt. **6. no great ~, not much ~** *Br.* ,nicht so toll'. **7.** ,Bulle' *m* (*Polizist*): **to be on the ~s** bei der Polizei sein.
co·pa·cet·ic [ˌkəʊpə'setɪk; -'siː-] *adj Am. sl.* ,klasse', ,prima'.
co·pal ['kəʊpəl; -pl; kəʊ'pæl] *s tech.* Ko'pal(harz *n*) *m*.
co·par·ce·nar·y [kəʊ'pɑːsənərɪ; *Am.* -'pɑːrsn̩ˌerɪː] *s jur.* gemeinschaftliches Eigentum (*gleichberechtigter gesetzlicher Erben an Grundbesitz*). **co'par·ce·ner** *s* Miterbe *m*, -erbin *f*, Miteigentümer(in).
co·part·ner [kəʊ'pɑː(r)tnə(r)] *s* Teilhaber *m*, Mitinhaber *m*. **ˌco'part·ner·ship, ˌco'part·ner·y** *s econ.* **1.** Teilhaberschaft *f*. **2.** *Br.* Gewinn- od. Mitbeteiligung *f* (**of labour** *der Arbeitnehmer*).
cope¹ [kəʊp] **I** *v/i* **1.** kämpfen, sich messen, es aufnehmen (**with** mit). **2.** (**with**) gewachsen sein (*dat*), fertig werden (mit), bewältigen, meistern (*acc*): **to ~ with the situation. 3.** zu Rande kommen, die Lage meistern. **II** *v/t* **4.** *Br. obs.* a) kämpfen mit, b) j-m begegnen.
cope² [kəʊp] **I** *s* **1.** *relig.* Chor-, Vespermantel *m*, Chorrock *m*. **2.** *fig.* Mantel *m*. **3.** *fig.* Gewölbe *n*, Zelt *n*, Dach *n*: **the ~ of heaven** das Himmelszelt. **4.** → **coping**. **5.** Gießerei: obere Formhälfte. **II** *v/t* **6.** mit e-m Chorrock bekleiden. **7.** *arch.* (be)decken.
co·peck → **kope(c)k**.
cope·mate ['kəʊpmeɪt] *s obs.* **1.** Gegner *m*. **2.** Genosse *m*.
co·pen·ha·gen (blue) [ˌkəʊpn̩'heɪɡən] *s* Graublau *n*.
co·pe·pod ['kəʊpɪpɒd; *Am.* -pəˌpɑd] *s zo.* Ruderfüßer *m*, Ruderfußkrebs *m*.
cop·er¹ ['kəʊpə(r)] *s mar.* Branntweinschiff *n*, Küper *m*.
cop·er² ['kəʊpə(r)] *s Br.* Pferdehändler *m*.
Co·per·ni·can [kəʊ'pɜːnɪkən; *Am.* -'pɜr-] **I** *adj* koperni'kanisch: **~ system** *astr.* kopernikanisches (Welt)System. **II** *s* Koperni'kaner *m*.
co·pe·set·ic → **copacetic**.
copes·mate ['kəʊpsmeɪt] → **copemate**.
'cope·stone *s* **1.** *arch.* Deck-, Kappenstein *m*. **2.** *fig.* Krönung *f*, Schlußstein *m*.
co·phas·al [ˌkəʊ'feɪzl] *adj electr.* gleichphasig.
cop·i·er ['kɒpɪə(r)] *s* **1.** *tech.* Ko'piergerät *n*, Ko'pierer *m*. **2.** → **copyist**.
co·pi·lot ['kəʊˌpaɪlət] *s aer.* 'Kopiˌlot *m*.
cop·ing ['kəʊpɪŋ] *s arch.* Mauerkappe *f*, -krönung *f*. **~ saw** *s* Laubsäge *f*. **~ stone** → **copestone**.
co·pi·ous ['kəʊpjəs; -pɪəs] *adj* (*adv* **~ly**) **1.** reich(lich), ausgiebig: **a ~ supply** ein reichlicher Vorrat; **~ footnotes** e-e Fülle von Fußnoten. **2.** gedankenreich. **3.** wortreich, weitschweifig, überschwenglich: **~ style. 4.** produk'tiv, fruchtbar: **~ writer. 'co·pi·ous·ness** *s* **1.** Reichlichkeit *f*, Fülle *f*, 'Überfluß *m*. **2.** Weitschweifigkeit *f*, Wortreichtum *m*.
co·plain·tiff [ˌkəʊ'pleɪntɪf] *s jur.* Mitkläger(in).
co·pla·nar [ˌkəʊ'pleɪnə(r)] *adj math.* kopla'nar.
co·pol·y·mer [ˌkəʊ'pɒlɪmə(r); *Am.* -'pɑ-] *s chem.* Copoly'mer *n*. **co'pol·y·mer·i·za·tion** [kəʊˌpɒlɪməraɪ'zeɪʃn; *Am.* -ˌpɑləmərə'z-] *s* Copolymerisati'on *f*. **co'pol·y·mer·ize** [ˌkəʊ'pɒlɪməraɪz; *Am.* -'pɑ-] *v/t* gleichzeitig polymeri'sieren.
'cop-out *s sl.* **1.** Vorwand *m*. **2.** Rückzieher *m*. **3.** ,Aussteiger(in)'.
copped [kɒpt; *Am.* kɑpt] *adj* zugespitzt, spitz.
cop·per¹ ['kɒpə; *Am.* 'kɑpər] **I** *s* **1.** *min.* Kupfer *n*: **~ in rolls** Rollenkupfer; **~ in sheets** Kupferblech *n*. **2.** Kupfermünze *f*: **~s** Kupfergeld *n*. **3.** Kupferbehälter *n*, -gefäß *n*. **4.** (Kupfer-, *Br. bes.* Wasch-)Kessel *m*. **5.** *pl. econ. colloq.* Kupferaktien *pl*, -werte *pl*. **6.** Kupferrot *n*. **II** *v/t* **7.** *tech.* a) verkupfern, b) mit Kupfer(blech) über'ziehen. **III** *adj* **8.** kupfern, aus Kupfer, Kupfer... **9.** kupferrot.
cop·per² ['kɒpə; *Am.* 'kɑpər] *s sl.* ,Bulle' *m* (*Polizist*): **~'s nark** *Br.* Polizeispitzel *m*.
cop·per·as ['kɒpərəs; *Am.* 'kɑ-] *s chem.* 'Eisenvitriˌol *n*, 'Ferrosulˌfat *n*.
cop·per| beech *s bot.* Blutbuche *f*. **~ blue** *s* Kupferblau *n*. **ˌ~'bot·tomed** *adj* **1.** mit Kupferboden. **2.** *mar.* mit Kupferbeschlag *od.* Kupferhaut. **3.** *fig.* a) kerngesund, b) kapi'talkräftig. **~ chloride** *s chem.* Kupferchloˌrid *n*, Chlorkupfer *n*. **~ en·grav·ing** *s* Kupferstich *m* (*Bild u. Technik*). **~ glance** *s min.* Kupferglanz *m*. **ˌ~'head** *s zo.* Mokassinschlange *f*. **C~ In·di·an** *s* Ahte'na-Indiˌaner *m*.
cop·per·ize ['kɒpəraɪz; *Am.* 'kɑ-] *v/t tech.* verkupfern, mit Kupfer über'ziehen.
cop·per| loss *s electr.* Kupferverlust *m*. **ˌ~'nose** *s sl.* ,Lötkolben' *m*, Säufernase *f*. **2.** *orn.* Trauerente *f*. **~ ore** *s min.* Kupfererz *n*: **azure ~** Kupferlasur *f*; **green ~** Malachit *m*; **yellow ~** Kupferkies *m*. **~ plate** **I** *s arch.* **1.** Kupferplatte *f*. **2.** Kupferstichplatte *f*. **3.** Kupferstich *m*: **like ~** 6. **4.** gestochene Handschrift. **II** *adj* **5.** Kupferstich... **6.** (wie) gestochen: **~ writing. ˌ~'plat·ed** *adj tech.* 'kupferplatˌtiert, verkupfert. **ˌ~ˌplat·ing** *s tech.* (*galvanische*) Verkupferung, 'Kupferˌüberzug *m*. **~ py·ri·tes** *s min.* Kupferkies *m*. **~ red** *s* Kupferrot *n*. **~ rust** *s* Grünspan *m*. **ˌ~'smith** *s* Kupferschmied *m*.
cop·per·y ['kɒpərɪ; *Am.* 'kɑ-] *adj* kupferig: a) kupferhaltig, b) kupferartig *od.* -farbig.
cop·pice ['kɒpɪs; *Am.* 'kɑpəs] *s* **1.** Niederwald *m*, 'Unterholz *n*, Gestrüpp *n*, Dickicht *m*. **2.** geschlagenes Holz. **3.** niedriges Wäldchen, Gehölz *n*. **~ shoot** *s bot.* Wasser-, Nebenreis *n*.
co·pra ['kɒprə; *Am.* 'kəʊ-; 'kɑ-] *s* Kopra *f*.
co·ro·la·li·a [ˌkɒprəʊ'leɪljə; *Am.* ˌkɑprə'l-] *s psych.* Koprola'lie *f* (*krankhafte Neigung zum Aussprechen obszöner Wörter, meist aus dem Analbereich*).
cop·ro·lite ['kɒprəlaɪt; *Am.* 'kɑ-] *s geol.* Kopro'lith *m*, Kotstein *m*. **'cop·ro·lith** [-lɪθ] *s med.* Kopro'lith *m*, Darm-, Kotstein *m*.
cop·roph·a·gan [kɒ'prɒfəɡən; *Am.* kɑ'prɑ-] *s zo.* Kopro'phage *m*, Kotfresser *m*, *bes.* Mistkäfer *m*. **cop'roph·a·gist** [-dʒɪst] *s med. psych.* Kopro'phage(r *m*) *f*. **cop'roph·a·gous** [-ɡəs] *adj zo.* kopro'phag, kot-, mistfressend. **cop'roph·a·gy** [-dʒɪ] *s* **1.** *zo.* Kot-, Mistfressen *n*. **2.** *med. psych.* Kopropha'gie *f*, Kotessen *n*. **co·pro·phil·i·a** [ˌkɒprəʊ'fɪlɪə; *Am.* ˌkɑprəˈf-] *s med. psych.* Koprophi'lie *f* (*krankhaftes Interesse am Kot*). **cop'roph·i·lous** [-fɪləs] *adj* **1.** *bot.* kopro'phil, auf Mist gedeihend (*Pilze etc*). **2.** *zo.* kopro'phil, in Mist *od.* Kot lebend. **3.** *med. psych.* kopro'phil.
copse [kɒps; *Am.* kɑps], **ˌ~'wood** → **coppice**.
'cop·shop *s sl.* (Poli'zei)Reˌvier *n*.
'cops·y *adj* buschig.
Copt [kɒpt; *Am.* kɑpt] *s* Kopte *m*, Koptin *f*.
cop·ter ['kɒptə(r); *Am.* 'kɑp-] *s colloq.* Hubschrauber *m*.
Cop·tic ['kɒptɪk; *Am.* 'kɑ-] **I** *s ling.* Koptisch *n*, das Koptische. **II** *adj* koptisch.
cop·u·la ['kɒpjʊlə; *Am.* 'kɑ-] *pl* **-las**, **-lae** [-liː] *s* **1.** Bindeglied *n*, Kopula *f*: a) *ling.* Bindewort *n*, Satzband *n*, b) *philos.* drittes Glied e-s Urteils. **3.** *med.* a) sero'logisches Bindeglied, b) Amboˈzeptor *m*, Imˈmunkörper *m*.
cop·u·late ['kɒpjʊleɪt; *Am.* 'kɑ-] *v/i* kopu'lieren: a) koi'tieren, b) *zo.* sich paaren. **ˌcop·u'la·tion** *s* **1.** Verbindung *f*. **2.** *ling.* Verbindung *f* (*von Subjekt u. Prädikat*) durch e-e Kopula. **3.** Kopulati'on *f*: a) Koitus *m*, b) *zo.* Paarung *f*. **'cop·u·la·tive** [-lətɪv; *bes. Am.* -ˌleɪtɪv] **I** *adj* **1.** verbindend, Binde... **2.** *ling.* verbindend, kopula'tiv (*Wort*). **3. ~ copulatory. II** *s* **4.** *ling.* Kopula *f*. **'cop·u·la·to·ry** [-lətərɪ; *Am.* -ləˌtɔːrɪ; -ˌtoʊ-] *adj biol.* Kopulations...
cop·y ['kɒpɪ; *Am.* 'kɑpɪ] **I** *s* **1.** Ko'pie *f*, Abschrift *f*: **certified** (*od.* **exemplified**) **~** beglaubigte Abschrift; **fair** (*od.* **clean**) **~** Reinschrift; **rough** (*od.* **foul**) **~** erster Entwurf, Konzept *n*, Kladde *f*; **true ~** (wort)getreue Abschrift. **2.** 'Durchschlag *m* (*Schreibmaschinentext*). **3.** Pause *f*. (*phot.*) Abzug *m*. **4.** *jur.* a) Ausfertigung *f* (*e-r Urkunde*), b) *Br. hist.* Abschrift *f* des Zinsbuchs e-s Lehnsherrn, c) → **copyhold. 5.** Nachahmung *f*, -bildung *f*, Reprodukti'on *f*, Ko'pie *f*: **~ of a painting**; **~ of a machine. 6.** Muster *n*, Moˈdell *n*, Vorlage *f*. **7.** *print.* a) (Satz)Vorlage *f*, druckfertiges Manu'skript, b) Kli'scheevorlage *f*, c) 'Umdruck *m*, d) Abklatsch *m*. **8.** Exem'plar *n*: **~ of a book. 9.** (Werbe-, Zeitungs- *etc*)Text *m*. **10.** (lite'rarisches) Materi'al, Stoff *m*: **it makes good ~** das gibt e-n guten Stoff ab; **he is good ~** er ,gibt etwas her' (*für die Presse*). **II** *v/t* **11.** abschreiben, e-e Ko'pie anfertigen von, (*Computer*) Daten über'tragen: **to ~ down from the blackboard** von der Tafel abschreiben; **to ~ out** ins reine schreiben, abschreiben. **12.** ('durch-, ab-)pausen. **13.** *phot.* ko'pieren, e-n Abzug machen von. **14.** nachbilden, reproduˈzieren. **15.** nachahmen, -machen, imiˈtieren, koˈpieren: **to ~ from life** nach dem Leben *od.* der Natur malen *etc*. **16.** j-n, etwas nachahmen, -machen, -äffen. **III** *v/i* **17.** ko'pieren, abschreiben (**from** von). **18.** *ped.* (vom Nachbarn) abschreiben. **19.** nachahmen.
'cop·y|·book I *s* **1.** *bes. hist.* (Schön-)

copycat – cork

Schreibheft n (mit Vorlagen): **to blot one's ~** bes. Br. colloq. sich od. s-m Ruf schaden. **2.** jur. Am. Kopi'albuch n. **II** adj **3.** all'täglich, abgedroschen. **'~cat** colloq. **I** s (bes. sklavischer od. gedankenloser) Nachahmer od. -macher: **~ criminal** Nachahmungstäter m. **II** v/t (bes. sklavisch od. gedankenlos) nachahmen od. -machen. **~ desk** s Redakti'onstisch m. **~ ed·i·tor** s a) 'Zeitungsredak₁teur(in), b) Lektor m, Lek'torin f. **'~hold** s jur. Br. hist. Zinslehen n, -gut n. **'~hold·er** s **1.** jur. Br. hist. Zinslehensbesitzer m, b) Manu'skripthalter m, c) 'print. a) Manu'skripthalter m, b) Kor'rektorgehilfe m.
'cop·y·ing| ink s Ko'piertinte f. **~ lathe** s tech. Ko'pier₁drehma₁schine f. **~ machine** s tech. Ko'piergerät n. **~ pa·per** s Ko'pierpa₁pier n. **~ pen·cil** s Tintenstift m. **~ press** s tech. hist. Ko'pierpresse f.
cop·y·ist ['kɒpɪɪst; Am. 'kɑ-] s **1.** Abschreiber m, Ko'pist m. **2.** Nachahmer m, Imi'tator m.
'cop·y│read·er Am. → copy editor. **'~right** jur. **I** s Urheberrecht n, Copyright n (in für od. von): **~ in designs** econ. Br. Urheberrecht an Mustern, Musterschutz m. **II** v/t a) das Urheberrecht erwerben für od. von, b) urheberrechtlich schützen: **to ~ a book**. **III** adj urheberrechtlich geschützt. **~ test** s Copy-test m (nach dem Copy-testing durchgeführte Untersuchung). **~ test·ing** s Copy-testing n (werbepsychologische Untersuchungsmethode, die die Qualität e-s Werbemittels durch die Reaktion e-r Personengruppe darauf feststellt). **~ typ·ist** f Schreibkraft f. **'~writ·er** s Werbetexter m.
co·quet [kɒ'ket; bes. Am. kəʊ'ket] v/i **1.** koket'tieren (**with** mit). **2.** fig. tändeln, spielen, liebäugeln (**with** mit). **co·quet·ry** ['kɒkɪtrɪ; bes. Am. 'kəʊ-] s **1.** Kokette'rie f. **2.** Tände'lei f.
co·quette [kɒ'ket; bes. Am. kəʊ'ket] s ko'kettes Mädchen, kokette Frau. **co·'quet·tish** adj (adv **-ly**) ko'kett.
co·quille [kɒ'kɪl; bes. Am. -'ki:l] s **1.** Co'quille f: a) Muschelschale f, b) darin angerichtete Speise: **~ of turbot** Steinbutt m in Muschelschalen. **2.** Stichblatt n: **~ of a sword**. **3.** Rüsche f.
co·qui·to [kɒ'ki:təʊ; bes. Am. koʊ'k-] pl **-tos,** a. **~ palm** s bot. Ko'quito-, Honigpalme f.
cor [kɔː] interj Br. sl. Mensch!, Mann!
cor·a·cle ['kɒrəkl; Am. a. 'kɑ-] s Boot aus mit Häuten überzogenem Weidengeflecht.
cor·a·coid ['kɒrəkɔɪd; Am. a. 'kɑ-] anat. zo. **I** adj **1.** rabenschnabelförmig. **II** s **2.** a. **~ bone** Rabenschnabelbein n. **3.** a. **~ process** Rabenschnabelfortsatz m.
cor·al ['kɒrəl; Am. a. 'kɑ-] **I** s **1.** zo. Ko'ralle f: a) (einzelner) Ko'rallenpo₁lyp, b) Ko'rallenske₁lett n, c) Ko'rallenstock m. **2.** Ko'rallenstück n (zu Schmuck verarbeitet). **3.** Beißring m od. Spielzeug n (für Babys) aus Ko'ralle. **4.** Ko'rallenrot n. **5.** unbefruchteter Hummerrogen. **II** adj **6.** Korallen... **7.** ko'rallenrot. **~ bead** s **1.** Ko'rallenperle f. **2.** pl Ko'rallenkette f. **'~ber·ry** s bot. Peterstrauch m (nordamer. rote Schneebeere). **~ fish** s ichth. Ko'rallenfisch m. **~ is·land** s Ko'ralleninsel f.
cor·al·lif·er·ous [₁kɒrə'lɪfərəs; Am. ₁kɑ-] adj zo. koralli'gen, ko'rallenbildend.
cor·al·lin ['kɒrəlɪn; Am. a. 'kɑ-] → coralline 5.
cor·al·line ['kɒrəlaɪn; Am. a. 'kɑ-] **I** adj **1.** geol. Korallen... **2.** ko'rallenähnlich. **3.** ko'rallenrot. **II** s **4.** bot. Ko'rallenalge f. **5.** [-lɪn; -lɪn] chem. Coral'lin n.
cor·al·lite ['kɒrəlaɪt; Am. 'kɑ-] s **1.** zo.

Ko'rallenske₁lett n. **2.** geol. a) versteinerte Ko'ralle, b) Ko'rallenmarmor m. **'cor·al·loid** adj ko'rallenförmig.
cor·al│ rag s geol. Ko'rallenkalk(stein) m. **~ reef** s Ko'rallenriff n. **'~root** s bot. Ko'rallenwurz f. **~ snake** s zo. Ko'rallenschlange f. **~ tree** s bot. Ko'rallenbaum m. **'~wort** s bot. **1.** Zahnwurz f. **2.** → coralroot.
cor an·glais [₁kɔːr'ɑ̃ːŋgleɪ; Am. -ɔːŋ'gleɪ] s mus. Englischhorn n.
cor·beil ['kɔː(r)bəl; kɔː(r)'beɪ] s arch. Blumen-, Fruchtkorb m (als Zierat).
cor·bel ['kɔː(r)bəl] **I** s Kragstück n, -stein m, Kon'sole f: **~ table** auf Kragsteinen ruhender Mauervorsprung, Bogenfries m; **pointed-arched ~ table** Spitzbogenfries m. **II** v/t pret u. pp **-beled,** bes. Br. **-belled** durch Kragsteine stützen. **'cor·bel·(l)ing** s arch. Vorkragung f.
cor·bie ['kɔː(r)bɪ] s Scot. **1.** Rabe m. **2.** Krähe f. **~ ga·ble** s arch. Staffelgiebel m. **'~step** s arch. Giebelstufe f.
cor bli·mey → cor.
cord [kɔː(r)d] **I** s **1.** Leine f, Schnur f, Kordel f, Strick m, Strang m, Seil n: **~ fuse** Leitfeuer n (Zündschnur). **2.** electr. (Leitungs-, Anschluß)Schnur f, Litze f. **3.** Strang m (des Henkers). **4.** anat. Band n, Schnur f, Strang m. **5.** a) Rippe f (e-s Tuches), b) gerippter Stoff, Rips m, bes. → corduroy 1, c) pl → corduroy 2. **6.** → cord tire. **7.** Klafter n, f (Raummaß für Holz etc = 3,6 m³). **8.** tech. Meßschnur f. **9.** Rippe f, Schnur f, Bund m (am Buchrücken). **II** v/t **10.** (mit Schnüren) befestigen, festbinden. **11.** ver-, zuschnüren. **12.** mit Schnüren verzieren. **13.** Holz zu Klaftern aufschichten. **14.** Buchrücken rippen. **'cord·age** s mar. Tauwerk n.
cor·date ['kɔː(r)deɪt] adj bot. zo. herzförmig (Muschel, Blatt etc).
cord·ed ['kɔː(r)dɪd] adj **1.** ge-, verschnürt. **2.** gerippt, gestreift (Stoff). **3.** aus Stricken gemacht: **~ ladder** Strickleiter f. **4.** in Klaftern aufgestapelt (Holz).
Cor·de·lier [₁kɔː(r)dɪ'lɪə(r)] s relig. Franzis'kaner(mönch) m.
cord grass s bot. (ein) Spartgras n.
cor·dial ['kɔː(r)djəl; Am. -dʒəl] **I** adj (adv **-ly**) **1.** herzlich, freundlich, warm: **a ~ reception**. **2.** herzlich, aufrichtig: **~ thanks**; **to take a ~ dislike to s.o.** e-e heftige Abneigung gegen j-n fassen. **3.** med. belebend, stärkend. **II** s **4.** med. pharm. belebendes Mittel, Stärkungsmittel m. **5.** Li'kör m. **6.** fig. Wohltat f, Labsal n (**to** für). **cor·dial·i·ty** [₁kɔː(r)dɪ'ælətɪ; Am. ₁kɔː(r)dʒɪ'ælətɪ; kɔː(r)'dʒæl-], **'cor·dial·ness** s Herzlichkeit f, Wärme f.
cor·di·er·ite ['kɔː(r)dɪəraɪt] s min. Cordie'rit m.
cor·di·form ['kɔː(r)dɪfɔː(r)m] → cordate.
cor·dil·le·ra [₁kɔː(r)dɪ'ljeərə; Am. ₁kɔː(r)dl'jerə; kɔː(r)'dɪlərə] s Kettengebirge n, Kordil'lere f.
cord·ite ['kɔː(r)daɪt] s mil. Kor'dit n.
cor·di·tis [kɔː(r)'daɪtɪs] s med. Samenstrangentzündung f.
cor·do·ba ['kɔː(r)dəbə] s Cordoba n (Münze u. Münzeinheit in Nicaragua).
cor·don ['kɔː(r)dn] **I** s **1.** Litze f, Kordel f. **2.** Ordensband n. **3.** Kor'don m: a) mil. Postenkette f: **~ of sentries**, b) allg. Absperrkette f: **~ of police**. **4.** Kette f, Spa'lier n (Personen). **5.** mil. Mauerkranz m: **~ of forts** Festungsgürtel m. **6.** arch. Kranz(gesims n) m. **7.** agr. Kor'don m, 'Schnurspa₁lierbaum m. **8.** her. (Knoten-)Strick m. **II** v/t **9.** a. **~ off** (mit Posten od. Seilen) absperren od. abriegeln.
cor·don bleu [₁kɔː(r)dɔ̃ː'blɜː] pl

-don(s) bleus [-dɔ̃ː(z)'blɜː] s **1.** hist. Cordon bleu m: a) blaues Band des französischen Ordens vom Heiligen Geist, b) Ritter m des Ordens vom Heiligen Geist. **2.** fig. höchste Auszeichnung. **3.** hochgestellte Per'sönlichkeit. **4.** humor. erstklassiger Koch. **5.** gastr. Cordon bleu n.
cor·do·van ['kɔː(r)dəvən] s Korduan(leder) n.
cord│ stitch s tech. Kettenstich m. **~ tire,** bes. Br. **~ tyre** s mot. Kordreifen m.
cor·du·roy ['kɔː(r)dərɔɪ] **I** s **1.** Kordsamt m, Ripssamt m. **2.** pl, a. **pair of ~s** Kord(samt)hose f. **3.** a. **~ road** Knüppeldamm m. **II** adj **4.** Kordsamt...
cord·wain ['kɔː(r)dweɪn] s obs. Korduan(leder) n. **'cord·wain·er** s **1.** the C~s die Gilde der Schuhmacher (der Londoner City). **2.** obs. Schuhmacher m.
'cord·wood s Klafterholz n.
core [kɔː(r)] **I** s **1.** bot. a) Kerngehäuse n, b) Kern m (e-r Frucht), c) Kernholz n (vom Baum). **2.** fig. (das) Innerste (e-r Sache), Seele f, Herz n, Mark n, Kern m: **the ~ of the problem** der Kern des Problems; **to the ~** bis ins Innerste, zutiefst; **English to the ~** ein Engländer durch u. durch; **~ rotten** 1. **3.** electr. a) Kern m (Elektromagnet, Spule etc), b) Ankerkern m (Dynamo), c) Kabelkern m, Seele f (a. e-s Seils). **4.** tech. a) Furnierarbeit f: Blindholz n, b) Bergbau etc: Bohrkern m: **~ drill** Kernbohrer m; **~ drilling** Bohrprobe f, c) Formerei: (Form)Kern m. **5.** arch. Kern m, Füllung f: **~ of a column**. **6.** phys. a) 'Rumpfa₁tom n, b) Re'aktorkern m. **7.** med. (Eiter-)Pfropf m (e-s Geschwürs). **II** v/t **8.** Obst entkernen, das Kerngehäuse entfernen von (Äpfeln etc).
Co·re·an → Korean.
cored [kɔː(r)d] adj **1.** a. tech. mit Kern (versehen): **~ electrode** electr. Seelenelektrode f. **2.** entkernt, ohne Kerngehäuse. **3.** tech. hohl: **~ hole** Kernloch n.
co·re·late [₁kəʊrɪ'leɪt], **co·re'la·tion** bes. Br. → correlate, correlation.
co·re·li·gion·ist [₁kəʊrɪ'lɪdʒənɪst] s Glaubensgenosse m, -genossin f.
core mem·o·ry s Computer: (Ma'gnet-)Kernspeicher m.
co·re·op·sis [₁kɒrɪ'ɒpsɪs; Am. ₁kəʊrɪ'ɑp-] s bot. Mädchenauge n.
cor·er ['kɔːrə(r)] s Fruchtentkerner m.
co·re·spon·dent [₁kəʊrɪ'spɒndənt; Am. -'spɑn-] s jur. Mitbeklagte(r m) f (bes. im Ehescheidungsverfahren).
core time s Kernzeit f (Ggs. Gleitzeit).
corf [kɔːf] pl **corves** [kɔːvz] s Br. **1.** Bergbau: Förderkorb m, Schlepptrog m. **2.** Fischkorb m (im Wasser).
cor·gi ['kɔː(r)gɪ] s **~ Welsh corgi**.
co·ri·a ['kɔːrɪə; Am. a. 'kəʊ-] pl von corium.
co·ri·a·ceous [₁kɒrɪ'eɪʃəs; Am. a. ₁kəʊ-] adj ledern: a) aus Leder, Leder..., b) zäh.
co·ri·an·der [₁kɒrɪ'ændə(r); Am. a. ₁kəʊ-] s bot. Kori'ander m.
co·rinne [kɒ'rɪn] s zo. Ga'zelle f.
cor·inth ['kɒrɪnθ; Am. a. 'kɑr-] s (ein) roter Farbstoff: **Congo ~** Kongo(rot) n.
Co·rin·thi·an [kə'rɪnθɪən] **I** adj **1.** ko'rinthisch. **2.** fig. a) reichverziert, b) preziös: **~ style**. **3.** fig. ausschweifend. **II** s **4.** Ko'rinther(in). **5.** pl (als sg konstruiert) Bibl. (Brief m des Paulus an die) Ko'rinther pl. **6.** Mann m von Welt.
Co·ri·o·lis force [₁kɒrɪ'əʊlɪs; Am. a. ₁kəʊ-] s phys. Cori'olis-Kraft f.
co·ri·um ['kɔːrɪəm; Am. a. 'kəʊ-] s anat. u. zo. Lederhaut f.
cork [kɔː(r)k] **I** s **1.** Kork(rinde f) m, Rinde f der Korkeiche. **2.** a. **~ oak** Korkeiche f. **3.** Korken m, Kork(stöpsel) m, Pfropfen m. **4.** Gegenstand aus Kork, bes. Angel-

kork *m*, Schwimmer *m*. **5.** *bot.* Kork *m*, Peri¦derm *n*. **II** *v/t* **6.** *oft* ~ **up** zu-, verkorken. **7.** mit gebranntem Kork schwärzen.
corked [kɔː(r)kt] *adj* **1.** verkorkt, zugekorkt, verstöpselt. **2.** korkig, nach Kork schmeckend (*Wein*). **3.** *Br. sl.* ‚blau' (*betrunken*). '**cork·er** *s* **1.** Verkorker(in) *f*. **2.** *sl.* entscheidendes Argu¦ment. **3.** *sl.* a) ‚Knüller' *m*, ‚Schlager' *m*, ‚tolles Ding', b) ‚Mordskerl' *m*. '**cork·ing** *adj sl.* ‚prima', ‚phan¦tastisch'.
cork|**jack·et** *s* Kork-, Schwimmweste *f*. ~ **leg** *s colloq.* Holzbein *n*. ~ **oak** *s bot.* Korkeiche *f*.
cork·screw [ˈkɔː(r)kskruː] **I** *s* **1.** Korkenzieher *m*. **II** *v/t colloq.* **2.** (¦durch)winden, (-)schlängeln, spi¦ralig bewegen. **3.** mühsam (her¦aus)ziehen (*out of* aus): *to* ~ *the truth out of s.o. fig.* die Wahrheit aus j-m herausziehen. **III** *v/i* **4.** sich winden, sich schlängeln. **IV** *adj* **5.** spi¦ralig gewunden, korkenzieherförmig: ~ **curl** Korkenzieherlocke *f*; ~ **staircase** Wendeltreppe *f*.
cork| **sole** *s* Kork-Einlegesohle *f*. '~**-tipped** *adj* mit Korkfilter (*Zigarette*). ~ **tree** *s* cork oak. '~**wood** *s bot.* **1.** a) Korkholzbaum *m*, b) Korkholz *n*. **2.** → balsa 1.
cork·y [ˈkɔː(r)kɪ] *adj* **1.** korkartig, Kork... **2.** *obs.* schrump(e)lig. **3.** → **corked** 2. **4.** *colloq.* lebhaft, ‚kreuzfi¦del', ‚aufgedreht'.
corm [kɔː(r)m] *s bot.* Kormus *m*, beblätterter Sproß.
cor·mi [ˈkɔː(r)maɪ] *pl von* cormus.
cor·mo·phyte [ˈkɔː(r)məfaɪt] *s bot.* Kormus-, Sproßpflanze *f*.
cor·mo·rant [ˈkɔː(r)mərənt] *s* **1.** *orn.* Kormo¦ran *m*, Scharbe *f*. **2.** *fig.* a) Vielfraß *m*, b) raffgierige Per¦son.
cor·mus [ˈkɔː(r)məs] *pl* **-mi** [-maɪ] *s* **1.** *zo.* Tierstock *m*, Kormus *m*. **2.** *bot.* → corm.
corn[1] [kɔː(r)n] **I** *s* **1.** (Samen-, Getreide-)Korn *n*: *to acknowledge the* ~ *Am. colloq.* sich geschlagen geben. **2.** *collect.* Korn(frucht *f*) *n*, Getreide *n*, *bes.* a) *Br.* Weizen *m*, b) *Scot. u. Ir.* Hafer *m*: ~ **in the ear** Korn in Ähren. **3.** a) **Indian** ~ *Am.* Mais *m*. **4.** *Am.* Maisgemüse *n*: ~ **on the cob** Maiskörner *pl* am Kolben (*als Gemüse serviert*). **5.** → **corn whisky**. **6.** *sl.* (senti¦mentaler) Kitsch, ‚Schnulze' *f*. **II** *v/t* **7.** mit Getreide *od. Am.* Mais füttern. **8.** pökeln, einsalzen: → **corned** 1. **9.** ~ **up** *sl.* verkitschen. **III** *v/i* **10.** Korn ansetzen (*Getreide*).
corn[2] [kɔː(r)n] *s med.* Hühnerauge *n*: *to step* (*od.* tread) *on s.o.'s* ~*s fig.* j-m ‚auf die Hühneraugen treten'.
corn|**belt** *s* Maisgürtel *m* (*Gebiet in USA, bes. Indiana, Illinois, Iowa, Kansas*). '~**bind** [-baɪnd], *Am.* ~ **bind·weed** *s bot.* Ackerwinde *f*. '~**brash** *s Br.* Rogenstein *m*. '~**bread** *s Am.* Maisbrot *n*. '~**cake** *s Am.* (Pfann)Kuchen *m* aus Maismehl. ~ **chan·dler** *s Br.* Korn-, Saathändler *m*. '~**cob** *s Am.* **1.** Maiskolben *m*. **2.** *a.* ~ **pipe** aus dem Strunk e-s Maiskolbens gefertigte Tabakspfeife. ~ **cock·le** *s bot.* Kornrade *f*. '~**col·o(u)r** *s* Maisgelb *n*. '~**crack·er** *s Am.* **1.** Maisschrotmühle *f*. **2.** *colloq.* Einwohner(in) von Ken¦tucky. '~**crake** *s orn.* Wiesenknarre *f*. '~**crib** *s Am.* luftiger Maisspeicher. ~ **dodg·er** *s Am. dial.* a) hartgebackener Maiskuchen, b) Maiskloß *m*.
cor·ne·a [ˈkɔː(r)nɪə] *pl* **-as, -ae** [-iː] *s anat.* Kornea *f*, Hornhaut *f* (*des Auges*). '**cor·ne·al** *adj* Hornhaut...
corned [kɔː(r)nd] *adj* **1.** gepökelt, eingesalzen: ~ **beef** Corned beef *n*, gepökeltes Rindfleisch. **2.** gekörnt, genarbt (*Leder*). **3.** körnig.
cor·nel [ˈkɔː(r)nl] *s bot.* Kor¦nelkirsche *f*. **cor·nel·ian**[1] [kɔː(r)ˈniːljən] *adj*: **cherry** → cornel.
cor·nel·ian[2] [kɔː(r)ˈniːljən] *s min.* Karne¦ol *m*.
cor·ne·ous [ˈkɔː(r)nɪəs] *adj* hornig.
cor·ner [ˈkɔː(r)nə(r)] **I** *s* **1.** (Straßen-, Häuser)Ecke *f*, *bes. mot.* Kurve *f*: *at the* ~ an der Ecke; *just* (*a*)*round the* ~ gleich um die Ecke; *to take a* ~ *mot.* e-e Kurve nehmen; *to turn the* ~ um die (Straßen)Ecke biegen; *he's* turned *the* ~ *fig.* er ist über den Berg; *to cut* ~*s* a) *mot.* die Kurven schneiden, b) *fig.* die Sache abkürzen; *to cut off a* ~ *bes. Br.* e-e Ecke (*durch e-n Abkürzungsweg*) abschneiden. **2.** Winkel *m*, Ecke *f*: ~ **of the mouth** Mundwinkel; *to look at s.o. from the* ~ *of one's eye* j-n aus den Augenwinkeln (heraus) ansehen; *to put a child in the* ~ ein Kind in die Ecke stellen. **3.** *fig.* schwierige Lage, ‚Klemme' *f*: *to drive* (*od.* force, put) *s.o. into a* ~ j-n in die Enge treiben; *to be in a tight* ~ in der Klemme sein *od.* sitzen *od.* stecken. **4.** entlegene Gegend: *from the four* ~*s of the earth* aus der ganzen Welt. **5.** *fig.* Ecke *f*, Ende *n*, Seite *f*: **they came from all** ~**s** sie kamen von allen Ecken u. Enden. **6.** (verstärkte) Ecke, Eckenverstärkung *f*: **book** ~. **7.** *sport* a) *Fußball etc*: Eckball *m*, Ecke *f*, b) *Boxen*: (Ring-)Ecke *f*. **8.** *econ.* Schwänze *f*, Corner *m*, Korner *m*: a) Aufkäufergruppe *f*, (Spekulati¦ons)Ring *m*, b) (Aufkauf *m* zwecks) Mono¦polbildung *f*: ~ **in cotton** Baumwollkorner. **9.** *fig.* Mono¦pol *n* (*auf acc*): **a** ~ **on virtue**. **II** *v/t* **10.** mit Ecken versehen. **11.** in e-e Ecke stellen *od.* legen. **12.** j-n in die Enge treiben. **13.** a) *econ.* Ware (spekula¦tiv) aufkaufen, cornern: *to* ~ **the market** den Markt aufkaufen, b) *fig.* mit Beschlag belegen. **III** *v/i* **14.** *Am.* e-e Ecke *od.* e-n Winkel bilden. **15.** *Am.* an e-r Ecke gelegen sein. **16.** *mot.* e-e Kurve nehmen: **to** ~ **well** gut in der Kurve liegen, e-e gute Kurvenlage haben. **17.** *econ.* e-n Corner bilden. ~ **boy** *s bes. Br.* Eckensteher *m*. ~ **chis·el** *s tech.* Kantbeitel *m*. ~ **cup·board** *s* Eckschrank *m*.
cor·nered [ˈkɔː(r)nə(r)d] *adj* **1.** eckig. **2.** *fig.* in die Enge getrieben: (*as*) **savage as a** ~ **rat**. **3.** *in Zssgn* ...eckig.
cor·ner| **flag** *s sport* Eckfahne *f*. ~ **hit** *s Hockey*: Eckschlag *m*. ~ **house** *s* Eckhaus *n*.
cor·ner·ing [ˈkɔː(r)nərɪŋ] *s mot.* Kurvenfahren *n*: ~ **stability** Kurvenstabilität *f*.
cor·ner| **joint** *s tech.* Winkelstoß *m*. ~ **kick** *s Fußball*: Eckstoß *m*. ~ **seat** *s rail. etc* Eckplatz *m*. ~ **shop** *s* Tante-Emma-Laden *m*. ~ **stone** *s tech.* a) Eckstein *m*, b) Grundstein *m*: *to lay the* ~ den Grundstein legen. **2.** *fig.* Grundstein *m*, Eckpfeiler *m*. ~ **tooth** *s irr zo.* Ecke-, Hakenzahn *m* (*des Pferdes*). '~**wise** *adv* **1.** mit der Ecke nach vorn. **2.** diago¦nal.
cor·net [ˈkɔːnɪt; *Am.* kɔːrˈnet] *s* **1.** *mus.* a) (Ven¦til-, Pi¦ston)Kor¦nett *n*, b) *hist.* Zink *m* (*Holzblasinstrument*), c) Kor¦nett *n* (*Orgelstimme*), d) Kor¦nett¦ist *m*. **2.** (spitze) Tüte. **3.** a) *Br.* Eistüte *f*, b) Cremerolle *f*, -törtchen *n*. **4.** Schwesternhaube *f*. **5.** *hist.* (*e-e*) reichverzierte Frauenhaube. **6.** *mil. hist.* Fähnlein *n*, Reitertrupp *m*, b) Kor¦nett *m*, Fähnrich *m* (*der Kavallerie*). ~**-à-pis·tons** [ˌkɔːnɪtaːpɪsˈtɒnz] *pl* **cor·nets-à-pis·tons** [ˌkɔːnɪtsəˈpɪstənz; *Am.* kɔːrˌnetsə-] → cornet 1 a.
cor·net·cy [ˈkɔːnɪtsɪ] *s mil. hist.* Fähnrichs-, Kor¦nettstelle *f*.
cor·net·ist [ˈkɔːnɪtɪst; *Am.* kɔːrˈnet-], **cor·net·tist** [-ˈnetɪst] *s mus.* Kor¦nett¦ist *m*.
corn| **ex·change** *s econ. Br.* Getreidebörse *f*. ~ **fac·tor** *s* Kornhändler *m*. '~**fed** *adj* **1.** mit Getreide *od. Am.* Mais gefüttert. **2.** *fig.* gesund u. wohlgenährt. '~**field** *s* **1.** *Br.* Korn-, Getreidefeld *n*. **2.** *Am.* Maisfeld *n*. ~ **flag** *s bot.* → gladiolus. **2.** Gelbe Schwertlilie. '~**flakes** *pl* Corn-flakes *pl*. ~ **flour** *s Br.* Stärkemehl *n*. '~**flow·er** *s bot.* **1.** Kornblume *f*. **2.** *bot.* Kornrade *f*. **3.** Kornblumenblau *n*.
cor·nice [ˈkɔː(r)nɪs] *s* **1.** *arch.* (Dach- *od.* Säulen)Gesims *n*, Sims *m*, Kar¦nies *n*. **2.** Kranz-, Randleiste *f* (*an Möbelstücken etc*). **3.** Bilderleiste *f* (*zum Bilderaufhängen*). **4.** (Schnee)Wächte *f*. **II** *v/t* **5.** mit e-m Sims *etc* versehen.
cor·nif·er·ous [kɔː(r)ˈnɪfərəs] *adj geol.* hornsteinhaltig. **cor·nif·ic** *adj* hornbildend. **cor·nig·er·ous** [ˈnɪdʒərəs] *adj* gehörnt: ~ **animals** Hornvieh *n*.
Cor·nish [ˈkɔː(r)nɪʃ] **I** *adj* kornisch, aus Cornwall. **II** *s* a) kornische Sprache, b) in Cornwall gesprochener englischer Dialekt. '~**man** [-mən] *s irr* Einwohner *m* von Cornwall.
Corn Laws *s pl hist.* Korngesetze *pl* (*in England zwischen 1476 u. 1846*). **c~-loft** *s Br.* Getreidespeicher *m*. **c~ mar·i·gold** *s bot.* Gelbe Wucherblume. ~ **meal** *s Am.* Maismehl *n*. **c~ mill** *s* **1.** *Br.* Getreidemühle *f*. **2.** *Am.* ¦Maisquetschma¦schine *f*.
cor·no·pe·an [kəˈnəʊpjən; kɔː(r)n-; *Am.* ˌkɔːrnəˈpiːən; kɔːrˈnəʊpjən] → cornet 1 a.
corn| **oys·ter** *s Am.* (Art) Maispfannkuchen *m*. ~ **pick·er** *s Am.* Maiskolbenpflücker *m* (*Maschine*). '~**pipe** *s* Halmflöte *f*. ~ **plas·ter** *s* Hühneraugenpflaster *n*. ~ **pone** *s Am. dial.* Maisbrot *n* (*oft ohne Milch u. Eier*). ~ **pop·per** *s Am.* Maisröster *m* (*Gerät*). ~ **pop·py** *s bot.* Klatsch-, Feldmohn *m*. ~ **rose** *s* **1.** *obs.* → corn poppy. **2.** → corn cockle. ~ **sal·ad** *s bot.* (*ein*) ¦Feldsa¦lat *m*. ~ **snow** *s* Firn *m*. '~**stalk** *s* **1.** *Br.* Getreidehalm *m*. **2.** *Am.* Maisstengel *m*. **3.** *Austral. colloq.* a) ‚Bohnenstange' *f* (*lange, dünne Person*), b) Australier aus Neusüdwales. '~**starch** *s Am.* Stärkemehl *n*.
cor·nu [ˈkɔː(r)njuː; *Am. a.* -nuː] *pl* **-nu·a** [-njʊə; *Am.* -njʊwə; -nəwə] *s anat.* **1.** Horn *n*. **2.** Dornfortsatz *m*.
cor·nu·co·pi·a [ˌkɔː(r)njʊˈkəʊpjə; -pɪə; *Am.* -nə-] *s* **1.** Füllhorn *n* (*a. fig.*). **2.** *fig.* (*of*) Fülle *f* (von), Reichtum *m* (an *dat*), ¦Überfluß *m* (an *dat*). ˌ**cor·nu·co·pi·an** *adj* überreichlich.
cor·nute [ˈkɔː(r)njuːt; *Am. a.* -ˈnuːt] **I** *adj biol.* **1.** gehörnt. **2.** hornförmig, -artig. **II** *v/t* **3.** *obs.* zum Hahnrei machen. **cor·nut·ed** → cornute 1.
corn| **wee·vil** *s zo.* **1.** Kornkäfer *m*. **2.** *Am.* (*ein*) Kornrüsselkäfer *m*. ~ **whis·key** *s Am.* Maiswhiskey *m*.
corn·y [ˈkɔː(r)nɪ] *adj* **1.** a) *Br.* Korn..., Getreide..., b) *Am.* aus Mais (¦hergestellt), Mais... **2.** a) *Br.* korn-, getreidereich, b) *Am.* maisreich (*Gegend*). **3.** körnig. **4.** *sl.* a) senti¦mental, ‚schmalzig', b) kitschig, c) abgedroschen: **a** ~ **joke** ein Witz ‚mit Bart'.
co·rol·la [kəˈrɒlə; *Am.* -ˈrɑ-] *s bot.* Blumenkrone *f*.
cor·ol·lar·y [kəˈrɒlərɪ; *Am.* ˈkɒrəleriː; ˈkɑ-] **I** *s* **1.** *philos.* Korol¦lar(ium) *n* (*Satz, der selbstverständlich aus e-m bewiesenen Satz folgt*). **2.** logische *od.* na¦türliche Folge, Ergebnis *n* (*of*, *to* von): **as a** ~ **to this** als e-e Folge hiervon. **II** *adj* **3.** *philos.* sich als

corollate - correlate

Korol'lar(ium) ergebend. **4.** na'türlich folgend, sich logischerweise ergebend. **cor·ol·late** ['kɒrələt; -leɪt; *Am.* kəˈrəleɪt; 'kɔːrə-], **'cor·ol·lat·ed** [-leɪtɪd], ˌ**cor·ol'lif·er·ous** [-'lɪfərəs] *adj bot.* e-e Blumenkrone tragend.
co·ro·na [kəˈrəʊnə] *pl* **-nas** *od.* **-nae** [-niː] *s* **1.** *astr.* a) Hof *m*, Kranz *m* (*um Sonne u. Mond*), b) Koˈrona *f* (*Strahlenkranz der Sonne*). **2.** *arch.* Kranzleiste *f*, -gesims *n*. **3.** *anat.* Kranz *m*. **4.** *med.* (Zahn)Krone *f*. **5.** *bot.* Nebenkrone *f*. **6.** *a.* ~ **discharge** *electr.* Koˈrona *f*, Glimm-, Sprühentladung *f*. **7.** *Phonetik*: a) Zungenspitze *f*, b) oberer Zahnrand. **8.** ringförmiger Kronleuchter (*in Kirchen*). **9.** *e-e lange Zigarre*. **C⁓ Aus·tra·lis** [ɒˈstreɪlɪs] *gen* **Co·ro·nae Aus·tra·lis** *s astr.* Südliche Krone (*Sternbild*). **C⁓ Bo·re·a·lis** [ˌbɔːrɪˈeɪlɪs; *Am.* -ˈæləs] *gen* **Co·ro·nae Bo·re·a·lis** *s astr.* Nördliche Krone (*Sternbild*).
cor·o·nach ['kɒrənək] *s Scot. u. Ir.* Totenklage *f*.
co·ro·nae [kəˈrəʊniː] *pl von* **corona**.
cor·o·nal ['kɒrənl; *Am. a.* ˈkɑ-] **I** *s* **1.** *poet.* Stirnreif *m*, Diaˈdem *n*. **2.** (Blumen)Kranz *m*. **3.** *a.* ~ **suture** *med.* Kranznaht *f*. **II** *adj* [*a.* kəˈrəʊnl] **4.** *bes. anat.* Kron(en)..., Kranz...: ~ **artery** → **coronary artery**. **5.** *Phonetik*: a) koroˈnal, b) alveoˈlar (*Laut*).
cor·o·nar·y ['kɒrənərɪ; *Am.* -ˌnerɪː; *a.* ˈkɑ-] **I** *adj* **1.** Kronen..., Kranz... **2.** *anat.* a) kranzartig angeordnet, b) koroˈnar, die Koroˈnar- *od.* 'Kranzarˌterie betreffend. **II** *s* → **coronary thrombosis**. ~ **ar·ter·y** *s anat.* Koroˈnar-, 'Kranzarˌterie *f*. ~ **scle·ro·sis** *s irr med.* Koroˈnarskleˌrose *f*. ~ **throm·bo·sis** *s irr med.* Koroˈnarthromˌbose *f*. ~ **ves·sel** *s anat.* (Herz)Kranz-, Koroˈnargefäß *n*.
cor·o·nate ['kɒrəneɪt; *Am. a.* ˈkɑ-] *v/t selten* krönen (*a. fig.*). ˌ**cor·o'na·tion** *s* **1.** a) Krönung *f* (*a. fig.*), b) Krönungsfeier *f*: ~ **oath** Krönungseid *m*; **C⁓ Stone** Krönungsstein *m* (*im Krönungssessel der englischen Könige*). **2.** *Damespiel*: Aufeinˈandersetzen *n* zweier Steine (*zur Dame*).
cor·o·ner ['kɒrənə(r); *Am. a.* ˈkɑ-] *s jur.* **1.** Coroner *m* (*richterlicher Beamter zur Untersuchung der Todesursache in Fällen gewaltsamen od. unnatürlichen Todes*): ~'**s inquest** gerichtliches Verfahren zur Untersuchung der Todesursache. **2.** *Br. hist.* Beamter für die Verwaltung des Privatvermögens der Krone in e-r Grafschaft.
cor·o·net ['kɒrənet; *Am. bes.* ˌkɒrəˈnet; ˌkɑ-] *s* **1.** kleine Krone, Krönchen *n*. **2.** Adelskrone *f*. **3.** Diaˈdem *n*, Kopfputz *m* (*für Frauen*). **4.** Hufkrone (*des Pferdes*). **cor·o·net·ed**, *bes. Br.* **cor·o·net·ted** ['kɒrənetɪd; ˌ-ˈnetɪd; *Am. a.* ˈkɑ-; ˌkɑ-] *adj* **1.** e-e Krone *od.* ein Diaˈdem tragend. **2.** ad(e)lig. **3.** mit e-r Adelskrone (versehen) (*Briefpapier etc*).
co·ro·zo [kəˈrəʊsəʊ] *pl* **-zos**, *a.* ~ **palm** *s bot.* **1.** Elfenbeinpalme *f*. **2.** Acroˈcomie *f*. **3.** → **cohune**.
cor·po·ra ['kɔː(r)pərə] *pl von* **corpus**.
cor·po·ral¹ ['kɔː(r)pərəl; -prəl] **I** *adj* (*adv* ~**ly**) **1.** körperlich, leiblich: ~ **punishment** a) körperliche Züchtigung, Prügelstrafe *f*, b) *jur.* Körperstrafe *f*. **2.** perˈsönlich: ~ **oath** *jur.* körperlicher Eid. **II** *s* **3.** *R.C.* Korpoˈrale *n* (*Unterlage für Hostienteller u. Kelch*).
cor·po·ral² ['kɔː(r)pərəl; -prəl] *s* **1.** *mil.* 'Unteroffiˌzier *m*, *mar. a.* Maat *m*. **2.** Obergefreite(r) *m* (*der US-Marine-Infanterie*).
ˌ**cor·po·ral·i·ty** [ˌkɔː(r)pəˈrælətɪ] *s* Körperlichkeit *f*.
cor·po·rate ['kɔː(r)pərət; -prət] *adj*

1. a) *jur.* (*zur Körperschaft*) vereinigt, korporaˈtiv, körperschaftlich, b) *jur.* Körperschafts..., c) *jur.* zu e-r Körperschaft gehörig, inkorpoˈriert, d) *econ. Am.* e-r Kapiˈtal- *od.* Aktien)Gesellschaft, Gesellschafts..., Firmen...: ~ **body** → **corporation** 1; ~ **counsel** *Am.* Syndikus *m* (*e-r Aktiengesellschaft*); ~ **member** Vollmitglied *n* e-r Körperschaft *od.* (*Am.*) e-r (Aktien)Gesellschaft; ~ **name** a) *Br.* Name *m* e-r juristischen Person, b) *Am.* Firmenname *m*; ~ **planning** *Am.* Unternehmensplanung *f*; ~ **seal** a) *Br.* Siegel *n* e-r juristischen Person, b) *Am.* Firmensiegel *n*; ~ **stock** *Am.* Aktien (*e-r Gesellschaft*); ~ **tax** *Am.* Körperschaftssteuer *f*; ~ **town** Stadt *f* mit eigenem Recht. **2.** → **corporative** 2. **3.** gemeinsam, kollekˈtiv: **to take** ~ **action** gemeinsam handeln. '**cor·po·rate·ly** *adv* **1.** als Körperschaft, korporaˈtiv. **2.** als Ganzes, gemeinsam.
ˌ**cor·po'ra·tion** [ˌkɔː(r)pəˈreɪʃn] *s* **1.** *jur.* Korporatiˈon *f*, Körperschaft *f*, juˈristische Perˈson: ~ **aggregate** *juristische Person, die aus e-r Vereinigung mehrerer natürlicher Personen besteht*; ~ **sole** einzelne Person mit Rechtspersönlichkeit; ~ **tax** Körperschaftssteuer *f*; → **public corporation**. **2.** Vereinigung *f*, Gesellschaft *f*. **3.** *a.* **stock** ~ *econ. Am.* a) Kapiˈtalgesellschaft *f*, b) Aktiengesellschaft *f*: ~ **counsel** Syndikus *m*; ~ **law** Aktienrecht *n od.* -gesetz *n*; → **close corporation** 1, **private** 2. **4.** *Br.* Gilde *f*, Zunft *f*, Innung *f*: ~ **of merchants** (*od.* **traders**) Handelsinnung. **5.** *Br.* Stadtbehörde *f*, -verwaltung *f*. **6.** *colloq.* Schmerbauch *m*.
cor·po·ra·tive ['kɔː(r)pərətɪv, *Am. u.* -pəˌreɪtɪv] *adj* **1.** a) *jur.* korporaˈtiv, körperschaftlich, b) *econ. Am.* Gesellschafts...: ~ **investor** investierende Kapitalgesellschaft. **2.** *pol.* korporaˈtiv, Korporativ... (*Staat, System*). '**cor·po·ra·tor** [-reɪtə(r)] *s* Mitglied *n* e-r corporation.
cor·po·re·al [kɔː(r)ˈpɔːrɪəl; *Am. a.* -ˈpəʊ-] *adj* (*adv* ~**ly**) **1.** körperlich, leiblich. **2.** materiˈell, dinglich, greifbar: ~ **hereditament** *jur.* a) *Br.* Grundbesitz *m*, b) *Am.* vererbliche Gegenstände. **cor·ˌpo·re'al·i·ty** [-ˈælətɪ] → **corporality**. **cor'po·re·al·ize** *v/t* verkörperlichen.
cor·po·re·i·ty [ˌkɔː(r)pəˈriːətɪ; *Am. a.* -ˈreɪətɪ] *s* Körperlichkeit *f*, körperliche Subˈstanz.
cor·po·sant ['kɔː(r)pəzænt; -zənt; *Am. bes.* -ˌsænt] *s* Elmsfeuer *n*.
corps [kɔː(r)] *pl* **corps** [-z] *s* **1.** *mil.* a) *a.* **army** ~ (Arˈmee)Korps *n*, b) Korps *n*, Truppe *f*: ~ **of engineers** Pionierˈtruppe; **volunteer** ~ Freiwilligenkorps, -truppe. **2.** Körperschaft *f*, Corps *n*: → **diplomatic** 1. **3.** Corps *n*, Korporatiˈon *f*, stuˈdentische Verbindung (*in Deutschland*). ~ **de bal·let** [ˌkɔː(r)dəˈbæleɪ; *Am.* -dəbəˈleɪ] *s* Corps *n* de balˈlet, Balˈlettgruppe *f*. ~ **d'é·lite** [ˌkɔː(r)dˈliːt] *s* **1.** *mil.* Eˈlitetruppe *f*. **2.** *fig.* Eˈlite *f*. ~ **di·plo·ma·tique** [ˌkɔː(r)ˌdɪpləmæˈtiːk] *s pol.* diploˈmatisches Korps.
corpse [kɔː(r)ps] *s* Leichnam *m*, Leiche *f*.
cor·pu·lence ['kɔː(r)pjʊləns], *a.* '**cor·pu·len·cy** *s* Korpuˈlenz *f*, Beleibtheit *f*. '**cor·pu·lent** *adj* (*adv* ~**ly**) korpuˈlent, beleibt.
cor·pus ['kɔː(r)pəs] *pl* '**cor·po·ra** [-pərə] *s* **1.** Korpus *n*, Sammlung *f*: **literary** ~; **the** ~ **of English law**. **2.** *econ.* Hauptteil *m*, *bes. econ.* 'Stammkapiˌtal *n* (*Ggs. Zinsen u. Ertrag*). **3.** *obs.* a) → **corpse**, b) *zo.* Kaˈdaver *m*. **C⁓ Chris·ti** ['krɪstɪ] *relig.* Fronˈleichnam(sfest *n*) *m*.
cor·pus·cle ['kɔː(r)pʌsl] *s* **1.** *biol.* (Blut-)

Körperchen *n*. **2.** *chem. phys.* Korˈpuskel *n*, *f*, Elemenˈtarteilchen *n*. **cor'pus·cu·lar** [-ˈpʌskjʊlə(r)] *adj chem. phys.* korpuskuˈlar: ~ **theory** (**of light**) Korpuskularˌtheorie *f* (*des Lichtes*). **cor'pus·cule** [-kjuːl] → **corpuscle**.
cor·pus| de·lic·ti [dɪˈlɪktaɪ] *s jur.* Corpus *n* deˈlicti: a) Tatbestand *m*, b) Tatbestandsverwirklichung *f*, c) (*nicht jur.*) Beweisstück *n*, *bes.* Leiche *f* (*des Ermordeten*). ~ **ju·ris** [ˈdʒʊərɪs] *s jur.* Corpus *n* juris, Gesetzessammlung *f*.
cor·ral [kɔːˈrɑːl; kə-; *Am.* kəˈræl] *bes. Am.* **I** *s* **1.** Korˈral *m*, Hürde *f*, Pferch *m*. **2.** *hist.* Wagenburg *f* (*von Siedlern*). **II** *v/t* **3.** Vieh in e-n Pferch treiben. **4.** *fig.* einpferchen, -sperren. **5.** *hist.* Wagen zu e-r Wagenburg zs.-stellen. **6.** *colloq.* mit Beschlag belegen, sich (*etwas*) aneignen *od.* ˌschnappen'.
cor·rect [kəˈrekt] **I** *v/t* **1.** (*o.s.* sich) korriˈgieren, verbessern, berichtigen: **I must** ~ **this statement** ich muß das richtigstellen. **2.** zuˈrechtweisen, tadeln: **I stand** ~**ed** ich gebe m-n Fehler zu, *a.* ich nehme alles zurück. **3.** *j-n od. etwas* (be)strafen (**for** wegen). **4.** a) *Fehler etc* abstellen, abschaffen: **to** ~ **abuses**, b) *mil.* Ladehemmung beheben. **5.** *chem. med. phys.* ausgleichen, neutraliˈsieren. **6.** *electr. phot. TV* entzerren. **7.** *math. phys.* reguˈlieren, juˈstieren. **II** *adj* (*adv* ~**ly**) **8.** korˈrekt, richtig: a) fehlerfrei, b) wahr, zutreffend: **that is** ~ das stimmt; **you are** ~ (**in saying**) Sie haben recht, wenn Sie sagen). **9.** genau: ~ **time**. **10.** korˈrekt, einwandfrei: ~ **behavio(u)r**; **it is the** ~ **thing (to do)** es gehört sich so; **it is the** ~ **thing to get up** es gehört sich aufzustehen.
cor·rec·tion [kəˈrekʃn] *s* **1.** Korrekˈtur *f*, Korrektiˈon *f*, Berichtigung *f*, Verbesserung *f*, Richtigstellung *f*: **I speak under** ~ ich kann mich natürlich irren; ~ **of a river** Flußregulierung *f*; ~ **of visual defects** Korrektur von Sehfehlern. **2.** Korrekˈtur *f*, Fehlerverbesserung *f*: **mark of** ~ Korrekturzeichen *n*. **3.** a) Zuˈrechtweisung *f*, Tadel *m*, b) Bestrafung *f*, Strafe *f*, c) *jur.* Besserung *f*: **house of** ~ *Am.* (Jugend)Strafanstalt *f*, (-)Gefängnis *n*. **4.** *mil.* Beseitigung *f* (*e-r Ladehemmung*). **5.** *Radar*: Beschickung *f*. **6.** *math. phys.* Korrektiˈonskoeffiziˌent *m*. **7.** *electr. phot. TV* Entzerrung *f*. **8.** *Navigation*: Vorhalt *m*. **9.** *chem. med. phys.* Ausgleich *m*, Neutraliˈsierung *f*. **10.** *fig.* Abstellung *f*: ~ **of abuses**. **cor'rec·tion·al** [-ʃənl] → **corrective** I.
cor·rect·i·tude [kəˈrektɪtjuːd; *Am. a.* -ˌtuːd] *s* Richtigkeit *f*, Korˈrektheit *f* (*bes. des Benehmens*). **cor'rec·tive I** *adj* (*adv* ~**ly**) **1.** korriˈgierend, verbessernd, berichtigend, Verbesserungs..., Berichtigungs..., Korrektur...: ~ **action** (*od.* **measure**) Abhilfemaßnahme *f*. **2.** *med.* korrekˈtiv, lindernd. **3.** *chem. med.* ausgleichend, neutraliˈsierend. **4.** *jur.* Besserungs..., Straf...: ~ **training** *Am.* Unterbringung *f* in e-m (Jugend)Gefängnis. **II** *s* **5.** (**of**, **to**) Abhilfe *f* (für), Heil-, Gegenmittel *n* (gegen): **as a** ~ **of abuses**. **6.** a) *med.* Korrekˈtiv *n*, Gegenmittel *n* (*of* für), b) *pharm.* (Geˈschmacks)Korrigens *n*. **cor'rect·ness** *s* Korˈrektheit *f*, Richtigkeit *f*. **cor'rec·tor** [-tə(r)] *s* **1.** Berichtiger *m*, Verbesserer *m*. **2.** Kritiker(in), Tadler(in). **3.** *meist* ~ **of the press** *Br.* Korˈrektor *m*.
cor·re·late ['kɒrəleɪt; *Am. a.* ˈkɑ-] **I** *v/t* **1.** in Wechselbeziehung bringen (**with** mit), aufeinˈander beziehen. **2.** in Überˈeinstimmung bringen (**with** mit), aufeinˈander abstimmen, einˈander angleichen. **II** *v/i* **3.** in Wechselbeziehung

stehen (**with** mit), sich aufein'ander beziehen. **4.** (**with**) über'einstimmen (mit), entsprechen (*dat*). **III** *adj* [ə-lət] **5.** aufein'ander bezüglich, korrela'tiv. **6.** (ein'ander) entsprechend, über'einstimmend: **to be** ~ (**to**) entsprechen (*dat*). **IV** *s* [ə. -lət] **7.** Korre'lat *n*, Ergänzung *f*, Wechselbegriff *m*. **8.** Gegenstück *n* (**of** zu). '**cor·re·lat·ed** → **correlate** III.
cor·re·la·tion [ˌkɒrə'leɪʃn; *Am. a.* ˌkɑ-] *s* **1.** Korrelati'on *f*, Wechselbeziehung *f*, -wirkung *f*, gegenseitige Abhängigkeit, Zs.-hang *m*: ~ **computer** *tech.* Korrelationsrechner *m*; ~ **function** *math.* Korrelationsfunktion *f*; ~ **ratio** (*Statistik*) Korrelationsverhältnis *n*. **2.** Über'einstimmung *f* (**with** mit), Entsprechung *f*.
cor·rel·a·tive [kɒ'relətɪv; *bes. Am.* kə'r-] **I** *adj* **1.** korrela'tiv, in Wechselbeziehung stehend, wechselseitig bedingt, vonein'ander abhängig, sich gegenseitig ergänzend, aufein'ander abgestimmt. **2.** entsprechend. **II** *s* → **correlate** 7.
cor·re·spond [ˌkɒrɪ'spɒnd; *Am.* ˌkɔːrə-'spɑnd; *a.* ˌkɑrə-] *v/i* **1.** (**to**, **with**) entsprechen (*dat*), passen (zu), über'einstimmen (mit). **2.** mitein'ander über'einstimmen, zuein'ander passen. **3.** (**to**) entsprechen (*dat*), das Gegenstück sein (**von**), ana'log sein (**zu**). **4.** korrespon'dieren, in Briefwechsel stehen (**with** mit). **5.** *econ. obs.* in Geschäftsbeziehungen stehen (**with** mit). **6.** *math.* korrespon'dieren.
cor·re·spond·ence [ˌkɒrɪ'spɒndəns; *Am.* ˌkɔːrə'spɑn-; *a.* ˌkɑrə-] *s* **1.** Über'einstimmung *f* (**to**, **with** mit; **between** zwischen *dat*). **2.** Angemessenheit *f*, Entsprechung *f*, Analo'gie *f*: **to bear** ~ **to s.th.** e-r Sache angemessen *od.* gemäß sein *od.* entsprechen. **3.** Korrespon'denz *f*: a) Brief-, Schriftwechsel *m*: **to be in** ~ (**with**) → **correspond** 4, b) Briefe *pl*. **4.** *obs.* (*bes. econ.* Geschäfts)Verbindung *f*: **to break off** ~ **with** die Verbindung abbrechen mit *od.* zu. **5.** Zeitungswesen: Beiträge *pl* (*e-s Korrespondenten*). **6.** *math.* Zuordnung *f*. ~ **chess** *s* Fernschach *n*. ~ **col·umn** *s* Leserbriefspalte *f*. ~ **course** *s* Fernkurs *m*. ~ **school** *s* 'Fernlehrinsti͵tut *n*.
cor·re·spond·en·cy [ˌkɒrɪ'spɒndənsɪ; *Am.* ˌkɔːrə'spɑn-; *a.* ˌkɑrə-] → **correspondence** 1. ˌ**cor·re'spond·ent** **I** *s* **1.** Briefpartner(in): **to be a good** (**bad**) ~ fleißig schreiben (schreibfaul sein). **2.** *econ.* (auswärtiger) Geschäftsfreund: ~ **bank** Korrespondenzbank *f*. **3.** Korrespon'dent(in), Berichterstatter(in) (*e-r Zeitung etc*): **foreign** ~ Auslandskorrespondent(in). **4.** Gegenstück *n* (**of** zu). **II** *adj* (*adv* ~**ly**) **5.** entsprechend, gemäß (**to** *dat*), über'einstimmend (**with** mit). ˌ**cor·re'spond·ing** *adj* **1.** entsprechend, gemäß (**to** *dat*). **2.** korrespon'dierend, in Briefwechsel stehend (**with** mit): ~ **member** korrespondierendes Mitglied (*e-r Gesellschaft etc*). **3.** *math.* (ein'ander) zugeordnet. ˌ**cor·re'spond·ing·ly** *adv* entsprechend, demgemäß.
cor·ri·dor ['kɒrɪdɔː; *Am.* 'kɔːrədər; 'kɑ-] *s* **1.** Korridor *m*, Gang *m*, Flur *m*. **2.** Gale'rie *f*. **3.** *rail.* Korridor *m*, (Seiten-) Gang *m*: ~ **train** D-Zug *m*, Durchgangszug *m*. **4.** *geogr. pol.* Korridor *m*. **5.** *aer.* Luftkorridor *m*.
cor·rie ['kɒrɪ] *s Scot.* kleiner Talkessel.
cor·ri·gen·dum [ˌkɒrɪ'dʒendəm; *Am. a.* ˌkɑrə-] *pl* **-da** [-də] *s* **1.** a) Druckfehler *m*, b) Berichtigung *f*. **2.** *pl* Korri'genda *pl*, Druckfehlerverzeichnis *n*.
cor·ri·gi·bil·i·ty [ˌkɒrɪdʒə'bɪlətɪ; *Am. a.* ˌkɑ-] *s* **1.** Korri'gierbarkeit *f*. **2.** Besserungsfähigkeit *f*. Lenksamkeit *f*. '**cor·ri·gi·ble** *adj* **1.** korri'gierbar, zu

verbessern(d). **2.** besserungsfähig. **3.** fügsam, lenksam: **a** ~ **child**.
cor·rob·o·rant [kə'rɒbərənt; *Am.* -'rɑ-] *obs.* **I** *adj* **1.** bekräftigend. **2.** stärkend, kräftigend (*a. med.*). **II** *s* **3.** Bekräftigung *f*. **4.** Stärkungs-, Kräftigungsmittel *n* (*a. med.*). **cor'rob·o·rate** [-reɪt] *v/t* bekräftigen, bestätigen, erhärten. **cor**ˌ**rob·o-'ra·tion** *s* Bekräftigung *f*, Bestätigung *f*, Erhärtung *f*: **in** ~ **of** zur Bestätigung von (*od. gen*). **cor'rob·o·ra·tive** [-bərətɪv, -brə-; -bəreɪtɪv], **cor'rob·o·ra·to·ry** [-bərətərɪ; -brətrɪ; *Am.* -bərəˌtɔːrɪ; -ˌto:-] *adj* bestätigend, bekräftigend, erhärtend.
cor·rob·o·ree, *a.* **cor·rob·o·ri** [kə-'rɒbərɪ; *Am.* -'rɑ-] *s Austral.* **1.** Kor'robori *m* (*nächtliches Fest der Eingeborenen*). **2.** *fig.* lärmende Festlichkeit.
cor·rode [kə'rəʊd] **I** *v/t* **1.** *chem. tech.* korro'dieren, an-, zerfressen, angreifen, ätzen. **2.** *tech.* (weg)beizen. **3.** *fig.* zerfressen, -stören, unter'graben: **corroding care** nagende Sorge. **II** *v/i* **4.** *tech.* korro'dieren. **5.** *tech.* rosten: **~d** rostig. **6.** *tech.* korro'dierend wirken, ätzen, fressen (**into** an *dat*). **7.** sich einfressen (**into** in *acc*). **8.** zerstört werden, verfallen. **cor'rod·ent** ~ **corrosive**.
cor'rod·i·ble *adj* korro'dierbar.
cor·ro·sion [kə'rəʊʒn] *s* **1.** *chem. tech.* Korrosi'on *f*. **2.** *tech.* Unter'grabung *f*. **3.** *tech.* Rostfraß *m*, -bildung *f*. **4.** *tech.* Beizen *n*. **5.** Korrosi'onspro͵dukt *n*, Rost *m*. ~ **fa·tigue** *s tech.* Korrosi'onsermüdung *f*. ~ **pit** *s tech.* Rost-, Korrosi'onsnarbe *f*.
cor·ro·sion-re͵sist·ant *adj tech.* korrosi'onsbeständig, -fest.
cor·ro·sive [kə'rəʊsɪv] **I** *adj* (*adv* ~**ly**) **1.** *chem. tech.* korro'dierend, zerfressend, angreifend, ätzend, Korrosions...: ~ **sub·limate** *chem.* Ätz-, Quecksilbersublimat *n*. **2.** *tech.* beizend: ~ **power** Beizkraft *f*. **3.** *fig.* nagend, quälend. **4.** *fig.* ätzend. **II** *s* **5.** *chem. tech.* Korrosi'ons-, Ätzmittel *n*. **6.** *tech.* Beizmittel *n*, Beize *f*.
cor'ro·sive·ness *s fig.* ätzende Schärfe.
cor·ru·gate ['kɒrʊgeɪt; *Am.* 'kɔːrə-; 'kɑrə-] **I** *v/t* **1.** runzeln, furchen. **2.** wellen, riefen. **II** *v/i* **3.** sich runzeln *od.* furchen, runz(e)lig werden. **4.** sich wellen. **III** *adj* [-gət; -geɪt] ~ **corrugated**. '**cor·ru·gat·ed** *adj* **1.** gerunzelt, runz(e)lig, gefurcht. **2.** gewellt, gerippt, gerieffelt, Well...: ~ **brick** Wellstein *m*; ~ **cardboard** Wellpappe *f*; ~ **iron** (*od.* **sheet**) Wellblech *n*; ~ **lens** *opt.* Riffellinse *f*. ˌ**cor·ru'ga·tion** *s* **1.** Runzeln *n*, Furchen *n*. **2.** Runz(e)ligkeit *f*, Furchung *f*. **3.** Wellen *n*, Riffeln *n*. **4.** Welligkeit *f*, Gewelltheit *f*. **5.** Runzel *f*, Falte *f*, Furche *f* (*auf der Stirn*). **6.** (*einzelne*) Welle, Rippe *f*.
cor·rupt [kə'rʌpt] **I** *adj* (*adv* ~**ly**) **1.** (*moralisch*) verdorben, verderbt, schlecht, verworfen. **2.** unredlich, unlauter. **3.** kor-'rupt: a) bestechlich, käuflich: ~ **judges**, b) Bestechungs...: ~ **practices** Bestechungsmethoden, Korruption *f*: ~ **Practices Act** *pol. Am.* Bundesgesetz *n* zur Regulierung des Parteifinanzwesens. **4.** *obs.* faul, verdorben, schlecht: ~ **food**. **5.** verfälscht: a) unecht, unrein, b) verderbt, korrum'piert: ~ **text**. **II** *v/t* **6.** verderben, (*zu Schlechtem*) verleiten, -führen. **7.** korrum'pieren, bestechen. **8.** zersetzen, unter'graben, zu'grunde richten. **9.** *bes. fig.* anstecken. **10.** e-n Text verderben, korrum'pieren. **III** *v/i* **11.** (*moralisch*) verderben, -kommen. **12.** (ver)faulen, verderben (*Speisen*).
cor'rupt·ed ~ **corrupt** I. **cor'rupt·er** *s* **1.** Verderber(in), Verführer(in). **2.** Bestecher(in). **cor'rupt·i·ble I** *adj* (*adv* **corruptibly**). **1.** verführbar. **2.** kor-

'rupt, bestechlich, käuflich. **3.** verderblich (*Speisen*). **II** *s* **4. the** ~ *Bibl.* das Vergängliche.
cor·rup·tion [kə'rʌpʃn] *s* **1.** Verführung *f*. **2.** Verderbtheit *f*, Verdorbenheit *f*, Verworfenheit *f*: ~ **of the blood** *jur. hist.* Entrechtung *f* (*als Folge e-s* **attainder**). **3.** Unredlichkeit *f*, Unlauterkeit *f*. **4.** verderblicher Einfluß. **5.** Korrupti'on *f*: a) Kor'ruptheit *f*, Bestechlichkeit *f*, Käuflichkeit *f*, b) kor'rupte Me'thoden *pl*, Be'stechungen(spoli͵tik) *f*: ~ **of witnesses** Zeugenbestechung *f*. **6.** Verfälschung *f*, Korrum'pierung *f*: ~ **of a text**. **7.** Fäulnis *f*.
cor'rup·tive [kə'rʌptɪv] *adj* **1.** verderblich: ~ **influence**. **2.** *fig.* ansteckend.
cor'rupt·ness → **corruption** 2 *u*. 4.
cor·sage [kɔː(r)'sɑːʒ] *s* **1.** Mieder *n*. **2.** 'Ansteckbu͵kett *n*.
cor·sair ['kɔː(r)seə(r)] *s* **1.** *hist.* Kor'sar *m*, Seeräuber *m*. **2.** Kaperschiff *n*.
corse [kɔː(r)s] *s obs. od. poet.* Leichnam *m*.
corse·let [kɔː(r)s'lɪt] *s* **1.** [*Am. bes.* ˌkɔːr-sə'let] Korse'lett *n*. **2.** *hist.* Harnisch *m*. **3.** *zo.* Brustabschnitt *m* (*von Insekten*). **corset** ['kɔː(r)sɪt] **I** *s* **1.** *a. pl* Kor'sett *n*. **II** *v/t* **2.** mit e-m Kor'sett einschnüren. **3.** *fig.* in ein Kor'sett zwängen. '**cor·set·ed** *adj* (ein)geschnürt. '**cor·set·ry** [-trɪ] *s* Miederwaren *pl*.
Cor·si·can ['kɔː(r)sɪkən] **I** *adj* **1.** korsisch. **II** *s* **2.** Korse *m*, Korsin *f*. **3.** *ling.* Korsisch *n*, das Korsische.
cors·let → **corselet**.
cor·tege, *a.* **cor·tège** [kɔː(r)'teɪʒ] *s* **1.** Gefolge *n*, Kor'tege *n* (*e-s Fürsten*). **2.** Zug *m*, Prozessi'on *f*.
cor·tex ['kɔː(r)teks] *pl* **-ti·ces** [-tɪsiːz] *s* **1.** *anat.* Kortex *m*, (*a. bot.*) Rinde *f*: **cerebral** ~ Großhirnrinde. **cor·ti·cal** *adj anat. med.* korti'kal, Rinden...: ~ **blindness** Rindenblindheit *f*. '**cor·ti·cate** [-tɪkət; -keɪt], '**cor·ti·cat·ed** [-keɪtɪd] *adj bes. bot.* berindet. ˌ**cor·ti-'ca·tion** *s bot.* Rindenbildung *f*.
cor·ti·cos·ter·one [ˌkɔː(r)tɪ'kɒstərəʊn; *Am.* -'kɑs-] *s med.* Kortikoste'ron *n* (*Hormon der Nebennierenrinde*).
cor·ti·sone ['kɔː(r)tɪzəʊn; -s-] *s med.* Kortis'on *n* ([*Präparat aus dem*] *Hormon der Nebennierenrinde*).
co·run·dum [kə'rʌndəm] *s min.* Ko'rund *m*.
co·rus·cant [kə'rʌskənt] *adj* **1.** aufblitzend. **2.** funkelnd.
cor·us·cate ['kɒrəskeɪt; *Am. a.* 'kɑ-] *v/i* **1.** aufblitzen. **2.** funkeln, glänzen. **3.** *fig.* glänzen, bril'lieren. ˌ**cor·us'ca·tion** *s* **1.** (Auf)Blitzen *n*. **2.** Funkeln *n*. **3.** *fig.* (Geistes)Blitz(e *pl*) *m*.
cor·veé ['kɔː(r)veɪ] *s* **1.** *hist. u. fig.* Frondienst *m*. **2.** *econ.* (*ganz od. teilweise*) unbezahlte Arbeit für öffentliche Stellen (*Straßenbau etc*).
corves [kɔː(r)vz] *pl von* **corf**.
cor·vette [kɔː(r)'vet], *a.* **cor·vet** ['kɔː(r)vet] *s mar.* Kor'vette *f*.
cor·vine ['kɔː(r)vaɪn] *adj* **1.** rabenartig. **2.** zu den Rabenvögeln gehörend. '**Cor·vus** [-vəs] *gen* **-vi** [-vaɪ] *s astr.* Rabe *m* (*Sternbild*).
cor·y·ban·tic [ˌkɒrɪ'bæntɪk; *Am. a.* ˌkɑ-] *adj* kory'bantisch, ausgelassen, wild, toll.
co·ryd·a·lis [kə'rɪdəlɪs] *s bot.* Lerchensporn *m*.
Cor·y·don ['kɒrɪdən; -dɒn; *Am.* 'kɑrɪ-ˌdɑn] *s poet.* Korydon *m* (*Schäfer in Idyllen*).
cor·ymb ['kɒrɪmb; -ɪm; *Am. a.* 'kɑ-] *s bot.* Co'rymbus *m*, Ebenstrauß *m*.
cor·y·phae·us [ˌkɒrɪ'fiːəs; *Am. a.* ˌkɑrə-] *pl* **-phae·i** [-ˌaɪ] *s* **1.** *antiq.* Kory'phäe *m*, Chorführer *m* (*im Drama*). **2.** *obs. od. poet.* Führer *m*, führender Geist, Haupt-

vertreter m (e-r philosophischen Richtung etc). **co·ry·phee** ['kɒrɪfeɪ; ˌkɒ·rɪ'feɪ] s Primaballe'rina f.
co·ry·za [kə'raɪzə] s med. Schnupfen m.
cos[1] [kɒs; Am. kas] s bot. Römischer Lattich od. Sa'lat.
cos[2] [kɔːz; kəz; Am. a. kaz] conj colloq. weil, da.
Co·sa Nos·tra [ˌkəʊzə'nɒstrə; Am. a. -ˈnɑːs-] s Cosa f Nostra (kriminelle Organisation in den USA, die vor allem aus Italienern u. Italoamerikanern besteht).
co·se·cant [kəʊ'siːkənt] s math. Kosekans m.
co·seis·mal [kəʊ'saɪzməl] adj phys. koseis'mal: ~ line Koseismale f.
cosh[1] [kɒʃ] Br. colloq. **I** s **1.** Totschläger m (Waffe). **2.** Angriff m mit e-m Totschläger. **II** v/t **3.** j-n mit e-m Totschläger angreifen. **4.** j-m eins über den Schädel hauen.
cosh[2] [kɒʃ; Am. kɑʃ] s math. hyper'bolischer Kosinus.
cosh·er [ˈkɒʃə(r); Am. ˈkɑ-] v/t verhätscheln, -päppeln, -wöhnen.
co·sig·na·to·ry [ˌkəʊˈsɪɡnətərɪ; -trɪ; Am. -ˌtəʊrɪː; -ˌtɔː-] **I** s 'Mitunter,zeichner(in). **II** adj 'mitunter,zeichnend.
co·sine [ˈkəʊsaɪn] s math. Kosinus m: ~ law Kosinussatz m.
co·si·ness [ˈkəʊzɪnɪs] s Behaglichkeit f, Gemütlichkeit f.
cosm- [kɒzm; Am. kɑzm] → **cosmo-**.
cos·met·ic [kɒzˈmetɪk; Am. kɑz-] **I** adj (adv ~ally) **1.** kos'metisch, Schönheits...: ~ **surgery** Schönheitschirurgie f. **2.** fig. kos'metisch, (nur) oberflächlich. **II** s **3.** Kos'metikum n, kos'metisches Mittel, Schönheitsmittel n. **4.** oft pl obs. Kos'metik f, Schönheitspflege f. **5.** fig. Tünche f. ˌ**cos·me'ti·cian** [-məˈtɪʃn] s Kos'metiker(in). **cos'met·i·cize** [-saɪz] v/t **1.** kos'metisch behandeln (a. fig.). **2.** fig. über'tünchen.
cos·me·tol·o·gist [ˌkɒzmɪˈtɒlədʒɪst; Am. ˌkɑzməˈtɑ-] s **1.** Kosmeto'loge m, -'login f. **2.** Kos'metiker(in). ˌ**cos·meˈtol·o·gy** s **1.** Kosmetolo'gie f (Wissenschaft u. Lehre von der Kosmetik). **2.** Kos'metik f, Schönheitspflege f.
cos·mic [ˈkɒzmɪk; Am. ˈkaz-] adj (adv ~ally) kosmisch: a) das Weltall betreffend, zum Weltall gehörend: ~ **dust** Weltraumnebel m; ~ **rays** kosmische Strahlen, Höhenstrahlen, b) ganzheitlich geordnet, har'monisch, c) 'weltum,spannend, d) unermeßlich, gewaltig. **ˈcos·mi·cal** adj (adv ~ly) kosmisch, das Weltall betreffend: ~ **constant** phys. kosmische Konstante.
cosmo- [kɒzməʊ-; -mə-; Am. kaz-] Wortelement mit der Bedeutung (Welt)Raum...
cos·mo·drome [ˈkɒzmədrəʊm; Am. ˈkaz-] s Kosmo'drom n ([sowjetischer] Startplatz für Weltraumraketen).
cos·mo·gen·ic [ˌkɒzməˈdʒenɪk; Am. ˌkazmə-] adj durch kosmische Strahlen her'vorgerufen.
cos·mog·o·ny [kɒzˈmɒgənɪ; Am. kazˈmɑ-] s Kosmogo'nie f (wissenschaftliche Theorie über die Entstehung des Weltalls).
cos·mog·ra·pher [kɒzˈmɒgrəfə(r); Am. kazˈmɑ-] s obs. Kosmo'graph m. ˌ**cos·mo'graph·ic** [-məʊˈgræfɪk; -məˈgr-], ˌ**cos·moˈgraph·i·cal** adj (adv ~ly) obs. kosmo'graphisch. **cos·mog·ra·phy** s obs. Kosmogra'phie f (Beschreibung der Entstehung u. Entwicklung des Kosmos).
cos·mo·log·ic [ˌkɒzməˈlɒdʒɪk; Am. ˌkazməˈlɑ-], ˌ**cos·moˈlog·i·cal** adj (adv ~ly) kosmo'logisch. **cos'mol·o·gy** [-ˈmɒlədʒɪ; Am. -ˈmɑ-] s Kosmolo'gie f (Lehre von der Entstehung u. Entwicklung des Weltalls).
cos·mo·naut [ˈkɒzmənɔːt; Am. ˈkaz-; a. -nat] s Kosmo'naut m, (so'wjetischer) (Welt)Raumfahrer. ˌ**cos·moˈnau·tic** **I** adj (adv ~ally) kosmo'nautisch. **II** s pl (meist als sg konstruiert) Kosmo'nautik f, (Wissenschaft f von der) Raumfahrt f (in der UdSSR). ˌ**cos·moˈnau·ti·cal** adj (adv ~ly) → **cosmonautic I**.
ˌ**cos·moˈplas·tic** adj kosmo'plastisch, weltbildend.
cos·mop·o·lis [kɒzˈmɒpəlɪs; Am. kazˈmɑ-] s Weltstadt f. ˌ**cos·moˈpol·i·tan** [-məˈpɒlɪtən; Am. -ˈpɑlətn] **I** adj kosmopo'litisch (a. biol.), weltbürgerlich, weit². **II** s **1.** → **cosmopolite**. ˌ**cos·moˈpol·i·tan·ism** → **cosmopolitism**. **cos'mop·o·lite** [-məpəlaɪt; Am. -ˈmɑ-] s **1.** Kosmopo'lit(in), Weltbürger(in). **2.** biol. Kosmopo'lit m. **cos'mop·o·lit·ism** [-laɪtɪzəm; -lət-] s **1.** Kosmopoli'tismus m, Weltbürgertum n. **2.** Weltoffenheit f.
cos·mo·ra·ma [ˌkɒzməˈrɑːmə; Am. ˌkazməˈræmə] s Kosmo'rama n (perspektivisch naturgetreue Darstellung von Landschaften, Städtebildern etc).
cos·mos [ˈkɒzmɒs; Am. ˈkazməs] s **1.** Kosmos m: a) Weltall n, b) (Welt-)Ordnung f. **2.** in sich geschlossenes Sy'stem, Welt f für sich. **3.** bot. Schmuckkörbchen n.
ˌ**cos·moˈthe·ism** s philos. Kosmothe'ismus m (Anschauung, die Gott u. Welt als Einheit begreift).
Cos·mo·tron [ˈkɒzmətrɒn; Am. ˈkazmətran] s Kernphysik: Kosmotron n (Gerät zur Erzeugung äußerst energiereicher Partikelstrahlungen).
co·spe·cif·ic [ˌkəʊspɪˈsɪfɪk] adj biol. artgleich.
coss [kɒs; kəʊs] s indisches Längenmaß (2,5–5 km).
Cos·sack [ˈkɒsæk; Am. ˈkɑ-] s Ko'sak m.
cos·set [ˈkɒsɪt; Am. ˈkɑsət] **I** s **1.** von Hand aufgezogenes Lamm. **2.** fig. Liebling m (Kosename). **II** v/t **3.** a. ~ **up** verhätscheln, -wöhnen, verpäppeln.
cost [kɒst; Am. kɔːst] **I** s **1.** Kosten pl, Aufwand m, Preis m: ~ **of living** Lebenshaltungskosten; → **count**[2] **12**. **2.** Kosten pl, Schaden m, Nachteil m: **to my ~** auf m-e Kosten, zu m-m Schaden; **I know to my ~** ich weiß (es) aus eigener (bitterer) Erfahrung; **at s.o.'s ~** auf j-s Kosten; **at the ~ of his health** auf Kosten s-r Gesundheit. **3.** Opfer n, Preis m: **at all ~s**, **at any ~** um jeden Preis; **at a heavy ~** unter schweren Opfern. **4.** econ. (Selbst-, Gestehungs)Kosten pl, Einkaufs-, Einstands-, Anschaffungspreis m: ~ **abatement** Kostendämpfung f; ~ **accounting** → **costing**; ~ **accountant** (Betriebs)Kalkulator m; ~ **book** a) Kalkulationsbuch n, b) Br. Kuxbuch n; ~ **control** Kostenlenkung f; ~ **increase** Kostensteigerung f; ~ **inflation** Kosteninflation f; ~ **plus** bes. Am. Gestehungskosten plus Unternehmergewinn; ~ **price** Selbstkostenpreis m, (Netto)Einkaufspreis m; **at ~** zum Selbstkostenpreis; ~ **insurance**, **freight** → **C.I.F.**; ~ **of construction** Baukosten pl; ~ **of production** Produktions-, Herstellungskosten. **5.** pl (Un-) Kosten pl, Auslagen pl, Spesen pl. **6.** pl jur. (Gerichts-, Pro'zeß)Kosten pl, Gebühren pl: **with ~s** a) kostenpflichtig, b) Übernahme der Kosten; **to condemn s.o. in the ~s** j-n zu den Kosten verurteilen; → **dismiss 8**.
II v/t pret u. pp **cost 7.** e-n Preis kosten: **what does it ~?** was kostet es?; **it ~ me one pound** es kostete mich ein Pfund. **8.** kosten, bringen um: **it almost ~ him his life** es kostete ihn fast das Leben. **9.** etwas Unangenehmes verursachen, kosten: **it ~ me a lot of trouble** es verursachte mir od. kostete mich große Mühe. **10.** pret u. pp **ˈcost·ed** econ. den Preis od. die Kosten kalkulieren (von od. gen): ~**ed at** mit e-m Kostenanschlag von.
III v/i **11.** zu stehen kommen: **it ~ him dearly** bes. fig. es kam ihm teuer zu stehen; **it'll ~ you** bes. Br. colloq. es wird dich ein ˌHeidengeld kosten.
cos·ta [ˈkɒstə; Am. ˈkɑ-] pl **-tae** [-tiː] s **1.** anat. Costa f, Rippe f. **2.** bot. Mittelrippe f (vom Blatt). **3.** zo. Ader f (des Insektenflügels). **ˈcos·tal** [-tl] adj **1.** anat. co'stal, Rippen... **2.** bot. (Blatt)Rippen... **3.** zo. (Flügel)Ader...
co-star [ˈkəʊstɑː(r)] **I** s e-r der Hauptdarsteller: **X and Y were ~s** X u. Y spielten die Hauptrollen. **II** v/t: **the film ~red X** X spielte in dem Film e-e der Hauptrollen. **III** v/i (mit andern) zu'sammen (als Hauptdarsteller) auftreten: **to ~ with** die Hauptrolle spielen neben (dat).
cos·tard [ˈkɒstəd; Am. ˈkɑstərd] s **1.** e-e englische Apfelsorte. **2.** obs. humor. ˌBirne' f (Kopf).
cos·tate [ˈkɒsteɪt; Am. ˈkɑ-], a. **ˈcos·tat·ed** adj **1.** anat. mit Rippen (versehen). **2.** bot. gerippt. **3.** zo. geädert.
ˌ**cost/-ˈben·e·fit aˈnal·y·sis** s econ. ˈKosten-ˈNutzen-Anaˌlyse f. '~-ˌ**con·scious** adj econ. kostenbewußt. '~-ˌ**cov·er·ing** adj kostendeckend. '~-ˌ**cut·ting** adj kostensenkend, -dämpfend. '~-**efˌfec·tive** adj econ. ˈkosteneffekˌtiv. '~-**efˌfi·cient** adj econ. ˈkosteneffiˌzient, wirtschaftlich.
cos·ter·mon·ger [ˈkɒstəˌmʌŋgə], a. **ˈcos·ter** s Br. Straßenhändler(in) für Obst, Gemüse etc.
cost·ing [ˈkɒstɪŋ] s econ. Br. Kosten(be)rechnung f, Kalkulati'on f.
cos·tive [ˈkɒstɪv; Am. ˈkɑ-] adj (adv ~ly) **1.** med. a) verstopft, b) an Verstopfung leidend, hartleibig. **2.** fig. geizig, knauserig. **ˈcos·tive·ness** s **1.** med. Verstopfung f. **2.** fig. Geiz m.
cost·li·ness [ˈkɒstlɪnɪs; Am. ˈkɔːst-] s **1.** Kostspieligkeit f. **2.** Pracht f. **ˈcost·ly** adj **1.** kostspielig, teuer. **2.** teuer erkauft: **a ~ victory**. **3.** prächtig.
cost·mar·y [ˈkɒstmeərɪ; Am. ˈkɑst-] s bot. Ma'rien-, Frauenblatt n.
ˌ**cost-of-ˈliv·ing** **alˈlow·ance**, **ˈbo·nus** s econ. Teuerungszulage f. ~ **fig·ure** s, ~ **inˌdex** s a. irr econ. Lebenshaltungs(kosten)index m.
cos·tume [ˈkɒstjuːm; Am. ˈkɑ-; a. -ˌtuːm] **I** s **1.** Ko'stüm n, Kleidung f, Tracht f. **2.** (ˈMasken-, ˈBühnen)Ko'stüm n. **3.** obs. Ko'stüm(kleid) n (für Damen). **4.** Badeanzug m. **II** adj **5.** Kostüm...: ~ **ball** Kostümball m; ~ **designer** thea. etc Ko'stümbildner(in); ~ **jewel(le)ry** Modeschmuck m; ~ **piece** thea. Kostümstück n. **III** v/t [Am. kɑsˈtuːm; -ˈtjuːm] **6.** kostüˈmieren. **7.** thea. etc die Ko'stüme entwerfen für: **to ~ a play**. **cos'tum·er** [kɒˈstjuːmə; Am. ˈkɑsˌtuːmər; -ˌtjuː-] s **costumier**.
cos·tum·ey adj Am. auffällig, ausgefallen (Kleidung). **cos'tum·i·er** [-mɪə(r); Am. a. -mɪeɪ] s **1.** Ko'stümverleiher(in). **2.** Kostümi'er m, Theater'schneider(in).
co·sure·ty [ˌkəʊˈʃʊərətɪ] s jur. **1.** Mitbürge m. **2.** Mitbürgschaft f.
co·sy [ˈkəʊzɪ] **I** adj (adv ~**ily**) behaglich, gemütlich. **II** s Wärmer m: → **egg cosy**, **tea cosy**. **III** v/t ~ **along** j-n in Sicherheit wiegen.
cot[1] [kɒt; Am. kɑt] s **1.** Feldbett n. **2.** Br. Kinderbett(chen) n. **3.** leichte Bettstelle. **4.** mar. Schwingbett n.
cot[2] [kɒt; Am. kɑt] **I** s **1.** obs. od. poet. Häus-chen n, Hütte f, Kate f. **2.** Stall m, Häus-chen n. **3.** (schützendes) Gehäuse.

4. 'Überzug m, Futte'ral n. 5. Fingerling m. **II** v/t 6. in den Stall bringen.
co·tan·gent [ˌkəʊˈtændʒənt] s math. Kotangens m, 'Kotanˌgente f. ˌco·tanˈgential [-dʒenʃl] adj math. kotangenti'al.
cot death s med. Br. plötzlicher Kindstod.
cote[1] [kəʊt] → cot[2].
cote[2] [kəʊt] v/t obs. über'holen, -'treffen.
co·tem·po·ra·ne·ous [kəʊˌtempəˈreɪnjəs; -ɪəs], **co'tem·po·rar·y** [-pərərɪ; Am. -pəˌrerɪː] → contemporaneous, contemporary.
co·ten·an·cy [ˌkəʊˈtenənsɪ] s jur. Mitpacht f. ˌco'ten·ant s Mitpächter m, -mieter m.
co·te·rie [ˈkəʊtərɪ] s 1. exklu'siver (literarischer etc) Zirkel, erlesener Kreis. 2. Kote'rie f, Klüngel m, Clique f.
co·ter·mi·nous [ˌkəʊˈtɜːmɪnəs; Am. -ˈtɜːr-] → conterminous.
co·thurn [ˈkəʊθɜːn; kəʊˈθɜːn; Am. -ɜːrn] → cothurnus. **co'thur·nus** [-nəs] pl **-ni** [-naɪ] s Latin m: a) antiq. thea. hochsohliger Bühnenschuh, b) erhabener, pa'thetischer Stil.
co·tid·al [ˌkəʊˈtaɪdl] adj: ~ lines mar. Isorrhachien.
co·til·lion, a. **co·til·lon** [kəˈtɪljən; Am. kəʊ-] s hist. Kotil'lon m (Tanz).
cot·ta [ˈkɒtə; Am. ˈkɑːtə] s relig. Chorhemd n.
cot·tage [ˈkɒtɪdʒ; Am. ˈkɑː-] s 1. Cottage n, (kleines) Landhaus n. 2. Am. Ferienhaus n, -häus·chen n. 3. Am. Wohngebäude n, (e-s Krankenhauses etc) Einzelgebäude n, (e-s Hotels) Depen'dance f. 4. Am. Wohneinheit f (in e-m Heim mit Familiensystem für verwahrloste od. straffällig gewordene Kinder). ~ **cheese** s Hüttenkäse m. ~ **hos·pi·tal** s Br. kleines Krankenhaus (bes. auf dem Land). 2. Am. aus Einzelgebäuden bestehendes Krankenhaus. ~ **in·dus·try** s 'Heimgewerbe n, -induˌstrie f. ~ **loaf** s irr Br. rundes, zweischichtiges Weißbrot. ~ **pi·an·o** s Pia'nino n. ~ **pie** s gastr. Auflauf aus Hackfleisch u. Kartoffelbrei. ~ **pud·ding** s mit e-r heißen, süßen Soße übergossener Kuchen.
cot·tag·er [ˈkɒtɪdʒə(r); Am. ˈkɑː-] s 1. Cottagebewohner(in). 2. Am. Urlauber(in) in e-m Ferienhaus.
cot·tar → cotter[2].
cot·ter[1] [ˈkɒtə; Am. ˈkɑːtər] tech. **I** s a) (Quer-, Schließ)Keil m, b) → cotter pin. **II** v/t versplinten.
cot·ter[2] [ˈkɒtə; Am. ˈkɑːtər] s bes. Scot. a) Kleinbauer m, b) Pachthäusler m.
cot·ter| bolt s tech. a) Bolzen m mit Splint, b) Vorsteckkeil m. ~ **pin** s tech. Splint m, Vorsteckstift m. ~ **slot** s Keilnut f.
cot·ti·er [ˈkɒtɪə(r); Am. ˈkɑː-] s 1. → cotter[2]. 2. Pachthäusler m (in Irland).
cot·ton [ˈkɒtn; Am. ˈkɑːtn] **I** s 1. Baumwolle f: carded ~ Kammbaumwolle, absorbent 3. 2. bot. (e-e) Baumwollpflanze. 3. a) Baumwollstoff m, -gewebe n, b) pl Baumwollwaren pl, -kleidung f. 4. (Baumwoll)Garn n, (-)Zwirn m: knitting ~ Strickgarn. 5. bot. Wolle f (Pflanzensubstanz). **II** adj 6. baumwollen, aus Baumwolle, Baumwoll-. **III** v/i 7. Am. colloq. (with) a) gut auskommen (mit), b) Freundschaft schließen, sich anfreunden (mit). 8. colloq. ~ **to** fig. Am. sich anfreunden mit (e-r Idee etc); to ~ on to etwas ,kapieren', ,schnallen', verstehen.
cot·ton| belt s Baumwollzone f (im Süden der USA). ~ **cake** s Baumwollkuchen m (Tierfutter). ~ **can·dy** s Am. Zuckerwatte f. '~ˌcov·ered adj tech. 'baumwollˌspannen. ~ **gin** s tech. Ent-'körnungsmaˌschine f (für Baumwolle). ~ **grass** s bot. Wollgras n. ~ **grow·er** s Baumwollpflanzer m.
cot·ton·ize [ˈkɒtnaɪz; Am. ˈkɑː-] v/t tech. Flachs, Hanf cottoni'sieren.
cot·ton| mill s Baumwollspinne'rei f. ~ **pad** s Wattestäbchen n. ~ **pick·er** s Baumwollpflücker m. '~ˌpick·ing adj Am. sl. verdammt, verflucht. ~ **plant** s Baumwollstaude f. ~ **press** s Baumwollballenpresse f (Gebäude od. Maschine). ~ **print** s bedruckter Kat'tun. '~ˌseed s bot. Baumwollsame m: ~ **cake** → cotton cake; ~ **oil** Baumwollsamen-, Cottonöl n. C~ **State** s Baumwollstaat m (Spitzname für Alabama). '~ˌtail s zo. (ein) amer. 'Wildkaˌninchen n. ~ **tree** s bot. 1. (ein) Kapok-, Baumwollbaum m. 2. a) (e-e) nordamer. Pappel, b) Schwarzpappel f. 3. Ma'jagua m (Australien). ~ **waste** s 1. Baumwollabfall m. 2. tech. Putzwolle f. '~ˌwood s 1. bot. (e-e) amer. Pappel, bes. Dreieckblättrige Pappel. 2. Pappelholz n (von 1). ~ **wool** s 1. Rohbaumwolle f. 2. Br. (Verband-)Watte f: to wrap s.o. in ~ colloq. j-n in Watte packen.
cot·ton·y [ˈkɒtnɪ; Am. ˈkɑː-] adj 1. baumwollartig. 2. weich, wollig, flaumig.
cot·y·le·don [ˌkɒtɪˈliːdən; Am. ˌkɑːtlˈiːdn] s 1. bot. Keimblatt n. 2. bot. Nabelkraut n. 3. zo. Pla'zentazote f.
cot·y·loid [ˈkɒtɪlɔɪd; Am. ˈkɑːtlˌɔɪd] adj anat. zo. 1. schalenförmig. 2. Hüftpfannen...: ~ **cavity** Hüftpfanne f.
co·type [ˈkəʊtaɪp] s bot. zo. Cotypus m.
couch[1] [kaʊtʃ] **I** s 1. Couch f (a. des Psychiaters), Liege(sofa) n f. 2. poet. Bett n. 3. Lager(stätte f) n 4. hunt. dos. Lager n, Versteck n (von Wild). 5. tech. Grund(-schicht f) m, Grun'dierung f, erster Anstrich (von Farbe, Leim etc). **II** v/t 6. a) etwas (ab)fassen, formu'lieren, b) Gedanken etc in Worte fassen od. kleiden, ausdrücken. 7. Lanze senken, einlegen. 8. ~ **o.s.** sich niederlegen: to be ~ed liegen. 9. besticken (with, of mit): → couching. 10. tech. Papier gautschen. 11. med. a) den Star stechen: to ~ **a cataract**, b) j-m den Star stechen. 12. obs. a) einbetten, b) verbergen. **III** v/i 13. ruhen, liegen. 14. sich (zur Ruhe) 'hinlegen. 15. obs. sich ducken, kauern. 16. obs. lauern.
couch[2] [kuːtʃ; kaʊtʃ] → couch grass.
couch·ant [ˈkaʊtʃənt] adj her. mit erhobenem Kopf liegend.
cou·chette [kuːˈʃet] s rail. Platz m (im Liegewagen).
couch grass s bot. Gemeine Quecke.
couch·ing [ˈkaʊtʃɪŋ] s Plattsticke'rei f.
Cou·é·ism [ˈkuːeɪɪzəm; Am. bes. kuːˈeɪ-] s med. psych. Coué'ismus m, Cou'ésches Heilverfahren.
cou·gar [ˈkuːɡə(r)] s zo. Kuguar m, Puma m, Silberlöwe m.
cough [kɒf; Am. kɔːf] **I** s 1. med. Husten m: churchyard ~ colloq. ,Friedhofsjodler' m (schlimmer Husten); to have a ~ Husten haben; to give a (slight) ~ hüsteln, sich räuspern. 2. Husten n. 3. mot. Stottern n. 4. Bellen n. **II** v/i 5. husten. 6. mot. stottern, husten (Motor). 7. bellen, husten (Geschütz etc). **III** v/t 8. meist ~ **out**, ~ **up** aushusten: to ~ **up blood** Blut husten. 9. ~ **down** e-n Redner niederhusten, durch (absichtliches) Husten zum Schweigen bringen. 10. ~ **up** sl. a) her'ausrücken mit (der Wahrheit etc), b) Geld herausrücken. ~ **drop** s 'Hustenbonˌbon n, m.
cough·ing bout [ˈkɒfɪŋ; Am. ˈkɔː-] s Hustenanfall m.
cough| loz·enge s Hustenbon·bon n, m. ~ **syr·up** s Hustensaft m, -sirup m.
could [kʊd; unbetont kəd] v/aux (von can[1]) 1. pret ich, er, sie, es konnte, du konntest, wir, Sie, sie konnten, ihr konntet: he ~ **not** come. 2. (konditional, vermutend od. fragend) ich, er, sie, es könnte, du könntest, wir, Sie, sie könnten, ihr könntet: I ~ **have killed him** ich hätte ihn umbringen können; that ~ **be right** das könnte stimmen.
couldst [kʊdst] obs. od. poet. 2. sg von could.
cou·lee [ˈkuːlɪ], a. **cou·lée** [ˈkuːleɪ] s 1. Am. a) (Felsen)Schlucht f, b) oft ausgetrockneter Bach. 2. geol. (erstarrter) Lavastrom.
cou·lisse [kuːˈliːs] s 1. tech. a) Falz m, Schnurrinne f, b) Ku'lisse f, Gleitbahn f. 2. thea. Ku'lisse f.
cou·loir [ˈkuːlwɑː; Am. kuːˈlwɑːr] s 1. Bergschlucht f. 2. tech. 'Baggermaˌschine f.
cou·lomb [ˈkuːlɒm; Am. -lɑːm; kuːˈlɑːm] s electr. Cou'lomb n, Am'pereseˌkunde f: C~'s **law** Coulombsches Gesetz. 'cou·lombˌme·ter, **cou·lom·e·ter** [kuːˈlɒmɪtə(r); Am. -ˈlɑː-] s electr. Cou'lombmeter n, Voltmeter n.
coul·ter bes. Br. für colter.
coun·cil [ˈkaʊnsl; -sɪl] s 1. Ratsversammlung f, -sitzung f: **to be in** ~ zu Rate sitzen; **to meet in** ~ e-e (Rats)Sitzung abhalten. 2. Rat m, beratende Versammlung: **to be on the** ~ im Rat sitzen, Ratsmitglied sein; **family** ~ Familienrat; ~ **of physicians** Ärztekollegium n. 3. Rat m (als Körperschaft): ~ **of elders** Ältestenrat; C~ **of Europe** Europarat; C~ **of National Defense** Am. Nationaler Verteidigungsrat; C~ **of State** Staatsrat; ~ **of war** Kriegsrat (a. fig.). 4. C~ Br. Geheimer Kronrat: **the King (Queen, Crown) in** C~ der König (die Königin, die Krone) u. der Kronrat. 5. Gemeinderat m: **municipal** ~ Stadtrat. 6. 'Vorstand(skomiˌtee n) m (e-r Gesellschaft). 7. Gewerkschaftsrat m. 8. relig. Kon'zil n, Syn'ode f, Kirchenversammlung f: ~ **ecumenical**. 9. Bibl. Hoher Rat (der Juden). ~ **board** s 1. Sitzungstisch m. 2. Ratsversammlung f. ~ **es·tate** s Br. soziˈale Wohnsiedlung (e-r Gemeinde). ~ **house** s Br. gemeindeeigenes Wohnhaus (mit niedrigen Mieten).
coun·cil·lor(·ship) bes. Br. für councilor(ship).
'**coun·cil·man** [-mən] s irr bes. Am. Stadtrat m, -verordnete(r) m.
coun·cil·or [ˈkaʊnsələr; -slər] s Am. Ratsmitglied n, -herr m, (Stadt)Rat m, (-)Rätin f. '**coun·cil·orˌship** s Am. Ratsherrnwürde f.
coun·cil school s Br. bes. hist. staatliche Schule.
coun·sel [ˈkaʊnsl; -səl] **I** s 1. Rat(schlag) m: **to ask** ~ **of s.o.** j-n um Rat fragen; **to take** ~ **of s.o.** von j-m (e-n) Rat annehmen. 2. (gemeinsame) Beratung, Beratschlagung f: **to hold** (od. **take**) ~ **with s.o.** a) sich beraten mit j-m, b) sich Rat holen bei j-m; **to take** ~ **together** zusammen beratschlagen, sich gemeinsam beraten. 3. Ratschluß m, Entschluß m, Absicht f, Plan m: **to be of** ~ **with** die gleichen Pläne haben wie. 4. obs. per-'sönliche Meinung od. Absicht: **to keep one's (own)** ~ s-e Meinung od. Absicht für sich behalten; **divided** ~s geteilte Meinungen. 5. jur. a) Br. (Rechts)Anwalt m (**barrister**), b) Am. Rechtsberater m, -beistand m: ~ **for the plaintiff** Br. Anwalt des Klägers; ~ **for the prosecution** Anklagevertreter m; C~ **for the Crown** Br. öffentlicher Ankläger; ~ **for the defence** (Am. **defense**) (Zivilproˌzeß) Anwalt od. Prozeßbevollmächtigte(r) m des Beklagten, (Strafproˌzeß) Verteidiger m; ~'s **opinion** Rechtsgut-

counselor – counterdemonstrator 240

achten n; ~'s speech Br. Anwaltsplädoyer n; leading ~ → leader 4 a. **6.** (als pl konstruiert) jur. Am. collect. ju'ristische Berater pl im Pro'zeß. **7.** Berater m, Ratgeber m. **II** v/t pret u. pp **-seled,** bes. Br. **-selled 8.** j-m raten, j-m e-n Rat geben od. erteilen. **9.** zu etwas raten: to ~ s.th. to s.o. j-m etwas raten od. empfehlen; to ~ **delay** e-n Aufschub empfehlen. **10.** ~ **and procure** jur. Beihilfe leisten zu e-r Straftat.

coun·sel·or ['kaʊnslə(r); -sələ(r)], bes. Br. **'coun·sel·lor** s **1.** Berater m, Ratgeber m. **2.** Rat(smitglied n) m. **3.** a. ~-at-law jur. Am. (Rechts)Anwalt m. **4.** Rechtsberater m (e-r diplomatischen Vertretung): ~ **of embassy** Botschaftsrat m 1. Klasse. **5.** (Studien-, Berufs)Berater m.

count¹ [kaʊnt] **I** s **1.** Zählen n, (Be)Rechnung f, (Auf-, Aus-, Ab)Zählung f: ~ **of the ballots** Stimmenzählung; **to keep ~ of s.th.** a) etwas genau zählen, b) fig. die Übersicht über etwas behalten; **to lose ~** a) sich verzählen, b) fig. die Übersicht verlieren (of über acc); **he has lost ~ of his books** er kann s-e Bücher schon nicht mehr zählen; **by this ~** nach dieser Zählung od. Berechnung; **to take ~ of s.th.** etwas zählen. **2.** Boxen: a) Auszählen n, b) Anzählen n: **to take the ~,** **to be out for the ~** ausgezählt werden od. **to take a ~ of nine** bis neun am Boden bleiben od. angezählt werden; **to take** (od. **be given**) **a standing ~** stehend angezählt werden. **3.** (Volks)Zählung f. **4.** An-, Endzahl f, Ergebnis n. **5.** jur. (An)Klagepunkt m: **the accused was found guilty on all ~s** der Angeklagte wurde in allen Anklagepunkten für schuldig befunden; **on this ~** fig. in dieser Hinsicht, in diesem Punkt. **6.** Berücksichtigung f: **to leave out of ~** unberücksichtigt od. außer acht lassen; **to take no ~ of s.th.** etwas nicht berücksichtigen od. zählen. **7.** sport etc Punktzahl f, (erzielte) Punkte pl. **8.** tech. Zähleranzeige f, -stand m. **9.** tech. (Feinheits-)Nummer f (von Garn). **10.** → **count-out.** **II** v/t **11.** (ab-, auf-, aus-, zs.-)zählen: **to ~ one's change** sein Wechselgeld nachzählen. **12.** aus-, berechnen: **to ~ the cost** a) die Kosten berechnen, b) fig. die Folgen bedenken. **13.** zählen bis: **to ~ ten.** **14.** (mit)zählen, mit einrechnen, einschließen, berücksichtigen: **without** (od. **not**) ~**ing** ohne mitzurechnen, abgesehen von; (**not**) ~**ing the persons present** die Anwesenden (nicht) mitgerechnet. **15.** halten für, betrachten als, zählen (**among** zu), schätzen: **to ~ s.o. one's enemy** j-n für s-n Feind halten; **to ~ s.o. among one's best friends** j-n zu s-n besten Freunden zählen; **to ~ o.s. lucky** sich glücklich schätzen; **to ~ s.th. for** (od. **as**) **lost** etwas als verloren betrachten od. abschreiben; **to ~ of no importance** für unwichtig halten; **to ~ it a great hono(u)r** es als große Ehre betrachten. **III** v/i **16.** zählen: **to ~ up to ten** bis 10 zählen; **he ~s among my friends** fig. er zählt zu m-n Freunden. **17.** rechnen: ~**ing from today** von heute an (gerechnet). **18.** (**on, upon**) zählen, sich verlassen (auf acc), sicher rechnen (mit): **I ~ on you; I ~ on your being in time** ich verlasse mich darauf, daß Sie pünktlich sind. **19.** zählen: a) von Wert od. Gewicht sein, ins Gewicht fallen, b) gelten: **this does not ~** das zählt od. gilt nicht, das ist ohne Belang, das fällt nicht ins Gewicht; **he simply doesn't ~** er zählt überhaupt nicht; **to ~ for much** viel gelten od. wert sein, große Bedeutung haben; **to ~ against** sprechen gegen; sich nachteilig auswirken auf (acc). **20.** zählen, sich belaufen auf (acc): **they ~ed ten** sie waren zehn an der Zahl.
Verbindungen mit Adverbien:
count| down v/t **1.** Geld 'hinzählen. **2.** (a. v/i) den Countdown 'durchführen für (e-e Rakete etc), a. weitS. letzte (Start)Vorbereitungen treffen für. **~ in** v/t → **count¹** 14: **count me in!** ich bin dabei!, da mache ich mit! **~ off** v/t u. v/i bes. mil. abzählen. **~ out** v/t **1.** Münzen etc (langsam) abzählen. **2.** ausschließen, außer acht od. unberücksichtigt lassen: **count me out!** ohne mich!, da mache ich nicht mit! **3.** parl. Br. a) e-e Gesetzesvorlage durch Vertagung zu Fall bringen, b) **to count the House out** e-e Sitzung des Unterhauses wegen Beschlußunfähigkeit vertagen. **4.** pol. Am. sl. j-n durch Manipulati'on bei der Stimmenzählung um s-n Wahlsieg betrügen. **5.** j-n (beim Boxen od. Kinderspiel) auszählen: **to be counted out on one's feet** stehend ausgezählt werden. **~ o·ver** v/t nachzählen. **~ up** v/t zs.-zählen.

count² [kaʊnt] s Graf m (nicht brit. außer in): → **count palatine.**

count·a·ble ['kaʊntəbl] adj (ab)zählbar, berechenbar.

'count·down s **1.** Countdown m, n (beim Abschuß e-r Rakete etc), a. weitS. letzte (Start)Vorbereitungen pl. **2.** Radar: Antwortbakenausbeute f.

coun·te·nance ['kaʊntənəns; Am. a. -ntnəns] **I** s **1.** Gesichtsausdruck m, Miene f: **to change one's ~** s-n Gesichtsausdruck ändern, die Farbe wechseln; **to keep one's ~** e-e ernste Miene od. die Fassung bewahren. **2.** Fassung f, Haltung f, Gemütsruhe f: **in ~** gefaßt; **to put s.o. out of ~** j-n aus der Fassung bringen; **out of ~** fassungslos. **3.** obs. Gesicht n, Antlitz n. **4.** Ermunterung f, (mo'ralische) Unter'stützung: **to give** (od. **lend**) **~ to s.o.** j-n ermutigen, j-n unterstützen. **5.** Bekräftigung f: **to lend ~ to s.th.** e-r Sache Glaubwürdigkeit verleihen, etwas bekräftigen. **6.** obs. Benehmen n. **II** v/t **7.** j-n ermutigen, ermuntern, a. etwas unter'stützen. **8.** etwas gutheißen.

count·er¹ ['kaʊntə(r)] s **1.** Ladentisch m: **to sell over the ~** a) im Laden verkaufen, b) Börse: Am. im freien Verkehr od. freihändig verkaufen; **under the ~** a) unter dem Ladentisch, im Schleichhandel, b) unter der Hand, heimlich; → **nail** 5. **2.** Theke f (im Wirtshaus etc). **3.** Schalter m (in Bank, Post). **4.** econ. Schranke f (an der Börse). **5.** hist. od. obs. (Schuld)Gefängnis n.

count·er² ['kaʊntə(r)] s **1.** Zähler m. **2.** tech. Zähler m, Zählgerät n, -vorrichtung f, -werk n: **~ balance** Zählersaldo m; **~ punch exit** Zählerablochung f; **~ total exit** Summenwerk-Ausgang m. **3.** → **scaler** 2. **4.** Spielmarke f, Je'ton m. **5.** Zählperle f, -kugel f (e-r Kinder-Rechenmaschine).

coun·ter³ ['kaʊntə(r)] **I** adv **1.** in entgegengesetzter Richtung, verkehrt. **2.** fig. im 'Widerspruch, im Gegensatz (**to** zu): **~ to wider** (acc), zuwider (dat), entgegen (dat); **to run ~ to s.th.** e-r Sache zuwiderlaufen; **to run ~ to a plan** e-n Plan durchkreuzen; **~ to all rules** entgegen allen od. wider alle Regeln. **II** adj **3.** Gegen..., entgegengesetzt. **III** s **4.** Gegenteil n. **5.** Boxen: a) Kontern n, b) Konter m. **6.** fenc. 'Konterpa,rade f. **7.** Eis-, Rollkunstlauf: Gegenwende f. **8.** mar. Gilling f, Gillung f. **9.** print. Bunze f. **10.** vet. zo. Brustgrube f (des Pferdes). **11.** → **countershaft. 12.** → **countertenor. 13.** → **counterbalance** 1. **IV** v/t **14.** entgegenwirken (dat), e-n Plan durch'kreuzen. **15.** zu'widerhandeln (dat). **16.** entgegentreten (dat), wider'sprechen (dat), entgegnen (dat), bekämpfen. **17.** mil. abwehren. **18.** bes. sport e-n Schlag, Zug etc mit e-m Gegenschlag od. -zug beantworten, kontern. **19.** → **counterbalance** 4. **V** v/i **20.** bes. sport kontern.

coun·ter⁴ ['kaʊntə(r)] obs. für **encounter.**

counter- [kaʊntə(r)] Wortelement mit der Bedeutung a) Gegen..., (ent)gegen..., b) gegenseitig, c) Vergeltungs...

,**coun·ter'act** v/t **1.** entgegenwirken (dat): ~**ing forces** Gegenkräfte. **2.** e-e Wirkung kompen'sieren, neutrali'sieren. **3.** entgegenarbeiten (dat), 'Widerstand leisten (dat), bekämpfen. **4.** durch'kreuzen, vereiteln. ,**coun·ter'ac·tion** s **1.** Gegenwirkung f. **2.** Oppositi'on f, 'Widerstand m. **3.** Gegenmaßnahme f. **4.** Durch'kreuzung f, Vereit(e)lung f. ,**coun·ter'ac·tive** adj (adv -**ly**) entgegenwirkend, Gegen...

'**coun·ter,ar·gu·ment** s 'Gegenargu,ment n.

coun·ter-at·tack I s ['kaʊntərə,tæk] Gegenangriff m (a. fig.). **II** v/t [a. ,-'tæk] e-n Gegenangriff richten gegen. **III** v/i e-n Gegenangriff 'durchführen.

'**coun·ter·at,trac·tion** s **1.** phys. entgegengesetzte Anziehungskraft. **2.** fig. 'Gegenattrakti,on f (**to** zu).

coun·ter'bal·ance I s ['kaʊntə(r),bæləns] **1.** fig. Gegengewicht n (**to** zu). **2.** tech. Ausgleich-, Gegengewicht n. **3.** econ. Gegensaldo m. **II** v/t [,-'bæləns] **4.** fig. ein Gegengewicht bilden zu, ausgleichen, aufwiegen, (dat) die Waage halten. **5.** tech. ausgleichen, Räder etc auswuchten. **6.** econ. (durch Gegenrechnung) ausgleichen.

'**coun·ter·blast** s fig. heftige Reakti'on.

'**coun·ter·blow** s Gegenschlag m (a. fig.).

coun·ter·bore tech. **I** s ['kaʊntə(r)bɔː(r)] **1.** a) (Kopf-, Hals)Senker m, b) Zapfenfräser m. **II** v/t [,-'bɔː(r)] **2.** ansenken, ausfräsen. **3.** versenken.

coun·ter·charge I s ['kaʊntə(r)tʃɑː(r)dʒ] **1.** jur. 'Wider-, Gegenklage f. **2.** mil. Gegenstoß m, -angriff m. **II** v/t [Am. a. ,-'tʃɑː(r)dʒ] **3.** jur. (e-e) 'Widerklage erheben gegen (**with** wegen). **4.** mil. e-n Gegenstoß führen gegen.

coun·ter·check I s ['kaʊntə(r)tʃek] **1.** Gegenwirkung f. **2.** fig. Hindernis n: **to be a ~ to s.th.** e-r Sache im Wege stehen. **3.** Gegen-, Nachprüfung f. **II** v/t [Am. a. ,-'tʃek] **4.** aufhalten, verhindern. **5.** (e-r hemmenden Kraft) entgegenwirken. **6.** gegen-, nachprüfen.

count·er check s econ. Am. Blankobank-, Kassenscheck m.

coun·ter·claim I s ['kaʊntə(r)kleɪm] **1.** econ. jur. Gegenanspruch m. **2.** → **countercharge** I. **II** v/t [Am. a. ,-'kleɪm] **3.** e-e Summe als Gegenforderung beanspruchen. **III** v/i **4.** Gegenforderungen stellen. **5.** jur. (e-e) 'Widerklage erheben.

,**coun·ter'clock·wise** Am. → **anticlockwise.**

,**coun·ter'crit·i·cism** s 'Gegenkri,tik f.

'**coun·ter,cul·ture** s 'Gegenkul,tur f.

'**coun·ter,cur·rent** s bes. electr. Gegenstrom m.

'**coun·ter,cy·cli·cal** adj econ. konjunk'turdämpfend.

,**coun·ter'dem·on·strate** v/i **1.** an e-r 'Gegendemonstrati,on teilnehmen, sich an e-r Gegendemonstration beteiligen. **2.** e-e Gegendemonstrati,on veranstalten. '**coun·ter,dem·on'stra·tion** s 'Gegendemonstrati,on f. ,**coun·ter-**

'dem·on·stra·tor s 'Gegendemon‚strant(in).
'coun·ter·ef‚fect s Gegenwirkung f.
'coun·ter·e‚lec·tro'mo·tive force s phys. 'gegen‚elektro‚torische Kraft, Gegen-EMK f.
‚coun·ter'es·pi·o·nage s 'Gegenspio‚nage f, Spio'nageabwehr f.
‚coun·ter'ev·i·dence s jur. Gegenbeweis m.
'coun·ter·ex‚am·ple s Gegenbeispiel n.
coun·ter·feit ['kaʊntə(r)fɪt; Br. a. -fiːt] I adj 1. nachgemacht, gefälscht, unecht, falsch: ~ bank notes; ~ coin (od. money) Falschgeld n. 2. fig. vorgetäuscht, falsch. II s 3. Fälschung f. 4. gefälschte Banknote od. Münze, Falschgeld n. 5. obs. a) Nachbildung f, b) Betrüger m. III v/t 6. Geld, Unterschrift etc fälschen. 7. heucheln, vorgeben, vortäuschen, simu'lieren. IV v/i 8. fälschen, Fälschungen (bes. Falschgeld) 'herstellen. 'coun·ter·feit·er s 1. (Banknoten)Fälscher m, Falschmünzer m. 2. Heuchler(in). 'coun·ter·feit·ing s 1. Banknotenfälschung f, Falschmünze'rei f. 2. Heuche'lei f.
'coun·ter·flow en·gine s tech. 'Gegenstromma‚schine f, -strommotor m.
'coun·ter·foil s bes. Br. 1. (Kon'troll-) Abschnitt m, (-)Zettel m, Ku'pon m (an Scheckheften etc). 2. a) Ku'pon m, Zinsod. Divi'dendenschein m (bei Aktien etc), b) Ta'lon m (Erneuerungsschein).
'coun·ter·fort s arch. Strebe-, Verstärkungspfeiler m.
'coun·ter·fugue s mus. Gegenfuge f.
'coun·ter·glow s astr. Gegenschein m.
'coun·ter‚gov·ern·ment s pol. 'Gegenre‚gierung f.
'coun·ter·in‚sur·ance s Gegen-, Rückversicherung f.
'coun·ter·in‚tel·li·gence s Spio'nageabwehr(dienst m) f.
‚coun·ter'ir·ri·tant med. I s 1. Gegenreizmittel n. 2. Gegenmittel n (gegen Reizgift). II adj 3. e-n Gegenreiz her'vorrufend.
'count·er‚jump·er s colloq. „Ladenschwengel" m (Verkäufer).
coun·ter·mand [‚kaʊntə(r)'mɑːnd; Am. '-‚mænd] I v/t 1. e-n Befehl etc widerrufen, rückgängig machen, 'umstoßen, econ. e-n Auftrag zu'rückziehen, stor'nieren: payment ~ed Zahlung gesperrt (bei Schecks; Anweisung an die Bank); until ~ed bis auf Widerruf. 2. Ware abbestellen. II s 3. Gegenbefehl m. 4. Wider'rufung f, Aufhebung f (e-r Anordnung), Stor'nierung f (e-s Auftrags).
'coun·ter·march I s 1. bes. mil. Rückmarsch m. 2. fig. völlige 'Umkehr, Kehrtwendung f. II v/i u. v/t 3. bes. mil. zu'rückmar‚schieren (lassen).
'coun·ter·mark I s Gegen-, Kon'trollzeichen n (für die Echtheit etc). II v/t mit e-m Gegen- od. Kon'trollzeichen versehen.
'coun·ter‚meas·ure s Gegenmaßnahme f.
'coun·ter·mine I s 1. mil. Gegenmine f. 2. fig. Gegenanschlag m. II v/t 3. mil. kontermi'nieren. 4. fig. durch e-n Gegenschlag vereiteln.
'coun·ter·mo·tion s 1. Gegenbewegung f. 2. pol. Gegenantrag m.
'coun·ter·move s Gegenzug m.
'coun·ter·move·ment s bes. fig. Gegenbewegung f.
'coun·ter·nut s tech. Kontermutter f.
'coun·ter·of‚fen·sive s mil. 'Gegenoffen‚sive f.
'coun·ter·of·fer s Gegenangebot n.
'coun·ter‚or·der s 1. bes. mil. Gegenbefehl m. 2. econ. a) Gegenauftrag m, b) ('Auftrags)Stor‚nierung f, c) Abbestellung f.
'coun·ter·pane s Tagesdecke f.
'coun·ter·part s 1. Gegen-, Seitenstück n (to zu). 2. Pen'dant n, genaue Entsprechung. 3. Ebenbild n (Person). 4. jur. Ko'pie f, Dupli'kat n, zweite Ausfertigung. 5. mus. Gegenstimme f, -part m. 6. econ. Gegenwert m.
'coun·ter‚plea s jur. Am. Gegeneinwand m.
'coun·ter·plot I s Gegenanschlag m. II v/t entgegenarbeiten (dat). III v/i e-n Gegenanschlag planen od. ausführen.
'coun·ter·point I s 1. Kontrapunkt m. II adj 2. kontra'punktisch. III v/t 3. kontrapunk'tieren. 4. etwas da'gegenstellen.
'coun·ter·poise I s 1. a. fig. Gegengewicht n (to zu). 2. Gleichgewicht(szustand m) n. 3. Reiten: fester Sitz im Sattel. 4. electr. künstliche Erde, Gegengewicht n. II v/t 5. als Gegengewicht wirken zu, ausgleichen (beide a. fig.). 6. fig. im Gleichgewicht halten, aufwiegen, kompen'sieren. 7. ins Gleichgewicht bringen.
‚coun·ter·pro'duc·tive adj 'kontraproduk‚tiv: to be ~ nicht zum gewünschten Ziel führen, das Gegenteil bewirken; tactically ~ taktisch unklug.
'coun·ter·proof s 1. tech. Gegenprobe f. 2. print. Konterabdruck m.
'coun·ter·prop·a'gan·da s 'Gegenpropa‚ganda f.
'coun·ter·pro‚pos·al s Gegenvorschlag m.
'coun·ter·punch s 1. print. tech. Gegenpunzen m. 2. Boxen: Konter m. 'coun·ter‚punch·er s Konterboxer m.
'coun·ter·quote v/i 'Gegenzi‚tate bringen.
‚coun·ter're·coil s mil. tech. (Rohr)Vorlauf m: ~ cylinder Vorholzylinder m.
'coun·ter·re‚con·nais·sance s mil. Gegenaufklärung f.
'Coun·ter-Ref·or‚ma·tion s relig. hist. 'Gegenreformati‚on f.
'coun·ter·rev·o‚lu·tion s pol. 'Gegen-, 'Konterrevoluti‚on f.
‚coun·ter·se'cu·ri·ty s econ. 1. Rückbürgschaft f. 2. Rückbürge m.
'coun·ter·shaft s tech. Vorgelegewelle f. ~ gear s tech. Vorgelege(getriebe) n.
'coun·ter·sign I s 1. bes. mil. Pa'role f, Losungswort n. 2. Gegenzeichen n. 3. → countersignature. II v/t 4. gegenzeichnen, mit unter'schreiben. 5. fig. bestätigen.
‚coun·ter'sig·na·ture s Gegenzeichnung f, 'Mit‚unterschrift f.
'coun·ter·sink tech. I s 1. Spitzsenker m, Versenkbohrer m, Krauskopf m. 2. An-, Versenkung f (für Schraubenköpfe etc). 3. Senkschraube f. II v/t 4. ein Loch ansenken, (aus)fräsen. 5. den Schraubenkopf versenken.
'coun·ter‚state·ment s Gegenerklärung f.
'coun·ter·strike s fig. Gegenschlag m.
'coun·ter·stroke s Gegenschlag m.
'coun·ter·sunk adj tech. 1. versenkt, Senk...: ~ screw 2. angesenkt (Loch).
‚coun·ter'ten·or s mus. a) sehr hoher Te'nor, b) hist. männlicher Alt.
coun·ter·vail ['kaʊntə(r)veɪl; ‚-'veɪl] I v/t 1. aufwiegen, ausgleichen. 2. entgegenwirken (dat). II v/i 3. (against) das Gleichgewicht 'herstellen (zu), stark genug sein, ausreichen (gegen): ~ing duty econ. Ausgleichszoll m; ~ing powers ausgleichende Gegenkräfte.
'coun·ter‚vi·o·lence s Gegengewalt f.
'coun·ter‚volt·age s electr. Gegenspannung f.

'coun·ter'weigh → counterbalance 4.
'coun·ter·weight s Gegengewicht n (a. fig. to zu).
'coun·ter·word s Aller'weltswort n.
'coun·ter·work I s 1. Gegenanstrengung f. 2. mil. Gegenbefestigung f. II v/t 3. entgegenarbeiten, -wirken (dat). 4. vereiteln. III v/i 5. Gegenanstrengungen machen, da'gegenarbeiten.
count·ess ['kaʊntɪs] s 1. Br. Gräfin f (aus eigenem Recht od. als Gemahlin e-s Earls). 2. a) (nicht brit.) Gräfin f, b) Kom'teß f, Kom'tesse f (unverheiratete Tochter e-s nichtbrit. Grafen).
count·ing ['kaʊntɪŋ] I s 1. Zählen n, Rechnen n. 2. (Ab)Zählung f. II adj 3. Zähl..., Rechen... ~ cir·cuit s electr. (Im'puls)Zählschaltung f, Zählkreis m. ~ glass s tech. Zählglas n, -lupe f. '~house s bes. Br. obs. Kon'tor n, Bü'ro n, 'Buchhaltung(sab‚teilung) f. ~ tube s tech. Zählrohr n.
count·less ['kaʊntlɪs] adj zahllos, unzählig.
'count-out s parl. Br. Vertagung f e-r 'Unterhaussitzung wegen Beschlußunfähigkeit.
count pal·a·tine s Br. hist. Pfalzgraf m.
coun·tri·fied ['kʌntrɪfaɪd] adj 1. ländlich, bäuerlich. 2. contp. verbauert, bäurisch.
coun·try ['kʌntrɪ] I s 1. Gegend f, Landstrich m, Landschaft f, Gebiet n: flat ~ Flachland n; wooded ~ waldige Gegend; unknown ~ unbekanntes Gebiet (a. fig.); this is unknown ~ to me in dieser Gegend bin ich noch nie gewesen; that's quite new ~ to me fig. das ist ein ganz neues Gebiet od. völliges Neuland für mich. 2. Land n, Staat m: from all over the ~ aus dem ganzen Land; in this ~ hierzulande; ~ of birth Geburtsland n; ~ of destination econ. Bestimmungsland n; → origin 1. 3. Heimat(land n) f, Vaterland n: ~ of adoption Wahlheimat. 4. Bevölkerung f (e-s Staates), (die) Öffentlichkeit, Volk n, Nati'on f: trial by the ~ jur. Am. Geschworenenverhandlung f; → appeal 3, 10. 5. (das) Land, (die) Pro'vinz (Ggs. Stadt): in the ~ auf dem Lande; to go (down) (in)to the ~ (bes. von London) aufs Land gehen. 6. Gelände n, Ter'rain n: rough ~; hilly ~ Hügelland n. 7. Bergbau: a) Feld n, Re'vier n, b) Nebengestein n, Gebirge n. 8. Kricket: die weit von den Toren entfernten Teile des Spielfelds. II adj 9. ländlich, vom Lande, Land..., Provinz... 10. contp. bäurisch, ungehobelt.
coun·try|bank s Land-, Pro'vinzbank f. ~ beam s mot. Am. Fernlicht n. '~-bred adj auf dem Land erzogen od. aufgewachsen. ~ bump·kin s Bauerntölpel m, „Bauer" m. ~ club s Sport- u. Gesellschaftsklub m auf dem Land (für Städter). ~ cous·in s 1. Vetter m od. Base f vom Lande. 2. „Unschuld f vom Lande". '~folk s Landbevölkerung f, Leute pl vom Land. ~ gen·tle·man s irr 1. Br. hist. Landedelmann m. 2. Gutsbesitzer m. ~ home, ~ house s 1. Landhaus n. 2. Landsitz m. ~ jake s Am. für country bumpkin. ~ life s Landleben n. '~man [-mən] s irr 1. a. fellow ~ Landsmann m. 2. a) Landbewohner m, b) Bauer m. ~ mu·sic s Country-music f (Volksmusik [der Südstaaten in den USA]). ~ par·ty s pol. 1. A'grarierpar‚tei f. 2. C~ P~ Br. hist. um 1673 gegründete, gegen den Hof gerichtete Partei. ~ peo·ple s countryfolk. ~ road s Landstraße f. ~ rock s 1. → country 7 b. 2. mus. Country-Rock m (mit Rockelementen durchsetzte Country-music). ~ seat s Landsitz m. '~side s 1. Landstrich m, (ländliche) Gegend f. 2.

country squire – court

Landschaft *f.* **3.** Bevölkerung *f* e-s Landstrichs. **~ squire** *s* Landjunker *m*, -edelmann *m*. **|~'wom·an** *s irr* **1.** *a. fellow ~* Landsmännin *f.* **2.** a) Landbewohnerin *f*, b) Bäuerin *f*.
count·ship ['kaʊntʃɪp] *s* Grafenwürde *f.*
coun·ty¹ ['kaʊntɪ] *s* **1.** *Br.* County *f:* a) Grafschaft *f* (*Verwaltungsbezirk*), b) (*die*) Bewohner *pl* e-r Grafschaft. **2.** *Br. obs.* (*die*) Aristokra'tie e-r Grafschaft. **3.** *Am.* County *f:* a) (Land)Kreis *m* (*einzelstaatlicher Verwaltungsbezirk*), b) Kreis(bevölkerung *f) m.*
count·y² ['kaʊntɪ] *s obs.* Graf *m.*
coun·ty|at·tor·ney *s jur. Am.* Staatsanwalt *m.* **~ bor·ough** *s Br. hist.* Grafschaftsstadt *f* (*Stadt mit über 50 000 Einwohnern, die e-e eigene Grafschaft bildet*). **~ coun·cil** *s Br.* Grafschaftsrat *m* (*Verwaltungsbehörde*). **~ court** *s jur.* **1.** *Br.* Grafschaftsgericht *n* (*erstinstanzliches Zivilgericht*). **2.** *Am.* Kreisgericht *n* (*für Zivil- u. Strafsachen geringer Bedeutung*). **~ fam·i·ly** *s Br.* Adelsfamilie *f* (*mit dem Ahnensitz in e-r Grafschaft*). **~ man·ag·er** *s Am.* oberster Verwaltungsbeamter e-s (*Land*)*Kreises.* **~ pal·a·tine** *s Br. hist.* Pfalzgrafschaft *f.* **~ seat** *s Am.* Kreis(haupt)stadt *f.* **~ town** *s Br.* Grafschaftshauptstadt *f.*
coup [kuː] *s* **1.** Coup *m*, gelungenes Unter'nehmen: *to make* (*od. pull off*) *a ~* e-n Coup landen *od.* machen. **2.** *a.* **~ d'état** Staatsstreich *m*, Putsch *m*. **3.** Bra'vourstück *n.* **4.** *Billard:* di'rektes Einlochen des Balles. **5.** einmalige Um'drehung des Rou'lettrades. **~ de grâce** [kuː dəˈɡrɑːs] *pl* **coups de grâce** [kuːz-] *s* Gnadenstoß *m* (*a. fig.*). **~ de main** [kuːdəˈmãː]; *Am.* -ˈmæn] *pl* **coups de main** [kuːz-] *s bes. mil.* Gewalt-, Handstreich *m.* **~ de maî·tre** [kuːdəˈmeɪtə(r)] *pl* **coups de maî·tre** [kuːz-] *s* Meisterstück *n.* **~ d'é·tat** [kuːdeɪˈtɑː; -dəˈtɑː] *pl* **coups d'é·tat** [kuːz] → *coup* 2. **~ de thé·â·tre** [kuːdəteɪˈɑːtr] *pl* **coups de thé·â·tre** [kuːz-] *s thea. u. fig.* über'raschende Wendung.
cou·pé ['kuːpeɪ; *Am.* kuːˈpeɪ] *s* Cou'pé *n:* a) [*Am. a.* kuːp] *mot.* zweitürige *u.* meist zweisitzige Limousine, b) geschlossene vierrädrige Kutsche, c) *rail. Br.* 'Halbab‚teil *n.*
cou·ple ['kʌpl] **I** *s* **1.** Paar *n:* **a** **~ of** a) zwei, b) *colloq.* ein paar, zwei oder drei, einige; *in ~s* paarweise. **2.** (*bes.* Ehe-, Braut-, Liebes)Paar *n*, Pärchen *n.* **3.** Verbindungs-, Bindeglied *n.* **4.** Koppel *m*, Riemen *m: to go* (*od. run*) *in ~s fig.* aneinandergebunden sein; *to hunt* (*od. go*) *in ~s fig.* stets gemeinsam handeln. **5.** *pl* (*collect. oft* **couple**) Paar *n, bes.* Koppel *f* (*Jagdhunde*). **6.** *phys. tech.* (*Kräfte*)Paar *n:* **~ of forces. 7.** *electr.* Elek'trodenpaar *n.* **8.** *arch.* Dachbund *m:* **main ~** Hauptgebinde *n.* **II** *v/t* **9.** (zs.-)koppeln, verbinden. **10.** *zo.* paaren. **11.** *colloq.* ein Paar verheiraten. **12.** *tech.* (an-, ver)kuppeln: *to ~ in* einkuppeln. **13.** *electr.* Kreise koppeln: *to ~* **back** rückkoppeln; *to ~* **out** auskoppeln. **14.** *mus.* Oktaven *etc* koppeln. **15.** *in* Gedanken verbinden, zs.-bringen (**with** mit). **III** *v/i* **16.** *zo.* sich paaren. **17.** *colloq.* heiraten.
cou·pled ['kʌpld] *adj* **1.** *a. fig.* gepaart, verbunden (**with** mit). **2.** *tech.* gekuppelt. **3.** *electr. phys.* verkoppelt: **~ circuit. ~ col·umn** *s arch.* gekoppelte Säule.
cou·pler ['kʌplə(r)] *s* **1.** j-d, der *od.* etwas, was zu e-m Paar verbindet. **2.** *mus.* Koppel *f* (*der Orgel*). **3.** *tech.* Kupplung *f.* **4.** *electr.* Koppel(glied *n) f*, Kopplungsspule *f*, b) (Leitungs)Muffe *f.* **~ plug** *s*

electr. Kupplungs-, Gerätestecker *m.* **~ sock·et** *s electr.* Gerätesteckdose *f.*
cou·ple skat·ing *s* Eis-, Rollkunstlauf *m* Paarlaufen *n,* -lauf *m.*
cou·plet ['kʌplɪt] *s* **1.** Vers-, *bes.* Reimpaar *n.* **2.** *mus.* Du'ole *f.*
cou·pling ['kʌplɪŋ] *s* **1.** Verbindung *f*, -einigung *f.* **2.** *zo.* Paarung *f.* **3.** *tech.* a) Verbindungs-, Kupplungsstück *n*, Rohrmuffe *f*, b) Kupplung *f:* **direct ~** kraftschlüssige Kupplung; **disk ~** Scheibenkupplung. **4.** *electr.* a) Kopplung *f* (*von Kreisen*), b) *a.* **~ at·ten·u·a·tion** Kopplungsdämpfung *f.* **5.** *zo.* Mittelband *f* (*des Pferdes*). **~ box** *s tech.* Kupplungsmuffe *f.* **~ coil** *s electr.* Kopplungsspule *f.* **~ disk** *s tech.* Kupplungsscheibe *f.* **~ gear** *s tech.* Einrückvorrichtung *f.* **~ grab** *s tech.* Klauenkette *f.* **~ nut** *s tech.* Spannmutter *f.* **~ pin** *s tech.* Kupplungsbolzen *m*, Mitnehmerstift *m.* **~ rod** *s tech.* Kupplungsstange *f.*
cou·pon ['kuːpɒn; *Am.* -pɑn] *s* **1.** *econ.* Cou'pon *m*, Ku'pon *m*, Zinsschein *m:* (**dividend**) **~** Dividendenschein *m;* **~ bond** *Am.* Inhaberschuldverschreibung *f* mit Zinsschein; **~ sheet** Couponbogen *m.* **2.** a) Gutschein, Bon *m*, b) Berechtigungs-, Bezugsschein *m.* **3.** Ku'pon *m*, Gutschein *m*, Bestellzettel *m* (*in Zeitungsinseraten etc*). **4.** *Br.* Abschnitt *m* (*der Lebensmittelkarte etc*): *to spend* (*od. surrender*) *~s* Marken abgeben; **~ goods** markenpflichtige Waren. **5.** Kon'trollabschnitt *m.* **6.** *Br.* Tippzettel *m* (*Fußballtoto*).
cour·age ['kʌrɪdʒ; *Am.* 'kɜːr-] *s* Mut *m*, Beherztheit *f*, Kühnheit *f*, Tapferkeit *f: to have the ~ of one's convictions* (*stets*) ɛ-r Überzeugung gemäß handeln, Zivilcourage haben; *to lose ~* den Mut verlieren; *to muster up* (*od. pluck up* od. *take*) *~* Mut fassen; *to screw up* (*od. summon up*) *all one's ~, to take one's ~ in both hands* s-n ganzen Mut zs.-nehmen, sein Herz in beide Hände nehmen. **cou·ra·geous** [kəˈreɪdʒəs] *adj* (*adv* **~·ly**) mutig, beherzt, tapfer.
cour·gette [ˌkʊəˈʒet] *s bot. Br.* Zuc'chini *f.*
cour·i·er ['kʊrɪə; 'kʌ-; 'kʊrɪər; 'kɜːr-] *s* **1.** Eilbote *m*, (*a. diplomatischer*) Ku'rier. **2.** Reiseleiter *m.* **3.** *Canad.* Postbote *m*, Briefträger *m.* **4.** *Am.* Verbindungsmann *m* (*Agent*). **5.** *Am.* Ku'rierflugzeug *n.*
cour·lan ['kʊələn] *s orn.* Riesenralle *f.*
course [kɔː(r)s] **I** *s* **1.** a) Fahrt *f*, Reise *f*, b) Lauf *m*, Weg *m*, (eingeschlagene) Richtung: *to take one's ~* s-n Weg verfolgen *od.* gehen (*a. fig.*); *to keep to one's ~* beharrlich s-n Weg verfolgen (*a. fig.*). **2.** *aer. mar.* Kurs *m:* **direct** (**magnetic, true**) **~** gerader (mißweisender, rechtweisender) Kurs; **~ made good** *aer.* richtiger Kurs; **on** (**off**) **~** (nicht) auf Kurs; *to change one's ~* s-n Kurs ändern (*a. fig.*); *to stand upon the ~* den Kurs halten; *to steer a ~* e-n Kurs steuern (*a. fig.*); **~ com·put·er** *aer.* Kursrechner *m;* **~ cor·rec·tion** Kurskorrektur *f;* **~ re·cord·er** Kursschreiber *m;* **~ -set·ting de·vice** Kursgeber *m.* **3.** *fig.* Kurs *m*, Weg *m*, Me'thode *f*, Verfahren *n: to adopt a new ~* e-n neuen Kurs *od.* Weg einschlagen; *to go one's own ~* s-n eigenen Weg gehen; → *action* 1. **4.** Verhaltens-, Lebensweise *f:* (**evil**) *~s* üble Gewohnheiten. **5.** (zu'rückgelegter) Weg, Strecke *f.* **6.** *sport* (Renn)Bahn *f*, (-)Strecke *f*, (*Golf*)Platz *m.* **7.** (Ver)Lauf *m* (*zeitlich*): *in the ~ of* im (Ver)Lauf (*gen*), während (*gen*); *in* (*the*) *~ of time* im Laufe der Zeit. **8.** Lebenslauf *m*, -bahn *f*, Karri'ere *f.* **9.** (na'türlicher) Lauf, Ab-

Verlauf *m*, (Fort)Gang *m:* **of ~** (*colloq.* **einfach ~**) natürlich, selbstverständlich; **the ~ of events** der Gang der Ereignisse, der Lauf der Dinge; **in the ordinary ~ of things** normalerweise; **~ of nature** natürlicher Verlauf der Dinge; **the ~ of a disease** der Verlauf e-r Krankheit; **the sickness will take its ~** die Krankheit wird ihren Lauf nehmen; **to let things run** (*od.* **take**) **their ~** den Dingen ihren Lauf lassen; **in ~ of construction** im Bau (befindlich); → **matter** 3. **10.** üblicher Gang *od.* Verlauf: **~ of business** *econ.* (regelmäßiger *od.* normaler) Geschäftsgang; **~ of law** Rechtsgang, -weg *m;* → **due** 9. **11.** (Reihen-, Aufein'ander)Folge *f.* **12.** Turnus *m*, regelmäßiger Wechsel (*der Dienstzeiten etc*). **13.** Gang *m*, Gericht *n* (*Speisen*): **a four-~ meal** e-e Mahlzeit mit vier Gängen; **last ~** Nachtisch *m.* **14.** Zyklus *m*, Reihe *f*, Folge *f:* **a ~ of lectures** e-e Vortragsreihe. **15.** *a.* **~ of instruction** Kurs *m*, Lehrgang *m:* **German ~** Deutschkurs; **~ of study** *univ.* a) Kurs, b) Lehrplan *m;* **training ~** Übungskurs. **16.** *med.* Kur *f:* **to undergo a ~ of** (**medical**) **treatment** sich e-r Kur *od.* e-r längeren Behandlung unterziehen. **17.** *econ. obs.* (Geld-, Wechsel)Kurs *m.* **18.** *econ.* Marktlage *f*, Ten'denz *f.* **19.** *mar.* unteres großes Segel. **20.** *arch.* Lage *f*, Schicht *f* (*Ziegel etc*): **~ of arch·stones** Wölbschicht *f.* **21.** *Stricken:* Maschenreihe *f.* **22.** *pl physiol.* Menstruati'on *f*, Peri'ode *f*, Regel *f.* **23.** *hist.* Gang *m* (*im Turnier etc*). **24.** *geol.* Streichen *n* (*Lagerstätte*). **25.** *Bergbau:* Ader *f*, Gang *m*, stehendes Flöz: **~ of ore** Erzgang *m.* **26.** *tech.* Bahn *f*, Strich *m*, Schlag *m.*
II *v/t* **27.** eilen, jagen durch *od.* über (*acc*). **28.** Wild, *bes.* Hasen (mit Hunden) hetzen.
III *v/i* **29.** rennen, eilen, jagen, stürmen: *to ~ through s.th. fig.* etwas durcheilen. **30.** strömen (*Tränen etc*).
cours·er¹ ['kɔː(r)sə(r)] *s poet.* Renner *m* (*schnelles Pferd*).
cours·er² ['kɔː(r)sə(r)] *s hunt.* **1.** Jäger *m* (*bei der Hetzjagd*). **2.** Jagdhund *m.*
cours·er³ ['kɔː(r)sə(r)] *s orn.* Rennvogel *m.*
cours·ing ['kɔː(r)sɪŋ] *s* Hetzjagd *f.*
court [kɔː(r)t] **I** *s* **1.** (Innen-, Vor)Hof *m.* **2.** *bes. Am.* stattliches Wohngebäude. **3.** a) kurze Straße *od.* Sackgasse, b) kleiner Platz. **4.** *sport* a) Platz *m:* **tennis ~**, b) (Spiel)Feld *n.* **5.** (*fürstlicher etc*) Hof, Resi'denz *f: to be presented at ~* bei Hofe vorgestellt *od.* eingeführt werden; *to have a friend at ~ fig.* e-n einflußreichen Fürsprecher haben. **6.** a) fürstlicher Hof: Haushalt, b) fürstliche Fa'milie, c) Hofstaat *m: to hold ~* Hof halten; *to keep ~* herrschen. **7.** königliche *od.* fürstliche Re'gierung. **8.** (Empfang *m* bei) Hof *m.* **9.** *fig.* Hof *m*, Aufwartung *f: to pay* (*one's*) *~ to s.o.* a) j-m (*bes.* e-r Dame) den Hof machen, b) j-m s-e Aufwartung machen. **10.** *jur.* Gericht *n:* a) Gerichtshof *m*, b) (*die*) Richter *pl*, c) Gerichtssaal *m:* **~ of law,** **~ of justice** Gerichtshof; **~ of hono(u)r** Ehrengericht; *to appear in ~* vor Gericht erscheinen; *the ~ will not sit tomorrow* morgen findet keine Gerichtssitzung statt; *to bring into ~* vor Gericht bringen, verklagen; *to come to ~* vor Gericht *od.* zur Verhandlung kommen (*Klage*); *to go to ~* vor Gericht gehen, klagen; *in and out of ~* gerichtlich u. außergerichtlich; *out of ~ fig.* a) nicht zur Sache gehörig, b) indiskutabel; *to put o.s. out of ~* sich disqualifizieren; *to settle a matter out of ~* e-e Sache

außergerichtlich *od.* auf gütlichem Wege beilegen; **to laugh out of ~** verlachen; → **appeal** 7, **arbitration** 2, **assize** 4a, **equity** 3 a, *etc.* **11.** *jur.* (Gerichts)Sitzung *f:* → **open** 10. **12.** *parl.* (gesetzgebende) Versammlung: → **High Court of Parliament. 13.** Rat *m*, Versammlung *f*, Kura'torium *n*: ~ **of assistance** Kirchenrat (*e-r Pfarrei*); ~ **of directors** Direktion *f*, Vorstand *m*. **14.** Ortsgruppe *f*, *a.* (Freimaurer)Loge *f*.
  II *v/t* **15.** j-m (*bes. e-r Dame*) den Hof machen, um'werben (*a. zo. u. fig.*), werben um. **16.** *fig.* buhlen *od.* werben um: **to ~ s.o.'s favo(u)r. 17.** *fig.* sich bemühen um, suchen: **to ~ death** mit s-m Leben spielen; **to ~ disaster** das Schicksal herausfordern, mit dem Feuer spielen; **to ~ sleep** Schlaf suchen.
  III *v/i* **18. to go ~ing** auf Freiersfüßen gehen; **~ing couple** Liebespaar *n*. **19.** *orn.* balzen.
court| ball *s* Hofball *m*. **~ bar·on** *pl* **courts bar·on, court bar·ons** *s jur. Br. hist.* Guts-, Patrimoni'algericht *n*. **~ card** *s* Kartenspiel: Bild(karte *f*) *n*. **C.-Cir·cu·lar** *s Br.* (tägliche) Hofnachrichten *pl*. **~ cup·board** *s hist.* Kre'denztisch *m*. **~ day** *s* Gerichtstag *m*. **~ dress** *s* (vorschriftsmäßige) Hofkleidung, Hoftracht *f*.
cour·te·ous ['kɜːtjəs; *a.* 'kɔː-; *Am.* 'kɜːrtɪəs] *adj* (*adv* **-ly**) höflich, verbindlich, liebenswürdig. **'cour·te·ous·ness** → **courtesy** I.
cour·te·san [ˌkɔːtɪ'zæn; *Am.* 'kɔːrtəzən; 'kəʊr-] *s bes. hist.* Kurti'sane *f*.
cour·te·sy ['kɜːtɪsɪ; *a.* 'kɔː-; *Am.* 'kɜːr-] **I** *s* **1.** Höflichkeit *f*, Liebenswürdigkeit *f*, Artigkeit *f* (*alle a. als Handlung*) (**to**, **toward[s]** gegen): **by ~** aus Höflichkeit (→ 2); **to be in ~ bound to do s.th.** anstandshalber verpflichtet sein, etwas zu tun; **~ on the road** Höflichkeit im Straßenverkehr; **~ of the port** *Am.* Verzicht *n* auf sofortige Zollabfertigung; **~ light** *mot.* Innenbeleuchtung *f*; **~ visit** Höflichkeits-, Anstandsbesuch *m*. **2.** Gefälligkeit *f*: **by ~** aus Gefälligkeit (→ 1); **title by ~,** **~ title** Höflichkeits-, Ehrentitel *m*; **by ~ of** a) mit freundlicher Genehmigung von (*od. gen*), b) durch, mittels: **the picture was lent to us by ~ of the National Art Collection** freundlicherweise von. **3.** → **curts(e)y** I. **II** *v/i* → **curts(e)y** II.
cour·te·zan → **courtesan**.
court| fees *s pl jur.* Gerichtsgebühren *pl*, -kosten *pl*. **~ guide** *s* 'Hof-, 'Adelska, lender *m* (*Verzeichnis der hoffähigen Personen*). **~ hand** *s hist.* gotische Kanz'leischrift. **'~house** *s* **1.** Gerichtsgebäude *n*. **2.** *Am.* Kreis(haupt)stadt *f*.
cour·ti·er ['kɔː(r)tjə(r); -tɪə(r); *Am.* -tʃər] *s* Höfling *m*.
'court·like *adj* **1.** höfisch. **2.** höflich.
court·li·ness ['kɔːtlɪnɪs] *s* Vornehmheit *f*. **'court·ly** I *adj* **1.** höfisch: **~ love** *hist.* ritterliche Minne. **2.** vornehm, gepflegt, ele'gant. **3.** höfisch. **4.** schmeichlerisch, salbungsvoll. **II** *adv* **5.** höflich.
court| mar·tial *pl* **court mar·tials, courts mar·tial** *s* Kriegsgericht *n*: **shot by sentence of ~** standrechtlich erschossen. **~-'mar·tial** *pp* -**'mar·tialed,** *bes. Br.* -**'mar·tialled** *v/t* vor ein Kriegsgericht stellen. **~ mourn·ing** *s* Hoftrauer *f*. **~ or·der** *s jur.* Gerichtsbeschluß *m*, richterliche Verfügung. **~ paint·er** *s* Hofmaler *m*. **~ plas·ter** *s hist.* ein Heftpflaster aus Fischleim *f*, Seide. **~ re·por·ter** *s* Ge'richtsstenograph *m*. **'~room** *s* Gerichtssaal *m*.
'court·ship ['kɔːtʃɪp] *s* **1.** Hofmachen *n*, Freien, Werben *n*: **days of ~** Zeit *f* der jungen Liebe. **2.** *fig.* (**of**) Werben *n* (um),

Um'werben *n* (*gen*). **3.** *zo.* Werben *n*, *orn.* Balz *f*.
court shoe *s* Pumps *m*.
'court·yard *s* Hof *m*.
cous·in ['kʌzn] *s* **1.** a) Cou'sin *m*, Vetter *m*, b) Cou'sine *f*, Ku'sine *f*, Base *f*: **first** (*od.* **full**) **~** ~ **cousin-german**; **to be (look) first ~ to** *fig.* sehr ähnlich sein (sehen) (*dat*); **second ~s** Cousins *od.* Cousinen zweiten Grades; → **removed** 2. **2.** *weitS.* Verwandte(r *m*) *f*: **to call ~s** sich auf die Verwandtschaft berufen (**with** mit); **forty-second ~** entfernter Verwandter. **ˌcous·in-'ger·man** *pl* **ˌcous·ins-'ger·man** *s* leiblicher Cou'sin *od.* leibliche Cou'sine.
cous·in·ly ['kʌznlɪ] *adj* cou'sin-, cou'sinenhaft.
cou·ture [kuː'tjʊə; *Am.* -'tʊər] *s* (Haute) Cou'ture *f*. **cou·tu·ri·er** [kuː'tjʊərɪeɪ; *Am.* -'tʊrɪeɪ] *s* (Haute) Cou'turi'er *m*, Modeschöpfer *m*. **cou·tu·ri·ère** [kuːˌtjʊərɪeə; *Am.* kuːˌtʊrɪər] *s* Modeschöpferin *f*.
cou·vade [kuː'vɑːd] *s* Cou'vade *f*, Männerkindbett *n*.
co·va·lence [ˌkəʊ'veɪləns], **ˌco'va·len·cy** *s chem.* Kova'lenz *f*.
cove¹ [kəʊv] **I** *s* **1.** kleine Bucht. **2.** Schlupfwinkel *m*. **3.** *Scot.* Höhle *f*. **4.** *arch.* a) Wölbung *f*, b) Gewölbebogen *m*. **II** *v/t* **5.** *arch.* (über)'wölben.
cove² [kəʊv] *s Br. sl. obs.* Bursche *m*.
cov·en ['kʌvn; *Am. a.* 'kəʊvən] *s* Hexensabbat *m*.
cov·e·nant ['kʌvənənt] **I** *s* **1.** feierliches Abkommen *od.* (*relig.*) Bündnis. **2.** *jur.* a) (*in e-r Urkunde niedergelegte*) Vertragsabrede, b) bindendes Versprechen, c) Vertragsbestimmung *f*, d) (*vertragliche*) Zusicherung (*bes. bei Grundstücksgeschäften*): **full ~ deed** *Am.* Grundstücksübertragungsurkunde *f* mit bestimmten Zusicherungen; **negative ~** (*vertragliches*) Unterlassungsversprechen. **3. C~** *hist.* Covenant *m* (*Name mehrerer Bündnisse der schottischen Presbyterianer zur Verteidigung ihres Glaubens, bes.*): **The National C~** (*1638*); **The Solemn League and C~** (*1643*). **4.** *Bibl.* a) Bund *m* (*Gottes mit den Menschen*): **the Old (New) C~** der Alte (Neue) Bund; **~ ark** 3, b) (göttliche) Verheißung: **the land of the ~** das Gelobte Land. **5.** *jur. pol.* Satzung *f*, Sta'tut *n*: **C~ of the League of Nations** Völkerbundpakt *m* (*1919*). **II** *v/i* **6.** e-n Vertrag schließen, über'einkommen (**with** mit; **for** über *acc*). **7.** sich (vertraglich) verpflichten (**to do** zu tun). **III** *v/t* **8.** (vertraglich) vereinbaren *od.* zusichern. **9.** bindend versprechen. **10.** feierlich geloben. **'cov·e·nant·ed** *adj* **1.** vertraglich festgelegt, vertragsmäßig. **2.** vertraglich gebunden. **ˌcov·e·nan'tee** [-nən'tiː; *Am. a.* -ˌnæn-'tiː] *s jur.* (*der*) aus e-m Vertrag Berechtigte. **'cov·e·nant·er** [-nəntə; *Am.* -ˌnæntər] *s* **1.** (*der*) (aus e-m Vertrag) Verpflichtete. **2. C~** [*Scot.* ˌkʌvə'næntər] *hist.* Covenanter *m* (*Anhänger des National Covenant*). **'cov·e·nan·tor** [-tə(r)] → **covenanter** 1.
Cov·en·try ['kɒvəntrɪ; *Am.* 'kʌv-] *npr* Coventry *n* (*englische Stadt*): **to send s.o. to ~** *fig.* a) j-n gesellschaftlich ächten, b) j-n "schneiden".
cov·er ['kʌvə(r)] **I** *s* **1.** Decke *f*. **2.** *weitS.* (Pflanzen-, Schnee-, Wolken- *etc*)Decke *f*. **3.** Deckel *m*. **4.** a) (Buch)Decke(l *m*) *f*, Einband *m*: **from ~ to ~** von der ersten bis zur letzten Seite, b) 'Umschlag- *od.* Titelseite, c) ('Schutz)ˌUmschlag *m*. **5.** Um'hüllung *f*, Hülle *f*, Futte'ral *n*, Kappe *f*. **6.** 'Überzug *m*, Bezug *m*. **7.** *tech.* Schutzhaube *f od.* -platte *f*,

b) Abdeckhaube *f* (*e-s Plattenspielers etc*), c) Schutzmantel *m* (*von elektrischen Röhren*), d) *mot.* (Reifen)Decke *f*, Mantel *m*. **8.** 'Brief,umschlag *m*, Ku'vert *n*: **under same ~** mit gleichem Schreiben, beiliegend; **under separate ~** mit getrennter Post; **under plain ~** in neutralem Umschlag. **9. under ~ of** unter der (Deck)Adresse von (→ 16). **10.** Faltbrief *m*. **11.** *Philatelie:* Ganzsache *f*. **12.** Schutz *m*, Obdach *n*, Dach *n*: **to get under ~** sich unterstellen. **13.** Schutz *m* (**from** gegen): **under (the) ~ of night** im Schutze der Nacht. **14.** *mil.* a) Deckung *f* (**from** vor *dat*): **to take ~** in Deckung gehen, Deckung nehmen, b) Sicherung *f*, Abschirmung *f*. **15.** *hunt.* a) Lager *n* (*von Wild*), b) (schützendes) Dickicht: **to break ~** ins Freie treten. **16.** *fig.* Tarnung *f*, Deckmantel *m*, Vorwand *m*: **under ~ of** unter dem Deckmantel (*gen*), getarnt als (→ 9); **to blow one's ~** „auffliegen" (*Agent etc*). **17.** Gedeck *n* (*bei Tisch*). **18.** *econ.* Deckung *f*, Sicherheit *f*: **funds** Deckungsmittel, **~ ratio** Versicherungsverhältnis *n* (*Währung*). **19.** Versicherungsrecht: (Schadens)Deckung *f*, Versicherungsschutz *m*: **~ note** → **covering note**.
  II *v/t* **20.** be-, zudecken (**with** mit): **~ed with** voll von-; **to remain ~ed** den Hut aufbehalten; **to ~ o.s. with glory** (**shame**) *fig.* sich mit Ruhm (Schande) bedecken; **to ~ a roof** ein Dach decken. **21.** e-e Fläche bedecken, einnehmen, sich über *e-e* Fläche, *a. e-e* Zeitspanne erstrecken. **22.** Papier, Seiten vollschreiben. **23.** über'ziehen, um'wickeln, um'hüllen, um'spinnen: **~ed buttons** überzogene Knöpfe. **24.** einhüllen, -wickeln, -schlagen (**in, with** in *acc*). **25.** a) verdecken, -bergen (*a. fig.*), b) *oft* **~ up** *fig.* verhüllen, -hehlen, bemänteln: **to ~** (**up**) **one's mistakes**; **to ~ up a scandal** e-n Skandal vertuschen. **26.** (o.s. sich) decken, schützen (**from** *a.* **against**, gegen *dat*, *gegen*) (*beide a. fig.*): **to ~ o.s.** *fig.* sich absichern. **27.** *mil.* a) decken, schützen, abschirmen, sichern: **to ~ the retreat**, b) (*als Hintermann etc*) decken: **to be ~ed** auf Vordermann stehen, c) *ein Gebiet* beherrschen, im Schußfeld haben, d) *Gelände* beherrschen, (mit Feuer) belegen. **28.** zielen auf (*acc*), in Schach halten: **to ~ s.o. with a pistol**. **29.** *econ.* decken, bestreiten: **to ~ expenses**; **to ~ a loss** e-n Verlust decken; **to ~ debts** Schulden (ab)decken. **30.** *econ.* versichern, decken. **31.** decken, genügen *od.* ausreichen für: **to ~ a requirement**. **32.** um'fassen, ein'schließen, be'inhalten, enthalten, behandeln: **the book does not ~ that period**. **33.** statistisch mit Radar, Werbung *etc* erfassen. **34.** ein Thema erschöpfend behandeln. **35.** Presse, Rundfunk *etc*: berichten über (*acc*): **to ~ the elections**. **36.** *e-e Strecke* zu'rücklegen: **to ~ three miles**; **to ~ the ground** *fig.* alles (gründlich) durchnehmen *od.* bearbeiten *od.* behandeln; **to ~ much ground** a) e-e große Strecke zurücklegen, b) *fig.* viel umfassen, weit gehen *od.* reichen. **37.** e-n Bezirk bereisen, bearbeiten: **this salesman ~s Utah**. **38.** *e-n Gebiet* versorgen, ope'rieren in (*dat*): **the bus line ~s this area**. **39.** *sport* e-n Gegenspieler decken. **40.** j-n beschatten, beobachten. **41.** *zo. ein Weibchen* decken, bespringen, *e-e Stute* beschälen. **42.** *Bibl. e-e Sünde* vergeben, auslöschen.
  III *v/i* **43.** *tech.* decken: **this paint does not ~**. **44.** *sport* decken. **45. ~ for** einspringen für, vertreten.
  Verbindungen mit Adverbien u. Präpositionen:
cov·er| in *v/t* **1.** *Grab etc* zuschütten,

auffüllen. 2. a) *Haus* decken, bedachen, b) *Terrasse etc* über'dachen. ~ **in·to** *v/t* 1. transfe'rieren auf *(acc)*, über'tragen *(dat)*. 2. unter'stellen *(dat)*, einbeziehen in *(acc)*. ~ **o·ver** *v/t* 1. über'ziehen, -'dekken. 2. → cover up 1. ~ **up I** *v/t* 1. (ganz) zudecken *od.* verdecken. 2. verbergen, -heimlichen, -tuschen. **II** *v/i* 3. to ~ for s.o. j-n decken. 4. *Boxen:* die Deckung hochnehmen.

cov·er ad·dress s 'Decka₁dresse f.

cov·er·age ['kʌvərɪdʒ] s **1.** *(statistische etc)* Erfassung. **2.** erschöpfende Behandlung *(e-s Themas)*. **3.** a) erfaßtes Gebiet, erfaßte Menge, b) Streuungsdichte f, c) Geltungsbereich m, Verbreitung f, d) erfaßter Per'sonenkreis *(e-r Werbung)*. **4.** Ausstrahlung f, Reichweite f *(e-s Senders, e-r Werbung etc)*. **5.** *Radar:* Auffaßbereich m. **6.** *econ.* 'Umfang m *(e-r Versicherung)*, Versicherungsschutz m, (Schadens)Deckung f. **7.** *econ.* Deckung f *(Währung):* **a twenty-per-cent gold ~**. **8.** *Presse, Rundfunk etc:* Berichterstattung f *(of über acc).* **9.** *mil.* 'Luftunter-₁stützung f. **10.** *tech.* Ergiebigkeit f *(e-s Lacks etc)*. **11.** Pflanzendecke f.

'**cov·er¦-₁all** *adj Am.* um'fassend. '**~₁all** s *meist pl Am.* Overall m. ~ **charge** s pro Gedeck berechneter Betrag, Gedeck n. ~ **crop** s agr. Deck-, Schutzfrucht f. ~ **de·sign** s Titelbild n.

cov·ered ['kʌvə(r)d] *adj* be-, gedeckt: ~ **bridge** gedeckte Brücke; ~ **cable** *tech.* umhülltes Kabel; ~ **court** *sport* Hallenplatz m; ~ **electrode** *tech.* Mantelelektrode f; ~ **job** *Am.* pflichtversicherte Tätigkeit; ~ **market** Markthalle f; ~ **storage space** überdachter Lagerraum; ~ **wag(g)on** a) *Am. hist.* Planwagen m, b) *rail. Br.* geschlossener Güterwagen; ~ **wire** *tech.* umsponnener Draht.

cov·er¦ girl s Covergirl n, Titelblattmädchen n. ~ **glass** s **1.** *Diaskop:* Deckglas n. **2.** Deckgläs·chen n *(am Mikroskop)*.

cov·er·ing ['kʌvərɪŋ; -vrɪŋ] **I** s **1.** → cover 5. **2.** (Be)Kleidung f. **3.** Um'hüllung f. **4.** *aer.* Bespannung f. **5.** (Fußboden)Belag m. **6.** *econ.* Deckungskauf m. **7.** *mil.* Abschirmung f, Sicherung f. **II** *adj* **8.** (be)deckend, Deck-. **9.** Schutz-... **10.** *mil.* Deckungs-... Sicherungs-... **a·gree·ment** s Mantelvertrag m. ~ **fire** s *mil.* Deckungsfeuer n, Feuerschutz m. ~ **force** s *mil.* Sicherungs-, Deckungstruppen pl. ~ **let·ter** s Begleitbrief m, -schreiben n. ~ **note** s *econ. Br.* Deckungszusage f *(für e-e Versicherung).* ~ **pow·er** s **1.** *tech.* Deckkraft f *(von Farbe).* **2.** *phot.* Bildwinkel m.

cov·er·let ['kʌvə(r)lɪt] s Tagesdecke f.

cov·er¦ note ~ **covering note.** ~ **plate** s *tech.* **1.** Abdeckplatte f. **2.** Lasche f, Verstärkungsplatte f. ~ **shot** s *phot.* To'tale f. '**~₁slut** s 'Umhang m, 'Überwurf m. ~ **sto·ry** s Titelgeschichte f.

cov·ert I *adj* ['kʌvə(r)t; *Am. a.* 'koʊ-] *(adv* ~**ly) 1.** *obs.* geschützt. **2.** heimlich, verborgen, -steckt, -schleiert. **3.** *jur.* verheiratet *(Frau):* → feme covert. **II** s *[a.* 'kʌvə(r)] **4.** Deckung f, Schutz m, Obdach n. **5.** Versteck n, Schlupfwinkel m. **6.** *hunt.* a) Lager n *(von Wild),* b) Dickicht n. **7.** ['kʌvə(r)t] *orn.* Deckfeder f. ~ **coat** s *Br.* Covercoat m *(Sportmantel).*

cov·er·ture ['kʌvə(r)₁tjʊə(r); *bes. Am.* -₁tʃʊə(r); -tʃə(r)] s **1.** Decke f, Hülle f. **2.** Obdach n, Schutz m. **3.** *fig.* Deckmantel m. **4.** *jur.* Ehestand m *(der Frau).*

'**cov·er-up** s Vertuschung f *(for gen).*

cov·et ['kʌvɪt] *v/t* begehren: **he ~s s.th.** es gelüstet ihn nach etwas. '**cov·et·a·ble** *adj* begehrenswert. '**cov·et·ing** *adj (adv* ~**ly)** (be)gierig, lüstern. '**cov·et·ous** *adj (adv* ~**ly) 1.** begehrlich, (be)gierig, lüstern (of nach): **to be ~ of s.th.** etwas begehren. **2.** habsüchtig. '**cov·et·ous·ness** s **1.** heftiges Verlangen, Gier f, Begierde f. **2.** Habsucht f.

cov·ey ['kʌvɪ] s **1.** *orn.* Brut f *(Vogelmutter mit Jungen).* **2.** *hunt.* Volk n, Kette f *(Rebhühner).* **3.** *fig.* Schwarm m, Schar f.

cov·in ['kʌvɪn] s geheimes Einverständnis, betrügerische Absprache.

cov·ing ['kʌvɪŋ] s *arch.* **1.** Wölbung f. **2.** 'überhangendes Obergeschoß. **3.** schräge Seitenwände *pl (Kamin).*

cow¹ [kaʊ] *pl* **cows,** *obs.* **kine** [kaɪn] s *zo.* **1.** Kuh f *(a. fig. contp.):* **till the ~s come home** *colloq.* bis in alle Ewigkeit; **to have a ~** *Am. colloq.* ,Zustände kriegen'. **2.** Kuh f, Weibchen n *(bes. des Elefanten, Wals).*

cow² [kaʊ] *v/t* einschüchtern, ducken: **to ~ s.o. into** j-n (durch Einschüchterung) zwingen *od.* treiben zu.

cow·age ['kaʊɪdʒ] s *bot.* Afri'kanische Juckbohne.

cow·ard ['kaʊə(r)d] **I** s Feigling m, ,Hasenfuß' m, Memme f. **II** *adj* feig(e), ängstlich. '**cow·ard·ice** [-dɪs] s Feigheit f. '**cow·ard·li·ness** s Feigheit f: a) Ängstlichkeit f, b) 'Hinterhältigkeit f, Gemeinheit f. '**cow·ard·ly I** *adj* feig(e): a) ängstlich, b) 'hinterhältig, gemein. **II** *adv* feig(e).

'**cow¦·bane** s *bot.* Wasserschierling m. '**~·bell** s **1.** Kuhglocke f. **2.** *bot. Am.* Gemeines Leimkraut. '**~·ber·ry** s *bot. Am.* Preiselbeere f. **2.** *Am. (e-e)* Rebhuhnbeere. '**~·boy** s **1.** Cowboy m. **2.** Kuhjunge m, Hirtenjunge m. **3.** *colloq.* Pfuscher m. '**~·catch·er** s *Am.* **1.** Schienenräumer m. **2.** *Rundfunk, TV. colloq.* Werbespot vor Beginn e-r Sendung, der für ein Nebenprodukt des Sponsors wirbt.

cow·die ['kaʊdɪ] → kauri.

cow·er ['kaʊə(r)] *v/i* **1.** kauern, (zs.-gekauert) hocken. **2.** *a.* ~ **down** sich ducken *(aus Angst etc).* **3.** sich verkriechen.

'**cow¦·fish** s **1.** ein kleiner Wal. **2.** *(ein)* Kofferfisch m. **3.** *(e-e)* Rundschwanzseekuh, *(ein)* Laman'tin m. '**~·girl** s Cowgirl n. ~ **hand** → cowboy. '**~·heel** s *gastr.* Kuhfuß-, Kalbsfußsülze f. '**~·herb** s *bot.* Kuhnelke f. '**~·herd** s Kuhhirt m. '**~·hide** s **1.** Kuhhaut f. **2.** Rind(s)leder n. **3.** *Am.* Ochsenziemer m *(Peitsche).* **4.** *pl Am.* (schwere) Rind(s)lederschuhe *pl od.* -stiefel *pl.* '**~·house** s Kuhstall m.

cowl [kaʊl] s **1.** Mönchskutte f *(mit Kapuze).* **2.** Ka'puze f. **3.** *tech.* (drehbare) Schornsteinkappe. **4.** *rail.* Rauchhaube f. **5.** *tech.* Funkenrost m, Sieb n. **6.** *tech.* a) *mot.* Haube f, Winddach n: ~ **panel** Hauben-, Verkleidungsblech n, b) → cowling; c) Verkleidung f.

cowled [kaʊld] *adj* **1.** mit e-r Mönchskutte *od.* Ka'puze bekleidet. **2.** *bot. zo.* ka'puzenförmig.

cowl·ing ['kaʊlɪŋ] s *aer.* (stromlinienförmige, abnehmbare) Motorhaube.

'**cow·man** [-mən; *Am. a.* -₁mæn] s *irr* **1.** *Am.* Rinderzüchter m. **2.** Kuh-, Stallknecht m.

'**co-₁work·er** ['koʊ-] s Mitarbeiter(in).

cow¦ pars·nip s *bot.* Bärenklau m, f. '**~·pat** s Kuhfladen m. '**~·pea** s *bot.* Langbohne f. '**~·pen** s Kuhhürde f. ~ **po·ny** s *Am. von Cowboys gerittenes Pony.* '**~·pox** s *med.* Kuh-, Impfpocken pl. '**~·punch·er** s *Am. colloq.* Cowboy m.

cow·rie, cow·ry ['kaʊrɪ; 'kaʊərɪ] s **1.** *zo. (e-e)* Porzel'lanschnecke, *bes.* Kauri·schnecke f. **2.** Kauri(muschel) f, Muschelgeld n.

cow¦ shark s *ichth.* Kuhhaifisch m. '**~·shed** s Kuhstall m. '**~·skin** → cowhide 1–3. '**~·slip** s *bot.* **1.** *Br.* Schlüsselblume f, Himmelsschlüssel m. **2.** *Am.* Sumpfdotterblume f.

cox [kɒks; *Am.* kɑks] → coxswain.

cox·a ['kɒksə; *Am.* 'kɑksə] *pl* **-ae** [-iː] s **1.** *anat.* a) Hüfte f, Hüftbein n, b) Hüftgelenk n. **2.** *zo.* Hüftglied n *(von Spinnen etc).* '**cox·al** *adj anat.* Hüft...

cox·comb ['kɒkskəʊm; *Am.* 'kɑ-] s **1.** *obs.* Geck m, Stutzer m. **2.** → cockscomb. **3.** *obs.* (Hahnenkamm m der) Narrenkappe f.

coxed¦ four [kɒkst; *Am.* kɑkst] s *Rudern:* Vierer m mit (Steuermann). ~ **pair** s *Rudern:* Zweier m mit (Steuermann).

cox·swain ['kɒksn; 'kɒksweɪn; *Am.* 'kɑ-] **I** s **1.** *Rudern:* Steuermann m. **2.** Boot(s)führer m. **II** *v/t u. v/i* **3.** steuern. '**cox·swain·less** *adj Rudern:* ohne Steuermann: ~ **four (pair)** Vierer m (Zweier m) ohne (Steuermann).

cox·y ['kɒksɪ; *Am.* 'kɑ-] → cocky.

coy [kɔɪ] *adj (adv* ~**ly) 1.** schüchtern, bescheiden, scheu: ~ **of speech** wortkarg. **2.** geziert, affek'tiert, spröde, zimperlich *(Mädchen).* '**coy·ness** s **1.** Schüchternheit f, Scheu f. **2.** Sprödigkeit f, Zimperlichkeit f.

coy·ote [kɔɪˈəʊt; *Am.* ˈkaɪ-] s *zo.* Ko'jote m, Prä'rie-, Steppenwolf m. **C~ State** s *(Spitzname für)* 'Südda₁kota n *(USA).*

coy·pu ['kɔɪpuː] *pl* **-pus,** *bes. collect.* **-pu** s **1.** *zo.* Koipu m, Nutria f. **2.** Nutriapelz m.

coz [kʌz] s *obs.* **1.** Vetter m. **2.** Base f.

coz·en ['kʌzn] *v/t u. v/i* **1.** betrügen, prellen (of, out of um). **2.** betören, ködern: **to ~ into doing s.th.** j-n dazu verleiten, etwas zu tun; **to ~ s.th. out of s.o.** j-m etwas abschmeicheln. '**coz·en·er** s Betrüger m.

cu·zi·ness, *etc Am. für* **cosiness,** *etc.*

C plus s *electr.* Pluspol m *(e-r Gitterbatterie).*

crab¹ [kræb] **I** s **1.** *zo.* a) Krabbe f, b) Taschenkrebs m: **to catch a ~** *(Rudern)* ,e-n Krebs fangen' *(mit dem Ruder im Wasser hängenbleiben).* **2. C~** *astr.* Krebs m. **3.** *aer.* Schieben n *(durch Seitenwind).* **4.** *tech.* a) Hebezeug n, Winde f, b) Laufkatze f, c) Befestigungsklammer f *(für transportable Maschinen).* **5.** *pl (manchmal als sg konstruiert)* niedrigster Wurf *(beim Würfelspiel):* **to turn out ~s** *colloq.* schiefgehen. **6.** → **crab louse.** **II** *v/i* **7.** Krabben fangen. **8.** *mar.* dwars abtreiben. **III** *v/t* **9.** *ein Flugzeug* schieben, im Seitenwind gegensteuern. **10.** *Textilwesen:* krabben, einbrennen.

crab² [kræb] s **1.** → **crab apple.** **2.** Knotenstock m.

crab³ [kræb] *colloq.* **I** s **1.** a) Nörgler(in), b) Nörge'lei f. **II** *v/i* **2.** nörgeln. **III** *v/t* **3.** (her'um)nörgeln an *(dat).* **4.** *Am.* verderben, -patzen: **to ~ one's act** sich alles verderben.

crab⁴ [kræb] **I** *v/t* kratzen, krallen *(Falke).* **II** *v/i* raufen *(Falken).*

crab¦ an·gle s *aer.* Vorhaltewinkel m. ~ **ap·ple** s **1.** *bot. (ein)* Holzapfelbaum m. **2.** Holzapfel m.

crab·bed ['kræbɪd] *adj (adv* ~**ly) 1.** griesgrämig, mürrisch, verdrießlich. **2.** bitter, boshaft: ~ **wit.** **3.** halsstarrig. **4.** verworren, unklar, kraus: ~ **style.** **5.** kritz(e)lig, unleserlich *(Handschrift).* '**crab·bed·ness** s **1.** Griesgrämigkeit f. **2.** Boshaftigkeit f. **3.** Halsstarrigkeit f. **4.** Verworrenheit f. **5.** Unleserlichkeit f. '**crab·ber** s *Am. colloq.* → crab³ 1 a. '**crab·bing** s *Textilwesen:* Krabben n, Einbrennen n: ~ **machine** Krabb-, Einbrennmaschine f. '**crab·by** *adj* crabbed 1 *u.* 2.

crab¦ claw s *tech.* Klaue f, Greifer m. ~ **louse** s *irr zo.* Filzlaus f.

crack [kræk] **I** s **1.** Krach m, Knall m *(e-r Peitsche, e-s Gewehrs etc),* (Donner-)

Schlag *m*, Knacks *m*, Knacken *n*: **the ~ of doom** die Posaunen des Jüngsten Gerichts; **at the ~ of dawn** im Morgengrauen, in aller Frühe; **in a ~** *colloq.* im Nu; **to give s.o. a fair ~ of the whip** *colloq.* j-m e-e faire Chance geben. **2.** *colloq.* (heftiger) Schlag: **to give s.o. a ~ on the head** j-m eins auf den Kopf geben. **3.** Sprung *m*, Riß *m*. **4.** Spalte *f*, Spalt *m*, Schlitz *m* (*alle a. sl. Vagina*), Ritz *m*, Ritze *f*: **the door was open a ~** die Tür stand e-n Spalt (breit) offen. **5.** *colloq.* a) ‚Knacks' *m*, geistiger Defekt, b) → **crackpot** I. **6.** Stimmbruch *m*. **7.** *sl.* Versuch *m*: **to have a ~ at s.th.**, **to give s.th. a ~** es (einmal) mit etwas versuchen. **8.** *sl.* a) Witz *m*: **to make ~s about** Witze machen über (*acc*), b) Seitenhieb *m*, Sticheˈlei *f*. **9.** *Br. colloq.* Crack *m*, ‚Kaˈnone' *f*, ‚As' *n* (*bes. Sportler*). **10.** *sl. obs.* a) Einbruch *m*, b) Einbrecher *m*.
II *adj* **11.** *colloq.* erstklassig, Elite..., Meister..., großartig: **a ~ player** ein Meisterspieler; **a ~ shot** ein Meisterschütze; **a ~ team** *sport* e-e erstklassige Mannschaft; **~ regiment** Eliteregiment *n*.
III *interj* **12.** krach!, knacks!
IV *v/i* **13.** krachen, knallen, knacken. **14.** (zer)springen, (-)platzen, (-)bersten, (-)brechen, rissig werden, (auf)reißen, e-n Sprung *od.* Sprünge bekommen. **15.** ˈüberschnappen (*Stimme*): **his voice is ~ing** er ist im Stimmbruch. **16.** *fig.* zs.-brechen: **he ~ed under the strain**. **17.** *sl.* kaˈputtgehen, in die Brüche gehen. **18.** *sl.* nachlassen, erlahmen. **19. to get ~ing** *colloq.* loslegen: **~ing speed** *colloq.* tolles Tempo. **20.** *bes. Scot.* plaudern. **21.** *chem.* sich (durch Hitze) zersetzen.
V *v/t* **22.** knallen mit, knacken *od.* krachen lassen: **to ~ one's fingers** mit den Fingern knacken; **to ~ the whip** a) mit der Peitsche knallen, b) *fig.* zeigen, wer der Herr ist; **to ~ a smile** *colloq.* lächeln; **~ joke** 1. **23.** zerbrechen, (zer-)spalten, (zer)sprengen: **to ~ an egg** ein Ei aufschlagen; **~ bottle¹** 1. **24.** a) e-n Sprung machen in (*dat*), b) sich *etwas* anbrechen: **to ~ a rib**. **25.** *colloq.* a) schlagen, hauen: **to ~ s.o. over the head** j-m eins auf den Kopf geben, b) ein-, zerschlagen: **to ~ a windowpane**. **26.** e-e Nuß (auf)knacken. **27.** *colloq.* (auf)knacken: **to ~ a safe** e-n Geldschrank knacken; **to ~ a code** e-n Kode ‚knacken' *od.* entziffern; **to ~ a crib** *sl.* in ein Haus einbrechen; **to ~ a gang** e-e Verbrecherbande auffliegen lassen; **to ~ a problem** ein Problem lösen; **to ~ a society** in e-e Gesellschaft eindringen *od.* einbrechen. **28.** *colloq.* kaˈputtmachen, ruiˈnieren (*a. fig.*). **29.** *colloq.* erschüttern, ‚anknacksen': **to ~ s.o.'s pride**. **30.** *tech.* Erdöl kracken.
Verbindungen mit Adverbien:
crack| down *v/i colloq.* (**on**) scharf vorgehen (gegen), ˈdurchgreifen (bei). **~ on I** *v/i* **1.** *mar.* mehr Segel setzen. **II** *v/i* **2.** *mar.* unter vollem Zeug laufen (*Segelschiff*). **3.** *Br. colloq.* weitermachen. **~ up** *colloq.* **I** *v/i* **1.** (*körperlich od. seelisch*) zs.-brechen. **2.** auseinˈanderbrechen, -fallen (*Maschine, a. fig. Organisation etc*). **3.** *Am.* sich vor Lachen krümmen. **II** *v/t* **4.** ein Fahrzeug zu Schrott fahren. **5.** ‚hochjubeln': **he's not as good as he's cracked up to be** so gut ist er auch wieder nicht.
crack·a·jack [ˈkrækəˌdʒæk] *Am.* → **crackerjack**.
ˈ**crack·brained** *adj colloq.* verrückt.
ˈ**~·down** *s colloq.* (**on**) scharfes Vorgehen (gegen), ˈDurchgreifen *n* (bei).
cracked [krækt] *adj* **1.** gesprungen,

rissig, geborsten: **the cup is ~** die Tasse hat e-n Sprung. **2.** zersprungen, -brochen. **3.** *colloq.* ‚angeknackst': **~ reputation**. **4.** *colloq.* verrückt, ˈübergeschnappt'.
crack·er [ˈkrækə(r)] *s* **1.** Cracker *m*, Kräcker *m*: a) *ungesüßtes, keksartiges Kleingebäck*, b) Schwärmer *m*, Frosch *m* (*Feuerwerkskörper*), c) ˈKnallbonˌbon *m*, *n*. **2.** *pl* Nußknacker *m*. **3.** *tech.* Brecher *m*, Brechwalze *f*. **4.** *Am.* (*Spitzname für*) Bewohner *m* von Georgia *od.* Florida. **5.** *Br. sl.* ‚tolle' Frau.
ˈ**crack·erˈjack** *sl.* **I** *s* **1.** ‚prima *od.* toller Kerl', ‚Mordskerl' *m*, ‚Kaˈnone' *f*. **2.** ‚prima *od.* tolle Sache', ‚Mordsding' *n*, ‚Knüller' *m*. **II** *adj* **3.** ‚prima', ‚toll', ‚bombig'.
crack·ers [ˈkrækəz] *adj Br. sl.* ˈübergeschnappt', verrückt: **to drive s.o. ~** j-n verrückt machen; **to go ~** überschnappen.
crack·ing [ˈkrækɪŋ] **I** *s* **1.** *tech.* Kracken *n*, Krackverfahren *n* (*für Öl*). **2.** *tech.* Haarrißbildung *f*. **II** *adj u. adv sl.* **3.** ‚prima', fabelhaft: **~ good** ‚phantastisch'.
ˈ**crack·jaw I** *adj* zungenbrecherisch. **II** *s* Zungenbrecher *m*.
crack·le [ˈkrækl] **I** *v/i* **1.** knistern, krachen, prasseln (*alle a. Radio etc*), knattern: **to ~ with** *fig.* knistern vor *Spannung etc*, sprühen vor *Witz etc*, pulsieren von *Aktivität etc*. **2.** Risse bilden. **II** *v/t* **3.** knistern *od.* krachen lassen. **4.** *tech.* Glas *od.* Glasur krakeˈlieren. **III** *s* **5.** Krachen *n*, Knistern *n*, Prasseln *n*, Knattern *n*. **6.** Krakeˈlee *f*, *n*: **~ china** Krakeleeporzellan *n*. **7.** *tech.* a) Haarrißbildung *f*, b) Rissigkeit *f*.
crack·led [ˈkrækld] *adj* **1.** krakeˈliert. **2.** rissig. **3.** mit knuspriger Kruste (*Braten*).
crack·le|**fin·ish** *s tech.* ˈEisblumenlacˌkierung *f*. **~ glass** *s* Krakeˈleeglas *n*.
crack·ling [ˈkræklɪŋ] *s* **1.** → **crackle** 5. **2.** a) knusprige Kruste (*des Schweinebratens*), b) *meist pl Am.* Schweinegrieben *pl*. **3.** *Am.* (*Art*) Hundekuchen *m* (*aus Talgrieben*). ˈ**crack·ly** *adj* knusprig.
crack·nel [ˈkræknl] *s* **1.** Knusperkeks *m*, *n*. **2.** *pl* → **crackling** 2 a.
ˈ**crack·pot** *colloq.* **I** *s* (*harmloser*) Verrückter, ‚Spinner' *m*. **II** *adj* verrückt.
cracks·man [ˈkræksmən] *s irr sl.* **1.** Einbrecher *m*, ‚Schränker' *m*, Geldschrankknacker *m*.
ˈ**crack-up** *s colloq.* **1.** (*körperlicher od. seelischer*) Zs.-bruch. **2.** Auseinˈanderbrechen *n*, -fallen *n* (*e-r Maschine, a. fig. e-r Organisation etc*).
crack·y [ˈkrækɪ] → **cracked** 1 *u.* 4.
-cracy [krəsɪ] *Wortelement mit der Bedeutung* Herrschaft.
cra·dle [ˈkreɪdl] **I** *s* **1.** Wiege *f* (*a. fig.*): **the ~ of civilization**; **from the ~ to the grave** von der Wiege bis zur Bahre. **2.** *fig.* Wiege *f*, Kindheit *f*, Anfang(sstadium *n*) *m*: **from the ~** von Kindheit *od.* Kindesbeinen an; **in the ~** in den ersten Anfängen. **3.** *wiegenartiges Gerät*, *bes. tech.* a) Hängegerüst *n*, Schwebebühne *f* (*für Bauarbeiter*), b) Gründungseisen *n* (*des Graveurs*), c) Räderschlitten *m* (*für Arbeiten unter Autos*), d) Schwingtrog *m* (*der Goldwäscher*), e) (Teleˈfon)Gabel *f*. **4.** *agr.* (Sensen)Korb *m*. **5.** *mar.* (Stapel-)Schlitten *m*. **6.** *mil.* Rohrwiege *f*: **~ carriage** Wiegenlafette *f*. **7.** *med.* a) (Draht)Schiene *f*, b) Schutzgestell *n* (*zum Abhalten des Bettzeuges von Wunden*), c) *vet.* Halsgestell *n* (*für Tiere*). **II** *v/t* **8.** wiegen, schaukeln. **9.** in die Wiege legen. **10.** in den Schlaf wiegen. **11.** betten: **to ~ one's head on one's arms**.

12. a) hegen, b) pflegen, c) auf-, großziehen. **13.** *agr.* mit der Gerüstsense mähen. **14.** ein Schiff durch e-n Stapelschlitten stützen *od.* befördern. **15.** goldhaltige Erde im Schwingtrog waschen. **16.** *teleph.* den Hörer auflegen. **~ cap** *s med.* Kopfschorf *m* (*bei Kindern*). **~ˈsnatch·er** → **baby snatcher** 2. ˈ**~ song** *s* Wiegenlied *n*. **~ vault** *s arch.* Tonnengewölbe *n*.
craft [krɑːft; *Am.* kræft] **I** *s* **1.** (Hand- *od.* Kunst)Fertigkeit *f*, Geschicklichkeit *f*, Kunst *f*: → **art¹** 4, **gentle art**, **stagecraft**. **2.** Gewerbe *n*, Beruf *m*, Handwerk *n*: **~ union** Fachgewerkschaft *f*. **3.** **the C~** die Königliche Kunst, die Freimaurerei. **4.** Innung *f*, Gilde *f*, Zunft *f*: **to be one of the ~** ein Mann vom Fach sein. **5.** → **craftiness**. **6.** *mar.* a) Boot *n*, Schiff *n*, b) (*als pl konstruiert*) Boote *pl*, Schiffe *pl*. **7.** *aer.* a) Flugzeug *n*, b) (*als pl konstruiert*) Flugzeuge *pl*. **8.** a) (Welt)Raumfahrzeug *n*, b) (*als pl konstruiert*) (Welt)Raumfahrzeuge *pl*. **II** *v/t* **9.** (*bes.* mit der Hand) fertigen.
craft·i·ness [ˈkrɑːftɪnɪs; *Am.* ˈkræf-] *s* Schlauheit *f*, Verschlagenheit *f*, List *f*.
crafts·man [ˈkrɑːftsmən; *Am.* ˈkræfts-] *s irr* **1.** (gelernter) Handwerker. **2.** Kunsthandwerker *m*. **3.** *fig.* Könner *m*, Künstler *m*. ˈ**crafts·man·ship** *s* Kunstfertigkeit *f*, (handwerkliches) Können *od.* Geschick.
craft·y [ˈkrɑːftɪ; *Am.* ˈkræf-] *adj* (*adv* **craftily**) **1.** listig, schlau, ‚gerieben', verschlagen. **2.** *obs.* geschickt.
crag [kræg] *s* **1.** Felsenspitze *f*, Klippe *f*. **2.** **C~** *geol.* Crag *m*. ˈ**crag·ged** [ˈkrægɪd] *Am.* → **craggy**. ˈ**crag·ged·ness** *Am.* → **cragginess**. ˈ**crag·gi·ness** *s* **1.** Felsigkeit *f*, Schroffheit *f*. **2.** Rauheit *f*. ˈ**craggy** *adj* **1.** felsig, schroff. **2.** a) runz(e)lig, zerfurcht (*Gesicht*), b) knorrig, rauh (*Person*).
ˈ**crags·man** [ˈkrægzmən] *s irr* Kletterer *m*, geübter Bergsteiger.
crake [kreɪk] *s* **1.** *orn.* (e-e) Ralle, *bes.* → **corn crake**. **2.** Krächzen *n*. **II** *v/i* **3.** krächzen.
cram [kræm] **I** *v/t* **1.** vollstopfen, anfüllen, überˈfüllen, *a. fig.* vollpacken, -pfropfen (**with** mit): **a book ~med with facts**; **a ~med schedule** ein übervoller Terminkalender. **2.** (*mit Speisen*) überˈfüttern, vollstopfen. **3.** *Geflügel* stopfen, mästen. **4.** (hinˈein)stopfen, (-)zwängen (**into** *acc*): **to ~ one's food** das Essen hinunterschlingen *od.* in sich hineinstopfen; **to ~ down** hineinstopfen, -zwängen. **5.** *colloq.* a) mit j-m ‚pauken' *od.* ‚büffeln', b) *meist* **~ up** ein Fach ‚pauken' *od.* ‚büffeln'. **II** *v/i* **6.** (*gierig*) vollessen, sich vollstopfen. **7.** *colloq.* (*für e-e Prüfung*) ‚pauken', ‚büffeln', ‚ochsen': **to ~ up on** → 5 b. **III** *s* **8.** *colloq.* Gedränge *n*. **9.** *colloq.* ‚Pauken' *n*, ‚Büffeln' *n*: **~ course** ‚Paukkurs' *m*.
cram·bo [ˈkræmbəʊ] *pl* **-boes** *s* **1.** Reimspiel *n*: **dumb ~** Scharade *f*. **2.** *contp.* Reim(wort *n*) *m*: **nothing but ~** ‚Reim-dich-oder-ich-freß-dich'.
ˌ**cram-ˈfull** *adj* vollgestopft (**of** mit), zum Bersten voll.
cram·mer [ˈkræmə(r)] *s colloq.* **1.** ‚Paukstudio' *n*. **2.** ‚Einpauker' *m*. **3.** ‚Paukbuch' *n*. **4.** *j-d, der für e-e Prüfung ‚paukt'*.
cram·oi·sy, *a.* **cram·oi·sie** [ˈkræmɔɪzɪ] *s obs.* Purpurtuch *n*.
cramp¹ [kræmp] *med.* **I** *s* Krampf *m*: **~ in the calf** Wadenkrampf *m*; **to be seized with ~** e-n Krampf bekommen; **~s** *Am.* (Unterleibs)Krämpfe *pl*. **II** *v/t* Krämpfe verursachen *od.* auslösen in (*dat*).
cramp² [kræmp] *s* **1.** *tech.* Krampe *f*, Klammer *f*, Schraubzwinge *f*. **2.** Gieß-

cramped – crayfish 246

zange f. **3.** Schuh- u. Lederfabrikation: Formholz n. **4.** fig. Zwang m, Einengung f, Fessel f. **II** v/t **5.** tech. mit Klammern etc befestigen, anklammern, ankrampen. **6.** Leder auf dem Formholz zurichten. **7.** a. ~ **up** einzwängen, -engen, hemmen: **to be** ~**ed for space** (od. **room**) (zu) wenig Platz haben, räumlich beschränkt sein; **that** ~**s my style** fig. da(bei) kann ich mich nicht recht entfalten. **III** adj **8.** verwickelt, -worren. **9.** eng, beengt.
cramped [kræmpt] adj **1.** verkrampft. **2.** → cramp² 8 u. 9.
cramp·et(te) ['kræmpɪt] s mil. Ortband n (der Säbelscheide).
'cramp·fish s (ein) Zitterrochen m. ~**i·ron** s **1.** Haspe f, eiserne Klammer, Krampe f. **2.** arch. Steinanker m.
cram·pon ['kræmpən], **cram'poon** [-'puːn] s **1.** tech. a) Lastengreiferzange f, b) Maueranker m. **2.** mount. Steigeisen n.
cran·ber·ry ['krænbərɪ; -brɪ; Am. bes. -ˌberiː] s bot. Vac'cinium n: bes. a) a. **small** ~, **European** ~ Moosbeere f, b) a. **large** ~, **American** ~ Kranbeere f, c) Preiselbeere f, d) a. ~ **tree** (od. **bush**) Gewöhnlicher Schneeball.
crane [kreɪn] **I** s **1.** orn. Kranich m. **2.** **C**-astr. Kranich m (Sternbild). **3.** tech. Kran m: ~ **truck** Kranwagen m. **4.** tech. a) Aufzug m, b) Winde f. **5.** tech. Arm m, Ausleger m. **II** v/t **6.** mit e-m Kran heben od. hochwinden. **7. to** ~ **one's neck** e-n langen Hals machen, sich den Hals verrenken (**for** nach), sich nach j-m recken. **III** v/i **8.** a. ~ **forward** den Hals recken. **9.** hunt. ein Hindernis vor dem Über-'springen abschätzen. **10.** zögern, zaudern. ~ **driv·er** s tech. Kranführer m. ~**fly** s zo. (e-e) (Erd)Schnake.
'cranes·bill ['kreɪnzbɪl] s bot. Storchschnabel m.
cra·ni·a ['kreɪnjə; -nɪə] pl von cranium. **'cra·ni·al** adj anat. krani'al, Schädel...: ~ **index** Schädelindex m.
cra·ni·ol·o·gy [ˌkreɪnɪ'ɒlədʒɪ; Am. -'ɑl-] s Kraniolo'gie f, Schädellehre f. **cra·ni'om·e·ter** [-'ɒmɪtə; Am. -'ɑmətər] s Kraniolmeter n, Schädelmesser m. **cra·ni·o'met·ric** [-ɪəʊ'metrɪk; -nɪəʊ-] adj, **cra·ni·o'met·ri·cal** adj (adv ~**ly**) kranio'metrisch. **cra·ni·om·e·try** [-'ɒmɪtrɪ; Am. -'ɑmə-] s Kraniome'trie f, Schädelmessung f.
cra·ni·um ['kreɪnjəm; -nɪəm] pl **-ni·a** [-ə], **-ni·ums** s anat. **1.** Cranium n, (vollständiger) Schädel. **2.** Hirnschale f.
crank [kræŋk] **I** s **1.** tech. a) Kurbel f, b) Kurbelkröpfung f (e-r Welle), c) Schwengel m. **2.** hist. Tretmühle f (Strafinstrument). **3.** colloq. a) wunderlicher Kauz, ,Spinner' m (harmloser) Narr, d) Am. ,Miesepeter' m. **4.** colloq. fixe I'dee, Ma'rotte f, Grille f. **5.** colloq. Verrücktheit f, Verschrobenheit f. **6.** Wortspiel n, -verdrehung f. **II** v/t **7.** tech. kröpfen. **8.** a) oft ~ **up** ankurbeln, den Motor anwerfen, anlassen; ~**ing speed** Anlaßdrehzahl f, b) den Motor, e-e Maschine 'durchdrehen. **III** v/i **9.** kurbeln. **10.** ~ **up** Am. colloq. sich fertigmachen. **IV** adj **11.** → **cranky** 1. **12.** mar. rank, leicht kenterbar. ~ **ax·le** s tech. Kurbelachse f, -welle f. ~ **brace** s tech. Bohrkurbel f. **'~case** s mot. tech. Kurbelgehäuse n.
cranked [kræŋkt] adj tech. **1.** gekröpft: ~ **shaft**. **2.** mit e-r Kurbel (versehen od. betrieben), Kurbel...
crank·i·ness ['kræŋkɪnɪs] s **1.** Verschrobenheit f, Wunderlichkeit f. **2.** Reizbarkeit f. **3.** Wack(e)ligkeit f, Unsicherheit f. **4.** mar. Rankheit f.
'crank|·pin, ~ **pin** s tech. Kurbelzapfen m. ~ **plane** s **1.** tech. 'Kurbelhobel(ma-ˌschine f) m. **2.** phys. Kurbelebene f.

~**shaft** s tech. Kurbelwelle f. ~ **web** s tech. Kurbelarm m.
crank·y ['kræŋkɪ] adj (adv **crankily**) **1.** colloq. verschroben, wunderlich, grillenhaft, kauzig. **2.** Am. colloq. reizbar, schlechtgelaunt. **3.** colloq. wack(e)lig, unsicher, baufällig. **4.** mar. → **crank** 12.
cran·nied ['krænɪd] adj rissig.
cran·nog ['krænəɡ], **'cran·noge** [-nədʒ] s hist. Scot. u. Ir. Pfahlbau m.
cran·ny ['krænɪ] s Ritze f, Spalt(e f) m, Riß m: → **nook** 1.
crap¹ [kræp] **I** s **1.** vulg. ,Scheiße' f (a. fig.): ~! Scheiße!; **a load of** ~ große Scheiße. **2.** vulg. ,Scheißen' n: **to have** (**go for**) **a** ~ ,scheißen' (gehen). **3.** fig. vulg. ,Scheiß' m: **to talk** ~. **II** v/t **4.** vulg. ,scheißen'. **5.** fig. vulg. ,Scheiß' reden od. reden. **6.** ~ **out** Am. sl. a) ,umkippen' (ohnmächtig werden), b) (vor Erschöpfung etc) einschlafen. **7.** ~ **out** Am. sl. sich drücken, ,kneifen' (**of** vor dat). **III** v/t **8.** fig. vulg. ,bescheißen'.
crap² [kræp] Am. **I** s a) Fehlwurf beim **craps**, b) → **craps**. **II** v/i e-n Fehlwurf machen.
crape [kreɪp] **I** s **1.** Krepp m. **2.** Trauerflor m. **II** v/t **3.** mit e-m Trauerflor versehen. **4.** obs. Haar kräuseln. ~**cloth** s Wollkrepp m. **'~ˌhang·er** s Am. sl. ,Miesepeter' m.
crap·per ['kræpə(r)] s vulg. ,Scheißhaus' n. **'crap·py** adj vulg. ,beschissen', ,Scheiß...'
craps [kræps] s pl (meist als sg konstruiert) Am. ein Spiel mit 2 Würfeln: **to shoot** ~ craps spielen.
crap·u·lence ['kræpjʊləns], **'crap·u·len·cy** s Unmäßigkeit f, bes. unmäßiger Alkoholgenuß. **'crap·u·lent**, **'crap·u·lous** adj unmäßig (bes. im Alkoholgenuß).
cra·ses ['kreɪsiːz] pl von crasis.
crash¹ [kræʃ] **I** v/t **1.** zertrümmern, -schmettern. **2.** bes. krachend e-n Weg bahnen. **3.** aer. → **crash-land** I. **4.** a) e-n Unfall haben mit, b) aer. abstürzen mit. **5.** colloq. uneingeladen kommen zu, hin-'einplatzen in (acc): **to** ~ **a party**; **to** ~ **the gate** → **gate-crash** I. **6.** fig. colloq. e-n Einbruch erzielen in (acc), etwas ,schaffen': **to** ~ **a market**; **to** ~ **the headlines** Schlagzeilen machen. **II** v/i **7.** (krachend) zerbersten, zerbrechen, zerschmettert werden. **8.** krachend einstürzen, zs.-krachen. **9.** bes. econ. zs.-brechen. **10.** krachen (**against**, **into** gegen): **to** ~ **down** heruntererkrachen; **to** ~ **open** krachend auffliegen (Tür). **11.** stürmen, platzen, krachen: **to** ~ **in**(**to the room**) hereinplatzen; **to** ~ **in on a party** in e-e Party hineinplatzen. **12.** mot. zs.-stoßen, verunglücken. **13.** aer. abstürzen, b) → **crash-land** II. **14.** sl. (vorübergehend) schlafen od. über'nachten: **he** ~**ed at friends'**. **III** s **15.** Krach(en n) m. **16.** Unfall m, Zs.-stoß m. **17.** bes. econ. Zs.-bruch m, (Börsen)Krach m. **18.** aer. a) Absturz m, b) Bruchlandung f. **19.** pl Radio: Krachgeräusche pl, atmo'sphärische Störungen pl. **IV** adj **20.** Schnell-..., Sofort...: ~ **course** Schnell-, Intensivkurs m; ~ **program**(**me**) Sofortprogramm n. **V** interj **21.** krach!
crash² [kræʃ] s grober Leinendrell.
crash|ˈbar·ri·er s Br. Leitplanke f. ~ **boat** s mar. Spezialboot zur Rettung der Passagiere e-s ins Meer gestürzten Flugzeugs. ~ **di·et** s radi'kale Schlankheitskur. ~ **dive** s mar. Schnelltauchen n (U-Boot). **'~ˌdive** v/i schnelltauchen (U-Boot). ~ **halt** s mot. Vollbremsung f. ~ **hel·met** s Sturzhelm m.
'crash·ing adj colloq. ,fürchterlich': **a** ~ **hangover**.

crash|ˌjob s brandeilige Arbeit. **'~ˌland** aer. **I** v/t e-e Bruchlandung machen mit e-m Flugzeug. **II** v/i Bruch machen, e-e Bruchlandung machen, bruchlanden. ~ **land·ing** s aer. Bruchlandung f. ~ **pad** s **1.** mot. Aufprallkissen n. **2.** sl. Ort, an dem man (vorübergehend) schlafen od. wohnen kann. ~ **test** s mot. Crashtest m.
cra·sis ['kreɪsɪs] pl **-ses** [-siːz] s ling. Krasis f (Zs.-ziehung von Vokalen).
crass [kræs] adj (adv ~**ly**) **1.** grob, kraß: **a** ~ **mistake**; **a** ~ **materialist** ein krasser Materialist. **2.** derb, unfein: ~ **behav·io**(**u**)**r**. **'cras·si·tude** [-ɪtjuːd], **'crass·ness** s **1.** Kraßheit f. **2.** Derbheit f.
cratch [krætʃ] s Futterkrippe f.
crate [kreɪt] **I** s **1.** (Latten)Kiste f. **2.** (Bier- etc)Kasten m. **3.** großer Weidenkorb. **4.** sl. ,Kiste' f (Auto od. Flugzeug). **II** v/t **5.** in e-e (Latten)Kiste (ver)packen.
crat·er¹ ['kreɪtə(r)] s Packer m.
cra·ter² ['kreɪtə(r)] s **1.** geol. Krater m: ~ **lake** Kratersee m. **2.** Krater m (a. med.), (Bomben-, Gra'nat)Trichter m. **3.** electr. Krater m (der positiven Kohle).
cra·ter·i·form ['kreɪtərɪfɔː(r)m; krə-'ter-] adj krater-, trichterförmig.
cra·tur ['kreɪtə] Scot. u. Ir. für **creature**.
craunch [krɔːntʃ; krɑːntʃ] dial. für **crunch**.
cra·vat [krə'væt] s **1.** Halstuch n. **2.** med. Dreiecktuch n.
crave [kreɪv] **I** v/t **1.** etwas ersehnen. **2.** (inständig) bitten od. flehen um: **may I** ~ **your attention?** darf ich Sie um Ihre (werte) Aufmerksamkeit bitten? **3.** (dringend) benötigen, verlangen: **the stomach** ~**s food**. **II** v/i **4.** sich sehnen (**for**, **after** nach). **5.** ~ **for** → 2.
cra·ven ['kreɪvən] **I** adj (adv ~**ly**) **1.** feig(e), ängstlich. **2. to cry** ~ sich ergeben. **II** s **3.** Feigling m, Memme f.
crav·ing ['kreɪvɪŋ] s heftiges Verlangen, Sehnsucht f (**for** nach).
craw [krɔː] s **1.** orn. Kropf m. **2.** zo. Magen m.
craw·fish ['krɔːfɪʃ] **I** s bes. Am. für **crayfish**. **II** v/i meist ~ (**of**) Am. colloq. sich drücken (vor dat), ,kneifen' (vor dat), e-n Rückzieher machen.
crawl¹ [krɔːl] **I** v/i **1.** kriechen: a) krabbeln, b) fig. sich da'hinschleppen, schleichen (Arbeit, Zeit etc): **the hours** ~**ed by** die Stunden schlichen dahin, c) im Schneckentempo gehen od. fahren, d) colloq. unter'würfig sein: **to** ~ **to s.o.** vor j-m kriechen. **2.** wimmeln (**with** von): **the town is** ~**ing with tourists** in der Stadt wimmelt es von Touristen. **3.** kribbeln: **his flesh was** ~**ing** er bekam e-e Gänsehaut, es überlief ihn kalt; **the sight made her flesh** ~ bei dem Anblick bekam sie e-e Gänsehaut. **4.** (zer)fließen (Farbe). **5.** Schwimmen: kraulen. **II** v/t **6.** Schwimmen: e-e Strecke kraulen. **III** s **7.** Kriechen n, Schleichen n: **to go at a** ~ → 1 c. **8.** Schwimmen: Kraul(en) n, Kraulstil m: **to swim (the)** (od. **do the**) ~ kraulen.
crawl² [krɔːl] s 'Schildkröten-, 'Fisch-, 'Krebsreser_ˌvoir n (am Ufer).
crawl·er ['krɔːlə(r)] s **1.** Kriecher(in), Schleicher(in). **2.** Kriechtier n. **3.** Br. colloq. Kriecher(in). **4.** Br. colloq. (leeres) Taxi auf Fahrgastsuche. **5.** tech. a) ~ **crane** Gleiskettenkran m, b) ~ **tractor** Raupen-, Gleiskettenfahrzeug n. **6.** Schwimmer: Krauler(in). **7.** pl (einteiliger) Spielanzug (für Kleinkinder).
'crawl·way s niedriger 'Durchgang.
'crawl·y adj colloq. grus(e)lig, unheimlich.
cray·fish ['kreɪfɪʃ] s zo. **1.** (ein) Fluß-, Panzerkrebs m. **2.** Lan'guste f.

cray·on ['kreɪən; *Br. a.* -ɒn; *Am. a.* -ˌɑn; kræn] **I** *s* **1.** Zeichenkreide *f*. **2.** Zeichen-, Bunt-, Pa'stellstift *m*: blue ~ Blaustift; in ~ in Pastell. **3.** Kreide- *od.* Pa'stellzeichnung *f*: ~ **board** Zeichenkarton *m*. **II** *v/t* **4.** mit Kreide *etc* zeichnen.

craze [kreɪz] **I** *v/t* **1.** verrückt *od.* toll machen. **2.** *Töpferei*: krake'lieren. **3.** *obs.* zerschmettern. **II** *s* **4.** Ma'nie *f*, Verrücktheit *f*, 'Fimmel' *m*, 'Spleen' *m*, fixe I'dee: **it is the ~ now** es ist gerade große Mode; **the latest ~** der letzte (Mode-)Schrei. **5.** Wahn(sinn) *m*. **crazed** *adj* **1.** → **crazy** 1 *u.* 2. **2.** *Glasur*): krake'liert (*Glasur*). **'cra·zi·ness** [-ɪnɪs] *s* Verrücktheit *f*, Tollheit *f*. **'craz·ing** *s Töpferei*: Krake'lierung *f*.

cra·zy ['kreɪzɪ] *adj* (*adv* **crazily**) **1.** *a. fig.* verrückt, toll, wahnsinnig (**with pain** vor Schmerzen): **to drive s.o. ~** j-n wahnsinnig machen. **2.** *colloq.* (**about**) a) (wild) begeistert (von), besessen *od.* 'hingerissen (von), vernarrt (in *acc*), b) versessen *od.* 'scharf' (auf *acc*), wild *od.* verrückt (nach): **to do s.th.** versessen darauf, etwas zu tun; **to be ~ about** (*od.* **over, for**) **s.o.** ganz verrückt nach j-m sein. **3.** *sl.* 'phan'tastisch', 'toll'. **4.** *obs.* a) rissig, voller Risse, b) baufällig, wack(e)lig. **5.** schief. **6.** krumm, gewunden. **7.** wirr: **a ~ pile of equipment**. **8.** Flicken..., zs.-gesetzt, zs.-gestückelt (*Decke etc*). **~ bone** *Am. für* **funny bone**. **~ pave·ment, ~ pav·ing** *s* Mosa'ikpflaster *n*. **~ quilt** *s* Flickendecke *f*.

creak [kri:k] **I** *v/i* **1.** knarren (*Treppe etc*), quietschen (*Bremsen etc*). **2. ~ along** sich da'hinschleppen (*Handlung etc*). **II** *s* **3.** Knarren *n*, Quietschen *n*. **'creak·y** *adj* (*adv* **creakily**) knarrend, quietschend.

cream [kri:m] **I** *s* **1.** Rahm *m*, Sahne *f* (*der Milch*). **2.** a) Creme(speise) *f*, b) Cremesuppe *f*, c) Rahmsoße *f*. **3.** (*Haut-, Schuhetc*)Creme *f*. **4.** *meist pl* 'Sahnebon,bon *m*, *n*: **chocolate ~s** Pralinen. **5.** Cremefarbe *f*. **6.** *fig.* Creme *f*, Auslese *f*, E'lite *f*: **the ~ of society**. **7.** Kern *m*, Po'inte *f*: **the ~ of the joke**. **II** *v/i* **8.** Sahne ansetzen *od.* bilden. **9.** schäumen. **10.** *vulg.* ,spritzen' (*ejakulieren*). **III** *v/t* **11.** *a.* **~ off** abrahmen, absahnen, den Rahm abschöpfen von (*a. fig.*). **12.** Milch Sahne ansetzen lassen. **13.** a) zu Schaum schlagen, b) schaumig rühren. **14.** *e-e Speise* mit Sahne *od.* Rahmsoße zubereiten. **15.** *dem Kaffee od. Tee* Sahne zugießen. **16.** sich *das Gesicht etc* eincremen: **to ~ one's face**. **17.** *sport bes. Am. sl.* ,vernaschen', 'über'fahren' (*hoch schlagen*). **IV** *adj* **18.** Sahne..., Rahm... **19.** creme(farben). **~ cake** *s* Creme- *od.* Sahnetorte *f*. **~ cheese** *s* Rahm-, Vollfettkäse *m*. **'~-ˌcol·o(u)red** → **cream 19**.

cream·er ['kri:mə(r)] *s* **1.** *bes. Am.* Sahnekännchen *n*, -gießer *m*. **2.** 'Milchschleuder *f*, -zentri,fuge *f*. **'cream·er·y** *s* **1.** Molke'rei *f*. **2.** Milchgeschäft *n*.

ˌcream·y [ˈfaced] *adj* blaß, bleich. **ˌ~-ˈlaid** *adj bes. Br.* cremefarben u. gerippt (*Papier*). **~ nut** *s bot.* Paranuß *f*. **~ of tar·tar** *s chem.* Weinstein *m*. **ˌ~-of-ˈtar·tar tree** *s bot.* Au'stralische Adan'sonie. **~ puff** *s* **1.** Windbeutel *m* (*Sahnegebäck*). **2.** *colloq.* ,Waschlappen' *m*. **~ sauce** *s* Rahmsoße *f*. **~ so·da** *s bes. Am.* ein kohlensäurehaltiges Vanillegetränk. **ˌ~-ˈwove** → **cream-laid**.

cream·y ['kri:mɪ] *adj* **1.** sahnig. **2.** weich. **3.** creme(farben).

crease [kri:s] **I** *s* **1.** (*a.* Haut)Falte *f*. **2.** Bügelfalte *f*, Kniff *m*. **3.** Falz *m*, Knick *m*, *a.* Eselsohr *n* (*in Papier*). **4.** *Kricket*: Aufstellungslinie *f*: **popping crease**. **5.** *Eishockey*: Torraum *m*. **II** *v/t* **6.** falten,

knicken, kniffen, 'umbiegen. **7.** zerknittern. **8.** a) *hunt. Am. ein Tier* krellen (*durch Streifschuß zeitweilig lähmen*), b) *allg.* streifen, anschießen. **III** *v/i* **9.** Falten bekommen, knittern. **10.** sich falten lassen. **11. to ~ up (with laughter)** *sl.* sich vor Lachen krümmen.

creased [kri:st] *adj* **1.** in Falten gelegt, gefaltet. **2.** mit e-r Bügelfalte, gebügelt. **3.** zerknittert.

ˈcrease|-proof, ˈ~-reˌsist·ant *adj* knitterfrei, -fest (*Stoff*).

creas·y ['kri:sɪ] *adj* zerknittert.

cre·ate [kri:'eɪt; krɪ-] *v/t* **1.** (er)schaffen: **God ~d man**. **2.** schaffen, ins Leben rufen, her'vorbringen, erzeugen: **to ~ jobs** Arbeitsplätze schaffen. **3.** her'vorrufen, verursachen: **to ~ a disturbance** (**a scandal, a sensation**, *etc*); **to ~ a demand** e-n Bedarf wecken; **to ~ an impression** e-n Eindruck machen; **to ~ an opportunity** (**a situation**) e-e Gelegenheit (e-e Lage) schaffen. **4.** *econ. jur.* a) gründen, errichten, ins Leben rufen: **to ~ a corporation**, b) *e-e Haftung etc* begründen: **to ~ a liability**, c) *e-e Hypothek* bestellen: **to ~ a mortgage**, d) *Geld, Kredit* schöpfen. **5.** *thea. etc, Mode*: kre'ieren. **6.** j-n ernennen: **to ~ a peer**. **7.** j-n erheben zu, machen zu: **to ~ s.o. a peer**.

cre·a·tine ['kri:ətɪn; -tɪn] *s chem. physiol.* Krea'tin *n*.

cre·a·tion [kri:'eɪʃn; krɪ-] *s* **1.** (Er)Schaffung *f*. **2.** Erzeugung *f*, Her'vorbringung *f*. **3.** **the C~** *relig.* die Schöpfung, die Erschaffung *f* (*der Welt*). **4.** a) Schöpfung *f*, Welt *f*: **the whole ~** alle Geschöpfe, die ganze Schöpfung *od.* Welt, b) Geschöpf *n*, Krea'tur *f*. **5.** Verursachung *f*. **6.** *econ. jur.* a) Gründung *f*, Errichtung *f*, b) Begründung *f*, c) Bestellung *f*, d) Schöpfung *f*: **~ of credit** Kreditschöpfung *f*. **7.** *thea. etc, Mode*: Kre'ierung *f*. **8.** (Kunst-, Mode)Schöpfung *f*, (*art a.*) Werk *n*, (*Mode a.*) Kreati'on *f*. **9.** Ernennung *f*: **an earl of recent ~** ein neuernannter Graf. **cre·a·tion·al** *adj* Schöpfungs... **cre·a·tion·ism** *s relig.* **1.** Lehre *f* von der Weltschöpfung durch e-n all'mächtigen Schöpfer. **2.** Kreatia'nismus *m* (*Lehre von der Neuerschaffung jeder Einzelseele*).

cre·a·tive [kri:'eɪtɪv; krɪ-] **I** *adj* (*adv* **-ly**) **1.** (er)schaffend, Schöpfungs... **2.** schöpferisch, krea'tiv. **3.** (**of s.th.** etwas) her'vorrufend, verursachend, erzeugend. **II** *s* **4.** *Am.* krea'tiver Mensch. **cre·a·tive·ness, ˌcre·a'tiv·i·ty** *s* schöpferische Kraft, Kreativi'tät *f*. **cre'a·tor** [-tə(r)] *s* **1.** (Er)Schöpfer *m*. **2.** Erzeuger *m*. **3.** Urheber *m*, Verursacher *m*. **4. the C~** der Schöpfer (*Gott*).

crea·ture [ˈkri:tʃə(r)] *s* **1.** Geschöpf *n*, (Lebe)Wesen *n*, Krea'tur *f*: **~ of habit** *fig.* Gewohnheitstier *n*. **2.** Krea'tur *f*, Tier *n* (*Ggs. Mensch*): **dumb ~** stumme Krea'tur. **3.** *Am.* Haustier *n*. **4.** Geschöpf *n*, Ding *n*: **lovely ~** süßes Geschöpf (*Frau*); **poor (silly) ~** armes (dummes) Ding. **5.** *j-s* 'Krea,tur *f*: a) Günstling *m*, b) Handlanger *m*, Werkzeug *n*. **6.** Pro'dukt *n*: **a ~ of the imagination** ein Phantasieprodukt. **~ com·forts** *s pl* (*die*) leiblichen Genüsse *pl*, (*das*) leibliche Wohl.

crea·ture·ly ['kri:tʃə(r)lɪ] *adj* krea'türlich, menschlich.

crèche [kreɪʃ; kreʃ] *s* **1.** (Kinder)Krippe *f*. **2.** *Am.* (Weihnachts)Krippe *f*.

cre·dence ['kri:dəns; -dns] *s* **1.** Glaube *m* (**of an acc**): **to give** (*od.* **attach**) **~ to s.th.** e-r Sache Glauben schenken; **letters of ~** *pol.* Beglaubigungsschreiben *n*. **2.** *a.* **~ table** *s* (*a. relig.*).

cre·den·dum [krɪˈdendəm] *pl* **-da** [-də] *s relig.* 'Glaubensˌartikel *m*.

cre·den·tials [krɪˈdenʃlz] *s pl* **1.** Beglaubigungsschreiben *n*. **2.** Empfehlungsschreiben *n*, Refe'renzen *pl*. **3.** (Leumunds)Zeugnis *n*, Zeugnisse *pl*. **4.** 'Ausweis(paˌpiere *pl*) *m*.

cred·i·bil·i·ty [ˌkredɪˈbɪlətɪ] *s* Glaubwürdigkeit *f*: **~ gap** Mangel *m od.* Verlust *m* an Glaubwürdigkeit. **'cred·i·ble** *adj* (*adv* **credibly**) glaubwürdig: **~ information**; **a ~ witness**; **to show credibly** *jur.* glaubhaft machen.

cred·it ['kredɪt] **I** *s* **1.** Glaube(n) *m*: **to give ~ to s.th.** e-r Sache Glauben schenken; → **worthy** 2. **2.** Ansehen *n*, Achtung *f*, guter Ruf: **to be in high ~ with** in hohem Ansehen stehen bei. **3.** Glaubwürdigkeit *f*: **to gain** ~ an Ansehen gewinnen. **4.** Einfluß *m*. **5.** Ehre *f*: **to be a ~ to s.o., to be to s.o.'s ~, to do s.o. ~, to reflect ~ on s.o.** j-m Ehre machen *od.* einbringen, j-m zur Ehre gereichen; **he has not done you ~** mit ihm haben Sie keine Ehre eingelegt; **with ~** ehrenvoll; **~ where ~ is due** Ehre, wem Ehre gebührt. **6.** Anerkennung *f*, Lob *n*: **to get ~ for s.th.** Anerkennung finden für etwas; **that's very much to his ~** das ist sehr anerkennenswert *od.* verdienstvoll von ihm. **7.** Verdienst *n*: **to give s.o. (the) ~ for s.th.** a) j-m etwas hoch *od.* als Verdienst anrechnen, b) j-m etwas zutrauen, c) sich j-m für etwas (dankbar) verpflichtet fühlen; **to take ~ to o.s. for s.th., to take (the) ~ for s.th.** sich etwas als Verdienst anrechnen, den Ruhm *od.* das Verdienst für etwas in Anspruch nehmen. **8.** *econ.* a) Kre'dit *m*, b) Zeit *f*, Ziel *n*, c) (*a.* **letter of ~**) Akkredi'tiv *n*: **on ~** auf Kredit *od.* Ziel; **at one month's ~** auf e-n Monat Ziel; **~ on goods** Warenkredit; **~ on real estate** Realkredit; **to give s.o. ~ for £1,000** j-m e-n Kredit von 1000 Pfund geben; **to open a ~** e-n Kredit *od.* ein Akkreditiv eröffnen. **9.** *econ.* Kre'dit(würdigkeit *f*, -fähigkeit *f*) *m*: **~ agency** Auskunftei *f* (*über Kreditwürdigkeit*); **~ rating** (Einschätzung *f* der) Kreditfähigkeit *od.* -würdigkeit; **~ report** Kreditauskunft *f*. **10.** *econ.* a) Guthaben *n*, 'Kreditˌposten *m*, b) 'Kredit(seite *f*) *n*, Haben *n*: **your ~** Saldo zu Ihren Gunsten; **to enter** (*od.* **place, put**) **a sum to s.o.'s ~** j-m e-n Betrag gutschreiben. **11.** *econ. parl. Br.* Vorgriff *m* auf das Bud'get. **12.** *a.* **tax ~** *Am.* (Steuer-)Freibetrag *m*, abzugsfähiger Betrag. **13.** *univ. Am.* a) Anrechnungspunkt *m* (*auf ein für den Erwerb e-s akademischen Grades zu erfüllendes Pensum*), b) → **credit hour**. **14.** *Film, TV*: Vorspann *m od.* Ab-, Nachspann *m*. **II** *v/t* **15.** a) Glauben schenken (*dat*), j-m *od.* e-e Sache glauben. **16.** j-m (ver)trauen. **17. to ~ s.o. with s.th.** a) j-m etwas zutrauen, b) j-m etwas zuschreiben. **18.** *econ.* a) e-n Betrag gutschreiben, kredi'tieren (**to s.o. j-m**), b) *j-n* erkennen (**with, for** für): **to ~ s.o. with a sum**. **19. to ~ s.o. with three hours in history** *univ. Am.* j-m für e-n Geschichtskurs 3 Punkte (aufs Pensum) anrechnen.

cred·it·a·ble ['kredɪtəbl] *adj* (*adv* **creditably**) **(to)** rühmlich, ehrenvoll (für), lobens-, anerkennenswert (von), achtbar: **to be ~ to s.o.** j-m Ehre machen.

cred·it|ac·count *s econ.* **1.** Konto *n* mit 'Kreditsaldo. **2.** *Br.* 'Kundenkreˌditkonto *n*. **3.** *Br.* Abzahlungskonto *n* (*bei Teilzahlungen*). **~ bal·ance** *s econ.* 'Kreditsaldo *m*, Guthaben *n*. **~ bank** *s econ.* Kre'ditbank *f*, -anstalt *f*. **~ card** *s* Kre'ditkarte *f*. **~ cur·ren·cy** → **credit money** 1. **~ en·try** *s econ.* Gutschrift *f*. **~ hour** *s univ. Am.* anrechenbare (Vorlesungs)Stunde. **~ in·stru·ment** *s econ.*

credit insurance – cretin

Kre'ditinstru,ment *n* (*Wechsel etc*). ~ **in·sur·ance** *s econ.* Kre'ditversicherung *f*. ~ **in·ter·est** *s econ.* Habenzinsen *pl*. ~**line** *s* **1.** *econ.* Kre'ditgrenze *f*. **2.** 'Herkunfts-, Quellenangabe *f*. ~ **man** *s irr econ. Am.* Kre'ditfestsetzer *m*. ~ **mem·o·ran·dum** *Am.* → credit slip **2.** ~ **mon·ey** *s econ.* **1.** nicht voll gedeckte Währung. **2.** Kre'ditgeld *n*. ~ **note** *s econ.* Gutschriftsanzeige *f*.

cred·i·tor ['kredɪtə(r)] *s econ.* **1.** Gläubiger *m*: ~ **of a bankrupt's estate** Massegläubiger; ~**s' committee** Gläubigerausschuß *m*, ~**s' petition** Konkurseröffnungsantrag *m* der Gläubiger. **2.** a) 'Kredit(seite *f*) *m*, Haben *n*, b) *pl Bilanz*: *Br.* Kredi'toren *pl*, Verbindlichkeiten *pl*. **cred·it|sale** *s econ.* Kre'dit(ver)kauf *m*, Abzahlungskauf *m*. ~ **side** *s econ.* 'Kredit-, Habenseite *f*. ~ **slip** *s* **1.** *Br.* Einzahlungsschein *m*. **2.** *econ.* Gutschriftsanzeige *f*. ~ **squeeze** *s econ.* Kre'ditzange *f*. ~ **ti·tles** → credit 14. '~ **wor·thi·ness** *s econ.* Kre'ditwürdigkeit *f*. '~**wor·thy** *adj econ.* kre'ditwürdig.

cre·do ['kriːdəʊ; 'kreɪ-] *pl* -**dos** *s* **1.** *relig.* Kredo *n*. **2.** → creed 2.
cre·du·li·ty [krɪ'djuːlətɪ; *Am. a.* -'duː-] *s* Leichtgläubigkeit *f*.
cred·u·lous ['kredjʊləs; *Am.* -dʒələs] *adj* (*adv* ~**ly**) leichtgläubig, vertrauensselig (*of gegen*'über). '**cred·u·lous·ness** → credulity.
creed [kriːd] *s* **1.** *relig.* a) Glaubensbekenntnis *n*, b) Glaube *m*, Bekenntnis *n*, Konfessi'on *f*: **the (Apostles')** C~ das Apostolische Glaubensbekenntnis. **2.** *fig.* Über'zeugung, Kredo *n*, Weltanschauung *f*.
creek [kriːk; *Am. a.* krɪk] *s* **1.** *Am.* Bach *m*. **2.** *bes. Br.* kleine Bucht. **3. to be up the** ~ *colloq.* a) ,in der Klemme' sein *od.* sitzen *od.* stecken, b) falsch sein, c) miserabel sein; **his driving is up the** ~ er ist ein miserabler Autofahrer.
creel [kriːl] *s* Weiden-, Fischkorb *m* (*des Anglers*).
creep [kriːp] **I** *v/i pret u. pp* **crept** [krept] **1.** kriechen: a) krabbeln, b) *fig.* sich da'hinschleppen, schleichen (*Arbeit, Zeit etc*): **the hours crept by** die Stunden schlichen dahin, c) im Schneckentempo gehen *od.* fahren: **to** ~ **up** langsam steigen (*Preise etc*), d) unter'würfig sein: **to** ~ **back** (*demütig*) wieder angekrochen kommen; **to** ~ **into s.o.'s favo(u)r** sich bei j-m einschmeicheln. **2.** schleichen: **to** ~ **in** a) (sich) hinein- *od.* hereinschleichen, b) sich einschleichen (*Fehler etc*); **to** ~ **over s.o.** j-n beschleichen *od.* überkommen (*Gefühl*); **to** ~ **up** (sich) heranschleichen (**on** an *acc*); **old age** ~**s upon us** wir werden alt, ohne es zu merken. **3.** kribbeln: **his flesh was** ~**ing** er bekam e-e Gänsehaut, es überlief ihn kalt; **the sight made her flesh** ~ bei dem Anblick bekam sie e-e Gänsehaut. **4.** *bot.* a) kriechen, b) klettern, sich ranken. **5.** *tech.* a) kriechen, (ver)rutschen, wandern, b) sich dehnen *od.* verziehen. **6.** *electr.* nacheilen. **II** *v/t* **7.** *obs.* kriechen über (*acc*). **III** *s* **8.** Kriechen *n*, Schleichen *n*: **to go at a** ~ → 1 c. **9.** *pl colloq.* Gänsehaut *f*: **the sight gave me the** ~**s** bei dem Anblick überlief es mich kalt *od.* bekam ich e-e Gänsehaut. **10.** *geol.* Rutsch *m*, Bodenkriechen *n*. **11.** *tech.* a) Kriechdehnung *f*, b) Kriechen *n*, Wandern *n*. **12.** *electr.* Nacheilen *n*. **13.** *colloq.* Kriecher(in). **14.** *sl.* widerlicher Kerl. **15.** *Am. sl.* a) (*bes.* Ho'tel)Dieb *m*, b) ,Schnüffler' *m*.
creep·age ['kriːpɪdʒ] *s* **1.** *electr.* Kriechen *n*: ~ **path** Kriechweg *m*, -strecke *f*. **2.** → creep 11.

creep·er ['kriːpə(r)] *s* **1.** Kriechtier *n*. **2.** *obs. colloq.* Kriecher(in). **3.** *pl Am.* (einteiliger) Spielanzug (*für Kleinkinder*). **4.** *bot.* a) Kriechpflanze *f*, b) Kletterpflanze *f*. **5.** *orn.* (*ein*) Baumläufer *m*. **6.** *mar.* Dragganker *m*, Dragge *f*. **7.** *mount.* Steigeisen *n*. **8.** *tech.* a) Förderband *n*, b) Trans'portschnecke *f*. **9.** *colloq.* ,Leisetreter' *m* (*Schuh mit weicher Sohle*). ~ **lane** *s mot. Am.* Kriechspur *f*. ~ **ti·tle** → creeping title.
'**creep·hole** *s* Schlupfloch *n* (*a. fig.*).
creep·ie-peep·ie [ˌkriːpɪ'piːpɪ] *s colloq.* tragbare Fernsehkamera.
creep·ing ['kriːpɪŋ] **I** *adj* (*adv* ~**ly**) **1.** kriechend: ~ **inflation** *econ.* schleichende Inflation. **2.** *bot.* a) kriechend, b) kletternd. **3.** kribbelnd: ~ **sensation** gruseliges Gefühl, Gänsehaut *f*. **II** *s* **4.** Kriechen *n*. **5.** → creep 11. ~ **bar·rage** *s mil.* Feuerwalze *f*. ~ **cur·rent** *s electr.* Kriechstrom *m*. ~ **disk** *s zo.* Kriechsohle *f* (*der Schnecken etc*). ~ **ti·tle** *s Film*: Fahrtitel *m*.
creep·y ['kriːpɪ] *adj* **1.** kriechend: a) krabbelnd, b) schleichend, sehr langsam. **2.** grus(e)lig, unheimlich. ~**-'crawl·y** *Br. colloq.* **I** *s* **1.** Krabbeltier *n*. **II** *adj* **2.** krabbelnd. **3.** → creeping 3.
creese [kriːs] *s* Kris *m* (*malaiischer Dolch*).
cre·mains [krɪ'meɪnz] *s pl* Asche *f* (*e-r eingeäscherten Leiche*).
cre·mate [krɪ'meɪt; *Am. bes.* 'kriːˌm-] *v/t bes.* Leichen verbrennen, einäschern. **cre·ma·tion** [krɪ'meɪʃn] *s* (*bes. Leichen*)Verbrennung *f*, Einäscherung *f*, Feuerbestattung *f*. **cre·ma·tor** [krɪ'meɪtə(r); *Am. bes.* 'kriːˌm-] *s* **1.** Leichenverbrenner *m*. **2.** *bes. Br.* Leichenverbrennungsofen *m*. **3.** *Am.* Krema'torium *n*.
crem·a·to·ri·um [ˌkremə'tɔːrɪəm; *Am.* ˌkriːmə'təʊ-] *pl* -**ri·ums**, -**ri·a** [-ə] *s* Krema'torium *n*. **cre·ma·to·ry** ['kremətərɪ; *Am.* 'kriːməˌtɔːrɪ] *bes. Am.* **I** *s* **1.** Krema'torium *n*. **2.** Leichenverbrennungsofen *m*. **II** *adj* **3.** Feuerbestattungs...
crème [kreɪm; *bes. Am.* krem; kriːm] *s* **1.** Creme *f*. **2.** Creme(speise) *f*. **3.** 'Creme-liˌkör *m*. ~ **de la crème** *s fig.* a) (*das*) Beste vom Besten, Crème *f* de la crème, E'lite *f* (*der Gesellschaft*). ~ **de menthe** [-də'mɑːnt; *Am. bes.* -'mɪnt; -'menθ] *s* Pfefferminzli,kör *m*.
crem·o·carp ['kreməʊkɑː(r)p; -mək-; *Am. a.* 'kriː-] *s bot.* Hängefrucht *f*.
cre·nate ['kriːneɪt], '**cre·nat·ed** *adj anat. bot.* gekerbt, gefurcht. **cre·na·tion** [krɪ'neɪʃn], **cren·a·ture** ['krenəˌtjʊə; 'kriː-; *Am.* -tʃər] *s* Furchung *f*, Kerbung *f*.
cren·el ['krenl] **I** *s mil.* Schießscharte *f*. **II** *v/t* → crenellate I.
cren·el·ate, *etc Am.* → crenellate, *etc*.
cren·el·late ['krenəleɪt] **I** *v/t* **1.** krene'llieren, mit Zinnen versehen. **2.** *arch.* mit e-m zinnenartigen Orna'ment versehen. **II** *adj* **-,nl∂t]** → crenellated. '**cren·el·lat·ed** *adj* **1.** krene'lliert, mit Zinnen (versehen). **2.** *arch.* mit e-m zinnenartigen Orna'ment (versehen). **3.** → crenulate. ˌ**cren·el'la·tion** *s* **1.** Kre-ne'llierung *f*. **2.** Zinne *f*. **3.** Auskerbung *f*, Kerbe *f*. **4.** → crenulation.
cren·u·late ['krenjʊleɪt; -leɪt], '**cren·u·lat·ed** [-leɪtɪd] *adj bot.* feingekerbt. ˌ**cren·u'la·tion** *s bot.* feine Kerbung.
cre·ole ['kriːəʊl] **I** *s* **1.** Kre'ole *m*, Kre'olin *f*. **2.** *ling.* Kre'olisch *n*, das Kreolische. **II** *adj* **3.** kre'olisch, Kreolen...
cre·o·sol ['kriːəsɒl; -səʊl] *s chem.* Kreo'sol *n*.
cre·o·sote ['krɪəsəʊt] *s* **1.** *pharm.* Kreo'sot *n*. **2.** *chem.* 'Steinkohlenteerkreoˌsot *n*.

crepe, crêpe [kreɪp] **I** *s* **1.** Krepp *m*. **2.** Trauerflor *m*. **3.** → crepe paper. **4.** → crepe rubber. **II** *v/t* **5.** kreppen, kräuseln. ~ **de Chine** [-də'ʃiːn] *s* Crêpe *m* de Chine (*feinnarbiges Gewebe aus Naturod. Kunstseide*). '~ˌ**hang·er** *s Am. sl.* ,Miesepeter' *m*. ~ **pa·per** *s* 'Kreppaˌpier *n*. ~ **rub·ber** *s* Kreppgummi *m*, -gu,mi *n*. ~ **su·zette** [suː'zet] *pl* **crepes su·zette** [kreɪps], **crepe su·zettes** [suː'zets] *s* Crêpe *f* Su'zette (*dünner Eierkuchen, mit Weinbrand od. Likör flambiert*).
crep·i·tant ['krepɪtənt] *adj* knisternd, knackend, Knack... '**crep·i·tate** [-teɪt] *v/i* **1.** knarren, knistern, knacken, rasseln. **2.** *zo.* Ätzflüssigkeit ausspritzen (*Käfer*). ˌ**crep·i'ta·tion** *s* Knarren *n*, Knistern *n*.
crept [krept] *pret u. pp von* creep.
cre·pus·cle [krɪ'pʌsl; *Br. a.* 'krepəsl] → crepuscule. **cre'pus·cu·lar** [-kjʊlə(r)] *adj* **1.** Dämmerungs... **2.** dämmerig, Dämmer... **3.** *zo.* im Zwielicht erscheinend. **cre'pus·cule** ['krepəskjuːl; *Am. bes.* krɪ'pʌskjuːl] *s* Zwielicht *n*, (Morgen- *od.* Abend)Dämmerung *f*.
cre·scen·do [krɪ'ʃendəʊ; krə-] **I** *pl* -**dos** *s* **1.** *mus.* Cre'scendo *n* (*a. weit S.*). **II** *adj* **2.** anschwellend, stärker werdend. **III** *adv* **3.** *mus.* cre'scendo. **4.** anschwellend, mit zunehmender Lautstärke. **IV** *v/i* **5.** anschwellen, stärker werden.
cres·cent ['kresnt] **I** *s* **1.** Halbmond *m*, Mondsichel *f*. **2.** *pol.* Halbmond *m* (*Symbol der Türkei od. des Islams*). **3.** etwas Halbmondförmiges, *bes. Br.* halbmondförmiger Straßenzug: **Pelham** C~. **4.** *mus.* Schellenbaum *m*. **5.** Hörnchen *n* (*Gebäck*). **II** *adj* **6.** halbmond-, sichelförmig. **7.** zunehmend, wachsend.
cress [kres] *s bot.* Kresse *f*.
cres·set ['kresɪt] *s* Stocklaterne *f*, Kohlen-, Pechpfanne *f*.
crest [krest] **I** *s* **1.** *orn.* a) (Feder-, Haar-)Büschel *n*, Haube *f*, b) (Hahnen)Kamm *m*. **2.** *zo.* Kamm *m* (*des Pferdes etc*). **3.** *zo.* (Pferde- *etc*)Mähne *f*. **4.** Helmbusch *m*, -schmuck *m* (*a. her.*). **5.** *her.* a) Verzierung *f* über dem (Fa'milien)Wappen, b) Wappen *n*: **family** ~. **6.** Helm *m*. **7.** Gipfel *m* (*e-s Berges etc*). **8.** (Berg-)Kamm *m*, Bergrücken *m*, Grat *m*. **9.** (Wellen)Kamm *m*: **he's riding (along) on the** ~ **of a wave** *fig.* er schwimmt im Augenblick ganz oben. **10.** *fig.* Krone *f*, Gipfel *m*, Scheitelpunkt *m*: **at the** ~ **of his fame** auf dem Gipfel s-s Ruhms. **11.** *fig.* Höchst-, Scheitelwert *m*, Gipfel *m*, Spitze *f*: ~ **factor** *phys.* Scheitelfaktor *m*; ~ **voltage** *electr.* Spitzenspannung *f*. **12.** a) Stolz *m*, b) Mut *m*, c) Hochgefühl *n*. **13.** *anat.* (Knochen-)Leiste *f*, Kamm *m*. **14.** *arch.* Krone *f*, Firstkamm *m*: ~ **tile** Kamm-, Firstziegel *m*. **II** *v/t* **15.** mit e-m Kamm *etc* versehen. **16.** *fig.* krönen. **17.** erklimmen. **III** *v/i* **18.** hoch aufwogen (*Welle*). ~ **clear·ance** *s tech.* Kopf-, Spitzenspiel *n*.
crest·ed ['krestɪd] *adj* mit e-m Kamm *etc* (versehen), Schopf...: ~ **lark** *orn.* Haubenlerche *f*.
crest·fall·en ['krestˌfɔːlən] *adj* **1.** *fig.* niedergeschlagen, geknickt. **2.** mit seitwärts hängendem Hals (*Pferd*).
cre·syl·ic [krɪ'sɪlɪk] *adj chem.* Kresol...: ~ **acid**; ~ **resin** Kresolharz *n*.
cre·ta·ceous [krɪ'teɪʃəs] **I** *adj* **1.** kreidig, kreideartig *od.* -haltig, Kreide... **2.** C~ *geol.* Kreide...: C~ **formation** → 3 a; C~ **period** → 3 b. **II** *s* **3.** C~ *geol.* a) 'Krei-de(formatiˌon) *f*, b) Kreidezeit *f*.
Cre·tan ['kriːtn] **I** *adj* kretisch, aus Kreta. **II** *s* Kreter(in). '**cre·tic** *s metr.* Kretikus *m*. **II** *adj* C~ → Cretan I.
cre·tin ['kretɪn; *bes. Am.* 'kriː-] *s med.*

Kre'tin *m* (*a. fig. contp.*). '**cre·tin·ism** *s med.* Kreti'nismus *m*. '**cre·tin·ous** *adj* kre'tinhaft.
cre·tonne ['krɛtɒn; krɛ'tɒn; *Am.* 'kri:-ˌtɑn; krɪ'tɑn] *s* Kre'tonne *f* (*Baumwollgewebe in Leinenbindung*).
cre·vasse [krɪ'væs] **I** *s* **1.** tiefer Spalt *od.* Riß. **2.** Gletscherspalte *f*. **3.** *Am.* Bruch *m* im Deich *od.* Schutzdamm. **II** *v/t* **4.** tiefe Risse verursachen in (*dat*).
crev·ice ['krɛvɪs] *s* Riß *m*, Spalt *m*, (Fels)Spalte *f*.
crew[1] [kru:] *s* **1.** (*Arbeits*)Gruppe *f*, (*Bauetc*)Trupp *m*, (*Arbeiter*)Ko'lonne *f*. **2.** *allg. tech.* (*Bedienungs*)Mannschaft *f*. **3.** a) *aer. mar.* Besatzung *f*, b) *mar. engS.* Mannschaft *f* (*Ggs.* Offiziere). **4.** *sport* a) (*Boots*)Mannschaft *f*, b) *Am. colloq.* (*das*) Rudern. **5.** *Am.* Pfadfindergruppe *f*. **6.** Belegschaft *f*, ('Dienst)Perso nal *n*: **~ of a train** Zugpersonal. **7.** (*obs.* bewaffneter) Haufe, Schar *f*. **8.** *bes. contp.* Bande *f*.
crew[2] [kru:] *pret von* **crow**[2].
crew cut *s* Bürstenschnitt *m* (*Frisur*).
crew·el ['kru:əl] *s* Crewelgarn *n*.
crew neck *s* runder Ausschnitt.
crib [krɪb] **I** *s* **1.** Kinderbettchen *n*. **2.** a) Hürde *f*, Pferch *m*, Stall *m*, b) Stand *m*, Box *f* (*in Ställen*), c) (Futter)Krippe *f*. **3.** *bes. Br.* (Weihnachts)Krippe *f*. **4.** Hütte *f*, Kate *f*. **5.** kleiner, enger Raum. **6.** Geräteraum *m*. **7.** *colloq.* ,Bude' *f*, ,Laden' *m* (*Haus*): → **crack** 27. **8.** *colloq.* ,Puff' *m*, *n* (*Bordell*). **9.** *obs.* Weidenkorb *m* (*Fischfalle*). **10.** *tech.* a) Senkkiste *f*, b) Latten-, Holzgerüst *n*, c) Kranz *m* (*zum Schachtausbau*), d) Holzfütterung *f* (*Schacht*), e) Bühne *f*. **11.** *colloq.* a) kleiner Diebstahl, b) Anleihe *f*, Plagi'at *n*. **12.** *ped. colloq.* a) ,Eselsbrücke' *f*, ,Klatsche' *f* (*Übersetzungshilfe*), b) Spickzettel *m*. **13.** a) *Cribbage:* für den Geber abgelegte Karten *pl*, b) *colloq.* → **cribbage**. **II** *v/t* **14.** ein-, zs.-pferchen. **15.** *tech.* a) mit e-m Holzgerüst stützen, b) e-n Schacht auszimmern. **16.** *colloq.* ,klauen' (*a. fig. plagiieren*). **17.** *ped. colloq.* abschreiben, spicken. **III** *v/i* **18.** *colloq.* ,klauen' (*a. fig. plagiieren*). **19.** *ped. colloq.* abschreiben, spicken.
crib·bage ['krɪbɪdʒ] *s* Cribbage *n* (*Kartenspiel*): **~ board** Markierbrett *n*.
'**crib-ˌbit·er** *s* Krippensetzer *m* (*Pferd*). **~ bit·ing** *s* Krippensetzen *n*. **~ death** *s med.* plötzlicher Kindstod.
crib·rate ['krɪbrət; -reɪt] *adj bot. zo.* siebartig durch'löchert. '**crib·ri·form** [-rɪfɔː/r/m] *adj anat. zo.* siebförmig.
'**crib·work** *s tech.* **1.** ('Bau- *od.* 'Stapel-)Konstrukti,on *f* mit längs u. quer überein'anderliegenden Träger(balken)lagen. **2.** Bergbau: Ring- *od.* Kranzausbau *m*.
crick [krɪk] *med.* **I** *s*: **a ~ in one's back (neck)** ein steifer Rücken (Hals). **II** *v/t*: **to ~ one's back (neck)** sich (*dat*) e-n steifen Rücken (Hals) holen.
crick·et[1] ['krɪkɪt] *s zo.* (*bes.* Haus)Grille *f*, Heimchen *n*: **~ merry** 1.
crick·et[2] ['krɪkɪt] *sport* **I** *s* Kricket *n*: **~ bat** Kricketschläger *m*; **~ field**, **~ ground** Kricket(spiel)platz *m*; **~ pitch** Teil *m* des Kricketplatzes zwischen den beiden Dreistäben; **not ~** *colloq.* nicht fair *od.* anständig. **II** *v/i* Kricket spielen.
crick·et[3] ['krɪkɪt] *s* Schemel *m*.
crick·et·er ['krɪkɪtə(r)] *s sport* Kricketspieler *m*.
cri·coid ['kraɪkɔɪd] *anat.* **I** *adj* ringförmig: **~ cartilage** → II. **II** *s* Ringknorpel *m*.
cri·er ['kraɪə(r)] *s* **1.** Schreier *m*. **2.** *hist.* (öffentlicher) Ausrufer. **3.** Marktschreier *m*.

cri·key ['kraɪkɪ] *interj sl.* Mensch!, Mann!
crime [kraɪm] *s* **1.** *jur.* a) Verbrechen *n*, Straftat *f*: **~ against humanity** Verbrechen gegen die Menschlichkeit; **~ novel** Kriminalroman *m*; **~ rate** Zahl *f* der Verbrechen; **~ sheet** *mil.* Vorstrafenregister *n*; **~ syndicate** Verbrechersyndikat *n*; **~ wave** Welle *f* von Verbrechen, b) *collect.* Verbrechen *pl*: **~ doesn't pay** Verbrechen zahlen sich nicht aus. **2.** → **criminality** 1. **3.** Frevel *m*: a) Übel-, Untat *f*: "C**~ and Punishment**" „Schuld und Sühne" (*Dostojewski*), b) schwere Sünde. **4.** *colloq.* a) ,Verbrechen' *n*: **it would be a ~ to waste such an opportunity**, b) ,Jammer' *m*, Zumutung *f*: **it is a ~ to have to listen to that**.
Cri·me·an [kraɪ'mɪən; krɪ'm-] *adj* Krim..., die Krim betreffend: **~ War** Krimkrieg *m* (1853–56).
crim·i·nal ['krɪmɪnl] **I** *adj* (*adv* → **criminally**) **1.** *jur. u. allg.* (*a. fig.*) kriminell, verbrecherisch: **that is not ~** das ist kein Verbrechen; **~ act** Straftat *f*, strafbare Handlung; **~ association** kriminelle Vereinigung; **~ conversation** Ehebruch *m* (*als Schadensersatzgrund*); **~ intent** verbrecherische Absicht; **~ negligence** grobe Fahrlässigkeit. **2.** *jur.* strafrechtlich, Straf..., Kriminal...: **~ action** Strafprozeß *m*, -verfahren *n*; **~ appeal** Berufung *f od.* Revision *f* in Strafsachen; **~ code** (*Am.* Bundes)Strafgesetzbuch *n*; **~ discretion** Strafmündigkeit *f*; **C~ Investigation Department** oberste Kriminalpolizeibehörde (*im Scotland Yard*); **~ jurisdiction** Strafgerichtsbarkeit *f*, Zuständigkeit *f* in Strafsachen; **~ justice** Strafrechtspflege *f*; **~ law** Strafrecht *n*; **~ lawyer** Strafrechtler *m*; **~ liability** strafrechtliche Verantwortlichkeit; **to incur ~ liability** sich strafbar machen; **~ proceedings** Strafprozeß *m*, -verfahren *n*. **II** *s* **3.** Verbrecher(in), Krimi'nelle(r *m*) *f*.
crim·i·nal·ism ['krɪmɪnlɪzəm] *s* krimi'nelle Veranlagung. '**crim·i·nal·ist** *s* **1.** Krimina'list *m*, Strafrechtler *m*. **2.** Krimino'loge *m*. ˌ**crim·i·nal'is·tics** *s pl* (*als sg konstruiert*) Krimina'listik *f*. ˌ**crim·i·nal·i·ty** [-'nælətɪ] *s* **1.** Krimi,nali'tät *f*, Verbrechertum *n*. **2.** Strafbarkeit *f*. '**crim·i·nal·ize** *v/t* **1.** *etwas* unter Strafe stellen. **2.** *j-n*, *etwas* kriminali'sieren.
crim·i·nal·ly ['krɪmɪnlɪ] *adv* **1.** → **criminal** 1. **2.** in verbrecherischer Weise *od.* Absicht. **3.** strafrechtlich.
crim·i·nate ['krɪmɪneɪt] *v/t* **1.** anklagen, e-s Verbrechens beschuldigen. **2.** *etwas* scharf tadeln, verurteilen. **3.** in ein Verbrechen verwickeln. **4.** für schuldig erklären. ˌ**crim·i'na·tion** *s jur.* Anklage *f*, An-, Beschuldigung *f*. '**crim·i·na·tive** [-nətɪv; *Am.* -ˌneɪ-], '**crim·i·na·to·ry** [-nətərɪ; *Am.* -nəˌtɔːrɪ; -ˌtoː-] *adj* anklagend, beschuldigend.
crim·i·nol·o·gist [ˌkrɪmɪ'nɒlədʒɪst; *Am.* -'nɑl-] *s* Krimino'loge *m*. ˌ**crim·i'nol·o·gy** *s* Kriminolo'gie *f*.
crimp[1] [krɪmp] **I** *v/t* **1.** kräuseln, kreppen, knittern, wellen. **2.** falten, fälteln. **3.** das Haar (*bes.* mit der Brennschere) wellen *od.* locken. **4.** Leder zu'rechtbiegen. **5.** *tech.* bördeln, randkehlen, sicken: **to ~ over** umfalzen; **~ed joint** Sickenverbindung *f*. **6.** den Rand der Patronenhülse (*nach Einbringen der Ladung*) anwürgen. **7.** *gastr.* Fisch, Fleisch (auf-)schlitzen (*um das Fleisch fester zu machen*). **8.** *Am. colloq.* behindern, stören. **II** *s* **9.** Kräuselung *f*, Welligkeit *f*. **10.** Krause *f*, Falte *f*. **11.** Welle *f*, Locke *f* (*im Haar*). **12.** *tech.* Falz *m*. **13.** *Am.*

colloq. Hindernis *n*, Behinderung *f*: **to put a ~ in** → 8.
crimp[2] [krɪmp] *v/t Matrosen etc* gewaltsam anwerben, (zum Dienst) pressen.
crimp·er ['krɪmpə(r)] *s tech.* **1.** 'Bördel-, 'Rändel-, 'Sickenmaˌschine *f*. **2.** Lederpresse *f*. **3.** Arbeiter, der kräuselt etc. **~ i·ron** *s tech.* a) Stellschere *f*, b) Rillenstempel *m*. **~ press** *s tech.* Bördelpresse *f*.
crimp·y ['krɪmpɪ] *adj* lockig, wellig.
crim·son ['krɪmzn] **I** *s* **1.** Karme'sin-, Kar'min-, Hochrot *n*. **II** *adj* **2.** karme-'sin-, kar'min-, hochrot. **3.** puterrot (*from vor* Scham, *Zorn etc*). **4.** *fig.* blutig, blutdürstig. **III** *v/t* **5.** hochrot färben. **IV** *v/i* **6.** puterrot werden (*im Gesicht*) (*from vor dat*). **~ lake** *s* Kar'minlack *m*. **~ ram·bler** *s bot.* Crimson Rambler *f* (*blutrote Kletterrose*).
cringe [krɪndʒ] **I** *v/i* **1.** sich (*bes.* furchtsam *od.* unterwürfig) ducken, sich (zs.-)krümmen: **to ~ at** zurückschrecken vor (*dat*). **2.** *fig.* kriechen, ,katzbuckeln' (**to** vor *dat*). **II** *s* **3.** kriecherische Höflichkeit *od.* Verbeugung. '**cring·ing** **I** *adj* (*adv* **~ly**) kriecherisch, unter'würfig. **II** *s* Kriechen *n*: **~ and fawning** kriecherische Schmeichelei.
cri·nite ['kraɪnaɪt] *adj* behaart.
crin·kle ['krɪŋkl] **I** *v/i* **1.** sich kräuseln. **2.** Falten werfen. **3.** knittern. **4.** rascheln, knistern. **II** *v/t* **5.** krümmen, (wellenförmig) biegen. **6.** faltig machen. **7.** zerknittern. **8.** kräuseln. **III** *s* **9.** Falte *f*, (*im Gesicht*) Fältchen *n*. '**~-ˌcran·kle** [-ˌkræŋkl] *s* **1.** Wellenlinie *f*. **2.** Zickzack *m*.
crin·kly ['krɪŋklɪ] *adj* **1.** gekräuselt, kraus. **2.** faltig. **3.** zerknittert. **4.** raschelnd, knisternd.
crin·kum-cran·kum [ˌkrɪŋkəm'kræŋkəm] *s colloq.* verzwickte *od.* kompli'zierte Sache.
cri·noid ['kraɪnɔɪd; 'krɪn-] *adj* **1.** lilienartig. **2.** *zo.* Seelilien... **II** *s* **3.** *zo.* Seelilie *f*, Haarstern *m*.
crin·o·line ['krɪnəliː/n/; -lɪn; *Am.* 'krɪnlən] *s* **1.** leichtes Steifleinen. **2.** *hist.* Krino'line *f*, Reifrock *m*. **3.** *mar.* Tor'pedoabwehrnetz *n*.
cripes [kraɪps] *interj sl.* Mensch!, Mann!
crip·ple ['krɪpl] **I** *s* **1.** Krüppel *m* (*a. fig.*): **a mental ~** *Am.* ka'putte *od.* verpfuschte Sache. **3.** Gerüst *n* (*zum Fensterputzen etc*). **II** *v/t* **4.** a) zum Krüppel machen, b) lähmen. **5.** *fig.* lähmen, lahmlegen. **6.** *tech.* außer Funkti'on setzen. **7.** *aer. mar. mil.* kampf- *od.* akti'onsunfähig machen. **III** *v/i* **8.** humpeln. '**crip·pled** [-pld] *adj* a) verkrüppelt, b) gelähmt. **2.** *fig.* gelähmt, lahmgelegt. '**crip·ple·dom** *s* a) Krüppelhaftigkeit *f*, b) Gelähmtsein *n*. '**crip·pling** *I adj* **1.** lähmend (*a. fig.*). **II** *s* **2.** *fig.* Lähmung *f*, Lahmlegung *f*. **3.** *arch.* Stützbalken *pl*.
cri·sis ['kraɪsɪs] *pl* **-ses** [-siːz] *s* **1.** Krise *f*, Krisis *f* (*beide a. med.*): **economic ~** Wirtschaftskrise; **~ of confidence** Vertrauenskrise; **~ of conscience** Identi'tätskrise; **~ center** (*bes. Br.* **centre**) Krisenherd *m*; **~ management** Krisenmanagement *n*; **~ staff** Krisenstab *m*. **2.** *a. thea.* Krise *f*, Krisis *f*, Wende-, Höhepunkt *m*. '**~-ˌbat·tered** *adj* krisengeschüttelt.
crisp [krɪsp] **I** *adj* (*adv* **~ly**) **1.** knusp(e)rig, mürbe (*Gebäck etc*). **2.** bröck(e)lig, spröde. **3.** a) drahtig, b) kraus: **~ hair**. **4.** neu, steif: **~ paper**. **5.** frisch, knackig, fest: **~ vegetables**. **6.** *forsch.* schneidig: **~ manner**. **7.** flott, lebhaft. **8.** knapp, treffend: **a ~ answer**. **9.** a) le'bendig, flott: **~ dialogue**, b) klar: **~ style**. **10.** scharf, frisch: **~ air**; **~ breeze**. **II** *s*

11. *(etwas)* Knusp(e)riges. **12.** *pl bes. Br.* (Kar'toffel)Chips *pl.* **13.** Knusp(e)rigkeit *f*: done to a ~ a) knusp(e)rig gebacken *od.* gebraten, b) verbrannt *(Toast etc).* **III** *v/t* **14.** knusp(e)rig backen *od.* braten, braun rösten. **15.** *Haar etc* kräuseln. **IV** *v/i* **16.** knusp(e)rig werden. **17.** sich kräuseln.

cris·pate ['krɪspeɪt], **'cris·pat·ed** *adj* gekräuselt, kraus. **cris·pa·tion** *s* **1.** Kräuselung *f.* **2.** *med.* leichtes Muskelzucken.

'crisp·bread *s* Knäckebrot *n.*

crisp·en ['krɪspn] *v/t* → crisp III *u.* IV.

'crisp·er *s* Gemüsefach *n (im Kühlschrank).*

crisp·ness ['krɪspnɪs] *s* **1.** Knusp(e)rigkeit *f.* **2.** Frische *f,* Festigkeit *f.* **3.** Forschheit *f,* Schneidigkeit *f.* **4.** Knappheit *f.* **5.** Le'bendigkeit *f.* **6.** Schärfe *f.* **'crisp·y** → crisp 1–4.

criss·cross ['krɪskrɒs] **I** *adj* **1.** gekreuzt, kreuzweise, kreuz u. quer (laufend), Kreuz... **II** *s* **2.** Netz *n* sich schneidender Linien, Gewirr *n.* **III** *adv* **3.** (kreuz u.) quer, kreuzweise, in die Quere, durchein'ander. **4.** *fig.* verkehrt, quer: to go ~ schiefgehen. **IV** *v/t* **5.** (wieder'holt 'durch)kreuzen, kreuz u. quer 'durchstreichen. **6.** kreuz u. quer ziehen durch: to ~ the world. **V** *v/i* **7.** sich kreuzen, sich über'schneiden. **8.** kreuz u. quer (ver)laufen.

cris·to·bal·ite ['krɪstəʊbəlaɪt] *s min.* Cristoba'lit *m.*

cri·te·ri·on [kraɪ'tɪərɪən] *pl* **-ri·a** [-ə], **-ri·ons** *s* Kri'terium *n,* Prüfstein *m,* Maßstab *m,* Richtschnur *f,* (Unter'scheidungs)Merkmal *n*: that is no ~ das ist nicht maßgebend (for für); what criteria do you use when ...? welche Maßstäbe legen Sie an, wenn ...?, nach welchen Kriterien ...?

crit·ic ['krɪtɪk] *s* Kritiker(in): a) Beurteiler(in): he is his own severest ~ er ist selbst sein strengster Kritiker, b) Rezen'sent(in), c) Krittler(in).

crit·i·cal ['krɪtɪkl] *adj (adv* ~ly) kritisch: a) (streng) prüfend, sorgfältig (prüfend), anspruchsvoll, b) 'mißbilligend, tadelnd (of *acc*): to be ~ of s.th. an e-r Sache etwas auszusetzen haben, e-r Sache kritisch gegenüberstehen, etwas kritisieren, c) wissenschaftlich erläuternd: ~ edition kritische Ausgabe, d) kunstverständig (urteilend), e) entscheidend: the ~ moment, f) gefährlich, bedenklich, ernst, brenzlig: ~ situation; ~ altitude *aer.* kritische Höhe; ~ angle *phys.* kritischer Winkel, *aer. a.* ~ angle of attack kritischer Anstellwinkel; he is in (a) ~ condition *med.* sein Zustand ist kritisch, er schwebt in Lebensgefahr; ~ constants *phys.* kritische Konstanten; ~ load Grenzbelastung *f;* ~ mass *phys.* kritische Masse; ~ speed *aer.* kritische Geschwindigkeit, *tech.* kritische Drehzahl, g) schwierig: ~ supplies Mangelgüter. **'crit·i·cal·ness** *s (das)* Kritische.

crit·ic·as·ter [,krɪtɪ'kæstə(r); 'krɪtɪk-] *s* Kriti'kaster *m.*

crit·i·cism ['krɪtɪsɪzəm] *s* **1.** Kri'tik *f*: a) kritische Beurteilung, b) Tadel *m,* Vorwurf *m*: open to ~ anfechtbar; above ~ über jede Kritik erhaben, jeden Tadel erhaben, c) → critique 1, d) kritische Unter'suchung *(der Bibel etc).* **2.** *philos.* Kriti'zismus *m.*

crit·i·ciz·a·ble ['krɪtɪsaɪzəbl] *adj* kriti'sierbar. **'crit·i·cize I** *v/i* kriti'sieren: a) Kri'tik üben, b) kritteln. **II** *v/t* kriti'sieren: a) kritisch beurteilen, b) (an *dat*), bekritteln, tadeln, rügen: to ~ s.o. for doing s.th. j-n kritisieren,

weil er etwas getan hat, c) besprechen, rezen'sieren.

cri·tique [krɪ'tiːk] *s* **1.** Kri'tik *f,* Rezensi'on *f,* kritische Abhandlung *od.* Besprechung. **2.** kritische Unter'suchung, Kri'tik *f*: "C~ of Pure Reason" „Kritik der reinen Vernunft" *(Kant).*

crit·ter ['krɪtər] *Am. dial. für* creature.

croak [krəʊk] **I** *v/i* **1.** quaken *(Frosch).* **2.** krächzen *(Rabe etc, a. fig. Mensch).* **3.** *fig.* ,unken', Unglück prophe'zeien. **4.** *sl.* ,abkratzen', ,verrecken' *(sterben).* **II** *v/t* **5.** etwas krächzen(d sagen). **6.** *sl.* ,abmurksen' *(töten).* **III** *s* **7.** Quaken *n,* Gequake *n.* **8.** Krächzen *n,* Gekrächze *n.* **9.** *fig.* Schwarzseher *m,* ,Unke' *f.* **'croak·er** *s* **1.** → croak 9. **2.** *Am. sl.* ,Quacksalber' *m (Arzt).* **'croak·y** *adj (adv* croakily) krächzend.

Cro·at ['krəʊæt; *Am. a.* krəʊt] *s* Kro'ate *m,* Kro'atin *f.* **Cro'a·tian** [-'eɪʃən; *bes. Am.* -'eɪʃn] **I** *adj* **1.** kro'atisch. **II** *s* **2.** → Croat. **3.** *ling.* Kro'atisch *n,* das Kroatische.

cro·chet ['krəʊʃeɪ; -ʃɪ; *Am.* krəʊ'ʃeɪ] *s a.* ~ work Häkelarbeit *f,* Häke'lei *f*: ~ hook Häkelnadel *f.* **II** *v/t u. v/i* häkeln.

crock¹ [krɒk; *Am.* krɑːk] *s* **1.** irdener Topf *od.* Krug. **~s** → crockery. **2.** Topfscherbe *f.*

crock² [krɒk; *Am.* krɑːk] *sl.* **I** *s* **1.** Klepper *m,* alter Gaul. **2.** a) Wrack *n (Person od. Sache),* b) ,Klapperkasten' *m (Auto).* **3.** *Am.* a) ,altes Ekel', b) ,alte Ziege' *(Frau),* c) Säufer *m.* **II** *v/i* **4.** *oft* ~ up zs.-brechen. **II** *v/t* **5.** ka'puttmachen.

crock³ [krɒk; *Am.* krɑːk] *s* **1.** *bes. Br. dial.* a) Ruß *m,* b) Schmutz *m.* **2.** abgehende Farbe. **II** *v/t* **3.** *bes. Br. dial.* beschmutzen.

crocked [krɒkt] *adj Am. sl.* ,blau' *(betrunken).*

crock·er·y ['krɒkərɪ; *Am.* 'krɑː-] *s collect.* irdenes Geschirr, Steingut *n,* Töpferware *f.*

crock·et ['krɒkɪt; *Am.* 'krɑː-] *s arch.* Kriechblume *f,* Krabbe *f (Ornament).*

croc·o·dile ['krɒkədaɪl; *Am.* 'krɑː-] *s* **1.** *zo.* Kroko'dil *n.* **2.** *Br. colloq.* Zweierreihe *f (bes. von Schulmädchen).* **3.** Kroko'dilleder *n.* **4.** *philos.* Kroko'dilschluß *m.* ~ **clip** *s tech.* Kroko'dilklemme *f.* ~ **tears** *s pl* Kroko'dilstränen *pl.*

croc·o·dil·i·an [,krɒkə'dɪljən; -ɪən; *Am.* ,krɑː-] *zo.* **I** *s* Kroko'dil *n.* **II** *adj* zu den Kroko'dilen gehörig, kroko'dilartig.

cro·cus ['krəʊkəs] *s* **1.** *bot.* Krokus *m.* **2.** *tech.* Po'lierrot *n.*

Croe·sus ['kriːsəs] *s* Krösus *m.*

croft [krɒft] *s Br.* **1.** kleines Stück Land *(beim Haus).* **2.** kleiner Bauernhof. **'croft·er** *s Br.* Kleinbauer *m.*

Crohn's dis·ease [krəʊnz] *s med.* Crohn-Krankheit *f.*

crois·sant ['krwɑːsɑ̃ːŋ; *Am.* krəˌwɑːˈsɑ̃ːŋ] *s* Crois'sant *n,* Hörnchen *n.*

Cro-Ma·gnon [krəʊˈmægnɔ̃ː; -jɔ̃ː; *bes. Am.* -ˈmægnən; -ˈmænjən] **I** *adj* Cro-Magnon... **II** *s* Cro-Ma'gnon-Mensch *m.*

crom·lech ['krɒmlek; *Am.* 'krɑːm-] *s* **1.** Kromlech *m,* dru'idischer Steinkreis. **2.** → dolmen.

Crom·wel·li·an [krɒm'welɪən; *Am.* krɑːm-] **I** *adj* Cromwell betreffend, aus *od.* zu Cromwells Zeit. **II** *s* Anhänger(in) Cromwells.

crone [krəʊn] *s* altes Weib.

cro·ny ['krəʊnɪ] *s* alter Freund, alte Freundin, Kum'pan *m*: old ~ Busenfreund(in), Intimus *m,* ,Spezi' *m.* **'cro·ny·ism** *s* Vetternwirtschaft *f.*

crook [krʊk] **I** *s* **1.** Häkchen *n,* Haken *m.* **2.** (Schirm)Krücke *f.* **3.** Hirtenstab *m.* **4.** *relig.* Bischofs-, Krummstab *m.* **5.** Kniestück *n.* **6.** Krümmung *f,* Biegung

f. **7.** *colloq.* a) Gauner *m,* Betrüger *m,* Schwindler *m,* b) Gaune'rei *f,* Betrug *m,* Schwindel *m*: on the ~ auf betrügerische Weise, unehrlich, hintenherum. **8.** *mus.* (Stimm)Bogen *m (bei Blechblasinstrumenten).* **II** *v/t* **9.** krümmen, biegen. **10.** *Am. colloq.* a) j-n betrügen, b) *etwas* ergaunern. **III** *v/i* **11.** sich krümmen, sich biegen. **IV** *adj* **12.** *Austral. colloq.* a) krank, b) mise'rabel, c) ,ka'putt'. **13.** *Austral. colloq.* to go (off) ~ ,hochgehen' *(wütend werden);* to go ~ at *(od.* on) s.o. a) j-m Vorwürfe machen, b) j-n ,anfahren'. **~-backed** *adj* buck(e)lig.

crook·ed ['krʊkɪd] *adj (adv* ~ly) **1.** gekrümmt, gebogen, gewunden, krumm. **2.** (vom Alter) gebeugt. **3.** buck(e)lig. **4.** *colloq.* unehrlich, betrügerisch: ~ ways krumme Wege. **5.** *colloq.* unehrlich erworben, ergaunert. **'crook·ed·ness** *s* **1.** Gekrümmtheit *f.* **2.** Krümmung *f.* **3.** Buck(e)ligkeit *f.* **4.** *colloq.* Unehrlichkeit *f, (das)* Betrügerische.

Crookes│glass [krʊks] *s tech.* Crookesglas *n (ein Filterglas).* **~ space** *s phys.* Crookesscher Dunkelraum.

croon [kruːn] **I** *v/t u. v/i* **1.** schmachtend singen. **2.** leise singen *od.* summen. **II** *s* **3.** leises Singen *od.* Summen. **4.** *a.* ~ **song** ,Schnulze' *f,* sentimen'taler Schlager. **'croon·er** *s* Schnulzensänger(in).

crop [krɒp; *Am.* krɑːp] **I** *s* **1.** (Feld)Frucht *f, bes.* Getreide *n* auf dem Halm. **2.** Ernte(ertrag *m) f*: the ~s die (Gesamt-)Ernte; a heavy ~ e-e reiche Ernte; tobacco ~ Tabakernte, -ertrag *f. fig.* a) Ertrag *m,* Ernte *f,* Ausbeute *f* (of an *dat*), b) große Menge, Masse *f,* Haufen *m,* Schwung *m*: a ~ of questions e-e ganze Reihe von Fragen. **4.** Bebauung *f*: a field in ~ ein bebautes Feld. **5.** (Peitschen-)Stock *m.* **6.** kurze Reitpeitsche mit Schlaufe. **7.** *a.* ~ hide *(ganzes)* gegerbtes (Rinder)Fell. **8.** Stutzen *n,* Abschneiden *n.* **9.** Erkennungszeichen *n* am Ohr *(von Tieren; durch Stutzen entstanden).* **10.** a) kurzer Haarschnitt, b) kurzgeschnittenes Haar. **11.** abgeschnittenes Stück. **12.** *Bergbau:* a) *(das)* Anstehende, b) Scheideerz *n.* **13.** *zo.* a) Kropf *m (der Vögel od. Insekten),* b) Vormagen *m.* **II** *v/t* **14.** abschneiden. **15.** ernten. **16.** (ab)mähen. **17.** e-e Wiese etc abfressen, abweiden. **18.** stutzen, beschneiden. **19.** *das Haar* kurz scheren. **20.** j-n kahlscheren. **21.** *die Ohren* stutzen *(dat).* **22.** *fig.* zu'rechtstutzen. **23.** ein Feld bebauen. **III** *v/i* **24.** Ernte tragen: to ~ heavily reichen Ertrag bringen, gut tragen. **25.** *meist* ~ up, ~ out *geol.* zu'tage ausgehen, anstehen. **26.** *meist* ~ up, ~ out *fig.* plötzlich auftauchen *od.* zu'tage treten, sich zeigen, sich ergeben. **27.** grasen, weiden. **~ dust·ing** *s* Schädlingsbekämpfung *f (bes. unter Einsatz von Flugzeugen).* **~-eared** *adj* **1.** mit gestutzten Ohren. **2.** mit kurzgeschorenem Haar. **~ fail·ure** *s* 'Mißernte *f.*

crop·per ['krɒpə(r); *Am.* 'krɑːpər] *s* **1.** Be-, Abschneider(in). **2.** Schnitter(in). **3.** a) Bebauer *m (von Ackerland),* b) *Am.* → sharecropper. **4.** Ertrag liefernde Pflanze, Träger *m*: a good ~ e-e gut tragende Pflanze. **5.** *colloq.* schwerer Sturz: to come a ~ schwer stürzen (→ 6). **6.** *colloq.* 'Mißerfolg *m,* Fehlschlag *m*: to come a ~ Schiffbruch erleiden (→ 5). **7.** *tech.* 'Schermaˌschine *f.* **8.** *orn.* Kropftaube *f.* **'crop·py** *s Br. hist.* Geschorene(r) *m (irischer Aufständischer 1798).*

crop ro·ta·tion *s agr.* Fruchtwechsel *m.*

cro·quet ['krəʊkeɪ; -kɪ; *Am.* krəʊ'keɪ] *sport* **I** *s* **1.** Krocket *n.* **2.** Kroc'kieren *n.* **II** *v/t u. v/i* **3.** kroc'kieren.

cro·quette [krɒˈket; *bes. Am.* krəʊ-] *s gastr.* Kroˈkette *f.*

cro·quis [krəʊˈkiː] *s* **1.** Skizze *f.* **2.** *mil.* Kroˈki *n.*

crore [krɔː(r)] *s Br. Ind.* Kaˈror *m (10 Millionen, bes. Rupien).*

cro·sier [ˈkrəʊʒə(r)] *s relig.* Bischofs-, Krummstab *m.*

cross [krɒs; *Am. bes.* krɔːs] **I** *s* **1.** Kreuz *n*: **to be nailed on** (*od.* **to**) **the ~** ans Kreuz geschlagen *od.* gekreuzigt werden. **2. the C~** das Kreuz (Christi): a) das Christentum, b) das Kruziˈfix: **~ and crescent** Kreuz u. Halbmond, Christentum u. Islam. **3.** Kruziˈfix *n* (*als Bildwerk*). **4.** Kreuzestod *m* (*Christi*). **5.** *fig.* Kreuz *n*, Leiden *n*: **to bear one's ~** sein Kreuz tragen; **to take up one's ~** sein Kreuz auf sich nehmen. **6.** (Gedenk)Kreuz *n* (*Denkmal etc*). **7.** Kreuz(zeichen) *n*: **to make the sign of the ~** sich bekreuzigen. **8.** Kreuz(zeichen) *n* (*als Unterschrift*). **9.** Kreuz *n*, Merkzeichen *n*: **to mark with a ~, to put a ~ against** ankreuzen, ein Kreuz bezeichnen. **10.** *her. etc* Kreuz *n*: **~ potent** Krückenkreuz. **11.** (Ordens-, Ehren)Kreuz *n*: **Grand C~** Großkreuz. **12.** Kreuz *n*, kreuzförmiger Gegenstand. **13.** *tech.* Kreuzstück *n*, kreuzförmiges Röhrenstück. **14.** *tech.* Fadenkreuz *n.* **15.** *electr.* Querschluß *m.* **16.** a) Kreuzung *f*, b) Kreuzungspunkt *m.* **17.** ˈWiderwärtigkeit *f*, Unannehmlichkeit *f*, Schwierigkeit *f.* **18.** *biol.* a) Kreuzung *f*, b) ˈKreuzung(sproˌdukt *n*) *f* (**between** zwischen *dat*). **19.** *fig.* Mittel-, Zwischending *n.* **20.** Querstrich *m.* **21.** *sport* Cross *m*: a) (Fußball etc) Querpaß *m*, b) (Tennis) diagonal über den Platz geschlagener Ball, c) (Boxen) Schlag, der über den abwehrenden Arm des Gegners auf dessen entgegengesetzte Körperhälfte führt. **22.** *sl.* Gauneˈrei *f*, Schwindel *m*: **on the ~** auf betrügerische Weise, unehrlich, hintenherum. **23.** *bes. sport sl.* Schiebung *f.* **24. C~** *astr.* → a) **southern** 1, b) **northern** 1. **II** *v/t* **25.** bekreuz(ig)en, das Kreuzzeichen machen auf (*acc*) *od.* über (*dat*): **to ~ o.s.** sich bekreuzigen; **to ~ s.o.'s hand** (*od.* **palm**) a) j-m (Trink)Geld geben, b) j-n „schmieren" *od.* bestechen. **26.** kreuzen, übers Kreuz legen: **to ~ one's arms** a) die Arme kreuzen *od.* verschränken, b) *fig.* die Hände in den Schoß legen; **to ~ one's legs** die Beine kreuzen *od.* über(einander)schlagen; → **finger** 1, **sword** 1. **27.** *e-e* Grenze, *ein* Meer, *die* Straße *etc* überˈqueren, *ein* Land *etc* durchˈqueren, (hinˈüber)gehen *od.* (-)fahren über (*acc*): **to ~ the floor of the House**) *parl. Br.* zur Gegenpartei übergehen; **to ~ s.o.'s path** *fig.* j-m in die Quere kommen; **to ~ the street** die Straße überschreiten, über die Straße gehen; **it ~ed me** (*od.* **my mind**) es fiel mir ein, es kam mir in den Sinn; → **bridge**¹ 1. **28.** *fig.* überˈschreiten. **29.** sich erstrecken über (*acc*). **30.** hinˈüberschaffen, -transporˌtieren. **31.** kreuzen, schneiden: **to ~ each other** sich kreuzen *od.* schneiden *od.* treffen. **32.** sich kreuzen mit: **your letter ~ed mine. 33.** ankreuzen. **34.** a) *oft* **~ off, ~ out** aus-, ˈdurchstreichen, b) **~ off** *fig.* „abschreiben" (*als* *etc*). **35.** e-n Querstrich ziehen durch: **to ~ a cheque** *Br.* e-n Scheck „kreuzen" (*als* Verrechnungsscheck kennzeichnen); **to ~ a 't'** ein (Buchstaben) ‚t' den Querstrich ziehen. **36.** *mar.* die Rahen kaien. **37.** a) *e-n* Plan *etc* durchˈkreuzen, vereiteln, b) j-m entgegentreten, in die Quere kommen: **to be ~ed** auf Widerstand stoßen; **to ~ed in love** Unglück in der Liebe haben. **38. ~ up** *Am. colloq.* j-n ‚reinlegen'. **39. ~ up** *Am. colloq.* etwas „platzen lassen", „vermasseln". **40.** *biol.* kreuzen. **41.** *ein Pferd* besteigen.

III *v/i* **42.** quer liegen *od.* verlaufen. **43.** sich kreuzen, sich schneiden. **44.** *oft* **~ over** (**to**) a) hinˈübergehen, -fahren (zu), ˈübersetzen (nach), b) hinˈüberreichen (bis). **45.** sich kreuzen (*Briefe*). **46.** *biol.* sich kreuzen (lassen). **47. ~ over** a) *biol.* Gene austauschen, b) *thea.* die Bühne überˈqueren.

IV *adj* **48.** sich kreuzend, sich (überˈ)schneidend, kreuzweise angelegt *od.* liegend, quer (liegend *od.* laufend), Quer... **49.** schräg, Schräg... **50.** wechsel-, gegenseitig: **~ payments. 51.** (**to**) entgegengesetzt (*dat*), im ˈWiderspruch (zu). **52.** Gegen..., Wider... **53.** ˈwiderwärtig, unangenehm, ungünstig. **54.** *colloq.* (**with**) ärgerlich (mit), mürrisch (gegen), böse (auf *acc*, mit), brummig (**as**) **~ as two sticks** bitterböse, in e-r Stinklaune. **55.** *biol.* Kreuzungs... **56.** *Statistik etc*: Querschnitts..., vergleichend. **57.** *Br. sl.* unehrlich.

V *adv* **58.** quer. **59.** überˈkreuz, kreuzweise. **60.** falsch, verkehrt.

cross·a·ble [ˈkrɒsəbl] *adj* **1.** überˈschreitbar, über-, durchˈquerbar. **2.** *biol.* kreuzungsfähig.

cross|ac·cept·ance *s econ.* Wechselreiteˈrei *f.* **~ac·tion** *s jur.* Gegen-, ˈWiderklage *f.* **~ap·peal** *s jur.* Anschlußberufung *f.* **~ax·le** *s tech.* Querhebelachse *f*, ˈdurchlaufende Achse. ˈ**~bar** *s* **1.** Querholz *n*, -riegel *m*, -schiene *f*, -stange *f*: **~ transducer** *electr.* Jochwandler *m.* **2.** *tech.* a) Traˈverse *f*, Querträger *m*, -strebe *f*, b) *Weberei*: Querstock *m.* **3.** a) Querlatte *f*, b) Sprosse *f.* **4.** Riegel *m* (e-r Fachwand). **5.** *tech.* oberes Rahmenrohr (am Fahrrad). **6.** Querstreifen *m*, -linie *f.* **7.** *sport* a) Tor-, Querlatte *f*, b) Latte *f* (beim *Stab*)Hochsprung. ˈ**~beam** *s* **1.** *tech.* Querträger *m*, -balken *m.* **2.** *mar.* Dwarsbalken *m.* **~ bear·ing** *s electr.* Kreuzpeilung *f.* ˈ**~bed·ded** *adj geol.* kreuzweise geschichtet. ˈ**~belt** *s* quer über die Brust laufender Gürtel, *bes. mil.* ˈKreuzbandeˌlier *n.* ˈ**~bench** *parl. Br.* **I** *s* Querbank *f* der Parˈteilosen (*im Oberhaus*). **II** *adj* parˈteilos, unabhängig. **~bench·er** [-ˌbentʃə(r); ˈ-ˌb-] *s parl. Br.* Parˈteilose(r *m*) *f*, Unabhängige(r *m*) *f.* ˈ**~bill** *s orn.* (ein) Kreuzschnabel *m.* **~ bill** *s jur.* Klagebeantwortung *f.* **2.** *econ.* Gegenwechsel *m.* ˈ**~bones** *s pl* gekreuzte Knochen *pl* (unter e-m Totenkopf): → **skull** 2. ˈ**~bow** *s* Armbrust *f.* **~ brace** *s tech.* Kreuz-, Querverstrebung *f.* ˈ**~bred** *biol.* **I** *adj* durch Kreuzung erzeugt, gekreuzt, hyˈbrid. **II** *s* Hyˈbride *f*, *m*, Mischling *m*, Kreuzung *f.* ˈ**~breed** *biol.* **I** *s* **1.** → **crossbred** II. **2.** Mischrasse *f.* **II** *v/t irr* **3.** kreuzen: → **crossbred** I. ˈ**~buck** *s mot. Am.* Warnkreuz *n* (an Bahnübergängen). **~ bun** *bes. Br.* für **hot cross bun.** ˈ**~ˌbut·tock** *s Ringen*: Hüftschwung *m* mit Kopfgriff. ˈ**~ˌChan·nel** *adj* (*bes. den* ˈÄrmel)Kaˌnal überˈquerend: **~ steamer** Kanaldampfer *m.* ˈ**~check I** *v/t* **1.** von verschiedenen Gesichtspunkten aus überˈprüfen. **2.** *Eishockey*: crosschecken. **II** *s* **3.** Überˈprüfung *f* von verschiedenen Gesichtspunkten aus. **4.** *Eishockey*: Crosscheck *m.* **~ claim** *s jur.* Gegenanspruch *m.* **~ com·plaint** *Am.* → **cross action.** ˈ**~comˌnecˌtion** *s* **1.** *tech.* Querverbindung *f.* **2.** *electr.* Querschaltung *f.* ˈ**~coun·try** [ˌ-ˈkʌntrɪ; ˈ-ˌk-] **I** *adj* Querfeldein..., Geländegängigkeit *f*; **~ skiing** Skilanglauf *m*; **~ tire** (*bes. Br.* **tyre**) Geländereifen *m*; **~ vehicle** Geländefahrzeug *n*, -wagen *m*; **~ race** → **II** *s* a) *Radsport*: Querfeldˈeinrennen *n*, b) *Leichtathletik*: Querfeldein-, Gelände-, Crosslauf *m.* **~ couˈpling** *s electr.* ˈÜbersprechkopplung *f.* ˈ**~curˌrent** *s* Gegenströmung *f* (*a. fig.*).

ˈ**cross-cut I** *adj* **1.** *tech.* a) querschneidend, Quer..., b) quergeschnitten. **2.** ˈquerdurchˌschnitten. **II** *s* **3.** Abkürzungsweg *m.* **4.** quer verlaufender Einschnitt, Querweg *m.* **5.** *Bergbau*: Querschlag *m.* **6.** *Holzbearbeitung*: Hirnschnitt *m.* **7.** → a) **crosscut chisel,** b) **crosscut file,** c) **crosscut saw. III** *v/t. v/i irr* **8.** *tech.* ˈdurchˈschneiden, quersägen. **~ chis·el** *s tech.* Kreuzmeißel *m.* **~ end** *s tech.* Hirn-, Stirnfläche *f* (*bes. von Holz*). **~ file** *s tech.* Doppel-, Kreuzhiebfeile *f.* **~ saw** *s tech.* Ablängsäge *f.* **~ wood** *s tech.* Hirn-, Stirnholz *n.*

ˈ**cross-ˌdress·ing** *s* Transveˈstismus *m*, Transvestiˈtismus *m.*

crosse [krɒs] *s Lacrosse*: Schläger *m.*

crossed *adj* gekreuzt: **~ cheque** *econ. Br.* gekreuzter Scheck, Verrechnungsscheck *m*; **~ generally** (**specially**) *Br.* ohne (mit) Angabe e-r bestimmten Bank u. an e-e beliebige (nur an diese) Bank zahlbar (Verrechnungsscheck).

cross| en·try *s econ.* Gegen-, ˈUmbuchung *f.* ˈ**~-exˌamiˈnaˌtion** *s jur.* Kreuzverhör *n.* ˈ**~ˈexˌamˌine** *jur.* **I** *v/t* ins Kreuzverhör nehmen. **II** *v/i* ein Kreuzverhör vornehmen. ˈ**~eye** *s med.* Innenschielen *n.* ˈ**~eyed** *adj* **1.** (nach innen) schielend: **to be ~** schielen. **2.** *Am. colloq.* „blöd", verrückt. ˈ**~fade** (*Film, TV etc*) **I** *v/t* überˈblenden. **II** *s* Überˈblendung *f.* ˈ**~ˌferˌtiˌliˈzaˌtion** *s* **1.** *bot. zo.* Kreuzbefruchtung *f.* **2.** *fig.* gegenseitige Befruchtung, Wechselspiel *n.* ˈ**~ˈferˌtiˌlize** *v/i* sich kreuzweise befruchten. ˈ**~fire** *s* **1.** *mil.* Kreuzfeuer *n* (*a. fig.*). **2.** *teleph.* (Indukti'ons)Störung *f.* ˈ**~ˌfoot·ing** *s math.* Querrechnen *n.* **~ grain** *s* Querfaserung *f.* ˈ**~ˌgrained** *adj* **1.** a) quergefasert, b) unregelmäßig gefasert. **2.** *fig.* a) ˈwiderspenstig (*a. Sache*), b) eigensinnig, c) kratzbürstig. **~ hairs** *s pl opt.* Fadenkreuz *n.* ˈ**~hatch** *v/t u. v/i* mit Kreuzlagen schrafˈfieren. ˈ**~ˌhatch·ing** *s* Kreuzschrafˈfierung *f.* ˈ**~head** *s* **1.** *tech.* Kreuzkopf *m.* **2.** *tech.* Preßholm *m.* **3.** → **cross heading** 1. **~ head·ing** *s* **1.** ˈZwischenˌüberschrift *f.* **2.** *Bergbau*: Wetterstr *f.* ˈ**~ˌimˈmuˌniˌty** *s med.* ˈKreuzimmuniˌtät *f.* ˈ**~ˌinˌdex** → a) **cross reference,** b) **crossrefer.**

ˈ**cross·ing** *s* **1.** Kreuzen *n*, Kreuzung *f.* **2.** Durchˈquerung *f.* **3.** Überˈquerung *f* (e-r Straße etc): **~ the line** a) Überquerung des Äquators, b) Äquatortaufe *f.* **4.** *mar.* ˈÜberfahrt *f*: **rough ~** stürmische Überfahrt. **5.** (Straßen- *etc*)Kreuzung *f.* **6.** a) ˈStraßenˌübergang *m*, *Br.* ˈFußgängerˌübergang *m*: → **grade** 7, **level** 11. **7.** ˈÜbergangs-, ˈÜberfahrtstelle *f* (*über e-n Fluß etc*). **8.** *rail. tech.* Kreuzungs-, Herzstück *n.* **9.** *arch.* Vierung *f.* **10.** *biol.* Kreuzung *f.* ˈ**~ˈo·ver** *s biol.* Crossingˈover *n*, ˈGenˌaustausch *m* zwischen Chromoˈsomenpaaren. **~ point** *s* ˈGrenzˌübergang *m.*

cross|kick *s Rugby*: Flanke *f.* ˈ**~legged** *adj u. adv* mit ˈüber- *od.* übereinˈandergeschlagenen *od.* gekreuzten Beinen, (*am Boden a.*) im Schneidersitz. ˈ**~ˌliˌaˌbilˌiˌty** *s jur.* beiderseitige Haftpflicht. **~ li·cense** *s Am.* Liˈzenz, die (*von e-m Patentinhaber*) im Austausch gegen e-e andere erteilt wird. ˈ**~light** *s* schräg einfallen-

des Licht: **to throw a ~ on** *etwas* indirekt erhellen. **'~-link, '~-₁link·age** *s chem.* Vernetzung *f.* **'~-₁lots** *adv Am. colloq.* querfeldein, über Stock u. Stein. **~ mo·tion** *s jur.* Gegenantrag *m.*
'**cross·ness** *s colloq.* Mürrischkeit *f,* Brummigkeit *f,* schlechte Laune.
'**cross₁o·ver** *s* **1.** → **crossing** 3, 6, 7. **2.** *rail.* Kreuzungsweiche *f.* **3.** *biol.* a) → **crossing-over,** b) ausgetauschtes Gen. **4.** *electr.* a) Überˈkreuzung *f (von Leitungen),* b) *a. opt. TV* Bündelknoten *m.* **~ net·work** *s electr.* Freˈquenzweiche *f.*
'**cross**∣**patch** *s colloq.* Brummbär *m.* '**~-piece** *s* **1.** *tech.* Querstück *n,* -balken *m.* **2.** *mar.* a) Dwarsbalken *m,* b) Netzbaum *m,* c) Nagelbank *f.* '**~-ply tire,** *bes. Br.* '**~-ply tyre** *s mot.* Diagoˈnalreifen *m.* ₁**~-'pol·li·nate** *v/t bot.* durch Fremdbestäubung befruchten. '**~-₁pol·li'na·tion** *s bot.* Fremdbestäubung *f.* ₁**~-'pur·pos·es** *s pl* **1.** Gegeneinˈander *n:* **to be at ~** einanderˈ (unabsichtlich) entgegenarbeiten, sich (gegenseitig) mißverstehen; **to talk at ~** aneinander vorbeireden. **2.** *(als sg konstruiert) (ein)* Frage-und-Antwort-Spiel *n.* **~ quar·ters** *s pl arch.* Vierblatt *n.* ~ˈ**question I** *s* Frage *f* im Kreuzverhör. **II** *v/t* → **cross-examine** I. **~ rate** *s econ.* ˈKreuznoˌtierung *f,* Kreuzkurs *m.* ~**-'re'fer** *v/t* (durch e-n Querverweis) verweisen **(to** auf *acc*). **~ ref·er·ence** *s* Kreuz-, Querverweis *m.* '**~·road** *s* **1.** *Am.* Querstraße *f.* **2.** *Am.* Straßenkreuzung *f:* **at a ~s** an e-r Kreuzung, b) *Am. fig.* Treffpunkt *m,* c) *fig.* Scheideweg *m:* **at the ~s** am Scheidewege. '**~·ruff** *s Bridge, Whist:* Zwickmühle *f.* **~ sec·tion** *s* **1.** *math. tech.* a) Querschnitt *m,* b) Querschnittzeichnung *f,* Querriß *m.* **2.** *fig.* Querschnitt *m (of* durch*).* **3.** *Atomphysik:* Reaktiˈonswahrˌscheinlichkeit *f.* ₁~-'**sec·tion** *I v/t* **1.** e-n Querschnitt machen durch. **2.** im Querschnitt darstellen. **3.** quer durchˈschneiden. **II** *adj* **4.** Querschnitts...: **~ paper** kariertes Papier, Millimeterpapier *n.* ₁~-'**sec·tion·al** *adj* Querschnitts...: **~ view** → **cross section** 1 b. **~ spi·der** *s zo.* Kreuzspinne *f.* **~ stitch I** *s* Kreuzstich *m.* **II** *v/t u. v/i* im Kreuzstich sticken. **~ street** *s* Querstraße *f.* **~ suit** *s jur. Am.* ˈWiderklage *f.* **~ sum** *s math.* Quersumme *f.* **~ talk** *s* **1.** *teleph. etc* ˈÜber-, Nebensprechen *n.* **2.** Koˈpierefˌfekt *m (auf Tonbändern).* **3.** *Br.* Wortgefecht *n.* '**~·tie** *s tech.* **1.** Traˈverse *f,* Querwelle *f.* **2.** Eisenbahnschwelle *f.* '**~·town** *adj u. adv Am.* **1.** quer durch die Stadt (gehend *od.* fahrend *od.* reichend). **2.** am jeweils anderen Ende der Stadt (wohnend). '**~·tree** *s mar.* Dwarssaling *f.* **~ vault, ~ vault·ing** *s arch.* Kreuzgewölbe *n.* **~ vein** *s* **1.** *geol.* Kreuzflöz *n,* Quergang *m.* **2.** *zo.* Querader *f.* '**~-₁vot·ing** *s pol.* Abstimmung *f* über Kreuz *(wobei einzelne Abgeordnete mit der Gegenpartei stimmen).* '**~·walk** *s Am.* Fußgänger-ˌüberweg *m.* '**~·way** → **crossroad** 1, 2. '**~·ways** → **crosswise.** **~ wind** *s aer.* Seitenwind *m.* **~ wires** → **cross hairs.** '**~·wise** *adj* **1.** quer, kreuzweise. **2.** kreuzförmig. **3.** *fig.* schief, verkehrt: **to go ~** schiefgehen. '**~·word (puz·zle)** *s* Kreuzworträtsel *n.*
crotch [krɒtʃ; *Am.* krɑtʃ] *s* **1.** gegabelte Stange. **2.** Gabelung *f.* **3.** a) Schritt *m (der Hose od. des Körpers),* b) Zwickel *m.*
crotch·et [ˈkrɒtʃɪt; *Am.* ˈkrɑ-] *s* **1.** Haken *m,* Häkchen *n.* **2.** *zo.* Hakenfortsatz *m.* **3.** *fig.* Grille *f,* Maˈrotte *f.* **4.** *Am.* Trick *m.* **5.** *mus. bes. Br.* Viertelnote *f.* '**crotch·et·i·ness** *s* Grillenhaftigkeit *f.*

'**crotch·et·y** *adj* **1.** grillenhaft. **2.** *colloq.* mürrisch, brummig.
cro·ton [ˈkrəʊtən] *s bot.* Kroton *m:* **~ oil** Krotonöl *n (Abführmittel).* **C~ bug** *s zo. Am.* Küchenschabe *f.*
crouch [kraʊtʃ] **I** *v/i* **1.** *a.* **~ down** sich bücken, sich (nieder)ducken. **2.** a) hocken, b) (sich zs.-)kauern, c) **to be ~ed** kauern. **3.** *fig.* kriechen, sich ducken **(to** vorˈ *dat*). **II** *v/t* **4.** ducken. **III** *s* **5.** Bücken *n,* Ducken *n.* **6.** a) kauernde Stellung, b) Hockstellung *f,* Hocke *f.* **7.** geduckte Haltung.
croup¹ [kruːp] *s* Kruppe *f,* Kreuz *n,* ˈHinterteil *n (bes. von Pferden).*
croup² [kruːp] *s med.* **1.** *a.* **true ~** Krupp *m,* ˈKehlkopfdiphtheˌrie *f.* **2.** *a.* **false ~** Pseudokrupp *m.*
crou·pade [kruːˈpeɪd] *s Hohe Schule:* Krupˈpade *f.*
croupe → **croup¹.**
crou·pi·er [ˈkruːpɪə(r); -pɪeɪ] *s* Croupiˈer *m.*
crou·ton [ˈkruːtɒn; *Am.* -ˌtɑn] *s* Crouˈton *m (geröstetes Weißbrotscheibchen).*
crow¹ [krəʊ] *s* **1.** *orn.* (*e-e*) Krähe: **as the ~ flies** a) (in der) Luftlinie, b) schnurgerade; **to eat ~** *bes. Am. colloq.* zu Kreuze kriechen, ˌklein u. häßlich' sein *od.* werden; **to have a ~ to pluck** (*od.* **pull, pick**) **with s.o.** *colloq.* mit j-m ein Hühnchen zu rupfen haben; **stone the ~s!** *Br. sl.* Mensch!, Mann! **2.** *orn. (ein)* Rabenvogel *m od.* rabenähnlicher Vogel, *bes.* Cornish ~ Steinkrähe *f.* **3.** → **crowbar. 4.** *Am. contp.* Neger *m.*
crow² [krəʊ] **I** *v/i pret* **crowed** *u. (für 1)* **crew** [kruː], *pp* **crowed,** *obs.* **crown** [krəʊn] **1.** krähen (Hahn). **2.** *(fröhlich)* krähen. **3.** jubeln, frohˈlocken, triumˈphieren **(over** über *acc*). **4.** protzen, prahlen **(over, about** mit). **II** *v/t* **5.** *etwas* krähen. **III** *s* **6.** Krähen *n.* **7.** Jubel (-schrei) *m.*
crow³ [krəʊ] *s zo.* Gekröse *n.*
Crow⁴ [krəʊ] *pl* **Crows,** *bes. collect.* **Crow** *s* **1.** ˈKrähenindiˌaner(in): **the ~** die Crow. **2.** *ling.* Crow *n (e-e Sioux-Sprache).*
'**crow**∣**bait** *s Am. colloq.* ˌKlepper' *m,* alter Gaul. '**~·bar** *s tech.* Brecheisen *n,* -stange *f.* '**~·ber·ry** [-bərɪ; -brɪ] *s Am.* -ˌberɪ] *s bot.* Schwarze Krähenbeere. '**~·bill** *s med.* Kugelzange *f.*
crowd¹ [kraʊd] **I** *s* **1.** dichte (Menschen-)Menge, Masse *f,* Gedränge *n:* **~s of people** Menschenmassen; **he would pass in a ~** er ist nicht schlechter als andere. **2. the ~** die Masse, das (gemeine) Volk: **one of the ~** ein Mann aus dem Volk; **to follow** (*od.* **move with**) **the ~** mit der Masse gehen. **3.** *colloq.* Gesellschaft *f,* ˌHaufen' *m,* ˌVerein' *m,* ˌBande' *f,* Clique *f.* **4.** Ansammlung *f,* Haufen *m:* **a ~ of books. II** *v/i* **5.** (zs.-)strömen, sich drängen **(into** s.th. in *etwas*); **round s.o.** um j-n). **6.** *Am.* vorwärtsdrängen. **III** *v/t* **7.** Straßen *etc* bevölkern. **8.** zs.-drängen, -pressen: **to ~** (**on**) **sail** *mar.* prangen, alle Segel beisetzen; **to ~ on speed** Tempo zulegen. **9.** hinˈeinpressen, -stopfen, -pferchen **(into** in *acc*). **10.** vollstopfen **(with** mit). **11.** a) *Am.* (vorwärts)schieben, stoßen, b) antreiben, hetzen, c) *Am. Auto etc* abdrängen, d) j-m im Nacken sitzen *od.* dicht auf den Fersen folgen, e) *Am.* fast erreichen: **~ing thirty** an die Dreißig (*Alter*). **12.** *Am. fig.* a) erdrücken, überˈhäufen **(with** mit), b) *j-s* Geduld, *sein* Glück *etc* strapaˈzieren: **to ~ one's luck. 13.** *colloq.* j-n drängen.
Verbindungen mit Adverbien:
crowd∣**in** *v/i* hinˈein-, herˈeinströmen, sich hinˈeindrängen: **to ~** (**up**) **on s.o.** auf j-n eindringen *od.* einstürmen (*Erinne-

rungen etc*). **~ out** I *v/i* **1.** hinˈaus-, herˈausdrängen, sich hinˈausdrängen. **II** *v/t* **2.** a) hinˈausdrängen, b) *fig.* verdrängen. **3.** *(wegen Platzmangels)* aussperren. **~ up** I *v/i* hinˈauf-, herˈaufströmen, sich hinˈaufdrängen. **II** *v/t Am. Preise* in die Höhe treiben.
crowd² [kraʊd] *s mus. hist.* Crwth *f,* Crewth *f,* Crotta *f (altkeltisches lyraähnliches Saiteninstrument).*
crowd·ed [ˈkraʊdɪd] *adj* **1.** (**with**) überˈfüllt, vollgestopft (mit), voll, wimmelnd (von): **~ to overflowing** zum Bersten voll; **~ profession** überlaufener Beruf; **~ program(me)** übervolles Programm; **~ street** stark befahrene *od.* verkehrsreiche Straße. **2.** überˈvölkert. **3.** zs.-gepfercht. **4.** (zs.-)gedrängt, beengt. **5.** *fig.* voll ausgefüllt, arbeits-, ereignisreich: **~ hours.**
crowd∣**pull·er** *s* ˈZuschauermaˌgnet *m.* **~ scene** *s Film:* Massenszene *f.*
'**crow**∣**foot** *pl* **-feet,** *für* **1 -foots** *s* **1.** *bot.* a) Hahnenfuß *m,* b) *(ein)* Storchschnabel *m.* **2.** *mar.* Hahnepot *f.* **3.** *tech.* Halterung *f.* **4.** *tech.* Merkzeichen *n (in Zeichnungen).* **5.** → **crow's foot. C~ Jim** *s Am. sl.* Vorurteile *pl* der Schwarzen gegenˈüber den Weißen.
crown¹ [kraʊn] **I** *s* **1.** *antiq.* Sieger-, Lorbeerkranz *m (a. fig.),* Ehrenkrone *f:* **the ~ of glory** *fig.* die Ruhmeskrone. **2.** Krone *f,* Kranz *m:* **martyr's ~** Märtyrerkrone. **3.** *fig.* Krone *f,* Palme *f,* ehrenvolle Auszeichnung, *sport a.* (Meister)Titel *m.* **4.** a) *(Königs- etc)*Krone *f,* b) Herrschermacht *f,* -würde *f:* **to succeed to the ~** den Thron besteigen, die Thronfolge antreten. **5. the C~** die Krone, der Souveˈrän, der König, die Königin, b) der Staat, der Fiskus: **~ cases** *jur. Br.* Strafsachen; **~ property** *Br.* fiskalisches Eigentum. **6.** Krone *f:* a) *hist.* Crown *f (englisches Fünfschillingstück):* **half a ~** e-e halbe Krone, 2 Schilling 6 Pence, b) Währungseinheit in Schweden, der Tschechoslowakei etc. **7.** *bot.* a) (Baum)Krone *f,* b) Haarkrone *f,* c) Wurzelhals *m,* d) Nebenkrone *f (bei Narzissen etc).* **8.** Scheitel *m,* Wirbel *m (des Kopfes).* **9.** Kopf *m,* Schädel *m:* **to break one's ~** sich den Schädel einschlagen. **10.** *orn.* Kamm *m,* Schopf *m,* Krönchen *n.* **11.** a) *anat.* (Zahn)Krone *f,* b) Zahnmedizin: Krone *f.* **12.** höchster Punkt, Scheitel(punkt) *m,* Gipfel *m.* **13.** *fig.* Krönung *f,* Krone *f,* Höhepunkt *m,* Gipfel(punkt) *m,* Schlußstein *m:* **the ~ of his life** die Krönung *s-s* Lebens. **14.** *arch.* a) Scheitelpunkt *m (e-s Bogens),* b) Bekrönung *f.* **15.** *mar.* a) (Anker)Kreuz *n,* b) Kreuzknoten *m.* **16.** *tech.* a) Haube *f (e-r Glocke),* b) Gichtmantel *m,* Ofengewölbe *n,* c) Kuppel *f (Glasofen),* d) Schleusenhaupt *n,* e) (Aufzugs)Krone *f (der Uhr),* f) Kronwerk *n,* g) **~ crown cap** (**glass, lens, saw**). **17.** Krone *f (oberer Teil des Brillanten).* **18.** ˈKronenpaˌpier *n (Format; USA: 15 × 19 Zoll, England: 15 × 20 Zoll).*
II *v/t* **19.** (be)krönen, bekränzen: **to be ~ed king** zum König gekrönt werden. **20.** *fig. allg.* krönen, ehren, auszeichnen: **to ~ s.o. athlete of the year** j-n zum Sportler des Jahres krönen *od.* küren, b) schmücken, zieren, c) den Gipfel *od.* den Höhepunkt bilden von (*od. gen*): **to ~ all** alles überbieten, allem die Krone aufsetzen *(a. iro.);* **to ~ it all** zu allem Überfluß *od.* Unglück, d) erfolgreich *od.* glorreich abschließen: **~ed with success** von Erfolg gekrönt; **to open a bottle of champagne** to **the feast** zur Krönung *n.* zum krönenden Abschluß des Festes. **21.** *Damespiel:* zur

Dame machen. **22.** *med.* über'kronen: **to ~ a tooth. 23.** mit e-m Kronenverschluß versehen. **24.** *sl. j-m* ,eins aufs Dach geben': **to ~ s.o. with a beer bottle** j-m e-e Bierflasche über den Schädel schlagen.
crown² [krəʊn] *obs. pp von* crow².
crown|ant·ler *s zo.* oberste Sprosse (e-s Hirschgeweihs). **~ bit** *s tech.* Kronenbohrer *m.* **~ cap** *s* Kronenverschluß *m.* **~ col·o·ny** *s Br.* 'Kronkolo,nie *f.* **~ cork** *s* Kronenkorken *m.* **~ court** *s jur. Br.* Gericht für Strafsachen höherer Ordnung u. einige Zivilsachen.
crowned [kraʊnd] *adj* **1.** gekrönt: **~ heads** gekrönte Häupter. **2.** mit e-m Kamm, Schopf *etc* (versehen): **~ heron** Schopfreiher *m.* **3.** *in Zssgn*: **a high-~ hat** ein Hut mit hohem Kopf.
crown|es·cape·ment *s tech.* Spindelhemmung *f (der Uhr).* **~ glass** *s* **1.** *tech.* Mondglas *n*, Butzenscheibe *f.* **2.** *opt.* Kronglas *n.* **~ head** *s* Damespiel: Damenreihe *f.*
crown·ing ['kraʊnɪŋ] **I** *adj* krönend, alles über'bietend, höchst, glorreich, Glanz... **II** *s* Krönung *f (a. fig.).*
crown| jew·els *s pl* 'Kronju,welen *pl*, 'Reichsklein,odien *pl.* **~ land** *s* **1.** Krongut *n*, königliche *od.* kaiserliche Domäne. **2.** 'Staatsländer,eien *pl.* **C~ law** *s jur. Br.* Strafrecht *n.* **~ lens** *s* Kronglaslinse *f.* **~ prince** *s* Kronprinz *m (a. fig.).* **~ prin·cess** *s* 'Kronprin,zessin *f.* **~ rust** *s bot.* Kronenrost *m.* **~ saw** *s tech.* Zy-'linder-, Trommelsäge *f.* **~ wheel** *s tech.* **1.** Kronrad *n (der Uhr etc).* **2.** Kammrad *n.* **3.** *mot.* Antriebskegelrad *n.* **~ wit·ness** *s jur. Br.* Belastungszeuge *m.*
crow quill *s* **1.** (Raben)Kielfeder *f.* **2.** feine Stahlfeder.
'crow's|-foot *s irr* **1.** *pl* Krähenfüße *pl*, Fältchen *pl (an den Augen).* **2.** *aer. tech.* Gänsefuß *m (e-e Seilverspannung).* **3.** Schneiderei: Fliege *f.* **4.** *mil.* Fußangel *f.* **5.** → **crowfoot** 1-4. **~ nest** *s mar.* Ausguck *m*, Krähennest *n.*
cro·zier = **crosier.**
cru [kruː] *pl* **crus** *s Weinbau*: Cru *n*, Lage *f.*
cru·ces ['kruːsiːz] *pl von* **crux.**
cru·cial ['kruːʃl] *adj (adv* **~ly) 1.** kritisch, entscheidend **(to, for** für): **a ~ moment; ~ point** springender Punkt; **~ test** Feuerprobe *f.* **2.** schwierig: **~ problem. 3.** kreuzförmig, Kreuz...
cru·ci·ate ['kruːʃɪət; *bes. Am.* -ʃeɪt] *adj* kreuzförmig.
cru·ci·ble ['kruːsɪbl] *s* **1.** *tech.* (Schmelz-) Tiegel *m.* **2.** *tech.* Herd *m (e-s Gebläseofens).* **3.** *fig.* Feuerprobe *f.* **~ fur·nace** *s tech.* Tiegelofen *m.* **~ steel** *s tech.* Tiegel-(guß)stahl *m.*
cru·cif·er·ous [kruːˈsɪfərəs] *adj bot.* zu den Kreuzblütlern gehörend: **~ plant** Kreuzblütler *m.*
cru·ci·fix ['kruːsɪfɪks] *s* Kruzi'fix *n.*
cru·ci'fix·ion [-'fɪkʃn] *s* **1.** Kreuzigung *f.* **2. C~** Kreuzigung *f* Christi. **3.** Kreuzestod *m.* **4.** *fig.* Mar'tyrium *n.*
'cru·ci·form [-fɔː(r)m] *adj* kreuzförmig. **'cru·ci·fy** [-faɪ] *v/t* **1.** kreuzigen, ans Kreuz schlagen. **2.** *fig.* Begierden abtöten. **3.** martern, quälen. **4.** *colloq. j-n* ein Stück *etc* verreißen.
crud [krʌd] *s bes. Am. sl.* **1.** Dreck *m.* **2.** ,Scheißkerl' *m.* **'crud·dy** *adj bes. Am. sl.* dreckig.
crude [kruːd] **I** *adj (adv* **~ly) 1.** roh, ungekocht. **2.** roh, unverarbeitet, unbearbeitet, Roh...: **~ metal (oil, ore, rubber, steel, sugar)** Rohmetall *n* (-öl *n*, -erz *n*, -gummi *m*, -stahl *m*, -zucker *m*); **~ lead** Werkblei *n.* **3.** unfertig, grob, nicht ausgearbeitet, 'undurch,dacht.
4. *fig.* roh, unreif. **5.** *fig.* roh, grob, ungehobelt, unfein. **6.** primi'tiv: **a)** grob, plump, 'unele,gant, **b)** bar'barisch, **c)** simpel: **~ construction; a ~ sketch** e-e rohe Skizze. **7.** *fig.* nackt, ungeschminkt: **~ facts. 8.** grell, geschmacklos. **9.** *Statistik*: roh, Roh..., nicht aufgeschlüsselt: **~ death rates. II** *s* **10.** 'Rohpro,dukt *n.* **11.** *tech.* **a)** Rohöl *n*, **b)** 'Rohdestil,lat *n* des Steinkohlenteers *(Benzol etc).* **'crude·ness** → **crudity.**
cru·di·ty ['kruːdɪtɪ] *s* **1.** Roheit *f (a. fig.).* **2.** Unfertigkeit *f.* **3.** *fig.* Unreife *f.* **4.** Grobheit *f*, Plumpheit *f.* **5.** *fig.* Ungeschminktheit *f.* **6.** (etwas) Unfertiges.
cru·el ['krʊəl] *adj* grausam **(to** zu, gegen). **2.** unmenschlich, hart, unbarmherzig, roh, gefühllos. **3.** schrecklich, mörderisch: **~ heat; ~ struggle. 'cru·el·ly** *adv* **1.** grausam. **2.** *colloq.* ,grausam', schrecklich, scheußlich: **~ hot.**
cru·el·ty ['krʊəltɪ] *s* **1. (to)** Grausamkeit *f* (zu, gegen): **a)** Unmenschlichkeit *f* (to gegen[über]), **b)** Miß'handlung *f*, Quäle'rei *f (gen):* **~ to animals** Tierquälerei *f*; **Society for the Prevention of C~ to Animals** Tierschutzverein *m*; **~ to children** Kindesmißhandlung. **2.** *jur.* → **mental cruelty.**
cru·et ['kruːɪt] *s* **1. a)** Essig-, Ölfläschchen *n*, **b)** *a.* **~ stand** Me'nage *f*, Gewürzständer *m.* **2.** *R.C.* Meßkännchen *n.*
cruise [kruːz] **I** *v/i* **1.** *mar.* kreuzen, e-e Kreuzfahrt *od.* Seereise machen. **2.** *aer. mot.* mit Reisegeschwindigkeit fliegen *od.* fahren: **to ~ at** ... mit e-r Reisegeschwindigkeit von ... fliegen. **3.** her'umfahren, -reisen: **cruising taxi** → **cruiser** 3 a. **II** *v/t* **4.** kreuzen in *(dat)*, her'umfahren in *(dat).* **III** *s* **5.** Kreuzen *n.* **6.** Kreuz-, Vergnügungsfahrt *f*, Seereise *f.* **7.** Her-'umfahren *n.* **~ con·trol** *s mot.* Tempo-regler *m*, Tempo'stat *m.* **~ mis·sile** *s aer. mil.* Marschflugkörper *m.*
'cruis·er *s* **1.** her'umfahrendes Fahrzeug, *bes.* kreuzendes Schiff. **2.** *mar.* **a)** *mil.* Kreuzer *m (a. allg.),* **b)** her'umfahrendes Taxi auf Fahrgastsuche. **3. b)** (Funk)Streifenwagen *m.* **4.** → **timber cruiser. 5.** *Am. sl.* ,Strichmädchen' *n.* **6.** *a.* **~weight** *(Boxen) bes. Br.* Halbschwergewicht(ler *m*) *n.* **'cruis·ing** *adj mar. mot.* Reise...: **~ altitude** *bes. Br.* Reiseflughöhe *f*; **~ gear** *mot.* Schongang *m*; **~ radius** *(od.* **range)** *aer. mar.* Aktionsradius *m*; **~ speed a)** *aer. mot.* Dauer-, Reisegeschwindigkeit *f*, **b)** *mar.* Marschfahrt *f.*
crul·ler ['krʌlər] *s Am. (Art)* Krapfen *m.*
crumb [krʌm] **I** *s* **1.** Krume *f*: **a)** Krümel *m*, Brösel *m*, **b)** *weicher Teil des Brotes.* **2.** *pl gastr.* Streusel *m*, *n.* **3.** *fig.* Brocken *m*: **a few ~s of information** ein paar Informationsbrocken. **4.** *bes. Am. sl.* ,Scheißkerl' *m.* **II** *v/t* **5.** *gastr.* pa'nieren. **6.** zerkrümeln.
crum·ble ['krʌmbl] **I** *v/t* **1.** zerkrümeln, -bröckeln. **II** *v/i* **2.** *a.* **~ away** zerbröckeln, -fallen. **3.** *fig.* zerfallen, zu-'grunde gehen: **to ~ to dust** *(od.* **nothing)** sich in nichts auflösen. **4.** *econ.* abbröckeln *(Kurse).* **'crum·bling, 'crum·bly** *adj.* krüm(e)lig, bröck(e)lig. **2.** zerbröckelnd, -fallend.
crumbs [krʌmz] *interj Br. sl.* Mensch!, Mann!
crumb·y ['krʌmɪ] *adj* **1.** voller Krumen. **2.** weich, krüm(e)lig. **3.** → **crummy.**
crum·horn ['krʌmhɔː(r)n] *s mus. hist.* Krummhorn *n.*
crum·my ['krʌmɪ] *adj sl.* ,lausig', mise-'rabel.
crump [krʌmp] *s* **1.** Knirschen *n.* **2.** *mil.*
Br. sl. **a)** heftiges Krachen, **b)** ,dicker Brocken' *(Granate etc).*
crum·pet ['krʌmpɪt] *s bes. Br.* **1.** *(ein)* Sauerteigfladen *m.* **2.** *sl.* **a) the ~ collect.** die ,Miezen' *pl*, **b) a bit** *(od.* **piece) of ~** e-e ,Mieze'.
crum·ple ['krʌmpl] **I** *v/t* **1.** *a.* **~ up** zerknittern, -knüllen. **2.** zerdrücken. **3.** *fig. j-n* 'umwerfen. **II** *v/i* **4.** faltig *od.* zerdrückt werden, knittern, zs.-schrumpeln. **5.** *a.* **~ up** zs.-brechen *(a. fig.).* **III** *s* **6.** (Knitter)Falte *f.* **~ zone** *s mot.* Knautschzone *f.*
crunch [krʌntʃ] **I** *v/t* **1.** knirschend (zer-) kauen. **2.** zermalmen. **II** *v/i* **3.** knirschend kauen. **4.** knirschen. **5.** sich knirschend bewegen. **III** *s* **6.** Knirschen *n.* **7.** *colloq.* ,Klemme': **to be caught in a ~** in der Klemme sein *od.* sitzen *od.* stecken. **8.** *colloq.* kritischer Mo'ment: **when it comes to the ~** wenn es zur Entscheidung kommt, wenn es hart auf hart geht.
crup·per ['krʌpə(r); *Am. a.* 'kruː-] *s* **1.** Schwanzriemen *m (des Pferdegeschirrs).* **2.** Kruppe *f (des Pferdes).*
cru·ral ['krʊərəl] *adj anat.* Schenkel..., Bein...
cru·sade [kruːˈseɪd] **I** *s hist.* Kreuzzug *m (a. fig.).* **II** *v/i* **a)** *hist.* e-n Kreuzzug unter'nehmen *(a. fig.),* **b)** *fig.* zu Felde ziehen, kämpfen **(against** gegen). **cru-'sad·er** *s* **1.** *hist.* Kreuzfahrer *m*, -ritter *m.* **2.** *fig.* Kämpfer *m.*
crush [krʌʃ] **I** *s* **1.** (Zer)Quetschen *n*: **~ syndrome** *med.* Quetschsyndrom *n.* **2.** (zermalmender) Druck. **3.** Gedränge *n*, Gewühl *n.* **4.** *colloq.* Party *etc*, auf der es eng zugeht. **5.** *bes. Br.* Getränk *aus ausgepreßten Früchten:* **orange ~. 6.** *colloq.* **a)** Schwarm *m*, **b)** Schwärme'rei *f*: **to have a ~ on s.o.** in j-n ,verknallt' *od.* verliebt sein. **II** *v/t* **7.** zerquetschen, -malmen, -drücken. **8.** zerdrücken, -knittern. **9.** quetschen, heftig drücken. **10.** *tech.* zerkleinern, mahlen, -stoßen, schroten, Erz *etc* brechen: **~ed coke** Brechkoks *m*; **~ed stone** Schotter *m.* **11.** (hin'ein)quetschen, (-)pressen **(into** *in acc).* **12.** auspressen, -drücken, -quetschen **(from** aus): **to ~ the juice from a lemon** e-e Zitrone auspressen. **13.** *fig.* **a)** nieder-, zerschmettern, über'wältigen, vernichten: → **crushing** 3, **b)** niederwerfen, unter'drücken: **to ~ a rebellion. III** *v/i* **14.** zerquetscht *od.* zerdrückt werden. **15.** zerbrechen. **16.** sich drängen **(into** *in acc).* **17.** (zer)knittern.
Verbindungen mit Adverbien:
crush| down → **crush** 7 *u.* 13. **~ out** *v/t* **1.** e-e Zigarette *etc* ausdrücken, auspressen. **2.** *fig.* zertreten. **~ up** *v/t* **1.** → **crush** 7 *u.* 10. **2.** zerknüllen.
crush·a·ble ['krʌʃəbl] *adj* **1.** knitterfest, -frei *(Stoff).* **2. ~ zone** *mot.* Knautschzone *f.*
crush bar·ri·er *s Br.* Barri'ere *f*, Absperrung *f.*
crush·er ['krʌʃə(r)] *s* **1.** *tech.* **a)** Zer'kleinerungsma,schine *f*, Brecher *m*, Brechwerk *n*, **b)** Presse *f*, Quetsche *f.* **2.** *colloq.* **a)** vernichtender Schlag, **b)** *(etwas)* 'Umwerfendes, ,dicker Hund'.
crush hat *s* **1.** 'Klapphut *m*, -zy,linder *m.* **2.** weicher (Filz)Hut.
crush·ing ['krʌʃɪŋ] *adj (adv* **~ly) 1.** zermalmend. **2.** *tech.* Brech..., Mahl...: **~ cylinder** Brech-, Quetschwalze *f*; **~ mill** Brech(walz)-, Quetschwerk *n*; **~ strength** Druckfestigkeit *f.* **3.** *fig.* niederschmetternd, vernichtend: **a ~ blow** ein vernichtender Schlag; **a ~ burden of debts** e-e erdrückende Schuldenlast; **a ~ majority** e-e erdrückende Mehrheit.
'crush|-re,sist·ant → **crushable** 1.

crush room – cubby(hole)

~ room s thea. etc bes. Br. Fo'yer n. **~ sec·tion** s mot. Knautschzone f.
crust [krʌst] **I** s **1.** Kruste f. **2.** (Brot-)Kruste f, (-)Rinde f. **3.** Knust m, hartes od. trockenes Stück Brot: **to earn one's ~** colloq. s-n Lebensunterhalt verdienen. **4.** Kruste f, Teig m (e-r Pastete). **5.** bot. zo. Schale f. **6.** geol. (Erd)Kruste f, (Erd)Rinde f. **7.** med. Kruste f, Schorf m. **8.** Niederschlag m (in Weinflaschen). **9.** fig. Kruste f, (harte) Schale. **10.** sl. Unverschämtheit f. **11. to be off one's ~** sl. ‚übergeschnappt' sein. **II** v/t **12.** a. **~ over** mit e-r Kruste über'ziehen. **13.** verkrusten. **III** v/i **14.** verkrusten, e-e Kruste bilden: → **crusted**. **15.** verharschen (Schnee).
crus·ta·cea [krʌˈsteɪʃə; -ʃɪə; -ʃə] s pl zo. Krebs-, Krustentiere pl. **crus'ta·cean** zo. **I** adj zu den Krebstieren gehörig, Krebs... **II** s Krebs-, Krustentier n. **crus·ta·ceous** [-ʃjəs; -ʃɪəs; -ʃəs] adj **1.** krustenartig. **2.** → **crustacean I**.
crust·ed [ˈkrʌstɪd] adj **1.** mit e-r Kruste über'zogen, verkrustet, krustig: **~ snow** Harsch(schnee) m. **2.** abgelagert (Wein). **3.** fig. alt: a) alt'hergebracht, b) eingefleischt: **a ~ Conservative**.
crust·i·ness [ˈkrʌstɪnɪs] s **1.** Krustigkeit f. **2.** fig. Barschheit f. **'crust·y** adj (adv **crustily**) **1.** → **crusted 1** u. **2. 2.** fig. barsch. **3.** Am. colloq. unanständig, schmutzig: **~ jokes**.
crutch [krʌtʃ] **I** s **1.** Krücke f: **to go on ~es** → **8. 2.** krückenartige od. gabelförmige Stütze. **3.** tech. a) Gabel f, b) Krücke f (beim Puddeln). **4.** Gabelung f. **5.** → **crotch 3. 6.** fig. Stütze f, Hilfe f. **II** v/t **7.** stützen. **III** v/i **8.** auf od. an Krücken gehen.
crutched [krʌtʃt] adj **1.** auf Krücken gestützt. **2.** eingeklemmt.
Crutch·ed Fri·ar [ˈkrʌtʃɪd; krʌtʃt] s relig. hist. (ein) Kreuzbruder m.
crux [krʌks] pl **crux·es, cru·ces** [ˈkruːsiːz] s **1.** Kern m, springender Punkt. **2.** a) Schwierigkeit f, ‚Haken' m, b) schwieriges Pro'blem, ‚harte Nuß'. **3.** bes. her. Kreuz n. **4.** **C~** astr. Kreuz n des Südens.
cry [kraɪ] **I** s **1.** Schrei m, Ruf m (for nach): **a ~ for help** ein Hilferuf m; **within ~ (of)** in Rufweite (von); **a far ~ from** fig. a) (himmel)weit entfernt von, b) etwas ganz anderes als; **that's still a far ~** das ist noch in weiter Ferne. **2.** Geschrei n: **much ~ and little wool** viel Geschrei u. wenig Wolle; **the popular ~** die Stimme des Volkes. **3.** Weinen n: **to have a good ~** sich richtig ausweinen. **4.** Bitten n, Flehen n. **5.** Ausrufen n, Geschrei n (der Straßenhändler): **(all) the ~** Am. fig. der letzte Schrei. **6.** (Schlacht)Ruf m, Schlag-, Losungswort n. **7.** Gerücht n. **8.** hunt. Anschlagen n, Gebell n (Meute): **in full ~** in wilder Jagd od. Verfolgung. **9.** hunt. Meute f, Koppel f. **10.** fig. Meute f, Herde f (Menschen): **to follow in the ~** mit der Masse gehen. **11.** tech. (Zinn-)Geschrei n.
II v/i **12.** schreien (a. Tiere). **13.** schreien, (laut) rufen, dringend verlangen (for nach): **to ~ for help** um Hilfe rufen (for moon 1. **14.** ~ **for** fig. schreien nach, dringend erfordern (Sache): **the situation cries for swift action**; **to ~ for vengeance** nach Rache schreien. **15.** a) weinen (**for joy** vor Freude), b) heulen, jammern (**over** wegen, **über** acc; **for um**): → **milk 1. 16.** (**against**) murren (gegen), schimpfen (auf acc), sich beklagen (über acc). **17.** hunt. anschlagen, bellen.
III v/t **18.** etwas schreien, (aus)rufen: **to ~ halves** halbpart verlangen; → **quits**. **19.** Waren etc ausrufen, -bieten, -schreien: **to ~ one's wares**. **20.** flehen um, erflehen. **21.** weinen: **to ~ o.s. to sleep** sich in den Schlaf weinen; → **eye 1, head** Bes. Redew., **heart** Bes. Redew.
Verbindungen mit Adverbien:
cry | back v/i biol. (ata'vistisch) rückschlagen. **~ down** v/t **1.** her'untersetzen, -machen. **2.** niederschreien. **~ off** I v/t rückgängig machen, zu'rücktreten von, (plötzlich) absagen. **II** v/i bes. Br. zu'rücktreten, absagen. **~ out** I v/t ausrufen. **II** v/i aufschreien: **to ~ against** heftig protestieren gegen; **to ~ (for)** cry 13 u. 14; **for crying out loud!** a) es ist zum Aus-der-Haut-Fahren, b) verdammt nochmal! **~ up** v/t rühmen: **he's not all he's cried up to be** so gut ist er auch wieder nicht.
'cry·ba·by s **1.** kleiner Schreihals. **2.** contp. Heulsuse f.
cry·ing [ˈkraɪɪŋ] adj **1.** weinend (etc; → cry II). **2.** fig. a) (himmel)schreiend: **~ shame**, b) dringend: **~ need**.
cryo- [kraɪəʊ; kraɪə] Wortelement mit der Bedeutung Tieftemperatur..., Kälte...
,cry·o·bi'ol·o·gy s Kryobiolo'gie f (Teilgebiet der Biologie, das sich mit der Einwirkung sehr tiefer Temperaturen auf Organismen, Organe etc befaßt).
cry·o·gen [ˈkraɪədʒən] s tech. Kältemischung f, -mittel n. **,cry·o'gen·ic** [-ˈdʒenɪk] **I** adj **1.** tech. kälteerzeugend. **2.** Computer: kryo'genisch: **~ memory**. **II** s pl (meist als sg konstruiert) **3.** phys. Kryo'genik f, 'Tieftempera,turtechnik f (Wissenschaft vom Verhalten der Stoffe bei extrem niedrigen Temperaturen).
cry·o·lite [ˈkraɪəlaɪt] s min. Kryo'lith m.
cry·om·e·ter [kraɪˈɒmɪtə; Am. -ˈɑmətər] s phys. Kryo'meter n (Thermometer für tiefe Temperaturen).
cry·os·co·py [kraɪˈɒskəpɪ; Am. -ˈɑs-] s chem. Kryosko'pie f (Analyseverfahren, bei dem durch Messung des Erstarrungsverhaltens von chemischen Verbindungen deren Reinheit bestimmt wird).
cry·o·stat [ˈkraɪəstæt] s phys. Kryo'stat m (Thermostat für tiefe Temperaturen).
,cry·o'sur·ger·y s med. Kryo-, Kältechirur'gie f.
,cry·o'ther·a·py s med. Kryothera'pie f (Anwendung von Kälte zur Zerstörung von krankem Gewebe).
cry·o·tron [ˈkraɪətrɒn; Am. -ˌtrɑn] s Computer: Kryotron n (Tieftemperatur-Schaltelement aus zwei verschiedenen Supraleitern).
crypt¹ [krɪpt] s **1.** arch. Krypta f, Gruft f. **2.** anat. zo. a) Krypta f, Grube f, b) einfache Drüse.
crypt² [krɪpt] Am. sl. für a) **cryptanalysis**, b) **cryptogram**, c) **cryptography**.
crypt·a·nal·y·sis [ˌkrɪptəˈnæləsɪs] s Entzifferung f von Geheimschriften. **crypt'an·a·lyze** v/t entziffern.
cryp·tic [ˈkrɪptɪk], a. **'cryp·ti·cal** adj (adv **~ly**). **1.** geheim, verborgen. **2.** mysteri'ös, rätselhaft, dunkel: **~ remarks**. **3.** zo. Schutz...: ~ **colo(u)ring**.
crypto- [krɪptəʊ] Wortelement mit der Bedeutung krypto..., geheim.
cryp·to [ˈkrɪptəʊ] sl. **I** pl **-tos** s verkappter Anhänger, heimliches Mitglied. **II** adj verschlüsselt: **~ text**.
,cryp·to·'com·mu·nist s verkappter Kommu'nist.
cryp·to·gam [ˈkrɪptəʊgæm; -ptəgæm] s bot. Krypto'game f, Sporenpflanze f. **,cryp·to'gam·ic** [-ˈgæmɪk], **cryp·'tog·a·mous** [-ˈtɒgəməs; Am. -ˈtɑg-] adj bot. krypto'gam(isch). **cryp·'tog·a·my** s bot. Kryptoga'mie f.

,cryp·to'gen·ic [-ˈdʒenɪk] adj biol. med. krypto'gen, kryptoge'netisch (unbekannten Ursprungs).
'cryp·to·gram [-græm] s Text m in Geheimschrift, verschlüsselter Text.
cryp·to·graph [ˈkrɪptəʊgrɑːf; -tə-; bes. Am. -græf] s **1.** → **cryptogram**. **2.** Geheimschriftgerät n. **cryp'tog·ra·pher** [-ˈtɒgrəfə(r); Am. -ˈtɑg-] s (Ver-, Ent-)Schlüssler m. **,cryp·to'graph·ic** [-ˈgræfɪk] adj (adv **~ally**) **1.** Verschlüsselungs... **2.** verschlüsselt: **~ text**. **cryp'tog·ra·phy** s **1.** Schlüsselwesen n. **2.** Geheimschrift f. **3.** → **cryptanalysis**. **4.** psych. Kryptogra'phie f (absichtslos entstandene Kritzelzeichnung). **cryp'tol·o·gist** [-ˈtɒlədʒɪst; Am. -ˈtɑl-] → **cryptographer**.
cryp·to·nym [ˈkrɪptəʊnɪm; -tə-] s Krypto'nym n, Deckname m.
crys·tal [ˈkrɪstl] **I** s **1.** Kri'stall m (a. chem. min. phys.): **(as) clear as ~** a) kristallklar, b) fig. sonnenklar. **2.** ˈBergkri,stall m. **3.** a. **~ glass** tech. a) Kri'stall(glas) n, b) collect. Kri'stall n, Glaswaren pl aus Kri'stallglas. **4.** Uhrglas n. **5.** electr. a) (Detektor)Kri'stall m, b) → **crystal detector**, c) (Steuer-, Schwing)Quarz m. **II** adj **6.** kri'stallen: a) Kristall..., b) kri'stallklar, -hell. **7.** electr. Kristall..., piezoe'lektrisch: ~ **microphone**. ~ **ball** s Kri'stallkugel f (des Hellsehers). '**~-con,trolled** adj electr. quarzgesteuert, Quarz... ~ **de·tec·tor** s Radio: (Kri'stall)De,tektor m. '**~-,gaz·er** s Hellseher m (der in e-r Kristallkugel die Zukunft sieht). ~ **gaz·ing** s Hellsehen n.
crys·tal·line [ˈkrɪstəlaɪn; Am. bes. -lən] adj **1.** kristal'linisch (a. geol.), kri'stallen, kri'stallartig, Kristall...: ~ **lens** anat. (Augen)Linse f. **2.** fig. kri'stallklar.
'crys·tal·lite [-laɪt] s min. Kristal'lit m.
crys·tal·liz·a·ble [ˈkrɪstəlaɪzəbl] adj kristalli'sierbar. **,crys·tal·li'za·tion** [-laɪˈzeɪʃn; Am. -ləˈz-] s Kristallisati'on f, Kri'stallisierung f, Kri'stallbildung f. **'crys·tal·lize I** v/t **1.** kristalli'sieren. **2.** fig. kon'krete od. feste Form geben (dat). **3.** Früchte kan'dieren. **II** v/i **4.** kristalli'sieren. **5.** fig. kon'krete od. feste Form annehmen, sich kristalli'sieren (**into** zu): **to ~ out** sich herauskristallisieren.
crys·tal·log·ra·pher [ˌkrɪstəˈlɒgrəfə(r); Am. -ˈlɑg-] s Kristallo'graph m. **crys·tal'log·ra·phy** s Kristallogra'phie f.
crys·tal·loid [ˈkrɪstəlɔɪd] **I** adj kri'stallähnlich. **II** s bot. chem. Kristallo'id n.
crys·tal | set s Radio: hist. (Kri'stall-)De,tektorempfänger m. '**~-tuned** adj Radio: quarzgesteuert.
C sup·ply s electr. Gitterstromversorgung f.
cte·noid [ˈtiːnɔɪd; -te-] adj **1.** kammartig. **2.** ichth. kteno'id, kammschuppig: ~ **fish** Kammschupper m.
cte·noph·o·ran [tɪˈnɒfərən; Am. -ˈnɑ-] zo. **I** adj Rippenquallen... **II** s Rippenqualle f.
cub [kʌb] **I** s **1.** Junge n (des Fuchses, Bären etc). **2.** a. **unlicked ~** ‚grüner' Junge. **3.** Flegel m, Bengel m. **4.** Anfänger m: ~ **reporter** (unerfahrener) junger Reporter. **5.** a. **~ scout** Wölfling m (Jungpfadfinder). **II** v/t **6.** Junge werfen. **III** v/i **7.** (Junge) werfen. **8.** junge Füchse jagen.
cub·age [ˈkjuːbɪdʒ] → **cubature 2**.
Cu·ban [ˈkjuːbən] **I** adj **1.** ku'banisch: ~ **tobacco**. **3.** Kubatabak m.
cu·ba·ture [ˈkjuːbətjʊə(r); -ˌtʃʊə(r); -tʃə(r)] s math. **1.** Kuba'tur f, Raum(inhalts)berechnung f. **2.** Ku'bik-, Rauminhalt m.
cub·by(·hole) [ˈkʌbɪ(həʊl)] s **1.** behag-

liches Plätzchen; kleiner, gemütlicher Raum. **2.** ˌKa'buff *n*, Kämmerchen *n*, winziger Raum.

cube [kju:b] **I** *s* **1.** Würfel *m*: ~ **ore** *min.* Würfelerz *n*; ~ **sugar** Würfelzucker *m*. **2.** *math.* a) Würfel *m*, Kubus *m*: ~ **root** Kubikwurzel *f*, dritte Wurzel, b) Kubikzahl *f*, dritte Po'tenz. **3.** *tech.* Pflasterwürfel *m*, -stein *m*. **4.** *phot.* Blitzwürfel *m*. **II** *v/t* **5.** *math.* ku'bieren: a) zur dritten Po'tenz erheben: **two** ~**d** zwei hoch drei (2³), b) den Rauminhalt messen von (*od. gen*). **6.** würfeln, in Würfel schneiden *od.* pressen. **7.** *tech.* (mit Würfeln) pflastern.

cu·beb [ˈkju:beb] *s pharm.* **1.** Ku'bebe *f* (*Frucht des Kubebenpfeffers*). **2.** Ku'bebenzigaˌrette *f*.

cu·bic [ˈkju:bɪk] **I** *adj* (*adv* ~**ally**) **1.** Kubik..., Raum...: ~ **capacity**, ~ **content** → **cubature** 2; ~ **foot** Kubikfuß *m*; ~ **meter** (*bes. Br.* **metre**) Kubik-, Raum-, Festmeter *m*, *n*; ~ **number** → **cube** 2 b. **2.** kubisch, würfelförmig, Würfel...: ~ **niter** (*bes. Br.* **nitre**) *chem.* Würfel-, Natronsalpeter *m*. **3.** *math.* kubisch: ~ **equation** kubische Gleichung, Gleichung *f* dritten Grades. **4.** *min.* iso'metrisch (*Kristall*). **II** *s* **5.** *math.* kubische Größe *od.* Gleichung *od.* Kurve. **ˈcu·bi·cal** *adj* (*adv* ~**ly**) → **cubic** I.

cu·bi·cle [ˈkju:bɪkl] *s* **1.** kleiner abgeteilter (Schlaf)Raum. **2.** Ka'bine *f*. **3.** *electr.* Schaltzelle *f*.

cu·bi·form [ˈkju:bɪfɔː(r)m] *adj* würfelförmig.

cub·ism [ˈkju:bɪzəm] *s art* Ku'bismus *m*. **ˈcub·ist I** *s* Ku'bist *m*. **II** *adj* ku'bistisch.

cu·bit [ˈkju:bɪt] *s* Elle *f* (*altes Längenmaß*). **ˈcu·bi·tal** *adj* **1.** e-e Elle lang. **2.** *anat.* kubi'tal: a) Ell(en)bogen..., b) Unterarm... **ˈcu·bi·tus** [-təs] *pl* **-ti** [-taɪ] *s anat.* a) Ell(en)bogen *m*, b) 'Unterarm *m*.

cu·boid [ˈkju:bɔɪd] *adj* **1.** annähernd würfelförmig. **2.** *anat.* Würfel...: ~ **bone** Würfelbein *n*.

cuck·ing stool [ˈkʌkɪŋ] *s hist.* Schandstuhl *m* (*Art Pranger*).

cuck·old [ˈkʌkəʊld; *bes. Am.* -əld] **I** *s* Hahnrei *m*, betrogener Ehemann. **II** *v/t* zum Hahnrei machen, j-m Hörner aufsetzen. **ˈcuck·old·ry** [-rɪ] *s* **1.** Hörneraufsetzen *n*. **2.** Hörnertragen *n*.

cuck·oo [ˈkʊku:] **I** *s* **1.** *orn.* Kuckuck *m*: **a ~ in the nest** *fig.* ein „Kuckuckssei". **2.** Kuckucksruf *m*. **3.** *colloq.* „Heini" *m*, „Spinner" *m*. **II** *v/i* **4.** „kuckuck" rufen. **III** *adj* **5.** *colloq.* „bekloppt", „plem'plem". ~ **clock** *s* Kuckucksuhr *f*. **ˈ~-flow·er** *s bot.* **1.** Wiesenschaumkraut *n*. **2.** Kuk-kucksnelke *f*. ~ **fly** *s zo.* Goldwespe *f*. **ˈ~-pint** [-pɪnt] *s bot.* Gefleckter Aronstab. ~ **spit**, ~ **spit·tle** *s zo.* **1.** Kuckucksspeichel *m*. **2.** ˈSchaumzıˌkade *f*.

cu·cum·ber [ˈkju:kʌmbə(r)] *s* **1.** Gurke *f* (*Frucht von* 2): (**as**) **cool as a** ~ *colloq.* „eiskalt", kühl u. gelassen. **2.** *bot.* Gartengurke *f*, Echte Gurke. **3.** → **cucumber tree**. **~ slic·er** *s* Gurkenhobel *m*. **~ tree** *s bot.* (*e-e*) amer. Ma'gnolie.

cu·cur·bit [kjuˈkɜ:bɪt; *Am.* -ˈkɜr-] *s* **1.** *bot.* Kürbisgewächs *n*. **2.** *chem.* Destillati'onsflasche *f*.

cud [kʌd] *s* Klumpen *m* 'wiedergekäuten Futters: **to chew the** ~ a) wiederkäuen, b) *fig.* überlegen, nachdenken. **2.** *colloq.* a) Priem *m* (*Kautabak*), b) Streifen *m* (*Kaugummi*).

cud·bear [ˈkʌdbeə(r)] *s* Or'seille *f* (*roter Pflanzenfarbstoff*).

cud·dle [ˈkʌdl] **I** *v/t* **1.** an sich drücken, hätscheln, ˌknudd(e)ln'. **2.** schmusen mit. **II** *v/i* **3.** ~ **up** sich kuscheln *od.* schmiegen (**to** *an acc*); ~ **up together** sich aneinanderkuscheln. **4.** schmusen. **III** *s*

5. enge Um'armung, Lieb'kosung *f*. **ˈcud·dle·some** [-səm], **ˈcud·dly** *adj* kusch(e)lig, ˌknudd(e)lig'.

cud·dy¹ [ˈkʌdɪ] *s mar.* a) kleine Ka'jüte, b) Kom'büse *f* (*e-s kleinen Boots*). **2.** kleiner Raum *od.* Schrank.

cud·dy² [ˈkʌdɪ] *s bes. Scot.* Esel *m* (*a. fig.*).

cudg·el [ˈkʌdʒəl] **I** *s* **1.** Knüppel *m*: **to take up the ~s** *fig.* vom Leder ziehen; **to take up the ~s for s.o.** *fig.* für j-n eintreten *od.* e-e Lanze brechen *od.* auf die Barrikaden gehen. **2.** *pl*, *a.* ~ **play** Stockfechten *n*. **II** *v/t prät u. pp* **-eled**, *bes. Br.* **-elled 3.** prügeln: → **brain** 2.

cue¹ [kju:] **I** *s* **1.** *thea. etc, a. fig.* Stichwort *n*, *mus.* Einsatz *m*: ~ **card** *TV* „Neger" *m*; ~ **light** *TV* Kontrollicht *n*, Signallampe *f*; ~ **sheet** *TV* Mischplan *m*; **to give s.o. his** ~ j-m sein Stichwort *od.* (*mus.*) den Einsatz geben; **to miss one's** ~ sein Stichwort *od.* (*mus.*) den Einsatz verpassen; (**dead**) **on** ~ a) genau aufs Stichwort, b) *fig.* genau zum rechten Zeitpunkt, wie gerufen. **2.** Wink *m*, Fingerzeig *m*: **to give s.o. his** ~ j-m die Worte in den Mund legen; **to take up the** ~ den Wink verstehen; **to take the** ~ **from s.o.** sich nach j-m richten. **3.** Anhaltspunkt *m*. **4.** Rolle *f*, Aufgabe *f*. **5.** *obs.* Stimmung *f*, Laune *f*. **6.** *mus.* Kustos *m* (*kleine Orientierungsnote*). **II** *v/t* **7.** *thea. etc, a. fig.* j-m das Stichwort geben, *mus.* j-m den Einsatz geben. **8.** *a.* ~ **in** *Film*, *TV*: e-e Szene abfahren lassen.

cue² [kju:] **I** *s* **1.** Queue *n*, Billardstock *m*: ~ **ball** Spiel-, Stoßball *m*. **2.** → **queue** 1. **3.** *Am.* → **queue** 2. **II** *v/t* **4.** → **queue** III. **III** *v/i* **5.** *Am.* → **queue** II.

cue·ist [ˈkju:ɪst] *s* Billardspieler *m*.

cues·ta [ˈkwestə] *s geol.* Schicht-, Landstufe *f*.

cuff¹ [kʌf] *s* **1.** (Ärmel-, *Am. a.* Hosen-)Aufschlag *m*, Stulpe *f* (*a. vom Handschuh*), Man'schette *f* (*a. tech.*): ~ **link** Manschettenknopf *m*; **off the** ~ *colloq.* aus dem Handgelenk *od.* Stegreif; **on the** ~ *Am. colloq.* a) auf Pump, b) gratis. **2.** *pl colloq.* Handschellen *pl*.

cuff² [kʌf] *s v/t* a) j-n (mit der flachen Hand) schlagen: **to** ~ **s.o.'s ears** j-n ohrfeigen; j-m e-n Klaps geben. **II** *s* a) Schlag *m* (mit der offenen Hand), b) Klaps *m*.

cui·rass [kwɪˈræs] **I** *s* **1.** *mil. hist.* Küraß *m*, (Brust)Harnisch *m*, Panzer *m*. **2.** Panzerplatte *f*. **3.** *zo.* Panzer *m*. **4.** *med.* a) Gipsverband *m* um Rumpf u. Hals, b) (*ein*) 'Sauerstoffappaˌrat *m*. **II** *v/t* **5.** *mil. hist.* mit e-m Küraß bekleiden. **6.** panzern. **cui·ras·sier** [ˌkwɪrəˈsɪə(r)] *s mil. hist.* Küras'sier *m*.

cuish [kwɪʃ] → **cuisse**.

cui·sine [kwɪˈzi:n] *s* Küche *f* (*Kochkunst*): **French** ~ die französische Küche.

cuisse [kwɪs] *s mil. hist.* **1.** Beinschiene *f*. **2.** *pl* Beinharnisch *m*.

culch → **cultch**.

cul-de-sac [ˈkʊldəˌsæk; ˈkʌldəˌsæk; *Am.* ˌkʌldɪˈsæk] *pl* **cul-de-sacs** *od.* **culs--de-sac** *s* **1.** Sackgasse *f* (*a. fig.*). **2.** *anat.* Blindsack *m*.

cu·let [ˈkju:lɪt] *s* **1.** Kü'lasse *f* (*Unterteil des Brillanten*). **2.** *mil. hist.* Gesäßharnisch *m*.

cu·lex [ˈkju:leks] *pl* **ˈcu·li·ces** [-lɪsi:z] *s zo.* Stechmücke *f*.

cu·li·nar·y [ˈkʌlɪnərɪ; *Am.* ˌneri; *a.* ˈkju:-] *adj* kuli'narisch, Koch..., Küchen...: ~ **art** Kochkunst *f*; ~ **herbs** Küchenkräuter *pl*.

cull [kʌl] **I** *v/t* **1.** pflücken. **2.** auslesen, -suchen. **3.** Minderwertiges 'aussorˌtieren. **4.** das Merzvieh aussondern aus (*e-r Herde*). **II** *s* **5.** (*etwas*) (als minderwertig)

Ausgesondertes. **6.** *pl* a) Ausschuß *m*, b) Merzvieh *n*. **7.** *Am.* Ausschußholz *n*.

cul·len·der [ˈkʌlɪndə(r); -lən-] → **colander**.

cul·let [ˈkʌlɪt] *s* Bruchglas *n*.

cul·lis [ˈkʌlɪs] *s arch.* Dachrinne *f*.

cul·ly [ˈkʌlɪ] *s sl.* „Kumpel" *m*.

culm¹ [kʌlm] *s* **1.** Kohlenstaub *m*, -klein *n*, Grus *m*: ~ **coke** Fein-, Perlkoks *m*. **2.** *a.* ~ **measures** *geol.* Kulm *n*, unterer Kohlenkalk.

culm² [kʌlm] *s bot.* **1.** (*bes.* Gras)Halm *m*, Stengel *m*. **2.** *pl Br.* Malzkeime *pl*.

cul·mi·nant [ˈkʌlmɪnənt] *adj* **1.** *astr.* kulmi'nierend. **2.** *fig.* auf dem Gipfelpunkt.

cul·mi·nate [ˈkʌlmɪneɪt] **I** *v/i* **1.** *astr.* kulmi'nieren. **2.** den Höhepunkt erreichen (*a. fig.*): **culminating point** Kulminations-, Höhepunkt *m*. **3.** *fig.* gipfeln (**in** *in dat*). **II** *v/t* **4.** krönen, den Höhepunkt bilden von (*od. gen*). **5.** auf den Höhepunkt bringen. ˌ**cul·mi'na·tion** *s* **1.** *astr.* Kulminati'on *f*. **2.** *bes. fig.* Gipfel *m*, Höhepunkt *m*, höchster Stand: **to reach the** ~ **of one's career** den Höhepunkt s-r Laufbahn erreichen.

cu·lottes [kjuˈlɒts; *Am.* ˈku:ˌlɑts; ˈkju:-] *s pl* Hosenrock *m*.

cul·pa·bil·i·ty [ˌkʌlpəˈbɪlətɪ] *s* **1.** Sträflichkeit *f*. **2.** *jur.* Schuldhaftigkeit *f*. **ˈcul·pa·ble** *adj* (*adv* **culpably**) **1.** tadelnswert, sträflich. **2.** *jur.* strafbar, schuldhaft: ~ **negligence** grobe Fahrlässigkeit.

cul·prit [ˈkʌlprɪt] *s* **1.** *jur.* a) Angeklagte(r *m*) *f*, Angeschuldigte(r *m*) *f*, b) Täter(in), Schuldige(r *m*) *f*. **2.** *allg.* Missetäter(in).

cult [kʌlt] *s* **1.** *relig.* Kult(us) *m*: **the Mithras** ~, **the** ~ **of Mithras** der Mithra(s)kult. **2.** *fig.* Kult *m*: a) (unmäßige) Verehrung *od.* Hingabe, b) dumme Mode. **3.** Kultgemeinschaft *f*. **4.** *relig.* Sekte *f*.

cultch [kʌltʃ] *s* Steine *pl od.* Schalen *pl etc* als Austernbett.

cult fig·ure *s* a) I'dol *n*, b) Kultbild *n*.

cul·tic [ˈkʌltɪk] *adj* kultisch, Kult...

cult·ism [ˈkʌltɪzəm] *s* Kultbegeisterung *f*. **ˈcult·ist** *s* Anhänger(in) e-s Kults, Kultbegeisterte(r *m*) *f*.

cul·ti·va·ble [ˈkʌltɪvəbl] *adj* **1.** kulti'vierbar: a) bebaubar, bestellbar: ~ **soil**, b) anbaufähig, züchtbar: ~ **plants**, c) zivili'sierbar. **2.** entwicklungsfähig. **ˈcul·ti·var** [-vɑː(r)] *s biol.* Kul'turrasse *f*, Kul'turvarieˌtät *f*. **ˈcul·ti·vat·a·ble** [-veɪtəbl] → **cultivable**.

cul·ti·vate [ˈkʌltɪveɪt] *v/t* **1.** *agr.* a) den Boden kulti'vieren, bebauen, bestellen, bearbeiten, urbar machen, b) *engS.* mit dem Kulti'vator bearbeiten, c) *Pflanzen* züchten, ziehen, (an)bauen. **2.** zivili'sieren. **3.** veredeln, -feinern, entwickeln, fort-, ausbilden, *e-e Kunst etc* fördern. **4.** *e-e Kunst etc* pflegen, betreiben, sich widmen (*dat*). **5.** sich befleißigen (*gen*), Wert legen auf (*acc*): **to** ~ **good manners**. **6.** a) *e-e Freundschaft*, *Beziehungen etc* pflegen, b) freundschaftlichen Verkehr suchen *od.* pflegen mit, sich *j-m* widmen, sich *j-n* ˌwarmhalten': **to** ~ **s.o.** **ˈcul·ti·vat·ed** *adj* **1.** bebaut, bestellt, kulti'viert, Kultur... **2.** gezüchtet, Kultur...: ~ **plant** Kulturpflanze *f*. **3.** zivili'siert, verfeinert. **4.** kulti'viert, gebildet.

ˌ**cul·ti'va·tion** [ˌkʌltɪˈveɪʃn] *s* **1.** Kulti'vierung *f*, Bearbeitung *f*, Bestellung *f*, Bebauung *f*, Urbarmachung *f*: **of the soil**; **area under** ~ Anbau-, Kulturfläche *f*. **2.** Ackerbau *m*, Anbau *m*. **3.** Züchtung *f*, Pflege *f*. **5.** → **culture** 7. **ˈcul·ti·va·tor** [-tə(r)] *s* **1.** Landwirt *m*, Bauer *m*. **2.** Pflanzer *m*,

cultural – curative

Züchter *m*. **3.** *agr*. Kulti'vator *m* (*Gerät*). **4.** *fig*. Pfleger *m*.

cul·tu·ral ['kʌltʃərəl; 'kʌltʃrəl] *adj* **1.** a) kultu'rell: ~ **activities**, b) Kultur...: ~ **agreement** (**anthropology, exchange, heritage, life, pessimism, revolution, scene**, *etc*); ~ **lag** → **culture lag**. **2.** *biol*. gezüchtet, Kultur...: ~ **variety** Kulturrasse *f*, -varietät *f*. **'cul·tur·al·ly** *adv* in kultu'reller 'Hinsicht, kultu'rell.

cul·ture ['kʌltʃə(r)] *I s* **1.** → **cultivation** 1 *u*. 2. **2.** Anbau *m*, (*Pflanzen*)Zucht *f*: **fruit** ~ Obstbau *m*. **3.** Züchtung *f*, (*Tier*-) Zucht *f*: ~ **of bees** Bienenzucht. **4.** Kul-'tur *f* (*angebaute Pflanzen*). **5.** *biol*. a) Züchtung *f* (*von Bakterien, Gewebe etc*), b) Kul'tur *f*: **bacterial** ~ Bakterienkultur; ~ **of mo(u)lds** Pilzkultur. **6.** → **cultivation** 4. **7.** (*geistige*) Kul'tur: a) (Geistes)Bildung *f*, b) Kulti'viertheit *f*, verfeinerte Lebensweise: **he is a man of ~** er hat Kultur, er ist kultiviert. **8.** Kul'tur *f*: a) Kul'turkreis *m*, b) Kul'turform *f*, -stufe *f*. *II v/t* **9.** *biol*. a) *Bakterien etc* züchten, b) e-e Kul'tur züchten in (*dat*). **~ a·re·a** *s* Kul'turraum *m*. **~ cen·ter**, *bes*. *Br*. **~ cen·tre** *s* Kul'turzentrum *n*. **~ com·plex** *s* Kom'plex *m* mehrerer gleichgerichteter Kul'turerscheinungen u. -ten₁denzen.

cul·tured ['kʌltʃə(r)d] *adj* **1.** kulti'viert: a) *agr*. bebaut: ~ **fields**, b) *fig*. gebildet. **2.** gezüchtet, Zucht...: ~ **pearl**.

cul·ture | fac·tor *s sociol*. Kul'turfaktor *m*. **~ lag** *s sociol*. parti'elle Kul'turrückständigkeit. **~ me·di·um** *s a*. *irr biol*. Kul'tursub₁strat *n*, (künstlicher) Nährboden. **~ pearl** *s* Zuchtperle *f*. **~ shock** *s sociol*. Kul'turschock *m*. **~ vul·ture** *s colloq*. 'Kul'turhy₁äne' *f*.

cul·tur·ist ['kʌltʃərɪst] *s* **1.** Züchter *m*. **2.** Kul'turbeflissene(r *m*) *f*. **3.** Anhänger(in) e-r bestimmten Kul'tur.

cul·ver ['kʌlvə(r)] *s orn*. (*bes*. Ringel-) Taube *f*.

cul·ver·in ['kʌlvərɪn] *s mil*. *hist*. Feldschlange *f*.

cul·vert ['kʌlvə(r)t] *s tech*. **1.** ('Bach-) ₁Durchlaß *m*. **2.** über'wölbter 'Abzugska₁nal. **3.** 'unterirdische (Wasser)Leitung.

cum¹ [kʌm; kʊm] (*Lat.*) *prep* **1.** (zu'sammen) mit, samt: **~ dividend** *econ*. mit Dividende; **~ rights** *econ*. mit Bezugsrecht (*auf neue Aktien*). **2.** gleichzeitig, in e-m: **kitchen-cum-dining room** Eßküche *f*.

cum² [kʌm] *s vulg*. 'Soße' *f* (*Sperma*).

cu·ma·cean [kju'meɪʃn] *zo*. *I adj* Cumaceen... *II s* Cuma'cee *f* (*Krebs*).

cu'ma·ceous [-ʃəs] → **cumacean** I.

cu·ma·ra [kju'mɑːrə], **'cu·ma·ru** [-ruː] *s bot*. Tonkabaum *m*.

cum·ber ['kʌmbə(r)] *I v/t* **1.** *obs*. zur Last fallen (*dat*). **2.** hemmen, (be)hindern, belasten. *II s* **3.** Behinderung *f*. **4.** Last *f*, Hindernis *n*, Bürde *f*. **'cum·ber·some** [-səm] *adj* (*adv* ~**ly**) **1.** lästig, hinderlich, beschwerlich. **2.** plump, klobig, schwerfällig: **a ~ parcel** ein unhandliches Paket. **'cum·ber·some·ness** *s* **1.** Lästigkeit *f*. **2.** Schwerfälligkeit *f*, Plumpheit *f*.

cum·brance ['kʌmbrəns] *s* **1.** Last *f*, Bürde *f*. **2.** Schwierigkeit *f*.

Cum·bri·an ['kʌmbrɪən] *I adj* kumbrisch. *II s* Bewohner(in) von Cumbria.

cum·brous ['kʌmbrəs] *adj* (*adv* ~**ly**) → **cumbersome**.

cum·in ['kʌmɪn] *s bot*. Kreuzkümmel *m*.

cum·mer·bund ['kʌmə(r)bʌnd] *s* **1.** *Br*. *Ind*. Schärpe *f*, Leibgurt *m*. **2.** *Mode*: Kummerbund *m*.

cum·min → **cumin**.

cu·mu·lant ['kjuːmjʊlənt] *s math*. Kumu'lant *m*.

cu·mu·late ['kjuːmjʊleɪt] *I v/t* **1.** (an-, auf)häufen. **2.** *bes*. *jur*. mehrere Klagen vereinigen. *II v/i* **3.** sich (an-, auf)häufen. *III adj* [*Br*. -lət] **4.** (an-, auf)gehäuft. **₁cu·mu'la·tion** *s* (An)Häufung *f*.

cu·mu·la·tive ['kjuːmjʊlətɪv; *Am*. -₁leɪtɪv] *adj* **1.** kumula'tiv, Sammel..., Gesamt...: **~ effect** Gesamtwirkung *f*. **2.** sich (an)häufend *od*. sum'mierend, anwachsend, sich steigernd. **3.** zusätzlich, (noch) hin'zukommend, verstärkend, Zusatz... **4.** *econ*. kumula'tiv: **~ dividend** Dividende *f* auf kumulative Vorzugsaktien; **~ preferred stock**, *Br*. **~ preference shares** kumulative Vorzugsaktien. **~ ev·i·dence** *s jur*. verstärkender Beweis. **~ fre·quen·cy** *s Statistik etc*: Summenhäufigkeit *f*. **~ curve** Summenkurve *f*. **~ leg·a·cy** *s jur*. Zusatzvermächtnis *n*. **~ sen·tence** *s jur*. *Am*. zusätzliche Strafzumessung. **~ vot·ing** *s* Kumu'lierungssy₁stem *n* (*bei Wahlen*).

cu·mu·li ['kjuːmjʊlaɪ] *pl von* **cumulus**.

₁cu·mu·lo'nim·bus ['kjuːmjʊloʊ-] *s a. irr meteor*. Kumulo'nimbus *m*, Cumulo-'nimbus *m* (*massige, dichte Wolke in Form e-s hohen Berges od. mächtigen Turmes*).

~'stra·tus *s irr meteor*. Strato'kumulus *m* (*tiefhängendes, aus ein- od. mehrschichtigen Wolken bestehendes Wolkenfeld*).

cu·mu·lus ['kjuːmjʊləs] *pl* **-li** [-laɪ] *s* **1.** Haufen *m*. **2.** *meteor*. Kumulus *m*, Haufenwolke *f*.

cu·ne·i·form [kjuː'niːɔː(r)m; -nɪ-; *Am*. *a*. kjuː'niːə-] *I adj* **1.** keilförmig, Keil... **2.** Keilschrift...: **~ characters** Keilschrift(zeichen *pl*) *f*. *II s* **3.** Keilschrift *f*. **4.** *anat*. a) Keilbein *n*, b) Dreiecksbein *n* (*an Fuß u. Hand*).

cu·ni·form [kjuː'nɪfɔː(r)m] → **cuneiform**.

cun·ni·lin·gus [₁kʌnɪ'lɪŋɡəs] *s* Cunni-'lingus *m* (*orale Befriedigung e-r Frau*).

cun·ning ['kʌnɪŋ] *I adj* (*adv* ~**ly**) **1.** klug, geschickt. **2.** schlau, listig, gerissen: (**as**) **~ as a fox** schlau wie ein Fuchs. **3.** *Am. colloq*. a) niedlich, süß: **a ~ baby**, b) drollig: **a ~ frown**. *II s* **4.** Klugheit *f*, Geschicklichkeit *f*. **5.** Schlauheit *f*, List(igkeit) *f*, Gerissenheit *f*. **6.** *sport* Spielwitz *m*.

cunt [kʌnt] *s vulg*. **1.** 'Fotze' *f*, 'Möse' *f* (*Vagina*). **2.** 'Nummer' *f* (*Koitus*): **to have a ~** e-e Nummer machen *od*. schieben. **3.** Frau *f* fürs Bett. **4.** 'Arschloch' *n*, 'Scheißkerl' *m*.

cup [kʌp] *I s* **1.** Schale *f* (*a. des Weinglases etc*), Napf *m*. **2.** (Wein- *etc*)Becher *m*, Kelch *m*: **to be fond of the ~** gern 'bechern' *od*. trinken; **to be in one's ~s** betrunken sein; → **dreg** 1. **3.** a) Tasse *f*, b) (*e-e*) Tasse(voll): **a ~ of tea** e-e Tasse Tee; **that's not my ~ of tea** *Br*. *colloq*. das ist nicht mein Fall. **4.** *sport* Cup *m*, Po'kal *m*: **~ final** Pokalendspiel *n*; **~ tie** Pokalspiel *n*, -paarung *f*; **~ winner** Pokalsieger *m*. **5.** Bowle *f*. **6.** *relig*. a) Abendmahlskelch *m*, b) Abendmahlswein *m*. **7.** Schicksal *n*, Kelch *m*: **the ~ of happiness** der Kelch der Becher der Freude; **the ~ of bitterness** (*od*. **sorrow**) der Kelch des Leidens; **his ~ is full** das Maß s-r Leiden *od*. Freuden ist voll. **8.** *pl obs*. a) Zechen *n*, Trinken *n*, b) Zechgelage *n*, c) (Be)Trunkenheit *f*: **to be in one's ~s** betrunken sein, zu tief ins Glas geschaut haben. **9.** schalen- *od*. becher- *od*. kelchförmiger Gegenstand. **10.** *bot*. Blüten-, Fruchtbecher *m*, (Blumen)Kelch *m*. **11.** *zo*. Kelch *m*. **12.** *Golf*: a) Me'tallfütterung *f* des Loches, b) Loch *n*. **13.** *med*. → **cupping glass**. **14.** *anat*. (Gelenk)Pfanne *f*. **15.** *sport* 'Unterleibsschutz *m*, (*Boxen*) Tiefschutz *m*. **16.** Körbchen *n*, Schale *f* (*des Büstenhalters*). **17.** Mulde *f*. **18.** → **cupful** 2.

II v/t **19.** in e-e Schale *etc* legen *od*. gießen. **20.** (mit e-m Becher) schöpfen. **21.** a) *die Hand* 'hohl' machen, wölben, b) *das Kinn etc* in die (hohle) Hand legen *od*. schmiegen, c) *die Hand* wölben über (*acc*). **22.** *med*. schröpfen.

cup | and ball *s* Fangbecher(spiel *n*) *m*. **₁~-and-'ball joint** *s tech*. Kugelgelenk *n*. **₁~-and-'cone bear·ing** *s tech*. Kegelkugellager *n*. **~ ba·rom·e·ter** *s* Ge'fäßbaro₁meter *n*. **'~₁bear·er** *s* Mundschenk *m*.

cup·board ['kʌbə(r)d] *s* (Geschirr-, Speise-, *bes. Br. a*. Wäsche-, Kleider-) Schrank *m*. **~ bed** *s* Schrankbett *n*. **~ love** *s colloq*. berechnende Liebe.

'cup·cake *s* (*Art*) Napfkuchen *m*.

cu·pel ['kjuːpl; kjuː'pel] *chem*. *tech*. *I s* **1.** ('Scheide-, 'Treib)Ka₁pelle *f*, Ku'pelle *f*. **2.** Treibherd *m*. *II v/t* [*bes. Br.* -**pelled**] *v/t pp* **-peled**, *bes. Br.* **-pelled 3.** kupel'lieren, abtreiben.

cup·ful ['kʌpfʊl] *pl* **-fuls** *s* **1.** (*e-e*) Schale(voll), (*ein*) Becher(voll) *m*, (*e-e*) Tasse(voll). **2.** *gastr*. *Am*. ¹/₂ Pint *n* (*0,235 l*).

cup grease *s tech*. Staufferfett *n*.

Cu·pid ['kjuːpɪd] *s* **1.** *antiq*. Kupido *m*, Amor *m* (*a. fig*. Liebe). **2.** **c~** Amo'rette *f*.

cu·pid·i·ty [kjuː'pɪdətɪ] *s* **1.** Habgier *f*. **2.** Gier *f*, Begierde *f*, Gelüst(e) *n*.

Cu·pid's bow ['kjuːpɪdz] *s* **1.** Amorsbogen *m* (*die klassische Bogenform*). **2.** e-m klassischen Bogen ähnliche Linienführung (*bes. der Lippen*).

cup in·su·la·tor *s electr*. 'Glockeniso-₁lator *m*.

cu·po·la ['kjuːpələ] *s* **1.** *arch*. Kuppel (-dach *n*, -gewölbe *n*) *f*. **2.** *a*. **~ furnace** *tech*. Ku'pol-, Kuppelofen *m*. **3.** *mar*. *mil*. Panzerturm *m*.

cup·ping ['kʌpɪŋ] *s med*. Schröpfen *n*. **~ glass** *s med*. Schröpfglas *n*, -kopf *m*.

cu·pre·ous ['kjuːprɪəs; *Am. a*. 'kuː-] *adj* **1.** kupfern. **2.** kupferhaltig. **3.** kupferartig.

cu·pric ['kjuːprɪk; *Am. a*. 'kuː-] *adj chem*. Kupfer..., Cupri... (*zweiwertiges Kupfer enthaltend*): **~ oxide** Kupferoxyd *n*. **cu-'prif·er·ous** [-'prɪfərəs] *adj min*. kupferhaltig, Kupfer... **'cu·prite** [-praɪt] *s min*. Cu'prit *m*, Rotkupfer(erz) *n*.

cu·pro·nick·el [₁kjuː'prəʊnɪkl; *Am. a*. ₁kuː-] *s tech*. Kupfernickel *n*, Nickelkupfer *n*.

cu·prous ['kjuːprəs; *Am. a*. 'kuː-] *adj chem*. Kupfer..., Cupro... (*einwertiges Kupfer enthaltend*).

cu·pu·late ['kjuːpjʊlət; -leɪt], **'cu·pu·lar** [-lə(r)] *adj* **1.** becherförmig, -artig. **2.** *bot*. bechertragend.

cu·pule ['kjuːpjuːl] *s* **1.** *bot*. Blütenbecher *m*. **2.** *zo*. Saugnäpfchen *n*.

cu·pu·lif·er·ous [₁kjuːpjʊ'lɪfərəs] *adj bot*. **1.** zu den Becherfrüchtlern gehörend. **2.** bechertragend.

cur [kɜː; *Am*. kɜr] *s* **1.** Köter *m*. **2.** *fig. contp*. ('Schweine)Hund' *m*, 'Schwein' *n*.

cur·a·bil·i·ty [₁kjʊərə'bɪlətɪ] *s med*. Heilbarkeit *f*. **'cur·a·ble** *adj* heilbar.

cu·ra·cy ['kjʊərəsɪ] *s relig*. Amt *n* e-s Hilfspfarrers *od*. Ku'raten (*m*).

cu·ra·re, **cu·ra·ri** [kjʊ'rɑːrɪ; *Am. a*. kʊ-], **cu'ra·ra** [-rə] *s* Ku'rare *n* (*Pfeilgift*).

cu·rate ['kjʊərət] *s relig*. a) Hilfspfarrer *m*, -geistliche(r) *m*, b) *a*. **~-in-charge** Ku'rat *m*: **it's like the ~'s egg** *fig*. *Br*. es ist teilweise gut, teilweise gar nicht so übel.

cu·ra·tive ['kjʊərətɪv] *I adj* heilend, Heil... *II s* Heilmittel *n*.

cu·ra·tor [ˌkjʊəˈreɪtə(r); *Am. a.* ˈkjʊrətər] *s* **1.** Muˈseums-, Galeˈriediˌrektor *m.* **2.** *univ. Br.* Mitglied *n* des Kuraˈtoriums. **3.** *jur. bes. Scot.* Vormund *m*, Pfleger *m.* **4.** *jur.* Verwalter *m*, Pfleger *m.* **cu·ra·tor·ship** *s* Amt *n* e-s Muˈseumsdiˌrektors etc.

curb [kɜːb; *Am.* kɜrb] **I** *s* **1.** a) Kanˈdare *f*, b) Kinnkette *f* (*Pferdezaum*). **2.** *fig.* Zaum *m*, Zügel(ung *f*) *m*: **to ~ put a ~ (up)on →** 10. **3.** *bes. Am.* Bordschwelle *f*, Rand-, Bordstein *m*, Straßenkante *f*. **4.** *Am.* (steinerne) Einfassung. **5.** *Br.* (schwellenartiger) Kaˈminvorsatz. **6.** *arch.* a) Auskleidung *f*, b) Kranz *m* (*am Kuppeldach*). **7.** *tech.* a) Beˈtonkasten *m*, b) Kranz *m* (*der Turbine od. e-r Gußform*), c) (*oberer*) Mühlenkranz. **8.** *econ. Am.* a) Straßenmarkt *m*, b) Freiverkehrsbörse *f*: **~ broker** Freiverkehrsmakler *m*. **9.** *vet.* Spat *m*, Hasenfuß *m*. **II** *v/t* **10.** Zügel anlegen (*dat*), zügeln, im Zaum halten, bändigen: **to ~ one's imagination; to ~ smuggling** dem Schmuggelunwesen Einhalt gebieten; **to ~ a boom** e-e Konjunktur dämpfen *od.* drosseln; **to ~ production** die Produktion einschränken *od.* drosseln. **11.** *ein Pferd* an die Kanˈdare nehmen. **12.** a) *bes. Am.* e-n Gehweg mit Randsteinen einfassen, b) *Am.* e-n Brunnen etc einfassen. **13.** *bes. Am.* e-n Hund zum Geschäftmachen in den Rinnstein führen. **~ bit** *s* Kanˈdarenstange *f*. **~ mar·ket →** curb 8. **~ pin** *s* Rückerstift *m* (*Uhr*). **~ pric·es** *s pl econ. Am.* Freiverkehrskurse *pl*. **~ roof** *s arch.* Manˈsard(en)dach *n*. **~ ser·vice** *s econ. Am.* Bedienung *f* im Auto. **~ stocks** *s pl econ. Am.* an der Freiverkehrsbörse noˈtierte Aktien *pl*. **ˈ~stone I** *s* **1.** → curb 3. **II** *adj* **2.** *econ. Am.* Straßen..., Winkel...: **~ broker** Straßenmakler *m*. **3.** *Am. colloq.* ‚Schmalspur...': **~ engineer; ~ opinion** unmaßgebliche Ansicht(en).

cur·cu·ma [ˈkɜːkjəmə; *Am.* ˈkɜrkjəmə] *s bot.* Kurˈkume *f*, Gelbwurz *f*.

curd [kɜːd; *Am.* kɜrd] *s* **1.** *oft pl* geronnene *od.* dicke Milch, Quark *m*: **~ cheese** Weiß-, Quarkkäse *m*. **2.** Gerinnsel *n*: **~ soap** Kernseife *f*.

cur·dle [ˈkɜːdl; *Am.* ˈkɜrdl] **I** *v/t* **1.** *Milch* gerinnen lassen. **2.** *fig.* erstarren lassen: **to ~ s.o.'s blood** j-m das Blut in den Adern erstarren lassen. **II** *v/i* **3.** gerinnen, dick werden (*Milch*). **4.** *fig.* erstarren: **the sight made my blood ~** bei dem Anblick erstarrte mir das Blut in den Adern.

ˈcurd·y *adj* **1.** geronnen, dick. **2.** klumpig. **3.** *chem.* (flockig)käsig.

cure [kjʊə(r)] **I** *s* **1.** *med.* Kur *f*, Heilverfahren *n*, Behandlung *f* (for gegen): **to take a milk ~** e-e Milchkur machen; **under ~** in Behandlung. **2.** *med.* Heilung *f*: **past ~** a) unheilbar krank (*Person*), b) unheilbar (*Krankheit*), c) *fig.* hoffnungslos (*Lage etc*). **3.** *med.* (Heil)Mittel *n* (for gegen). **4.** *fig.* Mittel *n*, Abhilfe *f*, Reˈlegent *n* (for gegen). **5.** Haltbarmachung *f*: a) Räuchern *n*, b) Einpökeln *n*, -salzen *n*, c) Trocknen *n*, d) Beizen *n*, e) (Aus)Härtung *f* (*von Kunststoffen*). **6.** *tech.* Vulkaniˈsieren *n*. **7.** *relig.* a) *a.* **~ of souls** Seelsorge *f*, b) Pfarˈrei *f* (*Amt u. Bezirk*). **II** *v/t* **8.** a) *med.* j-n heilen, kuˈrieren (of von): **to ~ s.o. of lying** j-m das Lügen abgewöhnen; **to ~ s.o. of an idea** j-n von e-r Idee abbringen, b) *med. e-e Krankheit* heilen: **to ~ a disease**, c) *fig.* Mißstände etc abstellen. **9.** haltbar machen: a) räuchern, b) trocknen, c) beizen, d) einpökeln, -salzen, e) *tech.* aushärten. **10.** *tech.* vulkaniˈsieren. **III** *v/i* **11.** Heilung bringen, heilen. **12.** e-e Kur machen.

ˈcure-all *s* Allˈheilmittel *n*.

cure·less [ˈkjʊə(r)lɪs] *adj* unheilbar.

cu·ret·tage [kjʊəˈretɪdʒ; *Am.* ˌkjʊərɪˈtɑːʒ] *s med.* Auskratzung *f*, Ausschabung *f*. **cu·rette** [-ˈret] *med.* **I** *s* Küˈrette *f*. **II** *v/t* auskratzen, ausschaben. **cuˈrette·ment** → curettage.

cur·few [ˈkɜːfjuː; *Am.* ˈkɜr-] *s* **1.** *hist.* a) Abendläuten *n*, b) Zeit *f* des Abendläutens, c) *a.* **~ bell** Abendglocke *f*. **2.** *mil.* Ausgangsverbot *n*, -sperre *f*. **3.** Sperrstunde *f*.

cu·ri·a [ˈkjʊərɪə; *Am. a.* ˈkʊ-] *pl* **-ae** [-iː] (*Lat.*) *s* **1.** *antiq. hist. od. R.C.* Kurie *f*. **2.** *hist.* königlicher Gerichts- *od.* Verwaltungshof (*in England*).

cu·rie [ˈkjʊərɪ; *Am. a.* kjʊˈriː] *s chem. phys.* Cuˈrie *f* (*Strahlungseinheit*). **C~ con·stant** *s phys.* Cuˈriesche Konˈstante. **Cu·rie's law** *s phys.* Cuˈriesches Gesetz.

cu·ri·o [ˈkjʊərɪəʊ] *pl* **-os** → curiosity 2 a *u. c.*

cu·ri·os·i·ty [ˌkjʊərɪˈɒsətɪ; *Am.* -ˈɑs-] *s* **1.** Neugier *f*, Wißbegierde *f*: **out of ~** aus Neugier; **~ killed the cat** sei nicht so neugierig! **2.** Kuriosiˈtät *f*: a) Rariˈtät *f*, b) Sehenswürdigkeit *f*, c) Kuriˈosum *n*, komische Sache *od.* Perˈson. **3.** *obs.* peinliche Genauigkeit. **~ shop** *s* Antiquiˈtäten-, Rariˈtätenladen *m*.

cu·ri·ous [ˈkjʊərɪəs] *adj* (*adv* **~ly**) **1.** neugierig, wißbegierig, gespannt: **I am ~ to know if** ich möchte gern wissen, ob; **to be ~ about s.th.** auf etwas neugierig sein. **2.** neugierig, schnüffelnd. **3.** kuriˈos, seltsam, merkwürdig: **~ly enough** merkwürdigerweise. **4.** *colloq.* komisch, wunderlich. **5.** *obs.* genau, sorgfältig, peinlich, streng.

curl [kɜːl; *Am.* kɜrl] **I** *v/t* **1.** *Haar etc* a) locken, b) kräuseln: **it's enough to ~ your hair** *colloq.* da stehen e-m ja die Haare zu Berge. **2.** (*spiralförmig*) winden, zs.-rollen: **to ~ o.s. up →** 10; **with legs ~ed** mit übergeschlagenen Beinen. **3.** *Wasser* kräuseln. **4.** *die Nase* krausziehen, *die Lippen* (verächtlich) schürzen. **5.** *tech.* bördeln. **II** *v/i* **6.** sich locken *od.* kräuseln (*Haar*): **it's enough to make your hair ~** *colloq.* da stehen e-m ja die Haare zu Berge. **7.** sich wellen: **to ~ up in Ringen** hochsteigen (*Rauch*). **8.** sich (*spiralförmig*) winden. **9.** sich kräuseln, kleine Wellen schlagen (*Wasser*). **10.** *a.* **~ up** sich ein- *od.* zs.-rollen: **to ~ up on the sofa** es sich auf dem Sofa gemütlich machen. **11.** *sport* Curling spielen. **III** *s* **12.** Locke *f*: **in ~s** gelockt. **13.** (Rauch-) Ring *m*, Kringel *m*. **14.** Windung *f*. **15.** *a. math. phys.* Wirbel *m*. **16.** Kräuseln *n*, Krausziehen *n*. **17.** *bot.* Kräuselkrankheit *f*.

curl cloud *s meteor.* Cirrus-, Federwolke *f*.

curled [kɜːld; *Am.* kɜrld] *adj* a) gelockt, lockig, b) gekräuselt, kraus.

curl·er [ˈkɜːlə; *Am.* ˈkɜrlər] *s* **1.** *sport* Curlingspieler(in). **2.** Lockenwickel *m*, -wickler *m*.

cur·lew [ˈkɜːljuː; -luː; *Am.* ˈkɜr-] *s orn.* (*ein*) Brachvogel *m*, *bes. a. a.* **common ~** Großer Brachvogel, Brachhuhn *n*, b) *a.* **jack ~** Kleiner Brachvogel.

curl·i·cue [ˈkɜːlɪkjuː; *Am.* ˈkɜr-] *s* Schnörkel *m*.

curl·ing [ˈkɜːlɪŋ; *Am.* ˈkɜr-] *s* **1.** a) Locken *n*, b) Kräuseln *n*. **2.** Winden *n*. **3.** *sport* Curling(spiel) *n*. **~ stone** Curlingstein *m*. **4.** *tech.* Bördeln *n*. **~ i·ron** *s a. pl* (Locken)Brennschere *f*. **~ ma·chine** *s tech.* ˈBördelmaˌschine *f*. **~ tongs** *s pl →* curling iron.

ˈcurlˌpa·per *s* Paˈpierhaarwickel *m*, -wickler *m*.

curl·y [ˈkɜːlɪ; *Am.* ˈkɜr-] *adj* **1.** → curled. **2.** wellig gemasert (*Holz*). **3.** Locken tragend. **ˈ~head** *s* Locken- *od.* Krauskopf *m* (*Person*). **ˌ~ˈhead·ed** *adj* a) lockenköpfig, b) krausköpfig. **ˈ~pate** *colloq.* *für* curly-head.

cur·mudg·eon [kɜːˈmʌdʒən; *Am.* kɜr-] *s* Brummbär *m*. **curˈmudg·eon·ly** *adj* brummig, bärbeißig, mürrisch.

cur·rach, cur·ragh [ˈkʌrəx; ˈkʌrə] *Scot. od. Ir. für* coracle.

cur·rant [ˈkʌrənt; *Am.* ˈkɜr-] *s* **1.** Koˈrinthe *f* (*kleine Rosine*). **2.** **red** (**white, black**) **~** *bot.* rote (weiße, schwarze) Joˈhannisbeere.

cur·ren·cy [ˈkʌrənsɪ; *Am.* ˈkɜr-] *s* **1.** ˈUmlauf *m*, Zirkulatiˈon *f*: **to give ~ to a rumo(u)r** ein Gerücht in Umlauf setzen *od.* verbreiten. **2.** a) (Allgeˈmein)Gültigkeit *f*, allgemeine Geltung, b) Gebräuchlichkeit *f*, Geläufigkeit *f*: **~ of a word**, c) Verbreitung *f*: **~ of news**. **3.** *econ.* a) ˈGeldˌumlauf *m*, b) ˈumlaufendes Geld, c) Zahlungsmittel *pl*, d) **foreign ~** Deˈvisen *pl*, e) Währung *f*: **gold ~** Goldwährung. **4.** *econ.* Laufzeit *f* (*e-s Wechsels, a. e-s Vertrags etc*), Gültigkeitsdauer *f*. **~ ac·count** *s econ.* Währungs-, Deˈvisenkonto *n*. **~ bill** *s econ. Br.* Deˈvisenwechsel *m*, Wechsel *m* in ausländischer Währung. **~ bond** *s econ.* Fremdwährungsschuldverschreibung *f*. **~ con·trol** *s econ.* **1.** ˈWährungskonˌtrolle *f*. **2.** *Am.* Deˈvisenkonˌtrolle *f od.* -bewirtschaftung *f*. **~ doc·trine** *s econ. Br.* Doktrin, nach der volle Deckung durch Edelmetall vorhanden sein muß. **~ note** *s econ. Br.* Schatzanweisung *f* (*1914 – 28*). **~ re·form** *s econ.* ˈWährungsreˌform *f*. **~ snake** *s econ.* Währungsschlange *f*.

cur·rent [ˈkʌrənt; *Am.* ˈkɜr-] **I** *adj* (*adv →* **currently**) **1.** laufend (*Jahr, Monat, Konto etc*): **~ business** laufende Geschäfte *pl*. **2.** gegenwärtig, jetzig, augenblicklich, aktuˈell: **~ events** Tageserignisse, -politik *f*; **~ price** *econ.* Tagespreis *m*; **~ value** *econ.* gegenwärtiger Marktwert. **3.** ˈumlaufend, kurˈsierend (*Geld, Gerücht etc*): **to be ~** kursieren. **4.** allgemein bekannt *od.* verbreitet. **5.** üblich, geläufig, gebräuchlich: **not in ~ use** nicht allgemein üblich. **6.** (**to pass**) allgemein gültig *od.* anerkannt (sein). **7.** *econ.* a) (markt)gängig (*Ware*), b) gültig (*Geld*), c) kurs-, verkehrsfähig, d) → 3. **8.** *obs.* fließend, flüssig, leicht. **II** *s* **9.** Strömung *f*, Strom *m* (*beide a. fig.*): **against the ~** gegen den Strom; **~ of air** Luftstrom *m od.* -zug *m*. **10.** *fig.* Trend *m*, Tenˈdenz *f*, b) (Ver)Lauf *m*, Gang *m*. **11.** *electr.* Strom *m*. **~ ac·count** *s econ.* **1.** laufendes Konto, Kontokorˈrent-, Girokonto *n*. **2.** Zahlungsbilanz *f*: ˈLeistungsbiˌlanz *f*. **~ as·sets** *s pl econ.* laufende Akˈtiva *pl*, ˈUmlaufvermögen *n*. **ˈ~-ˌcar·ry·ing** *adj electr.* stromführend. **~ coin** *s econ.* gängige Münze. **~ col·lec·tor** *s electr.* Stromabnehmer *m*, (Strom)Sammelschiene *f*. **~ den·si·ty** *s electr.* Stromdichte *f*. **~ ex·change** *s econ.* Tageskurs *m*: **at the ~** zum Tageskurs. **~ ex·pens·es** *s pl econ.* laufende Ausgaben *pl*, Unkosten *pl*. **~ li·a·bil·i·ties** *s pl econ.* laufende Verpflichtungen *pl*. **~ lim·it·er** *s electr.* Strombegrenzer *m*. **~ˈlim·it·ing** *adj electr.* strombegrenzend. **~ fuse**.

cur·rent·ly [ˈkʌrəntlɪ; *Am.* ˈkɜr-] *adv* **1.** gegenwärtig, zur Zeit, jetzt, im Augenblick. **2.** *fig.* fließend, flüssig: **to read s.th. ~**.

cur·rent| me·ter *s electr.* Stromzähler *m*. **~ mon·ey** *s econ.* ˈumlaufendes Geld. **~ price** *s econ.* Tages-, Marktpreis *m*,

(*Börse*) Tageskurs *m*. ~ **re·ceiv·a·bles** *s pl econ. Am.* 'Umlaufvermögen *n*.
cur·ri·cle [*Br.* 'kʌrɪkl; *Am.* 'kɜːrəkl] *s* Karri'ol(e *f*) *n*, zweirädrige Kutsche (*mit 2 Pferden*).
cur·ric·u·la [kəˈrɪkjʊlə] *pl von* **curriculum**.
cur·ric·u·lar [kəˈrɪkjʊlə(r)] *adj* Lehrplan...
cur·ric·u·lum [kəˈrɪkjʊləm] *pl* **-la** [-lə], **-lums** *s* Studien-, Lehrplan *m*. ~ **vi·tae** ['viːtaɪ; 'vaɪtiː] (*Lat.*) *pl* **-la** - *s* Lebenslauf *m*.
cur·ri·er ['kʌrɪə; *Am.* 'kɜːrɪər] *s* 1. (Pferde)Striegler *m*. 2. Lederzurichter *m*.
cur·ry[1] ['kʌrɪ; *Am.* 'kɜːriː] *v/t* 1. *ein Pferd* striegeln, abreiben. 2. *tech. Leder* zurichten, gerben. 3. *colloq.* verdreschen, verprügeln. 4. **to ~ favo(u)r with s.o.** sich bei j-m einschmeicheln *od.* lieb Kind machen (wollen).
cur·ry[2] ['kʌrɪ; *Am.* 'kɜːriː] **I** *s* 1. Curry *m, n* (*Gewürz*). 2. Curry *n* (*Gericht*). **II** *v/t* 3. mit Curry(soße) zubereiten: **curried chicken** Curryhuhn *n*.
'**cur·ry·comb I** *s* Striegel *m*. **II** *v/t* striegeln.
cur·ry pow·der *s* Currypulver *n*.
curse [kɜːs; *Am.* kɜrs] **I** *s* 1. Fluch *m*: **to lay a ~ upon** → 6 a; **there is a ~ (up)on the house, the house is under a ~** auf dem Haus lastet *od.* liegt ein Fluch. 2. *relig.* a) Verdammung *f*, b) Bann(fluch) *m*. 3. Fluch(wort *n*) *m*, Verwünschung *f*. 4. Fluch *m*, Unglück *n* (**to** für), Geißel *f*. 5. **she has the ~** *colloq.* sie hat ihre ‚Tage' (*Periode*). **II** *v/t pret u. pp* **cursed**, *obs.* **curst** [kɜːst; *Am.* kɜrst] 6. verfluchen: a) mit e-m Fluch belegen, b) verwünschen, fluchen auf (*acc*) *od.* über (*acc*): **~ it!** hol's der Teufel!; **~ him!** der Teufel soll ihn holen! 7. (*meist pass*) strafen, quälen: **to be ~d with s.th.** mit etwas bestraft *od.* geplagt sein. 8. *relig.* mit dem Bannfluch belegen. **III** *v/i* 9. fluchen, Flüche ausstoßen.
curs·ed ['kɜːsɪd; *Am.* 'kɜr-] *adj* (*adv* ~**ly**) verflucht, -wünscht, -dammt (*alle a. colloq.*).
cur·sive ['kɜːsɪv; *Am.* 'kɜr-] **I** *adj* 1. kur'siv, Kursiv... (*Handschrift*): **in ~ characters** *print.* in Schreibschrift (gedruckt). 2. *fig.* sa'lopp, lässig (*Stil etc*). **II** *s* 3. kur'siv geschriebenes Manu'skript. 4. *print.* Schreibschrift *f*.
cur·sor ['kɜːsə; *Am.* 'kɜrsər] *s* 1. *math. tech.* Läufer *m*, Schieber *m* (*am Rechenstab etc*). 2. Zeiger *m* (*am Meßgerät*). 3. *Radar:* Peilzeiger *m*. 4. *Computer:* Positi'onsanzeiger *m* (*auf dem Bildschirm*).
cur·so·ri·al [-ˈsɔːrɪəl; *Am. a.* -ˈsoʊ-] *adj zo.* Lauf...: **~ bird**.
cur·so·ri·ness ['kɜːsərɪnɪs; -sri-; *Am.* 'kɜr-] *s* Flüchtigkeit *f*, Oberflächlichkeit *f*. '**cur·so·ry** *adj* (*adv* **cursorily**) flüchtig, oberflächlich.
curst [kɜːst; *Am.* kɜrst] *obs. pret u. pp von* **curse.**
curt [kɜːt; *Am.* kɜrt] *adj* (*adv* ~**ly**) 1. kurz(gefaßt), knapp: **a ~ report**. 2. (**with**) barsch, schroff (gegen), kurz angebunden (zu).
cur·tail [kɜːˈteɪl; *Am.* kɜr-] *v/t* 1. (ab-, ver)kürzen: **~ed word** Kurzwort *n*. 2. beschneiden, stutzen. 3. *fig.* Ausgaben *etc* kürzen, *Preise etc* her'absetzen, *a. j-s Rechte etc* beschneiden, be-, einschränken: **to ~ s.o.'s rights; to ~ wages** *od.* Löhne kürzen *od.* herabsetzen. **curˈtail·ment** *s* 1. (Ab-, Ver)Kürzung *f*. 2. *fig.* Kürzung *f*, Beschneidung *f*. 3. *fig.* Be-, Einschränkung *f*, Her'absetzung *f* (**in** *gen*).
cur·tain ['kɜːtn; *Am.* 'kɜrtn] **I** *s* 1. Vorhang *m*, Garˈdine *f*: **to draw the ~s** die Vorhänge *od.* die Gardine auf- *od.* zuziehen (→ 3). 2. *fig.* Vorhang *m*, (*a. Regen-, Wolken- etc*)Wand *f*: **a ~ of rain**; **~ of fire** → **curtain fire.** 3. *fig.* Vorhang *m*, Schleier *m*, Hülle *f*: **security ~** *pol.* (ausgeklügeltes) System von Sicherheitsmaßnahmen; **behind the ~** hinter den Kulissen; **to draw the ~ over s.th.** über etwas den Schleier des Vergessens breiten; **to lift the ~** den Schleier lüften. 4. *thea.* a) Vorhang *m*: **the ~ rises** der Vorhang geht auf *od.* hoch; **the ~ falls** der Vorhang fällt (*a. fig.*) *od.* senkt sich, b) Auf- *od.* Hochgehen *n* des Vorhangs, Aktbeginn *m*, c) Fallen *n* des Vorhangs, Aktschluß *m* d) Taˈbleau *n* (*effektvolle Schlußszene*), e) Herˈvorruf *m*: **to get** (*od.* **take**) **ten ~s** zehn Vorhänge haben. 5. 'Schlußmuˌsik *f* (*e-r Radiosendung etc*). 6. *pl colloq.* das Ende: **it was ~s for him** da war es ‚Sense' *od.* aus mit ihm. **II** *v/t* 7. mit Vorhängen versehen: **to ~ off** mit Vorhängen abteilen *od.* abschließen. 8. *fig.* verhüllen, -schleiern. **~ call** → **curtain** 4 e. **~ fall** → **curtain** 4 c. **~ fire** *s mil.* Sperrfeuer *n*, Feuervorhang *m*. **~ lec·ture** *s* Garˈdinenpredigt *f*. **~ rais·er** *s* 1. *thea.* kurzes Vorspiel. 2. *fig.* Vorspiel *n*, Ouverˈtüre *f* (**to** zu). **~ wall** *s arch.* 1. Zwischenwand *f*, -mauer *f*. 2. Blendwand *f*.
cur·ta·na [kɜːˈtɑːnə; -ˈteɪnə; *Am.* kɜr-] *s* Curˈtana *f* (*Schwert ohne Spitze, das dem englischen König bei der Krönung vorangetragen wird*).
cur·te·sy ['kɜːrtəsiː] *s jur. Am.* Nießbrauch *m* des Witwers am Grundbesitz der verstorbenen Ehefrau.
cur·ti·lage ['kɜːtɪlɪdʒ; *Am.* 'kɜrtl-] *s* zum Haus gehöriger (um'friedeter) Hof *etc*.
curt·ness ['kɜːtnɪs; *Am.* 'kɜrt-] *s* 1. Kürze *f*, Knappheit *f*. 2. Barschheit *f*, Schroffheit *f*.
curt·s(e)y ['kɜːtsɪ; *Am.* 'kɜrt-] **I** *s* Knicks *m*: **to drop a ~ (to)** → II. **II** *v/i* e-n Knicks machen, knicksen (**to** vor *dat*).
cur·va·ceous, cur·va·cious ['kɜːˈveɪʃəs; *Am.* kɜr-] *adj colloq.* ˌkurvenˈreich' (*Frau*).
cur·vate ['kɜːveɪt; -vət; *Am.* 'kɜr-], '**cur·vat·ed** [-veɪtɪd] *adj* geschweift, geschwungen.
cur·va·ture ['kɜːvətjə; -ˌtʃʊə; -ˌtjʊə; *Am.* 'kɜrvəˌtʃʊr; -tʃər] *s* Krümmung *f* (*a. math.*): **~ of the earth** Erdkrümmung; **~ of field** *TV* Bildfeldwölbung *f*; **~ of the spine** *med.* Rückgratverkrümmung *f*.
curve [kɜːv; *Am.* kɜrv] **I** *s* 1. Kurve *f* (*a. math.*): a) Krümmung *f*, Biegung *f*, b) (Straßen)Kurve *f*, (-)Biegung *f*, c) Rundung *f* (*pl colloq. a. e-r Frau*), d) Statistik *etc*: Schaulinie *f*, e) *fig.* Tenˈdenz *f*: **~ of pursuit** *math.* Verfolgungskurve *f*. **~ fitting** *math.* Angleichung *f* e-r Kurve. 2. *tech.* Kurvenlineˌal *n*. 3. *pl Am.* runde Klammern *pl*. 4. **a ~ ball** a) (*Baseball*) Eˈffetball *m*, b) *Am. colloq.* Trick *m*, List *f*. **II** *v/t* 5. biegen, krümmen. 6. schweifen, runden, wölben. **III** *v/i* 7. sich biegen *od.* krümmen *od.* wölben. 8. kurven, e-e Kurve beschreiben. **curved** [kɜːvd; *Am.* kɜrvd] *adj* 1. gekrümmt, gebogen, krumm: **~ space** *math.* gekrümmter Raum. 2. *arch.* gewölbt, Bogen... 3. geschweift, geschwungen. 4. *mil.* Steil...: **~ fire**.
'**curve·some** ['kɜːvsəm; *Am.* 'kɜrv-] → **curvaceous.**
cur·vet [kɜːˈvet; *Am.* kɜr-] (*Hohe Schule*) **I** *s* Kurˈbette *f*, Bogensprung *m*. **II** *v/i pret u. pp* -'**vet·ted**, -'**vet·ed** kurbetˈtieren.
cur·vi·form ['kɜːvɪfɔːm; *Am.* 'kɜrvəˌfɔrm] *adj* bogen-, kurvenförmig.
cur·vi·lin·e·ar [ˌkɜːvɪˈlɪnɪə(r); *Am.* ˌkɜrvə-], *a.* ˌ**cur·viˈlin·e·al** [-əl] *adj* krummlinig.
curv·om·e·ter [kɜːˈvɒmɪtə; *Am.* kɜrˈvɑmətər] *s tech.* Kurvenmesser *m*.
curv·y ['kɜːvɪ; *Am.* 'kɜr-] → **curvaceous.**
cu·sec ['kjuːsek] *s* Ku'bikfuß *m* pro Seˈkunde.
cush·at ['kʌʃət] *s orn.* Ringeltaube *f*.
cush·ion ['kʊʃn] **I** *s* 1. Kissen *n*, Polster *n*: **~ of moss** Mooskissen, -polster. 2. *fig.* Polster *n*: **a ~ against unemployment**; **to sit on one's two-goal ~** *sport* sich auf s-m Zweitorevorsprung ausruhen. 3. Wulst *m* (*für die Frisur*). 4. Bande *f* (*Billardtisch*). 5. *tech.* a) Puffer *m*, Dämpfer *m*, b) Vergolder-, Blattkissen *n*, c) Zwischenlage *f*, Polsterschicht *f od.* -streifen *m* (*bei Luftreifen*), d) Felgenring *m*, e) (*Gas-, Dampf- etc*)Polster *n*, (*Luft-*)Kissen *n*. 6. *arch.* a) Kämpferschicht *f*, b) Kissen *n*, Ruhestein *m*. 7. *zo.* a) Fettpolster *n* (*des Pferdehufes*), b) wulstige Oberlippe (*bestimmter Hunde*). 8. *Rundfunk, TV: Am.* (Proˈgramm)Füllsel *n*. **II** *v/t* 9. mit Kissen versehen. 10. durch Kissen schützen. 11. weich betten. 12. polstern (*a. fig.*). 13. *e-n Stoß, e-n Fall etc* dämpfen, auffangen. 14. *fig.* vertuschen. 15. *tech.* abfedern, dämpfen. **~ cap·i·tal** *s arch.* 1. 'Wulstkapiˌtell *n*. 2. 'Würfelkapiˌtell *n*. '**~-craft** *s* a) Luftkissenfahrzeug *n*, b) (*als pl konstruiert*) Luftkissenfahrzeuge *pl*.
cush·ioned ['kʊʃnd] *adj* 1. gepolstert, Polster... 2. *fig.* bequem, behaglich. 3. kissen-, polsterförmig. 4. *tech.* federnd, stoßgedämpft.
cush·ion|plant *s bot.* Polsterpflanze *f*. **~ tire**, *bes. Br.* **~ tyre** *s tech.* 'Hocheˌlastik-, Halbluftreifen *m*.
cush·y ['kʊʃɪ] *adj colloq.* gemütlich, ruhig: **a ~ job**.
cusp [kʌsp] *s* 1. Spitze *f*, spitzes Ende. 2. *anat. zo.* (Zahn)Höcker *m*. 3. *anat.* Zipfel *m* (*der Herzklappe*). 4. *math.* Scheitelpunkt *m* (*e-r Kurve*). 5. *arch.* Nase *f* (*am gotischen Maßwerk*). 6. *astr.* Spitze *f*, Horn *n* (*des Halbmonds*).
cus·pate ['kʌspət; -peɪt], '**cus·pat·ed** [-peɪtɪd], **cusped** [kʌspt] *adj* spitz (zulaufend).
cus·pid ['kʌspɪd] *s anat.* Eckzahn *m*.
cus·pi·dal ['kʌspɪdl] *adj math.* Spitzen...: **~ curve.** '**cus·pi·date** [-deɪt] *adj* 1. spitz (zulaufend). 2. *bot.* (stachel)spitzig.
cus·pi·dor ['kʌspɪdɔː(r)] *s bes. Am.* Spucknapf *m*.
cuss [kʌs] *colloq.* **I** *s* 1. Fluch *m*, Verwünschung *f*: **~ word** Fluchwort *n*; → **tinker** 1. 2. *oft humor.* Bursche *m*, ‚Nummer' *f*: **a queer ~** ein komischer Kauz. **II** *v/t* 3. *a.* **~ out** verfluchen, fluchen auf (*acc*) *od.* über (*acc*). **III** *v/i* 4. fluchen. '**cuss·ed** [-ɪd] *adj colloq.* 1. verflucht, -flixt. 2. gemein, boshaft. 3. stur, bockbeinig. '**cuss·ed·ness** *s colloq.* 1. Bosheit *f*. 2. Sturheit *f*.
cus·tard ['kʌstəd] *s* Eiercreme *f*. **~ ap·ple** *s bot.* (-e) Anˈnone. **~ pie** *s* Sahnetorte *f* (*bes. in Slapstickkomödien*).
cus·to·di·al [kʌˈstəʊdjəl; -dɪəl] **I** *adj* 1. Aufsichts...: **~ care** Obhut *f*; **~ sentence** *jur.* Freiheitsstrafe *f*. 2. *jur. Am.* vormundschaftlich. **II** *s* 3. *R.C.* a) Cuˈstodia *f*, b) Reˈliquienkästchen *n*. **cusˈto·di·an** *s* 1. Aufseher *m*, Wächter *m*. 2. (*Haus- etc*)Verwalter *m*. 3. Hüter *m* (*der Moral etc*). 4. Verwahrer *m* (*a. jur.*). 5. *jur.* (Vermögens)Verwalter *m*. 6. *jur. Am.* Vormund *m*. **cusˈto·di·anˌship** *s* 1. Amt *n* e-s Verwalters *etc*. 2. Verwaltung *f*. 3. *jur. Am.* Vormundschaft *f*.
cus·to·dy ['kʌstədɪ] *s* 1. Obhut *f*, Schutz *m*, Bewachung *f*: **in s.o.'s ~** in j-s Obhut. 2. Aufsicht *f* (**of** über *acc*). 3. (*Vermögens-*

etc)Verwaltung *f*. **4.** *jur*. Gewahrsam *m*: a) tatsächlicher Besitz, b) (*a*. Unter'suchungs)Haft *f*: **to take into ~** verhaften, in Gewahrsam nehmen. **5.** *jur*. elterliche Sorge *od*. Gewalt, Sorgerecht *n*. **6.** *econ*. *Am*. De'pot *n*: **~ receipt** Depotschein *m*. **cus·tom** ['kʌstəm] **I** *s* **1.** Brauch *m*, Gewohnheit *f*, Sitte *f*: **this is not the ~ here** das ist hier nicht üblich; **~ of** (*od*. **in**) **trade** *econ*. Handelssitte, -brauch, Usance *f*; **~ of the port** *econ*. Hafenbrauch, -usance *f*; **~ of the Realm** *Br*. Landesbrauch. **2.** *collect*. Sitten *pl* u. Gebräuche *pl*. **3.** *jur*. a) fester Brauch, b) Gewohnheitsrecht *n*: **~ of war** Kriegsbrauch *m*. **4.** *pl* Brauchtum *n*. **5.** *hist*. (*durch Gewohnheitsrecht festgelegte*) Abgabe *od*. Dienstleistung. **6.** *econ*. Kundschaft *f*: a) Kunden(kreis *m*) *pl*, b) Kundesein *n*: **to draw** (*od*. **get**) **a lot of ~ from** ein gutes Geschäft machen mit; **to take one's ~ elsewhere** woanders hingehen, anderswo Kunde werden; **to have withdrawn one's ~ from** nicht mehr Kunde sein bei. **7.** *pl* Zoll *m*: **~s authorities** → **8**. **8.** *pl* Zollbehörde *f*, -amt *n*. **II** *adj* **9.** *bes*. *Am*. a) → **custom-made**: **~ shoes** Maßschuhe; **~ work** Maßarbeit *f*, b) auf Bestellung *od*. für Kunden arbeitend: **~ tailor** Maßschneider *m*.

cus·tom·ar·i·ly ['kʌstəmərəli; *Am*. ˌ-'merili:] *adv* üblicherweise, 'herkömmlicherweise. **'cus·tom·ar·y I** *adj* **1.** gebräuchlich, gewöhnlich, 'herkömmlich, üblich: **as is ~** wie es üblich ist, wie üblich. **2.** gewohnt, Gewohnheits... **3.** *jur*. gewohnheitsrechtlich: **~ law** Gewohnheitsrecht *n*. **II** *s* **4.** (Sammlung *f* der) Gewohnheitsrechte *pl*.

ˌ**cus·tom-'built** *adj* nach Kundenangaben gefertigt, einzeln angefertigt (*Auto etc*).

cus·tom·er ['kʌstəmə(r)] *s* **1.** Kunde *m*, Kundin *f*, Abnehmer(in), Käufer(in): **~'s check** *Am*. Barscheck *m*; **~ country** Abnehmerland *n*; **~'s loan** Kundenkredit *m*; **~ service** Kundendienst *m*. **2.** *colloq*. Bursche *m*, Kerl *m*, ‚Kunde' *m*, ‚Zeitgenosse' *m*. **3.** Freier *m* (*e-r Prostituierten*). **~ a·gent** *s econ*. Kundenvertreter *m* (*im Exportgeschäft*). **~ own·er·ship** *s econ*. *Am*. Aktienbesitz *m* der Kundschaft von Versorgungsbetrieben.

'cus·tom|-house *s* Zollamt *n*: **~ agent** (*od*. **broker**) Zollagent *m*. **~ in·voice** *s econ*. 'Zollfak,tura *f*.

'cus·tom·ize *v/t* **1.** Versicherungsprogramm *etc* auf den Kundenbedarf zuschneiden. **2.** *bes*. sein Auto individu'ell 'herrichten.

ˌ**cus·tom-'made** *adj* nach Maß *od*. auf Bestellung *od*. spezi'ell angefertigt, maßgefertigt, Maß...: **~ suit**.

cus·toms| clear·ance, *a*. **~ clear·ing** *s* Zollabfertigung *f*. **~ dec·la·ra·tion** *s* 'Zolldeklarati,on *f*, -erklärung *f*. **~ ex·am·i·na·tion**, **~ in·spec·tion** *s* 'Zollkon,trolle *f*. **~ of·fi·cer**, **~ of·fi·cial** *s* Zollbeamte(r) *m*. **~ un·ion** *s* 'Zolluni,on *f*, -verein *m*. **~ ware·house** *s* Zollager *n*. **~ war·rant** *s econ*. Zollauslieferungsschein *m*.

cut [kʌt] **I** *s* **1.** Schnitt *m*. **2.** Hieb *m*: **~ and thrust** *a*) *fenc*. Hieb u. Stoß *m*, b) *fig*. (*feindseliges*) Hin u. Her, Widerstreit *m*; **rhetorical ~ and thrust** Wortgefecht *n*. **3.** *fig*. Stich *m*, (Seiten)Hieb *m*, Bosheit *f*. **4.** *colloq*. Schneiden *n*: **to give s.o. the ~ direct** j-n ostentativ schneiden. **5.** (Spaten)Stich *m*. **6.** Haarschnitt *m*. **7.** *tech*. Ein-, Anschnitt *m*, Kerbe *f*. **8.** *tech*. Schnittfläche *f*. **9.** *tech*. Schrot *m* 0. **10.** a) Einschnitt *m*, 'Durchstich *m* (*im Gelände*), b) Graben *m*. **11.** Schnitte *f*,

Stück *n* (*bes*. *Fleisch*): **cold ~s** Aufschnitt *m*. **12.** *Am*. *colloq*. Imbiß *m*. **13.** *colloq*. Anteil *m* (**of**, **in** an *dat*): **my ~ is 20%**. **14.** *bes*. *Am*. a) Mahd *f* (*Gras*), b) Schlag *m* (*Holz*), c) Schur *f* (*Wolle*). **15.** *Film*: Schnitt *m*. **16.** *Film*, *Rundfunk*, *TV*: scharfe Über'blendung, Schnitt *m*. **17.** Abkürzung(sweg *m*) *f*, di'rekter Weg. **18.** *Tennis etc*: Schnitt *m*. **19.** Stück *n*, Länge *f* (*von Stoff*, *Tuch*). **20.** (Zu)Schnitt *m*, Fas'son *f* (*bes*. *von Kleidung*). **21.** Schnitt *m*, Schliff *m* (*von Edelsteinen*). **22.** *fig*. Art *f*, Schlag *m*: **of quite a different ~** aus ganz anderem Holz geschnitzt. **23.** Gesichtsschnitt *m*. **24.** *colloq*. (*soziale etc*) Stufe: **a ~ above** e-e Stufe höher als. **25.** *print*. a) (Kupfer)Stich *m*, b) Druckstock *m*, c) Kli'schee *n*. **26.** Holzschnitt *m*. **27.** (*modischer*) Schlitz (*im Kleid*). **28.** Streichung *f*, Auslassung *f*, Kürzung *f* (*in e-m Buch etc*). **29.** *econ*. Kürzung *f*, Senkung *f*: **~ in prices** Preissenkung *od*. -herabsetzung *f*; **~ in salary** Gehaltskürzung. **30.** *ped*. *univ*. *colloq*. ‚Schwänzen' *n*. **31.** *Kartenspiel*: a) Abheben *n*, b) abgehobene Karte(n *pl*). **32.** *colloq*. Strohhalm *m* (*zum Losen*): **to draw ~s** Strohhalme ziehen, losen. **II** *adj* **33.** beschnitten, (zu)geschnitten, gestutzt, gespalten, zersägt: **~ flowers** Schnittblumen; **~ glass** geschliffenes Glas. **34.** *bot*. (ein)gekerbt. **35.** gemeißelt, geschnitzt, behauen. **36.** verschnitten, ka'striert: **a ~ horse** ein Wallach. **37.** *econ*. her'abgesetzt, ermäßigt: **~ prices**. **38.** *sl*. ‚blau', ‚besoffen'.

III *v/t pret* u. *pp* **cut 39.** (be-, zer-) schneiden, ab-, 'durchschneiden, e-n Schnitt machen in (*acc*): **to ~ one's finger** sich in den Finger schneiden; **to ~ to pieces** zerstückeln; **to ~ one's teeth** Zähne bekommen, zahnen; → **eyetooth**. **40.** abhacken, abschneiden, absägen, *mar*. kappen: **to ~ a book** ein Buch aufschneiden; **to ~ coal** Kohle(n) hauen; **to ~ grass** Gras mähen; **to ~ trees** Bäume fällen; **to ~ turf** Rasen stechen; **to ~ wood** Holz hacken. **41.** e-e Hecke *etc* (be)schneiden, stutzen: **to ~ s.o.'s hair** j-m die Haare schneiden. **42.** e-e Schnittwunde beibringen (*dat*), verletzen. **43.** schlagen: **to ~ a horse with a whip**. **44.** *Tiere* ka'strieren, verschneiden. **45.** ein *Kleid etc* zuschneiden, *etwas* zu'rechtschneiden, *e-n Schlüssel* anfertigen, *e-n Braten* vorschneiden *od*. zerlegen. **46.** *e-n Stein* behauen, *Glas*, *Edelsteine* schleifen. **47.** (ein)schnitzen, einschneiden, -ritzen. **48.** *e-n Weg* ausgraben, -hauen, *e-n Graben* stechen, *e-n Tunnel* bohren: **to ~ one's way** sich e-n Weg bahnen. **49.** *agr*. *Land* 'umackern, pflügen. **50.** *math*. *etc* durch'schneiden, kreuzen. **51.** *mot*. a) *e-e Kurve* schneiden: → **corner** 1, b) *ein Verkehrszeichen etc* über'fahren. **52.** *e-n Text etc*, *a*. *e-n Betrag etc* kürzen, beschneiden, zs.-streichen (**to** auf *acc*): **to ~ an article**; **to ~ film** e-n Film schneiden; **to ~ the wages** die Löhne kürzen; **to ~ production** die Produktion einschränken *od*. drosseln. **53.** *econ*. *Preise* her'absetzen, senken. **54.** *die Geschwindigkeit* her'absetzen, verringern. **55.** *econ*. e-n *Verlust* abschreiben: **I have ~ my losses** a) ich habe m-e Verluste abgeschrieben, b) *fig*. ich habe diese Sache aufgegeben. **56.** a) *chem*. *tech*. verdünnen, auflösen, b) *colloq*. verwässern. **57.** *tech*. abstoßen, *Metall*, *a*. *Gewinde* schneiden, beschroten, fräsen, scheren, schleifen. **58.** *electr*. *teleph*. e-e *Verbindung* trennen. **59.** *electr*. *mot*. *tech*. a) *den Motor etc* ab-, ausschalten, b) *den Motor* drosseln. **60.** *Film*, *Rundfunk*, *TV*: abbrechen. **61.** (*auf Tonband*) mitschneiden. **62.** *fig*. e-e *Verbin-*

dung abbrechen, aufgeben. **63.** *fig*. a) betrüben: **it ~ him to the heart** es tat ihm in der Seele weh, es schnitt ihm ins Herz, b) *j-m* weh tun, *j-n* kränken. **64.** *colloq*. *j-n* schneiden: **to ~ s.o. dead** j-n völlig ignorieren. **65.** *ped*. *univ*. *colloq*. *e-e Stunde etc* ‚schwänzen'. **66.** *Karten* abheben. **67.** *Tennis etc*: *den Ball* (an-) schneiden. **68.** *colloq*. *Gewinne* teilen. **69.** *sport* e-n *Rekord* brechen. **70.** → **cut out** 9.

IV *v/i* **71.** schneiden, hauen (**in**, **into** in *acc*), bohren, hauen, sägen, stechen: **it ~s both ways** *fig*. a) es ist ein zweischneidiges Schwert, b) das gilt für beide Teile (gleichermaßen). **72.** einschneiden, drücken (*Kragen etc*). **73.** sich (gut) schneiden lassen. **74.** 'durchbrechen (*Zähne*). **75.** (auf dem kürzesten Wege) hin'durchgehen, den kürzesten Weg einschlagen. **76.** *colloq*. a) rasen, flitzen, b) ‚abhauen': **to ~ and run** Reißaus nehmen. **77.** weh tun, kränken. **78.** *Kartenspiel*: abheben. **79.** *sport* den *Ball* (an-) schneiden. **80.** *Film etc*: a) schneiden, über'blenden: **to ~ to** um- *od*. hinüberblenden zu, b) abbrechen. **81.** *ped*. *univ*. *colloq*. (*die Stunde etc*) ‚schwänzen'. **82.** *paint*. stark her'vortreten (*Farbe*). **83.** *colloq*. die Gewinne teilen.

Verbindungen mit Präpositionen:

cut|**a·cross** *v/i* **1.** quer durch... gehen (*um abzukürzen*). **2.** *fig*. hin'ausgehen über (*acc*). **3.** *fig*. wider'sprechen (*dat*). **4.** *fig*. *Am*. einbeziehen, einschließen. **~ in·to** *v/i* **1.** *Kuchen etc* anschneiden. **2.** einschneiden in (*acc*) (*a*. *fig*.): **it ~ his time** es kostete ihn Zeit; **to ~ a market** *econ*. e-n Einbruch in e-n Markt erzielen; **it ~ the value of his house** es verringerte den Wert s-s Hauses; **the new car ~ his savings** riß ein Loch in s-e Ersparnisse. **3.** sich einmischen in (*ein Gespräch*). **~ through** *v/t* durch'schneiden, -'hauen, -'stechen, -'graben.

Verbindungen mit Adverbien:

cut|**a·long** *v/i Br*. *colloq*. sich auf die Beine machen. **~ back I** *v/t* **1.** → **cut** 41, 52, 54. **II** *v/i* **2.** *bes*. *Am*. (zu)rückblenden (**to** auf *acc*) (*Film*, *Roman etc*). **3. ~ on** *etwas* einschränken: **to ~ on smoking**. **~ down I** *v/t* **1.** abhacken, abhauen, *Bäume* fällen, *e-n Wald* abholzen. **2.** zu'rechtschneiden, -stutzen (*a*. *fig*.): → **size¹** 3. **3.** a) niederschlagen, b) erschlagen. **4.** *fig*. da'hin-, wegraffen. **5.** *Kleidungsstück* kleiner machen, kürzen (*bes*. *für ein jüngeres Familienmitglied*). **6.** a) *Ausgaben* verringern, einschränken, b) → **cut** 52, 53. **7.** *j-n* her'unterhandeln (**by** um; **to** auf *acc*). **8.** *electr*. die *Spannung* redu'zieren. **9.** *tech*. abdrehen. **II** *v/i* **10. ~ on** *etwas* einschränken: **to ~ on smoking**. **~ in I** *v/t* **1.** *tech*. den *Motor* einschalten. **2.** *electr*. in den Stromkreis einschalten. **3.** *Film etc*: *Szene* einschneiden, -fügen. **4.** *colloq*. *j-n* beteiligen (**on** an *dat*). **II** *v/i* **5.** sich einmischen. **6.** *mot*. sich di'rekt vor ein anderes Auto setzen: **to ~ on s.o.** j-n schneiden. **7.** *colloq*. (*beim Tanz*) abklatschen. **8.** *Kartenspiel*: (als Partner) einspringen. **9.** *tech*. *teleph*. sich einschalten. **~ loose** *v/i* **1.** sich lossagen *od*. freimachen (**from** von). **2.** sich gehen lassen. **3.** a) loslegen (**with** mit), b) ‚auf den Putz hauen'. **~ off** *v/t* **1.** abschneiden, abhauen, absägen: **to ~ s.o.'s head** j-n köpfen. **2.** *den Strom etc* absperren, abdrehen, *e-e Verbindung*, *die Versorgung*, *den Weg etc* abschneiden: **to ~ the enemy's retreat** dem Feind den Rückzug abschneiden; **he had his electricity ~** ihm wurde der Strom gesperrt. **3.** *teleph*. *Teilnehmer* trennen. **4.** *electr*. *tech*. ab-, ausschalten.

cut-and-come-again – cycling

5. *fig.* a) abschneiden, trennen, b) abbrechen, (ab'rupt) beenden. **6.** *j-n* enterben. **7.** *j-n* da'hinraffen. **~ o·pen** *v/t* aufschneiden. **~ out I** *v/t* **1.** (her)'ausschneiden. **2.** *ein Kleid* zuschneiden. **3.** *nur pass* planen, vorbereiten, aussehen: **to be ~ for a job** für e-e Aufgabe wie geschaffen sein; → **work** 1. **4.** *e-n Rivalen* ausstechen, verdrängen. **5.** *tech.* a) her'ausnehmen, abkuppeln, b) *a. electr.* ab-, ausschalten. **6.** *mar.* ein Schiff durch Abschneiden von der Küste kapern. **7.** *Am. ein Weidetier* von der Herde absondern. **8.** *colloq.* etwas abstellen, ausschalten, entfernen. **9.** *colloq.* etwas unter'lassen, aufhören mit: **cut it out!** hör auf (damit)!, laß den Quatsch! **10.** *colloq. j-n* betrügen (**of** *um s-n Anteil*). **II** *v/i* **11.** *mot.* ausscheren. **12.** *Kartenspiel:* ausscheiden. **13.** *tech.* a) sich ausschalten, b) aussetzen, -fallen (*Motor*). **~ o·ver** *v/t Wald* ausforsten, abholzen. **~ un·der** *econ.* **I** *v/t* unter'bieten. **II** *v/i* unter dem Marktpreis verkaufen. **~ up I** *v/t* **1.** zerschneiden, -hauen, -sägen. **2.** zerlegen. **3.** zerreißen, aufschlitzen, *den Boden* zerhauen. **4.** unter'brechen. **5.** vernichten, dezi'mieren. **6.** *colloq.* ,verreißen', scharf kriti'sieren. **7.** *meist pass* a) tief betrüben: **to be ~** tief betrübt sein, b) kränken. **II** *v/i* **8.** *Br. colloq.* sich benehmen: **to ~ rough** ,massiv' *od.* grob werden. **9.** *Am. colloq.* a) ,angeben', b) Unsinn treiben.
,**cut**,**-and**-'**come**-**a·gain** *s bot.* 'Sommerlev,koje *f.* ,**~-and-**'**dried**,,**~-and-**'**dry** *adj* **1.** planmäßig, festgelegt. **2.** rou'tinemäßig. ,**~-and-**'**try** *adj* em'pirisch.
cu·ta·ne·ous [kjuː'teɪnjəs; -nɪəs] *adj anat.* ku'tan, Haut...
'**cut·a·way I** *adj* **1.** schneidend. **2.** beschnitten. **3.** weggeschnitten. **4.** mit steigendem Revers (*Jacke*). **5.** Schnitt..., im Ausschnitt: **~ model** Schnittmodell *n*; **~ view** Ausschnitt(darstellung *f*) *m.* **II** *s* **6.** *a.* **~ coat** 'Cut(a,way) *m.*
'**cut·back** *s* **1.** *Film etc: bes. Am.* Rückblende *f.* **2.** Kürzung *f*, Beschneidung *f*, Zs.-streichung *f.* **3.** Her'absetzung *f*, Verringerung *f.*
cute [kjuːt] *adj* (*adv* **~ly**) *colloq.* **1.** schlau, clever. **2.** niedlich, ,süß'. '**cute·ness** *s colloq.* **1.** Schlauheit *f*, Cleverness *f.* **2.** Niedlichkeit *f.*
cu·ti·cle ['kjuːtɪkl] *s* **1.** Ku'tikula *f*: a) *anat.* (Ober)Häutchen *n*, Epi'dermis *f*, b) zellfreie Abscheidung der Oberhaut, c) *bot.* äußerste Schicht der Oberhaut. **2.** Deck-, Oberhaut *f, bes.* Nagelhaut *f*: **~ scissors** Nagelschere *f.* **3.** Häutchen *n* (*auf Flüssigkeiten*).
cut·ie ['kjuːtɪ], *a.* '**cut·ey** *s colloq.* **1.** *bes. Am.* ,süße Biene'. **2.** *sport Am.* ,Stra'tege' *m,* ,alter Hase'.
'**cut-in** *adj* **1.** eingeschaltet. **II** *s* **2.** *Film etc:* a) Einschnitt(szene *f*) *m*, b) zwischengeschaltete 'Durchsage. **3.** *Film, Zeitung:* Zwischentitel *m.*
cu·tis ['kjuːtɪs] *s anat.* Kutis *f*, Lederhaut *f.*
cut·las(s) ['kʌtləs] *s* **1.** *mar. hist.* Entermesser *n.* **2.** Ma'chete *f.*
cut·ler ['kʌtlə(r)] *s* Messerschmied *m.* '**cut·ler·y** *s* **1.** Messerschmiedehandwerk *n.* **2.** *collect.* Messerwaren *pl.* **3.** (Tisch-, Eß)Besteck *n.*
cut·let ['kʌtlɪt] *s* **1.** Schnitzel *n.* **2.** Hacksteak *n.*
'**cut-off** *s* **1.** *bes. Am.* Abkürzung(sweg *m*) *f.* **2.** *geol.* a) Mä'anderabschnürung *f* (*e-s Flusses*), b) na'türlich abgeschnürte Flußschlinge. **3.** *Wasserbau:* 'Stichka,nal *m.* **4.** *electr. tech.* a) (Ab)Sperrung *f*, Ab-, Ausschaltung *f*, b) Ausschalt(zeit)punkt

m, c) 'Sperr-, 'Abschaltperi,ode *f*, -zeit *f*, d) Ausschalt-, Sperrvorrichtung *f*, e) *a.* **~ point** Sperrpunkt *m,* -stelle *f* (*in e-m Stromkreis*). **5.** Brennschluß *m* (*bei Raketen*). **6.** *fig.* a) (ab'rupte) Beendigung, b) letzter Ter'min, Stichtag *m.* **~ cur·rent** *s electr.* Ausschaltstromstärke *f.* **~ key** *s electr.* Trenntaste *f.* **~ valve** *s tech.* 'Absperrven,til *n.*
'**cut**|-**out** *s* **1.** Ausschnitt *m.* **2.** 'Ausschneidefi,gur *f* (*bes. für Kinder*). **3.** *electr. tech.* a) *a.* **~ switch** Ausschalter *m*, Unter'brecher *m*, b) 'Sicherung(sauto,mat *m*) *f*: **~ box** Schalt-, Sicherungskasten *m.* '**~·o·ver I** *adj* abgeholzt (*Forstland*). **II** *s* Kahlschlag *m.* ,**~-**'**price** *Br. für* cut-rate. ,**~-**'**rate** *adj Am.* **1.** *econ.* a) ermäßigt, her'abgesetzt: **~ articles**; **~ prices**; **~ offer** Billigangebot *n*, b) zu her'abgesetzten Preisen verkaufend: **~ shop** (*bes. Am.* **store**) Discountgeschäft *n,* -laden *m,* c) (Fahrpreis- *etc*)Ermäßigung(en) genießend: **~ passengers**. **2.** *fig. colloq.* ,billig', ,nachgemacht'.
cut·ter ['kʌtə(r)] *s* **1.** (Blech-, Holz-)Schneider *m*, Zuschneider *m* (*a. von Tuch*), (Stein)Hauer *m*, (Glas-, Dia'mant)Schleifer *m.* **2.** *tech.* a) 'Schneidema,schine *f,* -werkzeug *n,* b) Fräser *m,* c) Stichel *m,* Meißel *m,* Stahl *m,* d) Bohrer *m,* e) Paral'lelschere *f.* **3.** a) Schneiddose *f,* b) Schneidstichel *m* (*für Schallplatten*). **4.** *Bergbau:* a) 'Schrämma,schine *f,* b) Hauer *m* (*Person*). **5.** *gastr.* Ausstechform *f.* **6.** *tech.* (*Art*) weicher Backstein. **7.** *Film:* Cutter(in). **8.** *Am.* leichter (Pferde)Schlitten. **9.** *mar.* a) Kutter *m,* b) (Bei)Boot *n* (*von Kriegsschiffen*), c) *a.* **coast guard ~** *Am.* Küstenwachfahrzeug *n.* **~ bar** *s* **1.** Bohrspindel *f,* -welle *f.* **2.** Schneidebalken *m,* -stange *f* (*e-r Mähmaschine*). '**~·head** *s tech.* **1.** Bohr-, Messerkopf *m.* **2.** Fräs(spindel)kopf *m.* **3.** Hobelmesser *n.*
'**cut·throat I** *s* **1.** a) Mörder *m,* b) (professio'neller) Killer. **2.** *orn.* Bandfink *m.* **~ razor** Ra'siermesser *n.* **II** *adj* **5.** mörderisch, grausam, Mörder... **6.** *fig.* halsschneiderisch, mörderisch: **~ competition** mörderischer *od.* unbarmherziger Konkurrenzkampf; **~ price** Wucherpreis *m.* **7.** zu dritt gespielt: **~ bridge**.
cut·ting ['kʌtɪŋ] **I** *s* **1.** (Ab-, Aus-, Be-, Zu)Schneiden *n* (*etc*; → **cut** III). **2.** → **cut** 7, 15, 16. **3.** *bes. Br.* (Zeitungs)Ausschnitt *m.* **4.** *tech., bes. rail. bes. Br.* Einschnitt *m,* 'Durchstich *m.* **5.** *tech.* a) Fräsen *n,* Schneiden *n,* spanabhebende Bearbeitung, Zerspanung *f,* b) Kerbe *f,* Schlitz *m,* c) *pl* (Dreh-, Hobel)Späne *pl,* d) *pl* Abfälle *pl,* Schnitzel *pl.* **6.** *bot.* Ableger *m,* Steckling *m,* Setzling *m.* **II** *adj* (*adv* **~ly**) **7.** Schneid(e)..., Schnitt..., schneidend (*a. fig. Schmerz, Wind*). **8.** *fig.* schneidend, beißend, scharf: **a ~ remark**. **~ an·gle** *s tech.* Schneide-, Schnittwinkel *m.* **~ blow·pipe** *s tech.* Schneidbrenner *m.* **~ die** *s tech.* Schneideisen *n,* 'Stanzscha,blone *f.* **~ edge** *s* Schneide *f,* Schnittkante *f.* **~ ma·chine** *s tech.* 'Fräsma,schine *f.* **~ nip·pers** *s pl, a.* **pair of ~** Kneifzange *f.* **~ oil** *s tech.* Kühlöl *n.* **~ press** *s tech.* Schnittpresse *f.* **~ punch** *s tech.* Locheisen *n,* Schnittstempel *m.* **~ sty·lus** *s a. irr* → **cutter** 3 b. **~ torch** → cutting blowpipe.
cut·tle ['kʌtl] → **cuttlefish**. '**~·bone** *s ichth.* Blackfischbein *n,* Kalkschulp *m.* '**~·fish** *s* (*ein*) Kopffüßer *m, bes.* Ge'meiner Tintenfisch, Kuttelfisch *m.*
cut·ty ['kʌtɪ] *bes. Scot.* **I** *adj* **1.** kurz(geschnitten). **II** *s* **2.** Stummelpfeife *f.*

3. a) kleines, unter'setztes Mädchen, b) ,Flittchen' *n.* **~ stool** *s bes. Scot. hist.* Arme'sünderstuhl *m.*
'**cut**,**up** *s Am. colloq.* **1.** ,Angeber' *m.* **2.** ,Kasper' *m,* Witzbold *m.*
cut|**vel·vet** *s* Voile- *od.* Chif'fonstoff *m* mit Samtmuster. **~ wa·ter** *s* **1.** *mar.* Schegg *m* (*e-r Brücke*). **2.** Pfeilerkopf *m,* Gali'on *n.* '**~·work** *s* Stickerei: 'Durchbrucharbeit *f.*
cy·an·am·ide [saɪ'ænəmaɪd; -mɪd] *s chem.* **1.** Zyana'mid *n.* **2.** Kalkstickstoff *m.* '**cy·a·nate** [-əneɪt] *s chem.* Zya'nat *n.*
cy·an·ic [saɪ'ænɪk] *adj* **1.** zy'anblau. **2.** *chem.* Zyan...: **~ acid**.
cy·a·nide ['saɪənaɪd] **I** *s chem.* Zya'nid *n*: **~ of copper** Zyankupfer *n*; **~ of potash** Zyankali *n.* **II** *v/t metall.* a) zemen'tieren, b) im Zya'nidverfahren bearbeiten.
cy·a·nin ['saɪənɪn] *s chem.* Zya'nin *n.* '**cy·a·nite** [-naɪt] *s min.* Zya'nit *m,* Kya'nit *m.*
cy·an·o·gen [saɪ'ænədʒɪn; -dʒen] *s chem.* **1.** Zy'an *n* (*Radikal*). **2.** 'Dizy,an *n.*
cy·a·no·sis [,saɪə'nəʊsɪs] *s med.* Zya'nose *f,* Blausucht *f.*
cy·ber·net·ic [,saɪbə(r)'netɪk] **I** *adj* (*adv* **~al·ly**) kyber'netisch. **II** *s pl* (*als sg konstruiert*) *biol. sociol. tech.* Kyber'netik *f* (*Wissenschaft von den Steuerungs- u. Regelungsvorgängen*). ,**cy·ber**'**net·i·cist** [-ɪsɪst], *a.* ,**cy·ber·ne**'**ti·cian** [-nɪ'tɪʃn] *s* Kyber'netiker *m.* ,**cy·ber**'**net·ist** *s* Kyber'netiker *m.*
cy·borg ['saɪbɔː(r)g] *s* Cyborg *m* (*menschlicher Körper, in den technische Geräte als Ersatz od. zur Unterstützung nicht ausreichend leistungsfähiger Organe integriert sind*). [Suca'ryl *n.*]
cy·cla·mate ['saɪkləmeɪt; 'sɪk-] *s chem.*
cy·cla·men ['saɪkləmən; *Am. bes.* 'saɪk-] *s bot.* Alpenveilchen *n.*
cyc·la·mine ['saɪkləmiːn; -mɪn; 'sɪk-] *s chem.* zyklisches A'min.
cy·cle ['saɪkl] **I** *s* **1.** Zyklus *m,* Kreis(lauf) *m,* 'Umlauf *m.* **2.** Peri'ode *f*: **in ~s** periodisch (wiederkehrend). **3.** *astr.* Himmelskreis *m.* **4.** Zeitalter *n,* Ära *f.* **5.** Zyklus *m*: a) (Gedicht-, Lieder-, Sagen)Kreis *m,* b) Folge *f,* Reihe *f,* Serie *f* (*von Schriften*). **6.** a) Fahrrad *n*: **~ lane** (*od.* **path**) Rad(fahr)weg *m*; **~ race** *sport* Radrennen *n,* b) Dreirad *n,* c) Motorrad *n.* **7.** *electr. phys.* ('Schwingungs)Peri,ode *f*: **~s per second** Hertz. **8.** *tech.* a) (Arbeits)Spiel *n,* Arbeitsgang *m,* b) (Motor)Takt *m*: **four-stroke ~** Viertakt; **four-~ engine** Viertaktmotor *m.* **9.** *Thermodynamik:* 'Kreispro,zeß *m.* **10.** *chem.* Ring *m.* **11.** *math.* a) Kreis *m,* b) → **cyclic permutation**. **12.** *bot.* Quirl *m,* Wirtel *m.* **13.** *zo.* Zyklus *m,* Entwicklungsgang *m.* **II** *v/i* **14.** e-n Kreislauf 'durchmachen. **15.** peri'odisch 'wiederkehren. **16.** radfahren, radeln. **III** *v/t* **17.** e-n Kreislauf 'durchmachen lassen. **18.** *a. tech.* peri'odisch wieder'holen. '**~·car** *s Am.* (*oft dreirädriges*) Kleinstauto, -wagen *m.*
cy·cler ['saɪklə(r); 'sɪk-] *Am. für* cyclist. '**cy·cle·way** *s* Rad(fahr)weg *m.*
cy·clic ['saɪklɪk; 'sɪk-] *adj;* '**cy·cli·cal** [-kl] *adj* (*adv* **~ly**) **1.** zyklisch: a) Kreislauf..., kreisläufig, b) peri'odisch, c) *chem.* Zyklo..., Ring..., d) *bot.* wirtelig (*Blüte*). **2.** *econ.* konjunk'turpo,litisch, -bedingt, konjunktu'rell, Konjunktur...: **~ policy**. **3.** *Literatur:* zyklisch: **~ poet** zyklischer Dichter, Zykliker *m.* **4.** *psych.* zyklisch: **~ insanity** zyklisches (manisch-depressives) Irresein.
cy·clic|**per·mu·ta·tion** *s math.* zyklische Permutati'on. **~ rate** *s mil.* Feuergeschwindigkeit *f.*
cy·cling ['saɪklɪŋ; *Am. a.* 'sɪk-] *s* **1.** Radfahren *n*: **~ tour** Radtour *f.* **2.** *sport*

Radrennsport *m*. **'cy·clist** *s* a) Radfahrer(in), b) Motorradfahrer(in).
cy·clo-cross ['saɪkləʊkrɒs; *Am.* -ˌkrɔːs] *s Radsport*: Querfeld'einfahren *n*: ~ **rider** Querfeldeinfahrer *m*.
cy·cloid ['saɪklɔɪd] **I** *s* **1.** *math.* Zyklo'ide *f*, Radlinie *f*, -kurve *f*. **2.** *psych.* zyklo'ider Mensch. **II** *adj* **3.** kreisähnlich. **4.** *ichth.* a) zyklo'id-, rundschuppig (*Fisch*), b) zyklo'id, rund. **5.** *psych.* zyklo'id. **cy'cloi·dal** *adj* **1.** *phys.* Zykloiden...: ~ **pendulum**. **2.** → cycloid II.
cy·clom·e·ter [saɪ'klɒmɪtə; *Am.* -ˈklɑmətər] *s* **1.** *math.* Zyklo'meter *n*, Kreisberechner *m* (*Instrument*). **2.** *tech.* Wegmesser *m*, Um'drehungszähler *m*.
cy·clone ['saɪkləʊn] *s* **1.** *meteor.* a) Zy'klon *m*, Wirbelsturm *m*, b) Zy'klone *f*, Tief(druckgebiet) *n*, c) *fig.* Or'kan *m*: **a ~ of laughter** orkanartiges Gelächter. **2.** *tech.* a) Zentri'fuge *f*, Schleuder *f*, b) Zy'klon(entstauber) *m* (*für Luft od. Gas*).
cy·clo·pae·di·a, *etc* → cyclopedia, *etc*.
Cy·clo·pe·an [saɪ'kləʊpjən; -pɪən; ˌsaɪkləʊ'piːən] *adj* **1.** Zyklopen... **2.** *a.* **c~** zy'klopisch, gi'gantisch. **3.** **c~** *arch.* mega'lithisch.
cy·clo·pe·di·a [ˌsaɪkləʊ'piːdjə; -dɪə] *s* **1.** Enzyklopä'die *f*. **2.** allgemeines Lehrbuch (*e-r Wissenschaft*). **ˌcy·clo'pe·dic**, **ˌcy·clo'pe·di·cal** *adj* enzyklo'pädisch, univer'sal, um'fassend: **~ knowledge**.
Cy·clo·pes [saɪ'kləʊpiːz] *pl von* Cyclops.
Cy·clop·ic [saɪ'klɒpɪk; *Am.* -ˈklɑ-] → Cyclopean.
cy·clo-pousse ['saɪkləʊpuːs] *s* a) Fahrradrikscha *f*, b) Motorradrikscha *f*.
Cy·clops ['saɪklɒps; *Am.* -ˌklɑps] *pl* **-clo·pes** [saɪ'kləʊpiːz] *s myth.* Zy'klop *m*.
cy·clo·ra·ma [ˌsaɪklə'rɑːmə; *Am.* a. -ˈræmə] *s* **1.** Rundgemälde *n*. **2.** 'Rundhoriˌzont *m*.
cy·clo·style ['saɪkləʊstaɪl] **I** *s* Zyklo'styl *m*. **II** *v/t* durch Zyklo'styl vervielfältigen.
cy·clo·thyme ['saɪkləʊθaɪm] *s psych.* zyklo'thymer Mensch.
cy·clo·tron ['saɪklətrɒn; *Am.* -ˌtrɑn] *s phys.* Zyklotron *n*, (Teilchen)Beschleuniger *m*.
cy·der *bes. Br. für* cider.
cyg·net ['sɪgnɪt] *s orn.* junger Schwan.
cyl·in·der ['sɪlɪndə(r)] *s* **1.** *print. tech.* Zy'linder *m*, Walze *f* (*beide a. math.*), Rolle *f*, Trommel *f*: **six-~ car** Sechszylinderwagen *m*. **2.** *tech.* a) (Re'volver-)Trommel *f*, b) Bohrung *f*, Seele *f*, c) Gas-, Stahlflasche *f*, d) 'Meßzyˌlinder *m*, e) Stiefel *m* (*e-r Pumpe*). **3.** *bot.* Zen'tralzyˌlinder *m*. **4.** *Archäologie*: 'Siegelzyˌlinder *m*, Rollsiegel *n*. **~ bar·rel** *s tech.* Zy'lindermantel *m*. **~ block** *s tech.* Zy'linderblock *m*. **~ bore** *s tech.* Zy'linderbohrung *f*.
cyl·in·dered ['sɪlɪndə(r)d] *adj tech.* ...zylindrig: **four-~ engine** Vierzylindermotor *m*.
cyl·in·der| es·cape·ment *s tech.* Zy'linderhemmung *f* (*Uhr*). **~ glass** *s tech.* Am. geblasenes Flachglas. **~ head** *s tech.* Zy'linderkopf *m*. **~ press** *s tech.* ('Druck)Zyˌlinder(schnell)presse *f*. **~ saw** *s tech.* Trommelsäge *f*.
cy·lin·dri·cal [sɪ'lɪndrɪk], *a.* **cy'lin·dric** *adj* (*adv* **~ally**) *math.* zy'lindrisch, Zylinder..., *tech. a.* walzenförmig.
cy·lin·dri·cal| co·or·di·nates *s pl math.* Zy'linderkoordiˌnaten *pl*. **~ func·tions**, **~ har·mon·ics** *s pl math.* Zy'linderfunktiˌonen *pl*, Besselsche Funkti'onen *pl*.
cy·lin·dri·form [sɪ'lɪndrɪfɔː(r)m] *adj* zy'linderförmig.
cyl·in·droid ['sɪlɪndrɔɪd] **I** *s math.* Zylindro'id *n*. **II** *adj* zylindro'id.
cy·ma ['saɪmə] *pl* **-mae** [-miː], **-mas** *s* **1.** *arch.* Kyma *n* (*Schmuckleiste*). **2.** *bot.* → cyme.
cy·mar → simar.
cym·bal ['sɪmbl] *s mus.* **1.** *meist pl* Becken *n* (*Schlaginstrument*). **2.** Zimbel *f* (*Orgelregister*). **'cym·bal·ist** [-bəlɪst] *s mus.* Beckenschläger *m*. **'cym·ba·lo** [-bələʊ] *pl* **-los** *s mus.* Hackbrett *n*.
cyme [saɪm] *s bot.* a) Zyma *f*, Gabel-Blütenstand *m*, b) Trugdolde *f*.
Cym·ric ['kɪmrɪk] **I** *adj* kymrisch, *bes.* wa'lisisch. **II** *s ling.* Kymrisch *n*, das Kymrische. **'Cym·ry** *s collect.* Kymren *pl*, *bes.* Wa'liser *pl*.
cyn·ic ['sɪnɪk] **I** *s* **1.** Zyniker *m*. **2.** **C~** *antiq. philos.* Kyniker *m*. **II** *adj* (*adv* **~ally**) **3.** → cynical. **4.** **C~** *antiq. philos.* kynisch. **'cyn·i·cal** *adj* (*adv* **-ly**) zynisch. **'cyn·i·cism** [-sɪzəm] *s* **1.** Zy'nismus *m*. **2.** Zy'nismus *m*, zynische Bemerkung. **3.** **C~** *antiq. philos.* Ky'nismus *m*.
cy·no·sure ['sɪnəˌzjʊə; -ˌʒjʊə; 'saɪnə-; *Am.* 'saɪnəˌʃʊr; 'sɪnə-] *s* **1.** *fig.* Anziehungspunkt *m*, Gegenstand *m* der Bewunderung. **2.** **C~** *astr.* a) Kleiner Bär (*Sternbild*), b) Po'larstern *m*.
cy·pher → cipher.
cy pres [ˌsiː'preɪ; *Am. a.* ˌsaɪ-] *adj u. adv jur.* den Absichten des Erb-lassers so'weit wie möglich entsprechend.
cy·press¹ ['saɪprəs; -prɪs] *s bot.* **1.** Zy'presse *f*. **2.** (*ein*) zy'pressenartiger Baum, *bes.* a) (*e-e*) 'Lebensbaum-, 'Scheinzyˌpresse, b) Vir'ginische 'Sumpfzyˌpresse, c) Yaccabaum *m* (*Mittelamerika*). **3.** Zy'pressenholz *n*.
cy·press² ['saɪprəs; -prɪs] *s* feiner Ba'tist (*bes. für Trauerkleidung*).

Cyp·ri·an ['sɪprɪən] **I** *adj* **1.** zyprisch. **2.** *obs.* lasterhaft. **II** *s* **3.** → Cypriote I. **4.** *obs.* lasterhafte Per'son, *bes.* Hure *f*.
cy·pri·nid [sɪ'praɪnɪd; 'sɪprɪ-] *ichth.* **I** *s* Karpfen *m*. **II** *adj* karpfenartig.
Cyp·ri·ote ['sɪprɪəʊt], *a.* **'Cyp·ri·ot** [-ət] **I** *s* **1.** Zyprer(in). **2.** *ling.* Zyprisch *n*, zyprischer Dia'lekt. **II** *adj* **3.** zyprisch.
cy·prus ['saɪprəs] → cypress².
Cyr·il·lic [sɪ'rɪlɪk] *adj* ky'rillisch.
cyst [sɪst] *s* **1.** Zyste *f*: a) *med.* Sackgeschwulst *f*, b) *biol.* Ruhezelle *f*, c) Blase *f*. **2.** Kapsel *f*, Hülle *f*.
cyst·ic ['sɪstɪk] *adj* **1.** *bes. med.* zystisch: **~ kidney** Zystenniere *f*. **2.** *anat.* (Gallen-, Harn)Blasen...
cys·ti·tis [sɪs'taɪtɪs] *s med.* Zy'stitis *f*, 'Blasenentzündung *f*.
cys·to·cele ['sɪstəʊsiːl] *s med.* Zysto'zele *f*, Blasenvorfall *m*.
cys·to·scope ['sɪstəskəʊp] *s med.* Zysto'skop *n*, Blasenspiegel *m*. **cys'tos·co·py** [-'stɒskəpɪ; *Am.* -'stɑ-] *s med.* Zystosko'pie *f*. **cys'tot·o·my** [-'stɒtəmɪ; *Am.* -'stɑ-] *s med.* Zystoto'mie *f*, Blaseneinschnitt *m*.
cy·to·blast ['saɪtəʊblæst] *s biol.* Zyto'blast *m*, Zellkern *m*. **'cy·to·chrome** [-krəʊm] *s biol.* Zyto'chrom *n*, Zellfarbstoff *m*.
cy·tode ['saɪtəʊd] *s biol.* Zy'tode *f*.
cy·to·ge·net·ics [ˌsaɪtəʊdʒɪ'netɪks] *s pl* (*als sg konstruiert*) *biol.* Zytoge'netik *f* (*Erforschung der zellphysiologischen Grundlagen der Vererbung*). **cy'tog·e·nous** [-'tɒdʒɪnəs; *Am.* -'tɑ-] *adj biol.* zyto'gen, zellbildend.
cy·tol·o·gy [saɪ'tɒlədʒɪ; *Am.* -'tɑ-] *s biol.* Zytolo'gie *f*, Zellenlehre *f*.
cy·tol·y·sis [saɪ'tɒlɪsɪs; *Am.* -'tɑ-] *s med.* Zyto'lyse *f*, Zellauflösung *f*, -zerfall *m*.
cy·to·plasm ['saɪtəʊplæzəm] *s biol.* Zyto'plasma *n*, Proto'plasma *n*. **'cy·to·plast** [-plɑːst; *bes. Am.* -plæst] *s biol.* Zyto'plasma, Zellkörper *m* (*ohne Kern*).
czar [zɑː(r)] *s* **1.** *meist* **C~** *hist.* Zar *m*. **2.** *fig.* Herrscher *m*, Dik'tator *m*.
czar·das ['tʃɑːrdæʃ] *s mus.* Csárdás *m*.
czar·dom ['zɑː(r)dəm] *s* **1.** Zarenreich *n*. **2.** Zarenwürde *f*. **3.** *fig.* (auto'kratische) Herrschaft.
czar·e·vitch ['zɑːrəvɪtʃ] *s* Za'rewitsch *m*.
cza·ri·na [-'riːnə] *s* Zarin *f*. **'czar·ism** *s* Zarentum *n*. **czar'is·tic** *adj* za'ristisch, Zaren... **cza'rit·za** [-'rɪtsə] → czarina.
Czech [tʃek] **I** *s* **1.** Tscheche *m*, Tschechin *f*. **2.** *ling.* Tschechisch *n*, das Tschechische. **II** *adj* **3.** tschechisch. **'Czech·ic** → Czech II.
Czech·o·slo·vak [ˌtʃekəʊ'sləʊvæk], *a.* **ˌCzech·o·slo·vak·i·an** [-sləʊ'vækɪən; -'vɑː-] **I** *s* Tschechoslo'wake *m*, -slo'wakin *f*. **II** *adj* tschechoslo'wakisch.

D

D, d [diː] **I** *pl* **D's, Ds, d's, ds** [diːz] *s* **1.** D, d *n* (*Buchstabe*). **2.** *mus.* D, d *n* (*Note*): **D flat** Des, des *n*; **D sharp** Dis, dis *n*; **D double flat** Deses, deses *n*; **D double sharp** Disis, disis *n*. **3. d** *math.* d (*4. bekannte Größe*). **4. D** *ped.* Vier *f*, Ausreichend *n* (*Note*). **5.** D D *n*, D- -förmiger Gegenstand. **II** *adj* **6.** viert(er, e, es): **Company D. 7.** D-..., D-förmig.
'd [d] *colloq. für* had, should, would: you'd.
dab[1] [dæb] **I** *v/t* **1.** leicht schlagen *od.* klopfen, antippen. **2.** be-, abtupfen. **3.** *Fläche* bestreichen. **4.** a. ~ **on** *Farbe etc* auftragen. **5.** *print.* kli'schieren, abklatschen. **6.** *bes. Br. sl.* Fingerabdrücke machen von. **II** *v/i* **7.** ~ **at** → 1 u. 2. **III** *s* **8.** Klaps *m*, leichter Schlag. **9.** Klecks *m*, Spritzer *m.* **10.** → dabber. **11.** *bes. Br. sl.* Fingerabdruck *m*.
dab[2] [dæb] *s ichth.* **1.** Dab *m*, Kliesche *f*. **2.** Scholle *f*.
dab[3] [dæb] *s bes. Br. colloq.* Könner *m*, Ex'perte *m*, ‚Künstler' *m*: **to be a ~ at** s.th. etwas aus dem Effeff können; **a ~ at tennis** ein Tennis-As.
dab·ber ['dæbə(r)] *s* a) *print.* Farbballen *m*, b) *Stereotypie*: Klopfbürste *f*.
dab·ble ['dæbl] **I** *v/t* **1.** besprengen, bespritzen. **2.** betupfen. **II** *v/i* **3.** (*im Wasser*) plan(t)schen, plätschern. **4.** *fig.* sich oberflächlich *od.* aus Liebhabe'rei *od. contp.* in dilet'tantischer Weise befassen *od.* beschäftigen (**at**, **in** mit): **to ~ in writing** (so) nebenbei ein bißchen schriftstellern. **'dab·bler** *s* Ama'teur *m*, *contp.* Dilet'tant *m*: **a ~ at** (*od.* **in**) **writing** ein literarischer Dilettant.
dab hand → dab[3].
dab·ster ['dæbstə(r)] *s* **1.** *Br. dial. für* dab[3]. **2.** *Am. colloq.* Pfuscher *m*, Stümper *m*.
da ca·po [daːˈkaːpəʊ] *adv mus.* da capo, noch einmal.
dace [deɪs] *pl* **dac·es,** *bes. collect.* **dace** *s ichth.* **1.** Häsling *m*, Hasel *m* (*europäischer Karpfenfisch*). **2.** ein nordamer. Süßwasser-Karpfenfisch.
da·cha ['dætʃə; *Am.* 'daː-] *s* Datscha *f* (*russisches Sommerhaus*).
dachs·hund ['dæksˌhʊnd; *Am.* 'daːksˌhʊnt] *s zo.* Dackel *m*.
da·coit [dəˈkɔɪt] *s* Ban'dit *m* (*in Indien u. Birma*).
dac·ry·o·cyst ['dækrɪəʊsɪst] *s med.* Tränensack *m*.
dac·tyl ['dæktɪl; *Am.* -tl] *s* **1.** *metr.* Daktylus *m* (*Versfuß aus e-r langen, betonten u. zwei kurzen, unbetonten Silben*). **2.** *zo.* a) Finger *m*, b) Zehe *f*.
dac·tyl·ic [dækˈtɪlɪk] *adj u. s metr.* dak'tylisch(er Vers).
dac·tyl·o·gram [dækˈtɪləʊɡræm] *s bes. Am.* Fingerabdruck *m*. **ˌdac·ty'log·ra·phy** [-ˈlɒɡrəfɪ; *Am.* -ˈlɑː-] *s bes. Am.* Daktylogra'phie *f*. **ˌdac·ty'lol·o·gy** [-ˈlɒlədʒɪ; *Am.* -ˈlɑː-] *s* Daktylolo'gie *f* (*Finger- u. Gebärdensprache der Taubstummen u. Gehörlosen*).
dad [dæd] *s colloq.* Vati *m*, Pa'pa *m*.
Da·da·ism ['daːdeɪɪzəm; -daː-] *s art* Dada'ismus *m*. **'Da·da·ist I** *s* Dada'ist *m*. **II** *adj* dada'istisch.
dad·dy ['dædɪ] *s* **1.** → dad: **he's the ~ of them all** *bes. Am. sl.* er ist der Größte. **2.** → sugar daddy. **~ long-legs** *pl* **-dy -legs** *s zo. colloq.* **1.** Schnake *f*. **2.** *Am.* Kanker *m*, Weberknecht *m*.
da·do ['deɪdəʊ] **I** *pl* **-does** *od.* **-dos** *s* **1.** *arch.* Posta'mentwürfel *m*. **2.** a) untere Wand, b) untere Wandverkleidung. **II** *v/t* **3.** *tech.* auskehlen, langlochen.
dae·dal ['diːdl], **Dae·da·le·an, Dae·da·li·an** [dɪˈdeɪljən; -lɪən] *adj* **1.** dä'dalisch: a) geschickt, b) kunstvoll (gearbeitet), c) reichgestaltet. **2.** ingeni'ös, sinnreich. **3.** kompli'ziert.
dae·mon ['diːmən] **I** *s* **1.** *antiq.* Dämon *m* (*niedere Gottheit*). **2.** *fig.* Geist *m*, Genius *m*, höhere Macht. **3.** Dai'monion *n*, innere Stimme. **4.** (*das*) Dä'monische (*im Menschen*). **5.** → demon 2, 3. **II** *adj* → demon 4, 5.
daff [dæf] *colloq. für* daffodil.
daf·fo·dil ['dæfədɪl] *s* **1.** *bot.* Gelbe Nar'zisse, Osterblume *f*, -glocke *f*. **2.** Kadmiumgelb *n*.
daff·y ['dæfɪ] → daft 1, 2.
daft [daːft; *Am.* dæft] *adj* (*adv* **-ly**) *colloq.* **1.** ,doof', trottelhaft, dämlich. **2.** ,bekloppt', verrückt. **3. to be ~ about** verrückt sein nach. **'daft·ness** *s colloq.* **1.** Dämlichkeit *f*. **2.** Verrücktheit *f*.
dag [dæg] *s* **1.** Zotte(l) *f*, Zipfel *m*, Fetzen *m*. **2.** *Br. für* daglock.
dag·ger ['dæɡə(r)] *s* **1.** Dolch *m*: **to be at ~s drawn** *fig.* auf Kriegsfuß stehen (**with** mit); **to look ~s at** s.o. j-n mit Blicken durchbohren; **to speak ~s** scharfe u. verletzende Worte sprechen. **2.** *print.* Kreuz(zeichen) *n* (†).
dag·lock ['dæɡlɒk; *Am.* -ˌlɑk] *s* Wollklunker *f*.
da·go ['deɪɡəʊ] *pl* **-gos** *od.* **-goes** *s* Schimpfwort für Italiener, Spanier u. Portugiesen.
da·guerre·o·type [dəˈɡerəʊtaɪp; -rə-; *Am. a.* -riːə-] *phot. hist.* **I** *s* **1.** Daguerreo'typ *n* (*Lichtbild auf Silberplatte*). **2.** Daguerreoty'pie *f*. **II** *v/t* **3.** daguerreoty'pieren. **da'guerre·o·typ·y** → daguerreotype 2.
dahl·ia ['deɪljə; *Am.* 'dæljə; 'daːljə] *s* **1.** *bot.* Dahlie *f*, Geor'gine *f*. **2.** Dahlia *n*, Me'thylvio,lett *n* (*Farbstoff*).
Dail Eir·eann [ˌdaɪlˈeərən; ˌdɔɪl-], *a.* **Dail** *s* Abgeordnetenhaus *n* (*von Eire*).
dai·ly ['deɪlɪ] **I** *adj* **1.** täglich, Tage(s)...: **our ~ bread** unser täglich(es) Brot; **~ experience** alltägliche Erfahrung; **~ help** → 6; **~ newspaper** → 5; **~ press** Tagespresse *f*; **~ wages** Tag(e)lohn *m*; → **dozen** 2. **2.** *fig.* all'täglich, ständig: **to be a ~ occurrence** an der Tagesordnung sein. **II** *adv* **3.** täglich. **4.** immer, ständig. **III** *s* **5.** Tageszeitung *f*. **6.** *Br.* Putzfrau *f* (*die jeden Tag kommt*).
dain·ti·fy ['deɪntɪfaɪ] *v/t* verfeinern, zierlich (*etc*, → **dainty**) machen. **'dain·ti·ness** *s* **1.** Zierlichkeit *f*. **2.** wählerisches Wesen, Verwöhntheit *f*. **3.** Zimperlichkeit *f*, Geziertheit *f*. **4.** Schmackhaftigkeit *f*.
dain·ty ['deɪntɪ] **I** *adj* (*adv* **daintily**) **1.** zierlich, niedlich, fein, nett, reizend. **2.** exqui'sit, köstlich, erlesen. **3.** wählerisch, verwöhnt (*bes. im Essen*). **4.** zart (-fühlend). **5.** zart, sanft: **none too daintily** ziemlich unsanft, in wenig zarter Weise. **6.** geziert, zimperlich. **7.** deli'kat, schmackhaft, lecker. **II** *s* **8.** Leckerbissen *m*: a) Delika'tesse *f*, b) *fig.* Genuß *m*, Köstlichkeit *f*.
dai·qui·ri ['daɪkɪrɪ] *s bes. Am.* Cocktail aus Rum, Limonen- *od.* Zitronensaft u. Zucker.
dair·y ['deərɪ] *s* **1.** Molke'rei *f*. **2.** Molke'reibetrieb *m*, Milchwirtschaft *f*. **3.** Milchgeschäft *n*. **4.** a. **~ cattle** *collect.* Milchvieh *n*. **~ bar** *Am.* Milchbar *f*. **~ farm** *s* auf Milchwirtschaft speziali'sierter Bauernhof. **~ hus·band·ry** *s* Milchwirtschaft *f*.
'dair·y·ing I *s* Milchwirtschaft *f*, Molke'reiwesen *n*. **II** *adj* Molkerei...
'dair·y| **lunch** *s Am.* Milchbar *f*. **~-maid** *s* **1.** Melkerin *f*. **2.** Molke'reiangestellte *f*. **~-man** [-mən] *s irr* **1.** Milchmann *m*. **2.** Melker *m*, Schweizer *m*. **3.** Molke'reiangestellte(r) *m*. **~ pro·duce** *s* Molke'reipro,dukte *pl*.
da·is [ˈdeɪɪs] *s* **1.** Podium *n*. **2.** *obs.* Baldachin *m*.
dai·sied ['deɪzɪd] *adj* voller Gänseblümchen.
dai·sy ['deɪzɪ] *s* **1.** *bot.* Gänseblümchen *n*, Maßliebchen *n*, Tausendschön(chen) *n*: **to be (as) fresh as a ~** sich quicklebendig fühlen; **to push up the daisies** *sl.* ‚sich die Radies-chen von unten ansehen *od.* betrachten' (*tot sein*). **2.** a. **oxeye ~** *bot.* Marge'rite *f*. **3.** *sl.* a) ‚Prachtex,emplar *n*, b) Prachtkerl *m*. **II** *adj* **4.** *sl.* erstklassig, ‚prima'. **~ chain** *s* **1.** Gänseblumenkränzchen *n*, -kette *f*. **2.** *fig.* Reigen *m*, Kette *f*: **~ of events**. **~ cut·ter** *s sl.* **1.** Pferd *n* mit schleppendem Gang. **2.** *sport* Flachschuß *m*. **3.** *mil. Am.* Splitterbombe *f*. **~ wheel** *s tech.* Typenrad *n* (*e-r Schreibmaschine*).
dak [dɔːk; daːk] *s Br. Ind.* **1.** Post *f*: **~ boat** Postboot *n*. **2.** Re'laistrans,port *m*: **~ bungalow** Herberge *f*.
da·koit → dacoit.
Da·lai La·ma [ˌdælaɪˈlaːmə; ˌdaː-] *s relig.* Dalai-Lama *m*.

dale [deɪl] *s bes. dial. od. poet.* Tal *n.*
dales·man ['deɪlzmən] *s irr* Talbewohner *m* (*bes. der nordenglischen Flußtäler*).
da·li ['dɑːlɪ] *s bot.* Talg-, Mus'katnuß (-baum *m*) *f.*
dal·li·ance ['dælɪəns] *s* 1. Tröde'lei *f,* Bumme'lei *f.* 2. Verzögerung *f.* 3. Tände'lei *f:* a) Spiele'rei *f,* b) Liebe'lei *f,* Geschäker *n.* '**dal·li·er** *s* 1. Bummler *m.* 2. Tändler *m,* Schäker *m.*
dal·ly ['dælɪ] **I** *v/i* 1. (with mit) a) scherzen, schäkern, b) spielen: **to ~ with s.o.'s affections.** 2. spielen, liebäugeln (**with** mit): **to ~ with an idea;** to ~ **with danger** mit der Gefahr spielen. 3. her'umtrödeln, bummeln, die Zeit verständeln. **II** *v/t* 4. ~ **away** a) *die Zeit* verständeln *od.* vertrödeln, b) *Gelegenheit* verpassen, verspielen. '**dal·ly·ing** *adj* 1. scherzend, schäkernd. 2. tändelnd.
Dal·ma·tian [dæl'meɪʃən; *bes. Am.* -ʃən] **I** *adj* 1. dalma'tinisch, dal'matisch. **II** *s* 2. Dalma'tiner(in). 3. *a.* ~ **dog** Dalma'tiner *m* (*Hunderasse*).
dal·mat·ic [dæl'mætɪk] *s relig.* Dal'matik(a) *f* (*liturgisches Obergewand*).
dal se·gno [dæl'senjəʊ; dɑːl'seɪnjəʊ] *adv mus.* dal segno, vom Zeichen an wieder'holen.
dal·ton ['dɔːltən] *s chem. phys.* Dalton *n* (*Atommasseeinheit*).
dal·ton·ism ['dɔːltənɪzəm] *s med.* Dalto'nismus *m,* Farbenblindheit *f.*
dam¹ [dæm] **I** *s* 1. (Stau)Damm *m,* Deich *m,* Wehr *n,* Talsperre *f.* 2. Stausee *m,* -gewässer *n.* 3. *fig.* Damm *m.* **II** *v/t* 4. *a.* ~ **up** a) mit e-m Damm versehen, b) stauen, (ab-, ein)dämmen (*a. fig.*), c) (ab)sperren, hemmen, bloc'kieren (*a. fig.*): **to ~ back one's tears** die Tränen zurückhalten.
dam² [dæm] *s zo.* Mutter(tier *n*) *f.*
dam·age ['dæmɪdʒ] **I** *s* 1. an *dat*: **to do ~** (Be)Schädigung *f* (**to** an *dat*): **to do ~** Schaden anrichten; **to do ~ to → 5; the ~ is done** now jetzt ist es schon passiert; ~ **by sea** *mar.* Seeschaden, Havarie *f;* **to suffer** (*od.* **sustain**) ~ **at sea** *mar.* havarieren; ~ **caused by fire** Brandschaden; **→ personal 1, property 1.** 2. Verlust *m,* Einbuße *f.* 3. *pl jur.* a) Schadensbetrag *m,* b) Schadenersatz *m:* **to pay ~s** Schadenersatz leisten; **to seek ~s** auf Schadenersatz klagen; **to sue s.o. for ~s, to seek ~s against s.o.** j-n auf Schadenersatz verklagen; → **action** 12, **award** 1, **exemplary** 2, **punitive** 4. *colloq.* Preis *m,* Rechnung *f,* „Zeche' *f:* **what's the ~?** was macht's?, was kostet's? **II** *v/t* 5. beschädigen: **men ~d by war** Kriegsbeschädigte. 6. *j-m, j-s* Ruf *etc* schaden, Schaden zufügen, *j-n* schädigen. **III** *v/i* 7. Schaden nehmen, beschädigt werden. '**dam·age·a·ble** [-əbl] *adj* empfindlich, leicht zu beschädigen(d). '**dam·aged** *adj* beschädigt, schadhaft, de'fekt: **in a ~ condition** in beschädigtem Zustand. '**dam·ag·ing** *adj* (*adv* ~**ly**) schädlich, nachteilig (**to** für).
Dam·a·scene ['dæməsiːn] **I** *adj* 1. damas'zenisch, Damas'zener. 2. **d~** *tech.* Damaszener..., damas'ziert. **II** *s* 3. Damas'zener(in). 4. **d~** Damas'zenerarbeit *f,* Damas'zierung *f.* 5. **d~ →** damson. **III** *v/t* 6. **d~** *Metall* damas'zieren. '**dam·a·scened** *adj* damas'ziert.
Da·mas·cus **blade** [də'mɑːskəs; *bes. Am.* -'mæs-] *s* Damas'zener Klinge *f.* ~ **steel → damask steel.** ~ **sword** *s* Damas'zener Schwert *n.*
dam·ask ['dæməsk] **I** *s* 1. Da'mast *m* (*Stoff*). 2. Da'mast *m,* Damas'zierung *f* (*Stahl*). 3. → **damask steel.** 4. *a.* ~ **rose** *bot.* Damas'zener-, Portlandrose *f.* 5. (*ein*) Rosa *n* (*Farbe*). **II** *adj* 6. → Damascene 1. 7. da'masten. 8. aus Da'maststahl. 9. mit Da'mast(muster), damas'ziert. 10. rosarot. **III** *v/t* 11. *Metall* damas'zieren. 12. *Stoff* damas'zieren, mustern. 13. (bunt) verzieren. **dam·a·skeen** [ˌdæmə'skiːn] → damask 11.
dam·ask steel *s* Da'maststahl *m.*
dame [deɪm] *s* 1. **D~** *Br.* a) Freifrau *f* (*Titel der Ehefrau e-s* **knight** *od.* **baronet**), b) *der dem* **knight** *entsprechende Titel der weiblichen Mitglieder des* Order of the British Empire (*vor dem Vornamen*): **D~ Diana X.** 2. *obs.* Ma'trone *f,* alte Dame: **D~ Nature** Mutter Natur. 3. *ped.* a) Schulleiterin *f,* b) (*in* Eton) Heimleiterin *f.* 4. *Am. sl.* Weibsbild *n.* 5. *obs. od. poet.* gnädige Frau (*Anrede*). 6. *hist.* Lady *f* (*Ehefrau od. Tochter e-s Lord*). ~ **school** *s hist.* pri'vate Elemen'tarschule unter Leitung e-r Direk'torin.
dame's **gil·li·flow·er,** ~ **rock·et,** ~ **vi·o·let →** damewort.
'**dame·wort** *s bot.* 'Frauenvi̱ole *f.*
dam·mit ['dæmɪt] *interj colloq.* verflucht!, verdammt!: **as near ~** *Br.* fast, beinahe.
damn [dæm] **I** *v/t* 1. *relig. u. weitS.* verdammen. 2. verurteilen, tadeln. 3. verwerfen, ablehnen: **to ~ a book;** → **praise** 3. 4. vernichten, verderben, ru'inieren. 5. *colloq.* ~ **it!,** ~ **me!** verflucht!, verdammt!: ~ **you!** der Teufel soll dich holen!; **well, I'll be ~ed!** nicht zu glauben!, **das ist die Höhe!;** I'll be ~**ed if** a) ich freß 'nen Besen, wenn ..., b) es fällt mir nicht im Traum ein (*das zu tun*); ~ **the rain!** verdammter Regen! **II** *v/i* 6. fluchen. **III** *s* 7. Fluch *m.* 8. *colloq.* „Pfifferling' *m,* „Dreck' *m:* **it's not worth a ~** es ist keinen Pfifferling wert; **→ care** 8. **IV** *interj* 9. *colloq.* verflucht!, verdammt! **V** *adj u. adv →* **damned** 2 *u.* 4.
ˌdam·na'bil·i·ty [-nə'bɪlətɪ] *s* Verdammungswürdigkeit *f,* Verwerflichkeit *f.* '**dam·na·ble** *adj* (*adv* **damnably**) 1. verdammungswürdig, verwerflich. 2. ab'scheulich.
dam·na·tion [dæm'neɪʃn] **I** *s* 1. Verdammung *f.* 2. Verurteilung *f.* 3. Verwerfung *f,* Ablehnung *f.* 4. *relig.* Verdammnis *f.* **II** *interj →* **damn** 9. '**dam·na·to·ry** [-nətərɪ; *Am.* -ˌtɔːrɪ; -ˌtəʊ-] *adj* verdammend, Verdammungs...
damned [dæmd] **I** *adj* 1. *bes. relig.* verdammt: **the ~** die Verdammten. 2. *colloq.* verdammt, verwünscht, verflucht: **a ~ fool** ein Volli̱diot; ~ **nonsense** kompletter Unsinn. 3. *colloq.* als bekräftigendes Füllwort: **a ~ sight better** viel besser; **every ~ one of them** jeder (einzelne) (von ihnen). **II** *adv* 4. *colloq.* verdammt, schrecklich, furchtbar: ~ **cold;** ~ **funny** schrecklich komisch. 5. *colloq.* als bekräftigendes Füllwort: **he ~ well ought to know it** das müßte er wahrhaftig wissen. '**damned·ist** [-ɪst] *s:* **to do** (*od.* **try**) **one's ~** *colloq.* sich alle Mühe geben (**to do** zu tun).
dam·ni·fi·ca·tion [ˌdæmnɪfɪ'keɪʃn] *s bes. jur.* Schädigung *f.* '**dam·ni·fy** [-faɪ] *v/t j-n* schädigen.
'**damn·ing** *adj fig.* erdrückend (*Beweismaterial etc*).
Dam·o·cles ['dæməkliːz] *npr* Damokles *m:* **sword of ~** *fig.* Damoklesschwert *n.*
dam·o·sel, dam·o·zel ['dæməʊzel] → damsel.
damp [dæmp] **I** *adj* (*adv* ~**ly**) 1. feucht, (*Raum etc a.*) klamm: → **squib** 1. 2. *fig. obs.* niedergeschlagen. **II** *s* 3. Feuchtigkeit *f:* **in the air** Luftfeuchtigkeit *f.* 4. Bergbau: a) Schwaden *m,* b) *pl* Schlagwetter. 5. *fig. obs.* Niedergeschlagenheit *f.* 6. *fig.* Dämpfer *m,* Hemmung *f:* **to cast** (*od.* **strike**) **a ~ on** (*od.* **over**) *s.th.* etwas dämpfen *od.* lähmen, auf etwas lähmend wirken, etwas überschatten. **III** *v/t* 7. a) an-, befeuchten, b) → **damp down** 3. 8. a) *Begeisterung etc* dämpfen: **to ~ s.o.'s enthusiasm,** b) *j-n* entmutigen, depri'mieren. 9. *Feuer* ersticken, (aus)löschen. 10. *electr. mus. phys.* dämpfen. **IV** *v/i* 11. feucht werden. 12. → **damp out.** Verbindungen mit Adverbien:
damp **down** *v/t* 1. *Feuer* dämpfen. 2. *tech.* drosseln. 3. *Wäsche* (zum Bügeln) einsprengen. 4. → **damp** 8. ~ **off** *v/i bot.* an der 'Umfallkrankheit leiden (*Keimling*). ~ **out** *v/i electr.* abklingen.
damp course *s tech.* Dichtungsbahn *f,* 'Feuchtigkeitsisoˌlierschicht *f.*
damped [dæmpt] *adj bes. electr. mus. phys.* gedämpft: ~ **oscillation.**
damp·en ['dæmpən] → damp 7, 8, 11.
'**damp·er** *s* 1. *bes. fig.* Dämpfer *m:* **to cast** (*od.* **put, strike**) **a ~ on** *s.th.* etwas dämpfen *od.* lähmen, auf etwas lähmend wirken, etwas überschatten. 2. *tech.* Luft-, Ofen-, Zugklappe *f,* Schieber *m.* 3. *mus.* Dämpfer *m:* ~ **pedal** Fortepedal *n,* rechtes Pedal. 4. *tech.* (Schwingungs-)Dämpfer *m.* 5. *tech. Br.* Stoßdämpfer *m.* 6. *Am. sl.* Regi'strierkasse *f.* 7. *Austral.* flaches, ungesäuertes Brot (*in glühender Asche gebacken*).
'**damp·ing** *s electr. phys.* Dämpfung *f:* ~ **resistor** *electr.* Dämpfungswiderstand *m.*
'**damp·ish** *adj* etwas feucht, (*Raum etc a.*) klamm.
'**damp·ness** *s* Feuchtigkeit *f.* '**damp-proof** *adj* feuchtigkeitsbeständig, -fest.
dam·sel ['dæmzl] *s obs. od. poet.* Maid *f.*
dam·son ['dæmzən] *s bot.* Haferdamaszenerpflaume *f.* ~ **cheese** *s* steifes Pflaumenmus.
Dan¹ [dæn] *s obs.* Ehrentitel vor Götter- u. Dichternamen: ~ **Cupid** Gott *m* Amor.
dan² [dæn] *s Judo:* Dan *m.*
Dan·a·id·e·an [dæneɪ'ɪdɪən; -nɪ'ɪ-] *adj* dana'idisch, Danaiden... (*frucht- u. endlos*): ~ **job** Danaidenarbeit *f.*
dance [dɑːns; *Am.* dæns] **I** *v/i* 1. tanzen: **to ~ to** (*od.* **after**) **s.o.'s pipe** (*od.* **tune, whistle**) *fig.* nach *j-s* Pfeife tanzen; **to ~ on air** (*od.* **nothing**) *colloq.* „baumeln', gehängt werden. 2. tanzen, hüpfen, her'umspringen (**with, for** vor *dat*): **to ~ for joy** Freudentänze aufführen. 3. *fig.* tanzen, sich wiegen: **leaves ~d in the air.** **II** *v/t* 4. e-n *Tanz* tanzen: **to ~ a waltz; to ~ attendance on s.o.** *fig.* um *j-n* scharwenzeln *od.* herumtanzen. 5. e-n *Bären etc* tanzen lassen. 6. tanzen *od.* hüpfen lassen, *ein Kind* schaukeln. 7. **to ~ o.s.** (*od.* **one's way**) **into the hearts of the audience** sich in die Herzen der Zuschauer tanzen. **III** *s* 8. Tanz *m* (*a. mus.*): **to have a ~ with s.o.** mit *j-m* tanzen; **may I have the next ~?** darf ich um den nächsten Tanz bitten?; **to lead the ~** den Reigen eröffnen (*a. fig.*); **to lead s.o. a ~** *Br.* a) *j-n* zum Narren halten, b) *j-m* das Leben schwermachen; **to join the ~** *fig.* den Tanz mitmachen; **D~ of Death** Totentanz *m.* 9. Tanz(veranstaltung *f*) *m:* **at a ~** auf e-m Tanz. **IV** *adj* 10. Tanz...: ~ **band** (**music, studio,** *etc*); ~ **hall** Tanzsaal *m.*
'**danc·er** *s* Tänzer(in).
'**danc·ing** *s* Tanzen *n.* ~ **dis·ease** *s med.* Choreoma'nie *f,* Tanzwut *f.* ~ **girl** *s* (Tempel)Tänzerin *f* (*in Asien*). ~ **les·son** *s* Tanzstunde *f,* *pl* 'Tanzˌunterricht *m.* ~ **mas·ter** *s* Tanzlehrer *m.* ~ **part·ner** *s* Tanzpartner(in). ~ **school** *s* Tanzschule *f.*
dan·de·li·on ['dændɪlaɪən; *Am.* 'dændl-] *s bot.* Löwenzahn *m.*
dan·der¹ ['dændə(r)] *s colloq.* Wut *f:* **to**

dander – darnel

get s.o.'s ~ up j-n ‚auf die Palme bringen'; to get one's ~ up ‚auf die Palme gehen'.
dan·der² [ˈdændə(r)] *bes. Scot.* **I** *v/i* bummeln, spaˈzieren. **II** *s* Bummel *m*.
dan·di·cal [dænˈdaɪəkl] → dandy 5.
dan·di·fied [ˈdændɪfaɪd] → dandy 5.
dan·dle [ˈdændl] *v/t* **1.** ein Kind (in den Armen *od.* auf den Knien) wiegen, schaukeln. **2.** hätscheln, (lieb)kosen. **3.** verhätscheln, verwöhnen.
dan·druff [ˈdændrʌf], *a.* **ˈdan·driff** [-drɪf] *s* (Kopf-, Haar)Schuppen *pl.*
dan·dy [ˈdændɪ] **I** *s* **1.** Dandy *m*, Geck *m*, Stutzer *m*. **2.** *colloq.* (*etwas*) Großartiges: that's the ~ das ist genau das Richtige. **3.** *mar.* a) Heckmaster *m*, b) Besansegel *n.* **4.** ~ **dandy roll**. **II** *adj* **5.** stutzer-, geckenhaft, geschniegelt, Dandy... **6.** *colloq.* erstklassig, ‚prima', (*nur pred*) ‚bestens'. ~ **brush** *s* Striegel *m* (*harte Bürste zur Pferdepflege*). ~ **horse** *s hist.* Draiˈsine *f*, Laufrad *n*.
ˈdan·dy·ish → dandy 5. **ˈdan·dy·ism** *s* Gecken-, Stutzerhaftigkeit *f*, Dandytum *n*.
dan·dy| roll, ~ **roll·er** *s Papierfabrikation:* Dandyroller *m*, -walze *f* (*zur Einpressung des Wasserzeichens*).
Dane [deɪn] *s* **1.** Däne *m*, Dänin *f*. **2.** *a.* Great D~ *zo.* dänische Dogge. **ˈ~geld** [-geld] *s Br. hist.* Danegeld *n* (*altenglische Grundsteuer*).
ˈDane·law, *a.* (*fälschlich*) **Da·ne·la·ga** [ˌdeɪnəˈlɑːɡə], **Dane·lagh** [ˈdeɪnlɔː] *s hist.* **1.** dänisches Recht (*in den ehemals von den Dänen besetzten Gebieten Englands*). **2.** Gebiet *n* unter dänischem Recht.
ˈDane·wort *s bot.* ˈZwerghoˌlunder *m*.
dan·ger [ˈdeɪndʒə(r)] **I** *s* **1.** Gefahr *f* (to für): to be in ~ of falling Gefahr laufen zu fallen; to be in ~ of one's life in Lebensgefahr sein *od.* schweben; ~ of fire Feuer(s)gefahr; ~ of infection *med.* Infektionsgefahr; to be out of ~ *med.* über den Berg sein. **2.** (to) Bedrohung *f*, Gefährdung *f* (*gen*), Gefahr *f* (für): a ~ to peace. **3.** *a.* ~ signal rail. Not-, Haltezeichen *n*: the signal is at ~ das Signal zeigt Gefahr an. **II** *adj* **4.** Gefahren...: ~ area, ~ zone Gefahrenzone *f*, -bereich *m*; ~ list *med.* Liste *f* der kritischen Fälle; to be on (off) the ~ list *med.* in Lebensgefahr schweben (über den Berg sein); ~ money (*od.* pay) Gefahrenzulage *f*; ~ point, ~ spot Gefahrenpunkt *m*, -stelle *f*.
ˈdan·ger·ous *adj* (*adv* ~**ly**) **1.** gefährlich (to, for für *od. dat*), gefahrvoll. **2.** risˈkant, bedenklich. **3.** gefährlich: he looks ~; a ~ animal. **ˈdan·ger·ous·ness** *s* Gefährlichkeit *f*, Gefahr *f*.
dan·gle [ˈdæŋɡl] **I** *v/i* **1.** baumeln, (herˈab)hängen, schlenkern. **2.** *fig.* (about, round) herˈumhängen (um *j-n*), (*j-m*) nicht von Leibe gehen: to ~ after s.o. j-m nachlaufen, sich an j-n anhängen. **II** *v/t* **3.** schlenkern, baumeln lassen: to ~ s.th. before s.o. *fig.* j-m etwas verlockend in Aussicht stellen; → **carrot** 1. **ˈdan·gler** *s fig.* Schürzenjäger *m*. **ˈdan·gling** *adj* **1.** baumelnd, schlenkernd. **2.** *ling.* unverbunden: ~ adverb.
Dan·iel [ˈdænjəl] *npr u. s Bibl.* (das Buch) Daniel *m*.
Dan·ish [ˈdeɪnɪʃ] **I** *adj* **1.** dänisch. **II** *s* **2.** *ling.* Dänisch *n*, das Dänische. **3.** the ~ *collect.* die Dänen *pl.* ~ **blue** *s* (*ein*) Edelpilzkäse *m*. ~ **pas·try** *s* (*ein*) Blätterteiggebäck *n*.
dank [dæŋk] *adj* (*unangenehm*) feucht, naß(kalt), dumpfig.
Da·no-Nor·we·gian [ˌdeɪnəʊnɔː(r)ˈwiːdʒən] *s ling.* Dänisch-Norwegisch *n* (*auf Dänisch beruhende norwegische Schriftsprache*).
danse ma·ca·bre *pl* **danses ma·ca·bres** [ˌdɑːnsməˈkɑːbrə] *s* Danse *m* maˈcabre, Totentanz *m*.
dan·seur [dɑːnˈsɜː; *Am.* -ˈsɜr] *s* Balˈletttänzer *m*. **danˈseuse** [-ˈsɜːz] *s* Balˈletttänzerin *f*.
Dan·te·an [ˈdæntɪən] **I** *adj* **1.** dantisch, Dantesch(er, e, es) (*Dante betreffend*). **2.** → Dantesque. **II** *s* **3.** a) Danteforscher(in), b) Danteliebhaber(in). **Danˈtesque** [-ˈtesk] *adj* danˈtesk, in Dantes Art.
Da·nu·bi·an [dæˈnjuːbjən; -bɪən] *adj* Donau...
dap [dæp] *v/i* **1.** Angeln: den Köder sanft ins Wasser fallen lassen. **2.** flink ˈuntertauchen (*Ente etc*). **3.** hüpfen.
daph·ne [ˈdæfnɪ] *s bot.* **1.** Seidelbast *m*. **2.** Edler Lorbeer.
dap·per [ˈdæpə(r)] *adj* **1.** aˈdrett, eleˈgant. **2.** flink, (*a. Benehmen*) gewandt. **3.** lebhaft.
dap·ple [ˈdæpl] **I** *v/t* **1.** tüpfeln, sprenkeln, scheckig machen. **II** *v/i* **2.** scheckig *od.* bunt werden. **III** *s* **3.** Scheckigkeit *f*. **4.** Fleck *m*, Tupfen *m*. **5.** (*das*) Gescheckte *od.* Bunte. **6.** *zo.* Scheck(e) *m*: ~ **bay** Spiegelbraune(r) *m*. **IV** *adj* → dappled.
ˈdap·pled *adj* **1.** gesprenkelt, gefleckt, scheckig: ~ **shade** Halbschatten *m*. **2.** bunt.
ˌdap·ple|-ˈgray, *bes. Br.* **~-ˈgrey I** *adj:* ~ **horse** → II. **II** *s* Apfelschimmel *m*.
dar·bies [ˈdɑːbɪz] *s pl Br. sl.* Handschellen *pl*.
Dar·by and Joan [ˌdɑː(r)bɪənˈdʒəʊn] *s* glückliches älteres Ehepaar. ~ **club** *s* Seniˈorenclub *m*.
Dar·by·ite [ˈdɑː(r)bɪaɪt] *s relig.* Darˈbyst *m*, Plymouthbruder *m*.
dare [deə(r)] **I** *v/i pret* **dared**, *a.* **durst** [dɜːst; *Am.* dɜrst] *pp* **dared 1.** es wagen, sich (ge)trauen, sich erdreisten, sich erˈkühnen, sich unterˈstehen: who ~s wins wer wagt, gewinnt; how ~ you say that? wie können Sie das sagen?; how ~ you! a) unterˈsteh dich!, b) was fällt dir ein!; he ~d not ask, he did not ~ to ask er traute sich nicht zu fragen; I ~ say (*od.* ~say) a) ich darf wohl behaupten, ich glaube wohl, b) allerdings, jawohl; I ~ swear ich bin ganz sicher, aber gewiß doch. **II** *v/t* **2.** etwas wagen, risˈkieren, sich herˈanwagen an (*acc*). **3.** *j-n* herˈausfordern: I ~ you! du traust dich ja nicht!; I ~ you to deny it wage nicht, es abzustreiten. **4.** *fig.* etwas herˈausfordern, trotzen (*dat*), trotzig *od.* mutig begegnen (*dat*) **III** *s* **5.** Herˈausforderung *f*: to give the ~ to s.o. j-n herˈausfordern; to accept (*od.* take) the ~ die Herausforderung annehmen; to do s.th. for a ~ etwas tun, weil man dazu herausgefordert wurde. **6.** *obs.* a) Kühnheit *f*, b) Wagestück *n*.
ˈdareˌdev·il I *s* Draufgänger *m*, Teufelskerl *m*. **II** *adj* tollkühn, waghalsig, verwegen. **ˈ~ˌdev·il·(t)ry** *s* Tollkühnheit *f*, Waghalsigkeit *f*, Verwegenheit *f*.
dar·ing [ˈdeərɪŋ] **I** *adj* (*adv* ~**ly**) **1.** wagemutig, tapfer, kühn. **2.** *a. fig.* gewagt, verwegen: a ~ **neckline** ein gewagtes Dekolleté. **3.** unverschämt, dreist. **II** *s* **4.** (Wage)Mut *m*, Kühnheit *f*. **ˈdar·ing·ness** *s* Wagemut *m*.
dark [dɑː(r)k] **I** *adj* (*adv* → **darkly**) **1.** a) dunkel, finster: it is getting ~ es wird dunkel, b) geschlossen (*Theater*). **2.** dunkel (*Farbe*): a ~ **green**. **3.** brüˈnett, dunkel: ~ **hair**. **4.** *fig.* düster, finster, freudlos, trostlos, trüb(e): the ~ side of things *fig.* die Schattenseite der Dinge. **5.** düster, finster: a ~ look. **6.** finster, unwissend, unaufgeklärt: a ~ age. **7.** böse, verbrecherisch, schwarz: ~ thoughts; a ~ crime ein finsteres Verbrechen. **8.** geheim(nisvoll), verborgen, dunkel, unerforschlich: to keep s.th. ~ etwas geheimhalten; keep it ~! kein Wort darüber!; → **dark horse**. **9.** *fig.* dunkel, unklar, mysteriˈös: ~ words. **10.** *ling.* dunkel: ~ vowel. **II** *s* **11.** Dunkel(heit *f*) *n*, Finsternis *f*: in the ~ im Dunkel(n), in der Dunkelheit; after ~ nach Einbruch der Dunkelheit; at ~ bei Einbruch der Dunkelheit. **12.** *paint.* dunkle Farbe, Schatten *m*. **13.** *fig.* (*das*) Dunkle. Verborgene *od.* Geheime: in the ~ insgeheim. **14.** *fig.* (*das*) Ungewisse *od.* Dunkle: to keep s.o. in the ~ about s.th. j-n über etwas im ungewissen lassen; a leap in the ~ ein Sprung ins Dunkle *od.* Ungewisse; I am in the ~ ich tappe im Dunkeln. ~ **ad·ap·ta·tion** *s med.* ˈDunkeladaptatiˌon *f* (*des Auges*). **D~ Ag·es** *s pl* (*frühes od.* finsteres) Mittelalter. **D~ Con·ti·nent** *s* (*der*) dunkle Erdteil, Afrika *n*.
dark·en [ˈdɑː(r)kən] **I** *v/t* **1.** verdunkeln (*a. fig.*), dunkel *od.* finster machen, verfinstern: never ~ my door again! komm mir nie wieder ins Haus!, laß dich hier nie wieder blicken! **2.** dunkel *od.* dunkler färben, schwärzen. **3.** *fig.* verdüstern, trüben: to ~ s.o.'s name j-s Ruf beeinträchtigen. **4.** *Sinn* verdunkeln, unklar machen. **5.** die Sehkraft *der Augen* vermindern, blind machen. **II** *v/i* **6.** dunkel werden, sich verdunkeln, sich verfinstern. **7.** sich dunkel *od.* dunkler färben. **8.** *fig.* sich verdüstern *od.* trüben.
dark·ey → darky.
dark horse *s* **1.** a) *sport* (*auf der Rennbahn noch*) unbekanntes Rennpferd, b) unbekannte Größe (*Person*). **2.** *pol. Am.* (*in der Öffentlichkeit*) wenig bekannter Kandiˈdat, ‚unbeschriebenes Blatt'.
ˈdark·ish *adj* **1.** etwas dunkel. **2.** schwärzlich. **3.** dämmerig.
dark lan·tern *s* ˈBlendlaˌterne *f*.
dark·ling [ˈdɑː(r)klɪŋ] *poet.* **I** *adj* **1.** sich verdunkelnd. **2.** dunkel. **II** *adv* **3.** im Dunkeln.
ˈdark·ly *adv* **1.** dunkel. **2.** *fig.* dunkel, geheimnisvoll, auf geheimnisvolle Weise. **3.** undeutlich. **4.** *fig.* finster, böse.
ˈdark·ness *s* **1.** Dunkelheit *f*, Finsternis *f*: the room was in complete ~ der Raum war völlig dunkel. **2.** Heimlichkeit *f*, Verborgenheit *f*. **3.** dunkle Färbung. **4.** (*das*) Böse: the powers of ~ die Mächte der Finsternis. **5.** *fig.* (*das* Reich der) Finsternis *f*: the Prince of ~ der Fürst der Finsternis (*der Teufel*). **6.** Blindheit *f*. **7.** *fig.* (*geistige*) Blindheit, Unwissenheit *f*. **8.** *fig.* Unklarheit *f*, Unverständlichkeit *f*.
dark| re·ac·tion *s bot.* ˈDunkelreaktiˌon *f*. **~room** *s phot.* Dunkelkammer *f*. **~ seg·ment** *s astr.* Erdschatten *m*. **ˈ~-skinned** *adj* dunkelhäutig. **~ slide** *s phot.* **1.** Kasˈsette *f*. **2.** Plattenhalter *m*.
dark·some [ˈdɑː(r)ksəm] *adj bes. poet.* **1.** dunkel. **2.** finster, böse.
ˈdark·y *s contp.* **1.** Neger(in). **2.** *Austral.* Eingeborene(r *m*) *f*.
dar·ling [ˈdɑː(r)lɪŋ] **I** *s* **1.** Liebling *m*, *fig. a.* Lieblingskind *n*: ~ **of fortune** Glückskind *n*; aren't you a ~ du bist doch ein Engel *od.* ein lieber Kerl. **II** *adj* **2.** lieb, geliebt, Herzens... **3.** reizend, entzükkend, goldig, süß: a ~ **little hat**.
darn¹ [dɑː(r)n] **I** *v/t* Loch, Strümpfe *etc* stopfen, ausbessern. **II** *s* gestopfte Stelle, (*das*) Gestopfte.
darn² [dɑː(r)n] → damn 5, 8, 9.
darned [dɑː(r)nd] → damned 2, 3, 4.
dar·nel [ˈdɑː(r)nl] *s bot.* Lolch *m*.

'darn·er s 1. Stopfer(in). 2. Stopfnadel f. 3. Stopfei n, -pilz m.
'darn·ing s Stopfen n. ~ ball s Stopfkugel f. ~ egg s Stopfei n. ~ nee·dle s 1. Stopfnadel f. 2. zo. Am. Li'belle f. ~ yarn s Stopfgarn n.
dart [dɑ:(r)t] I s 1. obs. Wurfspeer m, -spieß m. 2. (Wurf)Pfeil m: (as) straight as a ~ pfeilgerade; the ~ of sarcasm fig. der Stachel des Spotts. 3. zo. Stachel m (von Insekten). 4. Satz m, Sprung m: to make a ~ for losstürzen auf (acc). 5. pl (als sg konstruiert) Darts n (Wurfpfeilspiel). 6. Schneiderei: Abnäher m. II v/t 7. Speer werfen, schleudern, Pfeil schießen: to ~ a look at s.o. j-m e-n Blick zuwerfen. 8. blitzschnell bewegen: to ~ one's head. 9. Schneiderei: e-n Abnäher machen in (acc). III v/i 10. sausen, flitzen, schießen, stürzen: to ~ at s.o. auf j-n losstürzen; he ~ed off er schoß davon. 11. sich blitzschnell bewegen, zucken, schnellen (Schlange, Zunge etc), huschen (Augen, Blick). 'dart·ing adj (adv ~ly) blitzschnell.
Dart·moor ['dɑ:(r)t‚muə(r); -mɔ:(r)], a. ~ pris·on s englische Strafanstalt bei Princetown, Devon.
Dar·win·i·an [dɑ:(r)wɪnɪən] I adj dar-'winisch, darwi'nistisch: ~ theory → Darwinism. II s Darwi'nist(in). 'Dar·win·ism s Darwi'nismus m. 'Dar·win·ist → Darwinian.
dash [dæʃ] I v/t 1. schlagen, heftig stoßen, schmettern: to ~ to pieces in Stücke schlagen, zerschlagen, zerschmettern; to ~ out s.o.'s brain j-m den Schädel einschlagen. 2. schleudern, schmeißen, schmettern, knallen; to ~ to the ground a) zu Boden schmettern od. schleudern, b) fig. Hoffnungen etc zunichte machen. 3. über'schütten, begießen, an-, bespritzen. 4. spritzen, klatschen, gießen, schütten: to ~ water in s.o.'s face; to ~ down (od. off) Getränk hinunterstürzen. 5. (ver)mischen (a. fig.): happiness ~ed with bitterness. 6. fig. zerschlagen, zerstören, zu'nichte machen: to ~ s.o.'s hopes. 7. niederdrücken, depri'mieren. 8. verwirren, aus der Fassung bringen. 9. ~ off (od. down) Aufsatz, Zeichnung etc schnell 'hinhauen od. -werfen: to ~ off an essay. 10. etwas Ausgelassenes durch Gedankenstriche ersetzen od. kennzeichnen. 11. → damn 5. II v/i 12. stürmen, (sich) stürzen: to ~ off davonjagen, -stürzen. 13. (da'hin-)stürmen, (-)jagen, (-)rasen. 14. (heftig) aufschlagen, klatschen, prallen. III s 15. Schlag m: at one ~ mit 'einem Schlag (a. fig.). 16. Klatschen n, Prall(en n) m, Aufschlag m. 17. Schuß m, Zusatz m, Spritzer m: wine with a ~ of water Wein mit e-m Schuß Wasser; a ~ of salt e-e Prise Salz; to add a ~ of colo(u)r to fig. e-n Farbtupfer aufsetzen (dat). 18. Anflug m: a ~ of sadness. 19. Stich m (of green ins Grüne). 20. a) (Feder)Strich m, b) (Gedanken)Strich m, Strich m für etwas Ausgelassenes, c) tel. (Morse-) Strich m. 21. mus. a) Stac'catokeil m, b) Generalbaß: Erhöhungsstrich m, c) Plicastrich m (Ligatur). 22. (An)Sturm m, Vorstoß m, Sprung m, stürmischer Anlauf: to make a ~ (at, for) (los)stürmen, sich stürzen (auf acc). 23. Schwung m, Schmiß m, E'lan m. 24. Ele'ganz f, glänzendes Auftreten: to cut a ~ e-e gute Figur abgeben, Aufsehen erregen. 25. → dashboard. 26. Leichtathletik: Sprint m, Kurzstreckenlauf m.
IV interj 27. bes. Br. für damn 9.
'dash·board s 1. mot. Arma'turenbrett n, -tafel f, aer. a. Instru'mentenbrett n, -tafel f. 2. Spritzbrett n (e-r Kutsche).

dashed [dæʃt] → damned 2, 3, 4.
'dash·er s 1. colloq. ele'gante od. flotte Erscheinung, flotter Kerl. 2. Butterstößel m. 3. Am. für dashboard 2. 'dash·ing adj (adv ~ly) 1. schneidig, forsch, verwegen. 2. flott, ele'gant, fesch. 3. klatschend, schlagend.
dash| light s mot. Arma'turenbrettbeleuchtung f. '~·pot s tech. Stoßdämpfer m, Puffer m.
das·tard ['dæstə(r)d] I s (gemeiner) Feigling, Memme f. II adj → dastardly. 'das·tard·li·ness s obs. 1. Feigheit f. 2. Heimtücke f. 'das·tard·ly adj u. adv obs. 1. feig(e). 2. heimtückisch, gemein.
da·ta ['deɪtə; 'dɑ:tə; Am. a. 'dætə] s pl 1. pl von datum. 2. (oft als sg konstruiert) (a. technische) Daten pl od. Einzelheiten pl od. Angaben pl, 'Unterlagen pl. 3. tech. Daten pl, (Meß- u. Versuchs)Werte pl. 4. Computer: Daten pl. ~ bank s Computer: Datenbank f. '~·bank v/t in e-r Datenbank speichern. ~ base → data bank. ~ col·lec·tion s Computer: Datenerfassung f. ~ com·mu·ni·ca·tion s Computer: 'Datenüber‚tragung f. ~ ex·change s Computer: Datenaustausch m. ~ in·put s Computer: Dateneingabe f. ~ out·put s Computer: Datenausgabe f. ~ pro·cess·ing s Datenverarbeitung f. ~ pro·tec·tion s Datenschutz m. ~ trans·mis·sion → data communication. ~ typ·ist s 'Datenty‚pist(in).
da·tcha → dacha.
date¹ [deɪt] s bot. 1. Dattel f. 2. Dattelpalme f.
date² [deɪt] I s 1. Datum n, Tag m: what is the ~ today? der Wievielte ist heute?, welches Datum haben wir heute?; the "Times" of today's ~ die heutige „Times". 2. Datum n, Zeit(punkt m) f: of recent ~ neu(eren Datums), modern; at an early ~ (möglichst) bald. 3. Zeit(raum m) f, E'poche f: of Roman ~ aus der Römerzeit. 4. Datum n, Datums-(u. Orts)angabe f (auf Briefen etc): ~ as per postmark Datum des Poststempels; ~ of invoice Rechnungsdatum. 5. econ. jur. Tag m, Ter'min m: ~ of delivery Liefertermin; ~ of maturity Fälligkeits-, Verfallstag; to fix a ~ e-n Termin festsetzen. 6. econ. a) Ausstellungstag m (e-s Wechsels), b) Frist f, Sicht f, Ziel n: at three months' ~ auf lange Sicht. 7. Verabredung f, Rendez'vous n: to have a ~ with s.o. mit j-m verabredet sein; to have a dinner ~ zum Essen verabredet sein; to make a ~ sich verabreden. 8. (Verabredungs)Partner(in): who is your ~? mit wem bist du (denn) verabredet? 9. heutiges Datum, heutiger Tag: four weeks after ~ heute in vier Wochen; to ~ bis heute, bis auf den heutigen Tag. 10. neuester Stand: out of ~ veraltet, überholt, unmodern; to go out of ~ veralten; (up) to ~ zeitgemäß, modern, auf dem laufenden, auf der Höhe (der Zeit); to bring up to ~ auf den neuesten Stand bringen, modernisieren; → up-to-date.
II v/t 11. da'tieren: to ~ ahead (od. forward) voraus-, vordatieren; to ~ back zurückdatieren. 12. ein Datum od. e-e Zeit od. e-e Frist festsetzen od. angeben für. 13. 'herleiten (from aus od. von). 14. als über'holt od. veraltet kennzeichnen. 15. e-r bestimmten Zeit od. E'poche zuordnen. 16. a) sich verabreden mit, b) ausgehen mit, (regelmäßig) ‚gehen' mit.
III v/i 17. da'tieren, da'tiert sein (from von). 18. ~ from (od. back to) stammen od. sich 'herleiten aus, s-n Ursprung haben od. entstanden sein in (dat). 19. ~ back to bis in e-e Zeit zu'rückreichen, auf e-e Zeit zu'rückgehen. 20. veralten, sich über'leben.

'date·block s ('Abreiß-, Ter'min)Ka‚lender m.
dat·ed ['deɪtɪd] adj 1. da'tiert. 2. befristet. 3. veraltet, über'holt. 4. ~ up bes. Am. colloq. ausgebucht (Person), voll besetzt (Tag). 'date·less adj 1. 'unda‚tiert. 2. endlos. 3. zeitlos: a) nicht veraltend (Mode), b) un'sterblich (Kunstwerk). 4. frei, ohne Verabredung(en): ~ evening.
'date·line s 1. Datumszeile f (der Zeitung etc). 2. geogr. Datumsgrenze f.
date| palm → date¹ 2. ~ plum s bot. Götterpflaume f.
dat·er ['deɪtə(r)] s 1. Da'tierappa‚rat m. 2. Datumsstempel m.
date| shell s zo. Seedattel f. ~ stamp s 1. Datumsstempel m. 2. Datums-, Poststempel m. ~ sug·ar s Palmzucker m.
dat·ing ['deɪtɪŋ] s Da'tierung f. ~ bar s Am. Lokal, in dem sich Singles zur Kontaktaufnahme treffen.
da·ti·val [də'taɪvl; 'deɪt-] → dative 1.
da·tive ['deɪtɪv] I adj 1. ling. da'tivisch, Dativ...: ~ case → 3; ~ termination Dativendung f. 2. jur. a) vergebbar, verfügbar, b) wider'ruflich (nicht erblich): decree ~ Ernennungserlaß m (e-s Testamentsvollstreckers); ~ tutelage übertragene Vormundschaft. II s 3. ling. Dativ m, dritter Fall.
da·to·lite ['deɪtəlaɪt] s min. Dato'lith m.
da·tum ['deɪtəm; 'dɑ:təm; Am. a. 'dætəm] pl -ta [-tə] s 1. (das) Gegebene od. Festgesetzte. 2. gegebene Tatsache, Prä'misse f, Vor'aussetzung f, Gegebenheit f, Grundlage f. 3. math. gegebene Größe. 4. → data. ~ lev·el → datum plane. ~ line s surv. Bezugslinie f. 2. mil. Standlinie f (Artillerie). ~ plane s math. phys. Bezugsebene f. ~ point s 1. math. phys. Bezugspunkt m. 2. surv. Nor'malfixpunkt m.
da·tu·ra [də'tjʊərə; Am. a. də'tʊrə] s bot. Stechapfel m.
daub [dɔ:b] I v/t 1. be-, verschmieren, be-, über'streichen. 2. (on) verstreichen, verschmieren (auf dat), streichen, schmieren (auf acc). 3. tech. bewerfen, verputzen: to ~ a wall. 4. a. fig. besudeln, beschmutzen. 5. contp. Bild zs.-klecksen, -schmieren. II v/i 6. paint. klecksen, schmieren. III s 7. tech. grober Putz, Rauhputz m. 8. Geschmiere f, Gekleckse n. 9. paint. contp. schlechtes Gemälde, Geschmiere n, (Farb)Klecke'rei f.
'daub·er s 1. Schmierfink m, Kleckser(in). 2. paint. contp. Farbenklecker (-in). 3. tech. Gipser m. 4. bes. tech. a) Tupfer m, Bausch m, b) Schmierbürste f. 5. Am. sl. Mut m: keep your ~ up! halt die Ohren steif! 'daub·er·y [-ərɪ] → daub 8 u. 9. 'daub·ster [-stə(r)] → dauber 2. 'daub·y adj 1. schmierig. 2. painting → daub 9.
daugh·ter ['dɔ:tə(r)] s Tochter f (a. fig.): D~s of the American Revolution patriotische Frauenvereinigung in USA; ~ cell biol. Tochterzelle f; ~ (company) econ. Tochter(gesellschaft f); ~ language Tochtersprache f. '~-in-law pl 'daugh·ters-in-law s Schwiegertochter f.
daugh·ter·ly ['dɔ:tə(r)lɪ] adj töchterlich.
daunt [dɔ:nt; Am. a. dɑ:nt] v/t 1. einschüchtern, erschrecken: nothing ~ed unverzagt; a ~ing task e-e beängstigende Aufgabe. 2. entmutigen. 'daunt·less adj (adv ~ly) unerschrocken, furchtlos. 'daunt·less·ness s Unerschrokkenheit f.
dav·en·port ['dævnpɔ:(r)t] s 1. kleiner Sekre'tär (Schreibtisch). 2. Am. (bes. Bett)Couch f.

Da·vis Cup ['deɪvɪs] *s Tennis*: 'Davis-Cup *m*, -Po₁kal *m*.

da·vy ['dævɪ; 'deɪvɪ] *sl. für* affidavit.

Da·vy Jones's lock·er [ˌdeɪvɪ-'dʒəʊnzɪz] *s mar.* Seemannsgrab *n*, Meeresgrund *m*: **to go to ~** ertrinken.

Da·vy lamp *s Bergbau*: Davysche Sicherheitslampe.

daw [dɔː] *s orn. obs. od. poet.* Dohle *f*.

daw·dle ['dɔːdl] **I** *v/i* **1.** (her'um)trödeln, (-)bummeln: **to ~ over one's work** bei der Arbeit trödeln. **II** *v/t* **2.** *oft* **~ away** Zeit vertrödeln. **III** *s* **3.** → dawdler. **4.** Tröde'lei *f*, Bumme'lei *f*. **'daw·dler** *s* Trödler(in), Bummler(in). **'daw·dling** *adj* (*adv* ~**ly**) träge, bummelig: **~ race** *sport* verbummeltes Rennen, Bummelrennen *n*.

dawn [dɔːn] **I** *v/i* **1.** tagen, dämmern, grauen, anbrechen (*Morgen, Tag*). **2.** *fig.* (her'auf)dämmern, aufgehen, erwachen, anfangen. **3.** *fig.* **~ (up)on** *j-m* dämmern, aufgehen, klarwerden, zum Bewußtsein kommen: **the truth ~ed (up)on him** ihm ging ein Licht auf. **4.** *fig.* sich zu entwickeln *od.* entfalten beginnen, erwachen (*Talent etc*). **II** *s* **5.** (Morgen-)Dämmerung *f*, Tagesanbruch *m*, Morgengrauen *n*: **at ~** beim Morgengrauen, bei Tagesanbruch; **the ~ chorus** das Vogelkonzert bei Tagesanbruch. **6.** *fig.* Morgen *m*, Erwachen *n*, Anbruch *m*, Beginn *m*, Anfang *m*: **~ of a new era**; **~ of hope** erster Hoffnungsschimmer. **'dawn·ing** → **dawn II**.

day [deɪ] *s* **1.** Tag *m* (*Ggs. Nacht*): **it is broad ~** es ist heller Tag; **before ~** vor Tagesanbruch; (**as**) **plain as ~** sonnenklar; **good ~!** guten Tag! **2.** Tag *m* (*Zeitraum*): **civil ~** bürgerlicher Tag (*von Mitternacht bis Mitternacht*); **three ~s from London** drei Tage(reisen) von London entfernt; **eight-hour ~** Achtstundentag; **open 7 ~s per week** täglich geöffnet; **I haven't got all ~** *colloq.* ich hab' nicht den ganzen Tag Zeit. **3.** (*bestimmter*) Tag: **since the ~ dot** *colloq.* seit e-r Ewigkeit; → **New Year's Day**, *etc*. **4.** Empfangs-, Besuchstag *m*. **5.** (*festgesetzter*) Tag, Ter'min *m*: **~ of delivery** Liefertermin, -tag; **to keep one's ~** pünktlich sein. **6.** *oft pl* (Lebens)Zeit *f*, Zeiten *pl*, Tage *pl*: **in my young ~s** in m-n Jugendtagen; **in those ~s** in jenen Tagen, damals; **in the ~s of old** vorzeiten, in alten Zeiten, einst; **to end one's ~s** s-e Tage beschließen, sterben; **my dancing ~s are done** (*od.* **over**) a) das Tanzen habe ich aufgegeben, b) mit dem Tanzen geht es bei mir nicht mehr. **7.** *oft pl* (*beste*) Zeit (*des Lebens*), Glanzzeit *f*: **in our ~** zu unserer Zeit; **every dog has his ~** jedem lacht einmal das Glück; **to have had one's ~** sich überlebt haben, am Ende sein; **he has had his ~** s-e beste Zeit ist vorüber; **those were the ~s!** das waren noch Zeiten! **8.** *arch.* Öffnung *f*, (*die*) Lichte: **~ of a window**. **9.** *Bergbau*: Tag *m*.

Besondere Redewendungen:

~ after ~ Tag für Tag; **the ~ after** a) tags darauf, am nächsten Tag, b) der nächste Tag; **the ~ after tomorrow**, *Am.* **~ after tomorrow** übermorgen; **all the ~s of my life** mein ganzes Leben lang; (**~ and**) **~ about** e-n um den andern Tag, jeden zweiten Tag; **any ~** jederzeit, jeden Tag, täglich; **the ~ before** a) tags zuvor, b) der vorhergehende Tag; **the ~ before yesterday**, *Am.* **~ before yesterday** vorgestern; **it was ~s before he came** es vergingen *od.* es dauerte Tage, ehe er kam; **by ~** bei Tag(e); **by the ~** a) tageweise, b) im Tagelohn (*arbeiten*); **~ by ~** (tag)täglich, Tag für Tag, jeden Tag

wieder; **to call it a ~** *colloq.* (für heute) Schluß machen; **let's call it a ~!** Feierabend!; **to carry** (*od.* **win**) **the ~** den Sieg davontragen; **to lose the ~** den Kampf verlieren; **to fall on evil ~s** ins Unglück geraten; **from ~ to ~** a) von Tag zu Tag, zusehends, b) von e-m Tag zum anderen; **~ in, ~ out** tagaus, tagein; immerfort; **to ask s.o. the time of ~** *j-n* nach der Uhrzeit fragen; **to give s.o. the time of ~** *j-m* guten Tag sagen; **to know the time of ~** wissen, was die Glocke geschlagen hat; Bescheid wissen; **that made my ~** *colloq.* damit war der Tag für mich gerettet; **to save the ~** die Lage retten; (**in**) **these ~s, in this ~ and age** heutzutage; **one of these** (**fine**) **~s** demnächst, nächstens (einmal), e-s schönen Tages; **this ~ week** *bes. Br.* a) heute in e-r Woche, b) heute vor e-r Woche; **to this ~** bis auf den heutigen Tag; **to a ~** auf den Tag genau.

day| bed *s* Bettcouch *f*. **~ blind·ness** *s med.* Tagblindheit *f*. **'~ˌbook** *s* **1.** Tagebuch *n*. **2.** *econ.* a) Jour'nal *n*, b) Verkaufsbuch *n*, c) Kassenbuch *n*. **'~ˌboy** *s bes. Br.* Ex'terne(r) *m* (*e-s Internats*). **'~ˌbreak** *s* Tagesanbruch *m*: **at ~** bei Tagesanbruch. **'~-by-'~** *adj* (*tag*)täglich. **'~ˌcare cen·ter** *s Am.* Tagesheim *n*, -stätte *f*. **~ coach** *s rail. Am.* (*normaler*) Per'sonenwagen. **'~ˌdream I** *s* **1.** Tag-, Wachtraum *m*, Träume'rei *f*. **2.** Luftschloß *n*. **II** *v/i a. irr* **3.** (mit offenen Augen) träumen. **4.** Luftschlösser bauen. **'~ˌdream·er** *s* Träumer(in). **~ ex·cur·sion** *s* Tagesausflug *m*. **~ fight·er** *s aer. mil.* Tagjäger *m*. **'~ˌflow·er** *s bot.* **1.** Comme'line *f*. **2.** Trades'cantie *f*. **3.** Harzige Zistrose. **'~ˌfly** *s zo.* Eintagsfliege *f*. **'~ˌgirl** *s bes. Br.* Ex'terne *f* (*e-s Internats*). **~ la·bo(u)r·er** *s* Tagelöhner *m*. **~ let·ter** *s Am.* 'Brieftele₁gramm *n*.

'day·light *s* **1.** Tageslicht *n*: **by** (*od.* **in**) **~** bei Tag(eslicht); **in broad ~** am hellichten Tag; **to beat** (*od.* **knock**) **the** (**living**) **~s out of s.o.** *colloq.* j-n ,fürchterlich verdreschen'; **to let ~ into s.o.** *sl.* j-n ,durchlöchern' (*erstechen od. erschießen*); **to let ~ into s.th.** *fig.* a) etwas der Öffentlichkeit zugänglich machen, b) etwas aufhellen *od.* klären; **to scare the** (**living**) **~s out of s.o.** *colloq.* j-m e-n fürchterlichen Schrecken einjagen; **to throw ~ on s.th.** *fig.* Licht in e-e Sache bringen; **he sees ~ at last** *fig.* a) endlich geht ihm ein Licht auf, b) endlich sieht er Land. **2.** Tagesanbruch *m*: **at ~** bei Tagesanbruch. **3.** Zwischenraum *m*. **~ blue** *s* Tageslichtblau *n*. **~ lamp** *s* Tageslichtlampe *f*. **~ rob·ber·y** *s colloq.* Halsabschneide'rei *f*. **~ sav·ing time** *s* Sommerzeit *f*.

day| nurs·er·y *s* **1.** Tagesheim *n*, -stätte *f*. **2.** Spielzimmer *n*. **~ per·son** *s* Tagmensch *m*. **~ rate** *s econ.* Tageslohn *m*. **~ re·lease** *s Br.* bezahlte Freistellung von der Arbeit zur beruflichen Fortbildung. **~ re·turn** (**tick·et**) *s Br.* Tagesrückfahrkarte *f*. **~ room** *s* Tagesraum *m* (*in Internaten etc*). **~ school** *s* **1.** Exter'nat *n*, Schule *f* ohne Inter'nat. **2.** Tagesschule *f* (*Ggs. Abendschule*). **~ shift** *s* Tagschicht *f*: **to be** (*od.* **work**) **on ~** Tagschicht haben.

days·man ['deɪzmən] *s irr obs.* **1.** Tagelöhner *m*. **2.** Schiedsrichter *m*.

'day|ˌspring *s* **1.** *poet.* Tagesanbruch *m*. **2.** *fig.* Beginn *m*. **'~ˌstar** *s* **1.** *astr.* Morgenstern *m*. **2.** *poet.* Sonne *f*. **~ stu·dent** *s* Ex'terne(r) *m* (*f*) (*e-s Internats*).

day's work *s* **1.** Tagewerk *n*: **that's all in the** (*od.* **a**) **~** *fig.* das ist nichts Besonderes, das gehört alles mit dazu. **2.** *econ.* Arbeitstag *m*. **3.** *mar.*

Etmal *n* (*nautischer Tag von Mittag bis Mittag*).

day| tick·et *s Br.* Tagesrückfahrkarte *f*. **'~ˌtime** *s* Tageszeit *f*, (*heller*) Tag: **in the ~** am Tag, bei Tage. **'~ˌtimes** *adv Am.* am Tag, bei Tage. **'~-to-'~** *adj* (*tag*)täglich: **~ money** *econ.* tägliches Geld, Tagesgeld *n*; **~ necessities** Artikel des täglichen Bedarfs. **~ trip** *s* Tagesausflug *m*. **~ trip·per** *s* Tagesausflügler(in).

daze [deɪz] **I** *v/t* **1.** *a. fig.* betäuben, lähmen. **2.** blenden, verwirren. **II** *s* **3.** *a. fig.* Betäubung *f*, Lähmung *f*, Benommenheit *f*: **in a ~** benommen, betäubt. **4.** *min.* Glimmer *m*. **dazed** *adj* **1.** betäubt, benommen. **2.** geblendet, verwirrt. **daz·ed·ly** ['deɪzɪdlɪ] *adv* → **dazed**.

daz·zle ['dæzl] **I** *v/t* **1.** blenden (*a. fig.*). **2.** *fig.* verwirren, verblüffen. **3.** *mil.* (*durch Anstrich*) tarnen. **II** *s* **4.** Blenden *n*: **~ lamps**, **~ lights** Blendlampen. **5.** Leuchten *n*, blendender Glanz. **6.** *meist* **~ paint**, **~ system** *mar.* Tarnanstrich *m*. **'daz·zler** *s sl.* **1.** ,Blender' *m*, ,Angeber' *m*. **2.** ,tolle Frau'. **3.** ,tolle Sache'. **'daz·zling** *adj* (*adv* ~**ly**) **1.** blendend, glänzend (*a. fig.*). **2.** strahlend (schön): **a ~ beauty**. **3.** verwirrend.

D-day ['diːdeɪ] *s mil. hist.* der Tag der alliierten Landung in der Normandie, 6. Juni 1944.

dea·con ['diːkən] **I** *s* **1.** *relig.* Dia'kon *m*. **2.** *anglikanische Kirche*: Geistliche(r) *m* dritten (*niedersten*) Weihegrades. **3.** *Freimaurerei*: Logenbeamte(r) *m*. **II** *v/t* **4.** *obs.* jede Verszeile (*e-s Chorals, Psalms etc*) vor dem Singen vorsprechen. **5.** *colloq.* Obst *etc* so verpacken, daß das Beste oben'auf liegt. **'dea·con·ess** *s relig.* **1.** Dia'konin *f*. **2.** Diako'nissin *f*, Diako'nisse *f*. **'dea·con·ry** [-rɪ] *s relig.* Diako'nat *n*.

de-ac·ti·vate [ˌdiːˈæktɪveɪt] *v/t* **1.** *mil.* e-e Einheit auflösen. **2.** *mil.* Munition entschärfen. **3.** *tech.* e-e Maschine außer Betrieb stellen, stillegen.

dead [ded] **I** *adj* (*adv* → **deadly**) **1.** tot, gestorben: (**as**) **~ as mutton** (*od.* **a doornail**) *colloq.* mausetot; **~ and gone** tot u. begraben (*a. fig.*); **to be ~ to the world** *colloq.* ,hinübersein': a) eingeschlafen sein, b) das Bewußtsein verloren haben, c) sinnlos betrunken sein; **to play ~** sich totstellen; **to be ~ from the neck up** *colloq.* a) dumm sein, b) an nichts Interesse haben; **to shoot s.o. ~** j-n erschießen; **~ man's handle** *rail.* Sicherheitsfahrschaltungstaster *m*, SIFA-Taster *m*; **to wait for a ~ man's shoes** a) auf e-e Erbschaft warten, b) warten, bis j-d stirbt, damit man in s-e Position nachrücken kann; **he is ~ of pneumonia** er ist an Lungenentzündung gestorben; **he is a ~ man** *fig.* er ist ein Kind des Todes; **~ men tell no tales** Tote reden nicht. **2.** *tot*, leblos: **~ matter** tote Materie (→ 23). **3.** totenähnlich, tief: **a ~ sleep**; **to be in a ~ faint** in tiefer Ohnmacht liegen. **4.** *colloq.* ,restlos fertig', todmüde, zu Tode erschöpft: **I'm ~**. **5.** unzugänglich, unempfänglich (**to** für). **6.** taub (**to advice** gegen Ratschläge). **7.** gefühllos, abgestorben, erstarrt: **~ fingers**. **8.** *fig.* gefühllos, gleichgültig, abgestumpft (**to** gegen). **9.** tot, ausgestorben: **~ language** tote Sprache. **10.** über'lebt, tot, veraltet: **~ customs**. **11.** erloschen: **~ fire**; **~ volcano**; **~ passions**. **12.** tot, geistlos. **13.** unfruchtbar, tot, leer, öde: **~ wastes**. **14.** tot, still, stehend: → **dead water**. **15.** *jur.* a) ungültig: **~ agreement**, b) bürgerlich tot. **16.** langweilig, öd(e): **a ~ party**. **17.** tot, nichtssagend, farb-, ausdruckslos. **18.** *bes. econ.* still, ruhig, flau:

~ season; ~ market flauer Markt. **19.** *econ.* tot, gewinn-, 'umsatzlos: ~ assets unproduktive (Kapital)Anlage; ~ capital (stock) totes Kapital (Inventar). **20.** *tech.* a) außer Betrieb, tot: ~ track totes Gleis, b) de'fekt: ~ valve; ~ engine ausgefallener *od.* abgestorbener Motor, c) leer, erschöpft: ~ battery. **21.** *tech.* tot, starr, fest: ~ axle. **22.** *electr.* strom-, spannungslos, tot. **23.** *print.* abgelegt: ~ matter Ablegesatz *m* (→ 2). **24.** *bes. arch.* blind, Blend...: ~ floor Blend-, Blindboden *m*; ~ window totes Fenster. **25.** Sack... (*ohne Ausgang*): ~ street Sackgasse *f*. **26.** dumpf, klanglos, tot (*Ton*). **27.** matt, glanzlos, stumpf, tot: ~ colo(u)rs; ~ eyes; ~ gilding matte Vergoldung. **28.** schal, abgestanden: ~ drinks. **29.** verwelkt, dürr, abgestorben: ~ flowers. **30.** (a'kustisch) tot: ~ room toter *od.* schalldichter Raum. **31.** völlig, abso'lut, restlos, to'tal: ~ certainty absolute Gewißheit; ~ silence Totenstille *f*; ~ stop völliger Stillstand; to come to a ~ stop schlagartig stehenbleiben *od.* aufhören; → calm 2, cert, earnest¹ 4, loss 1. **32.** todsicher, unfehlbar: he is a ~ shot. **33.** äußerst(er, e, es): a ~ strain; a ~ push ein verzweifelter, aber vergeblicher Stoß. **34.** *sport* tot, nicht im Spiel (*Ball*).

II *s* **35.** stillste Zeit: at ~ of night mitten in der Nacht; the ~ of winter der tiefste Winter. **36.** the ~ a) der, die, das Tote, b) *collect.* die Toten *pl*: several ~ mehrere Tote; to rise from the ~ von den Toten auferstehen.

III *adv* **37.** restlos, abso'lut, völlig, gänzlich, to'tal: the facts are ~ against him alles spricht gegen ihn; ~ asleep im tiefsten Schlaf; ~ black tiefschwarz; ~ drunk sinnlos betrunken; ~ slow! *mot.* Schritt fahren!; ~ straight schnurgerade; ~ tired todmüde. **38.** plötzlich, ab'rupt: to stop ~ (in one's tracks) abrupt stehenbleiben *od.* aufhören. **39.** genau, di'rekt: ~ against genau gegenüber von (*od. dat*); ~ (set) against ganz u. gar gegen (*etwas*) (eingestellt); ~ set on ganz scharf auf (*acc*).

dead|ac·count *s econ.* 'umsatzloses *od.* unbewegtes Konto. ⁓-(and-)a'live *adj* langweilig (*Party, Person etc*). ⁓ an'gle *s mil.* toter Schußwinkel(bereich). '⁓-ball line *s Rugby:* Malfeldauslinie *f*. '⁓-beat **I** *adj* **1.** *electr. phys.* aperi'odisch (gedämpft). **II** *s* **2.** *colloq.* Faulenzer *m*. **3.** *bes. Am. colloq.* 'Nassauer *m*, Schma'rotzer *m*. **4.** *Austral. colloq.* Habenichts *m*. ⁓'beat *adj colloq.* todmüde, völlig 'ka'putt' *od.* erschöpft. ~ cen·ter, *bes. Br.* ~ cen·tre *s* **1.** genaue Mitte. **2.** *tech.* toter Punkt, Totlage *f*, -punkt *m*. **3.** *tech.* tote Spitze, Reitstockspitze *f* (*der Drehbank etc*). **4.** *tech.* Körnerspitze *f*. ~ col·o(u)r·ing *s paint.* Grun'dierung *f*. ~ drop *s Spionage:* toter Briefkasten. ~ duck *s:* to be a ~ *colloq.* passé sein, keine Chance mehr haben. ~ earth → dead ground 1.

dead·en ['dedn] *v/t* **1.** dämpfen, (ab-) schwächen: to ~ a sound; to ~ a blow e-n Schlag mildern. **2.** schalldicht machen: to ~ a wall. **3.** Gefühl abtöten, abstumpfen (to gegen). **4.** Metall mat'tieren, glanzlos machen. **5.** Geschwindigkeit vermindern.

dead| end *s* **1.** Sackgasse *f* (*a. fig.*): to come to a ~ in e-e Sackgasse geraten. **2.** *bes. tech.* blindes Ende. '⁓-end *adj* **1.** ohne Ausgang, Sack...: ~ street Sackgasse *f*; ~ station *rail.* Kopfbahnhof *m*. **2.** *fig.* ausweglos. **3.** ohne Aufstiegschancen: a ~ job. **4.** verwahrlost, Slum...: ~ kid verwahrlostes Kind. '⁓-eye *s* **1.** *mar.* Jungfer(nblock *m*) *f*. **2.** *bes. Am. colloq.* todsicherer *od.* unfehlbarer Schütze. '⁓-fall *s hunt.* Prügel-, Baumfalle *f*. ~ file *s* abgelegte Akte. ~ fire *s* Elmsfeuer *n*. ~ freight *s mar.* Fehl-, Fautfracht *f*. ~ ground *s* **1.** *electr.* Erdung *f* mit sehr geringem 'Übergangs,widerstand. **2.** *mil.* → dead space. ~ hand → mortmain. '⁓-head *s* **1.** *Am. colloq.* Freikarteninhaber(in). **2.** *Am. colloq.* Mitläufer *m*. **3.** *Am. colloq.* a) Per'son *f* ohne jeden (*beruflichen*) Ehrgeiz, b) 'Blindgänger' *m*. **4.** *tech.* verlorener (Gieß)Kopf. ~ heat *s sport* totes Rennen. '⁓-house *s* **1.** Leichenschauhaus *n*. **2.** Leichenhalle *f*. ~ lat·i·tude *s mar.* gegißte geo'graphische Breite. ~ let·ter *s* **1.** toter Buchstabe (*noch bestehendes, aber nicht angewandtes Gesetz*). **2.** unzustellbarer Brief. ⁓-'let·ter of·fice *s* Ab'teilung *f* für unzustellbare Briefe. ~ lift *s* Lastheben *n* ohne me'chanische Hilfsmittel. '⁓-light *s* **1.** *mar.* Fensterblende *f*. **2.** feste Dachluke. '⁓-line *s* **1.** *Am.* Sperrlinie *f*, Todesstreifen *m* (*im Gefängnis*). **2.** Deadline *f*: a) letzter ('Ablieferungs)Ter,min, Anzeigen-, Redakti'onsschluß *m*; ~ pressure Termindruck *m*; to have difficulty (*od.* trouble) meeting the ~ Terminschwierigkeiten haben, b) Stichtag *m*, c) äußerste Grenze.

dead·li·ness ['dedlɪnɪs] *s* tödliche Wirkung, (*das*) Tödliche.

dead|load *s tech.* totes Gewicht, tote *od.* ruhende Last, Eigengewicht *n*. '⁓-lock **I** *s* **1.** *tech.* Ein'riegelschloß *n*. **2.** *fig.* völliger Stillstand, Sackgasse *f*, toter Punkt: to break the ~ den toten Punkt (*in Verhandlungen etc*) überwinden; to come to a ~ III. **II** *v/t* **3.** zum völligen Stillstand bringen. **III** *v/i* **4.** sich festfahren, an e-m toten Punkt anlangen. '⁓-locked *adj* festgefahren: ~ talks.

dead·ly I *adj* **1.** tödlich, todbringend: ~ poison. **2.** *fig.* unversöhnlich, tödlich: ~ enemy Todfeind *m*; ~ fight mörderischer Kampf. **3.** *fig.* tödlich, vernichtend, verderblich (to für): → sin 1. **4.** tödlich, unfehlbar: ~ precision. **5.** totenähnlich, Todes...: ~ pallor Leichen-, Todesblässe *f*. **6.** *colloq.* schrecklich, groß, äußerst(er, e, es): in ~ haste. **7.** *colloq.* sterbenslangweilig. **II** *adv* **8.** totenähnlich, leichenhaft: ~ pale toten-, leichenblaß. **9.** *colloq.* tod..., sehr, äußerst, schrecklich: to be ~ afraid of e-e Sterbensangst haben vor (*dat*); ~ dull sterbenslangweilig; ~ tired todmüde. ~ a·gar·ic *s bot.* Giftpilz *m*, *bes.* Fliegenpilz *m*. ~ night·shade *s bot.* **1.** Tollkirsche *f*. **2.** Schwarzer Nachtschatten.

'**dead|,man** [-,mæn] *s irr Am.* 'umgestürzter Baum. ~'man's but·ton *s tech.* Totmannsknopf *m*, -einrichtung *f*. ~ march *s mus.* Trauermarsch *m*. ~ ma·rine *s sl.* leere 'Pulle'.

'**dead·ness** *s* **1.** Leblosigkeit. **2.** Gefühllosigkeit *f*, Abgestumpftheit *f*, Gleichgültigkeit *f* (to gegen). **3.** Leere *f*, Öde *f*. **4.** *bes. econ.* Flauheit *f*, Flaute *f*. **5.** Mattheit *f*, Glanzlosigkeit *f*.

dead|net·tle *s bot.* Taubnessel *f*. ~ oil *s chem.* Schweröl *n*, Kreo'sot *n*. ~ pan *s colloq.* ausdrucksloses *od.* 'undringliches Gesicht. ⁓'pan *adj colloq.* **1.** unbewegt, ausdruckslos: ~ face. **2.** mit ausdruckslosem Gesicht (*Person*). **3.** trocken (*Humor*). ~ point → dead center 2-4. ~ reck·on·ing *s mar.* gegißtes Besteck, Koppeln *n*. ~ rope *s mar.* **1.** Holetau *n* ohne Block. **2.** *pl* stehendes Gut, festes Tauwerk. ~ set *s* **1.** *hunt.* Stehen *n* (*des Hundes*). **2.** verbissene Feindschaft. **3.** hartnäckiges Bemühen, *bes.* beharrliches Werben (at um): to make a ~ at sich hartnäckig bemühen um. ~ space *s mil.* toter Winkel. '⁓-stick land·ing *s aer.* Landung *f* mit abgestelltem Motor. ~ time *s* **1.** *mil.* Befehls-, Kom'mandoverzug *m* (*Artillerie*). **2.** *phys. tech.* Totzeit *f*. ~ wa·ter *s* **1.** stehendes *od.* stilles Wasser. **2.** *mar.* Kielwasser *n*, Sog *m*. ~ weight *s* **1.** ganze Last, volles Gewicht (*e-s ruhenden Körpers*). **2.** *fig.* schwere Bürde *od.* Last. **3.** Leer-, Eigengewicht *n*, totes Gewicht. '⁓-weight ca·pac·i·ty *s mar.* Tragfähigkeit *f*, Ladevermögen *n*. '⁓-wood *s* **1.** totes Holz (*abgestorbene Äste od. Bäume*). **2.** *fig.* (nutzloser) Bal'last, nutzlose (Mit)Glieder *pl* (*e-r Gesellschaft*). **3.** (*etwas*) Veraltetes *od.* Über'holtes. **4.** Plunder *m*, *bes. econ.* Ladenhüter *pl*. **5.** *pl mar.* Totholz *n*. ~ work *s* vorbereitende Arbeit.

de·aer·ate [diː'eɪəreɪt; -'eər-] *v/t u. v/i* entlüften. **de'aer·a·tor** [-tə(r)] *s* Entlüfter *m*, Entlüftungsanlage *f*.

deaf [def] **I** *adj* (*adv* ⁓ly) **1.** taub: ~ and dumb taubstumm; ~ in one ear auf 'einem Ohr taub; (as) ~ as an adder (*od.* a post) stocktaub. **2.** schwerhörig. **3.** *fig.* (to) taub (gegen), unzugänglich (für): none so ~ as those that won't hear (*etwa*) wem nicht zu raten ist, dem ist auch nicht zu helfen; → ear Bes. Redew. **II** *s* **4.** the ~ *collect. pl* die Tauben *pl*. ~ aid *s* Hörgerät *n*. ⁓-and-'dumb *adj* **1.** taubstumm. **2.** Taubstummen..., Finger...: ~ alphabet; ~ language.

deaf·en ['defn] *v/t* **1.** taub machen. **2.** betäuben (with durch). **3.** Schall dämpfen. **4.** *arch.* Wände etc schalldicht machen. '**deaf·en·ing** *adj* (*adv* ⁓ly) ohrenbetäubend: ~ noise.

,**deaf-'mute I** *adj* taubstumm. **II** *s* Taubstumme(r *m*) *f*. ⁓'mute·ness, ⁓'mut·ism *s* Taubstummheit *f*.

'**deaf·ness** *s* **1.** Taubheit *f* (*a. fig.* to gegen): psychic ~ Seelentaubheit *f*. **2.** Schwerhörigkeit *f*.

deal¹ [diːl] **I** *v/i pret u. pp* dealt [delt] **1.** ~ with (*od.* in) sich befassen *od.* beschäftigen *od.* abgeben mit *etwas*. **2.** ~ with (*od.* in) handeln von, sich befassen mit, *etwas* behandeln *od.* zum Thema haben: botany ~s with plants. **3.** ~ with sich mit e-m Problem etc befassen *od.* beschäftigen *od.* ausein'andersetzen, *etwas* in Angriff nehmen. **4.** ~ with *etwas* erledigen, mit *etwas od. j-m* fertig werden: I cannot ~ with it. **5.** ~ with (*od.* by) behandeln (*acc*), 'umgehen mit: to ~ fairly with s.o. sich fair gegen j-n verhalten, fair an j-m handeln. **6.** ~ with *j-m* verkehren *od.* zu tun haben. **7.** ~ with *econ.* Handel treiben *od.* Geschäfte machen *od.* in Geschäftsverkehr stehen mit. **8.** handeln, Handel treiben (in mit): to ~ in paper Papier führen. **9.** *sl.* dealen (*mit Rauschgift handeln*). **10.** Kartenspiel: geben.

II *v/t* **11.** *oft* ~ out *etwas* ver-, austeilen: to ~ out rations; to ~ blows Schläge austeilen; to ~ s.o. (s.th.) a blow, to ~ a blow at s.o. (s.th.) *j-m* (e-r Sache) e-n Schlag versetzen. **12.** *j-m etwas* zuteilen. **13.** a) Karten geben, austeilen, b) *j-m* e-e Karte geben.

III *s* **14.** *colloq.* a) Handlungsweise *f*, Verfahren *n*, Poli'tik *f*: → New Deal, b) Behandlung *f*. **15.** *colloq.* Geschäft *n*, Handel *m*, Transakti'on *f*: it's a ~! abgemacht!; (a) good ~! ein gutes Geschäft!; square ~ a) anständige Behandlung, b) reeller Handel; big ~, große Sache'; what's the big ~? was ist denn das?, was soll das (alles)?; big ~! *iro.* was ist denn das schon?; → raw 14. **16.** Abkommen *n*, Über'einkunft *f*: to make a ~ ein Abkommen treffen. **17.** Karten-

deal – debit

spiel: a) Blatt *n*, b) Geben *n*: **it is my ~ ich muß geben.**
deal² [diːl] *s* **1.** Menge *f*, Teil *m*: **a great ~** sehr viel; **not by a great ~** bei weitem nicht; **a good ~** e-e ganze Menge, ziemlich viel. **2.** *colloq.* e-e ganze Menge, ziemlich *od.* sehr viel: **a ~ worse** weit (-aus) *od.* viel schlechter.
deal³ [diːl] *s* **1.** *Br.* a) Brett *n*, Planke *f* (*aus Tannen- od. Kiefernholz*), b) Bohle *f*, Diele *f*. **2.** rohes Kiefernbrett (*mit bestimmten Abmessungen*). **3.** Kiefern- *od.* Tannenholz *n*.
'**deal·er** *s* **1.** *econ.* a) Händler(in), Kaufmann *m*: **~ in antiques** Antiquitätenhändler, b) Börse: *Br.* Dealer *m* (*der auf eigene Rechnung Geschäfte tätigt*). **2.** *sl.* Dealer *m* (*Rauschgifthändler*). **3.** Kartenspiel: Geber(in). **4.** *Person von bestimmtem Verhalten*: **plain ~** aufrichtiger Mensch.
'**deal·ing** *s* **1.** *meist pl* 'Umgang *m*, Verkehr *m*, Beziehungen *pl*: **to have ~s with s.o.** mit j-m verkehren *od.* zu tun haben; **there is no ~ with her** mit ihr ist nicht auszukommen. **2.** *econ.* a) Geschäftsverkehr *m*, b) Handel *m*, Geschäft *n* (**in** *in dat*, **mit**); **~ in real estate** Immobilienhandel. **3.** a) Verfahren *n*, Verhalten *n*, Handlungsweise *f*, b) *econ.* Geschäftsgebaren *n*. **4.** Austeilen *n*, Geben *n* (*von Karten*).
dealt [delt] *pret u. pp von* **deal¹**.
dean¹ [diːn] *s* **1.** *univ.* a) De'kan *m* (*Vorstand e-r Fakultät od. e-s College*), b) (*Oxford u. Cambridge*) Fellow *m* mit besonderen Aufgaben. **2.** *univ. Am.* a) Vorstand *m* e-r Fakul'tät, b) Hauptberater(in), Vorsteher(in) (*der Studenten*). **3.** *relig.* De'chant *m*, De'kan *m*, 'Superinten,dent *m*. **4.** **D~ of Arches** Laienrichter *m* des kirchlichen Appellati'onsgerichts (*Canterbury u. York*). **5.** Vorsitzende(r *m*) *f*, Präsi'dent(in): **D~ of Faculty** *Scot.* Präsident der Anwaltskammer; **the ~ of the diplomatic corps** der Doyen des diplomatischen Korps.
dean² → **dene²**.
dean·er·y ['diːnəri] *s* Deka'nat *n*.
dear¹ [dɪə(r)] **I** *adj* (*adv* → **dearly**) **1.** teuer, lieb (**to s.o.** j-m): **~ mother** liebe Mutter; **D~ Sir**, (*in Briefen*) sehr geehrter Herr (*Name*)!; **D~ Mrs. B.**, (*in Briefen*) sehr geehrte Frau B.!; **those near and ~ to you** die dir lieb u. teuer sind; **to run (work) for ~ life** um sein Leben rennen (arbeiten, als ob es ums Leben ginge). **2.** teuer, kostspielig. **3.** hoch (*Preis*). **4.** *innig*: **~ love**; **my ~est wish** mein sehnlichster Wunsch. **II** *s* **5.** Liebste(r *m*) *f*, Schatz *m*: **isn't she a ~?** ist sie nicht ein Engel?; **there's a ~** sei (so) lieb. **6.** (*Anrede*) mein Lieber, m-e Liebe: **my ~s** m-e Lieben. **III** *adv* **7.** teuer: **it will cost you ~** das wird dir *od.* dich teuer zu stehen kommen. **8.** → **dearly 1**. **IV** *interj* **9.** (oh) **~!**, **~ ~!**, **~ me!** du liebe Zeit!, du meine Güte!, ach je!
dear² [dɪə(r)] *adj obs.* schwer, hart.
'**dear-bought** *adj* **1.** teuer gekauft. **2.** *fig.* teuer erkauft.
dear·ie → **deary**.
Dear John let·ter *s colloq.* Brief, mit dem ein Mädchen ein Verhältnis beendet.
'**dear·ly** *adv* **1.** innig, herzlich, von ganzem Herzen: **to love s.o. ~**; **to wish s.th. ~** etwas heiß ersehnen. **2.** teuer (*im Preis*): → **buy 6**. '**dear·ness** *s* **1.** hoher Wert: **her ~ to me** was sie mir bedeutet. **2.** (*das*) Liebe(nswerte). **3.** Innigkeit *f*. **4.** hoher Preis, Kostspieligkeit *f*.
dearth [dɜːθ; *Am.* dɜːrθ] *s* **1.** Mangel *m* (**of** *an dat*). **2.** (Hungers)Not *f*. **3.** *obs.* Kostspieligkeit *f*.
'**dear·y** *s colloq.* Liebling *m*, Schatz *m*.

death [deθ] *s* **1.** Tod *m*: **to ~** zu Tode; **to (the) ~** bis zum äußersten; **fight to the ~** Kampf *m* bis aufs Messer; **the house was (as) still as ~** im Haus herrschte e-e Totenstille; **(as) sure as ~** bombensicher, todsicher; **to catch one's ~** sich den Tod holen (*engS. durch Erkältung*); **to hold (*od.* hang) on to s.th. like grim ~** sich verbissen an etwas festklammern, *fig. a.* verbissen an etwas festhalten; **to put to ~** töten, *bes.* hinrichten; **to send s.o. to his ~** j-n in den Tod schicken; **~ in life** lebendiger Tod (*unheilbare Krankheit etc*); **to be in at the ~** *a. hunt.* Tötung des Fuchses (*durch die Hunde*) dabeisein, b) *fig.* das Ende miterleben; **it is ~ to do this** darauf steht der Tod (*Todesstrafe*); **it is ~ to think of it** *fig.* der bloße Gedanke ist entsetzlich. **2.** *a.* **D~** der Tod: **at D~'s door** an der Schwelle des Todes. **3.** Ende *n*, 'Untergang *m*, Vernichtung *f*. **4.** Tod *m* (*Todesart*): **~ by hanging** Tod durch Erhängen *od.* den Strang; **5.** Todesfall *m*. **6.** Tod *m* (*Todesursache*): **he will be the ~ of me** a) er bringt mich noch ins Grab, b) ich lache mich noch tot über ihn; **to be ~** *colloq.* a) etwas aus dem Effeff verstehen, b) etwas nicht ‚riechen' können. **7.** (Ab-)Sterben *n*.
death| **ag·o·ny** *s* Todeskampf *m*. '**~·bed** *s* Sterbebett *n*: **to be on one's ~** im Sterben liegen; **~ repentance** Reue *f* auf dem Sterbebett. **~ bell** *s* Toten-, Sterbeglocke *f*. **~ ben·e·fit** *s* **1.** Sterbegeld *n*. **2.** bei Todesfall fällige Versicherungsleistung. '**~·blow** *s* **1.** Todesstreich *m*. **2.** *fig.* Todesstoß *m* (to für): **to deal a ~ to s.th.** e-r Sache den Todesstoß versetzen. **~ cell** *s* Todeszelle *f*. **~ cer·tif·i·cate** *s* Totenschein *m*, Sterbeurkunde *f*. **~ cham·ber** *s* **1.** Sterbezimmer *n*. **2.** 'Hinrichtungsraum *m*. **~ cup** *s bot.* Grüner Knollenblätterpilz. **~ du·ty** *s jur. Br. hist.* Erbschaftssteuer *f*. **~ grant** *s Br.* Sterbegeld *n*. **~ house** *s Am.* Todestrakt *m* (*e-s Gefängnisses*). **~ in·stinct** *s psych.* Todestrieb *m*. **~ knell** *s* knell 1.
'**death·less** *adj* unsterblich: **~ fame**.
'**death·like** *adj* totenähnlich, leichenartig: **~ pallor** Toten-, Leichenblässe *f*.
'**death·ly** *adv* deadly: **~ silence** eisiges Schweigen; **~ stillness** Totenstille *f*.
death| **march** *s* Todesmarsch *m* (*von Kriegsgefangenen etc*). **~ mask** *s* Totenmaske *f*. **~ pen·al·ty** *s* Todesstrafe *f*. '**~·place** *s* Sterbeort *m*. **~ rate** *s* Sterblichkeitsziffer *f*. **~ rat·tle** *s* Todesröcheln *n*. **~ roll** *s* **1.** *mil.* Gefallenen-, Verlustliste *f*. **2.** Zahl *f* der Todesopfer. **~ row** *s* death house.
'**death's-head** *s* **1.** Totenkopf *m* (*bes. als Symbol*). **2.** *a.* **~ moth** *zo.* Totenkopf(-schwärmer) *m*.
death| **squad** *s* 'Todesschwa,dron *f*. **~ threat** *s* Morddrohung *f*. **~ toll** *s* (Zahl *f* der) Opfer *pl*, (die) Toten *pl*. '**~·trap** *s* Todesfalle *f*, Mausefalle *f*. **~ war·rant** *s* **1.** *jur.* 'Hinrichtungsbefehl *m*. **2.** *fig.* Todesurteil *n* (of für): **to sign one's (own) ~** sein (eigenes) Todesurteil unterschreiben. '**~·watch** *s* **1.** Totenwache *f*. **2.** *a.* **~ beetle** *zo.* Totenuhr *f* (*verschiedene Klopfkäfer*). **~ wish** *s* Todeswunsch *m*, -sehnsucht *f*.
deb [deb] *colloq. für* debutante.
de·ba·cle [deɪˈbɑːkl], *a.* (*Fr.*) **dé·bâ·cle** [deˈbɑːkl] *s* **1.** De'bakel *n*, Zs.-bruch *m*, Kata'strophe *f*. **2.** plötzliche Massenflucht, wildes Durchein'ander. **3.** *geol.* a) Eisaufbruch *m*, b) Eisgang *m*, c) Murgang *m*. **4.** Wassersturz *m*.
de·bag [ˌdiːˈbæg] *v/t Br. colloq.* j-m die Hose ausziehen.

de·bar [dɪˈbɑː(r)] *v/t* **1.** j-n ausschließen (**from von** *etwas*, **aus** e-m Verein). **2.** j-n hindern (**from doing** zu tun). **3.** j-m *etwas* versagen: **to ~ s.o. from the crown** j-n von der Thronfolge ausschließen. **4.** *etwas* verhindern, verbieten.
de·bark [dɪˈbɑː(r)k], *etc* → **disembark**, *etc*.
de'bar·ment *s* Ausschließung *f*, Ausschluß *m* (**from** von).
de·base [dɪˈbeɪs] *v/t* **1.** (cha'rakterlich) verderben. **2.** (o.s. sich) entwürdigen, erniedrigen. **3.** im Wert mindern, *Münzen* verschlechtern. **4.** *Wert* (her'ab)mindern. **5.** verfälschen. **de'based** *adj* **1.** verderbt (*etc*). **2.** minderwertig. **3.** abgegriffen (*Wort*). **de'base·ment** *s* **1.** Verderbtheit *f*. **2.** Entwürdigung *f*, Erniedrigung *f*. **3.** Wertminderung *f*, Verschlechterung *f*. **4.** (Her'ab)Minderung *f* (*des Wertes*). **5.** Verfälschung *f*.
de·bat·a·ble [dɪˈbeɪtəbl] *adj* **1.** disku'tabel. **2.** fraglich, strittig, um'stritten. **3.** *jur.* anfechtbar, streitig. **~ ground** **1.** *pol.* um'strittenes Land. **2.** *fig.* Zankapfel *m*: **that is ~** darüber läßt sich streiten. **~ land** → **debatable ground 1**.
de·bate [dɪˈbeɪt] **I** *v/i* **1.** debat'tieren, disku'tieren, Erörterungen anstellen (**on**, **upon**, **about** über *acc*). **2.** **to ~ with o.s.** hin u. her überlegen. **3.** *obs.* kämpfen. **II** *v/t* **4.** *etwas* debat'tieren, disku'tieren, erörtern. **5.** *etwas* erwägen, sich *etwas* über'legen, mit sich zu Rate gehen über (*acc*). **6.** *obs.* kämpfen um. **III** *s* **7.** De'batte *f* (*a. parl.*), Diskussi'on *f*, Erörterung *f*: **after much ~** nach langen Diskussionen; **beyond ~** unbestreitbar; **to be under ~** zur Debatte stehen; **to be still under ~** noch umstritten sein; **~ on request** *parl.* aktuelle Stunde. **de'bat·er** *s* **1.** Debat'tierende(r *m*) *f*. **2.** *parl.* Redner(in). **de'bat·ing** *adj*: **~ club**, **~ society** Debattierclub *m*.
de·bauch [dɪˈbɔːtʃ] **I** *v/t* **1.** (*sittlich*) verderben. **2.** verführen, verleiten (**to** zu). **II** *v/i* **3.** (*sittlich*) her'unterkommen, verkommen. **4.** schwelgen, schlemmen, prassen. **III** *s* **5.** Ausschweifung *f*, Orgie *f*. **6.** Schwelge'rei *f*. **de'bauched** *adj* verderbt (*Person*), ausschweifend, zügellos (*Leben*). **de·bauch·ee** [ˌdebɔːˈtʃiː; *Am.* dɪ-] *s* Wüstling *m*, Wollüstling *m*. **de'bauch·er** *s* **1.** Verderber *m*. **2.** Verführer *m*. **de'bauch·er·y** *s* **1.** Schwelge'rei *f*. **2.** *pl* Ausschweifungen *pl*, Orgien *pl*. **de'bauch·ment** *s* **1.** Ausschweifung *f*, Orgie *f*. **2.** Verderbtheit *f*, Zügellosigkeit *f*. **4.** Verführung *f*.
de·ben·ture [dɪˈbentʃə(r)] *s* **1.** Schuldschein *m*. **2.** *econ.* a) Obligati'on *f*, Schuldverschreibung *f*, b) *Br.* Pfandbrief *m*. **3.** *econ.* Rückzollschein *m*. **~ bond** *s econ.* **1.** *Br.* Obligati'on *f*, Schuldverschreibung *f*. **2.** (ungesicherte) Obligati'on. **~ cer·tif·i·cate** → **debenture bond 1**.
de'ben·tured *adj econ.* rückzollberechtigt: **~ goods** Rückzollgüter.
de·ben·ture| **debt** *s econ.* **1.** Obligati'onsschuld *f*. **2.** *Br.* Pfandbriefschuld *f*. **~ hold·er** *s econ.* **1.** Obligati'onär *m*. **2.** *Br.* Pfandbriefinhaber *m*. **~ stock** *s econ.* **1.** *Br.* Anleiheschuld *f*. **2.** *Am.* Aktien *pl* mit Vorrang vor den Vorzugsaktien.
de·bil·i·tate [dɪˈbɪlɪteɪt] *v/t* schwächen, entkräften. **de,bil·i'ta·tion** *s* Schwächung *f*, Entkräftung *f*. **de'bil·i·ty** [-lətɪ] *s* **1.** Schwäche *f*, Kraftlosigkeit *f*. **2.** *med.* Schwäche-, Erschöpfungszustand *m*: **nervous ~** Nervenschwäche *f*.
deb·it ['debɪt] *econ.* **I** *s* **1.** Debet *n*, Soll (-wert *m*) *n*, Schuldposten *m*. **2.** (Konto-

Belastung *f*: **to the ~ of** zu Lasten von. **3.** *a.* **~ side** Debetseite *f* (*im Hauptbuch*): **to charge** (*od.* **place) a sum to s.o.'s ~** j-s Konto mit e-r Summe belasten. **II** *v/t* **4.** *j-n, ein Konto* debi'tieren, belasten (**with** mit). **5.** *etwas* debi'tieren, zur Last schreiben. **III** *adj* **6.** Debet..., Schuld...: **~ account; ~ balance** Debet-, Sollsaldo *m*; **your ~ balance** Saldo *m* zu Ihren Lasten; **~ entry** Lastschrift *f*, Debetbuchung *f*; **~ note** Lastschriftanzeige *f*. **~ and cred·it** *s econ.* Soll *n* u. Haben *n*.
de·block [ˌdiːˈblɒk; *Am.* -ˈblɑk] *v/t econ.* eingefrorene Konten freigeben, entsperren.
deb·o·nair(e) [ˌdebəˈneə(r)] *adj* **1.** liebenswürdig, höflich, charˈmant. **2.** heiter, unbefangen. **3.** 'lässig(-ele'gant).
de·bone [ˌdiːˈbəʊn] *v/t Fleisch* entknochen, entbeinen.
de·boost [ˌdiːˈbuːst] *s* Abbremsung *f* (*e-s Raumschiffs etc*).
de·bouch [dɪˈbaʊtʃ; dɪˈbuːʃ] *v/i* **1.** *mil.* her'vorbrechen. **2.** sich ergießen, (ein-) münden (**into** in *acc*) (*Fluß*). **deˈbouch·ment** *s* **1.** *mil.* Herˈvorbrechen *n*, Ausfall *m*. **2.** Mündung *f*.
de·brief [ˌdiːˈbriːf] *v/t* sich inforˈmieren *od.* berichten lassen von (*e-m Piloten, Diplomaten etc*). **deˈbrief·ing** *s mil.* Einsatzbesprechung *f* (nach dem Flug *etc*).
de·bris, dé·bris [ˈdeɪbriː; *Br. a.* ˈdebriː; *Am.* dəˈbriː] *s* **1.** Trümmer *pl*, Schutt *m* (*beide a. geol.*). **2.** *Bergbau*: Hau(f)werk *n*.
debt [det] *s* **1.** Schuld *f, bes. econ. jur.* Forderung *f*; **~ collector** *jur.* Inkassobeauftragte(r) *m*; **~ of hono(u)r** Ehren-, *bes.* Spielschuld; **~ of gratitude** Dankesschuld; **to owe s.o. a ~ of gratitude, to be in s.o.'s ~** j-m Dank schulden, in j-s Schuld stehen; **to pay one's ~ to nature** den Weg alles Irdischen gehen, sterben; **to be in ~** Schulden haben, verschuldet sein; **to be in ~ to s.o. for £100** j-m 100 Pfund schulden; **to be out of ~** schuldenfrei sein. **2.** *meist* **action of ~** *jur.* Schuldklage *f*. **3.** *Bibl.* Schuld *f*, Sünde *f*: **forgive us our ~s. debtˑor** [ˈdetə(r)] *s* **1.** *jur.* Schuldner(in). **2.** *econ.* Debitor *m*: **~ nation** Schuldnerland *n*.
de·bug [ˌdiːˈbʌg] *v/t* **1.** a) entwanzen, b) *bes. Am. Pflanzen* von Schädlingen befreien. **2.** *tech. colloq.* a) Fehler *od.* ‚Mucken‘ *e-r Maschine* beseitigen *od.* beheben, b) (*Computer*) *Programm* austesten. **3.** *colloq.* e-n Raum ‚entwanzen‘ (*von Minispionen befreien*).
de·bunk [ˌdiːˈbʌŋk] *v/t colloq.* entlarven, den Nimbus nehmen (*dat*). **deˈbunk·er** *s colloq.* Entlarver *m*.
de·bu·reauc·ra·tize [ˌdiːbjʊəˈrɒkrətaɪz; *Am.* -ˈrɑk-] *v/t* entbürokrati'sieren.
de·bus [ˌdiːˈbʌs] *v/i* aus dem *od.* e-m Bus aussteigen.
de·but, *Br. a.* **dé·but** [ˈdeɪbuː; -bjuː] *s* Deˈbüt *n*: a) *thea. etc* erstes Auftreten, b) Einführung *f* (*e-r jungen Dame*) in die Gesellschaft: **to make one's ~** sein Debüt geben. **deb·u·tant,** *Br. a.* **déb·u·tant** [ˈdebjuːtɑ̃ː; *Am.* ˈdebjʊˌtɑːnt] *s* Debüˈtant *m*. **deb·u·tante,** *Br. a.* **déb·u·tante** [ˈdebjuːtɑːnt] *s* Debüˈtantin *f*.
dec·a·dal [ˈdekədl] *adj* deˈkadisch.
dec·ade [ˈdekeɪd] *s* **1.** Deˈkade *f*: a) Anzahl von 10 Stück, Zehnergruppe, b) Jahr'zehnt *n*. **2.** *electr. tech.* Deˈkade *f*: **~ connection** Dekadenschaltung *f*.
dec·a·dence [ˈdekədəns] *s* **1.** Dekaˈdenz *f*, Entartung *f*, Verfall *m*, Niedergang *m*. **2.** Dekaˈdenz(literaˌtur) *f*. **dec·a·dent** **I** *adj* **1.** dekaˈdent. **2.** Dekadenz... **II** *s* **3.** dekaˈdenter Mensch. **4.** Dekaˈdenzdichter *m, bes.* Symboˈlist *m*.

de·cad·ic [dɪˈkædɪk] *adj math.* deˈkadisch, Dezimal..., Zehner...
de·caf·fein·ate [ˌdiːˈkæfɪneɪt] *v/t Kaffee* koffeˈinfrei machen: **~d** koffeinfrei.
dec·a·gon [ˈdekəgən; *Am.* -ˌgɑn] *s math.* Dekaˈgon *n*, Zehneck *n*. **de·cag·o·nal** [dɪˈkægənl] *adj* dekagoˈnal.
dec·a·gram(me) [ˈdekəgræm] *s* Dekaˈgramm *n* (*10 Gramm*).
dec·a·he·dron [ˌdekəˈhedrən; *bes. Am.* -ˈhiː-] *pl* **-drons, -dra** [-drə] *s math.* Dekaˈeder *n*, Zehnflächner *m*.
de·cal·ci·fi·ca·tion [ˌdiːˌkælsɪfɪˈkeɪʃn] *s* Entkalkung *f*. **deˈcal·ci·fy** [-faɪ] *v/t* entkalken.
de·cal·co·ma·ni·a [dɪˌkælkəʊˈmeɪnɪə] *s* Abziehbild(verfahren) *n*.
Dec·a·logue, *Am. a.* **Dec·a·log** [ˈdekəlɒg; *Am. a.* -ˌlɑg] *s Bibl.* Dekaˈlog *m, (die)* Zehn Gebote *pl*.
De·cam·er·on·ic [ˈdɛkəˈmɑːrɒnɪk; *Am.* -ˈrɑː-] *adj* dekameˈronisch.
dec·am·e·ter¹ [dɪˈkæmɪtə(r)] *s* Deˈkameter *m* (*zehnfüßiger Vers*).
dec·a·me·ter², bes. Br. **dec·a·me·tre** [ˈdekəˌmiːtə(r)] *s* Dekaˈmeter *m, n* (*10 Meter*).
de·camp [dɪˈkæmp] *v/i* **1.** *bes. mil.* das Lager abbrechen. **2.** *colloq.* sich aus dem Staub machen, verschwinden. **deˈcamp·ment** *s* **1.** *bes. mil.* Abbruch *m* des Lagers. **2.** (plötzliches) Verschwinden.
de·ca·nal [dɪˈkeɪnl; *Am. a.* ˈdekənl] *adj* **1.** Dekans... **2.** → decani.
dec·ane [ˈdekeɪn] *s chem.* Deˈkan *n*.
de·ca·ni [dɪˈkeɪnaɪ] *adj* südseitig, auf der Südseite (*des Kirchenchors*).
de·cant [dɪˈkænt] *v/t* **1.** dekanˈtieren, vorsichtig abgießen. **2.** ab-, ˈumfüllen. **deˈcan·ta·tion** [ˌdiːkænˈteɪʃn] *s* **1.** Dekantatiˈon *f*. **2.** ˈUmfüllung *f*. **deˈcant·er** *s* **1.** Dekanˈtiergefäß *n*, Klärˈflasche *f*. **2.** Kaˈraffe *f*.
de·cap·i·tate [dɪˈkæpɪteɪt] *v/t* **1.** enthaupten, köpfen. **2.** *Am. colloq.* (*aus politischen Gründen*) entlassen. **deˌcap·iˈta·tion** *s* **1.** Enthauptung *f*. **2.** *Am. colloq.* Entlassung *f*.
de·car·bon·ate [ˌdiːˈkɑː(r)bəneɪt] *v/t chem.* Kohlensäure *od.* Kohlenˈdioˌxyd entziehen (*dat*). **deˈcar·bon·ize·r** [-tə(r)] *s tech.* Entrußungsmittel *n od.* -gerät *n.* **deˈcar·bon·ize** *v/t u. v/i* dekarboniˈsieren, entkohlen.
de·car·tel·i·za·tion [ˌdiːˌkɑː(r)təlaɪˈzeɪʃn; *Am.* -ləˈz-] *s econ.* Entkartelliˈsierung *f*, (Konˈzern)Entflechtung *f*. **deˈcar·tel·ize** [-laɪz] *v/t* entkartelliˈsieren, entflechten.
dec·a·stich [ˈdekəstɪk] *s metr.* Deˈkastichon *n*, Zehnzeiler *m*.
dec·a·su·al·i·za·tion [diːˌkæʒjʊəlaɪˈzeɪʃn; *Am.* -ʒəwələˈz-; -ʒələˈz-] *s econ.* Überˈführung *f* von Gelegenheitsarbeit in Dauerarbeit.
dec·a·syl·lab·ic [ˌdekəsɪˈlæbɪk], ˈdec·aˈsyl·la·ble [-ˈsɪləbl] **I** *adj* zehnsilbig. **II** *s* zehnsilbiger Vers, Zehnsilber *m*.
dec·ath·lete [dɪˈkæθliːt] *s Leichtathletik*: Zehnkämpfer *m*. **deˈcath·lon** [-lɒn; *Am.* -lən; -ˌlɑn] *s* Zehnkampf *m*.
dec·a·tize [ˈdekətaɪz] *v/t Seide etc* dekaˈtieren.
de·cay [dɪˈkeɪ] **I** *v/i* **1.** verfallen, in Verfall geraten, zuˈgrunde gehen. **2.** schwach *od.* kraftlos werden. **3.** abnehmen, schwinden. **4.** verwelken, absterben. **5.** zerfallen, verrotten. **6.** verfaulen, verwesen. **7.** *med.* faulen, kariˈös *od.* schlecht werden (*Zahn*). **8.** *geol.* verwittern. **9.** *phys.* zerfallen (*Radium etc*). **II** *s* **10.** Verfall *m*: **to fall** (*od.* **go) (in)to ~** 1. **11.** Verfall *m*, (Alters)Schwäche *f*. **12.** Nieder-, ˈUntergang *m*, Ruˈin *m*. **13.** (ständiger) Rück-

gang. **14.** Verwelken *n*. **15.** Zerfall *m*, Vermodern *n*. **16.** Verfaulen *n*, Verwesung *f*. **17.** *med.* Faulen *n*, Schlechtwerden *n* (*der Zähne*). **18.** *geol.* Verwitterung *f*. **19.** *phys.* Zerfall *m* (*von Radium etc*). **deˈcayed** *adj* **1.** verfallen: **~ circumstances** zerrüttete (Vermögens-)Verhältnisse; **~ with age** altersschwach. **2.** herˈuntergekommen. **3.** verwelkt. **4.** vermodert, morsch. **5.** verfault. **6.** *med.* faul, kariˈös, schlecht (*Zahn*). **7.** *geol.* verwittert.
de·cease [dɪˈsiːs] **I** *v/i* sterben, ˈhinscheiden, verscheiden. **II** *s* Tod *m*, Ableben *n*. **deˈceased** **I** *adj* ver-, gestorben. **II** *s* **the ~** a) der *od.* die Verstorbene, b) *collect. pl* die Verstorbenen *pl*.
de·ce·dent [dɪˈsiːdnt] *s jur. bes. Am.* Verstorbene(r *m*) *f*, Erb-lasser(in): **~ estate** Nachlaß *m*.
de·ceit [dɪˈsiːt] *s* **1.** Betrug *m*, Betrügeˈrei *f*, (bewußte) Täuschung: **to practice ~ on s.o.** j-n betrügen. **2.** Falschheit *f*, Tücke *f*, ˈHinterlist *f*. **3.** List *f*, Ränke *pl*. **deˈceit·ful** *adj* (*adv* **~ly**) **1.** betrügerisch. **2.** falsch, ˈhinterlistig. **3.** ränkevoll. **deˈceit·ful·ness** → **deceit** 2.
de·ceiv·a·ble [dɪˈsiːvəbl] *adj* (*adv* **deceivably**) leicht zu täuschen(d).
de·ceive [dɪˈsiːv] **I** *v/t* **1.** täuschen (*Person, Sache*), trügen (*Sache*): **to be ~d in s.o.** sich in j-m täuschen; **to ~ o.s.** sich etwas vormachen; **we were ~d into the belief** (*od.* **into believing**) daß wir wurden zu der Annahme verleitet, daß; **do my eyes ~ me** *or* ...? täuschen mich m-e Augen oder ...? **2.** *obs.* (*meist pass*) Hoffnung *etc* enttäuschen, zuˈnichte machen: **his hopes were ~d.** **II** *v/i* **3.** täuschen, trügen (*Sache*). **deˈceiv·er** *s* Betrüger(in).
de·cel·er·ate [ˌdiːˈseləreɪt] **I** *v/t* **1.** verzögern, verlangsamen. **2.** die Geschwindigkeit herˈabsetzen von (*od. gen*). **II** *v/i* **3.** sich verlangsamen. **4.** s-e Geschwindigkeit verringern. **ˈdeˌcel·erˈa·tion** *s* Verlangsamung *f*, Verzögerung *f*, Geschwindigkeitsabnahme *f*, Langsamerwerden *n*.
de·cel·er·on [ˌdiːˈselərɒn; *Am.* -ˌrɑn] *s aer.* Kombination von Luftbremsen u. Landeklappen bei Düsenflugzeugen.
De·cem·ber [dɪˈsembə(r)] *s* Deˈzember *m*: **in ~** im Dezember.
de·cem·vi·rate [dɪˈsemvɪrət] *s* Dezemviˈrat *n*.
de·cen·a·ry [dɪˈsenərɪ] *s Br. hist.* Zehntbezirk *m*.
de·cen·cy [ˈdiːsnsɪ] *s* **1.** Anstand *m*, Schicklichkeit *f*: **for ~'s sake** anstandshalber. **2.** Anständigkeit *f*: **he had the ~ to go** er war so anständig zu gehen. **3.** *pl* a) geziemende Form, b) Anstand *m*. **4.** *pl* Annehmlichkeiten *pl* (*des Lebens*).
de·cen·a·ry [dɪˈsenərɪ] → **decennium**.
de·cen·ni·al [dɪˈsenjəl; -nɪəl] **I** *adj* **1.** zehnjährig, zehn Jahre dauernd. **2.** alle zehn Jahre ˈwiederkehrend. **II** *s* **3.** a) zehnter Jahrestag, b) Zehnˈjahr(es)feier *f*. **deˈcen·ni·al·ly** *adv* alle zehn Jahre.
de·cen·ni·um [-jəm; -nɪəm] *pl* **-ni·ums, -ni·a** [-njə; -nɪə] *s* Deˈzennium *n*, Jahrˈzehnt *n*.
de·cent [ˈdiːsnt] *adj* **1.** anständig: a) schicklich, b) sittsam, c) ehrbar, ordentlich. **2.** deˈzent, unaufdringlich. **3.** (*ganz*) ‚anständig‘, pasˈsabel, annehmbar: **a ~ breakfast. 4.** *Br. colloq.* nett, anständig: **it was very ~ of him. 5.** *colloq.* saˈlonfähig (angezogen). **ˈdeˈcent·ly** *adv* **1.** anständig (*etc,* → **decent**). **2.** anständigerweise.
de·cen·tral·i·za·tion [diːˌsentrəlaɪ-

decentralize – declass

'zeɪʃn; *Am.* -lə'z-] *s* Dezentrali'sierung *f.*
ˌde'cen·tral·ize *v/t* dezentrali'sieren.
de·cep·tion [dɪ'sepʃn] *s* **1.** Täuschung *f,* Irreführung *f.* **2.** Betrug *m.* **3.** Irrtum *m,* (Selbst)Täuschung *f.* **4.** List *f,* Kniff *m.* **5.** Sinnestäuschung *f,* Trugbild *n.* **de'cep·tive** *adj (adv* ~**ly**) **1.** täuschend, irreführend: **to be** ~ täuschen, trügen *(Sache);* ~ **package** Mogelpackung *f;* → **appearance** *Bes. Redew.* **2.** trügerisch, Trug... **de'cep·tive·ness** *s (das)* Trügerische.
dec·i·bel ['desɪbel] *s phys.* Dezibel *n.*
de·cid·a·ble [dɪ'saɪdəbl] *adj* entscheidbar, zu entscheiden(d).
de·cide [dɪ'saɪd] **I** *v/t* **1.** etwas entscheiden: **to** ~ **a battle.** **2.** *j-n* bestimmen *od.* veranlassen (**to do** zu tun): **that ~d me** das gab für mich den Ausschlag, damit war die Sache für mich entschieden; **that ~d me against it** auf Grund dieser Tatsache entschied ich mich dagegen; **the weather ~d me against going** aufgrund des Wetters entschloß ich mich, nicht zu gehen. **3.** *etwas* bestimmen, festsetzen: **to** ~ **the right moment.** **4.** entscheiden, bestimmen (**that** daß). **5.** feststellen, zu dem Schluß *od.* zu der Überzeugung kommen, finden (**that** daß). **II** *v/i* **6.** entscheiden, die Entscheidung treffen. **7.** sich entscheiden, sich entschließen, beschließen (**to go** *od.* **on going** zu gehen; **against going** nicht zu gehen): **to** ~ **in favo(u)r of** sich entscheiden für; **to** ~ **on s.th.** e-e Entscheidung treffen hinsichtlich e-r Sache. **8.** (die Sache) entscheiden, den Ausschlag geben. **de'cid·ed** *adj* **1.** entschieden, eindeutig, unzweifelhaft, deutlich. **2.** entschieden, entschlossen, fest, bestimmt: **a** ~ **attitude; a** ~ **opponent** ein entschiedener Gegner (**of** von *od. gen*). **de'cid·ed·ly** *adv* **1.** entschieden, zweifellos, fraglos. **2.** sicher, bestimmt. **de'cid·er** *s* **1.** *j-d,* der e-e Entscheidung trifft. **2. the** ~ a) das Entscheidende, b) die Entscheidung: **the** ~ **came in the last minute** *sport* die Entscheidung fiel in der letzten Minute. **3.** *sport* Stechen *n,* Entscheidungskampf *m.* **de'cid·ing** *adj (sport a.* spiel)entscheidend, ausschlaggebend.
de·cid·u·ous [dɪ'sɪdjʊəs; *Am.* -ʒəwəs] *adj* **1.** *bot.* laubwechselnd: ~ **trees** Laubbäume. **2.** *bot.* (jedes Jahr) abfallend: ~ **leaves.** **3.** *zo.* abfallend: ~ **horns;** ~ **tooth** *anat.* Milchzahn *m.* **4.** *fig.* vergänglich.
dec·i·gram(me) ['desɪgræm] *s* Zehntelgramm *n,* Dezi'gramm *n.*
dec·ile ['desɪl; -aɪl] *s Statistik:* De'zile *f,* Zehntelwert *m.*
dec·i·li·ter, *bes. Br.* **dec·i·li·tre** ['desɪˌliːtə(r)] *s* Dezi'liter *m, n.*
de·cil·lion [dɪ'sɪljən] *s math.* **1.** *Br.* Dezilli'on *f* (10^{60}). **2.** *Am.* Quintilli'arde *f* (10^{33}).
dec·i·mal ['desɪml] **I** *adj (adv* → **decimally**) **1.** dezi'mal, Dezi'mal...: **to go** ~ **das Dezimalsystem einführen. II** *s* **2.** *a.* ~ **fraction** Dezi'malbruch *m.* **3.** Dezi'malzahl *f:* **circulating (recurring)** ~ periodische (unendliche) Dezimalzahl. **4.** Dezi'male *f,* Dezi'malstelle *f.* ~ **a·rith·me·tic** *s math.* **1.** auf dem Dezi-'malsyˌstem aufgebaute Arith'metik *f.* **2.** Dezi'malrechnung *f.* ~ **clas·si·fi·ca·tion** *s* Dezi'malklassifikatiˌon *f.* ~ **cur·ren·cy** *f* Dezi'malwährung *f.*
dec·i·mal·ize ['desɪməlaɪz] *v/t* auf das Dezi'malsyˌstem 'umstellen. **'dec·i·mal·ly** *adv* **1.** nach dem Dezi'malsy-ˌstem. **2.** in Dezi'malzahlen (ausgedrückt).
dec·i·mal **no·ta·tion** *s* **1.** Dezi'malzahlensyˌstem *n.* **2.** de'kadisches 'Zah-

lensyˌstem. ~ **place** *s* Dezi'malstelle *f.* ~ **point** *s* Komma *n (in Großbritannien u. den USA ein Punkt)* vor der ersten Dezi-'malstelle: **floating** ~ Fließkomma *n (Taschenrechner etc).* ~ **re·sist·ance** *s electr.* De'kadenˌwiderstand *m.* ~ **sys·tem** *s* Dezi'malsyˌstem *n.*
dec·i·mate ['desɪmeɪt] *v/t* **1.** *mil. bes. hist.* dezi'mieren. **2.** *fig.* dezi'mieren, stark schwächen *od.* vermindern. **ˌdec·i'ma·tion** *s* Dezi'mierung *f (a. fig.).*
dec·i·me·ter, *bes. Br.* **dec·i·me·tre** ['desɪˌmiːtə(r)] *s* Dezi'meter *m, n.*
de·ci·pher [dɪ'saɪfə(r)] *v/t* **1.** entziffern. **2.** *Geheimschrift* dechif'frieren. **3.** *fig.* entˌrätseln. **de'ci·pher·a·ble** *adj (adv* **decipherably**) **1.** entzifferbar. **2.** dechif'frierbar. **3.** *fig.* enträtselbar. **de'ci·pher·ment** *s* **1.** Entzifferung *f.* **2.** Dechif'frierung *f.* **3.** *fig.* Enträtselung *f.*
de·ci·sion [dɪ'sɪʒn] *s* **1.** Entscheidung *f (e-r Streitfrage etc):* **to make** *(od.* **take) a** ~ e-e Entscheidung treffen (**on, over** über *acc*); **to get the** ~ *sport* den Sieg zugesprochen erhalten. **2.** *jur.* (gerichtliche) Entscheidung, Urteil *n.* **3.** Entschluß *m:* **to arrive at a** ~, **to come to a** ~, **to take a** ~ zu e-m Entschluß kommen. **4.** Entschlußkraft *f,* Entschlossenheit *f:* ~ **of character** Charakterstärke *f.* **de'ci·sion-ˌmak·er** *s* Entscheidungsträger *m.* **de'ci·sion-ˌmak·ing** *adj* a) entscheidungstragend, b) Entscheidungs...: ~ **process.**
de·ci·sive [dɪ'saɪsɪv] *adj* **1.** entscheidend, Entscheidungs...: ~ **battle** Entscheidungsschlacht *f;* **to be** ~ **of** *etwas* entscheiden. **2.** bestimmen, ausschlaggebend (**to** für): **to be** ~ **(in)** maßgebend sein (in *dat od.* bei), maßgebend mitwirken (bei). **3.** endgültig. **4.** entschlossen, entschieden. **de'ci·sive·ly** *adv* entscheidend, in entscheidender Weise. **de'ci·sive·ness** *s* **1.** entscheidende Kraft. **2.** Maßgeblichkeit *f.* **3.** Endgültigkeit *f.* **4.** Entschlossenheit *f,* Entschiedenheit *f.*
de·civ·i·lize [ˌdiː'sɪvɪlaɪz] *v/t* entzivili-'sieren, der Zivilisati'on berauben.
deck [dek] **I** *s* **1.** *mar.* (Ver)Deck *n:* **on** ~ a) auf Deck, b) *bes. Am. colloq.* auf dem Posten; **all hands on ~!** alle Mann an Deck!; **below** ~ unter Deck; → **clear 35.** **2.** *Tragdeck n, -fläche f.* **3.** *rail. Am.* (Wag'gon)Deck *n.* **4.** Stock(werk *n) m, (e-s Busses a.)* Deck *n.* **5.** *bes. Am.* Spiel *n,* Pack *m* (Spiel)Karten. **6.** a) Laufwerk *n (e-s Plattenspielers),* b) → **tape deck.** **7.** *sl.* Briefchen *n (Rauschgift).* **II** *v/t* **8.** *oft* ~ **out** a) *j-n* heˌrausputzen, b) schmücken. ~ **beam** *s mar.* Deck(s)balken *m.* ~ **car·go** *s mar.* Deckladung *f.* ~ **chair** *s* Liegestuhl *m,* Klappstuhl *m.*
deck·er ['dekə(r)] *s in Zssgn* ...decker *m:* → **three-decker.**
deck **feath·er** *s orn.* Deckfeder *f.* ~ **game** *s* Bordspiel *n.* ~ **hand** *s mar.* (gemeiner) Ma'trose. **'~ˌhouse** *s mar.* Deckhaus *n (Ruder- u. Kartenhaus).*
deck·le ['dekl] *s (Papierherstellung)* **1.** nutzbare Siebbreite. **2.** → **deckle edge.** **~ edge** *s* Büttenrand *m.* **ˌ~ˈedged** *adj* **1.** rauhkantig, Büttenrand...: ~ **paper.** **2.** unbeschnitten: ~ **book.**
deck **log** *s mar.* Logbuch *n.* **~ of·fi·cer** *s mar.* Offiˌzier *m* an Deck. **~ roof** *s arch.* flaches Dach ohne Brüstung. **~ ten·nis** *s mar.* Decktennis *n.* **~ watch** *s mar.* Deckswache *f.*
de·claim [dɪ'kleɪm] **I** *v/i* **1.** (bom'bastisch *od.* thea'tralisch) reden, e-e Rede halten (**on** über *acc*). **2.** loszichen, eifern, wettern (**against** gegen). **3.** dekla'mieren. **II** *v/t* **4.** dekla'mieren, vortragen: **to** ~

poems. **5.** in bom'bastischer *od.* thea-'tralischer Weise vortragen.
dec·la·ma·tion [ˌdeklə'meɪʃn] *s* **1.** (bom'bastische *od.* thea'tralische) Rede. **2.** Deklamati'on *f (a. mus.).* **3.** Ti'rade *f* (**against** gegen). **4.** Vortragsübung *f.* **de·clam·a·to·ry** [dɪ'klæmətərɪ; *Am.* -ˌtɔːrɪ; -ˌtoʊ-] *adj (adv* **declamatorily**) **1.** Rede..., Vortrags... **2.** dekla'matorisch. **3.** bom'bastisch, thea'tralisch.
de·clar·a·ble [dɪ'kleərəbl] *adj* zollpflichtig.
de·clar·ant [dɪ'kleərənt] *s* **1.** Erklärende(*r m*) *f.* **2.** *Am.* Einbürgerungsanwärter *m.*
dec·la·ra·tion [ˌdeklə'reɪʃn] *s* **1.** Erklärung *f,* Aussage *f:* **to make a** ~ e-e Erklärung abgeben; ~ **of intent** Absichtserklärung. **2.** (offiˌzi'elle) Erklärung, Verkündung *f:* ~ **of independence** Unabhängigkeitserklärung; ~ **of war** Kriegserklärung. **3.** Mani'fest *n,* Proklamati'on *f.* **4.** *jur.* a) *Am.* Klageschrift *f,* b) *Am. (feierliche)* Zeugenaussage an Stelle des Eides, c) *Br.* Versicherung *f* an Eides Statt. **5.** *econ.* ('Zoll)Dekla·rati·on *f,* Zollerklärung *f:* **to make a** ~ die Waren deklarieren. **6.** *econ.* (offiˌzi'elle) Erklärung: ~ **of bankruptcy** Konkurserklärung; ~ **of value** Wertangabe *f.* **7.** *Bridge:* Ansage *f.*
de·clar·a·tive [dɪ'klærətɪv] *adj* **1.** → **declaratory 1** *u.* **2.** **2.** *ling.* Aussage...: ~ **sentence.** **de'clar·a·to·ry** [-tərɪ; *Am.* -ˌtɔːrɪ; -ˌtoʊ-] *adj (adv* **declaratorily**) **1.** (klar) feststellend, erklärend: **to be** ~ **of** feststellen, darlegen. **2.** *jur.* interpre-'tierend, das gültige Recht feststellend: → **statute 1.** **3.** *jur. (die Rechte der Par·teien)* feststellend, Feststellungs...: ~ **judg(e)ment** *(od.* **decree)** Feststellungsurteil *n.*
de·clare [dɪ'kleə(r)] **I** *v/t* **1.** erklären, verkünden, (for'mell) bekanntgeben: **to** ~ **one's bankruptcy, to** ~ **o.s. bankrupt** Konkurs anmelden; **to** ~ **open** für eröffnet erklären. **2.** (offiˌzi'ell) erklären, prokla'mieren, verkünden: ~ **war 1.** **3.** *(oft mit doppeltem acc)* erklären: **to** ~ **s.o. the winner** *j-n* zum Sieger erklären; **to** ~ **s.o. (to be) one's friend** *j-n* für s-n Freund erklären. **4.** bekanntgeben, -machen: **to** ~ **s.th. for sale** etwas zum Kauf anbieten. **5.** eindeutig feststellen, erklären, erklären, aussagen (**that** daß). **7.** a) behaupten, versichern (**s.th. to be false** daß etwas falsch ist), b) *jur. Br.* an Eides Statt versichern. **8.** ~ **o.s.** a) sich erklären *(a. durch Heiratsantrag),* sich offen'baren *(a. Sache),* s-e Meinung kundtun, b) s-n wahren Cha'rakter zeigen, sich im wahren Licht zeigen; ~ **o.s. for s.th.** sich zu e-r Sache bekennen. **9.** dekla'rieren, verzollen: **have you anything to** ~? haben Sie etwas zu verzollen? **10.** a) *Vermögen etc* anmelden, b) *Wert* angeben, dekla'rieren. **11.** Dividende festsetzen, beschließen. **12.** *Kartenspiel:* a) *Punkte* ansagen, b) *Farbe* als Trumpf ansagen. **13.** *Kricket:* Spiel vorzeitig für beendet erklären. **14.** *Pferdesport:* die Nennung *(e-s Pferdes)* zu'rückziehen. **II** *v/i* **15.** e-e Erklärung abgeben: **well, I** ~! ich muß schon sagen!, nanu! **16.** sich erklären *od.* entscheiden (**for** für; **against** gegen). **17.** *Kartenspiel:* (Trumpf) ansagen. **18.** *Kricket:* ein Spiel vorzeitig abbrechen. **19.** ~ **off** a) absagen, b) zu'rücktreten, sich zu'rückziehen, sich lossagen (**from** von). **de'clared** *adj* (offen) erklärt, zugegeben: **a** ~ **enemy** ein erklärter Feind. **de'clar·ed·ly** [-rɪdlɪ] *adv* erklärtermaßen, offen, ausgesprochen.
de·class [ˌdiː'klɑːs; *Am.* -'klæs] *v/t* de-

klas'sieren, in e-e niedrigere (sozi'ale *od.* öko'nomische) Klasse verweisen. **dé-clas-sé,**(*f*) **dé-clas-sée** [deɪ'klæseɪ; *bes. Am.* ˌdeɪklæ'seɪ; dekla'se] (*Fr.*) *adj* her-'untergekommen, sozi'al abgesunken.

de-clas-si-fy [ˌdiː'klæsɪfaɪ] *v/t* die Geheimhaltung aufheben für (*od. gen*), Dokumente *etc* freigeben.

de-clen-sion [dɪ'klenʃn] *s* 1. Neigung *f*, Abfall *m*, Abhang *m*. 2. *ling.* Deklinati'on *f*. 3. → declination 2. 4. → declination 3. 5. → declination 5. 6. → declination 6. **de'clen-sion-al** [-ʃənl] *adj* 1. Neigungs... 2. Abweichungs... 3. *ling.* Deklinations...

de-cler-i-cal-ize [ˌdiː'klerɪkəlaɪz] *v/t* entklerikali'sieren, dem Einfluß des Klerus entziehen.

de-clin-a-ble [dɪ'klaɪnəbl] *adj* (*adv* declinably) *ling.* dekli'nierbar.

dec-li-na-tion [ˌdeklɪ'neɪʃn] *s* 1. Neigung *f*, Schräglage *f*, Abschüssigkeit *f*. 2. Abweichung *f* (*a. fig.*) (from von). 3. (höfliche) Ablehnung (of *gen*). 4. *astr.* Deklinati'on *f*. 5. *phys.* Deklinati'on *f*, 'Mißweisung *f*: ~ **compass** *mar.* Deklinationsbussole *f*. 6. *fig.* Niedergang *m*, Verfall *m*.

de-clin-a-to-ry [dɪ'klaɪnətərɪ; *Am.* -ˌtɔːrɪː; -ˌtəʊ-] *adj* abweichend: **a ~ motion.**

de-cline [dɪ'klaɪn] **I** *v/i* 1. sich neigen, sich senken, abschüssig sein, abfallen. 2. sich neigen, zur Neige gehen, dem Ende zuneigen: **declining age** vorgerücktes Alter; **declining years** Lebensabend *m*; **he is in his declining years** sein Leben neigt sich dem Ende zu. 3. verfallen, in Verfall geraten. 4. sich verschlechtern, abnehmen, zu'rückgehen: **business ~s.** 5. sinken, fallen (*Preise*). 6. (*körperlich*) abnehmen, verfallen. 7. sich her'beilassen (**to** zu). 8. abweichen. 9. (höflich) ablehnen. 10. *ling.* dekli'niert werden.
II *v/t* 11. neigen, senken. 12. ausschlagen, (höflich) ablehnen, nicht annehmen: **to ~ with thanks** *oft iro.* dankend ablehnen. 13. es ablehnen (**to go** *od.* **going** zu gehen). 14. *ling.* dekli'nieren.
III *s* 15. Neigung *f*, Senkung *f*. 16. Abhang *m*. 17. Ende *n*: ~ **of life** vorgerücktes Alter, Lebensabend *m*. 18. Sinken *n*, 'Untergang *m*: ~ **of the sun.** 19. Niedergang *m*, Verfall *m*: **to be on the ~** a) zur Neige gehen, b) im Niedergang begriffen sein, sinken. 20. Verschlechterung *f*, Abnahme *f*, Rückgang *m*: ~ **of** (*od.* **in**) **strength** Kräfteverfall *m*; ~ **in value** Wertminderung *f*. 21. (Preis-)Rückgang *m*: ~ **of** (*od.* **in**) **prices.** 22. *med.* a) (körperlicher u. geistiger) Verfall, b) Siechtum *n*, *bes.* 'Lungentuberkuˌlose *f*.

dec-li-nom-e-ter [ˌdeklɪ'nɒmɪtə; *Am.* -'nɑːmətər] *s phys.* Deklino'meter *n*, Deklinati'onsmesser *m*.

de-cliv-i-tous [dɪ'klɪvɪtəs] *adj* abschüssig. **de'cliv-i-ty** [-vətɪ] *s* 1. Abschüssigkeit *f*. 2. (Ab)Hang *m*. **de-cli-vous** [dɪ'klaɪvəs] *adj* abschüssig.

de-clutch [ˌdiː'klʌtʃ] *v/i tech.* auskuppeln.

de-coct [dɪ'kɒkt; *Am.* dɪ'kɑkt] *v/t* abkochen, absieden. **de'coc-tion** [-kʃn] *s* 1. Abkochen *n*, Absieden *n*. 2. *pharm.* De'kokt *n*, Absud *m*.

de-code [ˌdiː'kəʊd] *v/t* deco'dieren (*a. Computer, ling.*), dechif'frieren, entschlüsseln. **ˌde'cod-er** [-də(r)] *s* De-'coder *m* (*a. Computer, Radio*).

de-co-here [ˌdiːkəʊ'hɪə(r)] *v/t u. v/i electr.* entfritten. **ˌde-co'her-er** [-rə(r)] *s* Entfritter *m*.

de-col-late [dɪ'kɒleɪt; *Am.* -'kɑ-] *v/t obs.* *j-n* enthaupten, köpfen. **de-col-la-tion** [ˌdiːkɒ'leɪʃn; *Am.* -'kɑ-] *s obs.* Enthauptung *f*.

dé-colle-tage, *Am. a.* **de-colle-tage** [ˌdeɪkɒl'tɑːʒ; *Am.* deɪˌkɑlə'tɑːʒ] *s* Dekolle'té *n*. **dé-colle-té,** *Am. a.* **de-colle-te** [deɪ'kɒlteɪ; *Am.* deɪˌkɑlə'teɪ] **I** *adj* 1. dekolle'tiert, tief ausgeschnitten (*Kleid*). 2. dekolle'tiert (*Frau*). **II** *s* → décolletage.

de-col-o-ni-za-tion [ˌdiːˌkɒlənaɪ'zeɪʃn; *Am.* -ˌkɑlənə'z-] *s* Dekolonisati'on *f*, Dekoloni'sierung *f*. **de'col-o-nize** [-naɪz] *v/t* dekoloni'sieren, in die Unabhängigkeit entlassen.

de-col-or, *bes. Br.* **de-col-our** [diː-'kʌlə(r)] → decolorize. **de'col-or-ant I** *adj* entfärbend, bleichend. **II** *s* Bleichmittel *n*. **de'col-or-ate, ˌde-col-or-'a-tion** → decolorize, decolorization. **ˌde-col-or-i'za-tion** [-raɪ'zeɪʃn; *Am.* -rə'z-] *s* Entfärbung *f*, Bleichung *f*. **de'col-or-ize** *v/t* entfärben, bleichen. **de'col-our** *bes. Br.* für decolorize.

de-com-pen-sa-tion [ˌdiːˌkɒmpən'seɪʃn; *Am.* -ˌkɑm-] *s med.* Kompensati'onsstörung *f* (*des Herzens*).

de-com-pose [ˌdiːkəm'pəʊz] **I** *v/t* 1. *chem. phys.* zerlegen, spalten, scheiden. 2. zersetzen. **II** *v/i* 3. sich auflösen, zerfallen (**into** in *acc*). 4. sich zersetzen, verwesen, verfaulen. **ˌde-com'posed** *adj* 1. verfault, verwest, faul. 2. verdorben: ~ **food.**

de-com-pos-ite [ˌdiːˈkɒmpəzɪt; *Am.* ˌdiː-kəm'pɑzət] **I** *adj* doppelt *od.* mehrfach zs.-gesetzt. **II** *s ling.* mit e-m Kom'positum zs.-gesetztes Wort.

de-com-po-si-tion [ˌdiːkɒmpə'zɪʃn; *Am.* -ˌkɑm-] *s* 1. *chem. phys.* Zerlegung *f*, Spaltung *f*: ~ **of forces (light)** Zerlegung der Kräfte (*des Lichtes*); ~ **potential** (*od.* **voltage**) Zerlegungspotential *n*. 2. Zersetzung *f*, Zerfall *m* (*a. geol.*). 3. Verwesung *f*, Fäulnis *f*.

de-com-pound [ˌdiːkəm'paʊnd; *Am.* -ˌkɑm-] **I** *v/t* 1. doppelt *od.* mehrfach zs.-setzen. 2. zerlegen. **II** *adj u. s* → decomposite.

de-com-press [ˌdiːkəm'pres] *v/t* 1. *tech.* dekompri'mieren, den Druck her'abmindern in (*dat*). 2. vom Druck befreien (*a. med.*). **ˌde-com'pres-sion** [-'preʃn] *s* 1. *tech.* Dekompressi'on *f*, (all'mähliche) Druckverminderung: ~ **chamber** Dekompressionskammer *f*; ~ **sickness** (*od.* **illness**) *med.* Dekompressions-, Caissonkrankheit *f*. 2. Druckentlastung *f* (*a. med.*).

de-con-cen-trate [ˌdiː'kɒnsənˌtreɪt] *v/t Am.* 1. *econ.* entflechten. 2. *pol.* dezentrali'sieren.

de-con-se-crate [ˌdiː'kɒnsɪkreɪt; *Am.* -'kɑn-] *v/t* säkulari'sieren, verweltlichen.

de-con-tam-i-nate [ˌdiːkən'tæmɪneɪt] *v/t* entgiften, *bes.* entseuchen, entstrahlen. **'de-conˌtam-i'na-tion** *s* Entgiftung *f*, *bes.* Entgasung *f*, Entseuchung *f*, Entstrahlung *f*: ~ **squad** (*Luftschutz*) Entgiftungstrupp *m*.

de-con-trol [ˌdiːkən'trəʊl] **I** *v/t* 1. von der Kon'trolle befreien. 2. *econ.* freigeben, die Zwangsbewirtschaftung aufheben von (*od. gen*). **II** *s* 3. Aufhebung *f* der Kon'trolle, *bes.* der Zwangsbewirtschaftung, Freigabe *f*.

dé-cor, de-cor ['deɪkɔː(r); *Am. bes.* deɪ-'kɔːr] *s* 1. Ausstattung *f* (*e-s Raums*). 2. *thea.* De'kor *m*, *n*, Ausstattung *f*, Dekorati'on *f*.

dec-o-rate ['dekəreɪt] *v/t* 1. schmücken, verzieren. 2. ausschmücken, deko'rieren. 3. a) tape'zieren, b) (an)streichen. 4. deko'rieren, (*mit Orden etc*) auszeichnen (**for** wegen). **'Dec-o-rat-ed style** *s*

deko'rierter Stil (*englische Hochgotik, 14. Jh.*). **ˌdec-o'ra-tion** *s* 1. (Aus)Schmückung *f*, Deko'rierung *f*. 2. Schmuck *m*, Dekorati'on *f*, Verzierung *f*. 3. Orden *m*, Ehrenzeichen *n*: **D~ Day** → Memorial Day. **'dec-o-ra-tive** [-kərətɪv; *Am. a.* -kəˌreɪtɪv] *adj* dekora'tiv: a) schmückend, Schmuck..., Zier...: ~ **plant** Zierpflanze *f*, b) ornamen'tal: ~ **art.** **'dec-o-ra-tive-ness** *s* dekora'tiver Cha'rakter, dekorative Wirkung. **'dec-o-ra-tor** [-reɪtə(r)] *s* 1. Dekora'teur *m*: **window ~** Schaufensterdekorateur. 2. → **interior decorator** a, b (**interior** 1). 3. Maler *m* u. Tape'zierer *m*.

dec-o-rous ['dekərəs] *adj* (*adv* ~**ly**) schicklich, anständig. **'dec-o-rous-ness** *s* Schicklichkeit *f*, Anstand *m*.

de-cor-ti-cate [ˌdiː'kɔː(r)tɪkeɪt] *v/t* 1. ab-, entrinden. 2. (ab)schälen. 3. *Getreide etc* enthülsen. 4. *med.* ausschälen, entkapseln. **deˌcor-ti'ca-tion** *s* 1. Entrindung *f*. 2. (Ab)Schälung *f*. 3. Enthülsung *f*. 4. *med.* Entkaps(e)lung *f*.

de-co-rum [dɪ'kɔːrəm] *s* 1. De'korum *n*, Anstand *m*, Schicklichkeit *f*: **to maintain one's ~** das Dekorum wahren. 2. Eti'kette *f*, Anstandsformen *pl*.

de-cou-ple [ˌdiː'kʌpl] *v/t electr.* entkoppeln.

de-coy **I** *s* ['diːkɔɪ] 1. Köder *m* (*a. fig.*). 2. *a.* ~ **duck** *hunt. u. fig.* Lockvogel *m*. 3. *hunt.* Vogel-, *bes.* Entenfalle *f*. 4. *mil.* a) Scheinanlage *f*: ~ **airfield** Scheinflugplatz *m*, b) → **ship** *mar.* U-Boot-Falle *f*. **II** *v/t* [dɪ'kɔɪ] 5. ködern. 6. locken (**into** in *acc*). 7. verlocken, verleiten (**into** zu).

de-crease [diː'kriːs] **I** *v/i* (all'mählich) abnehmen, sich vermindern, sich verringern: **the days ~ in length** die Tage werden kürzer; **decreasing series** *math.* fallende Reihe. **II** *v/t* vermindern, -ringern, -kleinern, -kürzen, her'absetzen, redu'zieren. **III** *s* [*a.* 'diːkriːs] Abnahme *f*, Verminderung *f*, Verringerung *f*, Verkleinerung *f*, Verkürzung *f*, Redu-'zierung *f*, Rückgang *m*: **to be on the ~** → **I**; ~ **in prices** Preisrückgang; ~ **in value** Wertminderung *f*. **de'creas-ing-ly** *adv* in ständig abnehmendem Maße, immer weniger.

de-cree [dɪ'kriː] **I** *s* 1. De'kret *n*, Erlaß *m*, Verfügung *f*, Verordnung *f*: ~ **law** Verordnung mit Gesetzeskraft; **by ~** auf dem Verordnungsweg. 2. *jur.* Entscheid *m*, Urteil *n*: **absolute** *Br.* rechtskräftiges Scheidungsurteil; → **nisi, nullity** 2. 3. *oft* **D~** *relig.* De'cretum *n*. 4. Ratschluß *m* (*Gottes*), Fügung *f* (*des Schicksals*): ~ **of fate.** **II** *v/t* 5. dekre'tieren, verfügen, verordnen. 6. bestimmen (*Schicksal*). 7. *jur.* entscheiden, verfügen. **III** *v/i* 8. De'krete erlassen, Verordnungen her'ausgeben. 9. bestimmen, entscheiden.

dec-re-ment ['dekrɪmənt] *s* 1. Abnahme *f*, Verringerung *f*. 2. *electr. math.* Dekre-'ment *n*.

de-crem-e-ter [dɪ'kremɪtə(r)] *s electr.* Dämpfungsmesser *m*.

de-crep-it [dɪ'krepɪt] *adj* 1. altersschwach, klapprig (*beide a. fig.*): **a ~ old man;** **a ~ car.** 2. verfallen, baufällig: **a ~ hotel.**

de-crep-i-tate [dɪ'krepɪteɪt] *chem.* **I** *v/t* *Salz* verknistern. **II** *v/i* dekrepi'tieren, verknistern. **deˌcrep-i'ta-tion** *s* 1. Verknistern *n*. 2. Dekrepitati'on *f*. **de'crep-i-tude** [-tjuːd; *Am. a.* -tuːd] *s* Altersschwäche *f*, Hinfälligkeit *f*.

de-cre-scen-do [ˌdiːkrɪ'ʃendəʊ; *Am.* ˌdeɪkrə-] **I** *pl* **-dos** *s* 1. *mus.* Decre'scendo *n* (*a. weitS.*). **II** *adj* 2. abnehmend, schwächer werdend. **III** *adv* 3. *mus.* decre-'scendo. 4. mit abnehmender Lautstärke.

decrescent – deerstalking

de·cres·cent [dɪˈkresnt] *adj* abnehmend: ~ **moon**.
de·cre·tal [dɪˈkriːtl] **I** *adj* **1.** Dekretal..., ein Deˈkret enthaltend: ~ **epistle** Dekretalbrief *m*. **II** *s relig*. **2.** Dekreˈtale *n* (*Entscheid, bes. des Papstes*). **3.** *pl* Dekreˈtalien *pl* (*als Teil des Kirchenrechts*).
deˈcre·tive *adj* **1.** → decretory 1. **2.** → decretal 1. **de·cre·to·ry** [dɪˈkriːtərɪ; *Am. a.* ˈdekrəˌtɔːrɪ; -ˌtoː-] *adj* **1.** dekreˈtorisch, gesetzgebend. **2.** *obs.* endgültig (entscheidend).
de·cri·er [dɪˈkraɪə(r)] *s* Schlechtmacher *m*.
de·crim·i·nal·ize [ˌdiːˈkrɪmɪnəlaɪz] *v/t* **1.** *etwas* außer Strafe stellen. **2.** *j-n, etwas* entkriminaliˈsieren.
de·cry [dɪˈkraɪ] *v/t* schlechtmachen, herˈuntermachen, herˈabsetzen.
de·crypt [dɪˈkrɪpt] *v/t* dechiffrieren, entschlüsseln.
de·cu·bi·tal [dɪˈkjuːbɪtl] *adj med*. dekubiˈtal: ~ **ulcer** → decubitus. **deˈcu·bi·tus** [-təs] *pl* **-ti** [-taɪ] *s med*. Dekubiˈtal-, Druckgeschwür *n*.
dec·u·man [ˈdekjʊmən] *adj* riesig (*Welle*).
dec·u·ple [ˈdekjʊpl] **I** *adj* zehnfach. **II** (*das*) Zehnfache. **III** *v/t* verzehnfachen.
de·cus·sate I *v/t u. v/i* [dɪˈkʌseɪt; *Am. a.* ˈdekə-] **1.** (sich) kreuzweise schneiden. **II** *adj* [*a.* dɪˈkʌsət] **2.** sich kreuzend *od.* schneidend. **3.** *bot.* kreuzgegenständig.
de·cus·sa·tion [ˌdiːkʌˈseɪʃn; *Am. a.* ˌdekə-] *s* Kreuzung *f* (*a. anat.*).
ded·i·cate [ˈdedɪkeɪt] *v/t* **1.** weihen, widmen (**to** *dat*): **to** ~ **s.th. to God**. **2.** *Zeit, sein Leben etc* widmen (**to** *dat*): **to** ~ **o.s.** sich widmen *od.* hingeben; **to be** ~**d to a cause** sich e-r Sache verschrieben haben. **3.** *Buch etc* widmen, zueignen (**to** s.o. j-m). **4.** *Am.* feierlich eröffnen (*to*) einweihen. **5.** a) der Öffentlichkeit zugänglich machen, b) dem öffentlichen Verkehr überˈgeben. **6.** überˈgeben (*to dat*): **to** ~ **a paper to the flames**; **to** ~ **a body to the grave** e-n Leichnam der Erde übergeben. **ˈded·i·cat·ed** *adj* treusorgend (*Vater etc*), einsatzfreudig (*Angestellter etc*), engaˈgiert (*Verfechter etc*). ˌ**ded·i·caˈtee** [-kəˈtiː] *s j-d*, dem etwas gewidmet ist *od.* wird. ˌ**ded·iˈca·tion** *s* **1.** Weihung *f*, Widmung *f*. **2.** (**to**) (Sich-)Widmen *n* (*dat*), ˈHingabe *f* (an *acc*). **3.** Widmung *f*, Zueignung *f*. **4.** *Am.* feierliche Eröffnung *od.* Einweihung. **5.** ˈÜbergabe *f* an den öffentlichen Verkehr. **ˈded·i·ca·tive** [-kətɪv; -keɪ-] → dedicatory. **ˈded·i·ca·tor** [-tə(r)] *s* Widmende(r *m*) *f*, Zueigner(in). ˌ**ded·i·caˈto·ri·al** [-kəˈtoːrɪəl], **ˈded·i·ca·to·ry** [-kətərɪ; *Am.* -kəˌtoːrɪ; -ˌtoː-] *adj* Widmungs..., Zueignungs...
de·duce [dɪˈdjuːs; *Am. a.* dˈduːs] *v/t* **1.** folgern, schließen (**from** *aus*). **2.** deduˈzieren, ab-, ˈherleiten (**from** von). **deˈduc·i·ble** *adj* **1.** zu folgern(d). **2.** ˈherzuleiten(d), ab-, ˈherleitbar.
de·duct [dɪˈdʌkt] *v/t* (**from**) e-n Betrag a) abziehen, abrechnen (von): **charges** ~**ed, after** ~**ing charges** nach Abzug der Kosten; ~**ing** (*our*) **expenses** abzüglich (unserer) Unkosten, b) einbehalten (von), c) (von *der Steuer*) absetzen. **deˈduct·i·ble** *adj* a) abzugsfähig, b) (*von der Steuer*) absetzbar.
de·duc·tion [dɪˈdʌkʃn] *s* **1.** (**from**) a) Abzug *m*, Abziehen *n*, Abrechnung *f* (von): **all** ~**s made** unter Berücksichtigung aller Abzüge, b) Einbehaltung *f* (von), c) Absetzung *f* (von *der Steuer*). **2.** *econ*. Abzug *m*, Raˈbatt *m*, (Preis-)Nachlaß *m*. **3.** *math*. Subtraktiˈon *f*. **4.** a) Folgern *n*, Schließen *n* b) *philos*.

Deduktiˈon *f*, c) (Schluß)Folgerung *f*, Schluß *m*: **to draw a** ~ e-n Schluß ziehen.
deˈduc·tive *adj* (*adv* ~**ly**) **1.** dedukˈtiv, Deduktions... **2.** folgernd, schließend. **3.** ab-, ˈherleitbar.
dee [diː] *s* **1.** D, d *n* (*Buchstabe*). **2.** D *n*, D-förmiger Gegenstand.
deed [diːd] *I s* **1.** Tat *f*, Handlung *f*: **to do a good** ~ e-e gute Tat vollbringen; **I've done my good** ~ **for the day** *oft humor*. ich habe heute schon m-e gute Tat vollbracht; → **will²** 3, **word** *Bes. Redew.* **2.** Helden-, Großtat *f*. **3.** *jur.* (Vertrags-, *bes.* Überˈtragungs)Urkunde *f*, Dokuˈment *n*: ~ **of gift** (*od.* **donation**) Schenkungsurkunde; → **conveyance** 5 b, **partnership** 2. **II** *v/t* **4.** *jur. Am.* urkundlich überˈtragen (**to** *dat od.* auf *acc*). ~ **poll** *pl* **deed polls, deeds poll** *s jur.* einseitige (*gesiegelte*) Erklärung (*e-r Vertragspartei*).
dee·jay [ˈdiːdʒeɪ] *s colloq.* Diskjockey *m*.
deem [diːm] **I** *v/i* denken: **to** ~ **well of s.th.** von etwas e-e gute Meinung haben. **II** *v/t* halten für, erachten für, betrachten als: **to** ~ **s.th. a duty**; **to** ~ **it right to do s.th.** es für richtig halten, etwas zu tun.
de·e·mo·tion·al·ize [ˌdiːɪˈməʊʃnəlaɪz; -ʃnəl-] *v/t* Diskussion *etc* versachlichen.
de-em·pha·size [ˌdiːˈemfəsaɪz] *v/t* **1.** weniger Wert *od.* Gewicht legen auf (*acc*). **2.** bagatelliˈsieren, ˌherˈunterspieleˈn.
deem·ster [ˈdiːmstə(r)] *s* Richter *m* (*auf der Insel Man*).
de-en·er·gize [ˌdiːˈenə(r)dʒaɪz] *v/t electr.* stromlos machen, ausschalten.
deep [diːp] **I** *adj* (*adv* → **deeply**) **1.** tief (*in vertikaler Richtung*): **ten feet** ~ zehn Fuß tief; **a** ~ **plunge** ein Sprung in große Tiefe; **in** ~ **water(s)** *fig.* in Schwierigkeiten. **2.** tief (*in horizontaler Richtung*): **a** ~ **wardrobe**; ~ **forests**; ~ **border** breiter Rand; ~ **kiss** Zungenkuß *m*; **they marched four** ~ sie marschierten in Viererreihen; **three men** ~ drei Mann hoch, zu dritt; ~ **in the woods** tief (drinnen) im Wald. **3.** niedrig gelegen. **4.** tief: **a** ~ **breath**. **5.** tief (versunken), versunken, vertieft: ~ **in thought** tief in Gedanken (versunken). **6.** tief (steckend *od.* verwickelt): **to be** ~ **in debt** tief in Schulden stecken; ~ **in love** schwer verliebt. **7.** dunkel, unergründlich, schwerverständlich, tief(sinnig): **a** ~ **problem** ein schwieriges Problem; **that is too** ~ **for me** das ist mir zu hoch, da komme ich nicht mit. **8.** gründlich, eingehend: ~ **study**; ~ **learning** fundiertes Wissen. **9.** verborgen, versteckt, geheim, dunkel: ~ **designs**; ~ **motives**. **10.** tief(gehend), mächtig, stark, groß: **to make a** ~ **impression**; ~ **disappointment** schwere *od.* bittere Enttäuschung; ~ **gratitude** tiefe *od.* aufrichtige *od.* innige Dankbarkeit; ~ **mourning** tiefe Trauer; ~ **prayer** inbrünstiges Gebet. **11.** tief, schwer(wiegend): ~ **wrongs** schweres Unrecht. **12.** tief, vollkommen: ~ **night** tiefe Nacht; ~ **silence** tiefes *od.* völliges Schweigen; ~ **sleep** tiefer Schlaf, Tiefschlaf *m*. **13.** stark, intenˈsiv: ~ **interest** starkes Interesse; ~ **love** leidenschaftliche Liebe. **14.** tiefst(er, e, es), äußerst(er, e, es): ~ **poverty**. **15.** tief, gründlich, scharfsinnig: **a** ~ **thinker**; ~ **intellect** scharfer Verstand. **16.** durchˈtrieben, schlau: **he is a** ~ **one** *colloq.* er ist ein ganz durchtriebener Bursche, er hat es faustdick hinter den Ohren. **17.** tief, satt, dunkel: ~ **colo(u)rs**. **18.** tief, dunkel: ~ **voice**. **19.** *med.* subkuˈtan, unter der Haut. **20.** *psych.* unbewußt.
II *adv* **21.** tief: ~ **water** *Bes. Redew.* **22.** tief, spät: ~ **into the night** (bis) tief in die Nacht (hinein); ~ **in winter** im tiefen Winter. **23.** stark, gründlich, heftig: **to drink** ~ mächtig *od.* unmäßig trinken.
III *s* **24.** Tiefe *f*, tiefer Teil (*Gewässer*). **25.** Tiefe *f*, Abgrund *m*. **26.** tiefgelegene Stelle. **27.** *Kricket:* Stellung der Feldspieler hinter dem Werfer am Außenrand des Spielfeldes. **28. the** ~ *poet.* a) das Meer, b) das Firmaˈment, c) die ˈUnterwelt, d) der unendliche Raum, e) die unendliche Zeit. **29.** Mitte *f*: **in the** ~ **of night** in tiefer Nacht, mitten in der Nacht; **in the** ~ **of winter** im tiefen Winter.
ˌ**deep|-ˈdraw** *v/t irr tech.* tiefziehen. ˌ~**ˈdraw·ing** *adj mar.* tiefgehend (*Schiff*). ˌ~**ˈdrawn** *adj* **1.** *tech.* tiefgezogen, Tiefzieh... **2.** tief: ~ **sigh**. ˌ~**ˈdyed** *adj fig.* eingefleischt, unverbesserlich, Erz...: **a** ~ **villain**.
deep·en [ˈdiːpən] **I** *v/t* **1.** tief(er) machen. **2.** vertiefen. **3.** verbreitern. **4.** *fig.* vertiefen, verstärken, steigern. **5.** *Farben* dunkler machen, vertiefen. **6.** *Töne* tiefer stimmen. **7.** *Stimme* senken. **II** *v/i* **8.** tiefer werden, sich vertiefen. **9.** *fig.* sich vertiefen, sich steigern, stärker werden. **10.** dunkler werden, (nach)dunkeln (*Farbe*).
ˈ**deep|-felt** *adj* tiefempfunden. ˌ~**-ˈfreeze I** *s* Tiefkühlgerät *n*, Gefriergerät *n*. **II** *adj* Tiefkühl..., Gefrier...: ~ **cabinet** Tiefkühl-, Gefriertruhe *f*. **III** *v/t pret* -ˈ**froze**, -ˈ**freezed**, *pp* -ˈ**fro·zen**, -ˈ**freezed** tiefkühlen, einfrieren. ~ **freez·er** → deep-freeze I. ˌ~**ˈfro·zen I** *pp von* deep-freeze III. **II** *adj*: ~ **food** Tiefkühlkost *f*. ˌ~**ˈfry** *v/t* friˈtieren, in schwimmendem Fett braten. ~ **fry·er**, ˌ~**-ˈfry·ing pan** *s* Friˈteuse *f*.
ˌ**deep-ˈlaid** *adj* **1.** schlau (angelegt): ~ **plots**. **2.** verborgen, geheim.
ˈ**deep·ly** *adv* tief (*etc*, → **deep** I): ~ **devised** reiflich überlegt; ~ **hurt** schwer gekränkt; ~ **indebted** äußerst dankbar; ~ **offended** tief beleidigt; ~ **religious** tief religiös; ~ **versed** gründlich bewandert; **to drink** ~ unmäßig trinken.
ˌ**deepˈmouthed** *adj* **1.** tieftönend. **2.** mit tiefer Stimme (bellend): ~ **dogs**.
ˈ**deep·ness** *s* **1.** Tiefe *f* (*a. fig.*). **2.** Schwerverständlichkeit *f*. **3.** Gründlichkeit *f*. **4.** Verstecktheit *f*. **5.** Stärke *f*. **6.** Scharfsinn *m*. **7.** Durchˈtriebenheit *f*.
ˌ**deep|-ˈread** [-ˈred] *adj* sehr belesen. ˌ~**ˈroot·ed** *adj* **1.** tief eingewurzelt *od.* verwurzelt (*a. fig.*). **2.** *fig.* eingefleischt. ~ **scab** *s bot.* Tiefschorf *m* (*der Kartoffeln*). ˌ~**ˈsea** *adj* Tiefsee..., Hochsee...: ~ **fish** Tiefseefisch *m*; ~ **fishing** Hochseefischerei *f*. ˌ~**ˈseat·ed** *adj fig.* tiefsitzend, festverwurzelt. ˈ~**-set** *adj* tiefliegend: ~ **eyes**. ˈ~**-six** *v/t Am. sl.* Dokumente *etc* vernichten. **D~ ˈSouth** *s Am.* (*der*) tiefe Süden (*bes. Georgia, Alabama, Mississippi u. Louisiana*). ~ **ther·a·py** *s med.* Tiefenbehandlung *f*, -bestrahlung *f*. ˌ~**ˈthroat·ed** *adj* kehlig.
deer [dɪə(r)] *pl* **deers**, *bes. collect.* **deer** *s* **1.** *zo.* a) Hirsch *m*, b) (*volkssprachlich*) Reh *n*, c) *collect.* Hoch-, Rotwild *n*: → **red deer**, **small deer**. ~ **for·est** *s hunt.* Hochwildgehege *n*, Jagdschutzgebiet *n*. ˈ~**hound** *s* schottischer Hirschhund, Deerhound *m* (*Windhundrasse*). ~ **hunt** *s* Rotwildjagd *f*. ~ **lau·rel** *s bot.* Große Alpenrose. ~ **lick** *s* Salzlecke *f* für Rotwild. ~ **park** *s* Wildpark *m*. ~ **shot** *s* Rehposten *m* (*Schrotsorte*). ˈ~**skin** *s* **1.** Hirsch-, Rehhaut *f*, -fell *n*. **2.** (Kleidungsstück *n* aus) Hirsch- *od.* Rehleder *n*. ˈ~**stalk·er** *s* **1.** *hunt.* Pirschjäger *m*. **2.** vorne u. hinten spitz zulaufende Mütze *mit* aufgestellten Ohrenschützern. ˈ~

ˌstalk·ing *s* Rotwild-, Rehpirsch *f.*
'~·stand *s hunt.* Hochsitz *m.*
de-es·ca·late [ˌdiːˈeskəleɪt] **I** *v/t* **1.** *Krieg etc* deeska'lieren. **2.** *Erwartungen etc* her-'unterschrauben. **II** *v/i* **3.** deeska'lieren.
ˌde-es·ca'la·tion *s* Deeskalati'on *f.*
de·face [dɪˈfeɪs] *v/t* **1.** entstellen, verunstalten. **2.** aus-, 'durchstreichen, unleserlich machen. **3.** *Briefmarken* entwerten. **4.** *fig.* beeinträchtigen. **de-'face·ment** *s* **1.** Entstellung *f*, Verunstaltung *f.* **2.** Ausstreichung *f.* **3.** Entwertung *f.*
de fac·to [diːˈfæktəʊ] (*Lat.*) **I** *adv* de 'facto, tatsächlich. **II** *adj* De-facto-...: ~ **government.**
de·fal·cate [ˈdiːfælkeɪt; *bes. Am.* dɪˈfæl-] *v/i* Veruntreuungen *od.* Unter'schlagungen begehen. **ˌde·fal'ca·tion** *s* **1.** Veruntreuung *f*, Unter'schlagung *f.* **2.** veruntreuter Betrag, Unter'schlagungssumme *f.* **de'fal·ca·tor** [-tə(r)] *s* Veruntreuer *m.*
def·a·ma·tion [ˌdefəˈmeɪʃn] *s* a) Verleumdung *f* (*a. jur.*), b) *jur.* (verleumderische) Beleidigung: ~ **of character** Ehrabschneidung *f.* **de·fam·a·to·ry** [dɪˈfæmətəri; *Am.* -ˌtɔːriː; -ˌtəʊ-] *adj* (*adv* **defamatorily**) verleumderisch, beleidigend, ehrenrührig, Schmäh...: **to be ~ of s.o.** j-n verleumden.
de·fame [dɪˈfeɪm] *v/t* verleumden, beleidigen. **deˈfam·er** *s* Verleumder(in). **deˈfam·ing** → defamatory.
de·fat·ted [ˌdiːˈfætɪd] *adj* entfettet, fettarm.
de·fault [dɪˈfɔːlt] **I** *s* **1.** Unter'lassung *f*, (Pflicht)Versäumnis *n*, Nachlässigkeit *f.* **2.** *econ.* Nichterfüllung *f* (*Leistungs-, Zahlungs)Verzug m*: **to be in ~** im Verzug sein (**on** mit); **~ of interest** Zinsverzug *f*; **on ~ of payment** wegen Nichtzahlung. **3.** *jur.* Nichterscheinen *n* vor Gericht: **judg(e)ment by ~** Versäumnisurteil *n*; **to be sentenced by** (*od.* **in**)**~** in Abwesenheit verurteilt werden; **to make ~** nicht (vor Gericht) erscheinen. **4.** *sport* Nichtantreten *n.* **5.** Mangel *m*, Fehlen *n*: **in ~ of** in Ermangelung von (*od. gen*), mangels (*gen*); **in ~ whereof** widrigenfalls. **6.** *hunt.* Verlieren *n* der Fährte. **II** *v/i* **7.** s-n Verpflichtungen nicht nachkommen: **to ~ on s.th.** etwas vernachlässigen *od.* versäumen, mit etwas im Rückstand sein. **8.** *econ.* s-n (Zahlungs)Verpflichtungen nicht nachkommen, im Verzug sein: **to ~ on a debt** e-e Schuld nicht bezahlen. **9.** *jur.* a) nicht (vor Gericht) erscheinen, b) durch Nichterscheinen vor Gericht den Pro'zeß verlieren. **10.** *sport* a) nicht antreten, b) durch Nichtantreten den Kampf verlieren. **III** *v/t* **11.** e-r Verpflichtung nicht nachkommen, in Verzug geraten mit, *e-n Vertrag* brechen: **~ed bonds** *Am.* notleidende Obligationen; **~ed mortgage** in Verzug befindliche Hypothek. **12.** *jur.* das Nichterscheinen feststellen von, wegen Nichterscheinens (vor Gericht) verurteilen. **13.** *sport* nicht antreten (*e-m Kampf*). **de'fault·er** *s* **1.** Säumige(r *m*) *f.* **2.** *econ.* a) säumiger Zahler *od.* Schuldner, b) Zahlungsunfähige(r *m*) *f.* **3.** *jur.* vor Gericht nicht Erscheinende(r *m*) *f.* **4.** *mil. Br.* Delin'quent *m*: **~ book** Strafbuch *n.*
de·fea·sance [dɪˈfiːzns] *s jur.* **1.** Annul'lierung *f*, Nichtigkeitserklärung *f*, Aufhebung *f.* **2.** (zusätzliche Urkunde mit e-r) Nichtigkeitsklausel *f.* **de'fea·sanced** → defeasible.
de·fea·si·bil·i·ty [dɪˌfiːzəˈbɪlətɪ] *s jur.* Annul'lierbarkeit *f.* **de'fea·si·ble** *adj* Annul'lierbar *f.* **de'fea·si·ble·ness** *s* Annul'lierbarkeit *f.*

de·feat [dɪˈfiːt] **I** *v/t* **1.** *Gegner* besiegen, schlagen: **he felt ~ed** *fig.* er war niedergeschlagen; **it ~s me to do so** das geht über m-e Kraft. **2.** *Angriff* nieder-, ab-, zu'rückschlagen, abweisen. **3.** *parl. Antrag etc* zu Fall bringen: **to ~ by vote** niederstimmen. **4.** *Hoffnung, Plan etc* vereiteln, zu'nichte machen, durch'kreuzen. **5.** *jur.* null u. nichtig machen: **to ~ a claim.** **II** *s* **6.** Besiegung *f*, Niederwerfung *f.* **7.** Niederlage *f*: **to admit ~** sich geschlagen geben. **8.** *parl.* Ablehnung *f* (*e-s Antrags*). **9.** Vereitelung *f*, Durch'kreuzung *f*: **~ of hopes.** **10.** 'Mißerfolg *m*, Fehlschlag *m.* **de'feat·er** *s* Besieger(in), Über'winder(in). **de'feat·ism** *s* Defä'tismus *m*, Schwarzsehe'rei *f.* **de·'feat·ist I** *s* Defä'tist(in), Schwarzseher(in). **II** *adj* defä'tistisch, schwarzseherisch.

def·e·cate [ˈdefɪkeɪt] **I** *v/t* **1.** *Flüssigkeit* reinigen, klären. **2.** *fig.* reinigen, läutern (**of** von). **II** *v/i* **3.** Stuhl(gang) haben, den Darm enteleeren. **ˌdef·e'ca·tion** *s* **1.** Reinigung *f*, Klärung *f.* **2.** Darmentleerung *f*, Stuhl(gang) *m.*

de·fect I *s* [ˈdiːfekt]. **1.** De'fekt *m*, Fehler *m*, schadhafte Stelle (**in** an *dat*; *in dat*): **a ~ in character** ein Charakterfehler; **~ of vision** Sehfehler. **2.** Mangel *m*, Unvollkommenheit *f*, Schwäche *f*: **~ of judg(e)ment** Mangel an Urteilskraft; **~ in memory** Gedächtnisschwäche; **~ in title** *jur.* Fehler *m* im Recht. **3.** (*geistiger od. psychischer*) De'fekt. **4.** *med.* Gebrechen *n.* **II** *v/i* [dɪˈfekt] **5.** (**from**) abfallen (von), abtrünnig werden (*dat*). **6.** (**to**) flüchten (zu, nach), (zum *Feind*) 'übergehen *od.* -laufen. **de'fec·tion** *s* **1.** Abfall *m.* **2.** 'Überlaufen *n*, -gehen *n.*

de·fec·tive [dɪˈfektɪv] **I** *adj* (*adv* **~ly**) **1.** mangelhaft, unzulänglich: **~ hearing** mangelhaftes Hörvermögen; **he is ~ in** es mangelt *od.* gebricht ihm an (*dat*). **2.** schadhaft, deˈfekt: **~ engine.** **3.** (*geistig od. psychisch*) de'fekt: **mentally ~** schwachsinnig. **4.** *ling.* unvollständig, defek'tiv: **a ~ verb.** **II** *s* **5.** Kranke(r *m*) *f*: **mental ~** Schwachsinnige(r *m*) *f.* **6.** Krüppel *m.* **de'fec·tive·ness** *s* **1.** Mangelhaftigkeit *f*, Unzulänglichkeit *f.* **2.** Schadhaftigkeit *f.*

de·fec·tor [dɪˈfektə(r)] *s* **1.** Abtrünnige(r *m*) *f.* **2.** 'Überläufer *m.*

de·fence, *Am.* **de·fense** [dɪˈfens] *s* **1.** Verteidigung *f*, Schutz *m*: **in ~ of** zur Verteidigung *od.* zum Schutze von (*od. gen*); **~ in depth** *mil.* Verteidigung aus der Tiefe, Tiefengliederung *f*; **~ economy** Wehrwirtschaft *f*; **~ production** Rüstungsproduktion *f*; **~ spending** Verteidigungsausgaben *pl*; **~ technology** Wehrtechnik *f*; **to come to s.o.'s ~** j-m zu Hilfe kommen; **in ~ of life** in Notwehr. **2.** Verteidigung *f*, Gegenwehr *f*: **to make a good ~** sich tapfer zur Wehr setzen. **3.** *mil.* a) Verteidigung *f*, (*taktisch*) Abwehr *f*, b) *meist pl* Verteidigungsanlage *f*, Befestigung *f*, Abwehrstellung *f.* **4.** (*a.* stichhaltige *od.* gültige) Verteidigung, Rechtfertigung *f.* **5.** *jur.* a) Verteidigung *f*, b) Verteidigungsmittel *n*, *bes.* Einrede *f*, Verteidigungsschrift *f*, c) beklagte *od.* angeklagte Par'tei (*bes.* deren *Verteidiger*): **to conduct s.o.'s ~** j-n als Verteidiger vertreten; **to conduct one's own ~** sich selbst verteidigen; **in his ~** zu s-r Verteidigung; **to put up a clever ~** sich geschickt verteidigen; → **counsel** 5, **witness** 1. **6.** Verteidigungsmittel *n*, -waffe *f.* **7.** *sport* Verteidigung *f* (*Hintermannschaft od. deren Spielweise*): **in ~** in der Abwehr. **8.** *Am.* Verbot *n*: **to be in ~** verboten sein. **de'fence·less,** *Am.* **de'fense·less** *adj* (*adv* **~ly**) **1.** schutz-,

wehr-, hilflos. **2.** *mil.* unverteidigt, unbefestigt, offen. **de'fence·less·ness,** *Am.* **de'fense·less·ness** *s* Schutz-, Wehrlosigkeit *f.*

de·fence mech·a·nism, *Am.* **deˈfense mech·a·nism, ~ re·ac·tion** *s* *biol.* **1.** 'Abwehrmecha, nismus *m* (*e-s Organismus, a. psych.*). **2.** Abwehrmaßnahme *f* (*des Körpers*). **~ third** *s* Eishockey: Verteidigungsdrittel *n.*

de·fend [dɪˈfend] *v/t* **1.** (**from, against**) verteidigen (gegen), schützen (vor *dat*, gegen). **2.** *Meinung etc* verteidigen, rechtfertigen. **3.** *Interessen* schützen, wahren. **4.** *jur.* a) j-n verteidigen, b) sich auf e-e *Klage* einlassen: **to ~ the suit** (*od.* **claim**) den Klageanspruch bestreiten. **de-'fend·a·ble** *adj* verteidigungsfähig, zu verteidigen(d). **de'fend·ant** *jur.* **I** *s* **1.** Beklagte(r *m*) *f* (*im Zivilprozeß*): **~ counterclaiming** Widerkläger(in). **2.** Angeklagte(r *m*) *f* (*im Strafprozeß*). **II** *adj* **3.** a) beklagt, b) angeklagt. **de-'fend·er** *s* **1.** Verteidiger *m*, (Be)Schützer *m*: **D~ of the Faith** Verteidiger des Glaubens (*ein Titel der engl. Könige seit 1521*). **2.** *sport* Abwehrspieler(in).

de·fen·es·tra·tion [diːˌfenɪˈstreɪʃn] *s* Fenstersturz *m.*

de·fense, *etc Am.* für **defence,** etc.

de·fen·si·ble [dɪˈfensəbl] *adj* (*adv* **defensibly**) **1.** zu verteidigen(d), verteidigungsfähig, zu halten(d), haltbar. **2.** vertretbar, zu rechtfertigen(d).

de·fen·sive [dɪˈfensɪv] **I** *adj* (*adv* **~ly**) **1.** defen'siv: a) verteidigend, schützend, abwehrend, Verteidigungs..., Schutz..., Abwehr... (*a. sport*): **~ mistake,** b) sich verteidigend, c) *sport* defensiv eingestellt. **2.** *fig.* abwehrend: **~ gesture.** **II** *s* **3.** Defen'sive *f*, Verteidigung *f*, (*taktisch, a. biol.*) Abwehr *f* (*alle a. sport*): **to be (stand) on the ~** sich in der Defensive befinden (halten); **to throw s.o. on the ~** j-n in die Defensive drängen. **~ ac·tiv·i·ty** *s bes. biol.* Abwehrtätigkeit *f.* **~ glands** *s pl zo.* Schutzdrüsen *pl.* **~ post** *s mil.* 'Widerstandsnest *n.* **~ pro·tein** *s chem. med.* 'Schutzprote,in *n*, Antikörper *m.* **~ strike** *s econ.* Abwehrstreik *m.*

de·fer[1] [dɪˈfɜː; *Am.* dɪˈfɜr] **I** *v/t* **1.** auf-, verschieben (**to auf** *acc*). **2.** hin'ausschieben, verzögern. **3.** zögern (doing *od.* **to do** zu tun). **4.** *mil. Am.* (vom Wehrdienst) zu'rückstellen. **II** *v/i* **5.** zögern, abwarten.

de·fer[2] [dɪˈfɜː; *Am.* dɪˈfɜr] *v/i* (**to**) sich beugen (vor *dat*), sich fügen (*dat*), nachgeben (*dat*), sich dem Urteil *od.* Wunsch unter'werfen (von *od. gen*).

def·er·a·ble → deferrable.

def·er·ence [ˈdefərəns] *s* **1.** Ehrerbietung *f*, (Hoch)Achtung *f* (**to** gegen'über, **vor** *dat*): **in ~ to, out of ~ to** aus Achtung vor (*dat*); **with all due ~ to** bei aller Hochachtung vor (*dat*); **to pay** (*od.* **show**) **~ to s.o.** j-m Achtung zollen. **2.** Rücksicht(nahme) *f* (**to** auf *acc*): **in ~ to, out of ~ to** *od.* aus Rücksicht auf (*acc*). **3.** (höfliche) Nachgiebigkeit (**to s.o.** j-m gegen'über), Unter'werfung *f* (**to** unter *acc*).

def·er·ent[1] [ˈdefərənt] → deferential.

def·er·ent[2] [ˈdefərənt] *adj* **1.** ableitend, Ableitungs... **2.** *anat.* Samenleiter...

def·er·en·tial [ˌdefəˈrenʃl] *adj* (*adv* **~ly**) **1.** ehrerbietig, achtungs-, re'spektvoll. **2.** rücksichtsvoll.

de·fer·ment [dɪˈfɜːmənt; *Am.* dɪˈfɜr-] *s* **1.** Aufschub *m*, Verschiebung *f.* **2.** *mil. Am.* Zu'rückstellung *f* (*vom Wehrdienst*).

de·fer·ra·ble [-rəbl] *adj* **1.** aufschiebbar. **2.** *mil. Am.* a) zu'rückstellbar (*bei der Musterung*), b) e-e Zu'rückstellung bewirkend.

de·ferred [dɪˈfɜːd; *Am.* dɪˈfɜrd] *adj* auf-, hinˈausgeschoben, ausgesetzt. ~ **an·nu·i·ty** *s* hinˈausgeschobene Rente. ~ **as·set** *s econ.* zeitweilig nicht einlösbarer Akˈtivposten. ~ **bond** *s econ. Am.* Obligatiˈon *f* mit aufgeschobener Zinszahlung. ~ **div·i·dend** *s econ.* Diviˈdende *f* mit aufgeschobener Fälligkeit. ~ **pay·ment** *s econ.* 1. Zahlungsaufschub *m.* 2. *Am.* Ab-, Ratenzahlung *f.* ~ **shares** *s pl econ. Br.* Nachzugsaktien *pl.* ~ **terms** *s pl Am.* ˈAbzahlungssyˌstem *n*: **on** ~ auf Abzahlung *od.* Raten.

de·fi·ance [dɪˈfaɪəns] *s* 1. Trotz *m*, ˈWiderstand *m*: **to bid** ~ **to s.o.**, **to set s.o. at** ~ j-m Trotz bieten, j-m trotzen. 2. Trotz *m*, Hohn *m*, offene Verachtung: **in** ~ **of** ungeachtet, trotz (*gen*), (*e-m Gebot etc*) zuwider; **in** ~ **of s.o.** j-m zum Trotz *od.* Hohn; **to bid** ~ **to common sense** dem gesunden Menschenverstand hohnsprechen. 3. Herˈausforderung *f.* **deˈfi·ant** *adj* (*adv* ~**ly**) 1. trotzig. 2. herˈausfordernd.

de·fib·ril·late [dɪˈfaɪbrɪleɪt; -ˈfɪb-] *v/t med.* defibrilˈlieren. **deˌfib·rilˈla·tion** *s* Defibrillatiˈon *f* (*Beseitigung von Herzrhythmusstörungen durch Medikamente od. Elektroschocks*). **deˈfib·ril·la·tor** [-tə(r)] *s* Defibrilˈlator *m* (*Gerät zur Defibrillation*).

de·fi·cien·cy [dɪˈfɪʃnsɪ] *s* 1. Unzulänglichkeit *f*, Mangelhaftigkeit *f*, Unvollkommenheit *f*, Schwäche *f.* 2. (**of**) Mangel *m* (**an** *dat*), Fehlen *n* (**von**): **from** ~ **of means** aus Mangel an Mitteln; ~ **of blood** Blutarmut *f.* 3. Deˈfekt *m*, Mangel *m.* 4. Fehlbetrag *m*, Manko *n*, Defizit *n*: ~ **in weight** Gewichtsmanko; **to make good a** ~ das Fehlende ergänzen. ~ **ac·count** *s econ.* Verlustkonto *n.* ~ **dis·ease** *s med.* Mangelkrankheit *f*, *bes.* Avitamiˈnose *f.* ~ **pay·ment** *s econ.* Ausgleichszahlung *f.* ~ **re·port** *s mil.* Fehlmeldung *f.*

de·fi·cient [dɪˈfɪʃnt] *adj* (*adv* ~**ly**) 1. unzulänglich, unzureichend, mangelhaft, ungenügend. 2. Mangel leidend (**in an** *dat*): **to be** ~ **in** es fehlen lassen an (*dat*), ermangeln (*gen*), arm sein an (*dat*); **the country is** ~ **in means** dem Land fehlt es an Mitteln; **to be** ~ **in vitamins** nicht genügend Vitamine haben. 3. fehlend: **the amount** ~ der Fehlbetrag.

def·i·cit [ˈdefɪsɪt] *s* 1. *econ.* Defizit *n*, Fehlbetrag *m*, Verlust *m*, Ausfall *m*, ˈUnterbiˌlanz *f.* 2. Mangel *m* (**in an** *dat*). ~ **spend·ing** *s econ.* Deficit-spending *n*, ˈDefizitfinanˌzierung *f.*

de·fi·er [dɪˈfaɪə(r)] *s* 1. Verhöhner(in), Verächter(in): ~ **of the laws** Gesetzesverächter. 2. Herˈausforderer *m.*

def·i·lade [ˌdefɪˈleɪd; *Am. bes.* ˈdefəˌl-] *mil.* **I** *v/t* 1. gegen Feuer decken *od.* sichern. 2. *Festungswerke* im Defileˈment anordnen. **II** *s* 3. Deckung *f*, Tarnung *f*, Defileˈment *n*: ~ **position** verdeckte (Feuer)Stellung.

de·file[1] [dɪˈfaɪl] *v/t* 1. *a. fig.* beschmutzen, besudeln. 2. (*moralisch*) verderben, beflecken. 3. verunglimpfen, mit Schmutz bewerfen. 4. *Heiligtum etc, a. e-e Frau* schänden.

de·file[2] **I** *s* [ˈdiːfaɪl] 1. Engpaß *m*, Hohlweg *m.* 2. *mil.* Vorˈbeimarsch *m.* **II** *v/i* [dɪˈfaɪl] 3. *mil.* defiˈlieren, (paˈrademäßig) vorˈbeimarˌschieren.

deˈfile·ment *s* 1. *a. fig.* Beschmutzung *f*, Besudelung *f.* 2. Befleckung *f.* 3. Schändung *f.* **deˈfil·er** *s* 1. Beschmutzer(in), Besudˈeler(in). 2. Schänder(in).

de·fin·a·ble [dɪˈfaɪnəbl] *adj* (*adv* definˈably) 1. defiˈnierbar, (*genau*) erklärbar, bestimmbar, festlegbar. 2. genau umˈgrenzbar.

de·fine [dɪˈfaɪn] *v/t* 1. defiˈnieren: a) *Wort etc* (*genau*) erklären, b) *Begriff etc* bestimmen, genau bezeichnen, c) *Recht etc* (klar) umˈreißen, festlegen. 2. (genau) abgrenzen, be-, umˈgrenzen. 3. scharf abzeichnen *od.* herˈvortreten lassen: **it ~s itself against the background** es hebt sich scharf *od.* deutlich vom *od.* gegen den Hintergrund ab. 4. charakteriˈsieren, kennzeichnen.

def·i·nite [ˈdefɪnɪt] *adj* 1. bestimmt, präˈzis, klar, eindeutig: ~ **idea.** 2. bestimmt, klar umˈrissen, ˈfestumˌrissen, eindeutig festgelegt: ~ **plans** feste Pläne. 3. (genau) festgesetzt *od.* -gelegt, bestimmt: ~ **period**; ~ **integral** *math.* bestimmtes Integral. 4. endgültig, definiˈtiv: ~ **answer.** 5. *ling.* bestimmt: ~ **article.** ˈ**def·i·nite·ly** *adv* 1. bestimmt (*etc*, → **definite**). 2. zweifellos, absoˈlut, entschieden, ausgesprochen. ˈ**def·i·nite·ness** *s* Bestimmtheit *f*, Eindeutigkeit *f.* **def·i·ni·tion** [ˌdefɪˈnɪʃn] *s* 1. Definitiˈon *f*: a) Defiˈnierung *f*, genaue Bestimmung, b) Begriffsbestimmung *f*, (genaue) Erklärung. 2. Exˈaktheit *f*, Genauigkeit *f.* 3. a) *Radio*: Trennschärfe *f*, b) *phot. TV* Bildschärfe *f.* 4. *opt. etc* Präziˈsiˈon *f.* **de·fin·i·tive** [dɪˈfɪnɪtɪv] **I** *adj* (*adv* ~**ly**) 1. definiˈtiv, endgültig. 2. (genau) defiˈnierend *od.* unterˈscheidend. 3. → **definite** 2. 4. ausdrücklich, entschieden. 5. tatsächlich, ausgesprochen. 6. maßgeblich, Standard...: **a** ~ **book.** 7. entschieden, fest (*in s-r Meinung*). **II** *s* 8. *ling.* Bestimmungswort *n.*

def·la·grate [ˈdefləɡreɪt] *v/i u. v/t chem.* rasch abbrennen (lassen). ˌ**def·laˈgra·tion** *s chem.* Verpuffung *f.*

de·flate [dɪˈfleɪt] **I** *v/t* 1. (die) Luft *od.* (das) Gas ablassen aus, entleeren. 2. *econ.* Geldumlauf *etc* deflatioˈnieren, herˈabsetzen. 3. *fig.* a) ‚klein u. häßlich machen', b) ernüchtern, enttäuschen. **II** *v/i* 4. Luft *od.* Gas ablassen. 5. *econ.* deflatioˈnieren, e-e Deflatiˈon herˈbeiführen. 6. einschrumpfen (*a. fig.*). **deˈfla·tion** *s* 1. Ablassung *f od.* Entleerung *f* von Luft *od.* Gas. 2. *econ.* Deflatiˈon *f.* 3. *geol.* Deflatiˈon *f*, ˈWinderosiˌon *f.* **deˈfla·tion·ar·y** [-ʃnərɪ; *Am.* -ʃəˌnerɪ] *adj econ.* Deflations..., Deflationsˈnistisch.

de·flect [dɪˈflekt] **I** *v/t* 1. a) ablenken, abwenden; ~**ing electrode** *electr.* Ablenkelektrode *f*, b) *sport Schuß etc* abfälschen. 2. *tech.* a) ˈumbiegen, b) ˈdurchbiegen. **II** *v/i* 3. abweichen (**from von**) (*a. fig.*). 4. **to** ~ **off s.o.** *sport* von j-m abgefälscht werden (*Schuß etc*). **deˈflec·tion**, *bes. Br.* **deˈflex·ion** [dɪˈflekʃn] *s* 1. Ablenkung *f.* 2. Abweichung *f* (*a. fig.*). 3. Biegung *f*, Krümmung *f.* 4. *phys.* a) Ausschlag *m*, Ablenkung *f* (*e-s Zeigers*), b) *TV, Radar*: Ablenkung *f*, Steuerung *f* (*e-s Elektronenstrahls*). 5. *phys.* Beugung *f* (*von Lichtstrahlen*). 6. *tech.* ˈDurchbiegung *f.* 7. *mar.* Abtrift *f.* 8. *mil.* a) Seitenabweichung *f*, -streuung *f*, b) Seitenvorhalt *m.*

deˈflec·tive [dɪˈflektɪv] *adj* ablenkend. **de·flec·tom·e·ter** [ˌdiːflekˈtɒmɪtə; *Am.* -ˈtɑmətər] *s tech.* Biegungsmesser *m.* **deˈflec·tor** [dɪˈflektə(r)] *s* 1. *tech.* Deˈflektor *m*, Ablenkvorrichtung *f*: ~ **coil** *electr.* Ablenkspule *f.* 2. *aer.* Ablenk-, Leitfläche *f.*

deˈflex·ion *bes. Br.* für **deflection.**

de·floc·cu·late [ˌdiːˈflɒkjʊleɪt; *Am.* -ˈflɑk-] *v/t u. v/i chem.* (sich) entflocken.

de·flo·rate [dɪˈflɔːreɪt; *Am. bes.* ˈdefləˌr-] → **deflower. def·lo·ra·tion** [ˌdiːflɔː-ˈreɪʃn; ˌdef-; *Am.* -fləˈr-] *s* Defloratiˈon *f*, Entjungferung *f.*

de·flow·er [ˌdiːˈflaʊə(r)] *v/t* 1. deflo'rieren, entjungfern. 2. *fig.* (*dat*) die Schönheit *od.* den Reiz nehmen.

de·fo·li·ant [ˌdiːˈfəʊlɪənt] *s chem. mil.* Entlaubungsmittel *n.* ˌ**deˈfo·li·ate** [-eɪt] **I** *v/t* entblättern, entlauben. **II** *v/i* sich entlauben, die Blätter verlieren. ˌ**de·fo·liˈa·tion** *s* Entblätterung *f*, Entlaubung *f.*

de·force [dɪˈfɔː(r)s] *v/t jur.* 1. gewaltsam *od.* ˈwiderrechtlich vorenthalten (**s.th. from s.o.** *j-m etwas*). 2. *j-n* ˈwiderrechtlich s-s Besitzes berauben.

de·for·est [ˌdiːˈfɒrɪst; *Am. a.* -ˈfɔːr-] *v/t* 1. entwalden. 2. abforsten, abholzen. **deˌfor·estˈa·tion** *s* 1. Entwaldung *f.* 2. Aforstung *f*, Abholzung *f.*

de·form [dɪˈfɔː(r)m] *v/t* 1. *a. phys. tech.* deforˈmieren, verformen. 2. verunstalten, entstellen, deforˈmieren: **a face ~ed by anger** ein wutverzerrtes Gesicht. 3. ˈumformen, ˈumgestalten. 4. *math. phys.* verzerren. 5. *Charakter* verderben. **deˈform·a·ble** *adj tech.* verformbar. **de·for·ma·tion** [ˌdiːfɔː(r)ˈmeɪʃn] *s* 1. *a. phys. tech.* Deformatiˈon *f*, Verformung *f.* 2. Entstellung *f*, Verunstaltung *f.* 3. ˈUmgestaltung *f.* 4. *math. phys.* Verzerrung *f.* **deˈformed** [dɪˈfɔː(r)md] *adj* 1. *a. phys. tech.* deforˈmiert, verformt. 2. verunstaltet, entstellt, häßlich. 3. *math. phys.* verzerrt. 4. verdorben (*Charakter*). **deˈform·ed·ly** [-ɪdlɪ] *adv* häßlich. **deˈform·ed·ness** → **deformity** 1. **deˈform·i·ty** *s* 1. Entstelltheit *f*, Häßlichkeit *f.* 2. ˈMißbildung *f*, Auswuchs *m.* 3. ˈmißgestaltete Perˈson *od.* Sache *m.* Verdorbenheit *f* (*des Charakters*).

de·fraud [dɪˈfrɔːd] *v/t* betrügen (**s.o. of s.th.** j-n um etwas): **to** ~ **the revenue** (**the customs**) Steuern (den Zoll) hinterziehen; **with intent to** ~ *jur.* in betrügerischer Absicht, arglistig. ˌ**de·frauˈda·tion** [diː-] *s* (*Steuer- etc*)Hinterˈziehung *f*, Betrug *m.* **deˈfraud·er** *s* Betrüger *m*, *bes.* ˈSteuerhinterˌzieher *m.*

de·fray [dɪˈfreɪ] *v/t Kosten* bestreiten, tragen, bezahlen. **deˈfray·al**, **deˈfray·ment** *s* Bestreitung *f* (*der Kosten*).

de·frock [ˌdiːˈfrɒk; *Am.* -ˈfrɑk] → **unfrock.**

de·frost [ˌdiːˈfrɒst] **I** *v/t* von Eis befreien, *Windschutzscheibe etc* entfrosten, *Kühlschrank etc* abtauen, *Tiefkühlkost etc* auftauen. **II** *v/i* ab-, auftauen. ˌ**deˈfrost·er** *s* Entfroster *m*, Enteisungsanlage *f.* ˌ**deˈfrost·ing** *adj*: ~ **rear window** *mot.* heizbare Heckscheibe.

deft [deft] *adj* (*adv* ~**ly**) flink, geschickt, gewandt. ˈ**deft·ness** *s* Geschickt-, Gewandtheit *f.*

de·funct [dɪˈfʌŋkt] **I** *adj* 1. ver-, gestorben. 2. *fig.* erloschen, nicht mehr exiˈstierend, ehemalig. **II** *s* 3. **the** ~ a) *der od.* die Verstorbene, b) *collect. pl* die Verstorbenen *pl.*

de·fuse [ˌdiːˈfjuːz] *v/t Bombe etc, fig. Krise etc* entschärfen.

de·fy [dɪˈfaɪ] *v/t* 1. trotzen (*dat*), Trotz *od.* die Stirn bieten (*dat*). 2. sich hinˈwegsetzen über (*acc*). 3. sich widerˈsetzen (*dat*), Schwierigkeiten machen (*dat*): **to** ~ **description** unbeschreiblich sein, jeder Beschreibung spotten; **to** ~ **translation** (fast) unübersetzbar sein, sich nicht übersetzen lassen. 4. herˈausfordern: **I** ~ **anyone to do it** ich möchte den sehen, der das tut; **I** ~ **him to do it** ich weiß genau, daß er es nicht (tun) kann. 5. *obs.* (zum Kampf) herˈausfordern.

dé·ga·gé [ˌdeɪɡɑːˈʒeɪ] *adj* ungezwungen, zwanglos.

de·gas [ˌdiːˈɡæs] *v/t mil. tech.* entgasen.

de·gas·i·fi·ca·tion *s mil. tech.* Entgasung *f.*

de·gauss [ˌdiːˈgaʊs] *v/t Schiff* entmagnetiˈsieren.

de·gen·er·a·cy [dɪˈdʒenərəsɪ] *s* Degeneratiˈon *f,* Entartung *f.* **deˈgen·er·ate I** *v/i* [-reɪt] entarten (zu): a) *biol. etc* degeneˈrieren (zu), b) *allg.* ausarten (zu, in *acc*), herˈabsinken (zu, auf die Stufe *gen*). **II** *adj* [-rət] degeneˈriert, entartet. **deˈgen·er·ate·ness** *s* Degeneˈriertheit *f,* Entartung *f.* **deˌgen·erˈa·tion** *s* **1.** Degeneratiˈon *f,* Entartung *f* (*a. biol. med.*): ~ **of tissue** *med.* Gewebsentartung; **fatty** ~ (**of the heart**) (Herz)Verfettung *f.* **2.** Degeneˈriertheit *f.* **3.** Ausartung *f.* **deˈgen·er·a·tive** [-rətɪv; -reɪtɪv] *adj* **1.** Degenerations..., Entartungs... **2.** degeneˈrierend, entartend.

de·germ [ˌdiːˈdʒɜːm; *Am.* -ˈdʒɜrm], **deˈger·mi·nate** [-mɪneɪt] *v/t* entkeimen.

degˈra·da·tion [ˌdegrəˈdeɪʃn] *s* **1.** (*a. mil.*) Degraˈdierung *f,* (*a. relig.*) Degradatiˈon *f,* Ab-, Entsetzung *f.* **2.** Absinken *n,* Verschlechterung *f,* Entartung *f.* **3.** *phys.* Degradatiˈon *f:* ~ **of energy. 4.** *biol.* Degeneratiˈon *f.* **5.** Entwürdigung *f,* Erniedrigung *f.* **6.** Verminderung *f,* Schwächung *f.* **7.** *geol.* Abtragung *f,* Erosiˈon *f.* **8.** *chem.* Zerlegung *f,* Abbau *m.*

de·grade [dɪˈgreɪd] **I** *v/t* **1.** *a. mil.* degraˈdieren, (im Rang) herˈabsetzen. **2.** verderben, korrumˈpieren, entarten lassen. **3.** entwürdigen, erniedrigen (**into**, **to** *zu*), in Schande bringen. **4.** vermindern, herˈabsetzen, schwächen. **5.** verschlechtern. **6.** *geol.* abtragen, eroˈdieren. **7.** *chem.* zerlegen, abbauen. **II** *v/i* **8.** (ab)sinken. **9.** *biol.* degeneˈrieren, entarten. **10.** *univ. Br.* (*Cambridge*) das Exˈamen um ein Jahr hinˈausschieben. **deˈgrad·ing** *adj* **1.** erniedrigend, entwürdigend, menschenunwürdig, schändlich. **2.** herˈabsetzend, geringschätzig.

de·grease [ˌdiːˈgriːs] *v/t* entfetten.

de·gree [dɪˈgriː] *s* **1.** Grad *m,* Stufe *f,* Schritt *m:* ~ **of priority** Dringlichkeitsgrad, -folge *f;* **by** ~**s** stufenweise, allmählich, nach u. nach; **by many** ~**s** bei weitem; **by slow** ~**s** ganz allmählich; → **murder 1. 2.** (Verwandtschafts)Grad *m.* **3.** Rang *m,* Stufe *f,* (*gesellschaftlicher*) Stand: **of high** ~ von hohem Rang; **military** ~ **of rank** militärische Rangstufe; **freemason's** ~ Grad *m* e-s Freimaurers. **4.** Grad *m,* Ausmaß *n:* ~ **of hardness** *tech.* Härtegrad; ~ **of saturation** *chem.* Sättigungsgrad. **5.** *fig.* Grad *m,* (Aus)Maß *n:* **to a** ~ a) in hohem Maße, sehr, b) einigermaßen, in gewissem Grade; **to a certain** ~ ziemlich, bis zu e-m gewissen Grade; **to a high** ~ in hohem Maße; **in the highest** ~, **to the last** ~ in höchstem Grade, aufs höchste; **not in the slightest** ~ nicht im geringsten; **in no** ~ keineswegs; **in no small** ~ in nicht geringem Grade. **6.** *astr. geogr. math. phys.* Grad *m:* **an angle of ninety** ~**s** ein Winkel von 90 Grad; **an equation of the third** ~ e-e Gleichung dritten Grades; **ten** ~**s Fahrenheit** 10 Grad Fahrenheit; ~ **of latitude** Breitengrad. **7.** Gehalt *m* (**of** an *dat*): **of high** ~ hochgradig. **8.** (akaˈdemischer) Grad, Würde *f:* **the** ~ **of doctor** der Doktorgrad, die Doktorwürde; **to take one's** ~ e-n akademischen Grad erwerben, promoˈvieren; ~ **day** Promotionstag *m.* **9.** *a.* ~ **of comparison** *ling.* Steigerungsstufe *f.* **10.** *mus.* Tonstufe *f,* Interˈvall *n.* **11.** *obs.* Stufe *f* (*e-r Treppe etc*): **song of** ~**s** *Bibl.* Graduale *n,* Stufenpsalm *m.*

de·gres·sion [dɪˈgreʃn] *s* **1.** *Steuerrecht:* Degressiˈon *f.* **2.** Absteigen *n,* Abstieg *m.* **deˈgres·sive** [-sɪv] *adj* (*adv* ~**ly**) **1.** *econ.* degresˈsiv: ~ **taxation**; ~ **depreciation** degressive Abschreibung. **2.** absteigend.

de·gus·ta·tion [ˌdiːgʌˈsteɪʃn] *s* (genußvolles) Kosten.

de·hire [ˌdiːˈhaɪər] *v/t Am. j-n* von s-n Funktiˈonen entbinden.

de·hisce [dɪˈhɪs] *v/i bot.* aufspringen. **deˈhis·cent** *adj* aufplatzend, -springend: ~ **fruit** *bot.* Springfrucht *f.*

de·hu·man·ize [ˌdiːˈhjuːmənaɪz; *Am. a.* -ˈjuː-] *v/t* entmenschlichen.

de·hu·mid·i·fy [ˌdiːhjuːˈmɪdɪfaɪ; *Am. a.* -juːˈm-] *v/t der Luft etc* die Feuchtigkeit entziehen.

de·hy·drate [ˌdiːˈhaɪdreɪt] **I** *v/t* **1.** *chem.* dehyˈdrieren. **2.** (*dat*) das Wasser entziehen, (*acc*) vollständig trocknen: ~**d vegetables** Trockengemüse *n.* **3.** entˈwässern. **II** *v/i* **4.** Wasser verlieren *od.* abgeben. **ˌde·hyˈdra·tion** *s* **1.** *chem.* Dehyˈdrierung *f,* Wasserabspaltung *f.* **2.** Entˈwässerung *f.* **3.** Wasserentzug *m.*

de·hy·dro·gen·ize [ˌdiːˈhaɪdrədʒənaɪz] *v/t chem.* dehyˈdrieren, (*dat*) Wasserstoff entziehen.

de·hyp·no·tize [ˌdiːˈhɪpnətaɪz] *v/t* aus der Hypˈnose erwecken.

de-ice [ˌdiːˈaɪs] *v/t* enteisen. **ˌdeˈic·er** *s* Enteiser *m,* Enteisungsmittel *n,* -anlage *f,* -gerät *n.*

de·i·cide [ˈdiːɪsaɪd] *s* **1.** Gottesmord *m.* **2.** Gottesmörder *m.*

deic·tic [ˈdaɪktɪk] *adj* (*adv* ~**ally**) deikˈtisch: a) *philos.* auf Beispiele begründet, b) *ling.* ˈhinweisend.

de·i·de·ol·o·gize [ˈdiːˌaɪdɪˈɒlədʒaɪz; *Am.* -ˈɑlə-] *v/t* entideologiˈsieren, von ideoˈlogischen Interˈessen freimachen.

de·if·ic [diːˈɪfɪk] *adj* **1.** vergöttlichend. **2.** gottähnlich, göttlich. **ˌde·i·fiˈca·tion** *s* **1.** Vergötterung *f,* Apotheˈose *f.* **2.** (*etwas*) Vergöttlichtes. **ˈde·i·form** [-fɔː(r)m] *adj* gottähnlich, göttlich. **ˈde·i·fy** [-faɪ] *v/t* **1.** zum Gott erheben, vergöttlichen. **2.** als Gott verehren, anbeten (*a. fig.*).

deign [deɪn] **I** *v/i* sich herˈablassen, geˈruhen, belieben (**to do** *zu tun*). **II** *v/t* gnädig gewähren, sich herˈablassen *zu:* **he** ~**ed no answer** er ließ sich nicht einmal zu e-r Antwort herab.

deil [diːl] *s Scot.* Teufel *m* (*a. fig.*).

de·i·on·i·za·tion [diːˌaɪənaɪˈzeɪʃn; *Am.* -nəˈz-] *s electr.* Entioniˈsierung *f.*

de·ism [ˈdiːɪzəm] *s* Deˈismus *m.* **ˈde·ist** *s* Deˈist(in). **deˈis·tic**, **deˈis·ti·cal** *adj* (*adv* ~**ly**) deˈistisch.

de·i·ty [ˈdiːɪtɪ] *s* Gottheit *f:* **the D~** *relig.* die Gottheit, Gott *m.*

dé·jà vu [ˌdeɪʒɑːˈvuː] *s psych.* Déjà-ˈvu-Erlebnis *n.*

de·ject [dɪˈdʒekt] **I** *v/t* mutlos machen. **II** *adj obs. für* **dejected. deˈjec·ta** [-tə] *s pl* Exkreˈmente *pl.* **deˈject·ed** *adj* (*adv* ~**ly**) niedergeschlagen, mutlos, depriˈmiert. **deˈject·ed·ness** → **dejection 1.**

de·jec·tion [dɪˈdʒekʃn] *s* **1.** Niedergeschlagenheit *f.* **2.** *a)* Kotentleerung *f,* Stuhlgang *m,* b) Stuhl *m,* Kot *m.* **deˈjec·to·ry** [-tərɪ] *adj med.* abführend.

de jure [diːˈdʒʊərɪ; ˌdeɪˈjʊərɪ] (*Lat.*) **I** *adv* de jure, von Rechts wegen. **II** *adj* De-jure-...

dek·ko [ˈdekəʊ] *pl* **-kos** *s Br. sl.* kurzer Blick: **let's have a** ~**!** zeig mal her!

de·lac·ta·tion [ˌdiːlækˈteɪʃn] *s med.* Entˈwöhnung *f,* Abstillen *n.*

de·laine [dəˈleɪn] *s* leichter Musseˈlin aus Wolle (u. Baumwolle).

de·lam·i·nate [diːˈlæmɪneɪt] *v/i* in Schichten abblättern.

de·late [dɪˈleɪt] *v/t Br. etwas* anzeigen. **deˈla·tion** *s* Anzeige *f.*

Del·a·war·e·an [ˌdeləˈweərɪən] **I** *adj* Delaware..., aus *od.* von Delaware. **II** *s* Bewohner(in) des Staates Delaware (*USA*).

de·lay [dɪˈleɪ] **I** *v/t* **1.** a) ver-, auf-, hinˈausschieben, b) verzögern, verschleppen: **he** ~**ed seeing his doctor** er schob s-n Arztbesuch hinaus; **to be** ~**ed** sich verzögern; **not to be** ~**ed** unaufschiebbar. **2.** aufhalten, hemmen, (be)hindern: **to be** ~**ed** (**for two hours**) *rail. etc* (zwei Stunden) Verspätung haben. **II** *v/i* **3.** Zeit zu gewinnen suchen, *sport* auf Zeit spielen, das Spiel verzögern. **III** *s* **4.** a) Verschiebung *f,* Aufschub *m,* b) Verzögerung *f,* Verschleppung *f:* ~ **in delivery** *econ.* Lieferverzug *m;* **without** ~ unverˈzüglich; **the matter bears no** ~ die Sache duldet keinen Aufschub. **5.** *rail. etc* Verspätung *f.* **6.** *econ.* Aufschub *m,* Stundung *f:* ~ **of payment** Zahlungsaufschub.

de·layed [dɪˈleɪd] *adj* **1.** a) ver-, auf-, hinˈausgeschoben, b) verzögert, verschleppt. **2.** *rail. etc* verspätet. **3.** Spät...: ~ **ignition** *tech.* Spätzündung *f.* **deˌlayed-ˈac·tion** *adj* Verzögerungs...: ~ **bomb** *mil.* Bombe *f* mit Verzögerungszünder; ~ **device** *phot.* Selbstauslöser *m;* ~ **fuse** a) *mil.* Verzögerungszünder *m,* b) *electr.* träge Sicherung.

de·lay·er *s* **1.** *j-d,* der Zeit zu gewinnen sucht. **2.** Verzögerungsgrund *m.* **deˈlay·ing** *adj* **1.** a) aufschiebend, b) verzögernd. **2.** ˈhinhaltend: ~ **tactics** Hinhalte-, Verzögerungstaktik *f.*

del cred·e·re [ˌdelˈkredərɪ; -ˈkreɪ-] *econ.* **I** *s* Delˈkredere *n,* Bürgschaft *f:* **to stand** ~ Bürgschaft leisten. **II** *adj* Delkredere...

de·le [ˈdiːlɪ] *print.* **I** *v/t* tilgen, streichen. **II** *s* Deleˈatur(zeichen) *n.*

de·lec·ta·ble [dɪˈlektəbl] *adj* (*adv* **delectably**) köstlich (*bes. Speise*).

de·lec·ta·tion [ˌdiːlekˈteɪʃn] *s* Ergötzen *n,* Vergnügen *n,* Genuß *m.*

del·e·ga·ble [ˈdelɪgəbl] *adj* deleˈgierbar.

ˈdel·e·ga·cy [-gəsɪ] *s* **1.** Deleˈgierung *f.* **2.** deleˈgierte Vollmacht. **3.** Delegatiˈon *f,* Abordnung *f.*

del·e·gate I *s* [ˈdelɪgət; -geɪt] **1.** Deleˈgierte(r *m*) *f,* Abgeordnete(r *m*) *f,* bevollmächtigter Vertreter, Beauftragte(r *m*) *f.* **2.** *parl. Am.* Konˈgreßabgeordnete(r *m*) *f* (*e-s Einzelstaats*). **II** *v/t* [-geɪt] **3.** abordnen, deleˈgieren, als Deleˈgierten entsenden. **4.** *j-n* bevollmächtigen, *Vollmachten etc* überˈtragen, anverˈtrauen (**to s.o.** *j-m*): **to** ~ **authority to s.o.** *j-m* Vollmacht erteilen. **III** *adj* [-gət; -geɪt] **5.** deleˈgiert, abgeordnet, beauftragt.

del·e·ga·tion [ˌdelɪˈgeɪʃn] *s* **1.** Deleˈgierung *f,* Abordnung *f* (*e-r Person*). **2.** Bevollmächtigung *f,* Überˈtragung *f:* ~ **of powers** Vollmachtsübertragung. **3.** Delegatiˈon *f,* Abordnung *f.* **4.** *parl. Am.* Konˈgreßabgeordneten *pl* (*e-s Einzelstaats*). **5.** *econ.* a) Kreˈditbrief *m,* ˈSchuldüberˌweisung *f,* c) ˈVollmachtsüberˌtragung *f.* **ˈdel·e·ga·to·ry** [-gətərɪ; -geɪ-; *Am.* -gəˌtɔːrɪ; -ˌtoʊ-] *adj* **1.** → **delegate 5. 2.** Vollmachts...

de·lete [dɪˈliːt] *v/t u. v/i* tilgen, (aus)streichen, (ˈaus)raˌdieren: ~ **where inapplicable** Nichtzutreffendes bitte streichen.

del·e·te·ri·ous [ˌdelɪˈtɪərɪəs] *adj* (*adv* ~**ly**) **1.** gesundheitsschädlich, giftig. **2.** schädlich, verderblich.

de·le·tion [dɪˈliːʃn] *s* (Aus)Streichung *f:* a) Tilgung *f,* b) (*das*) Ausgestrichene.

delft [delft], *a.* **delft'** [delft], **ˈdelft·ware** *s* **1.** Delfter Fayˈencen *pl od.* Zeug *n.* **2.** *allg.* glaˈsiertes Steingut.

del·i [ˈdelɪ] *Am. colloq. für* **delicatessen 2.**

De·li·an [ˈdiːljən; -lɪən] *adj* delisch, von Delos: ~ **problem** *math.* delisches Problem; **the** ~ **god** Apollo *m.*

de·lib·er·ate I *adj* [dɪˈlɪbərət] (*adv* ~**ly**) **1.** über'legt. **2.** bewußt, absichtlich, vorsätzlich: a ~ lie e-e bewußte *od.* vorsätzliche Lüge; a ~ **misrepresentation** e-e bewußt falsche Darstellung. **3.** bedächtig, bedachtsam, vorsichtig, besonnen. **4.** bedächtig, gemächlich: ~ **attack** *mil.* Angriff *m* nach Bereitstellung; ~ **fire** *mil.* verlangsamte Salvenfolge. **II** *v/t* [-reɪt] **5.** über'legen, erwägen (**what to do** was man tun soll). **III** *v/i* **6.** nachdenken, über'legen. **7.** beratschlagen, sich beraten (**on, upon** über *acc*). **de·lib·er·ate·ness** [-rət-] *s* **1.** Vorsätzlichkeit *f*. **2.** Bedächtigkeit *f*: a) Bedachtsamkeit *f*, Besonnenheit *f*, b) Gemächlichkeit *f*. **de·lib·er·a·tion** [dɪˌlɪbəˈreɪʃn] *s* **1.** Über'legung *f*: **on careful** ~ nach reiflicher Überlegung. **2.** Beratung *f*: **to come under** ~ zur Beratung kommen, zur Sprache gebracht werden. **3.** Bedächtigkeit *f*, Vorsicht *f*, Bedachtsamkeit *f*. **de·lib·er·a·tive** [-bərətɪv; *Am. bes.* -bəreɪtɪv] *adj* (*adv* ~**ly**) **1.** beratend: ~ **assembly** beratende Versammlung. **2.** über'legend. **3.** über'legt: ~ **conclusion**. **del·i·ca·cy** [ˈdelɪkəsɪ] *s* **1.** Zartheit *f*: a) Feinheit *f*, b) Zierlichkeit *f*, c) Zerbrechlich-, Schwächlich-, Empfindlich-, Anfälligkeit *f*. **2.** Fein-, Zartgefühl *n*, Takt *m*. **3.** Feinheit *f*, Empfindlichkeit *f* (*e-s Meßgeräts etc*). **4.** (*das*) Heikle, heikler Cha'rakter: **negotiations of great** ~ sehr heikle Besprechungen. **5.** wählerisches Wesen. **6.** Delika'tesse *f*, Leckerbissen *m*. **7.** Schmackhaftigkeit *f*, Köstlichkeit *f*. **del·i·cate** [ˈdelɪkət] *adj* (*adv* ~**ly**) **1.** zart: a) fein: ~ **hands**; ~ **colo(u)r**; ~ **tissue**, b) zierlich, gra'zil: **a** ~ **girl**; ~ **figuro**, c) zerbrechlich, empfindlich: **to be of** ~ **health** von zarter Gesundheit sein; **to be in a** ~ **condition** in anderen Umständen sein, d) sanft, leise: **a** ~ **hint** ein zarter Wink. **2.** kitzlig, deli'kat, heikel: **a** ~ **subject**. **3.** feingesponnen, schlau: **a** ~ **plan**. **4.** fein, empfindlich: **a** ~ **instrument**. **5.** feinfühlig, zartfühlend, taktvoll. **6.** fein, vornehm: ~ **manners**. **7.** feinfühlig, empfindsam: **a** ~ **soul**. **8.** schmackhaft, lecker, köstlich, wohlschmeckend: **a** ~ **dish**. **9.** verwöhnt: ~ **tastes**. **del·i·ca·tes·sen** [ˌdelɪkəˈtesn] *s pl* **1.** Delika'tessen *pl*, Feinkost *f*. **2.** (*als sg konstruiert*) Delika'tessen-, Feinkostgeschäft *n*. **de·li·cious** [dɪˈlɪʃəs] **I** *adj* (*adv* ~**ly**) köstlich: a) wohlschmeckend, b) herrlich, c) ergötzlich. **II** *s* D~ De'licious *m* (*e-e Apfelsorte*). **de'li·cious·ness** *s* Köstlichkeit *f*. **de·lict** [ˈdiːlɪkt; *bes. Am.* dɪˈl-] *s jur.* De'likt *n*. **de·light** [dɪˈlaɪt] **I** *s* **1.** Vergnügen *n*, Freude *f*, Wonne *f*, Lust *f*, Entzücken *n*: **to my** ~ zu m-r Freude; **to the** ~ **of** zum Ergötzen (*gen*); **to take** ~ **in** *s.th.* an e-r Sache s-e Freude haben, an et. Vergnügen finden; **to take a** ~ **in doing** *s.th.* sich ein Vergnügen daraus machen, etwas zu tun. **II** *v/t* **2.** ergötzen, erfreuen, entzücken: **to be** ~**ed** sich freuen, entzückt sein (**with, at** über *acc*, **von**); I shall be ~**ed to come** ich komme mit dem größten Vergnügen; **to be** ~**ed with** s.o. von j-m entzückt sein. **III** *v/i* **3.** sich (er)freuen, entzückt sein, schwelgen: **to** ~ **in** (große) Freude haben an (*dat*), Vergnügen finden an (*dat*), sich ein Vergnügen daraus machen, schwelgen in (*dat*). **4.** Vergnügen bereiten. **de'light·ed** *adj* (*adv* ~**ly**) entzückt, (hoch)erfreut, begeistert: **to be** ~ **with the result** vom Ergebnis begeistert sein; **to be** ~ **to do**

s.th. etwas mit (dem größten) Vergnügen tun. **de'light·ed·ness** *s* Entzücktsein *n*. **de'light·ful** *adj* (*adv* ~**ly**) entzückend, köstlich, herrlich, wunderbar, reizend. **de'light·ful·ness** *s* Köstlich-, Herrlich-, Ergötzlichkeit *f*. **de'light·some** [-səm] → **delightful**. **De·li·lah** [dɪˈlaɪlə] *npr Bibl.* De'lila *f* (*a. fig.* heimtückische Verführerin). **de·lime** [ˌdiːˈlaɪm] *v/t chem.* entkalken. **de·lim·it** [diːˈlɪmɪt], **de'lim·i·tate** [-teɪt] *v/t* abgrenzen. **de·lim·i'ta·tion** [dɪ-] *s* Abgrenzung *f*. **de'lim·i·ta·tive** [-tətɪv; -teɪ-] *adj* ab-, begrenzend. **de·lin·e·a·ble** [dɪˈlɪnɪəbl] *adj* **1.** skiz'zierbar. **2.** zeichnerisch darstellbar. **3.** beschreibbar. **de·lin·e·ate** [dɪˈlɪnɪeɪt] *v/t* **1.** skiz'zieren, entwerfen. **2.** zeichnen, (zeichnerisch *od. weitS.* genau) darstellen. **3.** (genau) beschreiben *od.* schildern. **de·lin·e'a·tion** *s* **1.** Skiz'zierung *f*. **2.** Zeichnung *f*, (zeichnerische *od. weitS.* genaue) Darstellung. **3.** (genaue) Beschreibung *od.* Schilderung: ~ **of character** Charakterzeichnung *f*, -beschreibung. **4.** Skizze *f*, Entwurf *m*. **de'lin·e·a·tor** [-tə(r)] *s* **1.** Skiz'zierer *m*. **2.** Zeichner *m*. **3.** Beschreiber *m*. **4.** *surv.* Vermessungsschreiber *m*. **5.** *pl Am.* 'Lichtreflek₁toren *pl* (*an Straßenbiegungen etc*). **de·lin·quen·cy** [dɪˈlɪŋkwənsɪ] *s* **1.** Pflichtvergessenheit *f*. **2.** Gesetzesverletzung *f*, Straftat *f*. **3.** Kriminali'tät *f*: → **juvenile** 2. **de'lin·quent I** *adj* (*adv* ~**ly**) **1.** pflichtvergessen. **2.** straffällig, verbrecherisch: ~ **minor** jugendliche(r) Straffällige(r). **3.** *Am.* rückständig, nicht (rechtzeitig) bezahlt: ~ **taxes**. **II** *s* **4.** Pflichtvergessene(r *m*) *f*. **5.** Delin'quent(in), Straffällige(r *m*) *f*: → **juvenile** 2. **del·i·quesce** [ˌdelɪˈkwes] *v/i* **1.** weg-, zerschmelzen. **2.** *chem.* zerfließen, zergehen. ₁**del·i'ques·cence** *s* **1.** Weg-, Zerschmelzen *n*. **2.** *chem.* Zerfließen *n*. **3.** 'Schmelzpro₁dukt *n*. ₁**del·i'ques·cent** *adj* **1.** zerschmelzend. **2.** *chem.* zerfließend. **de·lir·i·a** [dɪˈlɪrɪə] *pl von* **delirium**. **de·lir·i·ous** [dɪˈlɪrɪəs] *adj* (*adv* ~**ly**) **1.** *med.* deliri'ös, im De'lirium leidend, irreredend, phanta'sierend: **to be** ~ **with fever** Fieberphantasien haben. **2.** *fig.* rasend, wahnsinnig (**with** vor): ~ **with joy** in e-m Freudentaumel. **de·lir·i·um** [dɪˈlɪrɪəm] *pl* **-i·ums, -i·a** [-ɪə] *s* **1.** *med.* De'lirium *n*, (Fieber)Wahn *m*, Verwirrtheit *f*. **2.** *fig.* Rase'rei *f*, Wahnsinn *m*, Taumel *m*. ~ **tre·mens** [ˈtriːmenz] *s med.* De'lirium *n* tremens, Säuferwahnsinn *m*. **de·list** [ˌdiːˈlɪst] *v/t* (von e-r Liste) streichen. **de·liv·er** [dɪˈlɪvə(r)] **I** *v/t* **1.** *a.* ~ **up**, ~ **over** über'geben, -'liefern, -'tragen, -'reichen, -'antworten, ausliefern, -händigen, abtreten, *jur. a.* her'ausgeben: **to** ~ **in trust** in Verwahrung geben; **to** ~ **o.s. up to** s.o. sich j-m stellen *od.* ergeben; **to** ~ **to posterity** der Nachwelt überliefern. **2.** *bes. econ.* liefern (**to** *dat od.* an *acc*): **to be** ~**ed in a month** in e-m Monat lieferbar; **to** ~ **the goods** → 16. **3.** *e-n Brief etc* befördern, zustellen (*a. jur.*), austragen. **4.** *e-e Nachricht etc* über'bringen, bestellen, ausrichten: **to** ~ **a message**. **5.** *jur. das Urteil* verkünden, aussprechen. **6.** *e-e Meinung* äußern, von sich geben, *ein Urteil* abgeben: **to** ~ **o.s. on** sich äußern über (*acc*) *od.* zu. **7.** vortragen, zum Vortrag bringen, *e-e Rede, Predigt* halten (**to** s.o. vor j-m): **to** ~ **a speech**. **8.** *e-n Schlag etc* austeilen, versetzen: **to**

~ **a blow**; **to** ~ **one's blow** losschlagen. **9.** *mil.* abfeuern, *e-e Salve etc* abgeben. **10.** *Baseball, Kricket: den Ball* werfen. **11.** befreien (**from, out of** aus, von). **12.** erlösen, (er)retten: ~ **us from evil** erlöse uns von dem Übel. **13.** (*meist im pass gebraucht*) a) *e-e Frau* entbinden, b) *ein Kind* gebären, c) *ein Kind* ‚holen‘ (*Arzt*): **to be** ~**ed of a boy** von e-m Knaben entbunden werden, e-n Knaben gebären. **14.** *pol. Am. colloq.* die erwarteten *od.* erwünschten Stimmen bringen. **II** *v/i* **15.** liefern. **16.** *colloq.* a) Wort halten, b) die Erwartungen erfüllen, c) ‚die Sache schaukeln‘, ‚es schaffen‘. **de·liv·er·a·ble** [dɪˈlɪvərəbl] *adj econ.* lieferbar, zu liefern(d). **de'liv·er·ance** *f* **1.** Befreiung *f*, Erlösung *f*, (Er)Rettung *f* (**from** aus, von). **2.** Äußerung *f*: a) Verkündung *f*, b) (geäußerte) Meinung. **3.** *jur. Scot.* (Zwischen)Entscheid *m*, Beschluß *m*. **de'liv·er·er** *s* **1.** Befreier *m*, (Er)Retter *m*, Erlöser *m*. **2.** Über'bringer *m*. **3.** Austräger *m*. **de·liv·er·y** [dɪˈlɪvərɪ] *s* **1.** *econ.* a) (Aus-) Lieferung *f*, Zusendung *f* (**to an** *acc*), b) Lieferung *f* (*das Gelieferte*): **contract for** ~ Lieferungsvertrag *m*; **on** ~ bei Lieferung, bei Empfang; **cash** (*Am.* **collect**) **on** ~ per Nachnahme; **to take** ~ **of** abnehmen (*acc*). **2.** Über'bringung *f*, Beförderung *f*, Ablieferung *f*. **3.** *mail* Zustellung *f*. **4.** (*jur.* for'melle) Aushändigung, 'Übergabe *f*. **5.** *jur.* 'Übergabe *f*, Über'tragung *f*: ~ **of property**. **6.** *jur.* Auslieferung *f*: ~ **of a criminal**; ~ **of hostages** Stellung *f* von Geiseln. **7.** a) Halten *n*: ~ **of a speech**, b) Vortragsweise *f*, -art *f*, Vortrag *m*. **8.** *Baseball, Kricket:* Wurf(technik *f*) *m*. **9.** Befreiung *f*, Freilassung *f* (**from** aus). **10.** (Er)Rettung *f*, Erlösung *f* (**from** aus, von). **11.** Entbindung *f*, Niederkunft *f*: **early** ~ Frühgeburt *f*. **12.** *tech.* a) Zuleitung *f*, Zuführung *f*: ~ **of fuel** Brennstoffzufuhr *f*, b) Ausstoß *m*, Förderleistung *f*: ~ **of a pump**, c) Ab-, Ausfluß *m*, Ableitung *f*. ~ **charge** *s mail* Zustellgebühr *f*. ~ **cock** *s tech.* Ablaßhahn *m*. **de'liv·er·y**|**·man** [-mən] *s irr* **1.** Ausfahrer *m*. **2.** Verkaufsfahrer *m*. ~ **note** *s econ.* Lieferschein *m*. ~ **or·der** *s econ.* Lieferauftrag *m*. ~ **out·put** *s tech.* Förderleistung *f*. ~ **pipe** *s tech.* Ausfluß-, Druckrohr *n*, Ableitungsrohr *n*. ~ **room** *s med.* Kreißsaal *m*. ~ **serv·ice** *s mail* Zustelldienst *m*. ~ **tick·et** *s econ.* Schlußzettel *m* (*bei Börsengeschäften*). ~ **valve** *s tech.* 'Ablaß₁til *n*. ~ **van** *s Br.* Lieferwagen *m*. **dell** [del] *s* kleines, enges Tal. **del·ly** [ˈdelɪ] *Am. colloq. für* **delicatessen** 2. **de·louse** [ˌdiːˈlaʊs, -z] *v/t* **1.** entlausen. **2.** *fig.* säubern. **Del·phi·an** [ˈdelfɪən], '**Del·phic** *adj* **1.** delphisch: **the** ~ **oracle** das Delphische Orakel. **2.** *fig.* delphisch, dunkel, zweideutig. **del·phin·i·um** [delˈfɪnɪəm] *pl* **-i·ums, -i·a** [-ɪə] *s bot.* Rittersporn *m*. **del·phi·noid** [delˈfɪnɔɪd] *zo.* **I** *adj* zu den Del'phinen gehörig. **II** *s* Del'phin *m*. **del·ta** [ˈdeltə] *s* **1.** Delta *n* (*griechischer Buchstabe*). **2.** Delta *n*, Dreieck *n*: ~ **con·nec·tion** *electr.* Dreieckschaltung *f*; ~ **cur·rent** *electr.* Dreieckstrom *m*; ~ **rays** *phys.* Deltastrahlen *pl*; ~ **wing** *aer.* Deltaflügel *m*. **3.** *geogr.* (Fluß)Delta *n*. **del'ta·ic** [-ˈteɪk] *adj* **1.** Delta..., deltaförmig. **del·ti·ol·o·gy** [ˌdeltɪˈɒlədʒɪ; *Am.* -ˈɑl-] *s* Ansichtskartensammeln *n*. **del·toid** [ˈdeltɔɪd] **I** *s* **1.** *anat.* Deltamuskel *m*, Armheber *m*. **2.** *math.* Delto'id

delude – demolish

de·lude [dɪ'luːd; Br. a. -'ljuːd] v/t 1. täuschen, irreführen, (be)trügen: to ~ o.s. sich Illusionen hingeben, sich etwas vormachen; to ~ o.s. with false hopes sich falschen Hoffnungen hingeben. 2. vereiteln (into zu).

del·uge ['deljuːdʒ] I s 1. Über'schwemmung f: the D~ Bibl. die Sintflut. 2. starker (Regen-, Wasser)Guß. 3. fig. Flut f, (Un)Menge f. II v/t 4. über'schwemmen, -'fluten (a. fig.): ~d with letters fig. mit Briefen überschüttet; ~d with water von Wasser überflutet.

de·lu·sion [dɪ'luːʒn; Br. a. -'ljuːʒn] s 1. Irreführung f, Täuschung f. 2. Wahn m, Selbsttäuschung f, Verblendung f, Irrtum m, Irrglaube m: to be (od. to labo[u]r) under the ~ that in dem Wahn leben, daß. 3. psych. Wahn m: ~s of grandeur Größenwahn. **de'lu·sion·al** [-ʒnl] adj eingebildet, wahnhaft, Wahn...: ~ idea Wahnidee f. **de'lu·sive** [-sɪv] adj (adv ~ly) 1. täuschend, irreführend, trügerisch. 2. → delusional. **de'lu·sive·ness** s (das) Trügerische. **de'lu·so·ry** [-sərɪ; -zə-] → delusive.

de luxe [də'lʊks; -'lʌks; dɪ'l-] adj luxuri'ös (bes. Am. a. adv), Luxus..., De-Luxe-...: ~ edition Luxusausgabe f.

delve [delv] I v/i 1. graben. 2. fig. angestrengt suchen, forschen, graben (for nach): to ~ among books in Büchern stöbern; to ~ into → 5. 3. plötzlich abfallen (Gelände). II v/t 4. obs. (aus-, 'um)graben. 5. erforschen, ergründen, sich vertiefen in (acc). III s 6. obs. a) Grube f, b) Höhle f.

de·mag·net·ize [ˌdiː'mæɡnɪtaɪz] v/t entmagneti'sieren.

dem·a·gog Am. → demagogue.

dem·a·gog·ic [ˌdeməˈɡɒɡɪk, -dʒɪk; Am. -ˈɡɑ-] adj; **dem·a'gog·i·cal** adj (adv ~ly) 1. dema'gogisch, aufwiegelrisch. 2. Demagogen... **'dem·a·gog·ism** [-ɡɒɡɪzəm; Am. -ˌɡɑɡ-] s Demago'gie f.

dem·a·gogue ['deməɡɒɡ; Am. -ɡɑɡ] s pol. Dema'goge m: a) contp. Volksverführer m, b) bes. antiq. Volksführer m. **'dem·a·gog·uer·y** [-ərɪ], **'dem·a·gog·y** [-ɡɒɡɪ; -ɡɒdʒɪ; Am. -ˌɡɑ-] → demagogism.

de·mand [dɪ'mɑːnd; Am. dɪ'mænd] I v/t 1. fordern, verlangen (of od. from s.o. von j-m). 2. (gebieterisch od. dringend) fragen nach. 3. fig. erfordern, verlangen: this task ~s great skill. 4. jur. beanspruchen. II s 5. Forderung f, Verlangen n (for nach): to make ~s on s.o. Forderungen an j-n stellen; ~ for payment Zahlungsaufforderung f; (up)on ~ a) auf Verlangen od. Antrag, b) econ. bei Vorlage, auf Sicht. 6. (on) Anforderung f (an acc), In'anspruchnahme f, Beanspruchung f (gen): to make great ~s on j-s Zeit etc stark in Anspruch nehmen, große Anforderungen stellen an (acc). 7. Frage f. 8. jur. a) (Rechts)Anspruch m (against s.o. gegen j-n), b) Forderung f (on an acc). 9. econ. u. allg. (for) Nachfrage f (nach), Bedarf m (an dat): to be in great (od. much in) ~ sehr gefragt od. begehrt od. beliebt sein. 10. electr. Am. (Strom)Verbrauch m. **de'mand·ant** s jur. Kläger(in).

de·mand| bill s econ. Am. Sichtwechsel m. ~ **de·pos·it** s econ. Sichteinlage f, kurzfristige Einlage. ~ **draft** → demand bill.

de'mand·er s 1. Fordernde(r m) f. 2. (Nach)Frager(in). 3. econ. Gläubiger(in). 4. econ. Käufer(in).

de·mand in·fla·tion s econ. 'Nachfrageinflati,on f.

de'mand·ing adj (adv ~ly) 1. fordernd. 2. anspruchsvoll (a. fig.): ~ music. 3. schwierig: a ~ task; to be ~ hohe Anforderungen stellen.

de·mand| loan s econ. Am. täglich kündbares Darlehen. ~ **man·age·ment** s econ. Am. ~ **note** s econ. 1. Br. Zahlungsaufforderung f. 2. Sichtwechsel m. ~ **pull** s econ. 'Nachfrageinflati,on f.

de·mar·cate ['diːmɑː(r)keɪt] v/t a. fig. abgrenzen (from gegen, von). **ˌde·mar'ca·tion** s Abgrenzung f, Grenzfestlegung f, Demarkati'on f: line of ~, ~ line a) Grenzlinie f, b) pol. Demarkationslinie f, c) fig. Trennungslinie f, -strich m.

dé·marche ['deɪmɑː(r)ʃ] s De'marche f, diplo'matischer Schritt.

de·mar·ka·tion → demarcation.

de·ma·te·ri·al·ize [ˌdiːmə'tɪərɪəlaɪz] v/t u. v/i 1. (sich) entmateriali'sieren. 2. (sich) auflösen.

de·mean¹ [dɪ'miːn] v/t (meist o.s. sich) erniedrigen od. her'abwürdigen (by doing s.th. dadurch, daß man etwas tut).

de·mean² [dɪ'miːn] v/t: ~ o.s. sich benehmen, sich verhalten.

de·mean·or, bes. Br. **de·mean·our** [dɪ'miːnə(r)] s Benehmen n, Verhalten n, Betragen n, Auftreten n.

de·ment [dɪ'ment] v/t wahnsinnig machen. **de'ment·ed** adj (adv ~ly) wahnsinnig, verrückt.

dé·men·ti [deɪ'mɑ̃ːntɪ] s pol. De'menti n.

de·men·ti·a [dɪ'menʃɪə; bes. Am. -ʃə] s med. 1. Schwachsinn m: **precocious** ~ Jugendirresein n; **senile** ~ Altersblödsinn m. 2. Wahn-, Irrsinn m. ~ **prae·cox** ['priːkɒks; Am. -ˌkɑks] s med. De'mentia f praecox, Jugendirresein n.

dem·e·rar·a [ˌdemə'reərə] s ein brauner Rohrzucker.

de·mer·it [diː'merɪt] s 1. Schuld f, Verschulden n, tadelnswertes Verhalten. 2. Mangel m, Fehler m, Nachteil m, schlechte Seite. 3. Unwürdigkeit f, Unwert m. 4. a. ~ **mark** ped. Am. Tadel m (bes. für schlechtes Betragen). 5. obs. Verdienst n. **de·mer·i·to·ri·ous** [diːˌmerɪ'tɔːrɪəs] adj tadelnswert.

de·mer·sal [dɪ'məːsl; Am. -'məːr-] adj zo. auf dem Meeresboden liegend od. wohnend.

de·mesne [dɪ'meɪn; -'miːn] s 1. jur. freier Grundbesitz, Eigenbesitz m: **to hold land in** ~ Land als freies Grundeigentum besitzen. 2. jur. Landsitz m, -gut n. 3. jur. vom Besitzer selbst verwaltete Lände'reien pl. 4. jur. Do'mäne f: ~ **of the Crown**, **Royal** ~ Krongut n; ~ **of the state** Staatsdomäne. 5. fig. Do'mäne f, Gebiet n.

demi- [demɪ] Wortelement mit der Bedeutung Halb...

'dem·i·god s Halbgott m (a. fig.). **'dem·i·god·dess** s Halbgöttin f.

'dem·i·john s große Korbflasche, ('Glas-, 'Säure)Bal,lon m.

de·mil·i·ta·rize [ˌdiːˈmɪlɪtəraɪz] v/t 1. entmilitari'sieren. 2. in Zi'vilverwaltung 'überführen.

'dem·i·lune s 1. physiol. Halbmond m. 2. mil. Lü'nette f (Festungsschanze).

dem·i·mon·daine [ˌdemɪmɔ̃ːn'deɪn] s Halbweltdame f. **dem·i·monde** [ˌdemɪ-'mɔ̃ːnd; Am. '-ˌmɑːnd] s Demi'monde f, Halbwelt f.

de·min·er·al·ize [ˌdiːˈmɪnərəlaɪz] v/t demineralisieren, entsalzen.

ˌde·mi'pen·sion [-'pɑ̃ːŋsɪɔ̃ːn] s 'Halbpensi,on f.

ˌdem·i·re'lief s 'Halbreli,ef n.

dem·i·rep ['demɪrep] s Frau f von zweifelhaftem Ruf.

de·mise [dɪ'maɪz] I s 1. Ableben n, 'Hinscheiden n, Tod m. 2. jur. 'Grundstücks,über,tragung f, bes. Verpachtung f. 3. ('Herrschafts)Über,tragung f: ~ **of the Crown** Übertragung der Krone (an den Nachfolger). II v/t 4. jur. Grundstück über'tragen, bes. verpachten (to dat). 5. Herrschaft, Krone etc über'tragen, -'geben (to dat). 6. (testamentarisch) vermachen (to dat).

dem·i·sem·i·qua·ver ['demɪsemɪˌkweɪvə(r); Am. -ˌsemɪˌkweɪ-] s mus. Zweiund'dreißigstel(note f) n.

de·mis·sion [dɪ'mɪʃn] s 1. Niederlegung f: ~ **of an office**. 2. Demissi'on f, Rücktritt m. 3. Abdankung f.

de·mist [ˌdiː'mɪst] v/t Windschutzscheibe freimachen. **ˌde'mist·er** s mot. Gebläse n.

dem·i·tasse ['demɪtæs] s 1. Täßchen n Mokka. 2. Mokkatasse f.

dem·i·urge ['demɪəːdʒ; Am. 'demɪˌəːrdʒ] s philos. Demi'urg m, Weltbaumeister m. 2. fig. Weltenschöpfer m.

dem·i·volt(e) ['demɪvɒlt; Am. bes. -ˌvəʊlt] s Pferdesport: halbe Volte.

'dem·i·world s Halbwelt f.

dem·o ['deməʊ] pl **-os** s colloq. 1. 'Demo' f (Demonstration). 2. a) Vorführband n, b) Vorführwagen m.

de·mob [ˌdiː'mɒb; Am. -'mɑb] bes. Br. colloq. I s 1. → demobilization. 2. entlassener Sol'dat. II v/t → demobilize.

de·mo·bi·li·za·tion [ˌdiːˌməʊbɪlaɪ'zeɪʃn; Am. -lə'z-] s 1. Demobili'sierung f, Abrüstung f. 2. Demo'bilmachung f. 3. Entlassung f aus dem Mili'tärdienst. **ˌde'mo·bi·lize** v/t 1. demobili'sieren, abrüsten. 2. Soldaten entlassen, Heer auflösen. 3. Kriegsschiff außer Dienst stellen.

de·moc·ra·cy [dɪ'mɒkrəsɪ; Am. -'mɑ-] s 1. Demokra'tie f. 2. das Volk (als Träger der Souveränität). 3. **D**~ pol. Am. die Demo'kratische Par'tei (od. deren Grundsätze u. Poli'tik).

dem·o·crat ['deməkræt] s 1. Demo'krat(in). 2. **D**~ pol. Am. Demo'krat(in), Mitglied n der Demo'kratischen Par'tei. 3. Am. leichter, offener Wagen. **ˌdem·o'crat·ic** adj (adv ~ally) 1. demo'kratisch. 2. meist **D**~ pol. Am. demo'kratisch (die Demokratische Partei betreffend).

de·moc·ra·ti·za·tion [dɪˌmɒkrətaɪ'zeɪʃn; Am. -tə'z-] s Demokrati'sierung f. **de'moc·ra·tize** [-taɪz] I v/t demokrati'sieren. II v/i demo'kratisch werden.

dé·mo·dé [ˌdeɪməʊ'deɪ], **de·mod·ed** [ˌdiː'məʊdɪd] adj altmodisch, 'unmo,dern, aus der Mode.

de·mod·u·late [ˌdiːˈmɒdjʊleɪt; Am. -'mɑdʒə-] v/t electr. demodu'lieren. **ˌde·mod·u'la·tion** s electr. Demodulati'on f, HF-Gleichrichtung f. **de'mod·u·la·tor** [-tə(r)] s electr. Demodu'lator m.

de·mog·ra·pher [dɪ'mɒɡrəfə(r); Am. dɪ'mɑ-] s Demo'graph m. **de·mo'graph·ic** [ˌdeməˈɡræfɪk; ˌdeːmə-] adj (adv ~ally) demo'graphisch. **de'mog·ra·phy** s Demogra'phie f: a) Beschreibung der wirtschafts- u. sozialpolitischen Bevölkerungsbewegungen, b) Bevölkerungswissenschaft f.

de·mol·ish [dɪ'mɒlɪʃ; Am. -'mɑ-] v/t 1. demo'lieren, ab-, ein-, niederreißen, abbrechen, bes. mil. sprengen. 2. e-e Festung schleifen. 3. fig. a) vernichten, zerstören, ka'puttmachen: **to** ~ **a legend** (s.o.'s hopes, etc), b) e-n Plan ru'inieren. 4. colloq. aufessen, 'verdrücken'. 5. sport colloq. 'ausein'andernehmen' (vernich-

demolition – denizen

tend schlagen). **dem·o·li·tion** [ˌdeməˈlɪʃn; ˌdiː-] *s* **1.** Demo'lierung *f*, Niederreißen *n*, Abbruch *m*: ~ **contractor** Abbruchunternehmer *m*. **2.** Schleifen *n* (*e-r Festung*). **3.** *fig.* Vernichtung *f*, Zerstörung *f*. **4.** *pl bes. mil.* Sprengstoffe *pl*. **II** *adj* **5.** *bes. mil.* Spreng...: ~ **bomb** Sprengbombe *f*; ~ **charge** Sprengladung *f*, geballte Ladung; ~ **squad** (*od.* **team**) Sprengtrupp *m*.

de·mon [ˈdiːmən] **I** *s* **1.** → **daemon** 1–4. **2.** Dämon *m*: a) *a. fig.* böser Geist, Teufel *m*: → **envy** 1, b) *fig.* Unhold *m*, Bösewicht *m*. **3.** Teufelskerl *m*: **a** ~ **for work** ein Arbeitsfanatiker; **a** ~ **at tennis** ein leidenschaftlicher Tennisspieler. **II** *adj* **5.** däˈmonisch (*a. fig.*). **5.** *fig.* wild, besessen.

de·mon·ess [ˈdiːmənɪs] *s* Däˈmonin *f*, (weiblicher) Dämon, Teufelin *f*.

de·mon·e·ti·za·tion [ˌdiːˌmʌnɪtaɪˈzeɪʃn; *Am.* -təˈz-] *s* Außerˈkurssetzung *f*, Entwertung *f*. **ˌdeˈmon·e·tize** *v/t* außer Kurs setzen, entwerten.

de·mo·ni·ac [dɪˈməʊnɪæk] **I** *adj* (*adv* ~**ally**) **1.** däˈmonisch, teuflisch. **2.** (vom Teufel) besessen, wild, rasend. **II** *s* **4.** (vom Teufel) Besessene(r *m*) *f*. **de·mo·ni·a·cal** [ˌdiːməʊˈnaɪəkl] *adj* (*adv* ~**ly**) → **demoniac I**.

de·mon·ic [diːˈmɒnɪk; *Am.* dɪˈmɑː-] *adj* däˈmonisch: a) teuflisch, b) überirdisch, ˈübernaˌtürlich. **de·mon·ism** [ˈdiːmənɪzəm] *s* **1.** Dämonenglaube *m*. **2.** → **demonology**. **ˈde·mon·ize** *v/t* **1.** dämoniˈsieren, däˈmonisch machen. **2.** zu e-m Dämon machen.

de·mon·ol·a·ter [ˌdiːməˈnɒlətə(r); *Am.* -ˈnɑː-] *s* Dämonen-, Teufelsanbeter(in). **ˌde·monˈol·a·try** [-trɪ] *s* Dämonen-, Teufelsverehrung *f*, Teufelsdienst *m*. **ˌde·monˈol·o·gist** [-ˈnɒlədʒɪst; *Am.* -ˈnɑː-] *s* Dämonoˈloge *m*. **ˌde·monˈol·o·gy** [-dʒɪ] *s* Dämonoloˈgie *f*, Dämonenlehre *f*.

de·mon·stra·bil·i·ty [ˌdemənstrəˈbɪlətɪ; *Br. a.* dɪˌmɒn-; *Am. a.* dɪˌmɑn-] *s* Demonˈstrierbar-, Beweisbar-, Nachweisbarkeit *f*. **de·mon·stra·ble** *adj* (*adv* **demonstrably**) **1.** demonˈstrierbar, beweisbar, nachweisbar. **2.** offensichtlich. **de·mon·stra·ble·ness** → **demonstrability**. **de·mon·strant** *s* Demonˈstrant(in).

dem·on·strate [ˈdemənstreɪt] **I** *v/t* **1.** demonˈstrieren: a) beweisen, b) dartun, -legen, zeigen, anschaulich machen, veranschaulichen. **2.** *Auto etc* vorführen. **3.** offen zeigen, an den Tag legen, bekunden: **to** ~ **one's aversion**. **II** *v/i* **4.** demonˈstrieren: a) e-e Demonstratiˈon veranstalten, b) an e-r Demonstration teilnehmen. **5.** *mil.* e-e Demonstratiˈon ˈdurchführen. **ˌdem·onˈstra·tion** *s* **1.** Demonˈstrierung *f*, (anschauliche) Darstellung, Veranschaulichung *f*, praktisches Beispiel: ~ **material** Anschauungsmaterial *n*. **2.** a) Demonstratiˈon *f*, (unzweifelhafter) Beweis (**of** für): **to** ~ überˈzeugend, b) Beweismittel *n*, c) Beweisführung *f*. **3.** (öffentliche) Vorführung, Demonstratiˈon *f* (**to** vor *j-m*): ~ **car** Vorführwagen *m*. **4.** Äußerung *f*, Bekundung *f*: ~ **of gratitude** Dankesbezeigung *f*. **5.** Demonstratiˈon *f*, Kundgebung *f*: **at a** ~ bei e-r Demonstration, auf e-r Kundgebung. **6.** (poˈlitische *od.* miliˈtärische) Demonstratiˈon. **7.** *mil.* ˈAblenkungs-, ˈScheinmaˌnöver *n*.

de·mon·stra·tive [dɪˈmɒnstrətɪv; *Am.* -ˈmɑn-] **I** *adj* (*adv* ~**ly**) **1.** (eindeutig) beweisend, überˈzeugend, anschaulich *od.* deutlich (zeigend): **to be** ~ **of** *etwas* eindeutig beweisen *od.* anschaulich zeigen. **2. to be** ~ *s-e* Gefühle (offen) zeigen.

3. demonstraˈtiv, auffällig, betont: ~ **cordiality**. **4.** *ling.* demonstraˈtiv, ˈhinweisend: ~ **pronoun** → **5**. **II** *s* **5.** *ling.* Demonstraˈtivproˌnomen *n*, ˈhinweisendes Fürwort. **deˈmon·stra·tive·ness** *s* **1.** Beweiskraft *f*. **2.** ˈÜberschwenglichkeit *f*. **3.** Betontheit *f*, Auffälligkeit *f*.

dem·on·stra·tor [ˈdemənstreɪtə(r)] *s* **1.** Beweisführer *m*, Darleger *m*, Erklärer *m*. **2.** Beweis(mittel *n*) *m*. **3.** Demonˈstrant(in). **4.** *ped. univ.* Demonˈstrator *m*, Assiˈstent *m*. **5.** a) Vorführer(in), Propaganˈdist(in), b) ˈVorführmoˌdell *n*. **de·mon·stra·to·ry** [dɪˈmɒnstrətərɪ; *Am.* dɪˈmɑnstrəˌtɔːrɪ; -ˌtoː-] → **demonstrative 1**.

de·mor·al·i·za·tion [dɪˌmɒrəlaɪˈzeɪʃn; *Am.* -ləˈz-; *a.* -ˌmɑr-] *s* Demoraliˈsierung *f*: → **affluence 3**. **deˈmor·al·ize** *v/t* demoraliˈsieren: a) (sittlich) verderben, b) zersetzen, c) zermürben, entmutigen, erschüttern, die (ˈKampf)Moˌral *od.* die Diszi'plin *e-r Truppe etc* unterˈgraben. **deˈmor·al·iz·ing** *adj* demoraliˈsierend.

de·mote [diːˈməʊt] *v/t* **1.** degraˈdieren (**to** zu). **2.** *ped. Am.* (in e-e niedrigere Klasse) zuˈrückversetzen.

de·moth·ball [ˌdiːˈmɒθbɔːl] *v/t* Kriegsschiff *etc* wieder in Dienst stellen.

de·mot·ic [diːˈmɒtɪk; *Am.* dɪˈmɑ-] *adj* deˈmotisch, volkstümlich: ~ **characters** demotische Schriftzeichen (*vereinfachte altägyptische Schrift*).

de·mo·tion [diːˈməʊʃn] *s* **1.** *mil.* Degraˈdierung *f*. **2.** *ped. Am.* Zuˈrückversetzung *f*.

de·mo·ti·vate [ˌdiːˈməʊtɪveɪt] *v/t* demotiˈvieren.

de·mount [ˌdiːˈmaʊnt] *v/t tech.* **1.** ˈabmonˌtieren, abnehmen. **2.** auseinˈandernehmen, zerlegen. **ˌdeˈmount·a·ble** *adj* **1.** ˈabmonˌtierbar. **2.** zerlegbar.

de·mur [dɪˈmɜː; *Am.* dɪˈmɜr] **I** *v/i* **1.** Einwendungen machen, Bedenken äußern (**to** gegen). **2.** zögern, zaudern. **3.** *jur.* e-n Rechtseinwand erheben (**to** gegen). **II** *s* **4.** Einwand *m*, ˈWiderspruch *m*, Bedenken *n*: **with no** (*od.* **without**) ~ anstandslos. **5.** Zögern *n*, Zaudern *n*, Unentschlossenheit *f*.

de·mure [dɪˈmjʊə(r)] *adj* (*adv* ~**ly**) **1.** zimperlich, geziert, spröde. **2.** prüde, sittsam. **3.** gesetzt, ernst, zuˈrückhaltend. **deˈmure·ness** *s* **1.** Zimperlichkeit *f*. **2.** Gesetztheit *f*. **3.** Zuˈrückhaltung *f*.

de·mur·rage [dɪˈmʌrɪdʒ; *Am.* -ˈmɜr-] *s econ.* **1.** a) *mar.* ˈÜberliegezeit *f*, b) *rail.* zu langes Stehen (*bei Entladung*): **to be on** ~ die Liegezeit überschritten haben. **2.** a) *mar.* (ˈÜber)Liegegeld *n*, b) *rail.* Wagenstandgeld *n*. **3.** *colloq.* Lagergeld *n*. **4.** *Bankwesen: Br.* Spesen *pl* für Goldeinlösung.

de·mur·rer [dɪˈmʌrə; *Am.* dɪˈmɜrər] *s* **1.** *jur.* Einrede *f*, Einwendung *f*, Rechtseinwand *m* (**to** gegen): ~ **to action** proˈzeßhindernde Einrede. **2.** Einwand *m*. **3.** (*Br.* dɪˈmɜːrə) Einspruch erhebende(r *m*) *f*.

de·my [dɪˈmaɪ] *s* **1.** *univ.* Stipendiˈat *m* (*im Magdalen College, Oxford*). **2.** ein Papierformat (*16 × 21 Zoll in USA; in England* $15\frac{1}{2} × 20$ *Zoll für Schreibpapier,* $17\frac{1}{2} × 22\frac{1}{2}$ *Zoll für Druckpapier*).

den [den] **I** *s* **1.** Höhle *f*, Bau *m* (*e-s wilden Tieres*): → **lion 1**. **2.** Höhle *f*, Versteck *n*, Nest *n*: ~ **of robbers** Räuberhöhle; ~ **of thieves** *Bibl.* Mördergrube *f*; ~ **of vice** (*od.* **iniquity**) Lasterhöhle. **3.** *fig. contp.* Höhle *f*, „Loch" *n* (*unwirtliche Behausung*). **4.** a) (gemütliches) Zimmer, „Bude" *f*, b) Arbeitszimmer *n*. **II** *v/i* **5.** ~ **up** *zo. Am.* sich in s-e Höhle zuˈrückziehen (*bes. zum Winterschlaf*).

den·a·ry [ˈdiːnərɪ; *Am. a.* ˈden-] *adj* **1.** zehnfach, Zehn... **2.** Dezimal...

de·na·tion·al·i·za·tion [ˈdiːˌnæʃnəlaɪˈzeɪʃn; *Am.* -ləˈz-] *s* **1.** Entnationaliˈsierung *f*. **2.** *econ.* Entstaatlichung *f*, Repriˌvatiˈsierung *f*. **ˌdeˈna·tion·al·ize** *v/t* **1.** entnationaliˈsieren, (*dat*) den natioˈnalen Chaˈrakter nehmen. **2.** der Herrschaft e-r (einzelnen) Natiˈon entziehen. **3.** *j-m* die Staatsangehörigkeit aberkennen. **4.** *econ.* entstaatlichen, repriˌvatiˈsieren.

de·nat·u·ral·i·za·tion [ˈdiːˌnætʃrəlaɪˈzeɪʃn; *Am.* -ləˈz-] *s* **1.** Naˈturentfremdung *f*. **2.** Ausbürgerung *f*. **deˈnat·u·ral·ize** *v/t* **1.** ˈunnaˌtürlich machen. **2.** s-r wahren Naˈtur entfremden. **3.** denaturaliˈsieren, ausbürgern.

de·na·tur·ant [ˌdiːˈneɪtʃərənt] *s* Denatuˈrierungs-, Vergällungsmittel *n*. **deˈna·ture** *v/t chem.* denatuˈrieren: a) *Alkohol etc* vergällen, ungenießbar machen, b) *Eiweiß* chemisch nicht definierbar verändern.

de·na·zi·fi·ca·tion [diːˌnɑːtsɪfɪˈkeɪʃn; -ˌnæt-] *s pol. hist.* Entnazifiˈzierung *f*: ~ **tribunal** Spruchkammer *f*. **deˈna·zi·fy** [-faɪ] *v/t* entnazifiˈzieren.

den·dra [ˈdendrə] *pl von* **dendron**.

den·dri·form [ˈdendrɪfɔː(r)m] *adj* baumförmig, verzweigt.

den·drite [ˈdendraɪt] *s* **1.** *min.* Denˈdrit *m*. **2.** → **dendron**. **denˈdrit·ic** [-ˈdrɪtɪk] *adj*; **denˈdrit·i·cal** *adj* (*adv* ~**ly**) **1.** *anat. min.* denˈdritisch. **2.** (baumähnlich) verästelt.

den·dro·chro·nol·o·gy [ˌdendrəʊkrəˈnɒlədʒɪ; *Am.* -ˈnɑ-] *s* Dendrochronoloˈgie *f*, ˈJahresringchronoloˌgie *f*.

den·dro·lite [ˈdendrəʊlaɪt] *s* Dendroˈlith *m*, Pflanzenversteinerung *f*.

den·drol·o·gy [denˈdrɒlədʒɪ; *Am.* -ˈdrɑ-] *s* Dendroloˈgie *f*, Baum-, Gehölzkunde *f*.

den·dron [ˈdendrən] *pl* **-drons**, **-dra** [-drə] *s anat.* Denˈdrit *m*, Dendron *n* (*Protoplasmafortsatz der Nervenzellen*).

dene¹ [diːn] *s Br. dial.* (Sand)Düne *f*.

dene² [diːn] *s Br.* (kleines) Tal.

den·e·ga·tion [ˌdenɪˈgeɪʃn] *s* **1.** (Ab-)Leugnung *f*. **2.** Ablehnung *f*.

dene-hole [ˈdiːnhəʊl] *s* prähistorische Bodenhöhle (*bes. in Essex u. Kent*).

den·gue [ˈdeŋgɪ; *Am. a.* -geɪ] *s med.* Denguefieber *n*.

de·ni·a·ble [dɪˈnaɪəbl] *adj* abzuleugnen(d), verneinbar.

de·ni·al [dɪˈnaɪəl] *s* **1.** Ablehnung *f*, Absage *f*, Verweigerung *f*: **to get a** ~, **to meet with a** ~ e-e abschlägige Antwort erhalten; **to take no** ~ sich nicht abweisen lassen. **2.** Verneinung *f*, (Ab-)Leugnung *f*: **official** ~ Dementi *n*. **3.** (Ver)Leugnung *f*: ~ **of God** Gottesleugnung. **4.** Selbstverleugnung *f*.

de·nic·o·tin·ize [ˌdiːˈnɪkətɪnaɪz], *a.* **de·nic·o·tine** [ˌdiːˈnɪkətiːn] *v/t* entnikotiˈnisieren: ~**d** nikotinarm, -frei.

de·ni·er¹ [dɪˈnaɪə(r)] *s* **1.** Verweigerer *m*, Verweigerin *f*. **2.** Leugner(in).

de·nier² *s* **1.** [ˈdenɪə(r); -jə(r)] Deniˈer *m* (*0,05 g; Gewichtseinheit zur Bestimmung des Titers von Seidengarn etc*). **2.** [dɪˈnɪə(r)] *hist.* Deniˈer *m* (*alte französische Münze*).

den·i·grate [ˈdenɪgreɪt] *v/t* **1.** schwärzen. **2.** *fig.* anschwärzen, verunglimpfen. **ˌden·iˈgra·tion** *s* Verunglimpfung *f*, Anschwärzung *f*.

den·im [ˈdenɪm] *s* **1.** Textilwesen: Köper *m*. **2.** *pl* Overall *m od.* Jeans *pl* aus Köper.

de·ni·trate [ˌdiːˈnaɪtreɪt] *v/t chem.* deniˈtrieren. **ˌdeˈni·tri·fy** [-trɪfaɪ] *v/t chem.* denitrifiˈzieren.

den·i·zen [ˈdenɪzn] **I** *s* **1.** Bürger(in),

Bewohner(in), Einwohner(in) (*a. fig.*). **2.** (teilweise) eingebürgerter Ausländer. **3.** Stammgast *m.* **4.** (*etwas*) Eingebürgertes, *bes.* eingebürgertes Wort *od.* Tier. **II** *v/t* **5.** (teilweise) einbürgern *od.* naturali'sieren.
de·nom·i·nate I *v/t* [dɪˈnɒmɪneɪt; *Am.* -ˈnɑmə-] **1.** benennen, bezeichnen. **2.** nennen, bezeichnen als: **to ~ s.th. a crime. II** *adj* [-nɪt; -neɪt] **3.** *bes. math.* benannt: **~ quantity**.
de·nom·i·na·tion [dɪˌnɒmɪˈneɪʃn; *Am.* -ˌnɑmə-] *s* **1.** Benennung *f.* **2.** Bezeichnung *f*, Name *m.* **3.** Gruppe *f*, Klasse *f*, Kategoʹrie *f.* **4.** *relig.* a) Sekte *f*, b) Konfessiʹon *f*, Bekenntnis *n.* **5.** (Maß-, Gewichts-, Wert)Einheit *f.* **6.** *econ.* Nennwert *m (von Banknoten etc)*: **shares** (*bes. Am.* **stocks**) **in small ~s** Aktien in kleiner Stückelung. **de·ˌnom·i·ˈna·tion·al** *adj* (*adv* **~ly**) *relig.* konfessioʹnell, Konfessions..., Bekenntnis...: **~ school**. **de·ˌnom·i·ˈna·tion·al·ism** *s* **1.** Sekʹtierertum *n.* **2.** Prinʹzip *n* des konfessioʹnellen Unterrichts. **de·ˌnom·i·ˈna·tion·al·ize** *v/t* konfessionaliʹsieren.
de·nom·i·na·tive [dɪˈnɒmɪnətɪv; *Am.* -ˈnɑmə-] **I** *adj* **1.** benennend, Nenn... **2.** a) benannt, b) benennbar. **3.** *ling.* von e-m Substantiv abgeleitet.
de·nom·i·na·tor [dɪˈnɒmɪneɪtə(r); *Am.* -ˈnɑmə-] *s* **1.** *math.* Nenner *m* (*e-s Bruchs*): **common ~** gemeinsamer Nenner (*a. fig.*); **to reduce to a common ~** auf e-n gemeinsamen Nenner bringen. **2.** Namengeber(in).
de·no·ta·tion [ˌdiːnəʊˈteɪʃn] *s* **1.** Bezeichnung *f.* **2.** Bedeutung *f*: **~ of a word**. **3.** *Logik*: Beʹgriffsˌumfang *m.* **de·no·ta·tive** [dɪˈnəʊtətɪv; *Am. a.* ˈdiːnəʊˌteɪ-] *adj* (*adv* **~ly**) an-, bedeutend, bezeichnend: **to be ~ of s.th.** etwas bedeuten *od.* bezeichnen.
de·note [dɪˈnəʊt] *v/t* **1.** an-, bedeuten, anzeigen: **to ~ that** bedeuten *od.* anzeigen, daß. **2.** anzeigen, angeben. **3.** kennzeichnen, bezeichnen.
de·noue·ment, *Br. a.* **dé·noue·ment** [deɪˈnuːmɑ̃:ŋ] *s* **1.** Lösung *f* (*des Knotens*) (*im Drama etc*). **2.** *fig.* Ausgang *m*, Resulˈtat *n.*
de·nounce [dɪˈnaʊns] *v/t* **1.** (öffentlich) anprangern *od.* verurteilen, brandmarken. **2.** *j-n* anzeigen, *contp. j-n* denunziʹeren (**to** bei). **3.** e-n Vertrag kündigen. **4.** *obs.* verkünden, (drohend) ankündigen. **de·ˈnounce·ment** *s* **1.** (öffentliche) Anprangerung *od.* Verurteilung, Brandmarkung *f.* **2.** Anzeige *f*, *contp.* Denunziatiʹon *f.* **3.** Kündigung *f.*
dense [dens] *adj* (*adv* **~ly**) **1.** *allg., a. phys.* dicht: **~ crowd**; **~ fabric**; **~ fog**; **~ forest**; **~ population**; **~ print** enger Druck. **2.** *fig.* beschränkt, schwerfällig, begriffsstutzig, schwer von Begriff. **3.** *phot.* dicht, gutbelichtet (*Negativ*): **too ~ überbelichtet. ˈdense·ness** *s* **1.** Dichtheit *f*, Dichte *f.* **2.** *fig.* Beschränktheit *f*, Begriffsstutzigkeit *f.* **ˈden·si·fy** [-səfaɪ] *v/t. v/i* (sich) verdichten.
den·sim·e·ter [denˈsɪmɪtə(r)] *s chem. phys.* Densiʹmeter *n*, Dichtemesser *m.* **ˌden·siˈtom·e·ter** [-sɪˈtɒmɪtə(r); *Am.* -ˈtɑmə-] *s* **1.** → **densimeter**. **2.** *phot.* Densitoʹmeter *n*, Schwärzungsmesser *m.*
den·si·ty [ˈdensətɪ] *s* **1.** Dichte *f*, Dichtheit *f*: **~ of population** Bevölkerungsdichte; **~ of traffic** Verkehrsdichte. **2.** *fig.* → **denseness 2**. **3.** *chem. electr. phys.* Dichte *f.* **~ of field** Feld(linien)dichte. **4.** *phot.* Dichte *f*, Schwärzung *f.*
dent¹ [dent] **I** *s* Beule *f*, Delle *f*, Einbeulung *f*: **to make a ~ in** *fig.* a) ein Loch reißen in (*Ersparnisse etc*), b) *j-s* Ruf *etc*

schaden, c) *j-s* Stolz *etc* verletzen. **II** *v/t u. v/i* (sich) einbeulen.
dent² [dent] *s* **1.** Kerbe *f*, Einschnitt *m.* **2.** *tech.* Zahn *m.*
den·tal [ˈdentl] **I** *adj* **1.** *med.* denˈtal, Zahn...: **~ caries** Zahnkaries *f*; **~ clinic** Zahnklinik *f*; **~ floss** Zahnseide *f*; **~ formula** Zahnformel *f*; **~ hygiene** Zahnpflege *f*; **~ laboratory** Zahnlabor *n*; **~ plaque** Zahnbelag *m*; **~ plate** Zahnprothese *f*, Platte *f*; **~ surgeon** Zahnarzt *m*, *bes.* Zahnchirurg *m*; **~ surgery** Zahnchirurgie *f*; **~ technician** a) Zahntechniker *m*, b) Dentist *m*; **~ treatment** Zahnbehandlung *f.* **2.** *med.* zahnärztlich: **~ assistant** Zahnarzthelferin *f.* **3.** *ling.* a) Dental..., denˈtal, b) Alveolar..., alveoˈlar: **~ consonant** → **4. II** *s* **4.** *ling.* a) Denˈtal(laut) *m*, b) Alveoˈlar(laut) *m.*
den·ta·ry [ˈdentərɪ] *zo.* **I** *adj* Zahn(bein)... **II** *s a.* **~ bone** Zahnbein *n.*
ˈden·tate [-teɪt] *adj bot. zo.* gezähnt. **denˈta·tion** *s* **1.** *zo.* Bezahnung *f.* **2.** *bot.* Zähnung *f.* **3.** *zahnartiger* Fortsatz.
den·ti·cle [ˈdentɪkl] *s* Zähnchen *n.* **denˈtic·u·late** [-ˈtɪkjʊlət; -leɪt], *a.* **denˈtic·u·lat·ed** [-leɪtɪd] *adj* **1.** *bot.* gezähnelt. **2.** gezackt. **denˌtic·uˈla·tion** *s* **1.** *bot.* Zähnelung *f.* **2.** Auszackung *f.* **3.** *arch.* Zahnschnitt *m.*
den·ti·form [ˈdentɪfɔː(r)m] *adj* zahnförmig. **ˈden·ti·frice** [-frɪs] *s* Zahnputzmittel *n.*
den·til [ˈdentɪl] *s arch.* Zahn *m* (*einzelner Vorsprung beim Zahnschnitt*).
den·ti·lin·gual [ˌdentɪˈlɪŋɡwəl] *ling.* **I** *adj* dentilinguˈal. **II** *s* Dentilinguˈal(-laut) *m.*
den·tin [ˈdentɪn] → **dentine**. **ˈden·ti·nal** [ˈdentɪnl; *Am.* denˈtiːnl] *adj anat.* Zahnbein... **ˈden·tine** [-tiːn] *s anat.* Denˈtin *n*, Zahnbein *n.*
den·tist [ˈdentɪst] *s* Zahnarzt *m*, -ärztin *f.* **ˈden·tist·ry** [-trɪ] *s* Zahnheilkunde *f*, -mediˌzin *f.*
den·ti·tion [denˈtɪʃn] *s* **1.** *anat. zo.* ˈZahnsyˌstem *n*, Gebiß *n.* **2.** *med.* Zahnen *n* (*der Kinder*).
den·toid [ˈdentɔɪd] *adj* zahnartig.
den·ture [ˈdentʃə(r)] *s* **1.** *anat.* Gebiß *n.* **2.** a) (künstliches) Gebiß, (ˈVoll)Prothese *f*, b) ˈTeilproˌthese *f.*
de·nu·cle·ar·ize [ˌdiːˈnjuːklɪəraɪz; *Am. a.* -ˈnuː-] *v/t* aˈtomwaffenfrei machen, e-e atomwaffenfreie Zone schaffen in (*dat*).
de·nu·da·tion [ˌdiːnjuːˈdeɪʃn; *Am. a.* -nuːˈd-; *a.* ˌdenjʊˈd-] *s* **1.** Entblößung *f.* **2.** *geol.* Abtragung *f.*
de·nude [dɪˈnjuːd; *Am. a.* dɪˈnuːd] *v/t* **1.** (**of**) entblößen (*von od. gen*), *fig. a.* berauben (*gen*). **2.** *geol.* (durch Abtragung) freilegen.
de·nun·ci·ate [dɪˈnʌnsɪeɪt] → **denounce. deˌnun·ciˈa·tion** → **denouncement. deˈnun·ci·a·tive** [-sɪətɪv; -sɪeɪtɪv] → **denunciatory. deˈnun·ci·a·tor** [-eɪtə(r)] *s* Denunziˈant(in). **deˈnun·ci·a·to·ry** [-sɪətərɪ; *Am.* -ˌtɔː-; -ˌtoː-] *adj* **1.** denunziˈerend. **2.** (öffentlich) anprangernd *od.* verurteilend, brandmarkend.
de·ny [dɪˈnaɪ] **I** *v/t* **1.** ab-, bestreiten, in Abrede stellen, dementieren, (ab)leugnen: **to ~ a charge** e-e Beschuldigung zurückweisen; **I ~ saying** (*od.* **that I said**) **so** ich bestreite, daß ich das gesagt habe; **it cannot be denied, there is no ~ing (the fact)** es läßt sich nicht bestreiten, es ist nicht zu leugnen (that daß). **2.** *etwas* verneinen, neˈgieren. **3.** (*als falsch od. irrig*) ablehnen, verwerfen: **to ~ a doctrine**. **4.** *e-e* Bitte *etc* ablehnen, *j-m* etwas abschlagen, verweigern, versagen: **to ~ o.s. any pleasure** sich jedes Vergnügen versagen; **to ~ a plea** *jur.* e-n

Antrag abweisen. **5.** *j-n* zuˈrück-, abweisen, *j-m* e-e Bitte abschlagen *od.* versagen: **she was hard to ~** es war schwer, sie zurückzuweisen; **to ~ o.s.** Selbstverleugnung üben. **6.** *e-r* Neigung *etc* widerˈstehen, entsagen. **7.** nichts zu tun haben wollen mit. **8.** *s-n* Glauben, *s-e* Unterschrift *etc* verleugnen, nicht anerkennen: **to ~ one's faith**. **9.** *Besucher etc* abweisen, nicht zu- *od.* vorlassen. **10.** *j-n* verleugnen, *j-s* Anwesenheit leugnen. **II** *v/i* **11.** leugnen. **12.** verneinen.
de·o·dand [ˈdiːəʊdænd] *s jur. hist. Br.* Deoˈdand *n* (*Sache, die den Tod e-s Menschen verursacht hatte u. der Krone anheimfiel*).
de·o·dor·ant [diːˈəʊdərənt] **I** *s* deˈodoˈrierendes *od.* de(s)odoriˈsierendes Mittel, Desoˈdorans *n*, Deodoˈrant *n.* **II** *adj* de(s)odoˈrierend, de(s)odoriˈsierend, geruchtilgend. **de·o·dor·i·za·tion** [-raɪˈzeɪʃn; *Am.* -rəˈz-] *s* De(s)odoˈrierung *f*, De(s)odoriˈsierung *f.* **deˈo·dor·ize** *v/t u. v/i* de(s)odoˈrieren, de(s)odoriˈsieren.
deˈo·dor·iz·er → **deodorant I**.
de·on·tol·o·gy [ˌdiːɒnˈtɒlədʒɪ; *Am.* -ˌɑnˈtɑ-] *s* Deontoloˈgie *f* (*Ethik als Pflichtenlehre*).
de·ox·i·date [diːˈɒksɪdeɪt; *Am.* -ˈɑk-] → **deoxidize. deˌox·iˈda·tion** → **deoxidization. deˌox·iˈda·tion** [-daɪˈzeɪʃn; *Am.* -dəˈz-] *s chem.* Desoxydatiˈon *f.* **deˈox·i·dize** *v/t chem.* desoxyˈdieren.
de·ox·y·gen·ate [ˌdiːɒkˈsɪdʒəneɪt; *Am.* -ɑkˈs-] *v/t chem.* den Sauerstoff entziehen. **deˌox·yˌgen·ˈa·tion, deˌox·yˌgen·iˈza·tion** *s* Sauerstoffentzug *m.*
de·ox·y·ri·bo·nu·cle·ic acˈid [diːˌɒksɪˌraɪbəʊnjuːˈkliːɪk; *Am.* -ɑk-; -nuːˈk-] *s Biochemie*: Desoxyribonukleˈinsäure *f.*
de·part [dɪˈpɑː(r)t] **I** *v/i* **1.** weg-, fortgehen, *bes.* abreisen, abfahren (**for** nach). **2.** *rail. etc* abgehen, abfahren, *aer.* abfliegen. **3.** (**from**) abweichen (von *e-r* Regel, der Wahrheit *etc*), (*s-n* Plan *etc*) ändern: **to ~ from a rule**; **to ~ from one's word** sein Wort brechen. **4.** ˈhinscheiden, verscheiden: **to ~ from life** aus dem Leben scheiden. **5.** *jur.* vom Gegenstand der Klage abweichen. **II** *v/t* **6.** verlassen (*obs. außer in*): **to ~ this life** sterben. **deˈpart·ed** *adj* **1.** tot, verstorben: **the ~** a) der *od.* die Verstorbene, b) der Verstorbenen *pl.* **2.** vergangen.
deˈpart·ment *s* **1.** Fach *n*, Gebiet *n*, Resˈsort *n*, Geschäftsbereich *m*: **that's your ~** *bes. Br. colloq.* das ist dein Ressort. **2.** *econ.* Branche *f*, Geschäftszweig *m.* **3.** Abˈteilung *f*: **~ of German** *univ.* germanistische Abteilung, germanistischer Fachbereich; **export ~** *econ.* Exportabteilung; **furniture ~** Möbelabteilung (*im Warenhaus*). **4.** Departeˈment *n*, (Verwaltungs)Bezirk *m* (*in Frankreich*). **5.** Dienst-, Geschäftsstelle *f.* **6.** Amt *n*: **health ~** Gesundheitsamt. **7.** *pol.* Miniˈsterium *n*: **D~ of Defense** *Am.*, **D~ of National Defense** *Canad.* Verteidigungsministerium; **D~ of the Environment** *Br.* Umweltschutzministerium; **D~ of the Interior** *Am.* Innenministerium; **D~ of State** *Am.* Außenministerium. **8.** *mil.* Bereich *m*, Zone *f.*
de·part·men·tal [ˌdiːpɑː(r)tˈmentl] *adj* (*adv* **~ly**) **1.** Abteilungs... **2.** Fach..., Branchen... **3.** Bezirks... **4.** *pol.* ministeriˈell, Ministerial... **ˌde·partˈmen·tal·ize** *v/t* in (unzählige) Abˈteilungen gliedern.
deˈpart·ment store *s* Kauf-, Warenhaus *n.*
de·par·ture [dɪˈpɑː(r)tʃə(r)] *s* **1.** a) Weggang *m*, *bes. mil.* Abzug *m*, b) Abreise *f*: **to take one's ~** sich verabschieden,

departure gate – depraved

weg-, fortgehen, c) Ausscheiden *n* (**from** aus *Regierung etc*). **2.** *rail. etc* Abfahrt *f*, *aer.* Abflug *m* (**for** nach): (**time of**) ~ Abfahrts-, Abflugzeit *f*. **3.** *fig.* Anfang *m*, Beginn *m*, Start *m*: **a new** ~ a) ein neuer Anfang, b) ein neuer Weg, ein neues Verfahren; **point of** ~ Ausgangspunkt *m* (**for** für). **4.** Abweichen *n*, Abweichung *f* (**from** von): **a** ~ **from official procedure; a** ~ **from one's principles. 5.** *mar.* a) 'Längen₁unterschied *m* (*bei der gegißten Besteckrechnung*), b) Abfahrtspunkt *m* (*Beginn der Besteckrechnung*). **6.** *jur.* Abweichung *f* (*vom Gegenstand der Klage*), Klageänderung *f*. **7.** Tod *m*, 'Hinscheiden *n*. ~ **gate** *s aer.* Flugsteig *m*. ~ **lounge** *s aer.* Abflughalle *f*.
de·pas·ture [di:'pɑːstʃə(r); *Am.* -'pæs-] **I** *v/t* **1.** abweiden. **2.** *Vieh* weiden. **II** *v/i* **3.** weiden (*Vieh*).
de·pend [dɪ'pend] *v/i* **1.** sich verlassen (**on, upon** auf *acc*): **you may** ~ **on it** (**on him**) Sie können sich darauf (auf ihn) verlassen. **2.** (**on, upon**) abhängen, abhängig sein (von *acc*): a) angewiesen sein (auf *acc*): **children** ~ **on their parents;** **he** ~**s on my help,** b) ankommen auf (*acc*): **it** ~**s on you; it** ~**s on his permission** es hängt von s-r Erlaubnis ab; **it** ~**s on the circumstances** es kommt auf die Umstände an, es hängt von den Umständen ab; **that** ~**s** das kommt darauf an, je nachdem; ~**ing on the quantity used** je nach (der verwendeten) Menge; ~**ing on whether** je nachdem, ob. **3.** 'untergeordnet sein (**on, upon** *dat*). **4.** *bes. jur.* schweben, in der Schwebe *od.* noch unentschieden *od.* anhängig sein. **5.** her'abhängen (**from** von).
de₁pend·a'bil·i·ty *s* Verläßlichkeit *f*, Zuverlässigkeit *f*. **de'pend·a·ble** *adj* (*adv* **dependably**) verläßlich, zuverlässig. **de'pend·a·ble·ness** → dependability.
de·pen·dance, de·pen·dan·cy *Am.* → dependence, dependency. **de'pen·dant I** *s* Abhängige(r *m*) *f*, *bes.* (Fa'milien)Angehörige(r *m*) *f*. **II** *adj Am.* → dependent I.
de·pen·dence [dɪ'pendəns] *s* **1.** (**on, upon**) Abhängigkeit *f* (von), Angewiesensein *n* (auf *acc*): **to bring under the** ~ **of** abhängig machen von. **2.** 'Untergeordnetsein *n*. **3.** Vertrauen *n* (**on, upon** auf *od.* in *acc*): **to put** (*od.* **place**) ~ **on s.o.** sich auf j-n verlassen, Vertrauen in j-n setzen. **4.** *fig.* Stütze *f*: **he was her sole** ~. **5.** *bes. jur.* Schweben *n*, Anhängigsein *n*: **in** ~ in der Schwebe. **de'pen·den·cy** *s* **1.** → dependence 1, 2. **2.** (*etwas*) 'Untergeordnetes. **3.** *pol.* abhängiges Gebiet, Schutzgebiet *n*, Kolo'nie *f*. **4.** *arch.* Nebengebäude *n*, Depen'dance *f*. **de'pen·dent I** *adj* **1.** (**on, upon**) abhängig, abhängend (von): a) angewiesen (auf *acc*): ~ **on s.o.'s support,** b) bedingt (durch): ~ **on weather conditions** wetter-, witterungsbedingt. **2.** vertrauend, sich verlassend (**on, upon** auf *acc*). **3.** (**on**) 'untergeordnet (*dat*), abhängig (von): ~ **clause** *ling.* Nebensatz *m*. **4.** her'abhängend (**from** von). **II** *s bes. Am.* → dependant I.
de·peo·ple [₁diː'piːpl] *v/t* entvölkern.
de·per·son·al·i·za·tion [diː₁pɜːsnəlaɪ'zeɪʃn; *Am.* -₁pɜːrsnələ'z-] *s psych.* Ent·per'sönlichung *f*. ₁**de'per·son·al·ize** *v/t* **1.** *psych.* entper'sönlichen. **2.** 'unper₁sönlich machen.
de·phlo·gis·ti·cate [₁diːfləʊ'dʒɪstɪkeɪt; *Am.* -floʊ'dʒ-] *v/t chem.* dephlogi'stieren, oxy'dieren.
de·pict [dɪ'pɪkt] *v/t* **1.** (ab)malen, zeichnen, (bildlich) darstellen. **2.** schildern,

beschreiben, veranschaulichen, anschaulich darstellen. **de'pic·tion** *s* **1.** Malen *n*, Zeichnen *n*. **2.** bildliche Darstellung, Zeichnung *f*, Bild *n*. **3.** Schilderung *f*, Beschreibung *f*, anschauliche Darstellung. **de'pic·tive** *adj* schildernd, veranschaulichend.
dep·i·late ['depɪleɪt] *v/t* enthaaren, depi'lieren. ₁**dep·i'la·tion** *s* Depilati'on *f*, Enthaarung *f*. **de·pil·a·to·ry** [dɪ'pɪlətərɪ; *Am.* -₁tɔːrɪ; -₁toːr-] **I** *adj* enthaarend. **II** *s* Enthaarungsmittel *n*.
de·plane [₁diː'pleɪn] *bes. Am.* **I** *v/t* aus dem Flugzeug ausladen. **II** *v/i* aus dem Flugzeug (aus)steigen, von Bord gehen.
de·plen·ish [dɪ'plenɪʃ] *v/t* entleeren.
de·plete [dɪ'pliːt] *v/t* **1.** leeren, leer machen (of von). **2.** *med.* e-m *Organ etc* Flüssigkeit entziehen. **3.** *fig.* Raubbau treiben mit, *Kräfte, Vorräte etc* erschöpfen, *Bestand etc* dezi'mieren: **to** ~ **a lake of fish** e-n See abfischen. **de'ple·tion** [-ʃn] *s* **1.** Entleerung *f*. **2.** *fig.* Raubbau *m*, Erschöpfung *f*: ~ **of capital** *econ.* Kapitalentblößung *f*. **3.** *med.* a) Flüssigkeitsentzug *m*, b) Flüssigkeitsarmut *f*, c) Erschöpfungszustand *m*. **de'ple·tive** [dɪ'pliːtɪv] *I adj* **1.** (ent)leerend. **2.** erschöpfend. **3.** *med.* flüssigkeitentziehend. **II** *s* **4.** *med.* flüssigkeitentziehendes Mittel. **de'ple·to·ry** → depletive I.
de·plor·a·ble [dɪ'plɔːrəbl] *adj* **1.** bedauerlich, bedauerns-, beklagenswert. **2.** erbärmlich, jämmerlich, kläglich. **de'plor·a·bly** *adv* **1.** bedauerlich (*etc*, → deplorable). **2.** bedauerlicherweise.
de·plore [dɪ'plɔː(r)] *v/t* **1.** beklagen: a) bedauern, b) betrauern, beweinen. **2.** miß'billigen.
de·ploy [dɪ'plɔɪ] **I** *v/t* **1.** *mil.* (*taktisch*) Ge'fechtsformati₁on annehmen lassen: a) entwickeln, b) entfalten. **2.** *mil. u. allg.* verteilen, einsetzen. **3.** *mil.* Truppen stati₁o'nieren, *Raketen etc a.* aufstellen. **4.** *fig. a.* Argumente vorbringen, geltend machen, b) *Geschick etc* anwenden. **II** *v/i* **5.** *mil.* sich entwickeln, sich entfalten, ausschwärmen, (die) Ge'fechtsformati₁on annehmen. **6.** *mar.* in die Gefechtslinie 'übergehen. **7.** sich ausbreiten. **III** *s* → deployment. **de'ploy·ment** *s* **1.** *mil.* Aufmarsch *m*, Entfaltung *f*, Entwicklung *f*: ~ **in depth** Tiefengliederung *f*; ~ **in width** Seitenstaffelung *f*. **2.** *mil. u. allg.* Verteilung *f*, Einsatz *m*. **3.** *mil.* Stati₁o'nierung *f*, Aufstellung *f*.
de·plume [₁diː'pluːm] *v/t* rupfen.
de·pod [₁diː'pɒd; *Am.* -'pɑd] *v/t Erbsen etc* enthülsen.
de·poi·son [₁diː'pɔɪzn] *v/t Luft etc* entgiften.
de·po·lar·i·za·tion ['diː₁pəʊləraɪ'zeɪʃn; *Am.* -rə'z-] *s electr. phys.* Depolari'sierung *f*. ₁**de'po·lar·ize** *v/t* depolari'sieren.
de·po·lit·i·cize [₁diːpə'lɪtɪsaɪz] *v/t* entpoliti'sieren.
de·pol·lute [₁diːpə'luːt] *v/t Gewässer* reinigen.
de·pol·y·mer·ize [diː'pɒlɪməraɪz; *Am.* -'pɑl-] *v/t u. v/i chem.* depolymeri'sieren.
de·pone [dɪ'pəʊn] → depose 3 *u.* 4.
de·po·nent [dɪ'pəʊnənt] **I** *adj* **1.** *ling.* mit passiver Form u. aktiver Bedeutung: ~ **verb** → 2. **II** *s* **2.** *ling.* De'ponens *n*. **3.** *jur.* a) unter Eid aussagender Zeuge, b) (*in Urkunden*) der *od.* die Erschienene.
de·pop·u·late [₁diː'pɒpjʊleɪt; *Am.* -'pɑpjə-] *v/t u. v/i* (sich) entvölkern. **de·₁pop·u'la·tion** *s* Entvölkerung *f*.
de·port [dɪ'pɔː(r)t] *v/t* **1.** (zwangsweise) fortschaffen. **2.** depor'tieren. **3.** des Landes verweisen, ausweisen, *Ausländer a.* abschieben, *hist.* verbannen. **4.** ~ **o.s.** sich *gut etc* benehmen *od.* betragen. ₁**de·por'ta·tion** [₁diː-] *s* **1.** Deportati'on *f*. **2.** Ausweisung *f*, Landesverweisung *f*, Abschiebung *f*, *hist.* Verbannung *f*. ₁**de·por'tee** [-'tiː] *s* Depor'tierte(r *m*) *f*. **de·'port·ment** *s* **1.** Benehmen *n*, Betragen *n*, (*a. phys. tech.*) Verhalten *n*. **2.** (Körper-) Haltung *f*.
de·pos·a·ble [dɪ'pəʊzəbl] *adj* absetzbar. **de'pos·al** → deposition 1.
de·pose [dɪ'pəʊz] **I** *v/t* **1.** *j-n* absetzen: **to** ~ **s.o. from office** j-n s-s Amtes entheben. **2.** entthronen. **3.** *jur.* unter Eid aussagen *od.* zu Proto'koll geben, eidlich bezeugen *od.* erklären. **II** *v/i* **4.** *jur.* (*bes.* in Form e-r schriftlichen, beeideten Erklärung) aussagen, e-e beeidete Erklärung abgeben: **to** ~ **to s.th.** → 3.
de·pos·it [dɪ'pɒzɪt; *Am.* -'pɑ-] **I** *v/t* **1.** ab-, niedersetzen, -stellen, -legen, *weitS.* etwas *od.* j-n (sicher) 'unterbringen. **2.** *chem. geol. tech.* ablagern, ablassen, sedimen'tieren. **3.** *Eier* (ab)legen. **4.** depo'nieren: a) *Sache* hinter'legen, b) *Geld* hinter'legen, einzahlen. **5.** *econ.* e-n Betrag anzahlen. **II** *v/i* **6.** *chem.* sich absetzen *od.* ablagern *od.* niederschlagen. **7.** e-e Einzahlung machen. **III** *s* **8.** *bes. geol.* Ablagerung *f*, *bes. Bergbau*: Lager (-stätte *f*) *n*: ~ **of ore** Erzlager *n*. **9.** *chem. tech.* Ablagerung *f*, (Boden)Satz *m*, Niederschlag *m*, Sedi'ment *n*. **10.** *electr.* (gal-'vanischer) (Me'tall)₁Überzug *m*. **11.** *econ.* Depo'nierung *f*, Hinter'legung *f*. **12.** De'pot *n* (*hinterlegter Wertgegenstand*): (**up**)**on** (*od.* **in**) ~ in Depot, hinterlegt; **to place on** ~ **4. 13.** *Bankwesen*: a) Einzahlung *f*, b) (Geld)Einlage *f* (*meist pl*): ~**s** Depositen(gelder, -einlagen); ~ **account** *Br.* Termineinlagekonto *n*; ~ **receipt** (*od.* **slip**) Einzahlungsbeleg *m*. **14.** *jur.* Pfand *n*, Hinter'legung *f*, Sicherheit *f*. **15.** *econ.* Anzahlung *f*: **to make a** ~ **e-e Anzahlung leisten (on für). 16.** → depository 1.
de·pos·i·tar·y [dɪ'pɒzɪtərɪ; *Am.* dɪ'pɑzə₁terɪ] *s econ.* **1.** Deposi'tar(in), Verwahrer(in): ~ **bank** Depotbank *f*; ~ **state** *pol.* Verwahrerstaat *m*. **2.** → depository 1.
de·pos·it| bank *s econ.* Depo'sitenbank *f*. ~ **bank·ing** *s econ.* Depo'sitengeschäft *n*. ~ **bill** *s econ.* De'potwechsel *m*. ~ **cop·y** *s* Be'legexem₁plar *n* (*für öffentliche Bibliotheken*). ~ **cur·ren·cy** *s econ. Am.* Buch-, Gi'ralgeld *n*.
dep·o·si·tion [₁depə'zɪʃn; ₁diː-] *s* **1.** Absetzung *f*: a) Amtsenthebung *f*, b) Entthronung *f*: ~ **of a monarch,** c) *relig.* Depositi'on *f*: ~ **of a clergyman**. **2.** *chem. geol. tech.* a) Ablagerungs-, Sedi'mentbildung *f*, b) → deposit 8 *u.* 9. **3.** → deposit 11-13. **4.** *jur.* (zu Proto'koll gegebene) eidliche Aussage. **5.** *paint.* Kreuzabnahme *f*.
de·pos·i·tor [dɪ'pɒzɪtə; *Am.* dɪ'pɑzətər] *s* **1.** *econ.* a) Hinter'leger(in), Depo'nent(in), Depo'siteninhaber(in) b) Einzahler(in), (Spar)Einleger(in), c) Kontoinhaber(in), Bankkunde *m*. **2.** *tech.* Galvani'seur *m*. **de'pos·i·to·ry** [-tərɪ; -₁tɔːrɪ; -₁toːr-] *s* **1.** Verwahrungsort *m*, Hinter'legungsstelle *f*. **2.** → depot 1. **3.** → depositary 1.
de·pot [dɪ'pəʊ] *s* **1.** De'pot *n* (*bes. Br. a. für Busse, Züge*), Lagerhaus *n*, Niederlage *f*, Maga'zin *n*. **2.** ['diːpəʊ] *Am.* Bahnhof *m*. **3.** *mil.* De'pot *n*: a) Gerätepark *m*, b) Sammelplatz *m*, c) Ersatztruppenteil *m*. **4.** *med.* De'pot *n*: ~ **effect** Depotwirkung *f*.
dep·ra·va·tion [₁deprə'veɪʃn] *s* **1.** → depravity. **2.** Verderben *n*.
de·prave [dɪ'preɪv] *v/t* **1.** (*moralisch*) verderben. **2.** *obs.* diffa'mieren. **de·'praved** *adj* verderbt, verdorben, verworfen, entartet, (sittlich) schlecht, la-

sterhaft. **de'prav·ed·ly** [-vɪdlɪ] *adv.* **de'prav·i·ty** [-'prævətɪ] *s* **1.** Verderbtheit *f*, Verdorbenheit *f*, Verworfenheit *f*, Entartung *f*, Lasterhaftigkeit *f*. **2.** *relig.* (*das*) Böse im Menschen, Erbsünde *f*. **3.** schlimme Tat, Schlechtigkeit *f*.
dep·re·cate ['deprɪkeɪt] *v/t* **1.** mißˈbilligen, verurteilen, tadeln. **2.** → depreciate 2. **3.** *obs.* etwas durch Gebete abzuwenden suchen. **'dep·re·cat·ing** *adj* (*adv* ~ly) **1.** mißˈbilligend. **2.** entschuldigend. ˌ**dep·re'ca·tion** *s* 'Mißˈbilligung *f*. **'dep·re·ca·tive** [-kətɪv; -keɪ-] → deprecating. **'dep·re·ca·tor** [-keɪtə(r)] *s* Gegner(in). **'dep·re·ca·to·ry** [-kətərɪ; -keɪ-; *Am.* -kəˌtɔːrɪ; ˌ-tɔː-] → deprecating.
de·pre·ci·a·ble [dɪˈpriːʃəbl; -ʃɪəbl] *adj econ.* abschreibbar.
de·pre·ci·ate [dɪˈpriːʃɪeɪt] **I** *v/t* **1.** geringschätzen, unterˈschätzen, verachten. **2.** herˈabsetzen, -würdigen, herˈuntermachen. **3.** *econ.* a) (*im Wert od. Preis*) herˈabsetzen, b) abschreiben: **to ~ a machine by 10 per cent** 10% *des* Maschinenwerts abschreiben. **4.** *econ.* Währung abwerten. **II** *v/i* **5.** an Achtung *od.* Wert verlieren. **6.** *econ.* a) (*im Wert od. Preis*) sinken, b) abgeschrieben werden. **7.** schlechter werden, sich verschlechtern. **deˈpre·ci·at·ing** *adj* (*adv* ~ly) geringschätzig, verächtlich.
de·pre·ci·a·tion [dɪˌpriːʃɪˈeɪʃn] *s* **1.** Unterˈschätzung *f*, Geringschätzung *f*, Verachtung *f*. **2.** Herˈabsetzung *f*, -würdigung *f*. **3.** Verschlechterung *f*. **4.** *econ.* a) Wertminderung *f*, -verlust *m*, b) Abschreibung *f*, c) Abwertung *f* (*der Währung*): **~ charge** Abschreibungssatz *m*, -betrag *m*; **~ fund** Abschreibungsfonds *m*.
de·pre·ci·a·to·ry [dɪˈpriːʃjətərɪ; *Am.* -ʃəˌtɔːrɪ; ˌ-tɔː-], *a.* **deˈpre·ci·a·tive** [-ʃjətɪv; -ʃɪeɪtɪv] *adj* geringschätzig, verächtlich.
dep·re·date ['deprɪdeɪt] *v/t* **1.** plündern. **2.** verwüsten. ˌ**dep·re'da·tion** *s* **1.** Plünderung *f*. **2.** Verwüstung *f*. **3.** *fig.* Raubzug *m*. **'dep·re·da·tor** [-tə(r)] *s* Plünderer *m*. **dep·re·da·to·ry** [dɪˈpredətərɪ; *Am.* ˌ-tɔːrɪ; ˌ-tɔː-] *adj* **1.** plündernd. **2.** verwüstend.
de·press [dɪˈpres] *v/t* **1.** a) *j-n* depriˈmieren, niederdrücken, bedrücken, b) *die Stimmung* drücken. **2.** *e-e Tätigkeit, bes. den Handel* niederdrücken, abflauen lassen. **3.** *die Leistung etc* herˈabsetzen, schwächen. **4.** *den Preis, Wert* (herˈab)drücken, senken: **to ~ the market** *econ.* die Kurse drücken. **5.** *Pedal, Taste etc* (nieder)drücken: **to ~ a key. 6.** senken: **to ~ a gun. 7.** *math. Gleichung* reduˈzieren. **deˈpres·sant** *med. pharm.* **I** *adj* **1.** hemmend, dämpfend (*Medikament etc*). **2.** beruhigend. **II** *s* **3.** Beruhigungsmittel *n*.
de·pressed [dɪˈprest] *adj* **1.** depriˈmiert, niedergeschlagen, -gedrückt, bedrückt (*Person*). **2.** gedrückt (*Stimmung; a. econ. Börse*). **3.** eingedrückt, vertieft. **4.** flau, matt, schwach: **~ industry** notleidende *od.* darniederliegende *od.* von e-r Krise betroffene Industrie. **5.** gedrückt (*Preis*), verringert, vermindert (*Wert*). **6.** unterˈdrückt: **~ proletariat. 7.** *bot. zo.* abgeflacht, abgeplattet. **~ ar·e·a** *s* Notstandsgebiet *n*.
de·press·i·ble [dɪˈpresəbl] *adj* niederzudrücken(d). **deˈpress·ing** *adj* (*adv* ~ly) **1.** depriˈmierend, niederdrückend, bedrückend. **2.** kläglich.
de·pres·sion [dɪˈpreʃn] *s* **1.** Depressiˈon *f*, Niedergeschlagenheit *f*, Ge-, Bedrücktheit *f*. **2.** *psych.* (*echte od.* endoˈgene) Melanchoˈlie. **3.** (Ein)Senkung *f*, Vertiefung *f*: **~ of the ground** Bodensenke *f*;

precordial ~ *anat.* Herzgrube *f*. **4.** *geol.* Depressiˈon *f*, Landsenke *f*. **5.** *econ.* a) Depressiˈon *f*, Flaute *f*, Tiefstand *m*, Wirtschaftskrise *f*, b) *Börse:* Baisse *f*, c) Fallen *n* (*der Preise*): **~ of the market** Preisdruck *m*, Baissestimmung *f*. **6.** (Nieder)Drücken *n*. **7.** Herˈabsetzung *f*, Schwächung *f*. **8.** *med.* Entkräftung *f*, Schwäche *f*. **9.** *astr.* Depressiˈon *f*, negative Höhe. **10.** *surv.* Depressiˈon *f*. **11.** *meteor.* Tief(druckgebiet) *n*. **12.** *math.* Redukti'on *f*.
de·pres·sive [dɪˈpresɪv] *adj* **1.** depriˈmierend. **2.** *psych.* depresˈsiv.
de·pres·sor [dɪˈpresə(r)] *s* **1.** *anat.* a) Senker *m*, Niederzieher *m* (*Muskel*), b) *a.* **~ nerve** Nervus *m* deˈpressor, Verlangsamer *m*. **2.** *med.* a) blutdrucksenkendes Mittel, b) *Instrument zum Niederdrücken, bes.* Zungenspatel *m*. **3.** *chem.* Inˈhibitor *m*.
dep·ri·va·tion [ˌdeprɪˈveɪʃn; *a.* ˌdiːpraɪˈv-], *a.* **de·priv·al** [dɪˈpraɪvl] *s* **1.** Beraubung *f*, Entzug *m*, Entziehung *f*: **~ of freedom** Freiheitsentzug. **2.** (empfindlicher) Verlust. **3.** a) Mangel *m*, Entbehrung *f*, b) *psych.* Depriva'tion *f* (*fehlende Zuneigung der Mutter, Liebesentzug etc*). **4.** Absetzung *f*, *relig.* Depriva'tion *f*.
de·prive [dɪˈpraɪv] *v/t* **1. (of s.th.)** *j-n od. etwas* (e-r Sache) berauben, *j-m* (etwas) entziehen *od.* nehmen: **to ~ s.o. of a right**; **to be ~d of s.th.** etwas entbehren (müssen). **2. (of s.th.)** *j-m* (etwas) vorenthalten. **3.** ausschließen, fernhalten (*of s.th.* von etwas). **4.** absetzen. **deˈprived** *adj* **1.** benachteiligt, 'unterprivileˌgiert. **2.** *psych.* unter Depriva'tion leidend.
depth [depθ] *s* **1.** Tiefe *f*: **eight feet in ~** 8 Fuß tief; **it is beyond** (*od.* **out of) his ~** das geht über s-n Horizont; **to get out of one's ~** a) den Boden unter den Füßen verlieren, **to be out of one's ~** a) nicht mehr stehen können, b) *fig.* ratlos *od.* unsicher sein, „schwimmen'; **to swim out of one's ~** so weit hinausschwimmen, bis man nicht mehr stehen kann. **2.** Tiefe *f* (*als dritte Dimension*): **~ of column** *mil.* Marschtiefe. **3.** *phys.* a) **~ of field**, **~ of focus** Schärfentiefe *f*, b) *bes. phot.* Tiefenschärfe *f*. **4.** *oft pl* Tiefe *f*, Mitte *f*, (*das*) Innerste (*a. fig.*): **in the ~s of the slums** mitten in den Slums; **in the ~ of night** in tiefer Nacht, mitten in der Nacht; **in the ~ of winter** im tiefsten Winter. **5.** *oft pl* Tiefe *f*, Abgrund *m* (*a. fig.*): **from the ~s of misery** aus tiefstem Elend. **6.** *fig.* a) Tiefe *f*: **~ of meaning**, b) tiefer Sinn, tiefe Bedeutung, c) Tiefe *f*, Intensiˈtät *f*: **~ of grief**; **in ~** bis in alle Einzelheiten, eingehend, d) Tiefe *f*, Ausmaß *n*: **~ of knowledge**, **~ of guilt**, e) (Gedanken)Tiefe *f*, Tiefgründigkeit *f*, f) Scharfsinn *m*, g) Dunkelheit *f*, Unklarheit *f*, Unergründlichkeit *f*. **7.** Tiefe *f*: **~ of a sound**. **8.** Stärke *f*, Tiefe *f*: **~ of col·o(u)rs. 9.** *Bergbau:* Teufe *f*. **10.** *psych.* 'Unterbewußtsein *n*: **~ analysis** tiefenpsychologische Analyse; **~ interview** Tiefeninterview *n*; **~ psychology** Tiefenpsychologie *f*. **~ bomb**, **~ charge** *s mil.* Wasserbombe *f*. **~ ga(u)ge** *s tech.* Tiefenmesser *m*, -lehre *f*.
'depth·less *adj fig.* unermeßlich tief, unendlich.
de·pu·rate ['depjʊreɪt] *v/t bes. chem.* reinigen. **'dep·u·ra·tive** [-rətɪv; *bes. Am.* -reɪ-] *med.* **I** *adj* reinigend. **II** *s* Reinigungsmittel *n*.
de·purge [ˌdiːˈpɜːdʒ; *Am.* -ˈpɜrdʒ] *v/t* (poˈlitisch) rehabiliˈtieren.
dep·u·ta·tion [ˌdepjʊˈteɪʃn] *s* Abordnung *f*, Absendung *f*, b) *collect.* Deputati'on *f*, Depuˈtierte *pl*.
de·pute [dɪˈpjuːt] *v/t* **1.** depuˈtieren, dele-

ˈgieren, abordnen, bevollmächtigen. **2.** *e-e Aufgabe etc* überˈtragen (**to** *dat*).
dep·u·tize ['depjʊtaɪz] **I** *v/t* abordnen, (als Vertreter) ernennen. **II** *v/i* als Abgeordneter *od.* Vertreter funˈgieren: **to ~ for s.o.** *j-n* vertreten.
dep·u·ty ['depjʊtɪ] **I** *s* **1.** (Stell)Vertreter(in), Beauftragte(r *m*) *f*, Bevollmächtigte(r *m*) *f*: **by ~** durch Stellvertreter. **2.** *parl.* Abgeordnete(r *m*) *f*. **3.** *Bergbau:* Br. Steiger *m*. **4.** *a.* **~ sheriff** *Am.* Hilfssheriff *m*. **II** *adj* **5.** stellvertretend, Vize... **~ chair·man** *s irr* 'Vizepräsiˌdent *m*, stellvertretender *od.* zweiter Vorsitzender.
de·rac·i·nate [dɪˈræsɪneɪt] *v/t* **1.** (mit der Wurzel) ausrotten, vernichten. **2.** entwurzeln (*a. fig.*). ˌ**dé·ra·ciˈné** [deɪˈræsɪneɪ] *adj fig.* entˈ
de·rail [dɪˈreɪl] **I** *v/t* entgleisen lassen, zum Entgleisen bringen. **II** *v/i* entgleisen. **deˈrail·ment** *s* Entgleisung *f*.
de·range [dɪˈreɪndʒ] *v/t* **1.** in Unordnung bringen, durcheinˈanderbringen. **2.** die Funktiˈon (*e-s Organs etc*) *od.* den Betrieb (*e-r technischen Anlage etc*) stören. **3.** verrückt *od.* wahnsinnig machen. **4.** unterˈbrechen, stören. **deˈranged** *adj* **1.** in Unordnung, durcheinˈander. **2.** gestört. **3.** geistesgestört. **deˈrangement** *s* **1.** Unordnung *f*, Durcheinˈander *n*. **2.** Störung *f*. **3.** Geistesgestörtheit *f*, -störung *f*.
de·rate [ˌdiːˈreɪt] *v/t Br.* die Kommuˈnalsteuern senken für.
de·ra·tion [ˌdiːˈræʃn] → decontrol 2.
Der·by ['dɑːbɪ; *Am.* 'dɑrbɪ] *s* **1.** Derby *n*: a) *englisches Zuchtrennen der Dreijährigen in Epsom*, b) *allg. Pferderennen:* **the Kentucky ~. 2. d~** *sport* Derby *n* (*herausragendes Spiel, bes. zweier engbenachbarter Vereine*): **~** *local* **1. 3. d~**, *a.* **d~ hat** *Am.* Bowler *m*, ˌMelˈone' *f*. **~ blue** *s* Rötlichblau *n*.
de·reg·u·late [ˌdiːˈregjʊleɪt] → decontrol 2. **ˌdeˌregu'la·tion** → decontrol 3.
der·e·lict ['derɪlɪkt] **I** *adj* **1.** *meist jur.* herrenlos, aufgegeben, verlassen. **2.** nachlässig: **~ in duty** pflichtvergessen. **3.** herˈuntergekommen, baufällig, zerfallen. **II** *s* **4.** *jur.* herrenloses Gut. **5.** *mar.* a) aufgegebenes Schiff, b) treibendes Wrack. **6.** *jur.* verlandete Strecke. **7.** a) menschliches Wrack, herˈuntergekommener Mensch, Strandgut *n* des Lebens: **~ of society** (von der Gesellschaft) Ausgestoßene(r *m*) *f*, b) Obdachlose(r *m*) *f*. **8.** Pflichtvergessene(r *m*) *f*. ˌ**der·eˈlic·tion** [-kʃn] *s* **1.** schuldhafte Vernachlässigung, schuldhaftes Versäumnis: **~ of duty** Pflichtversäumnis, Pflichtvergessenheit *f*. **2.** *jur.* Besitzaufgabe *f*, Preisgabe *f*. **3.** Verlassen *n*, Aufgeben *n*. **4.** *jur.* Verlandung *f*, Landgewinn *m* inˈfolge Rückgangs des Wasserspiegels.
de·req·ui·si·tion [ˌdiːˌrekwɪˈzɪʃn] *v/t beschlagnahmtes Gut* freigeben, *bes.* wieder der Ziˈvilverwaltung zuführen.
de·re·strict [ˌdiːrɪˈstrɪkt] *v/t die* Einschränkungsmaßnahmen aufheben für, *bes.* die Geschwindigkeitsbegrenzung aufheben für. ˌ**de·reˈstric·tion** [-ʃn] *s* Aufhebung *f* der Einschränkungsmaßnahmen, *bes.* der Geschwindigkeitsbegrenzung.
de·ride [dɪˈraɪd] *v/t* verlachen, verhöhnen, verspotten. **deˈrid·er** *s* Spötter(in), Verspotter(in). **deˈrid·ing·ly** *adv* spöttisch, höhnisch.
de ri·gueur [dərɪˈɡɜː; *Am.* -ˈɡɜr] *adj* streng nach der Etiˈkette: **that's a ~!** das ist unerläßlich *od.* ein Muß!
de·ri·sion [dɪˈrɪʒn] *s* **1.** Hohn *m*, Spott *m*:

derisive – desert

to hold in ~ verspotten; to be in ~ verspottet werden; to bring into ~ zum Gespött machen. 2. *a.* object of ~ Gespött *n*, Zielscheibe *f* des Spottes: to be a ~ to s.o. j-m zum Gespött dienen. **de·ri·sive** [dɪˈraɪsɪv] *adj* (*adv* ~ly), **de·ri·so·ry** [-sərɪ] *adj* **1.** spöttisch, höhnisch, Hohn...: ~ **laughter** Hohngelächter *n*. **2.** lächerlich.

de·riv·a·ble [dɪˈraɪvəbl] *adj* (*adv* derivably) **1.** zu gewinnen(d), erreichbar (from aus). **2.** ab-, 'herleitbar: to be ~ from sich herleiten lassen von. **der·i·vate** [ˈderɪveɪt] → **derivative** 1 *u*. 6.

der·i·va·tion [ˌderɪˈveɪʃn] *s* **1.** Ab-, 'Herleitung *f* (from von). **2.** 'Herkunft *f*, Ursprung *m*, Abstammung *f*. **3.** *ling. u. math.* Derivati'on *f*, Ableitung *f*. **4.** *ling.* etymo'logische Ableitung, Etymolo'gie *f*.

de·riv·a·tive [dɪˈrɪvətɪv] **I** *adj* (*adv* ~ly). **1.** abgeleitet (from von): ~ **language** Tochtersprache *f*. **2.** sekun'där. **II** *s* **3.** (*etwas*) Ab- *od.* 'Hergeleitetes, Ab-, 'Herleitung *f*. **4.** *ling.* Ableitung *f*, abgeleitete Form. **5.** *chem.* Deri'vat *n*. **6.** *math.* Deri'vierte *f*, abgeleitete Funkti'on.

de·rive [dɪˈraɪv] **I** *v/t* **1.** 'herleiten, über'nehmen (from von): to be ~d from, to ~ itself from → 8; to ~ one's name from s-n Namen herleiten von; ~d income *econ.* abgeleitetes Einkommen. **2.** *Nutzen* ziehen, *Gewinn* schöpfen (from aus): to ~ profit from s.th. **3.** *etwas* gewinnen, erhalten (from aus): to ~ pleasure from s.th. Freude an e-r Sache finden *od.* haben. **4.** (from) a) *etwas* 'herleiten *od.* schließen (aus), b) e-n Schluß ableiten (aus). **5.** *ling.* ab-, 'herleiten: ~d meaning abgeleitete Bedeutung. **6.** *chem. math.* ableiten: ~d function → derivative 6. **7.** *electr.* abzweigen, ableiten: ~d circuit Abzweigkreis *m*. **II** *v/i* **8.** (from) a) ab-, 'herstammen, 'herkommen, -'rühren (von, aus), ausgehen (von), s-n Ursprung haben (in *dat*), sich 'herschreiben (von), b) sich 'her-, ableiten (von).

derm [dɜːm; *Am.* dɜrm], **der·ma** [-mə] *s anat.* **1.** Lederhaut *f*, Corium *n*. **2.** Haut *f*. **ˈder·mal** [-ml] *adj anat.* **1.** Lederhaut... **2.** der'mal, Dermal..., Haut...

der·mat·ic [dɜːˈmætɪk; *Am.* dɜr-] *adj* der'matisch, Haut... **der·ma·ti·tis** [-məˈtaɪtɪs] *s med.* Derma'titis *f*, Hautentzündung *f*.

der·mat·o·gen [də(r)ˈmætədʒən] *s bot.* Dermato'gen *n* (*Bildungsgewebe der Pflanzenoberhaut*).

der·ma·to·log·ic [ˌdɜːmətəˈlɒdʒɪk; *Am.* ˌdɜrmətəlˈɒdʒɪk] *adj*, **der·ma·to·log·i·cal** [-kl] *adj* (*adv* ~ly) dermato'logisch. **der·ma·tol·o·gist** [-ˈtɒlədʒɪst; *Am.* -'tɑ-] *s* Dermato'loge *m*, Hautarzt *m*. **der·ma·tol·o·gy** *s med.* Dermatolo'gie *f*.

der·ma·to·phyte [ˈdɜːmətəʊfaɪt; *Am.* ˈdɜrmətə,f-] *s med.* Dermato'phyt *m*, Hautpilz *m*. **ˌder·ma·to·phy'to·sis** [-ˈtəʊsɪs] *s med.* Dermatophy'tose *f* (*Pilzerkrankung der Haut*). **ˈder·ma·to·ˌplas·ty** [-ˌplæstɪ] *s med.* Dermato'plastik *f* (*operativer Ersatz von kranker od. verletzter Haut durch gesunde*).

der·ma·to·sis [ˌdɜːməˈtəʊsɪs; *Am.* ˌdɜr-] *pl* **-ses** [-siːz] *s med.* Derma'tose *f*, Hautkrankheit *f*.

der·mic [ˈdɜːmɪk; *Am.* ˈdɜrm-] *adj* Haut... **ˈder·mis** [-ɪs] → **derm**.

der·o·gate [ˈderəʊɡeɪt] **I** *v/i* **1.** (from) Abbruch tun, abträglich sein, schaden (*dat*), beeinträchtigen, schmälern (*acc*). **2.** abweichen (from von e-r Norm etc): to ~ from o.s. sich zu s-m Nachteil verändern. **II** *v/t* **3.** her'absetzen, ver'ächtlich machen. ˌder·o'ga·tion *s* Beein-

trächtigung *f*, Schmälerung *f*: to be a ~ from (*od.* of, to) → derogate 1. **2.** Her'absetzung *f* (to gen). **3.** *jur.* teilweise Aufhebung (of, to gen).

de·rog·a·to·ry [dɪˈrɒɡətərɪ; *Am.* dɪˈrɑɡəˌtɔːrɪ; -ˌtoː-] *adj* (*adv* derogatorily) **1.** (from, to) nachteilig (für), abträglich (*dat*), schädlich (*dat od.* für): to be ~ from (*od.* to) s.th. e-r Sache abträglich sein, etwas beeinträchtigen. **2.** abfällig, geringschätzig, abschätzig: ~ **remarks**. **3.** her'absetzend: ~ to him seiner unwürdig.

der·rick [ˈderɪk] *s* **1.** *tech.* a) *a.* ~ **crane** Derrickkran *m*, Mastenkran *m*, b) Dreibockgestell *n* (*e-s Hebekrans*), c) (fester *od.* beweglicher) Ausleger. **2.** *tech.* Bohrturm *m*. **3.** *mar.* Ladebaum *m*.

der·riere, *bes. Br.* **der·rière** [ˌderɪˈeə(r)] *s* Gesäß *n*, 'Hinterteil *n*.

der·ring-do [ˌderɪŋˈduː] *pl* **der·rings-do** *s obs.* **1.** Verwegenheit *f*, Tollkühnheit *f*. **2.** verwegene *od.* tollkühne Tat.

der·rin·ger [ˈderɪndʒə(r)] *s* Derringer *m*, *f* (*kurze Pistole mit großem Kaliber*).

der·ry[1] [ˈderɪ] *s*: to have a ~ on *Austral.* a) j-n, *etwas* nicht mögen, b) voreingenommen sein gegen.

der·ry[2] *s Br. sl.* abbruchreifes Haus (*bes. eins, in dem Obdachlose, Drogensüchtige etc hausen*).

derv [dɜːv] *s Br.* Diesel(kraftstoff) *m*.

der·vish [ˈdɜːvɪʃ; *Am.* ˈdɜr-] *s* Derwisch *m*: dancing ~, whirling ~ tanzender Derwisch; howling ~ heulender Derwisch.

de·sal·i·nate [ˌdiːˈsælɪneɪt] *v/t bes. Meerwasser* entsalzen. ˌde·sal·i'na·tion *s* Entsalzung *f*: ~ plant Entsalzungsanlage *f*. ˌde'sal·i·na·tor [-tə(r)] *s* Entsalzungsanlage *f*.

de·sal·i·ni·za·tion [diːˌsælɪnaɪˈzeɪʃn; *Am.* -nəˈz-] *s* **desalination**. ˌde'sal·i·nize *v/t* **desalinate**.

de·salt [ˌdiːˈsɔːlt] → **desalinate**.

de·scale [ˌdiːˈskeɪl] *v/t tech. Boiler etc* entkalken.

des·cant I *s* [ˈdeskænt] **1.** *mus.* Dis'kant *m*: a) Oberstimme *f* (*über e-m Choral etc*), b) Oberstimme *f*, So'pran *m*: ~ **clef** Diskantschlüssel *m*. **2.** *mus.* a) Vari'ierung *f*, b) vari'ierte Melo'die. **3.** *poet.* Melo'die *f*, Weise *f*. **II** *v/i* [dɪˈskænt; de-] **4.** *mus.* diskan'tieren. **5.** sich auslassen *od.* verbreiten (on, upon über *acc*).

de·scend [dɪˈsend] **I** *v/i* **1.** her'ab-, hin'ab-, her'unter-, hin'unter-, niedergehen, -kommen, -steigen, -fahren, -fließen, -sinken: to ~ to hell zur Hölle niederfahren; to ~ into a mine (*Bergbau*) einfahren. **2.** *aer.* a) niedergehen, b) (mit dem Fallschirm) abspringen. **3.** abfallen: the road ~ed. **4.** eingehen, zu sprechen kommen (to auf *acc*): to ~ to details. **5.** 'herkommen, ab-, 'herstammen (from von j-m, aus e-r Familie): to ~ from a noble family. **6.** (to) 'übergehen, sich vererben (auf *acc*), zufallen (*dat*). **7.** (on, upon) a) 'herfallen (über *acc*), sich stürzen (auf *acc*), über'fallen, einfallen (in *acc*), b) *fig.* her'einbrechen, kommen (über *acc*), ,über'fallen' (*acc*). **8.** *fig.* sich her'abwürdigen, sich erniedrigen, sich 'hergeben (to zu). **9.** (*moralisch*) sinken. **10.** *astr.* a) absteigen, sich dem Süden nähern, b) sinken: the sun ~s. **11.** *mus.* tiefer werden, abstiegen. **II** *v/t* **12.** e-e *Treppe etc* hin'ab-, hin'unter-, her'ab-, her'untersteigen, -gehen. **13.** *e-n Fluß etc* hin'unter-, her'unterfahren. **14.** to be ~ed (from) → 5.

de·scend·a·ble → **descendible**.

de·scend·ant [dɪˈsendənt] *s* **1.** Nachkomme *m*, Abkömmling *m*, Deszen'dent *m*. **2.** *astr.* Deszen'dent *m*, 'Untergangspunkt *m* (*e-r Gestirnbahn*): his star is in the ~ *fig.* sein Stern ist im Sinken (begriffen). **de'scend·i·ble** *adj* (to) vererbbar (*dat*), über'tragbar (*dat od.* auf *acc*).

de·scend·ing [dɪˈsendɪŋ] **a·or·ta** *s med.* absteigende A'orta. ~ **diph·thong** *s ling.* fallender Di'phthong. ~ **let·ter** *s print.* Buchstabe *m* mit 'Unterlänge. ~ **line** *s* Deszen'denz *f*, absteigende Linie (*Verwandtschaft*). ~ **rhythm** *s metr.* fallender Rhythmus.

de·scent [dɪˈsent] *s* **1.** Her'ab-, Her'unter-, Hin'unter-, Hin'absteigen *n*, Abstieg *m*, Tal-, Abfahrt *f*, *Bergbau*: Einfahrt *f*: ~ **of the Holy Ghost** *Bibl.* Ausgießung *f* des Heiligen Geistes; ~ **from the cross** *paint.* Kreuzabnahme *f*. **2.** *aer.* a) Höhenaufgabe *f*, Sinkflug *m*, Niedergehen *n* (*des Flugzeugs vor der Landung*), b) (Fallschirm)Absprung *m*. **3.** Abhang *m*, Abfall *m*, Senkung *f*, Gefälle *n*. **4.** (der) Weg hin'unter her'unter. **5.** *fig.* a) Sinken *n*, b) Niedergang *m*, Abstieg *m*. **6.** Deszen'denz *f*: a) Abstammung *f*, Geburt *f*, Ab-, 'Herkunft *f*: ~ **of French** französischer Herkunft, b) Nachkommenschaft *f*, c) absteigende Linie. **7.** *jur.* Vererbung *f*, Über'tragung *f*, 'Übergang *m* (to auf *acc*). **8.** (on, upon) Einfall *m* (in *acc*), feindliche Landung (in *dat od.* auf *dat*), Angriff *m* (auf *acc*), (*a. iro.*) 'Überfall *m* (auf *acc*).

de·scrib·a·ble [dɪˈskraɪbəbl] *adj* zu beschreiben(d), beschreibbar.

de·scribe [dɪˈskraɪb] *v/t* **1.** beschreiben, schildern (s.th. to s.o. j-m etwas). **2.** (as) bezeichnen (als), nennen (*acc*): to ~ s.o. as a fool. **3.** *bes. math.* e-n *Kreis*, *e-e Kurve* beschreiben. **de'scrib·er** *s* Beschreiber(in), Schilderer *m*.

de·scrip·tion [dɪˈskrɪpʃn] *s* **1.** (*a. technische*) Beschreibung, Schilderung *f*: beautiful beyond all ~ unbeschreiblich schön; to know s.o. by ~ j-n der Beschreibung nach kennen; to take s.o.'s ~ j-s Signalement aufnehmen; → **beggar** 6, **defy** 3. **2.** Bezeichnung *f*, Beschreibung *f*: **goods by** ~ *econ.* Gattungsware(n *pl*) *f*; **purchase by** ~ Gattungskauf *m*. **3.** Art *f*, Sorte *f*: **of every** ~ jeder Art u. Beschreibung; **of the worst** ~ von der schlimmsten Art, übelster Sorte. **4.** *bes. math.* Beschreibung *f* (*e-s Kreises*, *e-r Kurve*).

de·scrip·tive [dɪˈskrɪptɪv] *adj* (*adv* ~ly) **1.** beschreibend, schildernd, darstellend, erläuternd, deskrip'tiv (*a. ling.*): ~ **grammar**; ~ **geometry** *math.* darstellende Geometrie; ~ **science** deskriptive *od.* beschreibende Wissenschaft; **to be** ~ **of s.th.** etwas beschreiben *od.* bezeichnen. **2.** anschaulich (geschrieben *od.* schreibend): **a** ~ **account**; **a** ~ **writer**. **de'scrip·tive·ness** *s* Anschaulichkeit *f*.

de·scry [dɪˈskraɪ] *v/t* **1.** gewahren, wahrnehmen. **2.** erspähen, entdecken.

des·e·crate [ˈdesɪkreɪt] *v/t* entheiligen, entweihen, profa'nieren, schänden. ˌdes·e'cra·tion *s* Entweihung *f*, Entheiligung *f*, Schändung *f*.

de·seg·re·gate [ˌdiːˈseɡrɪɡeɪt] *v/t pol.* die Rassentrennung aufheben in (*e-r Schule etc*). ˌde·seg·re'ga·tion *s pol.* Aufhebung *f* der Rassentrennung.

de·se·lect [ˌdiːsɪˈlekt] *v/t* j-n während der Ausbildung entlassen.

de·sen·si·tize [ˌdiːˈsensɪtaɪz] *v/t* **1.** *med.* desensibili'sieren, unempfindlich *od.* im'mun machen (**to** gegen). **2.** a) *psych.* j-n von neu'rotischen Spannungen befreien, b) j-n abstumpfen. **3.** *phot.* desensibili'sieren, lichtunempfindlich machen. **de'sen·si·tiz·er** *s phot.* Desensibili'sator *m*.

de·sert[1] [dɪˈzɜːt; *Am.* dɪˈzɜrt] **I** *v/t* **1.** verlassen, im Stich lassen: **his courage**

~ed him. 2. *jur. Ehegatten* (böswillig) verlassen. 3. abtrünnig *od.* untreu werden (*dat*), abfallen von: **to ~ the colo(u)rs** *mil.* fahnenflüchtig werden. **II** *v/i* 4. *mil.* fahnenflüchtig werden, desertieren (**from** aus *der Armee etc*). 5. 'überlaufen, -gehen (**to** zu).
de·sert[2] [dɪ'zɜːt; *Am.* dɪ'zɜrt] *s* **1.** Verdienst *n*. **2.** Wert *m*, Verdienst *n*: **to be judged according to one's ~** nach s-m Verdienst eingeschätzt werden. **3.** verdienter Lohn (*a. iro. Strafe*): **to get one's ~s** s-n wohlverdienten Lohn empfangen.
des·ert[3] ['dezə(r)t] **I** *s* **1.** Wüste *f*. **2.** Ödland *n*, Öde *f*: **our town is a cultural ~** in unserer Stadt tut sich kulturell überhaupt nichts. **II** *adj* **3.** Wüsten...: **~ fox; ~ (bob)cat** *zo.* amer. Rotluchs *m*; **~ lynx** *zo.* Wüstenluchs *m*. **4.** öde, wüst, verödet, verlassen.
de·sert·ed [dɪ'zɜːtɪd; *Am.* -ˈzɜr-] *adj* **1.** verlassen, unbewohnt (*Insel etc*), (wie) ausgestorben, menschenleer (*Straßen etc*). **2.** verlassen, einsam (*Person*). **de'sert·er** *s* **1.** *mil.* a) Deser'teur *m*, Fahnenflüchtige(r) *m*, b) 'Überläufer *m* (*a. allg.*). **2.** Abtrünnige(r *m*) *f*.
de·ser·ti·fi·ca·tion [ˌdezə(r)tɪfɪˈkeɪʃn] *s* Desertifikati'on *f* (*allmähliche Ausbreitung der Wüste auf zuvor fruchtbares Land*).
de·ser·tion [dɪˈzɜːʃn; *Am.* -ˈzɜr-] *s* **1.** Verlassen *n*, Imˈstichlassen *n*. **2.** Verlassenheit *f*. **3.** *jur.* (böswilliges) Verlassen. **4.** Abtrünnigwerden *n*, Abfall *m* (**from** a party von e-r Parˈtei). **5.** *mil.* Desertiˈon *f*, Fahnenflucht *f*.
de·serve [dɪˈzɜːv; *Am.* -ˈzɜrv] **I** *v/t* **1.** verdienen (*acc*), würdig sein (*gen*), Anspruch haben auf (*acc*): **to ~ praise** Lob verdienen; **he ~s a special mention** er verdient es, besonders erwähnt zu werden. **2.** verdienen, verdient haben: **to ~ punishment. II** *v/i* **3. to ~ well of s.o.** (*s.th.*) sich um j-n (etwas) verdient gemacht haben; **to ~ ill of s.o.** j-m e-n schlechten Dienst erwiesen haben. **deˈserved** *adj* (wohl)verdient. **deˈserv·ed·ly** [-ɪdlɪ] *adv* verdientermaßen, mit Recht. **deˈserv·ing** *adj* **1.** verdienstvoll, verdient (*Person*). **2.** verdienstlich, -voll (*Tat*). **3. to be ~ of s.th.** etwas verdienen, e-r Sache wert *od.* würdig sein.
des·ha·bille ['dezæbiːl; *Am.* ˌdesəˈbiːl] → **dishabille**.
des·ic·cant ['desɪkənt] *adj u. s* (aus)trocknend(es Mittel).
des·ic·cate ['desɪkeɪt] *v/t u. v/i* (aus)trocknen, (aus)dörren: **~d fruit** Dörrobst *n*; **~d milk** Trockenmilch *f*. **des·ic·ca·tive** [deˈsɪkətɪv; *Am.* ˈdesɪˌkeɪ-] *adj u. s* (aus)trocknend(es Mittel). **ˈdes·ic·ca·tor** [-keɪtə(r)] *s* **1.** *chem.* Exsik'kator *m*, Entfeuchter *m*. **2.** *tech.* ˈTrockenappaˌrat *m*. **des·ic·ca·to·ry** [deˈsɪkətərɪ; *Am.* ˈdesɪkəˌtɔːrɪ; -ˌtoː-] *adj* (aus)trocknend.
de·sid·er·ate [dɪˈzɪdəreɪt; -ˈsɪd-] *v/t* **1.** bedürfen (*gen*), nötig haben. **2.** ersehnen. **deˌsid·er'a·tion** *s* Bedürfnis *n*. **de·sid·er·a·tive** [-rətɪv; *Am. a.* -ˌreɪtɪv] *ling.* **I** *adj* ersehnend, ein Verlangen *od.* Bedürfnis ausdrückend: **~ verb** → **II**. **II** *s* Desideraˈtivum *n*. **deˌsid·er'a·tum** [-ˈreɪtəm; -ˈraː-] *pl* **-ta** [-tə] *s* Desideˈrat *n*, (*etwas*) Erwünschtes, Bedürfnis *n*, Erfordernis *n*.
de·sign [dɪˈzaɪn] **I** *v/t* **1.** entwerfen, aufzeichnen, zeichnen, *tech.* konstruˈieren: **to ~ a dress** ein Kleid entwerfen. **2.** gestalten, ausführen, anlegen: **beautifully ~ed. 3.** *fig.* entwerfen, ausdenken, ersinnen. **4.** im Sinne haben, vorhaben, planen (**doing** *od.* **to do**).

5. bestimmen, vorsehen (**for** für *j-n od. etwas*; **as** als): **~ed to do s.th.** dafür bestimmt *od.* darauf angelegt, etwas zu tun (*Sache*). **6.** (**for**) *j-n* bestimmen (zu), ausersehen, vorsehen (zu, für): **he was ~ed for service in the navy; to ~ s.o. to be a priest**.
II *v/i* **7.** Pläne entwerfen, Entwürfe machen (**for** für).
III *s* **8.** Entwurf *m*, Zeichnung *f*, Plan *m*, Skizze *f*. **9.** Muster(zeichnung *f*) *n*, Deˈsign *n*: → **copyright** I, **protection** II, **registered** II. **10.** *tech.* a) Baumuster *n*, Konstrukti'onszeichnung *f*, b) Bauart *f*, Bau(weise *f*) *m*, Konstrukti'on *f*, Ausführung *f*: **~ engineer** Konstrukteur *m*; → **industrial design**. **11.** (dekoraˈtives) Muster: **floral ~** Blumenmuster. **12.** (künstlerische *od.* äußere) Gestaltung, Formgebung *f*. **13.** Plan *m*, Anlage *f*, Anordnung *f*. **14.** Plan *m*, Vorhaben *n*, Absicht *f*: **by ~** mit Absicht; **with the ~ of doing** mit der Absicht *od.* dem Vorsatz zu tun. **15.** Ziel *n*, (End)Zweck *m*. **16.** Anschlag *m* (**upon** s.o.'s life auf j-s Leben), böse Absicht: **to have ~s (up)on** (*od.* **against**) etwas (Böses) im Schilde führen gegen, *a. humor.* es auf j-n Anschlag vorhaben auf (*acc*). **17.** Zweckmäßigkeit *f*: **argument from ~** *relig.* Beweis *m* aus der Zweckmäßigkeit, teleologischer Gottesbeweis.
des·ig·nate I *v/t* [ˈdezɪɡneɪt] **1.** *etwas* bezeichnen, kennzeichnen. **2.** *a.* **~ as** *etwas od. j-n* bezeichnen als, (be)nennen. **3.** *etwas* bestimmen, festlegen: **to ~ a task**. **4.** *j-n* (*im voraus*) desiˈgnieren, bestimmen, ausersehen (**to, for** für *ein Amt etc*; **to** zu e-m Amtsträger *etc*). **5.** *etwas* bestimmen, vorsehen (**for** für). **6.** *mil.* Schußziel ansprechen. **II** *adj* [-neɪt; -nət] **7.** (*nachgestellt*) desiˈgniert, vorgesehen, ausersehen: **president ~** designierter Präsident. **ˌdes·ig'na·tion** *s* **1.** Bezeichnung *f*: a) Kennzeichnung *f*, b) Name *m*, Benennung *f*. **2.** Bestimmung *f*, Festlegung *f*, -setzung *f* (e-r Sache). **3.** (**to**, **for**) Designatiˈon *f*, Bestimmung *f od.* Ernennung *f* (*im voraus*) (für *ein Amt etc*; zu e-m Amtsträger *etc*), Berufung *f* (auf e-n Posten; in ein Amt; zu e-m Amtsträger). **4.** Bedeutung *f*, Sinn *m*.
de·signed [dɪˈzaɪnd] *adj* **1.** bestimmt (*etc*, → **design** I). **2.** absichtlich, vorsätzlich. **deˈsign·ed·ly** [-ɪdlɪ] *adv* → **designed**. **deˈsign·er** *s* **1.** Entwerfer(in): a) (Muster)Zeichner(in), b) Deˈsigner(in), (Form)Gestalter(in), c) *tech.* Konstrukˈteur *m*, d) Erfinder(in), e) (Mode)Schöpfer(in). **2.** *fig.* Ränkeschmied (-in), Intriˈgant(in). **deˈsign·ing** (*adv* **~ly**) ränkevoll, intriˈgant.
de·sil·i·ci·fy [ˌdiːsɪˈlɪsɪfaɪ] *v/t chem.* entkieseln.
des·i·nence [ˈdesɪnəns] *s* **1.** Ausgang *m*, Ende *n*, Schluß *m*. **2.** *ling.* a) Endung *f*, b) Suffix *n*, Nachsilbe *f*.
de·sip·i·ence [dɪˈsɪpɪəns] *s* Albernheit *f*, Torheit *f*, Unsinn *m*.
de·sir·a·bil·i·ty [dɪˌzaɪərəˈbɪlətɪ] *s* Erwünschtheit *f*. **deˈsir·a·ble** *adj* (*adv* **desirably**) **1.** wünschenswert, erwünscht. **2.** angenehm. **3.** begehrenswert, reizvoll. **deˈsir·a·ble·ness** → **desirability**.
de·sire [dɪˈzaɪə(r)] **I** *v/t* **1.** wünschen, begehren, verlangen, wollen (**s.th. of s.o.** etwas von *j-m*): **to ~ s.th. (to be) done** wünschen, daß etwas getan wird *od.* geschieht; **to leave much (nothing) to be ~d** viel (nichts) zu wünschen übriglassen; **as ~d** wie gewünscht; **if ~d** auf Wunsch, wenn gewünscht. **2.** *etwas* ersehnen, (sehnlich) begehren. **3.** *j-n* begehren: **to ~ a woman**. **4.** *j-n* bitten, ersuchen: **to ~**

s.o. **to go. II** *v/i* **5.** den Wunsch hegen. **III** *s* **6.** Wunsch *m*, Verlangen *n*, Begehren *n* (**for** nach): **~ for knowledge** Wissensdurst *m*; **to feel a ~ for doing** (*od.* **to do**) den Wunsch verspüren zu tun. **7.** Wunsch *m*, Bitte *f*: **at his ~** auf s-e Bitte *od.* s-n Wunsch. **8.** Sehnsucht *f*, Verlangen *n* (**for** nach). **9.** (*sinnliche*) Begierde. **10.** (*das*) Gewünschte *od.* Ersehnte, Wunsch *m*. **deˈsired** *adj* **1.** er-, gewünscht: **~ value** *tech.* Sollwert *m*. **2.** ersehnt. **deˈsir·ous** [-ˈzaɪərəs] *adj* (*adv* **~ly**) **1.** begierig, verlangend (**of** nach). **2.** wünschend, begehrend: **to be ~ of s.th.** etwas wünschen *od.* begehren; **to be ~ of doing** danach trachten *od.* verlangen zu tun; **to be ~ to learn** (*od.* **to know**) *s.th.* etwas (sehr) gern wissen wollen; **the parties are ~** (*in Verträgen*) die Vertragsparteien beabsichtigen.
de·sist [dɪˈzɪst; -ˈsɪst] *v/i* ablassen, Abstand nehmen (**from** von). **deˈsist·ance**, **deˈsist·ence** *s* Ablassen *n*.
desk [desk] **I** *s* **1.** Schreibtisch *m*. **2.** (Lese-, Schreib-, Noten-, *tech.* Schalt-)Pult *n*. **3.** Kasse *f* (*im Restaurant etc*): **pay at the ~**. **4.** a) (ˈZeitungs)Redaktiˌon *f*, b) Redakˈteur *m*. **5.** Empfang *m*, Anmeldung *f*, Rezeptiˈon *f* (*im Hotel*): **~ clerk** *Am.* Empfangschef *m*, -dame *f*. **6.** Auskunft(sschalter *m*) *f*. **II** *adj* **7.** (Schreib)Tisch...: **~ book** Handbuch *n*; **~ calendar** Tischkalender *m*; **~ knife** Radiermesser *n*; **~ set** Schreibzeug *n*; **~ strategist** *iro.* Schreibtischstratege *m*; **~ sergeant** diensthabender Polizist. **8.** Schreib(tisch)..., Büro...: **~ work**; **~ research** (*Markt- u. Meinungsforschung*) Sekundär-, Schreibtischforschung *f*.
de·skill [ˌdiːˈskɪl] *v/t econ.* Arbeitsvorgänge *etc* so vereinfachen, daß ihre Ausführung nur noch geringe oder gar keine Fachkenntnisse erfordert.
des·o·late I *adj* [ˈdesələt] (*adv* **~ly**) **1.** wüst, verwüstet. **2.** einsam, verlassen: a) unbewohnt (*nur pred*), b) alˈlein (*nur pred*), vereinsamt: **a ~ old woman**. **3.** trostlos: a) traurig: **~ thoughts**, b) öde: **~ hours**; **a ~ landscape**. **II** *v/t* [-leɪt] **4.** verwüsten. **5.** entvölkern, einsam zuˈrücklassen. **7.** trostlos *od.* elend machen. **ˈdes·o·late·ness** [-lət-] → **desolation**. **ˌdes·o'la·tion** *s* **1.** Verwüstung *f*. **2.** Entvölkerung *f*. **3.** Einsamkeit *f*, Verlassenheit *f*. **4.** Trostlosigkeit *f*: a) Elend *n*, Traurigkeit *f*, b) Öde *f*.
des·ox·al·ic [ˌdesɒkˈsælɪk; *Am.* -ɑkˈs-] *adj chem.* Desoxal...: **~ acid**.
de·spair [dɪˈspeə(r)] **I** *v/i* **1.** (**of**) verzweifeln (an *dat*), ohne Hoffnung sein, alle Hoffnung aufgeben *od.* verlieren (für *od.* auf *acc*): **to ~ of mankind** an der Menschheit verzweifeln. **II** *s* **2.** Verzweiflung *f* (**at** über *acc*), Hoffnungslosigkeit *f*: **to drive s.o. to ~** *j-n* zur Verzweiflung bringen; **a look of ~** ein verzweifelter Blick. **3.** Ursache *f od.* Gegenstand *m* der Verzweiflung: **to be the ~ of s.o.** *j-n* zur Verzweiflung bringen. **deˈspair·ing** *adj* (*adv* **~ly**) verzweifelt, voll Verzweiflung.
des·patch, *etc* → **dispatch**, *etc*.
des·per·a·do [ˌdespəˈrɑːdəʊ; -ˈreɪ-] *pl* **-does**, **-dos** *s* Despeˈrado *m*.
des·per·ate [ˈdespərət] **I** *adj* (*adv* **~ly**) **1.** verzweifelt: **a ~ deed** e-e Verzweiflungstat; **a ~ effort** e-e verzweifelte Anstrengung; **to be ~ for s.th.** etwas verzweifelt *od.* dringend nötig haben. **2.** verzweifelt, hoffnungs-, ausweglos, despeˈrat: **a ~ situation**; → **strait** 2. **3.** heftig, äußerst: **a ~ dislike**. **4.** *colloq.* ungeheuer, schrecklich: **~ nonsense**; **a ~ fool** ein hoffnungsloser Narr. **II** *adv* **5.** *colloq.* schrecklich, äußerst, sehr.

desperateness – detention

¹**des·per·ate·ness** → desperation 2.
₁**des·per'a·tion** s 1. Verzweiflung f: to drive to ~ zur Verzweiflung bringen. 2. Hoffnungs-, Ausweglosigkeit f.
des·pi·ca·ble ['despɪkəbl; dɪ'spɪk-] adj (adv **despicably**) verächtlich, verachtenswert, verabscheuungswürdig.
de·spise [dɪ'spaɪz] v/t verachten, Speise etc a. verschmähen: that is not to be ~d das ist nicht zu verachten. **de'spis·er** s Verächter(in).
de·spite [dɪ'spaɪt] **I** prep 1. a. ~ of trotz (gen od. dat), ungeachtet (gen). **II** s 2. obs. Schimpf m, (angetane) Schmach. 3. in ~ of → 1; in ~ of him ihm zum Trotz; in my (his, etc) ~ obs. mir (ihm etc) zum Trotz; in ~ of o.s. unwillkürlich. 4. obs. Boshaftigkeit f, Bosheit f, Gehässigkeit f. **de'spite·ful** adj (adv **-ly**) obs. boshaft, gehässig.
de·spoil [dɪ'spɔɪl] v/t plündern, j-n berauben (of s.th. e-r Sache).
de·spo·li·a·tion [dɪˌspoʊlɪ'eɪʃn], a. **de-'spoil·ment** s Plünderung f, Beraubung f.
de·spond [dɪ'spɒnd; Am. -'spɑnd] **I** v/i verzagen, verzweifeln, den Mut verlieren. **II** s obs. → despondence. **de-'spond·ence, de'spond·en·cy** s Verzagtheit f, Mutlosigkeit f, Verzweiflung f. **de'spond·ent** adj (adv **-ly**) mutlos, verzagt, verzweifelt: to become ~ → despond I.
des·pot ['despɒt; Am. -ˌpɑt] s Des'pot m, Ty'rann m. **des·pot·ic** [de'spɒtɪk; Am. -'pɑ-] adj; **des'pot·i·cal** adj (adv **-ly**) des'potisch, ty'rannisch, fig. a. herrisch. **'des·pot·ism** [-pə-] s a) Despo'tismus m (System), b) Despo'tie f, Tyran'nei f.
de·spu·mate [dɪ'spjuːmeɪt; 'despjuː-] tech. **I** v/t abschöpfen. **II** v/i sich abschäumen.
des·qua·mate ['deskwəmeɪt] v/i med. 1. sich abschuppen (Haut etc). 2. sich häuten, sich schuppen (Person). ₁**des·qua'ma·tion** s med. Abschuppung f.
des·sert [dɪ'zɜːt; Am. dɪ'zɜrt] **I** s Des'sert n, Nachtisch m. **II** adj Dessert..., Nachtisch...: ~ wine Dessertwein m. **des-'sert·spoon** s Des'sertlöffel m.
de-Sta·lin·i·za·tion, bes. Am. **de-sta·lin·i·za·tion** [diːˌstɑːlɪnaɪ'zeɪʃn; -ˌstæ-; Am. -nə'z-] s pol. hist. Entstalini'sierung f.
des·ti·na·tion [ˌdestɪ'neɪʃn] s 1. (econ. a. place of ~) Bestimmungsort m. 2. A'dresse f, Reiseziel n. 3. Bestimmung f, (End)Zweck m, Ziel n.
des·tine ['destɪn] v/t 1. etwas bestimmen, vorsehen (for für e-n Zweck): to be ~d to (inf) dazu bestimmt od. dafür vorgesehen sein zu (inf). 2. j-n bestimmen, prädesti-'nieren, ausersehen (bes. durch Umstände od. Schicksal): he was ~d to (inf) er sollte (früh sterben etc), es war ihm beschieden zu (inf). **'des·tined** adj bestimmt, unter'wegs (for nach): a ship ~ for London.
des·ti·ny ['destɪnɪ] s 1. Schicksal n: a) Geschick n, Los n, b) Verhängnis n: he met his ~ sein Schicksal ereilte ihn; the destinies of Europe die Geschicke Europas. 2. (unvermeidliches) Ende, Schicksal n. 3. D~ das Schicksal (personifiziert): the Destinies die Schicksalsgöttinnen, die Parzen.
des·ti·tute ['destɪtjuːt; Am. a. -ˌtuːt] **I** adj 1. mittellos, (völlig) verarmt, notleidend. 2. (of) bar (gen), ohne (acc): ~ of all power völlig machtlos, ohne jede Macht; I am ~ of words mir fehlen die Worte; ~ of children kinderlos. 3. fig. entblößt, beraubt (of gen): ~ of all authority. **II** s 4. the ~ die Mittellosen pl, die Armen pl. ₁**des·ti'tu·tion** s 1.

(äußerste) Armut, (bittere) Not, Elend n. 2. (völliger) Mangel (of an dat).
des·tri·er ['destrɪə(r)] s obs. Streitroß n.
de·stroy [dɪ'strɔɪ] v/t 1. zerstören, vernichten. 2. zertrümmern, Gebäude etc ab-, niederreißen. 3. etwas rui'nieren, unbrauchbar machen. 4. j-n, e-e Armee, Insekten etc vernichten. 5. töten, 'umbringen, Tier a. einschläfern. 6. fig. j-n, j-s Ruf, Gesundheit etc rui'nieren, zu-'grunde richten, Hoffnungen etc zu'nichte machen, zerstören. 7. colloq. j-n ˌka'puttmachen': I was absolutely ~ed ich war ,fix u. fertig'. **de'stroy·a·ble** adj zerstörbar. **de'stroy·er** s 1. Zerstörer(in), Vernichter(in). 2. mar. mil. Zerstörer m: ~ escort Geleitzerstörer.
de·struct [dɪ'strʌkt] v/t 1. eigene Weltraumrakete, eigenes Kriegsmaterial etc aus Sicherheitsgründen zerstören. **II** v/i 2. aus Sicherheitsgründen zerstört werden. 3. sich selbst zerstören. **III** s 4. Zerstörung f aus Sicherheitsgründen. 5. Selbstzerstörung f.
de·struct·i·bil·i·ty [dɪˌstrʌktɪ'bɪlətɪ] s Zerstörbarkeit f. **de'struct·i·ble** adj (adv **destructibly**) zerstörbar.
de·struc·tion [dɪ'strʌkʃn] s 1. Zerstörung f, Vernichtung f. 2. Zertrümmerung f, Ab-, Niederriß m (e-s Gebäudes etc). 3. Tötung f, (e-s Tiers a.) Einschläferung f. **de'struc·tion·ist** s 1. Zerstörungswütige(r m) f. 2. bes. pol. 'Umstürzler(in).
de·struc·tive [dɪ'strʌktɪv] adj (adv **-ly**) 1. zerstörend, vernichtend: ~ distillation 1. 2. fig. destruk'tiv, zerstörerisch, zerrüttend, verderblich, schädlich: ~ to health gesundheitsschädlich; to be ~ of s.th. etwas zerstören od. untergraben. 3. destruk'tiv, (rein) negativ: ~ criticism. **de'struc·tive·ness, de·struc-tiv·i·ty** [ˌdiːstrʌk'tɪvətɪ] s 1. zerstörende od. vernichtende Wirkung. 2. (das) Destruk'tive, destruk'tive Eigenschaft. **de-'struc·tor** [-tə(r)] s tech. Müllverbrennungsofen m.
des·ue·tude [dɪ'sjuːɪtjuːd; Am. -'suː-; a. ˌtuːd; 'deswɪtjuːd; Am. a. -ˌtuːd] s Ungebräuchlichkeit f, Nichtgebrauch m: to fall (od. pass) into ~ außer Gebrauch kommen.
de·sul·fur [ˌdiː'sʌlfə(r)], ₁**de'sul·fu·rate** [-fjʊəret; -fə-], ₁**de'sul·fu·rize** [-fjʊəraɪz; -fə-] v/t chem. entschwefeln. **de·sul·phur,** etc bes. Br. für desulfur, etc.
des·ul·to·ri·ness ['desəltərɪnɪs; Am. -ˌtɔːrɪ-; -ˌtoʊ-] s 1. Zs.-hanglosigkeit f, Plan-, Ziellosigkeit f. 2. Flüchtigkeit f, Oberflächlichkeit f, Sprunghaftigkeit f. 3. Unstetigkeit f. **'des·ul·to·ry** adj (adv desultorily) 1. 'unzuˌsammenhängend, planlos, ziellos: ~ talk wirres Gerede. 2. abschweifend: ~ remarks. 3. oberflächlich, flüchtig, sprunghaft. 4. unruhig, unstet. 5. vereinzelt.
de·tach [dɪ'tætʃ] **I** v/t 1. (ab-, los)trennen, (los)lösen, losmachen, a. tech. abnehmen, rail. Waggon abhängen (from von): to ~ o.s. sich befreien. 2. absondern, freimachen. 3. mar. mil. 'abkommanˌdieren. **II** v/i 4. sich (los)lösen, sich absondern (from von). **de'tach·a·ble** adj (adv **detachably**) abnehmbar (a. tech.), loslösbar, (ab)trennbar. **de'tached** adj 1. (ab)getrennt, (ab-, los)gelöst: to become ~ sich (los)lösen. 2. einzeln, frei-, al'leinstehend: ~ house Einzelhaus n. 3. sepa'rat, gesondert. 4. mar. mil. 'abkommanˌdiert. 5. fig. a) objek'tiv, unvoreingenommen, b) (about) 'uninteresˌsiert (an dat), gleichgültig (gegen), c) distan'ziert: a ~ attitude. **de'tach·ed·ly** [-ɪdlɪ] adv. **de'tached·ness** → detachment 2, 3, 4.
de·tach·ment s 1. (Ab)Trennung f,

(Los)Lösung f (from von). 2. fig. (innerer) Abstand, Di'stanz f, Losgelöstsein n, (innere) Freiheit. 3. fig. Objektivi'tät f, Unvoreingenommenheit f. 4. Gleichgültigkeit f (from gegen). 5. mil. → detail 7a u. b.
de·tail ['diːteɪl; dɪ'teɪl] **I** s 1. De'tail n: a) Einzelheit f, einzelner Punkt, b) a. pl collect. (nähere) Einzelheiten pl, Näheres n: a wealth of ~ e-e Fülle von Einzelheiten; to go into ~ ins einzelne gehen, auf Einzelheiten eingehen; in ~ ausführlich, in allen Einzelheiten, Punkt für Punkt, im einzelnen. 2. Einzelteil n, m: ~ drawing tech. Stück-, Teilzeichnung f. 3. De'tailbehandlung f, ausführliche Behandlung (e-s Themas etc). 4. ausführliche Darstellung. 5. art De'tail n: a) De'tailarbeit f, b) Ausschnitt m. 6. 'Nebensache f, ˌ-umstand m. 7. mil. a) (Sonder)Komˌmando n, Ab'teilung f, Trupp m, b) 'Abkommanˌdierung f, c) Sonderauftrag m, d) Tagesbefehl m. **II** v/t 8. detail'lieren, ausführlich behandeln od. berichten, genau beschreiben. 9. Tatsachen etc einzeln aufzählen od. aufführen, einzeln eingehen auf (acc). 10. mil. 'abkommanˌdieren, (zum Dienst) einteilen. **de·tailed** adj detail'liert, ausführlich, eingehend, genau.
de·tain [dɪ'teɪn] v/t 1. j-n aufhalten. 2. j-n warten lassen. 3. a. ~ in custody jur. j-n in (Unterˌsuchungs)Haft (be)halten. 4. obs. etwas ('widerrechtlich) zu'rückhalten. 5. ped. nachsitzen lassen. 6. fig. j-n fesseln (Buch etc). **de·tain·ee** [ˌdiːteɪ'niː] s Inhaf'tierte(r m) f. **de'tain·er** s jur. 1. a. wrongful ~ 'widerrechtliche Vorenthaltung. 2. Anordnung f der Haftˌfortdauer.
de·tect [dɪ'tekt] v/t 1. entdecken, (her-'aus)finden, ermitteln, feststellen. 2. er-'spähen, wahrnehmen. 3. Geheimnis ent-'hüllen: to ~ a secret. 4. Verbrechen etc aufdecken, aufklären: to ~ a crime. 5. j-n entlarven: to ~ a hypocrite. 6. j-n er-'tappen (in bei). 7. mil. Gas, Minen spüren, Ziel erfassen. 8. Radio: gleichrichten, demodu'lieren. **de'tect·a·ble** adj feststellbar, entdeckbar. **de'tec·ta·phone** [-təfəʊn] s teleph. Abhörgerät n. **de'tect·i·ble** → detectable.
de·tec·tion [dɪ'tekʃn] s 1. Entdeckung f, Entdecken n, Feststellung f, Ermittlung f. 2. Enthüllung f. 3. Aufdeckung f, Aufklärung f. 4. Entlarvung f. 5. Radio: Gleichrichtung f, Demodulati'on f. 6. mil. Zielerfassung f. **de'tec·tive** **I** adj Detektiv..., Kriminal...: ~ fiction Kriminalromane pl; ~ novel (od. story) Kriminalroman m; to do ~ work bes. fig. Detektivarbeit leisten. **II** s Detek'tiv(in), Krimi'nalbeamte(r m) m.
de·tec·tor [dɪ'tektə(r)] s 1. Auf-, Entdecker m, Enthüller m. 2. tech. a) Anzeigevorrichtung f, b) Angeber m (an Geldschränken). 3. electr. De'tektor m, HF-Gleichrichter m, Demodu'lator m. 4. mil. a) Spürgerät n (für radioaktive Stoffe etc), b) mar. Ortungsgerät n (gegen U-Boote), c) mar. Tor'pedosuchgerät n.
de·tent [dɪ'tent] s tech. Sperrklinke f, -kegel m, -haken m, Sperre f, Arre'tierung f.
dé·tente [deɪ'tɑ̃ːnt] s bes. pol. Entspannung f.
de·ten·tion [dɪ'tenʃn] s 1. Inhaf'tierung f, Festnahme f. 2. Haft f, Gewahrsam m: ~ (pending trial) Untersuchungshaft; ~ barracks mil. Br. Militärstrafanstalt f; ~ centre Br., ~ home Am. Jugendstrafanstalt f. 3. Aufhaltung f. 4. Vorenthaltung f, Einbehaltung f: ~ of wages. 5. ped. Ar'rest m, Nachsitzen n.

deter - developable

de·ter [dɪ'tɜː; *Am.* dɪ'tɜr] *v/t* abschrecken, zu'rück-, abhalten (**from** von).
de·terge [dɪ'tɜːdʒ; *Am.* -'tɜrdʒ] *v/t bes. e-e Wunde* reinigen. **de'ter·gent I** *adj* **1.** reinigend. **II** *s* **2.** *a. med.* Reinigungsmittel *n*. **3.** Waschmittel *n*. **4.** Geschirrspülmittel *n*.
de·te·ri·o·rate [dɪ'tɪərɪəreɪt] **I** *v/i* **1.** sich verschlechtern, schlechter werden, (*Material*) verderben, (*Tierrasse etc*) entarten. **2.** verfallen, her'unterkommen. **3.** *econ.* an Wert verlieren. **II** *v/t* **4.** verschlechtern, verschlimmern, beeinträchtigen. **5.** *den Wert* (ver)mindern. **6.** im Wert (ver)mindern, her'absetzen. **de͵te·ri·o·'ra·tion** *s* **1.** Verschlechterung *f*, Verschlimmerung *f*, Verderb *m*, Entartung *f*: **the ~ of his health** die Verschlechterung s-s Gesundheitszustandes. **2.** Wertminderung *f*. **de·'te·ri·o·ra·tive** [-rətɪv; *Am. bes.* -͵reɪ-] *adj* verschlechternd.
de'ter·ment *s* **1.** Abschreckung *f* (**from** von). **2.** Abschreckungsmittel *n*.
de·ter·mi·na·ble [dɪ'tɜːmɪnəbl; *Am.* -'tɜr-] *adj* (*adv* **determinably**) **1.** bestimmbar, entscheidbar, festsetzbar. **2.** *jur.* befristet: **~ contract** kündbarer Vertrag. **de'ter·mi·nant I** *adj* **1.** bestimmend, entscheidend. **II** *s* **2.** (*das*) Bestimmende *od.* Entscheidende, entscheidender Faktor. **3.** *biol. math.* Termi'nante *f*.
de·ter·mi·nate [dɪ'tɜːmɪnət; *Am.* -'tɜr-] *adj* (*adv* **~ly**) **1.** bestimmt, festgelegt. **2.** entschieden, beschlossen. **3.** endgültig. **4.** entschlossen, entschieden, bestimmt. **5.** *bot.* cy'mös. **de·'ter·mi·nate·ness** *s* **1.** Bestimmtheit *f*. **2.** Entschlossenheit *f*, Entschiedenheit *f*.
de·ter·mi·na·tion [dɪ͵tɜːmɪ'neɪʃn; *Am.* -͵tɜr-] *s* **1.** Entschluß *m*, Entscheidung *f*. **2.** Beschluß *m*. **3.** Bestimmung *f*, Festsetzung *f*. **4.** Feststellung *f*, Ermittlung *f*, Bestimmung *f*: **~ of calorific value** Heizwertbestimmung *f*. **5.** Bestimmt-, Entschlossen-, Entschiedenheit *f*, Zielstrebigkeit *f*: **a man of ~** ein entschlossener *od.* zielstrebiger Mensch. **6.** Ziel *n*, Zweck *m*, feste Absicht. **7.** Ten'denz *f*, Neigung *f*: **~ of blood** *med.* Blutandrang *m*. **8.** Abgrenzung *f*. **9.** *bes. jur.* Ablauf *m*, Ende *n* (*e-s Vertrags etc*). **10.** *Logik*: Determinati'on *f*, Bestimmung *f*. **de·'ter·mi·na·tive** [-nətɪv; *Am. bes.* -͵neɪ-] **I** *adj* **1.** (näher) bestimmend, einschränkend, Bestimmungs... **2.** bestimmend, entscheidend. **II** *s* **3.** (*etwas*) Bestimmendes *od.* Charakte'ristisches. **4.** entscheidender *od.* maßgebender Faktor. **5.** *ling.* a) Determina'tiv *n*, b) Bestimmungswort *n*: **~ compound** Determinativkompositum *n*.
de·ter·mine [dɪ'tɜːmɪn; *Am.* -'tɜr-] **I** *v/t* **1.** *e-e Streitfrage etc* entscheiden. **2.** *etwas* beschließen (*a.* **to do** zu tun), *e-n Zeitpunkt etc* beschließen, festsetzen. **3.** feststellen, ermitteln, bestimmen: **to ~ the salt content**. **4.** bedingen, bestimmen, maßgebend sein für: **demand ~s the price**. **5.** *j-n* bestimmen, veranlassen (**to do** zu tun). **6.** *bes. jur. e-n Vertrag etc* beend(ig)en, aufheben, ablaufen lassen. **7.** *Logik*: determi'nieren, bestimmen. **II** *v/i* **8.** (**on**) sich entscheiden (für), sich entschließen (zu): **to ~ on doing s.th.** sich dazu entschließen, etwas zu tun. **9.** *bes. jur.* enden, ablaufen (*Vertrag etc*). **de'ter·mined** *adj* (*adv* **~ly**) **1.** (fest) entschlossen: **he was ~ to know** er wollte unbedingt wissen. **2.** entschieden. **3.** bestimmt, festgelegt. **de·'ter·min·er** *s ling.* Bestimmungswort *n*.
de·ter·min·ism [dɪ'tɜːmɪnɪzəm; *Am.* -'tɜr-] *s philos.* Determi'nismus *m*: a) *Lehre von der kausalen (Vor)Bestimmtheit alles Geschehens*, b) *die der Willensfreiheit widersprechende Lehre von der Bestimmung des Willens durch innere u. äußere Ursachen*. **de'ter·min·ist I** *s* Determi'nist(in). **II** *adj* determi'nistisch.
de·ter·rence [dɪ'terəns; *Am. bes.* -'tɜr-] *s* Abschreckung *f*: **nuclear ~**. **de'ter·rent I** *adj* abschreckend, Abschreckungs... **II** *s* Abschreckungsmittel *n*.
de·test [dɪ'test] *v/t* verabscheuen, hassen: **to ~ having to do s.th.** es hassen, etwas tun zu müssen. **de'test·a·ble** *adj* (*adv* **detestably**) ab'scheulich, verabscheuenswert. **de·tes·ta·tion** [͵diː-] *s* **1.** (**of**) Verabscheuung *f* (*gen*), Abscheu *m* (**vor** *dat*, **gegen**). **2.** **to be the ~ of** *j-s* Abscheu erregen, verabscheut werden von.
de·throne [dɪ'θrəʊn] *v/t* entthronen (*a. fig.*). **de'throne·ment** *s* Entthronung *f* (*a. fig.*).
det·i·nue ['detɪnjuː; *Am. bes.* 'detn͵juː] *s jur.* Vorenthaltung *f*: **action of ~** Vindikationsklage *f*.
det·o·nate ['detəneɪt] **I** *v/t* **1.** deto'nieren *od.* explo'dieren lassen, zur Detonati'on bringen, zünden. **2.** *fig. etwas* auslösen. **II** *v/i* **3.** deto'nieren, explo'dieren. **4.** *mot.* klopfen. **'det·o·nat·ing** *adj tech.* Detonations..., Spreng..., Zünd..., Knall...: **~ explosive** (*od.* **powder**) Brisanzsprengstoff *m*; **~ fuse** Knallzündschnur *f*; **~ gas** *chem.* Knallgas *n*; **~ tube** *chem.* Verpuffungsröhre *f*. **͵det·o·'na·tion** *s* **1.** a) Detonati'on *f*, Explosi'on *f*, b) Zündung *f*. **2.** *mot.* Klopfen *n*. **'det·o·na·tor** [-tə(r)] *s tech.* **1.** Zünd-, Sprengkapsel *f*, Sprengzünder *m*. **2.** (Si'gnal)Knallkapsel *f*.
de·tour ['diːtʊə(r)] **I** *s* **1.** 'Umweg *m*: **to make a ~**. **2.** (Ver'kehrs)͵Umleitung *f*. **3.** *fig.* 'Umschweif *m*. **II** *v/i* **4.** e-n 'Umweg machen. **III** *v/t* **5.** *Verkehr etc* 'umleiten. **6.** e-n 'Umweg machen um.
de·tox·i·cate [diː'tɒksɪkeɪt; *Am.* -'tɑ-] *v/t* entgiften. **de͵tox·i'ca·tion** *s* Entgiftung *f*.
de·tox·i·fi·ca·tion [diː͵tɒksɪfɪ'keɪʃn; *Am.* -͵tɑ-] → **detoxication**. **de'tox·i·fy** [-faɪ] → **detoxicate**.
de·tract [dɪ'trækt] **I** *v/t* **1.** *Aufmerksamkeit etc* ablenken (**from** von). **2.** *obs.* verunglimpfen. **II** *v/i* **3.** (**from**) (*e-r Sache*) Abbruch tun, her'absetzen, schmälern (*acc*): **to ~ from s.o.'s reputation** j-s Ruf schaden. **de'trac·tion** *s* **1.** Her'absetzung *f*, Schmälerung *f* (**from** *gen*). **2.** Verunglimpfung *f*. **de·'trac·tive** *adj* **1.** herabsetzend, verunglimpfend. **de'trac·tor** [-tə(r)] *s* **1.** Kritiker *m*, Her'absetzer *m*. **2.** Verunglimpfer *m*. **de'trac·to·ry** → **detractive**.
de·train [͵diː'treɪn] *rail.* **I** *v/t* **1.** *Personen* aussteigen lassen. **2.** *Güter, a. Truppen* ausladen. **II** *v/i* **3.** aussteigen. **de·'train·ment** *s* **1.** Aussteigen *n*. **2.** Ausladen *n*.
de·trib·al·ize [͵diː'traɪbəlaɪz] *v/t* a) *Eingeborenen* ihre 'Stammeskul͵tur nehmen, b) *Eingeborene* zivili'sieren.
det·ri·ment ['detrɪmənt] *s* Nachteil *m*, Schaden *m* (**to** für): **to the ~ of s.o.** zu j-s Nachteil *od.* Schaden; **without ~ to** ohne Schaden für; **to be a ~ to health** gesundheitsschädlich sein. **͵det·ri'men·tal** [-'mentl] *adj* (**to**) nachteilig, schädlich (für), abträglich (*dat*): **to be ~ to s.th.** e-r Sache schaden.
de·tri·tal [dɪ'traɪtl] *adj geol.* Geröll..., Schutt... **de'trit·ed** *adj* **1.** abgenützt, abgegriffen: **~ coin**. **2.** *geol.* verwittert, Geröll... **de'tri·tion** [-'trɪʃn] *s* Abreibung *f*, Abnützung *f*. **de'tri·tus** ['traɪtəs] *s geol.* Geröll *n*, Schutt *m*.

de trop [də'trəʊ] *adj* 'überflüssig, zu'viel des Guten.
de·trun·cate [͵diː'trʌŋkeɪt] *v/t* stutzen, beschneiden (*a. fig.*).
de·tu·mes·cence [͵diːtjuː'mesns; *Am.* ͵detjuː'm-; ͵detuː'm-] *s med. physiol.* Detumes'zenz *f*, Abschwellen *n*.
deuce [djuːs; *Am. a.* duːs] *s* **1.** *Kartenspiel, Würfeln*: Zwei *f*. **2.** *Tennis*: Einstand *m*. **3.** *colloq.* (*als Ausruf od. intens*) Teufel *m*: **how** (**who**, *etc*) **the ~** wie (wer *etc*) zum Teufel; **~ take it!** der Teufel soll es holen!; **~ knows** weiß der Teufel; **the ~ he can!** nicht zu glauben, daß er es kann!; **~ a bit** nicht im geringsten; **a ~ of a row** ein Mordskrach (*Lärm od. Streit*); **to play the ~ with** Schindluder treiben mit; **there will be the ~ to pay** das dicke Ende kommt noch (nach). **'deuc·ed** [-sɪd; -st] *adj*, **'deuc·ed·ly** [-sɪdlɪ] *adv colloq.* verteufelt, verflixt, verwünscht.
de·us ex mach·i·na ['deɪʊs͵eks-'mækɪnə; -'mɑː-] (*Lat.*) *s* Deus *m* ex machina.
deu·te·ri·um [djuː'tɪərɪəm; *Am. a.* duː-] *s chem.* Deu'terium *n*, schwerer Wasserstoff. **~ ox·ide** *s chem.* Deu'teriumo͵xyd *n*, schweres Wasser.
deutero- [djuːtərəʊ; -rə; *Am. a.* duː-] *Wortelement mit der Bedeutung* zweit(er, e, es).
deu·ter·on ['djuːtərɒn; *Am.* -͵rɑn; *a.* 'duː-] *s phys.* Deuteron *n*.
Deu·ter·on·o·mist [͵djuːtə'rɒnəmɪst; *Am.* -'rɑ-; *a.* ͵duː-] *s* Verfasser *m* des 5. Buches Mose. **Deu·ter'on·o·my** *s* Deutero'nomium *n*, Fünftes Buch Mose.
deu·ter·op·a·thy [͵djuːtə'rɒpəθɪ; *Am.* -'rɑ-; *a.* ͵duː-] *s med.* Deuteropa'thie *f*, Sekun'därkrankheit *f*.
deu·to·plasm ['djuːtəʊplæzəm; *Am. a.* 'duː-] *s biol.* Deuto'plasma *n* (*Nährplasma im Ei*).
de·val·u·ate [͵diː'væljʊeɪt; *Am.* -jə͵weɪt] *v/t econ.* abwerten. **͵de·val·u'a·tion** *s econ.* Abwertung *f*. **͵de'val·ue** [-juː] → **devaluate**.
dev·as·tate ['devəsteɪt] *v/t* **1.** verwüsten, vernichten. **2.** *fig.* über'wältigen, 'mannen. **'dev·as·tat·ing** *adj* (*adv* **~ly**) **1.** verheerend, vernichtend (*beide a. fig.*): **~ criticism**. **2.** *colloq.* 'toll', e'norm, phan'tastisch. **3.** *colloq.* 'umwerfend: **humo(u)r**. **͵dev·as'ta·tion** *s* Verwüstung *f*. **'dev·as·ta·tor** [-tə(r)] *s* Verwüster(in).
de·vel·op [dɪ'veləp] **I** *v/t* **1.** entwickeln: **to ~ a theory; to ~ faculties** Fähigkeiten entwickeln *od.* entfalten; **to ~ muscles** Muskeln entwickeln *od.* bilden. **2.** entwickeln, zeigen, an den Tag legen: **to ~ an interest for s.th.** werden lassen, gestalten (**into** zu). **4.** sich *e-e Krankheit* zuziehen: **to ~ a cold; to ~ a fever** Fieber bekommen. **5.** *e-e Geschwindigkeit, Stärke etc* entwickeln, erreichen: **to ~ a high speed**. **6.** fördern, entwickeln, ausbauen: **to ~ an industry**. **7.** *Naturschätze, a. Bauland* erschließen, nutzbar machen, *Altstadt etc* sa'nieren. **8.** *e-n Gedanken, Plan etc, a. ein Verfahren* entwickeln, ausarbeiten: **to ~ a method**. **9.** *math.* a) *e-e Gleichung etc* entwickeln: **to ~ an equation**, b) *e-e Fläche* abwickeln: **to ~ a surface**. **10.** *mus.* *ein Thema* entwickeln, 'durchführen. **11.** *phot.* entwickeln. **12.** *mil. e-n Angriff* eröffnen. **II** *v/i* **13.** sich entwickeln (**from** aus): **to ~ into** sich entwickeln *od.* gestalten zu, *to etwas* werden. **14.** (langsam) werden, entstehen, sich entfalten. **15.** zu'tage treten, sich zeigen. **de·'vel·op·a·ble** *adj* **1.** *allg.* entwicklungsfähig. **2.** *fig.* ausbaufähig: **a ~ position**. **3.** erschließbar. **4.** *phot.* entwickelbar.

developer – devotionalist

5. *math.* abwickelbar: ~ **surface. de·vel·op·er** *s* 1. *phot.* Entwickler(in). 2. *phot.* Entwickler(flüssigkeit *f*) *m.* 3. *late* ~ *bes. ped.* Spätentwickler(in). 4. (Stadt)Planer *m.* **de'vel·op·ing** *adj* Entwicklungs...: ~ **bath** *phot.* Entwicklungsbad *n*; ~ **company** Bauträger *m*; ~ **country** *econ.* Entwicklungsland *n.*
de'vel·op·ment *s* 1. *a. biol. math.* Entwicklung *f*: **a new ~ in electronics** e-e Neuentwicklung auf dem Gebiet der Elektronik; **stage of ~** Entwicklungsstufe *f*; ~ **engineer** *tech.* Entwicklungsingenieur *m.* 2. Entfaltung *f*, (Aus)Bildung *f*, Wachstum *n*, Werden *n*, Entstehen *n*: ~ **aid** *econ.* Entwicklungshilfe *f*; ~ **country** *econ.* Entwicklungsland *n.* 3. Ausbau *m*, Förderung *f*: ~ **of business contacts.** 4. Erschließung *f*, Nutzbarmachung *f*: ~ **of land**; ~ **area** a) Entwicklungsgebiet *n*, b) Erschließungsgebiet *n*, c) Sanierungsgebiet *n*; ~ **company** Bauträger *m*; → **ripe** 8. 5. *Bergbau*: Aufschließung *f*. 6. Entwicklung *f*: a) Darlegung *f*: ~ **of an argument**, b) Ausarbeitung *f*: ~ **of new methods.** 7. *mus.* a) Entwicklung *f*, 'Durchführung *f*, b) 'Durchführung(steil *m*) *f*. **de‚vel·op'ment·al** [-'mentl] *adj* Entwicklungs...: ~ **aid**; ~ **disease** *med.* Entwicklungsstörung *f*; ~ **program(me)** Aufbauprogramm *n.*
de·vi·ant ['di:vjənt; -vɪənt] → **deviate** III.
de·vi·ate ['di:vɪeɪt] **I** *v/i* abweichen, abgehen (**from** von) (*beide a. fig.*). **II** *v/t* ablenken. **III** *adj u. s* [-ət; -eɪt] *psych.* vom 'Durchschnitt abweichend(es Individuum). ‚**de·vi'a·tion** *s* 1. Abweichung *f*, Abweichen *n* (**from** von) (*beide a. fig.*). 2. *a. opt. phys.* Ablenkung *f*. 3. *phys. tech.* Abweichung *f*: ~ **from linearity.** 4. *aer. mar.* Deviati'on *f*, Abweichung *f*, Ablenkung *f*, Fehlweisung *f* (*der Kompaßnadel*). 5. a) *aer.* (Kurs)Versetzung *f*, b) *mar.* Kursabweichung *f*, c) *Seeversicherung*: unerlaubte Deviati'on *od.* Kursabweichung. 6. *pol.* → **deviationism.** ‚**de·vi'a·tion·ism** *s pol.* Abweichlertum *n.* ‚**de·vi'a·tion·ist** *pol.* **I** *s* Abweichler(in). **II** *adj* abweichlerisch. **de'vi·a·tor** [-tə(r)] *s* Abweichende(r *m*) *f*.
de·vice [dɪ'vaɪs] *s* 1. Vor-, Einrichtung *f*, Gerät *n.* 2. Erfindung *f*. 3. (*etwas*) kunstvoll Erdachtes, Einfall *m.* 4. Plan *m*, Pro'jekt *n*, Vorhaben *n.* 5. Kunstgriff *m*, Kniff *m*, Trick *m.* 6. Anschlag *m*, böse Absicht. 7. *pl* Neigung *f*, Wille *m*: **left to one's own ~s** sich selbst überlassen. 8. De'vise *f*, Motto *n*, Sinn-, Wahlspruch *m.* 9. *her.* Sinnbild *n.* 10. Zeichnung *f*, Plan *m*, Entwurf *m*, Muster *n.*
dev·il ['devl] **I** *s* 1. Teufel *m*: a) **the ~**, *a.* **the D~** der Satan, b) Höllengeist *m*, c) Dämon *m*, d) *fig.* Unhold *m*: **a ~ in petticoats** *colloq.* ein Weibsteufel; **little ~** *colloq.* kleiner Racker; **(poor) ~** armer Teufel *od.* Schlucker; **to be between the ~ and the deep blue sea** *fig.* sich zwischen zwei Feuern befinden, in e-r bösen Zwickmühle sein *od.* sitzen; **talk** (*od.* **speak**) **of the ~ (and he will appear)** *colloq.* wenn man vom Teufel spricht, dann kommt er; **like the ~** *colloq.* wie der Teufel, wie verrückt; **to go to the ~** *colloq.* zum Teufel *od.* vor die Hunde gehen; **go to the ~!** scher dich zum Teufel!; **the ~ take the hindmost** den letzten beißen die Hunde; **the ~ and all** *colloq.* a) alles denkbar Schlechte, b) alles Mögliche; **there will be the ~ to pay** *colloq.* das dicke Ende kommt noch (nach); **to play the ~ with** *colloq.* Schindluder treiben mit; **the ~ is in it if** *colloq.*

es geht mit dem Teufel zu, wenn; **the ~!** *colloq.* a) (*verärgert*) zum Teufel!, zum Kuckuck!, b) (*erstaunt*) Donnerwetter!, da hört doch alles auf!; **the ~ take it** (**him**, *etc*) *colloq.* der Teufel soll es (ihn *etc*) holen; **what** (**where, how**, *etc*) **the ~** *colloq.* was (wo, wie *etc*) zum Teufel; **~s on horseback** *gastr.* gegrillte, in Speck gewickelte Backpflaumen; **to give the ~ his due** jedem das Seine lassen; **to raise ~**, *a.* **to raise ~ and Mordskrach schlagen'.** 2. *a.* ~ **of a fellow** *colloq.* Teufelskerl *m*, toller Bursche. 3. *colloq.* Draufgängertum *n*, Schneid *m.* 4. *fig.* Laster *n*, Übel *n*: **the ~ of drink.** 5. *a* (*od.* **the**) **~** *colloq. intens* a) e-e verteufelte Sache, b) ein Mordsding, e-e Mordssache: **a** (*od.* **the**) **~ of a mess** ein Mordsdurcheinander; **the ~ of a job** e-e Mords- *od.* Heidenarbeit; **isn't it the ~** das ist doch e-e verflixte Sache; **the ~ of it** das Vertrackte an der Sache; **the ~ of a good joke** ein verdammt guter Witz. 6. *colloq. intens* (*als Verneinung*) nicht der (die, das) geringste: **~ a bit** überhaupt nicht, nicht die Spur; **~ a one** nicht ein einziger. 7. Handlanger *m*: → **printer** 1. 8. *jur. Br.* As'sessor *m* (*bei e-m barrister*). 9. scharf gewürztes Pfannen- *od.* Grillgericht. 10. Sprühteufel *m* (*Feuerwerk*). 11. *tech.* a) Zer'kleinerungsma‚schine *f*, *bes.* Reißwolf *m*, Holländer *m*, b) Holzgewindedrehbank *f*.
II *v/t pret u. pp* **'dev·iled**, *bes. Br.* **'dev·illed** 12. *colloq. j-n* plagen, schika'nieren, „piesacken". 13. *tech.* Lumpen *etc* zerfasern, wolfen. 14. *Speisen* scharf gewürzt grillen *od.* braten: → **deviled.**
III *v/i* 15. Handlangerdienste tun (**for** für). 16. *jur. Br.* als As'sessor (*bei e-m barrister*) arbeiten.
'dev·il-‚dodg·er *s colloq.* Prediger *m*, *bes.* Feldgeistliche(r) *m.*
dev·il·dom ['devldəm] *s* Hölle *f*.
dev·iled, *bes. Br.* **dev·illed** ['devld] *adj gastr.* feinzerhackt u. scharf gewürzt: ~ **ham**; ~ **eggs** gefüllte Eier.
'dev·il·fish *s ichth.* 1. (*bes.* Flügel)Rochen *m*, Teufelsfisch *m.* 2. Krake *m.* 3. Seeteufel *m.*
'dev·il·ish *adj* (*adv* **~ly**) 1. teuflisch: **his ~ grin** sein diabolisches Grinsen. 2. *colloq.* verteufelt, verdammt, höllisch, schrecklich. **II** *adv* → 2. **'dev·il·ish·ness** *s* 1. (*das*) Teuflische. 2. → **devilry** 1.
dev·illed *bes. Br.* für **deviled.**
‚**dev·il-'may-‚care** *adj* 1. leichtsinnig. 2. rücksichtslos. 3. verwegen.
'dev·il·ment *s* 1. Unfug *m*, Schelme'rei *f*. 2. böser Streich, Schurkenstreich *m.*
'dev·il·ry [-rɪ] *s* 1. Teufe'lei *f*, Untat *f*. 2. Schlechtigkeit *f*. 3. wilde Ausgelassenheit *f*, 'Übermut *m.* 4. Teufelsbande *f*. 5. Teufelskunst *f*, Zaube'rei *f*.
dev·il's ‚ad·vo·cate *s R.C. u. fig.* Advo'catus *m* Di'aboli. **'~‑bones** *s pl sl.* Würfel(spiel *n*) *pl.* **~ book** *s* (des Teufels) ‚Gebet‑*od.* Gesangbuch' *n* (*Spielkarten*). **~ ‚darn·ing ‚nee·dle** *s* 1. *zo.* Li'belle *f*. 2. *bot.* a) Nadelkerbel *m*, b) → **devil's- ‑hair.** **~ food** (**cake**) *s bes. Am.* schwere Schoko'ladentorte. **'~‑hair** *s bot.* Vir'ginische Waldrebe. **'~‑milk** *s bot.* 1. Gartenwolfsmilch *f*. 2. Sonnenwolfsmilch *f*.
dev·il·try ['devltrɪ] → **devilry.**
dev·il ‚wor·ship *s* Teufelsanbetung *f*.
de·vi·ous ['di:vjəs; -vɪəs] *adj* (*adv* **~ly**) 1. abwegig, irrig, falsch: ~ **arguments**; ~ **step** Fehltritt *m.* 2. gewunden (*a. fig.*): **to take a ~ route** e-n Umweg machen. 3. um'herirrend. 4. verschlagen, unaufrichtig, falsch: **by ~ means** auf krummen Wegen, „hintenherum". 5. abgelegen: ~ **coasts.** **'de·vi·ous·ness** *s* 1. Abwegigkeit *f*. 2. Gewundenheit *f*.

3. Verschlagenheit *f*, Unaufrichtigkeit *f*.
de·vis·a·ble [dɪ'vaɪzəbl] *adj* 1. erfindbar, erdenkbar, erdenklich. 2. *jur.* vermachbar.
de·vise [dɪ'vaɪz] **I** *v/t* 1. erdenken, ausdenken, ersinnen, erfinden: **to ~ ways and means** Mittel u. Wege ersinnen. 2. *jur. bes. Grundbesitz* (letztwillig) vermachen, hinter'lassen (**to s.o.** j-m). 3. *obs.* trachten nach. 4. *obs.* a) sich vorstellen, begreifen, b) ahnen. **II** *s* 5. *jur.* a) Hinter'lassung *f*, b) Vermächtnis *n*, c) Testa'ment *n.* **de·vi·see** [‚devɪ'zi:; ‚dɪvaɪ'zi:] *s jur.* Vermächtnisnehmer(in), Testa'mentserbe *m*, -erbin *f* (*von Grundbesitz*). **de'vis·er** *s* 1. Erfinder(in). 2. → **devisor. de·vi·sor** [‚devɪ'zɔ:(r); dɪvaɪ'zɔ:(r)] *s jur.* Erb-lasser(in) (*von Grundbesitz*).
de·vi·tal·i·za·tion [di:‚vaɪtəlaɪ'zeɪʃn; *Am.* -lə'z-] *s bes. fig.* Schwächung *f*. **‚de'vi·tal·ize** *v/t bes. fig.* schwächen.
de·vit·ri·fy [‚di:'vɪtrɪfaɪ] *v/t* entglasen.
de·vo·cal·i·za·tion [di:‚vəʊkəlaɪ'zeɪʃn; *Am.* -lə'z-] *s ling.* Stimmlosmachen *n.* **‚de'vo·cal·ize** *v/t ling.* e-n *Laut* stimmlos machen.
de·voice [di:'vɔɪs] → **devocalize.**
de·void [dɪ'vɔɪd] *adj*: ~ **of** ohne (*acc*), bar (*gen*), frei von: ~ **of feeling** gefühllos.
de·voir [də'vwɑː(r); *Am. a.* 'dev-] *s* 1. Pflicht *f*: 2. *pl* Höflichkeitsbezeigungen *pl*: **to pay one's ~s to s.o.** j-m s-e Aufwartung machen.
de·vo·lu·tion [‚di:və'lu:ʃn; ‚dev-] *s* 1. Ab-, Verlauf *m*: ~ **of events, time**, *etc.* 2. *jur.* a) Erbfolge *f*, b) Über'tragung *f*, 'Übergang *m* (**on, upon** *auf acc*): ~ **of property, rights**, *etc*, c) Heimfall *m* (**on, upon** *an acc*). 3. a) Über'tragung *f*: ~ **of duties, functions, powers**, *etc*, b) *parl.* Über'weisung *f* (**upon a committee** an e-n Ausschuß), c) *pol.* Dezentrali'sierung *f*. 4. *biol.* Degenerati'on *f*, Entartung *f*.
de·volve [dɪ'vɒlv; *Am.* -'vɑːlv] **I** *v/t* (**on, upon**) *Rechte, Pflichten etc* über'tragen (*dat od.* auf *acc*), *contp.* abwälzen (auf *acc*): **to ~ a duty.** **II** *v/i* (**on, upon, to**) 'übergehen (*auf acc*), über'tragen werden (*dat od.* auf *acc*), zufallen (*dat*) (*Rechte, Pflichten, Besitz etc*): **it ~d (up)on him to do** es wurde ihm übertragen *od.* fiel ihm zu *od.* oblag ihm zu tun.
Dev·on ['devn] *s zo.* Devon(vieh) *n.*
De·vo·ni·an [de'vəʊnjən; -nɪən; dɪ'v-] **I** *adj* 1. de'vonisch (*Devonshire betreffend*). 2. *geol.* de'vonisch. **II** *s* 3. Bewohner(in) von Devonshire. 4. *geol.* De'von *n.*
de·vote [dɪ'vəʊt] *v/t* 1. *s-e Zeit, Gedanken, Anstrengungen etc* widmen, etwas 'hingeben, opfern (**to** *dat*): **to ~ o.s. to a cause** sich e-r Sache widmen *od.* verschreiben; **to ~ o.s. to s.o.** sich j-m widmen. 2. weihen, über'geben (**to** *dat*). **de'vot·ed** *adj* (*adv* **~ly**) 1. 'hingebungsvoll: a) aufopfernd, treu, b) anhänglich, zärtlich, c) eifrig, begeistert. 2. dem 'Untergang geweiht, todgeweiht.
dev·o·tee [‚devəʊ'ti:] *s* 1. eifriger *od.* begeisterter Anhänger *m*: **jazz ~.** 2. glühender Verehrer *od.* Verfechter *m.* 3. (*bes. religiöser*) Eiferer, Fa'natiker *m.* 4. *contp.* Betbruder *m*, -schwester *f*.
de·vo·tion [dɪ'vəʊʃn] *s* 1. Widmung *f*. 2. 'Hingabe *f*: a) Ergebenheit *f*, Treue *f*, b) Aufopferung *f*, c) Eifer *m*, 'Hingebung *f*, d) Liebe *f*, Verehrung *f*, (innige) Zuneigung. 3. *relig.* a) Andacht *f*, 'Hingebung *f*, Frömmigkeit *f*, b) *pl* Gebet *n*, Andacht(sübung) *f*. **de'vo·tion·al** [-ʃənl] **I** *adj* (*adv* **~ly**) 1. andächtig, fromm. 2. Andachts..., Erbauungs...: ~ **book.** **II** *s* 3. *relig. f*, kurzer Gebetsgottesdienst. **de'vo·tion·al·ist** *s* 1. Andächtige(r *m*) *f*. 2. Frömmler(in).

de·vour [dɪˈvaʊə(r)] v/t **1.** (gierig) verschlingen. **2.** vernichten (*Flammen etc*). **3.** *fig.* ein Buch verschlingen. **4.** *fig.* (mit Blicken) verschlingen. **5.** *fig. j-n* verzehren, verschlingen: ~ed by passion von Leidenschaft verzehrt. **deˈvour·ing** *adj* (*adv* ~ly) **1.** gierig. **2.** *fig.* verzehrend.
de·vout [dɪˈvaʊt] *adj* (*adv* ~ly) **1.** fromm. **2.** andächtig. **3.** innig, inbrünstig. **4.** herzlich. **5.** eifrig. **deˈvout·ness** *s* **1.** Frömmigkeit *f*. **2.** Andacht *f*, ˈHingabe *f*. **3.** Innigkeit *f*, Inbrunst *f*. **4.** Herzlichkeit *f*. **5.** Eifer *m*.
dew [dju:; *Am. a.* du:] **I** *s* **1.** Tau *m*: wet with ~ taunaß. **2.** *fig.* Frische *f*: the ~ of youth. **3.** a) Tränen *pl*, b) Schweiß(perlen *pl*, -tropfen *pl*) *m*. **II** *v/i* **4.** betauen, benetzen.
de·wan [dɪˈwɑːn] *s pol. Br. Ind.* a) Premiˈermiˌnister *m* (*e-s indischen Staates*), b) *hist.* Fiˈnanzmiˌnister *m*.
de·wa·ter [ˌdiːˈwɔːtə(r)] *v/t* entwässern.
ˈ**dew**|**·ber·ry** [-berɪ] *s bot.* (*e-e*) Brombeere. ˈ**~·claw** *s zo.* Afterklaue *f*. ˈ**~·drop** *s* **1.** Tautropfen *m*. **2.** *Br. humor.* Nasentropfen *m*. ˈ**~·fall** *s* Taufall *m*.
dew·i·ness [ˈdjuːɪnɪs; *Am. a.* ˈduː-] *s* (Tau)Feuchtigkeit *f*.
ˈ**dew**|**·lap** *s* **1.** a) *zo.* Wamme *f*, b) *orn.* Hautlappen *m*. **2.** (altersbedingte) Halsfalte. **~ point** *s phys.* Taupunkt *m*. **~ pond** *s Br. kleiner, flacher Teich aus Tau*. ˈ**~·ret**, ˈ**~·rot** *v/t Flachs* ausrösten. **~ worm** *s Angeln*: Tauwurm *m*.
ˈ**dew·y** *adj* **1.** taufeucht, *a. fig.* taufrisch. **2.** feucht, benetzt. **3.** *poet.* erfrischend: ~ sleep. ˈ**~-eyed** *adj* ‚blauäugig', naˈiv.
dex·ter [ˈdekstə(r)] *adj* **1.** *obs.* recht(er, e, es), rechts(seitig). **2.** *her.* rechts (*vom Beschauer aus links*). **dexˈter·i·ty** [-ˈsterətɪ] *s* **1.** Gewandtheit *f*, Geschicklichkeit *f*. **2.** Rechtshändigkeit *f*. ˈ**dex·ter·ous** *adj* (*adv* ~ly) **1.** gewandt, geschickt. **2.** rechtshändig.
dex·tral [ˈdekstrəl] *adj* (*adv* ~ly) **1.** rechts (-seitig), recht(er, e, es). **2.** rechtshändig.
dex·tran [ˈdekstræn; -trən], ˈ**dex·trane** [-treɪn] *s chem.* Dexˈtran *n*. ˈ**dex·trin** [-trɪn], ˈ**dex·trine** [-triːn] *s chem.* Dexˈtrin *n*, Stärkegummi *m*, *n*.
dex·tro [ˈdekstrəʊ] → dextrorotatory.
dextro- [dekstrəʊ; -trə] *Wortelement mit der Bedeutung* rechts.
ˌ**dex·tro·gyˈra·tion**, ˌ**dex·tro·roˈta·tion** *s chem. phys.* Rechtsdrehung *f*. ˌ**dex·troˈro·ta·to·ry** *adj chem. phys.* rechtsdrehend.
dex·trose [ˈdekstrəʊs] *s chem.* Dexˈtrose *f*, Traubenzucker *m*.
dex·trous [ˈdekstrəs] → dexterous.
ˈ**dex·trous·ness** → dexterity.
dhar·ma [ˈdɑːmə; *Am.* ˈdɜrmə] *s* Dharma *n*: a) (*Hinduismus*) die jeweils in der Kaste gegebene Pflicht, b) (*Buddhismus*) die das Dasein bestimmenden Kräfte, aus denen er e Persönlichkeit u. die von ihr erlebte Welt zustande kommt.
dhoo·ti [ˈduːtɪ], **dho·ti** [ˈdəʊtɪ] *s* (*in Indien*) Lendentuch *n* (*der Männer*).
dhow [daʊ] *s mar.* D(h)au *f* (*arabisches Zweimastschiff mit Trapezsegeln*).
di [diː] *s mus.* di *n* (*Solmisationssilbe*).
di-[1] [daɪ] *Vorsilbe mit der Bedeutung* zwei, doppelt.
di-[2] [dɪ] → **dis-**[1].
di-[3] [daɪ] → **dia-**.
dia- [daɪə] *Vorsilbe mit den Bedeutungen* a) durch, b) vollständig, c) sich trennend, d) entgegengesetzt.
di·a·base [ˈdaɪəbeɪs] *s min.* **1.** *Am.* Diaˈbas *m*. **2.** *Br.* (*Art*) Baˈsalt *m*.
di·a·be·tes [ˌdaɪəˈbiːtiːz] *s med.* Diaˈbetes *m*, Zuckerkrankheit *f*, ‚Zucker' *m*: he's suffering from ~ er hat Zucker. ˌ**di·aˈbet·ic** [-ˈbetɪk] *med.* **I** *adj* diaˈbe-
tisch: a) zuckerkrank, b) Diabetes...: ~ diet Diabeteskost *f*; ~ chocolate Diabetikerschokolade *f*. **II** *s* Diaˈbetiker(in), Zuckerkranke(r *m*) *f*.
di·a·ble·rie [dɪˈɑːblərɪ], *a.* **diˈab·ler·y** [-ˈæb-] *s* **1.** Teufelskunst *f*, Schwarze Maˈgie. **2.** Dämonoloˈgie *f*. **3.** Teufeˈlei *f*, Untat *f*.
di·a·bol·ic [ˌdaɪəˈbɒlɪk; *Am.* -ˈbɑ-] *adj*; ˌ**di·aˈbol·i·cal** [-kl] *adj* (*adv* ~ly) diaˈbolisch, teuflisch, böse.
di·ab·o·lism [daɪˈæbəlɪzəm] *s* **1.** Teufelswerk *n*, Teufeˈlei *f*. **2.** teuflische Besessenheit. **3.** Teufelslehre *f*. **4.** Teufelskult *m*. **diˈab·o·lize** *v/t* **1.** teuflisch machen. **2.** als Teufel darstellen.
di·ab·o·lo [dɪˈɑːbələʊ; *bes. Am.* -ˈæbə-; *a.* daɪ-] *s* Diˈabolo(spiel) *n*.
di·ac·e·tate [daɪˈæsɪteɪt] *s chem.* ˈDiaceˌtat *n*.
di·a·chron·ic [ˌdaɪəˈkrɒnɪk; *Am.* -ˈkrɑ-] *adj ling.* diaˈchronisch: ~ dictionary (linguistics).
di·ac·id [daɪˈæsɪd] *chem.* **I** *adj* zweisäurig (*Basen*). **II** *s* Disäure *f*.
di·ac·o·nal [daɪˈækənl] *adj relig.* Diakons... **diˈac·o·nate** [-neɪt; -nət] *s relig.* Diakoˈnat *n*.
di·a·crit·ic [ˌdaɪəˈkrɪtɪk] **I** *adj* (*adv* ~ally) → diacritical. **II** *s ling.* diaˈkritisches Zeichen. ˌ**di·aˈcrit·i·cal** [-kl] *adj* (*adv* ~ly) diaˈkritisch, unterˈscheidend: ~ mark → diacritic II.
di·ac·tin·ic [ˌdaɪækˈtɪnɪk] *adj phys.* die akˈtinischen Strahlen durchlassend.
di·a·del·phous [ˌdaɪəˈdelfəs] *adj bot.* diaˈdelphisch, zweibrüderig.
di·a·dem [ˈdaɪədem] *s* **1.** Diaˈdem *n*. **2.** *fig.* Hoheit *f*, Herrscherwürde *f*.
di·aer·e·sis [daɪˈɪərɪsɪs; *bes. Am.* -ˈer-] *s* **1.** *ling.* a) Diˈärese *f*, Diˈäresis *f* (*getrennte Aussprache zweier Vokale*), b) Trema *n*. **2.** *metr.* Diäˈrese *f*, Diˈäresis *f* (*Verseinschnitt*).
di·a·ge·o·trop·ic [ˈdaɪəˌdʒiːəˈtrɒpɪk; *Am.* -trəʊ-; -trɑ-] *adj bot.* transverˈsal-geoˌtropisch.
di·ag·nose [ˈdaɪəgnəʊz; *Am. bes.* ˌnəʊs] **I** *v/t* **1.** *med.* diagnostiˈzieren (as als) (*a. fig.*). **2.** *fig.* beurteilen. **II** *v/i* **3.** *med.* e-e Diaˈgnose stellen (*a. fig.*). ˌ**di·agˈno·sis** [-ˈnəʊsɪs] *pl* -ses [-siːz] *s* **1.** *med.* Diaˈgnose *f* (*a. fig.*): to make a ~ → diagnose 3. **2.** *fig.* Beurteilung *f*. ˌ**di·agˈnos·tic** [-ˈnɒstɪk; *Am.* -ˈnɑs-] *med.* **I** *adj* (*adv* ~ally) **1.** diaˈgnostisch (*a. fig.*): to be ~ of symptomatisch sein für. **II** *s* **2.** Sympˈtom *n*, charakteˈristisches Merkmal (*a. fig.*). **3.** *meist pl* (*als sg konstruiert*) Diaˈgnostik *f*. **4.** → diagnosis 1. ˌ**di·agˈnos·ti·cate** [-keɪt] → diagnose. ˌ**di·agˈnos·ti·cian** [-nɒsˈtɪʃn; *Am.* -nɑs-] *s med.* Diaˈgnostiker(in).
di·ag·o·nal [daɪˈægənl] **I** *adj* (*adv* ~ly) **1.** *math. tech.* diagoˈnal: ~ surface Diagonalfläche *f*; ~ cloth → 4; ~ line → 3. **2.** schräg(laufend), über Kreuz, Kreuz... **II** *s* **3.** *math.* Diagoˈnale *f*. **4.** schräggeripptes Gewebe, Diago'nalgewebe *m*.
di·a·gram [ˈdaɪəgræm] **I** *s* **1.** Diaˈgramm *n*, graphische Darstellung, Schema *n*, zeichn. *a.* Schau-, Kurvenbild *n*. **2.** *bot.* ˈBlütendiaˌgramm *n*. **II** *v/t pret u. pp* **-gramed,** *bes. Br.* **-grammed 3.** graphisch darstellen. ˌ**di·aˈgram·ˈmat·ic** [-grəˈmætɪk] *adj*; ˌ**di·aˈgram·ˈmat·i·cal** [-kl] *adj* (*adv* ~ly) graphisch, scheˈmatisch.
di·a·graph [ˈdaɪəgrɑːf; *bes. Am.* -græf] *s tech.* Diaˈgraph *m* (*Zeichengerät*).
di·a·ki·ne·sis [ˌdaɪəkɪˈniːsɪs; -kaɪ-] *s biol.* Diakiˈnese *f*.
di·al [ˈdaɪəl] **I** *s* **1.** *a.* ~ plate Zifferblatt *n* (*der Uhr*). **2.** *a.* ~ plate *tech.* Skala *f*,
Skalenblatt *n*, -scheibe *f*: ~ ga(u)ge Meßuhr *f*; ~ light (*Radio etc*) Skalenbeleuchtung *f*. **3.** *teleph.* Wähl-, Nummernscheibe *f*. **4.** *Bergbau*: Markscheide(r)kompaß *m*. **5.** *Br. sl.* ‚Viˈsage' *f* (*Gesicht*). **II** *v/t pret u. pp* **-aled,** *bes. Br.* **-alled 6.** *teleph.* wählen: to ~ a number; to ~ a wrong number sich verwählen; to ~ London London anwählen. **7.** *e-n Sender etc* einstellen. **8.** mit e-r Skala bestimmen *od.* messen. **III** *v/i* **9.** *teleph.* wählen: to ~ direct durchwählen (to nach).
di·al·co·hol [daɪˈælkəhɒl] *s chem.* Diˈalkohol *m*.
di·al·de·hyde [daɪˈældɪhaɪd] *s chem.* ˈDialdeˌhyd *n*.
di·a·lect [ˈdaɪəlekt] *s* **1.** Diaˈlekt *m*: a) Mundart *f*, b) Sprachzweig *m*: ~ atlas Sprachatlas *m*; ~ geography Sprachgeographie *f*. **2.** Jarˈgon *m*. ˌ**di·aˈlec·tal** [-tl] *adj* (*adv* ~ly) diaˈlektisch, mundartlich, Dialekt...
di·a·lec·tic [ˌdaɪəˈlektɪk] **I** *adj* (*adv* ~ally) **1.** *philos.* diaˈlektisch. **2.** spitzfindig. **3.** *ling.* → dialectal. **II** *s philos.* **4.** *meist pl* (*oft als sg konstruiert*) Diaˈlektik *f*. **5.** diaˈlektische Auseinˈandersetzung. **6.** Spitzfindigkeit *f*. **7.** Diaˈlektiker *m*.
di·a·lec·ti·cal [ˌdaɪəˈlektɪkl] *adj* (*adv* ~ly) **1.** diaˈlektisch. **~ma·teˈri·al·ism** *s philos.* diaˈlektischer Materiˈalismus.
di·a·lec·ti·cian [ˌdaɪəlekˈtɪʃn] *s* **1.** *philos.* Diaˈlektiker *m*. **2.** *ling.* Mundartforscher *m*. ˌ**di·aˈlec·ti·cism** [-tɪsɪzəm] *s* **1.** *philos.* (*praktische*) Diaˈlektik. **2.** *ling.* a) Mundartlichkeit *f*, b) Diaˈlektausdruck *m*. ˌ**di·aˈlec·tol·o·gy** [-ˈtɒlədʒɪ; *Am.* -ˈtɑ-] *s ling.* Dialektoloˈgie *f*, Mundartforschung *f*.
ˈ**di·al·ling**|**code** *s teleph. Br.* Vorwählnummer *f*, Vorwahl(nummer) *f*. **~ tone** *s teleph. Br.* Wählton *m*, -zeichen *n*.
di·a·log·ic [ˌdaɪəˈlɒdʒɪk; *Am.* -ˈlɑ-] *adj* (*adv* ~ally) diaˈlogisch, in Diaˈlogform.
di·al·o·gism [daɪˈælədʒɪzəm] *s rhet.* Dialoˈgismus *m* (*Fragen, die im Redner an sich selbst richtet u. auch selbst beantwortet*). **diˈal·o·gist** *s* **1.** Diaˈlogpartner(in). **2.** Verfasser(in) e-s Diaˈlogs. **diˈal·o·gize** *v/i* e-n Diaˈlog führen.
di·a·logue, *Am. a.* **di·a·log** [ˈdaɪəlɒg; *Am. a.* -ˌlɑg] *s* **1.** Diaˈlog *m*, (Zwie)Gespräch *n*. **2.** Diaˈlog-, Gesprächsform *f*: written in ~. **3.** Werk *n* in Diaˈlogform. [-zeichen *n*.]
dial tone *s teleph. Am.* Wählton *m*.
di·a·lyse [ˈdaɪəlaɪz], ˈ**di·a·lys·er** *bes. Br. für* dialyze, dialyzer.
di·al·y·sis [daɪˈælɪsɪs] *pl* -ses [-siːz] *s* **1.** *chem.* Diaˈlyse *f*. **2.** *med.* Diaˈlyse *f*, Blutwäsche *f*.
di·a·lyze [ˈdaɪəlaɪz] *v/t chem. Am.* dialyˈsieren. ˈ**di·alˌyz·er** *Am.* **1.** *chem.* Diaˈlysator *m*. **2.** *med.* Diaˈlyseappaˌrat *m*, künstliche Niere.
di·a·mag·net·ic [ˌdaɪəmægˈnetɪk] *adj* (*adv* ~ally) *phys.* diamagˈnetisch.
di·am·e·ter [daɪˈæmɪtə(r)] *s* **1.** *math.* Diaˈmeter *m*, ˈDurchmesser *m*: in ~ im Durchmesser. **2.** ˈDurchmesser *m*, Dicke *f*, Stärke *f*. **diˈam·e·tral** [-trəl] → diametrical.
di·a·met·ric [ˌdaɪəˈmetrɪk] → diametrical 1.
di·a·met·ri·cal [ˌdaɪəˈmetrɪkl] *adj* (*adv* ~ly) **1.** diaˈmetrisch. **2.** *fig.* diameˈtral, genau entgegengesetzt: ~ opposites diameˈtrale Gegensätze.
di·a·mine [ˈdaɪəmiːn; daɪˈæmɪn] *s chem.* Diˈamin(overbindung *f*) *n*.
di·a·mond [ˈdaɪəmənd] **I** *s* **1.** *min.* Diaˈmant *m*: it was ~ cut ~ die beiden standen sich in nichts nach; ~ in the

diamond cutter – dicotyledon

rough → rough diamond. **2.** tech. Dia-
¹mant m, Glasschneider m. **3.** math.
Raute f, Rhombus m. **4.** Kartenspiel: a) pl
Karo n, b) Karokarte f. **5.** Baseball:
a) Spielfeld n, b) Innenfeld n. **6.** print. hist.
Dia¹mant f (Schriftgrad). **II** v/t **7.** (wie)
mit Dia¹manten schmücken. **III** adj
8. dia¹manten. **9.** Diamant... **10.** rhom-
bisch, rautenförmig. **~ cut·ter** s Dia-
¹mantschleifer m. **~ drill** s tech. Dia-
¹mantbohrer m: a) Bohrer für Diamanten,
b) Bohrer mit Diamantspitze. **~ field** s
Dia¹mantenfeld n. **~ mine** s Dia¹mant-
mine f. **~ pane** s rautenförmige Fen-
sterscheibe. **~ pen·cil** s tech. ¹Glaserdia-
¡mant m. **~ saw** s tech. Dia¹mantsäge f. **~
wed·ding** s dia¹mantene Hochzeit.
di·an·drous [daɪ'ændrəs] adj bot. di¹an-
drisch, zweimännig.
di·a·nod·al [ˌdaɪə'nəʊdl] adj math.
durch (e-n) Knoten gehend (Kurven),
Knoten...
di·an·thus [daɪ'ænθəs] s bot. Nelke f.
di·a·pa·son [ˌdaɪə'peɪsn; -zn] s **1.** antiq.
mus. Diapa¹son m, n, Ok¹tave f. **2.** mus. a)
gesamter Tonbereich, b) ¹Ton¡umfang m.
3. mus. Men¹sur f (e-s Instruments). **4.** mus.
a) 8-Fuß-Ton m, b) a. **open ~** Prinzi¹pal n
(der Orgel). **5.** a. **~ normal** mus. Nor¹mal-
stimmung f, Kammerton m. **6.** mus.
Stimmgabel f. **7.** Zs.-Klang m, Harmo¹nie
f. **8.** fig. ¹Umfang m, Bereich m.
di·a·pause [¹daɪəpɔːz] s zo. Dia¹pause f
(klimatisch od. erblich bedingter Ruhezu-
stand während der Entwicklung).
di·a·pe·de·sis [ˌdaɪəpə'diːsɪs] s med.
Diape¹dese f (Durchtritt von Blutkörper-
chen durch e-e unverletzte Gefäßwand).
di·a·per [¹daɪəpə(r)] **I** s **1.** Di¹aper m,
Günseaugenstoff m (Jacquardgewebe aus
Leinen od. Baumwolle). **2.** a. **~ pattern**
Di¹aper-, Kantenmuster n. **3.** Am. Windel
f: **~ rash** med. Wundsein n (beim Säug-
ling). **II** v/t **4.** mit (e-m) Di¹apermuster
verzieren.
di·a·phane [¹daɪəfeɪn] s ¹durchsichtige
Sub¹stanz.
di·aph·a·nom·e·ter [ˌdaɪæfə'nɒmɪtə;
Am. -¹nɑmətər] s Diaphano¹meter n,
Transpa¹renzmesser m. **di¹aph·a·nous**
adj (adv ~ly) ¹durchsichtig, transpa¹rent
(a. fig.).
di·a·pho·ret·ic [ˌdaɪəfə'retɪk] adj u. s
med. schweißtreibend(es Mittel).
di·a·phragm [¹daɪəfræm] s **1.** anat.
Dia¹phragma n: a) Scheidewand f,
b) Zwerchfell n. **2.** phys. ¹halb¡durchläs-
sige Schicht od. Scheidewand od. Mem-
¹bran(e). **3.** teleph. etc Mem¹bran(e) f.
4. opt. phot. Blende f. **5.** bot. Dia¹phragma
n. **6.** med. Dia¹phragma n (mechanisches
Empfängnisverhütungsmittel). **~ pump** s
tech. Mem¹branpumpe f. **~ shut·ter** s
phot. Blendenverschluß m. **~ valve** s
tech. Mem¹branven¡til n.
di·a·pos·i·tive [ˌdaɪə'pɒzɪtɪv; Am. -¹pɑ-]
s phot. Diaposi¹tiv n.
di·ar·chy [¹daɪɑː(r)kɪ] s Diar¹chie f, Dop-
pelherrschaft f.
di·a·ri·al [daɪ'eərɪəl], **di¹ar·i·an** adj
Tagebuch...
di·a·rist [¹daɪərɪst] s Tagebuchschrei-
ber(in). ¹**di·a·rize I** v/t ins Tagebuch
eintragen. **II** v/i (ein) Tagebuch führen.
di·a·rrh(o)e·a [ˌdaɪə'rɪə] s med. Diar-
¹rhö(e) f, ¹Durchfall m. **¡di·a¹rrh(o)e-
al**, **¡di·a¹rrh(o)e·ic** adj med. diar-
¹rhöisch, Durchfall...
di·a·thro·sis [ˌdaɪɑː(r)'θrəʊsɪs] pl
-ses [-siːz] s anat. Diar¹throse f, Kugel-
gelenk n.
di·a·ry [¹daɪərɪ] s **1.** Tagebuch n. **2.** No-
¹tizbuch n, ¹Taschenka¡lender m. **3.** Ter-
¹minka¡lender m.
Di·as·po·ra [daɪ'æspərə] s Di¹aspora f:

a) hist. die seit dem babylonischen Exil
außerhalb Palästinas lebenden Juden,
b) Gebiet, in dem die Anhänger e-r Kon-
fession (a. Nation) gegenüber e-r anderen
in der Minderheit sind, c) e-e konfessionelle
(a. nationale) Minderheit.
di·a·stase [¹daɪəsteɪs] s biol. chem. Dia-
¹stase f.
di·as·to·le [daɪ'æstəlɪ] s Di¹astole f:
a) med. die mit der Zs.-ziehung rhythmisch
abwechselnde Erweiterung des Herzens,
b) metr. Dehnung e-s kurzen Vokals.
di·as·tro·phism [daɪ'æstrəfɪzəm] s
geol. Veränderung f der Erdoberfläche.
di·a·ther·mic [ˌdaɪə'θɜːmɪk; Am. -¹θɜr-]
adj **1.** phys. dia¹therm, diather¹man,
¹ultrarot-, ¹wärme¡durchlässig. **2.** med.
dia¹thermisch. **¡di·a¹ther·mize** v/t
med. dia¹thermisch behandeln. **¡di·a-
¹ther·mous** → diathermic. **¹di·a-
¡ther·my** s med. Dia¹thermie f (Heil-
verfahren mit Hochfrequenzströmen).
di·ath·e·sis [daɪ'æθɪsɪs] pl **-ses** [-siːz] s
med. Dia¹these f, Krankheitsneigung f.
di·a·tom [¹daɪətəm; -tɒm; Am. -¡tɑm] s
bot. Diato¹mee f, Kieselalge f. **¡di·a·to-
¹ma·ceous** [-tə'meɪʃəs] adj Diato-
meen...: **~ earth** geol. Diatomeenerde f,
Kieselgur f.
di·a·tom·ic [ˌdaɪə'tɒmɪk; Am. -¹tɑ-] adj
chem. **1.** ¹zwei¡atomig. **2.** zweiwertig.
di·a·ton·ic [ˌdaɪə'tɒnɪk; Am. -¹tɑ-] adj
(adv ~ally) mus. dia¹tonisch: **~ semitone**;
~ scale diatonische Tonleiter.
di·a·tribe [¹daɪətraɪb] s Ausfall m, ge-
hässiger Angriff, Hetz- od. Schmäh-
schrift f od. -rede f.
di·az·o·a·mine [daɪˌæzəʊ'æmin; -¡eɪ-]
s chem. Diazoa¹minoverbindung f.
dib [dɪb] v/i Angeln: den Köder (im Was-
ser) auf u. ab hüpfen lassen.
di·bas·ic [daɪ'beɪsɪk] adj chem. zweiba-
sisch.
dib·ber [¹dɪbə(r)] s **1.** → dibble¹ **1. 2.** mil.
Minenlegestab m.
dib·ble¹ [¹dɪbl] agr. **I** s **1.** Dibbelstock m,
Pflanz-, Setzholz n. **II** v/t **2.** mit e-m
Setzholz pflanzen. **3.** (mit dem Setzholz)
Löcher machen in (acc). **III** v/i **4.** dib-
beln.
dib·ble² [¹dɪbl] → dib.
di·ben·zyl [daɪ'benzɪl] adj chem. zwei
Ben¹zylgruppen enthaltend.
di·bran·chi·ate [daɪ'bræŋkɪeɪt; -kɪət]
adj ichth. zweikiemig.
dibs [dɪbz] s pl **1.** (als sg konstruiert)
Br. Kinderspiel mit Steinchen od. Metall-
stückchen. **2.** colloq. Recht n, Anspruch m
(on auf acc): **I have ~ on** that piece of
cake das Stück Kuchen steht mir zu. **3.**
Am. sl. ,Zaster' m (Geld), (ein) paar ,Krö-
ten' pl.
di·car·bon·ate [daɪ'kɑː(r)bənɪt; -neɪt] s
chem. **1.** Dikarbo¹nat n. **2.** → dicar-
boxylate. **¡di·car¹box·yl·ate** [-¹bɒk-
sɪlɪt; Am. -¹bɑk-] s chem. Dicar-
boxy¹lat n.
dice [daɪs] **I** s **1.** pl von die² 1–3. **2.** pl **dice**
→ die² **1**, 2. **II** v/t **3.** gastr. in Würfel
schneiden. **4.** mit j-m würfeln (for um): **to ~**
away beim Würfeln verlieren. **5.** wür-
feln, mit e-m Würfel- od. Karomuster
verzieren. **6.** mil. Am. Luftaufnahmen
machen von. **III** v/i **7.** würfeln, kno-
beln (for um): **to ~ with death** mit s-m
Leben spielen. **~ cup** s Würfel-, Knobel-
becher m.
di·cen·tra [daɪ'sentrə] s bot. Tränendes
Herz.
di·ceph·a·lous [daɪ'sefələs] adj doppel-,
zweiköpfig.
¹dic·er s **1.** Würfelspieler(in). **2.** ¹Würfel-
¡schneidma¡schine f. **3.** Am. sl. ,Me¹lone'
f, Bowler m.

dic·ey [¹daɪsɪ] adj colloq. pre¹kär, heikel
(Situation etc).
dich- [daɪk] → dicho-.
di·chlo·ride [daɪ'klɔːraɪd], a. **di¹chlo-
rid** [-rɪd] s chem. Dichlo¹rid n.
dicho- [daɪkəʊ] Wortelement mit der Be-
deutung in zwei Teilen, paarig.
di·chog·a·my [daɪ'kɒɡəmɪ; Am. -¹kɑ-] s
bot. Dichoga¹mie f (zeitlich getrenntes
Reifwerden der weiblichen u. männlichen
Geschlechtsorgane innerhalb e-r Zwitter-
blüte, wodurch e-e Selbstbefruchtung ver-
hindert wird).
di·chot·o·mize [daɪ'kɒtəmaɪz; Am.
-¹kɑ-] v/t **1.** aufspalten. **2.** bot. zo., a.
Logik: dicho¹tomisch anordnen. **3.** Sy-
stematik: auf e-n zweigabeligen Bestim-
mungsschlüssel verteilen. **4.** astr. bes. den
Mond halb beleuchten. **di¹chot·o·my**
[-mɪ] s Dichoto¹mie f: a) (Zwei)Teilung f,
(Auf)Spaltung f, b) Logik: dicho¹tome
Zweiteilung f (Begriffsanordnung), c) bot.
zo. (wieder¹holte) Gabelung, d) astr.
Halbsicht f.
di·chro·ic [daɪ'krəʊɪk] adj **1.** min. di-
chro¹itisch (Kristall). **2.** → dichromatic.
¹di·chro·ism s **1.** min. Dichro¹ismus m
(Eigenschaft vieler Kristalle, Licht nach 2
Richtungen in verschiedenen Farben zu
zerlegen). **2.** → dichromatism. **¡di·
chro¹it·ic** → dichroic.
di·chro·mate [daɪ'krəʊmeɪt] s chem.
Dichro¹mat n, doppelchromsaures Salz.
¡di·chro¹mat·ic [-¹mætɪk] adj **1.** di-
chro¹matisch, zweifarbig. **2.** med. a) di-
chro¹mat, b) die Dichroma¹sie od. Di-
chromato¹psie betreffend. **di¹chro-
ma·tism** [-mətɪzəm] s **1.** Zweifarbig-
keit f. **2.** med. Dichroma¹sie f, Dichroma-
to¹psie f (Farbenblindheit, bei der nur 2 der
3 Grundfarben erkannt werden.)
di·chro·mic¹ [daɪ'krəʊmɪk] adj **1.** →
dichroic **1. 2.** → dichromatic **2** b.
di·chro·mic² [daɪ'krəʊmɪk] adj chem.
zwei Radi¹kale der Chromsäure enthal-
tend.
di·chro·mic¡ ac·id s chem. Di¹chrom-
säure f. **~ vi·sion** → dichromatism **2**.
dick [dɪk] s **1.** bes. Br. sl. Kerl m: **~**
clever 1. 2. bes. Am. sl. ,Schnüffler' m
(Detektiv): **private ~** Privatdetektiv m. **3.**
vulg. ,Schwanz' m (Penis).
dick·ens [¹dɪkɪnz] s colloq. Teufel m:
what (how, etc) **the ~ was** (wie etc) zum
Teufel.
Dick·en·si·an [dɪ'kenzɪən] **I** s Bewun-
derer m od. Kenner m der Werke
Dickens'. **II** adj dickenssch(er, e, es).
dick·er¹ [¹dɪkə(r)] **I** s **1.** Schacher m,
,Kuhhandel' m. **2.** Tauschhandel m. **II** v/i
3. feilschen, schachern (**with** mit; **for**
um). **4.** tauschen, Tauschgeschäfte ma-
chen.
dick·er² [¹dɪkə(r)] s econ. Am. zehn Stück
(Zählmaß bes. für Felle).
dick·ey¹ [¹dɪkɪ] s **1.** Hemdbrust f.
2. (Blusen)Einsatz m. **3.** a. **~ bow** Br.
(Frack)Schleife f, Fliege f. **4.** Br. colloq.
Esel m. **5.** **~ seat**. **6.** mot. Not-,
Klappsitz m.
dick·ey² [¹dɪkɪ] adj colloq. schwach
(Herz), wack(e)lig (Leiter etc): **I feel**
a bit ~ today ich fühl' mich heute nicht
wohl.
¹dick·ey·bird s Kindersprache: Piep-
matz m, Vögelchen n: **I didn't see a ~**
colloq. ich hab' keinen Menschen ge-
sehen.
dick·y¹ [¹dɪkɪ] → dickey¹.
dick·y² [¹dɪkɪ] → dickey².
¹dick·y·bird → dickeybird.
di·cli·nism [¹daɪklɪnɪzəm; Am. daɪ'klaɪ-]
s bot. Getrenntgeschlechtigkeit f.
di·cot·y·le·don [ˌdaɪkɒtɪ'liːdən; Am.
-¡kɑtl'iːdn] s bot. Diko¹tyle f, zweikeim-

blättrige Pflanze. ˌdi·cot·y¹le·don-ous [-dənəs] *adj bot.* dikoˈtyl, zweikeimblättrig.
di·crot·ic [daɪˈkrɒtɪk; *Am.* -ˈkrɑ-] *adj med.* diˈkrot(isch), doppelschlägig (*Puls*).
dic·ta [ˈdɪktə] *pl von* **dictum.**
dic·tate [dɪkˈteɪt; *Am. bes.* ˈdɪkteɪt] **I** *v/t* (to *dat*) **1.** *e-n Brief etc* dikˈtieren: **to ~ a letter to s.o. 2.** dikˈtieren: a) vorschreiben, gebieten: **necessity ~s it** die Not gebietet es, b) auferlegen, aufzwingen: **to ~ terms to s.o. 3.** *fig.* eingeben, -flößen. **II** *v/i* **4.** dikˈtieren, ein Dikˈtat geben: **dictating machine** Diktiergerät *n.* **5.** dikˈtieren, befehlen, herrschen: **to ~ to s.o.** j-n beherrschen, j-m Befehle geben; **he will not be ~d to** er läßt sich keine Vorschriften machen; **as the situation ~s** wie es die Lage gebietet *od.* erfordert. **III** *s* [ˈdɪkteɪt] **6.** Gebot *n,* Befehl *m,* Diktˈat *n:* **the ~s of conscience (reason)** das Gebot des Gewissens (der Vernunft). **dicˈta·tion** *s* **1.** Diktˈat *n:* a) Diktˈieren *n,* Diktˈatschreiben *n,* c) dikˈtierter Text. **2.** Befehl(e *pl*) *m.*
dic·ta·tor [dɪkˈteɪtə(r); *Am. bes.* ˈdɪkˌt-] *s* **1.** Dikˈtator *m (a. fig.).* **2.** Dikˈtierende(r) *m.* ˌdic·taˈto·ri·al [-təˈtɔːrɪəl] *adj (adv* ~**ly**) diktaˈtorisch: a) gebieterisch, autoriˈtär, b) absoˈlut, ˈunumˌschränkt: ~ **power.** **dicˈta·tor·ship** *s* Diktaˈtur *f (a. fig.):* **the ~ of the proletariat** *pol.* die Diktatur des Proletariats. **dic·ta·tress** [-trɪs] *s* Diktaˈtorin *f (a. fig.).*
dic·tion [ˈdɪkʃn] *s* Diktiˈon *f,* Ausdrucks-, Redeweise *f,* Sprache *f,* Stil *m.* **2.** (deutliche) Aussprache.
dic·tion·ar·y [ˈdɪkʃənrɪ; *Am.* -ʃəˌnerɪ:] *s* **1.** Wörterbuch *n:* **a French-English ~**; **pronouncing ~** Aussprachewörterbuch. **2.** (*bes.* einsprachiges) enzykloˈpädisches Wörterbuch. **3.** Lexikon *n,* Enzyklopäˈdie *f:* **a walking** (*od.* **living**) **~** *fig.* ein wandelndes Lexikon. **4.** *fig.* Vokabuˈlar *n,* Terminoloˈgie *f.* **~ cat·a·log(ue)** *s* ˈKreuzkataˌlog *m (in dem Verfasser- u. Schlagwortkatalog in ˈeinem Alphabet zs.-gefaßt sind).*
dic·to·graph [ˈdɪktəgrɑːf; *bes. Am.* -græf] *s teleph.* Abhörgerät *n.*
dic·tum [ˈdɪktəm] *pl* **-ta** [-tə], **-tums** *s* **1.** autoritaˈtiver Ausspruch *od.* Entscheid. **2.** *jur.* richterlicher Ausspruch. **3.** Diktum *n,* Ausspruch *m,* Maˈxime *f.*
did [dɪd] *pret von* **do¹.**
di·dac·tic [dɪˈdæktɪk; daɪˈd-] *adj (adv* ~**ally**) **1.** diˈdaktisch, lehrhaft, belehrend: **~ play** Lehrstück *n;* **~ poem** Lehrgedicht *n.* **2.** belehrend, schulmeisterhaft. **II** *s* **3.** *pl (a. als sg konstruiert)* Diˈdaktik *f,* ˈUnterrichtslehre *f.* **diˈdac·ti·cal** [-kl] *adj (adv* ~**ly**) → **didactic I. diˈdac·ti·cism** [-tɪsɪzəm] *s* **1.** diˈdaktische Meˈthode. **2.** *(das)* Diˈdaktische, Lehrhaftigkeit *f.*
did·dle¹ [ˈdɪdl] *v/t colloq.* beschwindeln, betrügen, übers Ohr hauen: **to ~ s.o. out of s.th.** j-n um etwas betrügen.
did·dle² [ˈdɪdl] *dial.* **I** *v/i* wippen, hüpfen. **II** *v/i* hüpfen lassen.
di·do [ˈdaɪdəʊ] *pl* **-dos, -does** *s colloq.* a) Streich *m,* b) Kapriˈole *f:* **to cut ~(e)s** Kapriolen vollführen.
didst [dɪdst] *obs.* **2.** *sg pret von* **do¹.**
did·y·mous [ˈdɪdɪməs] *adj bot. zo.* doppelt, gepaart, Zwillings...
did·y·na·mi·an [ˌdɪdɪˈneɪmɪən; *Am.* ˌdaɪdə-], **di·dyn·a·mous** [daɪˈdɪnəməs] *adj bot.* didyˈnamisch, zweimächtig.
die¹ [daɪ] *v/i pres p* **dy·ing** [ˈdaɪɪŋ] **1.** sterben: **to ~ by one's own hand** von eigener Hand sterben; **to ~ of old age** an Altersschwäche sterben; **to ~ of hunger (thirst)** verhungern (verdursten); **to ~ for one's country** für sein (Vater)Land sterben; **to ~ from a wound** an e-r Verwundung sterben, e-r Verwundung erliegen; **to ~ of boredom** *fig.* vor Langeweile (fast) umkommen; **to ~ of** (*od.* **with**) **laughter** *fig.* sich totlachen; **to ~ a martyr** als Märtyrer *od.* den Märtyrertod sterben; **to ~ game** kämpfend sterben (*a. fig.*); **to ~ hard** a) zählebig sein (*a. Sache*), ‚nicht tot zu kriegen sein', b) *fig.* nicht nachgeben wollen; **to ~ in one's boots** (*od.* **shoes**), **to ~ with one's boots** (*od.* **shoes**) **on** a) e-s plötzlichen *od.* gewaltsamen Todes sterben, b) in den Sielen sterben; **never say ~!** nur nicht nach- *od.* aufgeben!; **to ~ like flies** wie die Fliegen sterben; **his secret ~d with him** er nahm sein Geheimnis mit ins Grab; → **ditch 1, harness 1, martyr 2.** **2.** eingehen (*Pflanze, Tier*), verenden (*Tier*). **3.** *bes. fig.* vergehen, erlöschen, ausgelöscht werden, aufhören. **4.** *oft* ~ **out,** ~ **down,** ~ **away** ersterben, vergehen, schwinden, sich verlieren: **the sound ~d** der Ton erstarb *od.* verhallte *od.* verklang. **5.** *oft* ~ **out,** ~ **down** ausgehen, erlöschen. **6.** vergessen werden, in Vergessenheit geraten. **7.** nachlassen, schwächer werden, abflauen (*Wind etc*). **8.** absterben (*Motor*). **9.** (**to, unto**) sich lossagen (von), den Rücken kehren (*dat*): **to ~ to the world; to ~ unto sin** sich von der Sünde lossagen. **10.** (daˈhin-) schmachten. **11.** *meist* **to be dying** (**for; to do**) schmachten, sich sehnen (nach; danach, zu tun), brennen (auf *acc;* darauf, zu tun): **he was dying for a drink** er brauchte unbedingt etwas zu trinken; **I am dying to see it** ich möchte es schrecklich gern sehen; **I am not exactly dying to do it** ich reiße mich nicht darum, es zu tun. **II** *v/t* **12.** *e-s Todes* sterben: → **natural 1, violent 2.**
Verbindungen mit Adverbien:
die| a·way *v/i* **1.** sich legen (*Wind*), verhallen, verklingen (*Ton*). **2.** sich verlieren: **to ~ into the darkness** sich im Dunkel verlieren. **3.** *Am.* ohnmächtig werden. **~ back** → **die down 2. ~ down** *v/i* **1.** → **die away 1. 2.** sich legen (*Aufregung etc*). **3.** *bot.* (von oben) absterben. **~ off** *v/i* ˈhin-, wegsterben. **~ out** *v/i* **1.** (allˈmählich) aufhören, vergehen. **2.** erlöschen (*Feuer*). **3.** aussterben (*a. fig.*).
die² [daɪ] *pl* (1–3) **dice** [daɪs] *od.* (4 *u.* 5) **dies** *s* **1.** Würfel *m:* **the ~ is cast** *fig.* die Würfel sind gefallen; **to play (at) dice** würfeln, knobeln; **(as) straight as a ~** a) pfeilgerade, b) *fig.* grundehrlich, -anständig; **to venture on the cast of a ~** auf e-n Wurf setzen; **no ~!** *bes. Am. colloq.* nichts zu machen!; ‚da läuft nichts!'; → **load 14, loaded 2. 2.** *bes. gastr.* Würfel *m,* würfelförmiges Stück. **3.** Würfelspiel *n.* **4.** *arch.* Würfel *m (e-s Sockels).* **5.** *tech.* a) *print.* Prägestock *m,* -stempel *m,* b) Schneideisen *n,* -kluppe *f,* c) (Draht)Ziehisen *n,* d) Gesenk *n,* Gußform *f,* Koˈkille *f:* **(female** *od.* **lower) ~** Matrize *f;* **upper ~** Patrize *f.*
'**die|-aˌway** *adj* schmachtend: **a ~ glance.** '**~-cast** *v/t irr tech.* spritzgießen, spritzen. **~ˈcast·ing** *s tech.* Spritzguß (-stück *n*) *m.* **~ chuck** *s* die head. '**~-cut** *v/t irr tech.* stempelschneiden. '**~-hard I** *s* **1.** Dickschädel *m,* zäher u. unnachgiebiger Mensch. **2.** zählebige Sache. **3.** *pol.* hartnäckiger Reaktioˈnär, *bes.* exˈtremer Konservaˈtiver. **II** *adj* **4.** hartnäckig, zäh u. unnachgiebig. **~ head,** **~ˈhold·er** *s tech.* **1.** Schneidkopf *m.* **2.** Setzkopf *m (e-s Niets).*
di·e·lec·tric [ˌdaɪɪˈlektrɪk] *electr.* **I** *s* Dieˈlektrikum *n.* **II** *adj (adv* ~**ally**) dieˈlektrisch, nichtleitend: **~ constant** Dielektriziˈtätskonstante *f;* **~ strength** Durchschlagsfestigkeit *f.*

di·en·ceph·a·lon [ˌdaɪenˈsefəlɒn; *Am.* -ˌlɑn] *s anat.* Zwischenhirn *n.*
di·er·e·sis → **diaeresis.**
die·sel [ˈdiːzl] **I** *s* Diesel *m:* a) Dieselmotor *m,* b) Fahrzeug *n* mit Dieselmotor, c) Dieselkraftstoff *m.* **II** *adj* Diesel...: **~ engine;** **~ oil; ~ cycle** Dieselkreisprozeß *m;* **~ fuel** Dieselkraftstoff *m.* **III** *v/i Am.* nachdieseln (*Motor*). ˌ**~-eˈlec·tric** *adj* ˈdieselˌelektrisch.
die·sel·i·za·tion [ˌdiːzlaɪˈzeɪʃn; *Am.* -ləˈz-] *s* ˈUmstellung *f* auf Dieselbetrieb. ˈ**die·sel·ize** *v/t* auf Dieselbetrieb ˈumstellen.
di·e·ses [ˈdaɪɪsiːz] *pl von* **diesis.**
ˈ**dieˌsink·er** *s tech.* Werkzeugmacher *m (bes. für spanabhebende Werkzeuge u. Stanzwerkzeuge).*
di·e·sis [ˈdaɪɪsɪs] *pl* **-ses** [-siːz] *s* **1.** *print.* Doppelkreuz *n.* **2.** *mus.* Kreuz *n,* Erˈhöhungszeichen *n.*
di·es non [ˌdaɪiːzˈnɒn; *Am.* -ˈnɑn] *s jur.* gerichtsfreier Tag.
die stock *s tech.* Schneidkluppe *f.*
di·et¹ [ˈdaɪət] **I** *s* **1.** Nahrung *f,* Ernährung *f,* Speise *f,* (*a. fig. geistige*) Kost: **full (low) ~** reichliche (magere) Kost; **vegetable ~** vegetarische Kost. **2.** *med.* Diˈät *f,* Schon-, Krankenkost *f:* **kitchen ~** Diätküche *f;* **to be (put) (up)on a ~** auf Diät gesetzt sein, diät leben (müssen); **to take a ~** → **4. II** *v/t* **3.** j-n auf Diˈät setzen: **to ~ o.s.** → **4. III** *v/i* **4.** Diˈät halten, diät leben.
di·et² [ˈdaɪət] *s* **1.** *pol.* ˈUnterhaus *n (in Japan etc),* b) *hist.* Reichstag *m:* **the D~ of Worms** der Reichstag zu Worms. **2.** *jur. Scot.* a) Geˈrichtsterˌmin *m,* b) Gerichtssitzung *f.*
di·e·tar·y [ˈdaɪətərɪ; *Am.* -ˌterɪ:] **I** *s* **1.** *med.* Diˈätzettel *m,* -vorschrift *f.* **2.** Speisezettel *m.* **3.** (ˈEssen)Ratiˌon *f (in Gefängnissen etc).* **II** *adj* **4.** Diät..., diˈätetisch. ˌ**di·eˈtet·ic** [-ˈtetɪk] *adj;* ˌ**di·eˈtet·i·cal** [-kl] *adj (adv* ~**ly**) *med.* diˈätetisch, Diät... ˌ**di·eˈtet·ics** *s pl (meist als sg konstruiert) med.* Diäˈtetik *f,* Diˈätlehre *f,* -kunde *f.*
di·eth·yl [daɪˈeθɪl] *adj chem.* Diäthyl...
di·e·ti·tian, a. di·e·ti·cian [ˌdaɪəˈtɪʃn] *s med.* Diäˈtetiker(in). [heitspille *f.*]
di·et pill *s med. pharm. Am.* Schlank-
dif·fer [ˈdɪfə(r)] *v/i* **1.** sich unterscheiden, verschieden sein, abweichen (**from von**): **we ~ very much in that** wir sind darin sehr verschieden; **it ~s in being smaller** es unterscheidet sich dadurch, daß es kleiner ist. **2.** auseinˈandergehen (*Meinungen*). **3.** (**from, with**) nicht überˈeinstimmen (mit), anderer Meinung sein (als): → **agree 3, beg 8. 4.** diffeˈrieren, sich nicht einig sein (*über acc*).
dif·fer·ence [ˈdɪfrəns] **I** *s* **1.** ˈUnterschied *m,* Unterˈscheidung *f:* **to make no ~ between** keinen Unterschied machen zwischen (*dat*); **that makes a great** (*od.* **big**) **~** a) das macht viel aus, b) das ändert die Sach(lag)e, c) das ist von großer Bedeutung (**to** für); **it makes no ~** (**to me**) es ist (mir) gleichˈgültig, es macht (mir) nichts aus; **it made all the ~** es änderte die Sache vollkommen, es gab der Sache ein ganz anderes Gesicht; **what's the ~?** was macht das schon aus? **2.** ˈUnterschied *m,* Verschiedenheit *f:* **~ of opinion** Meinungsverschiedenheit *f.* **3.** Diffeˈrenz *f (a. Börse),* ˈUnterschied *m (in Menge, Grad etc):* **~ in price, price ~** Preisunterschied *m;* → **split 3. 4.** *math.* Diffeˈrenz *f:* a) Rest *m,* b) Änderungsbetrag *m (e-s Funktionsgliedes):* **~ equation** Differenzgleichung *f.* **5.** Uneinigkeit *f,* Diffeˈrenz *f,* Streit *m,* Meinungsverschiedenheit *f.* **6.** Streitpunkt *m.* **7.** Unterˈscheidungsmerkmal *n.* **8.** Besonder-

different - diglossia

heit *f*: **a film with a ~** ein Film (von) ganz besonderer Art; **a car with a ~** ein Wagen, der einmal etwas anderes ist; **holidays** (*bes. Am.* **vacation**) **with a ~** Urlaub *m* mal ganz anders; **salads with a ~** Salate ,mit Pfiff'. **9.** → **differentia**. **II** *v/i* **10.** unter'scheiden (**from** von; **between** zwischen *dat*). **11.** e-n 'Unterschied machen zwischen (*dat*).

dif·fer·ent ['dɪfrənt] *adj* (*adv* ~**ferently**) **1.** verschieden(artig): **in three ~ places** an drei verschiedenen Orten. **2.** (**from**, *a.* **than**, **to**) verschieden (von), anders (als): **that's ~!** das ist etwas and(e)res!; **it looks ~** es sieht anders aus. **3.** ander(er, e, es): **that's a ~ matter** das ist etwas and(e)res. **4.** besonder(er, e, es), individu'ell.

dif·fer·en·tia [ˌdɪfəˈrenʃɪə] *pl* **-ae** [-ʃiː] *s Logik*: spe'zifischer 'Unterschied.

dif·fer·en·tial [ˌdɪfəˈrenʃəl] *I adj* (*adv* ~**ly**) **1.** unter'scheidend, Unterscheidungs..., besonder(er, e, es), charakte'ristisch. **2.** 'unterschiedlich, verschieden. **3.** *electr. math. phys. tech.* Differential...: **~ equation**; **~ geometry**; **~ screw**. **4.** *econ.* gestaffelt, Differential...: **~ tariff** Differential-, Staffeltarif *m*. **5.** *geol.* selek'tiv. **II** *s* **6.** Unter'scheidungsmerkmal *n*. **7.** *math.* Differenti'al *n*. **8.** → **differential gear**. **9.** *econ.* a) 'Fahrpreisdiffeˌrenz *f*, b) → **differential rate**, c) 'Lohn- *od.* Ge'haltsdiffeˌrenz *f*, -gefälle *n*. **~ brake** *s tech.* Differenti'albremse *f*. **~ cal·cu·lus** *s math.* Differenti'alrechnung *f*. **~ com·pound wind·ing** *s electr.* Gegenverbundwicklung *f*. **~ du·ties** *s pl econ.* Differenti'alzölle *pl*. **~ gear, ~ gear·ing** *s tech.* Differenti'al-, Ausgleichs-, Wechselgetriebe *n*. **~ pis·ton** *s tech.* Stufen-, Differenti'alkolben *m*. **~ rate** *s rail. etc* 'Ausnahmeˌtarif *m*.

dif·fer·en·ti·ate [ˌdɪfəˈrenʃɪeɪt] *I v/t* **1.** unter'scheiden (**from** von). **2.** unter'scheiden, e-n 'Unterschied machen zwischen (*dat*). **3.** vonein'ander abgrenzen. **4.** *a. biol.* differen'zieren, speziali'sieren: **to be ~d** → **6**. **5.** *math.* differen'zieren, e-e Funktion ableiten. **II** *v/i* **6.** sich differen'zieren, sich unter'scheiden, sich verschieden entwickeln (**from** von). **7.** differen'zieren, e-n 'Unterschied machen, unter'scheiden (**between** zwischen *dat*).

ˌdif·fer·en·ti·ˈa·tion *s* Differen'zierung *f*; *a.* Speziali'sierung *f*: **~ of labo(u)r** Arbeitsteilung *f*; c) *math.* Differentiati'on *f*, Ableitung *f*.

ˈdif·fer·ent·ly *adv* (**from**) anders (als), verschieden (von), 'unterschiedlich.

dif·fi·cult ['dɪfɪkəlt; *Am. a.* -ˌkʌlt] *adj* **1.** schwierig, schwer (**for** für): **~ problem**; **~ text**; **~ times**; **a ~ climb** ein schwieriger *od.* mühsamer *od.* beschwerlicher Aufstieg; **it was quite ~ for me to ignore his rudeness** es fiel mir schwer, s-e Unverschämtheit zu ignorieren. **2.** schwierig (*Person*). **ˈdif·fi·cul·ty** [-tɪ] *s* **1.** Schwierigkeit *f*: a) Mühe *f*: **with ~** mühsam, (nur) schwer; **to have** (*od.* **find**) **~ in doing s.th.** Mühe haben, etwas zu tun; etwas schwierig finden, b) schwierige Sache, Pro'blem *n*, c) Hindernis *n*, 'Widerstand *m*: **to make difficulties** Schwierigkeiten bereiten (*Sache*) *od.* machen (*Person*). **2.** *oft pl* schwierige Lage, (*a.* Geld)Schwierigkeiten *pl*, Verlegenheit *f*.

dif·fi·dence ['dɪfɪdəns] *s* Schüchternheit *f*, mangelndes Selbstvertrauen. **ˈdif·fi·dent** *adj* (*adv* ~**ly**) schüchtern, ohne Selbstvertrauen: **to be ~ about doing s.th.** etwas nur zögernd *od.* zaghaft tun.

dif·fract [dɪˈfrækt] *v/t phys.* beugend. **difˈfrac·tion** [-kʃn] *s phys.* Beugung *f*,

Diffrakti'on *f*. **difˈfrac·tive** *adj phys.* beugend.

dif·fuse [dɪˈfjuːz] *I v/t* **1.** ausgießen, -schütten. **2.** *bes. fig.* verbreiten: **to ~ heat** (**geniality**, **knowledge**, **ru·mo[u]rs**, *etc*); **a widely ~d opinion** e-e weitverbreitete Meinung. **3.** *fig.* verzetteln: **to ~ one's forces**. **4.** *chem. phys.* diffun'dieren: a) zerstreuen, b) vermischen, c) durch'dringen: **to be ~d** sich vermischen. **II** *v/i* **5.** *bes. fig.* sich verbreiten. **6.** *chem. phys.* diffun'dieren: a) sich zerstreuen, b) sich vermischen, c) (ein)dringen (**into** in *acc*). **III** *adj* [-ˈfjuːs] (*adv* ~**ly**) **7.** dif'fus: a) weitschweifig, langatmig (*Stil, Autor*), b) unklar, ungeordnet (*Gedanken etc*), c) *chem. phys.* zerstreut, ohne genaue Abgrenzung: **~ light** diffuses Licht, Streulicht *n*. **8.** *bes. fig.* verbreitet.

dif·fus·i·bil·i·ty [dɪˌfjuːzəˈbɪlətɪ] *s chem. phys.* Diffusi'onsvermögen *n*. **difˈfus·i·ble** *adj* diffusi'onsfähig.

dif·fu·sion [dɪˈfjuːʒn] *s* **1.** Ausgießen *n*, -schütten *n*. **2.** *bes. fig.* Verbreitung *f*. **3.** Weitschweifigkeit *f*. **4.** *chem. phys.* Diffusi'on *f*. **5.** *sociol.* Diffusi'on *f* (*Ausbreitung von Kulturerscheinungen*). **difˈfu·sive** [-sɪv] *adj* (*adv* ~**ly**) **1.** *bes. fig.* sich verbreitend. **2.** weitschweifig. **3.** *chem. phys.* Diffusions... **difˈfu·sive·ness** *s* **1.** Weitschweifigkeit *f*. **2.** *chem. phys.* Diffusi'onsfähigkeit *f*. **ˌdif·fuˈsiv·i·ty** [-ˈsɪvətɪ] *s chem. phys.* Diffusi'onsvermögen *n*.

dig [dɪɡ] *I s* **1.** Graben *n*, Grabung *f*. **2.** *colloq.* a) (archäo'logische) Ausgrabung, b) Ausgrabungsstätte *f*. **3.** Puff *m*, Stoß *m*: **~ in the ribs** Rippenstoß *m*. **4.** (**at**) sar'kastische Bemerkung (über *acc*), (Seiten)Hieb *auf j-n*). **5.** *ped. Am. colloq.* 'Büffler *m*. **6.** *pl Br. colloq.* ,Bude' *f*, (Stu'denten)Zimmer *n*. **II** *v/t pret u. pp* **dug** [dʌɡ], *obs.* **digged 7.** graben in (*dat*): **to ~ the ground**. **8.** *oft* **~ up** *den Boden* 'umgraben. **9.** *oft* **~ up**, **~ out** a) ausgraben, b) *fig.* etwas ausgraben, aufdecken, ans Tageslicht bringen, c) auftreiben, finden. **10.** *ein Loch etc* graben: **to ~ a pit** a) e-e (Fall)Grube ausheben, b) *fig.* e-e Falle stellen (**for** *dat*); **to ~ one's way through s.th.** sich e-n Weg durch etwas graben *od.* bahnen (*a. fig.*); → **grave**[1]. **11.** eingraben, bohren: **to ~ one's teeth into s.th.** die Zähne in etwas graben *od.* schlagen. **12.** e-n Stoß geben (*dat*), stoßen, puffen: **to ~** (**one's spurs into**) **a horse** e-m Pferd die Sporen geben; **to ~ s.o. in the ribs** j-m e-n Rippenstoß geben. **13.** *colloq.* a) ,ka'pieren', verstehen, b) etwas übrig haben für, ,stehen *od.* abfahren auf' (*acc*), c) *Am.* sich anschauen *od.* anhören. **III** *v/i* **14.** graben, schürfen (**for** nach). **15.** *fig.* a) forschen (**for** nach), b) sich gründlich beschäftigen (**into** mit). **16.** **~ into** *colloq.* a) ,reinhauen' in (*e-n Kuchen etc*), b) sich einarbeiten in (*acc*). **17.** *ped. Am. colloq.* a) ,büffeln', ,ochsen', b) sich schwitzen (**at** *über dat*). **18.** *bes. Br. colloq.* s-e ,Bude' haben, wohnen.

Verbindungen mit Adverbien:

dig in *I v/t* **1.** eingraben: **to dig o.s. in** a) → **2**, b) *fig.* sich verschanzen, feste Stellung beziehen; **to dig one's heels in** *colloq.* ,sich auf die Hinterbeine stellen *od.* setzen'. **2. to dig o.s. in** *colloq.* sich einarbeiten. **II** *v/i* **3.** *mil.* sich eingraben, sich verschanzen. **4.** *colloq.* ,reinhauen' (**in** *e-n Kuchen etc*). **~ out** → **dig** **9**. **~ up** → **dig** 8 *u.* 9.

di·gal·lic [daɪˈɡælɪk] *adj chem.* tan'ninsauer: **~ acid** Tanninsäure *f*.

di·gest [daɪˈdʒest; dɑɪ-] *I v/t* **1.** Speisen verdauen. **2.** *med.* etwas verdauen helfen

(*Medikament etc*). **3.** *fig.* verdauen, (innerlich) verarbeiten. **4.** *fig.* über'legen, durch'denken. **5.** *fig.* ordnen, in ein Sy'stem bringen, klassifi'zieren. **6.** *chem.* dige'rieren, aufschließen, -lösen. **II** *v/i* **7.** (s-e Nahrung) verdauen. **8.** sich verdauen lassen, verdaulich sein: **to ~ well** leicht verdaulich sein. **III** *s* [ˈdaɪdʒest] **9.** Digest *m*, *n*, Auslese *f* (*a. Zeitschrift*), Auswahl *f* (**of** aus *Veröffentlichungen*). **10.** (**of**) a) Abriß *m*, 'Überblick *m* (über *acc*), b) Auszug *m* (aus). **11.** *jur.* a) syste'matische Sammlung von Gerichtsentscheidungen, b) **the D~** die 'Digesten *pl*, die Pan'dekten *pl* (*Hauptbestandteil des Corpus juris civilis*). **diˈgest·ant** *s med. pharm.* verdauungsförderndes Mittel. **diˈgest·er** *s* **1.** → **digestant**. **2.** *chem. tech.* Auto'klav *m*. **diˌgest·i·bil·i·ty** *s* Verdaulichkeit *f*. **diˈgest·i·ble** *adj* verdaulich.

di·ges·tion [dɪˈdʒestʃən; daɪ-] *s* **1.** *physiol.* Verdauung *f*: a) Verdauungstätigkeit *f*, b) *collect.* 'Verdauungsˌgane *pl*: **hard** (**easy**) **of ~** schwer-(leicht)verdaulich. **2.** *fig.* Verdauung *f*, (innerliche) Verarbeitung. **3.** *fig.* Klassifi'zierung *f*, Ordnen *n*. **diˈges·tive** [-tɪv] *I adj* (*adv* ~**ly**) **1.** *med. pharm.* verdauungsfördernd, dige'stiv. **2.** *anat. physiol.* Verdauungs...: **~ apparatus** *m*; **~ canal** (*od.* **tract**) Verdauungstrakt *m*; **~ juice** Verdauungssaft *m*. **II** *s* **3.** *med. pharm.* verdauungsförderndes Mittel.

dig·ger [ˈdɪɡə(r)] *s* **1.** j-d, der gräbt, *z. B.* Erdarbeiter *m*. **2.** *in Zssgn* ...gräber: → **gold digger 1**. **3.** Grabgerät *n*. **4.** *tech.* a) 'Grabmaˌschine *f* (*bes.* Löffelbagger, Rodemaschine *etc*), b) Ven'tilnadel *f*. **5.** *agr.* Kar'toffelroder *m*. **6.** *a.* **~ wasp** *zo.* Grabwespe *f*. **7.** *oft* **D~** *sl.* Au'stralier *m*, Neu'seeländer *m*, au'stralischer *od.* neu'seeländischer Sol'dat. **II** *adj* **8.** *oft* **D~** *sl.* au'stralisch, neu'seeländisch: **~ accent**.

dig·gings [ˈdɪɡɪŋz] *s pl* **1.** Schurf *m*, Schürfung *f*. **2.** (*a.* **als sg konstruiert**) Goldbergwerk *n*. **3.** Aushub *m*, ausgeworfene Erde. **4.** *bes. Br. colloq.* ,Bude' *f*, (Stu'denten)Zimmer *n*.

dight [daɪt] *pret u. pp* **dight** *od.* **ˈdight·ed** *v/t obs.* zurichten, schmücken.

dig·it [ˈdɪdʒɪt] *s* **1.** *anat. zo.* Finger *m od.* Zehe *f*. **2.** 'Fingerbreite *f* (³/₄ *Zoll* = 1,9 *cm*). **3.** *astr.* astro'nomischer Zoll (¹/₁₂ *des Sonnen- od. Monddurchmessers*). **4.** *math.* a) e-e der Ziffern von 0–9, Einer *m*, b) Stelle *f*: → **three-digit**, *etc*. **ˈdig·i·tal** *I adj* **1.** digi'tal, Finger... : **~ telephone** Tastentelefon *n*. **2.** digi'tal, Digital... : **~ clock** (**watch**); **~ computer** *tech.* Digitalrechner *m*; **~ signal** *tech.* digitales *od.* numerisches Signal. **II** *s* **3.** *humor.* Finger *m*. **4.** *mus.* Taste *f*.

dig·i·ta·lin [ˌdɪdʒɪˈteɪlɪn; *Am. bes.* -ˈtæ-] *s med. pharm.* Digita'lin *n*.

dig·i·ta·lis [ˌdɪdʒɪˈteɪlɪs; *Am. bes.* -ˈtæ-] *s* **1.** *bot.* Digi'talis *f*, Fingerhut *m*. **2.** *med. pharm.* Digi'talis *n*. **ˈdig·i·talˌism** [-təˌlɪzəm] *s med.* Digita'lismus *m*, Digi'talisvergiftung *f*. **ˈdig·i·tal·ize** *v/t* **1.** *med.* mit Digi'talis behandeln. **2.** → **digitize**.

dig·i·tate [ˈdɪdʒɪteɪt], *a.* **ˈdig·i·tat·ed** [-ɪd] *adj* **1.** *bot.* gefingert (*Blatt*). **2.** *zo.* mit Fingern *od.* fingerförmigen Fortsätzen. **3.** fingerförmig.

dig·i·ti·grade [ˈdɪdʒɪtɪɡreɪd] *zo.* *I adj* auf den Zehen gehend. **II** *s* Zehengänger *m*.

dig·i·tize [ˈdɪdʒɪtaɪz] *v/t Computer*: Daten *etc* digitali'sieren, in Ziffern darstellen.

di·glos·si·a [daɪˈɡlɒsɪə; *Am.* -ˈɡlɑ-] *s ling.* Diglos'sie *f* (*Vorkommen von 2 Sprachen in e-m bestimmten Gebiet*).

di·glot ['daɪglɒt; Am. -ˌglɑt] adj u. s zweisprachig(e Ausgabe). [Zweischlitz m.]
di·glyph ['daɪglɪf] s arch. Di'glyph m.
dig·ni·fied ['dɪgnɪfaɪd] adj würdevoll, würdig. **'dig·ni·fy** [-faɪ] v/t 1. ehren, auszeichnen. 2. zieren, schmücken. 3. Würde verleihen (dat). 4. contp. hochtrabend benennen.
dig·ni·tar·y ['dɪgnɪtərɪ; Am. -ˌterɪ:] s 1. Würdenträger(in). 2. relig. Prä'lat m.
dig·ni·ty ['dɪgnətɪ] s 1. Würde f, würdevolles Auftreten. 2. Würde f, Rang m, (hohe) Stellung. 3. Größe f, Würde f: ~ of soul Seelengröße, -adel m. 4. Ansehen n: to stand (up)on one's ~ sich nichts vergeben (wollen); → beneath 3.
di·go·neu·tic [ˌdɪgəˈnjuːtɪk; Am. ˌdɪgə-; a. -ˈnuː-] adj zo. zweimal im Jahr brütend.
di·graph ['daɪgrɑːf; bes. Am. -græf] s ling. Di'graph m (Verbindung von 2 Buchstaben zu einem Laut).
di·gress [daɪˈgres; dɪ-] v/i abschweifen (from von; into in acc). **di'gres·sion** [-ʃn] s Abschweifung f: to make a ~ abschweifen. **di'gres·sion·al** [-ʃənl] adj, **di'gres·sive** [-sɪv] adj (adv ~ly) abschweifend.
di·he·dral [daɪˈhedrl; bes. Am. -ˈhiː-] I adj 1. math. di'edrisch, zweiflächig: ~ angle a) Flächenwinkel m, b) → 4. 2. aer. V-förmig (Tragflächen). II s 3. math. Di'eder m, Zweiflach n, -flächner m. 4. aer. Neigungswinkel m, V-Form f, V-Stellung f (der Tragflächen). **di'he·dron** [-drən] → dihedral 3.
di·hex·a·he·dron [daɪˌheksəˈhedrən; bes. Am. -ˈhiː-] s math. Dihexa'eder m.
dike¹ [daɪk] I s 1. Deich m, Damm m. 2. a) Graben m, Ka'nal m, b) (natürlicher) Wasserlauf. 3. Erdwall m. 4. erhöhter Fahrdamm. 5. Scot. Grenz-, Schutzmauer f. 6. a) Schutzwall m (a. fig.), b) fig. Bollwerk n. 7. a. ~ rock geol. Gangstock m (erstarrten Eruptivgesteins). 8. Austral. colloq. ‚Klo' n (Toilette). II v/t 9. eindämmen, eindeichen.
dike² [daɪk] v/t Am. colloq. aufputzen, schmücken: (all) ~d out (od. up) aufgeputzt, ‚aufgedonnert'.
dike³ [daɪk] s sl. ‚Lesbe' f (Lesbierin).
dik·er ['daɪkə(r)] s Deich-, Dammarbeiter m.
dik·ey ['daɪkɪ] adj sl. lesbisch.
dik·tat ['dɪktɑːt; Am. dɪkˈtɑːt] s bes. pol. Dik'tat n.
di·lap·i·date [dɪˈlæpɪdeɪt] I v/t 1. ein Haus etc verfallen lassen. 2. obs. vergeuden, verschleudern: to ~ a fortune. II v/i 3. verfallen, baufällig werden. **di'lap·i·dat·ed** adj verfallen, baufällig (Haus etc), klapp(e)rig (Auto etc). **di·lap·iˈda·tion** s 1. Baufälligkeit f, Verfall m. 2. geol. Verwitterung f. 3. pl Br. a) notwendige Repara'turen pl (die ein Mieter ausführen lassen muß), b) die dabei anfallenden Kosten.
di·lat·a·bil·i·ty [daɪˌleɪtəˈbɪlətɪ; dɪ-] s phys. Dehnbarkeit f, (Aus)Dehnungsvermögen n. **di'lat·a·ble** adj phys. dila'tabel, (aus)dehnbar. **di'lat·ant** adj phys. dila'tant.
di·la·ta·tion [ˌdaɪleɪˈteɪʃn; ˌdɪlə-] s 1. phys. Dilatati'on f, Ausdehnung f. 2. med. a) (Herz- etc)Erweiterung f, b) (künstliche) Erweiterung.
di·late [daɪˈleɪt; dɪ-] I v/t 1. (aus)dehnen, (aus)weiten, erweitern: with ~d eyes mit aufgerissenen Augen. II v/i 2. sich (aus-) dehnen od. (aus)weiten, sich erweitern: his eyes ~d with terror s-e Augen weiteten sich vor Entsetzen. 3. fig. sich (ausführlich) verbreiten od. auslassen (on, upon über acc). **di'la·tion** → dilatation.

di·la·tom·e·ter [ˌdaɪləˈtɒmɪtə(r); dɪ-; Am. -ˈtɑ-] s phys. Dilato'meter n, (Aus-)Dehnungsmesser m.
di·la·tor [daɪˈleɪtə(r); dɪ-] s Di'lator m: a) anat. Dehnmuskel m, b) med. Dehnsonde f.
dil·a·to·ri·ness [ˈdɪlətərɪnɪs; Am. -ˌtɔːrɪ-; -ˌtoː-] s Langsamkeit f. **'dil·a·to·ry** adj (adv dilatorily) 1. verzögernd, 'hinhaltend: ~ policy (od. tactics pl) Verzögerungs-, Verschleppungs-, Hinhaltetaktik f. 2. langsam: to be ~ in doing s.th. sich mit etwas Zeit lassen. 3. jur. dila'torisch, aufschiebend: ~ defence (Am. defense), Am. ~ plea dilatorische od. prozeßhindernde Einrede.
dil·do [ˈdɪldəʊ] pl **-dos** s Godemi'ché m (Nachbildung e-s erigierten Penis).
di·lem·ma [dɪˈlemə; daɪ-] s 1. Di'lemma n, Zwangslage f, ‚Klemme' f: to be on the horns of a ~ in e-r Zwickmühle sein od. sitzen. 2. Logik: Di'lemma n, Wechselschluß m.
dil·et·tan·te [ˌdɪlɪˈtæntɪ; Am. -ˈtɑːn-] I pl **-ti** [-tiː], **-tes** s 1. Dilet'tant(in): a) Ama'teur(in) (bes. in der Kunst), Nichtfachmann m, b) contp. Stümper(in). 2. Kunstliebhaber(in). II adj 3. dilet'tantisch: a) ama'teurhaft, b) contp. stümperhaft. ˌdil·et'tant·ish a. ˌdil·et'tant·ism s Dilet'tantismus m.
dil·i·gence¹ [ˈdɪlɪdʒəns] s 1. Fleiß m, Eifer m, Emsigkeit f. 2. Sorgfalt f: due ~ jur. (im Verkehr) erforderliche Sorgfalt.
dil·i·gence² [ˈdɪlɪdʒəns] s hist. Postkutsche f.
dil·i·gent [ˈdɪlɪdʒənt] adj (adv ~ly) 1. fleißig, eifrig, emsig. 2. sorgfältig, gewissenhaft.
dill [dɪl] s 1. bot. Dill m, Gurkenkraut n. 2. bes. Austral. sl. Idi'ot m. ~ **pick·le** s mit Dill eingelegte Gurke.
dil·ly·dal·ly [ˈdɪlɪdælɪ] v/i colloq. 1. die Zeit vertrödeln, (her'um)trödeln. 2. zaudern, schwanken.
dil·u·ent [ˈdɪljʊənt; Am. -jəw-] chem. I adj verdünnend. II s Verdünnungsmittel n.
di·lute [daɪˈljuːt; dɪ-; bes. Am. -ˈluːt] I v/t 1. verdünnen, verwässern, strecken. 2. fig. verwässern, abschwächen, mildern: to ~ a statement; to ~ labo(u)r Facharbeit in Arbeitsgänge zerlegen, deren Ausführung nur geringe Fachkenntnisse erfordert. II adj 3. verdünnt. 4. blaß, wässerig: ~ colo(u)rs. 5. fig. verwässert, abgeschwächt. **di'lut·ed** → dilute II.
di·lu·tee [-ˈtiː] s zwischen dem angelernten u. dem Facharbeiter stehender Beschäftigter. **di'lute·ness** → dilution 3.
di'lu·tion s 1. Verdünnung f. 2. fig. Verwässerung f: ~ of labo(u)r Zerlegung f von Facharbeit in Arbeitsgänge, deren Ausführung nur geringe Fachkenntnisse erfordert. 3. Wässerigkeit f. 4. (verdünnte) Lösung.
di·lu·vi·al [daɪˈluːvjəl; -vɪəl; dɪ-], **di-ˈlu·vi·an** adj 1. geol. diluvi'al, Diluvial... 2. Überschwemmungs-... 3. (Sint)Flut..., sintflutlich. **di'lu·vi·an·ism** s geol. Diluvia'lismus m (Erdbildungstheorie). **di-ˈlu·vi·um** pl **-vi·a** [-ə] s geol. fluvioglazi'aler Schotter.
dim [dɪm] I adj (adv ~ly) 1. (halb)dunkel, düster: ~ prospects fig. trübe Aussichten; → view 12. 2. undeutlich, verschwommen, schwach. 3. trüb(e), blaß, matt: ~ colo(u)r. 4. schwach, trübe: ~ light; ~ly lit schwach erleuchtet. 5. getrübt, trübe. 6. fig. schwer von Begriff. 7. Am. colloq. fad, langweilig. II v/t 8. verdunkeln, trüben, trüben (a. fig.): to ~ s.o.'s love. 10. tech. mat'tieren. 11. a. ~ out Licht abblenden, dämpfen: to ~ the headlights mot. Am. abblenden. 12. ~ out mil. teilweise verdunkeln. III v/i 13. sich verdunkeln od. verdüstern. 14. sich trüben (a. fig.), matt od. trüb(e) werden. 15. undeutlich werden. 16. verblassen (a. fig.).

dime [daɪm] s (silbernes) Zehn'centstück (in den USA u. Kanada), b) fig. Groschen m: ~ **store** billiges Warenhaus; they are a ~ a dozen Am. colloq. a) sie sind spottbillig, man bekommt sie nachgeworfen, b) es gibt sie wie Sand am Meer. ~ **mu·se·um** s Am. Kuriositätenmuseum n. ~ **nov·el** s Am. ˌGroschenro'man m.
di·men·sion [dɪˈmenʃn; daɪ-] I s 1. Dimensi'on f (a. math.): a) Ausdehnung f, Aus-, Abmessung f, Maß n, b) pl oft fig. Ausmaß n, Größe f, Grad m: of vast ~s riesengroß, von riesenhaftem Ausmaß od. Umfang. 2. pl fig. Dimensi'on f (Maß physikalischer Größen). II v/t 3. dimensio'nieren, bemessen. 4. tech. mit Maßangaben versehen: ~ed sketch Maßskizze f. **di'men·sion·al** [-ʃənl] adj dimensio'nal: → three-dimensional. **di'men·sion·less** adj winzig klein.
di·mer·ic [daɪˈmerɪk] adj 1. → dimerous. 2. chem. di'mer, zweiglied(e)rig.
dim·er·ous [ˈdɪmərəs] adj 1. zo. zweiteilig. 2. bot. zweiglied(e)rig.
dim·e·ter [ˈdɪmɪtə(r)] s metr. Dimeter m.
di·meth·yl [daɪˈmeθɪl; Br. chem. -ˈmiːθaɪl] s chem. Di'methyl n. **di·meth·yl·a·mine** [daɪˈmeθɪləˌmiːn; Br. a. ˌdaɪmɪ-ˈθaɪləmiːn] s chem. Dimethyla'min n.
di·mid·i·ate [dɪˈmɪdɪeɪt] v/t 1. hal'bieren. 2. her. halb darstellen. II adj 3. bot. zo. hal'biert, halb ausgebildet. 4. bot. an e-r Seite gespalten.
di·min·ish [dɪˈmɪnɪʃ] I v/t 1. verringern, (ver)mindern: ~ed responsibility jur. verminderte Zurechnungsfähigkeit. 2. verkleinern. 3. redu'zieren, verringern. 4. (ab)schwächen. 5. fig. her'abwürdigen, -setzen. 6. arch. verjüngen: ~ed column. 7. mus. 8. Notenwerte, Thema verkleinern, b) Intervall, Akkord vermindern. II v/i 8. sich vermindern, sich verringern: to ~ in numbers weniger werden; to ~ in value an Wert verlieren. 9. abnehmen. **di'min·ish·a·ble** adj redu'zierbar.
di·min·u·en·do [dɪˌmɪnjʊˈendəʊ; Am. -jəw-; -nəˈw-] I pl **-dos** s 1. mus. Diminu'endo n. II adj 2. abnehmend, schwächer werdend. III adv 3. mus. diminu'endo. 4. mit abnehmender Lautstärke.
dim·i·nu·tion [ˌdɪmɪˈnjuːʃn; Am. a. -ˈnuː-] s 1. (Ver)Minderung f, Verringerung f. 2. Verkleinerung f (a. mus.). 3. Her'absetzung f (a. fig.). 4. Abnahme f. 5. arch. Verjüngung f.
di·min·u·ti·val [dɪˌmɪnjʊˈtaɪvl] → diminutive 2.
di·min·u·tive [dɪˈmɪnjʊtɪv] I adj (adv ~ly) 1. klein, winzig. 2. ling. diminu'tiv, Diminutiv..., Verkleinerungs... II s 3. ling. Diminu'tiv n, Verkleinerungsform f od. -silbe f. **di'min·u·tive·ness** s Winzigkeit f.
dim·i·ty [ˈdɪmɪtɪ] s Textilwesen: Dimity m, Barchentköper m.
dim·mer [ˈdɪmə(r)] s 1. tech. Dimmer m (stufenloser Helligkeitseinsteller). 2. pl mot. Am. a) Abblendlicht n: ~ **switch** Abblendschalter m, b) Stand-, Parklicht n.
'dim·ness s 1. Düsterkeit f, Dunkelheit f. 2. Undeutlichkeit f. 3. Trübheit f, Mattheit f.
di·mor·phic [daɪˈmɔː(r)fɪk] adj di-'morph, zweigestaltig. **di'mor·phism** s biol. min. Dimor'phismus m, Zwei-

dimorphous – diphthongize

gestaltigkeit f. **di'mor·phous** → dimorphic.
'dim-out s mil. Teilverdunk(e)lung f.
dim·ple ['dɪmpl] **I** s **1.** Grübchen n (in der Wange etc). **2.** Delle f, Vertiefung f. **3.** Kräuselung f (im Wasser). **II** v/t **4.** Grübchen machen in (acc): a smile~d her cheeks als sie lächelte, bekam sie Grübchen in den Wangen. **5.** Wasser kräuseln. **III** v/i **6.** Grübchen bekommen. **7.** sich kräuseln (Wasser). **'dim-pled** adj **1.** mit Grübchen: to be ~ Grübchen haben. **2.** gekräuselt (Wasser). **'dim·ply** [-plɪ] adj **1.** voll(er) Grübchen. **2.** → dimpled **2.**
'dim-wit s colloq. 'Blödmann' m. **₁dim-'wit-ted** adj ,dämlich', ,blöd'.
din [dɪn] **I** s **1.** Lärm m, Getöse n: to kick up (od. make) a ~ Krach machen. **II** v/t **2.** (durch Lärm) betäuben. **3.** dauernd (vor)predigen, (immer wieder) einhämmern (s.th. into s.o. j-m etwas). **III** v/i **4.** lärmen, (Motoren etc) dröhnen: to~in s.o.'s ears j-m in den Ohren dröhnen.
di·nar ['diːnɑː(r)] s econ. Di'nar m (Währungseinheit).
Di·nar·ic [dɪ'nærɪk] adj di'narisch: ~ race; ~ Alps Dinarische Alpen.
dinch [dɪntʃ] v/t Am. Zigarette etc ausdrücken.
dine [daɪn] **I** v/i **1.** speisen, essen (off s.th., on s.th. etwas): to ~ in (out) zu Hause (auswärts) essen; he has been dining out on his adventure for weeks sein Abenteuer bringt ihm schon seit Wochen Einladungen zum Essen ein; → wine **6.** **II** v/t **2.** j-n bewirten, (bei sich) zu Gast haben: to ~ wine **5.** **3.** e-e bestimmte Anzahl Personen fassen (Speisezimmer): this room ~s 20 in diesem Zimmer kann für 20 Personen gedeckt werden. **'din·er** s **1.** Speisende(r m) f. **2.** Gast m (im Restaurant). **3.** rail. Speisewagen m. **4.** Am. 'Eß-, 'Speiselo₁kal n (früher meist in Form e-s Speisewagens).
di·ner·gate [daɪ'nɜːgət; Am. -ˈnɜr-] s zo. Sol'dat m (der Ameisen).
₁din-er-'out s **1.** j-d, der häufig zum Essen eingeladen ist: a popular ~ ein gerngesehener Tischgast. **2.** j-d, der oft auswärts ißt.
di·nette [daɪ'net] s Eßecke f.
ding [dɪŋ] **I** v/t **1.** Glocke läuten. **2.** → din **3.** **II** v/i **3.** läuten.
ding·bats ['dɪŋbæts] s pl Austral. sl. **1.** Säuferwahn m. **2.** to give s.o. the ~ j-n nervös machen.
ding-dong [₁dɪŋ'dɒŋ; Am. 'dɪŋ₁-; -₁dɒŋ] **I** s Bimbam n. **II** adj: a ~ fight ein hin u. her wogender Kampf.
dinge [dɪndʒ] s Am. sl. Nigger m.
din·ghy, a. **din·gey** ['dɪŋɪ] s **1.** mar. a) Ding(h)i n, b) Beiboot n. **2.** Schlauchboot n.
din·gi·ness ['dɪndʒɪnɪs] s **1.** Schmutzigkeit f, Schmuddeligkeit f. **2.** trübe od. schmutzige Farbe. **3.** Schäbigkeit f (a. fig.). **4.** fig. Anrüchigkeit f.
din·gle ['dɪŋgl] s enges, waldiges Tal.
'din·gle₁ber·ry s bot. Nordamer. Moosbeere f.
din·go ['dɪŋgəʊ] pl **-goes** s **1.** zo. Dingo m (australischer Windhund). **2.** Austral. sl. a) Gauner m, b) Feigling m.
ding·us ['dɪŋgəs] s Am. sl. **1.** Dingsda n. **2.** ,Ding' n (Penis).
din·gy[1] ['dɪndʒɪ] adj (adv **dingily**) **1.** schmutzig, schmudd(e)lig. **2.** trüb, schmutzigfarben. **3.** schäbig (a. fig.). **4.** zweifelhaft, dunkel, anrüchig.
din·gy[2] → dinghy.
di·nic·o·tin·ic acid [₁daɪnɪkə'tɪnɪk] s chem. Dinikoˈtinsäure f.
'din·ing **car** s rail. Speisewagen m. ~ **hall** s Speisesaal m. ~ **room** s Speise-, Eßzimmer n. ~ **ta·ble** s Eßtisch m.
dinitro- [daɪnaɪtrəʊ] chem. Wortelement mit der Bedeutung mit 2 Nitrogruppen.
di·₁ni·tro·cel·lu·lose [daɪ₁naɪtrəʊ'seljʊləʊs] s chem. Di₁nitrozellu'lose f. **di-₁ni·tro'tol·u·ene** [-ˈtɒljʊiːn; Am. -ˈtɑljəˌwiːn] s chem. Di₁nitrotolu'ol n.
dink·ey ['dɪŋkiː] s rail. Am. kleine Ver'schiebelokomo₁tive.
din·kum ['dɪŋkəm] adj Austral. colloq. **1.** meist fair and ~ (a. adv) re'ell: a ~ offer. **2.** ~ oil die (volle) Wahrheit.
dink·y[1] ['dɪŋkɪ] adj colloq. **1.** Br. zierlich, niedlich, nett. **2.** Am. klein, unbedeutend.
dink·y[2] → dinkey.
dink·y-di [₁dɪŋkɪ'daɪ] adj Austral. colloq. typisch.
din·ner ['dɪnə(r)] s **1.** (Mittag-, Abend-) Essen n (Hauptmahlzeit): after ~ nach dem Essen, nach Tisch; at ~ bei Tisch; what are we having for ~? was gibt es zum Essen?; to ask s.o. to ~ j-n zum Essen einladen; → stay[1] **1.** **2.** Di'ner n, Festessen n: at a ~ auf od. bei e-m Diner. ~ **bell** s Gong m, Essensglocke f. ~ **buck·et** s dinner pail. ~ **card** s Tischkarte f. ~ **coat** bes. Am. → dinner jacket. ~ **dance** s Abendgesellschaft f mit Tanz. ~ **dress** s feines Abendkleid. ~ **jack·et** s Smoking(jacke f) m. ~ **pail** s Am. Eßgefäß n (für Schulkinder etc). ~ **par·ty** s Di'ner n, Abendgesellschaft f. ~ **ser·vice**, ~ **set** s 'Speiseser₁vice n, Tafelgeschirr n. ~ **ta·ble** s Eßtisch m. '~**time** s Essens-, Tischzeit f. ~ **wag-(g)on** s Ser'vierwagen m.
di·no·saur ['daɪnəʊsɔː(r)] s zo. Dino-'saurier m.
dint [dɪnt] **I** s **1.** obs. a) Schlag m, b) Kraft f (bes. in): by ~ of kraft, mittels, vermöge (alle gen). **2.** a) Delle f, Beule f, Vertiefung f, b) Strieme f. **II** v/t **3.** einbeulen.
di·oc·e·san [daɪ'ɒsɪsn; Am. daɪ'ɑsəsən] relig. **I** adj Diözesan-. **II** s (Diöze'san-) Bischof m. **di·o·cese** ['daɪəsɪs; -siːs; -siːz] s relig. Diö'zese f.
di·ode ['daɪəʊd] s electr. **1.** Di'ode f, Zweipolröhre f. **2.** Kri'stalldi₁ode f, -gleichrichter m: ~ **detector** Diodengleichrichter.
di·oe·cious [daɪ'iːʃəs] adj di'özisch: a) biol. getrenntgeschlechtlich, b) bot. zweihäusig.
Di·o·ny·si·a [₁daɪə'nɪzɪə; -ʒɪə; -sɪə] s pl antiq. Dio'nysien pl, Di'onysosfest n. **₁Di·o'nys·i·ac** [-æk] adj; **₁Di·o·ny-'si·a·cal** [-'saɪəkl] adj (adv **~ly**) dio'nysisch. **₁Di·o'ny·si·an** adj **1.** → Dionysiac. **2.** d~ fig. dio'nysisch, orgi'astisch.
Di·o·phan·tine [₁daɪəʊ'fæntaɪn] adj math. dio'phantisch: ~ **equation**.
di·op·side [daɪ'ɒpsaɪd; Am. -ˈɑp-] s min. Diop'sid m. **di'op·tase** [-teɪs] s min. Diop'tas m.
di·op·ter, bes. Br. **di·op·tre** [daɪ'ɒptə; Am. -'ɑptər] s phys. Diop'trie f (Maßeinheit für die Brechkraft von Linsen). **di'op·tric** [-trɪk] **I** adj (adv **~ally**) **1.** phys. di'optrisch, lichtbrechend. **2.** 'durchsichtig. **II** s **3.** → diopter. **4.** pl (als sg konstruiert) phys. obs. Di'optrik f, Brechungslehre f. **di'op·tri·cal** [-kl] → dioptric **I**.
di·o·ra·ma [₁daɪə'rɑːmə; Am. a. -ˈræmə] s Dio'rama n (plastisch wirkendes Schaubild, bei dem räumliche Gegenstände vor e-m gemalten od. fotografierten Hintergrund aufgestellt sind). **₁di·o'ram·ic** [-'ræmɪk] adj dio'ramisch.
di·o·rite ['daɪəraɪt] s geol. Dio'rit m.
Di·os·cu·ri [₁daɪɒs'kjʊəraɪ; Am. -əs'kj-] s pl Dios'kuren pl (Castor u. Pollux).

di·ose ['daɪəʊs] s chem. Bi'ose f (einfachster Zucker).
di·ox·ide [daɪ'ɒksaɪd; Am. -ˈɑk-] s chem. **1.** 'Di₁oxyd n. **2.** → **peroxide 1**.
dip [dɪp] **I** v/t pret u. pp **dipped**, obs. **dipt 1.** (ein)tauchen, (ein)tunken (in, into in acc): to ~ one's hand into one's pocket in die Tasche greifen. **2.** oft ~ up schöpfen (from, out of aus). **3.** rasch senken: to ~ one's head; to ~ the flag mar. die Flagge (zum Gruß) dippen; to ~ the headlights mot. bes. Br. abblenden. **4.** relig. obs. (durch 'Untertauchen) taufen. **5.** färben, in e-e Farblösung tauchen. **6.** Schafe etc dippen, in desinfi'zierender Lösung baden. **7.** Kerzen ziehen.
II v/i **8.** 'unter-, eintauchen. **9.** hin'einfahren, -langen, -greifen: to ~ into one's pocket (od. purse) fig. tief in die Tasche greifen. **10.** sinken (**below the horizon** unter den Hori'zont). **11.** a) sich neigen, sich senken (Gelände, Waage, Magnetnadel etc), b) geol. einfallen (Schichten). **12.** econ. (leicht) fallen, sinken: **prices ~ped**. **13.** sich flüchtig befassen (in, into mit): to ~ into a book e-n Blick in ein Buch werfen; to ~ into politics e-n ,Ausflug' in die Politik machen. **14.** ~ into erforschen: to ~ into the past. **15.** ~ into Reserven, Vorrat etc angreifen. **16.** a) nieder- u. wieder aufliegen, b) aer. vor dem Steigen plötzlich tiefer gehen.
III s **17.** ('Unter-, Ein)Tauchen n. **18.** kurzes Bad: **to have a ~** mal schnell ins Wasser springen. **19.** geschöpfte Flüssigkeit, Schöpfprobe f. **20.** bes. tech. (Tauch)Bad n, Lösung f. **21.** Sinken n (a. econ.). **22.** Neigung f, Senkung f, Gefälle n. **23.** Fallwinkel m. **24.** mar. Depressi'on f, Kimmtiefe f: **~ of the horizon**. **25.** Inklinati'on f (der Magnetnadel). **26.** geol. Einfallen n. **27.** Vertiefung f, Bodensenke f. **28.** Tiefgang m (e-s Schiffes), Tiefe f des Eintauchens. **29.** a. ~ **candle** gezogene Kerze. **30.** a) schnelles Hin'ab(- u. Hin'auf)fliegen, b) aer. plötzliches Tiefergehen dem Steigen. **31.** mar. Dippen n (e-r Flagge). **32.** Turnen: Streck-, Beugestütz m (am Barren). **33.** gastr. Dip m (Soße zum Eintauchen von Chips etc). **34.** Angreifen n (into e-r Reserve, e-s Vorrats etc). **35.** sl. Langfinger m, Taschendieb m. **36.** fig. flüchtiger Blick: **a ~ into poetry; a ~ into politics** ein ,Ausflug' in die Politik.
dip| braz·ing s tech. Tauchlöten n. ~ **cir·cle** s tech. Neigungskreis m. '~**-dye** v/t tech. im Stück färben.
di·pet·al·ous [daɪ'petələs] adj bot. mit 2 Kronblättern.
di·phase ['daɪfeɪz] adj electr. **1.** zweiphasig. **2.** Zweiphasen-...
'dip·head s Bergbau: Hauptstrecke f.
di·phen·yl [daɪ'fenɪl] s chem. Diphe'nyl n.
di·phos·gene [daɪ'fɒzdʒiːn; Am. -ˈfɑz-] s chem. Diphos'gen n (Grünkreuzkampfstoff).
diph·the·ri·a [dɪf'θɪərɪə; dɪp'θ-] s med. Diphthe'rie f. **diph'the·ri·al, diph'ther·ic** [-'θerɪk], **diph'the'rit·ic** [-θə'rɪtɪk] adj med. diph'therisch. **'diph-the·roid** [-θərɔɪd] adj med. diphthero'id, diphthe'rieartig.
diph·thong ['dɪfθɒŋ; 'dɪp-] s ling. **1.** Di'phthong m, 'Doppelvo₁kal m. **2.** die Ligatur æ od. œ. **diph'thon·gal** [-ŋgl] adj (adv **~ly**) ling. di'phthongisch. **diph-'thong·ic** → diphthongal. **₁diph-thong·i'za·tion** [-gaɪ'zeɪʃn; Am. -gə'z-] s ling. Diphthon'gierung f. **'diph-thong·ize** ling. **I** v/t diphthon'gieren. **II** v/i diphthon'giert werden.

di‧ple‧gi‧a [daɪˈpliːdʒɪə; -dʒə] *s med.* Diple¹gie *f*, doppelseitige Lähmung.
di‧plex [ˈdaɪpleks] *adj electr.* Diplex..., doppelt: **~ operation** Diplexbetrieb *m*; **~ telegraphy** Diplexsystem *n*.
dip‧loid [ˈdɪplɔɪd] *biol.* **I** *adj* diplo¹id (*mit doppelter Chromosomenzahl*). **II** *s* di¹plo¹ide Zelle, diplo¹ider Orga¹nismus.
di‧plo‧ma [dɪˈpləʊmə] *s* **1.** (*bes.* aka-¹demisches) Di¹plom, (Ernennungs)Urkunde *f*. **2.** Ehrenurkunde *f*. **3.** Verfassungs-, Staatsurkunde *f*, Charta *f*.
di‧plo‧ma‧cy [dɪˈpləʊməsɪ] *s* **1.** *pol.* Diploma¹tie *f*. **2.** *fig.* Diploma¹tie *f*, diplo¹matisches Vorgehen.
di‧plo‧maed [dɪˈpləʊməd] *adj* diplo-¹miert, Diplom...
dip‧lo‧mat [ˈdɪpləmæt] *s pol. u. fig.* Diplo¹mat *m*. **dip‧lo¹mat‧ic I** *adj* (*adv* **~ally**) **1.** *pol.* diplo¹matisch: **~ agent** diplomatischer Vertreter, Diplomat *m*; **~ corps**, *a.* **~ body** diplomatisches Korps; **~ service** diplomatischer Dienst. **2.** *fig.* diplo¹matisch, klug, gewandt. **3.** diplo-¹matisch, urkundlich. **II** *s* **4.** *pol. obs.* Diplo¹mat *m*. **dip‧lo¹mat‧ics** *s pl* (*als sg konstruiert*) **1.** Diplo¹matik *f*, Urkundenlehre *f*. **2.** *pol. obs.* Diploma¹tie *f*.
di‧plo‧ma‧tist [dɪˈpləʊmətɪst] *s* diplomat. **di¹plo‧ma‧tize I** *v/i* diplo¹matisch handeln *od.* vorgehen. **II** *v/t* diplo¹matisch behandeln.
di‧plo‧pi‧a [dɪˈpləʊpjə; -pɪə] *s med.* Diplo¹pie *f* (*gleichzeitiges Sehen zweier Bilder von e-m einzigen Gegenstand*).
dip|nee‧dle → **dipping needle. ~ net** *s Fischerei*: Streichnetz *n*.
dip‧no‧an [dɪpˈnəʊən; *Am.* ˈdɪpnəwən] *zo.* **I** *adj* zu den Lungenfischen gehörig, Lungenfisch... **II** *s* Lungenfisch *m*.
dip‧o‧dy [ˈdɪpədɪ] *s metr.* Dipo¹die *f* (*Gruppe aus 2 gleichen Versfüßen*).
di‧po‧lar [daɪˈpəʊlə(r)] *adj phys.* zweipolig. **ˈdi‧pole** [-pəʊl] *s electr. phys.* Dipol *m*.
dip‧per [ˈdɪpə(r)] *s* **1.** *tech.* a) Färber *m*, b) Kerzenzieher *m*. **2.** Schöpfer *m*, Schöpflöffel *m*. **3.** *tech.* a) Baggereimer *m*, b) Bagger *m*. **4.** *D~ astr. Am.* a) **Big D~** → **bear**² 4 a, b) *a.* **Little D~** → **bear**² 4 b. **5.** *orn.* Taucher *m*. **6.** *relig. obs.* → **immersionist. ~ dredge, ~ dredg‧er** *s tech.* Löffelbagger *m*. **~ gourd** *s bot.* Flaschenkürbis *m*.
dip‧ping [ˈdɪpɪŋ] *s* **1.** Eintauchen *n*. **2.** *tech.* a) Färben *n*, b) Kerzenziehen *n*. **3.** Dippen *n*, Baden *n* in desinfi¹zierender Lösung. **4.** *tech.* (Tauch)Bad *n*. **~ bat‧ter‧y** *s electr.* ¹Tauchbatte₁rie *f*. **~ com‧pass** *s phys.* Inklinati¹ons-, Neigungskompaß *m*. **~ e‧lec‧trode** *s electr.* ¹Tauchelek₁trode *f*. **~ nee‧dle** *s mar.* Inklinati¹onsnadel *f*. **~ rod** *s* Wünschelrute *f*. **~ var‧nish** *s tech.* Tauchlack *m*.
dip‧py [ˈdɪpɪ] *adj colloq.* **1.** ₁¹übergeschnappt', verrückt. **2.** dumm, unklug.
dip‧so [ˈdɪpsəʊ] *pl* **-sos** *colloq. für* **dipsomaniac.**
dip‧so‧ma‧ni‧a [₁dɪpsəʊˈmeɪnjə; -nɪə] *s med.* Dipsoma¹nie *f* (*periodisch auftretende Trunksucht*). ₁**dip‧so¹ma‧ni‧ac** [-æk] *s med.* Dipso¹mane *m*, Dipso¹manin *f*.
ˈdip|₁stick *s tech.* (Öl- *etc*)Meßstab *m*. **~ switch** *s mot. Br.* Abblendschalter *m*.
dipt [dɪpt] *obs. pret u. pp von* **dip.**
dip‧ter‧al [ˈdɪptərəl] *adj* **1.** → **dipterous 1. 2.** *arch.* mit doppeltem ¹Säulen₁umgang. **ˈdip‧ter‧an** *zo.* **I** *adj* → **dipterous 2. II** *s* → **dipteron.**
dip‧ter‧on [ˈdɪptərɒn; *Am.* -₁rɑn] *s zo.* Di¹ptere *m*, Zweiflügler *m*. **ˈdip‧ter‧ous** *adj* **1.** *bot. zo.* zweiflügelig. **2.** *zo.* zu den Zweiflüglern gehörend.
dip trap *s tech.* Schwanenhals *m*, U--Rohrkrümmer *m*.

dip‧tych [ˈdɪptɪk] *s* Diptychon *n*: a) *antiq. zs.-klappbare Schreibtafel*, b) *paint.* zweiflügeliges Altarbild.
dire [ˈdaɪə(r)] *adj* **1.** gräßlich, entsetzlich, schrecklich: **~ sisters** Furien. **2.** a) tödlich, unheilbringend, b) unheilverkündend. **3.** äußerst(er, e, es), höchst(er, e, es): **to be in ~ need of s.th.** etwas ganz dringend brauchen; → **strait 2.**
di‧rect [dɪˈrekt; daɪ-] **I** *v/t* **1.** *s-e Aufmerksamkeit etc* richten, lenken (**to, toward**[**s**] *auf acc*): **to ~ one's attention** (**efforts**, *etc*) **to s.th.**; **a method ~ed to doing s.th.** ein Verfahren, das darauf abzielt, etwas zu tun; **to ~ away** *j-n, etwas* ablenken (**from** von). **2.** *ein Fahrzeug* lenken. **3.** *e-n Betrieb etc* führen, leiten, lenken. **4.** *Worte* richten (**to an** *acc*). **5.** *e-n Brief etc* adres¹sieren, richten (**to an** *acc*). **6.** anweisen, beauftragen, *j-m* Anweisung geben (**to do** zu tun): **to ~ the jury as to the law** *jur.* den Geschworenen Rechtsbelehrung erteilen. **7.** anordnen, verfügen, bestimmen: **to ~ s.th. to be done** etwas anordnen; anordnen, daß etwas geschieht; **as ~ed** laut Verfügung, nach Vorschrift. **8.** a) *j-m* den Weg zeigen (**to** zu, nach), b) *fig. j-n* verweisen (**to an** *acc*). **9.** a) *ein Orchester* diri¹gieren, b) Re¹gie führen bei (*e-m Film od. Stück*): **~ed by** unter der Regie von. **II** *v/i* **10.** befehlen, bestimmen. **11.** a) *mus.* diri¹gieren, b) *thea. etc* Re¹gie führen. **III** *adj* (*adv* **directly** D **12.** di¹rekt, gerade. **13.** di¹rekt, unmittelbar: **~ taxes**; **~ labo**(**u**)**r** produktive Arbeitskräfte; **~ mail** *Am.* Postwurfsendung *f*; **~ primary** *pol. Am.* Vorwahl *f* durch direkte Wahl; **~ selling** *econ.* Direktverkauf *m*; **~ train** *rail.* durchgehender Zug; **~ voting** *pol.* direkte Wahl; **~ direct method.** **14.** unmittelbar, per¹sönlich; **~ responsibility**. **15.** *econ.* spe¹zifisch, di¹rekt: **~ costs** direkte Kosten, Einzelkosten. **16.** a) klar, unzwei-, eindeutig, b) offen, ehrlich: **a ~ answer. 17.** di¹rekt, genau: **the ~ contrary** das genaue Gegenteil. **18.** *ling.* di¹rekt: **~ speech; ~ discourse** direkte Rede; **~ object** direktes Objekt, Akkusativobjekt *n*. **19.** *astr.* rechtläufig. **20.** *electr.* a) Gleichstrom..., b) Gleich... **IV** *adv* **21.** di¹rekt, unmittelbar: **I wrote to him ~**; → **dial 9.**
di‧rect| ac‧cess *s Computer*: di¹rekter Zugriff, Di¹rektzugriff *m*. **~ ac‧tion** *s pol.* di¹rekte Akti¹on (*bes. Kampfmaßnahmen der Arbeiterschaft*). **~ ad‧ver‧tis‧ing** *s econ.* Werbung *f* beim Konsu-¹menten. **~ carv‧ing** *s Bildhauerei*: Behauen *n* ohne Verwendung e-s ¹Leitmo₁dells. **~ cost‧ing** *s econ.* Grenz(plan)rechnung *f*. **~ cur‧rent** *s electr.* Gleichstrom *m*. **~ di‧al‧(l)ing** *s teleph.* ¹Durchwahl *f*. **~ dis‧tance di‧al‧ing** *s teleph. Am.* Selbstwählfernverkehr *m*. **~ drive** *s tech.* di¹rekter Antrieb. **~ ev‧i‧dence** *s jur.* unmittelbarer Beweis, Beweis *m* aus eigener Wahrnehmung (*Ggs.* Indizienbeweis). **~ fire** *s mil.* di¹rekter Beschuß. **~ hit** *s mil.* Volltreffer *m*. **~ in‧i‧ti‧a‧tive** *s pol. Am.* von Wählern ausgehender Gesetzesantrag, über den ein Volksentscheid herbeigeführt wird.
di‧rec‧tion [dɪˈrekʃn; daɪ-] *s* **1.** Richtung *f*: **to take a ~** e-e Richtung einschlagen; **in the ~ of** (in) Richtung auf (*acc*) *od.* nach; **from** (**in**) **all ~s** aus (nach) allen Richtungen, von (nach) allen Seiten; **sense of ~** Ortssinn *m*; **~ of rotation** *phys. tech.* Drehrichtung, -sinn *m*. **2.** *fig.* Richtung *f*, Ten¹denz *f*, Strömung *f*: **new ~s in drama; to give another ~ to** in e-e neue Richtung *od.* in andere Bahnen lenken; **in many ~s** in viel(ler)lei Hin-

sicht. **3.** Leitung *f*, Lenkung *f*, Führung *f* (*e-s Betriebs etc*): **under his ~** unter s-r Leitung. **4.** Anweisung *f*, Anleitung *f*: **~s for use** Gebrauchsanweisung. **5.** *oft pl* (An)Weisung *f*, Anordnung *f*, Befehl *m*: **by** (*od.* **at**) **~ of** auf Anweisung von (*od. gen*). **6.** Vorschrift *f*, Richtlinie *f*. **7.** A¹dresse *f*, Aufschrift *f* (*e-s Briefes etc*). **8.** *econ.* Direk¹torium *n*, Direkti¹on *f*, Leitung *f*. **9.** *Film etc*: Re¹gie *f*. **10.** *mus.* a) Spielanweisung *f* (*über Tempo etc*), b) Stabführung *f*, Leitung *f*.
di‧rec‧tion‧al [dɪˈrekʃənl; daɪ-] *adj* **1.** Richtungs...: **~ sense** *math.* Richtungssinn *m*. **2.** *electr.* a) Richt..., gerichtet, b) Peil... **~ aer‧i‧al**, *bes. Am.* **~ an‧ten‧na** *s electr.* ¹Richtan₁tenne *f*, -strahler *m*. **~ cal‧cu‧lus** *s a. irr math.* Rechnung *f* mit gerichteten Größen. **~ co‧ef‧fi‧cient** *s math.* Richtungsfaktor *m*. **~ fil‧ter** *s electr.* Bandfilter *n*, *m*. **~ gy‧ro** *s aer.* Kurs-, Richtkreisel *m*. **~ mi‧cro‧phone** *s* ¹Richtmikro₁phon *n*. **~ ra‧di‧o** *s electr.* **1.** Richtfunk *m*. **2.** Peilfunk *m*. **~ trans‧mit‧ter** *s electr.* **1.** Richtfunksender *m*. Peilsender *m*.
di‧rec‧tion| find‧er *s electr.* (Funk)Peiler *m*, Peilempfänger *m*. **~ find‧ing** *s electr.* **1.** (Funk)Peilung *f*, Richtungsbestimmung *f*. **2.** Peilwesen *n*. **~ in‧di‧ca‧tor** *s* **1.** *mot.* (Fahrt)Richtungsanzeiger *m*: a) *hist.* Winker *m*, b) Blinker *m*. **2.** *aer.* Kursweiser *m*.
di‧rec‧tive [dɪˈrektɪv; daɪ-] **I** *adj* lenkend, leitend, richtungebend, -weisend: **~ rule** → **II**. **II** *s* Direk¹tive *f*, Verhaltungsmaßregel *f*, (An)Weisung *f*, Vorschrift *f*. **~ aer‧i‧al**, *bes. Am.* **~ an‧ten‧na** *s electr.* ¹Richtan₁tenne *f*. **~ pow‧er** *s electr.* Richtvermögen *n*.
di‧rect‧ly I *adv* **1.** di¹rekt, gerade, in gerader Richtung. **2.** unmittelbar, di¹rekt (*a. tech.*): **~ proportional** direkt proportional; **~ in the middle** direkt *od.* genau in der Mitte; **~ opposed** genau entgegengesetzt. **3.** *bes. Br.* [*colloq. a.* ˈdreklɪ] a) so¹fort, so¹gleich, b) gleich, bald: **I am coming ~. 4.** unzweideutig, klar. **5.** offen, ehrlich. **II** *cnj* [*Br. a.* ˈdreklɪ] **6.** so¹bald, so¹wie: **~ he entered.**
di‧rect meth‧od *s* di¹rekte Me¹thode (*Fremdsprachenunterricht ohne Verwendung der Muttersprache u. ohne theoretische Grammatik*).
di‧rect‧ness *s* **1.** Geradheit *f*, Geradlinigkeit *f*, Genauigkeit *f*. **2.** Unmittelbarkeit *f*. **3.** Unzweideutigkeit *f*, Klarheit *f*. **4.** Offenheit *f*.
di‧rec‧tor [dɪˈrektə(r); daɪ-] *s* **1.** Di¹rektor *m*, Leiter *m*, Vorsteher *m*: **D~ of Public Prosecutions** *jur. Br.* Leiter der Anklagebehörde; **~ of program**(**me**)**s** (*Rundfunk, TV*) Programmdirektor; **~'s secretary** Chefsekretärin *f*. **2.** *econ.* a) Di¹rektor *m*, b) Mitglied *n* des Verwaltungsrats (*e-r Aktiengesellschaft*). **3.** *Film etc*: Regis¹seur *m*. **4.** *mus.* Diri¹gent *m*. **5.** *mil.* Kom¹mandogerät *n*. **6.** *med.* Leitungssonde *f*. **di‧rec‧to‧ral** → **directorial. di‧rec‧to‧rate** [-rət] *s* **1.** Direkto¹rat *n*, Di¹rektor-, Direk¹torenposten *m*, -stelle *f*. **2.** Direk¹torium *n*. **3.** *econ.* a) Direk¹torium *n*, b) Verwaltungsrat *m*.
di‧rec‧tor-'gen‧er‧al *pl* **di‧rec‧tors--'gen‧er‧al**, *a.* **di‧rec‧tor-'gen‧er‧als** *s* Gene¹rald₁rektor *m*.
di‧rec‧to‧ri‧al [dɪrekˈtɔːrɪəl; daɪ-] *adj* **1.** Direktor(en)...: **~ position. 2.** → **directive I.**
di‧rec‧tor‧ship → **directorate 1.**
di‧rec‧to‧ry [dɪˈrektərɪ; daɪ-] **I** *s* **1.** a) A¹dreßbuch *n*, b) Tele¹fonbuch *n*, c) Branchenverzeichnis *n*: → **trade directory. 2.** *bes. relig.* Gottesdienstordnung *f*. **3.** Leitfaden *m*, Richtschnur *f*.

4. Direk'torium n. 5. D~ hist. Direc'toire n, Direk'torium n (französische Revolution). **II** adj → directive I.
di‚rect|-'pro·cess steel s tech. Rennstahl m. **~ prod·uct** s math. Ska'larpro‚dukt n.
di·rec·tress [dɪ'rektrɪs; daɪ-] s Direk'torin f, Vorsteherin f, Leiterin f.
di·rec·trice [dɪrek'triːs] → directress.
di·rec·trix [dɪ'rektrɪks; daɪ-] pl **-trix·es, -tri·ces** [-trɪsiːz] s 1. → directress. 2. math. Di'rektrix f, Leitlinie f. 3. mil. Nullstrahl m.
di‚rect-'writ·ing com·pa·ny s econ. Rückversicherungsgesellschaft f.
'dire·ful → dire 1.
dirge [dɜːdʒ; Am. dɜrdʒ] s Klage-, Trauerlied n.
dir·i·gi·bil·i·ty [‚dɪrɪdʒə'bɪlətɪ] s Lenkbarkeit f. **'dir·i·gi·ble** adj u. s lenkbar(es Luftschiff).
di·ri·gisme [‚diːriː'ʒɪzm] s econ. pol. Diri'gismus m.
dir·i·ment ['dɪrɪmənt] adj unwirksam machend, aufhebend: ~ **impediment** jur. trennendes Ehehindernis.
dirk [dɜːk; Am. dɜrk] **I** s Dolch m. **II** v/t erdolchen.
dirl [dɜːl; Am. dɜrl] v/i Scot. 1. beben. 2. dröhnen. [(-kleid) n.\]
dirn·dl ['dɜːndl; Am. 'dɜrndl] s Dirndl⟩
dirt [dɜːt; Am. dɜrt] s 1. Schmutz m, Kot m, Dreck m. 2. (lockere) Erde. 3. fig. Plunder m, Schund m. 4. fig. (moralischer) Schmutz. 5. fig. Schmutz m: a) unflätiges Reden, b) üble Verleumdungen pl, Gemeinheit(en pl) f. Besondere Redewendungen:
hard ~ Schutt m; soft ~ Müll m, Kehricht m, n; **to eat** ~ sich widerspruchslos demütigen lassen; **to make s.o. eat** ~ j-n demütigen; **to fling** (od. **throw**) ~ **at s.o.** j-n mit Dreck bewerfen, j-n in den Schmutz ziehen; **to treat s.o. like** ~ j-n wie (den letzten) Dreck behandeln; **to do s.o.** ~ sl. j-n in gemeiner Weise hereinlegen.
‚dirt|-'cheap adj u. adv colloq. spottbillig. **~ farm·er** s Am. Farmer, der sein Land selbst bestellt. **~ farm·ing** s Ackerbau m.
dirt·i·ness ['dɜːtɪnɪs; Am. 'dɜr-] s 1. Schmutz(igkeit f) m. 2. Gemeinheit f, Niedertracht f. 3. (moralische) Schmutzigkeit. 4. Unfreundlichkeit f (des Wetters).
dirt| road s Am. unbefestigte Straße. **~ track** s Motorradsport: Aschenbahn f.
'dirt·y I adj (adv **dirtily**) 1. schmutzig, dreckig, Schmutz...: **~ brown** schmutzigbraun; **~ water** schmutziges Wasser, Schmutzwasser n; **~ work** Dreck(s)arbeit f: a) Schmutz verursachende Arbeit, b) niedere Arbeit, für die sich andere zu schade sind; **~work allowance, ~ money** econ. Schmutzzulage f; **to give s.o. a ~ look** j-m e-n bösen Blick zuwerfen. 2. fig. gemein, niederträchtig: **a ~ lot** ein Lumpenpack. 3. fig. (moralisch) schmutzig, unflätig, unanständig: **a ~ mind** a) schmutzige Gedanken pl, b) e-e schmutzige Phantasie. 4. schlecht, unfreundlich, bes. mar. stürmisch: **~ weather**. 5. schmutzig(grau) (Farbe). 6. sl. 'dirty' (drogenabhängig). **II** s 7. **to do the ~ on s.o.** Br. colloq. j-n gemein od. unfreundlich behandeln. **III** v/t 8. beschmutzen, besudeln (a. fig.): **to ~ one's hands** sich die Hände schmutzig machen (a. fig.). **IV** v/i 9. schmutzig werden, schmutzen.
Dis [dɪs] s poet. 'Unterwelt f.
dis-[1] [dɪs] Vorsilbe 1. auseinander-, ab-, dis-, ent-, un-, weg-, ver-, zer-. 2. Verneinung: → disaccord, etc.

dis-[2] [dɪs] → di-[1].
dis·a·bil·i·ty [‚dɪsə'bɪlətɪ] s 1. Unvermögen n, Unfähigkeit f. 2. jur. Geschäfts-, Rechtsunfähigkeit f: **to lie under a ~** rechtsunfähig sein. 3. Arbeits-, Erwerbsunfähigkeit f, Invalidi'tät f. 4. mil. a) Dienstuntauglichkeit f, b) Kampfunfähigkeit f. 5. med. Gebrechen n. **~ ben·e·fit** s Invalidi'tätsrente f. **~ clause** s econ. Erwerbsunfähigkeitsklausel f. **~ in·sur·ance** s econ. Invali'ditätsversicherung f.
dis·a·ble [dɪs'eɪbl] v/t 1. unfähig machen, außerstand setzen (**from doing** od. **to do s.th.** etwas zu tun). 2. unbrauchbar od. untauglich machen (**for** für, zu). 3. jur. geschäfts- od. rechtsunfähig machen. 4. arbeits- od. erwerbsunfähig machen. 5. mil. a) dienstuntauglich machen, b) kampfunfähig machen. 6. verkrüppeln. **dis'a·bled I** adj 1. jur. geschäfts-, rechtsunfähig. 2. arbeits-, erwerbsunfähig, inva'lid(e). 3. mil. a) dienstuntauglich, b) kriegsversehrt: **a ~ ex-soldier** ein Kriegsversehrter, c) kampfunfähig. 4. (körperlich od. geistig) behindert. 5. unbrauchbar, untauglich. 6. a) mar. manö'vrierunfähig, seeuntüchtig, b) mot. fahruntüchtig, nicht mehr verkehrssicher. **II** s 7. **the ~** die Behinderten pl. **dis'a·ble·ment** s 1. Arbeits-, Erwerbsunfähigkeit f, Invalidi'tät f: **~ annuity** Br. → **disability benefit**; **~ insurance** → **disability insurance**. 2. → **disability** 4. 3. (körperliche od. geistige) Behinderung.
dis·a·buse [‚dɪsə'bjuːz] v/t 1. aus dem Irrtum befreien, e-s Besseren belehren, aufklären (**of** über acc). 2. befreien, erleichtern (**of** von): **to ~ o.s.** (od. **one's mind**) **of s.th.** sich von etwas (Irrtümlichem) befreien, etwas ablegen.
dis·ac·cord [‚dɪsə'kɔː(r)d] **I** v/i 1. nicht über'einstimmen. **II** s 2. Uneinigkeit f, Nichtüber'einstimmung f. 3. 'Widerspruch m. **‚dis·ac'cord·ant** adj nicht über'einstimmend.
dis·ac·cus·tom [‚dɪsə'kʌstəm] v/t: **to ~ s.o. to s.th.** j-n e-r Sache entwöhnen, j-m etwas abgewöhnen; **~ed** to nicht gewöhnt an (acc).
dis·ad·van·tage [‚dɪsəd'vɑːntɪdʒ; Am. -'væn-] **I** s 1. Nachteil m (**to** für): **to be at a ~, to labo(u)r under a ~** im Nachteil od. benachteiligt sein; **to put s.o. at a ~** j-n benachteiligen; **to put o.s. at a ~ with s.o.** sich j-m gegenüber in den Nachteil setzen; **to s.o.'s ~** zu j-s Nachteil od. Schaden. 2. ungünstige Lage: **to take s.o. at a ~** j-s ungünstige Lage ausnutzen. 3. Schade(n) m, Verlust m (**to** für): **to sell to** (od. **at a**) **~** mit Verlust verkaufen. **II** v/t 4. benachteiligen. **‚dis·ad·van'ta·geous** [-ædvɑːn'teɪdʒəs; Am. ‚-væn-, -vən-] adj (adv **~ly**) nachteilig, ungünstig, unvorteilhaft, schädlich (**to** für).
dis·af·fect [‚dɪsə'fekt] v/t unzufrieden machen, verstimmen, verärgern, verdrießen. **‚dis·af'fect·ed** adj (adv **~ly**) (**to, toward**[s]) unzufrieden (mit), abgeneigt (dat), 'mißvergnügt (über acc), verdrossen. **‚dis·af'fect·ed·ness, ‚dis·af'fec·tion** s (**for**) Unzufriedenheit f (mit), Abgeneigtheit f (gegen), (pol. a. Staats)Verdrossenheit f.
dis·af·firm [‚dɪsə'fɜːm; Am. -'fɜrm] v/t 1. ableugnen. 2. jur. a) Gerichtsentscheidung aufheben, 'umstoßen, b) von e-m Vertrag zu'rücktreten.
dis·af·for·est [‚dɪsə'fɒrɪst; Am. a. -'fɑr-] v/t 1. jur. Br. e-m Wald den Schutz durch das Forstrecht nehmen. 2. abforsten, abholzen. **'dis·af‚for·es'ta·tion, ‚dis·af'for·est·ment** s 1. jur. Br. Erklärung f zu gewöhnlichem Land (das nicht dem Forstrecht untersteht). 2. Abforstung f, Abholzung f.

dis·ag·i·o [dɪs'ædʒɪəʊ] s econ. Dis'agio n, Abschlag m.
dis·a·gree [‚dɪsə'griː] v/i 1. (**with**) nicht über'einstimmen (mit), im 'Widerspruch stehen (zu, mit): **the witnesses ~** die Zeugen widersprechen einander. 2. (**with s.o.**) anderer Meinung sein (als j-d), uneinig sein (mit j-m), (j-m) nicht zustimmen. 3. sich streiten (**on, about** über acc). 4. (**with s.th.**) nicht einverstanden sein (mit etwas), gegen (e-e Sache) sein, (etwas) ablehnen. 5. schlecht od. nicht bekommen, nicht zuträglich sein (**with** dat): **this fruit ~s with me**. **‚dis·a'gree·a·ble** adj (adv **disagreeably**) unangenehm: a) widerlich, b) unliebenswürdig, eklig, c) lästig. **‚dis·a'gree·a·ble·ness** s 1. Widerlichkeit f. 2. Unliebenswürdigkeit f. 3. Lästigkeit f. **‚dis·a'gree·ment** s 1. Verschiedenheit f, 'Unterschied m, Unstimmigkeit f: **in ~ from** a) zum Unterschied von, b) abweichend von. 2. 'Widerspruch m (**between** zwischen dat). 3. Meinungsverschiedenheit f. 4. Streitigkeit f, 'Mißhelligkeit f.
dis·al·low [‚dɪsə'laʊ] v/t 1. nicht gestatten od. zugeben od. erlauben, miß'billigen, verbieten, verweigern. 2. nicht anerkennen, nicht gelten lassen, sport a. annul'lieren, nicht geben. **‚dis·al'low·a·ble** adj nicht zu billigen(d). **‚dis·al'low·ance** s 1. 'Mißbilligung f. 2. Nichtanerkennung f, sport a. Annul'lierung f.
dis·am·big·u·ate [‚dɪsæm'bɪɡjʊeɪt] v/t sprachliche Äußerung disambigu'ieren, eindeutig machen.
dis·ap·pear [‚dɪsə'pɪə(r)] v/i 1. verschwinden (**from** von, aus; **to** nach). 2. verlorengehen (Gebräuche etc). **‚dis·ap'pear·ance** [-'pɪərəns] s 1. Verschwinden n. 2. tech. Schwund m. **‚dis·ap'pear·ing** adj 1. verschwindend. 2. versenkbar, Versenk...: **~ bed** Klappbett n.
dis·ap·point [‚dɪsə'pɔɪnt] v/t 1. j-n enttäuschen: **to be ~ed** enttäuscht sein (**in, at s.th.** von etwas; **in, with s.o.** von j-m); **to be ~ed of s.th.** um etwas betrogen od. gebracht werden. 2. j-s Hoffnungen etc enttäuschen, zu'nichte machen. **‚dis·ap'point·ed** adj (adv **~ly**) enttäuscht. **‚dis·ap'point·ing** adj (adv **~ly**) enttäuschend. **‚dis·ap'point·ment** s 1. Enttäuschung f: **in great ~** tief enttäuscht; **to s.o.'s ~** zu j-s Enttäuschung; **to suffer a ~** e-e Enttäuschung erleben, enttäuscht werden. 2. Enttäuschung f (**von** Hoffnungen etc). 3. Enttäuschung f (Person od. Sache, die enttäuscht): **to be a ~ to s.o.** j-n enttäuschen.
dis·ap·pro·ba·tion [‚dɪsæprəʊ'beɪʃn] → **disapproval**. **dis'ap·pro·ba·tive, dis'ap·pro·ba·to·ry** [-beɪtərɪ; Am. -bə‚tɔːrɪ; -‚toʊ-] → **disapproving**.
dis·ap·prov·al [‚dɪsə'pruːvl] s (**of**) 'Mißbilligung f (gen), 'Mißfallen n (über acc). **‚dis·ap'prove** [-'pruːv] **I** v/t 1. miß'billigen, sein gegen. 2. ablehnen. **II** v/i 3. da'gegen sein: **to ~ of** → I. **‚dis·ap'prov·ing** adj (adv **~ly**) miß'billigend.
dis·arm [dɪs'ɑː(r)m] **I** v/t 1. entwaffnen (a. fig. freundlich stimmen). 2. unschädlich machen. 3. Bomben etc entschärfen. 4. fig. besänftigen: **to ~ s.o.'s rage**. **II** v/i 5. mil. pol. abrüsten. **dis'ar·ma·ment** s 1. Entwaffnung f. 2. mil. pol. Abrüstung f. **dis'arm·er** s Abrüstungsbefürworter(in). **dis'arm·ing** adj (adv **~ly**) fig. entwaffnend: **a ~ smile**.
dis·ar·range [‚dɪsə'reɪndʒ] v/t in Unordnung bringen, durchein'anderbringen (beide a. fig.). **‚dis·ar'range·ment** s Unordnung f (a. fig.).

dis·ar·ray [ˌdɪsəˈreɪ] **I** v/t **1.** in Unordnung bringen (*a. fig.*). **2.** *obs.* entkleiden (**of** *gen*) (*a. fig.*). **II** s **3.** Unordnung f (*a. fig.*): **to be in ~** a) in Unordnung sein, b) *mil.* in Auflösung begriffen sein, c) in unordentlichem Zustand sein (*Kleidung*); **to throw into ~** → 1.
dis·ar·tic·u·late [ˌdɪsɑː(r)ˈtɪkjʊleɪt] **I** v/t **1.** zergliedern, trennen. **2.** *med.* exartikuˈlieren. **II** v/i **3.** aus den Fugen gehen. **ˈdis·arˌtic·uˈla·tion** s **1.** Zergliederung f. **2.** *med.* Exartikulatiˈon f.
dis·as·sem·ble [ˌdɪsəˈsembl] v/t auseinˈandernehmen, zerlegen, demonˈtieren. **ˌdis·asˈsem·bly** s **1.** Zerlegung f, Demonˈtage f. **2.** zerlegter Zustand.
dis·as·sim·i·late [ˌdɪsəˈsɪmɪleɪt] v/t *physiol.* abbauen. **ˈdis·asˌsim·iˈla·tion** s *physiol.* Abbau m.
dis·as·so·ci·ate [ˌdɪsəˈsəʊʃɪeɪt; -sɪeɪt] → dissociate I. **ˈdis·asˌso·ciˈa·tion** → dissociation.
dis·as·ter [dɪˈzɑːstə; *Am.* dɪzˈæstər] **I** s **1.** Unglück n (**to** für), Unheil n, Verderben n: **to bring to ~** ins Unglück bringen. **2.** Unglück n, Kataˈstrophe f. **II** adj **3.** Katastrophen...: **~ area**; **~ control** Katastrophenbekämpfung f; **~ unit** (Katastrophen)Einsatzgruppe f. **disˈas·trous** [-trəs] adj (adv **~ly**) **1.** unglücklich, unglückselig, unheilvoll, verhängnisvoll, schrecklich (**to** für). **2.** katastroˈphal, verheerend.
dis·a·vow [ˌdɪsəˈvaʊ] v/t **1.** nicht anerkennen, desavouˈieren. **2.** a) nichts zu tun haben wollen mit, b) abrücken von. **3.** in Abrede stellen, ableugnen, desavouˈieren. **ˌdis·aˈvow·al** s **1.** Nichtanerkennung f. **2.** Ableugnen n.
dis·band [dɪsˈbænd] **I** v/t *mil.* a) *obs.* Truppen entlassen, b) Einheit auflösen. **II** v/i *bes. mil.* sich auflösen. **disˈband·ment** s *bes. mil.* Auflösung f.
dis·bar [dɪsˈbɑː(r)] v/t *jur.* aus der Anwaltschaft ausschließen, von der Anwaltsliste streichen. **disˈbar·ment** s Ausschluß m aus der Anwaltschaft, Streichung f von der Anwaltsliste.
dis·be·lief [ˌdɪsbɪˈliːf] s **1.** Unglaube m. **2.** Zweifel m (**in** an *dat*). **ˌdis·beˈlieve** [-ˈliːv] **I** v/t keinen Glauben schenken (*dat*): a) *etwas* bezweifeln, nicht glauben, b) *j-m* nicht glauben. **II** v/i nicht glauben (**in** an *acc*). **ˌdis·beˈliev·er** s Ungläubige(r) m (*f a. relig.*), Zweifler(in).
dis·branch [dɪsˈbrɑːntʃ; *Am.* -ˈbræntʃ] v/t entasten, entästen.
dis·bud [dɪsˈbʌd] v/t von (ˈüberschüssigen) Knospen *od.* Schößlingen befreien.
dis·bur·den [dɪsˈbɜːdn; *Am.* -ˈbɜːrdn] **I** v/t **1.** (von e-r Bürde) befreien, entlasten (**of**, **from** von): **to ~ one's mind** sein Herz ausschütten *od.* erleichtern. **2.** *Last, Sorgen etc* loswerden, abladen (**on**, **upon** auf *acc*). **II** v/i **3.** (e-e Last) ab- *od.* ausladen.
dis·burs·a·ble [dɪsˈbɜːsəbl; *Am.* -ˈbɜːrsəbl] adj auszahlbar. **disˈburs·al** → disbursement. **disˈburse** [-ˈbɜːs; *Am.* -ˈbɜːrs] v/t **1.** Geld aus(be)zahlen. **2.** Geld auslegen, verauslagen. **disˈburse·ment** s **1.** Auszahlung f. **2.** Auslage f, Verauslagung f.
disˈburs·ing of·fi·cer s *mil.* Zahlmeister m.
disc, *etc* → disk, *etc*.
dis·cal·ce·ate [dɪsˈkælsɪət] **I** adj → discalced. **II** s *relig.* Barfüßer(in) (*Mönch, Nonne*). **disˈcalced** [-ˈkælst] adj **1.** barfuß. **2.** *relig.* Barfüßer...
dis·cant [ˈdɪskænt; dɪˈskænt] → descant.
dis·card [dɪˈskɑː(r)d] **I** v/t **1.** *Karten* a) ablegen, b) abwerfen. **2.** *etwas* ablegen, ˈausranˌgieren: **to ~ old clothes**. **3.** *ad acta* legen. **4.** *e-e* Gewohnheit ablegen, aufgeben: **to ~ a habit** (*prejudice, etc*); **to ~ a method** ein Verfahren aufgeben. **5.** *Freund etc* fallenlassen. **II** v/i **6.** a) (Karten) ablegen, b) (Karten) abwerfen. **III** s [ˈdɪskɑː(r)d] **7.** *Kartenspiel*: a) Ablegen n, Abwerfen n, b) abgeworfene *od.* abgelegte Karte(n *pl*). **8.** *etwas* Abgelegtes, abgelegte Sache. **9. to go into the ~** *Am.* a) in Vergessenheit geraten, b) außer Gebrauch kommen.
dis·cern [dɪˈsɜːn; -ˈz-; *Am.* -ˈsɜːrn] v/t **1.** (*sinnlich od. geistig*) wahrnehmen, erkennen, feststellen, bemerken. **2.** *obs.* unterˈscheiden (können): **to ~ good and** (*od.* **from**) **evil** zwischen Gut u. Böse unterscheiden (können). **disˈcern·i·ble** adj (adv **discernibly**) wahrnehmbar, erkennbar, sichtbar. **disˈcern·ing** adj urteilsfähig, scharfsichtig, kritisch (*urteilend*), klug. **disˈcern·ment** s **1.** Scharfblick m, Urteil(skraft f) n. **2.** Einsicht f (**of** in *acc*). **3.** Wahrnehmen n, Erkennen n. **4.** Wahrnehmungsvermögen n.
dis·cerp·ti·ble [dɪˈsɜːptəbl; *Am.* -ˈsɜːr-] adj (zer)trennbar.
dis·charge [dɪsˈtʃɑː(r)dʒ] **I** v/t **1.** *allg.* entlasten (*a. arch.*), entladen (*a. electr.*). **2.** ausladen: a) ein Schiff *etc* entladen, b) *e-e* Ladung löschen, c) Passagiere ausschiffen. **3.** *ein Gewehr, Geschoß etc* abfeuern, abschießen. **4.** *Wasser etc* ablassen, ablaufen *od.* abströmen lassen: **the river ~s itself into a lake** der Fluß ergießt sich *od.* mündet in e-n See. **5.** *tech. Produkte etc* abführen, ausstoßen (*Maschine*). **6.** von sich geben, ausströmen, -stoßen: **to ~ fumes**. **7.** *med. physiol.* absondern: **to ~ saliva**; **the ulcer ~s matter** das Geschwür eitert. **8.** *s-n Gefühlen* Luft machen, *s-n Zorn* auslassen (**on** an *dat*). **9.** *j-n* befreien, entbinden (**of, from** von *Verpflichtungen etc*): **from doing s.th.** davon, etwas zu tun). **10.** *jur. j-n* freisprechen *od.* entlasten (**of** von). **11.** *j-n* entlassen (**from** aus *dat*): **to ~ an employee** (*a patient, a prisoner, a soldier, etc*). **12.** *s-e Verpflichtungen* erfüllen, nachkommen (*dat*), *Schulden* bezahlen, begleichen, tilgen. **13.** *e-n Wechsel* einlösen. **14.** *jur.* a) *e-n Schuldner* entlasten: **to ~ a bankrupt** e-n Gemeinschuldner entlasten, b) *obs. e-n Gläubiger* befriedigen. **15.** *ein Amt* verwalten, ausˈüben. **16.** *s-e Pflicht* erfüllen, sich *e-r Aufgabe* entledigen: **to ~ one's duty** a. s-r Pflicht nachkommen. **17.** *obs. thea. e-e Rolle* spielen. **18.** *jur. ein Urteil etc* aufheben. **19.** *Färberei*: (aus)bleichen. **20.** *obs. od. Scot.* verbieten. **II** v/i **21.** sich e-r Last entledigen. **22.** herˈvorströmen. **23.** abfließen. **24.** sich ergießen, münden (*Fluß*). **25.** Flüssigkeit ausströmen lassen. **26.** *med.* eitern. **27.** losgehen, sich entladen (*Gewehr etc*). **28.** *electr.* sich entladen. **29.** ver-, auslaufen (*Farbe*). **III** s [a. ˈdɪstʃɑː(r)dʒ] **30.** Entladung f (*e-s Schiffes etc*). **31.** Löschung f (*e-r Ladung*). **32.** Abfeuern n (*e-s Gewehrs etc*). **33.** Aus-, Abfluß m. **34.** *tech.* a) Ab-, Auslauf m: **~ cock** Ablaßhahn m; **~ chute** Auslaufrutsche f. **35.** Abflußmenge f. **36.** *med. physiol.* a) Absonderung f: **~ of saliva**, b) (*Augen- etc*) Ausfluß m: **a ~ from the eyes**. **37.** a) Ausstoßen n: **the ~ of smoke**, b) *electr.* Entladung f. **38.** Befreiung f, Entbindung f (**of, from** von *Verpflichtungen etc*). **39.** *jur.* Freisprechung f (**from** von). **40.** Entlassung f: **~ of a patient** (*prisoner, soldier, etc*). **41.** *jur.* Aufhebung f (*e-s Urteils etc*). **42.** *jur.* Entlastung f (*e-s Schuldners*): **~ of a bankrupt** Entlastung e-s Gemeinschuldners. **43.** a) Erfüllung f (*e-r Verpflichtung etc*), b) Bezahlung f, Tilgung f (*e-r Schuld*): **in ~ of** zur Begleichung von (*od. gen*), c) Einlösung f (*e-s Wechsels*). **44.** Erfüllung f (*e-r Pflicht etc*). **45.** Verwaltung f, Ausübung f (*e-s Amtes*). **46.** Quittung f: **~ in full** vollständige Quittung. **47.** *Färberei*: (Aus)Bleichung f. **48.** *arch.* Entlastung f, Stütze f.
disˈcharge|pipe s *tech.* Abflußrohr n. **~ poˈten·tial** s *electr.* Entˈladungspotenˌtial n, -spannung f. **~ print** s *print.* Ätzdruck m.
disˈcharg·er s **1.** Entlader m. **2.** Entladevorrichtung f. **3.** *electr.* a) Entladefunkenstrecke f. **4.** *aer.* Abwurfbehälter m.
disˈcharg·ing| arch s *arch.* Entlastungsbogen m, Ablastbogen m. **~ cur·rent** s *electr.* Entladestrom m. **~ pipe** s *tech.* (Aus)Blasrohr n. **~ vault** s *arch.* Leibungsbogen m.
dis·ci [ˈdɪskaɪ; ˈdɪsaɪ] pl von **discus**.
dis·ci·ple [dɪˈsaɪpl] s **1.** *Bibl.* Jünger m. **2.** *relig.* Aˈpostel m. **3.** Schüler m, Jünger m. **Dis·ci·ples of Christ** s pl *relig.* Campˈbelˌliten pl, Jünger pl Christi (*kongregationalistische Sekte*).
dis·ci·pli·na·ble [ˈdɪsɪplɪnəbl] adj **1.** folg-, fügsam, erziehbar. **2.** strafbar. **dis·ci·pli·nal** [ˈdɪsɪplɪnl] adj **1.** Disziplin... **2.** erzieherisch. **ˈdis·ci·plin·ant** [-plɪnənt] s **1.** j-d, der (e-r strengen) Diszi'plin unterˈwirft. **2.** *relig. hist.* Flagelˈlant m, Geißler m.
dis·ci·pli·nar·i·an [ˌdɪsɪplɪˈneərɪən] **I** s **1.** Zuchtmeister m (*a. fig.*). **2.** strenger Lehrer *od.* Vorgesetzter. **3.** D**~** *hist.* kalviˈnistischer Puriˈtaner (*in England*). **II** adj → disciplinary. **ˈdis·ci·pliˌnar·y** [-nərɪ; *Am.* ˌnerɪ] adj **1.** erzieherisch, die Diszi'plin fördernd. **2.** disziplɪˈnarisch, Disziplinar...: **~ measures**; **~ punishment**; **~ action** Disziplinarmaßnahme f, -verfahren n. **3.** Straf...: **~ barracks** *mil.* Militärstrafanstalt f; **~ transfer** Strafversetzung f.
dis·ci·pline [ˈdɪsɪplɪn] **I** s **1.** Schulung f, Ausbildung f. **2.** *mil.* Drill m. **3.** Bestrafung f, Züchtigung f. **4.** Kaˈsteiung f. **5.** Diszi'plin f. **6.** 'Selbstdiszi'plin f. **7.** Vorschriften pl, Regeln pl, Kodex m von Vorschriften. **8.** *relig.* Disziplin f (*Regeln der kirchlichen Verwaltung, Liturgie etc*). **9.** Diszi'plin f, Wissenschaftszweig m. **II** v/t **10.** schulen, (aus)bilden, erziehen, unterˈrichten. **11.** *mil.* drillen. **12.** an ˈSelbstdiszi'plin gewöhnen. **13.** disziplɪˈnieren, an Diszi'plin gewöhnen: **well ~d** diszipliniert; **badly ~d** disziplinlos, undiszipliniert. **14.** bestrafen.
dis·claim [dɪsˈkleɪm] **I** v/t **1.** *etwas* in Abrede stellen, ab-, bestreiten. **2.** a) jede Verantwortung ablehnen für, b) e-e Verantwortung ablehnen, c) *etwas* nicht anerkennen. **3.** wideˈrrufen, demenˈtieren. **4.** *jur.* Verzicht leisten auf (*acc*), keinen Anspruch erheben auf (*acc*), *Erbschaft* ausschlagen. **II** v/i **5.** *jur.* Verzicht leisten, verzichten. **disˈclaim·er** s **1.** *jur.* (**of**) Verzicht(leistung f) m (auf *acc*), Ausschlagung f (*gen*). **2.** ˈWiderruf m, Deˈmenti n.
dis·close [dɪsˈkləʊz] **I** v/t **1.** bekanntgeben, -machen. **2.** *Pläne etc* enthüllen, aufdecken. **3.** zeigen, verraten: **his books ~ great learning**. **4.** *Patentrecht*: *Erfindung* offenˈbaren. **II** s *obs.* für **disclosure**. **disˈclo·sure** [-ʒə(r)] s **1.** Enthüllung f: a) Aufdeckung f, b) (*das*) Enthüllte. **2.** *Patentrecht*: Offenˈbarung f.
dis·co [ˈdɪskəʊ] *colloq.* **I** pl **-cos** s ˌDiskoˈ

f (Diskothek). **II** *adj* Disko...: ~ music; ~ sound Diskosound *m*.

dis·cog·ra·phy [dɪsˈkɒgrəfɪ; *Am.* -ˈkɑ-] *s* Diskograˈphie *f*, Schallplattenverzeichnis *n*.

dis·coid [ˈdɪskɔɪd] **I** *adj* scheibenförmig, Scheiben... **II** *s* scheibenförmiger Gegenstand. **disˈcoi·dal** *adj* **1.** → discoid I. **2.** *med.* diskoiˈdal.

dis·col·or [dɪsˈkʌlə(r)] **I** *v/t* **1.** verfärben. **2.** bleichen, entfärben. **3.** *fig.* entstellen. **II** *v/i* **4.** sich verfärben. **5.** die Farbe verlieren, verblassen. **dis₁colˑorˈa·tion** *s* **1.** Verfärbung *f*. **2.** Bleichung *f*, Entfärbung *f*, Farbverlust *m*. **3.** Fleck *m*, *bes.* entfärbte *od.* verschossene Stelle. **disˈcol·ored** *adj* **1.** verfärbt. **2.** fleckig. **3.** blaß, entfärbt, verschossen, ausgebleicht.

dis·col·our, dis·col·oured *bes. Br. für* discolor, discolored.

dis·com·fit [dɪsˈkʌmfɪt] *v/t* **1.** *mil. obs.* schlagen, besiegen. **2.** *j-s* Pläne durchˈkreuzen: **to ~ s.o. 3.** a) aus der Fassung bringen, verwirren, b) in Verlegenheit bringen. **disˈcom·fi·ture** [-tʃə(r)] *s* **1.** *mil. obs.* a) Besiegung *f*, b) Niederlage *f*. **2.** Durchˈkreuzung *f*. **3.** a) Verwirrung *f*, b) Verlegenheit *f*.

dis·com·fort [dɪsˈkʌmfə(r)t] **I** *s* **1.** Unannehmlichkeit *f*, Verdruß *m*. **2.** Unbehagen *n*. **3.** (körperliche) Beschwerde. **4.** Sorge *f*, Qual *f*. **II** *v/t* **5.** *j-m* Unbehagen verursachen, unbehaglich sein. **6.** beunruhigen, quälen. **disˈcom·fort·ed** *adj* **1.** ˈmißvergnügt. **2.** beunruhigt.

dis·com·mode [₁dɪskəˈməʊd] *v/t* **1.** *j-m* Unannehmlichkeiten verursachen. **2.** belästigen, *j-m* zur Last fallen.

dis·com·mon [dɪsˈkɒmən; *Am.* -ˈkɑ-] *v/t* **1.** *univ.* (*Oxford u.* Cambridge) *e-m* Geschäftsmann den Verkauf an Stuˈdenten unterˈsagen. **2.** *jur.* Gemeindeland der gemeinsamen Nutzung entziehen, einfrieˈdig(en). **disˈcom·mons** *v/t univ. Br.* Studenten vom gemeinsamen Mahl ausschließen.

dis·com·pose [₁dɪskəmˈpəʊz] *v/t* **1.** in Unordnung bringen, (*a. fig. j-n*) durcheinˈanderbringen. **2.** *j-n* (völlig) aus der Fassung bringen, verwirren. ₁**dis·comˈposˑed·ly** [-zɪdlɪ] *adv* verwirrt. ₁**dis·comˈpo·sure** [-ʒə(r)] *s* Fassungslosigkeit *f*, Verwirrung *f*.

dis·con·cert [₁dɪskənˈsɜːt; *Am.* -ˈsɜrt] *v/t* **1.** aus der Fassung bringen, verwirren. **2.** beunruhigen. **3.** durcheinˈanderbringen. **4.** *e-n Plan etc* zuˈnichte machen, vereiteln. ₁**dis·conˈcert·ed** *adj* **1.** aus der Fassung gebracht, verwirrt. **2.** beunruhigt.

dis·con·form·i·ty [₁dɪskənˈfɔː(r)mətɪ] *s* **1.** ˈNichtübereinstimmung *f* (**to, with** mit). **2.** *geol.* diskorˈdante Lagerung.

dis·con·nect [₁dɪskəˈnekt] *v/t* **1.** trennen, loslösen (**with, from** von). **2.** *tech.* a) entˈauskuppeln, b) *die Kupplung* ausrücken. **3.** *electr.* trennen, abschalten: ~ing switch Trennschalter *m*. **4.** *Gas, Strom, Telefon* abstellen: **we have been ~ed** uns ist das Gas *etc* abgestellt worden (→ 5). **5.** *teleph. Gespräch* unterˈbrechen: **we have been ~ed** unser Gespräch ist unterbrochen worden, wir sind getrennt worden (→ 4). ₁**dis·conˈnect·ed** *adj* (*adv* ~ly) **1.** (ab)getrennt, losgelöst. **2.** ˈunzu₁sammenhängend, zuˈsammenhang(s)los. ₁**dis·conˈnec·tion** [-kʃn] *s* **1.** Abgetrenntheit *f*, Losgelöstheit *f*. **2.** Zs.-hang(s)losigkeit *f*. **3.** Trennung *f*. **4.** *electr.* Trennung *f*, Ausschalten *n*. **5.** Abstellung *f*. **6.** *teleph.* Unterˈbrechung *f*. ₁**dis·conˈnec·tor** [-tə(r)] *s electr.* Trennschalter *m*.

dis·con·nex·ion *bes. Br. für* disconnection.

dis·con·so·late [dɪsˈkɒnsələt; *Am.* -ˈkɑn-] *adj* (*adv* ~ly) trostlos: a) unˈtröstlich, verzweifelt, tieftraurig (**about,** **at** über *acc*), b) depriˈmierend (*Wetter etc*), c) öd(e), häßlich (*Landschaft etc*). **disˈcon·so·late·ness, dis₁conˈso·la·tion** [-səˈleɪʃn] *s* Trostlosigkeit *f*: a) Unˈtröstlichkeit *f*, b) Öde *f*, Ödheit *f*.

dis·con·tent [₁dɪskənˈtent] **I** *adj* **1.** unzufrieden (**with** mit). **II** *s* **2.** Unzufriedenheit *f*. **3.** Unzufriedene(r *m*) *f*. ₁**dis·conˈtent·ed** *adj* (*adv* ~ly) unzufrieden (**with** mit). ₁**dis·conˈtent·ed·ness,** ₁**dis·conˈtent·ment** → discontent 2.

dis·con·tin·u·ance [₁dɪskənˈtɪnjʊəns; *Am.* -jəwəns], **ˈdis·con₁tin·uˈa·tion** [-jʊˈeɪʃn; *Am.* -jəˈweɪʃən] *s* **1.** Unterˈbrechung *f*. **2.** Einstellung *f*. **3.** Aufgeben *n*: ~ **of a habit. 4.** Abbruch *m*: ~ **of business relations. 5.** Aufhören *n*. **6.** *jur.* a) Einstellung *f* (*e-s Verfahrens*), b) Absetzung *f* (*e-s Prozesses*), c) Zuˈrückziehung *f* (*e-r Klage*). **dis·conˈtin·ue** [-ˈtɪnjuː] *v/t* **1.** aussetzen, unterˈbrechen. **2.** einstellen, nicht weiterführen: **to ~ a contract** ein Vertragsverhältnis auflösen. **3.** *e-e Gewohnheit etc* aufgeben. **4.** *Beziehungen* abbrechen. **5.** *e-e Zeitung* abbestellen. **6.** aufhören (**doing** zu tun). **7.** *jur.* a) *ein Verfahren* einstellen, b) *e-n Prozeß* absetzen, c) *e-e Klage* zuˈrückziehen. **II** *v/i* **8.** aufhören.

dis·con·ti·nu·i·ty [₁dɪskɒntɪˈnjuːətɪ; *Am.* -₁kɑntnˈuːətɪ] *s* **1.** Unterˈbrochensein *n*. **2.** Zs.-hang(s)losigkeit *f*. **3.** Unterˈbrechung *f*. **4.** *math. phys.* Diskontinuiˈtät *f*. **dis·con·tin·u·ous** [₁dɪskənˈtɪnjʊəs; *Am.* -jəwəs] *adj* (*adv* ~ly) **1.** unterˈbrochen, mit Unterˈbrechungen. **2.** ˈunzu₁sammenhängend, zuˈsammenhang(s)los. **3.** *math. phys.* diskontinuˈierlich, unstetig. **4.** sprunghaft: ~ **development.**

dis·co·phile [ˈdɪskəʊfaɪl] *s* Schallplattensammler(in).

dis·co·plasm [ˈdɪskəʊplæzəm] *s med.* Discoˈplasma *n* (*Zellplasma der roten Blutkörperchen*).

dis·cord **I** *s* [ˈdɪskɔː(r)d] **1.** ˈNichtüber₁einstimmung *f*: **to be at ~ with** im Widerspruch stehen mit *od.* zu. **2.** Uneinigkeit *f*. **3.** Zwietracht *f*, Zwist *m*, Streit *m*, Zank *m*: **apple of ~** Zankapfel *m*. **4.** *mus.* ˈMißklang *m*, Dissoˈnanz *f*. **5.** *fig.* ˈMißklang *m*, -ton *m*. **6.** (*bes.* Streit-) Lärm *m*. **II** *v/i* [dɪsˈkɔː(r)d] **7.** uneins sein. **8.** nicht überˈeinstimmen (**with, from** mit). **disˈcordˑance, disˈcordˑan·cy** *s* **1.** → discord 1–5. **2.** *geol.* Diskorˈdanz *f*. **disˈcordˑant** *adj* (*adv* ~ly) **1.** (**with**) nicht überˈeinstimmend (mit), widerˈsprechend (*dat*). **2.** uneinig, widerˈsprechend, entgegengesetzt: ~ **views. 3.** *mus.* a) ˈunhar₁monisch, ˈmißtönend (*beide a. weitS. u. fig.*), dissoˈnant, b) verstimmt.

dis·co·theque [ˈdɪskəʊtek] *s* Diskoˈthek *f*.

dis·count [ˈdɪskaʊnt] **I** *s* **1.** *econ.* Preisnachlaß *m*, Raˈbatt *m*, Skonto *m*, *n*. **2.** *econ.* a) Disˈkont *m*, Wechselzins *m*, b) → **discount rate. 3.** *econ.* Abzug *m* (*vom Nominalwert*): **at a ~** unter Pari, b) *fig.* unbeliebt, nicht geschätzt, c) *fig.* nicht gefragt; **to sell at a ~** mit Verlust verkaufen. **4.** *econ.* Disˈkont *m*, Zinszahlung *f* im voraus. **5.** *fig.* Vorbehalt *m* (*wegen Übertreibung*). **II** *v/t* [*a.* dɪˈskaʊnt] **6.** *econ.* abziehen, abrechnen. **7.** *econ. e-n Abzug* gewähren auf (*e-e Rechnung etc*). **8.** *econ. e-n Wechsel etc* diskonˈtieren. **9.** *fig.* unberücksichtigt lassen, nicht mitrechnen. **10.** im Wert vermindern, beeinträchtigen. **11.** nur teilweise glauben, mit Vorsicht *od.* Vorbehalt aufnehmen (**to ~ s.o.'s story. III** *v/i* **12.** *econ.* diskonˈtieren, Disˈkontdarlehen gewähren. **disˈcount·a·ble** *adj econ.* disˈkontfähig, diskonˈtierbar.

disˈcount₁ bank *s econ.* Disˈkontbank *f*. **~ bill** *s econ.* Disˈkontwechsel *m*. **~ broˑker** *s econ.* Wechselmakler *m*. **~ comˑpa·ny** *s econ.* Disˈkontgesellschaft *f*. **~ day** *s econ.* Disˈkonttag *m*.

dis·coun·te·nance [dɪˈskaʊntɪnəns] *v/t* **1.** aus der Fassung bringen. **2.** (offen) mißˈbilligen, ablehnen.

dis·count·er [ˈdɪskaʊntə(r); dɪˈsk-] *s econ.* **1.** Disˈkontgeber *m*, Diskonˈtierer *m*. **2.** *bes. Am.* Disˈcounter *m*, Inhaber(in) *e-s* **discount house** 2.

disˈcount₁ house *s econ.* **1.** *Br.* Disˈkontbank *f*. **2.** *bes. Am.* Disˈcount-, Disˈkontgeschäft *n* (*mit preisgünstigter Ware*). **~ man** *s* discounter 2. **~ marˑket** *s econ.* Disˈkontmarkt *m*. **~ rate** *s econ.* Disˈkontsatz *m*. **~ store** → **discount house** 2.

dis·cour·age [dɪˈskʌrɪdʒ; *Am.* dɪsˈkɜr-] *v/t* **1.** entmutigen. **2.** abschrecken, abhalten, *j-m* abraten (**from** von; **from doing** [davon,] *etwas* zu tun). **3.** abschrecken von, hemmen, beeinträchtigen. **5.** mißˈbilligen, verurteilen. **disˈcourˑage·ment** *s* **1.** Entmutigung *f*. **2.** Abschreckung *f*. **3.** Abschreckung(smittel *n*) *f*. **4.** Hemmung *f*, Beeinträchtigung *f*. **5.** Hindernis *n*, Schwierigkeit *f* (**to** für). **disˈcourˑag·ing** *adj* (*adv* ~ly) entmutigend.

dis·course **I** *s* [ˈdɪskɔː(r)s; dɪˈskɔː(r)s] **1.** Unterˈhaltung *f*, Gespräch *n*. **2.** a) Darlegung *f*, b) (mündliche *od.* schriftliche) Abhandlung, *bes.* Vortrag *m*, Predigt *f*. **3.** a) logisches Denken, b) Fähigkeit *f* zu logischem Denken. **II** *v/i* [dɪˈskɔː(r)s] **4.** sich unterˈhalten (**on** über *acc*). **5.** s-e Ansichten darlegen. **6.** e-n Vortrag halten (**on** über *acc*). **7.** *meist fig.* doˈzieren *od.* predigen (**on** über *acc*). **III** *v/t* **8.** *poet. Musik* vortragen, spielen.

dis·cour·te·ous [dɪsˈkɜːtjəs; *Am.* -ˈkɜrtɪəs] *adj* (*adv* ~ly) unhöflich, ˈunzu₁vorkommend. **disˈcourˑte·ous·ness, disˈcourˑte·sy** *s* Unhöflichkeit *f*.

dis·cov·er [dɪˈskʌvə(r)] *v/t* **1.** *Land* entdecken. **2.** wahrnehmen, erspähen, entdecken. **3.** *fig.* entdecken, (herˈaus)finden, (plötzlich) erkennen, feststellen. **4.** *fig.* enthüllen, aufdecken. **disˈcovˑer·a·ble** *adj* **1.** entdeckbar. **2.** wahrnehmbar. **3.** feststellbar. **disˈcovˑer·er** *s* Entdecker(in).

dis·cov·ert [dɪsˈkʌvə(r)t] *adj jur.* (*Frau*) a) unverheiratet, b) verwitwet, c) geschieden.

dis·cov·er·y [dɪˈskʌvərɪ] *s* **1.** Entdeckung *f*: **voyage of ~** Entdeckungsfahrt *f*, Forschungsreise *f*. **2.** Entdeckung *f*, Fund *m*: **this is my ~** das ist m-e Entdeckung. **3.** *fig.* Feststellung *f*. **4.** *fig.* Enthüllung *f*, Aufdeckung *f*. **5.** ~ **of documents** *jur.* Offenlegung *f* prozeßwichtiger Urkunden vor dem Prozeß.

dis·cred·it [dɪsˈkredɪt] **I** *v/t* **1.** diskrediˈtieren, in Verruf *od.* ˈMißkre₁dit bringen (**with** bei), ein schlechtes Licht werfen auf (*acc*). **2.** anzweifeln, keinen Glauben schenken (*dat*). **II** *s* **3.** Zweifel *m*: **to cast** (*od.* **throw**) ~ **on s.th.** etwas zweifelhaft erscheinen lassen. **4.** ˈMißkre₁dit *m*, schlechter Ruf, Schande *f*: **to bring into ~, to bring ~ on s.th. 5.** Schande *f*. **disˈcredˑit·a·ble** *adj* (*adv* discreditably) schändlich. **disˈcredˑit·ed** *adj* **1.** verrufen, diskrediˈtiert. **2.** unglaubwürdig.

dis·creet [dɪˈskriːt] *adj* (*adv* ~ly) **1.** ˈum-

discreetness – disgorge

vorsichtig, besonnen. 2. dis'kret: a) taktvoll, b) verschwiegen, c) de'zent, unaufdringlich. **dis'creet·ness** s 1. Besonnenheit f. 2. Dis'kretheit f: a) Verschwiegenheit f, b) de'zente Art, Unaufdringlichkeit f.
dis·crep·an·cy [dɪs'krepənsɪ], a. **dis'crep·ance** s 1. Diskre'panz f, 'Widerspruch m, Unstimmigkeit f. 2. Zwiespalt m. **dis'crep·ant** adj (adv ~ly) 1. diskre'pant, sich wider'sprechend. 2. abweichend.
dis·crete [dɪ'skriːt] adj (adv ~ly) 1. getrennt (a. bot.), einzeln. 2. aus einzelnen Teilen bestehend. 3. math. dis'kret, unstetig. 4. philos. ab'strakt.
dis·cre·tion [dɪ'skreʃn] s 1. Verfügungsfreiheit f, Machtbefugnis f. 2. (a. jur. freies) Ermessen, Gutdünken n, Belieben n: at (your) ~ nach (Ihrem) Belieben; it is at (od. within) your ~ es steht Ihnen frei; use your own ~ handle nach eigenem Gutdünken od. Ermessen; to surrender at ~ bedingungslos kapitulieren. 3. Klugheit f, Besonnenheit f, 'Um-, Vorsicht f: years (od. age) of ~ jur. Alter n der freien Willensbestimmung, Strafmündigkeit f (14 Jahre); ~ is the better part of valo(u)r Vorsicht ist der bessere Teil der Tapferkeit. 4. Diskreti'on f: a) Verschwiegenheit f, Takt m, b) Zu'rückhaltung f. **dis·cre·tion·ar·y** [-ʃənrɪ; Am. -ʃəneriː] adj (adv discretionarily) dem eigenen Gutdünken über'lassen, ins freie Ermessen gestellt, beliebig, wahlfrei: ~ income frei verfügbares Einkommen; ~ powers unumschränkte Vollmacht, Handlungsfreiheit f.
dis·cre·tive [dɪ'skriːtɪv] adj 1. → disjunctive I. 2. unter'scheidend.
dis·crim·i·nant [dɪ'skrɪmɪnənt] s math. Diskrimi'nante f.
dis·crim·i·nate [dɪ'skrɪmɪneɪt] I v/i 1. (scharf) unter'scheiden, e-n 'Unterschied machen (between zwischen dat): to ~ between Personen unterschiedlich behandeln; to ~ against s.o. j-n benachteiligen od. diskriminieren; to ~ in favo(u)r of s.o. j-n begünstigen od. bevorzugen. II v/t 2. (vonein'ander) unter'scheiden, ausein'anderhalten (from von). 3. absondern, abtrennen (from von). 4. unter'scheiden, abheben (from von). III adj [-nət] 5. scharf unter'scheidend, feine 'Unterschiede machend. **dis'crim·i·nat·ing** [-neɪtɪŋ] adj (adv ~ly) 1. unter'scheidend, ausein'anderhaltend. 2. scharfsinnig, urteilsfähig, kritisch. 3. anspruchsvoll: ~ buyers. 4. econ. Differential...: ~ duty. 5. electr. Selektiv...: ~ relay Rückstromrelais n.
dis·crim·i·na·tion [dɪˌskrɪmɪ'neɪʃn] s 1. Unter'scheidung f. 2. 'Unterschied m. 3. 'unterschiedliche Behandlung: ~ against (in favo[u]r of) s.o. Benachteiligung f (Begünstigung f) e-r Person. 4. Diskrimi'nierung f, Benachteiligung f, Schlechterstellung f. 5. Scharfblick m, Urteilskraft f, -fähigkeit f, Unter'scheidungsvermögen n. 6. Unter'scheidungsmerkmal n. **dis'crim·i·na·tive** [-nətɪv, -neɪ-] adj 1. charakte'ristisch, unter'scheidend: ~ features Unterscheidungsmerkmale. 2. 'Unterschiede machend, 'unterschiedlich behandelnd, bes. diskrimi'nierend. 3. → discriminating 4. **dis'crim·i·na·tor** [-tə(r)] s 1. Unter'scheidende(r m) f. 2. electr. a) Fre'quenzgleichrichter m, b) TV Diskrimi'nator m. **dis'crim·i·na·to·ry** [-nətərɪ; -nəˌtɔːrɪ:; -ˌtɔː-] → discriminative.
dis·cur·sive [dɪ'skɜːsɪv; Am. dɪs'kɜr-] adj (adv ~ly) 1. weitschweifig (Stil, Per-

son), sprunghaft (Gedanken, Person). 2. philos. diskur'siv, folgernd.
dis·cus ['dɪskəs] pl **-cus·es, dis·ci** ['dɪskaɪ; 'dɪsaɪ] s Leichtathletik: a) Diskus m: ~ throw Diskuswerfen n; ~ thrower Diskuswerfer(in), b) Diskuswerfen n.
dis·cuss [dɪ'skʌs] v/t 1. disku'tieren, besprechen, erörtern. 2. sprechen über (acc), sich unter'halten über (acc): to ~ s.th. über etwas reden. 3. ein Thema behandeln. 4. colloq. ‚sich (e-e Flasche Wein etc) zu Gemüte führen'. **dis'cus·sant** s Am. Diskussi'onsteilnehmer(in).
dis'cuss·i·ble adj disku'tabel.
dis·cus·sion [dɪ'skʌʃn] s 1. Diskussi'on f, Besprechung f, Erörterung f: to be under (od. up for) ~ zur Diskussion stehen, erörtert werden; to enter into (od. upon) a ~ in e-e Diskussion eintreten; a matter for ~ ein Diskussionsgegenstand. 2. Behandlung f (e-s Themas). 3. colloq. Genuß m (e-r Flasche Wein etc). ~ **group** s Diskussi'onsgruppe f.
dis·dain [dɪs'deɪn] I v/t 1. verachten, geringschätzen. 2. a. e-e Speise etc verschmähen, es für unter s-r Würde halten (doing od. to do zu tun). II s 3. Verachtung f, Geringschätzung f: in ~ geringschätzig. 4. Hochmut m. **dis'dain·ful** adj (adv ~ly) 1. verächtlich, verachtungsvoll, geringschätzig: to be ~ of s.th. etwas verachten. 2. hochmütig.
dis·ease [dɪ'ziːz] I s biol. bot. med. Krankheit f (a. fig.). II v/t krank machen. **dis'eased** adj 1. krank, erkrankt: ~ in body and mind krank an Leib u. Seele. 2. krankhaft: ~ imagination.
dis·em·bark [ˌdɪsɪm'bɑː(r)k] I v/t aer. mar. Passagiere von Bord gehen lassen, mar. a. ausschiffen, Waren ausladen. II v/i aer. mar. von Bord gehen, mar. a. sich ausschiffen. **dis·em'bar·ka·tion** [-em-], **dis·em'bark·ment** s mar. Ausschiffung f (von Passagieren, Waren), (von Waren a.) Ausladung f (a. aer.), aer. Aussteigen n (von Passagieren).
dis·em·bar·rass [ˌdɪsɪm'bærəs] v/t 1. j-m aus e-r Verlegenheit helfen. 2. (o.s.) sich) befreien, erlösen (of von). **dis·em'bar·rass·ment** s 1. Befreiung f aus e-r Verlegenheit. 2. Befreiung f, Erlösung f.
dis·em·bod·ied [ˌdɪsɪm'bɒdɪd; Am. -'baː-] adj entkörpert, körperlos: ~ voice geisterhafte Stimme. **dis·em'bod·i·ment** s 1. Entkörperlichung f. 2. Befreiung f von der körperlichen Hülle. **dis·em'bod·y** v/t 1. entkörperlichen. 2. Seele etc von der körperlichen Hülle befreien.
dis·em·bogue [ˌdɪsɪm'bəʊɡ] I v/i sich ergießen, münden, fließen (into in acc). II v/t fließen lassen: the river ~s itself (od. its waters) into the sea der Fluß ergießt sich ins Meer.
dis·em·bos·om [ˌdɪsɪm'bʊzəm] → unbosom.
dis·em·bow·el [ˌdɪsɪm'baʊəl] v/t pret u. pp **-eled**, Br. **-elled** 1. ausnehmen, erlegtes Tier a. ausweiden. 2. a) den Bauch aufschlitzen, b) j-m den Bauch aufschlitzen.
dis·em·plane [ˌdɪsɪm'pleɪn] v/i aer. (aus dem Flugzeug) aussteigen.
dis·en·chant [ˌdɪsɪn'tʃɑːnt; Am. -ɪn-'tʃænt] v/t ernüchtern, desillusio'nieren: to be ~ed with sich keinen Illusionen mehr hingeben über (acc). **dis·en-'chant·ment** s Ernüchterung f, Desillusio'nierung f.
dis·en·cum·ber [ˌdɪsɪn'kʌmbə(r); Am. ˌdɪsɪn-] v/t 1. befreien (of, from von e-r Last etc) (a. fig.). 2. jur. entschulden, Grundstück etc hypo'thekenfrei machen.

dis·en·fran·chise [ˌdɪsɪn'fræntʃaɪz; Am. ˌdɪsn-] → disfranchise.
dis·en·gage [ˌdɪsɪn'ɡeɪdʒ; Am. ˌdɪsn-] I v/t 1. los-, freimachen, befreien (from von). 2. befreien, entbinden (from von Verbindlichkeiten etc). 3. mil. sich absetzen von (dem Feind). 4. tech. los-, entkuppeln, ausrücken: to ~ the clutch auskuppeln. II v/i 5. sich freimachen, loskommen (from von). 6. fenc. e-e Cavazi'on ausführen. III s 7. fenc. Cavazi'on f. **dis·en'gaged** adj 1. frei, unbeschäftigt. 2. frei, nicht besetzt (Leitung etc). 3. ungebunden. **dis·en-'gage·ment** s 1. Befreiung f (from von). 2. Entbindung f (from von Verbindlichkeiten etc). 3. Freisein n. 4. Entlobung f. 5. Ungebundenheit f. 6. Muße f. 7. chem. Entbindung f, Freiwerden n. 8. mil. Absetzen n (vom Feind). 9. pol. Disen'gagement n (Auseinanderrücken der Machtblöcke).
dis·en'gag·ing gear s tech. Ausrück-, Auskupp(e)lungsvorrichtung f. ~ **le·ver** s tech. Ausrückhebel m.
dis·en·tail [ˌdɪsɪn'teɪl; Am. ˌdɪsn-] v/t jur. die Erbfolge e-s Grundbesitzes aufheben.
dis·en·tan·gle [ˌdɪsɪn'tæŋɡl; Am. ˌdɪsn-] I v/t 1. her'auslösen (from aus). 2. entwirren, entflechten (beide a. fig.). 3. befreien (from von, aus). II v/i 4. sich freimachen, sich loslösen. 5. sich befreien. **dis·en'tan·gle·ment** s 1. Her-'auslösung f. 2. Entwirrung f (a. fig.). 3. Befreiung f.
dis·en·thral(l) [ˌdɪsɪn'θrɔːl; Am. ˌdɪsn-] v/t (aus der Knechtschaft) befreien. **dis·en'thral(l)·ment** s Befreiung f (aus der Knechtschaft).
dis·en·ti·tle [ˌdɪsɪn'taɪtl; Am. ˌdɪsn-] v/t j-m e-n Rechtsanspruch nehmen: to be ~d to keinen Anspruch haben auf (acc).
dis·en·tomb [ˌdɪsɪn'tuːm; Am. ˌdɪsn-] v/t 1. e-e Leiche exhu'mieren. 2. fig. ausgraben.
dis·en·train [ˌdɪsɪn'treɪn; Am. ˌdɪsn-] → detrain.
dis·e·qui·lib·ri·um [ˌdɪsekwɪ'lɪbrɪəm; -iːkwɪ-] s bes. econ. gestörtes Gleichgewicht, Ungleichgewicht n.
dis·es·tab·lish [ˌdɪsɪ'stæblɪʃ] v/t 1. abschaffen. 2. e-e Kirche vom Staat trennen. **dis·es'tab·lish·ment** s 1. Abschaffung f. 2. ~ of the Church Trennung f von Kirche u. Staat.
dis·es·teem [ˌdɪsɪ'stiːm] I v/t geringschätzen, miß'achten. II s Geringschätzung f, 'Mißachtung f.
dis·fa·vo(u)r [dɪs'feɪvə(r)] I s 1. 'Mißbilligung f, -fallen n: to look upon s.th. with ~ etwas mit Mißfallen betrachten. 2. Ungnade f: to be in (fall into) ~ in Ungnade stehen (fallen) (with bei). 3. Schaden m: in my ~ zu m-n Ungunsten. II v/t 4. ungnädig behandeln. 5. miß'billigen.
dis·fea·ture [dɪs'fiːtʃə(r)] v/t entstellen.
dis·fig·u·ra·tion [dɪsˌfɪɡjʊə'reɪʃn; Am. -ˌfɪɡjəˈr-] → disfigurement. **dis·fig·ure** [dɪs'fɪɡə; Am. -'fɪɡjər] v/t 1. entstellen, verunstalten (with durch). 2. beeinträchtigen, Abbruch tun (dat). **dis'fig·ure·ment** s Entstellung f, Verunstaltung f.
dis·for·est [dɪs'fɒrɪst; Am. a. -'fɔːr-] → disafforest.
dis·fran·chise [dɪs'fræntʃaɪz] v/t entrechten, j-m die Bürgerrechte od. das Wahlrecht entziehen. **dis'fran·chise·ment** [-tʃɪzmənt; Am. a. -tʃaɪz-] s Entrechtung f, bes. Entzug m der Bürgerrechte od. des Wahlrechts.
dis·frock [dɪs'frɒk; Am. -'frɑk] → unfrock.
dis·gorge [dɪs'ɡɔː(r)dʒ] I v/t 1. Essen

disgrace – disk jockey

ausspeien, *Lava* speien. **2.** fließen lassen: **the river ~s its waters into the sea** der Fluß ergießt sich ins Meer. **3.** ('widerwillig) wieder her'ausgeben *od.* ,her'ausrücken'. **II** *v/i* **4.** sich ergießen, fließen (**into** in *acc*).

dis·grace [dɪsˈgreɪs] **I** *s* **1.** Schande *f*: **to bring ~ on →** 4. **2.** Schande *f*, Schandfleck *m* (**to** für): **he is a ~ to the party. 3.** Ungnade *f*: **to be in (fall into) ~ with** in Ungnade stehen (fallen) bei. **II** *v/t* **4.** Schande bringen über (*acc*), j-m Schande bereiten. **5.** j-m s-e Gunst entziehen: **to be ~d** in Ungnade fallen. **disˈgrace·ful** *adj* (*adv* **~ly**) schändlich, schimpflich. **disˈgrace·ful·ness** *s* Schändlichkeit *f*, Schande *f*.

dis·grun·tle [dɪsˈgrʌntl] *v/t* verärgern, verstimmen. **disˈgrun·tled** *adj* verärgert, verstimmt (**at** über *acc*).

dis·guise [dɪsˈgaɪz] **I** *v/t* **1.** verkleiden, masˈkieren (**as** als): **to ~ o.s. as a woman. 2.** verstellen: **to ~ one's handwriting** (**voice**). **3.** *Absichten, Fakten etc* verschleiern, *Gefühle etc* verbergen. **II** *s* **4.** Verkleidung *f*: **in ~** a) maskiert, verkleidet, b) *fig.* verkappt; **in the ~ of** verkleidet als (→ 5); **a ~ blessing. 5.** *thea. u. fig.* Maske *f*: **in the ~ of** unter der Maske *od.* dem Deckmantel (*gen*) (→ 4). **6.** Verstellung *f*. **7.** Verschleierung *f*: **to make no ~ of** kein Hehl machen aus. **disˈguis·ed·ly** [-ɪdlɪ] *adv* **1.** verkleidet, masˈkiert. **2.** verschleiert.

dis·gust [dɪsˈgʌst] **I** *v/t* **1.** (an)ekeln, anwidern, mit Ekel *od.* Abscheu erfüllen: **to be ~ed with** (*od.* **at, by**) Ekel empfinden über (*acc*) (→ 2). **2.** empören, entrüsten: **to be ~ed with s.o.** empört *od.* entrüstet sein über j-n, sich sehr über j-n ärgern (→ 1). **II** *s* **3.** (**at, for**) Ekel *m*, Abscheu *m* (vor *dat*), 'Widerwillen *m* (gegen): **in ~** mit Abscheu. **disˈgust·ed** *adj* (*adv* **~ly**) (**at, with**) **1.** angeekelt, angewidert (von): **~ with life** lebensüberdrüssig. **2.** empört, entrüstet (**über** *acc*). **disˈgust·ful** *adj* **1.** → **disgusting. 2.** von Ekel erfüllt. **disˈgust·ing** *adj* ekelhaft, widerlich, abˈscheulich. **disˈgust·ing·ly** *adv* **1.** ekelhaft. **2.** *colloq.* schrecklich: **~ rich.**

dish [dɪʃ] **I** *s* **1.** a) flache Schüssel, b) (Serˈvier)Platte *f*, c) *pl* Geschirr *n*. **2.** Schüssel(voll) *f*. **3.** *Gericht n*, Speise *f*: **standing ~** a) täglich wiederkehrendes Gericht, b)*fig.* alte Leier; **that's not my ~** *colloq.* das ist nichts für mich; **→ made 1. 4.** schüsselartige Vertiefung. **5.** Konkaviˈtät *f*: **the ~ of the wheel** *tech.* der Radsturz. **6.** *tech. colloq.* Paraˈbolanˌtenne *f*. **7.** *sl.* a) ˌdufte Puppe', b) ˌtoller Typ'. **II** *v/t* **8.** *oft* **~ up** a) *Speisen* anrichten, b) auftragen, auftischen. **9.** *oft* **~ up** *colloq. Geschichte etc* ˌauftischen'. **10. ~ out** *colloq.* austeilen. **11. a.** *tech.* konˈkav machen, schüsselartig vertiefen, (nach innen) wölben. **12.** *tech. Rad* stürzen. **13.** *colloq. Hoffnungen, Pläne etc* zuˈnichte machen: **to ~ one's chances** sich s-e Chancen ˌvermasseln'. **III** *v/i* **14.** sich konˈkav austiefen. (→ *Négligé*.)

dis·ha·bille [ˌdɪsæˈbiːl] *s*: **in ~** im

dis·har·mo·ni·ous [ˌdɪshɑːr(r)məʊnjəs, -nɪəs] *adj* disharˈmonisch. **disˈhar·mo·nize** *v/t* dishar'monisch machen. **II** *v/i* disharmo'nieren. **disˈhar·mo·ny** *s* Disharmoˈnie *f*.

ˈdish|·cloth *s* **1.** Spültuch *n*, -lappen *m*. **2.** *Br.* Geschirrtuch *n*. **ˈ~·cloth gourd** *s bot.* Schwammkürbis *m*, Schwamm-, Netzgurke *f*. **~ drain·er** *s* Abtropfständer *m*.

dis·heart·en [dɪsˈhɑː(r)tn] *v/t* entmutigen, mutlos machen. **disˈheart·en·ing** *adj* (*adv* **~ly**) entmutigend. **disˈheart·en·ment** *s* Entmutigung *f*.

dished [dɪʃt] *adj* **1.** konˈkav gewölbt. **2.** *tech.* gestürzt (*Räder*). **3.** *colloq.* ˌfertig', ˌerledigt': **I'm ~** ich bin erledigt (*erschöpft od. ruiniert*).

dis·her·i·son [dɪsˈherəsən] *Am.* **I** *v/t* enterben. **II** *s* Enterbung *f*.

di·shev·el [dɪˈʃevl] *v/t pret u. pp* **-eled,** *bes. Br.* **-elled** *das Haar* a) unordentlich herˈabhängen lassen, b) zerzausen. **diˈshev·el(l)ed** *adj* **1.** zerzaust, aufgelöst, wirr (*Haar*). **2.** mit zerzaustem Haar. **3.** schlampig, unordentlich, ungepflegt.

dis·hon·est [dɪsˈɒnɪst; *Am.* -ˈɑnəst] *adj* (*adv* **~ly**) unehrlich, unredlich: **by ~ means** auf unehrliche Weise. **disˈhon·es·ty** *s* Unredlichkeit *f*: a) Unehrlichkeit *f*, b) unredliche Handlung.

dis·hon·or [dɪsˈɒnə; *Am.* -ˈɑnər] **I** *s* **1.** Unehre *f*, Schande *f*: **to bring ~ on →** 4. **2.** Schandfleck *m*, Schande *f* (**to** für): **he is a ~ to the nation. 3.** *econ.* ˈNichthonoˌrierung *f*, Nichteinlösung *f*: **~ of a bill. II** *v/t* **4.** entehren: a) in Unehre bringen, b) *e-e Frau* schänden. **5.** beleidigen(d behandeln). **6.** *econ. e-n Wechsel etc* nicht honoˈrieren *od.* einlösen. **7.** *ein Versprechen etc* nicht einlösen. **disˈhon·or·a·ble** *adj* (*adv* **dishonorably**) **1.** schändlich, schimpflich, entehrend, unehrenhaft: **~ discharge** *mil.* unehrenhafte Entlassung. **2.** gemein, niederträchtig. **3.** ehrlos. **disˈhon·or·a·ble·ness** *s* **1.** Schändlichkeit *f*. **2.** Gemeinheit *f*. **3.** Ehrlosigkeit *f*.

dis·hon·our, dis·hon·our·a·ble, dis·hon·our·a·ble·ness *bes. Br.* für **dishonor**, *etc*.

ˈdish|·pan *s bes. Am.* Abwaschschüssel *f*. **~ rack** *s* **1.** Geschirrständer *m*. **2.** Geschirrwagen *m* (*e-r Geschirrspülmaschine*). **ˈ~·rag →** **dishcloth.** **~ tow·el** *s bes. Am.* Geschirrtuch *n*. **ˈ~·wash·er** *s* **1.** Tellerwäscher(in), Spüler(in). **2.** Geˈschirrˌspülmaˌschine *f*, Geschirrspüler *m*. **ˈ~·wa·ter** *s* Abwasch-, Spülwasser *n*: **this tea tastes like ~.**

dish·y [ˈdɪʃɪ] *adj bes. Br. colloq.* ˌdufte', ˌtoll' (*Person*).

dis·il·lu·sion [ˌdɪsɪˈluːʒn] **I** *s* Ernüchterung *f*, Desillusiˈon *f*. **II** *v/t* ernüchtern, desillusioˈnieren, von Illusiˈonen beˈfreien: **to be ~ed with** sich keinen Illusionen mehr hingeben über (*acc*). **disˈilˈluˈsionˌize →** **disillusion** II. **dis·ilˈlu·sion·ment →** **disillusion** I. **dis·ilˈlu·sive** [-sɪv] *adj* ernüchternd, desillusio'nierend.

dis·in·cen·tive [ˌdɪsɪnˈsentɪv; *Am.* ˌdɪsn-] **I** *s* **1.** Abschreckungsmittel *n*: **to be a ~ to** abschreckend wirken auf (*acc*). **2.** *econ.* leistungshemmender Faktor. **II** *adj* **3.** abschreckend. **4.** *econ.* leistungshemmend.

dis·in·cli·na·tion [ˌdɪsɪnklɪˈneɪʃn] *s* Abneigung *f*, Abgeneigtheit *f* (**for, to** gegen; **to do** zu tun): **~ to buy** Kaufunlust *f*. **dis·inˈcline** [-ˈklaɪn] **I** *v/t* abgeneigt machen (**from** gegen). **II** *v/i* abgeneigt sein. **dis·inˈclined** *adj* abgeneigt.

dis·in·fect [ˌdɪsɪnˈfekt; *Am.* ˌdɪsn-] *v/t* desinfiˈzieren, keimfrei machen. **ˌdis·inˈfect·ant** **I** *s* Desinfektiˈonsmittel *n*. **II** *adj* desinfiˈzierend, keimtötend. **ˌdis·inˈfec·tion** *s* Desinfektiˈon *f*, Desinfiˈzierung *f*. **ˌdis·inˈfec·tor** [-tə(r)] *s* Desinˈfektor *m*, Desinfektiˈonsapparat *m*.

dis·in·fest [ˌdɪsɪnˈfest; *Am.* ˌdɪsn-] *v/t* von Ungeziefer befreien, entwesen.

dis·in·fla·tion [ˌdɪsɪnˈfleɪʃn; *Am.* ˌdɪsn-] **→** **deflation. ˌdis·inˈfla·tion·ar·y** [-ʃnərɪ; *Am.* -ʃəˌneriː] **→** **deflationary.**

dis·in·for·ma·tion [ˌdɪsɪnfə(r)ˈmeɪʃn] *s* Desinformatiˌon *f*.

dis·in·gen·u·ous [ˌdɪsɪnˈdʒenjʊəs; *Am.* ˌdɪsnˈdʒenjəwəs] *adj* (*adv* **~ly**) **1.** unaufrichtig, unehrlich. **2.** ˈhinterhältig, arglistig. **ˌdis·inˈgen·u·ous·ness** *s* **1.** Unaufrichtigkeit *f*, Unehrlichkeit *f*. **2.** ˈHinterˌhältigkeit *f*, Arglistigkeit *f*.

dis·in·her·it [ˌdɪsɪnˈherɪt; *Am.* ˌdɪsn-] *v/t* enterben. **ˌdis·inˈher·it·ance** *s* Enterbung *f*.

dis·in·hi·bi·tion [ˌdɪsɪnhɪˈbɪʃn] *s psych.* Enthemmung *f*.

dis·in·te·grate [dɪsˈɪntəgreɪt] **I** *v/t* **1.** *a. phys.* (in s-e Bestandteile) auflösen, aufspalten. **2.** zerkleinern. **3.** zertrümmern, zerstören. **4.** *fig.* auflösen, zersetzen. **II** *v/i* **5.** sich auflösen. **6.** verˈ-, zerˈfallen (*a. fig.*). **7.** *geol.* verwittern. **disˌin·teˈgra·tion** *s* **1.** Auflösung *f*, Aufspaltung *f*. **2.** Zerkleinerung *f*. **3.** Zertrümmerung *f*, Zerstörung *f*. **4.** Zerfall *m* (*a. fig.*): **~ of the nucleus** *phys.* Kernzerfall; **~ of personality** *psych.* Desintegration *f*, Persönlichkeitszerfall. **5.** *geol.* Verwitterung *f*. **disˈin·teˌgra·tor** [-tə(r)] *s tech.* Desinteˈgrator *m*, Zerkleinerer *m*.

dis·in·ter [ˌdɪsɪnˈtɜː; *Am.* ˌdɪsnˈtɜːr] *v/t* **1.** *e-e Leiche* exhuˈmieren. **2.** *fig.* ausgraben.

dis·in·ter·est [dɪsˈɪntrɪst] **I** *s* **1.** Uneigennützigkeit *f*. **2.** Interˈesseˌlosigkeit *f*, ˈDesinterˌesse *n*. **3.** Nachteil *m*: **to the ~ of** zum Nachteil von (*od. gen*). **II** *v/t* **4.** j-m das Interˈesse nehmen. **disˈin·ter·est·ed** [-trəstɪd] *adj* (*adv* **~ly**) **1.** uneigennützig, selbstlos. **2.** objekˈtiv, unvoreingenommen. **3.** 'unˌ, ˈdesinteresˌsiert (**in** an *dat*). **disˈin·ter·est·ed·ness** *s* **1.** Uneigennützigkeit *f*. **2.** Objektiviˈtät *f*. **3.** 'Uninteresˌsiertheit *f*, 'Desinterˌesse *n*.

ˌdis·inˈter·ment *s* **1.** Exhuˈmierung *f*. **2.** *fig.* Ausgrabung *f*.

dis·in·vest·ment [ˌdɪsnˈvestmənt] *s econ. Am.* Zuˈrückziehung *f* von ˈAnlageˌkapiˌtal.

dis·join [dɪsˈdʒɔɪn] *v/t* trennen.

dis·joint [dɪsˈdʒɔɪnt] *v/t* **1.** ausein'andernehmen, zerlegen, zerstückeln, zerglie-dern. **2.** verˈ-, ausrenken. **3.** *Geflügel etc* zerlegen. **4.** (ab)trennen (**from** von). **5.** *fig.* in Unordnung *od.* aus den Fugen bringen. **6.** den Zs.-hang zerstören von (*od. gen*). **disˈjoint·ed** *adj* (*adv* **~ly**) **1.** zerstückelt. **2.** (ab)getrennt. **3.** *fig.* aus den Fugen geraten. **4.** zs.-hang(s)los, wirr: **~ talk. disˈjoint·ed·ness** *s* Zs.-hang(s)losigkeit *f*.

dis·junc·tion [dɪsˈdʒʌŋkʃn] *s* **1.** Trennung *f*, Absonderung *f*. **2.** *Logik*: Disjunktiˈon *f*. **disˈjunc·tive** [-tɪv] *adj* **1.** (ab-)trennend. **2.** *ling., a. Logik*: disjunkˈtiv: **~ conjunction →** 3; **~ proposition →** 4. **II** *s* **3.** *ling.* disjunkˈtive Konjunktiˈon, ausˈschließendes Bindewort. **4.** *Logik*: Disˈjunktivsatz *m*.

dis·june [dɪsˈdʒuːn] *s Scot.* Frühstück *n*.

disk [dɪsk] *s* **1.** *allg.* Scheibe *f*. **2.** *tech.* a) Scheibe *f*, b) La'melle *f*, c) Kurbelblatt *n*, d) Drehscheibe *f*, Teller *m*, e) Siˈgnalscheibe *f*. **3.** *teleph.* Nummern-, Wählscheibe *f*. **4.** (Schall)Platte *f*. **5.** Scheibe *f* (*der Sonne etc*). **6.** Parkscheibe *f*. **7.** *anat. zo.* Scheibe *f*: **articular ~** Gelenkscheibe, Diskus *m*; **optic ~** Papille *f*. **8.** *bot.* a) Scheibe *f* (*Mittelteil des Blütenköpfchens der Kompositen*), b) Blattspreite *f*, c) Fruchtscheibe *f* (*Wucherung der Blütenachse*), d) Haftscheibe *f*. **9.** *Eishockey*: Scheibe *f* (*Puck*). **10.** Teller *m* (*am Skistock*). **11.** *Computer*: Platte *f*. **~ brake** *s tech.* Scheibenbremse *f*. **~ clutch** *s tech.* Scheibenkupplung *f*.

disk·ette [ˈdɪskɪt; dɪˈsket] *s Computer*: Disˈkette *f*.

disk| flow·er *s bot.* Scheibenblüte *f*. **~ har·row** *s agr.* Scheibenegge *f*. **~**

disk pack – dispense

jock·ey s Disk-, Discjockey m. **~ pack** s Computer: Plattenstapel m. **~ saw** s tech. Kreissäge f. **~ valve** s tech. 'Tellerven₁til n. **~ wheel** s tech. (Voll)Scheibenrad n. **~ wind·ing** s electr. Scheibenwicklung f.
dis·like [dɪsˈlaɪk] **I** v/t nicht leiden können, nicht mögen: **I ~ having to go** ich mag nicht (gern) gehen, ich gehe (nur) ungern; **to make o.s. ~d** sich unbeliebt machen. **II** s Abneigung f, 'Widerwille m (**of, for** gegen): **to take a ~ to s.o.** gegen j-n e-e Abneigung fassen.
dis·limn [dɪsˈlɪm] v/t poet. auslöschen (a. fig.).
dis·lo·cate [ˈdɪsləʊkeɪt] v/t 1. verrücken, verschieben. 2. Industrie, mil. Truppen verlagern. 3. med. ver-, ausrenken, luˈxieren: **to ~ one's arm** sich den Arm verrenken. 4. fig. erschüttern. 5. geol. verwerfen. ₁**dis·loˈca·tion** s 1. Verrükkung f, Verschiebung f. 2. Verlagerung f. 3. med. a) Verrenkung f, Luxatiˈon f, b) Dislokatiˈon f. 4. fig. Erschütterung f. 5. geol. Verwerfung f.
dis·lodge [dɪsˈlɒdʒ; Am. -ˈlɑːdʒ] **I** v/t 1. aufjagen, -stöbern. 2. a) entfernen, b) vertreiben, verjagen. 3. mil. den Feind aus der Stellung werfen. 4. ˈausquar₁tieren. **II** v/i 5. aus-, wegziehen. **disˈlodg(e)·ment** s 1. Vertreibung f, Verjagung f. 2. ˈAusquar₁tierung f.
dis·loy·al [dɪsˈlɔɪəl] adj (adv ~ly) (**to**) untreu (dat), treulos, illoyˈal (gegen). **disˈloy·al·ty** [-tɪ] s Untreue f, Treulosigkeit f.
dis·mal [ˈdɪzməl] **I** adj 1. düster, trüb(e), trostlos, bedrückend: **the ~ science** humor. die Volkswirtschaft. 2. furchtbar, schrecklich, gräßlich. 3. obs. unheilvoll. **II** s 4. **the ~s** pl colloq. der Trübsinn: **to be in the ~s** in Trübsal blasen. 5. Am. (Küsten)Sumpf m. **ˈdis·mal·ly** adv 1. düster (etc, → dismal). 2. schmählich. **ˈdis·mal·ness** s 1. Düsterkeit f, Trostlosigkeit f. 2. Schrecklichkeit f.
dis·man·tle [dɪsˈmæntl] v/t 1. demon-ˈtieren, abbauen. 2. Gebäude abbrechen, niederreißen. 3. entkleiden (**of** gen) (a. fig.). 4. (vollständig) ausräumen. 5. mar. a) abtakeln, b) abwracken. 6. e-e Festung schleifen. 7. zerlegen, ausein₁andernehmen. 8. unbrauchbar machen. **disˈman·tle·ment** s 1. Demonˈtage f, Abbruch m. 2. mar. Abtakelung f. 3. Schleifung f (e-r Festung). 4. Zerlegung f.
dis·mast [dɪsˈmɑːst; Am. -ˈmæst] v/t ein Schiff entmasten.
dis·may [dɪsˈmeɪ; dɪz-] **I** v/t erschrecken, entsetzen, in Schrecken versetzen, bestürzen: **not ~ed** unbeirrt. **II** s Schreck(en) m, Entsetzen n, Bestürzung f (**at** über acc): **in** (od. **with**) **~** bestürzt; **to one's ~** zu s-m Entsetzen.
dis·mem·ber [dɪsˈmembə(r)] v/t 1. a) Leiche etc zerstückeln, b) bes. med. zergliedern. 2. ein Land etc zersplittern, aufteilen. **disˈmem·ber·ment** s Zerstückelung f.
dis·miss [dɪsˈmɪs] **I** v/t 1. entlassen, gehen lassen. 2. fortschicken, verabschieden. 3. mil. wegtreten lassen. 4. entlassen (**from** aus e-m Amt etc), abbauen. 5. ein Thema etc als erledigt betrachten, fallenlassen, aufgeben. 6. a. **to ~ from one's mind** (aus s-n Gedanken) verbannen, aufgeben. 7. abtun, hinˈweggehen über (acc): **to ~ a question as irrelevant** e-e Frage als unwesentlich abtun. 8. a. jur. abweisen: **to ~ an action with costs** e-e Klage kostenpflichtig abweisen. 9. Krikket: a) den Ball abschlagen, b) den Schläger ˌaus' machen. **II** v/i 10. mil. wegtreten: **~!** weg(ge)treten! **disˈmiss·al** [-sl] s 1. Entlassung f. 2. Aufgabe f. 3. Abtun n. 4. a. jur. Abweisung f.
disˈmiss·i·ble adj 1. entlaßbar. 2. abweisbar. 3. unbedeutend, nebensächlich: **a ~ question**.
dis·mount [dɪsˈmaʊnt] **I** v/i 1. absteigen, absitzen (**from** von Pferd, Fahrrad etc): **~!** mil. absitzen! 2. poet. herˈabsteigen, -sinken. **II** v/t 3. a) aus dem Sattel heben, vom Pferd schleudern, b) den Reiter abwerfen (Pferd). 4. obs. absteigen od. absitzen von: **to ~ a horse**. 5. e-e Reitertruppe a) der Pferde berauben, b) absitzen lassen. 6. demon'tieren, ˈab₁mon₁tieren, ausbauen. 7. zerlegen, ausein₁andernehmen.
dis·mu·ta·tion [₁dɪsmjuːˈteɪʃn] s biol. chem. Dismutatiˈon f.
dis·o·be·di·ence [₁dɪsəˈbiːdjəns; -dɪəns] s 1. Ungehorsam m, Unfolgsamkeit f. 2. bes. mil. Gehorsamsverweigerung f. 3. Nichtbefolgung f (e-s Gesetzes), bes. mil. Verweigerung f (e-s Befehls). ₁**dis·oˈbe·di·ent** adj (adv ~ly) ungehorsam (**to** gegen[ˈüber]). ₁**dis·oˈbey** [-ˈbeɪ] **I** v/t 1. j-m nicht gehorchen, ungehorsam sein gegen j-n. 2. bes. mil. j-m den Gehorsam verweigern. 3. ein Gesetz etc nicht befolgen, übertreten, mißˈachten, bes. mil. e-n Befehl verweigern: **I will not be ~ed** ich dulde keinen Ungehorsam. **II** v/i 4. nicht gehorchen, ungehorsam sein.
dis·o·blige [₁dɪsəˈblaɪdʒ] v/t 1. ungefällig sein gegen j-n. j-n kränken, verletzen. ₁**dis·oˈblig·ing** adj (adv ~ly) ungefällig, ˈunzu₁vorkommend, unfreundlich. ₁**dis·oˈblig·ing·ness** s Ungefälligkeit f, Unfreundlichkeit f.
dis·or·der [dɪsˈɔː(r)də(r)] **I** s 1. Unordnung f, Durchein'ander n (beide a. fig.): **to throw into ~** → 6. 2. Syˈstemlosigkeit f. 3. (öffentliche) Ruhestörung, Aufruhr m, Unruhen pl. 4. ungebührliches Benehmen. 5. med. Störung f, Erkrankung f: **mental ~** Geistesstörung. **II** v/t 6. in Unordnung bringen, durchein'anderbringen (beide a. fig.). 7. med. Störungen herˈvorrufen in (dat), bes. den Magen verderben. **disˈor·dered** adj 1. in Unordnung, durchein'ander (beide a. fig.). 2. med. gestört, (a. geistes)krank: **my stomach is ~** ich habe mir den Magen verdorben. **disˈor·der·li·ness** [-lɪnɪs] s 1. Unordentlichkeit f. 2. Schlampigkeit f, Liederlichkeit f. 3. unbotmäßiges Verhalten. **disˈor·der·ly** adj 1. unordentlich. 2. schlampig, (a. Leben etc) liederlich. 3. gesetzwidrig, aufrührerisch, unbotmäßig. 4. jur. Ärgernis erregend, ordnungswidrig: **~ conduct** ordnungswidriges Verhalten; **~ house** a) Bordell n, b) Spielhölle f. **II** s 5. a. **~ person** jur. a) Ruhestörer m, Störer m der öffentlichen Ordnung, b) Erreger m öffentlichen Ärgernisses. **III** adv 6. unordentlich (etc, → I). 7. in unordentlicher (gesetzeswidriger etc) Weise.
dis·or·gan·i·za·tion [dɪsˌɔː(r)ɡənaɪˈzeɪʃn; Am. -nəˈz-] s 1. Desorganisatiˈon f, Auflösung f, Zerrüttung f. 2. → **disorder** 1. **disˈor·gan·ize** [-naɪz] v/t 1. desorgani'sieren, auflösen, zerrütten. 2. → **disorder** 6.
dis·o·ri·ent [dɪsˈɔːrɪent] v/t 1. a. psych. j-n desorienˈtieren, verwirren. 2. in die Irre führen. **disˈo·ri·en₁tate** [-teɪt] → **disorient**. **dis₁o·ri·enˈta·tion** s a. psych. Desorienˈtiertheit f, Verwirrtheit f.
dis·own [dɪsˈəʊn] v/t 1. nichts zu tun haben wollen mit, ablehnen. 2. ableugnen. 3. Kind verstoßen. 4. nicht (als gültig) anerkennen.
dis·par·age [dɪsˈpærɪdʒ] v/t 1. in Verruf bringen, herˈabsetzen, verächtlich machen od. behandeln. 2. verachten, geringschätzen. **disˈpar·age·ment** s 1. Herˈabsetzung f, Verächtlichmachung f: **no ~, without ~ to you** ohne Ihnen zu nahe treten zu wollen. 2. Verruf m. 3. Verachtung f, Geringschätzung f. **disˈpar·ag·ing** adj (adv ~ly) verächtlich, geringschätzig, herˈabsetzend.
dis·pa·rate [ˈdɪspərət; Am. a. dɪsˈpærət] **I** adj (adv ~ly) ungleich(artig), (grund-)verschieden, unvereinbar, dispaˈrat. **II** s (etwas) (Grund)Verschiedenes: **~s** unvereinbare Dinge. **disˈpar·ate·ness**, **dis·par·i·ty** [dɪsˈpærətɪ] s Verschiedenheit f, Unvereinbarkeit f, Dispariˈtät f: **~ in age** (zu großer) Altersunterschied.
dis·pas·sion [dɪsˈpæʃn] s Leidenschaftslosigkeit f, Gemütsruhe f. **disˈpas·sion·ate** [-nət] adj (adv ~ly) leidenschaftslos, kühl, sachlich, ruhig, nüchtern, objekˈtiv.
dis·patch [dɪsˈpætʃ] **I** v/t 1. j-n (ab)senden, (ab)schicken, mil. Truppen in Marsch setzen. 2. etwas absenden, versenden, abschicken, befördern, speˈdieren, abfertigen (a. rail.), Telegramm aufgeben. 3. ins Jenseits befördern, töten. 4. rasch od. prompt erledigen od. ausführen. 5. colloq. ˌwegputzen', schnell aufessen. **II** v/i 6. obs. sich beeilen. **III** s 7. (Ab)Sendung f. 8. Absendung f, Versand m, Abfertigung f, Beförderung f: **~ by rail** Bahnversand; **~ of mail** Postabfertigung. 9. Tötung f. 10. rasche Erledigung. 11. Eile f, Schnelligkeit f: **with ~** eilends, eiligst. 12. (oft verschlüsselte) (Eil)Botschaft. 13. Bericht m (e-s Korrespondenten). 14. pl Br. Kriegsberichte pl: **to be mentioned in ~es** in den Kriegsberichten erwähnt werden. 15. econ. Speditiˈon f. **~ boat** s Kuˈrierboot n. **~ box, ~ case** s 1. Kuˈriertasche f, bes. Br. Aktenkoffer m.
disˈpatch·er s 1. rail. Fahrdienstleiter m. 2. econ. Am. Abˈteilungsleiter m für Produktiˈonsplanung u. -kon₁trolle.
disˈpatch goods s pl Am. Eilgut n. **~ mon·ey** s econ. Eilgeld n (beim Unterschreiten der vereinbarten Hafenliegezeit). **~ note** f Paˈketkarte f (für Auslandspakete). **~ rid·er** s mil. Meldereiter m. 2. Meldefahrer m.
dis·pel [dɪˈspel] v/t Menge etc, a. fig. Befürchtungen etc zerstreuen, Nebel zerteilen.
dis·pen·sa·bil·i·ty [dɪˌspensəˈbɪlətɪ] s 1. Entbehrlichkeit f. 2. Verteilbarkeit f. 3. relig. Dispenˈsierbarkeit f. **disˈpen·sa·ble** adj (adv dispensably) 1. entbehrlich. 2. verteilbar. 3. relig. dispenˈsierbar. **disˈpen·sa·ry** [-sərɪ] s 1. Werks-, ˈKrankenhaus-, mil. Lazaˈrettapo₁theke f.
dis·pen·sa·tion [ˌdɪspenˈseɪʃn] s 1. Aus-, Verteilung f. 2. Zuteilung f, Gabe f. 3. Lenkung f, Regelung f. 4. Ordnung f, Syˈstem n. 5. Einrichtung f, Vorkehrung f. 6. relig. a) göttliche Lenkung (der Welt), b) a. **divine** (od. **heavenly**) **~** (göttliche) Fügung: **the ~ of Providence** das Walten der Vorsehung. 7. (religiˈöses) Syˈstem. 8. (**with, from**) Dispens(ation f) m: a) relig. Dispensatiˈon f (von), Erlaß m (gen), b) jur. Befreiung f (von), Ausnahmebewilligung f (für): **marriage ~** Ehedispens. 9. Verzicht m (**with** auf acc).
ˈdis·pen·sa·tor [-seɪtə(r)] s 1. Verteiler m, Spender m. 2. geistlicher Verwalter m, Lenker m. **disˈpen·sa·to·ry** [-sətərɪ; Am. -ˌtɔːrɪ; -ˌtəʊ-] **I** s pharm. Dispensaˈtorium n, Arzˈneibuch n. **II** adj → **dispensing** 4.
dis·pense [dɪˈspens] **I** v/t 1. aus-, verteilen. 2. das Sakrament spenden. 3. Recht sprechen: **to ~ justice**. 4. pharm. Arzneien dispenˈsieren, (nach Reˈzept) zubereiten u. abgeben. 5. dispenˈsieren,

dispenser – disqualification

j-m Dis'pens gewähren. **6.** entheben, befreien, entbinden (**from** von). **II** *v/i* **7.** Dis'pens erteilen. **8.** ~ **with** a) verzichten auf (*acc*), b) entbehren (*acc*), auskommen ohne, c) 'überflüssig machen (*acc*), d) *Gesetz* nicht anwenden, e) auf die Einhaltung *e-s Versprechens etc* verzichten: **it may be ~d with** man kann darauf verzichten, es ist entbehrlich. **dis'penser** *s* **1.** Aus-, Verteiler *m*. **2.** Spender *m*. **3.** **~ of justice** Rechtsprecher *m*. **4.** *tech.* Spender *m*, (*für Klebestreifen etc a.*) Abroller *m*, (*Briefmarken- etc*)Auto'mat *m*. **5.** Apo'theker *m*. **dis'pens·ing** *adj* **1.** austeilend. **2.** spendend. **3.** *pharm.* dispen'sierend: **~ chemist** *Br.* Apotheker *m*. **4.** Dis'pens gewährend, befreiend: **~ power** *jur.* richterliche Befugnis, e-e Gesetzesvorschrift außer acht zu lassen.
dis·per·gate ['dɪspə(r)geɪt] *v/t chem. phys.* disper'gieren, verteilen.
di·sper·mous [dɪ'spɜːməs; *Am.* -'spɜːr-] *adj bot.* zweisamig.
dis·per·sal [dɪ'spɜːsl; *Am.* dɪs'pɜːrsəl] *s* **1.** Zerstreuung *f* (*a. fig.*), Zerteilung *f* (*von Nebel*). **2.** Verbreitung *f*. **3.** Zersplitterung *f*. **4.** *a. mil.* Auflockerung *f*: **~ of industry** Verteilung *f* der Industrie, industrielle Auflockerung; **~ of ownership** Eigentumsstreuung *f*. **~ a·pron** *s aer.* (ausein'andergezogener) Abstellplatz. **~ ar·e·a** *s* **1.** *aer.* → **dispersal apron. 2.** *mil.* Auflockerungsgebiet *n*.
dis·perse [dɪ'spɜːs; *Am.* dɪs'pɜːrs] **I** *v/t* **1.** verstreuen: **to be ~d over** verstreut sein über (*acc*). **2.** → **dispel**. **3.** *Nachrichten etc* verbreiten. **4.** *chem. phys.* disper'gieren, zerstreuen, fein(st) verteilen: **~d phase** Dispersionsphase *f*. **5.** *mil.* a) *Formation* auflockern, b) *Truppen* versprengen. **II** *v/i* **6.** sich zerstreuen, ausein'andergehen: **the crowd ~d**. **7.** sich auflösen, verschwinden. **8.** sich verteilen *od.* zersplittern. **dis'persed·ly** [-ɪdlɪ] *adv* verstreut, vereinzelt.
dis·per·sion [dɪ'spɜːʃn; *Am.* dɪs'pɜːrʒən; -ʃən] *s* **1.** Zerstreuung *f* (*a. fig.*), Verteilung *f* (*von Nebel*). **2.** Verbreitung *f*. **3.** D~ → *Diaspora*. **4.** *chem. phys.* a) Dispersi'onsphase *f*, b) Dispersi'on *f*, (Zer-)Streuung *f*: **~ medium** (*od.* **agent**) Dispersionsmittel *n*, Dispergens *n*. **5.** *math. mil.* Streuung *f*: **~ error** *mil.* Streu(ungs)fehler *m*; **~ pattern** *mil.* Trefferbild *n*. **6.** → **dispersal** 4. **dis'per·sive** [-sɪv] *adj* **1.** zerstreuend. **2.** *chem. phys.* Dispersions..., (Zer)Streuungs..., disper'gierend.
dis·pir·it [dɪ'spɪrɪt] *v/t* entmutigen, mutlos machen. **dis'pir·it·ed** *adj* entmutigt, mutlos, niedergeschlagen.
dis·place [dɪs'pleɪs] *v/t* **1.** versetzen, -rücken, -lagern, -schieben. **2.** verdrängen (*a. mar. phys. sport*): **to ~ s.o. from first place. 3.** *j-n* ablösen, entlassen. **4.** ersetzen (*a. chem.*). **5.** verschleppen, -treiben, depor'tieren: **~d person** Verschleppte(r *m*) *f*, Zwangsumsiedler(in).
dis'place·ment *s* **1.** Verlagerung *f*, -schiebung *f*, -rückung *f*: **~ of funds** *econ.* anderweitige Kapitalverwendung. **2.** Verdrängung *f* (*a. mar. phys.*). **3.** Ablösung *f*, Entlassung *f*. **4.** Ersetzung *f* (*a. chem.*), Ersatz *m*. **5.** Verschleppung *f*. **6.** *tech.* Kolbenverdrängung *f*. **7.** *geol.* Dislokati'on *f*, Versetzung *f*. **8.** *psych.* Af'fektverlagerung *f*, **~ activity** *zo.* Übersprunghandlung *f*.
dis·play [dɪ'spleɪ] **I** *v/t* **1.** entfalten, ausbreiten: **to ~ the flag. 2.** ('her)zeigen. **3.** *fig.* zeigen, entfalten, offen'baren, an den Tag legen: **to ~ activity** Aktivität zeigen *od.* entfalten. **4.** *econ.* Waren auslegen, ausstellen. **5.** (protzig) zur Schau stellen, protzen mit, her'vorkehren.

6. *print.* her'vorheben. **II** *s* **7.** Entfaltung *f*. **8.** ('Her)Zeigen *n*. **9.** *fig.* Entfaltung *f*: **~ of energy** Entfaltung von Tatkraft; **~ of power** Machtentfaltung. **10.** *econ.* Dis'play *n*, Ausstellung *f*, Auslage *f*: **to be on ~** ausgestellt sein. **11.** (protzige) Zur'schaustellung: **to make a great ~ of** → 5. **12.** Aufwand *m*, Pomp *m*, Prunk *m*: **to make a great ~** großen Prunk entfalten. **13.** *print.* Her'vorhebung *f* (*a. Textstelle*). **14.** Dis'play *n*: a) (Sichtbild)Anzeige *f*, b) *a.* **~ unit** Sichtbildgerät *n*. **III** *adj* **15.** *econ.* Ausstellungs..., Auslage...: **~ advertising** Displaywerbung *f*; **~ artist**, **~man** (Werbe)Dekorateur *m*; **~ box** Schaupackung *f*; **~ cabinet**, **~ case** Schaukasten *m*, Vitrine *f*; **~ window** Auslage(n)-, Schaufenster *n*. **16.** **~ behavio(u)r** (Verhaltensforschung) Imponiergehabe *n* (*a. fig.*).
dis·please [dɪs'pliːz] **I** *v/t* **1.** *j-m* miß'fallen: **to be ~d at** (*od.* **with**) **s.th.** unzufrieden sein mit etwas, ungehalten sein über etwas. **2.** *j-n* ärgern, verstimmen. **3.** *das Auge etc* beleidigen, *den Geschmack* verletzen. **II** *v/i* **4.** miß'fallen, 'Mißfallen erregen. **dis'pleas·ing** *adj* (*adv* **~ly**) unangenehm: **to be ~ to →** displease I.
dis·pleas·ure [dɪs'pleʒə(r)] *s* 'Mißfallen *n* (at über *acc*).
dis·plume [dɪs'pluːm] *v/t* rupfen.
dis·port [dɪ'spɔː(r)t] *v/i od. v/t* (**~ o.s.**) **1.** sich vergnügen, sich amü'sieren. **2.** her'umtollen, sich (ausgelassen) tummeln.
dis·pos·a·bil·i·ty [dɪˌspəʊzə'bɪlətɪ] *s* (freie) Verfügbarkeit. **dis'pos·a·ble I** *adj* **1.** dispo'nibel, (frei) verfügbar: **~ income** verfügbares Einkommen. **2.** a) Einweg...: **~ lighter** (**package, syringe**, *etc*), b) Wegwerf...: **~ lighter** (**package**, *etc*); **~ diaper** (*bes. Br.* **napkin**) Wegwerfwindel *f*; **~ panties** *pl* Wegwerfschlüpfer *m*, c) Einmal...: **~ package** (**razor, towel**, *etc*). **II** *s* **3.** Einweg-, Wegwerfgegenstand *m*.
dis·pos·al [dɪ'spəʊzl] *s* **1.** Erledigung *f* (of s.th. e-r Sache). **2.** Beseitigung *f*, (*von Müll a.*) Entsorgung *f*: **after the ~ of it** nachdem man es losgeworden war. **3.** Erledigung *f*, Vernichtung *f*: **~ of all enemy aircraft. 4.** a) 'Übergabe *f*, Über'tragung *f*, b) *a.* **~ by sale** Veräußerung *f*, Verkauf *m*: **for ~** zum Verkauf. **5.** Verfügung(srecht *n*) *f* (of über *acc*): **to be at s.o.'s ~** *j-m* zur Verfügung stehen; **to place** (*od.* **put**) **s.th. at s.o.'s ~** *j-m* etwas zur Verfügung stellen; **to have the ~ of s.th.** über etwas verfügen (können). **6.** Leitung *f*, Regelung *f*. **7.** Anordnung *f*, Aufstellung *f* (*a. mil.*).
dis·pose [dɪ'spəʊz] **I** *v/t* **1.** anordnen, ein-, verteilen, einrichten, aufstellen: **to ~ in depth** *mil.* nach der Tiefe gliedern. **2.** zu'rechtlegen. **3.** *j-n* geneigt machen, bewegen, veranlassen (**to** zu; **to do** zu tun). **4.** *etwas* regeln, bestimmen. **II** *v/i* **5.** Verfügungen treffen: → **propose** 6. **6. ~ of** a) (frei) verfügen *od.* dispo'nieren über (*acc*), b) lenken, c) (endgültig) erledigen: **to ~ of an affair**, d) *j-n od. etwas* abtun, abfertigen, e) loswerden, sich entledigen (*gen*), f) wegschaffen, beseitigen: **to ~ of rubbish**, g) *e-n Gegner etc* erledigen, unschädlich machen, vernichten: **to ~ of an enemy**, h) *mil.* Bomben etc entschärfen, i) trinken, (auf)essen: **to ~ of a meal**, j) über'geben, über'tragen: **to ~ of by will** testamentarisch vermachen, letztwillig verfügen über (*acc*); **disposing mind** *jur.* Testierfähigkeit *f*, k) verkaufen, veräußern, *econ. a.* absetzen, abstoßen.
dis·posed [dɪ'spəʊzd] *adj* **1.** gesinnt: **to be well ~ to**(**ward**[**s**]) a) *j-m* wohlgesinnt sein, *j-m* wohlwollen, b) *e-m Plan etc* wohlwollend gegenüberstehen; → **ill-disposed** 1. **2.** geneigt, bereit (**to do** zu tun): **to feel ~ to do s.th.** etwas tun wollen. **3.** *easily* **~ of** a) leicht zu beseitigen(d), b) leicht verkäuflich. **4.** *med.* anfällig (**to** für). **dis'pos·ed·ly** [-zɪdlɪ] *adv* würdevoll.
dis·po·si·tion [ˌdɪspə'zɪʃn] *s* **1.** a) Dispositi'on *f*, Veranlagung *f*, b) Art *f*: **her cheerful ~. 2.** a) Neigung *f*, Hang *m* (**to** zu): **he has a ~ to jealousy** er neigt zur Eifersucht, b) *med.* Anfälligkeit *f* (**to** für). **3.** Stimmung *f*, Laune *f*. **4.** Anordnung *f*, Aufstellung *f* (*a. mil.*). **5.** (**of**) a) Erledigung *f* (*gen*), b) *bes. jur.* Entscheidung *f* (über *acc*). **6.** (*bes.* göttliche) Lenkung. **7.** 'Übergabe *f*, Über'tragung *f*: **~ testamentary. 8.** → **disposal** 5. **9.** *pl* Dispositi'onen *pl*, Vorkehrungen *pl*, Vorbereitungen *pl*: **to make** (**one's**) **~s** (s-e) Vorkehrungen treffen, disponieren.
dis·pos·sess [ˌdɪspə'zes] *v/t* **1.** a) enteignen, aus dem Besitz (*of gen*) setzen, b) *Mieter, Pächter* zur Räumung zwingen. **2.** berauben (**of** *gen*). **3.** vertreiben. **4.** *sport j-m* den Ball abnehmen. ˌ**dis·pos'ses·sion** *s* **1.** Enteignung *f*. **2.** Beraubung *f*. **3.** Vertreibung *f*. ˌ**dis·pos'ses·so·ry** [-sərɪ] *adj* Enteignungs...
dis·praise [dɪs'preɪz] **I** *v/t* **1.** tadeln. **2.** her'absetzen. **II** *s* **3.** Tadel *m*. **4.** Her'absetzung *f*: **in ~** in ~ geringschätzig.
dis·proof [ˌdɪs'pruːf] *s* Wider'legung *f*.
dis·pro·por·tion [ˌdɪsprə'pɔː(r)ʃn] **I** *s* 'Mißverhältnis *n*: **~ of supply to demand** Mißverhältnis zwischen Angebot u. Nachfrage; **~ in age** (zu großer) Altersunterschied. **II** *v/t* in ein 'Mißverhältnis setzen *od.* bringen.
dis·pro·por·tion·ate [ˌdɪsprə'pɔː(r)ʃnət] *adj* (*adv* **~ly**) **1.** unverhältnismäßig (groß *od.* klein), in keinem Verhältnis stehend. **2.** unangemessen. **3.** über'trieben: **~ expectations. 4.** 'unproportioˌniert.
dis·prov·al [dɪs'pruːvl] → **disproof**. **dis'prove** *v/t* wider'legen.
dis·put·a·ble [dɪ'spjuːtəbl] *adj* (*adv* **disputably**) bestreitbar, strittig. **dis'putant** [-tənt] **I** *adj* dispu'tierend. **II** *s* Dispu'tant *m*, Gegner *m*.
dis·pu·ta·tion [ˌdɪspjuː'teɪʃn] *s* **1.** Dis'put *m*, Wortwechsel *m*, Streitgespräch *n*. **2.** Disputati'on *f*, wissenschaftliches Streitgespräch. **3.** *obs.* Unter'haltung *f*. ˌ**dis·pu'ta·tious** *adj* (*adv* **~ly**) streitsüchtig. **dis'pu·ta·tive** [dɪ'spjuːtətɪv] → **disputatious**.
dis·pute [dɪ'spjuːt] **I** *v/i* **1.** streiten, (*Wissenschaftler a.*) dispu'tieren (**on, about, over** *acc*): **there is no disputing about tastes** über den Geschmack läßt sich nicht streiten. **2.** (sich) streiten, zanken. **II** *v/t* **3.** streiten über (*acc*), (*Wissenschaftler a.*) dispu'tieren über (*acc*). **4.** in Zweifel ziehen, bezweifeln: **a ~d decision** *sport* e-e umstrittene Entscheidung. **5.** kämpfen um, sich bemühen um: **to ~ the victory to s.o.** *j-m* den Sieg streitig machen; **to ~ the victory** um den Sieg kämpfen. **6.** (an)kämpfen gegen. **III** *s* [a. 'dɪspjuːt] **7.** Dis'put *m*, Kontro'verse *f*: **in** (*od.* **under**) **~** umstritten; **beyond** (*od.* **past, without**) **~** unzweifelhaft, fraglos, unbestritten; **a matter of ~** e-e strittige Sache. **8.** (heftiger) Streit.
dis·qual·i·fi·ca·tion [dɪsˌkwɒlɪfɪ'keɪʃn; *Am.* ˌ-kwɑː-] *s* **1.** Disqualifikati'on *f*, Disqualifi'zierung *f*, Untauglichkeitserklärung *f*. **2.** Untauglichkeit *f*, Ungeeignetheit *f*, mangelnde Eignung *od.* Befähigung (**for** für). **3.** *sport* Disqualifi-

disqualify – dissociate

kati'on f, Ausschluß m. **4.** disqualifi'zierender 'Umstand, *sport a.* Grund m zum Ausschluß. **dis'qual·i·fy** [-faɪ] v/t **1.** ungeeignet *od.* unfähig *od.* untauglich machen (**for** für): **to be disqualified for** ungeeignet (*etc*) sein für. **2.** für unfähig *od.* untauglich *od.* nicht berechtigt erklären (**for** zu): **to ~ s.o. from (holding) public office** j-m die Fähigkeit zur Ausübung e-s öffentlichen Amtes absprechen *od.* nehmen; **to ~ s.o. from driving** j-m die Fahrerlaubnis entziehen. **3.** *sport* disqualifi'zieren, ausschließen.

dis·qui·et [dɪs'kwaɪət] **I** v/t beunruhigen, mit Besorgnis erfüllen. **II** s Unruhe f, Besorgnis f. **dis'qui·et·ing** adj (adv ~ly) beunruhigend, besorgniserregend. **dis'qui·e·tude** [-tjuːd; *Am. a.* -ˌtuːd] → disquiet II.

dis·qui·si·tion [ˌdɪskwɪ'zɪʃn] s ausführliche Abhandlung *od.* Rede (**on** über *acc*). ˌ**dis·qui·si'tion·al** [-ʃnl] adj ausführlich, eingehend.

dis·rate [dɪs'reɪt] v/t *mar.* degra'dieren.

dis·re·gard [ˌdɪsrɪ'gɑː(r)d] **I** v/t **1.** nicht beachten, keine Beachtung schenken (*dat*), igno'rieren, sich hin'wegsetzen über (*acc*), nicht achten auf (*acc*). **2.** etwas außer acht lassen, ausklammern, absehen von. **3.** *Gefahr etc* miß'achten. **II** s **4.** Nichtbeachtung f, Igno'rierung f (**of, for** *gen*). **5.** 'Mißachtung f (**of, for** *gen*). **6.** Gleichgültigkeit f (**of, for** gegen'über). ˌ**dis·re'gard·ful** adj (adv ~ly) a) nicht achtend (**of** auf *acc*), unachtsam, b) nachlässig, c) miß'achtend: **to be ~ of** → disregard I u. II.

dis·rel·ish [dɪs'relɪʃ] **I** s Abneigung f, 'Widerwille m (**for** gegen). **II** v/t e-n 'Widerwillen haben gegen.

dis·re·mem·ber [ˌdɪsrɪ'membə(r)] v/t *bes. Am. colloq.* a) nicht mehr wissen, sich nicht erinnern können an (*acc*), b) vergessen.

dis·re·pair [ˌdɪsrɪ'peə(r)] s Baufälligkeit f, schlechter baulicher Zustand: **to be in (a state of) ~** baufällig sein; **to fall into ~** baufällig werden.

dis·rep·u·ta·bil·i·ty [dɪsˌrepjətə'bɪlətɪ] s schlechter Ruf, Verrufenheit f. **dis'rep·u·ta·ble** adj (adv disreputably) verrufen, übel beleumundet, (*a. Geschäft etc*) anrüchig. **dis·re·pute** [ˌdɪsrɪ'pjuːt] s Verruf m, schlechter Ruf, Verrufenheit f: **to be in ~** verrufen sein; **to bring (fall, sink) into ~** in Verruf bringen (kommen).

dis·re·spect [ˌdɪsrɪ'spekt] **I** s **1.** Re'spektlosigkeit f (**to, for** gegen'über). **2.** Unhöflichkeit f (**to, for** gegen'über). **II** v/t **3.** sich re'spektlos benehmen gegen'über. **4.** unhöflich behandeln. ˌ**dis·re'spect·ful** adj (adv ~ly) **1.** re'spektlos (**to** gegen'über). **2.** unhöflich (**to** zu, gegen'über). ˌ**dis·re'spect·ful·ness** → disrespect I.

dis·robe [dɪs'rəʊb] **I** v/t **1.** entkleiden (*a. fig.* **of** *gen*). **II** v/i **2.** sich entkleiden. **3.** s-e Robe *od.* Amtstracht ablegen.

dis·root [dɪs'ruːt] v/t **1.** entwurzeln. **2.** (*aus der Heimat etc*) vertreiben.

dis·rupt [dɪs'rʌpt] v/t **1.** ausein'ander-, zerbrechen, sprengen, zertrümmern. **2.** ausein'ander-, zerreißen, (zer)spalten. **3.** *Gespräch, Verkehr etc* unter'brechen. **4.** a) *Land etc* zerrütten, b) *Koalition etc* sprengen. **II** v/i **5.** ausein'anderbrechen. **6.** zerreißen. **7.** *electr.* 'durchschlagen. **dis'rup·tion** [-pʃn] s **1.** Zerbrechen f. **2.** Zerreißung f. **3.** Zerrissenheit f, Spaltung f. **4.** Bruch m. **5.** Riß m. **6.** Unter'brechung f. **7.** a) Zerrüttung f, b) Sprengung f. **8. the D~** *relig.* die Spaltung (*der Kirche von Schottland 1843*).

dis·rup·tive [dɪs'rʌptɪv] adj **1.** zerbrechend, zertrümmernd. **2.** zerreißend. **3.** zerrüttend. **4.** *electr.* disrup'tiv: **~ discharge** Durch-, Überschlag m; **~ strength** Durchschlagfestigkeit f; **~ voltage** Durchschlagspannung f. **5.** *mil.* bri'sant, 'hochexplo₁siv.

dis·sat·is·fac·tion [ˌdɪsˌsætɪs'fækʃn] s Unzufriedenheit f. ˌ**dis·sat·is'fac·to·ry** [-tərɪ] adj unbefriedigend (**to** für), nicht zu'friedenstellend. ˌ**dis'sat·is·fied** [-faɪd] adj unzufrieden (**at, with** mit). ˌ**dis'sat·is·fy** v/t **1.** unzufrieden machen, nicht befriedigen, verdrießen. **2.** j-m miß'fallen.

dis·sect [dɪ'sekt] v/t **1.** zergliedern, zerlegen. **2.** a) *med.* se'zieren, b) *bot. med. zo.* präpa'rieren. **3.** *fig.* zergliedern, (genau) analy'sieren. **4.** *geogr.* zerschneiden, zertalen. **5.** *econ.* Konten etc aufgliedern. **dis'sect·ing** adj **1.** zergliedernd. **2.** *med.* Sezier...: **~ instruments** Sezierbesteck n. **3.** *bot. med. zo.* Präparier... **dis'sec·tion** [-kʃn] s **1.** Zergliederung f: a) Zerlegung f, b) *fig.* (genaue) Ana'lyse. **2.** *med.* Se'zieren n. **3.** *bot. med. zo.* a) Präpa'rierung f, b) Präpa'rat n. **4.** *econ.* Aufgliederung f: **~ of accounts**. **dis'sec·tor** [-tə(r)] s **1.** Zergliederer m, Seziere m: **~ tube** TV Bildzerlegerröhre f. **2.** *med.* Se'zierer m. **3.** *bot. med. zo.* Präpa'rator m.

dis·seise, dis·seize v/t *disseize, etc*.

dis·seize [dɪs'siːz] v/t *jur.* j-m 'widerrechtlich den (Immobili'ar)Besitz entziehen. **dis'sei·zin** [-zɪn] s *jur.* 'widerrechtliche Entziehung des (Immobili'ar-)Besitzes.

dis·sem·blance¹ [dɪ'sembləns] s Unähnlichkeit f, Verschiedenheit f.

dis·sem·blance² [dɪ'sembləns] s **1.** Verstellung f. **2.** Vortäuschung f.

dis·sem·ble [dɪ'sembl] **I** v/t **1.** verhehlen, verbergen, nicht (*etwas*) nicht anmerken lassen. **2.** vortäuschen, simu'lieren. **3.** *obs.* unbeachtet lassen, nicht beachten. **II** v/i **4.** heucheln, sich verstellen. **5.** simu'lieren. **dis'sem·bler** s **1.** Heuchler(in). **2.** Simu'lant(in). **dis'sem·bling I** adj heuchlerisch. **II** s Heuche'lei f, Verstellung f.

dis·sem·i·nate [dɪ'semɪneɪt] v/t **1.** Saat ausstreuen (*a. fig.*). **2.** *fig.* Lehre etc verbreiten: **to ~ ideas**; **to ~ books**. **dis'sem·i·nat·ed** adj **1.** *min.* eingesprengt (**through** in *acc*). **2. ~ sclerosis** *med.* multiple Sklerose. **dis**ˌ**sem·i'na·tion** s **1.** Ausstreuung f (*a. fig.*). **2.** *fig.* Verbreitung f. **3.** *geol.* Einsprengung f. **dis'sem·i·na·tor** [-tə(r)] s **1.** Ausstreuer m (*a. fig.*). **2.** *fig.* Verbreiter m.

dis·sen·sion [dɪ'senʃn] s **1.** Meinungsverschiedenheit(en pl) f, Diffe'renz(en pl) f. **2.** Uneinigkeit f.

dis·sent [dɪ'sent] **I** v/i **1.** (**from**) anderer Meinung sein (als), nicht über'einstimmen (mit), nicht zustimmen (*dat*). **2.** *relig.* von der Staatskirche abweichen. **II** s **3.** Meinungsverschiedenheit f. **4.** *relig.* a) Abweichung f von der Staatskirche, b) *collect.* (*die*) Dis'senters pl. **dis'sent·er** s **1.** Andersdenkende(r m) f. **2.** *relig.* a) Dissi'dent m; j-d, der die Autori'tät e-r Staatskirche nicht anerkennt, b) *oft* D~ Dis'senter m, Nonkonfor'mist m (*der sich nicht zur anglikanischen Kirche bekennt*). **dis'sen·tient** [-ʃɪənt; -ʃənt] **I** adj **1.** andersdenkend, nicht (mit der Mehrheit) über'einstimmend, abweichend: **without a ~ vote** ohne Gegenstimme, einstimmig. **II** s **2.** Andersdenkende(r m) f. **3.** Gegenstimme f: **with no ~** ohne Gegenstimme. **dis'sent·ing** adj **1.** → dissentient I. **2.** *relig.* a) von der Staatskirche abweichend, dissi'dierend, Dissidenten..., b) *Br.* nonkonfor'mistisch.

dis·sert [dɪ'sɜːt; *Am.* dɪs'ɜrt], **dis·ser·tate** ['dɪsə(r)teɪt] v/i e-n Vortrag halten *od.* e-e Abhandlung schreiben (**on** über *acc*). ˌ**dis·ser'ta·tion** s **1.** (wissenschaftliche) Abhandlung. **2.** Dissertati'on f. **3.** (wissenschaftlicher) Vortrag.

dis·serve [dɪs'sɜːv; *Am.* -'sɜrv] v/t *obs.* j-m e-n schlechten Dienst erweisen. ˌ**dis'ser·vice** [-vɪs] s schlechter Dienst: **to do s.o. a ~** j-m e-n schlechten Dienst erweisen; **to be of ~ to s.o.** j-m zum Nachteil gereichen, sich nachteilig für j-n auswirken.

dis·sev·er [dɪs'sevə(r)] v/t **1.** trennen, spalten, absondern (**from** von). **2.** (zer-)teilen, (zer)trennen (**into** in *acc*). **dis'sev·er·ance, dis'sev·er·ment** s Trennung f, Spaltung f.

dis·si·dence ['dɪsɪdəns] s **1.** Meinungsverschiedenheit f. **2.** *pol. relig.* Dissi'dententum n. **'dis·si·dent I** adj **1.** (**from**) andersdenkend (als), nicht über'einstimmend (mit), abweichend (von). **II** s **2.** Andersdenkende(r m) f. **3. ~** dissenter 2 a. **4.** *pol.* Dissi'dent(in), Re'gime-, Sy'stemkritiker(in).

dis·sim·i·lar [dɪ'sɪmɪlə(r)] adj (adv ~ly) verschieden (**to, from** von), unähnlich (**to** *dat*), ungleich(artig). ˌ**dis·sim·i-'lar·i·ty** [-'lærətɪ] s **1.** Unähnlichkeit f, Unähnliches, Ungleichheit f, Ungleichartigkeit f. **2.** 'Unterschied m.

dis·sim·i·late [dɪ'sɪmɪleɪt] v/t **1.** unähnlich machen. **2.** *ling.* dissimi'lieren. **3.** *biol.* dissimi'lieren, abbauen. ˌ**dis·sim·i'la·tion** s **1.** *ling.* Dissimilati'on f. **2.** *biol.* Dissimilati'on f, Kataboˈlismus m. ˌ**dis·si'mil·i·tude** [-'mɪlɪtjuːd; *Am.* a. -ˌtuːd] → dissimilarity.

dis·sim·u·late [dɪ'sɪmjʊleɪt] **I** v/t sich (*etwas*) nicht anmerken lassen, verbergen, verhehlen, e-e Krankheit dissimu'lieren. **II** v/i sich verstellen, heucheln. ˌ**dis**ˌ**sim·u'la·tion** s **1.** Verheimlichung f. **2.** Verstellung f. **3.** *med.* Dissimulati'on f. **dis'sim·u·la·tor** [-tə(r)] s Heuchler(in).

dis·si·pate ['dɪsɪpeɪt] **I** v/t **1.** zerstreuen (*a. phys.*): **to ~ the enemy forces**. **2.** *Nebel* zerteilen. **3.** *Sorgen etc* zerstreuen, verscheuchen, vertreiben. **4.** *Kräfte* verzetteln, vergeuden: **to ~ one's energies** s-e Kräfte *od.* sich verzetteln. **5.** *ein Vermögen etc* 'durchbringen, verprassen, verschwenden. **6.** *phys.* a) *Hitze* ableiten, b) *mechanische Energie etc* dissi'pieren, in 'Wärmener₁gie 'umwandeln. **II** v/i **7.** sich zerstreuen (*a. fig.*). **8.** sich zerteilen (*Nebel*). **9.** ein ausschweifendes *od.* zügelloses Leben führen. **'dis·si·pat·ed** adj ausschweifend: a) zügellos (*Leben*), b) leichtlebig (*Mensch*). **'dis·si·pat·er** s **1.** Verschwender m, Prasser m. **2.** ausschweifender *od.* leichtlebiger Mensch. **dis·si·pa·tion** [ˌdɪsɪ'peɪʃn] s **1.** Zerstreuung f (*a. phys. u. fig.*). **2.** Zerteilung f (*von Nebel*). **3.** Verzettelung f, Vergeudung f. **4.** 'Durchbringen n, Verprassen n. **5.** Ausschweifung f: **a life of ~** ein ausschweifendes *od.* zügelloses Leben. **6.** *phys.* a) Ableitung f, b) Dissipati'on f. **'dis·si·pa·tive** adj *phys.* a) ableitend, b) dissipa'tiv.

dis·so·ci·a·ble [dɪ'səʊʃjəbl; -ʃɪəbl] adj **1.** (ab)trennbar. **2.** unvereinbar. **3.** [-ʃəbl] ungesellig, nicht 'umgänglich. **4.** *chem.* dissozi'ierbar.

dis·so·cial [dɪ'səʊʃl] adj 'asozi₁al, gesellschaftsfeindlich.

dis·so·ci·ate [dɪ'səʊʃɪeɪt; -sɪ-] **I** v/t **1.** (ab)trennen, loslösen, absondern (**from** von). **2. ~ o.s.** sich trennen, sich lossagen, sich distan'zieren, abrücken

dissociation – distinguish

(from von). **3.** *chem.* dissozi'ieren, in I'onen *od.* A'tome aufspalten. **II** *v/i* **4.** sich (ab)trennen, sich loslösen. **5.** *chem.* dissozi'ieren, in I'onen zerfallen. **dis·so·ci·a·tion** [dɪˌsəʊsɪ'eɪʃn; -ʃɪ-] *s* **1.** (Ab)Trennung *f*, Loslösung *f*. **2.** Abrücken *n*. **3.** *chem.* Dissoziati'on *f*. **4.** *psych.* Dissoziati'on *f* (*Zerfall von zs.gehörigen Denk-, Handlungs- od. Verhaltensabläufen in Einzelheiten*). **dis·sol·u·bil·i·ty** [dɪˌsɒljʊ'bɪlətɪ; *Am.* dɪsˌaljə-] *s* **1.** Löslichkeit *f*. **2.** *fig.* Auflösbarkeit *f*, Trennbarkeit *f*. **dis'sol·u·ble** *adj* **1.** löslich. **2.** *jur.* auflösbar, aufhebbar; ~ **marriage**. **dis'sol·u·ble·ness** → dissolubility.
dis·so·lute ['dɪsəluːt] *adj* (*adv* ~ly) ausschweifend: a) zügellos (*Leben*), b) leichtlebig (*Person*). **'dis·so·lute·ness** *s* Zügellosigkeit *f*, Ausschweifung *f*, Leichtlebigkeit *f*.
dis·so·lu·tion [ˌdɪsə'luːʃn] *s* **1.** Auflösung *f* (*a. fig.*). **2.** *jur.* Annul'lierung *f*, Aufhebung *f*. **3.** Zersetzung *f*. **4.** Zerstörung *f*, Vernichtung *f*. **5.** Tod *m*.
dis·solv·a·ble [dɪ'zɒlvəbl; *Am. a.* dɪz'al-] → dissoluble.
dis·solve [dɪ'zɒlv; *Am. a.* dɪz'alv] **I** *v/t* **1.** auflösen (*a. fig.*): **to ~ sugar**; **to ~ Parliament**; **to ~ an assembly**; **to ~ a partnership**; **to ~ a marriage** e-e Ehe (auf)lösen *od.* scheiden; **to ~ in the mouth** Tablette etc im Mund zergehen lassen; ~d **in tears** in Tränen aufgelöst. **2.** schmelzen, verflüssigen. **3.** *jur.* annul'lieren, aufheben. **4.** auflösen, zersetzen. **5.** zerstören, vernichten. **6.** *ein Geheimnis, e-n Zauber* lösen. **7.** *Film:* über'blenden, inein'ander 'übergehen lassen. **II** *v/i* **8.** sich auflösen (*a. fig.*): **to ~ in the mouth** im Mund zergehen; **to ~ in(to) tears** in Tränen zerfließen. **9.** zerfallen. **10.** sich (in nichts) auflösen. **11.** *Film:* über'blenden, all'mählich inein'ander 'übergehen. **III** *s* **12.** *Film:* Über'blendung *f*. **dis'sol·vent I** *adj* **1.** (auf)lösend. **2.** zersetzend. **II** *s* **3.** *chem. tech.* Lösungsmittel *n*: **to act as a** ~ (up)on (*od.* **to**) **s.th.** *fig.* auflösend auf etwas wirken. **dis'solv·ing** *adj* **1.** (auf)lösend. **2.** sich auflösend. **3.** löslich. ~ **shut·ter** *s phot.* Über'blendverschluß *m*, Über'blendungsblende *f*.
dis·so·nance ['dɪsənəns], *a.* **'dis·sonan·cy** *s* Disso'nanz *f*: *a. mus.* 'Mißklang *m* (*a. fig.*), *b. fig.* Unstimmigkeit *f*. **'dis·so·nant** *adj* (*adv* ~ly) **1.** *mus.* disso'nant (*a. fig.*), disso'nierend. **2.** 'mißtönend. **3.** *fig.* unstimmig.
dis·suade [dɪ'sweɪd] *v/t* **1.** j-m abraten (from von): **to ~ s.o. from doing s.th.** j-m (davon) abraten, etwas zu tun. **2.** j-n abbringen (from von). **3.** abraten von: **to ~ a course of action**. **dis'suad·er** *s* Abratende(r *m*) *f*, Warner(in). **dis'suasion** [-ʒn] *s* **1.** Abraten *n*. **2.** Abbringen *n*. **3.** warnender Rat. **dis'sua·sive** [-sɪv] *adj* (*adv* ~ly) abratend.
dis·syl·lab·ic, dis·syl·la·ble → disyllabic, disyllable.
dis·sym·met·ric [ˌdɪsɪ'metrɪk] *adj*, **ˌdis·sym'met·ri·cal** *adj* (*adv* ~ly) **1.** asym'metrisch, 'unsym,metrisch. **2.** enantio'morph (*Kristall*). **ˌdis'symme·try** [-'sɪmɪtrɪ] *s* Asymme'trie *f*.
dis·taff ['dɪstɑːf; *Am.* -tæf] *s* **1.** (Spinn-) Rocken *m*, Kunkel *f*. **2.** *fig.* Frauenarbeit *f*. ~ **side** *s* weibliche Linie (*e-r Familie*).
dis·tal ['dɪstl] *adj anat.* di'stal (*weiter von der Körpermitte entfernt liegend als andere Körperteile*).
dis·tance ['dɪstəns] **I** *s* **1.** Entfernung *f* (from von): **at a** ~ a) in einiger Entfernung, b) von weitem, von fern; **a good** ~ **off** ziemlich weit entfernt; **at an equal** ~

gleich weit (entfernt); **from a** ~ aus einiger Entfernung. **2.** Ferne *f*: **from (in) the** ~ aus (in) der Ferne. **3.** Zwischenraum *m*, Abstand *m* (**between** zwischen *dat*). **4.** Entfernung *f*, Strecke *f*: **the** ~ **covered** die zurückgelegte Strecke; ~ **of vision** Sehweite *f*; **to go the** ~ *fig.* durchhalten, über die Runden kommen. **5.** (zeitlicher) Abstand, Zeitraum *m*. **6.** *fig.* Abstand *m*, Entfernung *f*, Entferntheit *f*. **7.** *fig.* Ferne *f*, Abstand *m*, Zu'rückhaltung *f*: **to keep s.o. at a** ~ j-m gegenüber reserviert sein, sich j-n vom Leib halten; **to keep one's** ~ zu'rückhaltend sein, (die gebührende) Distanz wahren; **to know one's** ~ wissen, wie weit man gehen darf. **8.** *paint. etc* a) Perspek'tive *f*, b) *a. pl* 'Hintergrund *m*, c) Ferne *f*. **9.** *mus.* Inter'vall *n*. **10.** *sport* a) Di'stanz *f*, Strecke *f*, b) *fenc., Boxen:* Di'stanz *f* (*zwischen den Gegnern*), c) *Leichtathletik:* Langstrecke *f*: ~ **race** Langstreckenlauf *m*; ~ **runner** Langstreckenläufer(in), Langstreckler(in). **II** *v/t* **11.** über'holen, (weit) hinter sich lassen, *sport a.* distan'zieren. **12.** *fig.* über'flügeln, -'treffen. **13. to ~ o.s. from** sich distanzieren von. **'dis·tanced** *adj fig.* distan'ziert: ~ **attitude**.
'dis·tance| scale *s tech.* Entfernungsskala *f* (*an Meßgeräten*). ~ **shot** *s phot.* Fernaufnahme *f*.
dis·tant ['dɪstənt] *adj* (*adv* ~ly) **1.** entfernt, weit (from von): **some miles** ~; ~ **relation** entfernte(r) *od.* weitläufige(r) Verwandte(r); ~ **resemblance** entfernte *od.* schwache Ähnlichkeit; **a** ~ **dream** ein vager Traum, e-e schwache Aussicht. **2.** fern (*a. zeitlich*): ~ **countries**; ~ **times**. **3.** (weit) vonein'ander entfernt. **4.** (**from**) abweichend (von), ander(er, e, es) (als). **5.** kühl, abweisend, zu'rückhaltend, distan'ziert: ~ **politeness**. **6.** weit, in große(r) Ferne: ~ **voyage** Reise *f* in die Ferne. **7.** Fern...: ~ **action** Fernwirkung *f*; ~ (**block**) **signal** *rail.* Vorsignal *n*; ~ **control** Fernsteuerung *f*; ~ **heating** Fernheizung *f*; ~ **reading** Fernablesung *f*; ~ **reconnaissance** *mil.* strategische Aufklärung *f*.
dis·taste [ˌdɪs'teɪst] *s* **1.** Ekel *m* (**for** vor). **2.** *fig.* 'Widerwille *m*, Abneigung *f* (**for** gegen). **dis'taste·ful** *adj* (*adv* ~ly) **1.** ekelerregend. **2.** *fig.* unangenehm: **to be** ~ **to s.o.** j-m zuwider sein.
dis·tem·per[1] [dɪ'stempə(r)] **I** *s* **1.** *obs.* üble Laune. **2.** *vet. a.* Staupe *f* (*bei Hunden*), b) Druse *f* (*bei Pferden*). **3.** *obs.* Krankheit *f*, Unpäßlichkeit *f*. **4.** *obs.* (po'litische) Unruhe(n *pl*). **II** *v/t* **5.** *obs.* körperliche Funktionen stören, den Geist zerrütten, j-n krank machen. **6.** *obs.* j-n verstimmen.
dis·tem·per[2] [dɪ'stempə(r)] **I** *s* **1.** 'Temperaleˌrei *f* (*Technik od. Gemälde*). **2.** a) Temperafarbe *f*, b) Leimfarbe *f*: **to paint in** ~. **II** *v/t* **3.** mit Tempera- *od.* Leimfarbe malen.
dis·tend [dɪ'stend] **I** *v/t* **1.** (aus)dehnen. **2.** *Bauch etc* aufblähen. **3.** *fig.* über'treiben, über'trieben darstellen. **II** *v/i* **4.** sich (aus)dehnen. **5.** sich aufblähen. **6.** sich weiten (**with** vor *dat*) (*Augen*).
dis·ten·si·bil·i·ty [dɪˌstensə'bɪlətɪ] *s* (Aus)Dehnbarkeit *f*. **dis'ten·si·ble** *adj* (aus)dehnbar. **dis'ten·sion, dis'ten·sion** [-ʃn] *s* **1.** (Aus)Dehnung *f*. **2.** Aufblähung *f*.
dis·tich ['dɪstɪk] *s metr.* **1.** Distichon *n* (*Verspaar*). **2.** gereimtes Verspaar. **'distich·ous** *adj bot.* di'stich, zweireihig.
dis·til, *Am.* **dis·till** [dɪ'stɪl] **I** *v/t* **1.** *chem. tech.* a) ('um)destilˌlieren, abziehen, b) entgasen, schwelen, c) 'ab-, her'ausdestillieren (**from** aus), d) ~ **off**, ~ **out** 'ausdestilˌlieren, abtreiben. **2.** Branntwein

brennen (**from** aus). **3.** *fig. das Wesentliche etc* her'ausdestilˌlieren, -'arbeiten (**from** aus). **4.** her'abtropfen *od.* -'tröpfeln lassen: **to be distilled** sich niederschlagen (**on** auf *dat*). **II** *v/i* **5.** *chem. tech.* destilˌlieren. **6.** sich (all'mählich) konden'sieren. **7.** her'abtröpfeln, -tropfen. **8.** sich in Tropfen ausscheiden. **9.** *fig.* sich her'auskristalliˌsieren. **dis'til·lable** *adj chem. tech.* destilˌlierbar.
dis·til·late ['dɪstɪlɪt; -leɪt] *s chem. tech.* Destil'lat *n* (**from** aus) (*a. fig.*). **ˌdis·til'la·tion** [-'leɪʃn] *s* **1.** *chem. tech.* Destillati'on *f*: **destructive** ~ Zersetzungsdestillation; **dry** ~ Trockendestillation; **vacuum** ~ Vakuumdestillation. **2.** *chem. tech.* Destil'lat *n*. **3.** Brennen *n* (*von Branntwein*). **4.** Ex'trakt *m*, Auszug *m*. **5.** *fig.* 'Quintes,senz *f*, Wesen *n*, Kern *m*. **dis'till·er** *s* **1.** *chem. tech.* Destil'lierappa,rat *m*. **2.** Destilla'teur *m*, Branntweinbrenner *m*. **dis'till·er·y** [-ərɪ] *s* **1.** ('Branntwein)Brenneˌrei *f*. **2.** Destil'lieranlage *f*.
dis'till·ing flask *s chem. tech.* Destil'lierkolben *m*.
dis·tinct [dɪ'stɪŋkt] *adj* (*adv* → distinctly) **1.** ver-, unter'schieden (**from** von): **as** ~ **from** im Unterschied zu, zum Unterschied von. **2.** einzeln, (vonein'ander) getrennt, (ab)gesondert. **3.** verschiedenartig. **4.** ausgeprägt, charakte'ristisch. **5.** klar, deutlich, eindeutig, bestimmt, entschieden, ausgesprochen: **to have the** ~ **feeling** that das bestimmte Gefühl haben, daß; **to have a** ~ **preference for** e-e ausgesprochene Vorliebe haben für; **a** ~ **pronunciation** e-e deutliche Aussprache. **6.** scharf: ~ **vision**.
dis·tinc·tion [dɪ'stɪŋkʃn] *s* **1.** Unter'scheidung *f*: **a** ~ **without a difference** e-e spitzfindige Unterscheidung, ein nur nomineller Unterschied. **2.** 'Unterschied *m*: **in** ~ **from** im Unterschied zu, zum Unterschied von; **to draw** (*od.* **make**) **a** ~ **between** e-n Unterschied machen *od.* unterscheiden zwischen (*dat*); **without** ~ **of person(s)** ohne Unterschied der Person. **3.** Unter'scheidungsmerkmal *n*, Kennzeichen *n*. **4.** Auszeichnung *f*: a) Ehrung *f*, b) Ehrenzeichen *n*. **5.** Ruf *m*, Ruhm *m*, Ehre *f*. **6.** her'vorragende Eigenschaft *f*. **7.** (hoher) Rang. **8.** Vornehmheit *f*, Würde *f*. **9.** → distinctiveness.
dis·tinc·tive [dɪ'stɪŋktɪv] *adj* (*adv* ~ly) **1.** unter'scheidend, Unterscheidungs..., Erkennungs...: → feature **3**. **2.** kennzeichnend, bezeichnend, charakte'ristisch (**of** für), besonder(er, e, es), ausgeprägt, spe'zifisch, unverwechselbar: **to be** ~ **of s.th.** etwas kennzeichnen. **dis'tinc·tive·ness** *s* **1.** charakte'ristische Eigenart, Besonderheit *f*. **2.** Deutlichkeit *f*, Klarheit *f*. **dis'tinct·ly** *adv* deutlich, eindeutig, ausgesprochen. **dis'tinctness** *s* **1.** Deutlichkeit *f*, Klarheit *f*, Bestimmtheit *f*. **2.** Verschiedenheit *f* (**from** von). **3.** Getrenntheit *f*. **4.** Verschiedenartigkeit *f*.
dis·tin·gué [dɪ'stæŋgeɪ] *adj* distingu'iert, vornehm.
dis·tin·guish [dɪ'stɪŋgwɪʃ] **I** *v/t* **1.** unter'scheiden (**from** von): **as** ~**ed from** im Unterschied zu, zum Unterschied von; **only their clothes** ~ **them** sie unterscheiden sich nur durch ihre Kleidung. **2.** unter'scheiden, ausein'anderhalten: **he can't** ~ **right from** (*od.* **and**) **wrong** er kann Recht nicht von Unrecht unterscheiden, er kann Recht u. Unrecht nicht auseinanderhalten. **3.** (deutlich) wahrnehmen, erkennen, ausmachen. **4.** einteilen (**into** in *acc*). **5.** kennzeichnen, charakteri'sieren: → **distinguishing**. **6.** auszeichnen: **to ~ o.s.** sich auszeich-

nen (a. iro.); **to be ~ed by s.th.** sich durch etwas auszeichnen. **II** v/i **7.** unter-'scheiden, 'Unterschiede od. e-n Unterschied machen (**between** zwischen *dat*). **8. he can't ~ between right and wrong** er kann Recht nicht von Unrecht unterscheiden, er kann Recht u. Unrecht nicht auseinanderhalten. **dis'tin-guish-a-ble** *adj* (*adv* **distinguishably**) **1.** unter-'scheidbar (**from** von). **2.** wahrnehmbar, erkennbar, auszumachen(d). **3.** kenntlich (**by** an *dat*, durch). **4.** einteilbar (**into in** *acc*). **dis'tin-guished** [-gwɪʃt] *adj* **1.** sich unter'scheidend (**by** durch). **2.** kenntlich (**by** an *dat*, durch). **3.** bemerkenswert (**for** wegen; **by** durch). **4.** her'vorragend, ausgezeichnet. **5.** berühmt (**for** wegen). **6.** distingu'iert, vornehm. **dis'tin-guish-ing** *adj* charakte'ristisch, kennzeichnend, Unterscheidungs...: **~ mark** Kennzeichen *n*.

di-stom-a-tous [daɪ'stəʊmətəs] *adj* zo. zweimäulig. **dis-tome** ['dɪstəʊm; 'daɪ-] *s zo.* (ein) Saugwurm *m*, bes. Leberegel *m*.

dis-tort [dɪ'stɔː(r)t] v/t **1.** verdrehen, verbiegen, verrenken. **2.** *das Gesicht etc* verzerren: **~ed with** (*od.* **by**) **pain** schmerzverzerrt; **~ing mirror** Vexier-, Zerrspiegel *m*. **3.** tech. verdrehen, verwinden, verspannen, verzerren. **4.** *Tatsachen etc* verdrehen, entstellen, verzerren. **dis'tort-ed-ly** *adv* entstellt, verdreht. **dis'tor-tion** [dɪ'stɔː(r)ʃn] *s* **1.** Verdrehung *f.* **2.** Verzerrung *f (a. electr.*): **~ corrector** electr. Entzerrer *m*; **~ factor** electr. Klirrfaktor *m*; **~ of competition** econ. Wettbewerbsverzerrung. **3.** tech. Formänderung *f*, Verwindung *f.* **4.** opt. Verzeichnung *f.* **5.** fig. Verdrehung *f*, Entstellung *f.*

dis-tract [dɪ'strækt] v/t **1.** *j-s Aufmerksamkeit, e-e Person etc* ablenken (**from** von). **2.** *j-n* zerstreuen. **3.** verwirren. **4.** aufwühlen, erregen. **5.** beunruhigen, quälen. **6.** *meist pp* rasend machen, zur Rase'rei treiben: → **distracted** 3. **dis'tract-ed** *adj* (*adv* **~ly**) **1.** verwirrt. **2.** beunruhigt, besorgt. **3.** (**with, by**) a) außer sich (vor *dat*), b) wahnsinnig (vor *Schmerzen etc*). **dis'trac-tion** [-kʃn] *s* **1.** Ablenkung *f.* **2.** oft pl Zerstreuung *f*, Ablenkung *f*, Unter'haltung *f.* **3.** Zerstreutheit *f.* **4.** Verwirrung *f.* **5.** (heftige) Erregung. **6.** Verzweiflung *f.* **7.** Wahnsinn *m*, Rase'rei *f*: **~ to** bis zur Raserei; **to drive s.o. to ~** j-n zur Raserei *od.* zum Wahnsinn treiben; **to love to ~** rasend *od.* bis zum Wahnsinn lieben.

dis-train [dɪ'streɪn] v/t u. v/i (**~ on, upon**) *jur.* bewegliche Sachen a) (als Sicherheit für die Bezahlung e-r Schuld) in Beschlag nehmen, b) (*im Wege der Selbsthilfe*) mit Beschlag belegen. **dis'train-a-ble** *adj jur.* mit Beschlag belegbar. **dis-train'ee** [-'niː] *s jur. j-d, dessen bewegliche Sachen mit Beschlag belegt werden.* **dis'train-er** [-nə(r)], **dis'trai-nor** [ˌdɪstreɪ'nɔː(r)] *s jur. j-d, für dessen Forderungen Beschlag belegt.* **dis'traint** [dɪ'streɪnt] *s jur.* a) Inbe'sitznahme *f*, b) Beschlagnahme *f.*

dis-trait [dɪ'streɪ] *adj* zerstreut.
dis-traught [dɪ'strɔːt] → **distracted**.
dis-tress [dɪ'stres] **I** *s* **1.** Qual *f*, Pein *f*, Schmerz *m*. **2.** Leid *n*, Kummer *m*, Sorge *f.* **3.** Not *f*, Elend *n*: → **brother** 3. **4.** Notlage *f*, Notstand *m*: **~ merchandise** *Am.* im Notverkauf abgesetzte Ware; **~ sale** *Am.* Notverkauf *m*. **5.** *mar.* Seenot *f*: **in ~** in Seenot; **~ call** Notruf *m*, SOS-Ruf *m*; **~ flag** Notflagge *f*; **~ rocket** Notrakete *f*; **~ signal** Notsignal *n*, -zeichen *n*. **6.** *jur.* a) → **distraint**, b) mit Beschlag belegte bewegliche Sache. **II** v/t

7. quälen, peinigen. **8.** bedrücken, mit Sorge erfüllen, beunruhigen: **to ~ o.s. about** sich sorgen um. **9.** betrüben. **10.** ins Elend bringen. **11.** *j-n* erschöpfen. **12.** → **distrain**. **dis'tressed** [-strest] *adj* **1.** (**about**) beunruhigt (über *acc*, wegen), besorgt (um). **2.** betrübt. **3.** notleidend, in Not: **~ area** *Br.* Notstandsgebiet *n*; **~ ships** Schiffe in Seenot. **4.** erschöpft. **dis'tress-ful** *adj* (*adv* **~ly**) → **distressing**. **dis'tress-ing** *adj* (*adv* **~ly**) **1.** quälend. **2.** bedrückend.

dis-trib-ut-a-ble [dɪ'strɪbjʊtəbl] *adj* **1.** verteilbar, austeilbar. **2.** zu verteilen(d). **dis'trib-u-tar-y** [-təri; *Am.* -ˌteri:] *s geogr.* abzweigender Flußarm, bes. Deltaarm *m*. **dis'trib-ute** [-bjuːt; *Am.* -jət] v/t **1.** ver-, austeilen (**among** unter *dat od. acc*; **to an** *acc*): **~d charge** *mil.* gestreckte Ladung. **2.** zuteilen (**to dat**): **to ~ justice** *fig.* Recht sprechen. **3.** econ. a) Waren vertreiben, absetzen, b) Filme verleihen, c) e-e Dividende, Gewinne ausschütten. **4.** *Post* zustellen. **5.** ver-, ausbreiten, *Samen etc* aussetzen, *Farbe etc* verteilen. **6.** ab-, einteilen (**into in** *acc*), *mil. Truppen* gliedern. **7.** *print.* a) den Satz ablegen, b) Farbe auftragen. **8.** *philos.* e-n Ausdruck in s-r vollen logischen Ausdehnung anwenden. **dis-ˌtrib-u'tee** [-'tiː] *s* **1.** *j-d*, dem etwas zugeteilt wird. **2.** *jur. bes. Am.* Erbe *m*, Erbin *f.* **dis'trib-ut-er** → **distributor**. **dis'trib-ut-ing| a-gent** *s econ.* (Großhandels)Vertreter *m*, Abzweigkasten *m*, -dose *f.* **~ le-ver** *s tech.* Steuerhebel *m*. **~ pipe** *s tech.* Verteilungsrohr *n*. **~ ta-ble** *s print.* Farb(e)tisch *m*.

dis-tri-bu-tion [ˌdɪstrɪ'bjuːʃn] *s* **1.** Ver-, Austeilung *f.* **2.** *electr. phys. tech.* a) Verteilung *f*, b) Verzweigung *f*: **~ of current** Stromverteilung. **3.** Ver-, Ausbreitung *f (a. biol.).* **4.** Einteilung *f*, *a. mil.* Gliederung *f.* **5.** a) Zuteilung *f*, b) Gabe *f*, Spende *f*: **charitable ~s** milde Gaben. **6.** *econ.* a) Vertrieb *m*, Absatz *m*, b) Verleih *m* (*von Filmen*), c) Ausschüttung *f* (*von Dividenden, Gewinn*). **7.** Aussetzen *n* (*von Samen etc*), Verteilen *n*, Verteilung *f* (*von Farben etc*). **8.** *philos.* Anwendung *f* (*e-s Begriffes*) in s-r vollen logischen Ausdehnung. **9.** *print.* a) Ablegen *n* (*des Satzes*), b) Auftragen *n* (*von Farbe*). **~ curve** *s* Verteilungskurve *f.* **~ func-tion** *s math.* Ver'teilungsfunkti̱on *f.*

dis-trib-u-tive [dɪ'strɪbjʊtɪv] **I** *adj* **1.** aus-, zu-, verteilend, Verteilungs...: **~ agency** *econ.* Vertriebsagentur *f*, Vertretung *f*; **~ share** *jur. Am.* gesetzliches Erbteil; **~ justice** ausgleichende Gerechtigkeit. **2.** jeden einzelnen betreffend. **3.** *ling. math.* distribu'tiv, Distributiv... **4.** *philos.* in s-r vollen logischen Ausdehnung angewendet (*Begriff*). **II** *s* **5.** *ling.* Distribu'tivum *n*, Verteilungszahlwort *n*. **dis'trib-u-tive-ly** *adv* im einzelnen, auf jeden bezüglich. **dis'trib-u-tor** [-tə(r)] *s* **1.** Verteiler *m*. **2.** *econ.* a) Großhändler *m*, b) Gene'ralvertreter *m*, c) *pl (Film)*Verleih *m*. **3.** *tech.* Verteiler *m (Gerät)*: **manure ~** Düngerstreumaschine *f.* **4.** *electr.* (Zünd-) Verteiler *m*: **~ cable** Zündkabel *n*; **~ shaft** Verteilerwelle *f.* **5.** *tech.* Verteilerdüse *f.*

dis-trict ['dɪstrɪkt] *s* **1.** Di'strikt *m*, (Verwaltungs)Bezirk *m*, Kreis *m*. **2.** (Stadt-) Bezirk *m*, (-)Viertel *n*. **3.** Gegend *f*, Gebiet *n*, Landstrich *m*. **~ at-tor-ney** *s jur. Am.* Staatsanwalt *m*. **~ coun-cil** *s Br. od. Austral.* Bezirksrat *m*. **~ court** *s jur. Am.* (Bundes)Bezirksgericht *n*. **~ heat-ing** *s* Fernheizung *f.* **~ judge** *s jur. Am.* Richter *m* an e-m (Bundes)Bezirksgericht. **~**

man-ag-er *s econ.* Be'zirksdiˌrektor *m*. **~ nurse** *s* Gemeindeschwester *f.*

dis-trust [dɪs'trʌst] **I** *s* 'Mißtrauen *n*, Argwohn *m* (**of** gegen): **to have a ~ of s.o.** j-m mißtrauen; **with ~** mißtrauisch, argwöhnisch. **II** v/t miß'trauen (*dat*), 'mißtrauisch *od.* argwöhnisch sein gegen'über. **dis'trust-ful** *adj* (*adv* **~ly**) 'mißtrauisch, argwöhnisch (**of** gegen'über): **to be ~ of** → **distrust** II; **to be ~ of o.s.** gehemmt sein, kein Selbstvertrauen haben. **dis'trust-ful-ness** → **distrust** I.

dis-turb [dɪs'tɜːb; *Am.* dɪs'tɜrb] **I** v/t *allg.* stören (*a. electr. math. meteor. tech.*): a) behindern: **to ~ the traffic**, b) belästigen, c) beunruhigen: **~ed at** beunruhigt über (*acc*), d) aufschrecken, aufscheuchen, e) durchein'anderbringen, in Unordnung bringen: **to ~ the peace** *jur.* die öffentliche Sicherheit u. Ordnung stören. **II** v/i stören: "**please do not ~**" "bitte nicht stören". **dis'turb-ance** *s* **1.** Störung *f (a. electr. tech. etc)*: a) Behinderung *f*; **~ of circulation** *med.* Kreislaufstörung; **sleep ~** (Ein-, Durch-) Schlafstörung, b) Belästigung *f*, c) Beunruhigung *f*, d) *psych.* (seelische) Erregung, Aufregung *f*, e) Aufscheuchen *n*. **2.** a) (*politische etc*) Unruhe, b) Ruhestörung *f*: **to cause** (*od.* **create**) **a ~** für Unruhe sorgen; ruhestörenden Lärm machen. **3. ~ of the peace** *jur.* Störung *f* der öffentlichen Sicherheit u. Ordnung. **4.** Durchein'ander *n*, Unordnung *f.* **5.** *geol.* Faltung *f.* **6. ~ of possession** *jur.* Besitzstörung *f.* **dis'turb-er** *s* **1.** Störer(in), Störenfried *m*. **2.** Unruhestifter(in). **dis'turb-ing** *adj* (*adv* **~ly**) **1.** störend. **2.** beunruhigend (**to** für): **~ news**.

di-sul-fate [daɪ'sʌlfeɪt] *s chem.* **1.** 'Pyrosulˌfat *n*. **2.** Bisul'fat *n*. **di'sul-fide** [-faɪd] *s chem.* Bisul'fid *n*. **di'sul-phate**, *etc bes. Br.* für **disulfate**, *etc*.

dis-un-ion [ˌdɪs'juːnjən; *Am. a.* dɪʃ-] *s* **1.** Trennung *f*, Spaltung *f.* **2.** Uneinigkeit *f*, Zwietracht *f.* **ˌdis'un-ion-ism** *s pol.* Spaltungsbewegung *f.* **ˌdis'un-ion-ist** *s pol.* **1.** Befürworter *m* e-r Spaltung. **2.** *hist. Am.* Sezessio'nist *m*.

dis-u-nite [ˌdɪsju:'naɪt; *Am. a.* dɪʃ-] **I** v/t trennen, spalten, entzweien: **~d** entzweit, verfeindet, in Unfrieden lebend. **II** v/i sich trennen, sich spalten. **ˌdis'u-ni-ty** [-nəti] *s* Uneinigkeit *f*, Zwietracht *f.*

dis-use *s* [ˌdɪs'juːs; *Am. a.* dɪʃ-] a) Nichtgebrauch *m*, -verwendung *f*, -benutzung *f*, b) Aufhören *n (e-s Brauchs)*: **to fall into ~** außer Gebrauch kommen, ungebräuchlich werden. **II** v/t [-z] nicht mehr gebrauchen *od.* benutzen. **ˌdis'used** [-zd] *adj* nicht mehr benutzt (*Maschine etc*), stillgelegt (*Bergwerk etc*), leerstehend (*Haus*).

dis-yl-lab-ic [ˌdɪsɪ'læbɪk; ˌdaɪ-] *adj* zweisilbig. **di-syl-la-ble** [dɪ'sɪləbl; daɪ-] *s* zweisilbiges Wort.

ditch [dɪtʃ] **I** *s* **1.** Graben *m*: **to die in the last ~** bis zum letzten Atemzug kämpfen (*a. fig.*). **2.** Abzugs-, Drä'niergraben *m*. **3.** Straßengraben *m*. **4.** Bewässerungs-, Wassergraben *m*. **5.** *aer. sl.* 'Bach' *m (Meer, Gewässer)*. **II** v/t **6.** mit e-m Graben um'geben *od.* versehen. **7.** Gräben ziehen durch *od.* in (*dat*). **8.** durch Abzugsgräben entwässern. **9.** *Fahrzeug* in den Straßengraben fahren: **to be ~ed** a) im Straßengraben landen, b) *bes. Am.* entgleisen (*Zug*). **10.** *sl.* a) *Wagen etc* stehenlassen, b) *j-m* entwischen, c) dem *Freund etc* den 'Laufpaß' geben, d) etwas 'wegschmeißen', e) *Am.* die Schule 'schwänzen': **to ~ school**. **11.** *aer. sl.* die

Maschine im ‚Bach' landen. **III** *v/i* **12.** e-n Graben *od.* Gräben ziehen. **13.** *aer. sl.* im ‚Bach' landen.
'**ditch·er** *s* **1.** Grabenbauer *m.* **2.** *tech.* 'Grabma¦schine *f*, Tieflöffelbagger *m.*
ditch|moss *s bot.* Wasserpest *f.* '**~water** *s* abgestandenes (fauliges) Wasser: **(as)** dull as ~ *colloq.* ‚stinklangweilig'.
dith·er ['dɪðə(r)] **I** *v/i* **1.** (*bes.* vor Kälte) zittern. **2.** schwanken, sich nicht entscheiden können (**between** zwischen *dat*). **3.** aufgeregt sein. **II** *s* **4.** Schwanken *n.* **5.** Aufregung *f:* to throw into a ~ in Aufregung versetzen; to be all of a ~, to be in a ~, *bes. Br. colloq.* to have the ~s aufgeregt sein.
dith·y·ramb ['dɪθɪræmb; -ræm] *s* **1.** *antiq.* Dithy'rambe *f*, Dithy'rambus *m* (*kultisches Weihelied auf Dionysos*). **2.** Lobeshymne *f:* to go into ~s over Lobeshymnen anstimmen auf (*acc*).
‚**dith·y'ram·bic** [-bɪk] *adj (adv ~ally)* **1.** *antiq.* dithy'rambisch. **2.** enthusi'astisch, 'überschwenglich.
dit·o·kous ['dɪtəkəs] *adj zo.* **1.** a) Zwillinge werfend, b) zwei Eier legend. **2.** zwei Arten Junge werfend.
dit·ta·ny ['dɪtənɪ] *s bot.* Kretischer Diptam, Diptamdost *m.*
dit·to ['dɪtəʊ] **I** *pl* **-tos** *s* **1.** Dito *n*, (*das*) Besagte *od.* Erwähnte *od.* Gleiche, das'selbe: ~ marks Dito-, Wiederholungszeichen *pl;* to say ~ to s.o. *colloq.* j-m beipflichten. **2.** *colloq.* Dupli'kat *n*, Ko'pie *f:* he's the ~ of his father er ist ganz der Vater. **II** *adv* dito, des'gleichen. **4.** ebenso, ebenfalls. **III** *v/t colloq.* **5.** vervielfältigen. **6.** wieder'holen. **IV** *v/i* **7.** *colloq.* das'selbe tun *od.* sagen.
dit·tog·ra·phy [dɪ'tɒgrəfɪ; *Am.* -'ta-] *s* Dittogra'phie *f* (*fehlerhafte Wiederholung von Buchstaben od. Buchstabengruppen in Texten*).
dit·ty ['dɪtɪ] *s* Liedchen *n.*
dit·ty|bag *s mar.* Uten'silienbeutel *m.* ~ **box** *s mar.* Uten'silienkasten *m.*
di·u·re·sis [‚daɪjʊ'riːsɪz; *Am. a.* ‚daɪə-] *s med.* Diu'rese *f*, ('übermäßige) Harnausscheidung. ‚**di·u'ret·ic** [-'retɪk] *med.* **I** *adj (adv ~ally)* diu'retisch, harntreibend: ~ **tea** Blasentee *m.* **II** *s* Diu'retikum *n*, harntreibendes Mittel.
di·ur·nal [daɪ'ɜːnl; *Am.* -'ɜːrnl] **I** *adj (adv ~ly)* **1.** täglich ('wiederkehrend), Tag(es)... **2.** *bot.* sich nur bei Tag entfaltend. **3.** *zo.* 'tagak¦tiv. **II** *s* **4.** *R.C.* Diur'nale *n* (*Brevier für die Tageszeiten*). **5.** *obs.* Tagebuch *n.* ~ **arc** *s astr.* Tagbogen *m.* ~ **cir·cle** *s* **1.** *astr.* Tagkreis *m.* **2.** *mar.* 'Abweichungsparal¦lel *m.*
di·va ['diːvə] *pl* **-vas, -ve** [-vɪ; *Am.* -‚veɪ] *s* Diva *f*, Prima'donna *f.*
di·va·gate ['daɪvəgeɪt] *v/i* **1.** her'umwandern. **2.** abschweifen (**from** von), nicht bei der Sache bleiben. **3.** sich abkehren (**from** von). ‚**di·va'ga·tion** *s* **1.** Abschweifung *f*, Ex'kurs *m.* **2.** Abkehr *f* (**from** von).
di·va·lent ['daɪ‚veɪlənt] → bivalent.
di·van [dɪ'væn; 'daɪvæn] *s* **1.** a) Diwan *m*, b) *a.* ~ **bed** Bettcouch *f.* **2.** (*im Orient*) Diwan *m:* a) Staatsrat, b) Ratszimmer, c) Regierungskanzlei, d) Gerichtssaal, e) Empfangshalle, f) großes öffentliches Gebäude. **3.** Diwan *m*, orien'talische Gedichtssammlung.
dive[1] [daɪv] **I** *v/i pret* **dived,** *Am. a.* **dove** [dəʊv], *pp* **dived 1.** tauchen (**for** nach; **into** *acc*): to ~ **into a book** *colloq.* sich in ein Buch vertiefen; to ~ **into the crowd** *colloq.* in der Menge untertauchen *od.* verschwinden; to ~ **into one's pocket** *colloq.* (mit der Hand) in die Tasche fahren; to ~ **into a new profession** *colloq.* sich in e-n neuen Beruf stürzen. **2.** ('unter)tauchen (*a. U-Boot*). **3.** a) e-n Hecht- *od.* Kopfsprung machen, b) *Wasserspringen:* springen, c) *bes. sport* sich werfen, hechten (**for the ball** nach dem Ball): **to ~ for cover** sich in Deckung werfen. **4.** *aer.* e-n Sturzflug machen. **5.** *colloq.* fallen, ‚absacken' (**to** auf *acc*) (*Thermometer etc*). **6.** ~ **in** *colloq.* (*beim Essen*) ‚reinhauen'. **II** *v/t* **7.** to ~ **one's hand into one's pocket** *colloq.* mit der Hand in die Tasche fahren. **III** *s* **8.** ('Unter)Tauchen *n*, *mar. a.* 'Unterwasser-, 'Tauchfahrt *f:* **to take a ~** *sl.* a) (*Boxen*) e-n K.O. *od.* Niederschlag vortäuschen, b) (*Fußball*) ‚e-e Schwalbe bauen' (*sich spektakulär fallen lassen*). **9.** a) Kopfsprung *m*, Hechtsprung *m* (*a. des Torwarts etc*): **to make a ~ for the ball** nach dem Ball hechten; **to make a ~ for cover** sich in Deckung werfen, b) *Wasserspringen:* Sprung *m.* **10.** *aer.* Sturzflug *m.* **11.** *colloq.* ‚Spe'lunke' *f.*
di·ve[2] ['diːvɪ; *Am.* -‚veɪ] *pl von* **diva**.
'**dive|-bomb** *v/t u. v/i* im Sturzflug mit Bomben angreifen. ~ **bomb·er** *s* Sturzkampfflugzeug *n*, Sturzbomber *m*, Stuka *m.*
'**div·er** *s* **1.** Taucher(in). **2.** *sport* Wasserspringer(in). **3.** *zo.* a) (*ein*) Seetaucher *m*, b) (*ein*) Tauchvogel *m*, *bes.* Steißfuß *m*, Alk *m*, Pinguin *m.*
di·verge [daɪ'vɜːdʒ; dɪ-; *Am.* -'vɜːrdʒ] **I** *v/i* **1.** diver'gieren (*a. math. phys.*), auseinander¦gehen, -laufen, sich (vonein'ander) trennen: **diverging lens** *opt.* Zerstreuungslinse *f.* **2.** abzweigen (**from** von). **3.** (**von der Norm**) abweichen. **4.** verschiedener Meinung sein. **II** *v/t* **5.** diver'gieren lassen. **6.** ablenken. **di'ver·gence, di'ver·gen·cy** *s* **1.** *bot. math. opt. phys.* Diver'genz *f.* **2.** Ausein'andergehen *n*, -laufen *n.* **3.** Abzweigung *f.* **4.** Abweichung *f* (**von der Norm**). **5.** Meinungsverschiedenheit *f.* **di'ver·gent** *adj (adv ~ly)* **1.** diver'gierend (*a. math. phys.*). **2.** *opt.* Zerstreuungs... **3.** ausein'andergehend, -laufend. **4.** (**von der Norm**) abweichend.
di·vers ['daɪvəs; *Am.* -vərz] *adj obs.* **1.** di'verse, etliche, mehrere. **2.** → **diverse** 1.
di·verse [daɪ'vɜːs; *Am.* -'vɜːrs] *adj (adv ~ly)* **1.** verschieden, ungleich, andersartig. **2.** mannigfaltig.
di·ver·si·fi·ca·tion [daɪ‚vɜːsɪfɪ'keɪʃn; dɪ-; *Am.* -‚vɜːr-] *s* **1.** Verschiedenartigkeit *f.* **2.** abwechslungsreiche Gestaltung: ~ **of products** *econ.* Verbreiterung *f* des Produktionsprogramms. **3.** *a.* ~ **of risk** Risikoverteilung *f.* **4.** ~ **of capital** *econ.* verteilte Kapitalanlage, Anlagenstreuung *f.* **5.** *econ.* Diversifikati'on *f*, Diversifi'zierung *f.* **di'ver·si·fied** [-faɪd] *adj* **1.** verschieden(artig). **2.** verteilt (*Risiko*). **3.** ~ **company** *econ.* Gesellschaft *f* mit breitem Produktionsprogramm. **4.** *econ.* verteilt angelegt: ~ **capital**.
di·ver·si·flo·rous [‚daɪvɜːsɪ'flɔːrəs; dɪ-; *Am.* -‚vɜːr-] *adj bot.* verschiedenblütig.
di'ver·si·form [-fɔː(r)m] *adj* vielgestaltig. **di'ver·si·fy** [-faɪ] *v/t* **1.** verschieden(artig) gestalten. **2.** abwechslungsreich gestalten: **to ~ products** *econ.* das Produktionsprogramm erweitern. **3.** Risiko verteilen. **4.** *econ.* Kapital verteilt anlegen. **5.** *econ.* Unternehmen diversifi'zieren, auf neue Produkti'ons- *od.* Pro'duktbereiche 'umstellen.
di·ver·sion [daɪ'vɜːʃn; dɪ-; *Am.* -'vɜːrʒən] *s* **1.** Ablenkung *f* (**from** von). **2.** Abzweigung *f:* ~ **of funds**. **3.** Zerstreuung *f*, Zeitvertreib *m*, Unter'haltung *f.* **4.** *mil.* 'Ablenkungs¦manöver *n*, -angriff *m.* **5.** *Br.* (Ver'kehrs)¦Umleitung *f.* **di'ver·sion·al** *adj* **1.** Ablenkungs... **2.** Unterhaltungs... **di'ver·sion·ar·y** [-nərɪ; *Am.* -‚nerɪ:] *adj bes. mil.* Ablenkungs...
di'ver·sion·ism *s pol.* Diversi'on *f* (*Sabotage gegen den Staat in sozialistischen Ländern*). **di'ver·sion·ist** *pol.* **I** *s* Diver'sant(in). **II** *adj* diversio'nistisch.
di·ver·si·ty [daɪ'vɜːsətɪ; dɪ-; *Am.* -'vɜːr-] *s* **1.** Verschiedenheit *f*, Ungleichheit *f:* ~ **of opinion** Meinungsverschiedenheit. **2.** Mannigfaltigkeit *f.*
di·vert [daɪ'vɜːt; dɪ-; *Am.* -'vɜːrt] *v/t* **1.** ablenken, ableiten, abwenden (**from** von; **to** nach), lenken (**to** auf *acc*). **2.** abbringen (**from** von). **3.** *Geld etc* abzweigen (**to** für). **4.** *Br.* den Verkehr 'umleiten. **5.** zerstreuen, unter'halten (**with** mit, durch). **6.** von sich ablenken.
di·ver·ti·men·to [dɪ‚vɜːtɪ'mentəʊ; *Am.* -‚vɜːrtə-] *pl* **-ti** [-tɪ] *s mus.* Diverti'mento *n* (→ **divertissement**).
di'vert·ing *adj (adv ~ly)* **1.** ablenkend: ~ **attack** *mil.* Ablenkungs-, Entlastungsangriff *m.* **2.** unter'haltsam, amü'sant.
di·ver·tisse·ment [dɪːveə'tiːsmɑ̃ː; *Am.* dɪ'vɜːrtəsmənt] *s mus.* Divertisse'ment *n*, Divertisse'mento *n:* a) *suitenähnliche Zs.-stellung kurzer Tonstücke in unverbindlicher Satzfolge*, b) *Tanzeinlage in Opern*, c) *Potpourri*, d) *musikalisches Zwischenspiel.*
Di·ves ['daɪviːz] *s* **1.** *Bibl.* der reiche Mann. **2.** Reiche(r) *m.*
di·vest [daɪ'vest; dɪ'v-] *v/t* **1.** entkleiden (**of** *gen*) (*a. fig.*). **2.** *fig.* entblößen, berauben (**of** *gen*): **to ~ s.o. of j-m ein Recht** *etc* entziehen *od.* nehmen; **to ~ o.s. of** *etwas* ablegen, *etwas* ab- *od.* aufgeben, sich *e-s Rechtes etc* begeben *od.* entäußern. **di'vest·i·ble** *adj jur.* einziehbar (*Vermögen*), aufhebbar (*Recht*). **di'vest·i·ture** [-tʃə(r)], **di'vest·ment** *s* Entkleidung *f*, *fig. a.* Entblößung *f*, Beraubung *f.*
di·vi → **divvy**.
di·vid·a·ble [dɪ'vaɪdəbl] *adj* teilbar.
di·vide [dɪ'vaɪd] **I** *v/t* **1.** teilen: **to ~ in halves** halbieren; **to ~ s.th. with s.o.** etwas mit j-m teilen. **2.** (zer)teilen, spalten, *fig. a.* ent'zweien, ausein'anderbringen: **to ~ opinion** unterschiedlich beurteilt werden; → **divided** 1. **3.** (ab)trennen, scheiden (**from** von). **4.** ver-, aus-, aufteilen (**among, between** unter *dat od. acc*). **5.** *econ.* e-e Dividende ausschütten. **6.** gliedern, einteilen (**into**, in *acc*). **7.** *math.* a) divi'dieren, teilen (**by** durch): **30 ~d by 5 is 6** 30 (geteilt) durch 5 ist 6; **to ~ 5 into 30** 30 durch 5 teilen, b) ohne Rest teilen, aufgehen in (*dat*). **8.** *math. tech.* gradu'ieren, mit e-r Gradeinteilung versehen. **9.** *pol. Br.* das Parlament etc im Hammelsprung abstimmen lassen (**on** über *acc*). **II** *v/i* **10.** sich teilen. **11.** sich aufteilen, zerfallen (**into** in *acc*). **12.** sich auflösen (**into** in *acc*). **13.** sich trennen (**from** von). **14.** *math.* a) divi'dieren, teilen, b) sich divi'dieren *od.* teilen lassen (**by** durch), c) aufgehen (**into** in *dat*). **15.** *parl. Br.* im Hammelsprung abstimmen. **16.** verschiedener Meinung sein (**upon** über *acc*). **III** *s* **17.** *geogr.* Wasserscheide *f:* → **great divide**.
di·vid·ed *adj (adv ~ly)* **1.** geteilt (*a. fig.*): **opinion is ~** die Meinungen sind geteilt (**on** über *acc*); ~ **counsel** Uneinigkeit *f;* ~ **highway** *Am.* Schnellstraße *f;* **his mind** (*od.* **he**) **was ~** er war unentschlossen, er schwankte, er war mit sich selbst uneins; ~ **skirt** Hosenrock *m;* **they were ~ against themselves** sie waren untereinander uneinig. **2.** Teil...: ~ **circle** *tech.* Teil-, Einstellkreis *m.*
div·i·dend ['dɪvɪdend] *s* **1.** *math.* Dividend *m* (*zu teilende Zahl*). **2.** *econ.* Divi'dende, Gewinnanteil *m:* **cum ~,** *Am.* ~

on einschließlich Dividende; **ex ~**, *Am.* **~ off** ausschließlich Dividende; **~ on account** Abschlagsdividende; **to pay ~s** *fig.* sich bezahlt machen. **3.** *jur.* Quote *f* (*e-r Konkursmasse*). **4.** Anteil *m.* **~ coupon, ~ war·rant** *s econ.* Gewinnanteil-, Divi'dendenschein *m.*

di'vid·er *s* **1.** Teiler(in). **2.** Verteiler(in). **3.** *pl, a.* pair of ~s Stech-, Teilzirkel *m.* **4.** Trennwand *f.*

di'vid·ing I *s* (Ver)Teilung *f.* **II** *adj* Trennungs...: **~ line** Scheide-, Trennungslinie *f.* **~ plate** *s tech.* Teilscheibe *f.*

di·vid·u·al [dɪ'vɪdjʊəl; -dʒʊəl; *Am.* -dʒəwəl] *adj* **1.** (ab)getrennt, einzeln. **2.** trenn-, teilbar. **3.** verteilt.

div·i·na·tion [ˌdɪvɪ'neɪʃn] *s* **1.** Wahrsage'rei *f.* **2.** Weissagung *f*, Prophe'zeiung *f.* **3.** (Vor)Ahnung *f.* **di'vin·a·to·ry** [-nətərɪ; *Am.* -ˌtəʊrɪ; -ˌtɔː-] *adj* seherisch.

di·vine [dɪ'vaɪn] **I** *adj (adv ~ly)* **1.** göttlich, Gottes...: **~ judg(e)ment; ~ right of kings** *hist.* Königstum *n* von Gottes Gnaden, Gottesgnadentum *n;* **D~ Will** der göttliche Wille. **2.** geweiht, geistlich, heilig: **~ service** Gottesdienst *m;* **~ worship** Anbetung *f* Gottes. **3.** *colloq.* göttlich, himmlisch: **a ~ hat. 4.** theo'logisch. **II** *s* **3.** Geistliche(r) *m.* **6.** Theo'loge *m.* **III** *v/t* **7.** (er)ahnen, (intui'tiv) erkennen. **8.** (vor'aus)ahnen. **9.** weissagen, prophe'zeien. **IV** *v/i* **10.** wahrsagen. **11.** (Vor)Ahnungen haben. **di'vin·er** *s* **1.** Wahrsager *m.* **2.** (Wünschel)Rutengänger *m.*

div·ing ['daɪvɪŋ] **I** *s* **1.** Tauchen *n.* **2.** *sport* Wasserspringen *n.* **II** *adj* **3.** tauchend. **4.** Tauch..., Taucher...: **~ aer.** Sturzflug...: **~ brake; ~ attack** Sturzangriff *m.* **~ bell** *s tech.* Taucherglocke *f.* **~ board** *s sport* Sprungbrett *n.* **~ dress** → **diving suit. ~ duck** *s orn.* Tauchente *f.* **~ hel·met** *s mar.* Taucherhelm *m.* **~ suit** *s* Tauchanzug *m.* **~ tow·er** *s sport* Sprungturm *m.*

di'vin·ing rod *s* Wünschelrute *f.*

di'vin·i·ty [dɪ'vɪnətɪ] *s* **1.** Göttlichkeit *f*, göttliches Wesen: **the ~ of Jesus. 2.** Gottheit *f*: **the D~** die Gottheit, Gott *m.* **3.** göttliches Wesen. **4.** Theolo'gie *f*: **a lesson in ~** e-e Religionsstunde; → **doctor 2. 5.** *a.* **~ fudge** *Am.* ein Schaumgebäck.

div·i·nize ['dɪvɪnaɪz] *v/t* vergöttlichen.

di·vis·i·bil·i·ty [dɪˌvɪzɪ'bɪlətɪ] *s* Teilbarkeit *f.* **di'vis·i·ble** [-zəbl] *adj (adv divisibly)* teilbar: **~ surplus** *econ.* verteilbarer Überschuß. **di'vis·i·ble·ness** *s* Teilbarkeit *f.*

di·vi·sion [dɪ'vɪʒn] *s* **1.** Teilung *f.* **2.** Zerteilung *f*, Spaltung *f*, *fig. a.* Entzweiung *f.* **3.** (Ab)Trennung *f* (**from** von). **4.** (Ver)Teilung *f*: **~ of labo(u)r** Arbeitsteilung. **5.** Verteilung *f*, Aus-, Aufteilung *f.* **6.** *econ.* Ausschüttung *f* (*e-r Dividende*). **7.** Gliederung *f*, Einteilung *f* (**into** in *acc*). **8.** *math.* a) Divisi'on *f*: **long** ungekürzte Division; **~ sign** Teilungszeichen *n*, b) Schnitt *m.* **9.** Trenn-, Scheidelinie *f*: **~ wall** Trennwand *f.* **10.** Grenze *f*, Grenzlinie *f.* **11.** Abschnitt *m*, Teil *m.* **12.** Spaltung *f*, Kluft *f*, Uneinigkeit *f.* **13.** *parl. Br.* (Abstimmung *f* durch) Hammelsprung *m*: **to go into ~** zur Abstimmung schreiten; **to take a ~** e-e Abstimmung vornehmen; **upon a ~** nach Abstimmung; **~ bell** Glocke, die die Abgeordneten zur Abstimmung ruft. **14.** Ab'teilung *f* (*a. univ. u. e-s Ministeriums*). **15.** *jur. Br.* Kammer *f* (*des High Court*). **16.** (Verwaltungs-, Gerichts-, *Br. a.* Wahl)Bezirk *m.* **17.** *mil.* Divisi'on *f* (*a. mar.*). **18.** Gruppe *f*, Klasse *f*, Katego'rie *f.* **19.** *biol.* (Unter)Gruppe *f*, ('Unter)Ab·ˌteilung *f.* **20.** *sport* a) *Fußball etc:* Liga *f*, Spielklasse *f*, b) *Boxen etc:* (Gewichts-) Klasse *f.* **21.** a) Fachgruppe *f* (*der Industrie*), b) Indu'striezweig *m.* **di'vi·sion·al** [-ʒənl] *adj* **1.** Trenn..., Scheide...: **~ line. 2.** *mil.* Divisions...: **~ headquarters. 3.** Abteilungs...: **~ head** Abteilungsleiter *m;* **~ court** → **division** 15. **4.** Bezirks... **5.** Scheide...: **~ coin** *econ.* Scheidemünze *f.* **di'vi·sion·ism** *s paint.* Divisio'nismus *m.*

di'vi·sive [dɪ'vaɪsɪv] *adj* **1.** teilend. **2.** *fig.* ent'zweiend: **to be ~** Uneinigkeit stiften.

di·vi·sor [dɪ'vaɪzə(r)] *s math.* Di'visor *m*, Teiler *m:* **~ chain** Teilerkette *f.*

di·vorce [dɪ'vɔː(r)s] **I** *s* **1.** *jur.* a) (Ehe-) Scheidung *f*: **~ action** Scheidungsklage *f*; **~ case** (*od.* **suit**) Scheidungsprozeß *m;* **~ court** Scheidungsgericht *n;* **~ lawyer** Scheidungsanwalt *m;* **cause of** (*od.* **ground for**) **~** Scheidungsgrund *m;* **to get** (*od.* **obtain**) **a ~** geschieden werden, sich scheiden lassen (**from** von); → **seek 5**, b) **limited ~** *Am.* gestattetes Getrenntleben. **2.** *fig.* (völlige) Trennung (**from** von; **between** zwischen *dat*). **II** *v/t* **3.** *jur.* a) j-n scheiden (**from** von): **to ~ s.o.** j-s Ehe scheiden; **he has ~d his wife** er hat sich von s-r Frau scheiden lassen; **they have been ~d** sie haben sich scheiden lassen, b) *e-e Ehe* scheiden. **4.** *fig.* (völlig) trennen, (los)lösen (**from** von): **to ~ a word from its context** ein Wort aus dem Zs.-hang reißen. **III** *v/i* **5.** *jur.* sich scheiden lassen. **di·vor'cee** [-'siː] *s* Geschiedene(r *m*) *f.* **di'vorce·ment** → **divorce** I.

div·ot ['dɪvət] *s* **1.** *Scot.* Sode *f*, Rasen-, Torfstück *n.* **2.** *Golf:* Divot *n*, Kote'lett *n.*

di·vul·ga·tion [ˌdɪvʌl'geɪʃn; ˌdaɪ-] *s* Enthüllung *f*, Preisgabe *f.*

di·vulge [daɪ'vʌldʒ; dɪ'v-] *v/t* ein Geheimnis *etc* enthüllen, preisgeben. **di'vul·gence,** *a.* **di'vulge·ment** *s* divulgation.

di·vul·sion [daɪ'vʌlʃn; dɪ'v-] *s* Losreißung *f*, gewaltsame Trennung.

div·vy ['dɪvɪ] *colloq.* **I** *v/t* **1.** *oft* **~ up** *Am.* aufteilen. **II** *s* **2.** *Am.* (Auf)Teilung *f.* **3.** *econ. Br.* Di'vidende *f* (*bes. e-r Verbrauchergenossenschaft*).

dix·ie¹ ['dɪksɪ] *s* **1.** *bes. mil. Br. sl.* ˌGulaschkaˌnone' *f*, Feldkessel *m.* **2.** Eßgeschirr *n.*

Dix·ie² ['dɪksɪ] **I** *s* **1.** *Bezeichnung für den Süden der USA.* **2.** *mus.* ˌDixie' *m* (*Dixieland*). **II** *adj* **3.** aus den Südstaaten: **a ~ lullaby.**

Dix·ie·crat ['dɪksɪkræt] *s pol.* Mitglied e-r Splittergruppe der Demokratischen Partei im Süden der USA. **'~·land** *s* **1.** → Dixie² I. **2.** *a.* **~ jazz** *mus.* Dixieland (-Jazz) *m.*

di·zy·got·ic [ˌdaɪzaɪˈgɒtɪk; *Am.* -ˈgɑ-] *adj biol.* zweieiig: **~ twins.**

diz·zi·ness ['dɪzɪnɪs] *s* **1.** Schwindel *m*, Schwind(e)ligkeit *f.* **2.** Schwindelanfall *m.* **3.** Benommenheit *f.*

diz·zy ['dɪzɪ] **I** *adj (adv* **dizzily**) **1.** schwind(e)lig. **2.** verwirrt, benommen. **3.** schwindelnd, schwindelerregend: **~ height. 4.** schwindelnd hoch: **a ~ building. 5.** wirr, kon'fus. **6.** *colloq.* verrückt. **II** *v/t* **7.** schwind(e)lig machen. **8.** verwirren.

djinn [dʒɪn] *s* **1.** *pl von* djinni, djinny. **2.** → jinnee. **djin·ni, djin·ny** [dʒɪ'niː; 'dʒɪnɪ] *pl* **djinn** [dʒɪn] → jinnee.

D ma·jor *s mus.* D-Dur *n.* **D mi·nor** *s mus.* d-Moll *n.*

do¹ [duː; *unbetont* dʊ; də] *pret* **did** [dɪd] *pp* **done** [dʌn] *3. sg pres* **does** [dʌz; *unbetont* dəz] **I** *v/t* **1.** tun, machen: **what can I ~ (for you)?** was kann ich (für Sie) tun?, womit kann ich (Ihnen) dienen?; **to ~ right** (**wrong**) (un)recht tun; **~ what he would** er konnte anfangen, was er wollte; **what is to be done** (*od.* **to do**)? was ist zu tun?, was soll geschehen?; **if it were to ~ again** wenn es noch einmal getan werden müßte; **what have you done to my suit?** was haben Sie mit m-m Anzug gemacht?; **she did no more than look at him** sie hat ihn nur angesehen; **he does not know what to ~ with his time** er weiß nicht, was er mit s-r Zeit anfangen soll; → **do with. 2.** tun, ausführen, voll'bringen, *Arbeiten* verrichten, *Verbrechen* begehen: **to ~ odd jobs; to ~ murder; to ~ one's lessons** *ped.* s-e (Haus)Aufgaben machen; **he did all the writing** er hat alles allein geschrieben; **he did (all) the talking** er führte (allein) das große Wort; **let me ~ the talking** laß mich sprechen; **it can't be done** es geht nicht, es ist undurchführbar; → **done** 1, 2. **3.** tätigen, machen: → **business** 3, 13. **4.** tun, leisten, voll'bringen: **to ~ one's best** sein Bestes tun, sich alle Mühe geben; **to ~ better** a) Besseres leisten, b) sich verbessern. **5.** anfertigen, 'herstellen, *Kunstwerk etc a.* schaffen: **to ~ a portrait** ein Porträt malen; **to ~ a translation** e-e Übersetzung machen *od.* anfertigen. **6.** j-m etwas tun, zufügen, erweisen: → **favor** 10, **good** 1, 2, **harm** 1, **honor** 7, *etc.* **7.** einbringen: → **credit** 4. **8.** erzielen, erreichen: **I did it!** ich habe es geschafft!; **now you have done it!** *iro.* nun hast du es glücklich geschafft! **9.** sich beschäftigen mit, arbeiten an (*dat*). **10.** *Speisen* zubereiten, *bes.* kochen *od.* braten. **11.** in Ordnung bringen, *z.B.* a) *Geschirr* abwaschen, b) *das Zimmer* aufräumen, 'machen'. **12.** 'herrichten, deko'rieren, schmücken. **13.** ('her)richten: **she is having her nails done** sie läßt sich manikűren; → **face** 1, **hair** *Bes. Redew.* **14.** a) *e-e Fremdsprache etc* lernen, b) *e-n Autor etc* 'durchnehmen, behandeln. **15.** *e-e Aufgabe* lösen. **16.** *obs.* über'setzen, -'tragen (**into German** ins Deutsche). **17.** a) *e-e Rolle etc* spielen, *e-n Charakter* darstellen: **to ~ Othello** den Othello spielen; **to ~ the polite** den höflichen Mann spielen *od.* markieren; **to ~ the host** den Gastgeber spielen, b) nachahmen: **he can ~ all his friends. 18.** zu'rücklegen, 'schaffen', machen: **they did 20 miles** sie legten 32 km zurück; **the car does 100 m.p.h.** der Wagen fährt 160 km/h. **19.** *colloq.* besichtigen, die Sehenswürdigkeiten besichtigen von (*od. gen*): **to ~ Rome in three days** Rom in drei Tagen besichtigen *od.* ,machen'. **20.** *colloq.* genügen (*dat*): **it will ~ us for the moment. 21.** *colloq.* erschöpfen, ,erledigen': **they were pretty well done** sie waren am Ende (ihrer Kräfte). **22.** *colloq.* a) j-n ,erledigen', ,fertigmachen': **I'll ~ him in three rounds**, b) drannehmen (*Friseur etc*): **I'll ~ you next, sir. 23.** *sl.* ,reinlegen', ,übers Ohr hauen', ,anschmieren', ,bescheißen': **to ~ s.o. out of s.th.** j-n um etwas ,erleichtern' *od.* betrügen od. bringen; → **brown** 1. **24.** *sl. e-e Strafe* ,abbrummen': **he did two years in prison** er hat zwei Jahre ,abgerissen'; **he did three months for theft** er war wegen Diebstahls drei Monate ,eingebuchtet'. **25.** *colloq.* a) bewirten, b) 'unterbringen: **they ~ you very well here** hier werden Sie gut bewirtet; hier sind Sie gut untergebracht. **26.** behandeln: → **well¹** 1. **27.** bringen (*obs. außer in*): **to ~ to death** töten, umbringen. **28.** *sl.* e-n ,Bruch' machen in (*dat*), einbrechen in (*acc od. dat*). **29.** *sl.* ,bumsen' (*schlafen mit*).

II *v/i* **30.** handeln, vorgehen, tun, sich verhalten: **the premier would ~ wisely**

do – doctor

to resign der Premier würde klug handeln *od.* wäre gut beraten, wenn er zurückträte; → **well**[1] **2. 31.** (*tätig*) handeln, wirken: ~ **or die** kämpfen oder untergehen; **it's ~ or die now!** jetzt geht's ums Ganze! **32.** weiter-, vor'ankommen: **to ~ well** a) vorwärtskommen, Erfolge haben (**with** *fig.* mit), gut abschneiden (**in** bei, **in** *dat*), b) gut gedeihen (*Getreide etc*) (→ 33, 34). **33.** Leistungen voll'bringen: **to ~ well** a) s-e Sache gut machen, b) viel Geld verdienen (→ 32, 34). **34.** sich befinden: **to ~ well** a) gesund sein, b) in guten Verhältnissen leben, c) sich gut erholen (→ 32, 33); **how ~ you ~?** guten Tag! (*bei der Vorstellung*). **35.** auskommen, zu Rande kommen. **36.** genügen, (aus)reichen, passen, dem Zweck entsprechen *od.* dienen: **that will (not) ~** das genügt *od.* reicht (nicht); **it will ~ tomorrow** es hat Zeit bis morgen; **we'll make it ~** wir werden schon damit auskommen. **37.** angehen, recht sein, sich schicken, passen: **that won't ~!** a) das geht nicht (an)!, b) das wird nicht gehen!; **it won't ~ to be rude** mit Grobheit kommt man nicht weit(er), man darf nicht unhöflich sein. **38.** (*im pres perfect*) aufhören: **have done!** hör auf!, genug (davon)!; **let us have done with it!** hören wir auf damit!; → **done 5.**
III *Ersatzverb zur Vermeidung von Wiederholungen* **39.** *v/t u. v/i* tun (*bleibt meist unübersetzt*): **he treats his children as I ~ my dogs** er behandelt s-e Kinder wie ich m-e Hunde; **you know it as well as I ~** du weißt es so gut wie ich; **he sang better than he had ever done before** er sang besser, als (er) je zuvor (gesungen) hatte; **I take a bath. So ~ I** Ich nehme ein Bad. Ich auch; **he does not work hard, does he?** er arbeitet nicht viel, nicht wahr?; **he works hard, doesn't he?** er arbeitet viel, nicht wahr?; **Did he buy it? He did.** Kaufte er es? Ja(wohl)!; **Do you understand? I don't.** Verstehen Sie? Nein!; **He sold his car. Did he?** Er hat sein Auto verkauft. Wirklich?, So?; **I wanted to go there, and I did so** ich wollte hingehen u. tat es auch.
IV *Hilfsverb* **40.** *zur Umschreibung in Fragesätzen:* **~ you know him?** kennen Sie ihn? **41.** *zur Umschreibung in mit* not *verneinten Sätzen:* **I ~ not believe it** ich glaube es nicht; **~ not go there!** gehen Sie nicht hin!; **don't!** tun Sie es nicht!, lassen Sie das! **42.** *zur Verstärkung:* **I ~ like it!** mir gefällt es wirklich; **but I ~ see it!** aber ich sehe es doch!; **I did see it, but ich han es wohl *od.* zwar, aber; **be quiet, ~!** sei doch still! **43.** *bei Umkehrung der normalen Wortstellung nach voranstehendem* hardly, little, rarely, *etc:* **rarely does one see such things** solche Dinge sieht man (nur) selten.
Verbindungen mit Präpositionen:
do|by *v/i* handeln an (*dat*), sich verhalten gegen, behandeln: **to do well by s.o.** j-n gut *od.* anständig behandeln; **do (un)to others as you would be done by** was du nicht willst, daß man dir tu', das füg auch keinem andern zu! **~ for** *v/i colloq.* **1.** 'erledigen', zu'grunde richten, rui'nieren: **he is done for** er ist erledigt. **2.** töten, 'umbringen. **3.** a) j-m den Haushalt führen, b) putzen bei *od.* für. **4.** sorgen für, Vorsorge treffen für. **5.** ausreichen für. **6.** passen *od.* sich eignen für. **~ to, ~ un·to** → **do by. ~ with** *v/t u. v/i.* **1.** *etwas* tun *od.* anfangen mit: **I can't do anything with it (him)** ich kann nichts damit (mit ihm) anfangen; **I won't have anything to ~ with it (you)** ich will nichts damit (mit dir) zu tun *od.* zu schaffen haben; **it has nothing to ~**

you es hat nichts mit dir zu tun; → **done 5. 2.** auskommen mit, sich begnügen mit: **we can ~ it** wir können damit auskommen. **3.** *colloq.* (sehr gut) brauchen können: **he could ~ the money; I could ~ a glass of beer** ich könnte ein Glas Bier vertragen; **he could ~ a haircut** er müßte sich mal (wieder) die Haare schneiden lassen. **~ with·out** *v/i* **1.** auskommen *od.* sich behelfen ohne. **2.** verzichten auf (*acc*): **to ~ breakfast** nicht frühstücken.
Verbindungen mit Adverbien:
do|a·way *v/t obs.* beseitigen. **~ a·way with** *v/t* **1.** beseitigen: a) wegschaffen, b) abschaffen. **2.** loswerden, *Geld* 'durchbringen. **3.** 'umbringen, töten: **~ o.s.** sich umbringen. **~ down** *v/t Br. colloq.* **1.** 'her'untermachen', schlechtmachen. **2.** ,reinlegen', übers Ohr hauen', ,anschmieren'. **~ in** *v/t sl.* **1.** ,erledigen': a) erschöpfen, ermüden: **I'm done in** ich bin ,geschafft', b) zu'grunde richten, rui'nieren, ,um die Ecke bringen', 'umbringen. **2.** → **do 23. ~ out** *v/t bes. Br. colloq.* Zimmer etc saubermachen, Schrank etc aufräumen. **~ up I** *v/t* **1.** a) zs.-schnüren, b) *ein Päckchen* zu'rechtmachen *od.* verschnüren, c) einpacken, d) *Kleid, Reißverschluß etc* zumachen: **to do s.o. up** j-m das Kleid *etc* zumachen. **2.** *das Haar* hochstecken. **3.** 'herrichten, in'stand setzen, wieder in Ordnung bringen. **4. to do o.s. up** sich zurechtmachen; → **face 1. 5.** *colloq.* ,erledigen': a) erschöpfen, ermüden: **I'm done up** ich bin ,geschafft', b) *Am.* zu'grunde richten, rui'nieren. **II** *v/i* **6.** zugemacht werden (*Kleid etc*).
do² [duː] *pl* **dos, do's** [duːz] *s* **1.** *sl.* Schwindel *m*, Gaune'rei *f*, ,Beschiß' *m*. **2.** *bes. Br. colloq.* Fest *n*, Festivi'tät *f*, (große) ,Sache'. **3. fair do's!** sei nicht unfair! **4.** *pl colloq.* Gebote *pl*: **do's and don'ts** Gebote u. Verbote, Regeln.
do³ [dəʊ] *s mus.* do *n* (*Solmisationssilbe*).
do·a·ble ['duːəbl] *adj* ausführbar, machbar.
'do-all *s obs.* Fak'totum *n*.
doat → **dote.**
dob·bin ['dɒbɪn; *Am.* 'dɑbən] *s* (frommes) Zirkus- *od.* Zugpferd.
Do·ber·man (pin·scher) ['dəʊbə(r)mən] *s* Dobermann(pinscher) *m* (*Hund*).
doc *s colloq. für* **doctor 1.**
do·cent ['dəʊsnt; dəʊ'sent] *s Am.* **1.** *univ.* (Pri'vat)Do'zent *m.* **2.** Führer *m* (*durch Museen etc*). **'do·cent,ship** *s Am.* Dozen'tur *f.*
doch·an|-dor·rach [ˌdɒxənˈdɒrəx], **~-'dor·ris** [-rɪs] *s Scot. u. Ir.* Abschiedstrunk *m.*
doc·ile ['dəʊsaɪl; *Am.* 'dɑsəl] *adj* (*adv* **-ly**) **1.** fügsam, gefügig. **2.** gelehrig. **3.** fromm (*Pferd*). **do·cil·i·ty** [dəʊ'sɪlətɪ; *Am.* a. dɑ's-] *s* **1.** Fügsamkeit *f.* **2.** Gelehrigkeit *f.*
dock¹ [dɒk; *Am.* dɑk] *s* **1.** Dock *n*: a) Hafenbecken, b) Anlage zum Trockensetzen von Schiffen: **to put a ship in ~** 8; **to be in ~** *Br. colloq.* a) im Krankenhaus liegen, b) in der Werkstatt sein (*Wagen etc*); → **dry dock**, *etc.* **2.** Hafenbecken *n*, Anlegeplatz *m* (*zwischen 2 Kais etc*): **~ authorities** *pl* Hafenbehörde *f.* **3.** Kai *m*, Pier *m.* **4.** *pl* Docks *pl*, Hafenanlagen *pl.* **~ crane** Werftkran *m.* **~ strike** Dockarbeiterstreik *m.* **5.** *rail. bes. Am.* Laderampe *f.* **6.** → **hangar. 7.** *thea.* Ku'lissenraum *m.* **II** *v/t* **8.** *ein Schiff* (ein)docken, ins Dock bringen. **9.** *rail. bes. Am. e-n Zug* zur Laderampe bringen. **10.** *Raumschiffe* koppeln. **III** *v/i* **11.** ins Dock gehen, docken, im Dock liegen. **12.** im Hafen *od.* am Kai anlegen. **13.** andocken (*Raumschiff*).

dock² [dɒk; *Am.* dɑk] **I** *s* **1.** *zo.* (Schwanz-)Rübe *f*, fleischiger Teil des Schwanzes. **2.** *zo.* (Schwanz)Stummel *m.* **3.** Schwanzriemen *m.* **4.** (Lohn- *etc*)Kürzung *f.* **II** *v/t* **5. den Schwanz** stutzen, ku'pieren. **6.** den Schwanz stutzen *od.* ku'pieren (*dat*). **7.** a) *j-s Lohn etc* kürzen, b) **~ off** (*od.* **from**) **s.o.'s wages** j-s Lohn um 5 Pfund kürzen. **8.** berauben (**of** *gen*): **to ~ the entail** *jur. Am.* die Erbfolge aufheben.
dock³ [dɒk; *Am.* dɑk] *s jur.* Anklagebank *f*: **to be in the ~** auf der Anklagebank sitzen; **to put in the ~** *bes. fig.* auf die Anklagebank setzen (**for** wegen).
dock⁴ [dɒk; *Am.* dɑk] *s bot.* Ampfer *m.*
dock·age¹ ['dɒkɪdʒ; *Am.* 'dɑ-] *s mar.* **1.** Dock-, Hafengebühren *pl*, Kaigebühr *f.* **2.** Docken *n*, 'Unterbringung *f* im Dock. **3.** Dockanlagen *pl.*
dock·age² ['dɒkɪdʒ; *Am.* 'dɑ-] *s* (Lohn- *etc*)Kürzung *f.*
dock|brief *s jur. Br.* Beauftragung e-s im Gericht anwesenden Barristers mit der Verteidigung (*durch den Angeklagten, gegen e-e sehr niedrige Gebühr*). **~ dues** *s pl* → **dockage¹ 1.**
'dock·er *s* Dock-, Hafenarbeiter *m*, Schauermann *m.*
dock·et ['dɒkɪt; *Am.* 'dɑkət] **I** *s* **1.** *jur.* a) *Am.* Pro'zeßliste *f*, Ter'minka,lender *m*: **to clear the ~** die anhängigen Fälle erledigen, b) *bes. Br.* 'Urteils,re,gister *n.* **2.** *Am.* Tagesordnung *f*: **to be on the ~** auf der Tagesordnung stehen. **3.** Inhaltsangabe *f*, -vermerk *m* (*auf Akten etc*). **4.** *econ.* a) 'Warena,dreßzettel *m*, b) Eti'kett *n*, c) *Br.* Zollquittung *f*, d) Bestell-, Lieferschein *m.* **II** *v/t* **5.** *jur.* a) *Am.* in die Pro'zeßliste eintragen (*bes. Br.* in das 'Urteils,re,gister eintragen. **6.** *Am.* auf die Tagesordnung setzen. **7.** *Akten etc* mit e-m Inhaltsvermerk versehen. **8.** *econ. Waren* a) mit e-m A'dreßzettel versehen, b) etiket'tieren, beschriften.
dock gate *s mar.* Docktor *n.*
'dock·ing *s* Kopp(e)lung *f* (*von Raumschiffen*).
'dock|·land *s* Hafenviertel *n.* **'~·mas·ter** *s mar.* 'Hafenkapi,tän *m*, Dockmeister *m.* **~ re·ceipt** *s econ. mar. Am.* Kaiempfangs-, 'Übernahmeschein *m.* **~ sor·rel** *s bot.* Sauerampfer *m.* **~ war·rant** *s econ. Br.* Docklagerschein *m.* **~ work·er** *s* docker. **'~·yard** *s mar.* **1.** Werft *f.* **2.** *bes. Br.* Ma'rinewerft *f.*
doc·tor ['dɒktə; *Am.* 'dɑktər] **I** *s* **1.** Doktor *m*, Arzt *m*, (*als Anrede*) Herr Doktor: **~'s stuff** *colloq.* Medizin *f*; **to be under the ~** *colloq.* in Behandlung sein (**for** wegen); **that's just what the ~ ordered** *colloq.* das ist genau das richtige; **you are the ~** *colloq.* Sie müssen es ja schließlich wissen. **2.** *Am.* a) Zahnarzt *m*, b) Tierarzt *m.* **3.** *univ.* Doktor *m*: **D~ of Divinity (Laws, Medicine)** Doktor der Theologie (Rechte, Medizin); **to take one's ~'s degree** (zum Doktor) promo'vieren; **Dear D~** Sehr geehrter Herr Doktor; **Dr. and Mrs. B.** Herr Dr. u. Frau. **4.** Gelehrte(r) *m* (*obs. außer in*): **D~ of the Church** Kirchenvater *m.* **5.** *colloq.* j-d, der etwas (berufsmäßig) repariert: **doll ~** ,Puppendoktor' *m*; **radio ~** Rundfunkmechaniker *m.* **6.** *mar. sl.* ,Smutje' *m*, Schiffskoch *m.* **7.** *tech. ein Hilfsmittel, bes.* a) Schaber *m*, Abstreichmesser *n*, b) Lötkolben *m*, c) → **donkey engine**, d) *a.* **~ blade** Rakelmesser *n* (*e-r Druckwalze*). **8.** Angeln: (*e-e*) künstliche Fliege. **9.** *colloq.* kühle Brise. **II** *v/t* **10.** (ärztlich) behandeln, ,verarzten'. **11.** *colloq. Tier* ka'strieren. **12.** a) ,her'umdoktern' an (*dat*), b) zs.-flicken, (notdürftig) ausbessern. **13.** j-m die

Doktorwürde verleihen. **14.** *j-n* mit Doktor anreden. **15.** *a.* ~ **up** *colloq.* a) *Wein etc* (ver)panschen, b) *Abrechnungen etc* ‚fri'sieren', (ver)fälschen. **III** *v/i* **16.** *colloq.* als Arzt prakti'zieren.
doc·tor·al ['dɒktərəl; *Am.* 'dɑk-] *adj* Doktor(s)...: ~ **candidate** Doktorand (-in); ~ **cap** Doktorhut *m*; ~ **degree** Doktorgrad *m*; → **thesis** 3 a. **'doc·to·rand** [-rænd] *s* Dokto'rand(in). **'doc·tor·ate** [-rɪt] *s* Dokto'rat *n*, Doktorwürde *f*, -titel *m*. **doc'to·ri·al** [-'tɔːrɪəl] → doctoral. **'doc·tor·ship** → doctorate.
doc·tri·naire [,dɒktrɪ'neə(r); *Am.* ,dɑk-] **I** *s* Doktri'när *m*, engstirniger Prin'zipienreiter. **II** *adj* doktri'när.
doc·tri·nal ['dɒktrɪnl; *Am.* 'dɑktrənl] *adj* **1.** doktri'nell, lehrmäßig, Lehr...: ~ **proposition** Lehrsatz *m*. **2.** dog'matisch: ~ **theology** Dogmatik *f*.
doc·tri·nar·i·an [,dɒktrɪ'neərɪən; *Am.* ,dɑk-] → doctrinaire I.
doc·trine ['dɒktrɪn; *Am.* 'dɑk-] *s* **1.** Dok'trin *f*, Lehre *f*, Lehrmeinung *f*: ~ **of descent** Abstammungslehre *f*. **2.** *bes. pol.* Dok'trin *f*, Grundsatz *m*: **party** ~ Parteiprogramm *n*.
doc·u·dra·ma ['dɒkjʊˌdrɑːmə; *Am.* 'dɑkjə-] *s TV* Dokumen'tarspiel *n*.
doc·u·ment ['dɒkjʊmənt; *Am.* 'dɑkjə-] **I** *s* **1.** Doku'ment *n*, Urkunde *f*, Belegstück *n*, 'Unterlage *f*: ~ **of title** *jur.* Urkunde über e-n Rechtsanspruch (*bes. über* [*Grund*]*Eigentum*); **supported by** ~**s** urkundlich belegt. **2.** Doku'ment *n*, amtliches Schriftstück, *pl* Akten *pl, parl.* Drucksache *f*: **secret** ~ Geheimdokument. **3.** *pl econ.* a) Ver'ladepa,piere *pl*, b) 'Schiffspa,piere *pl*: ~**s against acceptance (payment)** Dokumente gegen Akzept (Bezahlung). **II** *v/t* [-ment] **4.** *econ.* mit den notwendigen Pa'pieren versehen. **5.** dokumen'tieren, dokumen'tarisch *od.* urkundlich belegen. **6.** genaue 'Hinweise auf Belege geben in (*e-m Buch etc*). **doc·u'men·tal** [-'mentl] *adj* (*adv* ~**ly**) → documentary 1.
doc·u·men·ta·ry [,dɒkjʊ'mentərɪ; *Am.* ,dɑkjə-] **I** *adj* (*adv* **documentarily**) **1.** dokumen'tarisch, urkundlich: ~ **bill** (*od.* **draft**) *econ.* Dokumententratte *f*; ~ **evidence** Urkundenbeweis *m*. **2.** auf Belegen *od.* Urkunden *od.* (hi'storischen) Doku'menten aufbauend. **3.** *Film, Literatur etc:* dokumen'tarisch, Dokumentar...: ~ **film** → 4; ~ **play** Dokumentarstück *n*; ~ **novel** Tatsachenroman *m*; ~ **theater** (*bes. Br.* **theatre**) Dokumentartheater *n*. **II** *s* **4.** Dokumentar'film, Tatsachenfilm *m*.
doc·u·men·ta·tion [,dɒkjʊmən'teɪʃn; *Am.* ,dɑkjə-] *s* Dokumentati'on *f:* a) Her'anziehung *f* von Doku'menten *od.* Urkunden, Urkunden-, Quellenbenutzung *f*, b) dokumen'tarischer Nachweis *od.* Beleg.
dod·der¹ ['dɒdə; *Am.* 'dɑdər] *v/i colloq.* **1.** (*bes. vor Altersschwäche*) zittern. **2.** wack(e)lig gehen, wackeln.
dod·der² ['dɒdə; *Am.* 'dɑdər] *s bot.* Teufelszwirn *m*, Seide *f*.
'dod·dered *adj colloq.* **1.** astlos: **a** ~ **tree. 2.** altersschwach, ‚tatterig'. **'dod·der·er** *s colloq.* ‚Tattergreis' *m*. **'dod·der·ing, 'dod·der·y** *adj colloq.* ‚tatterig', (*a. geistig*) se'nil.
do·dec·a·gon [dəʊ'dekəgən; *Am.* -ˌgɑn] *s math.* Dodeka'gon *n*, Zwölfeck *n*. **ˌdo·dec·a'he·dral** [-'hiːdrəl; *Am.* -'hiː-drəl] *adj math.* dodeka'edrisch, zwölfflächig. **ˌdo·dec·a'he·dron** [-drən] *s math.* Dodeka'eder *n*, Zwölflach *n*, -flächner *m*.
ˌdo·dec·a·phon·ic [ˌdəʊdekə'fɒnɪk; *Am.*

-'fɑ-] *adj mus.* zwölftönig, Zwölfton...: ~ **composer;** ~ **music.** **ˌdo·dec·a'phon·ist** [-'fɒnɪst; *Am.* dəʊˈdekə-fənɪst] *s mus.* Zwölftöner *m*, 'Zwölftonkompo,nist *m*. **ˌdo·dec·a'pho·ny** *s mus.* **1.** Zwölftontechnik *f*. **2.** 'Zwölftonkompositi,on *f*.
do·dec·a·syl·la·ble [ˌdəʊdekə'sɪləbl] *s* zwölfsilbiger Vers.
dodge [dɒdʒ; *Am.* dɑdʒ] **I** *v/i* **1.** (rasch) zur Seite springen, ausweichen. **2.** a) schlüpfen (**about** um ... herum; **behind** hinter *acc*), b) sich verstecken (**behind** hinter *dat*). **3.** a) sich rasch hin und her bewegen, b) sausen, flitzen. **4.** Ausflüchte gebrauchen. **5.** sich drücken (*vor e-r Pflicht etc*). **6.** Winkelzüge machen. **II** *v/t* **7.** *e-m Schlag, e-m Verfolger etc* ausweichen. **8.** *colloq.* sich drücken vor (*dat*), um'gehen (*acc*), aus dem Weg gehen (*dat*): **to** ~ **doing** vermeiden zu tun; **to** ~ **a question** (e-r Frage) ausweichen. **III** *s* **9.** Sprung *m* zur Seite, rasches Ausweichen. **10.** *colloq.* Kniff *m*, Trick *m*: **to be up to the** ~**s** ‚mit allen Wassern gewaschen sein'.
dodg·em (car) ['dɒdʒəm; *Am.* 'dɑ-] *s* (Auto)Skooter *m*.
'dodg·er *s* **1.** ‚geriebener' Bursche, verschlagener Mensch. **2.** Schwindler *m*, Gauner *m*. **3.** Drückeberger *m*. **4.** *Am.* Re'klame-, Handzettel *m*, Flugblatt *n*. **5.** *mar.* Brückenkleid *n*. **6.** → **corn dodger. 'dodg·er·y** [-ərɪ] *s* Schwinde'lei *f*, Kniff *m*, Trick *m*. **'dodg·y** *adj* verschlagen, ‚gerieben'.
do·do ['dəʊdəʊ] *pl* **-does, -dos** *s* **1.** *orn.* Do'do *m*, Dronte *f* (*ausgestorbene Riesentaube*): (**as**) **dead as a** (*od.* **the**) ~ a) schon lange tot, b) schon lange nicht mehr modern *od.* aktuell. **2.** *colloq.* verbohrter Rückschrittler.
doe [dəʊ] *s zo.* **1.** Damhirschkuh *f*. **2.** Weibchen der Ziegen, Kaninchen u. anderer Säugetiere, *deren Männchen allg. als* **buck** *bezeichnet werden, bes.* (Reh-)Geiß *f*.
do·er ['duːə(r)] *s* **1.** Handelnde(r *m*) *f:* **a** ~ **of good** j-d, der Gutes tut. **2.** Tatmensch *m*, Mann *m* der Tat, ‚Macher' *m*. **3.** (gut *od.* schlecht) gedeihendes Tier: **those steers are good (poor)** ~**s.**
does [dʌz; *unbetont auch* dəz] *3. sg pres von* do¹.
'doe·skin *s* **1.** a) Rehfell *n*, b) Rehleder *n*. **2.** Doeskin *n* (*ein Wollstoff*).
do·est [ˈduːɪst] *obs. od. poet.* 2. *sg pres von* do¹: **thou** ~ du tust.
do·eth ['duːɪθ] *obs. od. poet.* 3. *sg pres von* do¹: **he** ~ er tut.
doff [dɒf; *Am. a.* dɑf] *v/t* **1.** *Kleider etc* ablegen, ausziehen, *bes. den Hut* lüften, ziehen. **2.** *Ware etc* abstoßen.
dog [dɒg] **I** *s* **1.** *zo.* Hund *m*. **2.** *zo.* Rüde *m* (*männlicher Hund, Wolf, Fuchs etc*). **3.** *contp.* ‚Hund' *m*, Schuft *m*: **dirty** ~ gemeiner Schuft, ‚Mistkerl' *m*. **4.** *colloq.* Bursche *m*, Kerl *m*: **lazy** ~ ‚fauler Hund'; **lucky** ~ Glückspilz *m*; **sly** ~ schlauer Fuchs. **5. Greater (Lesser) D**~ *astr.* Großer (Kleiner) Hund. **6. D**~ → **Dog Star. 7.** *Bergbau:* Hund *m*, Förderwagen *m*. **8.** *tech.* e-e Befestigungsvorrichtung, *bes.* a) (Bau-, Gerüst)Klammer *f*, b) Klaue *f*, Knagge *f*, c) Anschlag *m*, d) Mitnehmer *m*, Nase *f*. **9.** → **firedog. 10.** → **fogdog, sundog. 11.** *colloq.* für **hot dog 1. 12.** *the* ~**s** *Br. colloq.* das Windhundrennen. **13.** *pl sl.* ‚Quanten' *pl* (*Füße*). **14.** *thea. etc Am. sl.* ‚Flop' *m*, ‚Durchfall' *m*.
Besondere Redewendungen:
~ **in the manger** j-d, der anderen etwas mißgönnt, *womit er selbst gar nichts anfangen kann*; **the** ~**s of war** die Kriegsfurien; **not a** ~**'s chance** nicht die ge-

ringste Chance *od.* Aussicht; **not in a** ~'s **age** *colloq.* seit e-r Ewigkeit nicht; **to go to the** ~**s** vor die Hunde *od.* zugrunde gehen; **to give** (*od.* **throw**) **to the** ~**s** a) den Hunden vorwerfen, b) *fig.* opfern, c) wegwerfen; ~'**s dinner** (*od.* **breakfast**) *colloq.* a) Pfusch(arbeit *f*) *m*, b) heilloses Durcheinander; **to make a** ~'**s dinner** (*od.* **breakfast**) **of** *colloq.* a) etwas verpfuschen, b) für ein heilloses Durcheinander sorgen in (*dat*); **to be dressed** (*od.* **done**) **up like a** ~'**s dinner** (*od.* **breakfast**) *colloq.* ‚aufgetakelt sein wie e-e Fregatte'; **to lead a** ~'**s life** ein Hundeleben führen; **to lead s.o. a** ~'**s life** j-m das Leben zur Hölle machen; **to help a lame** ~ **over a stile** j-m in der Not beistehen; **to put on the** ~ *bes. Am. colloq.* ‚angeben', vornehm tun; **let sleeping** ~**s lie** *fig.* a) schlafende Hunde soll man nicht wecken, laß die Finger davon, b) laß den Hund begraben sein, rühr nicht alte Geschichten auf; **it was (a case of)** ~ **eat** ~ a) es war ein Kampf jeder gegen jeden, b) jeder dachte nur an sich selbst; ~ **does not eat** ~ e-e Krähe hackt der anderen kein Auge aus; **love me, love my** ~ wer mich liebt, muß auch m-e Freunde lieben; **he was (as) sick as a** ~ a) er ‚kotzte wie ein Reiher', b) er war völlig ‚down'; → **day** 7, **hair** *Bes. Redew.,* **name** *Bes. Redew.,* **teach** 4, **word** *Bes. Redew.*
II *v/t* **15.** j-n beharrlich verfolgen, j-m nachspüren: **to** ~ **s.o.'s** (**foot**)**steps** a) j-m auf den Fersen bleiben, b) *fig.* j-n verfolgen (*Pech etc*), j-m treu bleiben (*Glück etc*). **16.** *fig.* verfolgen: **to be** ~**ged by bad luck** von *od.* vom Pech verfolgt sein. **17. (wie) mit Hunden hetzen. 18.** *tech.* mit e-r Klammer befestigen.
'dog·bane *s bot.* Hundstod *m*, -gift *n*.
'dog·ber·ry¹ *s bot.* Hundsbeere *f*.
'Dog·ber·ry² *s* dummer u. geschwätziger kleiner Beamter (*nach der Gestalt in* ‚Viel Lärm um nichts").
dog|bis·cuit *s* Hundekuchen *m*. ~**cart** *s* Dogcart *m* (*leichter zweirädriger Einspänner*). '~**catch·er** *s bes. Am.* (offizi'eller) Hundefänger. '~**cheap** *adj u. adv colloq.* spottbillig. ~ **clutch** *s tech.* Klauenkupplung *f*. ~ **col·lar** *s* **1.** Hundehalsband *n*. **2.** *colloq.* steifer, hoher Kragen (*e-s Geistlichen*). ~ **days** *s pl* Hundstage *pl*.
doge [dəʊdʒ] *s hist.* Doge *m* (*Oberhaupt der Republiken Venedig od. Genua*).
'dog|·ear → dog's-ear. ~**-eat-'**~ *adj:* **a** ~ **business** ein Gewerbe, in dem jeder gegen jeden kämpft; **a** ~ **world** e-e Welt, in der jeder nur an sich selbst denkt. ~ **end** *s Br. colloq.* (Ziga'retten)Kippe *f*. '~**face** *s mil. Am. sl.* a) Landser *m*, b) Re'krut *m*. '~**fight** *s* **1.** Handgemenge *n*. **2.** *mil.* a) (Panzer- *etc*)Nah-, Einzelkampf *m*, b) *aer.* Kurvenkampf *m*. '~**fish** *s ichth.* (ein) kleiner Hai, *bes.* a) spiny~ Gemeiner Dornhai, b) smooth ~ Hundshai *m*. ~ **fox** *s zo.* Fuchsrüde *m*.
dog·ged ['dɒgɪd] *adj* (*adv* ~**ly**) verbissen, hartnäckig, zäh. **'dog·ged·ness** *s* Verbissenheit *f*, Hartnäckigkeit *f*, Zähigkeit *f*.
dog·ger¹ ['dɒgə(r)] *s mar.* Dogger *m* (*zweimastiges Fischerboot*).
Dog·ger² ['dɒgə(r)] *s geol.* Dogger *m* (*mittlere Juraformation*).
dog·ger·el ['dɒgərəl; *Am. a.* 'dɑ-] **I** *adj* holp(e)rig, Knittel...: ~ **verse. II** *s* holp(e)riger Vers, *bes.* Knittelvers *m*.
'dog·gie → doggy.
'dog·gish ['dɒgɪʃ] *adj* (*adv* ~**ly**) **1.** hundeartig, Hunde... **2.** a) bissig, b) mürrisch.
'dog·go ['dɒgəʊ] *adj:* **to lie** ~ *sl.* a) sich

doggone - domestic

nicht rühren, sich mäus-chenstill verhalten, b) sich versteckt halten.
dog·gone ['dɒg'gɒn] *Am. colloq.* → damn 5, 8, 9, damned 2-4.
dog grass *s bot.* Hundsquecke *f.*
dog·grel ['dɒgrəl] → doggerel.
dog·gy ['dɒgɪ] **I** *s* **1.** Hündchen *n*, (*Kindersprache*) Wauwau *m*: ~ **bag** Beutel für Essensreste, die aus e-m Restaurant mit nach Haus genommen werden. **II** *adj* **2.** hundeartig, Hunde... **3.** hundeliebend: a ~ **person** ein Hundenarr. **4.** *Am. colloq.* ,todschick', ,supervornehm'.
'dog·house *s bes. Am.* Hundehütte *f*: **he is in the ~** *colloq.* a) er ist in Ungnade (with bei), b) bei ihm hängt der Haussegen schief.
do·gie [ˈdəʊgiː] *s Am.* mutterloses Kalb.
dog Lat·in *s* ˈKüchenˌlatein *n*. ~ **lead** [liːd] *s* Hundeleine *f*. '**~leg I** *s Golf*: Dogleg *n* (*Loch, dessen Fairway nach links od. rechts abbiegt*). **II** *adj* → doglegged. '**~legged** *adj* gekrümmt, gebogen: ~ **stairs** Treppe *f* mit Absätzen.
dog·ma ['dɒgmə; *Am. a.* ˈdɑgmə] *pl* **-mas, -ma·ta** [-mətə] *s* **1.** *relig.* Dogma *n*: a) Glaubenssatz *m*, b) 'Lehrsyˌstem *n*. **2.** Dogma *n*, Grundsatz *m*. **3.** *oft contp.* (starrer) Lehrsatz. **dog-ˈmat·ic** [-ˈmætɪk] **I** *adj* (*adv* ~ally) **1.** *relig.* dog'matisch: ~ **theology** Dogmatik *f*. **2.** *contp.* dog'matisch: a) starr an e-r Ideologie od. Lehrmeinung festhaltend, b) hartnäckig u. unduldsam e-n bestimmten Standpunkt vertretend. **II** *s pl* (*meist als sg konstruiert*) **3.** *relig.* Dog'matik *f*.
dog·ma·tism ['dɒgmətɪzəm; *Am. a.* ˈdɑg-] *s contp.* Dogma'tismus *m*. '**dog·ma·tist** *s relig.* Dog'matiker *m* (*a. contp.*). '**dog·ma·tize I** *v/i bes. contp.* dogmati'sieren, dog'matische Behauptungen aufstellen (on über *acc*). **II** *v/t* dogmati'sieren, zum Dogma erheben.
do-good·er [ˌduːˈgʊdə(r); *Am.* ˈduːˌ-] *s colloq.* Weltverbesserer *m*, Humaniˈtätsaˌpostel *m*.
dog ˈpad·dle *s Schwimmen*: Paddeln *n*. '**~pad·dle** *v/i* (wie ein Hund) paddeln. ,~'**poor** *adj colloq.* bettelarm. ~ **rac·ing** *s* Hunderennen *n od. pl*. ~ **rose** *s bot.* Wilde Rose, Hecken-, Hundsrose *f*. ~ **sal·mon** *s ichth.* Ketalachs *m*.
'**dogs·bod·y** *s bes. Br. colloq.* j-d, der die Dreck(s)arbeit machen muß.
'**dog's-ˌear** *I s* Eselsohr *n* (*im Buch etc*). **II** *v/t* Eselsohren machen in (*acc*). '**~eared** *adj* mit Eselsohren.
dog ˈshow *s* Hundeausstellung *f*. '**~skin** *s* Hundeleder *n*. ~ **sled**, ~ **sledge**, ~ **sleigh** *s* Hundeschlitten *n*.
dog's ˈlet·ter *s* (*der*) Buchstabe r, (*das*) (gerollte) R. '**~ˌnose** *s Am. sl.* ein Getränk aus Bier u. Gin od. Rum.
Dog Star *s astr.* Sirius *m*, Hundsstern *m*.
dog ˈtag *s* **1.** Hundemarke *f*. **2.** *mil. Am. sl.* ,Hundemarke' *f* (*Erkennungsmarke*). ~ **tax** *s* Hundesteuer *f*. ~ **tent** *s mil.* Feldzelt *n*. ,~ˈ**tired** *adj colloq.* hundemüde. '~**tooth** *s irr arch.* **1.** Hundezahnornaˌment *n*. '~**tooth vi·o·let** *s bot.* Gemeiner Hundszahn. '~**trot** *s* leichter Trab. '~**watch** *s mar.* Plattfuß *m*: **first** ~ **1.** Plattfuß (*16-18 Uhr*); **second** ~ **2.** Plattfuß (*18-20 Uhr*). ~ **whelk** *s zo.* e-e dickschalige Meermuschel. ~ **whip** *s* Hundepeitsche *f*. '~**wood** *s bot.* Hartriegel *m*.
do·gy → dogie.
doi·ly [ˈdɔɪlɪ] *s* (Zier)Deckchen *n*.
do·ing [ˈduːɪŋ] *s* **1.** Tun *n*, Tat *f*: **it was your** ~ Sie haben es getan, das war Ihr Werk, b) es war Ihre Schuld (that daß); **this will want some** ~ das will erst getan sein. **2.** *pl* a) Handlungen *pl*, Taten *pl*, Tätigkeit *f*: **tell me about your** ~**s in London** erzähl mir, was du in London gemacht hast, b) Begebenheiten *pl*, Vorfälle *pl*, c) Treiben *n*, Betragen *n*: **fine** ~**s these!** das sind mir schöne Geschichten! **3.** *pl* (*als sg konstruiert*) *Br. colloq.* ˌDingsbums' *n*.
doit [dɔɪt] *s fig. Deut m*: **I don't care a** ~ ich kümmere mich keinen Deut darum; **not worth a** ~ keinen Pfifferling wert.
ˌ**do-it-yourˈself I** *s* Heimwerken *n*. **II** *adj* Heimwerker...: ~ **kit** a) Heimwerkerausrüstung *f*, b) Bausatz *m* (*für Radiogerät etc*); ~ **movement** Do-it--yourself-Bewegung *f*. ˌ**do-it-yourˈself·er** *s* Heimwerker *m*.
dol [dɒl; *Am.* dəʊl] *s med.* Dol *n* (*Meßeinheit für die Intensität e-r Schmerzempfindung*).
dol·ce vi·ta [ˌdɒltʃɪˈviːtə; *Am.* ˌdəʊl-] *s* Dolce vita *n*, *f*.
dol·drums [ˈdɒldrəmz; *Am. a.* ˈdəʊl-; ˈdɑl-] *s pl* **1.** *geogr.* a) Kalmengürtel *m*, -zone *f*, b) Kalmen *pl*, äquatoriˈale Windstillen *pl*. **2.** *fig.* Niedergeschlagenheit *f*, Depressiˈon *f*, Trübsinn *m*, *econ.* Flaute *f*: **to be in the** ~ deprimiert *od.* niedergeschlagen sein, ,Trübsal blasen', b) e-e Flaute durchmachen.
dole[1] [dəʊl] **I** *s* **1.** milde Gabe, Almosen *n*. **2.** Almosenverteilung *f*. **3.** *Br. colloq.* ,Stempelgeld' *n*: **to be** (od. **go**) **on the** ~ ,stempeln gehen'. **4.** *obs.* Schicksal *n*, Geschick *n*. **II** *v/t* **5.** *oft* ~ **out** als Almosen verteilen (**to** an *acc*). **6.** ~ **out** sparsam ver- *od.* austeilen.
dole[2] [dəʊl] *s obs.* **1.** Kummer *m*. **2.** Trauer *f*.
ˈ**dole·ful** *adj* (*adv* ~**ly**) **1.** traurig, (*Gesicht etc a.*) trübselig. **2.** klagend (*Lied etc*). ˈ**dole·ful·ness** *s* Traurigkeit *f*, Trübseligkeit *f*.
dol·i·cho·ce·phal·ic [ˌdɒlɪkəʊseˈfælɪk; *Am.* ˌdɑ-] **I** *adj* dolichozeˈphal, langköpfig, -schädelig. **II** *s* Dolichozeˈphale(r) *m*. ˌ**dol·i·choˈceph·a·lism** [-ˈsefəlɪzəm] *s* Dolichozephaˈlie *f*, Langköpfigkeit *f*. ˌ**dol·i·choˈceph·a·lous** → dolichocephalic I. ˌ**dol·i·choˈceph·a·ly** → dolichocephalism.
ˈ**do·lit·tle** *s colloq.* Nichtstuer(in), Faulenzer(in), Faulpelz *m*.
doll [dɒl; *Am. a.* dɑl] **I** *s* **1.** Puppe *f*: ~**'s house** *Br.* Puppenhaus *n* (*a. humor. kleines Haus*); ~**'s face** *fig.* Puppengesicht *n*; ~**'s pram** *bes. Br. colloq.* Puppenwagen *m*. **2.** *colloq.* Puppe *f* (*hübsches, aber dummes Mädchen*). **3.** *bes. Am. sl.* a) *allg.* Mädchen *n*, Frau *f*, b) ,prima Kerl' (*Mann od. Frau*). **II** *v/t* **4.** ~ **up** *colloq.* j-n feinmachen, herˈausputzen: **to** ~ **o.s. up** → 5. **III** *v/i* **5.** ~ **up** *colloq.* sich feinmachen, ,sich in Schale werfen'.
dol·lar [ˈdɒlə; *Am.* ˈdɑlər] *s* **1.** Dollar *m* (*Währungseinheit der USA, Kanadas etc*): **the almighty** ~ das Geld, der Mammon; ~ **diplomacy** *bes. Am.* Dollardiplomaˈtie *f*; ~ **gap** *econ.* Dollarlücke *f*. **2.** *hist.* Taler *m* (*alte deutsche Münze*). **3.** (mexiˈkanischer) Peso. **4.** Juan *m* (*chinesischer Silberdollar*). **5.** *hist. Br. colloq.* Krone *f* (*Fünfschillingstück*).
doll ˈbug·gy *s Am. colloq.*, ~ **car·riage** *s Am.* Puppenwagen *m*. '~**house** *s Am.* Puppenhaus *n* (*a. humor. kleines Haus*).
ˈ**doll·ish** *adj* puppenhaft.
dol·lop [ˈdɒləp; *Am.* ˈdɑ-] *s colloq.* **1.** Klumpen *m*. **2.** a) ,Schlag' *m* (*Essensportion*), b) *Am.* ,Schuß' *m*: **a** ~ **of brandy**.
ˈ**dol·ly I** *s* **1.** *Kindersprache*: Püppchen *n*. **2.** *tech.* a) niedriger Trans'portwagen, b) fahrbares Monˈtagegestell *n*, c) ˈSchmalspurkomoˌtive *f* (*bes. an Baustellen*), d) *Film, TV*: Kamerawagen *m*. **3.** *mil.* Munitiˈonskarren *m*. **4.** *tech.* a) Niethammer *m*, b) Gegen-, Vorhalter *m*. **5.** Rammschutz *m* (*e-r Pfahlramme*). **6.** *Bergbau*: Rührer *m*. **7.** (Wäsche)Stamper *m*, Stößel *m*. **8.** *Am.* Anhängerblock *m* (*des Sattelschleppers*). **9.** *a.* ~ **bird** *bes. Br. colloq.* Püppchen *n* (*hübsches, aber dummes Mädchen*). **II** *adj* **10.** puppenhaft. **III** *v/t* **11.** ~ **in** (**out**) (*Film, TV*) die Kamera vorfahren (zuˈrückfahren). **IV** *v/i* **12.** ~ **in** (**out**) (*Film, TV*) vorfahren (zuˈrückfahren). ~ **shot** *s Film, TV*: Fahraufnahme *f*. ~ **tub** *s* Waschfaß *n*. **D~ ˈVar·den** [ˈvɑː(r)dn] *s* **1.** *hist.* breitrandiger, blumengeschmückter Damenhut. **2.** *hist.* buntgeblümtes Damenkleid. **3.** *a.* ~ **trout** *ichth.* e-e große nordamer. Forelle.
dol·man [ˈdɒlmən; *Am. a.* ˈdəʊl-; ˈdɑl-] *pl* **-mans** *s* **1.** Damenmantel *m* mit capeartigen Ärmeln: ~ **sleeve** capeartiger Ärmel. **2.** Dolman *m* (*Husarenjacke*).
dol·men [ˈdɒlmən; *Am.* ˈdəʊlmən; ˈdɒl-; ˈdɑl-] *s* Dolmen *m* (*vorgeschichtliches Steingrabmal*).
dol·o·mite [ˈdɒləmaɪt; *Am.* ˈdəʊl-; ˈdɑl-] *s* **1.** *min.* Dolo'mit *m*. **2.** *geol.* Doloˈmit(gestein *n*) *m*.
dol·or, *bes. Br.* **dol·our** [ˈdɒlə; *Am.* ˈdəʊlər; ˈdɑl-] *s poet.* Leid *n*, Pein *f*, Qual *f*, Schmerz *m*: **the D~s of Mary** *relig.* die Schmerzen Mariä.
dol·or·im·e·try [ˌdɒləˈrɪmɪtrɪ; *Am.* ˌdəʊlə-; ˌdɑlə-] *s med.* Methode zur Messung der Intensität e-r Schmerzempfindung.
dol·or·ous [ˈdɒlərəs; *Am.* ˈdəʊl-; ˈdɑl-] *adj* (*adv* ~**ly**) schmerzlich: a) qualvoll, b) traurig.
dol·our *bes. Br. für* dolor.
dol·phin [ˈdɒlfɪn; *Am. a.* ˈdɑl-] *s* **1.** *zo.* Delˈphin *m*: **bottle-nosed** ~ Großer Tümmler. **2.** *ichth.* ˈGoldmaˌkrele *f*. **3.** *mar.* a) Ankerboje *f*, b) Dalbe *f*, (Anlege)Pfahl *m*. ~ **fly** *s zo.* Schwarze Bohnen(blatt)laus.
dolt [dəʊlt] *s* Dummkopf *m*, Tölpel *m*. ˈ**dolt·ish** *adj* (*adv* ~**ly**) tölpelhaft, dumm.
dom [dɒm; *Am.* dɒm] *s* **1.** *hist.* Titel für Vornehme in Portugal u. Brasilien, b) Anrede für Angehörige mancher geistlicher Orden, bes. Benediktiner.
do·main [dəˈmeɪn] *s* **1.** *jur.* Verfügungsrecht *n*, -gewalt *f* (*über Landbesitz etc*): (**right** [*od.* **power**] **of**) **eminent** ~ *Am.* Enteignungsrecht *n* (*des Staates*). **2.** a) Landbesitz *m*, Ländeˈreien *pl*, b) Land-, Herrengut *n*. **3.** Herrschaftsgebiet *n*. **4.** Doˈmäne *f*, Staats-, Krongut *n*. **5.** *fig.* Doˈmäne *f*, Bereich *m*, Sphäre *f*, (Arbeits-, Wissens)Gebiet *n*, Reich *n*.
dome [dəʊm] **I** *s* **1.** *arch.* Kuppel(dach *n*) *f*, (Kuppel)Gewölbe *n*. **2.** Wölbung *f*. **3.** Dom *m*: a) *obs.* Kaˈtheˈdrale *f*, b) *poet.* (stolzer) Bau. **4.** Kuppel *f*, kuppelförmige Bildung: ~ **of pleura** *med.* Pleurakuppel. **5.** *tech.* a) Dampfdom *m*, b) Staubdeckel *m*. **6.** *geol.* Dom *m*. **7.** Doma *n* (*Kristallform*). **8.** *sl.* ,Birne' *f* (*Kopf*). **II** *v/t* **9.** mit e-r Kuppel versehen. **10.** kuppelartig formen: ~**d** → **dome-shaped**. **III** *v/i* **11.** sich (kuppelförmig) wölben. ~ **car** *s rail.* Aussichtswagen *m*.
domes·day [ˈduːmzdeɪ] → doomsday. **D~ Book** *s* Reichsgrundbuch Englands (1085-86).
ˈ**dome-ˌshaped** *adj* kuppelförmig, gewölbt.
do·mes·tic [dəʊˈmestɪk] **I** *adj* (*adv* ~**ally**) **1.** häuslich, Haus..., Haushalts..., Familien..., Privat...: ~ **affairs** häusliche Angelegenheiten (→ 5); ~ **appliance** Haushaltsgerät *n*; ~ **architecture** Häuser-, Wohnungsbau *m*; ~ **bliss** häusliches Glück; ~ **coal** Hausbrandkohle *f*; ~ **drama** *thea.* bürgerliches Drama; ~

economy Hauswirtschaft *f*, Haushaltskunde *f*; ~ **life** Familienleben *n*; ~ **relations** *Am.* Familienbeziehungen; **law of** ~ **relations** *jur. Am.* Familienrecht *n*; ~ **science** *ped.* Hauswirtschaftslehre *f*; ~ **servant** (*od.* **help**) → 6; ~ **system** Heimindustrie-System *n*; ~ **virtues** häusliche Tugenden. **2.** häuslich (veranlagt): **a** ~ **man. 3.** Haus..., zahm: ~ **animals** Haustiere; ~ **fowl** *zo.* Haushuhn *n*. **4.** inländisch, im Inland erzeugt, einheimisch, Inlands..., Landes..., Innen..., Binnen...: ~ **bill** *econ.* Inlandswechsel *m*; ~ **flight** *aer.* Inlandsflug *m*; ~ **goods** Inlandswaren, einheimische Waren; ~ **mail** *Am.* Inlandspost *f*; ~ **market** inländischer Markt, Binnenmarkt *m*; ~ **products** → 7; ~ **trade** Binnenhandel *m*. **5.** inner(er, e, es), Innen...: ~ **affairs** innere *od.* innenpolitische Angelegenheiten (→ 1); **in the** ~ **field** innenpolitisch; **a** ~ **political issue** e-e innenpolitische Frage; ~ **policy** Innenpolitik *f*. **II** *s* **6.** Hausangestellte(r *m*) *f*, Dienstbote *m*, *pl a.* ('Dienst)Perso̗nal *n*. **7.** *pl econ.* ('Landes)pro̗dukte *pl*, inländische Erzeugnisse *pl*. **do'mes·ti·ca·ble** *adj* zähmbar. **do̗-'mes·ti·cate** [-tikeit] *v/t* **1.** domesti'zieren: a) zu Haustieren machen, zähmen, b) *bot.* zu Kul'turpflanzen machen, kulti'vieren. **2.** an häusliches Leben gewöhnen, *iro.* ‚zähmen': **to** ~ **one's husband**; **not** ~**d** a) *Br.* nichts vom Haushalt verstehend, b) nicht am Familienleben hängend, unhäuslich, nicht ‚gezähmt'. **3.** *Wilde* zivili'sieren. **4.** Bräuche etc einbürgern, heimisch machen. **do̗,mes·ti'ca·tion** *s* **1.** Domestikati'on *f*, Domesti'zierung *f*: a) Zähmung *f*, b) *bot.* Kulti'vierung *f*. **2.** Gewöhnung *f* an häusliches Leben. **3.** Einbürgerung *f*.

do·mes·tic·i·ty [ˌdəʊmeˈstɪsətɪ] *s* **1.** (Neigung *f* zur) Häuslichkeit *f*. **2.** häusliches Leben. **3.** *pl* häusliche Angelegenheiten *pl*. **do·mes·ti·cize** [dəʊˈmestɪsaɪz] → domesticate.

dom·i·cil ['dɒmɪsɪl; *Am.* 'dɑmə-] → domicile I. **dom·i·cile** ['dɒmɪsaɪl; -sɪl; *Am.* 'dɑmə-] **I** *s* **1.** Domi'zil *n*, Wohnsitz *m*, -ort *m*. **2.** Wohnung *f*: **breach of** ~ Hausfriedensbruch *m*. **3.** *jur.* (ständiger *od.* bürgerlich-rechtlicher) Wohnsitz: ~ **of choice** Wahlwohnsitz; ~ **of origin** Geburtswohnsitz. **4.** *econ.* Sitz *m* (*e-r Gesellschaft*). **5.** *econ.* Zahlungsort *m* (*für e-n Wechsel*). **II** *v/t* **6.** ansässig *od.* wohnhaft machen, ansiedeln. **7.** *econ.* e-n Wechsel domizi'lieren, (*auf e-n bestimmten Ort*) zahlbar stellen: ~**d bill** Domizilwechsel *m*. **'dom·i·ciled** *adj* ansässig, wohnhaft. **ˌdom·i'cil·i·ar·y** [-'sɪljərɪ; *Am.* -lɪˌerɪ] *adj* Haus..., Wohnungs...: ~ **right** Hausrecht *n*; ~ **visit** (*polizeiliche etc*) Haussuchung. **ˌdom·i'cil·i·ate** [-'sɪlɪeɪt] → domicile II. **ˌdom·i·cil·i'a·tion** *s econ.* Domizi'lierung *f* (*e-s Wechsels*).

dom·i·nance ['dɒmɪnəns; *Am.* 'dɑmə-] *s* **1.** (Vor)Herrschaft *f*, (Vor)Herrschen *n*. **2.** Macht *f*, Einfluß *m*. **3.** *biol.* Domi'nanz *f*. **'dom·i·nant I** *adj* (*adv* **~ly**) **1.** dominierend, (vor)herrschend: ~ **tenement** herrschendes Grundstück. **2.** beherrschend: a) bestimmend, tonangebend: **the** ~ **factor** der entscheidende Faktor, b) em'porragend, weithin sichtbar: ~ **hill. 3.** *biol.* domi'nant, über'lagernd. **4.** *mus.* Dominant...: ~ **seventh chord** Dominantseptakkord *m*. **II** *s* **5.** *biol.* domi'nante Erbanlage, vorherrschendes Merkmal. **6.** *mus.* ('Ober)Domi̗nante *f*. **7.** *bot.* Domi̗nante *f*. **8.** *fig.* beherrschendes Ele'ment. **dom·i·nate** ['dɒmɪneɪt; *Am.* 'dɑmə-]

I *v/t* beherrschen (*a. fig.*): a) herrschen über (*acc*), b) em'porragen über (*acc*). **II** *v/i* domi'nieren, (vor)herrschen: **to** ~ **over** herrschen über (*acc*). **ˌdom·i'na·tion** *s* (Vor)Herrschaft *f*.

dom·i·neer [ˌdɒmɪ'nɪə(r); *Am.* ˌdɑmə-] *v/i* **1.** (**over**) des'potisch herrschen (über *acc*), ty̗ranni'sieren (*acc*). **2.** den Herrn spielen, anmaßend auftreten. **ˌdom·i-'neer·ing** *adj* (*adv* **~ly**) **1.** ty'rannisch, des'potisch. **2.** herrisch, gebieterisch. **3.** anmaßend.

do·min·i·cal [də'mɪnɪkl] *adj* **1.** *relig.* des Herrn (Jesu): ~ **day** Tag *m* des Herrn (*Sonntag*); ~ **letter** Sonntagsbuchstabe *m* (*im Kirchenkalender*); ~ **prayer** Gebet *n* des Herrn (*das Vaterunser*). **2.** sonntäglich.

Do·min·i·can [dəˈmɪnɪkən] **I** *adj* **1.** *relig.* domini'kanisch, Dominikaner...: ~ **friar** → 3. **2.** *pol.* domini'kanisch. **II** *s* **3.** *relig.* Domini'kaner(mönch) *m*. **4.** [ˌdɒmɪ'niːkən; *Am.* ˌdɑmə-] Domini'kaner(in) (*Einwohner der Dominikanischen Republik*).

dom·i·nie ['dɒmɪnɪ; *Am.* 'dɑmənɪ:] *s* **1.** *Scot.* Schulmeister *m*. **2.** [*Am. bes.* 'dəʊ-] Pfarrer *m*, Pastor *m*, (*als Anrede*) Herr Pfarrer *od.* Pastor.

do·min·ion [dəˈmɪnjən] *s* a) (Ober-)Herrschaft *f*, b) Re'gierungsgewalt *f*, c) *fig.* Herrschaft *f*, Einfluß *m* (**alle over** über *acc*). **2.** (Herrschafts)Gebiet *n*. **3.** Lände'reien *pl* (*e-s Feudalherrn etc*). **4.** *oft* **D~** Do'minion *n* (*sich selbst regierendes Land der Brit. Staatenbundes; seit 1947* **Country of the Commonwealth** *genannt*): **the D~ of Canada** das Dominion Kanada. **5. the D~** *Am.* Kanada *n*. **6.** *jur.* a) unbeschränktes Eigentum(srecht), b) (tatsächliche) Gewalt (**over** über *eine Sache*). **D~ Day** *s* nationaler Feiertag in Kanada (*1. Juli*) *u.* Neuseeland (*der 4. Montag im September*).

dom·i·no ['dɒmɪnəʊ; *Am.* 'dɑ-] **I** *pl* **-noes, -nos** *s* **1.** Domino *m* (*Maskenkostüm u. Person*). **2.** Halbmaske *f*. **3.** a) *pl* (*meist als sg konstruiert*) Domino(spiel) *n*, b) Dominostein *m*. **II** *interj* **4.** Domino! (*beim Spiel*). **5.** *fig.* fertig!, Schluß!, aus! ~ **the·o·ry** *s pol.* 'Dominotheo̗rie *f*.

do·mite [ˈdəʊmaɪt] *s geol.* Do'mit *m*.

don[1] [dɒn; *Am.* dɑn] *s* **1. D~** Don *m* (*spanischer Höflichkeitstitel*). **2.** Grande *m*, spanischer Edelmann. **3.** Spanier *m*. **4.** a) *obs.* Mann *m* von Stand, b) *Austral. colloq.* Fachmann *m* (**at** für, *auf einem Gebiet gen*). **5.** *univ. Br.* Universi'tätslehrer *m* (*bes. in Oxford u. Cambridge*).

don[2] [dɒn; *Am.* dɑn] *v/t* etwas anziehen, *den Hut* aufsetzen.

do·nate [dəʊ'neɪt; *Am. bes.* 'dəʊˌ-] *v/t* schenken (*a. jur.*), als Schenkung über'lassen, stiften, *a. Blut etc* spenden (**to** s.o. j-m). **do'na·tion** *s* Schenkung *f* (*a. jur.*), Gabe *f*, Geschenk *n*, Stiftung *f*, Spende *f*: **to make a** ~ **of s.th. to s.o.** j-m etwas zum Geschenk machen.

do·na·tive ['dəʊnətɪv] **I** *s* **1.** Schenkung *f*. **2.** *relig.* durch Schenkung über'tragene Pfründe. **II** *adj* **3.** Schenkungs... **4.** geschenkt. **5.** *relig.* durch bloße Schenkung über'tragen (*Pfründe*). **do·na·tor** [dəʊ'neɪtə(r); *Am. bes.* 'dəʊˌ-] → donor 1.

done [dʌn] *pp von* **do**[1]. **II** *adj* **1.** getan: **it isn't** ~, **it isn't the** ~ **thing** so etwas tut man nicht, das gehört sich nicht; **it is** ~, **it is the** ~ **thing** es gehört zum guten Ton; → **well**[1] 2. **2.** erledigt: **to get s.th.** ~ etwas erledigen (lassen); **he gets things** ~ er bringt etwas zuwege. **3.** *econ.* bezahlt. **4.** *gastr.* gar: **well**-~ durchgebraten. **5.** *colloq.* fertig: **I am** ~ **with it** ich bin fertig damit; **to have** ~ **with** a) fertig sein mit (*a. fig. mit j-m*), b) nichts mehr zu tun haben wollen mit, c) nicht mehr brauchen; → **do for** 1.

6. → **do**[1] 21, **do in** 1 a, **do up** 5 a. **7.** *in Urkunden:* gegeben, ausgefertigt: ~ **at New York. 8.** ~**!** abgemacht!, topp!

do·nee [dəʊ'niː] *s jur.* Schenkungsempfänger(in), Beschenkte(r *m*) *f*.

dong [dɒŋ; dɑŋ] *s Am. vulg.* ‚Schwanz' *m* (*Penis*).

don·jon ['dɒndʒən; *Am.* 'dɑn-] *s* Don'jon *m*, Hauptturm *m* (*der normannischen Burg*).

don·key ['dɒŋkɪ; *Am. a.* 'dɑŋ-] **I** *s* **1.** Esel *m* (*a. fig. contp.* Dummkopf): ~**'s years** *Br. colloq.* e-e ‚Ewigkeit', lange Zeit. **2.** *colloq. für* **donkey engine. 3.** *Am.* Esel *m*: a) *Symbol der Demokratischen Partei der USA,* b) *fig. Bezeichnung dieser Partei.* **II** *adj* **4.** Hilfs...: ~ **boiler** Donkey *m*, Hilfskessel *m*. ~ **en·gine** *s tech.* 'Hilfsma̗schine *f*. ~ **jack·et** *s Br.* dicke (Arbeits)Jacke. '~**-man** [-mən] *s irr* Bedienungsmann *m* e-r 'Hilfsma̗schine. '~**-work** *s colloq.* Dreck(s)arbeit *f*.

don·nish ['dɒnɪʃ; *Am.* 'dɑ-] *adj* (*adv* **~ly**) **1.** gelehrt, wissenschaftlich. **2.** belehrend (*Ton etc*).

don·ny·brook ['dɒnɪbrʊk; *Am.* 'dɑ-] *s* **1.** wüste Raufe'rei. **2.** heftige Ausein'andersetzung (*in der Presse etc*).

do·nor ['dəʊnə(r)] *s* **1.** Schenker(in) (*a. jur.*), Spender(in), Stifter(in). **2.** *med.* (*bes.* Blut-, Or'gan)Spender(in). ~ **card** *s* Or'ganspenderausweis *m*.

'do-ˌnoth·ing I *s* Faulenzer(in), Nichtstuer(in). **II** *adj* nichtstuerisch, faul.

Don Quix·ote [ˌdɒn'kwɪksət; ˌdɒŋkɪ-'həʊtɪ; *Am.* ˌdɑn-] *s* Don Qui'chotte *m* (*weltfremder Idealist*).

don't [dəʊnt] **I** 1. *colloq. für* **do not. 2.** *sl. für* **does not. II** *s* **3.** *pl colloq.* Verbote *pl*: → **do**[2] 4. ~ **know** *s* a) j-d, der (*bei e-r Umfrage*) keine Meinung hat, b) Unentschiedene(r *m*) *f*, *bes.* unentschiedener Wähler.

doo·dah ['duːdɑː] *s Br. colloq.* ‚Dingsbums' *n*.

doo·dle ['duːdl] **I** *s* Gekritzel *n*, gedankenlos 'hingekritzelte Fi'gur(en *pl*). **II** *v/i* etwas gedankenlos 'hinkritzeln, ‚Männchen malen'.

doo·dle·bug ['duːdlbʌg] *s* **1.** Wünschelrute *f*. **2.** *Br. colloq.* V 1 *f* (*im 2. Weltkrieg*). **3.** *zo. Am.* Ameisenlöwe *m* (*Larve der Ameisenjungfern*).

doo·hick·ey ['duːˌhɪkiː] *s Am. colloq.* ‚Dingsbums'.

doom [duːm] *s* **1.** Schicksal *n*, Los *n*, (*bes.* böses) Geschick, Verhängnis *n*: **he met his** ~ sein Schicksal ereilte ihn. **2.** a) Verderben *n*, 'Untergang *m*: **to send s.o. to his** ~ j-n ins Verderben stürzen, b) Tod *m*. **3.** a) *hist.* Gesetz *n*, Erlaß *m*, b) *obs.* Urteilsspruch *m*, (*bes.* Verdammungs)Urteil *n*, c) *fig.* Todesurteil *n*. **4. the day of** ~ *relig.* der Tag des Gerichts, das Jüngste Gericht; → **crack** 1. **II** *v/t* **5.** *a. fig.* verurteilen, verdammen (**to** zu; **to do** zu tun): **to** ~ **to death**.

doomed *adj* **1.** verloren, dem 'Untergang geweiht: **the** ~ **train** der Unglückszug. **2.** *fig.* verurteilt, verdammt (**to** zu; **to do** zu tun): ~ **to wait**; ~ **to failure** (*od.* **to fail**) zum Scheitern verurteilt.

dooms·day ['duːmzdeɪ] *s* Jüngstes Gericht, Weltgericht *n*: **till** ~ *colloq.* bis zum Jüngsten Tag. **D~ Book** → Domesday Book.

doom·ster ['duːmstə(r)] *s* 'Weltˌuntergangspro̗phet *m*.

door [dɔː(r)] *s* **1.** Tür *f*. **2.** Tor *n*, Pforte *f* (*beide a. fig.*): **the** ~ **to success.** **3.** a) Ein-, Zugang *m*, b) Ausgang *m*. **4.** Wagentür *f*, (Wagen)Schlag *m*. **5.** *mar.* Luke *f*.
Besondere Redewendungen:
from ~ **to** ~ von Haus zu Haus; **out of** (*od.* **without**) ~**s** a) ins Freie, hinaus,

doorbell – dote

b) im Freien, draußen; **within ~s** a) im Haus, drinnen, b) ins Haus, hinein; **the enemy is at our ~** der Feind steht vor den Toren; **he lives two ~s down the street** er wohnt zwei Türen *od.* Häuser weiter; **next ~** nebenan, im nächsten Haus *od.* Raum; **next ~ to** *fig.* beinahe, fast, so gut wie; **this is next ~ to a miracle** das ist beinahe ein Wunder, das grenzt an ein Wunder; **to lay s.th. at s.o.'s ~** j-m etwas zur Last legen; **to lay the blame at s.o.'s ~** j-m die Schuld zuschieben; **the fault lies at his ~** er trägt die Schuld; **to bang** (*od.* **close, shut**) **the ~ on** a) j-n abweisen, b) *etwas* unmöglich machen; **to show s.o. the ~, to turn s.o. out of ~s** j-m die Tür weisen, j-n hinauswerfen; **to open the ~ to** j-n hereinlassen, j-m (die Tür) öffnen; **to open a ~ to** (*od.* **for**) **s.th.** etwas ermöglichen *od.* möglich machen, *contp. a.* e-m *Mißbrauch* Tür u. Tor öffnen; **to throw the ~ open to** *fig.* alle Türen öffnen (*dat*); **packed to the ~s** voll (besetzt); → **darken** 1, **death** 2.
ˈ**door**|**·bell** *s* Türklingel *f*, -glocke *f*. ˈ**~·case** *s tech.* Türeinfassung *f*, -futter *n*, -zarge *f*. **~ chain** *s* Sicherheitskette *f*. **~ clos·er** *s* Türschließer *m*: **automatic ~** Selbstschließer *m*.
ˌ**do-or-ˈdie** *adj*: **~ spirit** Entschlossenheit *f* bis zum äußersten.
ˈ**door**|**·frame** *s* Türrahmen *m*. **~ han·dle** *s* Türgriff *m*, -klinke *f*. ˈ**~·keep·er** *s* Pförtner *m*. ˈ**~·key** *chain s* Schlüsselkind *n*. ˈ**~·knob** *s* Türknopf *m*, -griff *m*. ˈ**~·knock·er** *s* Türklopfer *m*. ˈ**~·man** [-mæn; -mən] *s irr* (li'vrierter) Porti'er. **~ mat** *s* 1. Türmatte *f*, (Fuß)Abtreter *m*. 2. *colloq.* ‚Fußabtreter' *m*. **~ mon·ey** *s* Eintrittsgeld *n*. ˈ**~·nail** *s* Türnagel *m*: → **dead** 1. **~ o·pen·er** *s* 1. Türöffner *m* (*Vorrichtung*). 2. *econ. Am.* Werbegeschenk *n* (*e-s Hausierers*). ˈ**~·plate** *s* Türschild *n*. ˈ**~·post** *s* Türpfosten *m*. **~ scrap·er** *s* Fußabstreifer *m* (*aus Metall*). ˈ**~·step** *s* Stufe *f* vor der Haustür, Türstufe *f*: **at** (*od.* **on**) **s.o.'s ~** vor j-s Tür (*a. fig.*). ˈ**~·stop** *s* Anschlag *m* (*e-r Tür*). ˌ**~-to-ˈ~** *adj* von Haus zu Haus: **~ collection** Haussammlung *f*; **~ salesman** a) Hausierer *m*, b) Vertreter *m*; **~ selling** Verkauf *m* an der Haustür. ˈ**~·way** *s* 1. Torweg *m*. 2. Türöffnung *f*, (Tür)Eingang *m*. 3. *fig.* Weg *m*: **to be a ~ to** führen zu. ˈ**~·yard** *s Am.* Vorgarten *m*.
dop¹ [dɒp; *Am.* dɑp] *s tech.* Dia'mantenschleifer *m* (*beim Schleifen*).
dop² [dɒp; *Am.* dɑp] *s* Kapbranntwein *m*.
dope [dəʊp] **I** *s* 1. dicke Flüssigkeit, Schmiere *f*. 2. a) *tech.* Wirkstoff *m*, Addi'tiv *n*, Zusatzmittel *n*, b) *electr.* Do-'tiermittel *n*. 3. *Textil.* Spannlack *m*. 4. *colloq.* a) ‚Stoff' *m*, Rauschgift *n*, b) *Am.* Rauschgiftsüchtige(r *m*) *f*. **5.** a) *sport* Dopingmittel *n*, b) *sport* leistungshemmendes Präpa'rat, c) Betäubungsmittel *n*. **6.** *sl.* Idi'ot *m*, Trottel *m*. **7.** *sl.* a) *oft* **inside ~** (vertrauliche) Informati'onen *pl*, Geheimtip *s pl*) *m*, b) *allg.* Information(en *pl*) *f*, Materi'al *n*: **to get the ~ on** alles in Erfahrung bringen über (*acc*). **II** *v/t* **8.** *electr.* do'tieren. **9.** e-n Wirkstoff zusetzen (*dat*), *dem Benzin* ein Zusatzmittel beigeben. **10.** *colloq.* j-m ‚Stoff' geben. **11.** a) *sport* dopen, b) *bes.* e-m *Pferd* ein leistungshemmendes Präpa'rat geben, c) *ein Getränk etc* präpa'rieren, (*dat*) ein Betäubungsmittel 'untermischen, d) *fig.* einschläfern, -lullen. **12.** *meist* **~ out** *Am. sl.* a) her'ausfinden, ausfindig machen, b) ausknobeln, c) ausarbeiten: **to ~ out a plan. ~ ad·dict, ~ fiend** *s* Rauschgiftsüchtige(r) *m*.

f. **~ ring** *s colloq.* Ring *m* von Rauschgifthändlern. ˈ**~·sheet** *s sport sl.* Bericht *m* (*über Rennpferde*). **~ test** *s* Sportmedizin: 'Dopingkon₁trolle *f*.
dop·ey [ˈdəʊpɪ] *adj colloq.* **1.** benommen, benebelt. **2.** blöd, ‚dämlich', ‚doof'.
ˈ**dop·ing** *s sport* Doping *n*.
dop·pel·gäng·er [ˈdɒpl₁gæŋə(r)] *s* Doppelgänger *m*: a) *psych.* halluzinatorisch *od.* visionär wahrgenommene eigene Person in der Außenwelt, b) (*Okkultismus*) Erscheinung der eigenen Person, die als Teil der vom Körper zeitweilig losgetrennten verstofflichten Seele aufgefaßt wird.
Dopp·ler ef·fect [ˈdɒplə; *Am.* ˈdɑplər] *s phys.* 'Dopplerefˌfekt *m*.
dop·y → **dopey**.
dor [dɔː(r)] *f* → **dorbeetle**.
do·ra·do [dəˈrɑːdəʊ] *pl* **-dos** *s* **1.** *ichth.* 'Goldma₁krele *f*. **2.** **D~** *astr.* Schwertfisch *m* (*südliches Sternbild*).
dor·bee·tle [ˈdɔː(r)₁biːtl] *s zo.* **1.** Mist-, Roßkäfer *m*. **2.** ‚Brummer' *m*, Brummkäfer *m*, *bes.* Maikäfer *m*.
Do·ri·an [ˈdɔː(r)ɪən] **I** *adj* dorisch: **~ mode** *mus.* dorischer Kirchenton, dorische Tonart. **II** *s hist.* Dorier(in).
Dor·ic [ˈdɔːrɪk; *Am. a.* ˈdɑrɪk] **I** *adj* **1.** dorisch: **~ order** *arch.* dorische (Säulen)Ordnung. **2.** breit, derb (*Dialekt*). **II** *s* **3.** *hist.* Dorisch *n*, dorischer Dia'lekt. **4.** breiter *od.* derber Dia'lekt.
Dor·king [ˈdɔː(r)kɪŋ] *s zo.* Dorkinghuhn *n*.
dorm [dɔː(r)m] *colloq. für* **dormitory**.
dor·man·cy [ˈdɔː(r)mənsɪ] *s* Schlaf(zustand) *m*, (*a. bot.* Knospen- *od.* Samen-)Ruhe *f*. **ˈdor·mant** *adj* **1.** schlafend (*a. her.*). **2.** *fig.* ruhend (*a. bot.*), untätig: **~ volcano** untätiger Vulkan; **to lie ~** ruhen (→ 5, 7). **3.** *zo.* Winterschlaf haltend. **4.** träge, schläfrig. **5.** *fig.* schlummernd, verborgen, la'tent: **~ talent** schlummerndes Talent; **to lie ~** schlummern, verborgen liegen (→ 2, 7). **6.** *jur.* ruhend, nicht ausgeübt *od.* beansprucht: **~ title. 7.** *a. econ.* ungenutzt, brach(liegend): **~ fac·ul·ties; ~ account** umsatzloses Konto; **~ capital** totes Kapital; **to lie ~** a) brachliegen, b) *econ.* sich nicht verzinsen (→ 2, 5); → **partner** 2, **partnership** 1.
dor·mer [ˈdɔː(r)mə(r)] *s arch.* a) (Dach-)Gaupe *f*, (-)Gaube *f*, b) *a.* **~ window** stehendes Dachfenster.
dor·mie → **dormy**.
dor·mi·to·ry [ˈdɔː(r)mɪtrɪ; *Am.* ˈdɔː(r)mə₁tɔːrɪ; -₁təː-] *s* **1.** Schlafsaal *m*. **2.** (*bes.* Stu'denten)Wohnheim *n*. **~ sub·urb, ~ town** *s* Schlafstadt *f*.
dor·mouse [ˈdɔː(r)maʊs] *s irr zo.* Schlafmaus *f*: **common ~** Haselmaus *f*; **~ sleep** 1.
dor·my [ˈdɔː(r)mɪ] *adj Golf*: dormy, dormie (*mit so viel Löchern führend, wie noch zu spielen sind*): **to stay ~** 5 dormy 5 stehen.
dorp [dɔːp] *s S. Afr.* a) Kleinstadt *f*, b) Dorf *n*.
dors- [dɔː(r)s] → **dorsi-**.
dor·sa [ˈdɔː(r)sə] *pl von* **dorsum**.
dor·sal [ˈdɔː(r)sl] **I** *adj* **1.** *anat. zo.* dor'sal, Rücken..., Dorsal...: **~ fin** → 5, b) *aer.* Seitenflosse *f*; **~ vertebra** → 4 a. **2.** *bot.* dor'sal, rückenständig. **3.** *Phonetik*: dor'sal, Dorsal...: **~ sound. II** *s* **4.** *anat.* a) Rückenwirbel *m*, b) Rückennerv *m*. **5.** *zo.* Rückenflosse *f*. **6.** *Phonetik*: Dor'sal *m*.
ˈ**dor·sal·ly** [-səlɪ] *adv med. zo.* dor'sal (*a. Phonetik*), am Rücken, dem Rücken zu.
dor·si- [dɔː(r)sɪ] *Wortelement mit der Bedeutung* Rücken...
dor·sif·er·ous [dɔː(r)ˈsɪfərəs] *adj* **1.** *bot.* die Sporen auf der 'Blattunterseite tragend. **2.** *zo.* die Eier *od.* Jungen auf dem Rücken tragend. ˌ**dor·siˈven·tral**

[-ˈventrəl] *adj* (*adv* **-ly**) **1.** *bot. zo.* dorsiven'tral, einachsig sym'metrisch. **2.** → **dorsoventral** 1.
dor·so- [dɔː(r)səʊ] → **dorsi-**.
ˌ**dor·so·ven·tral** [ˌdɔː(r)səʊˈventrəl] *adj* (*adv* **-ly**) **1.** *anat. biol.* dorsoven'tral, vom Rücken zum Bauch hin gelegen. **2.** → **dorsiventral** 1.
dor·sum [ˈdɔː(r)səm] *pl* **-sa** [-sə] *s anat. zo.* Rücken *m*: **~ of the foot** (**hand, nose**) Fuß-(Hand-, Nasen)rücken.
do·ry¹ [ˈdɔːrɪ] *s mar.* Dory *n* (*kleines Boot*).
do·ry² [ˈdɔːrɪ] → **John Dory**.
dos·age [ˈdəʊsɪdʒ] *s* **1.** Do'sierung *f*, Verabreichung *f* (*von Arznei*) in Dosen. **2.** → **dose** 1 *u.* 2.
dose [dəʊs] **I** *s* **1.** *med.* Dosis *f*, (Arz'nei)Gabe *f*: **~ of radiation** Strahlen-, Bestrahlungsdosis. **2.** *fig.* Dosis *f*, Porti'on *f*: **a heavy ~ of sarcasm** e-e kräftige Dosis Sarkasmus; **to give s.o. a ~ of flattery** j-m ganz schön schmeicheln. **3.** Zuckerzusatz *m* (*in Sekt etc*). **4.** *a.* **~ of clap** *med. sl.* Tripper *m*. **II** *v/t* **5.** Arznei *etc* do'sieren, in Dosen verabreichen: **dosing machine** Dosiermaschine *f*. **6.** j-m Dosen verabreichen, Arz'nei geben: **to ~ s.o. with** a) j-n behandeln *od.* kurieren mit, b) j-m *e-e Strafe etc* ‚verpassen'. **7.** *dem Sekt etc* Zucker zusetzen.
do·sim·e·ter [dəʊˈsɪmɪtə(r)] *s med.* Dosi'meter *n* (*zur Bestimmung der Bestrahlungsdosis*). **do·ˈsim·e·try** [-trɪ] *s med.* Dosime'trie *f* (*Bestimmung der Bestrahlungsdosis*).
doss [dɒs; *Am.* dɑs] *Br. sl.* **I** *s* **1.** Schlafplatz *m*. **2.** Schlaf *m*. **3.** → **dosshouse**. **II** *v/i* **4.** *oft* **~ down** ‚pennen' (*schlafen*).
dos·ser¹ [ˈdɒsə; *Am.* ˈdɑsər] *s* Rücken(trag)korb *m*.
dos·ser² [ˈdɒsə; *Am.* ˈdɑsər] *s bes. Br. sl.* **1.** ‚Pennbruder' *m*. **2.** → **dosshouse**.
ˈ**doss·house** *s bes. Br. sl.* ‚Penne' *f* (*billige Pension*).
dos·si·er [ˈdɒsɪeɪ; *Am.* ˈdɑ-] *s* Dossi'er *n*, Akten *pl*: **to keep a ~ on** ein Dossier angelegt haben über (*acc*).
dost [dʌst] *obs. od. poet.* 2. *sg pres von* **do¹**: thou ~.
dot¹ [dɒt; *Am.* dɑt] *s jur.* Dos *f*, Mitgift *f*.
dot² [dɒt; *Am.* dɑt] **I** *s* **1.** Punkt *m* (*a. mus. u.* Morsen), Pünktchen *n*, Tüpfelchen *n*: **the car moved away until it became only a ~ in the distance** bis es nur noch als Punkt zu sehen war; **correct to a ~** *colloq.* aufs Haar *od.* bis aufs i-Tüpfelchen (genau); **to come on the ~** *colloq.* auf die Sekunde pünktlich kommen; **at eight o'clock on the ~** *colloq.* Punkt 8 Uhr; → **day** 3, **year** 1. **2.** Tupfen *m*, kleiner Fleck. **3.** → **decimal point**. **II** *v/t* **4.** punk'tieren, pünkteln: **~ted line** punktierte Linie (*für Unterschrift*); **to sign on the ~ted line** a) unterschreiben, b) (*formell od.* bedingungslos) zustimmen. **5.** *i u. j etc* mit i-Punkt versehen, den i-Punkt machen auf (*acc*): **to ~ the** (*od.* **one's**) **i's** (**and cross the** [*od.* **one's**] **t's**) *fig.* penibel *od.* peinlich genau sein. **6.** **7.** *fig.* sprenkeln, über'säen: **a meadow ~ted with flowers. 8.** verstreuen. **9.** *Br. sl.* schlagen: **he ~ted him one** ‚er langte ihm eine'.
dot·age [ˈdəʊtɪdʒ] *s* **1.** (*geistige*) Altersschwäche, Senili'tät *f*: **to be in one's ~** senil *od.* kindisch sein, in s-r ‚zweiten Kindheit' sein. **2.** Vernarrtheit *f* (**on, upon** in *acc*).
ˌ**dot-and-ˈdash** *adj* **1.** Morse... **2.** aus Strichen u. Punkten: **~ line**.
do·tard [ˈdəʊtə(r)d] *s* se'niler Mensch.
ˌ**dot-ˈdash** → **dot-and-dash**.
dote [dəʊt] *v/i* **1.** (**on, upon**) vernarrt sein (in *acc*): a) abgöttisch lieben (*acc*), b) schwärmen (für). **2.** kin-

disch *od.* se'nil sein. **3.** (ver)faulen (*Baum etc*).
doth [dʌθ] *obs. od. poet.* 3. *sg pres von* do¹.
dot·ing ['dəʊtɪŋ] *adj* (*adv* **~ly**) **1.** vernarrt (**on** in *acc*): he is a **~** husband er liebt s-e Frau abgöttisch. **2.** kindisch, se'nil. **3.** altersschwach (*Baum etc*).
dot·ter·el ['dɒtərəl] *s* **1.** *orn.* Mori'nell(regenpfeifer) *m.* **2.** *Br. dial.* a) Gimpel *m*, b) Trottel *m*.
dot·tle ['dɒtl; *Am.* 'dɑtl] *s* Tabakrest *m* (*im Pfeifenkopf*).
dot·trel ['dɒtrəl; *Am.* 'dɑ-] → dotterel.
dot·ty ['dɒtɪ; *Am.* 'dɑ-] *adj* **1.** punk'tiert. **2.** gepünktelt, getüpfelt. **3.** *colloq.* unsicher, wack(e)lig (**on one's legs** auf den Beinen). **4.** *colloq.* a) ,bekloppt', verrückt, b) (**about**) verrückt (nach), vernarrt (in *acc*).

dou·ble ['dʌbl] **I** *adj* (*adv* → **doubly**) **1.** a) doppelt, Doppel..., zweifach: **~ function**; **~ bottom** doppelter Boden, *mar.* Doppelboden *m*; **~ the value** der zweifache *od.* doppelte Wert; **to give a ~ knock** zweimal klopfen, b) doppelt so groß wie: **produced in quantities ~ the prewar output**, c) *med.* doppelseitig: **~ pneumonia. 2.** Doppel..., verdoppelt, verstärkt: **~ beer** Starkbier *n*. **3.** Doppel..., für zwei bestimmt: **~ bed** Doppelbett *n*; **~ room** Doppel-, Zweibettzimmer *n.* **4.** a) Doppel..: **~ door** a) Doppeltür *f*, b) Flügeltür *f*; **~ nozzle** *tech.* Doppel-, Zweifachdüse *f*. **5.** *bot.* gefüllt, doppelt. **6.** *mus.* eine Ok'tave tiefer (klingend), Kontra-... **7.** zweideutig. **8.** unaufrichtig, falsch. **9.** gekrümmt.
II *adv* **10.** doppelt, noch einmal: **~ as long. 11.** doppelt, zweifach: **to play (at) ~ or quits**(s) alles riskieren *od.* aufs Spiel setzen; **to see ~** doppelt sehen. **12.** paarweise, zu zweit: **to sleep ~. 13.** unaufrichtig, falsch.
III *s* **14.** (*das*) Doppelte *od.* Zweifache. **15.** Gegenstück *n*: a) Ebenbild *n*, b) Doppel *n*, Dupli'kat *n* (*a. Abschrift*). **16.** a) Double *n*, Doppelgänger(in) *m*, b) → doppelgänger. **17.** a) Falte *f*, b) Windung *f*. **18.** a) plötzliche Kehrtwendung, b) Haken *m*: **to give s.o. the ~** j-m ,durch die Lappen gehen'. **19.** *mil.* Schnellschritt *m*: **at the ~** im Schnellschritt. **20.** Trick *m*, Winkelzug *m*. **21.** a) *thea.* zweite Besetzung, b) *Film, TV:* Double *n*, c) *thea. etc* Schauspieler, der e-e Doppelrolle spielt. **22.** *meist pl Tennis etc*: Doppel *n*: **~s match** ein Doppel; **~s court** Doppelfeld *n*; **~s partner** Doppelpartner(in); **men's ~s** Herrendoppel. **23.** *sport* a) Doppelsieg *m*, b) Doppelniederlage *f*. **24.** *Bridge etc* a) Doppeln *n*, b) Karte, die Doppeln gestattet. **25.** Doppelwette *f*. **26.** *astr.* Doppelstern *m*.
IV *v/t* **27.** verdoppeln (*a. mus.*), verzweifachen. **28.** um das Doppelte über'treffen. **29.** (*oft* **~ up**) a) *Papier etc* kniffen, falten, *Bettdecke etc* 'um-, zu'rückschlagen, b) zs.-falten, -legen, c) *die Faust* ballen: **~ double up** 2. **30.** um'segeln, um'schiffen. **31.** *Bridge etc*: *das Gebot* doppeln. **32.** a) *Film, TV:* als Double einspringen für, *j-n* doubeln, b) **to ~ the parts of ... and** ... *thea. etc* ... in e-r Doppelrolle spielen. **33.** *Spinnerei:* dou-'blieren.
V *v/i* **34.** sich verdoppeln. **35.** sich (zs.-)falten (lassen). **36.** a) plötzlich kehrtmachen, b) e-n Haken schlagen. **37.** Winkelzüge machen. **38.** doppelt verwendbar sein. **39.** a) **~ for** → 32 a, b) *thea. etc* e-e Doppelrolle spielen: **to ~ as ... and ...** → 32 b. **40.** *mus.* zwei Instru'mente spielen: **he ~s on ... and ...** er spielt ... und ... **41.** *Bridge*: doppeln. **42.** den Einsatz verdoppeln. **43.** a) *mil.*

im Schnellschritt mar'schieren, b) *colloq.* sich beeilen.
Verbindungen mit Adverbien:
dou·ble|back *I v/t* → double 29 a, b. **II** *v/i* kehrtmachen. **~ up I** *v/t* **1.** → **double 29. 2.** zs.-krümmen: **the pain doubled him up** er krümmte sich vor Schmerzen. **II** *v/i* **3.** → **double 35. 4.** sich krümmen (**with** *vor dat*): **to ~ with pain**; **to ~ with laughter** sich vor Lachen biegen *od.* krümmen. **5.** *das Zimmer etc* gemeinsam benutzen, in 'einem Bett schlafen: **to ~ on s.th.** sich etwas teilen.

'dou·ble|-act·ing *adj tech.* doppeltwirkend: **~ door** Schwingtür *f*; **~ fuse** *mil.* Doppelzünder *m*. **~ ac·tion** *s tech.* Doppelwirkung *f*. **~-act·ion** → double-acting. **~ al·bum** *s mus.* Doppelalbum *n*. **~ bar** *s mus.* Doppel-, Schlußstrich *m*.
~-bar·rel(l)ed *adj* **1.** doppelläufig: **~ gun** Doppelflinte *f*, Zwilling *m*. **2.** zweifach: **a ~ desire**; **~ name** *Br.* Doppelname *m*. **3.** zweideutig: **a ~ remark**.
~ bass [beɪs] → contrabass. **~ bas·soon** *s mus.* 'Kontrafa,gott *m*. **~-bed·room** *s* Zweibettzimmer *n*. **~ bend** *s* **1.** S-Kurve. **2.** *tech.* Doppelkrümmer *m*. **~ bill** *s* Doppelveranstaltung *f*. **~ bind** *s* auswegloseKon'fliktsituati,on. **~-blind ex·per·i·ment** (*od.* **test**) *s pharm. psych.* Doppelblindversuch *m*. **~ boil·er** *s Am.* Turmtopf *m*. **~ bond** *s chem.* Äthy'lenbindung *f*. **~-breast·ed** *adj* zweireihig: **~ suit**. **~ check** *s* genaue Nachprüfung. **~-check** *v/t u. v/i* genau nachprüfen. **~ chin** *s* Doppelkinn *n*. **~-chinned** *adj* mit Doppelkinn. **~ cloth** *s* Doppelgewebe *n*. **~-clutch** *v/i mot. Am.* mit Zwischengas schalten. **~ col·umn** *s* Doppelspalte *f* (*in der Zeitung*): **in ~s** zweispaltig. **~-con·cave** *adj* bikon'kav. **~-con·scious·ness** *s psych.* Doppelbewußtsein *n*. **~-con·vex** *adj* bikon'vex. **~ cross** *s* **1.** *colloq.* doppeltes *od.* falsches Spiel. **2.** *biol.* Doppelkreuzung *f*. **~-cross** *v/t colloq.* ein doppeltes *od.* falsches Spiel treiben mit. **~-cross·er** *s colloq.* falscher Kerl. **~-cut file** *s tech.* Doppelhiebfeile *f*. **~ dag·ger** *s print.* Doppelkreuz *n*. **~ date** *s* Doppelrendez,vous *n* (*zweier Paare*). **~ deal·er** *s* Betrüger *m*. **~ deal·ing I** *adj* betrügerisch. **II** *s* Betrug *m*. **~ deck·er** *s* **1.** Doppeldecker *m* (*Schiff, Flugzeug, Autobus etc*). **2.** *colloq.* a) E'tagenbett *n*, b) zweistöckiges Haus, c) Ro'man *m* in zwei Bänden, d) Doppelsandwich *n*. **~-de·clutch** *Br.* → **double-clutch**. **~-dot·ted** *adj mus.* doppelt punk'tiert (*Note*). **~ Dutch** *s colloq.* Kauderwelsch *n*: **to talk ~**; **it was ~ to me** das waren für mich böhmische Dörfer. **~-dyed** *adj* **1.** zweimal gefärbt. **2.** *fig.* eingefleischt, Erz-...: **~ villain** Erzgauner *m*. **~ ea·gle** *s* **1.** *her.* Doppeladler *m*. **2.** *Am. hist.* goldenes 20-Dollar-Stück. **~-edged** *adj* **1.** zweischneidig (*a. fig.*): **a ~ sword**. **2.** *fig.* zweideutig. **~ en·ten·dre** [,du:blɑ̃:n-'tɑ̃:ndrə] *s* Doppel-, Zweideutigkeit *f, bes.* Anzüglichkeit *f*: a) doppel- *od.* zweideutiger, *bes.* anzüglicher Sinn, b) doppel- *od.* zweideutige, *bes.* anzügliche Äußerung etc. **~ en·try** *s econ.* **1.** doppelte Buchung. **2.** doppelte Buchführung. **~ ex·po·sure** *s phot.* **1.** Doppelbelichtung *f*. **2.** doppelt belichtetes Foto. **~-faced** *adj* **1.** heuchlerisch, unaufrichtig, falsch. **2.** doppelgesichtig. **3.** doppelseitig, wendbar: **~ cloth**. **~ fault** *s Tennis:* Doppelfehler *m*: **~ fault** *v/i* e-n Doppelfehler machen: **he ~ed** ihm unterlief ein Doppelfehler. **~ fea·ture** *s Film:* Doppelpro,gramm *n* (*2 Spielfilme in jeder Vorstellung*). **~ first** *s univ. Br.* mit Auszeichnung *od.* „sehr gut" erworbener

honours degree *in zwei Fächern*. **~ foul** *s Basketball:* Doppelfoul *n*. **~ fugue** *s mus.* Doppelfuge *f*. **~ gang·er** → doppelgänger. **~ har·ness** *s* Doppelgespann *n*: **to be in ~** *colloq.* verheiratet sein. **~ head·er** *s* **1.** von zwei Lokomo'tiven gezogener Zug. **2.** *sport Am.* Doppelveranstaltung *f*. **~ he·lix** *s chem.* Doppelhelix *f*. **~ in·dem·ni·ty** *s Am.* Verdoppelung *f* der Versicherungssumme (*bei Unfalltod*). **~-joint·ed** *adj* mit Gummigelenken (*Artist etc*). **~-lead·ed** [-'ledɪd] *adj print.* doppelt durch'schossen. **~ life** *s irr* Doppelleben *n*. **~-lock** *v/t* a) doppelt verschließen, b) zweimal abschließen. **~ mag·num** *s* große Weinflasche, (*etwa*) Vier'literflasche *f*. **~ mean·ing** → double entendre. **~-mind·ed** *adj* **1.** wankelmütig, unentschlossen. **2.** unaufrichtig. **~ mur·der** *s* Doppelmord *m*. **~ neg·a·tive** *s ling.* doppelte Verneinung. **~ nel·son** *s Ringen:* Doppelnelson *m*.
'dou·ble·ness *s* **1.** (*das*) Doppelte, Duplizi'tät *f*. **2.** Falschheit *f*, Doppelzüngigkeit *f*, Unaufrichtigkeit *f*, Heuche'lei *f*. **3.** Unentschiedenheit *f*.
dou·ble|-park *v/t u. v/i mot.* in zweiter Reihe parken. **~ play** *s Baseball:* Doppelaus *n*. **~ point** *s math.* Doppelpunkt *m* (*e-r Kurve*). **~-quick I** *s* → **double time**. **II** *adj*: **in ~ time** → **III. III** *adv colloq.* im Eiltempo, fix.
'dou·bler *s* **1.** Verdoppler(in). **2.** *electr.* (Fre'quenz)Verdoppler *m*. **3.** *Spinnerei:* a) Du'blierer *m*, b) Du'blierma,schine *f*, c) Druckt,uch *n*.
dou·ble| reed *s mus.* doppeltes Rohrblatt. **~ salt** *s chem.* Doppelsalz *n*. **~ sauce·pan** *s Br.* Turmtopf *m*. **~-seat·er** *s. aer.* **1.** *s* Zweisitzer *m*. **II** *adj* Zweisitzer..., zweisitzig. **~ sharp** *s mus.* Doppelkreuz *n*. **~ space** *v/t u. v/i* mit zweizeiligem Abstand schreiben *od.* tippen: **~d** mit doppeltem Zeilenabstand, zweizeilig. **~ stand·ard** *s* doppelter Mo'ralkodex: **to apply ~s** mit zweierlei Maß messen; **there is a ~ in our firm** in unserer Firma wird mit zweierlei Maß gemessen. **~ star** *s astr.* Doppelstern *m*. **~ stop** *s mus.* Doppelgriff *m* (*auf der Geige etc*). **II** *v/t* Doppelgriffe spielen auf (*dat*).
dou·blet ['dʌblɪt] *s* **1.** *hist.* (*Art*) Wams *n*. **2.** Paar *n* (*Dinge*). **3.** Du'blette *f*: a) Dupli'kat *n*, Doppelstück *n*, b) *print.* Doppelsatz *m*, c) *Edelstein aus 2 verkitteten Teilen.* **4.** Doppelform *f* (*e-s zweifach entlehnten Wortes*). **5.** *pl* Pasch *m* (*beim Würfeln*). **6.** *phys. tech.* Doppellinie *f*. **7.** *Optik:* Doppellinse *f*. **8.** *electr. Am.* 'Dipol(an,tenne *f*) *m*.
dou·ble| take *s thea. etc* verzögerte Reakti'on (*in e-r unwahrscheinlichen od. überraschenden Situation*): **we did a ~ when** wir mußten zweimal hinschauen, als; wir konnten es zuerst gar nicht glauben, als. **~ talk** *s* **1.** hinhaltendes *od.* nichtssagendes Gerede, b) doppelzüngiges Gerede, c) ,Augen(aus)wische'rei' *f*. **~ tax·a·tion** *s econ.* Doppelbesteuerung *f*. **~ think** *s* die Fähigkeit, zwei einander widersprechende Gesinnungen zu haben. **~ thread** *s tech.* Doppelgewinde *n*. **~-thread·ed** *adj tech.* **1.** gezwirnt. **2.** doppelgängig. **~ screw** *s tech.* **1.** *mil. Am.* a) Schnellschritt *m*, b) langsamer Laufschritt *m*: **in ~** *colloq.* im Eiltempo, fix. **2.** doppelter Lohn (*für Feiertagsarbeit etc*). **~-tongued** *adj* doppelzüngig, falsch. **~-tracked** *adj rail.* zweigleisig.
'dou·bling *s* **1.** Verdoppelung *f*. **2.** (Zs.-)Faltung *f*. **3.** Hakenschlagen *n*, b) Haken *m*. **4.** Winkelzug *m*, Kniff *m*.

dou·bloon [dʌbˈluːn] *s hist.* Duˈblone *f (spanische Goldmünze).*
dou·bly [ˈdʌblɪ] *adv* doppelt, zweifach.
doubt [daʊt] **I** *v/i* **1.** zweifeln (**of** s.th. an e-r Sache). **2.** zögern, schwanken, Bedenken haben.
II *v/t* **3.** (es) bezweifeln, (darˈan) zweifeln, nicht sicher sein (**whether, if** ob; **that** daß); *in verneinten u. fragenden Sätzen:* **that, but, but that** daß): I ~ **whether he will come** ich zweifle, ob er kommen wird; I ~ **that he can come** ich bezweifle es, daß er kommen kann; I **don't ~ that he will come** ich zweifle nicht daran, daß er kommen wird. **4.** bezweifeln, anzweifeln, zweifeln an (*dat*): I **almost ~ it** ich möchte es fast bezweifeln; **to ~ s.o.'s abilities** j-s Fähigkeiten bezweifeln. **5.** mißˈtrauen (*dat*), keinen Glauben schenken (*dat*): **to ~ s.o.'s words. 6.** *obs. od. dial.* fürchten.
III *s* **7.** Zweifel *m* (**of** an *dat*; **about** ˈhinsichtlich; **that** daß): **no ~, without ~, beyond ~** zweifellos, ohne Zweifel, fraglos, sicher(lich); **in ~, in ~** in Zweifel, im ungewissen (→ 9); **to be in ~ about** Zweifel haben an (*dat*); **to leave s.o. in no ~ about** j-n nicht im ungewissen *od.* Zweifel lassen über (*acc*); **there is no (not the smallest, little) ~ (that)** es besteht kein (nicht der geringste, kaum ein) Zweifel darüber(, daß); **to have no ~ (od. not a ~) of** nicht zweifeln an (*dat*); **to have no ~ that** nicht bezweifeln, daß; **to make no ~** sicher sein, keinen Zweifel hegen; **it is not in any ~** darüber besteht kein Zweifel. **8.** a) Bedenken *n*, Besorgnis *f* (**about** wegen), b) Argwohn *m*: **to have some ~s left** noch einige Bedenken hegen; **to put in ~** fraglich *od.* fragwürdig erscheinen lassen; **to raise ~s** Zweifel aufkommen lassen. **9.** Ungewißheit *f*: **in ~** a) ungewiß, b) unschlüssig (→ 7); **if** (*od.* **when**) **in ~** im Zweifelsfall, wenn Sie sich nicht sicher sind; **~ benefit** 4. **10.** *obs.* Schwierigkeit *f*, Proˈblem *n*.
ˈ**doubt·er** *s* Zweifler(in).
ˈ**doubt·ful** *adj* (*adv* **~ly**) **1.** zweifelhaft: a) unsicher, unklar, b) bedenklich, fragwürdig, c) ungewiß, unentschieden, unsicher, d) verdächtig, dubiˈos: **a ~ fellow**. **2.** zweifelnd, unsicher, unschlüssig: **to be ~ of** (*od.* **about**) zweifeln an (*dat*), im Zweifel sein über (*acc*); **to be ~ that** bezweifeln, daß. ˈ**doubt·ful·ness** *s* **1.** Zweifelhaftigkeit *f*: a) Unsicherheit *f*, Fragwürdigkeit *f*, c) Ungewißheit *f*. **2.** Unschlüssigkeit *f*. ˈ**doubt·ing** *adj* (*adv* **~ly**) **1.** zweifelnd, ˈmißtrauisch, argwöhnisch: → **Thomas II. 2.** schwankend, unschlüssig. ˈ**doubt·less** *adv* **1.** zweifellos, ohne Zweifel, sicherlich. **2.** (ˈhöchst-) wahrˌscheinlich.
dou·ceur [duːˈsɜː; *Am.* -ˈsɜr] *s* **1.** a) (Geld)Geschenk *n*, b) Trinkgeld *n*. **2.** Bestechung(sgeld *n*) *f*. **3.** *obs.* Freundlichkeit *f*.
douche [duːʃ] **I** *s* **1.** Dusche *f*, Brause *f*: **cold ~** kalte Dusche (*a. fig.*). **2.** Dusch-, Brausebad *n*. **3.** *med.* a) (*bes.* Scheiden-) Spülung *f*, b) ˈSpülappaˌrat *m*, Irriˈgator *m*. **II** *v/t* **4.** (ab)duschen. **5.** *med.* (aus-) spülen. **III** *v/i* **6.** (sich) duschen. **7.** *med.* e-e Spülung machen.
dough [dəʊ] *s* **1.** Teig *m*. **2.** *weitS.* Teig *m*, teigartige Masse. **3.** *bes. Am. sl.* „Zaster" *m*, ˌMoˈneten' *pl* (Geld). **ˈ~·boy** *s colloq.* **1.** *bes. Br.* (gekochter) Mehlkloß. **2.** *mil. Am.* „Landser" *m* (*Infanterist*). **ˈ~·foot** *pl* **-feet, -foots** → **doughboy** 2. **ˈ~·nut** *s* Krapfen *m*, Berˈliner (Pfannkuchen) *m*. **ˈ~·nut tire** *s mot. Am.* großer Balˈlonreifen.
dought [daʊt] *pret von* **dow**.
dough·ti·ness [ˈdaʊtɪnɪs] *s obs. od. poet.* Mannhaftigkeit *f*. ˈ**dough·ty** *adj* (*adv* **doughtily**) *obs. od. poet.* mannhaft, kühn, tapfer.
dough·y [ˈdəʊɪ] *adj* **1.** teigig, teigartig, weich. **2.** klitschig, nicht ˈdurchgebakken: **~ bread**. **3.** *fig.* teigig, wächsern: **~ face**.
Doug·las fir [ˈdʌɡləs], *a.* **~ hem·lock, ~ pine, ~ spruce** *s bot.* Douglastanne *f*, -fichte *f*.
dou·ma → **duma**.
dour [dʊə; *Am.* ˈdʊər; ˈdaʊər] *adj* (*adv* **~ly**) **1.** mürrisch. **2.** hart, streng. **3.** hartnäckig, halsstarrig, eigensinnig.
douse [daʊs] **I** *v/t* **1.** a) ins Wasser tauchen, eintauchen, *Wäsche etc* einweichen, b) Wasser schütten über (*acc*). **2.** *colloq. das Licht* auslöschen, ausmachen. **3.** *mar.* a) *das Segel* laufen lassen, b) *das Tauende* loswerfen, c) *e-e Luke* schließen.
douze·pers [ˈduːzpeə(r)z] *s pl* **1.** (die) zwölf Palaˈdine (*Karls des Großen*). **2.** *hist.* (die) zwölf Pairs Frankreichs.
dove[1] [dʌv] *s* **1.** *orn.* Taube *f*: **~ of peace** *fig.* Friedenstaube. **2.** *relig.* a) Taube *f* (*Symbol des Heiligen Geistes*), b) D~ Heiliger Geist. **3.** Täubchen *n*, Liebling *m* (*Kosewort*). **4.** *pol.* ‚Taube' *f* (*gemäßigter Politiker*).
dove[2] [dəʊv] *Am. pret von* **dive**[1].
dove col·o(u)r [dʌv] *s* Taubengrau *n*. **ˈ~-ˌcol·o(u)red** *adj* taubengrau. **ˈ~·cot(e)** *s* Taubenschlag *m*: **to flutter the ~s, to cause a flutter in the ~s** *fig.* a) sich als Bürgerschreck betätigen, b) die Pferde scheu machen, für einigen Wirbel sorgen. **ˈ~-eyed** *adj* sanftäugig. **ˈ~·like** *adj* sanft (wie e-e Taube).
ˈ**dove's-foot** *s irr bot.* (eˈin) Storchschnabel *m*.
dove·tail [ˈdʌvteɪl] **I** *s* **1.** *tech.* Schwalbenschwanz *m*, Zinken *m*. **II** *v/t* **2.** *tech.* verschwalben, vernuten, verzinken. **3.** einfügen, -passen (**into** in *acc*). **4.** *fig.* abstimmen (**to** auf *acc*). **III** *v/i* **5.** (ineinˈander) genau passen (**in** *acc*), genau angepaßt sein (*dat*). **6.** genau ineinˈanderpassen *od.* -greifen. ˈ**dove·tailed** *adj tech.* a) durch Schwalbenschwanz verbunden, b) mit Zinken versehen, c) schwalbenschwanzförmig.
dove·tail mo(u)ld·ing *s arch.* Schwalbenschwanzverzierung *f*. **~ plane** *s tech.* Grathobel *m*. **~ saw** *s tech.* Zinkensäge *f*.
dow [daʊ] *pret u. pp* **dowed** *od.* **dought** [daʊt] *Scot. od. Br. dial.* **I** *v/aux* können. **II** *v/i* blühen, gedeihen.
dow·a·ger [ˈdaʊədʒə(r)] *s* **1.** Witwe *f* (*bes.* von vornehmem Stand): **queen ~** Köniˈginwitwe; **~ duchess** Herzoginwitwe. **2.** Maˈtrone *f*, würdevolle ältere Dame.
dow·di·ness [ˈdaʊdɪnɪs] *s* **1.** ˈUneleˌganz *f*, b) Schäbigkeit *f*, c) Schlampigkeit *f*. ˈ**dow·dy** **I** *adj* (*adv* **dowdily**) **1.** a) schlecht- *od.* nachlässig gekleidet, schlampig, b) ˈuneleˌgant, c) ˈunmoˌdern, d) schäbig. **II** *s* **2.** nachlässig gekleidete Frau. **3.** *Am.* (ein) Apfelauflauf *m*. ˈ**dow·dy·ish** *adj* ziemlich schlampig *od.* schäbig.
dow·el [ˈdaʊəl] *tech.* **I** *s* **1.** (Holz)Dübel *m*, Holzpflock *m*, **2.** (Wand)Dübel *m*. **II** *v/t* **3.** (ver)dübeln. **~ pin** → **dowel** 1.
dow·er [ˈdaʊə(r)] *s* **1.** *jur.* Wittum *n*, Witwenleibgedinge *n*. **2.** *obs.* Mitgift *f*. **3.** Gabe *f*, Begabung *f*. **II** *v/t* **4.** ausstatten (*a. fig.*). **5.** *jur.* j-m ein Wittum geben.
dow·ie [ˈdaʊɪ; ˈdəʊɪ] *adj Br. dial.* schwermütig, melanˈcholisch.
Dow-Jones av·er·age, ~ in·dex [ˌdaʊˈdʒəʊnz] *s econ.* Dow-Jones-Index *m* (*Aktienindex der New Yorker Börse*).
down[1] [daʊn] **I** *adv* **1.** nach unten, her-, hinˈunter, her-, hinˈab, ab-, niederwärts, zum Boden, zum Grund, (*in Kreuzworträtseln*) senkrecht: **three ~**; **~ from** fort von, von ... herab; **paralysed from the waist ~** von der Hüfte abwärts gelähmt; **~ to** bis hinunter *od.* hinab zu; **~ to our times** bis in unsere Zeit; **~ to the last detail** bis ins letzte Detail; **~ to the last man** bis zum letzten Mann; **from ... ~ to** von ... bis hinunter zu; **~ to the ground** *colloq.* vollständig, absolut, ganz u. gar; **to suit s.o. ~ to the ground** *colloq.* genau das richtige für j-n sein; **to be ~ on s.o.** *colloq.* a) über j-n herfallen, b) j-n ‚auf dem Kieker' haben. **2.** nieder...: → **burn down,** *etc.* **3.** (in) bar, soˈfort: **ten dollars ~** 10 Dollar (in) bar; → **pay down**. **4.** *zu* Paˈpier, nieder...: → **take down** 9, *etc.* **5.** vorgemerkt, angesetzt: **the Bill is ~ for the third reading today** heute steht die dritte Lesung der Gesetzesvorlage auf der Tagesordnung; **to be ~ for Friday** für Freitag angesetzt sein. **6.** von e-r großen Stadt (*in England:* von London) weg: **to go ~ to the country** aufs Land fahren; → **go down** 12. **7.** *bes. Am.* a) zu e-r großen Stadt hin, b) zur ˈEndstatiˌon hin, c) ins Geschäftsviertel. **8.** (nach Süden) hinˈunter. **9.** a) mit dem Strom, flußˈabwärts, b) mit dem Wind. **10.** *Br.* von der Universiˈtät: → **go down** 10, **send down** 21. **11.** nieder!: **~ with the capitalists!** nieder mit den Kapitalisten!; **~ on your knees!** auf die Knie (mit dir)! **12.** (dr)unten: **~ there** dort unten; **~ under** *colloq.* in *od.* nach Australien *od.* Neuseeland. **13.** unten (im Hause), aufgestanden: **he is not ~ yet** er ist noch oben *od.* in dem Schlafzimmer. **14.** ˈuntergegangen: **the sun is ~**. **15.** a) herˈuntergegangen, gefallen (*Preise*), b) billiger (*Waren*). **16.** gefallen (*Thermometer etc*): **~ by 10 degrees** um 10 Grad gefallen. **17.** *Br.* a) nicht in London, b) nicht an der Universiˈtät. **18.** a) niederˌhingestreckt, am Boden (liegend), b) *Boxen:* am Boden, ‚unten': **~ and out** k.o., *fig.* (*a.* physisch *od.* psychisch) ‚erledigt', ruiniert, c) erschöpft, ˈkaˈputt', fix u. fertig, d) depriˈmiert, niedergeschlagen: → **mouth** 1, e) herˈuntergekommen, in elenden Verhältnissen (lebend): → **come down** 2, **heel**[1] *Bes. Redew.* **19.** bettlägerig: **to be ~ with influenza** mit Grippe im Bett liegen. **20.** *sport* (*um* Punkte *etc*) zuˈrück: **he was two points ~** er war *od.* lag 2 Punkte zurück.

II *adj* **21.** nach unten *od.* abwärts gerichtet, Abwärts...: **a ~ jump** ein Sprung nach unten. **22.** unten befindlich. **23.** depriˈmiert, niedergeschlagen. **24.** *Br.* von London abfahrend *od.* kommend: **~ train; ~ platform** Abfahrtsbahnsteig *m* (*in London*). **25.** *bes. Am.* a) in Richtung nach e-r großen Stadt, b) zum Geschäftsviertel (hin), in die Stadtmitte. **26.** *colloq.* Bar...: → **down payment**.

III *prep* **27.** her-, hinˈunter, her-, hinˈab, entlang: **~ the hill** den Hügel hinunter; **~ the river** den Fluß hinunter, flußabwärts; **~ the middle** durch die Mitte; **~ the street** die Straße entlang *od.* hinunter. **28.** (in derˈselben Richtung) mit: **~ the wind** mit dem Wind. **29.** a) hinˈunter in (*acc*), b) hinˈein in (*acc*). **30.** unten an (*dat*): **further ~ the Rhine** weiter unten am Rhein. **31.** *zeitlich:* durch ... (hinˈdurch): → **age** 4.

IV *s* **32.** *fig.* Abstieg *m*, b) Niederˌrückgang *m*. **33.** Tiefpunkt *m*, -stand *m*. **34.** Depressiˈon *f*, (seelischer) Tiefpunkt. **35.** *colloq.* Groll *m*: **to have a ~ on s.o.** j-n ‚auf dem Kieker' haben. **36.** *American Football:* a) ˈAngriffsunterˌbrechung *f*

(*durch den Schiedsrichter*), b) ˈAngriffs-aktiˌon *f*. **37.** → **downer** 1.
V *v/t* **38.** zu Fall bringen (*a. sport u. fig.*). **39.** niederschlagen. **40.** niederlegen: **to ~ tools** die Arbeit niederlegen, in den Streik treten. **41.** *ein Flugzeug* abschießen, ˌrunterholenˈ. **42.** *e-n Reiter* abwerfen. **43.** *colloq.* ein Getränk ˌrunterkippenˈ.
VI *v/i* **44.** *colloq.* a) hinˈunterrutschen (*Speise*), b) (gut) schmecken.
down² [daʊn] *s* **1.** *orn.* a) Daunen *pl*, flaumiges Gefieder: **dead ~** Raufdaunen; **live ~** Nestdaunen; **~ quilt** Daunendecke *f*, b) Daune *f*, Flaumfeder *f*: **in the ~** noch nicht flügge. **2.** (*a.* Bart)Flaum *m*, feine Härchen *pl*. **3.** *bot.* a) feiner Flaum, b) haarige Samenkrone, Pappus *m*. **4.** weiche, flaumige Masse.
down³ [daʊn] *s* **1.** *obs.* a) Hügel *m*, b) Sandhügel *m*, *bes.* Düne *f*. **2.** *pl* waldloses, *bes.* grasbedecktes Hügelland: **the D~s** a) *Hügelland entlang der Süd- u. Südostküste Englands*, b) *Reede an der Südostküste Englands, vor der Stadt Deal*.
ˌ**down**|-**and**-ˈ**out I** *adj* (*a. physisch u. psychisch*) ˌerledigtˈ, ruiˈniert. **II** *s* ˌerledigterˈ Mensch, ˌWrackˈ *n*. **~-and--ˈout·er** → down-and-out II. **~-at-(-the)-heel(s)** *adj* herˈuntergekommen (*Person, Hotel etc*).
ˈ**down**|**·beat I** *s* **1.** *mus.* Niederschlag *m* (*beim Dirigieren*). **2.** *mus.* erster Schlag (*e-s Taktes*). **3.** *fig.* Rückgang *m*: **on the ~** im Rückgang (begriffen). **II** *adj* **4.** *colloq.* pessiˈmistisch. **~·bow** [-boʊ] *s mus.* Abstrich *m*. **~·cast I** *adj* niedergeschlagen: a) gesenkt (*Blick*), b) depriˈmiert. **II** *s a.* **~-shaft** (*Bergbau*) Wetterschacht *m*, einziehender Schacht. **~ˌdraft**, *bes. Br.* **~·draught** *s* **1.** *tech.* Fallstrom *m*: **~ carburet(t)or** Fallstromvergaser *m*. **2.** Abwind *m*.
ˈ**down·er** *s sl.* **1.** Beruhigungsmittel *n*. **2.** depriˈmierendes Erlebnis *etc*.
ˈ**down**|**·fall** *s* **1.** *fig.* Sturz *m*. **2.** starker Regenguß, Platzregen *m*, *a.* starker Schneefall. **3.** *hunt.* Schlagfalle *f*. **~·fall·en** *adj fig.* gestürzt. **~·grade** [-ˈgreɪd] **I** *s* **1.** *bes. Am.* Gefälle *n*. **2.** *fig.* Niedergang *m*: **on the ~** im Niedergang (begriffen). **II** *adj* [ˈ-ˌ-] **3.** *bes. Am.* abschüssig. **III** *adv* [ˌ-ˈ-] **4.** *bes. Am.* bergab. **IV** *v/t* [*a.* ˌ-ˈgreɪd] **5.** niedriger einstufen. **6.** (im Rang) herˈabsetzen, degraˈdieren. **7.** *econ.* (die Qualiˈtät *gen*) verschlechtern. **8.** *mil.* die Geheimhaltungsstufe (*gen*) herˈuntersetzen. **~ˈheart·ed** *adj* niedergeschlagen, entmutigt. **~ˈheart-ed·ness** *s* Niedergeschlagenheit *f*. **~·hill** [ˌ-ˈhɪl] **I** *adv* **1.** abwärts, bergˈab (*beide a. fig.*), den Berg hinˈunter: **he is going ~** *fig.* es geht bergab mit ihm; **the rest was ~** (**all the way**) *fig.* alles andere ging wie von selbst. **II** *adj* [*a.* ˈ-hɪl] **2.** abschüssig. **3.** *Skisport:* **~ course**, **~ run** Abfahrtsstrecke *f*; **~ race** Abfahrtslauf *m*; **~ racer** Abfahrtsläufer(in). **III** *s* [ˈ-hɪl] **4.** Abhang *m*. **the ~ of life** *fig.* die absteigende Hälfte des Lebens. **5.** *Skisport:* Abfahrt *f*. **~·hill·er** *s Skisport:* Abfahrer(in).
Down·ing Street [ˈdaʊnɪŋ] *s* Downing Street *f*: a) *Londoner Straße mit dem Amtssitz des Premierministers*, b) *fig.* die Regierung von Großbritannien: **~ disapproves**.
ˌ**down**|-**in-the-ˈmouth** *adj colloq.* depriˈmiert. **~·lead** [-liːd] *s electr.* Niederführung *f* (*e-r Hochantenne*). **~·most** [-moʊst; -məst] **I** *adv* unterst(er, e, es), niedrigst(er, e, es) (*beide a. fig.*): **to be ~** an letzter Stelle stehen. **II** *adj* ganz unten, zuˈunterst. **~ ˈpay·ment** *s econ.* **1.** Bar-, Sofortzahlung *f*. **2.** Anzahlung *f*

(*bei Ratenkäufen*). ˈ**~·pipe** *s Br.* Fallrohr *n* (*der Dachrinne*). ˈ**~·play** *v/t* bagatelliˈsieren, ˌherˈunterspielenˈ. ˈ**~·pour** *s* Platzregen *m*, Regenguß *m*. ˈ**~·right I** *adj* **1.** völlig, absoˈlut, ausgesprochen, ˌhundertproˌzentig: **a ~ lie** e-e glatte Lüge; **a ~ moralist** ein ausgesprochener Moralist; **~ nonsense** völliger *od.* kompletter Unsinn. **2.** gerade, offen(herzig), ehrlich, unzweideutig, unverblümt: **a ~ answer**. **II** *adv* **3.** völlig, ganz *u.* gar, durch *u.* durch, toˈtal, gänzlich, ausgesprochen: **~ lovely** ausgesprochen hübsch; **to refuse ~** glatt ablehnen. **4.** offen, geradeherˈaus. ˈ**~·shift** *v/i mot.* herˈunterschalten (**into second gear** in den 2. Gang). ˈ**~·spout** *s Am.* Fallrohr *n* (*der Dachrinne*).
Down's syn·drome *s med.* ˈDown-Synˌdrom *n*, Mongoˈlismus *m*.
down|**·stage** [ˌ-ˈsteɪdʒ] *thea.* **I** *adv* zum *od.* im Vordergrund der Bühne. **II** *adj* [*a.* ˈ-steɪdʒ] zum Bühnenvordergrund gehörig. **III** *s* [ˈ-steɪdʒ] Bühnenvordergrund *m*. **~·stairs I** *adv* **1.** die Treppe herˈunter *od.* hinˈunter, nach unten. **2.** e-e Treppe tiefer. **3.** unten, in e-m unteren Stockwerk. **4.** *ant. sl.* in niedriger Höhe, in Bodennähe. **II** *adj* [*bes.* ˈ-steə(r)z] **5.** im unteren Stockwerk (gelegen), unter(er, e, es). **III** *s* [*a.* ˈ-steə(r)z] **6.** *pl* (*als sg konstruiert*) unteres Stockwerk, ˈUntergeschoß *n*. ˈ**~·state** *Am.* **I** *adj u. adv* der *od.* in die (*bes.* südliche) Proˈvinz (*e-s Bundesstaates*). **II** *s* (*bes.* südliche) Proˈvinz (*e-s Bundesstaates*). ˈ**~·stream I** *adv* **1.** stromˈab(wärts). **2.** mit dem Strom. **II** *adj* [*a.* ˈ-striːm] **3.** stromˈabwärts gerichtet. **4.** (weiter) stromˈabwärts ˈvorkommend *od.* gelegen. ˈ**~-stroke** *s* **1.** Grund-, Abstrich *m* (*beim Schreiben*). **2.** *tech.* Abwärts-, Leerhub *m* (*des Kolbens etc*). ˈ**~·swing** *s* (*econ.* Konˌjunkˈtur)Rückgang *m*. **~-the-ˈline** *adj u. adv* auf der ganzen Linie, durch die Bank, vorbehaltlos. ˈ**~·throw** *s* **1.** *fig.* Sturz *m*. **2.** *geol.* Schichtensenkung *f*. ˈ**~·time** *s econ. tech. bes. Am.* Ausfallzeit *f*. **~-to-ˈearth** *adj* reaˈlistisch (*a. Preise etc*). **~·town** *Am.* **I** *adv* [ˌ-ˈtaʊn] **1.** im *od.* ins Geschäftsviertel. **II** *adj* [ˈ-ˌtaʊn] **2.** im Geschäftsviertel (gelegen *od.* tätig): **a ~ store**; **a ~ broker**; **in ~ Los Angeles** in der Innenstadt von Los Angeles. **3.** ins *od.* durchs Geschäftsviertel (fahrend *etc*). **III** *s* [ˈ-ˌtaʊn] **4.** Geschäftsviertel *n*, Stadtmitte *f*, Innenstadt *f*, City *f*. ˈ**~·trend** *s* Abwärtstrend *m*, sinkende Tenˈdenz. ˈ**~·trod·den** *adj* **1.** zertreten, zertrampelt. **2.** *fig.* unterˈdrückt, (mit Füßen) getreten. ˈ**~·turn** *s* (*econ.* Konˌjunkˈtur)Rückgang *m*. **~·un·der** *s colloq.* a) Auˈstralien *n*, b) Neuˈseeland *n*.
down·ward [ˈdaʊnwə(r)d] **I** *adv* **1.** hinˈab, abwärts, nach unten, hinˈunter: **~ face** mit dem Gesicht nach unten. **2.** stromˈabwärts. **3.** *a.* abwärts, bergˈab: **he went ~ in life** es ging bergab mit ihm. **4.** (*zeitlich*) herˈab, abwärts: **~ from Shakespeare to the twentieth century** von Shakespeare (herab) bis zum 20. Jahrhundert. **II** *adj* **5.** Abwärts..., sich neigend, nach unten gerichtet *od.* führend: **~ acceleration** *phys.* Fallbeschleunigung *f*; **~ current** *aer. phys.* Abwind *m*; **~ prices** sinkende Preise; **~ stroke** *tech.* Abwärtshub *m*. **6.** *fig.* bergˈab *od.* zum Abgrund führend. **7.** absteigend (*Linie e-s Stammbaums etc*). **8.** beˈdrückt, pessiˈmistisch. **ˈdown·wards** [-wə(r)dz] → downward I.
ˈ**down·wind I** *s* **1.** Rückenwind *m*. **2.** Fallwind *m*. **II** *adj* **3.** dem Wind abgekehrt: **~ side**. **III** *adv* **4.** mit dem Wind.

down·y¹ [ˈdaʊnɪ] *adj* **1.** *orn.* mit Daunen bedeckt. **2.** *bot.* feinstflaumig. **3.** mit Flaum *od.* feinen Härchen bedeckt, flaumig: **~ skin**. **4.** Daunen...: **~ pillow**. **5.** *fig.* sanft, weich. **6.** *sl.* ˌgeriebenˈ, ˌgerissenˈ.
down·y² [ˈdaʊnɪ] *adj* sanft gewellt *u.* mit Gras bewachsen: **~ country**.
dow·ry [ˈdaʊərɪ] *s* **1.** Mitgift *f*, Ausstattung *f*, -steuer *f*. **2.** *obs.* Morgengabe *f*. **3.** *fig.* Gabe *f*, Begabung *f*.
dowse¹ → douse.
dowse² [daʊz] *v/i* mit der Wünschelrute (*Wasser etc*) suchen.
dows·er [ˈdaʊzə(r)] *s* **1.** Wünschelrute *f*. **2.** (Wünschel)Rutengänger *m*.
ˈ**dows·ing rod** *s* Wünschelrute *f*.
dox·ol·o·gy [dɒkˈsɒlədʒɪ; *Am.* dɑkˈsɑl-] *s relig.* Doxoloˈgie *f*, Lobpreisung *f* Gottes *od.* der Dreiˈfaltigkeit, Lobgesang *m*: **Greater (Lesser) D~** großes (kleines) Gloria.
dox·y¹ [ˈdɒksɪ; *Am.* ˈdɑksiː] *s colloq.* Meinung *f* (*bes. in religiösen Dingen*).
dox·y² [ˈdɒksɪ; *Am.* ˈdɑksiː] *s obs. sl.* **1.** Mäˈtresse *f*, Geliebte *f*. **2.** Dirne *f*.
doy·en [ˈdɔɪən] *s* **1.** Rangälteste(r) *m*. **2.** Doyˈen *m* (*des diplomatischen Korps*). **3.** Nestor *m*.
doy·ley, **doy·ly** → doily.
doze [doʊz] **I** *v/i* dösen, ein Nickerchen machen *od.* halten: **to ~ off** einnicken, eindösen. **II** *v/t oft* **~ away** die Zeit *etc* verträumen *od.* verdösen. **III** *s* a) Dösen *n*, b) Nickerchen *n*: **to have a ~** → I.
doz·en [dʌzn] *s* **1.** *sg u. pl* (*vor Haupt- u. nach Zahlwörtern od. ähnlichen Wörtern außer nach* **some**) Dutzend *n*: **three ~ apples** drei Dutzend Äpfel; **several ~ eggs** mehrere Dutzend Eier; **a ~ bottles of beer** ein Dutzend Flaschen Bier. **2.** *nach n* (*a. neut. S.*): **~s of birds** Dutzende von Vögeln; **some ~s of children** einige Dutzend Kinder; **~s of people** *colloq.* e-e Menge Leute; **~s of times** *colloq.* x-mal, hundertmal; **in ~s**, **by the ~** zu Dutzenden, dutzendweise; **cheaper by the ~** im Dutzend billiger; **a baker's ~** 13 Stück; **a ~ fifty pence a ~** 50 Pence das Dutzend; **to talk nineteen to the ~** *Br.* wie ein Wasserfall reden; **to do one's daily ~** Früh- *od.* Morgengymnastik machen.
doz·enth [ˈdʌznθ] *adj* zwölft(er, e, es): **for the ~ time** *colloq.* zum hundertsten Mal.
doz·er [ˈdoʊzə(r)] *s* **1.** Dösende(r *m*) *f*. **2.** → bulldozer 1.
doz·i·ness [ˈdoʊzɪnɪs] *s* Schläfrigkeit *f*, Verschlafenheit *f*. ˈ**doz·y** *adj* **1.** schläfrig, verschlafen, dösig. **2.** angefault (*Holz, Obst etc*). **3.** *Br. colloq.* ˌschwer von Begriffˈ.
drab¹ [dræb] *s* **1.** Beige *n*, Graubraun *n*. **2.** dicker, graubrauner Wollstoff. **3.** *fig.* (graue) Eintönigkeit. **II** *adj* **4.** beige, graubraun, sandfarben. **5.** *fig. trist:* a) grau (*Stadt etc*), b) düster (*Farben etc*), c) langweilig (*Abend etc*), d) freudlos (*Dasein etc*).
drab² [dræb] *s obs.* **1.** Schlampe *f*. **2.** Dirne *f*, Hure *f*.
drab·bet [ˈdræbɪt] *s Br.* grober, graubrauner Leinenstoff.
drab·ble [ˈdræbl] **I** *v/t* → draggle I. **II** *v/i* im Schmutz waten.
drab·ness [ˈdræbnɪs] *s* Langweiligkeit *f*, Freudlosigkeit *f*.
drachm [dræm] *s* **1.** → drachma 1. **2.** → dram.
drach·ma [ˈdrækmə] *pl* **-mas**, **-mae** [-miː], **-mai** [-maɪ] *s* **1.** Drachme *f*: a) *altgriechische Gewichts- u. Rechnungseinheit*, b) *Währungseinheit im heutigen Griechenland*. **2.** → dram.

Dra·co ['dreɪkəʊ] *gen* **Dra'co·nis** [-'kəʊnɪs] *s astr.* Drache *m (Sternbild).*
Dra·co·ni·an [drə'kəʊnjən; dreɪ'k-; -nɪən], **Dra'con·ic** [-'kɒnɪk; *Am.* -'kɑ-] *adj* dra'konisch, hart, sehr streng: ~ **laws.**
draff [dræf] *s* **1.** Bodensatz *m.* **2.** Abfall *m.* **3.** Vieh-, Schweinetrank *m.* **4.** *Brauerei:* Trester *pl.*
draft, *bes. Br.* (*für* 3, 5, 14, 21, 22) **draught** [drɑːft; *Am.* dræft] **I** *s* **1.** Skizze *f,* Zeichnung *f.* **2.** Entwurf *m:* a) Skizze *f (für e-e künstlerische Arbeit),* b) Riß *m (für Bauten, Maschinen etc),* c) Kon'zept *n (für ein Schriftstück etc):* **preliminary ~** Vorentwurf; **~ agreement** Vertragsentwurf; **~ law** Gesetzentwurf. **3.** (Luft-, Kessel-, Ofen)Zug *m:* **forced ~** *tech.* künstlicher Zug, Druckluftstrom *m;* **there is an awful ~** es zieht fürchterlich; **to feel the draught** *Br. colloq.* ‚den Wind im Gesicht spüren', in finanziellen Nöten sein. **4.** *tech.* 'Zuguliervorrichtung *f (an e-m Ofen etc).* **5.** a) Ziehen *n,* b) gezogene Menge *od.* Last. **6.** *fig.* Her'anziehen *n,* In'anspruchnahme *f,* starke Beanspruchung (**on, upon** *gen*): **to make a ~ on** Hilfsmittel etc heranziehen, in Anspruch nehmen; **to make a ~ on s.o.'s friendship** j-s Freundschaft in Anspruch nehmen. **7.** Abhebung *f (von Geld):* **to make a ~ on one's account** von s-m Konto (*Geld*) abheben. **8.** *econ.* a) schriftliche Zahlungsanweisung, b) Scheck *m,* c) Tratte *f,* (tras'sierter) Wechsel, d) Ziehung *f,* Tras'sierung *f:* ~ (**payable**) **at sight** Sichttratte, -wechsel; **to make out a ~ on s.o.** auf ein-n Wechsel ziehen. **9.** Abordnung *f,* Auswahl *f (von Personen).* **10.** *mil. Am.* a) Einberufung *f,* Einziehung *f,* b) Aufgebot *n,* Wehrdienstpflichtige *pl.* **11.** *mil.* a) ('Sonder)Kom,mando *n,* ('abkomman,dierte) Ab'teilung, b) Ersatz(-truppe) *f m.* **12.** *econ.* a) 'Überschlag *m (der Waage),* b) Gutgewicht *n (für Verluste beim Auswiegen etc).* **13.** Gießerei: Verjüngung *f,* Konizi'tät *f (des Modells).* **14.** *mar.* Tiefgang *m.* **15.** → **draught** I.
II *v/t* **16.** entwerfen, skiz'zieren, *Schriftstück* aufsetzen, abfassen: **to ~ an agreement 17.** (fort-, ab-, weg)ziehen. **18.** *Personen* (zu e-m bestimmten Zweck) auswählen. **19.** *mil.* a) *Am.* (zum Wehrdienst) einberufen, einziehen (**into** zu), b) *Truppen* ('abkomman,dieren. **20.** *Austral. Schafe etc* 'aussor,tieren.
III *v/i* **21.** *bes. Automobilsport:* im Windschatten fahren.
IV *adj* **22.** Zug...: **~ animal** Zugtier *n.* **23.** *mil.* a) *Am.* Einberufungs...: **~ act** Rekrutierungsgesetz *n;* **~ board** Musterungskommission *f,* b) *Am.* einberufen, c) 'abkomman,diert.
draft·ee [drɑːf'tiː] *s Am.* **1.** (zu e-r bestimmten Aufgabe) Ausgewählte(r *m*) *f.* **2.** *mil.* zum Wehrdienst Eingezogene(r) *m,* Einberufene(r) *m,* Wehrdienstpflichtige(r) *m.*
'draft·er *s* **1.** → draftsman. **2.** Zugpferd *n.*
draft| e·vad·er *s mil. Am.* Drückeberger *m.* **'~ex,empt** *adj mil. Am.* vom Wehrdienst befreit. **~ ga(u)ge** *s tech.* Zugmesser *m.* **~ horse** *s* Zugpferd *n.*
draft·i·ness ['drɑːftɪnɪs; *Am.* 'dræf-] *s* Zugigkeit *f.*
'draft·ing| board *s* Zeichenbrett *n.* **~ pa·per** *s* 'Zeichenpa,pier *n.* **~ room** *s tech. Am.* Zeichensaal *m,* -bü,ro *n.*
'drafts·man [-mən] *s irr* **1.** *tech.* (Konstrukti'ons-, Muster)Zeichner *m.* **2.** j-d, der etwas entwirft *od.* abfaßt.
'draft·y *adj* zugig.
drag [dræg] **I** *s* **1.** Schleppen *n,* Zerren *n.*
2. *mar.* a) Dragge *f,* Such-, Dregganker *m,* b) Schleppnetz *n.* **3.** *agr.* a) schwere Egge, b) Mistrechen *m.* **4.** *tech.* a) starker Roll- *od.* Blockwagen, b) Last-, Trans'portschlitten *m.* **5.** schwere (vierspännige) Kutsche. **6.** Schlepp-, Zugseil *n.*
7. Schleife *f (zum Steintransport etc).*
8. *tech.* a) Baggerschaufel *f,* Erdräumer *m.*
9. Hemmschuh *m,* Schleife *f:* **to put on the ~** den Hemmschuh ansetzen. **10.** *tech.* Hemmzeug *n,* -vorrichtung *f.* **11.** *fig.* Hemmschuh *m,* Hemmnis *n,* Belastung *f* (**on** für). **12.** *aer. phys.* 'Luft-, 'Strömungs,widerstand *m.* **13.** *tech.* (Faden-)Zug *m (bei Wickelmaschinen etc).*
14. *colloq.* (etwas) Mühsames: **what a ~ up these stairs!** diese Treppen sind vielleicht ein ‚Schlauch'! **15.** schleppendes Verfahren, Verschleppung *f.* **16.** *colloq.* a) (*etwas*) Langweiliges *od.* Fades: **to be a ~** langweilig sein, b) (*etwas*) Unangenehmes *od.* Lästiges: **what a ~!** so ein Mist! **17.** *colloq.* a) Langweiler *m,* fader Kerl, b) lästiger Kerl. **18.** *hunt.* Streichrute *f (zum Vogelfang).* **19.** *hunt.* a) Fährte *f,* Witterung *f,* b) Schleppe *f (künstliche Witterung),* c) Schleppjagd *f.* **20.** *Angeln:* a) Spulenbremse *f,* b) seitlicher Zug (an der Angelschnur). **21.** *Am. colloq.* Einfluß *m,* Beziehungen *pl:* **to use one's ~** s-e Beziehungen spielen lassen. **22.** *colloq.* Zug *m* (**at, on** an e-r *Zigarette etc*): **give me a ~** laß mich mal ziehen. **23.** *colloq.* (von *Männern,* bes. von *Transvestiten,* getragene) Frauenkleidung: **in ~** in Frauenkleidung. **24.** *bes. Am. colloq.* Straße *f.*
25. *colloq. für* drag race.
II *v/t* **26.** schleppen, zerren, schleifen, ziehen: **to ~ the anchor** *mar.* vor Anker treiben; → **dust** 1, **mud** 2. **27.** nachschleifen: **to ~ one's feet** a) (mit den Füßen) schlurfen, b) *a.* **to ~ one's heels** *fig.* sich Zeit lassen (**over, in, about** mit, bei). **28.** a) mit e-m Schleppnetz absuchen (**for** nach), b) mit e-m Schleppnetz finden *od.* fangen. **29.** *fig.* absuchen (**for** nach). **30.** *e-n Teich etc* ausbaggern. **31.** eggen. **32.** *fig.* hin'einziehen (**into** in *acc*): **he was ~ged into the affair; he must ~ sex into every conversation** er muß in jedes Gespräch (unbedingt) Sex hineinbringen. **33.** *colloq.* a) j-n langweilen, b) j-m unangenehm *od.* lästig sein.
III *v/i* **34.** geschleppt *od.* geschleift werden. **35.** (am Boden) schleifen. **~ the anchor ~s** *mar.* der Anker findet keinen Halt. **36.** sich schleppen. **37.** schleppen (*Füße*). **38.** *fig.* a) sich da'hinschleppen: **time ~s on his hands** die Zeit wird ihm lang, b) → drag on II. **39.** *econ.* schleppend *od.* flau gehen. **40.** *a.* **~ behind** zu'rückbleiben, nachhinken. **41.** *mus.* zu langsam spielen *od.* gespielt werden, schleppen. **42.** dreggen, mit e-m Schleppnetz suchen *od.* fischen (**for** nach). **43.** zerren, heftig ziehen (**at** an *dat*). **44.** *colloq.* ziehen (**at, on** an e-r *Zigarette etc*).
Verbindungen mit Adverbien:
drag| a·long I *v/t* wegschleppen, wegzerren. **II** *v/i* sich da'hinschleppen. **~ a·way** *v/t* wegschleppen, wegzerren: **he could not drag himself away from the television** er konnte sich nicht vom Fernsehen losreißen. **~ be·hind** *v/i* drag 40. **~ down** *v/t* **1.** her'unterziehen. **2.** *fig.* a) j-n zermürben (*Krankheit etc*), b) j-n entmutigen. **~ in** *v/t* **1.** hin'einziehen. **2.** *fig.* (mit) hin'einziehen: **I don't want to be dragged in** ich möchte da nicht mit hineingezogen werden. **~ off** *v/t* wegschleppen, wegzerren: **to drag s.o. off to a party** *colloq.* j-n auf e-e Party schleppen. **~ on I** *v/t* weiterschleppen. **II** *v/i fig.*
a) sich da'hinschleppen, b) sich in die Länge ziehen: **the speech dragged on for two hours** die Rede zog sich über zwei Stunden hin. **~ out** *v/t* **1.** her'ausziehen. **2.** *fig.* hin'ausziehen, in die Länge ziehen. **3. to drag s.th. out of s.o.** *fig.* aus j-m etwas herausholen. **~ up** *v/t* **1.** hochziehen. **2.** *colloq. ein Kind* lieblos aufziehen. **3.** *colloq.* e-n Skandal etc ausgraben.
drag| an·chor *s mar.* Treib-, Schleppanker *m.* **'~bar** *s rail.* Kupp(e)lungsstange *f.* **~ chain** *s tech.* Hemm-, Sperrkette *f.*
dra·gée [dræ'ʒeɪ] *s* Dra'gée *n (a. pharm.).*
drag·ging ['drægɪŋ] *adj* schleppend (*a. fig.* langsam).
drag·gle ['drægl] **I** *v/t* **1.** beschmutzen, besudeln. **2.** im Schmutz schleifen lassen. **II** *v/i* **3.** (nach)schleifen. **4.** beschmutzt werden. **5.** zu'rückbleiben, nachhinken. **'~tail** *s contp. obs.* Schlampe *f.* **'~tailed** *adj obs.* schlampig.
'drag·hound *s hunt.* Jagdhund *m* für Schleppjagden. **~ hunt** *s* Schleppjagd *f.*
'~lift *s* Schlepplift *m.* **~ line** *s* **1.** *tech.* Schleppleine *f.* **2.** *aer.* Schleppseil *n.* **3.** *a.* **~ dredge, ~ excavator** *tech.* Schürfkübelbagger *m.* **~ link** *s tech.* Kupp(e)lungsglied *n.* **'~net** *s* **1.** *Fischerei:* Schleppnetz *n.* **2.** *hunt.* Streichnetz *n.* **3.** *fig.* Netz *n (der Polizei):* **he was caught in the police ~** er ging der Polizei ins Netz; **~ operation** Großfahndung *f.*
drag·o·man ['drægəʊmən] *pl* **-mans** *od.* **-men** [-mən] *s hist.* Dragoman *m (Dolmetscher im Nahen Osten).*
drag·on ['drægən] *s* **1.** *myth.* Drache *m,* Lindwurm *m.* **2.** *Bibl.* Drache *m,* Untier *n, a.* Wal-, Haifisch *m,* Schlange *f:* **the old D.~** der Satan. **3.** *colloq.* Drachen *m (zänkische Frau).* **4.** *a.* **flying ~** *zo.* Fliegender Drache. **5.** (*e-e*) Brieftaube. **6.** *bot.* (*ein*) Aronstabgewächs *n.* **7.** *mil.* 'Zugma,schine *f,* (gepanzerter) Raupenschlepper. **8.** *mil. hist.* a) kurze (mit e-m Drachenkopf verzierte) Mus'kete, b) Dra'goner *m.* **9.** ~ → **Draco.**
drag·on·et ['drægənɪt] *s* **1.** *myth.* kleiner Drache. **2.** *ichth.* Spinnenfisch *m.*
'drag·on| fly *s zo.* Li'belle *f,* Wasserjungfer *f.* **'~head** *s bot.* (*bes.* Klein-blütiger) Drachenkopf.
'drag·on's| blood *s bot.* Drachenblut *n (mehrere rote Harze).* **'~head** → **dragonhead.** **~ teeth** *s pl* **1.** *mil.* Höckerhindernis *n,* Panzerhöcker *pl.* **2.** *fig.* Drachensaat *f:* **to sow ~** Zwietracht säen.
drag·on tree *s bot.* Echter Drachenbaum.
dra·goon [drə'guːn] **I** *s* **1.** *mil.* a) Dra'goner *m,* b) → **dragon** 8 a. **2.** → **dragon** 5. **II** *v/t* **3.** (durch Truppen) unter'drücken *od.* verfolgen. **4.** *fig.* zwingen (**into doing** zu tun).
drag| queen *s colloq.* Homosexu'elle(r) *m* in Frauenkleidung. **~ race** *s Automobilsport:* Dragsterrennen *n.* **'~rope** *s* **1.** Schlepp-, Zugseil *n.* **2.** *aer.* a) Bal'lastleine *f,* b) Leitseil *n,* c) Vertäuungsleine *f.* **~ show** *s colloq.* Transve'stitenshow *f.*
drag·ster ['drægstə(r)] *s Automobilsport:* Dragster *m (hochgezüchteter, formelfreier Spezialrennwagen).*
drail [dreɪl] *s Angeln:* Grundangel *f.*
drain [dreɪn] **I** *v/t* **1.** *a.* **~ off** (*od.* **away**) *e-e Flüssigkeit* abfließen lassen: **to ~ off** *od.* **2.** *med. Eiter etc* drai'nieren, abziehen. **3.** austrinken, leeren: → **dreg** 1 a. **4.** *Land* entwässern, drä'nieren, trockenlegen. **5.** das Wasser ableiten von (*Straßen etc*). **6.** *Gebäude etc* kanali'sie-

ren, mit Kanalisati'on versehen. **7.** ab-, od. austrocknen lassen. **8.** *fig.* erschöpfen: a) *Vorräte etc* aufbrauchen, -zehren, b) *j-n* ermüden, *j-s* Kräfte aufzehren. **9.** (of) arm machen (an *dat*), berauben (*gen*). **10.** *ein Land etc* völlig ausplündern, ausbluten lassen. **11.** fil'trieren. **II** *v/i* **12.** ~ off, ~ away abfließen, ablaufen. **13.** sickern. **14.** leerlaufen, all'mählich leer werden (*Gefäße etc*). **15.** abtropfen. **16.** austrocknen. **17.** sich entwässern (into in *acc*), entwässert od. trocken werden. **18.** a. ~ **away** *fig.* da'hinschwinden. **III** *s* **19.** → **drainage** 1, 2, 3, 7. **20.** a) Ent'wässerungsgraben *m*, Drän *m*, b) (Abzugs)Rinne *f*, c) Straßenrinne *f*, Gosse *f*, d) Sickerrohr *n*, e) Kanalisati'onsrohr *n*, f) Senkgrube *f*: **to pour down the** ~ *colloq.* Geld zum Fenster hinauswerfen; **to go down the** ~ *colloq.* a) vor die Hunde gehen, b) verpuffen. **21.** *pl* Kanalisati'on *f*. **22.** *med.* Drain *m*. **23.** *fig.* Abfluß *m*, Aderlaß *m*: **foreign** ~ Kapitalabwanderung *f*, Abfluß *m* von Geld ins Ausland. **24.** (ständige) In'anspruchnahme, Beanspruchung *f*, Belastung *f* (on *gen*), Aderlaß *m*: **a great** ~ **on the purse** e-e schwere finanzielle Belastung. **25.** *colloq. obs.* Schlückchen *n*.
drain·age ['dreɪnɪdʒ] *s* **1.** Ableitung *f*: ~ **of water**. **2.** Abfließen *n*, Ablaufen *n*. **3.** Entwässerung *f*, Dräi'nage *f*, Trockenlegung *f*. **4.** Ent'wässerungssy,stem *n*. **5.** Kanalisati'on *f*. **6.** Entwässerungsanlage *f*, -graben *m*, -röhre *f*. **7.** abgeleitete Flüssigkeit, *bes.* Abwasser *n*. **8.** *med.* Drai'nage *f*. ~ **ba·sin**, a. ~ **a·re·a** *s geogr.* Strom-, Einzugsgebiet *n*. ~ **tube** *s med.* Drai'nageröhre *f*, 'Abflußka,nüle *f*.
'**drain**|**board** *s Am.* Abtropfbrett *n*. ~ **cock** *s tech.* Ablaß-, Entleerungshahn *m*.
'**drain·er** *s* **1.** a) Drä'nierer *m*, Drai'nagearbeiter *m*, b) Kanalisati'onsarbeiter *m*. **2.** a) Abtropfgefäß *n*, b) Abtropfbrett *n*, -ständer *m*, c) Schöpfkelle *f*.
'**drain·ing**|**board** *s Br.* für **drainboard**. ~ **en·gine** *s* Drä'nierma,schine *f*. ~ **stand** *s* Abtropfständer *m*.
'**drain·less** *adj* **1.** *poet.* unerschöpflich. **2.** ohne Kanalisati'on. **3.** nicht trockenlegbar.
'**drain·pipe** *s* **1.** *tech.* Abflußrohr *n*, Abzugsröhre *f*. ~ **trousers**, *a.* **2.** Fallrohr *n* (*der Dachrinne*). **3.** *pl*, *a.* **pair of** ~**s** *colloq.* Röhrenhose(n *pl*) *f*.
drake[1] [dreɪk] *s orn.* Enterich *m*, Erpel *m*.
drake[2] [dreɪk] *s* **1.** *myth. obs.* Drache *m*. **2.** *hist.* a) *mil.* Feldschlange *f*, b) *mar.* Drache *m* (*Wikingerschiff*). **3.** *Angeln:* (Eintags)Fliege *f* (*als Köder*).
dram [dræm] *s* **1.** Dram *n*, Drachme *f* (*Apothekergewicht = 3,888 g, Handelsgewicht = 1,772 g*). **2.** → **fluid dram**. **3.** *colloq.* Schluck *m*, Schlückchen *n*: **he's fond of a** ~ er trinkt gern einen. **4.** Quentchen *n*.
dra·ma ['drɑːmə; *Am. a.* 'dræmə] *s* **1.** Drama *n*, Schauspiel *n*: ~ **critic** Theaterkritiker(in); ~ **school** Schauspielschule *f*; ~ **student** Schauspielschüler(in). **2.** Drama *n*, dra'matische Dichtung *od.* Litera'tur, Dra'matik *f*. **3.** Schauspielkunst *f*. **4.** *fig.* Drama *n*, erschütterndes *od.* trauriges Geschehen.
dra·mat·ic [drə'mætɪk] **I** *adj* (*adv* ~**ally**) **1.** dra'matisch, Schauspiel... **2.** Schauspiel(er)..., Theater...: ~ **critic** Theaterkritiker(in); ~ **rights** Aufführungs-, Bühnenrechte. **3.** bühnengerecht. **4.** *mus.* dra'matisch: ~ **soprano** *f*, ~ **tenor** Heldentenor *m*. **5.** dra'matisch, spannend, auf-, erregend. **6.** *fig.* a) drastisch, einschneidend (*Veränderungen etc*), b) aufsehenerregend (*Rede, Schrift etc*), c) drastisch, besonders anschaulich (*Bei-*

spiel). **II** *s pl* **7.** (*als sg od. pl konstruiert*) Dramatur'gie *f*. **8.** The'ater-, *bes.* Liebhaberaufführungen *pl*. **9.** (*als pl konstruiert*) *fig.* thea'tralisches Benehmen *od.* Getue.
dram·a·tis per·so·nae [,drɑːmətɪs-pɜː'səʊnaɪ; ,dræmətɪspɜː'səʊni:; *Am.* -pər's-] (*Lat.*) *s pl* **1.** Per'sonen *pl* der Handlung. **2.** Rollenverzeichnis *n*.
dram·a·tist ['dræmətɪst] *s* Dra'matiker *m*, Bühnenautor *m*, -dichter *m*, -schriftsteller *m*. ,**dram·a·ti'za·tion** [-taɪ-'zeɪʃn; *Am.* -tə'z-] *s* Dramati'sierung *f* (*a. fig.*): ~ **of a novel** Bühnenbearbeitung *f* e-s Romans. '**dram·a·tize I** *v/t* **1.** dramati'sieren: a) für die Bühne bearbeiten, b) *fig.* aufbauschen. **2.** *fig.* anschaulich zeigen, nachdrücklich veranschaulichen. **II** *v/i* **3.** sich dramati'sieren *od.* für die Bühne bearbeiten lassen. **4.** *fig.* über'treiben.
dram·a·turge ['dræmətɜːdʒ; *Am.* -,tɜːrdʒ] → **dramaturgist**. ,**dram·a-'tur·gic** *adj* (*adv* ~**ally**) **1.** drama'turgisch. **2.** → **dramatic** 1, 2. '**dram·a-tur·gist** *s* **1.** Drama'turg *m*. **2.** → **dramatist**. '**dram·a·tur·gy** *s* Dramatur'gie *f*.
drame **à clef** *pl* **drames à clef** [,drɑː-mɑː'kleɪ] *s thea.* Schlüsseldrama *n*. ~ **à thèse** *pl* **drames à thèse** [,drɑːmɑː-'teɪs] *s thea.* Tendenzstück *n*.
drank [dræŋk] *pret u. obs. pp von* **drink**.
drape [dreɪp] **I** *v/t* **1.** dra'pieren, (*mit Stoff*) behängen *od.* (aus)schmücken. **2.** dra'pieren, in (deko'ra'tive) Falten legen. **3.** *Mantel, Pelz etc* hängen (**over** über *acc*). **4.** (ein)hüllen (**in** in *acc*). **II** *v/i* **5.** in (deko'ra'tiven) Falten abfallen, schön fallen. **III** *s* **6.** Drape'rie *f*, Behang *m, meist pl* Vorhang *m*. '**drap·er** *s* Textilkaufmann *m*, Tuch-, Stoffhändler *m*: ~**'s (shop)** Textilgeschäft *n*. '**drap·er·ied** [-rɪd] *adj* dra'piert. '**drap·er·y** *s* **1.** Drape'rie *f*: a) deko'ra'tiver Behang, Dra'pierung *f*, b) Faltenwurf *m*. **2.** *collect.* Tex'tilien *pl*, Webwaren *pl*, (*bes.* Woll-)Stoffe *pl*, Tuch *n* (*e pl*) *n*. **3.** *bes. Br.* Tex'til-, Tuch-, Stoffhandel *m*. **4.** *bes. Am.* Vorhänge *pl*, Vorhangstoffe *pl*.
dras·tic ['dræstɪk] **I** *adj* (*adv* ~**ally**) **1.** *med.* drastisch, stark (*bes. Abführmittel*). **2.** drastisch, 'durchgreifend, gründlich, rigo'ros. **II** *s* **3.** *med.* Drastikum *n*, starkes Abführmittel.
drat [dræt] *colloq.* **I** *interj* verflucht!, verdammt! **II** *v/t* der Teufel soll (*es, ihn etc*) holen!: ~ **it (him)!** '**drat·ted** *adj colloq.* verflucht, verdammt.
draught [drɑːft; *Am.* dræft] **I** *s* **1.** Fischzug *m*: a) Fischen *n* mit dem Netz, b) (Fisch)Fang *m*. **2.** Zug *m*, Schluck *m*: **at a** ~ in einem Zug, ohne abzusetzen; ~ **of beer** ein Schluck Bier. **3.** *med.* Arz'neitrank *m*. **4.** Abziehen *n* (*aus dem Faß etc*): **beer on** ~, **beer from the** ~ Bier vom Faß, Faßbier. **5.** *Br.* a) *pl* (*als sg konstruiert*) Damespiel *n*, b) → **draughtsman** 1. **6.** a) *bes. Br.* für **draft** 3, 5, 14, b) *selten bes. Br.* für **draft** 8, 11. **II** *v/t* **7.** *selten bes. Br.* für **draft** 16.
'**draught·board** *s Br.* Damebrett *n*.
'**draught·i·ness** ['drɑːftɪnɪs; *Am.* 'dræf-] *bes. Br.* für **draftiness**.
draught net *s Fischerei:* Zugnetz *n*.
'**draughts·man** [-mən] *s irr* **1.** *Br.* Damestein *m*. **2.** → **draftsman**.
'**draught·y** *bes. Br.* für **drafty**.
drave [dreɪv] *obs. pret von* **drive**.
Dra·vid·i·an [drə'vɪdɪən] **I** *s* **1.** Drawida *m* (*Angehöriger von* 2). **2.** Drawida *n* (*große, nichtindogermanische indische Sprachfamilie*). **II** *adj* **3.** dra'widisch.
draw [drɔː] **I** *s* **1.** Ziehen *n*: **quick on the** ~ a) schnell (mit der Pistole), b) *fig.*

schlagfertig, ,fix'. **2.** Zug *m* (*a. Pfeife etc*). **3.** *fig.* Zug-, Anziehungskraft *f*. **4.** *fig.* Attrakti'on *f* (*a. Person*), *bes.* Zugstück *n*, Schlager *m*. **5.** Ziehen *n* (*e-s Loses etc*). **6.** a) Auslosen *n*, Verlosen *n*, b) Verlosung *f*, Ziehung *f*. **7.** gezogene Spielkarte (*n pl*). **8.** abgehobener Betrag. **9.** *Am.* Aufzug *m* (*e-r Zugbrücke*). **10.** *sport* Unentschieden *n*: **to end in a** ~ unentschieden ausgehen *od.* enden. **11.** *colloq.* Vorteil *m*: **to have the** ~ **over** im Vorteil sein gegenüber. **12.** → **draw poker**. **13.** *tech.* a) (Draht)Ziehen *n*, Walzen *n*, c) Verjüngung *f*.
II *v/t pret* **drew** [druː] *pp* **drawn** [drɔːn] **14.** ziehen, zerren: **to** ~ **s.o. into** *fig.* j-n hineinziehen in (*acc*). **15.** ab-, an-, auf-, fort-, her'ab-, wegziehen; **to** ~ **a drawbridge** e-e Zugbrücke aufziehen; **to** ~ **the curtains** die Vorhänge auf- *od.* zuziehen; **to** ~ **the nets** die Netze einziehen *od.* -holen; **to** ~ **rein** die Zügel anziehen (*a. fig.*). **16.** *e-n Bogen* spannen: → **bow**[2] 1 a. **17.** ziehen: **to** ~ **s.o. into talk** j-n ins Gespräch ziehen. **18.** nach sich ziehen, bewirken, zur Folge haben. **19.** bringen (**on, upon** über *acc*): **to** ~ **s.o.'s anger on o.s.** sich j-s Zorn zuziehen; **to** ~ **ruin upon o.s.** sich ins Unglück stürzen. **20.** *Atem* holen: **to** ~ **a sigh** aufseufzen; → **breath** 1. **21.** (her'aus)ziehen: **to** ~ **a tooth** einen Zahn ziehen; → **tooth** 1. **22.** *Karten* a) (vom Geber) erhalten, b) abheben, ziehen, c) her'ausholen: **to** ~ **the opponent's trumps** dem Gegner die Trümpfe her'ausholen. **23.** *Waffe* ziehen: **to** ~ **one's pistol**. **24.** a) *Lose* ziehen, b) (durch Los) gewinnen, *e-n Preis* erhalten, c) auslosen: **to** ~ **bonds** *econ.* Obligationen auslosen. **25.** *Wasser* her'aufpumpen, -holen, schöpfen. **26.** *Bier* abziehen, abzapfen (**from** von, aus). **27.** *med. Blut* entnehmen (**from** *dat*). **28.** *Tränen* a) her'vorlocken, b) entlocken (**from s.o.** j-m). **29.** *Tee* ziehen lassen. **30.** *fig.* anziehen, an sich ziehen, fesseln: **to feel** ~**n to s.o.** sich zu j-m hingezogen fühlen. **31.** *Kunden etc* anziehen, anlocken: **to** ~ **a full house** *thea.* das Haus füllen. **32.** *j-s Aufmerksamkeit* lenken (**to** auf *acc*): **to** ~ **s.o.'s attention to s.th.**. **33.** j-n (*dazu*) bewegen (**to do s.th.** etwas zu tun). **34.** *Linie, Grenze etc* ziehen. **35.** *Finger, Feder etc* gleiten lassen: **to** ~ **the pen across the paper**. **36.** zeichnen, malen, entwerfen (**from** nach). **37.** (*in Worten*) schildern, beschreiben, zeichnen: **to** ~ **it fine** *colloq.* es ganz genau nehmen; ~ **it mild!** mach mal halblang!, du übertreibst! **38.** *Schriftstück* ab-, verfassen, aufsetzen: **to** ~ **(up) a deed**. **39.** *e-n Vergleich* anstellen, *e-e Parallele etc* ziehen: **to** ~ **a comparison**. **40.** *e-n Schluß, e-e Lehre* ziehen: **to** ~ **one's own conclusions** s-e eigenen Schlüsse ziehen. **41.** *Zinsen etc* einbringen, abwerfen: **to** ~ **interest**; **to** ~ **a good price** e-n guten Preis erzielen. **42.** *econ. Geld* abheben (**from** von *od.* *e-m Konto*). **43.** *econ. e-n Wechsel etc* ziehen, tras'sieren, ausstellen: **to** ~ **a bill of exchange on s.o.** e-n Wechsel ziehen auf j-n; **to** ~ **a check** (*Br.* **cheque**) e-n Scheck ausstellen. **44.** *ein Gehalt etc*, *a. Nachrichten etc* beziehen, bekommen. **45.** *fig.* entlocken (**from** *dat*): **to** ~ **applause** Beifall her'vorrufen; **to** ~ **applause from an audience** e-m Publikum Beifall abringen; **to** ~ **(information from)** s.o. j-n aushorchen, -fragen, -horchen; **to** ~ **no reply from s.o.** aus j-m keine Antwort herausbringen. **46.** *colloq.* j-n aus s-r Re'serve her'auslocken. **47.** entnehmen (**from** *dat*): **to** ~ **consolation from** Trost schöpfen aus;

drawback – dreamboat

to ~ inspiration from sich Anregung holen von *od.* bei *od.* durch; → **advantage** 2. **48.** *geschlachtetes Tier* ausnehmen, *erlegtes Tier a.* ausweiden. **49.** *Gewässer* a) trockenlegen, b) (mit dem Netz) abfischen. **50.** a) *hunt.* ein Dickicht (nach Wild) durch'stöbern *od.* -'suchen, b) *Wild* aufstöbern. **51.** *tech.* a) *Draht, Röhren, Kerzen* ziehen, b) auswalzen, (st)recken, ziehen: **to ~ iron. 52.** *das Gesicht* verziehen: **his face was ~n with pain** sein Gesicht war schmerzverzerrt. **53.** e-m *den Mund* zs.-ziehen: **lemons ~ the mouth. 54.** *med. ein Geschwür etc* ausziehen, -trocknen. **55.** *mar.* e-n Tiefgang haben von: **the ship ~s eight feet. 56. to ~ the match** *sport* unentschieden spielen, sich unentschieden trennen. **57.** *Golf:* den Ball nach links verziehen.
III *v/i* **58.** ziehen. **59.** *fig.* ziehen (*Theaterstück etc*). **60.** (sein Schwert *etc*) ziehen (**on** gegen). **61.** sich (*leicht etc*) ziehen lassen, laufen: **the wag(g)on ~s easily. 62.** fahren, sich bewegen: **to ~ into the station** *rail.* (in den Bahnhof) einfahren. **63.** (**to**) sich nähern (*dat*), her'ankommen (**an** *acc*): → **end** *Bes. Redew.* **64.** sich versammeln (**round, about** um). **65.** sich zs.-ziehen, (ein)schrumpfen (**into** zu). **66.** sich (aus)dehnen. **67.** *mar.* schwellen (*Segel*). **68.** ziehen (*Tee, a. med. Pflaster, Salbe etc*). **69.** ziehen, Zug haben (*Kamin etc*). **70.** zeichnen, malen. **71.** (**on, upon**) in Anspruch nehmen (*acc*), Gebrauch machen (von), her'anziehen (*acc*), (*Kapital, Vorräte etc*) angreifen: **to ~ on one's reserves; to ~ on s.o.** a) *econ.* j-m e-e Zahlungsaufforderung zukommen lassen, b) *econ.* auf j-n (e-n Wechsel) ziehen, c) *fig.* j-n *od.* j-s Kräfte in Anspruch nehmen; **to ~ on s.o.'s generosity** j-s Großzügigkeit ausnützen; **to ~ on one's imagination** sich etwas einfallen lassen *od.* ausdenken. **72.** *sport* unentschieden kämpfen *od.* spielen (**with** gegen), sich unentschieden trennen. **73.** losen (**for** um).
Verbindungen mit Adverbien:
draw|a·long·side *v/i* her'anfahren, -kommen. **~ a·part I** *v/t* **1.** auseinander'ziehen. **II** *v/i* **2.** a) sich entfernen (**from** von), b) sich vonein'ander entfernen (*beide a. fig.*). **3.** *fig.* sich ausein'anderleben. **~ a·side I** *v/t* j-n bei'seite nehmen, (*a. etwas*) zur Seite ziehen. **II** *v/i* zur Seite gehen *od.* treten. **~ a·way I** *v/t* **1.** weg-, zu'rückziehen. **2.** *j-s Aufmerksamkeit* ablenken. **II** *v/i* **3.** sich entfernen: **to ~ from s.o.** von j-m abrücken. **4.** *bes. sport* (**from**) e-n Vorsprung gewinnen (vor), sich lösen (von). **~ back I** *v/t* **1.** *a. Truppen* zu'rückziehen. **2.** *econ.* e-e Zollrückvergütung erhalten für (*bei Wiederausfuhr*). **II** *v/i* **3.** sich zu'rückziehen. **4.** zu'rückweichen: **to ~ from s.o.** von j-m abrücken. **~ down** *v/t* **1.** her'abziehen, *Jalousien* her'unterlassen. **2.** → **draw** 19. **~ in I** *v/t* **1.** Luft einziehen, *a.* Atem holen. **2.** *fig.* j-n (mit) hin'einziehen. **3.** *Ausgaben* einschränken. **II** *v/i* **4.** einfahren (*Zug*). **5.** (an)halten (*Wagen etc*). **6.** a) zu Ende gehen (*Tag*), b) abnehmen, kürzer werden (*Tage*). **7.** sich einschränken. **8.** *fig.* ,e-n Rückzieher' machen. **~ near** *v/i* (**to**) sich nähern (*dat*), her'anrücken (*a. fig.*), näher her'ankommen (**an** *acc*). **~ off I** *v/t* **1.** *Handschuhe etc* ausziehen. **2.** *Truppen* ab-, zu'rückziehen. **3.** → **draw away** 2. **4.** *chem.* ablassen, 'ausdestil,lieren. **5.** abzapfen. **II** *v/i* **6.** sich zu'rückziehen (*Truppen etc*). **7.** sich abwenden (**from** von). **~ on I** *v/t* **1.** *Handschuhe etc* anziehen. **2.** *fig.* anziehen, anlocken. **3.** verursachen, her'beiführen: **to ~**

disaster. **II** *v/i* **4.** → **draw near. ~ out I** *v/t* **1.** her'ausziehen, -holen (**from** aus). **2.** *fig.* a) e-e *Aussage, die Wahrheit* her'ausholen, -locken, -bringen (**of, from** aus), b) j-n ausfragen, -holen, -horchen. **3.** *fig.* j-n aus s-r Re'serve locken. **4.** *Truppen* a) 'abkomman,dieren, b) aufstellen. **5.** verlängern, ausziehen, in die Länge ziehen. **7.** → **draw** 38. **II** *v/i* **8.** länger werden (*Tage*). **~ to·geth·er I** *v/t* zs.-ziehen. **II** *v/i* **2.** sich zs.-ziehen. **3.** zs.-kommen, sich (ver)sammeln. **~ up I** *v/t* **1.** hin'aufziehen, aufrichten: **to draw o.s. up** sich (stolz, entrüstet *etc*) aufrichten. **2.** *e-n Stuhl etc* her'anziehen. **3.** *Truppen etc* aufstellen, 'aufmar,schieren lassen. **4.** → **draw** 38. **5.** *e-e Bilanz etc* aufstellen. **6.** *Vorschläge, e-n Plan etc* entwerfen, ausarbeiten. **7.** *sein Pferd etc* zum Stehen bringen. **II** *v/i* **8.** (an)halten (*Wagen etc*). **9.** vorfahren (**to** vor *dat*). **10.** 'aufmar,schieren (*Truppen etc*). **11.** her'ankommen (**with, to** an *acc*). **12.** aufholen: **to ~ with s.o.** j-n einholen *od.* überholen.
'**draw|·back** *s* **1.** (**to**) Nachteil *m* (für), Beeinträchtigung *f* (*gen*), Hindernis *n* (für). **2.** Nachteil *m*, Schattenseite *f*, (*der*) ,Haken' (an der Sache). **3.** Abzug *m* (**from** von). **4.** *econ.* Zollrückvergütung *f* (*bei Wiederausfuhr*). **'~·bar** *s* **1.** *rail.* Zugstange *f*. **2.** *Am.* Zuglatte *f* (*im Zaun*). **'~·bench** *s tech.* (Draht)Ziehbank *f*. '**~·bridge** *s* Zugbrücke *f*. '**~·card** → **drawing card**.
draw·ee [drɔːˈiː] *s econ.* Bezogene(r *m*) *f*, Tras'sat *m* (*e-s Wechsels*).
draw·er [für 1–3: drɔː(r); für 4–6: ˈdrɔːə(r)] *s* **1.** Schublade *f*, -fach *n*. **2.** *pl* Kom'mode *f*. **3.** *pl, a.* **pair of ~s** 'Unterhose *f*, (*Damen*)Schlüpfer *m*. **4.** Zieher *m*. **5.** Zeichner *m*. **6.** *econ.* Aussteller *m*, Zieher *m*, Tras'sant *m* (*e-s Wechsels*).
'**draw·file** *v/t tech.* mit der Feile glätten. '**~·gear** *s rail. Br.* Kupplungsvorrichtung *f*.
draw·ing [ˈdrɔːɪŋ] *s* **1.** Ziehen *n*. **2.** Zeichnen *n*: **in ~** a) richtig gezeichnet, b) *fig.* zs.-stimmend; **out of ~** a) unperspektivisch, verzeichnet, b) *fig.* nicht zs.-stimmend. **3.** Zeichenkunst *f*. **4.** a) Zeichnung *f* (*a. tech.*), b) (Zeichen)Skizze *f*, Entwurf *m*. **5.** Verlosung *f*, Ziehung *f*. **6.** Abhebung *f* (*von Geld*). **7.** *pl* a) Bezüge *pl*, b) *econ.* Einnahmen *pl*. **~ ac·count** *s econ.* a) Girokonto *n*, b) Konto *n* für Pri'vatentnahmen (*e-s Gesellschafters*), c) Spesen- *od.* Vorschußkonto *n*. **~ block** *s* Zeichenblock *m*. **~ board** *s* Reißbrett, Zeichenbrett *n*: **to go back to the ~** *fig.* noch einmal von vorne anfangen. **~ card** *s Am.* Zugnummer *f*: a) zugkräftiges Stück, b) zugkräftiger Schauspieler. **~ com·pass·es** *s pl, a.* **pair of ~** Reiß-, Zeichenzirkel *m*. **~ ink** *s* Zeichentinte *f*, Ausziehtusche *f*. **~ knife** → **drawknife**. **~ mas·ter** *s* Zeichenlehrer *m*. **~ of·fice** *s Br.* 'Zeichenbü,ro *n*. **~ pa·per** *s* 'Zeichenpa,pier *n*. **~ pen** *s* Zeichen-, Reißfeder *f*. **~ pen·cil** *s* Zeichenstift *m*. **~ pin** *s Br.* Reißzwecke *f*, -nagel *m*, Heftzwecke *f*. **~ pow·er** *s fig.* Zugkraft *f*. **~ room** *s* **1.** Gesellschafts-, Empfangszimmer *n*, Sa'lon *m*: **not fit for the ~** nicht salonfähig (*Witz etc*). **2.** *obs.* Empfang *m* (*bes. Br.* bei Hofe), Gesellschaftsabend *m*: **to hold a ~** e-n Empfang geben. **3.** *rail. Am.* Sa'lon *m*, Pri'vatab,teil *n*. '**~·room** *adj* **1.** Salon..., vornehm, gepflegt: **~ man·ners** feines Benehmen. **~ car** *rail. Am.* Salonwagen *m*. **2.** Gesellschafts..., Sa'lon...: **~ mu·sic. ~ set** *s* Reißzeug *n*.
'**draw·knife** *s irr tech.* (Ab)Ziehmesser *n*.

drawl [drɔːl] **I** *v/t u. v/i* gedehnt *od.* schleppend sprechen. **II** *s* gedehntes Sprechen. '**drawl·ing** *adj* (*adv* **~ly**) gedehnt, schleppend.
drawn [drɔːn] **I** *pp von* **draw**. **II** *adj* **1.** gezogen. **2.** *tech.* gezogen: **~ wire. 3.** abgespannt: **to look ~. 4.** *sport* unentschieden: **~ but·ter (sauce)** *s gastr.* Buttersoße *f*. **~ work** *s* Hohlsaumarbeit *f*.
'**draw|·plate** *s tech.* (Draht)Zieheisen *n*, Lochplatte *f*. '**~·point** *s* **1.** Ra'dierer, Reißnadel *f* (*des Graveurs*). **2.** Spitzbohrer *m*. **~ po·ker** *s* Draw Poker *n* (*Form des Pokers, bei der nach e-m ersten Einsatz Karten abgelegt u. durch andere ersetzt werden dürfen*). '**~·shave** *Am.* → **drawknife**. '**~·string** *s* **1.** Zugband *n*, -schnur *f*. **2.** Vorhangschnur *f*. **~ well** *s* Ziehbrunnen *m*.
dray¹ [dreɪ] *s* **1.** Roll-, Tafelwagen *m*. **2.** Lastschlitten *m*.
dray² [dreɪ] *s* Eichhörnchennest *n*.
dray| horse *s* Zugpferd *n*. '**~·man** [-mən] *s irr* Rollkutscher *m*.
dread [dred] **I** *v/t* **1.** etwas, j-n sehr fürchten, sich fürchten (**to do, doing** zu tun), (große) Angst haben vor (*dat*), ein Grauen empfinden vor (*dat*), sich fürchten vor (*dat*). **2.** *obs.* Ehrfurcht haben vor (*dat*). **II** *s* **3.** (große) Angst, Furcht *f* (**of** vor *dat*; **of doing** zu tun), Grauen *n* (**of** vor *dat*). **4.** *obs.* Ehrfurcht *f*. **5.** j-d *od.* etwas, vor dem man (*große*) *Angst hat*: **illness is the great ~ of his life** am meisten fürchtet er sich vor Krankheiten. **III** *adj* **6.** *poet.* → **dreadful** 1 *u.* 2.
'**dread·ful I** *adj* (*adv* **~ly**) **1.** fürchterlich, furchtbar, schrecklich (*alle a. fig. colloq.*). **2.** *obs.* ehrwürdig, erhaben, hehr. **3.** *colloq.* a) gräßlich, scheußlich, b) furchtbar groß, kolos'sal, entsetzlich lang. **II** *s* → **penny dreadful**. '**dread·less** *adj* (*adv* **~ly**) furchtlos.
'**dread·locks** *s pl* zs.-gedrehte (*nicht gekämmte u. nicht geflochtene*) Haarsträhnen *pl* (*als Kennzeichen der Rastafari-Sekte*).
'**dread·nought, a.** '**dread·naught** [-nɔːt] *s* **1.** *mar. mil.* Dreadnought *m* (*Schlachtschiff mit Geschützen einheitlichen Kalibers*). **2.** dicker, wetterfester Stoff *od.* Mantel.
dream [driːm] **I** *s* **1.** Traum *m*: **to have a ~ about** träumen von. **2.** Traum(zustand) *m*: **as in a ~** wie im Traum. **3.** Traumbild *n*. **4.** (Tag)Traum *m*, Träume'rei *f*. **5.** (Wunsch)Traum *m*: **that's beyond my wildest ~s** das übertrifft m-e kühnsten Träume. **6.** *fig.* Traum *m*, Ide'al *n*: **~ of a hat** ein Gedicht von e-m Hut, ein traumhaft schöner Hut; **it is a perfect ~** es ist wunderschön. **II** *v/i pret u. pp* **dreamed** *od.* **dreamt** [dremt] **7.** träumen (**of** von) (*a. fig.*): **to ~ of doing s.th.** davon träumen, etwas zu tun (→ 9). **8.** träumen, verträumt *od.* träumerisch sein. **9. ~ of** *meist neg* a) ahnen (*acc*), b) daran denken (**doing** zu tun): **I never ~ed of it** ich habe es mir nie träumen lassen; **we did not ~ of going there** wir dachten nicht im Traum daran hinzugehen; **more things than we ~ of** mehr Dinge, als wir uns denken können. **III** *v/t* **10.** träumen (*a. fig.*): **to ~ a dream** e-n Traum träumen *od.* haben; **I ~ed that** mir träumte, daß. **11.** erträumen, ersehnen. **12.** sich träumen lassen, ahnen: **without ~ing that** ohne zu ahnen, daß. **13. ~ away** verträumen. **14. ~ up** *colloq.* a) zs.-zusammenträumen, -phanta,sieren, b) sich ausdenken, sich einfallen lassen.
dream|a·nal·y·sis *s irr psych.* 'Trauma,na,lyse *f*. '**~·boat** *s sl.* **1.** Schwarm *m*.

2. ‚Schatz' m. **3.** I̱de'al n (Person u. Sache). **~ book** s Traumbuch n.
dream·er ['driːmə(r)] s **1.** Träumer(in) (a. fig.), Träumende(r m) f. **2.** Phan-'tast(in). **'dream·i·ness** [-ɪnɪs] s **1.** Verträumtheit f, träumerisches Wesen. **2.** Traumhaftigkeit f, Verschwommenheit f. **'dream·ing** adj (adv ~ly) verträumt.
'dream·land s Traumland n.
'dream·less adj traumlos.
'dream|·like adj traumhaft, -ähnlich. ~ **psy·chol·o·gy** s 'Traumpsycholo̱gie f. ~ **read·er** s Traumdeuter(in).
dreamt [dremt] pret u. pp von dream.
dream world s Traumwelt f.
dream·y ['driːmɪ] adj (adv dreamily) **1.** verträumt (a. Augen), träumerisch. **2.** traumhaft, dunkel, verschwommen: a ~ recollection. **3.** zum Träumen: ~ music. **4.** colloq. traumhaft (schön).
drear [drɪə(r)] poet. für **dreary**.
drear·ie ['drɪərɪ] s colloq. ‚langweiliger Typ'.
drear·i·ness ['drɪərɪnɪs] s **1.** Trübseligkeit f. **2.** Langweiligkeit f. **'drear·y** adj (adv **drearily**) **1.** trübselig (Ort etc). **2.** trüb (Tag etc). **3.** langweilig (Person, Arbeit etc).
dredge¹ [dredʒ] **I** s **1.** tech. a) 'Bagger(ma‚schine f) m, b) Naß-, Schwimmbagger m. **2.** mar. a) Schleppnetz n, b) Dregganker m. **II** v/t **3.** tech. ausbaggern: **~d material** Baggergut n; **to ~ away (up)** mit dem Bagger wegräumen (heraufholen). **4.** mit dem Schleppnetz fangen od. her'aufholen. **5.** fig. durch'forschen, -'forsten. **II** s **6.** tech. baggern. **7.** mit dem Schleppnetz suchen od. fischen (**for** nach): he ~d **into himself for words** er suchte nach Worten.
dredge² [dredʒ] v/t (mit Mehl etc) bestreuen.
dredg·er¹ ['dredʒə(r)] s **1.** tech. a) Baggerarbeiter m, b) Bagger m: ~ **bucket** Baggereimer m. **2.** Dregger m, Schleppnetzfischer m.
dredg·er² ['dredʒə(r)] s (Mehl- etc) Streubüchse f, (-)Streuer m.
dredg·ing|box ['dredʒɪŋ] → **dredger²**. ~ **ma·chine** s 'Bagger(ma‚schine f) m.
dree [driː] v/t Scot. poet. erdulden: **to ~ one's weird** sich in sein Schicksal fügen.
dreg [dreg] s **1.** meist pl a) (Boden)Satz m: **to drain a cup to the ~s** e-n Becher bis auf den letzten Tropfen od. bis zur Neige leeren, b) Verunreinigungen pl. **2.** meist pl fig. Abschaum m, Hefe f: **the ~s of mankind** der Abschaum der Menschheit. **3.** meist pl Unrat m, Abfall m. **4.** a) (kleiner) Rest, b) kleine Menge: **not a ~** gar nichts. **'dreg·gy** adj hefig, trüb, schlammig.
drench [drentʃ] **I** v/t **1.** durch'nässen, (durch')tränken: **~ed in blood** blutgetränkt, -triefend; **~ed with rain** vom Regen durchnäßt; **~ed in tears** in Tränen aufgelöst; → **skin** 1. **2.** vet. e-m Tier Arz'nei einflößen. **II** s **3.** → **drencher** 1. **4.** vet. Arz'neitrank m. **'drench·er** s **1.** (Regen)Guß m, (-)Schauer m. **2.** vet. Gerät n zum Einflößen von Arz'neien.
'drench·ing **I** adj strömend: ~ **rain**. **II** s: **to get a (good) ~** bis auf die Haut naß werden.
Dres·den ['drezdən] s a. ~ **china**, ~ **ware** Meiß(e)ner Porzel'lan n. ~ **point lace** s sächsische Spitzen pl.
dress [dres] **I** s **1.** Kleidung f: a) Anzug m (a. mil.), b) (Damen)Kleid n: **summer ~** Sommerkleid, c) Kleid n (a. fig.): **birds in winter ~** fig. Vögel im Winterkleid. **2.** a) Toi'lette f (e-r Dame), b) Abend-, Gesellschaftsklei-

dung f. **3.** fig. Gewand n, Kleid n, Gestalt f, Form f.
II v/t **4.** an-, bekleiden, anziehen: **to ~ o.s.** sich anziehen; **to ~ the part** sich entsprechend anziehen od. kleiden; **to be ~ed for the part** entsprechend angezogen od. gekleidet sein. **5.** einkleiden. **6.** j-n (fein) her'ausputzen. **7.** thea. mit Ko'stümen ausstatten, kostü'mieren: **to ~ it** Kostümprobe abhalten. **8.** schmücken, deko'rieren: **to ~ a shopwindow** ein Schaufenster dekorieren; **to ~ ship** mar. über die Toppen flaggen. **9.** zu'rechtmachen, (her)richten, bes. a) Speisen zubereiten, b) Salat anmachen, c) Hühner etc brat- od. kochfertig machen, d) das Haar fri'sieren, e) ein Zimmer säubern, putzen. **10.** ein Pferd striegeln. **11.** tech. zurichten, nach(be)arbeiten, behandeln, aufbereiten, bes. a) Balken etc hobeln od. abputzen, b) Häute gerben, zurichten, c) Tuch appre'tieren, glätten, d) Weberei: schlichten, e) Erz aufbereiten, f) Stein behauen, g) be-, zuschneiden, h) glätten, i. Edelsteine po'lieren, schleifen, i) Flachs hecheln. **12.** Land, Garten etc a) bebauen, b) düngen. **13.** Pflanzen zu'rechtstutzen, beschneiden. **14.** Saatgut beizen. **15.** med. Wunden etc behandeln, verbinden. **16.** gerade ausrichten, ordnen. **17.** mil. (aus-) richten: **to ~ the ranks**.
III v/i **18.** sich ankleiden, sich anziehen: **to ~ for supper** sich zum Abendessen umkleiden od. umziehen; **to ~ well (badly)** weitS. sich geschmackvoll (geschmacklos) anziehen. **19.** Abendkleidung anziehen, sich festlich kleiden, ‚sich in Gala werfen'. **20.** mil. sich (aus)richten: **~! richt'** euch!
Verbindungen mit Adverbien:
dress| down v/t **1.** Pferd striegeln. **2.** colloq. j-m e-e Standpauke halten', j-m ‚aufs Dach steigen', j-m ‚eins auf den Deckel geben'. ~ **up** **I** v/t **1.** feinmachen. **2.** her'ausputzen, ‚auftakeln'. **3.** Fakten etc a) ‚verpacken' (**in** in acc), b) beschönigen, c) ausschmücken (**with** mit). **II** v/i **4.** sich feinmachen, ‚sich in Gala werfen'. **5.** sich her'ausputzen od. ‚auftakeln'. **6.** sich kostü'mieren od. verkleiden (**as** als) (bes. Kinder): **she dressed up in her mother's clothes** sie zog sich die Kleider ihrer Mutter an.
dres·sage ['dresaːʒ; Am. drə'saːʒ] s (Pferdesport) **I** s Dres'sur(reiten n) f. **II** adj Dressur...: ~ **horse**; ~ **rider**; ~ **test** Dressurprüfung f.
dress| cir·cle s thea. etc erster Rang. ~ **clothes** pl Gesellschaftskleidung f. ~ **coat** s **1.** Frack m. **2.** mar. mil. Pa'raderock m. ~ **de·sign·er** s Modezeichner(in).
'dress·er¹ s **1.** thea. Gardero̱bier m, Gardero̱biere f. **2.** j-d, der sich (sorgfältig etc) kleidet: **a careful ~; she's a fashionable ~** sie ist immer modisch gekleidet. **3.** med. Operati'onsassi‚stent (-in). **4.** Br. 'Schaufensterdeko‚rateur (-in). **5.** tech. a) Zurichter m, Aufbereiter m, b) Appre'tierer m, c) Schlichter m, d) Pocharbeiter m. **6.** tech. Gerät n zum Zurichten, Nachbearbeiten etc.
'dress·er² s **1.** a) obs. (Küchen)Anrichte f, b) Küchen-, Geschirrschrank m. **2.** → **dressing table**.
dress goods s pl (a. als sg konstruiert) (Damen)Kleiderstoffe pl.
dress·i·ness ['dresɪnɪs] s colloq. **1.** Ele'ganz f. **2.** ,aufgetakelte' Erscheinung.
'dress·ing s **1.** Ankleiden n. **2.** (Be)Kleidung f. **3.** tech. Aufbereitung f, Nachbearbeitung f, Zurichtung f. **4.** tech. a) Appre'tur n, b) Schlichte f. **5.** tech. a) Verkleidung f, Verputz m, b) Schotterbelag m (Straße). **6.** Zubereitung f (von

Speisen). **7.** Dressing n (Salatsoße). **8.** Am. Füllung f (von Geflügel etc). **9.** med. a) Verbinden n (e-r Wunde), b) Verband m. **10.** agr. a) Düngung f, b) Dünger m. ~ **case** s Kul'turbeutel m, -tasche f, 'Reiseneces‚saire n. ~|'**down** s colloq. ‚Standpauke' f: **to give s.o. a ~** → **dress down** 2; **to get a ~** ‚eins aufs Dach od. auf den Deckel bekommen od. kriegen'. ~ **gown** s **1.** Morgenmantel m, (für Damen a.) Morgenrock m. **2.** sport etc Bademantel m. ~ **ma·chine** s tech. 'Zurichtema‚schine f. ~ **room** s **1.** 'Um-, Ankleidezimmer n. **2.** ('Künstler)Garde‚robe f. **3.** sport ('Umkleide)Ka‚bine f. ~ **sta·tion** s med. mil. (Feld)Verbandsplatz m. ~ **ta·ble** s Toi'lettentisch m, Fri'sierkom‚mode f.
'dress|‚mak·er s (bes. Damen)Schneider(in). **'~‚mak·ing** s Schneidern n. ~ **pa·rade** s mil. Pa'rade f in Gala‚uniform. ~ **pat·tern** s Schnittmuster n. ~ **re·hears·al** s thea. a) Gene'ralprobe f (a. fig.), b) Ko'stümprobe f. ~ **shield** s Arm-, Schweißblatt n (im Kleid etc). ~ **shirt** s Frackhemd n. ~ **suit** s Abend-, Gesellschafts-, Frackanzug m. ~ **u·ni·form** s mil. großer Dienstanzug.
dress·y ['dresɪ] adj colloq. **1.** (auffällig) ele'gant gekleidet. **2.** geschniegelt, ,aufgetakelt'. **3.** modebewußt. **4.** ele'gant, schick, modisch, fesch: **a ~ blouse**.
drew [druː] pret von **draw**.
drey [dreɪ] s Eichhörnchennest n.
drib·ble ['drɪbl] **I** v/i **1.** tröpfeln (a. fig.): **to ~ away** fig. allmählich zu Ende gehen (Geld etc). **2.** sabbern, geifern. **3.** sport dribbeln: **to ~ past s.o.** j-n aus- od. umdribbeln. **II** v/t **4.** her'ab‚tröpfeln lassen, träufeln: **to ~ away** fig. nach u. nach vertun. **5. to ~ the ball** sport dribbeln. **III** s **6.** Getröpfel n. **7.** Tropfen m. **8.** fig. → **drib(b)let**. **9.** colloq. feiner Regen, Nieseln n. **10.** sport Dribbling n.
drib·(b)let ['drɪblɪt] s kleine Menge od. Summe: **in** (od. **by**) **~s** in kleinen Mengen od. Raten.
dribs and drabs [drɪbz] s pl: **in ~** colloq. kleckerweise: **he's paying me back in ~**.
dried [draɪd] adj Dörr..., getrocknet: ~ **cod** Stockfisch m; ~ **fruit** Dörrobst n; ~ **milk** Trockenmilch f.
dri·er¹ ['draɪə(r)] s **1.** Trockenmittel n. **2.** 'Trockenappa‚rat m, Trockner m.
dri·er² ['draɪə(r)] comp von **dry**.
dri·est ['draɪɪst] sup von **dry**.
drift [drɪft] **I** s **1.** Treiben n. **2.** aer. mar. Abtrift f, Abtrieb m, (Kurs)Versetzung f. **3.** Ballistik: Seitenabweichung f. **4.** geogr. Drift(strömung) f (im Meer). **5.** (Strömungs)Richtung f. **6.** fig. a) Strömung f, Ten‚denz f, Lauf m, Richtung f: ~ **away from** allmähliches Abgehen von, Absicht f, c) Gedankengang m: **if I get your ~** wenn ich Sie richtig verstehe, d) Sinn m, Bedeutung f. **7.** etwas Dahingetriebenes, bes. a) Treibholz n, b) Treibeis n, c) Wolkenfetzen pl, d) (Schnee)Gestöber n. **8.** (Schnee)Verwehung f, (Schnee-, Sand-) Wehe f. **9.** → **driftage**. **10.** geol. Geschiebe n. **11.** Abwanderung f: **industrial ~; ~ from the land** Landflucht f. **12.** fig. a) treibende Kraft, b) (bestimmender) Einfluß. **13.** fig. (Sich)'Treibenlassen n, Ziellosigkeit f. **14.** tech. a) Lochräumer m, -hammer m, b) Austreiber m, Dorn m, c) Punzen m, 'Durchschlag m. **15.** Bergbau: Strecke f, Stollen m.
II v/i **16.** a. fig. getrieben werden, treiben (**into** in e-n Krieg etc): **to ~ apart** sich auseinanderleben; **to ~ away** a) abwandern, b) sich entfernen (**from** von); **to let things ~** den Dingen ihren Lauf lassen. **17.** (bes. ziellos) (her'um)wandern. **18.** fig. sich (willenlos) treiben lassen.

driftage – drive

19. gezogen werden, geraten (**into** in *acc*): he ~ed into a marriage er schlitterte in e-e Ehe. **20.** sich häufen, Verwehungen bilden: ~ing sand Treib-, Flugsand *m*. **III** *v/t* **21.** (da'hin)treiben, (-)tragen. **22.** wehen. **23.** aufhäufen, zs.-treiben. **24.** *tech.* ein Loch ausdornen.
drift·age ['drɪftɪdʒ] *s* **1.** Abtrift *f*, Abtrieb *m* (*durch Strömung od. Wind*). **2.** a) Treibgut *n*, b) Strandgut *n*.
drift| an·chor *s mar.* Treibanker *m*. **~ an·gle** *s* **1.** *aer.* Abtriftwinkel *m*. **2.** *mar.* Derivati'onswinkel *m*. **~ av·a·lanche** *s* 'Staubla,wine *f*.
'**drift·er** *s* **1.** ziellos her'umwandernder Mensch. **2.** *mar.* a) Drifter *m*, Treibnetzfischdampfer *m*, b) Treibnetzfischer *m*. **3.** *Bergbau*: Gesteinshauer *m*.
drift| ice *s* Treibeis *n*. **~ me·ter** *s aer.* Abtriftmesser *m*. **~ net** *s* Treibnetz *n*. **D~ pe·ri·od** *s geol.* Di'luvium *n*, Eiszeit *f*. '**~wood** *s* Treibholz *n*.
drill[1] [drɪl] *I s* **1.** *tech.* 'Bohrgerät *n*, -ma,schine *f*, (Drill-, Me'tall-, Stein-) Bohrer *m*. **2.** *mil.* a) for'male Ausbildung, Drill *m*, b) Exer'zieren *n*. **3.** *fig.* Drill(en *n*) *m*, strenge Schulung. **4.** Drill *m*, 'Ausbildungsme,thode *f*. **II** *v/t* **5.** ein Loch bohren. **6.** durch'bohren: to ~ a tooth *med.* e-n Zahn an- *od.* ausbohren. **7.** *mil. u. fig.* drillen, (ein)exer,zieren. **8.** *fig.* drillen, (gründlich) ausbilden. **9.** eindrillen, ,einpauken' (**into** s.o. j-m): to ~ French grammar into s.o. *colloq.* j-m e-e Kugel ,verpassen'. **III** *v/i* **11.** (*tech. engS.*) ins Volle) bohren: to ~ for oil nach Öl bohren. **12.** *mil.* a) exer'zieren, b) gedrillt *od.* ausgebildet werden (*a. fig.*).
drill[2] [drɪl] *agr. I s* **1.** (Saat)Rille *f*, Furche *f*. **2.** 'Reihen,säma,schine *f*, 'Drillma,schine *f*. **3.** Drillsaat *f*. **II** *v/t* **4.** Saat in Reihen säen *od.* pflanzen. **5.** Land in Reihen besäen *od.* bepflanzen.
drill[3] *s* Drill(ich) *m*, Drell *m*.
drill[4] [drɪl] *s zo.* Drill *m* (*Pavian*).
drill| bit *s tech.* **1.** Bohrspitze *f*, -eisen *n*. **2.** Einsatzbohrer *m*. **~ book** *s mil.* Exer'zierregle,ment *n*. **~ car·tridge** *s mil.* Exer'zierpa,trone *f*. **~ chuck** *s tech.* Bohr-, Spannfutter *n*. **~ ga(u)ge** *s tech.* Bohr(er)lehre *f*. **~ ground** *s mil.* Exer'zierplatz *m*.
'**drill·ing**[1] *s* **1.** *tech.* Bohren *n*, Bohrung *f*. **2.** *pl tech.* Bohrspäne *pl.* **3.** → **drill**[1] 2, 3.
'**drill·ing**[2] *s agr.* Drillen *n*, Säen *n* mit der 'Drillma,schine.
drill·ing| bit *s tech.* **1.** Bohrspitze *f*, -eisen *n*. **2.** (Gesteins)Bohrer *m*. **~ ca·pac·i·ty** *s tech.* **1.** Bohrleistung *f*. **2.** 'Bohr,durchmesser *m* (*e-r Maschine*). **~ ham·mer** *s tech.* Bohr-, Drillhammer *m*. **~ jig** *s tech.* Bohrvorrichtung *f*, -futter *n*. **~ ma·chine** *s tech.* 'Bohrma,schine *f*. **~ rig** *s* Bohrinsel *f*.
dril·lion ['drɪljən] *s Am. sl.* Unmenge *f*: a ~ dollars.
'**drill|,mas·ter** *s* **1.** *mil.* Ausbilder *m*. **2.** *fig.* ,Einpauker' *m*. **~ plough**, *bes. Am.* **~ plow** → **drill**[2] 2. **~ press** *s* ('Säulen-) ,Bohrma,schine *f*. **~ ser·geant** *s mil.* 'Ausbildungs,unteroffi,zier *m*. **~ ship** *s mar.* **1.** Schulschiff *n*. **2.** Bohrschiff *n*.
dri·ly → **dryly**.
drink [drɪŋk] *I s* **1.** Getränk *n*. **2.** Drink *m*, alko'holisches Getränk: **to have a ~ with s.o.** mit j-m ein Glas trinken; **to be fond of ~** gern trinken; **to be fond of a ~** gern mal ,einen' trinken; **in ~** a) angetrunken, b) betrunken. **3.** *collect.* Getränke *pl*. **4.** *fig.* das Trinken, der Alkohol: **to take to ~** sich das Trinken angewöhnen; **to drive s.o. to ~** j-n zum Trinker machen; **to be on the ~** *colloq.* (ein) Trinker sein; *I didn't believe him. I thought it was*

the ~ **talking** ich hielt es für das Gerede e-s Betrunkenen. **5.** Schluck *m*, Zug *m*: a ~ of water ein Schluck Wasser; **to take** (*od.* have) a ~ etwas trinken; **to give s.o.** a ~ j-m etwas zu trinken geben. **6.** *sl.* (*das*) ,große Wasser', (*der*) ,Teich' (*Ozean*). **II** *v/t pret* **drank** [dræŋk], *obs.* **drunk** [drʌŋk], *pp* **drunk,** *obs.* **drank, drunk·en** ['drʌŋkən] **7.** trinken: to ~ tea; to ~ one's soup s-e Suppe essen; ~ table 2. **8.** trinken, saufen (*Tier*). **9.** → **drink in** 1. **10.** → **drink in** 2, 3. **11.** → **drink off.** **12.** trinken *od.* anstoßen auf (*acc*): → **health** 3.
III *v/i* **13.** trinken (**out of** aus; *poet.* of von): → **hard** 24. **14.** trinken, saufen (*Tier*). **15.** trinken, *weitS. a.* (*ein*) Trinker sein. **16.** trinken, anstoßen (**to** auf *acc*): **to ~ to s.o.** j-m zuprosten *od.* zutrinken; → **health** 3.
Verbindungen mit Adverbien:
drink| a·way *v/t* **1.** sein Geld etc vertrinken. **2.** s-e Sorgen etc im Alkohol ertränken. **~ down** *v/t* **1.** hin'untertrinken. **2.** j-n ,unter den Tisch trinken'. **~ in** *v/t* **1.** aufsaugen. **2.** *fig.* (gierig) in sich aufnehmen, verschlingen: to ~ s.o.'s **words**. **3.** *fig.* Luft etc einsaugen, einatmen. **~ off, ~ up** *v/t* austrinken (*a. v/i*), leeren.
'**drink·a·ble** *I adj* trinkbar, Trink... **II** *s* Getränk *n*.
'**drink·er** *s* **1.** Trinkende(r *m*) *f*. **2.** Trinker(in).
'**drink·ing** *I s* **1.** Trinken *n*. **2.** (gewohnheitsmäßiges) Trinken. **3.** → **drinking bout**. **II** *adj* **4.** trinkend: **a ~ man** ein Trinker. **5.** Trink... **~ bout** *s* Trinkgelage *n*. **~ cup** *s* Trinkbecher *m*. **~ foun·tain** *s* Trinkbrunnen *m*. **~ glass** *s* Trinkglas *n*. **~ song** *s* Trinklied *n*. **~ straw** *s* Trinkhalm *m*. **~ wa·ter** *s* Trinkwasser *n*.
drink of·fer·ing *s relig.* Trankopfer *n*.
drip [drɪp] *I v/t pret u. pp* **dripped,** *Am. a.* **dript** [drɪpt] **1.** (her'ab)tröpfeln *od.* (-)tropfen lassen: **his hand was ~ping blood** von s-r Hand tropfte (das) Blut. **2.** he was ~ping sweat er triefte vor Schweiß. **II** *v/i* **3.** triefen (**with** von, vor *dat*) (*a. fig.*): **the play ~s with sentimentality**. **4.** (her'ab)tröpfeln, (-)tropfen (**from** von): **the tap is ~ping** der Hahn tropft. **III** *s* **5.** → **dripping** 1, 2. **6.** *arch.* Trauf-, Kranzleiste *f*. **7.** *tech.* a) Tropfrohr *n*, b) Tropfenfänger *m*. **8.** *med.* a) Tropf *m*: to be on the ~ am Tropf hängen; to put s.o. on a ~ j-m e-n Tropf anlegen, b) 'Tropfinfusi,on *f*. **9.** *colloq.* a) ,Nulpe' *f*, b) ,Flasche' *f*. ~ **cock** *s tech.* Entwässerungshahn *m*. ~ **cof·fee** *s Am.* Filterkaffee *m*. '**~-drip** *s* ständiges Tropfen. '**~-dry** *I adj* bügelfrei: ~ **shirts**. **II** *v/t* tropfnaß aufhängen. **III** *v/i* bügelfrei sein. '**~-feed** *v/t med.* parente'ral *od.* künstlich ernähren. **~ feed(·ing)** *s* **1.** *tech.* Tropfölschmierung *f*. **2.** *med.* parente'rale *od.* künstliche Ernährung. **~ oil·er** *s tech.* Tropföler *m*. **~ pan** *s* **1.** *bes. tech.* Abtropfblech *n*, -schale *f*. **2.** ~ **dripping pan**.
'**drip·ping** *I s* **1.** (Her'ab)Tröpfeln *n*, (-)Tropfen *n*, (Geräusch) Tropfen *n*. **2.** *oft pl* (her'ab)tröpfelnde Flüssigkeit. **3.** (abtropfendes Bratenfett. **II** *adj* **4.** (her'ab)tröpfelnd, (-)tropfend, (*Hahn etc*) tropfend. **5.** triefend (**with** von, vor *dat*) (*a. fig.*). **6.** triefend(naß), tropf-, triefnaß. **III** *adv* **7.** ~ **wet** → **6.** ~ **pan** *s gastr.* Fettpfanne *f*.
'**drip·proof** *adj tech.* tropfwassergeschützt.
'**drip·py** ['drɪpɪ] *adj* **1.** *Am.* regnerisch. **2.** *colloq.* rührselig, süßlich, kitschig.
'**drip·stone** *s* **1.** *arch.* Trauf-, Kranzleiste *f*. **2.** *min.* Tropfstein *m*.
dript [drɪpt] *Am. pret u. pp von* **drip**.

drive [draɪv] *I s* **1.** Fahrt *f*, *bes.* Ausfahrt *f*, Spa'zierfahrt *f*, Ausflug *m*: **to take a ~, to go for a ~** → **drive out** 2; **the ~ back** die Rückfahrt; **an hour's ~ away** e-e Autostunde entfernt. **2.** a) Treiben *n* (*von Vieh, Holz etc*), b) Zs.-Treiben *n* (*von Vieh*), c) zs.-getriebene Tiere *pl*. **3.** *hunt.* Treibjagd *f*. **4.** *bes. Tennis, Golf:* Drive *m*, Treibschlag *m*. **5.** *mil.* Vorstoß *m* (*a. fig.*). **6.** *fig.* Kam'pagne *f* (*bes.* Werbe)Feldzug *m*, (*bes.* 'Sammel)Akti,on *f*. **7.** *fig.* Schwung *m*, E'lan *m*, Dy'namik *f*. **8.** *fig.* Druck *m*: **I'm in such a ~ that** ich stehe so sehr unter Druck, daß. **9.** a) Ten'denz *f*, Neigung *f* (*a. psych.*), b) *psych.* Trieb *m*: → **sexual**. **10.** a) Fahrstraße *f*, -weg *m*, b) (pri'vate) Auffahrt (*zu e-r Villa etc*), c) Zufahrtsstraße *f*, -weg *m*. **11.** *tech.* Antrieb *m*. **12.** *mot.* (*Links- etc*)Steuerung *f*: **left-hand ~**.
II *v/t pret* **drove** [droʊv], *obs.* **drave** [dreɪv], *pp* **driv·en** ['drɪvn] **13.** (vorwärts-, an)treiben: to ~ all before one *fig.* jeden Widerstand überwinden, unaufhaltsam sein. **14.** *fig.* treiben: **to ~ s.o. to death** j-n in den Tod treiben; → **bend**[1], **corner** 3, **desperation** 1, **mad** 1, **wall** *Bes. Redew.*, **wild** 9. **15.** e-n Nagel etc (ein)treiben, (ein)schlagen, e-n Pfahl (ein)rammen: **to ~ s.th. into s.o.** *fig.* j-m etwas einbleuen; → **home** 17, **wedge** 1. **16.** (zur Arbeit) antreiben, hetzen: **to ~ s.o. hard** a) j-n schinden, b) j-n in die Enge treiben. **17.** j-n veranlassen (**to, into** zu; **to do** zu tun), bringen (**to, into** zu), dazu bringen *od.* treiben (**to do** zu tun): **driven by hunger** vom Hunger getrieben. **18.** j-n nötigen, zwingen (**to, into** zu; **to do** zu tun). **19.** zs.-treiben. **20.** vertreiben, verjagen (**from** von). **21.** *hunt.* treiben, hetzen, jagen. **22.** Auto etc lenken, steuern, fahren: **to ~ one's own car** s-n eigenen Wagen fahren. **23.** (im Auto *etc*) fahren, befördern, bringen (**to** nach). **24.** *tech.* (an)treiben: **driven by steam** mit Dampf betrieben, mit Dampfantrieb. **25.** zielbewußt 'durchführen: **to ~ a good bargain** ein Geschäft zu e-m vorteilhaften Abschluß bringen; **to ~ a hard bargain** a) hart verhandeln, b) überzogene Forderungen stellen; **he ~s a hard bargain** ,mit ihm ist nicht gut Kirschen essen'. **26.** ein Gewerbe (zielbewußt) (be-) treiben. **27.** e-n Tunnel etc bohren, vortreiben. **28.** *colloq.* hin'ausschieben: **to ~ s.th. to the last minute**. **29.** *bes. Tennis, Golf*: den Ball driven.
III *v/i* **30.** (da'hin)treiben, (da'hin)getrieben werden: **to ~ before the wind** vor dem Wind treiben. **31.** rasen, brausen, jagen, stürmen. **32.** a) (Auto) fahren, chauf'fieren, e-n *od.* den Wagen steuern, b) kut'schieren: **can you ~?** können Sie (Auto) fahren?; **he drove into a wall** er fuhr gegen e-e Mauer. **33.** (spa'zieren-) fahren. **34.** *bes. Tennis, Golf*: driven, e-n Treibschlag spielen. **35.** zielen (**at** auf *acc*): → **let**[1] *Bes. Redew.* **36.** ab-, 'hinzielen (**at** auf *acc*): **what is he driving at?** worauf will er hinaus?, was meint *od.* will er eigentlich? **37.** schwer arbeiten (**at** an *dat*).
Verbindungen mit Adverbien:
drive| a·way *I v/t* **1.** *a. fig.* Sorgen etc vertreiben, verjagen. **2.** *fig.* Bedenken etc zerstreuen. **II** *v/i* **3.** fort-, wegfahren. **~ back** *I v/t* **1.** zu'rücktreiben. **2.** zu'rückfahren, -bringen. **3.** to drive s.o. back on s.th. j-n veranlassen *od.* zwingen, auf etwas zurückzugreifen. **II** *v/i* **4.** zu'rückfahren. **~ in** *I v/t* **1.** → **drive** 15. **2.** hin'eintreiben. **II** *v/i* **3.** hin'einfahren. **~ off** *I v/t* **1.** vertreiben, verjagen. **II** *v/i* **2.** wegfahren. **3.** *Golf*: abschlagen. **~ on** *I v/t* **1.** an-, vorwärtstreiben. **2.** *fig.* vor-

ˈantreiben: to ~ a project. **II** *v/i* **3.** weiterfahren. ~ **out I** *v/t* **1.** aus-, vertreiben, verjagen. **2.** (*a. v/i*) aus-, spaˈzierenfahren. **II** *v/i* **3.** herˈausfahren. ~ **up I** *v/t* Preise etc in die Höhe treiben. **II** *v/i* vorfahren (**to** vor *dat*).

ˈ**drive-in I** *adj* Auto...: ~ **cinema** (*Am.* motion-picture theater) → II a; ~ **restaurant** → II b; ~ **window** → II c. **II** *s* a) Autokino *n*, Drive-ˈin-Kino *n*, b) Drive-ˈin-Restauˌrant *n*, -Loˌkal *n*, c) Autoschalter *m*, Drive-ˈin-Schalter *m* (*e-r Bank*).

driv·el [ˈdrɪvl] **I** *v/i pret u. pp* **-eled**, *bes. Br.* **-elled 1.** sabbern, geifern. **2.** (dummes Zeug) schwatzen, plappern, faseln. **II** *v/t* **3.** daˈherschwatzen. **4.** *a.* ~ **away** vertändeln, vertrödeln. **III** *s* **5.** Geschwätz *n*, Gefasel *n*. ˈ**driv·el·(l)er** *s* Schwätzer(in), Faselhans *m*.

drive mechˈa·nism *s tech.* Transˈportwerk *n* (*e-s Tonbandgeräts*).

driv·en [ˈdrɪvn] **I** *pp von* **drive**. **II** *adj* **1.** (an-, vorwärts-, zs.-)getrieben: (**as**) **white as** ~ **snow** weiß wie frischgefallener Schnee. **2.** (*in die Erde etc*) (hinˈein)getrieben, hinˈeingebohrt. **3.** *tech.* angetrieben, betrieben: → **drive** 25.

driv·er [ˈdraɪvə(r)] *s* **1.** (An)Treiber *m*. **2.** a) (Auto)Fahrer *m*, Kraftfahrer *m*, Chaufˈfeur *m*, b) (Kran-, Fahrzeug- etc, *Br.* Lokoˈmotiv)Führer *m*, c) Kutscher *m*. **3.** (Vieh)Treiber *m*. **4.** *colloq.* Antreiber *m*, (Leute)Schinder *m*. **5.** *tech.* a) Treib-, Triebrad *n*, Ritzel *n*, b) Mitnehmer *m*. **6.** *Golf:* Driver *m* (*Holzschläger Nr. 1*). ~ **ant** *s zo.* Treiber-, Wanderameise *f*.

driv·erˈs cab *s* **1.** Führerhaus *n* (*e-s Lastwagens od. Krans*). **2.** *rail. Br.* Führerstand *m*. ~ **liˈcense** *s Am.* Führerschein *m*. ~ **seat** *s* Fahrer-, Führersitz *m*: **to be** (*od.* **sit**) **in the** ~ *fig.* am Ruder *od.* an der Macht sein.

drive| screw *s tech.* Schlagschraube *f*. ~ **shaft** *s tech.* Antriebswelle *f*. ˈ~**·way** *s* **1.** → **drive** 10 b, c. **2.** (Vieh)Trift *f*. ˈ~**-yourˌself** *adj Am.* Selbstfahrer...: ~ **car** Mietwagen *m*.

ˈ**driv·ing I** *adj* **1.** (an)treibend: ~ **force** treibende Kraft. **2.** *tech.* Antriebs..., Treib..., Trieb... **3.** *mot.* Fahr... **4.** ungestüm, stürmisch. **II** *s* **5.** Treiben *n*. **6.** Autofahren *n*. **7.** *mot.* Fahrweise *f*, -stil *m*. ~ **ax·le** *s tech.* Antriebsachse *f*. ~ **belt** *s tech.* Treibriemen *m*. ~ **charˈac·terˈis·tics** *s pl mot.* Fahreigenschaften *pl*. ~ **com·fort** *s mot.* ˈFahrkomˌfort *m*. ~ **gear** *s tech.* Antrieb *m*, Triebwerk *n*. ~ **inˈstruc·tor** *s* Fahrlehrer(in). ~ **i·ron** *s* **1.** *tech.* Bohreisen *n* (*für Erdbohrungen*). **2.** *Golf:* Driving-Iron *m* (*Eisenschläger Nr. 1*). ~ **les·son** *s* Fahrstunde *f*: **to take** ~**s** Fahrunterricht nehmen, den Führerschein machen. ~ **li·cence** *s Br.* Führerschein *m*. ~ **mash·ie** *s Golf:* Driving-Mashie *m* (*Eisenschläger Nr. 4*). ~ **mir·ror** *s mot.* Rückspiegel *m*. ~ **pow·er** *s tech.* Antriebskraft *f*, -leistung *f*. ~ **range** *s Golf:* Drivingrange *n* (*Übungsfläche zum Schlagen*). ~ **school** *s* Fahrschule *f*. ~ **shaft** → **driveshaft**. ~ **spring** *s* Trieb-, Gangfeder *f* (*der Uhr*). ~ **test** *s* Fahrprüfung *f*: **to take one's** ~ die Fahrprüfung *od.* den Führerschein machen. ~ **wheel** *s tech.* Trieb-, Antriebsrad *n*.

driz·zle [ˈdrɪzl] **I** *v/impers* **1.** nieseln. **II** *v/t* **2.** in winzigen Tröpfchen versprühen. **3.** mit winzigen Tröpfchen benetzen. **III** *s* **4.** Sprüh-, Nieselregen *m*.

ˈ**driz·zly** *adj* **1.** Sprüh..., Niesel...: ~ **rain**. **2. it was a** ~ **day** es nieselte den ganzen Tag.

drogue [drəʊɡ] *s* **1.** *aer.* Wasseranker *m*. **2.** *aer.* a) Fangtrichter *m*, b) Bremsfallschirm *m*. **3.** *aer. phys.* Luftsack *m*.

droit [drɔɪt] *s jur.* Recht(sanspruch *m*) *n*. ~ **de suite** [-dəˈswiːt] *s* Urheberrecht: Folgerecht *n*.

droll [drəʊl] **I** *adj* (*adv* **drolly**) drollig, spaßig, komisch, posˈsierlich. **II** *s* Possenreißer *m*. ˈ**droll·er·y** [-ərɪ] *s* **1.** drollige Sache. **2.** Schwank *m*, Spaß *m*. **3.** Posse *f*. **4.** Spaßigkeit *f*, Komik *f*.

-drome [drəʊm] *Wortelement mit der Bedeutung* (Renn)Bahn: → **motorˈdrome**, *etc*. [**aeroˈdrome**.]

drome [drəʊm] *colloq. für* **airdrome**.

drom·e·dar·y [ˈdrɒmədərɪ; *Am.* ˈdrɑməˌderɪ] *s zo.* Droˈmeˌdar *n*.

drone¹ [drəʊn] **I** *s* **1.** *a.* ~ **bee** *zo.* Drohn(e *f*) *m* (*Bienenmännchen*). **2.** *fig.* Drohne *f*, Schmaˈrotzer *m*. **3.** *mil.* (*durch Funk*) ferngesteuertes Flugzeug. **II** *v/i* **4.** ein Drohnendasein führen. **III** *v/t* **5.** *a.* ~ **away** vertändeln, vertrödeln.

drone² [drəʊn] **I** *v/i* **1.** brummen, summen. **2.** murmeln. **3.** *fig.* leiern, eintönig sprechen *od.* lesen. **II** *v/t* **4.** ˈher-, herˈunterleiern. **III** *s* **5.** *mus.* a) Borˈdun *m*, b) Baßpfeife *f* (*des Dudelsacks*). **6.** Brummen *n*, Summen *n*. **7.** *fig.* Geleier *n*. **8.** *fig.* leiernder Redner.

dron·ish [ˈdrəʊnɪʃ] *adj* (*adv* **-ly**) drohnenhaft. ˈ**dron·y** *adj* **1.** → **dronish**. **2.** brummend, summend.

drool [druːl] **I** *v/i* **1.** → **drivel** I. **2.** ~ **over** sich begeistern für. **II** *v/t* **3.** etwas salbungsvoll von sich geben *od.* versprechen. **III** *s* → **drivel** 5.

droop [druːp] **I** *v/i* **1.** (schlaff) herˈabhängen *od.* -sinken. **2.** ermatten, erschlaffen (**from**, **with** vor *dat*, inˈfolge *gen*). **3.** sinken (*Mut etc*), erlahmen (*Interesse etc*). **4.** den Kopf hängenlassen (*Blume*). **5.** *econ.* abbröckeln, fallen (*Preise*). **6.** *poet.* sich neigen (*Sonne etc*). **II** *v/t* **7.** (schlaff) herˈabhängen lassen. **8.** den Kopf hängenlassen. **III** *s* **9.** (Herˈab-)Hängen *n*. **10.** Erschlaffen *n*. ˈ**droop·y** *adj* **1.** erschlafft, ermattet, müde, matt. **2.** niedergeschlagen, mutlos.

drop [drɒp; *Am.* drɑp] **I** *s* **1.** Tropfen *m*: **a** ~ **of blood** ein Blutstropfen; **to empty the glass to the last** ~ das Glas bis auf den letzten Tropfen leeren; **a** ~ **in the bucket** (*od.* **ocean**) *fig.* ein Tropfen auf den heißen Stein. **2.** *pl med.* Tropfen *pl*. **3.** *fig.* Tropfen *m*, Tröpfchen *n*: ~ **by** ~, **in** ~**s** tropfen-, tröpfchenweise. **4.** *fig.* Glas *n*, Gläschen *n*: **he has had a** ~ **too much** er hat ein Glas *od.* eins *od.* einen über den Durst getrunken; **he likes a** ~ er trinkt gern einen. **5.** tropfenähnliches Gebilde, *bes.* a) Ohrgehänge *n*, b) (herˈabhängendes) Prisma (*am Glaslüster*). **6.** Bonˈbon *m*, *n*: **fruit** ~**s** Drops. **7.** a) Fallen *n*, Fall *m* (**from** aus): **at the** ~ **of a hat** *colloq.* beim geringsten Anlaß; **to get** (*od.* **have**) **the** ~ **on s.o.** *colloq.* j-m (*beim Ziehen der Waffe*) zuvorkommen, *fig.* j-m überlegen sein, j-n (weit) voraus sein, b) → **airdrop** I. **8.** *fig.* Fall *m*, Sturz *m*: ~ **in prices** *econ.* Preissturz *m*; ~ **in the temperature** Temperatursturz, -abfall; ~ **in the voltage** *electr.* Spannungsabfall. **9.** Fall (-tiefe *f*) *m*: **a** ~ **of ten feet** ein Fall aus 3 Meter Höhe. **10.** (plötzliche) Senkung, (steiler) Abfall, Gefälle *n*. **11.** a) Fallvorrichtung *f*, b) Vorrichtung *f* zum Herˈablassen (*von Lasten etc*). **12.** Falltür *f*. **13.** a) Fallbrett *n* (*am Galgen*), b) Galgen *m*. **14.** (Fall)Klappe *f* (*am Schlüsselloch etc*). **15.** *bes. Am.* (Brief- *etc*)Einwurf *m*: **letter** ~. **16.** → **drop curtain**.

II *v/i pret u. pp* **dropped**, *obs.* **dropt** [drɒpt; *Am.* drɑpt] **17.** (herˈab)tropfen, herˈabtröpfeln. **18.** triefen (**with** von *od.* vor *dat*). **19.** (herˈab-, herˈunter)fallen (**from** von; **out of** aus): **to let s.th.** ~ etwas fallen lassen; **these words** ~**ped from his lips** *fig.* diese Worte kamen von s-n Lippen. **20.** (nieder)sinken, fallen: **to** ~ **on one's knees** auf die Knie sinken *od.* fallen; **to** ~ **into a chair** in e-n Sessel sinken, sich in e-n Sessel fallen lassen. **21.** a) (ohnmächtig) zu Boden sinken, ˈumfallen: **to be fit** (*od.* **ready**) **to** ~ (**with fatigue**) zum Umfallen müde sein, sich vor Müdigkeit kaum mehr auf den Beinen halten können, b) *a.* ~ **dead** tot ˈumfallen: ~ **dead!** *sl.* geh zum Teufel! **22.** *fig.* aufhören, im Sande verlaufen, einschlafen: **our correspondence** ~**ped**. **23.** (ver)fallen: **to** ~ **into a habit** in e-e Gewohnheit verfallen, sich etwas angewöhnen; → **asleep** 1. **24.** (ab)sinken, sich senken. **25.** sinken, fallen, herˈuntergehen (*Preise, Thermometer etc*). **26.** leiser werden (*Stimme*). **27.** sich legen (*Wind*). **28.** zufällig *od.* unerwartet kommen *od.* gehen: **to** ~ **into the room** unerwartet ins Zimmer kommen, ins Zimmer „schneien"; **to** ~ **across s.o.** (**s.th.**) zufällig auf j-n (etwas) stoßen. **29.** *colloq.* ˈherfallen (**on**, **across**, **into** s.o. über j-n). **30.** → **drop back**: **to** ~ **behind** a) zurückfallen hinter (*acc*), b) sich zurückfallen lassen hinter (*acc*); **to** ~ **to the rear** zurückbleiben, ins Hintertreffen geraten. **31.** *zo.* Junge werfen, *bes.* a) lammen, b) kalben, c) fohlen. **32.** abfallen (*Gelände etc*).

III *v/t* **33.** (herˈab)tropfen *od.* (-)tröpfeln lassen. **34.** tropfenweise eingießen. **35.** *e-e* Träne vergießen, fallen lassen. **36.** senken, herˈablassen. **37.** fallen lassen, Taschentuch etc verlieren: **to** ~ **everything** alles liegen- u. stehenlassen. **38.** (hinˈein)werfen (**into** in *acc*). **39.** a) Bomben etc (ab)werfen, b) → **airdrop** II. **40.** *mar.* den Anker auswerfen. **41.** e-e Bemerkung fallenlassen: **to** ~ **s.o. a line** (*od.* **note**) j-m ein paar Zeilen schreiben; **to** ~ **names** → **name-drop**. **42.** ein Thema, e-e Absicht etc fallenlassen: **let's** ~ **the matter!** sprechen wir von etwas anderem! **43.** e-e Tätigkeit aufgeben, aufhören mit: **to** ~ **writing** aufhören zu schreiben; **to** ~ **the correspondence** die Korrespondenz einschlafen lassen; ~ **it!** hör auf damit!, laß das! **44.** a) j-n fallenlassen, b) *sport* e-n Spieler aus der Mannschaft nehmen. **45.** *bes. Am.* j-n entlassen. **46.** *zo.* Junge, *bes.* Lämmer werfen. **47.** e-e Last, e-n Passaˈgiere absetzen. **48.** *bes. Am. colloq.* Geld verlieren, *bes.* verspielen. **49.** Buchstaben etc auslassen: → **aitch**, **H** 1. **50.** a) zu Fall bringen, b) zu Boden schlagen, (*Boxen a.*) auf die Bretter schicken. **51.** a) e-n Vogel abschießen, b) *colloq.* j-n ,abknallen'. **52.** die Augen *od.* die Stimme senken: **to** ~ **one's voice to a whisper**. **53.** *sport* e-n Punkt etc abgeben (**to** gegen).

Verbindungen mit Adverbien:

drop| a·way *v/i* immer weniger werden: **the onlookers dropped away** die Zuschauer gingen einer nach dem anderen weg; **his supporters were dropping away** s-e Anhänger wurden immer weniger. ~ **back**, ~ **behind** *v/i* **1.** zuˈrückfallen. **2.** sich zuˈrückfallen lassen. ~ **down I** *v/i* **1.** herˈabtröpfeln. **2.** herˈunterfallen. **II** *v/t* **3.** fallen lassen. ~ **in** *v/i* **1.** herˈeinkommen (*a. fig. Aufträge etc*). **2.** einlaufen, eingehen (*Aufträge*). **3.** (kurz) herˈeinschauen (**on** bei), ˌherˈeinschneien'. ~ **off** **I** *v/i* **1.** abfallen (*a. electr.*). **2.** zuˈrückgehen (*Umsatz etc*), nachlassen (*Interesse etc*). **3.** a) einschlafen, b) einnicken. **4.** aussteigen. **II** *v/t* **5.** → **drop** 47. ~ **out** *v/i* **1.** a) ,aussteigen' (**of** aus): **to** ~ **of politics**; **he dropped out in the third lap**, b) *a.* ~ **of**

drop arch - drunken

(conventional) society ‚aussteigen', aus der (bürgerlichen) Gesellschaft ausbrechen, c) a. ~ of school (university) die Schule (das Studium) abbrechen.
drop| arch s arch. flacher od. gedrückter Spitzbogen. **~ ball** s Fußball: Schiedsrichterball m. **~ bot·tom** s Bodenklappe f. **~ ceil·ing** s arch. Zwischen-, 'Unterdecke f. **~ cur·tain** s thea. Vorhang m. **'~forge** v/t tech. im Gesenk schmieden. **~ forg·ing** s tech. **1.** Gesenkschmieden n. **2.** Gesenkschmiedestück n. **~ ham·mer** s tech. Fall-, Gesenkhammer m. **~ han·dle** s tech. Klappgriff m. **~head** s **1.** tech. Versenkvorrichtung f (für e-e Nähmaschine etc). **2.** a. **~ coupé** mot. Br. Kabrio'lett n. **~ kick** s Fußball: Dropkick m, Rugby: a. Sprungtritt m. **~ leaf** s irr her'unterklappbares Seitenteil. **'~leaf ta·ble** s Tisch m mit her'unterklappbaren Seitenteilen.
drop·let ['drɒplɪt; Am. 'drɑplət] s Tröpfchen n.
drop| let·ter s **1.** Am. postlagernder Brief. **2.** Canad. Ortsbrief m. **'~out I** s **1.** Dropout m, ‚Aussteiger' m (aus der Gesellschaft). **2.** (Schul-, Studien)Abbrecher m. **3.** Rugby: Dropout m, Lagertritt m. **4.** Computer: Dropout m, Si'gnalausfall m. **5.** tech. Dropout m (durch unbeschichtete Stellen im Band od. durch Schmutz zwischen Band u. Tonkopf verursachtes Aussetzen in der Schallaufzeichnung). **II** adj **6.** ‚Aussteiger...': **the ~ rate** die Zahl der ‚Aussteiger'. **7.** Abbrecher... **8. ~ current** electr. Auslöse-, Abschaltstrom m.
drop·per ['drɒpə; Am. 'drɑpər] s med. etc Tropfglas n, Tropfenzähler m: **eye ~** Augentropfer m.
drop·ping ['drɒpɪŋ; Am. 'drɑ-] s **1.** Tropfen n, Tröpfeln n. **2.** Abwurf m, Abwerfen n (von Bomben etc). **3.** (Her'ab)Fallen n. **4.** pl Dung m, 'Tierexkre,mente pl. **5.** pl (Ab)Fallwolle f. **~ ground** → drop zone.
drop| pit s tech. Arbeitsgrube f. **~ scene** s thea. **1.** (Zwischen)Vorhang m. **2.** Schlußszene f, Fi'nale n. **~ seat** s Klappsitz m. **~ ship·ment** s econ. Streckengeschäft n. **~ shot** s Tennis etc: Stoppball m. **~ shut·ter** s phot. hist. Fallverschluß m.
drop·si·cal ['drɒpsɪkl; Am. 'drɑp-] adj (adv **~ly**), **drop·sied** [-sɪd] adj med. **1.** wassersüchtig. **2.** ödema'tös.
drop stitch s Fallmasche f.
drop·sy ['drɒpsɪ; Am. 'drɑpsɪ:] s med. **1.** Wassersucht f. **2.** Ö'dem n.
dropt [drɒpt; Am. drɑpt] obs. pret u. pp von **drop**.
drop| ta·ble s Klapptisch m. **~ tank** s aer. Abwurfbehälter m. **~ test** tech. Schlagprobe f. **'~wise** adv tropfenweise. **'~wort** s bot. **1.** Mädesüß n. **2.** Rebendolde f. **~ zone** s aer. mil. **1.** Absprunggebiet n. **2.** Abwurfgelände n.
dross [drɒs; Am. a. drɑs] s **1.** metall. a) (Ab)Schaum m, b) Schlacke f, Gekrätz n. **2.** Abfall m, Unrat m. **3.** fig. wertloses Zeug: **to be mere ~** Schall u. Rauch sein. **'dross·y** adj s. unrein. **2.** schlackig. **3.** fig. wertlos, vergänglich.
drought [draʊt] s **1.** Trockenheit f, Dürre f. **2.** 'Dürre(peri,ode) f. **3.** fig. Mangel m: **a ~ of intellect** mangelnder Verstand; **~ of thought** Gedankenarmut f. **4.** obs. Durst m. **'drought·y** adj **1.** trocken, dürr. **2.** regenlos. **3.** obs. durstig.
drouth [draʊθ], **'drouth·y** obs. → drought, droughty.
drove[1] [droʊv] pret von drive.
drove[2] [droʊv] s **1.** (getriebene) Herde (Vieh). **2.** Schar f (Menschen): **in ~s** in großen od. hellen Scharen, scharenweise.
dro·ver ['droʊvə(r)] s Viehtreiber m (bes. zum Markt).
drown [draʊn] **I** v/i **1.** ertrinken: **a ~ing man will catch at a straw** ein Ertrinkender greift nach e-m Strohhalm; **death by ~ing** Tod m durch Ertrinken. **II** v/t **2.** (o.s. sich) ertränken: **to be ~ed** ertrinken; **to ~ one's sorrows in drink** s-e Sorgen im Alkohol ertränken. **3.** über'schwemmen, -'fluten: **to be ~ed in tears** in Tränen schwimmen od. zerfließen; **a face ~ed in tears** ein tränenüberströmtes Gesicht; **like a ~ed rat** wie e-e gebadete Maus. **4.** a. **~ out** bes. Stimme über'tönen.
drowse [draʊz] **I** v/i **1.** dösen: **to ~ off** eindösen. **II** v/t **2.** schläfrig machen. **3.** meist **~ away** Zeit etc verdösen. **III** s **4.** Dösen n, Halbschlaf m. **'drows·i·ness** s Schläfrigkeit f. **'drows·y** adj (adv **drowsily**) **1.** a) schläfrig, b) verschlafen. **2.** einschläfernd. **3.** fig. verschlafen, verträumt: **a ~ village**.
drub [drʌb] v/t colloq. **1.** (ver)prügeln: **to ~ s.th. into** (out of) s.o. j-m etwas einbleuen (austreiben). **2.** sport ,über'fahren', ‚vernaschen' (hoch besiegen). **'drub·bing** s colloq. (Tracht f) Prügel pl: **to give s.o. a good ~** a) j-m e-e Tracht Prügel ‚verpassen', b) → drub 2.
drudge [drʌdʒ] **I** s **1.** fig. a) Kuli m, Last-, Packesel m, b) Arbeitstier n. **II** v/i sich (ab)placken, schuften, sich (ab)schinden. **'drudg·er·y** [-ərɪ] s (stumpfsinnige) Schinde'rei od. Placke'rei. **'drudg·ing** adj (adv **~ly**) **1.** mühsam. **2.** stumpfsinnig.
drug [drʌg] **I** s **1.** Arz'neimittel n, Medika'ment n. **2.** Droge f, Rauschgift n: **to be on** (off) **~s** rauschgift- od. drogensüchtig (‚clean') sein; → addicted 1, addiction 2. **3.** Betäubungsmittel n (a. fig.). **4.** fig. Droge f (etwas) Berauschendes: **music is a ~. 5. ~ on** (Am. a. **in**) **the market** econ. schwerverkäufliche Ware, (im Laden a.) Ladenhüter m. **II** v/t **6.** j-m Medika'mente geben. **7.** j-n unter Drogen setzen. **8.** ein Betäubungsmittel beimischen (dat). **9.** betäuben (a. fig.): **~ged with sleep** schlaftrunken. **III** v/i **10.** Drogen od. Rauschgift nehmen. **~ a·buse** s **1.** 'Drogen,mißbrauch m. **2.** Arz'neimittel-, Medika'menten,mißbrauch m. **~ ad·dict** s **1.** Drogen-, Rauschgiftsüchtige(r) m f. **2.** Arz'neimittel-, Medika'mentensüchtige(r) m f. **'~-ad,dict·ed** adj **1.** drogen-, rauschgiftsüchtig. **2.** arz'neimittel-, medika'mentensüchtig. **~ ad·dic·tion** s **1.** Drogen-, Rauschgiftsucht f. **2.** Arz'neimittel-, Medika'mentensucht f. **~ clin·ic** s Drogenklinik f. **'~-,coun·sel·(l)ing serv·ice** s Drogenberatungsdienst m. **~ deal·er** s Drogen-, Rauschgifthändler m. **~ de·pend·ence** s **1.** Drogenabhängigkeit f. **2.** Arz'neimittel-, Medika'mentenabhängigkeit f. **'~-fast** adj med. arz'neifest, im'mun gegen Arz'neimittel od. Medika'mente.
drug·get ['drʌgɪt] s Dro'gett m (ein grober Wollstoff).
drug·gist ['drʌgɪst] s Am. a) Apo'theker(in), b) Inhaber(in) e-s Drugstores.
drug·gy ['drʌgɪ] s Am. colloq. Rauschgiftsüchtige(r) m f.
drug| ped·dler, bes. Br. **~ ped·lar** s Drogen-, Rauschgifthändler m. **~ ,push·er** s colloq. Pusher m (Rauschgifthändler). **~ scene** s Drogenszene f.
drug·ster ['drʌgstə(r)] s Drogen-, Rauschgiftsüchtige(r) m f.
'drug,store s Am. a) Apo'theke f, b) Drugstore m (oft mit e-r Schnellgaststätte kombiniertes Geschäft für Medikamente sowie für alle Artikel des täglichen Bedarfs).
Dru·id ['druːɪd] s Dru'ide m. **'Dru·id·ess** s Dru'idin f. **dru'id·ic, dru'id·i·cal** adj dru'idisch, Druiden...
drum[1] [drʌm] **I** s **1.** mus. Trommel f: → beat[1] 17. **2.** pl mus. Schlagzeug n. **3.** Trommeln n (a. weitS.): **the ~ of hooves; the ~ of the rain against the window. 4.** obs. Trommler m. **5.** tech. (a. Förder-, Misch-, Seil)Trommel f, Walze f, Zy'linder m. **6.** tech. Scheibe f. **7.** mil. Trommel f (automatischer Feuerwaffen). **8.** electr. Trommel f, (Eisen)Kern m (e-s Ankers). **9.** Trommel f, trommelförmiger Behälter. **10.** anat. a) Mittelohr n, b) Trommelfell n. **11.** arch. (Säulen-)Trommel f. **12.** Austral. sl. ‚Puff' m, a. n (Bordell). **II** v/t **13.** e-n Rhythmus trommeln: **to ~ s.th. into s.o.** fig. j-m etwas einhämmern. **14.** a) trommeln auf (acc): **to ~ the table**, b) trommeln mit (**on** auf acc): **to ~ one's fingers on the table. 15. ~ up** fig. a) zs.-trommeln, (an)werben, ‚auf die Beine stellen', b) Aufträge etc her'einholen, c) sich einfallen lassen, sich ausdenken: **to ~ up some good ideas. 16. ~ out** j-n ausstoßen (aus). **III** v/i **17.** a. weitS. trommeln (**at** an acc; **on** auf acc): **to ~ on the table with one's fingers** mit den Fingern auf den Tisch trommeln. **18.** (rhythmisch) dröhnen. **19.** burren, mit den Flügeln trommeln (Federwild). **20.** Am. die Trommel rühren (**for** für).
drum[2] [drʌm] s Scot. od. Ir. langer, schmaler Hügel.
drum| ar·ma·ture s electr. Trommelanker m. **'~beat** s Trommelschlag m. **'~beat·er** s fig. j-d, der die Trommel rührt (**for** für). **~ brake** s tech. Trommelbremse f. **~ con·trol·ler** s electr. tech. Steuerwalze f. **'~fire** s mil. Trommelfeuer n. **'~fish** s ichth. Trommelfisch m. **'drum·head** s mus., a. anat. Trommelfell n. **~ court mar·tial** s mil. Standgericht n. **~ serv·ice** s mil. relig. Feldgottesdienst m.
drum·lin ['drʌmlɪn] s geol. langgestreckter Mo'ränenhügel.
drum| ma·jor s 'Tambourma,jor m. **~ ma·jor·ette** s bes. Am. 'Tambourma,jorin f.
drum·mer ['drʌmə(r)] s **1.** mus. a) Trommler m, b) Schlagzeuger m. **2.** econ. Am. colloq. Vertreter m, Handlungsreisende m f.
Drum·mond light ['drʌmənd] s phys. Drummondsches Licht.
drum| saw s tech. Zy'lindersäge f. **~ sieve** s tech. Trommelsieb n. **'~stick** s **1.** Trommelstock m, -schlegel m. **2.** 'Unterschenkel m (von zubereitetem Geflügel). **~ wind·ing** s electr. Trommelwick(e)lung f.
drunk [drʌŋk] **I** adj (meist pred) **1.** betrunken: **to get ~** sich betrunken; **he got ~ on only two drinks** er war schon nach 2 Drinks betrunken; **to get ~ on words** sich an Worten berauschen; (**as**) **~ as a lord** (od. **fiddler**) colloq. total betrunken od. ‚blau'; **to be ~ in charge** jur. betrunken ein Fahrzeug lenken. **2.** fig. berauscht (**with** von): **~ with joy** freudetrunken; **he was ~ with power** er befand sich in e-m Machtrausch. **3.** obs. durch'tränkt (**with** von). **II** s **4.** a) Betrunkene(r) m f, b) → drunkard. **5.** colloq. Saufe'rei f. **III** pp u. obs. pret von **drink**. **'drunk·ard** [-ə(r)d] s (Gewohnheits)Trinker(in), Säufer(in). **'drunk·en** adj (meist attr) (adv **~ly**) **1.** betrunken: **a ~ man** ein Betrunkener. **2.** trunksüchtig. **3.** Sauf...: **a ~ party. 4.** rausch-

bedingt, im Rausch: **~ driving** Trunkenheit *f* am Steuer; **a ~ quarrel** ein im Rausch angefangener Streit. **II** *obs. pp von* **drink. 'drunk·en·ness** *s* **1.** (Be-)Trunkenheit *f.* **2.** Trunksucht *f.*
dru·pa·ceous [druːˈpeɪʃəs] *adj bot.* Steinfrucht... **drupe** [druːp] *s bot.* Steinfrucht *f.* **'drupe·let** [-lɪt], *a.* **'drup·el** [-pl] *s bot.* Steinfrüchtchen *n.*
Druse¹ [druːz] *s* Druse *m*, Drusin *f* (*Mitglied e-r kleinasiatisch-syrischen Sekte*).
druse² [druːz] *s geol. min.* (Kriˈstall)Druse *f.*
dry [draɪ] **I** *adj comp* **'dri·er,** *a.* **'dry·er,** *sup* **'dri·est,** *a.* **'dry·est** (*adv → dryly, drily*) **1.** trocken: (**as**) **~ as a bone** knochen-, staub-, strohtrocken; **I'm** (**as**) **~ as dust** *colloq.* m-e Kehle ist vollkommen ausgedörrt (→ 15); **to rub s.th. ~** etwas trockenreiben; **not yet ~ behind the ears** *colloq.* noch nicht trocken hinter den Ohren; **a ~ cough** ein trockener Husten; → **run** 74. **2.** Trokken...: **~ fruit** Dörrobst *n*; **~ process** *tech.* Trockenverfahren *n.* **3.** trocken, niederschlagsarm *od.* -frei; **~ land**; **a ~ summer. 4.** dürr, ausgedörrt. **5.** ausgetrocknet, versiegt: **a ~ fountain pen** ein leerer Füllhalter. **6.** trockenstehend (*Kuh etc*): **the cow is ~** die Kuh steht trocken *od.* gibt keine Milch. **7.** tränenlos (*Auge*): **with ~ eyes** *fig.* trockenen Auges, ungerührt. **8.** *colloq.* durstig. **9.** durstig machend: **~ work. 10.** trocken, ohne Aufstrich: **~ bread. 11.** *obs.* unblutig, ohne Blutvergießen: **~ war. 12.** *paint. etc* streng, nüchtern. **13.** ˈunproduktiv (*Künstler etc*). **14.** nüchtern, nackt, ungeschminkt: **~ facts. 15.** trocken, langweilig: (**as**) **~ as dust** *colloq.* ˌstinklangweilig', furchtbar trocken (→ 1). **16.** trocken: **~ humo(u)r. 17.** trocken, humorlos. **18.** kühl, gleichgültig, gelassen. **19.** trocken, herb: **~ wine. 20.** *colloq.* a) ˈantialkoholisch: **~ law** Prohibitionsgesetz *n*, b) ˌtrocken', mit Alkoholverbot: **a ~ state**; **to go ~** das Alkoholverbot einführen, c) ˌtrocken', ohne Alkohol: **a ~ party**, d) ˌtrocken', weg vom Alkohol. **21.** *mil. Am.* Übungs..., ohne scharfe Munitiˈon: **~ firing** Ziel- u. Anschlagübungen *pl.*
II *v/t* **22.** trocknen: **to ~ one's tears. 23.** (o.s. sich, **one's hands** sich die Hände) abtrocknen (**on** *an dat*). **24.** *oft* **~ up** a) *Geschirr* abtrocknen, b) austrocknen, c) *fig.* erschöpfen. **25.** *Obst etc* dörren.
III *v/i* **26.** trocknen, trocken werden. **27.** verdorren. **28. ~ up** a) ein-, austrocknen, b) versiegen, c) keine Milch mehr geben (*Kuh etc*), d) (*das Geschirr*) abtrocknen, e) *colloq.* versiegen, aufhören, f) *colloq.* den Mund halten: **~ up!** halt die Klappe!, g) *colloq.* steckenbleiben (*Schauspieler etc*).
IV *pl* **dries** [draɪz] *s* **29.** Trockenheit *f.* **30.** Trockenzeit *f.* **31.** *pl* **drys** *Am. colloq.* Prohibitioˈnist *m.*
dry·ad [ˈdraɪəd; -æd] *pl* **-ads, -a·des** [-ədiːz] *s myth.* Dryˈade *f.*
dry-as-dust [ˈdraɪəzdʌst] *colloq.* **I** *s a.* D**~** trockener Stubengelehrter. **II** *adj* [*a.* ˌdraɪəzˈdʌst] ˌstinklangweilig', furchtbar trocken.
dry|bat·ter·y *electr.* ˈTrockenbatteˌrie *f.* **~ cap·i·tal** *s econ. colloq.* unverwässertes Geˈsellschaftskapiˌtal. **~ cell** *s electr.* ˈTrockenelemenˌt *n.* **~-ˈclean** *v/t* chemisch reinigen. **~ clean·er('s)** *s* chemische Reinigung(sanstalt). **~ clean·ing** *s* chemische Reinigung. **~ clutch** *s tech.* Trockenkupplung *f.* **ˈ~-cure** *v/t Fleisch etc* dörren, (trocken) einsalzen. **~ dock** *s mar.* Trockendock *n.*

~-ˈdock *v/t mar.* ins Trockendock bringen.
dry·er → drier¹.
dry| farm·ing *s agr.* Dryfarming *n,* ˈTrockenfarmˌsystem *n.* **~ fly** *s Angeln*: Trockenfliege *f.* **~ goods** *s pl econ.* Texˈtilien *pl.* **ˈ~-ˌgulch** *v/t Am. colloq. j-n* aus dem ˈHinterhalt überˈfallen u. ˌabmurksen'. **~ ice** *s chem.* Trockeneis *n.*
dry·ing| a·gent [ˈdraɪɪŋ] *s tech.* Trockenmittel *n.* **~ ov·en** *s tech.* Trockenschrank *m,* -ofen *m.* **~ rack** *s* Trockengestell *n.*
dry·ly [ˈdraɪlɪ] *adv* trocken (*etc*, → **dry** I).
dry meas·ure *s* Trockenmaß *n.*
dry·ness [ˈdraɪnɪs] *s* Trockenheit *f*: a) trockener Zustand, b) Dürre *f*, c) Huˈmorlosigkeit *f*, d) Langweiligkeit *f.*
dry| nurse *s* **1.** Säuglingsschwester *f.* **2.** *Am. colloq.* ˌKindermädchen' *n.* **~-nurse** [ˌ-ˈnɜːs; *Am.* ˈ-ˌnɜːrs] *v/t* **1.** Säuglinge pflegen. **2.** *colloq.* bemuttern. **~ pile** *s electr.* Zamˈbonische (Trocken)Säule. **~ plate** *s phot.* Trockenplatte *f.* **ˈ~-plate pro·cess** *s phot.* trockenes Kolˈlodiumverfahren. **~ point** *s* **1.** Kaltnadel *f.* **2.** ˈKaltnadelraˌdierung *f.* **3.** Kaltnadelverfahren *n.* **~ rot** *s* **1.** *bot.* Trockenfäule *f.* **2.** *bot.* (ein) Trockenfäule erregender Pilz. **3.** *fig.* (Krebs)Geschwür *n.* **~ run** *s* **1.** *mil.* Übungsschießen *n* ohne scharfe Munitiˈon. **2.** *colloq.* Probe *f*: **a ~ for marriage** e-e Ehe auf Probe. **ˈ~-salt** *v/t* dörren u. einsalzen. **~ sham·poo** *s* ˈTrockenshamˌpoo *n.* **ˈ~-ˌshave** *v/t Am. sl.* ˌeinseifen', betrügen. **~-ˈshod** *adj* mit trockenen Füßen: **to cross ~** trockenen Fußes überqueren. **~ steam** *s tech.* trockener *od.* überˈhitzter Dampf. **~ stor·age** *s* Lagerung *f* mit Kaltluftkühlung. **~ wall** *s arch.* Trockenmauer *f.* **~ wash** *s* Trockenwäsche *f.* **~ weight** *s* Trockengewicht *n.*
du·al [ˈdjuːəl; *Am. a.* ˈduːəl] **I** *adj* zweifach, doppelt, Doppel..., Zwei..., *tech. a.* Zwillings...: **~ nature** Doppelnatur *f*; **~ carriageway** *mot. Br.* Schnellstraße *f*; **~ theorems** *math.* duale Sätze. **II** *s ling.* Dual *m,* Duˈalis *m.* **D~ Al·li·ance** *s pol. hist.* **1.** Zweibund *m* (*Deutschland u. Österreich-Ungarn 1879–1918*). **2.** ˈDoppelenˌtente *f* (*Frankreich u. Rußland 1891–1917*). **~ con·trol** *s aer. tech.* Doppelsteuerung *f.* **~ ig·ni·tion** *s tech.* Doppelzündung *f.* **ˈ~-in·come fam·i·ly** *s* Doppelverdiener *f.*
du·al·ism [ˈdjuːəlɪzəm; *Am. a.* ˈduːə-] *s* **1.** *bes. philos. pol. relig.* Duaˈlismus *m.* **2.** → **duality.** **ˌdu·alˈis·tic** *adj* (*adv* **~ally**) duaˈlistisch. **du·al·i·ty** [-ˈælətɪ] *s* Dualiˈtät *f,* Zweiheit *f.*
Du·al Mon·arch·y *s pol. hist.* ˈDoppelmonarˌchie *f* (*Österreich-Ungarn 1867–1918*).
du·al| na·tion·al·i·ty *s* doppelte Staatsangehörigkeit. **ˌ~-ˈpur·pose** *adj* Doppel..., Mehrzweck... **~ tires**, *bes. Br.* **~ tyres** *s pl tech.* Zwillingsbereifung *f.*
dub¹ [dʌb] *v/t* **1. to ~ s.o. a knight** j-n zum Ritter schlagen. **2.** *oft humor.* nennen: **they ~bed him Fatty. 3.** *tech. a.* zurichten, b) *Leder* einfetten, schmieren. **4.** *Br.* künstliche *Angelfliege* ˈherrichten. **5.** *Golf*: den Ball schlecht treffen. **6.** verpfuschen, ˌverpatzen'.
dub² [dʌb] *s Am. colloq.* ˌFlasche' *f,* ˌNiete' *f.*
dub³ [dʌb] *v/t* **1.** *e-n Film* a) (*in e-r anderen Sprache*) synchroniˈsieren, b) (ˈnach)synˌchroniˌsieren, mit (zusätzlichen) ˈTonefˌfekten *etc* unterˈmalen. **2.** *meist* **~ in** *Toneffekte etc* (*in e-n Film*) ˈeinsynchroˌnisieren.
dub·bin [ˈdʌbɪn] → **dubbing¹ 2.**

dub·bing¹ [ˈdʌbɪŋ] *s* **1.** Ritterschlag *m.* **2.** *tech.* (Leder)Schmiere *f,* Lederfett *n.*
dub·bing² [ˈdʌbɪŋ] *s Film*: (ˈNach)Synchronisatiˌon *f.*
du·bi·e·ty [djuːˈbaɪətɪ; *Am. a.* duː-], **du·bi·os·i·ty** [ˌdjuːbɪˈɒsətɪ; *Am.* ˈ-aː-; ˌduː-] *s* **1.** Zweifelhaftigkeit *f.* **2.** Ungewißheit *f.* **3.** Fragwürdigkeit *f.* **'du·bi·ous** [-bjəs; -bɪəs] *adj* (*adv* **~ly**) **1.** zweifelhaft: a) unklar, zweideutig, b) ungewiß, unbestimmt, c) fragwürdig, dubiˈos: **a ~ pleasure** ein zweifelhaftes Vergnügen, d) unzuverlässig. **2.** a) unschlüssig, schwankend, b) unsicher, im Zweifel (**of, about** *über acc*). **'du·bi·ous·ness → dubiety.**
du·bi·ta·tive [ˈdjuːbɪtətɪv; *Am.* ˌ-teɪtɪv; *a.* ˈduː-] *adj* (*adv* **~ly**) **1. → dubious** 1 a. **2. → dubious** 2 a.
du·cal [ˈdjuːkl; *Am. a.* ˈduːkəl] *adj* (*adv* **~ly**) herzoglich, Herzogs...
duc·at [ˈdʌkət] *s* **1.** *hist.* Duˈkaten *m.* **2.** *pl obs. sl.* ˌMoˈneten' *pl.* **3.** *Am. sl. für* ticket 1.
Du·chenne dys·tro·phy [duːˈʃen] *s med.* Duˈchenne-Aˈransche ˈMuskelatroˌphie *f.*
duch·ess [ˈdʌtʃɪs] *s* Herzogin *f.*
duch·y [ˈdʌtʃɪ] *s* Herzogtum *n.*
duck¹ [dʌk] *s* **1.** *pl* **ducks**, *bes. collect.* **duck** *orn.* Ente *f*: **to look like a ~** (**in a thunderstorm**) *colloq.* ˌdumm aus der Wäsche schauen'; **it ran off him** (*od.* **it was**) **like water off a ~'s back** *colloq.* es lief an ihm ab, es ließ ihn völlig gleichgültig; **to take to s.th. like a ~** (**takes**) **to water** *colloq.* sich bei etwas sofort in s-m Element *od.* wie zu Hause fühlen; **a fine day for** (**young**) **~s** *colloq.* ein regnerischer Tag; **~'s disease** *humor.* kurze Beine; **~ and drakes →** **ducks and drakes. 2.** (weibliche) Ente. **3.** Ente(nfleisch *n*) *f*: **roast ~** gebratene Ente, Entenbraten *m.* **4.** *a. pl sg konstruiert*) *Br. colloq.* (*bes. von Frauen gebraucht*) a) (*Anrede, oft unübersetzt*) ˌSchatz' *m*: **hello, ~!** hallo, Süßer! (*Prostituierte*), b) ˌSchatz' *m*: **he's a nice old ~** er ist ein richtiger Schatz; **a ~ of a car** ein ˌsüßer' Wagen. **5.** *colloq.* ˌVogel' *m*: **an odd ~. 6.** *Kricket*: Null *f*: **out for a ~** aus dem Spiel, ohne e-n Punkt erzielt zu haben.
duck² [dʌk] **I** *v/i* **1.** (rasch) (ˈunter)tauchen. **2.** *a. fig.* sich ducken (**to s.o.** *vor j-m*), (*Boxen*) abducken. **3.** sich verbeugen (**to s.o.** *vor j-m*). **4. ~ out** *colloq.* a) ˌverduften', b) *fig.* sich ˌdrücken' (**of** *vor dat*). **II** *v/t* **5.** (ˈunter)tauchen. **6.** ducken: **to ~ one's head** den Kopf ducken *od.* einziehen. **7.** a) e-n Schlag abducken, b) *colloq.* sich ˌdrücken' vor (*dat*). **III** *s* **8.** rasches (ˈUnter)Tauchen. **9.** Ducken *n.* **10.** (kurze) Verbeugung.
duck³ [dʌk] *s* **1.** Segeltuch *n*, Sackleinwand *f.* **2.** Segeltuchkleider *pl*, *bes.* (**a. pair of ~s**) Segeltuchhose *f.*
duck⁴ [dʌk] *s mil.* Amˈphibien-Lastkraftwagen *m.*
ˈduck-bill *s* **1.** *zo.* Schnabeltier *n.* **2.** *bot. Br.* Roter Weizen. **ˈ~-billed plat·y·pus → duckbill 1. ˈ~-board** *s* Laufbrett *n.* **~ call** *s hunt.* Entenpfeife *f.*
ˈduck·er¹ *s orn.* Tauchvogel *m.*
ˈduck·er² *s* **1.** Entenzüchter *m.* **2.** *Am.* Entenjäger *m.*
duck hawk *s orn.* **1.** Amer. Wanderfalke *m.* **2.** *Br.* Rohrweihe *f.*
duck·ie [ˈdʌkɪ] → **duck¹ 4.**
ˈduck·ing¹ *s* Entenjagd *f.*
ˈduck·ing² *s* rasches (ˈUnter)Tauchen *n*: **to give s.o. a ~** j-n untertauchen; **to get a ~** *fig.* bis auf die Haut durchnäßt werden.
duck·ling [ˈdʌklɪŋ] *s* Entchen *n*: **ugly ~** *fig.* häßliches Entlein.

duck pond s Enteteich m.
ducks and drakes s: to play (at) ~ Steine (über das Wasser) hüpfen lassen; to play (at) ~ with s.th., to make ~ of s.th. *fig.* a) etwas zum Fenster hinauswerfen, ‚aasen' mit etwas, b) Schindluder treiben mit etwas.
duck| shot s *hunt.* Entenschrot m, n. **~ soup** s *Am. sl.* 1. einträgliches Geschäft. 2. ‚Kinderspiel' n. **'~walk** v/i watscheln. **'~weed** s *bot.* Wasserlinse f.
duck·y ['dʌkɪ] *colloq.* I s → duck¹ 4. II *adj* ‚goldig', ‚süß'.
duct [dʌkt] s 1. *tech.* a) Röhre f, Rohr n, Leitung f, b) (*a. electr.* 'Kabel)Ka₁nal m. 2. *anat. bot.* Gang m, Ka'nal m.
duc·tile ['dʌktaɪl; *Am. a.* -tl] *adj* 1. *phys. tech.* a) duk'til, dehn-, streck-, hämmerbar, b) (aus)ziehbar, c) biegsam, geschmeidig. 2. *fig.* lenksam, fügsam.
duc'til·i·ty [-'tɪlətɪ] s 1. *phys. tech.* a) Duktili'tät f, Dehn-, Streckbarkeit f, b) (Aus)Ziehbarkeit f.
'duct·less *adj* ohne (Ausführungs)Gang od. ('Abfluß)Ka₁nal: ~ **gland** *anat. zo.* endokrine Drüse.
dud [dʌd] s *colloq.* 1. *pl* ‚Kla'motten' *pl (Kleider).* 2. *pl* ‚Krempel' *m,* Siebensachen *pl.* 3. *mil.* Blindgänger *m (a. fig. Person).* 4. ‚Niete' f, Versager m (*Person*). 5. *a.* ~ **check** (*Br. cheque*) ungedeckter Scheck.
dude [du:d; dju:d] s *Am. colloq.* 1. Dandy m. 2. Stadtmensch m. 3. Urlauber(in) auf e-r Ferienranch. ~ **ranch** s *Am. colloq.* Ferienranch f (*für Städter*).
dudg·eon¹ ['dʌdʒən] s Unwille m, Groll m, Wut f (obs. außer in): **in high ~** sehr aufgebracht.
dudg·eon² ['dʌdʒən] s *obs.* (Dolch m mit) Holzgriff m.
due [dju:; *Am. a.* du:] I *adj (adv →* **duly**) 1. *econ.* fällig, so'fort zahlbar: **to fall** (*od.* **become**) ~ fällig werden; **when** ~ bei Verfall *od.* Fälligkeit; ~ **date** Verfallstag m, Fälligkeitstermin m; **debts ~ and owing** Aktiva u. Passiva; ~ **from** fällig seitens (*gen*); ~ **interest** 11. 2. *econ.* geschuldet, zustehend (**to** *dat*): **to be ~ to s.o.** j-m geschuldet werden. 3. zeitlich fällig, erwartet: **the train is ~ at six** der Zug soll um 6 (Uhr) ankommen (abfahren); **I am ~ for dinner at eight** ich werde um 8 Uhr zum Abendessen erwartet; **he is ~ to return today** er soll heute zurückkommen, er wird heute zurückerwartet. 4. verpflichtet: **to be ~ to do s.th.** etwas tun müssen *od.* sollen; **to be ~ to go** gehen müssen. 5. (**to**) zuzuschreiben(d) (*dat*), veranlaßt (durch): **his poverty is ~ to his laziness** s-e Armut ist auf s-e Faulheit zurückzuführen; **death was ~ to cancer** Krebs war die Todesursache; **it is ~ to him** es ist ihm zu verdanken. 6. ~ **to** *inkorrekt statt* **owing to**) wegen (*gen*), in'folge *od.* auf Grund (*gen od.* von): ~ **to our ignorance**. 7. gebührend, geziemend: **with ~ respect** mit gebührender Hochachtung; **to be ~ to s.o.** j-m gebühren *od.* zukommen; **it is ~ to him to say that** man muß ihm einräumen *od.* zugestehen, daß; ~ **credit** 5, **honor** 9. 8. gehörig, gebührend, angemessen: **after ~ consideration** nach reiflicher Überlegung; **to take all ~ measures** alle erforderlichen Maßnahmen ergreifen; ~ **care** *jur.* ordentliche Sorgfalt. 9. passend, richtig, recht: **in ~ course** zur rechten *od.* gegebenen Zeit; **in ~ time** rechtzeitig, termingerecht. 10. vorschriftsmäßig: **in ~ form** ordnungsgemäß, formgerecht. 11. *Am. colloq.* im Begriff sein (**to do** zu tun): **they were about ~ to find out.**
II *adv* 12. di'rekt, genau: ~ **west** genau nach Westen.
III s 13. (*das*) Zustehende, (rechtmäßiger) Anteil *od.* Anspruch, Recht *n*: **it is his ~** es steht *od.* kommt ihm (von Rechts wegen) zu, es gebührt ihm; **to give everyone his ~** jedem das Seine geben; **to give s.o. his ~** j-m Gerechtigkeit widerfahren lassen; → **devil** 1. 14. gebührender Lohn. 15. Schuld f: **to pay one's ~s** s-e Schulden bezahlen. 16. *pl* Gebühren *pl*, (öffentliche) Abgaben *pl*. 17. (Mitglieds)Beitrag *m*, Gebühr f.
du·el ['dju:əl; *Am. a.* 'du:əl] I s Du'ell n (*a. fig.*): **to fight a ~** sich duellieren; **students' ~** Mensur f. II v/i *pret u. pp* **-eled**, *bes. Br.* **-elled** sich duell'lieren. **'du·el·(l)er** → **duel(l)ist. 'du·el·(l)ing** I s Duell'lieren *n*. II *adj* Duell...: ~ **pistols**. **'du·el·(l)ist** s Duell'lant *m.*
du·en·na [dju:'enə; *Am. a.* du:-] s Anstandsdame f.
du·et [dju:'et; *Am. a.* du:'et] I s 1. *mus.* Du'ett *n*. 2. *mus.* Duo *n*: **to play a ~** a) im Duo spielen, b) (*am Klavier*) vierhändig spielen. 3. Duo *n*, Paar *n*: **they make a good ~** sie geben ein gutes Paar ab. II v/i 4. *mus.* a) ein *od.* im Du'ett singen, b) ein Duo spielen, c) vierhändig spielen.
duff¹ [dʌf] s *gastr.* Mehlpudding *m*: **to be up the ~** *bes. Austral. sl.* ein Kind ‚kriegen'.
duff² [dʌf] v/t *sl.* 1. ‚¹aufpo₁lieren', ‚fri'sieren'. 2. *Austral.* Vieh stehlen u. mit neuen Brandzeichen versehen. 3. ~ **up** *Br.* j-n zs.-schlagen.
duff³ [dʌf] s *sl.* ‚¹Hinterteil' *n*, ‚Hintern' *m*.
duf·fel ['dʌfl] s 1. Düffel m (*ein schweres Baumwollgewebe*). 2. *bes. Am.* Ausrüstung f. ~ **bag** s Matchbeutel m, -sack m. ~ **coat** s Dufflecoat m.
'duff·er s *colloq.* 1. Hau'sierer *m*. 2. a) Schund *m*, Ramsch(ware f) *m*, b) Fälschung f. 3. a) Stümper *m* (**at** *in dat*), b) (alter) Trottel.
duf·fle → **duffel.**
dug¹ *pret u. pp von* **dig**.
dug² [dʌg] s 1. Zitze f. 2. Euter *n*.
du·gong ['du:gɒŋ; *Am. a.* -₁gɑŋ] s zo. Dugong *m* (*Seekuh im Indischen Ozean*).
'dug·out s 1. *bes. mil.* 'Unterstand *m*. 2. Erd-, Höhlenwohnung f. 3. Einbaum *m*. 4. *Br. sl.* wieder ‚ausgegrabener' (*reaktivierter*) Be'amter, Offi'zier *etc*.
du·i ['dju:i:; *Am. a.* 'du:i:] *pl von* **duo**.
duke [dju:k; *Am. a.* du:k] s 1. Herzog *m*. 2. *pl* sl. Fäuste *pl*: **to put up one's ~s** die Fäuste hochnehmen. **'duke·dom** s 1. Herzogtum *n*. 2. Herzogswürde f.
dul·cet ['dʌlsɪt] I *adj* 1. wohlklingend, me'lodisch, einschmeichelnd. 2. *obs.* köstlich (*Speise etc*). II s 3. *mus.* Dulcet *n* (*Orgelregister*).
dul·ci·an·a [₁dʌlsɪ'ɑ:nə; *Am. bes.* -'ænə] s *mus.* Dulzi'an *m* (*Orgelregister*).
dul·ci·fy ['dʌlsɪfaɪ] v/t 1. (ver)süßen. 2. *fig.* besänftigen.
dul·ci·mer ['dʌlsɪmə(r)] s *mus.* a) Hackbrett *n*, b) Zimbal *n*.
dul·ci·ne·a [₁dʌlsɪ'nɪə] s *humor. contp.* Dulzi'nea f: a) Freundin f, b) Geliebte f.
dull [dʌl] I *adj (adv* **dully**) 1. schwer von Begriff, dumm. 2. abgestumpft, teilnahmslos, gleichgültig. 3. träge, schwerfällig, langsam. 4. gelangweilt: **to feel ~** sich langweilen. 5. langweilig, fad(e). 6. *econ.* flau, lustlos, schleppend: ~ **season** tote Jahreszeit, stille Saison. 7. stumpf: → **blade**. 8. blind: a ~ **mirror**. 9. matt, stumpf, glanzlos: ~ **colo(u)rs**; ~ **eyes**. 10. dumpf: **a ~ pain**; **a ~ sound**. 11. trüb(e): **a ~ day**; ~ **weather**. 12. schwach: **a ~ light**. II v/t 13. e-e Klinge *etc* stumpf machen. 14. *fig.* abstumpfen. 15. mat'tieren. 16. e-n Spiegel *etc* blind machen, *a.* **den Blick** trüben. 17. (ab)schwächen. 18. mildern, dämpfen. 19. *Schmerz* betäuben. III v/i 20. stumpf werden, abstumpfen (*a. fig.*). 21. träge werden. 22. matt *od.* glanzlos werden. 23. sich abschwächen.
dull·ard ['dʌlə(r)d] s Dummkopf *m*. **'dull·ish** *adj* ziemlich dumm *od.* langweilig (*etc*, → **dull** I). **'dull·ness** s 1. Dummheit f. 2. Abgestumpftheit f. 3. Trägheit f. 4. Langweiligkeit f. 5. *econ.* Flaute f. 6. Stumpfheit f. 7. Blindheit f. 8. Mattheit f. 9. Dumpfheit f. 10. Trübheit f. **'dull₁wit·ted** → **dull** 1. **dul·ness** → **dullness**.
dulse [dʌls] s *bot.* Speiserotalge f.
du·ly ['dju:lɪ; *Am. a.* 'du:lɪ] *adv* 1. ordnungsgemäß, vorschriftsmäßig, gehörig, richtig, wie es sich gehört: ~ **authorized representative** ordnungsgemäß ausgewiesener Vertreter. 2. gebührend. 3. rechtzeitig, pünktlich.
du·ma ['du:mə] s *hist.* Duma f (*russischer Reichstag*).
dumb [dʌm] I *adj (adv* **-ly**) 1. stumm. 2. stumm, ohne Sprache: ~ **animals** stumme Geschöpfe. 3. sprachlos, stumm: **to strike s.o. ~** j-m die Sprache verschlagen *od.* rauben; **struck ~ with amazement** sprachlos vor Erstaunen. 4. schweigsam. 5. stumm: **a ~ gesture**. 6. stumm: **the ~ masses** die stumme *od.* kritiklose Masse. 7. *ohne das übliche Merkmal*: ~ **vessel** *mar.* Fahrzeug *n* ohne Eigenantrieb; ~ **note** *mus.* nicht klingende Note. 8. *bes. Am. colloq.* ‚doof', dumm, blöd. II s 9. **the ~** die Stummen *pl.* **'~·bell** s 1. *sport* Hantel f. 2. *bes. Am. sl.* ‚doofe Nuß', Dummkopf *m*.
dumb'found v/t verblüffen. **dumb-'found·ed** *adj* verblüfft, sprachlos. **dumb'found·er** → **dumbfound**. **'dumb·ness** s 1. Stummheit f. 2. Sprachlosigkeit f. 3. Schweigsamkeit f. **dumb| pi·an·o** s *mus.* stummes ('Übungs)Kla₁vier. ~ **show** s 1. Gebärdenspiel *n*, stummes Spiel. 2. Pantomime f. **₁~'wait·er** s 1. stummer Diener, Ser'viertisch *m*. 2. Speisenaufzug *m*.
dum-dum ['dʌmdʌm] s 1. *a.* ~ **bullet** Dum'dum(geschoß) *n*. 2. *bes. Am. colloq.* ‚Blödmann' *m*, Dummkopf *m*.
dum·found, *etc* → **dumbfound**, *etc*.
dum·my ['dʌmɪ] I s 1. At'trappe f, *econ. a.* Leer-, Schaupackung f (*in Schaufenstern etc*): **to sell s.o. a ~ sport** j-n austricksen. 2. a) Kleider-, Schaufensterpuppe f, b) Dummy *m*, Puppe f (*bei Crashtests*). 3. *econ. jur.* Strohmann *m*. 4. *Kartenspiel*: a) Strohmann *m*, b) Whistspiel *n* mit Strohmann: **double ~** Whistspiel mit zwei Strohmännern. 5. *Br.* Schnuller *m*. 6. Puppe f, Fi'gur f (*als Zielscheibe*). 7. *colloq.* Dummkopf *m*, ‚Blödmann' *m*. 8. *colloq.* j-d, der den Mund nicht aufmacht. 9. *Am.* vierseitige Verkehrsampel. 10. *print.* Blindband *m* (*Buch*). 11. *tech.* (e-e) Ran'gierlokomo₁tive. II *adj* 12. fik'tiv, vorgeschoben, Schein...: ~ **candidates**; ~ **cartridge** *mil.* Exerzierpatrone f; ~ **concern** *econ.* Scheinunternehmen *n*; ~ **grenade** *mil.* Übungshandgranate f; ~ **gun** Gewehrattrappe f; ~ **warhead** *mil.* blinder Gefechtskopf. 13. unecht, nachgemacht. ~ **whist** → **dummy** 4 b.
dump [dʌmp] I v/t 1. (¹hin)plumpsen *od.* (¹hin)fallen lassen, ¹hinwerfen. 2. (heftig) absetzen *od.* abstellen. 3. a) auskippen, abladen, schütten: **to ~ into the ocean** verklappen; **to ~ s.th. on s.o.** *colloq.* j-m etwas ‚unterjubeln' b) e-n Karren *etc* ('um)kippen, entladen. 4. *mil.* lagern, stapeln. 5. *econ.* Waren zu Dumping-

dumpcart – dust bowl

preisen verkaufen. **6.** *colloq.* loswerden. **II** *v/i* **7.** plumpsen. **8.** (s-n) Schutt abladen. **9.** ~ **on** *Am. colloq.* schlechtmachen. **III** *s* **10.** Plumps *m*, dumpfer Fall *od.* Schlag. **11.** a) Schutt-, Abfallhaufen *m*, b) (Schutt-, Müll)Abladeplatz *m*, Müllkippe *f*, -halde *f*. **12.** *Bergbau:* (Abraum)Halde *f*. **13.** abgeladene Masse *od.* Last. **14.** *mil.* De¦pot *n*, Lager(platz *m*) *n*, Stapelplatz *m*: **ammunition** ~ Munitionslager, -depot. **15.** *sl.* a) verwahrlostes Nest (*Ortschaft*), b) ‚Dreckloch' *n* (*Wohnung, Zimmer*), c) ‚Bruchbude' *f* (*Wohnung, Haus*). **16.** → **dumps**. **'~·cart** *s* Kippwagen *m*, -karren *m*.

'dump·er (truck) *s mot. tech.* Dumper *m*, Kipper *m*.

'dump·ing *s* **1.** *econ.* Dumping *n*, Ausfuhr *f* zu Schleuderpreisen. **2.** (Schutt-) Abladen *n*. ~ **ground** → **dump 11** b.

dump·ling ['dʌmplɪŋ] *s* **1.** Knödel *m*, Kloß *m*: **apple** ~ Apfelknödel. **2.** *colloq.* ‚Dickerchen' *n*, (kleiner) Mops (*Person*).

dumps [dʌmps] *s pl*: **to be (down) in the** ~ *colloq.* ‚down' *od.* niedergeschlagen sein.

dump truck → **dumper (truck)**.

'dump·y *adj* **1.** unter¦setzt, plump. **2.** unförmig.

dun¹ [dʌn] **I** *v/t* **1.** *bes. Schuldner* mahnen, drängen: ~**ning letter** → **5. 2.** belästigen, bedrängen. **II** *s* **3.** Plagegeist *m*, *bes.* drängender Gläubiger. **4.** Schuldeneintreiber *m*. **5.** (*schriftliche*) Mahnung, Zahlungsaufforderung *f*.

dun² [dʌn] **I** *adj* **1.** graubraun, mausgrau. **2.** dunkel (*a. fig.*). **II** *s* **3.** Braune(r) *m* (*Pferd*). **4.** (*e-e*) (künstliche) Angelfliege.

'dun·bird *s orn.* **1.** Tafelente *f*. **2.** Bergente *f*.

dunce [dʌns] *s* Dummkopf *m*: ~('s) **cap** *hist.* Narrenkappe *f* (*für e-n dummen Schüler*).

'dun·der·head ['dʌndə(r)hed] *s* Dummkopf *m*. **'dun·der¸head·ed** *adj* dumm.

dune [djuːn; *Am. a.* duːn] *s* Düne *f*. ~ **bug·gy** *s mot.* Strandbuggy *m*.

dung [dʌŋ] **I** *s* **1.** Mist *m*, Dung *m*, Dünger *m*. **2.** Tierkot *m*. **3.** *fig.* Schmutz *m*. **II** *v/t u. v/i* **4.** düngen.

dun·ga·ree [¸dʌŋgə'riː] *s* **1.** grober Baumwollstoff. **2.** *a.* pl Arbeitsanzug *m*, b) *a.* **pair of ~s** Arbeitshose *f*.

dung¦bee·tle *s zo.* Mistkäfer *m*. ~**cart** *s* Mistkarren *m*.

dun·geon ['dʌndʒən] **I** *s* **1.** → **donjon**. **2.** (Burg)Verlies *n*, Kerker *m*. **II** *v/t* **3.** einkerkern.

dung¦ fly *s zo.* Dung-, Mistfliege *f*. ~ **fork** *s* Mistgabel *f*.

'dung·hill *s* **1.** Mist-, Düngerhaufen *m*: **a cock on his** ~ *fig.* ein Haustyrann. **2.** *fig.* Klo¦ake *f*. ~ **fowl** *s* Hausgeflügel *n*.

dun·ie·was·sal ['duːnɪ¸wæsl], *a.* **'dun·nie¸was·sal** ['dʌnɪ-] *s Scot.* niederer Adliger.

dun·ite ['dʌnaɪt] *s geol.* Du¦nit *m*.

dunk [dʌŋk] *v/t* **1.** Brot *etc* eintunken, stippen. **2.** eintauchen.

Dunk·er ['dʌŋkə(r)] *s relig.* Dunker *m* (*Mitglied e-r Sekte*).

'dunk·ing *s Basketball*: Dunking *n* (*Korbwurf, bei dem ein Spieler im Sprung den Ball von oben in den Korb wirft*).

dun·nage ['dʌnɪdʒ] *s* **1.** *mar.* Stau-, Gar¦nierholz *n*. **2.** Gepäck *n*. **II** *v/t* **3.** *mar.* mit Stauholz füllen, gar¦nieren.

dun·no [də'nəʊ] *sl. für* **do not know**.

dunt [dʌnt; dʊnt] *Scot.* **I** *s* a) Schlag *m*, b) Platzwunde *f*. **II** *v/t* schlagen, stoßen.

du·o ['djuːəʊ; *Am. a.* 'duːəʊ] *pl* **-os**, **'du·i** [-iː] → **duet I**.

duo- [djuːəʊ; -ə; *Am. a.* duː-] *in Wortelement mit der Bedeutung* zwei.

¸du·o·de'cil·lion *s math.* **1.** *Am.* Sextilli¦arde *f* (10^{39}). **2.** *Br.* Duodezilli¦on *f* (10^{72}).

¸du·o'dec·i·mal *math.* **I** *adj* **1.** duodezi¦mal, dode¦kadisch. **II** *s* **2.** zwölfter Teil, Zwölftel *n*. **3.** *pl* a) Duodezi¦malsys¸tem *n*, b) Duodezi¦malmultiplikati¸on *f*.

¸du·o'dec·i·mo I *pl* **-mos** *s* **1.** *print.* a) Duo¦dez(for¸mat) *n*, b) Duo¦dezband *m*. **2.** *mus.* Duo¦dezime *f*. **II** *adj* **3.** *print.* Duodez...: ~ **volume**.

du·o·de·na [¸djuːəʊ'diːnə; *Am. a.* ¸duː-] *pl von* **duodenum**. **¸du·o'de·nal** [-'diːnl] *adj med.* duode¦nal, Zwölffingerdarm...: ~ **ulcer**. **¸du·o'de·na·ry** *adj math.* **1.** zwölffach, zwölf enthaltend. **2.** die n-te Wurzel 12 habend. **¸du·o'de·num** [-nəm] *pl* **-na** [-nə], **-nums** *s anat.* Zwölf¦fingerdarm *m*.

du·o·logue ['djuːəlɒg; *Am. a.* -¸lɑg; or 'duː-] *s* **1.** Dia¦log *m*, Zwiegespräch *n*. **2.** *thea.* Duo¦drama *n*, Zweiper¦sonenstück *n*.

du·op·o·ly [djuː'ɒpəlɪ; *Am.* -'ɑ-; *a.* duː-] *s econ.* 'Marktkon¸trolle *f* durch zwei Firmen.

'du·o·tone *adj* zweifarbig.

dup·a·ble ['djuːpəbl] *adj* vertrauensselig, leicht zu täuschen(d).

dupe [djuːp; *Am. a.* duːp] **I** *s* **1.** ‚Angeführte(r' *m*) *f*, ‚Lac¦kierte(r' *m*) *f*, Betrogene(r *m*) *f*: **to be the** ~ **of s.o.** auf j-n hereinfallen. **2.** Leichtgläubige(r *m*) *f*, ‚Gimpel' *m*. **II** *v/t* **3.** j-n ‚anführen', ‚lac¦kieren', betrügen. **'dup·er·y** [-ərɪ] *s* Betrug *m*.

du·ple ['djuːpl; *Am. a.* 'duː-] *adj* doppelt, zweifach. ~ **ra·tio** *s math.* doppeltes Verhältnis. ~ **time** *s mus.* Zweiertakt *m*.

du·plex ['djuːpleks; *Am. a.* 'duː-] **I** *adj* **1.** doppelt, Doppel..., zweifach. **2.** *electr. tech.* Duplex... **II** *s* **3.** a) → **duplex apartment**, b) → **duplex house**. ~ **a·part·ment** *s Am.* Maiso(n)¦nette *f*. ~ **gas burn·er** *s tech.* Zweidüsen(gas)brenner *m*. ~ **house** *s Am.* Doppel-, 'Zweifa¸milienhaus *n*. ~ **lathe** *s tech.* Doppeldrehbank *f*. ~ **re·peat·er** *s electr.* Duplex-, Zweidraht-, Gegensprechverstärker *m*. ~ **te·leg·ra·phy** *s tech.* 'Gegensprech-, 'Duplextelegra¸fie *f*. ~ **te·leph·o·ny** *s electr.* 'Duplextelefo¸nie *f*, Gegensprechverkehr *m*.

du·pli·cate ['djuːplɪkət; *Am. a.* 'duː-] **I** *adj* **1.** Doppel-..., zweifach, doppelt: ~ **proportion**, ~ **ratio** → **duple ratio**; ~ **socket** *electr.* Doppelbuchse *f*, -steckdose *f*. **2.** genau gleich *od.* entsprechend: ~ **key** → **5**; ~ **part** Ersatzteil *n*, Austauschstück *n*; ~ **production** Reihen-, Serienfertigung *f*. **II** *s* **3.** Dupli¦kat *n*, Ab-, Zweitschrift *f*, Ko¦pie *f*: **in** ~ in zweifacher Ausfertigung *od.* Ausführung, in 2 Exemplaren, doppelt. **4.** (genau gleiches) Seitenstück, Ko¦pie *f*. **5.** a) Zweitschlüssel *m*, b) Nachschlüssel *m*. **6.** *econ.* a) Se¦kunda-, Dupli¦katwechsel *m*, b) Pfandschein *m*. **III** *v/t* [-keɪt] **7.** im Dupli¦kat 'herstellen. **8.** ein Dupli¦kat anfertigen von, ko¦pieren, e-e Abschrift machen von *e-m Brief etc*, ver¦vielfältigen. **9.** zs.-falten. **10.** *ein Experiment etc* (beliebig) wieder'holen. **¸du·pli'ca·tion** [-'keɪʃn] *s* **1.** → **duplicate 3**. **2.** Ver¦vielfältigung *f*. **3.** Wieder¦holung *f*. **'du·pli·ca·tor** [-keɪtə(r)] *s* Ver¦vielfältigungsappa¸rat *m*.

du·plic·i·ty [djuː'plɪsətɪ; *Am. a.* duː-] *s* **1.** *fig.* Doppelzüngigkeit *f*, Falschheit *f*. **2.** Dupli¦zität *f*, doppeltes Vor¦handensein *n*.

du·ra·bil·i·ty [¸djʊərə'bɪlətɪ; *Am.* ¸dʊ-] *s* a) Haltbarkeit *f*, b) Dauerhaftigkeit *f*. **'du·ra·ble** [*adv* **durably**) *adj* haltbar, strapa¦zierfähig, *econ.* langlebig: ~ **goods** → **II**, b) dauerhaft. **II** *s pl econ.* Gebrauchsgüter *pl*. **'du·ra·ble·ness** → **durability**.

du·ral·u·min [djʊə'ræljʊmɪn; *Am. a.* dʊ'r-] *s tech.* Du'ral *n*, 'Duralu¸min(ium) *n*.

du·ra·men [djʊə'reɪmen; *Am. a.* dʊ'r-] *s bot.* Kern-, Herzholz *n*.

dur·ance ['djʊərəns; *Am. a.* 'dʊr-] *s* Haft *f* (*meist in*): **in** ~ **vile** hinter Schloß u. Riegel.

du·ra·tion [djʊə'reɪʃn; *Am. a.* dʊ'r-] *s* (Fort-, Zeit)Dauer *f*: **of short** ~ von kurzer Dauer; ~ **of life** Lebensdauer, -zeit *f*; **for the** ~ *colloq.* a) für die Dauer des Krieges, b) bis zum Ende. **'dur·a·tive** [-rətɪv] **I** *adj* **1.** dauernd. **2.** *ling.* dura¦tiv, Dauer... **II** *s ling.* **3.** dura¦tiver Konso¦nant. **4.** Dauerform *f*, Dura¦tiv *m*.

dur·bar ['dɜːbɑː] *s Br. Ind.* **1.** Hof *m* (*e-s indischen Fürsten*). **2.** Galaempfang *m*.

du·ress(e) [djʊə'res; *Am. a.* dʊ-] *s* **1.** Druck *m*, Zwang *m*. **2.** *jur.* Freiheitsberaubung *f*: **to be under** ~ in Haft sein. **3.** *jur.* Zwang *m*, Nötigung *f*: **to act under** ~ unter Zwang handeln.

Dur·ham ['dʌrəm; *Am. a.* 'dɜrəm] *s zo.* Durhamrind *n*.

dur·ing ['djʊərɪŋ; *Am. a.* 'dʊrɪŋ] *prep* während (*gen*), im Laufe von (*od. gen*), in (*e-m Zeitraum*): ~ **the night**.

dur·mast (oak) ['dɜːmɑːst; *Am.* 'dɜr¸mæst] *s bot.* Steineiche *f*.

du·ro ['djʊərəʊ] *pl* **-ros** *s* Duro *m* (*spanische u. südamer. Silbermünze*).

durst [dɜːst; *Am.* dɜrst] *pret von* **dare**.

du·rum (wheat) ['djʊərəm; *Am. a.* 'dʊrəm] *s bot.* Hartweizen *m*.

dusk [dʌsk] **I** *s* (Abend)Dämmerung *f*: **at** ~ bei Einbruch der Dunkelheit. **II** *adj poet.* dunkel, düster, dämmerig. **III** *v/t poet.* verdunkeln. **IV** *v/i poet.* dunkel werden. **'dusk·y** *adj* (*adv* **duskily**) **1.** dämmerig, düster (*a. fig.*). **2.** schwärzlich, dunkel. **3.** dunkelhäutig.

dust [dʌst] **I** *s* **1.** Staub *m*: **in- and ashes** *fig.* in Sack u. Asche; **to blow the** ~ **off** *fig.* e-n Plan *etc* wieder aus der Schublade holen; **to be humbled in(to) the** ~ *fig.* gedemütigt werden; **to drag in the** ~ *fig.* j-n, *etwas* in den Staub ziehen *od.* zerren; **to lick the** ~ *colloq.* ‚ins Gras beißen' (*umkommen*); **to shake the** ~ **off one's feet** a) den Staub von den Füßen schütteln, b) *fig.* verärgert *od.* entrüstet weggehen; **to throw** (*od.* **cast**) ~ **in s.o.'s eyes** *fig.* j-m Sand in die Augen streuen; → **bite 1, kiss 4. 2.** Staubwolke *f*: **to raise a** ~ a) e-e Staubwolke aufwirbeln, b) *a.* **to kick up a** ~ *fig.* viel Staub aufwirbeln; **the** ~ **has settled** *fig.* die Aufregung hat sich gelegt, die Wogen haben sich geglättet. **3.** *fig.* a) Staub *m*, Erde *f*, b) sterbliche 'Überreste *pl*, c) menschlicher Körper, Mensch *m*: **to turn to** ~ **and ashes** zu Staub u. Asche werden, zerfallen. **4.** *Br.* a) Müll *m*, Abfall *m*, b) Kehricht *m, a. n.* **5.** *bot.* Blütenstaub *m*. **6.** (Gold- *etc*)Staub *m*. **7.** Bestäubungsmittel *n*, (In¦sekten*etc*)Pulver *n*. **8.** → **dustup**. **II** *v/t* **9.** abstauben, Staub wischen von (*dat*). **10.** *a.* ~ **down** ausstauben, ausbürsten, ausklopfen: **to ~ s.o.'s jacket** *colloq.* ‚j-m die Jacke voll hauen'. **11.** bestreuen, bestäuben: **to ~ s.o.'s eyes** *fig.* j-m Sand in die Augen streuen. **12.** *Pulver etc* stäuben, streuen. **13.** staubig machen, einstauben. **14.** zu Staub zerreiben. **III** *v/i* **15.** abstauben, Staub wischen. **16.** staubig werden, ein-, verstauben. **17.** im Staub baden, ein-, verstauben. **17.** im Staub baden (*bes. Vogel*). **18.** *Am. sl.* sich aus dem Staub machen, ‚abhauen'.

dust¦ bag *s* Staubbeutel *m* (*e-s Staubsaugers*). ~ **bath** *s* Staubbad *n*. **'~·bin** *s Br.* **1.** Abfall-, Mülleimer *m*: **~ lin·er** Müllbeutel *m*. **2.** Abfall-, Mülltonne *f*. ~

dustbox - dynatron

bowl *s geogr.* Trockengebiet mit Bodenerosionserscheinungen u. Staubstürmen. '**~box** *s* **1.** → dustbin. **2.** Streusandbüchse *f.* '**~cart** *s Br.* Müllwagen *m.* **~ cham·ber** *s tech.* (Flug)Staubkammer *f.* '**~cloth** *s Am.* **1.** Staubtuch *n*, -lappen *m.* **2.** → dust cover 2. **~ coat** *s bes. Br.* **1.** *mot. hist.* Staubmantel *m.* **2.** Hauskittel *m.* **~ cov·er** *s* **1.** 'Schutz,umschlag *m* (*um Bücher*). **2.** Staubdecke *f*, Schutzbezug *m* (*für Möbel*).

'**dust·er** *s* **1.** a) Staubtuch *n*, -lappen *m*, b) Staubwedel *m.* **2.** *Am.* → dust coat. **3.** Streudose *f.*
dust|ex·haust *s tech.* Staubabsaugung *f.* **~ heap** *s Br.* Müll-, Abfallhaufen *m.*
'**dust·ing** *s* **1.** Abstauben *n*, Staubwischen *n.* **2.** Bestäuben *n.*
dust|jack·et → dust cover 1. '**~man** [-mən] *s irr Br.* Müllmann *m.* '**~off** *s mil. Am. sl.* Sani'tätshubschrauber *m.* '**~ proof** *adj* staubdicht. **~ sheet** → dust cover 2. **~ shot** *s hunt.* Vogeldunst *m* (*feinste Schrotsorte*). **~ storm** *s* Staubsturm *m.* **~ trap** *s* Staubfänger *m.* '**~up** *s colloq.* **1.** 'Krach' *m.* **2.** handgreifliche Ausein'andersetzung.
'**dust·y** *adj* **1.** staubig, voll Staub. **2.** staubförmig, -artig. **3.** sandfarben. **4.** *fig.* fad(e), trocken. **5.** *fig.* vag(e), unklar, nichtssagend: a **~ answer**. **6.** not so **~** *Br. colloq.* gar nicht so übel.

Dutch¹ [dʌtʃ] **I** *adj* **1.** holländisch, niederländisch: **to talk to s.o. like a ~ uncle** *colloq.* j-m e-e Standpauke halten'. **2.** *Am. sl.* deutsch. **II** *adv* **3.** to go **~** *colloq.* getrennte Kasse machen. **III** *s* **4.** *ling.* Holländisch *n*, das Holländische, Niederländisch *n*, das Niederländische: **that is all ~ to me** das sind für mich böhmische Dörfer. **5.** *Am. sl.* Deutsch *n*, das Deutsche. **6.** the **~** *collect. pl* a) die Holländer *pl*, die Niederländer *pl*, b) *Am. sl.* die Deutschen *pl*; **that beats the ~!** *colloq.* das ist ja die Höhe! **7.** *colloq.* to be **in ~** in 'Schwulitäten' sein; **to be in ~ with s.o.** bei j-m 'unten durch' sein; **to put s.o. in ~** j-n in 'Schwulitäten' bringen.

Dutch², **d~** [dʌtʃ] *s Br. sl.* 'Alte' *f* (*Ehefrau*).
Dutch|auc·tion *s* Auktion, bei der der Preis so lange erniedrigt wird, bis sich ein Käufer findet. **~ bar·gain** *s colloq.* mit e-m Drink besiegeltes Geschäft. **~ cap** *s* **1.** Holländerhaube *f.* **2.** *med.* Pes'sar *n.* **~ clo·ver** *s bot.* Weißer Klee. **~ cour·age** *s colloq.* angetrunkener Mut. **~ foil, ~ gold** *s* unechtes Blattgold, Rauschgold *n.* **~ leaf** *s irr* → Dutch foil. '**~man** [-mən] *s irr* **1.** Holländer *m*, Niederländer *m*: **or I'm a ~** *colloq.* oder ich will Hans heißen; **I'm a ~ if** ich laß mich hängen, wenn. **2.** *Am. sl.* Deutsche(r) *m.* **3.** *mar.* Holländer *m* (*Schiff*). **~ met·al** *s* **1.** Tombak *m.* **2.** → Dutch foil. **~ ov·en** *s* **1.** (*ein*) flacher Bratentopf. **2.** Backsteinofen *m.* **3.** Röstblech *n* (*vor offenem Feuer*). **~ tile** *s* gla'sierte Ofenkachel. **~ treat** *s colloq.* Essen *etc*, bei dem jeder für sich bezahlt. **~ wife** *s irr* Rohrgestell *n*, Kissen *n* (*zum Auflegen der Arme u. Beine im Bett*). '**~wom·an** *s irr* Holländerin *f*, Niederländerin *f.*

du·te·ous ['dju:tjəs; -ɪəs; *Am. a.* 'du:-] *adj* (*adv* **~ly**) → dutiful.
du·ti·a·ble ['dju:tjəbl; -ɪəbl; *Am. a.* 'du:-] *adj* a) abgabenpflichtig, b) zollpflichtig.
'**du·ti·ful** *adj* (*adv* **~ly**) **1.** pflichtgetreu, -bewußt. **2.** gehorsam. **3.** pflichtgemäß. '**du·ti·ful·ness** *s* **1.** Pflichttreue *f.* **2.** Gehorsam *m.*
du·ty ['dju:tɪ; *Am. a.* 'du:-] **I** *s* **1.** Pflicht *f*: a) Schuldigkeit *f* (**to**, **toward** [s] gegen [-'über]), b) Aufgabe *f*, Amt *n*: **~ to report** Anzeigepflicht *f*; **to do one's ~** s-e Pflicht tun (**by s.o.** an j-m); **to be under a ~ to do s.th.** verpflichtet sein, etwas zu tun; **breach of ~** Pflichtverletzung *f*; (**as**) **in ~ bound** pflichtgemäß, -schuldig(st); **to be in ~ bound to do s.th.** etwas pflichtgemäß tun müssen. **2.** Dienst *m*: **on ~** a) dienstuend, dienstabend, im Dienst, b) dienstbereit (*Apotheke etc*); **to be on ~** Dienst haben, im Dienst sein; **to be off ~** nicht im Dienst sein, dienstfrei haben; **to do ~ for** a) *fig.* benutzt werden *od.* dienen als (*etwas*), b) j-n vertreten. **3.** Ehrerbietung *f*, Re'spekt *m*: **in ~ to** aus Ehrerbietung gegen; **~ call** Höflichkeits-, Pflichtbesuch *m.* **4.** *econ.* a) Abgabe *f*, Gebühr *f*, c) Zoll *m*: **~ on increment value** Wertzuwachssteuer; **~ on exports** Ausfuhrzoll; **liable to ~** zollpflichtig; **to pay ~ on s.th.** etwas verzollen *od.* versteuern. **5.** *tech.* a) (Nutz-, Wirk)Leistung *f*, b) Arbeitsweise *f*, c) Funkti'on *f.* **6.** *meist* **~ of water** nötige Bewässerungsmenge. **II** *adj* **7.** Bereitschafts...: **~ doctor**; **~ chemist** *Br.* dienstbereite Apotheke; **~ officer** *mil.* Offizier *m* vom Dienst. '**~-bound** *adj*: **to be ~ to do s.th.** etwas pflichtgemäß tun müssen. **~-'free I** *adj u. adv* abgaben-, zollfrei: **~ shop** Duty-free-Shop *m.* **II** *s pl colloq.* zollfreie Ware(n *pl*). **~-'paid** *adj* verzollt, nach Verzollung: **~ entry** Zollerklärung *f.*

du·um·vir [dju:'ʌmvə(r); *Am. a.* du-] *pl* **-vi·ri** [-vɪraɪ], **-virs** *s antiq.* Du'umvir *m.* **du·um·vi·rate** [-vɪrət] *s* Duumvi'rat *n.*

du·vet ['dju:veɪ] *s Br.* Federbett *n.*
dux [dʌks] *pl* **dux·es, du·ces** ['dju:si:z] *s bes. Scot.* Erste(r) *m*, Primus *m* (*e-r Klasse*).
dwale [dweɪl] → belladonna a.
dwarf [dwɔːf] **I** *pl* **dwarfs, dwarves** [-vz] *s* **1.** Zwerg(in) (*a. fig.*). **2.** a) *zo.* Zwergtier *n*, b) *bot.* Zwergpflanze *f.* **3.** → **dwarf star**. **II** *adj* **4.** zwergenhaft, *bes. bot. zo.* Zwerg...: **~ maple**; **~ snake**. **III** *v/t* **5.** *bes. fig.* verkümmern lassen, im Wachstum *od.* an der Entfaltung hindern. **6.** verkleinern. **7.** klein erscheinen lassen, zs.-schrumpfen lassen. **8.** *fig.* in den Schatten stellen: **to be ~ed by** verblassen neben (*dat*). **IV** *v/i* **9.** *bes. fig.* verkümmern. **10.** zs.-schrumpfen.
'**dwarf·ish** *adj* (*adv* **~ly**) **1.** zwergenhaft, winzig. **2.** *med.* 'unter-, unentwickelt.
dwarf|palm *s bot.* Zwergpalme *f.* **~ star** *s astr.* Zwergstern *m.* **~ wall** *s arch.* Quer-, Zwergmauer *f.*
dwarves [dwɔːvz] *pl von* dwarf.
dwell [dwel] **I** *v/i pret u. pp* **dwelt** [dwelt], *a.* **dwelled 1.** wohnen, leben. **2.** *fig.* bleiben, (ver)weilen: **to ~ (up)on** a) (im Geiste) bei *etwas* verweilen, über *etwas* nachdenken, b) auf *etwas* Nachdruck legen; **to ~ (up)on a subject** bei e-m Thema verweilen, auf ein Thema näher eingehen; **to ~ on a note** *mus.* e-n Ton aushalten. **3.** *fig.* begründet sein (**in** *dat*). **II** *v/t* **4.** *tech.* Haltezeit *f*, 'Stillstandsperi,ode *f*; **~ angle** *mot.* Schließwinkel *m.* '**dwell·er** *s* (*meist in Zssgn*) Bewohner(in). '**dwell·ing** *s* **1.** Wohnung *f.* **2.** Wohnen *n*: **~ house** Wohnhaus *n*; **~ unit** Wohneinheit *f.* **3.** Wohnsitz *m*: **~ place** Aufenthalts-, Wohnort *m.*

dwin·dle ['dwɪndl] **I** *v/i* abnehmen, schwinden, (zs.-)schrumpfen: **to ~ away** dahinschwinden. **II** *v/t* vermindern.
dy·ad ['daɪæd] *s* **1.** *sociol.* Dy'ade *f*, Paarverhältnis *n.* **2.** *biol. chem. math.* Dy'ade *f.* **3.** *mus.* Zweiklang *m.* **dy'ad·ic** [dy'ædɪk] *adj* dy'adisch.
Dy·ak [daɪæk] *s* **1.** Dajak *m* (*Eingeborener Borneos*). **2.** *ling.* Dajak *n.*
dy·ar·chy → diarchy.

Dy·as ['daɪæs] *s geol.* Perm *n.*
dye [daɪ] **I** *s* **1.** Farbstoff *m.* **2.** *tech.* Färbe(flüssigkeit) *f*: **~ bath** Färbebad *n*, Flotte *f.* **3.** Färbung *f*, Farbe *f*, Tönung *f*: **of the deepest ~** *fig.* von der übelsten Sorte. **II** *v/t* **4.** *bes. tech.* färben: **to ~ in the wool** *tech.* in der Wolle *od.* waschecht färben; **to ~ in the grain** *tech.* Fasern im Rohzustand färben, waschecht färben. **III** *v/i* **5.** sich färben (lassen).
'**dyed-in-the-'wool** *adj tech.* in der Wolle gefärbt, *fig. a.* eingefleischt, (nachgestellt *a.*) durch u. durch.
'**dye·ing** *s* **1.** Färben *n.* **2.** Färbe'reigewerbe *n.*
dy·er ['daɪə(r)] *s* **1.** Färber(in). **2.** Farbstoff *m.*
dy·er's|-broom ['daɪə(r)zbruːm] *s bot.* Färberginster *m.* **~ oak** *s bot.* Färbereiche *f.* **~ weed** *s bot.* Gelbkraut *n*, Färber-Wau *m.* **~ woad** *s bot.* (Färber-)Waid *m.*
'**dye|stuff** *s* Farbstoff *m.* '**~wood** *s tech.* Färbe-, Farbholz *n.* '**~works** *s pl* (*oft als sg konstruiert*) Färbe'rei *f.*
dy·ing ['daɪɪŋ] *adj* **1.** sterbend: **a ~ man** ein Sterbender; **to be ~** im Sterben liegen; **a ~ tradition** e-e aussterbende Tradition. **2.** Sterbe...: **~ confession** Beichte *f* auf dem Sterbebett; **~ hour** Todesstunde *f*; **~ wish** letzter Wunsch; **~ words** letzte Worte; **to one's ~ day** bis zu s-m Tod, bis an sein Lebensende. **3.** zu Ende gehend: **the ~ year**. **4.** *fig.* a) ersterbend: **~ voice**, b) verhallend: **~ sounds**. **5.** schmachtend: **~ look**.
dyke → dike¹, dike² *u.* dike³.
dy·nam·e·ter [daɪ'næmɪtə(r)] *s phys.* Dyna'meter *m.*
dy·nam·ic [daɪ'næmɪk] **I** *adj* (*adv* **~ally**) **1.** *allg. u. fig.* dy'namisch: **~ force** (geology, personality, policy, psychology, *etc*); **~ pressure** *phys.* dynamischer Druck, Staudruck *m.* **II** *s pl* (*als sg konstruiert*) **2.** Dy'namik *f*: a) *phys.* Lehre von den bewegenden Kräften, b) *mus.* Lehre von den Abstufungen der Tonstärke, c) *fig.* Schwung *m.* **3.** *fig.* Triebkraft *f*, treibende Kraft. **dy'nam·i·cal** *adj* (*adv* **~ly**) → dynamic I.
dy·na·mism ['daɪnəmɪzəm] *s* **1.** *philos.* Dyna'mismus *m.* **2.** *fig.* Dy'namik *f*, Schwung *m.*
dy·na·mite ['daɪnəmaɪt] **I** *s* **1.** Dyna'mit *n.* **2.** *colloq.* a) Zündstoff *m*, b) gefährliche *od.* 'umwerfende Sache *od.* Per'son: **to be ~** e-e 'Wucht' sein (*Schauspieler etc*), hoch brisant sein (*Buchthema etc*), wie e-e Bombe einschlagen (*Nachricht etc*). **II** *v/t* **3.** (*mit Dynamit*) (in die Luft) sprengen. '**dy·na·mit·er** *s* Sprengstoffattentäter *m.* '**dy·na·mit·ing** *s* **1.** Dyna'mitsprengung *f.* **2.** Zerstörung *f* durch Dyna'mit. **3.** Sprengstoffattentat *n.*
dy·na·mo ['daɪnəməʊ] *pl* **-mos** *s electr.* Dy'namo(ma,schine *f*) *m.*
dy·na·mo·e·lec·tric [,daɪnəməʊɪ'lektrɪk], ,**dy·na·mo·e'lec·tri·cal** *adj phys.* dy'namoe,lektrisch, e'lektrody,namisch.
dy·na·mom·e·ter [,daɪnə'mɒmɪtə(r); *Am.* -'mɑ-] *s tech.* Dynamo'meter *n*, Kraftmesser *m.*
dy·na·mo·tor ['daɪnə,məʊtə(r)] *s electr.* 'Umformer *m*, 'Motorgene,rator *m.*
dy·nast ['dɪnəst; *bes. Am.* 'daɪnæst] *s* Dy'nast *m*, Herrscher *m.* **dy'nas·tic** [-'næstɪk] *adj* (*adv* **~ally**) dy'nastisch.
'**dy·nas·ty** [-nəstɪ] *s* Dyna'stie *f*, Herrschergeschlecht *n*, -haus *n.*
dy·na·tron ['daɪnətrɒn; *Am.* -,trɑn] *s electr.* Dynatron *n*, Mesotron *n* (*Sekundärelektronenröhre*).

dyne [daɪn] *s phys.* Dyn *n*, Dyne *f* (*Einheit der Kraft im CGS-System*).

dy·node [ˈdaɪnəʊd] *s electr.* Dyˈnode *f* (*zusätzliche Elektrode e-r Elektronenröhre zur Beeinflussung des Stroms*).

dys- [dɪs] *Vorsilbe mit den Bedeutungen:* a) schwierig, b) *biol.* ungleich(artig), c) mangelhaft, d) krankhaft.

dys·au·to·no·mi·a [ˌdɪsɔːtəˈnəʊmɪə] *s med.* Dysautonoˈmie *f* (*angeborene Entwicklungsstörung des vegetativen Nervensystems*).

ˌ**dys·enˈter·ic** *adj med.* 1. Ruhr..., ruhrartig. 2. ruhrkrank.

dys·en·ter·y [ˈdɪsntrɪ] *s med.* Dysenteˈrie *f*, Ruhr *f*.

dysˈfunc·tion *s med.* Dysfunktiˈon *f*, Funktiˈonsstörung *f*.

dys·gen·ics [dɪsˈdʒenɪks] *s pl* (*als sg konstruiert*) Dysˈgenik *f* (*Erforschung von Erbschädigungen*).

dys·graph·i·a [dɪsˈɡræfɪə] *s med.* Schreibstörung *f*.

dys·la·li·a [dɪsˈleɪlɪə] *s med.* Dyslaˈlie *f*, Stammeln *n*.

dys·lex·i·a [dɪsˈleksɪə] *s med.* Dysleˈxie *f*, Lesestörung *f*.

ˌ**dys·loˈgis·tic** *adj* (*adv ~ally*) abfällig, herˈabsetzend.

dys·men·or·rh(o)e·a [ˌdɪsmenəˈrɪə] *s med.* Dysmenorˈrhö(e) *f* (*gestörte, schmerzhafte Monatsblutung*).

dys·pep·si·a [dɪsˈpepsɪə; *Am. a.* -ʃə], **dysˈpep·sy** [-sɪ] *s med.* Dyspepˈsie *f*, Verdauungsstörung *f*. **dysˈpep·tic** [-tɪk] **I** *adj* 1. *med.* dysˈpeptisch. 2. *fig.* schlechtgelaunt, mürrisch. **II** *s* 3. Dysˈpeptiker(in).

dys·pha·gi·a [dɪsˈfeɪdʒɪə] *s med.* Dysphaˈgie *f*, Schluckstörung *f*.

dys·pha·si·a [dɪsˈfeɪzɪə; *bes. Am.* -ʒɪə; -ʒə] *s med.* Dysphaˈsie *f* (*Erschwerung des Sprechens*).

dys·pho·ni·a [dɪsˈfəʊnjə; -nɪə] *s med.* Dysphoˈnie *f*, Stimmstörung *f* (*z. B. bei Heiserkeit*).

dys·pho·ri·a [dɪsˈfɔːrɪə] *s med. psych.* Dysphoˈrie *f*, Übellaunigkeit *f*, Gereiztheit *f*.

dys·pla·si·a [dɪsˈpleɪzɪə; *bes. Am.* -ˈpleɪʒɪə; -ʒə] *s med.* Dyyplaˈsie *f*, Fehl-, ˈUnterentwicklung *f*.

dysp·n(o)e·a [dɪsˈpniːə; *Am.* ˈdɪsp-] *s med.* Dysˈpnoe *f*, Atemnot *f*, Kurzatmigkeit *f*.

dys·tel·e·ol·o·gy [ˌdɪstelɪˈɒlədʒɪ; *Am.* -ˈɑ-] *s philos.* Dysteleoloˈgie *f* (*Lehre von der Unzweckmäßigkeit u. Ziellosigkeit biologischer Bildungskräfte in der Natur*).

dys·to·pi·a [dɪsˈtəʊpɪə] *s med.* Dystoˈpie *f*, Fehllagerung *f*.

dys·tro·phi·a [dɪsˈtrəʊfɪə] → **dystrophy**. **dysˈtroph·ic** [-ˈtrɒfɪk; *Am.* -ˈtrəʊ-] *adj biol.* dysˈtroph (*durch Humusstoffe u. Torfschlamm braun gefärbt*) (*Seen*). ˈ**dys·tro·phy** [-trəfɪ] *s physiol.* Dystroˈphie *f*: a) Ernährungsstörung *f*, b) mangelhafte Versorgung e-s Organs mit Nährstoffen.

E

E, e [iː] **I** pl **E's, Es, e's, es** [iːz] s
1. E, e n (Buchstabe). 2. mus. E, e n
(Note): E flat Es, es n; E sharp Eis,
eis n; E double flat Eses, eses n; E
double sharp Eisis, eisis n. 3. e phys.
a) e (Elementarladung), b) → erg. 4. E
ped. Fünf f, Mangelhaft n (Note). 5. E
Am. Auszeichnung f für her'vorragende
Leistung(en) (= excellence). 6. E
E n, E-förmiger Gegenstand. **II** adj
7. fünft(er, e, es): Company E. 8. E E-...,
E-förmig.

e- [ɪ] für **ex-** vor Konsonanten (außer
c, f, p, q, s, t).

each [iːtʃ] **I** adj jeder, jede, jedes (einzelne) (aus e-r bestimmten Zahl od. Gruppe): ~ **man** jeder (Mann); ~ **one** jede(r)
einzelne; ~ **and every one** alle u. jeder.
II pron (ein) jeder, (e-e) jede, (ein) jedes:
~ **of us** jede(r) von uns; **we help ~ other**
wir helfen einander od. uns (gegenseitig);
they think of ~ other sie denken aneinander. **III** adv je, pro Per'son od. Stück:
they cost fifty pence ~ sie kosten 50
Pence (das Stück); **we had one room ~**
wir hatten jeder ein Zimmer.

ea·ger[1] ['iːgə(r)] adj (adv **-ly**) **1.** eifrig: ~
beaver colloq. Übereifrige(r) m. **2.** (for)
begierig (nach), erpicht (auf acc): ~ **for
knowledge** wißbegierig; **to be ~ to
swim** erpicht darauf sein zu schwimmen. **3.** begierig, ungeduldig, gespannt:
to be ~ for news ungeduldig auf Nachricht warten; **an ~ look** ein gespannter
od. erwartungsvoller Ausdruck.

ea·ger[2] → eagre.

ea·ger·ness ['iːgə(r)nɪs] s **1.** Eifer m.
2. Begierde f.

ea·gle ['iːgl] **I** s **1.** orn., a. her. Adler m.
2. Am. hist. goldenes Zehn'dollarstück.
3. pl mil. Adler pl (Rangabzeichen e-s
Obersten in der US-Armee). **4.** E~ astr.
Adler m (Sternbild). **5.** Golf: Eagle n (zwei
Schläge unter Par). **II** v/t **6.** **to ~ the** 12th
hole (Golf) am 12. Loch ein Eagle spielen. '**~-eyed** adj adleräugig, scharfsichtig. **~ owl** s orn. Uhu m, Adlereule f.

ea·glet ['iːglɪt] s orn. junger Adler.

ea·gle vul·ture s orn. Geierseeadler m.

ea·gre ['eɪgə(r); 'iːgə(r)] s Flutwelle f.

ear[1] [ɪə(r)] s **1.** anat. Ohr n. **2.** fig. Gehör n,
Ohr n: **a good ~** ein feines Gehör, gute
Ohren; **an ~ for music** a) musikalisches
Gehör, b) Sinn m für Musik; **by ~** nach
dem Gehör (spielen); → Bes. Redew.
3. fig. Gehör n, Aufmerksamkeit f:
to give (od. **lend**) s.o. **an ~** (od.
one's ~[s]) j-m Gehör schenken, j-n anhören; **she has his ~** er hört auf sie;
it came to (od. **reached**) **my ~s** es
kam mir zu Ohren. **4.** Henkel m, Griff
m. **5.** Öhr n, Öse f. **6.** tech. Tragöse f. **7.**
Titelbox f (in Zeitungen).
Besondere Redewendungen:
to be all ~s ganz Ohr sein; **to be out on
one's ~s** colloq. ‚auf der Straße sitzen'
(entlassen worden sein); **to be up to the**
(od. **one's**) **~s in debt** (**work**) bis über
die Ohren in Schulden (Arbeit) sitzen
od. stecken; **not to believe** (od. **trust**)
one's ~s s-n Ohren nicht trauen; **his ~s
were burning** ihm klangen die Ohren;
to fall on deaf ~s auf taube Ohren
stoßen; **it goes in (at) one ~ and out
(at) the other** das geht zum e-n Ohr
herein u. zum andern wieder hinaus;
to have (od. **keep**) **an** (od. **one's**) **~ to
the ground** die Ohren offenhalten; **to
have a word in s.o.'s ~** j-m etwas im
Vertrauen sagen; **to play by ~** improvisieren; **I'll play it by ~** ich werde von
Fall zu Fall entscheiden; **he set them by
the ~s** er brachte sie gegeneinander auf;
to smile from ~ to ~ von e-m Ohr zum
andern strahlen; **to turn a deaf ~ to** die
Ohren verschließen vor (dat); → flea 1,
music 1, prick 14, thick 4, wall Bes.
Redew., wet 1.

ear[2] [ɪə(r)] s (Getreide)Ähre f: → corn[1] 2.

'**ear·ache** s Ohrenschmerzen pl. '**~-
-catch·er** s eingängige od. einschmeichelnde Melo'die. **~ conch** s anat. Ohrmuschel f. '**~-drops** s **1.** Ohrgehänge n. **2.**
pl med. Ohrentropfen pl. '**~-drum** s anat.
Trommelfell n.

eared[1] [ɪə(r)d] adj **1.** mit (...) Ohren,
...ohrig. **2.** mit Henkel od. Öse (versehen).

eared[2] [ɪə(r)d] adj mit (...) Ähren.

'**ear·flap** s Ohrenschützer m. '**~-ful**
[-fʊl] s: **to get an ~** colloq. ‚etwas zu
hören bekommen'; **get an ~ of this!** hör
dir das mal an!

ear·ing ['ɪərɪŋ] s mar. Nockhorn n.

earl [ɜːl; Am. ɜrl] s Graf m (dritthöchste
brit. Adelsstufe zwischen marquis u. **viscount**): E~ **Marshal** Großzeremonienmeister m. '**earl·dom** [-dəm] s **1.** hist. Grafschaft f. **2.** Grafenwürde f.

ear·less ['ɪə(r)lɪs] adj **1.** ohrlos, ohne
Ohren. **2.** henkellos. **3.** **to be ~** kein
(musikalisches) Gehör haben.

ear·li·er ['ɜːlɪə; Am. 'ɜrlɪər] **I** comp von
early. **II** adv früher, zu'vor, vorher.
III adj früher, vergangen: **in ~ times**.

ear·li·est ['ɜːlɪɪst; Am. 'ɜr-] **I** sup von
early. **II** adv **1.** am frühesten. **2.** frühestens. **III** adj **3.** frühest(er, e, es): **at the ~**
ellipt. frühestens.

ear·li·ness ['ɜːlɪnɪs; Am. 'ɜr-] s **1.** Frühe f,
Frühzeitigkeit f. **2.** Frühaufstehen n.

'**ear·lobe** s anat. Ohrläppchen n.

ear·ly ['ɜːlɪ; Am. 'ɜrlɪ:] **I** adv **1.** früh,
(früh)zeitig: ~ **in the day** (**year**) früh am
Tag (im Jahr); ~ **in life** früh im Leben; ~
May Anfang Mai; **as ~ as May** schon im
Mai; **as ~ as the times of Chaucer**
schon zu Chaucers Zeiten; ~ **to bed and**
~ **to rise makes a man healthy,
wealthy, and wise** Morgenstunde hat
Gold im Munde. **2.** bald: **as ~ as possible** so bald wie möglich. **3.** am Anfang: ~ **on** Br. a) schon früh(zeitig), b)
bald. **4.** a) zu früh: **he arrived an hour
~**, b) früher: **he left a few minutes ~**. **II**
adj **5.** früh, (früh)zeitig: ~ **riser**, humor. ~
bird Frühaufsteher(in); **the ~ bird
catches** (od. **gets**) **the worm** Morgenstunde hat Gold im Munde; **to keep ~
hours** früh aufstehen u. früh zu Bett
gehen; ~ **shift** econ. Frühschicht f; **the ~
summer** der Frühsommer; **at an ~ hour**
zu früher Stunde; **it is still ~ days** fig. es
ist noch zu früh am Tage. **6.** vorzeitig,
früh: ~ **death**. **7.** zu früh: **you are ~
today** du bist heute (etwas) zu früh
(daran). **8.** früh, Jugend...: **in his ~ days**
in seiner Jugend. **9.** früh(reifend): ~
peaches frühe Pfirsiche. **10.** anfänglich,
Früh..., früh, erst(er, e, es): ~ **Christian**
frühchristlich; **the ~ Christians** die
ersten Christen, die Frühchristen; ~
history Frühgeschichte f, frühe Geschichte. **11.** baldig: **an ~ reply**.

ear·ly clos·ing s econ. früher Geschäftsschluß: ~ **Thursday is** ~ am Donnerstag schließen die Geschäfte früher.
E~ Eng·lish (style) s arch. frühgotischer Stil (in England, etwa 1180–1270).
~ **warn·ing sys·tem** s mil. 'Frühwarnsy‚stem n.

'**ear·mark I** s **1.** Ohrmarke f (der Haustiere). **2.** Kennzeichen n: **under** ~ gekennzeichnet. **3.** fig. Merkmal n, Kennzeichen n, Stempel m. **II** v/t **4.** kennzeichnen. **5.** bes. econ. bestimmen, vorsehen, zu'rückstellen, -legen (for für):
~**ed funds** zweckbestimmte od. -gebundene Mittel. '~**-mind·ed** adj psych.
audi'tiv. '~**-muff** s Ohrenschützer m.

earn [ɜːn; Am. ɜrn] v/t **1.** Geld etc verdienen: ~**ed income** Arbeitseinkommen n; ~**ed surplus** Geschäftsgewinn
m; → bread 2, honest 2, living 9.
2. Zinsen etc einbringen: **these shares ~**
£500 **a year**; → interest 11. **3.** fig. j-m
etwas einbringen, -tragen: **it ~ed him a
promotion (a warning)**. **4.** fig. Lob,
Tadel etc a) verdienen, b) ernten, erhalten. '**earn·er** s Verdiener(in): → salary
earner, wage earner.

ear·nest[1] ['ɜːnɪst; Am. 'ɜr-] **I** adj (adv **-ly**)
1. ernst. **2.** ernst-, gewissenhaft. **3.** ernstlich: a) ernst(gemeint), b) dringend,
c) ehrlich, aufrichtig. **II** s **4.** Ernst m: **in
~** a) im Ernst, ernst, b) ernst-, gewissenhaft; **in good ~** in vollem Ernst; **you are not in ~** das ist
doch nicht Ihr Ernst!; **to be in ~ about
s.th.** es mit etwas ernst meinen; **it was
snowing in real ~** es schneite ‚ganz
schön'.

ear·nest[2] ['ɜːnɪst; Am. 'ɜr-] s **1.** jur. An-,
Auf-, Drauf-, Handgeld n, Anzahlung f
(**of** auf acc): **in ~** als Anzahlung.
2. fig. Zeichen n: **as an ~ of my good**

intentions als Zeichen m-s guten Willens. **3.** *fig.* Vorgeschmack *m* (**of** auf *acc*).
ear·nest mon·ey → earnest² 1.
ear·nest·ness ['ɜːnɪstnɪs; *Am.* 'ɜr-] *s* Ernst(haftigkeit *f*) *m.*
earn·ing ['ɜːnɪŋ; *Am.* 'ɜr-] *s econ.* **1.** (Geld)Verdienen *n.* **2.** *pl* Verdienst *m:* a) Einkommen *n*, Lohn *m*, Gehalt *n*, b) Gewinn *m*, Einnahmen *pl*, Ertrag *m.* **~ pow·er** *s econ.* **1.** Erwerbskraft *f*, -vermögen *n*, -fähigkeit *f.* **2.** Ertragswert *m*, -fähigkeit *f*, Rentabili'tät *f.* **~ val·ue** *s econ.* Ertragswert *m.*
'ear|·phone *s* **1.** a) Ohrmuschel *f*, b) Ohrhörer *m*, c) *pl*, *a.* **pair of ~s** Kopfhörer *m*: **~ socket** Kopfhöreranschluß *m.* **2.** a) Haarschnecke *f*, b) *pl* 'Schneckenfri͵sur *f.* **'~-pick** *s med.* Ohrlöffel *m.* **'~-piece** *s* **1.** Ohrenklappe *f.* **2.** a) *teleph.* Hörmuschel *f*, b) → **earphone** 1. **3.** (Brillen)Bügel *m.* **'~-͵pierc·ing** → **earsplitting. '~-plug** *s* Wattepfropf *m.* **'~-ring** *s* Ohrring *m.* **'~-shot** *s*: **within (out of) ~** in (außer) Hörweite. **'~-͵splitting** *adj* ohrenbetäubend.
earth [ɜːθ; *Am.* ɜrθ] **I** *s* **1.** Erde *f:* a) a. **E~** Erdball *m*, b) Welt *f:* **on ~** auf Erden; **how (what, why) on ~?** wie (was, warum) in aller Welt?; **there is no reason on ~** es gibt nicht den geringsten Grund. **2.** Erde *f*, (Erd)Boden *m:* **down to ~** *fig.* realistisch; **to come back (** od. **down) to ~** *fig.* auf den Boden der Wirklichkeit zurückkehren. **3.** (Fest)Land *n* (Ggs. Meer). **4.** *fig.* irdische Dinge *pl*, irdisches Dasein. **5.** *fig.* Erde *f*, Staub *m:* **of the ~** erdgebunden, naturhaft. **6.** (Fuchs- *etc*) Bau *m:* **→ run** 85. **7.** *chem.* Erde *f:* **rare ~s** seltene Erden. **8.** *electr. bes. Br.* Erde *f*, Erdung *f*, Masse *f:* **~ cable** Massekabel *n;* **~ fault** Erdschluß *m;* **~ potential** Erdpotential *n;* **~ wire** Blitzerdung *f.* **II** *v/t* **9.** *meist* **~ up** *agr.* (an)häufeln, mit Erde bedecken. **10.** *e-n* **Fuchs** *etc* in den Bau treiben. **11.** *electr. bes. Br.* erden, an Masse legen: **~ed conductor** Schutzleiter *m;* **~ing contact** Schutzkontakt *m.* **III** *v/i* **12.** sich (in s-n Bau) verkriechen (*Fuchs etc*). **~ art** → **land art. '~-born** *adj poet.* staubgeboren, irdisch, sterblich. **'~-bound** *adj* **1.** erdgebunden. **2.** *fig.* pro'saisch, trocken, langweilig. **3.** auf dem Weg *od.* Rückflug zur Erde: **an ~ spacecraft. ~ clos·et** *s bes. Br.* 'Trokkenklo͵sett *m.* **~ con·nec·tion** *s electr.* Erdleitung *f*, Erder *m.* **~ cur·rent** *s electr. bes. Br.* Erdstrom *m.*
earth·en ['ɜːθn; *Am.* 'ɜrθən; 'ɜrðən] *adj* irden, tönern, Ton... **'~ware I** *s* **1.** (grobes) Steingut(geschirr), Töpferware *f*, irdenes Geschirr. **2.** grobes Steingut, Ton *m.* **II** *adj* **3.** irden, Steingut...
earth·i·ness ['ɜːθɪnɪs; *Am.* 'ɜr-] *s* **1.** Erdigkeit *f.* **2.** weltliche *od.* materi'elle Einstellung. **3.** *fig.* a) Grobheit *f*, b) Derbheit *f.*
'earth·light → **earthshine.**
earth·li·ness ['ɜːθlɪnɪs; *Am.* 'ɜrθ-] *s (das)* Irdische, Weltlichkeit *f.* **'earth·ling** [-lɪŋ] *s* a) Erdenbürger(in), b) *bes. Science-fiction:* Erdbewohner(in). **2.** Weltkind *n.*
earth·ly ['ɜːθlɪ; *Am.* 'ɜrθlɪ] *adj* **1.** irdisch, weltlich. **2.** *colloq.* denkbar: **there is no ~ reason** es gibt nicht den geringsten Grund; **of no ~ use** völlig unnütz; **not to have an ~ (chance)** nicht die geringste Chance haben.
'earth|·man [-mæn] *s irr bes. Science-fiction:* Erdbewohner *m.* **'~-͵mov·ing ma·chine** *s tech.* 'Erdbewegungsma͵schine *f.* **'~-nut** *s bot.* **1.** e-e Knolle(npflanze), *bes.* a) Fran'zösische 'Erdka͵stanie *f*, b) Erdeichel *f*, c) Erdnuß *f*, d) Erdmandel *f.* **2.** Echte Trüffel. **'~-quake** *s*

Erdbeben *n.* **'~-quake-proof** *adj* erdbebensicher. **~ sci·ence** *s* Geowissenschaft *f.* **'~-͵shak·ing** *adj fig.* welterschütternd. **'~-shine** *s astr.* Erdlicht *n.* **~ sta·tion** *s Raumfahrt:* 'Bodenstati͵on *f*, Erdfunkstelle *f.* **~ trem·or** *s* leichtes Erdbeben.
'earth·ward(s) *adv* erdwärts.
earth|͵ wave *s* **1.** Bodenwelle *f.* **2.** *geol.* Erdbebenwelle *f.* **~ wax** *s min.* Ozoke'rit *m*, Erdwachs *n.* **'~͵wom·an** *s irr bes. Science-fiction:* Erdbewohnerin *f.* **'~-work** *s* **1.** *tech.* a) Erdarbeiten *pl*, b) Erdwall *m*, c) Bahn- u. Straßenbau: 'Unterbau *m*, d) *mil.* Feldschanze *f.* **'~-worm** *s zo.* Regenwurm *m.*
earth·y ['ɜːθɪ; *Am.* 'ɜrθɪ] *adj* **1.** erdig, Erd... **2.** erdfarben. **3.** weltlich *od.* materi'ell (eingestellt). **4.** *fig.* a) grob, b) derb: **~ humo(u)r.**
ear| trum·pet *s med.* Hörrohr *n.* **'~ wax** *s physiol.* Ohrenschmalz *n.* **'~-wig** *s zo.* Ohrwurm *m.* ͵**'wit·ness** *s* Ohrenzeuge *m.*
ease [iːz] **I** *s* **1.** Bequemlichkeit *f*, Behaglichkeit *f*, Behagen *n*, Wohlgefühl *n:* **to take one's ~** es sich gemütlich machen; **at ~** bequem, behaglich (→ 2, 3, 4, 5). **2. ~ of mind** (Gemüts)Ruhe *f*, Ausgeglichenheit *f*, (Seelen)Friede *m:* **at (one's) ~** a) ruhig, entspannt, gelöst, b) unbefangen; **to be (** od. **feel) at ~** sich wohl *od.* wie zu Hause fühlen; **to put (** od. **set) s.o. at (his) ~, to put (** od. **set) s.o.'s mind at ~** a) j-n beruhigen, b) j-m die Befangenheit nehmen; **ill at ~** a) unruhig, b) befangen; **to be ill at ~** *a.* sich in s-r Haut nicht wohl fühlen. **3.** Sorglosigkeit *f:* **to live at ~** in guten Verhältnissen leben. **4.** *a.* paint. *etc* Leichtigkeit *f*, Mühelosigkeit *f:* **with ~** mühelos, leicht; **~ of operation** leichte Bedienungsweise, einfache Bedienung. **5.** *a.* **~ of manner** Ungezwungenheit *f*, Na'türlichkeit *f*, 'Unge͵niertheit *f:* **at (one's) ~** ungezwungen, ungeniert; **to be at ~ with s.o.** ungezwungen mit j-m verkehren; **(stand) at ~!** *mil.* rührt euch!; **at ~, march!** *mil.* ohne Tritt, Marsch! **6.** Erleichterung *f*, Befreiung *f* **(from** von): **to give s.o. ~** j-m Erleichterung verschaffen. **7.** *econ.* a) Nachgeben *n* (*der Preise*), (Kurs)Abschwächung *f*, b) Flüssigkeit *f (des Kapitals).*
II *v/t* **8.** erleichtern, beruhigen: **to ~ one's mind** sich befreien *od.* erleichtern. **9.** bequem(er) *od.* leichter machen, Arbeit *etc* erleichtern. **10.** Schmerzen lindern: **to ~ o.s.** (*od.* **nature**) *obs.* erleichtern, s-e Notdurft verrichten. **11.** e-r Sache abhelfen. **12.** befreien, entlasten, erlösen (**of** von). **13.** *humor.* j-n erleichtern (**of** um): **she ~d him of quite a nice sum. 14.** lockern, entspannen *(beide a. fig.):* **to ~ off** *fig.* abschwächen; **to ~ taxes** die Steuern senken. **15.** sacht *od.* vorsichtig bewegen *od.* manö'vrieren: **to ~ o.s. into a chair** sich vorsichtig in e-n Sessel niederlassen; **to ~ one's foot into the shoe** vorsichtig in den Schuh fahren. **16.** *meist* **~ down** a) die Fahrt *etc* vermindern, -langsamen, b) die Fahrt *od.* Geschwindigkeit (*gen*) vermindern.
III *v/i* **17.** Erleichterung *od.* Entspannung verschaffen. **18.** *meist* **~ off, ~ up** a) nachlassen, sich abschwächen, b) sich entspannen (*Lage*), c) (bei der Arbeit) kürzertreten, d) weniger streng sein (**on** zu). **19.** *econ.* fallen, abbröckeln (*Kurse, Preise*). **20.** *meist* **~ down** langsamer fahren.
'ease·ful *adj* **1.** behaglich, wohlig. **2.** gemächlich. **3.** ruhig, friedlich. **4.** erleichternd. [**2.** Tafelständer *m.*]
ea·sel ['iːzl] *s* **1.** *paint.* Staffe'lei *f*

'ease·ment *s* **1.** *obs.* Erleichterung *f.* **2.** *jur.* Grunddienstbarkeit *f.*
eas·i·ly ['iːzɪlɪ] *adv* **1.** leicht, mühelos, mit Leichtigkeit, bequem, glatt. **2.** a) ohne Zweifel: **that may ~ be the case** das kann durchaus passieren, b) mit Abstand, bei weitem.
'eas·i·ness *s* **1.** Leichtigkeit *f*, Mühelosigkeit *f.* **2.** Ungezwungenheit *f*, 'Unge͵niertheit *f.* **3.** Leichtfertigkeit *f.*
east [iːst] **I** *s* **1.** Osten *m:* **in the ~ of** im Osten von (*od. gen*); **to the ~ of** → 7; **from the ~** aus dem Osten. **2.** *a.* **E~** Osten *m*, östlicher Landesteil: **the E~** *a.*) *Br.* Ostengland *n*, b) *Am.* der Osten, die Oststaaten *pl*, c) *pol.* der Osten, d) der Orient, e) *hist.* das Oströmische Reich. **3.** *poet.* Ost(wind) *m.* **II** *adj* **4.** Ost..., östlich. **III** *adv* **5.** ostwärts, nach Osten. **6.** aus dem Osten (*bes. Wind*). **7.** **~ of** östlich von (*od. gen*). **IV** *v/i* **8.** nach Osten gehen *od.* fahren. **'~-bound** *adj* nach Osten gehend *od.* fahrend. **~ by north** *s mar.* Ost *m* zu Nord. **E~ End** *s* Eastend *n (ärmlicher Stadtteil Londons*). **E~ 'End·er** *s* Bewohner(in) des Eastends.
East·er¹ ['iːstə(r)] **I** *s* Ostern *n od. pl*, Osterfest *n:* **at ~** zu Ostern; **happy ~!** Frohe Ostern! **II** *adj* Oster...: **~ egg; ~ week; ~ Sunday** (*od.* **Day**) Ostersonntag *m.*
east·er² ['iːstə(r)] *s* Ostwind *m.*
'east·er·ly I *adj* östlich, Ost... **II** *adv* von *od.* nach Osten.
east·ern ['iːstə(r)n] **I** *adj* **1.** östlich, Ost...: **the E~ Church** die griechisch-orthodoxe Kirche; **the E~ Empire** *hist.* das Oströmische Reich; **the E~ world** die östliche Welt, der Orient. **2.** ostwärts, Osten...: **~ course** Ostkurs *m.* **II** *s* **3.** E~ *relig.* Angehörige(r *m*) *f* der griechisch-ortho'doxen Kirche.
east·ern·er ['iːstə(r)nə(r)] *s* **1.** Bewohner(in) des Ostens (*e-s Landes*). **2.** E~ *Am.* Oststaatler(in).
east·ern·ism ['iːstə(r)nɪzəm] *s* **1.** *bes. Am.* östliche (Sprach)Eigentümlichkeit. **2.** Eindringen *od.* orien'talische Instituti'on *od.* Denkweise *od.* Traditi'on.
east·ern·ize ['iːstə(r)naɪz] *v/t* veröstlichen.
'east·ern·ly → **easterly.**
'east·ern·most *adj* östlichst(er, es).
'East·er|·tide, **~ time** *s* Osterzeit *f.*
East| In·di·a Com·pa·ny *s hist.* Ostindische Gesellschaft (*1600–1858*). **~ In·di·a·man** *s irr mar. hist.* Ostindienfahrer *m (Schiff).*
east·ing ['iːstɪŋ] *s* **1.** *mar.* Weg *m od.* Di'stanz *f* nach Osten. **2.** *astr.* östliche Deklinati'on (*e-s Planeten*).
͵**east-'north·east I** *adj* nordost͵ 'östlich, Ostnordost... **II** *adv* nach Ostnord'osten. **III** *s* Ostnord'ost(en) *m.*
East Side *s* Ostteil von Manhattan.
'east·ward *adj u. adv* östlich, ostwärts, nach Osten: **in an ~ direction** in östlicher Richtung, Richtung Osten. **'east·wards** *adv* → **eastward.**
eas·y ['iːzɪ] **I** *adj* (*adv* → **easily**) **1.** leicht, mühelos: **an ~ victory; an ~ victim** (*od.* **mark**) a) e-e leichte Beute, b) ein leichtgläubiger Mensch; **to be ~ meat** *Br. colloq.* a) e-e leichte Beute sein, b) ein leichtgläubiger Mensch sein, c) ein Kinderspiel sein, d) leicht ins Bett zu ‚kriegen' sein (*Frau*); **~ of access** leicht zugänglich *od.* erreichbar; **it is ~ for him to talk** er hat gut reden; **an ~ 200 pounds** glatt *od.* gut 200 Pfund. **2.** leicht, einfach (**for** für): **an ~ language; an ~ task; ~ money** leichtverdientes Geld (→ 12 c); **it was not ~ for me to ignore his rudeness** es fiel mir schwer, s-e Unverschämtheit zu ignorieren. **3.** *a.* **~ in one's**

easy-care – echogram

mind ruhig, unbesorgt (about um), unbeschwert, sorglos. **4.** bequem, leicht, behaglich, angenehm: an ~ life; an ~ fit ein loser *od.* bequemer Sitz (*der Kleidung*); to live in ~ circumstances, *colloq.* to be on ~ street in guten Verhältnissen leben, wohlhabend sein; to be ~ on the ear (eye) *colloq.* nett anzuhören (anzusehen) sein. **5.** beschwerdefrei, schmerzfrei: to feel easier sich besser fühlen. **6.** gemächlich, gemütlich: an ~ pace; an ~ walk; → stage 7. **7.** nachsichtig (on mit). **8.** günstig, erträglich, leicht, mäßig: an ~ penalty e-e leichte Strafe; on ~ terms zu günstigen Bedingungen; to be ~ on the pocket den Geldbeutel nicht belasten. **9.** nachgiebig, gefügig: I'm ~ *bes. Br. colloq.* ich bin mit allem einverstanden, mir ist alles recht. **10.** a) leichtfertig, b) locker, frei (*Moral etc*): → virtue 1. **11.** ungezwungen, na'türlich, frei, unbefangen: ~ manners; free and ~ (ganz) zwanglos, ohne Formalitäten; he is free and ~ er benimmt sich ganz ungezwungen; an ~ style ein leichter *od.* flüssiger Stil. **12.** *econ.* a) flau, lustlos (*Markt*), b) wenig gefragt (*Ware*), c) billig (*Geld*).
II *adv* **13.** leicht, bequem: ~ to dispose of leicht verkäuflich; ~ to follow leicht verständlich; ~ to use leicht zu handhaben(d), pflegeleicht; to go ~, to take it ~ a) sich Zeit lassen, langsam tun, b) sich nicht aufregen; take it ~! a) immer mit der Ruhe!, b) keine Bange!; to go ~ on a) j-n *od. etwas* sachte anfassen, b) schonend *od.* sparsam umgehen mit; to go ~ on the pocket den Geldbeutel nicht belasten; ~!, *colloq.* ~ does it! sachte!, langsam!; ~ all! (*Rudern*) halt!; stand ~! *mil.* rührt euch!; easier said than done leichter gesagt als getan; ~ come, ~ go wie gewonnen, so zerronnen; → care 6.
'**eas·y|-care** *adj* pflegeleicht. ~ **chair** *s* Sessel *m.* '~**·go·ing** *adj* **1.** gelassen. **2.** unbeschwert.
eat [iːt] **I** *s* **1.** *pl colloq.* ,Fres'salien' *pl*: there were plenty of ~s es gab reichlich zu ,futtern'.
II *v/t pret* **ate** [et; *bes. Am.* eɪt], *pp* **eat·en** ['iːtn] **2.** essen (*Mensch*), fressen (*Tier*): ~ o.s. sick on a) sich überessen (*acc*), b) so viel (*acc*) essen, daß e-m schlecht wird; to ~ one's words alles(, was man gesagt hat,) zurücknehmen; to ~ s.o. out of house and home *colloq.* ,j-m die Haare vom Kopf fressen', j-n arm essen; don't ~ me *colloq.* friß mich nur nicht (gleich) auf; what's ~ing him? was (für e-e Laus) ist ihm über die Leber gelaufen?, was hat er denn?; → boot¹ 1, cake 1, crow¹ 1, dirt *Bes. Redew.*, dog *Bes. Redew.*, hat *Bes. Redew.*, heart *Bes. Redew.*, humble I, salt¹ 1. **3.** zerfressen, -nagen, zehren *od.* nagen an (*dat*): ~en by acid von Säure zerfressen; ~en by worms wurmstichig. **4.** fressen, nagen: to ~ holes into s.th. **5.** → eat up. **6.** *vulg.* a) *j-n* ,lecken', b) *j-m* e-n ,blasen'.
III *v/i* **7.** essen: to ~ well gut essen, e-n guten Appetit haben; to ~ out of s.o.'s hand *bes. fig.* j-m aus der Hand fressen. **8.** fressen, nagen (*a. fig.*): to ~ into a) sich (hin)einfressen in (*acc*), b) *fig.* Reserven *etc* angreifen, ein Loch reißen in (*acc*); to ~ through s.th. sich durch etwas hindurchfressen. **9.** sich essen (lassen).
Verbindungen mit Adverbien:
eat|a·way I *v/t* **1.** *geol.* a) ero'dieren, auswaschen, b) abtragen. **II** *v/i* **2.** (tüchtig) zugreifen *od.* zulangen. **3.** ~ at → 1. **~ out I** *v/i* auswärts essen, essen gehen. **II** *v/t Am. colloq. j-n* ,zs.-stauchen'. **~ up** *v/t* **1.** aufessen (*Mensch*), auffressen (*Tier*) (*beide a. v/i*). **2.** Reserven *etc* ver-

schlingen, völlig aufbrauchen. **3.** *Schritte* schlucken: the thick carpet ate up her footsteps. **4.** *j-n* verzehren (*Gefühl*): to be eaten up with curiosity (envy) vor Neugierde (Neid) ,platzen'. **5.** *j-n* ,auffressen' (*Arbeit*). **6.** *colloq.* ,fressen', ,schlucken' (*kritiklos glauben*). **7.** *colloq.* a) *j-s* Worte verschlingen, b) *etwas* mit den Augen verschlingen, c) sich ,aufgeilen' an (*dat*).
eat·a·ble ['iːtəbl] **I** *adj* eßbar, genießbar.
II *s pl* Eßwaren *pl*.
eat art *s* Eat-art *f* (*Kunstrichtung, die Kunstobjekte als Gegenstände zum Verzehr produziert*).
'**eat·en** *pp von* eat. '**eat·er** *s* **1.** Esser(in) (*Mensch*), Fresser (*Tier*). **2.** a) Eß-, Speiseapfel *m*: these apples are excellent ~s das sind ausgezeichnete Speiseäpfel, b) *pl* Tafelobst *n.* '**eat·er·y** [-əri:] *s Am. colloq.* 'Eß-, 'Speiselo‚kal *n*.
eat·ing ['iːtɪŋ] **I** *s* **1.** Essen *n.* **2.** Speise *f*: to make excellent ~ a) ausgezeichnet schmecken, b) sich hervorragend zum Essen eignen; there is no better ~ than es gibt nichts Besseres als. **II** *adj* **3.** essend. **4.** Eß...: ~ apple Eß-, Speiseapfel *m*; ~ pear Tafelbirne *f*; ~ room Eßzimmer *n.* **5.** *fig.* nagend: ~ cares. ~ house, ~ place *s* (*oft billiges*) 'Eß- *od.* 'Speiselo‚kal.
eau| de Co·logne [‚əʊdəkə'ləʊn] *s* Kölnischwasser *n*, Eau *n*, *f* de Co'logne. **~ de Ja·velle** [‚əʊdəʒæ'vel] *s* Ja'vellewasser *n*, Eau *n*, *f* de Ja'vel (*ein Bleich- u. Desinfektionsmittel*). **~ de Nil(e)** [‚əʊdə'niːl] *s* Nilgrün *n* (*Farbe*). **~ de toi·lette** [‚əʊdətwa:'let] *s* Eau *n*, *f* de toi'lette. **~ de vie** [‚əʊdə'viː] *s* Branntwein *m*, Weinbrand *m*, Eau *n*, *f* de vie.
eaves [iːvz] *s pl* **1.** Haupt-, Dachgesims *n.* **2.** Traufe *f*, Dachfuß *m.* '**~·drop** *v/i* (heimlich) lauschen *od.* horchen: to ~ on s.o. a) j-n belauschen, b) j-n *od.* j-s Telefon abhören; Lauscher(in): ~s hear what they deserve der Lauscher an der Wand hört s-e eigne Schand. '**~·dropping** *s* (heimliches) Lauschen *od.* Horchen: electronic ~ (on) *bes. pol.* Lauschangriff *m* (auf *acc*), Lauschoperation *f* (gegen).
ebb [eb] **I** *s* **1.** Ebbe *f*: on the ~ mit der Ebbe, bei Ebbe; ~ and flow Ebbe u. Flut; the ~ and the flow of the battle das Hin u. Her der Schlacht; the ~s and flows of business das Auf u. Ab der Wirtschaft. **2.** *fig.* a) Ebbe *f*, Tiefstand *m*: to be at a low ~ auf e-m Tiefpunkt angelangt sein, b) Abnahme *f.* **II** *v/i* **3.** zu'rückgehen (*a. fig.*): to ~ and flow steigen u. fallen (*a. fig.*). **4.** *a.* ~ away *fig.* abnehmen, verebben: to ~ back (allmählich) wieder steigen *od.* zunehmen. ~ tide → ebb I, 2.
'**E-boat** *s mar. Br. hist.* feindliches (*bes. deutsches*) Tor'pedoboot.
eb·on ['ebən] *poet. für* ebony. '**eb·on·ite** *s* Ebo'nit *n* (*Hartkautschuk*). '**eb·on·ize** *v/t* schwarz beizen. '**eb·on·y I** *s* **1.** *bot.* Ebenholzbaum *m.* **2.** Ebenholz *n.* **II** *adj* **3.** aus Ebenholz, Ebenholz... **4.** schwarz.
e·bri·e·ty [iː'braɪətɪ] → inebriety.
e·bul·li·ence [ɪ'bʌljəns; ɪ'bʊl-], *a.* **e·bul·li·en·cy** *s* **1.** Aufwallen *n* (*a. fig.*). **2.** *fig.* a) 'Überschäumen *n* (*der Leidenschaft etc*), (Gefühls)Ausbruch *m*, b) 'Überschwenglichkeit *f.* **e·bul·li·ent** *adj* (*adv* ~ly) **1.** siedend, aufwallend. **2.** 'überfließend, -kochend. **3.** *fig.* a) sprudelnd, 'überschäumend (with von), b)

Gasblasen im Gewebe entstehende Krankheitserscheinungen bei Druckabfall).
eb·ul·li·tion [‚ebə'lɪʃn] → ebullience 1, 2 a.
ec·bol·ic [ek'bɒlɪk; *Am.* -¹bɑ-] *med. pharm.* **I** *adj* **1.** wehenfördernd. **2.** abor'tiv, abtreibend. **II** *s* **3.** Wehenmittel *n.* **4.** Abor'tivum *n.*
ec·cen·tric [ɪk'sentrɪk; ek-] **I** *adj* (*adv* ~ally) **1.** ex'zentrisch: a) über'spannt, verschroben, b) ausgefallen, ungewöhnlich. **2.** *math. tech.* ex'zentrisch: a) ohne gemeinsamen Mittelpunkt, b) nicht zen'tral, c) die Achse nicht im Mittelpunkt habend, d) nicht durch den Mittelpunkt gehend (*Achse*): ~ chuck exzentrisches Spannfutter. **3.** *tech.* Exzenter...: ~ gear; ~ wheel Exzenterscheibe *f.* **4.** *astr.* nicht rund. **II** *s* **5.** Ex'zentriker(in), ex'zentrischer Mensch. **6.** *tech.* Ex'zenter *m.* **7.** *math.* ex'zentrischer Kreis. **ec'cen·tri·cal** [-kl] *adj* (*adv* ~ly) → eccentric I.
ec·cen·tric·i·ty [‚eksen'trɪsətɪ] *s* **1.** Verschrobenheit *f*, Über'spanntheit *f*, Exzentrizi'tät *f.* **2.** verschrobener Einfall. **3.** *math. tech.* Exzentrizi'tät *f.*
ec·chy·mo·sis [‚ekɪ'məʊsɪs] *s med.* Ekchy'mose *f*, flächenhafter Bluterguß.
ec·cle·si·ast [ɪ'kliːzɪæst] *s relig.* **1.** → ecclesiastic II. **2.** E~ *Bibl.* Verfasser *m* des Predigers Salomo. **Ec‚cle·si'as·tes** [-tiːz] *s Bibl.* Ekklesi'astes *m*, der Prediger Salomo. **ec‚cle·si'as·tic I** *adj* (*adv* ~ally) → ecclesiastical. **II** *s* Geistliche(r) *m.* **ec‚cle·si'as·ti·cal** [-kl] *adj* (*adv* ~ly) ekklesi'astisch, kirchlich, Kirchen..., geistlich: ~ court geistliches Gericht; ~ law Kirchenrecht *n.*
ec·cle·si·as·ti·cism [ɪ‚kliːzɪ'æstɪsɪzəm] *s* Kirchentum *n*, Kirchlichkeit *f.*
ech·e·lon ['eʃəlɒn; *Am.* -lɑn] **I** *s* **1.** *mar. mil.* Staffelung *f*: in ~ staffelförmig (aufgestellt). **2.** *aer.* 'Staffelflug *m*, -formati‚on *f.* **3.** *mil.* a) Staffel *f* (*Voraus-, Sicherungs- od. Nachschubabteilung*), b) Stabsteil *m*, c) (Befehls)Ebene *f*, d) (In'standhaltungs)Stufe *f*, e) (Angriffs)Welle *f.* **4.** Rang *m*, Stufe *f*: the upper ~s die höheren Ränge. **II** *adj* **5.** *mar. mil.* gestaffelt, Staffel... **III** *v/t* **6.** *mar. mil.* staffeln, staffelförmig gliedern. **IV** *v/i* **7.** *mar. mil.* sich staffeln, sich staffelförmig aufstellen.
e·chi·ni [e'kaɪnaɪ; ɪ'k-] *pl von* echinus.
e·chi·no·derm [e'kaɪnəʊdɜːm; ɪ'k-; *Am.* -‚dɜːrm] *s zo.* Stachelhäuter *m.*
e·chi·nus [e'kaɪnəs; ɪ'k-] *pl* **-ni** [-naɪ] **1.** *zo.* Seeigel *m.* **2.** *arch.* E'chinus *m.*
ech·o ['ekəʊ] **I** *pl* **-oes** *s* **1.** Echo *n*, 'Widerhall *m* (*beide a. fig.*): he was applauded to the ~ er erhielt stürmischen Beifall; to find a sympathetic ~ *fig.* Anklang finden. **2.** *fig.* Echo *n*, Nachbeter(in), -ahmer(in). **3.** genaue Nachahmung. **4.** *mus.* a) Echo *n*, leise Wieder'holung, b) ~ organ, c) ~ echo stop. **5.** → echo verse. **6.** *electr.* Echo *n* (*Reflektierung e-r Radiowelle*): a) TV Geisterbild *n*, b) Radar: Schattenbild *n.* **II** *v/i* **7.** echoen, 'widerhallen (with von). **8.** nach-, 'widerhallen, zu'rückgeworfen werden (*Ton*). **9.** tönen, hallen (*Ton*). **III** *v/t* **10.** *a.* ~ back e-n Ton zu'rückwerfen, 'widerhallen lassen. **11.** a) *Worte* echoen, nachbeten, b) *j-m* alles nachbeten. **12.** nachahmen. **~ cham·ber** *s* **1.** (Nach)Hallraum *m.* **2.** Nachhallerzeuger *m.* **~ ef·fect** *s* **1.** 'Echo-, 'Halleffekt *m.* **2.** TV 'Doppelkon‚tur *f.* **~ en·ceph·a·log·ra·phy** *s med.* 'Echoenzephalogra‚phie *f.*
'**ech·o·er** *s fig.* Echo *n*, Nachbeter(in).
'**ech·o·gram** ['ekəʊgræm] *s mar.* Echo'gramm *n.*

e·cho·ic [eˈkəʊɪk; ɪˈk-] *adj* **1.** echoartig, Echo... **2.** *ling.* lautmalend, schallnachahmend.

ˈech·o·ism *s ling.* Lautmaleˈrei *f.*

ech·o·ki·ne·sia [ˌekəʊkɪˈniːzɪə; -kaɪˈn-; *Am.* -ʒɪə] → **echopraxia**.

ech·o·la·li·a [ˌekəʊˈleɪlɪə] *s psych.* Echolaˈlie *f:* a) *sinnlos-mechanisches Nachsprechen gehörter Wörter od. Sätze bei Geisteskranken,* b) *Wiederholung e-s Wortes od. Wortteils bei Kindern vom 9. bis 12. Lebensmonat.*

ech·o or·gan *s mus.* Echo-, Fernwerk *n* (*bei großen Orgeln*).

ech·o·prax·i·a [ˌekəʊˈpræksɪə], **ˌech·oˈprax·is** *s psych.* Echopraˈxie *f,* Echokiˈnese *f* (*Trieb gewisser Geisteskranker, gesehene Bewegungen mechanisch nachzuahmen*).

echˈo sound·er *s mar.* Echolot *n.* **sound·ing** *s mar.* Echolotung *f.* **stop** *s mus.* ˈEchoreˌgister *n,* -zug *m* (*der Orgel*). **verse** *s metr.* Echovers *m.*

ˈech·oˌvi·rus, ECH·O vi·rus [ˈekəʊ] *s med.* ECHO-Virus *n, m.*

ech·o word *s ling.* lautnachahmendes Wort.

e·cize [ˈiːsaɪz] *v/i Ökologie:* sich der neuen Umˈgebung anpassen.

é·clair [eɪˈkleə(r)] *s* Eˈclair *n* (*Gebäck*).

ec·lamp·si·a [ɪˈklæmpsɪə] *s med.* Eklampˈsie *f* (*plötzlich auftretende, lebensbedrohende Krämpfe während der Schwangerschaft, Geburt od. im Wochenbett*).

é·clat [ˈeɪklɑː; eɪˈklɑː] *s* **1.** ˈdurchschlagender Erfolg. **2.** (allgemeiner) Beifall. **3.** *fig.* Auszeichnung *f,* Geltung *f.* **4.** brilˈlanter Efˈfekt. **5.** Glanz *m,* Pomp *m.*

ec·lec·tic [eˈklektɪk; ɪˈk-] **I** *adj (adv* **~ally**) ekˈlektisch: a) *philos. in der Art des Eklektikers verfahrend,* b) *auswählend, prüfend,* c) *contp. in unschöpferischer Weise nur Ideen anderer verwendend.* **II** *s* Ekˈlektiker *m:* a) *philos. j-d, der weder ein eigenes System aufstellt noch ein anderes übernimmt, sondern aus verschiedenen Systemen das ihm Passende auswählt,* b) *contp. j-d, der fremde Ideen nebeneinanderstellt, ohne eigene Gedanken dazu zu entwickeln.* **ecˈlec·ti·cism** [-sɪzəm] *s* Eklektiˈzismus *m:* a) (*art, Literatur*) Rückgriff auf die Stilmittel verschiedener Künstler früherer Epochen mangels eigenschöpferischer Leistung, b) *contp. unoriginelle, unschöpferische Arbeitsweise, bei der Ideen anderer übernommen od. zu e-m System zs.-getragen werden.*

e·clipse [ɪˈklɪps] **I** *s* **1.** *astr.* Ekˈlipse *f,* Finsternis *f,* Verfinsterung *f:* **~ of the moon (sun)** Mond-(Sonnen)finsternis. **2.** Verdunkelung *f,* Dunkelheit *f.* **3.** *fig.* Sinken *n,* Niedergang *m:* **to be in ~** a) im Schwinden *od.* Sinken sein, b) in der Versenkung verschwunden sein. **II** *v/t* **4.** *astr.* verfinstern. **5.** *fig.* in den Schatten stellen, überˈragen: **to be ~d by** verblassen neben (*dat*). **eˈclip·tic** [-tɪk] *astr.* **I** *s* Ekˈliptik *f* (*scheinbare Sonnenbahn*). **II** *adj (adv* **~ally**) ekˈliptisch.

ec·lo·gite [ˈeklədʒaɪt] *s geol.* Eklo'git *m.*

ec·logue [ˈeklɒɡ; *Am. a.* -ˌlɑːɡ] *s* Ekˈloge *f,* Hirtengedicht *n.*

eco- [iːkəʊ; ekəʊ] Wortelement mit der Bedeutung ökoˈlogisch, Öko..., Umwelt.

ˌe·co·caˈtas·tro·phe *s* ˈUmweltkataˌstrophe *f.*

e·co·cide [ˈiːkəsaɪd; ˈekə-] *s* ˈUmweltzerstörung *f.*

ˈe·coˌcri·sis *s irr* ˈUmweltkrise *f.*

ˈe·co·freak *s sl.* „Öko-Freak" *m,* ˈUmweltfaˌnatiker(in).

e·co·log·i·cal [ˌiːkəˈlɒdʒɪkl; ˌekə-; *Am.* -ˈlɑ-] *adj (adv* **~ly**) ökoˈlogisch: **~ art** Öko-Kunst *f;* **~ artist** Öko-Künstler(in); **~ awareness** Umweltbewußtsein *n,* Öko-Bewußtsein *n;* **~ balance** ökologisches Gleichgewicht; **~ menace** Umweltgefahr *f,* Gefahr für die Umwelt; **~ relief** Umweltentlastung *f;* **~ system** Ökosystem *n* (→ **ecosystem**); **~ly beneficial** umweltfreundlich; **~ly harmful** (*od.* **noxious**) umweltfeindlich. **e·col·o·gist** [iːˈkɒlədʒɪst; *Am.* ɪˈkɑl-] *s* Ökoˈloge *m.* **eˈcol·o·gy** [-dʒɪ] *s biol.* Ökoloˈgie *f:* a) *Wissenschaft von den Wechselbeziehungen zwischen den Lebewesen u. ihrer Umwelt, Lehre vom Haushalt der Natur,* b) *die Wechselbeziehungen zwischen den Lebewesen u. ihrer Umwelt, der ungestörte Haushalt der Natur.*

e·con·o·met·rics [ɪˌkɒnəˈmetrɪks; *Am.* ɪˌkɑ-] *s pl (als sg konstruiert) econ.* Ökonomeˈtrie *f (Teilgebiet der Wirtschaftswissenschaft, auf dem mit mathematisch-statistischen Methoden wirtschaftstheoretische Hypothesen auf ihren Realitätsgehalt untersucht werden).*

e·co·nom·ic [ˌiːkəˈnɒmɪk; ˌekə-; *Am.* -ˈnɑ-] **I** *adj (adv* **~ally**) **1.** (staats-, volks-)wirtschaftlich, (natioˈnal)ökoˌnomisch, Wirtschafts...: **~ aid** Wirtschaftshilfe *f;* **~ conditions** a) Wirtschaftslage *f,* b) Erwerbsverhältnisse; **~ development** wirtschaftliche Entwicklung; **~ geography** Wirtschaftsgeographie *f;* **~ growth** Wirtschaftswachstum *n;* **~ policy** Wirtschaftspolitik *f;* **~ science** → 5a; → **miracle 1**. **2.** wirtschaftswissenschaftlich. **3.** praktisch, angewandt: **~ botany**. **4.** a) renˈtabel, wirtschaftlich, gewinnbringend: → **pack** Sparpackung *f,* b) *selten für* **economical 1**. **II** *s pl (als sg konstruiert)* **5.** a) Volkswirtschaft(slehre) *f,* Natioˈnalökoˌnoˌmie *f,* b) → **economy 4**. **ˌe·coˈnom·i·cal** *adj (adv* **~ly**) **1.** wirtschaftlich, sparsam, (*Person a.*) haushälterisch: **to be ~ with s.th.** mit etwas haushalten *od.* sparsam umgehen. **2.** Spar... **3.** → **economic I**.

e·con·o·mism [ɪˈkɒnəmɪzəm; *Am.* ɪˈkɑ-] *s* Ökonoˈmismus *m* (*Betrachtung der Gesellschaft allein unter ökonomischen Gesichtspunkten*). **eˈcon·o·mist** *s* **1.** Volkswirt(schaftler) *m,* Natioˈnalökoˌnom *m.* **2.** guter Haushälter, sparsamer Wirtschafter. **eˈcon·o·mize** [-maɪz] **I** *v/t* **1.** sparsam anwenden, sparsam ˈumgehen *od.* wirtschaften mit, haushalten mit, sparen. **2.** (wirtschaftlich) nutzbar machen. **II** *v/i* **3.** sparen, sparsam wirtschaften, sich einschränken (**in** in *dat*): **to ~ on** → 1. **4.** Einsparungen machen. **eˈcon·o·miz·er** *s* **1.** sparsamer *od.* haushälterischer Mensch. **2.** *tech.* Eˈkonomiser *m, der.* Wasser-, Rauchgas-, Luftvorwärmer *m.*

e·con·o·my [ɪˈkɒnəmɪ; *Am.* ɪˈkɑ-] **I** *s* **1.** Sparsamkeit *f,* Wirtschaftlichkeit *f.* **2.** *fig.* a) sparsame Anwendung (**of** *gen*), b) Sparsamkeit *f* in den (künstlerischen) Mitteln: **dramatic ~** dramatische Knappheit. **3.** a) Sparmaßnahme *f,* b) Einsparung *f,* c) Ersparnis *f.* **4.** *econ.* a) ˈWirtschaft(sˌsyˌstem *n*) *f,* b) Wirtschaftslehre *f.* **5.** orˈganisches Syˈstem, Anordnung *f,* Aufbau *m.* **6.** *relig.* a) göttliche Weltordnung, b) verständige Handhabung (*e-r Doktrin*). **7. to go ~ aer.** in der Economyklasse fliegen. **II** *adj* **8.** Spar...: **~ bottle; ~ car** Wagen *m* mit geringen Betriebskosten; **~ class** *aer.* Economyklasse *f;* **~ drive** Sparmaßnahmen *pl;* **~ price** günstiger *od.* niedriger Preis; **~-priced** billig, preisgünstig.

ˈe·coˌpol·i·cy *s* ˈUmweltpoliˌtik *f.*

ˈe·coˌsys·tem *s biol.* ˈÖkoˌsyˌstem *n* (*aus Organismen u. unbelebter Umwelt bestehende natürliche Einheit, die durch deren Wechselwirkung ein gleichbleibendes System bildet*).

ˈe·co·type *s biol.* Ökoˈtypus *m* (*an die Bedingungen e-s bestimmten Lebensraums angepaßte Sippe e-r Pflanzen- od. Tierart*).

ec·ru, *a.* **é·cru** [ˈeɪkruː; *Am. a.* ˈekruː] **I** *adj* eˈkrü, naˈturfarben, ungebleicht (*Stoff*): **~ silk** Ekrüseide *f.* **II** *s* Eˈkrü *n,* Naˈturfarbe *f.*

ec·sta·size [ˈekstəsaɪz] **I** *v/t* in Ekˈstase versetzen. **II** *v/i* in Ekˈstase geraten.

ec·sta·sy [ˈekstəsɪ] *s* **1.** Ekˈstase *f:* a) (Gefühls-, Sinnen)Taumel *m,* Raseˈrei *f:* **to be in an ~** außer sich sein (**of** vor *dat*), b) (*a.* dichterische *od.* religiˈöse) Verzückung, Rausch *m,* (Taumel *m* der) Begeisterung *f:* **to go into ecstasies over s.th.** über etwas in Verzückung geraten, von etwas hingerissen sein, c) *med.* krankhafte Erregung. **2.** Aufregung *f.*

ec·stat·ic [ɪkˈstætɪk; ek-] *adj (adv* **~ally**) **1.** ekˈstatisch (*a. fig.*). **2.** *fig.* a) schwärmerisch, ˈüberschwenglich, b) ent-, verˈzückt, begeistert, ˈhingerissen. **3.** *fig.* entzückend, ˈhinreißend.

ec·ta·sis [ˈektəsɪs] *s* **1.** *ling.* Dehnung *f* (*Silbe*). **2.** *med.* Ektaˈsie *f,* Erweiterung *f.*

ec·thy·ma [ˈekθɪmə; ekˈθaɪmə] *s med.* Ekˈthym *n* (*Hauteiterung mit nachfolgender Geschwürbildung*).

ec·to·blast [ˈektəʊblæst], **ˈec·to·derm** [-dɜːm; *Am.* -ˌdɜrm] *s biol. med.* Ektoˈblast *n,* Ektoˈderm *n* (*äußeres Keimblatt des menschlichen u. tierischen Embryos*).

ec·to·gen·ic [ˌektəʊˈdʒenɪk], **ecˈtog·e·nous** [ekˈtɒdʒɪnəs; *Am.* -ˈtɑ-] *adj biol.* außerhalb des Orgaˈnismus entstanden (*Parasit etc*).

ec·to·mor·phic [ˌektəʊˈmɔː(r)fɪk] *adj med.* ektoˈmorph. **ˈec·toˌmorph·y** *s med.* Ektomorˈphie *f* (*Konstitution e-s Menschentypus von hagerer, hoch aufgeschossener Gestalt*).

ec·to·par·a·site [ˌektəʊˈpærəsaɪt] *s biol. med.* Ektoparaˈsit *m* (*auf der Körperoberfläche e-s Wirts schmarotzender Parasit*).

ec·to·pi·a [ekˈtəʊpɪə] *s med.* Ektoˈpie *f* (*meist angeborene Lageveränderung e-s Organs*).

ec·to·plasm [ˈektəʊplæzəm] *s* Ektoˈplasma *n:* a) *biol.* äußere Protoˈplasmaˌschicht, b) (*Spiritismus*) Substanz, die aus dem Körper des Mediums austritt u. die Materialisation bildet.

ec·to·zo·on [ˌektəʊˈzəʊɒn; *Am.* ˌektəˈzəʊɑn] *pl* **-zo·a** [-ə] *s zo.* Ektoˈzoon *n* (*Parasit, der auf der Körperoberfläche lebt*).

ec·type [ˈektaɪp] *s* **1.** Nachbildung *f,* Reproduktiˈon *f,* Koˈpie *f.* **2.** Abdruck *m* (*e-s Stempels etc*). **ˌec·tyˈpog·ra·phy** [-tɪˈpɒɡrəfɪ; *Am.* -ˈpɑ-] *s tech.* Reliˈefätzung *f.*

ec·u·men·i·cal [ˌiːkjuːˈmenɪkl; *Am.* ˌekjə-], *a.* **ˌec·uˈmen·ic** *adj* ökuˈmenisch, allgemein, ˈweltumˌfassend: **ecumenical council** a) *R. C.* ökumenisches Konzil, b) *relig.* Weltkirchenrat *m.* **ecˈumen·i·calˌism,** **ˌec·uˈmen·i·cism** [-sɪzəm] *s R. C.* Ökumeˈnismus *m* (*Bestrebungen der katholischen Kirche, alle christlichen Konfessionen zu vereinen*).

ec·ze·ma [ˈeksɪmə; *Am. a.* ɪɡˈziːmə] *s med.* Ekˈzem *n.* **ec·zem·a·tous** [ekˈsemətəs; *Am.* ɪɡˈzem-] *adj med.* ekzemaˈtös.

e·da·cious [ɪˈdeɪʃəs] *adj (adv* **~ly**) *bes. humor.* gefräßig, gierig.

E·dam (cheese) [ˈiːdæm] *s* Edamer (Käse) *m.*

Ed·da [ˈedə] *s* Edda *f:* **Elder (Poetic) ~** ältere (poetische) Edda; **Younger (Prose) ~** jüngere (Prosa-)Edda.

ed·dy ['edɪ] **I** s **1.** (Wasser)Wirbel m, Strudel m: **the eddies and flurries** fig. das wildbewegte Durcheinander. **2.** (Luft-, Staub)Wirbel m. **3.** fig. a) (unbedeutende) Gegenströmung, b) Nebenströmung f. **II** v/t u. v/i **4.** (her'um)wirbeln. **~cur·rent** s electr. Wirbelstrom m.
e·del·weiss ['eɪdlvaɪs] s bot. Edelweiß n.
e·de·ma [iː'diːmə] pl **-ma·ta** [-mətə] s med. Ö'dem n, Wassersucht f: **~ of the lungs** Lungenödem. **e·dem·a·tous** [iː'demətəs], a. **e'dem·a·tose** [-təʊs] adj ödema'tös, Ödem...
E·den ['iːdn] s Bibl. (der Garten) Eden n, das Para'dies (a. fig.).
e·den·tate [iː'denteɪt] **I** adj **1.** zo. zahnarm. **2.** bot. zo. zahnlos. **II** s **3.** zo. zahnarmes Tier.
edge [edʒ] **I** s **1.** a) Schneide f, b) Schärfe f: **the knife has no ~** das Messer ist stumpf od. schneidet nicht; **to take the ~ off** e-r Klinge stumpf machen, fig. e-r Sache die Spitze od. Schärfe od. Wirkung nehmen; **to put an ~ on** s.th. etwas schärfen od. schleifen; **on ~** nervös, gereizt; **he had an ~ to his voice, his voice had an ~ to it** s-e Stimme klang nervös od. gereizt; **to set s.o.'s teeth on ~** a) j-n kribbelig od. nervös machen, b) j-m durch Mark u. Bein gehen; **to give s.o. the (sharp) ~ of one's tongue** colloq. j-n ˌzs.-stauchen'. **2.** fig. Schärfe f, Spitze f: **to give an ~ to** s.th. a) etwas verschärfen, b) etwas in Schwung bringen; **not to put too fine an ~ (up)on it** kein Blatt vor den Mund nehmen. **3.** Ecke f, scharfe Kante, (Berg)Grat m. **4.** (äußerster) Rand, Saum m: **~ of the woods** Waldrand; **on the ~ of** fig. kurz vor; **to be on the ~ of despair** fig. am Rande der Verzweiflung sein; **to be on the ~ of doing** s.th. kurz davor stehen od. im Begriff sein, etwas zu tun. **5.** Grenze f, Grenzlinie f. **6.** Kante f, Schmalseite f: **the ~ of a table** die Tischkante; **to set (up) on ~** hochkant stellen; **to catch an ~** (Skilauf) verkanten. **7.** Schnitt m (Buch): → **gilt-edge(d) 1. 8.** colloq. Vorteil m: **to have the ~ on** s.o. e-n Vorteil gegenüber j-m haben, j-m ˌüber' sein. **9.** Eiskunstlauf: (Einwärts-, Auswärts)Bogen m.
II v/t **10.** schärfen, schleifen. **11.** um'säumen, um'randen, begrenzen, einfassen. **12.** tech. a) beschneiden, abkanten, b) Blech bördeln. **13.** (langsam) schieben, rücken, drängen (**through** durch): **to ~ o.s.** (od. **one's way**) **into** s.th. sich in etwas (hin)eindrängen. **14.** Ski kanten. **15.** sport knapp besiegen od. schlagen: **to ~** s.o. **into second place** j-n knapp auf den zweiten Platz verweisen.
III v/i **16.** sich schieben od. drängen. Verbindungen mit Adverbien:
edge| a·way v/i wegschleichen, sich da'vonstehlen. **~ down** v/i mar. zuhalten (**on** auf acc). **~ in** **I** v/t einschieben, -werfen: **to ~ a word**. **II** v/i sich hin'eindrängen od. -schieben. **~ off** → **edge away**. **~ on** v/t an treiben, drängen. **~ out** **I** v/t hin'ausdrängen (a. fig.). **II** v/i verdrängen. **II** v/i **3.** sich hin'ausdrängen. **4.** → **edge away**.
edged [edʒd] adj **1.** mit e-r Schneide, schneidend, scharf. **2.** in Zssgn a) ...schneidig: **double-~**, b) ...kantig: **sharp-~**. **3.** eingefaßt, gesäumt, **4.** in Zssgn ...randig, ...gerändert: **black-~**. **~ tool** s **1.** → **edge tool**. **2. to play with edge(d) tools** fig. mit dem Feuer spielen.
edge| mill s tech. Kollergang m. **~ plane** s tech. Bestoßhobel m. **~ tool** s tech. Schneidwerkzeug n.
'edge|·ways, **'~·wise** adv hochkant, auf der od. die Schmalseite: **I could hardly get a word in ~** fig. ich bin kaum zu Wort gekommen.
edg·ing ['edʒɪŋ] s Rand m, Besatz m, Einfassung f, Borte f: **~ shears** Rasenschere f. **'edg·y** adj **1.** a) scharfkantig, b) paint. etc scharflinig. **2.** a) ner'vös, b) gereizt: **tempers became ~** die Stimmung wurde gereizt.
edh [eð] s ling. durch'strichenes D (altenglischer Buchstabe zur Bezeichnung des interdentalen Spiranten).
ed·i·bil·i·ty [ˌedɪ'bɪlətɪ] s Eß-, Genießbarkeit f. **'ed·i·ble** **I** adj eß-, genießbar: **~ oil** Speiseöl n. **II** s pl Eßwaren pl. **'ed·i·ble·ness** → **edibility**.
e·dict ['iːdɪkt] s Erlaß m, hist. E'dikt n.
ed·i·fi·ca·tion [ˌedɪfɪ'keɪʃn] s fig. Erbauung f.
ed·i·fice ['edɪfɪs] s **1.** Gebäude n, Bau m (a. fig.). **2.** fig. Gefüge n. **'ed·i·fy** [-faɪ] v/t fig. a) erbauen, b) aufrichten, c) (geistig od. mo'ralisch) bessern. **'ed·i·fy·ing** adj (adv **~ly**) erbaulich, erquicklich.
ed·it ['edɪt] v/t **1.** Texte, Schriften a) her'ausgeben, b) redi'gieren, druckfertig machen, c) zur Veröffentlichung fertigmachen, d) zur Her'ausgabe sammeln, ordnen u. korri'gieren. **2.** ein Buch etc bearbeiten, bes. kürzen, e-n Film schneiden: **to ~ out** a) herausstreichen, b) herausschneiden. **3.** e-e Zeitung etc als Her'ausgeber leiten. **4.** Computer: Daten aufbereiten. **5.** fig. zu'rechtstutzen.
ed·it·ing| room ['edɪtɪŋ] s Film, TV: Schneideraum m. **~ ta·ble** s Film, TV: Schneidetisch m. **~ ter·mi·nal** s Computer: Redakti'onsterminal n.
e·di·tion [ɪ'dɪʃn] s **1.** Ausgabe f (e-s Buches etc): **first** ~ Erstausgabe f; **a one-volume ~** e-e einbändige Ausgabe; **the morning ~** die Morgenausgabe (Zeitung). **2.** fig. (kleinere etc) Ausgabe: **he is a miniature ~ of his father** humor. er ist ganz der Papa. **3.** Auflage f: **to run into 20 ~s** 20 Auflagen erleben. **e'di·tion·al·ize** v/t mehrere Ausgaben drucken.
ed·i·tor ['edɪtə(r)] s **1.** a. **~ in chief** Her'ausgeber(in) (e-s Buchs etc). **2.** Zeitung: a) a. **~ in chief** 'Chefredaˌteur(in), b) Redak'teur(in): **the ~s** die Redaktion. **3.** Film, TV: Cutter(in). **ˌed·i'to·ri·al** [-'tɔːrɪəl; Am. a. -'təʊ-] **I** adj (adv → **editorially**). **1.** Herausgeber... **2.** redaktio'nell, Redaktions...: **~ department** (od. **office**) Redaktion f; → **staff¹ 8**. **II** s **3.** 'Leitarˌtikel m. **ed·i'to·ri·al·ize** v/i **1.** sich in e-m 'Leitarˌtikel äußern (**on, about** über acc, zu). **2.** s-e per'sönliche Meinung einbringen. **3.** sich äußern (**on, about** über acc, zu). **ˌed·i'to·ri·al·ly** adv **1.** redaktio'nell. **2.** in Form e-s 'Leitarˌtikels. **'ed·i·tor·ship** s Positi'on f e-s Her'ausgebers od. ('Chef)Redakˌteurs: **to have the ~ of** herausgeben, als Herausgeber leiten; **under his ~** unter ihm als Chefredakteur. **'ed·i·tress** [-trɪs] s **1.** Her'ausgeberin f. **2.** ('Chef)Redakˌteurin f.
ed·u·cate ['edjuːkeɪt; Am. 'edʒə-] v/t **1.** erziehen, unter'richten, (aus)bilden: **he was ~d at X** er besuchte die (Hoch-)Schule in X; **she ~d her children at the best schools** sie schickte ihre Kinder auf die besten Schulen. **2.** weitS. (**to**) a) erziehen (zu), b) gewöhnen (an acc). **3.** verbessern. **4.** Tiere abrichten, dres'sieren. **'ed·u·cat·ed** adj **1.** gebildet. **2. an ~ guess** mehr als e-e bloße Vermutung, e-e auf gewisse (Sach)Kenntnisse gestützte Vermutung.
ed·u·ca·tion [ˌedjuː'keɪʃn; Am. ˌedʒə-] s **1.** Erziehung f (a. weitS. **to** zu), (Aus)Bildung f: → **university** **II**. **2.** (erworbene) Bildung, Bildungsstand m: → **general 3.** **3.** Bildungs-, Schulwesen n: → **higher education**, etc. **4.** (Aus)Bildungsgang m. **5.** Päda'gogik f, Erziehungswissenschaft f: **department of ~** univ. pädagogisches Seminar. **6.** Dres'sur f, Abrichtung f (von Tieren). **ˌed·u'ca·tion·al** [-ʃnl] adj (adv **~ly**) **1.** a) erzieherisch, Erziehungs..., päda'gogisch, Unterrichts...: **~ film** Lehrfilm m; **~ psychology** Schulpsychologie f; **~ tariff** econ. Erziehungszoll m; **~ television** Schulfernsehen n, b) päda'gogisch wertvoll: **~ toys**. **2.** Bildungs...: **~ level** (od. **standard**) Bildungsniveau n; **~ misery** Bildungsmisere f, -notstand m; **~ opportunities** Bildungschancen. **ˌed·u'ca·tion·al·ist**, a. **ˌed·u'ca·tion·ist** s Päda'goge m, Päda'gogin f, Erziehungswissenschaftler(in). **ed·u·ca·tive** ['edjəkətɪv; Am. 'edʒəkeɪ-] adj **1.** erzieherisch, Erziehungs... **2.** bildend, Bildungs... **3.** lehrreich: **an ~ experience**. **'ed·u·ca·tor** [-keɪtə(r)] s Päda'goge m, Päda'gogin f: a) Erzieher(in), Lehrer(in), b) Erziehungswissenschaftler(in).
e·duce [ɪ'djuːs; Am. a. ɪ'duːs] v/t **1.** fig. her'ausholen, entwickeln: **to ~** s.th. **from** s.o. j-m etwas entlocken. **2.** Logik: e-n Begriff ableiten, e-n Schluß ziehen (**from** aus). **3.** chem. ausziehen, extra'hieren. **e'duc·i·ble** adj **1.** ableitbar. **2.** zu entwickeln(d). **e·duct** ['iːdʌkt] s **1.** chem. E'dukt n, Auszug m. **2.** → **eduction 2**.
e·duc·tion [iː'dʌkʃn] s **1.** fig. Her'ausholen n, Entwicklung f. **2.** Logik: a) Ableitung f (e-s Begriffs), b) (Schluß-)Folgerung f. **3.** chem. a) Ausziehen n, b) → **educt 1**. **~ pipe** s tech. Abzugsrohr n.
Ed·war·di·an [edˈwɔː(r)djən; -dɪən] adj aus der Re'gierungszeit od. charakte'ristisch für das Zeitalter König Eduards (bes. Eduards VII.).
eel [iːl] s **1.** ichth. a) Aal m: **(as) slippery as an ~** fig. aalglatt, b) aalähnlicher Fisch: **nine-eyed ~** Flußneunauge n. **2.** zo. (ein) Fadenwurm m, bes. Essigälchen n. **~·buck**, **'~·pot** s Aalreuse f. **'~·pout** s ichth. **1.** Hammelfleischfisch m. **2.** Quappe f. **'~·spear** s Aalspeer m, -gabel f. **'~·worm** → **eel 2**.
e'en [iːn] adv poet. für **even¹** u. **³**.
e'er [eə(r)] adv poet. für **ever**.
ee·rie ['ɪərɪ] adj (adv **eerily**) unheimlich, (Schrei etc) schaurig. **'ee·ri·ness** s Unheimlichkeit f, Schaurigkeit f.
ee·ry → **eerie**.
eff [ef] v/i vulg. euphem. **1.** **~ off** (meist als imp) ˌsich verpissen' (verschwinden). **2. to ~ and blind** (herum)fluchen.
ef·face [ɪ'feɪs] v/t **1.** wegwischen, wegreiben, a. fig. (aus)löschen: **to ~ unpleasant memories** unangenehme Erinnerungen auslöschen. **2. to ~ o.s.** sich (bescheiden) zurückhalten, sich im Hintergrund halten. **ef'face·a·ble** adj (aus)löschbar (a. fig.). **ef'face·ment** s (Aus)Löschung f (a. fig.).
ef·fect [ɪ'fekt] **I** s **1.** Wirkung f (**on** auf acc). **2.** Wirkung f, Erfolg m, Folge f, Konse'quenz f, Ergebnis n, Resul'tat n: **of no ~, without ~** ohne Erfolg od. Wirkung, erfolglos, wirkungslos, vergeblich; **to take ~** wirken (→ 8). **3.** Auswirkung(en pl) f (**on, upon** auf acc), Folge(n pl) f. **4.** Einwirkung f, -fluß m (**on, upon** auf acc). **5.** Ef'fekt m, Wirkung f, Eindruck m (**on, upon** auf acc): **it was calculated** (od. **meant**) **for ~** es sollte Eindruck machen; **to have an ~ on** wirken auf (acc), e-n Eindruck hinterlassen bei; → **strain¹ 10**. **6.** Inhalt m, Sinn m: **a letter to the ~ that** ein Brief des Inhalts, daß; **to the same ~** desselben Inhalts; **to this ~** diesbezüglich, in

diesem Sinn; **to inform s.o. to that** ~ j-n entsprechend informieren. **7.** Wirklichkeit *f*: **to carry into** (*od.* **bring to**) ~, **to give** ~ **to** verwirklichen, ausführen; **in** ~ in Wirklichkeit, tatsächlich, praktisch. **8.** (Rechts)Wirksamkeit *f*, (-)Kraft *f*, Gültigkeit *f*: **to be in** ~ in Kraft sein, gültig *od.* wirksam sein; **to take** ~, **to go** (*od.* **come**) **into** ~ in Kraft treten, gültig *od.* wirksam werden; **with** ~ **from** mit Wirkung vom. **9.** *tech.* (Nutz)Leistung *f* (*e-r Maschine*). **10.** *electr. phys.* indu-'zierte Leistung, Sekun'därleistung *f*. **11.** *pl econ.* a) Ef'fekten *pl*, b) bewegliches Eigentum, Vermögen(swerte *pl*) *n*, c) per'sönliche Habe, d) Barbestand *m*, e) Ak'tiva *pl*, (Bank)Guthaben *n od. pl*: **no** ~**s** ohne Guthaben *od.* Deckung (*Scheckvermerk*). **II** *v/t* **12.** be-, erwirken, bewerkstelligen, verursachen, veranlassen. **13.** ausführen, tätigen, vornehmen, besorgen, erledigen, voll'bringen, -'ziehen: **to** ~ **payment** *econ.* Zahlung leisten. **14.** *econ.* a) *ein Geschäft, e-e Versicherung* abschließen, b) *e-e Police* ausfertigen.

ef·fec·tive [ɪ'fektɪv] **I** *adj* (*adv* **~ly**) **1.** effek'tiv, wirksam, erfolgreich, wirkungsvoll: **to be** ~ wirken, Erfolg haben (→ 3); ~ **range** *mil.* wirksame Schußweite. **2.** eindrucksvoll, ef'fektvoll. **3.** *jur.* (rechts)wirksam, (-)gültig, rechtskräftig, in Kraft: **to be** ~ in Kraft sein, gültig *od.* wirksam sein (→ 1); **to become** ~ in Kraft treten, gültig *od.* wirksam werden; ~ **date** Tag *m* des Inkrafttretens; ~ **from** (*od.* **as of**) mit Wirkung vom. **4.** tatsächlich, wirklich, effek'tiv: ~ **money** Bargeld *n*; ~ **salary** Effektivgehalt *n*; ~ **strength** *mil.* Ist-Stärke *f*. **5.** *mil.* diensttauglich, kampffähig, einsatzbereit. **6.** *tech.* effek'tiv, tatsächlich, wirklich, Nutz...: ~ **output** tatsächliche Leistung; ~ **resistance** *electr.* Wirkwiderstand *m*. **II** *s* **7.** *mil.* a) einsatzfähiger Sol'dat, b) Ist-Stärke *f*. **ef'fec·tive·ness** *s* Effektivi'tät *f*, Wirksamkeit *f*. **ef'fec·tor** [-tə(r)] *s* **1.** *anat.* 'Nerven₁endor₁gan *n*. **2.** Ausführer(in), Voll'bringer(in).

ef·fec·tu·al [ɪ'fektʃʊəl; *Am.* -tʃəwəl] *adj* (*adv* **~ly**) **1.** effek'tiv, wirksam: **to be** ~ wirken. **2.** wirklich, tatsächlich, eigentlich. **3.** → **effective 3. 4.** *econ.* vor'handen: ~ **demand** durch vorhandenes Bargeld gedeckte Nachfrage. **ef₁fec·tu·'al·i·ty** [-tjʊ'ælətɪ; *Am.* -tʃə'wæləti:], **ef'fec·tu·al·ness** *s* Effektivi'tät *f*, Wirksamkeit *f*. **ef'fec·tu·ate** [-eɪt] *v/t* **1.** verwirklichen, ausführen. **2.** bewerkstelligen, bewirken. **ef₁fec·tu·'a·tion** *s* **1.** Verwirklichung *f*, Ausführung *f*. **2.** Bewerkstelligung *f*, Bewirkung *f*.

ef·fem·i·na·cy [ɪ'femɪnəsɪ] *s* **1.** Weichlichkeit *f*, Verweichlichung *f*. **2.** unmännliches *od.* weibisches Wesen. **ef·fem·i·nate** **I** *adj* [ɪ'femɪnət] (*adv* **~ly**) **1.** weibisch, unmännlich. **2.** verweichlicht, weichlich. **II** *v/t u. v/i* [-neɪt] **3.** weibisch machen (werden). **4.** verweichlichen. **III** *s* [-nət] **5.** Weichling *m*, weibischer Mensch. **ef'fem·i·nate·ness** → **effeminacy**.

ef·fer·vesce [₁efə(r)'ves] *v/i* **1.** (auf-) brausen, sprudeln, schäumen, mous'sieren (*Sekt etc*). **2.** *fig.* ('über)sprudeln, 'überschäumen (**with** vor *dat*). **₁ef·fer-'ves·cence**, **₁ef·fer'ves·cen·cy** *s* **1.** (Auf)Brausen *n*, Schäumen *n*, Mous'sieren *n*. **2.** *fig.* ('Über)Sprudeln *n*, 'Überschäumen *n*. **₁ef·fer'ves·cent** *adj* **1.** sprudelnd, schäumend, mous'sierend: ~ **powder** Brausepulver *n*. **2.** *fig.* ('über-) sprudelnd, 'überschäumend.

ef·fete [e'fi:t; e'fi:t] *adj* erschöpft, entkräftet.

ef·fi·ca·cious [₁efɪ'keɪʃəs] *adj* (*adv* **~ly**) effek'tiv, wirksam, wirkungsvoll. **₁ef·fi-'ca·cious·ness**, **'ef·fi·ca·cy** [-kəsɪ] *s* Effektivi'tät *f*, Wirksamkeit *f*.

ef·fi·cien·cy [ɪ'fɪʃənsɪ] *s* **1.** Effizi'enz *f*, Tüchtigkeit *f*, (Leistungs)Fähigkeit *f*: ~ **report** Leistungsbericht *m*; ~ **wages** leistungsbezogener Lohn. **2.** Effizi'enz *f*, Wirksamkeit *f*. **3.** Effizi'enz *f*, Tauglichkeit *f*, Brauchbarkeit *f*. **4.** Effizi'enz *f*, ratio'nelle Arbeitsweise, Wirtschaftlichkeit *f*: ~ **engineer** (*od.* **expert**) *econ.* Rationalisierungsfachmann *m*; ~ **apartment** *Am.* (Einzimmer)Appartement *n*. **5.** Effizi'enz *f*, *phys. tech.* Leistung(sfähigkeit) *f*, Wirkungsgrad *m*, Nutzleistung *f*, Ausbeute *f*. **6.** wirkende Ur-sächlichkeit. **7.** *Am.* Ho'telzimmer *n* mit Bad *u.* Kochnische. **ef'fi·cient** *adj* (*adv* **~ly**) **1.** effizi'ent, tüchtig, (leistungs)fähig. **2.** effizi'ent, wirksam. **3.** zügig, rasch u. sicher, gewandt. **4.** gründlich. **5.** effizi'ent, ratio'nell, wirtschaftlich: ~ **methods**. **6.** effizi'ent, brauchbar, tauglich, gut funktio'nierend, *tech. a.* leistungsstark. **7.** (be)wirkend: ~ **cause** wirkende Ursache.

ef·fi·gy ['efɪdʒɪ] *s* **1.** a) Steinplastik *f*, b) Bildnis *n* (*auf e-r Münze*). **2.** Puppe *od.* bildhafte Darstellung e-r verhaßten Person: **to burn** (**hang**) **s.o. in** ~ j-n symbolisch verbrennen (hängen).

eff·ing ['efɪŋ] *adj* *vulg. euphem.* verdammt, verflucht.

ef·flo·resce [₁eflɔː'res; *bes. Am.* ₁eflə-] *v/i* **1.** *bes. fig.* aufblühen, sich entfalten. **2.** *chem.* ausblühen, 'auskristalli₁sieren, auswittern. **₁ef·flo'res·cence** *s* **1.** *bes. fig.* (Auf)Blühen *n*, Blüte(zeit) *f*. **2.** *med.* Efflores'zenz *f* (*Hautausschlag*). **3.** *chem.* Efflores'zenz *f*: a) Ausblühen *n*, b) Beschlag *m*, Ausblühung *f*. **₁ef·flo'res·cent** *adj* **1.** *bes. fig.* (auf)blühend. **2.** *chem.* efflores'zierend, ausblühend.

ef·flu·ence ['efluəns] *s* **1.** Ausfließen *n*, -strömen *n*. **2.** Aus-, Abfluß *m*. **'ef·flu·ent** **I** *adj* **1.** ausfließend, -strömend. **II** *s* **2.** Aus-, Abfluß *m*. **3.** Abwasser *n*, Abwasser *pl*: ~ **disposal** Abwasserbeseitigung *f*.

ef·flu·vi·um [ɪ'flu:vjəm; *Am.* e'flu:vɪəm] *pl* **-vi·a** [-ə], **-vi·ums** *s* **1.** Ausdünstung *f*. **2.** *phys.* Ausfluß *m* (*kleinster Partikel*).

ef·flux ['eflʌks] *s* **1.** a) Abfließen *n*, Ausströmen *n*, b) Ausströmung *f*, -fluß *m*: ~ **of gold** *econ.* Goldabfluß *m*. **2.** *fig.* Ablauf *m* (*der Zeit*).

ef·fort ['efə(r)t] *s* **1.** Anstrengung *f*: a) Bemühung *f*, (angestrengter) Versuch, b) Mühe *f*, harte Arbeit: **rescue** ~ Rettungsversuch *m*, -bemühungen; **to make an** ~ sich bemühen, sich anstrengen; **to make every** ~ sich alle Mühe geben; **to put a lot of** ~ **into it** sich gewaltige Mühe dabei geben; **to spare no** ~ keine Mühe scheuen; **with an** ~ mühsam; **without** ~ mühelos, ohne Anstrengung; ~ **of will** Willenskraft *f*; **a good** ~! immerhin!, nicht schlecht (für den Anfang)! **2.** Leistung *f*. **3.** *phys.* Sekun'därkraft *f*, Potenti'alabfall *m*. **'ef·fort·less** *adj* (*adv* **~ly**) **1.** mühelos, ohne Anstrengung. **2.** müßig, untätig.

ef·fron·ter·y [ɪ'frʌntərɪ; e'f-] *s* Unverschämtheit *f*: **to have the** ~ **to do s.th.** die Unverschämtheit haben *od.* besitzen.

ef·fulge [ɪ'fʌldʒ; e'f-] *v/i* *selten* strahlen, glänzen. **ef'ful·gence** *s* Glanz *m*. **ef'ful·gent** *adj* (*adv* **~ly**) strahlend, glänzend.

ef·fuse [ɪ'fju:z; e'f-] **I** *v/t* **1.** a) *Flüssigkeit* aus-, vergießen, b) *Gas etc* ausströmen lassen. **2.** *fig.* ausstrahlen, verbreiten: **to** ~ **an atmosphere of happiness**. **II** *v/i* **3.** a) ausfließen, b) ausströmen. **III** *adj* [-s] **4.** *bot.* ausgebreitet (*Blütenstand*).

ef·fu·sion [ɪ'fju:ʒn; e'f-] *s* **1.** Aus-, Vergießen *n*. **2.** Ausströmen *n*. **3.** *fig.* a) Erguß *m*, b) → **effusiveness. 4.** *med.* Erguß *m*: ~ **of blood** Bluterguß *m*. **5.** *phys.* Effusi'on *f*: ~ **rock** Effusivgestein *n*. **ef'fu·sive** [-sɪv] *adj* (*adv* **~ly**) 'überschwenglich. **ef'fu·sive·ness** *s* 'Überschwenglichkeit *f*.

eft¹ [eft] *s* *zo.* Wassermolch *m*.

eft² [eft] *adv* *obs.* **1.** 'wiederum, nochmals. **2.** nachher.

eft·soon(s) [eft'su:n(z)] *adv* *obs.* **1.** bald dar'auf. **2.** wieder'holt.

e·gad [iː'gæd] *interj* *obs. colloq.* o Gott!

e·gal·i·tar·i·an [ɪ₁gælɪ'teərɪən] **I** *s* Verfechter(in) des Egalita'rismus. **II** *adj* egali'tär. **e₁gal·i'tar·i·an·ism** *s* Egalita'rismus *m* (*Sozialtheorie von der [möglichst] vollkommenen Gleichheit in der menschlichen Gesellschaft bzw. von ihrer Verwirklichung*).

e·gest [iː'dʒest] *v/t* *physiol.* ausscheiden. **e'ges·ta** [-tə] *s pl* Ausscheidungen *pl*.

egg¹ [eg] **I** *s* **1.** Ei *n*: **in the** ~ *fig.* im Anfangsstadium, im Entstehen; (**as**) **sure as** ~**s is** (*od.* **are**) ~**s** *colloq.* so sicher wie das Amen in der Kirche, todsicher; **to have** (*od.* **put**) **all one's** ~**s in one basket** *colloq.* alles auf 1 Karte setzen; **to have** ~ **on** (*od.* **all over**) **one's face** *colloq.* ,dumm aus der Wäsche schauen'; **to lay an** ~ *bes. Am. colloq.* nicht ,ankommen' (*Witz etc*), (*Theaterstück etc a.*) ,durchfallen'; **he's teaching his grandmother to suck** ~**s!** *colloq.* das Ei will klüger sein als die Henne! **2.** *biol.* Eizelle *f*. **3.** Ei *n* (*eiförmiger Gegenstand*): ~ **and dart** (*od.* **anchor, tongue**) *arch.* Eierstab(ornament *n*) *m*. **4.** *mil. sl.* ,Ei' *n* (*Fliegerbombe*): **to drop an** ~ ein Ei legen. **5.** *obs. colloq.* a) **a bad** (**good**) ~ ein übler (feiner) Kerl, b) **good** ~! prima! **II** *v/t* **6.** *gastr.* in geschlagenem Ei wenden: **to** ~ **and crumb** panieren. **7.** *bes. Am. colloq.* mit (faulen) Eiern bewerfen.

egg² [eg] *v/t meist* ~ **on** anstacheln, antreiben.

₁egg-and-'spoon race *s* Eierlauf *m*. **'~₁beat·er** *s* **1.** Schneebesen *m*. **2.** *bes. Am. colloq.* Hubschrauber *m*. ~ **bird** *orn.* Rußseeschwalbe *f*. ~ **case** *s* **1.** *zo.* Eiertasche *f*, -beutel *m*. **2.** Eierkiste *f*. ~ **cell** → **egg¹ 2.** ~ **coal** *s* Nußkohle *f*. ~ **co·sy**, *Am.* ~ **co·zy** *s* Eierwärmer *m*. **'~-cup** *s* Eierbecher *m*. ~ **dance** *s* Eiertanz *m*.

egg·er ['egə(r)] *s zo.* (*e-e*) Glucke (*Nachtschmetterling*).

'egg₁flip *s* Eierflip *m*. **'~head** *s colloq.* ,Eierkopf' *m* (*Intellektueller*). ~ **membrane** *s zo.* **1.** 'Eimem₁bran *f*. **2.** Eihaut *f*. **'~₁nog** *s* Eierflip *m*. **'~₁plant** *s bot.* Eierfrucht *f*, Auber'gine *f*. ~ **roll** *s gastr.* Frühlingsrolle *f*. ~ **sham·poo** *s* 'Eiersham₁poo *n*. **'~-shaped** *adj* eiförmig: ~ **hand grenade** Eierhandgranate *f*. **'~₁shell** **I** *s* **1.** Eierschale *f*. **2.** ~ **china**, ~ **porcelain** 'Eierschalenporzel₁lan *n*. **3.** Eierschalenfarbe *f*. **II** *adj* **4.** eierschalenfarben. **5.** dünn u. zerbrechlich. **6.** ~ **landing** *aer.* Eierlandung *f*. ~ **slice** *s* Heber *m*, Wender *m* (*für Omeletts etc*). ~ **spoon** *s* Eierlöffel *m*. ~ **tim·er** *s* Eieruhr *f*. ~ **tooth** *s irr zo.* Eizahn *m*. ~ **whisk** → **eggbeater 1.** ~ **white** *s* Eiweiß *n*.

e·gis → **aegis**.

e·glan·du·lar [iː'glændjʊlə; *Am.* -dʒə-lər], **e'glan·du·lose** [-ləʊs] *adj biol.* drüsenlos.

eg·lan·tine ['eglən₁taɪn] *s bot.* Schottische Zaunrose *f*.

e·go ['egəʊ; 'iːgəʊ] *pl* **-gos** *s* **1.** *philos. psych.* Ich *n*, Selbst *n*, Ego *n*. **2.** Selbstgefühl *n*: **it feeds his** ~ er braucht das,

um sich stark zu fühlen; his ~ was low s-e Moral war auf Null; to be an ~-rouser das Selbstgefühl heben. 3. colloq. Selbstsucht f, -gefälligkeit f. ˌe·go'cen·tric [-'sentrɪk] I adj (adv ~ally) egoˈzentrisch. II s egoˈzentrischer Mensch. ˌe·go'cen·trism s Egoˈzentrik f, (über)triebene) Ich- od. Selbstbezogenheit.
e·go i·de·al s psych. 'Ego-, 'Ich-Ideˌal n.
e·go·ism ['egəʊɪzəm; Am. 'i:gəˌwɪzəm; 'egə-] s Egoˈismus m (a. philos.), Selbstsucht f. 'e·go·ist s 1. Egoˈist(in) (a. philos.), selbstsüchtiger Mensch. 2. → egotist 1. ˌe·go'is·tic adj, ˌe·go'is·ti·cal adj (adv ~ly) egoˈistisch (a. philos.), selbstsüchtig. ˌe·go'ma·ni·a s krankhafte Selbstsucht od. -gefälligkeit f.
e·go·tism ['egəʊtɪzəm; 'i:g-] s 1. (bes. übertriebener) Gebrauch des Wortes „Ich" (in Rede u. Schrift). 2. Egoˈtismus m: a) 'Selbstˌüberˌhebung f, Eigenlob n, b) Geltungsbedürfnis n, Selbstgefälligkeit f. 3. → egoism. 'e·go·tist s 1. geltungsbedürftiger od. selbstgefälliger Mensch, Egoˈtist(in). 2. → egoist 1. ˌe·go'tis·tic adj, ˌe·go'tis·ti·cal adj (adv ~ly) 1. ego'tistisch, geltungsbedürftig, selbstgefällig. 2. → egoistic. 'e·go·tize v/i zu viel von sich selbst sprechen od. schreiben.
e·go| trip s colloq. ‚Egotrip' m (geistige Selbstbefriedigung, Angeberei etc). '~-trip v/i colloq. auf e-n ‚Egotrip' gehen.
e·gre·gious [ɪ'gri:dʒəs; -dʒɪəs] adj (adv ~ly) 1. unerhört, ungeheuerlich: an ~ lie. 2. obs. herˈvorragend.
e·gress ['i:gres] s 1. Hinˈausgehen n, Herˈauskommen n. 2. Ausgang m. 3. Ausgangsrecht n. 4. astr. Austritt m. e·gres·sion [i:'greʃn] → egress 1.
e·gret ['i:gret] s 1. orn. Silberreiher m. 2. Reiherfeder f. 3. bot. Federkrone f, Pappus m.
E·gyp·tian [ɪ'dʒɪpʃn] I adj 1. äˈgyptisch: ~ darkness Bibl. u. fig. ägyptische Finsternis. II s 2. Äˈgypter(in). 3. ling. hist. Äˈgyptisch n, das Ägyptische. 4. obs. Ziˈgeuner(in). ~ 'print·ing type s Egyptiˈenne f (Druckschrift).
E·gyp·to·log·i·cal [ɪˌdʒɪptə'lɒdʒɪkl; Am. -'lɑ-] adj ägypto'logisch. E·gyp·tol·o·gist [ˌi:dʒɪp'tɒlədʒɪst; Am. -'tɑ-] s Ägypto'loge m. E·gyp'tol·o·gy s Ägypto'logie f.
eh [eɪ; e] interj 1. (fragend) a) wie?, was?, b) nicht wahr?, wie?, oder? 2. (überrascht) ei!, sieh da!
ei·der ['aɪdə(r)] s 1. → eider duck. 2. → eiderdown 1. '~·down I s 1. collect. Eiderdaunen pl. 2. Daunendecke f. ~ duck s orn. Eiderente f.
ei·det·ic [aɪ'detɪk] psych. I s 1. pl (als sg konstruiert) Eiˈdetik f (Fähigkeit, sich Objekte od. Situationen so vorzustellen, als ob sie real seien). 2. Eiˈdetiker(in). II adj (adv ~ally) 3. eiˈdetisch.
'ei·gen˛func·tion ['aɪgən-] s math. 'Eigenfunktiˌon f.
'ei·gen˛val·ue s math. Eigenwert m.
eight [eɪt] I adj 1. acht: ~-hour day Achtstundentag m. II s 2. Acht f (Zahl, Spielkarte etc): the ~ of hearts die Herzacht; to have had (od. one over the ~) colloq. e-n über den Durst getrunken haben. 3. Rudern: Achter m: a) Boot, b) Mannschaft. ~ ball s Am. 1. to be behind the ~ in e-r bösen ‚Klemme' sein od. sitzen od. stecken. 2. sl. contp. ‚Nigger' m.
eight·een [ˌeɪ'ti:n] I adj achtzehn. II s Achtzehn f. ˌeight'eenth [-nθ] I adj 1. achtzehnte(r, e, es). 2. achtzehntel. II s 3. (der, die, das) Achtzehnte. 4. Achtzehntel n.

eight·fold I adj u. adv achtfach. II s (das) Achtfache.
eighth [eɪtθ] I adj 1. acht(er, e, es): ~ note mus. Am. Achtelnote f; in the ~ place achtens, an achter Stelle; ~ rest mus. Achtelpause f; ~ wonder achtes Weltwunder. 2. achtel. II s 3. (der, die, das) Achte: the ~ of May der 8. Mai. 4. Achtel n (a. mus.). 'eighth·ly adv achtens.
eight·i·eth ['eɪtɪɪθ] I adj 1. achtzigst(er, e, es). 2. achtzigstel. II s 3. (der, die, das) Achtzigste. 4. Achtzigstel n.
eight·some ['eɪtsəm] s meist ~ reel ein schottischer Tanz für 8 Tänzer.
eight·y ['eɪtɪ] I adj achtzig. II s Achtzig f: he is in his eighties er ist in den Achtzigern; in the eighties in den achtziger Jahren (e-s Jahrhunderts).
Ein·stein ['aɪnstaɪn] s fig. mathe'matisches Ge'nie. ~ e·qua·tion s math. phys. Einsteinsche Gleichung.
Ein·stein·i·an [aɪn'staɪnɪən] adj math. phys. Einsteinsch(er, e, es).
ein·stein·i·um [aɪn'staɪnɪəm] s Einsteinium n (ein chemisches Element).
ei·ren·ic → irenic I.
eis·tedd·fod [aɪs'teðvɒd; eɪs-] pl -fods, -fod·au [-daɪ] s Eisteddfod n (walisisches Sänger- u. Dichterfest).
ei·ther ['bes. Br. 'aɪðə(r); bes. Am. 'i:ðə(r)] I adj 1. jeder, jede, jedes (von zweien), beide: on ~ side auf beiden Seiten; in ~ case in jedem der beiden Fälle, in beiden Fällen; there is nothing in ~ bottle beide Flaschen sind leer. 2. irgendein(er, e, es) (von zweien): ~ way auf die e-e od. die andere Art; you may sit at ~ end of the table Sie können am oberen od. unteren Ende des Tisches sitzen. II pron 3. irgendein(er, e, es) (von zweien): ~ of you can come (irgend)einer von euch (beiden) kann kommen; I haven't seen ~ ich habe beide nicht gesehen, ich habe keinen (von beiden) gesehen. 4. beides: ~ is possible. III conj 5. entweder: ~ ... or entweder ... oder; ~ be quiet or go entweder sei still oder gehe; ~ you are right or I am entweder hast du recht oder ich. 6. ~ ... or weder ... noch (im verneinenden Satz): it is not enough ~ for you or for me es reicht weder für dich noch für mich. IV adj 7. not ~ auch nicht; nor ~ (und) auch nicht, noch; she could not hear nor speak ~ sie konnte weder hören noch sprechen; if he does not dance she will not ~ wenn er nicht tanzt, wird sie es auch nicht tun; she sings, and not badly ~ sie singt, u. gar nicht schlecht. 8. unübersetzt: without ~ good or bad intentions ohne gute oder schlechte Absichten.
e·jac·u·late [ɪ'dʒækjʊleɪt] I v/t 1. physiol. Samen ausstoßen. 2. Worte etc aus-, herˈvorstoßen. II v/i 3. physiol. ejaku'lieren, e-n Samenerguß haben. III s [-lɪt] 4. physiol. Ejaku'lat n. e·jac·u'la·tion s 1. a) Ausruf m, Stoßseufzer m, -gebet n. 2. Aus-, Herˈvorstoßen n (von Worten etc). 3. physiol. Ejakulatiˈon f, Samenerguß m. e'jac·u·la·to·ry [-lətərɪ; Am. -ləˌtɔːrɪ; -ˌtəʊ-] adj 1. hastig (ausgestoßen), Stoß...: ~ prayer Stoßgebet n. 2. physiol. Ejakulations...
e·ject [ɪ'dʒekt] I v/t 1. (from) a) j-n hinˈauswerfen (aus), b) vertreiben (aus, von), c) jur. Mieter, Pächter zur Räumung (gen) zwingen. 2. entlassen, entfernen (from aus): to ~ s.o. from an office. 3. bes. tech. ausstoßen, -werfen. II v/i 4. aer. a) den Schleudersitz betätigen, b) sich mit dem Schleudersitz retten. e'jec·ta [-tə] s pl Auswurf m (e-s Vulkans etc). e'jec·tion [-kʃn] s 1. Vertreibung f (from aus, von). 2. Entlassung

f, Entfernung f (from an office aus e-m Amt). 3. bes. tech. Ausstoßen n, -werfen n: ~ seat aer. Schleudersitz m. 4. → ejecta. e'jec·tive [-tɪv] I adj 1. bes. tech. Ausstoß(ungs)... 2. ling. em'phatisch. 3. ling. em'phatischer od. als Preßlaut gesprochener Verschluß- od. Reibelaut. e'ject·ment s 1. → ejection 1. 2. a. action of ~ jur. Am. a) Räumungsklage f, b) Herˈausgabeklage f. e'jec·tor [-tə(r)] s 1. Vertreiber(in). 2. tech. a) Ausstoßvorrichtung f, Auswerfer m, b) Saugstrahlpumpe f.
eke[1] [i:k] v/t: ~ out a) Flüssigkeiten, Vorräte etc strecken, b) Einkommen aufbessern (with mit), c) to ~ out a living sich (mühsam) durchschlagen.
eke[2] [i:k] adv u. conj obs. auch.
e·kis·tics [ɪ'kɪstɪks] s pl (als sg konstruiert) E'kistik f (die Wissenschaft von den menschlichen Siedlungen).
el [el] s 1. L, l n (Buchstabe). 2. rail. colloq. Hochbahn f. 3. → ell[1].
e·lab·o·rate I adj [ɪ'læbərɪt] 1. sorgfältig od. kunstvoll gearbeitet od. ausgeführt, (in allen Einzelheiten) vollˈendet: an ~ ornament. 2. ('wohl)durchˌdacht, (sorgfältig ausgearbeitet: an ~ report. 3. a) kunstvoll, kompliˈziert, b) 'umständlich: an ~ description. II v/t [-reɪt] 4. sorgfältig od. bis ins einzelne ausarbeiten, vervollkommnen. 5. e-e Theorie etc entˈwickeln. 6. (mühsam) herˈausarbeiten. 7. biol. a) 'umbilden, b) entˈwickeln: to ~ organic compounds. III v/i [-reɪt] 8. nähere Angaben machen: to ~ (up)on sich verbreiten über (acc), ausführlich behandeln (acc), näher eingehen auf (acc). e'lab·o·rate·ly adv 1. sorgfältig, mit Genauigkeit, bis ins einzelne. 2. ausführlich. e'lab·o·rate·ness s 1. sorgfältige od. kunstvolle Ausführung. 2. a) Sorgfalt f, b) sorgfältige Ausarbeitung. 3. Kompli'ziertheit f. eˌlab·o'ra·tion s 1. → elaborateness 1, 2. 2. Entwicklung f (e-r Theorie etc). e'lab·o·ra·tive [-rətɪv; Am. -ˌreɪtɪv] adj entˈwickelnd: to be ~ of s.th. etwas entwickeln.
el·ae·o·mar·gar·ic ac·id [ˌelɪəʊmɑː(r)'gærɪk] s chem. Oleomarga'rinsäure f. ˌel·ae'om·e·ter [-'ɒmɪtə; Am. -'ɑmətər] s tech. 'Öläraˌoˌmeter n, Ölwaage f.
e·la·i·date [ɪ'leɪɪdeɪt] s chem. elaiˈdinsaures Salz. el·a·id·ic [ˌelə'ɪdɪk; -lɪ'ɪd-] adj chem. Elaidin...: ~ acid Elaidinsäure f. e·la·i·din [ɪ'leɪɪdɪn] s chem. Elaiˈdin n.
é·lan [eɪ'lɑ̃:ŋ] s Eˈlan m, Schwung m.
e·land ['i:lənd] s zo. 'Elenantiˌlope f.
el·a·phine ['eləfaɪn] adj zo. hirschartig, Hirsch...
e·lapse [ɪ'læps] v/i vergehen, -streichen (Zeit), ablaufen (Frist).
e·las·tic [ɪ'læstɪk] I adj (adv ~ally) 1. eˈlastisch: a) federnd, spannkräftig (beide a. fig.), b) dehnbar, biegsam, geschmeidig (a. fig.): ~ conscience weites Gewissen; ~ currency econ. elastische Währung; an ~ word ein dehnbarer Begriff, c) fig. anpassungsfähig. 2. phys. a) eˈlastisch (verformbar), b) (unbegrenzt) expansiˈonsfähig (Gase), c) inkompresˈsibel (Flüssigkeiten): ~ deformation elastische Verformung; ~ force → elasticity 1; ~ scattering elastische Streuung. 3. Gummi...: ~ band Gummiring m, -band n, (Dichtungs)Gummi m; ~ stocking Gummistrumpf m. II s 4. bes. Am. Gummiring m, -band n, (Dichtungs)Gummi m. 5. bes. Am. Gummistoff m, -gewebe n.
e·las·tic·i·ty [ˌelæ'stɪsɪtɪ; Am. ɪˌlæ-] s Elastiziˈtät f: a) Spannkraft f (a. fig.), b) Dehnbarkeit f, Biegsamkeit f, Ge-

schmeidigkeit *f* (*a. fig.*), c) *fig.* Anpassungsfähigkeit *f.*
e·las·to·mer [ɪˈlæstəmə(r)] *s chem.* eˈlastische (*gummiartige*) Masse.
e·late [ɪˈleɪt] **I** *v/t* **1.** mit Hochstimmung erfüllen, begeistern. **2.** *j-m* Mut machen, *j-n* optiˈmistisch stimmen. **3.** stolz machen. **II** *adj* → elated. **eˈlat·ed** *adj* (*adv* ~ly) **1.** in Hochstimmung, begeistert (*at von*). **2.** stolz (*at auf acc*). **eˈlat·ed·ness** → elation.
el·a·ter [ˈelətə(r)] *s* **1.** *bot.* Elaˈtere *f*, (Sporen)Schleuderer *m*. **2.** → elaterid.
e·lat·er·id [ɪˈlætərɪd] *s zo.* Schnellkäfer *m*, Schmied *m*.
e·la·tion [ɪˈleɪʃn] *s* **1.** Hochstimmung *f*, Begeisterung *f*. **2.** Stolz *m*.
E lay·er *s phys.* E-Schicht *f* (*der Ionosphäre*).
el·bow [ˈelbəʊ] **I** *s* **1.** Ell(en)bogen *m*: at one's ~ a) in Reichweite, bei der Hand, b) *bes. fig.* an s-r Seite; **out at ~(s)** a) schäbig, abgetragen (*Kleidung*), b) schäbig gekleidet, c) *Am.* knapp bei Kasse; **to be up to the** (*od.* **one's**) **~s in work** bis über die Ohren in Arbeit sitzen *od.* stecken; **to bend** (*od.* **crook, lift, raise, tip**) **an** (*od.* **one's, the**) **~** *colloq.* ‚e-n heben' (*trinken*). **2.** (scharfe) Biegung *od.* Krümmung, Ecke *f*, Knie *n*, Knick *m* (*der Straße etc*). **3.** *tech.* a) (Rohr)Knie *n*, (-)Krümmer *m*, Kniestück *n*, Winkel (-stück *n*) *m*, b) Seitenlehne *f* (*e-s Stuhls etc*). **II** *v/t* **4.** (*mit dem Ellbogen*) stoßen, drängen (*a. fig.*): **to ~ s.o. out** *j-n* hinausdrängen *od.* -stoßen; **to ~ o.s. through** sich durchdräng(el)n; **to ~ one's way** → 6. **III** *v/i* **5.** (*rücksichtslos*) die Ellbogen gebrauchen (*a. fig.*). **6.** sich (*mit den Ellbogen*) e-n Weg bahnen: **to ~ through a crowd**. **~ chair** *s* Arm-, Lehnstuhl *m*, (Lehn)Sessel *m*. **~ grease** *s humor.* **1.** ‚Armschmalz' *n* (*Kraft*). **2.** schwere Arbeit, ‚Schufteˈrei' *f*. **~ joint** *s* **1.** Ell(en)bogengelenk *n*. **2.** *tech.* Kniegelenk *n*, -stück *n*. **~ pipe** *s tech.* Knierohr *n*. **ˈ~room** *s* **1.** Ellbogenfreiheit *f*. **2.** *fig.* Bewegungsfreiheit *f*, Spielraum *m*. **~ tel·e·scope** *s* Winkelfernrohr *n*.
eld [eld] *s obs.* **1.** (Greisen)Alter *n*. **2.** alte Zeiten *pl*.
eld·er¹ [ˈeldə(r)] **I** *adj* **1.** älter(er, e, es) (*bes. unter den Angehörigen e-r Familie*): **my ~ brother; Brown the ~** Brown senior; **Holbein the E~** Holbein der Ältere. **2.** *obs.* älter (*an Rang etc*): **~ officer** *mil.* rangältester Offizier; **~ title** *jur.* älterer Anspruch; → elder statesman. **3.** *poet.* früher: **in ~ times**. **II** *s* **4.** (der, die) Ältere, Senior *m*: **my ~s** Leute, die älter sind als ich; **he is my ~ by two years** er ist zwei Jahre älter als ich. **5.** (Stammes-, Gemeinde)Älteste(r) *m*. **6.** *relig.* (Kirchen)Älteste(r) *m*, Presbyter *m*. **7.** Vorfahr *m*, Ahn(e *f*) *m*.
el·der² [ˈeldə(r)] *s bot.* Hoˈlunder *m*.
ˈel·der₁ber·ry *s bot.* **1.** Hoˈlunderbeere *f*. **2.** → elder².
eld·er·ly [ˈeldə(r)lɪ] *adj* ältlich, älter(er, e, es): **an ~ lady**.
eld·er states·man *s irr* **1.** Staatsmann im Ruhestand, der die politischen Führer inoffiziell berät. **2.** *weitS.* ‚großer alter Mann' (*e-r Berufsgruppe etc*).
eld·est [ˈeldɪst] *adj* ältest(er, e, es) (*bes. unter den Angehörigen e-r Familie*): **my ~ brother**. **~ hand** *s Kartenspiel*: Vorhand *f*.
El Do·ra·do, *a.* **El·do·ra·do** [ˌeldəˈrɑːdəʊ] *pl* **-dos** *s* (El)Doˈrado *n*, Traum-, Wunschland *n*, Paraˈdies *n*.
el·dritch [ˈeldrɪtʃ] *adj poet.* unheimlich, (*Schrei etc*) schauerlich.
El·e·at·ic [ˌelɪˈætɪk] *philos.* **I** *adj* eleˈatisch. **II** *s* Eleˈat(in), Anhänger(in) der eleˈatischen Schule. **ˌEl·e·at·i·cism** [-sɪzəm] *s philos.* Eleaˈtismus *m*.

e·lect [ɪˈlekt] **I** *v/t* **1.** *j-n* wählen: **to ~ s.o. to an office** *j-n* in ein Amt wählen; **they ~ed him** (**to be**) **their president** sie wählten ihn zum Präsidenten. **2.** *etwas* wählen, sich entscheiden für: **to ~ to do s.th.** sich (dazu) entschließen *od.* es vorziehen, etwas zu tun. **3.** *relig.* auserwählen. **II** *adj* **4.** (*meist nach Substantiv*) desiˈgniert, zukünftig: **the bride ~** die Verlobte *od.* ‚Zukünftige'; **the president ~** der designierte Präsident. **5.** erlesen. **6.** *relig.* (*von Gott*) auserwählt. **III** *s* **7. the ~** die Auserwählten *pl*.
e·lec·tion [ɪˈlekʃn] **I** *s* **1.** Wahl *f*: **at the ~** bei der Wahl. **2.** *relig.* (Aus)Erwählung *f*, Gnadenwahl *f*. **II** *adj* **3.** *pol.* Wahl...: **~ day** (**speech, year,** *etc*); **~ campaign** Wahlkampf *m*, -kampagne *f*; **~ district** Wahlbezirk *m*; **~ meeting** Wahlversammlung *f*; **~ platform** Wahlplattform *f*; **~ pledge** Wahlversprechen *n*; **~ returns** Wahlergebnisse.
e·lec·tion·eer [ɪˌlekʃəˈnɪə(r)] *v/i pol.* Wahlkampf betreiben: **to ~ for s.o.** für *j-n* als Wahlhelfer arbeiten, für *j-n* Wahlpropaganda treiben. **eˌlec·tionˈeer·er** *s pol.* Wahlhelfer(in). **eˌlec·tionˈeer·ing** *pol.* **I** *s* a) ˈWahlkampf *m*, -kamˌpagne *f*, b) ˈWahlpropaˌganda *f*. **II** *adj* Wahl...: **~ campaign** → I a.
e·lec·tive [ɪˈlektɪv] **I** *adj* **1.** gewählt, durch Wahl, Wahl... (*Beamter etc*). **2.** Wahl..., durch Wahl zu vergeben(d) (*Amt*). **3.** wahlberechtigt. **4.** *ped. bes. Am.* fakultaˈtiv: **~ subject** Wahlfach *n*. **5.** *chem.* Wahl...: **~ affinity** Wahlverwandtschaft *f* (*a. fig.*). **II** *s* **6.** *ped. bes. Am.* Wahlfach *n*. **eˈlec·tor** [-tə(r)] *s* **1.** Wähler(in). **2. E~** *hist.* Kurfürst *m*. **3.** *pol.* Wahlmann *m* (*bei der Präsidentenwahl in den USA*). **eˈlec·tor·al** [-ərəl] *adj* **1.** Wahl..., Wähler...: **~ college** *pol. Am.* Wahlmänner *pl* (*e-s Staates*); **~ district** *pol.* Wahlbezirk *m*; **~ register** Wahl-, Wählerliste *f*. **2.** *hist.* kurfürstlich, Kurfürsten...: **~ crown** Kur(fürsten)hut *m*. **eˈlec·tor·ate** [-ərɪt] *s* **1.** *pol.* Wähler (-schaft *f*) *pl*. **2.** *hist.* Elektoˈrat *n*: a) Kurfürstenwürde *f*, b) Kurfürstentum *n*.
E·lec·tra com·plex [ɪˈlektrə] *s psych.* Eˈlektrakomˌplex *m*.
e·lec·tress [ɪˈlektrɪs] *s* **1.** Wählerin *f*. **2.** *hist.* Kurfürstin *f*.
e·lec·tric [ɪˈlektrɪk] **I** *adj* (*adv* ~ally) **1.** a) eˈlektrisch: **~ cable** (**charge, current, light, locomotive,** *etc*); **~ bill** Stromrechnung *f*, b) Elektro...: **~ fence** (**motor,** *etc*), c) Elektriziˈtäts...: **~ works,** d) eˌlektroˈtechnisch. **2.** *fig.* a) elektriˈsierend (*Wirkung etc*), b) spannungsgeladen (*Atmosphäre*). **II 3.** *phys.* eˈlektrostatischer Körper, Nichtleiter *m*. **4.** *colloq.* ‚Eˈlektrische' *f* (*Straßenbahn*), b) Oˈber-leitungs)bus *m*.
e·lec·tri·cal [ɪˈlektrɪkl] *adj* (*adv* ~ly) → electric I. **~ en·gi·neer** *s* a) Eˈlektroingeniˌeur *m*, b) Eˌlektroˈtechniker *m*. **~ en·gi·neer·ing** *s* Eˌlektroˈtechnik *f*.
e·lec·tric | arc *s* Lichtbogen *m*. **~ art** *s* Lichtkunst *f*. **~ blan·ket** *s* Heizdecke *f*. **~ blue** *s* Stahlblau *n*. **~ chair** *s* eˈlektrischer Stuhl: **to get the ~** auf dem elektrischen Stuhl hingerichtet werden. **~ cush·ion** *s* Heizkissen *n*. **~ eel** *s ichth.* Zitteraal *m*. **~ eye** *s electr.* **1.** Photozelle *f*, photoeˈlektrische Zelle. **2.** *fig.* magisches Auge.
e·lec·tri·cian [ɪˌlekˈtrɪʃn; *Am.* ɪˌlek-] *s* Eˌlektroˈtechniker *m*, -meˈchaniker *m*, Eˈlektriker *m*. **eˈlec·tric·i·ty** [-sətɪ] *s phys.* **1.** a) Elektriziˈtät *f*, b) Strom *m*: **~ generator** Stromerzeuger *m*; **~ meter** Stromzähler *m*. **2.** Elektriziˈtätslehre *f*.

e·lec·tric | me·ter *s electr.* eˈlektrisches Meßgerät, *bes.* Stromzähler *m*. **~ ray** *s ichth.* (*ein*) Zitterrochen *m*. **~ shock** *s* **1.** eˈlektrischer Schlag, Stromschlag *m*. **2.** *med.* Eˈlektroschock *m*. **~ stor·age stove** *s* Eˈlektrospeicherofen *m*. **~ storm** *s* Gewittersturm *m*. **~ torch** *s bes. Br.* Taschenlampe *f*.
e·lec·tri·fi·ca·tion [ɪˌlektrɪfɪˈkeɪʃn] *s* **1.** a) Elektriˈsierung *f* (*a. fig.*), b) *fig.* Begeisterung *f*. **2.** Elektrifiˈzierung *f*. **eˈlec·tri·fied** *adj* **1.** elektriˈsiert: a) eˈlektrisch geladen: **~ obstacle** *mil.* Starkstromsperre *f*, b) *fig.* ˈhingerissen. **2.** elektrifiˈziert. **eˈlec·tri·fy** [-faɪ] *v/t* **1.** elektriˈsieren: a) eˈlektrisch (auf-)laden, b) *j-m* e-n eˈlektrischen Schlag versetzen, c) *fig.* erregen, begeistern, ˈhinreißen. **2.** *e-e Bahnlinie etc* elektrifiˈzieren. **eˌlec·tri·zaˈtion, eˈlec·trize** → electrification, electrify.
e·lec·tro [ɪˈlektrəʊ] *pl* **-tros** *s* **1.** → electroplate II. **2.** → electrotype I.
electro- [ɪˈlektrəʊ] *Wortelement mit den Bedeutungen* a) Elektro..., elektro..., eˈlektrisch, b) elekˈtronisch, c) eˌlektroˈlytisch, d) eˌlektromagˈnetisch, e) Galˈvano...
e·lec·tro·aˈcous·tics *s pl* (*als sg konstruiert*) *phys. tech.* Eˌlektroaˈkustik *f*. **e·lec·tro·aˈnal·y·sis** *s chem.* Eˈlektroanaˌlyse *f*. **e·lec·tro·biˈol·o·gy** *s* Eˌlektrobioloˈgie *f*. **e·lec·troˈcar·di·o·gram** *s med.* Eˌlektrokardioˈgramm *n*. **e·lec·troˈcar·di·o·graph** *s med.* Eˌlektrokardioˈgraph *m*. **eˌlec·troˈchem·is·try** *s* Eˌlektrocheˈmie *f*. **e·lec·tro·conˈduc·tive** *adj* stromleitend. **e·lec·tro·conˈvul·sive ther·a·py** → electroshock 2.
e·lec·tro·cute [ɪˈlektrəkjuːt] *v/t* **1.** auf dem eˈlektrischen Stuhl ˈhinrichten. **2.** durch eˈlektrischen Strom töten: **he was ~d** er erhielt e-n tödlichen Stromschlag. **eˌlec·troˈcu·tion** [-ʃn] *s* ˈHinrichtung *f od.* Tod *m* durch eˈlektrischen Strom.
e·lec·trode [ɪˈlektrəʊd] *s electr.* Elekˈtrode *f*: **~ potential** Elektrodenspannung *f*.
e·lec·tro·dyˈnam·ics *s pl* (*meist als sg konstruiert*) *phys.* Eˌlektrodyˈnamik *f*. **e·lec·tro·enˈceph·a·lo·gram** *s med.* Eˌlektroenˌzephaloˈgramm *n*. **e·lec·tro·enˈceph·a·lo·graph** *s med.* Eˌlektroenˌzephaloˈgraph *m*. **e·lec·tro·en·giˈneer·ing** *s* Eˌlektroˈtechnik *f*. **e·lec·tro·graph** [ɪˈlektrəʊgrɑːf; *bes. Am.* -græf] *s* **1.** a) regiˈstrierendes Eˌlektroˈmeter, b) Eˌlektroˈmeter-Diaˈgramm *n*. **2.** eˈlektrischer Graˈvierappaˌrat. **3.** Appaˈrat *m* zur eˈlektrischen ˈBildübertragung. **4.** *med.* Röntgenbild *n*. **e·lec·tro·hyˈdrau·lics** *s pl* (*als sg konstruiert*) *phys.* Eˌlektrohyˈdraulik *f*. **e·lec·tro·kiˈnet·ics** *s pl* (*als sg konstruiert*) *phys.* Eˌlektrokiˈnetik *f*.
e·lec·trol·y·sis [ˌɪlekˈtrɒlɪsɪs; *Am.* ˌɪlekˈtrɑː-] *s* **1.** *chem. phys.* Elekˈtrolyse *f*. **2.** *med.* Beseitigung *f* von Tuˈmoren *etc* durch eˈlektrischen Strom.
e·lec·tro·lyte [ɪˈlektrəʊlaɪt] *s chem. phys.* **1.** Elektroˈlyt *m*. **2.** Elektroˈlyt *m*, Füllˌ Akkusäure *f* (*für Batterien*).
e·lec·tro·lyze [ɪˈlektrəʊlaɪz] *v/t* elektroˈlysieren.
e·lec·tro·ˈmag·net *s* Eˈlektromaˌgnet *m*. **eˌlec·troˈmag·net·ic** **I** *adj* eˌlektromagˈnetisch: **~ field** (**pump,** *etc*). **II** *s pl* (*als sg konstruiert*) → electromagnetism. **eˌlec·troˈmag·net·ism** *s* Eˌlektromagneˈtismus *m*. **eˌlec·troˈme·chan·ics** *s pl* (*als sg konstruiert*) Eˌlektromeˈchanik *f*. **eˌlec·tro·meˈtal·lur·gy** *s* Eˌlektrometallurˈgie *f*.

electrometer - elf

e·lec·trom·e·ter [ˌɪlekˈtrɒmɪtə; *Am.* ˌɪlekˈtrɑmətər] *s* Eˌlektroˈmeter *n*. **e·lecˈtrom·e·try** [-trɪ] *s* Eˌlektromeˈtrie *f*.
eˌlec·troˈmo·tion *s* Elektriziˈtätsbewegung *f*. **eˌlec·troˈmo·tive** *adj* eˌlektromoˈtorisch: ~ **force** *phys.* elektromotorische Kraft. **eˌlec·troˈmu·sic** *s* elekˈtronische Muˈsik.
e·lec·tron [ɪˈlektrɒn; *Am.* -ˌtrɑn] **I** *s chem. phys.* Elektron *n*. **II** *adj* Elektronen...: ~ **avalanche** (**camera**, **cloud**, **gas**, **microscope**, **ray**); ~ **emission** Elektronenaustritt *m*, -emission *f*; ~ **gun** Elektronenkanone *f*.
eˌlec·troˈneg·a·tive *adj chem. phys.* eˌlektroˈnegativ, negativ eˈlektrisch *od.* geladen.
e·lec·tronˈic [ˌɪlekˈtrɒnɪk; *Am.* ˌɪlekˈtrɑ-] **I** *adj* (*adv* ~ally) elekˈtronisch, Elektronen...: ~ **art** Elektronic art *f*; ~ **brain** ˈElektronengehirnˈ *n* (*elektronisches Rechengerät*); ~ **data processing** elektronische Datenverarbeitung; ~ **flash** *phot.* Elektronenblitz *m*; ~ **music** elektronische Musik. **II** *s pl* (*als sg konstruiert*) Elekˈtronik *f* (*Zweig der Elektrotechnik*), b) Elekˈtronik *f* (*e-s Geräts*).
eˌlec·troˈop·tics *s pl* (*als sg konstruiert*) *phys.* Eˈlektrooptik *f*.
e·lec·tro·phone [ɪˈlektrəfəʊn] *s mus.* Eˌlektroˈphon *n*, elekˈtronisches Instruˈment.
e·lec·tro·pho·re·sis [ɪˌlektrəʊfəˈriːsɪs] *s chem. phys.* Eˌlektrophoˈrese *f*.
e·lec·trophˈo·rus [ˌɪlekˈtrɒfərəs; *Am.* ˌɪlekˈtrɑ-] *pl* **-ri** [-raɪ] *s phys.* Eˌlektroˈphor *m*.
eˈlec·tro·plate **I** *v/t* eˌlektroplatˈtieren, galvaniˈsieren. **II** *s* eˌlektroplatˈtierte Ware.
eˌlec·troˈpos·i·tive *adj chem. phys.* eˌlektroˈpositiv, positiv eˈlektrisch *od.* geladen.
e·lec·tro·scope [ɪˈlektrəskəʊp] *s phys.* Eˌlektroˈskop *n*. **eˌlec·troˈscop·ic** [-ˈskɒpɪk; *Am.* -ˈska-] *adj* (*adv* ~ally) eˌlektroˈskopisch.
eˈlec·tro·shock *s med.* **1.** Eˈlektroschock *m*. **2.** *a.* ~ **therapy** (Eˈlektro-)Schocktheraˌpie *f*.
eˌlec·troˈstat·ic **I** *adj* (*adv* ~ally) *phys.* eˌlektroˈstatisch: ~ **field**; ~ **flux** dielektrischer Fluß; ~ **induction** Influenz *f*. **II** *s pl* (*als sg konstruiert*) Eˌlektroˈstatik *f*.
eˈlec·tro·steel *s* Eˈlektrostahl *m*. **eˈlec·troˌstim·uˈla·tion** *med.* elˈektrische Reizung. **eˌlec·troˈstric·tion** [-ˈstrɪkʃn] *s phys.* Eˌlektrostriktiˈon *f*. **eˌlec·troˈsur·ger·y** *s med.* Eˌlektrochirurˈgie *f*.
eˌlec·troˈtech·nic *adj* (*adv* ~ally) eˌlektroˈtechnisch. **II** *s pl* (*als sg konstruiert*) Eˌlektroˈtechnik *f*. **eˌlec·troˈtech·ni·cal** → **electrotechnic** I. **eˌlec·troˈtech·nolˈo·gy** → **electrotechnic** II. **eˌlec·tro·therˈaˈpeu·tics** *s pl* (*meist als sg konstruiert*) *med.* Eˌlektrotheraˈpeutik *f*. **eˌlec·troˈther·a·py** *s med.* Eˌlektrotheraˈpie *f*. **eˌlec·troˈther·mics** *s pl* (*als sg konstruiert*) *tech.* Eˌlektroˈthermik *f*.
e·lec·tro·type [ɪˈlektrəʊtaɪp] *print.* **I** *s* **1.** Galˌvano *n*, Eˌlektroˈtype *f* (*Kopie e-r Druckplatte*). **2.** mit Galˈvano ˈhergestellter Druckbogen. **3.** → **electrotypy**. **II** *adj* **4.** → **electrotypic**. **III** *v/t* **5.** galˌvanoˈplastisch vervielfältigen, (galˈvanisch) kliˈschieren. **eˌlec·troˈtyp·ic** [-ˈtɪpɪk] *adj* galˌvanoˈplastisch, Galvano... **eˈlec·troˌtypˈist** [-ˌtaɪpɪst] *s* Galˌvanoˈplastiker *m*. **eˈlec·troˌty·py** *s* Galˌvanoˈplastik *f*, Eˌlektrotyˈpie *f*.
e·lec·trum [ɪˈlektrəm] *s* Eˈlektrum *n*, Goldsilber *n* (*Legierung*).
e·lec·tu·ar·y [ɪˈlektjʊərɪ; *Am.* -tʃəˌwerɪ] *s med. pharm.* Latˈwerge *f*.

el·e·emos·y·nar·y [ˌelɪːˈmɒsɪnərɪ; *Am.* ˌelɪˈmɑsnˌerɪ:] *adj* wohltätig, mild(tätig).
el·e·gance [ˈelɪɡəns], **ˈel·e·gan·cy** *s* **1.** Eleˈganz *f*. **2.** a) (*etwas*) Eleˈgantes, eleˈgante Form *od.* Erscheinung, b) eleˈgante *od.* luxuriˈöse Ausstattung. **3.** feine Sitte. **ˈel·e·gant** [-ɡənt] *adj* (*adv* ~ly) **1.** eleˈgant: a) fein, geschmackvoll, vornehm u. schön, b) gewählt, gepflegt: ~ **manners**; ~ **style**, c) anmutig, d) geschickt, gekonnt. **2.** feinen Geschmack besitzend, von (feinem) Geschmack. **3.** *colloq.* ˈprimaˈ, erstklassig.
el·e·gi·ac [ˌelɪˈdʒaɪæk; *Am. a.* ɪˈliːdʒɪˌæk] **I** *adj* **1.** eˈlegisch: ~ **distich**, ~ **couplet** elegisches Distichon. **2.** eˈlegisch, schwermütig, klagend, Klage... **II** *s* **3.** eˈlegischer Vers, *bes.* Penˈtameter *m*. **4.** *meist pl* eˈlegisches Gedicht. **el·e·gist** [ˈelɪdʒɪst] *s* Eleˈgiendichter *m*. **ˈel·e·gize** [ˈelɪdʒaɪz] **I** *v/i* e-e Eleˈgie schreiben (**upon** auf *acc*). **II** *v/t* e-e Eleˈgie schreiben auf (*acc*). **el·e·gy** [ˈelɪdʒɪ] *s* Eleˈgie *f*, Klagegedicht *n*, -lied *n*.
el·e·ment [ˈelɪmənt] *s* **1.** Eleˈment *n*: a) *philos.* Urstoff *m*: **the four ~s** die vier Elemente, b) Grundbestandteil *m*, wesentlicher Bestandteil, c) *chem.* Grundstoff *m*, d) *tech.* Bauteil *n*, e) Ursprung *m*, Grundlage *f*. **2.** *pl* Anfangsgründe *pl*, Anfänge *pl*, Grundlage(n *pl*) *f*: **~s of geometry**. **3.** Grundtatsache *f*, grundlegender ˈUmstand, wesentlicher Faktor: ~ **of uncertainty** Unsicherheitsfaktor; ~ **of surprise** Überraschungsmoment *n*. **4.** *jur.* Tatbestandsmerkmal *n*. **5.** *fig.* Körnchen *n*, Fünkchen *n*: **an ~ of truth**; **there is an ~ of risk in it** es ist ein gewisses Risiko damit verbunden; **there is an ~ of luck in research** bei der Forschung spielt ein gewisses Maß an Glück mit. **6.** (*Bevölkerungs*)Teil *m*, (*kriminelle etc*) Eleˈmente *pl*: **the criminal ~ in a city**. **7.** (ˈLebens)Eleˌment *n*, Sphäre *f*, gewohnte Umˈgebung: **to be in one's ~** in s-m Element sein; **to be out of one's ~** nicht in s-m Element sein, sich unbehaglich *od.* fehl am Platz fühlen. **8.** *pl* Eleˈmente *pl*, Naˈturkräfte *pl*: → **war** 12. **9.** *math.* a) Eleˈment *n* (*e-r Menge etc*), b) Erzeugende *f* (*e-r Kurve etc*). **10.** *astr.* Eleˈment *n*, Bestimmungsstück *n*. **11.** *electr.* a) Eleˈment *n*, Zelle *f*, b) Elekˈtrode *f* (*e-r Elektronenröhre*). **12.** *phys.* Eleˈment *n* (*e-s Elementenpaars*). **13.** *mil.* Eleˈment *n*, Truppenkörper *m*, (Teil)Einheit *f*. **14.** *aer.* Rotte *f*. **15.** *pl relig.* Brot *n* u. Wein *m* (*beim Abendmahl*).
el·e·menˈtal [ˌelɪˈmentl] **I** *adj* (*adv* ~ly) **1.** elemenˈtar: a) ursprünglich, naˈtürlich, b) urgewaltig, c) wesentlich, grundlegend. **2.** Elementar..., Ur...: ~ **force**; ~ **cell** Urzelle *f*; ~ **spirit** → **4**. **3.** → **elementary** 2-6. **II** *s* **4.** Elemenˈtargeist *m*.
el·e·menˈta·ry [ˌelɪˈmentərɪ] *adj* (*adv* elementarily) **1.** → **elemental** 1 u. 2. **2.** elemenˈtar, Elementar..., Einführungs-, Anfangs..., einführend, grundlegend. **3.** elemenˈtar, einfach. **4.** *chem.* elemenˈtar, unvermischt, nicht zerlegbar. **5.** *chem. math. phys.* Elementar...: ~ **particle** Elementarteilchen *n*. **6.** unentwickelt, rudimenˈtär. ~ **ed·u·ca·tion** *s* **1.** *Am.* Grundschul-, *Br. obs.* Volksschul(aus)bildung *f*, b) *Am.* Grundschul-, *Br. obs.* Volksschulwesen *n*. ~ **school** *s* a) *Am.* Grundschule *f*, b) *Br. obs.* Volksschule *f*.
el·e·mi [ˈelɪmɪ] *s tech.* Eˈlemi(harz) *n*.
el·e·phant [ˈelɪfənt] *s* **1.** *zo.* Eleˈfant *m*: ~ **iron** *mil.* halbtonnenförmiges Wellblech (*für Baracken etc*). **2.** *Am.* Eleˈfant *m*: a) *Symbol der Republikanischen Partei der USA*, b) *fig. Bezeichnung dieser Partei*. **3.** ein Papierformat (28 × 23 Zoll).

el·e·phan·ti·a·sis [ˌelɪfənˈtaɪəsɪs; -fæn-] *s med.* Elefanˈtiasis *f*.
el·e·phan·tine [ˌelɪˈfæntaɪn; *Am. a.* -ˌtiːn] *adj* **1.** eleˈfantenartig. **2.** Elefanten...: **an ~ memory** ein Gedächtnis wie ein Elefant. **3.** riesenhaft. **4.** plump, schwerfällig. **ˌel·eˈphan·toid** *adj* eleˈfantenartig, Elefanten...
ˈel·e·phant seal *s zo.* (*ein*) ˈSee-Eleˌfant *m*.
ˈel·eˈphantˈs-ear *s bot.* Beˈgonie *f*.
Eleu·sin·i·an [ˌeljʊːˈsɪnɪən] *adj antiq.* eleuˈsinisch. ~ **mys·ter·ies** *s pl antiq. relig.* Eleuˈsinische Myˈsterien *pl*.
el·e·vate [ˈelɪveɪt] **I** *v/t* **1.** e-e Last etc (hoch-, emˈpor-, auf)heben. **2.** erhöhen. **3.** a) den Blick etc erheben, b) *die Stimme* (er)heben. **4.** *mil.* a) *das Geschützrohr* erhöhen, b) *das Geschütz* der Höhe nach richten. **5.** a) *e-n Mast etc* aufrichten, b) *ein Gebäude* errichten. **6.** *im Rang* erheben, befördern (**to** zu): **to ~ s.o. to the nobility (throne)** j-n in den Adelsstand (auf den Thron) erheben. **7.** *j-n (seelisch)* erheben, erbauen. **8.** *Niveau etc* heben, steigern, verbessern. **9.** erheitern. **II** *adj obs. für* **elevated** I. **ˈel·e·vatˈed** **I** *adj* **1.** erhöht. **2.** gehoben (*Position, Stil etc*), erhaben (*Gedanken*). **3.** überˈsteigert: **to have an ~ opinion of o.s. 4.** a) erheitert, b) *colloq.* angeheitert, beschwipst. **5.** hoch, Hoch...: ~ **aerial** (*bes. Am.* **antenna**) *electr.* Hochantenne *f*; ~ **railway** (*Am.* **railroad**) Hochbahn *f*; ~ **road** Hochstraße *f*. **II** *s* **6.** **rail.** *Am. colloq.* Hochbahn *f*. **ˈel·eˈvat·ing** *adj* **1.** *bes. tech.* hebend, Hebe..., Aufzugs..., Höhen...: ~ **gear** *mil.* Höhenrichtmaschine *f*; ~ **screw** Richtschraube *f*. **2.** erhebend, erbaulich. **3.** erheiternd.
el·eˈva·tion [ˌelɪˈveɪʃn] *s* **1.** (Hoch-, Emˈpor-, Auf)Heben *n*. **2.** Erhöhung *f*. **3.** Höhe *f*, (Grad *m* der) Erhöhung *f*. **4.** (Boden)Erhebung *f*, (An)Höhe *f*. **5.** *geogr.* Meereshöhe *f*. **6.** *mil. tech.* Richthöhe *f*: ~ **quadrant** Libellenquadrant *m*; ~ **range** Höhenrichtbereich *m*; ~ **setter** Höhenrichtkanonier *m*. **7.** *relig.* Elevatiˈon *f*, Erhebung *f* (*von Hostie u. Kelch*). **8.** *astr.* Elevatiˈon *f*, Höhe *f*. **9.** a) Aufstellen *n* (*e-s Mastes etc*), b) Errichtung *f* (*von Gebäuden*). **10.** (**to**) Erhebung *f* (auf den Thron, in den Adelsstand), Beförderung *f* (zu). **11.** gehobene Positiˈon. **12.** (*seelische*) Erhebung, Erbauung *f*. **13.** Hebung *f*, Steigerung *f*, Verbesserung *f*. **14.** Gehobenheit *f*, Erhabenheit *f*. **15.** *arch. math.* Aufriß *m*, Vertiˈkalprojektiˌon *f*: ~ **front** ~ Vorderansicht *f*, Längsriß *m*.
el·e·va·tor [ˈelɪveɪtə(r)] *s* **1.** *tech.* a) Eleˈvator *m*, Förderwerk *n*, b) *Am.* Lift *m*, Fahrstuhl *m*, Aufzug *m*, c) Hebewerk *n*: ~ **dredge** Eimerbagger *m*. **2.** *agr.* Getreidesilo *m*, *a. n*. **3.** *aer.* Höhensteuer *n*, -ruder *n*. **4.** *med.* a) Hebel *m*, b) Zahnmedizin: Wurzelheber *m*. **5.** *anat.* Hebemuskel *m*.
e·lev·en [ɪˈlevn] **I** *adj* **1.** elf. **II** *s* **2.** Elf *f*. **3.** Fußball, Hockey: Elf *f*. **eˌlev·enˈplus** *s ped. Br. hist.* im Alter von ungefähr 11 Jahren abgelegte Prüfung, die über die schulische Weiterbildung entschied.
e·lev·en·ses [ɪˈlevnzɪz] *s pl Br. colloq.* zweites Frühstück.
e·lev·enth [ɪˈlevnθ] **I** *adj* **1.** elft(er, e, es): **at the ~ hour** *fig.* in letzter Minute, fünf Minuten vor zwölf. **2.** elftel. **II** *s* **3.** (der, die, das) Elfte. **4.** Elftel *n*.
el·e·von [ˈelɪvɒn; *Am.* -ˌvɑn] *s aer.* kombiˈniertes Höhen- u. Querruder.
elf [elf] *pl* **elves** [elvz] *s* **1.** Elf *m*, Elfe *f*. **2.** Kobold *m*. **3.** *fig.* a) Zwerg *m*, Knirps

m, b) (kleiner) Racker *od*. Kobold. ~ **child** *s irr* Wechselbalg *m*.

elf·in ['elfɪn] **I** *adj* **1.** Elfen... **2.** → **elfish**. **II** *s* → **elf**.

elf·ish ['elfɪʃ] *adj* **1.** elfisch, elfenhaft, Elfen... **2.** koboldhaft, schelmisch.

'elf·lock *s* verfilztes Haar, Weichselzopf *m*.

e·lic·it [ɪ'lɪsɪt] *v/t* **1.** *etwas* entlocken (**from** *dat*): **to** ~ **a reply from s.o.**; **to** ~ **harmonious sounds from an instrument. 2.** *e-e Aussage, die Wahrheit* herlausholen, -locken, -bringen (**from** aus). **3.** *Applaus, Gelächter etc* her'vorrufen. **4.** *etwas* ans (Tages)Licht bringen.

e·lide [ɪ'laɪd] *v/t ling*. e-*n* Vokal *od*. e-*e Silbe* eli'dieren, auslassen.

el·i·gi·bil·i·ty [ˌelɪdʒə'bɪlətɪ] *s* **1.** Eignung *f*: **his eligibilities** s-e Vorzüge. **2.** Berechtigung *f*. **3.** Wählbarkeit *f*. **'el·i·gi·ble I** *adj (adv* **eligibly) 1. (for)** in Frage kommend (für): a) geeignet, annehmbar, akzep'tabel (für), b) berechtigt, befähigt (zu), qualifi'ziert (für): **to be** ~ **for** Anspruch haben auf (*acc*); ~ **for a pension** pensions-, rentenberechtigt; ~ **to vote** wahlberechtigt, c) teilnahmeberechtigt (**an** *dat*), *sport a*. startberechtigt (für), d) wählbar (für). **2.** wünschenswert, vorteilhaft. **3.** *econ*. bank-, dis'kontfähig. **II** *s* **4.** *colloq*. in Frage kommende Per-'son *od*. Sache.

e·lim·i·na·ble [ɪ'lɪmɪnəbl] *adj* elimi-'nierbar, auszuscheiden(d). **e'lim·i·nate** [-neɪt] *v/t* **1.** beseitigen, entfernen, ausmerzen, (*a. math*.) elimi'nieren (**from** aus). **2.** ausscheiden (*a. chem. physiol*.), ausschließen, *a*. e-*n Gegner* ausschalten: **to be** ~**d** *sport* ausscheiden. **3.** *etwas* igno'rieren, nicht beachten.

e·lim·i·na·tion [ɪˌlɪmɪ'neɪʃn] *s* **1.** Beseitigung *f*, Entfernung *f*, Ausmerzung *f*, Elimi'nierung *f*. **2.** *math*. Eliminati'on *f*. **3.** *chem. physiol*., *a. sport* Ausscheidung *f*: ~ **contest** *sport* Ausscheidungs-, Qualifikationswettbewerb *m*. **4.** Igno'rierung *f*. **5.** Igno'rierung *f*. **e'lim·i·na·tor** [-tə(r)] *s electr*. Sieb-, Sperrkreis *m*.

el·in·var ['elɪnvɑː(r)] *s tech*. 'Elinvar-Legierung *f* (*Nickelstahllegierung*).

e·li·sion [ɪ'lɪʒn] *s ling*. Elisi'on *f*, Auslassung *f* (*e-s Vokals od. e-r Silbe*).

e·lite, *Br. a*. **é·lite** [eɪ'liːt; ɪ'liːt] *s* E'lite *f*: a) Auslese *f*, (*das*) Beste, (*die*) Besten *pl*, b) Führungs-, Oberschicht *f*, c) *mil*. E'lite-, Kerntruppe *f*. **2.** *e-e Typengröße auf der Schreibmaschine* (*10 Punkt*). **e'lit·ism** *s* E'litedenken *n*, eli'täres Denken. **e'lit·ist** *adj* eli'tär: ~ **thinking** → **elitism**.

e·lix·ir [ɪ'lɪksə(r)] *s* **1.** Eli'xier *n*, Zaubertrank *m*: ~ **of life** Lebenselixier. **2.** All-'heilmittel *n*. **3.** 'Quintesˌsenz *f*, Kern *m*. **4.** *Alchimie*: Auflösungsmittel *n* (*zur Verwandlung unedler Metalle in Gold*).

E·liz·a·be·than [ɪˌlɪzə'biːθn] **I** *adj* Elisabe'thanisch. **II** *s* Elisabe'thaner(in), Zeitgenosse *m od*. -genossin *f* E'lisabeths I. von England.

elk [elk] *pl* **elks**, *bes. collect*. **elk** *s zo*. a) (euro'päischer) Elch, Elen(tier) *n*, b) Elk *m*, Wa'piti *m* (*Nordamerika*), c) Pferdehirsch *m*, Sambar *m* (*Südasien*). **'~·hound** *s* schwedischer Elchhund.

ell[1] [el] *s* (*meist rechtwinklig angebauter*) Flügel (*e-s Gebäudes*).

ell[2] *s* Elle *f* (*früheres Längenmaß*).

'ell·fish → **menhaden**.

el·lipse [ɪ'lɪps] *s* **1.** *math*. El'lipse *f*. **2.** *selten für* **ellipsis**. **el'lip·sis** [-sɪs] *pl* **-ses** [-siːz] *s* **1.** *ling*. El'lipse *f*, Auslassung *f* (*e-s Worts*). **2.** *print*. (*durch Punkte etc angedeutete*) Auslassung. **el-'lip·soid** *s math. phys*. Ellipso'id *n*. **el·lip·soi·dal** [ˌelɪp'sɔɪdl; *Am*. ɪˌlɪp's-] *adj*

math. ellipso'idisch, el'liptisch: ~ **coordinates** elliptische Koordinaten.

el·lip·tic [ɪ'lɪptɪk] *adj*; **el'lip·ti·cal** [-kl] *adj (adv* ~**ly**) **1.** *math*. el'liptisch: ~ **function**; ~ **geometry**. **2.** *ling*. el'liptisch, unvollständig (*Satz*).

el·lip·tic·i·ty [ˌelɪp'tɪsətɪ; *Am*. ɪˌlɪp't-] *s bes. astr*. Elliptizi'tät *f*, Abplattung *f*.

elm [elm] *s bot*. Ulme *f*, Rüster *f*. **'elm·y** *adj* **1.** ulmenreich. **2.** Ulmen...

el·o·cu·tion [ˌelə'kjuːʃn] *s* **1.** Vortrag(sweise *f*) *m*, Dikti'on *f*. **2.** Vortrags-, Redekunst *f*. **3.** Sprechtechnik *f*. ˌ**el·o-'cu·tion·ar·y** [-ʃnərɪ; *Am*. -ʃəˌnerɪ] *adj* rednerisch, Vortrags... ˌ**el·o'cu·tion·ist** *s* **1.** Vortrags-, Redekünstler(in). **2.** Sprecherzieher(in).

e·lon·gate ['iːlɒŋɡeɪt; *Am*. ɪ'lɔːŋ-] **I** *v/t* **1.** verlängern. **2.** *bes. tech*. strecken, dehnen. **II** *v/i* **3.** sich verlängern. **4.** *bot*. a) in die Länge wachsen, b) spitz zulaufen. **III** *adj* → **elongated**. **e·lon·gat·ed** *adj* **1.** verlängert: ~ **charge** *mil*. gestreckte Ladung. **2.** lang u. dünn, in die Länge gezogen. **e·lon·ga·tion** [ˌiːlɒŋ-'ɡeɪʃn; *Am*. ɪˌlɔːŋ-] *s* **1.** Verlängerung *f*, (Längen)Ausdehnung *f*. **2.** *tech*. Dehnung *f*, Streckung *f*. **3.** *astr. phys*. Elongati'on *f*.

e·lope [ɪ'ləʊp] *v/i* **1.** (mit s-*m od*. s-*r Geliebten*) ,ausreißen' *od*. ,durchbrennen': **she** ~**d with her lover** sie ließ sich von ihrem Geliebten entführen. **2.** ,sich da'vonmachen'. **e'lope·ment** *s* ,'Durchbrennen' *n*, ,Ausreißen' *n*. **e'lop·er** *s* ,Ausreißer(in)'.

el·o·quence ['eləkwəns] *s* **1.** Beredsamkeit *f*, Redegewandtheit *f*. **2.** Rhe'torik *f*, Redekunst *f*. **'el·o·quent** *adj (adv* ~**ly**) **1.** beredt, redegewandt. **2.** *fig*. a) ausdrucksvoll, b) vielsagend, beredt: **an** ~ **look**; ~ **silence**.

else [els] *adv* **1.** (*in Fragen u. Verneinungen*) sonst, weiter, außerdem: **anything** ~? sonst noch etwas?; **what** ~ **can we do**? was können wir sonst noch tun?; **no one** ~, **nobody** ~ niemand sonst, weiter niemand; **nothing** ~ sonst nichts; **it is nobody** ~**'s business** es geht sonst niemanden etwas an; **where** ~? wo anders?, wo sonst (noch)?; **nowhere** ~ sonst nirgends. **2.** ander(er, e, es): **that's something** ~ das ist etwas anderes; **everybody** ~ alle anderen *od*. übrigen; **somebody** (*od*. **s.o.**) ~ j-d anderes; **somebody's seat** der (Sitz)Platz e-s anderen. **3.** *meist* **or** ~ oder, sonst, andernfalls: **hurry**, (**or**) ~ **you will be late** beeile dich, oder du kommst zu spät *od*. sonst kommst du zu spät; **or** ~! (*drohend*) oder (es passiert was)!, sonst (passiert was)! ˌ~**'where** *adv* **1.** sonstwo, anderswo, anderwärts. **2.** 'anderswo*ˌ*hin, wo-'anders hin.

e·lu·ci·date [ɪ'luːsɪdeɪt; *Br. a*. ɪ'ljuː-] *v/t Text, Gründe etc* erklären, *Geheimnis etc* aufklären, aufhellen. **eˌlu·ci'da·tion** *s* **1.** Erklärung *f*, Aufhellung *f*, Aufklärung *f*. **2.** Aufschluß *m* (*of* über *acc*). **e'lu·ci·da·tive** *adj* erklärend, aufhellend, aufklärend. **e'lu·ci·da·tor** [-tə(r)] *s* Erklärer(in). **e'lu·ci·da·to·ry** [-deɪtərɪ; *Am*. -dəˌtɔːrɪː ˌtɔː-] → **elucidative**.

e·lude [ɪ'luːd; *Br. a*. ɪ'ljuːd] *v/t* **1.** (geschickt) entgehen *od*. ausweichen (*dat*), sich entziehen (*dat*): **to** ~ **an obligation** sich e-*r* Verpflichtung entziehen. **2.** *das Gesetz etc* um'gehen. **3.** j-*m* entgehen, j-*s* Aufmerksamkeit entgehen: **this fact** ~**d him**; **to** ~ **observation** nicht bemerkt werden. **4.** *fig*. sich nicht (er)fassen lassen von, sich entziehen (*dat*): **a sense that** ~**s definition** ein Sinn, der sich nicht definieren läßt; **to** ~ **s.o.'s understanding** sich j-*s* Verständnis entziehen.

5. nicht einfallen: **his name** ~**s me for the moment**.

e·lu·sion [ɪ'luːʒn; *Br. a*. ɪ'ljuːʒn] *s* **1.** (geschicktes) Ausweichen *od*. Entkommen (*of* vor *dat*). **2.** Um'gehung *f* (*e-s Gesetzes etc*). **3.** Ausflucht *f*, List *f*. **e'lu·sive** [-sɪv] *adj (adv* ~**ly**) **1.** schwerfaßbar (*Dieb etc*), ausweichend (*Antwort*). **2.** 'schwer(er)faßbar *od*. -bestimmbar *od*. -defi*ˌ*nierbar. **3.** unzuverlässig, schlecht (*Gedächtnis*). **e'lu·sive·ness** *s* **1.** Ausweichen *n* (*of* vor *dat*), ausweichendes Verhalten. **2.** Unbestimmbarkeit *f*, Undefi'nierbarkeit *f*. **e'lu·so·ry** [-sərɪ] *adj* **1.** täuschend, trügerisch. **2.** → **elusive**.

e·lu·tri·ate [ɪ'luːtrɪeɪt; *Br. a*. ɪ'ljuː-] *v/t* (aus)schlämmen.

e·lu·vi·al [ɪ'luːvjəl; -vɪəl; *Br. a*. ɪ'ljuː-] *adj geol*. eluvi'al, Eluvial... **eˌlu·vi'a·tion** [-vɪ-] *s geol*. Auslaugung *f* (*des Bodens*). **e'lu·vi·um** [-vɪəm] *s* E'luvium *n*.

el·van ['elvən] *s geol*. Elvangang *m*.

el·ver ['elvə(r)] *s ichth*. junger Aal.

elves [elvz] *pl von* **elf**. **'elv·ish** → **elfish**.

E·ly·si·an [ɪ'lɪzɪən; *Am*. -ʒən] *adj* **1.** *myth*. e'lysisch (*a. fig.*). **2.** *fig*. para'diesisch, himmlisch. **E·ly·si·um** [-zɪəm] *pl* **-si·ums**, **-si·a** [-ə] *s* **1.** E'lysium *n* (*a. fig.*). **2.** *fig*. Para'dies *n*, Himmel *m* (*auf Erden*).

el·y·tron ['elɪtrɒn; *Am*. -ˌtrɑn], **'el·y·trum** [-trəm] *pl* **-tra** [-trə] *s zo*. Deckflügel *m*.

El·ze·vir ['elzɪˌvɪə(r)] *print*. **I** *s* **1.** Elzevir(schrift) *f*. **2.** Elzevirdruck *m*, -ausgabe *f*. **II** *adj* **3.** Elzevir...

em [em] *s* **1.** M, m *n* (*Buchstabe*). **2.** M *n*, M-förmiger Gegenstand. **3.** *print*. Geviert *n*. **II** *adj* **4.** M-..., M-förmig. **5.** *print*. Geviert...

'em [əm] *colloq. für* **them**: **let 'em go**.

e·ma·ci·ate [ɪ'meɪʃɪeɪt] **I** *v/t* **1.** ab-, abzehren, ausmergeln. **2.** *den Boden* auslaugen. **II** *adj* [-ɪt] → **emaciated**. **e'ma·ci·at·ed** *adj* **1.** abgemagert, abgezehrt, ausgemergelt. **2.** ausgelaugt (*Boden*). **eˌma·ci'a·tion** [-sɪ'eɪʃn; -ʃɪ-] *s* **1.** Auszehrung *f*, Abmagerung *f*. **2.** Auslaugung *f*.

em·a·nate ['eməneɪt] *v/i* **1.** ausströmen (*Gas etc*), ausstrahlen (*Licht*) (**from** von). **2.** stammen, ausgehen (**from** von). **II** *v/t* **3.** ausströmen, ausstrahlen (*beide a. fig.*). ˌ**em·a'na·tion** *s* **1.** Ausströmen *n*. **2.** Ausströmung *f*, Ausstrahlung *f* (*beide a. fig.*). **3.** Auswirkung *f*. **4.** *philos. psych. relig.* Emanati'on *f*.

e·man·ci·pate [ɪ'mænsɪpeɪt] *v/t* **1.** emanzi'pieren, selbständig *od*. unabhängig machen (**from** von): **to** ~ **o.s.** sich emanzipieren. **2.** *Sklaven* freilassen. **3.** befreien (**from** von): **the new machine has** ~**d us** from a lot of hard work. **4.** *jur. Am*. aus der elterlichen Gewalt entlassen. **e'man·ci·pat·ed** *adj* **1.** emanzi'piert: **an** ~ **woman**; **a politically** ~ **mass society**; **an** ~ **citizen** ein mündiger Bürger. **2.** freigelassen (*Sklave*). **eˌman·ci'pa·tion** *s* **1.** Emanzipati'on *f*. **2.** Freilassung *f* (*von Sklaven*). **3.** Befreiung *f* (**from** von). **4.** *jur. Am*. Entlassung *f* aus der elterlichen Gewalt. **eˌman·ci'pa·tion·ist** *s* Verteidiger (-in) *od*. Befürworter(in) der Emanzipati'on *od*. der Sklavenfreilassung. **e·man·ci·pa·to·ry** [ɪ'mænsɪpətərɪ; -peɪ-; *Am*. -pəˌtɔːrɪː; -ˌtɔː-] *adj* emanzipa'torisch.

e·mas·cu·late I *v/t* ['mæskjuleɪt] **1.** entmannen, ka'strieren. **2.** verweichlichen. **3.** a) entkräften, schwächen, b) *ein Gesetz* abschwächen, verwässern. **4.** *Sprache* kraft- *od*. farblos machen. **II** *adj* [-lɪt] → **emasculated**. **e'mas·cu·lat·ed** *adj*

emasculation – embryonate

1. entmannt, ka'striert. **2.** unmännlich, weibisch, verweichlicht. **3.** a) entkräftet, geschwächt, b) abgeschwächt, verwässert. **4.** kraft-, farblos. e̩mas·cu'la·tion s **1.** Entmannung f, Ka'strierung f. **2.** Verweichlichung f. **3.** a) Entkräftung f, Schwächung f, b) Abschwächung f, Verwässerung f. **4.** Unmännlichkeit f. **5.** Kraft-, Farblosigkeit f. e'mas·cu·la·to·ry [-lətərı; Am. -lə͵təʊriː, -͵toː-], a. e'mas·cu·la·tive [-lətɪv; Am. -͵leɪtɪv] adj verweichlichend.
em·balm [ɪm'bɑːm] v/t **1.** e-n Leichnam ('ein)balsa͵mieren, salben. **2.** meist contp. Lebensmittel mit Konser'vierungsstoffen behandeln. **3.** poet. durch'duften. **4.** etwas vor der Vergessenheit bewahren, j-s Andenken (sorgsam) bewahren od. pflegen: **to be ~ed in** fortleben in (dat). **em'balm·er** s Balsa'mierer(in). **em'balm·ment** s ('Ein)Balsa͵mierung f.
em·bank [ɪm'bæŋk] v/t eindämmen, -deichen. **em'bank·ment** s **1.** Eindämmung f, -deichung f. **2.** (Erd)Damm m. **3.** (Bahn-, Straßen)Damm m.
em·bar·ca·tion → embarkation.
em·bar·go [em'bɑː(r)gəʊ; ɪm-] **I** pl **-goes** s **1.** mar. Em'bargo n: a) (Schiffs-)Beschlagnahme f (durch den Staat), b) Hafensperre f: **civil (hostile) ~** staatsrechtliches (völkerrechtliches) ~ Embargo; **to be under an ~** unter Beschlagnahme stehen; **to lay** (od. **place, put**) **an ~ on** → **3. 2.** econ. a) Handelssperre f, -verbot n, b) a. allg. Sperre f, Verbot n (on auf dat od. acc): **~ on imports** Einfuhrsperre. **II** v/t **3.** a) Handel, Hafen sperren, ein Em'bargo verhängen über (acc), b) (bes. staatsrechtlich) beschlagnahmen, mit Beschlag belegen.
em·bark [ɪm'bɑː(r)k; em-] **I** v/t **1.** aer. mar. Passagiere an Bord nehmen, mar. a. einschiffen, Waren a. verladen (for nach). **2.** Geld anlegen, inve'stieren (in in acc). **II** v/i **3.** aer. mar. an Bord gehen, mar. a. sich einschiffen (for nach). **4. (on, upon)** sich einlassen (in acc od. auf acc), (etwas) anfangen od. unter'nehmen. **em·bar·ka·tion** [͵embɑː(r)'keɪʃn], **em'bark·ment** s mar. Einschiffung f (von Passagieren, Waren), (von Waren a.) Verladung f (a. aer.), aer. Einsteigen n (von Passagieren).
em·bar·ras de rich·esse(s) [ɑ̃bara͵dəri'ʃes] (Fr.) s Qual f der Wahl.
em·bar·rass [ɪm'bærəs] v/t **1.** in Verlegenheit bringen, verlegen machen, in e-e peinliche Lage versetzen. **2.** obs. j-n behindern, j-m lästig sein. **3.** in Geldverlegenheit od. Zahlungsschwierigkeiten bringen. **4.** obs. etwas (be)hindern, erschweren, kompli'zieren. **em'bar·rassed** adj **1.** verlegen, peinlich berührt, in Verlegenheit. **2.** in Geldverlegenheit, in Zahlungsschwierigkeiten. **em'bar·rass·ing** adj (adv **~ly**) unangenehm, peinlich (to dat). **em'bar·rass·ment** s **1.** Verlegenheit f: **to be an ~ to s.o.** a) j-n in Verlegenheit bringen, b) j-m peinlich sein. **2.** Geldverlegenheit f, Zahlungsschwierigkeiten pl. **3.** med. (Funkti'ons-)Störung f: **respiratory ~** Atemstörung.
em·bas·sy ['embəsı] s **1.** Botschaft f: a) 'Botschaftsperso͵nal n, b) Botschaftsgebäude n. **2.** Botschafteramt n, -würde f. **3.** diplo'matische Missi'on: **on an ~ in** diplomatischer Mission.
em·bat·tle [ɪm'bætl] v/t mil. **1.** in Schlachtordnung aufstellen. **2.** e-e Stadt etc befestigen, zur Festung ausbauen. **em'bat·tled** adj **1.** kampfbereit (a. fig.). **2.** mit Zinnen (versehen).
em·bed [ɪm'bed] v/t **1.** (ein)betten, (ein)lagern, ver-, eingraben: **~ded in concrete** einbetoniert. **2.** (a. fig. im Ge-

dächtnis etc) verankern, fest einmauern (in in acc od. dat): **firmly ~ded** fest verankert; **this day will be for ever ~ded in my memory** an diesen Tag werde ich mein ganzes Leben lang denken. **3.** (fest) um'schließen.
em·bel·lish [ɪm'belɪʃ] v/t **1.** verschöne(r)n, (aus)schmücken, verzieren. **2.** fig. e-e Erzählung etc ausschmücken, die Wahrheit beschönigen. **em'bel·lish·ment** s **1.** Verschönerung f, Schmuck m. **2.** fig. a) Ausschmückung f, Beschönigung f, b) mus. Verzierung f.
em·ber¹ ['embə(r)] s **1.** glühende Kohle. **2.** pl (Glut)asche f. **3.** pl fig. letzte Funken pl: **the ~s of his love; to revive the ~s of** die verblassende Erinnerung an (acc) neu beleben.
em·ber² ['embə(r)] adj relig. Quatember...: **E~ days** Quatember(fasten) pl.
em·ber³ ['embə(r)], **'~·goose** s irr orn. Eistaucher m.
em·bez·zle [ɪm'bezl] v/t **1.** veruntreuen, unter'schlagen. **2.** obs. vergeuden. **em'bez·zle·ment** s Veruntreuung f, Unter'schlagung f. **em'bez·zler** s Veruntreuer(in).
em·bit·ter [ɪm'bɪtə(r)] v/t **1.** bitter(er) machen. **2.** fig. a) j-n verbittern, b) Lage etc (noch) verschlimmern. **em'bit·ter·ment** s fig. a) Verbitterung f, b) Verschlimmerung f.
em·bla·zon [ɪm'bleɪzn] v/t **1.** her. he'raldisch schmücken od. darstellen. **2.** schmücken, verzieren. **3.** fig. feiern, verherrlichen: **his feat was ~ed on the front page** s-e Leistung wurde auf der Titelseite groß herausgestellt. **4.** 'auspo͵saunen. **em'bla·zon·ment** s he'raldische Bemalung, Wappenschmuck m. **em'bla·zon·ry** [-rı] s **1.** Wappenmale'rei f. **2.** Wappenschmuck m.
em·blem ['embləm] s **1.** Em'blem n, Sym'bol n, Sinnbild n: **national ~** Hoheitszeichen n. **2.** Kennzeichen n. **3.** Verkörperung f (e-r Idee etc). **4.** obs. Em'blem n (Mosaik- od. Einlegearbeit). **II** v/t **5.** → emblematize. ͵em·blem'at·ic [-blɪ'mætɪk] adj; ͵em·blem'at·i·cal (adv **~ly**) emble'matisch, sym'bolisch, sinnbildlich: **to be ~ of** → emblematize. **em'blem·a·tize** [-'blemə͵taɪz] v/t etwas versinnbildlichen, symboli'sieren, sinnbildlich darstellen.
em·ble·ments ['emblmənts] s pl jur. **1.** Ernteertrag m. **2.** Ernte-, Feldfrüchte pl, Ernte f.
em·bod·i·ment [ɪm'bɒdɪmənt; Am. -'bɑ-] s **1.** Verkörperung f. **2.** Darstellung f, Ausdruck m. **3.** tech. Anwendungsform f. **4.** Aufnahme f, Einverleibung f (in in acc).
em·bod·y [ɪm'bɒdı; Am. -'bɑ-] v/t **1.** körperliche Gestalt geben (dat). **2.** verkörpern: a) darstellen, kon'krete Form geben (dat), b) personifi'zieren: **virtue embodied** verkörperte Tugend. **3.** einfügen, aufnehmen (in in acc). **4.** um'fassen, in sich schließen.
em·bog [ɪm'bɒg; Am. a. ɪm'bɑg] v/t **1.** in e-n Sumpf stürzen. **2. to become ~ged in** fig. sich verstricken in (dat).
em·bold·en [ɪm'bəʊldən] v/t ermutigen, j-m Mut machen.
em·bo·lec·to·my [͵embə'lektəmı] s med. Embolekto'mie f (operative Entfernung e-s Embolus). **em'bol·ic** [-'bɒl-; Am. -'bɑ-] adj biol. med. em'bolisch.
'em·bo·lism [-bəlɪzəm] s med. Embo'lie f. **'em·bo·lus** [-ləs] pl **-li** [-laɪ] s med. Embolus m, Gefäßpfropf m.
em·bon·point [͵ɑ̃ːmbɔ̃ːmˈpwæ̃ː] s Embon'point m, n, (Wohl)Beleibtheit f, Körperfülle f.
em·bos·om [ɪm'bʊzəm] v/t obs. **1.** um-

'armen, ans Herz drücken. **2.** fig. ins Herz schließen. **3.** hegen u. pflegen. **4.** fig. um'schließen, einhüllen, um'geben: **~ed in** (od. **with**) umgeben von, eingeschlossen od. eingehüllt in (acc).
em·boss [ɪm'bɒs; Am. a. ɪm'bɑs] v/t tech. **1.** a) bosseln, bos'sieren, erhaben od. in Reli'ef ausarbeiten, (hohl)prägen, b) erhabene Arbeit (mit dem Hammer) treiben, hämmern. **2.** mit erhabener Arbeit schmücken. **3.** Stoffe gau'frieren. **4.** reich verzieren. **em'bossed** adj **1.** tech. a) erhaben gearbeitet, getrieben, bos'siert, b) gepreßt, geprägt, c) gau'friert (Stoffe): **~ stamp** Prägestempel m. **2.** bot. mit e-m Buckel auf der Mitte des Hutes (Pilz). **3.** hoch-, her'vorstehend. **em'boss·ment** s **1.** erhabene Arbeit, Reli'efarbeit f. **2.** Erhebung f, Wulst m.
em·bou·chure [͵ɒmbʊ'ʃʊə(r); ͵ɑːm-] s **1.** (Fluß)Mündung f. **2.** mus. a) Mundstück n (e-s Blasinstruments), b) Ansatz m (des Bläsers).
em·bowed [ɪm'bəʊd] adj **1.** arch. gewölbt. **2.** kon'vex, gebogen.
em·bow·el [ɪm'baʊəl] v/t obs. **1.** → disembowel. **2.** einbetten.
em·brace¹ [ɪm'breɪs] **I** v/t **1.** a) um'armen, in die Arme schließen, b) um'fassen, um'klammern. **2.** a. fig. einschließen, um'schließen, um'fassen, in sich schließen. **3.** fig. a) bereitwillig annehmen, sich zu eigen machen, b) e-e Gelegenheit ergreifen, c) ein Angebot, a. e-e Religion etc annehmen, d) e-n Beruf ergreifen, e-e Laufbahn einschlagen, e-e Hoffnung hegen. **4.** in sich aufnehmen, erfassen. **II** v/i **5.** sich um'armen. **III** s **6.** Um'armung f.
em·brace² [ɪm'breɪs] v/t jur. Geschworene etc a) bestechen, b) zu bestechen versuchen.
em·brac·er, a. **em'brace·or** [ɪm'breɪsə(r)] s jur. j-d, der Geschworene etc besticht od. zu bestechen versucht. **em'brac·er·y** [-sərı] s jur. Bestechung(sversuch m) f.
em·branch·ment [ɪm'brɑːntʃmənt; Am. -'bræntʃ-] s Gabelung f, Verzweigung f.
em·bra·sure [ɪm'breɪʒə(r)] s **1.** arch. Laibung f. **2.** mil. (Schieß)Scharte f.
em·bro·cate [ɪm'brəʊkeɪt] v/t med. einreiben. ͵em·bro'ca·tion s **1.** Einreibung f. **2.** Einreibemittel n.
em·broi·der [ɪm'brɔɪdə(r)] **I** v/t **1.** Muster sticken. **2.** Stoff besticken, mit Stikke'rei verzieren. **3.** fig. e-n Bericht etc ausschmücken. **II** v/i **4.** sticken. **5. ~ (up)on** → **3. em'broi·der·er** s Anwender(in). **em'broi·der·y** s **1.** Stickerei f: **~ cotton** Stickgarn n; **~ frame** Stickrahmen m; **~ needle** Sticknadel f. **2.** Sticke'rei(arbeit) f: **to do ~** sticken. **5.** fig. Ausschmückung f.
em·broil [ɪm'brɔɪl] v/t **1.** j-n verwickeln, hin'einziehen: **~ed in a war** in e-n Krieg verwickelt. **2.** j-n in Kon'flikt bringen (**with** mit). **3.** verwirren, durchein'anderbringen. **em'broil·ment** s **1.** Verwicklung f. **2.** Verwirrung f.
em·bry·o ['embrɪəʊ] **I** pl **-os** s **1.** biol. a) Embryo m, b) (Frucht)Keim m: **~ sac** bot. Embryosack m. **2.** fig. Keim m: **in ~** im Keim, im Entstehen, im Werden. **II** adj → embryonic.
em·bry·o·gen·e·sis [͵embrɪəʊ'dʒenɪsɪs], ͵em·bry'og·e·ny [-'ɒdʒɪnɪ; Am. -'ɑdʒə-] s biol. Embryoge'nese f, Embryoge'nie f: a) Entstehung u. Entwicklung des Embryos, b) Keimesentwicklung. ͵em·bry'ol·o·gy [-'ɒlədʒɪ; Am. -'ɑl-] s med. Embryolo'gie f.
em·bry·o·nal ['embrɪənl; em'braɪənl] → embryonic. **'em·bry·o·nate** [-brɪə-

neıt], **'em·bry·o·nat·ed** *adj biol.* Embryʹonen *od.* e-n Embryo enthaltend.
ˌem·bryˈon·ic [-brıˈɒnɪk; *Am.* -ˈɑn-] *adj* **1.** *biol.* embryoʹnal, *biol.* Embryo... **2.** *fig.* (noch) unentwickelt, rudimenʹtär, keimend.
em·bus [ɪmˈbʌs] *mil.* **I** *v/t* auf Kraftfahrzeuge verladen. **II** *v/i* auf Kraftfahrzeuge verladen werden, aufsitzen.
em·bus·qué [ɑːmbuːˈskeɪ] *pl* **-qués** *s mil.* Drückeberger *m*.
em·cee [ˌemˈsiː] *colloq.* **I** *s* a) Zereʹmonienmeister *m*, b) *thea. etc bes. Am.* Conférenciʹer *m*. **II** *v/t u. v/i* als Zereʹmonienmeister *od.* Conférenciʹer leiten (funʹgieren).
e·mend [iːˈmend] *v/t bes.* Texte verbessern, korriʹgieren.
e·men·da·tion [ˌiːmenˈdeɪʃn] *s* Verbesserung *f*, Korrekʹtur *f*. **ˈe·men·da·tor** [-tə(r)] *s* (Text)Verbesserer *m*. **e·men·da·to·ry** [iːˈmendətərɪ; *Am.* -ˌtɔːrɪ; -ˌtɔː-] *adj* (text)verbessernd, Verbesserungs...
em·er·ald [ˈemərəld; ˈemrəld] **I** *s* **1.** *min.* Smaʹragd *m*. **2.** *a.* ~ **green** Smaʹragdgrün *n*. **3.** *hist.* Inʹsertie *f* (*Schriftgrad von etwa* $6^1/_2$ *Punkt*). **II** *adj* **4.** smaʹragdgrün: **the E~ Isle** die grüne Insel (*Ireland*). ~ **feath·er** *s bot.* Spargelkraut *n*, Gärtnergrün *n*.
e·merge [ɪˈmɜːdʒ; *Am.* ɪˈmɜrdʒ] *v/i* **1.** auftauchen: a) an die (Wasser)Oberfläche kommen, b) *a. fig.* zum Vorschein kommen, sich zeigen, c) *fig.* sich erheben (*Frage*, *Problem*), d) *fig.* auftreten, in Erscheinung treten. **2.** herʹvor-, herʹauskommen. **3.** sich herʹausstellen *od.* ergeben (*Tatsache*). **4.** (*als Sieger etc*) herʹvorgehen (**from** aus). **5.** *fig.* aufstreben.
eˈmer·gence [ɪːˈm-; ɪˈm-] *s* **1.** Auftauchen *n* (*a. fig.*). **2.** *bot.* Emerʹgenz *f*, Auswuchs *m*. **3.** → **emergent evolution.**
eˈmer·gen·cy [ɪˈmɜːdʒənsɪ; *Am.* -ˈmɜr-] **I** *s* (plötzlich eintretende) Not(lage), (*a.* nationaler) Notstand, ʹunvorˌhergesehenes Ereignis, kritische Lage: **in an** ~, **in case of** ~ im Ernst- *od.* Notfall; **state of** ~ Notstand, *pol. a.* Ausnahmezustand *m*. **II** *adj* Not(stands)..., (Aus)Hilfs..., Behelfs...: ~ **aid (program[me])** Soforthilfe(programm *n*) *f*. ~ **brake** *s* **1.** *tech.* Notbremse *f*. **2.** *mot.* Feststellbremse *f*. ~ **ca·ble** *s electr.* Hilfskabel *n*. ~ **call** *s teleph.* Notruf *m*. ~ **clause** *s* Dringlichkeits-, Notklausel *f*. ~ **de·cree** *s* Notverordnung *f*. ~ **door,** ~ **ex·it** *s* Notausgang *m*. ~ **hos·pi·tal** *s* Aʹkutkrankenhaus *n*. ~ **land·ing** *s aer.* Notlandung *f*. ~ **land·ing field** *s aer.* Notlande-, Hilfslandeplatz *m*. ~ **light(·ing)** *s* Notbeleuchtung *f*. ~ **meas·ure** *s* Not(stands)maßnahme *f*. ~ **meet·ing** *s* Dringlichkeitssitzung *f*. ~ **pow·ers** *s pl pol.* Vollmachten *pl* auf Grund e-s Notstandsgesetzes. ~ **ra·tion** *s mil.* eiserne Ratiʹon. ~ **ward** *s med.* Notaufnahme *f*.
e·mer·gent [iːˈmɜːdʒənt; *Am.* ɪˈmɜr-] *adj* (*adv* ~**ly**) **1.** auftauchend (*a. fig.*). **2.** *fig.* (jung u.) aufstrebend: **the** ~ **countries** *of* **Africa** die Schwellenländer Afrikas. **3.** aʹkut: ~ **danger.** ~ **ev·o·lu·tion** *s philos.* Emerʹgenz *f* (*Theorie*, *wonach höhere Seinsstufen durch neu auftauchende Qualitäten aus niederen entstehen*).
e·mer·i·tus [ɪˈmerɪtəs] **I** *pl* **-ti** [-taɪ] *s* Eʹmeritus *m*. **II** *adj* emeriʹtiert: ~ **pro·fessor**.
e·mersed [iːˈmɜːst; *Am.* ɪːˈmɜrst] *adj bot.* eʹmers, (*aus dem Wasser*) herʹausragend.
eˈmer·sion [-ʃn; *Am. a.* -ʒn] *s* **1.** *obs. für* **emergence** 1. **2.** *astr.* Emersiʹon *f*, Austritt *m* (*e-s Gestirns aus dem Schatten e-s anderen*).

em·er·y [ˈemərɪ] **I** *s* **1.** *min.* körniger Koʹrund, Schmirgel *m*: **to rub with** ~ → 3. **II** *v/t* **2.** mit Schmirgel bedecken. **3.** (ab)schmirgeln. **III** *adj* **4.** Schmirgel...: ~ **paper**; ~ **powder**; ~ **stone**. ~ **board** *s* Paʹpier(nagel)feile *f*. ~ **cake** *s tech.* Schmirgelkuchen *m*. ~ **cloth** *s* Schmirgelleinen *n*.
em·e·sis [ˈemɪsɪs] *s med.* Emesis *f*, Erbrechen *n*.
e·met·ic [ɪˈmetɪk] *med. pharm.* **I** *adj* (*adv* ~**ally**) eʹmetisch, Brechreiz erregend. **II** *s* Eʹmetikum *n*, Brechmittel *n*.
em·i·grant [ˈemɪɡrənt] **I** *s* **1.** Auswanderer *m*, *bes. pol.* Emiʹgrant(in). **II** *adj* **2.** auswandernd, *bes. pol.* emiʹgrierend. **3.** Auswanderungs..., Auswanderer..., *bes. pol.* Emigranten...
em·i·grate [ˈemɪɡreɪt] **I** *v/i* auswandern, *bes. pol.* emiʹgrieren (**from** aus, von; **to** nach). **II** *v/t* zur Auswanderung *od.* Emiʹgration veranlassen. **ˌem·iˈgra·tion** *s* **1.** Auswanderung *f*, *bes. pol.* Emigratiʹon *f*. **2.** *collect.* Auswanderer *pl*. **3.** → **diapedesis**.
é·mi·gré [ˈemɪɡreɪ] *s pol.* Emiʹgrant(in).
em·i·nence [ˈemɪnəns] *s* **1.** Erhöhung *f*, (An)Höhe *f*. **2.** a) hohe Stellung, Würde *f*, hoher Rang, b) Ruhm *m*, Berühmtheit *f*, Bedeutung *f*: **to reach** (*od.* **win**) ~ Bedeutung erlangen (**as** als). **3.** *R.C.* Emiʹnenz *f* (*Titel der Kardinäle*).
é·mi·nence grise, *pl* **-nences grises** [eminɑ̃sˈɡriz] (*Fr.*) *s* graue Emiʹnenz.
em·i·nent [ˈemɪnənt] *adj* **1.** herʹvorragend, ausgezeichnet, berühmt. **2.** a) emiʹnent, bedeutend, herʹvorragend, b) vornehm, erhaben. **3.** überʹragend, außergewöhnlich: **an** ~ **success.** **4.** hoch (-ragend): **an** ~ **promontory.** **5.** → **domain** 1. **ˈem·i·nent·ly** *adv* in hohem Maße, äußerst, herʹvorragend.
e·mir [eˈmɪə(r); ɪˈm-] *s* Emir *m*. **eˈmir·ate** [eˈmɪərət; *Am.* ɪˈmɪrət] *s* Emiʹrat *n* (*Würde od. Herrschaftsgebiet e-s Emirs*).
em·is·sar·y [ˈemɪsərɪ; *Am.* -ˌserɪ] *s* **1.** Emisʹsär *m*, Abgesandte(r) *m*. **2.** Geʹheimaˌgent *m*, Spiʹon *m*. **3.** Bote *m*.
e·mis·sion [ɪˈmɪʃn] *s* **1.** Ausstoß *m* (*von Rauch etc*), Ausstrahlung *f* (*von Licht etc*), Aus-, Verströmen *n* (*von Gas etc*), *phys.* Emissiʹon *f*, Aussendung *f* (*von Elektronen etc*): **Newton's theory of** ~ *phys.* Newtonsche Emissionstheorie; ~ **spectrum** *phys.* Emissionsspektrum *n*. **2.** *physiol.* Ausfluß *m*, *bes.* (nächtlicher) Samenerguß. **3.** *econ.* Ausgabe *f* (*von Banknoten*), (*von Wertpapieren a.*) Emissiʹon *f*. **4.** Ausdünstung *f*. **5.** Veröffentlichung *f*. **em·is·siv·i·ty** [ˌemɪˈsɪvətɪ; ˌɪmɪ-] *s phys.* Emissiʹonsvermögen *n*.
e·mit [ɪˈmɪt] *v/t* **1.** *Lava*, *Rauch* ausstoßen, *Licht*, *Wärme* ausstrahlen, *Gas*, *Wärme* aus-, verströmen, *phys. Elektronen etc* emitʹtieren, aussenden. **2.** e-e *Verfügung* ergehen lassen. **3.** a) *e-n Ton, a. e-e Meinung* von sich geben, äußern, b) *e-n Schrei*, *Fluch etc* ausstoßen. **4.** *Banknoten* ausgeben, *Wertpapiere a.* emitʹtieren. **5.** *obs.* veröffentlichen.
em·men·a·gogue [ɪˈmenəɡɒɡ; *Am.* -ˌɡɑɡ] *s med. pharm.* Emmenaʹgogum *n* (*den Eintritt der Menstruation förderndes Mittel*).
Em·men·t(h)al [ˈemənt̬ɑːl], **ˈEm·men·t(h)al·er** [-lə(r)] *s* Emmentaler *m* (*Käse*). [Ameise *f*.]
em·met [ˈemɪt] *s zo. obs. od. dial*
em·me·tro·pi·a [ˌemɪˈtrəʊpɪə] *s* Emmetroʹpie *f*, Norʹmalsichtigkeit *f*.
Em·my [ˈemɪ] *pl* **-mys,** **-mies** *s TV* Emmy *f* (*jährlich in den USA verliehene Statuette für die beste schauspielerische Leistung od. die beste Produktion*).
e·mol·li·ent [ɪˈmɒlɪənt; *Am.* ɪˈmɑljənt]

I *adj* **1.** *Kosmetik*: beruhigend, lindernd: ~ **cream. 2.** *fig.* beruhigend, sanft. **II** *s* **3.** *Kosmetik*: beruhigendes *od.* linderndes Mittel.
e·mol·u·ment [ɪˈmɒljʊmənt; *Am.* ɪˈmɑljə-] *s meist pl* Einkünfte *pl*.
e·mote [ɪˈməʊt] *v/i colloq.* e-n Gefühlsausbruch erleiden *od.* mimen.
e·mo·tion [ɪˈməʊʃn] *s* **1.** Emotiʹon *f*, Gefühl *n*, Gemütsbewegung *f*, (Gefühls-) Regung *f*. **2.** Gefühlswallung *f*, Erregung *f*, Leidenschaft *f*. **3.** Rührung *f*, Ergriffenheit *f*. **eˈmo·tion·a·ble** *adj* erregbar. **eˈmo·tion·al** [-ʃənl] *adj* (*adv* ~**ally**) (emotioʹnal, emotioʹnell: a) gefühlsmäßig, -bedingt, b) gefühlsbetont, leichterregbar, empfindsam, c) Gemüts..., Gefühls..., seelisch: ~ **bal·ance** inneres *od.* seelisches Gleichgewicht; ~ **development** seelische Entwicklung. **2.** gefühlvoll, rührselig. **eˈmo·tion·al·ism** *s* **1.** Gefühlsbetontheit *f*, Empfindsamkeit *f*. **2.** Geˌfühlsduseʹlei *f*. **3.** Gefühlsäußerung *f*. **4.** Emotionaʹlismus *m* (*Auffassung, nach der alles Psychische durch Emotionen bestimmt ist*).
eˈmo·tion·al·ist *s* Gefühlsmensch *m*. **eˌmo·tionˈal·i·ty** [-ʃnˈælətɪ] *s* Emotionaʹlität *f*, emotioʹnale Verhaltensweise *od.* Äußerungsform. **eˈmo·tion·al·ize** [-ʃənlaɪz] **I** *v/t* j-n, *e-e Rede etc* emotionaliʹsieren. **II** *v/i* in Gefühlen schwelgen.
eˈmo·tion·al·ly [-ʃnəlɪ] *adv* emotioʹnal, emotioʹnell, gefühlsmäßig, seelisch: **to behave** ~ s-n Gefühlen freien Lauf lassen; ~ **disturbed** seelisch gestört; ~ **ill** gemütskrank. **eˈmo·tion·less** *adj* **1.** unbewegt, ungerührt. **2.** gefühllos.
e·mo·tive [ɪˈməʊtɪv] *adj* **1.** emoʹtiv, gefühlsbedingt. **2.** gefühlvoll: **an** ~ **speech**. **3.** gefühlsbetont: ~ **language**; ~ **term** (*od.* **word**) a) emotionsgeladenes Wort, b) Reizwort *n*. **e·moˈtiv·i·ty** [ˌiːməʊˈtɪvətɪ] *s* Emotiviʹtät *f*, Gefühlsbedingtheit *f*.
em·pale [ɪmˈpeɪl] → **impale**.
em·pan·el [ɪmˈpænl] → **impanel**.
em·path·ic [emˈpæθɪk] *adj* (*adv* ~**ally**) emʹpathisch, einfühlend. **emˈpa·thize** [ˈempəθaɪz] **I** *v/i* Einfühlungsvermögen haben *od.* zeigen. **II** *v/t* sich einfühlen in (*acc*). **emˈpa·thy** [ˈempəθɪ] *s* Empaʹthie *f*, Einfühlung(svermögen *n*) *f*: **to feel** ~ **for** sich hineinversetzen in (*acc*).
em·pen·nage [emˈpenɪdʒ; *Am. a.* ˌɑmpəˈnɑːʒ] *s aer.* Leitwerk *n*.
em·per·or [ˈempərə(r)] *s* **1.** Kaiser *m*. **2.** → **purple emperor**. ~ **bo·a** *s zo.* Kaiserboa *f*. ~ **fish** *s* Kaiserfisch *m*. ~ **moth** *s zo.* Kleines Nachtpfauenauge. ~ **pen·guin** *s zo.* Kaiserpinguin *m*.
em·per·y [ˈempərɪ] *s poet.* **1.** Kaiserreich *n*. **2.** absoʹlute Herrschaft.
em·pha·sis [ˈemfəsɪs] *pl* **-ses** [-siːz] *s* **1.** Betonung *f*: a) *ling.* Ton *m*, Akʹzent *m* (**on** *auf dat*), b) *Rhetorik*: Emʹphase *f*, Herʹvorhebung *f*. **2.** *fig.* Betonung *f*: a) Gewicht *n*, Schwerpunkt *m*, b) Nachdruck *m*: **to lay** (*od.* **place**) ~ **on** → **emphasize**; **to give** ~ **to s.th.** e-r Sache Nachdruck verleihen; **the** ~ **of the reform was on discipline** der Nachdruck *od.* Schwerpunkt der Reform lag auf Disziplin; **with** ~ nachdrücklich, mit Nachdruck; **he spoke with special** ~ **on** er legte in s-r Rede besonderen Nachdruck auf (*acc*). **3.** *paint. etc* Deutlichkeit *f*, Schärfe *f*: **the sunlight gave** ~ **to the shape of the mountain** das Sonnenlicht hob die Konturen des Berges hervor. **ˈem·pha·size** [-saɪz] *v/t* **1.** (nachdrücklich) betonen, Nachdruck legen auf (*acc*), herʹvorheben, unterʹstreichen. **2.** besonderen Wert legen auf (*acc*).
em·phat·ic [ɪmˈfætɪk; em-] *adj* (*adv*

emphysema – encephalitis

~ally) 1. nachdrücklich: a) em¦phatisch, betont, ausdrücklich, deutlich, b) bestimmt, (ganz) entschieden. 2. em¦phatisch, eindringlich.
em·phy·se·ma [ˌemfɪˈsiːmə] s med. Emphy¦sem n: a) Luftansammlung im Gewebe, b) Aufblähung von Organen od. Körperteilen, bes. bei e-m vermehrten Luftgehalt in den Lungen.
em·pire [ˈempaɪə(r)] I s 1. Reich n, Im¦perium n (beide a. econ. u. fig.): the (British) E~ das Brit. (Welt)Reich. 2. Kaiserreich n. 3. (Ober)Herrschaft f, Gewalt f (over über acc). II adj 4. E~ Empire..., im Em¦pirestil: ~ furniture (-gown). 5. Reichs...: ~ building a) Schaffung f e-s Weltreichs, b) fig. Bildung f e-r Hausmacht, Schaffung f e-s eigenen (kleinen) Imperiums. **E~ Cit·y** s Am. Beiname der Stadt New York. **E~ Day** s brit. Staatsfeiertag am 24. Mai, dem Geburtstag der Königin Victoria. **E~ State** s Am. Beiname des Staates New York.
em·pir·ic [emˈpɪrɪk] I s 1. scient. Em¦piriker(in). 2. obs. Kurpfuscher(in). II adj (adv ~ally) → empirical. **em¦pir·i·cal** adj (adv ~ly) 1. scient. em¦pirisch, erfahrungsmäßig, Erfahrungs...: ~ formula chem. empirische Formel, Summen-, Bruttoformel f. 2. obs. kurpfuscherhaft.
em·pir·i·cism [emˈpɪrɪsɪzəm] s 1. philos. Empi¦rismus m. 2. scient. Empi¦rie f, Er¦fahrungsme¦thode f. 3. obs. Kurpfusche¦rei f. **em¦pir·i·cist** I s 1. philos. Empi¦rist(in). 2. → empiric I. II adj 3. philos. empi¦ristisch. 4. → empirical.
em·place [ɪmˈpleɪs] v/t 1. aufstellen. 2. mil. Geschütze in Stellung bringen. **em¦place·ment** s 1. Aufstellung f. 2. mil. a) Geschütz-, Feuerstellung f, b) Bettung f.
em·plane [ɪmˈpleɪn] aer. I v/t Passagiere an Bord nehmen, Waren a. verladen (for nach). II v/i an Bord gehen.
em·ploy [ɪmˈplɔɪ] I v/t 1. j-n beschäftigen: the firm ~s 50 men. 2. j-n an-, einstellen. 3. an-, gebrauchen: to ~ force Gewalt anwenden. 4. (in) Energie etc widmen (dat), Zeit verbringen (mit): to ~ all one's energies in s.th. e-r Sache s-e ganze Kraft widmen; to be ~ed in doing s.th. damit beschäftigt sein, etwas zu tun. 5. to ~ a lot of time viel Zeit kosten. II s 6. Dienst(e pl) m, Beschäftigung(sverhältnis n) f: in ~ beschäftigt; out of ~ ohne Beschäftigung, stellen-, arbeitslos; to be in s.o.'s ~ in j-s Dienst(en) stehen, bei j-m beschäftigt od. angestellt sein. **em¦ploy·a·ble** adj 1. arbeitsfähig. 2. an-, einstellbar, zu beschäftigen(d). 3. an-, verwendbar, verwendungsfähig. **em·ploy·e** [ɪmˈplɔɪiː] Am. für employee.
em·ploy·ee [ˌemplɔɪˈiː; Am. bes. ɪmˈplɔɪiː] s Arbeitnehmer(in), Angestellte(r m) f, Arbeiter(in): the ~s a) die Arbeitnehmer(schaft), b) die Belegschaft (e-s Betriebes); ~'s contribution Arbeitnehmeranteil m (zur Sozialversicherung). **em¦ploy·er** s a) Arbeitgeber(in), b) Unter¦nehmer(in): ~s' association Arbeitgeberverband m; ~'s contribution Arbeitgeberanteil m (zur Sozialversicherung); ~'s liability Unternehmerhaftpflicht f; ~'s insurance Betriebshaftpflichtversicherung f.
em¦ploy·ment s 1. Beschäftigung f (a. allg.), Arbeit f, (An)Stellung f: full ~ Vollbeschäftigung f; in ~ beschäftigt; out of ~ ohne Beschäftigung, stellen-, arbeitslos; to give ~ to s.o. j-n beschäftigen (→ 2). 2. Ein-, Anstellung f: to give ~ to s.o. j-n ein- od. anstellen (→ 1). 3. Beruf m, Tätigkeit f. 4. An-, Verwendung f. ~ **a·gen·cy, ~ bu·reau** s ¦Stellenvermittlung(sbüˌro n) f. ~ **con·tract** s Arbeitsvertrag m. ~ **ex·change** s Br. obs. Arbeitsamt n. ~ **mar·ket** s Arbeits-, Stellenmarkt m. ~ **pro·tec·tion** s Arbeitsschutz m. ~ **pro·tec·tion act** s Arbeitsschutzgesetz n. ~ **ser·vice a·gen·cy** s Br. Arbeitsamt n.
em·poi·son [ɪmˈpɔɪzn] v/t 1. obs. vergiften (a. fig.). 2. → embitter 2.
em·po·ri·um [emˈpɔːrɪəm; Am. a. ɪmˈpəʊ-] pl -**ri·ums** od. -**ri·a** [-rɪə] s 1. a) Handelszentrum n, b) Markt m (Stadt). 2. Warenhaus n.
em·pow·er [ɪmˈpaʊə(r)] v/t 1. bevollmächtigen, ermächtigen (to do zu tun). 2. befähigen (to do zu tun).
em·press [ˈemprɪs] s 1. Kaiserin f. 2. fig. Beherrscherin f (Land): ~ of the seas.
em·prise [emˈpraɪz] s obs. Unter¦nehmen n, Wagnis n.
emp·ti·ness [ˈemptɪnɪs] s 1. Leerheit f, Leere f. 2. fig. Hohlheit f, (innerliche od. inhaltliche) Leere. 3. Mangel m (of an dat).
emp·ty [ˈemptɪ] I adj (adv emptily) 1. leer: to feel ~ colloq. ‚Kohldampf schieben' (Hunger haben); → stomach 1. 2. leer(stehend), unbewohnt. 3. leer, unbeladen: ~ weight Eigen-, Leergewicht n. 4. ~ of ohne (acc): ~ of joy freudlos; ~ of meaning nichtssagend; ~ of traffic leer. 5. fig. leer, nichtssagend, inhaltlos, hohl: ~ promises leere Versprechungen; ~ talk leeres od. hohles Gerede. II v/t 6. (aus)leeren, entleeren, leer machen, Fach etc ausräumen, e-n Lastwagen etc abladen, e-e Pfeife ausklopfen. 7. ein Glas etc leeren, austrinken. 8. ein Haus etc räumen. 9. schütten, leeren, gießen (into in acc). 10. to ~ itself → 13. 11. berauben (of gen): to ~ s.th. of its importance e-r Sache ihre Bedeutung nehmen. III v/i 12. leer werden, sich leeren. 13. sich ergießen, münden (into the sea ins Meer). 14. s-e Notdurft verrichten. IV s 15. pl Leergut n. ~ -ˈhand·ed adj mit leeren Händen, ¦unverrichteter¦dinge. ~ -ˈhead·ed adj hohlköpfig, geistlos.
e·mu [ˈiːmjuː] s orn. Emu m.
em·u·late [ˈemjʊleɪt] v/t 1. wetteifern mit. 2. nacheifern (dat), es gleichtun wollen (dat). **em·u·ˈla·tion** s 1. Wetteifer m. 2. Nacheiferung: in ~ of s.o. in dem Bestreben, es j-m gleichzutun. **ˈem·u·la·tive** [-lətɪv; Am. -ˌleɪ-] adj: to be ~ of s.o. a) mit j-m wetteifern, b) j-m nacheifern, es j-m gleichtun wollen. **ˈem·u·la·tor** [-tə(r)] s 1. Wetteiferer m. 2. Nacheiferer m.
e·mul·si·fi·a·ble [ɪˈmʌlsɪfaɪəbl] adj chem. emul¦gierbar. **e·ˌmul·si·fi·ˈca·tion** [-fɪˈkeɪʃn] s Emul¦gierung f. **e·ˈmul·si·fi·er** [-faɪə(r)] s Emulgens n, Emulsi¦onsmittel n. **e·ˈmul·si·fy** [-faɪ] v/t u. v/i emul¦gieren.
e·mul·sion [ɪˈmʌlʃn] s chem. med. phot. Emulsi¦on f: ~ (paint) Emulsionsfarbe f. **e·ˈmul·sion·ize** → emulsify. **e·ˈmul·sive** [-sɪv] adj emulsi¦onsartig, Emulsions...
en [en] I s 1. N, n n (Buchstabe). 2. N n, N-förmiger Gegenstand. 3. print. Halbgeviert n. II adj 4. N-förmig, N-... 5. print. Halbgeviert...
en·a·ble [ɪˈneɪbl] v/t 1. j-n berechtigen, ermächtigen: to ~ s.o. to do s.th. j-n dazu ermächtigen, etwas zu tun; en·abling act pol. Ermächtigungsgesetz n. 2. j-n befähigen, j-n in den Stand setzen, es j-m möglich machen od. ermöglichen: this ~d me to come dies machte es mir möglich zu kommen. 3. etwas möglich machen, ermöglichen: to ~ s.th. to be done es ermöglichen, daß etwas geschieht; this ~s the housing to be detached dadurch kann das Gehäuse abgenommen werden.
en·act [ɪˈnækt] v/t 1. jur. a) ein Gesetz erlassen, b) (gesetzlich) verfügen, verordnen, c) e-m Parlamentsbeschluß Gesetzeskraft verleihen, etwas zum Gesetz erheben: ~ing clause Einführungsklausel f. 2. thea. a) ein Stück aufführen, insze¦nieren, b) e-e Person od. Rolle darstellen, spielen, c) fig. in Szene setzen: to be ~ed über die Bühne gehen, sich abspielen. **en¦act·ment** s 1. jur. a) Erlassen n (e-s Gesetzes), b) Erhebung f zum Gesetz, c) (gesetzliche) Verfügung od. Verordnung, Gesetz n, Erlaß m. 2. Spiel n, Darstellung f (e-r Rolle).
en·am·el [ɪˈnæml] I s 1. E¦mail(le f) n, Schmelzglas n (auf Metall). 2. Gla¦sur f (auf Töpferwaren). 3. E¦mail- od. Gla¦surmasse f. 4. E¦mailgeschirr n. 5. paint. E¦maillackie¦rei f. 6. tech. Lack m, (¦Schmelz)Gla¦sur f, Schmelz m. 7. anat. (Zahn)Schmelz m: ~ cell innere Schmelzzelle. 8. Nagellack m. II v/t pret u. pp -eled, bes. Br. -elled 9. email¦lieren. 10. gla¦sieren. 11. lac¦kieren: to ~ one's nails sich die Nägel lackieren. 12. in E¦mail malen. 13. in leuchtenden Farben schmücken. III v/i 14. in E¦mail arbeiten od. malen. IV adj 15. a) Email...: ~ painting → 5; ~ ware → 4, b) Email¦lier...: ~ kiln Emaillierofen m. 16. anat. (Zahn)Schmelz... **en¦am·el·er,** bes. Br. **en¦am·el·ler** s Email¦leur m, Schmelzarbeiter m.
en·am·or, bes. Br. **en·am·our** [ɪˈnæmə(r)] v/t: to be ~ed of a) verliebt sein in (acc), b) fig. gefesselt od. bezaubert od. angetan sein von.
en·ar·thro·sis [ˌenɑː(r)ˈθrəʊsɪs] pl -**ses** [-siːz] s anat. Enar¦throse f, Nußgelenk n.
e·na·tion [ɪˈneɪʃn] s bot. Auswuchs m.
en bloc [ɑ̃blɒk] (Fr.) adv im ganzen, als Ganzes, en bloc.
en·cae·ni·a [enˈsiːnjə] s Gründungs-, Stiftungsfest n.
en·cage [ɪnˈkeɪdʒ] v/t (in e-n Käfig) einsperren, einschließen.
en·camp [ɪnˈkæmp] I v/i 1. sein Lager aufschlagen. 2. mil. lagern. II v/t 3. mil. lagern lassen: to be ~ed lagern. **en¦camp·ment** s mil. 1. (Feld)lager n. 2. Lagern n.
en·cap·su·late [ɪnˈkæpsjʊleɪt; Am. -psəˌleɪt] v/t 1. ein-, verkapseln. 2. Fakten etc zs.-fassen.
en·car·pus [enˈkɑː(r)pəs] pl -**pi** [-paɪ] s arch. ¦Fruchtgir¦lande f.
en·case [ɪnˈkeɪs] v/t 1. einschließen. 2. um¦schließen, (um)¦hüllen: ~d in gehüllt in (acc). **en¦case·ment** s 1. Einschließung f. 2. Um¦schließung f, -¦hüllung f, Hülle f.
en·cash [ɪnˈkæʃ] v/t Br. Scheck etc einlösen. **en¦cash·a·ble** adj Br. einlösbar. **en¦cash·ment** s Br. Einlösung f.
en·caus·tic [enˈkɔːstɪk; ɪn-] paint. I adj (adv ~ally) en¦kaustisch: a) eingebrannt, b) die Enkaustik betreffend: ~ tile buntglasierte Kachel. II s a. ~ painting En¦kaustik f, en¦kaustische Male¦rei f.
en·ceinte[1] [ɑ̃ˈsæ̃nt] adj schwanger: to be five months ~ im 5. Monat schwanger sein.
en·ceinte[2] [ɑ̃ˈsæ̃nt] s 1. mil. En¦ceinte f, Um¦wallung f. 2. um¦mauerter Stadtteil.
en·ceph·a·la [enˈkefələ; Am. ɪnˈsefələ] pl von encephalon.
en·ce·phal·ic [ˌenkəˈfælɪk; ˌensɪˈf-] adj med. Gehirn..., das Gehirn betreffend.
en·ceph·a·lit·ic [enˌkefəˈlɪtɪk; Am. ɪnˌsefəˈl-] adj enzepha¦litisch.
en·ceph·a·li·tis [enˌkefəˈlaɪtɪs; Am. ɪnˌsefəˈl-] s med. Enzepha¦litis f, Gehirn-

entzündung f. **~ le·thar·gi·ca** [le¹θɑː(r)-dʒɪkə; lɪ-] (*Lat.*) s epi¹demische Enzepha¹litis, Kopfgrippe f.
en·ceph·a·lo·cele [en¹sefələʊsɪːl; ɪn-] s med. Enzephalo¹zele f, Hirnbruch m.
en¹ceph·a·lo·gram [-ləʊgræm], **en-¹ceph·a·lo·graph** [-ləʊgrɑːf; bes. Am. -græf] s med. Enzephalo¹gramm n, Röntgenaufnahme f des Gehirns. **en‚ceph-a¹log·ra·phy** [-¹lɒgrəfɪ; Am. -¹lɑ-] s med. Enzephalogra¹phie f. **en·ceph·a-lo·ma** [‚enkefə¹ləʊmə; Am. ɪn‚sefə¹l-] pl **-mas, -ma·ta** [-tə] s med. (Ge)Hirntumor m. **en¹ceph·a·lo‚my·e¹li·tis** [-ləʊ‚maɪə¹laɪtɪs] s med. vet. Enzephalomye¹litis f, Hirn- u. Rückenmarksentzündung f. **en·ceph·a·lon** [en¹kefələn; Am. ɪn¹sefə‚lɒn] pl **-la** [-lə] s anat. En¹zephalon n, Gehirn n.
en·chain [ɪn¹tʃeɪn] v/t **1.** in Ketten legen. **2.** to be ~ed in *fig.* gefangen sein in (*dat*). **3.** *fig.* die Aufmerksamkeit fesseln.
en·chant [ɪn¹tʃɑːnt; Am. ɪn¹tʃænt] v/t **1.** verzaubern: ~ed wood Zauberwald m. **2.** *fig.* bezaubern, entzücken: to be ~ed entzückt sein (by, with von). **en-¹chant·er** s Zauberer m. **en¹chant·ing** adj (adv ~ly) bezaubernd, entzückend, ¹hinreißend. **en¹chant·ment** s **1.** Verzauberung f. **2.** Zauber(bann) m. **3.** Zaube¹rei f. **4.** *fig.* a) Zauber m, b) Bezauberung f, Entzücken n. **en-¹chant·ress** [-trɪs] s **1.** Zauberin f. **2.** *fig.* bezaubernde Frau.
en·chase [ɪn¹tʃeɪs] v/t **1.** e-n Edelstein fassen. **2.** zise¹lieren, ausmeißeln: ~d work getriebene Arbeit. **3.** *Muster* (¹ein-)gra‚vieren (on in *acc*). **en¹chas·er** s **1.** Zise¹leur m. **2.** Gra¹veur m.
en·chi·rid·i·on [‚enkaɪə¹rɪdɪən] pl **-i·ons, -i·a** [-ə] s Handbuch n, Leitfaden m.
en·chon·dro·ma [‚enkən¹drəʊmə] pl **-mas, -ma·ta** [-mətə] s med. Enchon-¹drom n, Knorpelgeschwulst f.
en·cho·ri·al [en¹kɔːrɪəl; Am. a. -¹kəʊ-], **en·chor·ic** [en¹kɒrɪk; Am. a. -¹kəʊ-] adj (ein)heimisch.
en·ci·pher [ɪn¹saɪfə(r)] → encode.
en·cir·cle [ɪn¹sɜːkl; Am. ɪn¹sɜrkəl] v/t **1.** um¹geben: ~d by (od. with) trees von Bäumen umgeben *od.* umstanden. **2.** um¹fassen, um¹schlingen, um¹schließen: he ~d her in his arms er legte *od.* schlang s-e Arme um sie. **3.** einkreisen (*a. pol.*), um¹zingeln, *mil. a.* einkesseln. **en¹cir·cle·ment** s Einkreisung f (*a. pol.*), Um-¹zing(e)lung f, *mil. a.* Einkesselung f: policy of ~ Einkreisungspolitik f.
en·clasp [ɪn¹klɑːsp; Am. ɪn¹klæsp] v/t um¹fassen, um¹schließen.
en·clave [¹enkleɪv] **I** v/t ein Gebiet einschließen, um¹geben. **II** s Enklave f.
en·cli·sis [¹eŋklɪsɪs] pl **-ses** [-siːz] s ling. En¹klisis f, En¹klise f. **en·clit·ic** [ɪn¹klɪt-ɪk; *bes. Am.* en-] *ling.* **I** adj (adv ~ally) en¹klitisch. **II** s En¹klitikon n, en¹klitisches Wort.
en·close [ɪn¹kləʊz] v/t **1.** (in) einschließen (*dat. a.* einkapseln in (*dat od. acc*), um¹geben (mit): ~d motor geschlossener Motor. **2.** *Land* einfried(ig)en, um¹zäunen. **3.** um¹ringen. **4.** (*mit der Hand etc*) um¹fassen. **5.** beilegen, -fügen (in *dat*): I ~d a cheque in my last letter. **en-¹closed** [-zd] adj an¹bei, beiliegend, in der Anlage: ~ please find in der Anlage erhalten Sie.
en·clo·sure [ɪn¹kləʊʒə(r)] s **1.** Einschließung f. **2.** a) Einfried(ig)ung f, Um¹zäunung f, b) Einfassung f, Zaun m, Mauer f. **3.** Anlage f (*zu e-m Brief etc*).
en·clothe [ɪn¹kləʊð] → clothe.
en·code [en¹kəʊd; ɪn-] v/t e-n Text verschlüsseln, chif¹frieren. **en¹code·ment**

s Verschlüsselung f, Verschlüßlung f, Chif¹frierung f.
en·co·mi·um [en¹kəʊmɪəm] pl **-mi·ums, -mi·a** [-ə] s (of) Lobrede f (auf *acc*), Loblied n (auf *acc*), Lobpreisung f (*gen*).
en·com·pass [ɪn¹kʌmpəs] v/t **1.** um¹geben (with mit). **2.** *fig.* um¹fassen. **3.** *fig.* j-s Ruin etc her¹beiführen.
en·core [ɒŋ¹kɔː; Am. ¹ɑːn‚kɔːr; -‚kɔːr] **I** interj **1.** a) da capo!, b) Zugabe! **II** s **2.** Da¹kapo(ruf m) n. **3.** a) Wieder¹holung f (*e-r Arie etc*), b) Zugabe f: he gave several ~s; he got an ~ er mußte e-e Zugabe geben. **III** v/t **4.** a) die Wieder-¹holung (*gen*) verlangen *od.* erzwingen: to ~ an aria, b) von (*j-m*) e-e Zugabe verlangen *od.* erzwingen: to ~ a singer.
en·coun·ter [ɪn¹kaʊntə(r)] **I** v/t **1.** *j-m od.* e-r Sache begegnen, *j-n* treffen, auf *j-n*, *a.* Widerstand, Schwierigkeiten etc stoßen, in Gefahr geraten. **2.** mit *j-m* (*feindlich*) zs.-stoßen *od.* anein¹andergeraten. **3.** *j-m* entgegentreten. **II** v/i **4.** sich begegnen, sich treffen. **III** s **5.** (*feindliches*) Begegnung, Zs.-stoß m. **6.** Begegnung f, zufälliges Zs.-treffen (of, with mit). **7.** *Sensitivitätstraining*: ~ group Trainingsgruppe f, T-Gruppe f.
en·cour·age [ɪn¹kʌrɪdʒ; *Am. bes.* ɪn¹kɜr-] v/t **1.** ermutigen, ermuntern (to zu), *j-m* Mut machen. **2.** *e-e Mannschaft etc* anfeuern. **3.** *j-n* unter¹stützen, bestärken (in *dat*). **4.** *etwas* fördern, unter¹stützen. **5.** *etwas* fördern, begünstigen. **en¹cour·age·ment** s **1.** Ermutigung f, Ermunterung f: I gave him no ~ to do so ich habe ihn nicht dazu ermutigt. **2.** Anfeuerung f: cries of ~ Anfeuerungsrufe. **3.** Unter¹stützung f, Bestärkung f. **4.** Förderung f. **5.** Begünstigung f. **en-¹cour·ag·ing** adj (adv ~ly) **1.** ermutigend. **2.** hoffnungsvoll, vielversprechend.
en·croach [ɪn¹krəʊtʃ] **I** v/i **1.** (on, upon) eingreifen (in *j-s Besitz od. Recht*), unberechtigt eindringen (in *acc*), sich ¹Übergriffe leisten (in, auf *acc*), (*j-s Recht*) verletzen. **2.** über Gebühr in Anspruch nehmen, miß¹brauchen (on, upon *acc*): to ~ (up)on s.o.'s kindness. **3.** schmälern, beeinträchtigen (on, upon *acc*): to ~ (up)on s.o.'s rights. **II** s *obs.* für encroachment. **en¹croach·ment** s **1.** (on, upon) Eingriff m (in *acc*), ¹Übergriff m (in, auf *acc*): ~ (up)on his rights Verletzung f s-r Rechte. **2.** Schmälerung f, Beeinträchtigung f (on, upon *gen*). **3.** ¹Übergreifen n, Vordringen n: ~ of swamps *geogr.* Versumpfung f.
en·crust [ɪn¹krʌst] → incrust.
en·crypt [ɪn¹krɪpt] v/t e-n Text verschlüsseln, chif¹frieren. **en¹cryp·tion** s Verschlüsselung f, Verschlüßlung f, Chif¹frierung f.
en·cul·tur·a·tion [en‚kʌltʃə¹reɪʃn; ɪn-] s Enkulturati¹on f (*das Hineinwachsen des einzelnen in die Kultur der ihn umgebenden Gesellschaft*).
en·cum·ber [ɪn¹kʌmbə(r)] v/t **1.** (be-)hindern, **2.** beladen, belasten (with mit). **3.** (*dinglich*) belasten: ~ed estate belastetes Grundstück; ~ed with debts (*völlig*) verschuldet; ~ed with mortgages hypothekarisch belastet. **4.** *Räume* vollstopfen, über¹laden. **en¹cum·ber·ment** s **1.** Behinderung f. **2.** Belastung f. **en¹cum·brance** s **1.** Last f, Belastung f, Hindernis n, Behinderung f, Beschwerde f: ~ in walking Behinderung beim Gehen; to be an ~ to s.o. *j-n* behindern, e-e Belastung für *j-n* sein. **2.** (Fa¹milien)Anhang m, *bes.* Kinder pl.

3. *econ. jur.* (Grundstücks)Belastung f, Hypo¹theken-, Schuldenlast f. **en¹cum·branc·er** s *jur.* Hypo¹thekengläubiger(in).
en·cyc·li·cal [en¹sɪklɪkl; ɪn-], *a.* **en¹cyc·lic** **I** adj en¹zyklisch, Rund...: encyclical letter → II. **II** s *relig.* (päpstliche) En¹zyklika.
en·cy·clo·p(a)e·di·a [en‚saɪkləʊ¹piːdjə; -dɪə; ɪn-] s **1.** Enzyklopä¹die f. **2.** allgemeines Lehrbuch (*e-r Wissenschaft*). **en‚cy·clo¹p(a)e·dic, en‚cy·clo-¹p(a)e·di·cal** [-kl] adj (adv ~ly) enzyklo¹pädisch, univer¹sal, um¹fassend: ~ knowledge. **en‚cy·clo¹p(a)e·dism** s **1.** enzyklo¹pädischer Cha¹rakter. **2.** enzyklo¹pädisches Wissen. **3.** Lehren pl der (fran¹zösischen) Enzyklopä¹disten. **en-‚cy·clo¹p(a)e·dist** s **1.** Enzyklo¹pädiker m. **2.** E~ (fran¹zösischer) Enzyklopä-¹dist. **en‚cy·clo¹p(a)e·dize** v/t enzyklo¹pädisch darstellen *od.* ordnen.
en·cyst [en¹sɪst; ɪn-] v/t med. zo. ab-, einkapseln (*a. fig.*). **en¹cyst·ed** adj abgekapselt, verkapselt: ~ tumo(u)r *med.* abgekapselter Tumor. **en¹cyst·ment** s med. zo. Ein-, Verkapselung f.
end [end] **I** v/t **1.** a ~ off beenden, zu Ende bringen *od.* führen, e-r Sache ein Ende machen: to ~ it all *colloq.* ‚Schluß machen' (*sich umbringen*). **2.** töten, ¹umbringen. **3.** a) a ~ up *etwas* ab-, beschließen (with mit), b) *den Rest s-r Tage* zu-, verbringen, *s-e Tage* beschließen. **4.** übertreffen: the dictionary to ~ all dictionaries das beste Wörterbuch aller Zeiten.
II v/i **5.** enden, aufhören, zu Ende kommen, schließen: all's well that ~s well Ende gut, alles gut. **6.** a. ~ up enden, ausgehen (by, in, with damit, daß): the story ~s happily die Geschichte geht gut aus; to ~ in disaster (*od.* a fiasco) mit e-m Fiasko enden; it ~ed with (*od.* in) s.o. getting hurt schließlich führte es dazu, daß *j-d* verletzt wurde; he will ~ by marrying her er wird sie schließlich heiraten. **7.** sterben. **8.** ~ up a) enden, ‚landen' (in prison im Gefängnis), b) enden (as als): he ~ed up as an actor er wurde schließlich Schauspieler.
III s **9.** (*örtlich*) Ende n: to begin at the wrong ~ am falschen Ende anfangen; from one ~ to another, from ~ to ~ von e-m Ende zum anderen, vom Anfang bis zum Ende. **10.** Ende n, (*entfernte*) Gegend: to the ~ of the world bis ans Ende der Welt; the other ~ of the street das andere Ende der Straße. **11.** Ende n, Endchen n, Rest m, Stück(chen) n, Stummel m, Stumpf m. **12.** Ende n, Spitze f: the ~ of a pencil. **13.** *mar.* (Kabel-, Tau)Ende n. **14.** *a. tech.* Stirnseite f, -fläche f, Ende n: the two trains hit each other ~ on die beiden Züge stießen frontal zusammen; to put two tables ~ to ~ zwei Tische mit den Schmalseiten *od.* Enden aneinanderstellen. **15.** (*zeitlich*) Ende n, Schluß m: in the ~ am Ende, schließlich; at the ~ of May Ende Mai; to the ~ of time bis in alle Ewigkeit; without ~ unaufhörlich, endlos, immer u. ewig; there is no ~ in sight es ist kein Ende abzusehen. **16.** Tod m, Ende n, ¹Untergang m: to be near one's ~ dem Tod nahe sein; you will be the ~ of me! du bringst mich noch ins Grab! **17.** Resul¹tat n, Ergebnis n, Folge f: the ~ of the matter was that die Folge (davon) war, daß. **18.** *oft pl* Absicht f, (End-)Zweck m, Ziel n: in itself Selbstzweck; the ~ justifies (*od.* sanctifies) the means der Zweck heiligt die Mittel; to this ~ zu diesem Zweck; to gain one's ~s sein Ziel erreichen; for one's own ~ zum

end abutment – end plate

eigenen Nutzen; **private ~s** Privatinteressen; **to no ~** vergebens.
Besondere Redewendungen:
no ~ of applause *colloq.* nicht enden wollender Beifall; **no ~ of trouble** *colloq.* endlose Scherereien; **he is no ~ of a fool** *colloq.* er ist ein Vollidiot; **we had no ~ of fun** *colloq.* wir hatten e-n Mordsspaß; **no ~ disappointed** *colloq.* maßlos enttäuscht; **on ~** a) ununterbrochen, hintereinander, b) aufrecht stehend, hochkant; **for hours on ~** stundenlang; **to place** (*od.* **put**) **s.th. on** (**its**) **~** etwas aufrecht *od.* hochkant stellen; **my hair stood on ~** mir standen die Haare zu Berge; **~ to ~** der Länge nach, hintereinander; **at our** (*od.* **this**) **~** *colloq.* hier bei uns; **at your ~** *colloq.* bei Ihnen, dort, in Ihrer Stadt; **to be at an ~** a) zu Ende sein, aussein, b) mit s-n Mitteln *od.* Kräften am Ende sein; **you are the (absolute) ~** *colloq.* a) du bist (doch) das 'Letzte', b) du bist (‚echt‘ zum Brüllen'; **that's the (absolute) ~** *colloq.* a) das ist (doch) das 'Letzte', b) das ist (einfach) ‚sagenhaft'; **to come** (*od.* **draw**) **to an ~** ein Ende nehmen *od.* finden, zu Ende gehen; **to come to a bad ~** ein schlimmes Ende nehmen; **you'll come to a bad ~** mit dir wird es (noch einmal) ein schlimmes Ende nehmen; **to get one's ~ away** *Br. sl.* ‚bumsen' (*koitieren*); **to go off (at) the deep ~** *colloq.* ‚hochgehen', wütend werden; **to have an ~** ein Ende haben *od.* nehmen; **to have s.th. at one's finger's ~** etwas aus dem Effeff beherrschen, etwas (*Kenntnisse*) ‚parat' haben; **to keep one's ~ up** a) s-n Mann stehen, b) sich nicht ‚unterkriegen' lassen; **to make both ~s meet** mit s-n Einkünften auskommen, sich nach der Decke strecken; **to make an ~ of** (*od.* **to put an ~ to**) **s.th.** Schluß machen mit etwas, e-r Sache ein Ende setzen; **to put an ~ to o.s.** s-m Leben ein Ende machen *od.* setzen.
end|a·but·ment *s tech.* Landpfeiler *m* (*e-r Brücke*). **'~-all** → be-all.
en·dam·age [ɪnˈdæmɪdʒ] *v/t* j-m, e-r Sache schaden, j-s Ruf schädigen.
en·dan·ger [ɪnˈdeɪndʒə(r)] *v/t* gefährden, in Gefahr bringen: **to ~ a country** die Sicherheit e-s Landes gefährden. **enˈdan·gered** *adj* gefährdet: a) in Gefahr, b) *bot. zo.* vom Aussterben bedroht.
'end|brain *s anat.* Endhirn. **'~-cleared zone** *s mar.* hinderisfreie Zone. **~ conˈsum·er** *s econ.* End-, Letztverbraucher *m*.
en·dear [ɪnˈdɪə(r)] *v/t* beliebt machen (**to s.o.** bei j-m): **to ~ o.s. to s.o.** a) j-s Zuneigung gewinnen, b) sich bei j-m lieb Kind machen. **enˈdear·ing** *adj* (*adv* ~**ly**) **1.** gewinnend: **an ~ smile. 2.** liebenswert: **~ qualities. enˈdear·ment** *s:* (**term of**) **~** Kosename *m*, -wort *n*; **words of ~, ~s** liebe *od.* zärtliche Worte.
en·deav·or, *bes. Br.* **en·deav·our** [ɪnˈdevə(r)] **I** *v/i* (**after**) sich bemühen (um), streben, trachten (nach). **II** *v/t* versuchen, bemüht *od.* bestrebt sein (**to do s.th.** etwas zu tun). **III** *s* (eifrige) Bemühung, Anstrengung *f*, Bestreben *n*: **in the ~ to do s.th.** in dem Bestreben, etwas zu tun; **to make every ~** sich nach Kräften bemühen, alles Erdenkliche versuchen; **to do one's best ~s** sich alle Mühe geben.
en·dem·ic [enˈdemɪk] **I** *adj* (*adv* ~**ally**) **1.** enˈdemisch: a) (ein)heimisch, b) *med.* örtlich begrenzt auftretend (*Infektionskrankheit*), c) *bot. zo.* in e-m bestimmten Gebiet verbreitet. **II** *s* **2.** *med.* enˈdemische (Infektiˈons)Krankheit. **3.** *bot. zo.* enˈdemische Pflanze, enˈdemisches Tier: **~s** Endemiten. **enˈdem·i·cal** →

endemic I. **en·de·mic·i·ty** [ˌendəˈmɪsətɪ], **en·de·mism** [ˈendəmɪzəm] *s* **1.** *med.* Endeˈmie *f* (*örtlich begrenztes Auftreten e-r Infektionskrankheit*). **2.** *bot. zo.* Endeˈmismus *m* (*Verbreitung in e-m bestimmten Gebiet*).
en·den·i·zen [enˈdenɪzn; ɪn-] *v/t* einbürgern.
en·der·mic [enˈdɜːmɪk; *Am.* -ˈdɜːr-] *adj* (*adv* ~**ally**) *med.* enderˈmal: a) in der Haut (befindlich), b) in die Haut (eingeführt).
end| game *s* Schlußphase *f* (*e-s Spiels*), Endspiel *n* (*Schach*). **'~gate** *s mot. etc Am.* Ladeklappe *f*. **'~-grain** *adj tech.* Hirnholz...
end·ing [ˈendɪŋ] *s* **1.** Beendigung *f*, Abschluß *m*. **2.** Ende *n*, Schluß *m*: **happy ~** Happy-End *n*; **the play has a happy (tragic) ~** das Stück geht gut aus (endet tragisch). **3.** Tod *m*, Ende *n*. **4.** *ling.* Endung *f*.
en·dive [ˈendɪv; -daɪv] *s bot.* ˈWinterenˌdivie *f*.
end·less [ˈendlɪs] *adj* (*adv* ~**ly**) **1.** *bes. math.* endlos, ohne Ende, unˈendlich. **2.** endlos, unˈendlich lang: **an ~ speech. 3.** ˈununterˌbrochen, unaufhörlich, ‚ewig', ständig: **~ quarrels. 4.** *tech.* endlos, Endlos...: **~ belt** endloses Band, Transˈmissionsband *n;* **~ chain** geschlossene *od.* endlose Kette; **~ form** *print.* Endlosformular *n;* **~ paper** Endlos-, Rollenpapier *n;* **~ saw** Bandsäge(maschine) *f;* **~ screw** Schnecke *f*. **'end·less·ness** *s* Unˈendlichkeit *f*, Endlosigkeit *f*.
end| line *s sport* Endlinie *f*. **~ mat·ter** *print.* Endbogen *m*. **~ mill** *s tech.* Schaft-, Fingerfräser *m*. **'~-most** [-məʊst] *adj* entferntest(er, e, es), hinterst(er, e, es).
endo- [endəʊ; -də] *Wortelement mit den Bedeutungen* a) innen, innerhalb, das Innere betreffend, b) aufnehmend, absorˈbierend.
en·do·blast [ˈendəʊblæst] → entoblast.
ˌen·do·canˈni·bal·ism *s* Endokanniˈbalismus *m* (*Verzehren von Angehörigen des eigenen Stammes*).
ˌen·do·carˈdi·al, *a.* **ˌen·do·carˈdi·ac** *adj anat.* endokardiˈal, das innere Herz betreffend. **ˌen·do·carˈdi·tis** *s med.* Endokarˈditis *f*, Herzinnenhautentzündung *f*. **en·do·car·di·um** [-əʊˈkɑː(r)dɪəm] *pl* **-di·a** [-dɪə] *s anat.* Endoˈkard *n*, Herzinnenhaut *f*.
en·do·carp [ˈendəʊkɑː(r)p] *s bot.* Endoˈkarp *n*, innere Fruchthaut.
en·do·cra·ni·um [ˌendəʊˈkreɪnɪəm; -nɪəm] *pl* **-ni·a** [-ə] *s anat.* Endoˈkranium (*harte äußere* Hirnhaut).
en·do·crine [ˈendəʊkraɪn; -krɪn] *physiol.* **I** *adj* **1.** mit innerer Sekretiˈon, endoˈkrin: **~ glands. II** *s* **2.** innere Sekretiˈon. **ˌen·do·criˈnol·o·gy** [-kraɪˈnɒlədʒɪ; -krɪˈn-; *Am.* -ˈnɑ-] *s med.* Endokrinoloˈgie *f* (*Lehre von den endokrinen Drüsen*).
en·do·derm [ˈendəʊdɜːm; *Am.* -ˌdɜːrm] → entoblast. **ˌen·do·ˈder·mis** [-mɪs] *s bot.* Endoˈdermis *f* (*innerste Zellschicht der Pflanzenrinde*).
en·dog·a·my [enˈdɒɡəmɪ; *Am.* -ˈdɑ-] *s* Endogaˈmie *f* (*Heiratsordnung, nach der nur innerhalb e-r bestimmten sozialen Gruppe geheiratet werden darf*).
ˌen·doˈgas·tric *adj biol. med.* das Mageninnere betreffend.
en·dog·e·nous [enˈdɒdʒənəs; *Am.* -ˈdɑ-] *adj* endoˈgen: a) *med.* im Körperinnern entstehend, von innen kommend (*Stoffe, Krankheitserreger*), b) *bot.* innen entstehend (*Pflanzenteile*), c) *geol.* von Kräften im Erdinnern erzeugt.
en·do·lymph [ˈendəʊlɪmf] *s anat.* Endoˈlymphe *f* (*Flüssigkeit im Labyrinth des Innenohrs*).

en·do·me·tri·tis [ˌendəʊmɪˈtraɪtrɪs] *s med.* Endomeˈtritis *f* (*Entzündung der Gebärmutterschleimhaut*). **ˌen·doˈme·tri·um** [-ˈmiːtrɪəm] *pl* **-tri·a** [-ə] *s anat.* Endoˈmetrium *n*, Gebärmutterschleimhaut *f*.
ˌen·do·miˈto·sis *s biol.* Endomiˈtose *f*.
en·do·mor·phic [ˌendəʊˈmɔː(r)fɪk] *adj med.* endoˈmorph. **ˈen·doˌmor·phy** *s med.* Endomorˈphie *f* (*Konstitution e-s Menschentyps von untersetzter Gestalt und starker Neigung zum Fettansatz*).
ˌen·doˈpar·a·site *s biol. med.* Endo-, Entoparaˈsit *m* (*Parasit, der in den Geweben s-s Wirtes siedelt*).
en·do·plasm [ˈendəʊplæzəm] *s biol.* Endo-, Entoˈplasma *n*, innere Protoˈplasmaschicht.
ˌen·doˈpleu·ra *s bot.* Endoˈpleura *f*, innere Samenhaut.
en·dor·sa·ble [ɪnˈdɔː(r)səbl] *adj econ.* indosˈsierbar, giˈrierbar.
en·dorse [ɪnˈdɔː(r)s] *v/t* **1.** a) ein Dokument *etc* auf der Rückseite beschreiben, b) e-e Erklärung *etc* vermerken (**on** *auf dat*), c) *bes. Br.* e-e Strafe vermerken auf (*e-m Führerschein*). **2.** *econ.* a) e-n Scheck *etc* indosˈsieren, giˈrieren, b) a. **~ over** (durch Indossaˈment) überˈtragen *od.* -ˈweisen (**to** *j-m*), c) e-e Zahlung auf der Rückseite des Wechsels *od.* Schecks bestätigen, d) Zinszahlung(en) vermerken auf (*e-m Wechsel etc*): **to ~ in blank** in blanko indosˈsieren. **3.** a) e-n Plan *etc* billigen, b) sich e-r Ansicht *etc* anschließen: **to ~ s.o.'s opinion** j-m beipflichten.
en·dor·see [ˌendɔː(r)ˈsiː; ɪnˌdɔː(r)ˈsiː] *s econ.* Indosˈsat *m*, Indossaˈtar *m*, Giˈrat *m*. **enˈdorse·ment** *s* **1.** Aufschrift *f*, Vermerk *m*, Zusatz *m* (*auf der Rückseite von Dokumenten*). **2.** *econ.* a) Giro *n*, Indossaˈment *n*, b) Überˈtragung *f*: **~ in blank** Blankogiro; **~ in full** Vollgiro; **~ without recourse** Giro ohne Verbindlichkeit. **3.** *fig.* Billigung *f*. **4.** *econ.* Nachtrag *m* (*zu e-r Versicherungspolice*). **en·ˈdors·er** *s econ.* Indosˈsant *m*, Giˈrant *m*: **preceding ~** Vormann *m;* **subsequent ~** Nachmann *m*.
en·do·sarc [ˈendəʊsɑː(r)k] → endoplasm.
en·do·scope [ˈendəʊskəʊp] *s med.* Endoˈskop *n* (*Instrument zur Untersuchung von Körperhöhlen u. Hohlorganen*). **en·dos·co·py** [enˈdɒskəpɪ; *Am.* -ˈdɑ-] *s* Endoskoˈpie *f*.
ˌen·doˈskel·e·ton *s biol.* Endoskeˈlett *n* (*aus Knorpel od. Knochen bestehendes Innenskelett der Wirbeltiere*).
en·dos·mo·sis [ˌendɒsˈməʊsɪs; *Am.* -ɑs-] *s phys.* Endosˈmose *f* (*Bewegung positiv elektrisch geladener Teilchen auf Trägermaterial in Richtung der Kathode*).
en·do·sperm [ˈendəʊspɜːm; *Am.* -ˌspɜːrm] *s bot.* Endoˈsperm *n*, Nährgewebe *n* (*des Samens*).
en·dow [ɪnˈdaʊ] *v/t* **1.** e-e Stiftung machen (*dat*). **2.** *etwas* stiften: **to ~ s.o. with s.th.** j-m etwas stiften. **3.** *fig.* ausstatten (**with** *mit*): **nature ~ed him with good eyesight. enˈdowed** *adj* **1.** gestiftet: **~ school** mit Stiftungsgeldern finanzierte Schule. **2.** **to be ~** *fig.* ausgestattet sein mit: **to be ~ by nature with many talents** viele natürliche Begabungen haben; **she is ~ with both beauty and brains** sie ist nicht nur schön, sondern auch intelligent. **enˈdow·ment** *s* **1.** a) Stiftung *f*, b) *meist pl* Stiftungsgeld *n*. **2.** *fig.* Begabung *f*, Taˈlent *n*. **3.** **~ insurance** (*Br.* **assurance, policy**) Versicherung *f* auf den Todes- u. Erlebensfall.
end| pa·per *s* Buchbinderei: Vorsatzblatt *n*. **~ plate** *s* **1.** *anat.* Nervenend-

end play – engaging

platte *f.* **2.** *tech.* Endplatte *f.* ~ **play** *s tech.* Längsspiel *n.* ~ **prod·uct** *s* **1.** *econ. tech.* 'Endpro,dukt *n.* **2.** *fig.* ('End)Pro,dukt *n.* ~ **rhyme** *s* Endreim *m.* ~ **stone** *s tech.* Deckstein *m.* ~ **ta·ble** *s Am.* (kleiner) Tisch (*am Sofaende etc*). ~ **ter·race** *s Br.* Reihenechhaus *n.* ~ **thrust** *s tech.* Längs-, Axi'aldruck *m.*
en·due [ɪnˈdjuː; *Am. a.* ɪnˈduː] *v/t* **1.** *Kleider etc* anlegen. **2.** bekleiden (**with** mit), kleiden (**in** in *acc*). **3.** → **endow 3. 4.** ausstatten, versehen (**with** mit). **en·'dued** → endowed 2.
en·dur·a·ble [ɪnˈdjʊərəbl; *Am. a.* -ˈdʊ-] *adj* (*adv* **endurably**) erträglich, leidlich.
en·dur·ance [ɪnˈdjʊərəns; *Am. a.* -ˈdʊ-] **I** *s* **1.** Dauer *f.* **2.** Dauerhaftigkeit *f.* **3.** *a*) Ertragen *n*, Erdulden *n*, Aushalten *n*, *b*) Ausdauer *f*, Geduld *f*, Standhaftigkeit *f*: **beyond** (*od.* **past**) ~ unerträglich, nicht auszuhalten(d). **4.** Stra'paze *f.* **5.** *tech.* Dauerleistung *f*, *bes. aer.* Maxi-'malflugzeit *f.* **II** *adj* **6.** Dauer... ~ **firing test** *s mil.* Dauerschußbelastung *f.* ~ **flight** *s aer.* Dauerflug *m.* ~ **lim·it** *s tech.* Belastungsgrenze *f.* ~ **ra·ti·o** *s tech.* Belastungsverhältnis *n.* ~ **run** *s* Dauerlauf *m.* ~ **strength** *s tech.* 'Widerstandsfähigkeit *f* (*bei Belastung*). ~ **test** *s tech.* Belastungsprobe *f*, Ermüdungsversuch *m.*
en·dure [ɪnˈdjʊə(r); *Am. a.* ɪnˈdʊr] **I** *v/i* **1.** an-, fortdauern, Bestand haben. **2.** 'durchhalten: **to** ~ **to the bitter end** bis zum bitteren Ende ausharren. **II** *v/t* **3.** aushalten, ertragen, erdulden, 'durchmachen: **not to be** ~**d** unerträglich; **I can't** ~ **seeing** (*od.* **to see**) **animals cruelly treated** ich kann es nicht mit ansehen, wenn Tiere grausam behandelt werden. **4.** *fig.* (*nur neg*) ausstehen, leiden: **I cannot** ~ **him.** **en·'dur·ing** *adj* (*adv* ~**ly**) **1.** an-, fortdauernd, (*Erinnerungen etc*) bleibend. **2.** geduldig.
end us·er *s econ.* End-, Letztverbraucher *m.*
'**end·ways**, *bes. Am.* '**end·wise** *adv* **1.** mit dem Ende nach vorn *od.* nach oben. **2.** aufrecht, gerade. **3.** hintereinander. **4.** der Länge nach. **5.** auf das Ende *od.* die Enden zu.
en·e·ma [ˈenɪmə; ɪˈniːmə] *pl* **-mas, -ma·ta** [-mətə] *s med.* **1.** Kli'stier *n*, Einlauf *m*: **to give s.o. an** ~ j-m e-n Einlauf machen. **2.** Kli'stierspritze *f.*
en·e·my [ˈenəmɪ] **I** *s* **1.** Feind *m* (*a. weitS.* feindliches Heer *etc*): **the** ~ **was** (*od.* **were**) **driven back.** **2.** Gegner *m*, Feind *m* (**of**, **to** *gen*): **to be one's own** ~ sich selbst schaden *od.* im Wege stehen; **to make an** ~ **of s.o.** sich j-n zum Feind machen; **the article made him many enemies** mit dem Artikel machte er sich viele Feinde; **an** ~ **to reform** ein Reformgegner. **3.** *Bibl. a*) **the E**~, **the old** ~ der böse Feind, der Teufel, *b*) **the** ~ der Tod. **II** *adj* **4.** feindlich, Feindes..., Feind...: ~ **action** Feind-, Kriegseinwirkung *f*; ~ **country** Feindesland *n*; ~ **property** Feindvermögen *n*; → **alien 7.**
en·er·get·ic [ˌenə(r)ˈdʒetɪk] **I** *adj* (*adv* ~**ally**) **1.** e'nergisch: *a*) tatkräftig, *b*) nachdrücklich. **2.** (*sehr*) wirksam. **3.** *phys.* ener'getisch. **II** *s pl* (*als sg konstruiert*) **4.** *phys.* Ener'getik *f* (*Lehre von der Umwandlung u. industriellen Nutzung der Energie*). ˌ**en·er'get·i·cal** → energetic I.
en·er·gic [ɪˈnɜːdʒɪk; e-; *Am.* -ˈnɜːr-] *adj phys.* Energie... **en·er·gid** [ˈenə(r)dʒɪd] *s biol.* Ener'gide *f* (*Funktionseinheit e-s einzelnen Zellkerns mit dem ihn umgebenden Zellplasma*).
en·er·gize [ˈenə(r)dʒaɪz] **I** *v/i* **1.** e'nergisch wirken *od.* handeln. **II** *v/t* **2.** *etwas*

kräftigen *od.* kraftvoll machen, *e-r Sache* Ener'gie verleihen, *j-n* ansporen, mit Tatkraft erfüllen, *die Wirtschaft* beleben. **3.** *electr. phys. tech.* erregen: ~**d** unter Spannung (stehend). '**en·er·giz·er** *s* Ener'giespender *m.*
en·er·gu·men [ˌenɜːˈgjuːmen; *Am.* ˌenər'gjuːmən] *s* **1.** *relig.* Besessene(r *m*) *f.* **2.** *fig.* Enthusi'ast(in), Fa'natiker(in).
en·er·gy [ˈenə(r)dʒɪ] *s* **1.** Ener'gie *f*: *a*) Kraft *f*, Nachdruck *m*: **to apply** (*od.* **devote**) **all one's energies to s.th.** s-e ganze Kraft für etwas einsetzen, *b*) Tatkraft *f.* **2.** Wirksamkeit *f*, 'Durchschlagskraft *f*: **the** ~ **of an argument. 3.** *chem. phys.* Ener'gie *f*, (innewohnende) Kraft, Arbeitsfähigkeit *f*, Leistung *f*: ~ **budget** Energiehaushalt *m* (*der Erde etc*); ~ **crisis** Energiekrise *f*; ~ **gap** Energielücke *f*; ~ **theorem** *math.* Energiesatz *m.* **4.** Kraftaufwand *m.*
en·er·vate I *v/t* [ˈenɜːveɪt; *Am.* ˈenər-] *a*) entkräften, schwächen (*a. fig.*), *b*) entnerven. **II** *adj* [ɪˈnɜːvət; *Am.* ɪˈnɜːr-] → **enervated. en·er·vat·ed** *adj a*) entkräftet, geschwächt (*a. fig.*), *b*) entnervt. ˌ**en·er'va·tion** *s* **1.** *a*) Entkräftung *f*, Schwächung *f* (*a. fig.*), *b*) Entnervung *f.* **2.** Schwäche *f*, Entkräftung *f.*
en·face [ɪnˈfeɪs] *v/t* **1.** *etwas* auf die Vorderseite (*e-s Wechsels etc*) schreiben *od.* drucken. **2.** *ein Schriftstück* auf der Vorderseite beschreiben *od.* bedrucken (**with** mit). **en'face·ment** *s* Aufschrift *f*, -druck *m.*
en fa·mille [ɑ̃famij] (*Fr.*) *adv* en fa'mille, in engem Kreise.
en·fant ché·ri *pl* **-fants -ris** [ɑ̃fɑ̃ʃeri] (*Fr.*) *s fig.* Lieblingskind *n.* ~ **ter·ri·ble** *pl* **-fants -bles** [-tɛrɪbl] (*Fr.*) *s* En'fant *n* ter'rible.
en·fee·ble [ɪnˈfiːbl] *v/t* entkräften, schwächen (*a. fig.*). **en'fee·ble·ment** *s* **1.** Entkräftung *f*, Schwächung *f* (*a. fig.*). **2.** Schwäche *f*, Entkräftung *f.*
en·feoff [ɪnˈfef; ɪnˈfiːf] *v/t jur.* belehnen (**with** mit). **en'feoff·ment** *s jur.* **1.** Belehnung *f.* **2.** Lehnsbrief *m.* **3.** Lehen *n.*
en·fet·ter [ɪnˈfetə(r)] *v/t* fesseln.
en·fi·lade [ˌenfɪˈleɪd] **I** *s* **1.** *mil.* Flankenfeuer *n*, Längsbestreichung *f.* **2.** Zimmerflucht *f.* **II** *v/t* **3.** *mil.* (mit Flankenfeuer) bestreichen.
en·fold [ɪnˈfəʊld] *v/t* **1.** einhüllen (**in** in *acc*), umhüllen (**with** mit) (*beide a. fig.*): **he was** ~**ed in a thick coat** er war in e-n dicken Mantel gehüllt. **2.** um'fassen: **to** ~ **s.o. in one's arms** j-n in die Arme schließen. **3.** falten.
en·force [ɪnˈfɔː(r)s; *Am. a.* ɪnˈfɔʊrs] *v/t* **1.** *a*) (mit Nachdruck) geltend machen: **to** ~ **an argument**, *b*) zur Geltung bringen, *e-r Sache* Geltung verschaffen, *ein Gesetz etc* 'durchführen, *c*) *econ. jur.* Forderungen (gerichtlich) geltend machen: **to** ~ **a contract** Rechte aus e-m Vertrag geltend machen, aus e-m Vertrag klagen; **to** ~ **payment of a debt** e-e Schuld beitreiben; **to** ~ **one's rights** s-e Rechte einklagen, *d*) *jur.* ein Urteil voll'strecken: **to** ~ **a judg(e)ment. 2.** 'durchsetzen, erzwingen: **to** ~ **obedience** (**up**)**on s.o.** von j-m Gehorsam erzwingen, j-m Gehorsam verschaffen. **3.** auferlegen, aufzwingen: **to** ~ **one's will** (**up**)**on s.o.** j-m s-n Willen aufzwingen. **en·'force·a·ble** *adj a*) *econ. jur.* (gerichtlich) geltend zu machen(d), einklagbar, *b*) *jur.* voll'streckbar, 'durchsetzbar, erzwingbar. **en'forced** *adj* erzwungen, aufgezwungen: ~ **sale** Zwangsverkauf *m.* **en'for·ced·ly** [-sɪdlɪ] *adv* **1.** notgedrungen. **2.** zwangsweise, gezwungenermaßen. **en'force·ment** *s* **1.** *a*) *econ. jur.*

(gerichtliche) Geltendmachung, *b*) *jur.* Voll'streckung *f*; ~ **officer** Vollzugsbeamte(r) *m.* **2.** 'Durchsetzung *f*, Erzwingung *f.*
en·frame [ɪnˈfreɪm] *v/t ein Bild etc* (ein-)rahmen.
en·fran·chise [ɪnˈfræntʃaɪz] *v/t* **1.** *Sklaven* befreien, freilassen. **2.** befreien (**from** aus *dem Gefängnis*, von *e-r Verpflichtung*). **3.** *a*) j-m die Bürgerrechte verleihen, *b*) j-m das Wahlrecht verleihen: **to be** ~**d** das Wahlrecht erhalten; wahlberechtigt sein. **4.** *e-r Stadt* po'litische Rechte gewähren. **5.** *Br.* e-m Ort Vertretung im 'Unterhaus verleihen. **en·'fran·chise·ment** [-tʃɪzmənt] *s* **1.** Freilassung *f*, Befreiung *f.* **2.** Verleihung *f* der Bürgerrechte *od.* des Wahlrechts: **before the** ~ **of women** bevor die Frauen wahlberechtigt waren. **3.** Gewährung *f* po'litischer Rechte.
en·gage [ɪnˈgeɪdʒ] **I** *v/t* **1.** (o.s. sich) (vertraglich etc) verpflichten *od.* binden (**to do s.th.** etwas zu tun). **2. to become** (*od.* **get**) ~**d** sich verloben (**to** mit). **3.** *j-n* ein-, anstellen, *Künstler etc* enga'gieren (**as** als). **4.** *a*) e-n Platz etc (vor)bestellen, *b*) *etwas* mieten, *Zimmer* belegen. **5.** *fig.* j-n fesseln, j-n, j-s Kräfte etc in Anspruch nehmen: **to** ~ **s.o.'s attention** j-s Aufmerksamkeit in Anspruch nehmen *od.* auf sich lenken; **to** ~ **s.o. in conversation** j-n ins Gespräch ziehen. **6.** *mil. a*) Truppen einsetzen, *b*) den Feind angreifen, *Feindkräfte* binden: **to** ~ **the enemy. 7.** *fenc.* die Klingen binden. **8.** *tech.* einrasten lassen, *die Kupplung etc* einrücken, *e-n Gang* einlegen, -schalten: → **clutch[1] 8. 9.** j-n für sich einnehmen, (für sich) gewinnen. **10.** *arch. a*) festmachen, einlassen, *b*) verbinden.
II *v/i* **11.** Gewähr leisten, einstehen, garan'tieren, sich verbürgen (**for** für). **12.** sich verpflichten, es über'nehmen (**to do s.th.** etwas zu tun). **13.** ~ **in** sich einlassen auf (*acc*) *od.* in (*acc*), sich beteiligen an (*dat*). **14.** ~ **in** sich abgeben *od.* beschäftigen mit: **to** ~ **in politics** sich politisch betätigen. **15.** *mil.* den Kampf eröffnen, angreifen (**with** *acc*): **to** ~ **with the enemy. 16.** *fenc.* die Klingen binden. **17.** *tech.* einrasten, inein'ander-, eingreifen.
en·ga·gé [ɑ̃gaʒe] (*Fr.*) *adj* enga'giert (*Schriftsteller etc*).
en'gaged *adj* **1.** verpflichtet, gebunden. **2.** *a*) **to be married** verlobt: **to be** ~ **to** verlobt sein mit; **the** ~ **couple** das Brautpaar, die Verlobten. **3.** beschäftigt, nicht abkömmlich, ‚besetzt': **are you** ~? sind Sie frei?; **to be** ~ **in** (*od.* **on**) beschäftigt sein mit, arbeiten an (*dat*). **4.** in Anspruch genommen: **to be deeply** ~ **in conversation** in ein Gespräch vertieft sein; **my time is fully** ~ ich bin zeitlich völlig ausgelastet. **5.** *teleph. Br.* besetzt: ~ **tone** Besetztton *m*, -zeichen *n.* **6.** *tech.* eingerückt, im Eingriff (stehend).
en'gage·ment *s* **1.** Verpflichtung *f*: **to be under an** ~ **to s.o.** j-m (gegenüber) verpflichtet *od.* gebunden sein; ~**s** *econ.* Zahlungsverpflichtungen; **without** ~ unverbindlich, *econ. a.* freibleibend. **2.** Verabredung *f*: **to have an** ~ **for the evening** abends verabredet sein *od.* etwas vorhaben; ~ **diary** Terminkalender *m.* **3.** Verlobung *f*, Verlöbnis *n* (**to** mit): ~ **ring** Verlobungsring *m.* **4.** Beschäftigung *f*, Stelle *f*, Posten *m*, (An)Stellung *f.* **5.** *thea. etc* Engage'ment *n.* **6.** Beschäftigung *f*, Tätigkeit *f.* **7.** *mil.* Gefecht *n*, Kampf(handlung *f*) *m.* **8.** *fenc.* Klingenbindung *f.* **9.** *tech.* Eingriff *m.*
en'gag·ing *adj* (*adv* ~**ly**) **1.** einnehmend (*Wesen etc*), gewinnend (*Lächeln etc*).

engagingness – enlarged

2. *tech.* Ein- *od.* Ausrück-...: ~ **gear**, ~ **mechanism** Ein- u. Ausrückvorrichtung *f.* en'gag·ing·ness *s* einnehmendes Wesen.
en·gen·der [ɪn'dʒendə(r)] **I** *v/t* **1.** *fig.* Neid *etc* erzeugen, her'vorrufen (**in** bei). **2.** *obs.* zeugen. **II** *v/i* **3.** entstehen, (*Gewitter etc*) sich zs.-brauen.
en·gine ['endʒɪn] **I** *s* **1.** a) Ma'schine *f*, me'chanisches Werkzeug, b) *a.* ~ **of torture** *hist.* Folterwerkzeug *n.* **2.** *tech.* ('Antriebs-, 'Kraft-, 'Dampf)Ma_lschine *f*, (*bes.* Verbrennungs)Motor *m*: **aircraft** ~ Flug(zeug)motor. **3.** *rail.* Lokomo'tive *f.* **4.** *tech.* Holländer *m*, Stoffmühle *f.* **II** *v/t* **5.** mit e-m Motor versehen. ~ **beam** *s tech.* Balanci'er *m* (*Dampfmaschine*). ~ **break·down** *s tech.* Motorpanne *f*, -schaden *m.* ~ **build·er** *s* Ma'schinenbauer *m.* ~ **ca·pac·i·ty** *s tech.* Mo'toren-, Ma'schinenleistung *f.* ~ **com·pa·ny** *s Am.* Löschzug *m* (*der Feuerwehr*). ~ **con·trol** *s tech.* **1.** Ma'schinen-, Motorsteuerung *f.* **2.** Bedienungshebel *m.* ~ **driv·er** *s rail. Br.* Lokomo'tivführer *m.*
en·gi·neer [ˌendʒɪ'nɪə(r)] **I** *s* **1.** a) Inge'ni'eur *m*, b) Techniker *m*, c) Me'chaniker *m*: ~**s** *teleph.* Störidienst *m.* **2.** *a. mar.* Maschi'nist *m.* **3.** *rail. Am.* Lokomo'tivführer *m.* **4.** *mil.* Pio'nier *m*: ~ **combat battalion** leichtes Pionierbataillon; ~ **construction battalion** schweres Pionierbataillon; ~ **group** Pionierregiment *n.* **5.** *Bergbau:* Kunststeiger *m.* **II** *v/t* **6.** Straßen, Brücken *etc* (er)bauen, anlegen, konstru'ieren, errichten. **7.** *fig.* (geschickt) in die Wege leiten, organi'sieren, ,deichseln', ,einfädeln'. **III** *v/i* **8.** als Ingeni'eur *etc* tätig sein. ˌen·gi'neer·ing *s* **1.** *allg.* Technik *f*, eng*S.* Ingeni'eurwesen *n*, (*a.* **mechanical** ~) Ma'schinenu. Gerätebau *m*: ~ **department** technische Abteilung, Konstruktionsbüro *n*; ~ **facilities** technische Einrichtungen; ~ **sciences** technische Wissenschaften; ~ **specialist** Fachingenieur *m*; ~ **standards committee** Fachnormenausschuß *m.* **2.** *mil.* Pio'nierwesen *n.*
en·gine| **fit·ter** *s* Ma'schinenschlosser *m*, Mon'teur *m.* '~**house** *s* **1.** Ma'schinenhaus *n.* **2.** *rail.* Lokomo'tivschuppen *m.* **3.** *Feuerwehr:* Spritzenhaus *n.* ~ **lathe** *s tech.* Leitspindel-, Spitzendrehbank *f.* '~**man** [-mən; -mæn] *s irr* **1.** Maschi'nist *m.* **2.** *rail.* Lokomo'tivführer *m.* ~ **room** *s* Ma'schinenraum *m*: ~ **of the attack** *sport* Angriffsmotor *m.*
en·gine·ry ['endʒɪnrɪ; *Am.* -nrɪ] *s* **1.** *fig.* Maschine'rie *f.* **2.** *collect.* (*bes.* 'Kriegs-)Ma_lschinen *pl.*
en·gine| **shaft** *s tech.* **1.** Motorwelle *f.* **2.** Pumpenschacht *m.* ~ **speed** *s tech.* Motordrehzahl *f.* ~ **trou·ble** *s tech.* Motorpanne *f*, -schaden *m.*
en·gird [ɪn'ɡɜːd; *Am.* ɪn'ɡɜːrd] → **gird**[1].
en·gir·dle [-dl] → **girdle**[1] II.
Eng·land·er ['ɪŋɡləndə(r)] *s* Engländer *m*: ~ **Little Englander.**
Eng·lish ['ɪŋɡlɪʃ] **I** *adj* **1.** englisch: ~ **breakfast.** **II** *s* **2. the** ~ die Engländer. **3.** *ling.* Englisch *n*, das Englische: **in** ~ a) auf englisch, b) im Englischen, **into** ~ ins Englische; **from (the)** ~ aus dem Englischen; **the King's** (*od.* **Queen's**) ~ korrektes, reines Englisch; **in plain** ~ unverblümt, ,auf gut deutsch'. **4.** *print.* a) *hist.* Mittel *f* (*Schriftgrad; 14 Punkt*), b) *e-e* gotische Schrift. **III** *v/t* **5.** *selten* ins Englische über'setzen. **6.** *ein Wort etc* angli'sieren. ~ **base·ment** *s Am.* Souter'rain *n.* ~ **bond** *s arch.* Blockverband *m.* ~ **dis·ease** *s econ.* englische Krankheit. ~ **elm** *s bot.* Feldulme *f.* ~ **Eng·lish** *s ling.* britisches Englisch. ~ **flute** *s*

mus. Blockflöte *f.* ~ **horn** *s mus.* Englischhorn *n.*
Eng·lish·ism ['ɪŋɡlɪʃɪzəm] *s bes. Am.* **1.** *ling.* Briti'zismus *m.* **2.** englische Eigenart, (*etwas*) typisch Englisches. **3.** Anglophi'lie *f.*
Eng·lish·man ['ɪŋɡlɪʃmən] *pl* -**men** [-mən; -men] *s* Engländer *m.*
Eng·lish·ry ['ɪŋɡlɪʃrɪ] *s* **1.** englische Abkunft. **2.** Leute *pl* englischer Abkunft (*bes. in Irland*).
Eng·lish| **set·ter** *s zo.* Englischer Setter. ~ **sick·ness** *s econ.* englische Krankheit. ~ **son·net** *s* englisches So'nett (*im Stil Shakespeares od. der Elisabethanischen Periode*). ~ **spar·row** *s orn. Am.* Hausspatz *m*, -sperling *m.* ~ **stud·ies** *s pl* An'glistik *f.* '~ˌ**wom·an** *s irr* Engländerin *f.*
en·glut [ɪn'ɡlʌt] *v/t* gierig verschlingen.
en·gobe [en'ɡəʊb; ɪn-] *s* En'gobe *f* (*keramische Überzugsmasse*).
en·gorge [ɪn'ɡɔː(r)dʒ] *v/t* **1.** gierig verschlingen. **2.** *med. Gefäß etc* anschoppen: ~**d** prall, gefüllt, geschwollen; ~**d kidney** Stauungsniere *f.* en'gorge·ment *s med.* **1.** Anschoppung *f.* **2.** Schwellung *f.*
en·graft [ɪn'ɡrɑːft; *Am.* -'ɡræft] *v/t* **1.** *bot.* aufpfropfen (**into**, **on**, **upon** auf *acc*). **2.** *fig.* Prinzipien *etc* verankern (**into** in *dat*).
en·grail [ɪn'ɡreɪl] *v/t ein Wappen* auszacken, *e-e Münze* rändeln.
en·grain [ɪn'ɡreɪn] *v/t tech. obs.* im Garn *od.* in der Faser färben. en'**grained** *adj fig.* **1.** eingewurzelt: **his fear is deeply** ~ s-e Furcht sitzt tief; **it is deeply** ~ **in him** es ist ihm in Fleisch u. Blut übergegangen. **2.** eingefleischt, (*nachgestellt*) durch u. durch.
en·gram ['enɡræm] *s psych.* En'gramm *n*, Erinnerungsbild *n.*
en·grave [ɪn'ɡreɪv] *pp* -'**graved**, *obs.* -'**grav·en** *v/t* **1.** (*in Metall, Stein etc*) ('ein)ɡra_lvieren, (ein)meißeln, (*in Holz*) (ein)schnitzen (**on**, **upon** in *acc*, auf *acc*). **2. to** ~ **a tombstone with a name** e-n Namen in e-n Grabstein (ein)meißeln. **3. it is** ~**d** (**up**)**on** (*od.* **in**) **his memory** (*od.* **mind**) es hat sich ihm tief (*od.* unauslöschlich) eingeprägt. en'**grav·er** *s* Gra'veur *m*: ~ **of music** Notenstecher *m*; ~ **on copper** Kupferstecher *m*; ~ **on steel** Stahlstecher *m*; ~ **on wood** Holzschneider *m*, Xylograph *m.* en'**grav·ing** *s* **1.** *tech.* Gra'vieren *n*, Gra'vierkunst *f*: ~ **cylinder** Bildwalze *f*; ~ **establishment** Gravieranstalt *f*; ~ **machine** *tech.* Graviermaschine *f*; ~ **needle** Graviernadel *f.* **2.** Druckplatte *f*: **photographic** ~ Photogravüre *f.* **3.** Gra'vierung *f*, (Kupfer-, Stahl)Stich *m*, Holzschnitt *m.*
en·gross [ɪn'ɡrəʊs] *v/t* **1.** *jur.* a) *e-e Urkunde* ausfertigen, b) *e-e Reinschrift* anfertigen von, c) in gesetzlicher *od.* rechtsgültiger Form ausdrücken, d) *parl. e-n Gesetzentwurf* die endgültige Fassung (zur dritten Lesung) geben. **2.** *econ.* a) *Ware* spekula'tiv aufkaufen, b) *den Markt* monopoli'sieren. **3.** *fig. j-s Aufmerksamkeit etc* in Anspruch nehmen, *die Macht etc* an sich reißen: **to** ~ **the conversation** das große Wort führen, die Unterhaltung an sich reißen. en'**grossed** *adj* (**in**) (voll) in Anspruch genommen (von), vertieft, versunken (in *acc*). en'**gross·er** *s* **1.** a) Ausfertiger *m* e-r Urkunde, b) Anfertiger *m* e-r Reinschrift. **2.** *econ.* spekula'tiver Aufkäufer. en'**gross·ing** *adj* **1.** fesselnd, spannend. **2.** voll(auf) in Anspruch nehmend. en'**gross·ment** *s* **1.** a) Ausfertigung *f* (*e-r Urkunde*): **two** ~**s of this contract have been prepared** dieser Vertrag ist in zwei Urkunden ausgefertigt, b) Rein-

schrift *f.* **2.** *econ.* a) spekula'tiver Aufkauf (*von Ware*), b) Monopoli'sierung *f* (*des Markts*). **3.** In'anspruchnahme *f* (**with** durch).
en·gulf [ɪn'ɡʌlf] *v/t* **1.** über'fluten. **2.** verschlingen (*a. fig.*): **snakes** ~ **their food whole; the boat was** ~**ed by the stormy sea; he was** ~**ed by his debts** er wurde von s-n Schulden ‚aufgefressen'.
en·hance [ɪn'hɑːns; *bes. Am.* ɪn'hæns] *v/t* **1.** *den Wert etc* erhöhen, vergrößern, steigern, heben. **2.** *etwas* (vorteilhaft) zur Geltung bringen. **3.** *econ. den Preis* erhöhen, in die Höhe treiben: **to** ~ **the price of s.th.** etwas verteuern. en·'**hance·ment** *s* Steigerung *f*, Erhöhung *f*, Vergrößerung *f.* en'**han·cive** [-sɪv] *adj* erhöhend, steigernd, vergrößernd.
en·har·mon·ic [ˌenhɑː(r)'mɒnɪk; *Am.* -'mɑː-] *mus.* **I** *adj* (*adv* ~**ally**) enhar'monisch: ~ **change** enharmonische Verwechslung; ~ **modulation** enharmonische Modulation. **II** *s* enhar'monischer Ton *od.* Ak'kord.
en·i·ac ['enɪæk] *s* ENIAC *m* (*ein elektronischer Rechenautomat; aus* **e**lectronic **n**umerical **i**ntegrator **a**nd **c**omputer).
e·nig·ma [ɪ'nɪɡmə] *pl* -**mas** *s* Rätsel *n*, rätselhafte Sache *od.* Per'son. **en·ig·mat·ic** [ˌenɪɡ'mætɪk] *adj*, ˌ**en·ig'mat·i·cal** *adj* (*adv* ~**ly**) rätselhaft, dunkel, geheimnisvoll. **e'nig·ma·tize I** *v/i* in Rätseln sprechen, o'rakeln. **II** *v/t etwas* in Dunkel hüllen, verschleiern.
en·jamb(e)·ment [ɪn'dʒæmbmənt] *s metr.* Enjambe'ment *n* (*Übergreifen des Satzes in den nächsten Vers*).
en·join [ɪn'dʒɔɪn] *v/t* **1.** auferlegen, zur Pflicht machen, vorschreiben (**on s.o.** j-m). **2.** *j-m* auftragen, befehlen, einschärfen (**to do** zu tun). **3.** bestimmen, Anweisung(en) erteilen (**that** daß). **4.** *jur.* (durch gerichtliche Verfügung *etc*) unter'sagen (**s.th. on s.o.** j-m etwas; **s.o. from doing s.th.** j-m, etwas zu tun).
en·joy [ɪn'dʒɔɪ] *v/t* **1.** Vergnügen *od.* Gefallen finden *od.* Freude haben an (*dat*), sich erfreuen an (*dat*): **to** ~ **doing s.th.** daran Vergnügen finden (*etc*), etwas zu tun; **I** ~ **dancing** ich tanze gern, Tanzen macht mir Spaß; **did you** ~ **the play?** hat dir das (Theater)Stück gefallen?; **to** ~ **o.s.** sich amüsieren, sich gut unterhalten; ~ **yourself!** viel Spaß!; **did you** ~ **yourself in London?** hat es dir in London gefallen? **2.** genießen, sich *etwas* schmecken lassen: **I** ~ **my food** das Essen schmeckt mir. **3.** sich (*e-s Besitzes*) erfreuen, *etwas* haben, besitzen: **to** ~ **(good) credit** (guten) Kredit genießen; **to** ~ **good health** sich e-r guten Gesundheit erfreuen; **to** ~ **a right** ein Recht genießen *od.* haben. en'**joy·a·ble** *adj* (*adv* **enjoyably**) **1.** brauch-, genießbar. **2.** angenehm, erfreulich, schön. en'**joy·ment** *s* **1.** Genuß *m*, Vergnügen *n*, Gefallen *n*, Freude *f* (**of** an *dat*; **to** für): **he found great** ~ **in** er fand großen Gefallen an (*dat*). **2.** Genuß *m* (*e-s Besitzes od. Rechts*), Besitz *m*: **quiet** ~ ruhiger Besitz. **3.** *jur.* Ausübung *f* (*e-s Rechts*).
en·kin·dle [ɪn'kɪndl] *v/t meist fig.* entflammen, (ent)zünden, -fachen.
en·lace [ɪn'leɪs] *v/t* **1.** ein-, zs.-schnüren. **2.** → **entangle** 3.
en·large [ɪn'lɑː(r)dʒ] **I** *v/t* **1.** vergrößern, *Kenntnisse etc a.* erweitern, *Einfluß etc a.* ausdehnen: **reading** ~**s the mind** Lesen erweitert den Gesichtskreis. **2.** *phot.* vergrößern. **3.** *obs.* freilassen. **II** *v/i* **4.** sich vergrößern, sich erweitern, sich ausdehnen, zunehmen. **5.** sich verbreiten *od.* (weitläufig) auslassen (**on**, **upon** über *acc*). **6.** *phot.* sich vergrößern lassen. en'**larged** *adj* erweitert: ~ **and revised**

edition erweiterte u. verbesserte Auflage. **en'large·ment** *s* **1.** Vergrößerung *f*, Erweiterung *f*, Ausdehnung *f*: ~ **of the heart (tonsils)** *med.* Herzerweiterung (Mandelschwellung *f*). **2.** Erweiterungsbau *m*, Anbau *m*. **3.** *phot.* Vergrößerung *f*. **4.** *obs.* Freilassung *f* (**from** aus). **en'larg·er** *s phot.* Vergrößerungsgerät *n*. **en'larg·ing** *adj phot.* Vergrößerungs...
en·light·en [ɪnˈlaɪtn] *v/t* **1.** (*geistig*) erleuchten, aufklären, belehren (**on, as to** über *acc*). **2.** *obs. od. poet.* erhellen. **en-'light·ened** *adj* **1.** *fig.* erleuchtet, aufgeklärt (**on** über *acc*). **2.** verständig: **an ~ judg(e)ment**. **en'light·en·ment** *s* Aufklärung *f*, Erleuchtung *f*: **the Age of E~** *philos.* das Zeitalter der Aufklärung.
en·link [ɪnˈlɪŋk] *v/t* verketten, fest verbinden (**to, with** mit) (*beide a. fig.*).
en·list [ɪnˈlɪst] **I** *v/t* **1.** Soldaten anwerben, *Rekruten* einstellen: **~ed grade** *Am*. Unteroffiziers- *od.* Mannschaftsdienstgrad *m*; **~ed men** *Am.* Unteroffiziere u. Mannschaften. **2.** *fig.* her'anziehen, enga'gieren, zur Mitarbeit (*an e-r Sache*) gewinnen: **to ~ s.o.'s services** j-s Dienste in Anspruch nehmen; **to ~ s.o. in a cause** j-n für e-e Sache gewinnen. **II** *v/i* **3.** *mil.* sich anwerben lassen, Sol'dat werden, sich freiwillig melden (**to** zu). **4.** (**in**) mitwirken (bei), sich beteiligen (an *dat*). **en'list·ment** *s* **1.** *mil.* (An)Werbung *f*, Einstellung *f*: **~ allowance** *Am.* Treueprämie *f*. **2.** *bes. Am.* Eintritt *m* in die Ar'mee. **3.** *Am.* (Dauer *f der*) (Wehr)Dienstverpflichtung *f*. **4.** Gewinnung *f* (*zur Mitarbeit*), Her'an-, Hin'zuziehung *f* (*von Helfern*).
en·liv·en [ɪnˈlaɪvn] *v/t* beleben, in Schwung bringen, ,ankurbeln': **to ~ a party** Stimmung in e-e Party bringen.
en masse [ãːˈmæs] *adv* **1.** in der Masse, in Massen. **2.** im großen. **3.** zu'sammen. **4.** als Ganzes.
en·mesh [ɪnˈmeʃ] *v/t* **1.** in e-m Netz fangen. **2.** *fig.* verstricken: **he was ~ed in his own lies** er hatte sich in s-n eigenen Lügen verstrickt *od.* verfangen. **en-'mesh·ment** *s* Verstrickung *f*.
en·mi·ty [ˈenmətɪ] *s* Feindschaft *f*, Feindseligkeit *f*: **to be at ~ with** verfeindet sein *od.* in Feindschaft leben mit; **to bear s.o. no ~** j-m nichts nachtragen.
en·ne·ad [ˈenɪæd] *s* Gruppe *f od.* Satz *m od.* Serie *f* von 9 Per'sonen *od.* Dingen.
en·no·ble [ɪˈnəʊbl] *v/t* **1.** adeln: a) in den Adelsstand erheben, b) *fig.* veredeln, erhöhen. **en'no·ble·ment** *s* Ad(e)lung *f*: a) Erhebung *f* in den Adelsstand, b) *fig.* Veredelung *f*.
en·nui [ãːˈnwiː] *s* Langeweile *f*.
e·nol [ˈiːnɒl; *Am. a.* -ˌnəʊl] *s chem.* E'nol *n*.
e'nol·ic [-ˈnɒlɪk; *Am.* -ˈnəʊ-; -ˈnɑ-] *adj* Enol...
e·nor·mi·ty [ɪˈnɔː(r)mətɪ] *s* Ungeheuerlichkeit *f*: a) Enormi'tät *f*, b) Frevel *m*, Greuel *m*, Untat *f*. **e'nor·mous** *adj* (**~ly**) **1.** e'norm, ungeheuer(lich), gewaltig, riesig. **2.** *obs.* ab'scheulich. **e'nor-mous·ness** *s* ungeheure Größe, Monumentali'tät *f*.
e·nough [ɪˈnʌf] **I** *adj* ausreichend, 'hinlänglich, genug: **~ bread, bread ~** genug Brot, Brot genug; **five are ~** fünf reichen *od.* langen genug; **this is ~ (for us)** das genügt (uns); **it is ~ for me to know** es genügt mir zu wissen; **it is ~ to weep (throw up)** es ist zum Heulen (,Kotzen'); **he was not man ~** (*od.* **of a man**) er war nicht Manns genug (**to do** zu tun); **I was fool ~** (*od.* **of a fool**) **to believe her** ich war so dumm u. glaubte ihr. **II** *s* Genüge *f*, genügende Menge: **to have (quite) ~** (völlig) genug haben; **I have had ~, thank you!** danke, ich bin

satt!; **I have had (more than) ~ of it** ich bin *od.* habe es (mehr als) satt, ,ich bin (restlos) bedient'; **~ of that!** genug davon!, Schluß damit!; **to cry ~** sich geschlagen geben, aufhören; **~ and to spare** mehr als genug, übergenug; **~ is as good as a feast** allzuviel ist ungesund. **III** *adv* genug, genügend, 'hinlänglich: **it's a good ~ story** die Geschichte ist nicht übel; **he does not sleep ~** er schläft nicht genug; **be kind** (*od.* **good**) **~ to do this for me** sei so gut *od.* freundlich u. erledige das für mich, erledige das doch bitte für mich; **be good ~ to hold your tongue** halt gefälligst d-n Mund; **safe ~** durchaus sicher; **true ~** nur zu wahr; **he writes well ~** a) er schreibt recht gut, b) er schreibt (zwar) ganz leidlich *od.* schön(, aber ...); **you know well ~ that this is untrue** Sie wissen sehr wohl *od.* ganz gut, daß das unwahr ist; **you know well ~!** du weißt es ganz genau!; **that's not good ~** das lasse ich nicht gelten, das genügt nicht; **curiously** (*od.* **strangely**) **~** merkwürdigerweise; → **fool¹** 1. **IV** *interj* genug!, aufhören!
e·nounce [iːˈnaʊns; ɪˈn-] *v/t* **1.** verkünden. **2.** aussprechen, äußern. **e'nounce·ment** *s* **1.** Verkündung *f*. **2.** Äußerung *f*.
e·now [ɪˈnaʊ] *adj u. adv obs.* genug.
en pas·sant [ãːmpæˈsãː; *Am.ˌ*ãːˌpɑːˈsãː] *adv* en pas'sant: a) im Vor'beigehen, b) beiläufig, neben'her.
en·plane [ɪnˈpleɪn] *v/i aer.* an Bord gehen.
en prise [ãprɪːz] (*Fr.*) *adj Schach*: bedroht.
en·quire [ɪnˈkwaɪə(r)], **en'quir·y** → **inquire, inquiry**.
en·rage [ɪnˈreɪdʒ] *v/t* wütend machen. **en'raged** *adj* wütend, aufgebracht (**at, by** über *acc*).
en rap·port [ãrapɔr] (*Fr.*) *adj* in (enger) Verbindung.
en·rapt [ɪnˈræpt] → **enraptured**. **en-'rap·ture** [-tʃə(r)] *v/t* 'hinreißen, entzücken. **en'rap·tured** *adj* 'hingerissen, entzückt (**at, by** von).
en·reg·is·ter [ɪnˈredʒɪstə(r)] *v/t* eintragen, regi'strieren, aufzeichnen.
en·rich [ɪnˈrɪtʃ] *v/t* **1.** (o.s. sich) bereichern (*a. fig.*). **2.** reich *od.* wertvoll machen. **3.** anreichern: a) *agr.* ertragreich(er) machen: **to ~ the soil**, b) *chem. tech.* veredeln, c) *phot.* den Nährwert erhöhen (*od. gen*). **4.** (aus)schmücken, reich verzieren. **5.** *fig.* a) den Geist bereichern, befruchten, b) den Wert *etc* erhöhen, steigern. **en'rich·ment** *s* **1.** Bereicherung *f*: **unjust ~** ungerechtfertigte Bereicherung. **2.** Anreicherung *f*. **3.** Verzierung *f*, Ausschmückung *f*. **4.** *fig.* Befruchtung *f*.
en·robe [ɪnˈrəʊb] *v/t* bekleiden (**with, in** mit).
en·rol(l) [ɪnˈrəʊl] **I** *v/t* **1.** j-n, j-s Namen einschreiben, -tragen (**in** in *dat od. acc*), *univ.* j-n immatriku'lieren: **to ~ o.s.** → **5**. **2.** a) *mil.* (an)werben, b) *mar.* anmustern, anheuern, c) *Arbeiter* einstellen: **to be enrolled** eingestellt werden, **in e-e Firma** eintreten. **3.** (als Mitglied) aufnehmen: **to ~ o.s. in a society** e-r Gesellschaft beitreten. **4.** *jur.* amtlich aufzeichnen, regi'strieren, (gerichtlich) protokol'lieren. **5.** *univ.* sich immatriku'lieren: **to ~ for a course** e-n Kurs belegen. **en'rol(l)-ment** *s* **1.** a) Eintragung *f*, -schreibung *f*, *univ.* Immatrikulati'on *f*, b) (Gesamt)Zahl *f* der Eingetragenen *od. univ.* Immatriku'lierten. **2.** a) *mil.* Anwerbung *f*, b) *mar.* Anheuerung *f*, c) Einstellung *f*. **3.** Aufnahme *f*. **4.** Bei-

trittserklärung *f*. **5.** *jur.* Re'gister *n*, Verzeichnis *n*.
en route [ãːˈruːt] *adv* unter'wegs, en route (**for** nach), auf der Reise (**from ... to** von ... nach).
ens [enz] *pl* **en·ti·a** [ˈenʃɪə] (*Lat.*) *s philos.* Ens *n*, Sein *n*, (*das*) Seiende, Wesen *n*.
en·san·guine [ɪnˈsæŋgwɪn] *v/t* **1.** mit Blut beflecken. **2.** blutrot färben: **the setting sun ~d the sky. en'san-guined** *adj* **1.** blutbefleckt. **2.** blutrot.
en·sconce [ɪnˈskɒns; *Am.* ɪnˈskɑns] *v/t* **1.** (*meist* o.s. sich) verbergen, verstecken. **2. ~ o.s.** es sich bequem machen: **to ~ o.s. in a chair**.
en·sem·ble [ãːnˈsãːmbl] *s* **1.** (*das*) Ganze, Gesamteindruck *m*. **2.** *mus. thea.* En-'semble(spiel) *n*. **3.** *Kleider*: En'semble *n*, Kom'plet *n*.
en·shrine [ɪnˈʃraɪn] *v/t* **1.** (*in e-n Schrein etc*) einschließen. **2.** (als Heiligtum) bewahren. **3.** als Schrein dienen für: **her heart ~s his memory** sie bewahrt die Erinnerung an ihn in ihrem Herzen.
en·shroud [ɪnˈʃraʊd] *v/t* ein'hüllen, (ver)hüllen (*beide a. fig.*): **~ed in mist** in Nebel gehüllt.
en·si·form [ˈensɪfɔː(r)m] *adj anat. bot.* schwertförmig.
en·sign [ˈensaɪn; *bes. mar. u. mil.* ˈensn] *s* **1.** Fahne *f*, Stan'darte *f*. **2.** *mar.* (Schiffs-) Flagge *f*, *bes.* Natio'nalflagge *f*. **3.** [ˈensaɪn] *Br. hist.* Fähnrich *m*. **4.** *mar. Am.* Leutnant *m* zur See. **5.** Abzeichen *n* (*e-s Amts od. e-r Würde*), Sinnbild *n*.
en·si·lage [ˈensɪlɪdʒ] *agr.* **I** *s* **1.** Si'lierung *f*. **2.** Silofutter *n*. **II** *v/t* → **ensile. en·sile** [enˈsaɪl; ˈensaɪl] *v/t agr. Futterpflanzen* si'lieren.
en·slave [ɪnˈsleɪv] *v/t* zum Sklaven machen (*a. fig.*), versklaven: **drugs that ~ the will** Drogen, die den Willen lähmen *od.* zerstören; **his alcoholism has completely ~d him** er ist vollständig dem Alkohol verfallen. **en'slave·ment** *s* **1.** Sklave'rei *f*, Versklavung *f*. **2.** *fig. (on)* sklavische Abhängigkeit (*von*) *od.* Bindung (an *acc*).
en·snare [ɪnˈsneə(r)] *v/t* **1.** (*in e-r Schlinge etc*) fangen: **he became ~d in his own lies** er verfing *od.* verstrickte sich in s-n eigenen Lügen. **2.** *fig.* bestricken, umgarnen.
en·sor·cell, *Am. a.* **en·sor·cel** [ɪnˈsɔː(r)sl] *v/t* bezaubern.
en·sue [ɪnˈsjuː; *bes. Am.* ɪnˈsuː] **I** *v/t* **1.** *obs. ein Ziel* verfolgen, *e-m Vorbild* nachstreben. **II** *v/i* **2.** (darauf, nach)folgen, da'nach kommen: **the ensuing years** die (darauf)folgenden *od.* nächsten Jahre. **3.** folgen, sich ergeben (**from** aus).
en·sure [ɪnˈʃʊə(r)] *v/t* **1.** (**against, from**) sichern (vor *dat*, gegen), schützen (vor *dat*). **2.** sicherstellen, garan'tieren (**s.th.** etwas); **that** daß; **s.o. being** daß j-d ist), Gewähr bieten für: **to ~ s.th.** (*od.* **for**) **s.o.**, **to ~ s.o. s.th.** j-m etwas sichern. **3.** sorgen für (*etwas*): **to ~ that** dafür sorgen, daß. **4.** *obs.* etwas versichern.
en·tab·la·ture [enˈtæblətʃə(r); *Am.* ɪnˈtæbləˌtʃʊər] *s arch.* (Säulen)Gebälk *n*.
en·ta·ble·ment [ɪnˈteɪblmənt] *s arch.* **1.** → **entablature**. **2.** horizon'tale Plattform (*über dem Sockel e-r Statue*).
en·tail [ɪnˈteɪl] **I** *v/t* **1.** *jur.* a) in ein Erbgut 'umwandeln, b) als Erbgut vererben, c) die Erbfolge für (*ein Gut*) bestimmen: **~ed estate** Erb-, Familiengut *n*; **~ed interest** *Br.* beschränktes Eigentumsrecht. **2.** *fig.* Schande *etc* bringen (**on, upon** über *acc*): **to ~ ridicule (upon) s.o.** j-n der Lächerlichkeit preisgeben. **3.** *fig.* etwas mit sich bringen, zur Folge haben, nach sich ziehen, *Kosten etc* verursachen, erfordern. **II** *s* **4.** *jur.* a) 'Um-

entailment – entitle

wandlung *f* in ein Erbgut, b) Vererbung *f* als Erbgut, c) Erb-, Fa'miliengut *n*, d) festgelegte Erbfolge: **to bar** (*od.* **cut off**) **the ~** die Erbfolge aufheben. **5.** *fig.* Folge *f*, Konse'quenz *f*. **en'tail·ment** → **entail 4 a-c.**

en·tan·gle [ɪnˈtæŋgl] *v/t* **1.** *Haare, Garn etc* verwirren, ,verfitzen'. **2.** (*o.s.* sich) verwickeln, -heddern (**in** in *acc*): **his legs got ~d in** (*od.* **with**) **the ropes** er verhedderte sich mit den Beinen in den Seilen. **3.** *fig.* verwickeln, verstricken: **to ~ o.s. in s.th., to become ~d in s.th.** in e-e Sache verwickelt werden; **to become ~d with** sich einlassen mit *j-m*. **4.** *etwas* verwirren, verwickelt *od.* verworren machen; **~d** verwickelt, kompliziert. **en'tan·gle·ment** *s* **1.** *a. fig.* Verwick(e)lung *f*, -wirrung *f*: **to unravel an ~** e-e Verwirrung lösen. **2.** *fig.* Kompli'ziertheit *f*. **3.** *fig.* Hindernis *n*. **4.** Liebschaft *f*, Liai'son *f*. **5.** *mil.* Drahtverhau *m*.

en·ta·sis [ˈentəsɪs] *pl* **-ses** [-siːz] *s arch.* En'tase *f* (*Ausbauchung des Säulenschafts*).

en·tel·e·chy [enˈtelɪkɪ] *s philos.* Entele'chie *f*: a) *etwas, was sein Ziel in sich selbst hat; die sich im Stoff verwirklichende Form,* b) *die im Organismus liegende Kraft, die s-e Entwicklung u. Vollendung bewirkt.*

en·tente [ɑ̃ːnˈtɑ̃ːnt] *s* Bündnis *n*, En'tente *f*: **E~ Cordiale** *pol. hist.* Entente *f* cordiale.

en·ter [ˈentə(r)] **I** *v/t* **1.** (hin'ein-, her'ein)gehen, (-)kommen, (-)treten, (-)fließen in (*acc*), eintreten, -steigen in (*acc*), betreten in: **to ~ a country** in ein Land einreisen. **2.** a) *mar. rail.* einlaufen, -fahren in (*acc*), b) *aer.* einfliegen in (*acc*). **3.** sich begeben in (*acc*), *etwas* aufsuchen: **to ~ a hospital**. **4.** eindringen *od.* einbrechen in (*acc*). **5.** eindringen in (*acc*): **the bullet ~ed the skull; the thought ~ed my head** *fig.* mir kam der Gedanke; **it ~ed his mind** es kam ihm in den Sinn. **6.** *fig.* eintreten in (*acc*), beitreten (*dat*): **to ~ a club; to ~ the army** Soldat werden; **to ~ s.o.'s service** in j-s Dienst treten; **to ~ the university** zu studieren beginnen; **to ~ the war** in den Krieg eintreten; → **church 5. 7.** *fig. etwas* antreten, beginnen, e-n Zeitabschnitt, ein Werk anfangen. **8.** e-n Namen etc eintragen, -schreiben, *j-n* aufnehmen, zulassen: **to ~ one's name** sich eintragen *od.* einschreiben *od.* anmelden; **to be ~ed** *univ.* immatrikuliert werden; **to ~ s.o. at a school** *j-n* zur Schule anmelden; **to ~ s.th. into the minutes** etwas protokollieren *od.* ins Protokoll aufnehmen. **9.** *sport* melden, nennen (**for** für): **to ~ o.s.** → 19. **10.** *econ.* (ver)buchen, eintragen: **to ~ s.th. to the debit of s.o.** *j-m* etwas in Rechnung stellen, *j-n* mit etwas belasten; **to ~ s.th. on the invoice** etwas auf die Rechnung setzen. **11.** *econ. mar.* Waren dekla'rieren, *Schiffe* 'einkla,rieren: **to ~ inwards (outwards)** die Fracht e-s Schiffes bei der Einfahrt (Ausfahrt) anmelden. **12.** *jur. ein Recht* durch amtliche Eintragung wahren: **to ~ an action** e-e Klage anhängig machen. **13.** *jur. bes. Am.* Rechtsansprüche geltend machen auf (*acc*). **14.** *e-n Vorschlag etc* einreichen, ein-, vorbringen: **to ~ a protest** Protest erheben *od.* einlegen; **to ~ a motion** *parl.* e-n Antrag einbringen. **15.** *hunt.* *ein Tier* abrichten. **16.** *tech.* einfügen, -führen. **17. ~ up** a) *econ.* ein Posten regelrecht buchen, b) *jur. ein Urteil* protokol'lieren (lassen).

II *v/i* **18.** eintreten, her'ein-, hin'einkommen, -gehen, (*in ein Land*) einreisen: **I don't ~ in it** *fig.* ich habe damit nichts zu tun. **19.** *sport* melden, nennen (**for** für). **20.** *thea.* auftreten: **E~ a servant** ein Diener tritt auf (*Bühnenanweisung*).

Verbindungen mit Präpositionen:

en·ter|in·to *v/i* **1.** → **enter** 1, 4, 5, 6. **2.** anfangen, beginnen, sich einlassen auf (*acc*), teilnehmen *od.* sich beteiligen an (*dat*), eingehen auf (*acc*): **to ~ a plan** (**an arrangement**) auf e-n Plan (Vergleich) eingehen; **to ~ the conversation** sich an der Unterhaltung beteiligen; **to ~ correspondence** in Briefwechsel treten (**with** mit); **to ~ details** ins einzelne *od.* ins Detail gehen. **3.** *e-n Vertrag etc* eingehen, abschließen: **to ~ an obligation** e-e Verpflichtung eingehen. **4.** sich hin'eindenken in (*acc*): **to ~ s.o.'s feelings** sich in j-n hineinversetzen, j-m etwas nachempfinden; **to ~ the spirit of Christmas** in e-e weihnachtliche Stimmung versetzt werden; **to ~ the spirit of the game** mitmachen. **5.** e-e Rolle spielen bei: **his accident did not ~ our plans** sein Unfall war nicht eingeplant. **~·on, ~ up·on** *v/t* **1.** *jur.* Besitz ergreifen von: **to ~ an inheritance** e-e Erbschaft antreten. **2.** a) *ein Thema* anschneiden, b) eintreten *od.* sich einlassen in (*ein Gespräch etc*). **3.** a) *ein Amt* antreten, b) beginnen: **to ~ a career** e-e Laufbahn einschlagen; **to ~ a new phase** in ein neues Stadium treten.

en·ter·a [ˈentərə] *pl von* **enteron**.

en·ter·al [ˈentərəl] *adj anat.* ente'ral, Darm...

en·ter·ic [enˈterɪk] *adj* **1.** *med.* en'terisch, Darm...: **~ fever** (Unterleibs)Typhus *m*. **2.** *med. pharm.* darmlöslich, 'magensaftresi,stent: **an ~ pill**.

en·ter·i·tis [,entəˈraɪtɪs] *s med.* Ente'ritis *f*, 'Darmka,tarrh *m*.

en·ter·o·cele [ˈentərəʊsiːl] *s med.* Entero'zele *f*, Darmbruch *m*. **,en·ter·o·gas·'tri·tis** [-gæˈstraɪtɪs] *s med.* Gastroente'ritis *f*, 'Magen-'Darm-Ka,tarrh *m*. **en·ter·o·lith** [-rəʊlɪθ] *s med.* Entero'lith *m*, Kotstein *m*. **'en·ter·on** [-rɒn; *Am.* -,rɒn] *pl* **-ter·a** [-rə] *s anat.* Enteron *n*, (*bes.* Dünn)Darm *m*.

en·ter·prise [ˈentə(r)praɪz] *s* **1.** Unter'nehmen *n*, -'nehmung *f*. **2.** *econ.* a) Unter'nehmen *n*, Betrieb *m*, b) Unter'nehmertum *n*: **free ~**. **3.** Wagnis *n*. **4.** Unter'nehmungsgeist *m*, -lust *f*, Initia'tive *f*: **a man of ~** ein Mann mit Unternehmungsgeist. **'en·ter·pris·ing** *adj* (*adv* **~·ly**) **1.** unter'nehmend, -'nehmungslustig, mit Unter'nehmungsgeist. **2.** wagemutig, kühn.

en·ter·tain [,entə(r)ˈteɪn] **I** *v/t* **1.** *j-n* (*od. o.s.* sich) (angenehm) unter'halten, belustigen, amü'sieren. **2.** *j-n* gastlich aufnehmen, bewirten: **to be ~ed at** (*Br. a.* **to**) **dinner by s.o.** bei *j-m* zum Abendessen eingeladen sein; **to ~ angels unawares** außerordentliche Gäste haben, ohne es zu wissen. **3.** *Furcht, Hoffnung etc* hegen. **4.** *e-n Vorschlag etc* in Betracht *od.* Erwägung ziehen, *e-r Sache* Raum geben, eingehen auf (*acc*): **to ~ an idea** sich mit e-m Gedanken tragen. **II** *v/i* **5.** Gäste empfangen, ein gastliches Haus führen: **they ~ a great deal** sie haben oft Gäste.

,en·ter'tain·er *s* **1.** Gastgeber(in). **2.** Unter'halter(in), *engS.* Enter'tainer(in), Unter'haltungskünstler(in). **,en·ter·'tain·ing I** *adj* (*adv* **~·ly**) unter'haltend, amü'sant, unter'haltsam. **II** *s*: **they do a great deal of ~** sie haben oft Gäste. **,en·ter'tain·ment** *s* **1.** Unter'haltung *f*, Belustigung *f*: **for s.o.'s ~** zu j-s Unterhaltung; **much to his ~** sehr zu s-r Belustigung. **2.** (*öffentliche*) Unter'haltung, (*professionell dargebotene a.*) Enter'tainment *n*: **a place of ~** e-e Vergnügungsstätte; **~ electronics** Unterhaltungselektronik *f*; **~ industry** Unterhaltungsindustrie *f*; **~ tax** Vergnügungssteuer *f*; **~ value** Unterhaltungswert *m*. **3.** gastliche Aufnahme, Gastfreundschaft *f*, Bewirtung *f*: **~ allowance** *econ.* Aufwandsentschädigung *f*. **4.** Fest *n*, Gesellschaft *f*. **5.** Erwägung *f*.

en·thral(l) [ɪnˈθrɔːl] *v/t* **1.** *fig.* bezaubern, fesseln, in s-n Bann schlagen. **2.** *obs.* unter'jochen. **en'thrall·ing** *adj fig.* fesselnd, bezaubernd. **en'thral(l)·ment** *s* **1.** Bezauberung *f*. **2.** *obs.* Unter'jochung *f*.

en·throne [ɪnˈθrəʊn] *v/t* **1.** e-n Monarchen, Bischof etc inthroni'sieren: **to be ~d** *fig.* thronen. **2.** *fig.* erheben (**as** zu). **en'throne·ment, en,thron·i'za·tion** [-naɪˈzeɪʃn; *Am.* -nəˈz-] *s* Inthronisati'on *f*, Inthroni'sierung *f*. **en'thron·ize** [-aɪz] → **enthrone**.

en·thuse [ɪnˈθjuːz; *Am. a.* -ˈθuːz] *colloq.* **I** *v/t* begeistern. **II** *v/i* (**about, over**) begeistert sein (von), schwärmen (von, für). **en'thu·si·asm** [-zɪæzəm] *s* **1.** Enthusi'asmus *m*, Begeisterung *f* (**for** für; **about** über *acc*). **2.** Schwärme'rei *f* (**for** für). **3.** Leidenschaft *f*, Passi'on *f*: **his ~ is tennis**. **4.** *relig. obs.* Verzückung *f*. **en·'thu·si·ast** [-zɪæst] *s* **1.** Enthusi'ast(in): **tennis ~** Tennisbegeisterte(r *m*) *f*, leidenschaftlicher Tennisspieler. **2.** Schwärmer(in). **en,thu·si'as·tic** *adj* (*adv* **~·al·ly**) **1.** enthusi'astisch, begeistert (**about, over** über *acc*): **he was ~ about it** er war *od.* davon begeistert; **to become** (*od.* **get**) **~** in Begeisterung geraten. **2.** schwärmerisch.

en·ti·a [ˈenʃɪə] *pl von* **ens**.

en·tice [ɪnˈtaɪs] *v/t* **1.** locken: **to ~ s.o. away** a) *j-n* weglocken (**from** von), b) *econ.* *j-n* abwerben; **my friend has ~d my wife away** mein Freund hat mir m-e Frau abspenstig gemacht. **2.** verlocken, -leiten, -führen (**into s.th.** zu etwas): **to ~ s.o. to do** (*od.* **into doing**) **s.th.** *j-n* dazu verleiten, etwas zu tun. **en'tice·ment** *s* **1.** (Ver)Lockung *f*, (An)Reiz *m*. **2.** Verführung *f*, -leitung *f*. **en'tic·er** *s* Verführer(in). **en'tic·ing** *adj* (*adv* **~·ly**) verlockend, verführerisch.

en·tire [ɪnˈtaɪə(r); *Am. a.* ˈenˌtaɪr] **I** *adj* **1.** ganz, völlig, vollkommen, -zählig, -ständig, kom'plett. **2.** ganz, unvermindert, Gesamt...: **~ proceeds** Gesamtertrag *m*. **3.** ganz, unversehrt, unbeschädigt. **4.** *fig.* nicht ka'striert: **~ horse** Hengst *m*. **5.** *fig.* uneingeschränkt, ungeteilt, voll, ungeschmälert: **he enjoys our ~ confidence** er genießt unser volles *od.* uneingeschränktes Vertrauen; **I am in ~ agreement with you** ich stimme voll u. ganz *od.* völlig mit Ihnen überein. **6.** aus 'einem Stück, zs.-hängend. **7.** *jur.* ungeteilt: **~ tenancy** Pachtung *f* in 'einer Hand. **II** *s* **8.** (*das*) Ganze. **9.** nicht ka'striertes Pferd, Hengst *m*. **10.** *mail* Ganzsache *f*. **en'tire·ly** *adv* **1.** völlig, gänzlich, durch'aus, ganz u. gar: **I am ~ of your opinion**; **it is ~ possible** es ist durchaus *od.* ohne weiteres möglich. **2.** ausschließlich: **it is ~ his fault**. **en'tire·ness** → **entirety 1**. **en'tire·ty** *s* **1.** (*das*) Ganze, Ganzheit *f*, Vollständigkeit *f*, Gesamtheit *f*: **in its ~** in s-r Gesamtheit, als (ein) Ganzes. **2.** *jur.* ungeteilter Besitz.

en·ti·tle [ɪnˈtaɪtl] *v/t* **1.** *ein Buch etc* betiteln: **a book ~d** ... ein Buch mit dem Titel ... **2.** *j-n* betiteln, anreden, ansprechen: **how does one ~ a queen? 3.** (**to**) *j-n* berechtigen (zu), *j-m* ein Anrecht geben (auf *acc*): **to j-n ~d to** e-n (Rechts-) Anspruch haben auf (*acc*), berechtigt sein zu; **to be ~d to do s.th.** dazu

berechtigt sein *od.* das Recht haben, etwas zu tun; ~d **to vote** wahl-, stimmberechtigt; **she is ~d to maintenance** sie ist unterhaltsberechtigt, ihr steht Unterhalt zu; **party ~d** Berechtigte(r *m*) *f*.
en'ti·tle·ment *s* **1.** Betitelung *f*. **2.** a) (berechtigter) Anspruch: **~ to benefits** (*Versicherung*) Leistungsanspruch, b) zustehender Betrag.
en·ti·ty ['entətɪ] *s* **1.** *philos.* a) Dasein *n*, Wesen *n*, b) (re'ales) Ding, Gebilde *n*, c) Wesenheit *f*. **2.** *jur.* 'Rechtsper,sönlichkeit *f*: **legal ~** juristische Person.
en·to·blast ['entəʊblæst], **'en·to·derm** [-dɜːm; *Am.* -ˌdɜrm] *s biol. med.* Ento'blast *n*, Ento'derm *n* (*inneres Keimblatt des menschlichen u. tierischen Embryos*).
en·tomb [ɪn'tuːm] *v/t* **1.** begraben, beerdigen, bestatten, beisetzen. **2.** verschütten, le'bendig begraben. **3.** als Grab(stätte) dienen für: **this church ~s many great men** in dieser Kirche sind viele große Männer beigesetzt. **en-'tomb·ment** *s* Begräbnis *n*, Beerdigung *f*, Bestattung *f*, Beisetzung *f*.
en·tom·ic [en'tɒmɪk; *Am.* -'tɑ-] *adj zo.* Insekten...
en·to·mo·log·i·cal [ˌentəmə'lɒdʒɪkl; *Am.* -'lɑ-] *adj* (*adv* ~**ly**) entomo'logisch. ˌ**en·to'mol·o·gist** [-'mɒlədʒɪst; *Am.* -'mɑ-] *s* Entomo'loge *m*. ˌ**en·to'mol·o·gize** *v/i* **1.** Entomolo'gie stu'dieren. **2.** In'sekten sammeln. ˌ**en·to'mol·o·gy** *s* Entomolo'gie *f*, In'sektenkunde *f*.
en·to·moph·a·gous [ˌentə'mɒfəgəs; *Am.* -'mɑ-] *adj* in'sektenfressend. ˌ**en·to'moph·i·lous** [-fɪləs] *adj bot.* entomo'phil. ˌ**en·to'moph·i·ly** *s bot.* Entomophi'lie *f*, Bestäubung *f* durch In'sekten.
en·to·par·a·site [ˌentəʊ'pærəsaɪt] → endoparasite.
en·to·plasm ['entəʊplæzəm] → endoplasm.
ent·op·tic [en'tɒptɪk; *Am.* ˌent'ɑp-] *adj med. zo.* ent'optisch, das Augeninnere betreffend.
ent·ot·ic [en'təʊtɪk] *adj med.* ent'otisch, das Innenohr betreffend.
en·tou·rage [ˌɒntʊ'rɑːʒ; *Am.* ˌɑn-] *s* Entou'rage *f*: a) Um'gebung *f*, b) Gefolge *n*.
en·to·zo·on [ˌentəʊ'zəʊɒn; *Am.* -ˌɑn] *pl* **-zo·a** [-ə] *s zo.* Ento'zoon *n* (*Parasit, der im Körperinnern lebt*).
en·tr'acte ['ɒntrækt; *Am.* ˌɑn-] *s* Entre'akt *m*, 'Zwischen‚akt(muˌsik *f*, -tanz *m*) *m*.
en·trails ['entreɪlz; *Am. a.* -trəlz] *s pl* **1.** *anat.* Eingeweide *pl*. **2.** *fig.* (*das*) Innere: **the ~ of the earth** das Erdinnere.
en·train¹ [ɪn'treɪn] *rail.* **I** *v/i* einsteigen. **II** *v/t* verladen (**for** nach).
en·train² [ɪn'treɪn] *v/t* **1.** mit sich fortziehen. **2.** *fig.* nach sich ziehen, zur Folge haben.
en'train·ment *s rail.* **1.** Einsteigen *n*. **2.** Verladung *f*.
en·trance¹ ['entrəns] *s* **1.** a) Eintreten *n*, Eintritt *m*: **we could not talk about the matter because of Peter's ~s and exits** weil Peter ständig hereinkam, b) *mar. rail.* Einlaufen *n*, Einfahrt *f*, c) *aer.* Einflug *m*: **~ duty** *econ.* Eingangszoll *m*; **~ zone** *aer.* Einflugzone *f*; **to make one's ~** eintreten, erscheinen (→ 6). **2.** a) Ein-, Zugang *m* (**to** zu), b) Zufahrt *f*: **~ hall** (Eingangs-, Vor)Halle *f*, (Haus)Flur *m*; **at the ~** am Eingang, an der Tür. **3.** *mar.* (Hafen)Einfahrt *f*. **4.** *fig.* Antritt *m*: **~ (up)on an office** Antritt *m* e-s Amtes; **~ (up)on an inheritance** Antritt e-r Erbschaft. **5.** Eintritt(serlaubnis *f*) *m*, Einlaß *m*: **~ fee** a) Eintritt(sgeld *n*) *m*, b) Aufnahmegebühr *f*; **to have free ~** freien Zutritt haben; **no ~!** Zutritt verboten! **6.** *thea.* Auftritt *m*: **to make one's ~** auftreten (→ 1). **7.** Beginn *m* (**to** *gen*).

en·trance² [ɪn'trɑːns; *Am.* ɪn'træns] *v/t* **1.** *j-n* in Verzückung versetzen, entzükken, 'hinreißen: **~d** entzückt, hingerissen (**at, by** von). **2.** über'wältigen: **~d** außer sich (**with** vor *dat*); **~d with joy** freudetrunken. **3.** in Trance versetzen.
en'trance·ment *s* Verzückung *f*. **en-'tranc·ing** *adj* (*adv* ~**ly**) bezaubernd, 'hinreißend.
en·trant ['entrənt] *s* **1.** Eintretende(r *m*) *f*. **2.** Berufsanfänger(in) (**to** in *dat*). **3.** neu(eintretend)es Mitglied. **4.** *sport* Teilnehmer(in) (*a. allg.* an e-m Wettbewerb), Konkur'rent(in).
en·trap [ɪn'træp] *v/t* **1.** (in e-r Falle) fangen. **2.** verführen, -leiten (**to** etwas; **into doing** zu tun). **3.** in 'Widersprüche verwickeln.
en·treat [ɪn'triːt] **I** *v/t* **1.** *j-n* inständig bitten, dringend ersuchen, anflehen. **2.** etwas erflehen. **3.** *Bibl. od. obs. j-n* behandeln. **II** *v/i* **4.** bitten, flehen: **to ~ of s.o. to do s.th.** *j-n* inständig bitten, etwas zu tun. **en'treat·ing** *adj* (*adv* ~**ly**) flehentlich. **en'treat·y** *s* dringende *od.* inständige Bitte, Flehen *n*: **at s.o.'s ~** auf *j-s* Bitte (hin); **she gave him a look of ~** sie warf ihm e-n flehenden Blick zu.
en·tre·chat ['ɒntrəʃɑː; *Am.* ˌɑn-] *pl* **-chats** *s Ballett*: Entre'chat *m* (*Kreuzsprung, bei dem die Füße schnell über- u. auseinandergeschlagen werden*).
en·tre·côte, *bes. Br.* **en·tre·cote** ['ɒntrəkəʊt; *Am.* ˌɑn-] *pl* **-cotes** *s gastr.* Entre'cote *n*, Rippenstück *n* (*vom Rind*).
en·trée, *Am. a.* **en·tree** ['ɒntreɪ; *Am.* ˌɑn-] *s* **1.** *bes. fig.* Zutritt *m* (**into** zu): **she has ~ into the best society**; **his wealth gave him ~ into the best society** verschaffte ihm Zutritt. **2.** *gastr.* a) En'tree *n*, Zwischengericht *n*, b) *Am.* Hauptgericht *n*. **3.** *mus.* En'tree *n*, Er'öffnungsmu‚sik *f* (*e-s Balletts*).
en·tre·mets ['ɒntrəmeɪ; *Am.* ɑntrə'meɪ] *pl* **-mets** [-eɪz] *s gastr.* Entre'mets *n*: a) Zwischengericht *n*, b) Süßspeise *f*.
en·trench [ɪn'trentʃ] **I** *v/i* **1.** 'übergreifen (**on, upon** auf *acc*). **II** *v/t* **2.** *mil.* mit Schützengräben versehen, befestigen, verschanzen: **to ~ o.s.** sich verschanzen, sich festsetzen (*beide a. fig.*); **to ~ o.s. behind a newspaper (a principle)** sich hinter e-r Zeitung (e-m Prinzip) verschanzen; **~ed** *fig.* eingewurzelt, verwurzelt. **3.** *fig.* Rechte etc festschreiben: **~ed provisions** Bestimmungen (*e-r Verfassung*), *die nur in e-m besonderen Verfahren geändert werden können*. **en-'trench·ment** *s mil.* **1.** Verschanzung *f*. **2.** *pl* Schützengräben *pl*.
en·tre·pôt ['ɒntrəpəʊ; *Am.* ˌɑn-] *s* Entre'pot *n*: a) Lager-, Stapelplatz *m*, b) *econ.* (Waren-, Zoll)Niederlage *f*.
en·tre·pre·neur [ˌɒntrəprə'nɜː; *Am.* ˌɑntrəprə'nɜr] *s* **1.** *econ.* Unter'nehmer *m*. **2.** *Am.* Organi'sator *m*, Veranstalter *m*. **3.** Vermittler *m*, Mittelsmann *m*. ˌ**en·tre·pre'neur·i·al** *adj* Unternehmer...: **~ income** Einkommen *n* aus Unternehmertätigkeit; **~ risk** unternehmerisches Risiko. ˌ**en·tre·pre'neur·ship** *s* Unter'nehmensleitung *f*, -führung *f*.
en·tre·sol ['ɒntrəsɒl; *Am.* 'ɑntrəˌsɑl; -ˌsɔːl] *s arch.* Entre'sol *n*, Zwischen-, Halbgeschoß *n*.
en·tro·py ['entrəpɪ] *s* Entro'pie *f*: a) *phys.* Größe, die die Verlaufsrichtung e-s Wärmeprozesses kennzeichnet, b) Größe des Nachrichtengehalts e-r nach statistischen Gesetzen gesteuerten Nachrichtenquelle, c) Maß für den Grad der Ungewißheit über den Ausgang e-s Versuchs.
en·truck [ɪn'trʌk] *v/t u. v/i mil. bes. Am.* (auf Lastkraftwagen) verladen (aufsitzen).
en·trust [ɪn'trʌst] *v/t* **1.** etwas anvertrauen (**to s.o.** *j-m*): **to ~ a child to s.o.'s care** ein Kind *j-s* Obhut anvertrauen. **2.** *j-n* betrauen (**with a task** mit e-r Aufgabe).
en·try ['entrɪ] *s* **1.** → entrance¹ 1. **2.** Einreise *f*, Zuzug *m*: **~ permit** Einreiseerlaubnis *f*; **~ and residence permit** Zuzugsgenehmigung *f*; **~ visa** Einreisevisum *n*. **3.** → entrance¹ 6. **4.** Einfall(en *n*) *m* (*in ein Land*), Eindringen *n*, *jur.* Einbruch *m*. **5.** → (up)on office Amtsantritt *m*. **6.** Beitritt *m* (**into** zu): **Britain's ~ into the Common Market**. **7.** Einlaß *m*, Zutritt *m*: **to gain** (*od.* **obtain**) **~** Einlaß finden; **to force an ~ into, to make a forcible ~ into** gewaltsam eindringen in (*acc*), sich gewaltsam Zugang *od.* Zutritt verschaffen zu; **no ~!** Zutritt verboten!, *mot.* Keine Einfahrt! **8.** a) Zu-, Eingang(stür *f*) *m*, Einfahrt(stor *n*) *f*, b) Flur *m*, (Eingangs-, Vor)Halle *f*. **9.** a) Eintrag(ung *f*) *m*, Vormerkung *f*: **~ in a diary** Tagebucheintrag(ung), b) Stichwort *n* (*im Lexikon*). **10.** *econ.* a) Eintragung *f*, Buchung *f*: **to make an ~ of s.th.** etwas (ver)buchen *od.* eintragen, b) (gebuchter) Posten. **11.** *econ.* Eingang *m* (*von Geldern etc*): **(up)on ~** nach Eingang. **12.** *econ. mar.* 'Einkla‚rierung *f*, 'Zolldeklarati‚on *f*: **~ inwards** (**outwards**) Einfuhr-(Ausfuhr)deklaration. **13.** *Bergbau*: Fahr-, Hauptförderstrecke *f*. **14.** *jur.* Besitzantritt *m*, -ergreifung *f* (**upon** *gen*). **15.** *geogr.* (Fluß)Mündung *f*. **16.** *sport* a) Nennung *f*, Meldung *f*: **~ fee** Startgeld *n*, b) → **entrant** 4, c) *collect.* Teilnehmer(zahl *f*) *pl* (*a. allg.* e-s Wettbewerbs): **a good** (*od.* **large**) **~** viele Nennungen *od.* Meldungen.
ent·wick·lungs·ro·man [ent'vɪklɔŋzro‚maːn] *pl* **-ma·ne** [-ˌmaːnə] (*Ger.*) *s* Ent'wicklungsro‚man *m*.
en·twine [ɪn'twaɪn] **I** *v/t* **1.** flechten. **2.** winden, flechten, schlingen ([a]**round** um), um'winden (**with** mit). **3.** inein'anderschlingen: **with their fingers ~d** mit ineinandergeschlungenen Händen. **II** *v/i* **4.** sich inein'anderschlingen.
en·twist [ɪn'twɪst] → entwine 2, 3.
e·nu·cle·ate [iː'njuːklɪeɪt; *Am. a.* -'nuː-] *v/t* **1.** *obs.* deutlich machen, aufklären, erläutern. **2.** *med.* e-n Tumor ausschälen.
e·nu·mer·ate [ɪ'njuːməreɪt; *Am.* -'nuː-] *v/t* **1.** aufzählen. **2.** spezifi'zieren: **~d powers** *jur. Am.* speziell in Gesetzen erwähnte Machtbefugnisse. **eˌnu·mer'a·tion** *s* **1.** Aufzählung *f*. **2.** Liste *f*, Verzeichnis *n*. **e'nu·mer·a·tive** [-rətɪv; *Am. bes.* -ˌreɪtɪv] *adj* aufzählend. **e'nu·mer·a·tor** [-tə(r)] *s* Zähler *m* (*bei Volkszählungen*).
e·nun·ci·ate [ɪ'nʌnsɪeɪt] **I** *v/t* **1.** ausdrücken, -sprechen, (*a.* öffentlich) erklären. **2.** formu'lieren. **3.** behaupten, e-n *Grundsatz etc* aufstellen. **4.** (*bes. deutlich*) aussprechen. **II** *v/i* **5.** *to* clearly e-e deutliche Aussprache haben, deutlich sprechen. **eˌnun·ci'a·tion** *s* **1.** (*a.* öffentliche) Erklärung. **2.** Formu'lierung *f*. **3.** Behauptung *f*. **4.** (*bes. deutliche*) Aussprache. **e'nun·ci·a·tive** [-ʃɪətɪv; *Am.* -sɪˌeɪtɪv] *adj* **1. to be ~ of s.th.** etwas ausdrücken. **2.** Ausdrucks...

en·ure → inure.
en·u·re·sis [ˌenjʊə'riːsɪs] *s med.* Enu'rese *f*, unwillkürliches Harnlassen, *bes.* Bettnässen *n*.
en·vel·op [ɪn'veləp] **I** *v/t* **1.** einschlagen, -wickeln, (ein)hüllen (**in** *acc*): **to ~ o.s. in a thick coat** sich in e-n dicken Mantel hüllen; **~ed in flames (mist)** in Flam-

envelope – epigenesis

men (Nebel) gehüllt. **2.** *fig.* ver-, einhüllen, um'hüllen, um'geben: ~ed in mystery geheimnisumhüllt. **3.** *mil.* den Feind um'fassen, um'klammern. **II** *s Am.* → envelope.
en·ve·lope ['envələup] *s* **1.** Hülle *f*, 'Umschlag *m*, Um'hüllung *f.* **2.** 'Brief_iumschlag *m*, Ku'vert *n*. **3.** *aer.* Hülle *f* (*e-s Ballons*), Außenhaut *f* (*e-s Luftschiffs*). **4.** *mil.* Vorwall *m.* **5.** *astr.* Nebelhülle *f*. **6.** *bot.* Kelch *m.* **7.** *anat.* Hülle *f*, Schale *f.* **8.** *math.* Um'hüllungskurve *f*, Einhüllende *f.*
en'vel·op·ment *s* **1.** Einhüllung *f*, Um'hüllung *f*, Hülle *f.* **2.** *mil.* Um'fassung(s-angriff *m*) *f*, Um'klammerung *f.*
en·ven·om [ɪn'venəm] *v/t* **1.** vergiften (*a. fig.*). **2.** *fig.* mit Haß erfüllen: ~ed giftig, haßerfüllt.
en·vi·a·ble ['envɪəbl] *adj* (*adv* **enviably**) beneidenswert, zu beneiden(d). '**en·vi·a·ble·ness** *s* (*das*) Beneidenswerte. '**en·vi·er** *s* Neider(in). '**en·vi·ous** *adj* (*adv* ~**ly**) neidisch (*of acc*): **to be ~ of** s.o. **because of** s.th. j-n um etwas beneiden; **an ~ look** ein scheeler Blick. '**en·vi·ous·ness** *s* Neid *m*.
en·vi·ron [ɪn'vaɪərən] *v/t* um'geben (*a. fig.*): ~ed by (*od.* with) trees von Bäumen umstanden. **en'vi·ron·ment** *s* **1.** Um'gebung *f*, *sociol. a.* Mili'eu *n*: **a happy home** ~ ein glückliches Zuhause. **2.** 'Umwelt *f* (*a. sociol.*). **3.** *art* En'vironment *n* (*illusionistisches Kunstobjekt, das Gegenstände alltäglichen Lebens- u. Arbeitsbereiche in neue Beziehungen zueinander setzt*). **en_ivi·ron·men·tal** [-'mentl] *adj* **1.** *sociol.* Milieu... **2.** Umwelt...: ~ **crisis** (**pollution, preservation, protection, psychology, quality, research,** *etc*); ~ **collapse** ökologischer Zs.-bruch; ~ **disaster** Umweltkatastrophe *f*; ~ **law** Umweltschutzgesetz *n*; ~ **science** → **ecology** *a.* **3.** *art* environmen'tal. **en_ivi·ron·men·tal·ism** *s* **1.** 'Umweltschutz(bewegung *f*) *m.* **2.** *sociol.* Environmenta'lismus *m* (*geographisch orientierte soziologische Richtung, nach der der spezifische geographische u. soziale Lebensraum des Menschen dessen Handeln u. Erleben bestimmt*). **en_ivi·ron'men·tal·ist** *s* 'Umweltschützer(in). **en_ivi·ron'men·tal·ly** *adv* **1.** in bezug auf *od.* durch die 'Umwelt: ~ **beneficial** (**harmful** *od.* **noxious**) umweltfreundlich (umweltfeindlich). **2.** *art* environmen'tal. **en·vi·rons** [ɪn'vaɪərənz; 'envɪrənz] *s pl* Um'gebung *f* (*e-s Ortes etc*).
en·vis·age [ɪn'vɪzɪdʒ] *v/t* **1.** in Aussicht nehmen, ins Auge fassen, gedenken (**doing** zu tun). **2.** sich (*etwas*) vorstellen, für möglich halten. **3.** j-n, etwas begreifen, verstehen (**as** als). **4.** *obs.* e-r Gefahr *etc* (mutig) ins Auge sehen.
en·vi·sion [ɪn'vɪʒn] → envisage 2.
en·voi ['envɔɪ] *s* Zueignungs-, Schlußstrophe *f* (*e-s Gedichts*).
en·voy[1] ['envɔɪ] → envoi.
en·voy[2] ['envɔɪ] *s* **1.** ~ **extraordinary and minister plenipotentiary** *pol.* Gesandte(r) *m* (*Missionschef der 2. Rangklasse*). **2.** Abgesandte(r) *m*, Bevollmächtigte(r) *m*.
en·vy ['envɪ] **I** *s* **1.** Neid *m* (**of** auf *acc*): **demon of** ~ Neidteufel *m*; → **green** 6. **2.** Gegenstand *m* des Neides: **his garden is the ~ of all** alle beneiden ihn um s-n Garten. **II** *v/t* **3.** j-n beneiden: **to ~** s.o. s.th. j-n um etwas beneiden; **we ~ (you) your nice house** wir beneiden Sie um Ihr schönes Haus.
en·wind [ɪn'waɪnd] *v/t irr* um'winden (**with** mit).
en·wrap [ɪn'ræp] → wrap I.
en·zo·ot·ic (dis·ease) [_ienzəʊ'ɒtɪk;

Am. _ienzə'wɑtɪk] *s vet.* Enzoo'tie *f* (*Tierseuche mit beschränkter Ausbreitung*).
en·zyme ['enzaɪm] *s chem.* En'zym *n*, Fer'ment *n*. **en·zy·mol·o·gy** [_ienzaɪ-'mɒlədʒɪ; *Am.* _ienzə'mɑ-] *s* Enzymolo'gie *f*.
e·o·bi·ont [_iiːəʊ'baɪənt] *s biol.* Eobi'ont *m* (*Urzelle als erstes Lebewesen mit Zellstruktur*).
E·o·cene ['iːəʊsiːn] *geol.* **I** *adj* eo'zän. **II** *s* Eo'zän *n* (*zweitälteste Stufe des Tertiärs*).
e·o·li·an, *etc* → **aeolian,** *etc.*
e·o·lith ['iːəʊlɪθ] *s* Eo'lith *m* (*aus dem Tertiär od.* Pleistozän stammender Feuerstein, dessen Kanten wie bearbeitet wirken, so daß man ihn irrtümlich für ein vorgeschichtliches Werkzeug hielt). **E·o'lith·ic** *adj geol.* eo'lithisch: ~ **period** Eolithikum *n* (*aufgrund der Eolithen angenommene früheste Stufe der Kulturgeschichte*).
E·o·zo·ic [_iiːəʊ'zəʊɪk] *geol.* **I** *adj* eo'zoisch. **II** *s* Eo'zoikum *n* (*erdgeschichtliche Frühzeit*).
EP I *s* Maxisingle *f*. **II** *adj*: ~ **record** → I.
e·pact ['iːpækt] *s astr.* Ep'akte *f* (*Anzahl der Tage, die vom letzten Neumond des alten Jahres bis zum Beginn des neuen Jahres vergangen sind*).
ep·arch ['epɑː(r)k] *s* **1.** *antiq.* Ep'arch *m*, Statthalter *m.* **2.** *relig.* Bischof *or* Eparchie. **3.** oberster Verwaltungsbeamter e-r Eparchie. '**ep·arch·y** *s* Epar'chie *f*: a) *antiq.* oströmische Provinz, b) *relig.* Amtsbezirk e-s Bischofs in der orthodoxen Kirche, c) kommunalpolitische Verwaltungseinheit im heutigen Griechenland.
e·paule·ment [eˈpɔːlmənt; ɪˈp-] *s mil.* Schulterwehr *f*.
ep·au·let(te) ['epəʊlet; _iepəʊ'let] *s mil.* Epau'lett *n*, Epau'lette *f*, Schulterstück *n*: **to win one's ~s** zum Offizier befördert werden.
é·pée ['epeɪ] *s fenc.* Degen *m.* '**é·pée·ist** *s* Degenfechter *m.*
ep·en·ceph·a·lon [_iepen'sefələn; *Am.* _iepɪn'sefə_ilɑn] *pl* **-la** [-lə] *s anat.* Nachhirn *n*.
ep·en·the·sis [eˈpenθɪsɪs; ɪ'p-] *pl* **-ses** [-siːz] *s ling.* Epen'these *f*, Laut-, Silben-, Buchstabeneinfügung *f*.
e·pergne [ɪ'pɜːn; *Am.* ɪ'pɜrn] *s* Tafelaufsatz *m.*
ep·ex·e·ge·sis [_iepeksɪ'dʒiːsɪs] *pl* **-ses** [-siːz] *s ling.* Epexe'gese *f*, erklärender Zusatz.
e·phem·er·a[1] [ɪ'femərə] *pl* **-as, -ae** [-iː] *s* **1.** *zo.* Eintagsfliege *f*. **2.** *fig.* Eintagsfliege *f*, kurzlebige Erscheinung.
e·phem·er·a[2] [ɪ'femərə] *pl von* ephemeron.
e·phem·er·al [ɪ'femərəl] **I** *adj* **1.** ephe'mer: a) *med. zo.* eintägig, Eintags...,
b) *fig.* flüchtig, kurzlebig, (sehr) vergänglich. **II** *s* **2.** → ephemera[1]. **3.** *bot.* kurzlebige Pflanze.
e·phem·er·is [ɪ'femərɪs] *pl* **eph·emer·i·des** [_iefɪ'merɪdiːz] *s* **1.** *astr.* Epheme'ride *f* (*Tabelle über die tägliche Stellung der Himmelskörper*). **2.** *obs.* Tagebuch *n.*
e·phem·er·on [ɪ'femərɒn; *Am.* -_irɑn] *pl* **-a** [-ə], **-ons** → ephemera[1].
E·phe·sian [ɪ'fiːʒjən; *Am.* -ʒən] **I** *adj* **1.** e'phesisch. **II** *s* **2.** Epheser(in). **3.** *pl Bibl.* Epheser *pl* (Paulus) an die Epheser.
ep·i·blast ['epɪblæst] *s biol. med.* Epi'blast *n* (*äußeres Keimblatt des menschlichen und tierischen Embryos*).
ep·ic ['epɪk] **I** *adj* (*adv* ~**ally**) **1.** episch, erzählend: ~ **drama** episches Drama; ~ **poem** Epos *n.* **2.** heldenhaft, heldisch, he'roisch: ~ **achievements** Heldentaten; ~ **laughter** homerisches Gelächter. **II** *s* **3.** Epos *n*, Heldengedicht *n*: **national**

~ Nationalepos. **4.** *allg.* episches Werk. '**ep·i·cal** [-kl] → epic I.
ep·i·ca·lyx [_iepɪ'keɪlɪks; -'kæ-] *s a. irr bot.* Außenkelch *m*. '**ep·i·carp** [-kɑː(r)p] *s bot.* Epi'karp *n*, äußere Fruchthaut.
ep·i·cene ['epɪsiːn] **I** *adj* **1.** *ling. u. fig.* beiderlei Geschlechts. **2.** *fig.* a) für beide Geschlechter, b) geschlechtslos, zwitterhaft. **II** *s* **3.** *ling.* Epi'cönum *n* (*Substantiv, das ein Wesen mit natürlichem Geschlecht bezeichnet, aber mit* '*einem Genus sowohl vom männlichen als auch vom weiblichen Wesen gebraucht wird*).
ep·i·cen·ter, *bes. Br.* **ep·i·cen·tre** ['epɪsentə(r)], **ep·i'cen·trum** [-'sentrəm] *s* **1.** Epi'zentrum *n* (*senkrecht über e-m Erdbebenherd liegendes Gebiet der Erdoberfläche*). **2.** *fig.* Mittelpunkt *m.*
ep·i·cist ['epɪsɪst] *s* Epiker *m.*
ep·i·cot·yl [_iepɪ'kɒtɪl; *Am.* 'epɪ_ikɑtl] *s bot.* Epiko'tyl *n* (*erster, blattloser Sproßabschnitt der Keimpflanze*).
ep·i·cure ['epɪ_ikjʊə(r)] *s* Epiku'reer *m*: a) *allg.* Genußmensch, b) Feinschmecker *m*. **ep·i·cu·re·an** [-_ikjʊə'riːən] **I** *adj* **1.** *E~ philos.* epiku'reisch. **2.** epiku'reisch: a) *allg.* genußsüchtig, b) feinschmeckerisch. **II** *s* **3.** *E~ philos.* Epiku'reer *m* (*Anhänger der Lehre Epikurs*). **4.** → epicure. **Ep·i·cu·re·an·ism,** '**Ep·i·cur·ism** *s* **1.** *philos.* Epiku'reismus *m*, Lehre *f* Epi'kurs. **2.** *e~* Epikure'ismus *m*: a) *allg.* Genußsucht *f*, b) Feinschmeckertum *n.*
ep·i·cy·cle ['epɪsaɪkl] *s astr. math.* Epi'zykel *m* (*Kreis, dessen Mittelpunkt e-n Kreis um e-n anderen Punkt beschreibt od. der auf dem Umfang e-s anderen Kreises abrollt*), **ep·i'cy·clic** [-'saɪklɪk; -'sɪk-] *adj* epi'zyklisch: ~ **gear** *tech.* Planeten-, Umlaufgetriebe *n*.
ep·i·cy·cloid [_iepɪ'saɪklɔɪd] *s math.* Epizy'kloide *f* (*Kurve, die von e-m auf e-m Kreis befindlichen Punkt beschrieben wird, wenn dieser Kreis auf e-m festen Kreis abrollt*): **interior ~** Hypozykloide *f*.
ep·i·dem·ic [_iepɪ'demɪk] *med.* **I** *adj* (*adv* ~**ally**) epi'demisch, seuchenartig (*beide a. fig.*). **II** *s* Epide'mie *f*, Seuche *f* (*beide a. fig.*). **ep·i'dem·i·cal** *adj* (*adv* ~**ly**) → epidemic I. **ep·i·de·mi·ol·o·gy** [-diːmɪ'ɒlədʒɪ; *Am.* -'ɑl-] *s med.* Epidemiolo'gie *f*, Lehre *f* von den Epide'mien.
ep·i·der·mal [_iepɪ'dɜːml; *Am.* -'dɜrməl], **ep·i'der·mic, ep·i'der·mi·cal** [-kl] *adj* epider'mal, Epidermis... **ep·i'der·mis** [-mɪs] *s anat. zo.* Epi'dermis *f*, Oberhaut *f*.
ep·i·di·a·scope [_iepɪ'daɪəskəʊp] *s* Epidia'skop *n* (*Projektor zum Abbilden durchsichtiger u. undurchsichtiger Bilder auf e-r Wand*).
ep·i·did·y·mis [_iepɪ'dɪdɪmɪs] *pl* **-dym·i·des** [-dɪ'dɪmɪdiːz] *s anat.* Epidi'dymis *f*, Nebenhoden *m*.
ep·i·dote ['epɪdəʊt] *s min.* Epi'dot *m.*
ep·i·dur·al [_iepɪ'djʊərəl; *Am. a.* -'dʊ-] **I** *adj anat.* epidu'ral (*auf od. außerhalb der harten Hirnhaut gelegen*): ~ **an(a)esthesia** → II. **II** *s med.* Epidu'ralanästhe_isie *f* (*Betäubung durch Einspritzen von Mitteln in den Raum zwischen harter Hirnhaut u. Wirbelkanal*).
ep·i·gas·tri·um [_iepɪ'gæstrɪəm] *pl* **-a** [-ə] *s anat.* Epi'gastrium *n*, Oberbauchgegend *f*, Magengrube *f*.
ep·i·gene ['epɪdʒiːn] *adj* **1.** pseudo'morph (*Kristalle*). **2.** *geol.* auf der Erdoberfläche gebildet: ~ **agents** Oberkräfte.
ep·i·gen·e·sis [_iepɪ'dʒenəsɪs] *s* **1.** *biol.* Epige'nese *f* (*Entwicklung e-s jeden Organismus durch aufeinanderfolgende Neubildungen*). **2.** *geol.* Epige'nese *f* (*nach-*

ep·i·glot·tis [ˌepɪˈglɒtɪs; *Am.* -ˈglɑ-] *pl* **-tis·es, -ti·des** [-tɪdiːz] *s anat.* Epi'glottis *f*, Kehldeckel *m*.
ep·i·gone [ˈepɪɡəʊn] *s* Epi'gone *m*: a) *unbedeutender Nachfolger bedeutender Vorgänger,* b) *Nachahmer ohne eigene Ideen.*
ep·i·gram [ˈepɪɡræm] *s* **1.** Epi'gramm *n, kurzes Sinn- od.* Spottgedicht. **2.** epigram'matischer (Aus)Spruch. **ˌep·i·gram'mat·ic** [-ɡrəˈmætɪk] *adj (adv* ~**ally**) epigram'matisch, kurz u. treffend, scharf poin'tiert. **ˌep·iˈgram·ma·tist** *s* Epigram'matiker *m.* **ˌep·iˈgram·ma·tize** I *v/t* **1.** kurz u. treffend ausdrücken. **2.** ein Epi'gramm verfassen über *od.* auf (*acc*). II *v/i* **3.** Epi'gramme verfassen.
ep·i·graph [ˈepɪɡrɑːf; *bes. Am.* -ɡræf] *s* **1.** Epi'graph *n, (bes.* an'tike) Inschrift. **2.** Sinnspruch *m,* Motto *n.* **ep·i·graph·ic** [ˌepɪˈɡræfɪk] *adj (adv* ~**ally**) epi'graphisch. **eˈpig·ra·phist** [eˈpɪɡrəfɪst; ɪˈp-] *s* Epi'graphiker(in), Inschriftenforscher(in). **eˈpig·ra·phy** *s* Epi'graphik *f,* Inschriftenkunde *f.*
ep·i·lep·sy [ˈepɪlepsɪ] *s med.* Epilep'sie *f.* **ˌep·iˈlep·tic** [-tɪk] I *adj (adv* ~**ally**) epi'leptisch: ~ **fit** epileptischer Anfall. II *s* Epi'leptiker(in).
e·pil·o·gist [eˈpɪlədʒɪst] *s* Verfasser(in) *od.* Sprecher(in) e-s Epi'logs. **eˈpil·o·gize** I *v/i* e-n Epi'log schreiben *od.* sprechen. II *v/t* e-n Epi'log schreiben zu.
ep·i·logue, *Am. a.* **ep·i·log** [ˈepɪlɒɡ; *Am. a.* -ˌlɑɡ] *s* **1.** Epi'log *m:* a) Nachwort *n (e-s Buchs etc),* b) *fig.* Nachspiel *n,* Ausklang *m.* **2.** *thea.* a) Epi'log *m,* Schlußrede *f,* b) Epi'logsprecher(in). **3.** *Rundfunk, TV: Br.* Pro'gramm *n* vor Sendeschluß *(meist religiösen Inhalts).*
E·piph·a·ny [ɪˈpɪfənɪ] *s* **1.** *relig.* Epi'phanias *n,* Epi'phanienfest *n,* Drei'königstag *m.* **2.** **e~** Epipha'nie *f (Erscheinung e-r Gottheit, bes. Christi, unter den Menschen).*
ep·i·phe·nom·e·non [ˌepɪfəˈnɒmɪnən; *Am.* -ˈnɑ-] *s irr* **1.** Begleiterscheinung *f, philos. a.* Epiphäno'men *n.* **2.** *med.* a'typisches *od.* plötzlich auftretendes Sym'ptom.
e·piph·y·sis [ɪˈpɪfɪsɪs] *pl* **-ses** [-siːz] *s anat. zo.* Epi'physe *f:* a) *Zirbeldrüse der Wirbeltiere,* b) *Gelenkstück der Röhrenknochen von Wirbeltieren u. vom Menschen.*
ep·i·phyte [ˈepɪfaɪt] *s bot.* Epi'phyt *m (Pflanze, die auf anderen Pflanzen wächst, sich aber selbständig ernährt).*
e·pis·co·pa·cy [ɪˈpɪskəpəsɪ] *s relig.* Episko'pat *m, n:* a) bischöfliche Verfassung, b) Gesamtheit *f* der Bischöfe, c) Amtstätigkeit *f* e-s Bischofs, d) Bischofsamt *n,* -würde *f.* **eˈpis·co·pal** [-kəpl] *adj (adv* ~**ly**) *relig.* episko'pal, bischöflich, Bischofs...: **E~ Church** Episkopalkirche *f.* **eˌpis·coˈpa·li·an** [-ˈpeɪljən] I *adj* **1.** bischöflich. **2.** *meist* **E~** zu e-r *(bes. der englischen)* Episko'palkirche gehörig. II *s* **3.** Episko'pale *m,* Anhänger *m* der Episko'palverfassung. **4.** *meist* **E~** Mitglied *n* e-r Episko'palkirche.
e·pis·co·pate [ɪˈpɪskəʊpət; -peɪt] *s relig.* Episko'pat *m, n:* a) Bischofsamt *n,* -würde *f,* b) Bistum *n,* Bischofssitz *m,* c) Gesamtheit *f* der Bischöfe.
ep·i·scope [ˈepɪskəʊp] *s* Epi'skop *n (Projektor für undurchsichtige Bilder).*
ep·i·sode [ˈepɪsəʊd] *s* Epi'sode *f:* a) Neben-, Zwischenhandlung *f (im Drama etc),* b) eingeflochtene Erzählung *f,* c) Abschnitt *m* von Ereignissen *(aus e-m größeren Ganzen),* d) (Neben)Ereignis *n,* e) *mus.* Zwischenspiel *n (in der Fuge),* Zwischensatz *m (im Rondo).* **ˌep·iˈsod·ic** [-ˈsɒdɪk; *Am.* -ˈsɑ-] *adj;* **ˌep·iˈsod·i·cal** *adj (adv* ~**ly**) epi'sodisch.
ep·i·stax·is [ˌepɪˈstæksɪs] *s med.* Epi'staxis *f,* Nasenbluten *n.*
e·pis·te·mol·o·gy [eˌpɪstɪˈmɒlədʒɪ; *Am.* ɪˌpɪstəˈmɑ-] *s philos.* Epistemolo'gie *f,* Er'kenntnistheo,rie *f.*
e·pis·tle [ɪˈpɪsl] *s* **1.** E'pistel *f, (bes.* langer) Brief. **2. E~** *Bibl.* E'pistel *f,* Sendschreiben *n:* **E~ to the Romans** Römerbrief *m.* **3.** *relig.* E'pistel *f (Lesung aus den Episteln).* **eˈpis·tler** [-lə(r)] *s* **1.** Brief-, E'pistelschreiber *m.* **2.** *relig.* E'pistelverleser *m.* **eˈpis·to·la·ry** [-tələrɪ; *Am.* -təˌleriː] *adj* **1.** Briefe *od.* das Briefschreiben betreffend. **2.** brieflich, Brief...
eˈpis·to·ler [-tələ(r)] → **epistler**.
eˌpis·toˈlog·ra·phy [-təˈlɒɡrəfɪ; *Am.* -ˈlɑ-] *s* Epistologra'phie *f,* Kunst *f* des Briefeschreibens.
e·pis·tro·phe [ɪˈpɪstrəfɪ] *s Rhetorik:* E'piphora *f (Wiederholung e-s od. mehrerer Wörter am Ende aufeinanderfolgender Sätze od. Satzteile).*
ep·i·style [ˈepɪstaɪl] *s arch.* Epi'styl *n,* Quer-, Tragbalken *m.*
ep·i·taph [ˈepɪtɑːf; *bes. Am.* -tæf] I *s* **1.** Epi'taph *n,* Grabschrift *f.* **2.** Totengedicht *n.* II *v/t* **3.** e-e Grabschrift schreiben für (*j-n*).
e·pit·a·sis [ɪˈpɪtəsɪs] *pl* **-ses** [-siːz] *s* E'pitasis *f (Steigerung der Handlung zur dramatischen Verwicklung in e-m Drama).*
ep·i·tha·la·mi·um [ˌepɪθəˈleɪmjəm; -mɪəm], *a.* **ˌep·iˈtha·la·mi·on** [-ən] *pl* **-a** [-ə] *od.* **-ums** *s antiq.* Epitha'lamium *n,* Epitha'lamion *n,* Hochzeitsgedicht *n.*
ep·i·the·li·al [ˌepɪˈθiːljəl; -lɪəl] *adj* Epithel... **ˌep·iˈthe·li·o·ma** [-θiːlɪˈəʊmə] *pl* **-mas, -ma·ta** [-mətə] *s med.* Epitheli'om *n (Hautgeschwulst aus Epithelzellen).* **ˌep·iˈthe·li·um** [-jəm; -lɪəm] *s* **1.** *anat.* Epi'thel *n (oberste Zellschicht des Hautgewebes).* **2.** *bot.* Deckgewebe *n.*
ep·i·thet [ˈepɪθet] *s* **1.** E'pitheton *n,* Eigenschafts-, Beiwort *n,* Attri'but *n,* Bezeichnung *f:* **strong ~s** Kraftausdrücke. **2.** Beiname *m.* **3.** *biol.* E'pitheton *n (zweiter Teil des Namens, der die Unterabteilung der Gattung bezeichnet).* **ˌep·iˈthet·ic, ˌep·iˈthet·i·cal** [-kl] *adj* epi'thetisch, Beiwort...
e·pit·o·me [ɪˈpɪtəmɪ] *s* **1.** E'pitome *f:* a) Auszug *m,* Abriß *m,* b) kurze Darstellung *od.* Inhaltsangabe: **in ~** a) auszugsweise, b) in gedrängter Form. **2.** *fig.* Verkörperung *f,* Inbegriff *m:* **he is the ~ of sloth** er ist die Faulheit in Person. **eˈpit·o·mize** I *v/t* **1.** e-n Auszug machen aus *od.* von. **2.** e-e gedrängte Darstellung *od.* e-n Abriß geben von. **3.** *fig.* verkörpern. II *v/i* **4.** Auszüge machen.
ep·i·zo·on [ˌepɪˈzəʊɒn; *Am.* -ˌɑn] *pl* **-a** [-ə] *s zo.* Epi'zoon *n (Tier, das auf anderen Lebewesen siedelt, ohne an ihnen zu schmarotzen).*
ep·i·zo·ot·ic (dis·ease) [ˌepɪzəʊˈɒtɪk; *Am.* -zəˈwɑ-] *s vet.* Epizoo'tie *f (Tierseuche mit größerer Ausbreitung).*
ep·och [ˈiːpɒk; *Am.* ˈepək; ˈepɪk; ˈepˌak] *s* E'poche *f:* a) Zeitalter *n (a. geol.),* Zeitabschnitt *m:* **to make an ~** Epoche machen, epochemachend sein; **this makes (od. marks) an ~ in the history (of)** dies ist ein Markstein *od.* Wendepunkt in der Geschichte (*gen*), b) *astr.* Zeitpunkt des Standortes e-s Gestirns. **ep·och·al** [ˈepɒkl; *Am.* ˈepəkəl] *adj* epo'chal: a) Epochen..., b) e'pochemachend.
ˈe·poch|-ˌmak·ing, ˈ~-ˌmark·ing *adj* e'pochemachend.
ep·ode [ˈepəʊd] *s* Ep'ode *f:* a) Gedichtform, bei der auf e-n längeren Vers ein kürzerer folgt, b) Abgesang *m (in antiken Gedichten, bes. in den Chorliedern der altgriechischen Tragödie).* **ep·od·ic** [eˈpɒdɪk; *bes. Am.* əˈpəʊ-] *adj* ep'odisch.
ep·o·nym [ˈepəʊnɪm] *s* Epo'nym *n (Gattungsbezeichnung, die auf e-n Personennamen zurückgeht).*
ep·o·pee, *bes. Br.* **ép·o·pée** [ˈepəʊpiː] *s* **1.** → **epos**. **2.** epische Dichtung.
ep·os [ˈepɒs; *Am.* -ˌɑs] *s* **1.** Epos *n,* Heldengedicht *n.* **2.** (mündlich überlieferte) epische Dichtung.
ep·si·lon [epˈsaɪlən; *Am.* ˈepsəˌlɑn] *s* Epsilon *n (griechischer Buchstabe).*
Ep·som salts [ˈepsəm] *s pl (meist als sg konstruiert) pharm.* Epsomer Bittersalz *n.*
Ep·stein-Barr vi·rus [ˌepstaɪnˈbɑː(r)] *s med.* Epstein-Barr-Virus *n, m.*
e·qua·bil·i·ty [ˌekwəˈbɪlətɪ] *s* **1.** Gleichmut *m.* **2.** Gleichförmigkeit *f.* **ˈeq·ua·ble** *adj (adv* **equably**) **1.** gleich(förmig). **2.** ausgeglichen (*a. Klima*).
e·qual [ˈiːkwəl] I *adj (adv* → **equally**) **1.** *(an Größe, Rang etc)* gleich (**to** *dat*): **to be ~ to** gleichen, gleich sein (→ 3, 4, 5); **twice three is ~ to six** zweimal drei ist gleich sechs; **~ to new** wie neu; **not ~ to** geringer als; **~ opportunities** Chancengleichheit *f;* **~ in all respects** *math.* kongruent *(Dreieck);* **~ rights for women** Gleichberechtigung *f* der Frau; **~ in size, of ~ size** (von) gleicher Größe; **~ time** *Am.* a) *(Rundfunk, TV)* gleich lange Sendezeit *(für e-e gegnerische politische Partei etc),* b) *fig.* gleiche Chance *(zur Entgegnung auf e-e Beschuldigung etc).* **2.** *obs.* gleichmütig, gelassen: **~ mind** Gleichmut *m.* **3.** angemessen, entsprechend, gemäß (**to** *dat*): **~ to your merit** Ihrem Verdienst entsprechend; **to be ~ to s.th.** e-r Sache entsprechen *od.* gleichkommen. **4.** im'stande, fähig: (**not**) **to be ~ to a task** e-r Aufgabe (nicht) gewachsen sein; **to be ~ to anything** zu allem fähig *od.* imstande sein. **5.** (**to**) aufgelegt (zu), geneigt (*dat*): **to be ~ to a glass of wine** e-m Glas Wein nicht abgeneigt sein. **6.** eben, plan: **~ surface**. **7.** ausgeglichen (*a. sport*). **8.** *bot.* sym'metrisch, auf beiden Seiten gleich. **9.** gleichmäßig, -förmig. **10.** ebenbürtig (**to** *dat*), gleichwertig, -berechtigt: **~ in strength** gleich stark; **on ~ terms** unter gleichen Bedingungen; **to be on ~ terms** auf gleicher Stufe stehen (**with** mit).
II *s* **11.** Gleichgestellte(r *m*) *f,* -berechtigte(r *m*) *f:* **among ~s** unter Gleichgestellten; **your ~s** deinesgleichen; **~s in age** Altersgenossen; **he has no ~, he is without ~** er hat nicht *od.* er sucht seinesgleichen; **to be the ~ of s.o.** j-m ebenbürtig sein; → **first 8**.
III *v/t pret u. pp* **-qualed,** *bes. Br.* **-qualled 12.** j-m, e-r Sache gleichen, entsprechen, gleich sein, gleichkommen, es aufnehmen mit (**in** an *dat*): **not to be ~(l)ed** nicht seinesgleichen haben, seinesgleichen suchen.
e·qual·i·tar·i·an [ˌiːkwɒlɪˈteərɪən; *Am.* ˌiːkwələ-] → **egalitarian,** *etc.*
e·qual·i·ty [iːˈkwɒlɪtɪ; *Am.* ɪˈkwɑ-] *s* **1.** Gleichheit *f:* ~ (**of rights**) Gleichberechtigung *f;* ~ **of opportunity** (*od.* **opportunities**) Chancengleichheit; **political ~** politische Gleichberechtigung; ~ **of votes** Stimmengleichheit; **to be on an ~ with** a) auf gleicher Stufe stehen mit (*j-m*), b) gleich(bedeutend) sein mit (*etwas*); **perfect ~** *math.* Kongruenz *f;* **sign of ~, ~ sign** *math.* Gleichheitszeichen *n;* **to treat s.o. on a footing of ~** mit j-m wie mit seinesgleichen verkehren; → **status 1**. **2.** *math.* Gleichförmigkeit *f.*

e·qual·i·za·tion [ˌiːkwəlaɪˈzeɪʃn; *Am.* -ləˈz-] *s* **1.** Gleichstellung *f*, -machung *f*. **2.** *bes. econ.* Ausgleich(ung *f*) *m*: ~ **fund** Ausgleichsfonds *m*; ~ **payment** Ausgleichszahlung *f*. **3.** a) *tech.* Abgleich *m*, b) *electr. phot.* Entzerrung *f*. **'e·qual·ize** I *v/t* **1.** gleichmachen, -stellen, -setzen, angleichen. **2.** ausgleichen, kompensieren. **3.** a) *tech.* abgleichen, b) *electr. phot.* entzerren. II *v/i* **4.** *sport* ausgleichen, den Ausgleich erzielen *od.* schaffen. **'e·qual·iz·er** *s* **1.** *tech.* Stabiliˈsator *m*. **2.** *electr. phot.* Entzerrer *m*. **3.** *sport* Ausgleich *m*, Ausgleichstor *n*, -punkt *m*. **4.** *Am. sl.* „Kaˈnone" *f* (*Pistole*). **'e·qual·iz·ing** *adj electr. sport tech.* Ausgleichs...: ~ **goal**; ~ **coil** Ausgleichsspule *f*. **'e·qual·ly** *adv* **1.** ebenso, in gleicher Weise, gleich: ~ **distant** gleichweit entfernt. **2.** zu gleichen Teilen, in gleichem Maße, gleichermaßen: **we ~ with them wir ebenso wie sie**. **3.** gleichmäßig. **'e·qual·ness** → equality.

e·qual(s) sign *s math.* Gleichheitszeichen *n*.

e·qua·nim·i·ty [ˌekwəˈnɪmətɪ; ˌiːk-] *s* Gleichmut *m*: **with ~ mit Gleichmut, gleichmütig**.

e·quate [ɪˈkweɪt] I *v/t* **1.** gleichmachen. **2.** ausgleichen: **to ~ exports and imports**. **3.** (**with**, **to**) *j-n, etwas* gleichstellen, -setzen (*dat*), auf die gleiche Stufe stellen (**mit**). **4.** in die Form e-r Gleichung bringen. **5.** als gleich(wertig) ansehen *od.* behandeln. II *v/i* **6.** gleichen, entsprechen (**with** *dat*). **e'quat·ed** *adj econ.* Staffel...: ~ **calculation of interest** Staffelzinsrechnung *f*.

e·qua·tion [ɪˈkweɪʒ-, -ʃn] *s* **1.** Angleichung *f*, Ausgleich *m*: ~ **of exchange** *econ.* Währungsausgleich. **2.** Gleichheit *f*: ~ **of supply and demand** *econ.* Gleichgewicht *n* von Angebot u. Nachfrage. **3.** *astr. chem. math.* Gleichung *f*: ~ **formula** Gleichungsformel *f*; ~ **of state** *phys.* Zustandsgleichung; **to solve** (**form**) **an ~** e-e Gleichung auflösen (ansetzen). **4.** Faktor *m*. **5.** *sociol.* Geˈsamtkomˌplex *m* der Fakˈtoren u. Moˈtive menschlichen Verhaltens. **e'qua·tion·al** [-ʒənl; -ʃənl] *adj* **1.** Gleichungs... **2.** *electr. tech.* Ausgleichs...

e·qua·tor [ɪˈkweɪtə(r)] *s* **1.** *astr. geogr.* Aˈquator *m*. **2.** Teilungskreis *m*.

e·qua·to·ri·al [ˌekwəˈtɔːrɪəl; ˌiː-; *Am.* -ˈtəʊ-] I *adj astr. geogr.* äquatoriˈal, Äquator... II *s astr.* Reˈfraktor *m*, Äquatoriˈal(instruˌment) *n*. ~ **cir·cle** *s astr.* Stundenkreis *m* am Äquatoriˈal. ~ **cur·rent** *s mar.* Äquatoriˈalströmung *f*.

eq·uer·ry [ˈekwərɪ; ɪˈkwerɪ] *s* **1.** königlicher Stallmeister. **2.** perˈsönlicher Diener (e-s *Mitglieds der königlichen Familie*).

e·ques·tri·an [ɪˈkwestrɪən] I *adj* **1.** Reiter..., Reit...: ~ **sports** Reitsport *m*; ~ **statue** Reiterstatue *f*, -standbild *n*. **2.** beritten. II *s* **3.** (*a.* Kunst)Reiter(in). **e'ques·tri·an·ism** *s* (*a.* Kunst)Reiten *n*. **e'ques·tri'enne** [-ˈen] *s* (*a.* Kunst)Reiterin *f*.

e·qui·an·gu·lar [ˌiːkwɪˈæŋɡjʊlə(r)] *adj math.* gleichwink(e)lig. **'e·qui·axed** [-ækst] *adj* gleichachsig. **ˌe·qui'distant** [-ˈdɪstənt] *adj* (*adv* ~**ly**) **1.** gleichweit entfernt, in gleichem Abstand (**from** von), parallel (*Linie*). **2.** *geogr. math.* abstandstreu. **ˌe·quiˈlat·er·al** [-ˈlætərəl] *bes. math.* I *adj* (*adv* ~**ly**) gleichseitig: ~ **triangle**. II *s* gleichseitige Fiˈgur.

e·quil·i·brant [iːˈkwɪlɪbrənt] *s phys.* gleich große, entgegengesetzte Kraft.

e·quil·i·brate [iːˈkwɪlɪbreɪt; ˌiːkwɪlɪ-] I *v/t* **1.** ins Gleichgewicht bringen (*a. fig.*). **2.** im Gleichgewicht halten (*a. fig.*). **3.** *tech.* auswuchten. **4.** *electr.* abgleichen. II *v/i* **5.** sich das Gleichgewicht halten (**with** mit) (*a. fig.*). **e·qui·li·bra·tion** [ˌiːkwɪlaɪˈbreɪʃn; *bes. Am.* ˌɪkwɪlə-] *s* **1.** Gleichgewicht *n* (**with** mit; **to** zu) (*a. fig.*). **2.** ˈHerstellung *f od.* Aufrechterhaltung *f* des Gleichgewichts (*a. fig.*).

e·quil·i·brist [iːˈkwɪlɪbrɪst; ˌiːkwɪˈlɪ-] *s* Äquiliˈbrist(in), Equiliˈbrist(in), *bes.* Seiltänzer(in). **eˌquil·iˈbris·tic** *adj* äquiliˈbristisch, equiliˈbristisch.

e·qui·lib·ri·um [ˌiːkwɪˈlɪbrɪəm, ˌek-] *s* Gleichgewicht *n* (*a. fig.*): **political ~**; **to be in ~** im Gleichgewicht sein; **state of ~** Gleichgewichtszustand *m*; **to maintain one's ~** das Gleichgewicht halten; **to lose one's ~** das Gleichgewicht verlieren, aus dem Gleichgewicht kommen.

e·qui·mo·lec·u·lar [ˌiːkwɪməʊˈlekjʊlə(r)] *adj chem.* äquimolekuˈlar.

e·quine [ˈiːkwaɪn] *adj* pferdeartig, Pferde...: ~ **antelope** Blaubock *m*; ~ **distemper** *vet.* Druse *f*.

e·qui·noc·tial [ˌiːkwɪˈnɒkʃl; ˌe-; *Am.* -ˈnɑkʃəl] I *adj* **1.** Äquinoktial..., die Tagund ˈnachtgleiche betreffend: ~ **point** → equinox 2. II *s* **2.** *a.* ~ **circle** (*od.* **line**) ˈHimmels-, Erdˈäquator *m*. **3.** *pl, a.* ~ **gale** Äquinoktiˈalsturm *m*.

e·qui·nox [ˈiːkwɪnɒks; ˈe-; *Am.* -ˌnɑks] *s astr.* **1.** Äquiˈnoktium *n*, Tagundˈnachtgleiche *f*: **autumnal** (**vernal**) ~ Herbst-(Frühlings)äquinoktium. **2.** Äquinoktiˈalpunkt *m*.

e·quip [ɪˈkwɪp] *v/t* **1.** (**o.s.** sich) ausrüsten, -statten (*a. mar. mil. tech.*) (**with** mit), *ein Krankenhaus etc* einrichten. **2.** *fig.* ausrüsten (**with**), *j-m* das (geistige) Rüstzeug vermitteln *od.* geben (**for** für).

eq·ui·page [ˈekwɪpɪdʒ] *s* **1.** → **equipment** 1, 2 a u. b. **2.** *obs.* a) Geschirr *n*, Serˈvice *n*, b) Gebrauchsgegenstände *pl*. **3.** Equiˈpage *f*, eleˈgante Kutsche (*a.* mit *Pferden u. Dienern*).

e'quip·ment *s* **1.** *mar. mil.* Ausrüstung *f*, (Kriegs)Gerät *n*: ~ **depot** Zeugamt *n*. **2.** a) *a. tech.* Ausrüstung *f*, -stattung *f*, b) *meist pl* Ausrüstung(sgegenstände *pl*) *f*, Materiˈal *n*, c) *tech.* Einrichtung *f*, (Betriebs)Anlage(n *pl*) *f*, Maˈschine(n *pl*) *f*, Apparaˈtur *f*, Gerät *n*, d) *rail. Am.* rollendes Materiˈal. **3.** *fig.* (geistiges) Rüstzeug (**for** für).

e·qui·poise [ˈekwɪpɔɪz; ˈiː-] I *s* **1.** Gleichgewicht *n* (*a. fig.*). **2.** *meist fig.* Gegengewicht *n* (**to** zu). II *v/t* **3.** im Gleichgewicht halten (*a. fig.*). **4.** *meist fig.* ein Gegengewicht bilden zu.

e·qui·pol·lent [ˌiːkwɪˈpɒlənt; *Am.* -ˈpɑ-] I *adj* **1.** gleich. **2.** äquivaˈlent, gleichbedeutend, -wertig (**with** mit). **3.** *philos.* gleichbedeutend (*Sätze*). II *s* **4.** Äquivaˈlent *n*, (*etwas*) Gleichwertiges.

e·qui·pon·der·ant [ˌiːkwɪˈpɒndərənt; *Am.* -ˈpɑn-] *adj* **1.** gleich schwer. **2.** *fig.* von gleichem Gewicht, von gleicher Kraft. **ˌe·quiˈpon·der·ate** [-reɪt] I *v/i* **1.** gleich schwer sein (**to**, **with** wie). **2.** *fig.* das gleiche Gewicht *od.* die gleiche Kraft haben (**to**, **with** wie). II *v/t* **3.** im Gleichgewicht halten (*a. fig.*).

e·qui·po·ten·tial [ˌiːkwɪpəʊˈtenʃl] *adj* **1.** → **equiponderant** 2. **2.** *chem. phys.* äquipotentiˈal: ~ **line** *a) math.* Niveaulinie *f*, *b) phys.* Äquipotentiallinie *f*. **3.** *electr.* auf gleichem Potentiˈal (befindlich), Spannungsausgleich(s)...

eq·ui·ta·ble [ˈekwɪtəbl] *adj* (*adv* → **equitably**) **1.** gerecht, (recht u.) billig. **2.** ˈunparˌteiisch, ˈunparˌteilich. **3.** *jur.* a) das Billigkeitsrecht betreffend *od.* auf ihm beruhend, b) billigkeitsrechtlich: ~ **estate** *Am.* durch Billigkeitsrecht geˈschütztes dingliches Recht an Immobilien; ~ **mortgage** *econ.* Hypothek *f* nach dem Billigkeitsrecht. **ˈeq·ui·ta·ble·ness** → **equity** 1. **ˈeq·ui·ta·bly** *adv* **1.** gerecht (*etc*; → **equitable**). **2.** gerechter-, billigerweise. **3.** *jur.* nach dem Billigkeitsrecht.

eq·ui·ta·tion [ˌekwɪˈteɪʃn] *s* Reiten *n*.

eq·ui·ty [ˈekwətɪ] *s* **1.** Billigkeit *f*, Gerechtigkeit *f*. **2.** ˈUnparˌteilichkeit *f*. **3.** *jur.* a) *a.* ~ **law** (*ungeschriebenes*) Billigkeitsrecht (*Ggs.* **common law**): **in ~** → **equitably** 3; ~ **court** Billigkeitsgericht *n*, b) Billigkeitsgerichtsbarkeit *f, c) a.* **claim in ~** Anspruch *m* nach dem Billigkeitsrecht. **2.** *econ. jur.* Wert *m* nach Abzug aller Belastungen, reiner Wert (*e-s Hauses etc*). **4.** *econ.* a) *a.* ~ **capital** ˈEigenkapiˌtal *n* (*e-r Gesellschaft*), b) *a.* ~ **security** Diviˈdendenpaˌpier *n*: ~ **investment** Investierung *pl* in (*nicht festverzinslichen*) Anteilspapieren. **5.** E~ *Br.* Gewerkschaft *f* der Schauspieler. ~ **of re·demp·tion** *s jur.* **1.** Ablösungsrecht *n* des Hypothekenschuldners (*a.* nach *Ablauf der Ablösungsfrist*). **2.** Wert m e-s Grundstücksanteils nach Abzug aller Belastungen.

e·quiv·a·lence [ɪˈkwɪvələns], **eˈquiv·a·len·cy** *s* **1.** Gleichwertigkeit *f*, Gleichwertiger Betrag, Gegenwert *m*. **3.** *chem.* a) Äquivaˈlenz *f*, Gleichwertigkeit *f* (*a. math. phys.*), b) Wertigkeit *f*. **eˈquiv·a·lent** I *adj* (*adv* ~**ly**) **1.** gleichbedeutend (**to** mit). **2.** gleichwertig, entsprechend, äquivaˈlent (*a. math.*) (**to** *dat*): **to be ~ to** gleichkommen, entsprechen (*dat*); ~ **amount** → 6. **3.** *chem.* äquivaˈlent (*a. math. phys.*), von gleicher Wertigkeit: ~ **number** Valenzzahl *f*. **4.** *geol.* (*im* Ursprung) gleichzeitig. II *s* **5.** (**of**) Äquivaˈlent *n* (für), (genaue) Entsprechung, Gegen-, Seitenstück *n* (zu). **6.** gleicher Betrag, Gegenwert *m*.

e·quiv·o·cal [ɪˈkwɪvəkl] *adj* (*adv* ~**ly**) **1.** zweideutig, doppelsinnig. **2.** unbestimmt, ungewiß, zweifelhaft, fraglich: ~ **success** zweifelhafter Erfolg. **3.** fragwürdig, verdächtig. **eˌquiv·o'cal·i·ty** [-ˈkælətɪ], **eˈquiv·o·cal·ness** *s* Zweideutigkeit *f*. **eˈquiv·o·cate** [-keɪt] *v/i* **1.** zweideutig *od.* doppelzüngig reden *od.* handeln, Worte verdrehen. **2.** Ausflüchte gebrauchen. **eˌquiv·o'ca·tion** *s* **1.** Zweideutigkeit *f*. **2.** Wortverdrehung *f*. **eˈquiv·o·ca·tor** [-tə(r)] *s* Wortverdreher(in).

eq·ui·voque, *a.* **eq·ui·voke** [ˈekwɪvəʊk] *s* **1.** Zweideutigkeit *f*. **2.** Wortspiel *n*.

e·ra [ˈɪərə] *s* **1.** Ära *f*: a) Zeitrechnung *f*, b) Zeitalter *n*, Zeitabschnitt *m*, Eˈpoche *f*: **to mark an ~** e-e Epoche einleiten. **2.** denkwürdiger Tag (*an dem ein neuer Zeitabschnitt beginnt*).

e·ra·di·ate [ɪˈreɪdɪeɪt] → **radiate** I, II. **eˌra·di'a·tion** → **radiation**.

e·rad·i·ca·ble [ɪˈrædɪkəbl] *adj* (*adv* **eradicably**) ausrottbar, auszurotten(d) (*beide a. fig.*). **eˈrad·i·cate** [-keɪt] *v/t* **1.** (mit den Wurzeln) ausreißen, e-n Baum *etc* entwurzeln. **2.** ausrotten (*a. fig.*). **eˌrad·i'ca·tion** *s* **1.** Entwurz(e)lung *f*. **2.** Ausrottung *f* (*a. fig.*). **eˈrad·i·ca·tive** [-kətɪv; *Am.* -dəˌkeɪtɪv] *adj* ausrottend (*a. fig.*).

e·ras·a·ble [ɪˈreɪzəbl; *Am.* -s-] *adj* (*adv* **erasably**) (aus)löschbar. **e·rase** [ɪˈreɪz; *Am.* -s-] *v/t* **1.** a) *Farbe etc* ab-, auskratzen, b) *Schrift etc* ausstreichen, ˈausraˌdieren, löschen (**from** von). **2.** Tonband(*aufnahme*) *etc*, *ped. Am. a.* Tafel löschen. **3.** *fig.* auslöschen, (aus)tilgen (**from** aus): **to ~ s.th. from one's memory** etwas aus dem Gedächtnis löschen. **4.** *sl. j-n* „kaltmachen" (*umbringen*). **eˈras·er** *s* a) Raˈdiermesser *n*, b) Raˈdiergummi *m*: **pencil** (**ink**) ~ Ra-

diergummi für Bleistift (Tinte), c) *ped. Am.* Tafelwischer *m.* **e'ras·ing** *adj* Radier...: ~ **shield** Radierschablone *f*; ~ **head** (Tonband)Löschkopf *m.* **e'ra·sion** [-ʒn] *s* **1.** → erasure. **2.** *med.* Auskratzung *f.* **e'ra·sure** [-ʒə(r)] *s* **1.** a) Ab-, Auskratzen *n*, b) Ausstreichen *n*, ˈAusraˌdieren *n.* **2.** Löschen *n.* **3.** ˈausraˌdierte Stelle. **4.** gelöschte Stelle.
ere [eə(r)] **I** *prep* (*zeitlich*) vor (*dat*): ~ **this** zuvor, schon vorher. **II** *conj* ehe, bevor.
e·rect [ɪˈrekt] **I** *v/t* **1.** aufrichten, in die Höhe richten, aufstellen: **to ~ o.s.** sich aufrichten. **2.** a) *Gebäude etc* errichten, bauen: **to ~ a bridge**, b) *tech.* Maschinen aufstellen, monˈtieren. **3.** *fig.* e-e Theorie etc aufstellen, ein Horoskop stellen. **4.** *math.* das Lot, e-e Senkrechte fällen, errichten. **5.** *jur.* einrichten, gründen. **6.** ~ **into** *fig.* j-n *od.* etwas machen *od.* erheben zu. **II** *adj* (*adv* ~**ly**) **7.** aufgerichtet, aufrecht: **with head ~** erhobenen Hauptes. **8.** gerade: **to stand ~** a) gerade stehen, b) *fig.* standhaft bleiben *od.* sein, standhalten. **9.** *physiol.* eriˈgiert, steif (*Penis etc*). **e'rec·tile** [-taɪl; *Am. bes.* -tl] *adj* **1.** aufrichtbar. **2.** aufgerichtet. **3.** *physiol.* erekˈtil, schwellfähig: ~ **tissue** Schwellgewebe *n.* **e'rect·ing** *s* **1.** *tech.* Monˈtage *f*: ~ **crane** Montagekran *m*; ~ **shop** Montagehalle *f.* **2.** *opt.* ˈBildˌumkehrung *f*: ~ **glass** Linse zum Umdrehen der seitenverkehrten Bilder e-s Mikroskops. **e'rec·tion** *s* **1.** Errichtung *f.* **2.** Bau *m*, Gebäude *n.* **3.** *tech.* Monˈtage *f*: ~ **pit** Montagegrube *f.* **4.** *physiol.* Erektiˈon *f.* **5.** *jur.* Gründung *f.* **e'rect·ness** *s* **1.** aufrechte Haltung. **2.** Geradheit *f.* **e'rec·tor** [-tə(r)] *s* **1.** Errichter *m*, Erbauer *m.* **2.** *anat.* Aufrichtmuskel *m.*
ere'long *adv poet.* bald.
er·e·mite [ˈerɪmaɪt] *s* Ereˈmit *m*, Einsiedler *m.* ˌer·eˈmit·ic [-ˈmɪtɪk], ˌer·eˈmit·i·cal [-kl] *adj* ereˈmitisch, Einsiedler...
e·rep·sin [ɪˈrepsɪn] *s physiol.* Erepˈsin *n* (*eiweißspaltendes Enzymgemisch des Darm- u. Bauchspeicheldrüsensekrets*).
er·e·thism [ˈerɪθɪzəm] *s med.* Ereˈthismus *m*, ˈÜbererregbarkeit *f.*
ere'while(s) *adv poet.* vor kurzem.
erg [ɜːɡ; *Am.* ɜːrɡ] *s phys.* Erg *n*, Enerˈgieeinheit *f.*
er·ga·toc·ra·cy [ˌɜːɡəˈtɒkrəsɪ; *Am.* ˌɜːrɡəˈtɑː-] *s* Arbeiterherrschaft *f.*
er·go [ˈɜːɡəʊ; *Am.* ˈerɡəʊ; ˈɜːr-] *conj* ergo, also, folglich.
er·go·graph [ˈɜːɡəɡrɑːf; *Am.* ˈɜːrɡəˌɡræf] *s* Ergoˈgraph *m* (*Gerät zur Aufzeichnung der Muskelarbeit*).
er·gom·e·ter [ɜːˈɡɒmɪtə; *Am.* ɜːrˈɡɑːmətər] *s* Ergoˈmeter *n* (*Gerät zur Messung der Arbeitsleistung von Muskeln*).
er·go·nom·ics [ˌɜːɡəʊˈnɒmɪks; *Am.* ˌɜːrɡəˈnɑː-] *s pl* (*als sg od. pl konstruiert*) Ergonoˈmie *f*, Ergoˈnomik *f* (*Wissenschaft von den Leistungsmöglichkeiten u. -grenzen des arbeitenden Menschen sowie von der optimalen Koordinierung von Mensch, Maschine u. Umwelt im Arbeitsprozeß*).
er·got [ˈɜːɡət; *Am.* ˈɜːr-] *s bot.* Mutterkorn *n.* **'er·got·ism** *s* Ergoˈtismus *m*: a) *bot.* Mutterkornbefall *m*, b) *med.* Kornstaupe *f*, Mutterkornvergiftung *f.*
er·i·ca [ˈerɪkə] *s bot.* Erika *f*, Heidekraut *n.*
Er·in [ˈɪərɪn; ˈerɪn] *npr poet.* Erin *n*, Irland *n.*
e·rin·go → eryngo.
E·rin·ys [ɪˈrɪnɪs; -ˈraɪ-] *pl* **E·rin·y·es** [ɪˈrɪniːz] *s myth.* Eˈrinnye *f*, Rachegöttin *f.*
er·is·tic [eˈrɪstɪk; *Am. a.* ɪˈr-] **I** *adj* **1.** eˈristisch. **II** *s* **2.** Eˈristiker *m.* **3.**

Eˈristik *f* (*Kunst des [wissenschaftlichen] Streitgesprächs*). **er'is·ti·cal** → eristic I.
erk [ɜːk] *s aer. Br. sl.* **1.** Flieger *m*, ˈLuftwaffenreˌkrut *m.* **2.** ˈFlugzeugmeˌchaniker *m.*
erl·king [ˈɜːlkɪŋ; *Am.* ˈɜːrl-] *s myth.* Erlkönig *m.*
er·mine [ˈɜːmɪn; *Am.* ˈɜːr-] *s* **1.** *zo.* Hermeˈlin *n.* **2.** Hermeˈlin(pelz) *m.*
erne, *a.* **ern** [ɜːn; *Am.* ɜːrn] *s orn.* (*bes. See*)Adler *m.*
e·rode [ɪˈrəʊd] *v/t* **1.** an-, zer-, wegfressen, ätzen. **2.** *geol.* auswaschen, eroˈdieren, abtragen. **3.** *tech.* verschleißen (*a. fig.*). **4.** *fig.* (allˈmählich) aushöhlen, unterˈgraben. **5.** *Geschützrohr* ausbrennen.
e'rod·ed I *pp von* erode. **II** *adj* → erose. **e'rod·ent** *adj u. s* ätzend(es Mittel). [nous.]
e·ro·gen·ic [ˌerəʊˈdʒenɪk] → eroge-*J* **e·rog·e·nous** [ɪˈrɒdʒɪnəs; *Am.* ɪˈrɑː-] *adj physiol.* eroˈgen (*erotisch reizbar*): ~ **zones**.
e·rose [ɪˈrəʊs] *adj bot.* ausgezackt. **e'ro·sion** [-ʒn] *s* **1.** Zerfressen *n*, -fressung *f.* **2.** *geol.* Erosiˈon *f*, Auswaschung *f*, Abtragung *f.* **3.** angefressene Stelle. **4.** *tech.* Verschleiß *m* (*a. fig.*). **5.** *mil.* Ausbrennung *f* (*e-s Geschützrohrs*). **6.** *fig.* Aushöhlung *f*, Unterˈgrabung *f.* **e'ro·sion·al** [-ʒnl] *adj geol.* Erosions...: ~ **debris** Abtragungsschutt *m*; ~ **surface** Verebnungsfläche *f.* **e'ro·sive** [-sɪv] *adj* ätzend, zerfressend.
e·rot·ic [ɪˈrɒtɪk; *Am.* ɪˈrɑː-] **I** *adj* (*adv* ~**ally**) eˈrotisch. **II** *s* Eˈrotiker(in). **e'rot·i·ca** [-kə] *s pl* Eˈrotika *pl* (*Bücher erotischen Inhalts*). **e'rot·i·cal** → erotic I. **e'rot·i·cism** [-sɪzəm], *bes. Am.* **er·o·tism** [ˈerətɪzəm] *s* **1.** Eˈrotik *f.* **2.** Eroˈtismus *m*, Erotiˈzismus *m* (*Überbetonung des Erotischen*).
e·ro·to·gen·ic [ɪˌrɒtəˈdʒenɪk; *Am.* ɪˌrəʊ-, ɪˌrɑː-] → erogenous. **er·o·tol·o·gy** [ˌerəˈtɒlədʒɪ; *Am.* -ˈtɑː-] *s* Erotoloˈgie *f*: a) *wissenschaftliche Beschäftigung mit den verschiedenen Erscheinungsformen der Erotik*, b) *Liebeslehre f.* **e·ro·to·ˈma·ni·a** [-ˈmeɪnɪə] *s med. psych.* Erotomaˈnie *f* (*krankhaft übersteigertes sexuelles Verlangen*).
err [ɜː; *Am.* er; ɜːr] *v/i* **1.** (sich) irren: **to ~ is human** Irren ist menschlich; **to ~ on the side of caution** übervorsichtig sein. **2.** falsch *od.* unrichtig sein, fehlgehen (*Urteil etc*). **3.** (*moralisch*) auf Abwege geraten.
er·ran·cy [ˈerənsɪ] *s* Fehlbarkeit *f.*
er·rand [ˈerənd] *s* (Boten)Gang *m*, Besorgung *f*, Auftrag *m*: **to go on** (*od.* **run**) **an ~** e-n Auftrag ausführen, e-n (Boten-) Gang *od.* e-e Besorgung machen; ~ **fool's errand.** ~ **boy** *s* Laufbursche *m.*
er·rant [ˈerənt] **I** *adj* (*adv* ~**ly**) **1.** (umˈher)ziehend, (-)wandernd: ~ **knight** → 4. **2.** *fig.* fehlbar. **3.** (*moralisch*) auf Abwege geraten, *a.* ehebrecherisch. **II** *s hist.* **1.** umˈherziehender Ritter. **'er·rant·ry** [-rɪ] *s* **1.** Umˈherziehen *n*, Wandern *n.* **2.** *hist.* fahrendes Rittertum.
er·ra·ta [eˈrɑːtə; -ˈreɪ-] *pl von* erratum.
er·rat·ic [ɪˈrætɪk] **I** *adj* (*adv* ~**ally**) **1.** (umˈher)ziehend, (-)wandernd. **2.** erˈratisch, (*im Körper*) umˈherwandernd (*bes. Schmerzen*). **3.** *geol.* erˈratisch: ~ **block**, ~ **boulder** → 6. **4.** ungleich-, unregelmäßig, regel-, ziellos (*Bewegung*). **5.** unstet, sprunghaft, launenhaft, unberechenbar. **II** *s* **6.** *geol.* erˈratischer Block, Findling *m.*
er·ra·tum [eˈrɑːtəm; -ˈreɪ-] *pl* **-ta** [-tə] *s* **1.** Erˈratum *n*, Fehler *m.* **2.** *pl* Druckfehlerverzeichnis *n*, Erˈrata *pl.*
'err·ing *adj* (*adv* ~**ly**) errant 3.
er·ro·ne·ous [ɪˈrəʊnjəs; -ɪəs; eˈr-] *adj* irrig, irrtümlich, unrichtig, falsch. **er·ˈro·ne·ous·ly** *adv* irrtümlicher-, fälschlicherweise, fälschlich, aus Versehen. **er'ro·ne·ous·ness** *s* Unrichtigkeit *f.*
er·ror [ˈerə(r)] *s* **1.** Irrtum *m*, Fehler *m*, Versehen *n*: **in ~** aus Versehen, irrtümlicherweise; **to be in ~** sich irren, sich im Irrtum befinden; **margin of ~** Fehlergrenze *f*; ~ **of judg(e)ment** Trugschluß *m*, irrige Ansicht, falsche Beurteilung; ~**s (and omissions) excepted** *econ.* Irrtümer (u. Auslassungen) vorbehalten; **and no ~** *colloq.* daran besteht kein Zweifel; **I was scared and no ~ when** ... *colloq.* ich hatte vielleicht Angst, als ... **2.** *astr. math.* Fehler *m*, Abweichung *f*: ~ **in range** *a. mil.* Längenabweichung; ~ **integral** Fehlerintegral *n*; ~ **law** Gaußsches Fehlergesetz. **3.** *jur.* Formfehler *m*, Verfahrensmangel *m*: **plaintiff in ~** Kläger *m* im Revisionsverfahren; **writ of ~** Revisionsbefehl *m.* **4.** (*moralischer*) Fehltritt, Vergehen *n.* **5.** *Christian Science:* Irrglaube *m.* **6.** Fehldruck *m* (*Briefmarke*). **7.** *mar.* ˈMißweisung *f*, Fehler *m.* ~ **in com·po·si·tion** *s print.* Satzfehler *m.* ~ **in fact** *s jur.* Tatsachenirrtum *m.* ~ **in form** *s jur.* Formfehler *m.* ~ **in law** *s jur.* Rechtsirrtum *m.*
'er·ror·less *adj* fehlerlos, -frei.
er·satz [ˈeə(r)zæts; *Am.* -ˌzɑːts] **I** *s* Ersatz *m* (*a. fig.*). **II** *adj* Ersatz...: ~ **religion**; ~ **coffee** Kaffee-Ersatz *m.*
Erse [ɜːs; *Am.* ɜːrs] **I** *adj* **1.** ersisch, gälisch. **2.** (*fälschlich*) irisch. **II** *s sing.* **3.** Ersisch *n*, Gälisch *n* (*Sprache des schottischen Hochlandes*). **4.** (*fälschlich*) Irisch *n.*
erst [ɜːst; *Am.* ɜːrst] *adv obs.* **1.** → erstwhile I. **2.** zuˈerst. **'erst·while** *obs.* **I** *adv* ehedem, vormals. **II** *adj* ehemalig, früher.
e·ruct [ɪˈrʌkt], *a.* **e'ruc·tate** [-teɪt] **I** *v/i* aufstoßen, rülpsen. **II** *v/t Feuer etc* speien (*Vulkan*). **ˌe·rucˈta·tion** [ˌiːrʌk-] *s* **1.** Aufstoßen *n*, Rülpsen *n.* **2.** Speien *n.*
er·u·dite [ˈeruːdaɪt; *Am.* ˈerə-] **I** *adj* (*adv* ~**ly**) gelehrt (*a. Abhandlung etc*), belesen. **II** *s* Gelehrte(r) *m.* **'er·u·diteˌness**, **ˌer·uˈdi·tion** *s* Gelehrsamkeit *f*, Belesenheit *f.*
e·rupt [ɪˈrʌpt] **I** *v/t* **1.** ausbrechen (*Ausschlag, Streit, Vulkan etc*). **2.** *geol.* erupˈtieren, herˈvorbrechen (**from** aus) (*Lava, Dampf etc*). **3.** **to ~ in** (*od.* **with**) **anger** e-n Wutanfall bekommen. **4.** *fig.* plötzlich auftauchen: **to ~ into the room** ins Zimmer platzen *od.* stürzen. **5.** ˈdurchbrechen, -kommen (*Zähne*). **II** *v/t* **6.** *Lava* auswerfen. **e'rup·tion** *s* **1.** Ausbruch *m* (*e-s Streits, Vulkans etc*). **2.** *geol.* Eruptiˈon *f*, Herˈvorbrechen *n.* **3.** *fig.* Ausbruch *m*: ~ **of angry** ~ Wutausbruch. **4.** *med.* Eruptiˈon *f*: a) *Ausbruch e-s Ausschlags*, b) *Ausschlag m.* **5.** ˈDurchbruch *m* (*der Zähne*). **e'rup·tive** [-tɪv] *adj* (*adv* ~**ly**) **1.** ausbrechend. **2.** *geol.* erupˈtiv, Eruptiv...: ~ **rock** → 4. **3.** *med.* von Ausschlag begleitet, *a. fig.* Erupˈtivgestein *n.*
e·ryn·go [ɪˈrɪŋɡəʊ] *s bot.* Mannstreu *f.*
er·y·sip·e·las [ˌerɪˈsɪpɪləs] *s med.* Eryˈsipelas *n*, (Wund)Rose *f.*
er·y·sip·e·loid [ˌerɪˈsɪpɪlɔɪd] *s med.* Erysipeloˈid *n*, (Schweine)Rotlauf *m.*
er·y·the·ma [ˌerɪˈθiːmə] *s med.* Eryˈthem *n*, Rötung *f* der Haut.
er·y·thrism [ɪˈrɪθrɪzəm; *Am.* ˈerəθrɪ-] *s* Eryˈthrismus *m*: a) *Rotfärbung bei Tieren*, b) *Rothaarigkeit bei Menschen.*
e·ryth·ro·cyte [ɪˈrɪθrəʊsaɪt] *s physiol.* Erythroˈzyt *m*, rotes Blutkörperchen.
e·ˌryth·ro·ˈcy·tom·e·ter [-saɪˈtɒmɪtə(r); *Am.* -ˈtɑː-] *s med.* Zählkammer *f* (*zur Zählung der roten Blutkörperchen*).
es·ca·drille [ˌeskəˈdrɪl] *s* **1.** *mar.* Ge-

escalade – essence

schwader *n* (*meist 8 Schiffe*). **2.** *aer.* Staffel *f* (*meist 6 Flugzeuge*).
es·ca·lade [ˌeskəˈleɪd] **I** *s mil. hist.* (of) Eskaˈlade *f* (*gen*), (Mauer)Ersteigung *f* (mit Leitern) (*gen*), Erstürmung *f* (*gen*), Sturm *m* (auf *acc*). **II** *v/t* mit Sturmleitern ersteigen, erstürmen.
es·ca·late [ˈeskəleɪt] **I** *v/t* **1.** *Krieg etc* eskaˈlieren. **2.** *Erwartungen etc* höherschrauben. **II** *v/i* **3.** eskaˈlieren. **4.** steigen, in die Höhe gehen (*Preise etc*). ˌes·caˈla·tion *s* **1.** Eskalatiˈon *f.* **2.** *econ.* Am. Anpassung der Preise od. Löhne an gestiegene (Lebenshaltungs)Kosten. ˈes·caˈla·tor [-tə(r)] *s* **1.** Rolltreppe *f.* **2.** *a.* ~ **clause** *econ.* (Preis-, Lohn)Gleitklausel *f.*
es·cal·lop [ɪˈskɒləp; *e*ˈsk-; *Am.* ɪsˈkɑləp; -ˈkæ-] *s zo.* Kammuschel *f.*
es·ca·lope [ˈeskəlɒp; *Am.* -ˌləʊp] *s gastr.* (*bes.* Wiener) Schnitzel *n.*
es·cap·a·ble [ɪˈskeɪpəbl] *adj* vermeidbar.
es·ca·pade [ˌeskəˈpeɪd; ˈeskəpeɪd] *s* Eskaˈpade *f:* a) mutwilliger Streich, b) Seitensprung *m.*
es·cape [ɪˈskeɪp] **I** *v/t* **1.** *j-m* entfliehen, -kommen, -rinnen, -wischen. **2.** *e-r Sache* entgehen: **to** ~ **destruction** der Zerstörung entgehen; **to** ~ **being laughed at** der Gefahr entgehen, ausgelacht zu werden; **he just** ~**d being killed** er entging knapp dem Tode; **I cannot** ~ **the impression** ich kann mich des Eindrucks nicht erwehren. **3.** *fig. j-m* entgehen, überˈsehen *od.* nicht verstanden werden von *j-m*: **that mistake** ~**d me** dieser Fehler entging mir; **the sense** ~**s me** der Sinn leuchtet mir nicht ein. **4.** *dem Gedächtnis* entfallen: **his name** ~ **me** sein Name ist mir entfallen; → **notice** 1.
5. *j-m* entschlüpfen, -fahren: **an oath** ~**d him** ein Fluch entfuhr ihm.
II *v/i* **6.** (ent)fliehen, entrinnen, entwischen, -laufen, -weichen, -kommen (**from** aus, *dat*). **7.** sich retten (**from** *vor dat*), (ungestraft *od.* mit dem Leben) daˈvonkommen: **he** ~**d with a fright** er kam mit dem Schrecken davon; → **scot-free** 2. **8.** a) ausfließen (*Flüssigkeit etc*), b) entweichen, ausströmen (**from** aus) (*Gas etc*). **9.** verwildern (*Pflanzen*).
III *s* **10.** Entrinnen *n,* -weichen *n,* -kommen *n,* Flucht *f* (**from** aus, **vor** *dat*): **to have a narrow** (*od.* **near**) (**hair**)**breadth** ~ mit knapper Not (um Haaresbreite) davonkommen *od.* entkommen; **that was a narrow** ~ das ist gerade noch einmal gutgegangen!, das hätte ins Auge gehen können!; **to make one's** ~ entweichen, sich aus dem Staube machen. **11.** Rettung *f,* Bewahrtwerden *n* (**from** *vor dat*): (**way of**) ~ Ausweg *m.* **12.** Fluchtmittel *n,* Rettungsgerät *n:* ~ **apparatus** *mar.* Tauchretter *m.* **13.** Entweichen *n,* Ausströmen *n* (**from** aus). **14.** *biol.* verwilderte Gartenpflanze, Kulˈturflüchtling *m.* **15.** *fig.* Unterˈhaltung *f,* (Mittel *n* der) Entspannung *f od.* Zerstreuung *f od.* Ablenkung *f:* ~ **reading,** ~ **literature** Unterhaltungsliteratur *f.*
es·cape|art·ist *s* **1.** Entfesselungs-, Entfeßlungskünstler *m.* **2.** Ausbrecherkönig *m.* ~ **car** *s* Fluchtwagen *m.* ~ **chute** *s aer.* Notrutsche *f.* ~ **clause** *s jur.* Befreiungs-, Rücktrittsklausel *f.* ~ **de·tec·tor** *s tech.* Lecksucher *m.*
es·ca·pee [ɪˌskeɪˈpiː] *s* entwichener Strafgefangener, Ausbrecher *m,* Flüchtige(r) *m.*
es·cape| **gear** *s mar.* Tauchretter *m.* ~ **hatch** *s* **1.** *mar.* Notluke *f.* **2.** *aer.* Notausstieg *m.* **3.** *fig.* „Schlupfloch" *n,* Ausweg *m.* ~ **mech·a·nism** *s psych.* ˈAbwehrmechaˌnismus *m.*

es·cape·ment [ɪˈskeɪpmənt] *s tech.*
1. Hemmung *f* (*der Uhr*). **2.** ˈAuslöse-mechaˌnismus *m,* Vorschub *m* (*der Schreibmaschine*). ~ **spin·dle** *s tech.* Hemmungswelle *f* (*der Uhr*). ~ **wheel** *s tech.* **1.** Hemmungsrad *n* (*der Uhr*).
2. Schaltrad *n* (*der Schreibmaschine*).
es·cape pipe *s tech.* **1.** Abflußrohr *n.*
2. Abzugsrohr *n* (*für Gase etc*).
esˈcape-proof *adj* ausbruchsicher.
esˈcape| **route** *s* Fluchtweg *m.* ~ **shaft** *s* Bergbau: Rettungsschacht *m.* ~ **valve** *s tech.* ˈSicherheitsvenˌtil *n.* ~ **ve·loc·i·ty** *s astr.,* *Raumfahrt:* Fluchtgeschwindigkeit *f.*
es·cap·ism [ɪˈskeɪpɪzəm] *s psych.* Eskaˈpismus *m,* Wirklichkeitsflucht *f,* Flucht *f* in e-e Phantaˈsiewelt. **esˈcap·ist I** *s j-d,* der vor der Wirklichkeit zu fliehen sucht. **II** *adj* eskaˈpistisch, weitS. Zerstreuungs-..., Unterhaltungs-...: ~ **literature.**
es·ca·pol·o·gist [ˌeskeɪˈpɒlədʒɪst; *Am.* -ˈpɑ-] *s* **1.** Entfesselungs-, Entfeßlungskünstler *m.* **2.** *j-d,* der sich geschickt aus schwierigen Situationen herauswindet.
es·carp [ɪˈskɑː(r)p] *mil.* **I** *s* **1.** Böschung *f,* Abdachung *f.* **2.** vordere Grabenwand, innere Grabenböschung (*e-s Wallgrabens*). **II** *v/t* **3.** mit e-r Böschung versehen, abdachen. **esˈcarp·ment** *s* **1.** → **escarp** 1. **2.** *geol.* Steilabbruch *m.*
esch·a·lot [ˈeʃəlɒt; *Am.* -ˌlɑt] → **shallot.**
es·char [ˈeskɑː(r)] *s med.* (Brand-, Ätz-)Schorf *m.*
es·cha·to·log·i·cal [ˌeskətəˈlɒdʒɪkl; *Am.* -ˈlɑ-] *adj* eschatoˈlogisch. **es·cha·tol·o·gist** [-ˈtɒlədʒɪst; *Am.* -ˈtɑ-] *s* Eschatoˈloge *m.* ˌes·chaˈtol·o·gy *s relig.* Eschatoloˈgie *f* (*Lehre vom Endschicksal des einzelnen Menschen u. der Welt*).
es·cheat [ɪsˈtʃiːt] *jur.* **I** *s* **1.** Heimfall *m* (*e-s Guts,* in England früher an die Krone *od.* den Lehnsherrn, in Amerika an den Staat nach dem Tode aller Erben). **2.** Heimfallsgut *n.* **3.** → **escheatage. II** *v/i* **4.** ˈheimfallen. **III** *v/t* **5.** (als Heimfallsgut) einziehen. **esˈcheat·age** *s* Heimfallsrecht *n.*
es·chew [ɪsˈtʃuː] *v/t* etwas (ver)meiden, scheuen.
es·cort I *s* [ˈeskɔː(r)t] **1.** *mil.* Esˈkorte *f,* Bedeckung *f,* Begleitmannschaft *f.* **2.** a) *aer. mar.* Geleit(schutz *m*) *n,* b) *mar.* Geleitschiff *n.* **3.** *fig.* a) Geleit *n,* Schutz *m,* b) Gefolge *n,* Begleitung *f,* c) Begleiter(in), d) (Reise- *etc*)Führer(in).
II *v/t* [ɪˈskɔː(r)t] **4.** *mil.* eskorˈtieren. **5.** *aer. mar. j-m* Geleit(schutz) geben.
6. *fig.* a) geleiten, b) begleiten. ~ **a·gen·cy** *s* Beˈgleitagenˌtur *f,* -service *m.* ~ **car·ri·er** *s mar.* Geleitflugzeugträger *m.* ~ **fight·er** *s aer.* Begleitjäger *m.*
es·cribe [ɪˈskraɪb] *v/t math.* e-n Kreis *etc* anschreiben.
es·cri·toire [ˌeskrɪˈtwɑː; *Am.* ˌeskrəˌtwɑːr] *s* Schreibpult *n.*
es·crow [ˈeskrəʊ; eˈskrəʊ] *s jur.* bei e-m Dritten (als Treuhänder) hinterlegte Vertragsurkunde, die erst bei Erfüllung e-r Bedingung in Kraft tritt: **to give** (*od.* **place**) **in** ~ bei e-m Dritten (bis zur Erfüllung e-r Vertragsbedingung) hinterlegen.
es·cu·do [eˈskuːdəʊ; ɪˈsk-] *pl* **-dos** *s* Esˈkudo *m* (portugiesische u. chilenische Währungseinheit).
es·cu·lent [ˈeskjʊlənt] **I** *adj* eßbar, genießbar. **II** *s* Nahrungsmittel *n.*
es·cutch·eon [ɪˈskʌtʃən] *s* **1.** *her.* (Wappen)Schild *m, n,* Wappen *n:* ~ **of pretence** (*Am.* **pretense**) Beiwappen; **a blot on his** ~ *fig.* ein Fleck auf *s*-r (weißen) Weste. **2.** *mar.* a) Namensbrett *n,* b) Spiegel *m* (*der Plattgattschiffe*).

3. *tech.* Schlüssel(loch)-, Namensschild *n.* **4.** *bot.* (Pfropf)Schild *n.* **5.** *zo.* Schild *m,* Spiegel *m* (*Dam- u. Rotwild*).
es·kar [ˈeskə(r)], ˈes·ker [-kə(r)] *s geol.* Esker *m,* Wallberg *m.*
Es·ki·mo [ˈeskɪməʊ] *pl* **-mos, -mo I** *s*
1. Eskimo *m.* **2.** Eskimosprache *f.* **II** *adj*
3. Eskimo...: ~ **dog** Eskimohund *m* (*Schlittenhund*).
e·soph·a·ge·al, e·soph·a·gus *Am. für* oesophageal, oesophagus.
es·o·ter·ic [ˌesəʊˈterɪk] *adj* (*adv* ~**ally**)
1. esoˈterisch (*nur für Eingeweihte zugänglich od.* begreiflich). **2.** priˈvat, verˈtraulich. **ˌes·oˈter·i·cism** [-sɪzəm], **es·o·ter·ism** [ˌesəʊˈterɪsəm], **es·o·ter·y** [ˈesətərɪ; *Am.* -ˌterɪ] *s* **1.** Esoˈterik *f:* a) Geheimlehre *f,* b) esoˈterischer Chaˈrakter. **2.** priˈvater *od.* vertraulicher Chaˈrakter.
es·pal·ier [ɪˈspæljə(r)] **I** *s* **1.** Spaˈlier *n.* **2.** Spaˈlierbaum *m.* **II** *v/t* **3.** spaˈlieren.
es·par·to (grass) [eˈspɑː(r)təʊ; ɪˈsp-] *s bot.* Esˈparto-, Spartgras *n.*
es·pe·cial [ɪˈspeʃl] *adj* besonder(er, e, es): a) herˈvorragend, vorˈzüglich, b) Haupt..., hauptsächlich, speziˈell.
esˈpe·cial·ly [-ʃəlɪ] *adv* besonders, hauptsächlich, vornehmlich: **more** ~ ganz besonders.
Es·pe·ran·tism [ˌespəˈræntɪzəm] *s* Espeˈrantobewegung *f.* **Es·peˈran·tist** *s* Esperanˈtist(in). **ˌEs·peˈran·to** [-təʊ] *s* Espeˈranto *n* (*Welthilfssprache*).
es·pi·al [ɪˈspaɪəl] *s obs.* Erspähen *n.*
es·pi·o·nage [ˌespɪəˈnɑːʒ; *bes. Am.* ˈes-] *s* Spioˈnage *f.*
es·pla·nade [ˌespləˈneɪd; *Am.* ˈesplə-ˌnɑːd; -ˌneɪd] *s* **1.** (*bes.* ˈStrand)Promeˌnade *f.* **2.** Esplaˈnade *f* (*a. mil. hist.*), großer freier Platz.
es·pous·al [ɪˈspaʊzl] *s* **1.** (**of**) Annahme *f* (*von*), Eintreten *n,* Parˈteinahme *f* (*für*).
2. *meist pl obs.* a) Vermählung *f,* b) Verlobung *f.* **esˈpouse** [-z] *v/t* **1.** Parˈtei ergreifen für, eintreten *od.* sich einsetzen für, sich *e-r Sache* verschreiben, *e-n Glauben* annehmen. **2.** *obs.* a) zur Frau nehmen, sich vermählen mit, b) (**to**) zur Frau geben (*dat*), vermählen (mit, c) (o.s. sich) verloben (**to** mit).
es·pres·so [eˈspresəʊ] *pl* **-sos** *s* **1.** Esˈpresso *m.* **2.** Esˈpressomaˌschine *f.* ~ **bar,** ~ **ca·fé** *s* Esˈpresso(bar *f*) *n.*
es·prit [ˈespriː; *Am.* ɪsˈpriː] *s* Esˈprit *m,* Geist *m,* Witz *m.* ~ **de corps** [-dəˈkɔː(r)] *s* Korpsgeist *m.*
es·py [ɪˈspaɪ] *v/t* erspähen, entdecken.
Es·qui·mau [ˈeskɪməʊ] *pl* **-maux** [-məʊz], **-mau** *obs. für* Eskimo.
Es·quire [ɪˈskwaɪə(r); *Am. a.* ˌesˌkw-] *s bes. Br.* auf Briefen dem Namen nachgestellter Titel, ohne Mr, Dr. *etc,* abbr. **Esq.:** C. A. Brown, Esq. Herrn C. A. Brown.
ess [es] *s* **1.** S, s *n* (*Buchstabe*). **2.** S *n,* S-förmiger Gegenstand.
es·say I *v/t* [eˈseɪ] **1.** versuchen, (ˈaus)proˌbieren, es versuchen *od.* e-n Versuch machen mit. **II** *v/i* **2.** versuchen, e-n Versuch machen. **III** *s* [ˈeseɪ] **3.** Versuch *m* (**at** s.th. [mit] e-r Sache; **at doing** zu tun). **4.** Essay *m, n,* (kurze literarische *etc*) Abhandlung *a. ped.* Aufsatz *m* (**on,** **in** über *acc*). **ˈes·say·ist** *s* Essayˈist(in), Verfasser(in) von Essays. **ˌes·sayˈis·tic** *adj* essayˈistisch.
es·sence [ˈesns] *s* **1.** *philos.* a) Esˈsenz *f,* Wesen *n,* innere Naˈtur, b) Subˈstanz *f,* absoˈlutes Sein. **2.** elemenˈtarer Bestandteil: **fifth** ~ Quintessenz *f.* **3.** Esˈsenz *f,* (das) Wesen(tliche), Kern *m* (*der Sache*): **in** ~ im wesentlichen; **of the** ~ von entˈscheidender Bedeutung, ausschlaggebend. **4.** Esˈsenz *f,* Auszug *m,* Exˈtrakt *m,* äˈtheriˈsches Öl. **5.** a) Parˈfüm *n,* b) Wohlgeruch *m.*

Es·sene ['esi:n; e's-] *s relig. hist.* Es'sener *m*.
es·sen·tial [I'senʃl] **I** *adj (adv* → **essentially) 1.** wesentlich: a) grundlegend, fundamen¹tal, b) inner(e, e, es), eigentlich, (lebens)wichtig, unentbehrlich, unbedingt erforderlich (**to** für): **it is ~ for both of them to come** es ist unbedingt erforderlich, daß sie beide kommen; **~ condition of life** *biol.* Lebensbedingung *f*; **~ goods** lebenswichtige Güter; **~ vows** *relig.* die drei wesentlichen Mönchsgelübde (**Keuschheit, Armut, Gehorsam**). **2.** *chem.* rein, destil¹liert: **~ oil** ätherisches Öl. **3.** *mus.* Haupt..., Grund...: **~ chord** Grundakkord *m*. **II** *s meist pl* **4.** *(das)* Wesentliche *od.* Wichtigste, Hauptsache *f*, wesentliche ¹Umstände *pl od.* Punkte *pl od.* Bestandteile *pl.* **5.** (wesentliche) Vor¹aussetzung (**to** für): **an ~ to success. 6.** unentbehrliche Per¹son *od.* Sache. **es,sen·ti¹al·i·ty** [-ʃɪ'ælətɪ] *s* **1.** *(das)* Wesentliche. **2.** → **essential** 4.
es'sen·tial·ly [-ʃəlɪ] *adv* **1.** im wesentlichen, in der Hauptsache. **2.** in hohem Maße, ganz besonders.
es·tab·lish [I'stæblɪʃ] *v/t* **1.** festsetzen, einrichten, errichten, eta¹blieren: **to ~ an account** ein Konto eröffnen; **to ~ a law** ein Gesetz einführen *od.* erlassen; **to ~ a republic** e-e Republik gründen; **to ~ a theory** e-e Theorie aufstellen. **2.** a) j-n einsetzen, ernennen, b) e-n Ausschuß *etc* bilden, einsetzen, schaffen, c) *ein Geschäft* eta¹blieren, (be)gründen, errichten, d) *s-n Wohnsitz* begründen. **3. to ~ o.s.** *econ.* sich etablieren, sich niederlassen *(beide a. beruflich).* **4.** *fig. Ruhm, Rechte etc* begründen: **to ~ one's reputation as a surgeon** sich als Chirurg e-n Namen machen. **5.** *e-e Ansicht, Forderung etc* ¹durchsetzen, Geltung verschaffen *(dat).* **6.** Ordnung schaffen, e-e Verbindung *etc* ¹herstellen, *diplomatische Beziehungen etc* aufnehmen: **to ~ contact with s.o.** mit j-m Fühlung aufnehmen. **7.** *e-n Rekord* aufstellen. **8.** be-, erweisen, (einwandfrei) nachweisen: **to ~ one's identity** sich ausweisen; **to ~ the fact that** die Tatsache beweisen, daß. **9.** *Kirche* verstaatlichen: → **established** 5.
es'tab·lished *adj* **1.** bestehend: **the ~ laws. 2.** fest begründet, eingeführt: **a well-~ firm. 3.** feststehend, unzweifelhaft: **an ~ fact. 4.** zum festen Perso¹nal gehörend; **~ official** planmäßiger Beamter; **~ staff** Stammpersonal *n*. **5.** **E~ Church** Staatskirche *f*.
es'tab·lish·ment *s* **1.** Einrichtung *f*, Errichtung *f*. **2.** a) Einsetzung *f*, b) Bildung *f*, c) Eta¹blierung *f*, (Be)Gründung *f*. **3.** ¹Durchsetzung *f*. **4.** ¹Herstellung *f*, Aufnahme *f*. **5.** Aufstellung *f*. **6.** Versorgung *f*, Einkommen *n*. **7.** *relig.* staatskirchliche Verfassung. **8.** organi¹sierte Körperschaft *od.* Staatseinrichtung: **civil ~** Beamtenschaft *f*; **military ~** *(das)* Militär; **naval ~** *(die)* Flotte. **9. the E~** das Establishment a) *die Oberschicht der politisch, wirtschaftlich od. gesellschaftlich einflußreichen Personen,* b) *die etablierte bürgerliche Gesellschaft, die auf Erhaltung des Status quo bedacht ist.* **10.** *mar. mil.* Perso¹nal-, Mannschaftsbestand *m*, (Soll)Stärke *f*: **peace (war) ~** Friedens-(Kriegs)stärke. **11.** Anstalt *f*, (öffentliches) Insti¹tut: **research ~** Forschungsinstitut. **12.** *econ.* Firma *f*, Geschäft *n*, Unter¹nehmen *n*. **13.** Haushalt *m*: **to keep up a large ~** ein großes Haus führen. **14.** Nachweis *m*, Feststellung *f*: **~ of paternity** *jur.* Vaterschaftsnachweis.
es·tab·lish·men·tar·i·an [I'stæblɪʃmən¹teərɪən] **I** *adj* **1.** staatskirchlich. **2.** E~ zum E¹stablishment gehörend. **II** *s*

3. Anhänger(in) des Staatskirchentums. **4.** E~ j-d, der zum Establishment gehört.
es·tate [I'steɪt] *s* **1.** Stand *m*, Klasse *f*: **the (Three) E~s of the Realm** *Br.* die drei gesetzgebenden Stände (**Lords Spiritual, Lords Temporal, Commons**); → **first estate**, *etc.* **2.** *jur.* a) Besitz(tum *n*) *m*, Vermögen *n*, (Erb-, Kon¹kurs)Masse *f*, Nachlaß *m*: → **personal** 6, **real**¹ 4, b) Besitzrecht *n*. **3.** (großes) Grundstück, Besitzung *f*, Landsitz *m*, Gut *n*. **4.** *obs.* (Zu)Stand *m*: **man's ~** Mannesalter *n*. **5.** *Br.* a) (Wohn)Siedlung *f*, b) Indu¹striegebiet *n*. **~ a·gent** *s Br.* **1.** Grundstücksverwalter *m*. **2.** Grundstücksmakler *m*.
es'tate-,bot·tled *adj* vom Erzeuger abgefüllt *(Wein):* "~" "Erzeugerabfüllung".
es·tate car *s Br.* Kombiwagen *m*. **~ du·ty** *s jur. Br. hist.* Erbschaftssteuer *f*. **~ (in) fee sim·ple** *s jur.* unbeschränkt vererbliches *od.* veräußerliches Grundeigentum. **~ (in) fee tail** *s jur.* beschränkt vererbliches Grundeigentum. **~ in joint ten·an·cy** *s jur.* gemeinschaftlicher Besitz. **~ tax** *s jur. Am.* Erbschaftssteuer *f*.
es·teem [I'sti:m] **I** *v/t* **1.** achten, (hoch-) schätzen: **to ~ highly (little)** hoch(gering)schätzen. **2.** erachten *od.* ansehen als, *etwas* halten für: **to ~ it an hono(u)r**. **II** *s* **3.** (*for, of*) Wertschätzung *f (gen),* Achtung *f (vor dat):* **to hold in (high)** → 1; **to hold in little** *(od.* **light**) **~** geringschätzen.
es·ter ['estə(r)] *s chem.* Ester *m*. **es·ter·i·fy** [e'sterəfaɪ] *chem.* **I** *v/t* in Ester verwandeln, zu Ester machen. **II** *v/i* sich in Ester verwandeln. **,es·ter·i¹za·tion** [-raɪ'zeɪʃn; *Am.* -rə'z-] *s chem.* Verwandlung *f* in Ester. [(Buch) Esther *f*.]
Es·ther ['estə(r)] *npr u. s Bibl.* (das)
Es·tho·ni·an → Estonian.
es·ti·ma·ble ['estɪməbl] *adj (adv* estimably) **1.** achtens-, schätzenswert. **2.** (ab)schätzbar.
es·ti·mate ['estɪmeɪt] **I** *v/t* **1.** (ab-, ein-) schätzen, ta¹xieren, veranschlagen (**at** *acc,* zu): **~d income** geschätztes Einkommen; **~d time of arrival** *aer.* voraussichtliche Ankunftszeit; **~d value** Schätzwert *m;* **an ~d 200 buyers** schätzungsweise 200 Käufer. **2.** *etwas* beurteilen, bewerten, sich e-e Meinung bilden über *(acc).* **II** *v/i* **3.** schätzen. **4.** e-n Kosten(vor)anschlag machen (**for** für). **III** *s* [-mət] **5.** Schätzung *f*, Veranschlagung *f*, (Kosten[vor])Anschlag *m*: **to form an ~ of s.th.** sich ein Bild von etwas machen, etwas einschätzen; **fair (rough) ~** reiner (grober) Überschlag; **at a rough ~** grob geschätzt, "über den Daumen gepeilt'; **building ~** Baukostenvoranschlag; **the E~s** *pol.* (Staats)Haushaltsvoranschlag. **6.** Bewertung *f*, Beurteilung *f*: **to form an ~ of** → 2.
es·ti·ma·tion [,estɪ'meɪʃn] *s* **1.** → estimate 5. **2.** Meinung *f*, Ansicht *f*, Urteil *n*: **in my ~** nach m-r Ansicht. **3.** (Wert-) Schätzung *f*, (Hoch)Achtung *f*, guter Ruf: **to hold in ~** hochschätzen; **he has lowered himself in my ~** er ist in m-r Achtung gesunken.
es·ti·val ['estəvəl] *adj Am.* sommerlich, Sommer... **'es·ti·vate** [-,veɪt] *v/i zo. Am.* über¹sommern, e-n Sommerschlaf halten. **,es·ti·va·tion** *s Am.* **1.** *zo.* Sommerschlaf *m*. **2.** *bot.* Knospendeckung *f*.
Es·to·ni·an [e'stəʊnjən;-nɪən] **I** *s* **1.** Este *m*, Estin *f*, Estländer(in). **2.** *ling.* Estnisch *n*, das Estnische. **II** *adj* **3.** estnisch.
es·top [I'stɒp; *Am.* e'stɑp] *v/t jur.* Rechtsverwirkung geltend machen gegen, rechtshemmenden Einwand erheben gegen: **to be ~ped** (durch sein früheres

Verhalten) gehindert sein (e-e Tatsache zu behaupten *od.* zu verneinen *od.* ein Recht geltend zu machen). **es'top·pel** [-pl] *s jur.* **1.** Rechtsverwirkung *f*. **2.** rechtshemmender Einwand.
es·trade [e¹strɑ:d] *s* Podium *n*.
es·tra·gon ['estrəgɒn; *Am.* -,gɑn] *s bot.* Estragon *m*.
es·trange [I'streɪndʒ] *v/t* **1.** fernhalten (from von). **2.** j-n entfremden (from dat): **his behavio(u)r ~d his friends** sein Verhalten entfremdete ihn s-n Freunden; **to become ~d** a) sich entfremden *(from dat),* b) sich auseinanderleben. **es'tranged** *adj* **1. an ~ couple** ein Paar, das sich entfremdet *od.* auseinandergelebt hat. **2.** getrennt lebend: **his ~ wife** s-e von ihm getrennt lebende Frau; **she is ~ from her husband** sie lebt von ihrem Mann getrennt. **es'trange·ment** *s* Entfremdung *f* (from von).
es·tray [I'streɪ] *s* verirrtes *od.* entlaufenes Haustier.
es·treat [I'stri:t] **I** *s* **1.** beglaubigte Abschrift *f* aus e-m Ge¹richtsproto,koll (*bes. im Zs.-hang mit Geldstrafen*). **II** *v/t* **2.** Proto¹kollauszüge (*e-s Urteils etc*) machen (*u. dem Vollstreckungsbeamten übermitteln*). **3.** a) j-m e-e Geldstrafe auferlegen, b) *etwas* eintreiben.
es·tri·ol *Am. für* oestriol.
es·tro·gen *Am. für* oestrogen.
es·trone *Am. für* oestrone.
es·trous *Am. für* oestrous.
es·tu·ar·y ['estjʊərɪ; *Am.* 'estʃə,werɪ] *s* **1.** (den Gezeiten ausgesetzte) Flußmündung. **2.** Meeresbucht *f*, -arm *m*.
e·ta [i:tə] *s* Eta *n (griechischer Buchstabe).*
et·a·min ['etəmɪn], **'et·a·mine** [-mi:n] *s* Eta¹min(e *f*) *n (gitterartiges, durchsichtiges Gewebe).*
et cet·er·a [ɪt'setərə; et¹s-] *(Lat.)* et cetera, und so weiter. **et'cet·er·a** *s* **1.** Reihe *f*: **a long ~ of illustrious names. 2.** *pl* allerlei Dinge *pl*.
etch [etʃ] **I** *v/t* **1.** *tech.* Metall, Glas etc ätzen. **2.** a) kupferstechen, b) ra¹dieren. **3.** kratzen (**on** in *acc*): **he ~ed his name on the table. 4.** *fig.* a) schneiden: **sharply ~ed features** scharf geschnittene Gesichtszüge, b) her¹ausarbeiten: **a sharply ~ed character in a book** e-e gut herausgearbeitete Figur in e-m Buch. **5. the event was ~ed on** *(od.* **in**) **her memory** das Ereignis hatte sich ihrem Gedächtnis eingeprägt. **'etch·er** *s* a) Kupferstecher *m*, b) Ra¹dierer *m*.
'etch·ing *s* **1.** Ätzen *n*: **~ bath** Ätzbad *n*. **2.** a) Ra¹dieren *n*: **~ needle** Radiernadel *f*, b) Kupferstechen *n*. **3.** a) Ra¹dierkunst *f*, b) Kupferstche¹rei *f*. **4.** a) Ra¹dierung *f*, b) Kupferstich *m*: **come up and see my ~s** humor. wollen Sie sich m-e Briefmarken(sammlung) ansehen?
e·ter·nal [i:'tɜ:nl; *Am.* ɪ'tɜrnl] **I** *adj (adv* **~ly**). **1.** ewig: zeitlos: → **triangle** 6, b) immerwährend: **~ life**; **the E~ City** die Ewige Stadt (*Rom*); **to be ~ly grateful to s.o.** j-m ewig dankbar sein, c) ¹unab,änderlich: **~ truth**. **2.** unveränderlich, bleibend. **3.** *colloq.* ,ewig', unaufhörlich: **her ~ chatter**. **II** *s* **4. the E~** der Ewige (Gott). **5.** *pl* ewige Dinge *pl*.
e'ter·nal·ize [-nəlaɪz] *v/t* verewigen: a) unsterblich *od.* unvergeßlich machen, b) ewig fortdauern lassen.
e·ter·ni·ty [i:'tɜ:nətɪ; *Am.* ɪ'tɜr-] *s* **1.** Ewigkeit *f*, Un¹sterblichkeit *f*: **to all ~** bis in alle Ewigkeit; **~ ring** Memoire-Ring *m;* → **here** 1. **2.** *fig.* Ewigkeit *f*, sehr lange Zeit: **it seemed an ~ before ...** es schien e-e Ewigkeit zu dauern, bis ...; **after an ~ of waiting** nach endlos langem Warten. **3.** *relig.* a) Ewigkeit *f*, Jenseits *n*: **to send s.o. to ~** j-n ins Jenseits

eternize – euphoria

befördern, b) *pl* ewige Wahrheit(en *pl*). **e'ter·nize** → eternalize.
E·te·sian [ɪˈtiːʒən; *Am.* -ʒən] **I** *adj*: ~ **winds** → II. **II** *s pl* E'tesien *pl (von April bis Oktober gleichmäßig wehende, trockene Nordwestwinde im östlichen Mittelmeer).*
eth·ane [ˈeθeɪn; *Br. a.* ˈiː-] *s chem.* Ä'than *n.* **'eth·a·nol** [-ənɒl; *Am. a.* -ˌnəʊl] *s chem.* Ätha'nol *n*, Ä'thylalkohol *m.* **eth·ene** [ˈeθiːn] *s chem.* Ä'then *n*, Äthy'len *n.* **eth·e·nol** [ˈeθənɒl; *Am. a.* -ˌnəʊl] *s chem.* Vi'nylalkohol *m.* **eth·e·nyl** [ˈeθənɪl] *s chem.* Äthyli'den *n.*
e·ther [ˈiːθə(r)] *s* **1.** *poet.* Äther *m*, Himmel *m.* **2.** *chem.* a) Äther *m*, b) Ätherverbindung *f*: **butyric** ~ Buttersäureäther. **3.** *phys. hist.* (Licht)Äther *m (bis um 1900 angenommener Stoff im freien Raum).* **e·the·re·al** [iːˈθɪərɪəl] *adj (adv* ~**ly**) *a) poet.* himmlisch, b) erdentrückt, vergeistigt, c) *chem.* ätherartig, flüchtig. **e_,the·re'al·i·ty** [-ˈælətɪ] → etherealness. **e'the·re·al·ize** *v/t* **1.** *fig.* ä'therisch machen, vergeistigen, der Erde entrücken. **2.** *chem.* ätherisieren, mit Äther behandeln. **e'the·re·al·ness** *s* ä'therisches Wesen. **e'the·re·ous, e·ther·ic** [iːˈθɪərɪk] *adj* ä'therisch, Äther... **e'ther·i·fy** [-faɪ] *v/t* in Äther verwandeln. **'e·ther·ism** *s med.* Äthervergiftung *f.* **e_,ther·i'za·tion** [-raɪˈzeɪʃn; *Am.* -rəˈz-] *s med.* 'Ätherbetäubung *f*, -nar_,kose *f.* **'e·ther·ize** *v/t* **1.** → etherify. **2.** *med.* mit Äther betäuben *od.* narkoti'sieren.
eth·ic [ˈeθɪk] **I** *adj (adv* ~**ally**) **1.** selten für ethical. **2.** *(als sg konstruiert)* Mo'ralphiloso_,phie *f*, Sittenlehre *f*, Ethik *f (als Wissenschaft).* **3.** *(als pl konstruiert)* a) Sittlichkeit *f*, Mo'ral *f*, sittliche Haltung, b) *(Berufs- etc)*Ethos *n*, ethische Grundsätze *pl*: **professional** ~**s.** **'eth·i·cal** [-kl] *adj (adv* ~**ly**) **1.** ethisch: a) die Ethik betreffend: ~ **literature**, b) mo'ralisch, sittlich: ~ **practices**. **2.** mo'ralisch einwandfrei, von ethischen Grundsätzen (geleitet). **3.** dem Berufsethos entsprechend: **not** ~ **for physicians** dem Berufsethos der Ärzte widersprechend. **4.** *pharm.* re'zeptpflichtig: ~ **drugs**. **5.** *ling.* ethisch: → dative. **eth·i·cist** [ˈeθɪsɪst] *s* Ethiker *m*, Mora'list *m.*
eth·ine [ˈeθaɪn] → acetylene.
E·thi·o·pi·an [ˌiːθɪˈəʊpjən; -pɪən] **I** *adj* **1.** äthi'opisch. **II** *s* **2.** Äthi'opier(in). **3.** Angehörige(r *m*) *f* der äthi'opischen Rasse. **4.** *obs.* Neger(in). **_,E·thi'op·ic** [-ˈɒpɪk, *Am.* -ˈəʊ-] **I** *adj* äthi'opisch. **II** *s ling.* Äthi'opisch *n*, das Äthi'opische.
eth·moid [ˈeθmɔɪd] *anat.* **I** *adj* zum Siebbein gehörig: ~ **bone** → II. **II** *s* Siebbein *n.*
eth·nic [ˈeθnɪk] **I** *adj (adv* ~**ally**) **1.** ethnisch: a) e-r sprachlich u. kulturell einheitlichen Volksgruppe angehörend: ~ **group** Volksgruppe *f*; ~ **German** Volksdeutsche(r *m*) *f*, b) *die Kultur u. Lebensgemeinschaft e-r Volksgruppe betreffend:* ~ **joke** Witz auf Kosten e-r bestimmten Volksgruppe. **II** *s* **2.** Angehörige(r) e-r sprachlich u. kulturell einheitlichen Volksgruppe. **3.** *pl* sprachliche *od.* kultu'relle Zugehörigkeit. **'eth·ni·cal** [-kl] → ethnic I.
eth·nog·e·ny [eθˈnɒdʒɪnɪ; *Am.* -ˈnɑ-] *s* Lehre *f* von der Völkerentstehung.
eth·nog·ra·pher [eθˈnɒɡrəfə(r); *Am.* -ˈnɑ-] *s* Ethno'graph *m.* **eth·no·graph·ic** [ˌeθnəʊˈɡræfɪk] *adj*, **_,eth·no'graph·i·cal** [-kl] *adj (adv* ~**ly**) ethno'graphisch. **eth'nog·ra·phy** *s* Ethnogra'phie *f*, beschreibende Völkerkunde.
eth·no·log·ic [ˌeθnəʊˈlɒdʒɪk; *Am.* -nəˈlɑ-] *adj*, **_,eth·no'log·i·cal** [-kl] *adj (adv* ~**ly**) ethno'logisch. **eth'nol·o·gist** [-ˈnɒlədʒɪst; *Am.* -ˈnɑ-] *s* Ethno'loge *m.* **eth'nol·o·gy** *s* a) Völkerkunde *f*, b) *Wissenschaft f*, *die sich mit Sozialstruktur u. Kultur der primitiven Gesellschaften beschäftigt*, c) *in den USA betriebene Wissenschaft, die sich mit Sozialstruktur u. Kultur aller Gesellschaften beschäftigt.*
eth·o·log·ic [ˌiːθəʊˈlɒdʒɪk; *Am.* -ˈlɑ-] *adj*; **_,eth·o'log·i·cal** [-kl] *adj (adv* ~**ly**) etho'logisch. **e·thol·o·gist** [iːˈθɒlədʒɪst; *Am.* -ˈθɑ-] *s* Etho'loge *m.* **e'thol·o·gy** *s* **1.** *zo.* Etholo'gie *f*, Verhaltensforschung *f*, -lehre *f*. **2.** Wissenschaft *f* von der Cha'rakterbildung, Per'sönlichkeitsforschung *f*.
e·thos [ˈiːθɒs; *Am.* ˈiːθɑs] *s* **1.** Ethos *n*, Cha'rakter *m*, Geist *m*, Wesensart *f*, sittlicher Gehalt *(e-r Kultur).* **2.** Ethos *n*, sittliche Lebensgrundsätze *pl*. **3.** ethischer Wert *(e-s Kunstwerks).*
eth·yl [ˈeθɪl; ˈiːθaɪl] *s chem.* Ä'thyl *n.* ~ **ac·e·tate** *s chem.* Ä'thylace_,tat *n.* ~ **al·co·hol** *s chem.* Ä'thylalkohol *m.*
eth·yl·a·mine [ˌeθɪləˈmiːn; -ˈæmɪn] *s chem.* Äthyla'min *n.* **'eth·yl·ate** [-leɪt] *chem.* **I** *s* Äthy'list *n*, Ä'thylverbindung *f*. **II** *v/t* mit Ä'thyl verbinden, äthy'lieren.
eth·yl·ene [ˈeθɪliːn] *s chem.* Äthy'len *n.* ~ **chlo·ride** *s chem.* Äthy'lenchlo_,rid *n.*
e·ti·o·late [ˈiːtɪəʊleɪt] *v/t* **1.** *agr.* etio'lieren, vergeilen. **2.** bleichsüchtig machen. **3.** *fig.* verkümmern lassen. **_,e·ti·o'la·tion** *s* **1.** *agr.* Etiole'ment *n*, Vergeilung *f*. **2.** Bleichsucht *f*. **3.** *fig.* Verkümmern *n.*
e·ti·ol·o·gy [ˌiːtɪˈɒlədʒɪ; *Am.* Ätiolo'gie *f*: a) Lehre von den Ursachen *(bes. der Krankheiten)*, b) zugrundeliegender ursächlicher Zs_,-hang *(bes. von Krankheiten).*
et·i·quette [ˈetɪket] *s* Eti'kette *f*: a) Zeremoni'ell *n*, b) Anstandsregeln *pl*, (gute) 'Umgangsformen *pl*: **legal** ~ das Berufsethos der Anwälte.
E·ton| **col·lar** [ˈiːtn] *s* breiter, steifer 'Umlegekragen. ~ **Col·lege** *s* berühmte englische Public School. ~ **crop** *s hist.* Herrenschnitt *m.*
E·to·ni·an [iːˈtəʊnjən; -nɪən] **I** *adj* Eton... **II** *s* Schüler *m* des Eton College.
E·ton jack·et *s hist.* schwarze, kurze Jacke *(der Etonschüler).*
E·trus·can [ɪˈtrʌskən], **E·tru·ri·an** [ɪˈtrʊərɪən] *hist.* **I** *adj* **1.** e'truskisch. **II** *s* **2.** E'trusker(in). **3.** *ling.* E'truskisch *n*, das Etruskische.
é·tude [eɪˈtjuːd; ˈeɪtjuːd; *Am. a.* -ˌtuːd] *s mus.* E'tüde *f*, Übungsstück *n.*
e·tui, *bes. Br.* **é·tui** [eɪˈtwiː; *Am.* eɪ-], *Am. a.* **e·twee** [eɪˈtwiː] *s* Etui *n.*
et·y·ma [ˈetɪmə] *pl von* etymon.
et·y·mic [eˈtɪmɪk] *adj ling.* Wurzel..., Stamm(wort)...
et·y·mo·log·ic [ˌetɪməˈlɒdʒɪk; *Am.* -ˈlɑ-] *adj*, **_,et·y·mo'log·i·cal** [-kl] *adj (adv* ~**ly**) etymo'logisch. **et·y·mol·o·gist** [ˌetɪˈmɒlədʒɪst; *Am.* -ˈmɑ-] *s* Etymo'loge *m.* **_,et·y·mol·o·gize** **I** *v/t* etymo'logisch erklären, Wörter etymologi'sieren, auf ihren Ursprung unter'suchen. **II** *v/i* Etymolo'gie treiben. **_,et·y·mol·o·gy** *s ling.* Etymolo'gie *f*: a) Wissenschaft von der Herkunft, Geschichte u. Grundbedeutung der Wörter, b) Herkunft, Geschichte u. Grundbedeutung e-s Wortes.
et·y·mon [ˈetɪmɒn; *Am.* -ˌmɑn] *pl* **-mons**, **-ma** [-mə] *s ling.* Etymon *n*, Grund-, Stammwort *n.*
eu·ca·lyp·tus [ˌjuːkəˈlɪptəs] *pl* **-ti** [-taɪ], **-tus·es** *s bot.* Euka'lyptus *m*: ~ **oil** *chem.* Eukalyptusöl *n.*
eu·cha·ris [ˈjuːkərɪs] *s bot.* Eucharis *f.*

Eu·cha·rist [ˈjuːkərɪst] *s relig.* **1.** Eucha·ri'stie *f*: a) *die Feier des heiligen Abendmahls*, b) *die eucharistische Gabe (Brot u. Wein).* **2.** Christian Science: Verbindung *f* zu Gott. **_,Eu·cha'ris·tic** *adj (adv* ~**ally**) eucha'ristisch: ~ **Congress** *R.C.* Eu·charistischer Kongreß.
eu·chre, *a.* **eu·cher** [ˈjuːkər] *v/t Am. colloq.* betrügen, prellen (**out of** um).
Eu·clid [ˈjuːklɪd] *s* **1.** Eu'klids Werke *pl.* **2.** (Eu'klidische) Geome'trie: **to know one's** ~ in Geometrie gut beschlagen sein. **Eu'clid·e·an** [-dɪən] *adj* eu'klidisch.
eu·dae·mon·ic [ˌjuːdɪˈmɒnɪk; *Am.* -ˈmɑ-], *a.* **_,eu·dae'mon·i·cal** [-kl] *adj* glückbringend. **eu·dae'mon·ics** *s pl* **1.** Mittel *pl* zum Glück. **2.** *(als sg konstruiert)* → eudaemonism. **eu·dae·mon·ism** [juːˈdiːmənɪzəm] *s philos.* Eudämo'nismus *m (Lehre, die im Glück des einzelnen od. der Gemeinschaft die Sinnerfüllung menschlichen Daseins sieht).* **eu'dae·mon·ist** *s philos.* Eudämo'nist *m.*
eu·de·mon·ic, *etc* → eudaemonic, *etc.*
eu·gen·ic [juːˈdʒenɪk] *adj (adv* ~**ally**) eu'genisch. **eu'gen·i·cist** [-sɪst] *s* Eu'geniker *m.* **eu'gen·ics** *s pl (als sg konstruiert)* Eu'genik *f (Erbhygiene mit dem Ziel, erbschädigende Einflüsse u. die Verbreitung von Erbkrankheiten zu verhüten).* **eu·ge·nist** [ˈjuːdʒɪnɪst; *Am.* juːˈdʒen-] *s* Eu'geniker *m.*
eu·he·mer·ism [juːˈhiːmərɪzəm] *s* Euheme'rismus *m (rationalistische) Deutung von Mythen u. Religionen).* **eu'he·mer·ist** *s* Eueme'rist *m.* **eu_,he·mer'is·tic** *adj (adv* ~**ally**) euheme'ristisch.
eu·lo·gi·a¹ [juːˈləʊdʒə; -ɪə] *s relig.* Eulo'gie *f (in der orthodoxen Kirche das nicht zur Eucharistie benötigte Brot, das als „Segensbrot" nach dem Gottesdienst verteilt wird).*
eu·lo·gi·a² [juːˈləʊdʒə; -ɪə] *pl von* eulogium.
eu·lo·gist [ˈjuːlədʒɪst] *s* Lobredner(in). **_,eu·lo'gis·tic** *adj (adv* ~**ally**) (lob)preisend, lobend, rühmend: **to be** ~ **of** → eulogize. **eu·lo·gi·um** [juːˈləʊdʒəm; -ɪəm] *pl* **-gi·ums, -gi·a** [-dʒə; -dʒɪə] *obs. für* eulogy. **'eu·lo·gize** *v/t* loben, preisen, rühmen. **'eu·lo·gy** *s* **1.** Lob(preisung *f*) *n.* **2.** Lobrede *f*, Lob-, Nachschrift *f* (**on** auf *acc*).
Eu·men·i·des [juːˈmenɪdiːz] *s pl antiq.* Eume'niden *pl (Rachegöttinnen).*
eu·nuch [ˈjuːnək] *s* **1.** Eu'nuch *m*: a) Haremswächter *m*, b) Ka'strat *m*. **2.** *fig.* Niemand *m*: **a political** ~.
eu·pep·si·a [juːˈpepsɪə; *Am. a.* -ʃə] *s physiol.* Eupep'sie *f*, gute *od.* nor'male Verdauung. **eu'pep·tic** [-tɪk] *adj med.* **1.** gut verdauend. **2.** *fig.* gutgelaunt.
eu·phe·mism [ˈjuːfɪmɪzəm] *s* Euphe'mismus *m*: a) (sprachliche) Beschönigung *od.* Verhüllung, b) beschönigender *od.* verhüllender Ausdruck. **_,eu·phe'mis·tic** *adj (adv* ~**ally**) euphe'mistisch, beschönigend, verhüllend. **'eu·phe·mize** **I** *v/t* etwas euphe'mistisch *od.* beschönigend *od.* verhüllend ausdrücken. **II** *v/i* Euphe'mismen verwenden.
eu·phon·ic [juːˈfɒnɪk; *Am.* juːˈfɑ-] *adj (adv* ~**ally**), **eu'pho·ni·ous** [-ˈfəʊnjəs; -nɪəs] *adj (adv* ~**ly**) eu'phonisch: a) wohllautend, -klingend, b) *ling.* des Wohlklangs *od.* der Sprecherleichterung wegen eingeschoben (Laut). **eu'pho·ni·um** [-njəm; -nɪəm] *s mus.* Eu'phonium *n*, Baritonhorn *n.* **eu'pho·ny** [ˈjuːfənɪ] *s* Eupho'nie *f*, Wohlklang *m*, -laut *m.*
eu·phor·bi·a [juːˈfɔː(r)bjə; -bɪə] *s bot.* Wolfsmilch *f.*
eu·pho·ri·a [juːˈfɔːrɪə; *Am. a.* juːˈfəʊ-] *s*

Eupho'rie f: a) Hochgefühl n, -stimmung f, b) subjek'tives Wohlbefinden (Schwerkranker). **eu'pho·ri·ant** [-rɪənt] **I** adj euphori'sierend: ~ **drug** → II. **II** s Eu'phorikum n. **eu'phor·ic** [-'fɒrɪk; Am. a. -'fɑː-] adj (adv ~ally) eu'phorisch. **eu͵pho·ri'gen·ic** [-rɪ'dʒenɪk] adj euphori'sierend. **eu·pho·ry** [ˈjuːfərɪ] → euphoria.

eu·phra·sy [ˈjuːfrəsɪ] s bot. Augentrost m. **eu·phroe** [ˈjuːfrəʊ] s mar. Jungfernblock m.

eu·phu·ism [ˈjuːfjuːɪzəm; Am. -fjəˌwɪzəm] s Euphu'ismus m: a) schwülstiger Stil, b) schwülstiges 'Stilele͵ment. **'eu·phu·ist** s Euphu'ist m. **͵eu·phu'is·tic** adj (adv ~ally) euphu'istisch, schwülstig. **eup·n(o)e·a** [juːˈpniːə; ˈjuːpnɪə] s physiol. Eu'pnoe f (regelmäßiges, ruhiges Atmen). **Eu·rail·pass** [ˈjʊəreɪlpɑːs; Am. -͵pæs] s Eu'railpaß m (Dauerfahrkarte, die außerhalb Europas lebende Personen zur Benutzung aller westeuropäischen Eisenbahnen berechtigt).

Eur·a·sian [jʊəˈreɪʒən; bes. Am. -ʒən] **I** adj eu'rasisch. **II** s Eu'rasier(in).

eu·re·ka [jʊəˈriːkə] interj heureka!, ich hab's (gefunden)!

eu·rhyth·mic, etc bes. Br. für **eurythmic**, etc.

Euro- [ˈjʊərəʊ] Wortelement mit der Bedeutung euro'päisch, Euro...

'Eu·ro·cheque s econ. Br. Eurocheque m, Euroscheck m: ~ **card** Eurocheque-Karte f.

͵Eu·ro'com·mu·nism s 'Eurokommu͵nismus m. **͵Eu·ro'com·mu·nist I** s 'Eurokommu͵nist(in). **II** adj 'eurokommu͵nistisch.

Eu·ro·crat [ˈjʊərəkræt] s Euro'krat m ([leitender] Beamter der Europäischen Gemeinschaften).

'Eu·ro͵dol·lar s meist pl econ. Eurodollar m.

Eu·ro·pe·an [͵jʊərəˈpiːən] **I** adj euro'päisch: ~ **Atomic Energy Community** Europäische Atomgemeinschaft; ~ **Coal and Steel Community** Europäische Gemeinschaft für Kohle u. Stahl; ~ **(Economic) Community** Europäische (Wirtschafts)Gemeinschaft; ~ **championship** sport Europameisterschaft f; ~ **cup** sport Europacup m, -pokal m; ~ **Parliament** Europäisches Parlament, Europaparlament n; ~ **plan** Am. Hotelzimmer-Vermietung f ohne Verpflegung. **II** s Euro'päer(in). **͵Eu·ro'pe·an·ism** s Euro'päertum n. **͵Eu·ro'pe·an·ize** v/t europäi'sieren.

'Eu·ro͵vi·sion TV **I** s Eurovisi'on f. **II** adj Eurovisions...: ~ **transmission**.

eu·ryth·mic [juːˈrɪðmɪk], **eu·ryth·mi·cal** [-kl] adj bes. Am. eu'rhythmisch: a) die Harmo'nie (der Teile) betreffend, b) arch. proportio'niert, har'monisch ([an]geordnet). **eu·ryth·mics** s pl (als sg konstruiert) bes. Am. rhythmische, har'monische Bewegung, bes. Ausdruckstanz m. **eu·ryth·my** s bes. Am. Eurhyth'mie f: a) arch. Ebenmaß n, Harmo'nie f, b) med. Regelmäßigkeit f des Pulses, c) Anthroposophie: Euryth'mie f (Bewegungskunst u. -therapie, bei der Gesprochenes sowie Vokal- u. Instrumentalmusik in Ausdrucksbewegungen umgesetzt werden).

Eu·sta·chi·an tube [juːˈsteɪʃən; -ʃɪən] s anat. Eu'stachische Röhre, 'Ohrtrom͵pete f.

eu·tec·tic [juːˈtektɪk] tech. **I** adj **1.** eu'tektisch: ~ **point** eutektischer Punkt (niedrigster Schmelz- bzw. Erstarrungspunkt bei Gemischen). **2.** Legierungs... **II** s **3.** Eu'tektikum n (feines kristallines Gemisch zweier od. mehrerer Kristallarten, das aus e-r erstarrten, einheitlichen Schmelze entstanden ist u. den niedrigsten möglichen eutektischen Punkt zeigt).

eu·tha·na·si·a [͵juːθəˈneɪzjə; bes. Am. -ʒə] s Euthana'sie f: a) sanfter Tod, b) schmerzlose Tötung von unheilbar Kranken, c) med. Sterbehilfe f: **active (passive) ~**.

eu·then·ics [juːˈθenɪks] s pl (als sg konstruiert) Lehre von der Steigerung der Lebenskraft durch Verbesserung der Umweltbedingungen.

eu·troph·ic [juːˈtrɒfɪk; Am. juːˈtrəʊ-] adj biol. eu'troph: a) nährstoffreich (Böden, Gewässer), b) an nährstoffreiche Um'gebung gebunden (Pflanzen), c) über'düngt (Gewässer). **eu'troph·i·cate** [-keɪt] v/i biol. eutro'phieren. **eu·͵troph·i'ca·tion** s biol. Eutro'phierung f (unerwünschte Zunahme der Nährstoffe in e-m Gewässer u. damit verbundenes nutzloses u. schädliches Pflanzenwachstum). **eu·tro·phy** [ˈjuːtrəfɪ] s med. physiol. Eutro'phie f: a) guter Ernährungszustand, bes. von Säuglingen, b) regelmäßige u. ausreichende Versorgung e-s Organs mit Nährstoffen.

e·vac·u·ant [ɪˈvækjʊənt; Am. -jəwənt] med. pharm. **I** adj abführend. **II** s Abführmittel n.

e·vac·u·ate [ɪˈvækjʊeɪt; Am. -jəˌweɪt] **I** v/t **1.** aus-, entleeren: **to ~ the bowels** a) → **6**, b) abführen. **2.** a) die Luft etc her'auspumpen, b) Gefäß luftleer pumpen. **3.** a) Personen evaku'ieren, b) mil. Truppen verlegen, Verwundete etc 'abtranspor͵tieren, c) Dinge verlagern, d) ein Gebiet etc evaku'ieren, a. ein Haus räumen. **4.** fig. berauben (**of** gen). **II** v/i **5.** das Gebiet etc evaku'ieren, das Haus räumen, bes. mil. sich zu'rückziehen. **6.** den Darm entleeren, Stuhl(gang) haben. **e͵vac·u'a·tion** s **1.** Aus-, Entleerung f. **2.** a) Evaku'ierung f, b) mil. Verlegung f, 'Abtrans͵port m: ~ **hospital** Am. Feldlazarett n, c) Räumung f. **3.** a) Darmentleerung f, Stuhl(gang) m, b) Stuhl m. **e·vac·u·ee** [ɪ͵vækjuːˈiː; Am. -jəˈwiː] s Evaku'ierte(r m) f.

e·vade [ɪˈveɪd] v/t **1.** e-m Schlag etc ausweichen, j-m entkommen. **2.** sich e-r Sache entziehen, e-r Sache entgehen, etwas um'gehen, vermeiden, jur. Steuern hinter'ziehen: **to ~ (answering) a question** e-r Frage ausweichen; **to ~ detection** der Entdeckung entgehen; **to ~ a duty** sich e-r Pflicht entziehen; **to ~ definition** sich nicht definieren lassen. **e'vad·er** s j-d, der sich e-r Sache entzieht od. der etwas umgeht: → **tax evader**.

e·val·u·ate [ɪˈvæljʊeɪt; Am. -jəˌweɪt] v/t **1.** den Wert etc schätzen, den Schaden etc festsetzen (**at** auf acc). **2.** abschätzen, bewerten, beurteilen. **3.** berechnen, (zahlenmäßig) bestimmen. **4.** auswerten. **e͵val·u'a·tion** s **1.** Schätzung f, Festsetzung f. **2.** Bewertung f, Beurteilung f. **3.** Berechnung f, (zahlenmäßige) Bestimmung. **4.** Auswertung f.

ev·a·nesce [͵iːvəˈnes; bes. Am. ͵evə-] v/i sich auflösen, sich verflüchtigen (Nebel etc). **͵ev·a'nes·cence** [-nesns] s **1.** Auflösung f, Verflüchtigung f. **2.** Vergänglichkeit f. **͵ev·a'nes·cent** [-nesnt] adj (adv ~ly) **1.** sich auflösend, sich verflüchtigend. **2.** vergänglich.

e·van·gel [ɪˈvændʒel] s relig. Evan'gelium n (a. fig.).

e·van·gel·ic [͵iːvænˈdʒelɪk; ͵evən-] adj (adv ~ally) **1.** die vier Evan'gelien betreffend, Evangelien... **2.** evan'gelisch. **͵e·van'gel·i·cal** [-kl] adj (adv ~ly) → **evangelic**. **II** s Anhänger(in) od. Mitglied n e-r evan'gelischen Kirche, Evan'gelische(r m) f. **e·van'gel·i·cal·ism** [-kəlɪzəm] s **1.** Evan'geliumsgläubigkeit f (Ggs. Werkgläubigkeit). **2.** evan'gelischer Glaube. **e·van·ge·lism** [ɪˈvændʒəlɪzəm] s Verkündigung f des Evan'geliums. **e·van·ge·list** s **1.** Bibl. Evange'list m. **2.** Evange'list m, Erwekkungs-, Wanderprediger m. **3.** Patri'arch m (der Mormonenkirche). **e'van·ge·lize I** v/i das Evan'gelium predigen, evangeli'sieren. **II** v/t für das Evan'gelium gewinnen, (zum Christentum) bekehren.

e·van·ish [ɪˈvænɪʃ] v/i meist poet. (da'hin)schwinden.

e·vap·o·ra·ble [ɪˈvæpərəbl] adj verdunstbar. **e'vap·o·rate** [-reɪt] **I** v/t **1.** zur Verdampfung bringen, verdampfen od. verdunsten lassen, evapo'rieren. **2.** ab-, eindampfen, evapo'rieren: ~**d milk** Kondensmilch f. **3.** fig. schwinden lassen. **II** v/i **4.** verdampfen, -dunsten, evapo'rieren. **5.** fig. verschwinden (a. colloq. abhauen), sich verflüchtigen, verfliegen. **e͵vap·o'ra·tion** s **1.** Verdampfung f, -dunstung f, Evaporati'on f. **2.** Ab-, Eindampfen n. **3.** fig. Verflüchtigung f, Verfliegen n. **e'vap·o·ra·tive** [-rətɪv; Am. -͵reɪtɪv] adj Verdampfungs..., Verdampfungs... **e'vap·o·ra·tor** [-reɪtə(r)] s tech. Abdampfvorrichtung f, Verdampfer m. **e͵vap·o'rom·e·ter** [-ˈrɒmɪtə(r)]; Am. -'rɑː-] s phys. Evapori'meter n, Verdunstungsmesser m.

e·va·sion [ɪˈveɪʒn] s **1.** Entkommen n. **2.** Um'gehung f, Vermeidung f: → **tax evasion**. **3.** Ausflucht f, Ausrede f, ausweichende Antwort. **e'va·sive** [-sɪv] adj (adv ~ly) **1.** ausweichend: ~ **answer**; ~ **maneuver** (bes. Br. **manœuvre**) mot. etc Ausweichmanöver n (a. fig.); **to be ~** ausweichen. **2.** aalglatt, gerissen. **3.** schwer feststell- od. faßbar. **e'va·sive·ness** s ausweichendes Verhalten.

Eve[1] [iːv] npr Bibl. Eva f: **a daughter of ~** e-e Evastochter.

eve[2] [iːv] s **1.** poet. Abend m. **2.** meist **E~** Vorabend m, -tag m (e-s Festes). **3.** fig. Vorabend m, Tag m (vor e-m Ereignis): **on the ~ of** am Vorabend von (od. gen); **to be on** (od. **upon**) **the ~ of** unmittelbar vor (dat) stehen.

e·vec·tion [ɪˈvekʃn] s astr. Evekti'on f, (Größe der) Ungleichheit f der Mondbahn (um die Erde).

e·ven[1] [ˈiːvn] adv **1.** so'gar, selbst, auch (verstärkend): ~ **the king**; ~ **in winter**; **not ~ he** nicht einmal er; **I never ~ read it** ich habe es nicht einmal gelesen; ~ **then** selbst dann; ~ **though**, ~ **if** selbst wenn, wenn auch; **without ~ looking** ohne auch nur hinzusehen. **2.** noch (vor comp): ~ **better** (sogar) noch besser; ~ **more** noch mehr. **3.** gerade (zeitlich): ~ **now** a) eben od. gerade jetzt, b) selbst jetzt od. heutzutage; **not ~ now** nicht einmal jetzt, selbst od. auch jetzt noch nicht. **4.** eben, ganz, gerade (verstärkend): ~ **as I expected** gerade od. genau, wie ich (es) erwartete; ~ **as he spoke** gerade als er sprach; ~ **so** immerhin, dennoch, trotzdem, selbst dann. **5.** nämlich, das heißt: **God,** ~ **our own God**. **6. or** ~ oder auch (nur), oder gar.

e·ven[2] [ˈiːvn] **I** adj **1.** eben, flach, glatt, gerade: ~ **with the ground** mit dem Boden gleich. **2.** in gleicher Höhe (**with** mit). **3.** fig. ausgeglichen, ruhig, gelassen: **of an ~ temper** ausgeglichen; **an ~ voice** e-e ruhige Stimme. **4.** gleichmäßig: ~ **breathing** (**rhythm,** etc); ~ **features** regelmäßige (Gesichts)Züge. **5.** waag(e)recht, horizon'tal: → **keel**[1] **1**. **6.** econ. a) ausgeglichen (a. sport Runde etc), schuldenfrei, b) ohne (Gewinn od.) Ver-

lust: to be ~ with s.o. mit j-m quitt sein (*a. fig.*) (→ 10); to get ~ with s.o. mit j-m abrechnen *od.* quitt werden (*a. fig.*); → break even. 7. im Gleichgewicht (*a. fig.*). 8. gerecht, 'unpar‚teiisch: ~ law. 9. gleich, i'dentisch: ~ portions; ~ bet Wette *f* mit gleichem Einsatz; ~ chances gleiche Chancen; he stands an ~ chance of winning er hat e-e echte Chance zu gewinnen; to meet on ~ ground mit gleichen Chancen kämpfen; ~ money gleicher (Wett)Einsatz; your letter of ~ date Ihr Schreiben gleichen Datums. 10. gleich (*im Rang etc*): to be ~ with s.o. mit j-m gleichstehen (→ 6). 11. gerade (*Zahl*; *Ggs.* odd): ~ number; ~ page Buchseite *f* mit gerader Zahl; to end ~ *print.* mit voller Zeile abschließen. 12. rund, voll: ~ sum. 13. prä'zise, genau: an ~ dozen genau ein Dutzend.
II *v/t* 14. *a.* ~ out (ein)ebnen, glätten. 15. *a.* ~ out ausgleichen. 16. ~ up e-e Rechnung aus-, begleichen; to ~ up accounts Konten abstimmen; to ~ up matters (*od.* things) up sich revanchieren.
III *v/i* 17. meist ~ out eben werden (*Gelände*). 18. *a.* ~ out sich ausgleichen. 19. to ~ up on s.o. mit j-m quitt werden.
e·ven³ ['i:vn] *s poet.* Abend *m*.
'e·ven|·fall *s poet.* Her'einbrechen *n* des Abends. **⁓'hand·ed** *adj* 'unpar‚teiisch.
eve·ning ['i:vnɪŋ] **I** *s* 1. Abend *m*: in the ~ abends, am Abend; last (this, tomorrow) ~ gestern (heute, morgen) abend; on the ~ of the same day am Abend desselben Tages; good ~! guten Abend! 2. *dial.* Nachmittag *m*. 3. *fig.* Ende *n, bes. i.e.* ~ of life) Lebensabend *m*. 4. 'Abend(unter‚haltung *f*) *m*, Gesellschaftsabend *m*: musical ~ musikalischer Abend. **II** *adj* 5. abendlich, Abend... ~ **class·es** *s pl ped.* 'Abend‚unterricht *m*. ~ **dress** *s* 1. Abendkleid *n*. 2. Abend-, Gesellschaftsanzug *m, bes.* a) Frack *m,* b) Smoking *m.* ~ **prim·rose** *s bot.* Nachtkerze *f*.
eve·nings ['i:vnɪŋz] *adv Am.* abends.
eve·ning| school ~ night school. ~ **shirt** *s* Frackhemd *n.* ~ **star** *s astr.* Abendstern *m*.
'e·ven·ness *s* 1. Ebenheit *f*, Geradheit *f*. 2. *fig.* Ausgeglichenheit *f*. 3. Gleichmäßigkeit *f*. 4. 'Unpar‚teilichkeit *f*. 5. Gleichheit *f*.
'e·ven·song *s relig.* Abendandacht *f*, -gottesdienst *m*.
e·vent ['ɪvent] *s* 1. Fall *m*: at all ~s auf alle Fälle, jedenfalls; in the ~ of death im Todesfalle; in the ~ of his death in Falle s-s Todes, falls er sterben sollte; in any ~ auf jeden Fall. 2. Ereignis *n*, Vorfall *m*, -kommnis *n*: before the ~ vorher, im voraus; after the ~ hinterher, im nachhinein; in the course of ~s im (Ver)Lauf der Ereignisse; this was (quite) an ~ in her life das war ein großes Ereignis in ihrem Leben. 3. *sport* a) Diszi'plin *f,* b) Wettbewerb *m.* 4. Ausgang *m,* Ergebnis *n*: in the ~ schließlich.
‚e·ven-'tem·pered *adj* ausgeglichen, gelassen, ruhig.
e'vent·ful *adj* 1. ereignisreich, (*Zeiten, Leben a.*) bewegt. 2. wichtig, bedeutend.
'e·ven·tide *s poet.* Abend(zeit *f*) *m*: at ~ zur Abendzeit.
e·ven·tu·al [ɪ'ventʃuəl; *Am.* -tʃəwəl] *adj* (*adv* → eventually) 1. the ~ success of his efforts made him happy es machte ihn glücklich, daß s-e Bemühungen schließlich Erfolg hatten; this led to his ~ dismissal das führte schließlich *od.* letzten Endes zu s-r Entlassung. 2. *obs.* möglich, eventu'ell.
e‚ven·tu·al·i·ty [-tʃʊ'ælɪtɪ; *Am.* -tʃə'wæl-] *s* Möglichkeit *f*, Eventuali'tät

f. **e'ven·tu·al·ly** *adv* schließlich, endlich.
e·ven·tu·ate [ɪ'ventʃʊeɪt; *Am.* -tʃə‚weɪt] *v/i* 1. ausgehen, enden: to ~ well gut ausgehen; to ~ in s.th. in etwas einmünden, zu etwas führen. 2. die Folge sein (from *gen*).
ev·er ['evə(r)] *adv* 1. immer (wieder), fortwährend, ständig, unaufhörlich: ~ after(wards), ~ since von der Zeit an, seit der Zeit, seitdem; ~ and again (*od. obs.* anon) dann u. wann, hin u. wieder; Yours ~, ... Viele Grüße, Dein(e) *od.* Ihr(e) ... (*Briefschluß*); ~ recurrent immer *od.* ständig wiederkehrend; → forever. 2. immer (*vor comp*): ~ larger immer größer (werdend). 3. je, jemals (*bes. in fragenden, verneinenden u. bedingenden Sätzen*): no hope ~ to return; did you ~ see him? scarcely ~, hardly ~, seldom if ~ fast nie; the best I ~ saw das Beste, was ich je gesehen habe; did you ~? *colloq.* hast du Töne?; na, sowas! 4. *colloq.* noch je, immer, was es je gegeben hat: the nicest thing ~. 5. irgend, über'haupt, nur: as soon as I ~ can sobald ich nur kann, sobald es mir irgend möglich ist; how ~ did he manage? wie hat er das nur fertiggebracht? 6. ~ so sehr, noch so: ~ so long e-e Ewigkeit, ewig lange; ~ so much noch so sehr, so viel wie nur irgend möglich, sehr viel; thank you ~ so much! tausend Dank!; ~ so many unendlich viele; ~ so simple ganz einfach; let him be ~ so rich mag er auch noch so reich sein. 7. *colloq.* denn, über'haupt (*zur Verstärkung der Frage*): what ~ does he want? was will er denn überhaupt?; what ~ do you mean? was (in aller Welt) meinst du denn eigentlich?
'ev·er|·glade *s Am.* sumpfiges Flußgebiet. **⁓green I** *adj* 1. immergrün. 2. unverwüstlich, nie veraltend, *bes.* immer wieder gern gehört: ~ song Evergreen *m, n.* **II** *s* 3. *bot.* a) immergrüne Pflanze, b) Immergrün *n*. 4. (Tannen-)Reisig *n,* (-)Grün *n* (*zur Dekoration*). 5. *fig.* Evergreen *m, n* (*Schlager*).
ev·er·last·ing [‚evə(r)'lɑ:stɪŋ; *Am.* -'læstɪŋ] **I** *adj* 1. immerwährend, ewig: the ~ God der ewige Gott; ~ snow ewiger Schnee; ~ flower → 5. 2. *fig.* unaufhörlich, endlos: her ~ complaints. 3. dauerhaft, unverwüstlich, unbegrenzt haltbar. **II** *s* 4. Ewigkeit *f*: for ~ auf ewig, für alle Zukunft; from ~ seit Urzeiten. 5. *bot.* (e-e) Immor'telle, (e-e) Strohblume. 6. Lasting *m* (*starker Wollstoff*). **‚ev·er'last·ing·ness** *s* 1. Ewigkeit *f*. 2. *fig.* Endlosigkeit *f*.
‚ev·er'more *adv* 1. a) immer(fort), ewig, allezeit, b) *meist* for ~ in (alle) Ewigkeit, für immer. 2. je(mals) wieder.
ev·er·y ['evrɪ] *adj* 1. jeder, jede, jedes: ~ minute. 2. jeder (jede, jedes) (einzelne *od.* erdenkliche), aller, alle, alles: her ~ wish jeder ihrer Wünsche, alle ihre Wünsche. 3. vollständig: to have ~ confidence in s.o. volles Vertrauen zu j-m haben; their ~ liberty ihre ganze Freiheit.
Besondere Redewendungen:
~ two days jeden zweiten Tag, alle zwei Tage; ~ bit (of it) *colloq.* völlig, ganz u. gar; ~ bit as much ganz genau so viel *od.* sehr; ~ day jeden Tag, alle Tage, täglich; ~ once in a while, ~ so often *colloq.* gelegentlich, hin u. wieder; to have ~ reason allen Grund haben (to do zu tun); ~ time a) jederzeit, b) jedesmal, c) völlig, ganz; ~ which way *Am. colloq.* a) in alle (Himmels)Richtungen, b) unordentlich; → now *Bes. Redew.,* other 6, second¹ 1.

'ev·er·y|‚bod·y → everyone. **'⁓·day** *adj* 1. (all)'täglich: ~ routine. 2. Alltags...: ~ clothes; ~ language. 3. gewöhnlich, Durchschnitts...: ~ people. **'⁓how** *adv Am. colloq.* in jeder Weise. **'E⁓·man** [-mən; *Am.* -‚mæn] *s* 1. Jedermann *m,* der Mensch. 2. e⁓ jedermann. **'⁓·one** *pron* jeder(mann): in ~'s mouth in aller Munde; *in this village* ~ knows ~ else kennt jeder jeden. **⁓·one I** → everyone. **II** *adj* jeder einzelne: we ~ jeder von uns. **'⁓·place** *Am. colloq.* für everywhere. **'⁓·thing** *pron* 1. alles (that was): ~ good alles Gute. 2. *colloq.* alles, das Aller'wichtigste, die Hauptsache: speed is ~ to them Geschwindigkeit bedeutet für sie alles. 3. *colloq.* sehr viel, alles: to think ~ of s.o. sehr viel von j-m halten; art is his ~ Kunst ist sein ein u. alles. 4. and ~ *colloq.* und so. **'⁓·where** *adv* a) 'überall: ~ looks so dirty es sieht überall so schmutzig aus, b) 'überall'hin: ~ he goes wo er auch hingeht.
e·vict [ɪ'vɪkt] *v/t* 1. *jur.* a) e-n Mieter *od.* Pächter (*im Wege der Zwangsvollstreckung*) zur Räumung zwingen, her'aussetzen, b) (*auf Grund e-s Räumungsurteils*) von s-m Grundeigentum wieder Besitz ergreifen. 2. j-n gewaltsam vertreiben.
e'vic·tion *s jur.* 1. Zwangsräumung *f,* Her'aussetzung *f*: action for ~ Räumungsklage *f*; ~ order Räumungsurteil *n.* 2. Wiederinbe'sitznahme *f*.
ev·i·dence ['evɪdəns] **I** *s* 1. Augenscheinlichkeit *f,* Klarheit *f,* Offenkundigkeit *f*: to be (much) in ~ (deutlich) sichtbar *od.* feststellbar sein, (stark) in Erscheinung treten. 2. *jur.* a) Be'weis(mittel *n,* -stück *n,* -materi‚al *n*) *m,* Beweise *pl*: a piece of ~ ein Beweisstück; ~ for the prosecution Belastungsmateri‚al; ~ of ownership Eigentumsnachweis *m*; law of ~ Beweisrecht *n*; for lack of ~ mangels Beweises *od.* Beweisen; in ~ of zum Beweis (*gen*); on the ~ auf Grund des Beweismaterials; to admit in ~ als Beweis zulassen; to furnish ~ of Beweise liefern *od.* erbringen für; have you any ~ for this statement? können Sie diese Behauptung beweisen?; to offer in ~ als Beweis vorlegen; offer in ~ Beweisantritt *m,* b) (Zeugen)Aussage *f,* Zeugnis *n,* Be'kundung *f*: (testimonial) ~ Zeugenbeweis *m*; medical ~ Aussage *f od.* Gutachten *n* des medizinischen Sachverständigen; to give (*od.* bear) ~ (als Zeuge) aussagen; to give ~ of aussagen über (*acc*), *fig.* zeugen von; to refuse to give ~ die Aussage verweigern; to hear ~ Zeugen vernehmen; to take s.o.'s ~ j-n (als Zeugen) vernehmen; hearing (*od.* taking) of ~ Beweisaufnahme *f,* (taken *od.* heard) Ergebnis *n* der Beweisaufnahme, c) Zeuge *m,* Zeugin *f*: to call s.o. in ~ j-n als Zeugen benennen; to turn King's (*od.* Queen's, *Am.* State's) ~ Kronzeuge werden. 3. (An)Zeichen *n,* Spur *f* (of von *od. gen*): there is no ~ es ist nicht ersichtlich *od.* festzustellen, nichts deutet darauf hin. **II** *v/t* 4. dartun, be-, nachweisen, zeigen, zeugen von.
ev·i·dent ['evɪdənt] *adj* (*adv* → evidently) 'evi‚dent, augenscheinlich, offensichtlich, -kundig, klar (ersichtlich). **‚ev·i·'den·tial** [-'denʃl], **‚ev·i·'den·tia·ry** [-ʃərɪ] *adj* 1. to be ~ of (klar) beweisen (*acc*). 2. *jur.* beweiserheblich, Beweis...: ~ value Beweiswert *m*. **'ev·i·dent·ly** *adv* augenscheinlich, offensichtlich.
e·vil ['i:vl] **I** *adj* (*adv* ~·ly) 1. übel, böse, schlecht, schlimm: ~ eye a) böser Blick, b) j-d, der den bösen Blick hat; the E⁓ One der Böse (*Teufel*); of ~ repute übel beleumdet, berüchtigt; ~ smell übler Geruch; ~ spirit böser Geist. 2. böse, gott-

los, boshaft, übel, schlecht: ~ **tongue** böse Zunge, Lästerzunge *f*. **3.** unglücklich: ~ **day** Unglückstag *m*; **to fall on** ~ **days** ins Unglück geraten. **II** *adv* **4.** (*heute meist* ill) in böser *od.* schlechter Weise: **to speak** ~ **of s.o.** schlecht über j-n reden. **III** *s* **5.** Übel *n*, Unheil *n*, Unglück *n*: **to choose the lesser of two** ~**s** von zwei Übeln das kleinere wählen. **6.** (*das*) Böse, Sünde *f*: **the powers of** ~ die Mächte der Finsternis; **to do** ~ Böses tun, sündigen. **7.** Unglück *n*: **to wish s.o.** ~; → **good** 2. **8.** Krankheit *f*, *bes.* Skrufulose *f*, 'Lymphknotentuberku₁lose *f*. ₁~'**do·er** *s* Übeltäter(in). ₁~-'**mind·ed** *adj* bösartig. ₁~-'**mind·ed·ness** *s* Bösartigkeit *f*. ₁~-'**speak·ing** *adj* verleumderisch.

e·vince [ɪ'vɪns] *v/t* dartun, be-, erweisen, bekunden, an den Tag legen, zeigen. **e'vin·cive** *adj* beweisend, bezeichnend (of für): **to be** ~ **of s.th.** etwas beweisen *od.* zeigen.

e·vis·cer·ate [ɪ'vɪsəreɪt] *v/t* **1.** ausnehmen, *erlegtes Tier a*. ausweiden. **2.** *fig.* inhalts- *od.* bedeutungslos machen, des Kerns *od.* Wesens berauben. **e₁vis·cer·**'**a·tion** *s* Ausnehmen *n*, Ausweidung *f*.

ev·o·ca·tion [₁evəʊ'keɪʃn; ₁iː-] *s* **1.** (Geister)Beschwörung *f*. **2.** *fig.* Wachrufen *n*. **3.** a) plastische Schilderung, b) lebensechte Darstellung. **4.** *jur.* Ansichziehen *n*. **e·voc·a·tive** [ɪ'vɒkətɪv; *Am.* ɪ'vɑ-] *adj* **1. to be** ~ **of s.th.** an etwas erinnern. **2.** sinnträchtig, beziehungsreich.

e·voke [ɪ'vəʊk] *v/t* **1.** *Geister* beschwören, her'beirufen. **2.** a) *Bewunderung etc* hervorrufen, b) *Erinnerungen* wachrufen, wecken. **3.** a) plastisch schildern, e-e plastische Schilderung geben von, b) lebensecht darstellen (*Maler, Bildhauer etc*). **4. to** ~ **a case** *jur.* e-e (*noch nicht erledigte*) Rechtssache an sich ziehen (*übergeordnetes Recht*).

ev·o·lute [ˈiːvəluːt; *bes. Am.* ˈevə-] **I** *v/t. v/i Am.* (sich) entwickeln (**into** zu). **II** *s math.* Evo'lute *f*.

ev·o·lu·tion [₁iːvə'luːʃn; *bes. Am.* ₁evə-] *s* **1.** Entfaltung *f*, -wicklung *f*: **the** ~ **of events** die Entwicklung (der Dinge). **2.** *math.* Wurzelziehen *n*, Radi'zieren *n*. **3.** *biol.* Evoluti'on *f*: Evolution (*od.* theory) of ~ Entwicklungslehre *f*, Evolutionstheorie *f*. **4.** *mil.* Ma'növer *n*, (*a. von Tänzern etc*) Bewegung *f*. **5.** *phys.* Entwicklung *f* (*von Gas, Hitze etc*). **6.** *tech.* Um'drehung *f*, Bewegung *f*. ₁**ev·o**'**lu·tion·al** [-ʃənl] *adj* Entwicklungs... ₁**ev·o**'**lu·tion·ar·y** [-ʃənrɪ; *Am.* -ʃəˌnerɪ] *adj* **1.** Entwicklungs..., **2.** *biol.* Evolutions... **3.** *mil.* Manövrier..., Bewegungs... ₁**ev·o**'**lu·tion·ist** [-ʃənɪst] **I** *s* Anhänger (-in) der (*biologischen*) Entwicklungslehre. **II** *adj* die Entwicklungslehre betreffend.

e·volve [ɪ'vɒlv; *Am. a.* ɪ'vɑlv] **I** *v/t* **1.** entwickeln, -falten. **2.** *Gas, Wärme etc* verströmen. **II** *v/i* **3.** sich entwickeln *od.* -falten (**into** zu). **4.** entstehen (**from** aus). **e'volve·ment** *s* Entwicklung *f*, -faltung *f*.

e·vul·sion [ɪ'vʌlʃn] *s* (*gewaltsames*) Ausreißen *od.* Ausziehen.

ewe [juː] *s zo.* Mutterschaf *n*. ~ **lamb** *s zo.* Schaflamm *n*. '~-**neck** *s* Hirschhals *m* (*bei Pferden u. Hunden*).

ew·er [ˈjuːə(r)] *s* Wasserkrug *m*.

ex¹ [eks] *prep* **1.** *econ.* aus, ab, von: ~ **factory** ab Fabrik; ~ **works** ab Werk. **2.** (*bes. von Börsenpapieren*) ohne, ex·klu'sive: ~ **all** ausschließlich aller Rechte; → **dividend** 2. **3.** → **ex cathedra**, *etc*.

ex² [eks] *s* X, x *n* (*Buchstabe*).

ex³ [eks] *s colloq.* ‚Verflossene(r' *m*) *f*.

ex- [eks] *Vorsilbe mit den Bedeutungen* a) aus..., heraus..., b) Ex..., ehemalig.

ex·ac·er·bate [ek'sæsə(r)beɪt; ɪɡ'zæs-] *v/t* **1.** *j-n* verärgern. **2.** *Krankheit, Schmerzen* verschlimmern, *Situation* verschärfen. **ex₁ac·er**'**ba·tion** *s* **1.** Verärgerung *f*. **2.** Verschlimmerung *f*, Verschärfung *f*.

ex·act [ɪɡ'zækt] **I** *adj* (*adv* → **exactly**) **1.** ex'akt, genau, (*genau*) richtig: **the** ~ **time** die genaue Zeit; **the** ~ **sciences** die exakten Wissenschaften. **2.** streng (*um·*'rissen), genau: ~ **rules**. **3.** genau, tatsächlich: **his** ~ **words**. **4.** me'thodisch, gewissenhaft, sorgfältig (*Person*). **II** *v/t* **5.** *Gehorsam, Geld etc* fordern, verlangen (**from** von). **6.** *Zahlung* eintreiben, einfordern (**from** von). **7.** *Geschick etc* erfordern. **ex'act·a·ble** *adj* eintreibbar. **ex'act·er** *s* Eintreiber *m*, Einforderer *m*. **ex'act·ing** *adj* **1.** streng, genau. **2.** aufreibend, mühevoll, anstrengend, hart: **an** ~ **task**. **3.** anspruchsvoll: **an** ~ **customer**; **to be** ~ hohe Anforderungen stellen. **ex'ac·tion** *s* **1.** Fordern *n*. **2.** Eintreiben *n*. **3.** (*unmäßige*) Forderung.

ex·ac·ti·tude [ɪɡ'zæktɪtjuːd; *Am. a.* -ˌtuːd] *s* **exactness**. **ex'act·ly** *adv* **1.** ex'akt, genau. **2.** sorgfältig. **3.** *als Antwort:* ganz recht, genau(, wie Sie sagen), eben: **not** ~ a) nicht ganz, b) nicht direkt *od.* gerade *od.* eben. **4.** wo, *wann etc* eigentlich. **ex'act·ness** *s* **1.** Genauigkeit *f*, Ex'aktheit *f*, Richtigkeit *f*. **2.** Sorgfalt *f*. **ex'ac·tor** [-tə(r)] → **exacter**.

ex·ag·ger·ate [ɪɡ'zædʒəreɪt] **I** *v/t* **1.** über'treiben, über'trieben darstellen. **2.** 'überbetonen. **II** *v/i* **3.** über'treiben. **ex'ag·ger·at·ed** *adj* (*adv* ~**ly**) **1.** über'trieben: **to have an** ~ **opinion of o.s.** e-e über'trieben hohe Meinung von sich haben. **2.** 'überbetont. **3.** *med.* stark vergrößert: **an** ~ **spleen**. **ex₁ag·ger**'**a·tion** *s* **1.** Über'treibung *f*. **2.** 'Überbetonung *f*. **ex'ag·ger·a·tive** [-rətɪv; -ˌreɪtɪv] *adj* (*adv* ~**ly**) **1.** über'treibend. **2.** über'trieben.

ex·alt [ɪɡ'zɔːlt] *v/t* **1.** *obs.* erheben. **2.** (*im Rang*) erheben, erhöhen (**to** zu). **3.** *Farben etc* verstärken. **4.** beleben, anregen: **to** ~ **the imagination**. **5.** (*lob·*)preisen: **to** ~ **to the skies** in den Himmel heben. **ex·al·ta·tion** [₁eɡzɔː'teɪʃn; ₁eks-] *s* **1.** Erhebung *f*, Erhöhung *f*: **E**~ **of the Cross** *relig.* Kreuzeserhöhung. **2.** Begeisterung *f*, Hochstimmung *f*. **ex·alt·ed** [ɪɡ'zɔːltɪd] *adj* **1.** hoch: ~ **rank**; ~ **ideal**. **2.** gehoben: ~ **style**. **3.** begeistert. **4.** *colloq.* über'trieben hoch: **to have an** ~ **opinion of o.s.**

ex·am [ɪɡ'zæm] *colloq. für* **examination**.

ex·am·i·na·tion [ɪɡˌzæmɪ'neɪʃn] *s* **1.** Unter'suchung *f* (*a. med.*), Prüfung *f* (**of, into s.th.** e-r Sache): ~ **board** *mil.* Musterungskommission *f*; **not to bear** (*od.* **stand**) **close** ~ e-r näheren Prüfung nicht standhalten; **to hold an** ~ **into a matter** e-e eingehende Untersuchung e-r Sache anstellen; **to be under** ~ geprüft *od.* untersucht werden (→ 3); (**up**)**on** ~ bei näherer Prüfung. **2.** Revision *f* der Bücher. **3.** *ped. etc* Prüfung *f*, *bes. univ.* Ex'amen *n*: ~ **paper** a) schriftliche Prüfung, b) Prüfungsarbeit *f*. **3.** *jur.* a) Zivilprozeß: (*meist eidliche*) Vernehmung: **to be under** ~ vernommen werden (→ 1), b) Strafprozeß: Verhör. **ex₁am·i**'**na·tion·al** [-ʃənl] *adj* Prüfungs...

ex·am·ine [ɪɡ'zæmɪn] **I** *v/t* **1.** prüfen, unter'suchen (*a. med.*) (**for** auf *acc*): **to** ~ **the books** *econ.* die Bücher durchsehen *od.* prüfen. **to** ~ **one's conscience** sein Gewissen prüfen *od.* erforschen. **2.** wissenschaftlich unter'suchen, erforschen. **3.** *jur.* a) Zivilprozeß: (*meist eidlich*) vernehmen, b) Strafprozeß: verhören. **4.** *ped. etc* prüfen (**in** in *dat*, **on** über *acc*): **examining board** Prüfungsausschuß *m*. **II** *v/i* **5. to** ~ **into s.th.** etwas prüfen *od.* unter'suchen. **ex₁am·i**'**nee** [-'niː] *s ped. etc* Prüfling *m*, ('Prüfungs-, *bes. univ.* Ex'amens)Kandi₁dat(in). **ex'am·in·er** *s* **1.** *ped. etc* Prüfer(in). **2.** *jur. bes. Br.* beauftragter Richter (*für Zeugenvernehmungen*). **3.** *Patentrecht:* (Vor)Prüfer *m*: ~ **in chief** *Am.* Hauptprüfer.

ex·am·ple [ɪɡ'zɑːmpl; *Am.* ɪɡ'zæmpəl] *s* **1.** Muster *n*, Probe *f*. **2.** Beispiel *n* (**of** für): **for** ~ zum Beispiel; **beyond** ~, **without** ~ beispiellos; **by way of** ~ um ein Beispiel zu geben. **3.** Vorbild *n*, vorbildliches Verhalten, (*gutes etc*) Beispiel (**to** für): **to set a good** (**bad**) ~ ein gutes (schlechtes) Beispiel geben, mit gutem (schlechtem) Beispiel vorangehen; **to take** ~ **by**, **to take as an** ~ sich ein Beispiel nehmen an (*dat*); → **hold up** 5. **4.** (*warnendes*) Beispiel: **to make an** ~ (**of s.o.**) (an j-m) ein Exempel statuieren; **let this be an** ~ **to you** laß dir das e-e Warnung sein. **5.** *math.* Ex'empel *n*, Aufgabe *f*.

ex·an·i·mate [ɪɡ'zænɪmət; eɡ'z-] *adj* **1.** entseelt, leblos. **2.** *fig.* mutlos.

ex·an·the·ma [ˌeksæn'θiːmə; *bes. Am.* ˌeɡzæn-] *pl* -**ma·ta** [-'θiːmətə; *Am. bes.* -'θemətə], -**mas** *s med.* Exan'them *n*, (Haut)Ausschlag *m*.

ex·as·per·ate [ɪɡ'zæspəreɪt] *v/t* wütend machen, aufbringen (**against** gegen). **ex'as·per·at·ed** *adj* wütend, aufgebracht (**at**, **by** über *acc*). **ex'as·per·at·ing** *adj* (*adv* ~**ly**) ärgerlich, zum Verzweifeln. **ex₁as·per**'**a·tion** *s* Wut *f*: **in** ~ wütend.

ex ca·the·dra [ˌekskə'θiːdrə] **I** *adv* ex'cathedra, autoritaˈtiv. **II** *adj* autoritaˈtiv, maßgeblich.

ex·ca·vate ['ekskəveɪt] **I** *v/t* **1.** aushöhlen. **2.** *tech.* ausgraben (*a. Archäologie*), ausschachten, -baggern, *Erde* abtragen, *e-n Tunnel* graben. **3.** *Zahnmedizin:* kariöses Zahnbein exka'vieren (*mit dem Exkavator entfernen*). **II** *v/i* **4.** *tech.* ausgraben, (*Archäologie a.*) Ausgrabungen machen. ₁**ex·ca**'**va·tion** *s* **1.** Aushöhlung *f*. **2.** Höhle *f*, Vertiefung *f*. **3.** *tech.* Ausgrabung *f* (*a. Archäologie*). **4.** Ausschachtung *f*, Aushub *m*. **4.** *rail.* 'Durchstich *m*. **5.** *geol.* Auskolkung *f*. **6.** *Zahnmedizin:* Exkavati'on *f*. '**ex·ca·va·tor** [-tə(r)] *s* **1.** *Archäologie:* Ausgräber *m*. **2.** Erdarbeiter *m*. **3.** *tech.* (Trocken)Bagger *m*. **4.** *Zahnmedizin:* Exka'vator *m* (*Instrument*).

ex·ceed [ɪk'siːd] **I** *v/t* **1.** über'schreiten: **to** ~ **one's instructions**; **to** ~ **the speed limit**. **2.** *fig.* hin'ausgehen über (*acc*): **to** ~ **the limit** den Rahmen sprengen. **3.** *etwas*, *j-n* über'treffen (**in** *an dat*), über'steigen: **to** ~ **all expectations**. **II** *v/i* **4.** her'ausragen. **ex'ceed·ing** *adj* **1.** über'steigend, mehr als, *üblich*: **not** ~ (von) höchstens. **2.** 'übermäßig, außer'ordentlich, äußerst. **II** *adv obs. für* **exceedingly**. **ex'ceed·ing·ly** *adv* außer'ordentlich, 'überaus, äußerst.

ex·cel [ɪk'sel] **I** *v/t* über'treffen, -'ragen: **not to be** ~**led** nicht zu übertreffen sein; **to** ~ **o.s.** sich selbst übertreffen. **II** *v/i* her'ausragen, sich her'vortun, sich auszeichnen (**in**, **at** in *dat*; **as** als). **ex·cel·lence** ['eksələns] *s* **1.** Vortrefflichkeit *f*, Vor'züglichkeit *f*. **2.** vor'zügliche Leistung. '**ex·cel·len·cy** *s* **1.** E~ Exzellenz *f* (*Titel für governors, ambassadors etc u. deren Gemahlinnen*): **Your** (**His**, **Her**) **E**~ Eure (Seine, Ihre) Exzellenz. **2.** *selten* *für* **excellence** 1. **'ex·cel·lent** *adj (adv* ~ly) ausgezeichnet, her'vorragend, vor'züglich.

ex·cel·si·or [ekˈselsɪɔː; *bes. Am.* ɪkˈselsɪə(r)] *s* 1. *Am.* Holzwolle *f.* 2. *print.* Brilˈlant *f (Schriftgrad; 3 Punkt).*

ex·cept [ɪkˈsept] **I** *v/t* 1. ausnehmen, -schließen (**from** von): **present company** ~ed Anwesende ausgenommen; **nobody** ~ed ohne Ausnahme. 2. *sich etwas* vorbehalten: → **error** 1. **II** *v/i* 3. proteˈstieren, Einwendungen machen (**to** gegen). 4. *jur. Am.* Einspruch *od.* Beschwerde (*als Rechtsmittelvorbehalt*) einlegen (**to** gegen). **III** *prep* 5. ausgenommen, außer (*dat*), mit Ausnahme von (*od. gen*): ~ **for** bis auf (*acc*), abgesehen von. **IV** *conj* 6. es sei denn, daß; außer, wenn: ~ **that** außer, daß. **exˈcept·ing** *prep (fast nur nach* **always, not, nothing, without**) ausgenommen, außer (*dat*), mit Ausnahme von (*od. gen*): **not** ~ **my brother** mein Bruder nicht ausgenommen.

ex·cep·tion [ɪkˈsepʃn] *s* 1. Ausnahme *f,* -schließung *f:* **by way of** ~ ausnahmsweise; **with the** ~ **of** mit Ausnahme von (*od. gen*), außer (*dat*), bis auf (*acc*); **to admit of no** ~(**s**) keine Ausnahme zulassen; **to make an** ~ (**in s.o.'s case**) (bei j-m *od.* in j-s Fall) e-e Ausnahme machen; **an** ~ **to the rule** e-e Ausnahme von der Regel; **the** ~ **proves the rule** die Ausnahme bestätigt die Regel; **without** ~ ohne Ausnahme, ausnahmslos. 2. Einwendung *f,* Einwand *m* (**to** gegen): **to take** ~ **to s.th.** a) gegen etwas protestieren *od.* Einwendungen machen, b) an etwas Anstoß nehmen. 3. *jur. Am.* Einspruch *m,* Beschwerde *f (als Rechtsmittelvorbehalt).* **exˈcep·tion·a·ble** *adj* 1. anfechtbar, bestreitbar 2. anstößig. **exˈcep·tion·al** [-ʃnl] *adj* 1. Ausnahme..., Sonder...: ~ **case;** ~ **tariff;** ~ **offer** *econ.* Vorzugsangebot *n.* 2. außer-, ungewöhnlich: ~ **circumstances. exˈcep·tion·al·ly** [-ʃnəlɪ] *adv* 1. außergewöhnlich. 2. ausnahmsweise.

ex·cep·tive [ɪkˈseptɪv] *adj* 1. e-e Ausnahme machend: ~ **law** Ausnahmegesetz *n.* 2. überkritisch, spitzfindig.

ex·cerpt I *v/t* [ekˈsɜːpt; *Am.* ekˈsɜːrpt] 1. exzerˈpieren, ausziehen (**from** aus). **II** *s* [ˈeksɜːpt; *Am.* -ˌsɜːrpt] 2. Exˈzerpt *n,* Auszug *m* (**from** aus). 3. Sepaˈrat-, Sonder(ab)druck *m.* **exˈcerp·tion** [-pʃn] *s* 1. Exzerˈpieren *n,* Ausziehen *n.* 2. Auszug *m.*

ex·cess [ɪkˈses] **I** *s* 1. 'Übermaß *n,* -fluß *m* (**of an** *dat*): **in** ~ im Übermaß; **in** ~ **of** mehr als, über (... hinaus); **to be in** ~ **of s.th.** etwas übersteigen *od.* überschreiten, über etwas hinausgehen; **to** ~ bis zum Übermaß, übermäßig; ~ **in birth rate** Geburtenüberschuß *m;* → **carry** 13. 2. *meist pl* Exˈzeß *m:* a) Ausschreitung(en *pl*) *f,* b) Unmäßigkeit *f,* Ausschweifung(en *pl*) *f.* 3. 'Überschuß *m (a. chem. math.),* Mehrbetrag *m:* **to be in** ~ *econ.* überschießen; ~ **of age** Überalterung *f;* ~ **of export** Ausfuhrüberschuß *m;* ~ **of purchasing power** Kaufkraftüberhang *m.* **II** *adj* [*a.* ˈekses] 4. 'überschüssig, Über...: ~ **amount** Mehrbetrag *m.* **III** *v/t* 5. *Br.* e-n Zuschlag bezahlen für (*etwas*) *od.* erheben von (*j-m*). ~ **bag·gage** *s aer. bes. Am.* 'Übergepäck *n.* ~ **fare** *s* (Fahrpreis)Zuschlag *m.* ~ **freight** *s* 'Überfracht *f.*

ex·ces·sive [ɪkˈsesɪv] *adj (adv* ~ly) 1. 'übermäßig, überˈtrieben, unangemessen hoch: ~ **penalty;** ~ **demand** a) Überforderung *f,* b) *econ.* Überbedarf *m,* Nachfrageüberschuß *m;* ~ **drinking** Alkoholmißbrauch *m;* ~ **indebtedness** *econ.* Überschuldung *f;* ~ **supply** *econ.* Überangebot *n,* Angebotsüberschuß *m.* 2. *math.* überˈhöht. **exˈces·sive·ness** *s* 'Übermäßigkeit *f.*

ex·cess¦ lug·gage *s aer. bes. Br.* 'Übergepäck *n.* ~ **post·age** *s* Nachporto *n,* Nachgebühr *f.* ~ **pres·sure** *s tech.* 'Überdruck *m.* ~ **prof·its du·ty** *s Br.,* ~ **prof·its tax** *s Am.* Mehrgewinnsteuer *f.* ~ **switch** *s electr.* 'Überstromschalter *m.* ~ **volt·age** *s electr.* 'Überspannung *f.* ~ **weight** *s econ.* Mehrgewicht *n.*

ex·change [ɪksˈtʃeɪndʒ] **I** *v/t* 1. (**for**) *etwas* aus-, 'umtauschen (gegen), (ver-)tauschen (mit). 2. eintauschen, *Geld o.* ('um)wechseln (**for** gegen). 3. *Blicke, Küsse, die Plätze etc* tauschen, *Blicke* wechseln, *Briefe, Grüße, Gedanken, Gefangene* austauschen: **Bob** ~**d seats with Tom** Bob tauschte mit Tom den Platz. 4. *tech.* auswechseln, aus-, vertauschen. 5. *Schachspiel:* Figuren austauschen. 6. ersetzen (**for s.th.** durch etwas). **II** *v/i* 7. tauschen. 8. (**for**) als Gegenwert bezahlt werden (für), (*etwas*) wert sein: **one mark** ~**s for less than one Swiss franc** für e-e Mark bekommt man weniger als e-n Schweizer Franken. 9. *mil.* sich versetzen lassen (**into** in *acc*). **III** *s* 10. (Aus-, 'Um)Tausch *m,* Aus-wechs(e)lung *f,* Tauschhandel *m:* **in** ~ als Ersatz, anstatt (*gen*), dafür; **in** ~ **for** (im Austausch) gegen, (als Entgelt) für; ~ **of blows** (Boxen) Schlagabtausch *m;* ~ **of letters** Schriftwechsel *m;* ~ **of prisoners** Gefangenenaustausch; ~ **of shots** Schuß-, Kugelwechsel *m;* ~ **of views** Gedanken-, Meinungsaustausch; **to give (take) in** ~ in Tausch geben (nehmen). 11. eingetauschter Gegenstand. 12. *econ.* a) ('Um)Wechseln *n,* Wechselverkehr *m,* b) 'Geld-, 'Wertˌumsatz *m,* c) *meist* **bill of**~ Tratte *f,* Wechsel *m,* d) *a.* **rate of** ~ **exchange rate,** e) *a.* **foreign** ~ Deˈvisen *pl:* **at the** ~ **of** zum Kurs von; **with a high (low)** ~ valutastark (-schwach); ~ **restrictions** devisenrechtliche Beschränkungen. 13. *econ.* Börse *f:* **at the** ~ auf der Börse; **quoted at the** ~ börsengängig. 14. Wechselstube *f.* 15. (Fernsprech)Amt *n,* Vermittlung *f.*

ex·changeˈa·bil·i·ty [ɪksˌtʃeɪndʒəˈbɪlətɪ] *s* Aus-, 'Umtauschbarkeit *f.* **exˈchange·a·ble** *adj* 1. aus-, 'umtauschbar (**for** gegen). 2. Tausch...: ~ **value.**

ex·change¦ bro·ker *s econ.* 1. a) Wechselmakler *m,* b) Deˈvisenmakler *m.* 2. Börsenmakler *m.* ~ **con·trol** *s econ.* Deˈvisenbewirtschaftung *f,* -konˌtrolle *f.* ~ **deal·er** *s econ. Br.* Deˈvisenhändler *m.* ~ **em·bar·go** *s econ.* Deˈvisensperre *f.* ~ **line** *s teleph.* Amtsleitung *f.* ~ **list** *s econ.* (Deˈvisen)Kurszettel *m.* ~ **of·fice** *s econ.* 'Umrechnungs-, Wechselkurs *m.* ~ **stu·dent** *s* 'Austauschstuˌdent(in). ~ **teach·er** *s* Austauschlehrer(in). ~ **trans·fu·sion** *s med.* Blutaustausch *m.*

ex·cheq·uer [ɪksˈtʃekə(r); *Am. a.* ˈeksˌ-] *s* 1. *Br.* Staatskasse *f,* Fiskus *m:* **the E**~ das Finanzministerium. 2. **(Court of) E**~ *hist.* Fiˈnanzgericht *n.* 3. *econ.* Geldmittel *pl,* Fiˈnanzen *pl,* Kasse *f (e-r Firma).* ~ **bill** *s econ. Br. obs. (kurzfristiger)* Schatzwechsel. ~ **bond** *s econ. Br. (langfristige)* Schatzanweisung.

ex·cis·a·ble [ekˈsaɪzəbl; ɪk-; *bes. Am.* ˈekˌ-] *adj econ.* (be)steuerbar, verbrauchssteuerpflichtig.

ex·cise¹ [ekˈsaɪz; ɪk-] *v/t* 1. *med.* her'ausschneiden, entfernen. 2. *fig.* ausmerzen.

ex·cise² **I** *v/t* [ekˈsaɪz; *Am.* ˈekˌsaɪz] *j-n* besteuern. **II** *s* [ekˈsaɪz] *a.* ~ **duty** Verbrauchssteuer *f (auf inländischen Waren).*

ex·cise¦ li·cence *s Br.* 'Schankkonzesˌsiˌon *f.* **~-man** [-mæn] *s irr Br. hist.* Steuereinnehmer *m.* ~ **tax** *s Am.* 1. → **excise²** II. 2. Gewerbesteuer *f.*

ex·ci·sion [ekˈsɪʒn; ɪk-] *s* 1. *med.* Exziˈsiˌon *f,* Herˈausschneiden *n,* Entfernung *f.* 2. *fig.* Ausmerzung *f.*

ex·cit·a·bil·i·ty [ɪkˌsaɪtəˈbɪlətɪ] *s* Reiz-, Erregbarkeit *f,* Nervosiˈtät *f.* **exˈcit·a·ble** *adj* reizbar, (leicht) erregbar, nerˈvös. **exˈcit·a·ble·ness** *s* excitability. **ex·cit·ant** [ˈeksɪtənt; ɪkˈsaɪt-] **I** *adj* erregend: ~ **drug** → II. **II** *s med. pharm.* Reizmittel *n,* Stimulans *n.* **ex·ci·ta·tion** [ˌeksɪˈteɪʃn; *Am. a.* ˌekˌsaɪ-] *s* 1. *a. chem. electr.* An-, Erregung *f:* ~ **energy** *phys.* Anregungsenergie *f;* ~ **voltage** *electr.* Erregerspannung *f.* 2. *med.* Reiz *m,* Stimulus *m.*

ex·cite [ɪkˈsaɪt] *v/t* 1. er-, aufregen: **to** ~ **o.s.,** to get ~d sich aufregen, sich ereifern (**over** über *acc*). 2. *j-n* (an-, auf-)reizen, aufstacheln. 3. *Interesse etc* erregen, (er)wecken, herˈvorrufen, *Appetit, Phantasie* anregen. 4. *med.* e-n *Nerv* reizen. 5. (*sexuell*) erregen. 6. *phot.* lichtempfindlich machen, präpaˈrieren. 7. *electr.* 8. *Atomphysik:* den *Kern* anregen. **exˈcit·ed** *adj (adv* ~ly) erregt, aufgeregt. **exˈcite·ment** *s* 1. Er-, Aufregung *f* (**over** über *acc*). 2. *med.* Reizung *f.* 3. Aufgeregtheit *f.* **exˈcit·er** *s* 1. *med. pharm.* Reizmittel *n,* Stimulans *n.* 2. *electr.* Erˈreger(maˌschine *f*) *m:* ~ **circuit** Erreger(strom)kreis *m;* ~ **lamp** Erregerlampe *f.* **exˈcit·ing** *adj (adv* ~ly) 1. anregend. 2. erregend, aufregend, spannend, nervenaufpeitschend. 3. *electr.* Erreger...: ~ **current. exˈci·tor** [-tə(r)] *s anat.* Reiznerv *m.*

ex·claim [ɪkˈskleɪm] **I** *v/i* 1. (auf-)schreien. 2. eifern, wettern (**against** gegen). **II** *v/t* 3. etwas (aus)rufen, ausˌherˈvorstoßen.

ex·cla·ma·tion [ˌekskləˈmeɪʃn] *s* 1. Ausruf *m,* (Auf)Schrei *m:* ~ **of pain** Schmerzensschrei *m;* ~**s of delight** Freudengeschrei *m.* 2. *(heftiger)* Proˈtest. 3. *ling.* a) Interjektiˈon *f,* b) Ausrufesatz *m.* ~ **mark,** *Am. a.* ~ **point** *s* Ausrufe-, Ausrufungszeichen *n.*

ex·clam·a·to·ry [ekˈsklæmətərɪ; *Am.* ɪksˈklæmətɔːrɪ; -ˌtɔː-] *adj* 1. exklamaˈtorisch: ~ **style.** 2. Ausrufe...: ~ **sentence.**

ex·clave [ˈekskleɪv] *s* Exˈklave *f.*

ex·clo·sure [ekˈskləʊʒə(r)] *s* eingezäuntes (Wald)Gebiet.

ex·clude [ɪkˈskluːd] *v/t* ausschließen (**from** von): **not excluding myself** ich selbst nicht ausgenommen.

ex·clu·sion [ɪkˈskluːʒn] *s* 1. Ausschließung *f,* Ausschluß *m* (**from** von): **to the** ~ **of** unter Ausschluß von (*od. gen*); **he studied history, to the** ~ **of all other subjects** er studierte ausschließlich Geschichte; ~ **principle** a) *phys.* Äquivalenzprinzip *n,* b) *math.* Prinzip *n* der Ausschließung. 2. Ausnahme *f.* 3. *tech.* (Ab)Sperrung *f.* **exˈclu·sion·ism** [-ʒnɪzəm] *s* exkluˈsive Grundsätze *pl.*

ex·clu·sive [ɪkˈskluːsɪv] **I** *adj* 1. ausschließend; ~ **of** ausschließlich (*gen*), abgesehen von, ohne; **to be** ~ **of s.th.** etwas ausschließen; **to be mutually** ~ einander ausschließen. 2. a) ausschließlich, alˈleinig, Allein...: ~ **agent** Alleinvertreter *m;* ~ **jurisdiction** *jur.* ausschließliche Zuständigkeit; **to be** ~ **to** beschränkt sein auf (*acc*), allein vorkommen in (*dat*) *od.* bei, b) Exklusiv...: ~ **contract** (interview, report, rights, *etc*). 3. exkluˈsiv: a) vorˈnehm, b) anspruchsvoll. 4. unnahbar. **II** *s* 5. Exkluˈsivbericht *m.* **exˈclu·sive·ly** *adv* nur, ausschließlich. **ex-**

'clu·sive·ness *s* **1.** Ausschließlichkeit *f*. **2.** Exklusivi'tät *f*.
ex·cog·i·tate [eks'kɒdʒɪteɪt; *Am.* ek'skɑdʒə-] *v/t* (sich) *etwas* ausdenken, erdenken, ersinnen. **ex͵cog·i'ta·tion** *s* **1.** Ersinnen *n*. **2.** Plan *m*.
ex·com·mu·ni·cate *R.C.* **I** *v/t* [͵ekskə'mju:nɪkeɪt] exkommuni'zieren, aus der Kirche ausschließen. **II** *adj* [-kət] exkommuni'ziert. **III** *s* [-kət] Exkommuni'zierte(r *m*) *f*. **ex͵com·mu·ni'ca·tion** *s R.C.* Exkommunikati'on *f*. **͵ex·com'mu·ni·ca·tive** [-kətɪv; *Am. bes.* -͵keɪtɪv], **͵ex·com'mu·ni·ca·to·ry** [-kətər; *Am.* -͵tɔːrɪː; -͵toː-] *adj R.C.* exkommuni'zierend, Exkommunikations...
ex·co·ri·ate [eks'kɔːrɪeɪt; *Am. a.* ek'skoʊ-] *v/t* **1.** die *Haut* ritzen, wund reiben, abschürfen. **2.** die Haut abziehen von. **3.** *fig.* heftig angreifen, vernichtend kriti'sieren (**for** wegen). **ex͵co·ri'a·tion** *s* **1.** (Haut)Abschürfung *f*. **2.** Wundreiben *n*.
ex·cor·ti·cate [eks'kɔː(r)tɪkeɪt] *v/t* ab-, entrinden.
ex·cre·ment ['ekskrɪmənt] *s* Kot *m*, Exkre'mente *pl*. **͵ex·cre'men·tal** [-'mentl] *adj* (*adv* ~ly), **͵ex·cre·men'ti·tious** [-men'tɪʃəs] *adj* (*adv* ~ly) kotartig, Kot...
ex·cres·cence [ɪk'skresns] *s* **1.** (*normaler*) (Aus)Wuchs. **2.** (*anomaler*) Auswuchs (*a. fig.*), Wucherung *f*. **ex'crescent** *adj* **1.** e-n Auswuchs darstellend. **2.** auswachsend. **3.** *fig.* 'überflüssig. **4.** *ling.* eingeschoben (*Konsonant*).
ex·cre·ta [ɪk'skriːtə] *s pl* Ex'krete *pl*. **excrete** [ek'skriːt; ɪk-] *v/t* absondern, ausscheiden. **ex'cre·tion** *s* **1.** Exkreti'on *f*, Absonderung *f*, Ausscheidung *f*. **2.** Ex'kret *n*. **ex'cre·tive** *adj* ausscheidend. **ex·cre·to·ry** [ek'skriːtərɪ; *Am.* 'ekskrɪ͵tɔːrɪ; -͵toː-] *biol. med.* **I** *adj* **1.** Exkretions..., Ausscheidungs... **2.** exkre'torisch, absondernd, abführend. **II** *s* **3.** 'Ausscheidungs͵organ *n*.
ex·cru·ci·ate [ɪk'skruːʃɪeɪt] *v/t* **1.** *obs.* martern, foltern. **2.** *fig.* quälen. **ex'cru·ci·at·ing** *adj* (*adv* ~ly) **1.** qualvoll, peinigend (**to** für). **2.** *colloq.* schauderhaft, unerträglich. **ex͵cru·ci'a·tion** *s* **1.** *obs.* Marter *f*. **2.** *fig.* Qual *f*.
ex·cul·pa·ble [eks'kʌlpəbl] *adj* entschuldbar, zu rechtfertigen(d).
ex·cul·pate ['ekskʌlpeɪt] *v/t* **1.** reinwaschen, rechtfertigen, entlasten, freisprechen (**from** von). **2.** *j-m* als Entschuldigung dienen. **͵ex·cul'pa·tion** *s* Entschuldigung *f*, Entlastung *f*, Rechtfertigung *f*. **ex'cul·pa·to·ry** [-pətərɪ; *Am.* -͵tɔːrɪː; -͵toː-] *adj* rechtfertigend, entlastend, Rechtfertigungs...
ex·cur·sion [ɪk'skɜːʃn; *Am.* ɪk'skɜːrʒən] *s* **1.** *fig.* Abschweifung *f*, Ex'kurs *m*. **2.** Ausflug *m*: **scientific** ~ wissenschaftliche Exkursion; ~ **ticket** *rail.* (Sonntags-)Ausflugskarte *f*; ~ **train** Sonder-, Ausflugszug *m*. **3.** Streifzug *m*. **4.** *astr.* Abweichung *f*. **5.** *phys.* Ausschlag *m* (*des Pendels etc*). **6.** *tech.* Weg *m* (*e-s Maschinenteils*), *z. B.* (Kolben)Hub *m*. **ex'cursion·ist** *s* Ausflügler(in).
ex·cur·sive [ek'skɜːsɪv; *Am.* ɪk'skɜːr-] *adj* (*adv* ~ly). **1.** um'herschweifend. **2.** *fig. a*) abschweifend, *b*) sprunghaft, *c*) weitschweifig. **ex'cur·sus** [-səs] *pl* **-sus·es, -sus** *s* Ex'kurs *m*: a) *Erörterung e-s Sonderproblems in e-r wissenschaftlichen Abhandlung*, b) *Anhang m*.
ex·cus·a·ble [ɪk'skjuːzəbl] *adj* (*adv* excusably) entschuldbar, verzeihlich. **ex'cus·a·to·ry** [-tərɪ; *Am.* -͵tɔːrɪː; -͵toː-] *adj* entschuldigend, Rechtfertigungs...
ex·cuse I *v/t* [ɪk'skjuːz] **1.** *j-n od. etwas* entschuldigen, rechtfertigen, *j-m od. etwas* verzeihen: ~ **me!** a) entschuldigen Sie!, Verzeihung!, b) (*als Widerspruch*) keineswegs!, aber erlauben Sie mal!; ~ **me for being late,** ~ **my being late** verzeih, daß ich zu spät komme; ~ **my interrupting you** entschuldigen Sie die Unterbrechung; **please** ~ **my mistake** bitte entschuldigen Sie m-n Irrtum; **to** ~ **o.s.** sich entschuldigen *od.* rechtfertigen; **may I be** ~**d?** *bes. ped.* darf ich mal verschwinden? **2.** Nachsicht haben mit (*j-m*). **3.** *neg* für (*etwas*) e-e Entschuldigung finden: **I cannot** ~ **his conduct** ich kann sein Verhalten nicht gutheißen. **4.** *meist pass* (**from**) *j-n* befreien (von), entheben (*gen*), *j-m* erlassen (*acc*): **to be** ~**d from attendance** von der Teilnahme befreit sein *od.* werden; **to be** ~**d from duty** dienstfrei bekommen; **I must be** ~**d from doing this** ich muß es leider ablehnen, dies zu tun; **I beg to be** ~**d** bitte, mich zu entschuldigen; **he begs to be** ~**d** er läßt sich entschuldigen. **5.** *j-m etwas* erlassen.
II *s* [ɪk'skjuːs] **6.** Entschuldigung *f*: **to offer** (*od.* **make**) **an** ~ e-e Entschuldigung vorbringen, sich entschuldigen; **in** ~ **of** als *od*. zur Entschuldigung für; **make my** ~**s to her** entschuldige mich bei ihr. **7.** Entschuldigungs-, Milderungsgrund *m*, Rechtfertigung *f*: **there is no** ~ **for his conduct** für sein Verhalten gibt es keine Entschuldigung *od*. Rechtfertigung; **without** (**good**) ~ unentschuldigt. **8.** Ausrede *f*, -flucht *f*, Vorwand *m*: **a mere** ~; **to make** ~**s** Ausflüchte machen. **9.** *fig.* dürftiger Ersatz: **a poor** ~ **for a car** ,e-e armselige Kutsche'.
ex'cuse-me *s* Tanz *m* mit Abklatschen.
͵ex·di'rec·to·ry *adj*: ~ **number** *teleph. Br.* Geheimnummer *f*.
ex·e·at ['eksɪæt] (*Lat.*) *s Br.* Urlaub *m* (*für Schüler od. Studenten*).
ex·e·cra·ble ['eksɪkrəbl] *adj* (*adv* execrably) ab'scheulich, scheußlich: ~ **crime**; ~ **taste**. **'ex·e·crate** [-kreɪt] **I** *v/t* **1.** verwünschen, verfluchen. **2.** verabscheuen. **II** *v/i* **3.** fluchen. **͵ex·e'cra·tion** *s* **1.** Verwünschung *f*, Fluch *m*. **2.** Abscheu *m*: **to hold in** ~ verabscheuen. **'ex·e·cra·tive** [-kreɪtɪv], **'ex·e·cra·to·ry** [-kreɪtərɪ; *Am. a.* -krə͵toʊrɪ] *adj* verwünschend, Verwünschungs...
ex·e·cut·a·ble ['eksɪkjuːtəbl] *adj* **1.** 'durch-, ausführbar. **2.** voll'ziehbar.
ex·ec·u·tant [ɪɡ'zekjʊtənt; *Am. a.* -kə-tənt] *s* Ausführende(r *m*) *f*, *bes. mus.* Vortragende(r *m*) *f*.
ex·e·cute ['eksɪkjuːt] *v/t* **1.** e-n *Auftrag, Plan etc* aus-, 'durchführen, e-n *Vertrag* erfüllen: **to** ~ **a dance step** e-n Tanzschritt machen; **a statue** ~**d in bronze** e-e in Bronze ausgeführte Statue. **2.** ausüben: **to** ~ **an office**. **3.** *mus.* vortragen, spielen. **4.** *jur. a*) *e-e Urkunde etc* (rechtsgültig) ausfertigen, durch 'Unterschrift, Siegel *etc* voll'ziehen, b) *e-e Vollmacht* ausstellen, c) *ein Testament* (rechtsgültig) errichten, d) *ein Urteil* voll'ziehen, voll-'strecken, e) *j-n* 'hinrichten. **'ex·e·cut·er** → executor.
ex·e·cu·tion [͵eksɪ'kjuːʃn] *s* **1.** Aus-, 'Durchführung *f*: **to carry** (*od.* **put**) **s.th. into** ~ etwas ausführen; **in the** ~ **of one's duty** in Ausübung s-r Pflicht. **2.** (*Art u. Weise der*) Ausführung: a) *mus.* Vortragung *m*, Spiel *n*, Technik *f*, b) *Darstellung f, Stil m (art u. Literatur)*. **3.** *jur. a*) (rechtsgültige) Ausfertigung (*e-r Urkunde*), b) Ausstellung *f* (*e-r Vollmacht*), c) (rechtsgültige) Errichtung (*e-s Testaments*), d) Voll'ziehung *f*, -'streckung *f* (*e-s Urteils*), e) 'Hinrichtung *f*: **place of** ~ Richtplatz *m*, f) 'Zwangsvoll͵streckung *f*, Pfändung *f*: **to levy** ~ **against a company** die Zwangsvollstreckung in das Vermögen e-r Gesellschaft betreiben; **sale under** ~ Zwangsversteigerung *f*; **to take in** ~ *etwas* pfänden; **writ of** ~ Vollstreckungsbefehl *m*. **4. to do** ~ Verheerungen anrichten (*Waffen*). **͵ex·e'cu·tion·er** *s* **1.** Henker *m*, Scharfrichter *m*. **2.** *sport* Voll'strecker *m*.
ex·ec·u·tive [ɪɡ'zekjʊtɪv; *Am. a.* -kətɪv] **I** *adj* (*adv* ~ly). **1.** ausübend, voll'ziehend, *pol.* Exekutiv...: ~ **power**, ~ **authority** → 3; ~ **officer** *Br.* Verwaltungsbeamte(r) *m* (→ 2); ~ **order** *Am.* (*vom Präsidenten erlassene*) Durchführungsverordnung; ~ **session** *parl. Am.* Geheimsitzung *f*. **2.** *econ.* geschäftsführend, leitend: ~ **board** Vorstand *m* (*e-r Gesellschaft*); ~ **committee** Exekutivausschuß *m*; ~ **floor** Chefetage *f*; ~ **officers** Geschäfts-, Unternehmensleitung *f* (→ 1); ~ **post** (*od.* **position**) leitende Stellung; ~ **secretary** *Am.* Geschäftsführer *m* (*e-s Vereins, e-r Gesellschaft*); ~ **staff** leitende Angestellte *pl*. **II** *s* **3.** *pol.* Exeku'tive *f*, voll'ziehende Gewalt (*im Staat*). **4.** *a.* **senior** ~ *econ.* leitender Angestellter. **5.** *mil. Am.* stellvertretender Komman'deur.
ex·ec·u·tor [ɪɡ'zekjʊtə(r); *Am. a.* -kətər] *s jur.* (*durch Testament eingesetzter*) Erbschaftsverwalter *od.* (*ungenau:*) Testa'mentsvoll͵strecker: ~ **de son tort** unrechtmäßiger Erbschaftsverwalter; **literary** ~ Nachlaßverwalter *m* e-s Autors. **ex͵ec·u'to·ri·al** [-'tɔːrɪəl; *Am. a.* -'toʊ-] *adj* Verwaltungs... **ex'ec·u·tor·ship** *s* Amt *n* e-s Erbschaftsverwalters *od*. (*ungenau:*) Testa'mentsvoll͵streckers. **ex'ec·u·to·ry** [-tərɪ; *Am.* -͵tɔːrɪː; -͵toː-] *adj* **1.** *econ. jur.* erfüllungsbedürftig, (aufschiebend) bedingt: ~ **contract**; ~ **purchase** Bedingungskauf *m*. **2.** Ausführungs..., Vollziehungs... **ex'ec·u·trix** [-trɪks] *pl* **-tri·ces** [ɪɡ͵zekjʊ'traɪsiːz; *Am.* -kə-], **-trix·es** *s jur.* (*durch Testament eingesetzte*) Erbschaftsverwalterin *od*. (*ungenau:*) Testa'mentsvoll͵streckerin.
ex·e·ge·sis [͵eksɪ'dʒiːsɪs] *pl* **-ses** [-siːz] *s* Exe'gese *f*, (*bes. Bibel*)Auslegung *f*.
ex·e·gete ['eksɪdʒiːt] *s* Exe'get *m*. **͵ex·e·get·ic** [-'dʒetɪk] **I** *adj* (*adv* ~ally) exe'getisch, erklärend, auslegend. **II** *s pl* (*meist als sg konstruiert*) Exe'getik *f* (*Wissenschaft der Exegese*). **͵ex·e'get·i·cal** [-kl] → **exegetic I. ͵ex·e'get·ist** → **exegete**.
ex·em·plar [ɪɡ'zemplə(r); -lɑː(r)] *s* **1.** Muster(beispiel) *n*, Vorbild *n*. **2.** typisches Beispiel (**of** für). **3.** *print.* (Druck-)Vorlage *f*. **ex'em·pla·ri·ness** [-plərɪnɪs] *s* Musterhaftigkeit *f*, -gültigkeit *f*. **ex'em·pla·ry** (*adv* **exemplarily**) **1.** exem'plarisch: a) beispiel-, musterhaft, b) warnend, abschreckend (*Strafe etc*): ~ **damages** *jur.* verschärfter Schadenersatz. **2.** typisch, Muster...
ex·em·pli·fi·ca·tion [ɪɡ͵zemplɪfɪ'keɪʃn] *s* **1.** Erläuterung *f od.* Belegung *f* durch Beispiele, Veranschaulichung *f*: **in** ~ **of** zur Erläuterung (*gen*). **2.** Beleg *m*, Beispiel *n*, Muster *n*. **3.** *jur.* beglaubigte Abschrift. **ex'em·pli·fy** [-faɪ] *v/t* **1.** veranschaulichen: a) durch Beispiele erläutern, an Beispielen illu'strieren, b) als Beispiel dienen für. **2.** *jur.* a) e-e (beglaubigte) Abschrift machen von, b) durch beglaubigte Abschrift nachweisen.
ex·em·pli gra·ti·a [ɪɡ͵zemplaɪ'greɪʃɪə; -plɪ'ɡrɑːtɪɑː] (*Lat.*) zum Beispiel.
ex·empt [ɪɡ'zempt] **I** *v/t* **1.** *j-n* befreien (**from** von *Steuern, Verpflichtungen etc*): **to be** ~**ed from s.th.** von etwas ausgenommen werden *od.* sein; **to** ~ **s.o. from liability** *j-s* Haftung ausschließen;

exemption – exit

~ed amount *econ.* (Steuer)Freibetrag *m.* **2.** *mil.* (*vom Wehrdienst*) freistellen. **II** *adj* **3.** befreit, ausgenommen, frei (from von): ~ from taxation steuerfrei. **III** *s* **4.** (*von Steuern etc*) Befreite(r *m*). **ex·'emp·tion** [-pʃn] *s* **1.** Befreiung *f*, Freisein *n* (from von): ~ from liability *jur.* Haftungsausschluß *m*; ~ from taxes Steuerfreiheit *f*. **2.** *mil.* Freistellung *f* (*vom Wehrdienst*). **3.** Sonderstellung *f*, Vorrechte *pl.* **4.** *pl jur.* unpfändbare Gegenstände *pl.* **5.** *econ. Am.* (Steuer)Freibetrag *m.*

ex·en·ter·ate [ɪgˈzentəreɪt] *v/t* ausnehmen, *erlegtes Tier a.* ausweiden.

ex·e·qua·tur [ˌeksɪˈkweɪtə(r)] *s* Exe'quatur *n*: a) amtliche Anerkennung e-s Konsuls durch den Empfangsstaat, b) staatliche Erlaubnis zur Publikation kirchlicher Akte.

ex·e·quies [ˈeksɪkwɪz] *s pl* Ex'equien *pl*, Begräbnisfeier *f*, Totenmesse *f*.

ex·er·cis·a·ble [ˈeksə(r)saɪzəbl] *adj* ausübbar, anwendbar.

ex·er·cise [ˈeksə(r)saɪz] **I** *s* **1.** Ausübung *f* (*e-r Kunst, der Macht, e-r Pflicht, e-s Rechts etc*), Geltendmachung *f* (*von Einfluß, Rechten etc*), Anwendung *f*, Gebrauch *m*: ~ of an office Ausübung e-s Amtes; **in the ~ of their powers** in Ausübung ihrer Machtbefugnisse. **2.** (*körperliche od. geistige*) Übung, (*körperliche*) Bewegung: **to do one's ~s** Gymnastik machen; **he doesn't get enough bodily** (*od.* **physical**) **~** er bewegt sich nicht genug; **to take ~** sich Bewegung machen (*im Freien*); **~ on the horizontal bar** (*Turnen*) Reckübung; **~ therapy** *med.* Bewegungstherapie *f*. **3.** *mil.* a) Exer'zieren *n*, b) Übung *f*, ('Übungs)Ma,növer *n*. **4.** Übung(sarbeit) *f*, Schulaufgabe *f*: ~ **book** Schul-, Schreibheft *n*. **5.** *mus.* Übung(sstück *n*) *f*. **6.** Andacht(sübung) *f*, Gottesdienst *m*. **7.** *meist pl Am.* Feierlichkeiten *pl*. **II** *v/t* **8.** ein Amt, ein Recht, Macht, e-n Einfluß ausüben, ein Recht, Einfluß, Macht geltend machen, *etwas* anwenden: **to ~ care** Sorgfalt walten lassen; **to ~ functions** Tätigkeiten ausüben, Aufgaben wahrnehmen. **9.** den Körper, Geist üben, trai'nieren. **10.** *j-n* üben, drillen, ausbilden, *s-e Glieder, Pferde* bewegen. **11. to ~ s.o.** (*od.* **s.o.'s mind**) j-n stark beschäftigen *od.* plagen *od.* beunruhigen: **to be ~d by** (*od.* **about**) s.th. über *etwas* beunruhigt sein. **12.** *fig.* Geduld *etc* üben, an den Tag legen. **III** *v/i* **13.** sich Bewegung machen: **he doesn't ~ enough** er bewegt sich nicht genug. **14.** *sport etc* üben, trai'nieren. **15.** *mil.* exer'zieren. **'ex·er·cis·er** *s* Trainingsgerät *n*.

ex·er·ci·ta·tion [egˌzɜːsɪˈteɪʃn; *Am.* ɪgˌzɜːrsəˈt-] *obs. für* **exercise** I.

ex·er·gue [ekˈsɜːɡ; *Am.* ˈekˌsɜrɡ] *s* (*auf Münzen*) Exergue *f*, Abschnitt *m.*

ex·ert [ɪɡˈzɜːt; *Am.* ɪɡˈzɜrt] *v/t* **1.** (ge)brauchen, anwenden, *Einfluß, phys. e-e Kraft* ausüben: **to ~ one's authority** s-e Autori'tät geltend machen; **to ~ pressure on s.o.** auf j-n Druck ausüben, j-n unter Druck setzen. **2. ~ o.s.** sich anstrengen, sich bemühen (for um). **ex·'er·tion** *s* **1.** Ausübung *f*, Anwendung *f*. **2.** Anstrengung *f*: a) Stra'paze *f*, b) Bemühung *f*.

ex·e·unt [ˈeksɪʌnt] (*Lat.*) *thea.* Bühnenanweisung: (sie gehen) ab: ~ **omnes** alle ab.

ex·fo·li·ate [eksˈfəʊlɪeɪt] **I** *v/t* **1.** (in Schuppen) abwerfen. **2.** *med.* die Haut in Schuppen ablegen, *die Knochenoberfläche* abschälen. **3.** *fig.* entfalten, entwickeln. **II** *v/i* **4.** abblättern, sich abschälen. **5.** *geol.* sich abschiefern. **6.** *fig.* sich entfalten *od.* entwickeln. **ex·fo·li·'a·tion** *s* Abblätterung *f*.

ex·ha·la·tion [ˌekshəˈleɪʃn] *s* **1.** Ausatmen *n*. **2.** Verströmen *n*. **3.** a) Gas *n*, b) Geruch *m*, c) Rauch *m.*

ex·hale [eksˈheɪl; ɪɡˈzeɪl] **I** *v/t* **1.** ausatmen. **2.** *Gas, Geruch etc* verströmen, *Rauch* ausstoßen. **II** *v/i* **3.** ausströmen (from aus). **4.** ausatmen.

ex·haust [ɪɡˈzɔːst] **I** *v/t* **1.** *bes. tech.* a) (ent)leeren, *a. luftleer* pumpen, b) *Luft, Wasser etc* her'auspumpen, *Gas* auspuffen, c) absaugen. **2.** *allg.* erschöpfen: a) *agr.* den Boden ausmergeln, b) Bergbau: *ein Lager* völlig abbauen, c) *Vorräte* ver-, aufbrauchen, d) *j-n* ermüden, entkräften, e) *j-s Kräfte* strapa'zieren: **to ~ s.o.'s patience** j-s Geduld erschöpfen, f) *ein Thema* erschöpfend ab- *od.* behandeln: **to ~ all possibilities** alle Möglichkeiten ausschöpfen. **II** *v/i* **3.** sich entleeren. **4.** ausströmen (*Dampf etc*). **III** *s* **5.** *tech.* a) Dampfaustritt *m*, b) Abgas *n*, Auspuffgase *pl*, c) Auspuff *m*, d) → **exhauster**. **~ brake** *s* Motorbremse *f.*

ex·'haust·ed *adj* **1.** verbraucht, erschöpft, aufgebraucht (*Vorräte*), vergriffen (*Auflage*). **2.** erschöpft, ermattet. **3.** *econ.* abgelaufen (*Versicherung*). **ex·'haust·er** *s tech.* (Ent)Lüfter *m*, Absaugevorrichtung *f*, Ex'haustor *m.* **ex·'haust·i·ble** *adj* erschöpfbar. **ex·'haust·ing** *adj* erschöpfend, ermüdend, anstrengend, strapazi'ös.

ex·haus·tion [ɪɡˈzɔːstʃən] *s* **1.** *bes. tech.* (Ent)Leerung *f*. **2.** *tech.* a) Her'auspumpen *n* (*von Luft, Wasser etc*), Auspuffen *n* (*von Gas*), b) Absaugung *f*. **3.** Ausströmen *n* (*von Dampf etc*), *allg.* Erschöpfung *f*: a) *agr.* Ausmergelung *f* (*des Bodens*), b) *Bergbau*: völliger Abbau (*e-s Lagers*), c) völliger Verbrauch (*von Vorräten*), d) Ermüdung *f*, Entkräftung *f*, *med. a.* ner'vöser Erschöpfungszustand. **5.** *math.* Approximati'on *f*, Exhausti'on *f*: **method of ~** Approximationsmethode *f.*

ex·'haus·tive [-tɪv] *adj* (*adv* **~ly**) **1.** *obs.* → **exhausting**. **2.** *fig.* erschöpfend: **~ investigation**; **to cover in ~ detail** *ein Thema* erschöpfend ab- *od.* behandeln.

ex·'haust·less *adj* unerschöpflich.

ex·haust | noz·zle *s tech.* Schubdüse *f.* **~ pipe** *s tech.* Auspuffrohr *n*. **~ pol·lu·tion** *s* Luftverschmutzung *f* durch Abgase. **~ steam** *s tech.* Abdampf *m*. **~ stroke** *s tech.* Auspuffhub *m*. **~ valve** *s tech.* ˈAuslaßvenˌtil *n.*

ex·hib·it [ɪɡˈzɪbɪt] **I** *v/t* **1.** ausstellen, zeigen: **to ~ goods**; **to ~ paintings**. **2.** *fig.* zeigen, an den Tag legen, *zur Schau* stellen. **3.** *jur.* *e-e Urkunde* vorlegen, vorzeigen, *Beweise* beibringen. **II** *v/i* **4.** ausstellen (**at a fair** auf e-r Messe). **III** *s* **5.** Ausstellungsstück *n*, Expo'nat *n.* **6.** *jur.* a) Beweisstück *n*, b) als Beweis vorgelegte Urkunde.

ex·hi·bi·tion [ˌeksɪˈbɪʃn] *s* **1.** a) Ausstellung *f*, b) Vorführung *f*: **~ contest** *sport* Schaukampf *m*; **to be on ~** ausgestellt sein, zu sehen sein; **to make an ~ of o.s.** sich lächerlich *od.* zum Gespött machen. **2.** Zur'schaustellung *f*: **what an ~ of bad manners!** der *etc* hat vielleicht ein Benehmen!; **an opportunity for the ~ of one's knowledge** e-e Möglichkeit, sein Wissen zu zeigen. **3.** *jur.* Vorlage *f* (*e-r Urkunde*), Beibringung *f* (*von Beweisen*). **4.** *univ. Br.* Sti'pendium *n.* ˌex·hi·'bi·tion·er *s univ.* Stipendi'at *m.* ˌex·hi·ˈbi·tion·ism *s* Exhibitio'nismus *m.* ˌex·hi·'bi·tion·ist *psych. u. fig.* **I** *s* Exhibitio'nist *m*. **II** *adj* exhibitio'nistisch. **'ex·hi,bi·tion·is·tic** → **exhibitionist** II. **ex·hib·i·tor** [ɪɡˈzɪbɪtə(r)] *s* **1.** Aussteller *m*. **2.** Kinobesitzer *m.*

ex·hil·a·rant [ɪɡˈzɪlərənt] *adj* **1.** auf-, erheiternd. **2.** belebend, erfrischend. **ex·'hil·a·rate** [-reɪt] *v/t* **1.** auf-, erheitern. **2.** beleben, erfrischen. **ex·'hil·a·rat·ing** → **exhilarant**. ex·ˌhil·a·'ra·tion *s* **1.** Erheiterung *f*. **2.** Heiterkeit *f*. **ex·'hil·a·ra·tive** [-rətɪv; *Am.* -ˌreɪtɪv] → **exhilarant**.

ex·hort [ɪɡˈzɔː(r)t] *v/t j-n* ermahnen (**to** zu; **to do** zu tun). **ex·hor·ta·tion** *s* Ermahnung *f.* **ex·'hor·ta·tive** [ɪɡˈzɔː(r)tətɪv] *adj* (*adv* **~ly**), **ex·'hor·ta·to·ry** [-tərɪ; *Am.* -ˌtɔːriː-] *adj* (*adv* **exhortatorily**) (er)mahnend.

ex·hu·ma·tion [ˌekshjuːˈmeɪʃn] *s* Exhu'mierung *f*. **ex·'hume** [eksˈhjuːm; *Am.* ɪɡˈzuːm; -ˈjuːm] *v/t* **1.** *e-e Leiche* exhu'mieren. **2.** *fig.* ausgraben.

ex·i·gen·cy [ˈeksɪdʒənsɪ; ɪɡˈzɪdʒənsɪ], *a.* **'ex·i·gence** *s* **1.** Dringlichkeit *f*. **2.** Not (-lage) *f*. **3.** *meist pl* (An)Forderung *f*. **'ex·i·gent** *adj* **1.** dringend, dringlich, kritisch. **2.** anspruchsvoll: **to be ~** hohe Anforderungen stellen.

ex·i·gi·ble [ˈeksɪdʒəbl] *adj* eintreibbar, einzutreiben(d).

ex·i·gu·i·ty [ˌeksɪˈɡjuːətɪ; *Am.* ˌeɡzɪ-] *s* Dürftigkeit *f*. **ex·ig·u·ous** [eɡˈzɪɡjʊəs; *Am.* ɪɡˈzɪɡjəwəs] *adj* dürftig (*Einkommen, Mahlzeit etc*).

ex·ile [ˈeksaɪl; ˈeɡzaɪl] **I** *s* **1.** a) Ex'il *n*, b) Verbannung *f*: **to go into ~** ins Exil gehen; **to live in ~** im Exil *od.* in der Verbannung leben; **to send into ~** 4; **government in ~** Exilregierung *f*; **place of ~** Exil, Verbannungsort *m*. **2.** a) Verbannte(r *m*) *f*, b) im Ex'il Lebende(r *m*) *f*. **3. the E~** *Bibl.* die Baby'lonische Gefangenschaft. **II** *v/t* **4.** a) exi'lieren, ins Ex'il schicken, b) verbannen (**from** aus), in die Verbannung schicken. **ex·il·i·an** [eɡˈzɪlɪən], **ex·il·ic** [eɡˈzɪlɪk] *adj* **1.** *Bibl.* die Baby'lonische Gefangenschaft betreffend. **2.** Exil..., ex'ilisch.

ex·ist [ɪɡˈzɪst] *v/i* **1.** exi'stieren, vor'handen sein, sich finden, vorkommen (**in** in *dat*): **to ~ as** existieren in Form von; **do such things ~?** gibt es so etwas?; **the right to ~** Existenzberechtigung *f*; **if he did not ~, it would be necessary to invent him** wenn es ihn nicht schon gäbe, müßte man ihn erfinden. **2.** exi'stieren, leben (**on** von). **3.** exi'stieren, bestehen. **ex·'ist·ence** *s* **1.** Exi'stenz *f*, Vor'handensein *n*, Vorkommen *n*: **to call into ~** ins Leben rufen; **to come into ~** entstehen; **to be in ~** bestehen, existieren; **to remain in ~** weiterbestehen. **2.** Exi'stenz *f*, Leben *n*, Dasein *n*: **a wretched** (*od.* **miserable**) **~** ein kümmerliches Dasein. **3.** Exi'stenz *f*, (Fort-) Bestand *m*. **ex·'ist·ent** *adj* **1.** exi'stierend, bestehend, vor'handen. **2.** gegenwärtig, augenblicklich (bestehend *od.* lebend).

ex·is·ten·tial [ˌeɡzɪˈstenʃl] *adj* (*adv* **~ly**) **1.** Existenz... **2.** *philos.* existenti'ell, Existential... ˌex·is·'ten·tial·ism *s* [-ʃəlɪzəm] *s philos.* Existentia'lismus *m*, Exi'stenzphiloso,phie *f*. ˌex·is·'ten·tial·ist *philos.* Existentia'list(in).

ex·it [ˈeksɪt; ˈeɡzɪt] *s* **1.** Abgang *m*: a) Abtreten *n* (*von der Bühne*): → **entrance**[1] 1, b) *fig.* Tod *m*: **to make one's ~** 6 a u. 7. **2.** (*a.* Not)Ausgang *m* (*im Kino etc*): ~ **polling** Nachfrage *f* (*bei Wahlen*). **3.** (Autobahn)Ausfahrt *f*. **4.** *tech.* Austritt *m*: **port of ~** Ausström-, Ausflußöffnung *f*; ~ **gas** Abgas *n*; ~ **heat** Abzugswärme *f*. **5.** Ausreise *f*: ~ **permit** Ausreiseerlaubnis *f*; ~ **visa** Ausreisevisum *n*. **II** *v/i* **6.** *thea.* a) abgehen, abtreten, b) *Bühnenanweisung:* (er, sie, es geht) ab: ~ **Macbeth** Macbeth ab. **7.** *fig.* sterben.

ex·i·tus ['eksɪtəs] s med. Exitus m, Tod m.
ex li·bris [eks'laɪbrɪs; Am. ek'sliːbrəs] (Lat.) pl **-bris** s Ex'libris n, Bücherzeichen n.
exo- [eksəʊ] Vorsilbe mit der Bedeutung außerhalb, äußerlich, außen.
ex·o·bi'ol·o·gy s Exo-, Ektobiolo'gie f (Wissenschaft vom außerirdischen [biologischen] Leben).
ex·o'can·ni·bal·ism s Exokanniba'lismus m (Verzehren von Angehörigen fremder Stämme).
ex·o·carp ['eksəʊkɑː(r)p] s bot. Exo'karp n, äußere Fruchthaut.
ex·o·crine ['eksəʊkraɪn; -krɪn] physiol. I adj 1. mit äußerer Sekreti'on, exo'krin: ~ **glands**. II s 2. äußere Sekreti'on. 3. exo'krine Drüse.
ex·o·derm ['eksəʊdɜːm; Am. -ˌdɜrm] → ectoderm.
ex·o'der·mis s bot. Exo'dermis f (äußeres Abschlußgewebe der Pflanzenwurzel).
ex·o·don·ti·a [ˌeksəʊ'dɒnʃɪə; -ʃə; Am. -'dɑn-] s, **ex·o'don·tics** [-tɪks] s pl (als sg konstruiert) med. 'Zahnchirurˌgie f.
ex·o'don·tist [-tɪst] s 'Zahnchirˌurg m.
ex·o·dus ['eksədəs] s 1. Auszug m (bes. der Juden aus Ägypten). 2. fig. Ab-, Auswanderung f: **general ~** allgemeiner Aufbruch; **~ of capital** econ. Kapitalabwanderung f; **rural ~** Landflucht f. 3. **E~** Bibl. Exodus m, Zweites Buch Mose.
ex of·fi·ci·o [ˌeksə'fɪʃɪəʊ] (Lat.) adv u. adj ex of'ficio, von Amts wegen: **the president is an ~ member of the committee** der Präsident gehört von Amts wegen dem Ausschuß an.
ex·og·a·my [ek'sɒɡəmɪ; Am. -'sɑ-] s Exoga'mie f (Heiratsordnung, nach der nur außerhalb e-r bestimmten sozialen Gruppe geheiratet werden darf).
ex·og·e·nous [ek'sɒdʒɪnəs; Am. -'sɑ-] adj exo'gen: a) med. außerhalb des Körpers entstehend, von außen kommend (Stoffe, Krankheitserreger), b) bot. außen entstehend (Pflanzenteile), c) geol. von Kräften erzeugt, die auf die Erdoberfläche einwirken.
ex·on ['eksɒn; Am. 'ekˌsɑn] s e-r der 4 Offiziere der Yeomen of the Guard.
ex·on·er·ate [ɪɡ'zɒnəreɪt; Am. -'zɑn-] v/t 1. e-n Angeklagten, a. e-n Schuldner entlasten (from von). 2. befreien, entbinden (from von): **to ~ s.o. from a duty**. 3. reinigen, freisprechen (from von): **to ~ s.o. from a suspicion**. **ex·onˌer'a·tion** s 1. Entlastung f. 2. Befreiung f. **ex'on·er·a·tive** [-rətɪv; Am. -ˌreɪtɪv] adj 1. entlastend. 2. befreiend.
ex·oph·thal·mi·a [ˌeksɒf'θælmɪə; Am. -af-] s med. Exophthal'mie f (krankhaftes Hervortreten des Augapfels).
'ex·o·plasm → ectoplasm.
ex·or·bi·tance [ɪɡ'zɔː(r)bɪtəns], a. **ex·'or·bi·tan·cy** [-sɪ] s Unverschämtheit f, Maßlosigkeit f. **ex'or·bi·tant** adj (adv ~ly) unverschämt: a) astro'nomisch: ~ **price** Phantasiepreis m, b) über'trieben, maßlos: ~ **demand**.
ex·or·cise ['eksɔː(r)saɪz] v/t 1. böse Geister austreiben, bannen, beschwören, exor'zieren. 2. j-n, e-n Ort (durch Beschwörung) von bösen Geistern befreien. **'ex·or·cism** s Exor'zismus m, Geisterbeschwörung f, Teufelsaustreibung f. **'ex·or·cist** s Exor'zist m, Geisterbeschwörer m, Teufelsaustreiber m. **'ex·or·cize** → exorcise.
ex·or·di·al [ek'sɔːdjəl; Am. eɡ'zɔːrdɪəl] adj einleitend. **ex'or·di·um** [-əm] pl **-ums** od. **-a** [-ə] s Einleitung f (e-r Rede, Abhandlung etc).

ex·o'skel·e·ton s biol. Ekto-, Exoskeˈlett n, 'Außen-, 'Hautskeˌlett n.
ex·os·mo·sis [ˌeksɒz'məʊsɪs; Am. ˌeksas'm-] s biol. chem. Exos'mose f (Wasseraustritt aus e-r lebenden Pflanzenzelle, der durch e-e sie umgebende Lösung mit hoher Konzentration verursacht wird).
'ex·oˌsphere s Exo'sphäre f (an die Ionosphäre angrenzende höchste Schicht der Atmosphäre).
'ex·o·spore s bot. Exo'sporium n, äußere Sporenhaut.
ex·os·to·sis [ˌeksɒ'stəʊsɪs; Am. -ɑs'-] s med. Exo'stose f, Knochenauswuchs m.
ex·o·ter·ic [ˌeksəʊ'terɪk] adj (adv ~ally) exo'terisch: a) für Außenstehende od. die Öffentlichkeit bestimmt, b) allgeˈmeinverständlich.
ex·ot·ic [ɪɡ'zɒtɪk; Am. -'zɑ-] I adj (adv ~ally) e'xotisch: a) ausländisch, fremd (-ländisch), b) fig. fremdartig, bi'zarr. II s E'xot m, fremdländischer od. -artiger Mensch od. Gegenstand (Pflanze, Sitte, Wort etc). **ex'ot·i·ca** [-kə] s pl E'xotika pl (fremdländische Kunstwerke). **ex'ot·i·cism** [-sɪzəm] s 1. ausländische Art. 2. (das) E'xotische. 3. ausländisches Idi'om. 4. Vorliebe f für das E'xotische.
ex·pand [ɪk'spænd] I v/t 1. ausdehnen, -spannen, entfalten. 2. econ. phys. etc, a. fig. ausdehnen, -weiten, erweitern: **~ed program(me)** erweitertes Programm. 3. e-e Abkürzung (voll) ausschreiben. 4. math. e-e Gleichung entwickeln. II v/i 5. econ. phys. etc, a. fig. sich ausdehnen od. erweitern: **his heart ~ed with joy** sein Herz schwoll vor Freude. 6. sich entwickeln, aufblühen (into zu). 7. fig. a) (vor Stolz, Freude etc) ˌaufblühen', b) aus sich her'ausgehen. 8. ~ **(up)on** → expatiate 1. **ex'pand·ed** adj 1. erweitert etc (→ expand I). 2. ~ **metal** Streckmetall n; ~ **plastics** Schaumkunststoffe pl. **ex'pand·er** s sport Ex'pander m. **ex'pand·ing** adj econ. phys. etc, a. fig. sich ausdehnend od. erweiternd: ~ **brake** tech. Innenbackenbremse f; ~ **mandrel** tech. Aufnahme-, Spanndorn m; ~ **universe** expandierender Kosmos.
ex·panse [ɪk'spæns] s 1. ausgedehnter Raum m, weite Fläche, Ausdehnung f, Weite f. 2. orn. Spannweite f, Spanne f.
ex·pan·si·bil·i·ty [ɪɡˌspænsɪ'bɪlɪtɪ] s (Aus)Dehnbarkeit f. **ex'pan·si·ble** adj (aus)dehnbar. **ex·'pan·sile** [-saɪl; Am. bes. -sl] adj (aus-) dehnbar, Ausdehnungs...
ex·pan·sion [ɪk'spænʃn] s 1. Ausbreitung f. 2. phys. Ausdehnung f, -dehnung f, Aufweitung f: ~ **due to heat** Wärmeausdehnung. 3. fig. a) (a. econ. Geschäfts)Erweiterung f, (a. econ. Export-, Kapital-, Industrie-, Produktions- etc) Ausweitung f, b) econ. Konjunk'turaufschwung m, c) pol. Expansi'on f. 4. ~ **of the ego** psych. gesteigertes Selbstgefühl. 4. (weiter) 'Umfang, Raum m, Weite f. 5. math. Entwicklung f (e-r Gleichung etc). ~ **cir·cuit break·er** s electr. Expansiˈonsschalter m. ~ **en·gine** s tech. Expansiˌonsmaschine f. **ex·pan·sion·ism** [ɪk'spænʃənɪzəm] s pol. Expansio'nismus m, Expansiˈonspoliˌtik f. **ex'pan·sion·ist** I s Anhänger(in) der Expansi'onspoliˌtik. II adj expansio'nistisch. **ex·ˌpan·sion·is·tic** → expansionist II.
ex·'pan·sion joint s tech. Dehn(ungs-) fuge f. ~ **ring** s tech. Spannring m. ~ **screw** s tech. Spreizschraube f. ~ **stroke** s tech. Arbeitshub m, -takt m.
ex·pan·sive [ɪk'spænsɪv] adj (adv ~ly) 1. ausdehnend, expandierend, expan'siv: ~ **force** tech. Expansions-, (Aus-) Dehnungskraft f. 2. ausdehnungsfähig. 3. weit, umˈfassend, ausgedehnt, breit.

4. fig. mitteilsam, aufgeschlossen, freundlich. 5. fig. 'überschwenglich. 6. psych. größenwahnsinnig. **ex'pan·sive·ness** s 1. Ausdehnung f. 2. Ausdehnungsvermögen n. 3. fig. Mitteilsamkeit f, Aufgeschlossenheit f, Freundlichkeit f. 4. fig. 'Überschwenglichkeit f. 5. psych. Größenwahn.
ex par·te [ˌeks'pɑː(r)tɪ] (Lat.) adj u. adv jur. einseitig, (seitens) 'einer Par'tei.
ex·pa·ti·ate [ek'speɪʃɪeɪt] v/i 1. sich auslassen, sich verbreiten (**on, upon** über acc). 2. (ziellos) herˈumwandern (a. fig.). **ex·ˌpa·ti'a·tion** s langatmige Auslassung, weitläufige Ausführung od. Erörterung. **ex'pa·ti·a·to·ry** [-ʃjətərɪ; Am. -ˌʃɪəˌtɔːrɪ; -ˌtoː-] adj weitläufig.
ex·pa·tri·ate [eks'pætrɪeɪt; Am. ek'speɪ-] I v/t 1. j-n ausbürgern, expatri'ieren, j-m die Staatsangehörigkeit aberkennen: **to ~ o.s.** → 2, 3. II v/i 2. s-e Staatsangehörigkeit aufgeben. 3. auswandern. III adj [-ət; -eɪt] 4. a) ausgebürgert, b) (ständig) im Ausland lebend. IV s [-ət; -eɪt] 5. a) Ausgebürgerte(r m) f, b) freiwillig im Ex'il od. (ständig) im Ausland Lebende(r m) f. **ex·ˌpa·tri'a·tion** s 1. Ausbürgerung f, Aberkennung f der Staatsangehörigkeit. 2. Auswanderung f. 3. Aufgabe f s-r Staatsangehörigkeit.
ex·pect [ɪk'spekt] I v/t 1. j-n erwarten (**to dinner** zum Essen), j-s Kommen erwarten: a) hoffen: **I ~ to see you soon; I ~ you to come** ich erwarte, daß du kommst, b) etwas gewärtigen: **this is just what I ~ed of (od. from) him** genau das habe ich von ihm erwartet, c) vor'hersehen, e-r Sache entgegensehen, d) rechnen auf (acc), verlangen: **that is not ~ed of you** das wird nicht von dir erwartet od. verlangt, e) oft neg gefaßt sein auf (acc): **I had not ~ed such a reply**. 3. colloq. vermuten, denken, annehmen, glauben: **I ~ so** ich nehme es an. II v/i 4. **to be ~ing** colloq. in anderen 'Umständen sein.
ex·ˈpec·tance s expectancy. **ex·pec·tan·cy** [ɪk'spektənsɪ] s 1. (of) Erwartung f (gen), Hoffnung f, Aussicht f (auf acc): **a look of ~** ein erwartungsvoller Blick. 2. Gegenstand m der Erwartung. 3. econ. jur. Anwartschaft f: **estate in ~** dingliches Anwartschaftsrecht auf Liegenschaften; **tables of ~** (Versicherungswesen) Lebenserwartungstafeln. **ex'pec·tant** I adj (adv ~ly) 1. erwartend: **to be ~ of s.th.** etwas erwarten; **~ heir** a) jur. Erb(schafts)anwärter m, b) Thronanwärter m. 2. erwartungsvoll. 3. zu erwarten(d). 4. med. abwartend: **~ method**. 5. schwanger, in anderen 'Umständen: **~ mother** werdende Mutter; **~ father** humor. Vater m in spe. II s 6. Anwärter(in).
ex·pec·ta·tion [ˌekspek'teɪʃn] s 1. Erwartung f, Erwarten n: **in ~ of** in Erwartung (gen); **beyond ~** über Erwarten; **on tiptoes with ~** gespannt vor Erwartung; **against** (od. **contrary to**) **~(s)** wider Erwarten; **according to ~(s)** erwartungsgemäß; **to come up to ~** den Erwartungen entsprechen; **to fall short of s.o.'s ~s** hinter j-s Erwartungen zurückbleiben. 2. Erwartung f: **to have great ~s** einmal viel (durch Erbschaft etc) zu erwarten haben. 3. oft pl Hoffnung f, Aussicht f (**of** auf acc): **~ of life** Lebenserwartung f; **in ~** zu erwarten(d). 4. math. Erwartungswert m. **E~ Week** s relig. die 10 Tage zwischen Himmelfahrt u. Pfingsten.
ex·pec·ta·tive [ɪk'spektətɪv] adj 1. ab-, erwartend. 2. Anwartschafts... **ex'pect·ed·ly** [-ɪdlɪ] adv erwartungsgemäß.
ex·pec·to·rant [ek'spektərənt; bes. Am.

expectorate – explicit

ɪk-] *med. pharm.* **I** *adj* schleimlösend. **II** *s* Ex'pektorans *n*, schleimlösendes Mittel. **ex·pec·to·rate** [-reɪt] **I** *v/t* a) Schleim auswerfen, aushusten, *Blut* spucken, b) ausspucken. **II** *v/i* a) Schleim auswerfen *od.* aushusten, Blut spucken, b) (aus)spucken. **ex,pec·to'ra·tion** *s* **1.** Auswerfen *n*, Aushusten *n*. **2.** (Aus)Spucken *n*. **3.** Auswurf *m*.

ex·pe·di·ence [ɪk'spiːdjəns; -dɪəns], **ex'pe·di·en·cy** [-sɪ] *s* **1.** Ratsamkeit *f*. **2.** Zweckdienlichkeit *f*, Nützlichkeit *f*. **3.** Eigennutz *m*, -nützigkeit *f*. **ex'pe·di·ent I** *adj (adv → expediently)* **1.** ratsam, angebracht. **2.** zweckdienlich, -mäßig, nützlich, praktisch, vorteilhaft. **3.** eigennützig. **II** *s* **4.** (Hilfs)Mittel *n*, (Not)Behelf *m*: **by way of ~** behelfsmäßig. **5.** Ausweg *m*. **ex·pe·di·en·tial** [-dɪˈenʃl] *adj* Zweckmäßigkeits..., Nützlichkeits... **ex'pe·di·ent·ly** *adv* zweckmäßigerweise.

ex·pe·dite ['ekspɪdaɪt] *v/t* **1.** beschleunigen, vor'antreiben: **to ~ matters** die Dinge beschleunigen, der Sache nachhelfen; **~d service** rail. Expreßdienst *m*. **2.** schnell ausführen *od.* vornehmen. **3.** expe'dieren, absenden, befördern. **ex·pe'di·tion** [-'dɪʃn] *s* **1.** Eile *f*, Schnelligkeit *f*. **2.** (Forschungs)Reise *f*, Expediti·on *f*: **on an ~** auf e-r Expedition. **3.** (Mitglieder *pl* e-r) Expediti·on *f*. **4.** *mil.* Feldzug *m*. **,ex·pe·di'tion·ar·y** [-'dɪʃənərɪ; *Am.* -,nerɪ:] *adj* Expeditions...: **~ force** Expeditionsstreitkräfte *pl*.

ex·pe·di·tious [,ekspɪˈdɪʃəs] *adj (adv ~ly)* schnell, rasch, zügig, prompt.

ex·pel [ɪk'spel] *v/t* **(from) 1.** vertreiben, wegjagen (von, aus). **2.** ausweisen (aus), verweisen (*des Landes*), verbannen (von, aus). **3.** hin'auswerfen, ausstoßen (aus), ausschließen (aus, von): **to ~ from the school. 4.** *Rauch etc* ausstoße. **5.** *med.* austreiben. **ex'pel·lant** *adj u. s med. pharm.* austreibend(es Mittel). **ex·pel·lee** [,ekspeˈliː] *s* (Heimat)Vertriebene(r *m*) *f*. **ex'pel·lent** → expellant.

ex·pend [ɪk'spend] *v/t* **1.** *Zeit, Mühe etc* aufwenden, verwenden, *Geld* ausgeben (on für). **2.** verbrauchen: **to ~ o.s.** *fig.* sich verausgaben. **ex'pend·a·ble I** *adj* **1.** verbrauchbar, Verbrauchs... **2.** *mil.* entbehrlich, (dem Feind) (im *Notfall*) zu opfern(d). **II** *s* **3.** (etwas) Entbehrliches. **4.** *mil.* verlorener Haufe(n). **ex'pen·di·ture** [-dɪtʃə(r)] *s* **1.** Aufwand *m*, Verbrauch *m* (of an *dat*). **2.** Ausgabe *f*. **3.** (Geld)Ausgabe(n *pl*) *f*, (Kosten)Aufwand *m*, Aufwendung(en *pl*) *f*, Auslage(n *pl*) *f*, Kosten *pl*: **cash ~** *econ.* Barausgaben, -auslagen.

ex·pense [ɪk'spens] *s* **1.** → expenditure **3. 2.** *pl* (Un)Kosten *pl*, Spesen *pl*: **travel(l)ing ~s** Reisespesen; **~ account** a) Spesenkonto *n*, b) Spesen(ab)rechnung *f*; **~ allowance** Aufwandsentschädigung *f*. **3.** Aufwand *m* (of an *dat*). *Besondere Redewendungen*: **~s covered** kostenfrei; **~s deducted** nach Abzug der Kosten; **fixed** (od. **ordinary** od. **running**) **~s** laufende Ausgaben; **general ~** Gemeinkosten *pl*; **living ~** Lebenshaltungskosten *pl*; **to spare no ~** keine Kosten scheuen, es sich etwas kosten lassen; **at any ~** um jeden Preis; **at an ~ of** mit e-m Aufwand von; **at the ~ of** a) auf Kosten von (*a. fig.*), b) *fig.* zum Schaden *od.* Nachteil von; **at my ~** auf m-e Kosten, für m-e Rechnung; **they laughed at my ~** *fig.* sie lachten auf m-e Kosten; **at the ~ of his health** *fig.* auf Kosten s-r Gesundheit; **at great ~** mit großen Kosten; **to go to great ~** sich in große Unkosten stürzen; **to go to the ~ of buying s.th.** soweit gehen, etwas zu kaufen; **to put s.o. to great ~** j-m große Kosten verursachen; → **working expenses**.

ex·pen·sive [ɪk'spensɪv] *adj (adv ~ly)* teuer, kostspielig: **it is too ~ for me (to buy)** es ist mir zu teuer; **it will come ~** es wird teuer sein *od.* kommen. **ex'pen·sive·ness** *s* Kostspieligkeit *f*.

ex·pe·ri·ence [ɪk'spɪərɪəns] **I** *s* **1.** Erfahrung *f*, (Lebens)Praxis *f*: **by** (*od.* **from**) **my own ~** aus eigener Erfahrung; **to speak from ~** aus Erfahrung sprechen; **based on ~** auf Erfahrung begründet; **I know (it) by ~** ich weiß (es) aus Erfahrung; **in my ~** nach m-n Erfahrungen, m-s Wissens. **2.** Erlebnis *n*: **I had a strange ~** ich hatte ein seltsames Erlebnis, ich habe etwas Seltsames erlebt. **3.** Erfahrenheit *f*, (praktische) Erfahrung, Fach-, Sachkenntnis *f*, Kenntnisse *pl*: **business ~**, **~ in trade** Geschäftserfahrung; **driving ~** Fahrpraxis *f*; **many years' ~** langjährige Erfahrung(en); **he lacks ~** ihm fehlt (die) Erfahrung. **4.** *relig.* a) Er'fahrungsreligi·on *f*, b) *Am.* religi'öse Erweckung: **~ meeting** Erweckungsversammlung *f*. **II** *v/t* **5.** erfahren: a) kennenlernen, b) erleben: **to ~ s.th. personally** etwas am eigenen Leibe erfahren; **to ~ difficulties** auf Schwierigkeiten stoßen, c) *Schmerzen, Verluste etc* erleiden, etwas 'durchmachen, *Vergnügen etc* empfinden: **to ~ an advance** *econ.* e-e Kurssteigerung erfahren; **to ~ religion** *Am. colloq.* erweckt *od.* bekehrt werden. **ex·'pe·ri·enced** *adj* erfahren, bewandert, (fach-, sach)kundig, bewährt, erprobt, routi'niert.

ex·pe·ri·en·tial [ɪk,spɪərɪ'enʃl] *adj (adv ~ly)* auf Erfahrung beruhend, Erfahrungs... **~ philosophy →** experientialism. **ex,pe·ri·en·tial·ism** [-ʃəlɪzəm] *s philos.* Empi'rismus *m*. **ex,pe·ri·en·tial·ist** *s philos.* Em'piriker *m*.

ex·per·i·ment I *s* [ɪk'sperɪmənt] Versuch *m*, Experi'ment *n*: **~ on animals** Tierversuch; **to prove s.th. by ~** etwas experimentell nachweisen. **II** *v/i* [-ment] experimen'tieren, Versuche anstellen (on an *dat*; with mit): **to ~ with s.th.** etwas erproben *od.* versuchen. **ex·per·i·men·tal** [ek,sperɪ'mentl; ɪk-] *adj (adv → experimentally)* **1.** Versuchs..., experimen'tell, Experimental...: **~ animal** Versuchstier *n*; **~ engineer** *tech.* Versuchsingenieur *m*; **~ farm** landwirtschaftliche Experimentierstation; **~ physics** *pl* Experimentalphysik *f*; **~ psychology** Experimentalpsychologie *f*; **~ station** Versuchs-, Experimentierstation *f*; **~ theater** (bes. *Br.* theatre) experimentelles Theater; **~ stage 8. 2.** experimen'tierfreudig. **3.** → experiential. **ex,per·i'men·tal·ist** [-təlɪst] *s* experimenter, **ex,per·i'men·tal·ize** *v/i* experimen'tieren (on an *dat*; with mit). **ex,per·i'men·tal·ly** *adv* a) experimen'tell, auf experimentellem Wege, b) versuchsweise. **ex,per·i·men·ta·tion** *s* Experimen'tieren *n*. **ex'per·i·ment·er**, **ex'per·i·men·tor** [-tə(r)] *s* Experimen'tator *m*.

ex·pert ['ekspɜːt; *Am.* -ɜrt] **I** *adj* [*pred a.* ɪk'spɜːt-] *(adv ~ly)* **1.** erfahren: **to be ~ in** (*od.* **at**) Erfahrung haben in (*dat*). **2.** fachmännisch, fach-, sachkundig, sachverständig: **~ work** fachmännische Arbeit; **~ engineer** Fachingenieur *m*; **~ knowledge** Sach-, Fachkenntnis *f*; **under ~ supervision** unter fachmännischer Aufsicht. **3.** Sachverständigen...: **~ evidence**, **~ opinion** (Sachverständigen)Gutachten *n*; **~ witness** *jur.* sachverständiger Zeuge, Sachverständige(r *m*) *f*. **4.** geschickt, gewandt (at, in in *dat*). **II** *s* **5.** a) Fachmann *m*, Ex'perte *m*, b) Sachverständige(r *m*) *f*, Gutachter(in) (at, in in *dat*; on [auf dem Gebiet] *gen*). **ex·per·tise** [,ekspɜː'tiːz; *Am.* -pər-] *s* **1.** Exper'tise *f*, (Sachverständigen)Gutachten *n*. **2.** Fach-, Sachkenntnis *f*. **3.** fachmännisches Können. **ex·per·tize** ['ekspərtaɪz] *Am.* **I** *v/i* ein Gutachten abgeben (**on** über *acc*). **II** *v/t* begutachten. **ex'pert·ness** *s* **1.** Erfahrenheit *f*. **2.** Geschicklichkeit *f*.

ex·pi·a·ble ['ekspɪəbl] *adj* sühnbar. **'ex·pi·ate** [-eɪt] *v/t* sühnen, wieder'gutmachen, (ab)büßen. **,ex·pi'a·tion** *s* Sühne *f*, (Ab)Büßung *f*, Buße *f*: **to make ~ for s.th.** etwas sühnen, als Sühne für etwas zu sühnen; **Feast of E~** *relig.* (jüdisches) Versöhnungsfest. **'ex·pi·a·to·ry** [-tərɪ; *Am.* -,tɔːriː; -,tɔː-] *adj* sühnend, Sühn..., Buß...: **~ sacrifice** Sühnopfer *n*; **to be ~ of s.th.** etwas sühnen.

ex·pi·ra·tion [,ekspɪˈreɪʃn] *s* **1.** Ausatmen *n*, -atmung *f*. **2.** *obs.* letzter Atemzug, Tod *m*. **3.** *fig.* Ablauf *m* (*e-r Frist, e-s Vertrags etc*), Ende *n*: **at the ~ of the year** nach Ablauf des Jahres. **4.** Verfall *m*: **at the time of ~** zur Verfallszeit; **~ date** Verfallstag *m*, -datum *n*. **5.** *econ.* Fälligwerden *n*. **ex·pi·ra·to·ry** [ɪk'spaɪərətərɪ; *Am.* -,tɔːriː; -,tɔː-] *adj* Ausatmungs...

ex·pire [ɪk'spaɪə(r); ek-] **I** *v/t* **1.** Luft ausatmen. **II** *v/i* **2.** ausatmen. **3.** sein Leben *od.* s-n Geist aushauchen. **4.** ablaufen (*Frist, Vertrag etc*), erlöschen (*Konzession, Patent, Recht, Titel etc*), enden. **5.** ungültig werden, verfallen, s-e Gültigkeit verlieren. **6.** *econ.* fällig werden. **ex'pi·ry** *s* expiration **3.**

ex·plain [ɪk'spleɪn] *v/t* **1.** erklären, erläutern, verständlich machen, auseinandersetzen (s.th. to s.o. j-m etwas): **to ~ s.th. away** e-e einleuchtende Erklärung für etwas finden, b) sich aus etwas herausreden. **2.** erklären, begründen, rechtfertigen: **to ~ o.s.** a) sich erklären, b) sich rechtfertigen. **ex'plain·a·ble** *adj* erklärbar, erklärlich. **ex·pla·na·tion** [,ekspləˈneɪʃn] *s* **1.** Erklärung *f*, Erläuterung *f* (**for**, **of** für): **to give an ~ of s.th.** etwas erklären; **in ~ of** zur Erklärung von, als Erklärung für, um zu erklären; **to make some ~** e-e Erklärung abgeben. **2.** Er-, Aufklärung *f*, Aufhellung *f*: **to find an ~ of** (*od.* **for**) **a mystery** ein Geheimnis aufklären. **3.** Verständigung *f*: **to come to an ~ with s.o.** sich mit j-m verständigen. **ex·plan·a·to·ry** [ɪk'splænətərɪ; *Am.* -,tɔːriː; -,tɔː-] *adj (adv* **explanatorily**) erklärend, erläuternd.

ex·ple·tive [ek'spliːtɪv; ɪk-; *Am.* 'eksplətɪv] **I** *adj* **1.** ausfüllend, (Aus)Füll...: **~ word** → **3**. **II** *s* **2.** Füllsel *n*, ,Lückenbüßer' *m*. **3.** *ling.* Füllwort *n*. **4.** *euphem.* a) Fluch *m*, b) Kraftausdruck *m*. **ex·ple·to·ry** [ek'spliːtərɪ; ɪk-; *Am.* 'eksplə-,tɔːriː; -,tɔː-] → expletive **I**.

ex·pli·ca·ble [ɪk'splɪkəbl; *Am.* 'eksplɪkəbl] *adj* erklärlich. **'ex·pli·cate** [-keɪt] *v/t* **1.** expli'zieren, erklären, erläutern. **2.** *e-e Theorie etc* entwickeln, s-e Gedanken etc entfalten. **,ex·pli'ca·tion** *s* **1.** Erklärung *f*, Erläuterung *f*. **2.** Entfaltung *f*, Entwicklung *f*. **ex·pli·ca·tive** [ek'splɪkətɪv; ɪk'splɪkeɪtɪv], **ex·pli·ca·to·ry** [ek'splɪkətərɪ; *Am.* -,tɔːriː; -,tɔː-] *adj* erklärend, erläuternd.

ex·plic·it [ɪk'splɪsɪt] *adj (adv ~ly)* **1.** ausdrücklich, deutlich, bestimmt, klar. **2.** ausführlich. **3.** a) offen, deutlich (**about**,

on in bezug auf *acc*) (*Person*), b) *a.* **sexually ~** freizügig (*Film etc*). **4.** *math.* expli'zit: **~ function. ex'plic·it·ness** *s* Deutlichkeit *f*, Bestimmtheit *f*.
ex·plode [ɪk'spləʊd] **I** *v/t* **1.** a) zur Explosi'on bringen, explo'dieren lassen, b) in die Luft sprengen. **2.** beweisen, daß (*etwas*) falsch *od.* unhaltbar *od.* widersinnig ist: **to ~ a myth** e-n Mythos zerstören; **to ~ rumo(u)rs** Gerüchten den Boden entziehen; **to ~ a theory** e-e Theorie widerlegen. **3.** *ling.* als Explo'sivlaut aussprechen. **II** *v/i* **4.** a) explo'dieren, (*Granate etc*) kre'pieren, b) in die Luft fliegen. **5.** *fig.* ausbrechen (**into, with** in *acc*), ‚platzen' (**with** vor *dat*): **to ~ with fury** vor Wut platzen, ‚explodieren'; **to ~ with laughter** in schallendes Gelächter ausbrechen, ‚losplatzen'. **6.** *fig.* sprunghaft ansteigen, sich explosi'onsartig vermehren (*bes. Bevölkerung*).
ex'plod·ed view *s tech.* in Einzelteile aufgelöste Darstellung.
ex'plod·er *s tech.* 'Zündma‚schine *f.*
ex·ploit I *s* ['eksplɔɪt] **1.** (Helden)Tat *f*. **2.** Großtat *f*, große Leistung. **II** *v/t* [ɪk'splɔɪt] **3.** etwas auswerten, *ein Patent etc* (*kommerziell*) verwerten, *Erzvorkommen etc* ausbeuten, abbauen, *Land* kulti'vieren. **4.** *fig. contp.* j-n *od.* etwas ausnutzen, ausbeuten, *etwas* ausschlachten, Kapi'tal schlagen aus. ‚**ex·ploi'ta·tion** [‚eks-] *s* **1.** Auswertung *f*, Verwertung *f*, Ausbeutung *f*, Abbau *m*: **right of ~** Verwertungsrecht *n*; **wasteful ~** Raubbau *m*. **2.** *fig. contp.* Ausnutzung *f*, Ausschlachtung *f.* **ex'ploit·a·tive** [ɪk'splɔɪtətɪv] *adj contp.* ausnutzend, Ausbeutungs... **ex'ploit·er** *s* Ausbeuter *m* (*a. fig. contp.*).
ex·plo·ra·tion [‚eksplə'reɪʃn] *s* **1.** Erforschung *f* (*e-s Landes*). **2.** Unter'suchung *f*, *med. a.* Explorati'on *f.*
ex·plor·a·tive [ek'splɒrətɪv; *Am.* ɪk'splɔːrətɪv; -'splɔː-] → **exploratory.**
ex·plor·a·to·ry [-rətərɪ; *Am.* -‚tɔːrɪ; -‚tɔː-] *adj* **1.** (er)forschend, Forschungs... **2.** Erkundungs..., unter'suchend: **~ drilling** Versuchs-, Probebohrungen *pl*; **~ incision** *med.* Probeinzision *f.* **3.** Sondierungs..., sondierend: **~ talks** Sondierungsgespräche.
ex·plore [ɪk'splɔː(r); *Am. a.* -'splɔʊr] **I** *v/t* **1.** *ein Land* erforschen, erkunden, unter'suchen (*a. med. e-n Patienten explorieren*), son'dieren: **exploring(ly)** forschend, *a.* tastend. **II** *v/i* **3.** eingehende Unter'suchungen anstellen, forschen. **ex'plor·er** *s* Forscher(in), Forschungsreisende(r *m*) *f*: **polar ~** Polarforscher.
ex·plo·sion [ɪk'spləʊʒn] *s* **1.** a) Explosi'on *f*, Entladung *f*, b) Knall *m*, Erschütterung *f*, Detonati'on *f*. **2.** *fig.* Zerstörung *f*, Wider-'legung *f*. **3.** *fig.* Ausbruch *m*. **4.** *fig.* sprunghafter Anstieg, explosi'onsartige Vermehrung: **~ of population** Bevölkerungsexplosion *f*. **5.** *ling.* Explosi'on *f* (*Verschlußsprengung bei Verschlußlauten*). **ex'plo·sion-proof** *adj* explosi'onsgeschützt.
ex·plo·sive [ɪk'spləʊsɪv] **I** *adj (adv* ~**ly**) **1.** explo'siv (*a. fig. Atmosphäre etc*), Spreng...: **~ effect; ~ combustion engine** Explosionsmotor *m*; **~ problem** *fig.* brisantes Problem. **2.** Explosions... **3.** *fig.* aufbrausend: **to have an ~ temper. 4.** *fig.* sprunghaft ansteigend, sich explosi'onsartig vermehrend. **II** *s* **5.** a) Explo'siv-, Sprengstoff *m*, b) *pl mil.* Muniti'on *f* u. Sprengstoffe *pl.* **6.** *ling.* Explo'siv-, Verschlußlaut *m.* **~ bomb** *s mil.* Sprengbombe *f*. **~charge** *s mil. tech.* Sprengladung *f.* **~cot·ton** *s tech.* Schießbaumwolle *f.* **~ flame** *s tech.* Stich-

flamme *f.* **~ force** *s mil. tech.* Bri'sanz-, Sprengkraft *f.* **~riv·et** *s tech.* Sprengniet *m.* **~ thrust** *s* Verbrennungsdruck *m* (*e-r Rakete*). **~ train** *s* Zündsatz *m.*
ex·po·nent [ek'spəʊnənt; ɪk-] *s* **1.** *math.* Expo'nent *m*, Hochzahl *f*. **2.** *fig.* Expo-'nent(in): a) Repräsen'tant(in), Vertreter(in), b) Verfechter(in): **the ~ of a doctrine. 3.** *fig.* Inter'pret(in). **ex·po·nen·tial** [‚ekspəʊ'nenʃl] *math.* **I** *adj* Exponential...: **~ equation** (**function,** *etc*); **~ series** Exponentialreihe *f*. **II** *s* Exponenti'algröße *f.*
ex·port [ek'spɔː(r)t; ɪk-; *Am. a.* -'spɔʊrt] *econ.* **I** *v/t u. v/i* **1.** expor'tieren, ausführen: **~ing country** Ausfuhrland *n*; **~ing firm** Exportfirma *f*; **~ed articles** (*od.* **commodities**) → 4b. **II** *s* ['ek-] **2.** Ex-'port *m*, Ausfuhr(handel *m*) *f*. **3.** Ex'port-, 'Ausfuhrar‚tikel *m*. **4.** *fig pl* a) (Ge'samt)Ex-‚port *m*, (-)Ausfuhr *f*, b) Ex'portgüter *pl*, Ausfuhrware *f*. **III** *adj* ['ek-] **5.** Ausfuhr..., Export... **ex'port·a·ble** *adj* ex-'portfähig, ausführbar, Ausfuhr... ‚**ex·por'ta·tion** → export 2, 3.
ex·port|bar ['ekspɔː(r)t; *Am. a.* -‚spɔʊrt] *s econ.* Goldbarren *m* (*für internationalen Goldexport*). **~ boun·ty** *s* Ex'port-, Ausfuhrprämie *f.* **~ dec·la·ra·tion** *s* Ex-'portdeklarati‚on *f*, Ausfuhrerklärung *f* (*bei Seetransport*). **~ du·ty** *s* Ausfuhrzoll *m.*
ex'port·er *s econ.* Expor'teur *m.*
ex·port|li·cence, *bes. Am.* **~li·cense** *s econ.* Ausfuhrbewilligung *f*, Ex'portli‚zenz *f.* **~ per·mit** *s* Ausfuhrbewilligung *f.* **~ trade** *s* Ex'portgeschäft *n*, Ausfuhrhandel *m.*
ex·po·sal [ɪk'spəʊzl] → **exposure.**
ex·pose [ɪk'spəʊz] *v/t* **1.** *ein Kind* aussetzen. **2.** aussetzen, preisgeben (**to** *dat*): **to ~ o.s.** sich exponieren, sich e-e Blöße geben (→ 3 a); **to ~ o.s. to ridicule** sich lächerlich machen, sich dem Gespött (der Leute) aussetzen; **~ exposed. 3.** *fig.* a) (**o.s.** sich) bloßstellen, b) j-n entlarven, *e-n Spion a.* enttarnen, c) *etwas* aufdecken, entlarven, enthüllen: **to ~ an election fraud. 4.** a) entblößen (*a. mil.*), enthüllen, zeigen, b) *med.* bloß-, freilegen. **5.** *Waren* ausstellen (**for sale** zum Verkauf): **to ~ for inspection** zur Ansicht auslegen. **6.** a) *phys. tech.* e-r Einwirkung aussetzen, b) *phot.* belichten. **7.** *fig.* erklären, darlegen, ausein'andersetzen (**s.th. to s.o.** j-m etwas).
ex·po·sé [ek'spəʊzeɪ; *Am.* ‚ekspəʊ'zeɪ] *s* **1.** Expo'sé *n*, Darlegung *f*. **2.** Enthüllung *f*, Entlarvung *f.*
ex·posed [ɪk'spəʊzd] *adj* **1.** *pred* ausgesetzt (**to** *dat*). **2.** a) offen liegend, unverdeckt, b) frei verlegt, auf Putz (*Leitung*). **3.** ungeschützt (*Haus, Lage etc*), (*a. fig. Stellung etc*) expo'niert. **ex'pos·ed·ness** [-zɪdnɪs] *s* Ausgesetztsein *n.*
ex·po·si·tion [‚ekspəʊ'zɪʃn] *s* **1.** Ausstellung *f*. **2.** Darlegung(en *pl*) *f*, Erklärung(en *pl*) *f*, Ausführung(en *pl*) *f*. **3.** Expositi'on *f* (*einführender, vorbereitender Teil im Drama*). **4.** *mus.* Expositi'on *f*: a) Themenaufstellung *f* (*in e-r Sonate*), b) erste 'Durchführung (*in e-r Fuge*). **5.** → **exposure 1.**
ex·pos·i·tive [ek'spɒzɪtɪv; *Am.* ɪk'spɑ-zə-] *adj* erklärend: **to be ~ of s.th.** etwas erklären. **ex·pos·i·tor** [-tə(r)] *s* Erklärer *m.* **ex'pos·i·to·ry** [-tərɪ; *Am.* -‚tɔʊrɪ; -‚tɔː-] → **expositive.**
ex post fac·to [‚ekspəʊst'fæktəʊ] (*Lat.*) *adj u. adv* rückwirkend: **~ law.**
ex·pos·tu·late [ɪk'spɒstjʊleɪt; *Am.* 'ɪk-'spɑːstʃə‚leɪt] *v/i:* **~ with** j-m (ernste) Vorhaltungen machen, j-n zur Rede stellen, j-n zu'rechtweisen (**about, on** wegen).
ex‚pos·tu'la·tion *s* (ernste) Vorhal-

tung. **ex'pos·tu·la·tive** [-lətɪv; *Am.* -‚leɪtɪv], **ex'pos·tu·la·to·ry** [-lətərɪ; *Am.* -lə‚tɔʊrɪ; -‚tɔː-] *adj* zu'rechtweisend.
ex·po·sure [ɪk'spəʊʒə(r)] *s* **1.** (Kindes-) Aussetzung *f*. **2.** Aussetzen *n*, Preisgabe *f*: **~ to light** Belichtung *f*; **~ to rays** Bestrahlung *f*. **3.** (**to**) Ausgesetztsein *n*, Preisgegebensein *n* (*dat*), Gefährdung *f* (durch): **~ to infection**; **death by ~** Tod *m* durch Erfrieren; **to die of ~** an Unterkühlung sterben, erfrieren. **4.** *fig.* a) Bloßstellung *f*, b) Entlarvung *f*, c) Aufdeckung *f*, Enthüllung *f*. **5.** a) Entblößung *f* (*a. mil.*): **indecent ~** *jur.* (Erregung *f* öffentlichen Ärgernisses durch) unsittliches Entblößen, b) *med.* Frei-, Bloßlegung *f*. **6.** ungeschützte expo'nierte Lage. **7.** *phot.* a) Belichtung(szeit) *f*: **automatic ~** Belichtungsautomatik; **~ control** Belichtungssteuerung *f*; **~ meter** Belichtungsmesser *m*; **~ value** Lichtwert *m*, b) Aufnahme *f*: **~ against the sun** Gegenlichtaufnahme. **8.** Ausstellung *f* (*von Waren*). **9.** Lage *f* (*e-s Gebäudes*): **southern ~** Südlage.
ex·pound [ɪk'spaʊnd] **I** *v/t* **1.** erklären, erläutern, *e-e Theorie etc* entwickeln. **2.** auslegen: **to ~ a text. II** *v/i* **3.** Erläuterungen geben (**on, upon** über *acc*, zu).
ex·press [ɪk'spres] **I** *v/t* **1.** *Saft etc* auspressen (**from, out of** aus). **2.** *e-e Ansicht etc* ausdrücken, äußern, zum Ausdruck bringen: **to ~ the hope that** der Hoffnung Ausdruck geben, daß; **to ~ o.s.** sich äußern, sich erklären; **to be ~ed** zum Ausdruck kommen; **not to be ~ed** unaussprechlich. **3.** bezeichnen, bedeuten, vor-, darstellen. **4.** *Gefühle etc* zeigen, offen'baren, an den Tag legen, bekunden. **5.** a) *Br.* durch Eilboten *od.* als Eilgut schicken, b) *bes. Am.* durch ein ('Schnell)Trans‚portunter‚nehmen befördern lassen. **II** *adj* (*adv* → **expressly**) **6.** ausdrücklich, bestimmt, deutlich. **7.** Expreß..., Schnell..., Eil...: **~ messenger** (**letter**) *Br.* Eilbote *m* (-brief *m*); **~ delivery** a) *Br.* Eilzustellung *f*, b) *bes. Am.* Beförderung *f* durch ein ('Schnell-) Transportunternehmen. **8.** genau, gleich. **9.** besonder(e, er, es): **for this ~ purpose** eigens zu diesem Zweck. **III** *adv* **10.** ex'preß. **11.** eigens. **12.** a) *Br.* durch Eilboten, per Ex'preß, als Eilgut: **to send s.th. ~**, b) *bes. Am.* durch ein ('Schnell)Trans‚portunter‚nehmen. **IV** *s* **13.** *Br.* Eilbote *m*. **14.** a) *Br.* Eilbeförderung *f*, b) *bes. Am.* Beförderung *f* durch ein ('Schnell)Trans‚portunter‚nehmen. **15.** a) Eil-, Ex'preßbrief *m*, -gut *n*, b) → **express goods 2. 16.** *rail.* D-Zug *m*, Schnellzug *m*, *Am.* Eilgüterzug *m.* **17. ~ express rifle. ex'press·age** *s bes. Am.* **1.** Sendung *f* durch ein ('Schnell-)Trans‚portunter‚nehmen. **2.** Eilfrachtgebühr *f.*
ex·press|car *s rail. Am.* Pa'ketwagen *m.* **~ com·pa·ny** *s bes. Am.* ('Schnell-)Trans‚portunter‚nehmen *n.* **~ goods** *s pl econ.* **1.** *Br.* Eilfracht *f*, -gut *n.* **2.** *bes. Am.* durch ein ('Schnell)Trans‚portunter‚nehmen beförderte Fracht.
ex·press·i·ble [ɪk'spresəbl] *adj* ausdrückbar.
ex·pres·sion [ɪk'spreʃn] *s* **1.** Auspressen *n*. **2.** *fig.* Ausdruck *m*, Äußerung *f*: **to find ~ in** sich äußern in (*dat*); **to give ~ to s.th.** e-r Sache Ausdruck verleihen; **beyond** (*od.* **past**) **~** unsagbar. **3.** Redensart *f*, Ausdruck *m*: **technical ~** Fachausdruck *m*. **4.** Ausdrucksweise *f*, Dikti'on *f*. **5.** Ausdruck(skraft *f*) *m*: **with ~** mit Gefühl, ausdrucksvoll. **6.** (Gesichts)Ausdruck *m*. **7.** Tonfall *m*. **8.** *math.* Ausdruck *m*, Formel *f*. **ex'pres·sion·al** [-ʃənl] *adj* Ausdrucks... **ex'pres-**

sion·ism *s art* Expressio'nismus *m.* **ex-'pres·sion·ist** *art* **I** *s* Expressio'nist (-in). **II** *adj* expressio'nistisch. **ex'pres·sion'is·tic** [-ʃən-] *adj (adv ~ally) art* expressio'nistisch. **ex'pres·sion·less** *adj* ausdruckslos.

ex·pres·sive [ɪk'spresɪv] *adj (adv ~ly)* **1.** to be ~ of s.th. etwas ausdrücken *od.* zum Ausdruck bringen. **2.** ausdrucksvoll. **3.** Ausdrucks... **ex'pres·sive·ness** *s* **1.** Ausdruckskraft *f.* **2.** *(das)* Ausdrucksvolle. **ex'press·ly** *adv* **1.** ausdrücklich, klar. **2.** besonders, eigens. **ex'press_man** [-ˌmæn] *s irr Am.* Angestellte(r) *m* e-s ('Schnell)Trans,portunter,nehmens. ~ **ri·fle** *s Am.* Jagdgewehr *n (für Patronen mit hoher Brisanz).* ~ **train** → **express** 16.

ex'press·way *s bes. Am.* Schnellstraße *f.* **ex·pro·pri·ate** [eks'prəʊprɪeɪt] *v/t jur. j-n od. etwas* enteignen: **to ~ the owner of his land** j-s Grundstück *od.* Grundbesitz enteignen. **ex‚pro·pri'a·tion** *s jur.* Enteignung *f.*

ex·pul·sion [ɪk'spʌlʃn] *s* **1.** Vertreibung *f* (from von, aus). **2.** (from) Ausweisung *f* (aus), Verbannung *f* (von, aus): ~ of enemy nationals Ausweisung *f* von feindlichen Ausländern; ~ order Ausweisungsbefehl *m.* **3.** (from) Ausstoßung *f* (aus), Ausschließung *f* (aus, von): ~ from school Verweisung *f* von der Schule. **4.** *med.* Expulsi'on *f,* Austreibung *f.* **ex'pul·sive** [-sɪv] *adj* **1.** Ausweisungs... **2.** *med.* expul'siv, austreibend.

ex·punc·tion [ek'spʌŋkʃn; ɪk-] *s* Ausstreichung *f.* **ex·punge** [ek'spʌndʒ; ɪk-] *v/t* **1.** aus-, 'durchstreichen, (aus-)löschen: **to ~ from a list** aus e-r Liste streichen; **to ~ memories from one's mind** Erinnerungen aus s-m Gedächtnis löschen. **2.** etwas aufgeben. **3.** vernichten.

ex·pur·gate ['ekspɜːgeɪt; *Am.* -pərˌgeɪt] *v/t ein Buch etc* (von anstößigen Stellen) reinigen: **~d version** gereinigte Version. ‚**ex·pur'ga·tion** *s* Reinigung *f.*

ex·qui·site [ˈekskwɪzɪt; ekˈskwɪzɪt] **I** *adj (adv ~ly)* **1.** köstlich, vor'züglich, ausgezeichnet, (aus)erlesen, exqui'sit: **his ~ taste** sein erlesener Geschmack; **~ sense of humo(u)r** köstlicher Humor. **2.** fein, gepflegt, erlesen: ~ **wine. 3.** äußerst empfindlich: **he has an ~ ear** er hat ein äußerst feines Ohr *od.* Gehör. **4.** heftig, inten'siv: ~ **pain;** ~ **pleasure** großes Vergnügen. **5.** äußerst(er, e, es), höchst(er, e, es). **II** *s* **6.** *obs.* Stutzer *m.* **ex·qui'site·ness** *s* **1.** Vor'züglichkeit *f,* Köstlichkeit *f,* Erlesenheit *f.* **2.** Feinheit *f.* **3.** Heftigkeit *f.*

ex·scind [ek'sɪnd] *v/t med.* exzi'dieren, her'ausschneiden, entfernen.
ex·sect [ek'sekt] → **exscind**.
ex·sert [ek'sɜːt; *Am.* ek'sɜrt] **I** *v/t bot. med.* vortreiben: **to be ~ed** vorstehen. **II** *adj* her'vorgestreckt.

ex-serv·ice·man [ˌeks'sɜːvɪsmən; *Am.* -ˌsɜr-] *s irr bes. Br.* ehemaliger Sol'dat, Vete'ran *m:* **ex-servicemen's association** Veteranenbund *m.*

ex·sic·cate ['eksɪkeɪt] *v/t u. v/i* austrocknen. **ex·sic·ca·tive** ['eksɪkətɪv] *bes. Am.* ek'sɪkətɪv] *adj u. s* austrocknend(es Mittel). **'ex·sic·ca·tor** [-keɪtə(r)] *s* 'Trockenappa,rat *m.*

ex·tant [ek'stænt; 'ekstənt] *adj* (noch) vor'handen *od.* bestehend *od.* exi'stierend, erhalten geblieben.

ex·tem·po·ra·ne·ous [ekˌstempə'reɪnjəs; -nɪəs] *adj (adv ~ly),* **ex·tem·po·rar·y** [ɪk'stempərərɪ; *Am.* -ˌrerɪ] *adj (adv* **extemporarily)** improvi'siert, extempo'riert, aus dem Stegreif: ~ **translation** Stegreifübersetzung *f,* Vom-Blatt-Übersetzung *f.* **ex'tem·po·re** [-pərɪ] **I** *adv* unvorbereitet, aus dem Stegreif, ex'tempore. **II** *adj* → **extemporaneous**. **III** *s* unvorbereitete Rede, Stegreifrede *f,* -gedicht *n,* Improvisati'on *f,* Ex'tempore *n.* **ex‚tem·po·ri'za·tion** *s* Extempo'rieren *n,* Improvisati'on *f.*

ex·tem·po·rize [ɪk'stempəraɪz] **I** *v/t* extempo'rieren, aus dem Stegreif *od.* unvorbereitet darbieten *od.* vortragen *od.* dichten *od.* spielen, improvi'sieren. **II** *v/i* extempo'rieren, improvi'sieren. **ex-'tem·po·riz·er** *s* Improvi'sator *m,* Stegreifdichter *m.*

ex·tend [ɪk'stend] **I** *v/t* **1.** (aus)dehnen, ausbreiten. **2.** verlängern. **3.** vergrößern, erweitern, ausbauen: **to ~ a production plant. 4.** ziehen, führen, spannen: **to ~ a rope around s.th. 5.** ausstrecken (**one's hand** die Hand). **6.** *Nahrungsmittel etc* strecken: **to ~ ground meat with cereal. 7.** *fig.* fort-, weiterführen, *e-n Besuch, s-e Macht, sport s-n Vorsprung* ausdehnen (**to** auf *acc*), *e-e Frist, e-n Paß, e-n Vertrag etc* verlängern, *econ. a.* prolon'gieren, *ein Angebot etc* aufrechterhalten: **to have one's passport ~ed** s-n Paß verlängern lassen. **8.** (**to, toward[s]** *dat*) a) *e-e Gunst, Hilfe* gewähren, *Gutes* erweisen, b) *s-n Dank, Glückwunsch etc* aussprechen: **to ~ an invitation to(wards) s.o.** j-m e-e Einladung schicken, j-n einladen, c) *e-n Gruß* entbieten. **9.** *jur. verschuldeten Besitz* a) gerichtlich abschätzen, b) pfänden. **10.** *Abkürzungen* (voll) ausschreiben, *Kurzschrift* (in Langschrift) über'tragen. **11.** *sport* das Letzte her'ausholen aus (*e-m Pferd*), voll ausreiten: **to ~ o.s.** sich völlig ausgeben, sich total verausgaben. **12.** *aer.* Fahrgestell ausfahren. **13.** *mil.* ausschwärmen lassen. **14.** *Buchhaltung:* über'tragen. **II** *v/i* **15.** sich ausdehnen; sich erstrecken, reichen (**over** über *acc;* to bis zu). **16.** sich (*zeitlich*) erstrecken *od.* 'hinziehen. **17.** a) hin'ausgehen (**beyond** über *acc*), b) (her-'aus)ragen. **18.** *mil.* ausschwärmen. **ex-'tend·ed** *adj* **1.** ausgedehnt *(a. fig. Zeitraum etc).* **2.** ausgestreckt: ~ **hands. 3.** erweitert *(a. math.).* **4.** verlängert: **~play record** Maxisingle *f.* **5.** groß, ein'umfassend: ~ **family** *sociol.* Großfamilie *f.* **6.** ausgebreitet: ~ **formation** *mil.* auseinandergezogene Formation; ~ **order** *mil.* geöffnete Ordnung. **7.** *print.* breit.

ex·ten·si·bil·i·ty [ɪkˌstensə'bɪlətɪ] *s* (Aus)Dehnbarkeit *f.* **ex'ten·si·ble** *adj* **1.** (aus)dehnbar. **2.** ausziehbar: ~ **table** Ausziehtisch *m.* **3.** *anat.* aus-, vorstreckbar. [→ **extensometer**.]

ex·ten·sim·e·ter [ˌeksten'sɪmɪtə(r)]
ex·ten·sion [ɪk'stenʃn] *s* **1.** Ausdehnung *f (a. fig.;* **to** auf *acc*). **2.** Erweiterung *f.* **3.** *med.* a) Strecken *n (e-s gebrochenen Gliedes),* b) Vorstrecken *n (der Zunge etc).* **4.** (Frist)Verlängerung *f,* *econ. a.* Prolongati'on *f:* ~ **of credit** Kreditverlängerung *f;* ~ **of leave** Nachurlaub *m.* **5.** *arch.* Erweiterung *f,* Anbau *m (Gebäude).* **6.** *philos.* Extensi'on *f,* 'Umfang *m (e-s Begriffs).* **7.** *biol.* Streckungswachstum *n.* **8.** *electr. tech.* Nebenanschluß *m, teleph. a.* Appa'rat *m.* **9.** *phot.* Kameraauszug(slänge) *f* *m.* ~ **band·age** *s* Streckverband *m.* ~ **board** *s teleph.* 'Hauszen‚trale *f.* ~ **cord** *s electr.* Verlängerungsschnur *f.* ~ **lad·der** *s* Ausziehleiter *f.* ~ **piece** *s* Verlängerungsstück *n.* ~ **spring** *s tech.* Zugfeder *f.* ~ **ta·ble** *s Am.* Ausziehtisch *m.*

ex·ten·sive [ɪk'stensɪv] *adj (adv ~ly)* **1.** ausgedehnt *(a. math. u. fig.),* (*Blick*) weit: ~ **farms;** ~ **travels. 2.** geräumig, weitläufig. **3.** *fig.* a) um'fassend: ~ **knowledge,** b) eingehend: **an ~ report**, c) zahlreich: ~ **examples,** d) beträchtlich: ~ **damage;** ~ **efforts,** e) weitreichend: ~ **influence;** ~ **reforms,** f) 'umfangreich: ~ **works. 4.** *philos.* räumlich, Raum... **5.** *agr.* exten'siv. **ex'ten·sive·ness** *s* Ausdehnung *f,* Weite *f,* Größe *f,* 'Umfang *m.*

ex·ten·som·e·ter [ˌeksten'sɒmɪtə; *Am.* -'sɑmətər] *s phys.* Dehnungsmesser *m.*

ex·ten·sor [ɪk'stensə(r)] *s anat.* Ex'tensor *m,* Streckmuskel *m.*

ex·tent [ɪk'stent] *s* **1.** Ausdehnung *f,* Länge *f,* Weite *f,* Höhe *f,* Größe *f.* **2.** *math. u. fig.* Bereich *m.* **3.** *fig.* 'Umfang *m,* (Aus-)Maß *n,* Grad *m:* ~ **of damage** Ausmaß des Schadens, Schadenshöhe *f;* **to the ~ of** bis zum Betrag *od.* zur Höhe von; **to a large ~** in hohem Grade, weitgehend; **to some ~** (*od.* **a certain ~**) bis zu e-m gewissen Grade, einigermaßen; **to the full ~** in vollem Umfang, völlig. **4.** Raum *m,* Strecke *f:* **a vast ~ of marsh** ein ausgedehntes Sumpfgebiet.

ex·ten·u·ate [ek'stenjʊeɪt; *Am.* ɪk'stenjəˌweɪt] *v/t* **1.** abschwächen, mildern. **2.** beschönigen, bemänteln: **extenuating circumstances** *jur.* mildernde Umstände. **3.** *obs.* a) schwächen, b) verdünnen, c) her'absetzen. **ex‚ten·u'a·tion** *s* **1.** Abschwächung *f,* Milderung *f:* **in ~ of s.th.** zur Milderung e-r Sache, um etwas zu mildern. **2.** Beschönigung *f.* **ex'ten·u·a·tive** [-jʊətɪv; *Am.* -jəˌweɪtɪv], **ex'ten·u·a·to·ry** [-jʊətərɪ; *Am.* -jəwəˌtɔːrɪ; -ˌtoː-] *adj* **1.** mildernd, abschwächend. **2.** beschönigend.

ex·te·ri·or [ek'stɪərɪə(r)] **I** *adj (adv ~ly)* **1.** äußerlich, äußer(er, e, es), Außen...: ~ **aerial** *(bes. Am.* **antenna)** Außenantenne *f;* ~ **angle** *math.* Außenwinkel *m;* ~ **ballistics** äußere Ballistik; ~ **view** Außenansicht *f;* ~ **to** abseits von *(od. gen),* außerhalb *(gen).* **2.** von außen (ein)wirkend *od.* kommend. **3.** *pol.* auswärtig: ~ **policy;** ~ **possessions**. **II** *s* **4.** *(das)* Äußere: a) Außenseite *f,* b) äußere Erscheinung *(e-r Person).* **5.** *pol.* auswärtige Angelegenheiten *pl.* **6.** *Film, TV:* Außenaufnahme *f.* **ex‚te·ri·or'i·ty** [-'ɒrətɪ; *Am. a.* -'ɑr-] *s* **1.** *(das)* Äußere. **2.** Äußerlichkeit *f.* **ex'te·ri·or·ize** → **externalize**.

ex·ter·mi·nant [ɪk'stɜːmɪnənt; *Am.* -ˌstɜr-] *s* Vertilgungsmittel *n.*
ex·ter·mi·nate [ɪk'stɜːmɪneɪt; *Am.* -ˌstɜr-] *v/t* ausrotten *(a. fig.),* vernichten, *Ungeziefer etc* vertilgen. **ex‚ter·mi'na·tion** *s* Ausrottung *f (a. fig.),* Vernichtung *f,* Vertilgung *f:* ~ **camp** Vernichtungslager *n.* **ex'ter·mi·na·tive** [-nətɪv; *Am.* -ˌneɪtɪv] → **exterminatory**. **ex'ter·mi·na·tor** [-neɪtə(r)] *s* **1.** Kammerjäger *m.* **2.** → **exterminant**. **ex'ter·mi·na·to·ry** [-nətərɪ; *Am.* -nəˌtɔːrɪ; -ˌtoː-] *adj* Ausrottungs..., Vernichtungs..., Vertilgungs...

ex·tern I *s* [ek'stɜːn; *Am.* ek'stɜrn; 'ek-; 'ekˌstɜrn] **2.** *Am.* Ex'terne(r *m*) *f (e-s Internats).* **3.** *bes. Am.* Krankenhausarzt *od.* Medizinalassistent, der nicht im Krankenhaus wohnt.

ex·ter·nal [ek'stɜːnl; *Am.* ek'stɜrnl] **I** *adj (adv ~* **externally**) **1.** äußer(er, e, es), äußerlich, Außen...: ~ **angle** *math.* Außenwinkel *m;* ~ **ballistics** äußere Ballistik; ~ **ear** *anat.* äußeres Ohr; ~ **evidence** *jur.* Beweis, der nicht aus der Urkunde selbst hervorgeht; ~ **remedy** äußerliches (Heil)Mittel; **for ~ use** *med.* zum äußerlichen Gebrauch, nur äußerlich; ~ **to** außerhalb *(gen).* **2.** von außen (ein)wirkend *od.* kommend. **3.** a) *(äußerlich)* wahrnehmbar, sichtbar, b) *philos.* Erscheinungs...: ~ **world. 4.** (rein) äußerlich, (nur) oberflächlich. **5.** *econ. pol.* ausländisch, Außen...: ~ **affairs** *pol.* aus-

wärtige Angelegenheiten; ~ **assets** Auslandsvermögen *n*; ~ **debt** auswärtige Schuld; ~ **loan** Auslandskredit *m*; ~ **trade** Außenhandel *m*. **6.** *econ.* außerbetrieblich, Fremd... **7.** ~ **student** *univ.* Fernstudent(in). **II** *s* **8.** *oft pl* (*das*) Äußere. **9.** *pl* Äußerlichkeiten *pl*.
ex·ter·nal·ism [ek'stɜːnəlɪzəm; *Am.* -'stɜr-] *s* **1.** *philos.* Phänomena'lismus *m* (*Anschauung, nach der die Gegenstände nur so erkannt werden können, wie sie uns erscheinen, nicht, wie sie an sich sind*). **2.** Hang *m* zu Äußerlichkeiten. **ex·ter·nal·i·ty** [ˌekstɜː'nælətɪ; *Am.* -stɜr-] *s* **1.** Äußerlichkeit *f*. **2.** *philos.* Exi'stenz *f* außerhalb des Wahrnehmenden. **3.** a) äußere Eigenschaft, b) *pl* äußere Dinge *pl*. **ex,ter·nal·i'za·tion** [-nəlaɪ'zeɪʃn; *Am.* -lə'z-] *s* **1.** Objekti'vierung *f*. **2.** *psych.* Externali'sierung *f*. **ex'ter·nal·ize** *v/t* **1.** Wahrnehmungsprozesse *etc* objekti'vieren. **2.** *psych.* Konflikte *etc* externali'sieren, nach außen verlagern. **ex'ter·nal·ly** *adv* äußerlich, von außen.
ex·ter·ri·to·ri·al ['eks,terɪ'tɔːrɪəl; *Am. a.* -'toʊ-] → **extraterritorial**.
ex·tinct [ɪk'stɪŋkt] *adj* **1.** erloschen (*a. fig. Titel etc, geol.* Vulkan): **to become** ~ erlöschen (→ 2). **2.** ausgestorben (*Pflanze, Tier etc*), 'untergegangen (*Reich etc*): **to become** ~ aussterben (→ 1). **3.** abgeschafft, aufgehoben: ~ **laws**. **ex'tinc·tion** [-kʃn] *s* **1.** Erlöschen *n*. **2.** Aussterben *n*, 'Untergang *m*. **3.** (Aus)Löschen *n*. **4.** Erstickung *f*, Zu'nichtemachung *f*. **5.** Vernichtung *f*, Zerstörung *f*. **6.** Abschaffung *f*, Aufhebung *f*. **7.** Tilgung *f*. **8.** *electr. phys.* (Aus)Löschung *f*: ~ **voltage** Löschspannung *f*.
ex·tin·guish [ɪk'stɪŋgwɪʃ] *v/t* **1.** *Feuer, Lichter* (aus)löschen. **2.** *fig. obs.* in den Schatten stellen. **3.** *Leben, Gefühl etc* auslöschen, ersticken, töten, *Hoffnungen, Pläne etc* zu'nichte machen. **4.** *j-n* zum Schweigen bringen. **5.** auslöschen, vernichten, zerstören. **6.** *ein Gesetz etc* abschaffen, aufheben. **7.** *e-e Schuld* tilgen. **ex'tin·guish·a·ble** *adj* **1.** (aus-) löschbar. **2.** tilgbar. **ex'tin·guish·er** *s* **1.** (Feuer)Löschgerät *n*, (-)Löscher *m*. **2.** Lösch-, Lichthütchen *n*. **3.** Glut-, Zigar'rettentöter *m*. **ex'tin·guish·ment** → **extinction** 1–7.
ex·tir·pate ['ekstɜːpeɪt; *Am.* -tərˌpeɪt] *v/t* **1.** (mit den Wurzeln) ausreißen. **2.** *fig.* ausmerzen, ausrotten. **3.** *med.* extir'pieren, entfernen. **ˌex·tir'pa·tion** *s* **1.** Ausrottung *f*. **2.** *med.* Exstirpati'on *f*, Entfernung *f*. **'ex·tir·pa·tor** [-tə(r)] *s* Ausrotter *m*.
ex·tol, *Am. a.* **ex·toll** [ɪk'stəʊl] *v/t* (lob-) preisen, rühmen: ~ **to the sky** 2.
ex·tort [ɪk'stɔː(r)t] *v/t* **1.** (**from**) *etwas* erpressen, erzwingen (von), *a. Bewunderung etc* abringen, abnötigen (*dat*): **to** ~ **money** (**a confession**) Geld (ein Geständnis) erpressen. **2.** *fig.* den Sinn gewaltsam her'ausholen (**from** aus *Worten*). **3.** Erpressung *f*: **to obtain s.th. by** ~ etwas erpressen *od.* erzwingen. **2.** Wucher *m*. **ex'tor·tion·ate** [-ʃnət] *adj* (*adv* ~**ly**) **1.** erpresserisch. **2.** unmäßig, über'höht, Wucher...: ~ **price**. **ex'tor·tion·er**, **ex'tor·tion·ist** *s* **1.** Erpresser *m*. **2.** Wucherer *m*.
ex·tra ['ekstrə] **I** *adj* **1.** zusätzlich, Extra..., Sonder..., Neben...: ~ **charge** a) Zuschlag *m*, b) *mil.* Zusatzladung *f*; ~ **charges** Nebenkosten; ~ **discount** Sonderrabatt *m*; ~ **dividend** Extra-, Zusatzdividende *f*; ~ **pay** Zulage *f*; **if you pay an** ~ **two pounds** wenn Sie noch zwei Pfund dazulegen; ~ **work** Extraarbeit *f*, zusätzliche Arbeit, *ped.* Strafarbeit *f*. **2.** besonder(er, e, es), außergewöhnlich, besonders gut: **it is nothing** ~ es ist nichts Besonderes. **II** *adv* **3.** extra, besonders: **to arrive** ~ **late**; **an** ~ **high price** ein besonders hoher Preis; **to be**~, **to be charged for** ~ gesondert berechnet werden. **III** *s* **4.** (*etwas*) Außergewöhnliches *od.* Zusätzliches, *bes.* a) Sonderarbeit *f*, -leistung *f*, b) *bes. mot.* Extra *n*, c) Sonderberechnung *f*, Zuschlag *m*: **to be an** ~ gesondert berechnet werden. **5.** (besonderer) Zusatz. **6.** *pl* Sonder-, Nebenausgaben *pl od.* -einnahmen *pl*. **7.** Extrablatt *n*, -ausgabe *f* (*Zeitung*). **8.** Aushilfskraft *f* (*Arbeiter etc*). **9.** *Film*: Kom'parse *m*, Kom'parsin *f*, Sta'tist(in).
ex·tract I *v/t* [ɪk'strækt] **1.** her'ausziehen, -holen (**from** aus). **2.** extra'hieren: a) *med. e-n Zahn* ziehen, b) *chem.* ausziehen, -scheiden, c) *math.* die Wurzel ziehen. **3.** *Honig etc* schleudern. **4.** *metall. etc* gewinnen (**from** aus): ~**ing plant** Gewinnungsanlage *f*. **5.** *Beispiele etc* ausziehen, exzer'pieren (**from a text** aus e-m Text), b. *fig.* (**from**) *Informationen, Geld etc* her'ausholen (aus), entlocken, abringen (*dat*). **7.** *fig. e-e Lehre etc* ab-, 'herleiten (**from** von). **II** *s* ['ekstrækt] **1.** *chem.* Auszug *m*, Ex'trakt *m* (**from** aus): ~ **of beef** Fleischextrakt; ~ **of account** Kontoauszug. **ex'tract·a·ble**, **ex'tract·i·ble** *adj* (her'aus)ziehbar. **ex'trac·tion** [ɪk'strækʃn] *s* **1.** Her'ausziehen *n*. **2.** Extrakti'on *f*: a) *med.* Ziehen *n* (*e-s Zahns*), b) *chem.* Ausziehen *n*, -scheidung *f*, c) *math.* Ziehen *n* (*e-r Wurzel*). **3.** *metall. etc* Gewinnung *f*. **4.** *tech.* (Dampf)Entnahme *f*. **5.** → **extract** 8. **6.** *fig.* Entlockung *f*. **7.** Ab-, 'Herkunft *f*, Abstammung *f*. **ex'trac·tive** [-tɪv] **I** *adj* **1.** (her')ausziehend: ~ **industry** Industrie *f* zur Gewinnung von Naturprodukten. **2.** *chem.* extrak'tiv, Extraktiv...: ~ **distillation**. **II** *s* **3.** *chem.* Ex'trakt *m*. **ex'trac·tor** [-tə(r)] *s* **1.** *tech.* (*a. mil.* Pa'tronen-, Hülsen)Auszieher *m*, Auswerfer *m*: ~ **hook** Auszieherkralle *f*. **2.** *med.* (Geburts-, Zahn)Zange *f*. **3.** Trockenschleuder *f*. **4.** *a.* ~ **fan** *tech.* Abzugsgebläse *n*.
ˌex·tra·cur'ric·u·lar *adj* **1.** *ped. univ.* außerhalb des Stunden- *od.* Lehrplans. **2.** außerplanmäßig.
ex·tra·dit·a·ble ['ekstrədaɪtəbl] *adj* (*Völkerrecht*) **1.** Auslieferung nach sich ziehend, auslieferungsfähig – **offence**. **2.** auszuliefern(d): ~ **criminal**. **'ex·tra·dite** *v/t* (*Völkerrecht*) **1.** ausliefern. **2.** *j-s* Auslieferung erwirken. **ˌex·tra'di·tion** [-'dɪʃn] *s Völkerrecht*: Auslieferung *f*: → **request** 1.
ex·tra·dos [eks'treɪdɒs; *Am.* 'ekstrəˌdɑs; -ˌdɔːs] *pl* **-dos** [-dɒz], **-dos·es** *s arch.* Gewölbe-, Bogenrücken *m*.
ˌex·tra·ju'di·cial *adj jur.* außergerichtlich. **ˌ~·mar·i·tal** *adj* außerehelich. **ˌ~·mun'dane** *adj philos.* extramun'dan, außerweltlich. **ˌ~'mu·ral** *adj* **1.** außerhalb der Mauern (*e-r Stadt etc od. Universität*): ~ **courses** (*od.* **classes**) Hochschulkurse außerhalb der Universität. **2.** *anat.* extramu'ral (*außerhalb der Wand e-s Hohlraums gelegen*).
ex·tra·ne·ous [ek'streɪnjəs; -nɪəs] *adj* (*adv* ~**ly**) **1.** äußer(er, e, es), Außen... **2.** fremd (**to** *dat*): ~ **to reality** realitätsfremd. **3.** a) unwesentlich, b) nicht gehörig (**to** zu): **to be** ~ **to s.th.** nicht zu etwas gehören.
ex·traor·di·nar·i·ly [ɪk'strɔːdnrəlɪ; *Am.* ɪkˌstrɔːrdn'erəlɪ] *adv* außerordentlich, besonders: ~ **cheap**. **ex'traor·di·nar·i·ness** [-rɪnɪs; *Am.* -ˌerɪnɪs] *s* Außerordentlichkeit *f*, Ungewöhnliche. **ex'traor·di·nar·y** [-rɪ; *Am.* -ˌerɪ] *adj* **1.** außerordentlich, -gewöhnlich. **2.** ungewöhnlich, seltsam, merkwürdig. **3.** besonder(er, e, es). **4.** *econ. pol. etc* außerordentlich, Sonder... (*a. von Beamten*): ~ **powers**; ~ **meeting**; → **ambassador** 1.
ex·trap·o·late [ek'stræpəʊleɪt; *bes. Am.* ɪk-] *v/t u. v/i math.* extrapo'lieren (*Funktionswerte außerhalb e-s Intervalls auf Grund der innerhalb dieses Intervalls bekannten Funktionswerte näherungsweise bestimmen*). **ex,trap·o'la·tion** *s* Extrapolati'on *f*.
ˌex·tra·pro'fes·sion·al *adj* außerberuflich, nicht zum Beruf gehörig. **ˌ~'sen·so·ry** *adj* außersinnlich: ~ **perception** außersinnliche Wahrnehmung. **ˌ~·ter'res·tri·al I** *adj* extrater'restrisch, außerirdisch. **II** *s* außerirdisches Wesen. **'ˌ~·ter·ri·to·ri·al** *adj* exterritori'al, den Landesgesetzen nicht unter'worfen. **'ˌ~·ter·ri·to·ri'al·i·ty** *s* Exterritoriali'tät *f*. ~ **time** *s sport* (Spiel)Verlängerung *f*: **the game went into** ~ das Spiel ging in die Verlängerung.
ex·trav·a·gance [ɪk'strævəgəns; -vɪ-], *a.* **ex'trav·a·gan·cy** [-sɪ] *s* **1.** Verschwendung(ssucht) *f*. **2.** 'Übermaß *n*, Über'triebenheit *f*, Extrava'ganz *f*. **3.** Ausschweifung *f*, Zügellosigkeit *f*. **ex'trav·a·gant** *adj* (*adv* ~**ly**) **1.** verschwenderisch. **2.** übermäßig, über'trieben, -'spannt, verstiegen, extrava'gant. **3.** ausschweifend, zügellos. **ex·trav·a·gan·za** [ekˌstrævə'gænzə; *bes. Am.* ɪk-] *s* **1.** phan'tastische *od.* über'spannte Dichtung *od.* Kompositi'on. **2.** 'Ausstattungsstück *n*, -film *m*, -reˌvue *f*.
ex·trav·a·gate [ɪk'strævəgeɪt] *v/i obs.* **1.** um'her-, abschweifen. **2.** zu weit gehen, das Maß über'schreiten.
ex·trav·a·sate [eks'trævəseɪt; *bes. Am.* ɪk-] *med.* **I** *v/t* Blut *etc* (aus e-m Gefäß) austreten lassen. **II** *v/i* (aus e-m Gefäß) austreten. **ex,trav·a'sa·tion** *s* **1.** Extravasati'on *f*. **2.** Extrava'sat *n* (*aus e-m Gefäß ausgetretenes Blut etc*).
ex·tra·ver·sion [ˌekstrə'vɜːʃn; *Am.* -'vɜːrʒən; -ʃən], *etc* → **extroversion**, *etc*.
ex·treme [ɪk'striːm] **I** *adj* (*adv* → **extremely**) **1.** äußerst(er, es, es), weitest(er, e, es), End..., *a. tech.* ex'trem: ~ **border** äußerster Rand; ~ **value** Extremwert *m*. **2.** letzt(er, e, es): → **unction** 3 c. **3.** äußerst(er, e, es), höchst(er, e, es): ~ **danger**; ~ **penalty** a) Höchststrafe *f*, b) Todesstrafe *f*; ~ **old age** hohes Greisenalter. **4.** außergewöhnlich, hochgradig, über'trieben, Not...: ~ **case** a) äußerster Notfall, b) besonders schwerwiegender Fall. **5.** *a. pol.* ex'trem, radi'kal: ~ **measure** drastische *od.* radikale Maßnahme; ~ **Left** *pol.* äußerste Linke. **6.** dringend(st): ~ **necessity** zwingende Notwendigkeit. **7.** *mus.* 'übermäßig (*Intervall*). **II** *s* **8.** äußerstes Ende, äußerste Grenze. **9.** (*das*) Äußerste, höchster Grad, Ex'trem *n*. **10.** 'Übermaß *n*, Über'treibung *f*. **11.** Gegensatz *m*. **12.** *math.* a) die größte *od.* kleinste Größe, b) Augenglied *n* (*e-r Gleichung etc*): **the** ~**s** *od.* **the means** die äußeren u. inneren Glieder e-r Proportion. **13.** *philos.* äußerstes Glied ~ *s logischen Schlusses*: *Besondere Redewendungen*:
at the other ~ am entgegengesetzten Ende; **in the** ~, **to an** ~ übermäßig, äußerst, aufs äußerste, höchst, extrem; **difficult in the** ~ äußerst schwierig; **to carry s.th. to an** ~ etwas zu weit treiben; **to fly to the opposite** ~ in das entgegengesetzte Extrem verfallen; **to go to** ~**s** vor nichts zurückschrecken; **to go from one** ~ **to the other** aus *od.* von e-m Extrem ins andere fallen; ~**s meet** die Extreme berühren sich; → **rush**[1] 1.

ex·treme·ly *adv* äußerst, höchst, ungemein, hochgradig. **ex'treme·ness** *s* Maßlosigkeit *f*. **ex'trem·ism** *s bes. pol.* Extre'mismus *m*. **ex'trem·ist** *bes. pol.* **I** *s* Extre'mist(in). **II** *adj* extre'mistisch.

ex·trem·i·ty [ɪk'stremətɪ] *s* **1.** *(das)* Äußerste, äußerstes Ende, äußerste Grenze, Spitze *f*: **to the last ~** bis zum Äußersten; **to drive s.o. to extremities** j-n zum Äußersten treiben. **2.** *fig.* höchster Grad: **~ of joy** Übermaß *n* der Freude. **3.** *fig.* äußerste Not, verzweifelte Situati'on: **to be reduced to extremities** in größter Not sein. **4.** *oft pl obs.* äußerste Maßnahme: **to go to extremities against s.o.** drastische Maßnahmen gegen j-n ergreifen. **5.** *fig.* verzweifelter Entschluß *od.* Gedanke. **6.** *meist pl* Gliedmaße *f*, Extremi'tät *f*. **7.** *math.* Ende *n*.

ex·tri·ca·ble ['ekstrɪkəbl; *Am. bes.* ɪk'strɪk-] *adj* **(from)** her'ausziehbar (aus), zu befreien(d) (aus, von). **'ex·tri·cate** [-keɪt] *v/t* **1. (from)** *etwas od.* j-n (o.s. sich) her'auswinden, -ziehen (aus), freimachen (von), befreien (aus, von). **2.** *chem.* Gas frei machen. ¡**ex·tri'ca·tion** *s* **1.** Befreiung *f*. **2.** *chem.* Freimachen *n*.

ex·trin·sic [ek'strɪnsɪk; *Am. a.* -zɪk] *adj* (*adv* **~ally**) **1.** äußer(er, e, es): a) außen gelegen, b) von außen (wirkend *etc*), *bes. ped. psych.* ex'trinsisch: **~ motivation**. **2.** a) nicht zur Sache gehörig: **to be ~ to s.th.** nicht zu etwas gehören, b) unwesentlich. **~ ev·i·dence** *s jur.* Beweis, der nicht aus der Urkunde selbst her'vorgeht.

ex·trorse [ek'strɔː(r)s; *Am.* 'ek¡stɔː(r)s] *adj bot.* ex'trors, auswärts gewendet *(Staubbeutel)*.

ex·tro·ver·sion [¡ekstrəʊ'vɜːʃn; *Am.* -'vɜrʒən; -ʃən] *s psych.* Extraversi'on *f*, Extraver'tiertheit *f*, Weltoffenheit *f*. **'ex·tro·vert** [-vɜːt; *Am.* -¡vɜrt-] *psych.* **I** *s* extraver'tierter Mensch. **II** *adj* extra-, extrover'tiert, weltoffen.

ex·trude [ɪk'struːd; *bes. Am.* ɪk-] **I** *v/t* **1.** ausstoßen *(a. fig.)*, (her)'auspressen. **2.** *tech.* strangpressen, *Schläuche* spritzen. **II** *v/i* **3.** vorstehen. **ex'trud·er** *s tech.* Strangpresse *f*. **ex'tru·sion** [-ʒn] *s* **1.** Ausstoßung *f (a. fig.)*. **2.** *tech.* a) Strangpressen *n*, b) Spritzen *n*, c) Strangpreßform *m*: **~ die** Strangpreßform *f*, (Schlauch)Spritzform *f*. **3.** *geol.* Extrusi'on *f (Herausquellen des Magmas aus Vulkanen)*. **ex'tru·sive** [-sɪv] *adj* **1.** ausstoßend. **2.** *geol.* extru'siv, an der Erdoberfläche erstarrt: **~ rocks** Extrusivgestein *n*.

ex·u·ber·ance [ɪg'zjuːbərəns; *bes. Am.* -'zuː-] *s* **1. (of)** Fülle *f* (von *od.* gen), Reichtum *m* (an *dat*). **2.** 'Überschwang *m*, Ausgelassenheit *f*. **3.** (Rede)Schwall *m*. **ex·u'ber·ant** *adj (adv* **~ly)** **1.** üppig, ('über)reichlich. **2.** *fig.* a) 'überschwenglich, b) ('über)sprudelnd, ausgelassen: **~ spirits** sprudelnde Laune. **3.** *fig.* fruchtbar, (sehr) produk'tiv. **ex·u'ber·ate** [-reɪt] *v/i* **1.** strotzen **(with** von). **2.** schwelgen **(in** in *dat*).

ex·u·date ['eksjʊdeɪt; *Am. a.* -sʊ-] *s med.* Exsu'dat *n*, Ausschwitzung *f*. ¡**ex·u'da·tion** *s* **1.** Exsudati'on *f (Absonderung e-s Exsudats)*. **2.** **→ exudate**.

ex·ude [ɪg'zjuːd; *Am.* ɪg'zuːd] **I** *v/t* **1.** *Schweiß etc* ausschwitzen, absondern. **2.** *Duft, fig. Charme etc* verströmen. **II** *v/i* **3.** her'vorkommen, austreten **(from** aus). **4.** ausströmen **(from** aus, von) *(a. fig.)*.

ex·ult [ɪg'zʌlt] *v/i* froh'locken, jubeln **(at, over, in** über *acc*). **ex'ult·ant** *adj (adv* **~ly)** froh'lockend, jubelnd. **ex·ul'ta·tion** [¡egzʌl'teɪʃn; ¡eks-] *s* Jubel *m*, Froh-'locken *n*: **a cry of ~** ein Jubelschrei. **ex'ult·ing** *adj (adv* **~ly)** **→ exultant**.

ex·urb ['eksɜːb; 'egˌz-] *s Am.* (vornehmes) Einzugsgebiet (e-r Großstadt). **ex-'ur·ban¡ite** [-bəˌnaɪt] *s Am.* Bewohner(in) e-s (vornehmen) Einzugsgebiets. **ex'ur·bi·a** [-bɪə] *s* die (vornehmen) Einzugsgebiete *pl*.

ex·u·vi·ae [ɪg'zjuːviː; *bes. Am.* ˈ-zuː-] (*Lat.*) *s pl zo.* Ex'uvien *pl (tierische Körperhüllen, die beim Wachstumsprozeß abgestreift werden)*. **ex'u·vi·ate** [-eɪt] *zo.* **I** *v/t* Haut *etc* abstreifen, abwerfen. **II** *v/i* sich häuten. **ex¡u·vi'a·tion** *s zo.* Abstreifen *n*, Abwerfen *n*.

ey·as ['aɪəs] *s orn.* Nestling *m*, Nestfalke *m*.

eye [aɪ] **I** *s* **1.** Auge *n*: **the ~s of the law** *humor.* das Auge des Gesetzes (→ 4); **(an) ~ for (an) ~** *Bibl.* Auge um Auge; **~s right** (**front, left**)! *mil.* Augen rechts (geradeaus, die Augen links)!; **all my ~s (and Betty Martin)!** *sl.* so ein Blödsinn!; **my ~(s)!** *colloq.* a) ach, du Schreck!, b) von wegen!, daß ich nicht lache!; **everybody's ~s were on her** aller Augen ruhten auf ihr; **to be up to the ~s in work** bis über die Ohren in Arbeit sitzen *od.* stecken; **not to believe** (*od.* **trust**) **one's ~s** s-n Augen nicht trauen; **to close** (*od.* **shut**) **one's ~s to s.th.** die Augen vor etwas verschließen; **to cry one's ~s out** sich die Augen ausweinen; **to do s.o. in the ~** *sl.* j-n ,reinlegen', j-n ,übers Ohr hauen'; **with one's ~s shut** mit geschlossenen Augen *(a. fig.)*; **→ cast 5, meet 10, mind 2, open 4, peel¹ 1, skin 8**. **2.** *fig.* Gesichtssinn *m*, Blick *m*, Auge(nmerk) *n*: **before** (*od.* **under**) **my ~s** vor m-n Augen; **with an ~ to s.th.** im Hinblick auf etwas; **to be all ~s** ganz Auge sein; **to wait all ~s** gespannt warten; **to cast an ~ over s.th.** e-n Blick auf etwas werfen; **to give an ~ to s.th.** ein Auge auf etwas werfen, etwas anblicken; **he had ~s only for her** er hatte nur Augen für sie; **to have an ~ to s.th.** a) ein Auge auf etwas haben, es auf etwas abgesehen haben, b) auf etwas achten; **if he had half an ~** wenn er nicht völlig blind wäre; **to keep an ~ on s.th.** ein (wachsames) Auge auf etwas haben; **to see s.th. with half an ~** etwas mit 'einem Blick sehen; **you can see that with half an ~** das sieht doch ein Blinder!; **to set** (*od.* **lay**) **~s on s.th.** etwas erblicken *od.* zu Gesicht bekommen; **→ catch 19, clap¹ 1, strike 21**. **3.** *fig.* Sinn *m*, Auge *n* (**for** für): **to have an ~ for s.th.** Sinn *od.* ein (offenes) Auge *od.* e-n Blick für etwas haben. **4.** Ansicht *f*: **in my ~s** in m-n Augen, m-r Ansicht nach, (so) wie ich es sehe; **in the ~s of the law** vom Standpunkt des Gesetzes aus (→ 1); **to see ~ to ~ with s.o.** (**on s.th.**) mit j-m völlig (in e-r Sache) übereinstimmen. **5.** *fig.* (einladender) Blick: **to make ~s at s.o.** j-m Augen machen, mit j-m kokettieren; **to give s.o. the** (**glad**) **~** j-m e-n einladenden Blick zuwerfen. **6.** *fig.* Brennpunkt *m*: **~ of day** *poet.* die Sonne; **~ of a hurricane** Auge *n*, windstilles Zentrum e-s Wirbelsturms. **7.** *zo.* Krebsauge *n (Kalkkörper im Krebsmagen)*. **8.** a) Öhr *n*: **~ of a needle** Nadelöhr *n*, Öhr *n*, Stielloch *n (e-s Hammers etc)*, c) Öse *f (am Kleid)*, d) *bot.* Auge *n*, Knospe *f*, e) *zo.* Auge *n* (Fleck auf e-m Schmetterling, Pfauenschweif *etc*), f) *zo.* Kennung *f* (Fleck am Pferdezahn), g) Loch *n* (im Käse, Brot), h) Hahnentritt *m*, Narbe *f* (im Ei), i) *arch.* rundes Fenster, j) *mar.* Auge *n*: **~ of an anchor** Ankerauge *n*; **the ~s of a ship** die Klüsen *(am Bug)*; **the ~ of the target** das Zentrum *n (der Zielscheibe)*. **II** *v/t pres p* **'eye·ing** *od.* **'ey·ing 9.** anschauen, betrachten, (scharf) beobachten, ins Auge fassen, beäugen: **to ~ s.o. up and down** j-n von oben bis unten mustern.
III *v/i* **10.** *obs.* erscheinen.

eye¦ ap·peal *s* attrak'tive Gestaltung, optische Wirkung. **'~·ball** *s anat.* Augapfel *m*: **they were ~ to ~** sie standen sich Auge in Auge gegenüber; **they were sitting ~ to ~** sie saßen sich direkt gegenüber. **~ bank** *s med.* Augenbank *f*. **'~·bath** *s med.* Augenschälchen *n*. **'~·black** *s* Wimperntusche *f*. **'~·bolt** *s tech.* Aug-, Ringbolzen *m*. **'~·bright** *s bot.* Augentrost *m*. **'~·brow** *s* (Augen-)Braue *f*: **~ pencil** Augenbrauenstift *m*; **to raise one's ~s** (*od.* **an ~**) a) die Stirn runzeln (**at** über *acc*), b) hochnäsig dreinschauen; **to cause raised ~s** Mißfallen *od.* Aufsehen erregen. **'~·¡catch·er** *s econ.* Blickfang *m*. **'~·¡catch·ing** *adj* ins Auge fallend, auffallend. **~ clin·ic** *s med.* Augenklinik *f*. **~ con·tact** *s* 'Blickkon¡takt *m*. **'~·cup** *s Am.* Augenschälchen *n*.

eyed [aɪd] *adj* **1.** mit Ösen *etc* (versehen). **2.** *in Zssgn* ...äugig: **black-~**.

eye·ful ['aɪfʊl] *s colloq.* **1.** ,toller Anblick': **to get an ~** ,was zu sehen bekommen'; **get an ~ of this!** sieh dir das mal an! **2.** ,tolle Frau': **she's quite an ~** sie hat e-e Menge zu bieten. **'~·glass** *s* **1.** Mon'okel *n*. **2.** *pl, a.* **pair of ~es** *bes. Am.* Brille *f*. **3.** *opt.* Oku'lar *n*. **'~·ground** *s med.* 'Augen¡hintergrund *m*. **'~·hole** *s* **1.** Guckloch *n*. **2.** *tech.* kleine, runde Öffnung. **3.** *anat.* Augenhöhle *f*. **'~·lash** *s* Augenwimper *f*. **~ lens** *s opt.* Oku'larlinse *f*.

eye·less ['aɪlɪs] *adj* **1.** augenlos. **2.** blind. **eye·let** ['aɪlɪt] *s* **1.** Öse *f*. **2.** a) kleine, runde Öffnung, b) Guckloch *n*.

eye¦ lev·el *s* Augenhöhe *f*: **on ~** in Augenhöhe. **'~·lid** *s anat.* Augenlid *n*, -deckel *m*: **→ bat³**. **~ lin·er** *s* Eyeliner *m (flüssiges Kosmetikum zum Ziehen e-s Lidstrichs)*. **~ o·pen·er** *s colloq.* **1.** aufklärender 'Umstand: **it was an ~ to me** es hat mir die Augen geöffnet. **2.** *Am. (bes. alko'holischer)* ,Muntermacher'. **'~·piece** *s opt.* Oku'lar *n*. **'~·shade** *s* Schild *m (e-r Mütze)*. **~ shad·ow** *s* Lidschatten *m*. **'~·shot** *s* Sicht-, Sehweite *f*: **(with)in** (**beyond** *od.* **out of**) **~** in (außer) Sichtweite. **'~·sight** *s* Sehkraft *f*, Augen(licht *n*) *pl*: **to have good** (**poor**) **~** gute (schwache) Augen haben; **~ test** Sehprüfung *f*, -test *m*. **~ sock·et** *s anat.* Augenhöhle *f*. **'~·sore** *s (etwas)* Unschönes, Schandfleck *m*: **it is an ~** es ist häßlich, es beleidigt das Auge. **'~·strain** *s* Ermüdung *f od.* Über'anstrengung *f* der Augen. **'~·tooth** *s irr anat.* Augen-, Eckzahn *m*: **he'd give his eyeteeth for it** er würde alles darum geben; **to cut one's eyeteeth** *fig.* flügge werden, den Kinderschuhen entwachsen. **'~·wash** *s* **1.** *pharm.* Augenwasser *n*. **2.** *colloq.* a) leeres Geschwätz, ,Quatsch' *m*, ,Gewäsch' *n*, b) Augen(aus)wische'rei *f*. **'~·wa·ter** *s* **1.** *med. pharm.* Augenwasser *n*. **2.** *physiol.* Augenflüssigkeit *f*. **'~·wit·ness** **I** *s* Augenzeuge *m*: **~ account** Augenzeugenbericht *m*. **II** *v/t* Augenzeuge sein *od.* werden von (*od.* gen), mit eigenen Augen sehen.

ey·ot [eɪt] *s Br.* Flußinselchen *n*.

ey·rie, ey·ry ['aɪərɪ; 'ɪərɪ; 'eərɪ] *s* Horst *m (Raubvogelnest)*.

E·ze·ki·el, E·ze·chi·el [ɪ'ziːkjəl] *npr u. s Bibl.* (das Buch) He'sekiel *m od.* E'zechiel *m*.

Ez·ra ['ezrə] *npr u. s Bibl.* (das Buch) Esra *m od.* Esdras *m*.

F

F, f [ef] **I** *pl* **F's, Fs, f's, fs** [efs] *s* **1.** F, f *n* (Buchstabe). **2.** *mus.* F, f *n* (*Note*): F flat Fes, fes *n*; F sharp Fis, fis *n*; F double flat Feses, feses *n*; F double sharp Fisis, fisis *n*. **3.** F *math.* f (*Funktion von*). **4.** F *ped.* Sechs *f*, Ungenügend *n* (*Note*). **5.** F F *n*, F-förmiger Gegenstand. **II** *adj* **6.** sechst(er, e, es): **Company F. 7.** F F-..., F-förmig.
fa [fɑː] *s mus.* fa *n* (Solmisationssilbe).
fab [fæb] *bes. Br. colloq. für* fabulous 2.
Fa·bi·an ['feɪbjən; -bɪən] **I** *adj* **1.** Hinhalte..., Verzögerungs...: ~ **tactics. 2.** die Fabian Society betreffend. **II** *s* → Fabianist. **'Fa·bi·an·ism** *s* Fabia'nismus *m*, Poli'tik *f* der Fabian Society. **'Fa·bi·an·ist** *s* Fabier(in), Mitglied *n* der Fabian Society.
Fa·bi·an So·ci·e·ty *s* (*sozialistische*) Gesellschaft der Fabier (*1884 in England gegründet*).
fa·ble ['feɪbl] **I** *s* **1.** a) (Tier)Fabel *f*, b) Sage *f*. **2.** *collect.* a) Fabeln *pl*, b) Sagen *pl*. **3.** *fig.* ‚Märchen' *n*, erfundene Geschichte, Lüge *f*. **4.** Geschwätz *n*: **old wives' ~s** Altweibergewäsch *n*. **5.** *obs.* Fabel *f*, Handlung *f* (*e-s Dramas*). **II** *v/t* **6.** it is ~d that ... der Sage zufolge ... **'fa·bled** [-bld] *adj* **1.** sagenhaft, der Sage angehörend. **2.** (frei) erfunden. **3.** sagenhaft: **his ~ luck. 'fa·bler** [-blə(r)] → fabulist.
fab·ric ['fæbrɪk] *s* **1.** Zs.-setzung *f*, Bau *m*. **2.** Gebilde *n*. **3.** *arch.* Gebäude *n*, Bau *m* (*a. fig.*). **4.** Bauerhaltung *f* (*bes. von Kirchen*). **5.** *fig.* Bau *m*, Gefüge *n*, Struk'tur *f*: **the ~ of society** die soziale Struktur. **6.** *fig.* Sy'stem *n*. **7.** Stoff *m*, Gewebe *n*: **silk ~** Seidenstoffe; **~ conditioner** Weichspüler *m*; **~ gloves** Stoffhandschuhe. **8.** *tech.* Leinwand *f*, Reifengewebe *n*. **9.** *geol.* Tex'tur *f*. **10.** *obs.* Fabri'kat *n*.
fab·ri·cate ['fæbrɪkeɪt] *v/t* **1.** fabrizieren, (an)fertigen, 'herstellen. **2.** (er-)bauen, errichten, *engS.* (*aus vorgefertigten Teilen*) zs.-bauen. **3.** *fig.* ‚fabri'zieren': a) erfinden, b) fälschen: **to ~ evidence. 4.** *fig. Dokument* fälschen. **fab·ri'ca·tion** *s* **1.** Fabrikati'on *f*, 'Herstellung *f*, (An)Fertigung *f*. **2.** (Zs.-)Bau *m*, Errichtung *f*. **3.** *fig.* Erfindung *f*, ‚Märchen' *n*, Lüge *f*. **4.** Fälschung *f*. **'fab·ri·ca·tor** [-tə(r)] *s* **1.** 'Hersteller *m*. **2.** *fig.* Erfinder *m*, Urheber *m* (*von Lügen etc*), Schwindler *m*. **3.** Fälscher *m*.
fab·u·list ['fæbjʊlɪst] *s* **1.** Fabeldichter (-in). **2.** Schwindler(in). **fab·u'los·i·ty** [-'lɒsətɪ; *Am.* -'lɑ-] → fabulousness. **'fab·u·lous** *adj* (*adv* **~ly**) **1.** sagenhaft, der Sage angehörend: **~ beast** Fabel-, Sagentier *n*. **2.** *colloq.* sagen-, fabelhaft, ungeheuer, ‚toll': **~ wealth** sagen- *od.* märchenhafter Reichtum. **'fab·u·lous·ness** *s colloq.* Fabelhaftigkeit *f*.

fa·çade, fa·cade [fə'sɑːd; fæ-] *s arch.* Fas'sade *f* (*a. fig.*), Vorderseite *f*.
face [feɪs] **I** *s* **1.** Gesicht *n*, *rhet.* Angesicht *n*, Antlitz *n* (*a. fig.*): **for your fair ~** um deiner schönen Augen willen; **~ to ~** von Angesicht zu Angesicht, direkt; **~ to ~ with** Auge in Auge mit, gegenüber, vor (*dat*); **to bring persons ~ to ~** Personen (einander) gegenüberstellen; **to do (up) one's ~,** *colloq.* to put one's ~ **on** sich schminken; **to fly in the ~ of** a) j-m ins Gesicht springen, b) sich (offen) widersetzen (*dat*), (*a. der Gefahr*) trotzen; **to laugh in s.o.'s ~** j-m ins Gesicht lachen; **to look s.o. in the ~** j-m ins Gesicht sehen; **to say s.th. to s.o.'s ~** j-m etwas ins Gesicht sagen; **to shut the door in s.o.'s ~** j-m die Tür vor der Nase zuschlagen. **2.** Gesicht(sausdruck *m*) *n*, Aussehen *n*, Miene *f*: **to have a ~ as long as a fiddle** *colloq.* ein Gesicht machen wie drei Tage Regenwetter; **to put a good ~ on the matter** gute Miene zum bösen Spiel machen; **to make (*od.* pull) a ~** ein Gesicht (*od.* e-e Grimasse *od.* Fratze) machen *od.* schneiden (**at s.o.** j-m); **to pull a long ~** ein langes Gesicht machen; **to put a bold ~ on s.th.** sich etwas (*Unangenehmes etc*) nicht anmerken lassen, e-r Sache gelassen entgegensehen; → **set against** 1. **3.** *colloq.* Stirn *f*, Dreistigkeit *f*, Unverschämtheit *f*: **to have the ~ to do s.th.** die Stirn haben *od.* so unverfroren sein, etwas zu tun. **4.** *fig.* Gegenwart *f*, Anblick *m*, Angesicht *n*: **before his ~** vor s-n Augen, in s-r Gegenwart; **in (the) ~ of** a) angesichts (*gen*), gegenüber (*dat*), b) trotz (*gen od. dat*); **in the ~ of danger** angesichts der Gefahr; **in the very ~ of day** am hellichten Tage. **5.** *fig.* (*das*) Äußere, (äußere) Gestalt *f od.* Erscheinung, Anschein *m*: **the ~ of affairs** die Sachlage; **on the ~ of it** auf den ersten Blick, oberflächlich (betrachtet); **to put a new ~ on s.th.** etwas in neuem *od.* anderem Licht erscheinen lassen. **6.** *fig.* Gesicht *n*, Ansehen *n*: **to save one's ~** das Gesicht wahren; **to lose one's ~** das Gesicht verlieren; **loss of ~** Prestigeverlust *m*. **7.** *econ. jur.* Nenn-, Nomi'nalwert *m* (*e-s Wertpapiers etc*), Wortlaut *m* (*e-s Dokuments*). **8.** Ober-, Außenfläche *f*, Vorderseite *f*: **~ (of a clock)** Zifferblatt *n*; **half ~** Pro'fil *n*; **lying on its ~** nach unten gekehrt *od.* auf dem Gesicht liegend; **to wipe off the ~ of the earth** *e-e Stadt etc* ‚ausradieren', dem Erdboden gleichmachen. **9.** → **façade. 10.** rechte Seite (*Stoff, Leder etc*). **11.** Bildseite *f* (*e-r Spielkarte*), A'vers *m* (*e-r Münze*). **12.** *math.* (*geometrische*) Fläche: **~ of a crystal** Kristallfläche. **13.** *tech.* a) Stirnseite *f*, -fläche *f*, b) Amboß-, Hammerbahn *f*, c) Breite *f* (*e-s Zahnrades etc*), d) Brust *f* (*e-s Boh-*

rers, Zahns etc), e) Schneide *f*. **14.** *print.* Bild *n* (*der Type*). **15.** *Bergbau:* Streb *m*, Ort *n*, Wand *f*: **~ of a gangway** Ort e-r Strecke, Ortsstoß *m*; **~ of a shaft** Schachtstoß *m*; **at the ~** vor Ort.
II *v/t* **16.** j-m das Gesicht zuwenden, j-n ansehen, j-m ins Gesicht sehen. **17.** a) gegen'überstehen, -liegen, -sitzen, -treten (*dat*): **the man facing me** der Mann mir gegenüber, b) nach *Osten etc* blicken *od.* liegen (*Raum*): **the house ~s the sea** das Haus liegt (nach) dem Meer zu; **the windows ~ the street** die Fenster gehen auf die Straße (hinaus). **18.** *etwas* 'umkehren, 'umwenden: **to ~ a card** e-e Spielkarte aufdecken. **19.** j-m, e-r Sache mutig entgegentreten *od.* begegnen, ins Auge sehen, die Stirn *od.* Spitze bieten, trotzen: **to ~ the enemy; to ~ death** dem Tod ins Auge blicken; **to ~ it out** die Sache durchstehen; **to ~ s.o. off** *Am.* es auf e-e Kraft- *od.* Machtprobe mit j-m ankommen lassen; → **music** 1. **20.** *oft* **to be ~d with** *fig.* sich (*j-m od.* e-r Sache) gegen'übersehen, gegen'überstehen, entgegenblicken, ins Auge sehen (*dat*): **he was ~d with ruin** er stand vor dem Nichts; **he is facing imprisonment** er muß mit e-r Gefängnisstrafe rechnen. **21.** *etwas* 'hinnehmen: **to ~ the facts** sich mit den Tatsachen abfinden; **let's ~ it** seien wir ehrlich. **22.** *tech.* a) Oberfläche verkleiden, verblenden, b) plandrehen, fräsen, *Stirnflächen* bearbeiten, c) *Schneiderei:* besetzen, einfassen, unter'legen: **~d with red** mit roten Aufschlägen. **23.** *arch.* a) (mit Platten *etc*) verblenden, b) verputzen, c) *Steine* glätten. **24.** *econ.* e-e Ware verschönen, attrak'tiver machen: **to ~ tea** Tee färben. **25.** *mil.* e-e Wendung machen lassen.
III *v/i* **26.** das Gesicht wenden, sich drehen, e-e Wendung machen (**to, toward[s]** nach): **to ~ about** sich umwenden, kehrtmachen (*a. fig.*); **about ~!** *mil. Am.* ganze Abteilung kehrt!; **left ~!** *mil. Am.* linksum!; **right about ~!** *mil. Am.* rechtsum kehrt!; **to ~ away** sich abwenden. **27.** sehen, blicken, liegen (**to, toward[s]** nach): **to ~ full to the South** direkt nach Süden liegen. **28.** ~ **up to** → 19. **29.** ~ **up to** → 21. **30.** ~ **off** (*Eishockey*) das Bully ausführen.
'face·|a·bout → about-face I. **'~·ache** *s* **1.** *med.* Gesichtsschmerz *m*, Tri'geminusneural₁gie *f*. **2.** *colloq.* a) ‚Vogelscheuche' *f* (*häßliche Person*), b) *contp.* Jammergestalt *f*. **~ a·mount** *s econ.* Nenn-, Nomi'nalwert *m*. **~ brick** *s arch.* Verblendstein *m*. **~ card** *s* Kartenspiel: Bild (-karte *f*) *n*. **'~·₁cen·tered,** *bes. Br.* **'~- -₁cen·tred** *adj chem. min. phys.* 'flächenzen₁triert. **'~·cloth** *s* Waschlappen *m*.
faced [feɪst] *adj in Zssgn* mit (e-m) ... Gesicht: **black-~**.

'face|down s Am. Kraft-, Machtprobe f. **~ flan·nel** s Br. Waschlappen m. **~ fun·gus** s a. irr humor. Bart m. **~ guard** s Schutzmaske f. **~ ham·mer** s tech. Bahnschlägel m. **'~-,hard·en** v/t tech. die Oberfläche härten von (od. gen.). **'~-,hard·en·ing** s tech. Oberflächenhärtung f. **~ lathe** s tech. Plandreh-, Scheibendrehbank f. [o'nym.)
'face·less adj 1. gesichtslos. 2. fig. an-
'face|-lift I s → face-lifting. II v/t verschönern, e-m Wagen etc ein neues Aussehen geben, ein Gebäude etc reno'vieren. **'~-,lift·ing** s 1. Facelifting n, Gesichtsstraffung f: **to have a ~** sich das Gesicht liften lassen. 2. fig. Reno'vierung f, Verschönerung f: **to give a car a ~** e-m Wagen ein neues Aussehen geben. **~ mill** s tech. Stirnfräser m. **'~-off** s 1. Eishockey: Bully n: **~ circle** Anspielkreis m; **~ spot** Anspielpunkt m. 2. Am. Kraft-, Machtprobe f. **~ pack** s Kosmetik: Gesichtsmaske f, -packung f. **'~ plate** s tech. 1. Planscheibe f (der Drehbank). 2. Schutzplatte f.
'fac·er s 1. Schlag m ins Gesicht (a. fig.). 2. fig. Schlag m (ins Kon'tor). 3. Br. colloq. ,harte Nuß'. 4. tech. Plandreher m.
'face|sav·er s Ausrede f etc, um das Gesicht zu wahren. **'~-,sav·ing** adj: **~ excuse → facesaver**.
fac·et ['fæsɪt] I s 1. Fa'cette f (am Edelstein). 2. min. tech. Rauten-, Schliff-, Kri'stallfläche f. 3. zo. Fa'cette f (e-s Facettenauges). 4. arch. Grat m, Steg m (an e-r Säule). 5. anat. Gelenkfläche f (e-s Knochens). 6. fig. Seite f, A'spekt m. II v/t pret u. pp **-et·ed, -et·ted** 7. facet'tieren. **'fac·et·(t)ed** [-tɪd] adj facet'tiert, Facetten...: **~ eye** zo. Facettenauge n.
fa·ce·ti·ae [fəˈsiːʃiːiː] s pl Fa'zetien pl: a) witzige Aussprüche pl, b) derbkomische Werke pl (Bücher). **fa·ce·tious** [fəˈsiːʃəs] adj (adv ~ly) witzig, spaßig, spaßhaft. **fa'ce·tious·ness** s Witzigkeit f.
face|-to-'face adj 1. per'sönlich: **a ~ meeting.** 2. di'rekt: **a ~ confrontation. ~ tow·el** s (Gesichts)Handtuch n. **~ val·ue** s 1. econ. Nenn-, Nomi'nalwert m. 2. fig. scheinbarer Wert, (das) Äußere: **to take s.th. at its ~** etwas unbesehen glauben; **I took his words at their ~** ich nahm s-e Worte für bare Münze. **~ wall** s arch. Stirnmauer f. **~ work·er** s Bergbau: Hauer m.
fa·cia ['feɪʃə] s Br. 1. Firmen-, Ladenschild n. 2. a. **~ board, ~ panel** Armaturenbrett n.
fa·cial ['feɪʃl] I adj (adv ~ly) a) Gesichts...: **~ massage; ~ nerve,** b) des Gesichts, im Gesicht: **~ disfigurement.** II s Kosmetik: Gesichtsbehandlung f. **~ in·dex** s a. irr Schädelmessung: Gesichtsindex m. **~ pack** s Kosmetik: Gesichtsmaske f, -packung f.
-facient [feɪʃnt] Endsilbe mit der Bedeutung machend, verursachend.
fa·ci·es ['feɪʃiːiːz; -ʃiːz] s 1. med. zo. Gesicht(sausdruck m) n 2. (das) Äußere, äußere Erscheinung. 3. med. zo. allgemeiner Typus. 4. geol. Fazies f (die verschiedene Ausbildung von Sedimentgesteinen gleichen Alters).
fac·ile ['fæsaɪl; Am. -səl] adj (adv ~ly) 1. leicht (zu tun od. zu meistern od. zu erringen): **a ~ victory** ein leichter Sieg. 2. oberflächlich, (Gefühle, Roman etc a.) ohne Tiefgang. 3. flüssig (Stil). 4. gelassen.
fa·cil·i·tate [fəˈsɪlɪteɪt] v/t etwas erleichtern, fördern. **fa,cil·i'ta·tion** s Erleichterung f, Förderung f.
fa·cil·i·ty [fəˈsɪlətɪ] s 1. Leichtigkeit f (der Ausführung etc). 2. Oberflächlichkeit f. 3. Flüssigkeit f (des Stils). 4. Gelassenheit f. 5. (günstige) Gelegenheit, Möglichkeit f (for für). 6. meist pl Einrichtung(en pl) f, (Produktions- etc)Anlage(n pl) f: **port facilities** Hafenanlagen; **transport facilities** Transportmöglichkeiten, -mittel pl. 7. meist pl Erleichterung(en pl) f, Vorteil(e pl) m, Vergünstigung(en pl) f, Annehmlichkeit(en pl) f: **facilities of payment** Zahlungserleichterungen.

fac·ing ['feɪsɪŋ] s 1. mil. Wendung f, Schwenkung f: **to go through one's ~s** fig. zeigen (müssen), was man kann; **to put s.o. through his ~s** fig. j-n auf Herz u. Nieren prüfen. 2. tech. Verkleidung f. 3. tech. a) Plandrehen n, b) Planflächenschliff m: **~ lathe** Plandrehbank f. 4. a. **~ sand** (Gießerei) feingesiebter Formsand. 5. tech. Futter n, (Brems-, Kupplungs-)Belag m: **brake ~.** 6. arch. a) Verblendung f: **~ brick** Blendstein m, b) Bewurf m, Verputz m: **cement ~,** c) Stirnmauer f. 7. Zahntechnik: Verblendung f (e-r Krone od. Brücke). 8. Schneiderei: a) Aufschlag m, Einfassung f, Besatz m: **~s** mil. (Uniform)Aufschläge.

fac·sim·i·le [fækˈsɪmɪlɪ] I s 1. Fak'simile n, genaue Nachbildung, Reprodukti'on f: **~ signature** Faksimileunterschrift f. 2. a. **~ transmission** (od. broadcasting) Bildfunk m: **~ apparatus** Bildfunkgerät n; **~ telegraphy** Bildtelegrafie f. II v/t 3. faksimi'lieren.

fact [fækt] s 1. Tatsache f, Faktum n, Wirklichkeit f, Wahrheit f: **naked ~s** nackte Tatsachen; **~ and fancy** Dichtung u. Wahrheit; **in (point of) ~** in der Tat, tatsächlich, faktisch, in Wirklichkeit, genaugenommen; **it is a ~** es ist e-e Tatsache, es ist tatsächlich so, es stimmt; **the ~ (of the matter) is** Tatsache ist od. die Sache ist die (that daß); **and that's a ~!** glaube mir!; **however many gallons you say you put in this morning, the tank is empty now, and that's a ~!** jetzt ist der Tank auf jeden Fall od. jedenfalls leer!; **to be founded on ~** auf Tatsachen beruhen; **to know s.th. for a ~** etwas (ganz) sicher wissen; **the ~s of life** das Geheimnis des Lebens, die Tatsachen über die Entstehung des Lebens; **to tell s.o. the ~s of life** j-n (sexuell) aufklären; → **matter 3.** 2. jur. a) Tatsache f: **in-~ and law** in tatsächlicher u. rechtlicher Hinsicht; **the ~s (of the case)** der Tatbestand, die Tatumstände, der Sachverhalt; **(statement of) ~s** Tatbestand m, -bericht m, Darstellung f des Tatbestandes, b) Tat f: **before (after) the ~** vor (nach) begangener Tat; → **accessory 11. '~-,find·ing** adj Untersuchungs...: **~ commission** Untersuchungsausschuß m.

fac·tion ['fækʃn] s bes. pol. 1. Fakti'on f, Splittergruppe f: **the party split into ~s** die Partei spaltete sich in Splittergruppen. 2. Zwietracht f (innerhalb e-r Partei). **'fac·tion·al** [-ʃənl] adj 1. eigennützig. 2. Faktions... **'fac·tion·al·ism** s Par'teigeist m. **'fac·tion·ar·y** [-ʃnərɪ; Am. -ʃə,nerɪ:], **'fac·tion·ist** s Par'teigänger m.

fac·tious ['fækʃəs] adj (adv ~ly) 1. fakti'ös, von Par'teigeist beseelt. 2. aufrührerisch, aufwiegelnd.

fac·ti·tious [fækˈtɪʃəs] adj (adv ~ly) künstlich, (Freundlichkeit etc a.) gekünstelt. **fac'ti·tious·ness** s Künstlichkeit f.

fac·ti·tive ['fæktɪtɪv] adj ling. fakti'tiv, bewirkend: **~ verb.**

fac·tor ['fæktə(r)] I s 1. econ. Kommissio'när m 2. Faktor m (a. math.), (mitwirkender) 'Umstand, Mo'ment: **the determining ~ of** (od. **in**) s.th. der bestimmende Umstand e-r Sache; **~ of merit** tech. Gütefaktor; **~s of production** econ. Produktionsfaktoren. 3. biol. Erbfaktor m. 4. phot. Multiplikati'onsfaktor m. 5. Scot. (Guts)Verwalter m. II v/t → **factorize 1.**

'fac·tor·a·ble adj math. zerlegbar.

'fac·tor·age s Provisi'on f (e-s Kommissio'närs).

fac·tor a·nal·y·sis s psych. 'Faktorana,lyse f.

fac·to·ri·al [fækˈtɔːrɪəl; Am. a. -ˈtoʊ-] math. I adj faktori'ell, nach Fak'toren aufgeschlüsselt, in Fak'toren zerlegt. II s Fakul'tät f.

fac·tor in·come s econ. Leistungseinkommen n.

'fac·tor·ing s econ. Factoring n (Methode der Absatzfinanzierung, bei der die Lieferfirma ihre Forderungen aus Warenlieferungen e-m Finanzierungsinstitut verkauft, das meist auch das volle Kreditrisiko übernimmt). **'fac·tor·ize** v/t 1. math. in Fak'toren zerlegen, nach Fak'toren aufschlüsseln. 2. jur. Am. Drittschuldner pfänden.

fac·to·ry ['fæktərɪ] I s econ. 1. Fa'brik (-gebäude n, -anlage f) f. 2. Fakto'rei f, Handelsniederlassung f (in Übersee). II adj 3. Fabrik...: **Factories Acts** Br. Arbeiterschutzgesetze; **~ cost** Herstellungskosten pl; **~ farm** Massentierhaltungsbetrieb m; **~ hand** Fabrikarbeiter (-in); **~-made** fabrikmäßig hergestellt; **~-made goods** Fabrikware f; **~ ship** Fabrikschiff n.

fac·to·tum [fækˈtəʊtəm] s Fak'totum n, ,Mädchen n für alles'.

fac·tu·al [ˈfæktʃʊəl; Am. -tʃəwəl] adj (adv ~ly) 1. tatsächlich, auf Tatsachen beruhend, Tatsachen...: **~ error** Sachfehler m; **~ report** Tatsachenbericht m; **~ situation** Sachlage f, -verhalt m. 2. sich an die Tatsachen haltend, genau. 3. sachlich.

fac·ul·ta·tive ['fækltətɪv; Am. 'fækəl-,teɪ-] adj 1. berechtigend. 2. fakulta'tiv, freigestellt: **~ subject** ped. Wahlfach n. 3. biol. fakulta'tiv (a. ohne Wirtsorganismus auskommend): **~ parasites.**

fac·ul·ty ['fækltɪ] s 1. Fähigkeit f, Vermögen n: **~ of hearing** Hörvermögen. 2. Kraft f, Geschicklichkeit f, Gewandtheit f. 3. (na'türliche) Gabe, Anlage f, Ta'lent n, Fähigkeit f: **(mental) faculties** Geisteskräfte. 4. univ. a) Fakul'tät f, Wissenszweig m: **the medical ~** die medizinische Fakultät, weitS. die Mediziner, b) (Mitglieder pl e-r) Fakultät, Lehrkörper m, c) bes. Am. 'Lehr-, Ver'waltungsperso,nal n (a. e-r Schule). 5. jur. a) Ermächtigung f, Befugnis f (for zu, für), b) meist pl Vermögen n, Eigentum n. 6. relig. Befugnis f, Dis'pens m, f.

fad [fæd] s a) Mode(erscheinung, -torheit) f, b) (vor'übergehende) Laune. **'fad·dish, 'fad·dy** adj a) Mode..., vor'übergehend, b) **a ~ woman** e-e Frau, die jede Mode(torheit) mitmacht.

fade¹ [feɪd] I v/i 1. (ver)welken. 2. verschießen, verblassen, ver-, ausbleichen (Farbe etc). 3. a. **~ away** sich auflösen (Menge), immer weniger werden (Personen), med. immer schwächer werden (Person), verklingen (Lied etc), verblassen (Erinnerung), verrauchen (Zorn etc), zerrinnen (Hoffnungen). 4. Radio: schwinden (Ton, Sender). 5. nachlassen (Bremsen), (Sportler etc) abbauen 6. a. **~ out** (Film, Rundfunk, TV) aus- od. abgeblendet werden (Ton, Bild): **to ~ in** (od. **up**) auf- od. eingeblendet werden (Ton, Bild). 7. (ver)welken lassen. 8. Farbe etc ausbleichen. 9. a. **~ out** Ton, Bild aus- od.

abblenden: **to ~ in** (*od.* **up**) auf- *od.* einblenden.

fade² [fɑːd] *adj* geschmacklos, fad(e): **a ~ sauce.**

fad·ed [ˈfeɪdɪd] *adj* (*adv* **~ly**) **1.** welk. **2.** ausgeblichen, ausgebleicht (*Farbe etc*).

ˈfade-in *s Film, Rundfunk, TV:* Auf-, Einblendung *f.* **ˈfade·less** *adj* (*adv* **~ly**) **1.** licht-, farbecht. **2.** *fig.* unvergänglich.

ˈfade-out *s* **1.** *Film, Rundfunk, TV:* Aus-, Abblendung *f.* **2.** *phys.* Ausschwingen *n:* **~ time** Ausschwingzeit *f.*

ˈfad·er *s Radio, TV:* Aufblend-, Abblendregler *m.* **ˈfad·ing** *I adj* **1.** (ver-) welkend. **2.** ausbleichend (*Farbe etc*). **3.** *fig.* vergänglich. **II** *s* **4.** (Ver)Welken *n.* **5.** Bleichen *n.* **6.** *Radio:* Fading *n,* Schwund *m:* **~ control** Schwundregelung *f.* **7.** *tech.* Fading *n* (*Nachlassen der Bremswirkung*).

fae·cal, *bes. Am.* **fe·cal** [ˈfiːkl] *adj* fäˈkal, Kot...: **~ matter** Kot *m.* **fae·ces,** *bes. Am.* **fe·ces** [ˈfiːsiːz] *s pl* **1.** Fäˈkalien *pl,* Kot *m.* **2.** Rückstände *pl,* (Boden)Satz *m.*

fa·er·ie, fa·er·y [ˈfeɪərɪ; ˈfeərɪ] *obs.* u. *poet.* **I** *s* **1.** → **fairy** 1. **2.** Feen-, Märchenland *n.* **II** *adj* **3.** Feen..., Märchen...

fag¹ [fæg] *s colloq.* ‚Glimmstengel' *m* (*Zigarette*).

fag² [fæg] *I v/i* **1.** *colloq.* sich abarbeiten, sich placken, sich (ab)schinden. **2.** *ped. Br. bes. hist.* den älteren Schülern Dienste leisten. **II** *v/t* **3.** *a.* **~ out** *colloq.* ‚schaffen', ‚fertigmachen': **to be completely ~ged out** vollkommen ‚ausgepumpt' *od.* ‚fertig' *od.* ‚geschafft' sein. **4.** *ped. Br. bes. hist.* sich von (*e-m jüngeren Schüler*) bedienen lassen. **III** *s* **5.** *ped. Br. bes. hist.* Schüler, der für e-n älteren Dienste verrichtet. **6.** *bes. Br. colloq.* Plackeˈrei *f,* Schindeˈrei *f.*

fag³ [fæg] → **faggot².**

fag end *s* **1.** Salband *n,* -leiste *f* (*am Tuch*). **2.** *mar.* aufgedrehtes Tauende. **3.** *fig.* Ende *n,* Schluß *m.* **4.** letzter *od.* schäbiger Rest: **the ~ of the term** die letzten paar Tage des Semesters. **5.** *Br. colloq.* ‚Kippe' *f* (*Zigarettenstummel*).

fag·got¹, *bes. Am.* **fag·ot** [ˈfægət] **I** *s* **1.** Holz-, Reisigbündel *n.* **2.** *hist.* Scheiterhaufen *m.* **3.** *tech.* a) Bündel *n* Stahlstangen (*von 54,43 kg*), b) ˈSchweißpaˌket *n,* Paˈket *n* Eisenstäbe. **4.** *gastr.* Frikaˈdelle *f* (*bes. aus Schweineleber*). **II** *v/t* **5.** bündeln, zu e-m Bündel zus.-binden.

fag·got² [ˈfægət] *s bes. Am. sl.* ‚Schwule(r)' *m* (*Homosexueller*). **ˈfag·got·ry** *s bes. Am. sl.* ‚Schwulheit' *f.* **ˈfag·got·y** *adj bes. Am. sl.* ‚schwul'.

fag·gy [ˈfægɪ] → **faggoty.**

fa·got·tist [fəˈgɒtɪst; *Am.* -ˈgɑ-] *s* Fagotˈtist *m.* **faˈgot·to** [-təʊ] *pl* **-ti** [-tiː] *s mus.* Faˈgott *n.*

fahl·band [ˈfɑːlbænd] *s geol. min.* Fahlband *n.*

Fah·ren·heit [ˈfærənhaɪt] *s in GB u. USA gebräuchliches Thermometersystem:* **10° ~** zehn Grad Fahrenheit; **~ thermometer** Fahrenheitthermometer *n.*

fa·ience [faɪˈɑːns; feɪˈɑːns] *s* Fayˈence *f.*

fail [feɪl] **I** *v/i* **1.** ermangeln (**of, in** *gen*): **he ~s in perseverance** es fehlt *od.* mangelt ihm an Ausdauer. **2.** nachlassen, schwinden (*Kräfte etc*), ausbleiben, versiegen (*Quellen etc*): **our supplies ~ed** unsere Vorräte gingen aus *od.* zu Ende. **3.** mißˈraten (*Ernte*), nicht aufgehen (*Saat*). **4.** abnehmen, schwächer werden: **his eyesight ~ed** s-e Sehkraft ließ nach. **5.** versagen: **the engine ~ed; he ~ed in front of the goal. 6.** fehlschlagen, scheitern, mißˈlingen, s-n Zweck verfehlen, ˈMißerfolg haben, Schiffbruch erleiden, es nicht fertigbringen (**to do** zu tun): **he (the plan) ~ed,** er (der Plan) scheiterte; if

everything else **~s** ‚wenn alle Stricke reißen'; **he ~ed in all his attempts** alle s-e Versuche schlugen fehl; **the prophecy ~ed** die Prophezeiung traf nicht ein; **I ~ to see** ich sehe nicht ein. **7.** verfehlen, versäumen, unterˈlassen: **he ~ed to come** er kam nicht; **he never ~s to come** er kommt immer; **don't ~ to come** komme ja *od.* ganz bestimmt; **he cannot ~ to win** er muß einfach gewinnen; **he ~s in his duty** er vernachlässigt s-e Pflicht. **8.** fehlgehen, irren: **to ~ in one's hopes** sich in s-n Hoffnungen täuschen. **9.** *econ.* bankˈrott machen *od.* gehen, in Konˈkurs geraten *od.* gehen. **10.** *ped.* ˈdurchfallen (**in an examination** in e-r Prüfung).

II *v/t* **11.** j-m fehlen, versagen: **his courage ~ed him** ihn verließ der Mut; **words ~ me** mir fehlen die Worte (**to** *inf* um zu *inf*). **12.** j-n im Stich lassen, enttäuschen: **I will never ~ you. 13.** *ped.* a) j-n in e-r Prüfung ˈdurchfallen lassen: **he ~ed them all,** b) ˈdurchfallen in (*e-r Prüfung etc*): **he ~ed chemistry.**

III *s* **14. he got a ~ in biology** *ped.* er ist in Biologie durchgefallen. **15. without ~** mit Sicherheit, ganz bestimmt.

ˈfail·ing I *adj* **1.** nachlassend (*Kräfte etc*). **II** *prep* **2. in** Ermang(e)lung (*gen*): **~ a purchaser. 3.** im Falle des Ausbleibens *od.* Mißˈlingens *od.* Versagens (*gen*): **~ this** wenn nicht, andernfalls; **~ which** widrigenfalls. **III** *s* **4.** Fehler *m,* Schwäche *f.*

faille [feɪl; *Am.* faɪl] *s* Faille *f,* Ripsseide *f.*

ˈfail-safe *adj* störungssicher, *a. fig.* pannensicher, (*Kerntechnik*) folgeschadensicher.

fail·ure [ˈfeɪljə(r)] *s* **1.** Fehlen *n,* Nichtvorˈhandensein *n:* **~ of hairs. 2.** Ausbleiben *n,* Versagen *n,* Versiegen *n.* **3.** Unterˈlassung *f,* Versäumnis *n:* **~ to comply with instructions** Nichtbefolgung *f* von Vorschriften; **~ to pay** Nichtzahlung *f;* **his ~ to report** die Tatsache, daß er keinen Bericht erstattete *od.* daß er es unterließ, Bericht zu erstatten. **4.** Ausbleiben *n,* Nichtˈeintreten *n* (*e-s Ereignisses*). **5.** Fehlschlag(en *n*) *m,* Mißˈlingen *n,* ˈMißerfolg *m,* Scheitern *n:* **~ of crops** Mißernte *f.* **6.** Nachlassen *n* (*der Kräfte etc*). **7.** *med.* Versagen *f,* Störung *f* (*der Herztätigkeit etc*). **8.** *tech.* Versagen *n,* Störung *f,* Deˈfekt *m.* **9.** *fig.* Zusammenbruch *m,* Zs.-bruch *m:* **to meet with ~** → **fail** 6. **10.** *econ.* Bankˈrott *m,* Konˈkurs *m.* **11.** Versager *m* (*Person od. Sache*), verkrachte Exiˈstenz (*Person*), Reinfall *m* (*Sache*), *sport* Ausfall *m:* **he was a complete ~** er war ein Totalausfall. **12.** *ped.* ˈDurchfallen *n* (*in e-r Prüfung*).

fain [feɪn] *obs.* **I** *adj pred* **1.** froh. **2.** bereit. **3.** genötigt (**to do** zu tun). **II** *adv* **4.** gern: **I would ~ do it** ich würde *od.* möchte es gern tun.

fai·ne·ance [ˈfeɪnɪəns], **ˈfai·ne·an·cy** [-sɪ] *s* Nichtstun *n,* Müßiggang *m.* **ˈfai·néˌant I** *adj* müßig, faul. **II** *s* Müßiggänger(in), Faulenzer(in).

faint [feɪnt] **I** *adj* (*adv* **~ly**) **1.** schwach, matt, kraftlos (**with** vor *dat*): **to feel ~** sich matt *od.* e-r Ohnmacht nahe fühlen. **2.** schwach, matt (*Ton, Farbe etc, a. fig.*): **a ~ effort; I have not the ~est idea** ich habe nicht die leiseste Ahnung; **~ hope** schwache Hoffnung; **to have a ~ recollection of s.th.** sich (nur) schwach *od.* undeutlich an etwas erinnern (können). **3.** (drückend) schwül. **4.** zaghaft, furchtsam, kleinmütig, feig(e): **~ heart never won fair lady** wer nicht wagt, der nicht gewinnt. **II** *s* **5.** Ohnmacht *f:* **in a ~** ohnmächtig; → **dead** 3. **III** *v/i* **6.** ohnmächtig werden, in Ohn-

macht fallen (**with, from** vor *dat*): **~ing fit** Ohnmachtsanfall *m.* **7.** *obs.* verzagen.

ˈfaint·heart *s* Feigling *m.* ˌfaint-ˈheart·ed *adj* feig(e), zaghaft, furchtsam, kleinmütig. ˌfaintˈheart·ed·ness *s* Feigheit *f,* Furchtsamkeit *f.*

ˈfaint·ish *adj* schwächlich. **ˈfaint·ness** *s* **1.** Schwäche(gefühl *n,* -zustand *m*) *f,* Mattigkeit *f.* **2.** *fig.* Schwäche *f* (*e-s Tons etc*). **3. ~ of heart** *fig.* Feigheit *f,* Furchtsamkeit *f.*

faints → **feints.**

fair¹ [feə(r)] **I** *adj* (*adv* → **fairly**) **1.** schön, hübsch, nett: **the ~ sex** das schöne *od.* zarte Geschlecht. **2.** a) hell (*Haut, Haar, Teint*), blond (*Haar*), zart (*Teint, Haut*), b) hellhäutig. **3.** rein, sauber, makellos, unbescholten: **~ name** guter Ruf. **4.** schön, gefällig: **to give s.o. ~ words** j-n mit schönen Worten abspeisen. **5.** klar, heiter (*Himmel*), schön, trocken (*Wetter, Tag*): **set ~** beständig. **6.** rein, klar (*Wasser, Luft*). **7.** sauber, deutlich, leserlich: → **copy** 1. **8.** frei, offen, ungehindert (*Aussicht etc*): **~ game** a) jagdbares Wild, b) *fig.* Freiwild *n; his speech was ~ game for his opponents* ein gefundenes Fressen. **9.** günstig, aussichtsreich, vielversprechend: **~ chance** reelle Chance; → **way¹** *Bes. Redew.,* **wind¹** 1. **10.** (ganz) schön, ansehnlich, nett: **a ~ sum. 11.** anständig: a) *bes. sport* fair, b) ehrlich, offen, aufrichtig (**with** gegen), c) ˈunparˌteiisch, gerecht: **~ and square** offen u. ehrlich, anständig; **by ~ means** auf ehrliche Weise; **by ~ means or foul** so oder so; **that's only ~** das ist nur recht u. billig; **~ is ~** Gerechtigkeit muß sein; **~ competition** *econ.* redlicher Wettbewerb; **all's ~ in love and war** im Krieg u. in der Liebe ist alles erlaubt; → **comment** 1, **play** 3, **warning** 1. **12.** leidlich, ziemlich *od.* einigermaßen gut: **to be a ~ judge of s.th.** ein ziemlich gutes Urteil über etwas abgeben können; **~ business** leidlich gute Geschäfte; **pretty ~** nicht übel, recht *od.* ziemlich gut; → **middling** 1. **13.** angemessen: **~ price; ~ wages. 14.** typisch: **a ~ example. 15.** berechtigt: **a ~ complaint.**

II *adv* **16.** schön, gut, freundlich, höflich: **to speak s.o. ~** j-m schöne *od.* freundliche Worte sagen. **17.** rein, sauber, leserlich: **to write** (*od.* **copy**) **out ~** ins reine schreiben. **18.** günstig (*nur noch in*): **to bid** (*od.* **promise**) **~** a) sich gut anlassen, zu Hoffnungen berechtigen, b) (gute) Aussicht haben, versprechen (**to be** zu sein); **the wind sits ~** *mar.* der Wind ist günstig. **19.** anständig, fair: **to play ~** fair spielen, *a. fig.* sich an die Spielregeln halten. **20.** ˈunparˌteiisch, gerecht. **21.** aufrichtig, offen, ehrlich: **~ and square** offen u. ehrlich. **22.** auf gutem Fuß (**with** mit): **to keep** (*od.* **stand**) **~ with s.o.** gut mit j-m stehen. **23.** diˈrekt, genau: **~ in the face** mitten ins Gesicht. **24.** völlig: **the question caught him ~ off his guard** die Frage traf ihn völlig unvorbereitet. **25.** *Austral.* ganz schön: **~ tired.**

III *s* **26.** *obs.* Schönheit *f* (*a. Frau*). **IV** *v/t* **27.** *tech.* glätten, zurichten: **to ~ into** einpassen in (*acc*). **28.** *Flugzeug etc* verkleiden.

V *v/i* **29.** *a.* **~ off, ~ up** *dial.* sich aufheitern (*Wetter*).

fair² [feə(r)] *s* **1.** a) Jahrmarkt *m,* b) Volksfest *n:* **at the ~** auf dem Jahrmarkt; **(a day) after the ~** *fig.* (e-n Tag) zu spät. **2.** Ausstellung *f,* Messe *f:* **at the industrial ~** auf der Industriemesse. **3.** Baˈsar *m.*

ˈfair| catch *s Rugby:* Freifang *m.* ˌ~-ˈfaced *adj* **1.** hellhäutig. **2.** schön. ˈ~-

ground *s* **1.** Ausstellungs-, Messegelände *n*. **2.** Rummel-, Vergnügungsplatz *m*. ˌ~-ˈ**haired** *adj* **1.** blond, hellhaarig. **2.** ~ **boy** *Am. colloq.* Liebling *m* (*des Chefs etc*).
fair·ing¹ [ˈfeərɪŋ] *s aer.* Verkleidung *f*.
fair·ing² [ˈfeərɪŋ] *s obs.* Jahrmarktsgeschenk *n*.
ˈ**fair·ish** *adj* ziemlich (gut *od.* groß), leidlich, pasˈsabel.
ˈ**fair·ly** *adv* **1.** ehrlich. **2.** anständig(erweise). **3.** gerecht(erweise). **4.** ziemlich. **5.** leidlich. **6.** gänzlich, völlig. **7.** geradezu, sozusagen. **8.** klar, deutlich. **9.** genau. **10.** günstig.
ˌ**fair-ˈmind·ed** *adj* aufrichtig, gerecht (-denkend). ˌ**fair-ˈmind·ed·ness** *s* Aufrichtigkeit *f*.
ˈ**fair·ness** *s* **1.** Schönheit *f*. **2.** a) Blondheit *f*, b) Hellhäutigkeit *f*. **3.** Klarheit *f* (*des Himmels*). **4.** Anständigkeit *f*: a) *bes. sport* Fairneß *f*, b) Ehrlichkeit *f*, Aufrichtigkeit *f*, c) Gerechtigkeit *f*: **in** ~ gerechterweise; **in** ~ **to him** um ihm Gerechtigkeit widerfahren zu lassen.
ˌ**fair-ˈspo·ken** *adj* freundlich, höflich. ~ **trade** *s econ. Am.* Preisbindung *f*. ˌ~-ˈ**trade** *econ. Am.* **I** *adj* Preisbindungs...: ~ **agreement**. **II** *v/t* Ware in Überˈeinstimmung mit e-m Preisbindungsvertrag verkaufen. ˈ~ˌ**way** *s* **1.** *mar.* Fahrwasser *n*, -rinne *f*: ~ **buoy** Anseglungsboje *f*. **2.** *Golf:* Fairway *n* (*kurzgemähte Spielbahn zwischen Abschlag u. Grün*). ˈ~ˌ**weath·er** *adj* Schönwetter...: ~ **friends** *fig.* Freunde nur in guten Zeiten, unzuverlässige Freunde.
fair·y [ˈfeərɪ] **I** *s* **1.** Fee *f*, Elf *m*, Elfe *f*. **2.** *sl.* ˌSchwule(r)ˈ *m* (*Homosexueller*). **II** *adj* **3.** Feen..., **4.** feenhaft: a) märchenhaft, zauberhaft, b) anmutig-zart. ~ˈ**cy·cle** *s* Kinder(fahr)rad *n*. ~ ˈ**god·moth·er** *s* gute Fee (*a. fig.*). ˈ~-ˌ**land** [-lænd] *s* **1.** Feen-, Märchenland *n*. **2.** Phantaˈsiewelt *f*. ~ **lights** *s pl* bunte Lichter (*bes. am Weihnachtsbaum*). ~ **ring** *s bot.* Feenreigen *m*, -kreis *m*. ~ˈ**sto·ry**, ~ ˈ**tale** *s* Märchen *n* (*a. fig.*).
fait ac·com·pli *pl* **faits ac·complis** [ˌfeɪtɑːˈkɒmpliː] *s* vollˈendete Tatsache: **to present s.o. with a** ~ j-n vor vollendete Tatsachen stellen.
faith [feɪθ] *s* **1.** (**in**) Glaube(n) *m* (an *acc*), Vertrauen *n* (auf *acc*, zu): **to have** (*od.* **put**) ~ **in** a) e-r Sache Glauben schenken, an etwas glauben, b) zu j-m Vertrauen haben; **to pin one's** ~ **on** (*od.* **to**) sein (ganzes) Vertrauen setzen auf (*acc*); **to have full** ~ **and credit** *jur.* als Beweis gelten (*Urkunde*); **to break** ~ **with s.o.** j-s Vertrauen enttäuschen *od.* mißbrauchen; **on the** ~ **of** im Vertrauen auf (*acc*). **2.** *relig.* a) (überˈzeugter) Glaube(n), b) Glaube(nsbekenntnis *n*) *m*: **the Christian** ~. **3.** (Pflicht)Treue *f*, Redlichkeit *f*: **in good** ~ in gutem Glauben, gutgläubig (*a. jur.*); **third party acting in good** ~ *jur.* gutgläubiger Dritter; **in bad** ~ in böser Absicht, arglistig (*a. jur.*); **in** ~!, **upon my** ~! *obs.* auf Ehre!, m-r Treu!, fürwahr! **4.** Versprechen *n*: **to give** (**pledge**) **one's** ~ sein Wort geben (verpfänden); **to keep one's** ~ sein Wort halten; **to break** (*od.* **violate**) **one's** ~ sein Versprechen *od.* Wort brechen. ~ **cure** *s* Heilung *f* durch Gesundbeten.
ˈ**faith·ful I** *adj* **1.** treu (**to** *dat*): **a** ~ **friend**; ~ **to one's promise** s-m Versprechen getreu. **2.** ehrlich, aufrichtig. **3.** gewissenhaft. **4.** genau: a) wahrheitsgetreu: **a** ~ **description**, b) origiˈnal, wortgetreu: **a** ~ **translation**. **5.** glaubwürdig, zuverlässig: **a** ~ **statement**. **6.** *relig.* gläubig. **II** *s* **7.** **the** ~ *pl relig.* die Gläubigen *pl*: **Father of the F**~ (*Islam*) Beherrscher *m* der Gläubigen (*der Kalif*). **8.** *pl* treue Anhänger *pl*.
ˈ**faith·ful·ly** *adv* **1.** treu, ergeben: **Yours** ~ Mit freundlichen Grüßen (*als Briefschluß*). **2.** → **faithful** 2–5. **3.** *colloq.* nach-, ausdrücklich: **to promise** ~ hoch u. heilig versprechen. ˈ**faith·ful·ness** *s* **1.** Treue *f*. **2.** Ehrlichkeit *f*. **3.** Gewissenhaftigkeit *f*. **4.** Genauigkeit *f*. **5.** Glaubwürdigkeit *f*.
faith| **heal·er** *s* Gesundbeter(in). ~ **heal·ing** *s* Gesundbeten *n*.
ˈ**faith·less** *adj* (*adv* ~**ly**) **1.** treulos. **2.** unehrlich, unaufrichtig. **3.** *relig.* ungläubig. ˈ**faith·less·ness** *s* **1.** Treulosigkeit *f*. **2.** Unehrlichkeit *f*. **3.** *relig.* Unglläubigkeit *f*.
fake¹ [feɪk] *mar.* **I** *s* Bucht *f* (*Tauwindung*). **II** *v/t meist* ~ **down** Tau winden.
fake² [feɪk] **I** *v/t* **1.** *a.* ~ **up** Bilanz ˌfriˈsieren'. **2.** Gemälde, Paß *etc* fälschen, Schmuck imiˈtieren, nachmachen. **3.** Interesse *etc* vortäuschen, Krankheit *a.* simuˈlieren, Einbruch *etc a.* finˈgieren. **4.** *sport* a) Gegenspieler täuschen, b) Schuß *etc* antäuschen. **5.** *mus. thea.* improviˈsieren. **II** *v/i* **6.** sich verstellen, so tun als ob, simuˈlieren. **III** *s* **7.** Fälschung *f*, Nachahmung *f*, Imitatiˈon *f*. **8.** Schwindel *m*, Betrug *m*. **9.** a) Schwindler *m*, Betrüger *m*, Hochstapler *m*, b) Simuˈlant *m*, ˌSchauspielerˈ *m*. **IV** *adj* **10.** gefälscht, imiˈtiert, nachgemacht. **11.** falsch: **a** ~ **colonel**. **12.** vorgetäuscht.
ˈ**fake·ment** *colloq. für* **fake**² 7. ˈ**fak·er** *s* **1.** Fälscher *m*. **2.** → **fake**² 9. **3.** *Am. colloq.* (*bes.* betrügerischer) Straßenhändler *od.* Jahrmarktsschreier.
fa·kir [ˈfeɪˌkɪə; *bes. Am.* fəˈkɪə(r)] *s* **1.** *relig.* Fakir *m*. **2.** [ˈfeɪkər] *Am. colloq.* → **fake**² 9, faker 3.
fal·ba·la [ˈfælbələ] *s* Falbel *f*, Rüsche *f*.
fal·cate [ˈfælkeɪt; *Am. a.* ˈfɔːl-] → **falciform**.
fal·chion [ˈfɔːltʃən] *s* **1.** *hist.* Krummschwert *n*. **2.** *obs. od. poet.* Schwert *n*.
fal·ci·form [ˈfælsɪfɔː(r)m; *Am. a.* ˈfɔːl-] *adj anat. bot. zo.* sichelförmig, Sichel...
fal·con [ˈfɔːlkən; ˈfɔːkən; *Am. bes.* ˈfæl-] *s* **1.** *orn.* Falke *m*. **2.** *hunt.* Jagdfalke *m*. **3.** *mil. hist.* Falˈkaune *f* (*Geschütz*). ˈ**fal·con·er** *s hunt.* Falkner *m*: a) Abrichter *m* von Jagdfalken, b) Falken-, Beizjäger *m*.
fal·co·net [ˈfɔːlkənet; *Am.* ˌfælkəˈnet] *s mil. hist.* Falkoˈnett *n* (*kleines Geschütz*).
ˌ**fal·con-ˈgen·tle** *s orn.* (Wander)Falkenweibchen *n*.
fal·con·ry [ˈfɔːlkənrɪ; ˈfɔːk-; *Am. bes.* ˈfæl-] *s* **1.** Falkneˈrei *f*, Falkenzucht *f*. **2.** Falkenbeize *f*, -jagd *f*.
fal·de·ral [ˌfældəˈræl; *Am.* ˈfɑːldəˌrɑːl] *s* **1.** *mus.* (Valleˈri)Valleˈra *n* (*Kehrreim*). **2.** *contp.* Firlefanz *m*.
fald·stool [ˈfɔːldstuːl] *s* a) Bischofsstuhl *m*, b) Bet-, Krönungsschemel *m*, c) *anglikanische Kirche:* Litaˈneipult *n*.
fall [fɔːl] **I** *s* **1.** Fall *m*, Sturz *m*, Fallen *n*: ~ **from** (*od.* **out of**) **the window** Sturz aus dem Fenster; **to have a bad** ~ schwer stürzen; **to ride for a** ~ verwegen reiten, b) *a.* **to head for a** ~ *fig.* das Schicksal *od.* Unheil heraufordern, ins Unglück rennen; **to take the** ~ **for s.o.** *colloq.* für j-n den Kopf hinhalten. **2.** a) (Ab)Fallen *n* (*der Blätter etc*), b) *bes. Am.* Herbst *m*: **in** ~ im Herbst; ~ **weather** Herbstwetter *n*. **3.** Fall *m*, Herˈabfallen *n*, Faltenwurf *m* (*Stoff*). **4.** Fallen *n* (*des Vorhangs*). **5.** *tech.* Niedergang *m* (*des Kolbens etc*). **6.** Zs.-fallen *n*, Einsturz *m* (*e-s Gebäudes*). **7.** *phys.* a) **free** ~ freier Fall, b) Fallhöhe *f*, -strecke *f*. **8.** a) (Regen-, Schnee)Fall *m*, b) Regen-, Schnee-, Niederschlagsmenge *f*. **9.** Fallen *n* (*der Flut, Temperatur etc*), Sinken *n*, Abnehmen *n*: (**heavy** *od.* **sudden**) ~ **in prices** Preis-, Kurssturz *m*; **to speculate on the** ~ auf Baisse spekulieren. **10.** Abfall(en *n*) *m*, Gefälle *n*, Neigung *f* (*des Geländes*): **a sharp** ~ ein starkes Gefälle. **11.** *meist pl* (Wasser)Fall *m*: **the Niagara F**~**s**. **12.** Anbruch *m*, Herˈeinbrechen *n* (*der Nacht etc*). **13.** Fall *m*, Sturz *m*, Nieder-, ˈUntergang *m*, Verfall *m*, Ende *n*: **the** ~ **of Troy** der Fall von Troja; ~ **of life** *fig.* Herbst *m* des Lebens. **14.** a) (*moralischer*) Verfall, b) Fall *m*, Fehltritt *m*: **the F**~, **the** ~ **of man** *Bibl.* der (*erste*) Sündenfall. **15.** *hunt.* a) Fall *m*, Tod *m* (*von Wild*), b) Falle *f*. **16.** *agr. zo.* Wurf *m* (*Lämmer etc*). **17.** Ringen: Niederwurf *m*: **to win by** ~ Schultersieg *m*; **to try a** ~ **with s.o.** *fig.* sich mit j-m messen.
II *v/i pret* **fell** [fel] *pp* **fall·en** [ˈfɔːlən] **18.** fallen: **the curtain** ~**s** der Vorhang fällt. **19.** (ab)fallen (*Blätter etc*). **20.** (herˈunter)fallen, abstürzen: **he fell to his death** er stürzte tödlich ab. **21.** (ˈum-, ˈhin-, nieder)fallen, stürzen, zu Fall kommen, zu Boden fallen (*Person*): **he fell badly** er stürzte schwer. **22.** ˈumfallen, -stürzen (*Baum etc*). **23.** (in Locken *od.* Falten *etc*) (herˈab)fallen. **24.** *fig.* fallen: a) (*im Kampf*) ˈumkommen, b) erobert werden (*Stadt*), c) gestürzt werden (*Regierung*), d) (*moralisch*) sinken, e) die Unschuld verlieren, e-n Fehltritt begehen (*Frau*). **25.** *fig.* fallen (*Flut, Preis, Temperatur etc*), abnehmen, sinken: **the wind** ~**s** der Wind legt sich *od.* läßt nach; **his courage fell** sein Mut sank; **his voice** (**eyes**) **fell** er senkte die Stimme (den Blick); **his face fell** er machte ein langes Gesicht. **26.** abfallen (**toward**[**s**] zu ... hin) (*Gelände etc*). **27.** (*in Stücke*) zerfallen: **to** ~ **asunder** (*od.* **in two**) auseinanderfallen, entzweigehen. **28.** (*zeitlich*) eintreten, fallen: **Easter** ~**s late this year** Ostern ist *od.* fällt *od.* liegt dieses Jahr spät. **29.** sich ereignen. **30.** herˈeinbrechen (*Nacht*). **31.** *fig.* fallen (*Worte etc*): **the remark fell from him** er ließ die Bemerkung fallen. **32.** krank, fällig *etc* werden: **to** ~ **ill**; **to** ~ **due**; **to** ~ **heir to s.th.** etwas erben.

Verbindungen mit Präpositionen:
fall| **a·mong** *v/i od.* geraten unter (*acc*): **to** ~ **thieves** *Bibl.* unter die Räuber fallen (*a. fig.*). ~ **be·hind** *v/i* zuˈrückbleiben hinter (*dat*), zuˈrückfallen hinter (*acc*) (*beide a. fig.*). ~ **down** *v/i* die Treppe *etc* hinˈunterfallen. ~ **for** *v/i* **1.** herˈeinfallen auf (*j-n od. etwas*). **2.** *colloq.* sich in (*j-n*) ˌverknallenˈ. ~ **from** *v/i* abfallen von, (*j-m od.* e-r *Sache*) abtrünnig *od.* untreu werden: **to** ~ **grace** a) sündigen, b) *a.* **to** ~ **favo(u)r** in Ungnade fallen. ~ **in·to** *v/i* **1.** kommen *od.* geraten in (*acc*): **to** ~ **difficulties**; **to** ~ **conversation** ins Gespräch kommen; → **line**¹ 15. **2.** *a.* verfallen (*dat*), verfallen in (*acc*): **to** ~ **error** e-m Irrtum verfallen, b) sich *etwas* angewöhnen: **to** ~ **a habit** e-e Gewohnheit annehmen; **to** ~ **the habit of doing s.th.** (es) sich angewöhnen, etwas zu tun; **to** ~ **the habit of smoking** sich das Rauchen angewöhnen. **3.** zerfallen *od.* sich aufteilen in (*acc*): **to** ~ **ruin** zerfallen, in Trümmer gehen. **4.** münden in (*acc*). **5.** fallen in (*ein Gebiet od. Fach*), gehören zu (*e-m Bereich*). ~ **on** *v/i* **1.** fallen auf (*acc*): **his glance fell on me**; → **ear** *Bes. Redew.*, **foot** 1. **2.** ˈherfallen über (*acc*). **3.** geraten in (*acc*): **to** ~ **evil times** e-e schlimme Zeit mit- *od.* durchmachen müssen. **4.** → **fall to** 3. ~ **out of** *v/i* sich *etwas* abgewöhnen: **to** ~ **a habit** e-e Gewohnheit ablegen; **to** ~ **the habit of doing s.th.** (es) sich abgewöhnen, etwas zu tun; **to** ~ **the**

habit of smoking sich das Rauchen abgewöhnen. **~ o·ver** *v/i* fallen über (*acc*): **to ~ one's own feet** über die eigenen Füße stolpern; **to ~ o.s. to do s.th.** *colloq.* ‚sich fast umbringen', etwas zu tun. **~ to** *v/i* **1.** fallen auf (*acc*): → **ground¹ 1, knee 1. 2.** beginnen mit: **to ~ work; to ~ doing s.th.** sich daranmachen, etwas zu tun. **3.** *j-m* ob'liegen, *j-m* zufallen (**to do** zu tun). **~ un·der** *v/i* **1.** unter (*ein Gesetz etc*) fallen, zu (*e-r Kategorie etc*) gehören. **2.** der Kritik *etc* unter'liegen. **~ up·on** → fall on. **~ with·in** → fall into 5.
Verbindungen mit Adverbien:
fall| a·bout *v/i*: **to ~** (laughing *od.* with laughter) *colloq.* ‚sich (vor Lachen) kugeln'. **~ a·stern** *v/i mar.* zu'rückbleiben. **~ a·way** *v/i* **1.** → fall 26. **2.** → fall off 2 *u.* 3. **~ back** *v/i* zu'rückweichen: **they forced the enemy to ~** *mil.* sie zwangen den Feind zum Rückzug; **to ~ (up)on** *fig.* zurückgreifen auf (*acc*). **~ be·hind** *v/i* zu'rückbleiben, -fallen (*beide a. fig.*): **to ~ with** in Rückstand sein. Verzug geraten mit. **~ down** *v/i* **1.** ¹hin-, hin'unter-, her'unterfallen. **2.** ¹umfallen, einstürzen. **3.** (*ehrfürchtig*) niederfallen, auf die Knie sinken. **4.** *colloq.* (**on**) a) enttäuschen, versagen (bei), b) Pech haben (mit). **~ in** *v/i* **1.** einfallen, -stürzen. **2.** *mil.* antreten, ins Glied treten. **3.** *fig.* sich anschließen (*Person*), sich einfügen (*Sache*). **4.** fällig werden (*Wechsel etc*), ablaufen (*Pacht etc*). **5. ~ with** zufällig treffen (*acc*), stoßen auf (*acc*). **6. ~ with** a) beipflichten, zustimmen (*dat*), b) sich anpassen (*dat*), c) passen zu, entsprechen (*dat*). **7. ~ for** sich zuziehen, ‚abbekommen'. **~ off** *v/i* **1.** abfallen (*Blätter etc*). **2.** zu'rückgehen (*Geschäfte, Zuschauerzahlen etc*), nachlassen (*Begeisterung etc*). **3.** *fig.* (**from**) abfallen (von), abtrünnig werden (*dat*), verlassen (*acc*). **4.** *mar.* vom Strich abfallen. **5.** *aer.* abrutschen. **~ out** *v/i* **1.** her'ausfallen. **2.** *fig.* ausfallen, -gehen, sich erweisen als: **to ~ well. 3.** sich ereignen, geschehen. **4.** *mil.* a) wegtreten, b) e-n Ausfall machen. **5.** (sich) streiten (**with** mit); **over** über *acc*). **~ o·ver** *v/i* ¹hinfallen, stürzen (*Person*), ¹umfallen, ¹umkippen (*Vase etc*): **to ~ backwards to do s.th.** *colloq.* ‚sich fast umbringen', etwas zu tun. **~ short** *v/i* **1.** knapp werden, ausgehen. **2.** *mil.* zu kurz gehen (*Geschoß*). **3.** es fehlen lassen (**in** an *dat*): → **expectation 1. ~ through** *v/i* **1.** ¹durchfallen (*a. fig.*). **2.** *fig.* miß'glücken, ins Wasser fallen. **~ to** *v/i* **1.** zufallen (*Tür*). **2.** ‚reinhauen', (tüchtig) zugreifen (*beim Essen*). **3.** handgemein werden.

fal·la·cious [fə¹leɪʃəs] *adj* (*adv* ~**ly**) trügerisch: a) irreführend, b) falsch, irrig. **fal¹la·cious·ness** *s* Irrigkeit *f*.
fal·la·cy [¹fæləsɪ] *s* **1.** Trugschluß *m*, Irrtum *m*: **a popular ~** ein weitverbreiteter Irrtum. **2.** Unlogik *f*. **3.** Täuschung *f*, Irreführung *f*.
fal·lal [ˌfæl¹læl] *s* protziges Schmuck- *od.* Kleidungsstück.
fall·en [¹fɔːlən] **I** *pp von* fall. **II** *adj* gefallen: a) gestürzt (*a. fig.*), b) entehrt (*Frau*), c) (im Kriege) getötet, d) erobert (*Stadt*). **III** *s* **the ~** *collect.* die Gefallenen *pl.* **~ arch·es** *s pl med.* Senkfüße *pl.*
fall guy *s bes. Am. colloq.* **1.** a) Opfer *n* (*e-s Betrügers*), b) ‚Gimpel' *m* (*leichtgläubiger Mensch*). **2.** Sündenbock *m*.
fal·li·bil·i·ty [ˌfæləˈbɪlətɪ] *s* Fehlbarkeit *f.* **¹fal·li·ble** *adj* (*adv* fallibly) fehlbar.
¹fall·ing| sick·ness *s med. obs.* Fallsucht *f* (*Epilepsie*). **~ star** *s astr.* Sternschnuppe *f.*
fall line *s Skisport*: Fallinie *f.*

Fal·lo·pi·an tube [fəˈləʊpɪən] *s oft pl anat.* Eileiter *m.*
¹fall·out *s* **1.** *phys.* Fall'out *m*, radioak-¹tiver Niederschlag. **2.** *fig.* ¹Neben-, ¹Abfallpro₁dukt *n.* **3.** *fig.* (negative) Auswirkungen *pl*: **if there's trouble on the executive floor we get the ~ down here** dann bekommen wir es hier unten zu spüren.
fal·low¹ [¹fæləʊ] *agr.* **I** *adj* brach(liegend): **to be** (*od.* **lie**) **~** brachliegen (*a. fig.*). **II** *s* Brache *f*: a) Brachfeld *n*, b) Brachliegen *n*: **~ crop** Bracherntе *f*; **~ pasture** Brachwiese *f*. **III** *v/t* brachen, stürzen.
fal·low² [¹fæləʊ] *adj* falb, fahl, braungelb: **~ buck, ~ deer** *zo.* Damhirsch *m*, -wild *n.*
¹fall|-₁plow *v/t agr. Am.* im Herbst pflügen. **~ trap** *s* (Klappen-, Gruben)Falle *f.* **~ wind** *s meteor.* Fallwind *m.*
false [fɔːls] **I** *adj* (*adv* ~**ly**) falsch: a) unwahr: **~ evidence** *jur.* falsche (Zeugen)Aussage; **~ name** Falschname *m*; **~ oath, ~ swearing** *jur.* Falsch-, Meineid *m*, b) unrichtig, fehlerhaft, irrig, c) unaufrichtig, ¹hinterhältig: **~ to s.o.** falsch gegen j-n *od.* gegenüber j-m, d) irreführend, vorgetäuscht: **to give a ~ impression** e-n falschen Eindruck vermitteln, falsches Bild geben, e) gefälscht, unecht: **~ coin** gefälschte Münze, Falschgeld *n*; **~ hair (teeth)** falsche *od.* künstliche Haare (Zähne), f) *biol. med.* (*in Namen*) fälschlich so genannt: **~ acacia** falsche Akazie, Robinie *f*; **~ fruit** Scheinfrucht *f*, g) *arch. tech.* Schein..., zusätzlich, verstärkend: **~ bottom** falscher *od.* doppelter Boden; **~ door** blinde Tür, h) unbegründet: **~ shame** falsche Scham, i) *jur.* ¹widerrechtlich: **~ accusation** falsche Anschuldigung; **~ claim** unberechtigter Anspruch; **~ imprisonment** Freiheitsberaubung *f.* **II** *adv* falsch, unaufrichtig: **to play s.o. ~** ein falsches Spiel mit j-m treiben.
false| a·larm *s* falscher *od.* blinder A¹larm (*a. fig.*). **~ card** *s Bridge*: irreführende Karte. **~ ceil·ing** *s arch.* Zwischen-, ¹Unterdecke *f.* **~ coin·er** *s* Falschmünzer *m.* **~ col·o(u)rs** *s pl* falsche Flagge: → **color 12. ~ face** *s* Maske *f.* **~ floor** *s tech.* Zwischenboden *m*, Einschub *m.* **~ front** *s Am.* **1.** *arch.* falsche Fas¹sade (*a. fig.*). **2.** *fig.* bloße Fas¹sade, ‚Mache'. **~ ga·le·na** *s min.* Zinkblende *f.* **₁~¹heart·ed** *adj* treulos. **₁~¹heart·ed·ness** *s* Treulosigkeit *f.*
¹false·hood *s* **1.** Unwahrheit *f*, Lüge *f*: → **injurious 1. 2.** Falschheit *f*, Unehrlichkeit *f.*
false| ho·ri·zon *s phys.* künstlicher Hori¹zont. **~ keel** *s mar.* Vor-, Loskiel *m.* **~ key** *s tech.* Dietrich *m*, Nachschlüssel *m.*
¹false·ness *s* Falschheit *f*: a) Unwahrheit *f*, b) Unrichtigkeit *f*, c) Unehrlichkeit *f*, d) Unechtheit *f.*
false| preg·nan·cy *s med.* Scheinschwangerschaft *f.* **~ pre·tenc·es, ~ pre·tens·es** *s pl jur.* Vorspiegelung *f* falscher Tatsachen: **under ~**; → **obtain 1. ~ quan·ti·ty** *s ling. metr.* falsche Vo¹kal- *od.* Silbenlänge. **~ rib** *s anat.* falsche *od.* kurze Rippe. **~ start** *s sport* Fehl-, Frühstart *m.* **~ step** *s* Fehltritt *m* (*a. fig.*). **~ take-off** *s aer.* Fehlstart *m.*
fal·set·to [fɔːl¹setəʊ] **I** *pl* -**tos** *s* **1.** Fistelstimme *f*, *mus. a.* Fal¹sett(timbre) *n*. **2.** *mus.* Falset¹tist(in). **II** *adj* **3.** Fistel..., *mus. a.* Falsett... **III** *adv* **4. to sing ~** falsettieren, mit Fistelstimme *od.* (im) Falsett singen.
false| um·bel *s bot.* Schein-, Trugdolde *f.* **~ ver·dict** *s jur.* Fehlurteil *n.*

fals·ies [¹fɔːlsɪz] *s pl colloq.* Schaumgummieinlagen *pl* (*im Büstenhalter*).
fal·si·fi·ca·tion [ˌfɔːlsɪfɪ¹keɪʃn] *s* (Ver-)Fälschung *f*: **~ of accounts** Bücherfälschung.
fal·si·fy [¹fɔːlsɪfaɪ] *v/t* **1.** fälschen. **2.** verfälschen, falsch *od.* irreführend darstellen. **3.** *Hoffnungen* enttäuschen, vereiteln, zu¹nichte machen. **4.** wider¹legen.
¹fal·si·ty [-ətɪ] *s* **1.** Falschheit *f*, Unrichtigkeit *f.* **2.** Lüge *f*, Unwahrheit *f.*
Fal·staff·i·an [fɔːl¹stɑːfjən; *Am.* -¹stæfɪən] *adj* fal¹staffisch.
falt·boat [¹fæltbəʊt; *Am.* ¹fɑːlt₁baʊt; *a.* ¹fɔːlt-] *s* Faltboot *n.*
fal·ter [¹fɔːltə(r)] **I** *v/i* **1.** schwanken: a) taumeln, b) zögern, zaudern, c) stocken (*a. Stimme*). **2.** versagen: **his courage ~ed** der Mut verließ ihn; **his memory ~ed** sein Gedächtnis ließ ihn im Stich. **II** *v/t* **3.** *etwas* stammeln. **¹fal·ter·ing** *adj* (*adv* ~**ly**) **1.** schwankend: a) taumelnd, b) zögernd. **2.** stammelnd, stockend.
fame [feɪm] *s* **1.** Ruhm *m*, (guter) Ruf, Berühmtheit *f*: **to find ~** berühmt werden; **literary ~** literarischer Ruhm; **of ill** (*od.* **evil**) **~** von schlechtem Ruf, übelbeleumdet, berüchtigt; **house of ill ~** Freudenhaus *n.* **2.** *obs.* Gerücht *n.* **famed** *adj* berühmt, bekannt (**for** für, wegen *gen*).
fa·mil·ial [fə¹mɪljəl] *adj* Familien...
fa·mil·iar [fə¹mɪljə(r)] **I** *adj* (*adv* ~**ly**) **1.** vertraut: a) gewohnt: **a ~ sight**, b) bekannt: **a ~ face**, c) geläufig: **a ~ expression**; **~ quotations** geflügelte Worte. **2.** vertraut, bekannt (**with** mit): **to make o.s. ~ with** a) sich mit *j-m* bekannt machen, b) sich mit e-r Sache vertraut machen; **the name is quite ~ to me** der Name ist mir völlig vertraut *od.* geläufig. **3.** famili¹är, vertraulich, ungezwungen, frei: **to be on ~ terms with s.o.** mit j-m gut bekannt sein, mit j-m auf vertrautem Fuße stehen. **4.** in¹tim, vertraut: **a ~ friend. 5.** *a.* **too ~** *contp.* (all)zu in¹tim *od.* famili¹är *od.* frei, plump-vertraulich. **6.** zutraulich (*Tier*). **7.** *obs.* leutselig. **II** *s* **8.** Vertraute(r *m*) *f.* **9.** *a.* **~ spirit** Schutzgeist *m.* **10.** *R.C.* Fami¹liaris *m*: a) *hist.* Inquisitionsbeamter, b) Hausgenosse *e-s* Prälaten. **fa₁mil·i·ar·i·ty** [-lɪ¹ærətɪ] *s* **1.** Vertrautheit *f*, Bekanntschaft *f* (**with** mit). **2.** a) famili¹ärer Ton, Ungezwungenheit *f*, Vertraulichkeit *f*, b) *contp.* plumpe Vertraulichkeit, Aufdringlichkeit *f*, Freiheit *f*, Intimi¹tät *f.* **fa₁mil·i·ar·i·za·tion** [-jəraɪ¹zeɪʃn; *Am.* -rə¹z-] *s* (**with**) Bekanntmachen *n* (mit), Gewöhnen *n* (an *acc*). **fa¹mil·i·ar·ize** *v/t* (**with**) vertraut *od.* bekannt machen (mit), gewöhnen (an *acc*).
fam·i·ly [¹fæməlɪ] **I** *s* **1.** Fa¹milie *f* (*a. der Cosa Nostra u. der Mafia*): **a teacher's ~** e-e Lehrer(s)familie; **have you any ~?** haben Sie Familie?; **she was living as one of the ~** sie gehörte zur Familie; **~ of nations** Völkerfamilie; **that can** (*od.* **will**) **happen in the best-regulated families** das kommt in den besten Familien vor. **2.** Fa¹milie *f*: a) Geschlecht *n*, Sippe *f*, b) *fig.* ¹Her-, ¹Abkunft *f*: **of** (**good**) **~** aus guter *od.* vornehmer Familie, aus gutem Hause. **3.** *biol.* Fa¹milie *f.* **4.** *ling.* (¹Sprach)Fami¹lie *f.* **5.** *math.* Schar *f.* **~ of characteristics** Kennlinienfeld *n.* **II** *adj* **6.** Familien... **~ al·bum** (Bible, business, hotel, tradition, *etc*); **~ doc·tor** Hausarzt *m*; **~ en·vi·ron·ment** häusliches Milieu; **~ pack** Familien-, Haushaltspackung *f*; **~ ten·sions** familiäre Spannungen; **~ warmth** Nestwärme *f*; **in a ~ way** zwanglos; **to be in the ~ way** *colloq.* in anderen Um-

family allowance – far

ständen sein. ~ **al·low·ance** s Kindergeld n. ~ **cir·cle** s **1.** Fa'milienkreis m: **in the close ~** im engsten Familienkreis. **2.** thea. Am. oberer Rang. ~ **court** s jur. Fa'miliengericht n. **F~ Di·vi·sion** s jur. Br. Abteilung des High Court of Justice für Ehesachen, Adoptionen etc. ~ **man** s irr **1.** Mann m mit Fa'milie, Fa'milienvater m. **2.** häuslicher Mensch. ~ **meeting** s Am. Fa'milienrat m. ~ **name** s Fa'milien-, Zuname m. ~ **plan·ning** s Fa'milienplanung f. '~**-run ho·tel** s Fa'milienhotel n. ~ **skel·e·ton** s streng gehütetes Fa'miliengeheimnis. ~ **tree** s Stammbaum m.
fam·ine ['fæmɪn] s **1.** Hungersnot f. **2.** Knappheit f (**of** an dat). **3.** obs. Hunger m (a. fig. **for** nach): **to die of ~** verhungern.
fam·ish ['fæmɪʃ] **I** v/i **1.** verhungern (obs. außer in): **to be ~ing** colloq. am Verhungern sein. **2.** obs. darben, große Not leiden. **3.** fig. obs. hungern (**for** nach). **II** v/t **4.** verhungern lassen, außer in Wendungen wie): **he ate as if ~ed** colloq. er aß, als ob er am Verhungern wäre. **5.** obs. e-e Stadt etc aushungern.
fa·mous ['feɪməs] adj (adv ~**ly**) **1.** berühmt (**for** wegen, für). **2.** colloq. ausgezeichnet, fa'mos, prima: **a ~ dinner** ein großartiges Essen. '**fa·mous·ness** s Berühmtheit f.
fam·u·lus ['fæmjʊləs] pl **-li** [-laɪ] (Lat.) s obs. a) Famulus m, Assi'stent m (e-s Hochschullehrers), b) Gehilfe m (e-s Zauberers).
fan¹ [fæn] **I** s **1.** Fächer m: ~ **dance** Fächertanz m. **2.** tech. Venti'lator m, Lüfter m: ~ **blade** Ventilatorflügel m. **3.** tech. Gebläse n; a) → **fan blower**, b) Zy'klon m, Windfang m. **4.** tech. Flügel m: a) e-r Windmühle, b) mar. Schraubenblatt n. **5.** agr. a) hist. Wurfschaufel f, b) (Worfel)Schwinge f. **6.** etwas Fächerartiges: a. poet. Schwinge m, Schweif m, Schwinge f (e-s Vogels), b) geol. Schwemmkegel m: ~ **delta** Schwemmdelta n, c) ~ **aerial** (bes. Am. antenna) electr. 'Fächeran,tenne f. **II** v/t **7.** Luft fächeln. **8.** um'fächeln, (an)wedeln, j-m Luft zuwedeln od. zufächeln. **9.** Feuer anfachen: **to ~ the flame** fig. Öl ins Feuer gießen. **10.** fig. entfachen, -flammen: **to ~ s.o.'s passion** j-s Leidenschaft anfachen. **11.** fächerförmig ausbreiten. **12.** agr. worfeln, schwingen. **13.** Am. sl. a) ,vermöbeln', b) ,filzen', durch'suchen. **III** v/i **14.** oft ~ **out** a) sich fächerförmig ausbreiten, b) mil. (fächerförmig) ausschwärmen.
fan² [fæn] s (Sport- etc)Fan m: ~ **club** Fanklub m; ~ **mail** Verehrerpost f.
fa·nat·ic [fə'nætɪk] **I** s Fa'natiker(in). **II** adj (adv ~**ally**) fa'natisch. **fa'nat·i·cal** [-kl] adj (adv ~**ly**) fa'natisch. **fa'nat·i·cism** [-sɪzəm] s Fana'tismus m. **fa'nat·i·cize** [-saɪz] **I** v/t fanati'sieren, aufhetzen. **II** v/i fa'natisch werden.
fan|belt s tech. Keilriemen m. ~ **blow·er** s tech. Flügel(rad)gebläse n. ~ **brake** s tech. Luftbremse f.
fan·ci·er ['fænsɪə(r)] s **1.** (Tier-, Blumen- etc)Liebhaber(in) od. (-)Züchter(in): **a dog ~**. **2.** Phan'tast(in).
'**fan·ci·ful** adj (adv ~**ly**) **1.** (allzu) phanta'siereich, voller Phanta'sien, schrullig, wunderlich (Person). **2.** bi'zarr, kuri'os, ausgefallen (Sache). **3.** eingebildet, unwirklich. **4.** phan'tastisch, wirklichkeitsfremd. '**fan·ci·ful·ness** s **1.** Phantaste'rei f. **2.** Wunderlichkeit f.
fan·cy ['fænsɪ] **I** s **1.** Phanta'sie f: **that's mere ~** das ist reine Phantasie. **2.** I'dee f, plötzlicher Einfall: **I have a ~ that** ich habe so e-e Idee, daß. **3.** Laune f, Grille f. **4.** (bloße) Einbildung. **5.** (individu'eller)

Geschmack. **6.** Ästhetik: Einbildungskraft f. **7. (for)** Neigung f (zu), Vorliebe f (für), (plötzliches) Gefallen (an dat), (lebhaftes) Inter'esse (an dat od. für): **to take a ~ to** (od. **for**) Gefallen finden an (dat), sympa'thisch finden (acc); **to catch s.o.'s ~** j-s Interesse erwecken, j-m gefallen. **8.** Tierzucht f (aus Liebhabe'rei). **9.** the ~ collect. obs. die (Sport- etc)Liebhaber pl, bes. die Boxsportanhänger pl.
II adj **10.** Phantasie..., phan'tastisch, ausgefallen, über'trieben: ~ **name** Phantasiename m; ~ **price** Phantasie-, Liebhaberpreis m. **11.** Mode...: ~ **article**. **12.** Phäntasie..., phanta'sievoll, ausgefallen, reichverziert, kunstvoll, bunt. **13.** Am. Delikateß..., extrafein: ~ **fruits**; ~ **cakes** feines Gebäck, Konditoreiware f. **14.** aus e-r Liebhaberzucht: **a ~ dog**.
III v/t **15.** sich j-n od. etwas vorstellen: ~ **him to be here** stell dir vor, er wäre hier; ~ **that!** a) stell dir vor!, denk nur!, b) sieh mal einer an!, nanu! **16.** annehmen, glauben. **17.** ~ **o.s.** sich einbilden (**to be** zu sein): **to ~ o.s. (very important)** sich sehr wichtig vorkommen; **to ~ o.s. (as) a great scientist** sich für e-n großen Wissenschaftler halten. **18.** gern haben od. mögen, angetan sein von: **I don't ~ this picture** dieses Bild gefällt mir nicht. **19.** Lust haben (auf acc; **doing** zu tun): **I ~ going for a walk** ich habe Lust, e-n Spaziergang zu machen; **I'd ~ an ice cream** ich hätte Lust auf ein Eis. **20.** Tiere, Pflanzen (aus Liebhabe'rei) züchten. **21.** ~ **up** Am. colloq. aufputzen, ,Pfiff geben' (dat).
fan·cy| ball s Ko'stümfest n, Maskenball m. ~ **dress** s ('Masken)Ko,stüm n. '~**-dress** adj (Masken)Kostüm...: ~ **ball** → **fancy ball**. ~**-free** adj frei u. ungebunden. ~ **goods** s pl **1.** 'Modear,tikel pl, -waren pl., **2.** a) kleine Ge'schenkar,tikel pl, b) Nippes pl. ~ **man** s irr **1.** Liebhaber m. **2.** Zuhälter m. ~ **pants** s pl (als sg konstruiert) Am. sl. **1.** Weichling m. **2.** ,feiner Pinkel'. ~ **stocks** s pl econ. Am. unsichere Spekulati'onspa,piere pl. ~ **wom·an** s irr **1.** Geliebte f. **2.** Prosti'tu'ierte f. '~**-work** s feine Handarbeit.
fan·dan·gle [fæn'dæŋgl] s colloq. **1.** phan'tastische Verzierung. **2.** fig. ,Firlefanz' m, ,Quatsch' m.
fan·dan·go [fæn'dæŋgəʊ] pl **-gos** s **1.** Fan'dango m (Tanz). **2.** Am. colloq. Ball m, Tanz(veranstaltung f) m. **3.** Am. colloq. Albernheit f.
fane [feɪn] s obs. od. poet. Tempel m.
fan·fare ['fænfeə(r)] s **1.** mus. Fan'fare f, Tusch m. **2.** fig. contp. Tra'ra n, Tam'tam n.
fan·fa·ron·ade [ˌfænfærə'nɑːd; -'neɪd] s Aufschneide'rei f, Prahle'rei f.
fang [fæŋ] **I** s **1.** a) Reiß-, Fangzahn m, Fang m (des Raubtiers etc), Hauer m (des Ebers), Giftzahn m (der Schlange), b) meist pl Br. colloq. ,Beißer' m (Zahn). **2.** anat. Zahnwurzel f. **3.** spitz zulaufender Teil, bes. tech. a) Dorn m (der Gürtelschnalle), b) Heftzapfen m, c) Klaue f (am Schloß), d) Bolzen m. **II** v/t **4.** (mit den Fangzähnen) packen. **5.** e-e Pumpe anlassen. **fanged** adj zo. mit Reißzähnen etc (versehen).
fan·gle ['fæŋgl] s meist **new ~** contp. alberne Neuheit od. Mode, neumodisches Zeug.
fan·go ['fæŋgəʊ] s Fango m (vulkanischer Mineralschlamm, der zu Heilzwecken verwendet wird).
fan|heat·er s Heizlüfter m. '~**-jet** s aer. Mantel-, Zweistromtriebwerk n. '~**-light** s arch. (fächerförmiges) (Tür-)Fenster, Lü'nette f, Oberlicht n.
fan·ner ['fænə(r)] → **fan blower**.

fan·ny ['fænɪ] s **1.** bes. Am. sl. ,Arsch' m, ,Hintern' m. **2.** Br. vulg. ,Fotze' f, ,Möse' f (Vulva). ~ **ad·ams** s meist **sweet ~** Br. sl. über'haupt nichts.
fan·on ['fænən] s R.C. **1.** Ma'nipel m, f (am linken Unterarm getragenes gesticktes Band des Meßgewandes). **2.** Fa'non m (liturgischer Schulterkragen des Papstes).
fan| palm s bot. (e-e) Fächerpalme. '~**-shape(d)** adj fächerförmig. '~**-tail** s **1.** orn. Pfau(en)taube f. **2.** ichth. Schleierschwanzgoldfisch m.
fan·tan ['fæntæn] s **1.** ein chinesisches Glücksspiel. **2.** ein Kartenspiel.
fan·ta·si·a [fæn'teɪzjə; Am. a. -ʒə] s mus. Fanta'sie f, Fanta'sia f: a) Musikstück in freier Form), b) (Opern- etc)Potpourri n.
fan·ta·size ['fæntəsaɪz] **I** v/t **1.** sich j-n od. etwas vorstellen. **II** v/i **2.** phanta'sieren, Phanta'sievorstellungen haben (about von). **3.** (mit offenen Augen) träumen.
fan·tast ['fæntæst] s Phan'tast m.
fan·tas·tic [fæn'tæstɪk] adj (adv ~**ally**) phan'tastisch: a) auf Phanta'sie beruhend, unwirklich, b) ab'surd, aus der Luft gegriffen, c) verstiegen, über'spannt, d) colloq. ,toll', großartig. **fan,tas·ti·cal·i·ty** [-'kælətɪ] s (das) Phan'tastische. **fan'tas·ti·cal·ness** [-klnɪs] s **1.** Phantaste'rei f. **2.** → **fantasticality**.
fan·ta·sy ['fæntəsɪ; -zɪ] **I** s **1.** Phanta'sie f: a) Einbildungskraft f, b) Phanta'siegebilde n, -vorstellung f, c) Tag-, Wachtraum m, Hirngespinst n. **2.** (das) Phanta'sieren. **3.** → **fantasia**. **II** v/t u. v/i → **fantasize**.
fan·tom → **phantom**.
fan|trac·er·y s arch. Fächermaßwerk n. ~ **train·ing** s Obstbau: Spa'lierziehen n in Fächerform. ~ **vault·ing** s arch. Fächergewölbe n. ~ **ven·ti·la·tor** s tech. Flügelgebläse n. ~ **wheel** s tech. Flügelrad n (des Ventilators), Windrad n (des Anemographen). ~ **win·dow** s arch. Fächerfenster n.
far [fɑː(r)] comp **far·ther** ['fɑː(r)ðə(r)], **fur·ther** ['fɜː(r)ðə(r)], sup **far·thest** ['fɑː(r)ðɪst], **fur·thest** ['fɜː(r)ðɪst]; Am. 'fɑr-] **I** adj **1.** fern, (weit)entfernt, weit, entlegen. **2.** (vom Sprecher aus) entfernter, abliegend: **at the ~ end** am anderen Ende; **the ~ side** die andere Seite. **3.** weit vorgerückt, fortgeschritten (in in dat). **II** adv **4.** fern, weit: **~ away**, **~ off** weit weg od. entfernt. **5.** fig. weit entfernt (**from** von): **~ from rich** alles andere als reich; **~ from completed** noch lange od. längst nicht fertig; **I am ~ from believing it** ich bin weit davon entfernt, es zu glauben; **~ be it from me (to deny it)** es liegt mir fern(, es zu leugnen), ich möchte (es) keineswegs (abstreiten); **~ from it!** ganz u. gar nicht!, keineswegs! **6.** weit(hin), fern(-hin): ~ **into weit** od. hoch od. tief in (acc); ~ **into the night** bis spät od. tief in die Nacht (hinein); **it went ~ to convince him** das hat ihn beinahe überzeugt. **7.** a. ~ **and away**, **by ~** weit(aus), bei weitem, um vieles, wesentlich (bes. mit comp u. sup): ~ **better**; **(by) ~ the best** a) weitaus od. mit Abstand der (die, das) beste, b) bei weitem am besten.
Besondere Redewendungen:
as ~ as a) soweit od. soviel (wie), insofern als, b) bis (nach od. zu od. an [acc]), nicht weiter als; ~ **and near** fern u. nah; ~ **and wide** weit u. breit; ~ **back** weit zurück od. hinten; **as ~ back as 1800** schon (im Jahre) 1800; **from ~** von weitem; **to go ~** a) weit gehen od. reichen, b) fig. weit kommen, es weit bringen; **ten pounds don't go ~** mit 10 Pfund kommt man nicht weit; **as ~ as that goes** was

farad - fashion

das (an)betrifft; **I'll go so ~ as to say** ich möchte *od.* würde sogar behaupten; **in so ~ (as)** insofern, -weit (als); **so ~ bis** hierher, bisher, bis jetzt; **so ~ so good** so weit, so gut; **~ out** a) weit draußen, b) weit hinaus, c) → **far-out; to be ~ out** weit daneben liegen (*mit e-r Vermutung etc*); **~ up** hoch oben; → **between** 3.
far·ad ['færəd] *s phys.* Fa'rad *n* (*Maßeinheit für Kapazität*).
Far·a·day's cage *s phys.* Faradaykäfig *m*.
fa·rad·ic [fə'rædɪk] *adj phys.* fa'radisch: **~ current.**
far·a·dize ['færədaɪz] *v/t med.* faradi-'sieren, mit fa'radischem Strom behandeln.
'far·a·way *adj* 1. → **far** 1. 2. *fig.* (geistes-) abwesend, verträumt.
farce [fɑː(r)s] **I** *s* 1. *thea.* Posse *f*, Schwank *m*, Farce *f*. 2. *fig.* Farce *f*, Possenspiel *n*, ,The'ater' *n*. 3. → **forcemeat. II** *v/t* 4. *gastr.* far'cieren, füllen. 5. *e-e* Rede *etc* würzen (**with** mit). **'~·meat** → **forcemeat.**
far·ceur [fɑː(r)'sɜː; *Am.* -'sɜr] *s* 1. Farcendichter *m od.* -spieler *m*. 2. Possenreißer *m*, Spaßvogel *m*.
far·ci·cal ['fɑː(r)sɪkl] *adj* (*adv* **~ly**) 1. Farcen..., farcen-, possenhaft. 2. *fig.* ab'surd, lächerlich. **,far·ci'cal·i·ty** [-ˌ'kælətɪ], **'far·ci·cal·ness** *s* 1. Possenhaftigkeit *f*. 2. *fig.* Absurdi'tät *f*.
far·cy ['fɑː(r)sɪ] *s vet.* Rotz *m*.
far·del ['fɑː(r)dl] *s obs.* 1. Bündel *n*. 2. Bürde *f*, Last *f*.
fare [feə(r)] **I** *s* 1. a) Fahrpreis *m*, -geld *n*, b) Flugpreis *m*: **what's the ~?** was kostet die Fahrt *od.* der Flug?; **any more ~s, please?** noch j-d zugestiegen?; **~ dodger** (*od.* **evader**) Schwarzfahrer(in); **~ stage** *Br.* Fahrpreiszone *f*, Teilstrecke *f*. 2. Fahrgast *m* (*bes. e-s Taxis*). 3. Kost *f* (*a. fig.*), Nahrung *f*, Verpflegung *f*: **ordinary ~** Hausmannskost; **slender ~** magere *od.* schmale Kost; **literary ~** *fig.* literarische Kost; → **bill²** 5. 4. *Am.* Fang *m* (*e-s Fischerboots*). **II** *v/i* 5. sich befinden, (er)gehen: **we ~d well** es ging uns gut; **how did you ~ in London?** wie ist es dir in London ergangen?; **he ~d ill**, **it ~d ill with him** es ist ihm schlecht ergangen, er war schlecht d(a)ran; **to ~ alike** in der gleichen Lage sein, Gleiches erleben. 6. *obs.* reisen: **to ~ forth** sich aufmachen; **~ thee well!** leb wohl!, viel Glück! 7. *obs.* essen, speisen.
Far East *s* (*der*) Ferne Osten.
,fare-thee-'well *s*: **to a ~** *colloq.* a) ausgezeichnet (*kochen etc*), b) wie verrückt (*arbeiten etc*).
fare·well [ˌfeə(r)'wel] **I** *interj* 1. lebe(n Sie) wohl!, lebt wohl! **II** *s* 2. Lebe'wohl *n*, Abschiedsgruß *m*: **to bid s.o. ~** j-m Lebewohl sagen; **to make one's ~s** sich verabschieden. 3. Abschied *m*: **to take one's ~ of** Abschied nehmen von (*a. fig.*); **~ to ...!** *fig.* genug von ...!, nie wieder ...! **III** *adj* 4. Abschieds...: **~ party** (**performance**, *etc*).
,fare-you-'well → **fare-thee-well.**
,far|-'famed *adj* weithin berühmt. **,~- -'fetched** *adj fig.* 'weit,hergeholt, an den Haaren her'beigezogen. **,~-'flung** *adj* 1. ausgedehnt (*a. fig.*). 2. weitentfernt.
,~-'gone → **far-reaching. ,~-'gone** *adj* a) weit fortgeschritten (*Nacht etc*), b) erschöpft, schwach (*Person*), c) abgenutzt, (*Kleidung a.*) abgetragen, (*Schuhe a.*) abgetreten.
fa·ri·na [fə'raɪnə; *bes. Am.* fə'riːnə] *s* 1. (feines) Mehl. 2. *bes. Br.* (*bes.* Kar'toffel)Stärke *f*. 3. *bot. Br.* Blütenstaub *m*. **far·i·na·ceous** [ˌfærɪ'neɪʃəs] *adj* 1. Mehl...: **~ food** (*od.* **products**) Teig-

waren. 2. stärkehaltig. 3. mehlig. **far·i- nose** ['færɪnəʊs] *adj* 1. stärkehaltig. 2. *bot. zo.* mehlig bestäubt.
farl(e) [fɑːl] *s Scot. od. Ir.* kleiner (Hafermehl)Fladen.
farm [fɑː(r)m] **I** *s* 1. Farm *f*, (Land)Gut *n*, Bauernhof *m*, landwirtschaftlicher Betrieb. 2. (*Geflügel- etc*)Farm *f*. 3. *obs.* Bauernhaus *n*. 4. 'Landpacht(sy,stem *n*) *f*. 5. verpachteter Bezirk zur Einziehung des Pachtzinses. 6. *a.* **~ team** (*Baseball*) Fohlenmannschaft *f*. 7. **~ baby farm.** 8. *Am.* a) Heil- u. Pflegeanstalt *f*, b) Entziehungsanstalt *f*. **II** *v/t* 9. Land bebauen, *a.* **e-n** Hof bewirtschaften. 10. Geflügel *etc* züchten. 11. Land *etc* gegen Pachtzins über'nehmen. 12. *oft* **~ out** verpachten, in Pacht geben (**to** s.o. j-m *od.* an j-n). 13. *meist contp.* Kinder gewerbsmäßig in Pflege nehmen. 14. *meist* **~ out** *a) meist contp.* Kinder in Pflege geben (**to**, **with** *dat od.* bei), b) *econ.* Arbeit vergeben (**to** an *acc*). **III** *v/i* 15. (e-e) Landwirtschaft betreiben, Landwirt sein.
farm| an·i·mals *s pl* Tiere *pl* auf dem Bauernhof. **~ belt** *s* Gebiet *n* mit inten'siver Landwirtschaft. **~ build·ing** *s* landwirtschaftliches Gebäude. **~ e·quip·ment** *s* landwirtschaftliches Gerät.
'farm·er *s* 1. Bauer *m*, Landwirt *m*, Farmer *m*. 2. (*Geflügel- etc*)Züchter *m*. 3. Pächter *m*. 4. → **baby farmer.**
farm·er·ette [ˌfɑː(r)mə'ret] *s Am. colloq.* a) Landarbeiterin *f*, b) Erntehelferin *f*.
farm| hand *s* Landarbeiter(in). **'~- house** *s* Bauernhaus *n*. **~ bread** Landbauernbrot *n*; **~ butter** Landbutter *f*; **~ holidays** (*bes. Am.* **vacation**) Ferien *pl od.* Urlaub *m* auf dem Bauernhof.
'farm·ing *s* 1. Landwirtschaft *f*, Acker-, Landbau *m*. 2. (*Geflügel- etc*) Zucht *f*. 3. Verpachtung *f*. **II** *adj* 4. landwirtschaftlich, Acker(bau)..., Land...
farm| la·bo(u)r·er → **farm hand. '~- land** *s* Ackerland *n*, landwirtschaftlich genutzte Fläche. **~ loan** *s econ. Am.* A'grarkre,dit *m*. **'~·stead** *s* Bauernhof *m*, Gehöft *n*. **~ work·er** → **farm hand. '~·yard** *s* (Innen)Hof *m e-s* Bauernhofs, Wirtschaftshof *m*.
far·o ['feərəʊ] *s* Phar(a)o *n* (*Kartenglücksspiel*).
,far-'off *adj* 1. → **far** 1. 2. *fig.* (geistes-) abwesend, verträumt.
fa·rouche [fə'ruːʃ] *adj* 1. mürrisch. 2. scheu.
,far-'out *adj sl.* 1. ,toll', ,super'. 2. ex'zentrisch.
far·rag·i·nous [fə'rædʒɪnəs] *adj* (bunt-) gemischt, kunterbunt. **far·ra·go** [fə'rɑːgəʊ; -'reɪ-] *pl* **-goes** *s* (buntes) Gemisch, Kunterbunt *n* (**of** aus, von).
,far-'reach·ing *adj* 1. weitreichend (*a. fig.*). 2. *fig.* folgenschwer, schwerwiegend, tiefgreifend.
far·ri·er ['færɪə(r)] *s bes. Br.* 1. Hufschmied *m*. 2. *mil.* Beschlagmeister *m* (*Unteroffizier*). **'far·ri·er·y** [-ərɪ] *s bes. Br.* 1. Hufschmiedehandwerk *n*. 2. Hufschmiede *f*.
far·row¹ ['færəʊ] **I** *s agr.* Wurf *m* Ferkelten **at one ~** zehn (Ferkel) mit einem Wurf; **with ~** trächtig (*Sau*). **II** *v/i* ferkeln (*Sau*), frischen (*Wildsau*). **III** *v/t* Ferkel werfen.
far·row² ['færəʊ] *adj* gelt, nicht tragend (*Kuh*).
,far|'see·ing *adj fig.* weitblickend, 'umsichtig. **,~'sight·ed** *adj* 1. → **farseeing.** 2. *med.* weitsichtig. **,~'sight·ed·ness** *s* 1. *fig.* Weitblick *m*, 'Umsicht *f*. 2. *med.* Weitsichtigkeit *f*.

fart [fɑː(r)t] *vulg.* **I** *s* 1. ,Furz' *m*. 2. *fig.* ,Arschloch' *n*. **II** *v/i* 3. ,furzen': **to ~ about** (*od.* **around**) *fig.* herumalbern, -blödeln.
fart·lek ['fɑː(r)tlek] *s sport* Inter'valltraining *n*.
far·ther ['fɑː(r)ðə(r)] **I** *adj* 1. *comp von* **far.** 2. weiter weg liegend, (*vom Sprecher*) abgewendet, entfernter: **the ~ shore** das gegenüberliegende Ufer. 3. → **further** 5. **II** *adv* 4. weiter: **so far and no ~** bis hierher u. nicht weiter. 5. → **further** 2, 3.
'far·ther·most *adj* 1. weitest(er, e, es), entferntest(er, e, es). 2. → **furthermost** 1.
far·thest ['fɑː(r)ðɪst] **I** *adj* 1. *sup von* **far.** 2. weitest(er, e, es), entferntest(er, e, es). 3. → **furthest** 2. **II** *adv* 4. am weitesten, am entferntesten. 5. → **furthest** 4.
far·thing ['fɑː(r)ðɪŋ] *s Br. hist.* Farthing *m* ($^1/_4$ Penny): **not worth a (brass) ~** *fig.* keinen (roten) Heller wert; **it doesn't matter a ~** es macht gar nichts.
far·thin·gale ['fɑː(r)ðɪŋgeɪl] *s hist.* Reifrock *m*, Krino'line *f*.
Far West *s Am.* Gebiet *n* der Rocky Mountains u. der pazifischen Küste.
fas·ces ['fæsiːz] *s pl antiq.* Lik'torenbündel *n*.
fas·cia ['feɪʃə; -ʃɪə] *pl* **-ci·ae** [-ʃiiː] *s* 1. Binde *f*, (Quer)Band *n*. 2. *zo.* Farbstreifen *m*. 3. ['fæʃɪə] *anat.* Faszie *f*, Muskelhaut *f*, -hülle *f*: **band of ~** Faszienband *n*. 4. *arch.* a) Gurtsims *m* (*an Tragbalken*), b) Bund *m* (*von Säulenschäften*). 5. ['fæʃɪə] *med.* (Bauch- *etc*)Binde *f*: **abdominal ~.** 6. → **facia.**
fas·ci·ate ['fæʃɪeɪt], *a.* **'fas·ci·at·ed** [-tɪd] *adj* 1. *bot.* verbändert, zs.-gewachsen. 2. *zo.* bandförmig gestreift.
fas·ci·cle ['fæsɪkl] *s* 1. Bündel *n*. 2. Fas'zikel *m*: a) (Teil)Lieferung *f*, (Einzel-) Heft *n* (*e-s Buches*), b) Aktenbündel *n*. 3. → **fasciculus** 1. 4. *bot.* a) (dichtes) Büschel, b) Leitbündel *n*. **'fas·ci·cled** *adj bot.* in Bündeln *od.* Büscheln gewachsen, gebündelt, gebüschelt. **fas·cic·u·lar** [fə'sɪkjʊlə(r)] *adj* büschelförmig. **fas'cic·u·late** [-lət; -leɪt], **fas'cic·u·lat·ed** [-leɪtɪd] *adj* → **fascicled.** **'fas·ci·cule** [-kjuːl] → **fascicle.** **fas'cic·u·lus** [-ləs] *pl* **-li** [-laɪ] *s* 1. *anat.* kleines (Nerven-, Muskelfaser)Bündel, Faserstrang *m*. 2. → **fascicle** 2.
fas·ci·nate ['fæsɪneɪt] *v/t* 1. faszi'nieren: a) bezaubern, bestricken, b) fesseln, packen, gefangennehmen, in s-n Bann ziehen: **~d** fasziniert, (wie) gebannt. 2. hypnoti'sieren (*Schlange etc*). **'fas·ci·nat·ing** *adj* (*adv* **~ly**) faszi'nierend: a) bezaubernd, 'hinreißend, b) fesselnd, spannend. **,fas·ci'na·tion** *s* 1. Faszinati'on *f*, Anziehungskraft *f*. 2. Zauber *m*, Reiz *m*. **'fas·ci·na·tor** [-tə(r)] *s* 1. faszi'nierende Per'son *od.* Sache. 2. (Häkel-, Spitzen)Kopftuch *n*, The'aterschal *m*.
fas·cine [fæ'siːn] *s arch. mil.* Fa'schine *f* (*Reisiggeflecht für Befestigungsbauten*).
fas·cism, *oft* **F~** ['fæʃɪzəm] *s pol.* Fa'schismus *m*. **'fas·cist**, *a.* **F~** *s* Fa'schist *m*. **II** *adj* fa'schistisch.
fash¹ [fæʃ] *Scot.* **I** *v/i* sich ärgern *od.* aufregen. **II** *v/t* (o.s. sich) ärgern, aufregen.
fash² [fæʃ] *s tech.* Gußnaht *f*, Bart *m*.
fash³ [fæʃ] *sl. für* **fashionable** 1.
fash·ion ['fæʃn] *s* 1. Mode *f*: **the latest ~** die neueste Mode; **it became the ~** es wurde (große) Mode; **to bring** (**come**) **into ~** in Mode bringen (kommen); **to set the ~** a) die Mode vorschreiben, b) *fig.* den Ton angeben; **it is** (**all**) **the ~** es ist (große) Mode, es ist (hoch)modern; **out of ~** aus der Mode, unmodern; **to dress in the English ~** sich nach englischer

fashionable – father-in-law

Mode kleiden; ~ **designer** Modezeichner(in); ~ **house** Modegeschäft n, Mode(n)haus n; ~ **journal** Modejournal n; ~ **parade** Mode(n)schau f; ~ **plate** a) Modebild n, b) fig. Modepuppe f, (Mode-)Geck m; ~ **show** Mode(n)schau f. **2.** (feine) Lebensart, (gepflegter) Lebensstil, Vornehmheit f: **a man of** ~ ein Mann von Lebensart. **3.** Art f u. Weise f, Methode f, Ma'nier f, Stil m: **after their** ~ auf ihre Weise; **after** (od. **in**) **a** ~ schlecht u. recht, einigermaßen, ‚soso lala'; **an artist after a** ~ so etwas wie ein Künstler; **after the** ~ **of** im Stil od. nach Art von (od. gen); **in summary** ~ summarisch. **4.** Fas'son f, (Zu)Schnitt m, Form f, Mo'dell n, Machart f. **5.** Sorte f, Art f: **men of all** ~**s**. **II** v/t **6.** 'herstellen, machen. **7.** formen, bilden, gestalten, machen, arbeiten (**according to**, **after** nach; **out of**, **from** aus; **to**, **into** zu). **8.** (**to**) anpassen (dat, an acc), zu'rechtmachen (für). **III** adv **9.** wie, nach Art von (od. gen): **horse-**~ nach Pferdeart, wie ein Pferd.

'**fash·ion·a·ble I** adj (adv fashionably) **1.** modisch, ele'gant, fein. **2.** vornehm, ele'gant. **3.** a) in Mode: **to be very** ~ große Mode sein (**with** bei; **to** inf zu inf), b) Mode...: ~ **complaint** Modekrankheit f; ~ **writer** Modeschriftsteller(in). **II** s **4.** ele'ganter Herr, elegante Dame: **the** ~ die Schickeria. '**fash·ion·a·ble·ness** s (das) Modische, Ele'ganz f.

'**fash·ion**ˌ**con·scious** adj modebewußt. '~ˌ**mon·ger** s (Mode)Geck m. '~**wear** s 'Modeˌartikel pl.

fast[1] [fɑːst; Am. fæst] **I** adj **1.** schnell, geschwind, rasch: ~ **train** Schnell-, D-Zug m; **to pull a** ~ **one on s.o.** colloq. j-n ‚reinlegen' od. ‚übers Ohr hauen'; **my watch is (ten minutes)** ~ m-e Uhr geht (10 Minuten) vor; ~ **worker** colloq. Draufgänger m (bei Frauen); **he's a** ~ **worker** a) er arbeitet schnell, b) colloq. ‚er geht scharf ran' (bei Frauen). **2.** → **fast-moving**. **3.** ‚schnell' (hohe Geschwindigkeit gestattend): ~ **road**; ~ **tennis** court; ~ **lane** mot. Überholspur f. **4.** fig. flott, leichtlebig: → **liver**[2]. **5.** phot. a) hochempfindlich (Film), b) lichtstark (Objektiv). **6.** schnell, geschwind, rasch. **7.** zu schnell: **to run** ~ vorgehen (Uhr). **8.** **to live** ~ ein flottes Leben führen. **9.** obs. od. poet. nahe: ~ **by** (od. **beside**) (ganz) nahe bei; **to follow** ~ **upon** dicht folgen auf (acc).

fast[2] [fɑːst; Am. fæst] **I** adj **1.** fest, befestigt, sicher, festgemacht, unbeweglich: **to make** ~ festmachen, befestigen, e-e Tür verschließen. **2.** fest: **a** ~ **grip**; **a** ~ **knot**; ~ **sleep** fester od. tiefer Schlaf; **to take** ~ **hold of** fest packen. **3.** fig. fest: ~ **friendship**; ~ **friends** unzertrennliche od. treue Freunde. **4.** (**to**) 'widerstandsfähig (gegen), beständig (gegen[ˈüber]): ~ **colo(u)r** echte Farbe; ~ **to light** lichtecht. **II** adv **5.** fest: **to hold** ~ festhalten; **to hold** ~ **to** fig. festhalten an (dat); **to be** ~ **asleep** fest od. tief schlafen; **to play** ~ **and loose** fig. Schindluder treiben (**with** mit); **stuck** ~ a ~ fest eingeklemmt, b) festgefahren. **6.** stark: **it's raining** ~.

fast[3] [fɑːst; Am. fæst] bes. relig. **I** v/i **1.** fasten. **II** s **2.** Fasten n: **to break one's** ~ das Fasten brechen. **3.** a) Fastenzeit f, b) a. ~ **day** Fast(en)tag m.

'**fast**ˌ**back** s mot. (Wagen m mit) Fließheck n. ~ **breed·er**, ~**breed·er re·ac·tor** s phys. schneller Brüter.

fas·ten [ˈfɑːsn; Am. ˈfæsn] **I** v/t **1.** befestigen, festmachen, fest-, anbinden (**to**, **on** an acc); ~ **seat belt**. **2.** a. ~ **up** e-e Tür etc (fest) zumachen, (ab-, ver)schließen, verriegeln, e-e Jacke etc zuknöpfen, ein Paket etc zu-, verschnüren: **to** ~ **with nails** zunageln; **to** ~ **with plaster** zugipsen; **to** ~ **down** a) befestigen, festzumachen, b) colloq. j-n ‚festnageln' (**to** auf acc). **3.** ~ (**up**)**on** fig. a) j-m e-n Spitznamen etc geben, ‚anhängen': **to** ~ **a nickname upon s.o.**, b) j-m e-e Straftat etc zuschieben, ‚in die Schuhe schieben', ‚anhängen': **they** ~**ed the crime upon him**. **4.** fig. den Blick, s-e Gedanken heften, a. s-e Aufmerksamkeit richten, Erwartungen setzen (**on** auf acc). **II** v/i **5.** ~ (**up**)**on** a) sich heften od. klammern an (acc) (a. fig.), b) fig. sich stürzen auf (acc), her'ausgreifen (acc), aufs Korn nehmen (acc). **6.** sich fest- od. zumachen od. schließen lassen. '**fas·ten·er** s **1.** Befestigungsmittel n. **2.** Schließer m, Halter m, Verschluß m. **3.** Färberei: Fi'xiermittel n. '**fas·ten·ing I** s **1.** Festmachen n, Befestigung f. **2.** tech. Befestigungsvorrichtung f, Sicherung f, Halterung f, Verankerung f. **3.** → **fastener** 2. **II** adj **4.** tech. Befestigungs..., Schließ..., Verschluß...

'**fast-food res·tau·rant** s Schnellimbiß m, -gaststätte f.

fas·tid·i·ous [fəˈstɪdɪəs; fæ-] adj (adv ~**ly**) anspruchsvoll, wählerisch, heikel (**about** in dat). **fas·tid·i·ous·ness** s anspruchsvolles Wesen.

'**fast·ing** bes. relig. **I** adj fastend, Fasten...: ~ **cure** Hunger-, Fastenkur f; ~ **day** Fast(en)tag m. **II** s Fasten n.

'**fast-**ˌ**mov·ing** adj **1.** schnell. **2.** fig. tempogeladen, spannend: **a** ~ **drama**.

'**fast·ness**[1] s **1.** obs. Schnelligkeit f. **2.** fig. Leichtlebigkeit f.

'**fast·ness**[2] s **1.** a) Feste f, Festung f, b) Schlupfwinkel m, stiller Ort, Zufluchtsort m. **2.** (**to**) 'Widerstandsfähigkeit f (gegen), Beständigkeit f (gegen[ˈüber]), Echtheit f (von Farben): ~ **to light** Lichtechtheit.

'**fast**ˌ**paced** adj → **fast-moving** 2. '~**talk** v/t sl. **1.** j-n beschwatzen (**into doing s.th.** etwas zu tun). **2.** **to** ~ **s.o. out of s.th.** j-m etwas abschwatzen.

fas·tu·ous [ˈfæstjʊəs; Am. -tʃəwəs] adj (adv ~**ly**) **1.** arro'gant. **2.** prunkvoll, protzig.

fat [fæt] **I** adj (adv → **fatly**) **1.** dick, beleibt, korpu'lent, contp. fett, feist: ~ **stock** Mast-, Schlachtvieh n. **2.** fett, fettig, ölhaltig: ~ **coal** Fettkohle f, bituminöse Kohle. **3.** fig. dick: ~ **letter**; ~ **purse**; ~ **type** print. Fettdruck m. **4.** fig. fett, einträglich, ergiebig, reich(lich): **a** ~ **bank account** ein dickes Bankkonto; **a** ~ **job** ein lukrativer Posten; ~ **soil** fetter od. fruchtbarer Boden; ~ **wood** harzreiches Holz; **the** ~ **years and the lean (years)** die fetten u. die mageren Jahre; **a** ~ **chance** colloq. herzlich wenig Aussicht; **a** ~ **lot of good that is!** colloq. iro. das ist aber e-e große Hilfe!; → **lot** 11. **5.** colloq. a) dumm, b) leer: **get that into your** ~ **head!** kapier das doch endlich mal! **II** s **6.** a. biol. chem. Fett n: ~**s** chem. einfache Fette; **the** ~ **is in the fire** der Teufel ist los; **to chew the** ~ colloq. ‚quatschen', plaudern. **7.** Fett(ansatz m) n: **to run to** ~ Fett ansetzen. **8.** **the** ~ **das Beste**: **to live on** (od. **off**) **the** ~ **of the land** in Saus u. Braus leben. **9.** thea. etc dankbar(st)e Rolle. **III** v/t **10.** a. ~ **up** mästen: **to kill the** ~**ted calf** fig. ein Willkommensfest geben.

fa·tal [ˈfeɪtl] **I** adj (adv ~**ly**) **1.** tödlich, mit tödlichem Ausgang: **a** ~ **accident** ein tödlicher Unfall. **2.** fa'tal, unheilvoll, verhängnisvoll (**to** für): **to be** ~ **to s.o.'s plans** j-s Pläne zunichte machen. **3.** (über Wohl u. Wehe) entscheidend. **4.** unvermeidlich. **5.** Schicksal(s)...: **the** ~ **thread** der Schicksals-, Lebensfaden m; → **sister** 1. **II** s **6.** tödlicher (Verkehrs)Unfall. '**fa·tal·ism** [-təl-] s Fata'lismus m, Schicksalsgläubigkeit f. '**fa·tal·ist** [-təl-] s Fata'list(in). ˌ**fa·tal**ˈ**is·tic** [-təˈl-] adj (adv ~**ally**) fata'listisch.

fa·tal·i·ty [fəˈtælətɪ; Am. a. feɪ-] s **1.** Verhängnis n: a) Geschick n, b) Schicksalsschlag m, Unglück n. **2.** Schicksalhaftigkeit f. **3.** tödlicher Verlauf (e-r Krankheit). **4.** a) tödlicher Unfall: **bathing** ~ tödlicher Badeunfall, b) (Todes-)Opfer n.

fa·ta mor·ga·na [ˌfɑːtəmɔːˈr)gɑːnə] pl **-ta -nas** s Fata Mor'gana f (a. fig.).

'**fat**ˌ**back** s gastr. Rückenspeck m. ~ **cat** s bes. Am. sl. a) Krösus m, b) ‚großes od. hohes Tier'.

fate [feɪt] s **1.** Schicksal(smacht f) n. **2.** Geschick n, Los n, Schicksal: **he met his** ~ das Schicksal ereilte ihn; **he met his** ~ **calmly** er sah s-m Schicksal ruhig entgegen; (**as**) **sure as** ~ garantiert, mit Sicherheit; **she suffered** (od. **met with**) **a** ~ **worse than death** a) humor. sie wurde verführt, b) sie wurde vergewaltigt. **3.** Verhängnis n, Verderben n, 'Untergang m: **to go to one's** ~ a) untergehen, b) den Tod finden. **4.** F~ meist pl myth. Schicksalsgöttin f: **the (three) Fates** die Parzen. '**fat·ed** adj **1.** (vom Schicksal) dazu bestimmt (**to do** zu tun): **they were** ~ **to meet**, **it was** ~ **that they should meet** es war ihnen bestimmt, sich zu begegnen. **2.** dem 'Untergang geweiht. **3.** → **fateful** 3. '**fate·ful** adj (adv ~**ly**) **1.** verhängnisvoll. **2.** schicksalsschwer. **3.** schicksalhaft, Schicksals... '**fate·ful·ness** s (das) Schicksalhafte od. Verhängnisvolle.

'**fat**ˌ**head** s colloq. Dummkopf m, ‚Schafskopf' m. ˌ~ˈ**head·ed** adj colloq. dumm, ‚dämlich', ‚doof'.

fa·ther [ˈfɑːðə(r)] **I** s **1.** Vater m: **like** ~ **like son** der Apfel fällt nicht weit vom Stamm; **F**~**'s Day** Vatertag m; **to play the heavy** ~ sich als strenger Vater aufspielen. **2.** meist **F**~ relig. Gott(vater) m: → **our**. **3.** meist pl Ahn m, Vorfahr m: **to be gathered to one's** ~**s** zu s-n Vätern versammelt werden; **to rest with one's** ~**s** bei s-n Vätern ruhen. **4.** colloq. Schwieger-, Stief-, Adop'tivvater m. **5.** fig. Vater m, Urheber m: **the** ~ **of chemistry**; **the F**~ **of lies** der Satan; **the wish was** ~ **to the thought** der Wunsch war der Vater des Gedankens. **6.** pl Stadt-, Landesväter pl: **the F**~**s of the Constitution** die Gründer der USA. **7.** väterlicher Beschützer od. Freund (**to** gen). **8.** oft F~, a. F~ **of the Church** relig. hist. Kirchenvater m. **9.** relig. a) Vater m (Bischofs- od. Abttitel): **The Holy F**~ der Heilige Vater, b) → **father confessor**, c) Pater m. **10.** F~ poet. Vater m: **F**~ **Time** Chronos m. **11.** Br. (Dienst)Älteste(r) m. **II** v/t **12.** ein Kind zeugen. **13.** etwas ins Leben rufen, her'vorbringen. **14.** wie ein Vater sein zu j-m. **15.** die Vaterschaft (gen) anerkennen. **16.** fig. a) die Urheberschaft (gen) anerkennen, b) die Urheberschaft (gen) zuschreiben (**on** s.o. j-m): **to** ~ **a novel on s.o.** j-m e-n Roman zuschreiben. **17.** die Schuld für etwas zuschreiben (**on**, **upon** dat).

Fa·ther Christ·mas s bes. Br. der Weihnachtsmann, der Nikolaus.

'**fa·ther**ǀ **con·fes·sor** s **1.** relig. Beichtvater m. **2.** Vertraute(r m) f. ~ **fig·ure** s psych. 'Vaterfiˌgur f. ~ **fix·a·tion** s psych. 'Vaterbindung f, -fiˌxierung f. '**fa·ther·hood** s **1.** Vaterschaft f. **2.** collect. (die) Väter pl.

'**fa·ther**ǀ**-in-law** pl '**fa·thers-in-**

-law *s* Schwiegervater *m.* **'~·land** *s* Vaterland *n.*
'fa·ther·less *adj* vaterlos. **'fa·ther·li·ness** [-lɪnɪs] *s* Väterlichkeit *f.* **'fa·ther·ly I** *adj* **1.** väterlich. **2.** Vater... **II** *adv* **3.** *obs.* väterlich, in väterlicher Weise. **'fa·ther·ship** *s* Vaterschaft *f.*
fa·ther tie *s psych.* Vaterbindung *f.*
fath·om ['fæðəm] **I** *s (pl nach Maßzahl oft* ~) Fathom *n:* a) *mar.* Faden *m (Tiefenmaß; 6 Fuß = 1,83 m),* b) *(Bergbau)* Raummaß; *6 Kubikfuß = 0,17 Kubikmeter.* **II** *v/t* **2.** *mar.* ausloten *(a. fig.),* loten. **3.** *fig.* ergründen: **to ~ out** *colloq.* e-e Antwort *etc* finden; **I can't ~ out** ... *colloq.* ich kann mir auch beim besten Willen nicht erklären, ... **'fath·om·a·ble** *adj* **1.** *mar.* auslotbar *(a. fig.),* lotbar. **2.** *fig.* ergründbar. **fa·thom·e·ter** [fə'ðɒmɪtə; *Am.* fæ'ðɑmətər] *s mar.* Echo-, Behmlot *n.* **'fath·om·less** *adj (adv* ~ly) unergründlich *(a. fig.).*
fath·om line *s mar.* Lotleine *f.*
fa·tigue [fə'ti:g] **I** *s* **1.** Ermüdung *f,* Ermattung *f,* Erschöpfung *f.* **2.** *bes. pl* mühselige Arbeit, Stra'paze *f.* **3.** Über-'müdung *f,* -'anstrengung *f:* **~ products** *med.* Ermüdungsstoffe. **4.** *agr.* Erschöpfung *f (des Bodens).* **5.** *tech.* (Werkstoff)Ermüdung *f:* **~ behavio(u)r** Ermüdungsverhalten *n;* **~ crack** Ermüdungs-, Dauerriß *m;* **~ failure** Ermüdungs-, Dauerbruch *m;* **~ limit** Ermüdungsgrenze *f;* **~ strength** Dauerfestigkeit *f;* **~ test** Ermüdungsprobe *f,* Dauerprüfung *f.* **6.** *mil.* a) *a.* **~ duty** Arbeitsdienst *m;* **~ detail, ~ party** Arbeitskommando *n,* b) *pl, a.* **~ clothes, ~ dress, ~ uniform** Drillich-, Arbeitsanzug *m.* **II** *v/t* **7.** ermüden *(a. tech.),* erschöpfen. **III** *v/i* **8.** ermüden *(a. tech.).* **9.** *mil.* Arbeitsdienst machen. **fa'tigued** *adj* ermüdet *(a. tech.),* erschöpft. **fa'tigu·ing** *adj (adv* ~ly) ermüdend, anstrengend, strapazi'ös.
fat·less ['fætlɪs] *adj* ohne Fett, mager. **'fat·ling** [-lɪŋ] *s* junges Masttier.
'fat·ly *adv* reichlich, ausgiebig. **'fat·ness** *s* **1.** Dicke *f,* Beleibtheit *f,* Korpu-'lenz *f, contp.* Fettheit *f,* Feistheit *f.* **2.** Fettigkeit *f,* Fett-, Ölhaltigkeit *f.* **3.** Fruchtbarkeit *f (des Bodens).*
fat·so ['fætsəʊ] *pl* **-sos, -soes** *s sl. contp.* ‚Fettsack' *m.*
'fat-,sol·u·ble *adj chem.* fettlöslich.
fat·ten ['fætn] **I** *v/t* **1.** *a.* **~ up** a) dick *od. contp.* fett machen, b) ‚auf-, her'ausfüttern' **(with** mit). **2.** Tiere, *colloq. a.* Personen mästen. **3.** *Land* fruchtbar machen, düngen. **II** *v/i* **4.** dick *od. contp.* fett werden. **5.** sich mästen **(on an** *dat).* **'fat·tish** *adj* ziemlich fett *od.* dick. **'fat·ty I** *adj* **1.** *a.chem.* fettig, fetthaltig, Fett...: **~ acid** Fettsäure *f.* **2.** *med.* fett(bildend), Fett...: **~ degeneration** Verfettung *f;* **~ heart** Herzverfettung *f,* Fettherz *n;* **~ tissue** Fettgewebe *n;* **~ tumo(u)r** Fettgeschwulst *f (unter der Haut).* **II** *s* **3.** *colloq.* Dicke(r *m*) *f,* Dickerchen *n.*
fa·tu·i·tous [fə'tju:ɪtəs; *Am. a.* -'tu:-] *adj* fatuous. **fa'tu·i·ty** [-ətɪ] *s* Torheit *f,* Albernheit *f (a. törichte Bemerkung, Tat etc).*
fat·u·ous ['fætjʊəs; *Am.* 'fætʃəwəs] *adj (adv* ~ly) töricht, albern. **'fat·u·ous·ness** *s* Torheit *f,* Albernheit *f.*
‚fat-'wit·ted → fatheaded.
fau·bourg ['fəʊbʊəg; *Am.* fəʊ'bʊr] *s* Vorort *m.*
fau·cal ['fɔ:kl] **I** *adj anat.* Kehl..., Rachen... **II** *s ling.* Kehllaut *m.* **'fau·ces** [-si:z] *pl* **-ces** *s* Rachen *m,* Schlund *m.*
fau·cet ['fɔ:sət] *s tech. Am.* **1.** a) (Wasser)Hahn *m,* b) (Faß)Zapfen *m.* **2.** Muffe *f (e-r Röhrenleitung).*

faugh [fɔ:] *interj* pfui.
fault [fɔ:lt] **I** *s* **1.** Schuld *f,* Verschulden *n:* it's not her ~, the ~ is not hers, it's no ~ of hers sie hat *od.* trägt *od.* trifft keine Schuld, es ist nicht ihre Schuld, es liegt nicht an ihr; **to be at ~** schuld sein, die Schuld tragen (→ 4 a, 8). **2.** Fehler *m, (jur. a.* Sach)Mangel *m:* **sold with all ~s** ohne Mängelgewähr (verkauft); **to find ~** nörgeln, kritteln; **to find ~ with** etwas auszusetzen haben an *(dat),* herumnörgeln an *(dat);* **to a ~** allzu, übertrieben. **3.** (Cha'rakter)Fehler *m,* (-)Mangel *m:* **in spite of all his ~s. 4.** a) Fehler *m,* Irrtum *m:* **to be at ~** sich irren (→ 1, 8); **to commit a ~** e-n Fehler machen, b) Vergehen *n,* Fehltritt *m.* **5.** *geol.* (Schichten)Bruch *m,* Verwerfung *f.* **6.** *tech.* De-'fekt *m:* a) Fehler *m,* Störung *f,* b) *electr.* Erd-, Leitungsfehler *m,* fehlerhafte Iso-'lierung. **7.** *Tennis, Springreiten etc:* Fehler *m.* **8.** *hunt.* a) Verlieren *n* der Spur, b) verlorene Fährte: **to be at ~** auf der falschen Fährte sein *(a. fig.)* (→ 1, 4 a). **II** *v/t* **9.** etwas auszusetzen haben an *(dat).* **10.** verpfuschen, ‚verpatzen'. **11.** *geol.* Schichten verwerfen. **III** *v/i* **12.** e-n Fehler machen. **13.** *geol.* sich verwerfen. **'~·find·er** *s* Nörgler(in), Kritt(e)ler(in). **'~·find·ing I** *s* Kritte-'lei *f,* Nörge'lei *f.* **II** *adj* kritt(e)lig, nörglerisch.
fault·i·ness ['fɔ:ltɪnɪs] *s* Fehlerhaftigkeit *f.* **'fault·ing** *s geol.* Verwerfung *f.* **'fault·less** *adj (adv* ~ly) fehlerfrei, -los, einwandfrei, untadelig. **'fault·less·ness** *s* Fehler-, Tadellosigkeit *f.*
fault re·pair ser·vice *s teleph.* Störungsstelle *f.*
fault·y ['fɔ:ltɪ] *adj (adv* **faultily)** fehlerhaft, *tech. a.* de'fekt, *(Argumentation etc a.)* falsch: **~ design** Fehlkonstruktion *f.*
faun [fɔ:n] *s myth.* Faun *m.*
fau·na ['fɔ:nə] *pl* **-nas, -nae** [-ni:] *s zo.* Fauna *f:* a) Tierwelt *f (e-s bestimmten Gebietes),* b) Bestimmungsbuch für die Tiere e-s bestimmten Gebietes. **'fau·nal** *adj* Fauna...
fau·teuil ['fəʊtɜ:ɪ] *s* Fau'teuil *m,* Armstuhl *m,* Lehnsessel *m.*
faux pas [‚fəʊ'pɑ:] *pl* **faux pas** [-'pɑ:z] *s* Faux'pas *m,* Taktlosigkeit *f.*
fa·ve·o·late [fə'vi:ələt; -leɪt] *adj* bienenzellenförmig, wabenförmig.
fa·vor, *bes. Br.* **fa·vour** ['feɪvə(r)] **I** *v/t* **1.** *j-m, e-r Sache* günstig gesinnt sein, *j-m* gewogen sein, wohlwollen. **2.** begünstigen: a) favori'sieren, bevorzugen, vorziehen, b) günstig sein für, fördern, c) eintreten *od.* sprechen für, unter'stützen, für *etwas* sein. **3.** *sport* favori'sieren, zum Favo'riten erklären. **4.** einverstanden sein mit. **5.** bestätigen. **6.** *j-n* beehren **(with** mit): **to ~ s.o. with s.th.** *j-m* etwas schenken *od.* verehren, *j-n* mit etwas erfreuen. **7.** *colloq. j-m* ähnlich sehen: **to ~ one's father. 8.** schonen: **to ~ one's leg. II** *s* **9.** Gunst *f,* Wohlwollen *n:* **to be** *(od.* **stand) high in s.o.'s ~** bei *j-m* in besonderer Gunst stehen, bei *j-m* gut angeschrieben sein; **to find ~ Gefallen** *od.* Anklang finden; **to find ~ with s.o.** *(od.* **in s.o.'s eyes)** Gnade vor *j-s* Augen finden, *j-m* gefallen; **to grant s.o. a ~** *j-m* e-e Gunst gewähren; **to look with ~ on s.o.** *j-n* mit Wohlwollen betrachten; **to win s.o.'s ~** *j-n* für sich gewinnen; **by ~ of** a) mit gütiger Erlaubnis von *(od. gen),* b) überreicht von *(Brief);* **in ~** beliebt, begehrt **(with** bei); **in ~ of** für, *a. econ.* zugunsten von *(od. gen);* **in my ~** zu m-n Gunsten; **to speak in ~ of** für etwas sprechen *od.* eintreten; **who is in ~ of it?** wer ist dafür *od.* (damit) einverstan-

den?; **out of ~** a) in Ungnade (gefallen) **(with** bei), b) nicht mehr gefragt *od.* beliebt *od.* begehrt **(with** bei); → **fall from. 10.** Gefallen *m,* Gefälligkeit *f:* **to ask s.o. a ~** *(od.* **a ~ of s.o.)** *j-n* um e-n Gefallen bitten; **to do s.o. a ~, to do a ~ for s.o.** *j-m* e-n Gefallen tun; **we request the ~ of your company** wir laden Sie höflich ein. **11.** Bevorzugung *f,* Begünstigung *f:* **to show ~ to s.o.** *j-n* bevorzugen, begünstigen; **he doesn't ask for ~s** er stellt keine besonderen Ansprüche; **without fear or ~** unparteiisch. **12.** *fig.* **to grant s.o. one's ~s** *(od.* **one's ultimate ~)** *j-m* s-e Gunst geben *od.* gewähren *(Frau).* **13.** *obs.* Schutz *m:* **under ~ of night** im Schutze der Nacht. **14.** a) kleines *(auf e-r Party etc verteiltes)* Geschenk, b) *(auf e-r Party etc verteilter)* 'Scherzar,tikel. **15.** (Par'tei- *etc*)Abzeichen *n.* **16.** *econ. obs.* Schreiben *n:* **your ~ of the 3rd of the month** Ihr Geehrtes vom 3. des Monats. **17.** *obs.* a) Anmut *f,* b) Aussehen *n,* c) Gesicht *n.*
'fa·vor·a·ble, *bes. Br.* **'fa·vour·a·ble** *adj (adv* **favo[u]rably) 1.** wohlgesinnt, gewogen, geneigt **(to** *dat).* **2.** *allg.* günstig: a) vorteilhaft **(to, for** für): **~ conditions; ~ trade balance** aktive Handelsbilanz, b) befriedigend, gut: **~ impression,** c) positiv, zustimmend: **~ answer; ~ attitude,** d) vielversprechend. **'fa·vor·a·ble·ness,** *bes. Br.* **'fa·vour·a·ble·ness** *s* günstige Bedingungen *pl:* **the ~ of the court's decision** das günstige Urteil.
fa·vored, *bes. Br.* **fa·voured** ['feɪvə(r)d] *adj* **1.** begünstigt: **highly ~** sehr begünstigt; **most ~** meistbegünstigt; → **most-favo(u)red-nation clause. 2.** beliebt, gefragt, begehrt **(with** bei). **3.** *bes. sport* favori'siert: **to be highly ~ (to win)** hoher Favorit sein. **4.** *in Zssgn* ...gestaltet, ...aussehend: **well-~** wohlgestaltet, schön; **ill-~** häßlich.
fa·vor·ite, *bes. Br.* **fa·vour·ite** ['feɪvərɪt] **I** *s* **1.** Liebling *m (a. fig. Schriftsteller etc), contp.* Günstling *m:* **to play ~s** *Am.* parteiisch sein; **to be ~ of** *(od. a.* **~ with** *od.* **of) s.o.** bei *j-m* beliebt *od.* gefragt *od.* begehrt sein; **this book is one of my ~s** dies ist eins m-r Lieblingsbücher. **2.** *bes. sport* Favo'rit(in). **II** *adj* **3.** Lieblings...: **my ~ composer; ~ dish** Leibspeise *f.* **'fa·vor·it·ism,** *bes. Br.* **'fa·vour·it·ism** *s* **1.** Günstlings-, Vetternwirtschaft *f.* **2.** Bevorzugung *f,* Begünstigung *f:* **to show ~ to s.o.** *j-n* bevorzugen *od.* begünstigen.
fa·vour, fa·vour·a·ble, fa·vour·a·ble·ness, fa·voured, fa·vour·ite, fa·vour·it·ism *bes. Br.* für **favor** *etc.*
fa·vus ['feɪvəs] *s med.* Favus *m (ansteckende, chronische Pilzerkrankung der Haut).*
fawn¹ [fɔ:n] **I** *s* **1.** *zo.* (Dam)Kitz *n,* einjähriges Rehkalb: **in ~** trächtig. **2.** Rehbraun *n.* **II** *adj* **3.** *a.* **~-colo(u)red** rehfarben, -braun. **III** *v/t u. v/i* **4.** (ein Kitz) setzen *(Reh).*
fawn² [fɔ:n] *v/i* **1.** schwänzeln, (mit dem Schwanz) wedeln *(als Zeichen der Zuneigung) (Hund):* **to ~ (up)on s.o.** a) sich an *j-n* anschmiegen, b) an *j-n* hochspringen, c) *j-n* ablecken. **2.** *fig.* **(on, upon)** katzbuckeln *(vor dat),* schar'wenzeln (um). **'fawn·ing** *adj (adv* ~ly) **1.** schwänzelnd, schwanzwedelnd. **2.** *fig.* schmeichlerisch, kriecherisch.
fay¹ [feɪ] *v/t u. v/i (Schiffbau)* (sich) zs.-fügen **(in, into, with** mit).
fay² [feɪ] *poet. für* **fairy 1, 3, 4.**
faze [feɪz] *v/t Am. colloq. j-n* durchein-'anderbringen: **that won't ~ him** das läßt ihn kalt.

feal – federalist

feal [fiːl] *adj obs.* treu.
fe·al·ty [ˈfiːəltɪ] *s* 1. *hist.* Lehenstreue *f.* 2. Treue *f,* Loyaliˈtät *f* (to zu).
fear [fɪə(r)] **I** *s* 1. Furcht *f,* Angst *f* (of vor *dat*; that daß): **for ~** vor Angst; **for ~ that** aus Furcht, daß; **to be in ~** (of s.o.) sich (vor j-m) fürchten, (vor j-m) Angst haben; **~ of death** Todesangst *f;* **to go in ~ of one's life** in ständiger Todesangst leben, Todesängste ausstehen; **to be without ~** (of s.o.) sich (vor j-m) nicht fürchten, (vor j-m) keine Angst haben; **no ~!** sei(en Sie) unbesorgt!, keine Bange!; → **favor** 11, **green** 6. 2. Befürchtung *f,* Besorgnis *f,* Sorge *f, pl a.* Bedenken *pl:* **for ~ of** a) in der Befürchtung, daß, b) um nicht, damit nicht; um zu verhüten, daß; **for ~ of hurting him** um ihn nicht zu verletzen. 3. Scheu *f,* Ehrfurcht *f* (of vor *dat*): **~ of God** Gottesfurcht *f;* **to put the ~ of God into s.o.** j-m e-n heiligen Schrecken einjagen. 4. Gefahr *f,* Risiko *n:* **there is not much ~ of that** das ist kaum zu befürchten. **II** *v/t* 5. fürchten, sich fürchten *od.* Angst haben vor (*dat*). 6. *Gott* fürchten, Ehrfurcht haben vor (*dat*). 7. (be)fürchten: **to ~ the worst**. 8. **~ o.s.** *obs.* sich fürchten. **III** *v/i* 9. sich fürchten, Furcht *od.* Angst haben: **never ~!** keine Angst! 10. (**for**) fürchten (für *od.* um), bangen (um).
ˈfear·ful *adj* (*adv* ~**ly**) 1. furchtbar, fürchterlich, schrecklich (*alle a. fig. colloq.*). 2. **to be ~ in** (großer) Sorge sein, sich ängstigen (**of** um; **that** daß). 3. furchtsam, angsterfüllt: **to be ~ of** sich fürchten *od.* Angst haben vor (*dat*). 4. ehrfürchtig. **ˈfear·ful·ness** *s* 1. Furchtbarkeit *f.* 2. Furchtsamkeit *f.*
ˈfear·less *adj* (*adv* ~**ly**) furchtlos, unerschrocken: **to be ~ of** sich nicht fürchten *od.* keine Angst haben vor (*dat*). **ˈfear·less·ness** *s* Furchtlosigkeit *f.*
ˈfear·naught, ˈfear·nought [-nɔːt] *s* Flausch *m:* a) *dicker, weicher Wollstoff mit gerauhter Oberfläche,* b) Flauschmantel *m.* **ˈfear·some** [-səm] *adj* (*adv* ~**ly**) 1. *meist humor.* schrecklich, gräßlich (anzuseh[end]). 2. furchteinflößend. 3. ängstlich.
fea·si·bil·i·ty [ˌfiːzəˈbɪlətɪ] *s* Machbarkeit *f,* Durchführbarkeit *f.* **ˈfea·si·ble** *adj* (*adv* feasibly) 1. machbar, (*Plan etc*) durchführbar. 2. passend, geeignet (**to** für). 3. plauˈsibel, wahrˈscheinlich.
feast [fiːst] **I** *s* 1. *relig.* Fest *n,* Festˌ Feiertag *m.* 2. Festessen *n,* -mahl *n:* **to give a ~; to hold a ~** ein Festessen veranstalten. 3. *fig.* Fest *n,* (Hoch)Genuß *m:* **a ~ for the eyes** e-e Augenweide. **II** *v/t* 4. festlich bewirten (**on** mit). 5. ergötzen: **to ~ one's eyes on** s-e Augen weiden an (*dat*); **to ~ one's mind on** sich weiden an (*dat*). **III** *v/i* 6. a) ein Festessen veranstalten, b) sich gütlich tun (**on** an *dat*). 7. sich weiden (**on** an *dat*).
feat[1] [fiːt] *s* 1. Helden-, Großtat *f.* 2. a) Kunst-, Meisterstück *n,* b) Kraftakt *m.* 3. (*technische etc*) Großtat, große Leistung.
feat[2] [fiːt] *adj* (*adv* ~**ly**) *obs.* geschickt.
feath·er [ˈfeðə(r)] **I** *s* 1. Feder *f, pl* Gefieder *n:* **fur and ~** Wild u. Federvieh *n;* **fine ~s make fine birds** Kleider machen Leute; **birds of a ~** Leute vom gleichen Schlag; **birds of a ~ flock together** gleich u. gleich gesellt sich gern; **in fine** (*od.* full, high) **~** *colloq.* a) (bei) bester Laune, b) bei bester Gesundheit, c) in Hochform; **you could have knocked me down with a ~** ich war einfach ˌplattˈ; **to make the ~s fly** ˌStunk machenˈ (*Person*), (*a. Sache*) für helle Aufregung sorgen; **when she got furious the ~s flew** flogen die Fetzen; →

singe 1, **white feather**. 2. Schmuck-, Hutfeder *f:* **a ~ in one's cap** e-e Ehre *od.* Auszeichnung; **that is a ~ in his cap** darauf kann er stolz sein. 3. hoch- *od.* abstehendes Haarbüschel. 4. Pfeilfeder *f.* 5. *Rudern:* Flachdrehen *n* (*der Riemen*). 6. *tech.* (Strebe)Band *n.* 7. *tech.* Feder(Keilˌ *m*) *f.* 8. *mar.* Schaumkrone *f* (*U-Boot-Periskop*). 9. (*etwas*) Federleichtes. **II** *v/t* 10. mit Federn versehen *od.* schmücken, e-n *Pfeil* fiedern: **to ~ one's nest** sein(e) Schäfchen ins trockene bringen. 11. *Rudern:* **die Riemen** flach drehen. 12. *tech.* mit Nut u. Feder versehen. 13. *aer.* den *Propeller* auf Segelstellung fahren. **III** *v/i* 14. Federn bekommen, sich befiedern. 15. federartig wachsen, sich federartig ausbreiten *od.* bewegen. 16. *Rudern:* die Riemen flach drehen.
feath·er|bed *s* 1. Maˈtratze *f* mit Federˌod. Daunenfüllung. 2. *fig.* a) ˌgemütliche Sache, b) angenehmer Posten. **ˈ~-bed I** *v/t* 1. j-n verhätscheln, *die Landwirtschaft etc* ˈübersubventioˌnieren. 2. *e-e Arbeitsstelle* ˈüberbesetzen. **II** *v/i* 3. unnötige Arbeitskräfte einstellen. **ˈ~-bed·ding** *s* (*gewerkschaftlich geforderte*) ˈÜberbesetzung mit Arbeitskräften. **~·brain** *s* 1. Hohlkopf *m.* 2. leichtsinniger Mensch. **ˈ~-brained** *adj* 1. hohlköpfig. 2. leichtsinnig. **~ dust·er** *s* Staubwedel *m.*
feath·ered [ˈfeðə(r)d] *adj* be-, gefiedert: **~ tribe(s)** Vogelwelt *f.*
ˈfeath·er|·edge *tech.* **I** *s* dünne *od.* scharfe Kante. **II** *adj* mit dünner Kante (versehen). **~ grass** *s bot.* Federgras *n.* **ˈ~-head** → featherbrain. **ˈ~ˌhead·ed** → featherbrained.
ˈfeath·er·ing *s* 1. Gefieder *n, orn.* Befiederung *f.* 2. *aer.* Segelstellung *f* (*des Propellers*).
feath·er|key *s tech.* Federkeil *m,* Paßfeder *f.* **~ moss** *s bot.* Ast-, Schlafmoos *n.* **~ ore** *s min.* Federerz *n.* **~ palm** *s bot.* Fiederpalme *f.* **~ shot** *s tech.* Federkupfer *n.* **ˈ~-stitch I** *s* Hexenstich *m.* **II** *v/t* mit Hexenstich verzieren. **ˈ~-weight** *s* 1. *sport* Federgewicht(ler *m*) *n.* 2. ˌLeichtgewichtˈ *n* (*Person*). 3. *fig.* a) unbedeutende Perˈson, b) (*etwas*) Belangloses. **II** *adj* 4. *sport* Federgewichts... 5. leichtgewichtig. 6. *fig.* a) unbedeutend, b) belanglos.
ˈfeath·er·y *adj* 1. ge-, befiedert. 2. a) feder(n)artig, b) federleicht.
fea·ture [ˈfiːtʃə(r)] **I** *s* 1. (Gesichts)Zug *m, pl* Gesicht(szüge *pl*) *n,* Züge *pl,* Aussehen *n.* 2. charakteˈristischer *od.* wichtiger (Bestand)Teil, Grundzug *m.* 3. Merkmal *n* (*a. jur.* e-r *Erfindung*), Charakteˈristikum *n,* (Haupt)Eigenschaft *f,* Hauptpunkt *m,* Besonderheit *f:* **~ of construction** *tech.* Konstruktionsmerkmal; **distinctive ~** Unterscheidungsmerkmal; **to make a ~ of s.th.** etwas besonders hervorheben. 4. (ˈHaupt)Attraktiˌon *f.* 5. Feature *n:* a) **~ program(me)** (*Rundfunk, TV*) Sendung in Form e-s aus Reportagen, Kommentaren u. Dialogen zusammengesetzten (Dokumentar)Berichtes, b) *a.* **~ article** (*od.* **story**) (*Zeitung*) zu e-m aktuellen Anlaß herausgegebener, besonders aufgemachter Text- *od.* Bildbeitrag, c) *a.* **~ film** Haupt-, Spielfilm *m.* **II** *v/t* 6. charakteriˈsieren, in den Grundzügen schildern. 7. als (ˈHaupt)Attraktiˌon zeigen *od.* bringen, groß herˈausbringen *od.* -stellen. 8. in der Hauptrolle zeigen: **a film featuring X** ein Film mit X in der Hauptrolle. 9. kennzeichnen, bezeichnend sein für. 10. (als Besonderheit) haben *od.* aufweisen, sich auszeichnen durch. 11. *Am. colloq.* sich *etwas* vorstellen. 12. *colloq.* j-m ähnlich sehen. **III** *v/i* 13. ˌbumsenˈ (*Geschlechtsverkehr*

haben) (**with** mit). **ˈfea·tured** *adj* 1. mit ... (Gesichts)Zügen: **sharp-~**. 2. herˈvorgehoben, herˈausgestellt. **ˈfea·ture-ˈlength** *adj* mit Spielfilmlänge. **ˈfea·ture·less** *adj* 1. ohne bestimmte Merkmale. 2. nichtssagend. 3. *econ.* flau (*Börse*). ˌfea·turˈette [-ˈret] *s Am.* Kurzfilm *m.*
feaze[1] [fiːz] *v/i* (sich aus)fasern.
feaze[2] [fiːz] → faze.
feb·ri·fa·cient [ˌfebrɪˈfeɪʃnt] *med.* **I** *adj* fiebererregend. **II** *s* etwas Fiebererregendes. **fe·brif·er·ous** [fɪˈbrɪfərəs], **feˈbrif·ic** *adj med.* 1. fiebererregend. 2. fieb(e)rig, fieberhaft, Fieber... **fe·brif·u·gal** [fɪˈbrɪfjʊɡl; ˌfebrɪˈfjuːɡl] *adj med.* a) fiebermildernd, b) fiebervertreibend. **feb·ri·fuge** [ˈfebrɪfjuːdʒ] *s med.* Fiebermittel *n.*
fe·brile [ˈfiːbraɪl; *Am. a.* ˈfeb-] *adj med.* fieb(e)rig, fieberhaft, Fieber... **fe·bril·i·ty** [fɪˈbrɪlətɪ] *s* Fieberhaftigkeit *f.*
Feb·ru·ar·y [ˈfebruərɪ; *Am.* ˈfebjəˌwerɪ] *s* Februar *m:* **in ~** im Februar.
fe·cal, fe·ces *bes. Am. für* faecal, faeces.
feck·less [ˈfeklɪs] *adj* (*adv* ~**ly**) 1. schwach, kraftlos. 2. hilflos. 3. wertlos. 4. wirkungs-, zwecklos. 5. unzuverlässig.
fec·u·la [ˈfekjʊlə] *pl* **-lae** [-liː] *s chem.* Stärke(mehl *n*) *f,* Satz-, Bodenmehl *n.* **ˈfec·u·lence** [-ləns] *s* 1. Schlammigkeit *f,* Trübheit *f.* 2. Bodensatz *m,* Hefe *f.* 3. *med.* Kotartigkeit *f.* **ˈfec·u·lent** *adj* 1. schlammig, trübe. 2. *med.* fäkuˈlent, kotartig, kotig.
fe·cund [ˈfiːkənd; ˈfek-] *adj* fruchtbar, produkˈtiv (*beide a. fig.* = schöpferisch). **ˈfe·cun·date** [-deɪt] *v/t* fruchtbar machen, befruchten (*a. biol.*). ˌfe·cunˈda·tion *s* Befruchtung *f* (*a. biol.*). **fe·cun·da·tive** [fɪˈkʌndətɪv] *adj* befruchtend (*a. biol.*). **fe·cun·di·ty** [fɪˈkʌndətɪ] *s* Fruchtbarkeit *f,* Produktiviˈtät *f* (*beide a. fig.*).
fed[1] [fed] *pret u. pp von* feed.
fed[2] [fed] *s Am. colloq.* 1. FBˈI-Aˌgent *m.* 2. *meist* **F~** (die) ˈBundesreˌgierung. 3. → **Federal Reserve Board**.
fe·da·yee [fɪˈdɑːjiː; ˌfedəˈjiː; *Am.* fɪˌdæˈjiː] *pl* **-yeen** *s* Fedaˈjin *m:* a) *arabischer Freischärler,* b) *Angehöriger e-r arabischen politischen Untergrundorganisation.*
fed·er·a·cy [ˈfedərəsɪ] *s* Föderatiˈon *f,* (Staaten)Bund *m.*
fed·er·al [ˈfedərəl] **I** *adj* (*adv* ~**ly**) 1. föderaˈtiv, bundesmäßig. 2. *meist* **F~** *pol.* Bundes...: a) bundesstaatlich, den (Gesamt)Bund *od.* die ˈBundesreˌgierung betreffend, b) (*Schweiz*) eidgenössisch, c) (*USA*) zentraˈlistisch, Zentral..., Unions..., National...: **~ case** *Am.* Fall *m* fürs FBI; **to make a ~ case out of s.th.** *Am. colloq.* e-e ˌStaatsaffäreˈ aus etwas machen; **~ government** Bundesregierung *f;* **~ jurisdiction** *jur. Am.* Zuständigkeit *f* der Bundesgerichte, Bundesgerichtsbarkeit *f.* 3. **F~** *Am. hist.* die Unionsgewalt *od.* die Zenˈtralreˌgierung *od.* die Nordstaaten unterˈstützend. 4. *relig.* den (Alten u. Neuen) Bund Gottes mit dem Menschen betreffend: **~ theology**. **II** *s* 5. Föderaˈlist *m,* Befürworter *m* der ˈBundes(staats)iˌdee. 6. **F~** *Am. hist.* Föderaˈlist *m:* a) Unioˈnist *m* im Bürgerkrieg, b) Solˈdat *m* der ˈBundesˌarˌmee. **F~ Bu·reau of In·vesˌti·ga·tion** *s amer.* ˈBundeskrimiˌnalpoliˌzei *f.*
fed·er·al·ism, *meist* **F~** [ˈfedərəlɪzəm] *s pol.* Föderaˈlismus *m:* a) *außer USA:* Selbständigkeitsbestrebung *f* der Gliedstaaten, Partikulaˈrismus *m,* b) *USA:* Unitaˈrismus *m,* Zentraˈlismus *m.* **ˈfed·er·al·ist I** *adj* 1. föderaˈlistisch. **II** *s* 2. *meist* **F~** Föderaˈlist *m.* 3. **F~** *Am. hist.*

Mitglied *n* der zentra'listischen Par'tei (*etwa 1790 bis 1816*). ˌfed·er·al·i'za·tion [-laɪ'zeɪʃn; *Am.* -lə'z-] *s* Föderali'sierung *f.* 'fed·er·al·ize → federate I.
Fed·er·al Re·serve Board *s amer.* Zen'tralbankrat *m.*
fed·er·ate ['fedəreɪt] *bes. pol.* **I** *v/t* föderali'sieren, zu e-m (Staaten)Bund vereinigen. **II** *v/i* sich föde'rieren, sich zu e-m (Staaten)Bund zs.-schließen. **III** *adj* [-rət] föde'riert, verbündet. ˌfed·er'a·tion *s* **1.** Föderati'on *f*, (po'litischer) Zs.-schluß, Vereinigung *f.* **2.** *econ.* Föderati'on *f*, (Zen'tral-, Dach)Verband *m.* **3.** *pol.* a) Bundesstaat *m*, b) Föderati'on *f*, Staatenbund *m.* 'fed·er·a·tive [-rətɪv; -reɪtɪv] → federal I.
fe·do·ra [fɪ'dəʊrə; fɪ'dɔːrə] *s Am.* Filzhut *m.*
fee [fiː] **I** *s* **1.** Gebühr *f*: a) (*Anwalts- etc*)Hono'rar *n*, Bezahlung *f*, Vergütung *f*: **a doctor's ~** Arztrechnung *f*; **director's ~** *econ.* Vergütung *od.* Tantieme *f* (*e-s Verwaltungsratsmitglieds*), b) amtliche Gebühr, Taxe *f*: **licence** (*Am.* **license**) **~s** Lizenzgebühr; **school ~(s)** Schulgeld *n*, c) (Mitglieds)Beitrag *m*: **club ~s** Vereinsbeitrag, d) (**admission** *od.* **entrance**) **~** Eintrittsgeld *n*, e) (**admission** *od.* **entry**) **~** Aufnahmegebühr. **2.** *jur.* a) *hist.* Lehn(s)gut *n*, b) Eigentum(srecht) *n* (*an Grundbesitz*): **to hold land in ~** Land zu eigen haben, c) Art des Grundbesitzes: **~ simple** (unbeschränktes) Eigentumsrecht, Grundeigentum *n*; **~ tail** erbrechtlich gebundenes Grundeigentum; → **estate (in) fee simple, estate (in) fee tail. II** *v/t* **3.** *j-m* e-e Gebühr *od.* ein Hono'rar bezahlen, an (*acc*) e-e Gebühr entrichten. **4. to ~ a lawyer** *bes. Scot.* e-n Anwalt engagieren, sich e-n Anwalt nehmen.
fee·ble ['fiːbl] *adj* (*adv* **feebly**) *allg.* schwach: **~ attempts** schwache *od.* (lenden)lahme Versuche; **~ excuse** lahme Ausrede; **a ~ smile** ein schwaches *od.* mattes Lächeln; **~ moan** schwaches *od.* leises Ächzen. ˌ~-'mind·ed *adj* schwachsinnig, geistesschwach. ˌ~-'mind·ed·ness *s* Schwachsinn *m.*
'**fee·ble·ness** *s* Schwäche *f.*
feed [fiːd] **I** *v/t pret u. pp* **fed** [fed] **1.** Nahrung zuführen (*dat*), Tiere, *a.* Kinder, Kranke füttern (**on, with** mit), e-m Tier zu fressen geben, Kühe weiden lassen: **to ~ at the breast** stillen; **to ~ by force** zwangsernähren; **he cannot ~ himself** er kann nicht ohne Hilfe essen; **to ~ a cold** tüchtig essen, wenn man erkältet ist; **to ~ up** a) Vieh mästen, b) *j-n* ‚auf-, hochpäppeln'; **to ~ the fish(es)** *colloq.* a) ‚die Fische füttern' (*sich infolge von Seekrankheit übergeben*), b) ertrinken; **to be fed up with s.th.** *colloq.* genug *od.* ‚die Nase voll' haben von etwas, etwas satt haben; **I'm fed up to the teeth** (*od.* **up to here**) **with him** *colloq.* er steht mir bis hierher. **2.** e-e Familie etc ernähren, unter'halten, *im Feuer* unter'halten. **4.** *tech.* a) e-e Ma*schine* speisen, beschicken, (laufend) versorgen (**with** mit), b) *Material* zuführen, transpor'tieren, *ein Werkzeug* vorschieben: **to ~ s.th. into a computer** etwas in e-n Computer eingeben *od.* einspeisen. **5.** **~ back** *electr., Kybernetik*: rückkoppeln, b) *Informationen etc* zu'rückleiten (**to an** *acc*). **6.** *fig.* a) *ein Gefühl* nähren, *Nahrung geben (dat),* b) befriedigen: **to ~ one's vanity**, **to ~ one's eyes on** s-e Augen weiden an (*dat*). **7.** *fig. j-n* 'hinhalten, (ver)trösten (**with** mit). **8.** *a.* **~ close, ~ down** *agr.* e-e *Wiese* abweiden lassen. **9.** a) *etwas* (ver)füttern, zu fressen geben (**to** *dat*), b) als Nahrung dienen

für. **10.** *thea. colloq.* e-m Komiker Stichworte liefern. **11.** *sport* e-n Spieler mit Bällen ‚füttern'. **II** *v/i* **12.** a) Nahrung zu sich nehmen, fressen, weiden (*Tiere*), b) *colloq.* ‚futtern' (*Menschen*): **to ~ at the high table** tafeln; **to ~ out of s.o.'s hand** j-m aus der Hand fressen. **13.** sich (er)nähren, leben (**on, upon** von) (*a. fig.*). **III** *s* **14.** (Vieh)Futter *n*, Nahrung *f*: **out of ~** auf der Weide. **15.** ('Futter)Rati₀on *f.* **16.** Füttern *n*, Fütterung *f.* **17.** *colloq.* Mahlzeit *f*: **to be off one's ~** keinen Appetit (mehr) haben. **18.** *tech.* a) Speisung *f*, Beschickung *f*, b) (Materi'al-) Aufgabe *f*, Zuführung *f*, Trans'port *m*, c) Beschickungsmenge *f*, d) (Werkzeug-) Vorschub *m.* **19.** a) Beschickungsanlage *f*, b) Ladung *f*, c) → **feeder** 6 a. **20.** *thea. colloq.* a) Stichwort *n* (*für e-n Komiker*), b) Stichwortgeber(in).
'**feed·back** *s* **1.** *electr., Kybernetik*: Feedback *n*, Rückkoppelung *f.* **2.** a) *Rundfunk, TV*: Feedback *n* (*mögliche Einflußnahme des Publikums auf den Verlauf e-r Sendung durch Reaktionen, die dem Veranstalter dieser Sendung rückgemeldet werden*), b) Zu'rückleitung *f* (*von Informationen etc*) (**to an** *acc*). **~ bag** *s Am.* Freß-, Futterbeutel *m* (*für Pferde*): **to put on the ~** *colloq.* ‚losfuttern' (*Mensch*). **~ belt** *s mil.* (Ma'schinengewehr)Pa₁tronengurt *m.* **~ boil·er** *s tech.* Speisekessel (-anlage *f*) *m.* **~ cock** *s tech.* Speisehahn *m.* **~ cur·rent** *s electr.* **1.** Speisestrom *m.* **2.** (An'oden)Ruhe-, Gleichstrom *m.*
'**feed·er** *s* **1.** a) Fütterer *m*, b) *a.* **automatic ~** 'Futterauto₁mat *m.* **2. to be a heavy ~** a) ein starker Fresser sein (*Tier*), b) *colloq.* ein starker Esser sein (*Mensch*). **3.** a) Viehmäster *m*, b) *bes. Am.* Masttier *n.* **4.** *tech.* a) Beschicker *m*, b) Zuführer *m.* **5.** *print.* Anleger(in). **6.** *tech.* a) Aufgabe-, Beschickungsvorrichtung *f*, b) *electr.* Speiseleitung *f*, c) *print.* 'An-, 'Einlegeappa₁rat *m*, d) → **feed mechanism. 7.** *Bergbau*: Kreuzkluft *f.* **8.** Zuflußgraben *m.* **9.** a) Zubringer *m* (*Straße*), b) → **feeder service. 10.** → **feeding bottle. 11.** *Br.* Lätzchen *n.* **12.** *geogr.* Nebenfluß *m.* **13.** *thea. Am. colloq.* Stichwortgeber(in) (*für e-n Komiker*). **~ bus** *s* Zubringerbus *m.* **~ line** *s* **1.** *aer. rail.* Zubringerlinie *f*, -strecke *f.* **2.** *electr.* Speiseleitung *f.* **~ road** *s* Zubringerstraße *f.* **~ ser·vice** *s* Zubringerdienst *m*, -verkehr *m.*
'**feed·head** → riser 5. **~ heat·er** *s tech.* Vorwärmer *m* (*der Dampfmaschine*). **~ hop·per** *s* **1.** *tech.* Einlauf-, Fülltrichter *m.* **2.** *Computer*: Kartenvorratsbehälter *m.*
'**feed·ing** **I** *s* **1.** Füttern *n*, Fütterung *f.* **2.** *biol. med.* (Er)Nähren *n*: **mixed ~** Zwiemilchernährung *f.* **3.** → **feed** 18. **4.** Weide(land *n*) *f.* **II** *adj* **5.** weidend. **6.** *tech.* speisend, versorgend, Zufuhr..., *mil.* Lade... **~ bot·tle** *s* (Säuglings-, Saug)Flasche *f.* **~ cup** *s* Schnabeltasse *f.*
feed┐ **mech·a·nism** *s tech.* 'Vorschubmecha₁nismus *m*, Nachschubvorrichtung *f.* **2.** *mil.* Muniti'onszuführung *f*, Zuführer *m* (*am Maschinengewehr*). **~ pipe** *s tech.* Zuleitungsrohr *n.* **~ pump** *s tech.* Speisepumpe *f* (*e-s Kessels*). **~ ta·ble** *s tech.* Auflegetisch *m.* **~ wa·ter** *s tech.* Speisewasser *n.*
feel [fiːl] **I** *v/t pret u. pp* **felt** [felt] **1.** anfassen, (be)fühlen, anfühlen: **to ~ one'way** a) sich tasten(d zurechtfinden), b) *fig.* vorsichtig vorgehen; → **pulse¹** 1. **2.** a) fühlen, (ver)spüren, wahrnehmen, merken: **to ~ the cold; to ~ one's age** sein Alter spüren; **I felt myself blush** ich spürte, wie ich rot wurde; **to make itself felt** spürbar werden, sich bemerk-

bar machen, b) zu spüren *od.* zu fühlen bekommen: **to ~ the judge's wrath. 3.** empfinden: **to ~ pleasure**; **he felt the loss deeply** der Verlust ging ihm sehr zu Herzen. **4.** a) ahnen, spüren, b) glauben, c) halten für: **I ~ it (to be) my duty** ich halte es für m-e Pflicht; **it was felt to be unwise** man erachtete es für unklug. **5.** *a.* **~ out** *etwas* son'dieren, j-m ‚auf den Zahn fühlen'.
II *v/i* **6.** fühlen: **he has lost all ability to ~ in his left hand** er hat in s-r linken Hand keinerlei Gefühl mehr. **7.** fühlen, durch Fühlen *od.* Tasten festzustellen suchen *od.* feststellen (**whether, if** ob; **how** wie). **8. ~ for** a) tasten nach: **to ~ along the wall for** die Wand abtasten nach, b) vorsichtig Ausschau halten nach: **to ~ for the enemy**, c) suchen nach: **to ~ for an excuse**, d) her'ausfinden; versuchen, *etwas* her'auszufinden: **in the absence of a book of instructions we had to ~ for the best way to operate the machine. 9.** gefühlsmäßig rea'gieren *od.* handeln. **10.** sich fühlen, sich befinden, sich vorkommen, sein: **to ~ cold** frieren; **to ~ ill** sich krank fühlen; **I ~ warm** mir ist warm; **I don't ~ quite myself** ich bin nicht ganz auf dem Posten; **to ~ up to s.th.** a) sich e-r Sache gewachsen fühlen, b) sich in der Lage fühlen zu etwas, c) in (der) Stimmung sein zu etwas; **to ~ like a new man (woman)** sich wie neugeboren fühlen; **to ~ like (doing) s.th.** Lust haben zu e-r Sache (etwas zu tun); **don't ~ compelled** fühlen Sie sich nicht gezwungen. **11.** Mitgefühl *od.* Mitleid haben (**for, with** mit): **we ~ with you** wir fühlen mit euch. **12.** das Gefühl *od.* den Eindruck haben, finden, glauben (**that** daß): **I ~ that ...** ich finde, daß ...; es scheint mir, daß ...; **to ~ strongly about** a) entschiedene Ansichten haben über (*acc*), b) sich erregen über (*acc*); **how do you ~ about it?** was meinst du dazu?; **it is felt in London** in London ist man der Ansicht. **13.** sich anfühlen: **velvet ~s soft. 14.** *impers* sich fühlen: **they know how it ~s to be hungry** sie wissen, was es heißt, hungrig zu sein.
III *s* **15.** Gefühl *n* (*Art u. Weise, wie sich etwas anfühlt*): **a sticky ~. 16.** (An-) Fühlen *n*: **it is soft to the ~** es fühlt sich weich an; **let me have a ~** laß mich mal fühlen. **17.** Gefühl *n*: a) Empfindung *f*, Eindruck *m*, b) Stimmung *f*, Atmo'sphäre *f*: **a hom(e)y ~**, c) Feingefühl *n*, (feiner) In'stinkt, ‚Riecher' *m* (**for** für): **clutch ~** *mot.* Gefühl für richtiges Kuppeln.
'**feel·er** *s* **1.** *zo.* Fühler *m* (*a. fig.*): **to put (od. throw) out ~s** (*od.* **a ~**) s-e Fühler ausstrecken. **2.** *tech.* a) Dorn *m*, Fühler *m*: **~ ga(u)ge** Fühlerlehre *f*, b) Taster *m*: **~ pin** Taststift *m*, c) Tasthebel *m* (*am Webstuhl*). '**feel·ing I** *s* **1.** Gefühl *n*, Gefühlssinn *m.* **2.** Gefühlszustand *m*, Stimmung *f*: **bad** (*od.* **ill**) **~** Groll *m*, Feindseligkeit *f*, böses Blut, Ressentiment *n*; **good ~** Wohlwollen *n*; **no hard ~s!** a) nicht böse sein!, b) (das) macht nichts! **3.** Rührung *f*, Auf-, Erregung *f*: **with ~** a) mit Gefühl, gefühlvoll, b) mit Nachdruck (*sagen*), c) erbittert; → **high** 25. **4.** (Gefühls)Eindruck *m*: **I have a ~ that** ich habe das Gefühl, daß. **5.** Gefühl *n*, Gesinnung *f*, Ansicht *f*, Einstellung *f*, Empfindung *f*: **strong ~s** a) starke Überzeugung, b) Erregung *f.* **6.** Fein-, Mitgefühl *n*, Empfindsamkeit *f*: **to have a ~ for** Gefühl haben für. **7.** (Vor)Gefühl *n*, Ahnung *f.* **8.** *pl* Empfindlichkeit *f*, Gefühle *pl*: **to hurt s.o.'s ~s** j-s Gefühle *od.* j-n verletzen. **II** *adj* (*adv* **~ly**) **9.** fühlend,

feet - fence

empfindend, Gefühls... **10.** gefühlvoll, mitfühlend. **11.** lebhaft (empfunden), voll Gefühl.
feet [fi:t] *pl von* **foot**.
feign [feɪn] **I** *v/t* **1.** *Interesse etc* vortäuschen, *Krankheit a.* simuˈlieren: to ~ death (*od.* to be dead) sich totstellen. **2.** *e-e Ausrede etc* erfinden. **II** *v/i* **3.** sich verstellen, so tun als ob, simuˈlieren. ˈ**feign·ed·ly** [-ɪdlɪ] *adv* zum Schein. ˈ**feign·er** *s* Simuˈlant(in), ‚Schauspieˌler(in)'.
feint[1] [feɪnt] **I** *s* **1.** *sport* Finte *f* (*a. fig.*). **2.** *mil.* Ablenkungs-, Scheinangriff *m*, ˈTäuschungsmaˌnöver *n* (*a. fig.*). **II** *v/i* **3.** *sport* finˈtieren: to ~ at (*od.* upon, against) *j-n* (durch *e-e* Finte) täuschen. **III** *v/t* **4.** *sport* ein Abspiel *etc* antäuschen.
feint[2] [feɪnt] *adj print.* dünn, schwach: ~ lines.
feints [feɪnts] *s pl Branntweinbrennerei:* unreiner Rückstand.
feis [feʃ] *pl* **feis·ean·na** [ˈfeʃənə] *s* **1.** *hist.* altirisches Parlaˈment. **2.** irischer Sängerwettstreit.
feist [faɪst] *s Am. dial.* kleiner Hund.
feist·y [ˈfaɪstɪ] *adj Am. dial.* **1.** lebhaft, munter. **2.** reizbar.
feld·spar [ˈfeldspɑː(r)] *s min.* Feldspat *m*. **feldˈspath·ic** [-ˈspæθɪk] *adj* feldspathaltig, -artig, Feldspat...
fe·lic·i·tate [fəˈlɪsɪteɪt] *v/t* **1.** beglückwünschen, *j-m* gratuˈlieren (on zu). **2.** *obs.* beglücken. **fe‚lic·iˈta·tion** *s meist pl* Glückwunsch *m*: ~**s**! ich gratuliere!, herzlichen Glückwunsch! **feˈlic·i·tous** *adj* (*adv* ~**ly**) **1.** glücklich. **2.** *fig.* glücklich (gewählt), treffend: **a** ~ **phrase**. **feˈlic·i·ty** *s* **1.** Glück(seligkeit *f*) *n.* **2.** Wohltat *f*, Segen *m*. **3.** a) glücklicher Einfall, b) glücklicher Griff, c) treffender Ausdruck.
fe·lid [ˈfiːlɪd] → **feline** 4. ˈ**fe·line** [-laɪn] **I** *adj* **1.** *zo.* zur Faˈmilie der Katzen gehörig, Katzen... **2.** katzenartig, -haft: ~ **grace**. **3.** *fig.* a) falsch, tückisch, b) verstohlen. **II** *s* **4.** *zo.* Katze *f*, Katzentier *n*. **fe·lin·i·ty** [fɪˈlɪnɪtɪ] *s* ˈKatzenˌtur *n*, Katzenhaftigkeit *f*.
fell[1] [fel] *pret von* **fall**.
fell[2] [fel] **I** *v/t* **1.** *e-n Baum* fällen. **2.** *e-n Gegner etc* fällen, niederstrecken. **3.** *e-e Kappnaht* (ein)säumen. **II** *s* **4.** a) *Am.* gefällte Holzmenge, b) (Holz)Fällen *n.* **5.** Kappnaht *f*, Saum *m*.
fell[3] [fel] *adj* (*adv* **felly**) *poet.* **1.** grausam, wild, mörderisch, grimmig. **2.** tödlich.
fell[4] [fel] *s* **1.** Balg *m*, (rohes Tier)Fell. **2.** a) *zo.* (ˈUnter-, ˈFett)Haut *f*, b) (Menschen)Haut *f.* **3.** Vlies *n*, dickes, zottiges Fell. **4.** struppiges Haar.
fell[5] [fel] *s Br.* **1.** Hügel *m*, Berg *m*. **2.** Moorland *n*.
fel·lah [ˈfelə] *pl* -**lahs**, -**la·hin**, -**la·heen** [-hiːn] *s* Fellache *m*.
fel·late [ˈfeleɪt] *v/t* fellatioˈnieren, felˈlieren. **fel·la·tio** [fɪˈleɪʃɪəʊ; fe-], **felˈla·tion** *s* Felˈlatio *f* (*orale Befriedigung e-s Mannes*).
fel·ler [ˈfelə(r)] *colloq. od. humor.* für **fellow**.
fel·lic [ˈfelɪk] *adj chem.* Gallen...
fell·ing [ˈfelɪŋ] *s* **1.** (Holz)Fällen *n*. **2.** Schlagfläche *f*, (Kahl)Schlag *m*.
fel·loe [ˈfeləʊ] *s tech.* Felge *f*.
fel·low [ˈfeləʊ] **I** *s* **1.** Gefährte, Gefährtin *f*, Genosse *m*, Genossin *f*, Kameˈrad(in): ~**s in misery** Leidensgenossen. **2.** Mitmensch *m*, Zeitgenosse *m*. **3.** *colloq.* Kerl *m*, Bursche *m*, ‚Typ' *m*, ‚Mensch' *m*, ‚Junge' *m*: good ~ guter Kerl, netter Mensch; a jolly ~, ‚ein fideles Haus'; my dear ~ mein lieber Freund!; old ~ alter Knabe; the ~ *contp.* der *od.*

dieser Kerl; a ~ man, einer. **4.** *colloq.* ‚Typ' *m*, Freund *m* (*e-s Mädchens*). **5.** Gegenstück *n*, (*der, die, das*) Daˈzugehörige, (*der, die, das*) andere (*e-s Paares*): to be ~**s** zs.-gehören; where is the ~ to this glove? wo ist der andere Handschuh? **6.** Gleichgestellte(r *m*) *f*, Ebenbürtige(r *m*) *f*: he will never find his ~ er wird nie seinesgleichen finden. **7.** *univ.* Fellow *m*: a) *Br.* Mitglied *n e-s* College (*Dozent, der im College wohnt u. unterrichtet*), b) Inhaber(in) *e-s* ˈForschungsˌstiˌpendiums, c) *Am.* Stuˈdent(in) höheren Seˈmesters. **8.** Fellow *m*, Mitglied *n* (*e-r gelehrten etc Gesellschaft*): **a F~ of the British Academy**. **II** *adj* **9.** Mit...: ~ being (*od.* creature) Mitmensch *m*; ~ Christian Mitchrist *m*, Glaubensbruder *m*; ~ citizen Mitbürger *m*; ~ countryman Landsmann *m*; ~ feeling a) Mitgefühl *n*, b) Zs.-gehörigkeitsgefühl *n*; ~ student Studienkollege *m*, Kommilitone *m*; ~ sufferer Leidensgefährte *m*; ~ travel(l)er a) ~ passenger Mitreisender *m*, Reisegefährte *m*, b) *pol.* Mitläufer *m*, c) Anhänger *u*. Verfechter (*kommunistischer*) *politischer Ideen, der nicht eingeschriebenes Parteimitglied ist*; to consult one's ~ doctors (teachers, *etc*) s-e Kollegen um Rat fragen.
ˈ**fel·low·ship** *s* **1.** *oft* good ~ a) Kameˈradschaft(lichkeit) *f*, b) Geselligkeit *f*. **2.** (*geistige etc*) Gemeinschaft, Zs.-gehörigkeit *f*, (gegenseitige) Verbundenheit *f*. **3.** Religiˈons-, Glaubensgemeinschaft *f*. **4.** Gesellschaft *f*, Gruppe *f*. **5.** *univ.* a) die Fellows *pl*, b) *Br.* Stellung *f e-s* Fellows, c) Stiˈpendienfonds *m*, d) ˈForschungsˌstiˌpendium *n*.
fel·ly[1] [ˈfelɪ] → **felloe**.
fel·ly[2] *adv von* **fell**[3].
fe·lo-de·se [ˌfiːləʊdɪˈsiː] *pl* **fe·lo·nes-de·se** [ˌfiːləʊnɪz-], ˌ**fe·los-de-ˈse** [-ləʊz-] (*Lat.*) *s jur.* **1.** Selbstmörder *m*. **2.** Selbstmord *m*.
fel·on[1] [ˈfelən] **I** *s* **1.** *jur.* a) *Am.* Verbrecher *m*, b) *Br. obs.* Schwerverbrecher *m*. **2.** *obs.* Schurke *m*. **II** *adj* → **fell**[3].
fel·on[2] [ˈfelən] *s med.* ˈUmlauf *m*, Nagelgeschwür *n*.
fe·lo·ni·ous [fəˈləʊnɪəs] *adj jur.* verbrecherisch: ~ homicide 1. **feˈlo·ni·ous·ly** *adv jur. Am.* in verbrecherischer Absicht, vorsätzlich.
fel·on·ry [ˈfelənrɪ] *s collect.* a) *Am.* Verbrecher *pl*, b) *obs.* Schwerverbrecher *pl*. ˈ**fel·o·ny** *s* **1.** *jur.* a) *Am.* Schwerverbrechen *n*, b) *Br. obs.* Schwerverbrechen *n*. **2.** *hist.* Feloˈnie *f* (*Bruch der Lehnstreue*).
fel·site [ˈfelsaɪt] *s min.* Felˈsit *m*. ˈ**fel·spar** [-spɑː(r)] → **feldspar**. ˈ**fel·stone** → **felsite**.
felt[1] [felt] *pret u. pp von* **feel**.
felt[2] [felt] **I** *s* **1.** Filz *m*. **2.** Filzhut *m*. **3.** *tech.* Paˈpiertransˌporttuch *n*. **4.** *tech.* Dachpappe *f*. **5.** *electr.* Isoˈlierpreßmasse *f*. **II** *adj* **6.** aus Filz, Filz...: ~ carpeting Teppichfilz *m*. **III** *v/t* **7.** filzen, zu Filz machen. **8.** mit Filz überˈziehen. **9.** verfilzen. **IV** *v/i* **10.** filzen, (sich) verfilzen.
felt grain *s* Längsfaser *f* des Holzes.
ˈ**felt·ing** *s* **1.** Filzen *n*. **2.** Filzstoff *m*.
felt|**tip**, ˈ~-**tip(ped) pen** *s* Filzschreiber *m*, -stift *m*.
fem [fem] *adj Am. sl.* weibisch, unmännlich.
fe·male [ˈfiːmeɪl] **I** *s* **1.** a) Frau *f*, b) Mädchen *n*, c) *contp.* Weibsbild *n*, -stück *n*. **2.** *zo.* Weibchen *n*. **3.** *bot.* weibliche Pflanze *f*. **II** *adj* **4.** *biol.* weiblich: ~ child Mädchen *n*; ~ dog Hündin *f*; ~ student Studentin *f*. **5.** von *od.* für Frauen, Frauen..., weiblich: ~ dress Frauenkleid *n*; ~ labo(u)r a) Frauenarbeit *f*, b) weibliche

Arbeitskräfte *pl*. **6.** schwächer, zarter: ~ sapphire. **7.** *tech.* Hohl..., Steck..., (Ein-) Schraub...: ~ key Hohlschlüssel *m*; ~ mo(u)ld Matrize *f*; ~ screw Schraubenmutter *f*; ~ thread Innen-, Muttergewinde *n*. **8.** *bot.* fruchttragend.
feme [fiːm; fem] *s jur.* (Ehe)Frau *f*. ~ **cov·ert** *s jur.* verheiratete Frau. ~ **sole** *s jur.* **1.** unverheiratete Frau: a) ledige Frau, b) verwitwete Frau, c) geschiedene Frau. **2.** vermögensrechtlich selbständige Ehefrau: ~**sole trader** (*od.* **merchant**) selbständige Geschäftsfrau.
fem·ic [ˈfemɪk] *adj min.* femisch.
fem·i·nal·i·ty [ˌfemɪˈnælɪtɪ], ˌ**fem·iˈne·i·ty** [-ˈniːɪtɪ; -ˈneɪ-] → **femininity**. ˈ**fem·i·nie** [-nɪ] *s poet.* → **femininity** 4.
fem·i·nine [ˈfemɪnɪn] **I** *adj* (*adv* ~**ly**) **1.** weiblich, Frauen...: ~ voice. **2.** *ling. metr.* weiblich, femiˈnin: ~ noun. **3.** fraulich, sanft, zart. **4.** weibisch, femiˈnin. **II** *s* **5.** *ling.* Femininum *n*: a) weibliches Substantiv *od.* Proˈnomen, b) weibliches Geschlecht. **6.** a) Weib *n*, Frau *f*, b) → **femininity** 4.
fem·i·nin·i·ty [ˌfemɪˈnɪnɪtɪ] *s* **1.** Weiblichkeit *f*. **2.** Fraulichkeit *f*, Sanftheit *f*, Zartheit *f*. **3.** weibische *od.* femiˈnine Art. **4.** *collect.* (die) (holde) Weiblichkeit, (die) Frauen *pl*. ˈ**fem·i·nism** *s* **1.** *med. zo.* Femiˈnismus *m*, Verweiblichung *f*. **2.** Femiˈnismus *m*, Frauenrechtsbewegung *f*. ˈ**fem·i·nist I** *s* Femiˈnist(in), Frauenrechtler(in). **II** *adj* femiˈnistisch, frauenrechtlerisch. **fe·min·i·ty** [feˈmɪnɪtɪ] → **femininity**.
fem·i·nize [ˈfemɪnaɪz] **I** *v/t* **1.** weiblich machen. **2.** *e-e* frauliche Note verleihen (*dat*). **3.** *med. zo.* femiˈnieren, verweiblichen. **4.** zu *e-m* höheren Frauenanteil führen in (*dat*). **II** *v/i* **5.** weiblich werden. **6.** *med. zo.* femiˈnieren, verweiblichen.
Fem Lib [ˈfemlɪb], ˈ**Fem·lib** *s colloq.* ˈFrauenemanzipatiˌonsbewegung *f*.
femme fa·tale [ˌfæm faˈtɑːl] *pl* **femmes fa·tales** [ˌfæmfəˈtælz; -ˈtɑːlz] *s* Femme *f* faˈtale.
fem·o·ra [ˈfemərə] *pl von* **femur**.
fem·o·ral [ˈfemərəl] *adj anat.* Oberschenkel(knochen)...
fe·mur [ˈfiːmə(r)] *pl* -**murs** *od.* **fem·o·ra** [ˈfemərə] *s* **1.** *anat.* Oberschenkel(-knochen) *m*. **2.** *zo.* drittes Beinglied (*von Insekten*).
fen [fen] *s Fenn n*: a) Sumpf-, Marschland *n*, b) (Nieder-, Flach)Moor *n*: the ~**s** *geogr.* die Niederungen in **East Anglia**. ˈ**fen‚ber·ry** *s bot.* Moosbeere *f*.
fence [fens] **I** *s* **1.** Zaun *m*, Einzäunung *f*, Gehege *n*: to come down on the right side of the ~ aufs richtige Pferd setzen; to mend one's ~**s** *bes. pol. bes. Am.* a) s-n Ruf wiederherstellen, b) s-e angeschlagene Position festigen; to rush one's ~**s** die Dinge überstürzen; to sit on the ~ a) sich neutral verhalten, b) unentschlossen sein. **2.** *Pferdesport:* Hindernis *n*. **3.** *tech.* Reguˈliervorrichtung *f*, Zuhaltung *f* (*am Türschloß*), Führung *f* (*der Hobelmaschine etc*). **4.** *aer.* Grenzschichtzaun *m*. **5.** *sport* Fechten *n*. **6.** *sl.* a) Hehler *m*, b) Hehlernest *n*. **II** *v/t* **7.** *a.* ~ in einzäunen, einfried(ig)en: to ~ off abzäunen. **8.** *oft* ~ in (*od.* about, round, up) umˈgeben, umˈzäunen (with mit). **9.** ~ in einsperren. **10.** verteidigen, schützen, sichern (*a. econ. jur.*) (from, against gegen). **11.** *a.* ~ off Fragen *etc* abwehren, paˈrieren. **12.** *hunt. Br.* zum Schongebiet erklären. **13.** *sl.* gestohlene Ware an *e-n* Hehler verkaufen. **III** *v/i* **14.** *sport* fechten. **15.** *fig.* Ausflüchte machen, sich nicht festlegen (wollen): to ~ **(with a question)** (*e-r* Frage) ausweichen. **16.** *Pferdesport:* das Hindernis

nehmen. **17.** *sl.* Hehle'rei treiben.
'fence·less *adj* **1.** offen, uneingezäunt.
2. *obs.* schutz-, wehrlos.
fence|liz·ard *s zo. e-e amer. Eidechse.* **~ month** *s hunt. Br.* Schonzeit *f.*
fenc·er ['fensə(r)] *s sport* **1.** Fechter *m.*
2. Springpferd *n.*
fence|sea·son,~time → fence month.
fen·ci·ble ['fensəbl] **I** *adj Scot.* für defensible. **II** *s hist.* 'Landwehrsol₁dat *m.*
fenc·ing ['fensɪŋ] **I** *s* **1.** *sport* Fechten *n.*
2. *fig.* ausweichendes Verhalten. **3.** a) Zaun *m*, b) Einzäunung *f*, Zäune *pl*, c) 'Zaunmateri₁al *n.* **4.** *sl.* Hehle'rei *f.*
II *adj* **5.** *sport* Fecht...: **~ master.**
fend [fend] **I** *v/t oft* **~ off** Angreifer, Fragen *etc* abwehren. **II** *v/i* sorgen **(for** für): **to ~ for o.s.** für sich selbst sorgen, sich ganz allein durchs Leben schlagen.
fend·er ['fendə(r)] *s* **1.** *tech.* Schutzvorrichtung *f.* **2.** *Am.* a) *mot.* Kotflügel *m:* **~ bender** *colloq.* Unfall *m* mit Blechschaden, b) Schutzblech *n* (am Fahrrad *etc*).
3. *rail. etc* a) Rammbohle *f*, b) Puffer *m.*
4. *mar.* Fender *m.* **5.** Ka'minvorsetzer *m*, -gitter *n.*
fen·es·tel·la [₁fenɪ'stelə] *pl* **-lae** [-liː] *s arch.* **1.** Fensterchen *n.* **2.** fensterartige Wandnische (*an der Südseite des Altars*).
fe·nes·tra [fɪ'nestrə] *pl* **-trae** [-triː] *s* **1.** *anat.* Fenster *n* (*im Mittelohr*). **2.** *med.* Fenster *n*, Fensterung *f* (*im Gipsverband*).
fe'nes·tral *adj* fensterartig, Fenster...
fe'nes·trate [-treɪt], **fe'nes·trat·ed** *adj* **1.** *arch.* mit Fenster(n) (versehen).
2. a) gefenstert, b) netzartig. **fen·es·tra·tion** [₁fenɪ'streɪʃn] *s* **1.** *arch.* Fensteranordnung *f.* **2.** *med.* Fensterung *f*, 'Fensterungsoperati₁on *f.*
fen fire *s* Irrlicht *n.*
Fe·ni·an ['fiːnjən; -nɪən] *hist.* **I** *s* Fenier *m:* a) *Mitglied e-s irischen Geheimbunds zum Sturz der englischen Herrschaft* (*1858–80*), b) *schottisch-irischer Freiheitskämpfer gegen die Römer.* **II** *adj* fenisch.
'Fe·ni·an·ism *s* Feniertum *n.*
fen·nel ['fenl] *s bot.* Fenchel *m.* **'~₁flower** *s bot.* Schwarzkümmel *m.*
fen·ny ['fenɪ] *adj* sumpfig, Moor...
feoff [fef; fiːf] *jur.* **I** *s* → **fief. II** *v/t* → enfeoff. **feoff·ee** [-'fiː] *s jur.* Belehnte(r) *m:* **~ in** (*od.* **of) trust** Treuhänder *m.*
'feoff·er → feoffor. **'feoff·ment** *s jur.* Belehnung *f.* **feof·for** [fe'fɔː(r); 'fefə(r)] *s jur.* Lehnsherr *m.*
fe·ral ['fɪərəl; 'ferəl] *adj* **1.** wild(lebend).
2. *fig.* wild, bar'barisch.
fere [fɪə(r)] *s obs.* **1.** Gefährte *m.* **2.** Ehegemahl(in).
fer·e·to·ry ['ferɪtərɪ; *Am.* 'ferə₁tɔːrɪː; -₁toː-] *s bes. R.C.* Heiligen-, Re'liquienschrein *m.*
fe·ri·a ['fɪərɪə; 'feː-] *pl* **-ae** [-riː], **-as** *s R.C.* Feria *f*, Wochentag *m.* **'fe·ri·al** *adj* Wochentags...
fe·rine ['fɪəraɪn] → feral.
Fe·rin·ghee [fə'rɪŋgɪ] *s Br. Ind.* **1.** Euro¹päer(in). **2.** *contp.* Eu'rasier(in).
fer·ma·ta [fə'mɑːtə; *Am.* fer-] *pl* **-tas, -te** [-tɪ] *s mus.* Fer'mate *f*, Haltezeichen *n*, Ruhepunkt *n.*
Fer·mat's prin·ci·ple [fɜː'mæts; *Am.* fer'mɑːz] *s phys.* Fer'matsche Prin'zip.
fer·ment [fə(r)'ment] **I** *v/t* **1.** a) *chem.* in Gärung bringen (*a. fig.*), b) *fig.* in Wallung bringen, erregen. **II** *v/i* **2.** *chem.* gären, in Gärung sein (*beide a. fig.*). **III** *s* ['fɜːment; *Am.* 'fɜr-] **3.** *chem.* Gärstoff *m*, Fer'ment *n.* **4.** a) *chem.* Gärung *f* (*a. fig.*), b) *fig.* innere Unruhe, Wallung *f*, Aufruhr *m:* **the whole country was in a state of ~** es gärte im ganzen Land.
fer'ment·a·ble *adj* gär(ungs)fähig.
fer·men·ta·tion [₁fɜːmen'teɪʃn; *Am.* ₁fɜr-] *s* **1.** *chem.* Gärung *f* (*a. fig.*), 'Gä-

rungspro₁zeß *m*, Fermentati'on *f.* **2.** → ferment 4 b. **fer·ment·a·tive** [fə(r)'mentətɪv] *adj* (*adv* **~ly**) *chem.* **1.** Gärung bewirkend. **2.** gärend, Gärungs...
fer'ment·ing *adj chem.* **1.** gärend. **2.** Gärungs..., Gär...
fer·mi ['fɜːmɪ; *Am.* 'fermiː; 'fɜr-] *s* Fermi *n* (*in der Kernphysik verwendete Längeneinheit*).
Fer·mi-Di·rac sta·tis·tics [₁fɜːmɪdɪ¹ræk; *Am.* ₁fermiː-; ₁fɜr-] *s pl* (*als sg konstruiert*) *phys.* 'Fermi-Di¹rac-Sta₁tistik *f.*
fer·mi·on ['fɜːmɪɒn; *Am.* 'fermɪ₁ɑn; 'fɜr-] *s phys.* Fermion *n* (*Teilchen mit halbzahligem Spin*).
fer·mi·um ['fɜːmɪəm; *Am.* 'fer-; 'fɜr-] *s chem.* Fermium *n* (*ein Grundstoff*).
fern [fɜːn; *Am.* fɜrn] *s bot.* Farn(kraut) *n m.* **'fern·er·y** [-ərɪ] *s* Farn(kraut)pflanzung *f.* **'fern·y** *adj* Farn...: a) farnartig, b) voller Farnkraut.
fe·ro·cious [fə'rəʊʃəs] *adj* (*adv* **~ly**)
1. wild (*Tier etc*). **2.** *fig.* wild, grimmig, böse, grausam (*Strafe etc*), heftig, scharf (*Auseinandersetzung etc*). **3.** *Am. colloq.* a) ,wild', ,toll': **~ activity**, b) ,furchtbar': **a ~ bore. fe'ro·cious·ness, fe·roc·i·ty** [fə'rɒsətɪ; *Am.* -'rɑ-] *s* Grausamkeit *f*, Wildheit *f*, Heftigkeit *f.*
-ferous [fərəs] *Wortelement mit der Bedeutung* ...tragend, ...haltig, ...erzeugend: → coniferous, *etc.*
fer·rate ['fereɪt] *s chem.* eisensaures Salz.
fer·re·ous ['ferɪəs] *adj* eisenhaltig.
fer·ret¹ ['ferɪt] **I** *s* **1.** *zo.* Frettchen *n.*
2. *fig.* ,Spürhund' *m* (*Person*). **II** *v/t*
3. *hunt.* mit Frettchen jagen. **4.** *meist* **~ out** *etwas* aufspüren, -stöbern, *die Wahrheit* her'ausfinden, hinter *ein Geheimnis* kommen. **III** *v/i* **5.** *hunt.* mit Frettchen jagen, fret'tieren. **6.** *meist* **~ about** (*od.* **around**) her'umstöbern (**in** *dat*; **for** nach).
fer·ret² ['ferɪt] *s* schmales (Baum)Wollod. Seidenband.
fer·ri·age ['ferɪdʒ] *s* **1.** Fährgeld *n.*
2. 'Überfahrt *f* (*mit e-r Fähre*).
fer·ric ['ferɪk] *adj chem.* Eisen..., Ferri...: **~ acid** Eisensäure *f.*
fer·ri·cy·a·nide [₁ferɪ'saɪənaɪd] *s chem.* Cy'aneisenverbindung *f:* **potassium ~** Ferrizyankalium *n.* **fer'rif·er·ous** [-fərəs] *adj chem.* eisenhaltig.
Fer·ris wheel ['ferɪs] *s* Riesenrad *n.*
fer·rite ['feraɪt] *s chem. min.* Fer'rit *n.*
ferro·con·crete [₁ferəʊ-] *s* 'Eisenbe₁ton *m.* **ferro·cy·an·ic** *adj chem.* eisenblausauer. **ferro·man·ga·nese** *s chem.* 'Eisenman₁gan *n.*
'fer·ro·type *phot.* **I** *s* **1.** Ferroty'pie *f.*
II *v/t* **2.** (*auf Blech*) 'schnellfoto₁grafieren. **3.** *e-e Kopie auf* Hochglanz glänzen.
fer·rous ['ferəs] *adj chem.* eisenhaltig, -artig, Eisen..., Ferro...: **~ chloride** Eisenchlorür *n.*
fer·ru·gi·nous [fe'ruːdʒɪnəs; fə-] *adj*
1. *chem. min.* eisenhaltig, Eisen... **2.** rostfarbig.
fer·rule ['feruːl; -rəl] *tech.* **I** *s* **1.** Stockzwinge *f*, Ringbeschlag *m.* **2.** a) Bundring *m* (*für Rohre*), b) Muffe *f.* **II** *v/t* **3.** mit e-r Stockzwinge *etc* versehen.
fer·ry ['ferɪ] **I** *s* **1.** Fähre *f*, Fährschiff *n*, -boot *n.* **2.** 'Fährdienst *m*, -betrieb *m.*
3. *jur.* Fährgerechtigkeit *f.* **4.** *aer.* 'Überführungsdienst *m* (*von der Fabrik zum Flugplatz*). **II** *v/t* **5.** (in e-r Fähre) 'übersetzen. **6.** befördern. **7.** *ein Flugzeug* (*von der Fabrik zum Flugplatz*) über'führen.
III *v/i* **8.** Fähr(en)dienst versehen. **9.** (in e-r Fähre) 'übersetzen *od.* fahren (**across** über *acc*). **'~₁boat** → ferry 1. **~ bridge** *s* **1.** Tra'jekt *n, m*, Eisenbahnfähre *f.*
2. Fähr-, Landungsbrücke *f.* **'~₁man**

[-mən] *s irr* Fährmann *m.* **~ ser·vice** → ferry 2.
fer·tile ['fɜːtaɪl; *Am.* 'fɜrtl] *adj* (*adv* **~ly**)
1. fruchtbar, ergiebig, reich (**in,** *of* an *dat*). **2.** *fig.* fruchtbar, produk'tiv, schöpferisch: **a ~ imagination** e-e fruchtbare *od.* reiche Phantasie. **3.** *biol.* a) befruchtet, b) fortpflanzungsfähig: **~ shoot** *bot.* Blütensproß *m.* **4.** *Kernphysik:* brütbar (*Nuklide*). **fer·til·i·ty** [fə(r)'tɪlətɪ] *s*
1. Fruchtbarkeit *f*, Ergiebigkeit *f*, Reichtum *m* (**of** an *dat*): **~ rate** (*Statistik*) Fruchtbarkeitsziffer *f.* **2.** *fig.* Produktivi'tät *f.* **fer·ti·li·za·tion** [₁fɜːtɪlaɪ'zeɪʃn; *Am.* ₁fɜrtlə'z-] *s* **1.** Fruchtbarmachen *n.* **2.** *biol. u. fig.* Befruchtung *f:* **~ tube** *bot.* Pollenschlauch *m.* **3.** *agr.* Düngen *n*, Düngung *f.* **'fer·ti·lize** *v/t* **1.** fruchtbar machen. **2.** *biol. u. fig.* befruchten. **3.** *agr.* düngen. **'fer·ti·liz·er** *s* **1.** Befruchter *m* (*a. fig.*). **2.** *agr.* Dünger *m*, Düngemittel *n:* (**artificial**) **~** Kunstdünger.
fer·u·la ['ferʊlə; -jʊ-] *pl* **-las, -lae** [-liː] *s*
1. *bot.* Steckenkraut *n.* **2.** → ferule¹ I.
fer·ule¹ ['feruːl; *Am.* -rəl] **I** *s* (flaches) Line'al (*zur Züchtigung*), Zuchtrute *f* (*a. fig.*). **II** *v/t* züchtigen.
fer·ule² → ferrule.
fer·ven·cy ['fɜːvənsɪ; *Am.* 'fɜr-] → fervor 1. **'fer·vent** *adj* (*adv* **~ly**) **1.** *fig.* glühend, leidenschaftlich (*Haß, Verehrer etc*), inbrünstig (*Gebet, Verlangen etc*).
2. (glühend)heiß.
fer·vid ['fɜːvɪd; *Am.* 'fɜr-] *adj* (*adv* **~ly**) → fervent. **fer·vor,** *bes. Br.* **'fer·vour** [-və(r)] *s* **1.** *fig.* Leidenschaft *f*, Inbrunst *f.*
2. Glut(hitze) *f.*
Fes·cen·nine ['fesnaɪn; *Am.* 'fesnaɪn] *adj* feszen'ninisch, schlüpfrig, lasziv.
fes·cue ['feskjuː] *s* **1.** a. **~ grass** *bot.* Schwingelgras *n.* **2.** *ped.* Zeigestab *m.*
fess(e) [fes] *s her.* (horizon'taler Quer-) Balken. **~ point** *s* Herzstelle *f* (*im Wappenschild*).
fes·tal ['festl] *adj* (*adv* **~ly**) festlich, Fest...
fes·ter ['festə(r)] **I** *v/i* **1.** eitern. **2.** verwesen, verfaulen. **3.** *fig.* gären: **to ~ in s.o.'s mind** in j-m gären, an j-m nagen *od.* fressen. **II** *v/t* **4.** zum Eitern bringen.
5. *fig.* gären in (*dat*), nagen *od.* fressen an (*dat*). **III** *s* **6.** a) Geschwür *n*, b) eiternde Wunde.
fes·ti·val ['festɪvl] **I** *s* **1.** Fest(tag *m*) *n.*
2. Festival *n*, Festspiele *pl:* **the Edinburgh ~.** **II** *adj* **3.** festlich, Fest... **4.** Festspiel... **'fes·tive** [-tɪv] *adj* (*adv* **~ly**) **1.** festlich, Fest...: **~ board** Festtafel *f;* **~ mood** Fest(tags)stimmung *f*, -freude *f;* **~ season** Fest-, *bes.* Weihnachtszeit *f.*
2. gesellig, fröhlich. **'fes·tive·ness** *s* Festlichkeit *f*, Fröhlichkeit *f.* **fes'tiv·i·ty** *s* **1.** *oft pl* festlicher Anlaß, Fest(lichkeit *f*) *n.* **2.** festliche Stimmung, Fest(tags)stimmung *f*, -freude *f.*
fes·toon [fe'stuːn] **I** *s* **1.** Gir'lande *f*, (Blumen-, Frucht)Behang *n:* **~ cloud** *meteor.* Mammatokumulus *m.* **2.** *arch.* *art* Fe'ston *n.* **3.** *anat.* Schwellung *f* des Zahnfleischrandes. **II** *v/t* **4.** a) mit Gir'landen schmücken, b) schmücken, behängen (**with** mit). **5.** *arch. art* festo'nieren. **6.** zu Gir'landen (ver)binden.
fes'toon·er·y [-ərɪ] *s* Gir'landen (-schmuck *m*) *pl.*
fest·schrift ['festʃrɪft] *pl* **-₁schrift·en** [-₁ʃrɪftən], **-schrifts** (*Ger.*) *s* Festschrift *f* (*bes. zu Ehren e-s Gelehrten*).
fe·tal ['fiːtl] *adj med.* fö'tal, fe'tal, Fötus..., Fetus... **fe'ta·tion** *s med.* Schwangerschaft *f.*
fetch [fetʃ] **I** *v/t* **1.** (her'bei)holen, ('her-)bringen: **to (go and) ~ a doctor** e-n Arzt holen; **to ~ back** zurückbringen; **to ~ down** *hunt.* ,runterholen', abschießen; **to ~ s.o. round** *colloq.* j-n ,rumkriegen'.

fetching – fiddle

2. abholen. 3. *Atem* holen: **to ~ a breath**. 4. *e-n Seufzer etc* ausstoßen: **to ~ a sigh** (auf)seufzen. 5. her'vorlocken (**from** von): **to ~ a laugh** Gelächter hervorrufen; **to ~ tears** (ein paar) Tränen hervorlocken. 6. *e-n Preis etc* erzielen, einbringen. 7. *colloq.* für sich einnehmen, fesseln, anziehen. 8. *colloq. j-m e-n Schlag od.* Tritt versetzen: **to ~ s.o. one** j-m ‚eine langen *od.* kleben *od.* runterhauen'. 9. *mar.* erreichen. 10. *bes. hunt.* appor'tieren (*Hund*). 11. **~ up** *bes. dial.* ein Kind, Tier auf-, großziehen. 12. **~ up** *Br. etwas* (er)brechen.
II *v/i* 13. **to ~ and carry for s.o.** j-s Handlanger sein, j-n bedienen. 14. *mar.* Kurs nehmen (**to** nach): **to ~ about** vieren. 15. *bes. hunt.* appor'tieren: **~!** apport! 16. **~ up** *colloq.* a) ankommen (**at**, **in** in *dat*), b) ‚landen' (**at**, **in** in *dat*; **against** an *dat*): **the car ~ed up against a wall**. 17. **~ away** (*od.* **way**) *mar.* verrutschen, sich verlagern.
III *s* 18. (Her'bei)Holen *n*, ('Her)Bringen *n*. 19. *tech.* Strecke *f*, Weg *m*. 20. Trick *m*, Kniff *m*. 21. Geistererscheinung *f*. 22. (**of**) Gegenstück *n* (**zu**), (genaues) Abbild (**von** *od. gen*).
'**fetch·ing** *adj colloq.* bezaubernd: a) reizend, entzückend: **a ~ dress**, b) gewinnend, einnehmend: **a ~ smile**.
'**fetch-up** *s*: **he was injured in the ~ of his car against a wall** *colloq.* er wurde verletzt, als sein Wagen an e-r Mauer ‚landete'.
fête, fete [feɪt] **I** *s* 1. Fest(lichkeit *f*) *n*. **II** *v/t* 2. j-n, ein Ereignis feiern. 3. j-n festlich bewirten. **fête cham·pê·tre** *pl* **fêtes cham·pê·tres** [ˌfeɪtʃɑːmˈpeɪtr] *s* Gartenfest *n*, Fest *n* im Freien.
fet·ich, *etc* → **fetish**, *etc*.
fe·ti·cide ['fiːtɪsaɪd] *s jur. med.* Tötung *f* der Leibesfrucht, Abtreibung *f*.
fet·id ['fetɪd] *adj* (*adv* **~ly**) stinkend. '**fet·id·ness** *s* Gestank *m*.
fet·ish ['fiːtɪʃ; *bes. Am.* 'fetɪʃ] *s* Fetisch *m* (*a. psych.*): **to make a ~ of s.th.** etwas zum Fetisch erheben, aus etwas e-n Fetisch machen. '**fet·ish·ism** *s* Fetischismus *m* (*a. psych.*), Fetischkult *m*. '**fet·ish·ist** *s* Feti'schist *m* (*a. psych.*): **leather ~**, **fet·ish·is·tic** *adj* (*adv* **~ally**) feti'schistisch (*a. psych.*).
fet·lock ['fetlɒk; *Am.* ˌlɑk] *s zo.* a) Behang *m*, Kötenhaar *n*, b) *a.* **~ joint** Fessel (-gelenk *n*) *f* (*des Pferdes*).
fe·tor ['fiːtə(r); -tɔː(r)] *s* Gestank *m*.
fet·ter ['fetə(r)] **I** *s* 1. Fußfessel *f*. 2. *pl fig.* Fesseln *pl*: **to escape from the ~s of marriage** sich aus den Fesseln der Ehe befreien. **II** *v/t* 3. j-m Fußfesseln anlegen. 4. *fig.* behindern. '**fet·ter·less** *adj fig.* unbehindert, uneingeschränkt, frei. '**fet·ter·lock** *s* 1. (D-förmige) Pferdefußfessel (*a. her.*). 2. → **fetlock**.
fet·tle [ˈfetl] *s* Verfassung *f*, Zustand *m*: **in fine** (*od.* **good**) **~** (gut) in Form.
fe·tus ['fiːtəs] *s med.* Fötus *m*, Leibesfrucht *f*.
feu [fjuː] *jur. Scot.* **I** *s* Lehen(sbesitz *m*) *n*. **II** *v/t* in Lehen geben *od.* nehmen. '**feu·ar** [-ə] *s jur. Scot.* Lehenspächter *m*.
feud[1] [fjuːd] **I** *s* Fehde *f* (*a. fig.*): **to be at** (**deadly**) **~ with s.o.** mit j-m in (tödlicher) Fehde liegen. **II** *v/i* sich befehden, in Fehde liegen (**with** mit) (*beide a. fig.*).
feud[2] [fjuːd] *s jur.* Lehen *n*, Lehn(s)gut *n*.
feu·dal ['fjuːdl] *adj* (*adv* **~ly**) feu'dal, Lehns...: **~ system** → **feudalism**; **~ tenure** Lehen *n*.
feu·dal·ism ['fjuːdəlɪzəm] *s* Feuda'lismus *m*, Feu'dal-, 'Lehnssy₁stem *n*. '**feu·dal·ist** *s* Anhänger(in) des Feu'dalsy₁stems. **feu'dal·i·ty** [-ˈdælətɪ] *s* 1. Lehnbarkeit *f*. 2. Lehnswesen *n*. '**feu-**

dal·ize *v/t* lehnbar machen. **feu·da·to·ry** [ˈfjuːdətərɪ; *Am.* ˌtɔːrɪ; ˌtoʊrɪ] **I** *s* Lehnsmann *m*, Va'sall *m*. **II** *adj* lehnspflichtig, Lehns...
feud·ist ['fjuːdɪst] *s jur.* Feu'dalrechtsgelehrte(r) *m*.
feuil·le·ton ['fɜːɪtɔ̃ːŋ] *s* Feuille'ton *n*, kultu'reller Teil (*e-r Zeitung*).
fe·ver ['fiːvə(r)] **I** *s* 1. *med.* Fieber *n*: **to have a ~** Fieber haben; **~ blister** Fieberbläs·chen *n*; **~ heat** a) Fieberhitze *f*, b) *fig.* fieberhafte Auf-, Erregung; **~ sore** Lippen-, Gesichtsherpes *m*, Fieberbläs·chen *pl*. 2. *med.* Fieberzustand *m*, -krankheit *f*: **nervous ~** Nervenfieber *n*. 3. *fig.* Fieber *n*: a) fieberhafte Auf- *od.* Erregung: **in a ~** (**of excitement**) in fieberhafter Aufregung; **the crowd was at ~ pitch die Menge fieberte vor Erregung**; **our excitement reached ~ pitch** unsere Aufregung erreichte ihren Höhepunkt; **to work at ~ pitch** fieberhaft arbeiten, b) Sucht *f*, Rausch *m*: **gold ~**. **II** *v/i* 4. fiebern (*a. fig.* **for** nach). **III** *v/t* 5. Fieber her'vorrufen bei. 6. *fig.* in fieberhafte Auf- *od.* Erregung versetzen. '**fe·vered** *adj* 1. fiebernd, fieb(e)rig. 2. *fig.* fieberhaft, aufgeregt.
'**fe·ver·few** *s bot.* Mutterkraut *n*.
fe·ver·ish ['fiːvərɪʃ] *adj* (*adv* **~ly**) 1. a) fieberkrank: **to be ~** Fieber haben, b) fieb(e)rig, Fieber...: **~ cold** fieberhafte *od.* fiebrige Erkältung; **~ dream** Fiebertraum *m*. 2. Fieber her'vorrufend. 3. *fig.* fieberhaft, aufgeregt: **to be ~ with excitement** vor Aufregung fiebern. '**fe·ver·ish·ness** *s* Fieberhaftigkeit *f* (*a. fig.*).
few [fjuː] **I** *adj u. pron* 1. wenige: **~ persons**; **he is a man of ~ words** er macht nicht viele Worte, er ist ein schweigsamer Mensch; **some ~** einige wenige; **his friends are ~** er hat (nur) wenige Freunde; **the labo(u)rers are ~** *Bibl.* der Arbeiter sind wenige; **~ and far between** sehr vereinzelt, dünn gesät; **no ~er than** nicht weniger als. 2. **a ~** einige, ein paar: **he told me a ~ things** er hat mir einiges erzählt; **a good ~**, **quite a ~** ziemlich viele, e-e ganze Menge; **a faithful ~** ein paar Getreue; **every ~ days** alle paar Tage; **not a ~** nicht wenige, viele; **only a ~** nur wenige; **a very ~** sehr wenige; **to have a ~** *colloq.* ein paar (*Schnäpse etc*) ‚kippen'. **II** *s* 3. **the ~** die wenigen *pl*, die Minderheit: **the happy ~** die wenigen Glücklichen; **the select ~** die Auserwählten. '**few·ness** *s* geringe (An)Zahl.
fey [feɪ] *adj* 1. *Scot.* todgeweiht. 2. *bes. Scot.* 'übermütig. 3. hellseherisch.
fez [fez] *pl* **'fez·zes** [-ɪz] *s* Fes *m*.
fi·a·cre [fɪˈɑːkrə] *s* Fiaker *m*.
fi·an·cé [fɪˈɑːnseɪ; *Am.* ˌfiːɑːnˈseɪ] *s* Verlobte(r) *m*. **fi·an·cée** [fɪˈɑːnseɪ; *Am.* ˌfiːɑːnˈseɪ] *s* Verlobte *f*.
Fi·an·na Fail [ˌfɪənəˈfɔɪl] (*Ir.*) *s pol.* Fianna Fail *f* (*Partei de Valeras*).
fi·as·co [fɪˈæskəʊ] *pl* **-cos**, *Am. a.* **-coes** *s* Fi'asko *n*.
fi·at ['faɪæt; -ət; *Am. a.* 'fiː-] *s* 1. Befehl *m*, Erlaß *m*. 2. *jur. Br.* richterliche Verfügung. 3. Ermächtigung *f*, Zulassung *f*: **administrative ~** *Am.* Verwaltungsermächtigung. **~ mon·ey** *bes. Am.* Pa'piergeld *n* ohne Deckung.
fib [fɪb] *colloq.* **I** *s* ‚Flunke'rei' *f*, Schwinde'lei *f*: **to tell a ~** → **II**. **II** *v/i* ‚flunkern', schwindeln. '**fib·ber** *s colloq.* ‚Flunkerer' *m*, Schwindler *m*.
fi·ber, *bes. Br.* **fi·bre** [ˈfaɪbə(r)] *s* 1. *biol. tech.* Faser *f*, Fiber *f*. 2. *collect.* Faserstoff *m*, -gefüge *n*, Tex'tur *f*. 3. *fig.* a) Struk'tur *f*, b) Schlag, Cha'rakter *m*: **of coarse ~** grobschlächtig, c) Kraft *f*: **moral ~** Cha-

rakterstärke *f*, Rückgrat *n*; **to give ~** Kraft verleihen (*dat*). 4. Faserwurzel *f*. '**~·board** *s tech.* Faserstoff-, Holzfaserplatte *f*. '**~·glass** *s tech.* Fiberglas *n*.
'**fi·ber·less**, *bes. Br.* '**fi·bre·less** *adj* 1. *biol. tech.* faserlos. 2. *fig.* kraftlos.
fi·ber op·tics, *bes. Br.* **fi·bre op·tics** *s pl* (*als sg konstruiert*) *phys.* Faser-, Fiberoptik *f*.
Fib·o·nac·ci| se·quence, **~ se·ries** [ˌfɪbəˈnɑːtʃɪ] *s math.* Fibo'nacci-Folge *f*, -Reihe *f*.
fi·bre, '**~·board**, '**~·glass** *bes. Br. für* **fiber**, **fiberboard**, **fiberglass**.
fi·bre·less *bes. Br. für* **fiberless**.
fi·bre op·tics *bes. Br. für* **fiber optics**.
fi·bri·form ['faɪbrɪfɔː(r)m] *adj* faserförmig, -artig, faserig.
fi·bril ['faɪbrɪl] *s* 1. *biol. tech.* Fi'brille *f*, Fäserchen *n*. 2. *bot.* Wurzelfaser *f*. **fi·bril·la** [faɪˈbrɪlə] *pl* **-lae** [-liː] → **fibril**. '**fi·bril·lar**, '**fi·bril·lar·y** [-lərɪ; *Am.* -brəˌlerɪ] *adj* feinfaserig. **fi·bril·late** ['faɪbrɪleɪt; faɪˈbrɪlət] *adj* faserig. ˌ**fi·brilˈla·tion** *s* 1. Faserbildung *f*. 2. *med.* Kammerflattern *n*, -flimmern *n*. **fi·bril·li·form** [-lɪfɔː(r)m] *adj* faserförmig.
fi·brin ['faɪbrɪn] *s* 1. *chem.* Fi'brin *n*, Blutfaserstoff *m*. 2. *a. plant ~ bot.* Pflanzenfaserstoff *m*. '**fi·brin·ous** *adj* fibri'nös, Fibrin...
fi·broid ['faɪbrɔɪd] **I** *adj* faserartig, Faser... **II** *s* → **fibroma**.
fi·bro·ma [faɪˈbrəʊmə] *pl* **-ma·ta** [-mətə], **-mas** *s med.* Fi'brom *n* (*gutartige Geschwulst aus Bindegewebe*). **fi'bro·sis** [-sɪs] *s med.* Fi'brose *f* (*Vermehrung des Bindegewebes*). ˌ**fi·broˈsi·tis** [-ˈsaɪtɪs] *s med.* Fibro'sitis *f*, Bindegewebsentzündung *f*.
fi·brous ['faɪbrəs] *adj* 1. faserig, fi'brös: **~ glass** → **fiberglass**. 2. *tech.* sehnig (*Metall*).
fib·u·la ['fɪbjʊlə] *pl* **-lae** [-liː], **-las** *s* 1. *anat.* Wadenbein *n*. 2. *antiq.* Fibel *f*, Spange *f*.
fice [faɪs] → **feist**.
fiche [fiːʃ] *s* Fiche *m*, Filmkarte *f*.
fich·u ['fɪʃuː] *s hist.* Fi'chu *n*, Hals-, Schultertuch *n*.
fick·le ['fɪkl] *adj* launenhaft, launisch, unbeständig (*Wetter*), (*Person a.*) wankelmütig. '**fick·le·ness** *s* Launenhaftigkeit *f*, Unbeständigkeit *f*, Wankelmut *m*.
fic·tile ['fɪktaɪl; *Am. a.* -tl] *adj* 1. formbar, plastisch. 2. tönern, irden, Ton..., Töpferei...: **~ art** Töpferei *f*, Keramik *f*; **~ ware** Steingut *n*.
fic·tion ['fɪkʃn] *s* 1. (freie) Erfindung, Dichtung *f*. 2. *collect.* 'Prosa-, Ro'manlitera₁tur *f*, Belle'tristik *f*: **work of ~** Roman *m*. 3. *collect.* Ro'mane *pl*, Prosa *f* (*e-s Autors*). 4. *jur. philos.* Fikti'on *f*. 5. *contp.* ‚Märchen' *n*. '**fic·tion·al** [-ʃənl] *adj* 1. erdichtet, erfunden, Roman..., Erzähl(ungs)... ˌ**fic·tioˈneer** [-ʃəˈnɪə(r)], '**fic·tion·er**, '**fic·tion·ist** [-ʃənɪst] *s* Ro'man-, Prosaschriftsteller(in).
fic·ti·tious [fɪkˈtɪʃəs] *adj* (*adv* **~ly**) 1. (frei) erfunden, fik'tiv. 2. unwirklich, Phantasie... 3. ro'manhaft, Roman... 4. *jur. etc* fik'tiv: a) *a. philos.* (bloß) angenommen, b) *oft contp.* fin'giert, falsch, unecht: **~ bill** *econ.* Kellerwechsel *m*; **~ contract** Scheinvertrag *m*; **~ name** angenommener Name, Deckname *m*. **ficˈti·tious·ness** *s* (*das*) Fik'tive. 2. Unechtheit *f*.
fic·tive ['fɪktɪv] *adj* 1. erdichtet, angenommen, fik'tiv, imagi'när. 2. schöpferisch begabt, Roman..., Erzähl(er)...
fid·dle ['fɪdl] **I** *s* 1. *mus. colloq.* Fiedel *f*, Geige *f*: **to play (on) the ~** Geige spielen; **to play first** (**second**) **~** *bes. fig.* die erste

(zweite) Geige spielen; **to hang up one's ~ when one comes home** s-e gute Laune an den Nagel hängen, wenn man heimkommt; **(as) fit as a ~** kerngesund; → face 2. **2.** *mar.* Schlingerbord *n*. **3.** *Br. colloq.* a) Schwindel *m*, Betrug *m*, b) Manipulati'on *f*. **II** *v/i* **4.** *a.* **~ away** *colloq.* fiedeln, geigen. **5.** *oft* **~ about** (*od.* **around**) *colloq.* her'umtrödeln. **6.** *a.* **~ about** (*od.* **around**) **(with)** *colloq.* a) her'umfummeln (an *dat*), spielen (mit), b) her'umbasteln *od.* -pfuschen (an *dat*), sich zu schaffen machen (an *dat od.* mit). **III** *v/t* **7.** *colloq.* fiedeln: **to ~ a tune**. **8.** *meist* **~ away** *colloq.* Zeit vertrödeln. **9.** *Br. colloq.* ‚fri'sieren', manipu'lieren: **to ~ accounts**. **IV** *interj* **10.** *colloq.* Unsinn!, dummes Zeug! ¡**~-de-'dee** [-dɪ'diː] → fiddle 10. '**~-ˌfad·dle** [-ˌfædl] *colloq.* **I** s **1.** Lap'palie *f*. **2.** Unsinn *m*. **II** *v/i* **3.** dummes Zeug schwatzen. **4.** die Zeit vertrödeln. **III** *adj* **5.** läppisch. **IV** *interj* → fiddle 10.
'**fid·dler** s **1.** *colloq.* Fiedler *m*, Geiger *m*: **to pay the ~** *bes. Am.* ‚blechen'. **2.** *a.* **~ crab** *zo.* Winkerkrabbe *f*. **3.** *Br. colloq.* Schwindler *m*, Betrüger *m*.
'**fid·dle·stick** *colloq.* **I** s **1.** *mus.* Fiedel-, Geigenbogen *m*. **2.** *fig.* wertloses Zeug! **II** *interj* **3. ~s!** Unsinn!, dummes Zeug!
'**fid·dling** *adj colloq.* läppisch, geringfügig.
fid·dly ['fɪdlɪ] *adj colloq.* kniff(e)lig.
Fi·de·i De·fen·sor [ˌfaɪdɪaɪdɪ'fensɔː(r); fɪˌdeɪ-] (*Lat.*) s Verteidiger *m* des Glaubens (*Titel der englischen Könige*).
fi·de·ism ['fiːdeɪɪzəm; 'faɪdɪ-] s *Fide'ismus m*: a) *philos.* Richtung, die den Glauben als einzige Erkenntnisgrundlage betrachtet u. ihn über die Vernunft stellt, b) *relig.* Lehre, nach der nicht der Glaubensinhalt, sondern allein der Glaube an sich entscheidend ist.
fi·del·i·ty [fɪ'deləti; faɪ-] s **1.** (*a.* eheliche) Treue (**to** gegen'über, zu). **2.** Genauigkeit *f* (*a. e-r Übersetzung*), genaue Über'einstimmung (*mit den Tatsachen*): **with ~** wortgetreu. **3.** *electr.* 'Wiedergabe-, Klangtreue *f*. **~ in·sur·ance** s *econ.* Kauti'onsversicherung *f*.
fidg·et ['fɪdʒɪt] **I** s **1.** *oft pl* ner'vöse Unruhe, Zappe'lei *f*: **to give s.o. the ~s** j-n nervös *od.* zapp(e)lig machen; **to have the ~s →** 4. **2.** ‚Zappelphilipp' *m*, Zapp(e)ler *m*. **II** *v/t* **3.** ner'vös *od.* zapp(e)lig machen. **III** *v/i* **4.** her'um)zappeln, unruhig *od.* ner'vös sein, nicht stillsitzen können. **5. ~ with** (her'um)spielen *od.* (-)fuchteln mit. **'fidg·et·i·ness** s Zapp(e)ligkeit *f*, Nervosi'tät *f*. **'fidg·et·y** *adj* zapp(e)lig, ner'vös.
fid·i·bus ['fɪdɪbəs] *pl* **-bus·es, -bus** s Fidibus *m* (*Holzspan od. gefalteter Papierstreifen zum Feuer- od. Pfeifeanzünden*).
Fi·do, FI·DO ['faɪdəʊ] s *aer.* Fido *f*, FIDO *f* (*Entnebelungsanlage auf Flughäfen*; *abbr. für* **F**og **I**nvestigation **D**ispersal **O**perations).
fi·du·cial [fɪ'djuːʃəl; *Am.* fə'duː ʃəl] *adj* **1.** *astr. phys.* Vergleichs...: **~ point**. **2.** vertrauensvoll. **3.** → **fiduciary** II. **fi·du·ci·ar·y** [-'ʃjərɪ; *Am.* -ʃiˌerɪ; -ʃərɪ] **I** s **1.** *jur.* Treuhänder *m*. **II** *adj* **2.** *jur.* treuhänderisch, Treuhand..., Treuhänder... **3.** *econ.* ungedeckt (*Noten*).
fie [faɪ] *interj obs. od. humor. oft* **~ upon you!** pfui!, schäm dich!
fief [fiːf] s *jur.* Lehen *n*, Lehn(s)gut *n*.
field [fiːld] **I** s **1.** *agr.* Feld *n*: **in the ~** auf dem Feld; **~ of barley** Gerstenfeld. **2.** *min.* a) (*Gold- etc*)Feld *n* (*Gruben*)Feld *n*, Re'vier *n*, (Kohlen)Flöz *n*: **coal ~**. **3.** *fig.* Bereich *m*,

(Sach-, Fach)Gebiet *n*: **in the ~ of art** auf dem Gebiet der Kunst; **in his ~** auf s-m Gebiet, in s-m Fach; **~ of activity** Arbeitsgebiet, Tätigkeitsbereich; **~ of application** Anwendungsbereich; **~ of law** Rechtsgebiet. **4.** a) (weite) Fläche, b) *math. phys.* Feld *n*: **~ of force** Kraftfeld; **~ of vision** Blick- *od.* Gesichtsfeld, *fig.* Gesichtskreis *m*, Horizont *m*, c) (*elektrisches od. magnetisches*) Feld. **5.** *her.* Feld *n*, Grundfläche *f*. **6.** *sport* a) Sportplatz *m*, Spielfeld *n*, -fläche *f*: **to take the ~** einlaufen, auf den Platz kommen (→ 7), b) Feld *n* (*geschlossene Gruppe von Läufern etc*), c) Teilnehmer(feld *n*) *pl*, Besetzung *f*, *fig.* Wettbewerbsteilnehmer *pl*: **good ~** starke Besetzung; **fair ~ and no favo(u)r** gleiche Bedingungen für alle; **to play the ~** *colloq.* ‚nichts anbrennen lassen' (*sich keine Chance bei Jungen bzw. Mädchen entgehen lassen*), d) *Baseball, Kricket*: 'Fängerparˌtei *f*. **7.** *mil.* a) *meist poet.* Schlachtfeld *n*, (Feld)Schlacht *f*, b) Feld *n*, Front *f*: **a hard-fought ~** e-e heiße Schlacht; **in the ~** im Felde, an der Front; **to keep the ~** sich behaupten; **to take the ~** ins Feld rücken, den Kampf eröffnen (→ 6 a); **to hold the ~** das Feld behaupten; **to win the ~** den Sieg davontragen; **the ~ of hono(u)r** das Feld der Ehre. **8.** → **airfield**. **9.** *mil.* Feld *n* (*im Geschützrohr*). **10.** *med.* Operati'onsfeld *n*. **11.** *TV* Feld *n*, Rasterbild *n*. **12.** *bes. psych. sociol.* Praxis *f*, Wirklichkeit *f*. **13.** *econ.* Außendienst *m*, (praktischer) Einsatz *m*: **agent in the ~** Vertreter *m* im Außendienst. **II** *v/t* **14.** *sport* e-e Mannschaft aufs Feld schicken, e-n Spieler *a.* bringen. **15.** *Baseball, Kricket*: a) den Ball auffangen u. zu'rückwerfen, b) *Spieler (der Schlägerpartei)* im Feld aufstellen. **16.** *e-e Frage etc* kontern. **III** *v/i* **17.** *Baseball, Kricket*: bei der 'Fängerparˌtei sein.
field ˈ **am·bu·lance** s *mil.* Sanka *m*, Sani'tätswagen *m*. **~ ar·til·ler·y** s *mil.* 'Feldartilleˌrie *f*. **~ base** s *Baseball*: Laufmal *n*. **~ coil** s *electr.* Feldspule *f*. **~ corn** s *agr. Am.* Mais *m* (*als Viehfutter*). **~ current** s *electr.* Feldstrom *m*. **~ day** s **1.** *mil.* a) Felddienstübung *f*, b) 'Truppenschau *f*, -paˌrade *f*. **2.** *mar.* Reinˈschifftag *m*. **3.** *bes. Am. sd. ped.* Sportfest *n*, b) Exkursi'onstag *m*, c) Ausflugstag *m*. **4. to have a ~** *fig.* a) riesigen Spaß haben (**with** mit), b) s-n großen Tag haben. ˈ**~-ef**ˌ**fect tran·sis·tor** s *electr.* 'Feld-efˌfekttranˌsistor *m*. **~ e·mis·sion** s *electr.* 'Feldemissiˌon *f*. **~ e·quip·ment** s *mil.* feldmarschmäßige Ausrüstung.
'**field·er** s (*Kricket, Baseball*) **1.** a) Fänger *m*, b) Feldspieler *m*. **2.** *pl* 'Fängerparˌtei *f*.
field ˈ **e·vents** s *pl Leichtathletik*: 'Sprung- u. 'Wurfdiszi‚plinen *pl*. **~ ex·ec·u·tive** s *econ.* leitender Angestellter e-r Außenstelle. **~ ex·er·cise** s *mil.* Felddienstübung *f*. **~ glass** s *meist pl*, *a.* **pair of ~es** Feldstecher *m*, Fernglas *n*. **~ goal** s a) *Basketball*: Feldkorb *m*, b) *American Football*: Sprungtritt *m*. **~ gun** s *mil.* Feldgeschütz *n*. **~ hock·ey** s *sport bes. Am.* (Feld)Hockey *n*. **~ hos·pi·tal** s *mil.* 'Feldlaza‚rett *n*. **~ in·ten·si·ty** s *math. phys.* Feldstärke *f*. **~ in·ves·ti·ga·tion** s **1.** Nachforschung *f* an Ort u. Stelle. **2.** → **field research**. **~ in·ves·ti·ga·tor** → **field worker 2.** ˈ**~-ˌi·on mi·cro·scope** s *opt.* 'Feldi‚onenmiˌkroskop *n*. **~ kitch·en** s *mil.* Feldküche *f*. **~ lark** s → **lock 5** *TV* Bildfang *m*. **~ map** s Flurkarte *f*. **~ mar·shal** s *mil.* 'Feldmar‚schall *m*. **~ mouse** s *irr zo.* Feldmaus *f*. **~ mu·sic** s *mar. mil.* **1.** Spielmannszug *m* aus (Si'gnal)Hornisten u. Trommlern. **2.** Ge'fechtssi‚gnale

pl, 'Marschmu‚sik *f* (*von* 1). **~ of·fice** s Außenstelle *f*. **~ of·fi·cer** s *mil.* 'Stabsoffi‚zier *m* (*Major bis Oberst*). **~ pack** s *mil.* Marschgepäck *n*, Tor'nister *m*. **~ pop·py** s *bot.* Klatschmohn *m*. **~ re·search** s Markt-, Meinungsforschung: Feldforschung *f*, Pri'märerhebung *f*. **~ ser·vice** s *econ.* Außendienst *m*.
'**fields·man** ['fiːldzmən] s *irr* → **fielder 1**.
field ˈ**sports** s *pl* Sport *od.* Vergnügungen *im Freien, z. B.* Jagen, Fischen *etc*. **~ staff** s *econ.* Außendienstmitarbeiter *pl*. **~ stud·y** s Feldstudie *f*. **~ test** s praktischer Versuch. **~ train·ing** s *mil.* Ge‚ländeausbildung *f*. **~ trip** s Exkursi'on *f*. **~ wind·ing** s *electr.* Erreger-, Feldwicklung *f*. ˈ**~·work** s **1.** *mil.* Feldbefestigung *f*, -schanze *f*. **2.** praktische (wissenschaftliche) Arbeit, (*Archäologie etc a.*) Arbeit *f* im Gelände. **3.** *econ.* Außendienst *m*. **4.** *Markt-, Meinungsforschung*: Feldarbeit *f*, Pri'märerhebung *f*. ˈ**~·work·er** s **1.** *econ.* Außendienstmitarbeiter(in). **2.** *Markt-, Meinungsforschung*: Befrager(in), Inter'viewer(in).
fiend [fiːnd] s **1.** a) Satan *m*, Teufel *m* (*beide a. fig.*), b) Dämon *m*, *fig. a.* Unhold *m*. **2.** *colloq. bes. in Zssgn* a) Süchtige(r *m*) *f*: **an opium ~**, b) Fex *m*, Narr *m*, Fa'natiker *m*: **a golf ~**, **a ~ for golf** ein besessener *od.* leidenschaftlicher Golfspieler; → **fresh-air 1**, c) ‚Größe' *f*, ‚Ka'none' *f* (**at** in *dat*). '**fiend·ish** *adj* (*adv* **-ly**) **1.** teuflisch, unmenschlich. **2.** *colloq.* ‚verteufelt', ‚höllisch', ‚scheußlich', ‚mies': **a ~ job** e-e höllische Arbeit. '**fiend·ish·ness** s teuflische Bosheit.
fierce [fɪə(r)s] *adj* (*adv* **-ly**) **1.** wild (*Tier etc*). **2.** böse, grimmig (*Gesicht etc*), wild (*Blick, Haß etc*). **3.** glühend (*Hitze*). **4.** a) scharf (*Rede, Wettbewerb etc*), b) heftig (*Angriff, Schmerz etc*), c) grell (*Licht etc*). **5.** *colloq.* ‚fies', widerlich. '**fierce·ness** s **1.** Wildheit *f*. **2.** Grimmigkeit *f*, Wildheit *f*. **3.** a) Schärfe *f*, b) Heftigkeit *f*, c) Grellheit *f*. **4.** *colloq.* Widerlichkeit *f*.
fi·e·ri fa·ci·as [ˌfaɪəraɪ'feɪʃɪæs; *Am.* -riːˈf-] (*Lat.*) s *jur.* Pfändungs-, Voll'streckungsbefehl *m*.
fi·er·i·ness ['faɪərɪnɪs] s Feurigkeit *f*, Hitzigkeit *f*, Leidenschaftlichkeit *f*. '**fi·er·y** *adj* (*adv* **fierily**) **1.** brennend, glühend: **~ tongues were playing about the roof** Flammen umzüngelten das Dach. **2.** feuerrot, glutrot. **3.** feurig, hitzig (*Person, Temperament*). **4.** feurig, scharf (*Gewürz etc*). **5.** leidenschaftlich (*Rede, Affäre etc*). **6.** *med.* entzündet. **7.** *Bergbau*: schlagwetterführend.
fi·es·ta [fɪ'estə] s Fi'esta *f*, Feier-, Festtag *m*.
fife [faɪf] *mus.* **I** s Querpfeife *f*. **II** *v/t u. v/i* (*auf der Querpfeife*) pfeifen. '**fif·er** s (Quer)Pfeifer *m*.
fif·teen [fɪf'tiːn] **I** *adj* **1.** fünfzehn. **II** s **2.** Fünfzehn *f*. **3.** *Rugby*: Fünfzehn *f*. ˌ**fif'teenth** [-'tiːnθ] **I** *adj* **1.** fünfzehnt(er, e, es). **2.** fünfzehntel. **II** s **3.** (*der, die, das*) Fünfzehnte. **4.** Fünfzehntel *n*.
fifth [fɪfθ] **I** *adj* **1.** fünft(er, e, es): **in the ~ place** fünftens, an fünfter Stelle; **~ rib 1. 2.** fünftel. **II** s **3.** (*der, die, das*) Fünfte: **the ~ of May** der 5. Mai. **4.** Fünftel *n*. **5.** *mus.* Quinte *f*. **~ col·umn** s *pol.* Fünfte Ko'lonne. ˌ**~-'col·umn** *adj* die Fünfte Ko'lonne betreffend.
'**fifth·ly** *adv* fünftens.
fifth wheel s **1.** fünftes Rad, Ersatzrad *n*. **2.** *mot.* a) Dreh(schemel)ring *m* der Vorderachse, b) Drehschemel *m* (*beim Sattelschlepper*). **3.** *fig.* ‚fünftes Rad am Wagen'.
fif·ti·eth ['fɪftɪɪθ] **I** *adj* **1.** fünfzigst(er, e,

es). 2. fünfzigstel. II s 3. (der, die, das) Fünfzigste. 4. Fünfzigstel n.
fif·ty ['fɪftɪ] I adj fünfzig: I have ~ things to tell you ich habe dir hunderterlei zu erzählen. II s Fünfzig f: he is in his fifties er ist in den Fünfzigern; in the fifties er ist in den fünfziger Jahren (e-s Jahrhunderts). ,~-'**fif·ty** adj u. adv colloq. ‚fifty-fifty', ‚halbe-halbe': he has a ~ chance to live s-e Überlebenschancen stehen fifty-fifty; to go ~ halbe-halbe machen (with mit).
fig[1] [fɪɡ] s 1. bot. a) Feige f, b) Feigenbaum m. 2. fig. e-e verächtliche Geste. 3. fig. Deut m: ~ care 8.
fig[2] [fɪɡ] colloq. I s 1. Kleidung f, Aufmachung f: in full ~ in Gala. 2. Form f, Verfassung f: in fine ~ gut in Form. II v/t 3. meist ~ out, ~ up her'auspützen, ausstatten. 4. ein Pferd aufputzen.
fight [faɪt] I s 1. Kampf m: a) mil. Gefecht n, b) Kon'flikt m, Streit m, c) Ringen n (for um): to have a ~ → 15; to make (a) ~ (for s.th.) (um etwas) kämpfen; to put up a (good) ~ e-n (guten) Kampf liefern, sich tapfer schlagen. 2. Boxen: Kampf m, Fight m. 3. Schläge'rei f, Raufe'rei f. 4. Kampffähigkeit f, Kampf(es)lust f: to show ~ a) sich zur Wehr setzen, b) kampflustig sein; there was no ~ left in him er war kampfmüde od. ‚fertig'; he still had a lot of ~ in him er war noch lange nicht geschlagen.
II v/t pret u. pp **fought** [fɔːt] 5. j-n, etwas bekämpfen, bekriegen, kämpfen gegen. 6. e-n Krieg, e-n Prozeß führen, e-e Schlacht schlagen od. austragen, e-e Sache ausfechten: to ~ a boxing match e-n Boxkampf austragen; to ~ an election kandidieren; to ~ it out es (unterein- ander) ausfechten; → battle Bes. Redew., duel I. 7. etwas verfechten, sich einsetzen für. 8. kämpfen gegen od. mit, sich schlagen mit, sport a. boxen gegen j-n: to ~ back (od. down) Enttäuschung, Tränen etc unterdrücken; to ~ off j-n, etwas abwehren, Vertreter etc ‚abwimmeln'; to ~ off a cold a) gegen e-e Erkältung ankämpfen, b) e-e Erkältung bekämpfen; → windmill 1. 9. raufen od. sich prügeln mit. 10. erkämpfen: to ~ one's way s-n Weg machen, sich durchschlagen. 11. Hunde etc kämpfen lassen, zum Kampf an- od. aufstacheln. 12. Truppen, Geschütze etc komman'dieren, (im Kampf) führen.
III v/i 13. kämpfen (with od. against mit od. gegen; for um): to ~ against s.th. gegen etwas ankämpfen; to ~ back sich zur Wehr setzen, zurückschlagen; → shy[1] 3, 5. 14. sport boxen. 15. sich raufen od. schlagen od. prügeln.
'**fight·er** s 1. Kämpfer m, Streiter m. 2. sport Boxer m. 3. Schläger m, Raufbold m. 4. a. ~ **plane** aer. mil. Jagdflugzeug n, Jäger m: ~ **cover** (od. **escort**) Jagdschutz m; ~ **group** Br. Jagdgeschwader n, Am. Jagdtruppe f; ~ **pilot** Jagdflieger m; ~ **wing** Br. Jagdgeschwader n, Am. Jagdgeschwader f. ,~-'**bomb·er** s aer. mil. Jagdbomber m. '~-,**in·ter-cep·tor** s aer. mil. Abfangjäger m.
'**fight·ing** [-tɪŋ] I s 1. Kampf m, Kämpfen n. II adj 2. Kampf... 3. kampf-, streitlustig, kämpferisch. ~ **chance** s re'elle Chance (wenn man sich anstrengt). ~ **cock** s Kampfhahn m (a. fig.): to live like a ~ in Saus u. Braus leben. ~ **forc·es** s pl mil. Kampftruppe f. ~ **spir·it** s Kampfgeist m.
fig leaf irr Feigenblatt n (a. fig. Bemäntelung).
fig·ment ['fɪɡmənt] s 1. oft ~ of the imagination Phanta'siepro,dukt n, reine Einbildung. 2. contp. ‚Märchen' n.

fig tree s Feigenbaum m.
fig·u·rant ['fɪɡjʊərənt; Am. 'fɪɡjə,rɑːnt] s Figu'rant m: a) Ballett: Chortänzer m, b) thea. Sta'tist m. **fig·u·rante** [,fɪɡjʊ-'rɑːnt; Am. 'fɪɡjə,rɑːnt] s Figu'rantin f: a) Ballett: Chortänzerin f, b) thea. Sta'tistin f.
fig·u·rate ['fɪɡjʊrɪt] adj math. mus. figu'riert. ,**fig·u·'ra·tion** s 1. Gestaltung f. 2. Form f, Gestalt f. 3. bildliche Darstellung. 4. Verzierung f (a. mus.). '**fig·u·ra·tive** [-gjʊrətɪv; -gər-] adj (adv ~ly) 1. bildlich, über'tragen, fi'gürlich, meta'phorisch. 2. bilderreich (Stil). 3. symbolisch. '**fig·u·ra·tive·ness** s 1. Bildlichkeit f, Fi'gürlichkeit f. 2. Bilderreichtum m.
fig·ure ['fɪɡə; Am. 'fɪɡjər] I s 1. Zahl(zeichen n) f, Ziffer f: he is good at ~s er ist ein guter Rechner; the cost runs into three ~s die Kosten gehen in die Hunderte. 2. Preis m, Betrag m, Summe f: at a low (high) ~ billig (teuer). 3. Fi'gur f, Form f, Gestalt f, Aussehen n: to keep one's ~ schlank bleiben. 4. fig. Fi'gur f, bemerkenswerte Erscheinung, wichtige Per'son, Per'sönlichkeit f: ~ of fun komische Figur; to cut (od. make) a poor ~ e-e traurige Figur abgeben; to make a brilliant ~ e-e hervorragende Rolle spielen. 5. Darstellung f (des menschlichen Körpers), Bild n, Statue f. 6. Sym'bol n, Typus m. 7. a. ~ of speech a) ('Rede-, 'Sprach)Fi,gur f, Redewendung f, b) Me'tapher f, Bild n. 8. (Stoff)Muster n. 9. Tanz, Eiskunstlauf etc: Fi'gur f: ~ (of) eight a) (Kunstflug) Acht f, b) (Eis-, Rollkunstlauf) Achter m. 10. mus. a) Fi'gur f, b) (Baß)Bezifferung f. 11. Fi'gur f, Dia'gramm n, Zeichnung f. 12. Illustrati'on f (im Buch). 13. Logik: 'Schluß,fi,gur f. 14. phys. Krümmung f e-r Linse, bes. Spiegel m e-s Tele'skops.
II v/t 15. formen, gestalten. 16. abbilden, bildlich darstellen. 17. oft ~ to o.s. sich etwas vorstellen od. ausmalen. 18. verzieren (a. mus.). 19. Stoff mustern. 20. mus. beziffern. 21. ~ out colloq. a) ausrechnen, b) ‚ausknobeln', ‚rauskriegen', Problem lösen, c) ka'pieren', verstehen: I can't ~ him out ich werd' aus ihm nicht klug od. schlau. 22. ~ up zs.-zählen. 23. Am. colloq. meinen, glauben: I ~ he'll do it; I ~ him (to be) honest ich halte ihn für ehrlich.
III v/i 24. rechnen: to ~ out at sich belaufen auf (acc). 25. ~ on bes. Am. colloq. a) rechnen mit, b) sich verlassen auf (acc): to ~ on s.o. to do s.th. sich darauf verlassen, daß j-d etwas tut, c) beabsichtigen (doing etwas zu tun). 26. erscheinen, auftauchen, vorkommen: to ~ in a play in e-m Stück auftreten; to ~ large e-e große Rolle spielen; to ~ on a list auf e-r Liste stehen. 27. colloq. ‚hinhauen', (genau) passen: that ~s! a) das wundert mich gar nicht, b) völlig klar!; it ~s that he didn't come es ist typisch für ihn, daß er nicht kam.
'**fig·ure-,con·scious** adj fi'gurbewußt.
'**fig·ured** adj 1. geformt, gestaltet. 2. verziert, gemustert, geblümt. 3. mus. a) figu'riert, verziert, b) beziffert: ~ **bass** Generalbaß m. 4. bildhaft, bilderreich: ~ **language**. 5. Figuren...: ~ **dance**.
fig·ure| **dance** s Fi'gurentanz m. '~-**head** s mar. Gali'onsfi,gur f, fig. a. ‚Aushängeschild' n. ~ **skat·er** s sport Eiskunstläufer(in). ~ **skat·ing** s sport Eiskunstlauf m.
fig·u·rine ['fɪɡjʊriːn; Am. ,fɪɡjə'riːn] s Statu'ette f, Fi'gurine f.
'**fig·wort** s bot. Braunwurz f.
fil·a·gree ['fɪləɡriː], etc → **filigree**, etc.

fil·a·ment ['fɪləmənt] s 1. a) Faden m (a. anat.), Fädchen n, b) Faser f. 2. bot. Fila'ment n, Staubfaden m. 3. electr. (Glüh-, Heiz)Faden m: ~ **battery** Heizbatterie f; ~ **circuit** Heizkreis m; ~ **lamp** Glühlampe f. 4. tech. feiner Draht.
fil·a·men·tous [,fɪlə'mentəs] adj 1. faserig, faserartig. 2. Faser... 3. bot. Staubfäden tragend, Faden...: ~ **fungus** Fadenpilz m.
fi·lar·i·a [fɪ'leərɪə] pl **-i·ae** [-iiː] s zo. Fadenwurm m.
fil·a·ri·a·sis [,fɪlə'raɪəsɪs] s med. Filia'rose f, Fi'lariaenkrankheit f (durch Fadenwürmer hervorgerufene Krankheit).
fil·a·ture ['fɪlətʃə(r); -,tʃʊə(r)] s tech. 1. (Faden)Spinnen n, Abhaspeln n der Seide. 2. (Seiden)Haspel f. 3. 'Seidenspinne,rei f.
fil·bert ['fɪlbə(r)t] s bot. 1. Haselnußstrauch m. 2. Haselnuß f.
filch [fɪltʃ] v/t ‚klauen', sti'bitzen, stehlen. '**filch·er** s Dieb(in).
file[1] [faɪl] I s 1. (Akten-, Brief-, Doku'menten)Ordner m, Kar'teikasten m: to place on ~ → 9. 2. a) Akte(nstück n) f: to keep (od. have) a ~ on e-e Akte führen über (acc); ~ **number** Aktenzeichen n, b) Akten(bündel n, -stoß m) pl, c) Akten pl, Ablage f, abgelegte Briefe pl od. Doku'mente pl: on ~ bei den Akten. 3. Computer: Da'tei f. 4. Aufreihfaden m, -draht m. 5. Reihe f: → **single file**. 6. mil. Rotte f. 7. Reihe f (Personen od. Sachen hintereinander). 8. Liste f, Verzeichnis n.
II v/t 9. a. ~ **away** Briefe etc ablegen, (ein)ordnen, ab-, einheften, zu den Akten nehmen: to be ~d! zu den Akten! 10. ~ **off** (in e-r Reihe 'ab)mar,schieren lassen. 11. e-n Antrag etc einreichen, e-e Forderung anmelden, Berufung einlegen: → **action** 12, **application** 1, **suit** 4. III v/i 12. in e-r Reihe od. hinterein'ander (hin'ein-, hin'aus- etc)mar,schieren: to ~ in (out); to ~ past vorbeidefilieren.
file[2] [faɪl] I s 1. tech. Feile f. 2. Br. sl. ‚schlauer Fuchs', ‚geriebener Kerl'. II v/t 3. tech. (zu-, be)feilen: to ~ one's fingernails sich die Fingernägel feilen; to ~ **away** (od. **down**) abfeilen. 4. fig. Stil etc (zu'recht)feilen.
file| **card** s 1. tech. Feilenbürste f. 2. Kar'teikarte f. ~ **clerk** s Am. Regi'strator m. ~ **cop·y** s Ablage(stück n) f.
fi·let ['fɪlɪt; -leɪ; Am. bes. fɪ'leɪ] s 1. gastr. Fi'let n. 2. a. ~ **lace** Fi'let n, Netz(arbeit f) n, 'Netzsticke,rei f. ~ **mi·gnon** [,fɪleɪ-'miːnjɒn; Am. -miːn'jəʊn] s gastr. Fi'let n mi'gnon (kleines gebratenes od. gegrilltes Filet).
fil·i·al ['fɪlɪəl; -ɪəl] adj (adv ~ly) 1. kindlich, Kindes..., Tochter..., Sohnes...: ~ **duty** Kindespflicht f; ~ **piety** kindliche Ergebenheit. 2. Genetik: Filial...: ~ **generation** Filialgeneration f (die direkten Nachkommen e-s Elternpaares bzw. e-s sich durch Parthenogenese fortpflanzenden Lebewesens).
fil·i·ate ['fɪlɪeɪt] v/t 1. jur. Am. od. Scot. die (bes. außereheliche) Vaterschaft von (od. gen) feststellen. 2. → **affiliate** I. ,**fil·i·'a·tion** s 1. Kindschaft(sverhältnis n) f. 2. Abstammung f. 3. jur. Am. od. Scot. Feststellung f der (bes. außerehelichen) Vaterschaft: ~ **proceeding** Vaterschaftsprozeß m. 4. Feststellung f der 'Herkunft od. Quelle: ~ **of manuscripts**. 5. Verzweigung f.
fil·i·beg ['fɪlɪbeɡ] → **kilt** 1.
fil·i·bus·ter ['fɪlɪbʌstə(r)] I s 1. hist. Freibeuter m. 2. parl. bes. Am. a) Obstrukti'on f, Verschleppungstaktik f (bes. durch Dauerreden zur Verhinderung e-r Abstimmung), b) Obstrukti'onspoli,tiker m, Verschleppungstaktiker m. II v/i

filicide – finalism

3. *parl. bes. Am.* Obstrukti'on treiben. III *v/t* 4. *parl. bes. Am.* Gesetzesvorlage *etc* durch Obstrukti'on zu Fall bringen.
fil·i·cide ['fılısaıd] *s* 1. Kindesmord *m*. 2. Kindesmörder(in).
fil·i·form ['fılıfɔː(r)m; 'faı-] *adj* fadenförmig, fili'form: ~ **gill** *ichth.* Fadenkieme *f.*
fil·i·gree ['fılıgriː] *s* 1. Fili'gran(arbeit *f*) *n.* 2. (*etwas*) sehr Zartes *od.* Gekünsteltes. '**fil·i·greed** *adj* mit Fili'gran geschmückt, Filigran...
fil·ing[1] ['faılıŋ] *s* 1. Ablegen *n* (*von Briefen etc*): ~ **cabinet** Aktenschrank *m*; ~ **card** → **file card** 2; ~ **clerk** *bes. Br.* Registrator *m*; ~ **department** Registratur *f.* 2. Einreichung *f* (*e-s Antrags etc*), Anmeldung *f* (*e-r Forderung*).
fil·ing[2] ['faılıŋ] *s tech.* 1. Feilen *n.* 2. *pl* Feilspäne *pl.*
Fil·i·pi·no [ˌfılı'piːnəʊ] I *pl* **-nos** *s* Fili'pino *m*. II *adj* philip'pinisch.
fill [fıl] I *s* 1. to eat one's ~ sich satt essen; to have had one's ~ of *fig.* von *etwas*, *j-m* genug haben, *etwas*, *j-n* satt haben; to weep one's ~ sich ausweinen. 2. Füllung *f* (*Material od. Menge*): a ~ of gasoline (*Br.* petrol) e-e Tankfüllung. 3. *Am.* Erd-, Steindamm *m*. II *v/t* 4. (an-, aus-, voll)füllen, *die Segel* (auf)blähen. 5. *Flüssigkeit etc* ab-, einfüllen: to ~ wine into bottles. 6. *die Pfeife* stopfen. 7. (*mit Nahrung*) sättigen. 8. *die Straßen etc* bevölkern, füllen. 9. *a. fig.* erfüllen (with mit): smoke ~ed the room; grief ~ed his heart; ~ed with fear (envy) angsterfüllt (neiderfüllt). 10. *e-n Posten, ein Amt* besetzen: to ~ a vacancy, to ~ s.o.'s place j-s Stelle einnehmen, j-n ersetzen. 11. *e-n Auftrag, e-e Bestellung* ausführen. 12. to ~ the bill *colloq.* allen Ansprüchen genügen, genau das richtige sein. 13. *med. e-n Zahn* füllen, plom'bieren. III *v/i* 14. sich füllen, (*Segel*) sich (auf)blähen: the sails ~ed with wind die Segel blähten sich im Wind.
Verbindungen mit Adverbien:
fill | a·way *v/i mar.* vollbrassen. ~ **in** I *v/t* 1. *ein Loch etc* auf-, ausfüllen. 2. *Br.* ein Formular *etc* ausfüllen. 3. *e-n Namen etc* einsetzen. 4. *Fehlendes* ergänzen. 5. *colloq.* j-n infor'mieren, ins Bild setzen (on über *acc*). 6. *Br. sl. j-n* zs.-schlagen, krankenhausreif schlagen. II *v/i* 7. einspringen (for für). ~ **out** I *v/t* 1. *bes. Am. ein Formular etc* ausfüllen. 2. *e-n Bericht etc* abrunden. II *v/i* 3. fülliger werden (*Figur*), (*Person a.*) zunehmen, (*Gesicht etc*) runder *od.* voller werden. ~ **up** I *v/t* 1. vollfüllen: fill her up! *colloq.* volltanken, bitte! 2. → fill in 1. 3. → fill in 2. II *v/i* 4. sich füllen.
'**fill·er** *s* 1. Füller *m*. 2. *tech.* a) Füllvorrichtung *f*, b) 'Abfüllma_ıschine *f*, c) Trichter *m*. 3. *arch.* Füllung *f.* 4. Füllstoff *m*, Zusatz-, Füll-, Streckmittel *n.* 5. Sprengladung *f.* 6. *paint.* Spachtel (-masse *f*) *m*, Füller *m*. 7. *Rundfunk, TV, Zeitungswesen:* Füller *m*, Füllsel *n*. 8. *ling.* Füll-, Flickwort *n*. ~ **cap** *s mot.* Tankdeckel *m*, -verschluß *m.*
fil·let ['fılıt] I *s* 1. Haar-, Stirnband *n*. 2. Leiste *f*, Band *n*, Streifen *m*. 3. a) Fi'let *n*, (Gold)Zierstreifen *m* (*am Buchrücken*), b) Fi'let *n* (*Gerät zum Anbringen von a*). 4. *arch.* Leiste *f*, Reif *m*, Rippe *f*. 5. *gastr.* Fi'let *n*: ~ **steak** Filetsteak *n*. 6. *her.* schmaler Saum des Wappenschildes. II *v/t* 7. mit e-m Haarband *od.* e-r Leiste *etc* schmücken. 8. *gastr.* a) file'tieren, Fi'lets her'auslösen aus, b) als Fi'let zubereiten. ~ **weld** *s tech.* Kehlnaht *m.*
'**fill-in** I *s* 1. Aushilfe *f*, Aushilfskraft *f*. II *adj*: ~ **test** *psych.* Lückentest *m.*

'**fill·ing** I *s* 1. Füllung *f*, Füllmasse *f*, Einlage *f*, Füllsel *n*. 2. *tech.* 'Füllmateri_ıal *n*. 3. *med.* (Zahn)Plombe *f*, (-)Füllung *f*. 4. Voll-, Aus-, Anfüllen *n*, Füllung *f*: ~ **machine** Abfüllmaschine *f*. 5. *mil.* a) Füllung *f* (*bei chemischer Munition*), b) Filterfüllung *f* (*Gasmaske*). II *adj* 6. sättigend. ~ **sta·tion** *s* Tankstelle *f.*
fil·lip ['fılıp] I *s* 1. Schnalzer *m*, Schnipser *m* (*mit Finger u. Daumen*). 2. Klaps *m*. 3. *fig.* Ansporn *m*, Auftrieb *m*: to give a ~ to → 7. 4. unbedeutender Zusatz. II *v/t* 5. a) schnippen, schnipsen: to ~ crumbs off the table, b) to ~ one's fingers mit den Fingern schnalzen *od.* schnippen *od.* schnipsen. 6. *j-m* e-n Klaps geben. 7. *fig.* anspornen, in Schwung bringen.
fil·lis·ter ['fılıstə(r)] *s tech.* 1. Falz *m*. 2. *a.* ~ **plane** Falzhobel *m.*
fil·ly ['fılı] *s* 1. Stutenfohlen *n*. 2. *colloq.* ‚wilde Hummel' (*Mädchen*).
film [fılm] I *s* 1. Mem'bran(e) *f*, dünnes Häutchen, Film *m*. 2. *phot.* Film *m*. 3. Film *m*: **the ~s** a) die Filmindustrie, b) der Film, c) das Kino: **to be in ~s** beim Film sein; **to get into** (*od.* **go on**) **the ~s** zum Film gehen. 4. (hauch)dünne Schicht, 'Überzug *m*, (*Zellophan- etc*) Haut *f*, (-)Film *m*. 5. a) (hauch)dünnes Gewebe, b) Faser *f*. 6. *med.* Trübung *f* des Auges, Schleier *m*. II *v/t* 7. (mit e-m Häutchen *etc*) über'ziehen. 8. a) e-n Roman *etc* verfilmen, b) e-e Szene *etc* filmen. III *v/i* 9. *a.* ~ **over** sich mit e-m Häutchen über'ziehen. 10. a) sich verfilmen lassen, zum Verfilmen sich eignen: **this story ~s well**, b) e-n Film drehen, filmen.
'**film·a·ble** *adj* 1. a) verfilmbar, b) filmbar. 2. foto'gen.
film | base *s chem. phot.* Blankfilm *m*, Emulsi'onsträger *m*. ~ **card** *s* Filmkarte *f*. '~_ıgo·er *s* Kinogänger(in), -besucher (-in).
'**film·ic** *adj* (*adv* ~**ally**) filmisch, Film...
film·i·ness ['fılmınıs] *s* (hauch)dünne Beschaffenheit.
film | li·brar·y *s* 'Filmar_ıchiv *n*. ~ **mak·er** *s* Filmemacher *m*, Filmer *m*: **young** ~ Jungfilmer.
film·og·ra·phy [fıl'mɒgrəfı; *Am.* -'mɑ-] *s* Filmogra'phie *f* (*Verzeichnis aller Filme e-s Regisseurs od. Schauspielers*).
film | pack *s phot.* Filmpack *m*. ~ **reel** *s phot.* Filmspule *f*. ~ **scan·ning** *s TV* Filmabtastung *f*. '~_ıset *v/t irr print.* Foto- *od.* Filmsatz 'herstellen. '~_ıset·ting *s print.* Foto-, Filmsatz *m*. ~ **speed** *s phot.* 1. Lichtempfindlichkeit *f* (*des Films*). 2. Laufgeschwindigkeit *f* (*des Films in der Kamera*). ~ **star** *s* Filmstar *m*. '~_ıstrip *s* 1. Filmstreifen *m*. 2. Bildband *n*.
'**film·y** *adj* 1. mit e-m Häutchen bedeckt. 2. häutchenartig. 3. trübe, verschleiert (*Auge*). 4. zart, duftig, (hauch)dünn.
fil·ter ['fıltə(r)] I *s* 1. Filter *m*, Seihtuch *n*, Seiher *m*. 2. *chem. phot. phys. tech.* Filter *m*. 3. *electr.* Filter *n*, *m*, Sieb *n*. 4. *mot. Br.* grüner Pfeil (*für Abbieger*). II *v/t* 5. filtern: a) ('durch)seihen, b) fil'trieren: **to ~ off** abfiltern; **to ~ s.th. out of s.th.** *etwas* aus *etwas* herausfiltern. III *v/i* 6. a) 'durchsickern (**through** durch) (*Flüssigkeit*), b) 'durchscheinen, -sickern (**through** durch) (*Licht*). 7. sich langsam bewegen: **to ~ out** gruppchenweise *od.* e-r nach dem andern herauskommen (of aus). 8. ~ **into** sich einschleusen in (*acc*) (*Agent etc*). 9. *fig.* a) ~ **out** (*od.* **through**) 'durchsickern (*Nachrichten etc*), b) ~ **into** einsickern *od.* langsam eindringen in (*acc*). 10. *mot. Br.* a) die Spur wechseln, b) sich einordnen (**to the left** links), c) abbiegen (*wenn der grüne Pfeil aufleuchtet*). ~ **fil·ter·a'bil·i·ty** *s* Fil'trierbarkeit *f*. '**fil·ter·a·ble** *adj* fil'trierbar.
fil·ter | bag *s* Filtertüte *f*. ~ **ba·sin** *s tech.* Sickerbecken *n*. ~ **bed** *s tech.* 1. Fil'trierbett *n*, Kläranlage *f*. 2. Filterschicht *f*. ~ **char·coal** *s tech.* Filterkohle *f*. ~ **choke** *s electr.* Filter-, Siebdrossel *f*. ~ **cir·cuit** *s electr.* Siebkreis *m*.
'**fil·ter·ing** I *s* Filtern *n*: a) ('Durch)Seihen *n*, b) Fil'trieren *n*. II *adj* Filtrier..., Filter...: ~ **ba·sin** *tech.* Filtrierbecken *n*; ~ **paper** Filterpapier *n*.
fil·ter | pa·per *s* 'Filterpa_ıpier *n*. ~ **tip** *s* 1. Filter *m*. 2. Filterziga_ırette *f*. '~**-tipped** *adj* Filter...: ~ **cigarette**.
filth [fılθ] *s* 1. Schmutz *m*, Dreck *m*. 2. *fig.* Schmutz *m*, Schweine'rei *f*. 3. a) unflätige Sprache, b) unflätige Ausdrücke *pl.* '**filth·i·ness** *s* 1. Schmutzigkeit *f* (*a. fig.*). 2. Unflätigkeit *f*. '**filth·y** I *adj* (*adv* filthily) 1. schmutzig, dreckig. 2. *fig.* schmutzig, schweinisch. 3. *fig.* unflätig. 4. *bes. Br. colloq.* ekelhaft, scheußlich: ~ **weather** ,Sauwetter' *n*. II *adv* 5. *colloq.* ,unheimlich', ,furchtbar': ~ **rich** ,stinkreich'.
fil·tra·ble ['fıltrəbl] → **filterable**.
fil·trate ['fıltreıt] I *v/t* 1. filtern 5. II *s* Fil'trat *n*. **fil'tra·tion** *s* Filtrati'on *f*.
fim·bri·ate ['fımbrııt; -breıt], *a.* '**fim·bri·at·ed** [-breıtıd] *adj bot. zo.* befranst.
fin[1] [fın] *s* 1. *zo.* Flosse *f*, Finne *f*. 2. *mar.* Kiel-, Ruderflosse *f*. 3. *aer.* a) (Seiten-) Flosse *f*, b) *mil.* Steuerschwanz *m* (*e-r Bombe*). 4. *tech.* a) Grat *m* (Guß)Naht *f*, b) *a.* **cooling** ~ (Kühl)Rippe *f*. 5. Schwimmflosse *f*. 6. *sl.* ‚Flosse' *f* (*Hand*).
fin[2] [fın] *s Am. sl.* Fünf'dollarschein *m*.
fin·a·ble ['faınəbl] *adj* e-r Geldstrafe unter'liegend: **this is ~** darauf steht e-e Geldstrafe.
fi·na·gle [fı'neıgl] *colloq.* I *v/t* 1. *etwas* her'ausschinden, -schlagen. 2. (sich) *etwas* ergaunern. 3. *j-n* begaunern: **to ~ s.o. out of s.th.** j-n um *etwas* betrügen. II *v/i* 4. gaunern. **fi'na·gler** [-glə(r)] *s colloq.* Gauner *m*.
fi·nal ['faınl] I *adj* (*adv* → **finally**) 1. letzt(er, e, es): **during his ~ illness**. 2. endgültig, End..., Schluß...: ~ **account** Schlußabrechnung *f*; ~ **assembly** *tech.* Endmontage *f*; ~ **date** Schlußtermin *m*, äußerster Termin; ~ **dividend** *econ.* Schlußdividende *f*; ~ **examination** Abschlußprüfung *f*; ~ **quotation** *econ.* Schlußkurs *m*; ~ **result** Endresultat *n*; ~ **run** *sport* Endlauf *m*; ~ **score** *sport* Schlußstand *m*; ~ **speech** *jur.* Schlußplädoyer *n*; ~ **storage** Endlagerung *f* (*von Atommüll etc*); ~ **velocity** Endgeschwindigkeit *f*; ~ **whistle** *sport* Schluß-, Abpfiff *m*; **to blow the ~ whistle** *sport* abpfeifen. 3. endgültig: a) 'unwider_ıruflich, nicht entscheidend, c) *jur.* rechtskräftig: ~ **judg(e)ment** Endurteil *n*; **after ~ judg(e)ment** nach Rechtskraft des Urteils; **to become ~** rechtskräftig werden, Rechtskraft erlangen. 4. per'fekt, voll'kommen. 5. *ling.* a) auslautend, End...: ~ **s** Schluß-s *n*, b) Absichts..., Final...: ~ **clause**. II *s* 6. *sport* Fi'nale *n*: a) Endkampf *m*, b) Endlauf *m*, c) Endrunde *f*, d) Endspiel *n*. 7. *meist pl bes. univ.* 'Schlußex_ıamen *n*, -prüfung *f*. 8. *colloq.* Spätausgabe *f* (*e-r Zeitung*). ~ **cause** *s philos.* Urgrund *m* (u. Endzweck *m*) aller Dinge.
fi·na·le [fı'nɑːlı; *Am. a.* fə'næ-] *s* Fi'nale *n*: a) *mus.* Schlußsatz *m*, b) *thea.* Schluß (-szene *f*) *m* (*bes. e-r Oper*), c) *fig.* (dra'matisches) Ende.
fi·nal·ism ['faınəlızəm] *s philos.* Fina'lismus *m* (*Lehre, nach der alles Geschehen von Zwecken bestimmt ist bzw. zielstrebig*

finalist – finger nut

verläuft). **'fi·nal·ist** *s* **1.** *sport* Fina'list (-in), Endkampfteilnehmer(in) *etc* (→ final 6). **2.** *bes. univ.* Ex'amenskandi,dat(in). **fi'nal·i·ty** [-'næləti] *s* **1.** Endgültigkeit *f*. **2.** Entschiedenheit *f*. **3.** abschließende Handlung *od.* Äußerung. **4.** *philos.* Finali'tät *f* (*Bestimmung e-s Geschehens nicht durch s-e Ursachen, sondern durch s-e Zwecke*). **'fi·nal·ize** *v/t* **1.** be-, voll'enden, (endgültig) erledigen, abschließen. **2.** endgültige Form geben (*dat*) **'fi·nal·ly** *adv* **1.** endlich, schließlich, zu'letzt. **2.** zum (Ab)Schluß. **3.** endgültig.

fi·nance [faɪˈnæns; fɪˈn-; ˌfaɪmæns] **I** *s* **1.** Fi'nanzwesen *n*, -wissenschaft *f*, -wirtschaft *f*, -welt *f*, Fi'nanz *f*. **2.** *pl* Fi'nanzen *pl*: a) Vermögenslage *f*, b) Einkünfte *pl*: public ∼s Staatsfinanzen. **II** *v/t* **3.** finan'zieren. **III** *v/i* **4.** Geldgeschäfte machen. ∼ **act** *s Br.* Fi'nanzgesetz *n*. ∼ **bill** *s* **1.** *pol.* Fi'nanzvorlage *f*. **2.** *econ.* Fi'nanzwechsel *m*. ∼ **com·pa·ny** *s econ.* Finan'zierungsgesellschaft *f*. ∼ **house** *s econ. Br.* Teilzahlungs-, 'Kundenkre,ditbank *f*.

fi·nan·cial [faɪˈnænʃl; fɪ-] *adj* (*adv* ∼ly) finanzi'ell, Finanz..., Geld..., Fiskal...: ∼ backer Geldgeber *m*; ∼ circles Finanzkreise; ∼ columns Handels-, Wirtschaftsteil *m*; ∼ condition (*od.* situation) Finanz-, Vermögenslage *f*; ∼ institution Geldinstitut *n*; ∼ newspaper Börsen-, Handelsblatt *n*; ∼ plan Finanzierungsplan *m*; ∼ policy Finanzpolitik *f*; ∼ standing Kreditwürdigkeit *f*; ∼ year *Br.* a) Geschäftsjahr *n*, b) *parl.* Haushalts-, Rechnungsjahr *n*.

fin·an·cier [ˌfɪnənˈsɪə(r); ˌfaɪ-] **I** *s* [*Br.* faɪˈnænsɪə; fɪ-] **1.** Finanzi'er *m*. **2.** Fi'nanzfachmann *m* **II** *v/t* **3.** finan'zieren. **III** *v/i* **4.** (*bes.* skrupellose) Geldgeschäfte machen.

fi'nanc·ing *s econ.* Finan'zierung *f*, Kapi'talbeschaffung *f*.

'fin·back (**whale**) *s zo.* Finnwal *m*.

finch [fɪntʃ] *s orn.* Fink *m*. ∼ **creep·er** *s orn.* (*ein*) amer. Baumläufer *m*.

find [faɪnd] **I** *s* **1.** Fund *m*, Entdeckung *f*: a) Finden *n*, Entdecken *n*, b) *etwas Gefundenes od. Entdecktes.* **II** *v/t pret u. pp* **found** [faʊnd] **2.** finden. **3.** finden, (an)treffen, stoßen auf (*acc*): we found him in wir trafen ihn zu Hause an; to ∼ a good reception e-e gute Aufnahme finden. **4.** sehen, bemerken, feststellen, entdecken, (her'aus)finden: he found that ... er stellte fest *od.* fand, daß ...; I ∼ it easy ich finde es leicht; to ∼ one's way den Weg finden (to nach, zu), sich zurechtfinden (in in *dat*); I'll ∼ out my way all right ich finde schon allein hinaus; to ∼ o.s. sich finden, zu sich selbst finden, s-e Fähigkeiten erkennen, sich voll entfalten (→ 8); I found myself surrounded ich sah *od.* fand mich umzingelt; I found myself telling a lie ich ertappte mich bei e-r Lüge. **5.** ('wieder-)erlangen: → tongue 1. **6.** finden: a) beschaffen, auftreiben, b) erlangen, sich verschaffen, c) *Zeit etc* aufbringen. **7.** *jur.* erklären *od.* befinden für: to ∼ a person guilty. **8.** *j-n* versorgen, ausstatten (in mit), *j-m etwas* verschaffen, stellen, liefern: well found in clothes mit Kleidung gut ausgestattet; all found freie Station, freie Unterkunft u. Verpflegung; to ∼ o.s. sich selbst versorgen (→ 4). **9.** ∼ out a) etwas entdecken, her'ausfinden, -bekommen, b) *j-n* ertappen, c) durch'schauen. **III** *v/i* **10.** ∼ against the defendant a) (*Zivilprozeß*) den Beklagten verurteilen, der Klage stattgeben, b) (*Strafprozeß*) den Angeklagten verurteilen; to ∼ for the defendant a) (*Zivilprozeß*) zu Gunsten des Beklagten entscheiden, die Klage abweisen, b) (*Strafprozeß*) den Angeklagten freisprechen.

'find·er *s* **1.** Finder(in), Entdecker(in): ∼s keepers *colloq.* wer etwas findet, darf es behalten; ∼'s fee Vermittlungsgebühr *f*; ∼'s reward Finderlohn *m*; "∼ will be rewarded" „Finderlohn". **2.** *phot.* Sucher *m*. **3.** *electr. phys.* Peil(funk)gerät *n*.

fin de siè·cle [fɛ̃dəsjɛkl(ə)] (*Fr.*) *s* Fin de si'ècle (*gesellschaftliche, künstlerische u. literarische Dekadenz am Ende des letzten Jahrhunderts*).

'find·ing *s* **1.** → find 1: ∼ the means *econ.* Geldbeschaffung *f*; ∼'s keeping *colloq.* wer etwas findet, darf es behalten. **2.** *meist pl scient. etc* Befund *m* (*a. med.*), Feststellung(en *pl*) *f*, Erkenntnis(se *pl*) *f*. **3.** *jur.* Feststellung *f* (*des Gerichts od. der Geschworenen*), Spruch *m* (*der Geschworenen*): ∼ of facts Tatsachenfeststellung. **4.** *pl* Werkzeuge *pl od.* Materi'al *n* (*e-s Handwerkers*).

find the la·dy *s Br.* Kümmelblättchen *n* (*Bauernfängerspiel*).

fine[1] [faɪn] **I** *adj* (*adv* ∼ly) **1.** *allg.* fein: a) dünn, zart, zierlich: ∼ china, b) scharf: a ∼ edge, c) *aus kleinsten Teilchen bestehend*: ∼ sand, d) schön: a ∼ ship; one of these ∼ days e-s schönen Tages, e) vornehm, edel: a ∼ man, f) geschmackvoll, gepflegt, ele'gant, g) angenehm, lieblich: a ∼ scent, h) feinsinnig, sub'til: ∼ distinction feiner Unterschied. **2.** großartig, ausgezeichnet, glänzend: a ∼ musician; a ∼ view e-e herrliche *od.* prächtige Aussicht; a ∼ fellow ein feiner *od.* prächtiger Kerl. **3.** rein, pur: ∼ silver Feinsilber *n*; ∼ gold Feingold *n*; gold 24 carats ∼ 24karätiges Gold. **4.** geziert, affek'tiert: ∼ sentences. **5.** *colloq.*, *a. iro.* fein: that's ∼!; that's all very ∼ but ... das ist ja alles gut u. schön, aber ...; a ∼ fellow you are! *contp.* du bist mir ein schöner Genosse! **6.** *econ.* erstklassig: ∼ bank bill. **II** *adv* **7.** *colloq.* fein: a) vornehm (*a. contp.*): to talk ∼, b) sehr gut, ,bestens': that will suit me ∼ das paßt mir ausgezeichnet. **8.** knapp: to cut (*od.* run) it ∼ ins Gedränge (*bes.* in Zeitnot) kommen. **III** *v/t* **9.** ∼ away, ∼ down fein(er) machen, abschleifen, zuspitzen. **10.** *oft* ∼ down *Wein etc* läutern, klären. **11.** *metall.* frischen. **IV** *v/i* **12.** ∼ away, ∼ down, ∼ off fein(er) werden, abnehmen, sich abschleifen. **13.** sich klären.

fine[2] [faɪn] **I** *s* **1.** Geldstrafe *f*, Bußgeld *n*. **2.** *jur. hist.* Abstandssumme *f*. **3.** Ende *n* (*obs.* außer in): in ∼ a) schließlich, endlich, b) kurz(um). **II** *v/t* **4.** mit e-r Geldstrafe belegen, zu e-r Geldstrafe verurteilen: he was ∼d £50 er mußte 50 Pfund Strafe bezahlen, er wurde zu e-r Geldstrafe von 50 Pfund verurteilt.

fi·ne[3] [ˈfiːneɪ] *s mus.* Fine *n*, Ende *n*.

fine·a·ble → finable.

fine| **ad·just·ment** [faɪn] *s tech.* Feineinstellung *f*. ∼-**ad'just·ment screw** *s tech.* Feinstellschraube *f*. ∼ **arts** *s* (*die*) schönen Künste *pl*. '∼**-bore** *v/t tech.* präzisi'ons-, feinbohren. ∼ **chem·i·cals** *s pl* 'Feinchemi,kalien *pl*. ∼ **cut** *s* Feinschnitt *m* (*Tabak*). ∼ **darn·ing** *s* Kunststopfen *n*. '∼**-draw** *v/t irr* **1.** fein zs.-nähen, kunststopfen. **2.** *tech.* Draht fein ausziehen. '∼**-drawn** → fine-spun. ∼**-'grained** *adj tech.* feinkörnig, (*Leder*) feinnarbig. ∼ **grav·el** *s tech.* Feinkies *m*. ∼ **me·chan·ics** *s pl* (*als sg konstruiert*) 'Feinme,chanik *f*.

'fine·ness *s allg.* Feinheit *f*: a) Zartheit *f*, Zierlichkeit *f*, b) Schärfe *f*, c) Reinheit *f*, Feingehalt *m*, d) Schönheit *f*, e) Vornehmheit *m*, f) Gepflegtheit *f*, Ele'ganz *f*,

g) Lieblichkeit *f*, h) Subtili'tät *f*, i) Genauigkeit *f*. **'fin·er** → refiner. **'fin·er·y** [-əri] *s* **1.** Putz *m*, Staat *m*. **2.** Ele'ganz *f*.

fines [faɪnz] *s pl tech.* feingesiebtes Materi'al, Abrieb *m*, Grus *m*.

fines herbes [finzɛrb] (*Fr.*) *s pl gastr.* Fines herbes *pl* (*feingehackte Kräuter*).

fine| **sight** *s mil.* Feinkorn *n* (*Visier*). ∼-**'spun** *adj* feingesponnen, *fig. a.* sub'til.

fi·nesse [fɪˈnes] **I** *s* **1.** Fi'nesse *f*: a) Spitzfindigkeit *f*, b) (*kleiner*) Kunstgriff, Kniff *m*. **2.** Raffi'nesse *f*, Schlauheit *f*. **3.** *Kartenspiel*: schneiden *mit.* **5.** *etwas* ,deichseln', ,drehen'. **III** *v/i* **6.** *Kartenspiel*: schneiden. **7.** Kniffe anwenden, ,tricksen'.

fine| **thread** *s tech.* Feingewinde *n*. '∼-**tooth(ed)** *adj* fein(gezahnt): ∼ comb Staubkamm *m*; to go over (*od.* through) s.th. with a ∼ comb a) etwas genau durchsuchen, b) etwas genau unter die Lupe nehmen. ∼ **tun·ing** *s Radio*: Feinabstimmung *f*.

'fin|**·fish** → finback. '∼-**,foot·ed** *adj zo.* mit Schwimmfüßen (versehen).

fin·ger [ˈfɪŋɡə(r)] **I** *s* **1.** Finger *m*: first (second, third) ∼ Zeige-(Mittel-, Ring-)finger; fourth (*od.* little) ∼ kleiner Finger; to get (*od.* pull) one's ∼s out *Br. colloq.* ,Dampf dahintermachen', ,sich ranhalten'; to have a (*od.* one's) ∼ in the pie die Hand im Spiel haben, ,mitmischen'; to keep one's ∼s crossed for s.o. j-m die Daumen drücken *od.* halten; to lay (*od.* put) one's ∼ on s.th. den Finger auf etwas legen; not to lay a ∼ on s.o. j-m kein Härchen krümmen, j-n nicht anrühren; not to lift (*od.* raise, stir) a ∼ keinen Finger rühren; to put the ∼ on s.o. → 10; to twist (*od.* wrap, wind) s.o. (a)round one's little ∼ j-n um den (kleinen) Finger wickeln; to work one's ∼s to the bone (for s.o.) sich (für j-n) die Finger abarbeiten; → burn[1] 1, itch 4, point 41, slip[1] 15, snap 12, thumb 1. **2.** Finger(ling) *m* (*e-s Handschuhs*). **3.** Fingerbreit *m*. **4.** schmaler Streifen, schmales Stück. **5.** (Uhr)Zeiger *m*. **6.** *tech.* Daumen *m*, Greifer *m*. **7.** → finger man. **II** *v/t* **8.** a) betasten, befühlen, (be)fingern, b) herˈumfingern an (*dat*), spielen mit. **9.** *mus.* a) *ein Stück od. Instrument* mit den Fingern spielen, b) *Noten* mit Fingersatz versehen. **10.** *bes. Am. colloq.* a) j-n ,verpfeifen', b) j-n (*bei e-r Gegenüberstellung*) identifi'zieren, c) j-n beschatten. **III** *v/i* **11.** her'umfingern (at an *dat*), spielen (with mit).

fin·ger| **al·pha·bet** *s* 'Fingeralpha,bet *n*. '∼-**board** *s* **1.** *mus.* a) Griffbrett *n*, b) Klaviaˈtur *f*, c) Manu'al *n* (*der Orgel*). **2.** *Am.* → finger post. ∼ **bowl** *s* Fingerschale *f*. '∼-**breadth** *s* Fingerbreit *m*.

-fingered [ˈfɪŋɡə(r)d] *adj in Zssgn* mit ... Fingern, ...fing(e)rig.

'fin·ger|**,flow·er** *s bot.* Roter Fingerhut. ∼ **food** *s* Nahrungsmittel, die mit den Fingern gegessen werden. ∼ **glass** *s* Fingerschale *f* (*bei Tisch*). ∼ **grass** *s bot.* Finger-, Bluthirse *f*. ∼ **hole** *s* **1.** *mus.* Griffloch *n* (*an e-r Flöte etc*). **2.** *teleph.* Fingerloch *n*.

'fin·ger·ing[1] [ˈfɪŋɡərɪŋ] *s* **1.** Betasten *n*, Befühlen *n*, (Be)Fingern *n*. **2.** *mus.* Fingersatz *m*: ∼ chart Grifftabelle *f* (*e-s Blasinstruments*).

'fin·ger·ing[2] [ˈfɪŋɡərɪŋ] *s a.* ∼ yarn Strumpfgarn *n*.

'fin·ger·ling [ˈfɪŋɡə(r)lɪŋ] *s* **1.** kleiner Fisch. **2.** (*etwas*) Winziges.

'fin·ger| **man** *s irr bes. Am. colloq.* Spitzel *m* (*e-r Gangsterbande*). '∼-**mark** *s* Fingerabdruck *m* (*Schmutzfleck*). '∼-**nail** *s* Fingernagel *m*. ∼ **nut** *s tech.*

Flügelmutter f. ~**paint** s Fingerfarbe f. '~**-paint** v/t u. v/i mit Fingerfarben malen. ~ **post** s 1. Wegweiser m. 2. fig. Fingerzeig m, 'Hinweis m (to auf acc). '~**print** I s 1. Fingerabdruck m: to take s.o.'s ~s → 3. 2. fig. a) Handschrift f, b) (unverwechselbares) Kennzeichen. II v/t 3. j-m Fingerabdrücke abnehmen, von j-m Fingerabdrücke machen. '~**stall** s Fingerling m. '~**tip** s 1. Fingerspitze f: to have at one's ~s a) Kenntnisse parat haben, b) etwas aus dem Effeff beherrschen; to one's ~s bis in die Fingerspitzen, durch u. durch. 2. Fingerling m.

fin·al ['faɪnəl; bes. Am. 'fɪn-] s arch. Kreuzblume f, Blätterknauf m.

fin·i·cal ['fɪnɪkl] adj (adv ~ly), '**fin·ick·ing** [-ɪkɪŋ], '**fin·ick·y** adj 1. pe'dantisch, über'trieben genau. 2. wählerisch (about in dat). 3. geziert, affek'tiert.

fin·ish ['fɪnɪʃ] I v/t 1. (be)enden, aufhören mit: to ~ reading aufhören zu lesen. 2. a. ~ off voll'enden, beendigen, fertigmachen, -stellen, zu Ende führen, erledigen: to ~ a task; to ~ a book ein Buch auslesen od. fertiglesen od. zu Ende lesen. 3. a. ~ off (od. up) a) Vorräte ver-, aufbrauchen, erschöpfen, b) aufessen, austrinken. 4. a. ~ off a) j-n ,erledigen', ,fertigmachen' (erschöpfen od. ruinieren), b) bes. e-m Tier den Gnadenschuß od. -stoß geben. 5. a) a. ~ off, ~ up vervollkommnen, den letzten Schliff geben (dat), b) j-m feine Lebensart beibringen. 6. tech. nach-, fertigbearbeiten, Papier glätten, Zeug zurichten, appre'tieren, Möbel etc po'lieren.
II v/i 7. a. ~ off (od. up) enden, schließen, aufhören (with mit): have you ~ed? bist du fertig?; he ~ed by saying abschließend od. zum Abschluß sagte er. 8. enden: he ~ed in prison er ,landete' im Gefängnis. 9. enden, zu Ende gehen: my holiday will ~ next week. 10. a) ~ with mit j-m, etwas Schluß machen, etwas aufgeben: I am ~ed with him ,ich bin mit ihm fertig', b) to have ~ed with j-n, etwas nicht mehr brauchen: have you ~ed with the dictionary? brauchst du das Wörterbuch noch?, c) I haven't ~ed with you yet! ich bin noch nicht fertig mit dir!, wir sprechen uns noch einmal! 11. sport einlaufen, durchs Ziel gehen: to ~ third a) Dritter werden, den dritten Platz belegen, b) allg. als dritter fertig sein.
III s 12. Ende n, Schluß m. 13. sport a) Endspurt m, Finish n, b) Ziel n, c) Endkampf m, Entscheidung f: to be in at the ~ in die Endrunde kommen, fig. das Ende miterleben; to fight to the ~ bis zur Entscheidung kämpfen. 14. Voll'endung f, Ele'ganz f, letzter Schliff, Finish n. 15. gute Ausführung, feine Quali'tät. 16. tech. a) äußerliche Ausführung, Oberflächenbeschaffenheit f, -güte f, Bearbeitung(sgüte) f, b) (Deck)Anstrich m, (Lack- etc)'Überzug m, c) Poli'tur f, d) Appre'tur f (von Stoffen). 17. arch. a) Ausbau(en) m, b) Verputz m.

'**fin·ished** adj 1. beendet, fertig, abgeschlossen: ~ **business** erledigte Tagesordnungspunkte; ~ **goods** (od. **products**) Fertigwaren, -erzeugnisse; ~ **part** Fertigteil n. 2. fig. voll'endet, voll'kommen. '**fin·ish·er** s 1. tech. Fertigbearbeiter m. 2. tech. a) Fertigesenk n, b) Feinzeughollånder m, c) Po'lierwalze f. 3. **strong-** (Leichtathletik) Spurtläufer(in). '**fin·ish·ing** I s 1. Voll'enden n, Fertigmachen n, -stellen n. 2. arch. Schlußzierat m. 3. tech. a) Fertig-, Nachbearbeitung f, b) (abschließende) Oberflächenbehandlung, z. B. 'Hochglanzpo,lieren n, c) Veredelung f. 4. Buchbinderei: Verzieren n der Einbände. 5. Tuchfabrikation: Appre'tur f, Zurichtung f. 6. sport Abschluß m. II adj 7. abschließend. ~ **a·gent** s chem. Appre'turmittel n. ~ **cut** s tech. Schlichtspan m. ~ **in·dus·try** s econ. tech. Veredelungswirtschaft f, verarbeitende Indu'strie. ~ **lathe** s tech. Fertigdrehbank f. ~ **mill** s tech. 1. Fertigstraße f, Feinwalzwerk n. 2. Schlichtfräser m. ~ **line** s sport Ziellinie f. ~ **mor·tar** s tech. Putzmörtel m. ~ **post** s sport Zielpfosten m. ~ **pro·cess** s econ. tech. Veredelungsverfahren n. ~ **school** s ('Mädchen)Pensio,nat n (zur Erlernung feiner Lebensart). ~ **tool** s tech. Schlichtstahl m.

fi·nite ['faɪnaɪt] adj 1. begrenzt, endlich (a. math.). 2. ling. fi'nit: ~ **form** finite Form, Personalform f; ~ **verb** Verbum n finitum. '**fi·nite·ness, fin·i·tude** ['faɪnɪtjuːd; Am. a. -ˌtuːd] s Endlichkeit f, Begrenztheit f.

fink [fɪŋk] bes. Am. sl. I s 1. Streikbrecher m. 2. Spitzel m. 3. ,Fiesling' m. II v/i 4. sich als Streikbrecher betätigen. 5. ~ **on** j-n ,verpfeifen'. 6. ~ **out** ,aussteigen'.

Fin·land·er ['fɪnləndə(r)], a. **Finn** s Finne m, Finnin f.

fin·let ['fɪnlɪt] s zo. flossenähnlicher Fortsatz m, falsche Flosse.

fin·nan had·die [ˌfɪnən'hædɪ], a. **finnan had·dock** s geräucherter Schellfisch.

finned [fɪnd] adj 1. ichth. mit Flossen (versehen). 2. tech. gerippt. '**finn·er** s zo. Finnwal m.

Finn·ic ['fɪnɪk] → **Finnish** II. '**Finn·ish** I s ling. Finnisch n, das Finnische. II adj finnisch. **Fin·no-U·gri·an** [ˌfɪnəʊ'juːgrɪən; Am. a. -ˈuːg-], a. **Fin·no-'U·gric** [-grɪk] ling. I adj finno-ugrisch. II s Finno-Ugrisch n, das Finno-Ugrische.

fin·ny ['fɪnɪ] adj 1. → **finned** 1. 2. Flossen... 3. Fisch...

fin ray s biol. Flossenstachel m.

fiord [fjɔːd; Am. fi'ɔːrd] s geogr. Fjord m.

fi·o·rin ['faɪərɪn] s bot. Br. (ein) Fio'ran-, Straußgras n.

fir [fɜː; Am. fɜːr] s bot. 1. Tanne f. 2. (fälschlich) a) Kiefer f, b) Föhre f. 3. Tannenholz n. ~ **cone** s bot. Tannenzapfen m.

fire ['faɪə(r)] I s 1. Feuer n, Flamme f: ~ **and brimstone** a) Bibl. Feuer u. Schwefel m, b) relig. Hölle f u. Verdammnis f, c) fig. Tod m u. Verderben n; **with ~ and sword** mit Feuer u. Schwert; **to be on ~** a) in Flammen stehen, brennen, b) fig. Feuer u. Flamme sein; **to catch** (od. **take**) ~ a) anbrennen, b) Feuer fangen, in Brand geraten, c) fig. in Hitze geraten, sich ereifern; **to go through ~ and water for s.o.** fig. für j-n durchs Feuer gehen; **to play with ~** fig. mit dem Feuer spielen; **to pull s.th. out of the ~** fig. etwas aus dem Feuer reißen; **to set on ~** a) a. **to set ~ to** anzünden, in Brand stecken, b) fig. Furore machen (in dat); **to strike ~** Funken schlagen; ~ **chestnut 1, Thames, world** Bes. Redew. 2. Feuer n (im Ofen etc): **on a slow ~** bei langsamem Feuer (kochen). 3. Brand m, (Groß)Feuer m, Feuersbrunst f: **to die in the ~** bei dem Brand ums Leben kommen; **where's the ~?** colloq. wo brennt's denn?. 4. Br. Heizgerät n. 5. Feuerglut f. 6. fig. Feuer, Glanz m (e-s Edelsteins). 7. fig. Feuer n, Glut f, Leidenschaft f, Begeisterung f. 8. mil. Fieber n, Hitze f. 9. mil. Feuer n, Beschuß m: **between two ~s** zwischen zwei Feuern (a. fig.); **to come under ~** unter Beschuß geraten (a. fig.); **to come under ~ from s.o.** in j-s Schußlinie geraten; **to hang ~** a) schwer losgehen (Schußwaffe), b) fig. auf sich warten lassen (Sache); **to hold one's ~** fig. sich zurückhalten; **to miss ~** a) versagen (Schußwaffe), b) fig. fehlschlagen.
II v/t 10. anzünden, in Brand stecken. 11. e-n Kessel heizen, e-n Ofen (be)feuern, beheizen. 12. Ziegel brennen. ~d **lime** gebrannter Kalk. 13. Tee feuern. 14. j-n, j-s Gefühle entflammen: **to ~ s.o. with enthusiasm** j-n in Begeisterung versetzen; **to ~ s.o.'s imagination** j-s Phantasie beflügeln; **to ~ up inflation** die Inflation ,anheizen'. 15. a. ~ **off** a) e-e Schußwaffe abfeuern, abschießen, b) e-n Schuß (ab)feuern, abgeben (**at**, **on auf** acc): → **shot**[1] 1, c) Fragen abschießen: **to ~ questions at s.o.** j-n mit Fragen bombardieren. 16. a) e-e Sprengladung, e-e Rakete zünden, b) e-n Motor anlassen. 17. colloq. ,feuern', ,rausschmeißen'. 18. colloq. ,feuern', ,schmeißen'.
III v/i 19. a) Feuer fangen, brennen. 20. oft ~ **up** fig. wütend werden. 21. feuern, schießen (at auf acc): ~ **away!** colloq. schieß los!, fang an! 22. agr. brandig werden (Getreide). 23. zünden (Motor).
IV interj 24. Feuer!, es brennt! 25. mil.

fire|**a·larm** s 1. 'Feuera,larm m. 2. Feuermelder m (Gerät). '~**arm** s meist pl Feuer-, Schußwaffe f: **illegal possession of ~s** unerlaubter Waffenbesitz. '~**back** s orn. 'Glanzfa,san m. '~**ball** s 1. mil. hist. Feuer-, Brandkugel f. 2. Feuerball m (Sonne etc; a. e-r Atombombenexplosion). 3. astr. Feuerkugel f. 4. Kugelblitz m. 5. colloq. ,Ener'giebündel' n. ~ **bal·loon** s aer. 'Heißluftbal,lon m. '~**bird** s. (ein) Feuervogel m. ~ **blight** s bot. Feuerbrand m. '~**board** s Ka'minbrett n. '~**boat** s mar. Feuerlöschboot n. ~ **bomb** s Brandbombe f. '~**box** s 1. tech. Feuerbuchse f, Feuerungsraum m. 2. Feuermelder m (Gerät). '~**brand** s 1. brennendes Holzscheit. 2. fig. Unruhestifter(in), Aufwiegler(in). '~**break** s Feuerschneise f. '~**brick** s tech. feuerfester Ziegel, Scha'mottestein m. ~ **bridge** s tech. Feuerbrücke f. ~ **bri·gade** s 1. Br. Feuerwehr f. 2. Am. a) freiwillige Feuerwehr, b) Werksfeuerwehr f. '~**bug** s colloq. ,Feuerteufel' m. ~ **clay** s tech. feuerfester Ton, Scha'motte f. ~ **com·pa·ny** s 1. Am. Feuerwehr f. 2. Feuerversicherungsgesellschaft f. ~ **con·trol** s 1. mil. Feuerleitung f. 2. Brandschutz m, b) Brandbekämpfung f. '~**crack·er** s Frosch m (Feuerwerkskörper). '~**cure** v/t tech. Tabak über offenem Feuer trocknen. '~**damp** s Bergbau: schlagende Wetter pl, Grubengas n. ~ **de·part·ment** s 1. Am. Feuerwehr f. 2. Br. 'Feuerversicherungsab,teilung f. ~ **di·rec·tion** → **fire control** 1. '~**dog** s Ka'minbock m. ~ **door** s 1. Ofen-, Heiztür f. 2. Schürloch n. 3. Feuerschutztür f. '~**drag·on**, '~**drake** s Feuerdrache m, feuerspeiender Drache. ~ **drill** s 1. 'Feuera,larmübung f. 2. Feuerwehrübung f. 3. hist. Reibholz n (zum Feueranzünden). '~**eat·er** s 1. Feuerschlucker m, -fresser m. 2. fig. aggres'siver Mensch. '~**eat·ing** adj aggres'siv. ~ **en·gine** s 1. tech. Feuer-, Motorspritze f. 2. Feuerwehrauto n, Löschfahrzeug n. ~ **es·cape** s 1. Feuerleiter f, -treppe f. 2. Br. Feuerwehrleiter f. ~ **ex·tin·guish·er** s tech. Feuerlöscher m. ~ **fight·er** s 1. Feuerwehrmann m. 2. Angehörige(r) m e-r Löschmannschaft od. e-s Löschtrupps (bei Waldbränden). ~ **fight·ing** s Brandbekämpfung f, Feuerwehr-, Lösch-, Feuerwehr... '~ˌ**fight·ing** adj Lösch-, Feuerwehr... '~**fly** s zo. (ein) Leuchtkäfer m, (ein) Glühwurm m. '~

guard s **1.** Ka'mingitter n. **2.** Brand-, Feuerwache f (Person). **3.** Feuerschneise f. ~ **hose** s Feuerwehrschlauch m. '~-,**house** Am. → fire station. ~ **hydrant** s Br. Hy'drant m. ~ **in·sur·ance** s Feuerversicherung f. '~-**in,sur·ance com·pa·ny** s Feuerversicherungsgesellschaft f. ~ **lane** s Am. Feuerschneise f.
'**fire·less** adj **1.** feuerlos, ohne Feuer: ~ **cooker** Kochkiste f. **2.** fig. ohne Feuer, leidenschaftslos.
'**fire|·light** s Schein m des Feuers: **in the** ~ beim Schein des Feuers. '~**light·er** s Br. Feueranzünder m. '~**lock** s mil. hist. **1.** Zündschloß n. **2.** Mus'kete f. ~ **main** s Wasserrohr n. '~**man** [-mən] s irr **1.** Feuerwehrmann m, pl Löschtrupp m. **2.** Heizer m. **3.** Bergbau: Wetterwart m. **mar·shal** s Am. 'Branddi,rektor m. ~-'**new** → brand-new. ~ **o·pal** s min. 'Feuero,pal m. '~**place** s (offener) Ka'min. '~**plug** s Am. Hy'drant m. ~ **point** s phys. Flammpunkt m. ~ **pol·i·cy** s Br. 'Feuerversicherungspo,lice f. ~ **pow·er** s mil. Feuerkraft f. ~ **pre·ven·tion** s Brandverhütung f. '~**proof I** adj feuerfest, -sicher: ~ **curtain** thea. eiserner Vorhang. **II** v/t feuerfest machen. '~-,**proof·ing** s **1.** Feuerfestmachen n. **2.** Feuerschutzmittel n od. pl.
fir·er ['faɪərə(r)] s **1.** Schütze m. **2.** Heizer m. **3.** Feuer-, Schußwaffe f.
fire| rais·er s Br. Brandstifter(in). ~ **rais·ing** s Br. Brandstiftung f. '~-**re,sist·ing**, '~-**re,sis·tive** adj feuerbeständig. '~-**re,tard·ant** adj feuerhemmend. ~ **safe·ty reg·u·la·tions** s pl Feuerschutzbestimmungen pl. ~ **screen** s Ofenschirm m. ~ **ser·vice** s Br. Feuerwehr f. ~ **ship** s mar. Brander m. '~**side** s **1.** (offener) Ka'min: ~ **chat** Plauderei f am Kamin. **2.** häuslicher Herd, Da'heim n. ~ **sta·tion** s Feuerwache f. '~**stone** s feuerfester Sandstein. '~**storm** s Feuersturm m. ~ **sup·port** s mil. 'Feuerschutz m, -unter,stützung f. '~**trap** s ‚Mausefalle' f (Gebäude, aus dem es im Brandfall kaum ein Entrinnen gibt). ~ **tube** s tech. **1.** 'Heizka,nal m. **2.** Flammrohre f. **3.** Heiz-, Siederohr n. ~ **walk·ing** s bes. relig. Laufen n über glühende Kohlen. ~ **wall** s Brandmauer f. '~,**ward·en** s Am. **1.** Brandmeister m. **2.** Brand-, Feuerwache f. ~ **watch·er** s bes. mil. Br. Brandwart m. '~,**wa·ter** s colloq. ‚Feuerwasser' n (Branntwein, Schnaps). '~**wood** s Brennholz n. '~**work** s **1.** Feuerwerkskörper m. **2.** pl Feuerwerk n (a. fig.): **a ~s of wit** ein Feuerwerk geistreicher Einfälle. **3.** pl fig. **when his mother heard about it there were ~s** gab es e-n gehörigen ‚Krach'; **if these two get together there will be ~s** fliegen die Fetzen. ~ **wor·ship** s Feueranbetung f.
fir·ing ['faɪərɪŋ] s **1.** Feuern n. **2.** Heizen n. **3.** Feuerung f. **4.** 'Brennmateri,al n. **5.** (Ab)Feuern n, (Ab)Schießen n. **6.** Zünden n. ~ **bolt** s mil. Schlagbolzen m (e-r Mine). ~ **da·ta** s pl mil. Schußwerte pl. ~ **line** s mil. Feuer-, Frontlinie f: **to be in** (Am. **on**) **the ~** fig. a) an vorderster Front stehen, b) in der Schußlinie stehen. ~ **or·der** s **1.** mot. Zündfolge f. **2.** mil. Schießbefehl m. ~ **par·ty** s mil. **1.** 'Ehrensa,lutkom,mando n. **2.** Exekuti'onskom,mando n. ~ **pin** s tech. Schlagbolzen m. ~ **po·si·tion** s mil. **1.** Anschlag(sart f) m. **2.** Artillerie: Feuerstellung f. ~ **range** s mil. **1.** Schuß-, Reichweite f. **2.** Feuerbereich m. **3.** Schießplatz m, -stand m, -anlage f. ~ **squad** → firing party. ~ **stroke** s mot. Arbeitshub m. ~ **wire** s electr. Zünd-, Sprengkabel n.
fir·kin ['fɜːkɪn; Am. 'fɜrkən] s **1.** (Holz-)Fäßchen n. **2.** Br. Viertelfaß n (Hohlmaß = etwa 40 l).

firm[1] [fɜːm; Am. fɜrm] **I** adj (adv ~ly) **1.** fest, hart, gastr. steif: ~ **ground** fester Boden; ~ **grip** fester Griff. **2.** bes. tech. (stand)fest, sta'bil, feststehend, sicher befestigt. **3.** ruhig, sicher: **a ~ hand. 4.** fig. fest, beständig, standhaft: ~ **friends** enge Freunde. **5.** entschlossen, bestimmt, fest: **a ~ attitude. 6.** fig. stark, fest: **she needs a ~ hand. 7.** fig. fest, sicher: ~ **proof. 8.** bes. econ. jur. fest: ~ **offer** festes od. bindendes Angebot; ~ **prices** feste od. stabile Preise; **to make a ~ booking** fest buchen. **II** v/t **9.** a. ~ **up** fest od. hart machen, gastr. steif schlagen. **10.** obs. bestätigen. **III** v/i **11.** a. ~ **up** fest od. hart werden, fest, festigen, gastr. steif werden. **12.** a. ~ **up** econ. anziehen (Preise), sich erholen (Markt). **IV** adv **13.** fest: **to sell ~**; **to stand ~** fig. festbleiben, e-e feste Haltung einnehmen (**on** bezüglich gen); **to hold ~ to one's beliefs** an s-n Überzeugungen festhalten.
firm[2] [fɜːm; Am. fɜrm] s Firma f, Betrieb m, Unter'nehmen n: ~ **of auctioneers** Auktionshaus n; ~ **name** Firmenname m.
fir·ma·ment ['fɜːməmənt; Am. 'fɜr-] s Firma'ment n, Himmelsgewölbe n.
fir·man [fɑː'mɑːn; Am. fɜr-] s pl -**mans** s hist. Fer'man m (Erlaß e-s islamischen Herrschers).
fir·mer (chis·el) ['fɜːmə; Am. 'fɜrmər] s tech. Stechbeitel m.
'**firm·ness** s **1.** Festigkeit f, Beständigkeit f (beide a. tech.), feste Haltung, Entschlossenheit f. **2.** econ. Festigkeit f, Stabili'tät f.
fir moss s bot. Tannenbärlapp m.
'**firm·ware** s Computer: Firmware f (festgespeicherte Standardprogramme).
firn (snow) ['fɪə(r)n] s Firn(schnee) m.
first [fɜːst; Am. fɜrst] **I** adj (adv → firstly) **1.** erst(er, e, es), vorderst(er, e, es): **that's the ~ (one) I've heard of it** das ist das erste, was ich davon höre; **at ~ hand** a) aus erster Hand, b) direkt; ~ **thing (in the morning)** (morgens) als allererstes; **to put ~ things ~** Dringendem den Vorrang geben; **he does not know the ~ thing about it er hat keine blasse Ahnung davon;** → **blush** 7, **place** 19, **sight** 2, **view** 5. **2.** fig. erst(er, e, es): **best(er, e, es), bedeutendst(er, e, es), b) erstklassig, -rangig:** ~ **cabin** Kabine f erster Klasse; **the ~ men in the country** die führenden Persönlichkeiten des Landes; ~ **officer** mar. Erster Offizier; → **fiddle** 1.
II adv **3.** zu'erst, vor'an: **to go ~** vorangehen; → **foot** 1, **head** Bes. Redew., **heel**[1] Bes. Redew. **4.** zum erstenmal. **5.** eher, lieber; → **hang** 9. **6.** colloq. a. ~ **off** (zu)'erst (einmal): **I must ~ do my homework**; ~ **off, let's see where** ... schauen wir doch erst einmal, wo ... **7.** zu'erst, als erst(er, e, es), an erster Stelle: **to come in** (od. **finish**) ~ als erster durchs Ziel gehen, Erster werden; ~ **come,** ~ **served** wer zuerst kommt, mahlt zuerst; **or last** früher oder später, über kurz oder lang; **~ and last** a) vor allen Dingen, b) im großen ganzen; ~ **of all** vor allen Dingen, zu allererst; → **foremost** 3.
III s **8.** (der, die, das) Erste od. (fig.) Beste: **to be ~ among equals** Primus inter pares sein. **9.** Anfang m: **from the** ~ von Anfang an; **from ~ to last** durchweg, von A bis Z; **at** ~ im od. am Anfang, anfangs, (zu)erst, zunächst. **10.** mus. erste Stimme. **11.** mot. (der) erste Gang. **12.** (der) (Monats)Erste: **the** ~ **of June** der 1. Juni. **13.** ~ **of exchange** econ. Primawechsel m. **14.** pl econ. Ware(n pl) f erster Quali'tät od. Wahl, erste Wahl. **15.** univ. Br. → first class 3. **16.** colloq. rail. (die) erste Klasse.
first| aid s Erste Hilfe: **to render** (od. **give**) ~ Erste Hilfe leisten. ~-'**aid** adj Erste-Hilfe-...: ~ **kit** Verband(s)kasten m, -zeug n; ~ **post** (od. **station**) Unfallstation f, Sanitätswache f; ~ **room** Sanitätsraum m. '~-**born I** adj erstgeboren(er, e, es), ältest(er, e, es). **II** s (der, die, das) Erstgeborene. ~ **cause** s philos. Urgrund m aller Dinge, Gott m. ~-'**chop** adj colloq. erstklassig, ‚prima'. ~ **class** s **1.** rail. etc erste Klasse. **2. the ~** die höheren Gesellschaftsschichten pl. **3.** univ. Br. akademischer Grad erster Klasse. ~-'**class I** adj **1.** erstklassig, -rangig: ~ **honours degree** → first class 3; ~ **mail** a) Am. Briefpost f, b) Br. bevorzugt beförderte Inlandspost. **2.** rail. (Wagen etc) erster Klasse: ~ **carriage**. **II** adv **3.** erste(r) Klasse: **to travel ~.** ~ **coat** s tech. **1.** Rohputz m. **2.** Grundanstrich m. ~ **cost** s Selbstkosten(preis m) pl, Gestehungskosten pl, Einkaufspreis m. ~ **day** s Sonntag m (bes. der Quäker). '~-**day cov·er** s Philatelie: Ersttagsbrief m. ~-**de'gree** adj ersten Grades: ~ **burns**; → **murder** 1. ~ **es·tate** s hist. erster Stand (Klerus). ~ **floor** s **1.** Br. erster Stock. **2.** Am. Erdgeschoß n. ~-'**floor** adj im ersten Stock (Am. im Erdgeschoß) (gelegen). '~-**foot** s irr Scot. erster Besucher am Neujahrsmorgen. ~ **fruits** s pl, a. ~ **fruit** s **1.** bot. Erstlinge pl. **2.** fig. a) Erstling m, Erstlingswerk(e pl) n, b) erste Erfolge pl. ~-,**gen·er'a·tion** adj (Computer etc) der ersten Generati'on. ~**hand I** adj **1.** (Wissen etc) aus erster Hand. **2.** di'rekt. **II** adv **3.** aus erster Hand: **to know** ~. **4.** di'rekt. ~ **la·dy** s First Lady f: a) Gattin e-s Staatsoberhauptes, in den USA a. e-s Gouverneurs, b) auf e-m bestimmten Gebiet führende Frau: **the ~ of jazz**. ~ **lieu·ten·ant** s mil. Oberleutnant m.
first·ling ['fɜːstlɪŋ; Am. 'fɜrst-] s Erstling m.
First Lord| of the Ad·mi·ral·ty s Erster Seelord (brit. Marineminister). ~ **of the Treas·ur·y** s Erster Lord des Schatzamtes (Ehrenamt des brit. Premiers).
'**first·ly** adv erstens, zu'erst (einmal).
first| me·rid·i·an s geogr. 'Nullmeridi,an m. ~ **name** s Vorname m. ~ **night** s **1.** Premi'ere f, Uraufführung f. **2.** Premi'erenabend m. '~-**night** adj Premieren...: ~ **nerves** Premierenfieber n. -'**night·er** s (bes. regelmäßiger) Premi'erenbesucher. ~ **pa·pers** s pl Am. (erster) Antrag e-s Ausländers auf amer. Staatsangehörigkeit. ~ **per·son** s **1.** ling. erste Per'son. **2.** Ich-Form f (in Romanen etc). ~ **prin·ci·ple** s meist pl 'Grundprin,zip n. ~-'**rate I** adj **1.** erstklassig, -rangig. **2.** fig. ausgezeichnet, großartig. **II** adv **3.** colloq. ausgezeichnet, großartig. ~ **school** s päd. Br. Grundschule f. **F~ Sea lord** s Chef m des brit. Admi'ralstabs. ~ **ser·geant** s mil. Am. Haupt-, Kompa'niefeldwebel m. '~-**strike** adj mil. (ato'marer) Erstschlag...: ~ **weap·ons.** '~-**time** adj: ~ **shot** (Fußball) Volleyschuß m; ~ **voter** Erstwähler(in). ~ **vis·it** s Antrittsbesuch m.
firth [fɜːθ; Am. fɜrθ] s Meeresarm m, Förde f.
fir tree s Tanne(nbaum m) f.
fis·cal ['fɪskl] **I** adj (adv ~ly) fis'kalisch, steuerlich, Fiskal..., Finanz...: ~ **fraud** Steuerpiraterie f; ~ **immunity** Steuerfreiheit f; ~ **officer** Am. Finanzbeamte(r) m; ~ **stamp** Banderole f, Steu-

fish – fit

ermarke f; ~ **year** a) Am. Geschäftsjahr n, b) parl. Am. Haushalts-, Rechnungsjahr n, c) Br. Steuerjahr n. **II** s jur. Scot. Staatsanwalt m.
fish [fɪʃ] **I** pl **'fish·es,** bes. collect. **fish** s **1.** Fisch m: there are as good ~ in the sea as ever came out of it es gibt noch mehr (davon) auf der Welt; all's ~ that comes to his net er nimmt (unbesehen) alles (mit); he drinks like a ~ colloq. er säuft wie ein Loch; he feels like a ~ out of water colloq. er fühlt sich wie ein Fisch auf dem Trockenen; I have other ~ to fry colloq. ich habe Wichtigeres od. Besseres zu tun; neither ~, nor flesh nor good red herring colloq., neither ~ nor fowl colloq. weder Fisch noch Fleisch, nichts Halbes u. nichts Ganzes; there are plenty more ~ in the sea colloq. es gibt noch mehr Jungen od. Mädchen auf der Welt; → **feed** 1, **kettle** 1. **2.** F~**es** pl astr. Fische pl (Sternbild u. Tierkreiszeichen): to be (a) F~es Fisch sein. **3.** colloq. Bursche m, Kerl m: a **loose** ~ ein lockerer Vogel; a **queer** ~ ein komischer Kauz. **4.** rail. tech. Lasche f. **II** v/t **5.** fischen, (mit der Angel) angeln. **6.** a) fischen od. angeln in (dat): to ~ a **river,** b) e-n Fluß etc abfischen, absuchen: to ~ **out** (od. **dry**) abfischen, leer fischen (→ 7); to ~ **up** j-n auffischen, retten. **7.** fig. fischen, holen, ziehen (from, out of aus): to ~ **out** heraus-, hervorholen od. -ziehen (→ 6). **8.** rail. tech. verlaschen.
III v/i **9.** fischen, Fische fangen, angeln: to ~ **for** fischen od. angeln (auf acc); ~ **or cut bait!** Am. colloq. entweder – oder!; → **muddy** 1, **trouble** 6. **10.** a. ~ **about** (od. **around**) kramen (**for** nach): he ~ed in his pocket. **11.** ~ **for** fig. a) fischen nach: to ~ **for compliments,** b) aussein auf (acc): to ~ **for information.**
'fish·a·ble adj fischbar, zum Fischen geeignet.
fish | and chips s Br. Bratfisch m u. Pommes 'frites. ~ **ball** s gastr. 'Fischklops m, -frika₁delle f. ~**·bed** s geol. Schicht f mit fos'silen Fischen. **'~·bone** s (Fisch-)Gräte f. ~ **bowl** s Goldfischglas n. ~ **cake** s gastr. 'Fischklops m, -frika₁delle f. ~ **eat·ers** s pl Fischbesteck n.
fish·er ['fɪʃə(r)] s **1.** Fischer m, Angler m. **2.** zo. Fischer m. **3.** zo. Fischermarder m. **'~·man** [-mən] s irr **1.** (a. Sport)Fischer m, (-)Angler m: **~'s story** (od. **tale**) a) pl Anglerlatein n, b) weitS. abenteuerliche od. erfundene (od. stark) übertriebene Geschichte; **to spin** ~'s **yarns** colloq. Seemannsgarn spinnen; ~'s **bend** Fischerstek m, -knoten m. **2.** Fischdampfer m.
Fish·er's Seal s R.C. Fischerring m (des Papstes).
fish·er·y ['fɪʃərɪ] s **1.** Fische'rei f, Fischfang m. **2.** Fischwirtschaft f. **3.** Fischzuchtanlage f. **4.** Fischgründe pl, Fanggebiet n, -platz m. **5.** a. **common of** ~ Fische'reiberechtigung f (in fremden Gewässern).
'fish|-eye (lens) s phot. 'Fischauge(n₁objek₁tiv) n. ~ **farm** s Fischzuchtanlage f. ~ **fin·ger** s gastr. Br. Fischstäbchen n. ~ **flour** s Fischmehl n. **'~·gig** s Fischspeer m. ~ **glue** s Fischleim m. ~ **gua·no** s 'Fischgu₁ano m, -dünger m. ~ **hawk** s orn. bes. Am. Fischadler m. **'~·hook** s **1.** Angelhaken m. **2.** mar. Penterhaken m.
fish·i·ness ['fɪʃɪnɪs] s **1.** (das) Fischartige. **2.** colloq. (das) ,Faule' od. Verdächtige.
'fish·ing s **1.** Fischen n, Angeln n: **to do some** ~ fischen, angeln. **2.** → **fishery** 1,

2, 4. **3.** rail. tech. Laschenverbindung f. ~ **boat** s Fischerboot n. **~·cut·ter** s Fischkutter m. ~ **fleet** s Fische'reiflotte f. ~ **grounds** s pl → **fishery** 4. ~ **lim·it** s Fische'reigrenze f. ~ **line** s Angelschnur f. ~ **net** s Fisch(er)netz n. ~ **pole** s Angelrute f. ~ **port** s Fische'reihafen m. ~ **rod** s Angelrute f. ~ **tack·le** s Fische-'rei-, Angelgerät(e pl) n. ~ **vil·lage** s Fischerdorf n.
fish | joint s rail. tech. Laschen-, Stoßverbindung f. ~ **knife** s irr Fischmesser n. ~ **lad·der** s Fischleiter f, -paß m, -treppe f. **'~·line** s Am. Angelschnur f. ~ **maw** s ichth. Schwimmblase f. ~ **meal** s Fischmehl n. **'~·mon·ger** s bes. Br. Fischhändler m. **'~·net** **I** s bes. Am. Fisch(er)netz n. **II** adj Netz...: ~ **shirt.** ~ **oil** s Fischtran m. **'~·plate** s rail. tech. (Fuß-, Schienen)Lasche f. ~ **poi·son·ing** s Fischvergiftung f. **~·pole** bes. Am. Angelrute f. ~ **pom·ace** s Fischdünger m. **'~·pond** s Fischteich m. **'~·pot** s Fischreuse f. **'~·skin dis·ease** s med. Fischschuppenkrankheit f. ~ **slice** s Fischheber m. **~·sticks** gastr. Am. Fischstäbchen n. ~ **sto·ry** s Am. colloq. abenteuerliche od. erfundene od. (stark) übertriebene Geschichte. ~ **tack·le** s mar. Ankertalje f. **'~·tail** **I** s **1.** Fischschwanz m. **2.** aer. Abbremsen n (durch wechselseitige Seitenruderbetätigung). **II** adj **3.** fischschwanzartig: ~ **bit** tech. Fischschwanzmeißel m; ~ **burner** tech. Fischschwanzbrenner m. **III** v/i **4.** aer. abbremsen. **5.** schwänzeln (Anhänger etc). ~ **tank** s A'quarium n. **'~·wife** s irr Fischhändlerin f, -frau f: **to scold like a** ~ keifen wie ein Fischweib. ~ **wire** s tech. Rohrdrahtleitung f. **'~·worm** s Angelwurm m.
'fish·y adj (adv fishily) **1.** fischähnlich, -artig. **2.** Fisch...: **there's a** ~ **smell in here** hier riecht es nach Fisch. **3.** fischreich. **4.** colloq. ,faul', verdächtig: **there's s.th.** ~ **about that** daran ist irgend etwas faul. **5.** ausdruckslos, kalt: ~ **eyes** Fischaugen.
fis·sile ['fɪsaɪl; Am. bes. 'fɪsəl] adj spaltbar: ~ **material** phys. spaltbares Material, Spaltmaterial n.
fis·sion ['fɪʃn] **I** s **1.** Spaltung f (a. fig.): ~ **bomb** mil. phys. Atombombe f; ~ **cap·ture** phys. Spaltungseinfang m; ~ **prod·uct** phys. Spaltungsprodukt n; ~ **of ura·nium** phys. Uranspaltung f. **2.** biol. (Zell-)Teilung f. **II** v/t u. v/i **3.** (sich) spalten. **4.** biol. (sich) teilen. **'fis·sion·a·ble** → **fissile.**
fis·sip·a·rous [fɪ'sɪpərəs] adj (adv ~ly) zo. sich durch Teilung vermehrend, fissi'par.
fis·si·ped ['fɪsɪped] zo. **I** adj spaltfüßig. **II** s Spaltfüßer m.
fis·sure ['fɪʃə(r)] **I** s **1.** Spalt(e f) m, Riß m (a. fig.), Ritze f) m, Sprung m. **2.** anat. (Bauch-, Lid- etc)Spalte f, (Gehirn)Furche f. **3.** med. Fis'sur f, (Knochen- etc)Riß m, (-)Spalte f: ~ **of the lip** Hasenscharte f. **4.** fig. Spaltung f. **II** v/t **5.** spalten, sprengen. **III** v/i **6.** rissig werden, sich spalten. **7.** ~ **into** sich aufteilen od. spalten in (acc). **'fis·sured** adj **1.** gespalten, rissig (a. tech.). **2.** med. aufgesprungen, schrundig.
fist [fɪst] **I** s **1.** Faust f: ~ **fight** Schlägerei f; ~ **law** Faustrecht n; **to get one's** ~ **on s.th.** etwas packen. **2.** humor., 'Pfote' f (Hand), b) ,Klaue' f (Handschrift). **3.** Am. colloq. Versuch m (**at** mit). **II** v/t **4.** mit der Faust schlagen. **5. to** ~ **one's hand** die Hand zur Faust ballen, e-e Faust machen. **6.** packen.
'fist·ed adj **1.** geballt: ~ **hands** geballte

Fäuste. **2.** in Zssgn mit (e-r) ... Faust od. Hand, mit ... Fäusten.
'fist·ful s (e-e) Handvoll.
fist·ic ['fɪstɪk] adj Box... **'fist·i·cuff** [-kʌf] s **1.** Faustschlag m. **2.** pl Handgreiflichkeiten pl: **by** ~s handgreiflich.
fis·tu·la ['fɪstjʊlə; Am. 'fɪstʃələ] pl **-las, -lae** [-liː] s **1.** med. Fistel f. **2.** mus. Rohrflöte f. **'fis·tu·lous,** a. **'fis·tu·lar** adj med. fistelartig.
fit¹ [fɪt] **I** adj (adv ~ly) **1.** passend, geeignet. **2.** geeignet, fähig, tauglich: ~ **for service** bes. mil. dienstfähig, (-)tauglich; ~ **for transport** transportfähig; ~ **to drink** trinkbar; ~ **to eat** eß-, genießbar; ~ **to drive** fahrtüchtig; **to laugh** (**yell**) ~ **to burst** vor Lachen beinahe platzen (schreien wie am Spieß); **I was** ~ **to scream** ich hätte schreien können; ~ **to kill** colloq. wie verrückt; **dressed** ~ **to kill** colloq. ,mächtig aufgedonnert'; **he was** ~ **to be tied** Am. colloq. er hatte e-e Stinkwut (im Bauch); → **consumption** 5, **drop** 21 a. **3.** angemessen, geeignet: **to see** (od. **think**) ~ es für richtig od. angebracht halten (**to do** zu tun); **more than** (**is**) ~ über Gebühr. **4.** schicklich, geziemend: **it is not** ~ **for us to do so** es gehört sich od. ziemt sich nicht, daß wir dies tun. **5.** würdig, wert: **a dinner** ~ **for a king** ein königliches Mahl; **not** ~ **to be seen** nicht vorzeigbar od. präsentabel. **6.** a) gesund, b) sport etc fit, (gut) in Form: **to keep** ~ sich fit halten; → **fiddle** 1, **flea** 1.
II s **7.** a) Paßform f, Sitz m, b) passendes Kleidungsstück: **it is a perfect** ~ es paßt genau, es sitzt tadellos; **it is a tight** ~ es sitzt stramm, fig. es ist sehr knapp bemessen. **8.** tech. Passung f, Sitz m: **fine** (**coarse**) ~ Fein-(Grob)passung; **sliding** ~ Gleitsitz. **9.** Zs.-passen n, Über'einstimmung f.
III v/t **10.** passend od. geeignet machen (**for** für), anpassen (**to** an acc). **11.** a. tech. ausrüsten, -statten, einrichten, versehen (**with** mit). **12.** j-m passen, sitzen (Kleid, etc). **13.** passen für od. auf, e-r Sache angemessen od. angepaßt sein: **the key** ~s **the lock** der Schlüssel paßt (ins Schloß); **the description** ~s **him** die Beschreibung trifft auf ihn zu; **the name** ~s **him** der Name paßt zu ihm; **to** ~ **the facts** (mit den Tatsachen über'ein)stimmen; **to** ~ **the occasion** (Redew.) dem Anlaß entsprechend. **14.** sich eignen für. **15.** j-n befähigen (**for** für; **to do** zu tun). **16.** j-n vorbereiten, ausbilden (**for** für). **17.** tech. a) einpassen, -bauen (**into** in acc), b) anbringen (**to** an dat), c) → **fit up** 2. **18.** a) an j-m Maß nehmen, b) Kleid etc 'anpro₁bieren od. anpassen s.o. j-m): **to** ~ **a coat on s.o.** j-m e-n Mantel anpassen.
IV v/i **19.** passen: a) die richtige Größe haben, sitzen (Kleidungsstück), b) angemessen sein, c) sich eignen: **I didn't say you were a fool, but if the cap** (bes. Am. **shoe**) ~**s** (wear it) aber wenn du meinst od. dich angesprochen fühlst(, bitte). **20.** ~ **into** passen in (acc), sich anpassen (dat), sich einfügen in (acc).
Verbindungen mit Adverbien:
fit | in **I** v/t **1.** einfügen, -schieben, -passen. **2.** j-m e-n Ter'min geben, j-n, etwas einschieben. **II** v/i **3.** (**with**) passen (in acc, zu), über'einstimmen (mit). ~ **on** v/t **1.** Kleid etc 'anpro₁bieren. **2.** anbringen, (₁an)mon₁tieren (**to** an dat). **~ out** v/t → **fit¹** 11. ~ **to·geth·er** v/t u. v/i inein-'anderpassen. ~ **up** v/t **1.** → **fit¹** 11. **2.** tech. aufstellen, mon'tieren.

fit² [fɪt] s **1.** med. Anfall m, Ausbruch m: ~ **of coughing** Hustenanfall; ~ **of anger** (od. **temper**) Wutanfall, Zornausbruch;

fit – flackery

~ of laughter Lachkrampf *m*; ~ of perspiration Schweißausbruch; **to give s.o. a** ~ *colloq.* a) j-m e-n Schock ‚verpassen', b) j-n ‚auf die Palme bringen'; **my aunt had a** ~ *colloq.* m-e Tante ‚bekam Zustände'. **2.** *fig.* (plötzliche) Anwandlung *od.* Laune: ~ **of generosity** Anwandlung von Großzügigkeit, ‚Spendierlaune'; **by** (*od.* **in**) ~**s** (**and starts**) a) stoß-, ruckweise, b) dann u. wann, sporadisch.

fit³ [fɪt] *s obs.* Fitte *f*, Liedabschnitt *m*.

fitch [fɪtʃ] *s* **1.** Iltishaar(bürste *f*) *n.* **2.** → fitchew. **'fitch·ew** [-uː], *a.* **'fitch·et** [-ɪt] *s zo.* Iltis *m*.

'fit·ful *adj* (*adv* ~**ly**) **1.** unruhig: ~ **sleep**. **2.** unregelmäßig auftretend, veränderlich, spo'radisch. **3.** unstet, sprunghaft, launenhaft. **'fit·ful·ness** *s* Sprung-, Launenhaftigkeit *f*.

fit·ment ['fɪtmənt] *s* **1.** Einrichtungsgegenstand *m.* **2.** *pl* Ausstattung *f*, Einrichtung *f*. **3.** *Am.* (Tropf- *etc*)Vorrichtung *f* (**an** Arzneifläschchen *etc*). **'fit·ness** *s* **1.** Eignung *f*, Fähigkeit *f*, Tauglichkeit *f*: ~ **to drive** Fahrtüchtigkeit *f*; ~ **test** Eignungsprüfung *f* (→ 4). **2.** Angemessenheit *f*. **3.** Schicklichkeit *f*. **4.** a) Gesundheit *f*, b) *sport etc* Fitneß *f*, (gute) Form: ~ **room** Fitneßraum *m*; ~ **test** Fitneßtest *m* (→ 1); ~ **trail** *Am.* Trimmpfad *m*. **'fit·ted** *adj* **1.** passend, geeignet. **2.** befähigt (**for** für). **3.** zugeschnitten, nach Maß (gefertigt): ~ **carpet** Spannteppich *m*, Teppichboden *m*; ~ **coat** taillierter *od.* auf Taille gearbeiteter Mantel; ~ **sheet** Spannbettuch *n.* **4.** Einbau...: ~ **kitchen**. **'fit·ter** *s* **1.** Ausrüster *m*, Einrichter *m.* **2.** Schneider(in). **3.** *tech.* Mon'teur *m*, Me'chaniker *m*, (Ma'schinen-)Schlosser *m*, Installa'teur *m*. **'fit·ting I** *adj* (*adv* ~**ly**) **1.** passend, geeignet. **2.** angemessen. **3.** schicklich. **II** *s* **4.** *tech.* Einpassen *n*, -bauen *n.* **5.** Anprobe *f*: **to go for a** ~ zur Anprobe gehen. **6.** *tech.* Mon'tieren *n*, Mon'tage *f*, Instal'lieren *n*, Installati'on *f*, Aufstellung *f*: ~ **shop** Montagehalle *f.* **7.** *pl* Beschläge *pl*, Zubehör *n*, Arma'turen *pl*, Ausstattungs-, Ausrüstungsgegenstände *pl.* **8.** *tech.* a) Paßarbeit *f*, b) Paßteil *n*, -stück *n*, c) Bau-, Zubehörteil *m*, d) (Rohr)Verbindung *f*, (-)Muffe *f*, e) (Schmier)Nippel *m.* **9.** a) Zubehörteil *n*: **light** ~ Beleuchtungskörper *m*, b) *pl* Ausstattung *f*, Einrichtung *f*: **office** ~**s. 10.** *Br.* (Kleider-, Schuh)Größe *f*. **'fit·ting·ness** *s* **1.** Eignung *f.* **2.** Angemessenheit *f.* **3.** Schicklichkeit *f*.

'fit-up *s thea. Br. colloq.* **1.** a) provi'sorische Bühne, b) provi'sorische Requi'siten *pl.* **2.** *a.* ~ **company** (kleine) Wandertruppe.

five [faɪv] **I** *adj* **1.** fünf. **II** *s* **2.** Fünf *f* (*Zahl, Spielkarte etc*): **the** ~ **of hearts** die Herzfünf *f*; **by** ~**s** immer fünf auf einmal. **3.** *Basketball*: Fünf *f*. **'~-act play** *s thea.* Fünfakter *m*. **~-and-'ten** *s Am.* billiger Laden, billiges Kaufhaus. **'~-day week** *s* Fünftagewoche *f*. **'~-dig·it** *adj math.* fünfstellig: ~ **number**. **'~-door** *adj mot.* fünftürig. **'~-fin·ger** *adj*: ~ **bishop** *bot. Br.* Moschuskraut *n*; ~ **exercise** *s mus.* Fünffingerübung *f*, b) *fig.* Kinderspiel *n*. **'five·fold** [ˈfaɪvfəʊld] **I** *adj u. adv* fünffach. **II** *s* (*das*) Fünffache.

'five-o₁clock shad·ow *s* erste Bartstoppeln am späten Nachmittag.

fiv·er ['faɪvə(r)] *s colloq.* a) *Br.* Fünfpfundschein *m*, b) *Am.* Fünf'dollarschein *m*.

fives [faɪvz] *s pl* (*als sg konstruiert*) *sport* ein dem Squash ähnliches Konstrukt.

'five-₁seat·er *s mot.* Fünfsitzer *m*. **'~-speed gear** *s tech.* Fünfganggetriebe

n. **'~-₁spot** *s Am. sl.* **1.** *Kartenspiel*: Fünf *f* (*Karte*). **2.** Fünf'dollarschein *m*. **'~-star** *adj* Fünf-Sterne-...: ~ **general**; ~ **hotel**. **'~-year** *adj*: ~ **plan** *econ.* Fünfjahresplan *m*.

fix [fɪks] **I** *v/t* **1.** befestigen, festmachen, anheften, anbringen (**to** an *dat*): → **bayonet** I. **2.** *fig.* verankern: **to** ~ **s.th. in s.o.'s mind** j-m etwas einprägen. **3.** e-n Preis *etc* festsetzen, -legen (**at** auf *acc*), bestimmen, verabreden. **4.** *a.* ~ **up** e-n Termin *etc* festsetzen. **5.** den Blick, s-e Aufmerksamkeit *etc* richten, heften (**upon**, **on** auf *acc*): **to** ~ **one's gaze on s.o.** j-n anstarren. **6.** j-s Aufmerksamkeit *etc* fesseln. **7.** j-n, etwas fi'xieren, anstarren: **to** ~ **s.o. with an angry stare** j-n wütend anstarren. **8.** *aer. mar.* die Positi'on bestimmen von (*od.* gen). **9.** *chem.* e-e Flüssigkeit zum Erstarren bringen, fest werden lassen. **10.** *phot.* fi'xieren. **11.** zur mikro'skopischen Unter'suchung präpa'rieren. **12.** *tech.* Werkstücke a) feststellen, b) nor'mieren. **13.** *die Schuld etc* zuschieben (**on**, **upon** *dat*). **14.** repa'rieren, in'stand setzen. **15.** *bes. Am. etwas zu'*rechtmachen, ein Essen zubereiten: **to** ~ **s.o. a drink** j-m etwas zu trinken machen; **to** ~ **one's face** sich schminken; **to** ~ **one's hair** sich frisieren. **16.** *a.* ~ **up** arran'gieren, regeln. **17.** *colloq.* a) e-n Wettkampf *etc* manipu'lieren, b) j-n ‚schmieren' (*bestechen*). **18.** *colloq.* a) j-m ‚besorgen' *od.* ‚geben', a. es j-m heimzahlen. **19.** *meist* ~ **up** j-n 'unterbringen (**in** in *dat*): **to** ~ **s.o. up with s.th.**, **to** ~ **s.th. up with s.o.** j-m etwas besorgen. **20.** *meist* ~ **up** a) e-n Vertrag abschließen, b) *etwas* in Ordnung bringen, regeln, e-n Streit beilegen. **II** *v/i* **21.** *chem.* fest werden, erstarren. **22.** sich niederlassen *od.* festsetzen. **23.** ~ (**up**)**on** a) sich entscheiden *od.* entschließen für *od.* zu, wählen (*acc*), b) → 3. **24.** **we ~ed for the meeting to take place on Monday** wir setzten das Treffen auf Montag fest. **25.** *Am. colloq.* vorhaben, planen (**to do** zu tun): **it's ~ing to rain** es wird gleich regnen. **26.** *sl.* ‚fixen' (*sich e-e Droge injizieren*). **III** *s* **27.** *colloq.* üble Lage, ‚Klemme' *f*, ‚Patsche' *f*: **to be in a** ~ in der Klemme *od.* Patsche sein *od.* sitzen *od.* stecken. **28.** *colloq.* a) abgekartete Sache, Schiebung *f*, b) Bestechung *f*. **29.** *aer. mar.* a) Standort *m*, Positi'on *f*, b) Ortung *f*. **30.** *sl.* ‚Fix' *m* (*Drogeninjektion*): **to give o.s. a** ~ ‚sich e-n Schuß setzen'.

fix·ate ['fɪkseɪt] **I** *v/t* **1.** → **fix** 1. **2.** *bes. Am.* j-n, etwas fi'xieren. **3.** *fig.* erstarren *od.* sta'gnieren lassen: **to become** ~**d with** verharren bei, hängenbleiben an (*dat*). **4. to be** ~**d on** *psych.* fixiert sein an *od.* auf (*acc*). **II** *v/i* **5.** ~ (**up**)**on** → 2. **6.** (*in e-m gewissen Stadium*) steckenbleiben, verharren, sta'gnieren. **fix'a·tion** *s* **1.** Festsetzung *f*, -legung *f*. **2.** *psych.* a) → **fixed idea**, b) (*Mutter etc*)Bindung *f*, (-)Fi'xierung *f*: **to have a** ~ **on** → **fixate** 4.

fix·a·tive ['fɪksətɪv] *phot.* **I** *s* Fixa'tiv *n*, Fi'xiermittel *n*. **II** *adj* Fixier...

fixed [fɪkst] *adj* (~**ly fixedly**) **1.** befestigt, festangebracht. **2.** *tech.* fest(eingebaut), ortsfest, statio'när, Fest...: ~ **aerial** (*bes. Am.* **antenna**) Festantenne *f*; ~ **gun** *mil.* starres Geschütz; ~ **coupling** starre Kupplung; ~ **landing gear** *aer.* festes Fahrwerk. **3.** *chem.* gebunden, nicht flüchtig: ~ **oil. 4.** unverwandt, starr: ~ **gaze**; **with** ~ **attention** gebannt. **5.** fest, beständig: **of** ~ **purpose** zielstrebig. **6.** fest(gesetzt, -gelegt, -stehend), bestimmt, unveränderlich: ~ **assets** *econ.* feste Anlagen, Anlagevermögen *n*; ~

capital *econ.* Anlagekapital *n*; ~ **charges**, ~ **cost** feste Kosten, Fixkosten, gleichbleibende Belastungen; ~ **day** (festgesetzter) Termin; ~ **exchange** *econ.* direkte Notierung (*Devisenkurs*); ~ **income** *econ.* festes Einkommen, feste Einkünfte; ~ **liability** *econ.* feste (langfristige) Verbindlichkeit; ~ **price** fester Preis, Festpreis *m*, *econ. a.* gebundener Preis; ~ **sum** fest(gesetzt)er Betrag, Fixum *n.* **7.** *colloq.* manipu'liert, abgekartet. **8.** *colloq.* (gut *etc*) versorgt *od.* versehen (**for** mit): **how are you** ~ **for money?** wie steht's bei dir mit Geld? ~ **fo·cus** *s phot.* Fixfokus *m.* ~ **i·de·a** *s psych.* fixe I'dee, Zwangsvorstellung *f*, Kom'plex *m.* **~-'in·ter·est**(-**₁bear·ing**) *adj econ.* festverzinslich.

fix·ed·ly ['fɪksɪdlɪ] *adv* starr, unverwandt. **'fix·ed·ness** → **fixity**.

fixed | point *s math.* Fest-, Fixpunkt *m*. **'~-price meal** *s* Me'nü *n*. **~ sight** *s mil.* 'Standvi₁sier *n*. **~ star** *s astr.* Fixstern *m*. **'~-wing air·craft** *s irr aer. mil.* Starrflügler *m*, -flügelflugzeug *n*.

'fix·er *s* **1.** *phot.* Fi'xiermittel *n.* **2.** *colloq.* Manipu'lator *m.* **3.** *sl.* ‚Dealer' *m* (*Drogenhändler*). **'fix·ing** *s* **1.** Befestigen *n*, Anbringen *n*: ~ **agent** Befestigungsmittel *n*; ~ **bolt** Haltebolzen *m*; ~ **screw** Stellschraube *f.* **2.** Repara'tur *f*, In'standsetzung *f*. **3.** *phot.* Fi'xieren *n*: ~ **bath** Fixierbad *n.* **4.** *pl bes. Am.* a) Geräte *pl*, b) Zubehör *n*, c) *gastr.* Beilagen *pl*. **'fix·i·ty** *s* Festigkeit *f*, Beständigkeit *f*: ~ **of purpose** Zielstrebigkeit *f*.

fix·ture ['fɪkstʃə(r)] *s* **1.** *a*) feste Anlage, Inven'tarstück *n*, Installati'onsteil *m*: **lighting** ~ Beleuchtungskörper *m*; **to be a** ~ *humor.* zum (lebenden) Inventar gehören (*Person*), b) *jur.* festes Inven'tar *od.* Zubehör: ~**s and fittings** bewegliche u. unbewegliche Einrichtungsgegenstände. **2.** *tech.* Spannvorrichtung *f*, -futter *n*: **milling** ~ Fräsvorrichtung. **3.** *bes. sport bes. Br.* (Ter'min *m* für e-e) Veranstaltung *f*.

fiz·gig ['fɪzɡɪɡ] *s* **1.** *obs.* flatterhaftes Mädchen, leichtfertiges ‚Ding'. **2.** Schwärmer *m* (*Feuerwerkskörper*). **3.** Fischspeer *m*.

fizz [fɪz] **I** *v/i* **1.** zischen. **2.** sprudeln, mous'sieren (*Getränk*). **3.** *fig.* sprühen (**with** vor *dat*). **II** *s* **4.** Zischen *n.* **5.** Sprudeln *n*, Mous'sieren *n.* **6.** a) Sprudel *m*, b) Fizz *m* (*alkoholisches Mischgetränk mit Früchten od. Fruchtsäften*). **7.** *colloq.* ‚Schampus' *m* (*Sekt*). **8.** *fig.* Schwung *m*, Schmiß' *m*.

fiz·zle ['fɪzl] **I** *s* **1.** → **fizz** 4. **2.** *colloq.* ‚Pleite' *f*, 'Mißerfolg *m*. **II** *v/i* **3.** → **fizz** 1. **4.** *a.* ~ **out** *fig.* verpuffen, im Sand verlaufen.

fizz·y ['fɪzɪ] *adj* **1.** zischend. **2.** sprudelnd, mous'sierend: ~ **drink** Brause *f*.

fjord → **fiord**.

flab·ber·gast ['flæbəɡɑːst; *Am.* -bərˌɡæst] *v/t colloq.* verblüffen: **I was** ~**ed** ich war platt, mir blieb die Spucke weg.

flab·bi·ness ['flæbɪnɪs] *s* **1.** Schlaffheit *f.* **2.** Schwammigkeit *f.* **3.** *fig.* Schwachheit *f*. **'flab·by** *adj* (*adv* flabbily) **1.** schlaff (*Muskeln etc*). **2.** schwammig (*Person etc*). **3.** *fig.* schwach: ~ **character**; ~ **will**.

fla·bel·late [fləˈbeltɪt], **fla·bel·li·form** [-lɪfɔː(r)m] *adj bot. zo.* fächerförmig, Fächer...

flac·cid ['flæksɪd] *adj* (*adv* ~**ly**) → **flabby 1. flac'cid·i·ty**, **'flac·cid·ness** → **flabbiness 1**.

flack¹ [flæk] → **flak**.

flack² [flæk] *Am. sl.* **I** *s* 'Pressea₁gent *m*. **II** *v/i* ~ **for** als 'Pressea₁gent tätig sein für.

flack·er·y ['flækərɪ] *s Am. sl.* ‚Re'klamerummel' *m*.

fla·con [flakõ] (*Fr.*) *s* Fla'kon *m, n,* Fläschchen *n.*

flag¹ [flæg] **I** *s* **1.** Fahne *f,* Flagge *f:* ~ **of convenience** *mar.* billige Flagge; **to strike** (*od.* **lower**) **one's ~** die Flagge streichen (*a. fig.*); **to keep the ~ flying** *fig.* die Fahne hochhalten; **to show the ~** *fig.* a) Flagge zeigen, b) sich zeigen, sich sehen lassen. **2.** *mar.* (Admi'rals)Flagge *f:* **to hoist** (**strike**) **one's ~** das Kommando übernehmen (abgeben). **3.** → **flagship. 4.** *sport* (Mar'kierungs)Fähnchen *n.* **5.** a) (Kar'tei)Reiter *m,* b) *allg.* Mar'kierung(szeichen *n*) *f,* c) Lesezeichen *n.* **6.** *orn.* Kielfeder *f* (*des Vogelschwanzes*). **7.** *hunt.* Fahne *f* (*Schwanz e-s Vorstehhundes od. Rehs*). **8.** *print.* Druckvermerk *m,* Im'pressum *n* (*e-r Zeitung*). **9.** *mus.* Fähnchen *n* (*e-r Note*). **10.** *TV* (Licht)Blende *f.* **II** *v/t* **11.** beflaggen. **12.** *sport* Rennstrecke ausflaggen. **13.** etwas (mit Flaggen *od.* durch Winkzeichen) signali'sieren: **to ~ offside** (*Fußball*) Abseits winken. **14.** a) *oft* **~ down** Fahrzeuge anhalten: **to ~ down a taxi** ein Taxi herbeiwinken, b) **~ down** *sport* Rennen, Fahrer abwinken. **15.** Buchseite *etc* mar'kieren.

flag² [flæg] *s bot.* a) Gelbe Schwertlilie, b) (*e-e*) blaue Schwertlilie, c) Breitblättriger Rohrkolben.

flag³ [flæg] *v/i* **1.** schlaff her'abhängen. **2.** *fig.* nachlassen, ermatten, erlahmen (*Interesse etc*). **3.** langweilig werden.

flag⁴ [flæg] **I** *s* **1.** (Stein)Platte *f,* (*Fußbodenbelag*) Fliese *f.* **2.** *pl* mit (Stein)Platten belegte Ter'rasse *etc,* mit Fliesen belegter *od.* gefliester Fußboden. **II** *v/t* **3.** mit (Stein)Platten *od.* Fliesen belegen, fliesen.

flag| cap·tain *s* Komman'dant *m* e-s Flaggschiffs. **~ day** *s* **1.** *Br.* Tag, an dem auf der Straße kleine Papierfähnchen für wohltätige Zwecke verkauft werden. **2. Flag Day** *Am.* Jahrestag *m* der Natio'nalflagge (*14. Juni*).

fla·gel·la [flə'dʒelə] *pl* von **flagellum.**

flag·el·lant ['flædʒələnt; flə'dʒelənt] **I** *s* relig. bes. hist. Geißler *m,* Flagel'lant *m* (*a. psych.*). **II** *adj* geißelnd (*a. fig.*): **a ~ attack on the opposition party.**

flag·el·late ['flædʒəleɪt] **I** *v/t* **1.** geißeln (*a. fig.*): **to ~ the opposition party.** **II** *adj* [-lət] **2.** *zo.* geißelförmig, Geißel... **3.** *bot.* Schößlinge treibend, Schößlings... **III** *s* **4.** *zo.* Geißeltierchen *n.* **,flag·el·'la·tion** *s* Geißelung *f* (*a. fig.*), *psych.* Flagellati'on *f.*

fla·gel·li·form [flə'dʒelɪfɔː(r)m] *adj bot. zo.* geißel-, peitschenförmig. **fla'gel·lum** [-ləm] *pl* **-la** [-lə], **-lums** *s* **1.** *zo.* Geißel *f,* Fla'gelle *f.* **2.** *bot.* Ausläufer *m,* Schößling *m.*

flag·eo·let¹ [,flædʒəʊ'let] *s mus.* Flageo'lett *n:* **~ tone** *mus. phys.* Flageoletton *m.*
flag·eo·let² [,flædʒəʊ'let] *s bot.* e-e französische grüne Bohne.

flag·ging¹ ['flægɪŋ] *adj* nachlassend, ermattend, erlahmend (*Interesse etc*).

flag·ging² ['flægɪŋ] *s* **1.** *collect.* (Stein-) Platten *pl,* (*Fußbodenbelag*) Fliesen *pl.* **2.** → **flag⁴** 2.

fla·gi·tious [flə'dʒɪʃəs] *adj* (*adv* ~**ly**) **1.** verworfen, verderbt. **2.** ab'scheulich, schändlich.

flag| lieu·ten·ant *s mar.* Flaggleutnant *m.* **~ of·fi·cer** *s mar.* 'Flaggoffi,zier *m.*

flag-on ['flægən] *s* **1.** (*bauchige*) (Wein-) Flasche. **2.** (Deckel)Krug *m.*

'flag·pole → **flagstaff.**

fla·gran·cy ['fleɪɡrənsɪ] *s* **1.** Schamlosigkeit *f,* Schändlichkeit *f,* Ungeheuerlichkeit *f.* **2.** Kraßheit *f.* **'fla·grant** *adj* (*adv* ~**ly**) **1.** schamlos, schändlich, ungeheuerlich. **2.** ekla'tant, kraß.

'flag|·ship *s* **1.** *mar.* Flaggschiff *n* (*a. fig.*). **2.** *fig.* Aushängeschild *n.* **'~·staff,** **'~·stick** *s* Fahnenstange *f,* -mast *m,* Flaggenmast *m, mar.* Flaggenstock *m.* ~ **sta·tion** *s* rail. Am. Bedarfshaltestelle *f.* **'~·stone** → **flag⁴.** ~ **stop** *s* rail. etc Am. Bedarfshaltestelle *f.* **Hur'rapatri,ot** *m.* **'~·wav·ing** *s colloq.* **I** *s* Hur'rapatri,otismus *m.* **II** *adj* hur'rapatri,otisch.

flail [fleɪl] **I** *s* **1.** *agr.* Dreschflegel *m.* **2.** *mil. hist.* dreschflegelähnliche Waffe, z. B. Morgenstern *m.* **II** *v/t* **3.** dreschen. **4.** ,eindreschen' *od.* wild einschlagen auf *j-n.* **5.** **to ~ one's arms** wild mit den Armen fuchteln. **III** *v/i* **6.** **to ~ away at** → 4.

flair [fleə(r)] *s* **1.** Veranlagung *f:* **to have a ~ for art** künstlerisch veranlagt sein; **~ for languages** Sprachbegabung *f.* **2.** Hang *m,* Neigung *f* (**for** zu). **3.** (feines) Gespür (**for** für). **4.** *colloq.* Ele'ganz *f:* **to dress with ~** sich modisch *od.* elegant kleiden. **5.** *hunt.* Witterung *f.*

flak [flæk] *s* **1.** *mil.* a) Flak *f,* 'Flugabwehr-, 'Flakartille,rie *f,* b) Flakfeuer *n.* **2.** *colloq.* scharfe Kri'tik: **to take ~ from** scharf kritisiert werden von. **3.** *colloq.* heftige Ausein'andersetzung: **to run into ~** zu heftigen Auseinandersetzungen führen.

flake¹ [fleɪk] **I** *s* **1.** (Schnee-, Seifen-, Hafer- etc)Flocke *f.* **2.** dünne Schicht, Lage *f,* Blättchen *n:* ~ **white** paint. tech. Schieeweiß *n.* **3.** Steinsplitter *m:* ~ **tool** Steinwerkzeug *n.* **4.** (Feuer)Funke *m.* **5.** (Sortenname für e-e) gestreifte Gartennelke. **6.** *metall.* Flockenriß *m.* **7.** *Am. sl.* ,Spinner' *m,* verrückter Kerl. **II** *v/t* **8.** abblättern. **9.** flockig machen. **10.** (wie) mit Flocken bedecken. **11.** Fisch zerlegen. **III** *v/i* **12.** *meist* ~ **off** abblättern, sich abschälen. **13.** in Flocken fallen. **14.** flocken. **15.** *metall.* verzundern. **16.** ~ **out** *colloq.* a) ,einpennen' (*einschlafen*), b) ,zs.-klappen' (*vor Erschöpfung etc*), c) ,umkippen' (*ohnmächtig werden*), d) ,sich dünnmachen' (*verschwinden*).

flake² [fleɪk] *s* **1.** *tech.* Trockengestell *n.* **2.** *mar.* Stel'lage *f,* Stelling *f.*

flaked [fleɪkt] *adj* flockig, Blättchen...: ~ **gunpowder** Blättchenpulver *n.*

flak·i·ness ['fleɪkɪnɪs] *s* flockige Beschaffenheit.

flak jack·et *s* kugelsichere Weste.

fla·ko ['fleɪkəʊ] *adj Am. sl.* ,besoffen', ,voll'.

flak·y ['fleɪkɪ] *adj* **1.** flockig. **2.** blätterig: ~ **pastry** *gastr.* Blätterteig *m.* **3.** *metall.* zunderig, flockenrissig. **4.** *Am. sl.* verrückt.

flam¹ [flæm] **I** *s* **1.** Schwindel *m,* Betrug *m.* **2.** Unsinn *m.* **II** *v/t u. v/i* **3.** betrügen.

flam² [flæm] *s mus.* Flam *m* (*Doppelschlag*).

flam·bé ['flɑːmbeɪ; flɑːm'beɪ] *adj gastr.* flam'biert.

flam·beau ['flæmbəʊ] *pl* **-beaux,** **-beaus** [-bəʊz] *s* **1.** Fackel *f.* **2.** Leuchter *m.*

flam·boy·ance [flæm'bɔɪəns], **flam-'boy·an·cy** [-sɪ] *s* **1.** Extrava'ganz *f.* **2.** über'ladener Schmuck. **3.** Grellheit *f.* **flam'boy·ant** **I** *adj* (*adv* ~**ly**) **1.** *arch.* wellenförmig, flammenähnlich, wellig: ~ **style** Flamboyant-, Flammenstil *m.* **2.** extrava'gant. **3.** grell, leuchtend. **4.** farbenprächtig. **5.** *fig.* flammend. **6.** auffallend. **7.** über'laden (*a. Stil*). **8.** pom'pös, bom'bastisch. **II** *s* **9.** *bot.* Flam'boyant *m.*

flame [fleɪm] **I** *s* **1.** Flamme *f:* **to be in ~s** in Flammen stehen. **2.** *fig.* Flamme *f,* Glut *f,* Leidenschaft *f,* Heftigkeit *f.* **3.** *colloq.* ,Flamme': **an old ~ of mine.** **4.** Leuchten *n,* Glanz *m.* **5.** grelle Färbung. **II** *v/t* **6.** *tech.* flammen. **III** *v/i* **7.** lodern: **to ~ up** a) auflodern, b) in Flammen aufgehen. **8.** (rot) glühen, leuchten: **to ~ up** aufbrausen, in Wut geraten; **her eyes ~d with anger** ihre Augen flammten *od.* funkelten vor Wut; **her cheeks ~d red** ihre Wangen färbten sich rot. **'~·col·o(u)red** *adj* feuerfarben, -rot. **~ cut·ting** *s tech.* Brennschneiden *n.* **~ hard·en·ing** *s tech.* Brennhärten *n.*

flame·let ['fleɪmlɪt] *s* Flämmchen *n.*

fla·men·co [flə'meŋkəʊ] *pl* **-cos** *s mus.* Fla'menco *m.*

'flame|·out *s aer.* (*e-s Triebwerks*) a) Aussetzen *n,* b) Ausfall *m.* **~ pro·jec·tor** → **flamethrower.** **'~·proof** **I** *adj* **1.** flammensicher, feuerfest, -sicher. **2.** explosi'onsgeschützt. **II** *v/t* **3.** flammensicher machen. **'~·re,tard·ant** *adj* feuerhemmend. **~ test** *s tech.* Flammprobe *f.* **'~·throw·er** *s bes. mil.* Flammenwerfer *m.*

flam·ing ['fleɪmɪŋ] **I** *adj* **1.** lodernd, brennend (*a. Sonne*). **2.** a) feuerrot, b) farbenprächtig. **3.** *fig.* a) glühend: ~ **passion,** b) flammend, leidenschaftlich, feurig: **a ~ speech. 4.** über'trieben: **a ~ tale. 5.** *Br. colloq.* verdammt, verflucht: **you ~ idiot!** du Vollidiot! **II** *adv* **6.** ~ **red** flammend rot.

fla·min·go [flə'mɪŋɡəʊ] *pl* **-goes, -gos** *s orn.* Fla'mingo *m.*

flam·ma·ble ['flæməbl] → **inflammable.**

flam·y ['fleɪmɪ] *adj* **1.** lodernd. **2.** feuerrot.

flan¹ [flæn] *s* Obst-, Käsekuchen *m.*

flan² [flæn] *s tech.* **1.** Münzplatte *f.* **2.** ('Münz)Me,tall *n.*

Flan·ders pop·py ['flɑːndəz; *Am.* 'flændərz] *s bot.* Klatsch-, Feldmohn *m.*

flâ·ne·rie [flɑnri] (*Fr.*) *s* Fla'nieren *n,* Bummeln *n.* **flâ·neur** [flɑnœr] (*Fr.*) *s* Fla'neur *m,* Bummler *m.*

flange [flændʒ] *tech.* **I** *s* **1.** Flansch *m.* **2.** Spurkranz *m* (*des Rades*). **II** *v/t* **3.** a) Rohrende *etc* flanschen, b) anflanschen (**to an** *acc*): **~d motor** Flanschmotor *m.* **4.** Blech (*'um*)bördeln. **~ cou·pling** *s tech.* Flanschkupplung *f.*

flang·ing ['flændʒɪŋ] *s tech.* **1.** Flanschen *n.* **2.** Bördeln *n:* ~ **machine** Bördelmaschine *f.*

flank [flæŋk] **I** *s* **1.** Flanke *f,* Weiche *f* (*e-s Tieres*). **2.** Seite *f* (*e-r Person*). **3.** Seite *f* (*e-s Gebäudes etc*). **4.** *mil.* Flanke *f,* Flügel *m* (*beide a. sport*): **to turn the ~** (**of**) die Flanke (*gen*) aufrollen. **5.** *tech.* Flanke *f,* Schenkel *m:* ~ **clearance** Flankenspiel *n.* **II** *v/t* **6.** flan'kieren, seitlich stehen von *od.* begrenzen, säumen, um'geben. **7.** *mil.* flan'kieren: a) die Flanke (*gen*) decken, b) *j-m* in die Flanke fallen. **8.** flan'kieren, (seitwärts) um'gehen. **III** *v/i* **9.** angrenzen, (an)stoßen (**on an** *acc*), seitlich liegen. **10.** *mil.* die Flanke *od.* den Flügel bilden.

'flank·ing *adj mil.* Flanken..., Flankierungs...: ~ **fire;** ~ **movement;** ~ **march** Flankenmarsch *m.*

flank| man *s irr mil.* Flügelmann *m.* ~ **vault** *s* Turnen: Flanke *f.*

flan·nel ['flænl] **I** *s* **1.** Fla'nell *m.* **2.** *pl* Kleidung *f* aus Fla'nell, *bes.* (*a. pair of ~s*) Fla'nellhose *f.* **3.** *pl* Fla'nell,unterwäsche *f,* *bes.* (*a. pair of ~s*) lange Fla'nell,unterhose *f.* **4.** *Br.* Waschlappen *m.* **5.** *Br. colloq.* ,Schmus' *m.* **II** *adj* **6.** fla-'nellen, Flanell... **III** *v/t pret u. pp* **-neled,** *bes. Br.* **-nelled 7.** in Fla'nell kleiden. **8.** mit e-m Fla'nelltuch (ab)reiben *od.* po'lieren. **IV** *v/i* **9.** *Br. colloq.* ,Schmus' reden.

flannelette – flat-bottomed boat

flan·nel·ette [ˌflænlˈet] s ˈBaumwollflaˌnell m. **ˈflan·nel·ly** adj **1.** flaˈnellartig. **2.** dumpf (*Stimme*).
ˈflan·nelˌmouthed adj Am. glattzüngig, schmeichlerisch.
flap [flæp] **I** s **1.** Flattern n (*a. von Segeln etc*), (Flügel)Schlag m. **2.** Schlag m, Klaps m. **3.** a) Patte f, Klappe f (*an e-r Manteltasche etc*), b) (weiche) (Hut)Krempe. **4.** Klappe f, Falltür f. **5.** (Verschluß-) Klappe f (*e-r Handtasche, e-s Briefumschlags, e-s Ventils etc*), Lasche f (*e-s Kartons*): ~ **valve** tech. Klappventil n. **6.** aer. (Lande)Klappe f. **7.** Klappe f (*e-s Buchumschlags*). **8.** Lasche f (*am Schuh*). **9.** (*etwas*) lose Herˈabhängendes, z. B. a) Lappen m, b) (Tisch)Klappe f, c) med. (Haut)Lappen m: ~ **of the ear** Ohrläppchen n. **10.** colloq. helle Aufregung: **to be in a ~** in heller Aufregung sein; **don't get into a ~, we'll find it** nur keine Panik, wir werden es schon finden. **II** v/t **11.** auf u. ab od. hin u. her bewegen, mit *den Flügeln etc* schlagen: **the bird ~ped its wings; she ~ped a newspaper at the fly** sie schlug mit e-r Zeitung nach der Fliege. **12.** j-m e-n Schlag od. Klaps geben. **13.** werfen: **to ~ down** hinwerfen; **to ~ the door** die Tür zuwerfen. **III** v/i **14.** flattern: **the sails ~ped in the wind**. **15.** mit den Flügeln schlagen, flattern: **to ~ off** davonflattern. **16.** klatschen, schlagen (**against** gegen). **17.** colloq. a) in heller Aufregung sein, b) in helle Aufregung geraten: **don't ~, we'll find it** nur keine Panik, wir werden es schon finden. **18.** Am. colloq. ˈquasselnˈ. **ˈ~ˌdoo·dle** s colloq. Unsinn m, ˈQuatschˈ m, ˈMumpitzˈ m. **ˈ~ˌeared** adj schlappohrig. **ˈ~ˌjack** s bes. Am. Pfannkuchen m.
flap·pa·ble [ˈflæpəbl] adj: **to be ~** colloq. leicht aus der Fassung zu bringen sein.
flap·per [ˈflæpə(r)] s **1.** Fliegenklappe f, -klatsche f. **2.** Klappe f; breites, flaches, herˈabhängendes Stück. **3.** zo. (breite) Flosse. **4.** sl. ˈFlosseˈ f (*Hand*). **5.** (*in den 20er Jahren*) Mädchen, *das sich in Verhalten u. Kleidung über die Konventionen hinwegsetzte*.
flare [fleə(r)] **I** s **1.** aufflammendes Licht, plötzlicher Lichtschein. **2.** Flackern n, Lodern n, Leuchten n. **3.** a) Leuchtfeuer n, b) ˈLicht-, ˈFeuersiˌgnal n. **4.** a) Leuchtkugel f, b) mil. Leuchtbombe f. **5.** fig. → **flare-up 6**. **6.** Mode: a) Schlag m: **with a ~** ausgestellt (*Rock*), (*Hose a.*) mit Schlag, b) pl, **a. pair of ~s** colloq. ausgestellte Hose, Hose f mit Schlag. **7.** opt. Streulicht n. **8.** phot. Reflexiˈonsfleck m. **II** v/t **9.** *e-e Kerze etc* flackern lassen. **10.** flattern lassen: **the wind ~d her skirt**. **11.** zur Schau stellen, protzen mit. **12.** aufflammen lassen. **13.** mit Licht od. Feuer signaliˈsieren. **14.** (*meist pp*) Mode: ausstellen: **~d ausgestellt** (*Rock*), (*Hose a.*) mit Schlag. **III** v/i **15.** flackern (*Kerze etc*), (*Feuer etc a.*) lodern, (*Licht*) leuchten. **16.** *meist* **~ up** aufflammen, -flackern, -lodern (*alle a. fig.*), auflˈeuchten. **17.** *meist* **~ up, ~ out** fig. aufbrausen, auffahren: **to ~ up at s.o.** j-n anfahren. **18.** Mode: ausgestellt sein. **19.** flattern. **~ˌan·gle** s phys. Erweiterungswinkel m. **ˈ~ˌback** s **1.** tech. Flammenrückschlag m. **2.** fig. heftige Reaktiˈon, scharfe Antwort. **~ path** s aer. Leuchtpfad m. **~ˌpis·tol** s mil. ˈLeuchtpiˌstole f. **~~up** [ˌˈʌp; ˈ~ˌʌp] s **1.** Aufflackern n, -lodern n, -flammen n (*alle a. fig.*), Auflˈeuchten n. **2.** fig. Ausbruch m: **~ of fury** Wutausbruch.
flar·ing [ˈfleərɪŋ] adj (adv **~ly**) **1.** flackernd, lodernd, leuchtend. **2.** fig. protzig. **3.** Mode: ausgestellt (*Rock*), (*Hose a.*) mit Schlag.
fla·ser [ˈflɑːzə(r)] s geol. Flaser f.

flash [flæʃ] **I** s **1.** Aufblitzen n, -leuchten n, Blitz m: **like a ~** wie der Blitz; **~ of fire** Feuergarbe f; **~ of hope**; Hoffnungsstrahl m; **~ of lightning** Blitzstrahl m; **~ of wit** Geistesblitz; **to give s.o. a ~** mot. j-n anblinken. **2.** Stichflamme f: **a ~ in the pan** fig. a) e-e ˈEintagsfliegeˈ, b) ein ˈStrohfeuerˈ. **3.** Augenblick m: **in a ~** im Nu, sofort; **for a ~** e-n Augenblick lang. **4.** kurzer Blick: **to catch a ~ of** e-n Blick erhaschen von. **5.** Rundfunk etc: Kurzmeldung f. **6.** mar. Schleusenwassersturz m. **7.** mil. Br. (Uniˈform)Abzeichen n. **8.** phot. colloq. ˈBlitzˈ m (*Blitzlicht*). **9.** bes. Am. colloq. Taschenlampe f. **10.** sl. ˈFlashˈ m (*Augenblick, in dem sich e-e gespritzte Droge mit dem Blut verbindet u. der Rauschzustand eintritt*).
II v/t **11.** a. **~ on** aufleuchten od. (auf-)blitzen lassen: **he ~ed a light in my face** er leuchtete mir plötzlich ins Gesicht; **to ~ one's lights** mot. die Lichthupe betätigen; **to ~ one's lights at s.o.** j-n anblinken; **his eyes ~ed fire** fig. s-e Augen blitzten od. sprühten Feuer. **12.** (*bes. mit Licht*) signaliˈsieren. **13.** **to ~ s.o. a glance** j-m e-n Blick zuwerfen; **she ~ed him an angry glance** sie blitzte ihn wütend an. **14.** colloq. schnell herˈvorziehen, kurz sehen lassen: **to ~ a badge**; **to ~ s.th. at s.o.** j-m etwas kurz zeigen. **15.** colloq. zur Schau tragen, protzen mit. **16.** *e-e Nachricht* ˈdurchgeben: a) telegraˈphieren, b) funken. **17.** tech. Glas überˈfangen, platˈtieren.
III v/i **18.** aufflammen, (auf)blitzen. **19.** zucken (*Blitz*). **20.** blinken. **21.** sich blitzartig bewegen, rasen, ˈflitzenˈ, schießen (*a. Wasser*): **to ~ by** a) vorˈbeirasen, b) fig. wie im Flug(e) vergehen; **to ~ up a tree** blitzschnell auf e-n Baum klettern; **to ~ into action** blitzschnell in Aktion treten od. handeln; **it ~ed into** (*od.* **across, through**) **his mind that** plötzlich schoß es ihm durch den Kopf, daß. **22.** a. **~ out** fig. aufbrausen, -fahren: **to ~ out against** ˈwetternˈ auf (*acc*) od. über (*acc*) od. gegen. **23.** **~ back** zuˈrückblenden (*in e-m Film, Roman etc*) (**to** auf acc). **24.** **~ on** Am. sl. sofort ˈabfahrenˈ auf (*acc*).
IV adj **25.** colloq. für **flashy**. **26.** colloq. a) geschniegelt, ˈaufgedonnertˈ (*Person*), b) protzig. **27.** falsch, gefälscht, unecht. **28.** in Zssgn Schnell... **29.** colloq. Unterwelts..., ˈunterweltlich.
ˈflashˈ|back s **1.** Rückblende f (*in e-m Film, Roman etc*). **2.** tech. Rückschlag m der Flamme. **3.** sl. ˈFlashbackˈ m (*einige Wochen nach dem eigentlichen Drogenrausch wiederkehrender Rauschzustand infolge verzögerter Reaktion des Gehirns auf die Droge*). **~ bar** s phot. Blitzleiste f. **ˈ~ˌboard** s tech. Staubrett n. **~ˌboil·er** s tech. Schnellverdampfer m. **~ bomb** s mil. phot. Blitzlichtbombe f. **~ bulb** s phot. Kolbenblitz m, Blitzbirnchen n, Blitz(licht)lampe f. **~ burn** s med. Lichtblitzverbrennung f. **~ card** s päd. Illustratiˈonstafel f (*die Schülern kurz gezeigt wird*). **2.** sport Wertungstafel f (*des Preisrichters*). **~ cube** s phot. Blitzwürfel m.
ˈflashˈ·er s **1.** mot. a) Blinkanlage f, b) Blinker m. **2.** Br. colloq. Exhibitioˈnist m.
ˈflashˈ|flood s plötzliche ˈÜberˌschwemmung. **~ gun** s phot. Blitzleuchte f.
flash·i·ness [ˈflæʃɪnɪs] s **1.** Prunk m, Protzigkeit f. **2.** Auffälligkeit f. **3.** aufbrausendes Temperaˈment. **ˈflash·ing** adj **1.** aufflammend: **~ point** phys. Flammpunkt m. **2.** blinkend: **~ light** mar.
ˈflashˈ|lamp s phot. Blitz(licht)lampe f. **ˈ~ˌlight** s **1.** blinkendes Reˈklamelicht.

2. mar. Leuchtfeuer n. **3.** bes. Am. Taschenlampe f. **4.** phot. Blitzlicht n: **~ capsule** Kapselblitz m; **~ photograph** Blitzlichtaufnahme f; **~ photography** → **flash photography**. **ˈ~ˌo·ver** s electr. ˈÜberschlag m: **~ voltage** Überschlagspannung f. **~ pho·tog·ra·phy** s ˈBlitzlichtfotograˌfie f. **~ˌpoint** s phys. Flammpunkt m. **~ˌrang·ing** s mil. Lichtmessen n. **~ tube** s phot. (Elekˈtronen)Blitzröhre f. **~ weld·ing** s tech. ˈWiderstandsabˌschmelzschweißen n.
ˈflashˈ·y adj (adv **flashily**) **1.** prunkvoll, protzig. **2.** auffallend, auffällig. **3.** aufbrausend: **~ temper**.
flask [flɑːsk; Am. flæsk] s **1.** hist. Pulverhorn n. **2.** Taschenflasche f. **3.** Thermosflasche f. **4.** tech. Kolben m, Flasche f: **volumetric ~** Meßkolben m. **5.** tech. Formkasten m.
flat¹ [flæt] **I** s **1.** Fläche f, Ebene f. **2.** flache Seite: **~ of the hand** Handfläche f. **3.** Flachland n, Niederung f. **4.** Untiefe f, Flach n. **5.** mus. B n. **6.** thea. Kuˈlisse f. **7.** mot. bes. Am. Reifenpanne f, ˈPlattfußˈ m. **8.** → **flatboat**. **9.** tech. Flacheisen n. **10.** → **flatcar**. **11.** Am. breitkrempiger Strohhut. **12. the ~** (*Pferdesport*) bes. Br. a) collect. (die) Flachrennen pl, b) die Flachrennsaison. **13.** Am. flacher Fest-od. ˈUmzugswagen. **14.** flacher Korb. **15.** pl flache Schuhe pl, Schuhe mit flachen Absätzen.
II adj (adv → **flatly**) **16.** flach, eben: **~ shore** Flachküste f; **(as) ~ as a pancake** colloq. a) völlig flach, b) flach wie ein Bügelbrett (*Mädchen*). **17.** tech. Flach...: **~ anvil** (chisel, coil, rail, roof, wire, etc). **18.** Ballistik: raˈsant (*Flugbahn*). **19.** (aus-, ˈhin)gestreckt, flach am Boden liegend. **20.** **~ on** eng an (*dat*). **21.** dem Erdboden gleich: **to lay a city ~** e-e Stadt dem Erdboden gleichmachen. **22.** flach, offen: **~ hand**. **23.** mot. platt (*Autoreifen*). **24.** stumpf, platt: **~ nose**. **25.** entschieden, kateˈgorisch, glatt: **a ~ denial; and that's ~!** und damit basta! **26.** a) langweilig, fade, öd(e), b) flach, oberflächlich, c) matt. **27.** schal, fad(e) (*Bier*), flach (*Wein*). **28.** econ. flau, lustlos: **~ market**. **29.** econ. a) einheitlich, Einheits..., b) Pauschal...: **~ fee** Pauschalgebühr f; **~ sum** Pauschalbetrag m, Pauschale f; → **flat price, flat rate**. **30.** paint. phot. a) konˈtrastarm, b) matt, glanzlos. **31.** flach, dünn: **to say s.th. in a ~ voice** mit ausdrucksloser Stimme. **32.** mus. a) erniedrigt (*Note*), b) mit B-Vorzeichen (*Tonart*). **33.** leer (*Batterie*).
III adv **34.** eben, flach: **to fall ~** a) der Länge nach hinfallen, b) fig. colloq. ˈdanebengehenˈ, mißglücken, c) fig. colloq. ˈdurchfallenˈ (*Theaterstück etc*); → **back¹ 1**. **35.** genau: **in ten seconds ~**. **36.** eindeutig: a) entschieden: **he went ~ against the rules** er hat eindeutig gegen die Regeln verstoßen, b) kateˈgorisch: **he told me ~ that** ... **37.** mus. a) um e-n halben Ton niedriger, b) zu tief: **to sing ~**. **38.** ohne (Berechnung der aufgelaufenen) Zinsen. **39.** colloq. völlig: **~ broke** ˌtotal pleiteˈ. **40.** **~ out** colloq. auf Hochtouren: **to work ~ out; my car does 100 miles ~ out** mein Auto ˌfährtˈ od. macht 100 Meilen Spitze. **41.** **~ out** colloq. ˌfix u. fertigˈ, ˌtotal erledigtˈ.
IV v/t **42.** tech. flach od. eben machen, glätten. **43.** mus. Am. *e-e Note* um e-n halben Ton erniedrigen.
flat² [flæt] **I** s bes. Br. (Eˈtagen)Wohnung f: → **block 16**. **II** v/i Austral. colloq. in Wohngemeinschaft leben (**with** mit).
ˈflat|ˌarch s arch. Flachbogen m. **~ˌbase rim** s tech. Flachbettfelge f. **ˈ~ˌboat** s mar. Prahm m, Flachboot n. **ˈ~ˌbot-**

tomed boat → flatboat. **'~-ˌbot·tom flask** s chem. Stehkolben m. '~ˌ**car** s rail. Am. Plattformwagen m. '~-ˌ**chest·ed** adj flachbrüstig. ~ **cost** s Selbstkosten (-preis m) pl. '~-**foot** s irr **1.** meist pl med. Plattfuß m. **2.** pl a. **-foots** sl. ‚Bulle' m (Polizist). ˌ~'**foot·ed** adj **1.** med. plattfüßig: **to be** ~ Plattfüße haben; **to catch s.o.** ~ colloq. j-n überrumpeln. **2.** tech. standfest. **3.** colloq. entschieden, kompro'mißlos, ‚eisern'. **4.** Br. colloq. ungeschickt, unbeholfen, linkisch. '~-ˌ**hammer** v/t tech. glatt-, nachhämmern, richten. '~-ˌ**hat** v/i Am. colloq. **1.** aer. gefährlich niedrig fliegen. **2.** ‚angeben'. '~-**head** s **1.** tech. a) Flachkopf m (Niet), b) Flachkopfbolzen m, c) a. ~ **screw** Senkschraube f. **2.** Am. sl. ‚Schafskopf' m. '~-**hunt** v/i bes. Br. auf Wohnungssuche sein: **to go** ~**ing** auf Wohnungssuche gehen. ~ **hunt·er** s bes. Br. Wohnungssuchende(r m) f. ~ **hunt·ing** s bes. Br. Wohnungssuche f. '~ˌ**i·ron** s **1.** tech. Flacheisen n. **2.** Bügel-, Plätteisen n.
flat·let ['flætlɪt] s bes. Br. Kleinwohnung f.
flat·ling ['flætlɪŋ] **I** adj **1.** obs. mit der flachen Seite (gegeben) (Schlag etc). **2.** fig. (er)drückend. **II** adv **3.** obs. flach, der Länge nach. '**flat·lings**, '**flat·long** → flatling II. '**flat·ly** adv eindeutig, kate'gorisch.
'**flat·mate** s bes. Br. Mitbewohner(in).
'**flat·ness** s **1.** Flach-, Ebenheit f. **2.** Entschiedenheit f. **3.** Eintönigkeit f. **4.** econ. Matt-, Flauheit f, Lustlosigkeit f. **5.** Ballistik: Ra'sanz f.
'**flat**|**-nosed** [-ˈnəʊzd] adj stumpf-, plattnasig: **(a. pair of) ~ pliers** tech. Flachzange f. ~ **paint** s tech. Grun'dierfarbe f. '~-**plate col·lec·tor** s Sonnenenergie: 'Flachkol,lektor m. ~ **price** s econ. Einheits-, Pau'schalpreis m. ~ **race** s Pferdesport: Flachrennen n. ~ **rate** s econ. Pau'schal-, Einheitssatz m. ~ **search** s jur. Haussuchung f. ~ **sea·son** s Pferdesport: 'Flachrennsai,son f. ~ **spring** s tech. Blattfeder f.
flat·ten ['flætn] **I** v/t **1.** eben od. flach od. glatt machen, (ein)ebnen: **to ~ o.s. against a wall** sich an e-e Mauer drücken. **2.** dem Erdboden gleichmachen. **3.** ~ **out** ein Flugzeug a) (aus dem Gleitflug) abfangen, b) (vor der Landung) aufrichten. **4.** colloq. a) Boxen: ‚flachlegen', auf die Bretter schicken, b) (finanzi'ell) ruinieren, c) niederdrücken, entmutigen, e) j-m, e-r Sache e-n ‚gehörigen' Dämpfer aufsetzen. **5.** mus. Br. e-e Note um e-n halben Ton erniedrigen. **6.** paint. Farben dämpfen. **7.** paint. tech. grun'dieren. **8.** a) math. tech. abflachen, abplatten, b) tech. ausbeulen. **9.** tech. nachhämmern, strecken. **II** v/i **10.** a. ~ **out** flach od. eben werden. **11.** fig. a) fade werden, b) verflachen, geistlos werden. **12.** ~ **out** aer. ausschweben.
flat·tened ['flætnd] adj math. tech. abgeflacht, abgeplattet. '**flat·ten·er** s tech. **1.** Strecker m. **2.** metall. 'Blechrichtmaˌschine f. '**flat·ten·ing** s **1.** math. tech. Abflachung f, Abplattung f. **2.** tech. Strecken n: ~ **furnace** Streckofen m.
flat·ter¹ ['flætə(r)] **I** v/t **1.** j-m schmeicheln: **to be** ~**ed** sich geschmeichelt fühlen (**at, by** durch); **they ~ed her on** (od. **about**) **her cooking** sie machten ihr Komplimente über ihre Kochkunst; **to ~ s.o. into doing s.th.** j-n so lange umschmeicheln, bis er etwas tut. **2.** fig. j-m schmeicheln: **the picture ~s him** das Bild ist geschmeichelt. **3.** wohltun (dat): **the breeze ~ed his skin** die Brise streichelte s-e Haut; **it** ~**ed his vanity** es schmeichelte s-r Eitelkeit. **4.** ~ **o.s.** sich schmeicheln od. einbilden (**that** daß): **I ~ myself that I am a good dancer** ich schmeichle mir, ein guter Tänzer zu sein. **5.** ~ **o.s.** sich beglückwünschen (**on** zu). **II** v/i **6.** schmeicheln, Schmeiche'leien sagen.
flat·ter² ['flætə(r)] s tech. **1.** Richt-, Streckhammer m. **2.** Plätt-, Streckwalze f.
flat·ter·er ['flætərə(r)] s Schmeichler(in). '**flat·ter·ing** adj (adv ~**ly**) **1.** schmeichelhaft, schmeichlerisch. **2.** geschmeichelt, schmeichelhaft (to für): ~**portrait**. '**flat·ter·y** s Schmeiche'lei(en pl) f.
flat·tie ['flætiː] s Am. **1.** colloq. → flatboat. **2.** → flatfoot 2.
flat tile s arch. Biberschwanz m (flacher Dachziegel).
flat·ting ['flætɪŋ] s tech. Strecken n: ~ **mill** Streckwerk n.
flat·tish ['flætɪʃ] adj einigermaßen flach od. eben.
'**flat**|**·top** s **1.** bot. a) Wollknöterich m, b) Am. Ver'bene f. **2.** mar. Am. colloq. Flugzeugträger m. ~ **tun·ing** s electr. Grobabstimmung f.
flat·ty s colloq. → flattie.
flat·u·lence ['flætjʊləns; Am. -tʃə-], a. '**flat·u·len·cy** [-sɪ] s **1.** med. a) Blähung(en pl) f: **to cause** (od. **produce**) ~ blähen, b) Blähsucht f. **2.** fig. a) Leerheit f, Hohlheit f, b) Schwülstigkeit f. '**flat·u·lent** adj (adv ~**ly**) **1.** med. a) blähend, b) blähsüchtig, c) aufgebläht. **2.** fig. a) leer, hohl: ~ **talk**, b) schwülstig, ‚geschwollen': ~ **style**.
fla·tus ['fleɪtəs] s med. Blähung f.
'**flat**|ˌ**ware** s Am. **1.** (Tisch-, Eß)Besteck n. **2.** flaches (Eß)Geschirr (Teller, Untertassen etc) (Ggs. **hollow ware**). '~**-ways**, Am. a. '~ˌ**wise** adv mit der flachen od. breiten Seite (nach) vorn od. oben, platt, der Länge nach. '~-**work** s bes. Am. Mangelwäsche f. ~ **worm** s zo. Plattwurm m.
flaunt [flɔːnt] **I** v/t **1.** zur Schau stellen, protzen mit: **to ~ o.s.** → **3. 2.** Am. e-n Befehl etc miß'achten. **II** v/i **3.** (her'um)stol,zieren, para'dieren. **4.** a) stolz wehen, b) prangen. **III** s **5.** Zur'schaustellung f, Protze'rei f. '**flaunt·y** adj bes. Am. protzig.
flau·tist ['flɔːtɪst] s mus. Flö'tist(in).
fla·vone ['fleɪvəʊn] s chem. Fla'von n. **fla·vo·pro·tein** [ˌfleɪvəʊ'prəʊtiːɪn; -tiːɪn] s chem. Flavoprote'in n.
fla·vor, bes. Br. **fla·vour** ['fleɪvə(r)] **I** s **1.** (Wohl)Geschmack m, A'roma n: **six different ~s** sechs verschiedene Geschmacksrichtungen od. -sorten; ~ **en·hancer** Aromazusatz m; ~**-enhancing** geschmacksverbessernd. **2.** Würze f, A'roma n (beide a. fig.), aro'matischer Geschmacksstoff, ('Würz)Esˌsenz f. **3.** fig. a) (besondere) Art, b) Beigeschmack m, c) Anflug m. **II** v/t **4.** würzen, schmackhaft machen (beide a. fig.), e-r Sache Geschmack geben: **chocolate**-~**ed** mit Schokoladengeschmack. **III** v/i **5.** ~ **of** schmecken nach, fig. a. riechen nach. '**fla·vored**, bes. Br. '**fla·voured** adj schmackhaft, würzig. '**fla·vor·ing**, bes. Br. '**fla·vour·ing** s flavor 2. '**fla·vor·less**, bes. Br. '**fla·vour·less** adj fad(e), schal, ohne Geschmack. '**fla·vor·ous**, '**fla·vor·some**, bes. Br. '**fla·vour·some** [-səm] → flavored.
flaw¹ [flɔː] **I** s **1.** Fehler m: a) Mangel m, Makel m, b) econ. tech. fehlerhafte Stelle, De'fekt m (a. fig.), Fabrikati'onsfehler m. **2.** Sprung m, Riß m, Bruch m. **3.** Blase f, Wolke f (im Edelstein). **4.** jur. a) Form-fehler m, b) Fehler m im Recht. **5.** fig. schwacher Punkt, Mangel m. **II** v/t **6.** brüchig od. rissig machen, brechen. **7.** Fehler aufzeigen in (dat): **his argumentation could not be ~ed** in s-r Argumentation war kein Fehler zu finden. **8.** verunstalten, entstellen: **the scar ~ed her face**. **III** v/i **9.** brüchig od. rissig werden, brechen.
flaw² [flɔː] s Bö f, Windstoß m.
'**flaw·less** adj (adv ~**ly**) fehlerlos, -frei, makellos, tadellos, einwandfrei, (Edelstein) lupenrein. '**flaw·less·ness** s Fehler-, Makellosigkeit f.
flax [flæks] s **1.** bot. Flachs m, Lein (-pflanze f) m. **2.** Flachs(faser f) m. **II** adj **3.** Flachs... ~ **brake**, ~ **break** s tech. Flachsbreche f. ~ **comb** s tech. Flachshechel f, -kamm m. ~ **cot·ton** s Flachs-(baum)wolle f, Halbleinen n. ~ **dod·der** s bot. Flachsseide f.
flax·en ['flæksən] adj **1.** Flachs... **2.** flachsartig. **3.** flachsen, flachsfarben. '~-**haired** adj flachs-, hellblond.
flax|**mill** s tech. Flachsspinne'rei f. '~-**seed** s bot. Flachs-, Leinsame(n) m. '~-**weed** s bot. Leinkraut n.
flax·y ['flæksɪ] → flaxen.
flay [fleɪ] v/t **1.** ein Tier abhäuten, hunt. abbalgen, e-m Bock etc die Decke abziehen: **to ~ s.o. alive** colloq. a) ‚kein gutes Haar an j-m lassen', b) j-m ‚gehörig' s-e Meinung sagen; **I'll ~ him alive!** colloq. der kriegt was von mir zu hören! **2.** etwas schälen. **3.** j-n auspeitschen. **4.** colloq. a) j-n ausplündern, -beuten, b) j-n ‚ausnehmen', ‚rupfen' (beim Spiel etc).
flea [fliː] **I** s zo. Floh m: **(as) fit as a ~** kerngesund; **to send s.o. away with a ~ in his ear** colloq. j-m ‚heimleuchten'; **I'll put a ~ in his ear, if he comes again!** colloq. dem werd' ich was erzählen, wenn er noch einmal kommt! **II** v/t flöhen, entflohen. '~-**bag** s sl. **1.** a) ‚Flohkiste' f (Bett), b) Schlafsack m. **2.** billiges, drekkiges Ho'tel. **3.** Schlampe f. '~-**bane** s bot. (ein) Flohkraut n. ~ **bee·tle** s zo. (ein) Erdfloh m. '~-**bite** s **1.** Flohbiß m. **2.** fig. Kleinigkeit f, Baga'telle f. '~-**ˌbit·ten** adj **1.** von Flöhen zerbissen. **2.** rötlich gesprenkelt (Pferd etc). ~ **cir·cus** s Flohzirkus m. ~ **col·lar** s Flohhalsband n. ~ **louse** s irr zo. (ein) Blattfloh m. ~ **mar·ket** s Flohmarkt m. '~-**pit** s Br. sl. billiges, dreckiges Kino od. The'ater.
flèche [fleɪʃ] s **1.** arch. Spitzturm m. **2.** Festungsbau: Flesche f, Pfeilschanze f.
fleck [flek] **I** s **1.** Fleck(en) m, Tupfen m: ~ **of colo(u)r** Farbtupfer m. **2.** a) (Haut)Fleck m, b) Sommersprosse f. **3.** a) (Staub- etc)Teilchen n: ~ **of dust**, b) (Schmutz- etc)Spritzer m: ~ **of mud**, c) Flocke f: ~ **of snow**. **II** v/t **4.** flecker. '**fleck·er** v/t sprenkeln, tüpfeln.
flec·tion, bes. Br. **flex·ion** ['flekʃn] s **1.** Biegen n, Beugen n. **2.** Biegung f, Beugung f. **3.** Krümmung f. **4.** ling. Flexi'on f, Beugung f. '**flec·tion·al**, bes. Br. '**flex·ion·al** [-ʃənl] adj ling. Beugungs..., Flexions..., flek'tiert.
fled [fled] pret u. pp von **flee**.
fledge [fledʒ] **I** v/t **1.** e-n Vogel bis zum Flüggewerden aufziehen. **2.** bes. e-n Pfeil befiedern, mit Federn versehen. **II** v/i **3.** Federn bekommen, flügge werden (Vogel). '**fledged** adj flügge. '**fledg(e)·ling** [-lɪŋ] s **1.** eben flügge gewordener Vogel. **2.** fig. Grünschnabel m, Anfänger m.
flee [fliː] pret u. pp **fled** [fled] **I** v/i **1.** die Flucht ergreifen, fliehen, flüchten (**before, from** vor dat; **from** von, aus; **to** zu, nach): **to ~ from justice** sich der Strafverfolgung entziehen. **2.** sich rasch verflüchtigen od. auflösen (Nebel etc).

fleece – flight bag

3. eilen: to ~ past rasch vorbeiziehen (*Landschaft etc*). **4.** ~ from → **5. II** v/t **5.** meiden, aus dem Weg gehen (*dat*). **6.** a) fliehen aus: to ~ the town, b) fliehen vor (*dat*): to ~ the enemy (*danger, etc*).
fleece [fliːs] **I** s **1.** Vlies n, bes. Schaffell n: → **Golden Fleece**. **2.** Schur f, geschorene Wolle: ~ wool Schurwolle. **3.** dickes (Woll- od. Kunstfaser)Gewebe. **4.** (Haar)Pelz m. **5.** (*Schnee-, Wolken-* etc)Decke f: ~ of snow; cloud ~. **6.** *Am.* Rückenfleisch n e-s Büffels. **II** v/t **7.** Schaf etc scheren. **8.** *colloq.* 'ausnehmen', 'rupfen', 'schröpfen' (of um). **9.** bedecken, über'ziehen. **'fleec·y** adj **1.** wollig, weich. **2.** flockig: ~ clouds Schäfchenwolken.
fleet¹ [fliːt] s **1.** *mar.* (*bes.* Kriegs)Flotte f: ~ admiral *Am.* Großadmiral m; F~ Air Arm *Br. hist.* Marineluftwaffe f, Flottenfliegerverbände pl. **2.** Gruppe von Fahrzeugen od. Flugzeugen: ~ of cars Wagenpark m; ~ policy Kraftfahrzeugsammel-, Pauschalpolice f. **3.** *mar.* (Netz-) Fleet n.
fleet² [fliːt] **I** adj (adv ~ly) **1.** schnell, flink, geschwind: ~ of foot schnellfüßig. **2.** *poet.* flüchtig, vergänglich. **II** v/i **3.** eilen. **4.** *obs.* da'hineilen, schnell vergehen. **III** v/t **5.** *obs.* sich *die Zeit* vertreiben. **6.** *mar.* verschieben, Positi'on wechseln lassen.
fleet³ [fliːt] s *Br. dial.* kleine Bucht.
'fleet-foot, 'fleet-,foot·ed adj schnellfüßig.
'fleet·ing adj (adv ~ly) (schnell) da'hineilend, flüchtig, vergänglich: ~ time; ~ glimpse flüchtiger (An)Blick od. Eindruck; ~ target *mil.* Augenblicksziel n.
'fleet·ness s **1.** Schnelligkeit f: ~ of foot Schnellfüßigkeit f. **2.** Flüchtigkeit f, Vergänglichkeit f.
Fleet Street s Fleet Street f: a) das Londoner Presseviertel, b) *fig.* die (Londoner) Presse.
Flem·ing ['flemɪŋ] s Flame m.
Flem·ish ['flemɪʃ] **I** s **1.** *ling.* Flämisch n, das Flämische. **2.** the ~ *collect.* pl die Flamen pl. **II** adj **3.** flämisch.
flench [flentʃ] → **flense**.
flense [flens] v/t **1.** a) e-n Wal flensen, aufschneiden (u. dn. Speck abziehen), b) *den Walspeck* abziehen: flensing deck Flensdeck n. **2.** e-n Seehund abhäuten.
flesh [fleʃ] **I** s **1.** Fleisch n: to lose ~ abmagern, abnehmen; to put on ~ Fett ansetzen, zunehmen; in ~ korpulent, dick; there was a lot of ~ to be seen on the stage auf der Bühne gab es viel Fleisch zu sehen; to press (the) ~ *bes. Am. sl.* Hände schütteln; ~ creep **3.** **2.** *obs.* Fleisch n (*Nahrungsmittel, Ggs. Fisch*): ~ diet Fleischkost f. **3.** Körper m, Leib m, Fleisch n: my own ~ and blood mein eigen Fleisch u. Blut; more than ~ and blood can bear einfach unerträglich; in the ~ a) leibhaftig, höchstpersönlich, b) in natura, in Wirklichkeit; to become one ~ 'ein Leib u. 'eine Seele werden. **4.** *obs. od. poet.* (sündiges) Fleisch, b) Fleischeslust f. **5.** Menschengeschlecht n, menschliche Na'tur: after the ~ *Bibl.* nach dem Fleisch, nach Menschenart; to go the way of all ~ den Weg allen Fleisches gehen. **6.** (Frucht-) Fleisch n. **II** v/t **7.** e-e *Waffe* ins Fleisch bohren. **8.** a) *hunt.* e-n Jagdhund Fleisch kosten lassen, b) *obs. od. poet.* j-n kampfgierig machen. **9.** *obs. od. poet.* j-s Verlangen befriedigen. **10.** Tierhaut ausfleischen. **11.** *meist* ~ out e-m *Roman etc* Sub'stanz verleihen, e-e *Rede etc* anreichern (with mit), e-e *Romanfigur etc* mit Leben erfüllen. **III** v/i **12.** *meist* ~ out, ~ up zunehmen, Fett ansetzen.
flesh| **col·o(u)r** s Fleischfarbe f. **'~-,col·o(u)red** adj fleischfarben. **'~-,eat·ing** adj *bot. zo.* fleischfressend.
'flesh·er s **1.** *Scot.* Fleischer m, Metzger m. **2.** Ausfleischmesser n.
flesh| **fly** s *zo.* Fleischfliege f. **'~·hook** s **1.** Fleischerhaken m, Hängestock m. **2.** Fleischgabel f. ~ **hoop** s Spannreif m (*der Trommel*).
flesh·i·ness ['fleʃɪnɪs] s Fleischigkeit f.
'flesh·ings [-ɪŋz] s pl fleischfarbene Strumpfhose, fleischfarbenes Tri'kot.
'flesh·li·ness s Fleischlichkeit f, Sinnlichkeit f. **'flesh·ly** adj **1.** fleischlich: a) leiblich, b) sinnlich. **2.** irdisch, menschlich.
'flesh|**-meat** → flesh **2**. **'~·pot** s **1.** Fleischtopf m: to long for the ~s of Egypt *fig.* sich nach den Fleischtöpfen Ägyptens zurücksehnen. **2.** pl luxuri'öses u. ausschweifendes Leben. **3.** Amü'sierbetrieb m. ~ **side** s Fleisch-, Aasseite f (*vom Fell*). ~ **tints** s pl *paint.* Fleischtöne pl. ~ **wound** s *med.* Fleischwunde f.
'flesh·y adj **1.** fleischig, korpu'lent, dick. **2.** fleischig (a. *Früchte etc*), fleischartig.
fletch [fletʃ] v/t *bes.* e-n *Pfeil* befiedern, mit Federn versehen.
Fletch·er·ism ['fletʃərɪzəm] s Fletschern n (*langsames u. gründliches Kauen, wodurch e-e bessere Ausnutzung der Nahrung erreicht werden soll*).
fleur-de-lis [ˌflɜːdə'liː; *Am.* ˌflɜːr-] pl **fleurs-de-'lis** [-'liːz] s **1.** *her.* Lilie f. **2.** königliches Wappen Frankreichs. **3.** *bot.* Schwertlilie f.
fleu·rette [flɔːˈret; flɜːˈret] s kleines Blumenorna'ment.
fleu·ron ['flʊərɒn; 'flɜː-; *Am.* 'flɜːrˌɑn] s **1.** *arch. print.* Fleu'ron m, 'Blumenornaˌment n. **2.** *gastr.* Fleu'ron m (*zur Garnierung von Speisen verwendetes, ungesüßtes Blätterteigstückchen*).
flew [fluː] *pret von* **fly¹**.
flews [fluːz] s pl *zo.* Lefzen pl.
flex¹ [fleks] *bes. anat.* **I** v/t biegen, beugen: to ~ one's knees; to ~ one's muscles a) die Muskeln anspannen, b) s-e Muskeln spielen lassen (*a. fig.*). **II** v/i sich biegen (lassen). **III** s Biegen n, Beugen n: to give one's muscles a ~ die Muskeln anspannen.
flex² [fleks] s *electr. bes. Br.* (Anschluß-, Verlängerungs)Kabel n, (-)Schnur f.
flex·i·bil·i·ty [ˌfleksə'bɪlətɪ] s **1.** Flexibili'tät f: a) Biegsamkeit f, Elastizi'tät f, b) *fig.* Anpassungsfähigkeit f, Beweglichkeit f. **2.** *fig.* Lenkbar-, Folgsam-, Fügsamkeit f. **'flex·i·ble** adj (adv flexibly) **1.** fle'xibel: a) biegsam, e'lastisch, b) *fig.* anpassungsfähig, beweglich: ~ cable *mot.* biegsame Welle, *electr.* biegsames Kabel; ~ **coupling** *tech.* Gelenkkupplung f; ~ **drive shaft** *tech.* Kardan(gelenk)welle f; ~ **gun** *mil.* schwenkbare Kanone; ~ **metal tube** Metallschlauch m; ~ **policy** flexible Politik; ~ **response** *mil.* abgestufte Verteidigung; ~ **shaft** *tech.* Gelenkwelle f, biegsame Welle; ~ **working hours** gleitende Arbeitszeit. **2.** *fig.* lenkbar, folgsam, fügsam. **'flex·i·ble·ness** → flexibility. **'flex·ile** [-aɪl; *Am. a.* -əl] → flexible. **flex·ion**, **flex·ion·al** *bes. Br. für* flection, flectional. **'flex·or** [-sə(r)] s *anat.* Beugemuskel m, Beuger m: ~ **tendon** Beugesehne f.
flex·u·ose ['fleksjʊəʊs; *Am.* -ʃəˌwəʊs], **'flex·u·ous** adj **1.** a) kurvenreich, b) sich schlängelnd, sich windend. **2.** *bot. zo.* geschlängelt.
flex·u·ral ['fleksərəl] adj *tech.* Biege...: ~ **stress** Biegespannung f. **'flex·ure** [-ʃə(r)] s **1.** Biegen n, Beugen n. **2.** Biegung f, Beugung f, Krümmung f.
flib·ber·ti·gib·bet [ˌflɪbə(r)tɪ'dʒɪbɪt] s dumme, geschwätzige Frau.
flick¹ [flɪk] **I** s **1.** leichter Schlag, Klaps m. **2.** Knall m, Schnalzer m. **3.** schnellende Bewegung, Ruck m. **4.** Schnipser m. **II** v/t **5.** leicht schlagen, e-n Klaps geben (*dat*). **6.** schnalzen mit (*Fingern*), (*mit Peitsche a.*) knallen mit. **7.** ruckartig bewegen, e-n *Schalter* an- od. ausknipsen: to ~ a knife open ein Messer aufschnappen lassen. **8.** schnippen, schnipsen: he ~ed the ashes from his cigar; to ~ away (*od.* off) wegschnippen. **III** v/i **9.** schnellen. **10.** ~ through ein *Buch etc* 'durchblättern, über'fliegen.
flick² [flɪk] s *colloq.* Film m, pl 'Kintopp' m, *a. n* (*Kino*): at the ~s im Kintopp.
flick·er¹ ['flɪkə(r)] **I** s **1.** flackerndes Licht. **2.** Flackern n: the final ~ of a dying fire das letzte Aufflackern e-s erlöschenden Feuers; a ~ of hope ein Hoffnungsfunke. **3.** Zucken n. **4.** TV Flimmern n. **5.** Flattern n. **6.** *bes. Am.* → flick². **II** v/i **7.** flackern (*Kerze, Augen etc*): the candle ~ed out die Kerze flackerte noch einmal auf u. erlosch; the hope ~ed within her that her husband was still alive in ihr flackerte immer wieder die Hoffnung auf. **8.** zucken (*Schatten, Augenlider etc*): shadows ~ed on the wall. **9.** flimmern (*Fernsehbild*). **10.** flattern (*Vogel*). **11.** huschen (over über *acc*) (*Augen*). **III** v/t **12.** flackern lassen: the wind ~ed the candle. **13.** andeuten, signali'sieren: he ~ed a warning with a lifted brow.
flick·er² ['flɪkə(r)] s *orn.* (*ein*) nordamer. Goldspecht m.
flick knife s *irr Br.* Schnappmesser n.
fli·er ['flaɪə(r)] s **1.** etwas, was fliegt, z. B. Vogel, Insekt etc. **2.** *aer.* Flieger m: a) Pi'lot m, b) *colloq.* 'Vogel' m (*Flugzeug*). **3.** Flieger m (*Trapezkünstler*). **4.** etwas sehr Schnelles, *bes.* a) *Am.* Ex'preß(zug) m, b) *Am.* Schnell(auto)bus m. **5.** *tech.* Schwungrad n, Flügel m. **6.** *arch.* → flight¹ **9** a, b. **7.** Flüchtige(r) m) f. **8.** *colloq.* a) Riesensatz m: to take a ~ e-n Riesensatz machen, b) *Am.* ris'kantes Unter'fangen, *bes. econ.* gewagte Spekulati'on: to take a ~ gewagt spekulieren; to take a ~ **in politics** sich kopfüber in die Politik stürzen. **9.** *Am. a.* Flugblatt n, Re'klamezettel m, b) 'Nachtragskataˌlog m. **10.** *colloq. für* **flying start 2**.
flight¹ [flaɪt] **I** s **1.** Flug m, Fliegen n: in ~ im Flug. **2.** *aer.* Flug m, Luftreise f. **3.** Flug(strecke f) m. **4.** Schwarm m (*Vögel od. Insekten*), Flug m, Schar f (*Vögel*): in the first ~ *fig.* in vorderster Front. **5.** *aer. mil.* Schwarm m (*4 Flugzeuge*), b) Kette f (*3 Flugzeuge*). **6.** Flug m, Da'hinsausen n (*e-s Geschosses etc*). **7.** (*Geschoß-, Pfeil- etc*)Hagel m: a ~ of arrows. **8.** (*Gedanken- etc*)Flug m, Schwung m: soaring ~s of intellect geistige Höhenflüge. **9.** *arch.* a) Treppenlauf m, b) geradläufige Treppenflucht, c) Treppe f: she lives two ~s up sie wohnt zwei Treppen hoch. **10.** (*Zimmer-*)Flucht f. **11.** *fig.* Flug m, Verfliegen n: the ~ of time. **12.** → flight feather. **13.** Steuerfeder f (*e-s* [*Wurf*]*Pfeils*). **14.** → flight arrow.
flight² [flaɪt] s Flucht f: in his ~ auf s-r Flucht; to put to ~ in die Flucht schlagen; to take (to) ~ die Flucht ergreifen; ~ of capital *econ.* Kapitalflucht f.
flight| **ar·row** s Langbogenpfeil m. ~ **at·tend·ant** s Flugbegleiter(in). **~ bag** s **1.** *aer.* Reisetasche f (*bes. e-e, die unter e-n Flugzeugsitz paßt*). **2.** (*Reise- etc*)

Tasche, auf der der Name e-r Fluggesellschaft aufgedruckt ist. ~ cap·i·tal s econ. 'Fluchtgeld n, -kapi,tal n. ~ deck s 1. mar. Flugdeck n (e-s Flugzeugträgers). 2. a) aer. Cockpit n, b) Raumfahrt: Besatzungsraum m. ~ desk s Flugschalter m. ~ en·gi·neer s 'Bordingeni,eur m. ~ feath·er s zo. Schwung-, Flugfeder f. ~ for·ma·tion s aer. 'Flugformati,on f, fliegender Verband.
flight·i·ness ['flaɪtɪnɪs] s 1. Unbeständigkeit f, Flatterhaftigkeit f. 2. Koketterie f.
flight| in·struc·tor s Fluglehrer m. ~ in·stru·ment s 'Bord-, 'Fluginstru,ment n. ~ lane s Flugschneise f.
'flight·less adj orn. flugunfähig.
flight| lieu·ten·ant s aer. mil. Br. (Flieger)Hauptmann m. ~ me·chan·ic s 'Bordme,chaniker m. ~ path s 1. aer. Flugroute f. 2. Ballistik: Flugbahn f. ~ pay s aer. mil. Am. Fliegerzulage f. ~ per·son·nel s aer. fliegendes Perso'nal. ~ re·cord·er s Flug(daten)schreiber m. ~ ser·geant s aer. mil. Br. Oberfeldwebel m (der Luftwaffe). ~ sim·u·la·tor s 'Flugsimu,lator m. ~ strip s behelfsmäßige Start- u. Landebahn, Start- u. Landestreifen m. '~-test v/t im Flug erproben: ~ed flugerprobt. ~ tick·et s Flugticket n, -schein m. '~-,worth·y adj 1. flugtauglich (Person). 2. flugeeignet (Gerät).
'flight·y adj (adv flightily) 1. unbeständig, launisch, flatterhaft. 2. ko'kett.
flim-flam ['flɪmflæm] colloq. I s 1. Unsinn m, „Mumpitz" m. 2. Trick m, fauler Zauber'. II v/t 3. j-n ,reinlegen'.
flim·si·ness ['flɪmzɪnɪs] s 1. Dünnheit f. 2. fig. Fadenscheinigkeit f. 3. Oberflächlichkeit f. 'flim·sy I adj (adv flimsily) 1. dünn: a) zart, leicht: ~ dress contp. ,Fähnchen', b) leichtzerbrechlich, -gebaut: ~ house ,windiges' Haus. 2. fig. schwach, dürftig, fadenscheinig: a ~ excuse. 3. oberflächlich: ~ security. II s 4. pl colloq. „Reizwäsche" f, zarte 'Damen,unterwäsche. 5. a) 'Durchschlagpa,pier n, b) 'Durchschlag m, Ko'pie f.
flinch¹ [flɪntʃ] v/i 1. zu'rückschrecken (from, at vor dat). 2. (zu'rück)zucken, zs.-fahren (vor Schmerz etc): without ~ing ohne mit der Wimper zu zucken.
flinch² [flɪntʃ] → flense.
flin·ders ['flɪndə(r)z] s pl Splitter pl: to fly into ~ zersplittern.
fling [flɪŋ] I s 1. Wurf m: to give s.th. a ~ etwas wegwerfen; (at) full ~ mit voller Wucht. 2. Ausschlagen n (des Pferdes). 3. to have one's (od. a) ~ sich austoben: a) (einmalig) ,auf den Putz hauen', über die Stränge schlagen, b) (über e-n längeren Zeitraum) ,sich die Hörner abstoßen'. 4. colloq. Versuch m: to have (od. take) a ~ at s.th. es mit etwas versuchen od. probieren. 5. fig. Hieb m, Stiche'lei f: to have (od. take) a ~ at s.o. gegen j-n sticheln. 6. ein lebhafter schottischer Tanz. II v/t pret u. pp flung [flʌŋ] 7. etwas werfen, schleudern (at nach): to ~ open (to) e-e Tür etc aufreißen (zuschlagen); she flung him an angry look sie warf ihm e-n wütenden Blick zu; to ~ one's arms (a)round s.o.'s neck j-m die Arme um den Hals werfen; to ~ o.s. at s.o. a) sich auf j-n werfen od. stürzen, b) fig. sich j-m an den Hals werfen; to ~ o.s. into s.o.'s arms sich j-m in die Arme werfen (a. fig.); to ~ o.s. into a chair sich in e-n Sessel werfen; to ~ o.s. into s.th. fig. sich in od. auf e-e Sache stürzen; to ~ s.o. into prison j-n ins Gefängnis werfen; → tooth 1, wind¹ 1. 8. poet. aussenden, -strahlen, -strömen. 9. a) e-e Bemerkung her'aus-, her'vor-

stoßen, b) → fling off 5. III v/i 10. eilen, stürzen (out of the room aus dem Zimmer). 11. oft ~ out ausschlagen (at nach) (Pferd).
Verbindungen mit Adverbien:
fling| a·way v/t 1. fort-, wegwerfen. 2. Zeit, Geld verschwenden, vergeuden ([up]on an j-n, für etwas). 3. Skrupel etc über Bord werfen. ~ back v/t zu'rückwerfen: she flung back her head proudly. ~ down v/t auf den od. zu Boden werfen: to ~ a challenge to s.o. (to do s.th.) j-m den Fehdehandschuh hinwerfen (u. ihn aufzufordern, etwas zu tun); → gauntlet¹ 2. ~ off I v/t 1. ein Kleidungsstück abwerfen. 2. a) ein Joch etc abwerfen, abschütteln: to ~ a yoke; to ~ the chains of marriage sich aus den Fesseln der Ehe befreien, b) Skrupel etc über Bord werfen. 3. e-n Verfolger abschütteln, e-n Jagdhund von der Fährte abbringen. 4. ein Gedicht etc schnell ,hinwerfen', ,aus dem Ärmel schütteln'. 5. e-e Bemerkung 'hinwerfen, fallenlassen. II v/i 6. da'vonstürzen. ~ on v/t (sich) ein Kleidungsstück 'überwerfen. ~ out I v/t 1. a. j-n, e-n Beamten etc hin'auswerfen. 2. Abfall etc wegwerfen. 3. → fling 9 a. II v/i 4. → fling 11. ~ up v/t hochwerfen: to ~ one's arms (od. hands) in horror entsetzt die Hände über dem Kopf zs.-schlagen.
flint [flɪnt] s 1. min. Flint m, Feuerstein m. 2. Feuer-, Zündstein m (e-s Feuerzeugs). 3. → flint glass. ~ glass s tech. Flintglas n.
flint·i·ness ['flɪntɪnɪs] s Härte f, Hartherzigkeit f.
'flint·lock s mil. hist. Steinschloß(gewehr) n. ~ mill s Flintmühle f. ~ pa·per s tech. 'Flintpa,pier n.
'flint·y adj 1. aus Feuerstein, Feuerstein... 2. feuersteinhaltig. 3. kieselhart. 4. hart(herzig).
flip¹ [flɪp] I v/t 1. schnippen, schnipsen. 2. schnellen, mit e-m Ruck bewegen: to ~ (over) Pfannkuchen, Schallplatte etc wenden, a. Spion ,umdrehen'; to ~ a coin → 5. 3. to ~ one's lid (od. top) bes. Am. sl. ,ausflippen', ,durchdrehen'. II v/i 4. schnippen, schnipsen. 5. e-e Münze hochwerfen (zum Losen). 6. ~ through ein Buch etc durchblättern. 7. a. ~ out bes. Am. sl. ,ausflippen', ,durchdrehen' (for, over bei). III s 8. Schnipser m: to give s.th. a ~ etwas schnippen od. schnipsen. 9. Ruck m. 10. sport Salto m. 11. Br. colloq. kurzer Rundflug. IV adj 12. colloq. für flippant.
flip² [flɪp] s Flip m (alkoholisches Mischgetränk mit Ei).
flip-flap ['flɪpflæp] → flip-flop.
flip-flop ['flɪpflɒp; Am. -,flɑp] I s 1. Klappern n (von Fensterläden etc). 2. Turnen: Flic(k)flac(k) m, Handstand'überschlag m: to do a ~ → 7. 3. a. ~ circuit electr. Flipflopschaltung f. 4. 'Zehensan,dale f (aus Gummi od. Plastik). 5. fig. Drehung f um hundert'achtzig Grad: to do a ~ → 8. II v/i 6. klappern, schlagen: the shutters ~ped in the wind. 7. Turnen: e-n Flic(k)flac(k) machen. 8. fig. sich um hundert'achtzig Grad drehen.
flip·pan·cy ['flɪpənsɪ] s Re'spektlosigkeit f, ,Schnodd(e)rigkeit' f. 'flip·pant adj (~·ly) re'spektlos, ,schnodd(e)rig'.
flip·per ['flɪpə(r)] s 1. zo. a) (Schwimm-) Flosse f, b) Paddel n (von Seeschildkröten). 2. sport Schwimmflosse f. 3. sl. ,Flosse' f (Hand).
flip·ping ['flɪpɪŋ] adj u. adv Br. sl. verdammt, verflucht: ~ idiot ,Vollidiot' m; ~ cold ,saukalt'.
flip side s B-Seite f (e-r Single).

flip switch s electr. Kippschalter m.
flirt [flɜːt; Am. flɜːrt] I v/t 1. schnippen, schnipsen. 2. schnell (hin u. her) bewegen, wedeln mit: to ~ a fan. II v/i 3. her'umsausen, (Vögel etc) her'umflattern. 4. flirten (with mit) (a. fig.): he was ~ing with left-wing groups; to ~ with death mit s-m Leben spielen. 5. fig. spielen, liebäugeln (with mit): to ~ with the idea of leaving. III s 6. Schnipser m. 7. a) ko'kette Frau, b) Schäker m: to be a ~ gern flirten. flir'ta·tion s 1. Flirten n. 2. Flirt m. 3. fig. Spielen n, Liebäugeln n. flir'ta·tious adj (gern) flirtend, ko'kett. flir'ta·tious·ness s ko'kettes Wesen. 'flirt·y → flirtatious.
flit [flɪt] I v/i 1. flitzen, huschen: an idea ~ted through his mind ein Gedanke schoß ihm durch den Kopf. 2. flattern. 3. verfliegen (Zeit). 4. Scot. u. Br. dial. 'um-, wegziehen. 5. Br. colloq. bei Nacht u. Nebel (unter Hinterlassung von Mietschulden) ausziehen. II s 6. Flitzen n, Huschen n. 7. Flattern n. 8. Scot. u. Br. dial. 'Umzug m. 9. a. moonlight ~ Br. colloq. Auszug m bei Nacht u. Nebel: to do a ~ → 5. 10. bes. Am. sl. ,Strichjunge' m, ,Stricher' m.
flitch [flɪtʃ] I s 1. gesalzene od. geräucherte Speckseite: the ~ of Dunmow Speckseite, die jedes Jahr in Dunmow, Essex, an Ehepaare verteilt wird, die ein Jahr lang nicht gestritten haben. 2. Heilbuttschnitte f. 3. Walspeckstück n. 4. Zimmerei: a) Beischalaf f, b) Schwarte f, c) Trumm n, d) Planke f. II v/t 5. in Stücke schneiden.
flite [flaɪt] Scot. u. Br. dial. I v/t j-n auszanken (for wegen). II s Zank m.
flit·ter·mouse ['flɪtə(r)maʊs] s irr zo. dial. Fledermaus f.
fliv·ver ['flɪvə(r)] Am. sl. I s 1. kleines, billiges Auto. 2. kleines Pri'vatflugzeug. 3. mar. kleiner Zerstörer. 4. ,Pleite' f (Mißerfolg). II v/i 5. ,da'nebengehen'.
float [fləʊt] I v/i 1. (auf dem Wasser) schwimmen, (im Wasser) treiben. 2. mar. flott sein od. werden. 3. schweben, ziehen: fog ~ed across the road Nebelschwaden zogen über die Straße; various thoughts ~ed before his mind fig. ihm gingen verschiedene Gedanken durch den Kopf. 4. 'umgehen, in 'Umlauf sein (Gerücht etc). 5. econ. 'umlaufen, in 'Umlauf sein. 6. econ. gegründet werden (Gesellschaft). 7. in Gang gebracht od. gesetzt werden (Verhandlungen etc). 8. bes. pol. nicht festgelegt sein. 9. Am. colloq. häufig seinen Wohnsitz od. den Arbeitsplatz wechseln. 10. (bes. ziellos) (her'um)wandern. 11. Weberei: flotten. 12. Leichtathletik: Am. verhalten laufen. II v/t 13. a) schwimmen od. treiben lassen, b) Baumstämme flößen. 14. a) mar. flottmachen, b) Boot zu Wasser bringen. 15. schwemmen, tragen (Wasser) (a. fig.): to ~ s.o. into power j-n an die Macht bringen. 16. unter Wasser setzen, über'fluten. '~schwemmen (a. fig.). 17. bewässern. 18. econ. a) Wertpapiere etc in 'Umlauf bringen, b) e-e Anleihe auflegen, ausgeben, c) e-e Gesellschaft gründen. 19. econ. e-e Währung floaten, den Wechselkurs (gen) freigeben. 20. Verhandlungen etc in Gang bringen od. setzen. 21. ein Gerücht etc in 'Umlauf setzen.
III s 22. mar. a) Floß n, b) Prahm m, c) schwimmende Landebrücke. 23. Angel-, Netzkork m, Korkschwimmer m. 24. Am. Schwimm-, Rettungsgürtel m. 25. tech. Schwimmer m. 26. aer. Schwimmer m. 27. ichth. Schwimmblase f. 28. a) bes. Br. niedriger Trans'portwagen (für schwere Güter), b) flacher Plattformwa-

floatable – flop

gen, bes. Festwagen m (bei Umzügen etc). **29.** → **floatboard**. **30.** meist pl thea. Rampenlicht n. **31.** tech. a) einhiebige Feile, b) Reibebrett n. **32.** Br. Wechselgeld n (bei Geschäftsbeginn). **33.** Br. Schwimm-, Gleitbrett n.
'**float·a·ble** adj **1.** schwimmfähig. **2.** flößbar (Fluß etc).
float·age, float·a·tion bes. Br. für flotage, flotation.
'**float·board** s tech. (Rad)Schaufel f. ~ **bridge** s Floßbrücke f. ~ **cham·ber** s tech. **1.** Schwimmergehäuse n. **2.** Flutkammer f.
'**float·er** s **1.** j-d, der od. etwas, was auf dem Wasser schwimmt od. im Wasser treibt. **2.** Am. colloq. Wasserleiche f. **3.** Am. colloq. ‚Zugvogel' m (j-d, der häufig den Wohnsitz od. den Arbeitsplatz wechselt). **4.** Springer m (in e-m Betrieb). **5.** pol. a) Wechselwähler m, b) Am. Wähler, der s-e Stimme illegal in mehreren Wahlbezirken abgibt. **6.** econ. Gründer m (e-r Gesellschaft). **7.** econ. Br. erstklassiges 'Wertpa₁pier. **8.** econ. Am. Pau'scho₁lice f. **9.** tech. Schwimmer m. **10.** Br. sl. ‚Schnitzer' m (Fehler).
'**float·-feed** adj tech. mit e-r 'schwimmerregu₁lierten Zuleitung. ~ **glass** s tech. Floatglas n.
'**float·ing I** adj (adv ~ly) **1.** schwimmend, treibend, Schwimm..., Treib...: ~ **hotel** schwimmendes Hotel. **2.** lose, beweglich. **3.** econ. a) 'umlaufend (Geld etc), b) schwebend (Schuld), c) flüssig (Kapital), d) fle'xibel (Wechselkurs), e) frei konver'tierbar (Währung). **II** s **4.** econ. Floating n. ~ **an·chor** s mar. Treibanker m. ~ **as·sets** s pl econ. flüssige Anlagen pl od. Ak'tiva pl. ~ **ax·le** s tech. Schwingachse f. ~ **bat·ter·y** s electr. 'Pufferbatte₁rie f, 'Notstrombatte₁rie f. ~ **bridge** s **1.** Schiffs-, Floß-, Tonnenbrücke f. **2.** Kettenfähre f. ~ **cap·i·tal** s econ. 'Umlaufvermögen n. ~ **car·go** s econ. schwimmende Fracht. ~ **charge** s econ. Br. schwebende od. fließende Belastung am Ge'samtunter₁nehmen. ~ **crane** s tech. Schwimmkran m. ~ **dec·i·mal point** → floating point. ~ **dock** s mar. Schwimmdock n. ~ **dredg·er** s tech. Schwimmbagger m. ~ **dry dock** → floating dock. ~ **ice** s Treibeis n. ~ **is·land** s **1.** schwimmende Insel. **2.** Am. e-e Süßspeise aus Eiercreme u. Schlagsahne. ~ **kid·ney** s med. Wanderniere f. ~ **light** s mar. **1.** Leuchtboje f. **2.** Leuchtschiff n. **3.** Warnungslicht n. ~ **mine** s mar. mil. Treibmine f. ~ **point** s Fließkomma n (e-s Taschenrechners etc). ~ **pol·i·cy** s econ. mar. Pau'schalpo₁lice f. ~ **rib** s anat. falsche od. kurze Rippe. ~ **trade** s Seefrachthandel m. ~ **vot·er** s collect. pol. Wechselwähler pl. ~ **vot·er** s pol. Wechselwähler m.
'**float·plane** s aer. Schwimmerflugzeug n. '~**stone** s **1.** min. Schwimmstein m. **2.** tech. Reibestein m. ~ **switch** s electr. Schwimmerschalter m. ~ **valve** s tech. 'Schwimmerven₁til n.
floc [flɒk; Am. flɑk] s chem. Flöckchen n.
floc·ci ['flɒksaɪ; Am. 'flɑk-] pl von **floccus**. '**floc·cose** [-kəʊs] adj bot. zo. flockig.
floc·cu·lar ['flɒkjʊlə; Am. 'flɑkjələr] adj flockig. '**floc·cu·late** [-leɪt] v/t u. v/i bes. chem. ausflocken. '**floc·cule** [-juːl] s Flöckchen n.
floc·cu·lence ['flɒkjʊləns; Am. 'flɑk-] s flockige od. 'wollige Beschaffenheit. '**floc·cu·lent** adj **1.** flockig. **2.** wollig. '**floc·cu·lus** [-ləs] pl **-li** [-laɪ] s **1.** Flöckchen n. **2.** Büschel n. **3.** astr. (Sonnen-)Flocke f. **4.** anat. Flocculus m (kleiner Lappen des Kleinhirns).

floc·cus ['flɒkəs; Am. 'flɑ-] pl **floc·ci** ['flɒksaɪ; Am. 'flɑk-] s **1.** Flocke f. **2.** zo. a) Haarbüschel n, b) orn. Flaum m.
flock[1] [flɒk; Am. flɑk] **I** s **1.** Herde f (bes. Schafe od. Ziegen). **2.** Schwarm m, hunt. Flug m (Vögel). **3.** Menge f, Schar f, Haufen m: **to come in** ~**s** in (hellen) Scharen herbeiströmen. **4.** Menge f (Bücher etc). **5.** relig. Herde f, Gemeinde f. **II** v/t **6.** fig. strömen: **to** ~ **to a place** zu e-m Ort (hin)strömen; **to** ~ **to s.o.** j-m zuströmen, in Scharen zu j-m kommen; **to** ~ **together** zs.-strömen, sich versammeln.
flock[2] [flɒk; Am. flɑk] s **1.** (Woll)Flocke f. **2.** (Haar)Büschel n. **3.** a. pl a) Wollabfall m, (zerkleinerte) Stoffreste pl (als Polstermaterial), b) Wollpulver n (für Tapeten etc). **4.** a. pl chem. flockiger Niederschlag.
flock print·ing s Textilwesen: Flockdruck m, -print m.
floe [fləʊ] s **1.** Treibeis n. **2.** Eisscholle f.
flog [flɒg; Am. flɑg] **I** v/t **1.** prügeln, schlagen: **to** ~ **a dead horse** fig. a) offene Türen einrennen, b) s-e Zeit verschwenden; **to** ~ **s.th. to death** fig. etwas zu Tode reiten. **2.** auspeitschen. **3.** antreiben: **to** ~ **along** vorwärtstreiben. **4.** bes. Br. **to** ~ **s.th. into s.o.** j-m etwas einbleuen; **to** ~ **s.th. out of s.o.** j-m etwas austreiben. **5.** Br. colloq. bes. etwas Gebrauchtes, Diebesbeute ‚verkloppen', ‚verscheuern'. **II** v/i **6.** (hin u. her) schlagen: **the awnings were** ~**ging in the wind.** '**flog·ging** s **1.** Tracht f Prügel. **2.** Auspeitschen n. **3.** jur. Prügelstrafe f.
flong [flɒŋ; Am. flɑŋ] s **1.** print. Ma'trizenpa₁pier n. **2.** Journalismus: sl. weniger wichtiges Materi'al.
flood [flʌd] **I** s **1.** Flut f, strömende Wassermasse. **2.** Über'schwemmung f (a. fig.), Hochwasser n: **the F**~ Bibl. die Sintflut. **3.** Flut f (Ggs. Ebbe): **on the** ~ mit der Flut, bei Flut. **4.** poet. Flut f, Fluten pl (See, Strom etc). **5.** fig. Flut f, Strom m, Schwall m: ~ **of ink** Tintenströme; **a** ~ **of letters** e-e Flut von Briefen; **a** ~ **of tears** ein Tränenstrom; **a** ~ **of words** ein Wortschwall. **II** v/t **6.** über'schwemmen, -'fluten (beide a. fig.): **to be** ~**ed under** unter Wasser stehen; **to** ~ **the market** econ. den Markt überschwemmen; **to be** ~**ed out with letters** mit Briefen überschwemmt werden. **7.** unter Wasser setzen. **8. to be** ~**ed out** durch e-e Überschwemmung obdachlos werden. **9.** mar. fluten. **10. to** ~ **the carburet(t)or** (od. **engine**) mot. den Motor ‚absaufen' lassen. **11.** e-n Fluß etc anschwellen od. über die Ufer treten lassen (Regen etc). **12.** mit Licht über'fluten. **13.** fig. strömen in (acc), sich ergießen über (acc). **III** v/i **14.** a. fig. fluten, strömen, sich ergießen: **to** ~ **in** hereinströmen. **15.** (Fluß etc) a) anschwellen, b) über die Ufer treten. **16.** 'überfließen, -laufen (Bad etc). **17.** über'schwemmt werden. **18.** med. an Gebärmutterblutung(en) od. 'übermäßiger Monatsblutung leiden.
'**flood·cock** s mar. 'Flutven₁til n. ~ **con·trol** s Hochwasserschutz m. ~ **dis·as·ter** s 'Hochwasser₁-, 'Flutkata₁strophe f. '~**gate** s tech. Schleusentor n: **to open the** ~**s to** (od. **for**) fig. Tür u. Tor öffnen (dat).
'**flood·ing** s **1.** 'Überfließen n, -laufen n. **2.** Über'schwemmung f, -'flutung f. **3.** med. a) Gebärmutterblutung(en pl) f, b) 'übermäßige Monatsblutung.
'**flood·light I** s **1.** Scheinwerfer-, Flutlicht n: **by** ~ unter Flutlicht. **2.** a. ~ **projector** Scheinwerfer m: **under** ~**s** bei Flutlicht. **II** v/t irr **3.** (mit Scheinwerfern) beleuchten od. anstrahlen: **floodlit** in Flutlicht getaucht; **floodlit match** sport Flutlichtspiel n. '~**mark** s Hochwasserstandszeichen n. ~ **tide** s Flut (-zeit) f.
floo·ey ['fluːɪ] adj: **to go** ~ Am. sl. ‚schief-, danebengehen'.
floor [flɔː(r); Am. a. 'floʊər] **I** s **1.** (Fuß-) Boden m: → **mop**[1] 6, **wipe** 5. **2.** Tanzfläche f: **to take the** ~ auf die Tanzfläche gehen (→ **9b**). **3.** Grund m, (Meeres- etc)Boden m, (Graben-, Fluß-, Tal- etc) Sohle f: ~ **of a valley**; ~ **of the pelvis** anat. Beckenboden. **4.** Bergbau: (Strecken)Sohle f. **5.** tech. Plattform f: ~ **of a bridge** Fahrbahn f, Brückenbelag m. **6.** sport Am. Spielfläche f, -feld n (in der Halle). **7.** (Scheunen-, Dresch)Tenne f. **8.** Stock(werk n) m, Geschoß n: → **first** (etc) **floor**. **9.** parl. a) Br. a. ~ **of the House** Sitzungs-, Ple'narsaal m: **to cross the** ~ zur Gegenpartei übergehen, b) (das) Wort (das Recht zu sprechen): **to admit s.o. to the** ~ j-m das Wort erteilen; **to claim the** ~ sich zu Wort melden; **to get (have, hold** od. **occupy) the** ~ das Wort erhalten (haben); **to order s.o. to relinquish the** ~ j-m das Wort entziehen; **to take the** ~ das Wort ergreifen (→ **1**). **10.** econ. Börsensaal m: → **floor broker (trader)**. **11.** econ. Minimum n: **a price** ~; **a wage** ~; **cost** ~ Mindestkosten pl. **II** v/t **12.** e-n (Fuß-) Boden legen in (dat). **13.** zu Boden schlagen, (Boxen a.) auf die Bretter schicken, (Fußball) ‚legen'. **14.** colloq. a) j-n ‚umhauen', j-m die Sprache verschlagen: ~**ed** ‚baff', ‚platt', sprachlos, b) j-n ‚schaffen': **that problem really** ~**ed me**; **to be** ~**ed by two examination questions** mit zwei Prüfungsfragen überhaupt nicht zurechtkommen. **15.** sport Am. e-n Spieler auf s Feld schicken. **16.** Am. das Gaspedal etc (bis zum Anschlag) 'durchtreten.
'**floor·age** s floor space n.
'**floor·board** s (Fußboden)Diele f. ~ **bro·ker** s econ. Am. Börsenhändler, der im Kundenauftrag Geschäfte tätigt. '~**cloth** s Scheuerlappen m, -tuch n. ~ **cov·er·ing** s Fußbodenbelag m.
'**floor·er** s **1.** tech. Fußboden-, bes. Par'kettleger m. **2.** Schlag, der j-n zu Boden streckt. **3.** colloq. etwas, was j-n ‚umhaut' od. ‚schafft': **the news was a real** ~ die Nachricht hat mich umgehauen.
floor ex·er·cis·es s pl sport Bodenturnen n.
'**floor·ing** s **1.** (Fuß)Boden m. **2.** Fußbodenbelag m. ~ **tile** s floor tile m.
floor lamp s Stehlampe f. ~ **lead·er** s parl. Am. Frakti'onsführer m. ~ **man·ag·er** s **1.** Ab'teilungsleiter m (in e-m Kaufhaus). **2.** pol. Am. Geschäftsführer m (e-r Partei). **3.** TV Aufnahmeleiter m. ~ **plan** s **1.** tech. Grundriß m (e-s Stockwerks), **2.** Raumeinteilungsplan m (bei e-r Messe etc). ~ **pol·ish** s Bohnerwachs n. ~ **pol·ish·er** s 'Bohnerma₁schine f. ~ **show** s Varie'tévorstellung f (in e-m Nachtklub etc). ~ **space** s Bodenfläche f. ~**'through** s Am. Wohnung, die sich über ein ganzes Stockwerk erstreckt. ~ **tile** s Fußbodenfliese f, -platte f. ~ **trad·er** s Am. Börsenhändler, der auf eigene Rechnung Geschäfte tätigt. ~ **wait·er** s E'tagenkellner m. ~ **walk·er** s (aufsichtführender) Ab'teilungsleiter (in e-m Kaufhaus). ~ **vase** s Bodenvase f. ~ **wax** s Bohnerwachs m.
floo·zie ['fluːzɪ] s Am. sl. ‚Flittchen' n.
flop [flɒp; Am. flɑp] **I** v/i **1.** ('hin-, nieder)plumpsen. **2.** sich plumpsen(d fallen) lassen (**into** acc). **3.** hin u. her od. auf u. nieder schlagen. **4.** lose hin u. her schwingen, flattern. **5.** (hilflos) zappeln.

6. *oft* ~ **over** *Am.* 'umschwenken (**to** zu e-r anderen Partei etc). **7.** *colloq.* a) ‚'durchfallen' (*Prüfling, Theaterstück etc*), b) *allg.* ‚da'nebengehen', e-e ‚Pleite' *od.* ein ‚Reinfall' sein. **8.** *Am. sl.* ‚sich in die Falle hauen' (*schlafen gehen*). **II** *v/t* **9.** ('hin-, nieder)plumpsen lassen, 'hinwerfen. **III** *s* **10.** ('Hin-, Nieder)Plumpsen *n.* **11.** Plumps *m.* **12.** *Am.* 'Umschwenken *n.* **13.** *colloq.* a) *thea. etc* ‚Flop' *m,* ‚'Durchfall' *m,* ‚Mißerfolg *m,* b) ‚Reinfall' *m,* ‚Pleite' *f,* c) ‚Versager' *m,* ‚Niete' *f* (*Person*). **14.** *Am. sl.* a) Schlafplatz *m,* -stelle *f,* b) → **flophouse. IV** *adv* **15.** plumpsend, mit e-m Plumps. **V** *interj* **16.** plumps. [*Pension*).]
'**flop**‚**house** *s Am. sl.* ‚Penne' *f* (*billige*)
flop·py ['flɒpɪ; *Am.* 'flɑ:pi:] **I** *adj* (*adv* **floppily**) schlaff (her'ab)hängend, schlapp, schlotterig: ~ **ears** Schlappohren; *colloq.* Floppy *f,* Dis'kette *f.* ~ **disk** *s Computer*: Dis'kette *f.*
flo·ra ['flɔ:rə; *Am. a.* 'flɒʊrə] *pl* **-ras, -rae** [-ri:] *s* **1.** *bot.* Flora *f:* a) Pflanzenwelt *f* (*e-s bestimmten Gebiets*), b) Bestimmungsbuch für die Pflanzen e-s bestimmten Gebiets. **2.** *med.* (*Darm- etc*)Flora *f.*
flo·ral ['flɔ:rəl; *Am. a.* 'flɒʊrəl] *adj* (*adv* ~**ly**) **1.** Blumen..., Blüten..., mit Blumenmuster, geblümt. ~ **clock** *s* Blumenuhr *f.* ~ **em·blem** *s* Wappenblume *f.* ~ **en·ve·lope** *s bot.* Blütenhülle *f,* Peri'anth *n.* ~ **leaf** *s irr bot.* Peri'anthblatt *n.*
flo·re·at·ed → **floriated.**
Flor·ence Night·in·gale [‚flɒrəns-'naɪtɪŋgeɪl; *Am. a.* ‚flɑr-] *s* 'hingebungsvolle Krankenschwester.
Flor·en·tine ['flɒrəntaɪn; *Am.* 'flɔ:rən‚ti:n] **I** *s* **1.** Floren'tiner(in). **2.** Floren'tiner Atlas *m* (*Seidenstoff*). **II** *adj* **3.** floren'tinisch, Florentiner...
flo·res·cence [flɔː'resns] *s bot.* Blüte (-zeit) *f* (*a. fig.*). **flo'res·cent** *adj* (auf-)blühend (*a. fig.*).
flo·ret ['flɔ:rɪt; *Am. a.* 'flɒʊrət] *s bot.* Blümchen *n.*
flo·ri·at·ed ['flɔ:rɪeɪtɪd; *Am. a.* 'flɒʊ-] *adj* **1.** mit blumenartigen Verzierungen (versehen). **2.** Blumen...: ~ **pattern.**
flo·ri·cul·tur·al [‚flɔ:rɪ'kʌltʃərəl; *Am. a.* ‚flɒʊrə-] *adj* (*adv* ~**ly**) Blumen(zucht)...
'**flo·ri·cul·ture** *s* Blumenzucht *f.* '**flo·ri·cul·tur·ist** *s* Blumenzüchter(in).
flor·id ['flɒrɪd; *Am. a.* 'flɑ-] *adj* (*adv* ~**ly**) **1.** rot: ~ **complexion** blühende *od.* frische Gesichtsfarbe. **2.** über'laden: a) blumig (*Stil etc*), b) *arch. etc* 'übermäßig verziert. **3.** *mus.* figu'riert. **4.** blühend (*Gesundheit*): **he is of a ~ old age** er ist für sein (hohes) Alter noch sehr rüstig. **5.** *med.* flo'rid, voll entwickelt, stark ausgeprägt (*Krankheit*).
Flor·i·dan ['flɒrɪdən; *Am. a.* 'flɑrədn] → **Floridian.**
Flor·i·da wa·ter *s Am.* Art Kölnischwasser.
Flo·rid·i·an [flə'rɪdɪən] **I** *adj* von Florida, Florida... **II** *s* Bewohner(in) von Florida.
flo·rid·i·ty [flɔː'rɪdətɪ], '**flor·id·ness** *s* **1.** rote *od.* blühende Gesichtsfarbe. **2.** Blumigkeit *f,* Über'ladenheit *f* (*des Stils etc*).
flo·ri·gen ['flɒrɪdʒən; *Am. a.* 'flɒʊ-] *s bot.* Flori'gen *n,* (*hypothetisches*) 'Blühhormon.
flo·ri·le·gi·um [‚flɒrɪ'li:dʒɪəm; *Am. a.* ‚flɒʊ-] *pl* **-gi·a** [-dʒɪə] *s* Antholo'gie *f,* (*bes. Gedicht*)Sammlung *f.*
flo·rin ['flɒrɪn; *Am. a.* 'flɑrən] *s* **1.** *Br. hist.* a) Zwei'schillingstück *n,* b) goldenes Sechsschillingstück aus der Zeit Eduards *III.* **2.** *obs.* (*bes. niederländischer*) Gulden.
flo·rist ['flɒrɪst; *Am. a.* 'flɒʊ-] *s* **1.** Blumenhändler(in). **2.** Blumenzüchter(in).
flo·ris·tic [flɒ'rɪstɪk] *bot.* **I** *adj* (*adv* ~**ally**) flo'ristisch: a) die Flora betreffend, b) die Floristik betreffend. **II** *s* (*als sg konstruiert*) Flo'ristik *f* (*Zweig der Botanik, der sich mit den verschiedenen Florengebieten der Erde befaßt*).
flo·ru·it ['flɔːrʊɪt; *Am.* -rəwət; *a.* 'flɑ-] (*Lat.*) *s* 'Schaffensperi‚ode *f* (*e-s Künstlers etc*), Blütezeit *f* (*e-r Kunst etc*).
floss[1] [flɒs; *Am. a.* flɑs] **I** *s* **1.** Ko'kon-, Seidenwolle *f,* Außenfäden *pl* des 'Seidenko‚kons. **2.** Schappe-, Flo'rettseide *f.* **3.** Flo'rettgarn *n.* **4.** *bot.* Seidenbaumwolle *f,* Kapok *m.* **5.** weiche, seidenartige Sub'stanz, Flaum *m.* **6.** Zahnseide *f.* **II** *v/i* **7.** sich die Zähne mit Zahnseide reinigen.
floss[2] [flɒs; *Am. a.* flɑs] *s tech.* **1.** Glasschlacke *f.* **2.** *a.* ~ **hole** Abstich-, Schlakkenloch *n.*
floss can·dy *s Am.* Zuckerwatte *f.*
floss silk → **floss**[1] 2 u. 3.
'**floss·y** *adj* **1.** flo'rettseiden. **2.** seidenweich, seidig. **3.** *Am. sl.* 'todschick'.
flo·tage, *bes. Br.* **float·age** ['flɒʊtɪdʒ] *s* **1.** Schwimmen *n,* Treiben *n.* **2.** Schwimmfähigkeit *f.* **3.** (*etwas*) Schwimmendes *od.* Treibendes (*Holz, Wrack*), Treibgut *n.*
flo·ta·tion, *bes. Br.* **float·a·tion** [flɒʊ'teɪʃn] *s* **1.** → **flotage** 1. **2.** Schweben *n.* **3.** *econ.* a) Gründung *f* (*e-r Gesellschaft*), b) In'umlaufbringung *f* (*von Wertpapieren etc*), c) Auflegung *f* (*e-r Anleihe*). **4.** *tech.* Flotati'on *f* (*Aufbereitungsverfahren zur Anreicherung von Mineralien, Gesteinen u. chemischen Stoffen*). ~ **gear** *aer.* Schwimmergestell *n.*
flo·til·la [flɒʊ'tɪlə] *s mar.* Flo'tille *f.*
flot·sam ['flɒtsəm; *Am.* 'flɑt-] *s a.* ~ **and jetsam** *mar.* Treibgut *n,* treibendes Wrackgut *n,* ~ **and jetsam** a) Strand-, Wrackgut *n,* b) Überbleibsel *pl,* Reste *pl,* c) *fig.* Strandgut *n* (*der Gesellschaft*).
flounce[1] [flaʊns] **I** *v/i* **1.** erregt stürmen *od.* stürzen: **to** ~ **off** davonstürzen. **2.** stol'zieren. **3.** a) sich her'umwerfen, b) (her'um)springen, c) zappeln. **II** *s* **4.** Ruck *m*: **with a** ~ ruckartig.
flounce[2] [flaʊns] **I** *s* Vo'lant *m,* Besatz *m,* Falbel *f.* **II** *v/t* mit Vo'lants besetzen.
'**flounc·ing** *s* (Materi'al *n* für) Vo'lants *pl.*
floun·der[1] ['flaʊndə(r)] *v/i* **1.** a) zappeln, b) strampeln. **2.** sich quälen (**through** durch) (*a. fig.*). **3.** *fig.* sich verhaspeln, *sport etc* ‚ins Schwimmen kommen'.
floun·der[2] ['flaʊndə(r)] *pl* **-ders,** *bes. collect.* **-der** *s ichth.* Flunder *f.*
flour [flaʊə(r)] **I** *s* **1.** Mehl *n.* **2.** feines Pulver, Staub *m,* Mehl *n*: ~ **of emery** Schmirgelpulver; ~ **of gold** Flitter-, Staubgold *n.* **II** *v/t* **3.** (zu Mehl) mahlen, mahlen u. beuteln. **4.** mit Mehl bestreuen. **III** *v/i* **5.** sich in kleine Kügelchen auflösen (*Quecksilber*). ~ **box,** ~ **dredg·er** *s* 'Mehlstreuma‚schine *f.*
flour·ish ['flʌrɪʃ; *Am. bes.* 'flɜːrɪʃ] **I** *v/i* **1.** gedeihen, *fig. a.* blühen, flo'rieren: **only few plants ~ without water; how are your family? They're ~ing!** Prächtig! **2.** auf der Höhe s-r Macht *od.* s-s Ruhms stehen. **3.** tätig *od.* erfolgreich sein, wirken (*Künstler etc*). **4.** prahlen, aufschneiden. **5.** sich auffällig benehmen. **6.** sich geziert *od.* geschraubt ausdrücken. **7.** Schnörkel *od.* Floskeln machen. **8.** *mus.* a) phanta'sieren, b) bravou'rös spielen, c) e-n Tusch blasen *od.* spielen. **9.** *obs.* blühen. **II** *v/t* **10.** e-e Fahne etc schwenken, ein Schwert, e-n Stock etc schwingen. **11.** zur Schau stellen, protzen mit. **12.** mit Schnörkeln verzieren. **13.** (aus-)schmücken, verzieren. **14.** (*Waren im Schaufenster*) auslegen. **III** *s* **15.** Schwenken *n,* Schwingen *n.* **16.** schwungvolle Gebärde, Schwung *m.* **17.** Schnörkel *m.* **18.** Floskel *f.* **19.** *mus.* a) bravou'röse Pas'sage, b) Tusch *m*: ~ **of trumpets** Trompetenstoß *m,* Fanfare *f, fig.* (großes) Trara. **20.** *obs.* Blüte *f,* Blühen *n.* '**flour·ish·ing** *adj* (*adv* ~**ly**) blühend, gedeihend, flo'rierend: ~ **trade** schwunghafter Handel. '**flour·ish·y** *adj* auffällig, protzig.
flour ‚**mill** *s tech.* (*bes.* Getreide)Mühle *f.* ~ **mite** *s zo.* Mehlmilbe *f.*
flour·y ['flaʊərɪ] *adj* mehlig: a) mehlartig, b) mehlbestreut, -bedeckt.
flout [flaʊt] **I** *v/t* **1.** verspotten, -höhnen. **2.** e-n Befehl etc miß'achten, *ein Angebot etc* ausschlagen. **II** *v/i* **3.** spotten (**at** über *acc*), höhnen. **III** *s* **4.** Spott *m,* Hohn *m.*
flow [flɒʊ] **I** *v/i* **1.** fließen, strömen (*beide a. fig.*), rinnen (**from** aus): **blood was ~ing from his wound; tears were ~ing down her cheeks** Tränen liefen ihr übers Gesicht; **to ~ in** herein-, hineinströmen; **the river ~ed over its banks** der Fluß trat über die Ufer; **to ~ freely** in Strömen fließen (*Sekt etc*); → **bridge**[1] 1. **2.** *fig.* (**from**) 'herrühren (von), entspringen (*dat*). **3.** wallen (*Haar, Kleid etc*), lose her'abhängen. **4.** *fig.* a) 'Überfluß haben, reich sein (**with** an *dat*): **to ~ with fish** fischreich sein, b) 'überfließen (**with** vor *dat*): **her heart ~ed with gratitude. 5.** *physiol. colloq.* s-e Peri'ode haben. **6.** *mar.* steigen, her'einkommen (*Flut*). **II** *v/t* **7.** über'fluten, 'überschwemmen. **8.** unter Wasser setzen. **9. the wound ~ed blood** aus der Wunde floß *od.* strömte *od.* rann Blut. **III** *s* **10.** Fließen *n,* Strömen *n* (*beide a. fig.*), Rinnen *n.* **11.** Fluß *m,* Strom *m* (*beide a. fig.*): ~ **of information** Informationsfluß; ~ **of tears** Tränenstrom; ~ **of traffic** Verkehrsfluß, -strom. **12.** Zu-, Abfluß *m.* **13.** *mar.* Flut *f*: **the tide is on the** ~ die Flut kommt herein *od.* steigt. **14.** *fig.* (*Wort- etc*)Schwall *m,* (*Gefühls-*)Erguß *m.* **15.** *physiol. colloq.* Peri'ode *f.* **16.** *tech.* a) Fluß *m,* Fließen *n,* Fließverhalten *n,* b) 'Durchfluß *m,* c) Flüssigkeit *f* (*e-r Farbe etc*). **17.** *phys.* Fließen *n* (*Bewegungsart*).
'**flow·age** *s* **1.** ('Über)Fließen *n.* **2.** Überschwemmung *f.* **3.** ('über)fließende Flüssigkeit *f.* **4.** *geol. tech.* Fließbewegung *f.*
flow chart → **flow sheet.**
flow·er ['flaʊə(r)] **I** *s* **1.** Blume *f*: **say it with ~s!** laßt Blumen sprechen! **2.** *bot.* Blüte *f.* **3.** Blütenpflanze *f.* **4.** Blüte(zeit) *f* (*a. fig.*): **to be in** ~ in Blüte stehen, blühen; **in the** ~ **of his life** in der Blüte der Jahre. **5.** (*das*) Beste *od.* Feinste, Auslese *f,* E'lite *f.* **6.** Blüte *f,* Zierde *f,* Schmuck *m.* **7.** (Blumen)Orna‚ment *n,* (-)Verzierung *f*: ~**s of speech** *fig.* Floskeln. **8.** *print.* Vi'gnette *f.* **9.** *pl chem.* pulveriger Niederschlag, Blumen *pl*: ~**s of sulfur** (*bes. Br.* **sulphur**) Schwefelblumen, -blüte *f.* **II** *v/i* **10.** blühen. **11.** *fig.* blühen, in höchster Blüte stehen. **12.** *oft* ~ **out** *fig.* sich (voll) entwickeln (**into** zu). **III** *v/t* **13.** mit Blumen(mustern) verzieren *od.* schmücken. **14.** *bot.* zur Blüte bringen. '**flow·er·age** *s* **1.** Blüten(pracht *f*) *pl,* Blumen(meer *n*) *pl.* **2.** (Auf)Blühen *n,* Blüte *f.*
flow·er ‚**ar·range·ment** *s* 'Blumenarrange‚ment *n.* ~ **bed** *s* Blumenbeet *n.* ~ **child** *s irr hist.* Blumenkind *n* (*Hippie*). ~ **-de-'luce** [-də'lu:s] *pl* '**flow·ers-de-'luce** *obs. für* **fleur-de-lis** 3.
'**flow·ered** *adj* **1.** blühend. **2.** mit Blumen geschmückt. **3.** geblümt. **4.** *in Zssgn* a) ...blütig, b) ...blühend. '**flow·er·er** *s* **1.** *bot.* Blüher *m*: **late ~** Spätblüher. **2.**

floweret – flush

'Hersteller(in) von Blumenmustern. 'flow·er·et [-rɪt] s Blümchen n.
flow·er|gar·den s Blumengarten m. ~ girl s 1. Blumenmädchen n, -verkäuferin f. 2. bes. Am. blumenstreuendes Mädchen (bei e-r Hochzeit).
flow·er·i·ness ['flaʊərɪnɪs] s 1. Blumen-, Blütenreichtum m. 2. fig. (das) Blumenreiche, Blumigkeit f (des Stils).
'flow·er·ing bot. I adj 1. blühend. 2. Blüten tragend. 3. Blumen..., Blüte... II s 4. Blüte(zeit) f, (Auf)Blühen n (beide a. fig.).
'flow·er·less adj bot. blütenlos.
flow·er|peo·ple s pl hist. Blumenkinder pl (Hippies). ~ piece s paint. Blumenstück n. '~pot s Blumentopf m. ~ pow·er s hist. Flower-power f (Schlagwort der Hippies). ~ show s Blumenausstellung f, -schau f. ~ stalk s bot. Blütenstiel m.
'flow·er·y adj 1. blumen-, blütenreich. 2. geblümt. 3. fig. blumenreich, blumig (Stil).
'flow·ing adj (adv ~ly) 1. fließend, strömend. 2. fig. flüssig (Stil etc). 3. schwungvoll. 4. wallend (Bart, Kleid), wehend, flatternd (Haar etc). 5. mar. steigend, her'einkommend (Flut).
'flow₁me·ter s tech. 'Durchflußmesser m.
flown¹ [fləʊn] pp von fly¹.
flown² [fləʊn] adj 1. tech. mit flüssiger Farbe behandelt (Porzellan etc). 2. obs. voll: ~ with wine voll des Weines; ~ with anger zornerfüllt.
flow|pat·tern s phys. Stromlinienbild n. ~ pro·duc·tion → flow system. ~ sheet s Computer, econ. 'Ablaufdia₁gramm n. ~ sys·tem s tech. 'Fließbandfertigung f.
flu [fluː] s med. colloq. Grippe f: he's got (the) ~ er hat Grippe.
flub [flʌb] Am. sl. I s 1. (grober) Fehler, Schnitzer m. II v/i 2. ,e-n Bock schießen', e-n (groben) Fehler od. Schnitzer machen. 3. (grobe) Fehler od. Schnitzer machen, pfuschen, stümpern. III v/t 4. verpfuschen, ,verpatzen'.
flub·dub ['flʌb₁dʌb] s Am. sl. Geschwafel n, ,Blech' n, ,Quatsch' m.
fluc·tu·ant ['flʌktjʊənt; -tʃʊ-; Am. -tʃəwənt] adj schwankend: a) fluktu'ierend (a. econ.), b) fig. unschlüssig. 'fluc·tu·ate [-eɪt] v/i schwanken: a) fluktu'ieren (a. econ.), sich ständig (ver)ändern, b) fig. unschlüssig sein. ₁fluc·tu·a·tion s 1. Schwankung f (a. phys.), Fluktuati'on f (a. biol. med.): ~ in prices econ. Preisschwankung; ~ of the market econ. Markt-, Konjunkturschwankungen. 2. fig. Schwanken n.
flue¹ [fluː] s 1. tech. Rauchfang m, Esse f. 2. tech. a) Fuchs m, 'Rauch-, 'Zugka₁nal m: ~ ash Flugasche f; ~ gas Rauch-, Abgas n, b) (Feuerungs)Zug m (als Heizkanal), c) Flammrohr n: ~ boiler Flammrohrkessel m. 3. mus. a) ~ flue pipe, b) Kernspalt m (e-r Orgelpfeife).
flue² [fluː] s Flaum m, Staubflocken pl.
flue³ [fluː] s mar. Schleppnetz n.
flue⁴ [fluː] Br. I v/t aus-, abschrägen. II v/i sich abschrägen.
'flue-cure v/t Tabak mit Heißluft trocknen.
flu·en·cy ['fluːənsɪ] s 1. Flüssigkeit f (des Stils etc). 2. (Rede)Gewandtheit f. 'flu·ent adj (adv ~ly) 1. fließend (a. fig.): to speak ~ German, to be ~ in German fließend Deutsch sprechen. 2. flüssig (Stil etc). 3. gewandt (Redner etc).
flue| pipe s mus. Lippenpfeife f (der Orgel). ~ stop s mus. 'Lippenre₁gister n (der Orgel). '~work s mus. Flötenwerk n (der Orgel).

fluff [flʌf] I s 1. Staub-, Federflocke f, Fussel(n pl) f. 2. Flaum m (a. erster Bartwuchs). 3. bes. mus. sport thea. colloq. ,Patzer' m. 4. gastr. Am. Schaumspeise f, mit Eischnee gelockerte Speise. 5. bes. thea. Am. colloq. ,leichte Kost'. 6. oft bit of ~ colloq. ,Mieze' f. II v/t 7. flaumig od. flockig machen. 8. ~ out, ~ up a) Federn aufplustern, b) Kissen etc aufschütteln. 9. bes. mus. sport thea. colloq. ,verpatzen'. III v/i 10. flaumig od. flockig werden. 11. sanft da'hinschweben. 12. bes. mus. sport thea. colloq. ,patzen'. 'fluff·i·ness s Flaumigkeit f, Flockigkeit f. 'fluff·y adj 1. flaumig: a) flockig, locker, weich, b) mit Flaum bedeckt. 2. bes. thea. Am. colloq. leicht, anspruchslos.
flu·gel·horn ['fluːglhɔː(r)n] s mus. Flügelhorn n.
flu·id ['fluːɪd] I s 1. Flüssigkeit f, chem. a. Flu'id n. II adj (adv ~ly) 2. flüssig (a. Stil etc), chem. a. flu'id. 3. nicht endgültig (Meinung etc). 'flu·id·al adj (adv ~ly) 1. Flüssigkeits... 2. geol. flui'dal, Fluidal...
flu·id|bed s chem. Fließbett n, Wirbelschicht f. ~ cou·pling, ~ clutch s tech. Flüssigkeitskupplung f, hy'draulische Kupplung. ~ dram, ~ drachm s ⅛ fluid ounce (Am. = 3,69 ccm; Br. = 3,55 ccm). ~ drive s tech. Flüssigkeitsgetriebe n. ~ ex·tract s 'Fluidex₁trakt m (dünnflüssiger Extrakt aus pulverisierten Pflanzenteilen).
flu·id·ic [fluː'ɪdɪk] tech. I adj: ~ device Fluidic n (nach den Gesetzen der Hydromechanik arbeitendes Steuerelement). II s pl (meist als sg konstruiert) Flu'idik f, Steuertechnik f.
flu·id·i·fy [fluː'ɪdɪfaɪ] v/t u. v/i (sich) verflüssigen. flu'id·i·ty s Flüssigkeit f (a. des Stils etc), chem. a. Fluidi'tät f. ₁flu·id·i'za·tion [-daɪ'zeɪʃn; Am. -də'z-] s 1. Verflüssigung f. 2. chem. Fluidisati'on f. 3. geol. Fluidisati'on f (Bildung e-s Gas-Feststoff-Gemisches, das sich wie e-e Flüssigkeit verhält). 'flu·id·ize v/t 1. verflüssigen. 2. chem. fluidi'sieren, in den Fließbettzustand über'führen: ~d bed → fluid bed.
flu·id| me·chan·ics s pl (als sg konstruiert) tech. 'Strömungsme₁chanik f. ~ ounce s Hohlmaß: a) Am. ¹⁄₁₆ pint (= 29,57 ccm), b) Br. ¹⁄₂₀ imperial pint (= 28,4 ccm). ~ pres·sure s phys. tech. hy'draulischer Druck.
fluke¹ [fluːk] s 1. mar. Ankerhand f, -flügel m. 2. tech. Bohrlöffel m. 3. 'Widerhaken m. 4. zo. Schwanzflosse f (des Wals). 5. zo. Saugwurm m, Leberegel m. 6. ichth. Plattfisch m.
fluke² [fluːk] s colloq. 1. ,Dusel' m, ,Schwein' n, glücklicher Zufall: by a ~ durch od. mit Dusel; ~ hit Zufallstreffer m. 2. Billard: glücklicher Stoß.
fluk·(e)y ['fluːkɪ] adj colloq. 1. glücklich, Glücks..., Zufalls... 2. unsicher, wechselhaft: ~ weather.
flume [fluːm] I s 1. Klamm f, enge Bergwasserschlucht. 2. künstlicher Wasserlauf, Ka'nal m. II v/t 3. durch e-n Ka'nal flößen. 4. Wasser durch e-n Ka'nal (ab)leiten. III v/i 5. e-n Ka'nal anlegen od. benutzen.
flum·mer·y ['flʌmərɪ] s 1. a) (Hafer-) Mehl n, b) Flammeri m (kalte Süßspeise aus Milch, Zucker, Stärkeprodukten u. Früchten). 2. colloq. a) leere Schmeiche'lei, ,Quatsch' m.
flum·mox ['flʌməks] v/t colloq. verwirren, aus der Fassung bringen.
flump [flʌmp] colloq. I s 1. Plumps m. II v/t 2. a. ~ down ('hin-, nieder-)plumpsen lassen. III v/i 3. a. ~ down ('hin-, nieder)plumpsen. 4. sich plumpsen(d fallen) lassen (into in acc).
flung [flʌŋ] pret u. pp von fling.
flunk [flʌŋk] bes. Am. colloq. I v/t ped. 1. e-n Schüler ,'durchrasseln' od. ,'durchrauschen' od. ,'durchfallen lassen. 2. oft ~ out (wegen ungenügender Leistungen) von der Schule ,werfen'. 3. ,'durchrasseln' od. ,'durchrauschen' od. ,'durchfallen in (e-r Prüfung, e-m Fach), ,verhauen'. II v/i 4. ped. ,'durchrasseln', ,'durchrauschen', ,'durchfallen. 5. sich drücken, ,kneifen'. III s 6. ped. ,'Durchrasseln' n, ,'Durchrauschen' n, 'Durchfallen n.
flunk·(e)y ['flʌŋkɪ] s 1. oft contp. La'kai m. 2. contp. Kriecher m, Speichellecker m. 3. Am. a) Handlanger m, b) 'Randfi₁gur f. 'flunk·y·ism s Speichellecke'rei f.
flu·o·bo·rate [₁fluːəʊ'bɔːreɪt; Am. a. -'bəʊ-] s chem. fluorborsaures Salz. ₁flu·o'bo·ric adj chem. Fluorbor...: ~ acid.
flu·or ['fluːɔː(r); -ə] → fluorspar.
flu·o·resce [₁fluə'res] v/i chem. phys. fluores'zieren. ₁flu·o'res·cence s chem. phys. Fluores'zenz f. ₁flu·o'res·cent adj chem. phys. fluores'zierend: ~ lamp Leuchtstofflampe f; ~ screen Leuchtschirm m; ~ tube Leucht(stoff)röhre f.
flu·or·hy·dric [₁fluːə(r)'haɪdrɪk] adj chem. fluorwasserstoffsauer: ~ acid Fluorwasserstoffsäure f. flu·or·ic [fluː'ɒrɪk; Am. a. -'ɔːrɪk] adj chem. Fluor...: ~ acid Flußsäure f.
flu·o·ri·date ['fluərɪdeɪt] v/t chem. Trinkwasser fluo'rieren, fluori'dieren, mit Fluor anreichern.
flu·o·ride ['fluəraɪd] s chem. Fluo'rid n. 'flu·o·ri·dize [-rɪdaɪz] v/t Zähne mit e-m Fluo'rid behandeln. 'flu·o·ri·nate [-rɪneɪt] v/t chem. fluo'rieren, fluori'dieren, fluori'sieren, mit Fluor verbinden. 'flu·o·rite s chem. Fluo'rit m. → fluorspar.
flu·o·rom·e·ter [fluə'rɒmɪtə(r); Am. -'rɑ-], a. flu·o'rim·e·ter [-rɪmɪtə(r)] s chem. phys. Fluoro'meter n (Gerät zur Messung der Fluoreszenz).
flu·o·ro·scope ['fluərəskəʊp] s phys. Fluoro'skop n, Röntgenbildschirm m. ₁flu·o·ro'scop·ic [-'skɒpɪk; Am. -'ska-] adj Röntgen..., ₁flu·o·r'os·co·py [-'rɒskəpɪ; Am. -'rɑ-] s 'Röntgendurch₁leuchtung f.
flu·o·ro·sis [₁fluə'rəʊsɪs] s med. Fluo'rose f (Gesundheitsschädigung durch Fluor).
flu·or·spar ['fluə(r)spɑː(r)] s min. Fluo'rit m, Flußspat m.
flu·o·sil·i·cate [₁fluːəʊ'sɪlɪkɪt; -keɪt] s chem. min. 'Fluorsili₁kat n, Flu'at n: to treat with ~ mit Fluor fluatieren. ₁flu·o·si'lic·ic [-'lɪsɪk] adj chem. fluorkieselsauer.
flur·ry ['flʌrɪ; Am. bes. 'flɜːrɪ] I s 1. Windstoß m. 2. (Regen-, Schnee-) Schauer m. 3. fig. Hagel m, Wirbel m: ~ of blows Schlaghagel. 4. fig. Aufregung f, Unruhe f: in a ~ aufgeregt; to put s.o. in a ~ j-n in Unruhe versetzen. 5. Hast f. 6. Börse: plötzliche, kurze Belebung. 7. Todeskampf m (des Wals). II v/t 8. beunruhigen.
flush¹ [flʌʃ] I s 1. a) Erröten n, b) Röte f. 2. (Wasser)Schwall m, Strom m, gewaltiger Wassersturz od. -zufluß. 3. a) (Aus-) Spülung f: to give s.th. a ~ → 8, b) (Wasser)Spülung f (in der Toilette). 4. (Gefühls)Aufwallung f, Erregung f, Hochgefühl n: ~ of anger Wutanfall m; ~ of success Triumphgefühl n; ~ of victory Siegesrausch m; in the first ~ of victory im ersten Siegestaumel. 5. Glanz m, Blüte f (der Jugend etc). 6. med. Wallung f, Fieberhitze f: → hot flushes. II v/t 7. erröten lassen: the joke ~ed her sie wurde rot bei dem Witz. 8. a. ~

out (aus)spülen, (-)waschen: to ~ down hinunterspülen; to ~ the toilet spülen. 9. unter Wasser setzen. 10. *Pflanzen* zum Sprießen bringen. 11. erregen, erhitzen: ~ed with anger zornentbrannt; ~ed with happiness überglücklich; ~ed with joy außer sich vor Freude. III *v/i* 12. *a.* ~ up erröten, rot werden: to ~ with shame schamrot werden. 13. spülen (*Toilette od. Toilettenbenutzer*). 14. erglühen. 15. strömen, schießen (*a. Blut*). 16. *bot.* sprießen.

flush² [flʌʃ] **I** *adj* **1.** eben, auf gleicher Ebene od. Höhe. **2.** *tech.* fluchtgerecht, glatt (anliegend), bündig (abschließend) (with mit): ~ joint bündiger Stoß. **3.** *tech.* versenkt, Senk...: ~ screw. **4.** *electr.* Unterputz...: ~ socket. **5.** *mar.* mit Glattdeck. **6.** *print.* stumpf, ohne Einzug. **7.** voll, di'rekt (*Schlag*). **8.** ('über)voll (with von). **9.** *colloq.* a) (of) reich (an *dat*): ~ (of money) ,gut bei Kasse'; ~ times üppige Zeiten, b) verschwenderisch (with mit), c) reichlich (vor'handen) (*Geld*). **10.** frisch, blühend. **II** *adv* **11.** → 1 *u.* 2. **12.** genau, di'rekt: ~ on the chin. **III** *v/t* **13.** ebnen. **14.** bündig machen. **15.** *tech. Fugen etc* ausfüllen, -streichen.

flush³ [flʌʃ] **I** *v/t Vögel* aufscheuchen. **II** *v/i* plötzlich auffliegen.

flush⁴ [flʌʃ] *s Poker:* Flush *m* (*fünf beliebige gleichfarbige Karten*): → royal flush, straight flush.

flush deck *s mar.* Glattdeck *n.*
'**flush-er** *s* Spreng-, Spritzwagen *m.*
'**flush-ing** *s* Spülung *f.*

flus-ter ['flʌstə(r)] **I** *v/t* **1.** a) ner'vös machen, verwirren, durchein'anderbringen, b) aufregen. **2.** ,benebeln': ~ed by drink vom Alkohol erhitzt. **II** *v/i* **3.** a) ner'vös werden, durchein'anderkommen, b) sich aufregen. **4.** ner'vös *od.* aufgeregt (hin u. her) rennen. **III** *s* **5.** a) Nervosi'tät *f,* Verwirrung *f:* all in a ~ ganz durcheinander, b) Aufregung *f:* all in a ~ in heller Aufregung.

flute [fluːt] **I** *s* **1.** *mus.* a) Flöte *f,* b) *a.* ~ stop 'Flötenre_,gister *n* (*e-r Orgel*), c) → flutist **2.** *arch. tech.* Rille *f,* Riefe *f,* Hohlkehle *f,* Kanne'lierung *f.* **3.** *Tischlerei:* Rinnleiste *f.* **4.** *tech.* (Span)Nut *f.* **5.** Rüsche *f.* **6.** *a.* ~ glass Flöte *f* (*nglas n*) *f* (*Weinglas*). **7.** Ba'guette *f.* **II** *v/i* **8.** flöten (*a. fig.*), (auf der) Flöte spielen. **III** *v/t* **9.** *etwas* flöten (*a. fig.*), auf der Flöte spielen. **10.** *arch. tech.* auskehlen, riffeln, riefen, kanne'lieren. **11.** *Stoff* kräuseln.

'**flut-ed** *adj* **1.** flötenartig, (klar u.) sanft. **2.** *arch. tech.* ausgekehlt, geriffelt, gerieft, kanne'liert. '**flut-ing** *s* **1.** *arch. tech.* Kanne'lierung *f,* Riefe *f,* Riffelung *f.* **2.** Falten *pl,* Rüschen *pl.* **3.** Flöten *n* (*a. fig.*), Flötenspiel *n.* '**flut-ist** *s bes. Am.* Flö'tist(in).

flut-ter ['flʌtə(r)] **I** *v/i* **1.** flattern (*Fahne, Vogel etc, a. med. Herz, Puls*). **2.** → fluster 4. **3.** zittern. **4.** flackern (*Flamme*). **II** *v/t* **5.** wedeln mit, schwenken: to ~ one's eyelids mit den Augendeckeln ,klappern' *od.* ,klimpern'; to ~ its wings mit den Flügeln schlagen. **6.** → fluster 1. **7.** *Br. colloq.* e-n kleinen Betrag verwetten. **III** *s* **8.** Flattern *n* (*a. med.*). **9.** → fluster 5. **10.** *Br. colloq.* kleine Wette: to have a ~ on the horses beim Pferderennen ein paar Pfund riskieren. **11.** *a.* ~ kick (*Schwimmen*) Kraul-Beinschlag *m.* **12.** *Radio, TV:* Ton-, Helligkeitsschwankung(en *pl*) *f.* '~**board** *s Am.* Schwimm-, Gleitbrett *n.* ~ tongue *s mus.* Flatterzunge *f.*

flut-y ['fluːtɪ] *adj* flötenartig.
flu-vi-al ['fluːvjəl; -ɪəl] *adj* **1.** Fluß..., *geol.* Fluvial... **2.** *bot. zo.* fluvi'al, in Flüssen vorkommend. '**flu-vi-a-tile** [-taɪl; -tɪl] *adj* fluvi'al, Fluß...
flu-vi-o-gla-cial [ˌfluːvɪəʊˈgleɪʃəl] *bes. Am.* -ʃl] *adj geol.* fluvioglazi'al.

flux [flʌks] **I** *s* **1.** Fließen *n,* Fluß *m* (*a. electr. phys.*): electrical ~ elektrischer Induktionsfluß. **2.** Ausfluß *m* (*a. med.*): (bloody) ~ *med.* rote Ruhr. **3.** Strom *m* (*a. fig.*). **4.** Flut *f* (*a. fig.*): ~ and reflux Ebbe u. Flut (*a. fig.*); ~ of words Wortschwall *m.* **5.** *fig.* beständiger Wechsel, ständige Bewegung, Wandel *m:* in (a state of) ~ im Fluß. **6.** *tech.* Fluß-, Schmelzmittel *n,* Zuschlag *m.* **II** *v/t* **7.** schmelzen, in Fluß bringen **III** *v/i* **8.** (aus)fließen, (-)strömen. **9.** a) flüssig werden, b) (mitein'ander) verschmelzen. ~ **den-si-ty** *s* **1.** *phys.* (ma'gnetische) Flußdichte. **2.** *electr.* Stromdichte *f.*

flux-ion ['flʌkʃən] *s* **1.** → flux 1, 5. **2.** *med. obs.* Fluxi'on *f,* Blutandrang *m.* **3.** *math. obs.* Fluxi'on *f:* method of ~s Fluxionen-, Fluxionsrechnung *f.* '**flux-ion-al** [-ʃənl], **flux-ion-ar-y** [-ʃnərɪ; *Am.* -ʃəˌnerɪ] *adj* **1.** unbeständig, veränderlich, fließend. **2.** *math.* Fluxionen..., Fluxions...

'**flux**ˌ**me-ter** *s* **1.** *phys.* Flußmesser *m.* **2.** *electr.* Strommesser *m.*

fly¹ [flaɪ] **I** *s* **1.** Fliegen *n,* Flug *m:* on the ~ a) im Fluge, b) ständig auf den Beinen. **2.** *tech.* a) Unruh(e) *f* (*der Uhr*), b) Schwungstück *n,* -rad *n.* **3.** *print.* (Bogen)Ausleger *m.* **4.** → flyleaf. **5.** *Baseball, Kricket:* Flugball *m.* **6.** *Br. hist.* Einspänner *m,* Droschke *f.* **7.** *pl thea.* Sof'fitten *pl.* **8.** a) Klappe *f,* Patte *f* (*über e-r Knopfleiste etc*), b) Hosenschlitz *m,* c) Zeltklappe *f,* -tür *f.*
II *v/i pret* **flew** [fluː] *pp* **flown** [fləʊn] **9.** fliegen: to ~ high *fig.* hoch hinauswollen, ehrgeizige Ziele haben; the bird has (*od.* is) flown *fig.* der Vogel ist ausgeflogen; → let¹ *Bes. Redew.* **10.** *aer.* fliegen: to ~ blind (*od.* on instruments) blindfliegen; to ~ contact mit Bodensicht fliegen. **11.** fliegen, stieben (*Funken etc*): to send things ~ing Sachen herumwerfen; → feather 1, fur 1. **12.** (*nur pres, inf u. pres p*) → flee 1. **13.** stürmen, stürzen, (*a. Auto etc*) sausen: to ~ to arms zu den Waffen eilen; to ~ at s.o. auf j-n losgehen; to ~ at s.o.'s throat j-m an die Kehle gehen; to send s.o. ~ing a) j-n verjagen, b) j-n zu Boden schleudern; I must ~ *colloq.* ich muß schleunigst weg. **14.** (ver)fliegen (*Zeit*). **15.** zerrinnen (*Geld*): to make the money ~ das Geld mit vollen Händen ausgeben. **16.** flattern, wehen. **17.** *hunt.* mit e-m Falken jagen. **18.** *a.* ~ to pieces, ~ apart zerspringen, bersten (*Glas etc*), reißen (*Saite, Segel etc*).
III *v/t* **19.** fliegen lassen: to ~ hawks *hunt.* mit Falken jagen; → kite 1. **20.** *e-e Fahne* a) hissen, b) hissen, wehen lassen. **21.** *aer.* a) *ein Flugzeug* fliegen, führen, b) *j-n, etwas* im Flugzeug befördern, c) *e-e Strecke* (be)fliegen, d) *den Ozean etc* über'fliegen, e) mit *e-r Fluggesellschaft* fliegen. **22.** *e-n Zaun etc* im Sprung nehmen. **23.** (*nur pres, inf u. pres p*) a) fliehen aus: to ~ the town, b) fliehen vor (*dat*): to ~ the enemy.

Verbindungen mit Adverbien:

fly|**a·bout** [ˌ-] *v/i* **1.** her'umfliegen. **2.** sich verbreiten (*Gerücht etc*). ~ **in** *v/i u. v/t* einfliegen. ~ **off** *v/i* **1.** fort-, wegfliegen. **2.** fortstürmen. **3.** abspringen (*Knopf*). ~ **o·pen** *v/i* auffliegen (*Tür etc*). ~ **out** **I** *v/i* **1.** ausfliegen. **2.** hin'ausstürzen. **3.** in Wut geraten: to ~ at s.o. auf j-n losgehen. **II** *v/t* **4.** ausfliegen.

fly² [flaɪ] *s* **1.** *zo.* Fliege *f:* he would not hurt (*od.* harm) a ~ er tut keiner Fliege etwas zuleide; a ~ in the ointment *fig.* ein Haar in der Suppe; a ~ on the wall ein heimlicher Beobachter; she likes to be a ~ on the wall sie spielt gerne Mäus·chen; there are no flies on him *colloq.* ,den legt man nicht so schnell rein'; they died like flies sie starben wie die Fliegen; → wheel 6. **2.** *Angeln:* (künstliche) Fliege: to cast a ~ e-e Angel auswerfen. **3.** *bot.* Fliege *f* (*Pflanzenkrankheit*).

fly³ [flaɪ] *adj bes. Br. sl.* gerissen, raffi-'niert.

'**fly·a·ble** *adj aer.* **1.** flugtüchtig: ~ aircraft. **2.** zum Fliegen geeignet: ~ weather Flugwetter *n.*

fly|**a·gar·ic, ~ am·a·ni·ta** [ˌæməˈnaɪtə] *s bot.* Fliegenschwamm *m,* -pilz *m.* ~ **ash** *s* Flugasche *f.* '~**a·way I** *adj* **1.** lose fallend, flatternd (*Haar, Kleidung*). **2.** flatterhaft. **3.** *fig.* flugbereit, fertig zum 'Lufttrans_iport. **II** *s* **4.** flatterhafter Mensch. '~**back** *s Radar, TV:* (Strahl-) Rücklauf *m.* ~ **ball** → fly¹ 5. '~ˌ**ball** *s tech. Am.* Pendelgewicht *n:* ~ governor Zentrifugalregler *m.* '~**bane** *s bot.* Leimkraut *n.* '~**belt** *s* von Tsetsefliegen verseuchtes Gebiet. '~**blow I** *s* **1.** (Schmeiß)Fliegenei *n,* -larve *f.* **II** *v/t irr* **2.** Eier ablegen auf (*acc u. dat*) *od.* in (*acc u. dat*). **3.** *fig.* besudeln. '~**blown** *adj* **1.** von (Schmeiß)Fliegeneiern *od.* -larven verseucht. **2.** *fig.* besudelt. '~**boat** *s mar.* kleines, schnelles Boot. ~ **book** *s Angeln:* Büchse *f* für künstliche Fliegen. '~**by** *pl* **-bys** *s* **1.** *aer.* Vor'beiflug *m.* **2.** *Raumfahrt:* Flyby *n* (*Technik, bei der die Freiflugbahn e-s Raumkörpers bei Annäherung an e-n Planeten durch dessen Gravitation u. Bewegung geändert wird*). '~-**by-night** *colloq.* **I** *adj* **1.** *econ.* zweifelhaft, anrüchig. **2.** vor'übergehend, kurzzeitig. **II** *s* **2.** a) *Schuldner, der sich heimlich od. bei Nacht aus dem Staub macht,* b) *econ.* zweifelhafter Kunde. **4.** Nachtschwärmer *m,* -falter *m.* '~**-by--**ˌ**night·er** → fly-by-night 3. ~ **cap** *s hist.* Flügelhaube *f.* '~ˌ**catch·er** *s* **1.** Fliegenfänger *m.* **2.** *orn.* Fliegenschnäpper *m.*

fly·er → flier.

'**fly**|-**fish** *v/i sport* mit (künstlichen) Fliegen angeln. '~**flap** *s* a) Fliegenwedel *m,* b) Fliegenklappe *f,* -klatsche *f.* ~ **frame** *s* **1.** Spinnerei: Spindelbank *f,* 'Vorspinnmaˌschine *f.* **2.** 'Schleif-, Poˌliermaˌschine *f* (*für Glas*). ~ **front** *s Mode:* verdeckte Knopfleiste. ~ **half** *s Rugby:* Flügelhalbstürmer *m.* '~**ˌin** *s Am.* **1.** Einflug *m,* -fliegen *n.* **2.** Freilichtkino *n* für Flugzeugbesitzer.

'**fly·ing I** *adj* **1.** fliegend, Flug... flatternd, wehend; → color 11. **3.** schnell, Schnell...: ~ coach. **4.** *sport* fliegend: → flying start 1, b) mit Anlauf: ~ jump, c) Eis-, Rollkunstlauf: eingesprungen (*Waagepirouette*). **5.** hastig, eilig. **6.** flüchtig, kurz: ~ impression; ~ visit Stippvisite *f,* Blitzbesuch *m.* **7.** fliehend, flüchtend. **II** *s* **8.** a) Fliegen *n,* b) Flug *m.* **9.** *aer.* Fliegen *n,* Fliege'rei *f,* Flugwesen *n.* ~ **boat** *s aer.* Flugboot *n.* ~ **bomb** *s mil.* fliegende Bombe, Ra'ketenbombe *f.* ~ **boom** *s* Einfüllrohr *n* (*zum Auftanken in der Luft*). ~ **bridge** *s* **1.** *tech.* Rollfähre *f.* **2.** *mar.* Laufbrücke *f.* ~ **but·tress** *s arch.* Strebebogen *m.* ~ **cir·cus** *s aer.* ro'tierende 'Staffelformatiˌon (*im Kampfeinsatz*). **2.** Gruppe *f* von Schaufliegern. ~ **col·umn** *s mil.* fliegende *od.* schnelle Ko'lonne. ~ **doc·tor** *s* fliegender Arzt (*bes. in Australien*). **F**~ **Dutch·man** *s* **1.** *myth.* Fliegender Holländer. **2.** *Segeln:* Flying Dutchman *m* (*Zweimann-Einheitsjolle*). ~ **ex·hi·bi·tion** *s* Wanderausstellung *f.* ~ **field** *s*

flying fish – fold

aer. (kleiner) Flugplatz. ~ **fish** *s* Fliegender Fisch. ~ **fox** *s* **1.** *zo.* Flughund *m*. **2.** Lastenseilschwebebahn *f*. ~ **hour** *s* Flugstunde *f*. ~ **in·stru·ment** *s* 'Bord-, 'Fluginstru,ment *n*. ~ **jib** *s mar.* Flieger *m*, Außenklüver *m*. ~ **lane** *s aer.* (Ein)Flugschneise *f*. ~ **le·mur** *s zo.* Flattermaki *m*. ~ **ma·chine** *s aer.* 'Flugappa,rat *m*. ~ **mare** *s Ringen:* Armdrehschwung *m*. ~ **of·fi·cer** *s aer. mil. Br.* Oberleutnant *m* (*der Luftwaffe*). ~ **range** *s aer.* Akti'onsradius *m*. ~ **sau·cer** *s* fliegende 'Untertasse. ~ **school** *s aer.* Flieger-, Flugschule *f*. ~ **sparks** *s pl* Funkenflug *m*. ~ **speed** *s* Fluggeschwindigkeit *f*. ~ **squad** *s Br.* 'Überfallkom,mando *n* (*der Polizei*). ~ **squad·ron** *s* **1.** *aer.* (Flieger-)Staffel *f*. **2.** *Am.* a) fliegende Ko'lonne, b) 'Rollkom,mando *n*. ~ **squid** *s zo.* Seepfeil *m*. ~ **squir·rel** *s zo.* Flughörnchen *n*. ~ **start** *s* **1.** *sport* fliegender Start: **from a** ~ mit fliegendem Start. **2. to get off to a** ~ a) *sport* in den Schuß fallen, b) *sport* glänzend weg- *od.* abkommen, c) *fig.* e-n glänzenden Start *od.* Einstand haben. **3.** anfänglicher Vorteil: **to give s.o. a** ~ j-m e-n anfänglichen Vorteil verschaffen. ~ **u·nit** *s aer.* fliegender Verband. ~ **weight** *s aer.* Fluggewicht *n*. ~ **wing** *s aer.* Nurflügelflugzeug *n*.

'**fly·leaf** *s irr Buchbinderei:* Vorsatz-, Deckblatt *n*. ~ **line** *s* **1.** *orn.* Zuglinie *f*. **2.** Angelschnur *f* mit (künstlicher) Fliege. ~ **loft** *s thea.* Sof'fitten *pl.* '~**man** [-mən] *s irr* **1.** *thea.* Sof'fittenarbeiter *m*. **2.** *Br. hist.* Droschkenkutscher *m*. '~**o·ver** *s* **1.** *bes. Am. für* fly-past. **2.** *Br.* ('Straßen-, 'Eisenbahn)Über,führung *f*. '~**pa·per** *s* Fliegenfänger *m*. '~**past** *s aer.* Luftparade *f*. ~ **press** *s tech.* Spindelpresse *f*. ~ **rod** *s* Angelrute *f* (*für [künstliche] Fliegen*). ~ **sheet** *s* **1.** Flugblatt *n*, Re'klamezettel *n*. **2.** 'Überdach *n* (*e-s Zelts*). ~ **spray** *s* Fliegen-, In'sektenspray *m, n*. '~**swat·ter** *s* Fliegenklappe *f*, -klatsche *f*.

flyte → flite.

'**fly·trap** *s* **1.** Fliegenfalle *f*. **2.** *bot.* Fliegenfänger *m*. '~**way** → fly line 1. '~**weight** *sport* **1.** *s* Fliegengewicht(ler *m*) *n*. **II** *adj* Fliegengewichts... '~**wheel** *s tech.* Schwungrad *n*. '~**whisk** *s* Fliegenwedel *m*.

'**f-,num·ber** *s phot.* **1.** Blende *f* (*Einstellung*). **2.** Lichtstärke *f* (*vom Objektiv*).

foal [fəʊl] *zo.* **I** *s* Fohlen *n*: **in** ~, **with** ~ trächtig. **II** *v/t* Fohlen werfen. **III** *v/i* fohlen, werfen. '~**foot** *pl* -**foots** *s bot.* Huflattich *m*.

foam [fəʊm] **I** *s* **1.** Schaum *m* (*a. tech.*): **he had** ~ **at the mouth** a) er hatte Schaum vor dem Mund, b) *fig.* er schäumte (vor Wut). **II** *v/i* **2.** schäumen (**with rage** *fig.* vor Wut): **he ~ed at the mouth** a) er hatte Schaum vor dem Mund, b) *fig.* er schäumte (vor Wut). **3.** schäumend fließen. **III** *v/t* **4.** schäumen: ~**ed concrete** Schaumbeton *m*; ~**ed plastic** Schaumstoff *m*. **5.** *mot.* Karosseriehohlräume ausschäumen. ~ **ex·tin·guish·er** *s* Schaum(feuer)löscher *m*. ~ **rub·ber** *s* Schaumgummi *m, n*.

'**foam·y** *adj* **1.** schäumend, schaumig. **2.** Schaum...

fob[1] [fɒb; *Am.* fab] *s* **1.** Uhrtasche *f* (*in der Hose*). **2.** a) ~ **chain** *s* Uhrkette *f*, -band *n*, b) Uhrenanhänger *m*.

fob[2] [fɒb; *Am.* fab] *v/t* **1. to** ~ **s.th. off on s.o.** j-m etwas ,andrehen' *od.* ,aufhängen'. **2. to** ~ **s.o. off** j-n ,abspeisen', j-n ,abwimmeln' (**with** mit).

fob watch *s* Taschenuhr *f*.

fo·cal ['fəʊkl] *adj* (*adv* -**ly**) **1.** *math. phys.* im Brennpunkt stehend (*a. fig.*), fo'kal, Brenn(punkt)... **2.** *med.* fo'kal, Fokal..., Herd...: ~ **infection**.

fo·cal| dis·tance *s phys.* Brennweite *f*. ~ **dose** *s* Nuklearmedizin: Herddosis *f*.

fo·cal·i·za·tion [ˌfəʊkəlaɪ'zeɪʃn; *Am.* -lə'z-] *s* **1.** Vereinigung *f* in e-m Brennpunkt. **2.** *opt. phot.* Scharfeinstellung *f*.

'**fo·cal·ize** **I** *v/t* **1.** → focus 4 u. 5. **2.** *med.* auf e-n bestimmten Teil des Körpers beschränken: **to** ~ **an infection**. **II** *v/i* **3.** → focus 7 u. 8. **4.** *med.* sich auf e-n bestimmten Teil des Körpers beschränken: **to** ~ **in** sich beschränken auf (*acc*).

fo·cal| length *s phys.* Brennweite *f*. ~ **plane** *s phys.* Brennebene *f*. '~**-plane shut·ter** *s phot.* Schlitzverschluß *m*. ~ **point** *s* **1.** *phys.* Brennpunkt *m*. **2.** *fig.* → focus 2. ~ **ra·ti·o** → f-number. ~ **spot** *s phys.* Brennpunkt *m*.

fo·ci ['fəʊsaɪ] *pl von* focus.

fo·cim·e·ter [fəʊ'sɪmɪtə(r)], **fo·com·e·ter** [fəʊ'kɒmɪtə(r); *Am.* -'kɑ-] *s phys.* Foko'meter *n* (*Gerät zur Brennweitenmessung*).

fo'c's'le, fo'c'sle ['fəʊksl] → forecastle.

fo·cus ['fəʊkəs] *pl* -**cus·es, -ci** [-saɪ] **I** *s* **1.** a) *math. phys. tech.* Brennpunkt *m*, Fokus *m*, b) *TV* Lichtpunkt *m*, c) *phys.* Brennweite *f*, d) *opt. phot.* Scharfeinstellung *f*: **in** ~ scharf *od.* richtig eingestellt, *fig.* klar u. richtig; **out of** ~ unscharf, verschwommen (*a. fig.*); **to bring into** ~ → 4 u. 5; ~ **control** Scharfeinstellung *f* (*Vorrichtung*). **2.** *fig.* Brenn-, Mittelpunkt *m*: **to be the** ~ **of attention** im Mittelpunkt des Interesses stehen; **to bring (in)to** ~ in den Brennpunkt rücken. **3.** Herd *m* (*e-s Erdbebens, e-s Aufruhrs etc*), *med. a.* Fokus *m*. **II** *v/t pret u. pp* -**cused, -cussed 4.** *opt. phot.* fokus'sieren, scharf einstellen. **5.** *phys.* im Brennpunkt vereinigen, sammeln, *Strahlen* bündeln. **6.** *fig.* konzen'trieren, richten (**on** auf *acc*). **III** *v/i* **7.** *phys.* sich in e-m Brennpunkt vereinigen. **8.** *opt. phot.* sich scharf einstellen. **9.** ~ **on** *fig.* sich konzentrieren *od.* richten auf (*acc*). **10.** *colloq.* klar denken.

'**fo·cus-(s)ing| cam·er·a** *s phot.* Mattscheibenkamera *f*. ~ **lens** *s* Sammellinse *f*. ~ **scale** *s phot.* Entfernungsskala *f*. ~ **screen** *s phot.* Mattscheibe *f*.

fod·der ['fɒdə; *Am.* 'fɑdər] **I** *s agr.* (Trocken)Futter *n*, *humor.* Futter *n* (*Essen*): **that's** ~ **for the imagination** das regt die Phantasie an. **II** *v/t Vieh* füttern.

foe [fəʊ] *poet.* Feind *m* (*a. mil. u. fig.*), 'Widersacher *m* (**to, of** *gen*).

foehn [fɜːn; *Am. a.* feɪn] *s* Föhn *m* (*Wind*).

foe·tal, foe·ta·tion, foe·ti·cide → fetal, fetation, feticide.

foet·id, foet·id·ness, foe·tor → fetid, fetidness, fetor.

foe·tus → fetus.

fog[1] [fɒɡ; *Am. a.* fɑɡ] **I** *s* **1.** (dichter) Nebel. **2.** a) Trübheit *f*, Dunkelheit *f*, b) Dunst *m*. **3.** *fig.* a) Nebel *m*, Verschwommenheit *f*, b) Verwirrung *f*, Ratlosigkeit *f*: **to be in a** ~ (völlig) ratlos sein *od.* im dunkeln tappen. **4.** *tech.* Nebel *m*. **5.** *phot.* Schleier *m*. **II** *v/t* **6.** in Nebel hüllen, um'nebeln, einnebeln (*a. tech*). **7.** verdunkeln. **8.** *fig.* a) benommen machen, trüben, b) *e-e Sache* verworren *od.* unklar machen, c) j-n ratlos machen. **9.** *phot.* verschleiern. **10.** ein-, besprühen: **to** ~ **with insecticide**. **III** *v/i* **11.** neb(e)lig werden. **12.** undeutlich werden. **13.** (sich) beschlagen (*Glas*). **14.** *phot.* schleiern.

fog[2] [fɒɡ; *Am. a.* fɑɡ] **I** *s* **1.** Spätheu *n*, Grum(me)t *n*. **2.** Wintergras *n*. **3.** *Scot.* Moos *n*. **II** *v/t* **4.** Wintergras stehen lassen auf (*dat*). **5.** mit Wintergras füttern.

fog| bank *s* Nebelbank *f*. ~ **bell** *s* Nebelglocke *f*. '~**-bound** *adj* **1.** in dichten Nebel gehüllt. **2. the planes (ships) were** ~ die Flugzeuge (Schiffe) konnten wegen Nebels nicht starten (auslaufen); **the passengers were** ~ **at the airport** die Passagiere saßen wegen Nebels am Flughafen fest. '~**-dog** *s* heller Fleck (*in e-r Nebelbank*).

fo·gey → fogy.

fog·gi·ness ['fɒɡɪnɪs; *Am.* 'fɑ-] *s* **1.** Neb'ligkeit *f*. **2.** *fig.* Verschwommenheit *f*, Unklarheit *f*. '**fog·gy** *adj* (*adv* foggily) **1.** neb(e)lig. **2.** trüb, dunstig. **3.** *fig.* a) nebelhaft, verschwommen, unklar: **I haven't got the foggiest (idea)** *colloq.* ,ich hab' keinen blassen Schimmer', b) benebelt, benommen (**with** vor *dat*). **4.** *phot.* verschleiert.

'**fog|·horn** *s* **1.** Nebelhorn *n*. **2.** *fig.* dröhnende (Baß)Stimme. ~ **lamp**, ~ **light** *s mot.* Nebelscheinwerfer *m*, -lampe *f*.

fo·gram ['fəʊɡræm; -ɡrəm], '**fo·grum** [-ɡrəm] → fogy.

fog sig·nal *s* 'Nebelsi,gnal *n*.

fo·gy ['fəʊɡɪ] *s meist* **old** ~ verknöcherter (alter) Kerl. '**fo·gy·ish** *adj* verknöchert, rückständig, altmodisch.

föhn → foehn.

foi·ble ['fɔɪbl] *s* **1.** *fenc.* Schwäche *f* (*der Klinge*). **2.** *fig.* (kleine) Schwäche. **3.** *fig.* (vor'übergehende) Laune.

foie gras → pâté de foie gras.

foil[1] [fɔɪl] **I** *v/t* **1.** *e-n Plan etc* vereiteln, durch'kreuzen, zu'nichte machen, j-m e-n Strich durch die Rechnung machen: ~**ed again!** wieder alles umsonst! **2.** *hunt.* *e-e Spur* verwischen. **3.** *obs.* *e-n Angriff* zu'rückschlagen, *e-n Angreifer a.* besiegen. **II** *s* **4.** *obs.* Niederlage *f*.

foil[2] [fɔɪl] **I** *s* **1.** *tech.* (Me'tall- *od.* Kunststoff)Folie *f*, 'Blatme,tall *n*: **alu·min(i)um** ~ Aluminiumfolie. **2.** *tech.* (Spiegel)Belag *m*, Folie *f*. **3.** Folie *f*, 'Unterlage *f* (*für Edelsteine*). **4.** *fig.* Folie *f*, 'Hintergrund *m*: **to serve as a** ~ **to** → 8. **5.** *arch.* a) Nasenschwung *m*, b) Blattverzierung *f*. **II** *v/t* **6.** *tech.* mit Me'tallfolie belegen. **7.** *arch.* mit Blätterwerk verzieren. **8.** *fig.* als Folie *od.* 'Hintergrund dienen (*dat*).

foil[3] [fɔɪl] *s fenc.* **1.** Flo'rett *n*. **2.** *pl* Flo'rettfechten *n*.

foils·man ['fɔɪlzmən] *s irr* Flo'rettfechter *m*.

foi·son ['fɔɪzn] *s obs. od. poet.* Fülle *f*.

foist [fɔɪst] *v/t* **1. to** ~ **s.th. (off) on s.o.** j-m etwas ,andrehen' *od.* ,aufhängen': j-m etwas ,aufhalsen', c) j-m etwas (*a. ein Kind*) 'unterschieben; **to** ~ **o.s. on s.o.**, **to** ~ **one's company on s.o.** sich j-m aufdrängen. **2.** *fig.* etwas einschmuggeln (**into** in *acc*).

fol·a·cin ['fɒləsɪn; *Am.* 'fəʊ-] → folic acid.

fold[1] [fəʊld] **I** *v/t* **1.** falten: **to** ~ **a cloth**; **to** ~ **one's arms** die Arme verschränken *od.* kreuzen; **to** ~ **one's hands** die Hände falten; **to** ~ **back** Bettdecke etc zurückschlagen, Stuhllehne etc zurückklappen. **2.** *oft* ~ **up** a) zs.-legen, -falten, b) zs.-klappen: **to** ~ **away** zs.-klappen (u. verstauen). **3.** *a.* ~ **down** her'unterklappen. **4.** 'umbiegen, kniffen. **5.** *tech.* falzen, bördeln. **6.** a) etwas einhüllen, -wickeln, -schlagen (**in** in *acc*): **to** ~ **s.o. in one's arms** j-n in die Arme nehmen *od.* schließen, b) *in ein Stück Papier etc* wickeln ([a]round um). **7.** *fig.* einschließen (**into** in *acc*). **8.** ~ **in** *gastr.* einrühren, 'unterziehen: **to** ~ **an egg into** ein Ei unterrühren *od.* unterziehen unter (*acc*). **II** *v/i* **9.** sich (zs.-)falten *od.* zs.-legen *od.* zs.-

klappen (lassen): **to ~ back** sich zurückklappen lassen. **10.** *meist* **~ up** *colloq.* a) zs.-brechen (**with** vor *dat*) (*a. fig.*): **to ~ with laughter** vor Lachen beinahe ,platzen' *od.* ,sterben', b) *econ.* ,eingehen', ,den Laden zumachen (müssen)'. **III** *s* **11.** a) Falte *f*, b) Windung *f*, c) 'Umschlag *m.* **12.** Falz *m*, Kniff *m*, Bruch *m.* **13.** *print.* Bogen *m.* **14.** Falz *m*, Bördel *m.* **15.** *anat.* (Haut)Falte *f.* **16.** *geol.* a) (Boden-)Falte *f*, b) Senkung *f*.
fold² [fəʊld] **I** *s* **1.** (Schaf)Hürde *f*, Pferch *m.* **2.** (eingepferchte) Schafherde. **3.** *relig.* a) (christliche) Gemeinde, Herde *f*, b) (Schoß *m* der) Kirche. **4.** *fig.* Schoß *m* der Fa'milie *od.* Par'tei: **to return to the ~**. **II** *v/t* **5.** Schafe einpferchen.
-fold [fəʊld] *Suffix mit der Bedeutung* ...fach, ...fältig.
'**fold·a·way** *adj* zs.-klappbar, Klapp...: **~ bed.** '**~boat** *s* Faltboot *n.*
'**fold·ed moun·tains** *s pl geol.* Faltengebirge *n.*
'**fold·er** *s* **1.** zs.-faltbare Druckschrift, *bes.* 'Pros_ipekt *m*, -blatt *n*, Bro'schüre *f.* **2.** Aktendeckel *m*, Mappe *f.* **3.** Schnellhefter *m.* **4.** *tech.* 'Bördelma_ischine *f.* **5.** *tech.* Falzbein *n*, (Pa'pier)_iFalzma_ischine *f.* **6.** Klapprad *n.*
fol·de·rol ['fɒldərɒl; *Am.* 'faldə_iral] → falderal.
'**fold·ing** *adj* **1.** a) zs.-legbar, -faltbar, Falt..., b) zs.-klappbar, Klapp... **2.** Falz... **~ bed** *s* Klappbett *n.* **~ bi·cy·cle** *s* Klapprad *n.* **~ boat** *s* Faltboot *n.* **~ box** → **folding carton. ~ cam·er·a** *s* Klapp-, Faltkamera *f.* **~ car·ton** *s* 'Faltschachtel *f*, -kar_iton *m.* **~ chair** *s* Klappstuhl *m*, -sessel *m.* **~ door** *s a. pl* Falltür *f.* **~ hat** *s* Klapphut *m.* **~ lad·der** *s* Klappleiter *f.* **~ ma·chine** *s tech.* **1.** 'Bördelma_ischine *f.* **2.** (Pa'pier)_iFalz-, 'Faltma_ischine *f.* **~ mon·ey** *s Am. colloq.* Papiergeld *n.* **~ press** *s tech.* 'Abkantma_ischine *f.* **~ rule** *s* (zs.-legbarer) Zollstock. **~ screen** *s* spanische Wand. **~ ta·ble** *s* Klapptisch *m.* **~ top** *s mot.* Rolldach *n.*
fold moun·tains *s pl geol.* Faltengebirge *n.*
'**fold-up** → folding 1.
fo·li·a·ceous [_ifəʊlɪ'eɪʃəs] *adj* **1.** blattähnlich, -artig. **2.** blätt(e)rig, Blatt..., Blätter...
fo·li·age ['fəʊlɪɪdʒ] *s* **1.** Laub(werk) *n*, Blätter(werk *n*) *pl* : *a plant* Blattpflanze *f.* **2.** *arch.* Blattverzierung *f.* '**fo·li·aged** *adj* **1.** *in Zssgn* ...blätt(e)rig. **2.** *arch.* mit Blätterwerk verziert. '**fo·li·ar** *adj* Blatt..., Blätter...
fo·li·ate ['fəʊlɪeɪt] **I** *v/t* **1.** *arch.* mit Blätterwerk verzieren. **2.** *tech.* a) (Me'tall)Folie 'herstellen aus, b) mit Folie *od.* 'Blattme_itall belegen. **3.** *print.* e-n (Druck)Bogen fo·li'ieren. **II** *v/i* **4.** *bot.* Blätter treiben. **5.** sich in Blättchen spalten. **III** *adj* ['fəʊlɪət; -lɪeɪt] **6.** *bot.* belaubt. **7.** blattartig, blätt(e)rig. _i**fo·li'a·tion** *s* **1.** *bot.* a) Blattbildung *f*, Belaubung *f*, b) Blattstand *m*, -stellung *f.* **2.** *print.* Foli'ierung *f.* **3.** *geol.* Schieferung *f.* **4.** *arch.* Blattverzierung *f.* **5.** *tech.* a) 'Herstellung *f* von (Me'tall)Folien, b) Belegen *n* mit Folie.
fo·lic ac·id ['fəʊlɪk] *s Biochemie:* Folsäure *f.*
fo·li·o ['fəʊlɪəʊ] **I** *pl* **-os** *s* **1.** Blatt *n.* **2.** *print.* a) Folioblatt *n* (*einmal gefalteter Druckbogen*), b) *a.* **~ volume** Foli'ant *m*, c) *a.* **~ size** 'Folio(for_imat) *n*, d) nur auf der Vorderseite nume'riertes Blatt, e) Seitenzahl *f* (*e-s Buchs*). **3.** *econ.* a) Kontobuchseite *f*, b) (*die*) zs.-gehörenden rechten u. linken Seiten des Kontobuchs. **4.** *jur.* Einheitswortzahl *f* (*für die Längen*-

angabe von Dokumenten; *in Großbritannien 72 od., bei Testament, 90, in USA 100 Wörter*). **II** *v/t* **5.** ein Buch *etc* (nach Blättern) pagi'nieren, mit Seitenzahl(en) versehen.
fo·li·ole ['fəʊlɪəʊl] *s bot.* Blättchen *n* (*e-s zs.-gesetzten Blatts*).
folk [fəʊk] **I** *pl* **folk, folks** *s* **1.** *pl* Leute *pl*: **poor ~; some ~ are never satisfied; rural ~** Landvolk *n*, Leute vom Lande; **~s** say die Leute sagen, man sagt. **2.** *pl* (*nur* **folks**) *colloq.* a) *m-e etc* ,Leute' *pl od.* Verwandten *pl od.* Angehörigen *pl*, b) (*bes. als Anrede*) ,Leute' *pl*, ,Herrschaften' *pl*: **well, ~s, shall we go tonight? 3.** Volk *n* (*Träger des Volkstums*). **4.** *obs.* Volk *n*, Nati'on *f.* **5.** *colloq.* ,Folk' *m* (*Volksmusik*). **II** *adj* **6.** Volks...: **~ art** (dance, etymology, hero, medicine, music, *etc*).
'**folk·lore** *s* Folk'lore *f*: a) Volkskunde *f*, Folklo'ristik *f*, b) Volkstum *n* (*Gebräuche, Sagen etc*). '**folk_ilor·ic** → folkloristic. '**folk·lor·ism** *s* folklore *u.* '**folk·lor·ist** *s* Folklo'rist *m*, Volkskundler *m.* _i**folk·lor'is·tic** *adj* folklo'ristisch: a) volkskundlich, b) volkstümlich.
folk|mem·o·ry *s*: **he lives on in ~** er lebt in der Erinnerung *od.* im Gedächtnis des Volkes weiter. '**~-moot** [-mu:t] *s hist.* Volksversammlung *f* (*der Angelsachsen*). '**~-rock** *s mus.* Folkrock *m* (*Stilrichtung der modernen Musik, bei der Elemente des Folksongs mit Elementen des Rock verknüpft sind*). **~ sing·er** *s* Folksänger(in). **~ so·ci·e·ty** *s sociol.* Folk-Society *f* (*typische Gesellschaftsform e-r ursprünglichen, ländlich-einfachen Bevölkerung, die nicht von hochentwickelter Technokratie beeinflußt ist*). **~ song** *s* **1.** Volkslied *n.* **2.** Folksong *m* (*Lied mit meist sozialkritischem Inhalt, das Elemente von englischen, irischen u. schottischen Volksliedern sowie von Gospels aufgreift*). **~ sto·ry** → **folk tale.**
folk·sy ['fəʊksɪ] *adj colloq.* **1.** gesellig, 'umgänglich. **2.** *oft contp.* volkstümlich: **to act ~** volkstümeln, sich volkstümlich geben.
folk| tale *s* Volkserzählung *f*, -sage *f.* '**~-ways** *s pl* traditio'nelle Lebensart *od.* -form *od.* -weise.
fol·li·cle ['fɒlɪkl; *Am.* 'fɑ-] *s* **1.** *bot.* Fruchtbalg *m.* **2.** *anat.* Fol'likel *m*: a) Drüsenbalg *m*, b) Haarbalg *m.* '**~-_istim·u·lat·ing hor·mone** *s biol.* fol'likelstimu_ilierendes Hor'mon.
fol·lic·u·lar [fɒ'lɪkjʊlə(r); *Am.* fə-; fɑ-], **fol·lic·u·lat·ed** [-leɪtɪd] *adj* **1.** *bot.* balgfrüchtig. **2.** *anat.* folliku'lar, Follikel... **~ hormone. 3.** *biol.* Balg... **fol-'lic·u·lin** [-lɪn] *s biol. chem.* Ös'tron *n*, Fol'likelhor_imon *n.*
fol·low ['fɒləʊ; *Am.* 'fɑ-] **I** *s* **1.** *Billard:* Nachläufer *m.* **2.** *fig.* follow-up 5.
II *v/t* **3.** *allg.* folgen (*dat*): a) (*zeitlich od. räumlich*) nachfolgen (*dat*), folgen auf (*acc*), sich anschließen (*dat*) *od.* an (*acc*): **a dinner ~ed by a dance** ein Essen mit anschließendem Tanz; **this story is ~ed by another** auf diese Geschichte folgt noch eine (andere), b) nachfolgen, -laufen: **to ~ s.o. close** j-m auf dem Fuße folgen, c) *a. mil.* j-n verfolgen, d) sich *j-m* anschließen, *j-m* begleiten, e) *j-m in Amt etc* nachfolgen, *j-s* Nachfolger sein, f) *j-m* (als Führer *od.* Vorbild) (nach)folgen, sich *j-m*, *e-r Partei etc* anschließen, g) *j-m* gehorchen, sich *j-m* anpassen (*dat*) (*a. Sache*), i) *j-s* Mode *etc* mitmachen, j) *e-n Rat, Befehl etc* befolgen, beachten: **to ~ s.o.'s advice**, k) sich *e-r Sache* anschließen, teilen (*acc*), l) *j-s* Beispiel folgen: **to ~ s.o.'s example** *a.* es *j-m* gleich-

tun, *m*) *e-n* Weg verfolgen, n) entlanggehen, -führen (*acc*): **the road ~s the river,** o) (*mit dem Auge od. geistig*) verfolgen, beobachten: **to ~ a game;** to **~ events,** p) zuhören (*dat*). **4.** *ein Ziel, e-n Zweck* verfolgen, anstreben. **5.** *e-r Beschäftigung etc* nachgehen, sich widmen (*dat*), *ein Geschäft etc* betreiben, *e-n Beruf* ausüben: **to ~ one's pleasure** s-m Vergnügen nachgehen; **to ~ the law** Jurist sein; → **sea 1. 6.** folgen (können) (*dat*), verstehen: **do you ~ me?** können Sie mir folgen? **7.** folgen aus, die Folge sein von (*od. gen*). **8. to ~ s.th. with** s.th. e-r Sache etwas folgen lassen.
III *v/i* **9.** (*zeitlich od. räumlich*) (nach)folgen, sich anschließen: **to ~ after s.o.** j-m nachfolgen; **to ~ (up)on** folgen auf (*acc*); **letter to ~** Brief folgt; **as ~s** wie folgt, folgendermaßen. **10.** *meist impers* folgen, sich ergeben (**from** *aus*): **it ~s from this** hieraus folgt (**that** daß); **it does not ~ that** dies besagt nicht, daß.
Verbindungen mit Adverbien:
fol·low| a·bout, ~ (a·)round *v/t* überall ('hin) folgen (*dat*). **~ on** *v/i* **1.** (*nach e-r Pause*) weitergehen. **2.** *Kricket:* so'fort nochmals zum Schlagen antreten. **~ out** *v/t e-n Plan etc* bis zum Ende 'durchführen, 'durchziehen'. **~ through I** *v/t* → follow out. **II** *v/i bes. Golf:* 'durchschwingen. **~ up** *v/t* **1.** (*beharrlich*) verfolgen. **2.** a) *e-r Sache* nachgehen, b) *e-e Sache* weiterverfolgen. **3.** *e-n Vorteil etc* ausnutzen. **4.** *to ~ a letter with a visit* auf e-n Brief e-n Besuch folgen lassen. **II** *v/i* **5.** *mil.* nachstoßen, -drängen. **6.** *fig.* nachstoßen (**with** mit). **7.** *econ.* (*in der Werbung*) nachfassen.
fol·low·er ['fɒləʊə; *Am.* 'fɑləwər] *s* **1.** *obs.* Verfolger(in). **2.** a) Anhänger *m* (*a. e-s Sportvereins, e-s Politikers etc*), Schüler *m*, Jünger *m*, b) *pl* → following 1. **3.** *hist.* Gefolgsmann *m.* **4.** Begleiter *m.* **5.** *Br. obs.* Verehrer *m* (*bes. e-s Dienstmädchens*). **6.** *pol.* Mitläufer *m.* '**fol·low·ing** **I** *s* **1.** a) Gefolge *n*, Anhang *m*, b) Anhänger-, Gefolgschaft *f*, Anhänger *pl.* **2. the ~** a) das Folgende, b) die Folgenden *pl.* **II** *adj* **3.** folgend(er, e, es). **III** *prep* **4.** im Anschluß an (*acc*).
_i**fol·low-my-'lead·er** [-mɪ'li:də(r)] *s* Kinderspiel, bei dem die Spieler alles nachmachen müssen, was der Anführer vormacht: **he wants us to play ~** *fig.* er möchte, daß wir ihm alles nachmachen. **~-'on** *s Kricket:* so'fortiges Wieder'antreten zum Schlagen. **~-'through** *s* **1.** *bes. Golf:* 'Durchschwung *m.* **2.** (*endgültige*) 'Durchführung *f.* **~-up** **I** *s* **1.** Weiterverfolgen *n* (*e-r Sache*). **2.** Ausnutzung *f* (*e-s Vorteils*). **3.** *mil.* Nachstoßen *n* (*a. fig.*), -drängen *n.* **4.** *econ.* (*in der Werbung*) Nachfassen *n.* **5.** *Journalismus, Rundfunk, TV:* Fortsetzung *f* (**to** *gen*). **6.** *med.* Nachbehandlung *f*, -sorge *f.* **II** *adj* **7.** weiter(er, e, es), Nach...: **~ advertising** *econ.* Nachfaßwerbung *f*; **~ conference** 'Nachfolgekonferenz *f*; **~ file** Wiedervorlagemappe *f*; **~ letter** Nachfaßschreiben *n*; **~ order** *econ.* Anschlußauftrag *m*; **~ question** Zusatzfrage *f.*
fol·ly ['fɒlɪ; *Am.* 'fɑlɪ:] *s* **1.** Narrheit *f*, Torheit *f*: a) Verrücktheit *f*, b) Narre'tei *f*, törichte Handlung. **2.** sinnloser Prachtbau. **3.** *pl thea.* Re'vue *f.*
fo·ment [fəʊ'ment] *v/t* **1.** *med.* bähen, mit warmen 'Umschlägen behandeln. **2.** *fig.* pflegen, fördern. **3.** *fig.* anfachen, schüren, aufhetzen: **to ~ riots.** _i**fo·men-'ta·tion** *s* **1.** *med.* Bähung *f.* **2.** *med.* Bähmittel *n.* **3.** *fig.* Anfachung *f*, Schürung *f.* **fo'ment·er** *s* Aufhetzer *m*, Anstifter *m.*

fo·mes ['fəʊmiːz] pl **fo·mi·tes** ['fəʊmɪtiːz] s med. Ansteckungsträger m, infi-ˈzierter Gegenstand.
fond [fɒnd; Am. fɑnd] adj (adv → **fondly**) **1.** to be ~ of s.o. (s.th.) j-n (etwas) lieben od. mögen od. gern haben; **to be ~ of smoking** gern rauchen. **2.** zärtlich, liebevoll, innig. **3.** allzu nachsichtig (Mutter etc). **4.** überˈtrieben zuversichtlich, töricht, (allzu) kühn: ~ **hope**; **it went beyond my ~est dreams** es übertraf m-e kühnsten Träume.
fon·dant ['fɒndənt; Am. ˈfɑn-] s gastr. Fonˈdant m.
fon·dle ['fɒndl; Am. ˈfɑndl] **I** v/t **1.** (liebevoll) streicheln, (-) spielen mit. **2.** obs. verhätscheln. **II** v/i **3.** zärtlich sein.
ˈfond·ly adv **1.** liebevoll, herzlich. **2.** in törichtem Optiˈmismus, allzu kühn: **I ~ hoped (imagined) that** ich war so töricht zu hoffen (anzunehmen).
ˈfond·ness s **1.** Zärtlichkeit f, Innigkeit f. **2.** Liebe f, Zuneigung f (**of** zu). **3.** Vorliebe f (**for** für).
fon·due ['fɒndjuː; Am. fɑnˈduː; -ˈdjuː] s gastr. Fonˈdue n: ~ **fork** Fonduegabel f.
font¹ [fɒnt; Am. fɑnt] s **1.** relig. Taufstein m; -becken n. **2.** Ölbehälter m (e-r Lampe). **3.** poet. a) Quelle f, b) Brunnen m.
font² [fɒnt; Am. fɑnt], bes. Br. **fount** [faʊnt] s **1.** tech. Gießen n, Guß m. **2.** print. Schrift(satz m, -guß m, -sorte f) f: → **wrong fo(u)nt**.
font·al ['fɒntl; Am. ˈfɑntl] adj **1.** ursprünglich, Ur-. **2.** relig. Tauf(becken)...
fon·ta·nel(le) [ˌfɒntəˈnel; Am. ˌfɑn-] s anat. Fontaˈnelle f.
font name s Taufname m.
food [fuːd] s **1.** Essen n, Kost f, Nahrung f, Verpflegung f; ~ **conditions** Ernährungslage f; ~ **intake** Nahrungsaufnahme f; ~ **plant** Nahrungspflanze f; **it was ~ and drink to him** fig. a) es war ein gefundenes Fressen für ihn, b) ‚es ging ihm runter wie Öl'. **2.** Nahrungs-, Lebensmittel pl: **F~ and Drug Act** Lebensmittelgesetz n; ~ **chain** biol. Nahrungskette f; ~ **poisoning** med. Lebensmittelvergiftung f. **3.** Futter n. **4.** bot. Nährstoff(e pl) m. **5.** fig. Nahrung f, Stoff m: ~ **for thought** (od. **reflection**) Stoff zum Nachdenken. **'~ˌsen·si·tive** adj ernährungsbewußt. **ˈ~ˌstuff** → **food 2.**
fool¹ [fuːl] **I** s **1.** Narr m, Närrin f, Dummkopf m: **to make a ~ of** → **8**; **to make a ~ of o.s.** sich lächerlich machen; **there's no ~ like an old ~** a) die alten Narren sind die schlimmsten, b) Alter schützt vor Torheit nicht; **I am a ~ to him** ich bin ein Waisenknabe gegen ihn; **he is no ~** er ist nicht auf den Kopf gefallen; **I was ~ enough to believe her** ich war so dumm u. glaubte ihr. **2.** hist. Hofnarr m: **to play the ~** → **11. 3.** a) Betrogene(r m) f, b) Gimpel m, leichtgläubiger Mensch: **he is nobody's ~** er läßt sich nichts vormachen. **4.** obs. Schwachsinnige(r m) f, Idiˈot m: **village ~** Dorftrottel m. **5.** Närrchen n, dummes Ding. **6.** Am. colloq. a) Fex m: **to be a ~ for** verrückt sein auf (acc), b) ‚Kaˈnone' f, ‚toller Kerl': **a ~ for luck** ein Glückspilz m. **II** adj **7.** bes. Am. colloq. blöd, ‚doof'. **III** v/t **8.** zum Narren halten. **9.** betrügen (**out of** um), täuschen, ‚reinlegen', verleiten (**into doing** zu tun): **he ~ed her into believing that** er machte ihr weis, daß. **10.** ~ **away** Zeit, Geld etc vergeuden. **IV** v/i **11.** a. ~ **about** (od. **around**) Unsinn od. Faxen machen, herˈumalbern. **12.** oft ~ **about** (od. **around**) a) spielen (**with** mit): **to ~ about with a woman**, b) sich herˈumtreiben, c) herˈumtrödeln. **13.** Am. nur so tun, als ob: **he was only ~ing**.
fool² [fuːl] s gastr. bes. Br. Süßspeise aus Obstpüree u. Sahne od. Eiercreme.
fool·er·y ['fuːlərɪ] → **folly 1.**
ˈfool·fish s ichth. **1.** (e-e) Scholle. **2.** Langflossiger Hornfisch. **ˈ~ˌhar·di·ness** s Tollkühnheit f. **ˈ~ˌhar·dy** adj tollkühn, verwegen.
ˈfool·ing s **1.** Albernheit f, Dummheit(en pl) f. **2.** Spieleˈrei f. **ˈfool·ish** adj (adv **~ly**) **1.** dumm, töricht: a) albern, läppisch: **to feel ~** sich albern vorkommen, b) unklug: **a ~ thing to do** e-e Dummheit. **2.** lächerlich. **ˈfool·ish·ness** s Dummheit f, Torheit f.
ˈfool·proof adj **1.** tech. betriebssicher. **2.** todsicher (Plan etc). **3.** ‚narren-, idiˈotensicher' (Gerät etc).
fools·cap ['fuːlzkæp; Am. ˈfuːlˌskæp] s **1.** [meist 'fuːlˌskæp] bes. Br. Schreib- u. Druckpapierformat (34,2 × 43,1 cm). **2.** Narrenkappe f.
fool's ˈcap [fuːlz] s Narrenkappe f. **~ ˈer·rand** s vergeblicher Gang, „Metzgergang": **to go on a ~** e-n Metzgergang machen. **~ ˈgold** s min. Eisenkies m. **~ ˌpar·a·dise** s Wolkenˈkuckucksheim n: **to live in a ~** im Wolkenkuckucksheim leben.
foot [fʊt] **I** pl **feet** [fiːt] s **1.** Fuß m: **feet first** mit den Füßen zuerst; **they took him out feet first** (od. **foremost**) sie schafften ihn mit den Füßen zuerst (tot) hinaus; **my ~!** colloq. (so ein) ‚Quatsch'!; **on ~** zu Fuß; **at s.o.'s feet** zu j-s Füßen; **to be at s.o.'s feet** fig. j-m zu Füßen liegen; **to be on ~** a) im Gange sein, b) in Vorbereitung sein; **to be on one's feet** a) auf den Beinen sein, b) sich erheben, aufspringen (um zu sprechen); **to be on one's feet again** wieder auf den Beinen sein (nach e-r Krankheit); **to catch s.o. on the wrong ~** a) sport j-n auf dem falschen Bein od. Fuß erwischen, b) fig. j-n überrumpeln; **to fall** (od. **land**) **on one's feet** Glück haben; **he always falls** (od. **lands**) **on his feet** er fällt immer wieder auf die Beine od. Füße; **to find one's feet** a) gehen od. laufen lernen (Baby), b) fig. sich freischwimmen, lernen, selbständig zu handeln, c) fig. sich eingewöhnen; **to get a ~ in the door** (**of**), **to get a ~ in** fig. sich Zugang verschaffen (zu), hineinkommen (**in** acc); **he joined the club in the hope of getting a ~ in** one of the teams in s-e der Mannschaften zu kommen; **to have a ~ in the door** (**of**) fig. sich Zugang verschafft haben (zu), drin sein (**in** dat); **to have feet of clay** a) e-e Schwachen haben, auch nur ein Mensch sein; **to jump** (od. **leap**) **to one's feet** aufspringen; **to keep one's feet** sich auf den Beinen halten; **to put one's ~ down** a) mot. (Voll)Gas geben, b) fig. energisch werden, ein Machtwort sprechen; **to put one's best ~ forward** a) die Beine unter den Arm nehmen, b) sich gewaltig anstrengen (bes. um e-n guten Eindruck zu machen); **to put one's ~ in it**, Am. a. **to put one's ~ in one's mouth** ins Fettnäpfchen treten; **to put one's feet up** die Beine hochlegen; **to put** (od. **set**) **a** (od. **one's**) **~ wrong** etwas Falsches sagen od. tun; **to rise** (od. **get**) **to one's feet** sich erheben, aufstehen; **to run** (od. **rush**) **s.o. off his feet** j-n in Trab halten; **to set ~ in** (od. **on**) betreten; **to set s.o. on his feet** j-n auf eigene Beine stellen; **to set s.th. on ~** etwas in die Wege leiten od. in Gang bringen; **to stand on one's own** (**two**) **feet** auf eigenen Beinen stehen; **to step** (od. **get**) **off on the right** (**wrong**) **~** die Sache richtig (falsch) anpacken; → **cold 2, grave¹ 1, spring 1, sweep 5, etc**. **2.** (pl a. **foot**) Fuß m (= 0,3048 m): **6 feet tall** 6 Fuß groß od. hoch; **a ten-~ pole** e-e 10 Fuß lange Stange. **3.** **foot** pl mil. bes. Br. a) Infanteˈrie f: **the 4th F~** das Infanterieregiment Nr. 4, b) hist. Fußvolk n: **500 ~** 500 Fußsoldaten. **4.** Gang m, Schritt m. **5.** Fuß m, Füßling m (am Strumpf). **6.** Fuß m (e-s Berges, e-s Glases, e-r Säule, e-r Treppe etc), Fußende n (des Bettes, Tisches etc), unteres Ende: **at the ~ of the page** unten an der Seite. **7.** (pl **foots**) Bodensatz m, Hefe f. **8.** metr. (Vers)Fuß m. **9.** mus. Reˈfrain m. **10.** Stoffdrückerfuß m (e-r Nähmaschine). **II** v/i **11.** ~ **up** obs. od. dial. sich belaufen (**to** auf acc).
III v/t **12. to ~ it** colloq. a) marschieren, zu Fuß gehen, b) tanzen. **13.** e-n Fuß anstricken an (acc). **14.** mit den Krallen fassen (Raubvögel). **15.** meist ~ **up** bes. Am. zs.-zählen, adˈdieren. **16.** bezahlen, begleichen: **to ~ the bill**.
ˈfoot·age s **1.** Gesamtlänge f od. Ausmaß n (in Fuß). **2.** Filmmeter pl. **3.** Bergbau: Bezahlung f nach Fuß.
ˌfoot-and-ˈmouth dis·ease s vet. Maul- u. Klauenseuche f.
ˈfoot·ball I s **1.** sport a) Br. Fußball(spiel n) m, b) Am. Football(spiel n) m. **2.** sport a) Br. Fußball m, b) Am. Football-Ball m. **3.** fig. contp. **to make an issue a political ~** e-e Sache zu e-m Politikum aufblähen; **he was made the ~ of the politicians** der Streit der Politiker wurde auf s-m Rücken ausgetragen. **II** adj **4.** sport a) Br. Fußball...: ~ **pools** Fußballtoto n, m, b) Am. Football... **'~ˌball·er** s a) Br. Fußballspieler m, b) Am. Footballspieler m. **'~ˌbath** s Fußbad(ewanne f) n. **'~ˌboard** s **1.** rail. etc Trittbrett n. **2.** Fußbrett n (am Bett). **3.** Laufrahmen m (Lokomotive). **'~ˌboy** s **1.** Laufbursche m. **2.** Page m. **~ ˌbrake** s tech. Fußbremse f. **'~ˌbridge** s Fußgängerbrücke f. **'~ˌcan·dle** s phys. Footcandle f (Einheit der Beleuchtungsstärke). **'~ˌcloth** s hist. Schaˈbracke f. **~ ˌcon·trol** s tech. Fußsteuerung f, -schaltung f. **~ drop** s med. Spitzfuß(stellung f) m.
ˈfoot·ed adj meist in Zssgn mit (...) Füßen, ...füßig: **flat-~**. **ˈfoot·er** s **1.** in Zssgn e-e ... Fuß große od. lange Person od. Sache: **a six-~**. **2.** Br. colloq. Fußball(spiel n) m.
ˈfoot·fall s Schritt m, Tritt m (Geräusch). **~ ˌfault** s Tennis: e-n Fußfehler m. **'~ˌfault** v/i Tennis: e-n Fußfehler begehen. **'~ˌgear** s Fußbekleidung f, Schuhwerk n. **~ ˌguard** s Fußschutz m (bes. für Pferde). **'~ˌhill** s **1.** Vorhügel m, -berg m. **2.** pl Ausläufer pl e-s Gebirges, Vorgebirge n. **'~ˌhold** s **1.** Stand m, Raum m od. Platz zum Stehen, mount. Tritt m: **safe ~** fester Stand, sicherer Halt. **2.** fig. a) sichere Stellung, Halt m, b) (Ausgangs)Basis f, (ˈAusgangs)Posiˌtion f: **to gain** (od. **get**) **a ~** (**festen**) Fuß fassen (**in** dat; **as** als).
ˈfoot·ing s **1.** Stand m (etc → **foothold**): **to lose** (od. **miss**) **one's ~** ausgleiten, den Halt verlieren. **2.** Auftreten n, -setzen n der Füße. **3.** arch. Sockel m, Mauerfuß m. **4.** tech. Fundaˈment n. **5.** fig. a) Basis f, Grundlage f, b) Zustand m, c) Stellung f, Posiˈtion f: **to place on a** (od. **on the same**) **~** gleichstellen (**with** dat), d) Verhältnis n, (wechselseitige) Beziehung(en pl) f: **to be on a friendly ~** auf freundschaftlichem Fuße stehen (**with** mit). **6.** a) Eintritt m, b) Einstand(sgeld n) m: **to pay** (**for**) **one's ~** s-n Einstand geben. **7.** Anstricken n e-s Fußes. **8.** bes. Am. a) End-, Gesamtsumme f, b) Adˈdieren n einzelner Posten. **9.** Mode: Bauern-, Zwirnspitze f.
ˌfoot-in-the-ˈmouth dis·ease s Am.

humor. ausgeprägtes Ta'lent, immer wieder ins Fettnäpfchen zu treten.
foot·le ['fu:tl] *colloq.* **I** *v/i* **1.** *oft* ~ **about** (*od.* **around**) her'umtrödeln. **2.** a) ,Stuß' reden, b) her'umalbern. **II** *v/t* **3.** ~ **away** *Zeit, Geld etc* vergeuden, *Chance etc* vertun. **III** *s* **4.** ,Stuß' *m,* dummes Gewäsch.
'foot·less *adj* **1.** ohne Füße. **2.** *fig.* wenig stichhaltig *od.* fun'diert: ~ **arguments. 3.** *Am. colloq.* a) ungeschickt, b) sinnlos.
'foot|lick·er *s* Speichellecker *m.* '~**-lights** *s pl thea.* **1.** Rampenlicht(er *pl*) *n*: **to get across the** ~ beim Publikum ,ankommen'. **2.** *fig. (die)* Bühne, *(das)* The'ater.
foot·ling ['fu:tlɪŋ] *adj colloq.* läppisch (*Sache*), (*a. Person*). albern.
'foot|·loose *adj* **1.** frei, ungebunden, unbeschwert: ~ **and fancy-free** frei u. ungebunden. **2.** a) reiselustig, b) rastlos. '~**-man** [-mən] *s irr* La'kai *m.* '~**-mark** *s* Fußspur *f.* ~ **muff** *s* Fußsack *m.* '~**-note** *s* Fußnote *f* (**to** zu) (*a. fig.*). '~**-,op·er·at·ed** *adj* mit Fußantrieb, Tret..., Fuß...: ~ **switch** Fußschalter *m.* '~**pace** *s* **1.** Schrittempo *n*: **at a** ~ im Schritt. **2.** *arch.* E'strade *f.* '~**-pad** *s obs.* Straßenräuber *m,* Wegelagerer *m.* ~ **page** *s* Page *m.* ~ **pas·sen·ger** *s Am.* Fußgänger(in). '~**-path** *s* **1.** (Fuß)Pfad *m,* (-)Weg *m.* **2.** *bes. Br.* Bürgersteig *m.* '~**-plate** *s rail. bes. hist.* Stand *m* des Lokomo'tivführers u. Heizers. '~**-pound** *s phys.* Foot-pound *n* (*Einheit der Energie u. Arbeit*). ~**-'pound·al** *s phys.* Foot-poundal *n* (= $^1/_{32}$ Foot-pound). '~**-print** *s* Fußabdruck *m*: ~ *s a.* Fußspur(en *pl*) *f.* '~**-race** *s* Wettlauf *m.* '~**-rest** *s* → footstool. **2.** Fußstütze *f,* -stütze *f.* ~ **rot** *s* **1.** *vet.* Fußfäule *f* (*der Schafe*). **2.** *bot.* Pflanzenkrankheit, die den Stengel in Bodennähe angreift. ~ **rule** *s tech.* Zollstab *m,* -stock *m.*
foot·sie ['fʊtsɪ] *s*: **to play** ~ (**with**) *colloq.* a) (*unter dem Tisch*) ,füßeln' (mit), b) *fig. Am.* (heimlich) zs.-arbeiten (mit), c) *fig. Am.* sich einschmeicheln (bei).
'foot|·slog *v/i colloq.* ,latschen', mar'schieren. '~**-slog·ger** *s mil. colloq.* ,Fußlatscher' *m* (*Infanterist*). ~ **sol·dier** *s mil.* Infante'rist *m.* '~**-sore** *adj* a) fußwund, wund an den Füßen, *bes. mil.* fußkrank, b) ,fußlahm'. ~ **sore·ness** *s* Wundsein *n* der Füße, wunde Füße *pl.* ~ **spar** *s mar.* Stemmbrett *n.* ~ **spray** *s* Fußspray *m, n.* '~**-stalk** *s bot.* ~ Stengel *m,* Stiel *m.* '~**-stall** *s* **1.** Damensteigbügel *m.* **2.** *arch.* Posta'ment *n,* Säulenfuß *m.* '~**-step** *s* **1.** Tritt *m,* Schritt *m.* **2.** Fußstapfe *f*: **to follow in s.o.'s** ~**s** *fig.* in j-s Fußstapfen treten. **3.** *fig.* Spur *f,* Zeichen *n.* **4.** *rail. etc* Trittbrett *n.* **5.** *tech.* Zapfenlager *n.* '~**-stone** *s* **1.** Stein *m* am Fußende e-s Grabes. **2.** *arch.* Grundstein *m.* '~**-stool** *s* Schemel *m,* Fußbank *f.* ~ **switch** *s tech.* Fußschalter *m.* '~**-ton** *s phys.* Footton *f* (*Einheit der Energie u. Arbeit*). ~ **valve** *s tech.* 'Fußven,til *n.* '~**-wall** *s Bergbau*: Liegendschicht *f,* Liegendes *n.* '~**-way** *s* **1.** Fußweg *m.* **2.** Laufsteg *m.* '~**-wear** → footgear. '~**-wear·y** → footsore. '~**-work** *s* **1.** *sport* Beinarbeit *f.* **2.** Laufe'rei *f.* '~**-worn** *adj* **1.** ausgetreten (*Stufen etc*), abgetreten (*Teppich etc*). **2.** → footsore.
foo·zle ['fu:zl] (*bes. Golf*) **I** *v/t* e-n Schlag ,verpatzen'. **II** *v/i* ,patzen'. **III** *s* ,Patzer' *m,* 'verpatzter' Schlag.
fop [fɒp; *Am.* fɑp] *s* Geck *m,* Fatzke *m.*
'fop·per·y [-ərɪ] *s* Geckenhaftigkeit *f,* Affigkeit *f.* '**fop·pish** *adj* geckenhaft, affig. '**fop·pish·ness** → foppery.
for [fɔ(r); *unbetont* fə(r)] **I** *prep* **1.** *allg.* für: **it is good (bad)** ~ **him**; **it was very awkward** ~ **her** es war sehr peinlich für sie, es war ihr sehr unangenehm; **he spoilt their holidays** (*bes. Am.* vacation) ~ **them** er verdarb ihnen die ganzen Ferien; **she brought a letter** ~ **me to sign** sie brachte mir e-n Brief zur Unterschrift. **2.** für, zu'gunsten von: **a gift** ~ **him** ein Geschenk für ihn; ~ **and against** für u. wider; → **speak for** 1. **3.** für, (mit der Absicht) zu, um (... willen): **to apply** ~ **the post** sich um die Stellung bewerben; **to die** ~ **a cause** für e-e Sache sterben; **to come** ~ **dinner** zum Essen kommen. **4.** (*Wunsch, Ziel*) nach, auf (*acc*): **a claim** ~ **s.th.** ein Anspruch auf e-e Sache; **the desire** ~ **s.th.** der Wunsch *od.* das Verlangen nach etwas; **to call** ~ **s.o.** nach j-m rufen; **to wait** ~ **s.th.** auf etwas warten; **oh,** ~ **a car!** ach, hätte ich doch nur ein Auto! **5.** a) (*passend od. geeignet*) für, b) (*bestimmt*) für *od.* zu: **tools** ~ **cutting** Werkzeuge zum Schneiden, Schneidewerkzeuge; **the right man** ~ **the job** der richtige Mann für diesen Posten. **6.** (*Mittel*) gegen: **a remedy** ~ **lumbago**; **to treat s.o.** ~ **cancer** j-n gegen *od.* auf Krebs behandeln; **there is nothing** ~ **it but to give in** es bleibt nichts (anderes) übrig, als nachzugeben. **7.** (*als Belohnung*) für: **a medal** ~ **bravery. 8.** (*als Entgelt*) für, gegen, um: **I sold it** ~ **£10** ich verkaufte es für 10 Pfund. **9.** (*im Tausch*) für, gegen: **I exchanged the knife** ~ **a pencil. 10.** (*Betrag, Menge*) über (*acc*): **a postal order** ~ **£2. 11.** (*Grund*) aus, vor (*dat*), wegen: ~ **this reason** aus diesem Grund; **to die** ~ **grief** vor Gram sterben; **to weep** ~ **joy** aus *od.* vor Freude weinen; **I can't see** ~ **the fog** ich kann nichts sehen wegen des lauten *od.* vor lauter Nebel. **12.** (*als Strafe etc*) für, wegen: **punished** ~ **theft. 13.** dank, wegen: **were it not** ~ **his energy** wenn er nicht so energisch wäre, dank s-r Energie; **if it wasn't** ~ **him** wenn er nicht wäre, ohne ihn; *he would never have done it,* **if it hadn't been** ~ **me talking him into it** wenn ich ihn nicht dazu überredet hätte. **14.** für, in Anbetracht (*gen*), im 'Hinblick auf (*acc*), im Verhältnis zu: **he is tall** ~ **his age** er ist groß für sein Alter; **it is rather cold** ~ **July** es ist ziemlich kalt für Juli; ~ **a foreigner he speaks English fairly well** für e-n Ausländer spricht er recht gut Englisch. **15.** (*Begabung, Neigung*) für, (*Hang*) zu: **an eye** ~ **beauty** Sinn für das Schöne. **16.** (*zeitlich*) für, während, auf (*acc*), für die Dauer von, seit: ~ **a week** e-e Woche (lang); **come** ~ **a week** komme auf e-e Woche; ~ **hours** stundenlang; ~ **a** (*od.* **some**) **time past** seit längerer Zeit; ~ **a long time past** schon seit langem; **not** ~ **a long time** noch lange nicht; **the first picture** ~ **two months** der erste Film in *od.* seit zwei Monaten. **17.** (*Strecke*) weit, lang: **to run** ~ **a mile** e-e Meile (weit) laufen. **18.** nach, auf (*acc*), in Richtung auf (*acc*): **the train** ~ **London** der Zug nach London; **the passengers** ~ **Rome** die nach Rom reisenden Passagiere; **to start** ~ **Paris** nach Paris abreisen; **now** ~ **it!** *Br. colloq.* jetzt (nichts wie) los *od.* drauf!, jetzt gilt's! **19.** für, an Stelle von (*od. gen*), (an)'statt: **he appeared** ~ **his brother. 20.** für, in Vertretung *od.* im Auftrag *od.* im Namen von (*od. gen*): **to act** ~ **s.o.** in j-s Auftrag handeln. **21.** für, als: **books** ~ **presents** Bücher als Geschenk; **they were sold** ~ **slaves** sie wurden als Sklaven verkauft; **take that** ~ **an answer** nimm das als Antwort. **22.** trotz (*gen od. dat*), ungeachtet (*gen*): ~ **all that** trotz alledem; ~ **all his wealth** trotz s-s ganzen Reichtums, bei allem Reichtum; ~ **all you may say** sage, was du willst. **23.** was ... betrifft: **as** ~ **me** was mich betrifft *od.* an(be)langt; **as** ~ **that matter** was das betrifft; ~ **all I know** soviel ich weiß; ~ **all of me** meinetwegen, von mir aus. **24.** *nach adj u. vor inf*: **it is too heavy** ~ **me to lift** es ist so schwer, daß ich es nicht heben kann; **it is impossible** ~ **me to come** es ist mir unmöglich zu kommen, ich kann unmöglich kommen; **it seemed useless** ~ **me to continue** es erschien mir sinnlos, noch weiterzumachen. **25.** *mit s od. pron u. inf*: **it is time** ~ **you to go home** es ist Zeit, daß du heimgehst; es ist Zeit für dich heimzugehen; **it is** ~ **you to decide** die Entscheidung liegt bei Ihnen; **it is not** ~ **you to** *inf* a) es ist nicht d-e Sache zu *inf,* b) es steht dir nicht zu, zu *inf;* **he called** ~ **the girl to bring him tea** er rief nach dem Mädchen u. bat es, ihm Tee zu bringen; **don't wait** ~ **him to turn up yet** wartet nicht darauf, daß er noch auftaucht; **there is no need** ~ **anyone to know** es braucht niemand zu wissen. **26.** (*ethischer Dativ*): **that's a wine** ~ **you** das ist vielleicht ein Weinchen, das nenne ich e-n Wein. **27.** *Am.* nach: **he was named** ~ **his father.**
II *conj* **28.** denn, weil, nämlich.
III *s* **29.** Für *n.*

fo·ra ['fɔ:rə; *Am. a.* 'fəʊrə] *pl von* forum.
for·age ['fɒrɪdʒ; *Am. a.* 'fɑr-] *s* **1.** (Vieh)Futter *n.* **2.** Nahrungs-, Futtersuche *f.* **3.** *mil.* 'Überfall *m.* **II** *v/i* **4.** (nach) Nahrung *od.* Futter suchen. **5.** (her'um)stöbern, (-)wühlen, (-)kramen (**in** in *dat*; **for** nach). **6.** *mil.* e-n 'Überfall machen. **III** *v/t* **7.** mit Nahrung *od.* Futter versorgen. **8.** *obs.* (aus)plündern. ~ **cap** *s mil.* Feldmütze *f.*
'for·ag·ing ant *s zo.* Treiberameise *f.*
fo·ra·men [fɒ'reɪmən] *pl* **-ram·i·na** [-'ræmɪnə], **-mens** *s anat.* Loch *n,* Fo'ramen *n*: ~ **magnum** *anat.* Hinterhauptloch.
for·a·min·i·fer [,fɒrə'mɪnɪfə(r); *Am. a.* ,fɑ-] *s zo.* Foramini'fere *f,* Wurzelfüßer *m.*
for·as·much [,fɔːrəz'mʌtʃ; *Am.* 'fɔːrəz-,mʌtʃ] *conj*: ~ **as** *obs. od. jur.* insofern als.
for·ay ['fɒreɪ; *Am.* 'fɔː-; -'fɑ-] *I s* **1.** Beute-, Raubzug *m.* **2.** *bes. mil.* Ein-, 'Überfall *m.* **3.** *fig.* Ausflug *m* (**into** in *acc*): **an unsuccessful** ~ **into politics. II** *v/t* **4.** *obs.* (aus)plündern. **III** *v/i* **5.** *obs.* plündern. **6.** *bes. mil.* einfallen (**into** in *acc*).
for·bade [fə(r)'bæd; -'beɪd], *a.* **for'bad** [-'bæd] *pret von* forbid.
for·bear¹ [fɔː'beə(r)] *pret* **-bore** [-'bɔː(r); *Am. a.* -'bəʊr] *pp* **-borne** [-'bɔː(r)n; *Am. a.* -'bəʊrn] **I** *v/t* **1.** unter'lassen, Abstand nehmen von, sich (*e-r Sache*) enthalten: **I cannot** ~ **doing** (*od.* **to do**) ich kann nicht umhin, zu tun; **to** ~ **a suit** *jur. Am.* Klageerhebung unterlassen. **2.** *obs.* erdulden, ertragen. **II** *v/i* **3.** da'von Abstand nehmen, es unter'lassen (**from doing** zu tun). **4.** sich beherrschen, sich zu'rückhalten. **5.** geduldig *od.* nachsichtig sein (**with** mit).
for·bear² → forebear.
for·bear·ance [fɔː(r)'beərəns] *s* **1.** Unter'lassung *f* (*a. jur.*): ~ **to sue** *Am.* Klageunterlassung *f.* **2.** Geduld *f,* Nachsicht *f.*
for'bear·ing *adj* nachsichtig, geduldig.
for·bid [fə(r)'bɪd; fɔː(r)-] *pret* **-bade** [-'bæd; -'beɪd], **-bad** [-'bæd] *pp* **-bid·den** [-'bɪdn], **-bid I** *v/t* **1.** verbieten, unter'sagen: **to** ~ **s.o. the house** j-m das Haus verbieten. **2.** ausschließen, unmöglich machen: **God** (*od.* **heaven**) ~ **that we** ... möge Gott uns davor behüten *od.* bewahren, daß wir ... **II** *v/i* **3. God** (*od.* **heaven**) ~**!** Gott behüte *od.* bewahre!; **if,**

forbiddance - foreign

God ~, ... falls, was Gott verhüten möge, ... **for'bid·dance** s Verbot n. **for'bid-den** adj verboten, unter'sagt: ~ fruit fig. verbotene Früchte. **for'bid·ding** adj (adv ~ly) fig. 1. abstoßend, abschreckend, 'widerwärtig. 2. gefährlich, bedrohlich.
for·bore [fɔː(r)'bɔː(r); Am. a. -'bɔʊr] pret von forbear¹. **for'borne** [-'bɔː(r)n; Am. a. -'bɔʊrn] pp von forbear¹.
force [fɔː(r)s; Am. a. 'fɔʊərs] I s 1. Stärke f, Kraft f, Wucht f (a. fig.): the ~ **of an explosion**; ~ **of gravity** phys. Schwerkraft; **by ~ of** durch, kraft (gen), vermittels (gen); **by ~ of arms** mit Waffengewalt; **to join ~s** a) sich zs.-tun, b) mil. s-e Streitkräfte vereinigen (**with** mit). 2. fig. (a. politische etc) Kraft; ~**s of nature** Naturkräfte, -gewalten. 3. Gewalt f: **by ~** gewaltsam, mit Gewalt (→ 4). 4. a. jur. Zwang m, Gewalt(anwendung) f, Druck m: **by ~** zwangsweise (→ 3); the ~ **of circumstances** der Zwang der Verhältnisse. 5. jur. (Rechts)Kraft f, (-)Gültigkeit f: **to come** (od. **enter**) (**put**) **into ~** in Kraft treten (setzen); **coming** (od. **entry**) **into ~** Inkrafttreten n; **in ~** in Kraft, geltend (→ 9); **legal ~** Rechtskraft, -wirksamkeit f. 6. Einfluß m, Macht f, Wirkung f, ('Durchschlags-, Über'zeugungs)Kraft f, Nachdruck m: **to lend ~ to** Nachdruck verleihen (dat); the ~ **of habit** die Macht der Gewohnheit. 7. (geistige od. mo'ralische) Kraft. 8. z ling. Bedeutung f, Gehalt m. 9. colloq. Menge f: **in ~** in großer Zahl od. Menge (→ 5). 10. mil. a) oft pl Streit-, Kriegsmacht f, b) a. **armed ~s** pl (Gesamt-)Streitkräfte pl, c) pl Truppe f, Verband m. 11. Truppe f, Mannschaft f: **a strong ~ of police** ein starkes Polizeiaufgebot; **the police ~**, Br. a. **the F~** die Polizei.
II v/t 12. zwingen, nötigen: **to ~ s.o. to resign** j-n zum Rücktritt zwingen; **to ~ s.o.'s hand** j-n zu handeln zwingen. 13. etwas erzwingen, 'durchsetzen, 'drükken: **to ~ a smile** gezwungen od. gequält lächeln; **to ~ s.th. from s.o.** etwas von j-m erzwingen; **to ~ s.o.'s release** (**from prison**) j-n freipressen; → **entry** 7. 14. zwängen, drängen, drücken, pressen: **to ~ back** (**out, together**) zurücktreiben (herauszwängen, zs.-pressen); **she ~d back her tears** sie unterdrückte die Tränen; **to ~ down** Essen hinunterwürgen; **to ~ one's way** sich (durch)zwängen od. (-)drängen (**through** durch). 15. **~ down** aer. zur Notlandung zwingen. 16. a. **~ up** econ. Preise hochtreiben. 17. aufzwingen, -drängen (s.th. [**up**]on s.o. j-m etwas): **to ~ o.s. on s.o.** sich j-m aufdrängen. 18. über'wältigen. 19. mil. erstürmen, erobern. 20. a. ~ **open** aufbrechen: **to ~ a door**. 21. j-m, a. e-r Frau, a. fig. dem Sinn etc Gewalt antun. 22. fig. e-n Ausdruck etc zu Tode hetzen od. reiten. 23. beschleunigen, for'cieren: **to ~ the pace**. 24. bot. rasch hochzüchten od. zur Reife bringen. 25. (an)treiben. 26. mus. Töne for'cieren: **to ~ one's voice** (od. **the top notes**) pressen.
forced adj 1. erzwungen, Zwangs...: ~ **draft** (bes. Br. **draught**) tech. a) künstlicher Zug, b) Fremdbelüftung f; ~ **lubrication** tech. Druckschmierung f; ~ **heir** jur. Am. pflichtteilsberechtigter Erbe; ~ **heirship** jur. Am. Pflichtteil m, n; ~ **labo(u)r** Zwangsarbeit f; ~ **landing** aer. Notlandung f; ~ **loan** econ. Zwangsanleihe f; ~ **march** bes. mil. Gewaltmarsch m; ~ **sale** jur. Zwangs-, Vollstreckungsversteigerung f; ~ **saving** Zwangssparen n. 2. gezwungen, gequält: **a ~ smile**. 3. gekünstelt, manie'riert, for'ciert: ~ **style**.
'forc·ed·ly [-ɪdlɪ] adv gezwungenermaßen.

force| **feed** s tech. Druckschmierung f. **'~-feed** v/t irr 1. zwangsernähren. 2. **to ~ s.o. with** (od. **on**) **s.th.** fig. j-n mit etwas traktieren. ~ **fit** s tech. Preßsitz m.
'force·ful adj (adv ~ly) 1. e'nergisch, kraftvoll (Person). 2. eindrucksvoll, -dringlich (Rede etc). 3. zwingend, über'zeugend (Argument etc). **'force·ful-ness** s 1. e'nergische od. kraftvolle Art. 2. Eindringlichkeit f. 3. (das) Über'zeugende (**of an** dat).
'force-land v/i u. v/t aer. notlanden.
force ma·jeure [fɔːsmæˈʒɜː; Am. fɔʊrsmɑːˈʒɜr] s jur. höhere Gewalt.
'force·meat s gastr. Farce f, Füllung f.
for·ceps ['fɔː(r)seps; Am. -səps] pl **-ceps, -ci·pes** [-sɪpiːz] s 1. med. zo. Zange f: ~ **baby** Zangengeburt f; ~ **delivery** Zangengeburt f, -entbindung f. 2. Pin'zette f.
force pump s tech. Druckpumpe f.
'forc·er s tech. Kolben m.
for·ci·ble ['fɔː(r)səbl; Am. a. 'fɔʊr-] adj (adv **forcibly**) 1. a) gewaltsam: → **entry** 7, b) zwangsweise: ~ **repatriation** Zwangsrückführung f. 2. → **forceful**. **'for·ci·ble·ness** s 1. Gewaltsamkeit f. 2. → **forcefulness**.
'forc·ing| **bed, ~ frame** s Früh-, Mistbeet n. ~ **house** s Treibhaus n. **~ pump** → **force pump**.
for·ci·pate ['fɔː(r)sɪpeɪt, -pɪt], a. **'for·ci·pat·ed** [-peɪtɪd] adj zo. zangenförmig.
for·ci·pes ['fɔː(r)sɪpiːz] pl von forceps.
ford¹ [fɔː(r)d; Am. a. fɔʊrd] I s 1. Furt f. 2. poet. Fluß m, Strom m. II v/t 3. durch'waten. III v/i 4. 'durchwaten.
Ford² [fɔːd; fɔʊrd] s Am. sl. ‚schickes' Mo'dell (Kleid).
'ford·a·ble adj durch'watbar.
'Ford·ism s For'dismus m (Rationalisierung der Fertigungskosten durch Massenproduktion).
for·do [fɔː(r)'duː] v/t irr obs. 1. töten, vernichten. 2. erschöpfen.
fore [fɔː(r); Am. a. fɔʊr] I adj 1. vorder(er, e, es), Vorder..., Vor..., 2. früher(er, e, es). II adv 3. mar. vorn. III s 4. Vorderteil m, n, -seite f, Front f: **to the ~** fig. a) bei der od. zur Hand, zur Stelle, b) am Leben, c) im Vordergrund; **to come to the ~** sich hervortun. 5. mar. Fockmast m. IV interj 6. Golf: Achtung!
'fore-**and**-**'aft** adj mar. in Kiellinie, längsschiffs: ~ **sail** Stag-, Schonersegel n. **~-and-'aft·er** s mar. Gaffelschoner m.
'fore·arm¹ s 'Unter-, Vorderarm m.
fore'arm² v/t ~ **o.s.** a) sich im voraus bewaffnen, b) fig. sich wappnen (**against** gegen): **forewarned is ~ed** gewarnt sein heißt gewappnet sein.
'fore·bear s meist pl Vorfahr m, Ahn m.
fore·bode [fɔː(r)'bəʊd; Am. a. fɔʊr-] I v/t 1. vor'hersagen, prophe'zeien. 2. ankündigen. 3. Schlimmes ahnen, vor'aussehen. 4. ein (böses) Vorzeichen od. Omen sein (**of** für). II v/i 5. weissagen. **fore'bod·ing** s 1. Prophe'zeiung f. 2. (böse) (Vor)Ahnung. 3. (böses) Vorzeichen od. Omen.
'fore| **brace** s mar. Fockbrasse f. **'~brain** s anat. Vorderhirn n. **'~·cab·in** s mar. vordere Ka'jüte.
fore·cast ['fɔːkɑːst; Am. 'fɔʊrˌkæst; 'fɔːr-] I v/t pret u. pp **-cast, -cast·ed** 1. vor'aussagen, vor'hersehen. 2. im voraus schätzen od. planen, vor'ausberechnen. 3. das Wetter etc vor'hersagen. II s 4. Vor'aus-, Vor'hersage f. 5. Vor'ausplanung f. 6. ('Wetter)Vor,hersage f, Wetterbericht m.
fore·cas·tle ['fəʊksl] s mar. 1. Vor(der)deck n, Back f. 2. Lo'gis n.
'fore,**check·ing** s sport Forechecking n

(das Stören gegnerischer Angriffe bereits in der Entwicklung).
fore'close I v/t 1. **to ~ a mortgage** jur. a) e-e Hypothekenforderung geltend machen, b) e-e Hypothek gerichtlich für verfallen erklären, c) Am. aus e-r Hypothek die Zwangsvollstreckung betreiben. 2. ausschließen. 3. verhindern. 4. e-e Frage etc vor'wegnehmen. II v/i 5. e-e Hypo'thek gerichtlich für verfallen erklären. **~'clo·sure** s jur. a) gerichtliche Verfallserklärung (e-r Hypothek), b) Am. Zwangsvollstreckung f (**in ein** Grundstück): ~ **action** (od. **suit**) Ausschlußklage f (des Hypothekengläubigers), Am. Zwangsvollstreckungsklage f; ~ **sale** Am. Zwangsversteigerung f. **'~course** s mar. Fock(segel n) f. **~'court** s 1. Vorhof m. 2. Vorplatz m (e-r Tankstelle etc.). 3. Tennis etc: Teil des Spielfeldes zwischen Aufschlaglinie u. Netz. **'~·deck** s mar. Vor(der)deck n. **~'do** → fordo. **~'doom** v/t: **~ed** (**to failure** od. **to fail**) von vornherein zum Scheitern verurteilt, ‚totgeboren'. **~·edge** s Außensteg m (am Buch). **'~ˌfa·ther** s Ahn m, Vorfahr m. **~'feel** v/t irr vor'ausfühlen, -ahnen. **~'fend** v/t forfend. **'~·field** s 1. Vorfeld n. 2. Bergbau: Br. Ort(sstoß m) n. **'~ˌfin·ger** s Zeigefinger m. **'~·foot** s irr 1. zo. Vorderfuß m. 2. mar. Stevenanlauf m. **'~·front** s vorderste Reihe (a. fig.): **to fight in the ~ of the battle** mil. in vorderster Linie kämpfen; **to live in the ~ of one's time** zu den Fortschrittlichsten s-r Zeit gehören; **to be in the ~ of s.o.'s mind** j-n nicht loslassen od. immer wieder beschäftigen. **~'gath·er** → forgather.
fore'go¹ v/t u. v/i irr vor'angehen (dat), (zeitlich a.) vor'hergehen (dat).
fore'go² → forgo.
fore'go·er s 1. Vorgänger(in). 2. Vorfahr m. **fore'go·ing** adj vor'hergehend, vorerwähnt, vorstehend.
'fore|-**gone** adj 1. vor'hergegangen od. -gehend, früher. 2. ~ **conclusion** ausgemachte Sache, Selbstverständlichkeit f: **his victory was a ~ conclusion** sein Sieg stand von vornherein fest. **'~·ground** s Vordergrund m (a. fig.). **'~ˌham·mer** s tech. Vorschlaghammer m.
'fore·hand I adj 1. sport Vorhand... 2. vor'weggenommen: ~ **rent** Scot. im voraus zahlbare Miete od. Pacht. II s 3. sport a) Vorhand f: **he took the ball on his ~** er nahm den Ball mit der Vorhand, b) Vorhandschlag m. 4. Vor(der)hand f (vom Pferd). III adv 5. mit der Vorhand. **fore'hand·ed** adj 1. sport Vorhand... 2. Am. a) sparsam, b) wohlhabend.
fore·head ['fɒrɪd; Am. 'fɔːrəd] s Stirn f.
'fore·hold s mar. vorderer Laderaum.
for·eign ['fɒrən; Am. a. 'fɑː-] adj 1. fremd, ausländisch, -wärtig, Auslands..., Außen...: ~ **affairs** Außenpolitik f, auswärtige Angelegenheiten; ~ **aid** pol. Auslandshilfe f; ~ **bill** (**of exchange**) econ. Auslandswechsel m; ~-**born** im Ausland geboren; ~ **control** econ. Überfremdung f; ~-**controlled** econ. überfremdet; ~ **corporation** econ. Am. ausländische (Kapital)Gesellschaft; ~ **country**, **countries** Ausland n; ~ **currency** a) Fremdwährung f, ausländische Währung, b) econ. Devisen pl; ~ **department** Auslandsabteilung f; ~ **domination** Fremdherrschaft f; ~ **exchange** econ. Devisen pl; **~-exchange control** econ. Devisenbewirtschaftung f; **~-exchange dealer** econ. Devisenhändler m; **~-going vessel** mar. Schiff n auf großer Fahrt od. Auslandsfahrt; ~ **language**

Fremdsprache *f;* **~-language** a) fremdsprachig, b) fremdsprachlich, Fremdsprachen...; **~ legion** *mil.* Fremdenlegion *f;* **~ loan** *econ.* Auslandsanleihe *f;* **~ minister** *pol.* Außenminister *m;* **~ ministry** *pol.* Außenministerium *n;* **~ missionary** *relig.* Missionar *m* im Ausland; **F~ Office** *pol. Br.* Außenministerium *n;* **~ order** *econ.* Auslands-, Exportauftrag *m;* **~-owned** in ausländischem Besitz (befindlich); **~ policy** Außenpolitik *f;* **~-policy** außenpolitisch; **F~ Secretary** *pol. Br.* Außenminister *m;* **~ trade** *econ.* Außenhandel *m;* **~ transaction** Auslandsgeschäft *n;* **~ word** *ling.* a) Fremdwort *n,* b) Lehnwort *n;* **~ worker** Gastarbeiter *m.* **2.** *econ.* Devisen...: **~ assets** Devisenwerte. **3.** fremd (**to** *dat*): that is **~ to his nature** das ist ihm wesensfremd; **~ body** (*od.* **matter**) *med.* Fremdkörper *m.* **4.** nicht gehörig *od.* passend (**to** zu). **5.** seltsam, unbekannt, fremd.
'for·eign·er *s* **1.** Ausländer(in). **2.** *etwas Ausländisches,* **bes.** a) ausländisches Schiff, b) ausländisches Pro'dukt (*m),* c) *pl* (*Börse*) Auslandswerte. **'for·eign·ism** *s* **1.** fremde Spracheigentümlichkeit *od.* Sitte. **2.** Nachahmung *f* des Fremden. **'for·eign·ness** *s* Fremdheit *f.*
fore||judge *v/t* **1.** im voraus *od.* vorschnell be- *od.* verurteilen. **2.** → **forjudge.** **~'know** *v/t irr* vor'herwissen, vor'herige Kenntnis haben von. **~'knowl·edge** *s* Vor'herwissen *n,* vor'herige Kenntnis.
'fore||la·dy *Am.* → **forewoman.** **'~-land** [-lənd] *s* **1.** Kap *n,* Vorgebirge *n,* Landspitze *f.* **2.** *geol.* Vorland *n.* **'~-leg, '~-limb** *s zo.* Vorderbein *n.*
'fore·lock¹ *s* Stirnlocke *f,* -haar *n:* **to take time by the ~** die Gelegenheit beim Schopf fassen *od.* packen.
'fore·lock² *s tech.* Splint *m,* Vorsteckkeil *m.*
fore||man [ˈfɔː(r)mən; *Am. a.* ˈfəʊr-] *s irr* **1.** Vorarbeiter *m,* Aufseher *m,* (Werk-) Meister *m,* (*am Bau*) Po'lier *m,* (*Bergbau*) Steiger *m.* **2.** *jur.* Obmann *m (der Geschworenen).* **'~-mast** [-məst; *mar.* -məst; *Am.* -ˌmæst] *s mar.* Fockmast *m.*
'fore·most [-məʊst] **I** *adj* **1.** vorderst(er, e, es), erst(er, e, es). **2.** *fig.* a) vornehmst(er, e, es), b) her'ausragendst(er, e, es). **II** *adv* **3.** zu'erst: a) an erster Stelle: **first and ~** zu allererst, b) vor'an: → **foot I, head** *Bes. Redew.,* **heel**¹ *Bes. Redew.*
'fore||name *s* Vorname *m.* **'~-noon I** *s* Vormittag *m.* **II** *adj* Vormittags...
fo·ren·sic [fəˈrensɪk] *adj jur.* fo'rensisch, Gerichts...: **~ chemistry (medicine, psychology).**
ˌfore'or·dain *v/t* vor'herbestimmen: **he was ~ed to success** (*od.* **to succeed**) sein Erfolg war ihm vorherbestimmt. **~or'dain·ment, ~or·di'na·tion** *s* Vor'herbestimmung *f.* **'~-part** *s* **1.** Vorderteil *m, n.* **2.** Anfang *m:* **the ~ of the morning** der frühe Vormittag. **'~-paw** *s zo.* Vorderpfote *f.* **'~-play** *s (sexuelles)* Vorspiel. **'~-quar·ter** *s* Vorderviertel *n (e-s Tieres).* **~'reach** *v/t* über'holen. **~'run** *v/t irr* **1.** vor'auslaufen (*dat*). **2.** *fig.* ankündigen, der Vorbote (*gen*) sein. **'~-run·ner** *s* **1.** Skisport: Vorläufer *m (a. fig.):* **the ~s of modern science.** **2.** a) Vorbote *m (a. fig.):* **the ~s of spring,** b) *fig.* (erstes) Anzeichen: **the ~ of a cold.** **3.** Vorfahr *m.*
'fore'said → **aforesaid.** **'~-sail** [-seɪl; *mar.* -sl] *s mar.* **1.** Focksegel *n.* **2.** Stagfock *f.* **~'see** *v/t irr* vor'her-, vor'aussehen. **~'see·a·ble** *adj* vor'auszusehen(d), absehbar: **in the ~ future** in absehbarer Zeit. **~'shad·ow** *v/t* ahnen

lassen, andeuten. **'~-sheet** *s mar.* Fockschot *f.* **'~-ship** *s mar.* Vorderschiff *n.* **'~-shore** *s* **1.** Strand *m.* **2.** Uferland *n,* (Küsten)Vorland *n.* **~'short·en** *v/t* Figuren verkürzen, in Verkürzung *od.* perspek'tivisch zeichnen. **~'short·en·ing** *s* (*zeichnerische*) Verkürzung. **'~-sight** *s* **1.** *fig.* a) Weitblick *m,* b) (weise) Vor'aussicht, c) Blick *m* in die Zukunft; → **hindsight 2. 2.** *mil.* (Vi'sier)Korn *n.* **3.** *tech.* 'Vorwärtsviˌsieren *n,* -ablesen *n.* **'~-sight·ed** *adj* vor'ausschauend. **'~-skin** *s anat.* Vorhaut *f.*
for·est [ˈfɒrɪst; *Am. a.* ˈfɑː-] **I** *s* **1.** a) (großer) Wald: **~ fire** Waldbrand *m,* b) Forst *m:* **~ ranger** *bes. Am.* Förster *m.* **2.** *fig.* (*Antennen- etc*)Wald *m.* **II** *v/t* **3.** aufforsten, Forst...
fore'stall [-ˈstɔːl] *v/t* **1.** *j-m, e-r Sache* zu'vorkommen. **2.** *e-r Sache* vorbeugen. **3.** *e-n Einwand etc* vor'wegnehmen. **4.** *econ.* im voraus aufkaufen: **to ~ the market** durch Aufkauf den Markt beherrschen. **'~-stay** *s mar.* Fockstag *n.*
'for·est·ed *adj* bewaldet. **'for·est·er** *s* **1.** Förster *m.* **2.** Waldbewohner *m (a. Tier).* **'for·est·ry** [-rɪ] *s* **1.** Forstwirtschaft *f,* -wesen *n.* **2.** Waldgebiet *n,* Wälder *pl.*
'fore||tack *s mar.* Fockhals *m.* **'~-taste I** *s* [ˈ-teɪst] Vorgeschmack *m* (**of** von): **to give s.o. a ~ of s.th.** **II** *v/t* [-ˈteɪst] e-n Vorgeschmack haben von. **~'tell** *v/t irr* vor'her-, vor'aussagen: **to ~ s.o.'s future** *j-m* die Zukunft vorhersagen. **'~-thought** *s* **1.** Vorsorge *f,* -bedacht *m.* **2.** (weise) Vor'aussicht. **'~-token I** *s* [ˈ-ˌtəʊkən] Vor-, Anzeichen *n.* **II** *v/t* [-ˈtəʊkən] ein Vor- *od.* Anzeichen sein für. **'~-tooth** *s irr anat.* Vorderzahn *m.*
'fore||-top [-tɒp; *mar.* -təp; *Am.* -ˌtɑp] *s mar.* Fock-, Vormars *m.* **'~-topˌgal·ant** *s mar.* Vorbramstenge *f.* **'~-top·mast** [-maːst; *bes. Am.* -məst] *s mar.* Fock-, Vormarsstenge *f.* **'~-top·sail** [-tɒpseɪl; *mar.* -sl; *Am.* -ˌtɑpsəl] *s mar.* Vormarssegel *n.*
for·ev·er, *Br. a.* **for ev·er I** *adv* **1.** a. **~ and ever** für *od.* auf immer, für alle Zeit(en). **2.** ständig, an'dauernd, unaufhörlich: **he is ~ asking questions. 3.** *colloq.* endlos lang: **he was speaking ~. II** *s* **4.** it took him **~ to ...** *colloq.* um *e-e* Ewigkeit zu ... **forˌev·er'more,** *Br. a.* **for ev·er'more** *adv* für immer u. ewig.
fore'warn *v/t* vorher warnen (**of** *vor dat*): → **forearm**². **'~-wom·an** *s irr* **1.** Vorarbeiterin *f,* Aufseherin *f.* **2.** *jur.* Obmännin *f (der Geschworenen).* **'~-word** *s* Vorwort *n* (**to** zu). **'~-yard** *s mar.* Fockrahe *f.*
for·far [ˈfɔː(r)fə(r)] *s* grobes, schweres Leinen.
for·feit [ˈfɔː(r)fɪt] **I** *s* **1.** (Geld-, *a.* Vertrags)Strafe *f,* Buße *f,* Reugeld *n:* **to pay the ~ of one's life** mit s-m Leben bezahlen; **his health was the ~ he paid for** ... er bezahlte mit s-r Gesundheit für ... **2.** Einbuße *f,* Verlust *m:* **~ of civil rights** Aberkennung *f* der bürgerlichen Ehrenrechte. **3.** verwirktes Pfand. **4.** Pfand *n:* **to pay a ~** ein Pfand geben. **5.** *pl* (*als sg construed*) Pfänderspiel *n:* **to play ~s** ein Pfänderspiel machen. **II** *v/t* **6.** Eigentum, Rechte, sein Leben etc verwirken, verlieren, e-r Sache verlustig gehen. **7.** *fig.* einbüßen, verlieren, sich etwas verscherzen. **8.** einziehen. **III** *adj* **9.** verwirkt, verfallen: **to declare ~** für verfallen erklären.
'for·feit·a·ble *adj* **1.** verwirkbar. **2.** einziehbar. **'for·fei·ture** [-tʃə(r); *Am. a.*

-ˌtʃʊər] *s* **1.** → **forfeit 1, 2. 2.** Einziehung *f,* Entzug *m.*
for·fend [fɔː(r)ˈfend] *v/t* **1.** *Am.* schützen, sichern (**from** *vor dat*). **2.** verhüten (*obs. außer in Wendungen wie*): **may God ~ that ...**
for'gath·er *v/i* **1.** zs.-kommen, sich treffen, sich versammeln. **2.** zufällig zs.-treffen. **3.** verkehren (**with** mit).
forge¹ [fɔː(r)dʒ; *Am. a.* fəʊrdʒ] **I** *s* **1.** Schmiede *f.* **2.** *tech.* Esse *f,* Schmiedefeuer *n.* **3.** *tech.* Glühofen *m.* **4.** *tech.* Hammerwerk *n,* Puddelhütte *f:* **~ iron** Schmiedeeisen *n;* **~ scale** Hammerschlag *m,* Zunder *m.* **II** *v/t* **5.** schmieden. **6.** formen, schaffen. **7.** erdichten, erfinden, sich ausdenken. **8.** fälschen, nachmachen: **to ~ a document (signature,** *etc*). **III** *v/i* **9.** schmieden.
forge² [fɔː(r)dʒ; *Am. a.* fəʊrdʒ] *v/i* **1.** a) *meist* **~ ahead** sich (mühsam) vor'ankämpfen: **to ~ through the underwood** sich e-n Weg durchs Unterholz bahnen, b) **~ ahead** *fig.* allmählich Fortschritte machen. **2. ~ ahead** *sport* sich (durch e-n Zwischenspurt) an die Spitze setzen.
'forge·a·ble *adj* schmiedbar. **forged** *adj* **1.** geschmiedet, Schmiede... **2.** gefälscht, nachgemacht. **'forg·er** *s* **1.** (Grob-, Hammer)Schmied *m.* **2.** Erdichter *m,* Erfinder *m.* **3.** Fälscher *m:* **~ (of coin)** Falschmünzer *m;* **~ (of documents)** Urkundenfälscher *m.* **'forg·er·y** [-ərɪ] *s* **1.** Fälschen *n:* **~ of a document** Urkundenfälschung *f.* Fälschung *f,* Falsifi'kat *n.*
for·get [fə(r)ˈget] *pret* **for'got** [-ˈgɒt; *Am.* -ˈgɑt] *pp* **for'got·ten** [-ˈgɒtn; *Am.* -ˈgɑtn] *od.* **for'got I** *v/t* **1.** vergessen: a) nicht denken an (*acc*): **he forgot to post the letter,** b) sich nicht erinnern an (*acc*): **I ~ his name** sein Name ist mir entfallen *od.* fällt mir im Moment nicht ein; **never to be forgotten** unvergeßlich; **I'll never ~ meeting my wife** ich werde niemals vergessen, wie ich m-e Frau kennenlernte; **don't ~ what you were going to say** vergessen Sie Ihre Rede nicht; **she's been ~ting a lot of things lately** sie ist in letzter Zeit sehr vergeßlich, c) verlernen: **I have forgotten my French,** d) (*aus Unachtsamkeit*) unter'lassen: **she forgot to close the window,** e) hängen-, liegen-, stehenlassen: **I have forgotten my coat (keys, umbrella). 2.** unbeachtet lassen: **~ it!** a) schon gut!, vergiß es! (*beide a.* verärgert), b) ,das kannst du vergessen'!; **don't you ~ it!** merk dir das! **3.** außer acht lassen, über'gehen: **don't ~ the waitress** vergiß nicht, der Bedienung ein Trinkgeld zu geben; **not ~ting** nicht zu vergessen. **4. ~ o.s.** a) sich vergessen, ,aus der Rolle fallen', b) sich selbst vergessen, (nur) an andere denken, c) sich *od.* s-e 'Umwelt vergessen. **II** *v/i* **5.** (es) vergessen: **don't ~!** vergiß es nicht!; **she never ~s** sie vergißt nie etwas; **what is his name? I ~** das ist mir entfallen *od.* fällt mir im Moment nicht ein; **to ~ about** vergessen (*acc*); **~ about it!** a) reg dich nicht auf!, b) ,das kannst du vergessen'!
for'get·ful *adj* (*adv* **-ly**) **1.** vergeßlich. **2.** achtlos, nachlässig (**of** gegen'über): **~ of one's duties** pflichtvergessen. **for'get·ful·ness** *s* **1.** Vergeßlichkeit *f.* **2.** Achtlosigkeit *f,* Nachlässigkeit *f.*
for'get-me-not *s bot.* (*ein*) Vergißmeinnicht *n.*
for'get·ta·ble *adj* (leicht) zu vergessen(d): **this film is absolutely ~** den Film kann man getrost vergessen.
forge wa·ter *s tech.* Abschreck-, Löschwasser *n.*

forg·ing s **1.** Schmieden n: ~ die Schmiedegesenk n; ~ **press** Schmiede-, Warmpresse f. **2.** Schmiedearbeit f, -stück n. **3.** Fälschen n.

for'giv·a·ble adj verzeihlich, verzeihbar.

for·give [fə(r)'gɪv] irr **I** v/t **1.** verzeihen, vergeben: **to** ~ **s.o. (for doing) s.th.** j-m etwas verzeihen; **~n and forgotten** vergeben u. vergessen. **2.** j-m e-e Schuld etc erlassen: **to** ~ **s.o. a debt.** **II** v/i **3.** vergeben, verzeihen. **for'give·ness** s **1.** Verzeihung f, Vergebung f. **2.** Versöhnlichkeit f. **for'giv·ing** adj (adv ~ly) **1.** versöhnlich. **2.** verzeihend. **for'giv·ing·ness** s Versöhnlichkeit f.

for·go [fɔː(r)'gəʊ] v/t irr verzichten auf (acc).

for·got [fə'gɒt; Am. fər'gɑt] pret u. pp von forget. **for'got·ten** [-tn] pp von forget.

for in·stance s Am. colloq. Beispiel n: **to give s.o. a ~.**

for'judge [fɔː(r)-; Am. a. fɜːr-] v/t: **to** ~ **s.o. (of** od. **from) s.th.** jur. j-m etwas aberkennen.

fork [fɔː(r)k] **I** s **1.** (Eß-, Heu-, Mist- etc)Gabel f. **2.** mus. Stimmgabel f. **3.** Gabelstütze f. **4.** tech. Gabel f. **5.** Gabelung f (e-s Flusses), (e-r Straße a.) Abzweigung f. **6.** bes. Am. a) Zs.-fluß m, b) oft pl Gebiet n an e-r Flußgabelung. **II** v/t **7.** gabelförmig machen, gabeln. **8.** mit e-r Gabel aufladen od. wenden: **to** ~ **the soil over** den Boden mit e-r Gabel umgraben od. lockern. **9.** Schach: zwei Figuren gleichzeitig angreifen. **10.** ~ **out**, ~ **over,** ~ **up** colloq. Geld her'ausrücken, ‚blechen'. **III** v/i **11.** sich gabeln (Fluß), (Straße a.) abzweigen. **12.** sich gabelförmig teilen od. spalten.

forked adj **1.** gegabelt, gabelförmig, gespalten: ~ **tongue** gespaltene Zunge; **to speak with a ~ tongue** fig. mit gespaltener Zunge sprechen. **2.** zickzackförmig: ~ **lightning** Linienblitz m.

'fork|·lift (truck) s tech. Gabel-, Hubstapler m. ~ **lunch,** ~ **sup·per** s Br. kaltes Bü'fett.

'fork·y = forked 1.

for·lorn [fə(r)'lɔː(r)n] adj **1.** verlassen, einsam. **2.** verzweifelt, hoffnungs-, hilflos. **3.** unglücklich, elend. **4.** verzweifelt: **a last** ~ **attempt. 5.** beraubt (**of** gen): ~ **of hope** aller Hoffnung beraubt. ~ **hope** s **1.** aussichtsloses od. verzweifeltes Unter'nehmen. **2.** mil. a) hist. verlorener Haufen, b) verlorener Posten, c) 'Himmelfahrtskom‚mando n. **3.** schwache od. letzte (verzweifelte) Hoffnung.

form [fɔː(r)m] **I** s **1.** Form f, Gestalt f: **to take** ~ Form od. Gestalt annehmen (a. fig.); **in the** ~ **of** in Form von (od. gen); **in tablet** ~ in Tablettenform. **2.** tech. Form f: a) Fas'son f, b) Scha'blone f. **3.** Form f: a) Art f: ~ **of government** Regierungsform; ~**s of life** Lebensformen, b) Art f u. Weise f, Verfahrensweise f, c) Sy'stem n, Schema n: → **due** 10. **4.** a. printed ~ Formu'lar n, Vordruck m: ~ **letter** Schemabrief m. **5.** (literarische etc) Form. **6.** Form f (a. ling.), Fassung f (e-s Textes etc): ~ **class** ling. a) Wortart f, b) morphologische Klasse. **7.** philos. Form f: a) Wesen n, Na'tur f, b) Gestalt f, c) Platonismus: I'dee f. **8.** Erscheinungsform f, -weise f. **9.** Sitte f, Brauch m. **10.** ('herkömmliche) gesellschaftliche Form, Ma'nieren pl, Benehmen n: **good (bad)** ~ guter (schlechter) Ton; **it is good (bad)** ~ es gehört sich (nicht); **for** ~**'s sake** der Form halber. **11.** Formali-'tät f: → **matter** 3. **12.** Zeremo'nie f. **13.** math. tech. Formel f: ~ **of oath** jur. Eidesformel. **14.** (körperliche od. geistige) Verfassung, Form f: **in (out of** od. **off**

one's) ~ (nicht) in Form; **to feel in good** ~ sich gut in Form fühlen; **at the top of one's** ~, **in great** ~ in Hochform. **15.** a) (bes. lange) Bank (ohne Rückenlehne), b) Br. obs. (Schul)Bank f. **16.** bes. Br. (Schul)Klasse f: ~ **master (mistress)** Klassenlehrer(in). **17.** Br. meist **forme** print. (Druck)Form f. **18.** Br. sl. Vorstrafen(liste f) pl: **he's got** ~ er ist vorbestraft. **II** v/t **19.** formen, bilden, schaffen, entwickeln, gestalten (**into** zu; **after, on, upon** nach): **to** ~ **a government** e-e Regierung bilden; **to** ~ **a company** e-e Gesellschaft gründen; **they ~ed themselves into groups** sie schlossen sich zu Gruppen zusammen. **20.** den Charakter etc formen, bilden. **21.** a) **e-n Teil etc** bilden, ausmachen, darstellen, b) dienen als. **22.** (an)ordnen, zs.-stellen. **23.** mil. (into) for'mieren (in acc), aufstellen (in dat). **24.** e-n Plan fassen, entwerfen, ersinnen. **25.** sich e-e Meinung bilden: → **idea** 1. **26.** e-e Freundschaft etc schließen. **27.** e-e Gewohnheit annehmen. **28.** ling. Wörter bilden. **29.** tech. (ver)formen, fasso'nieren, for'mieren. **III** v/i **30.** Form od. Gestalt annehmen, sich formen, sich gestalten, sich bilden, entstehen (alle a. fig.). **31.** a. ~ **up** mil. antreten, sich for'mieren (**into** in acc).

-form [fɔː(r)m] Wortelement mit der Bedeutung ...förmig.

for·mal ['fɔː(r)ml] **I** adj (adv → formally) **1.** förmlich, for'mell: a) offizi'ell: ~ **call** Höflichkeitsbesuch m, b) feierlich: ~ **event** → 6; ~ **dress** → 7, c) steif, 'unper‚sönlich, d) (peinlich) genau, pe'dantisch (die Form wahrend), e) formgerecht, vorschriftsmäßig: ~ **contract** jur. förmlicher Vertrag. **2.** for'mal, for'mell: a) (rein) äußerlich, b) (rein) gewohnheitsmäßig, c) scheinbar, Schein... **3.** for'mal: a) 'herkömmlich, konventio'nell: ~ **style;** ~ **composition,** b) schulmäßig, streng me'thodisch: ~ **training** formale Ausbildung, c) Form...: ~ **defect** jur. Formfehler m. **4.** philos. a) for'mal, b) wesentlich. **5.** regelmäßig, sym'metrisch (angelegt): ~ **garden** architektonischer Garten. **II** s Am. **6.** Veranstaltung, für die Gesellschaftskleidung vorgeschrieben ist. **7.** Gesellschafts-, Abendkleid n od. -anzug m.

form·al·de·hyd(e) [fɔː(r)'mældɪhaɪd] s chem. Formalde'hyd n. **'for·ma·lin** [-məlɪn] s chem. Forma'lin n.

'for·mal·ism s Forma'lismus m: a) Überbetonung der Form od. des Formalen, b) etwas rein äußerlich, mechanisch Vollzogenes, c) math. Auffassung der Mathematik als Wissenschaft von rein formalen Strukturen, d) in den Staaten des Ostblocks bekämpfte Richtung in Kunst u. Literatur, die die Rolle des ideologischen Inhalts unter... der Form e-e übertriebene Bedeutung beimißt. **'for·mal·ist** s Forma'list m. **for·mal'is·tic** adj (adv ~ally) forma'listisch. **for'mal·i·ty** [-'mælətɪ] s **1.** Förmlichkeit f: a) 'Herkömmlichkeit f, b) Feierlichkeit f, c) (das) Offizi'elle, offizi'eller Cha'rakter, d) Steifheit f, e) 'Umständlichkeit f: **without** ~ ohne (viel) Umstände (zu machen). **2.** Formali'tät f: a) Formsache f, b) Vorschrift f: **for the sake of** ~ aus formellen Gründen. **3.** Äußerlichkeit f, leere Geste. **'for·mal·ize** [-məlaɪz] **I** v/t **1.** zur Formsache machen, formali'sieren. **2.** feste Form geben (dat), in e-e formale Form bringen. **II** v/i **3.** förmlich sein. **'for·mal·ly** adv **1.** → formal I. **2.** for'mell, in aller Form.

for·mant ['fɔː(r)mənt] s For'mant m: a) (Akustik) e-r der charakteristischen Teil-

töne e-s Lautes, b) ling. Formans n (grammatisches Bildungselement).

for·mat ['fɔː(r)mæt] s **1.** print. a) Aufmachung f, b) For'mat n. **2.** Gestaltung f (e-s Fernsehprogramms etc). **3.** Computer: For'mat n (Umfang u. Anordnung von Stellen für Ein- u. Ausgabe).

for·mate ['fɔː(r)meɪt] s chem. Formi'at n.

for·ma·tion [fɔː(r)'meɪʃn] s **1.** Bildung f: a) Formung f, Gestaltung f, b) Entstehung f, -wicklung f: ~ **of gas** Gasbildung, c) Gründung f: ~ **of a company,** d) Gebilde n: **new word ~s** neue Wortbildungen. **2.** Anordnung f, Struk'tur f, Zs.-setzung f, Bau m. **3.** aer. mil. sport Formati'on f, Aufstellung f: ~ **in depth** a) mil. Tiefengliederung f, b) sport tiefe Staff(e)lung. **4.** aer. mil. Formati'on f, Verband m: ~ **flight** Formations-, Verbandsflug m. **5.** geol. Formati'on f.

form·a·tive ['fɔː(r)mətɪv] **I** adj **1.** formend, gestaltend, bildend. **2.** Entwicklungs...: **the** ~ **years of a child. 3.** ling. formbildend: ~ **element** → 5. **4.** bot. zo. morpho'gen: ~ **growth;** ~ **stimulus** Neubildungsreiz m; ~ **tissue** Bildungsgewebe n. **II** s **5.** ling. Forma'tiv n: a) → formant b, b) kleinstes Element mit syntaktischer Funktion innerhalb e-r Kette.

form drag s phys. 'Form-, 'Druck‚widerstand m.

forme Br. für form 17.

form·er[1] ['fɔː(r)mə(r)] s **1.** Former m, Gestalter m. **2.** tech. Former m (Arbeiter). **3.** tech. Form-, Drückwerkzeug n. **4.** aer. Spant m. **5.** ped. bes. Br. in Zssgn Schüler(in) der ... Klasse.

for·mer[2] ['fɔː(r)mə(r)] adj **1.** früher(er, e, es), vorig(er, e, es): **the** ~ **Mrs. Smith** die frühere Frau Smith; **he is his** ~ **self again** er ist wieder (ganz) der alte. **2.** vor'hergehend, vor'herig(er, e, es). **3.** vergangen: **in** ~ **times** früher. **4.** erst- erwähnt(er, e, es), erstgenannt(er, e, es) (von zweien): **the ~** ... **the latter** erster(er, e, es) ... letzter(er, e, es). **5.** ehemalig(er, e, es): **a** ~ **president.**

'for·mer·ly adv früher, ehemals: **Mrs. Smith,** ~ **Brown** a) Frau Smith, geborene Brown, b) Frau Smith, ehemalige Frau Brown.

'form‚fit·ting adj **1.** enganliegend (Kleidungsstück). **2.** körpergerecht (Sessel etc).

for·mic ac·id ['fɔː(r)mɪk] s chem. Ameisensäure f.

for·mi·car·i·um [‚fɔː(r)mɪ'keərɪəm] pl -**'car·i·a** [-ə], **'for·mi·car·y** [-kərɪ; Am. -‚kerɪ] s zo. Ameisenhaufen m, -nest n, bes. For'mikarium n (zum Studium des Verhaltens der Tiere künstlich angelegtes Ameisennest). **‚for·mi'ca·tion** [-'keɪʃn] s med. Formi'katio f, Ameisenkriechen n, -laufen n, Kribbelgefühl n.

for·mi·da·ble ['fɔː(r)mɪdəbl] adj (adv formidably) **1.** furchterregend, -einflößend. **2.** gefährlich, ernstzunehmen (Gegner etc), gewaltig, riesig (Schulden etc), schwierig, knifflig (Frage etc). **3.** eindrucksvoll.

'form·ing s **1.** Formen n. **2.** tech. Verformung f, Fasso'nierung f: ~ **property** Verformbarkeit f.

'form·less adj (adv ~ly) formlos. **'form·less·ness** s Formlosigkeit f.

for·mu·la ['fɔː(r)mjʊlə] pl -**las**, -**lae** [-liː] s **1.** chem. math. u. fig. Formel f: **to seek a** ~ fig. e-e gemeinsame Formel suchen; **drinking alcohol and driving a car is a** ~ **for trouble** Autofahren nach Alkoholgenuß führt leicht zu Schwierigkeiten. **2.** pharm. Re'zept n (zur Anfertigung). **3.** relig. (Glaubens-, Gebets)Formel f. **4.** a) Formel f, fester Wortlaut, b) contp. (leere) Phrase.

formularize – forworn

5. *contp.* „Schema F', Scha'blone *f*: **a ~ work** e-e schablonenhafte Arbeit. **6.** *mot.* Formel *f* (*für Rennwagen*). **'for·mu·lar·ize** [-ləraɪz] *v/t* **1.** → formulate 1. **2.** *fig.* schabloni'sieren. **'for·mu·lar·y** [-lərɪ; *Am.* -ˌlerɪ] **I** *s* **1.** Formelsammlung *f*, -buch *n*. **2.** Formel *f*. **3.** Arz'neimittel-, Re'zeptbuch *n*. **4.** *relig.* Ritu'albuch *n*. **II** *adj* **5.** förmlich, formelhaft. **6.** vorschriftsmäßig. **7.** *relig.* ritu'ell. **8.** Formel... **'for·mu·late** [-leɪt] *v/t* **1.** formu'lieren: a) (ab)fassen, darlegen, b) in e-r Formel ausdrücken, auf e-e Formel bringen. **2.** *ein Programm etc* aufstellen, festlegen. ˌ**for·mu'la·tion** *s* Formu'lierung *f*, Fassung *f*.
for·mu·lism [ˈfɔː(r)mjʊlɪzəm] *s* Formelhaftigkeit *f*. ˌ**for·mu'lis·tic** *adj* (*adv* ~ally) formelhaft. **'for·mu·lize** → formulate.
'form·work *s tech.* (Ver)Schalung *f*.
for·myl [ˈfɔː(r)maɪl; *bes. Am.* -mɪl] *s chem.* For'myl *n*.
for·ni·cate [ˈfɔː(r)nɪkeɪt] *v/i* **1.** *bes. Bibl.* Unzucht treiben, huren. **2.** *jur.* außerehelichen Geschlechtsverkehr haben. ˌ**for·ni'ca·tion** *s* **1.** *bes. Bibl.* Unzucht *f*, Hure'rei *f*. **2.** *jur.* außerehelicher Geschlechtsverkehr. **'for·ni·ca·tor** [-tə(r)] *s* **1.** *bes. Bibl.* Hurer *m*. **2.** *jur.* j-d, der außerehelichen Geschlechtsverkehr hat.
for·nix [ˈfɔː(r)nɪks] *pl* **-ni·ces** [-nɪsiːs] *s anat.* Fornix *m*, Gewölbe *n*, Bogen *m*.
for·ra·der [ˈfɒrədə(r); *Am.* ˈfɑː-] *adv bes. Br. colloq.* weiter, vor'an: **I can't get any ~** ich komme nicht vom Fleck.
for·sake [fə(r)ˈseɪk] *pret* **for'sook** [-ˈsʊk] *pp* **for'sak·en** [-kən] *v/t* **1.** *j-n* verlassen, im Stich lassen. **2.** *etwas* aufgeben, entsagen (*dat*). **for'sak·en I** *pp von* forsake. **II** *adj* (gott)verlassen, einsam. **for'sook** *pret von* forsake.
for·sooth [fə(r)ˈsuːθ] *adv obs. od. iro.* wahrlich, für'wahr.
for·swear [fɔː(r)ˈsweə(r)] *v/t irr* **1.** eidlich bestreiten, unter Eid verneinen. **2.** unter Pro'test zu'rückweisen, ganz entschieden bestreiten. **3.** abschwören (*dat*), unter Eid *od.* feierlich entsagen (*dat*): **he forswore never to do it again** er gelobte feierlich, es nie wieder zu tun. **4. ~ o.s.** falsch schwören, e-n Meineid leisten. **for'sworn** [-ˈswɔː(r)n; *Am. a.* -ˈswɔʊrn] **I** *pp von* forswear. **II** *adj* meineidig.
for·syth·i·a [fɔː(r)ˈsaɪθjə; *Am.* fərˈsɪθɪə] *s bot.* For'sythie *f*.
fort [fɔː(r)t; *Am. a.* fəʊrt] *s* **1.** *mil.* Fort *n*, Feste *f*, Festung(swerk *n*) *f*: **to hold the ~** *fig.* „die Stellung halten'. **2.** *hist.* Handelsposten *m*.
for·ta·lice [ˈfɔːtəlɪs; *Am.* ˈfɔːrtləs] *s mil.* a) kleines Fort, b) Außenwerk *n*.
forte¹ [ˈfɔː(r)teɪ; fɔː(r)t] *s* **1.** *fenc.* Stärke *f* (*der Klinge*). **2.** [*Am.* fɔːrt; fəʊrt] *fig. j-s* Stärke, starke Seite.
for·te² [ˈfɔː(r)tɪ; -teɪ] *mus.* **I** *s* Forte *n*: **~ pedal** Fortepedal *n*, rechtes Pedal. **II** *adj u. adv* forte, laut, kräftig.
for·tes [ˈfɔː(r)tiːz] *pl von* fortis.
forth [fɔː(r)θ; *Am. a.* fəʊrθ] **I** *adv* **1.** her'vor, vor, her: → **back¹** 15, **bring forth**, *etc*. **2.** her'aus, hin'aus. **3.** (dr)außen. **4.** vor'an, vorwärts. **5.** weiter, fort: **and so ~** und so fort *od.* weiter; **from this time ~** von nun an; **from that day ~** von diesem Tage an. **6.** *weg*, fort. **7.** *obs.* fort von *od.* aus. ˌ**~'com·ing** *adj* **1.** erscheinend: **to be ~** erscheinen, zum Vorschein kommen. **2.** bevorstehend, kommend: **~ elections**. **3.** in Kürze erscheinend (*Buch*) *od.* anlaufend (*Film*): **~ books** (angekündigte) Neuerscheinungen. **4.** verfügbar: **to be ~** bereitstehen, zur Verfügung stehen. **5.** a) zu'vor-, entgegenkommend, b) mitteilsam. ˌ**~'right**

fig. **I** *adj u. adv* offen, freimütig, di'rekt. **II** *s obs.* di'rekter Weg. ˌ**~'with** [-ˈwɪθ; -ˈwɪð] *adv* so'fort, 'umgehend, unverzüglich.
for·ti·eth [ˈfɔː(r)tɪɪθ] **I** *s* **1.** (*der, die, das*) Vierzigste. **2.** Vierzigstel *n*. **II** *adj* **3.** vierzigst(er, e, es). **4.** vierzigstel.
for·ti·fi·a·ble [ˈfɔː(r)tfaɪəbl] *adj mil.* zu befestigen(d). ˌ**for·ti·fi'ca·tion** [-fɪˈkeɪʃn] *s* **1.** *mil.* a) Befestigen *n*, Befestigung *f*, b) Festungsbauwesen *n*, c) Festung *f*, d) *meist pl* Festungswerk *n*, Befestigung(sanlage) *f*. **2.** (*a.* geistige *od.* mo'ralische) Stärkung: **I need a little ~, pour me out some whisky**. **3.** a) Verstärkung *f* (*a. tech.*), b) Anreicherung *f*. **4.** *fig.* Unter'mauerung *f*. **'for·ti·fi·er** [-faɪə(r)] *s* Stärkungsmittel *n*.
for·ti·fy [ˈfɔː(r)tɪfaɪ] *v/t* **1.** *mil.* befestigen. **2.** *tech.* Gewebe *etc* verstärken. **3.** stärken, kräftigen. **4.** *fig.* geistig *od.* mo'ralisch stärken, ermutigen, bestärken: **to ~ o.s. against s.th.** sich gegen etwas wappnen. **5.** a) *Wein etc* (*durch Alkoholzusatz*) verstärken: **fortified wine** Dessertwein *m*, b) *Nahrungsmittel* (*mit Vitaminen etc*) anreichern. **6.** *fig.* unter'mauern: **to ~ a theory with facts**.
for·tis [ˈfɔː(r)tɪs] *pl* **-tes** [-tiːz] *s ling.* Fortis *f* (*mit großer Intensität gesprochener u. mit gespannten Artikulationsorganen gebildeter Konsonant*).
for·tis·si·mo [fɔː(r)ˈtɪsɪməʊ] *adj u. adv mus.* sehr stark *od.* laut, for'tissimo.
for·ti·tude [ˈfɔː(r)tɪtjuːd; *Am. a.* -ˌtuːd] *s* (innere) Kraft *od.* Stärke, Seelenstärke *f*: **to bear s.th. with ~** etwas mit Fassung *od.* tapfer ertragen.
fort·night [ˈfɔː(r)tnaɪt] *s bes. Br.* vierzehn Tage: **this day ~** a) heute in 14 Tagen, b) heute vor 14 Tagen; **in a ~** in 14 Tagen; **a ~'s holiday** zwei Wochen Urlaub. **'fort·night·ly** *bes. Br.* **I** *adj* vierzehntägig, halbmonatlich, Halbmonats...: **~ settlement** *econ.* Medioabrechnung *f*. **II** *adv* alle 14 Tage. **III** *s* Halbmonatsschrift *f*.
For·tran [ˈfɔː(r)træn] *s* FORTRAN *n* (*Computersprache*).
for·tress [ˈfɔː(r)trɪs] *s* **1.** *mil.* Festung *f*. **2.** *fig.* Bollwerk *n*, Hort *m*.
for·tu·i·tism [fɔː(r)ˈtjuːɪtɪzəm; *Am. a.* -ˈtuː-] *s philos.* Zufallsglaube *m*. **for·ˈtu·i·tist** *s* Anhänger(in) des Zufallsglaubens. **for·ˈtu·i·tous** *adj* (*adv* ~ly) zufällig. **for·ˈtu·i·ty, a. for·ˈtu·i·tous·ness** *s* **1.** Zufall *m*. **2.** Zufälligkeit *f*.
for·tu·nate [ˈfɔː(r)tʃnət] *adj* **1.** glücklich: **to be ~** Glück haben; **to be ~ in having s.th., to be ~ enough to have s.th.** das Glück haben, etwas zu besitzen; **it was ~ for her that the train hadn't yet left** zu ihrem Glück war der Zug noch nicht abgefahren; **how ~!** welch ein Glück! **2.** glückverheißend, günstig. **'for·tu·nate·ly** *adv* glücklicherweise, zum Glück: **~ for me** zu m-m Glück.
for·tune [ˈfɔː(r)tʃuːn; -tʃən; *Am.* ˈfɔː(r)tʃən] *s* **1.** Vermögen *n*, (großer) Reichtum: **a man of ~** ein vermögender *od.* reicher Mann; **her beauty is her ~** ihre Schönheit ist ihr Kapital; **to come into a ~** ein Vermögen erben; **to make a ~** sich ein Vermögen erwerben; **to make one's ~** sein Glück machen; **to marry a ~** e-e gute Partie machen, reich heiraten; **to seek one's ~** sein Glück versuchen (**in** in *dat*); **to spend a (small) ~ on s.th.** ein (kleines) Vermögen für etwas ausgeben. **2.** (glücklicher) Zufall, Glück(sfall *m*) *n*: **by sheer good ~** rein zufällig; **I had the ~ to have ..., it was my good ~ to have ...** *oft pl* Geschick *n*, Schicksal *n*: **good ~** Glück *n*; **bad** (*od.* **ill**) **~** Unglück *n*; **to tell ~s**

wahrsagen; **to read s.o.'s ~** a) j-m die Karten legen, b) j-m aus der Hand lesen; **to have one's ~ told** sich wahrsagen lassen; **by good ~** glücklicherweise, zum Glück; **the ~s of war** das Kriegsgeschick, der Krieg; **during his changing ~s** während s-s wechselvollen Lebens; **to try one's ~** es darauf ankommen lassen. **4.** *oft* **F~** For'tuna *f*, Glück(sgöttin *f*) *n*: **~ favo(u)red him** das Glück war ihm hold; **~ favo(u)rs the brave** Glück hat nur der Tüchtige; → **smile** 2. ˌ**~'hunt·er** *s* Mitgiftjäger *m*. ˌ**~'tell·er** *s* Wahrsager(in). ˌ**~'tell·ing** *s* Wahrsagen *n*, Wahrsage'rei *f*.
for·ty [ˈfɔː(r)tɪ] **I** *s* **1.** Vierzig *f*: **he is in his forties** er ist in den Vierzigern; **in the forties** in den vierziger Jahren (*e-s Jahrhunderts*). **2. the Forties** die See zwischen Schottlands Nord'ost- u. Norwegens Süd'westküste. **3. the roaring forties** stürmischer Teil des Ozeans (*zwischen dem 39. u. 50. Breitengrad*). **II** *adj* **4.** vierzig: **to have ~ winks** *colloq.* ein Nickerchen machen. ˌ**F~-'Five** *s hist. Br.* die Jakobitische Erhebung im Jahre 1745. ˌ**~-'nin·er** *s Am.* Goldgräber, der 1849 im Zuge des Goldrausches nach Kali'fornien ging.
fo·rum [ˈfɔː(r)əm; *Am. a.* ˈfəʊ-] *pl* **-rums, -ra** [-rə] *s* **1.** *antiq. u. fig.* Forum *n*. **2.** *jur.* a) Gericht *n*, Tribu'nal *n* (*a. fig.*), b) *Br.* Gerichtsstand *m*, örtliche Zuständigkeit. **3.** Forum *n*, (öffentliche) Diskussi'on(sveranstaltung).
for·ward [ˈfɔː(r)wə(r)d] **I** *adv* **1.** vor, nach vorn, vorwärts, vor'an, vor'aus: **from this day ~** von heute an; **freight ~** *econ.* Fracht gegen Nachnahme; **to buy ~** *econ.* auf Termin kaufen; **to go ~** *fig.* Fortschritte machen; **to help ~** weiterhelfen (*dat*); **~, march!** *mil.* im Gleichschritt, marsch!; → **bring** (**carry, put,** *etc*) **forward**. **II** *adj* (*adv* ~**ly**) **2.** vorwärts *od.* nach vorn gerichtet, Vorwärts...: **a ~ motion**; **~ defence** (*Am.* **defense**) *mil.* Vorwärtsverteidigung *f*; **~ planning** Voraus-, Zukunftsplanung *f*; **~ speed** *mot.* Vorwärtsgang *m*; **~ strategy** *mil.* Vorwärtsstrategie *f*; **~ stroke** *tech.* Vorlauf *m* (*e-s Kolbens*). **3.** vorder(er, e, es). **4.** *a.* früh(reif (*a. fig. Kind*). **5.** zeitig (*Jahreszeit etc*). **5.** *zo.* a) hochträchtig, b) gutentwickelt. **6.** *fig.* fortschrittlich. **7.** *fig.* fortgeschritten (**at** in *dat*). **8.** *fig.* vorlaut, dreist. **9.** *fig.* vorschnell, -eilig. **10.** *fig.* schnell bereit (**to do s.th.** etwas zu tun). **11.** *econ.* auf Ziel *od.* Zeit, für spätere Lieferung *od.* Zahlung, Termin...: **~ business** (market, sale, *etc*); **~ exchange** Termindevisen *pl*; **~ exchange market** Devisenterminmarkt *m*; **~ rate** Terminkurs *m*, Kurs *m* für Termingeschäfte. **III** *s* **12.** *sport* Stürmer *m*: **~ line** Stürmer-, Sturmreihe *f*. **IV** *v/t* **13.** beschleunigen. **14.** fördern, begünstigen. **15.** a) (ver)senden, schicken, b) befördern. **16.** *Brief etc* nachsenden. **V** *v/i* **17. please ~** bitte nachsenden.
'for·ward·er *s* Spedi'teur *m*. **'for·ward·ing** *s* **1.** a) Versenden *n*, Versand *m*, b) Beförderung *f*: **~ agent** Spediteur *m*; **~ charges** Versandspesen *pl*; **~ clerk** Expedient *m*; **~ note** Frachtbrief *m*. **2.** Nachsenden *n*, -sendung *f*: **~ address** Nachsendeadresse *f*.
'for·ward-ˌlook·ing *adj* vor'ausschauend, fortschrittlich.
'for·ward·ness *s* **1.** a) Frühreife *f*, b) Frühzeitigkeit *f*. **2.** *fig.* vorlaute Art, Dreistigkeit *f*. **3.** *fig.* Voreiligkeit *f*.
for·wards [ˈfɔː(r)wə(r)dz] → forward I.
for·wear·ied, for·worn *adj obs.* erschöpft.

Fos·bur·y (flop) [ˈfɒzbərɪ; -brɪ; *Am.* ˈfɑːz-] *s Leichtathletik*: (Fosbury-)Flop *m*.
foss → fosse.
fos·sa [ˈfɒsə; *Am.* ˈfɑːsə] *pl* **-sae** [-siː] *s anat.* Fossa *f*, Grube *f*, Vertiefung *f*.
fosse [fɒs; *Am.* fɑːs] *s* **1.** (Burg-, Wall-)Graben *m*. **2.** *anat.* Grube *f*, Vertiefung *f*.
fos·sick [ˈfɒsɪk; *Am.* ˈfɑː-] **I** *v/i* **1.** *Austral.* in alten Minen *etc* (nach) Gold suchen. **2.** *bes. Austral.* herˈumstöbern, -suchen (**for** nach). **II** *v/t* **3.** *bes. Austral.* herˈumstöbern *od.* -suchen nach.
fos·sil [ˈfɒsl; *Am.* ˈfɑːsəl] **I** *s* **1.** *geol.* Fosˈsil *n*, Versteinerung *f*. **2.** *colloq.* Fosˈsil *n*: a) verknöcherter *od.* rückständiger Mensch, b) (*etwas*) ˈVorsintˈflutliches'. **II** *adj* **3.** *geol.* fosˈsil, versteinert: ~ **fuel** fossiler Brennstoff; ~ **meal** Infusorienerde *f*; ~ **oil** Erd-, Steinöl *n*, Petroleum *n*. **4.** *colloq.* fosˈsil: a) verknöchert, rückständig (*Person*), b) ˌvorsintflutlich' (*Sache*). ˌfos·silˈif·er·ous [-sɪˈlɪfərəs] *adj* fosˈsilienhaltig, Fossil... ˈfos·sil·ist *s* Paläontoˈloge *m*, Fosˈsilienkundige(r) *m*. ˌfos·sil·iˈza·tion [-sɪlaɪˈzeɪʃn; *Am.* -lə-] *s* **1.** *geol.* Fossiˈlierung *f*, Versteinerung *f*. **2.** *colloq.* Verknöcherung *f*. ˈfos·sil·ize **I** *v/t* **1.** *geol.* fossiˈlieren, versteinern. **2.** *colloq.* verknöchern lassen: ~d → **fossil** 4 a. **II** *v/i* **3.** *geol.* fossiˈlieren, versteinern. **4.** *colloq.* verknöchern.
fos·so·ri·al [fɒˈsɔːrɪəl; *Am.* fɑː-; -ˈsoʊ-] *adj zo.* grabend, Grab...
fos·ter [ˈfɒstə(r); *Am. a.* ˈfɑːs-] **I** *v/t* **1.** *ein Kind etc* auf-, großziehen. **2.** *ein Kind* a) in Pflege haben *od.* nehmen, b) *bes. Br.* in Pflege geben (**with** bei). **3.** *Gefühle, e-n Plan etc* hegen. **4.** *ein Talent etc* fördern. **5.** *Erinnerungen etc* wachhalten. **II** *adj* **6.** Pflege...: ~ **brother** (**child**, **parents**, *etc*); ~ **home** Pflegestelle *f*; ~ **mother** a) Pflegemutter *f*, b) *zo.* Brutapparat *m*. ˈfos·ter·age *s* **1.** Pflege *f*. **2.** *fig.* Förderung *f*. ˈfos·ter·er *s* **1.** Pflegevater *m*. **2.** *fig.* Förderer *m*.
fos·ter·ling [ˈfɒstə(r)lɪŋ; *Am. a.* ˈfɑːs-] *s* Pflegekind *n*.
Fou·cault cur·rent [fuːˈkoʊ] → **eddy current**.
fought [fɔːt] *pret u. pp von* **fight**.
foul [faʊl] **I** *adj* (*adv* ~ly) **1.** stinkend, widerlich. **2.** a) verpestet, schlecht (*Luft*), b) verdorben, faul (*Lebensmittel etc*). **3.** übelriechend: ~ **breath**. **4.** schmutzig, verschmutzt (*a. Schußwaffe*), verrußt (*Schornstein*), verstopft (*Rohr etc, a. Straße*), voll Unkraut (*Garten*), überˈwachsen (*Schiffsboden*). **5.** a) schlecht, stürmisch (*Wetter etc*), widrig (*Wind*), b) gefährlich (*Küste*). **6.** *mar.* a) unklar (*Taue etc*), b) in Kollisiˈon (geraten) (**of** mit). **7.** *fig.* a) widerlich, ekelhaft, b) abˈscheulich, gemein, c) gefährlich, schädlich: ~ **tongue** böse Zunge, Lästerzunge *f*, d) schmutzig, zotig, unflätig: ~ **language**. **8.** *colloq.* scheußlich. **9.** *fig.* unehrlich, betrügerisch. **10.** *sport* regelwidrig, unfair. **11.** *print.* a) unsauber (*Druck etc*): → **copy** 1, b) voller Fehler *od.* Änderungen: → **proof** 11.
II *adv* **12.** auf gemeine Art, gemein (*etc*, → 7–10): **to play ~ sport** foul spielen; **to play s.o. ~** j-m übel mitspielen. **13. to fall ~ of** *mar.* kollidieren mit, *a. fig.* zs.-stoßen mit: **they fell ~ of each other** sie gerieten sich in die Haare; **to fall ~ of the law** mit dem Gesetz in Konflikt geraten.
III *s* **14.** (*etwas*) Widerliches *etc*: **through ~ and fair** durch dick u. dünn. **15.** *mar.* Kollisiˈon *f*, Zs.-stoß *m*. **16.** *sport* a) Foul *n*, Regelverstoß *m*: **to commit a ~ on** ein Foul begehen an (*dat*), b) → **foul ball**, c) → **foul shot**.

IV *v/t* **17.** *a.* ~ **up** beschmutzen (*a. fig.*), verschmutzen, verunreinigen: **to ~ one's (own) nest** das eigene *od.* sein eigenes Nest beschmutzen. **18.** *a.* ~ **up** verstopfen. **19.** *sport* foulen. **20.** *mar.* kolliˈdieren *od.* zs.-stoßen mit. **21.** *a.* ~ **up** sich verwickeln in (*dat*) *od.* mit. **22.** ~ **up** *colloq.* a) durcheiˈnanderbringen, b) ˌverpatzen', ˌversauen'.
V *v/i* **23.** schmutzig werden. **24.** *mar.* kolliˈdieren, zs.-stoßen (**with** mit). **25.** sich verwickeln. **26.** *sport* foulen, ein Foul begehen. **27.** ~ **up** *colloq.* a) durcheiˈnanderkommen, b) ˌpatzen', ˌMist bauen'.
foulˌball *s Baseball*: „Ausˈ-Schlag *m*. ~ **line** *s sport* **1.** *Baseball*: Foul-, Fehllinie *f*. **2.** *Basketball*: *bes. Am.* Freiwurflinie *f*. **3.** *Bowling*: Abwurflinie *f*. ˈ~-**mouthed** *adj* unflätig.
ˈfoul·ness *s* **1.** Verdorbenheit *f*. **2.** Schmutzigkeit *f*. **3.** Schmutz *m*. **4.** *fig.* Abˈscheulichkeit *f*, Gemeinheit *f*. **5.** *Bergbau*: schlagende Wetter *pl*.
foulˌplay *s* **1.** unfaires Spiel, Unsportlichkeit *f*. **2.** (Gewalt)Verbrechen *n*, *bes.* Mord *m*: **he met with ~** er fiel e-m Verbrechen zum Opfer. ~ **shot** *s Basketball*: *bes. Am.* Freiwurf *m*. ˈ~-ˌsmell·ing *adj* übelriechend. ˈ~-ˌspo·ken → **foul-mouthed**. ˈ~-ˌtast·ing *adj* übelschmeckend.
fou·mart [ˈfuːmɑː(r)t; -mə(r)t] *s zo.* Iltis *m*.
found[1] [faʊnd] *pret u. pp von* **find**.
found[2] [faʊnd] **I** *v/t* **1.** bauen, errichten. **2.** *fig.* gründen, errichten. **3.** *fig.* begründen, ins Leben rufen, *e-e Schule etc* stiften: **~ing father** Vater *m*; **F~ing Fathers** *Am.* Staatsmänner aus der Zeit der Unabhängigkeitserklärung. **4.** *fig.* gründen, stützen (**on**, **upon**, in auf *acc*): **~ed on documents** urkundlich; **to be ~ed on** → **5**; **~ed (up)on fact(s)** auf Tatsachen beruhend, stichhaltig. **II** *v/i* **5.** *fig.* (**on**, **upon**) sich stützen (auf *acc*), beruhen *od.* sich gründen auf (*dat*).
found[3] [faʊnd] *v/t* **1.** *metall.* schmelzen u. in e-e Form gießen. **2.** gießen.
foun·da·tion [faʊnˈdeɪʃn] *s* **1.** *arch.* Grundmauer *f*, Sockel *m*, Fundaˈment *n*: ~ **bed** Baugrund *m*; **to lay the ~s of** *fig.* den Grund(stock) legen zu; **shaken to the ~s** *a. fig.* in den Grundfesten erschüttert. **2.** *tech.* ˈUnterbau *m*, -lage *f* (*e-r Straße etc*), Bettung *f*: ~ **plate** Grundplatte *f*. **3.** Grundlegung *f*. **4.** *fig.* Gründung *f*, Errichtung *f*: **F~ Day** Gründungstag *m* (*26. Januar; australischer Feiertag*). **5.** (gemeinnützige) Stiftung *f*: **to be on the ~** Geld aus der Stiftung erhalten. **6.** a) ˈUnterlage *f*, b) steifes (Zwischen)Futter, c) *a.* ~ **muslin** Steifleinen *n*. **7.** *paint.* Grunˈdierung *f*, Grundanstrich *m*. **8.** *a.* ~ **cream** (*Kosmetik*) Grunˈdierung *f*. **9.** → **foundation garment**. **10.** *fig.* Grund(lage *f*) *m*, Basis *f*, Fundaˈment *n*: **to be without any ~** jeder Grundlage entbehren.
foun·da·tionˌgar·ment *s* **1.** a) Mieder *n*, b) Korˈsett *n*. **2.** *pl* Miederwaren *pl*. ~ **stone** *s* **1.** *arch. u. fig.* Grundstein *m*: **to lay the ~ of** den Grundstein legen zu. **2.** *fig.* → **foundation** 10.
found·er[1] [ˈfaʊndə(r)] *s* Gründer *m*, Stifter *m*: ~ **member** Gründungsmitglied *n*; ~**'s preference rights** *econ.* Gründerrechte; ~**'s shares** *econ. bes. Br.* Gründeraktien, -anteile.
found·er[2] [ˈfaʊndə(r)] *s tech.* Gießer *m*.
found·er[3] [ˈfaʊndə(r)] **I** *v/i* **1.** *mar.* sinken, ˈuntergehen. **2.** a) einfallen, nachgeben (*Boden*), b) einstürzen (*Gebäude*). **3.** *fig.* scheitern (*Koalition etc a.*) zerbrechen. **4.** *vet.* lahmen, b) zs.-brechen

(*Pferd*). **5.** steckenbleiben (**in** in *dat*). **II** *v/t* **6.** *ein Schiff* zum Sinken bringen. **7.** *ein Pferd* lahm reiten. **III** *s* **8.** *vet.* a) Hufentzündung *f*, b) Engbrüstigkeit *f*.
found·ling [ˈfaʊndlɪŋ] *s* Findling *m*, Findelkind *n*: ~ **hospital** *hist.* Findelhaus *n*.
found ob·ject → **objet trouvé**.
found·ress [ˈfaʊndrɪs] *s* Gründerin *f*.
found·ry [ˈfaʊndrɪ] *s* **1.** *metall.* a) Gießeˈrei *f*, b) Gußstücke *pl*, c) Gießen *n*. **2.** *print.* Schriftgießeˈrei *f*. ~ **i·ron** *s* Gießeˈreiroheisen *n*. ˈ~-**man** [-mən] *s irr tech.* Gießer *m*. ~ **pig** → **foundry iron**. ~ **proof** *s print.* Revisiˈonsabzug *m* (*vor dem Matern*).
fount[1] [faʊnt; *Br. a.* fɒnt; *Am. a.* fɑnt] *bes. Br. für* **font**[2].
fount[2] [faʊnt] *s* **1.** a) Ölbehälter *m* (*e-r Lampe*), b) Tintenraum *m* (*e-s Füllhalters*). **2.** *poet.* Quelle *f*, Born *m* (*beide a. fig. Ursprung*).
foun·tain [ˈfaʊntɪn; *Am.* -tn] *s* **1.** Quelle *f*. **2.** *fig.* Quelle *f*, Ursprung *m*: **F~ of Youth** Jungbrunnen *m*. **3.** Fonˈtäne *f*: a) (Wasser- *etc*)Strahl *m*, b) Springbrunnen *m*. **4.** a) Trinkbrunnen *m*, b) → **soda fountain** 2. **5.** *tech.* a) Reserˈvoir *n*, b) → **fount**[2] 1. ˈ~ˌhead *s* **1.** Quelle *f* (*a. fig.*). **2.** *fig.* Urquell *m*. ~ **pen** *s* Füll(feder)halter *m*. ~ **syr·inge** *s med.* Irriˈgator *m*, ˈSpülappaˌrat *m*.
four [fɔː(r); *Am. a.* fɔʊr] **I** *adj* **1.** vier: **within the ~ seas** in Großbritannien; ~ **of a kind** (*Poker*) Viererpasch *m*. **II** *s* **2.** Vier *f* (*Zahl, Spielkarte etc*): **the ~ of hearts** die Herzvier; **by ~s** immer vier auf einmal; **on all ~s** auf allen vieren; **to be on all ~s (with)** *bes. Am.* übereinstimmen (mit), genau entsprechen (*dat*). **3.** Rudern: Vierer *m*: a) Boot, b) Mannschaft. ˈ~-**ball** (**match**) *s Golf*: Vierball *m*. ˈ~-**blade** *adj* Vierblatt...: ~ **propeller** *aer.* Vierblattschraube *f*.
four·chette [fɔːˈʃet] *s* **1.** *anat.* hinteres Scheidenhäutchen *n*. **2.** *zo.* a) Gabelbein *n* (*e-s Vogels*), b) Strahl *m* (*am Huf*).
ˈfour-ˌcol·o(u)r *adj* **1.** vierfarbig. **2.** *print.* Vierfarben... ˌ~-**cor·nered** *adj* viereckig. ˈ~-ˌcy·cle *adj tech. Am.* Viertakt...: ~ **engine** Viertaktmotor *m*, Viertakter *m*. ˈ~-ˌdig·it *adj* vierstellig: ~ **number**. ˌ~-**di·men·sion·al** *adj phys.* ˈvierdimensioˌnal. ˈ~-**door** *adj mot.* viertürig. ˈ~-**eyes** *s pl* (*als sg konstruiert*) *colloq.*, *meist humor.* Brillenträger(in), (*Frau*) ˌBrillenschlange' *f*. ~ **flush** *s Poker*: unvollständige Hand (*4 Karten e-r Farbe*). ˈ~-ˌflush·er *s Am. colloq.* Bluffer *m*.
ˈfour-ˌfold I *adj u. adv* vierfach. **II** *s* (*das*) Vierfache.
ˌ**four-**ˈ**foot·ed** *adj* vierfüßig. ˈ~-ˈ**four (time)** *s mus.* Vierˈvierteltakt *m*. ˌ~-ˈ**hand·ed** *adj* **1.** *zo.* vierhändig (*Affe*). **2.** *mus.* vierhändig, für 4 Hände. **3.** für 4 Perˈsonen: ~ **game** Viererspiel *n*. ˈ~-ˈ**horse(d)** *adj* vierspännig: ~ **coach** Vierspänner *m*. **F~ ˈHun·dred** *s*: **the ~** *Am.* die Hautevolee (*e-r Gemeinde*).
Fou·ri·er ˈ**a·nal·y·sis** [ˈfʊrɪeɪ] *s irr math.* Fouriˈer-Anaˌlyse *f*. ~ **se·ries** *s irr math.* Fouriˈer-Reihe *f*.
ˈ**four-leaf(ed) clo·ver**, ˈ~-**leaved clo·ver** *s bot.* vierblätt(e)riges Kleeblatt (*a. als Glücksbringer*). ˈ~-ˈ**legged** *adj* vierbeinig. ˈ~-ˈ**let·ter word** *s euphem.* unanständiges Wort. ˈ~-**man** *adj*: ~ **bob** (*od.* **sled**) Viererbob *m*. ˈ~-ˈ**mast·er** *s mar.* Viermaster *m*. ˈ~-**oar** *s* Vierer *m* (*Boot*). ˈ~-**part** *adj mus.* vierstimmig, für 4 Stimmen. ˈ~-**pence** [-pəns] *s Br.* **1.** (Wert *m* von) vier Pence. **2.** *hist.* Vierˈpencemünze *f*. ˈ~-**pen·ny** [-pənɪ] *adj Br.*

1. Vierpence..., im Wert von 4 Pence. **2.** ~ one *sl.* (*bes.* Faust)Schlag *m.* '~-**point bear·ing** *s mar.* Vierstrichpeilung *f.* ~-'**post·er** *s* **1.** *a.* ~ **bed** Himmelbett *n.* **2.** *mar. colloq.* Viermaster *m.* ~- -'**pound·er** *s mil. hist.* Vierpfünder *m.* ~'**score** *adj obs.* achtzig. ~-'**seat·er** *s mot.* Viersitzer *m.*
'**four·some** ['fɔː(r)səm; *Am. a.* 'fəʊr-] *s* **1.** *Golf:* Vierer *m.* **2.** Satz *m* von vier (Dingen). **3.** *humor.* ,Quar'tett' *n* (*4 Personen, 2 Paare*).
'**four**|-**speed gear** *s tech.* Vierganggetriebe *n.* ~'**square** *adj u. adv* **1.** qua'dratisch. **2.** *fig.* a) fest, standhaft, b) barsch, grob, 'unum‚wunden. '~-**star** *adj* Vier-Sterne...: ~ **general**; ~ **hotel**. '~-**stroke** *bes. Br. für* four-cycle.
four·teen [‚fɔː(r)'tiːn; *Am. a.* fəʊr-] *s* **1.** Vierzehn *f.* **II** *adj* vierzehn. ‚**fourteenth** [-θ] **I** *adj* **1.** vierzehnt(er, e, es). **2.** vierzehntel. **II** *s* **3.** (*der, die, das*) Vierzehnte. **4.** Vierzehntel *n.*
fourth [fɔː(r)θ; *Am. a.* fəʊrθ] **I** *adj* **1.** viert(er, e, es): in the ~ place viertens, an vierter Stelle. **2.** viertel. **II** *s* **3.** (*der, die, das*) Vierte: **the ~ of May** der 4. Mai. **4.** Viertel *n.* **5.** *mus.* Quart(e) *f.* **6. the F~ of July** *Am.* der Vierte Juli, der Unabhängigkeitstag. '~-‚**class mail** *s Am.* Pa'ketpost *f.* ~ **es·tate** *s humor.* (*die*) Presse.
'**fourth·ly** *adv* viertens.
'**four**|-**way** *adj tech.* Vierwege...: ~ **switch** Vierfach-, Vierwegeschalter *m.* '~-**wheel** *adj* **1.** vierräd(e)rig. **2.** Vierrad...: ~ **drive** *mot.* Vierradantrieb *m.*
fo·ve·a ['fəʊvɪə] *pl* -**ve·ae** [-viːː] *s anat.* Vertiefung *f.*, Grube *f.*
fowl [faʊl] **I** *pl* **fowls**, *bes. collect.* **fowl** *s* **1.** Haushuhn *n*, -ente *f*, Truthahn *m.* **2.** *collect.* Geflügel *n*, Federvieh *n*, Hühner *pl:* ~ **run** Auslauf *m*, Hühnerhof *m.* **3.** *selten* Vogel *m*, Vögel *pl:* **the ~(s) of the air** *Bibl.* die Vögel unter dem Himmel; → **wildfowl**. **4.** Geflügel(fleisch) *n.* **II** *v/i* **5.** Vögel fangen *od.* schießen. ~**chol·er·a** *s vet.* Geflügelcholera *f.*
'**fowl·er** *s* Vogelfänger *m*, -steller *m*, -jäger *m.*
'**fowl·ing** *s* Vogelfang *m*, -jagd *f.* ~ **piece** *s hunt.* Vogelflinte *f.* ~ **shot** *s hunt.* Hühnerschrot *m, n.*
fowl | **pest** *s vet.* Hühnerpest *f.* ~ **pox** *s vet.* Geflügelpocken *pl.*
fox [fɒks; *Am.* fɑːks] **I** *pl* '**fox·es**, *bes. collect.* **fox** *s* **1.** *zo.* Fuchs *m:* ~ **and geese** ‚Wolf u. Schafe' *n* (*ein Brettspiel*); **to set the ~ to keep the geese** *fig.* den Bock zum Gärtner machen. **2.** *oft* sly old ~ *fig.* gerissener *od.* verschlagener Kerl. **3.** Fuchspelz(kragen) *m.* **4.** *mar.* Nitzel *m.* **5.** F~ 'Fox(indi‚aner) *m od. pl* (*nordamer. Indianerstamm*). **II** *v/t* **6.** verblüffen. **7.** täuschen, ‚reinlegen'. **8.** a) *Schuhe* vorschuhen, b) *Oberleder* mit e-m Zierstreifen versehen. **III** *v/i* **9.** gerissen vorgehen. **10.** stockfleckig werden (*Papier*).
'**fox**|-**bane** *s bot.* Wolfs-Eisenhut *m.* ~-**brush** *s* Lunte *f*, Fuchsschwanz *m.* '~-**glove** *s bot.* (*ein*) Fingerhut *m.* '~-**hole** *s* **1.** Fuchsbau *m.* **2.** *mil.* Schützenloch *n.* ~-**hunt**(**·ing**) *s* Fuchsjagd *f.*
fox·i·ness ['fɒksɪnɪs; *Am.* 'fɑːk-] *s* Gerissenheit *f*, Verschlagenheit *f.*
fox | **mark** *s* Stockfleck *m* (*im Papier*). '~-**tail** *s* **1.** Fuchsschwanz *m.* **2.** *bot.* (*ein*) Fuchsschwanz(gras *n*) *m.* ~ **ter·ri·er** *s zo.* Foxterrier *m.* '~-**trot I** *s mus.* Foxtrott *m.* **II** *v/i* Foxtrott tanzen.
'**fox·y** *adj* **1.** gerissen, verschlagen. **2.** fuchsrot, fuchsig. **3.** stockfleckig (*Papier*). **4.** *Am. sl.* ‚sexy'.
foy·er ['fɔɪeɪ; *Am.* 'fɔɪər] *s* **1.** Fo'yer *n:*

a) Halle *f* (*im Hotel*), b) Wandelgang *m* (*im Theater*). **2.** *Am.* Diele *f.*
Fra [frɑː] *s relig.* Fra *m* (*Bruder; vor Mönchsnamen*).
fra·cas ['fræka:; *Am.* 'freɪkəs] *pl* -**cas**, *Am.* -**cas·es** *s* Aufruhr *m*, Tu'mult *m.*
frac·tion ['frækʃn] *s* **1.** *math.* Bruch *m:* ~ **bar** (*od.* **line**, **stroke**) Bruchstrich *m.* **2.** Bruchteil *m:* ~ **of a share** (*bes. Am.* stock) *econ.* Teilaktie *f.* **3.** Stückchen *n*, (*ein*) bißchen: **by a** ~ **of an inch** *fig.* um ein Haar; **a** ~ **smaller** e-e Spur kleiner; **not** (**by**) **a** ~ nicht im geringsten. **4.** *selten* (Zer)Brechen *n.* **5.** F~ *relig.* Brechen *n* (*des Brotes*). '**frac·tion·al** [-ʃənl] *adj* **1.** *math.* Bruch..., gebrochen: ~ **amount** Teilbetrag *m;* ~ **currency** *Am.* Scheidemünze *f;* ~ **part** Bruchteil *m.* **2.** *fig.* unbedeutend, mini'mal. **3.** *chem.* fraktio'niert, teilweise: ~ **distillation**. '**frac·tion·al·ize** *v/t* in Bruchteile zerlegen. '**frac·tion·ar·y** [-ʃnərɪ; *Am.* -ʃəˌnerɪ] *adj* Bruch(stück)..., Teil... '**frac·tion·ate** [-neɪt] *v/t chem.* fraktio'nieren. '**frac·tion·ize** *v/t u. v/i* (sich) teilen.
frac·tious ['frækʃəs] *adj* (*adv* ~**ly**) **1.** mürrisch, zänkisch, reizbar. **2.** 'widerspenstig, störrisch (*bes. Tier*). '**frac·tious·ness** *s* **1.** 'mürrisches Wesen, Reizbarkeit *f.* **2.** 'Widerspenstigkeit *f.*
frac·ture ['fræktʃə(r)] **I** *s* **1.** Bruch *m*, *med. a.* Frak'tur *f.* **2.** *min.* Bruch(fläche *f*) *m.* **3.** *chem. tech.* Bruchgefüge *n.* **4.** *ling.* Brechung *f.* **5.** *fig.* Bruch *m*, Zerwürfnis *n.* **II** *v/t* (zer)brechen: **to** ~ **one's arm** sich den Arm brechen; ~**d pelvis** *med.* Beckenbruch *m;* **to speak** ~**d English** *fig.* gebrochen Englisch sprechen. **7.** *geol.* zerklüften. **III** *v/i* **8.** (zer)brechen.
frae [freɪ] *Scot. für* **from**.
frag·ile ['frædʒaɪl; *Am.* -dʒəl] *adj* (*adv* ~**ly**) **1.** zerbrechlich. **2.** *tech.* brüchig. **3.** a) schwach, zart (*Gesundheit*), b) gebrechlich (*Person*): **I'm feeling rather** ~ **today** *meist humor.* ich bin heute nicht in bester Verfassung. '**frag·ile·ness**, **fra·gil·i·ty** [frə'dʒɪlətɪ] *s* **1.** Zerbrechlichkeit *f.* **2.** Brüchigkeit *f.* **3.** a) Zartheit *f*, b) Gebrechlichkeit *f.*
frag·ment ['frægmənt] *s* **1.** (*literarisches etc*) Frag'ment *n.* **2.** Bruchstück *n*, -teil *m.* **3.** 'Überrest *m*, Stück *n.* **4.** Fetzen *m*, Brocken *m.* **5.** *mil.* Sprengstück *n*, Splitter *m.* **frag·men·tal** [-'mentl] *adj* **1.** → **fragmentary 2**. *geol.* aus Trümmergestein bestehend: ~ **rock** Trümmergestein *n.* '**frag·men·tar·i·ness** [-tərɪnɪs; *Am.* -ˌterɪnəs] *s* (*das*) Fragmen'tarische, 'Unvoll‚ständigkeit *f.* '**fragmen·tar·y** [-tərɪ; *Am.* -ˌterɪ] *adj* (*adv* fragmentarily) **1.** aus Stücken bestehend, zerstückelt. **2.** fragmen'tarisch, 'unvoll‚ständig, bruchstückhaft. ‚**fragmen'ta·tion** *s* **1.** *biol.* Fragmentati'on *f*, Spaltung *f.* **2.** Zerstückelung *f*, Zertrümmerung *f*, Zersplitterung *f.* **3.** *mil.* Splitterwirkung *f:* ~ **bomb** Splitterbombe *f.*
fra·grance ['freɪgrəns], *a.* '**fra·gran·cy** *s* Wohlgeruch *m*, (süßer) Duft: **this soap is made in** **several** ~**s** in verschiedenen Duftnoten. '**fra·grant** *adj* (*adv* ~**ly**) **1.** wohlriechend, (süß) duftend: **to be** ~ **with** duften nach. **2.** *fig.* angenehm: ~ **memories**.
frail[1] [freɪl] *adj* **1.** zerbrechlich. **2.** a) zart, schwach (*Gesundheit*, *Stimme etc*), b) gebrechlich (*Person*), c) (*charakterlich od. moralisch*) schwach, d) seicht, oberflächlich (*Buch etc*).
frail[2] [freɪl] *s* **1.** Binsenkorb *m* (*für getrocknete Früchte*). **2.** Korb *m* (*Gewichtseinheit, etwa 75 Pfund*).
frail·ty ['freɪltɪ] *s* **1.** Zerbrechlichkeit *f.*

2. a) Zartheit *f*, b) Gebrechlichkeit *f.* **3.** a) (*charakterliche od. moralische*) Schwachheit *od.* Schwäche: **to be free of human frailties** frei von menschlichen Schwächen sein, b) Fehltritt *m.*
fraise[1] [freɪz] *mil.* **I** *s* Pali'sade *f.* **II** *v/t* durch Pali'saden schützen.
fraise[2] [freɪz] *tech.* **I** *s* Bohrfräse *f.* **II** *v/t* fräsen.
fram·b(o)e·si·a [fræm'biːzɪə; -ʒə] *s med.* Frambö'sie *f* (*ansteckende Hautkrankheit der Tropen mit himbeerartigem Ausschlag*).
frame [freɪm] **I** *s* **1.** (Bilder-, Fenster- *etc*)Rahmen *m* (*a. mot. tech.*). **2.** (*a. Brillen-, Schirm-, Wagen*)Gestell *n*, Gerüst *n.* **3.** Einfassung *f.* **4.** *arch.* a) Balkenwerk *n*, b) Gerippe *n*, Ske'lett *n:* **steel** ~, c) (*Türetc*)Zarge *f.* **5.** *print.* ('Setz)Re‚gal *n.* **6.** *electr.* Stator *m.* **7.** *aer. mar.* a) Spant *n*, b) Gerippe *n.* **8.** *TV* a) Abtast-, Bildfeld *n*, b) Raster(bild *n*) *m.* **9.** a) *Film:* Einzel-, Teilbild *n*, b) *Comic strips:* Bild *n.* **10.** *agr.* verglastes Treibbeet, Frühbeetkasten *m.* **11.** *Weberei:* ('Spinn-, 'Web)Ma‚schine *f.* **12.** a) Rahmen(erzählung *f*) *m*, b) 'Hintergrund *m.* **13.** Körper(bau) *m*, Gestalt *f*, Fi'gur *f* (*obs. außer im:* **the mortal** ~ die sterbliche Hülle. **14.** *fig.* Rahmen *m*, Gefüge *n*, Sy'stem *n:* **within the** ~ **of** im Rahmen (*gen*); ~ **of reference** a) *math.* Bezugs-, Koordinatensystem, b) *fig.* Gesichtspunkt *m.* **15.** *bes.* ~ **of mind** (Gemüts)Verfassung *f*, (-)Zustand *m:* **in a cheerful** ~ **of mind** in fröhlicher Stimmung; **I'm not in the** ~ **of mind for dancing** (*od.* **to dance**) ich bin nicht in der Stimmung zu tanzen, mir ist nicht nach Tanzen zumute. **16.** → **frame-up**.
II *v/t* **17.** zs.-passen, -setzen, -fügen. **18.** a) *ein Bild etc* (ein)rahmen, (-)fassen, b) *fig.* um'rahmen. **19.** *print.* den *Satz* einfassen. **20.** *etwas* ersinnen, entwerfen, e-n *Plan* schmieden, *ein Gedicht etc* machen, verfertigen, *e-e Entschuldigung etc* formu'lieren, *e-e Politik etc* abstecken. **21.** gestalten, formen, bilden. **22.** anpassen (**to** *dat*). **23.** *Worte* formen. **24.** *a.* ~ **up** *sl.* a) *e-e Sache* ‚drehen', ‚schaukeln': **to** ~ **a charge** e-e falsche Beschuldigung erheben; **to** ~ **a match** ein Spiel (vorher) absprechen, b) *j-m etwas* ‚anhängen'.
III *v/i* **25.** sich anschicken. **26.** sich entwickeln, Form annehmen: **to** ~ **well** sich gut anlassen (*Sache*).
frame| **aer·i·al**, *bes. Am.* ~ **an·ten·na** *s electr.* 'Rahmenan‚tenne *f.*
framed *adj* **1.** gerahmt. **2.** Fachwerk... **3.** *aer. mar.* in Spanten (stehend). **4.** ~ **ruck·sack** Rucksack *m* mit Tragegestell.
frame| **fre·quen·cy** *s TV* 'Bild(wechsel)fre‚quenz *f.* ~ **hold** *s TV* Bildfang *m.* ~ **house** *s* **1.** Holzhaus *n.* **2.** Fachwerkhaus *n.*
'**fram·er** *s* **1.** (Bilder)Rahmer *m.* **2.** Gestalter *m.* **3.** Entwerfer *m.*
frame| **saw** *s tech.* **1.** Spannsäge *f.* **2.** Gattersäge *f.* ~ **sto·ry**, ~ **tale** *s* Rahmenerzählung *f.* ~ **tent** *s* Steilwandzelt *n.* '~-**up** *s sl.* **1.** Kom'plott *n*, In'trige *f.* **2.** abgekartetes Spiel, Schwindel *m.* '~-**work I** *s* **1.** *tech.*, *a. aer. u. biol.* Gerüst *n*, Gerippe *n.* **2.** *arch.* Fach-, Bindewerk *n*, Gebälk *n.* **3.** Gestell *n* (von Eisenbahnwagen). **4.** *Bergbau:* Ausschalung *f.* **5.** *Handarbeit:* Rahmenarbeit *f.* **6.** *fig.* Rahmen *m*, Gefüge *n*, Sy'stem *n:* **the ~ of society** Gesellschaftsstruktur *f;* **within the ~ of** im Rahmen (*gen*). **II** *adj* **7.** Fachwerk..., Gerüst..., Rahmen...: ~ **body** *aer.* Fachwerkrumpf *m;* ~ **fiber** (*bes. Br.* **fibre**) *biol.* Gerüstfaser *f.*
'**fram·ing** *s* **1.** (Ein)Rahmen *n*, (-)Fassen *n.* **2.** *tech.* Gestell *n*, Einfassung *f*,

franc - free

-rahmung *f,* Rahmen *m.* **3.** *arch.* a) Holzverbindung *f,* b) Holz-, Rahmen-, Zimmerwerk *n.* **4.** *TV* a) Einrahmung *f,* b) Bildeinstellung *f.*
franc [fræŋk] *s* **1.** Franc *m* (*Währungseinheit Frankreichs etc*). **2.** Franken *m* (*Währungseinheit der Schweiz etc*).
fran·chise ['fræntʃaɪz] *s* **1.** *pol.* a) Wahl-, Stimmrecht *n,* b) Bürgerrecht(e *pl*) *n.* **2.** *Am.* Vorrecht *n,* Privi'leg *n.* **3.** *hist.* Gerechtsame *f,* Vorrecht *n.* **4.** *econ. bes. Am.* a) Konzessi'on *f,* b) Al'leinverkaufsrecht *n,* -vertretung *f,* c) (Verleihung *f* der) 'Rechtsper,sönlichkeit *f:* ~ **of a corporation,** d) Franchise *n,* Franchising *n* (*Vertrieb von Waren od. Dienstleistungen unter dem Zeichen des Herstellers durch selbständige Unternehmer in eigenem Namen u. für eigene Rechnung*), e) *Firma, die das Franchise-Prinzip anwendet.* **5.** Versicherung: Fran'chise *f* (*unterhalb des vereinbarten Versicherungswertes liegender Prozentsatz e-s Schadens, der nicht ersetzt zu werden braucht*).
Fran·cis·can [fræn'sɪskən] *relig.* **I** *s* Franzis'kaner(mönch) *m.* **II** *adj* franzis'kanisch, Franziskaner...
Franco- [fræŋkəʊ-] *Wortelement mit der Bedeutung* Franko-, französisch.
Fran·co·ni·an [fræŋ'kəʊnjən; -nɪən] **I** *s* **1.** Franke *m,* Fränkin *f.* **2.** *ling. hist.* Fränkisch *n.* **II** *adj* **3.** fränkisch.
Fran·co·phile ['fræŋkəʊfaɪl], *a.* '**Fran·co·phil** [-fɪl] **I** *s* Franko'phile *m,* Fran'zosenfreund *m.* **II** *adj* franko'phil, fran'zosenfreundlich. '**Fran·co·phobe** [-fəʊb] **I** *s* Fran'zosenhasser *m,* -feind *m.* **II** *adj* fran'zosenfeindlich. '**Fran·co·phone** [-fəʊn] **I** *s* Franko'phone *m.* **II** *adj* franko'phon, fran'zösischsprachig.
frang·er ['fræŋə] *s Austral. sl.* ,Pa'riser' *m,* ,Gummi' *m* (*Präservativ*).
fran·gi·bil·i·ty [,frændʒɪ'bɪlətɪ] *s* Zerbrechlichkeit *f.* '**fran·gi·ble** *adj* (*adv* frangibly) zerbrechlich. '**fran·gi·ble·ness** → frangibility.
fran·gi·pane [fræn'dʒɪpeɪn] *s* **1.** (*e-e*) Mandelcreme. **2.** → frangipani. ,**fran·gi'pan·i** [-'pɑːnɪ; *Am. a.* -'pænɪ:] *s* **1.** Jas'min(blüten)par,füm *n.* **2.** *bot.* Roter Jas'minbaum.
Fran·glais [frɑ̃glɛ] (*Fr.*) *s mit vielen englischen Ausdrücken durchsetztes Französisch.*
Frank[1] [fræŋk] *s hist.* Franke *m,* Fränkin *f.*
frank[2] [fræŋk] **I** *adj* (*adv* → **frankly**) **1.** offen(herzig), aufrichtig, frei(mütig): **to be ~ with s.o.** ehrlich zu j-m sein. **II** *s mail* **2.** a) Freistempel *m,* b) Franko-, Freivermerk *m.* **3.** Portofreiheit *f.* **III** *v/t* **4.** *mail* a) frankieren, b) mit der Ma'schine fran'kieren, freistempeln: **~ing machine** Frankiermaschine *f,* Freistempler *m.* **5.** *j-m* Zutritt verschaffen. **6.** *etwas* (amtlich) freigeben, befreien (**from** *od.* **against** von).
Frank·en·stein ['fræŋkənstaɪn; *Am. a.* -,stiːn] *s* **1.** *j-d, der etwas erschafft, was ihn ruiniert.* **2.** *a.* ~**'s monster** *etwas, was s-n Erschaffer ruiniert.*
frank·furt·er ['fræŋkfɜːtə; *Am.* -,fɜrtər; -fər-], *Am. a.* '**frank·furt** [-fərt] *s* Frankfurter (Würstchen *n*) *f.*
frank·in·cense ['fræŋkɪnˌsens] *s bot. relig.* Weihrauch *m.*
Frank·ish ['fræŋkɪʃ] *hist.* **I** *adj* fränkisch. **II** *s ling.* Fränkisch *n.*
frank·lin ['fræŋklɪn] *s hist. Br.* **1.** Freisasse *m.* **2.** kleiner Landbesitzer.
frank·lin·ite ['fræŋklɪnaɪt] *s min.* Frankli'nit *m.*
Frank·lin stove *s Am.* freistehender eiserner Ka'min.

'**frank·ly** *adv* a) → **frank**[2] **1,** b) frei her'aus, frank u. frei, c) *a.* ~ **speaking** offen gestanden *od.* gesagt. '**frank·ness** *s* Offenheit *f,* Freimütigkeit *f.*
frank·pledge ['fræŋkpledʒ] *s jur. Br. hist.* a) Bürgschaft *f* (*innerhalb e-r Zehnerschaft*), b) (Mitglied *n* e-r) Zehnerschaft *f.*
fran·tic ['fræntɪk] *adj* (*adv* ~ally, ~ly) **1.** außer sich, rasend (**with** vor *dat*): **to drive s.o. ~** j-n zur Raserei bringen. **2.** verzweifelt: **~ efforts; ~ cries for help. 3.** hektisch: **a ~ search began.**
frap [fræp] *v/t mar.* zurren.
frap·pé ['fræpeɪ; *Am.* fræ'peɪ] **I** *s* Frap'pé *m* (*mit kleingeschlagenem Eis serviertes alkoholisches Getränk*). **II** *adj* eisgekühlt.
frass [fræs] *s zo.* **1.** Kot *m* von In'sekten(larven). **2.** Fraßmehl *n.*
frat [fræt] *sl.* → **fraternity, fraternize.**
fra·ter[1] ['freɪtə(r)] *s relig.* Frater *m:* a) (Kloster)Bruder vor der Priesterweihe, b) Laienbruder e-s Mönchsordens.
fra·ter[2] ['freɪtə(r)] *s relig. hist.* Speisesaal *m* (*im Kloster*).
fra·ter·nal [frə'tɜːnl; *Am.* -'tɜrnl] **I** *adj* (*adv* ~ly) **1.** brüderlich, Bruder..., Brüder... **2.** Bruderschafts... **3.** *biol.* zweieiig: **~ twins. II** *s* **4.** *a.* **~ association** (*od.* **society**) *Am.* Verein *m* zur Förderung gemeinsamer Inter'essen *Am.* mit e-m Unterstützungsverein auf Gegenseitigkeit abgeschlossene Versicherung. **fra'ter·nal·ism** *s* Brüderlichkeit *f.*
fra·ter·ni·ty [frə'tɜːnətɪ; *Am.* -'tɜr-] *s* **1.** Brüderlichkeit *f.* **2.** Vereinigung *f,* Zunft *f,* Gilde *f:* **the angling ~** die Zunft der Angler; **the legal ~** die Juristen; **the medical ~** die Ärzteschaft. **3.** (geistliche *od.* weltliche) Bruderschaft, Orden *m.* **4.** *univ. Am.* Stu'dentenverbindung *f.*
frat·er·ni·za·tion [,frætə(r)naɪ'zeɪʃn; *Am.* -nə'z-] *s* **1.** Verbrüderung *f.* **2.** Fraterni'sierung *f.* '**frat·er·nize** *v/i* **1.** sich verbrüdern (**with** mit), brüderlich verkehren. **2.** (*bes. mit der feindlichen Zivilbevölkerung*) fraterni'sieren.
frat·ri·cid·al [,frætrɪ'saɪdl] *adj* brudermörderisch: **~ war** Bruderkrieg *m.* '**frat·ri·cide** *s* **1.** Bruder-, Geschwistermord *m.* **2.** Bruder-, Geschwistermörder *m.*
fraud [frɔːd] *s* **1.** *jur.* a) Betrug *m* (**on s.o.** an j-m), b) arglistige Täuschung: **to obtain s.th. by ~** sich etwas erschleichen. **2.** Schwindel *m* (*a.* Sache). **3.** *colloq.* Betrüger *m,* Schwindler *m.* '**fraud·u·lence** [-djʊləns; *Am.* -dʒə-] *s* Betrüge'rei *f.* '**fraud·u·lent** *adj* (*adv* ~ly) betrügerisch, arglistig: **~ bankruptcy** betrügerischer Bankrott; **~ conversion** Unterschlagung *f,* Veruntreuung *f;* **~ preference** Gläubigerbegünstigung *f;* **~ representation** Vorspiegelung *f* falscher Tatsachen.
fraught [frɔːt] **I** *adj* **1.** *fig.* voll: **~ with danger** gefahrvoll; **~ with meaning** bedeutungsschwer, -schwanger. **2.** *colloq.* besorgt. **3.** *obs.* beladen. **II** *s* **4.** *obs.* Fracht *f,* Ladung *f.*
fray[1] [freɪ] **I** *s* **1.** laute Ausein'andersetzung. **2.** a) Raufe'rei *f,* Schläge'rei *f,* b) *mil.* Kampf *m* (*a. fig.*): **eager for the ~** kampflustig; **ready for the ~** kampfbereit. **3.** *obs.* Schreck(en) *m.* **II** *v/i* **4.** *obs.* e-e laute Ausein'andersetzung haben. **5.** *obs.* a) raufen, sich schlagen, b) *mil.* kämpfen (*a. fig.*). **III** *v/t* **6.** *obs.* erschrecken.
fray[2] [freɪ] **I** *v/t* **1.** *a.* ~ **out** *e-n Stoff etc* abtragen, 'durchscheuern, ausfransen, *a. fig.* verschleißen, abnutzen: ~**ed nerves** verschlissene *od.* strapazierte Nerven; ~**ed temper** gereizte Stimmung. **2.** *das*

Geweih fegen (Hirsch *etc*). **II** *v/i* **3.** *a.* ~ **out** sich abnutzen *od.* verschleißen (*a. fig.*), sich ausfransen *od.* ausfasern, sich 'durchscheuern: **tempers began to ~** *fig.* die Gemüter erhitzten sich, die Stimmung wurde gereizt.
fra·zil ['freɪzəl] *s Am. od. Canad.* Grundeis *n.*
fraz·zle ['fræzl] **I** *v/t* **1.** 'durchscheuern, ausfransen. **2.** *oft* ~ **out** *colloq.* ,fix u. fertig' machen, völlig erschöpfen. **II** *v/i* **3.** sich 'durchscheuern *od.* ausfransen. **4.** *oft* ~ **out** *colloq.* ,fix u. fertig' sein. **III** *s* **5.** Franse *f.* **6.** *colloq.* völlige Erschöpfung: **he was worn to a ~** er war ,fix u. fertig'; **my nerves are worn to a ~** ich bin mit den Nerven (völlig) herunter. **7. burnt to a ~** *colloq.* vollkommen verbrannt *od.* verkohlt.
freak[1] [friːk] **I** *s* **1.** 'Mißbildung *f* (*Pflanze*), (Mensch, Tier *a.*) 'Mißgeburt *f,* Monstrosi'tät *f:* ~ **of nature** Laune *f* der Natur. **2.** a) etwas Außergewöhnliches, b) außergewöhnlicher 'Umstand. **3.** Grille *f,* Laune *f.* **4.** *sl.* ,Freak' *m,* ,irrer Typ'. **5.** *sl.* (*meist in Zssgn*) ,Freak' *m,* Süchtige(r *m*) *f:* **pill ~. 6.** *sl.* (*meist in Zssgn*) ,Freak' *m,* Narr *m,* Fa'natiker *m:* **jazz ~. II** *adj* **7.** ~ **freakish. 8.** Monstrositäten...: ~ **show. III** *v/i* **9.** ~ **out** *sl.* ,ausflippen': a) auf e-n ,Trip' gehen, b) (*aus der Gesellschaft*) ,aussteigen', c) (*vor Begeisterung*) außer sich geraten (**for, over** bei), d) ,'durchdrehen'. **IV** *v/t* **10.** ~ **out** *sl.* a) elektri'sieren, in Begeisterung versetzen, b) aus der Fassung bringen: **the sight ~ed him out** bei dem Anblick ,flippte er aus'.
freak[2] [friːk] **I** *s* (Farb)Fleck *m.* **II** *v/t* sprenkeln.
'**freak·ish** *adj* (*adv* ~ly) **1.** außergewöhnlich. **2.** launisch, wechselhaft, unberechenbar (*Verhalten, Wetter etc*). **3.** *sl.* ,irr', ,verrückt'. '**freak·ish·ness** *s* Wechselhaftigkeit *f,* Unberechenbarkeit *f.*
'**freak-out** *s* **1.** ,Ausflippen' *n.* **2.** ,Ausgeflippte(r *m*) *f.* **3.** ,Trip' *m.*
freck·le ['frekl] **I** *s* **1.** Sommersprosse *f.* **2.** Fleck(chen *n*) *m.* **3.** *phys.* Sonnenfleck *m.* **II** *v/t* **4.** tüpfeln, sprenkeln. **III** *v/i* **5.** Sommersprossen bekommen. '**freckled,** '**freck·ly** [-lɪ] *adj* sommersprossig.
free [friː] **I** *adj* (*adv* ~ly) **1.** *allg.* frei: a) unabhängig, b) selbständig, c) ungebunden, d) ungehindert, e) uneingeschränkt, f) in Freiheit (befindlich): **a ~ man; a ~ people; the F~ World; ~ choice; ~ elections; he is ~ to go, it is ~ for him to go** es steht ihm frei zu gehen; **to give s.o. a ~ hand** j-m freie Hand lassen. **2.** frei: a) unbeschäftigt: **he is ~ after 5 o'clock,** b) ohne Verpflichtungen: **a ~ evening,** c) nicht besetzt: **this room is ~. 3.** frei: a) nicht wörtlich: **a ~ translation,** b) nicht an Regeln gebunden: ~ **verse;** ~ **skating** (*Eis-, Rollkunstlauf*) Kür(laufen *n*) *f,* c) frei gestaltet: **a ~ version. 4.** (**from, of**) frei (von), ohne (*acc*): ~ **from error** fehlerfrei; ~ **from infection** *med.* frei von ansteckenden Krankheiten. **5.** frei, befreit (**from, of** von): ~ **from contradiction** widerspruchsfrei; ~ **from distortion** *tech.* verzerrungsfrei; ~ **from pain** schmerzfrei; ~ **of debt** schuldenfrei; ~ **and unencumbered** *jur.* unbelastet, hypothekenfrei; ~ **of taxes** steuerfrei. **6.** gefeit, im'mun, gesichert (**from** gegen). **7.** *chem.* nicht gebunden, frei. **8.** los(e), frei: **to get one's arm ~** s-n Arm freibekommen. **9.** frei(stehend –schwebend). **10.** ungezwungen, na'türlich, unbefangen: ~ **manners;** → **easy 11. 11.** a) offen(herzig), freimütig, b) unverblümt, c) dreist, plump-vertraulich: **to make ~ with** sich

Freiheiten herausnehmen gegen *j-n*; sich (ungeniert) gütlich tun an *e-r Sache.* **12.** allzu frei: ~ **talk** lockere Reden. **13.** freigebig, großzügig: **to be** ~ **with** großzügig sein *od.* umgehen mit. **14.** reichlich. **15.** leicht, flott, zügig. **16.** (kosten-, gebühren)frei, kostenlos, unentgeltlich, gratis: ~ **admission** freier Eintritt; ~ **copy** Freiexemplar *n*; ~ **fares** Nulltarif *m*; ~ **gift** *econ.* Zugabe *f*, Gratispackung *f*, -probe *f*; ~ **pass** → pass² 48 b; ~ **ticket** Freikarte *f*, *rail. etc* Freifahrkarte *f*, -schein *m*; ~ **transport** Beförderung *f* zum Nulltarif; **for** ~ *colloq.* umsonst. **17.** *econ.* frei (*Handelsklausel*): ~ **alongside ship** frei Längsseite Schiff; ~ **on board** frei an Bord; ~ **on rail** frei Waggon; ~ **domicile** frei Haus. **18.** *econ.* zoll- *od.* genehmigungsfrei: ~ **imports. 19.** *econ.* frei verfügbar: ~ **assets**; ~ **bonds. 20.** öffentlich, allen zugänglich: ~ **library** Volksbücherei *f*; **to be** (**made**) ~ **of** s. th. freien Zutritt zu etwas haben. **21.** willig, bereit: **I am** ~ **to confess. 22.** *Turnen:* ohne Geräte: ~ **gymnastics** Freiübungen. **23.** (frei) beweglich: **to be** ~ **of the harbo(u)r** aus dem Hafen heraus sein. **24.** *tech.* leer (*Maschine*): **to run** ~ leer laufen. **25.** *ling.* a) in e-r offenen Silbe stehend (*Vokal*), b) frei, nicht fest (*Wortakzent*).
II *v/t* **26.** befreien (**from** von, aus) (*a. fig.*). **27.** freilassen. **28.** entlasten (**from, of** von).
III *adv* **29.** *allg.* frei. **30. to go** ~ *mar.* raumschots segeln.
free|ar·e·a *s psych. sociol.* Freiraum *m.* ~ **as·so·ci·a·tion** *s psych.* freie Assoziation. ~ **back** *s bes. Fußball:* Libero *m.*
free·bee, free·bie ['friːbiː] *sl.* **I** *s* etwas, was es gratis gibt, *z. B.* Freikarte *f.* **II** *adj* Frei..., Gratis...
'**free|·board** *s mar.* Freibord *m*; ~ **depth** Freibordhöhe *f.* '~**boot·er** *s* Freibeuter *m.* '~**born** *adj* freigeboren. ~ **church** *s* Freikirche *f.* ~ **city** *s* freie Stadt. ~ **com·pan·ion** *s mil. hist.* Söldner *m.* ~ **com·pe·ti·tion** *s econ.* freier Wettbewerb. ~ **cur·ren·cy** *s econ.* freie konvertierbare Währung. '~**-**'**cut·ting steel** *s tech.* Automatenstahl *m.*
freed·man ['friːdmæn, -mən] *s irr* freigelassener Sklave.
free·dom ['friːdəm] *s* **1.** Freiheit *f*: ~ **of opinion** (**speech, trade, religion** *od.* **worship**) Meinungs-(Rede-, Gewerbe-, Religions)Freiheit; ~ **of the press** Pressefreiheit; ~ **of the seas** Freiheit der Meere; ~ **of the will** → 4; ~ **fighter** Freiheitskämpfer *m*; **she gave her husband his** ~ sie gab ihren Mann frei. **2.** Unabhängigkeit *f.* **3.** Vorrecht *n*, Privileg *n*: ~ **of a city** (*od. town*) Ehrenbürgerrecht *n*; **he was given the** ~ **of the city** er wurde zum Ehrenbürger ernannt. **4.** *bes. philos. relig.* Willensfreiheit *f.* **5.** Ungebundenheit *f*: ~ **of movement** Freizügigkeit *f.* **6.** Freiheit *f*, Frei-, Befreitsein *n*: ~ **from contradiction** Widerspruchsfreiheit; ~ **from distortion** *tech.* Verzerrungsfreiheit; ~ **from taxation** Steuerfreiheit. **7.** Offenheit *f*, Freimütigkeit *f.* **8.** a) Zwanglosigkeit *f*, b) Dreistigkeit *f*, (plumpe) Vertraulichkeit: **to take** ~**s with s.o.** sich Freiheiten gegen *j-n* herausnehmen. **9.** (**of**) freier Zutritt (zu), freie Benutzung (*gen*).
freed·wom·an ['friːdˌwʊmən] *s irr* freigelassene Sklavin.
free|·en·er·gy *s phys.* freie *od.* ungebundene Energie. ~ **en·ter·prise** *s* freies Unternehmertum. ~ **fall** *s aer. phys.* freier Fall. ~ **fight** *s* allgemeine Rauferei, '~**Massen**ˌ**schlä**ge**rei** *f.* '~'**float·ing** *adj* **1.** nicht gebunden, unabhängig.

2. allgemein: ~ **hostility.** '~**-for-**ˌ**all** *s colloq.* **1.** a) allgemeine (hitzige) Diskussion, b) ˌGerangel *n.* **2.** → **free fight.** '~**hand I** *adj* **1.** freihändig, Freihand...: ~ **drawing. 2.** *fig.* frei: **a** ~ **adaptation. 3.** *fig.* ausschweifend: **his** ~ **imagination. II** *adv* **4.** freihändig. ˌ~'**handed** *adj* (*adv* ~**ly**) **1.** → **freehand 1. 2.** freigebig, großzügig. ˌ~'**heart·ed** *adj* **1.** freimütig, offenherzig. **2.** → **free-handed 2.** ~ **hit** *s Hockey:* Freischlag *m.* '~**hold** *s* **1.** ~ (**estate**) (*zeitlich unbegrenztes*) Eigentumsrecht an Grundbesitz: ~ **flat** *Br.* Eigentumswohnung *f.* **2.** *hist.* Al'lod *n*, Freisassengut *n.* '~ˌ**hold·er** *s* **1.** Grundeigentümer *m*, -besitzer *m.* **2.** *hist.* Freisasse *m.* ~ **house** *s Br.* Gaststätte, die an keine Brauerei gebunden ist. ~ **kick** *s* **1.** *Fußball:* Freistoß *m*: (**in**)**direct** ~. **2.** *Rugby:* Freitritt *m.* ~ **la·bo**(**u**)**r** *s* ˌnichtorganiˌsierte Arbeiter(schaft *f*) *pl.* '~**lance** [-lɑːns; *Am.* -ˌlæns] **I** *s* **1.** a) freier Schriftsteller, Journa'list *etc*, Freiberufler *m*, Freischaffende(r) *m*, b) freier Mitarbeiter: **to work as a** ~ → 6. **2.** *pol.* Unabhängige(r *m*) *f*, Par'teilose(r *m*) *f.* **3.** *mil. hist.* Söldner *m.* **II** *adj* **4.** frei(beruflich tätig), freischaffend. **III** *adv* **5.** freiberuflich: **to work** ~ → 6. **IV** *v/i* **6.** a) freiberuflich tätig sein, b) als freier Mitarbeiter tätig sein. '~ˌ**lanc·er** *s* freelance 1. '~**list** *s* **1.** *econ. bes. Am.* (Zoll)Freiliste *f.* **2.** Liste *f* der Empfänger von ˌFrei'karten *od.* -exemˌplaren. ~ **liv·er** *s* Schlemmer *m*, Genießer *m.* ˌ~'**liv·ing** *adj* **1.** schlemmerisch. **2.** *biol.* a) freilebend, b) nicht parasi'tär. '~**load** *v/i Am. colloq.* ˌschnorren', ˌnassauern'. '~ˌ**load·er** *s Am. colloq.* ˌSchnorrer' *m*, ˌNassauer' *m.* ~ **love** *s* freie Liebe. ~ **man** *s irr Fußball:* freier Mann, Libero *m.* '~**man** [-mən] *s irr* **1.** [-mæn, -mən] freier Mann. **2.** Ehrenbürger *m.* **3.** freier Bürger. ~ **mar·ket** *s econ.* **1.** freier Markt. **2.** *Börse:* Freiverkehr *m.* ~ **mar·ket e·con·o·my** *s* freie Marktwirtschaft. '~**mar·tin** [-ˌmɑːtɪn; *Am.* -ˌmɑːrtn] *s* Zwitterrind *n*, *bes.* unfruchtbares Kuhkalb. '**F~**ˌ**ma·son** *s* Freimaurer *m*: ~'**s lodge** Freimaurerloge *f.* ˌ**F~**ˌ**ma**'**son·ic** *adj* freimaurerisch. '**F~**ˌ**ma·son·ry** *s.* **1.** Freimaure'rei *f.* **2.** *fig.* instink'tives Zs.-gehörigkeitsgefühl. ~ **play** *s* **1.** *tech.* Spiel (-raum *m*) *n.* **2.** *fig.* freie Hand. ~ **port** *s* Freihafen *m.* ~ **range** *adj bes. Br.*: ~ **hens** Freilandhühner; ~ **eggs** Eier von Freilandhühnern. ~ **rid·er** *s Am. colloq.* **1.** → freeloader. **2.** Arbeitnehmer, der der für ihn zuständigen Gewerkschaft nicht angehört, jedoch ihre Vorteile genießt. '~**sheet** *s* kostenlos verteilte Zeitung.
free·si·a ['friːzjə; *Am. bes.* -ʒə] *s bot.* Freesie *f.*
free|·sil·ver *s econ.* freie Silberprägung. ~ **soil** *s Am. hist.* Freiland *n* (*in dem Sklaverei verboten war*). '~-ˌ**soil** *adj Am. hist.* gegen die Sklave'rei gerichtet, Freiland... ~ **space** *s* **1.** *mar.* Freiraum *m.* **2.** *tech.* Spiel(raum *m*) *n.* ~ **speech** *s* Redefreiheit *f.* ˌ~'**spo·ken** *adj* (*adv* ~**ly**) freimütig, offen. ˌ~'**spo·ken·ness** *s* Offenheit *f.* '~ˌ**stand·ing** *adj* frei stehend: ~ **wall**; ~ **furniture** Stückmöbel *n*; ~ **sculpture** Freiplastik *f.* ~ **state** *s* **1.** *Am. hist.* Staat, in dem es vor dem Bürgerkrieg keine Sklaverei gab. **2.** Freistaat *m.* '~**stone** *s* **1.** *tech.* Mauer-, Haustein *m*, Quader *m.* **2.** *bot.* Freistein-Obst *n.* '~**style I** *s* **1.** *Ringen, Schwimmen:* Freistil(kampf *m*, -rennen *n*, -wettbewerb *m*) *m.* **II** *adj* **2.** *Ringen, Schwimmen:* Freistil... **3.** *Eis-, Rollkunstlauf:* Kür...: ~ **skating** Kür(laufen *n*) *f.* ~

'**think·er** *s* Freidenker *m*, -geist *m.* ˌ~'**think·ing I** *s* → free thought. **II** *adj* freidenkerisch, -geistig. ~ **thought** *s* Freigeiste'rei *f*, -denke'rei *f.* ~ **throw** *s Basketball:* Freiwurf *m.* '~**-throw line** *s Basketball:* Freiwurflinie *f.* ~ **time** *s econ.* gebührenfreie (Ent)Ladezeit. ~ **trade** *s* Freihandel *m.* '~**-trade ar·e·a** *s econ.* Freihandelszone *f.* ~ **trad·er** *s* Befürworter *m* des Freihandels. ~ **vote** *s parl. bes. Br.* Abstimmung *f* ohne Fraktiˌonszwang. '~**way** *s Am.* gebührenfreie Schnellstraße. ˌ~'**wheel** *tech.* **I** *s* Freilauf *m.* **II** *v/i* im Freilauf fahren. ˌ~'**wheel·ing** *adj bes. Am. colloq.* **1.** frei und ungebunden. **2.** sorglos.
'**freez·a·ble** *adj* gefrierbar.
freeze [friːz] **I** *v/i pret* **froze** [frəʊz] *pp* **fro·zen** ['frəʊzn] **1.** *impers* frieren: **it is freezing hard** es friert stark, es herrscht starker Frost. **2.** frieren: **to** ~ **to death** erfrieren; **I am freezing** mir ist eiskalt. **3.** (ge)frieren, zu Eis werden. **4.** hart *od.* fest werden, erstarren. **5.** a. ~ **up** (*Windschutzscheibe etc*) zufrieren (*See etc*), vereisen (*Windschutzscheibe etc*): **to** ~ (**up**) einfrieren (*Türschloß etc*). **6.** fest-, anfrieren (**to an** *dat*). **7.** haften (**to an** *dat*), sich festfressen: **to** ~ **onto s.o.** sich wie e-e Klette an *j-n* hängen. **8.** sich einfrieren lassen: **meat** ~**s well. 9.** *fig.* a) (*vor Schreck etc*) erstarren (*Person, Gesicht, Lächeln*), eisig werden, b) erstarren: **to** ~ **in one's tracks** zur Salzsäule erstarren, wie angewurzelt stehenbleiben; ~! halt, keine Bewegung!, c) ~ **up** *thea.* (*vor Nervosität*) kein Wort herausbringen, sich nicht bewegen können. **II** *v/t* **10.** zum Gefrieren bringen: **the north wind has frozen the water** durch den Nordwind ist das Wasser gefroren; **I was frozen** mir war eiskalt. **11.** *a.* ~ **up** (*od. over*) *See etc* zufrieren lassen, *Windschutzscheibe etc* vereisen lassen: **to** ~ (**up**) *Türschloß etc* einfrieren lassen; **the cold has frozen the door lock** durch die Kälte ist mir das Türschloß eingefroren. **12.** *meist* ~ **in,** ~ **up** Schiff *etc* in Eis einschließen. **13.** erfrieren lassen. **14.** *Fleisch etc* einfrieren, tiefkühlen. **15.** *med.* vereisen. **16.** erstarren lassen. **17.** *fig.* a) erstarren lassen: **the sight froze him to the spot** bei dem Anblick erstarrte er zur Salzsäule *od.* blieb er wie angewurzelt stehen, b) zum Schweigen bringen: **the teacher froze his noisy class with a single look. 18.** ~ **out** *bes. Am. colloq. j-n* ausschließen, kaltstellen, hin'ausekeln. **19.** *econ.* Guthaben *etc* sperren, bloc'kieren. **20.** *econ.* Preise *etc*, *pol.* diplomatische Beziehungen einfrieren. **21.** *colloq.* e-n Zustand ˌverewigen'. **22.** *sport bes. Ball* (in den eigenen Reihen) ˌhalten'.
III *s* **23.** (Ge)Frieren *n.* **24.** gefrorener Zustand. **25.** '**Frost**(peri**ˌode** *f*) *m*, '**Kälte** (-peri**ˌode** *f.* **26.** *econ. pol.* Einfrieren *n*: ~ **on wages** Lohnstopp *m*; **to put a** ~ **on** einfrieren.
ˌ**freeze|-**'**dry** *v/t* Lebensmittel *etc* gefriertrocknen. ~ **dry·er** *s tech.* Gefriertrockner *m.* ~ **frame** *s Film etc:* Standbild *n.*
'**freez·er** *s* **1.** Ge'frierma**ˌschine** *f.* **2.** a) Gefrierkammer *f*, b) Tiefkühl-, Gefriergerät *n*, c) Gefrierfach *n* (*e-s Kühlschranks*).
'**freeze-up** *s* starker Frost.
'**freez·ing I** *adj* **1.** *tech.* Gefrier..., Kälte...: ~ **compartment** → freezer 2 c; ~ **mixture** Kältemischung *f*; ~ **point** Gefrierpunkt *m*; **below** ~ **point** unter dem Gefrierpunkt, *meteor.* unter Null; ~ **process** Tiefkühlverfahren *n.* **2.** eisig kalt, eiskalt. **3.** ~ **rain** Eisregen *m.* **II** *s* **4.** Einfrieren *n* (*a. econ. pol.*). **5.** *med.* Vereisung *f.* **6.** Erstarrung *f.*

F re·gion *s phys.* F-Schicht *f*, F-Gebiet *n* (*stark ionisierte Doppelschicht der Ionosphäre*).
freight [freɪt] **I** *s* **1.** Fracht *f*, Beförderung *f* als Frachtgut. **2.** Fracht(gebühr) *f*, -kosten *pl.* **3.** *mar.* (*Am. a. aer. mot. rail.*) Fracht *f*, Ladung *f*: **~ and carriage** *Br.* See- u. Landfracht; **→ forward** 1. **4.** *rail. Am.* Güterzug *m.* **II** *v/t* **5.** *Schiffe, Am. a.* Güterwagen *etc* befrachten, beladen: **the ship was ~ed with coal** das Schiff hatte Kohle geladen. **6.** *Güter* verfrachten. **7.** als Frachtgut befördern.
'freight·age *s* **1.** Trans'port *m.* **2.** → freight 2 *u.* 3.
freight|bill *s Am.* Frachtbrief *m.* **~ car** *s rail. Am.* Güterwagen *m.*
'freight·er *s* **1.** *mar.* Frachter *m*, Frachtschiff *n.* **2.** Fracht-, Trans'portflugzeug *n.* **3.** *mar.* Befrachter *m.*
freight| house *s rail. Am.* Lagerhaus *n.* **'~·lin·er** *s Br.* Con'tainerzug *m.* **~ rate** *s econ. mar.* Frachtsatz *m.* **~ ship → freighter** 1. **~ sta·tion** *s Am.* Güterbahnhof *m.* **~ ter·mi·nal** *s aer.* Abfertigungsgebäude *n.* **~ ton → ton¹** *f.* **~ ton·nage** *s mar.* Frachtraum *m.* **~ train** *s Am.* Güterzug *m.*
frem·i·tus ['fremɪtəs] *pl* **-tus** *s med.* Fremitus *m* (*beim Sprechen fühlbare Erschütterung des Brustkorbs über verdichteten Lungen*).
French [frentʃ] **I** *adj* **1.** fran'zösisch: **to take ~ leave** *fig.* sich (auf) französisch empfehlen, heimlich verschwinden. **II** *s* **2. the ~** die Franzosen *pl.* **3.** *ling.* Fran'zösisch *n*, das Französische: **in ~** a) auf französisch, b) im Französischen. **III** *v/t* **4.** *sl. j-n* ,fran'zösisch' (*oral*) befriedigen. **~ bean** *s bot. bes. Br.* **1.** Feuerbohne *f.* **2.** Gartenbohne *f.* **3.** *pl* grüne Bohnen *pl.* **~ bread** *s* Ba'guette *f.* **~ Ca·na·di·an 1.** 'Frankoka,nadier(in), Ka'nadier(in) fran'zösischer Abstammung. **2.** *ling.* ka'nadisches Fran'zösisch. **~·Ca'na·di·an** *adj* 'frankoka,nadisch, ka'nadisch- -fran'zösisch. **~ chalk** *s* Schneiderkreide *f.* **~ cuff** *s* 'Umschlagman,schette *f* (*am Hemd*). **~ curve** *s tech.* 'Kurvenline,al *n.* **~ dis·ease** *s med. obs.* Fran'zosenkrankheit *f* (*Syphilis*). **~ door** *s Am.* Glastür *f.* **~ dress·ing** *s gastr.* French Dressing *n* (*Salatsoße aus Essig, Öl, Senf u. Gewürzen*). **~ fried po·ta·toes**, *colloq.* **~ fries** *s pl bes. Am.* Pommes 'frites *pl.* **~ heel** *s* Louis-XV-Absatz *m* (*am Damenschuh*). **~ horn** *s mus.* (Wald-) Horn *n.*
French·i·fy ['frentʃɪfaɪ] **I** *v/t* französ'sieren, fran'zösisch machen. **II** *v/i* fran'zösisch werden.
French|kiss *s* Zungenkuß *m.* **~ let·ter** *s Br. colloq.* ,Pa'riser' *m* (*Präservativ*). **~ loaf** *s irr* Ba'guette *f.* **~ lock** *s tech.* fran'zösisches Zuhaltungsschloß. **'~·man** [-mən] *s irr* Fran'zose *m.* **~ mar·i·gold** *s bot.* Samt-, Stu'dentenblume *f.* **~ pas·try** *s* gefülltes Gebäckstück. **~ pol·ish** *s* 'Schellackpoli,tur *f.* **~·'pol·ish** *v/t* mit 'Schellackpoli,tur behandeln. **~ roof** *s arch.* Man'sardendach *n.* **~ rose** *s bot.* Essigrose *f.* **~ stick** *s* Ba'guette *f.* **~ toast** *s gastr.* a) *Br.* nur auf 'einer Seite gerösteter Toast, b) armer Ritter. **~ win·dow** *s oft pl* Ter'rassen-, Bal'kontür *f.* **'~·wom·an** *s irr* Fran'zösin *f.*
'French·y *colloq.* **I** *adj* (betont *od.* typisch) fran'zösisch. **II** *s* ,Franzmann' *m* (*Franzose*).
fre·net·ic [frəˈnetɪk; frɪ-] *adj* (*adv* **~ally**) **1.** a) ausgelassen, b) → frenzied 2. **2.** → frenzied 3.
fren·zied ['frenzɪd] *adj* **1.** außer sich, rasend (**with** vor *dat*). **2.** fre'netisch (*Geschrei etc*), (*Beifall a.*) rasend. **3.** wild,

hektisch. **'fren·zy** [-zɪ] **I** *s* **1.** a) wilde Aufregung: **in a ~** in heller Aufregung, b) Ek'stase *f*, Verzückung *f*: **~ of enthusiasm** Begeisterungstaumel *m*; **he worked the audience up into a ~** er brachte das Publikum zum Rasen, c) Besessenheit *f*, Ma'nie *f.* **2.** wildes *od.* hektisches Treiben, Wirbel *m.* **3.** Wahnsinn *m*, Rase'rei *f*: **in a ~ of hate** rasend vor Haß. **II** *v/t* **4.** rasend machen, zum Rasen *od.* zur Rase'rei bringen.
fre·quen·cy ['fri:kwənsɪ] *s* **1.** Häufigkeit *f* (*a. biol. math.*), häufiges Vorkommen. **2.** *electr. phys.* Fre'quenz *f*, Schwingungszahl *f.* **~ band** *s electr.* Fre'quenzband *n.* **~ chang·er**, **~ con·vert·er** *s electr. phys.* Fre'quenzwandler *m.* **~ curve** *s* **1.** *biol. math.* Häufigkeitskurve *f.* **2.** *biol.* Variati'onskurve *f.* **~ de·vi·a·tion** *s electr.* Fre'quenzhub *m.* **~ dis·tri·bu·tion** *s* **1.** Wahr'scheinlichkeits-, Häufigkeitsverteilung *f.* **2.** *electr.* Fre'quenzverteilung *f.* **~ me·ter** *s electr.* Fre'quenzmesser *m.* **~ mod·u·la·tion** *s phys.* Fre'quenzmodulati,on *f*: **~ range** Bereich *m* der Frequenzmodulation. **~ mul·ti·pli·er** *s electr.* Fre'quenzvervielfacher *m.* **~ range** *s electr.* Fre'quenzbereich *m.*
fre·quent **I** *adj* ['fri:kwənt] (*adv* → **frequently**) **1.** häufig ('wiederkehrend), öfter vorkommend, (häufig) wieder'holt. **2.** häufig, regelmäßig: **he is a ~ visitor** er kommt häufig zu Besuch. **3.** *med.* fre'quent, beschleunigt (*Puls*). **II** *v/t* [frɪ-'kwent; *Am. a.* 'fri:kwənt] **4.** häufig besuchen *od.* aufsuchen, frequen'tieren.
,fre·quen'ta·tion [-kwen-] *s* häufiger Besuch. **fre·quen·ta·tive** [frɪˈkwentə-tɪv] *ling.* **I** *adj* frequenta'tiv: **~ aspect** frequentative Aktionsart (*Aktionsart, die e-e häufige Wiederholung von Vorgängen ausdrückt*). **II** *s* Frequenta'tiv(um) *n* (*Verb mit frequentativer Aktionsart*). **fre·quent·er** *s* häufiger Besucher, Stammgast *m.* **fre·quent·ly** *adv* häufig, oft.
fres·co ['freskəʊ] **I** *pl* **-cos, -coes** *s* **1.** 'Freskomale,rei *f.* **2.** Fresko(gemälde) *n.* **II** *v/t* **3.** in Fresko malen.
fresh [freʃ] **I** *adj* (*adv* **~ly**) **1.** *allg.* frisch. **2.** neu: **~ evidence**; **~ news**; **a ~ novel**. **3.** kürzlich *od.* erst angekommen: **~ arrival** Neuankömmling *m.* **4.** neu, anders, verschieden: **to take a ~ look at an affair** e-e Angelegenheit von e-r anderen Seite betrachten; **→ ground¹** 1, start 4. **5.** frisch: a) zusätzlich, weiter: **~ supplies**, b) nicht alt, unverdorben: **~ eggs**, c) nicht eingemacht, ohne Konser'vierungsstoffe: **~ vegetables** frisches Gemüse, Frischgemüse *n*; **~ meat** Frischfleisch *n*; **~ butter** ungesalzene Butter; **~ herrings** grüne Heringe, d) rein: **~ shirt**. **6.** frisch: a) unverbraucht, b) erfrischend; → **fresh air**. **7.** frisch, kräftig: **a ~ wind**. **8.** *fig.* frisch: a) blühend, gesund: **~ complexion**, b) ausgeruht, erholt. **9.** *dial. Br.* angeheitert, ,beschwipst'. **10.** *fig.* ,grün', unerfahren: **to be ~ to** noch keine Erfahrung haben in (*dat*). **11.** *colloq.* frech (**with** zu), ,pampig': **don't get ~ with me!** werd bloß nicht frech! **II** *adv* **12.** frisch: **~ from the assembly line** direkt vom Fließband; **~ from the oven** ofenfrisch; **~ from the press** druckfrisch; **we are ~ out of lemons** *Am. colloq.* uns sind die Zitronen gerade ausgegangen. **13.** (*in Zssgn*) frisch: **~-laid eggs** frisch gelegte Eier. **III** *s* **14.** Anfang *m*: **the ~ of the day**. **15.** Frische *f*: **the ~ of the morning** die morgendliche Kühle. **16.** → freshet. **IV** *pref u. v/i Am. für* freshen 1–4, 7, 8, 10. **~ air** *s* **1.** frische Luft. **2.** *tech.* Frischluft *f.* **'~·air** *adj* **1.** Frischluft... (*a.*

tech.): **~ breathing apparatus** (*Bergbau*) Schlauchgerät *n*; **~ fiend** *colloq.* Frischluftapostel *m*, -fanatiker *m.* **2.** an der frischen Luft: **~ work**. **~ breeze** *s* frische Brise (*Windstärke 5*).
'fresh·en **I** *v/t* **1.** *meist* **~ up** neuer *od.* schöner machen. **2.** *meist* **~ up** *j-n* erfrischen. **3.** **to ~ o.s. (up)** sich frisch machen. **4. to ~ s.o. (up)** *j-m* nachgießen *od.* -schenken. **5.** *Fleisch* entsalzen. **6.** *mar.* auffrieren. **II** *v/i* **7.** *meist* **~ up** (wieder) frisch werden, aufleben (*Blumen etc*). **8.** *meist* **~ up** sich frisch machen. **9.** *bes. Am.* kalben (*Kuh*). **10.** *meist* **~ up** *mar.* auffrischen (*Wind*). **'fresh·er** *Br. colloq.* für freshman 1.
fresh·et ['freʃɪt] *s* **1.** Hochwasser *n.* **2.** *fig.* Flut *f*: **a ~ of letters**.
fresh| gale *s* stürmischer Wind (*Windstärke 8*). **'~·man** [-mən] *s irr* **1.** 'Erstse,mester *n*, Stu'dent(in) im ersten Se'mester. **2.** Neuling *m*, Anfänger *m*: **to make one's ~ appearance in films** sein Filmdebüt geben.
'fresh·ness *s* **1.** Frische *f.* **2.** Neuheit *f.* **3.** Unerfahrenheit *f.*
fresh| wa·ter *s* Süßwasser *n.* **'~·wa·ter** *adj* **1.** Süßwasser...: **~ fish**; **~ sailor** *bes. humor.* Süßwassermatrose *m.* **2.** *fig.* unerfahren. **3.** *Am. colloq.* Provinz...: **a ~ college**.
Fres·nel lens ['freznəl; freɪˈnel] *s opt.* Fres'nel-Linse *f*, Stufenlinse *f.*
fret¹ [fret] **I** *v/t* **1.** *j-m* Sorgen machen. **2.** *j-n* ärgern, reizen. **3.** a) abreiben, abscheuern, abnutzen, b) reiben *od.* scheuern an (*dat*): **to ~ s.o.'s nerves** *j-s* Nerven zerren. **4.** *chem. tech.* an-, zerfressen, angreifen. **5.** *geol.* sich *e-n Weg etc* bahnen: **the river ~ted an underground passage**. **6.** *Wasser* a) kräuseln, b) aufwühlen. **II** *v/i* **7.** sich Sorgen machen, in Sorge sein (**about, at, for, over** wegen). **8.** sich ärgern (**about, at, for, over** über *acc*): **to ~ and fume** vor Wut schäumen. **9.** sich abreiben *od.* abscheuern *od.* abnutzen. **10.** aufbrechen (*Straßenbelag*). **III** *s* **11. to be in a ~** → 7. **12.** Verärgerung *f*, Gereiztheit *f*: **to be in a ~** verärgert *od.* gereizt sein.
fret² [fret] **I** *s* **1.** verflochtene, durch'brochene Verzierung. **2.** geflochtenes Gitterwerk. **3.** *her.* gekreuzte Bänder *pl.* **II** *v/t* **4.** gitterförmig *od.* durch'brochen verzieren. **5.** mit Streifen schmücken.
fret³ [fret] *s mus.* Bund *m*, Griffleiste *f* (*an Zupfinstrumenten*).
'fret·ful *adj* (*adv* **~ly**) verärgert, gereizt. **'fret·ful·ness** *s* Verärgerung *f*, Gereiztheit *f.*
fret| saw *s tech.* Laubsäge *f.* **'~·work** *s* **1.** Gitterwerk *n.* **2.** durch'brochene Arbeit. **3.** Laubsägearbeit *f.*
Freud·i·an ['frɔɪdjən; -ɪən] **I** *adj* freudi'anisch, Freudsch(er, e, es): **~ slip** Freudsche Fehlleistung. **II** *s* Freudi'aner(in).
fri·a·bil·i·ty [ˌfraɪəˈbɪlətɪ] *s* **1.** Zerreibbarkeit *f.* **2.** Bröckligkeit *f.* **'fri·a·ble** *adj* **1.** zerreibbar. **2.** bröck(e)lig, krümelig, mürbe: **~ ore** mulmiges Erz. **'fri·a·ble·ness** → friability.
fri·ar ['fraɪə(r)] *s relig.* (*bes.* Bettel-) Mönch *m*, (Kloster)Bruder *m*: → **Black Friar**, *etc.*
,fri·ar's·'cap *s bot.* Blauer Eisenhut. **~·'cowl** *s bot.* **1.** Kohlaron *m.* **2.** → friar's-cap. **3.** Gefleckter Aronstab. **lan·tern** *s* Irrlicht *n.*
fri·ar·y ['fraɪərɪ] *s relig.* (Mönchs)Kloster *n.*
frib·ble ['frɪbl] **I** *v/t* vertändeln, -trödeln. **II** *v/i* trödeln, in den Tag hin'einleben.
fric·an·deau ['frɪkəndəʊ] *pl* **-deaus**, **-deaux** [-dəʊz] *s gastr.* Frikan'deau *n.*

fric·an·do ['frɪkəndəʊ] *pl* **-does** → fricandeau.

fric·as·see *gastr.* **I** *s* ['frɪkəsɪ:] Frikas'see *n.* **II** *v/t* [ˌfrɪkə'si:] frikas'sieren, als Frikas'see zubereiten.

fric·a·tive ['frɪkətɪv] *ling.* **I** *adj* frika'tiv, Reibe...: ~ **consonant** → **II**. **II** *s* Frika'tiv *m*, Reibelaut *m*.

fric·tion ['frɪk∫n] *s* **1.** *phys. tech.* Reibung *f*, Frikti'on *f*. **2.** *bes. med.* Einreibung *f*. **3.** *fig.* Reibe'rei(en *pl*) *f*. **¹fric·tion·al** [-∫ənl] *adj* **1.** *phys. tech.* Reibungs..., Friktions...: ~ **electricity** Reibungselektrizität *f*. **2.** ~ **unemployment** *econ.* friktionelle *od.* temporäre Arbeitslosigkeit.

fric·tion | brake *s tech.* Reibungsbremse *f.* ~ **clutch** *s tech.* Reibungs-, Frikti'onskupplung *f*. ~ **disk** *s tech.* Reibscheibe *f*. ~ **drive** *s tech.* Frikti'onsantrieb *m*. ~ **force** *s phys.* **1.** 'Reibungsˌwiderstand *m.* **2.** zur Über'windung der (Haft)Reibung nötige Kraft. ~ **gear (-ing)** *s tech.* Reib(rad)-, Frikti'onsgetriebe *n*.

¹fric·tion·less *adj tech.* reibungsfrei, -arm.

fric·tion | match *s* Streichholz *n.* ~ **surface** *s tech.* Laufflache *f.* ~ **tape** *s electr. Am.* Iso'lierband *n*. ~ **wheel** *s tech.* Reib-, Frikti'onsrad *n*.

Fri·day ['fraɪdɪ; -deɪ] *s* Freitag *m*: **on** ~ (**am**) Freitag; **on** ~**s** freitags.

fridge [frɪdʒ] *s bes. Br. colloq.* Kühlschrank *m*.

fried [fraɪd] **I** *pret u. pp von* **fry¹**. **II** *adj Am. sl.* ‚blau' (*betrunken*). '~ˌ**cake** *s Am.* Schmalzgebäck *n*, -gebackene(s) *n*.

friend [frend] **I** *s* **1.** Freund(in): ~ **at court** einflußreicher Freund, ‚Vetter' *m*; **to be** ~**s with s.o.** mit j-m befreundet sein; **to make a** ~ e-n Freund gewinnen; **to make a** ~ **of s.o.** sich j-n zum Freund machen; **to make** ~**s with** sich anfreunden mit, Freundschaft schließen mit; **a** ~ **in need is a** ~ **indeed** der wahre Freund zeigt sich erst in der Not; *must you quarrel all the time? can't you be* ~**s?** könnt ihr euch nicht vertragen? **2.** Bekannte(r *m*) *f*. **3.** a) Helfer *m*, Freund *m*: **a** ~ **of the poor**, b) Förderer *m*: **a** ~ **of the arts**, c) Befürworter *m*: **he is no** ~ **of this policy**. **4.** (Herr *m*) Kol'lege *m*: **my honourable** ~ *parl. Br.* mein Herr Kollege *od.* Vorredner; **my learned** ~ *jur. Br.* mein verehrter Herr Kollege. **5.** *jur.* → **next friend. 6.** F~ Quäker *m*: ~ **society 4. 7.** *colloq.* Freund(in), ‚Schatz' *m*. **II** *v/t* **8.** *poet.* j-m helfen. '**friend·less** *adj* freundlos, ohne Freunde, verlassen. '**friend·less·ness** *s* Verlassenheit *f*.

friend·li·ness ['frendlɪnɪs] *s* **1.** Freundlichkeit *f*. **2.** Wohlwollen *n*, freundschaftliche Gesinnung.

¹friend·ly I *adj* (*adv* **friendlily**) **1.** freundlich (*a. fig.* Zimmer *etc*): **to be** ~ **to s.o.** freundlich zu j-m sein. **2.** freundschaftlich: **to get** ~ **with s.o.** sich mit j-m anfreunden; ~ **match** (*od.* **game**) *sport* Freundschaftsspiel *n*; → **term 11. 3.** wohlwollend, freundlich gesinnt (**to s.o.** j-m): ~ **neutrality** wohlwollende Neutralität *f*; ~ **troops** *mil.* eigene Truppen; → **alien 7. 4.** be'freundet: **a** ~ **nation**. **5.** günstig (**for**, **to** für). **II** *adv* **6.** *selten* freundlich, freundschaftlich. **III** *s* **7.** *sport colloq.* Freundschaftsspiel *n*. ~ **so·ci·e·ty** *s econ. Br.* Versicherungsverein *m* auf Gegenseitigkeit.

¹friend·ship *s* **1.** Freundschaft *f*. **2.** freundschaftliche Gesinnung. **3.** Freundschaftlichkeit *f*.

fri·er → **fryer**.

Frie·sian ['fri:zjən; *bes. Am.* -ʒən] → **Frisian**.

frieze¹ [fri:z] **I** *s* **1.** *arch.* Fries *m*. **2.** Zierstreifen *m* (*e-r Tapete etc*). **II** *v/t* **3.** mit e-m Fries versehen.

frieze² [fri:z] *s* Fries *m* (*dickes, flauschartiges Woll- od. Mischgewebe*).

frig [frɪg] *vulg.* **I** *v/t* **1.** ‚ficken', ‚vögeln'. **II** *v/i* **2.** ‚wichsen', ‚sich e-n runterholen' (*masturbieren*). **3.** ~ **about** (*od.* **around**) a) sich her'umtreiben, her'umlungern, b) her'umblödeln.

frig·ate ['frɪgɪt] *s mar.* **1.** Fre'gatte *f*. **2.** *hist.* 'Kreuzer(freˌgatte *f*) *m.* ~ **bird** *s orn.* Fre'gattvogel *m*.

frige → **fridge**.

fright [fraɪt] **I** *s* **1.** Schreck(en) *m*, Entsetzen *n*: **to get** (*od.* **have**) **a** ~ e-n Schreck bekommen, erschrecken; **to get off with a** ~ mit dem Schrecken davonkommen; **to give s.o. a** ~ j-m e-n Schreck einjagen, j-n erschrecken; **to take** ~ (**at** *vor dat*) a) erschrecken, b) scheuen (*Pferd*). **2.** *colloq.* ‚Vogelscheuche' *f*: **to look a** ~ ‚verboten' *od.* ‚zum Abschießen' aussehen. **II** *v/t* **3.** *poet.* erschrecken.

fright·en ['fraɪtn] **I** *v/t* **1.** a) j-n erschrecken, j-m e-n Schrecken einjagen, b) j-m Angst einjagen *od.* machen: **to** ~ **s.o. into doing s.th.** j-n so einschüchtern, daß er etwas tut; **to** ~ **s.o. out of doing s.th.** j-n davon abschrecken, etwas zu tun; **to** ~ **s.o. out of his wits** (*od.* **senses**) j-n furchtbar erschrecken *od.* ängstigen; **to** ~ **s.o. to death** j-n zu Tode erschrecken, j-n in Todesangst versetzen; **I was** ~**ed at** *od.* **of** *od.* **by it** ich bekam Angst (**at**, **of** *vor dat*). **2.** *meist* ~ **away** (*od.* **off**) vertreiben, -scheuchen. **II** *v/i* **3. he** ~**s easily** a) er erschrickt leicht, b) man kann ihm leicht Angst einjagen *od.* machen. '**fright·ened** *adj* erschreckt, erschrocken: **in a** ~ **voice** mit angsterfüllter Stimme; **to be** ~ **of s.th.** sich vor etwas fürchten. '**fright·en·ing** *adj* (*adv* ~**ly**) erschreckend, schreckenerregend.

'**fright·ful** *adj* schrecklich, furchtbar, gräßlich, entsetzlich, scheußlich (*alle a. colloq.*). '**fright·ful·ly** *adv* schrecklich, furchtbar (*beide a. colloq.* sehr). '**fright·ful·ness** *s* **1.** Schrecklichkeit *f* (*a. colloq.*). **2.** Schreckensherrschaft *f*, Terror *m*.

frig·id ['frɪdʒɪd] *adj* (*adv* ~**ly**) **1.** kalt, frostig, eisig, kühl (*alle a. fig.*): ~ **zone** *geogr.* kalte Zone. **2.** *fig.* förmlich, steif. **3.** ausdrucks-, schwunglos. **4.** *psych.* fri'gid, gefühlskalt. **fri·gid·i·ty** [frɪ'dʒɪdətɪ], '**frig·id·ness** *s* **1.** Kälte *f*, Frostigkeit *f* (*beide a. fig.*). **2.** *fig.* Steifheit *f*. **3.** *psych.* Frigidi'tät *f*, Gefühlskälte *f*.

frig·o·rif·ic [ˌfrɪgə'rɪfɪk] *adj obs.* Kälte erzeugend: ~ **mixture** *chem.* Kältemischung *f*.

frill [frɪl] **I** *s* **1.** (Hals-, Hand)Krause *f*, Rüsche *f*. **2.** Pa'pierkrause *f*, Man'schette *f*. **3.** a) *zo.* Haarkrause *f*, b) *orn.* Kragen *m*, Halsfedern *pl*, c) *bot.* Haarkranz *m*, d) *bot.* Man'schette *f* (*am Hutpilz*). **4.** *zo.* Gekröse *n*, Hautfalte *f*. **5.** *phot.* Kräuseln *n*. **6.** *meist pl* Verzierungen *pl*, ‚Kinkerlitzchen' *pl*: **without** ~**s** ohne besondere Ausstattung (*Wohnung etc*), (*a. Feier, Essen etc*) schlicht; **to put on** ~**s** vornehm tun, ‚auf vornehm machen'. **II** *v/t* **7.** mit e-r Krause besetzen *od.* schmücken. **8.** kräuseln. **III** *v/i* **9.** *phot.* sich kräuseln. '**frill·er·y** [-ərɪ] *s* Krausen *pl*, Rüschen *pl*, Vo'lantbesatz *m*. '**frill·ies** [-ɪz] *s pl colloq.* 'Rüschenˌunterwäsche *f*, ‚Reizwäsche' *f*. '**frill·ing** *s* **1.** → **frillery**. **2.** Stoff *m* für Krausen. '**frill·y** *adj* **1.** mit Krausen besetzt. **2.** gekräuselt. **3.** *fig.* blumig: **a** ~ **style**.

fringe [frɪndʒ] **I** *s* **1.** Franse *f*, Besatz *m*. **2.** Rand *m*, Saum *m*, Einfassung *f*, Um-'randung *f*. **3.** *bes. Br.* 'Ponyfriˌsur *f*. **4.** a) Randbezirk *m*, äußerer Bezirk: **on the** ~**(s) of the forest** am Waldrand, b) *fig.* Rand(gebiet *n*) *m*, Grenze *f*: **the** ~**s of civilization** die Randzonen der Zivilisation; **on the** ~**(s) of society** am Rande der Gesellschaft; → **lunatic I**. **II** *v/t* **5.** mit Fransen besetzen. **6.** als Rand dienen für. **7.** um'säumen. ~ **ar·e·a** *s* Randgebiet *n* (*a. fig.*). ~ **ben·e·fits** *s pl econ.* (Gehalts-, Lohn)Nebenleistungen *pl*, zusätzliche Leistungen *pl*.

fringed *adj* gefranst.

fringe | e·vent *s* Randveranstaltung *f*. ~ **group** *s sociol.* Randgruppe *f*.

Fring·lish ['frɪŋglɪ∫] *s* mit vielen französischen Ausdrücken durchsetztes Englisch.

'**fring·y** *adj* fransig.

frip·per·y ['frɪpərɪ] **I** *s* **1.** Putz *m*, Flitterkram *m*. **2.** Plunder *m*, ‚Firlefanz' *m*. **3.** *fig.* ‚Kinkerlitzchen' *pl*, ‚Tinnef' *m*, *n*, Blendwerk *n*. **II** *adj* **4.** wertlos, Flitter...

Fris·bee ['frɪzbɪ:] (*TM*) *s* Frisbee *n* (*Wurfscheibe aus Plastik*).

Fris·co ['frɪskəʊ] *s colloq. für* San Francisco.

fri·sé ['fri:zeɪ; *bes. Am.* fri:'zeɪ] *s* Fri'sé *n* (*Kräusel- od. Frottierstoff aus* [*Kunst-*] *Seide*).

fri·sette [frɪ'zet] *s* Fri'sett *n* (*bes. künstlicher Haaransatz für Frauen*).

Fri·sian ['frɪzjən; *bes. Am.* -ʒən] **I** *s* **1.** Friese *m*, Friesin *f*. **2.** *ling.* Friesisch *n*, das Friesische. **II** *adj* **3.** friesisch.

frisk [frɪsk] **I** *v/i* **1.** her'umtollen. **II** *v/t* **2.** wedeln mit: **the dog** ~**s its tail**. **3.** *colloq.* ‚filzen': a) j-n, etwas durch-'suchen, b) j-n durchsuchen u. bestehlen *od.* berauben. **III** *s* **4.** a) Freuden-, Luftsprung *m*, b) Ausgelassenheit *f*. **5.** *colloq.* ‚Filzen' *n*.

fris·ket ['frɪskɪt] *s print.* Maske *f*.

frisk·i·ness ['frɪskɪnɪs] *s* Lustigkeit *f*, Ausgelassenheit *f*. '**frisk·y** *adj* (*adv* **friskily**) **1.** lebhaft, munter. **2.** lustig, ausgelassen.

fris·son [friˈsɔ̃] (*Fr.*) *s* Schauder *m*.

frit [frɪt] *tech.* **I** *s* **1.** Fritt-, Weich-, 'Knochenporzelˌlanmasse *f*. **2.** Fritte *f*, Glasmasse *f*. **II** *v/t* **3.** fritten, schmelzen.

frit fly *s zo.* Frit-, Haferfliege *f*.

frith [frɪθ] → **firth**.

frit·ter ['frɪtə(r)] **I** *v/t* **1.** *meist* ~ **away** Geld, Gelegenheit, Zeit vertun, Zeit vertrödeln, Geld, Kräfte vergeuden. **2.** a) zerfetzen, in Fetzen reißen, b) in (schmale) Streifen schneiden, (*gastr. a.*) schnetzeln. **II** *s* **3.** a) Fetzen *m*, b) (schmaler) Streifen. **4.** *gastr.* Bei'gnet *m* (*Schmalzgebäck mit Füllung*).

Fritz¹ [frɪts] *s sl.* Deutsche(r) *m*.

fritz² [frɪts] *Am. sl.* **I** *s*: **on the** ~ ‚im Eimer', ‚kaputt'. **II** *v/i* ~ **out** ‚ka'puttgehen'.

friv·ol ['frɪvl] **I** *v/i pret u. pp* **-oled**, *bes. Br.* **-olled** (her'um)tändeln. **II** *v/t* → **fritter 1**.

fri·vol·i·ty [frɪ'vɒlətɪ; *Am.* -'vɑ-] *s* Frivoli'tät *f*: a) Leichtsinnigkeit *f*, -fertigkeit *f*, Oberflächlichkeit *f*, b) leichtfertige Rede *od.* Handlung. '**friv·o·lous** [-vələs] *adj* (*adv* ~**ly**) **1.** fri'vol, leichtfertig, -sinnig. **2.** nicht ernst zu nehmen(d): **a** ~ **suggestion**. **3.** ~ **plea** *jur.* schikanöser Einwand. '**friv·o·lous·ness** → **frivolity**.

friz → **frizz¹**.

frizz¹ [frɪz] **I** *v/t* **1.** *Haare* kräuseln. **2.** *Tuch* fri'sieren. **3.** *Leder* abreiben. **II** *v/i* **4.** sich kräuseln (*Haar*). **III** *s* **5.** gekräuseltes Haar. **6.** (*etwas*) Krauses.

frizz² [frɪz] → **frizzle²** *I*.

friz·zle¹ ['frɪzl] → **frizz¹** 1, 4, 5.

friz·zle² ['frɪzl] **I** *v/i* brutzeln. **II** *v/t* (braun) rösten, (knusprig) braten.

friz·zly ['frɪzlɪ], *a.* **friz·zy** ['frɪzɪ] *adj* gekräuselt, kraus.

fro [frəʊ] *adv*: → **to** 21, **to-and-fro, toing and froing**.
frock [frɒk; *Am.* frɑk] **I** *s* **1.** (Mönchs-)Kutte *f*. **2.** wollene Seemannsjacke. **3.** (Kinder)Kittel *m*, (-)Kleid *n*. **4.** (Arbeits)Kittel *m*. **5.** (Damen)Kleid *n*: **summer** ~ Sommerkleid. **6.** *hist.* Gehrock *m*. **II** *v/t* **7.** mit e-m Kittel bekleiden. **8.** *relig.* mit e-m geistlichen Amt bekleiden. ~ **coat** → frock 6.
froe [frəʊ] *s* Spaltmesser *n*.
frog[1] [frɒg; *Am. a.* frɑg] *s* **1.** *zo.* Frosch *m*: **to have a ~ in the** (*od.* **one's) throat** *fig.* e-n Frosch im Hals haben, heiser sein. **2.** Blumeniegel *m*. **3.** F~ *sl. contp.* ‚Franzmann' *m* (*Franzose*). **4.** *mus.* Frosch *m* (*am Bogen*).
frog[2] [frɒg; *Am. a.* frɑg] *s* **1.** Schnurverschluß *m*, Verschnürung *f* (*am Rock etc*). **2.** *pl* Schnurbesatz *m*. **3.** *mil.* Bajo'nettschlaufe *f*, Säbeltasche *f*. **II** *v/t* **4.** mit e-r Verschnürung befestigen.
frog[3] [frɒg; *Am. a.* frɑg] *s* **1.** *rail.* Herz-, Kreuzungsstück *n*. **2.** *electr.* Oberleitungsweiche *f*.
frog[4] [frɒg; *Am. a.* frɑg] *s zo.* Strahl *m*, Gabel *f* (*am Pferdehuf*).
'**frog**|**·bit** *s bot.* Froschbiß *m*. '~**·eat·er** *s* **1.** Froschesser *m*. **2.** F~ → frog[1] 3.
frogged *adj* mit Schnurverschluß (*Rock etc*).
frog·gish ['frɒgɪʃ; *Am. a.* 'frɑ-] *adj* froschartig.
frog·gy ['frɒgɪ; *Am. a.* 'frɑ-] **I** *adj* **1.** froschreich. **2.** froschartig, Frosch... **II** *s* **3.** Fröschlein *n*. **4.** F~ → frog[1] 3.
'**frog**|**·hop·per** *s zo.* Schaumzirpe *f*. ~ **kick** *s* Schwimmen: Grätschstoß *m*. '~**·man** [-mən; *Am. a.* -ˌmæn] *s irr* Froschmann *m*, *mil. a.* Kampfschwimmer *m*. '~**·march** *v/t* j-n (zu viert mit dem Gesicht nach unten) fortschleppen. ~'**s legs** *s pl gastr.* Froschschenkel *pl*. ~ **spawn** *s* **1.** *zo.* Froschlaich *m*. **2.** *bot.* a) (e-e) Grünalge, b) Froschlaichalge *f*. ~ **spit**, ~ **spit·tle** → frog spawn 2 a.
frol·ic ['frɒlɪk; *Am.* 'frɑ-] **I** *s* **1.** Her'umtoben *n*, -tollen *n*: **to have a** ~ → 4. **2.** Ausgelassenheit *f*, Übermut *m*. **3.** Streich *m*, Jux *m*: **he is always up to some** ~ er ist immer zu Streichen aufgelegt. **II** *v/i pret u. pp* '**frol·icked 4.** her'umtoben, -tollen. **III** *adj* (*adv* ~**ly**) **5.** *obs. od. poet.* → **frolicsome**. '**frol·ic·some** [-səm] *adj* (*adv* ~**ly**) ausgelassen, übermütig. '**frol·ic·some·ness** → frolic 2.
from [frɒm; *unbetont* frəm; *Am.* frɑm; frʌm] *prep* **1.** von, aus, von ... aus *od.* her, aus ... her'aus, von *od.* aus ... her'ab: ~ **the well** aus dem Brunnen; ~ **the sky** vom Himmel; **he is** (*od.* **comes**) ~ **London** er ist *od.* kommt aus London; ~ **crisis to crisis** von e-r Krise in die andere. **2.** von, von ... an, seit: ~ **2 to 4 o'clock** von 2 bis 4 Uhr; ~ **day to day** von Tag zu Tag. **3.** von ... an: **I saw** ~ **10 to 20 boats** ich sah 10 bis 20 Boote; **good wines** ~ £1 gute Weine von 1 Pfund an (aufwärts). **4.** (*weg od. entfernt*) von: **ten miles** ~ **Rome** 10 Meilen von Rom (weg *od.* entfernt). **5.** von, vom, aus, weg, aus ... her'aus: **he took it** ~ **me** er nahm es mir weg; **stolen** ~ **the shop (the table)** aus dem Laden (vom Tisch) gestohlen; **they released him** ~ **prison** sie entließen ihn aus dem Gefängnis. **6.** von, aus (*Wandlung*): **to change** ~ **red to green** von rot zu grün übergehen; ~ **dishwasher to millionaire** vom Tellerwäscher zum Millionär; **an increase** ~ **5 to 8 per cent** e-e Steigerung von 5 auf 8 Prozent. **7.** von (*Unterscheidung*): **he does not know black** ~ **white** er kann Schwarz u. Weiß nicht auseinanderhalten, er kann Schwarz u. *od.* von Weiß nicht unterscheiden; → **Adam, different** 2, **tell** 8. **8.** von, aus, aus ... her'aus (*Quelle*): **to draw a conclusion** ~ **the evidence** e-n Schluß aus dem Beweismaterial ziehen; ~ **what he said** nach dem, was er sagte; **a quotation** ~ **Shakespeare** ein Zitat aus Shakespeare. **9.** von, von ... aus (*Stellung*): ~ **his point of view** von s-m Standpunkt (aus). **10.** von (*Geben etc*): **a gift** ~ **his son** ein Geschenk s-s Sohnes *od.* von s-m Sohn. **11.** nach: **painted** ~ **nature** nach der Natur gemalt. **12.** aus, vor (*dat*), wegen (*gen*), in'folge von, an (*dat*) (*Grund*): **he died** ~ **fatigue** er starb vor Erschöpfung. **13.** *siehe die Verbindungen mit den einzelnen Verben etc*.
from| **a·bove** *adv* von oben (her'ab). ~ **a·cross** *adv u. prep* von jenseits (*gen*), von der anderen Seite (*gen*). ~ **a·mong** *prep* aus ... (her'aus). ~ **be·fore** *prep* aus der Zeit vor. ~ **be·neath I** *adv* von unten her'vor *od.* her'aus. **II** *prep* unter ... (*dat*) her'vor *od.* her'aus. ~ **be·tween** *prep* zwischen ... (*dat*) her'vor. ~ **be·yond** → **from across**. ~ **in·side** → **from within**. ~ **on high** *adv* aus der Höhe, von oben (her'ab). ~ **out of** *prep* aus ... her'aus. ~ **un·der** → **from beneath**. ~ **with·in I** *adv* von innen (her *od.* her'aus). **II** *prep* aus ... her'aus. ~ **with·out I** *adv* von außen (her). **II** *prep* von außerhalb (*gen*).
fro·men·ty ['frəʊmənti] → **frumenty**.
frond [frɒnd; *Am.* frɑnd] *s* **1.** *bot.* a) (Farn)Wedel *m*, b) blattähnlicher Thallus. **2.** *zo.* blattähnliche Struk'tur.
fron·des·cence [frɒn'desns; *Am.* frɑn-] *s bot.* **1.** Frondes'zenz *f*, (Zeit *f* der) Blattbildung *f*. **2.** Laub *n*. **fron'des·cent** *adj* blattbildend, sich belaubend.
front [frʌnt] **I** *s* **1.** *allg.* Vorder-, Stirnseite *f*, Front *f*: **at the** ~ auf der Vorderseite, vorn. **2.** *arch.* (Vorder)Front *f*, Fas'sade *f*. **3.** Vorderteil *n*. **4.** *mil.* a) Front *f*, Kampf-, Frontlinie *f*, b) Frontbreite *f*: **at the** ~ an der Front; **to go to the** ~ an die Front gehen; **on all** ~**s** an allen Fronten (*a. fig.*); **to form a united** ~ **against** gemeinsam Front machen gegen. **5.** Vordergrund *m*: **in** ~ an der *od.* die Spitze, vorn, davor; **in** ~ **of** vor (*dat*); **to the** ~ nach vorn, voraus, voran; **to come to the** ~ *fig.* a) in den Vordergrund treten, b) an Popularität gewinnen; **to play up** ~ *sport* Spitze spielen. **6.** a) (Straßen-, Wasser)Front *f*, b) **the** ~ *Br.* die 'Strandprome‚nade. **7.** *fig.* Front *f* (*bes. politische*) Organisati'on, b) Sektor *m*, Bereich *m*: **on the educational** ~ im Erziehungsbereich, auf dem Erziehungssektor. **8.** a) Strohmann *m*, b) ‚Aushängeschild' *n* (*e-r Interessengruppe od. subversiven Organisation etc*). **9.** *colloq.* Fas'sade *f*, äußerer Schein: **to put up a** ~ a) ‚auf vornehm machen', sich Allüren geben, b) ‚Theater spielen'; **to put on** (*od.* **show, express**) **a bold** ~ kühn auftreten; **to maintain a** ~ den Schein wahren. **10.** *poet.* a) Stirn *f*, b) Antlitz *n*, Gesicht *n*. **11.** Frechheit *f*, Unverschämtheit *f*: **to have the** ~ **to do s.th.** die Stirn haben *od.* sich erdreisten, etwas zu tun. **12.** Hemdbrust *f*, Einsatz *m*. **13.** (falsche) Stirnlocken *pl*. **14.** *meteor.* Front *f*. **15.** *thea.* a) Zuschauerraum *m*: **to be out** ~ *colloq.* im Publikum sitzen, b) Pro'szenium *n*.
II *adj* **16.** Front..., Vorder...: ~ **en·trance** Vordereingang *m*; **the** ~ **nine** (*Golf*) die ersten 9 Löcher; ~ **row** vor·der(st)e Reihe; ~ **sur·face** Stirnfläche *f*; ~ **tooth** Vorderzahn *m*. **17.** ~ **man** Strohmann *m*. **18.** *ling.* Vorderzungen...
III *v/t* **19.** gegen'überstehen, -liegen (*dat*): **the house** ~**s the sea** das Haus liegt (nach) dem Meer zu; **the windows** ~ **the street** die Fenster gehen auf die Straße (hinaus). **20.** j-m entgegen-, gegen'übertreten, j-m die Stirn bieten. **21.** mit e-r Front *od.* Vorderseite versehen. **22.** als Front *od.* Vorderseite dienen für. **23.** *ling.* palatali'sieren. **24.** *mil.* Front machen lassen.
IV *v/i* **25.** ~ **on** (*od.* **to, toward[s]**) → 19. **26.** ~ **for** als Strohmann *od.* ‚Aushängeschild' fun'gieren für. **27.** *meist* ~ **up** *Austral. colloq.* erscheinen: **he** ~**ed up at the police station**.
'**front·age** *s* **1.** (Vorder)Front *f* (*e-s Hauses*): **to have a** ~ **on the sea** (nach) dem Meer zu liegen; **a house with** ~**s on two streets** ein Haus mit zwei Straßenfronten; ~ **line** *arch.* (Bau)Fluchtlinie *f*. **2.** Land *n* an der Straßen- *od.* Wasserfront. **3.** Grundstück *n* zwischen der Vorderfront e-s Hauses u. der Straße. **4.** *mil.* a) Frontbreite *f*, b) a. ~ **in attack** Angriffsbreite *f*.
front·age road *s Am.* Parallelstraße zu e-r Schnellstraße (*mit Wohnhäusern, Geschäften etc*).
'**fron·tal** *adj* **1.** fron'tal, Vorder...: ~ **at·tack** *mil.* Frontalangriff *m*. **2.** *anat.* a) Stirn...: ~ **artery**; ~ **vein**, b) Stirn(bein)...: ~ **arch** Stirnbogen *m*. **3.** *tech.* Stirn... **4.** *meteor.* Front...: ~ **thunderstorm**. **II** *s* **5.** *relig.* Ante'pendium *n*, Fron'tale *n* (*Altardecke, -verkleidung*). **6.** *anat.* a) Stirnbein *n*, b) Stirnlappen *m*. **7.** *arch.* a) Fas'sade *f*, b) Ziergiebel *m*. **8.** Stirnband *n*. ~ **bone** *s anat.* Stirnbein *n*. ~ **drag** *aer.* Stirn‚widerstand *m*. ~ **lobe** *s anat.* Stirnlappen *m*. ~ **si·nus** *s anat.* Stirn(bein)höhle *f*.
front| **ax·le** *s tech.* Vorderachse *f*. ~ **bench** *s parl. Br.* a) vordere Sitzreihe (*für Regierung u. Oppositionsführer*), b) *collect.* führende Frakti'onsmitglieder. '~**·bench** *adj parl. Br.* der führenden Frakti'onsmitglieder: **a** ~ **decision**. '~**·bench·er** *s parl. Br.* führendes Frakti'onsmitglied. ~ **burn·er** *s colloq.*: **to be on s.o.'s** ~ für j-n an erster Stelle kommen; **to keep s.th. on the** ~ etwas vorrangig behandeln. ~ **door** *s* Haus-, Vordertür *f*: **by** (*od.* **through**) **the** ~ *fig.* a) direkt, ohne Umschweife, b) legal, nicht durch die Hintertür. ~ **drive** *s mot.* Frontantrieb *m*. ~**-'end col·li·sion** *s mot.* Auffahrunfall *m*. ~ **en·gine** *s mot.* Frontmotor *m*. ~ **foot** *s irr Am.* Längenmaß für Grundstücke.
fron·tier [frʌn'tɪə(r)] **I** *s* **1.** (Landes-)Grenze *f*: **on the** ~ an der Grenze; **to have** ~**s with** angrenzen an (*acc*). **2.** *Am. hist.* Grenzland *n*, Gebiet *n* an der Siedlungsgrenze, Grenze *f* (*zum Wilden Westen*). **3.** *fig.* a) Grenze *f*: **the** ~**s of drama and melodrama are vague** die Grenzen zwischen Drama u. Melodrama sind fließend; **the** ~**s of physics have been pushed back** (*od.* **outwards**) auf dem Gebiet der Physik ist Neuland erschlossen worden, b) Grenzbereich *m*: **on the** ~**s of modern science** in den Grenzbereichen der modernen Wissenschaft. **II** *adj* **4.** ~ **dis·pute** Grenzstreitigkeiten *pl*; ~ **town** a) Grenzstadt *f*, b) *Am. hist.* (neugegründete) Stadt an der Siedlungsgrenze; ~ **worker** Grenzgänger(in). **5.** *fig.* bahnbrechend, Pionier...: ~ **research** bahnbrechende Forschungsarbeit.
fron·tiers·man [ˌfrʌn'tɪərzmən] *s irr Am. hist.* Grenzer *m*, Grenzbewohner *m*.
fron·tis·piece ['frʌntɪspiːs] *s* Fronti'spiz *n*: a) *arch.* Giebeldreieck *n* (*über e-m Gebäudevorsprung*), b) *print.* dem eigentlichen Titelblatt gegenüberstehende, meist

mit e-m Kupferstich geschmückte Titelseite.
'**front·less** *adj* **1.** ohne Front *od.* Fassade. **2.** *obs.* dreist. '**front·let** [-lɪt] *s* **1.** *zo.* Stirn *f.* **2.** Stirnband *n.* **3.** Tuch *n* über der Al'tardecke.
front| line *s mil.* Kampffront *f*, Front (-linie) *f*, vorderste Linie *od.* Front (*a. fig.*): **to be in the ~** an vorderster Front stehen. '**~-line** *adj mil.* Front...: **~ officer;** **~ trench** vorderster Schützengraben (*a. fig.*). **~ mat·ter** *s print.* Titelbogen *m*, Tite'lei *f.*
fronto- [frʌntəʊ] *Wortelement mit der Bedeutung* Stirn(bein)...
ˌ**fron·to'gen·e·sis** *s meteor.* Frontoge-'nese *f (Bildung von Fronten).*
fron·tol·y·sis [frʌn'tɒlɪsɪs; *Am.* frʌn'tɑ-ləsəs] *s meteor.* Fronto'lyse *f (Auflösung von Fronten).*
fron·ton ['frɒntɒn; *Am.* 'frɑnˌtɑn] *s arch.* Fron'ton *n*, Giebeldreieck *n (über e-m Gebäudevorsprung).*
front| page *s* erste Seite, Titelseite *f (e-r Zeitung)*: **to hit the ~s** Schlagzeilen machen; **to wipe s.th. off the ~s** etwas von den Titelseiten verdrängen. '**~-page I** *adj* wichtig, aktu'ell.: **~ news. II** *v/t* auf der Titelseite bringen, groß her'ausstellen. **~ pas·sen·ger** *s mot.* Beifahrer(in). '**~-ˌpas·sen·ger seat** *s mot.* Beifahrersitz *m.* **~ plate** *s tech.* Stirnblech *n*, -wand *f.* **~ rank** *s*: **to be in the ~** *fig.* zur Spitze gehören *od.* zählen. '**~-rank** *adj* a) höchst(er, e, es): **of ~ importance,** b) Spitzen..., führend: **a ~ university. ~ run·ner** *s* **1.** *sport etc* a) Spitzenreiter(in), b) Favo'rit(in). **2.** *pol.* 'Spitzenkandiˌdat(in). **3.** *Leichtathletik*: Tempoläufer(in). '**~-seat pas·sen·ger** *s mot.* Beifahrer(in). **~ sight** *s mil.* Korn *n.* **~ view** *s tech.* Vorderansicht *f*, Aufriß *m.*
front·wards ['frʌntwə(r)dz], *a.* '**frontward** *adv* nach vorn.
front| wave *s Ballistik*: Kopfwelle *f.* '**~-wheel** *adj tech.* Vorderrad...: **~ brake; ~ drive** Vorderradantrieb *m.*
frosh [frɒʃ] *pl* **frosh** *s univ. Am. sl.* 'Erstseˌmester *n*, Stu'dent(in) im ersten Se'mester.
frost [frɒst] **I** *s* **1.** Frost *m*: **ten degrees of ~** *Br.* 10 Grad Kälte. **2.** Reif *m.* **3.** Eisblumen *pl.* **4.** *fig.* Kühle *f*, Kälte *f*, Frostigkeit *f.* **5.** *colloq.* 'Pleite' *f*, 'Reinfall' *m*, 'Mißerfolg *m.* **II** *v/t* **6.** mit Reif *od.* Eis bedecken. **7.** *tech.* Glas mat'tieren. **8.** *gastr. bes. Am.* a) gla'sieren, mit Zuckerguß über'ziehen, b) mit (Puder-) Zucker bestreuen. **9.** a) Frostschäden verursachen bei, b) **~ to death** erfrieren lassen. **10.** *j-n* kühl *od.* frostig behandeln. **11.** *poet.* die Haare grau werden lassen. **III** *v/i* **12.** *meist* **~ over** (*od.* **up**) sich bereifen, sich mit Eis(blumen) über-'ziehen.
'**frost|·bite** *s* Erfrierung(serscheinung) *f*, Frostschaden *m.* '**~·bit·ing** *s Am.* Segeln *n* im Winter. '**~·bit·ten** *adj* **1.** erfroren. **2.** *fig.* (gefühls)kalt. '**~-bound** *adj fig.* frostig.
'**frost·ed I** *adj* **1.** bereift, über'froren. **2.** *tech.* mat'tiert, matt: **~ glass** Matt-, Milchglas *n.* **3.** *gastr. bes. Am.* gla'siert, mit Zuckerguß (über'zogen). **4.** *Am.* **~ frozen 3. 5.** *Am. colloq.* arro'gant. **II** *s* **6.** *Am.* Eisshake *m*: **chocolate ~.**
frost|·heave,·~ heav·ing *s* Frosthub *m*, -hebung *f.*
frost·i·ness ['frɒstɪnɪs] *s* **1.** Frost *m*, Eiseskälte *f.* **2.** *fig.* Frostigkeit *f.* '**frost·ing** *s* **1.** *gastr. bes. Am.* Zuckerguß *m*, ('Zucker)Glaˌsur *f.* **2.** *tech.* a) Mat'tieren *n*, b) matte Oberfläche (*Glas etc*).
frost| in·ju·ry *s* Frostschaden *m.* **~ line** *s* Frostgrenze *f.* **~ shake** *s tech.* Frostriß

m. **~ smoke** *s* Rauhfrost *m.* **~ valve** *s tech.* 'Frost(schutz)venˌtil *n.* '**~-work** *s* Eisblumen *pl.*
'**frost·y** *adj (adv* **frostily**) **1.** *a. fig.* eisig, frostig. **2.** mit Reif *od.* Eis bedeckt. **3.** (eis)grau: **~ hair.**
froth [frɒθ] **I** *s* **1.** Schaum *m (von Bier etc).* **2.** *physiol.* (Blasen)Schaum *m.* **3.** *fig.*, Firlefanz' *m.* **II** *v/t* **4.** mit Schaum bedecken. **5.** a) zum Schäumen bringen, b) zu Schaum schlagen. **III** *v/i* **6.** schäumen: **he ~ed at the mouth** a) er hatte Schaum vor dem Mund, b) *fig.* er schäumte (vor Wut). '**froth·i·ness** *s* **1.** Schaumigkeit *f.* **2.** *fig.* Seicht-, Hohlheit *f.* '**froth·ing** *s* Schaumbildung *f.* '**froth·y** *adj (adv* **frothily**) **1.** a) schaumig, b) schäumend. **2.** *fig.* seicht: **~ entertainment.**
frou-frou ['fru:fru:] *s* **1.** Knistern *n*, Rascheln *n (bes. von Seide).* **2.** Flitter *m (bes. an Damenkleidung).*
frow → **froe.**
fro·ward ['frəʊə(r)d; *Am. a.* -wərd] *adj (adv* **~ly**) eigensinnig.
frown [fraʊn] **I** *v/i* **1.** die Stirn runzeln (**at** über *acc; a. fig.*): **to ~ (up)on s.th.** *fig.* etwas mißbilligen. **2.** finster (drein-) schauen. **II** *v/t* **3.** zum Zeichen *(gen)* die Stirn runzeln: **he ~ed his displeasure** er runzelte mißbilligend die Stirn. **4. to ~ s.o. down (into silence)** *j-n* durch finstere Blicke einschüchtern (zum Schweigen bringen). **III** *s* **5.** Stirnrunzeln *n*: **with a ~** stirnrunzelnd. **6.** finsterer Blick. **7.** Ausdruck *m* des 'Mißfallens *od.* der 'Mißbilligung. '**frown·ing** *adj (adv* **~ly**) **1.** stirnrunzelnd. **2.** a) mißbilligend, b) finster: **~ look. 3.** drohend, bedrohlich: **~ cliffs.**
frows·i·ness → **frowziness.**
frowst [fraʊst] *bes. Br. colloq.* **I** *s* ,Mief' *m*: **there's a ~ in here** hier ,mieft' es. **II** *v/i* im ,Mief' sitzen: **to ~ in the office** im Büromief sitzen. '**frowst·y** *adj bes. Br. colloq.* ,miefig', ,vermieft'.
frows·y → **frowzy.**
frowz·i·ness ['fraʊzɪnɪs] *s* **1.** Schlampigkeit *f*, ungepflegtes Äußeres. **2.** muffiger Geruch. '**frowz·y** *adj* **1.** schlampig, ungepflegt, unordentlich. **2.** muffig.
froze [frəʊz] *pret von* **freeze.**
fro·zen ['frəʊzn] **I** *pp von* **freeze. II** *adj* **1.** (ein-, zu)gefroren: **a ~ brook. 2.** erfroren: **~ plants. 3.** gefroren, Gefrier...: **~ food** Tiefkühlkost *f*; **~ meat** Gefrierfleisch *n.* **4.** (eis)kalt: **~ zone** kalte Zone. **5.** *fig.* kalt, frostig: **~ silence** eisiges Schweigen, b) gefühls-, teilnahmslos. **6.** *econ.* eingefroren: **~ prices (wages); ~ assets** eingefrorene Guthaben; **~ capital** festliegendes Kapital; **~ debts** Stillhalteschulden.
fruc·ted ['frʌktɪd] *adj her.* mit Früchten.
fruc'tif·er·ous [-'tɪfərəs] *adj bot.* fruchttragend. ˌ**fruc·ti·fi'ca·tion** *s bot.* **1.** Befruchtung *f (a. fig.).* **2.** Fruchtbildung *f.* **3.** Fruchtstand *m.* **4.** Be'fruchtungsorˌgane *pl.* '**fruc·ti·fy** [-faɪ] *bot.* **I** *v/i* Früchte tragen. **II** *v/t* befruchten (*a. fig.*).
fruc·tose ['frʌktəʊs; -z] *s chem.* Fruc-'tose *f*, Fruchtzucker *m.*
fruc·tu·ous ['frʌktjʊəs; *Am.* -tʃəwəs] *adj* fruchtbar (*a. fig.*).
fru·gal ['fru:gl] *adj (adv* **~ly**) **1.** sparsam: a) haushälterisch (**of** mit, **in** dat), b) wirtschaftlich (*Auto etc*). **2.** genügsam, bescheiden. **3.** einfach, spärlich, fru'gal: **a ~ meal. fru'gal·i·ty** [-'gælətɪ] *s* **1.** Sparsamkeit *f.* **2.** Genügsamkeit *f.* **3.** Einfachheit *f*, Frugali'tät *f.*
fru·giv·o·rous [fru:'dʒɪvərəs] *adj zo.* fruchtfressend.
fruit [fru:t] **I** *s* **1.** *bot.* a) Frucht *f*, b) Samenkapsel *f.* **2.** *collect.* Früchte

pl: **to bear ~** Früchte tragen (*a. fig.*), b) Obst *n.* **3.** *Bibl.* Kind *n*, Nachkommenschaft *f*: **~ of the body** (*od.* **loins, womb**) Leibesfrucht *f.* **4.** *oft pl fig.* Frucht *f*, Früchte *pl*: a) Resul'tat *n*, Ergebnis *n*, b) Erfolg *m*: **to reap the ~(s) of one's work** die Früchte s-r Arbeit ernten, c) Gewinn *m*, Nutzen *m*: **~s of crime. 5.** *bes. Br. sl.* ,Spinner' *m.* **6.** *bes. Am. sl.* ,Homo' *m*, ,Schwule(r)' *m (Homosexueller).* **II** *v/i* **7.** (Früchte) tragen. **III** *v/t* **8.** zur Reife bringen.
'**fruit·age** *s* **1.** *bot.* (Frucht)Tragen *n.* **2.** *collect.* a) Früchte *pl*, b) Obst *n.* **3.** *fig.* Früchte *pl.*
fruit·ar·i·an [fruː'teərɪən] **I** *s j-d, der sich nur von Obst ernährt.* **II** *adj* Obst...: **~ diet.**
fruit| bat *s zo.* Flederhund *m.* **~ bod·y** *s biol.* **1.** Fruchtkörper *m.* **2.** Fruchtboden *m.* '**~-cake** *s* **1.** englischer Kuchen. **2.** *bes. Br. sl.* ,Spinner' *m.* **~ cock·tail** *s* Früchtecocktail *m.* **~ cup** *s* Frucht-, Früchtebecher *m.*
fruit·er ['fruːtə(r)] *s* **1.** *mar.* Obstschiff *n.* **2.** Obstzüchter *m.* **3.** a) Obstbaum *m*, b) Obststrauch *m.* '**fruit·er·er** *s bes. Br.* Obsthändler *m.*
'**fruit·ful** *adj* **1.** fruchtbar (*a. fig.*): **a ~ discussion. 2.** *fig.* erfolgreich: **to be ~** Erfolg haben. '**fruit·ful·ness** *s* Fruchtbarkeit *f (a. fig.).*
fru·i·tion [fruː'ɪʃn] *s* **1.** Erfüllung *f*, Verwirklichung *f*: **~ of hopes**; **to bring** (*od.* **carry**) **to ~** verwirklichen; **to come to ~** sich verwirklichen (→ 2). **2.** Früchte *pl*: **the ~ of one's efforts; to come to ~** Früchte tragen (→ 1). **3.** (voller) Genuß *(e-s Besitzes etc).*
fruit| jar *s* Einweck-, Einmachglas *n.* **~ juice** *s* Frucht-, Obstsaft *m.* **~ knife** *s irr* Obstmesser *n.*
'**fruit·less** *adj (adv* **~ly**) **1.** unfruchtbar. **2.** *fig.* fruchtlos, vergeblich, erfolgslos: **to be ~** keinen Erfolg haben. '**fruit·less·ness** *s* Fruchtlosigkeit *f*, Erfolglosigkeit *f.*
fruit| ma·chine *s Br.* ('Geld)Spielautoˌmat *m.* **~ pulp** *s biol.* Fruchtfleisch *n.* **~ ranch** *s Am.* Obstfarm *f.* **~ sal·ad** *s* **1.** 'Frucht-, 'Obstsaˌlat *m.* **2.** *sl.* ,La'metta' *n*, Ordenspracht *f.* **~ sug·ar** *s chem.* Fruchtzucker *m.* **~ tree** *s* Obstbaum *m.* '**fruit·y** *adj* **1.** frucht-, obstartig. **2.** fruchtig (*Wein*). **3.** *Br. colloq.* ,saftig', ,gepfeffert': **a ~ joke. 4.** klangvoll, so'nor: **a ~ voice. 5.** *Am. colloq.* ,schmalzig': **~ song** ,Schnulze' *f.* **6.** *sl.* ,spinnig'. **7.** *bes. Am. sl.* ,schwul' (*homosexuell*). **fru·men·ta·ceous** [ˌfruːmənˈteɪʃəs] *adj* getreideartig, Getreide...
fru·men·ty ['fruːməntɪ] *s gastr.* süßer Brei aus Weizen, Milch u. Gewürzen.
frump [frʌmp] *s* ,Vogelscheuche' *f*: **old ~** ,alte Schachtel' *f.* '**frump·ish,** '**frump·y** *adj* a) altmodisch, b) ungepflegt, ˌuneleˈgant, c) abgedroschen (*Sache*).
frus·ta ['frʌstə] *pl von* **frustum.**
frus·trate [frʌˈstreɪt; *bes. Am.* 'frʌstreɪt] *v/t* **1.** etwas vereiteln, durch'kreuzen: **to ~ a plan. 2.** zu'nichte machen: **to ~ hopes. 3.** etwas hemmen, (be)hindern. **4.** *j-n* hemmen, (*a.* am Fortkommen) hindern, einengen. **5.** *j-m* die *od.* alle Hoffnung *od.* Aussicht nehmen, *j-n* (*in s-n Ambitionen*) zu'rückwerfen: **I was ~d in my efforts** m-e Bemühungen wurden vereitelt. **6.** fruˈstrieren: a) *j-n* entmutigen, depriˈmieren, b) mit Minderwertigkeitsgefühlen erfüllen, c) *j-n* enttäuschen.
frus·trat·ed *adj* **1.** vereitelt, gescheitert: **~ plans. 2.** gescheitert (*Person*): **a ~ painter** ein ,verhinderter' Maler. **3.** frus'triert: a) entmutigt, niedergeschlagen,

frustrating – full-blooded

depri'miert, b) voller Minderwertigkeitsgefühle, c) enttäuscht. **frus·trat·ing** *adj* (*adv* ~ly) **1.** hemmend. **2.** fru'strierend: a) entmutigend, depri'mierend, b) enttäuschend.
frus·tra·tion [frʌ'streɪʃn] *s* **1.** Vereitelung *f*, Durch'kreuzung *f*: ~ **of a plan. 2.** Behinderung *f*, Hemmung *f*. **3.** Einengung *f*. **4.** Enttäuschung *f*, Rückschlag *m*, 'Mißerfolg *m*. **5.** Frustrati'on *f*: a) *psych.* Erlebnis e-r wirklichen od. vermeintlichen Enttäuschung u. Zurücksetzung durch erzwungenen Verzicht od. Versagung von Befriedigung, b) *a.* **sense of** ~ *weitS.* Niedergeschlagenheit *f*, c) *a.* **sense of** ~ das Gefühl, ein Versager zu sein; Minderwertigkeitsgefühle *pl*, d) *a.* **sense of** ~ Enttäuschung *f*. **6.** a) Hindernis *n*, b) aussichtslose Sache (to für). **7.** *jur.* objek'tive Unmöglichkeit (*der Leistung*): ~ **of the contract** objektive Unmöglichkeit der Vertragsleistung. ~ **tol·er·ance** *s psych.* Frustrati'onstole,ranz *f* (*individuell unterschiedlich ausgeprägte Fähigkeit, Frustrationen über e-n längeren Zeitraum zu ertragen*).
frus·tum ['frʌstəm] *pl* **-tums, -ta** [-tə] *s math.* Stumpf *m*: ~ **of a cone** Kegelstumpf.
fry¹ [fraɪ] **I** *v/t* **1.** braten: **fried eggs** Spiegeleier; **fried potatoes** Bratkartoffeln; → **fish** 1. **2.** *Am. sl.* auf dem e'lektrischen Stuhl 'hinrichten. **II** *v/i* **3.** braten. **4.** *colloq.* sich e-n Sonnenbrand holen. **5.** *Am. sl.* auf dem e'lektrischen Stuhl 'hingerichtet werden. **III** *s* **6.** (*etwas*) Gebratenes, *bes.* gebratene Inne'reien *pl*: **pig's** ~ gebratene Innereien vom Schwein. **7.** *Am.* (*meist in Zssgn*) *Fest od.* Picknick, *bei dem* (*etwas*) *gebraten wird*: **fish** ~.
fry² [fraɪ] *s pl* **1.** Fischrogen *m*. **2.** junge Fische *pl*. **3. small** ~ *fig.* a) 'junges Gemüse', junges Volk, b) kleine (unbedeutende) Leute *pl*, c) 'kleine Fische' *pl*, Lap'palien *pl*.
'**fry·er** *s* **1.** *j-d, der* (*etwas*) *brät*: **he is a fish** ~ er hat ein Fischrestaurant. **2.** (*oft in Zssgn*) Bratpfanne *f*: **fish** ~. **3.** *etwas zum Braten Geeignetes, bes.* Brathühnchen *n*.
'**fry·ing pan** *s* Bratpfanne *f*: **to jump** (*od.* leap) **out of the** ~ **into the fire** vom Regen in die Traufe kommen.
fry|pan *Am.* → frying pan. '~**-up** *s Br. colloq.* **1. to do a** ~ sich Reste in die Pfanne ,hauen'. **2.** Resteessen *n* aus der Pfanne.
fuch·sia ['fju:ʃə] *s bot.* Fuchsie *f*.
fuch·sin ['fu:ksɪn; *Am.* 'fju:k-], '**fuch·sine** [-si:n] *s chem.* Fuch'sin *n*.
fuchs·ite ['fu:ksaɪt; *Am.* 'fju:k-] *s min.* Fuch'sit *m*.
fu·ci ['fju:saɪ] *pl von* fucus.
fuck [fʌk] *vulg.* **I** *v/t* **1.** ,ficken', ,vögeln': ~ **it!** ,Scheiße!'; ~ **him!** a) dieser ,Scheißkerl'!, b) der soll mich mal am Arsch lecken!; **get** ~**ed!** der Teufel soll ihn holen! **2.** ~ **about** (*od.* around) a) *j-n* wie e-n Idioten behandeln, b) *j-n* ,verarschen'. **3.** *meist* ~ **up** *etwas* ,versauen': (all) ~**ed up** (total) ,im Arsch'. **II** *v/i* **4.** ,ficken', ,vögeln'. **5.** ~ **about** (*od.* around) her'umgammeln. **6.** ~ **off** (*meist imp*) ,sich verpissen'. **III** *s* **7.** ,Fick' *m*: **to have a** ~ ,ficken', ,e-e Nummer machen *od.* schieben'; **I don't care** (*od.* give) **a** ~ das ist mir ,scheißegal'. **8. she's a good** ~ sie ,fickt' gut. **IV** *interj* **9.** ,Scheiße'! '**fuck·er** *s vulg.* **1.** ,Ficker' *m*, ,Vögler' *m*. **2.** ,Scheißkerl' *m*, b) *allg.* Kerl *m*, Bursche *m*: **a poor** ~ ein armer Hund, ein armes Schwein. '**fuck·ing** *vulg.* **I** *adj* ,Scheiß...', verflucht, verdammt (*oft nur verstärkend*): **I banged my** ~ **head against the** ~ **door** ich bin mit dem Schädel gegen die verdammte Tür gerannt; **you** ~ **fool!** du ,Arschloch'!; **take your** ~ **fingers off my girl!** nimm d-e ,Wichsgriffel' von m-m Mädchen!; ~ **hell!** ,verdammte Scheiße'! **II** *adv* verflucht, verdammt (*oft nur verstärkend*): **we had a** ~ **good time** wir haben uns ,sagenhaft' amüsiert; ~ **cold** ,arschkalt'.
fu·cus ['fju:kəs] *pl* **-ci** [-saɪ], **-cus·es** *s bot.* Blasentang *m*.
fud·dle ['fʌdl] *colloq.* **I** *v/t* **1.** berauschen: **to** ~ **o.s.** → 3. **2.** verwirren, durchein'anderbringen. **II** *v/i* **3.** a) saufen, b) ,sich vollaufen lassen'. **III** *s* **4.** Verwirrung *f*: **to get in a** ~ durcheinanderkommen. **5.** Gewirr *n*. '**fud·dled** *adj colloq.* **1.** ,benebelt'. **2.** verwirrt, durchein'ander.
fud·dy-dud·dy ['fʌdɪ,dʌdɪ] *colloq.* **I** *s* verknöcherter *od.* verkalkter Kerl. **II** *adj* a) verknöchert, b) verkalkt.
fudge [fʌdʒ] **I** *v/t* **1.** *oft* ~ **up** zu'rechtpfuschen, zs.-stoppeln. **2.** ,fri'sieren', fälschen. **3.** e-m Problem *etc* ausweichen. **II** *v/i* **4.** ~ **on** → 3. **5.** Unsinn reden. **III** *s* **6.** Unsinn *m*. **7.** Zeitung: a) letzte Meldungen *pl*, b) Platte zum Einrücken letzter Meldungen, c) Maschine zum Druck letzter Meldungen, d) Spalte für letzte Meldungen. **8.** *gastr.* (*Art*) Fon'dant *m*. **IV** *interj* **9.** ,Mist!'
Fu·e·gi·an [fju:'i:dʒɪən; 'fweɪdʒɪən; *Am.* fʊ'eɪgɪən, -'eɪdʒən] **I** *s* Feuerländer(in). **II** *adj* feuerländisch.
fu·el ['fjʊəl] **I** *v/t pret u. pp* **-eled,** *bes. Br.* **-elled 1.** mit Brennstoff versehen, *aer. a.* betanken. **2.** *fig.* anheizen, schüren: **to** ~ **riots. II** *v/i* **3.** Brennstoff nehmen. **4.** *a.* ~ **up** *aer. mot.* (auf)tanken, *mar.* Öl bunkern. **III** *s* **5.** Brennstoff *m*: a) 'Heiz-, 'Brennmateri,al *n*, 'Feuerung(smateri,al *n*) *f*, b) *mot.* etc Betriebs-, Treib-, Kraftstoff *m*: ~**-air mixture** Kraftstoff-Luft-Gemisch *n*; ~ **cell** *electr.* Brennstoffzelle *f*; ~**-efficient** benzinsparend (*Motor etc*); ~ **element** (*Kernphysik*) Brennelement *n*; ~ **feed** Brennstoffzuleitung *f*; ~ **filter** Kraftstoff-, Benzinfilter *n*, *m*; ~ **gas** *od.* Heiz-*od.* Treibgas *n*; ~ **ga(u)ge** Benzinuhr *f*, Kraftstoffmesser *m*; ~**-guzzling** *colloq.* benzinfressend (*Motor etc*); ~ **injection** Kraftstoffeinspritzung *f*; ~ **injection engine** Einspritzmotor *m*; ~ **jet,** ~ **nozzle** Kraftstoffdüse *f*; ~ **oil** Heizöl *n*; ~ **pump** Kraftstoff-, Benzinpumpe *f*; ~ **rod** (*Kernphysik*) Brennstab *m*. **6.** *fig.* Nahrung *f*: **to add** ~ **to s.th.** etwas anheizen *od.* schüren; **to add** ~ **to the flames** Öl ins Feuer gießen. '**fu·el(l)ed** *adj*: ~ **by** (*od.* with) be-*od.* getrieben mit.
fug [fʌg] *s bes. Br. colloq.* ,Mief' *m*: **there's a** ~ **in here** hier ,mieft' es.
fu·ga·cious [fju:'geɪʃəs] *adj* (*adv* ~ly) **1.** *bot.* kurzlebig (*a. fig.*). **2.** *chem.* flüchtig (*a. fig.*). **3.** *fig.* vergänglich. **fu'gac·i·ty** [-'gæsətɪ] *s* **1.** *bot.* Kurzlebigkeit *f*. **2.** *chem.* Flüchtigkeit *f* (*a. fig.*), Fugazi'tät *f*. **3.** *fig.* Vergänglichkeit *f*.
fu·gal ['fju:gl] *adj* (*adv* ~ly) *mus.* fu'giert, fugenartig, im Fugenstil.
-fuge [fju:dʒ] *Wortelement mit den Bedeutungen* a) fliehend, b) vertreibend.
fug·gy ['fʌgɪ] *adj bes. Br. colloq.* ,miefig', ,vermieft'.
fu·gi·tive ['fju:dʒɪtɪv] **I** *s* **1.** a) Flüchtige(*r* *m*) *f*: ~ **from justice** flüchtiger Rechtsbrecher, b) *pol. etc* Flüchtling *m*, c) Ausreißer *m* (*a. Radsport*). **II** *adj* **2.** flüchtig: a) entflohen, b) *fig.* vergänglich, kurzlebig. **3.** unbeständig, unecht: ~ **dye** unechte Färbung.
fu·gle·man ['fju:glmən] *s irr* (An-, Wort)Führer *m*.
fugue [fju:g] **I** *s* **1.** *mus.* Fuge *f*. **2.** *psych.* Fu'gue *f* (*Verlassen der gewohnten Umgebung im Dämmerzustand*). **II** *v/t u. v/i* **3.** *mus.* fu'gieren.
-ful [fʊl] *Suffix mit der Bedeutung* voll.
ful·crum ['fʌlkrəm; 'fʊl-] *pl* **-crums, -cra** [-krə] *s* **1.** *phys.* Dreh-, Hebe-, Gelenk-, Stützpunkt *m*: ~ **of moments** *phys.* Momentendrehpunkt; ~ **pin** Drehbolzen *m*, -zapfen *m*. **2.** *fig.* Angelpunkt *m*. **3.** *biol.* Beuge *f*.
ful·fil, *Am. a.* **ful·fill** [fʊl'fɪl] *v/t* **1.** *ein Versprechen, e-n Wunsch, e-e Bedingung etc* erfüllen: **to** ~ **an order** e-n Befehl ausführen; **to** ~ **o.s.** sich selbst verwirklichen; **to be fulfilled** sich erfüllen. **2.** voll'bringen, -'ziehen. **3.** beenden, abschließen. **ful'fil·ment,** *Am.* **ful'fill·ment** *s* **1.** Erfüllung *f*, Ausführung *f*: **to come to** ~ in Erfüllung gehen. **2.** Beendigung *f*, Abschluß *m*: **to reach** ~ beendet *od.* abgeschlossen werden.
ful·gent ['fʌldʒənt; *Am. a.* 'fʊl-] *adj* (*adv* ~ly) *poet.* strahlend.
ful·gu·rant ['fʌlgjʊərənt; *Am.* 'fʊlgərənt] *adj* (*adv* ~ly) aufblitzend. '**ful·gu·rate** [-reɪt] *v/i* (auf)blitzen.
fu·lig·i·nous [fju:'lɪdʒɪnəs] *adj* **1.** rußig, Ruß... **2.** (ruß)schwarz. **3.** *fig.* dunkel.
full¹ [fʊl] **I** *adj* (*adv* ~ **fully**) **1.** a) *allg.* voll: ~ **of** voll von, voller Fische *etc*, angefüllt mit, reich an (*dat*); → **stomach** 1, b) *fig.* ('über)voll (*Herz*). **2.** voll, ganz: **a** ~ **mile. 3. to pay the** ~ **amount;** ~ **in court** *jur.* vor dem vollbesetzten Gericht; **a** ~ **hour** e-e volle *od.* ,geschlagene' Stunde. **3.** weit(geschnitten): **a** ~ **skirt. 4.** voll, rund (*Gesicht*), vollschlank (*Figur*). **5.** voll, kräftig: **a** ~ **voice. 6.** schwer, vollmundig; ~ **wine. 7.** voll, besetzt: ~ **up** (voll) besetzt (*Bus etc*); **house** ~! *thea.* ausverkauft! **8.** vollständig, ausführlich, genau: ~ **details;** ~ **statement** umfassende Erklärung, vollständige Darlegung. **9.** *fig.* (ganz) erfüllt (**of** von): ~ **of the news; he is** ~ **of plans** er ist *od.* steckt voller Pläne; ~ **of oneself** (ganz) von sich eingenommen. **10.** reichlich: **a** ~ **meal. 11.** voll, unbeschränkt: ~ **power** Vollmacht *f*; **to have** ~ **power to do s.th.** bevollmächtigt sein, etwas zu tun; ~ **power of attorney** Generalvollmacht *f*; ~ **membership** volle Mitgliedschaft. **12.** voll(berechtigt): ~ **member. 13.** rein, echt: **a** ~ **sister** e-e leibliche Schwester. **14.** *colloq.* ,voll': a) ~ **up** satt, b) *Austral.* betrunken.
II *adv* **15.** völlig, gänzlich, ganz: **to know** ~ **well that** ganz genau wissen, daß. **16.** gerade, di'rekt, genau: ~ **in the face. 17.** ~ **out** mit Vollgas *fahren*, auf Hochtouren *arbeiten*.
III *v/t* **18.** *Stoff* raffen.
IV *v/i* **19.** voll werden (*Mond*).
V *s* **20.** (*das*) Ganze: **in** ~ vollständig, ganz; **to spell** (*od.* **write**) **in** ~ ausschreiben; **to the** ~ vollständig, vollkommen, bis ins letzte *od.* kleinste, total; **to pay in** ~ voll *od.* den vollen Betrag bezahlen; **I cannot tell you the** ~ **of it** ich kann Ihnen nicht alles ausführlich erzählen. **21.** Fülle *f*, Höhepunkt *m*: **at** ~ auf dem Höhepunkt *od.* Höchststand; **at the** ~ **of** the tide bein höchsten Wasserstand. **22.** → **full house** 2.
full² [fʊl] *v/t tech.* Tuch *etc* walken.
full|age *s jur.* Mündigkeit *f*, Volljährigkeit *f*: **of** ~ mündig, volljährig. **~and by** *adv mar.* voll u. bei, scharf beim Wind. '~**back** *s* a) *Fußball, Hockey:* (Außen-)Verteidiger *m*, b) *Rugby:* Schlußspieler *m*. ~ **beam** *s mot. Br.* Fernlicht *n*. ~**bind·ing** *s* Ganzleder-, Ganzleinenband *m*. ~ **blood** *s* **1.** Vollblut *n*, Mensch *m* mit reiner Abstammung. **2.** Vollblut *n* (*bes. Pferd*). ,~**'blood·ed** *adj* **1.** rein-

blütig, -rassig, Vollblut... **2.** *fig.* vollblütig, Vollblut...: ~ **socialist**. **3.** eindringlich: ~ **style**; ~ **arguments**. ~-**'blown** *adj* **1.** *bot.* ganz aufgeblüht. **2.** *fig.* voll entwickelt, ausgereift: ~ **idea**. **3.** ausgemacht: ~ **scandal**. ~ **board** *s* 'Vollpensi,on *f*. ~-**'bod·ied** *adj* **1.** schwer, korpu'lent. **2.** schwer, vollmundig: ~ **wine**. **3.** *fig.* dicht, plastisch: ~ **novel**. **4.** *fig.* wichtig, bedeutend: **to play a** ~ **role**. ~-**'bot·tomed** *adj* **1.** breit, mit großem Boden: ~ **wig** Allongeperücke *f*. **2.** *mar.* voll gebaut, mit großem Laderaum. '~-**bound** *adj* Ganzleder..., Ganzleinen...: ~ **book**. ~ **dress** *s* **1.** Gesellschaftsanzug *m*. **2.** *mil.* 'Galauni,form *f*. '~-**dress** *adj* **1.** Gala...: ~ **uniform**. **2.** ~ **rehearsal** → dress rehearsal. **3.** *fig.* a) um'fassend: ~ **biography**; ~ **debate**, b) groß angelegt: ~ **investigation**.
full·er[1] ['fʊlə(r)] *s tech.* **1.** (Tuch)Walker *m*. **2.** Stampfe *f* (e-r Walkmaschine).
full·er[2] ['fʊlə(r)] *s tech.* (halb)runder Setzhammer.
full·er's earth *s* Walk-, Fuller-, Bleicherde *f*.
'full·face *I s* **1.** En-'face-Bild *n*, Voransicht *f*. **2.** *print.* (halb)fette Schrift. **II** *adv* **3.** en face. **4.** *print.* (halb)fett. ~-**'faced** *adj* **1.** mit vollem *od.* rundem Gesicht. **2.** *print.* fett. ~-**'fash·ioned** *bes. Am.* → **fully fashioned**. ~-**'fledged** *bes. Am.* → **fully fledged**. ~ **fron·tal** *s colloq.* 'Oben-u.-unten-ohne-Darstellung' *f*. ~-**'fron·tal** *adj colloq.* 'oben u. unten ohne'. ~ **gal·lop** *s*: **at** ~ in vollem *od.* gestrecktem Galopp. ~-**'grown** *adj* ausgewachsen. ~ **hand** → **full house 2**. ~-**'heart·ed** *adj (adv* ~**ly**) ernsthaft, aufrichtig, rückhaltlos, voll, aus ganzem Herzen. ~ **house** *s* **1.** *thea. etc* volles Haus. **2.** *Poker*: Full house *n* (Dreierpasch u. ein Pärchen). ~-**'length** *adj* **1.** in voller Größe, lebensgroß: ~ **portrait**; ~ **mirror** Ganzfigurspiegel *m*. **2.** bodenlang: ~ **skirt**. **3.** a) abendfüllend: ~ **film**, b) ausgewachsen: ~ **novel**. ~ **load** *s* **1.** *electr.* Vollast *f*. **2.** *tech.* Gesamtgewicht *n*. **3.** *aer.* Gesamtfluggewicht *n*. ~ **moon** *s* Vollmond *m*: **at** ~ bei Vollmond. ~-**'mouthed** *adj* **1.** *zo.* mit vollem Gebiß (Vieh). **2.** *fig.* lautstark. ~ **nel·son** *s Ringen*: Doppelnelson *m*.
'full·ness *s* **1.** Fülle *f*: **in the** ~ **of time** a) *Bibl.* da die Zeit erfüllet war(d), b) zur gegebenen Zeit. **2.** ('Über)Fülle *f (des Herzens)*. **3.** Körperfülle *f*. **4.** weiter Schnitt. **5.** *mus.* Klangfülle *f*.
full or·ches·tra *s mus.* großes Or'chester. '~-**page** *adj* ganzseitig. ~ **pay** *s econ.* volles Gehalt, voller Lohn: **to be retired on** ~ mit vollem Gehalt pensioniert werden. ~ **pro·fes·sor** *s univ. Am.* Ordi'narius *m*. '~-**rigged** *adj* **1.** *mar.* vollgetakelt. **2.** voll ausgerüstet. ~ **scale** *s tech.* na'türliche Größe, Origi'nalgröße *f*, Maßstab *m* 1:1. '~-**scale** *adj* **1.** in na-'türlicher Größe, in Origi'nalgröße, im Maßstab 1:1. **2.** *fig.* großangelegt, umfassend: ~ **attack** Großangriff *m*; ~ **test** Großversuch *m*; *the quarrel between the 2 countries developed* **into a** ~ **war** zu e-m regelrechten Krieg. ~ **sight** *s mil.* Vollkorn *n*. ~ **stop** *s* **1.** *ling.* Punkt *m*. **2. to come to a** ~ zum völligen Stillstand kommen. ~ **time** *s sport* Spielende *n*: **at** ~ bei Spielende; **to whistle for** ~ abpfeifen. '~-**time** *I adj* ganztägig, Ganztags...: ~ **job** Ganztagsbeschäftigung *f*; **it's a** ~ **job looking after 3 young children** *colloq.* wenn man 3 kleine Kinder zu versorgen hat, hat man für nichts anderes mehr Zeit; ~ **professional** *sport* Vollprofi *m*; ~ **worker** → full-timer. **II** *adv* ganztags: **to work** ~. ~-**'tim·er** *s*

ganztägig Beschäftigte(r *m*) *f*. '~-**track** *adj*: ~ **vehicle** *tech.* Vollketten-, Raupenfahrzeug *n*. '~-**view**, '~-**vi·sion** *adj tech.* Vollsicht... '~-**wave** *adj*: ~ **rectifier** *electr.* Doppelweggleichrichter *m*.
ful·ly ['fʊlɪ] *adv* voll, völlig, ganz: ~ **satisfied**; ~ **automatic** vollautomatisch; ~ **clothed** in voller Kleidung, ~ **entitled** vollberechtigt; ~ **two hours** volle *od.* ,geschlagene' 2 Stunden. ~ **fash·ioned** *adj* (voller) Paßform, formgestrickt, -gearbeitet. ~ **fledged** *adj* **1.** flügge (Vögel). **2.** *fig.* richtig: **he feels like a** ~ **sailor**. ~ **grown** *bes. Br.* → **full-grown**.
ful·mar ['fʊlmə(r)] *s orn.* Fulmar *m*, Eissturmvogel *m*.
ful·mi·nant ['fʌlmɪnənt; 'fʊl-] *adj* **1.** donnernd, krachend. **2.** *med.* a) plötzlich ausbrechend (Krankheit), b) plötzlich auftretend (Schmerzen). **'ful·mi·nate** [-neɪt] *I v/i* **1.** explo'dieren (a. *fig.*). **2.** *fig.* donnern, wettern (**against** gegen). **3.** *med.* a) plötzlich ausbrechen (Krankheit), b) plötzlich auftreten (Schmerzen). **II** *v/t* **4.** zur Explosi'on bringen. **5.** *fig.* Befehle *etc* donnern. **III** *s* **6.** *chem.* Fulmi'nat *n*, knallsaures Salz: ~ **of mercury** Knallquecksilber *n*. **'ful·mi·nat·ing** *adj* **1.** *chem.* Knall...: ~ **gold** (**mercury, powder, silver**); ~ **cotton** Schießbaumwolle *f*. **2.** *fig.* donnernd, wetternd. **3.** → **fulminant 2**. **,ful·mi'na·tion** *s* **1.** Explosi'on *f*. **2.** *fig.* a) Donnern *n*, Wettern *n*, b) schwere Drohung.
ful·min·ic ac·id [fʌl'mɪnɪk; fʊl-] *s chem.* Knallsäure *f*.
ful·mi·nous ['fʌlmɪnəs; 'fʊl-] *adj* donnernd, Gewitter...
ful·ness *bes. Am.* → **fullness**.
ful·some ['fʊlsəm] *adj* **1.** 'übermäßig, über'trieben. **2.** *obs.* widerlich, ekelhaft. **'ful·some·ness** *s* Über'triebenheit *f*.
ful·ves·cent [fʌl'vesnt; fʊl-] *adj* ins Rötlichgelbe gehend. **'ful·vous** *adj* rötlichgelb.
fu·mar·ic ac·id [fju:'mærɪk] *s chem.* Fu'marsäure *f*.
fu·ma·role ['fju:mərəʊl] *s* Fuma'role *f (Ausströmen von Gas u. Wasserdampf aus Erdspalten in vulkanischen Gebieten)*.
fum·ble ['fʌmbl] *I v/i* **1.** a. ~ **about** (od. **around**) a) her'umtappen, -tasten, b) (her'um)fummeln (**at** an *dat*), c) ungeschickt 'umgehen (**for, after** mit): **to** ~ **in one's pockets** in s-n Taschen (herum)wühlen; **to** ~ **for words** nach Worten suchen. **2.** *sport* ,patzen' (a. *allg.*): a) den Ball fallen lassen, b) den Ball ,verhauen'. **II** *v/t* **3.** ungeschickt 'umgehen mit. **4.** *sport* ,verpatzen' (a. *allg.*), den Ball fallen lassen *od.* ,verhauen'. **5.** ~ **out** Worte mühsam (her'vor)stammeln. **III** *s* **6.** a) Her'umtappen *n*, -tasten *n*, b) (Her-'um)Fummeln *n*, c) ungeschickter 'Umgang, d) tastendes Suchen. **7.** *sport* ,Patzer' *m (a. allg.)*. **'fum·bler** *s sport* ,Patzer' *m (Person) (a. allg.)*. **'fum·bling** *adj (adv* ~**ly**) ungeschickt.
fume [fju:m] *I s* **1.** *oft pl (unangenehmer)* Dampf, Schwaden *m*, Dunst *m*, Rauch (-gas *n*) *m*. **2.** *(zu Kopf steigender)* Dunst, Nebel *m (des Weins etc)*. **3.** *fig.* Wut *f*: **in a** ~ wütend, aufgebracht. **II** *v/t* **4.** Dämpfe *etc* von sich geben, ausstoßen. **5.** *Holz* räuchern, beizen: ~**d oak** dunkles Eichenholz. **6.** → **fumigate**. **III** *v/i* **7.** rauchen, dunsten, dampfen: **to** ~ **away** verrauchen *(a. fig. Zorn etc)*. **8.** *fig.* wüten (gegen), wütend sein (über *acc*, auf *acc*), aufgebracht sein (über *acc*, gegen): **to** ~ **and fret** vor Wut kochen *od.* schäumen; **fuming with anger** wutschäumend, -schnaubend.

fu·mi·gant ['fju:mɪɡənt] *s* Ausräucherungsmittel *n*.
fu·mi·gate ['fju:mɪɡeɪt] *v/t* ausräuchern: **to** ~ **with sulphur** ausschwefeln. **,fu·mi'ga·tion** *s* Ausräucherung *f*. **'fu·mi·ga·tor** [-tə(r)] *s* **1.** 'Ausräucherappa,rat *m*. **2.** → **fumigant**. **3.** Ausräucherer *m*.
fum·y ['fju:mɪ] *adj* rauchig, dunstig.
fun [fʌn] *I s* Spaß *m*: **for** ~, **for the** ~ **of it** aus *od.* zum Spaß, spaßeshalber, zum Vergnügen; **in** ~ im *od.* zum Scherz; **like** ~**!** *Am. colloq.* von wegen!; **a figure of** ~ *contp.* e-e Witzfigur; **it is** ~ **(doing s.th.)** es macht Spaß(, etwas zu tun); **it is no** ~ *(od.* **there is no** ~ **in**) **doing s.th.** es macht keinen Spaß, etwas zu tun; **it (he) is great** ~ es (er) ist sehr amüsant; **there is no** ~ **like**... es geht nichts über *(acc)*; **to have some** ~ sich amüsieren; **have** ~**!** viel Spaß *od.* Vergnügen!; **to have one's** ~ **and games** s-n Spaß *od.* sein Vergnügen haben, sich amüsieren; **to make** ~ **of s.o.** sich über j-n lustig machen; **this is nothing to make** ~ **of** über so etwas spottet man nicht!; **I don't see the** ~ **of it** ich finde das (gar) nicht komisch; → **poke**[1] **5**. **II** *adj* lustig, spaßig: ~ **man** *m* **funster**; ~ **a sport** ein Sport, der Spaß macht; **to have a** ~ **time** sich amüsieren.
fu·nam·bu·list [fju:'næmbjʊlɪst] *s* Seiltänzer *m*.
Fun Cit·y *s Am. (Spitzname für)* New York City.
func·tion ['fʌŋkʃn] *I s* **1.** Funkti'on *f (a. biol. ling. math. phys. tech.)*: a) Aufgabe *f*, b) Zweck *m*, c) Tätigkeit *f*, d) Arbeitswirkungsweise *f*, e) Amt *n*, f) (Amts-)Pflicht *f*, Obliegenheit *f*: **scope of** ~**s** Aufgabenkreis *m*, Tätigkeitsbereich *m*; **out of** ~ *tech.* außer Betrieb, kaputt; **to have** *(od.* **serve) an important** ~ e-e wichtige Funktion *od.* Aufgabe haben, e-e wichtige Rolle spielen. **2.** a) Feier *f*, Zeremo'nie *f*, feierlicher *od.* festlicher Anlaß *m*, b) (gesellschaftliche) Veranstaltung. **3. to be a** ~ **of whether** davon abhängen, ob. **II** *v/i* **4.** (**as**) a) tätig sein, fun'gieren (als), das Amt *od.* die Tätigkeit (e-s Direktors *etc*) ausüben, b) dienen (als) (Sache). **5.** *physiol. tech. etc* funkti'onieren, arbeiten.
func·tion·al ['fʌŋkʃnəl] *adj (adv* → **functionally**) **1.** *allg., a. math. physiol.* funktio'nell, Funktions...: ~ **diagram** *tech.* Funktionsplan *m*, -diagramm *n*; ~ **disease** *med.* Funktionskrankheit *f*; ~ **disorder** *med.* Funktionsstörung *f*; ~ **psychology** Funktionspsychologie *f (Wissenschaft von den Erscheinungen u. Funktionen der seelischen Erlebnisse)*. **2.** *physiol. tech. etc* funkti'onsfähig: **to be** ~ → **function 5**. **3.** zweckbetont, -mäßig, sachlich, praktisch: ~ **building** Zweckbau *m*; ~ **style** → **functionalism 1**. **'func·tion·al·ism** *s* **1.** *arch.* Funktiona'lismus *m (ausschließliche Berücksichtigung des Gebrauchszwecks bei der Gestaltung von Gebäuden)*. **2.** *psych.* Funktiona'lismus *m (Richtung, die die Bedeutung psychischer Funktionen für die Anpassung des Organismus an die Umwelt betont)*. **'func·tion·al·ist** *s* Funktiona'list(in). **'func·tion·al·ize** *v/t* **1.** funkti'onstüchtig machen, wirksam gestalten. **2.** in Funkti'onsgruppen gliedern. **'func·tion·al·ly** *adv* in funktio'neller 'Hinsicht. **'func·tion·ar·y** [-ʃnərɪ; *Am.* -ʃə,nerɪ] *s bes. pol.* Funktio'när *m*. **'func·tion·ate** [-neɪt] → **function II**.
fund [fʌnd] *econ.* **I** *s* **1.** a) Kapi'tal *n*, Vermögen *n*, Geldsumme *f*, b) Fonds *m (zweckgebundene Vermögensmasse)*: ~ **raiser** Veranstaltung, deren Reinerlös

fundament – furore

wohltätigen Zwecken zugute kommt. **2.** *pl* (Geld)Mittel *pl*, Gelder *pl*: **sufficient ~s** genügende Deckung; **for lack of ~s** mangels Barmittel *od.* Deckung; **no ~s** (*Scheck*) keine Deckung; **to be in (out of) ~s** (nicht) bei Kasse sein, zahlungs-(un)fähig sein. **3.** *pl* a) *Br.* 'Staatspa̱piere *pl*, -anleihen *pl*, b) *Am.* Ef'fekten *pl*. **4.** *fig.* (of) Vorrat *m* (an *dat*), Schatz *m* (an *dat*, von). **II** *v/t* **5.** *Br.* Gelder in 'Staatspa̱pieren anlegen. **6.** *e-e Schuld* fun'dieren, konsoli'dieren: **~ed debt** fundierte Schuld, Anleiheschuld *f*.
fun·da·ment ['fʌndəmənt] *s* **1.** *euphem. od. humor.* ˌvier Buchstaben' *pl* (*Gesäß*). **2.** *arch.* Funda'ment *n* (*a. fig.*).
fun·da·men·tal [ˌfʌndə'mentl] **I** *adj* (*adv* → **fundamentally**) **1.** als Grundlage dienend, grundlegend, wesentlich, fundamen'tal (**to** für), Haupt... **2.** grundsätzlich, elemen'tar. **3.** Grund..., Fundamental...: **~ bass** → 5 b; **~ colo(u)r** Grundfarbe *f*; **~ data** grundlegende Tatsachen; **~ freedoms** Grundfreiheiten *pl*; **~ frequency** *electr.* Grundfrequenz *f*; **~ idea** Grundbegriff *m*; **~ law** *math. phys.* Hauptsatz *m*; **~ particle** *phys.* Elementarteilchen *n*; **~ research** Grundlagenforschung *f*; **~ tone** → 5 a; **~ type** *biol.* Grundform *f*. **II** *s* **4.** 'Grundlage *f*, -prinˌzip *n*, -begriff *m*, Funda'ment *n*. **5.** *mus.* a) Grundton *m*, b) Fundamen'talbaß *m*. **6.** *phys.* Fundamen'taleinheit *f*. **7.** *electr.* Grundwelle *f*. **fun·da·men·tal·ism** *s relig.* Fundamenta'lismus *m* (*strenggläubige Richtung im US-Protestantismus, die am Wortsinn der Bibel festhält*). ˌ**fun·da'men·tal·ist** *s relig.* Fundamentalist(in). ˌ**fun·da'men·tal·ly** *adv* im Grunde, im wesentlichen.
'**fund·hold·er** *s econ. Br.* Inhaber *m* von 'Staatspa̱pieren.
fun·dus ['fʌndəs] *pl* **-di** [-daɪ] *s anat.* Fundus *m*, ('Hinter)Grund *m* (*e-s Hohlorgans*).
fu·ne·bri·al [fjuː'niːbrɪəl] → **funereal**.
fu·ner·al ['fjuːnərəl] **I** *s* **1.** Begräbnis *n*, Beerdigung *f*, Bestattung *f*, Beisetzung *f*. **2.** Leichenzug *m*. **3.** *colloq.* Sorge *f*, Sache *f*: **that's your ~** das ist deine Sache *od.* dein Problem; **it wasn't my ~** es ging mich nichts an. **II** *adj* **4.** Begräbnis..., Leichen..., Trauer..., Grab...: **~ allowance** Sterbegeld *n*; **~ director** Bestattungsunternehmer *m*; **~ home** *Am.* Leichenhalle *f*; **~ march** *mus.* Trauermarsch *m*; **~ oration** (*od.* **speech**) Grabrede *f*; **~ parlo(u)r** Leichenhalle *f*; **~ pile** (*od.* **pyre**) Scheiterhaufen *m* (*zur Feuerbestattung*); **~ service** Trauergottesdienst *m*; **~ urn** Totenurne *f*.
fu·ner·ar·y ['fjuːnərərɪ; *Am.* -ˌrerɪ] → **funereal**. **fu·ne·re·al** [fjuː'nɪərɪəl] *adj* (*adv* ~**ly**) **1.** Begräbnis..., Leichen..., Trauer..., Grabes... **2.** a) an ein Begräbnis erinnernd: **there was a ~ atmosphere** es herrschte e-e Stimmung wie bei e-m Begräbnis; **they went along at a ~ rate** sie schritten dahin wie in e-m Leichenzug, b) düster, trübselig.
'**fun·fair** *s bes. Br.* Vergnügungspark *m*, Rummelplatz *m*.
fun·gal ['fʌŋgl] *adj bot.* pilzartig, Pilz...
fun·gi ['fʌŋgaɪ; 'fʌndʒaɪ] *pl von* **fungus**.
fun·gi·ble ['fʌndʒɪbl] *jur.* **I** *adj* fun'gibel, vertretbar (*Sache*): **~ goods** → **II**. **II** *s pl* Fungi'bilien *pl*.
fun·gi·cid·al [ˌfʌndʒɪ'saɪdl] *adj* fungi'zid, pilztötend. '**fun·gi·cide** *s chem.* Fungi'zid *n*, pilztötendes Mittel, Fungi'cid *n*. '**fun·gi·form** *adj* pilz-, schwammförmig.
fun·goid ['fʌŋgɔɪd], '**fun·gous** *adj* **1.** pilz-, schwammartig, schwammig. **2.** *med.* a) fun'gös, schwammig: **~ ulcer**

→ **fungus** 2, b) Pilz...: **~ disease. 3.** *fig.* sich rasch vermehrend, rasch anwachsend.
fun·gus ['fʌŋgəs] *pl* **fun·gi** ['fʌŋgaɪ; 'fʌndʒaɪ], **-gus·es** *s* **1.** *bot.* Pilz *m*, Schwamm *m*. **2.** *med.* Fungus *m*, schwammige Geschwulst. **3.** *humor.* Bart *m*.
fu·nic·u·lar [fjuː'nɪkjʊlər; fə-] **I** *adj* **1.** Seil..., Ketten...: **~ polygon** Seileck *n*, -polygon *n*; **~ railway** → 3. **2.** *biol.* faserig, funiku'lär: **~ cell** Strangzelle *f*. **II** *s* **3.** (Draht)Seilbahn *f*. **fu·ˌnic·u'li·tis** [-'laɪtɪs] *s med.* Funiku'litis *f*, Samenstrangentzündung *f*. **fu'nic·u·lus** [-ləs] *pl* **-li** [-laɪ] *s* Fu'niculus *m*: a) *anat. biol.* Faser *f*, (Gewebe)Strang *m*, *bes.* Samenstrang *m* (*a. bot.*) *od.* Nabelstrang *m*, b) *biol.* Keimgang *m*.
funk[1] [fʌŋk] *colloq.* **I** *s* **1.** ˌSchiß' *m*, ˌBammel' *m*, Angst *f*: **to be in a blue ~ of** ˌmächtigen Bammel *od.* Schiß' haben vor (*dat*); **~ hole** *mil.* a) ˌHeldenkeller' *m*, Unterstand *m*, b) *fig.* Druckposten *m*. **2.** Niedergeschlagenheit *f*: **to be in a blue ~** völlig ˌdown' sein. **3.** feiger Kerl *od.* ˌHund'. **4.** Drückeberger *m*. **II** *v/i* **5.** ˌSchiß' *od.* ˌBammel' haben *od.* bekommen. **6.** ˌkneifen', sich drücken. **III** *v/t* **7.** ˌSchiß' haben vor (*dat*). **8.** *j-m* ˌBammel od.* ˌSchiß' einjagen. **9.** ˌkneifen' vor (*dat*), sich drücken vor (*dat*) *od.* von.
funk[2] [fʌŋk] *Am. sl.* **I** *s* Gestank *m*. **II** *v/i* stinken.
'**funk·er** → **funk**[1] 3, 4.
'**funk·y**[1] *adj colloq.* ängstlich, feig.
'**funk·y**[2] *adj bes. Am. sl.* ˌprima', ˌtoll': **a ~ party**.
'**funk·y**[3] *adj Am. sl.* stinkend, stinkig.
fun·nel ['fʌnl] **I** *s* **1.** Trichter *m*. **2.** *mar. rail.* Schornstein *m*. **3.** *tech.* Luftschacht *m*. **4.** *geol.* Vul'kanschlot *m*. **II** *v/t pret u. pp* **-neled**, *bes. Br.* **-nelled 5.** eintrichtern, -füllen. **6.** zu e-m Trichter formen. **7.** *fig.* a) *Personen, Nachrichten, Verkehr etc* schleusen, b) *s-e Aufmerksamkeit etc* konzen'trieren (**on** auf *acc*). '**~-shaped** *adj* trichterförmig.
fun·nies ['fʌnɪz] *s pl bes. Am. colloq.* Zeitung: a) Comics *pl*, b) Comic-Teil *m*.
'**fun·ni·ment** *s* Spaß *m* (*Äußerung, Handlung*). '**fun·ni·ness** *s* Spaßigkeit *f*.
fun·ny ['fʌnɪ] **I** *adj* (*adv* **funnily**) **1.** *a.* (*im Ggs. zu* 2 *a*) ˌhaha spaßig, komisch, lustig: **I don't think that's ~** ich finde das gar nicht komisch; **are you being** (*od.* **trying to be**) **~?** soll das ein Witz sein? **2.** ˌkomisch': a) *a.* (*im Ggs. zu* 1) **~ peculiar** sonderbar, merkwürdig (*alle a. Person*): **there's s.th. ~ about the telephone** mit dem Telefon stimmt irgend etwas nicht; **the ~ thing is** das Merkwürdige (dabei) ist; **funnily enough** merkwürdigerweise, komischerweise, b) *colloq.* ˌmulmig' (*unwohl*): **I feel ~** mir ist komisch *od.* mulmig; **he felt quite ~ when he looked down** ihm war ganz komisch, als er hinuntersah, c) *colloq.* zweifelhaft, ˌfaul': **~ business** ˌfaule Sache', ˌkrumme Tour'; **don't get ~ with me!** komm mir bloß nicht auf diese Tour! **II** *s pl* → **funnies**.
fun·nyˌ**bone** *s anat.* Musi'kantenknochen *m*. **~ farm** *s colloq.* ˌKlapsmühle' *f* (*psychiatrische Klinik*). '**~-man** [-mæn] *s irr* Komiker *m*, Humo'rist *m*. **~ pa·per** *s Am.* Comic-Teil *m od.* -Beilage *f* (*e-r Zeitung*).
fun·ster ['fʌnstə(r)] *s* Spaßvogel *m*.
fur [fɜː; *Am.* fɜr] **I** *s* **1.** Pelz *m*, Fell *n*: **to make the ~ fly** Stunk machen' (*Person*), (*a. Sache*) für helle Aufregung sorgen; **when she got furious the ~ flew** flogen die Fetzen. **2.** a) Pelzfutter *n*, -besatz *m*, -verbrämung *f* b) *a.* **~ coat** Pelzmantel *m*,

c) *pl* Pelzwerk *n*, -kleidung *f*, Rauchwaren *pl*. **3.** *collect.* Pelztiere *pl*: → **feather** 1. **4.** *med.* (Zungen)Belag *m*. **5.** Belag *m*, *bes.* Kesselstein *m*. **II** *v/t* **6.** mit Pelz füttern *od.* besetzen *od.* verbrämen. **7.** *j-n* in Pelz kleiden. **8.** *a.* **~ up** mit e-m Belag über'ziehen. **9.** *tech.* ausfüllen, verkleiden. **III** *v/i* **10.** *a.* **~ up** Kesselstein ansetzen.
fur·be·low ['fɜːbɪləʊ; *Am.* 'fɜr-] **I** *s* **1.** Faltensaum *m*, -besatz *m*, Falbel *f*. **2.** *meist pl colloq.* Firlefanz *m*. **II** *v/t* **3.** falbeln, fälbeln.
fur·bish ['fɜːbɪʃ; *Am.* 'fɜr-] *v/t* **1.** po'lieren, blank reiben. **2.** *Gebäude etc a.* reno'vieren. **3.** *oft* **~ up** *fig.* auffrischen, 'aufpoˌlieren: **to ~ up one's English**.
fur·cate I *adj* ['fɜːkeɪt; -kət; *Am.* 'fɜr-] gabelförmig, gegabelt, gespalten. **II** *v/i* [-keɪt] sich gabeln *od.* teilen. **fur'ca·tion** *s* Gabelung *f*.
fu·ri·bund ['fjʊərɪbʌnd] *adj* wütend.
fu·ri·ous ['fjʊərɪəs] *adj* (*adv* **~ly**) **1.** wütend, zornig (**with** *s.o.* auf *od.* über *acc*; **at** *s.th.* über *acc*). **2.** aufbrausend (*Temperament*). **3.** wild, heftig (*Kampf*), (*Sturm a.*) stark: **at a ~ pace** mit rasender Geschwindigkeit.
furl [fɜːl; *Am.* fɜrl] **I** *v/t* **1.** *Fahne, Segel* auf-, einrollen, *Schirm* zs.-rollen. **II** *v/i* **2.** a) aufgerollt *etc* werden, b) sich aufrollen *etc* lassen. **3.** da'hingehen (*Zeit*).
fur·long ['fɜːlɒŋ; *Am.* 'fɜr-] *s* Achtelmeile *f* (*220 Yards = 201,168 m*).
fur·lough ['fɜːləʊ; *Am.* 'fɜr-] **I** *s* Urlaub *m* (*bes. für im Ausland stationierte Soldaten od. im Ausland tätige Staatsbedienstete*): **to go home on ~** auf Heimaturlaub gehen. **II** *v/t* beurlauben, *j-m* Urlaub geben.
fur·me(n)·ty ['fɜːmə(n)tɪ; *Am.* 'fɜr-] *s* frumenty.
fur·nace ['fɜːnɪs; *Am.* 'fɜr-] *s* **1.** *tech.* (Schmelz-, Hoch)Ofen *m*: **enamel(l)ing ~** Farbenschmelzofen. **2.** *tech.* (Heiz-) Kessel *m*, Feuerung *f*. **3.** ˌBackofen' *m*, glühend heißer Raum *od.* Ort: **this room's like a ~** dieses Zimmer ist der reinste Backofen. **4.** *oft fig.* **4.** in Ofen erhitzen. **~ coke** *s tech.* Hochofenkoks *m*. **~ gas** *s tech.* Gichtgas *n*. **~ mouth** *s tech.* (Ofen)Gicht *f*.
fur·nish ['fɜːnɪʃ; *Am.* 'fɜr-] *v/t* **1.** versorgen, ausstatten, -rüsten (**with** mit): **to ~ s.o. with s.th.** *j-m* etwas liefern. **2.** *e-e Wohnung etc* ausstatten, einrichten, mö'blieren: **~ed rooms** möblierte Zimmer. **3.** liefern, ver-, beschaffen, bieten: **to ~ documents** Urkunden beibringen; **to ~ proof** den Beweis liefern *od.* erbringen. '**fur·nish·er** *s* **1.** Liefe'rant *m*. **2.** *Am.* Inhaber *m* e-s Herrenmodengeschäfts, Herrenausstatter *m*. '**fur·nish·ing** *s* **1.** Ausrüstung *f*, Ausstattung *f*. **2.** *pl* Einrichtung(sgegenstände *pl*) *f*, Mobili'ar *n*. **3.** *pl Am.* 'Herrenbeˌkleidungsarˌtikel *pl*. **4.** *pl tech.* **4.** Zubehör *n*, b) Beschlag *m*, Beschläge *pl*.
fur·ni·ture ['fɜːnɪtʃə(r); *Am.* 'fɜr-] *s* **1.** Möbel *pl*, Einrichtung *f*, Mobili'ar *n*: **piece of ~** Möbel(stück) *n*; **~ remover** *Br.* a) Spediteur *m*, b) (Möbel)Packer *m*; **~ van** Möbelwagen *m*. **2.** Ausrüstung *f*, -stattung *f*. **3.** *obs.* (Pferde)Geschirr *n*. **4.** *obs.* Inhalt *m*, Bestand *m*. **5.** *fig.* Wissen *n*, (geistiges) Rüstzeug. **6.** → **furnishing** 4.
fu·ror ['fjʊərɔː(r)] *bes. Am.* für **furore**.
fu·ro·re [fjʊə'rɔːrɪ; *Am.* 'fjʊərˌɔːr-; -ˌɔːr] *s* **1.** Ek'stase *f*, Begeisterungstaumel *m*. **2.** Wut *f*, Rase'rei *f*. **3.** Fu'rore *f*, Aufsehen *n*: **to create a ~** Furore machen. **4.** Aufruhr *m*.

fur·phy ['fɜːfɪ] s Austral. sl. **1.** Gerücht n. **2.** 'Märchen' n.

furred [fɜːd; Am. fɜrd] adj **1.** mit Pelz (versehen), Pelz... **2.** mit Pelz besetzt. **3.** mit (e-m) Pelz bekleidet. **4.** med. belegt (Zunge).

fur·ri·er ['fʌrɪə; Am. 'fɜrɪər] s **1.** Kürschner m. **2.** Pelzhändler m. '**fur·ri·er·y** s **1.** Pelzwerk n. **2.** Kürschne'rei f.

fur·row ['fʌrəʊ; Am. 'fɜrəʊ] **I** s **1.** (Acker)Furche f. **2.** Bodenfalte f. **3.** Graben m, Rinne f. **4.** tech. Rille f, Rinne f. **5.** biol. Falz m. **6.** geol. Dislokati'ons‚linie f. **7.** Runzel f, Furche f (a. anat.). **8.** mar. Spur f, Bahn f. **II** v/t **9.** Land pflügen. **10.** das Wasser durch'furchen. **11.** tech. riefen, auskehlen. **12.** das Gesicht, die Stirn furchen, runzeln. **III** v/i **13.** sich furchen (Stirn etc). '**fur·rowed**, '**fur·row·y** adj runz(e)lig, gefurcht, durch'furcht.

fur·ry ['fɜːrɪ; Am. 'fɜrɪ] adj **1.** aus Pelz, pelzartig, Pelz... **2.** med. belegt (Zunge).

fur seal s zo. (ein) Seebär m, (e-e) Bärenrobbe.

fur·ther ['fɜːðə; Am. 'fɜrðər] **I** adv **1.** comp von **far**. **2.** fig. mehr, weiter. **3.** fig. ferner, weiterhin, über'dies, außerdem: ~ **to our letter of yesterday** im Anschluß an unser gestriges Schreiben. **4.** → **farther 4**. **II** adj **5.** fig. weiter(er, e, es), zusätzlich(er, e, es): ~ **education** Br. Fort-, Weiterbildung f; ~ **particulars** Näheres, nähere Einzelheiten; **anything** ~? (sonst) noch etwas? **6.** → **farther 2**. **III** v/t **7.** fördern, unter'stützen. '**fur·ther·ance** s Förderung f, Unter'stützung f: **in** ~ **of s.th.** zur Förderung e-r Sache. '**fur·ther·er** s Förderer m. ‚**fur·ther'more** adv → **further 3**. '**fur·ther·most** adj **1.** fig. äußerst(er, e, es). **2.** → **farthermost 1**. '**fur·thest** [-ðɪst] **I** adj **1.** sup von **far**. **2.** fig. weitest(er, e, es), meist(er, e, es): **at (the)** ~ höchstens. **3.** → **farthest 2**. **II** adv **4.** fig. am weitesten, am meisten. **5.** → **farthest 4**.

fur·tive ['fɜːtɪv; Am. 'fɜr-] adj (adv ~ly) **1.** heimlich, (Blick a.) verstohlen. **2.** heimlichtuerisch. '**fur·tive·ness** s **1.** Heimlichkeit f, Verstohlenheit f. **2.** Heimlichtue'rei f.

fu·run·cle ['fjʊərʌŋkl] s med. Fu'runkel m, n. **fu·run·cu·lar** [fjʊ'rʌŋkjʊlə(r)] adj furunku'lös, Furunkel... **fu·run·cu'lo·sis** [-'ləʊsɪs] s med. Furunku'lose f. **fu'run·cu·lous** → **furuncular**.

fu·ry ['fjʊərɪ] s **1.** Wut f, Zorn m: **for** ~ vor lauter Wut; **to fly into a** ~ wütend od. zornig werden; **he is in one of his furies** er hat wieder einmal e-n s-r Wutanfälle; → **bring down 7**. **2.** aufbrausendes Tempera'ment. **3.** Wildheit f, Heftigkeit f (e-s Kampfes etc): **like** ~ colloq. wild, wie verrückt. **4.** F~ antiq. Furie f, Rachegöttin f. **5.** Furie f (böses Weib).

furze [fɜːz; Am. fɜrz] s bot. (bes. Stech-)Ginster m. '**furz·y** adj Stechginster...

fu·sain [fjuː'zeɪn] s **1.** Holzkohlenstift m. **2.** Kohlezeichnung f.

fus·cous ['fʌskəs] adj bräunlich-grau.

fuse [fjuːz] **I** s **1.** Zünder m: ~ **cap** a) Zünderkappe f, b) Zündhütchen n. **2.** Zündschnur f: ~ **cord** Abreißschnur f. **3.** electr. (Schmelz)Sicherung f: ~ **box** Sicherungskasten m; ~ **cartridge** Sicherungspatrone f; ~ **element** Schmelzleiter m; ~ **link** Sicherungs-, Schmelzeinsatz m; ~ **strip** Schmelzstreifen m; ~ **wire** Sicherungs-, Abschmelzdraht m; **he has a short** ~ Am. colloq. bei ihm brennt leicht die Sicherung durch; → **blow**[1] 29 b. **II** v/t **4.** e-n Zünder anbringen an (dat) od. einsetzen in (acc). **5.** tech. absichern. **6.** phys. tech. schmelzen. **7.** fig. vereinigen, -schmelzen, econ. pol. a. fusio'nieren. **III** v/i **8.** electr. bes. Br. 'durchbrennen. **9.** tech. schmelzen. **10.** fig. sich vereinigen, verschmelzen, econ. pol. a. fusio'nieren.

fu·see [fjuː'ziː] s **1.** Windstreichholz n. **2.** mot. rail. Am. 'Warnungs-, 'Licht‚si‚gnal n. **3.** hist. Schnecke(nkegel m) f (der Uhr).

fu·se·lage ['fjuːzɪlɑːʒ; -lɪdʒ] s aer. (Flugzeug)Rumpf m.

fu·sel (oil) ['fjuːzl] s chem. Fuselöl n.

fu·si·bil·i·ty [‚fjuːzə'bɪlətɪ] s phys. tech. Schmelzbarkeit f. '**fu·si·ble** adj phys. tech. schmelzbar, -flüssig, Schmelz...: ~ **metal** Schnell-Lot n; ~ **cone** Schmelz-, Segerkegel m; ~ **wire** Abschmelzdraht m.

fu·sil[1] ['fjuːzɪl] s her. Raute f.

fu·sil[2] ['fjuːzɪl] s mil. hist. Steinschloßflinte f, Mus'kete f.

fu·sil[3] ['fjuːzɪl], a. '**fu·sile** [-saɪl; -zaɪl; Am. a. -zəl] adj **1.** geschmolzen, gegossen. **2.** selten schmelzbar.

fu·si·lier, Am. a. **fu·si·leer** [‚fjuːzɪ'lɪə(r)] s mil. hist. Füsi'lier m. **fu·sil·lade** [‚fjuːzɪ'leɪd; Am. 'fjuːsə‚lɑːd; -‚leɪd] **I** s **1.** mil. a) (Feuer)Salve f, b) Salvenfeuer n. **2.** mil. Exekuti'onskom‚mando n. **3.** fig. Hagel m: **a** ~ **of questions** ein Schwall von Fragen. **II** v/t **4.** mil. a) e-e Salve abgeben auf (acc), b) unter Salvenfeuer nehmen. **5.** mil. füsil'lieren, standrechtlich erschießen.

fus·ing ['fjuːzɪŋ] s phys. tech. Schmelzen n: ~ **burner** Schneidbrenner m; ~ **current** Abschmelzstromstärke f (e-r Sicherung); ~ **point** Schmelzpunkt m.

fu·sion ['fjuːʒn] s **1.** phys. tech. Schmelzen n: ~ **electrolysis** electr. Schmelzflußelektrolyse f; ~ **point** Schmelzpunkt m; ~ **welding** Schmelzschweißen n. **2.** tech. Schmelzmasse f, Fluß m. **3.** Fusi'on f: a) biol. Verschmelzung von Zellen od. Chromosomen: ~ **nucleus** Verschmelzungskern m, b) opt. Vereinigung der Bilder des rechten u. des linken Auges zu e-m einzigen Bild, c) phys. Verschmelzung zweier leichter Atomkerne, wobei Energie frei wird: ~ **bomb** Wasserstoffbombe f; ~ **reactor** Fusionsreaktor m. **4.** fig. Verschmelzung f, Vereinigung f, econ. pol. a. Fusi'on f.

fuss [fʌs] **I** s **1.** a) (unnötige) Aufregung: **to get into a** ~ → 5, b) Hektik f. **2.** 'Wirbel' m, 'Wind' m, 'The'ater' m: **to make a** ~ a) → 6, b) a. **to kick up a** ~ ‚Krach machen od. schlagen'; **a lot of** ~ **about nothing** viel Lärm um nichts; → **kerfuffle**. **3.** Ärger m: **there's sure to be** ~ es gibt mit Sicherheit Ärger. **4.** Streit m, 'Krach' m. **II** v/i **5.** sich (unnötig) aufregen (**about** über acc): **don't** ~ a) nur keine Aufregung!, b) nur keine Hektik! **6.** viel 'Wirbel' machen (**about, of, over** um). **7.** ~ **about** (od. **around**) ‚her'umfuhrwerken'. **8.** ~ **over** a) j-n bemuttern, b) sich viel 'Umstände machen mit e-m Gast. **III** v/t **9.** j-n ner'vös machen, ärgern. '~‚**budg·et** Am. colloq. für **fusspot**.

fuss·i·ness ['fʌsɪnɪs] s **1.** a) (unnötige) Aufregung, b) Hektik f, hektische Betriebsamkeit. **2.** Kleinlichkeit f, Pedante'rie f. **3.** heikle od. wählerische Art. **4.** Über'ladenheit f.

'**fuss·pot** s colloq. Kleinlichkeitskrämer m, Pe'dant m.

'**fuss·y** adj (adv **fussily**) **1.** a) (unnötig) aufgeregt, b) hektisch. **2.** kleinlich, pe'dantisch. **3.** heikel, wählerisch (**in** dat). **4.** über'laden (Kleidung, Möbel etc).

fus·ta·nel·la [‚fʌstə'nelə] s Fusta'nella f (kurzer Männerrock der griechischen Nationaltracht).

fus·tian ['fʌstɪən; Am. -tʃən] **I** s **1.** Barchent m, 'Baumwollfla‚nell m. **2.** fig. Schwulst m. **II** adj **3.** Barchent... **4.** fig. bom'bastisch, schwülstig. **5.** fig. nichtsnutzig.

fus·ti·gate ['fʌstɪɡeɪt] v/t obs. (ver)prügeln. ‚**fus·ti'ga·tion** s obs. Tracht f Prügel.

fust·i·ness ['fʌstɪnɪs] s **1.** Moder(geruch) m. **2.** fig. Rückständigkeit f. '**fust·y** adj **1.** mod(e)rig, muffig, dumpfig. **2.** fig. a) verstaubt, veraltet, b) rückständig.

fu·thark ['fuːθɑː(r)k], a. '**fu·thorc**, '**fu·thork** [-θɔː(r)k] s Futhark n, 'Runenalpha‚bet n.

fu·tile ['fjuːtaɪl; Am. bes. -tl] adj (adv ~ly) **1.** nutz-, zweck-, aussichts-, wirkungslos, vergeblich. **2.** unbedeutend, geringfügig. **3.** oberflächlich (Person). **fu‚til·i'tar·i·an** [-‚tɪlɪ'teərɪən] adj u. s menschliches Hoffen u. Streben als nichtig betrachtend(er Mensch). **fu'til·i·ty** [-'tɪlətɪ] s **1.** a) Zweck-, Nutz-, Sinnlosigkeit f, b) zwecklose Handlung. **2.** Geringfügigkeit f. **3.** Oberflächlichkeit f.

fut·tock ['fʌtək] s mar. Auflanger m, Sitzer m (der Spanten). ~ **plate** s mar. Marspütting f.

fu·ture ['fjuːtʃə(r)] **I** s **1.** Zukunft f: **in** ~ in Zukunft, künftig; **for the** ~ für die Zukunft, künftig; **to have a great** ~ (**before one**) e-e große Zukunft haben; **there is no** ~ **in it** es hat keine Zukunft. **2.** ling. Fu'tur n, Zukunft f. **3.** pl econ. a) Ter'mingeschäfte pl, b) Ter'minwaren pl: ~**s contract** Terminvertrag m. **II** adj **4.** (zu)künftig, Zukunfts... **5.** ling. fu'turisch: ~ **tense** → 2. **6.** econ. Termin...: ~ **delivery**. '**fu·ture·less** adj ohne Zukunft, zukunftslos.

fu·ture|**life** s Leben n nach dem Tode. ~ **per·fect** s ling. Fu'turum n ex'actum, zweites Fu'tur. ~ **shock** s Zukunftsschock m.

fu·tur·ism ['fjuːtʃərɪzəm] s Futu'rismus m (literarische, künstlerische u. politische Bewegung des beginnenden 20. Jahrhunderts, die den völligen Bruch mit der Überlieferung u. ihren Traditionswerten fordert). '**fu·tur·ist** adj **1.** futu'ristisch. **II** s **2.** Futu'rist m. **3.** relig. j-d, der an die Erfüllung der Prophezeiungen Christi in der Zukunft glaubt. ‚**fu·tur'is·tic** adj (adv ~ally) **1.** futu'ristisch. **2.** 'supermo‚dern.

fu·tu·ri·ty [fjuː'tjʊərətɪ; Am. fjʊ'tʊr-; -'tʃʊr-] s **1.** Zukunft f. **2.** zukünftiges Ereignis. **3.** Zukünftigkeit f. **4.** ~ **ty race**, ~ **race** s Pferdesport: Am. Rennen, meist für Zweijährige, das lange nach den Nennungen stattfindet.

fu·tur·o·log·i·cal [‚fjuːtʃərə'lɒdʒɪkl; Am. -'lɑ-] adj (adv ~ly) futuro'logisch. ‚**fu·tur'ol·o·gist** [-'rɒlədʒɪst; Am. -'rɑ-] s Futuro'loge m, Zukunftsforscher m. ‚**fu·tur'ol·o·gy** s Futurolo'gie f, Zukunftsforschung f.

fuze etc Am. für **fuse**.

fuzz[1] [fʌz] **I** s **1.** feiner Flaum. **2.** Fusseln pl, Fäserchen pl. **3.** 'Überzug m od. Masse f aus feinem Flaum. **II** v/t **4.** (zer)fasern. **5.** a. ~ **up** fig. a) verworren machen, b) (bes. durch Alkohol) benebeln. **III** v/i **6.** zerfasern.

fuzz[2] [fʌz] s sl. 'Bulle' m (Polizist): **the** ~ collect. die Bullen pl (die Polizei).

fuzz·i·ness ['fʌzɪnɪs] s **1.** flaumige od. flockige Beschaffenheit. **2.** Struppigkeit f. **3.** Unschärfe f, Verschwommenheit f.

'**fuzz·y** adj (adv **fuzzily**) **1.** flockig, flaumig. **2.** faserig, fusselig. **3.** a) kraus, wuschelig, b) struppig (Haar). **4.** unscharf, verschwommen. **5.** benommen. '~-‚**wuzz·y** [-‚wʌzɪ] s **1.** mil. hist. colloq. suda'nesischer Sol'dat. **2.** sl. 'Wuschelkopf' m.

fyl·fot ['fɪlfɒt; Am. -‚fɑt] s Hakenkreuz n.

G

G, g [dʒiː] **I** *pl* **G's, Gs, g's, gs** [dʒiːz] *s* **1.** G, g *n* (*Buchstabe*). **2.** *mus.* G, g *n* (*Note*): G flat Ges, ges *n*; G sharp Gis, gis *n*; G double flat Geses, geses *n*; G double sharp Gisis, gisis *n*. **3.** G *ped.* Gut *n*. **4.** G *Am. sl.* 1000 Dollar *pl.* **II** *adj* **5.** siebent(er, e, es), siebt(er, e, es): **Company G. 6.** G G-..., G-förmig.

gab [gæb] *colloq.* **I** *s* ‚Gequassel' *n*, ‚Gequatsche' *n*: **stop your ~!** halt den Mund!; **to have the gift of the ~** (*Am.* of ~) ‚ein flottes Mundwerk' haben, (gut) reden können. **II** *v/i* ‚quasseln', ‚quatschen'.

gab·ar·dine → gaberdine.

gab·ble ['gæbl] **I** *v/i* **1.** *a.* **~ away** ‚brabbeln'. **2.** schnattern (*Gänse*). **II** *v/t* **3.** ein Gebet etc ‚her'unterleiern, -rasseln'. **4.** etwas ‚brabbeln'. **III** *s* **5.** ‚Gebrabbel' *n*. **6.** Geschnatter *n*. '**gab·bler** *s* ‚Drabbler(in)'.

gab·bro ['gæbrəʊ] *s geol.* Gabbro *m* (*ein Tiefengestein*).

gab·by ['gæbɪ] *adj colloq.* geschwätzig.

ga·belle [gæ'bel; gə-] *s hist.* Salzsteuer *f*.

gab·er·dine [ˌgæbə(r)diːn; -'-] *s* **1.** *hist.* Kaftan *m* (*der Juden*). **2.** a) Gabardine *m* (*fein gerippter Stoff aus* [*Baum-*] *Wolle od. Chemiefaser*), b) *Kleidungsstück aus Gabardine, z. B. Gabardinemantel m*.

gab·fest ['gæbfest] *s bes. Am. colloq.* ‚Quasse'lei' *f*, ‚Quatschen' *n*, Schwatz *m*.

ga·bi·on ['geɪbjən; -ɪən] *s mil. hist.* Schanzkorb *m*.

ga·ble ['geɪbl] *s arch.* **1.** Giebel *m*: **~ roof** Giebeldach *n*; **~ window** Giebelfenster *n*. **2.** *a.* **~ end** Giebelwand *f*. **3.** → gablet. '**ga·bled** [-bld] *adj* giebelig, Giebel...: **~ house**. '**ga·blet** [-blɪt] *s* giebelförmiger Aufsatz (*über Fenstern etc*), (Zier)Giebel *m*.

ga·by ['geɪbɪ] *s Br. colloq.* ‚Einfaltspinsel' *m*.

gad[1] [gæd] **I** *v/i* **~ about** (*od.* **around**) a) (viel) unter'wegs sein (*in dat*), b) (viel) her'umkommen (*in dat*), c) sich her'umtreiben (*in dat*): **he was ~ding about England for years**; **to ~ about at political meetings** sich auf politischen Versammlungen herumtreiben. **II** *s*: **to be (up)on the ~ (in)** → I.

gad[2] [gæd] **I** *s* **1.** a) Stachelstock *m* (*des Viehtreibers*), b) *meist pl Am.* Sporn *m*. **2.** *Bergbau:* Fimmel *m*, Bergeisen *n*. **II** *v/t* **3.** *Bergbau:* mit dem Fimmel her'ausbrechen *od.* lockern.

gad[3] [gæd] *interj* (**by**) **~!** *obs.* bei Gott!

'**gad·a·bout** *s j-d, der viel herumkommt etc*; → gad[1].

'**gad·fly** *s* **1.** *zo.* Viehbremse *f*. **2.** *fig.* lästiger Mensch.

gad·get ['gædʒɪt] *colloq.* **I** *s tech.* a) Appa'rat *m*, Gerät *n*, Vorrichtung *f*, b) *oft contp.* technische Spiele'rei. **II** *v/t Am.* mit Appa'raten *etc* ausstatten.

gad·ge·teer [ˌgædʒɪ'tɪə(r)] *s colloq.* Liebhaber *m* von technischen Spiele'reien.

'**gad·get·ry** [-trɪ] *s colloq.* **1.** *tech. collect.* a) Appa'rate *pl*, Geräte *pl*, Vorrichtungen *pl*, b) *oft contp.* technische Spiele'reien *pl.* **2.** Beschäftigung *f* mit technischen Spiele'reien. '**gad·get·y** *adj colloq.* **1.** raffi'niert, zweckvoll (konstru'iert). **2.** Apparate..., Geräte... **3.** versessen auf technische Spiele'reien.

Ga·dhel·ic [gæ'delɪk; gə-] → Gaelic.

gad·o·lin·ite ['gædəlɪnaɪt] *s min.* Gadoli'nit *m*.

gad·o·lin·i·um [ˌgædə'lɪnɪəm] *s chem.* Gado'linium *n*.

gad·wall ['gædwɔːl] *pl* **-walls,** *bes. collect.* **-wall** *s orn.* Schnatterente *f*.

Gael [geɪl] *s* Gäle *m*, Gälin *f*. **Gael·ic** ['geɪlɪk; 'gælɪk] **I** *s ling.* Gälisch *n*, das Gälische. **II** *adj* gälisch: **~ coffee** Irish coffee *m*; **~ football** *sport* Gaelic Football *m* (*in Irland gepflegte, rauhere Art des Footballs*). '**Gael·i·cist** *s ling.* Gäli'zist *m*.

gaff[1] [gæf] **I** *s* **1.** Fisch-, Landungshaken *m*. **2.** *mar.* Gaffel *f*. **3.** Stahlsporn *m*. **4.** *bes. Am. sl.* ‚Schlauch' *m*, Anstrengung *f*: **to stand the ~** durchhalten, die Sache durchstehen. **5.** *Am. sl.* a) Schwindel *m*, b) betrügerische Vorrichtung (*an Spieltischen etc*). **II** *v/t* **6.** mit (e-m) Fischhaken an Land *od.* ins Boot ziehen. **7.** *Am. sl.* ‚übers Ohr hauen'.

gaff[2] [gæf] *s a.* **penny ~** *Br. sl. obs.* ‚Schmiere' *f*, billiges The'ater *od.* Vari̯eté.

gaff[3] [gæf] *s sl.* **1.** ‚Quatsch' *m*, ‚Geschwätz' *n*. **2.** **to blow the ~** alles verraten, ‚plaudern'; **to blow the ~ on s.th.** etwas ausplaudern.

gaffe [gæf] *s* Faux'pas *m*, *bes.* taktlose Bemerkung.

gaf·fer ['gæfə(r)] *s* **1.** *humor. od. contp.* ‚Opa' *m* (*bes. vom Land*). **2.** *Br. colloq.* a) Chef *m*, b) Vorarbeiter *m*. **3.** *Film, TV: Am. sl.* (Chef)Beleuchter *m*.

'**gaff**·**sail** *s mar.* Gaffelsegel *n*. ˌ~'**top·sail** *s mar.* Gaffeltoppsegel *n*.

gag [gæg] **I** *v/t* **1.** knebeln (*a. fig.*). **2.** *fig.* mundtot machen. **3.** *med.* j-m den Mund mit e-m Sperrer offenhalten. **4.** zum Würgen reizen. **5.** verstopfen: **the sight ~ged his throat** der Anblick schnürte ihm die Kehle zu *od.* zusammen. **6.** *oft* **~ up** *thea. etc colloq.* ‚vergagen', mit Gags spicken. **II** *v/i* **7.** würgen (*on dat*). **8.** *thea. etc colloq.* Gags anbringen. **9.** *colloq.* witzeln. **III** *s* **10.** Knebel *m* (*a. fig.*). **11.** *fig.* Knebelung *f*. **12.** *parl.* Schluß *m* der De'batte. **13.** *med.* Mundsperrer *m*. **14.** *thea. etc colloq.* Gag *m*: a) witziger, ef'fektvoller Einfall, b) komische Bildod. Wortpointe. **15.** *colloq.* a) Jux *m*, Ulk *m*: **for a ~** aus Jux, b) Gag *m*, Trick *m*, c) faule Ausrede.

ga·ga ['gɑːgɑː] *adj sl.* **1.** a) verkalkt, vertrottelt, b) ‚plem'plem'. **2. to go ~ about** (*od.* **over**) in Verzückung geraten über (*acc*).

gag bit *s* Zaumgebiß *n* (*für Pferde*).

gage[1] [geɪdʒ] **I** *s* **1.** *hist.* Fehdehandschuh *m*: **to throw down the ~ to s.o.** j-m den Fehdehandschuh hinwerfen. **2.** Pfand *n*. **II** *v/t* **3.** *obs.* zum Pfand geben.

gage[2] [geɪdʒ] *Am.* → gauge.

gage[3] [geɪdʒ] → greengage.

gage[4] [geɪdʒ] *s bes. Am. sl.* a) Marihu'ana *n*, b) ‚Joint' *m* (*Marihuanazigarette*).

gag·er *Am.* → gauger.

gag·ger ['gægə(r)] → gagman.

gag·gle ['gægl] **I** *v/i* **1.** schnattern (*Gans*) (*a. fig.*). **II** *s* **2.** Geschnatter *n* (*a. fig.*). **3.** a) Gänseherde *f*, b) *colloq.* schnatternde Schar: **a ~ of girls**.

'**gag·man** [-mən] *s irr thea. etc colloq.* Gagman *m*, Gagger *m* (*j-d, der Gags erfindet*). **~ or·der** *s Am.* gerichtliche Verfügung, durch die es den Medien verboten wird, über ein schwebendes Verfahren zu berichten. **~ rein** *s* Zügel zum strafferen Anziehen des Zaumgebisses.

gah·nite ['gɑːnaɪt] *s min.* Gah'nit *m*.

gai·e·ty ['geɪətɪ] *s* **1.** Frohsinn *m*, Fröhlich-, Lustigkeit *f*. **2.** *oft pl* Vergnügung *f*. **3.** Farbenpracht *f*.

gain [geɪn] **I** *v/t* **1.** s-n Lebensunterhalt *etc* verdienen. **2.** gewinnen: **to ~ time**; → **ground**[1] **2, upper hand. 3.** erreichen: **to ~ the shore. 4.** *fig.* erreichen, erlangen, erringen: **to ~ experience** Erfahrung(en) sammeln; **to ~ wealth** Reichtümer erwerben; **to ~ admission** Einlaß finden; → **advantage 1. 5.** *j-m etwas* einbringen, -tragen: **it ~ed him a promotion** (**a warning**). **6.** zunehmen an (*dat*): **to ~ speed** (**strength**) schneller (stärker) werden; **he ~ed 10 pounds** er nahm 10 Pfund zu; **to ~ weight 3. 7.** *meist* **~ over** *j-n* für sich gewinnen. **8.** vorgehen um (*Uhr*): **my watch ~s two minutes a day** m-e Uhr geht am Tag zwei Minuten vor. **II** *v/i* **9.** (**on, upon**) a) näherkommen (*dat*), (an) Boden gewinnen, aufholen (gegen'über), b) s-n Vorsprung vergrößern (*vor dat, gegen'über*). **10.** Einfluß *od.* Boden gewinnen. **11.** besser *od.* kräftiger werden: **he ~ed daily** er nahm täglich mehr zu Kräften. **12.** *econ.* Pro'fit *od.* Gewinn machen. **13.** (an Wert) gewinnen, besser zur Geltung kommen, im Ansehen steigen. **14.** zunehmen (**in an** *dat*): **to ~ (in weight)** (an Gewicht) zunehmen; **the days were ~ing in warmth** die Tage wurden wärmer. **15.** (**on, upon**) 'übergreifen (auf *acc*), sich ausbreiten (über *acc*). **16.** vorgehen (*Uhr*): **my watch ~s by two minutes a day** m-e Uhr geht am Tag zwei Minuten vor. **III** *s* **17.** Gewinn *m*, Vorteil *m*, Nutzen *m* (**to** für). **18.** Zunahme *f*,

Steigerung f: ~ **in knowledge** Wissensbereicherung f; ~ **in weight** Gewichtszunahme f. **19.** econ. a) Pro'fit m, Gewinn m: **for** ~ jur. in gewinnsüchtiger Absicht, b) pl Am. Verdienst m (aus Geschäften). **20.** electr. phys. Verstärkung f: ~ **control** Lautstärkeregelung f.
'gain·er s **1.** Gewinner m: **to be the ~(s) by s.th.** durch etwas gewinnen. **2.** Wasserspringen: Auerbach(sprung) m: **full** ~ Auerbachsalto m; **half** ~ Auerbachkopfsprung m.
'gain·ful adj (adv ~ly) einträglich, ren'tabel, gewinnbringend: ~ **employment** (od. **occupation**) Erwerbstätigkeit f; ~**ly employed** (od. **occupied**) erwerbstätig. 'gain·ful·ness s Einträglichkeit f, Rentabili'tät f.
'gain·giv·ing s obs. schlimme Ahnung.
'gain·ings s pl Einkünfte pl, Gewinn(e pl) m, Pro'fit m. 'gain·less adj **1.** nicht einträglich od. gewinnbringend, 'unren,tabel: **to be** ~ sich nicht rentieren. **2.** nutz-, zwecklos.
gain·ly ['geɪnlɪ] adj obs. od. dial. **1.** passend, geeignet. **2.** nett (Person, Wesen).
gain·say [,geɪn'seɪ] v/t irr obs. od. poet. **1.** etwas bestreiten, leugnen: **there is no** ~**ing his ability** s-e Fähigkeit ist unbestreitbar. **2.** j-m wider'stehen.
gainst, 'gainst [genst; geɪnst] poet. für against.
gait [geɪt] **I** s **1.** Gang(art f) m. **2.** Gangart f (des Pferdes). **3.** Am. Tempo n. **II** v/t **4.** e-m Pferd e-e Gangart beibringen.
gai·ter ['geɪtə(r)] s **1.** Ga'masche f. **2.** Am. Stoff- od. Lederschuh m mit Gummizügen, Zugstiefel m.
gal[1] [gæl] s colloq. Mädchen n.
gal[2] [gæl] s phys. Gal n (Einheit der Beschleunigung).
ga·la ['gɑ:lə; 'geɪlə; Am. a. 'gælə] **I** adj **1.** festlich, feierlich, Gala...: ~ **concert** Galakonzert n; ~ **occasion** festlicher Anlaß; ~ **night** Galaabend m. **II** s **2.** Festlichkeit f. **3.** Galaveranstaltung f. **4.** sport Br. (in Zssgn) Fest n: **swimming** ~.
ga·lac·ta·gogue [gə'læktəɡɒɡ; Am. -,ɡɑɡ] **I** adj med. milchtreibend. **II** s med. pharm. Galakta'gogum n, milchtreibendes Mittel (für Wöchnerinnen). ga'lac·tic adj **1.** astr. Milchstraßen..., ga'laktisch: ~ **coordinate** (**equator, latitude, longitude**); ~ **noise** galaktisches Rauschen. **2.** physiol. Milch..., 'milchprodu,zierend. **3.** Am. fig. riesig.
ga·lac·to·cele [gə'læktəʊsi:l] s med. Galakto'zele f, Milchzyste f (der Brustdrüse).
gal·ac·tom·e·ter [,ɡælək'tɒmɪtə; Am. -'tɑmətər] s Galakto'meter n (Meßgerät zur Bestimmung des Milchfettgehaltes).
ga·lac·to·phore [-təfɔ:(r)] s anat. Milchgang m. ga'lac·tose [-təʊz; -təʊs] s chem. Galak'tose f (Bestandteil des Milchzuckers).
Gal·a·had ['gæləhæd] **I** Sir ~ npr Galahad m (Ritter der Tafelrunde). **II** s reiner, edler Mensch.
ga·lan·gal [gə'læŋɡl] → galingale.
gal·an·tine ['gæləntiːn] s gastr. Galan'tine f (kaltes Gericht aus mit Aspik überzogenem, gefülltem Fleisch).
ga·lan·ty show [gə'læntɪ] s Schattenspiel n.
gal·a·te·a [,ɡælə'tɪə] s ein Baumwollstoff.
Ga·la·tians [gə'leɪʃjənz; Am. -ʃənz] s pl Bibl. (Brief m des Paulus an die) Galater pl.
gal·a·vant → gallivant.
gal·ax·y ['gæləksɪ] s **1.** astr. Milchstraße f, Gala'xie f: **the G**~ die Milchstraße, die Galaxis. **2.** fig. Schar f: **a ~ of beautiful women** (**foreign diplomats**).
gal·ba·num ['ɡælbənəm] s med. pharm.

Galban(um) n (Heilmittel aus dem Milchsaft persischer Doldenblütler).
gale[1] [ɡeɪl] s **1.** meteor. Sturm(wind) m: → **fresh** (**strong, whole**) **gale**. **2.** obs. od. poet. sanfter Wind. **3.** oft pl colloq. Sturm m, Ausbruch m: **a** ~ **of laughter** e-e Lachsalve, stürmisches Gelächter.
gale[2] [ɡeɪl] s bot. Heidemyrte f.
ga·le·a ['ɡeɪlɪə] pl **-le·ae** [-lɪiː] s **1.** bot. zo. Helm m. **2.** anat. Kopfschwarte f. **3.** med. Kopfverband m. **ga·le·ate** [-ət; -eɪt], a. 'ga·le·at·ed [-eɪtɪd] adj bot. zo. gehelmt.
Ga·len ['ɡeɪlɪn] s humor. ‚Äsku'lapjünger' m (Arzt).
ga·le·na [ɡə'liːnə] s min. Gale'nit m, Bleiglanz m.
ga·len·ic [ɡə'lenɪk; ɡeɪ-] adj **1.** G~ ga'lenisch: **G~ pharmacy** galenische Pharmazie. **2.** med. pharm. ga'lenisch. ga'len·i·cal [-kl] **I** adj → **galenic**. **II** s med. pharm. Ga'lenikum n (vom Apotheker nach den Vorschriften des Arzneibuches od. des Arztes zubereitetes Arzneimittel).
ga·le·nite [ɡə'liːnaɪt] → galena.
Ga·li·cian [ɡə'lɪʃjən; Am. bes. -ʃən] **I** adj ga'lizisch. **II** s Ga'lizier(in).
Gal·i·le·an[1] [,ɡælɪ'liːən] **I** adj **1.** gali'läisch: ~ **Lake** See m Genezareth. **II** s **2.** Gali'läer(in). **3.** the ~ der Gali'läer (Christus). **4.** Christ(in).
Gal·i·le·an[2] [,ɡælɪ'leɪən; -'liːən] adj gali'leisch: ~ **telescope**.
gal·i·lee ['ɡælɪliː] s Vorhalle f (mancher Kirchen).
gal·i·ma·ti·as [,ɡælɪ'meɪtɪəs; -'mætɪəs] s Galima'thias m, n; verworrenes, sinnloses Gerede.
gal·in·gale ['ɡælɪŋɡeɪl] s bot. a) a. **English** ~ Langes Zyperngras, b) Gal'gant m.
gal·i·pot ['ɡælɪpɒt; Am. -,pɑt; -,poʊ] s Gal(l)i'pot m, Scharrharz n.
gal·i·vant → gallivant.
gall[1] [ɡɔːl] s **1.** obs. Galle f: a) anat. Gallenblase f, b) physiol. Gallenflüssigkeit f. **2.** fig. Galle f: a) Bitterkeit f, Erbitterung f, b) Bosheit f: **to dip one's pen in** ~ **Galle verspritzen, s-e Feder in Galle tauchen**; → **wormwood** 2. **3.** colloq. Frechheit f.
gall[2] [ɡɔːl] **I** s **1.** wund geriebene od. gescheuerte Stelle. **2.** fig. a) Ärger m, b) Ärgernis n. **II** v/t **3.** wund reiben od. scheuern. **4.** fig. (ver)ärgern, reizen. **III** v/i **5.** reiben, scheuern. **6.** sich wund reiben od. scheuern. **7.** fig. sich ärgern.
gall[3] [ɡɔːl] s bot. Galle f.
gal·lant ['ɡælənt] (adv ~ly) **1.** tapfer, mutig, heldenhaft. **2.** prächtig, stattlich. **3.** [a. ɡə'lænt] ga'lant: a) höflich, zu'vorkommend, ritterlich (**to** zu, gegen'über), b) amou'rös, Liebes... **3** s [ɡælənt; Am. bes. ɡə'lænt]. **4.** Kava'lier m. **5.** Verehrer m. **6.** Geliebte(r) m. **III** v/t [ɡə'lænt] **7.** e-e Dame a) Gala'nt behandeln, b) eskor'tieren. **IV** v/i **8.** den Kava'lier spielen.
gal·lant·ry ['ɡæləntrɪ] s **1.** Tapferkeit f. **2.** Galante'rie f, Ritterlichkeit f. **3.** heldenhafte Tat. **4.** Liebe'lei f.
'gall ˌap·ple s bot. Gallapfel m. ~ **bladder** s anat. Gallenblase f. ~ **duct** s anat. Gallengang m.
gal·le·ass ['ɡæliəs] s mar. hist. Ga'leere f.
'gal·le·on [-ən] s mar. hist. Gale'one f.
gal·ler·y ['ɡælərɪ] s **1.** arch. Gale'rie f. **2.** arch. Gale'rie f, Em'pore f (in Kirchen). **3.** a) thea. dritter Rang, Gale'rie f (a. die Zuschauer auf der Galerie od. der am wenigsten gebildete Teil des Publikums): **to play to the** ~ für die Galerie spielen (a. weitS.), b) sport etc Publikum n. **4.** ('Kunst-, Ge'mälde)Gale,rie f. **5.** mar. Gale'rie f, Laufgang m. **6.** tech. Laufsteg m. **7.** mil. a) Minengang m, Stollen m, b)

gedeckter Gang. **8.** → **shooting gallery**. **9.** Bergbau: Stollen m, Strecke f. **10.** zo. 'unterirdischer Gang. **11.** Am. 'Fotoateli,er n. **12.** fig. Gale'rie f, Reihe f, Schar f (von Personen). ~ **car** s rail. Am. Doppeldeckerwagen m (im Vorortverkehr). ~ **own·er** s Gale'rist(in).
gal·ler·y·ite ['ɡælərɪaɪt] s thea. Gale'riebesucher(in).
gal·ley ['ɡælɪ] s **1.** mar. a) hist. Ga'leere f, b) Langboot n. **2.** mar. Kom'büse f, Küche f. **3.** print. (Setz)Schiff n. **4.** print. Fahne(nabzug m) f. ~ **proof** → **galley** 4. ~ **slave** s **1.** hist. Ga'leerensklave m. **2.** colloq. Kuli m, Last-, Packesel m. ˌ~-'**west** adv: **to knock** ~ bes. Am. colloq. a) j-n, etwas völlig durcheinanderbringen, b) etwas zum Erliegen bringen, c) j-n k. o. schlagen. '~**worm** → **millepede**.
'gall·fly s zo. Gallwespe f.
gal·li·ass → **galleass**.
Gal·lic[1] ['ɡælɪk] adj **1.** gallisch. **2.** fran'zösisch, gallisch.
gal·lic[2] ['ɡælɪk] adj chem. galliumhaltig, Gallium...
gal·lic[3] ['ɡælɪk] adj chem. Gallus...: ~ **acid**.
Gal·li·cism ['ɡælɪsɪzəm] s ling. Galli'zismus m, fran'zösische Spracheigenheit. 'Gal·li·cize **I** v/t französieren. **II** v/i franzö'siert werden.
gal·li·gas·kins [,ɡælɪ'ɡæskɪnz] s pl a. **pair of** ~ **1.** hist. Pluderhose f. **2.** weite Hose.
gal·li·mau·fry [,ɡælɪ'mɔːfrɪ] s bes. Am. Mischmasch m, Durchein'ander n.
gal·li·na·ceous [,ɡælɪ'neɪʃəs] adj hühnerartig.
gall·ing ['ɡɔːlɪŋ] adj (adv ~ly) ärgerlich: **it was** ~ **to him** es (ver)ärgerte ihn, es war ihm ein Ärgernis.
gal·li·nule ['ɡælɪˌnjuːl; -ˌnuːl] s orn. Am. Teichhuhn n.
Gal·li·o ['ɡælɪəʊ] pl **-os** s gleichgültiger od. verantwortungsloser Mensch od. Beamter.
gal·li·pot[1] → **galipot**.
gal·li·pot[2] ['ɡælɪpɒt; Am. -,pɑt] s Apo'thekergefäß n, Salbentopf m.
gal·li·vant [,ɡælɪ'vænt; bes. Am. 'ɡælɪv-] v/i **1.** sich amü'sieren (**with** mit). **2.** ~ **about** (od. **around**) sich her'umtreiben (in dat): **he was** ~**ing about England for years**.
'gall|ˌmidge s zo. Gallmücke f. '~nut s bot. Gallapfel m.
Gallo- ['ɡæləʊ] Wortelement mit der Bedeutung Gallo..., französisch.
gall| **oak** s bot. Galleiche f. ~ **of the earth** s bot. Am. Hasenlattich m.
ˌGal·lo'ma·ni·a s Galloma'nie f (übertriebene Nachahmung alles Französischen).
gal·lon ['ɡælən] s Gal'lone f (Hohlmaß; 3,79 l in USA, 4,55 l in GB).
gal·loon [ɡə'luːn] s Ga'lon m, Borte f, Tresse f, Litze f.
gal·loot → **galoot**.
gal·lop ['ɡæləp] **I** v/i **1.** galop'pieren, (im) Ga'lopp reiten. **2.** a) galop'pieren (Pferd), b) colloq. „sausen" (Mensch, Tier). **3.** ~ **through** colloq. etwas „im Ga'lopp" erledigen: **to** ~ **through one's work**; **to** ~ **through a book** ein Buch rasch durchfliegen; **to** ~ **through a meal** e-e Mahlzeit hinunterschlingen; **to** ~ **through a lecture** e-n Vortrag ˌherunterrasseln'. **II** v/t **4.** ein Pferd in Ga'lopp setzen, galop'pieren lassen. **III** s **5.** Ga'lopp m: **at a** ~ im Galopp (a. fig. colloq.); → **full gallop**. ˌgal·lo'pade [-'peɪd] → **galop**.
Gal·lo·phile ['ɡæləʊfaɪl; -fɪl], a. 'Gal·lo·phil [-fɪl] **I** s gallo'phile m, Fran'zosenfreund m. **II** adj gallo'phil, fran'zosenfreundlich. 'Gal·lo·phobe

galloping - gamma

[-fəub] **I** s Fran'zosenhasser m, -feind m. **II** adj fran'zosenfeindlich.
'**gal·lop·ing** adj fig. galop'pierend: ~ inflation; ~ consumption med. galoppierende Schwindsucht.
ˌ**Gal·lo-Ro'mance** s ling. hist. Galloro'manisch n.
gal·lous ['gæləs] adj chem. Gallium...
gal·lows ['gæləʊz] pl -**lows·es, -lows** s **1. Galgen** m: to end up on the ~ am Galgen enden; to sentence s.o. to the ~ j-n zum Tod durch den Strang verurteilen. **2.** galgenähnliches Gestell, Galgen m. ~ **bird** s colloq. Galgenvogel m. ~ **hu·mo(u)r** s 'Galgenhuˌmor m. ~ **tree** → **gallows** 1.
gal·low tree → **gallows** 1.
gall│sick·ness s vet. Gallsucht f. '~**stone** s med. Gallenstein m.
Gal·lup poll ['gæləp] s ('Gallup-)Meinungsˌumfrage f.
gall wasp s zo. Gallwespe f.
Gal·ois the·o·ry ['gælwɑ:] s math. Ga'lois-Theoˌrie f.
ga·loot [gə'lu:t] s bes. Am. sl. ‚Bauer' m.
gal·op ['gæləp] mus. **I** s Ga'lopp m (Tanz). **II** v/i e-n Ga'lopp tanzen.
gal·o·pade [ˌgælə'peɪd] → **galop**.
ga·lore [gə'lɔ:(r); Am. a. gə'ləʊr] adv colloq. ‚in rauhen Mengen': money ~ Geld wie Heu; whisky ~ jede Menge Whisky.
ga·losh [gə'lɒʃ; Am. gə'lɑʃ] s meist pl Ga'losche f, 'Überschuh m.
ga·lumph [gə'lʌmf] v/i colloq. stapfen, stampfen.
gal·van·ic [gæl'vænɪk] adj (adv ~ally) **1.** electr. gal'vanisch: ~ **cell** galvanisches Element; ~ **current** galvanischer Strom; ~ **electricity** Berührungselektrizität f. **2.** colloq. a) zuckend, ruckartig: ~ **movements**, b) fig. elektri'sierend: ~ **effect**.
gal·va·nism ['gælvənɪzəm] s **1.** electr. Galva'nismus m, Be'rührungselektriziˌtät f. **2.** med. Galvanisati'on f, Galvanothera'pie f. ˌ**gal·va·ni'za·tion** s **1.** tech. Galvani'sierung f, (Feuer)Verzinkung f. **2.** → **galvanism** 2. '**gal·va·nize** v/t **1.** tech. galvani'sieren, (feuer)verzinken: ~**d iron** (feuer)verzinktes Eisenblech. **2.** med. mit Gleichstrom behandeln. **3.** fig. colloq. j-n elektri'sieren: to ~ **s.o. into doing s.th.** j-n veranlassen, etwas sofort zu tun; to ~ **s.o. into action** j-n schlagartig aktiv werden lassen. '**gal·va·niz·er** s tech. Galvani'seur m.
gal·va·nom·e·ter [ˌgælvə'nɒmɪtə; Am. -'nɑmətər] s Galvano'meter n (Instrument zur Messung schwacher elektrischer Ströme u. Spannungen). ˌ**gal·va·no'met·ric** [-nəʊ'metrɪk] adj (adv ~ally) galvano'metrisch.
gal·va·no·plas·tic [ˌgælvənəʊ'plæstɪk] adj (adv ~ally) tech. galvano'plastisch. ˌ**gal·va·no'plas·tics** s pl (als sg konstruiert), ˌ**gal·va·no'plas·ty** s Galvano'plastik f, Elektroty'pie f. '**gal·va·no·scope** [-skəʊp] s Galvano'skop n (nicht geeichtes Galvanometer, das lediglich zum Nachweis e-s elektrischen Stroms verwendet wird). ˌ**gal·va·no'scop·ic** [-'skɒpɪk; Am. -'skɑ-] adj (adv ~ally) galvano'skopisch.
gal·vo ['gælvəʊ] pl -**vos** colloq. für galvanometer.
Gal·ways ['gɔ:lˌweɪz] s pl Am. sl. Backenbart m.
gam¹ [gæm] **I** s **1.** Walherde f. **2.** mar. (gegenseitiger) Besuch. **II** v/i **3.** sich versammeln (Wale). **4.** mar. sich gegenseitig besuchen. **III** v/t **5.** Am. colloq. j-n besuchen.
gam² [gæm] s sl. (bes. wohlgeformtes Frauen)Bein.
gamb [gæmb] s her. Vorderbein n.

gam·ba·do¹ [gæm'beɪdəʊ] pl -**does, -dos** s **1.** am Sattel befestigter Stiefel (statt des Steigbügels). **2.** lange Ga'masche.
gam·ba·do² [gæm'beɪdəʊ] pl -**does, -dos** s **1.** Hohe Schule: Kur'bette f, Bogensprung m. **2.** Luftsprung m.
gam·be·son ['gæmbɪsn] s mil. hist. gefüttertes Wams.
gam·bier, gam·bir ['gæmˌbɪə(r)] s Gambir m (als Gerb- u. Heilmittel verwendeter Saft e-s ostasiatischen Kletterstrauchs).
gam·bit ['gæmbɪt] s **1.** Schachspiel: Gam'bit n (Eröffnung mit e-m Bauernopfer zur Erlangung e-s Stellungsvorteils). **2.** fig. Einleitung f, erster Schritt: his ~ **at the debate was an attack on** er eröffnete die Debatte mit e-m Angriff auf (acc).
gam·ble ['gæmbl] **I** v/i **1.** (Ha'sard od. um Geld) spielen: to lose a fortune gambling at cards beim Kartenspiel; to ~ **with s.th.** fig. mit etwas spielen, etwas aufs Spiel setzen; **you can ~ on that** darauf kannst du wetten; **she ~d on his** (od. him) **coming** sie verließ sich darauf, daß er kommen würde. **2.** Börse: speku'lieren (**in** mit, in dat). **II** v/t **3.** meist ~ **away** verspielen (a. fig.). **4.** a) (als Einsatz) setzen (**on** auf acc), b) fig. aufs Spiel setzen. **III** s **5.** Ha'sardspiel n (a. fig.), Glücksspiel n. **6.** fig. Wagnis n, gewagtes od. ris'kantes Unter'nehmen. '**gam·bler** [-blə(r)] s **1.** (Glücks)Spieler m. **2.** fig. Hasar'deur m. '**gam·bling** **I** s Spielen n. **II** adj Spiel...: ~ **casino** (club, debts, etc); ~ **den** Spielhölle f.
gam·boge [gæm'bu:ʒ; -'bəʊdʒ] s chem. Gummi'gutt n.
gam·bol ['gæmbl] **I** v/i pret u. pp -**boled**, bes. Br. -**bolled** (her'um)tanzen, (-)hüpfen, Freuden- od. Luftsprünge machen. **II** s Freuden-, Luftsprung m.
gam·brel ['gæmbrəl] s **1.** (Sprung-) Gelenk n (des Pferdes). **2.** Spriegel m (zum Aufhängen von geschlachtetem Vieh). **3.** → **gambrel roof**. ~ **roof** s arch. a) bes. Br. Krüppelwalmdach n, b) bes. Am. Man'sardendach n.
game¹ [geɪm] **I** s **1.** Scherz m, Ulk m: to make (a) ~ **of s.o.** sich über j-n lustig machen; to make (a) ~ **of s.th.** etwas ins Lächerliche ziehen. **2.** Unter'haltung f, Zeitvertreib m. **3.** (Karten-, Ball- etc) Spiel n: the ~ **of golf** das Golf(spiel); to be on (off) one's ~ (nicht) in Form sein; to play the ~ sich an die Spielregeln halten (a. fig. fair sein); to play a good (poor) ~ gut (schlecht) spielen; to play a good ~ **of chess** ein guter Schachspieler sein; **to play a losing** ~ ‚auf der Verliererstraße sein'; **to play a waiting** ~ a) verhalten od. auf Abwarten spielen, b) fig. e-e abwartende Haltung einnehmen; **the ~ is four all** das Spiel steht 4 beide; → **chance** 1, **skill¹**. **4.** (einzelnes) Spiel, Par'tie f (Schach etc), Satz m (Tischtennis): ~, **set and match** (Tennis) Spiel, Satz u. Sieg. **5.** pl ped. Sport m. **6.** fig. Spiel n, Plan m, (geheime) Absicht: **I know his** (little) ~ ich weiß, was er im Schilde führt; to give the ~ **away** sich od. alles verraten; to give (od. throw) up the ~ das Spiel aufgeben; the ~ **is up** das Spiel ist aus; to play s.o.'s ~ j-m in die Hände spielen; to play a double ~ ein doppeltes Spiel treiben; to beat s.o. at his own ~ j-n mit s-n eigenen Waffen schlagen; to see through s.o.'s ~ j-s Spiel durchschauen; → **candle** 1, **two** 2. **7.** pl fig. Schliche, Tricks pl, Kniffe pl: none of your ~**s!** keine Dummheiten od. Tricks! **8.** Spiel n (Geräte): a ~ **of table tennis** ein Tischtennis(spiel). **9.** colloq. Branche f:

he's been in the ~ for five years er ist schon seit 5 Jahren im Geschäft; he's in the advertising ~ er macht in Werbung; to be new to the ~ neu im Geschäft sein; she's on the ~ bes. Br. ‚sie geht auf den Strich'. **10.** hunt. Wild n, jagdbare Tiere pl: to fly at higher ~ fig. höher hinauswollen; → **big game, fair¹** 8. **11.** Wildbret n: ~ **pie** Wildpastete f. **12.** fig. obs. Mut m, Schneid m. **II** adj (adv ~ly) **13.** Jagd..., Wild... **14.** schneidig, mutig: a ~ **fighter**; → **die¹** 1. **15.** a) aufgelegt (for zu): to be ~ **to do s.th.** dazu aufgelegt sein, etwas zu tun; **I'm** ~ **for a swim** ich habe Lust, schwimmen zu gehen, b) bereit (for zu; to do zu tun): to be ~ **for anything** für alles zu haben sein; **I'm** ~ ich mache mit, ich bin dabei. **III** v/i **16.** (um Geld) spielen. **IV** v/t **17.** meist ~ **away** verspielen, verlieren.
game² [geɪm] adj lahm: a ~ **leg**.
game│bag s Jagdtasche f. ~ **bird** s Jagdvogel m. '~**cock** s Kampfhahn m (a. fig.). ~ **fish** s Sportfisch m. ~ **fowl** s **1.** Federwild n. **2.** Kampfhahn m. ~ **hawk** orn. Wanderfalke m. '~ˌ**keep·er** s bes. Br. Wildhüter m.
game·lan ['gæmɪlæn] s Gamelan n (auf einheimischen Instrumenten spielendes Orchester auf Java u. Bali).
game│law s jagdl recht Jagdgesetz n. ~ **li·cence** s Br. Jagdschein m. '**game·ness** s Mut m, Schneid m.
game│park s Wildpark m. ~ **plan** s Am. fig. Schlachtplan m, Strate'gie f. ~ **point** s sport a) (für den Sieg) entscheidender Punkt, b) (Tennis) Spielball m, c) (Tischtennis) Satzball m. ~ **pre·serve** s Wildgehege n. ~ **pre·serv·er** s Wildheger m.
games·man·ship ['geɪmzmənʃɪp] s bes. sport (Kunst f des Gewinnens unter) Einsatz m aller (gerade noch erlaubten) Mittel.
games│mas·ter s ped. Br. Sportlehrer m. ~ **mis·tress** s ped. Br. Sportlehrerin f. **game·some** ['geɪmsəm] adj (adv ~ly) lustig, ausgelassen. '**game·some·ness** s Lustigkeit f, Ausgelassenheit f.
game·ster ['geɪmstə(r)] s (Glücks)Spieler m.
games the·o·ry s math. 'Spieltheoˌrie f.
ga·met·al [gə'mi:tl] adj biol. Gameten...
gam·e·tan·gi·um [ˌgæmɪ'tændʒɪəm] pl -**gi·a** [-dʒɪə] s bot. Game'tangium n (Pflanzenzelle, in der sich die Geschlechtszellen in Ein- od. Mehrzahl bilden).
gam·ete ['gæmi:t; gə'mi:t] s biol. Ga'mete m (geschlechtlich differenzierte Fortpflanzungszelle).
ga·met·ic [gə'metɪk] adj Gameten...
ga·me·to·cyte [gə'mi:təʊsaɪt] s biol. Gameto'zyt m (noch undifferenzierte Zelle, aus der die Gameten hervorgehen).
gam·e·to·gen·e·sis [ˌgæmɪtəʊ'dʒenɪsɪs; gəˌmi:tə-] s biol. Gametoge'nese f (Entstehung der Gameten u. ihre Wanderung bis zur Befruchtung). **ga·me·to·phore** [gə'mi:təʊfɔ:(r); Am. a. -ˌfəʊr] s bot. Gameto'phor m (Träger der Geschlechtsorgane). **ga·me·to·phyte** [gə'mi:təʊfaɪt] s bot. Gameto'phyt m (bei Pflanzen mit Generationswechsel die sich geschlechtlich durch Gameten fortpflanzende Generation).
game ward·en s Jagdaufseher m.
gam·ey → **gamy**.
gam·ic ['gæmɪk] adj biol. geschlechtlich.
gam·in ['gæmɪn] s Gassenjunge m.
gam·ine [gæ'mi:n; Am. gæ'mi:n] s **1.** Wildfang m, Range f (Mädchen). **2.** knabenhaftes Mädchen.
gam·ing ['geɪmɪŋ] **I** s → **gambling** I. **II** adj → **gambling** II.
gam·ma ['gæmə] s **1.** Gamma n (griechischer Buchstabe). **2.** phot. Kon'trastgrad

gamma decay – gargle

m. **3.** *chem. pharm. obs.* Gamma *n* (*1 millionstel Gramm*). **4.** *a.* ~ **moth** *zo.* Gamma-Eule *f.* ~ **de·cay** *s Kernphysik:* 'Gammazerfall *m*, -¡übergang *m.* ~ **func·tion** *s math.* 'Gammafunkti¡on *f.* ~ **glob·u·lin** *s med.* Gammaglobu'lin *n* (*zur Vorbeugung u. Behandlung verschiedener Krankheiten verwendeter Eiweißbestandteil des Blutplasmas*). ~ **i·ron** *s chem.* Gammaeisen *n.* ~ **ra·di·a·tion** *s Kernphysik:* Gammastrahlung *f.* ~ **ray** *s meist pl Kernphysik:* Gammastrahl *m.* '~**ray as·tron·o·my** *s* 'Gamma(strahlen)astrono¡mie *f.*

gam·mer ['gæmə(r)] *s bes. Br. humor. od. contp.* ¡Oma' *f,* ¡Mütterchen' *n.*

gam·mon¹ ['gæmən] *s* **1.** schwachgepökelter *od.* -geräucherter Schinken. **2.** unteres Stück e-r Speckseite.

gam·mon² ['gæmən] *mar.* **I** *s* Bugsprietzurring *f.* **II** *v/t das Bugspriet am Vordersteven befestigen.*

gam·mon³ ['gæmən] *bes. Br. colloq.* **I** *s* **1.** Humbug *m*, Schwindel *m.* **II** *v/i* **2.** Humbug reden. **3.** sich verstellen, so tun als ob. **III** *v/t* **4.** *j-n* ¡reinlegen'.

gam·my ['gæmɪ] *adj Br. colloq.* lahm: **a** ~ **leg**.

gam·o·gen·e·sis [¡gæməʊ'dʒenɪsɪs] *s biol.* Gametogo'nie *f*, geschlechtliche Fortpflanzung. **¡gam·o¦pet·al·ous** [-'petələs] *adj bot.* sympe'tal (*mit verwachsenen Kronblättern*).

gamp [gæmp] *s Br. colloq.* (*bes. großer*) Regenschirm.

gam·ut ['gæmət] *s* **1.** *mus.* a) *hist.* erste, tiefste Note (*in Guidos Tonleiter*), b) Tonleiter *f*, Skala *f.* **2.** *fig.* Skala *f:* **to run the whole ~ of emotion** die ganze Skala der Gefühle durchleben *od.* durchmachen.

gam·y ['geɪmɪ] *adj* **1.** nach Wild riechend *od.* schmeckend. **2.** ~ **taste** a) Wildgeschmack *m*, b) Hautgout *m.* **3.** *fig.* mutig, schneidig.

gan [gæn] *pret von* **gin³**.

gan·der ['gændə(r)] *s* **1.** Gänserich *m:* → **sauce** 1. **2.** *colloq.* ¡Esel' *m.* **3.** *colloq.* (schneller) Blick: **to have** (*od.* **take**) **a** ~ at e-n Blick werfen auf (*acc*).

ga·nef [ˈgɑːnəf] *s Am. sl.* Ganeff *m*, Ga'nove *m.*

gang¹ [gæŋ] **I** *s* **1.** ('Arbeiter)Ko¡lonne *f,* (-)Trupp *m.* **2.** Gang *f*, Bande *f.* **3.** Clique *f* (*a. contp.*). **4.** *contp.* Horde *f*, Rotte *f.* **5.** *tech.* Satz *m:* ~ **of tools**. **6.** *Weberei:* Gang *m.* **II** *v/t* **7.** mit e-r Bande angreifen. **III** *v/i* **8.** *meist* ~ **up** sich zs.-tun, sich zu e-r Gang *etc* zs.-schließen, *bes. contp.* sich zs.-rotten: **to ~ up against** (*od.* **on**) sich verbünden *od.* verschwören gegen; **to ~ up on prices** Preisabsprachen treffen.

gang² [gæŋ] → **gangue**.

'**gang**·**bang** [gæŋ] *sl.* **I** *s* a) Geschlechtsverkehr mehrerer Männer nacheinander mit 'einer Frau, b) Vergewaltigung e-r Frau durch mehrere Männer nacheinander. **II** *v/t* a) nachein'ander ¡bumsen', b) nachein'ander vergewaltigen. '~**board** *s mar.* Laufplanke *f.* ~ **boss** *s colloq.* Vorarbeiter *m*, Vormann *m.* ~ **con·dens·er** *s electr.* 'Mehrfach(¡dreh)konden¡sator *m.* ~**cut·ter** *s tech.* Satz-, Mehrfachfräser *m.*

ganged [gæŋd] *adj tech.* me'chanisch gekuppelt, zu Gleichlauf verbunden. ~ **switch** *s electr.* Pa'ketschalter *m.* ~ **tun·ing** *s electr.* Einknopfabstimmung *f.*

gang·er ['gæŋə] *s Br.* Vorarbeiter *m*, Vormann *m.*

'**gang**·**land** *s colloq.* 'Unterwelt *f.*

gan·gle ['gæŋgl] *v/i* schlaksig gehen.

gan·gli·a ['gæŋglɪə] *pl von* **ganglion**.

gan·gli·ar ['gæŋglɪə(r)] *adj anat.* Ganglien... **gan·gli·at·ed** [-eɪtɪd], *a.* '**gan·gli·ate** [-ət, -eɪt] *adj anat.* mit Ganglien (versehen): ~ **cord** *zo.* Grenzstrang *m.*

gan·gling ['gæŋglɪŋ] *adj* schlaksig, (hoch) aufgeschossen.

gan·gli·on ['gæŋglɪən] *pl* **-gli·a** [-glɪə] *od.* **-gli·ons** *s* **1.** Ganglion *n:* a) *anat.* Nervenknoten *m:* ~ **cell** Ganglienzelle *f*, b) *med.* 'Überbein *n.* **2.** *fig.* Knoten-, Mittelpunkt *m*, Zentrum *n.* ¡**gan·gli·on¦ec·to·my** [-'nektəmɪ] *s med.* Ganglionekto'mie *f* (*operative Entfernung e-s Überbeins*).

'**gang**¦**plank** → **gangway** 2 c. '~**plough**, *bes. Am.* '~**plow** *s agr.* Mehrfachpflug *m.* ~ **rape** → **gangbang** I b. '~**rape** → **gangbang** I b.

gan·grene ['gæŋgriːn] **I** *s* **1.** *med.* Brand *m*, Gan'grän *n.* **2.** *fig.* sittlicher Verfall. **II** *v/t* **3.** *med.* brandig machen. **III** *v/i* **4.** *med.* brandig werden, gangrä'nesieren. '**gan·gre·nous** [-grɪnəs] *adj med.* brandig, gangrä'nös.

gang saw *s tech.* Gatter(säge *f*) *n.*

gang·ster ['gæŋstə(r)] **I** *s* Gangster *m*, Verbrecher *m.* **II** *adj* Gangster...: ~ **film**. '**gang·ster·ism** *s* Gangstertum *n.*

gangue [gæŋ] *s tech.* Gangmine¡ral *n*, taubes Gestein: **the ~ changes** das Gestein setzt ab; ~ **minerals** Gangarten.

'**gang·way I** *s* **1.** 'Durchgang *m*, Pas'sage *f.* **2.** *mar.* a) Fallreep *n*, b) Fallreepstreppe *f*, c) Gangway *f*, Landungsbrücke *f.* **3.** *aer.* Gangway *f.* **4.** *Br. thea. etc* (Zwischen)Gang *m.* **5.** *Bergbau:* Strecke *f:* **main** ~ Sohlenstrecke. **6.** *tech.* a) Schräge *f*, Rutsche *f*, b) Laufbühne *f*, -brücke *f*, c) Laufbrett *n.* **II** *interj* **7.** Vorsicht! (*Platz machen!*).

gan·net ['gænɪt] *s orn.* Tölpel *m.*

gant·let¹ ['gɔːntlət; 'gɑːnt-] *Am.* → **gauntlet¹**.

gant·let² ['gæntlɪt; 'gɔːnt-; *Am.* 'gɔːntlət; 'gɑːnt-] → **gauntlet²**.

gan·try ['gæntrɪ] *s* **1.** *tech.* Faßlager *n.* **2.** *a.* ~ **bridge** *tech.* Kranbrücke *f:* ~ **crane** Portalkran *m.* **3.** a) *rail.* Si¡gnalbrücke *f*, b) Schilderbrücke *f* (*auf Autobahnen etc*). **4.** *a.* ~ **scaffold** Raumfahrt: Mon'tageturm *m* (*e-r Abschußrampe*).

Gan·y·mede ['gænɪmiːd] **I** *npr* **1.** *myth.* Gany¦med *m* (*Mundschenk des Zeus*). **2.** *oft* **g~** Mundschenk *m.* **3.** *astr.* Gany¦med *m.*

gaol [dʒeɪl] *bes. Br.* → **jail**.

gap [gæp] *s* **1.** Lücke *f:* **to fill** (*od.* **stop**) **a ~** e-e Lücke (aus)füllen (*a. fig.*). **2.** Loch *n*, Riß *m*, Öffnung *f*, Spalt *m.* **3.** *mil.* a) Bresche *f*, b) Gasse *f* (*im Minenfeld*). **4.** (Berg)Schlucht *f*, Kluft *f.* **5.** *geol.* 'Durchbruch *m.* **6.** *fig.* a) Lücke *f*, Leere *f*, b) Unter'brechung *f*, c) Zwischenraum *m*, -zeit *f:* **to close the ~** die Lücke schließen; **to leave a ~** e-e Lücke hinterlassen; ~ **in one's education** Bildungslücke. **7.** *fig.* Kluft *f*, 'Unterschied *m:* **the ~ between rich and poor**. **8.** *aer.* Tragflächenabstand *m.* **9.** *electr.* Funkenstrecke *f.*

gape [geɪp] **I** *v/i* **1.** a) den Mund aufreißen (*vor Erstaunen etc*), b) *orn.* den Schnabel aufsperren. **2.** (mit offenem Mund) gaffen *od.* glotzen: **to ~ at** angaffen, anstarren, anglotzen; **to stand gaping** Maulaffen feilhalten. **3.** *obs.* gähnen. **4.** (auf)klaffen (*Wunde*), gähnen, klaffen (*Abgrund etc*). **5.** sich öffnen *od.* auftun (*Abgrund etc*). **II** *s* **6.** Gaffen *n*, Starren *n*, Glotzen *n.* **7.** gähnender Abgrund. **8.** *obs.* Gähnen *n.* **9.** *pl* (*als sg konstruiert*) *vet.* Schnabelsperre *f*, b) *colloq.* Gähnanfall *m:* **he got the ~s** er bekam e-n Gähnanfall. **10.** *zo.* Gaffer *m.* **11.** *ichth.* Gemeiner Sägebarsch. **12.** *zo.* Klaffmuschel *f.* '**gap·ing** *adj* (*adv* -**ly**) **1.** gaffend, glotzend. **2.** klaffend (*Wunde*), gähnend (*Abgrund*). **3.** *obs.* gähnend. '**gap·less** *adj* lückenlos (*a. fig.*). '**gap·py**

adj (viele) Lücken aufweisend, lückenhaft (*beide a. fig.*).

'**gap-toothed** *adj* a) mit ausein'anderstehenden Zähnen, mit weiter Zahnstellung, b) mit Zahnlücken, zahnlückig.

gar [gɑː(r)] *s ichth.* Hornhecht *m.*

ga·rage ['gæraːdʒ; -rɪdʒ; *Am.* gə'rɑːʒ] **I** *s* **1.** Garage *f.* **2.** Repara'turwerkstätte *f* (u. Tankstelle *f*). **II** *v/t* **3.** *das Auto* a) in e-r Ga'rage ab- *od.* 'unterstellen, b) in die Ga'rage fahren. ~ **sale** *s Am.* Verkauf von gebrauchten (Haushalts)Gegenständen auf dem Grundstück des Eigentümers.

Gar·a·mond ['gærəmɒnd; *Am.* -¡mɑnd] *s print.* Gara'mond *f* (*Schriftart*).

garb [gɑː(r)b] **I** *s* **1.** (*meist in Zssgn*) Gewand *n*, Tracht *f:* **clerical ~**. **2.** Aufmachung *f.* **3.** *fig.* a) (äußere) Form, b) Anschein *m.* **II** *v/t* **4.** kleiden.

gar·bage ['gɑː(r)bɪdʒ] *s* **1.** *bes. Am.* Abfall *m*, Müll *m:* ~ **can** a) Abfall-, Mülleimer *m*, b) Abfall-, Mülltonne *f*; ~ **chute** Müllschlucker *m*; ~ **collection** Müllabfuhr *f*; ~ **collector** (*od.* **man**) Müllmann *m*; ~ **truck** Müllwagen *m.* **2.** *fig.* a) Schund *m*, b) Unfug *m*, c) *Computer:* ungenaue *od.* wertlose Daten *pl.*

gar·ble ['gɑː(r)bl] *v/t* **1.** *e-n Text etc* a) durchein'anderbringen, b) (*durch Auslassungen etc*) verfälschen. **2.** *obs.* auslesen.

gar·bo ['gɑːbəʊ] *pl* **-bos** *s Austral. colloq.* Müllmann *m.*

gar·boil ['gɑː(r)bɔɪl] *s obs.* Lärm *m*, Tu'mult *m.*

gar·çon·nière [¡gɑːsɒnˈjeə; *Am.* ¡gɑːrsnˈjeər] *s* Junggesellenwohnung *f.*

gar·den ['gɑː(r)dn] **I** *s* **1.** Garten *m:* **the G~ of Eden** Eden; **everything in the ~ is lovely** *colloq.* ¡es ist alles in (bester) Butter'. **2.** *fig.* Garten *m*, fruchtbare Gegend: **the ~ of England** die Grafschaft Kent. **3.** *oft pl* Garten(anlagen *pl*) *m:* → **botanical** I, **zoological**. **II** *adj* **4.** Garten...: ~ **chair** (**fence**, **swing**, **tools**, *etc*). **III** *v/i* **5.** im Garten arbeiten. **6.** Gartenbau treiben. ~**cen·ter**, *bes. Br.* ~**cen·tre** *s* Gartencenter *n.* ~ **cit·y** *s Br.* Gartenstadt *f.* ~ **cress** *s bot.* Gartenkresse *f.*

'**gar·den·er** *s* Gärtner(in).

gar·den¦frame *s* Frühbeet *n.* ~**gnome** *s* Gartenzwerg *m.*

gar·de·ni·a [gɑː(r)ˈdiːnjə] *s bot.* Gar'denie *f.*

'**gar·den·ing** *s* **1.** Gartenbau *m.* **2.** Gartenarbeit *f.*

gar·den¦mint *s bot.* Gartenminze *f.* ~ **par·ty** *s* Gartenfest *n*, -party *f.* ~**path** *s:* **to lead s.o. up the ~** j-n hinters Licht führen. ~ **sage** *s bot.* Echter Salbei. ~ **sor·rel** *s bot.* **1.** Gartenampfer *m.* **2.** Großer Sauerampfer. **G~ State** *s Am.* (*Beiname für*) New Jersey *m.* ~ **stuff** *s* Gartengewächse *pl*, -erzeugnisse *pl.* ~ **sub·urb** *s Br.* Gartenvorstadt *f.* ~ **truck** *s Am. für* **garden stuff**. ~ **war·bler** *s orn.* Gartengrasmücke *f.* ~ **white** *s zo.* Weißling *m.*

garde·robe ['gɑː(r)drəʊb] *s obs.* **1.** a) Kleiderschrank *m*, b) Garde'robe *f* (*Kleidung*). **2.** a) Schlafzimmer *n*, b) Pri'vatzimmer *n.*

gare·fowl ['geə(r)faʊl] → **great auk**.

gar·fish ['gɑː(r)fɪʃ] → **gar**.

gar·ga·ney ['gɑː(r)gənɪ] *s orn.* Knäkente *f.*

gar·gan·tu·an [gɑːˈgæntjʊən; *Am.* gɑːr¡gæntʃəwən] *adj* riesig, gewaltig, ungeheuer.

gar·get ['gɑː(r)gɪt] *s vet.* **1.** Blutfleckenkrankheit *f.* **2.** Milchdrüsenentzündung *f* (*der Kühe*).

gar·gle ['gɑː(r)gl] **I** *v/t* **1.** a) gurgeln mit: **to ~ salt water**, b) **to ~ one's throat**

gargoyle – gas projector 420

gurgeln. **2.** *Worte* (her¹vor)gurgeln. **II** *v/i* **3.** gurgeln. **III** *s* **4.** Gurgeln *n*: **to have a ~ gurgeln. 5.** Gurgelmittel *n*.
gar·goyle [ˈgɑː(r)gɔɪl] *s* **1.** *arch.* Wasserspeier *m.* **2.** *fig.* groˈtesk häßliche Perˈson.
gar·i·bal·di [ˌgærɪˈbɔːldɪ] *s* **1.** *hist.* (*e-e*) weite Bluse. **2.** *Br.* (*ein*) Roˈsinengebäck *n*.
gar·ish [ˈgeərɪʃ] *adj* (*adv* **~ly**) grell (*Licht*), (*Farben a.*) schreiend, (*Parfüm*) aufdringlich, (*Einrichtung etc*) protzig, (*Eigenschaft etc*) abstoßend. **'gar·ish·ness** *s* Grellheit *f*, Aufdringlichkeit *f*, Protzigkeit *f*.
gar·land [ˈgɑː(r)lənd] **I** *s* **1.** Girˈlande *f* (*a. arch.*), Blumengewinde *n*, -gehänge *n*, (*a. Sieges*)Kranz *m.* **2.** *fig.* Antholoˈgie *f*, (*bes. Gedicht*)Sammlung *f*. **II** *v/t* **3.** *j-n* bekränzen.
gar·lic [ˈgɑː(r)lɪk] *s bot.* Knoblauch *m*: **~ mustard** Lauchhederich *m*. **'garˈlick·y** *adj* **1.** knoblauchartig. **2.** nach Knoblauch riechend *od.* schmeckend.
gar·ment [ˈgɑː(r)mənt] *s* **1.** Kleidungsstück *n*, *pl a*. Kleidung *f*. **2.** *fig.* Hülle *f*, Gewand *n*. **'gar·ment·ed** *adj* **1.** gekleidet. **2.** *fig.* (ein)gehüllt (**in** *in acc*).
gar·ner [ˈgɑː(r)nə(r)] **I** *s* **1.** *obs.* Getreidespeicher *m.* **2.** Aufbewahrungsort *m*. **3.** Vorrat *m* (**of** *an dat*). **II** *v/t* **4.** a) speichern (*a. fig.*), b) aufbewahren (*a. fig.*). **5.** erlangen: **to ~ publicity** bekannt *od.* berühmt werden; **to ~ a reputation** sich e-n Namen machen *od.* e-n Ruf erwerben. **6.** a) sammeln (*a. fig.*), sich *Kenntnisse* erwerben, b) *Geldbetrag* einbringen (*Sammlung etc*).
gar·net [ˈgɑː(r)nɪt] **I** *s* **1.** *min.* Graˈnat *m*. **2.** Graˈnat(farbe *f*) *n*. **II** *adj* **3.** graˈnatrot.
gar·ni·er·ite [ˈgɑː(r)nɪəraɪt] *s min.* Garˈnieˈrit *m*.
gar·nish [ˈgɑː(r)nɪʃ] **I** *v/t* **1.** (**with** *mit*) a) schmücken, verzieren, b) *fig.* ausschmücken. **2.** *gastr.* garˈnieren (**with** *mit*) (*a. fig.*). **3.** *jur.* a) *e-e Forderung* (*beim Drittschuldner*) pfänden: **to ~ wages** den Lohn pfänden, b) *dem Drittschuldner* ein Zahlungsverbot zustellen. **4.** *sl.* Geld erpressen von. **II** *s* **5.** a) Verzierung *f*, b) *fig.* Ausschmückung *f*. **6.** *gastr.* Garˈnierung *f* (*a. fig.*). **7.** *sl.* erpreßtes Geld. **ˌgarˈnishˈee** [-ˈʃiː] *jur.* **I** *s* Drittschuldner *m* (*bei Forderungspfändungen*): **~ order** a) (Forderungs)Pfändungsbeschluß *m*, b) → garnishment 2 b). **II** *v/t* → garnish 3.
'gar·nish·ment *s* **1.** → garnish 5. **2.** *jur.* a) Forderungspfändung *f*: **~ of wages** Lohnpfändung *f*, b) Zahlungsverbot *n* an den Drittschuldner, c) *Br.* Mitteilung *f* an den Proˈzeßgegner.
gar·ni·ture [ˈgɑː(r)nɪtʃə(r)] → garnish 5.
ga·rotte → garrot(t)e.
gar·ret¹ [ˈgærət] *s arch.* a) Dachgeschoß *n*, b) Dachstube *f*, Manˈsarde *f*.
gar·ret² [ˈgærət] *v/t arch.* Mauerlücken durch Steinsplitter ausfüllen.
gar·ret·eer [ˌgærəˈtɪə(r)] *s* **1.** Manˈsardenbewohner(in). **2.** *fig.* armer Poˈet.
gar·ri·son [ˈgærɪsn] *mil.* **I** *s* **1.** Garniˈson *f*: a) Standort e-r (*Besatzungs*)*Truppe*, b) Gesamtheit der an e-m Standort stationierten (*Besatzungs*)*Truppen*. **II** *v/t* **2.** *e-n Ort* mit e-r Garniˈson belegen. **3.** *Truppen* in Garniˈson legen: **to be ~ed in** Garnison liegen. **~ cap** *s* Feldmütze *f*, ˈSchiffchen' *n*. **~ comˈmand·er** *s* ˈStandortkomman·dant *m*. **~ head·quar·ters** *s pl* (*oft als sg konstruiert*) ˈStandortkommandanˌtur *f*. **~ house** *s hist. Am.* (befestigtes) Blockhaus (*der Siedler*). **~ town** *s* Garniˈson(s)stadt *f*.
gar·rot [ˈgærət] → goldeneye.
gar·rot(t)e [gəˈrɒt; *Am.* gəˈrɑt; gəˈrəʊt] **I** *s* **1.** *hist.* a) Garˈrotte *f*, Halseisen *n*, Würgschraube *f*, b) ˈHinrichtung *f* durch die Garˈrotte. **2.** *obs.* Erdrosselung *f*. **II** *v/t* **3.** *hist.* garrotˈtieren. **4.** *j-n* erdrosseln (*bes. um ihn berauben zu können*).
gar·ru·li·ty [gæˈruːlətɪ] *s* **1.** Geschwätzigkeit *f*, Redseligkeit *f*. **2.** Weitschweifigkeit *f*. **gar·ru·lous** [ˈgærʊləs] *adj* (*adv* **~ly**) **1.** geschwätzig, redselig. **2.** wortreich, weitschweifig: **a ~ speech**.
'gar·ru·lous·ness → garrulity.
gar·ter [ˈgɑː(r)tə(r)] **I** *s* **1.** a) Strumpfband *n*, b) Sockenhalter *m*, c) Ärmelhalter *m*, d) *Am.* Strumpfhalter *m*, Straps *m*: **~ belt** Hüfthalter *m*, -gürtel *m*. **2. the G~**, a) *der* Hosenbandorden (*Abzeichen*), b) → **Order of the Garter**, c) die Mitgliedschaft des Hosenbandordens. **II** *v/t* **3.** mit e-m Strumpfband *etc* befestigen *od.* versehen. **~ snake** *s zo.* Nordamer. Vipernatter *f*.
gas [gæs] **I** *pl* **-es, -ses** *s* **1.** *chem.* Gas *n*. **2.** *Bergbau:* Grubengas *n*. **3.** (Brenn-, Leucht)Gas *n*: **to turn on (off) the ~** das Gas aufdrehen (abdrehen); **to cook by** (*od.* **with**) **~** mit Gas kochen. **4.** Lachgas *n*: **to have ~** Lachgas bekommen. **5.** *mil.* (Gift)Gas *n*, (Gas)Kampfstoff *m*: **~ attack** Gasangriff *m*. **6.** *colloq.* a) *Am.* Benˈzin *n*, ˈSprit' *m*, b) ˈGaspeˌdal *n*: **to step on the ~** Gas geben, ˌauf die Tube drücken' (*beide a. fig.*). **7.** *colloq.* Gewäsch *n*, leeres *od.* großspuriges Geschwätz, ˌBlech' *n*. **8. to be a (real) ~** *bes. Am. sl.* a) (ganz große) ˌKlasse' sein (*Person*), (*Sache a.*) (unwahrscheinlich) Spaß machen: **looking after children is a real ~** *iro.* ist das reinste Vergnügen, ˌzum Schreien sein'. **II** *v/t* **9.** mit Gas versorgen *od.* beleuchten *od.* füllen. **10.** *tech.* mit Gas behandeln, begasen. **11.** *mil.* vergasen, mit Gas töten *od.* vergiften. **12.** *bes. Am. sl.* ˌanmachen' (*in Begeisterung versetzen*). **III** *v/i* **13.** *a.* **~ up** *mot. Am. colloq.* (auf)tanken. **14.** *colloq.* faseln, ˌquatschen'.
ˈgas|-abˌsorb·ing *adj* ˈgasabsorˌbierend: **~ coal** Aktivkohle *f*. **'~ˌbag** *s* **1.** *tech.* Gassack *m*, -zelle *f*. **2.** *colloq.* ˌQuatscher' *m*. **~ black** Gasruß *m*. **~ bomb** *s mil.* Kampfstoffbombe *f*. **~ bot·tle** *s* Gasflasche *f*. **~ burn·er** *s* Gasbrenner *m*. **~ burn·ing** *s* Gasfeuerung *f*. **~ car·bon** *s chem.* Reˈtorten·graˌphit *m*, -kohle *f*. **~ cell** *s chem. phys.* Gaszelle *f*. **~ cham·ber** *s* Gaskammer *f*. **~ chro·ma·tog·ra·phy** *s chem.* Gaschromatograˈphie *f*. **~ coal** *s* Gaskohle *f*. **~ coke** *s tech.* Gas(werk)koks *m*.
Gas·con [ˈgæskən] **I** *s* **1.** *hist.* Gasˈkogner *m*. **2.** *fig.* Prahler *m*. **II** *adj* **3.** gasˈkonisch. **ˌgasˈconˌade** [-ˈneɪd] **I** *s* Prahleˈrei *f*. **II** *v/i* prahlen.
gas|ˈcon·stant *s phys.* ˈGaskonˌstante *f*. **~ ˈcook·er** *s* Gasherd *m*. **'~-cooled re·ac·tor** *s* gasgekühlter Reˈaktor. **~ cut·ting** *s tech.* Autoˈgen-, Brennschneiden *n*. **~ ˈcyl·in·der** *s tech.* Gasflasche *f*. **~ de·tec·tor** *s* **1.** *chem.* ˈGasdeˌtektor *m*, -reaˌgens *n*. **2.** Gasspürgerät *n*. **'~-disˌcharge tube** *s electr. phys.* Gasentladungs-, Iˈonenröhre *f*. **'~·dyˈnam·ics** *pl* (*als sg konstruiert*) *phys.* ˈGasdyˌnamik *f*.
gas·e·i·ty [gæˈsiːətɪ] → gaseousness.
gas·e·lier [ˌgæsəˈlɪə(r)] → gas fixture 2.
gas| en·gine *s tech.* ˈGasmotor *m*, -maˌschine *f*. **~ en·gi·neer·ing** *s chem.* Gastechnik *f*, Gasfach *n*.
gas·e·ous [ˈgæsjəs; -ɪəs; *Br. a.* ˈgeɪs-; *Am. a.* ˈgæʃəs] *adj* **1.** *chem.* gasartig, -förmig: **~ body** gasförmiger Körper. **2.** *chem.* Gas...: **~ mixture 3.** *colloq.* leer, inhalts-, gehaltlos. **'gas·e·ous·ness** *s* **1.** Gaszustand *m*, -förmigkeit *f*. **2.** *colloq.* Inhalts-, Gehaltlosigkeit *f*.
gas| field *s* (Erd)Gasfeld *n*. **'~-filled** *adj* gasgefüllt. **'~-ˌfired** *adj* mit Gasfeuerung, gasbeheizt. **~ fit·ter** *s* ˈGasinstalˌlaˌteur *m*. **~ fit·ting** *s* **1.** ˈGasinstallatiˌon *f*. **2.** *pl* ˈGasarmaˌturen *pl*. **~ fix·ture** *s* **1.** Gasarm *m*. **2.** Gasarm-, Gaskronleuchter *m*. **~ gan·grene** *s med.* Gasbrand *m*. **~ guz·zler** *s mot. Am. colloq.* ˌ(Benˈzin-)Säufer' *m*.
gash [gæʃ] **I** *s* **1.** klaffende Wunde, tiefer Riß *od.* Schnitt. **2.** Spalte *f*, Einschnitt *m*. **II** *v/t* **3.** *j-m* e-e klaffende Wunde beibringen, *die Haut* aufreißen, aufschlitzen.
gas| heat·er *s* Gasofen *m*. **~ heat·ing** *s* Gasheizung *f*. **'~ˌhold·er** *s tech.* Gasoˈmeter *m*, Gasbehälter *m*. **'~ˌhouse** *s tech. Am.* Gaswerk *n*.
gas·i·fi·ca·tion [ˌgæsɪfɪˈkeɪʃn] *s tech.* Vergasung *f*: **~ of coal** Kohlevergasung. **ˈgas·i·fi·er** [-faɪə(r)] *s tech.* Vergaser *m*. **ˈgas·i·form** [-fɔː(r)m] *adj chem.* gasförmig. **ˈgas·i·fy** [-faɪ] *tech.* **I** *v/t* *Braunkohle, Koks* vergasen, in Gas verwandeln. **II** *v/i* zu Gas werden.
gas jet *s* **1.** Gasflamme *f*. **2.** Gasbrenner *m*.
gas·ket [ˈgæskɪt] *s* **1.** *tech.* ˈDichtung(smanˌschette *f*, -ring *m*) *f*: → blow¹ 29. **2.** *mar.* Segelleine *f*.
gas·kin [ˈgæskɪn] *s* **1.** → gasket. **2.** Hose *f*, ˈUnterschenkel *m* (*e-s Pferds*).
gas| la·ser *s phys.* Gaslaser *m*. **~ law** *s phys.* Gasgesetz *n*. **'~·light** *s* **1.** Gaslicht *n*: **~ paper** *phot.* Gaslichtpapier *n*. **2.** Gasbrenner *m*. **3.** Gaslampe *f*. **~ light·er** *s* **1.** Gasfeuerzeug *n*. **2.** Gasanzünder *m*. **~ liq·uor** *s chem.* Gas-, Ammoniˈakwasser *n*. **~ log** *s Am.* holzstückförmiger Gasbrenner. **~ main** *s tech.* (Haupt)Gasleitung *f*. **'~·man** [-mæn] *s irr* **1.** ˈGasinstallaˌteur *m*. **2.** Gasmann *m*, -ableser *m*. **3.** *Bergbau:* Wettersteiger *m*. **~ man·tle** *s* Gasglühstrumpf *m*. **~ mask** *s* Gasmaske *f*. **~ me·ter** *s tech.* Gasuhr *f*, -messer *m*, -zähler *m*. **~ mo·tor** → gas engine.
gas·o·lene → gasoline.
gas·o·line [ˈgæsəʊliːn; *Am. a.* ˌgæsəˈliːn] *s* **1.** *chem.* Gasoˈlin *n*, Gasäther *m*. **2.** *Am.* Benˈzin *n*: **~ attendant** Tankwart *m*; **~ bomb** Molotowcocktail *m*; **~ container** Benzinkanister *m*; **~ engine** Vergaser-, Benzinmotor *m*; **~ ga(u)ge** Kraftstoffmesser *m*, Benzinuhr *f*; **~ pump** Tank-, Zapfsäule *f*; **~ station** Tankstelle *f*.
gas·om·e·ter [gæˈsɒmɪtə; *Am.* gæˈsɑmətər] *s tech.* Gasoˈmeter *m*, Gasbehälter *m*.
gas·o·met·ric [ˌgæsəʊˈmetrɪk] *adj* gasoˈmetrisch.
'gas|-ˌop·er·at·ed *adj*: **~ gun** *mil.* Gasdrucklader *m*. **~ ov·en** *s* Gasbackofen *m*.
gasp [gɑːsp; *Am.* gæsp] **I** *v/i* **1.** keuchen (*a. Maschine etc*), schwer atmen: **to ~ for breath** nach Luft schnappen, nach Atem ringen; **to ~ for s.th.** *fig.* nach etwas lechzen. **2.** den Atem anhalten (**with**, **in** *vor dat*): **to make s.o. ~** *j-m* den Atem nehmen *od.* verschlagen; **the sight made him ~** bei dem Anblick stockte ihm der Atem. **II** *v/t* **3.** *meist* **~ out** *Worte* keuchen, (keuchend) herˈvorstoßen: **to ~ one's life out** sein Leben aushauchen. **III** *s* **4.** Keuchen *n*, schweres Atmen: **to be at one's last ~** a) in den letzten Zügen liegen, b) völlig erschöpft sein; **to fight to the last ~** bis zum letzten Atemzug kämpfen. **5.** Laut *m* des Erstaunens *od.* Erschreckens. **'gasp·er** *s Br. sl.* ˌSargnagel' *m* (*billige Zigarette*).

gas| pipe *s tech.* Gasrohr *n*. **~ plant¹** *s bot.* Diptam *m*. **~ plant²** → gasworks. **~ pli·ers** *s pl* (*a. als sg konstruiert*) *tech.* Gasrohrzange *f*: **a pair of ~** e-e Gasrohrzange. **~ pock·et** *s* **1.** *tech.* Gaseinschluß *m*, -blase *f* (*in Glas, Gußstücken*). **2.** *mil.* Gassumpf *m*. **~ pro·jec·tor** *s mil.* Gas-

werfer *m.* '**~proof** *adj* gasdicht. **~ range** *s Am.* Gasherd *m.* **~ ring** *s* 1. Gasbrenner *m*, -ring *m.* 2. Dichtungsring *m.* **~ seal** *s chem.* Gasverschluß *m.*
gas·ser ['gæsə(r)] *s* 1. *tech.* Gas freigebende Ölquelle. 2. *tech.* Tuch-, Garngaser *m.* 3. *colloq.* ‚Quatscher' *m.* 4. *Am. sl.* ‚Knüller' *m*, ‚tolle Sache'. '**gas·sing** *s* 1. *tech.* Behandlung *f* mit Gas, (Be-)Gasen *n.* 2. Vergasen *n*, Vergasung *f.* 3. *electr.* Gasentwicklung *f.* 4. *colloq.* ‚Quatschen' *n*, ‚Quatsche'rei' *f.*
gas|sta·tion *s Am. colloq.* Tankstelle *f.* **~ stove** *s* Gasofen *m*, Gasherd *m.*
gas·sy ['gæsɪ] *adj* 1. a) gashaltig, b) gasartig, c) voll Gas. 2. kohlensäurehaltig. 3. *colloq.* geschwätzig.
gas| tank *s* 1. Gasbehälter *m.* 2. *Am. colloq.* Ben'zintank *m.* **~ tar** *s tech.* Gas(werks)teer *m.*
gas·ter·o·pod ['gæstərəpɒd; *Am.* -ˌpɒd] → gastropod.
'**gas|tight** *adj* gasdicht. **~ torch** *s tech.* Gasschweißbrenner *m.*
gas·tral·gi·a [gæ'strældʒə] *s med.* Ga'stral'gie *f*, Magenschmerz(en *pl*) *m.* **gas·trec·to·my** [gæ'strektəmɪ] *s med.* Gastrekto'mie *f* (*operative Entfernung des Magens*).
gas·tric ['gæstrɪk] *adj med. physiol.* gastrisch, Magen...: **~ acid** Magensäure *f*; **~ gland** Magendrüse *f*; **~ juice** Magensaft *m*; **~ ulcer** Magengeschwür *n*; → **irritation** 2. '**gas·trin** [-trɪn] *s physiol.* Ga'strin *n* (*die Sekretion des Magensaftes anregendes Hormon*). **gas·tri·tis** [gæ'straɪtɪs] *s med.* Ga'stritis *f*, Magenschleimhautentzündung *f.*
gas·tro·en·ter·ic [ˌgæstrəʊen'terɪk] *adj med. physiol.* gastroen'terisch (*Magen u. Darm betreffend*): **~ influenza** Darmgrippe *f.*
gas·tro·en·ter·i·tis [ˌgæstrəʊentə'raɪtɪs] *s med.* Gastroente'ritis *f*, 'Magen-'Darm-Ka,tarrh *m.*
gas·tro·en·ter·ol·o·gist [ˌgæstrəʊentə'rɒlədʒɪst; *Am.* -'rɑ-] *s med.* Gastroentero'loge *m* (*Facharzt für Magen- u. Darmkrankheiten*). '**gas·tro,en·ter·ol·o·gy** *s med.* Gastroenterolo'gie *f* (*Wissenschaft von den Magen- u. Darmkrankheiten*).
gas·tro·en·ter·os·to·my [ˌgæstrəʊentə'rɒstəmɪ; *Am.* -'rɑ-] *s med.* Gastroenterosto'mie *f* (*operativ geschaffene Verbindung zwischen Magen u. Dünndarm*).
gas·tro·in·tes·ti·nal [ˌgæstrəʊɪn'testɪnl] *adj med. physiol.* gastrointesti'nal (*Magen u. Darm betreffend*).
gas·tro·lith ['gæstrəlɪθ] *s med.* Gastro'lith *m*, Magenstein *m.*
gas·trol·o·gist [gæ'strɒlədʒɪst; *Am.* -'strɑ-] *s* 1. *med.* Facharzt *m* für Magenkrankheiten. 2. *humor.* Kochkünstler *m.*
gas'trol·o·gy *s* 1. *med.* Wissenschaft *f* von den Magenkrankheiten. 2. *humor.* Kochkunst *f.*
gas·tro·nome ['gæstrənəʊm], *a.* **gas·tron·o·mer** [gæ'strɒnəmə(r); *Am.* -'strɑ-] *s* Feinschmecker *m*, Gour'met *m.* ˌ**gas·tro'nom·ic** [-'nɒmɪk; *Am.* -'nɑ-] *adj*, ˌ**gas·tro'nom·i·cal** *adj (adv* **~ly)** gastro'nomisch, feinschmeckerisch. **gas-'tron·o·mist** → gastronome. **gas-'tron·o·my** *s* 1. Gastrono'mie *f (feine Kochkunst).* 2. *fig.* Küche *f*: **the Italian ~.**
gas·tro·pod ['gæstrəpɒd; *Am.* -ˌpɒd] *s zo.* Gastro'pode *m*, Schnecke *f (als Gattungsbezeichnung).*
gas·tro·scope ['gæstrəskəʊp] *s med.* Gastro'skop *n*, Magenspiegel *m.* **gas·tros·co·py** [gæ'strɒskəpɪ; *Am.* -'strɑ-] *s med.* Gastrosko'pie *f*, Magenspiegelung *f.*
gas·tros·to·my [gæ'strɒstəmɪ; *Am.* -'strɑ-] *s med.* Gastrosto'mie *f (operatives Anlegen e-r Magenfistel, bes. zur künstlichen Ernährung).*
gas·tro·to·my [gæ'strɒtəmɪ; *Am.* -'strɑ-] *s med.* Gastroto'mie *f (operative Öffnung des Magens).*
gas·tru·la ['gæstrʊlə] *pl* **-lae** [-liː], **-las** *s zo.* Gastrula *f (zweischichtiger Becherkeim).*
gas| tube *s phys.* Gasentladungsröhre *f.* **~ tur·bine** *s tech.* 'Gastur,bine *f.* **~ wash·er** *s tech.* 'Gaswaschappa,rat *m.* **~ weld·ing** *s tech.* Gas(schmelz)schweißen *n.* **~ well** *s tech.* (Erd)Gasquelle *f.* '**~works** *s pl (meist als sg konstruiert) tech.* Gaswerk *n.*
gat¹ [gæt] *obs. pret von* **get**.
gat² [gæt] *s mar.* Gat(t) *n*, enge 'Durchfahrt.
gat³ [gæt] *s bes. Am. sl.* ‚Schießeisen' *n*, ‚Ballermann' *m.*
gate¹ [geɪt] **I** *s* 1. (Stadt-, Garten- etc)Tor *n*, Pforte *f (beide a. fig.).* 2. *fig.* Zugang *m*, Weg *m* (**to** zu). 3. a) *rail.* Sperre *f*, Schranke *f*, b) *aer.* Flugsteig *m.* 4. (enger) Eingang, (schmale) 'Durchfahrt. 5. *Bibl.* Gerichtsstätte *f.* 6. (Gebirgs)Paß *m.* 7. *tech.* (Schleusen)Tor *n.* 8. *sport* a) *bes.* Ski-sport: Tor *n*: **to miss a ~** ein Tor auslassen, an e-m Tor vorbeifahren; **he was disqualified for missing a ~** wegen e-s Torfehlers, b) → **starting gate**. 9. *sport* a) Besucher(zahl *f*) *pl*, b) (eingenommenes) Eintrittsgeld, (Gesamt)Einnahmen *pl.* 10. *tech.* Ven'til *n*, Schieber *m.* 11. Gießerei: (Einguß)Trichter *m*, Anschnitt *m.* 12. *phot.* Bild-, Filmfenster *n.* 13. *TV* Ausblendstufe *f.* 14. *electr.* 'Torimˌpuls *m.* 15. *Am. colloq.* a) Entlassung *f*, b) ‚Laufpaß' *m*: **to get the ~** ‚gefeuert' werden; **to give s.o. the ~** j-n ‚feuern'; j-m den Laufpaß geben. **II** *v/t* 16. *ped. univ. Br.* j-m den Ausgang sperren: **he was ~d** er erhielt Ausgangsverbot.
gate² [geɪt] *s obs. od. dial.* 1. Straße *f*, Weg *m.* 2. *fig.* Weg *m*, Me'thode *f.*
ga·teau, *Br. a.* **gâ·teau** *f* [gæ'təʊ; *Am.* gɑː'təʊ] *pl* **-teaux** [-təʊz] *s* Torte *f.*
'**gate-crash** *colloq.* **I** *v/i* a) uneingeladen kommen *od.* 'hingehen, b) sich ohne zu bezahlen hin'ein- *od.* her'einschmuggeln. **II** *v/t* a) uneingeladen kommen *od.* gehen zu, b) sich ohne zu bezahlen schmuggeln in (*acc*). '**~-crash·er** *s colloq.* a) uneingeladener Gast, Eindringling *m*, b) j-d, der sich ohne zu bezahlen in ein Konzert etc geschmuggelt hat. '**~fold** *s* Faltblatt *n (in e-m Buch etc).* '**~house** *s* 1. Pförtnerhaus *n.* 2. *hist.* Pförtner-, Wachzimmer *n*, *a.* Gefängnis *n (über e-m Stadttor).* 3. *tech.* Schleusenhaus *n.* '**~keep·er** *s* 1. Pförtner *m.* 2. *rail.* Bahn-, Schrankenwärter *m.* '**~-leg(ged) ta·ble** *s* Klapptisch *m.* '**~man** [-mən] *bes. Am. für* **gatekeeper**. **~ mon·ey** → **gate**¹ 9 b. '**~post** *s* Tor-, Türpfosten *m.* **~ saw** *s tech.* Gattersäge *f.* '**~way** *s* 1. Torweg *m*, Einfahrt *f.* 2. Torrahmen *m*, 'Torˌüberbau *m.* 3. *fig.* Tor *n*, Zugang *m* (**to** zu).
gath·er ['gæðə(r)] **I** *v/t* 1. *etwas* (an-)sammeln, anhäufen: **to ~ wealth** Reichtümer aufhäufen *od.* sammeln; **to ~ experience** Erfahrung(en) sammeln; **to ~ facts** Fakten zs.-tragen, Material sammeln; **to ~ information** Informationen einholen *od.* einziehen; **to ~ strength** Kräfte sammeln, zu Kräften kommen. 2. *Personen* versammeln: → **father** 3. 3. a) *Blumen etc* pflücken, b) ernten, sammeln. 4. a) *a.* **~ up** auflesen, (-)sammeln, (*vom Boden*) aufheben, aufnehmen: **to ~ together** zs.-suchen, zs.-raffen; **to ~ s.o. in one's arms** j-n in die Arme nehmen *od.* schließen, b) *sport Ball etc* annehmen. 5. erwerben, gewinnen, ansetzen: **to ~ dust** staubig werden, verstauben; **his books are ~ing dust in the libraries** s-e Bücher verstauben in den Bibliotheken (*werden nicht gelesen*); **to ~ way** a) *mar.* Fahrt aufnehmen, in Fahrt kommen (*a. fig.*), b) *fig.* sich durchsetzen; **to ~ speed** Geschwindigkeit aufnehmen, schneller werden; → **head** *Bes. Redew.* 6. *Näherei:* raffen, kräuseln, zs.-ziehen. 7. *meist* **~ up** *Kleid etc* aufnehmen, zs.-raffen. 8. *die Stirn* in Falten ziehen. 9. *meist* **~ up** *die Beine* einziehen. 10. *fig.* folgern (*a. math.*), schließen, sich zs.-reimen (**from** aus). **II** *v/i* 11. sich (ver)sammeln *od.* scharen (**round** s.o. um j-n). 12. sich häufen, sich (an)sammeln. 13. sich zs.-ziehen *od.* zs.-ballen (*Wolken, Gewitter, a. fig.*). 14. anwachsen, zunehmen, sich entwickeln. 15. sich in Falten legen (*Stirn*). 16. *med.* a) reifen (*Abszeß*), b) eitern (*Wunde*).
'**gath·er·er** *s* 1. (Ein)Sammler *m.* 2. *agr.* a) Schnitter *m*, b) Winzer *m.* 3. *Buchbinderei:* a) Zs.-träger *m*, b) Zu'sammentragmaˌschine *f.* 4. *Glasfabrikation:* Ausheber *m.* '**gath·er·ing** *s* 1. Sammeln *n.* 2. Sammlung *f.* 3. a) (Menschen)Ansammlung *f*, b) Versammlung *f*, Zs.-kunft *f.* 4. Buchbinderei: Lage *f.* 5. *med.* a) Reifen *n*, b) Eitern *n*, Eiterung *f.* 6. *Näherei:* Kräuseln *n.*
gat·ing ['geɪtɪŋ] *s* 1. *electr.* a) Austastung *f*, Ausblendstufe *f (Kathodenstrahlröhre),* b) (Si'gnal)Auswertung *f (Radar).* 2. *ped. univ. Br.* Ausgangsverbot *n.*
gauche [gəʊʃ] *adj* 1. linkisch. 2. taktlos. '**gauche·ness** *s* 1. linkische Art. 2. Taktlosigkeit *f.* **gau·che·rie** ['gəʊʃəriː; *bes. Am.* ˌgəʊʃə'riː] *s* 1. → **gaucheness**. 2. Taktlosigkeit *f (Bemerkung etc).*
gau·cho ['gaʊtʃəʊ] *pl* **-chos** *s* Gaucho *m.*
gaud [gɔːd; *Am. a.* gɑːd] *s* 1. billiges *od.* wertloses Schmuckstück. 2. *oft pl* (über-'triebener) Prunk, Pomp *m.* '**gaud·er·y** *s* 1. Flitter(kram) *m.* 2. → **gaud** 2. '**gaud·i·ness** *s* auffällige Buntheit, Protzigkeit *f.* '**gaud·y** *I adj (adv* **gaudily)** auffällig bunt, (*Farben*) grell, schreiend, (*Einrichtung etc*) protzig. **II** *s ped. univ. Br.* (jährliches) Festessen (*e-r Schule od. e-s College*).
gauf·fer ['gəʊfə(r); *Am. a.* 'gɑːfər; 'gɔː-] → **goffer**.
gauge [geɪdʒ] **I** *v/t* 1. *tech.* (ab-, aus-)messen, ablehren, prüfen. 2. *tech.* eichen, ju'stieren, kali'brieren. 3. *fig.* (ab)schätzen, ta'xieren, beurteilen. **II** *s* 4. *tech.* Nor'mal-, Eichmaß *n.* 5. 'Umfang *m*, Inhalt *m*: **to take the ~ of** *fig.* → 3. 6. *fig.* Maßstab *m*, Norm *f (of für).* 7. *tech.* Meßgerät *n*, Anzeiger *m*, Messer *m*: a) Pegel *m*, Wasserstandsmesser *m*, b) Mano'meter *n*, Druckmesser *m*, c) Lehre *f*, d) Maß-, Zollstab *m*, e) *print.* Zeilenmaß *n.* 8. *tech.* (*bes.* Blech-, Draht)Stärke *f*, (-)Dicke *f.* 9. Strumpffabrikation: Gauge *n* (*Maß zur Angabe der Maschenzahl*). 10. *mil.* Ka'liber *n (bei nichtgezogenen Läufen).* 11. *rail.* Spur(weite) *f.* 12. *mar.* Abstand *m* in der Lage *f (e-s Schiffes).* **~ door** *s Bergbau:* Wettertür *f.* **~ glass** *s tech.* 1. Wasserstandsglas *n.* 2. Flüssigkeitsstandanzeiger *m.* **~ lathe** *s tech.* Präzisi'onsdrehbank *f.* **~ point** *s tech.* Körner *m.*
gaug·er ['geɪdʒə(r)] *s* 1. (Aus)Messer *m.* 2. Eicher *m*, Eichmeister *m.*
gauge| ring *s electr.* Paßring *m.* **~ rod** *s rail.* Spurstange *f.*
gaug·ing ['geɪdʒɪŋ] *s tech.* 1. Messung *f.* 2. Eichung *f.* **~ office** Eichamt *n*; **~ rod** Eichmaß *n*, -stab *m.*
Gaul [gɔːl] *s* 1. *hist.* Gallier *m.* 2. Fran'zose *m.* '**Gaul·ish** *I adj* 1. gallisch. 2. fran'zösisch. **II** *s* 3. *ling. hist.* Gallisch *n*, das Gallische.

Gaullism - gemma

Gaull·ism [ˈgɔːlɪzəm; ˈgɔː-] *s pol.* Gaul-lismus *m*. **ˈGaull·ist I** *s* Gaulˈlist(in). **II** *adj* gaulˈlistisch.
gault [gɔːlt] *s geol.* Gault *m*, Flammenmergel *m*.
gaunt [gɔːnt; *Am. a.* gɑːnt] *adj* (*adv* ~**ly**) **1.** a) hager, b) ausgemergelt, ausgezehrt. **2.** verlassen (*Gebäude*), (*Gegend a.*) öde, (*Baum etc*) kahl.
gaunt·let[1] [ˈgɔːntlɪt; *Am. a.* ˈgɑːnt-] *s* **1.** *mil. hist.* Panzerhandschuh *m*. **2.** *fig.* Fehdehandschuh *m*: **to fling** (*od.* **throw**) **down the** ~ (**to s.o.**) (j-m) den Fehdehandschuh hinwerfen, (j-n) herausfordern; **to pick** (*od.* **take**) **up the** ~ den Fehdehandschuh aufnehmen, die Herausforderung annehmen. **3.** Schutzhandschuh *m*.
gaunt·let[2] [ˈgɔːntlɪt; *Am. a.* ˈgɑːnt-] *s*: **to run the** ~ Spießruten laufen (*a. fig.*); **to run the** ~ **of s.th.** *fig.* etwas (*Unangenehmes*) durchstehen müssen.
ˈgaunt·ness *s* **1.** a) Hagerkeit *f*, b) Ausgezehrtheit *f*. **2.** Öde *f*, Kahlheit *f*.
gaun·try [ˈgɔːntrɪ] → **gantry**.
gaup → **gawp**.
gaur [ˈgaʊə(r)] *s zo.* Gaur *m*.
gauss [gaʊs] *pl* **gauss** *s phys.* Gauß *n* (*Einheit der magnetischen Induktion*).
ˈGauss·i·an *adj* Gaußsch(er, e, es): ~ **distribution** *math.* Normalverteilung *f*, Gauß-Verteilung *f*.
gauze [gɔːz] *s* **1.** Gaze *f*, *med. a.* (Verband[s])Mull *m*: ~ **bandage** *med.* Gaze-, Mullbinde *f*; ~ **pack** *med.* Gazetupfer *m*; ~ **veil** Gazeschleier *m*. **2.** → **wire gauze**. **3.** Dunst *m*, (Nebel)Schleier *m*. **ˈgauz·y** *adj* gazeartig, hauchdünn.
ga·vage [ˈgævɑːʒ; *Am.* gəˈvɑːʒ] *s med.* Sondenernährung *f*.
gave [geɪv] *pret von* **give**.
gav·el [ˈgævl] *s* **1.** Hammer *m* (*e-s Auktionators, Vorsitzenden etc*). **2.** Schlegel *m* (*e-s Maurers*).
gav·el·kind [ˈgævlkaɪnd] *s jur. hist. Br.* **1.** Erbrecht *n* an Lehns- *od.* Grundbesitz der ehelichen Abkömmlinge zu gleichen Teilen. **2.** (*e-e solche*) Lehnbesitzteilung.
ga·vot(te) [gəˈvɒt; *Am.* gəˈvɑt] *s mus.* Gaˈvotte *f*.
gawk [gɔːk] **I** *s contp.* ‚Bauer' *m*. **II** *v/i* → **gawp**. **ˈgawk·y** *adj contp.* bäurisch.
gawp [gɔːp] *v/i* glotzen: **to** ~ **at** glotzen auf (*acc*), anglotzen (*acc*).
gay [geɪ] **I** *adj* (*adv* **gaily**) **1.** lustig, fröhlich. **2.** a) bunt, (farben)prächtig: **the meadows were** ~ **with flowers** die Wiesen waren mit bunten Blumen übersät; **the streets were** ~ **with flags** die Straßen waren fahnengeschmückt, b) fröhlich, lebhaft (*Farben*). **3.** a) flott (*Leben*), b) lebenslustig: **a** ~ **dog** *colloq.* ein ‚lockerer Vogel'. **4.** liederlich (*Frau*). **5.** *colloq.* a) ‚schwul' (*homosexuell*), b) Schwulen...: **G**~ **Lib**(**eration**) Schwulenbewegung *f*; **G**~ **Libber** Anhänger *m* der Schwulenbewegung. **6.** *Am. colloq.* ‚pampig', frech: **don't get** ~ **with me!** komm mir bloß nicht frech! **II** *s* **7.** *colloq.* ‚Schwule(r)' *m*.
gaze [geɪz] **I** *v/i* starren: **to** ~ **at** starren auf (*acc*), anstarren (*acc*); **to** ~ (**up**)**on** ansichtig werden (*gen*). **II** *s* (starrer) Blick, Starren *n*.
ga·ze·bo [gəˈziːbəʊ; *Am. a.* -ˈzeɪ-] *pl* **-bos, -boes** *s* Gebäude *n* mit schönem Ausblick.
ˈgaze·hound *s hunt.* Jagdhund, der das Wild mit den Augen verfolgt.
ga·zelle [gəˈzel] *pl* **-ˈzelles**, *bes. collect.* **-ˈzelle** *s zo.* Gaˈzelle *f*.
gaz·er [ˈgeɪzə(r)] *s j-d, der j-n od. etwas anstarrt*.
ga·zette [gəˈzet] **I** *s* **1.** Zeitung *f*. **2.** *Br.* Amtsblatt *n*, Staatsanzeiger *m* (*in dem Rechtsverordnungen, Beförderungen, Konkursverfahren etc bekanntgegeben werden*). **II** *v/t* **3.** *Br.* im Amtsblatt bekanntgeben *od.* veröffentlichen: **he was** ~**d general** s-e Beförderung zum General wurde im Staatsanzeiger bekanntgegeben. **gaz·et·teer** [ˌgæzəˈtɪə(r)] *s* **1.** *obs.* (ˈZeitungs-)Journaˌlist *m*. **2.** alphaˈbetisches Ortsverzeichnis *n* mit Ortsbeschreibung.
ga·zump [gəˈzʌmp] *Br.* **I** *v/i* (*bes. bei Grundbesitztransaktionen*) in der Zeit zwischen der unverbindlichen Einigung über den Kaufpreis u. dem Abschluß des Kaufvertrags den Preis erhöhen. **II** *v/t a*) j-n betrügen, b) j-m zuˈviel berechnen *od.* abverlangen. **III** *s* Preiserhöhung *f* in der Zeit zwischen der unverbindlichen Einigung über den Kaufpreis u. dem Abschluß des Kaufvertrags.
gear [gɪə(r)] **I** *s* **1.** *tech.* a) Zahn-, Getrieberad *n*, b) Getriebe *n*, Triebwerk *n*. **2.** *tech.* Eingriff *m*: **in** ~ eingerückt, -geschaltet, in Gang, b) *fig.* vorbereitet, c) *fig.* in Ordnung; **to be in** ~ *fig.* funktionieren; **to be in** ~ **with** im Eingriff stehen mit (*Zahnrädern*); **out of** ~ a) ausgerückt, -geschaltet, außer Eingriff, ausgeschaltet, b) *fig.* in Unordnung; **the car is** (**I am**, *etc*) **in** ~ es ist ein Gang eingelegt; **the car is** (**I am**, *etc*) **out of** ~ es ist kein Gang eingelegt, der Gang ist herausgenommen; **to change** (*bes. Am.* **shift**) ~(**s**) schalten; **to change into second** ~ den zweiten Gang einlegen, in den zweiten Gang schalten; **to put the car into** ~ e-n Gang einlegen, b) *pl mot.* Getriebe *n*, (*e-s Fahrrads*) Gangschaltung *f*. **4.** *aer. mar. etc* (*meist in Zssgn*) Vorrichtung *f*, Gerät *n*: ~ **landing gear, steering gear**. **5.** Ausrüstung *f*, Gerät *n*, Werkzeug(e *pl*) *n*, Zubehör *n*: **fishing** ~ Angelgerät, -zeug *n*. **6.** *colloq.* Hausrat *m*. **7.** *colloq.* Habseligkeiten *pl*, Sachen *pl*. **8.** *colloq.* Kleidung *f*, Aufzug *m*. **9.** (Pferde- *etc*)Geschirr *n*. **II** *v/t* **10.** *tech.* a) mit e-m Getriebe versehen, b) überˈsetzen, c) in Gang setzen (*a. fig.*), einschalten: **to** ~ **up** ins Schnelle überˈsetzen, b) *fig.* heraufsetzen, verstärken, steigern; **to** ~ **down** ins Langsame überˈsetzen, *fig.* drosseln. **11.** *fig.* (**to, for**) einstellen (*auf acc*), anpassen (*dat od. an acc*), abstimmen (*auf acc*): **to** ~ **production to demand** die Produktion der Nachfrage anpassen. **12.** ausrüsten. **13.** *oft* ~ **up** Zugtiere anschirren. **III** *v/i* **14.** *tech.* a) ineinˈandergreifen (*Zahnräder*), b) eingreifen (**into, with** in *acc*). **15.** *tech.* in Gang kommen (*a. fig.*). **16.** **to** ~ **up** (**down**) *mot.* hinauf-(herunter)schalten. **17.** *fig.* (**with**) abgestimmt sein (auf *acc*), eingerichtet sein (für), passen (zu). **ˈgear**|**·box** *s tech.* Getriebe(gehäuse) *n*. ~ **change** *s mot. Br.* (Gang)Schaltung *f*. ~ **cut·ter** *s tech.* ˈZahnradˌfräsmaˌschine *f*. ~ **drive** → **gearing 1**.
geared [gɪə(r)d] *adj* verzahnt, Getriebe...
ˈgear·ing *s tech.* **1.** (Zahnrad)Getriebe *n*, (-)Antrieb *m*, Vorgelege *n*, Triebwerk *n*. **2.** Überˈsetzung *f* (*e-s Getriebes*). **3.** Verzahnung *f*.
ˈgear·less *adj tech.* räder-, getriebelos.
ˈgear| **le·ver** *s mot. Br.* Schalthebel *m*. ~ **ra·tio** *s tech.* Überˈsetzung(sverhältnis *n*) *f*. ~ **rim** *s tech.* Zahn(rad)kranz *m*. ~ **shaft** *s tech.* Getriebewelle *f*. ˈ~**shift** *s mot. Am.* **1.** (Gang)Schaltung *f*. **2.** *a.* ~ **lever** Schalthebel *m*. ˈ~**wheel** *s tech.* Getriebe-, Zahnrad *n*.
geck·o [ˈgekəʊ] *pl* **-os, -oes** *s zo.* Gecko *m*.
gee[1] [dʒiː] *s* G, g *n* (*Buchstabe*).
gee[2] [dʒiː] **I** *s Kindersprache:* ‚Hotteˈhü' *n* (*Pferd*). **II** *interj a.* ~ **up!** a) hott! (*nach rechts*), b) hü(h)!, hott! (*schneller*). **III** *v/t* antreiben.
gee[3] [dʒiː] *interj Am. colloq.* na so was!, Mann!, ‚Donnerwetter'!
gee-gee [ˈdʒiːdʒiː] → **gee**[2] **I**.
geese [ɡiːs] *pl von* **goose**.
gee| **whiz** [ˌdʒiːˈwɪz] → **gee**[3]. ˈ~**-ˌwhiz** *adj Am. colloq.* **1.** Sensations...: ~ **journalism**. **2.** phanˈtastisch, der Superlative.
gee·zer [ˈgiːzə(r)] *s colloq.* wunderlicher (alter) Kauz.
ge·gen·schein [ˈgeɪgənʃaɪn] *s astr.* Gegenschein *m*.
Ge·hen·na [gɪˈhenə] *s relig.* Geˈhenna *f*, Hölle *f* (*a. fig.*).
geh·len·ite [ˈgeɪlənaɪt] *s min.* Gehleˈnit *m*.
Gei·ger count·er [ˈgaɪgə(r)] *s phys.* Geigerzähler *m*.
gei·sha [ˈgeɪʃə] *pl* **-sha, -shas** *s* Geisha *f*.
Geiss·ler tube [ˈgaɪslə(r)] *s phys.* Geißler-Röhre *f*.
gel [dʒel] **I** *s* **1.** Gel *n*. **II** *v/i* **2.** geˈlieren. **3.** *fig.* Gestalt annehmen.
gel·a·tin [ˈdʒelətɪn] *s* **1.** Gelaˈtine *f*. **2.** Gaˈllerte *f*. **3.** *tech.* Gelaˈtine ˈhergestellte Masse. **4.** *a.* **blasting** ~ *tech.* ˈSpreng-gelaˌtine *f*. **gel·at·i·nate** [dʒəˈlætɪneɪt] → **gelatinize**.
gel·a·tine [ˌdʒeləˈtiːn; *Am.* ˈdʒelətn] → **gelatin**.
gel·at·i·nize [dʒəˈlætɪnaɪz] *v/i u. v/t* gelaˈtiˈnieren (lassen). **gel·at·i·noid** *adj u. s* gallertartig (e Subˈstanz). **gel·at·i·nous** *adj* (*adv* ~**ly**) gallertartig, gelaˈtiˈnös.
ge·la·tion [dʒɪˈleɪʃn] *s* Geˈlierung *f*.
geld[1] [geld] *pret u. pp* **geld·ed** *od.* **gelt** [gelt] *v/t* **1.** ein Tier, *bes.* e-n Hengst kaˈstrieren, verschneiden. **2.** *j-n* verweichlichen. **3.** a) *ein Argument etc* abschwächen, b) *ein Buch etc* (von anstößigen Stellen) reinigen.
geld[2] [geld] *s Br. hist.* Kronsteuer *f*.
geld·ing [ˈgeldɪŋ] *s* **1.** kaˈstriertes Tier, *bes.* Wallach *m*. **2.** Verschneiden *n*, Kaˈstrieren *n*.
gel·id [ˈdʒelɪd] *adj* (*adv* ~**ly**) eiskalt, eisig (*a. fig. Miene etc*).
gel·ig·nite [ˈdʒelɪgnaɪt] *s tech.* Gelaˈtinedynaˌmit *n*.
gel·ly [ˈdʒelɪ] *colloq. für* **gelignite**.
gel·se·mi·um [dʒelˈsiːmɪəm] *s* **1.** *bot.* Duftrichter *m*. **2.** *pharm. hist.* Gelˈsemium(wurzel *f*) *n*.
gelt[1] [gelt] *s bes. Am. sl.* Geld *n*.
gelt[2] [gelt] *pret u. pp von* **geld**[1].
gem [dʒem] **I** *s* **1.** Edelstein *m*, Juˈwel *n*. **2.** Gemme *f*. **3.** *fig.* Perle *f*, Juˈwel *n* (*beide a. Person*), Pracht-, Glanzstück *n*. **4.** *print.* e-e 3[1]/[2]-Punkt-Schrift. **II** *v/t* **5.** mit Edelsteinen schmücken.
ge·mein·schaft [gəˈmaɪnʃaft] *pl* **-schaf·ten** [-ʃaftən] (*Ger.*) *s* Gemeinschaft *f*.
gem·i·nate [ˈdʒemɪnət; -neɪt] **I** *adj* gepaart, paarweise, Doppel...: ~ **conso·nant** *ling.* Doppelkonsonant *m*. **II** *v/t u. v/i* [-neɪt] (sich) verdoppeln. ˌ**gem·i·ˈna·tion** *s* **1.** Verdopp(e)lung *f*. **2.** *ling.* Gemˈnation *f*, Konsoˈnantenverdopp(e)lung *f*.
Gem·i·ni [ˈdʒemɪnaɪ; -niː] *s pl* (*meist als sg konstruiert*) *astr.* Zwillinge *pl*: **to be** (**a**) ~ Zwilling sein.
gem·ma [ˈdʒemə] *pl* **-mae** [-miː] *s* **1.**

bot. a) Gemme *f*, Brutkörper *m*, b) Blattknospe *f*. **2.** *biol.* Knospe *f*, Gemme *f*.
'**gem·mate** [-meɪt] *biol.* **I** *adj* **1.** sich durch Knospung fortpflanzend. **2.** knospentragend. **II** *v/i* **3.** sich durch Knospung fortpflanzen. **4.** Knospen tragen.
gem'ma·tion *s biol. bot.* **1.** Knospenbildung *f*. **2.** Fortpflanzung *f* durch Knospen.
gem·mif·er·ous [dʒeˈmɪfərəs] *adj* **1.** edelsteinhaltig. **2.** *biol.* → gemmate I.
gem·mip·a·rous [dʒeˈmɪpərəs] → gemmate I.
gem·mol·o·gy [dʒeˈmɒlədʒɪ; *Am.* -ˈmɑ-] *s* Gemmoloˈgie *f*, Edelsteinkunde *f*.
gem·mu·la·tion [ˌdʒemjʊˈleɪʃn] *s biol.* Fortpflanzung *f* durch Gemmulae.
gem·mule [ˈdʒemjuːl] *s* **1.** *bot.* kleine Blattknospe. **2.** *biol.* Gemmula *f*: a) Keimchen *n* (*in Darwins Pangenesistheorie*), b) Brutknospe *f*.
gem·my [ˈdʒemɪ] *adj* **1.** voller Edelsteine. **2.** glänzend, funkelnd.
gem·ol·o·gy → gemmology.
ge·mot(e) [ɡɪˈməʊt] *s hist.* Versammlung *f* (*der Angelsachsen*).
gems·bok [ˈɡemzbɒk; *Am.* -ˌbɑk] *pl* **-boks**, *bes. collect.* **-bok** *s zo.* ˈGemsantiˌlope *f*.
'**gem·stone** *s* Edelstein *m*.
ge·müt·lich [ɡəˈmyːtlɪç] (*Ger.*) *adj* gemütlich. **geˈmüt·lich·keit** [-kaɪt] *s* Gemütlichkeit *f*.
gen [dʒen] *Br. colloq.* **I** *s* Auskunft *f*, Auskünfte *pl*, Informatiˈon(en) *f* (**on** *über acc*): **to give s.o. the ~** j-n informieren. **II** *v/t u. v/i* ~ **up** (sich) informieren.
gen·darme [ˈʒɑːndɑː(r)m; ˈʒɑːn-] *s* **1.** Genˈdarm *m*. **2.** Felsspitze *f*. **gen·dar·me·rie** [ʒɑːnˈdɑː(r)mərɪ; ʒɑːn-] *s* Gendarmeˈrie *f*.
gen·der[1] [ˈdʒendə(r)] *s* **1.** *ling.* Genus *n*, Geschlecht *n*: **what ~ is this word?** welches Genus hat dieses Wort? **2.** *colloq.* a) Geschlecht *n* (*von Personen*), b) *collect.* Geschlecht *n*: **the female ~**.
gen·der[2] [ˈdʒendə(r)] *obs. für* engender.
gene [dʒiːn] *s biol.* Gen *n*, Erbfaktor *m*.
gen·e·a·log·ic [ˌdʒiːnjəˈlɒdʒɪk; -nɪə-; ˌdʒen-; *Am.* -ˈlɑ-] → **genealogical**.
ˌ**gen·e·aˈlog·i·cal** [-kl] *adj* (*adv* **-ly**) geneaˈlogisch: **~ research** → genealogy *a*; **~ tree** Stammbaum *m*. ˌ**gen·eˈal·o·gist** [-nɪˈælədʒɪst; *Am. a.* -ˈɑl-] *s* Geneaˈloge *m*, Ahnenforscher *m*. ˌ**gen·eˈal·o·gize** **I** *v/i* Ahnenforschung (be-)treiben. **II** *v/t* den Stammbaum erforschen von (*od. gen*). ˌ**gen·eˈal·o·gy** *s* Genealoˈgie *f*: a) Ahnenforschung *f*, b) Ahnentafel *f*, c) Abstammung *f*.
gene\|fre·quen·cy *s biol.* ˈGenfreˌquenz *f*, -häufigkeit *f*. **~ pool** *s biol.* Erbmasse *f*.
gen·er·a [ˈdʒenərə] *pl von* genus.
gen·er·al [ˈdʒenərəl] **I** *adj* (*adv* **~ generally**) **1.** allgemein, gemeinschaftlich, Gemeinschafts... **2.** allgemein (gebräuchlich *od.* verbreitet), allgeˈmeingültig, üblich, gängig: **the ~ practice** das übliche Verfahren; **as a ~ rule** meistens, üblicherweise; **it seems to be the ~ rule** es scheint allgemein üblich zu sein. **3.** allgemein, Allgemein..., geneˈrell, umˈfassend: **~ education** (*od.* **knowledge**) Allgemeinbildung *f*; **the ~ public** die breite Öffentlichkeit; **~ term** Allgemeinbegriff *m*; **of ~ interest** von allgemeinem Interesse. **4.** allgemein, nicht speziaˈlisiert: **the ~ reader** der Durchschnittsleser; **~ store** Gemischtwarenhandlung *f*. **5.** allgemein (gehalten): **a ~ study**; **in ~ terms** allgemein (ausgedrückt). **6.** ganz, gesamt: **the ~ body of citizens** die gesamte Bürgerschaft. **7.** ungefähr, unbestimmt: **a ~ idea** e-e ungefähre Vorstellung. **8.** Haupt..., General...: **~ agent** a) Generalbevollmächtigte(r) *m*, b) *econ.* Generalvertreter *m*; **~ manager** Generaldirektor *m*. **9.** (*Amtstiteln nachgestellt*) *meist* General...: → **consul general**, *etc*. **10.** *mil.* Generals...
II *s* **11.** *mil.* a) Geneˈral *m*, b) Heerführer *m*, Feldherr *m*, c) *a. allg.* Straˈtege *m*, d) → **general officer. 12.** *mil. Am.* a) (Vier-ˈSterne-)Geneˌral *m* (*zweithöchster Generalsrang*), b) **G~ of the Army** Fünf-Sterne-General *m* (*höchster Generalsrang*). **13.** *relig.* (ˈOrdens)Geneˌral *m*, (Geneˈral)Obere(r) *m*. **14. the ~** *meist pl* (*das*) Allgeˈmeine: **G~** (*als Überschrift*) Allgemeines; **in ~** im allgemeinen, im großen u. ganzen. **15.** *obs.* a) Gesamtheit *f*, b) Masse *f*, Volk *n*.
gen·er·al\|ac·cept·ance *s econ.* uneingeschränktes Akˈzept. **~ as·sem·bly** *s* **1.** Voll-, Geneˈralversammlung *f*: the **G~ A~ of the United Nations. 2. G~ A~** *pol. Am.* Parlaˈment *n* (*einiger Einzelstaaten*). **3. G~ A~** *relig. Scot.* oberstes kirchliches Gericht. **~ av·er·age** *s jur. mar.* große Havaˈrie. **~ car·go** *s econ. mar.* Stückgut(ladung *f*) *n*, Stückgüter *pl*. **G~ Cer·tif·i·cate of Ed·u·ca·tion** *s ped. Br.*: **~ A level** (*etwa*) mittlere Reife; **~ A level** (*etwa*) Abitur *n*. **~ cred·i·tor** *s econ.* gewöhnlicher *od.* nicht bevorrechtigter Gläubiger. **~ deal·er** *s Br.* Gemischtwarenhändler *m*. **~ de·liv·er·y** *s mail Am.* a) (Aufbewahrungs- u. Ausgabestelle *f* für) postlagernde Sendungen *pl*, b) (*als Vermerk*) ˈpostlagernd'. **~ e·lec·tion** *s pol.* allgemeine Wahlen *pl*, Parlaˈmentswahlen *pl*. **~ head·quar·ters** *s pl* (*oft als sg konstruiert*) *mil.* Großes ˈHauptquarˌtier. **~ hos·pi·tal** *s* **1.** *mil.* ˈKriegslazaˌrett *n*. **2.** allgemeines Krankenhaus.
gen·er·al·is·si·mo [ˌdʒenərəˈlɪsɪməʊ] *pl* **-mos** *s mil.* Generaˈlissimus *m*, oberster Befehlshaber.
gen·er·al·ist [ˈdʒenərəlɪst] *s* Generaˈlist *m* (*Ggs.* Spezialist).
gen·er·al·i·ty [ˌdʒenəˈrælətɪ] *s* **1.** *meist pl* allgemeine Redensart, Gemeinplatz *m*: **to speak in generalities** sich in allgemeinen Redensarten ergehen. **2.** allgemeines Prinˈzip, Regel *f*. **3.** *obs.* Mehrzahl *f*, größter Teil, (*die*) große Masse. **4.** Allgeˈmeingültigkeit *f*. **5.** Unbestimmtheit *f*.
gen·er·al·i·za·tion [ˌdʒenərəlaɪˈzeɪʃn; *Am.* -ləˈz-] *s* **1.** Verallgeˈmeinerung *f*. **2.** *Logik:* Induktiˈon *f*. ˈ**gen·er·al·ize** **I** *v/t* **1.** verallgeˈmeinern. **2.** *Logik:* a) induˈzieren, b) generaliˈsieren. **3.** auf e-e allgemeine Formel bringen. **4.** der Allgeˈmeinheit zugänglich machen. **5.** *paint.* in großen Zügen darstellen. **II** *v/i* **6.** verallgeˈmeinern: a) allgemeine Schlüsse ziehen (**from** aus), b) allgemeine Feststellungen machen. **7.** *med.* sich generaliˈsieren. ˈ**gen·er·al·ly** *adv* **1.** oft **~ speaking** im allgemeinen, allgemein, geneˈrell, im großen u. ganzen. **2.** allgemein. **3.** gewöhnlich, meistens, üblicherweise.
gen·er·al\|med·i·cine *s* Allgeˈmeinmediˌzin *f*. **~ meet·ing** *s econ.* Generalˈ-Hauptversammlung *f*. **~ of·fi·cer** *s mil.* Offiˈzier *m* im Geneˈralsrang. **~ pa·ral·y·sis** *s med.* progresˈsive Paraˈlyse (*spätsyphilitische Erkrankung*). **~ par·don** *s* (Geneˈral)Amneˌstie *f*. **~ pause** *s mus.* Geneˈralpause *f*. **G~ Post Of·fice** *s Br.* Hauptpost(amt *n*) *f*. **~ prac·ti·tion·er** *s* Arzt *m* für Allgeˈmeinmediˌzin, praktischer Arzt. **~ prop·er·ty tax** *s econ.* Vermögenssteuer *f*. ˌ**~-ˈpur·pose** *adj tech.* Mehrzweck..., Universal... **~ sci·ence** *s ped. univ.* allgemeine Naˈturwissenschaften *pl*.
ˈ**gen·er·al·ship** *s mil.* **1.** Geneˈralsrang *m*. **2.** Strateˈgie *f*: a) Feldherrnkunst *f*, b) *a. allg.* geschickte Taktik.
gen·er·al\|staff *s mil.* Geneˈralstab *m*: **chief of ~** Generalstabschef *m*. **~ strike** *s econ.* Geneˈralstreik *m*.
gen·er·ate [ˈdʒenəreɪt] *v/t* **1.** *Elektrizität etc* erzeugen, *Gas, Rauch* entwickeln: **to ~ electricity** (*od.* **~d**) entstehen. **2.** *fig.*, *a. math.* e-e Figur *etc* erzeugen, bilden. **3.** *fig.* bewirken, verursachen, herˈvorrufen. **4.** *biol.* zeugen. **5.** *tech.* (*im Abwälzverfahren*) verzahnen.
ˈ**gen·er·at·ing** *adj* erzeugend. **~ mill cut·ter** → generator 4. **~ sta·tion** *s electr.* Kraftwerk *n*.
gen·er·a·tion [ˌdʒenəˈreɪʃn] *s* **1.** Generatiˈon *f*: **~ gap** Generationsunterschied *m*. **2.** Generatiˈon *f*, Menschenalter *n* (*etwa* 33 Jahre): **~s** *colloq.* e-e Ewigkeit. **3.** *biol.* Entwicklungsstufe *f*. **4.** Zeugung *f*, Fortpflanzung *f*: → **spontaneous 4. 5.** *bes. chem. electr. phys.* Erzeugung *f* (*a. math.*), Entwicklung *f*. **6.** Entstehung *f*. **7.** *econ. tech.* Generatiˈon *f*: **a new ~ of cars**; **a third-~ computer** ein Computer der dritten Generation. ˌ**gen·erˈa·tion·al** *adj* Generations...: **~ conflict** (*od.* **clash**) Generationskonflikt *m*. ˈ**gen·er·a·tive** [-rətɪv; -reɪtɪv] *adj* **1.** Zeugungs..., Fortpflanzungs..., generaˈtiv: **~ power** Zeugungskraft *f*; **~ cell** generative Zelle, Geschlechtszelle *f*. **2.** *biol.* fruchtbar. **3.** *ling.* generaˈtiv: **~ grammar**.
gen·er·a·tor [ˈdʒenəreɪtə(r)] *s* **1.** *electr.* Geneˈrator *m*, Stromerzeuger *m*, Dyˈnamomaˌschine *f*. **2.** *tech.* a) ˈGaserzeuger *m*, -geneˌrator *m*: **~ gas** Generatorgas *n*, b) Dampferzeuger *m*, -kessel *m*. **3.** *chem.* Entwickler *m*. **4.** *tech.* Abwälzfräser *m*. **5.** *biol.* (Er)Zeuger *m*. **6.** *mus.* Grundton *m*.
gen·er·a·trix [ˈdʒenəreɪtrɪks; *Am.* ˌ-ˈreɪ-] *pl* **-tri·ces** [-trɪsiːz] *s math.* Erzeugende *f*.
ge·ner·ic [dʒɪˈnerɪk] *adj* (*adv* **-ally**) **1.** *biol.* geˈnerisch, Gattungs...: **~ character** Gattungsmerkmal *n*; **~ term** (*od.* **name**) *m*. **2.** allgemein, geneˈrell.
gen·er·os·i·ty [ˌdʒenəˈrɒsətɪ; *Am.* -ˈrɑ-] *s* **1.** Großzügigkeit *f*: a) Freigebigkeit *f*, b) Edelmut *m*, Hochherzigkeit *f*. **2.** edle Tat. **3.** Fülle *f*. ˈ**gen·er·ous** *adj* (*adv* **~ly**) **1.** großzügig: a) freigebig, b) edel(mütig), hochherzig. **2.** reichlich, üppig: **a ~ por·tion**; **a ~ mouth** volle Lippen *pl*. **3.** gehaltvoll, vollmundig (*Wein*). **4.** reich, fruchtbar: **~ soil**. ˈ**gen·er·ous·ness** → generosity.
gen·e·sis [ˈdʒenɪsɪs] *pl* **-ses** [-siːz] *s* **1. G~** *Bibl.* Genesis *f*, 1. Buch Mose. **2.** Geˈnese *f*, Genesis *f*, Entstehung *f*, Entwicklung *f*, Werden *n*. **3.** Ursprung *m*. **-genesis** [dʒenɪsɪs] *Wortelement mit der Bedeutung* ...erzeugung, ...entstehung.
gen·et[1] [ˈdʒenɪt] *s* **1.** *zo.* Geˈnette *f*, Ginsterkatze *f*. **2.** Geˈnettepelz *m*.
gen·et[2] *obs.* → **jennet**.
ge·net·ic [dʒɪˈnetɪk] **I** *adj* (*adv* **-ally**) **1.** *bes. biol.* geˈnetisch: a) entwicklungsgeschichtlich, Entstehungs..., Entwicklungs..., b) Vererbungs..., Erb...: **~ en·gi·neer·ing** Genmanipulation *f*. **II** *s pl* (*als sg konstruiert*) Geˈnetik *f*, Vererbungslehre *f*. **2.** *biol.* geˈnetische Formen *pl* u. Erscheinungen *pl*. **ge'net·i·cal** → **genetic I**.
ge·nette [dʒɪˈnet] → **genet**[1].
ge·ne·va[1] [dʒɪˈniːvə] *s* Geˈnever *m* (*niederländischer Wacholderschnaps*).
Ge·ne·va[2] [dʒɪˈniːvə] **I** *npr* Genf *n*. **II** *adj* Genfer(...).
Ge·ne·va\|bands *s pl relig.* Beffchen *n*. **~ Con·ven·tion** *s mil.* Genfer Konven-

ti'on f. ~**cross** → red cross 2 a. ~**drive** s tech. Mal'teserkreuzantrieb m. ~**gown** s relig. Ta'lar m.
Ge·ne·van [dʒɪ'niːvən] **I** adj **1.** Genfer(...). **2.** relig. kalvi'nistisch. **II** s **3.** Genfer(in). **4.** relig. Kalvi'nist(in).
Ge·ne·va stop s tech. Mal'teserkreuz n.
Gen·e·vese [ˌdʒenɪ'viːz] **I** adj Genfer(...). **II** pl **-vese** s Genfer(in).
gen·ial[1] ['dʒiːnjəl] adj (adv ~**ly**) **1.** freundlich (a. fig. Klima etc), herzlich: in ~ **company** in froher Gesellschaft. **2.** belebend, anregend, wohltuend. **3.** mild, warm: ~ **weather**. **4.** obs. a) Zeugungs..., b) Ehe...
ge·ni·al[2] [dʒɪ'naɪəl] **I** adj anat. zo. Kinn... **II** s zo. Kinnschuppe f.
ge·ni·al·i·ty [ˌdʒiːnɪ'ælətɪ], **gen·ial·ness** ['dʒiːnjəlnɪs] s **1.** Freundlichkeit f, Herzlichkeit f. **2.** Milde f.
-genic [dʒenɪk] Wortelement mit den Bedeutungen a) ...erzeugend, ...erregend: → **carcinogenic**, etc, b) gut geeignet für: → **telegenic**, etc.
ge·nie ['dʒiːnɪ] s **1.** dienstbarer Geist. **2.** Dschinn m (Geist im islamischen Volksglauben).
ge·ni·i ['dʒiːnɪaɪ] pl von **genius** 5.
genio- [dʒɪnaɪəʊ] Wortelement mit der Bedeutung Kinn...
gen·i·pap ['dʒenɪpæp] s bot. (eßbare Frucht vom) Genipbaum m.
ge·nis·ta [dʒɪ'nɪstə] s bot. Ginster m.
gen·i·tal ['dʒenɪtl] adj anat. zo. **1.** Zeugungs..., Fortpflanzungs..., **2.** geni'tal, Geschlechts...: ~ **gland** Keimdrüse f; ~ **stage** psych. genitale Phase. '**gen·i·tals**, a. ˌ**gen·i'ta·lia** [-'teɪljə] s pl Geni'talien pl, Geschlechtsteile pl.
gen·i·ti·val [ˌdʒenɪ'taɪvl] → **genitive** I.
'**gen·i·tive** [-tɪv] ling. **I** adj genitivisch, Genitiv...: ~ **case** → **II**. **II** s Genitiv m, zweiter Fall.
gen·i·tor ['dʒenɪtə(r)] s biol. Erzeuger m.
gen·i·to·u·ri·nar·y [ˌdʒenɪtəʊ'jʊərɪnərɪ; Am. -ˌnerɪ] adj anat. urogeni'tal (die Harn- u. Geschlechtsorgane betreffend).
gen·ius ['dʒiːnjəs] pl '**gen·ius·es** s **1.** Ge'nie m: a) geni'aler Mensch, b) (ohne pl) Geniali'tät f, geni'ale Schöpferkraft. **2.** (na'türliche) Begabung od. Gabe: **to have a** ~ **for languages** sprachbegabt sein. **3.** Geist m, eigener Cha'rakter, (das) Eigentümliche (e-r Nation, Epoche etc): ~ **of a period** Zeitgeist. **4.** → **genius loci**. **5.** pl **ge·ni·i** ['dʒiːnɪaɪ] oft G~ antiq. relig. Genius m, Schutzgeist m (a. fig.): **good (evil)** ~ guter (böser) Geist (a. fig.). ~ **lo·ci** ['ləʊsaɪ] (Lat.) s a) Genius m loci, Schutzgeist m e-s Ortes, b) (besondere) Atmo'sphäre e-s Ortes.
ge·ni·zah [ɡeˈniːzə; Am. a. ɡəˌniːˈzɑː] s Ge'niza f, Ge'niza f (Raum in der Synagoge zur Aufbewahrung schadhaft gewordener Handschriften u. Kultgegenstände).
gen·o·blast ['dʒenəʊblæst] s biol. reife Geschlechtszelle.
gen·o·cid·al [ˌdʒenəʊˈsaɪdl] adj völkermörderisch. '**gen·o·cide** [-saɪd] s Geno'zid m, a. n, Völkermord m.
Gen·o·ese [ˌdʒenəʊˈiːz; Am. -nəˈwiːz] **I** pl **-ese** s Genu'eser(in). **II** adj genu'esisch, Genueser(...).
gen·ome ['dʒiːnəʊm], a. **gen·om** ['dʒiːnəʊm; Am. -nɑm] s biol. Ge'nom n (einfacher Chromosomensatz e-r Zelle, der deren Erbmasse darstellt).
gen·o·type ['dʒenəʊtaɪp; Am. 'dʒiːnə-] s biol. Geno'typ(us) m (Gesamtheit der Erbfaktoren e-s Lebewesens).
gen·re ['ʒɑ̃ːnrə; 'ʒɑːnrə] s **1.** Genre n, (a. Litera'tur)Gattung f, Art f: ~ **(painting)** Genremalerei f. **2.** Form f, Stil m.
gen·ro [ˌɡenˈrəʊ] s hist. Genro m (vom

japanischen Kaiser eingesetzter Staatsrat).
gent[1] [dʒent] adj obs. **1.** adelig. **2.** ele'gant.
gent[2] [dʒent] s **1.** colloq. od. humor. für **gentleman**: ~**'s hairdresser** Herrenfriseur m. **2.** pl (als sg konstruiert) Br. colloq. ‚Herrenklo' n. **3.** Am. colloq. Kerl m.
gen·teel [dʒenˈtiːl] adj (adv ~**ly**) **1.** vornehm. **2.** ele'gant, fein. **3.** vornehmtuend, geziert, affek'tiert.
gen·tian ['dʒenʃɪən; Am. -tʃən] s **1.** bot. Enzian m. **2.** pharm. a) ~ **root** Enzianwurzel f, b) → **gentian bitter**. ~ **bit·ter** s pharm. 'Enziantink,tur f. ~ **blue** s Enzianblau n (Farbe).
gen·tile ['dʒentaɪl] **I** s **1.** Nichtjude m, -jüdin f, bes. Christ(in). **2.** Heide m, Heidin f. **3.** 'Nichtmor,mone m, -mormonin f. **II** adj **4.** nichtjüdisch, bes. christlich. **5.** heidnisch. **6.** 'nichtmormonisch. **7.** [-tɪl; -taɪl] zu e-m Stamm od. Volk gehörig. **8.** [-tɪl; -taɪl] ling. Völker..., e-e Gegend bezeichnend (Wort).
gen·til·ism ['dʒentaɪlɪzəm] s Heidentum n.
gen·ti·li·tial [ˌdʒentɪˈlɪʃl] adj **1.** einheimisch, natio'nal. **2.** Volks..., Familien...
gen·til·i·ty s **1.** obs. vornehme 'Herkunft. **2.** a) Vornehmheit f, b) contp. Vornehmtue'rei f.
gen·tle ['dʒentl] **I** adj (adv **gently**) **1.** freundlich, sanft, gütig, liebenswürdig: ~ **reader** geneigter Leser. **2.** sanft, leise, leicht, zart, mild, sacht: ~ **blow** leichter od. sanfter Schlag; ~ **hint** zarter Wink; ~ **medicine** mildes Medikament; ~ **rebuke** sanfter od. milder Tadel; ~ **slope** sanfter Abhang; ~ **voice** sanfte Stimme. **3.** zahm, fromm (Tier). **4.** obs. edel, vornehm: **of** ~ **birth** von vornehmer Herkunft. **5.** obs. ritterlich. **II** v/t **6.** a) Tier zähmen, b) Pferd zureiten. **7.** besänftigen, mildern. **III** s **8.** Angeln: Fleischmade f (Köder). **9.** weiblicher Wanderfalke. **10.** obs. Mensch m von vornehmer 'Herkunft. ~ **breeze** s schwache Brise (Windstärke 3). '~**folk(s)** s pl vornehme od. feine Leute pl.
'**gen·tle·hood** s obs. Vornehmheit f (der 'Herkunft).
gen·tle·man ['dʒentlmən] s irr **1.** Gentleman m: a) Ehrenmann m, b) Mann m von Lebensart u. Cha'rakter: ~**'s** (od. **gentlemen's**) **agreement** Gentleman's od. Gentlemen's Agreement n, econ. etc Vereinbarung f auf Treu u. Glauben; ~**'s** (~ **Kammer**)Diener m. **2.** Herr m: **gentlemen** pl (als Anrede) m-e Herren!, b) (in Briefen) Sehr geehrte Herren; the **old** ~ humor. der Teufel; ~ **of fortune** Glücksritter m; ~ **friend** Freund m (e-r Dame); ~ **of the road** Wegelagerer m; ~ **farmer** Gutsbesitzer m; ~ **rider** Herrenreiter m. **3.** Titel von Hofbeamten: ~ **in waiting** Kammerherr m. **4.** obs. Privati'er m. **5.** hist. a) Mann m von Stand, b) Br. Edelmann m. ˌ**gen·tle·man-at-'arms** pl ˌ**gentle·men-at-'arms** s Br. 'Leibgar,dist. '**gen·tle·man·like** → **gentlemanly**. '**gen·tle·manˌlike·ness**, **gen·tle·man·li·ness** ['dʒentlmənlɪnɪs] s **1.** feines od. vornehmes Wesen. **2.** gebildetes od. feines Benehmen. '**gen·tle·man·ly** adj gentlemanlike, vornehm, fein.
'**gen·tle·ness** s **1.** Freundlichkeit f, Güte f, Liebenswürdigkeit f. **2.** Sanftheit f, Milde f. **3.** obs. Vornehmheit f.
'**gen·tleˌwom·an** s irr Dame f (von Lebensart u. Cha'rakter). '**gen·tleˌwom·an·like**, '**gen·tleˌwom·an·ly** adj vornehm, fein, damenhaft.
gen·try ['dʒentrɪ] s **1.** Oberschicht f. **2.** Br. Gentry f, niederer Adel. **3.** (a. als pl konstruiert) colloq. Leute pl, Sippschaft f.

gen·u·al ['dʒenjʊəl; Am. -jəwəl] adj anat. zo. Knie...
gen·u·flect ['dʒenjuːflekt; Am. -jə-] v/i **1.** relig. e-e Kniebeuge machen. **2.** fig. (**before** vor dat) a) sich verbeugen, b) contp. e-n Kniefall machen. ˌ**gen·u·'flec·tion**, bes. Br. a. ˌ**gen·uˈflex·ion** [-'flekʃn] s **1.** relig. Kniebeuge f. **2.** fig. a) Verbeugung f, b) contp. Kniefall m.
gen·u·ine ['dʒenjʊɪn; Am. -jəwən] adj (adv ~**ly**) **1.** echt: a) au'thentisch (Unterschrift etc), b) ernsthaft (Angebot etc), c) aufrichtig (Mitgefühl etc). **2.** na'türlich, ungekünstelt (Lachen, Person). '**gen·u·ine·ness** s **1.** Echtheit f: a) Authentizi'tät f, b) Ernsthaftigkeit f, c) Aufrichtigkeit f. **2.** Na'türlichkeit f.
ge·nus ['dʒiːnəs] pl **gen·er·a** ['dʒenərə] s **1.** bot. philos. zo. Gattung f. **2.** Klasse f, Art f.
geo- [dʒiːəʊ] Wortelement mit der Bedeutung Erd..., Land...
ˌ**ge·o'bot·a·ny** s Geobo'tanik f (Wissenschaft von der geographischen Verbreitung der Pflanzen).
ˌ**ge·oˈcen·tric** adj; ˌ**ge·oˈcen·tri·cal** adj (adv ~**ly**) astr. geo'zentrisch: a) von der Erde als Mittelpunkt ausgehend, b) auf den Erdmittelpunkt bezogen, vom Erdmittelpunkt aus gerechnet.
ˌ**ge·oˈchem·is·try** s Geoche'mie f (Wissenschaft von der chemischen Zs.-setzung der Erde).
ˌ**ge·oˈchro'nol·o·gy** s Geochronolo'gie f (Teilgebiet der Geologie, das sich mit der absoluten u. relativen Datierung beschäftigt).
ˌ**ge·oˈcy·clic** adj astr. geo'zyklisch (den Umlauf der Erde um die Sonne betreffend).
ge·ode ['dʒiːəʊd] s geol. Ge'ode f; a) vulkanisches Gestein mit Hohlraum, an dessen Innenseiten sich Kristalle aus Mineralien bilden, b) Blasenhohlraum e-s Ergußgesteins, der mit Kristallen gefüllt sein kann.
ge·o·des·ic [ˌdʒiːəʊˈdesɪk; -ˈdiːsɪk] adj; ˌ**ge·o·ˈdes·i·cal** [-kl] adj (adv ~**ly**) geo'dätisch. **ge·od·e·sist** [dʒiˈɒdɪsɪst; Am. -ˈɑd-] s Geo'dät m. **ge'od·e·sy** s Geodä'sie f (Wissenschaft u. Technik von der Vermessung der Erde).
ge·o·det·ic [ˌdʒiːəʊˈdetɪk] adj; ˌ**ge·oˈdet·i·cal** [-kl] adj (adv ~**ly**) → **geodesic**.
ˌ**ge·o·dyˈnam·ics** s pl (meist als sg konstruiert) Geody'namik f (allgemeine Geologie, die die exogenen u. endogenen Kräfte behandelt).
ge·og·o·ny [dʒɪˈɒɡənɪ; Am. dʒiːˈɑɡ-] s geol. Geoge'nie f, Geogo'nie f (Wissenschaft von der Entstehung der Erde).
ge·og·ra·pher [dʒɪˈɒɡrəfə; Am. dʒiː'ɑɡrəfər] s Geo'graph(in). **ge·oˈgraph·ic** [dʒɪəˈɡræfɪk; Am. ˌdʒiːə-] adj; **ge·oˈgraph·i·cal** [-kl] adj (adv ~**ly**) geo'graphisch: **geographical medicine** Geomedizin f (Zweig der Medizin, der sich mit dem Einfluß geographischer u. klimatischer Faktoren auf Vorkommen, Ausbreitung u. Verlauf von Krankheiten befaßt). **ge·og·ra·phy** [dʒɪˈɒɡrəfɪ; Am. dʒiːˈɑɡ-] s **1.** Geogra'phie f, Erdkunde f. **2.** geo'graphische Abhandlung. **3.** geo'graphische Beschaffenheit.
ge·o·log·ic [ˌdʒiːəˈlɒdʒɪk; Am. ˌdʒiːəˈlɑ-] adj; ˌ**ge·oˈlog·i·cal** [-kl] adj (adv ~**ly**) geo'logisch: **geological survey** geologische Aufnahme (e-s Gebiets). **ge·ol·o·gist** [dʒɪˈɒlədʒɪst; Am. dʒiːˈɑl-] s Geo'loge m. **ge'ol·o·gize** **I** v/i a) geo'logische Studien betreiben, b) Geolo'gie stu'dieren. **II** v/t geo'logisch unter'suchen. **ge'ol·o·gy** [-dʒɪ] s **1.** Geolo'gie f. **2.** geo'logische Abhandlung. **3.** geo'logische Beschaffenheit.
ˌ**ge·oˈmag·net·ism** s phys. 'Erdmagneˌtismus m.

ge·o·man·cy [ˈdʒiːəʊmænsɪ] *s* Geoman'tie *f*, Geo'mantik *f* (*Wahrsagerei aus in die Erde od. auf Papier gezeichneten Punkten*).
ge·om·e·ter [dʒɪˈɒmɪtə; *Am.* dʒiːˈɑmətər] *s* **1.** *obs.* Geoˈmeter *m.* **2.** Exˈperte *m* auf dem Gebiet der Geomeˈtrie. **3.** *zo.* Spannerraupe *f.* **ge·o·met·ric** [ˌdʒɪəʊˈmetrɪk; *Am.* ˌdʒiːə-] *adj*, **ge·o'met·ri·cal** [-kl] *adj* (*adv* ~**ly**) geoˈmetrisch: **geometric mean** *math.* geometrisches Mittel, mittlere Proportionale; **geometric series** *math.* geometrische Reihe.
ge·om·e·tri·cian [ˌdʒɪəʊməˈtrɪʃn; *Am.* dʒiːˌɑmə't-; ˌdʒiːəmə-] → **geometer** 1, 2.
ge·om·e·trid [dʒɪˈɒmɪtrɪd; *Am.* dʒiːˈɑmə-] *s zo.* Spanner *m* (*Schmetterling*).
ge·om·e·trize [dʒɪˈɒmɪtraɪz; *Am.* dʒiːˈɑmə-] **I** *v/i* nach geoˈmetrischen Meˈthoden arbeiten. **II** *v/t* geoˈmetrisch darstellen. **ge'om·e·try** [-mətrɪ] *s* **1.** Geomeˈtrie *f.* **2.** geoˈmetrische Abhandlung.
ˌ**ge·o·mor'phol·o·gy** *s* Geomorpholoˈgie *f* (*Wissenschaft von den Formen der Erdoberfläche u. den sie beeinflussenden Kräften u. Prozessen*).
ge·o·pha·gia [dʒɪəˈfeɪdʒə; -dʒɪə; *Am.* ˌdʒiːə-], **ge'oph·a·gism** [dʒɪˈɒfədʒɪzəm; *Am.* dʒiːˈɑf-], **ge'oph·a·gy** [-dʒɪ] *s* Geopha'gie *f*: **a)** Sitte, bes. bei Naturvölkern, tonige od. fettige Erde zu essen, **b)** *med. psych.* krankhafter Trieb, Erde zu essen.
ˌ**ge·o'phys·ics** *s pl* (*oft als sg konstruiert*) Geophyˈsik *f* (*Teilgebiet der Physik, das sich mit den natürlichen Erscheinungen u. Vorgängen auf der Erde, in ihrem Inneren u. ihrer Umgebung befaßt*).
ge·o·phyte [ˈdʒiːəʊfaɪt] *s bot.* Geoˈphyt *m* (*mehrjährige, krautige Pflanze, die ungünstige Jahreszeiten, bes. den Winter, mit Hilfe unterirdischer Organe überdauert*).
ˌ**ge·o'pol·i·tics** *s pl* (*als sg konstruiert*) Geopoliˈtik *f* (*Wissenschaft von der Einwirkung geographischer Faktoren auf politische Gegebenheiten u. Kräfte*).
ge·o·pon·ic [ˌdʒiːəʊˈpɒnɪk; *Am.* ˌdʒiːəˈpɑ-] *adj* **1.** landwirtschaftlich. **2.** ländlich. **II** *s pl* (*oft als sg konstruiert*) **3.** Landwirtschaft(skunde) *f.*
George [dʒɔː(r)dʒ] *s* **1. St** ~ der heilige Georg (*Schutzpatron Englands*): **St ~'s day** Sankt-Georgs-Tag *m* (*23. April*); **St ~'s cross** Georgskreuz *n*; ~ **Cross**, ~ **Medal** *mil. Br.* Georgskreuz *n*, -medaille *f* (*Orden*); **by** ~! *obs.* Donnerwetter!; **let** ~ **do it** *Am. fig.* das soll machen, wer Lust hat! **2.** Kleinod *n* mit dem Bild des heiligen Georg (*am Halsband der Hosenbandordens*).
geor·gette [dʒɔː(r)dʒet], *a.* ~ **crepe** *f* Georˈgette *m*, dünner Seidenkrepp.
Geor·gian [ˈdʒɔː(r)dʒjən; *bes. Am.* -dʒən] **I** *adj* **1.** *hist. Br.* georgiˈanisch: **a)** *aus der Zeit der Könige Georg I.–IV.* (*1714–1830*), **b)** *aus der Zeit der Könige Georg V. u. VI.* (*1910–52*). **2.** *geogr.* georgisch (*den Staat Georgia der USA betreffend*). **3.** geˈorgisch (*die Sowjetrepublik Georgien betreffend*). **II** *s* **4.** Geˈorgier(in). **5.** *bes. arch.* (*das*) Georgiˈanische, georgiˈanischer Stil.
ˌ**ge·o'sci·ence** *s* Geowissenschaft *f* (*e-e der Wissenschaften, die sich mit der Erforschung der Erde befassen*).
ˈ**ge·oˌsphere** *s* Geoˈsphäre *f* (*Raum, in dem die Gesteinskruste der Erde, die Wasser- u. die Lufthülle aneinandergrenzen*).
ˌ**ge·o'sta·tion·ar·y** *adj* geostatioˈnär (*über dem Äquator zu Orten auf der Erde stets die gleiche Position habend*): ~ **satellite**.
ˌ**ge·o'tax·is** *s biol.* Geoˈtaxis *f* (*Orientierungsbewegung, die in der Richtung durch die Erdschwerkraft bestimmt ist*).

ge·o·tec'ton·ics *s pl* (*als sg konstruiert*) Geotekˈtonik *f* (*Teilgebiet der Geologie, das sich mit dem Aufbau u. der Entwicklung, mit Bewegungen, Verlagerungen u. magmatischen Erscheinungen der Erdkruste befaßt*).
ge·ra·ni·um [dʒɪˈreɪnjəm; -nɪəm] *s bot.* **1.** Storchschnabel *m.* **2.** (*e-e*) Pelarˈgonie, Geˈranie *f.*
ger·fal·con → **gyrfalcon**.
ger·i·a·tri·cian [ˌdʒerɪəˈtrɪʃn] *s med.* Geriˈater *m*, Facharzt *m* für Alterskrankheiten. ˌ**ger·i'at·rics** [-ˈætrɪks] *s pl* (*als sg konstruiert*) *med.* Geriaˈtrie *f*, Altersheilkunde *f.* ˌ**ger·i'at·rist** → **geriatrician**.
germ [dʒɜːm; *Am.* dʒɜrm] **I** *s* **1.** *biol. bot.* Keim *m* (*a. fig.* Ansatz, Ursprung): **in** ~ *fig.* im Keim, im Werden. **2.** *biol.* Miˈkrobe *f.* **3.** *med.* Keim *m*, Baˈzillus *m*, Bakˈterie *f*, (Krankheits)Erreger *m.* **II** *v/i u. v/t* **4.** keimen (lassen).
ger·man[1] [ˈdʒɜːmən; *Am.* ˈdʒɜr-] *adj* **1.** (*nachgestellt*) leiblich: → **brother-german**. **2.** → **germane** 1–3.
Ger·man[2] [ˈdʒɜːmən; *Am.* ˈdʒɜr-] **I** *adj* **1.** deutsch. **II** *s* **2.** Deutsche(r *m*) *f.* **3.** *ling.* Deutsch *n*, das Deutsche: **in** ~ **a)** auf deutsch, **b)** im Deutschen; **into** ~ ins Deutsche; **from (the)** ~ aus dem Deutschen.
ˌ**Ger·man-A'mer·i·can I** *adj* ˈdeutschameriˌkanisch. **II** *s* ˈDeutschameriˌkaner(in). ~ **band** *s Am.* (Gruppe *f* von) ˈStraßenmusiˌkanten *pl.* ~ **Con·fed·er·a·tion** *s hist.* Deutscher Bund.
ger·man·der [dʒɜːˈmændə(r); *Am.* dʒɜr-] *s bot.* **1.** Gaˈmander *m.* **2.** *a.* ~ **speedwell** Gaˈmanderehrenpreis *m.*
ger·mane [dʒɜːˈmeɪn; *Am.* dʒɜr-] *adj* **1.** (**to**) gehörig (zu), in Zs.-hang od. Beziehung stehend (mit), verwandt (*dat*), betreffend (*acc*): **a question** ~ **to the issue** e-e zur Sache gehörige Frage. **2.** (**to**) passend (zu), angemessen (*dat*). **3.** einschlägig. **4.** → **german**[1] 1.
Ger·man·ic[1] [dʒɜːˈmænɪk; *Am.* dʒɜr-] **I** *adj* **1.** gerˈmanisch. **2.** deutsch. **II** *s* **3.** *ling.* das Gerˈmanische, die gerˈmanische Sprachgruppe: **Primitive** ~ das Urgermanische. **4.** *pl* (*als sg konstruiert*) Gerˈmaˈnistik *f.*
ger·man·ic[2] [dʒɜːˈmænɪk; *Am.* dʒɜr-] *adj chem.* Germanium...: ~ **acid**.
Ger·man·ism [ˈdʒɜːmənɪzəm; *Am.* ˈdʒɜr-] *s* **1.** *ling.* Germaˈnismus *m*, deutsche Spracheigenheit. **2.** (*etwas*) typisch Deutsches. **3.** (*typisch*) deutsche Art, Deutschtum *n.* **4.** Deutschfreundlichkeit *f.* ˈ**Ger·man·ist** *s ling.* Germaˈnist(in).
ger·man·ite [ˈdʒɜːmənaɪt; *Am.* ˈdʒɜr-] *s min.* Germaˈnit *m.*
Ger·man·i·ty [dʒɜːˈmænətɪ; *Am.* dʒɜr-] → **Germanism** 3.
ger·ma·ni·um [dʒɜːˈmeɪnjəm; *Am.* dʒɜr-] *s chem.* Gerˈmanium *n.*
Ger·man·i·za·tion [ˌdʒɜːmənaɪˈzeɪʃn; *Am.* ˌdʒɜrmənəˈz-] *s* Germaniˈsierung *f*, Eindeutschung *f.* ˈ**Ger·man·ize I** *v/t* germaniˈsieren, eindeutschen. **II** *v/i* sich germaniˈsieren, deutsch werden.
German measles *s pl* (*als sg konstruiert*) *med.* Röteln *pl.*
Ger·man·o·phil [dʒɜːˈmænəfɪl; *Am.* dʒɜr-], **Ger·man·o·phile** [-faɪl; -fɪl] **I** *adj* germanoˈphil, deutschfreundlich. **II** *s* Germanoˈphile(r *m*) *f.* ˌ**man·o'phil·i·a** [-ˈfɪlɪə] *s* Germanophiˈlie *f*, Deutschfreundlichkeit *f.* **Ger'man·o·phobe** [-fəʊb] *s* Germanoˈphobe(r *m*) *f.* **Ger·man·o'pho·bi·a** [-ˈfəʊbjə; -bɪə] *s* Germanophoˈbie *f*, Deutschfeindlichkeit *f.*
ger·man·ous [dʒɜːˈmænəs; -ˈmeɪ-; *Am.* dʒɜr-] *adj chem.* Germanium-(II)-...

German police dog, ~ **shepherd (dog)** *s Am.* Deutscher Schäferhund. ~ **sil·ver** *s* Neusilber *n.* ~ **steel** *s tech.* Schmelzstahl *m.* ~ **text**, ~ **type** *s print.* Frakˈtur(schrift) *f.*
germˌcar·ri·er *s med.* Keim-, Baˈzillenträger *m.* ~ **cell** *s biol.* Keim-, Geschlechtszelle *f.*
ger·men [ˈdʒɜːmən; *Am.* ˈdʒɜr-] *pl* **-mens**, **-mi·na** [-mɪnə] *s bot.* Fruchtknoten *m.*
ˈ**germˌfree** *adj med.* keimfrei, steˈril. ~ **gland** *s zo.* Keimdrüse *f.*
ger·mi·cid·al [ˌdʒɜːmɪˈsaɪdl; *Am.* ˌdʒɜr-] *adj* keimtötend. ˈ**ger·mi·cide** [-saɪd] *adj u. s* keimtötend(es Mittel).
ger·mi·na [ˈdʒɜːmɪnə; *Am.* ˈdʒɜr-] *pl von* **germen**.
ger·mi·nal [ˈdʒɜːmɪnl; *Am.* ˈdʒɜr-] *adj* (*adv* ~**ly**) **1.** *biol.* Keim(zellen)... **2.** *med.* Keim..., Bakterien... **3.** *fig.* im Keim befindlich, keimend: ~ **ideas**. ~ **disk** *s biol.* Keimscheibe *f.* ~ **lay·er** *s* **1.** *anat.* Keimschicht *f* (*bes. der Oberhaut*). **2.** *biol.* → **germ layer**. ~ **ves·i·cle** *s biol.* Keimbläs·chen *n.*
ger·mi·nant [ˈdʒɜːmɪnənt; *Am.* ˈdʒɜr-] *adj* keimend (*a. fig.*).
ger·mi·nate [ˈdʒɜːmɪneɪt; *Am.* ˈdʒɜr-] *bot.* **I** *v/i* keimen (*a. fig.* sich entwickeln). **II** *v/t* zum Keimen bringen, keimen lassen (*a. fig.*). ˌ**ger·mi'na·tion** *s* Keimen *n* (*a. fig.*). ˈ**ger·mi·na·tive** [-nətɪv; *Am. bes.* ˌneɪtɪv] *adj bot.* **1.** Keim... **2.** (keim)entwicklungsfähig.
germˌlay·er *s biol.* Keimblatt *n*, -schicht *f.* ~ **plasm** *s biol.* Keimplasma *n.* ˈ**~ˌproof** *adj* keimsicher, -frei. ~ **the·o·ry** *s* **1.** *biol.* Fortpflanzungstheoˌrie *f.* **2.** *med.* Infektiˈonstheoˌrie *f.* ~ **tube** *s bot.* Keimschlauch *m.* ~ **war·fare** *s mil.* Bakˈterienkrieg *m*, bioˈlogische Kriegführung.
ge·ron·toc·ra·cy [ˌdʒerɒnˈtɒkrəsɪ; *Am.* ˌdʒerənˈtɑ-] *s pol.* Gerontokraˈtie *f*, Altenherrschaft *f.*
ger·on'tol·o·gist [ˌdʒerɒnˈtɒlədʒɪst; *Am.* ˌdʒerənˈtɑ-] *s med.* Gerontoˈloge *m.* ˌ**ger·on'tol·o·gy** *s med.* Gerontoloˈgie *f*, Alternsforschung *f.*
ger·ry·man·der [ˈdʒerɪmændə(r)] **I** *v/t* **1.** *pol.* die Wahlbezirksgrenzen in e-m Gebiet manipuˈlieren. **2.** Tatsachen etc (zum eigenen Vorteil) verdrehen. **II** *s* **3.** *pol.* **a)** Manipuˈlierung *f* von Wahlbezirksgrenzen, **b)** manipuˈlierte Wahlbezirksgrenzen *pl.*
ger·und [ˈdʒerənd] *s ling.* Geˈrundium *n.*
ge·run·di·al [dʒɪˈrʌndɪəl] *adj* Gerundial...
ge·run·di·val [ˌdʒerənˈdaɪvl] *adj ling.* Gerundiv..., gerunˈdivisch. **ge'run·dive** [dʒɪˈrʌndɪv] *s ling.* Gerunˈdiv *n.*
Ge·samt·kunst·werk [ɡəˈzamtˌkʊnstvɛrk] (*Ger.*) *s thea.* Gesamtkunstwerk *n.*
ge·sell·schaft [ɡəˈzɛlʃaft] *pl* **-schaften** [-ʃaftən] (*Ger.*) *s* Gesellschaft *f.*
ges·so [ˈdʒesəʊ] *s* **1.** *paint. etc* Gips *m.* **2.** Gips-, Kreidegrund *m.*
gest [dʒest] *s obs.* **1.** (Helden)Tat *f.* **2.** Verserzählung *f*, -epos *n.* **3.** Posse *f.*
Ge·stalt psy·chol·o·gy [ɡəˈʃtɑːlt] *s* Geˈstaltpsychoˌlogie *f.*
ges·tate [dʒeˈsteɪt; *bes. Am.* ˈdʒesteɪt] **I** *v/i* **1. a)** schwanger sein, **b)** *zo.* trächtig sein, tragen. **2.** *fig.* reifen. **II** *v/t* **3.** tragen. **4.** *fig.* in sich reifen lassen.
ges·ta·tion [dʒeˈsteɪʃn] *s* **1. a)** Schwangerschaft *f*, **b)** *zo.* Trächtigkeit *f*: ~ **period** Schwangerschaftsperiode *f*, *zo.* Tragˈ(e)zeit *f.* **2.** *fig.* Reifen *n*: ~ **period** Reifeprozeß *m.* **ges'ta·tion·al** *adj* **a)** Schwangerschafts..., **b)** *zo.* Trächtigkeits...
ges·ta·to·ri·al (chair) [ˌdʒestəˈtɔːrɪəl] *s* Tragsessel *m* (*des Papstes*).

geste → *gest.*
ges·tic ['dʒestɪk] *adj* Gesten..., Gebärden...
ges·tic·u·late [dʒe'stɪkjʊleɪt] **I** *v/i* gestikulieren, Gebärden machen, (her'um-)fuchteln. **II** *v/t* durch Gesten *od.* Gebärden ausdrücken. **ges₁tic·u'la·tion** *s* **1.** Gestikulati'on *f*, Gebärdenspiel *n*, Gestik *f*, Gesten *pl.* **2.** lebhafte Geste.
ges'tic·u·la·to·ry [-lətərɪ; *Am.* -lətoʊriː; -ˌtɔː-], *a.* **ges'tic·u·la·tive** [-lətɪv; *Am. bes.* -ˌleɪ-] *adj* gestiku'lierend.
ges·ture ['dʒestʃə(r)] **I** *s* **1.** Geste *f* (*a. fig.*), Gebärde *f*: a ~ of friendship e-e freundschaftliche Geste; a mere ~ e-e bloße Geste. **2.** Gebärdenspiel *n.* **II** *v/t u. v/i* → gesticulate.

get [get] **I** *s* **1.** *Tennis*: *colloq.* Rückschlag *m.* **2.** *zo.* Nachkomme(n *pl*) *m.* **3.** *Br.* Fördermenge *f.*
II *v/t pret* **got** [gɒt; *Am.* gɑt] *obs.* **gat** [gæt], *pp* **got** [gɒt; *Am.* gɑt] *Am.* **got·ten** ['gɒtn] **4.** bekommen, erhalten, ‚kriegen': to ~ a letter; to ~ no answer; to ~ it *colloq.* ‚sein Fett (ab)kriegen', ‚eins aufs Dach kriegen'; to ~ a good start e-n guten Start haben; to ~ a station (*Radio*) e-n Sender (rein)bekommen; to ~ it into one's head sich in den Kopf setzen; we could ~ no leave wir konnten keinen Urlaub bekommen; he's got it bad(ly) *colloq.* ‚ihn hat es schwer erwischt' (*er ist schwer erkrankt, heftig verliebt etc*). **5.** sich *etwas* verschaffen *od.* besorgen: to ~ a car. **6.** erwerben, gewinnen, verdienen, erringen, erzielen: to ~ fame Ruhm erringen *od.* erwerben *od.* erlangen; to ~ a victory e-n Sieg erringen *od.* erzielen; to ~ wealth Reichtum erwerben. **7.** *Wissen, Erfahrung etc* erwerben, sich aneignen, (er)lernen: to ~ by heart auswendig lernen. **8.** *Kohle etc* gewinnen, fördern. **9.** erwischen: a) (zu fassen) ‚kriegen', fassen, packen, fangen, b) ertappen, c) treffen: he'll ~ you in the end er kriegt dich doch; you've got me there! *colloq.* da hast du mich drangekriegt!; that ~s me *colloq.* a) das kapier' ich nicht, b) das geht mir auf die Nerven, c) das packt mich, das geht mir unter die Haut. **10.** a) holen: to ~ help, b) ('hin-)bringen: to ~ s.o. to bed j-n ins Bett bringen; ~ me a chair! bring *od.* hole mir e-n Stuhl!, c) schaffen, bringen, befördern: ~ it out of the house! schaffe es aus dem Haus!; to ~ o.s. home sich nach Hause begeben. **11.** beschaffen, besorgen (for s.o. j-m): I can ~ it for you. **12.** (*a. telefonisch*) erreichen. **13.** a) to have got haben: I've got no money; she's got a pretty face; got a knife? *colloq.* hast du ein Messer?, b) to have got to müssen: we have got to do it. **14.** machen, werden lassen, in e-n (*bestimmten*) Zustand versetzen *od.* bringen: to ~ one's feet wet nasse Füße bekommen; to ~ s.th. ready *etwas* fertigmachen *od.* -bringen; to ~ s.o. nervous j-n nervös machen; I got my arm broken ich habe mir den Arm gebrochen. **15.** (*mit pp*) lassen: to ~ one's hair cut sich die Haare schneiden lassen; to ~ s.th. done *etwas* erledigen (lassen); to ~ things done *etwas* zuwege bringen. **16.** (*mit inf*) dazu *od.* dahin bringen, bewegen, veranlassen: to ~ s.o. to speak j-n zum Sprechen bringen *od.* bewegen; to ~ s.th. to burn *etwas* zum Brennen bringen. **17.** (*mit pres p*) to ~ going a) e-e Maschine etc, fig. a. Verhandlungen etc in Gang bringen, b) fig. Schwung bringen in (e-e Party etc). **18.** *obs.* zeugen. **19.** zu-, vorbereiten, 'herrichten: to ~ dinner. **20.** *Br. colloq.* essen: ~ your dinner! **21.** *colloq.* ‚kapieren', (*a. akustisch*) verstehen: I didn't ~ his name; I don't ~ him ich versteh' nicht, was er will; I don't ~ that das kapier' ich nicht; got it? kapiert?; don't ~ me wrong! versteh mich nicht falsch! **22.** *Am. colloq.* ‚erledigen' (*töten*). **23.** *colloq.* nicht mehr loslassen, über-'wältigen.

III *v/i* **24.** kommen, gelangen: to ~ as far as Munich bis nach München kommen; to ~ home nach Hause kommen, zu Hause ankommen; where has it got to? wo ist es hingekommen?; to ~ into debt in Schulden geraten; to ~ into a rage e-n Wutanfall kriegen; to ~ there *colloq.* a) ‚es schaffen', sein Ziel erreichen, b) ‚dahinterkommen' (*es verstehen*); to ~ nowhere, not to ~ anywhere nicht weit kommen, keinerlei Erfolg haben. **25.** (*mit inf*) dahin gelangen: to ~ to like it er hat es liebgewonnen; they got to be friends sie wurden Freunde; to ~ to know it es erfahren *od.* kennenlernen. **26.** (*mit adj od. pp*) werden, in (e-n bestimmten Zustand etc) geraten: to ~ caught gefangen *od.* erwischt werden; to ~ dressed sich anziehen; to ~ tired müde werden, ermüden; → busy 2, drunk 1, *etc.* **27.** (*mit pres p*) beginnen, anfangen: they got quarrel(l)ing sie fingen an zu streiten; to ~ going a) in Gang kommen (*Maschine etc, fig. a. Verhandlungen etc*), b) *fig.* in Schwung kommen (*Party etc*); to ~ going on (*od.* with) s.th. *etwas* in Angriff nehmen; to ~ talking a) zu reden anfangen, b) ins Gespräch kommen. **28.** reich werden. **29.** *sl.* ‚verduften', ‚abhauen'.

Verbindungen mit Präpositionen:
get| a·cross *v/i bes. Br. colloq.* **1.** j-n ärgern. **2.** sich anlegen mit. **~ af·ter** *v/i Am. colloq.* j-m zu Leibe rücken, sich j-n ‚vorknöpfen'. **~ a·round** *v/i colloq.* **1.** *Gesetz, Problem etc* um'gehen. **2.** j-n ‚her'umkriegen'. **~ at** *v/i* **1.** her'ankommen an (*acc*), erreichen. **2.** ‚kriegen', ‚auftreiben'. **3.** an j-n ‚rankommen', j-m beikommen. **4.** *etwas* auszusetzen haben an (*dat*). **5.** *etwas* her'ausbekommen, e-r *Sache* auf den Grund kommen. **6.** *bsd.* wollen: what is he getting at? worauf will er hinaus? **7.** *colloq.* a) ‚schmieren', bestechen, b) *j-n* ‚schmieren' versuchen. **~ be·hind** *v/i* **1.** sich stellen hinter (*acc*). **2.** zu'rückbleiben hinter (*dat*). **3.** *colloq.* unter'stützen. **~ in·to** **I** *v/i* **1.** (hin'ein-)kommen *od.* (-)gelangen in (*acc*): what's got into you? *colloq.* was ist (denn) mit dir los? **2.** a) *Kleidungsstück* anziehen, schlüpfen in (*acc*), b) (hin'ein-)kommen *od.* (-)passen in (*acc*). **3.** steigen in (*acc*). **4.** sich *etwas* angewöhnen: to ~ a habit e-e Gewohnheit annehmen; to ~ the habit of doing s.th. (es) sich angewöhnen, *etwas* zu tun; to ~ the habit of smoking sich das Rauchen angewöhnen. **5.** sich einarbeiten in (*acc*): he had soon got into his new job er hatte sich schnell eingearbeitet. **II** *v/t* **6.** j-n bringen in (*acc*). **7.** to get s.o. into s.th. j-n *etwas* angewöhnen: who (what) got you into smoking? wer (was) hat dich dazu gebracht, mit dem Rauchen anzufangen? **~ off** *v/i* **1.** absteigen von. **2.** aussteigen aus. **3.** her'untergehen *od.* -kommen von. **4.** sich losmachen von, freikommen von. **~ on** *v/i* **1.** *ein Pferd, e-n Wagen etc* besteigen, aufsteigen auf (*acc*). **2.** einsteigen in (*acc*). **3.** sich stellen auf (*acc*): to ~ one's feet (*od.* legs) sich erheben. **~ out of** **I** *v/i* **1.** her'aussteigen aus. **2.** her'aus- *od.* hin'auskommen *od.* -gelangen aus. **3.** sich *etwas* abgewöhnen: to ~ a habit e-e Gewohnheit ablegen; to ~ the habit of doing s.th. (es) sich abgewöhnen, *etwas* zu tun; to ~ the habit of smoking sich das Rauchen abgewöhnen. **4.** *econ. colloq.* ‚aussteigen' aus (e-r Transaktion). **5.** sich drücken vor (*dat*). **II** *v/t* **6.** *Geld etc* aus j-m ‚her'ausholen' *od.* her'auslocken. **7.** *etwas* bei e-r *Sache* gewinnen, erhalten: I got nothing out of it ich ging leer aus. **~ o·ver** *v/i* **1.** hin'wegkommen über (*acc*): a) (hin'über)kommen, (-)gelangen über (*acc*), b) *fig.* sich hin'wegsetzen über (*acc*), (hin'weg)winden. **2.** sich erholen von, über'stehen. **~ round** → get around. **~ through** *v/i* **1.** kommen durch (e-e Prüfung, den Winter etc). **2.** *Geld* 'durchbringen. **3.** *etwas* erledigen. **~ to** *v/i* **1.** kommen nach, erreichen. **2.** a) sich machen an (*acc*), b) (zufällig) dazu kommen: we got to talking about it wir kamen darauf zu sprechen.

Verbindungen mit Adverbien:
get| a·bout *v/i* **1.** her'umgehen, auf den Beinen sein (*nach e-r Krankheit*). **2.** her'umkommen. **3.** sich her'umsprechen *od.* verbreiten (*Gerücht etc*). **~ a·cross** **I** *v/t* **1.** verständlich machen, klarmachen. **2.** e-r *Sache* Wirkung *od.* Erfolg verschaffen, *etwas* ‚an den Mann bringen': to get the idea across. **II** *v/i* **3.** a) ‚ankommen', b) sich verständlich machen. **4.** a) ‚ankommen', ‚einschlagen', Anklang finden, b) klarwerden (to *j-m*). **~ a·long** **I** *v/t* **1.** vorwärts-, weiterbringen. **II** *v/i* **2.** vorwärts-, weiterkommen (*a. fig.*). **3.** auskommen, sich vertragen (with s.o. mit j-m): they ~ well sie kommen gut miteinander aus. **4.** zu'recht-, auskommen (with s.th. mit etwas). **5.** weitergehen: I must be getting along ich muß mich auf den Weg machen; ~! verschwinde!; ~ with you! *colloq.* a) weitermach!, b) jetzt hör aber auf! **6.** älter werden. **~ a·round** *v/i* **1.** → get about. **2.** → get round **II**. **~ a·way** **I** *v/t* **1.** fortschaffen, wegbringen. **II** *v/i* **2.** loskommen, losmachen: you can't ~ from that a) darüber kannst du dich nicht hinwegsetzen, b) das mußt du doch einsehen; you can't ~ from the fact that man kommt um die Tatsache nicht herum, daß. **3.** entkommen, -wischen: to get away with it this time *colloq.* a) diesmal kam er ungestraft davon, b) diesmal gelang es ihm *od.* hatte er Glück; he gets away with everything (*od.* with murder) *colloq.* er kann sich alles erlauben *od.* leisten. **4.** *sport* a) starten, b) sich freimachen, losziehen. **5.** ~ with ‚wegputzen', aufessen, austrinken. **6.** → get along 5. **~ back** **I** *v/t* **1.** zu'rückbekommen, -erhalten. **2.** zu'rückholen: to get one's own back *colloq.* sich rächen; to get one's own back on s.o. → 4. **II** *v/i* **3.** zu'rückkommen. **4.** to ~ at s.o. *colloq.* sich an j-m rächen, es j-m heimzahlen. **~ be·hind** *v/i* **1.** zu'rückbleiben. **2.** in Rückstand kommen (with mit). **~ by** *v/i* **1.** unbemerkt vor'beigelangen. **2.** durchkommen, da'vonkommen. **3.** zu'recht-, 'durch-, auskommen, ‚es schaffen'. **4.** gerade noch annehmbar sein (*Arbeit etc*), gerade noch ausreichen (*Kenntnisse*). **~ down** **I** *v/t* **1.** hin'unterbringen. **2.** her'unterholen. **3.** *Essen etc* ,runterkriegen'. **4.** aufschreiben. **5.** *fig.* j-n ‚fertigmachen', depri'mieren. **II** *v/i* **6.** her'unterkommen, -steigen. **7.** aus-, absteigen. **8.** ~ to s.th. sich an etwas (her'an)machen: to ~ to business 9, brass tacks. **~ in** **I** *v/t* **1.** hin'einbringen, -schaffen, -bekommen. **2.** *die Ernte* einbringen. **3.** einfügen. **4.** e-e *Bemerkung*, e-n *Schlag etc* anbringen. **5.** e-n *Arzt* holen, kommen

lassen, rufen, *e-n Spezialisten etc* zuziehen. **II** *v/i* **6.** hin¦ein-, her¦eingelangen, -kommen, -gehen. **7.** einsteigen. **8.** *pol.* (ins Parla¦ment *etc*) gewählt werden. **9.** ~ **on** *colloq.* sich beteiligen an (*dat*), mitmachen bei: **to** ~ **on the act** mitmachen. **10.** ~ **with** sich anfreunden *od.* einlassen mit. ~ **off I** *v/t* **1.** *Kleidungsstück* ausziehen. **2.** losbekommen, -kriegen: **his counsel got him off** sein Anwalt erwirkte s-n Freispruch. **3.** *Waren* loswerden. **4.** *e-n Witz etc* ,vom Stapel lassen'. **5.** *ein Telegramm etc* ,loslassen', absenden. **6.** ~ (**to sleep**) zum (Ein-) Schlafen bringen. **II** *v/i* **7.** abreisen, aufbrechen. **8.** *aer.* abheben. **9.** (**from**) absteigen (von), aussteigen (aus): **to tell s.o. where to** ~ j-m Bescheid stoßen'. **10.** da¦vonkommen (**with a caution** mit e-r Verwarnung): **to** ~ **cheaply** *colloq.* a) billig wegkommen, b) mit e-m blauen Auge davonkommen. **11.** entkommen. **12.** (*von der Arbeit*) wegkommen: **he got off early. 13.** ~ (**to sleep**) einschlafen. **14.** *colloq.* ,high' werden: **to** ~ **on heroine** auf e-n ,Herointrip' gehen. **15.** *colloq.* ,kommen' (*e-n Orgasmus haben*). **16.** *colloq.* ,ausflippen' (*außer sich geraten*) (**on** bei). ~ **on I** *v/i* **1.** vorwärts-, vor¦ankommen (*a. fig.*): **to** ~ **in one's job**; **to** ~ **in life** a) es zu etwas bringen, b) *a.* **to** ~ (**in years**) älter werden; **to be getting on for sixty** auf die Sechzig zugehen; **to** ~ **without s.th.** ohne etwas auskommen; **I must be getting on** ich muß weiter; **it is getting on for 5 o'clock** es geht auf 5 Uhr (zu); **it was getting on** es wurde spät; **let's** ~ **with our work!** machen wir weiter! **2.** ~ **get along** 3, 4. **3.** ~ **to** *a*) *Br.* sich in Verbindung setzen mit, *teleph.* j-n anrufen, b) *colloq.* etwas ,spitzkriegen', hinter *e-e Sache* kommen, c) *colloq.* j-m auf die Schliche kommen. **II** *v/t* **4.** *Kleidungsstück* anziehen. **5.** weiterbringen, vor¦antreiben. ~ **out I** *v/t* **1.** her¦ausbekommen, ,her¦auskriegen' (*a. fig.*): **to** ~ **a secret. 2.** her¦ausholen. **3.** hin¦ausschaffen, -befördern. **4.** *Worte etc* her¦auskommen. **II** *v/i* **5.** aussteigen, her¦auskommen. **6.** hin¦ausgehen: ~! raus! **7.** entkommen: **to** ~ **from under** *Am. colloq.* mit heiler Haut davonkommen. **8.** *econ. colloq.* ,aussteigen' (*of aus e-r Transaktion*). **9.** *fig.* ¦durchsickern, her¦auskommen (*Geheimnis etc*). ~ **o·ver I** *v/t* **1.** hinter sich bringen, erledigen. **2.** j-n auf s-e Seite bringen. **3.** → **get across** 1. **II** *v/i* **4.** hin¦über-, her¦überkommen, -gelangen. **5.** → **get across** 4 c. ~ **round I** *v/t* j-n ,her¦umkriegen', beschwatzen. **II** *v/i* dazu kommen: **I never got round to doing it** ich kam nie dazu (, es zu tun). ~ **through I** *v/t* **1.** ¦durchbringen, -bekommen (*a. fig.*). **2.** → **get over** 1. **3.** *e-r* Sache klarmachen (**to s.o.** j-m). **II** *v/i* **4.** ¦durchkommen: a) das Ziel erreichen, b) (*ein Examen*) bestehen, c) ¦durchgehen (*Gesetzesvorlage*), d) *teleph.* Anschluß bekommen. **5.** fertig werden (**with** mit). **6.** klarwerden (**to s.o.** j-m). ~ **to·geth·er I** *v/t* **1.** *Menschen etc* zs.-bringen. **2.** zs.-tragen, ansammeln. **3. to get it together** *colloq.* ,es bringen'. **II** *v/i* **4.** zs.-kommen. **5.** sich einig werden (**on** über *acc*). ~ **up I** *v/t* **1.** hin¦auf-, her¦aufbringen, -schaffen. **2.** ins Werk setzen. **3.** veranstalten, organi¦sieren. **4.** ein-, ¦herrichten, vorbereiten. **5.** konstru¦ieren, zs.-basteln. **6.** j-n her¦ausputzen: **to get o.s. up. 7.** *ein Buch etc* ausstatten, *Waren* (hübsch) aufmachen. **8.** *thea.* ¦einstu¦dieren, insze¦nieren. **9.** *colloq.* lernen, ¦büffeln. **10.** *Am. colloq.* ein Gefühl aufbringen. **II** *v/i* **11.** auf-

stehen, (*von e-m Stuhl etc a.*) sich erheben. **12.** (hin-, her)¦aufsteigen, steigen (**on** auf *acc*): **to** ~ **in the world** *fig.* (in der Welt *od.* im Leben) vorankommen. **13.** hin¦auf-, her¦aufkommen. **14.** sich nähern. **15.** auffrischen (*Wind*). **16.** ~ **up!** hü(h)!, hott! (*vorwärts*).
get¦-at-a·ble [get¦ætəbl] *adj colloq.* **1.** erreichbar (*Ort od. Sache*): **it's not** ~ **man kommt nicht** ,ran'. **2.** zugänglich (*Ort od. Person*). **3.** zu erfahren(d).
'~**-a·way I** *s* **1.** Flucht *f*: **to make one's** ~ entkommen, -wischen. **2.** *sport* Start *m*. **3.** *mot.* Anzugsvermögen *n*. **II** *adj* **4.** Flucht...: ~ **car**. '~**-off** *s aer.* Abheben *n*.
get·ter ['getə(r)] *s* **1.** *Bergbau*: Hauer *m*. **2.** *electr.* Getter *n*, Fangstoff *m*.
'**get¦-to**, **geth·er** *s colloq.* (zwangloses) Treffen *od.* Bei¦sammensein, (zwanglose) Zs.-kunft: **to have a** ~ sich treffen, zs.-kommen. ~**-'tough** *adj Am. colloq.* aggres¦siv, entschlossen: ~ **policy.** '~**-up** *s colloq.* **1.** Aufbau *m*, Anordnung *f*, Struk¦tur *f*. **2.** Aufmachung *f*: a) Ausstattung *f*, b) ,Aufzug' *m*, Kleidung *f*. **3.** *thea.* Insze¦nierung *f*. ~**-'up-and--'go** *s colloq.* Unter¦nehmungsgeist *m*, E¦lan *m*. ~**-'well** *adj*: **to send s.o. a** ~ **card** j-m e-e Karte schicken u. ihm gute Besserung wünschen.
gew·gaw ['gju:gɔ:] **I** *s* **1.** protziges, aber wertloses Schmuckstück. **2.** *fig.* Lap¦palie *f*, Kleinigkeit *f*. **II** *adj* **3.** protzig, aber wertlos.
gey·ser *s* **1.** ['gaɪzə(r); *Br. a.* 'giːzə] Geysir *m*. **2.** ['giːzə] *Br.* ('Gas)¦Durchlauferhitzer *m*.
gey·ser·ite ['gaɪzəraɪt; *Br. a.* 'giː-] *s min.* Geyse¦rit *m*.
ghast·li·ness ['gɑːstlɪnɪs; *Am.* 'gæst-] *s* **1.** Gräßlichkeit *f*. **2.** gräßliches Aussehen. **3.** Totenblässe *f*. '**ghast·ly** *adj* **1.** gräßlich, greulich, entsetzlich, schrecklich (*alle a. fig. colloq.*). **2.** gespenstisch. **3.** totenbleich, verzerrt: **a** ~ **smile**. **5.** *colloq.* schauderhaft, haarsträubend. **II** *adv* **6.** gräßlich *etc*: ~ **pale** totenblaß.
ghat [gɔːt; gɑːt] *s* **1.** (Gebirgs)Paß *m*. **2.** Gebirgszug *m*. **3.** Lande- u. Badeplatz *m* mit Ufertreppe. **4.** *meist* **burning** ~ Totenverbrennungsplatz *m* (*der Hindus*) an e-r Ufertreppe.
gher·kin ['gɜːkɪn; *Am.* 'gɜːr-] *s* Gewürz-, Essiggurke *f*.
ghet·to ['getəʊ] *pl* **-tos**, **-toes** *s hist. u. sociol.* G(h)etto *n*.
ghost [gəʊst] **I** *s* **1.** Geist *m*, Gespenst *n*: **the** ~ **walks** *thea. sl.* es gibt Geld; → **lay**[1] 25. **2.** Geist *m*, Seele *f* (*nur noch in*): **to give** (*od.* **yield**) **up the** ~ den Geist aufgeben, sterben. **3.** *fig.* Spur *f*, Schatten *m*: **a** ~ **of a smile** ein angedeutetes Lächeln, der Anflug e-s Lächelns; **not the** ~ **of a chance** nicht die geringste *od.* die Spur e-r Chance; **to be a** ~ **of one's former self** nur noch ein Schatten seiner selbst sein. **4.** *fig.* quälende Erinnerung(en *pl*) (**of an** *acc*). **5.** → **ghost writer**. *m.* **6.** *opt. TV* Doppelbild *n*. **II** *v/t* **7.** j-n verfolgen (*Erinnerungen etc*). **8.** *ein Buch etc* als Ghostwriter schreiben (**for** für). **III** *v/i* **9.** Ghostwriter sein. '~**-like** → **ghostly**.
ghost·li·ness ['gəʊstlɪnɪs] *s* Geisterhaftigkeit *f*. '**ghost·ly** *adj* **1.** geister-, gespensterhaft, Geister... **2.** *obs.* geistlich: ~ **counsel**.
ghost¦**sto·ry** *s* Geister-, Gespenstergeschichte *f*. ~ **town** *s* Geister-, verödete Stadt. ~ **train** *s* Geisterbahn *f*. ~ **word** *s* Ghostword *n* (*Wort, das s-e Entstehung e-m Schreib-, Druck- od. Aussprachefehler verdankt*). '~**-write** *v/t u. v/i* → **ghost** 8, 9. ~ **writ·er** *s* Ghost-

writer *m* (*Autor, der anonym für e-e andere Person schreibt*).
ghoul [guːl] *s* **1.** Ghul *m* (*leichenfressender Dämon*). **2.** *fig.* Unhold *m* (*Person mit makabren Gelüsten*), *z. B.* Leichen-, Grabschänder *m*. '**ghoul·ish** *adj* (*adv* ~**ly**) **1.** ghulenhaft. **2.** *fig.* ma¦kaber.
ghyll → **gill**[1].
GI [,dʒiː'aɪ] *pl* **GIs**, **GI's** (*von* **government issue**) *mil. Am. colloq.* **I** *s* **1.** ,GI' *m* (*amer. Soldat*). **II** *adj* **2.** GI-..., Kommiß... **3.** vorschriftsmäßig.
gi·ant ['dʒaɪənt] **I** *s* **1.** *myth.* Riese *m*. **2.** Riese *m*, Ko¦loß *m*. **3.** riesiges Exem¦plar (*Tier etc*). **4.** *med.* an Gigan¦tismus Leidende(r *m*) *f*. **5.** *fig.* Gi¦gant *m* (*Person, Sache, Organisation*). **6.** *astr.* Riesenstern *m*. **7.** *Bergbau*: Monitor *m*, Strahlrohr *n*. **II** *adj* **8.** riesenhaft, riesig, ungeheuer (groß), *a. bot. zo.* Riesen...: ~ **killer** *sport* Favoritentöter *m*; ~(**-size**) **packet** Riesenpackung *f*; ~ **slalom** (*Skisport*) Riesenslalom *m*; ~ **star** → 6; ~ **stride** a) Riesenschritt *m* (*a. fig.*), b) Rundlauf *m* (*Turngerät*); ~ **swing** (*Turnen*) Riesenfelge *f*; ~ **wheel** Riesenrad *n*.
gi·ant·ess ['dʒaɪəntes] *s* Riesin *f*.
'**gi·ant·ism** *s* **1.** ungeheure Größe. **2.** *med.* Gigan¦tismus *m*, Riesenwuchs *m*.
giaour ['dʒaʊə(r)] *s contp.* Giaur *m* (*Nichtmohammedaner, bes. Christ*).
gib[1] [gɪb] *tech.* *s* **1.** *a.* Haken-, Nasen)Keil *m*: ~ **and cotter** Keil u. Lösekeil; ~ **and key** Längs- u. Querkeil. **2.** a) 'Führungsline *a.l n* (*e-r Werkzeugmaschine*), b) '(Stell)Leiste *f* (*e-r Drehbank*). **3.** Ausleger *m* (*e-s Krans*). **II** *v/t* **4.** verkeilen.
gib[2] [gɪb] *s* (*bes.* ka¦strierter) Kater.
gib·ber ['dʒɪbə(r)] **I** *v/i* schnattern (*Affen, Personen*). **II** *s* → **gibberish**. '**gib·ber·ish** *s* **1.** Geschnatter *n*. **2.** dummes Geschwätz, ,Quatsch' *m*.
gib·bet ['dʒɪbɪt] **I** *s* **1.** Galgen *m*. **2.** *tech.* a) Kranbalken *m*, b) *Zimmerei*: Querbalken *m*, -holz *n*. **II** *v/t* **3.** hängen. **4.** anprangern, bloßstellen.
gib·bon ['gɪbən] *s zo.* Gibbon *m*.
gib·bos·i·ty [gɪ'bɒsətɪ; *Am.* dʒɪ'bɑːsətɪ; gɪb-] *s* **1.** Buckligkeit *f*. **2.** Wölbung *f*. **3.** Buckel *m*, Höcker *m*. '**gib·bous** *adj* (*adv* ~**ly**) **1.** gewölbt. **2.** *astr.* nach beiden Seiten kon¦vex (*Mondscheibe zwischen Halb- u. Vollmond*). **3.** buck(e)lig, höckerig.
Gibbs func·tion [gɪbz] *s phys.* Gibbsche Funkti¦on.
gibbs·ite ['gɪbzaɪt] *s min.* Gibb¦sit *m*.
gibe[1] [dʒaɪb] **I** *v/i* verhöhnen, verspotten. **II** *v/i* spotten (**at** über *acc*): **to** ~ **at** → **I**. **III** *s* höhnische Bemerkung.
gibe[2] → **jibe**[2].
gib·let ['dʒɪblɪt] *s meist pl* Inne¦reien *pl*, *bes.* Hühner-, Gänseklein *n*.
Gib·son ['gɪbsn] *s bes. Am.* ein Cocktail *aus Gin u. Wermut*.
gid·dap [gɪ'dæp] *interj colloq.* hü(h)!, hott! (*vorwärts*).
gid·di·ness ['gɪdɪnɪs] *s* **1.** Schwindel (-gefühl *n*) *m*, Schwindeligkeit *f*. **2.** *fig.* Unbesonnenheit *f*, Leichtsinn *m*, Flatterhaftigkeit *f*. **3.** *fig.* Wankelmütigkeit *f*.
gid·dy ['gɪdɪ] **I** *adj* (*adv* **giddily**) **1.** schwind(e)lig: **I am** (*od.* **feel**) ~ mir ist schwind(e)lig. **2.** *a. fig.* schwindelerregend, schwindelnd. **3.** *fig.* a) unbesonnen, flatterhaft, leichtsinnig, b) impul¦siv. **II** *v/t u. v/i* **4.** schwind(e)lig machen *od.* werden.
gie [giː] *Scot. für* **give** II, III.
gift [gɪft] **I** *s* **1.** a) Geschenk *n*, b) Spende *f*: **to make a** ~ **of s.th. to s.o.** j-m etwas zum Geschenk machen, j-m etwas schenken; **I wouldn't have it as a** ~ das nähme ich nicht (mal) geschenkt; **at £10**

gifted - girder

it's a ~! für 10 Pfund ist es geschenkt!; → free 16. **2.** *jur.* Schenkung *f*: ~ (**by will**) letztwillige Schenkung, Vermächtnis *n*; ~ **mortis causa** Schenkung für den Todesfall. **3.** *jur.* Verleihungsrecht *n*: **the office is not in his** ~ er kann dieses Amt nicht verleihen *od.* vergeben. **4.** *fig.* Begabung *f*, Gabe *f*, Ta'lent *n* (**for**, of für):~ **for languages** Sprachtalent; **of many ~s** vielseitig begabt; → **gab I, recall** 13, **tongue** 3. **II** *v/t* **5.** beschenken (**with** mit). **6.** schenken, geben (**s.th.** to **s.o.** j-m etwas). **III** *adj* **7.** geschenkt, Geschenk...: ~ **shop** Geschenkartikelladen *m*; ~ **tax** Schenkungssteuer *f*; ~ **token** (*od.* **voucher**) Geschenkgutschein *m*; **don't look a ~ horse in the mouth** e-m geschenkten Gaul schaut *od.* sieht man nicht ins Maul.
gift·ed ['gɪftɪd] *adj* begabt, talen'tiert.
'**gift-wrap** *v/t* geschenkmäßig *od.* als Geschenk verpacken.
gig¹ [gɪg] *s* **1.** *mar.* Gig(boot) *n.* **2.** *sport* Gig *n* (*Ruderboot*). **3.** Gig *n* (*zweirädriger, offener Einspänner*).
gig² [gɪg] *s* Fischspeer *m*.
gig³ [gɪg] *s a.* ~ **machine**, ~ **mill** *tech.* 'Rauh-, 'Aufkratzma,schine *f*.
gig⁴ [gɪg] *s mus. colloq.* a) Engage'ment *n*, b) Auftritt *m*.
giga- [gɪgə; dʒɪgə; *Br. a.* gaɪgə] *phys.* Wortelement mit der Bedeutung Milliarde.
'**gi·ga·hertz** *s phys.* Giga'hertz *n* (*1 Milliarde Hertz*).
gi·gan·tic [dʒaɪ'gæntɪk] *adj* (*adv* **~ally**), *a.* ,**gi·gan'tesque** [-'tesk] *adj* gi'gantisch: a) riesenhaft, Riesen..., b) riesig, ungeheuer (groß), gewaltig.
gi·gan·tism ['dʒaɪgæntɪzəm; dʒaɪ'gæn-] → **giantism**.
gi·gan·tom·a·chy [,dʒaɪgæn'tɒməkɪ; *Am.* -'tɑ:-] *s myth.* Gigantoma'chie *f*, (*art* Darstellung *f* der) Gi'gantenschlacht *f*.
gig·gle ['gɪgl] **I** *v/i* **1.** kichern. **II** *v/t* **2.** etwas kichernd sagen: **she ~d her agreement** sie stimmte kichernd zu. **III** *s* **3.** Kichern *n*, Gekicher *n*. **4. for a ~** *colloq.* aus *od.* im Spaß. '**gig·gler** [-lə(r)] *s* Kichernde(r *m*) *f*. '**gig·gly** *adj* ständig kichernd.
gig·o·lo ['ʒɪgələʊ; 'dʒɪ-] *pl* **-los** *s* Gigolo *m*: a) Eintänzer *m*, b) *junger Mann, der sich von Frauen aushalten läßt*.
gi·got ['dʒɪgət] *s* **1.** *a.* ~ **sleeve** Gi'got *m*, Hammelkeulenärmel *m*. **2.** *gastr.* Hammelkeule *f*.
gigue [ʒi:g] *s mus.* Gigue *f*: a) *hist. Tanz*, b) *Satz e-r Suite*.
gil·bert ['gɪlbə(r)t] *s electr.* Gilbert *n* (*Einheit der magnetischen Spannung*).
Gil·ber·ti·an [gɪl'bɜːtjən; -ɪən; *Am.* -ˈbɜːr-] *adj* **1.** in der Art (des Hu'mors) von W. S. Gilbert. **2.** *fig.* komisch, possenhaft.
gild¹ [gɪld] *v/t pret u. pp* '**gild·ed** *od.* **gilt** [gɪlt] **1.** vergolden. **2.** *fig.* a) verschöne(r)n, (aus)schmücken (~ **lily** 1, **6.** über'tünchen, verbrämen, c) versüßen: → **pill** 1, d) beschönigen: **to ~ a lie**.
gild² → **guild**.
gild·ed ['gɪldɪd] *adj* vergoldet, golden (*a. fig.*): ~ **youth** Jeunesse *f* dorée (*die zur begüterten Oberschicht gehörenden Jugendlichen*). '**gild·ing** *s* **1.** Vergolden *n.* **2.** Vergoldung *f*. **3.** Vergoldermasse *f*. **4.** *fig.* a) Verschönerung *f*, Ausschmückung *f*, b) Über'tünchung *f*, Verbrämung *f*, c) Versüßung *f*, d) Beschönigung *f*.
gilds·man → **guildsman**.
gil·gai ['gɪlgaɪ] *s Austral.* na'türliches Wasserloch.
gill¹ [gɪl] **I** *s* **1.** *ichth.* Kieme *f*: ~ **arch** (**cleft** *od.* **slit**, **cover**) Kiemenbogen *m* (-spalte *f*, -deckel *m*); ~ **net** Wandnetz *n*. **2.** *orn.* Kehllappen *m.* **3.** *bot.* La'melle *f*: ~ **fungus** Blätterpilz *m.* **4.** Doppel-, 'Unterkinn *n*: **rosy** (**green**) **about the ~s** gesund aussehend (grün im Gesicht). **5.** *Spinnerei* Hechelkamm *m.* **6.** *tech.* Kühlrippe *f*, -ring *m.* **II** *v/t* **7.** *Fische* a) ausnehmen, b) mit e-m Wandnetz fangen. **8.** die La'mellen entfernen von (*Pilzen*).
gill² [gɪl] *s bes. Scot.* **1.** (waldige) Schlucht. **2.** Gebirgs-, Wildbach *m*.
gill³ [dʒɪl] *s* Viertelpinte *f* (*Br. 0,14 l; Am. 0,12 l*).
gill⁴ [dʒɪl] *s obs.* Liebste *f*.
gilled [gɪld] *adj* **1.** *ichth.* mit Kiemen (versehen). **2.** *tech.* gerippt: ~ **tube** Kühlrippenrohr *n*.
gil·lie ['gɪlɪ] *s Scot.* **1.** *hist.* Diener *m*, Page *m* (*e-s schottischen Hochlandhäuptlings*). **2.** Jagdgehilfe *m*.
gil·ly·flow·er ['dʒɪlɪˌflaʊə(r)] *s bot.* **1.** (*bes.* 'Winter)Lev,koje *f*. **2.** Goldlack *m.* **3.** Gartennelke *f*.
gilt¹ [gɪlt] **I** *p.p.* **1.** → **gilded**. **II** *s* **2.** Vergoldung *f*. **3.** *fig.* Reiz *m*: **to take the ~ off the gingerbread** der Sache den Reiz nehmen.
gilt² [gɪlt] *s zo.* junge Sau.
'**gilt·cup** → **buttercup**. **~ edge** *s oft pl* Goldschnitt *m*. '**~-ˌedge(d)** *adj* **1.** mit Goldschnitt (versehen). **2.** ~ **securities** *pl econ.* mündelsichere (Wert)Papiere.
gim·bals ['dʒɪmblz; 'gɪm-] *s pl mar. tech.* Kar'danringe *pl*, kar'danische Aufhängung (*Kompaß etc*).
gim·crack ['dʒɪmkræk] **I** *s* **1.** a) wertloser *od.* kitschiger Gegenstand, (*a.* technische) Spiele'rei, ,Mätzchen' *n*, b) *pl* ~ **gimcrackery** 1. **II** *adj* **2.** a) wertlos, kitschig. **3.** wack(e)lig, 'unso,lide gebaut. '**gim,crack·er·y** [-ərɪ] *s* Plunder *m*, ,Firlefanz' *m*.
gim·let ['gɪmlɪt] **I** *s* **1.** *tech.* Schnecken-, Handbohrer *m*: ~ **eyes** *fig.* stechende Augen. **2.** *Am.* ein Cocktail aus Gin *od.* Wodka u. Limonensaft. **II** *v/t* **3.** mit e-m Schneckenbohrer Löcher bohren in (*acc*).
gim·me ['gɪmɪ] *sl. für* **give me**.
gim·mick ['gɪmɪk] *s colloq.* **1.** → **gadget** I. **2.** *fig.* ,Dreh' *m*, (*bes.* Re'klame)Trick *m*, ,(-)Masche' *f*. '**gim·mick·ry** [-rɪ] → **gadgetry** 1.
gimp [gɪmp] *s* **1.** *Schneiderei*: Gimpe *f*. **2.** mit Draht verstärkte seidene Angelschnur.
gin¹ [dʒɪn] *s* **1.** Gin *m*, Wa'cholderschnaps *m*: ~ **and it** *bes. Br.* Gin u. Wermut; ~ **and tonic** Gin Tonic.
gin² [dʒɪn] **I** *s* **1.** *a.* **cotton ~** Ent'körnungsma,schine *f* (*für Baumwolle*). **2.** a) *tech.* Hebezeug *n*, Winde *f*, b) *mar.* Spill *n*. **3.** *tech.* Göpel *m*, 'Fördermaˌschine *f*. **4.** *tech.* Rammgerüst *n*. **5.** *hunt.* a) Falle *f*, b) Schlinge *f*. **II** *v/t* **6.** in *od.* mit e-r Schlinge fangen. **7.** *Baumwolle* entkörnen.
gin³ [gɪn] *pret* **gan** [gæn], *pp* **gun** [gʌn] *obs. für* **begin**.
gin⁴ [dʒɪn] → **gin rummy**.
gin⁵ [dʒɪn] *s Austral.* Eingeborene *f*.
gin·ger ['dʒɪndʒə(r)] **I** *s* **1.** *bot.* Ingwer *m.* **2.** Ingwer *m* (*Gewürz*). **3.** a) rötliches Braun, b) gelbliches Braun. **4.** *colloq.* ,Schmiß' *m*, Schwung *m*: **to put some ~ into** → **II** *adj* **5.** a) rötlichbraun, b) gelblichbraun. **6.** *colloq.* ,schmissig', schwungvoll. **III** *v/t* **7.** mit Ingwer würzen. **8.** *meist* ~ **up** *colloq.* a) *j-n* ,aufmöbeln', aufmuntern, b) *etwas* ,ankurbeln', in Schwung bringen. **~ ale** *s* Ginger-ale *n* (*alkoholfreies Getränk mit Ingwergeschmack*). **~ beer** *s* Ginger-beer *n*, Ingwerbier *n* (*leicht alkoholisches Getränk aus e-m Extrakt der Ingwerwurzel u. Sirup*). '**~·bread** *s* **1.** Leb-, Pfefferkuchen *m* (*mit Ingwergeschmack*): → **gilt¹** 3. **2.** *bes. arch.* über'ladene Verzierung. **II** *adj* **3.** *bes. arch.* über'laden. **~ group** *s parl. bes. Br.* Akti'onsgruppe *f*. '**gin·ger·ly** *adv u. adj* **1.** (ganz) behutsam, vorsichtig. **2.** zimperlich.
'**gin·ger·nut** *s* Ingwerkeks *m*, *n.* **~ pop** *colloq. für* **ginger ale**. '**~·snap** *s* Ingwerwaffel *f*. **~ wine** *s* Ingwerwein *m*.
'**gin·ger·y** *adj* **1.** → **ginger** 5. **3.** *fig.* beißend, bissig: **a ~ remark**. **4.** → **ginger** 6.
ging·ham ['gɪŋəm] *s* Gingham *m*, Gingan *m* (*gemustertes Baumwollgewebe in Leinenbindung*).
gin·gi·li ['dʒɪndʒɪlɪ] *s* **1.** → **sesame** 1. **2.** Sesamsamen *m*, -öl *n*.
gin·gi·val [dʒɪn'dʒaɪvl; 'dʒɪndʒɪvl] *adj anat.* Zahnfleisch... ,**gin·gi'vi·tis** [-dʒɪ-'vaɪtɪs] *s med.* Gingi'vitis *f*, Zahnfleischentzündung *f*.
ging·ko ['gɪŋkəʊ] → **ginkgo**.
gin·gly·mus ['dʒɪŋglɪməs; gɪŋ-] *pl* **-mi** [-maɪ] *s anat.* Scharniergelenk *n*.
gink [gɪŋk] *s Am. sl.* komischer ,Typ'.
gink·go ['gɪŋkgəʊ; 'gɪŋkəʊ] *pl* **-gos**, **-goes** *s bot.* Ginkgo *m* (*ein Zierbaum*).
gin mill [dʒɪn] *s Am. colloq.* Kneipe *f*.
gin·ner·y ['dʒɪnərɪ] *s* Entkörnungswerk *n* (*für Baumwolle*).
gin pal·ace [dʒɪn] *s hist.* auffällig deko'riertes Wirtshaus. **~ rum·my** *s Form des Rommés*.
gin·seng ['dʒɪnseŋ] *s* **1.** *bot.* Ginseng *m.* **2.** *pharm.* Ginseng(wurzel *f*) *m*.
gin sling [dʒɪn] *s* Getränk aus Gin u. Zuckerwasser mit Zitronen- *od.* Limonensaft.
gip¹ [gɪp] *v/t Fische* ausnehmen.
gip² [dʒɪp] → **gyp¹**.
gip³ [dʒɪp] → **gyp²**.
gip·po ['dʒɪpəʊ] *pl* **-pos** *sl.* Zi'geuner *m*.
gip·py ['dʒɪpɪ] *sl.* **I** *s* **1.** Ä'gypter(in). **2.** *etwas* Agyptisches. **3.** Zi'geuner(in). **II** *adj* **4.** ä'gyptisch. **5.** ~ **tummy** *med.* Durchfall *m* (*bes. in heißen Ländern*).
gip·sy, *bes. Am.* **gyp·sy** ['dʒɪpsɪ] **I** *s* **1.** Zi'geuner(in) (*a. fig.*). **2.** Zi'geunersprache *f*. **II** *adj* **3.** Zigeuner... **4.** zi'geunerhaft. **III** *v/i* **5.** ein Zi'geunerleben führen. **~ bon·net** *s* breitrandiger Damenhut.
'**gip·sy·dom** *s* **1.** Zi'geunertum *n.* **2.** *collect.* Zi'geuner *pl*. '**gip·sy·fy** [-faɪ] *v/t j-m* ein zi'geunerhaftes Aussehen verleihen.
gip·sy moth *s zo.* Schwammspinner *m*.
gi·raffe [dʒɪˈrɑːf; *bes. Am.* -ˈræf] *pl* -**raffes**, *bes. collect.* -**raffe** *s zo.* Gi'raffe *f*.
gi·ran·do·la [dʒɪ'rændələ], **gi·ran·dole** ['dʒɪrændəʊl] *s* Gi'randola *f*, Giran'dole *f*: a) *Feuergarbe beim Feuerwerk*, b) *mehrarmiger Leuchter*, c) *mit Edelsteinen besetztes Ohrgehänge*.
gir·a·sol ['dʒɪrəsɒl; -səʊl; *Am. a.* -,sɑl], '**gir·a·sole** [-səʊl] *s min.* 'Feuer-, 'Sonnenoˌpal *m*.
gird¹ [gɜːd; *Am.* gɜrd] *v/t pret u. pp* '**gird·ed**, **girt** [gɜːt; *Am.* gɜrt] **1.** *j-n* (um)'gürten. **2.** *Kleid etc* gürten, mit e-m Gürtel halten. **3.** *oft* ~ **on** *das Schwert etc* 'umgürten, an-, 'umlegen: **to ~ s.th. on s.o.** j-m etwas umgürten. **4.** *j-m*, *sich ein Schwert* 'umgürten: **to ~ o.s.** (**up**), **to ~ (up) one's loins** *fig.* sich rüsten *od.* wappnen. **5.** *Seil etc* binden, legen (**round** um). **6.** *fig. j-n* ausstatten, -rüsten (**with** mit). **7.** *um*'geben, um'schließen (*meist pass*): → **seagirt**.
gird² [gɜːd] *Br. dial.* **I** *v/i* **1.** spotten (**at** über *acc*). **2.** rasen. **II** *v/t* **3.** verhöhnen, verspotten. **4.** *j-m* e-n Schlag versetzen. **III** *s* **5.** höhnische Bemerkung. **6.** Schlag *m*. **7.** Wut *f*: **to be in a ~** wütend sein; **to throw a ~** wütend werden.
gird·er ['gɜːdə; *Am.* 'gɜrdər] *s tech.*

1. Balken *m*, Träger *m*. **2.** *Bergbau:* 'Unterzug *m*. **~ bridge** *s* Balken-, Trägerbrücke *f*.

gir·dle¹ ['gɜːdl; *Am.* 'gɜrdl] **I** *s* **1.** Gürtel *m*, Gurt *m*. **2.** Hüfthalter *m*, -gürtel *m*. **3.** *anat.* in *Zssgn* (Knochen)Gürtel *m*: **shoulder~** Schultergürtel; **~ bone** Gürtelknochen *m*. **4.** Gürtel *m, (etwas)* Umgebendes *od.* Einschließendes, 'Umkreis *m*, Um'gebung *f*. **5.** *tech.* Fassungskante *f (geschliffener Edelsteine etc)*. **6.** Ringel *m (ringförmig ausgeschnittene Baumrinde)*. **II** *v/t* **7.** um'gürten. **8.** *oft* **~ about, ~ in, ~ round** um'geben, einschließen (**with** mit). **9.** e-n *Baum* ringeln.

gir·dle² ['gɜːdl; *Am.* 'gɜrdl] → **griddle I**.

girl [gɜːl; *Am.* gɜrl] **I** *s* **1.** Mädchen *n*: **a German~** e-e junge Deutsche; **~'s name** weiblicher Vorname; **from a ~** von Kindheit an. **2.** *colloq.* Tochter *f*: **the ~s** a) die Töchter des Hauses, b) die Damen. **3.** (Dienst)Mädchen *n*. **4.** *colloq.* ‚Mädchen' *n (Freundin e-s Jungen)*. **II** *adj* **5.** weiblich, Mädchen... **~ Fri·day** *s* All'roundsekre͵tärin *f*: **she is my ~** nun sie wäre ich ,aufgeschmissen'. **'~friend** *s* Freundin *f (e-s Jungen)*. **~ guide** *s* Pfadfinderin *f (in GB)*: **G~ G~s** Pfadfinderinnen(bewegung *f*) *pl*.

'girl·hood *s* Mädchenjahre *pl*, -zeit *f*, Jugend(zeit) *f*: **during her ~** in ihrer Jugend.

girl·ie ['gɜːlɪ; *Am.* 'gɜrlɪ:] *colloq.* **I** *s* Mädchen *n*. **II** *adj* mit nackten *od.* spärlich bekleideten Mädchen: **a ~ magazine**.

'girl·ish *adj (adv ~ly)* **1.** mädchenhaft. **2.** Mädchen...: **~ games. 'girl·ish·ness** *s* Mädchenhaftigkeit *f*.

girl scout *s* Pfadfinderin *f (in den USA)*: **G~ S~s** Pfadfinderinnen(bewegung *f*) *pl*.

gi·ro¹ ['dʒaɪərəʊ] *pl* **-ros** *colloq.* für autogiro.

gi·ro² ['dʒaɪrəʊ; *Am. a.* 'ʒɪrəʊ] *s* Postscheckdienst *m (in GB)*: **~ account** Postscheckkonto *n*; **~ cheque** Postscheck *m*.

gir·o·sol ['dʒɪrəsɒl; -səʊl; *Am. a.* -͵sɑl] → girasol.

girt [gɜːt; *Am.* gɜrt] **I** *pret u. pp von* **gird¹**. **II** *adj* **1.** (**for**) gewappnet (für, gegen), gerüstet (für). **III** *v/t* **2.** → **gird¹**. **3.** → girth 6.

girth [gɜːθ; *Am.* gɜrθ] **I** *s* **1.** (a. 'Körper-)͵Umfang *m*: **a tree 5 yards in ~** ein Baum mit 5 Yard Umfang; **his ~ is increasing** er wird immer dicker. **2.** (Sattel-, Pack)Gurt *m*. **II** *v/t* **3.** *ein Pferd* gürten. **4.** fest-, an-, aufschnallen. **5.** um'geben, um'schließen. **6.** den 'Umfang messen von.

gis·mo → gizmo.

gist [dʒɪst] *s* **1.** *jur.* Grundlage *f*: **~ of action** Klagegrund *m*. **2.** *(das)* Wesentliche, Hauptpunkt(e *pl*) *m*, Kern *m* aus: **can you give me the ~ of this book?** kannst du mir kurz sagen, worum es in diesem Buch geht?

git [gɪt] *s Br. sl. contp.* Kerl *m*: **that stupid ~** dieser blöde Hund.

git·tern [ˈgɪtɜːn; *Am.* -tərn] → cittern.

give [gɪv] **I** *s* **1.** Elastizi'tät *f, (des Bodens etc)* Federung *f*. **2.** *fig.* a) Elastizi'tät *f*, Flexibili'tät *f*, b) Nachgiebigkeit *f*: **there is no ~ in him** er gibt nie nach.

II *v/t pret* **gave** [geɪv] *pp* **giv·en** ['gɪvn] **3.** a) geben: **to ~ s.o. the name of William** j-m den Namen William geben; **~ or take** plus/minus, b) schenken: **he gave his son a watch. 4.** geben, reichen: **to ~ s.o. one's hand** j-m die Hand geben. **5.** *e-n Brief etc* (über)'geben. **6.** *(als Gegenwert)* geben, (be)zahlen: **how much did you ~ for that coat?**; **to ~ as good as one gets** *(od.* takes) mit gleicher Münze zurückzahlen. **7.** *e-e Auskunft, e-n Rat etc* geben, erteilen: **to ~ a description** e-e Beschreibung geben (**of** *gen od.* von). **8.** *sein Wort* geben. **9.** widmen: **to ~ one's attention (energies) to s.th.** s-e Aufmerksamkeit (Kraft) e-r Sache widmen. **10.** *sein Leben* ͵hingeben, opfern (**for** für). **11.** *ein Recht, e-n Titel, ein Amt etc* verleihen, geben, über'tragen: **to ~ s.o. a part in a play** j-m e-e Rolle in e-m Stück geben. **12.** geben, gewähren, zugestehen: **to ~ s.o. a favo(u)r** j-m e-e Gunst gewähren; **just ~ me 24 hours** geben Sie mir (nur) vierundzwanzig Stunden (Zeit); **I ~ you that point** in diesem Punkt gebe ich Ihnen recht; **~ me the good old times!** da lobe ich mir die gute alte Zeit!; **~ me Mozart any time** Mozart geht mir über alles; **it was not ~n to him to do it** es war ihm nicht gegeben *od.* vergönnt, es zu tun. **13.** *e-n Befehl, Auftrag etc* geben, erteilen. **14.** *Hilfe* gewähren, leisten. **15.** *e-n Preis* zuerkennen, zusprechen. **16.** *e-e Arznei* (ein)geben, verabreichen. **17.** *j-m ein Zimmer etc* geben, zuteilen, zuweisen. **18.** *Grüße etc* über'mitteln: **~ him my love** bestelle ihm herzliche Grüße von mir. **19.** über'geben, einliefern: **to ~ s.o. into custody** j-n der Polizei übergeben, j-n verhaften lassen. **20.** *j-m e-n Schlag etc* geben, versetzen. **21.** *j-m e-n Blick* zuwerfen. **22.** von sich geben, äußern: **to ~ a cry** e-n Schrei ausstoßen, aufschreien; **to ~ a laugh** auflachen; **to ~ a smile** lächeln; **he gave no sign of life** er gab kein Lebenszeichen von sich; → smile 5, start 6. **23.** (an)geben, mitteilen: **~ us the facts**; **to ~ a reason** e-n Grund angeben; **don't ~ me that!** das glaubst du doch selbst nicht!; → name *Bes. Redew.* **24.** *ein Lied etc* zum besten geben, vortragen. **25.** geben, veranstalten: **to ~ a concert**; **to ~ a dinner** ein Essen geben; **to ~ a play** ein (Theater)Stück geben *od.* aufführen; **to ~ a lecture** e-n Vortrag halten. **26.** bereiten, verursachen: **to ~ pain** Schmerzen bereiten, weh tun; → pain 1, 2, pleasure 1. **27.** (er)geben: **to ~ no result** ohne Ergebnis bleiben. **28.** geben, her'vorbringen: **cows ~ milk** Kühe geben Milch; **the lamp ~s a good light** die Lampe gibt gutes Licht. **29.** e-n Trinkspruch ausbringen auf *(acc)*: **I ~ you the ladies** ich trinke auf das Wohl der Damen. **30.** geben, zuschreiben: **I ~ him 50 years** ich schätze ihn auf 50 Jahre. **31.** *j-m zu tun, zu trinken etc* geben: **she gave me her bag to carry**; **I was ~n to understand** man gab mir zu verstehen. **32.** *(in Redewendungen meist)* geben: **to ~ attention** achtgeben (**to** auf *acc*); **~ it to him!** *colloq.* gib's ihm!; **to ~ s.o. what for** *colloq.* es j-m ,geben' *od.* ,besorgen'; *(siehe die Verbindungen mit den entsprechenden Substantiven)*.

III *v/i* **33.** geben, spenden (**to** *dat*): **to ~ generously**; **to ~ and take** geben u. nehmen, einander entgegenkommen, kompromißbereit sein. **34.** nachgeben *(a. Preise)*: **to ~ under great pressure**; **the foundations are giving** das Fundament senkt sich; **the chair ~s comfortably** der Stuhl federt angenehm; **his knees gave under him** se-e Knie versagten. **35.** **what ~s?** *sl.* was gibt's?; **what ~s with him?** *sl.* was ist los mit ihm? **36.** nachlassen, schwächer werden. **37.** versagen *(Nerven etc)*. **38.** a) nachgeben *(Boden etc)* federn, b) sich dehnen *(Kleidungsstück)*. **39.** sich anpassen (**to** *dat od. an acc*). **40.** a) führen (**into** in *acc*, **[on]to** auf *acc*, **nach**) *(Straße etc)*, b) gehen (**on[to]** nach) *(Fenster etc)*. **41.** *Am. colloq.* a) sprechen: **come on, ~!** los, raus mit der Sprache!, b) aus sich her'ausgehen.

Verbindungen mit Adverbien:

give| a·way *v/t* **1.** a) 'her-, weggeben: → bride, b) verschenken: **at £4 it's not exactly given away** für 4 Pfund ist es nicht gerade geschenkt. **2.** *Preise etc* verteilen, über'reichen. **3.** *j-n od. etwas* verraten: **to ~ a secret**; **to ~ s.o. away** sich verraten *od.* verplappern; → game 6, show 15. **4.** *Chance etc* vertun. **~ back** **I** *v/t* **1.** zu'rückgeben *(a. fig.)*: **to give s.o. back his freedom**; **to ~ a look** e-n Blick erwidern. **2.** a) *Schall* zu'rückwerfen, b) *Licht etc* reflek'tieren. **II** *v/i* **3.** a) sich zu'rückziehen, b) zu'rückweichen. **~ forth** *v/t* **1.** → give off 1. **2.** *e-e Ansicht etc* äußern. **3.** veröffentlichen, bekanntgeben. **~ in** **I** *v/t* **1.** *ein Gesuch etc* einreichen, *e-e Prüfungsarbeit etc* abgeben. **2.** (offizi'ell) erklären. **II** *v/i* **3.** (**to**) a) nachgeben *(dat)*, b) sich anschließen *(dat)*: **to ~ to s.o.'s opinion**, c) *im Kampf etc* sich geschlagen geben. **~ off** *v/t* **1.** *Geruch* verbreiten, ausströmen, *Rauch etc* ausstoßen, *Gas, Wärme etc* aus-, verströmen. **2.** *Zweige* treiben. **~ out** **I** *v/t* **1.** aus-, verteilen. **2.** bekanntgeben: **to give it out that** a) verkünden, daß, b) behaupten, daß. **3.** → give off 1. **II** *v/i* **4.** *zu Ende gehen (Kräfte, Vorräte)*: **his strength gave out** die Kräfte verließen ihn; **our supplies have given out** unsere Vorräte sind erschöpft. **5.** versagen *(Kräfte, Maschine, Nieren, Stimme etc)*. **6.** *Am. colloq.* loslegen (**with** mit). **~ o·ver** **I** *v/t* **1.** über'geben *(to dat)*: **to give s.o. over to the police**. **2.** *etwas* aufgeben: **to ~ doing s.th.** aufhören, etwas zu tun. **3.** **to give o.s. over to s.th.** sich e-r Sache hingeben: **to give o.s. over to despair**; **to give o.s. over to drinking** dem Alkohol verfallen. **4.** **to be given over to s.th.** für etwas beansprucht werden, für etwas bestimmt sein. **II** *v/i* **5.** aufhören. **~ up** **I** *v/t* **1.** aufgeben, aufhören mit, *etwas* sein lassen: **to ~ smoking** das Rauchen aufgeben. **2.** *(als aussichts- od. hoffnungslos)* aufgeben: **to ~ a plan**; **he was given up by the doctors**; **the climbers were given up for dead** es bestand keine Hoffnung mehr, daß die Bergsteiger noch am Leben waren; **I give you up, you'll never learn it** *colloq.* ich geb's auf, du lernst es nie. **3.** *j-n* ausliefern: **to give o.s. up** sich (freiwillig) stellen (**to the police** der Polizei). **4.** a) *Posten etc* abgeben, abtreten *(an acc)*, b) *Sitzplatz etc* freimachen (**für**). **5.** **to give o.s. up to s.th.** a) sich e-r Sache hingeben: **to give o.s. up to despair**, b) sich e-r Sache widmen: **to give o.s. up to caring for the sick**. **II** *v/i* **6.** (es) aufgeben, sich geschlagen geben. **7.** resi'gnieren. **8.** **I ~ up, you'll never learn it** *colloq.* ich geb's auf, du lernst es nie.

͵give|-and-'take **I** *s* **1.** *(ein)* Geben u. Nehmen, beiderseitiges Entgegenkommen *od.* Nachgeben, Kompro'miß(bereitschaft *f*) *m*. **2.** Meinungs-, Gedankenaustausch *m*. **II** *adj* **3.** Ausgleichs..., Kompromiß...: **marriage is a ~ affair** e-e Ehe besteht aus Geben u. Nehmen. **'~·a·way** **I** *s* **1.** (ungewolltes) Verraten, Verplappern *n*: **the expression on his face was a ~** sein Gesichtsausdruck verriet ihn *od.* sagte alles. **2.** *bes. Am.* Werbegeschenk *n*. **3.** kostenlos verteilte Zeitung. **4.** *Rundfunk, TV: bes. Am.* Quiz(-sendung *f*) *n*. **II** *adj* **5.** **~ price** Schleuderpreis *m*: **to sell s.th. at ~ prices** etwas verschleudern.

giv·en ['gɪvn] **I** *pp von* give. **II** *adj* **1.** gegeben, bestimmt, festgelegt: **at the ~ time** zur festgesetzten Zeit; **under the ~ conditions** unter den gegebenen Be-

given name – glassy

dingungen *od.* Umständen; **within a ~ time** innerhalb e-r bestimmten Zeit; → **instance** 1. 2. **to be ~ to** a) ergeben sein (*dat*): **to be ~ to drinking** dem Alkohol verfallen sein, b) neigen zu: **to be ~ to boasting.** 3. *math. philos.* gegeben, bekannt. 4. vor¹ausgesetzt: **~ health** Gesundheit vorausgesetzt. 5. in Anbetracht (*gen*): **~ his temperament.** 6. *auf Dokumenten:* gegeben, ausgefertigt: **~ this 10th day of January** gegeben am 10. Januar. III *s* 7. gegebene Tatsache. **~ name** *s bes. Am.* Vorname *m*.

giv·er [ˈgɪvə(r)] *s* 1. Geber(in), Spender(in). 2. *econ.* a) Abgeber *m*, Verkäufer *m*, b) (*Wechsel*)Aussteller *m*.

giz·mo [ˈgɪzməʊ] *pl* **-mos** *s Am. colloq.* ‚Dingsbums' *n*.

giz·zard [ˈgɪzə(r)d] *s* 1. a) *ichth. orn.* Muskelmagen *m*, b) Vor-, Kaumagen *m* (*von Insekten*). 2. *colloq.* Magen *m*: **that sticks in my ~** *fig.* das ist mir zuwider.

gla·bel·la [gləˈbelə] *pl* **-lae** [-liː] *s* Gla¹bella *f* (*als anthropologischer Meßpunkt geltende unbehaarte Stelle zwischen den Augenbrauen*).

gla·brous [ˈgleɪbrəs] *adj bot. zo.* kahl.

gla·cé [ˈglæseɪ; *Am.* glæˈseɪ] I *adj* 1. gla¹siert, mit Gla¹sur *od.* Zuckerguß. 2. kan¹diert (*Früchte etc*). 3. Glacé..., Glanz... (*Leder, Stoff*). II *v/t* 4. gla¹sieren. 5. kan¹dieren.

gla·cial [ˈgleɪsjəl; *Am.* -ʃəl] *adj* (*adv* **~ly**) 1. *geol.* Eis..., *bes.* Gletscher...: **~ detritus** Glazialschutt *m*. 2. eiszeitlich: **~ boulder** Findling *m*; **~ epoch** (*od.* **period**) Eiszeit *f*; **~ man** Eiszeitmensch *m*. 3. *chem.* Eis...: **~ acetic acid** Eisessig *m*. 4. eisig (*a. fig.*): **a ~ wind**; **a ~ look**. 5. **~ pace** Schneckentempo *n*.

gla·ci·ate [ˈgleɪsɪeɪt] I *v/t* 1. vereisen. II *v/i* 2. vereisen. 3. *geol.* vergletschern. **gla·ci¹a·tion** *s* 1. Vereisung *f*. 2. *geol.* Vergletscherung *f*.

gla·cier [ˈglæsjə; ˈgleɪ-; *Am.* ˈgleɪʃər] *s* Gletscher *m*: **~ milk** *geol.* Gletschermilch *f*; **~ table** *geol.* Gletschertisch *m*; **~ theory** Gletschertheorie *f*.

glac·i·ol·o·gy [ˌglæsɪˈɒlədʒɪ; ˌgleɪ-; *Am.* ˌgleɪʃɪˈɑl-] *s* Glazio¹lo¹gie *f* (*Wissenschaft von der Entstehung u. Wirkung des Eises u. der Gletscher*).

gla·cis [ˈglæsɪs, -sɪ; *Am.* glæˈsiː; ˈglæsɪː] *pl* **gla·cis·es** [-sɪz], **gla·cis** [ˈglæsɪz; *Am.* glæˈsɪːz, ˈglæsɪːz] *s* 1. Abdachung *f*. 2. *mil.* Gla¹cis *n* (*Erdaufschüttung vor e-m Festungsgraben, die keinen toten Winkel entstehen läßt*).

glad¹ [glæd] I *adj* (*adv* → **gladly**) 1. *pred* froh, erfreut (**of, at** über *acc*): **I am ~ (that) he has gone** ich bin froh, daß er gegangen ist; **to be ~ of** (*od.* **at**) **s.th.** sich über etwas freuen; **I am ~ of it** ich freue mich darüber, es freut mich; **I am ~ to hear** (**to say**) zu m-r Freude höre ich (darf ich sagen); es freut mich zu hören (, sagen zu dürfen); **I am ~ to go** ich gehe gern; **I should be ~ to know** ich möchte gern wissen. 2. freudig, froh, fröhlich, heiter (*Gesicht, Ereignis etc*): **to give s.o. the ~ hand** → **glad-hand** I; **~ rags** *colloq.* ‚Sonntagsstaat' *m*; **~ eye** 1. 3. froh, erfreulich: **~ news.** II *v/t u. v/i* 4. *obs. für* **gladden.**

glad² [glæd] *colloq. für* **gladiolus.**

glad·den [ˈglædn] I *v/t* erfreuen, froh machen *od.* stimmen: **to ~ s.o.'s heart** j-s Herz erfreuen. II *v/i obs.* froh werden.

glade [gleɪd] *s* Lichtung *f*, Schneise *f*.

glad-hand I *v/t* a) j-m herzlich die Hand schütteln, b) j-n herzlich *od.* (*bes. contp.*) ¹überschwenglich begrüßen *od.* empfangen. II *v/i* **~ with** → I.

glad·i·ate [ˈglædɪət; -dɪeɪt] *adj bot.* schwertförmig.

glad·i·a·tor [ˈglædɪeɪtə(r)] *s* 1. *antiq.* Gladi¹ator *m*. 2. *fig.* Kämpfer *m*, Streiter *m*, *bes.* (streitbarer) De¹battenredner. **glad·i·a¹to·ri·al** [-dɪəˈtɔːrɪəl; *Am. a.* -¹toʊ-] *adj* 1. Gladiatoren... 2. Kampf... 3. streitbar.

glad·i·o·lus [ˌglædɪˈəʊləs] *pl* **-li** [-laɪ; *Am. a.* -liː], **-lus·es** *s bot.* Gladi¹ole *f*.

glad·ly *adv* mit Freuden, gern(e), freudig. **glad·ness** *s* Freude *f*, Fröhlichkeit *f*. **glad·some** [-səm] *adj* (*adv* **~ly**) *obs. od. poet. für* **glad¹** I.

Glad·stone (bag) [ˈglædstən; *Am.* -ˌstəʊn] *s* zweiteilige leichte Reisetasche.

glaik·et, glaik·it [ˈgleɪkɪt] *adj Scot.* 1. dumm, albern. 2. gedankenlos.

glair [gleə(r)] I *s* 1. Eiweiß *n*. 2. Eiweißleim *m*. 3. eiweißartige Sub¹stanz. II *v/t* 4. mit Eiweiß(leim) bestreichen. **glair·e·ous** [ˈgleərɪəs], **glair·y** *adj* 1. Eiweiß... 2. zähflüssig, schleimig.

glaive [gleɪv] *s obs. od. poet.* (Breit-)Schwert *n*.

glam·or *Am. Nebenform für* **glamour.**

glam·or·ize [ˈglæməraɪz] *v/t* 1. (mit viel Re¹klame) verherrlichen. 2. *fig.* verherrlichen, roman¹ti¹sieren: **to ~ war.** 3. e-n besonderen Zauber verleihen (*dat*), verschöne(r)n. **glam·or·ous** *adj* (*adv* **~ly**) bezaubernd (schön).

glam·our [ˈglæmə(r)] I *s* 1. Zauber *m*, Glanz *m*, bezaubernde Schönheit: **~ boy** Schönling *m*; **~ girl** Glamourgirl *n*, Reklame-, Filmschönheit *f*. 2. Zauber *m*, Bann *m*: **to cast a ~ over s.o.** j-n bezaubern, j-n in s-n Bann schlagen. 3. *contp.* falscher Glanz. II *v/t* 4. bezaubern. **glam·our·ous** → **glamorous.**

glance¹ [glɑːns; *Am.* glæns] I *v/i* 1. e-n schnellen Blick werfen, (rasch *od.* flüchtig) blicken (**at** auf *acc*): **to ~ over** (*od.* **through**) **a letter** e-n Brief überfliegen. 2. (auf)blitzen, (-)leuchten. 3. **~ off** abprallen (**von** (*Kugel etc*), abgleiten (*von*) (*Messer etc*). 4. (**at**) (*Thema*) flüchtig berühren, streifen, *bes.* anspielen (auf *acc*). II *v/t* 5. **to ~ one's eye over** (*od.* **through**) a) e-n schnellen Blick werfen auf (*acc*), b) überfliegen. III *s* 6. (schneller *od.* flüchtiger) Blick (**at** auf *acc*; **over** über *acc* ... hin): **at a ~** mit ¹einem Blick; **at first ~** auf den ersten Blick; **to give s.o. an admiring ~** j-m e-n bewundernden Blick zuwerfen; **to take a ~ at →** 1. 7. (Auf)Blitzen *n*, (-)Leuchten *n*. 8. Abprallen *n*, Abgleiten *n*. 9. (**at**) flüchtige Berührung (*gen*), Streifen *n* (*gen*), *bes.* Anspielung *f* (auf *acc*).

glance² [glɑːns; *Am.* glæns] *s min.* Blende *f*, Glanz *m*: **lead ~** Bleiglanz *f*; **~ coal** Glanzkohle *f*.

glanc·ing [ˈglɑːnsɪŋ; *Am.* ˈglæn-] *adj*: **to hit** (*od.* **strike**) **s.o. a ~ blow** j-n (mit e-m Schlag) streifen.

gland¹ [glænd] *s physiol.* Drüse *f*.

gland² [glænd] *s tech.* 1. Dichtung(sstutzen *m*) *f*. 2. Stopfbuchse(nbrille) *f*.

glan·dered [ˈglændə(r)d] *adj vet.* rotzkrank. **glan·der·ous** *adj* 1. Rotz... 2. rotzkrank. **glan·ders** *s pl* (*als sg konstruiert*) Rotz(krankheit *f*) *m*.

glan·des [ˈglændiːz] *pl von* **glans.**

glan·du·lar [ˈglændjʊlə; *bes. Am.* -dʒəl-](r)], **glan·du·lous** *adj* (*adv* **~ly**) *biol. med.* drüsig, drüsenartig, Drüsen...: **glandular fever** Pfeiffer-Drüsenfieber *n*.

glans [glænz] *pl* **glan·des** [-diːz] *s anat.* Eichel *f*.

glare¹ [gleə(r)] I *v/i* 1. grell scheinen (*Sonne etc*), grell leuchten (*Scheinwerfer etc*): **the sun was glaring down on them** die Sonne brannte auf sie herunter. 2. grell *od.* schreiend sein (*Farbe etc*). 3. wütend starren: **to ~ at s.o.** j-n wütend anstarren, j-n anfunkeln. II *v/t* 4. **she ~d defiance** ihre Augen funkelten vor Trotz; **to ~ defiance** (**hatred**) **at s.o.** j-n trotzig (haßerfüllt) anstarren. III *s* 5. greller Schein, grelles Leuchten: **to be in the full ~ of publicity** im Scheinwerferlicht der Öffentlichkeit stehen. 6. *fig.* (*das*) Schreiende *od.* Grelle. 7. wütender *od.* funkelnder Blick: **to look at s.o. with a ~** j-n wütend anstarren, j-n anfunkeln.

glare² [gleə(r)] *bes. Am.* I *s* spiegelglatte Fläche: **a ~ of ice.** II *adj* spiegelglatt: **~ ice** Glatteis *n*.

glar·ing [ˈgleərɪŋ] *adj* (*adv* **~ly**) 1. grell. 2. *fig.* grell, schreiend: **~ colo(u)rs.** 3. ekla¹tant, kraß (*Fehler, Unterschied etc*), (himmel)schreiend (*Unrecht etc*). 4. wütend, funkelnd (*Blick*).

glar·y¹ [ˈgleərɪ] → **glaring** 1 *u.* 2. **glar·y²** [ˈgleərɪ] → **glare²** II.

glass [glɑːs; *Am.* glæs] I *s* 1. Glas *n*. 2. *collect.* → **glassware.** 3. a) (Trink-)Glas *n*, b) Glas(gefäß) *n*. 4. Glas(voll) *n*: **a ~ of milk** ein Glas Milch; **he has had a ~ too much** er hat ein Gläs-chen zuviel *od.* eins über den Durst getrunken. 5. Glas (-scheibe *f*) *n*. 6. Spiegel *m*. 7. Sanduhr *f*. 8. *opt.* a) Lupe *f*, Vergrößerungsglas *n*, b) Linse *f*, Augenglas *n*, c) *pl*, *a.* **pair of ~es** Brille *f*, d) (Fern-, Opern)Glas *n*, e) Mikro¹skop *n*. 9. a) Glas(dach) *n*, b) Glas(kasten *m*) *n*. 10. Uhrglas *n*. 11. Baro¹meter *n*. 12. Thermo¹meter *n*. II *v/t* 13. verglasen: **to ~ in** einglasen. 14. (*meist o.s.*) sich (¹wider)spiegeln. 15. *econ.* in Glasbehälter verpacken.

glass | **bead** *s* Glasperle *f*. **~blocks** *s arch.* Glasziegel *m*, -(bau)stein *m*. **~blow·er** *s* Glasbläser *m*. **~ blow·ing** *s tech.* Glasblasen *n*, Glasbläse¹rei *f*. **~ brick** *s* **glass block.** **~ case** *s* Glaskasten *m*, Vi¹trine *f*. **~ce·ment** *s tech.* Glaskitt *m*. **~ cloth** *s* 1. Gläsertuch *n*. 2. *tech.* a) Glas(faser)gewebe *n*, b) Glaspa¹pier *n*. **~ cul·ture** *s* ¹Treibhauskul¹tur *f*. **~ cut·ter** *s* 1. Glasschleifer *m*. 2. *tech.* Glasschneider *m* (*Werkzeug*). **~ cut·ting** *s tech.* Glasschneiden *n*, -schleifen *n*. **~ eel** *s ichth.* Glasaal *m* (*junger Aal*). **~ eye** *s* 1. Glasauge *n*. 2. *vet.* e-e Augenkrankheit der *Pferde*. **~ fi·ber**, *bes. Br.* **~ fi·bre** *s* Glasfaser *f*, -fiber *f*.

glass·ful [-fʊl] *s* (ein) Glas(voll) *n*.

glass | **fur·nace** *s* Glasschmelzofen *m*. **~ har·mon·i·ca** *s mus. hist.* ¹Glashar¹mo¹nika *f*. **~house** *s* 1. *tech. Am.* ¹Glashütte *f*, -fa¸brik *f*. 2. *bes. Br.* Gewächs-, Glas-, Treibhaus *n*: **~ effect** Treibhaus-, Glashauseffekt *m*. 3. **people who live in ~s should not throw stones** wer (selbst) im Glashaus sitzt, soll nicht mit Steinen werfen. 4. *mil. Br. colloq.* ‚Bau' *m*, ‚Bunker' *m* (*Gefängnis*).

glass·ine [glɑːˈsiːn; *bes. Am.* glæˈsiːn] *s* Perga¹min *n* (*durchsichtiges Papier*).

glass·i·ness [ˈglɑːsɪnɪs; *Am.* ˈglæs-] *s* 1. glasiges Aussehen. 2. Glasigkeit *f* (*der Augen*). 3. Spiegelglätte *f* (*e-s Sees etc*).

glass | **jaw** *s Boxen:* ‚Glaskinn' *n*. **~mak·er** *s* ¹Glas¸hersteller *m*. **~man** [-mən] *s irr* 1. Glashändler *m*. 2. Glaser *m*. 3. ¹Glas¸hersteller *m*. **~paint·er** *s* Glasmaler *m*. **~pa·per** *s tech.* ¹Glaspa¸pier *n*. **~pa·per** *v/t* mit ¹Glaspa¸pier abreiben *od.* po¹lieren. **~ slate** *s* glass tile. **~strand** *s tech.* Glasspinnfaden *m*. **~ tile** *s arch.* Glasdachziegel *m*, -stein *m*. **~ware** *s* Glas(waren *pl*) *n*, Glasgeschirr *n*, -sachen *pl*. **~ wool** *s tech.* Glaswolle *f*. **~work** *s tech.* 1. ¹Glas(waren)¸herstellung *f*. 2. Glase¹rei *f*. 3. Glaswaren *pl*. 4. Glasarbeit *f*. 5. *pl* (*oft als sg konstruiert*) ¹Glashütte *f*, -fa¸brik *f*.

glass·y [ˈglɑːsɪ; *Am.* ˈglæsɪː] *adj* (*adv*

glassily) 1. gläsern, glasig, glasartig. **2.** glasig (*Augen*). **3.** spiegelglatt (*See etc*).
Glas·we·gian [glæsˈwiːdʒjən; -dʒən] **I** *adj* Glasgower, aus Glasgow. **II** *s* Glasgower(in).
glau·ber·ite [ˈglaʊbəraɪt; ˈglɔː-] *s min.* Glaubeˈrit *m.*
Glau·ber's salt [ˈglaʊbə(r)z], *a.* **ˈGlauber salt** *s chem.* Glaubersalz *n.*
glau·co·ma [glɔːˈkəʊmə] *s med.* Glauˈkom *n*, grüner Star. **glauˈco·ma·tous** [-ˈkəʊmətəs] *adj* glaukomaˈtös.
glau·co·nite [ˈglɔːkənaɪt] *s min.* Glaukoˈnit *m.*
glau·cous [ˈglɔːkəs] *adj* **1.** a) graugrün, b) bläulichgrün. **2.** *bot.* mit weißlichem Schmelz überˈzogen. **ˈ~-ˌwinged gull** *s orn. Am.* Grauflügelmöwe *f.*
glaze [gleɪz] **I** *v/t* **1.** verglasen, Glasscheiben einsetzen in (*acc*): **to ~ in** einglasen. **2.** poˈlieren, glätten. **3.** *tech.*, *a. gastr.* glaˈsieren, mit Glaˈsur überˈziehen. **4.** *paint.* laˈsieren. **5.** *tech.* Papier satiˈnieren. **6.** *Augen* glasig machen. **II** *v/i* **7.** e-e Glaˈsur *od.* Poliˈtur annehmen, blank werden. **8.** *a.* **~ over** glasig werden (*Augen*). **III** *s* **9.** Poliˈtur *f*, Glätte *f*, Glanz *m*: **~ kiln** (*Keramik*) Glattbrennofen *m.* **10.** a) Glaˈsur *f*, b) Glaˈsur(masse) *f.* **11.** Laˈsur *f.* **12.** Satiˈnierung *f.* **13.** Glasigkeit *f.* **14.** *Am.* a) Glatteis *n*, b) (dünne) Eisschicht. **15.** *aer.* Vereisung *f.*
glazed [gleɪzd] *adj* **1.** verglast, Glas...: **~ veranda. 2.** *tech.* glatt, blank, geglättet, poˈliert, Glanz...: **~ board** a) Glanzpappe *f*, b) Preßspan *m*; **~ brick** Glasurziegel *m*; **~ paper** satiniertes Papier, Glanzpapier; **~ tile** Kachel *f.* **3.** glaˈsiert. **4.** laˈsiert. **5.** satiˈniert. **6.** glasig (*Augen*). **7.** vereist; **~ frost** *Br.* Glatteis *n.* **ˈglaz·er** *s tech.* **1.** Glaˈsierer *m.* **2.** Poˈlierer *m.* **3.** Satiˈnierer *m.* **4.** Poˈlier-, Schmirgelscheibe *f.*
gla·zier [ˈgleɪzjə; *Am.* -ʒər] *s* Glaser *m.*
glaz·ing [ˈgleɪzɪŋ] *s* **1.** a) Verglasen *n*, b) Glaserarbeit *f.* **2.** *collect.* Fenster(scheiben) *pl.* **3.** *tech.*, *a. gastr.* a) Glaˈsur *f*, b) Glaˈsieren *n.* **4.** a) Poliˈtur *f*, b) Poˈlieren *n.* **5.** *tech.* Satiˈnieren *n.* **6.** *paint.* a) Laˈsur *f*, b) Laˈsieren *n.*
glaz·y [ˈgleɪzɪ] *adj* **1.** glänzend, blank. **2.** glaˈsiert. **3.** poˈliert. **4.** glasig, glanzlos (*Augen*).
gleam [gliːm] **I** *s* **1.** schwacher Schein, Schimmer *m* (*a. fig.*): **he had a dangerous ~ in his eye** s-e Augen funkelten gefährlich; **~ of hope** Hoffnungsschimmer, -strahl *m*; **when you were still a ~ in your father's eye** *colloq. humor.* als du noch ein sündiger Gedanke d-s Vaters warst. **II** *v/i* **2.** glänzen, leuchten, schimmern, scheinen. **3.** funkeln (*Augen etc*). **ˈgleam·y** *adj* **1.** glänzend, schimmernd. **2.** funkelnd.
glean [gliːn] **I** *v/t* **1.** Ähren nachlesen. **2.** das Feld sauber lesen. **3.** *fig.* a) sammeln, zs.-tragen, b) herˈausfinden, in Erfahrung bringen: **to ~ from** schließen *od.* entnehmen aus. **II** *v/i* **4.** Ähren nachlesen. **ˈglean·er** *s* **1.** *agr.* a) Ährenleser *m*, b) Zugrechen *m.* **2.** *fig.* Sammler(in). **ˈglean·ings** [-ɪŋz] *s pl* **1.** *agr.* Nachlese *f.* **2.** *fig.* (*das*) Gesammelte.
glebe [gliːb] *s* **1.** *jur. relig.* Pfarrland *n.* **2.** *poet.* a) (Erd)Scholle *f*, b) Feld *n.*
glede [gliːd] *s orn.* Gabelweihe *f.*
glee [gliː] *s* **1.** Ausgelassenheit *f*, überˈmütige Stimmung, Fröhlichkeit *f.* **2.** a) Freude *f*: **to dance with ~** Freudentänze aufführen, b) Schadenfreude *f.* **3.** *mus.* Glee *m* (*geselliges Lied für 3 od. mehr Stimmen in der englischen Musik des 17. bis 19. Jahrhunderts*): **~ club** *bes. Am.* Gesangverein *m.* **ˈglee·ful** *adj* (*adv* ~**ly**) **1.** ausgelassen, fröhlich, lustig. **2.** schadenfroh. **ˈglee·man** [-mən] *s irr hist.* Spielmann *m*, fahrender Sänger.
gleet [gliːt] *s med.* **1.** Nachtripper *m.* **2.** chronischer Harnröhrenausfluß.
glen [glen] *s* enges Tal, Bergschlucht *f.*
glen·gar·ry [glenˈgærɪ] Mütze der Hochlandschotten.
gle·noid [ˈgliːnɔɪd; *Am. a.* ˈgle-] *adj anat.* flachschalig: **~ cavity** Gelenkpfanne *f.*
gli·a·din [ˈglaɪədɪn], **ˈgli·a·dine** [-diːn; -dɪn] *s* Gliaˈdin *n* (*einfacher Eiweißkörper im Getreidekorn, bes. im Weizen*).
glib [glɪb] *adj* (*adv* ~**ly**) **1.** a) zungen-, schlagfertig: **a ~ reply** e-e schlagfertige Antwort; **to have a ~ tongue** zungenfertig sein, b) gewandt, ˈfix': **to be ~ in finding excuses** immer schnell mit e-r Ausrede bei der Hand sein. **2.** ungezwungen. **3.** oberflächlich. **ˈglib·ness** *s* **1.** a) Schlag-, Zungenfertigkeit *f*, b) Gewandtheit *f*, ˈFixigkeit' *f.* **2.** Ungezwungenheit *f.* **3.** Oberflächlichkeit *f.*
glide [glaɪd] **I** *v/i* **1.** gleiten: **to ~ along** dahingleiten, -fliegen (*a. Zeit*). **2.** (hinˈaus- *etc*)schweben, (-)gleiten: **to ~ out. 3.** *fig.* unmerklich ˈübergehen (**into** in *acc*). **4.** *aer.* a) gleiten, e-n Gleitflug machen, b) segelfliegen. **5.** *mus.* binden. **II** *v/t* **6.** gleiten lassen. **III** *s* **7.** (Daˈhin)Gleiten *n.* **8.** *aer.* Gleitflug *m.* Glisˈsade *f*: a) Gleitschritt *m* (*beim Tanzen*), b) *fenc.* Gleitstoß *m.* **10.** *mus.* (Ver-)Binden *n.* **11.** *ling.* Gleitlaut *m.* **~ path** *s aer.* Gleitweg *m.*
glid·er [ˈglaɪdə(r)] *s* **1.** *mar.* Gleitboot *n.* **2.** *aer.* a) Segelflugzeug *n*, b) Segelflieger(in). **3.** Skisport: Gleiter(in). **~ tug** *s aer.* Schleppflugzeug *n.*
glid·ing [ˈglaɪdɪŋ] **I** *adj* (*adv* ~**ly**) **1.** gleitend. **2.** *aer.* Gleit-, Segelflug... **II** *s* **3.** Gleiten *n.* **4.** *aer.* a) Segel-, Gleitflug *m*, b) (*das*) Segelfliegen.
glim [glɪm] *s sl.* **1.** Licht *n.* **2.** Auge *n.*
glim·mer [ˈglɪmə(r)] **I** *v/i* **1.** glimmen. **2.** schimmern. **II** *s* **3.** Glimmen *n.* **4.** a) *a. fig.* Schimmer *m* (*a. schwacher*) Schein: **a ~ of hope** ein Hoffnungsschimmer, b) → **glimpse** 4. **5.** *min.* Glimmer *m.* **ˈglim·mer·ing I** *adj* (*adv* ~**ly**) schimmernd. **II** *s* Schimmer *m* (*a. fig.*).
glimpse [glɪmps] **I** *s* **1.** flüchtiger (An-)Blick: **to catch** (*od.* **get**) **a ~ of** → 6. **2.** (**of**) flüchtiger Eindruck (von), kurzer Einblick (in *acc*): **to afford a ~ of s.th.** e-n (kurzen) Einblick in etwas gewähren. **3.** kurzes Sichtbarwerden *od.* Auftauchen. **4.** *fig.* Schimmer *m*, schwache Ahnung. **II** *v/i* **5.** flüchtig blicken (**at** auf *acc*). **III** *v/t* **6.** *j-n*, *etwas* (nur) flüchtig zu sehen bekommen, e-n flüchtigen Blick erhaschen von.
glint [glɪnt] **I** *s* **1.** Schimmer *m*, Schein *m.* **2.** Glanz *m*, Glitzern *n.* **II** *v/i* **3.** glitzern, glänzen, funkeln, blinken. **4.** *obs.* sausen. **III** *v/t* **5.** glitzern lassen: **to ~ back** zurückstrahlen, -werfen.
gli·o·ma [glaɪˈəʊmə; *Am. a.* gliː-] *pl* **-ma·ta** [-mətə], **-mas** *s med.* Gliˈom *n* (*Geschwulst im Gehirn, Rückenmark od. Auge*).
glis·sade [glɪˈsɑːd; -ˈseɪd] **I** *s* **1.** *mount.* Abfahrt *f.* **2.** *Tanz*: Gleitschritt *m*, Glisˈsade *f.* **II** *v/i* **3.** *mount.* abfahren. **4.** *Tanz*: Gleitschritte machen. **glis·san·do** [glɪˈsændəʊ; *Am.* -ˈsɑːn-] *pl* **-di** [-diː], **-dos** *mus.* **I** *s* Glisˈsando *n.* **II** *adv* glisˈsando, gleitend.
glis·ten [ˈglɪsn] **I** *v/i* glitzern, glänzen. **II** *s* Glitzern *n*, Glanz *m.*
glitch [glɪtʃ] *s tech. Am. colloq.* (kleinerer) Deˈfekt.
glit·ter [ˈglɪtə(r)] **I** *v/i* **1.** glitzern, funkeln, glänzen: **all that ~s is not gold** es ist nicht alles Gold, was glänzt. **2.** *fig.* strahlen, glänzen. **II** *s* **3.** Glitzern *n*, Glanz *m*, Funkeln *n.* **4.** *fig.* Glanz *m*, Pracht *f*, Prunk *m.* **ˈglit·ter·ing** *adj* (*adv* ~**ly**) **1.** glitzernd, funkelnd, glänzend. **2.** *fig.* glanzvoll, prächtig.
gloam·ing [ˈgləʊmɪŋ] *s Scot. od. poet.* (Abend)Dämmerung *f.*
gloat [gləʊt] *v/i* (**over, at**) sich weiden (an *dat*): a) verzückt betrachten (*acc*), b) *contp.* sich hämisch *od.* diebisch freuen (über *acc*). **ˈgloat·ing** *adj* (*adv* ~**ly**) hämisch, schadenfroh.
glob [glɒb; *Am.* glɑb] *s colloq.* ˈKlacks' *m*, ˈKlecks' *m*: **a ~ of cream.**
glob·al [ˈgləʊbl] *adj* gloˈbal: a) ˈweltumspannend, Welt..., b) umˈfassend, Gesamt... **ˈglo·bate** [-beɪt] *adj* kugelförmig, -rund.
globe [gləʊb] **I** *s* **1.** Kugel *f*: **~ of the eye** Augapfel *m.* **2.** **the ~** die Erde, der Erdball, die Erdkugel. **3.** *geogr.* Globus *m*: **celestial ~** Himmelsglobus; **terrestrial ~** (Erd)Globus. **4.** Plaˈnet *m*, Himmelskörper *m.* **5.** *hist.* Reichsapfel *m.* **6.** *kugelförmiger Gegenstand*, *bes.* a) Lampenglocke *f*, b) Goldfischglas *n.* **II** *v/t u. v/i* **7.** (sich) zs.-ballen, kugelförmig machen (werden). **~ ar·ti·choke** *s bot.* Artiˈschocke *f.* **ˈ~-fish** *s* Kugelfisch *m.* **ˈ~-ˌflow·er** *s bot.* Trollblume *f.* **~ sight** *s mil.* ˈRingviˌsier *n.* **~ this·tle** *s bot.* Kugeldistel *f.* **ˈ~-ˌtrot·ter** *s* Weltenbummler(in), Globetrotter(in). **ˈ~-ˌtrot·ting I** *s* Weltenbummeln *n*, Globetrotten *n.* **II** *adj* Weltenbummler..., Globetrotter...
glo·bin [ˈgləʊbɪn] *s physiol.* Gloˈbin *n* (*Eiweißbestandteil des Hämoglobins*).
glo·boid [ˈgləʊbɔɪd] **I** *s biol.* Globoˈid *n.* **II** *adj* kugelartig.
glo·bose [ˈgləʊbəʊs; gləʊˈbəʊs] → **globular** 1. **glo·bos·i·ty** [gləʊˈbɒsətɪ; *Am.* -ˈbɑ-] *s* Kugelform *f*, -gestalt *f.* **ˈglo·bous** [-bəs] → **globular**.
glob·u·lar [ˈglɒbjʊlə; *Am.* ˈglɑbjələr] *adj* (*adv* ~**ly**) **1.** kugelförmig, kugelig, Kugel...: **~ lightning** Kugelblitz *m.* **2.** aus Kügelchen bestehend. **ˈglob·ule** [-juːl] *s* **1.** Kügelchen *n.* **2.** Tröpfchen *n.* **ˈglob·u·lin** [-jʊlɪn] *s biol.* Globuˈlin *n* (*wichtiger Eiweißkörper des menschlichen*, *tierischen u. pflanzlichen Organismus*).
glock·en·spiel [ˈglɒkənspiːl; *Am.* ˈglɑ-] *s mus.* Glockenspiel *n.*
glom·er·ate [ˈglɒmərɪt; *Am.* ˈglɑ-] *adj* (zs.-)geballt, knäuelförmig. **ˌglom·erˈa·tion** *s* (Zs.-)Ballung *f*, Knäuel *m*, *n.*
glom·er·ule [ˈglɒməruːl; *Am.* ˈglɑ-] *s* **1.** *bot.* Blütenknäuel *m.* **2.** *med.* → **glomerulus**.
glo·mer·u·lus [glɒˈmerʊləs; *Am.* glɑˈm-] *pl* **-li** [-laɪ] *s med.* Gloˈmerulus *m*, Gloˈmerulum *n* (*Blutgefäßknäuelchen*, *bes. der Nierenrinde*).
gloom [gluːm] **I** *s* **1.** Düsterheit *f*, -keit *f.* **2.** *fig.* düstere *od.* gedrückte Stimmung, Trübsinn *m*, Schwermut *f*: **to throw a ~ over** e-n Schatten werfen auf (*acc*), verˈdüstern. **II** *v/i* **4.** düster *od.* traurig blicken *od.* aussehen. **5.** (finster) vor sich hin brüten. **6.** sich verdüstern. **III** *v/t* **7.** verˈdüstern. **ˈgloom·i·ness** *s* **1.** → **gloom** 1, 2. **2.** Hoffnungslosigkeit *f.* **ˈgloom·y** *adj* (*adv* **gloomily**) **1.** düster. **2.** schwermütig, trübsinnig, düster, traurig. **3.** hoffnungslos: **to feel ~ about the future** schwarzsehen.
glo·ri·a¹ [ˈglɔːrɪə; *Am. a.* ˈgləʊ-] *s* **1.** *Textil.* Gloriaseide *f.* **2.** *bes. art* Glorie *f*, Heiligenschein *m.*
Glo·ri·a² [ˈglɔːrɪə; *Am. a.* ˈgləʊ-] *s relig.* Gloria *n* (*Lobgesang*).
glo·ri·fi·ca·tion [ˌglɔːrɪfɪˈkeɪʃn; *Am. a.* ˌgləʊ-] *s* **1.** Verherrlichung *f.* **2.** *relig.* a) Verklärung *f*, b) Lobpreisung *f.* **3.** *Br. colloq.* Fest *n.* **4. a ~ of** *colloq.* →

glorified. '**glo·ri·fied** [-faɪd] *adj colloq.* ‚besser(er, e, es)': a ~ **barn**; a ~ **office boy**. '**glo·ri·fi·er** *s* Verherrlicher *m*. '**glo·ri·fy** [-faɪ] *v/t* **1.** verherrlichen. **2.** *relig.* a) (lob)preisen, b) verklären. **3.** erstrahlen lassen. **4.** e-e Zierde sein (*gen*). **5.** *colloq.* ‚aufmotzen': → glorified.
glo·ri·ole [ˈɡlɔːrɪəʊl; *Am. a.* ˈɡloʊ-] *s* Gloriˈole *f*, Heiligenschein *m*.
glo·ri·ous [ˈɡlɔːrɪəs; *Am. a.* ˈɡloʊ-] *adj* (*adv* ~ly) **1.** ruhmvoll, -reich, glorreich: a ~ **victory**. **2.** herrlich, prächtig, wunderbar (*alle a. colloq.*): a ~ **sunset**; ~ **fun**. **3.** *iro.* ‚schön', gehörig: a ~ **mess** ein schönes Durcheinander.
glo·ry [ˈɡlɔːrɪ; *Am. a.* ˈɡloʊrɪ:] **I** *s* **1.** Ruhm *m*, Ehre *f*: **to the** ~ **of God** zum Ruhme *od.* zur Ehre Gottes; ~ **to God in the highest** Ehre sei Gott in der Höhe; **covered in** ~ ruhmbedeckt; **crowned with** ~ *poet.* ruhmbekränzt, -gekrönt; ~ **be!** *colloq.* a) (*überrascht*) ach, du lieber Himmel!, b) (*erfreut, erleichtert*) Gott sei Dank! **2.** Zier(de) *f*, Stolz *m*, Glanz (-punkt) *m*. **3.** Herrlichkeit *f*, Glanz *m*, Pracht *f*, Glorie *f*. **4.** voller Glanz, höchste Blüte: **Spain in her** ~. **5.** *relig.* a) himmlische Herrlichkeit, b) Himmel *m*: **to go to** ~ *colloq.* in die ewigen Jagdgründe eingehen (*sterben*); **to send to** ~ *colloq.* j-n ins Jenseits befördern. **6.** → **gloriole**. **7.** Ekˈstase *f*, Verzückung *f*. **II** *v/i* **8.** sich freuen, glücklich sein (**in** über *acc*). **9.** sich sonnen (**in** *dat*). ~ **hole** *s colloq.* **1.** *mar.* Zwischendeckkammer *f*. **2.** a) Rumpelkammer *f*, b) Rumpelkiste *f*, c) Kramschublade *f*. ~ **pea** *s bot.* Prachtwicke *f*. ~ **tree** *s bot.* Losbaum *m*.
gloss[1] [ɡlɒs; *Am. a.* ɡlɑːs] **I** *s* **1.** Glanz *m*: ~ **paint** Glanzlack *m*; ~ **photograph** (Hoch)Glanzabzug *m*. **2.** *fig.* äußerer Glanz, Schein *m*. **II** *v/t* **3.** glänzend machen. **4.** *meist* ~ **over** *fig.* a) beschönigen, b) vertuschen. **III** *v/i* **5.** glänzend werden.
gloss[2] [ɡlɒs; *Am. a.* ɡlɑːs] **I** *s* **1.** (Interlineˈar-, Rand)Glosse *f*, Erläuterung *f*, Anmerkung *f*. **2.** (Interlineˈar)Übersetzung *f*. **3.** Erklärung *f*, Erläuterung *f*, Kommenˈtar *m*, Auslegung *f*. **4.** (absichtlich) irreführende Deutung *od.* Erklärung. **5.** → **glossary**. **II** *v/t* **6.** e-n Text glosˈsieren. **7.** *oft* ~ **over** (absichtlich) irreführend deuten *od.* erklären.
glos·sal [ˈɡlɒsl; *Am. a.* ˈɡlɑːsəl] *adj anat.* Zungen...
glos·sar·i·al [ɡlɒˈseərɪəl; *Am. a.* ɡlɑː-] *adj* (*adv* ~ly) Glossar..., glosˈsarartig.
glos·sa·rist [ˈɡlɒsərɪst; *Am. a.* ˈɡlɑː-] *s* Glosˈsator *m*, Verfasser *m* e-s Glosˈsars.
'**glos·sa·ry** *s* Glosˈsar *n*: a) *Sammlung von Glossen*, b) *Wörterverzeichnis (mit Erklärungen)*.
glos·sec·to·my [ɡlɒˈsektəmɪ; *Am. a.* ɡlɑː-] *s med.* Glossektoˈmie *f*, ˈZungenresektiˌon *f*.
glos·seme [ˈɡlɒsiːm; *Am. a.* ˈɡlɑː-] *s ling.* Glosˈsem *n* (*kleinste sprachliche Einheit, die nicht weiter analysierbar ist*).
'**gloss·er** → **glossarist**.
gloss·i·ness [ˈɡlɒsɪnɪs; *Am. a.* ˈɡlɑː-] *s* Glanz *m*.
glos·si·tis [ɡlɒˈsaɪtɪs; *Am. a.* ɡlɑː-] *s med.* Glosˈsitis *f*, Zungenentzündung *f*.
glos·so- [ɡlɒsəʊ-; *Am. a.* ɡlɑː-] *Wortelement mit den Bedeutungen* a) *anat.* Zungen..., b) zungenförmig, c) Sprach(en)...
glos·sol·o·gy [ɡlɒˈsɒlədʒɪ; *Am.* ɡlɑːˈsɑːl-] *obs.* Linguˈistik *f*.
'**gloss·y** [ˈɡlɒsɪ] *adj* (*adv* **glossily**) **1.** glänzend: **to be** ~ glänzen; ~ **paper** (Hoch)Glanzpapier *n*. **2.** auf (ˈHoch)Glanzpaˌpier gedruckt: ~ **magazine** Hochglanzmagazin

n. **3.** *fig.* a) raffiˈniert aufgemacht, b) prächtig (aufgemacht). **II** *s* **4.** *colloq.* ˈHochglanzmagaˌzin *n*.
glot·tal [ˈɡlɒtl; *Am.* ˈɡlɑːtl] *adj* **1.** *anat.* Glottis..., Stimmritzen...: ~ **chink** Stimmritze *f*. **2.** *ling.* glotˈtal: ~ **stop**, a. ~ **plosive** Knacklaut *m*, Kehlkopfverschlußlaut *m*.
glot·tic [ˈɡlɒtɪk; *Am.* ˈɡlɑː-] → **glottal**.
glot·tis [ˈɡlɒtɪs; *Am.* ˈɡlɑː-] *pl* **-tis·es, -ti·des** [-tɪdiːz] *s anat.* Glottis *f*, Stimmritze *f*.
glot·tol·o·gy [ɡlɒˈtɒlədʒɪ; *Am.* ɡlɑːˈtɑːl-] → **glossology**.
glove [ɡlʌv] **I** *s* **1.** (Finger)Handschuh *m*: **to fit (s.o.) like a** ~ a) (j-m) wie angegossen passen, b) *fig.* (zu j-m *od.* auf j-n) ganz genau passen; **to take the** ~**s off** ernst machen, ‚massiv werden'; **with the** ~**s off, without** ~**s** unsanft, rücksichts-, schonungslos; → **hand** *Bes. Redew.* **2.** *sport* (Box-, Fecht-, Reit- *etc*)Handschuh *m*. **3.** (Fehde)Handschuh *m*: **to fling** (*od.* **throw**) **down the** ~ (**to s.o.**) (j-n) herausfordern, (j-m) den Handschuh hinwerfen; **to pick** (*od.* **take**) **up the** ~ den Handschuh aufnehmen, die Herausforderung annehmen. **II** *v/t* **4.** mit Handschuhen bekleiden: ~**d** behandschuht.
glove| **box** *s* **1.** *mot.* Handschuhfach *n*. **2.** Handschuhkasten *m* (*für Arbeiten mit radioaktiven od. hochgiftigen Stoffen*). ~ **com·part·ment** *s mot.* Handschuhfach *n*. ~ **pup·pet** *s* Handpuppe *f*.
'**glov·er** *s* Handschuhmacher(in).
glow [ɡləʊ] **I** *v/i* **1.** glühen. **2.** *fig.* glühen: a) leuchten, strahlen, b) brennen (*Gesicht etc*). **3.** *fig.* (er)glühen, brennen (**with** vor *dat*). ~**ing with anger** (**enthusiasm**, *etc*). **II** *s* **4.** Glühen *n*, Glut *f*: **in a** ~ glühend. **5.** *fig.* Glut *f*: a) Glühen *n*, Leuchten *n*, b) Hitze *f*, Röte *f* (*im Gesicht etc*): **in a** ~, **all of a** ~ erhitzt, glühend, ganz gerötet, c) Feuer *n*, Leidenschaft *f*, Brennen *n*. ~ **dis·charge** *s electr.* Glimmentladung *f*.
glow·er [ˈɡlaʊə(r)] **I** *v/i* finster blicken, ein finsteres Gesicht machen: **to** ~ **at s.o.** j-n finster anblicken. **II** *s* finsterer Blick.
'**glow·er·ing** *adj* (*adv* ~**ly**) finster: ~ **look**.
glow·ing [ˈɡləʊɪŋ] *adj* (*adv* ~**ly**) **1.** glühend. **2.** *fig.* glühend: a) leuchtend, strahlend, b) brennend: **in** ~ **colo(u)rs** in glühenden *od.* leuchtenden Farben (*schildern etc*). **3.** *fig.* ˈüberschwenglich, begeistert: **a** ~ **account**; ~ **praise**.
glow| **lamp** *s electr.* Glimmlampe *f*. ~ **plug** *s mot.* Glühkerze *f*. '~**worm** *s zo.* Glühwürmchen *n*.
glox·in·i·a [ɡlɒkˈsɪnjə; *Am.* ɡlɑːkˈsɪnɪə] *s bot.* Gloˈxinie *f*.
gloze [ɡləʊz] *obs.* **I** *v/t* **1.** → **gloss**[1] 4. **2.** → **gloss**[2] 6. **II** *v/i* **3.** schmeicheln.
glu·cic ac·id [ˈɡluːsɪk] *s chem.* Gluˈcinsäure *f*.
glu·cin·i·um [ɡluːˈsɪnɪəm], **glu·ci·num** [ɡluːˈsaɪnəm] *s chem.* Gluˈcinium *n*, Beˈryllium *n*.
glu·cose [ɡluːkəʊs; -kəʊz] *s chem.* Gluˈkose *f*, Gluˈcose *f*, Traubenzucker *m*.
glue [ɡluː] **I** *s* **1.** Leim *m*: **vegetable** ~ Pflanzenleim; ~ **stock** Leimrohstoff *m*. **2.** Klebstoff *m*. **II** *v/t pres p* '**glu·ing 3.** leimen, kleben (**on**[**to**] auf *acc*; **to an**): **he was** ~**d to his TV set** er saß gebannt *od.* wie angewachsen vor dem Bildschirm; **she remained** ~**d to her mother** sie ‚klebte' an ihrer Mutter.
'**glue·y** [ˈɡluːɪ] *comp* '**glu·i·er** *sup* '**glu·i·est** *adj* klebrig: a) zähflüssig (*Masse*), b) voller Leim.
glum [ɡlʌm] *adj* (*adv* ~**ly**) bedrückt, niedergeschlagen.

glume [ɡluːm] *s bot.* Spelze *f*.
'**glum·ness** *s* Bedrücktheit *f*, Niedergeschlagenheit *f*.
glut [ɡlʌt] **I** *v/t* **1.** den Appetit stillen, befriedigen. **2.** überˈsättigen (*a. fig.*): **to** ~ **o.s. with** (*od.* **on**) sich überessen mit *od.* an (*dat*). **3.** *econ.* den Markt überˈschwemmen. **4.** verstopfen. **II** *s* **5.** ˈÜbersättigung *f* (*a. fig.*). **6.** *econ.* ˈÜberangebot *n*, Schwemme *f*: **a** ~ **in the market** ein Überangebot auf dem Markt, e-e Marktschwemme; ~ **of money** Geldüberhang *m*, -schwemme.
glu·ta·mate [ˈɡluːtəmeɪt] *s chem.* Glutaˈmat *n*.
glu·tam·ic ac·id [ɡluːˈtæmɪk] *s chem.* Glutaˈminsäure *f*.
glu·ta·mine [ˈɡluːtəmiːn; -mɪn] *s chem.* Glutaˈmin *n*.
glu·te·al [ˈɡluːtiːəl; ˈɡluːtɪəl] *adj anat.* Glutäal..., Gesäß(muskel)...
glu·te·i [ˈɡluːtiːaɪ] *pl von* **gluteus**.
glu·ten [ˈɡluːtən] *s chem.* Gluˈten *n*, Kleber *m*: ~ **bread** Kleberbrot *n*; ~ **flour** Gluten-, Klebermehl *n*.
glu·te·us [ɡluːˈtiːəs] *pl* **-te·i** [-tiːaɪ] *s anat.* Gluˈtäus *m*, Gesäßmuskel *m*.
glu·ti·nos·i·ty [ˌɡluːtɪˈnɒsətɪ; *Am.* ˌɡluːtnˈɑs-] *s* Klebrigkeit *f*. '**glu·ti·nous** *adj* (*adv* ~**ly**) klebrig.
glut·ton [ˈɡlʌtn] *s* **1.** Vielfraß *m*. **2.** *fig.* Unersättliche(r *m*) *f*: **a** ~ **for books** e-e ‚Leseratte', ein ‚Bücherwurm' *m*; **a** ~ **for punishment** ein Masoˈchist; **a** ~ **for work** ein Arbeitstier *n*. **3.** *zo.* Vielfraß *m*. '**glut·ton·ous** *adj* (*adv* ~**ly**) gefräßig, unersättlich (*a. fig.*). '**glut·ton·y** *s* Gefräßigkeit *f*, Unersättlichkeit *f* (*a. fig.*).
gly·cer·ic [ɡlɪˈserɪk; ˈɡlɪsərɪk] *adj chem.* Glycerin...: ~ **acid**.
glyc·er·in(e) [ˈɡlɪsərɪn, -riːn], '**glyc·er·ol** [-rɒl; *Am. a.* -ˌrəʊl] *s chem.* Glyceˈrin *n*. '**glyc·er·o·late** [-rəleɪt] *v/t med.* mit Glyceˈrin versetzen *od.* behandeln.
'**glyc·er·yl** [-rɪl] *s chem.* dreiwertiges Glyceˈrinradiˌkal: ~ **trinitrate** Nitroglycerin *n*.
gly·co·gen [ˈɡlɪkəʊdʒən; *bes. Am.* ˈɡlaɪ-] *s biol. chem.* Glykoˈgen *n*, tierische Stärke. **gly·co·gen·e·sis** [-ˈdʒenəsɪs] *s biol. chem.* Glykogeˈnie *f*, Glykoˈgenbildung *f*. ˌ**gly·coˈgen·ic** *adj biol. chem.* Glykogen...
gly·col [ˈɡlaɪkɒl; *Am. a.* -ˌkəʊl] *s chem.* Glyˈkol *n*: a) ˈÄthylenglyˌkol, b) zweiwertiger giftiger Alkohol von süßem Geschmack. **gly·col·ic** [-ˈkɒlɪk; *Am.* -ˈkɑ-] *adj chem.* Glykol...
Gly·con·ic [ɡlaɪˈkɒnɪk; *Am.* -ˈkɑ-] *adj u. s metr.* glykoˈneisch(er Vers).
glyph [ɡlɪf] *s* Glypte *f*, Glyphe *f*: a) *arch.* (vertiˈkale) Furche *od.* Rille, b) Skulpˈtur *f*.
gly·phog·ra·phy [ɡlɪˈfɒɡrəfɪ; *Am.* -ˈfɑː-] *s* Glyphograˈphie *f* (*galvanoplastische Herstellung von Relief-Druckplatten*).
glyp·tic [ˈɡlɪptɪk] **I** *adj* Glyptik..., Steinschneide... **II** *s meist pl* (*als sg konstruiert*) Glyptik *f*, Steinschneidekunst *f*.
glyp·tog·ra·phy [ɡlɪpˈtɒɡrəfɪ; *Am.* -ˈtɑː-] *s* Glyptograˈphie *f*, Glyphograˈphie *f*: a) Steinschneidekunst *f*, b) Gemmenkunde.
'**G-**ˌ**man** [-ˌmæn] *s irr Am. colloq.* G--man *m*, FBˈI-Aˌgent *m*.
gnarl [nɑː(r)l] *s* Knorren *m*. **gnarled**, '**gnarl·y** *adj* **1.** knorrig. **2.** schwielig (*Hände*). **3.** *fig.* griesgrämig, mürrisch, verdrießlich.
gnash [næʃ] **I** *v/i* **1.** mit den Zähnen knirschen, *bes. fig.* **II** *v/t* **3.** **to** ~ **one's teeth** mit den Zähnen knirschen. **4.** mit knirschenden Zähnen beißen.
'**gnash·ers** *s pl colloq.* Zähne *pl*.
gnat [næt] *s* **1.** *zo. Br.* (Stech)Mücke *f*:

to strain at a ~ *fig.* Haarspalterei betreiben, sich an e-r Kleinigkeit stoßen; **to strain at a ~ and swallow a camel** *Bibl.* Mücken seihen u. Kamele verschlucken. **2.** *zo. Am.* Kriebel-, Kribbelmücke *f.*
gnath·ic ['næθɪk] *adj anat.* Kiefer...
gnaw [nɔː] *pret* **gnawed** *pp* **gnawed** *od.* **gnawn** [nɔːn] **I** *v/t* **1.** nagen an (*dat*) (*a. fig.*), ab-, zernagen: **to ~ one's fingernails** an den Fingernägeln kauen; **to ~ one's way into** → 5. **2.** zerfressen (*Säure etc*). **3.** *fig.* quälen, aufreiben, zermürben. **II** *v/i* **4.** nagen: **to ~ at** → 1. **5. ~ into** sich einfressen in (*acc*). **6.** *fig.* nagen, zermürben: **to ~ at** → 3. '**gnaw·er** *s zo.* Nager *m*, Nagetier *n.* '**gnaw·ing I** *adj* (*adv* ~**ly**) **1.** nagend (*a. fig.*). **II** *s* **2.** Nagen *n* (*a. fig.*). **3.** nagender Schmerz, Qual *f.*
gneiss [naɪs] *s geol.* Gneis *m.* '**gneiss·ic** *adj* Gneis..., gneisig.
gnome[1] [nəʊm] *s* **1.** Gnom *m*, Zwerg *m* (*beide a. contp. Mensch*), Kobold *m.* **2.** Gartenzwerg *m.*
gnome[2] ['nəʊmiː, nəʊm] *s* Gnome *f* (*lehrhafter* [*Sinn-, Denk*]*Spruch in Versform od. Prosa*).
gno·mic ['nəʊmɪk] *adj* (*adv* ~**ally**) gnomisch: **~ present** *ling.* gnomisches Präsens.
gnom·ish ['nəʊmɪʃ] *adj* gnomenhaft.
gno·mon ['nəʊmɒn; *Am.* -ˌmɑn] *s* Gnomon *m*: **a)** *astr.* Sonnenhöhenzeiger, **b)** Sonnenuhrzeiger, **c)** *math.* Restparallelogramm.
gno·sis ['nəʊsɪs] *s* Gnosis *f* (*esoterische Philosophie od. Weltanschauung*).
gnos·tic ['nɒstɪk; *Am.* 'nɑs-] **I** *adj* (*adv* ~**ally**) **1.** gnostisch (→ **gnosis**). **2.** G~ gnostisch (→ **Gnosticism**). **II** *s* **3.** G~ Gnostiker(in).
Gnos·ti·cism ['nɒstɪsɪzəm; *Am.* 'nɑs-] *s* Gnostizismus *m* (*verschiedene religiöse Bewegungen der Spätantike u. religionsphilosophische Strömungen innerhalb des frühen Christentums, die, meist mit Hilfe e-s Erlösermythos, Antwort auf die Frage nach Ursprung, Sinn u. Ziel des Menschen zu geben suchten*). '**Gnos·ti·cize I** *v/i* gnostische Anschauungen vertreten. **II** *v/t* gnostisch auslegen.
gno·to·bi·ol·o·gy [ˌnəʊtəʊbaɪˈɒlədʒɪ; *Am.* -ˌɑl-] *s* Gnotobiolo'gie *f* (*Forschungsrichtung, die mit der keimfreien Aufzucht von Tieren für die Immunologie beschäftigt*).
go[1] [ɡəʊ] **I** *pl* **goes** [ɡəʊz] *s* **1.** Gehen *n*: **on the ~** *colloq.* **a)** (ständig) in Bewegung *od.* ‚auf Achse', **b)** *obs.* im Verfall begriffen, im Dahinschwinden; **from the word ~** *colloq.* von Anfang an. **2.** Gang *m*, (Ver-)Lauf *m.* **3.** *colloq.* Schwung *m*, „Schmiß" *m*: **this song has no ~**; **he is full of ~** er hat Schwung, er ist voller Leben. **4.** *colloq.* Mode *f*: **it is all the ~ now** es ist jetzt große Mode. **5.** *colloq.* Erfolg *m*: **to make a ~ of s.th.** etwas zu e-m Erfolg machen; **no ~ a)** kein Erfolg, **b)** aussichts-, zwecklos; **it's no ~** es geht nicht, nichts zu machen. **6.** *colloq.* Abmachung *f*: **it's a ~!** abgemacht! **7.** *colloq.* Versuch *m*: **to have a ~ at s.th.** etwas probieren *od.* versuchen; **at one ~** auf 'einen Schlag, auf Anhieb; **in one ~** auf 'einen Sitz; **at the first ~** gleich beim ersten Versuch; **it's your ~!** du bist an der Reihe *od.* dran! **8.** *colloq.* (*bes.* unangenehme) Sache, „Geschichte" *f*: **what a ~!** 'ne schöne Geschichte *od.* Bescherung!, so was Dummes!; **it was a near ~** das ging gerade noch (einmal) gut. **9.** *colloq.* **a)** Porti'on *f* (*e-r Speise*), **b)** Glas *n*: **his third ~ of brandy** sein dritter Kognak. **10.** Anfall *m* (*e-r Krankheit*): **my second ~ of influenza** m-e zweite Grippe.

II *adj* **11.** *tech. colloq.* funkti'onstüchtig.

III *v/i pret* **went** [went] *pp* **gone** [ɡɒn; *Am.* ɡɔːn] **3.** *sg pres* **goes** [ɡəʊz] **12.** gehen, fahren, reisen (**to** nach), sich (fort)bewegen: **to ~ on foot** zu Fuß gehen; **to ~ by plane** (*od.* **air**) mit dem Flugzeug reisen, fliegen; **to ~ to Paris** nach Paris reisen *od.* gehen; → **horseback I, train 1**. **13.** (fort)gehen, abfahren, abreisen (**to** nach): **people were coming and ~ing** Leute kamen u. gingen; **who ~es there?** *mil.* wer da?; **I must be ~ing** ich muß gehen *od.* weg *od.* fort; → **let** *Bes. Redew.* **14.** verkehren, fahren (*Fahrzeuge*). **15.** anfangen, loslegen, -gehen: **~!** *sport* los!; **~ to it!** mach doch dran!, ran!; **here you ~ again!** jetzt fängst du schon wieder an!; **just ~ and try!** versuch's doch mal!; **here ~es!** *colloq.* dann mal los!, ‚ran (an den Speck)!' **16.** gehen, führen (**to** nach): **this road ~es to York**. **17.** sich erstrecken, reichen, gehen (**to** bis): **the belt does not ~ round her waist** der Gürtel geht nicht um ihre Taille; **as far as it ~es** bis zu e-m gewissen Grade; **it ~es a long way** es reicht lange (aus). **18.** *fig.* gehen: **let it ~ at that** laß es dabei bewenden; → **all** *Bes. Redew.*, **better**[1] 1, **court 10, expense** *Bes. Redew.*, **far** *Bes. Redew.*, **heart** *Bes. Redew.* **19.** *math.* (**into**) gehen (in *acc*), enthalten sein (in *dat*): **5 into 10 ~es twice. 20.** gehen, passen (**into, in** in *acc*), fallen (**to** auf *acc*): **it does not ~ into my pocket** es geht *od.* paßt nicht in m-e Tasche; **12 inches ~ to the foot** 12 Zoll gehen auf *od.* bilden e-n Fuß. **21.** gehören (**in, into** in *acc*; **on** auf *acc*): **the books ~ on the shelf** die Bücher gehören in *od.* kommen auf das Regal. **22.** (**to**) gehen (an *acc*) (*Preis etc*), zufallen (*dat*) (*Erbe*). **23.** *tech. u. fig.* gehen, laufen, funktio'nieren: **the engine is ~ing**; **to keep** (set) **s.th. ~ing** etwas in Gang halten (bringen); **to make things ~** die Sache in Schwung bringen; → **get 17, 27, keep 8**. **24.** werden, in e-n (*bestimmten*) Zustand 'übergehen *od.* verfallen: **to ~ blind** erblinden; **to ~ Conservative** zu den Konservativen übergehen; → **bad**[1] **13, hot 3, mad 1, sick**[1] **1. 25.** (gewöhnlich) (*in e-m Zustand*) sein, sich ständig befinden: **to ~ armed** bewaffnet sein; **to ~ in rags** ständig in Lumpen herumlaufen; **to ~ hungry** hungern; **~ing sixteen** im 16. Lebensjahr; → **fear 1, unheeded. 26. a)** *meist* **to ~ with child** schwanger sein, **b)** **to ~ with young** *zo.* trächtig sein. **27.** (**with**) gehen (mit), sich halten *od.* anschließen (an *acc*): → **tide**[1] 3. **28.** sich halten (**by, on, upon** an *acc*), gehen, handeln, sich richten, urteilen (**on, upon** nach): **to have nothing to ~ upon** keine Anhaltspunkte haben; **~ing by her clothes** ihrer Kleidung nach (zu urteilen). **29.** 'umgehen, kur'sieren, im 'Umlauf sein (*Gerüchte etc*): **the story ~es** es heißt, man erzählt sich. **30. gelten** (**for** für): **what he says ~es** *colloq.* was er sagt, gilt; **that ~es for all of you** das gilt für euch alle; **it ~es without saying** es versteht sich von selbst, (es ist) selbstverständlich. **31.** gehen, laufen, bekannt sein: **it ~es by** (*od.* **under**) **the name of** es läuft unter dem Namen; **my dog ~es by the name of Rover** mein Hund hört auf den Namen Rover. **32.** im allgemeinen sein, eben (so) sein: **as hotels ~** wie Hotels eben sind; **as men ~** wie die Männer nun einmal sind. **33.** vergehen, -streichen: **how time ~es!** wie (doch) die Zeit vergeht!; **one minute to ~** noch eine Minute; **with five minutes to ~** *sport* fünf Minuten vor Spielende. **34.** *econ.* weggehen, abgesetzt *od.* verkauft werden. **35.** (**on, in**) aufgehen (in *dat*), ausgegeben werden (für). **36.** dazu beitragen *od.* dienen (**to do** zu tun), verwendet werden (**to, toward**[**s**] für, zu): **it ~es to show** dies zeigt, daran erkennt man; **this only ~es to show you the truth** dies dient nur dazu, Ihnen die Wahrheit zu zeigen. **37.** verlaufen, sich entwickeln *od.* gestalten: **how does the play ~?** wie geht *od.* welchen Erfolg hat das Stück?; **things have gone badly with me** es ist mir schlecht ergangen. **38.** ausgehen, -fallen: **the decision went against him** die Entscheidung fiel zu s-n Ungunsten aus; **it went well** es ging gut (aus). **39.** Erfolg haben: **the play ~es**; **to ~ big** *colloq.* ein Riesenerfolg sein. **40.** (**with**) gehen, sich vertragen, harmo'nieren (mit), passen (zu): **black ~es well with yellow**. **41.** ertönen, erklingen, läuten (*Glocke*), schlagen (*Uhr*): **the clock went five** die Uhr schlug fünf; **the doorbell went** es klingelte. **42.** losgehen mit (*e-m Knall etc*): **bang went the gun** die Kanone machte bumm. **43.** lauten (*Worte etc*): **I forget how the words ~** mir fällt der Text im Moment nicht ein; **this is how the tune ~es** so geht die Melodie; **this song ~es to the tune of** dieses Lied geht nach der Melodie von. **44.** gehen, verschwinden, abgeschafft werden: **he must ~** er muß weg; **these laws must ~** diese Gesetze müssen verschwinden. **45.** (da'hin-) schwinden: **his strength is ~ing**; **my eyesight is ~ing** m-e Augen werden immer schlechter. **46.** zum Erliegen kommen, zs.-brechen: **trade is ~ing. 47.** ka'puttgehen: **the soles are ~ing. 48.** sterben: **he is (dead and) gone** er ist tot. **49.** (*im pres p mit inf*) zum Ausdruck e-r Zukunft, *bes.* **a)** e-r Absicht, **b)** etwas Unabänderlichem: **it is ~ing to rain** es wird (bald *od.* gleich) regnen; **he is ~ing to read it** er wird *od.* will es (bald) lesen; **she is ~ing to have a baby** sie bekommt ein Kind; **what was ~ing to be done?** was sollte nun geschehen? **50.** (*mit nachfolgendem ger*) *meist* gehen: **to ~ swimming** schwimmen gehen; **you must not ~ telling him** du darfst es ihm ja nicht sagen; **he ~es frightening people** er erschreckt immer die Leute. **51.** (dar'an)gehen, sich aufmachen *od.* anschicken: **he went to find him** er ging ihn suchen; **~ fetch!** bring es!, hol es!; **he went and sold it** *colloq.* er hat es tatsächlich verkauft; er war so dumm, es zu verkaufen. **52. pizzas to ~** (*Schild*) *Am.* Pizzas zum Mitnehmen. **53.** erlaubt sein: **everything ~es in this place** hier ist alles erlaubt. **54.** *bes. Am. colloq.* wiegen: **I went 90 kilos last year** letztes Jahr hatte ich 90 Kilo.

IV *v/t* **55.** e-n Betrag wetten, setzen (**on** auf *acc*). **56.** *Kartenspiel*: ansagen. **57.** *Am. colloq.* e-e Einladung *etc* annehmen von: **I'll ~ you!** ich nehme an!, ‚gemacht'! **58. to ~ it** *colloq.* **a)** ‚sich reinknien' (mächtig), ‚rangehen', **b)** es toll treiben, ‚auf den Putz hauen', **c)** handeln: **he's ~ing it alone** er macht es ganz allein(e); **~ it! ran!**, (immer) feste!

Verbindungen mit Präpositionen:
go| a·bout *v/i* **1.** in Angriff nehmen, sich machen an (*acc*). **2.** Arbeit erledigen: **to ~ one's business** sich um s-e Geschäfte kümmern. **~ af·ter** *v/i* **1.** nachlaufen (*dat*). **2.** sich bemühen um: **to ~ a job (girl). ~ a·gainst** *v/i* j-m widerstreben, j-s Prinzipien *etc* zu'widerlaufen. **~ at** *v/i* **1.** losgehen auf (*acc*), angreifen.

go – gobble

2. *e-e Arbeit etc* anpacken, (eˈnergisch) in Angriff nehmen, über *e-e Mahlzeit etc* ˈherfallen. ~ **be·hind** *v/i* die ˈHintergründe unterˈsuchen von (*od. gen*), auf den Grund gehen (*dat*). ~ **be·tween** *v/i* vermitteln zwischen (*dat*). ~ **be·yond** *v/i* überˈschreiten, hinˈausgehen über (*acc*), *Erwartungen etc* überˈtreffen: **that's going beyond a joke** das ist kein Spaß mehr. ~ **by** → **go¹** 28 *u.* 31. ~ **for** *v/i* 1. holen (gehen). 2. *e-n Spaziergang etc* machen. 3. a) gelten als *od.* für, betrachtet werden als, b) → **go¹** 30. 4. streben nach, sich bemühen um, nachjagen (*dat*). 5. *colloq.* sich schwärmen für, begeistert sein von, b) ˌverknalltˈ sein in (*j-n*). 6. a) losgehen auf (*acc*), sich stürzen auf (*acc*): ~ **him!** faß (ihn)!, b) ˈherziehen über (*acc*). ~ **in** → **go¹** 35. ~ **in·to** *v/i* 1. hinˈeingehen in (*acc*). 2. *e-n Beruf* ergreifen, eintreten in (*ein Geschäft etc*): **to** ~ **business** Kaufmann werden; **to** ~ **the police** zur Polizei gehen. 3. geraten in (*acc*): **to** ~ **a faint** ohnmächtig werden. 4. (genau) unterˈsuchen *od.* prüfen, (*e-r Sache*) auf den Grund gehen. 5. → **go¹** 19, 20. ~ **off** *v/i* 1. abgehen von. 2. *j-n, etwas* nicht mehr mögen. ~ **o·ver** *v/i* 1. (gründlich) überˈprüfen *od.* unterˈsuchen. 2. → **go through** 1. 3. (nochmals) ˈdurchgehen, überˈarbeiten. 4. ˈdurchgehen, -lesen, -sehen. ~ **round** *v/i* 1. herˈumˈgehen um (*a. fig.*): → **go¹** 17. 2. *fig.* herˈumgehen in (*dat*): **there's a tune going round my head** mir geht e-e Melodie im Kopf herum. ~ **through** *v/i* 1. ˈdurchgehen, -nehmen, -sprechen, (ausführlich) erörtern. 2. durchˈsuchen. 3. → **go over** 1, 4. 4. a) ˈdurchmachen, erleiden, b) erleben. 5. *sein Vermögen* ˈdurchbringen. ~ **to** → **go¹** 12, 13, 16, 22, 43. ~ **up** *v/i* hinˈaufgehen: **to** ~ **the road**. ~ **with** *v/i* 1. *j-n, etwas* begleiten. 2. gehören zu. 3. ˌgehenˈ mit (*j-m*). 4. überˈeinstimmen mit. 5. → **go¹** 26, 27, 40. ~ **with·out** *v/i* 1. auskommen *od.* sich behelfen ohne. 2. verzichten auf (*acc*): **to** ~ **breakfast** nicht frühstücken.
Verbindungen mit Adverbien:
goǀ**a·bout** *v/i* 1. herˈumgehen, -fahren, -reisen, *mar.* laˈvieren, wenden. 3. a) → **go¹** 29, b) ˈumgehen (*Grippe etc*). 4. ~ **with** a) angehen mit (*j-m*), b) verkehren mit. ~ **a·head** *v/i* 1. vorˈan-, vorˈausgehen (**of** *s.o.* *j-m*): ~! *fig.* nur zu!; **to** ~ **with** *fig.* a) weitermachen *od.* fortfahren mit, b) Ernst machen mit, durchführen. 2. Erfolg haben, vorˈankommen. 3. *sport* nach vorn stoßen, sich an die Spitze setzen. ~ **a·long** *v/i* 1. weitergehen. 2. *fig.* weitermachen, fortfahren. 3. (daˈhin)gehen, (-)fahren: **as one goes along** a) unterwegs, b) *fig.* nach u. nach. 4. mitgehen, -kommen (**with** mit). 5. ~ **with** einverstanden sein mit, mitmachen bei. ~ **a·round** *v/i* 1. → **go about** 1, 4. 2. → **go round**. ~ **back** *v/i* 1. zurückgehen. 2. zuˈrückgestellt werden (*Uhren*). 3. (to) *fig.* zuˈrückgehen (auf *acc*), zuˈrückreichen (bis). 4. ~ **on** *fig.* a) *j-n* im Stich lassen, b) *sein Wort etc* nicht halten, c) *e-e Entscheidung* rückgängig machen. ~ **be·hind** *v/i sport* in Rückstand *od.* ins ˈHintertreffen geraten. ~ **by** *v/i* a) vorˈbeigehen (*a. Chance etc*), vorˈbeifahren, b) vergehen (*Zeit*): **in days gone by** in längst vergangenen Tagen, in früheren Zeiten. ~ **down** *v/i* 1. hinˈuntergehen. 2. ˈuntergehen, sinken (*Schiff, Sonne etc*). 3. a) zu Boden gehen (*Boxer etc*), b) *thea.* fallen (*Vorhang*). 4. *fig.* a) (hinˈab)reichen (**to** bis), b) → **go back** 3. 5. ˌ(hinˈ)unterˈrutschenˈ (*Essen*). 6. *fig.* (**with**) a) Anklang finden, ˌankommenˈ (bei): **it went down well with him** es kam gut bei ihm

an, b) ˌgeschlucktˈ werden (von): **that won't** ~ **with me** das nehme ich dir nicht ab, das kannst du e-m anderen weismachen. 7. zuˈrückgehen, sinken, fallen (*Fieber, Preise etc*). 8. in der Erinnerung bleiben: **to** ~ **in history** in die Geschichte eingehen. 9. a) sich im Niedergang befinden, b) zuˈgrunde gehen. 10. *univ. Br.* a) die Universiˈtät verlassen, b) in die Ferien gehen. 11. *sport* absteigen. 12. *Br.* London verlassen. 13. *Am.* geschehen, pasˈsieren. 14. **he went down for three years** *Br. sl.* er ˌwanderteˈ für drei Jahre ins Gefängnis. 15. **to** ~ **on** *s.o. vulg.* j-m e-n ˌblasenˈ (*j-n fellationieren*). ~ **in** *v/i* 1. hinˈeingehen. ~ **and win!** auf in den Kampf! 2. verschwinden (*Sonne etc*). 3. ~ **for** a) sich befassen mit, betreiben, *Sport etc* treiben: **to** ~ **for football** Fußball spielen, b) mitmachen (bei), sich beteiligen an (*dat*), *ein Examen* machen, c) anstreben, ˈhinarbeiten auf (*acc*), sich einsetzen für, befürworten, e) sich begeistern für. ~ **off** *v/i* 1. weg-, fortgehen, -laufen, (*Zug etc*) abfahren, *thea.* abgehen. 2. losgehen (*Gewehr, Sprengladung etc*): **the bomb went off**. 3. (**into**) los-, herˈausplatzen (mit), ausbrechen (in *acc*). 4. verfallen, geraten (**in**, **into** in *acc*): **to** ~ **in a fit** e-n Anfall bekommen. 5. nachlassen (*Schmerz etc*). 6. sich verschlechtern. 7. a) sterben, b) eingehen (*Pflanze, Tier*). 8. → **go¹** 34. 9. verlaufen, gelingen: **it went off well**. 10. a) einschlafen, b) ohnmächtig werden. 11. verderben (*Nahrungsmittel*), (*Milch a.*) sauer werden, (*Butter etc a.*) ranzig werden. 12. ausgehen (*Licht etc*): **the water has gone off** wir haben kein Wasser. 13. *sl.* ˌkommenˈ (*e-n Orgasmus haben*). ~ **on** *v/i* 1. weitergehen, -fahren. 2. weitermachen, fortfahren (**doing** zu tun; **with** mit): ~! a) (mach) weiter!, b) *iro.* hör auf!, ach komm!; ~ **reading!** lies weiter! 3. daraufˈhin anfangen (**to do** zu tun): **he went on to say** darauf sagte er; **to** ~ **to s.th.** zu e-r Sache übergehen. 4. fortdauern, weitergehen. 5. vor sich gehen, vorgehen, pasˈsieren. 6. sich benehmen *od.* aufführen: **don't** ~ **like that!** hör auf damit! 7. *colloq.* a) unaufhörlich reden *od.* schwatzen (**about** über *acc*, von), b) ständig herˈumnörgeln (**at** an *dat*). 8. angehen (*Licht etc*). 9. *thea.* auftreten. 10. *Kricket:* zum Werfen kommen. 11. ~ **for** gehen auf (*acc*), bald sein: **it's going on for 5 o'clock**; **he is going on for 60** er geht auf die Sechzig zu. ~ **out** *v/i* 1. hinˈausgehen. 2. ausgehen: a) spaˈzierengehen, b) zu Veranstaltungen *od.* in Gesellschaft gehen. 3. ~ **with** ˌgehenˈ mit (*j-m*). 4. (*mit ger*) sich aufmachen zu: **to** ~ **fishing** fischen *od.* zum Fischen gehen. 5. e-e Stellung (außer Haus) annehmen: **to** ~ **as governess**; **to** ~ **cleaning** putzen gehen. 6. ausgehen, erlöschen (*Licht, Feuer*). 7. zu Ende gehen. 8. → **go off** 10. 9. sterben. 10. in den Streik treten, streiken. 11. aus der Mode kommen. 12. a) veröffentlicht werden, b) *Rundfunk, TV:* ausgestrahlt werden. 13. *pol.* abgelöst werden. 14. *sport* ausscheiden. 15. zuˈrückgehen (*Flut*). 16. ~ **to** sich *j-m* zuˈwenden (*Sympathie*), entgegenschlagen (*Herz*). ~ **o·ver** *v/i* 1. hinˈübergehen (**to** zu). 2. *fig.* ˈübergehen (**into** in *acc*). 3. ˈüberwechseln (**from** von; **to** zu *e-r anderen Partei etc*). 4. zuˈrückgestellt *od.* vertagt werden. 5. *Rundfunk, TV:* (to) a) ˈumschalten (nach), b) überˈgeben (**an** *acc*). 6. *colloq.* Erfolg haben: **to** ~ **big** ein Bombenerfolg sein. ~ **round** *v/i* 1. herˈumgehen (*a. fig.*): **there's a tune going round in my head** mir geht e-e Melodie im Kopf herum. 2. (für alle) (aus)rei-

chen: **there are enough chairs to** ~ sind genügend Stühle da. 3. ~ **to** vorˈbeischauen bei, *j-n* besuchen. ~ **through** *v/i* 1. ˈdurchgehen, angenommen werden (*Antrag*), abgeschlossen werden (*Handel etc*), ˈdurchkommen (*Scheidung*). 2. ~ **with** ˈdurchführen, zu Ende führen. ~ **to·geth·er** *v/i* 1. sich vertragen, zs.passen (*Farben etc*). 2. *colloq.* miteinˈander ˌgehenˈ (*Liebespaar*). ~ **un·der** *v/i* 1. ˈuntergehen. 2. *fig.* scheitern (*Geschäftsmann*), ˌeingehenˈ (*Firma etc*). 3. ~ **to** *fig.* a) *j-m* unterˈliegen, b) e-r Krankheit zum Opfer fallen. ~ **up** *v/i* 1. hinˈaufgehen. 2. steigen (*Fieber etc*), (*Preise a.*) anziehen. 3. entstehen, gebaut werden. 4. *thea.* hochgehen (*Vorhang*). 5. **to** ~ **in flames** in Flammen aufgehen. 6. *Br.* (zum Seˈmesteranfang) zur Universiˈtät gehen. 7. *sport* aufsteigen. 8. *Br.* nach London fahren.

go² [gəʊ] *s* Go *n* (*japanisches Brettspiel*).

goad [gəʊd] **I** *s* 1. Stachelstock *m* (*des Viehtreibers*). 2. *fig.* Ansporn *m*. **II** *v/t* 3. (*mit dem Stachelstock*) antreiben. 4. *oft* ~ **on** *fig. j-n* an-, aufstacheln, (an)treiben, anspornen (**to do** *od.* **into doing** *s.th.* dazu, etwas zu tun).

ˈgo-aˌhead *colloq.* **I** *adj* 1. fortschrittlich. 2. mit Unterˈnehmungsgeist *od.* Initiaˈtive. **II** *s* 3. Unterˈnehmungsgeist *m*, Initiaˈtive *f*. 4. Mensch *m* mit Unterˈnehmungsgeist *od.* Initiaˈtive. 5. **to get the** ~ ˌgrünes Lichtˈ bekommen (**on** für).

goal [gəʊl] *s* 1. Ziel *n* (*a. fig.*). 2. *sport* a) Ziel *n*, b) Tor *n*: **to keep** ~, to play in ~ im Tor stehen *od.* spielen, das Tor hüten, c) (*Rugby*) Mal *n*, d) (*erzieltes*) Tor. ~ **a·re·a** *s sport* Torraum *m*. ˈ~ˌget·ter *s sport* Torjäger(in).

goal·ie [ˈgəʊlɪ] *colloq.* für **goalkeeper**.

ˈgoalǀˌkeep·er *s sport* Torwart *m*, -mann *m*, -frau *f*, (*Rugby*) Mallinie *f*, (*Rugby*) Torˈhüterleistung(en *pl*) *f*. ~ **kick** *s* Fußball: (Tor)Abstoß *m*. ~ **line** *s sport* a) Torlinie *f*, (*Rugby*) Mallinie *f*, b) Torauslinie *f*. ˈ~ˌmouth *s*: ~ **scene** *sport* Torszene *f*. ~ **poach·er** *s sport* Abstauber(in). ~ **post** *s sport* Torpfosten *m*.

ˌgo-as-you-ˈplease *adj* ungeregelt, ungebunden: ~ **ticket** *rail. etc* Netzkarte *f*.

goat [gəʊt] *s* 1. Ziege *f*: **to act** (*od.* **play**) **the (giddy)** ~ herumalbern, -kaspern; **to get s.o.'s** ~ *colloq.* ˌj-n auf die Palme bringenˈ, *j-n* ˌfuchsteufelswildˈ machen. 2. **G**~ → **Capricorn**. 3. *colloq.* (geiler) Bock. 4. *colloq.* Sündenbock *m*.

goat·ee [ɡəʊˈtiː] *s* Spitzbart *m*.

ˈgoatǀ·fish *s ichth.* Meerbarbe *f*. ˈ~ˌherd *s* Ziegenhirt *m*.

ˈgoat·ish *adj* 1. bockig. 2. *colloq.* geil.

ˈgoat·ling *s* Zicklein *n*.

ˈgoatsˌbeard *s bot.* 1. Bocksbart *m*. 2. Geißbart *m*. 3. Ziegenbart *m*.

ˈgoat·skin **I** *s* 1. Ziegenfell *n*. 2. (*a.* Kleidungsstück *n* aus) Ziegenleder *n*. 3. Ziegenlederflasche *f*. **II** *adj* 4. ziegenledern.

ˈgoatˌsuck·er *s orn.* Ziegenmelker *m*.

gob¹ [gɒb; *Am.* gɑb] *s* 1. Klumpen *m*. 2. *oft pl colloq.* ˌHaufenˈ *m*: **he's got** ~**s of money** er hat e-n ˌBatzenˈ (Geld). 3. *colloq.* Schleimklumpen *m*. **II** *v/i* 4. *Br.* *colloq.* (aus)spucken.

gob² [gɒb] *s mar. Am. colloq.* ˌBlaujackeˈ *f*, Maˈtrose *m* (*bes. der amer. Kriegsmarine*).

gob³ [gɒb] *s Br. sl.* ˌSchnauzeˈ *f*: **shut your** ~! halt die Schnauze!

gob·bet [ˈgɒbɪt; *Am.* ˈgɑ-] *s* 1. Brocken *m*, Stück *n* (*Fleisch etc*). 2. Textstelle *f*.

gob·ble¹ [ˈgɒbl; *Am.* ˈgɑbl] **I** *v/t meist* ~ **up** 1. verschlingen (*a. fig.* *Buch etc*), hinˈunterschlingen. 2. *colloq.* e-n Betrieb, *ein Gebiet etc* ˌschluckenˈ. **II** *v/i* 3. schlingen, gierig essen.

gob·ble² ['gɒbl; Am. 'gɑbəl] **I** v/i kollern (Truthahn). **II** s Kollern n.
gob·ble·dy·gook ['gɒbldɪguːk; Am. ˌgɑbəldɪ'gʊk] s colloq. **1.** Kauderwelsch n, (Be'rufs)Jar,gon m. **2.** ‚Geschwafel' n.
gob·bler¹ ['gɒblə; Am. 'gɑblər] s gieriger Esser: he is a great ~ of books fig. er verschlingt die Bücher nur so.
gob·bler² ['gɒblə; Am. 'gɑblər] s Truthahn m, Puter m.
Gob·e·lin ['gəʊbəlɪn; Br. a. 'gɒbə-; Am. a. 'gɑbə-] **I** adj Gobelin...: ~ stitch Gobelinstich m. **II** s Gobe'lin m.
'go-be,tween s **1.** Vermittler(in), Mittelsmann m: to act as a ~ vermitteln. **2.** Kuppler(in). **3.** Verbindungsglied n.
gob·let ['gɒblɪt; Am. 'gɑblət] s **1.** Kelchglas n. **2.** obs. od. poet. Becher m, Po'kal m.
gob·lin ['gɒblɪn; Am. 'gɑblən] s Kobold m.
go·bo ['gəʊbəʊ] pl **-bos, -boes** s tech. **1.** Film, TV: Linsenschirm m. **2.** Schallschirm m (an Mikrophonen).
go·by ['gəʊbɪ] s ichth. Meergrundel f.
go-by ['gəʊbaɪ] s: to give s.o. the ~ colloq. j-n ‚schneiden' od. ignorieren; to give s.th. the ~ die Finger von etwas lassen.
'go-cart s **1.** bes. Am. Laufstuhl m (zum Laufenlernen für Kinder). **2.** bes. Am. Sportwagen m (für Kinder). **3.** sport Go-Kart m. **4.** Handwagen m.
god [gɒd; Am. gɑd] s **1.** relig. bes. antiq. Gott m, Gottheit f: the ~ of heaven Jupiter m; the ~ of love, the blind ~ der Liebesgott (Amor); the ~ of war der Kriegsgott (Mars); the ~ from the machine fig. Deus m ex machina (e-e plötzliche Lösung); ye ~s (and little fishes)! sl. obs. heiliger Strohsack!; a sight for the ~s (meist iro.) ein Anblick für (die) Götter. **2.** relig. G~ Gott m: the Lord G~ Gott der Herr; Almighty G~, G~ Almighty Gott der Allmächtige; the good G~ der liebe Gott; G~'s truth die reine Wahrheit; oh G~!, my G~!, good G~! (ach) du lieber Gott!, lieber Himmel!; by G~! bei Gott!; G~ help him! Gott steh ihm bei!; so help me G~! so wahr mir Gott helfe!; G~ helps those who help themselves hilf dir selbst, so hilft dir Gott; thank G~! Gott sei Dank!; G~ knows weiß Gott; G~ knows if it's true wer weiß, ob es wahr ist; as G~ is my witness Gott ist mein Zeuge; → act 1, bless Bes. Redew., forbid 2, 3, grant 1, sake¹, willing 1, would 3. **3.** Götze(nbild n) m, Abgott m. **4.** fig. (Ab)Gott m. **5.** pl thea. colloq. ‚O'lymp' m.
ˌgod|-'aw·ful adj colloq. scheußlich. **'~child** s irr Patenkind n. **ˌ~'damn** bes. Am. colloq. **I** v/t → damn 5. **II** v/i → damn 6. **III** s → damn 7, 8. **IV** interj → damn 9. **V** adj → goddamned I. **VI** adv → damned 4. **'~damned** bes. Am. colloq. **I** adj gottverdammt, gottverflucht: a ~ fool ein Vollidiot; ~ nonsense kompletter Unsinn, ‚Quatsch' m. **II** adv → damned 4. **'~ˌdaugh·ter** s Patentochter f.
god·dess ['gɒdɪs; Am. 'gɑ-] s Göttin f (a. fig.).
go·det [gəʊ'deɪ; gəʊ'det] s Zwickel m.
'go-ˌdev·il s tech. Am. **1.** Sprengvorrichtung f für verstopfte Bohrlöcher. **2.** Rohrreiniger m, Molch m. **3.** rail. Materi'alwagen m. **4.** Holz-, Steinschleife f. **5.** agr. (e-e) Egge.
'god·fa·ther s **1.** Pate m (a. fig.), Taufpate m, -zeuge m, Patenonkel m: to stand ~ to → 2. **II** v/t **2.** a. fig. Pate stehen bei, aus der Taufe heben. **3.** fig. verantwortlich zeichnen für. **'~ˌfear·ing** adj gottesfürchtig. **'~for,sak·en** adj contp. gottverlassen.

'god·head [-hed] s **1.** Gottheit f, Göttlichkeit f. **2.** the G~ Gott m.
'god·less adj gottlos: a) ohne Gott, b) verworfen. **'god·less·ness** s Gottlosigkeit f.
'god·like adj **1.** gottähnlich, göttergleich, göttlich. **2.** herrlich, erhaben.
god·li·ness ['gɒdlɪnɪs; Am. 'gɑd-] s Frömmigkeit f, Gottesfurcht f. **'god·ly** adj fromm, gottesfürchtig.
ˌGod|-'man s irr **1.** relig. Gottmensch m (Christus). **2.** Halbgott m (a. fig.). **'g~ˌmoth·er** s (Tauf)Patin f, Patentante f. **'~ˌpar·ent** s (Tauf)Pate m, (-)Patin f.
God's|a·cre obs. od. poet. Gottesacker m. **~ ˈcoun·try** s Gottes eigenes Land.
'god·send s Geschenk n des Himmels.
'god·ship s Gottheit f, Göttlichkeit f.
God|slot s Rundfunk, TV: colloq. humor. (regelmäßige) religi'öse Sendung. **'g~son** s Patensohn m. **ˌg~'speed** s: to bid (od. wish) s.o. ~ obs. j-m viel Glück od. glückliche Reise wünschen. **~ tree** s bot. Kapokbaum m.
go·er ['gəʊə(r)] s **1.** → comer 1. **2.** to be a good ~ gut laufen (Pferd, Fahrzeug). **3.** in Zssgn ...gänger(in), ...besucher(in): → churchgoer, theatergoer, etc.
goes [gəʊz] **I** 3. sg pres von go¹ III u. IV. **II** pl von go¹ I.
Goe·thi·an, a. Goe·the·an ['gɜːtɪən] adj Goethe...: a) goethisch, goethesch (nach Art Goethes, nach Goethe benannt), b) Goethisch, Goethesch (von Goethe herrührend).
goe·thite ['gəʊθaɪt; 'gɜːtaɪt] s min. Goe'thit m: a) Nadeleisenerz n, b) Ru'binglimmer m.
go·fer ['gəʊfər] s Am. colloq. Laufbursche m.
gof·fer ['gɒfə; Am. 'gɑfər] tech. **I** v/t **1.** Stoff kräuseln, gau'frieren, plis'sieren. **2.** Buchschnitt: gau'frieren, prägen. **II** s **3.** Gau'friermaˌschine f. **4.** Plis'see n.
ˌgo-'get·ter s colloq. Draufgänger m.
gog·gle ['gɒgl; Am. 'gɑgəl] **I** v/i **1.** a) die Augen rollen, b) starren, stieren, glotzen: to ~ at s.o. j-n anstarren od. anstieren od. anglotzen. **2.** rollen (Augen). **II** v/t **3.** die Augen rollen, verdrehen. **III** s **4.** Glotzen n, stierer Blick. **5.** pl a. pair of ~s Schutzbrille f. **6.** vet. Drehkrankheit f (der Schafe). **IV** adj **7.** ~ eyes Glotzaugen. **'~box** s Br. colloq. ‚Glotze' f, ‚Glotzkiste' f (Fernsehen). **'~eyed** adj glotzäugig.
'go-go adj **1.** Go-go...: ~ girl Go-go-Girl n. **2.** schwungvoll: to play ~ football. **3.** schick: the ~ set die Schickeria.
Goi·del ['gɔɪdl] s Goi'dele m, Gäle m. **Goi'del·ic** [-'delɪk] **I** adj goi'delisch, gälisch. **II** s ling. das Goi'delische, das Gälische.
go-in ['gəʊɪn] s Go-'in n (demonstratives Eindringen in e-e offizielle Veranstaltung, um e-e Diskussion über ein bestimmtes Thema od. Ereignis zu erzwingen).
go·ing ['gəʊɪŋ] **I** s **1.** (Weg)Gehen n, Abreise f, Abfahrt f. **2.** a) Boden-, Stra'ßenzustand m, (Pferderennsport) Geläuf n, b) Tempo n: good ~ ein flottes Tempo; it was rough (od. heavy) ~ fig. es war e-e Schinderei od. ein ‚Schlauch'; while the ~ is good fig. a) solange noch Zeit ist, rechtzeitig, b) solange die Sache (noch) gut läuft. **II** adj **3.** in Betrieb, arbeitend: → concern 6. **4.** vor'handen: still ~ noch zu haben; ~, ~, gone! (bei Versteigerungen) zum ersten, zum zweiten, zum dritten!; one of the best fellows ~ e-r der besten Kerle, die es (nur) gibt. **~ bar·rel** s tech. Federhaus n (der Uhr). **ˌ~-'o·ver** pl **go·ings-'o·vers** s colloq. **1.** Standpauke f, Rüffel m, engS. Tracht f Prügel: to give s.o. a ~ a) j-n ‚stauchen', b) j-n ‚verˌ

möbeln'. **2.** (gründliche) (Über)'Prüfung od. Unterˌsuchung.
ˌgo·ings-'on s pl colloq. bes. contp. Treiben n, Vorgänge pl: there were strange ~ es passierten merkwürdige Dinge.
goi·ter, bes. Br. **goi·tre** ['gɔɪtə(r)] s med. Kropf m. **'goi·tered,** bes. Br. **'goi·tred** ad kropfig. **'goi·trous** [-trəs] adj **1.** kropfartig, Kropf... **2.** → goitered.
go-kart ['gəʊkɑː(r)t] s sport Go-Kart m.
Gol·con·da, oft **g~** ['kɒndə; Am. gɑl'kɑndə] s fig. Goldgrube f.
gold [gəʊld] **I** s **1.** Gold n: (as) good as ~ fig. kreuzbrav, musterhaft; a heart of ~ fig. ein goldenes Herz; he has a voice of ~ er hat Gold in der Kehle; it is worth its weight in ~ es ist unbezahlbar od. nicht mit Gold aufzuwiegen; to go off ~ econ. den Goldstandard aufgeben; → glitter 1. **2.** Goldmünze(n pl) f. **3.** fig. Geld n, Reichtum m, Schätze pl. **4.** Goldfarbe f, Vergoldungsmasse f. **5.** Goldgelb n (Farbe). **6.** (goldfarbiges) Scheibenzentrum (beim Bogenschießen). **II** adj **7.** aus Gold, golden, Gold...: ~ bar Goldbarren m; ~ watch goldene Uhr. **8.** golden, goldfarben, -gelb. **~ back·ing** s econ. Golddeckung f. **'~ˌbeat·er** s tech. Goldschläger m. **'~ˌbeat·er's skin** s tech. Goldschlägerhaut f. **'~brick** Am. colloq. **I** s **1.** falscher Goldbarren. **2.** fig. wertlose Sache, (etwas) Unechtes: to sell s.o. a ~ → 6. **3.** mil. Sol'dat, der e-n Druckposten hat. **4.** Drückeberger m. **II** v/i **5.** sich drücken (on vor dat). **III** v/t **6.** j-n ‚anschmieren', übers Ohr hauen. **'~ˌbrick·er** → goldbrick 3 u. 4. **~ bul·lion** s Gold n in Barren: ~ standard econ. Goldkernwährung f. **~ cer·tif·i·cate** s econ. Am. 'Goldzertifiˌkat n (des Schatzamtes). **~ coast** s Am. colloq. vornehmes Viertel (e-r Stadt). **'~crest** s orn. Goldhähnchen n. **~ dig·ger** s **1.** Goldgräber m. **2.** colloq. Frau, die nur hinter dem Geld der Männer her ist. **~ dig·gings** s pl Goldfundgebiet n. **~ dust** s Goldstaub m.
gold·en ['gəʊldən] adj **1.** aus Gold, golden, Gold...: ~ disc goldene Schallplatte. **2.** golden, goldfarben, -gelb. **3.** fig. golden, glücklich: ~ days. **4.** fig. einmalig: a ~ opportunity. **~ age** s **1.** myth. (das) Goldene Zeitalter. **2.** fig. Blütezeit f. **~ buck** s gastr. Am. über'backene Käseschnitte mit po'chiertem Ei. **~ calf** s Bibl. u. fig. (das) Goldene Kalb. **~ chain** s bot. Goldregen m. **G~ De·li·cious** s bot. Golden De'licious m (e-e Apfelsorte). **~ ea·gle** s zo. Goldadler m. **'~eye** pl **~eyes, bes. collect. ~eye** orn. Schellente f. **G~ Fleece** s myth. (das) Goldene Vlies. **~ ham·ster** s zo. Goldhamster m. **~ hand·shake** s colloq. a) Abfindung f (bei Entlassung), b) he got a ~ of £1,000 als er in Rente ging, bekam er von s-r Firma 1000 Pfund. **~ mean** s **1.** (die) goldene Mitte, (der) goldene Mittelweg. **2.** → golden section. **~ o·ri·ole** s orn. Pi'rol m. **~ pheas·ant** s orn. 'Goldfaˌsan m. **~ plov·er** s orn. Goldregenpfeifer m. **'~rod** s bot. Goldrute f. **~ rule** s **1.** Bibl. goldene Sittenregel. **2.** fig. goldene Regel. **3.** math. Regelde'tri f, Dreisatz m. **~ sec·tion** s math. paint. Goldener Schnitt. **G~ State** s (Spitzname für) Kali'fornien n. **~ syr·up** s Br. goldgelber Sirup aus Rohrzuckersaft. **~ this·tle** s bot. Golddistel f. **~ wed·ding** s goldene Hochzeit. **~ wil·low** s bot. Dotterweide f.
'gold|-exˌchange stand·ard s econ. 'Goldde,visenwährung f. **~ ex·port point** s econ. Goldausfuhrpunkt m, oberer Goldpunkt m. **~ fe·ver** s Goldfieber n,

-rausch *m*. '~**field** *s* Goldfeld *n*.
'~-**filled** *adj tech*. vergoldet (*Schmuck*).
'~-**finch** *s orn*. Stieglitz *m*, Distelfink *m*.
'~-**fin·ny** *s ichth*. Lippfisch *m*. '~-**fish** *s* Goldfisch *m*. '~-**fish bowl** *s* Goldfischglas *n*: **to live in a ~** *fig*. keinerlei Privatsphäre haben. '~-**ham·mer** *s orn*. Goldammer *f*.
gold·i·locks ['gəʊldɪlɒks; *Am*. -ˌlɑks] *pl* -**locks** *s* **1.** *bot*. Goldhaariger Hahnenfuß. **2.** goldhaariger Mensch, *bes*. goldhaariges Mädchen.
gold|**im·port point** *s econ*. Goldeinfuhrpunkt *m*, unterer Goldpunkt. ~ **lace** *s* Goldtresse *f*, -spitze *f*. ~ **leaf** *s* Blattgold *n*. ~ **med·al** *s bes*. *sport* 'Goldmeˌdaille *f*. ~ **med·al·(l)ist** *s bes*. *sport* 'Goldmeˌdaillengewinner(in). ~ **mine** *s* Goldgrube *f* (*a. fig.*), Goldmine *f*, -bergwerk *n*. ~ **plate** *s* **1.** 'Goldˌüberzug *m*, Vergoldung *f*. **2.** goldenes Tafelgeschirr. ~-'**plat·ed** *adj* vergoldet. ~ **point** *s econ*. Goldpunkt *m*. ~ **rush** → **gold fever**. ~ **size** *s tech*. Goldgrund *m*, -leim *m*. '~-**smith** *s* Goldschmied *m*. ~ **stand·ard** *s* Goldwährung *f*, -standard *m*. **G.**-**Stick** *s Br*. a) Oberst *m* der königlichen Leibgarde, b) Hauptmann *m* der Leibwache.
go·lem ['gəʊlem; -ləm] *s* **1.** Golem *m* (*durch Zauber zum Leben erweckte Tonfigur der jüdischen Sage*). **2.** *fig*. Roboter *m*. **3.** *fig*. Dummkopf *m*.
golf [gɒlf; *Am*. *bes*. gɑlf] *sport* **I** *s* Golf(-spiel) *n*. **II** *v/i* Golf spielen. ~ **ball** *s* **1.** *sport* Golfball *m*. **2.** *tech*. Kugel-, Schreibkopf *m* (*der Schreibmaschine*). '~-**ball type·writ·er** *s* 'Kugelkopf-, 'Schreibkopfmaˌschine *f*. ~ **club** *s sport* **1.** Golfschläger *m*. **2.** Golfklub *m*. ~ **course** *s sport* Golfplatz *m*.
'**golf·er** *s sport* Golfer(in), Golfspieler(in).
golf links *s pl* (*a. als sg konstruiert*) *sport* Golfplatz *m*.
gol·iard ['gəʊljə(r)d] *s hist*. Goliˈard(e) *m* (*umherziehender französischer Kleriker u. Scholar, bes. des 13. Jahrhunderts*).
Go·li·ath [gəʊˈlaɪəθ] *s Bibl. u. fig*. Goliath *m*.
gol·li·wog(g) ['gɒlɪwɒg; *Am*. ˈgɑlɪˌwɑg] *s* **1.** groˈteske schwarze Puppe. **2.** *fig*. groˈteske Erscheinung (*Person*).
gol·ly¹ ['gɒlɪ; *Am*. ˈgɑli:] *interj a*. **by ~!** *colloq*. Donnerwetter!, ‚Mann!'
gol·ly² ['gɒlɪ] *Br. colloq*. für **golliwog(g)**.
gol·ly·wog *Br*. *für* **golliwog(g)**.
go·losh → **galosh**.
gom·broon (ware) [gɒmˈbru:n; *Am*. gɑm-] *s* (*ein*) persisches Porzelˈlan.
Go·mor·rah, Go·mor·rha [gəˈmɒrə; *Am*. *a*. gəˈmɑrə] *s fig*. Goˈmorr(h)a *n*, Sündenpfuhl *m*.
gon·ad [ˈgɒnæd] *s physiol*. Goˈnade *f*, Geschlechts-, Keimdrüse *f*.
gon·do·la [ˈgɒndələ; *Am*. ˈgɑn-] *s* **1.** Gondel *f* (*in Venedig, an Ballons, a der Eisenbahn etc*). **2.** *Am*. (flaches) Flußboot. **3.** *a*. ~ **car** *Am*. offener Güterwagen. ˌ**gon·doˈlier** [-ˈlɪə(r)] *s* Gondoliˈere *m*.
gone [gɒn; *Am*. gɔ:n] **I** *pp von* **go¹**. **II** *adj* **1.** (weg)gegangen, fort, weg: **be ~!** fort mit dir!, geh!; **I must be ~** ich muß weg *od*. fort. **2.** verloren, verschwunden, daˈhin. **3.** ‚hin': a) kaˈputt, b) ruiˈniert, c) verbraucht, weg, d) tot: **a ~ man** → **goner**; **a ~ feeling** ein Schwächegefühl *n*; **all his money is ~** sein ganzes Geld ist weg *od*. ‚futsch'. **4.** hoffnungslos: **a ~ case**. **5.** vorˈbei, vorˈüber, vergangen, daˈhin, zu Ende. **6.** mehr als, über: **he is ~ twenty-one**. **7.** *colloq*. verliebt, ‚verknallt' (**on** *in acc*). **8.** *sl*. ‚high': a) ‚weg', in Ekˈstase, b) *im Drogenrausch*. **9.** **she's five months ~** *colloq*. sie ist im 6. Monat (*schwanger*). '**gon·er** *s sl*.

'Todeskandiˌdat *m*: **he is a ~** er macht es nicht mehr lange, er ist ‚erledigt' (*beide a. weitS*.).
gon·fa·lon [ˈgɒnfələn; *Am*. ˈgɑn-] *s* Banner *n*. ˌ**gon·faˈlon**|**ier** [-ˈnɪə(r)] *s* Bannerträger *m*.
gong [gɒŋ; *Am*. *a*. gɑŋ] **I** *s* **1.** Gong *m*: **the ~ sounded** es gongte. **2.** (*bes*. eˈlektrische) Klingel. **3.** *mil. Br. sl*. ‚Blech' *n*, Orden *m*. **II** *v/t* **4.** *Br. e-n Wagen* durch 'Gongsiˌgnal stoppen (*Polizei*). **III** *v/i* **5.** gongen.
gon·if → **ganef**.
go·ni·om·e·ter [ˌgəʊnɪˈɒmɪtə; *Am*. -ˈɑmətər] *s* Gonio'meter *n*: a) *Gerät zum Messen der Winkel zwischen* (*Kristall*)*Flächen durch Anlegen zweier Schenkel*, b) *Winkelmesser für Schädel u. Knochen*. ˌ**go·ni**'**om·e·try** [-trɪ] *s math*. Gonio'meˌtrie *f*, Winkelmessung *f*.
go·ni·tis [gəʊˈnaɪtɪs] *s med*. Goˈnitis *f*, Gonar'thritis *f*, Kniegelenkentzündung *f*.
gonk [gɒŋk; *Am*. *a*. gɑŋk] *s* (*bes*. eiförmige) Stoffpuppe.
gon·na [ˈgɒnə; *Am*. ˈgɑnə] *sl*. *für* **going to**: **I'm ~ kill him!**
gon·o·coc·cus [ˌgɒnəʊˈkɒkəs; *Am*. ˌgɑnəˈkɑ-] *pl* -**coc·ci** [-kaɪ; *Am*. -ˈkɑksaɪ] *s med*. Gonoˈkokkus *m*, Tripperreger *m*.
gon·o·cyte [ˈgɒnəʊsaɪt; *Am*. ˈgɑnə-] *s biol*. Keimzelle *f*, Gonoˈzyte *f*.
gon·of → **ganef**.
gon·or·rh(o)e·a [ˌgɒnəˈrɪə; *Am*. ˌgɑnəˈri:ə] *s med*. Gonorˈrhö(e) *f*, Tripper *m*. ˌ**gon·or**'**rh(o)e·al** *adj* gonorˈrhoisch, Tripper...
goo [gu:] *s colloq*. **1.** ‚Papp' *m*, klebriges Zeug. **2.** ‚Schmalz' *m*, sentimenˈtales Zeug. [Erdnuß *f*.]
goo·ber (pea) [ˈgu:bər] *s Am. dial*.
good [gʊd] **I** *s* **1.** Nutzen *m*, Wert *m*, Vorteil *m*: **for his own ~** zu s-m eigenen Vorteil; **what ~ will it do?**, **what is the ~ of it?**, **what ~ is it?** was hat es für *e*n Wert?, was nützt es?, wozu soll das gut sein?; **it is no (not much) ~ trying** es hat keinen (wenig) Sinn *od*. Zweck, es zu versuchen; **to no ~** a) *bes. econ*. als Gewinn- *od*. Kreditsaldo, b) obendrein, extra (→ 2); **for ~ (and all)** für immer, endgültig, ein für allemal. **2.** (*das*) Gute, Gutes *n*, Wohl *n*: **to do s.o. ~** j-m Gutes tun, b) j-m gut- *od*. wohltun; **much ~ may it do you** *oft iro*. wohl bekomm's!; **the common ~** das Gemeinwohl; **to be to the ~**, **to come to ~** zum Guten ausschlagen; **it's all to the ~** es ist nur zu s-m *etc* Besten (→ 1); **it comes to no ~** es führt zu nichts Gutem; **to be up to no ~** nichts Gutes im Schilde führen; **for ~ or for evil** auf Gedeih u. Verderb. **3. the ~** *collect*. die Guten *pl*, die Rechtschaffenen *pl*. **4.** *philos*. (*das*) Gute. **5.** *pl* bewegliches Vermögen; **~s and chattels** a) Hab *n* u. Gut *n*, bewegliche Sachen, Mobiliargut *n*, b) *colloq*. Siebensachen. **6.** *pl econ*. a) *Br*. (*bes*. Eisenbahn)Güter *pl*, Fracht(gut *n*) *f*, b) (Handels)Güter *pl*, (Handels)Ware(n *pl*) *f*: ~**s for consumption** Verbrauchs-, Konsumgüter; **a piece of ~s** *sl*. e-e ‚Mieze'; **to have the ~s on s.o.** *Am. sl*. etwas gegen j-n in der Hand haben; → **deliver** 2. **7.** *pl Am*. Stoffe *pl*, Texˈtilien *pl*. **8. the ~s** *sl*. das Richtige, das Wahre: **that's the ~s!**
II *adj comp* **bet·ter** [ˈbetə(r)] *sup* **best** [best] **9.** (*moralisch*) gut, redlich, rechtschaffen, ehrbar, anständig: ~ **man** and **true** redliche u. treue Männer; **a ~ father and husband** ein guter *od*. treusorgender Vater u. Gatte; **she is a ~ wife to him** sie ist ihm e-e gute Frau. **10.** gut (*Qualität*): ~ **teeth**; → **health** 2, **humor**

2. 11. gut, frisch, genießbar: **is this meat still ~?**; **a ~ egg** ein frisches Ei. **12.** gut, lieb, gütig, freundlich: ~ **to the poor** gut zu den Armen; **be so** (*od*. **as**) ~ **as to fetch it** sei so gut u. hol es, hol es doch bitte; → **enough** III. **13.** gut, lieb, artig, brav (*Kind*): **be a ~ boy!**; → **gold** 1. **14.** verehrt, lieb: **his ~ lady** *oft iro*. s-e liebe Frau; **my ~ man** *oft iro*. mein Lieber!, mein lieber Freund *od*. Mann! **15.** gut, geachtet: *of* ~ **family** aus guter Familie. **16.** gut, einwandfrei: ~ **behavio(u)r**; → **certificate** 1. **17.** gut, erfreulich, angenehm: ~ **news**; **to be** ~ **news** *colloq*. erfreulich sein (*Sache*), b) nett sein (*Person*); **to have a ~ time** a) sich (gut) amüsieren, b) es sich gutgehen lassen; → **afternoon** I, **morning** I, *etc*. **18.** gut: a) geeignet, vorteilhaft, günstig, nützlich, b) gesund, zuträglich, c) heilsam: **a man ~ for the post** ein geeigneter *od*. guter Mann für den Posten; ~ **for colds** gut gegen *od*. für Erkältungen; **milk is ~ for children** Milch ist gut *od*. gesund für Kinder; ~ **for one's health** gesund; **what is it ~ for?** wofür ist es gut?, wozu dient es?; **it is a ~ thing that** es ist gut *od*. günstig, daß; **stay away if you know what's ~ for you!** das rate ich dir im guten! **19.** gut, richtig, recht, angebracht, empfehlenswert, zweckmäßig: **in ~ time** zur rechten Zeit, (gerade) rechtzeitig; **all in ~ time** alles zu s-r Zeit; **in one's own ~ time** wenn es e-m paßt. **20.** gut, angemessen, ausreichend, zuˈfriedenstellend. **21.** gut, reichlich: **a ~ hour** e-e gute Stunde; **it's a ~ three miles to the station** es sind gut 3 Meilen bis zum Bahnhof. **22.** gut, ziemlich (weit, groß), beträchtlich, bedeutend, erheblich, ansehnlich: **a ~ many** e-e beträchtliche Anzahl, ziemlich viele; → **beating** 2, **way¹** 5, **while** 1. **23.** (*vor adj*) verstärkend: **a ~ long time** sehr lange Zeit; ~ **old age** hohes Alter; **a ~** *colloq*. sehr, ganz schön, ‚mordsmäßig' (*z. B*. ~ **and tired** ‚hundemüde'). **24.** gültig: a) begründet, berechtigt: **a ~ claim**, b) trifˈtig, gut: **a ~ reason**; **a ~ argument** ein stichhaltiges Argument, c) echt: ~ **money**. **25.** gut, überˈzeugt: **a ~ Republican**. **26.** gut, fähig, tüchtig: **he is ~ at arithmetic** er ist gut im Rechnen; **he is ~ at golf** er spielt gut Golf; **to be ~ with one's hands** handwerkliches Geschick haben. **27.** *a. econ*. gut, zuverlässig, sicher, soˈlide: **a ~ firm** e-e gute *od*. solide *od*. zahlungsfähige *od*. kreditwürdige Firma; **a ~ man** *econ. colloq*. ein sicherer Mann (*Kunde etc*); ~ **debts** *econ*. sichere Schulden; ~ **for** *econ*. (*auf e-m Wechsel*) über den Betrag von (→ 31); **to be ~ for any amount** *econ*. für jeden Betrag gut sein. **28.** *econ*. in Ordnung (*Scheck*). **29.** *jur*. (rechts)gültig. **30.** wirklich, aufrichtig, ehrlich, echt: → **faith** 3. **31.** *colloq*. ~ **for** fähig zu: **geneigt zu**: **I am ~ for a walk** ich habe Lust zu e-m Spaziergang; **I am ~ for another mile** ich könnte noch e-e Meile weitermarschieren; **my car is ~ for another 10,000 miles** mein Wagen ‚macht' noch leicht 10 000 Meilen (→ 27).
III *adv* **32.** *colloq*. gut: **she dances ~**.
33. as ~ as so gut wie, praktisch.
IV *interj* **34.** gut!, schön!, fein!: ~ **for you!** *colloq*. (ich) gratuliere!
Good|**Book** *s* (*die*) Bibel. ˌ**g-**'**by(e)** *s* **1.** Abschiedsgruß *m*: **to wish s.o. ~**, **to say ~ to s.o.** j-m auf Wiedersehen sagen; **have you said all your goodby(e)s?** a) hast du dich überall verabschiedet?, hast du allen auf Wiedersehen gesagt?, b) *weitS*. können wir jetzt endlich gehen?; **you may say ~ to that** *colloq*. das kannst du vergessen. **2.** Ab-

good-for-nothing – gospel truth

schied *m*: he prolonged his ~ for a few more minutes er blieb noch ein paar Minuten länger. **II** *adj* **3.** Abschieds...: ~ **kiss. III** *interj* **4.** a) auf 'Wiedersehen!, b) *teleph.* auf 'Wiederhören! **'g~-for--,noth·ing,** *a.* **'g~-for-,nought I** *adj* nichtsnutzig. **II** *s* Taugenichts *m*, Nichtsnutz *m*. ~ **Fri·day** *s relig.* Kar-'freitag *m*. ˌg~-'heart·ed *adj* gutherzig. ˌg~-'heart·ed·ness *s* Gutherzigkeit *f.* ˌg~-'hu·mo(u)red *adj* (*adv* ~ly) **1.** gutgelaunt. **2.** gutmütig. ˌg~-'hu·mo(u)red·ness *s* **1.** gute Laune. **2.** Gutmütigkeit *f.*

'good·ish *adj* **1.** ziemlich gut, annehmbar. **2.** ziemlich (groß, lang, weit *etc*): he walked a ~ distance for a sick man für e-n Kranken ging er ganz schön weit.

good·li·ness ['gʊdlɪnɪs] *s* **1.** Stattlichkeit *f.* **2.** Prächtigkeit *f.*

ˌ**good**ǀ-'**look·er** *s colloq.* gutaussehende Per'son. ~-'**look·ing** *adj* gutaussehend.

'good·ly *adj* **1.** beträchtlich, ansehnlich, stattlich: a ~ amount of money. **2.** stattlich: a ~ person; ~ houses. **3.** prächtig: a ~ sight.

'goodǀ**·man** [-mæn; -mən] *s irr obs.* **1.** Haushalt(ung)svorstand *m*. **2.** Ehemann *m*. ~-'**na·tured** *adj* (*adv* ~ly) gutmütig, freundlich, gefällig. **G~ Neigh·bo(u)r Pol·i·cy** *s pol.* Poli'tik *f* der guten Nachbarschaft.

'good·ness *s* **1.** Anständigkeit *f*, Redlichkeit *f*, Rechtschaffenheit *f.* **2.** Güte *f*, Gefälligkeit *f*: ~ of heart Herzensgüte *f*; please have the ~ to come haben Sie bitte die Freundlichkeit *od.* seien Sie bitte so gut zu kommen. **3.** (*das*) Gute *od.* Wertvolle. **4.** Güte *f*, Quali'tät *f*, Wert *m*. **5.** *euphem.* Gott *m*: thank ~! Gott sei Dank!; (my) ~!, ~ gracious! du meine Güte!, du lieber Himmel!; for ~ sake um Himmels willen; ~ knows weiß der Himmel.

goodǀ**of·fic·es** *s pl bes. Völkerrecht:* gute Dienste *pl*, Vermittlung(sdienste *pl) f.* '~-**pay·ing** *adj* gutbezahlt: a ~ job. ~-**peo·ple** *s pl:* the ~ die Feen.

goods en·gine *s tech. Br.* 'Güterzuglokomo̗tive *f.*

ˌ**good-'sized** *adj* ziemlich groß.

goodsǀ **lift** *s Br.* Lastenaufzug *m*. ~ **of·fice** *s Br.* Frachtannahmestelle *f.* ~ **sta·tion** *s Br.* Güterbahnhof *m.* ~ **traf·fic** *s Br.* Güterverkehr *m.* ~ **train** *s Br.* Güterzug *m.* ~ **wag·on** *s Br.* Güterwagen *m.*

ˌ**good**ǀ-'**tem·pered** *adj* (*adv* ~ly) gutmütig, ausgeglichen. '~-**time** *adj* lebenslustig, vergnügungssüchtig: ~ Charlie *m colloq.* vergnügungssüchtiger Mensch. '~-**wife** *s irr obs.* Haushalt(ung)svorstand *m.* ~-**will** *s* **1.** Goodwill *m*, Wohlwollen *n*, Freundlichkeit *f.* **2.** Bereitwilligkeit *f*, Gefälligkeit *f.* **3.** gute Absicht, guter Wille: ~ **tour** *bes. pol.* Goodwillreise *f*, -tour *f*; ~ **visit** *bes. pol.* Goodwillbesuch *m*. **4.** a) *econ.* Goodwill *m*, ide'eller Firmen- *od.* Geschäftswert, b) *econ.* Kundschaft *f*, Kundenkreis *m*, c) Goodwill *m*, guter Ruf (*e-r Institution etc*).

good·y ['gʊdɪ] **I** *s* **1.** *colloq.* a) Bon'bon *m*, *n*, b) *pl* Süßigkeiten *pl*. **2.** Annehmlichkeit *f*: all the goodies that a higher income brings. **3.** Prachtstück *n*: the goodies of a stamp collection. **4.** Film, TV *etc:* Gute(r) *m*, Held *m*. **5.** → **goody--goody I. II** *adj* **6.** → **goody-goody II. III** *interj* **7.** *bes. Kindersprache:* ‚prima!', ‚Klasse!' '~-**good·y** *colloq. contp.* **I** *s* Tugendbold *m*. **II** *adj* (betont) tugendhaft.

goo·ey ['guːɪ] *adj colloq.* **1.** ‚pappig', klebrig. **2.** ‚schmalzig', sentimen'tal: a ~ song e-e ‚Schnulze'.

goof [guːf] *colloq.* **I** *s* **1.** ‚Schnitzer' *m*. **2.** Trottel *m.* **II** *v/t* **3.** *oft* ~ **up** ‚vermasseln'. **III** *v/i* **4.** ‚Mist bauen'. **5.** *oft* ~ **about** (*od.* **around**) her'umtrödeln.

'goof·er → **goof 2.**

'**go-off** *s colloq.* Anfang *m*, Start *m*: at the first ~ (gleich) beim ersten Mal, auf Anhieb.

goof·y ['guːfɪ] *adj colloq.* **1.** ‚doof', vertrottelt. **2.** *Br.* vorstehend (*Zähne*).

gook [gʊk] *s Am. sl.* abfälliger Name für e-n Asiaten.

goon [guːn] *s colloq.* **1.** → **goof 2. 2.** *Am.* angeheuerter Schläger.

goop [guːp] *s Am. sl.* ‚Bauer' *m*.

goos·an·der [guː'sændə(r)] → **merganser.**

goose [guːs] *pl* **geese** [giːs] *s* **1.** *orn.* Gans *f*: all his geese are swans er übertreibt immer, bei ihm ist immer alles besser als bei anderen; to kill the ~ that lays the golden eggs das Huhn schlachten, das goldene Eier legt; to cook one's (own) ~ *colloq.* sich alles verderben; to cook one's ~ with s.o. *colloq.* es mit j-m verderben; he's cooked his ~ with me *colloq.* er ist bei mir ‚unten durch'; to cook s.o.'s ~ *colloq.* j-m alles kaputtmachen; ~ bo[1], boo[1] **1.**, fox **1.**, sauce **1. 2.** *gastr.* Gans *f*, Gänsefleisch *n*: roast ~ Gänsebraten *m*. **3.** *fig.* a) Esel *m*, Dummkopf *m*, b) (dumme) Gans (*Frau*). **4.** (*pl* gooses) Schneiderbügeleisen *n*.

goose·ber·ry ['gʊzbərɪ; *Am.* 'guːsˌberɪ] *s* **1.** *bot.* Stachelbeere *f.* **2.** Stachelbeerwein *m*. **3.** to play ~ *bes. Br.* den Anstandswauwau spielen. ~ **bush** *s* Stachelbeerstrauch *m*: I found you under a ~ *humor.* dich hat der Storch gebracht. ~ **fool** *s* Stachelbeercreme *f* (*Speise*). ~ **wine** → **gooseberry 2.**

gooseǀ **bumps** → **goose pimples.** ~ **egg** *s Am. colloq.* **1.** *sport* Null *f* (null Tore *etc*): there were only ~s on the scoreboard. **2.** gänseeigroße Beule (*bes. am Kopf*). ~ **flesh** → **goose pimples.** '~-**foot** *pl* -**foots** *s bot.* Gänsefuß *m*. ~ **grass** *s bot.* **1.** Labkraut *n*, *bes.* Klebkraut *n*. **2.** Vogelknöterich *m*. '~-**neck** *s* **1.** *mar.* Lümmel *m*. **2.** *tech.* Schwanenhals *m.* ~ **pim·ples** *s pl* Gänsehaut *f*: the sight gave me ~ bei dem Anblick bekam ich e-e Gänsehaut. ~ **quill** *s* Gänsekiel *m.* ~ **skin** → **goose pimples.** ~ **step** *s mil.* Pa'rade-, Stechschritt *m*. '~-**step** *v/i im* Pa'rade- *od.* Stechschritt mar'schieren.

goos·ey, goos·y ['guːsɪ] *adj* **1.** Gänse... **2.** to get ~ e-e Gänsehaut bekommen. **3.** dumm. **4.** *Am.* a) schreckhaft, b) ner'vös.

go·pher[1] ['gəʊfə(r)] **I** *s* **1.** *zo.* a) Goffer *m*, Taschenratte *f*, b) Ameri'kanischer Ziesel, c) Gopherschildkröte *f*, d) → **snake** Indigo-, Schildkrötenschlange *f*. **2.** *Am.* G~ (*Spitzname für e-n*) Bewohner *m* von Minne'sota. **II** *v/i* **3.** *Bergbau: Am.* aufs Gerate'wohl schürfen *od.* bohren.

go·pher[2] ['gəʊfə(r)] → **goffer.**

go·pher[3] ['gəʊfə(r)] → **gofer.**

go·pher wood ['gəʊfə(r)] *s Bibl.* Holz, aus dem Noah die Arche baute. '**go·pherˌwood** *s bot. Am.* Gelbholz *n*.

go·ral ['gɔːrəl] *s zo.* Goral *m*, 'Ziegenanti̗lope *f.*

gor·bli·mey [gɔː(r)'blaɪmɪ] → **cor.**

gor·cock ['gɔː(r)kɒk; *Am.* -ˌkɑk] *s* moorcock.

Gor·di·an ['gɔː(r)djən; -dɪən] *adj:* to cut the ~ knot *fig.* den gordischen Knoten durchhauen.

gore[1] [gɔː(r); *Am.* gəʊr] *s poet.* (*bes.* geronnenes) Blut.

gore[2] [gɔː(r); *Am.* gəʊr] *s* **1.** Zwickel *m*, Keil(stück *n) m*, Gehre *f*. **2.** dreieckiges Stück, Keilstück *n*. **II** *v/t* **3.** keilförmig zuschneiden. **4.** e-n Zwickel *etc* einsetzen in (*acc*).

gore[3] [gɔː(r); *Am.* gəʊr] *v/t* (*mit den Hörnern*) durch'bohren, aufspießen: he was ~d to death by a bull er wurde von e-m Stier auf die Hörner genommen u. tödlich verletzt.

gorge [gɔː(r)dʒ] **I** *s* **1.** Paß *m*, enge (Fels-)Schlucht. **2.** *rhet.* Kehle *f*. **3.** a) reiches Mahl, b) Schlemme'rei *f*, Völle'rei *f*. **4.** (*das*) Verschlungene, Mageninhalt *m*: it makes my ~ rise, my ~ rises at it *fig.* a) mir wird übel davon *od.* dabei, b) mir kommt die Galle dabei hoch. **5.** *arch.* Hohlkehle *f*. **6.** *mil.* Kehle *f*, Rückseite *f* (*e-r Bastion*). **7.** fester (Fisch)Köder. **II** *v/i* **8.** schlemmen: ~ **to** ~ **on** (*od.* **with**) → **10. III** *v/t* **9.** gierig verschlingen. **10.** **to** ~ **o.s. on** (*od.* **with**) etwas in sich hineinschlingen.

gor·geous ['gɔː(r)dʒəs] *adj* (*adv* ~ly) **1.** prächtig, glänzend, prachtvoll (*alle a. fig. colloq.*). **2.** *colloq.* großartig, wunderbar. '**gor·geous·ness** *s* Pracht *f.*

gor·ger·in ['gɔː(r)dʒərɪn] *s arch.* Säulenhals *m*.

gor·get ['gɔː(r)dʒɪt] *s* **1.** *hist.* a) *mil.* Halsberge *f*, b) (Ring)Kragen *m*, c) Hals-, Brusttuch *n*. **2.** Halsband *n*, -kette *f*. **3.** *orn.* Kehlfleck *m*. ~ **patch** *s mil. hist.* Kragenspiegel *m*.

Gor·gon ['gɔː(r)gən] *s* **1.** *myth.* Gorgo *f*. **2.** **g~** *colloq.* a) häßliches *od.* abstoßendes Weib, b) ‚Drachen' *m*. **gor·go'ne·on** [-'niːɒn; *Am.* -ˌɑn; -'naɪ-] *pl* **-nei·a** [-'niːə; *Am.* -'naɪə] *s art* Gor'gonenhaupt *n*, Gorgogesicht *n*. **gor'go·ni·an** [-'gəʊnjən; -nɪən] *adj* **1.** gor'gonenhaft, Gorgonen... **2.** schauerlich. '**gor·gon·ize** [-gənaɪz] *v/t* versteinern, erstarren lassen.

Gor·gon·zo·la (cheese) [ˌgɔː(r)gən'zəʊlə] *s* Gorgon'zola *m*.

go·ril·la [gə'rɪlə] *s zo.* Go'rilla *m* (*a. fig. colloq.* Leibwächter).

gor·mand ['gɔː(r)mənd] → **gormandizer.** '**gor·mand·ize I** *v/t* etwas in sich hin'einschlingen. **II** *v/i* schlemmen. '**gor·mand·iz·er** *s* Schlemmer(in).

gorm·less ['gɔːmlɪs] *adj Br. colloq.* ‚doof'.

gorse [gɔː(r)s] *s bot.* Stechginster *m*.

Gor·sedd ['gɔːseð] *s* walisisches Sänger- u. Dichtertreffen.

gors·y ['gɔː(r)sɪ] *adj bot.* **1.** stechginsterartig. **2.** voll (von) Stechginster.

gor·y ['gɔː(r)ɪ; *Am. a.* 'gəʊrɪ] *adj* **1.** *poet.* a) blutbefleckt, mit Blut besudelt, voll Blut, b) blutig: a ~ battle. **2.** *fig.* blutrünstig: a ~ story.

gosh [gɒʃ; *Am. a.* gɑʃ] *interj a.* by ~ *colloq.* Mensch!, Mann!

gos·hawk ['gɒshɔːk; *Am.* 'gɑs-] *s orn.* Hühnerhabicht *m*.

Go·shen ['gəʊʃn] *s* **1.** *Bibl.* Land *n* des 'Überflusses. **2.** *fig.* Schla'raffenland *n*.

gos·ling ['gɒzlɪŋ; *Am. a.* 'gɑzlən] *s* **1.** junge Gans, Gäns-chen *n*. **2.** *fig.* Grünschnabel *m*.

ˌ**go-'slow** *s econ. Br.* Bummelstreik *m*.

gos·pel ['gɒspl; *Am.* 'gɑspəl] *relig.* **I** *s meist* G~ Evan'gelium *n* (*a. fig.*): to believe in the ~ of ein überzeugter Anhänger (*gen*) sein; to take s.th. for ~ etwas für bare Münze nehmen. **II** *v/t pret u. pp* -**peled,** *bes. Br.* -**pelled** a) j-n, a. j-m das Evan'gelium lehren, b) j-n zum Evan'gelium bekehren. **III** *v/i* das Evan'gelium predigen. '**gos·pel-(l)er** *s relig.* Verleser *m* des Evan'geliums.

gos·pelǀ **oath** *s* Eid *m* auf die Bibel. ~ **sing·er** *s* Gospelsänger(in), Gospelsinger *m.* ~ **song** *s* Gospel(song) *m*. ~ **truth**

s **1.** *relig.* Wahrheit *f* der Evan'gelien. **2.** *fig.* abso'lute *od.* reine Wahrheit.
gos·sa·mer ['gɒsəmə; *Am.* 'gɑsəmər] **I** *s* **1.** Alt'weibersommer *m*, Sommerfäden *pl.* **2.** a) feine Gaze, b) (hauch)dünner Stoff. **3.** *(etwas)* sehr Zartes *od.* Dünnes. **II** *adj* **4.** leicht u. zart, hauchdünn. **5.** *fig.* fadenscheinig, dürftig: **a ~ justification**.
'**gos·sa·mer·y** → gossamer II.
gos·san ['gɒsən; *Am.* 'gɑsn] *s geol.* eisenschüssiger, ockerhaltiger Letten.
gos·sip ['gɒsɪp; *Am.* 'gɑsəp] **I** *s* **1.** Klatsch *m*, Tratsch *m*: **~ column** Klatschspalte *f*; **~ columnist** Klatschkolumnist(in). **2.** Plaude'rei *f*, Geplauder *n*, Schwatz *m*: **to have a ~ with s.o.** mit j-m plaudern *od.* schwatzen. **3.** Klatschbase *f*, „Klatschmaul' *n.* **II** *v/i* **4.** klatschen, tratschen. **5.** plaudern, schwatzen. '**gos·sip·er**, '**gos·sip,mon·ger** [-ˌmʌŋgə(r)] → gossip 3. '**gos·sip·ry** [-rɪ] → gossip 1. '**gos·sip·y** *adj* **1.** klatschhaft, -süchtig. **2.** schwatzhaft, -süchtig, geschwätzig. **3.** im Plauderton geschrieben: **a ~ letter**.
gos·soon [gɒ'suːn] *s Ir.* Bursche *m*.
got [gɒt; *Am.* gɑt] *pret u. pp von* get.
Goth [gɒθ; *Am.* gɑθ] *s* **1.** Gote *m.* **2.** *a.* **g~** Bar'bar *m*.
Go·tham ['gɒθəm] *s Am. (Spitzname für)* New York (City). '**Go·tham,ite** [-ˌmaɪt] *s Am. (Spitzname für)* New Yorker(in).
Goth·ic ['gɒθɪk; *Am.* 'gɑ-] **I** *adj* **1.** gotisch: **~ arch** *arch.* gotischer Spitzbogen. **2.** *a.* **g~** bar'barisch. **3.** Schauer...: **~ novel**. **4.** *print.* a) *Br.* gotisch, b) *Am.* Grotesk... **II** *s* **5.** *ling. hist.* Gotisch *n*, das Gotische. **6.** *arch.* Gotik *f*, gotischer (Bau)Stil. **7.** *print.* a) *Br.* Frak'tur *f*, gotische Schrift, b) *Am.* Gro'tesk(schrift) *f*. '**Goth·i·cism** [gɒθɪsɪzəm; *Am.* 'gɑ-] *s* **1.** *arch.* Goti'zismus *m* (*Nachahmung des gotischen Stils*). **2.** *a.* **g~** Barba'rei *f*. '**Goth·i·cize** *v/t* gotisch machen.
ˌ**go-to-'meet·ing** *adj colloq.* Sonntags..., Ausgeh...: **~ suit**.
got·ten ['gɒtn] *Am. pp von* get.
gou·ache [gʊ'ɑːʃ; gwɑːʃ] *s* Gou'ache *f*, Gu'asch *f*: a) *Malerei(technik)* mit deckenden Wasserfarben in Verbindung mit harzigen Bindemitteln, b) *in dieser Technik gemaltes Bild*.
Gou·da (cheese) ['gaʊdə] *s* Gouda(-käse) *m*.
gouge [gaʊdʒ] **I** *s* **1.** *tech.* Hohlbeitel *m*, -meißel *m*. **2.** Furche *f*, Rille *f*. **3.** *Am. colloq.* a) Über'vorteilung *f*, b) Erpressung *f*, c) ergaunerter *od.* erpreßter Betrag. **II** *v/t* **4.** *a.* **~ out** *tech.* ausmeißeln, -höhlen, -stechen. **5. to ~ (out) s.o.'s eye** a) j-m den Finger ins Auge stoßen, b) j-m ein Auge ausdrücken *od.* -stechen. **6.** *Am. colloq.* a) j-n über'vorteilen: **he was ~d for $1,000** er wurde um 1000 Dollar betrogen, b) e-n Betrag ergaunern *od.* erpressen.
gou·lash ['guːlæʃ; -lɑːʃ] *s* **1.** *gastr.* Gulasch *n*. **2.** *Kontrakt-Bridge*: Zu'rückdoppeln *n*. **~ com·mu·nism** *s pol. contp.* 'Gulaschkommuˌnismus *m*.
gourd [gʊə(r)d; *Am. bes.* gɔːrd; gɔːrd] *s* **1.** *bot.* a) (*bes.* Garten)Kürbis *m*, b) Flaschenkürbis *m*. **2.** Gurde *f*, Kürbisflasche *f*.
gour·mand ['gʊə(r)mənd; *Am. a.* 'gʊrˌmɑːnd] **I** *s* **1.** Gour'mand *m*, Schlemmer *m*. **2.** → gourmet 1. **II** *adj* **3.** schlemmerisch. **4.** → gourmet II. **gour·man·dise** [ˌgʊəmənˈdiːz; ˌgɔː-; *Am.* 'gʊrməndiːz] *s* Gourman'dise *f*: a) *Schlemme'rei f*, b) Feinschmecke'rei *f*.
gour·met ['gʊə(r)meɪ] *s* **1.** Gour'met *m*, Feinschmecker *m*. **II** *adj* **2.** feinschmeckerisch. **3.** Feinschmecker...: **~ restaurant**.

gout [gaʊt] *s* **1.** *med.* Gicht *f*. **2.** *agr.* Gicht *f* (*Weizenkrankheit*). '**gout·i·ness** *s med.* Neigung *f* zur Gicht. '**gout·y** *adj* (*adv* **goutily**) *med.* **1.** gichtkrank. **2.** zur Gicht neigend. **3.** gichtisch, Gicht...: → concretion 6, node 2.
gov·ern ['gʌvn; *Am.* 'gʌvərn] **I** *v/t* **1.** re'gieren, beherrschen. **2.** leiten, lenken, führen, verwalten. **3.** *fig.* bestimmen, beherrschen, regeln, maßgebend sein für, leiten: **~ed by circumstances** durch die Umstände bestimmt; **he was ~ed by considerations of safety** er ließ sich von Sicherheitserwägungen leiten. **4.** *tech.* regeln, regu'lieren, steuern. **5.** *fig.* zügeln, beherrschen, im Zaum halten: **to ~ o.s.,** *a.* **to ~ one's temper** sich beherrschen. **6.** *ling.* re'gieren, erfordern. **II** *v/i* **7.** re'gieren, herrschen (*a. fig.*). '**gov·ern·a·ble** *adj* **1.** re'gierbar. **2.** leit-, lenkbar. **3.** *tech.* steuer-, regu'lierbar. **4.** *fig.* folg-, lenksam. '**gov·ern·ance** *s* **1.** a) Re'gierungsgewalt *f*, b) Re'gierungsform *f*. **2.** *fig.* Herrschaft *f*, Gewalt *f*, Kon'trolle *f* (*of* über *acc*).
gov·ern·ess ['gʌvnɪs; *Am.* 'gʌvər-] **I** *s* Gouver'nante *f*, Erzieherin *f*, Hauslehrerin *f*. **II** *v/i* Erzieherin sein.
'**gov·ern·ing** *adj* **1.** re'gierend, Regierungs...: **~ party**. **2.** leitend, Vorstands...: **~ body** Leitung *f*, Direktion *f*, Vorstand *m*. **3.** *fig.* leitend, bestimmend: **~ idea** Leitgedanke *m*; **~ principle** Leitsatz *m*.
'**gov·ern·ment** *s* **1.** a) Re'gierung *f*, Herrschaft *f*, Kon'trolle *f* (*of*, **over** über *acc*), b) Re'gierungsgewalt *f*, c) Verwaltung *f*, Leitung *f*. **2.** Re'gierung *f*, Re'gierungsform *f*, -syˌstem *n*: **parliamentary ~** Parlamentsregierung *f*. **3.** (*e-s bestimmten Landes meist* **G~**) (die) Re'gierung: **the British G~**; **~ agency** Regierungsstelle *f*, Behörde *f*; **~ bill** *parl.* Regierungsvorlage *f*; **~ department** *Br.* a) Regierungsstelle *f*, Behörde *f*, b) Ministerium *n*; **~ spokesman** Regierungssprecher *m*; → exile 1. **4.** Staat *m*: **~ aid** staatliche Hilfe; **~ bonds** (*od.* **securities**) a) *Br.* Staatsanleihen, -papiere, b) *Am.* Bundesanleihen; **~ employee** Angestellte(r *m*) *f* des öffentlichen Dienstes; **~ grant** staatlicher Zuschuß; **~ loan** Staatsanleihe *f*, öffentliche Anleihe; **~ monopoly** Staatsmonopol *n*. **5.** Poli'tikwissenschaft *f*, Politolo'gie *f*. **6.** *ling.* Rekti'on *f*. **gov·ern·men·tal** [ˌgʌvnˈmentl; *Am.* ˌgʌvərn-] *adj* **1.** Regierungs... **~ policy**. **2.** Staats..., staatlich. ˌ**gov·ern'men·tal·ize** *v/t* unter staatliche Kon'trolle bringen.
'**gov·ern·ment**ˌ**is·sue** *adj bes. Am.* von der Re'gierung *od.* von e-r Behörde gestellt. '**~-owned** *adj* staatseigen, in Staatsbesitz befindlich. '**~-run** *adj* staatlich (*Rundfunk etc*).
gov·er·nor ['gʌvənə; *Am.* 'gʌvnər] *s* **1.** Gouver'neur *m* (*a. e-s Staates der USA*). **2.** *mil.* Komman'dant *m*. **3.** a) *allg.* Di'rektor *m*, Leiter *m*, Vorsitzende(r) *m*, b) Präsi'dent *m* (*e-r Bank*), c) *Br.* Ge'fängnisdiˌrektor *m*, d) *pl* Vorstand *m*, Direk'torium *n.* **4.** *colloq.* (*der*) „Alte': a) „alter Herr' (*Vater*), b) Chef *m* (*a. als Anrede*). **5.** *tech.* Regler *m.* **~ gen·er·al** *pl* **gov·er·nors gen·er·al**, **gov·er·nor gen·er·als** *Br.* Gene'ralgouverˌneur *m*. '**gov·er·nor·ship** *s* **1.** Gouver'neursamt *n*. **2.** Amtszeit *f* e-s Gouver'neurs.
gown [gaʊn] **I** *s* **1.** *meist in Zssgn* Kleid *n*: **ball ~**. **2.** *antiq.* Toga *f*: **arms and ~** *fig.* Krieg u. Frieden. **3.** *jur. relig. univ.* Ta'lar *m*, Robe *f*. **4.** *collect.* Stu'denten(schaft *f*) *pl* (u. Hochschullehrer *pl*) (*e-r Universi'tätsstadt*): → **town**. **II** *v/t* **5.** mit e-m Ta'lar *etc* bekleiden.

gowns·man ['gaʊnzmən] *s irr* Robenträger *m*: Anwalt *m*, Richter *m*, Geistliche(r) *m*, Stu'dent *m*, Hochschullehrer *m*.
goy [gɔɪ] *s sl. abfällige Bezeichnung für e-n Nichtjuden*.
Graaf·i·anˌ **fol·li·cle** ['grɑːfɪən], **~ˈves·i·cle** *s anat.* Graafscher Fol'likel, Graafsches Bläs'chen.
grab [græb] **I** *v/t* **1.** (hastig *od.* gierig) ergreifen, packen, fassen, (sich) ˌschnappen', ˌgraps(ch)en': **to ~ a seat** sich e-n Sitzplatz schnappen. **2.** *fig.* a) an sich reißen, sich (rücksichtslos) aneignen, einheimsen, b) *e-e Gelegenheit* beim Schopf ergreifen. **3.** *colloq.* Zuhörer *etc* packen, fesseln: **how did that ~ him?** wie hat er darauf reagiert? **II** *v/i* **4. ~ at** (gierig *od.* hastig) greifen nach, schnappen nach: → straw 1. **III** *s* **5.** (hastiger *od.* gieriger) Griff: **to make a ~ at** → 1 *u.* 4. **6.** *fig.* Griff *m* (for nach): **the ~ for power** der Griff nach der Macht. **7. to be up for ~s** *colloq.* für jeden zu haben *od.* zu gewinnen sein; **the job is up for ~s** die Stelle ist noch frei *od.* zu haben; **there are £1,000 up for ~s** es sind 1000 Pfund zu gewinnen. **8.** *tech.* (Bagger-, Kran)Greifer *m*: **~ crane** Greiferkran *m*; **~ dredger** Greifbagger *m*. **~ bag** *s Am.* **1.** Grabbelsack *m.* **2.** *fig.* Sammel'surium *n*.
grab·ber ['græbə(r)] *s* Habgierige(r *m*) *f*, ˌRaffke' *m*.
grab·ble ['græbl] *v/i* **1.** tasten, tappen (**for** nach): **to ~ about** herumtasten, -tappen. **2.** a) der Länge nach 'hinfallen, b) ausgestreckt daliegen.
gra·ben ['grɑːbən] *s geol.* Graben(bruch *m*, -senke *f*) *m*.
'**grab**ˌ**hook** *s tech.* Greifhaken *m.* **~ raid** *s* ˌRaub'überfall *m*.
grace [greɪs] **I** *s* **1.** Anmut *f*, Grazie *f*, Reiz *m*, Charme *m*: **the three G~s** *myth.* die drei Grazien. **2.** Anstand *m*, Schicklichkeit *f*, Takt *m*: **to have the ~ to do s.th.** den Anstand haben *od.* so anständig sein, etwas zu tun. **3.** Bereitwilligkeit *f*: **with (a) good ~** gern, bereitwillig; **with (a) bad ~**, **with an ill ~** (nur) ungern *od.* widerwillig. **4.** *meist pl* gute Eigenschaft, schöner Zug, Zierde *f*: **social ~s** feine Lebensart; **to do ~ to** → 14. **5.** *a.* **~ note** *mus.* Verzierung *f*, Ma'nier *f*, Orna'ment *n.* **6.** Gunst *f*, Wohlwollen *n*, Gnade *f*: **to be in s.o.'s ~** in j-s Gunst stehen, bei j-m gut angeschrieben sein; **to be in s.o.'s bad ~s** bei j-m in Ungnade sein, bei j-m schlecht angeschrieben sein; → **fall from**. **7.** (*a. göttliche*) Gnade, Barm'herzigkeit *f*: **in the year of ~** im Jahr des Heils; → **act 1, 3, way¹** *Bes. Redew.* **8.** *relig.* a) **state of ~** Stand *m* der Gnade, b) Tugend *f*: **~ of charity** (Tugend der) Nächstenliebe *f*. **9. G~** (*Eure, Seine, Ihre*) Gnaden *pl* (*Titel*): **Your G~** a) Eure Hoheit (*Herzogin*), b) Eure Exzellenz (*Erzbischof*). **10.** *econ. jur.* Aufschub *m*, (Zahlungs-, Nach)Frist *f*: **days of ~** Re'spekttage; **to give s.o. a week's ~** j-m e-e Nachfrist von e-r Woche gewähren. **11.** Tischgebet *n*: **to say ~** das Tischgebet sprechen. **II** *v/t* **12.** zieren, schmücken. **13.** ehren, auszeichnen: **to ~ a party with one's presence** e-e Gesellschaft mit s-r Anwesenheit beehren. **14.** j-m Ehre machen.
grace cup *s* a) *Becher (Wein), der am Ende e-s Mahls zu e-m Danksagungstrunk herumgereicht wird*, b) *Danksagungstrunk m*.
'**grace·ful** *adj* (*adv* **~ly**) **1.** anmutig, grazi'ös, ele'gant, reizvoll. **2.** geziemend, würde-, taktvoll: **to grow old ~ly** mit Würde alt werden. '**grace·ful·ness** *s* Anmut *f*, Grazie *f*. '**grace·less** *adj* (*adv*

~ly) 1. 'ungrazi,ös, reizlos, 'unele,gant. 2. *obs.* verworfen, lasterhaft.
grace note → grace 5.
grac·ile ['græsaɪl; -sɪl] *adj* 1. gra'zil, zierlich, zartgliedrig. 2. → graceful. '**gracile·ness, gra'cil·i·ty** [-'sɪlətɪ] *s* 1. Zierlichkeit *f,* Zartgliedrigkeit *f,* Grazili'tät *f.* 2. → gracefulness.
gra·cious ['greɪʃəs] **I** *adj (adv* ~ly) 1. gnädig, huldvoll, wohlwollend. 2. *poet.* gütig, freundlich. 3. *relig.* gnädig, barm'herzig (*Gott*). 4. *obs.* für graceful 1. 5. a) angenehm, köstlich, b) geschmackvoll, schön: ~ **living** angenehmes Leben, kultivierter Luxus. **II** *interj* 6. **good** (*od.* my) ~!, ~ **me!,** ~ **goodness!** du m-e Güte!, lieber Himmel! '**gra·cious·ness** *s* 1. Gnade *f.* 2. *poet.* Güte *f,* Freundlichkeit *f.* 3. *relig.* Barm'herzigkeit *f.* 4. *obs.* für gracefulness.
grack·le ['grækl] *s orn.* (*ein*) Star *m.*
grad [græd] *colloq. für* graduate I, II.
gra·date [grə'deɪt; *Am.* 'greɪ,deɪt] **I** *v/t* 1. Farben abstufen, abtönen, gegenein'ander absetzen, inein'ander 'übergehen lassen. 2. abstufen. **II** *v/i* 3. sich abstufen, stufenweise (inein'ander) 'übergehen. 4. stufenweise 'übergehen (**into** in *acc*). **gra'da·tion** *s* 1. Abstufung *f:* a) Abtönung *f* (*von Farben*), b) stufenweise Anordnung, Staffelung *f.* 2. Stufengang *m,* -folge *f,* -leiter *f.* 3. *ling.* Ablaut *m.* **gra'da·tion·al** [-ʃənl; -ʃnəl], *ea.* **gra'da·tive** *adj* 1. stufenweise, abgestuft. 2. stufenweise fortschreitend.
grade [greɪd] *s* 1. Grad *m,* Stufe *f,* Rang *m,* Klasse *f:* **a high**~ **of intelligence** ein hoher Intelligenzgrad. 2. (*unterer, mittlerer, höherer*) Dienst, Beamtenlaufbahn *f:* **lower** (**intermediate, senior**) ~. 3. *mil. bes. Am.* (Dienst)Grad *m.* 4. Art *f,* Gattung *f,* Sorte *f.* 5. Phase *f,* Stufe *f.* 6. Quali'tät *f,* Güte(grad *m,* -klasse *f*) *f,* (Kohlen- *etc*)Sorte *f:* **G~ A** a) *econ.* erste (Güte)Klasse, b) *a. weitS.* erstklassig (→ 9); ~ **label**(**l**)**ing** Güteklassenbezeichnung *f* (*durch Aufklebezettel*). 7. *bes. Am.* Steigung *f od.* Gefälle *n,* Neigung *f,* Ni'veau *n* (*des Geländes etc*): ~ **crossing** schienengleicher (Bahn)Übergang; **at** ~ auf gleicher Höhe (*Bahnübergang etc*); **to make the** ~ ,es schaffen', Erfolg haben. 8. *biol.* Kreuzung *f,* Mischling *m:* ~ **cattle** aufgekreuztes Vieh. 9. *ped. Am.* (Schul)Stufe *f,* (Schüler *pl* e-r) Klasse, b) Note *f,* Zen'sur *f:* ~ **A** sehr gut, beste Note (→ 6); **the** ~**s** die Grundschule. 10. *ling.* Stufe *f* (*des Ablauts*). **II** *v/t* 11. sor'tieren, einteilen, klas'sieren, (*nach Güte od. Fähigkeiten*) einstufen: **to** ~ **up** → **upgrade** IV (→ 14); **to** ~ **down** → **downgrade** IV. 12. a) abstufen, staffeln, b) → gradate 1. 13. *tech.* a) Gelände pla'nieren, (ein)ebnen, b) e-e bestimmte Neigung geben (*dat*). 14. *Vieh* kreuzen: **to** ~ **up** aufkreuzen (→ 11). 15. *ling.* ablauten. **III** *v/i* 16. ran'gieren, zu e-r (*bestimmten*) Klasse gehören. 17. → gradate 3 *u.* 4.
grad·er ['greɪdə(r)] *s* 1. a) Sor'tierer(in), b) Sor'tierma,schine *f.* 2. *tech.* Pla'nierma,schine *f,* Straßenhobel *m.* 3. *ped. Am. in Zssgn* ...kläßler *m:* **a fourth** ~ ein Viertkläßler.
grade| **school** *s Am.* Grundschule *f.* ~ **teach·er** *s Am.* Grundschullehrer(in).
gra·di·ent ['greɪdjənt; -dɪənt] **I** *s* 1. Neigung *f,* Steigung *f,* Gefälle *n,* Ni'veau *n* (*des Geländes etc*). 2. schiefe Ebene, Gefällstrecke *f.* 3. *math. phys.* Gradi'ent *m,* Gefälle *n.* 4. *meteor.* ('Luftdruck-, Tempera'tur)Gradi,ent *m.* **II** *adj* 5. stufenweise steigend *od.* fallend. 6. gehend, schreitend. 7. *bes. zo.* Geh..., Lauf...
gra·din ['greɪdɪn], **gra·dine** [grə'diːn; *Am. a.* 'greɪˌdiːn] *s* 1. Amphitheater *etc*: Stufe *f,* b) Sitzreihe *f.* 2. Al'tarsims *m, n.*
gra·di·om·e·ter [ˌgreɪdɪ'ɒmɪtə; *Am.* -'ɑmətər] *s tech.* Neigungsmesser *m.*
grad·u·al ['grædʒʊəl; -dʒwəl; *Am. a.* -dʒəl] **I** *adj* 1. all'mählich, stufen-, schrittweise, langsam (fortschreitend), gradu'ell. 2. all'mählich *od.* sanft (an)steigend *od.* (ab)fallend. **II** *s* 3. *relig.* Gradu'ale *m:* a) *kurzer Psalmgesang,* b) *liturgisches Gesangbuch mit den Meßgesängen.* '**grad·u·al·ly** *adv* a) nach und nach, b) → gradual 1.
grad·u·al psalm *s relig.* Gradu'al-, Stufenpsalm *m.*
grad·u·ate ['grædʒʊət; *Am.* 'grædʒwət; -dʒˌweɪt] **I** *s* 1. *univ.* a) 'Hochschulab,sol,vent(in), Aka'demiker(in), b) Gradu'ierte(r *m*) *f* (*bes. Inhaber*[*in*] *des niedrigsten akademischen Grades*; → **bachelor** 2), c) *Am.* Stu'dent(in) an e-r **graduate school.** 2. *ped. Am.* Schulabgänger(in): **high-school** ~ (*etwa*) Abiturient(in). 3. *Am. j-d, der viel durchgemacht hat in* (*e-m Heim etc*): **a reformatory** ~. 4. *Am.* Meßgefäß *n.* **II** *adj* 5. *univ.* a) Akademiker...: ~ **unemployment,** b) gradu'iert: ~ **student** → 1 c, c) *Am.* für Gradu'ierte: ~ **course** (Fach)Kurs *m* an e-r **graduate school.** ~ **nurse.** 7. → graduated 1. **III** *v/t* ['grædʒʊeɪt, -dʒʊ-; *Am.* -dʒəˌweɪt] 8. *univ.* gradu'ieren, j-m e-n (*bes. den niedrigsten*) aka'demischen Grad verleihen. 9. *ped. Am.* a) als Absol'venten haben: **our high school** ~**d 50 students this year** (*etwa*) bei uns haben dieses Jahr 50 Schüler das Abitur gemacht, b) die Abschlußprüfung bestehen an (*dat*), absol'vieren: **to** ~ **high school** (*etwa*) das Abitur machen, c) versetzen: **he was** ~**d from 3rd to 4th grade.** 10. *tech.* mit e-r Maßeinteilung versehen, gradu'ieren, in Grade einteilen. 11. abstufen, staffeln. 12. *chem. tech.* gra'dieren. **IV** *v/i* ['grædʒʊeɪt, -dʒʊ-; *Am.* -dʒəˌweɪt] 13. *univ.* gradu'ieren, e-n (*bes. den niedrigsten*) aka'demischen Grad erwerben (**from** an *dat*). 14. *ped. Am.* die Abschlußprüfung bestehen: **to** ~ **from** → 9 b. 15. sich entwickeln, aufsteigen (**into** zu). 16. sich staffeln, sich abstufen. 17. all'mählich 'übergehen (**in·to** in *acc*). **grad·u·at·ed** *adj* 1. abgestuft, gestaffelt: ~ **tax;** ~ **arc** *math.* Gradbogen *m.* 2. *tech.* gradu'iert, mit e-r Gradeinteilung (versehen): ~ **pipette** Meßpipette *f;* ~ **dial** Skalenscheibe *f,* Teilung *f.*
grad·u·ate school *s univ. Am.* höhere 'Fachse,mester *pl* (*nach dem niedrigsten akademischen Grad; Studienziel ist der Magister;* → **master** 12).
grad·u·a·tion [ˌgrædʒʊ'eɪʃn; -dʒʊ-; *Am.* -dʒəˈweɪʃən] *s* 1. Abstufung *f,* Staffelung *f.* 2. *tech.* a) Grad-, Teilstrich *m,* Gradeinteilung *f,* Gradu'ierung *f.* 3. *chem.* Gra'dierung *f.* 4. *univ.* Gradu'ierung *f,* Erteilung *f od.* Erlangung *f* e-s (*bes. des niedrigsten*) aka'demischen Grades. 5. *Am.* Absol'vieren *n* (**from** e-r *Schule*): **from high school** (*etwa*) Abitur *n.* 6. *univ., Am. a. ped.* Schluß-, Verleihungsfeier *f.* 7. *fig.* Aufstieg *m.*
gra·dus ['greɪdəs; *Am.* 'greɪ-] *s* 1. Proso'dielexikon *n* (*für lateinische od. griechische Verse*). 2. *mus.* E'tüdenbuch *n.*
Grae·cism ['griːsɪzəm] *s bes. Br.* 1. *ling.* Grä'zismus *m,* griechische Spracheigentümlichkeit. 2. a) griechisches Wesen, b) Nachahmung *f* griechischen Wesens. '**Grae·cize,** '**g~** [-saɪz] *v/t bes. Br.* grä·zi'sieren, nach griechischem Vorbild gestalten.
Graeco- [griːkəʊ] *bes. Br.* Wortelement *mit der Bedeutung* griechisch, gräko-.
Grae·co-'Ro·man *adj* griechisch-römisch: ~ **wrestling** *sport* Ringen *n* im griechisch-römischen Stil.
graf·fi·to [grə'fiːtəʊ; græ-] *pl* **-ti** [-tɪ] *s* 1. Graf'fito *m, n:* a) *in e-e Wand eingekratzte* (*kultur- u. sprachgeschichtlich bedeutsame*) *Inschrift,* b) *in e-e Marmorfliese eingeritzte mehrfarbige ornamentale od. figurale Dekoration.* 2. *pl* Wandschmie·re'reien *pl,* Graf'fiti *pl.*
graft[1] [grɑːft; *Am.* græft] **I** *s* 1. *bot.* a) Pfropfreis *n,* b) veredelte Pflanze, c) Pfropfstelle *f.* 2. *fig.* (*etwas*) Aufgepfropftes. 3. *med.* a) Transplan'tat *n,* verpflanztes Gewebe, b) Transplantati'on *f.* **II** *v/t* 4. *bot.* a) e-n Zweig pfropfen (**in** in *acc*; **on** auf *acc*), b) e-e *Pflanze* oku'lieren, durch Pfropfen kreuzen *od.* veredeln. 5. *med.* Gewebe verpflanzen, transplan'tieren. 6. *fig.* (**in, on, upon**) a) *etwas* auf-, einpfropfen (*dat*), b) *Ideen etc* einimpfen (*dat*), c) über'tragen (auf *acc*).
graft[2] [grɑːft; *Am.* græft] *colloq.* **I** *s* 1. Arbeit *f:* **hard** ~ ,Schufterei' *f.* 2. *bes. Am.* a) Bereicherung *f* durch 'Amts,mißbrauch, b) ,Schmiergelder' *pl,* Bestechungsgelder *pl.* **II** *v/i* 3. arbeiten: **to** ~ **hard** ,schuften'. 4. *bes. Am.* a) sich durch 'Amts,mißbrauch bereichern, b) ,Schmiergelder' zahlen.
graft·age ['grɑːftɪdʒ; *Am.* 'græf-] → grafting 1.
'**graft·er**[1] *s bot.* 1. Pfropfer *m.* 2. Pfropfmesser *m.*
'**graft·er**[2] *s bes. Am. colloq. j-d, der sich durch Amtsmißbrauch bereichert.*
'**graft·ing** *s* 1. *bot.* a) Pfropfen *n,* Veredeln *n,* b) Pfropfung *f.* 2. *med.* Transplantati'on *f.* ~ **wax** *s* Pfropf-, Baumwachs *n.*
gra·ham flour ['greɪəm; *Am. a.* græm] *s bes. Am.* (*etwa*) Vollkornmehl *n.*
Grail[1] [greɪl] *s* a. **Holy** ~ *relig.* Gral *m.*
grail[2] [greɪl] *s* Kiesel *m.*
grain [greɪn] **I** *s* 1. *bot.* (Samen-, *bes.* Getreide)Korn *n:* ~ **of rice** Reiskorn. 2. *collect.* Getreide *n,* Korn *n* (*Pflanzen od. Frucht*): → **chaff**[1] 1. 3. (*Sand- etc*) Körnchen *n,* (-)Korn *n:* **of fine** ~ feinkörnig; → **salt**[1] 1. 4. *fig.* Spur *f:* **not a** ~ **of hope** kein Funke Hoffnung; **a** ~ **of truth** ein Körnchen Wahrheit; **without a** ~ **of sense** ohne e-n Funken Verstand. 5. *econ.* Gran *n* (*Gewichtseinheit*). 6. *tech.* a) (Längs)Faser *f,* Faserung *f,* b) Maserung *f* (*vom Holz*): **it goes** (*od.* **is**) **against the** ~ (**with me**) *fig.* es geht mir gegen den Strich. 7. *tech.* Narben *m* (*bei Leder*): ~ (**side**) Narben-, Haarseite *f.* 8. *tech.* a) Korn *n,* Narbe *f* (*von Papier*), b) *metall.* Korn *n,* Körnung *f.* 9. *tech.* a) Strich *m* (*Tuch*), b) Faser *f,* c) *hist.* Kosche'nille *f* (*karminroter Farbstoff*). 10. *min.* Korn *n,* Gefüge *n.* 11. *phot.* a) Korn *n,* b) Körnigkeit *f* (*Film*). 12. *pl Brauerei:* Treber *pl,* Trester *pl.* **II** *v/t* 13. körnen, granu'lieren. 14. *tech.* a) enthaaren, b) körnen, narben. 15. *tech.* a) *Papier* narben, b) *Textilien* in der Wolle färben. 16. künstlich masern, ädern.
grain| **al·co·hol** *s chem.* Ä'thyl-, Gärungsalkohol *m.* ~ **bind·er** *s agr.* Garbenbinder *m.* ~ **el·e·va·tor** *s agr.* Getreideheber *m.* ~ **leath·er** *s tech.* genarbtes Leder.
gral·la·to·ri·al [ˌgrælə'tɔːrɪəl; *Am. a.* -'toʊ-] *adj orn.* stelzbeinig, Stelz(vogel)...
gral·loch ['grælək; -lək] *hunt. Br.* **I** *s* Aufbruch *m,* Eingeweide *n od. pl* (*des Rotwildes*). **II** *v/t* aufbrechen.
gram[1] *s bot.* Kichererbse *f.*
gram[2], *bes. Br.* **gramme** [græm] *s* Gramm *n.*
gram[3] [græm] *colloq. für* gramophone.

gra·ma (grass) ['grɑːmə; *Am.* 'græmə] *s bot.* Mos'kitogras *n.*
gram·a·ry(e) ['græməri] *s obs.* Zaube'rei *f,* schwarze Kunst.
gram|at·om, **~·a͵tom·ic weight** *s phys.* 'Gramma͵tom(gewicht) *n.* **~·cal·o·rie** *s phys.* 'Grammkalo͵rie *f.*
gra·mer·cy [grə'mɜːsɪ; *Am.* grə'mɜrsɪ] *interj obs.* **1.** tausend Dank! **2.** ei der Daus!
gram·i·na·ceous [͵græmɪ'neɪʃəs], **gra·min·e·ous** [grə'mɪnɪəs] *adj bot.* **1.** grasartig. **2.** Gras... **͵gram·i'niv·o·rous** [-'nɪvərəs] *adj zo.* grasfressend.
gram·mar ['græmə(r)] *s* **1.** Gram'matik *f* (*a. Lehrbuch*): it is bad ~ es ist schlechter Sprachgebrauch *od.* grammatisch nicht richtig; he knows his ~ er beherrscht s-e Sprache. **2.** *fig.* (Werk *n* über die) Grundbegriffe *pl*: the ~ of politics die Grundbegriffe *od.* Grundzüge der Politik. **~ book** *s* Gram'matik *f.*
gram·mar·i·an [grə'meərɪən] *s* **1.** Gram'matiker(in). **2.** Verfasser(in) e-r Gram'matik.
gram·mar school *s* **1.** *Br.* a) *hist.* La'teinschule *f*, b) (*etwa*) (huma'nistisches) Gym'nasium. **2.** *Am.* (*etwa*) Grundschule *f.*
gram·mat·i·cal [grə'mætɪkl] *adj* (*adv* ~ly) **1.** gram'matisch, Grammatik...: ~ error. **2.** gram'matisch (richtig): not ~ grammatisch falsch. **3.** *fig.* a) me'thodisch, b) richtig.
gramme *bes. Br. für* gram².
gram| mol·e·cule, *a.* **~·mo͵lec·u·lar weight** *s phys.* 'Grammole͵kül *n,* 'Grammoleku͵largewicht *n,* Mol *n.*
Gram·my ['græmɪ] *pl* **-mys, -mies** *s* Grammy *m* (*amer. Schallplattenpreis*).
͵Gram-'neg·a·tive [͵græm-] *adj med.* gram'negativ (*sich nach dem Gramschen Färbeverfahren rot färbend*) (*Bakterien*).
gram·o·phone ['græməfəʊn] *s Br.* a) *hist.* Grammo'phon *n,* b) Plattenspieler *m.* **~ rec·ord** *s* Schallplatte *f.*
͵Gram-'pos·i·tive [͵græm-] *adj med.* gram'positiv (*sich nach dem Gramschen Färbeverfahren dunkelblau färbend*) (*Bakterien*).
gram·pus ['græmpəs] *s zo.* a) 'Rissosdel͵phin *m,* b) Schwertwal *m*: to blow (*od.* wheeze) like a ~ *fig.* wie ein Nilpferd schnaufen.
Gram's meth·od [græmz] *s med.* Gram-Färbung *f.*
gran [græn] *s colloq.* ‚Oma' *f.*
gran·a·ry ['grænərɪ; *Am. a.* 'greɪ-] *s* Kornkammer *f* (*a. fig.*), Getreide-, Kornspeicher *m*: the Mid-West is the ~ of the US; ~ weevil *zo.* Kornkäfer *m.*
grand [grænd] **I** *adj* (*adv* ~ly) **1.** großartig, gewaltig, grandi'os, impo'sant, eindrucksvoll, prächtig. **2.** (*geistig etc*) groß, grandi'os, hochfliegend: ~ ideas. **3.** erhaben, würdevoll, sub'lim: ~ style. **4.** (*gesellschaftlich*) groß, hochstehend, vornehm, distin'guiert: ~ air Vornehmheit *f,* Würde *f, bes. iro.* Grandezza *f*; to do the ~ vornehm tun, den vornehmen Herrn spielen. **5.** *colloq.* großartig, herrlich, glänzend, prächtig: what a ~ idea!; to have a ~ time sich glänzend amüsieren. **6.** groß, bedeutend, wichtig. **7.** groß: the G~ Army *hist.* die ‚Grande Armée', die ‚Große Armee' (*Napoleons I.*); the G~ Fleet *die im 1. Weltkrieg in der Nordsee operierende englische Flotte.* **8.** Haupt...: ~ entrance Haupteingang *m*; ~ staircase Haupttreppe *f*; ~ question Hauptfrage *f*; ~ total Gesamt-, Endsumme *f.* **9.** Groß...: ~ commander Großkomtur *m* (*e-s Ordens*); G~ Turk *hist.* Großtürke *m.* **10.** *mus.* groß (*in Anlage, Besetzung etc*). **II** *s* **11.** *mus.*

Flügel *m.* **12.** *pl* **grand** *Am. sl.* ‚Riese' *m* (*1000 Dollar*).
gran·dad, gran·dad·dy → granddad, *etc.*
gran·dam ['grændæm] *s obs.* **1.** alte Dame. **2.** Großmutter *f.*
'grand|·aunt *s* Großtante *f.* **'~·child** ['græn-] *s irr* Enkel(in), Enkelkind *n.* **~·dad** ['grændæd], **'~·dad·dy** ['græn-] *s colloq.* ‚Opa' *m* (*a. alter Mann*), 'Großpa͵pa *m.* **'~·daugh·ter** ['græn-] *s* Enkeltochter *f,* Enkelin *f.* **~·'du·cal** *adj* großherzoglich. **~ duch·ess** *s* Großherzogin *f.* **~ duch·y** *s* Großherzogtum *n.* **~ duke** *s* **1.** Großherzog *m.* **2.** *hist.* (*russischer*) Großfürst.
gran·dee [græn'diː] *s* Grande *m.*
gran·deur ['grændʒə(r); -͵dʒʊə(r)] *s* **1.** Großartigkeit *f,* Größe *f,* Erhabenheit *f.* **2.** Vornehmheit *f,* Adel *m,* Hoheit *f,* Würde *f.* **3.** Pracht *f,* Herrlichkeit *f.*
'grand͵fa·ther *s* Großvater *m*: ~('s) chair Großvaterstuhl *m,* Ohrensessel *m*; ~('s) clock Standuhr *f.* **2.** *pl* Väter *pl,* Vorfahren *pl.* **'grand͵fa·ther·ly** *adj* großväterlich (*a. fig.*).
gran·dil·o·quence [græn'dɪləkwəns] *s* **1.** (Rede)Schwulst *m,* Bom'bast *m.* **2.** Großspreche'rei *f.* **gran'dil·o·quent** *adj* **1.** schwülstig, hochtrabend, ‚geschwollen'. **2.** großsprecherisch.
gran·di·ose ['grændɪəʊs] *adj* (*adv* ~ly) **1.** großartig, grandi'os. **2.** pom'pös, prunkvoll. **3.** schwülstig, hochtrabend, bom'bastisch. **͵gran·di'os·i·ty** [-'ɒsɪtɪ; *Am.* -'ɑs-] *s* **1.** Großartigkeit *f.* **2.** Pomp *m.* **3.** Schwülstigkeit *f.*
grand| ju·ry [grænd] *s jur. Am.* Anklagejury *f* (*Untersuchungsgremium von zeiternannten Bürgern, die die öffentliche Anklage ablehnen od. für recht befinden*). **G~ La·ma** *s relig.* Oberpriester *m* (*im Lamaismus*). **~ lar·ce·ny** *s jur. Am.* schwerer Diebstahl. **~ lodge** *s* Großloge *f* (*der Freimaurer*). **~·ma** ['grænmɑː], **'~·mam·ma** *s colloq.* 'Großma͵ma *f,* ‚Oma' *f.* **~ mas·ter** *s* **1.** Schach: Großmeister *m.* **2.** G~ M~ Großmeister *m* (*der Freimaurer etc*). **'~·moth·er** *s* ['græn͵mʌðə(r)] *s* Großmutter *f*: ~ clock Standuhr *f* (*kleiner als e-e* grandfather['s clock]); → egg¹. **'~·moth·er·ly** *adj* **1.** großmütterlich (*a. fig.*). **2.** *fig.* kleinlich. **G~ Muf·ti** *s hist.* Großmufti *m* (*der Mohammedaner*). **G~ Na·tion·al** *s Pferdesport:* Grand National *n* (*schwerstes Hindernisrennen der Welt auf der Aintree-Rennbahn bei Liverpool*). **~ neph·ew** [ˈgrænˌnevjuː] *s* Großneffe *m.* **'grand·ness** → grandeur.
grand| niece ['grænniːs] *s* Großnichte *f.* **~ old man** *s* „Großer alter Mann" (*e-r Berufsgruppe etc*). **G~ Old Par·ty** *s pol. Am.* (*Bezeichnung für die*) Republi'kanische Par'tei (*der USA*). **~ op·er·a** *s mus.* große Oper. **~·pa** ['grænpɑː], **'~·pa·pa** *s colloq.* ‚Opa' *m,* 'Großpa͵pa *m.* **'~·par·ent** ['græn-] *s* **1.** Großvater *m od.* -mutter *f.* **2.** *pl* Großeltern *pl.* **~ pi·an·o** *s mus.* (Kon'zert)Flügel *m.*
Grand Prix [͵grɑ̃'priː; ͵grɒn'priː] *pl* **Grand Prix, Grands Prix** [͵grɑ̃-; ͵grɒn-], **Grand Prixes** [-'priːs; -'priːz] *s sport* Grand Prix *m,* Großer Preis.
grand|·sire ['græn͵saɪə(r)], **~ sir** ['grænsə(r); 'grænt͵sə(r)] *s obs.* **1.** alter Herr. **2.** Großvater *m.* **~ slam** *s* **1.** *Tennis:* Grand Slam *m* (*Gewinn des Einzeltitels bei den internationalen Meisterschaften der USA, Großbritanniens, Frankreichs und Australiens im selben Jahr durch denselben Spieler*). **2.** → slam². **'~·son** ['grænsʌn] *s* Enkel(sohn) *m.* **'~·stand I** *s* **1.** *sport* 'Haupttri͵büne *f* (*a. die Zuschauer auf der Haupttribüne*): to play to the ~ → **6. II**

adj **2.** *sport* Haupttribünen...: ~ tickets; ~ seat Haupttribünenplatz *m* (*weitS. a.* Platz, *von dem aus man etwas gut beobachten kann*). **3.** a) *sport* vor der 'Haupttri͵büne: **a** ~ **dribble,** b) *Am. colloq.* ef'fekthaschend: ~ play Effekthascherei *f.* **4.** *sport* vor der 'Haupttri͵büne: ~ finish packendes Finish; there was a ~ finish die Entscheidung fiel erst auf den letzten Metern. **5.** uneingeschränkt (*Blick*): to have a ~ view of s.th. etwas gut beobachten können. **III** *v/i* **6.** a) *sport* für die 'Haupttri͵büne spielen, b) *Am. colloq.* sich in Szene setzen, nach Ef'fekt haschen. **~ tour** *s hist.* Bildungs-, Kava'liersreise *f.* **'~·un·cle** *s* Großonkel *m.* **~ vi·zier** *s* 'Großwe͵sir *m.*
grange [greɪndʒ] *s* **1.** Farm *f.* **2.** *hist.* a) Landsitz *m* (*e-s Edelmanns*), b) Gutshof *m.* **3.** *obs.* Scheune *f.* **'grang·er** *s* Farmer *m.*
'grang·er·ism ['greɪndʒərɪzəm] *s* Illustrierung *f* von Büchern mit Bildern aus anderen Büchern. **'grang·er·ize** *v/t* **1.** ein Buch mit Bildern aus anderen Büchern illu'strieren. **2.** Bilder her'ausschneiden aus.
gra·nif·er·ous [grə'nɪfərəs] *adj bot.* Körner tragend. **gran·i·form** ['grænɪfɔː(r)m] *adj* kornartig, -förmig.
gran·ite ['grænɪt] **I** *s* **1.** *geol.* Gra'nit *m*: he is a man of ~ *fig.* er ist hart wie Granit. **2.** → graniteware. **3.** *fig.* Härte *f,* Unbeugsamkeit *f.* **II** *adj* **4.** gra'nitisch, gra'niten, Granit... **5.** *fig.* hart, eisern, gra'niten, unbeugsam. **~ pa·per** *s* Gra'nitpa͵pier *n* (*meliert*). **G~ State** *s* (*Spitzname für*) New Hampshire *n.* **'~·ware** *s tech.* **1.** weißes, gla'siertes Steingut. **2.** gesprenkelt email'liertes Geschirr.
gra·nit·ic [grə'nɪtɪk] *adj* **1.** gra'niten, gra'nitartig. **2.** → granite **4, 5**.
gran·it·ite ['grænɪtaɪt] *s min.* Grani'tit *m.*
gran·i·vore ['grænɪvɔː(r); *Am. a.* -͵vɔʊr] *s zo.* Körnerfresser *m.* **gra'niv·o·rous** [-'nɪvərəs] *adj* körnerfressend.
gran·nie → granny.
gran·nom ['grænəm] *s* **1.** *zo.* Köcherfliege *f.* **2.** *pej.* Angelfliege.
gran·ny ['grænɪ] **I** *s* **1.** *colloq.* ‚Oma' *f.* **2.** *colloq.* Kleinlichkeitskrämer(in), Pe'dant(in). **3.** *a.* ~('s) knot *mar.* Alt'weiberknoten *m.* **4.** *a.* ~ woman *Am.* Hebamme *f.* **II** *adj* **5.** *colloq.* Oma..., Großmutter...: ~ dress; ~ glasses Nickelbrille *f.*
gran·o·di·o·rite [͵grænəʊ'daɪəraɪt] *s geol.* Granodio'rit *m* (*ein Tiefengestein*).
gran·o·lith ['grænəʊlɪθ; -nəlɪθ] *s tech.* Grano'lith *m* (*Art Beton*).
grant [grɑːnt; *Am.* grænt] **I** *v/t* **1.** bewilligen, gewähren (s.o. a credit, *etc*) j-m e-n Kredit *etc*): God ~ that gebe Gott, daß; it was not ~ed to her es war ihr nicht vergönnt. **2.** *e-e* Erlaubnis *etc* geben, erteilen. **3.** *e-e* Bitte *etc* erfüllen, (*a. jur. e-m* Antrag, *e-r* Berufung *etc*) stattgeben. **4.** *jur.* (*bes.* for'mell) über'tragen, über'eignen, verleihen, *ein Patent* erteilen. **5.** zugeben, zugestehen, einräumen: I ~ you that ich gebe zu, daß; to ~ s.th. to be true etwas als wahr anerkennen; ~ed, but zugegeben, aber; ~ed (*od.* ~ing) that a) zugegeben, daß, b) angenommen, daß; to take s.th. for ~ed a) etwas als erwiesen *od.* gegeben ansehen, b) etwas als selbstverständlich betrachten *od.* hinnehmen; to take s.o. for ~ed a) j-s Zustimmung *etc* als selbstverständlich voraussetzen, b) gar nicht mehr wissen, was man an j-m hat. **II** *s* **6.** a) Bewilligung *f,* Gewährung *f,* b) bewilligte Sache, *bes.* Unter'stützung *f,* Zuschuß *m,* Subventi'on *f.* **7.** Sti'pendium *n,* (Ausbildungs-, Studien)Beihilfe *f.* **8.** *jur.* a) Verleihung *f* (*e-s Rechts*), Erteilung *f* (*e-s*

Patents etc), b) (urkundliche) Über¦tragung *od.* Über¦eignung (**to** auf *acc*): ~ **of probate** Testamentsvollstreckerzeugnis *n.* **9.** *Am.* (e-r *Person od. Körperschaft*) zugewiesenes Land. ˈ**grant·a·ble** *adj* **1.** (**to**) verleihbar (*dat*), über¦tragbar (auf *acc*). **2.** zu bewilligen(d). **granˈtee** [-ˈtiː] *s* **1.** Begünstigte(r *m*) *f.* **2.** *jur.* a) Zessioˈnar(in), Rechtsnachfolger(in), b) Konzessioˈnär(in), Privilˈegierte(r *m*) *f.*
Granth [grʌnt] *s relig.* Granth *m* (*heilige Schrift der Sikhs*).
¦**grant-in-ˈaid** *pl* ¦**grants-in-ˈaid** *s* a) *Br.* Reˈgierungszuschuß *m* an Kommuˈnalbehörden, b) *Am.* Bundeszuschuß *m* an Einzelstaaten.
grantˈor [grɑːnˈtɔː; *Am.* ˈgrɑntər] *s* **1.** Verleiher(in), Erteiler(in). **2.** *jur.* a) Zeˈdent(in), Aussteller(in) e-r Über¦eignungsurkunde, (Grundstücks)Verkäufer(in), b) Liˈzenzgeber *m*, Verleiher *m* e-r Konzessiˈon.
gran tur·is·mo [¸græntʊəˈrɪzməʊ] *pl* **-mos** *s Automobilsport*: Gran-Tuˈrismo-Wagen *m.*
gran·u·lar [ˈgrænjʊlə(r)] *adj* **1.** gekörnt, körnig. **2.** granuˈliert.
gran·u·late [ˈgrænjʊleɪt] **I** *v/t* **1.** körnen, granuˈlieren. **2.** *Leder etc* rauhen. **II** *v/i* **3.** körnig werden. **4.** *med.* granuˈlieren, Granulatiˈonsgewebe bilden. ˈ**gran·u·lat·ed** *adj* **1.** gekörnt, körnig, granuˈliert (*a. med.*): ~ **sugar** Kristallzucker *m.* **2.** gerauht.
gran·u·la·tion [¸grænjʊˈleɪʃn] *s* **1.** Körnen *n*, Granuˈlieren *n.* **2.** Körnigkeit *f.* **3.** Rauhen *n.* **4.** *med.* a) Granulatiˈon *f,* b) *pl, a.* ~ **tissue** Granulatiˈonsgewebe *n.* **5.** *astr.* (ˈSonnen)Granulatiˌon *f.* ˈ**gran·u·la·tor** [-tə(r)] *s tech.* Granuˈlierappa¸rat *m,* Feinbrecher *m,* (Sand-, Grieß)Mühle *f.* ˈ**gran·ule** [-juːl] *s* Körnchen *n.* ˈ**gran·u·lite** [-laɪt] *s min.* Granuˈlit *m.*
¸**gran·uˈlo·ma** [-ˈləʊmə] *pl* **-ma·ta** [-mətə] *od.* **-mas** *s med.* Granuˈlom *n,* Granulatiˈonsgeschwulst *f.*
gran·u·lose[1](https://example.com) [ˈgrænjʊləʊs] *s chem.* Granuˈlose *f.*
gran·u·lose[2] [ˈgrænjʊləʊs], ˈ**gran·u·lous** [-ləs] → **granular**.
grape [greɪp] *s* **1.** Weintraube *f,* -beere *f: he says that my new car is a waste of money,* **but that's just sour ~s** aber ihm hängen die Trauben zu hoch *od.* sind die Trauben zu sauer; **the (juice of the)** ~ der Saft der Reben (*Wein*); → **bunch** 1. **2.** → **grapevine** 1. **3.** *pl* (*meist als sg konstruiert*) *vet.* a) Mauke *f,* b) *colloq.* ˈRindertuberkuˌlose *f.* **4.** → **grapeshot.** ~ **cure** *s med.* Traubenkur *f.* ˈ**~·fruit** *s bot.* Grapefruit *f,* Pampelˈmuse *f.* ~ **house** *s* Weintreibhaus *n.* ~·**hy·a·cinth** *s bot.* ˈTraubenhyaˌzinthe *f.* ~ **juice** *s* Traubensaft *m.* ~·**louse** *s irr zo.* Reblaus *f.* ~ **pear** *s bot.* Kaˈnadische Felsenbirne.
grap·er·y [ˈgreɪpərɪ] *s* **1.** Weintreibhaus *n.* **2.** Weinberg *m,* -garten *m.*
grape¦scis·sors *s pl, a.* **pair of** ~ Traubenschere *f.* ˈ**~·shot** *s mil.* Karˈtätsche *f,* Hagelgeschoß *n.* ~ **stone** *s* (Wein)Traubenkern *m.* ~ **sug·ar** *s* Traubenzucker *m.*
grape·vine [ˈgreɪpvaɪn] **I** *s* **1.** *bot.* Weinstock *m.* **2.** *colloq.* a) ~ **telegraph** ˈNachrichtensyˌstem *n*: **I heard on the** ~ **that** mir ist zu Ohren gekommen, daß, b) Gerücht *n.* **3.** *Ringen*: Einsteigen *n.*
graph [græf; *Br. a.* grɑːf] *s* **1.** Diaˈgramm *n,* Schaubild *n,* graphische Darstellung *f,* Kurvenblatt *n,* -bild *n.* **2.** *bes. math.* Kurve *f:* ~ **paper** Millimeterpapier *n.* **3.** *ling.* Graph *m* (*kleinste in e-r konkreten geschriebenen Äußerung vorkommende, nicht bedeutungskennzeichnende Einheit:* Buchstabe, Schriftzeichen). **4.** *colloq.* → **hectograph** I.
graph·eme [ˈgræfiːm] *s ling.* Graˈphem *n* (*kleinste bedeutungskennzeichnende Einheit des Schriftsystems e-r Sprache, die ein od. mehrere Phoneme wiedergibt*).
graph·ic [ˈgræfɪk] **I** *adj* (*adv* ~**ally**) **1.** anschaulich *od.* leˈbendig (geschildert *od.* schildernd), plastisch. **2.** graphisch, diagramˈmatisch, zeichnerisch: ~ **arts** → 5; ~ **artist** Graphiker(in); ~ **formula** *chem.* Konstruktionsformel *f;* ~ **recorder** *tech.* Schaulinienzeichner *m* (*Instrument*); ~ **representation** graphische Darstellung. **3.** Schrift..., Schreib...: ~ **accent** *ling.* a) Akzent(zeichen *n*) *m,* b) diakritisches Zeichen; ~ **symbol** Schriftzeichen *n.* **4.** *geol.* Schrift...: ~ **granite**. **II** *s pl* (*als sg konstruiert*) **5.** Graphik *f,* graphische Kunst. **6.** technisches Zeichnen. **7.** graphische Darstellung (*als Fach*). **8.** (*als pl konstruiert*) graphische Gestaltung (*e-s Buchs etc*). ˈ**graph·i·cal** [-kl] *adj* (*adv* ~**ly**) → **graphic** I: ~ **statics** → **graphostatic**.
graph·ite [ˈgræfaɪt] *s min.* Graˈphit *m,* Reißblei *n.* **graˈphit·ic** [græˈfɪtɪk] *adj* graˈphitisch, Graphit... **ˈgraph·i·tize** [ˈgræfɪtaɪz] *v/t* **1.** in Graˈphit verwandeln. **2.** *tech.* mit Graˈphit über¦ziehen.
grapho- [græfəʊ] Wortelement mit der Bedeutung Schreib...
graph·o·log·ic [¸græfəˈlɒdʒɪk; *Am.* -ˈlɑ-], ¸**graph·oˈlog·i·cal** [-kl] *adj* graphoˈlogisch. **graˈphol·o·gist** [græˈfɒlədʒɪst; *Am.* -ˈfɑ-] *s* Graphoˈloge *m.* **graˈphol·o·gy** *s* Grapholoˈgie *f,* Handschriftendeutung *f.*
ˈ**graph·oˌmo·tor** *adj med.* graphomoˈtorisch (*die Schreibbewegungen betreffend*). ˈ**graph·o¸spasm** *s med.* Graphoˈspasmus *m,* Schreibkrampf *m.*
graph·oˈstat·ic *s arch.* Graphoˈstatik *f* (*zeichnerische Methode zur Lösung statischer Aufgaben*).
¸**graph·oˈther·a·py** *s psych.* Graphotheraˈpie *f* (*Befreiung von Erlebnissen od. Träumen durch deren Niederschrift*).
grap·nel [ˈgræpnl] *s* **1.** *mar.* a) Dreggˌanker *m,* Dregge *f,* b) Enterhaken *m.* **2.** *arch. tech.* a) Anker(eisen *n*) *m,* b) Greifer *m,* Greifklaue *f,* -haken *m.*
grap·pa [ˈgrɑːpə] *s* Grappa *f* (*alkoholisches Getränk aus Trestern*).
grap·ple [ˈgræpl] **I** *s* **1.** → **grapnel** 1 b *u.* 2 b. **2.** Griff *m* (*a. beim Ringen etc*). **3.** Handgemenge *n,* Kampf *m.* **II** *v/t* **4.** *mar.* a) entern, b) verankern. **5.** *arch. tech.* verankern, verklammern: **to** ~ **to** befestigen an (*dat*). **6.** packen, fassen. **7.** handgemein werden mit. **III** *v/i* **8.** e-n (Enter)Haken *od.* Greifer *etc* gebrauchen. **9.** handgemein werden, kämpfen (*a. fig.*): **to** ~ **with** s.th. *fig.* sich mit etwas herumschlagen.
grap·pling [ˈgræplɪŋ], ~ **hook,** ~·**i·ron** *s* → **grapnel** 1, 2 b.
grasp [grɑːsp; *Am.* græsp] **I** *v/t* **1.** packen, (er)greifen: **to** ~ **a chance** e-e Gelegenheit ergreifen; → **nettle** 1. **2.** an sich reißen. **3.** *fig.* verstehen, begreifen, (er-)fassen. **II** *v/i* **4.** (fest) zugreifen *od.* zupacken. **5.** ~ **at** greifen nach (*a. fig.*): → **shadow** 5, **straw** 1. **6.** ~ **at** *fig.* streben nach: **a man who ~s at too much may lose everything** j-d, der zu viel haben will, verliert unter Umständen alles. **III** *s* **7.** Griff *m:* **to keep s.th. in one's** ~ etwas fest gepackt halten; **to take a** ~ **at o.s.** *fig.* sich beherrschen. **8.** a) Reichweite *f,* b) *fig.* Macht *f,* Gewalt *f,* Zugriff *m:* **within one's** ~ in Reichweite, *fig. a.* greifbar nahe, in greifbarer Nähe; **within the** ~ **of** in der Gewalt von (*od. gen*). **9.** Auffassungsgabe *f,* Fassungskraft *f,* Verständnis *n:* **it is beyond his** ~ es geht über s-n Verstand; **it is within his** ~ das kann er begreifen; **to have a good** ~ **of a subject** ein Fach gut beherrschen. ˈ**grasp·ing** *adj* (*adv* ~**ly**) *fig.* habgierig.
grass [grɑːs; *Am.* græs] **I** *v/t* **1.** a) ~ **down** Gras säen auf (*dat*), b) ~ **over** mit Rasen bedecken. **2.** *Vieh* weiden *od.* grasen lassen, weiden. **3.** *Wäsche etc* auf dem Rasen bleichen. **4.** *sport bes. Am.* den Gegner zu Fall bringen. **5.** *hunt.* e-n Vogel abschießen. **6.** e-n Fisch an Land ziehen. **II** *v/i* **7.** grasen, weiden. **8. our garden is ~ing (up) well** in unserem Garten wächst das Gras gut. **9.** *Br. sl.* ˌsingen (**to bei**): **to** ~ **on** s.o. j-n ¸verpfeifen'. **III** *s* **10.** *bot.* Gras *n.* **11.** *pl* Gras(halme *pl*) *n.* **12.** Grasland *n,* Weide(land *n*) *f.* **13.** Gras *n,* Rasen *m*: **on the** ~ im Gras. **14.** *Bergbau:* Erdoberfläche *f* (*oberhalb e-r Grube*). **15.** *sl.* ˌGras(s)` *n* (*Marihuana*). **16.** *Br. sl.* Spitzel *m.*
Besondere Redewendungen:
to be (out) at ~ a) auf der Weide sein, weiden, grasen (*Vieh*), b) *colloq.* in Rente sein; **the** ~ **is always greener on the other side (of the fence)** (*od.* **in the other man's field**) bei anderen ist immer alles besser; **to go to** ~ a) auf die Weide gehen (*Vieh*), b) *colloq.* in Rente gehen; **to hear the** ~ **grow** *fig.* das Gras wachsen hören; **keep off the** ~! verboten!; **to let the** ~ **grow over** Gras wachsen lassen über (*acc*); **to let the** ~ **grow under one's feet** die Sache auf die lange Bank schieben; **not to let** ~ **grow under one's feet** nicht lange fackeln, keine Zeit verschwenden; **to put** (*od.* **turn out, send**) **to** ~ a) *Vieh* auf die Weide treiben, b) *bes.* e-m Rennpferd das Gnadenbrot geben, c) *colloq.* j-n in Rente schicken.
grass¦blade *s* Grashalm *m.* ~ **box** *s* Grasauffangkorb *m* (*e-s Rasenmähers*). ~ **cloth** *s* Gras-, Chinaleinen *n.* ~ **court** *s Tennis:* Rasenplatz *m.* ~ **green** *s* Grasgrün *n* (*Farbe*). ¸**~ˈgreen** *adj* grasgrün. ˈ**~-grown** *adj* mit Gras bewachsen. ˈ**~·¸hop·per** [-¸hɒpə; *Am.* -¸hɑpər] *s* **1.** *zo.* (Feld)Heuschrecke *f,* Grashüpfer *m*; → **knee-high** 2. **2.** *aer. mil. colloq.* Leichtflugzeug *n.* **3.** *a.* ~ **beam** *tech.* einseitig *od.* endseitig gelagerter Hebel. **4.** *sl.* ˌGras(s)raucher(in)`. ˈ**~·land** *s agr.* Weide(land *n*) *f,* Grasland *n.* **~-of-Parˈnas·sus** *s bot.* Herzblatt *n.* ~ **par·a·keet** *s orn.* (ein) Grassittich *m.* ˈ**~·plot,** *Am. a.* ˈ**~·¸plat** *s* Rasenfläche *f,* -platz *m.* ~ **roots** *s pl* (*a. als sg konstruiert*) **1.** *fig.* Wurzel *f:* **to attack a problem at the** ~ ein Problem an der Wurzel packen. **2.** *pol.* a) landwirtschaftliche *od.* ländliche Bezirke *pl,* b) Landbevölkerung *f.* **3.** *pol.* Basis *f* (*e-r Partei*). ˈ**~-roots** *adj pol.* an der Basis, der Basis: **the** ~ **opinion.** ~ **ski·ing** *s sport* Grasskilauf *m.* ~ **snake** *s zo.* **1.** Ringelnatter *f.* **2.** e-e nordamer. grüne Natter. ~ **wid·ow** *s* **1.** Strohwitwe *f.* **2.** *Am.* a) geschiedene Frau, b) (von ihrem Mann) getrennt lebende Frau. ~ **wid·ow·er** *s* **1.** Strohwitwer *m.* **2.** *Am.* a) geschiedener Mann, b) (von s-r Frau) getrennt lebender Mann.
ˈ**grass·y** *adj* **1.** grasbedeckt, grasig, Gras... **2.** grasartig.
grate[1] [greɪt] **I** *v/t* **1.** *Käse etc* reiben, *Gemüse etc* a. raspeln. **2.** a) knirschen mit: **to** ~ **one's teeth,** b) kratzen mit, c) quietschen mit. **3.** *etwas* krächzen(d sagen). **II** *v/i* **4.** a) knirschen, b) kratzen, c) quietschen. **5.** *fig.* weh tun ([**up**]**on** s.o. j-m): **to** ~ **on** s.o.'s **ears** j-m in den Ohren weh tun; **to** ~ **on** s.o.'s **nerves** an j-s Nerven zerren.
grate[2] [greɪt] **I** *s* **1.** Gitter *n.* **2.** (Feuer-)

grateful – graywacke

Rost *m.* **3.** Ka'min *m.* **4.** *tech.* (Kessel-)Rost *m,* Rätter *m.* **5.** *Wasserbau:* Fangrechen *m.* **II** *v/t* **6.** vergittern. **7.** mit e-m Rost versehen.
'**grate·ful** *adj* (*adv* ~ly) **1.** dankbar (to s.o. for s.th. j-m für etwas): a ~ letter ein Dank(es)brief. **2.** angenehm, will'kommen, wohltuend: a ~ rest; to be ~ to s.o. j-m zusagen. '**grate·ful·ness** *s* Dankbarkeit *f.*
grat·er ['greɪtə(r)] *s* Reibe *f,* Reibeisen *n,* Raspel *f.*
gra·tic·u·la·tion [grətɪkjʊ'leɪʃn] *s tech.* Netz *n* (*zur Vergrößerung etc*). **grat·i·cule** ['grætɪkju:l] *s tech.* **1.** mit e-m Netz versehene Zeichnung. **2.** Fadenkreuz *n.* **3.** (Grad)Netz *n,* Gitter *n,* Koordi'natensy stem *n.*
grat·i·fi·ca·tion [ˌgrætɪfɪ'keɪʃn] *s* **1.** Befriedigung *f:* a) Zu'friedenstellung *f,* b) Genugtuung *f* (at über *acc*): it gave me some ~ to hear that ich hörte mit Genugtuung, daß. **2.** Freude *f,* Vergnügen *n,* Genuß *m.* **3.** *obs.* Gratifikati'on *f,* Belohnung *f.* '**grat·i·fy** [-faɪ] *v/t* **1.** *j-n,* ein Verlangen *etc* befriedigen: to ~ one's thirst for knowledge s-n Wissensdurst stillen. **2.** erfreuen: to be gratified (at, with) sich freuen (über *acc*); I am gratified to hear ich höre mit Genugtuung *od.* Befriedigung. **3.** *j-m* entgegenkommen *od.* gefällig sein. **4.** *obs.* a) be-, entlohnen, b) *j-m* ein (Geld)Geschenk machen. '**grat·i·fy·ing** *adj* (*adv* ~ly) erfreulich, befriedigend (to für).
gra·tin ['grætæn; *Am.* 'grætn] *s gastr.* **1.** Gra'tin *m,* Bratkruste *f:* → au gratin. **2.** grati'nierte Speise.
grat·ing[1] ['greɪtɪŋ] *adj* (*adv* ~ly) **1.** knirschend, kratzend, quietschend. **2.** krächzend, heiser. **3.** unangenehm.
grat·ing[2] ['greɪtɪŋ] *s* **1.** Vergitterung *f,* Gitter(werk) *n.* **2.** (Balken-, Lauf)Rost *m.* **3.** *mar.* Gräting *f.* **4.** *phys.* (Beugungs-)Gitter *n:* ~ spectrum Gitterspektrum *n.*
gra·tis ['greɪtɪs; 'grætɪs] **I** *adv* gratis, um'sonst, unentgeltlich. **II** *adj* unentgeltlich, frei, Gratis...
grat·i·tude ['grætɪtjuːd; *Am.* -ˌtuːd] *s* Dankbarkeit *f* (to gegen'über): in ~ for aus Dankbarkeit für; a look of ~ ein dankbarer Blick.
gra·tu·i·tant [grə'tju:ɪtənt; *Am. a.* -'tu:-] *s* Empfänger(in) e-r Zuwendung.
gra·tu·i·tous [grə'tju:ɪtəs; *Am. a.* -'tu:-] *adj* (*adv* ~ly) **1.** unentgeltlich, frei, Gratis... **2.** freiwillig, unaufgefordert, unverlangt. **3.** grundlos, unbegründet, unberechtigt: a ~ suspicion. **4.** unverdient: a ~ insult. **5.** *jur.* ohne Gegenleistung. **gra'tu·i·tous·ness** *s* **1.** Unentgeltlichkeit *f.* **2.** Freiwilligkeit *f.* **3.** Grundlosigkeit *f.* **gra'tu·i·ty** *s* **1.** (*kleines*) (Geld-)Geschenk, Zuwendung *f,* Sondervergütung *f,* Gratifikati'on *f.* **2.** Trinkgeld *n.*
grat·u·late ['grætjʊleɪt; *Am.* -tʃə-] *obs.* → congratulate. '**grat·u·la·to·ry** [-tjʊlətərɪ; *Am.* -tʃələtəʊrɪ; -ˌtɔːrɪ] *obs.* → congratulatory.
gra·va·men [grə'veɪmen] *pl* **-vam·i·na** [-'veɪmɪnə; -'væ-], **-mens** *s* **1.** *jur.* a) Beschwerde(grund *m*) *f,* b) (*das*) Belastende (*e-r Anklage*). **2.** *bes. relig.* Beschwerde *f.*
grave[1] [greɪv] *s* **1.** Grab *n*: to be (as) quiet (*od.* silent) as the ~ a) kein einziges Wort sagen, b) verschwiegen wie ein *od.* das Grab sein; the house was as quiet as the ~ im Haus herrschte e-e Grabesstille; to dig one's own ~ sich sein eigenes Grab schaufeln; to have one foot in the ~ mit e-m Fuß *od.* Bein im Grab stehen; to rise from the ~ (von den Toten) auferstehen; to turn (over) in one's ~ sich im Grab (her)umdrehen; s.o. (*od.* a ghost) is walking over my ~ mich überläuft (*unerklärlicherweise*) e-e Gänsehaut. **2.** *fig.* Grab *n,* Tod *m*: to be brought to an early ~ e-n frühen Tod *od.* ein frühes Grab finden. **3.** *fig.* Grab *n,* Ende *n:* the ~ of our hopes.
grave[2] [greɪv] *pp* '**grav·en** [-vn], **graved** *v/t obs.* **1.** (ein)schnitzen, (-)schneiden, (-)meißeln. **2.** *fig.* eingraben, -prägen (s.th. on *od.* in s.o.'s mind j-m etwas ins Gedächtnis).
grave[3] [greɪv] **I** *adj* (*adv* ~ly) **1.** ernst: a) feierlich: ~ voice (look, *etc*), b) bedenklich, bedrohlich: a ~ situation, c) gesetzt, würdevoll, d) schwer, tief: ~ thoughts, e) gewichtig, schwerwiegend: ~ matters. **2.** dunkel, gedämpft (*Farbe*). **3.** *ling.* tieftonig, fallend: ~ accent → **5. 4.** *mus.* tief (*Ton*). **II** *s* **5.** *ling.* Gravis *m,* Ac'cent *m* grave.
grave[4] [greɪv] *v/t mar.* den Schiffsboden reinigen u. teeren.
'**grave·clothes** *s pl* Totengewand *n.* '**~·dig·ger** *s* Totengräber *m* (*a. zo. u. fig.*). **~ goods** *s pl Archäologie:* Grabbeigaben *pl.*
grav·el ['grævl] **I** *s* **1.** a) Kies *m*: concrete ~ Betonkies; ~ pit Kiesgrube *f,* b) Schotter *m.* **2.** *geol.* a) Geröll *n,* Geschiebe *n,* b) (*bes. goldhaltige*) Kieselschicht. **3.** *med.* Harngrieß *m.* **II** *v/t pret u. pp* **-eled,** *bes. Br.* **-elled 4.** a) mit Kies bestreuen, b) *Straße* beschottern. **5.** *fig.* verblüffen, verwirren. **6.** *Am. colloq.* ärgern, reizen. '**~-blind** *adj* fast (völlig) blind.
grav·el·ly ['grævlɪ] *adj* **1.** a) kiesig, Kies..., b) Schotter... **2.** *med.* grießig, Grieß... **3.** rauh (*Stimme*).
grav·en ['greɪvn] **I** *pp* von grave[2]. **II** *adj obs.* geschnitzt, gra'viert: ~ image *bes. Bibl.* Götzenbild *n.*
grav·er ['greɪvə(r)] *s* (Grab)Stichel *m.*
grave rob·ber *s* Grabräuber *m.*
Graves' dis·ease [greɪvz] *s med.* Basedowsche Krankheit.
'**grave·side** *s:* at the ~ am Grab; ~ service Gottesdienst *m* am Grab; '**~·stone** *s* Grabstein *m.* **~ wax** *s* Leichenwachs *m.* '**~·yard** *s* Friedhof *m*: ~ shift *Am. sl.* zweite Nachtschicht.
grav·id ['grævɪd] *adj* a) schwanger, b) *zo.* trächtig. **gra·vid·i·ty** [grə'vɪdətɪ] *s* a) Schwangerschaft *f,* b) Trächtigkeit *f.*
gra·vim·e·ter [grə'vɪmɪtə(r)] *s phys.* Gravi'meter *n:* a) Dichtemesser *m,* b) Schweremesser *m.*
grav·i·met·ric [ˌgrævɪ'metrɪk] *adj* (*adv* ~ally) *phys.* gravi'metrisch: ~ analysis gravimetrische Analyse, Gewichtsanalyse *f.* ˌ**grav·i'met·ri·cal** → gravimetric.
grav·ing dock ['greɪvɪŋ] *s mar.* Trockendock *n.* **~ tool** *s tech.* (Grab)Stichel *m.*
grav·i·tate ['grævɪteɪt] **I** *v/i* **1.** sich (durch Schwerkraft) fortbewegen, durch die eigene Schwere fließen *etc.* **2.** gravi'tieren, ('hin)streben (toward[s] zu, nach). **3.** sinken, fallen. **4.** *fig.* (to, toward[s]) angezogen werden (von), sich 'hingezogen fühlen, 'hinstreben (zu, auf *acc*), ('hin)neigen, ten'dieren (zu). **II** *v/t* **5.** gravi'tieren lassen. **6.** *Diamantwäscherei:* den Sand schütteln(, so daß die schwereren Teile zu Boden sinken). ˌ**grav·i'ta·tion** *s* **1.** *phys.* Gravitati'on *f:* a) Schwerkraft *f,* b) Gravi'tieren *n.* **2.** *fig.* Neigung *f,* Hang *m,* Ten'denz *f.* ˌ**grav·i'ta·tion·al** *adj phys.* Gravitations... ~ constant Gravitationskonstante *f*; ~ field Gravitations-, Schwerefeld *n;* ~ force Schwer-, Gravitationskraft *f;* ~ pull Anziehungskraft *f.* '**grav·i·ta·tive** *adj* **1.** *phys.* Gravitations... **2.** gravi'tierend.

grav·i·ty ['grævətɪ] **I** *s* **1.** Ernst *m*: a) Feierlichkeit *f:* to keep (*od.* preserve) one's ~ ernst bleiben, b) Bedenklichkeit *f,* Bedrohlichkeit *f:* the ~ of the situation der Ernst der Lage, c) Gesetztheit *f,* d) Schwere *f.* **2.** *mus.* Tiefe *f* (*Ton*). **3.** *phys.* a) Gravitati'on *f,* Schwerkraft *f,* b) (Erd-)Schwere *f:* → center **1,** force **1,** specific gravity. **4.** original ~ (*Brauerei*) Stammwürzgehalt *m* (*des Biers*). **II** *adj* **5.** nach dem Gesetz der Schwerkraft arbeitend: ~ drive *tech.* Schwerkraftantrieb *m;* ~ feed Gefällezuführung *f;* ~-operated durch Schwerkraft betrieben, Schwerkraft...
gra·vure [grə'vjʊə(r)] → photogravure.
gra·vy ['greɪvɪ] *s* **1.** Braten-, Fleischsaft *m.* **2.** (Fleisch-, Braten)Soße *f.* **3.** *sl. etwas unerwartet Angenehmes od. Einträgliches:* that's pure ~ a) das ist viel besser als erwartet, b) das ist ein richtiger 'warmer Regen'. **4.** *sl.* ˌille'galer *od.* ˌunsauberer' Pro'fit. **~ beef** *s gastr.* (Rinder)Saftbraten *m.* **~ boat** *s* Sauci'ere *f,* Soßenschüssel *f.* **~ train** *s:* to get on the ~ *sl.* leicht ans große Geld kommen.
gray, *bes. Br.* **grey** [greɪ] **I** *adj* (*adv* ~ly) **1.** grau: to grow ~ in s.o.'s service in j-s Dienst ergrauen; → mare[1]. **2.** trübe, düster, grau: a ~ day; ~ prospects *fig.* trübe Aussichten. **3.** *reich.* neu'tral, farblos, na'turfarben: ~ cloth ungebleichter Baumwollstoff. **4.** grau(haarig), ergraut. **5.** *fig.* alt, erfahren. **II** *s* **6.** Grau *n,* graue Farbe: dressed in ~ grau *od.* in Grau gekleidet. **7.** *zo.* Grauschimmel *m.* **8.** Na'turfarbe *f* (*Stoff*): in the ~ ungebleicht. **III** *v/t* **9.** grau machen. **10.** *phot.* mat'tieren. **IV** *v/i* **11.** grau werden, ergrauen: ~ing angegraut, graumeliert (*Haare*).
gray·| ar·e·a *s* **1.** *Br.* Gebiet *n* mit besonders hoher Arbeitslosigkeit. **2.** *fig.* Grauzone *f.* '**~·back** *s* **1.** *zo.* a) gray whale, b) Knutt *m.* **2.** *Am. colloq.* ˌGraurock' *m* (*Soldat der Südstaaten im Bürgerkrieg*). '**~·beard** *s* **1.** Graubart *m,* alter Mann. **2.** irdener Krug. **3.** *bot.* ~ clematis. **bod·y** *s phys.* Graustrahler *m.* '**~·coat** *s* → grayback **2.** **~ co·balt** *s min.* Speiskobalt *m.* **~ crow** *s orn.* Nebelkrähe *f.* **~ drake** *s zo. Br.* Gemeine Eintagsfliege. **~ em·i·nence** *s* graue Emi'nenz. '**~·fish** *s ichth.* (*ein*) Haifisch *m,* *bes.* a) Gemeiner Dornhai, b) Marderhai *m,* c) Hundshai *m.* **~ fox** *s zo.* Grau-, Grisfuchs *m.* **G- Fri·ar** *s relig.* Franzis'kaner(mönch) *m.* **~ goose** *s irr* → graylag. '**~·haired** *adj* grauhaarig. '**~·head·ed** *adj* **1.** graukööfig, -haarig. **2.** *fig.* altgedient, -erfahren (in in *dat*). **~ hen** *s orn.* Birk-, Haselhuhn *n.* '**~·hound** → greyhound.
gray·ish, *bes. Br.* **grey·ish** ['greɪɪʃ] *adj* gräulich, gräulich.
gray·lag ['greɪlæg] *s a.* ~ goose *orn.* Graugans *f.*
gray·ling ['greɪlɪŋ] *s* **1.** *ichth.* Äsche *f.* **2.** *zo.* (*ein*) Augenfalter *m.*
gray·| man·ga·nese ore → manganite **1.** **~ mar·ket** *s econ.* grauer Markt. **~ mat·ter** *s* **1.** *anat.* graue Sub'stanz (*des Gehirns u. des Rückenmarks*). **2.** *colloq.* Verstand *m,* ˌGrütze' *f,* ˌGrips' *m.* **G- Monk** *s* Zisterzi'enser(mönch) *m.* **~ mul·let** *s ichth.* Meeräsche *f.*
'**gray·ness,** *bes. Br.* '**grey·ness** *s* Grau *n:* a) graue Farbe, b) trübes Licht, c) *fig.* Trübheit *f,* Düsterkeit *f.*
gray·| owl *s orn.* Waldkauz *m.* **G- Pan·ther** *s* Grauer Panther (*Mitglied e-r aktiven Seniorenbewegung*). **~ par·rot** *s orn.* 'Graupapaˌgei *m.* **~ squir·rel** *s zo.* Grauhörnchen *n.* **~ stone** *s geol.* Graustein *m.* '**~·wacke** [-ˌwækə] *s geol.*

Grauwacke *f.* ~ **whale** *s zo.* Grauwal *m.*
graze[1] [greɪz] **I** *v/t* **1.** Vieh weiden (lassen). **2.** abweiden, abgrasen. **3.** als Weide(land) benutzen. **II** *v/i* **4.** weiden, grasen (*Vieh*).
graze[2] [greɪz] **I** *v/t* **1.** streifen: a) leicht berühren, b) schrammen. **2.** *med.* (ab-, auf)schürfen, (auf)schrammen. **II** *v/i* **3.** streifen. **III** *s* **4.** Streifen *n*, Schrammen *n*. **5.** *med.* Abschürfung *f*, Schramme *f*. **6.** *mil.* a) a. **grazing shot** Streifschuß *m*, b) 'Aufschlagdetonati,on *f*: ~ **fuse** empfindlicher Aufschlagzünder.
gra·zi·er ['greɪzjə; *bes. Am.* -ʒə(r)] *s* Viehzüchter *m.*
graz·ing ['greɪzɪŋ] *s* **1.** Weiden *n*. **2.** Weide(land *n*) *f*.
grease I *s* [griːs] **1.** (*zerlassenes*) Fett, Schmalz *n*. **2.** *tech.* Schmiermittel *n*, -fett *n*, Schmiere *f*. **3.** a) a. ~ **wool, wool in the** ~ Schmutz-, Schweißwolle *f*, b) Wollfett *n*. **4.** *vet.* → **grease heel**. **5.** *hunt.* Feist *n*: **in** ~, **in pride** (*od.* **prime**) **of** ~ feist, fett (*Wild*). **II** *v/t* [griːz; griːs] **6.** (ein-)fetten, *tech.* (ab)schmieren: **like** ~**d lightning** *colloq.* wie ein geölter Blitz. **7.** *colloq. j-n* ,schmieren', *j-n* bestechen: → **palm**[1] **1, hand** *Bes. Redew.* **8.** *etwas* erleichtern, fördern: **to** ~ **s.o.'s path** *j-m* den Weg ebnen. **9.** *vet.* Pferd mit Schmutzmauke infi'zieren. ~ **cup** *s tech.* Fett-, Schmierbüchse *f*. ~ **gun** *s tech.* (Ab)Schmierpresse *f*. ~ **heel** *s vet.* Schmutz-, Flechtenmauke *f (der Pferde)*. ~ **mon·key** *s colloq.* (*bes.* 'Auto-, 'Flugzeug)Me,chaniker *m.* ~ **paint** *s thea.* (Fett)Schminke *f.* '~**-proof** *adj* fettdicht: ~ **paper** Butterbrotpapier *n*.
greas·er ['griːzə(r); -sə(r)] **1.** Schmierer *m.* **2.** *tech.* Schmierbüchse *f*, -gefäß *n*. **3.** *Am. contp.* La'teinameri,kaner *m*, *bes.* Mexi'kaner *m.* **4.** *Br. colloq.* 'Autome,chaniker *m.* **5.** *Br. colloq.* widerlicher Kerl, *bes.* ,Radfahrer' *m.*
greas·i·ness ['griːzɪnɪs; -sɪ-] *s* **1.** Schmierigkeit *f*. **2.** Fettigkeit *f*, Öligkeit *f*. **3.** Glitschigkeit *f*, Schlüpfrigkeit *f*. **4.** *fig.* a) Schmierigkeit *f*, Öligkeit *f*, b) Aalglätte *f*.
greas·y ['griːzɪ; -sɪ] *adj* (*adv* **greasily**) **1.** schmierig, beschmiert. **2.** fett(ig), ölig: ~ **stain** Fettfleck *m*. **3.** glitschig, schlüpfrig. **4.** ungewaschen (*Wolle*): ~ **wool** → **grease 3 a**. **5.** *fig.* a) ölig, schmierig, b) aalglatt. ~ **heel** → **grease heel**. ~ **spoon** *s bes. Am. sl.* kleines, schmudd(e)liges Lo'kal.
great [greɪt] **I** *adj* (*adv* → **greatly**) **1.** groß, beträchtlich (*a. Anzahl*): **of** ~ **popularity** sehr beliebt; **a** ~ **many** sehr viele, *od.* eine große Anzahl; **the** ~ **majority** die große *od.* überwiegende Mehrheit; **in** ~ **detail** in allen Einzelheiten; → **majority 2. 2.** lang (*Zeit*): **a** ~ **while ago** vor langer Zeit. **3.** hoch (*Alter*): **to live to a** ~ **age** ein hohes Alter erreichen, sehr alt werden. **4.** groß: **what a** ~ **wasp!** was für e-e große Wespe!; **a** ~ **big lump** *colloq.* ein Mordsklumpen. **5.** groß (*Buchstabe*): **a** ~ **Z**. **6.** groß, Groß...: **G**~ **Britain** Großbritannien *n*; **Greater London** Groß-London *n*. **7.** groß, bedeutend, wichtig: ~ **problems**. **8.** groß, wichtigst(er, e, es), Haupt...: **the** ~ **attraction** die Hauptattraktion. **9.** (geistig) groß, über'ragend, berühmt, bedeutend: **a** ~ **poet** ein großer Dichter; **a** ~ **city** e-e bedeutende Stadt; **the G**~ **Duke** Beiname *des Herzogs von Wellington* (*1769–1852*); **Frederick the G**~ Friedrich der Große. **10.** (gesellschaftlich) hoch(stehend), groß: **the** ~ **world** die vornehme Welt; **a** ~ **family** e-e vornehme *od.* berühmte Familie. **11.** groß, erhaben: ~ **thoughts**. **12.** groß, beliebt, oft gebraucht: **it is a** ~ **word with modern artists** es ist ein Schlagwort der modernen Künstler. **13.** groß (*in hohem Maße*): **a** ~ **friend of mine** ein guter *od.* enger Freund von mir; **a** ~ **landowner** ein Großgrundbesitzer. **14.** ausgezeichnet, großartig: **a** ~ **opportunity**; **it is a** ~ **thing to be healthy** es ist sehr viel wert, gesund zu sein. **15.** (*nur pred*) *colloq.* a) (**at**, **in** *dat*) groß, gut, sehr geschickt : **he is** ~ **at chess** er spielt sehr gut Schach, er ist ein großer Schachspieler ,vor dem Herrn'; **he's** ~ **at drinking** im Trinken ist er groß, b) interes'siert (**on** für): **to be** ~ **on s.th.** sich für etwas begeistern, c) sehr bewandert (**on** in *dat*). **16.** *colloq.* eifrig, begeistert: **a** ~ **reader**. **17.** *colloq.* großartig, herrlich, wunderbar, fa'mos: **we had a** ~ **time** wir haben uns großartig amü'siert, es war ,toll'; **wouldn't that be** ~? wäre das nicht herrlich? **18.** (*in Verwandtschaftsbezeichnungen*) a) Groß..., b) (*vor* **grand**...) Ur...
II *s* **19. the** ~ die Großen *pl*, die Promi'nenten *pl*. **20.** ~ **and small** groß u. klein, die Großen *pl* u. die Kleinen *pl*.
III *adv* **21.** *Am. colloq.* ,prima', ,bestens'.
great | al·ba·core ['ælbəkɔː(r)] → **tuna**. ~ **as·size** *s relig.* Jüngstes Gericht. ~ **auk** *s orn.* Riesenalk *m*. ~'**aunt** *s* Großtante *f*. ~ **cal·o·rie** *s phys.* große Kalo'rie, 'Kilokalo,rie *f.* **G**~ **Char·ter** → **Magna Charta**. ~ **cir·cle** *s math.* Groß-, Hauptkreis *m (e-r Kugel)*. '~-**cir·cle sail·ing** *s mar.* Großkreissegeln *n*. '~-**coat** *s bes. mil.* Mantel *m.* **G**~ **Dane** → **Dane 2**. ~ **di·vide** *s* **1.** *geogr.* Hauptwasserscheide *f*: **to cross the** ~ *fig.* die Schwelle des Todes überschreiten; **the D**~ die Rocky Mountains. **2.** *fig.* Krise *f*, entscheidende Phase. **G**~ **Dog** *s astr.* Großer Hund (*Sternbild*).
great·en ['greɪtn] *v/t u. v/i obs.* größer machen *od.* werden.
great | -'grand,child *s irr* Urenkel(in). ~**-'grand,daugh·ter** *s* Urenkelin *f*. ~**-'grand,fa·ther** *s* Urgroßvater *m*. ~**-'grand,moth·er** *s* Urgroßmutter *f*. ~**-'grand,par·ents** *s pl* Urgroßeltern *pl*. ~**-'grand,son** *s* Urenkel *m*.
great-great-'grand,fa·ther *s* Ururgroßvater *m*.
great gross *s* zwölf Gros *pl*.
great'heart·ed *adj* **1.** beherzt, furchtlos. **2.** edelmütig, hochherzig.
'great·ly *adv* sehr, höchst, 'überaus, außerordentlich: **he was** ~ **moved** er war tief bewegt.
Great | Mo·gul *s hist.* Großmogul *m*. **g**~ **mo·rel** → **belladonna a.** ₁**g**~**-'neph·ew** *s* Großneffe *m*.
'great·ness *s* **1.** (geistige) Größe, Erhabenheit *f*: ~ **of mind** Geistesgröße *f*. **2.** Größe *f*, Bedeutung *f*, Rang *m*, Macht *f*. **3.** (gesellschaftlich) hoher Rang. **4.** Ausmaß *n*.
great | -'niece *s* Großnichte *f.* ~ **north·ern div·er** *s orn.* Eistaucher *m.* ~ **or·gan** *s mus.* erstes 'Hauptmanu,al. **G**~ **Plains** *s pl* Prärieebiete im Westen *der USA*. **G**~ **Pow·ers** *s pl pol.* Großmächte *pl*. **G**~ **Re·bel·lion** *s hist.* **1.** *Am.* Auflehnung *f* der Südstaaten im Bürgerkrieg. **2.** *Br.* der Kampf des Parlaments gegen Karl I. (*1642–49*). **G**~ **Rus·sian** *s* Großrusse *m*, -russin *f.* ~ **seal** *s* Großsiegel *n.* ~ **tit** *s orn.* Kohlmeise *f.* ~**-'un·cle** *s* Großonkel *m.* **G**~ **Wall (of Chi·na)** *s* chi'nesische Mauer. **G**~ **War** *s* Erster Weltkrieg. **G**~ **Week** *s relig.* Karwoche *f*.
greave [griːv] *s mil. hist.* Beinschiene *f*.
greaves [griːvz] *s pl gastr.* Grieben *pl*.
grebe [griːb] *s orn.* (See)Taucher *m*.
Gre·cian ['griːʃn] **I** *adj* **1.** (*bes.* klassisch) griechisch: ~ **architecture**; ~ **profile** klassisches Profil; ~ **gift** → **Greek gift**. **II** *s* **2.** Grieche *m*, Griechin *f*. **3.** Helle'nist *m*, Grä'zist *m*.
Gre·cism, Gre·cize, Greco- [grekəʊ; griː-] *bes. Am. für* **Graecism**, *etc*.
gree[1] [griː] *s obs.* **1.** Gunst *f*. **2.** Genugtuung *f (für e-e Kränkung etc)*.
gree[2] [griː] *obs. für* **agree 7**.
gree[3] [griː] *s Scot. obs.* **1.** a) Über'legenheit *f*, b) Sieg *m*. **2.** Siegespreis *m*.
greed [griːd] *s* **1.** Gier *f* (**for** nach): ~ **for power** Machtgier. **2.** Habgier *f*, -sucht *f*. **3.** Gefräßigkeit *f*. **'greed·i·ness** *s* **1.** Gierigkeit *f*. **2.** Gefräßigkeit *f*. **'greed·y** *adj* (*adv* **greedily**) **1.** gierig (**for** auf *acc*, nach): ~ **for power** machtgierig; **the flowers are** ~ **for water** die Blumen brauchen dringend Wasser. **2.** habgierig, -süchtig. **3.** gefräßig.
Greek [griːk] **I** *s* **1.** Grieche *m*, Griechin *f*: **when** ~ **meets** ~ *fig.* wenn zwei Ebenbürtige sich miteinander messen. **2.** *ling.* Griechisch *n*, das Griechische: **that's** ~ **to me** *fig.* das sind für mich böhmische Dörfer. **3.** *relig.* → **Greek Catholic I. 4.** *univ. Am. colloq.* Mitglied *n* e-r **Greek**-letter society. **II** *adj* **5.** griechisch: ~ **cross**; ~ **calends**. **6.** *relig.* → **Greek Catholic II.** ~ **Cath·o·lic** *relig.* **I** *s* **1.** Griechisch-Ka'tholische(r *m*) *f*. **2.** Griechisch- Ortho'doxe(r *m*) *f*. **II** *adj* **3.** griechisch-ka'tholisch. **4.** griechisch-ortho'dox. ~ **Church** *s relig.* griechisch-ka'tholische *od.* -ortho'doxe Kirche. ~ **Fa·thers** *s pl relig.* griechische Kirchenväter *pl.* ~ **fire** *s mil. hist.* griechisches Feuer, Seefeuer *n.* ~ **fret** *s* Mä'ander *m (Ornament).* ~ **gift** *s* Danaergeschenk *n.* ~**-'let·ter so·ci·e·ty** *s univ. Am.* für gewöhnlich mit 2 *od.* 3 griechischen Buchstaben bezeichnete Studentenverbindung. ~ **Or·tho·dox Church** → **Greek Church**.
green [griːn] **I** *adj* (*adv* ~**ly**) **1.** grün: a) von grüner Farbe: **the lights are** ~ die Ampel steht auf Grün; (**as**) ~ **as grass** *fig.* völlig unerfahren (→ **4**), b) grünend: ~ **trees**, c) grün bewachsen: ~ **fields**, d) ohne Schnee: **a** ~ **Christmas** grüne Weihnachten, e) unreif: ~ **apples**. **2.** grün (*Gemüse*): ~ **food** → **15**. **3.** frisch: a) neu: **a** ~ **wound**, b) le'bendig: ~ **memories**. **4.** *fig.* grün, unerfahren, unreif, na'iv: **a** ~ **youth**; ~ **in years** jung an Jahren. **5.** jugendlich, rüstig: ~ **old age** rüstiges Alter. **6.** grün, bleich: ~ **with envy** grün *od.* gelb vor Neid; ~ **with fear** schreckensbleich. **7.** roh, frisch, Frisch...: ~ **meat. 8.** grün: a) ungetrocknet, frisch: ~ **wood** grünes Holz, b) ungeräuchert, ungesalzen: ~ **herrings** grüne Heringe, c) ungerö'stet: ~ **coffee**. **9.** neu: ~ **wine**; ~ **beer** Jungbier *n*. **10.** *tech.* nicht fertig verarbeitet: ~ **ceramics** ungebrannte Töpferwaren; ~ **clay** grüner *od.* feuchter Ton; ~ **hide** Rohhaut *f*; ~ **metal powder** grünes (*nicht gesintertes*) Pulvermetall; ~ **ore** Roherz *n*. **11.** *tech.* fa'brikneu: ~ **assembly** Erstmontage *f*; ~ **gears** nicht eingelaufenes Getriebe; ~ **run** Einfahren *n*, erster Lauf (*e-r Maschine etc*).
II *s* **12.** Grün *n*, grüne Farbe: **dressed in** ~ grün *od.* in Grün gekleidet; **at** ~ bei Grün; **the lights are at** ~ die Ampel steht auf Grün; **do you see any** ~ **in my eye?** *colloq.* hältst du mich für so dumm? **13.** a) Grünfläche *f*, Rasen(platz) *m*: **village** ~ Dorfanger *m*, b) → **putting green**. **14.** *pl* Grün *n*, grünes Laub. **15.** *pl* grünes Gemüse, Blattgemüse *n*. **16.** *fig.* (Jugend)Frische *f*, Lebenskraft *f*: **in the** ~ in voller Frische. **17.** *sl.* ,Mo'neten' *pl* (*Geld*). **18.** *sl.* minderwertiges Mari-

green algae – griffon

hu'ana. **19.** *pl sl.* ‚Bumsen' *n* (*Geschlechtsverkehr*).
III *v/t* **20.** grün machen *od.* färben. **21.** *colloq.* j-n ‚her'einlegen'.
IV *v/i* **22.** grün werden, grünen: **to ~ out** ausschlagen.
green al·gae *s pl bot.* Grünalgen *pl.*
green·a·lite ['gri:nəlaɪt] *s min.* Greena-'lit *m.*
'green|·back *s* **1.** *Am.* Greenback *m*: a) *hist.* 1862 ausgegebene Schatzanweisung mit Banknotencharakter mit grünem Rückseitenaufdruck, b) *colloq.* Dollarschein *m.* **2.** grünes Tier, *bes.* Laubfrosch *m.* **~ belt** *s* Grüngürtel *m* (*um e-e Stadt*). **'~-blind** *adj med.* grünblind. **~ book** *s pol.* Grünbuch *n.* **'~|bri·er** *s bot.* Stechwinde *f.* **~ card** *s* **1.** *mot. Br.* grüne Versicherungskarte. **2.** *Am.* grüne Karte, mit der mexikanische Landarbeiter die amerikanische Grenze passieren können. **~ cheese** *s* **1.** unreifer Käse. **2.** Molken- *od.* Magermilchkäse *m.* **3.** Kräuterkäse *m.* **~ cloth** *s bes. Am.* **1.** Spieltisch *m.* **2.** Billardtisch *m.* **~ crab** *s zo.* Strandkrabbe *f.* **~ crop** *s agr.* Grünfutter *n.* **~ cur·ren·cy** *s econ.* grüne Währung (*innerhalb der EG*).
green·er·y ['gri:nərɪ] *s* **1.** Grün *n*, Laub *n.* **2.** → greenhouse 1.
'green|·eyed *adj* **1.** grünäugig. **2.** *fig.* eifersüchtig, neidisch: **the ~ monster** die Eifersucht, der Neid. **'~·field** *adj Br.* in e-r ländlichen *od.* unerschlossenen Gegend: **~ sites**. **~·finch** *s orn.* Grünfink *m.* **~ fin·gers** *s pl* gärtnerische Begabung: **he has ~** er hat e-e grüne Hand. **'~·fly** *s zo. Br.* grüne Blattlaus. **'~·gage** *s bot.* Reine'claude *f.* **'~·gill** *s zo.* grüne Auster. **~ goose** *s irr* junge (Mast)Gans. **'~·gro·cer** *s bes. Br.* Obst- u. Gemüsehändler *m.* **'~·gro·cer·y** *s bes. Br.* **1.** Obst- u. Gemüsehandlung *f.* **2.** Obst *n* u. Gemüse *n.* **~ heart** *s* Grün(harz)holz *n.* **'~·horn** *s colloq.* **1.** ‚Grünhorn' *n*: a) Grünschnabel *m*, b) (unerfahrener) Neuling. **2.** Gimpel *m*, leichtgläubiger Mensch. **'~·house** *s* **1.** Gewächs-, Treibhaus *n*: **~ effect** Treibhaus-, Glashauseffekt *m.* **2.** *aer. colloq.* Vollsichtkanzel *f.*
'green·ing *s* grünschaliger Apfel.
'green·ish *adj* grünlich.
Green·land·er ['gri:nləndə(r)] *s* Grönländer(in). **Green'lan·dic** [-'lændɪk] **I** *adj* grönländisch. **II** *s ling.* Grönländisch *n*, das Grönländische.
Green·land| shark ['gri:nlənd] *s ichth.* Grönland-, Eishai *m.* **~ whale** *s zo.* Grönland-, Nordwal *m.*
green light *s* grünes Licht (*bes. der Verkehrsampel*) (*a. fig.*): **to give s.o. the ~** j-m grünes Licht geben (on, to für).
green·ling ['gri:nlɪŋ] *s ichth.* Grünling *m.*
'green|·lin·ing *s Am.* Methoden zur Bekämpfung des **redlining**. **~ liz·ard** *s zo.* Smaragdeidechse *f.* **~ lung** *s Br.* grüne Lunge, Grünfläche *f.* **~ ma·nure** *s agr.* Grün-, Pflanzendünger *m.* **~ mon·key** *s zo.* Grüne Meerkatze. **G~ Moun·tain State** *s Am.* (*Spitzname für*) Vermont *n.*
'green·ness *s* **1.** Grün *n*, (*das*) Grüne. **2.** grüne Farbe. **3.** *fig.* Unerfahrenheit *f*, Unreife *f.* **3.** Jugendlichkeit *f*, Rüstigkeit *f.*
green| oil *s chem.* Grünöl *n*, *bes.* Anthra'cenöl *n.* **'G~·peace** *s* Greenpeace *n* (*e-e militante Umweltschutzbewegung*). **~ peak** *s Br. für* green woodpecker. **~ pound** *s econ.* grünes Pfund (*Verrechnungseinheit innerhalb der EG*). **'~·room** *s thea. etc* Künstlerzimmer *n.* **'~|·salt·ed** *adj tech.* ungegerbt gesalzen (*Häute*). **'~·sand** *s geol.* Grünsand *m.* **'~·shank** *s orn.* Grünschenkel *m.* **'~·sick** *adj med.*

bleichsüchtig. **'~|·sick·ness** *s med.* Bleichsucht *f.* **~ smalt** *s min.* Kobaltgrün *n.* **'~·stick frac·ture** *s med.* Grünholz-, Knickbruch *m.* **'~·stone** *s min.* **1.** Grünstein *m.* **2.** Ne'phrit *m.* **'~·stuff** *s* **1.** Grünfutter *n.* **2.** grünes Gemüse. **'~·sward** *s* Rasen *m.* **~ ta·ble** *s* Sitzungstisch *m.* **~ tea** *s* grüner Tee. **~ thumb** *Am.* → green fingers. **~ tur·tle** *s zo.* Suppenschildkröte *f.* **~ vit·ri·ol** *s chem.* 'Eisenvitri,ol *n.*
Green·wich (Mean) Time ['grɪnɪdʒ; 'grenɪtʃ] *s* Greenwicher Zeit *f.*
'green|·wood *s* **1.** grüner Wald. **2.** *bot.* Färberginster *m.* **~ wood·peck·er** *s orn.* Grünspecht *m.*
'green·y *adj* grünlich.
greet[1] *v/t* **1.** grüßen: **he never ~s you** er grüßt nie. **2.** begrüßen, empfangen. **3.** *dem Auge begegnen, ans Ohr dringen*: **a surprising sight ~ed his eyes** (*od.* him) ihm bot sich ein überraschender Anblick. **4.** *e-e Nachricht etc aufnehmen*: **to be ~ed by silence** schweigend aufgenommen werden.
greet[2] [gri:t] *v/i Scot.* weinen.
'greet·ing *s* **1.** Gruß *m*, Begrüßung *f.* **2.** *pl* a) Grüße *pl*: **give ~s from me to all your family** grüßen Sie Ihre ganze Familie von mir, b) Glückwünsche *pl*: **~s card** Glückwunschkarte *f.* **3.** *Am.* Anrede *f* (*im Brief*).
gre·gar·i·ous [grɪ'geərɪəs] *adj* (*adv* ~ly) **1.** gesellig. **2.** *zo.* in Herden *od.* Scharen lebend, Herden...: **~ animal**. **3.** *bot.* traubenförmig *od.* büschelartig wachsend. **gre'gar·i·ous·ness** *s* **1.** Geselligkeit *f.* **2.** Zs.-Leben *n* in Herden.
Gre·go·ri·an [grɪ'gɔ:rɪən; *Am. a.* -'goʊ-] *relig.* **I** *adj* Gregori'anisch: **~ calendar**. **II** *s* → Gregorian chant. **~ chant** *s mus.* Gregori'anischer Gesang. **~ ep·och** *s* Zeit *f* seit der Einführung des Gregori'anischen Ka'lenders (*1582*). **~ mode** *s mus.* Gregori'anische (Kirchen)Tonart. **~ style** *s* Gregori'anische *od.* neue Zeitrechnung. **~ tone** *s mus.* Gregori'anischer (Psalm)Ton.
greige [greɪʒ] *adj u. s Textil. bes. Am.* na'turfarben(e Stoffe *pl*).
grei·sen ['graɪzn] *s geol.* Greisen *m* (*ein umgewandelter Granit*).
gre·mi·al ['gri:mɪəl] *s R.C.* Gremi'ale *n* (*Schoßtuch des Bischofs beim Messelesen*).
grem·lin ['gremlɪn] *s aer. colloq.* böser Geist, Kobold *m* (*der Maschinenschaden etc verursacht*).
gre·nade [grɪ'neɪd] *s* **1.** *mil.* ('Hand- *od.* Ge'wehr)Gra,nate *f.* **2.** → **launcher** Granatwerfer *m.* **'Tränengas,pa,trone** *f.*
gren·a·dier [,grenə'dɪə(r)] *s mil.* Grena'dier *m* (*hist. außer in*): **the G~s, the G~ Guards** *Br. die* Grenadiergarde *f.*
gren·a·dine[1] [,grenə'di:n] **I** *s* **1.** Grena'dine *f*, Gra'natapfelsirup *m*, -saft *m.* **2.** Gra'nat-, Braunrot *n* (*Farbe*). **II** *adj* **3.** gra'natfarben, gra'nat-, braunrot.
gren·a·dine[2] [,grenə'di:n] *s* Grena'dine *f* (*leichtes, durchsichtiges Seiden-* od. *Chemieseidengewebe*).
gren·a·dine[3] [,grenə'di:n] *s gastr.* Grena'din *m, n* (*runde, gespickte, in Butter gebratene Fisch- od. Fleischschnitte*).
Gresh·am's| law, **~ the·o·rem** ['greʃəmz] *s* Greshamsches Gesetz (*Beobachtung, daß von zwei nebeneinander zirkulierenden u. mit gleicher gesetzlicher Zahlungskraft ausgestatteten Geldarten die auf Grund ihres Materials für wertvoller angesehene Geldart aus dem Zahlungsverkehr verschwindet und gehortet wird*).
gres·so·ri·al [gre'sɔ:rɪəl; *Am. a.* -'soʊ-] *adj zo.* Schreit-, Stelz...: **~ birds**.
Gret·na Green mar·riage [,gretnə-

'gri:n] *s* Heirat *f* in Gretna Green (*Schottland*).
grew [gru:] *pret von* grow.
grew·some → gruesome.
grey [greɪ] *bes. Br. für* gray.
'grey·hound *s* **1.** *zo.* Windhund *m*, -spiel *n.* **2.** → ocean greyhound. **~ rac·ing** *s* Windhundrennen *n od. pl.*
'grey·ish, **'grey·ness** *bes. Br. für* grayish, grayness.
grid [grɪd] **I** *s* **1.** Gitter *n*, (Eisen)Rost *m.* **2.** *electr.* Gitter *n* (*e-r Elektronenröhre*). **3.** *electr. etc* Versorgungsnetz *n.* **4.** *geogr.* Gitter(netz) *n* (*auf Karten*). **5.** → gridiron 1, 4, 7. **II** *adj* **6.** *electr.* Gitter...: **~ circuit**; **~ condenser**; **~ current**; **~ bias** Gittervorspannung *f.* **7.** *Am. colloq.* Football.
grid·der ['grɪdə(r)] *s Am. colloq.* a) Footballspieler *m*, b) Footballfan *m.*
grid·dle ['grɪdl] **I** *s* **1.** (rundes) Backblech: **to be on the ~** *colloq.* ‚in die Mangel genommen werden' (*bes. von der Polizei*). **2.** *Bergbau*: Schüttelsieb *n*, Planrätter *m.* **II** *v/t* **3.** auf e-m (Back)Blech backen. **4.** *tech.* sieben. **'~·cake** *s* Pfannkuchen *m.*
gride [graɪd] **I** *v/i* knirschen, scheuern, reiben. **II** *v/t* knirschend (zer)schneiden. **III** *s* Knirschen *n.*
grid·i·ron ['grɪd,aɪə(r)n] *s* **1.** Bratrost *m.* **2.** Gitter(rost *m*, -werk *n*) *n.* **3.** Netz (-werk) *n* (*von Leitungen, Bahnlinien etc*). **4.** *mar.* Balkenroste *f.* **5.** *thea.* Schnürboden *m.* **6.** ~ **pendulum** Kompensati'onspendel *n.* **7.** *American Football*: *colloq.* Spielfeld *n.*
grid| leak *s electr.* 'Gitterableit,widerstand *m.* **~ line** *s* Gitternetzlinie *f* (*auf e-r Landkarte*). **~ ref·er·ence** *s mil.* 'Planqua,dratangabe *f.* **~ square** *s* 'Planqua,drat *n.*
grief [gri:f] *s* **1.** Gram *m*, Kummer *m*, Leid *n*, Schmerz *m*: **to my great ~** zu m-m großen Kummer; **to be a ~ to s.o.** j-m Kummer bereiten; **to bring to ~** zugrunde richten; **to come to ~** a) zu Schaden kommen, sich verletzen, b) fehlschlagen, scheitern, c) zugrunde gehen; **good ~!** *colloq.* Menschenskind! **2.** *obs.* a) Leiden *n*, b) Wunde *f.* **'~·strick·en** *adj* kummervoll, (tief)betrübt, gramgebeugt.
griev·ance ['gri:vns] *s* **1.** Beschwerde (-grund *m*) *f*, (Grund *m* zur) Klage *f*, 'Mißstand *m.* **2.** *Am.* Arbeitsstreitigkeit(en *pl*) *f*: **~ committee** Schlichtungsausschuß *m*; **~ procedure** Beschwerde-, Schlichtungsverfahren *n.* **3.** Unzufriedenheit *f*: **to the ~ of** zum Verdruß (*gen*). **4.** Groll *m*: **to have a ~ against s.o.** e-n Groll gegen j-n hegen.
grieve [gri:v] **I** *v/t* betrüben, bekümmern, j-m weh tun, j-m Kummer bereiten: **it ~s me to see that** ich sehe zu m-m *od.* mit Kummer, daß. **II** *v/i* bekümmert sein, sich grämen (at, about, over über *acc*, wegen): **to ~ for** trauern um.
griev·ous ['gri:vəs] *adj* (*adv* ~ly) **1.** schmerzlich, bitter. **2.** schwer, schlimm: **~ error**; **~ loss**; **~ wound**; **~ bodily harm** *jur. Br.* schwere Körperverletzung. **3.** schmerzhaft, quälend. **4.** drückend. **5.** bedauerlich. **6.** schmerzerfüllt, Schmerzens... **~ cry**. **'griev·ous·ness** *s* **1.** (*das*) Schmerzliche, Bitterkeit *f.* **2.** Schwere *f.*
grif·fin[1] ['grɪfɪn] *s* **1.** *antiq. her.* Greif *m.* **2.** → griffon[1].
grif·fin[2] ['grɪfɪn] *s* Neuankömmling *m* im Orient (*bes. aus Westeuropa*).
grif·fon[1] ['grɪfn] *a.* **~ vul·ture** *s orn.* Weißköpfiger Geier.
grif·fon[2] ['grɪfn] *s* **1.** → griffin[1]. **2.** Griffon *m* (*ein Vorstehhund*).

grift [grɪft] *Am. sl.* **I** *s* **1.** *(manchmal als pl konstruiert)* Me'thoden *pl*, um sich Geld zu ergaunern. **2.** ergaunertes Geld: **to live on the ~ →** 3 b. **II** *v/i* **3.** a) sich Geld ergaunern, b) von ergaunertem Geld leben. **III** *v/t* **4.** sich *Geld* ergaunern.
'**grift·er** *s Am. sl.* Gauner *m*.
grig [grɪg] *s dial.* **1.** fi'delle Per'son: **(as) merry as a ~** kreuzfidel. **2.** a) Grille *f*, b) kleiner Aal.
grill¹ [grɪl] **I** *s* **1.** Grill *m* (*a. Bratrost*). **2.** Grillen *n*. **3.** Gegrillte(s) *n*: **a ~ of meat** gegrilltes Fleisch. **4. → grillroom. II** *v/t* **5.** grillen. **6. to ~ o.s.** sich (*in der Sonne*) ‚grillen' (*lassen*); **to be ~ed** ‚schmoren'. **7.** *colloq. j-n* ‚in die Mangel nehmen' (*bes. Polizei*): **to ~ s.o. about** j-n ‚ausquetschen' über (*acc*). **III** *v/i* **8.** gegrillt werden, auf dem Grill liegen. **9.** a) sich (*in der Sonne*) ‚grillen' (*lassen*), b) ‚schmoren'.
grill² [grɪl] → **grille**.
gril·lage [grɪlɪdʒ] *s arch.* Pfahlrost *m*, 'Unterbau *m*.
grille [grɪl] *s* **1.** Tür-, Fenstergitter *n*. **2.** Gitterfenster *n*, Schalter-, Sprechgitter *n*. **3.** *mot.* (Kühler)Grill *m*.
grilled¹ [grɪld] *adj* gegrillt: **~ meat**.
grilled² [grɪld] *adj* vergittert.
'**grill·er →** grill¹ 1. '**grill·ing** *s*: **to give s.o. a ~** *colloq.* j-n ‚in die Mangel nehmen' (*bes. Polizei*); **to give s.o. a ~ about** *colloq.* j-n ‚ausquetschen' über (*acc*).
'**grill·room** [ˈɡrɪlrʊm] *s* Grillroom *m* (*Restaurant od. Speiseraum in e-m Hotel, in dem hauptsächlich Grillgerichte [zubereitet u.] serviert werden*).
grilse [grɪls] *pl* **grilse** *s ichth.* junger Lachs.
grim [grɪm] *adj* (*adv* **~ly**) **1.** grimmig: **~ face**; **~ laughter**. **2.** erbittert, verbissen: **~ opposition**; **~ struggle**. **3.** grausam, hart, bitter: **a ~ truth**. **4.** hart, unerbittlich: **~ death** 1, **reaper** 1. **5.** grausig: **~ accident**; **~ story**. **6.** *colloq.* schlimm: **I've had a ~ day**.
gri·mace [grɪˈmeɪs; ˈɡrɪmæs] **I** *s* Gri'masse *f*, Fratze *f*: **to make a ~** e-e Grimasse schneiden *od.* machen *od.* ziehen, e-e Fratze schneiden; **to make a ~ of pain** das Gesicht vor Schmerz verzerren *od.* verziehen. **II** *v/i* e-e Gri'masse *od.* Gri'massen schneiden *od.* machen *od.* ziehen, e-e Fratze *od.* Fratzen schneiden, das Gesicht verzerren *od.* verziehen.
gri·mac·er *s* Gri'massenschneider(in).
gri·mal·kin [ɡrɪˈmælkɪn; -ˈmɔːl-] *s* **1.** alte Katze. **2.** alte Hexe (*Frau*).
grime [ɡraɪm] **I** *s* (dicker) Schmutz *od.* Ruß: **to be covered with ~** mit Ruß bedeckt sein. **II** *v/t* beschmutzen.
grim·i·ness [ˈɡraɪmɪnɪs] *s* Schmutzigkeit *f*.
Grimm's law [ɡrɪmz] *s ling.* Lautverschiebung(sgesetz *n*) *f*.
'**grim·ness** *s* **1.** Grimmigkeit *f*. **2.** Verbissenheit *f*. **3.** Grausamkeit *f*, Härte *f*. **4.** Unerbittlichkeit *f*. **5.** Grausigkeit *f*.
grim·y [ˈɡraɪmɪ] *adj* (*adv* **grimily**) schmutzig, rußig, verrußt.
grin [ɡrɪn] **I** *v/i* **1.** grinsen, feixen, *oft nur* (verschmitzt) lächeln: **to ~ at s.o.** j-n angrinsen *od.* anlächeln; **to ~ to o.s.** in sich hineingrinsen; **to ~ from ear to ear** übers ganze Gesicht grinsen; **to ~ and bear it** a) gute Miene zum bösen Spiel machen, b) die Zähne zs.-beißen; → **Cheshire cat**. **2.** die Zähne fletschen. **II** *v/t* **3.** grinsend sagen. **III** *s* **4.** Grinsen *n*, (verschmitztes) Lächeln: → **Cheshire cat, take** 12, **wipe** 6.
grind [ɡraɪnd] **I** *v/t pret u. pp* **ground** [ɡraʊnd] **1.** *Glas etc* schleifen. **2.** *Messer etc* schleifen, wetzen, schärfen: **to ~ in** *tech. Ventile etc* einschleifen; → **ax** 1. **3.** *a.* **~ down** (zer)mahlen, zerreiben, -stoßen, -stampfen, -kleinern, schroten: **to ~ small** (**into dust**) fein (zu Staub) zermahlen; **to ~ with emery** (ab)schmirgeln, glätten. **4.** *Kaffee, Korn etc* mahlen. **5.** *a.* **~ down** abwetzen. **6.** knirschend anein'anderreiben: **to ~ one's teeth** mit den Zähnen knirschen. **7. ~ down** *fig.* (unter)'drücken, schinden, quälen: **to ~ the faces of the poor** die Armen aussaugen. **8.** e-n Leier‚kasten drehen. **9.** *oft* **~ out** ein Musikstück her'unterspielen, e-n Zeitungsartikel *etc* her'unterschreiben, ‚hinhauen'. **10. ~ out** mühsam her'vorbringen, ausstoßen. **11. to ~ s.th. into s.o.** *colloq.* j-m etwas ‚einpauken' *od.* ‚eintrichtern'.
II *v/i* **12.** mahlen: → **mill¹** 1. **13.** sich mahlen *od.* schleifen lassen. **14.** knirschen: **to ~ to a halt** a) knirschend zum Stehen kommen, b) *fig.* zum Erliegen kommen. **15.** *colloq.* ‚sich abschinden', ‚schuften'. **16.** *ped. colloq.* ‚pauken', ‚büffeln', ‚ochsen' (**for** für): **to ~ at English** Englisch pauken. **17.** *meist* **bump and ~ → bump** 9.
III *s* **18.** Knirschen *n*. **19.** *colloq.* ‚Schinde'rei' *f*, ‚Schufte'rei' *f*: **the daily ~**. **20.** *ped. colloq.* a) ‚Pauken' *n*, ‚Büffeln' *n*, ‚Ochsen' *n*, b) ‚Pauker(in)', ‚Büffler(in)'. **21.** *Br. sl.* „Nummer" *f* (*Geschlechtsverkehr*): **to have a ~** e-e Nummer machen *od.* schieben.
grind·er [ˈɡraɪndə(r)] *s* **1.** (Scheren-, Messer-, Glas)Schleifer *m*. **2.** Schleifstein *m*. **3.** oberer Mühlstein. **4.** *tech.* a) 'Schleifma‚schine *f*, b) Mahlwerk *n*, Mühle *f*, c) Walzenmahl-, Quetschwerk *n*, d) (Kaffee)Mühle *f*, (Fleisch)Wolf *m*. **5.** *anat.* Backen-, Mahlzahn *m*. **6.** *pl sl.* Zähne *pl.* '**grind·er·y** *s* **1.** Schleife'rei *f* (*Betrieb od. Werkstatt*). **2.** *Br.* 'Schusterwerkzeug *n u.* -materi‚al *n*. '**grind·ing I** *s* **1.** Mahlen *n*. **2.** Schleifen *n*, Schärfen *n*. **3.** Knirschen *n*. **II** *adj* **4.** mahlend (*etc →* **grind** I *u.* II). **5.** Mahl..., Schleif...: **~ mill** a) Mühle *f*, Mahlwerk *n*, b) Schleif-, Reibmühle *f*; **~ paste** Schleifpaste *f*; **~ powder** Schleifpulver *n*; **~ wheel** Schleif-, Schmirgelscheibe *f*. **6. ~ work → grind** 19.
'**grind·stone** *s* **1.** Schleifstein *m*: **to keep** (*od.* **have**) **one's nose to the ~** *fig.* hart *od.* schwer arbeiten, ‚schuften'; **to keep s.o.'s nose to the ~** *fig.* j-n hart *od.* schwer arbeiten lassen; **to get back to the ~** *fig.* sich wieder an die Arbeit machen. **2.** Mühlstein *m*.
grin·go [ˈɡrɪŋɡəʊ] *pl* **-gos** *s* Gringo *m* (*in Südamerika verächtlich für j-n, der nicht romanischer Herkunft ist*).
grip¹ [ɡrɪp] **I** *s* **1.** Griff *m* (*a. Art, etwas zu packen*): **to come** (*od.* **get**) **to ~s with** a) aneinandergeraten mit, b) *fig.* sich auseinandersetzen *od.* ernsthaft beschäftigen mit, *e-r Sache* zu Leibe rücken; **to be at ~s with** a) in e-n Kampf verwickelt sein mit, b) *fig.* sich auseinandersetzen *od.* ernsthaft beschäftigen mit. **2.** *fig.* a) Griff *m*, Halt *m*, b) Herrschaft *f*, Gewalt *f*, Zugriff *m*, c) Verständnis *n*: **in the ~ of** in den Klauen *od.* in der Gewalt (*gen*); **to get** (*od.* **take**) **a ~ on** in s-e Gewalt *od.* (*geistig*) in den Griff bekommen; **to have** (*od.* **keep**) **a ~ on** etwas in der Gewalt haben, *Zuhörer etc* fesseln, gepackt halten; **to have** (*od.* **keep**) **a** (**good**) **~ on** *die Lage, e-e Materie etc* (*sicher*) beherrschen *od.* im Griff haben, *die Situation etc* (klar) erfassen; **to lose one's ~** die Herrschaft verlieren (**of** über *acc*), *fig.* (*bes. geistig*) nachlassen. **3.** Stich *m*, plötzlicher Schmerz(anfall). **4.** (*bestimmter*) Händedruck: **the Masonic ~** der Freimaurergriff. **5.** (Hand)Griff *m* (*e-s Koffers etc*). **6.** Haarspange *f*. **7.** *tech.* Klemme *f*, Greifer *m*, Spanner *m*. **8.** *tech.* Griffigkeit *f* (*a. von Autoreifen*). **9.** *thea.* Ku'lissenschieber *m*. **10.** Reisetasche *f*. **II** *v/t pret u. pp* **gripped**, *Am. a.* **gript** **11.** ergreifen, packen. **12.** *fig. j-n* packen: a) ergreifen (*Furcht, Spannung*), b) *Leser, Zuhörer etc* fesseln, in Spannung halten. **13.** *fig.* begreifen, verstehen. **14.** *tech.* festmachen, -klemmen. **III** *v/i* **15.** Halt finden. **16.** *fig.* packen, fesseln.
grip² [ɡrɪp] *s med. obs.* Grippe *f*.
grip brake *s tech.* Handbremse *f*.
gripe [ɡraɪp] **I** *v/t* **1.** *obs. →* **grip¹** 11. **2.** *obs.* quälen, (be)drücken. **3.** *mar.* ein *Boot etc* festlegen. **4.** zwicken, *bes. j-m* Bauchschmerzen verursachen: **to be ~d** Bauchschmerzen *od.* e-e Kolik haben. **5.** *Am. colloq.* ‚fuchsen', ärgern. **II** *v/i* **6.** *mar.* luvgierig sein (*Schiff*). **7.** Bauchschmerzen haben *od.* verursachen. **8.** *colloq.* (**about**) ‚meckern' (über *acc*, gegen), nörgeln (an *dat*, über *acc*): **to ~ at** *j-n* ‚anmeckern'. **III** *s* **9.** *obs. →* **grip¹** 1. **10.** *meist pl* Bauchschmerzen *pl*, Kolik *f*. **11.** *mar.* a) Anlauf *m* (*des Kiels*), b) *pl* Seile *pl* zum Festmachen. **12.** *colloq.* (Grund *m* zur) ‚Mecke'rei *f od.* Nörge'lei *f*: **what's your ~?** was hast du denn? '**grip·er** *s colloq.* ‚Meckerfritze' *m*, Nörgler(in).
'**grip·ing I** *s →* **gripe** 10. **II** *adj* zwickend.
grippe [ɡrɪp] *s med. obs.* Grippe *f*.
grip·per [ˈɡrɪpə(r)] *s* **1.** *tech.* Greifer *m*, Halter *m*. **2.** *Film etc*: Thriller *m*. '**gripping** *adj* **1.** *fig.* packend, fesselnd, spannend. **2.** *tech.* (Ein)Spann..., Klemm..., Greif(er)...: **~ jaw** Klemm-, Spannbacke *f*; **~ tool** Spannwerkzeug *n*.
'**grip‚sack** *s Am.* Reisetasche *f*.
gript [ɡrɪpt] *pret u. pp von* **grip¹**.
gri·saille [ɡrɪˈzeɪl; -ˈzaɪ] *s* Gri'saille *f* (*Malerei od. Gemälde in grauen* [*a. braunen od. grünen*] *Farbtönen*).
gris·e·ous [ˈɡrɪzɪəs; ˈɡrɪs-] *adj* perl-, bläulichgrau.
gris·kin [ˈɡrɪskɪn] *s Br.* Rippenstück *n*, Karbo'nade *f* (*des Schweins*).
gris·li·ness [ˈɡrɪzlɪnɪs] *s* Gräßlichkeit *f*, (*das*) Schauerliche.
gris·ly [ˈɡrɪzlɪ] *adj* gräßlich, schauerlich.
grist¹ [ɡrɪst] *s* **1.** Mahlgut *n*, -korn *n*: **that's ~ to** (*od.* **for**) **his mill** *fig.* das ist Wasser auf s-e Mühle; **all is ~ that comes to his mill** er weiß aus allem Kapital zu schlagen; **to bring ~ to the mill** Vorteil *od.* Gewinn bringen, einträglich sein. **2.** Brauerei: Malzschrot *n*. **3.** *Am.* ('Grundlagen)Materi‚al *n*.
grist² [ɡrɪst] *s* Stärke *f*, Dicke *f* (*von Garn od. Tau*).
gris·tle [ˈɡrɪsl] *s* Knorpel *m* (*bes. im Fleisch*). '**gris·tly** *adj* knorpelig.
grit [ɡrɪt] **I** *s* **1.** *geol.* a) (grober) Sand, Kies *m*, Grus *m*, b) *a.* **~stone** Grit *m*, flözleerer Sandstein. **2.** Streusand *m*. **3.** *min.* Korn *n*, Struk'tur *f*. **4.** *fig.* Mut *m*, ‚Mumm' *m*, Rückgrat *n*. **5.** *pl* a) Haferkorn *n*, b) Haferschrot *n*, -grütze *f*, c) *Am.* grobes Maismehl. **II** *v/t* **6.** e-e vereiste *Straße etc* streuen. **7. to ~ one's teeth** die Zähne zs.-beißen (*a. fig.*). **III** *v/i* **8.** knirschen, mahlen.
grit·ti·ness [ˈɡrɪtɪnɪs] *s* **1.** Sandigkeit *f*, Kiesigkeit *f*. **2.** *fig. →* **grit** 4. '**grit·ty** *adj* **1.** sandig, kiesig. **2.** *fig.* mutig, entschlossen, fest.
griz·zle¹ [ˈɡrɪzl] *v/i Br. colloq.* **1.** quengeln. **2.** sich beklagen (**about** über *acc*).
griz·zle² [ˈɡrɪzl] *s* **1.** Grau *n*, graue Farbe. **2.** graues *od.* angegrautes Haar. **3.** graue Pe'rücke.
griz·zled [ˈɡrɪzld] *adj* a) grau(haarig), b) mit angegrautem Haar.
griz·zly [ˈɡrɪzlɪ] **I** *adj* grau(haarig),

grizzly bear – ground

Grau... **II** s → grizzly bear. **~ bear** s zo. Grizzly(bär) m, Graubär m.
groan [grəʊn] **I** v/i **1.** (auf)stöhnen, ächzen (**with** vor *dat*): **to ~ at** stöhnen über (*acc*). **2.** ächzen, knarren (**beneath, under** unter *dat*) (*Fußboden etc*): **the table ~ed with food** der Tisch war mit Speisen überladen. **3.** *fig.* stöhnen, ächzen, leiden (**beneath, under** unter *dat*): **the country ~ed under the dictator's rule. 4.** Laute des Unmuts von sich geben. **II** v/t **5.** unter Stöhnen äußern, ächzen: **to ~ out a story** mit gepreßter Stimme e-e Geschichte erzählen. **6. ~ down** e-n Redner etc durch Laute des Unmuts zum Schweigen bringen. **III** s **7.** Stöhnen n, Ächzen n: **to give** (*od.* **heave**) **a ~** (auf)stöhnen, ächzen. **8.** Laut m des Unmuts.
groat [grəʊt] s alte englische Silbermünze.
groats [grəʊts] s pl Hafergrütze pl.
gro·cer [ˈgrəʊsə(r)] s Lebensmittelhändler m. **ˈgro·cer·y** s **1.** Lebensmittelgeschäft n. **2.** pl Lebensmittel pl. **3.** Lebensmittelhandel m. **ˌgro·ceˈte·ri·a** [-səˈtɪrɪə] s Am. Lebensmittelgeschäft n mit Selbstbedienung.
grog [grɒg; *Am.* grɑg] **I** s **1.** Grog m. **2.** *bes. Austral. colloq.* Schnaps m. **II** v/i **3.** Grog trinken. **ˈgrog·ger·y** [-ərɪ] s *Am.* „Schnapsbude' f.
grog·gi·ness [ˈgrɒgɪnɪs; *Am.* ˈgrɑ-] s *colloq.* **1.** Betrunkenheit f, „Schwips' m. **2.** Wackligkeit f. **3.** a. *Boxen:* Benommenheit f, (halbe) Betäubung. **ˈgrog·gy** adj *colloq.* **1.** groggy: a) (*Boxen*) schwer angeschlagen, b) *colloq.* erschöpft, abgespannt, c) *colloq.* schwach od. wacklig (auf den Beinen). **2.** a) wacklig (*Tisch etc*), b) morsch (*Zahn, Brücke etc*). **3.** *obs.* betrunken.
groin [grɔɪn] **I** s **1.** *anat.* Leiste(ngegend) f. **2.** *arch.* Grat(bogen) m, Rippe f. **3.** *tech. bes. Am.* Buhne f. **II** v/t **4.** *arch.* Gewölbe mit Kreuzgewölbe bauen. **groined** adj *arch.* gerippt: **~ vault** Kreuzgewölbe n.
grom·met [ˈgrɒmɪt; *Am.* ˈgrɑmət] s **1.** *mar.* Taukranz m. **2.** *tech.* (Me'tall)Öse f.
grom·well [ˈgrɒmwəl; -wel; *Am.* ˈgrɑm-] s *bot.* (*bes.* Echter) Steinsame.
groom [gruːm; grʊm] **I** s **1.** Pferdepfleger m, Stallbursche m. **2.** → **bridegroom. 3.** *Br.* Diener m, königlicher Beamter: **~ of the (Great) Chamber** königlicher Kammerherr m. **II** v/t **4.** *Person, Kleidung* pflegen. **5.** *Pferde* versorgen, pflegen, striegeln. **6.** *fig.* j-n aufbauen (**for Presidency** als zukünftigen Präsi'denten): **to ~ s.o. for stardom** j-n als Star lancieren.
ˈgrooms·man [ˈgruːmzmən; ˈgrʊmz-] s irr *Am.* → **best man.**
groove [gruːv] **I** s **1.** Rinne f, Furche f (*beide a. anat. tech.*): **in the ~** *sl. obs.* a) in (Hoch)Form od. in Stimmung, b) *Am.* in Mode, modern. **2.** *tech.* a) Nut f, Rille f, Hohlkehle f, Kerbe f: → **tongue** 8, b) Falz m, Fuge f. **3.** Rille f (*e-r Schallplatte*). **4.** *print.* Signa'tur f (*Drucktype*). **5.** *tech.* Zug m (*in Gewehren etc*). **6.** *fig.* a) gewohntes Gleis, b) *contp.* altes Gleis, alter Trott, Rou'tine f, Scha'blone f: **to get** (*od.* **fall**) **into a ~** in e-e Gewohnheit od. in e-n (immer gleichen) Trott verfallen; **to run** (*od.* **work**) **in a ~** sich in ausgefahrenen Gleisen bewegen. **7.** *sl.* „klasse od. tolle Sache': **to find s.th. a ~** etwas klasse finden.
II v/t **8.** *tech.* a) (aus)kehlen, rillen, riefeln, falzen, nuten, (ein)kerben, b) ziehen. **9.** *sl.* a) j-m Spaß machen, b) Spaß haben an (*dat*).
III v/i *sl.* **10.** Spaß machen. **11.** Spaß haben (**on** an *dat*).

grooved adj *tech.* gerillt, geriffelt, genutet: **~ pin** Kerbstift m; **~ wire** hohlkantiger Draht. **ˈgroov·er** s **1.** *tech.* 'Kehl-, 'Nut-, 'Falzma‚schine f *od.* -werkzeug n *od.* -stahl m. **2.** *sl.* ‚klasse *od.* toller Kerl' m. **ˈgroov·y** adj **1.** scha'blonenhaft. **2.** *sl.* ‚klasse', ‚toll'.
grope [grəʊp] **I** v/i **1.** tasten (**for** nach): **~ about** (*od.* **around**) herumtappen, -tasten, -suchen; **to ~ in the dark** *bes. fig.* im dunkeln tappen; **to ~ after** (*od.* **for**) **a solution** nach e-r Lösung suchen. **II** v/t **2.** tastend suchen: **to ~ one's way** sich vorwärtstasten. **3.** *colloq.* ein Mädchen etc ‚befummeln', betasten. **III** s **4.** Tasten n. **5. to have a ~** *colloq.* ‚fummeln'. **ˈgrop·ing·ly** adv tastend, *fig. a.* vorsichtig, unsicher.
gros·beak [ˈgrəʊsbiːk] s *orn.* ein Fink mit starkem Schnabel, *bes.* Kernbeißer m.
gros·grain [ˈgrəʊgreɪn] adj u. s grob gerippt(es Seidentuch *od.* -band).
gross [grəʊs] **I** adj (adv **~ly**) **1.** brutto, Brutto..., gesamt, Gesamt..., Roh...: **~ amount** Bruttobetrag m; **~ average** *mar.* große Havarie; **~ domestic product** Bruttoinlandsprodukt n; **~ margin** Bruttogewinnspanne f; **~ national income** Bruttovolkseinkommen n; **~ national product** Bruttosozialprodukt n; **~ profit(s)** Brutto-, Rohgewinn m; **~ sum** Gesamtsumme f; **~ weight** Bruttogewicht n. **2.** ungeheuerlich, schwer, grob: **a ~ error; a ~ injustice** e-e schreiende Ungerechtigkeit; **~ negligence** *jur.* grobe Fahrlässigkeit; **~ breach of duty** *jur.* schwere Pflichtverletzung. **3.** a) unfein, derb, grob, roh, b) unanständig, anstößig. **4.** *fig.* schwerfällig. **5.** dick, feist, plump, schwer. **6.** üppig, stark, dicht: **~ vegetation. 7.** grob(körnig): **~ powder. II** s **8.** (*das*) Ganze, (*die*) Masse: **in ~** *jur.* an der Person haftend; **in (the) ~** im ganzen, in Bausch u. Bogen. **9.** pl **gross** Gros n (*12 Dutzend*): **by the ~** groswise. **III** v/t **10.** brutto verdienen *od.* einnehmen *od.* (*Film etc*) einspielen. **ˈgross·ly** adv ungeheuerlich, äußerst: **~ exaggerated** stark *od.* maßlos übertrieben; **~ negligent** grob fahrlässig. **ˈgross·ness** s **1.** Ungeheuerlichkeit f, Schwere f. **2.** a) Grobheit f, Roheit f, Derbheit f, b) Unanständigkeit f, Anstößigkeit f. **3.** *fig.* Schwerfälligkeit f. **4.** Dicke f, Plumpheit f.
grot [grɒt; *Am.* grɑt] s *poet.* Grotte f.
gro·tesque [grəʊˈtesk] **I** adj (adv **~ly**) **1.** gro'tesk: a) *art* verzerrt, phan'tastisch, b) seltsam, bi'zarr, c) ab'surd, lächerlich. **II** s **2.** *art* Gro'teske f, gro'teske Fi'gur. **3. the ~** das Gro'teske. **groˈtesque·ness** s **1.** (*das*) Gro'teske *od.* Bi'zarre *od.* Ab'surde. **2.** Absurdi'tät f. **groˈtes·quer·ie** [-kərɪ] s **1.** (*etwas*) Gro'teskes *od.* Ab'surdes. **2.** → **grotesqueness.**
grot·to [ˈgrɒtəʊ; *Am.* ˈgrɑ-] pl **-toes** *od.* **-tos** s Höhle f, Grotte f.
grot·ty [ˈgrɒtɪ] adj *Br. sl.* **1.** ‚mies', mise'rabel. **2.** häßlich.
grouch [graʊtʃ] *colloq.* **I** v/i **1.** (**about**) nörgeln (**an** *dat*, **über** *acc*), ‚meckern' (**über** *acc*, **gegen**). **II** s **2.** a) ‚miese' Laune, b) **to have a ~** → 1. **3.** a) Nörgler(in), ‚Meckerfritze' m, b) ‚Miesepeter' m. **ˈgrouch·y** adj *colloq.* a) nörglerisch, b) ‚miesepe'trig'.
ground[1] [graʊnd] **I** s **1.** (Erd)Boden m, Erde f, Grund m: **above ~** oberirdisch, b) *Bergbau:* über Tage, *fig.* am Leben; **below ~** *Bergbau:* unter Tage, b) *fig.* tot, unter der Erde; **from the ~ up** *Am. colloq.* von Grund auf, ganz u. gar; **on the ~** an Ort u. Stelle; **to break new** (*od.* **fresh**) **~** Land urbar machen, *a. fig.*

Neuland erschließen; **to burn to the ~** v/t niederbrennen, b) v/i abbrennen; **to cut the ~ from under s.o.'s feet** *fig.* j-m den Boden unter den Füßen wegziehen; **to fall on stony ~** *fig.* auf taube Ohren stoßen; **to fall to the ~** a) zu Boden fallen, b) *fig.* sich zerschlagen, ins Wasser fallen; **to go over the ~** die Sache durchsprechen *od.* ‚durchackern', alles (gründlich) prüfen; **to go over old ~** ein altes Thema ‚beackern'; **to get off the ~** a) v/t *Plan etc* in die Tat umsetzen, *Idee etc* verwirklichen, b) v/i *aer.* abheben, c) v/i in die Tat umgesetzt *od.* verwirklicht werden; **to go to ~** a) im Bau verschwinden (*Fuchs*), b) *fig.* ‚untertauchen' (*Verbrecher*); **to run into the ~** a) etwas zu Tode reiten, b) *sport Gegner* in Grund u. Boden laufen; → **down**[1] 1. **2.** Boden m, Grund m, Strecke f, Gebiet n (*a. fig.*), Gelände n: **on German ~** auf deutschem Boden; **to be on safe ~** *fig.* sich auf sicherem Boden bewegen; **to be forbidden ~** *fig.* tabu sein; **to gain ~** a) (an) Boden gewinnen (*a. fig.*), b) *fig.* um sich greifen, Fuß fassen; **to give** (*od.* **lose**) **~** (an) Boden verlieren (*a. fig.*); → **cover** 36. **3.** Grundbesitz m, Grund m u. Boden m. **4.** *pl* a) Garten-, Parkanlagen pl: **standing in its own ~s** von Anlagen umgeben (*Haus*), b) Ländereien pl, Felder pl. **5.** *Jagen:* Grund m: **~ hunting ground. 6.** *oft pl bes. sport* Platz m: **cricket ~. 7.** a) Standort m, Stellung f, b) *fig.* Standpunkt m, Ansicht f: **to hold** (*od.* **stand**) **one's ~** standhalten, nicht weichen, sich *od.* s-n Standpunkt behaupten; **to shift one's ~** s-n Standpunkt ändern, umschwenken. **8.** Meeresboden m, (Meeres)Grund m: **to take ~** *mar.* auflaufen, stranden; **to touch ~** *fig.* zur Sache kommen. **9.** *a. pl* Grundlage f, Basis f (*bes. fig.*). **10.** *fig.* (Beweg)Grund m, Ursache f: **~ for divorce** *jur.* Scheidungsgrund; **on medical (religious) ~s** aus gesundheitlichen (religiösen) Gründen; **on ~s of age** aus Altersgründen; **on the ~(s) of** auf Grund von (*od. gen*), wegen (*gen*); **on the ~(s) that** mit der Begründung, daß; **to have no ~(s) for** keinen Grund *od.* keine Veranlassung haben für (*od. zu inf*); **I have no ~s for complaint** ich kann mich nicht beklagen; **we have good ~s for thinking that** wir haben guten Grund zu der Annahme, daß. **11.** *pl* (Boden)Satz m. **12.** 'Hinter-, 'Untergrund m. **13.** *art u.* Grundfläche f (*Relief*), b) Ätzgrund m (*Stich*), c) *paint.* Grund(farbe f) m, Grun'dierung f. **14.** *Bergbau:* a) Grubenfeld n, b) (Neben)Gestein n. **15.** *electr. Am.* a) Erde f, Erdung f, Masse f, b) Erdschluß m: **~ cable** Massekabel n; **~ fault** Erdfehler m; **~ wire** Erdleitungsdraht n. **16.** *mus.* → **ground bass. 17.** *thea.* Par'terre n. **18.** → **ground staff 1**.
II v/t **19.** niederlegen, -setzen: **to ~ arms** *mil.* die Waffen strecken. **20.** *mar.* ein Schiff auf Grund setzen. **21.** *fig.* (**on, in**) gründen, stützen (auf *acc*), aufbauen (auf *dat*), begründen (in *dat*): **~ed in fact** auf Tatsachen beruhend; **to be ~ed in** sich gründen auf (*acc*), verankert sein *od.* wurzeln in (*dat*). **22.** (**in**) j-n einführen *od.* einweisen (in *acc*), j-m die Anfangsgründe (*gen*) beibringen: **to be well ~ed in** e-e gute Vorbildung *od.* gute Grund- *od.* Vorkenntnisse haben in (*dat*). **23.** *electr. Am.* erden, an Masse legen: **~ed conductor** geerdeter Leiter, Erder m. **24.** *paint. tech.* grun'dieren. **25.** a) *e-m Flugzeug od. Piloten* Startverbot erteilen: **to be ~ed** Startverbot erhalten *od.* haben, b) *Am. e-m Jockey* Startverbot erteilen, c) *mot. Am.* j-m die Fahrerlaubnis entziehen.

ground - growl

III v/i **26.** mar. stranden, auflaufen. **27. (on, upon)** beruhen (auf dat), sich gründen (auf acc).
ground² [graʊnd] **I** pret u. pp von **grind**. **II** adj **1.** gemahlen: ~ **coffee. 2.** matt(geschliffen): → **ground glass.**
ground·age ['graʊndɪdʒ] s mar. Br. Hafengebühr f, Ankergeld n.
ˌ**ground**|-ˈ**air** adj aer. Boden-Bord-... ~ **a·lert** s aer. mil. Aˈlarm-, Startbereitschaft f. ~ **an·gling** s Grundangeln n. ~ **at·tack** s aer. mil. Angriff m auf Erdziele, Tiefangriff m: ~ **fighter** Erdkampfflugzeug n. ~ **bait** s Grundköder m. ~ **ball** → **grounder.** ~ **bass** [beɪs] s mus. Grundbaß m. ~ **bee·tle** s zo. Laufkäfer m. ~ **box** s bot. Zwergbuchsbaum m. ˈ~-ˌ**break·ing** adj bahnbrechend, wegweisend. ~ **clear·ance** s mot. Bodenfreiheit f. ~ **cloth** → **ground sheet.** ~ **coat** s tech. Grundanstrich m. ~ **col·o(u)r** → **ground¹** 13 c. ~ **con·nec·tion** → **ground¹** 15. ˈ~-conˌ**trolled ap·proach** s aer. GCˈA-Anflug m (vom Boden geleiteter Radaranflug). ˈ~-**con**ˌ**trolled in·ter·cep·tion** s aer. mil. Jäger-Boden-Radarleitverfahren n. ~ **crew** s aer. ˈBodenpersoˌnal n.
ground·er [ˈgraʊndər] s sport Am. Bodenball m.
ground|**fir** s bot. (ein) Bärlapp m. ~ **fish** s Grundfisch m. ~ **fish·ing** s Grundangeln n. ~ **floor** s Erdgeschoß n: **to get (od. be) in on the** ~ colloq. a) ganz unten anfangen (in e-r Firma etc), b) von (allem) Anfang an mit dabeisein. ~ **fog** s Bodennebel m. ~ **forc·es** s pl mil. Bodentruppen pl, Landstreitkräfte pl. ~ **form** s ling. a) Grundform f, b) Wurzel f, c) Stamm m. ~ **frost** s Bodenfrost m. ~ **game** s hunt. Br. Niederwild n. ~ **glass** s **1.** Mattglas n. **2.** phot. Mattscheibe f. ~ **hog** s **1.** zo. Amer. (Wald)Murmeltier n. **2.** Bergbau: Caisˈsonarbeiter m. ~ **hos·tess** s aer. Groundhostess f (Angestellte e-r Fluggesellschaft, die auf dem Flughafen die Reisenden betreut). ~ **ice** s Grundeis n.
ˈ**ground·ing** s **1.** ˈUnterbau m, Fundaˈment n. **2.** Grunˈdierung f: a) Grundieren n, b) Grund(farbe f) m. **3.** electr. Am. Erdung f: ~ **switch** Erdungsschalter m. **4.** mar. Stranden n. **5.** a) ˈAnfangsˌunterricht m, Einführung f, b) (Grund-, Vor)Kenntnisse pl. **6.** aer. Startverbot n (of für).
ˈ**ground**ˌ**keep·er** → **groundman.**
ˈ**ground**·**less** adj (adv ~ly) grundlos, unbegründet.
ground| **lev·el** s phys. Bodennähe f. ~ **line** s math. Grundlinie f.
ground·ling [ˈgraʊndlɪŋ] s **1.** ichth. Grundfisch m, bes. a) Steinbeißer m, b) Schmerle f, c) Gründling m. **2.** bot. a) kriechende Pflanze, b) Zwergpflanze f.
ground|**loop** s aer. Ausbrechen n (beim Landen u. Starten): **to do a** ~ ausbrechen. ˈ~-**man** [-mən] s irr sport Am. Platzwart m. ˈ~-**mass** s geol. Grundmasse f. ~ **note** s mus. Grundton m. ~ **nut** s bot. **1.** Erdnuß f. **2.** Erdbirne f. ~ **ob·serv·er** s aer. mil. Bodenbeobachter m. ~ **pass** s sport Flachpaß m. ~ **plan** s **1.** arch. Grundriß m. **2.** fig. (erster) Entwurf, Konˈzept n. ~ **plane** s tech. Horizonˈtalebene f. ~ **plate** s **1.** arch. tech. Grundplatte f. **2.** electr. Erdplatte f. ~ **rat·tler** s zo. Zwergklapperschlange f. ~ **re·turn** s Radar: Bodenecho n. ~ **rob·in** s orn. Amer. Erdfink m. ~ **rule** s Grundregel n. ~ **sea** s mar. Grundsee f.
ground·sel [ˈgraʊnsl] s bot. (bes. Vogel-) Kreuzkraut n.
ground| **shark** s ichth. (ein) Grundhai m. ~ **sheet** s **1.** (Zelt)Boden m. **2.** sport Regenplane f (zur Abdeckung e-s Spielfelds). ~ **shot** s sport Flachschuß m.
grounds·man [ˈgraʊndzmən] s irr bes. Br. → **groundman.**
ground|**speed** s aer. Geschwindigkeit f über Grund. ~ **squir·rel** s zo. **1.** (ein) Backenhörnchen n. **2.** Afriˈkanisches Borstenhörnchen. ~ **staff** s **1.** Kricket: ˈPlatzpersoˌnal n. **2.** aer. Br. ˈBodenpersoˌnal n. ~ **sta·tion** s Raumfahrt: ˈBodenstatiˌon f. ˈ~-**strafe** s strafe **1.** ~ **stroke** s Tennis: nicht aus der Luft gespielter Ball. ~ **swell** s **1.** mar. Grunddünung f. **2.** fig. Anschwellen n. ˌ~-**to**-ˈ**air** adj a) aer. Boden-Bord-...: ~ **com·mu·ni·ca·tion** Boden-Bord-(Funk)Verkehr m, b) mil. Boden-Luft-...: ~ **weap·ons.** ˌ~-**to**-ˈ**ground** adj mil. Boden-Boden-...: ~ **weap·ons.** ~ **troops** s pl mil. Bodentruppen. ~ **wa·ter** s Grundwasser n. ˈ~-ˌ**wa·ter lev·el** s geol. Grundwasserspiegel m. ~ **wave** s electr. phys. Bodenwelle f. ~ **ways** s pl mar. Ablaufbahn f (für Stapelläufe). ˈ~-**work** s **1.** arch. a) Erdarbeit f, b) Grundmauern pl, ˈUnterbau m, Fundaˈment n: **to lay the** ~ **for** das Fundament legen für (a. fig.). **2.** paint. etc Grund m. ~ **ze·ro** s Bodennullpunkt m (bei e-r Atombombenexplosion).
group [gruːp] **I** s **1.** allg. Gruppe f: ~ **of bystanders,** ~ **of buildings** Gebäudekomplex m; ~ **of islands** Inselgruppe; ~ **of trees** Baumgruppe; **in** ~**s** gruppenweise. **2.** fig. Gruppe f, Kreis m. **3.** parl. a) Gruppe f (Partei mit zuwenig Abgeordneten für e-e Fraktion), b) Fraktiˈon f. **4.** econ. Gruppe f, Konˈzern m. **5.** ling. Sprachengruppe f. **6.** geol. Formatiˈonsgruppe f. **7.** mil. a) Gruppe f, b) Kampfgruppe f (2 od. mehr Bataillone), c) Artilˈlerie: Regiˈment n, d) aer. Am. Gruppe f, Br. Geschwader n. **8.** mus. a) Instruˈmenten- od. Stimmgruppe f, b) Notengruppe f. **II** v/t **9.** grupˈpieren, anordnen. **10.** klassifiˈzieren: **to** ~ **with** in dieselbe Gruppe einordnen wie. **11.** zu e-r Gruppe zs.-stellen. **III** v/i **12.** sich grupˈpieren. **13.** passen (with zu).
group | **cap·tain** s aer. mil. Oberst m (der R.A.F.). ˈ~-ˌ**con·scious** adj (adv ~ly) Sozialpsychologie: gruppenbewußt. ~ **con·scious·ness** s Sozialpsychologie: Gruppenbewußtsein n. ~ **drive** s tech. Gruppenantrieb m. ˈ~-**dy**ˌ**nam·ic** adj (adv ~**ally**) Sozialpsychologie: ˈgruppendyˌnamisch. ~ **dy·nam·ics** s pl (als sg konstruiert) Sozialpsychologie: ˈGruppendyˌnamik f.
group·er [ˈgruːpə(r)] s **1.** ichth. (ein) Barsch m. **2.** Sensitivitätstraining: Am. Mitglied n e-r Trainingsgruppe. **3.** j-d, der sich an Gruppensex beteiligt.
group grope s colloq. Sexorgie f.
group·ie [ˈgruːpɪ] s colloq. ‚Groupie' n (weiblicher Fan, der immer wieder versucht, in möglichst engen Kontakt mit der von ihm bewunderten Person zu kommen).
ˈ**group·ing** s Grupˈpierung f, Anordnung f.
group| **in·sur·ance** s Gruppen-, Kollekˈtivversicherung f. ~ **life** s Gruppenleben n. ~ **mar·riage** s Gruppen-, Gemeinschaftsehe f. ~ **prac·tice** s med. Gemeinschaftspraxis f. ~ **rate** s econ. Pauˈschalsatz m. ~ **sex** s Gruppensex m. ˈ~-**spe**ˌ**cif·ic** adj (adv ~**ally**) ˈgruppenspeˌzifisch. ~ **the·o·ry** s math. ˈGruppentheoˌrie f. ~ **ther·a·py** s med. psych. ˈGruppentheraˌpie f.
grouse¹ [graʊs] pl **grouse** s orn. **1.** Rauhfuß-, Waldhuhn n. **2.** Schottisches Moorhuhn.
grouse² [graʊs] colloq. **I** v/i (about) ‚meckern' (über acc, gegen), nörgeln (an dat, über acc). **II** s Nörgeˈlei f, ‚Gemecker' n. ˈ**grous·er** s colloq. Nörgler(in), ‚Meckerfritze' m.
grout [graʊt] **I** s **1.** tech. Verguß mörtel m. **2.** Schrotmehl n, grobes Mehl. **3.** pl bes. Br. (Boden)Satz m. **4.** pl Hafergrütze f. **II** v/t **5.** Fugen ausstreichen, verschmieren: **to** ~ **(in) with cement** mit Zement aus- od. vergießen.
grove [grəʊv] s Wäldchen n, Gehölz n.
grov·el [ˈgrɒvl, ˈgrʌvl; Am. ˈgrɑːvəl] v/i pret u. pp -**eled,** bes. Br. -**elled 1.** am Boden kriechen: **to** ~ **at s.o.'s feet** sich um j-n herumdrücken (Hund), b) a. **to** ~ **before** (od. **to**) vor j-m kriechen, vor j-m zu Kreuze kriechen. **2.** schwelgen (in in dat): **to** ~ **in pleasure; to** ~ **in self-pity** sich in Selbstmitleid ergehen; **in vice** dem Laster frönen. ˈ**grov·el·(l)er** s fig. Kriecher m, Speichellecker m. ˈ**grov·el·(l)ing** adj (adv ~ly) fig. kriecherisch, unterˈwürfig.
grow [grəʊ] pret **grew** [gruː] pp **grown** [grəʊn] **I** v/i **1.** wachsen: **to** ~ **together** zs.-wachsen, (miteinander) verwachsen; **money doesn't** ~ **on trees** das Geld wächst doch nicht auf den Bäumen. **2.** bot. wachsen, vorkommen. **3.** wachsen, größer od. stärker werden. **4.** fig. zunehmen (in an dat), anwachsen: **to** ~ **in wisdom** klüger werden. **5.** fig. (bes. langsam od. allˈmählich) werden: **to** ~ **rich; to** ~ **less** sich vermindern; **to** ~ **warm** warm werden, sich erwärmen. **6.** verwachsen (**to** mit) (a. fig.). **II** v/t **7.** Gemüse, Wein etc anbauen, anpflanzen, Blumen etc züchten: **to** ~ **from seed** aus Samen ziehen. **8.** (sich) wachsen lassen: **to** ~ **a beard** sich e-n Bart stehen lassen; **to** ~ **one's hair long** sich die Haare lang wachsen lassen.
Verbindungen mit Präpositionen:
grow | **from** → **grow out of. 2.** ~ **in·to** v/i **1.** hinˈeinwachsen in (e-e Hose etc, a. fig. e-e Arbeit etc). **2.** werden zu, sich entwickeln zu: **the small family business grew into a company of international importance; she has grown into a pretty young lady** sie ist zu e-r hübschen jungen Dame herangewachsen. ~ **on** v/i **1.** Einfluß od. Macht gewinnen über (acc): **the habit grows on one** man gewöhnt sich immer mehr daran. **2.** j-m lieb werden od. ans Herz wachsen. ~ **out of** v/i **1.** herˈauswachsen aus: **to** ~ **one's clothes** s-e Kleider auswachsen. **2.** entstehen od. erwachsen aus, e-e Folge (gen) sein, kommen von. **3.** entwachsen (dat), überˈwinden, ablegen: **to** ~ **a habit.** ~ **up·on** → **grow on.**
Verbindungen mit Adverbien:
grow | **a·way** v/i: **to** ~ **from s.o.** sich j-m entfremden. ~ **up** v/i **1.** a) aufwachsen, herˈanwachsen, -reifen: **to** ~ **(into) a beauty** sich zu e-r Schönheit entwickeln, b) erwachsen werden: **what are you going to be when you** ~? was willst du einmal werden, wenn du groß bist?; **when are you going to** ~? wann wirst du denn endlich erwachsen?; ~! sei kein Kindskopf! **2.** sich einbürgern (Brauch etc). **3.** sich entwickeln, entstehen.
ˈ**grow·a·ble** [ˈgrəʊəbl] adj anbaubar.
ˈ**grow·er** s **1.** (schnell etc) wachsende Pflanze: **to be a fast** ~ schnell wachsen. **2.** Züchter m, Pflanzer m, Erzeuger m, in Zssgn ...bauer m.
ˈ**grow·ing I** s Wachsen n, Wachstum n. **2.** Anbau m. **II** adj (adv ~ly) **3.** wachsend (a. fig. zunehmend). **4.** Wachstums...: ~ **pains** a) med. Wachstumsschmerzen, b) fig. Anfangsschwierigkeiten, ‚Kinderkrankheiten'; ~ **point** bot. Vegetationspunkt m; ~ **weather** Saat-, Wachswetter n.
growl [graʊl] **I** v/i **1.** knurren (Hund etc),

brummen (*Bär*) (*beide a. fig. Person*): to ~ at s.o. j-n anknurren *od.* anbrummen. **2.** grollen, rollen (*Donner*). **II** *v/t* **3.** oft ~ out *Worte* knurren, brummen. **III** *s* **4.** Knurren *n*, Brummen *n*. **5.** Grollen *n*, Rollen *n*. ˈgrowl·er *s* **1.** knurriger *od.* knurrender Hund. **2.** *fig.* ‚Brummbär' *m*. **3.** *ichth.* a) (*ein*) Schwarzbarsch *m*, b) (*ein*) Knurrfisch *m*. **4.** *Br. sl. obs.* vierrädrige Droschke. **5.** *Am. sl.* Bierkrug *m*. **6.** *electr.* Prüfspule *f*. **7.** kleiner Eisberg.
grown [grəʊn] **I** *pp von* grow. **II** *adj* **1.** gewachsen: → full-grown. **2.** groß, erwachsen: a ~ man ein Erwachsener. **3.** *a.* ~ over überˈwachsen, bewachsen (with *mit*). ~-up **I** *adj* [ˌ-ˈʌp; ˈ-ʌp] **1.** erwachsen. **2.** a) (nur) für Erwachsene: ~ books, b) Erwachsenen...: ~ clothes. **II** *s* [ˈ-ʌp] **3.** Erwachsene(r *m*) *f*.
growth [grəʊθ] *s* **1.** Wachsen *n*, Wachstum *n* (*beide a. fig.*): a four days' ~ of beard ein vier Tage alter Bart. **2.** Wuchs *m*, Größe *f*. **3.** *fig.* Anwachsen *n*, Zunahme *f*, Zuwachs *m*: → rate¹ **1. 4.** *fig.* Entwicklung *f*. **5.** *bot.* Schößling *m*, Trieb *m*. **6.** Erzeugnis *n*, Proˈdukt *n*. **7.** Anbau *m*: of foreign ~ ausländisch; of one's own ~ selbstgezogen, eigenes Gewächs. **8.** *med.* Gewächs *n*, Wucherung *f*. ~ fund *s econ.* Wachstumsfonds *m*. ~ in·dus·try *s econ.* ˈWachstumsinduˌstrie *f*. ~ rate *s econ.* Wachstumsrate *f*. ~ ring *s bot.* Jahresring *m*. ~ stocks *s pl econ.* Wachstumsaktien *pl*.
groyne [grɔɪn] *s tech. bes. Br.* Buhne *f*.
grub [grʌb] **I** *v/i* **1.** a) graben, wühlen, b) *agr.* jäten, roden. **2.** oft ~ on, ~ along, ~ away sich abplagen, sich schinden, schwer arbeiten. **3.** stöbern, wühlen, kramen (among, in in *dat*; for nach). **4.** *sl.* ‚futtern', essen. **II** *v/t* **5.** a) aufwühlen, wühlen in (*dat*), b) ˈumgraben, c) roden. **6.** oft ~ up Wurzeln (aus)roden, (-)jäten. **7.** oft ~ up, ~ out a) (*mit den Wurzeln*) ausgraben, b) *fig.* aufstöbern, ausgraben, her'ausfinden. **8.** *sl.* j-n ‚füttern'. **III** *s* **9.** *zo.* Made *f*, Larve *f*, Raupe *f*. **10.** *fig.* Arbeitstier *n*. **11.** ‚Schmutzfink' *m*. **12.** *Am.* Baumstumpf *m*. **13.** *sl.* ‚Futter' *n* (*Essen*). ˈgrub·ber *s* **1.** Jät-, Rodewerkzeug *n*, *bes.* Rodehacke *f*. **2.** *agr. Br.* Grubber *m*, Eggenpflug *m*. **3.** → grub **10.** ˈgrub·by *adj* **1.** schmudd(e)lig, schmutzig. **2.** gemein, niederträchtig. **3.** madig.
ˈgrub│hoe *s agr.* Rodehacke *f*. ~ hook *s agr.* Grubber *m*, Eggenpflug *m*. ~ screw *s tech.* Stiftschraube *f*. ~-ˌstake *s Am. colloq.* (*e-m Schürfer gegen Gewinnbeteiligung gegebene*) Ausrüstung u. Verpflegung. G~ Street *s* **1.** *hist.* die jetzige Milton Street in London, in der schlechte *od.* erfolglose Literaten wohnten: he'll always live in ~ *fig.* er wird es als Schriftsteller nie zu etwas bringen. **2.** *fig.* armselige Literaten *pl*, literarisches Proletariˈat. **II** *adj* **3.** (literarisch) minderwertig, ‚dritter Garniˈtur'.
grudge [grʌdʒ] **I** *v/t* **1.** miß'gönnen (s.o. s.th. j-m etwas): to ~ s.o. the shirt on his back j-m nicht das Schwarze unterm Nagel *od.* das Weiße im Auge gönnen. **2.** nur ungern geben (s.o. s.th. j-m etwas). **3.** to ~ doing s.th. etwas nur widerwillig *od.* ungern tun. **II** *v/i* **4.** *obs.* grollen. **III** *s* **5.** Groll *m*: to bear (*od.* owe) s.o. a ~, to have a ~ against s.o. e-n Groll auf j-n haben *od.* gegen j-n hegen, j-m grollen; to pay off an old ~ e-e alte Rechnung begleichen. ˈgrudg·er *s* Neider *m*. ˈgrudg·ing *adj* (*adv* ~ly) **1.** neidisch, ˈmißgünstig. **2.** (widerwillig, ungern gegeben *od.* getan): she was very ~ in her thanks sie bedankte sich nur sehr widerwillig.
gru·el [groəl; ˈgruːəl] *s* Haferschleim *m*,

Schleimsuppe *f*. ˈgru·el·ing, *bes. Br.* ˈgru·el·ling **I** *adj fig.* mörderisch, aufreibend, zermürbend: ~ race; ~ test. **II** *s Br. colloq.* a) harte Strafe *od.* Behandlung, b) Stra'paze *f*, ‚Schlauch' *m*.
grue·some [ˈgruːsəm] *adj* (*adv* ~ly) grausig, grauenhaft, schauerlich. ˈgruesome·ness *s* Grausigkeit *f*.
gruff [grʌf] *adj* (*adv* ~ly) **1.** schroff, barsch. **2.** rauh (*Stimme*). ˈgruff·ness *s* **1.** Barsch-, Schroffheit *f*. **2.** Rauheit *f*.
grum [grʌm] *adj* (*adv* ~ly) mürrisch.
grum·ble [ˈgrʌmbl] **I** *v/i* **1.** murren (at, about, over über *acc*, wegen). **2.** → growl **1** *u.* **2**. **II** *v/t* **3.** oft ~ out etwas murren. **4.** → growl **3**. **III** *s* **5.** Murren *n*. **6.** → growl **4, 5**. ˈgrum·bler → growler **2**. ˈgrum·bling *adj* (*adv* ~ly) **1.** brummig. **2.** brummend, murrend. **3.** ~ appendix *med. colloq.* Blinddarmreizung *f*.
grume [gruːm] *s* (*bes.* Blut)Klümpchen *n*.
grum·met [ˈgrʌmɪt] → grommet.
gru·mous [ˈgruːməs] *adj* geronnen, dick, klumpig (*Blut etc*).
grump [grʌmp] *bes. Am.* **I** *s* **1.** → growler **2**. **2.** *pl* Mißmut *m*, Verdrießlichkeit *f*: to have the ~s mißmutig *od.* verdrießlich sein. **II** *v/i* → grumble **I**.
grump·i·ness [ˈgrʌmpɪnɪs] *s* Mißmut *m*, Verdrießlichkeit *f*. ˈgrump·ish → grumpy. ˈgrump·y *adj* (*adv* grumpily) mißmutig, mürrisch, verdrießlich.
Grun·dy [ˈgrʌndɪ] *s* engstirnige, sittenstrenge Per'son. ˈGrun·dy·ism *s* engstirnige Sittenstrenge.
grun·gy [ˈgrʌndʒɪ] *adj Am. sl.* **1.** dreckig. **2.** miseˈrabel: a ~ actor.
grunt [grʌnt] **I** *v/i* **1.** grunzen (*Schwein, a. Person*). **2.** *fig.* murren, brummen (at über *acc*). **3.** *fig.* ächzen, stöhnen (with vor *dat*). **II** *v/t* **4.** oft ~ out etwas grunzen, murren, brummen. **III** *s* **5.** Grunzen *n*: to give a ~ grunzen. **6.** *fig.* Ächzen *n*, Stöhnen *n*: to give a ~ ächzen, stöhnen (of vor *dat*). **7.** *ichth.* (*ein*) Knurrfisch *m*. ˈgrunt·er *s* **1.** Grunzer *m*, *bes.* Schwein *n*. **2.** → grunt **7**. **3.** *Austral. sl.* ‚Flittchen' *n*.
grun·tle [ˈgrʌntl] *v/t* j-n froh stimmen. ˈgrun·tled *adj* froh, glücklich (at über *acc*).
Gru·yère (cheese) [ˈgruːjeə; *Am.* gruːˈjeər; griː-] *s* Gru'yère(käse) *m*.
gryph·on [ˈgrɪfn] → griffin¹.
grys·bok [ˈgraɪsbɒk; *Am.* -ˌbɑk; *a.* ˈgreɪs-] *s zo.* Graubock *m*, ˈGrauantiˌlope *f*.
ˈG-string *s* **1.** *mus.* G-Saite *f*. **2.** a) ‚letzte Hülle' (*e-r Stripteasetänzerin*), b) Tanga *m*.
G suit *s aer.* Anti-ˈg-Anzug *m*.
guan [gwɑːn] *s orn.* Guˈanhuhn *n*.
gua·na [ˈgwɑːnə] → iguana.
gua·no [ˈgwɑːnəʊ] **I** *s* Guˈano *m* (*als Phosphatdünger verwendeter abgelagerter Vogelmist*). **II** *v/t* mit Gu'ano düngen.
guar·an·tee [ˌgærənˈtiː] **I** *s* **1.** Garanˈtie *f* (on auf *acc*, für): a) Bürgschaft *f*, Sicherheit *f*, b) Gewähr *f*, Zusicherung *f*, c) Garanˈtiefrist *f*, -zeit *f*: there's a one--year ~ on this watch diese Uhr hat ein Jahr Garantie; the repair is still covered by the ~ die Reparatur geht noch auf Garantie *od.* fällt noch unter die Garantie; ~ (card) Garantiekarte *f*, -schein *m*; ~ contract Garantie-, Bürgschaftsvertrag *m*; ~ fund *econ.* Garantiefonds *m*; treaty of ~ (*Völkerrecht*) Garantievertrag *m*; without ~ ohne Gewähr *od.* Garantie. **2.** Kautiˈon *f*, Sicher(heits)leistung *f*, Pfand(summe *f*) *n*: ~ deposit a) Sicherheitshinterlegung *f*, b) (*Versicherungsrecht*) Kaution(sdepot *n*); ~ insurance *Br.* Kautionsversicherung *f*; ~

society *Br.* Kautionsversicherungsgesellschaft *f*. **3.** Bürge *m*, Bürgin *f*, Gaˈrant(in). **4.** Sicherheitsempfänger(in), Kautiˈonsnehmer(in). **II** *v/t* **5.** (sich verˌ)bürgen für, Garanˈtie leisten für: the watch is ~d for one year die Uhr hat ein Jahr Garantie; ~d bill *econ.* avalierter Wechsel; ~d bonds Obligationen mit Kapital- *od.* Zinsgarantie; ~d price Garantiepreis *m*; ~d stocks gesicherte Werte *pl*, Aktien *pl* mit Dividendengarantie; ~d wage(s) garantierter (Mindest)Lohn; to ~ that sich dafür verbürgen, daß. **6.** *etwas* garanˈtieren, gewährleisten, verbürgen, sicherstellen. **7.** sichern, schützen (from, against vor *dat*, gegen).
guar·an·tor [ˌgærənˈtɔː(r); ˈgærəntə(r)] *s* Gaˈrant(in) (*a. fig.*), Bürge *m*, Bürgin *f*: to act as a ~ for s.o. für j-n bürgen; ~ power *pol.* Garantiemacht *f*.
guar·an·ty [ˈgærəntɪ] **I** *s* → guarantee **1, 2, 3**: ~ of collection *Am.* Ausfallbürgschaft *f*. **II** *v/t* → guarantee **II**.
guard [gɑː(r)d] **I** *v/t* **1.** (be)hüten, (beˌ)schützen, bewachen, wachen über (*acc*), bewahren, sichern (against, from gegen, vor *dat*): a carefully ~ed secret ein sorgfältig gehütetes Geheimnis. **2.** bewachen, beaufsichtigen. **3.** gegen Mißbrauch, Mißverständnisse etc sichern: to ~ against abuse; to ~ s.o.'s interests j-s Interessen wahren *od.* wahrnehmen. **4.** beherrschen, im Zaum halten: ~ your tongue! hüte d-e Zunge! **5.** *tech.* (ab)sichern.
II *v/i* **6.** (against) auf der Hut sein, sich hüten *od.* schützen, sich in acht nehmen (vor *dat*), Vorkehrungen treffen (gegen), vorbeugen (*dat*).
III *s* **7.** a) *mil. etc* Wache *f*, (Wach)Posten *m*, b) Wächter *m*, c) Aufseher *m*, Wärter *m*. **8.** *mil.* Wachmannschaft *f*, Wache *f*. **9.** Wache *f*, Bewachung *f*, Aufsicht *f*: to keep under close ~ scharf bewachen; to be under heavy ~ schwer bewacht werden; to mount (keep, stand) ~ *mil.* Wache beziehen (halten, stehen). **10.** *fig.* Wachsamkeit *f*: to put s.o. on his ~ j-n warnen; to be on one's ~ auf der Hut sein, sich vorsehen; to be off one's ~ nicht auf der Hut sein, unvorsichtig sein; to throw s.o. off his ~ j-n überrumpeln; → fair¹ **24. 11.** Garde *f*, (Leib)Wache *f*: ~ of hono(u)r Ehrenwache. **12.** G~s *pl Br.* ˈGarde(korps *n*, -regiˌment *n*) *f*, (die) Wache. **13.** *rail.* a) *Br.* Schaffner *m*: ~'s van Dienstwagen *m*, b) *Am.* Bahnwärter *m*. **14.** *fenc.*, Boxen *etc*: Deckung *f* (*a. Schach*): to lower one's ~ a) die Deckung herunternehmen, b) *fig.* sich e-e Blöße geben, nicht aufpassen. **15.** *Basketball*: Abwehrspieler *m*. **16.** Schutzvorrichtung *f*, -gitter *n*, -blech *n*. **17.** *Buchbinderei*: Falz *m*. **18.** a) Stichblatt *n* (*an Degen*), b) Bügel *m* (*am Gewehr*). **19.** Vorsichtsmaßnahme *f*, Sicherung *f*.
guard│boat *s mar.* Wachboot *n*. ~ book *s* **1.** Sammelbuch *n* mit Falzen. **2.** *mil.* Wachbuch *n*. ~ brush *s electr.* Stromabnehmer *m*. ~ cell *s bot.* Schließzelle *f*. ~ chain *s* Sicherheitskette *f*. ~ dog *s* Wachhund *m*. ~ du·ty *s* Wachdienst *m*: to be on ~ Wache haben.
guard·ed [ˈgɑː(r)dɪd] *adj* (*adv* ~ly) *fig.* vorsichtig, zuˈrückhaltend: a ~ answer; ~ hope gewisse Hoffnung; ~ optimism verhaltener *od.* gedämpfter Optimismus; to express s.th. in ~ terms etwas vorsichtig ausdrücken; be ~ in what you say überleg dir, was du sagst. ˈguard·ed·ness *s* Vorsicht *f*, Zuˈrückhaltung *f*.
ˈguard·house *s mil.* **1.** Wachhaus *n*, ˈWachloˌkal *n*. **2.** Arˈrestloˌkal *n*.

guard·i·an ['gɑː(r)djən; -dɪən] **I** s **1.** Hüter m, Wächter m: ~ **of the law** Gesetzeshüter m. **2.** jur. Vormund m: ~ **ad litem** vom Gericht für minderjährigen od. geschäftsunfähigen Beklagten bestellter) Prozeßvertreter; **~'s allowance** Br. Vormundschaftsbeihilfe f. **3.** R.C. Guardi'an m (e-s Franziskanerklosters). **II** adj **4.** behütend, Schutz...: ~ **angel** Schutzengel m. **'guard·i·an·ship** s **1.** jur. Vormundschaft f (of über acc, für): **to be** (**to place** od. **put**) **under** ~ unter Vormundschaft stehen (stellen). **2.** fig. Schutz m, Obhut f.

'guard|·rail s **1.** Handlauf m. **2.** rail. Radlenker m. **3.** mot. Leitplanke f. **~ring** s electr. Schutzring m. **~ rope** s Absperrseil n.

guards·man ['gɑː(r)dzmən] s irr mil. **1.** Wache f, (Wach)Posten m. **2.** Gar'dist m. **3.** Am. Natio'nalgar,dist m.

Gua·te·ma·lan [ˌgwætɪ'mɑːlən; bes. Am. ˌgwɑːtə-] **I** adj guatemal'tekisch. **II** s Guatemal'teke m, Gu,atemal'tekin f.

gua·va ['gwɑːvə] s bot. **1.** Gu'avenbaum m. **2.** Gua'java f (Frucht von 1).

gub·bins ['gʌbɪnz] s Br. colloq. **1.** minderwertiges od. wertloses Ding. **2.** (kleines) Gerät, (kleiner) Appa'rat. **3.** ‚Dussel' m, Dummkopf m.

gu·ber·nac·u·lum [ˌgjuːbə(r)'nækjʊləm; Am. a. ˌguː-] pl **-la** [-lə] s **1.** med. Leitband n. **2.** zo. Schleppgeißel f.

gu·ber·na·to·ri·al [ˌgjuːbə(r)nə'tɔːrɪəl; Am. a. ˌguːbərnə'təʊ-] adj bes. Am. Gouverneurs...

gudg·eon[1] ['gʌdʒən] **I** s **1.** ichth. Gründling m, Greßling m. **2.** colloq. Gimpel m, Einfaltspinsel m. **3.** colloq. Köder m. **II** v/t **4.** colloq. ‚her'einlegen'.

gudg·eon[2] ['gʌdʒən] s **1.** tech. (Dreh-) Zapfen m, Bolzen m: ~ **pin** Kolbenbolzen. **2.** arch. Haken m. **3.** mar. Ruderöse f.

ˌguel·der·'rose [ˌgeldə(r)-] s bot. Schneeball m.

gue·non [gə'nõːŋ; Br. a. gə'nɒn; Am. a. gə'nɑn] s zo. Meerkatze f.

guer·don ['gɜːdən; Am. 'gɜrdn] poet. **I** s Lohn m, Sold m. **II** v/t belohnen.

gue·ril·la → **guerrilla**.

Guern·sey ['gɜːnzɪ; Am. 'gɜrnzɪ] s **1.** Guernsey(rind) n. **2.** a. **g~** 'Wollpull,over m (von Seeleuten).

guer·ril·la [gə'rɪlə] s mil. **1.** Gue'rilla m. **2.** meist ~ **war**(**fare**) Gue'rilla(krieg m) f.

guess [ges] **I** v/t **1.** (ab)schätzen: **to ~ s.o.'s age at 40, I ~ him to be** (od. **that he is**) **40** j-s Alter od. j-n auf 40 schätzen. **2.** erraten: **to ~ s.o.'s thoughts**; **to ~ a riddle** ein Rätsel raten; **~ who was here this morning** rate mal, wer heute morgen hier war. **3.** ahnen, vermuten: **I ~ed how it would be** ich habe mir gedacht, wie es kommen würde. **4.** bes. Am. colloq. glauben, denken, meinen, annehmen. **II** v/i **5.** schätzen (**at** s.th. etwas). **6.** a) raten, b) her'umraten (**at, about** an dat): **~ed wrong** falsch geraten; **how did you ~?** wie hast du das nur erraten?, iro. du merkst aber auch alles!; **to keep s.o. ~ing** j-n im unklaren od. ungewissen lassen; **~ing game** Ratespiel n. **III** s **7.** Schätzung f, Vermutung f, Mutmaßung f, Annahme f: **my ~ is that** ich schätze od. vermute, daß; **anybody's ~** reine Vermutung; **at a ~** bei bloßer Schätzung; **I'll give you three ~es** dreimal darfst du raten; **a good ~** gut geraten od. geschätzt; **your ~ is as good as mine** ich kann auch nur raten; **by ~** schätzungsweise; **by ~ and by God** bes. Am. colloq. a) ‚über den Daumen (gepeilt)', ‚nach Gefühl u. Wellenschlag', b) mit mehr Glück als Verstand; **to make a ~** raten, schätzen; **to have another ~ coming** ,falsch od. schief gewickelt sein'; → **educated** 2, **rough** 12, **wild** 15.

guess| rope → **guest rope**. **~ stick** s Am. sl. **1.** Rechenschieber m. **2.** Maßstab m.

guess·ti·mate colloq. **I** s ['gestɪmət] grobe Schätzung, bloße Vermutung. **II** v/t [-meɪt] ‚über den Daumen peilen', grob schätzen.

guess| warp → **guest rope**. **'~·work** s (reine) Vermutung(en pl), (bloße) Rate'rei, ‚Her'umgerate' n.

guest [gest] **I** s **1.** Gast m: **be my ~!** bitte sehr! (als Ausdruck der Zustimmung od. der Nachgiebigkeit). **2.** bot. zo. Inqui'line m, Einmieter m (e-e Art Parasit). **II** adj **3.** a) Gast...: **~ conductor** (**speaker, worker,** etc), b) Gäste...: **~ book** (**list,** etc). **III** v/i **4.** bes. Am. ga'stieren, als Gast auftreten od. mitwirken (**on a show** in e-r Show). **'~·cham·ber** → **guest room**. **'~·con,duct** v/t ein Orchester als Gast diri'gieren. **'~·house** s **1.** Gästehaus. **2.** Pensi'on f, Fremdenheim n. **~ room** s Gast-, Gäste-, Fremdenzimmer n. **~ rope** s mar. **1.** Schlepptrosse f. **2.** Bootstau n.

guff [gʌf] s sl. Quatsch m.

guf·faw [gʌ'fɔː] **I** s schallendes Gelächter. **II** v/i schallend lachen.

gug·gle ['gʌgl] v/i gluckern.

guhr [gʊə(r)] s geol. Gur f.

guid·a·ble ['gaɪdəbl] adj lenksam, lenkleitbar. **'guid·ance** [-dns] s **1.** Leitung f, Führung f: **~ price** econ. Richtpreis m. **2.** Anleitung f, Unter'weisung f, Belehrung f: **for your ~** zu Ihrer Orientierung. **3.** ped. etc Beratung f, Führung f: **~ counselor** (od. **specialist**) Am. a) Berufs-, Studienberater m, b) psychologischer Betreuer, Heilpädagoge m; **~ vocational**.

guide [gaɪd] **I** v/t **1.** j-n führen, j-m den Weg zeigen. **2.** tech. u. fig. lenken, leiten, führen, steuern. **3.** etwas, a. j-n bestimmen: **to ~ s.o.'s actions** (**judg**[**e**]**ment, life**); **to be ~d by** sich leiten lassen von, sich richten nach, bestimmt sein von. **4.** anleiten, belehren, beraten(d zur Seite stehen dat). **II** s **5.** Führer(in), Leiter(in). **6.** (Reise-, Fremden-, Berg- etc)Führer m. **7.** (Reise- etc)Führer m (**to** durch, von) (Buch): **a ~ to London** ein London-Führer. **8.** (to) Leitfaden m (gen), Einführung f (**in** acc), Handbuch n (gen). **9.** Berater(in). **10.** Richtschnur f, Anhaltspunkt m, 'Hinweis m: **if it** (**he**) **is any ~** wenn man sich danach (nach ihm) überhaupt richten kann. **11.** a) Wegweiser m (a. fig.), b) 'Weg(mar,kierungs)zeichen n. **12.** → **girl guide**. **13.** mil. Richtungsmann m. **14.** mar. Spitzenschiff n. **15.** tech. Führung f, Leitvorrichtung f. **16.** med. Leitungssonde f.

guide| bar s tech. Führungsschiene f. **~ beam** s aer. (Funk)Leitstrahl m. **~ blade** s tech. Leitschaufel f (der Turbine). **~ block** s tech. Führungsschlitten m. **'~·board** s Wegweisertafel f. **'~·book** → **guide** 7. **~ card** s Leitkarte f (e-r Kartei).

'guid·ed adj **1.** geführt: **~ tour** Gesellschaftsreise f. **2.** mil. tech. (fern)gelenkt, (-)gesteuert: **~ missile** Lenkflugkörper m, ferngelenktes Geschoß.

guide dog s Blindenhund m.

'guide·less adj führerlos.

'guide| line s **1.** → **guide rope**. **2.** print. etc Leitlinie f. **3.** fig. Richtlinie f, -schnur f (**on** gen). **~ pin** s tech. Führungsstift m. **'~·post** s Wegweiser m. **~ price** s econ. Richtpreis m. **~ pul·ley** s tech. Leit-, Führungs-, 'Umlenkrolle f. **~ rail** s tech. Führungsschiene f. **~ rope** s aer. Schlepptau n, Leitseil n. **'~·way** s tech. Führungsbahn f.

guid·ing ['gaɪdɪŋ] adj führend, leitend, Lenk...: **~ principle** Leitprinzip n, Richtschnur f; **~ rule** Richtlinie f. **~ star** s Leitstern m. **~ stick** s paint. Mal(er)stock m.

gui·don ['gaɪdən; Am. a. 'gaɪdɑn] s **1.** Wimpel m, Fähnchen n, Stan'darte f. **2.** Stan'dartenträger m.

guild [gɪld] s **1.** hist. Gilde f, Zunft f: **~ socialism** pol. Gildensozialismus m. **2.** Verein m, Vereinigung f, Gesellschaft f. **3.** bot. Lebensgemeinschaft f.

guil·der ['gɪldə(r)] pl **-ders, -der** s Gulden m (Währungseinheit in den Niederlanden).

'guild·hall s **1.** hist. Gilden-, Zunfthaus n. **2.** Rathaus n: **the G~** das Rathaus der City von London.

guilds·man ['gɪldzmən] s irr Mitglied n e-r Gilde od. Vereinigung.

guile [gaɪl] s **1.** (Arg)List f, Tücke f. **2.** obs. List f, Trick m. **'guile·ful** adj (adv **~ly**) arglistig. **'guile·less** adj (adv **~ly**) arglos, unschuldig, harmlos, ohne Falsch: **a ~ look** ein treuherziger od. unschuldsvoller Blick. **'guile·less·ness** s Harmlosigkeit f, Arglosigkeit f.

guil·loche [gɪ'lɒʃ; bes. Am. gɪ'loʊʃ] s Guil'loche f (verschlungene Linienzeichnung auf Wertpapieren od. zur Verzierung auf Metall etc).

guil·lo·tine [ˌgɪlə'tiːn; '-tiːn] **I** s **1.** Guillo'tine f: a) Fallbeil n, b) med. Tonsillo'tom n: **~ amputation** Ganzamputation f (ohne Lappen). **2.** tech. Pa'pier,schneidema,schine f. **~ shears** s Tafel-, Parallelschere f. **3.** parl. Br. Befristung f der De'batte (über e-n Gesetzentwurf). **II** v/t **4.** guilloti'nieren, durch die Guillo'tine 'hinrichten. **5.** parl. Br. die De'batte über e-n Gesetzentwurf befristen.

guilt [gɪlt] s **1.** Schuld f (a. jur.): **joint ~** Mitschuld f; **~ complex** Schuldkomplex m. **2.** obs. Missetat f. **'guilt·i·ness** ['gɪltɪnɪs] s **1.** Schuld f. **2.** Schuldbewußtsein n, -gefühl n. **'guilt·less** adj (adv **~ly**) **1.** schuldlos, unschuldig (**of** an dat). **2.** (**of**) a) frei (von), ohne (acc), b) unkundig (gen), unerfahren, unwissend (in dat): **to be ~ of s.th.** etwas nicht kennen. **'guilt·less·ness** s Schuldlosigkeit f. **'guilt·y** adj (adv **guiltily**) **1.** bes. jur. schuldig (**of** gen): **~ of murder** des Mordes schuldig; **to find s.o.** (**not**) **~** j-n für (un)schuldig befinden (**on a charge** e-r Anklage); **to be found ~ on a charge** wegen e-r Anklage für schuldig befunden werden; → **plead** 1, **verdict** 1; **~ intention** jur. Scot. Vorsatz m. **2.** schuldbewußt, -beladen: **a ~ conscience** ein schlechtes Gewissen.

guin·ea ['gɪnɪ] s **1.** Gui'nee f (Goldmünze 1663–1816, a. Rechnungsgeld = 21 Schilling alter Währung). **2.** → **guinea fowl**. **3.** Am. sl. contp. ‚Itaker' m (Italiener). **~ fowl** s orn. Perlhuhn n. **~ goose** s irr zo. Schwanengans f. **~ grains** s pl Gui'neakörner pl, Mala'gettapfeffer m. **~ grass** s bot. Gui'neagras n. **~ hen** s (bes. weibliches) Perlhuhn. **G~ pep·per** s bot. Gui'neapfeffer m. **~ pig** s **1.** zo. Meerschweinchen n. **2.** fig. ‚Ver'suchska,ninchen' n.

guise [gaɪz] s **1.** Aufmachung f, Gestalt f, Erscheinung f: **in the ~ of** als ... (verkleidet). **2.** fig. Maske f, (Deck)Mantel m, Vorwand m: **under** (od. **in**) **the ~ of** in der Maske (gen), unter dem Deckmantel (gen). **3.** obs. Kleidung f.

gui·tar [gɪ'tɑː(r)] s mus. Gi'tarre f. **gui·'tar·ist** s Gitar'rist(in).

Gu·ja·ra·ti [ˌguːdʒə'rɑːtɪ] s ling. Gudscha'rati n (neuindische Sprache).

gulch [gʌltʃ] s bes. Am. (Berg)Schlucht f.

gul·den ['gʊldən; 'guː-] pl **-dens,**

gules – guru

-den s Gulden m (Währungseinheit in den Niederlanden).
gules [gju:lz] s her. Rot n.
gulf [gʌlf] **I** s **1.** Golf m, Meerbusen m, Bucht f. **2.** Abgrund m, Schlund m (beide a. fig.). **3.** fig. Kluft f, großer 'Unterschied. **4.** Strudel m, Wirbel m (a. fig.). **II** v/t **5.** a. fig. a) in e-n Abgrund stürzen, b) verschlingen. **G~ Stream** s geogr. Golfstrom m.
gulf·y ['gʌlfɪ] adj **1.** abgrundtief. **2.** voller Strudel.
gull[1] [gʌl] s orn. Möwe f.
gull[2] [gʌl] obs. **I** v/t über'tölpeln, hinters Licht führen. **II** s Gimpel m.
gul·la·bil·i·ty, gul·la·ble → gullibility, gullible.
gul·let ['gʌlɪt] s **1.** anat. Schlund m, Speiseröhre f. **2.** Gurgel f, Kehle f. **3.** tech. Wasserrinne f.
gul·li·bil·i·ty [ˌgʌlə'bɪlətɪ] s Leichtgläubigkeit f, Einfältigkeit f. **'gul·li·ble** adj leichtgläubig, einfältig, na'iv.
gul·ly[1] ['gʌlɪ] **I** s **1.** tief eingeschnittener Wasserlauf, (Wasser)Rinne f. **2.** tech. a) Gully m (a. mar.), Sinkkasten m, Senkloch n, Absturzschacht m, b) a. ~ **drain** 'Abzugska,nal m: ~ **hole** Schlammfang m, Senkloch m; ~ **trap** Geruchsverschluß m. **II** v/t **3.** mit (Wasser)Rinnen durch-'ziehen, zerfurchen. **4.** tech. mit Sinkkästen etc versehen.
gul·ly[2] ['gʌlɪ; 'gʊlɪ] s bes. Scot. großes Messer.
gu·los·i·ty [gjʊ'lɒsətɪ; Am. gʊ'lɑsətɪ:] s obs. Gier f.
gulp [gʌlp] **I** v/t **1.** oft ~ **down** Getränk hin'untergießen, -schütten, -stürzen, Speise hin'unterschlingen. **2.** oft ~ **back** Tränen etc hin'unterschlucken, unter-'drücken. **II** v/i **3.** a) hastig trinken, b) hastig essen, schlingen. **4.** (a. vor Rührung etc) schlucken. **5.** würgen. **III** s **6.** a) (großer) Schluck: **at one** ~ auf 'einen Zug, b) Bissen m. **'gulp·y** adj würgend.
gum[1] [gʌm] s oft pl anat. Zahnfleisch n.
gum[2] [gʌm] **I** s **1.** bot. tech. a) Gummi m, n, b) Gummiharz n. **2.** Gummi m, n, Kautschuk m. **3.** Klebstoff m, Gummi-lösung f. **4.** Gum'mierung f (von Briefmarken etc). **5.** Appre'tur(mittel n) f. **6.** → a) chewing gum, b) gum arabic, c) gum elastic, d) gum tree, e) gumwood. **7.** bot. Gummifluß m, Gum'mose f (Baumkrankheit). **8.** med. Augenbutter f. **9.** bes. Br. 'Gummibon,bon m, n. **10.** pl Am. 'Gummiga,loschen pl. **II** v/t **11.** gum'mieren. **12.** mit Gummi appre'tieren. **13.** (an-, ver)kleben: **to** ~ **down** aufkleben; **to** ~ **together** zs.-kleben. **14.** meist ~ **up** a) verkleben, verstopfen, b) colloq. ,vermasseln': **to** ~ **up the works** alles vermasseln. **III** v/i **15.** Gummi absondern od. bilden. **16.** gummiartig werden.
Gum[3], a. **g~** [gʌm] s: **by** ~! sl. Herrschaft (noch mal)!
gum·ac·id s chem. Harzsäure f. ~ **am·mo·ni·ac** s chem. med. Ammoni'akgummi m, n. ~ **ar·a·bic** s med. tech. Gummia'rabikum n. ~ **ben·zo·in** s bot. Ben'zoeharz n.
gum·bo ['gʌmbəʊ] Am. **I** pl **-bos** s **1.** mit Gumboschoten eingedickte Suppe. **2.** bot. a) → okra 1, b) Gumboschote f. **3.** a. ~ soil Boden m aus feinem Schlamm. **II** adj **4.** bot. Eibisch...
'gum·boil s med. 'Zahnfleischab,szeß m.
gum| **boot** s Gummistiefel m. ~ **drag·on** → tragacanth. **'~drop** s 'Gummibon,bon m, n. ~ **e·las·tic** s Gummi-e'lastikum n, Kautschuk m. ~ **ju·ni·per** s Sandarak m (Harz).
gum·ma ['gʌmə] pl **-mas, -ma·ta** [-tə] s med. Gumma n (gummiartige Geschwulst im Tertiärstadium der Syphilis).
gum·mite ['gʌmaɪt] s min. Gummierz n.
gum·mo·sis [gʌ'məʊsɪs] → gum[2] 7.
gum·mous ['gʌməs] → gummy[1] 1, 2.
'gum·my[1] adj **1.** gummiartig, zäh(flüssig), klebrig. **2.** aus Gummi, Gummi... **3.** gummihaltig. **4.** gummiabsondernd. **5.** mit Gummi über'zogen. **6.** med. gum-'mös, gummiartig.
'gum·my[2] adj zahnlos: **a** ~ **old man**.
gump·tion ['gʌmpʃn] s colloq. **1.** Mutterwitz m, gesunder Menschenverstand, ,Grütze' f, ,Grips' m: **to have a bit of** ~ ein bißchen Grütze im Kopf haben. **2.** ,Mumm' m, Schneid m. **3.** paint. Quellstärke f.
gum| **res·in** s **1.** bot. 'Gummire,sina f, Schleimharz n. **2.** tech. (bei Normaltemperatur) plastisches od. e'lastisches (Kunst)Harz. ~ **sen·e·gal** s bot. tech. Senegalgummi m, n. **'~shield** s Boxen: Zahnschutz m. **'~shoe** Am. **I** s **1.** a) Ga'losche f, 'Gummi,überschuh m, b) Tennis-, Turnschuh m. **2.** sl. ,Schnüffler' m (Detektiv, Polizist). **II** v/i **3.** sl. schleichen. **4.** sl. ,schnüffeln'. **III** adj **5.** sl. geheim, heimlich. ~ **tree** s bot. **1.** (in Amerika) a) Tu'pelobaum m, b) Amer. Amberbaum m. **2.** (in Australien) Euka-'lyptus. **3.** (in Westindien) a) (ein) Klebebaum m, b) e-e Anacardiacee. **4.** (Gummi liefernder) Gummibaum: **to be up a** ~ Br. colloq. ,in der Klemme' sein od. sitzen od. stecken. **'~wood** s **1.** Euka'lyptusholz n. **2.** Holz n des Amer. Amberbaums.
gun[1] [gʌn] **I** s **1.** mil. Geschütz n (a. fig.), Ka'none f: **to blow great** ~**s** mar. colloq. heulen (Sturm); **to go great** ~**s** colloq. a) sich ,reinknien', b) ,toll in Schwung sein' (Person, Laden etc); **to stand** (od. **stick**) **to one's** ~**s** colloq. festbleiben, nicht nachgeben, sich nicht beirren lassen; → **big gun, heavy 2, son 2, spike**[2] 16. **2.** Feuerwaffe f: a) engS. Jagd)Gewehr n, Büchse f, Flinte f, b) Pi'stole f, Re'volver m. **3.** sport a) 'Startpi,stole f, b) Startschuß m: **to jump** (od. **beat**) **the** ~ e-n Fehlstart verursachen, fig. voreilig sein od. handeln; **give her the** ~! mot. colloq. ,drück auf die Tube!', gib Gas!; → **opening 14. 4.** (Ka'nonen-, Si'gnal-, Sa'lut-)Schuß m. **5.** a) Schütze m, b) Jäger m. **6.** bes. Am. colloq. für gunman. **7.** mil. Kano'nier m. **8.** tech. a) Spritze f, Presse f: → grease gun, b) 'Zapfpi,stole f. **II** v/i **9.** auf die Jagd gehen, jagen. **10.** colloq. ,schießen': **a car** ~ned round the corner. **11.** ~ **for** colloq. a) mit aller Macht e-e Position etc anstreben, b) auf j-n abgesehen haben'. **III** v/t **12.** a) schießen auf (acc), b) a. ~ **to death** erschießen, c) meist ~ **down** niederschießen. **13.** oft ~ **up** mot. colloq. ,auf Touren bringen': **to** ~ **the car up** ,auf die Tube drücken', Gas geben.
gun[2] [gʌn] pret von gin[3].
gun| **bar·rel** s mil. **1.** Geschützrohr n. **2.** Gewehrlauf m. ~ **bat·tle** s Feuergefecht n, Schieße'rei f, Schußwechsel m. **'~boat** s mar. Ka'nonenboot n: ~ **diplomacy** Kanonenbootdiplomatie f. **2.** meist pl Am. sl. ,Elbkahn' m, ,Kindersarg' m (großer Schuh). ~ **cam·er·a** s aer. mil. 'Foto-M,G n. **'~car·riage** s mil. ('Fahr)La,fette f. **'~con,trol law** → **gun law**. ~ **cot·ton** s chem. Schieß(baum)wolle f. **'~dis·place·ment** s mil. Stellungswechsel m. **'~dog** s Jagdhund m. ~ **drill** s mil. Ge'schützexer,zieren n. **'~fight** s gun battle. **'~fire** s mil. **1.** Geschützfeuer n. **2.** Artille'rieeinsatz m.
gunge [gʌndʒ] Br. colloq. **I** s klebriges Zeug, klebrige Masse. **II** v/t ~ **up** verkleben. **'gun·gy** adj Br. colloq. klebrig.

gun|**-,hap·py** adj schießwütig. ~ **har·poon** s mar. Ge'schützhar,pune f.
gunk [gʌŋk] Am. colloq. für gunge I.
gun| **law** s Waffengesetz n. **'~li·cence**, Am. ~ **li·cense** s Waffenschein m. **'~lock** s tech. Gewehrschloß n. **'~man** [-mən] s irr **1.** Bewaffnete(r) m. **2.** Re'volverheld m. **3.** sl. a) Ge'schütze,gierung f, b) Ka'nonenme,tall n, Rotguß m. ~ **moll** s Am. sl. **1.** Gangsterbraut f. **2.** Flintenweib n. **~mount** s mil. (Ge'schütz)La,fette f.
gun·ned adj bewaffnet: **heavily** ~ schwerbewaffnet.
gun·nel[1] ['gʌnl] s ichth. Butterfisch m.
gun·nel[2] → gunwale.
gun·ner ['gʌnə(r)] s **1.** mil. a) Kano'nier m, Artille'rist m (bei Panzer etc), c) M'G-Schütze m, Gewehrführer m, d) mar. erster Ge'schützoffi,zier, e) aer. Bordschütze m: → **master gunner**; **to kiss** (od. **marry**) **the** ~**'s daughter** mar. hist. sl. (auf e-e Kanone gebunden u.) ausgepeitscht werden. **2.** Jäger m.
gun·ner·y ['gʌnərɪ] s mil. **1.** Geschützwesen n. **2.** Schießwesen n, -lehre f. **3.** → gunfire.
gun·ning ['gʌnɪŋ] s hunt. Jagen n, Jagd f: **to go** ~ auf die Jagd gehen.
gun·ny ['gʌnɪ] s bes. Am. **1.** grobes Sacktuch, Juteleinwand f. **2.** a. ~ **bag** Jutesack m.
'gun|**pa·per** s chem. 'Schießpa,pier n. ~ **pit** s **1.** mil. Geschützstellung f, -stand m. **2.** aer. mil. Kanzel f. **'~play** s gun battle. **'~point** s: **at** ~ mit vorgehaltener Waffe, mit Waffengewalt. **'~pow·der** s Schießpulver n: **G~ Plot** hist. Pulververschwörung f (1605 in London). **'~room** s mar. mil. Ka'dettenmesse f. **'~run·ner** s Waffenschmuggler m. **'~run·ning** s Waffenschmuggel m.
gun·sel ['gʌnsəl] s Am. sl. **1.** a) Na'ivling m, b) Grünschnabel m, c) Trottel m. **2.** 'hinterhältiger Kerl. **3.** → gunman.
'gun|**ship** s aer. mil. Kampfhubschrauber m. **'~shot** s **1.** (Ka'nonen-, Gewehr)Schuß m. **2.** a. ~ **wound** Schußwunde f, -verletzung f. **3.** Reich-, Schußweite f: **within** (**out of**) ~ in (außer) Schußweite. **'~shy** adj **1.** schußscheu (Hund, Pferd). **2.** Am. colloq. mißtrauisch (**of** gegen'über). **'~sling·er** Am. colloq. für gunman. **'~smith** s Büchsenmacher m. **'~stock** s Gewehrschaft m.
gun·ter (**rig**) ['gʌntə(r)] s mar. Schiebe- od. Gleittakelung f.
gun tur·ret s mil. **1.** Geschützturm m. **2.** Waffendrehstand m.
gun·wale ['gʌnl] s mar. **1.** Schandeckel m. **2.** Dollbord n (vom Ruderboot).
gun·yah ['gʌnjə:; -jə] s Austral. Eingeborenenhütte f.
Günz [gʊnts; gɪnts] geol. **I** s Günzeiszeit f. **II** adj Günz...: ~ **time** = **I**.
gup·py ['gʌpɪ] s mil. sl. U-Boot n mit Schnorchel.
gur·gi·ta·tion [ˌgɜ:dʒɪ'teɪʃn; Am. ˌgɜrdʒə-] s (Auf)Wallen n, Strudeln n.
gur·gle ['gɜ:gl; Am. 'gɜrgəl] **I** v/i gurgeln: a) gluckern (Wasser), b) glucksen (**with** vor dat) (Person, Stimme, a. Wasser). **II** v/t (her'vor)gurgeln, glucksen(d äußern). **III** s Glucksen n, Gurgeln n.
Gur·kha ['gɜ:kə; 'gʊəkə; Am. 'gʊrkə; 'gɜrkə] ~ **-khas, -kha** s Gurkha m, f (Mitglied e-s indischen Stamms in Nepal).
gur·nard ['gɜ:nəd; Am. 'gɜrnərd], a. **'gur·net** [-nɪt] s ichth. See-, bes. Knurrhahn m.
gu·ru ['gʊru:; Am. a. gə'ru:] s Guru m: a) geistlicher Lehrer im Hinduismus, b) (aus dem indischen Raum stammender) Führer e-r (religiösen) Sekte, c) Führer

e-r sozialen od. politischen Bewegung od. Kultur.
gush [gʌʃ] **I** *v/i* **1.** *oft* ~ **forth** (*od.* **out**) (her'vor)strömen, (-)brechen, (-)schießen, stürzen, sich ergießen (**from** aus). **2.** *fig.* 'überströmen. **3.** *fig.* ausbrechen: **to** ~ **into tears** in Tränen ausbrechen. **4.** *colloq.* schwärmen (**over** von). **II** *v/t* **5.** ausströmen, -speien. **6.** *fig.* her'vorsprudeln, schwärmerisch sagen. **III** *s* **7.** Schwall *m*, Strom *m*, Erguß *m* (*alle a. fig.*). **8.** *colloq.* Schwärme'rei *f*, (Gefühls-)Erguß *m*. '**gush·er** *s* **1.** *colloq.* Schwärmer(in). **2.** Springquelle *f* (*Erdöl*). '**gushing** *adj* (*adv* ~**ly**) **1.** ('über)strömend. **2.** *colloq.* schwärmerisch. '**gush·y** → **gushing** 2.
gus·set ['gʌsɪt] **I** *s* **1.** *Näherei:* Zwickel *m*, Keil *m*. **2.** *tech.* Winkelstück *n*, Eckblech *n*: ~ **plate** Knotenblech. **3.** *allg.* Keil *m*, keilförmiges Stück. **II** *v/t* **4.** e-n Zwickel *etc* einsetzen in (*acc*).
gust¹ [gʌst] *s* **1.** Windstoß *m*, Bö *f*. **2.** Schwall *m*, Strahl *m*. **3.** *fig.* (Gefühls-)Ausbruch *m*, Sturm *m* (*der Leidenschaft etc*): ~ **of anger** Wutanfall *m*.
gust² [gʌst] *s obs.* **1.** Geschmack *m*. **2.** Genuß *m*. **gus'ta·tion** *s* **1.** Geschmack *m*, Geschmackssinn *m*, -vermögen *n*. **2.** Schmecken *n*. '**gus·ta·tive** [-tətɪv], '**gus·ta·to·ry** [-tətərɪ; *Am*. -təˌtɔːrɪ] *adj* Geschmacks...: ~ **cell**; ~ **nerve**.
gust·i·ness ['gʌstɪnɪs] *s* **1.** Böigkeit *f*. **2.** *fig.* Ungestüm *n*.
gus·to ['gʌstəʊ] *s* Begeisterung *f*, Genuß *m*.
gus·tom·e·ter [gʌ'stɒmɪtə; *Am*. gʌs'tamətər] *s med.* Gusto'meter *n* (*Gerät zur Prüfung des Geschmackssinns*).
'**gust·y** *adj* (*adv* **gustily**) **1.** böig. **2.** stürmisch (*a. fig.*). **3.** *fig.* ungestüm.
gut [gʌt] **I** *s* **1.** *pl bes. zo.* Eingeweide *pl*, Gedärme *pl*: **to hate s.o.'s** ~**s** *colloq.* j-n hassen wie die Pest; **I'll have his** ~**s for garters!** *colloq.* ,aus dem mach' ich Hackfleisch!'; → **sweat** 7, **work out** 7. **2.** *anat.* a) 'Darm(kaˌnal) *m*, b) (*bestimmter*) Darm: → **blind gut**. **3.** *oft pl colloq.* Bauch *m*. **4.** a) (*präparierter*) Darm, b) Seidendarm *m* (*für Angelleinen*). **5.** enge 'Durchfahrt, Meerenge *f*. **6.** *pl colloq.* a) (*das*) Innere: **the** ~**s of the machinery**, b) (*das*) Wesentliche: **the** ~**s of a problem** der Kern(punkt) e-s Problems, c) Sub'stanz *f*, Gehalt *m*: **it has no** ~**s in it** es steckt nichts dahinter. **7.** *pl colloq.* Schneid *m*, ,Mumm'. **II** *v/t* **8.** *Fisch etc* ausweiden, -nehmen. **9.** *Haus etc* ausrauben, ausräumen; b) das Innere (*gen*) zerstören, ausbrennen: ~**ted by fire** völlig ausgebrannt. **10.** *fig.* ein Buch ,ausschlachten', Auszüge machen aus. **III** *adj* **11.** *colloq.* instink'tiv: **a** ~ **reaction**. **12.** *colloq.* von entscheidender Bedeutung, von großer Wichtigkeit: **a** ~ **problem**. '**gut·less** *adj colloq.* **1.** ohne Schneid *od.* ,Mumm'. **2.** ,müde': **a** ~ **enterprise**. '**gut·sy** [-sɪ] *adj colloq.* **1.** mutig, draufgängerisch. **2.** verfressen, gefräßig.
gut·ta¹ ['gʌtə] *pl* **-tae** [-tiː] *s arch.* Gutta *f*, Tropfen *m* (*Verzierung*).
gut·ta² ['gʌtə] *s* **1.** *chem.* Gutta *n*. **2.** *bot. tech.* Gutta'percha *f*.
gut·ta-per·cha [ˌgʌtə'pɜːtʃə; *Am*. -ˈpɜr-] *s bot. tech.* Gutta'percha *f*.
gut·tate ['gʌteɪt], *a.* '**gut·tat·ed** [-tɪd] *adj bes. bot. zo.* gesprenkelt.
gut·ter ['gʌtə(r)] **I** *s* **1.** Gosse *f* (*a. fig.*), Rinnstein *m*: **to take s.o. out of the** ~ *fig.* j-n aus der Gosse auflesen; **language of the** ~ Gossensprache *f*, -jargon *m*. **2.** (Abfluß-, Wasser)Rinne *f*, Graben *m*. **3.** Dachrinne *f*. **4.** *tech.* Rinne *f*, Hohlkehlfuge *f*, Furche *f*. **5.** *print.* Bundsteg *m*. **6.** Kugelfangrinne *f* (*der Bowlingbahn*). **II** *v/t* **7.** furchen, riefen. **8.** *Am.* e-*n Hund* zum ,Geschäftmachen' in den Rinnstein führen. **III** *v/i* **9.** rinnen, strömen. **10.** tropfen (*Kerze*). **IV** *adj* **11.** vul'gär, Schmutz...: ~ **press** *s* Skan'dal-, Sensati'onspresse *f*. '~**snipe** *s* Gassenkind *n*.
gut·ti·form ['gʌtɪfɔː(r)m] *adj* tropfenförmig.
gut·tur·al ['gʌtərəl] **I** *adj* (*adv* ~**ly**) **1.** Kehl..., guttu'ral (*beide a. ling.*), kehlig. **2.** rauh, heiser. **II** *s* **3.** *ling.* Guttu'ral *m*, Kehllaut *m*. '**gut·tur·al·ize** *v/t* **1.** guttu'ral aussprechen. **2.** velari'sieren.
gut·tur·o·max·il·lar·y [ˌgʌtərəʊmæk'sɪlərɪ; *Am*. -ˈmæksəˌlerɪ] *adj* Kehlu. Kiefer...
guv [gʌv], '**guv·nor**, '**guv'nor** [-nə(r)] *sl. für* **governor** 4.
guy¹ [gaɪ] **I** *s* **1.** *colloq.* Kerl *m*, ,Typ' *m*. **2.** a) *bes. Br.* ,Vogelscheuche' *f*, 'Schießbudenfiˌgur' *f*, b) Zielscheibe *f* des Spotts: **to make a** ~ **of** → 4. **3.** Spottfigur des Guy Fawkes (*die am Guy Fawkes Day öffentlich verbrannt wird*). **II** *v/t* **4.** j-n lächerlich machen, sich über j-n lustig machen.
guy² [gaɪ] **I** *s* Halteseil *n*, Führungskette *f*: a) *arch.* Rüstseil *n*, b) *tech.* (Ab)Spannseil *n* (*e-s Mastes*): ~ **wire** Spanndraht *m*, c) Spannschnur *f* (*Zelt*), d) *mar.* Gei(tau *n*) *f*. **II** *v/t* mit e-m Tau *etc* sichern, verspannen.
Guy Fawkes Day [ˌgaɪ'fɔːks] *s der* Jahrestag *des* **Gunpowder Plot** (*5. November*).
guz·zle ['gʌzl] *v/t* **1.** (*a. v/i*) a) ,saufen', ,picheln', b) ,fressen', ,futtern'. **2.** *oft* ~ **away** *Geld* verprassen, *bes.* ,versaufen'. '**guz·zler** *s* a) ,Säufer' *m*, b) ,Fresser' *m*.
gwyn·i·ad ['gwɪnɪæd] *s ichth.* Gwyniadrenk *m* (*Art Lachs*).
gybe → **jibe**¹.
gyle [gaɪl] *s* **1.** Gebräu *n*. **2.** Sud *m*.
gym [dʒɪm] *colloq. für* a) **gymnasium** *n*. b) **gymnastic**: ~ **shoes** Turnschuhe.
gym·kha·na [dʒɪm'kɑːnə] *s* a) Gym'khana *f* (*Geschicklichkeitswettbewerb für Reiter*), b) Austragungsort e-r Gymkhana.
gym·na·si·um [dʒɪm'neɪzjəm; -zɪəm] *pl* **-si·ums**, **-si·a** [-zɪə] *s* **1.** Turn-, Sporthalle *f*. **2.** [dʒɪm'naːzɪəm] *ped.* Gym'nasium *n* (*bes. in Deutschland*).
gym·nast ['dʒɪmnæst] *s* Turner(in).
gym·nas·tic I *adj* (*adv* ~**ally**) **1.** turnerisch, Turn..., gym'nastisch, Gymnastik... **II** *s* **2.** *meist pl* turnerische *od.* gym'nastische Übung. **3.** *pl* (*als sg konstruiert*) Turnen *n*, Gym'nastik *f*. **4.** *meist pl fig.* Übung *f*: **mental** ~**s** ,Gehirnakrobatik' *f*; **verbal** ~**s** Wortakrobatik *f*.
gym·no·plast ['dʒɪmnəʊplæst] *s biol.* hüllenlose Proto'plasmazelle.
gym·nos·o·phist [dʒɪm'nɒsəfɪst; *Am*. -ˈnɑ-] *s* Gymnoso'phist *m* (*indischer Asket*).
gym·no·sperm ['dʒɪmnəʊspɜːm; *Am*. -ˌspɜrm] *s bot.* Gymno'sperme *f*, Nacktsamer *m*. ˌ**gym·no'sper·mous** *adj* nacktsamig.
gyn·ae·ce·um [ˌdʒaɪnɪ'siːəm; ˌgaɪ-; *Am*. a., dʒɪn-; *a.* [-ˈkiː-] -'ce·a [-sɪə] *s* Gynä'zeum *n*: a) *antiq.* Frauengemach *f*, b) *bot.* weibliche Organe e-r Blüte.
gyn·ae·coc·ra·cy [ˌdʒaɪnɪ'kɒkrəsɪ; *Am*. -ˈkɑ-; *a.* ˌdʒɪn-] *s* Gynäkokra'tie *f*, Frauenherrschaft *f*.
gyn·ae·co·log·ic [ˌgaɪnɪkə'lɒdʒɪk; *Am*. -ˈlɑ-; *a.* ˌdʒaɪn-] *adj*; ˌ**gyn·ae·co'log·i·cal** [-kl] *adj* (*adv* ~**ly**) *med.* gynäko'logisch. ˌ**gyn·ae·col·o·gist** [-ˈkɒlədʒɪst;

Am. -ˈkɑ-] *s* Gynäko'loge *m*, Gynäko'login *f*, Frauenarzt *m*, -ärztin *f*. ˌ**gyn·ae'col·o·gy** *s med.* Gynäkolo'gie *f*, Frauenheilkunde *f*.
gy·nan·drous [gaɪ'nændrəs; dʒɪ-; dʒaɪ-] *adj zo.* gy'nandrisch, scheinzwitterartig.
gyn·e·coc·ra·cy, gyn·e·co·log·ic, *etc bes. Am. für* **gynaecocracy,** *etc*.
ˌ**gyn·o·base** ['gaɪnəʊbeɪs; 'dʒaɪ-; *Am. a.* 'dʒɪnəˌbeɪs] *s bot.* Fruchtknotenwulst *m*.
gyn·o·gen·ic [ˌgaɪnəʊ'dʒenɪk] *adj biol.* weibchenbestimmend.
gyn·o·phore ['gaɪnəfɔː(r); *Am*. -ˌfɔːr; 'dʒɪnə-] *s* **1.** *bot.* Gyno'phor *m*, Stempelträger *m*. **2.** *zo.* Träger *m* weiblicher Sprossen.
gyp¹ [dʒɪp] *sl.* **I** *v/t u. v/i* **1.** (*j-n*) ,bescheißen'. **II** *s* **2.** Gauner(in), Betrüger(in). **3.** ,Beschiß' *m*.
gyp² [dʒɪp] *sl. für* **to give s.o.** ~ *sl.* a) j-n ,fertigmachen', b) j-m arg zu schaffen machen (*Verletzung etc*).
gyp·se·ous ['dʒɪpsɪəs], '**gyp·sous** [-səs] *adj min.* gipsartig, Gips...
gyp·sum ['dʒɪpsəm] *s min.* Gips *m*.
gyp·sy, *etc bes. Am. für* **gipsy,** *etc*.
gy·ral ['gaɪərəl] *adj* **1.** sich (im Kreis) drehend, (her'um)wirbelnd. **2.** *anat.* (Gehirn)Windungs...
gy·rate I *v/i* [dʒaɪə'reɪt; *Am*. 'dʒaɪˌreɪt] kreisen, sich (im Kreis) drehen, (her'um)wirbeln. **II** *adj* ['dʒaɪərɪt; *bes. Am*. 'dʒaɪˌreɪt] gewunden, kreisförmig (angeordnet). **gy'ra·tion** *s* **1.** Kreisbewegung *f*, Drehung *f*. **2.** *anat.* (Gehirn)Windung *f*. **3.** *zo.* Windung *f* (*e-r Muschel*). '**gy·ra·to·ry** [-rətərɪ; *Am*. -rəˌtɔːrɪ]; -ˌtɔːrɪ] *adj* kreisend, sich (im Kreis) drehend, (her'um)wirbelnd.
gyre ['dʒaɪə(r)] *bes. poet.* **I** *s* **1.** → **gyration** 1. **2.** Windung *f*. **3.** Kreis *m*. **II** *v/i* → **gyrate** I.
gyr·fal·con ['dʒɜː,fɔːlkən; -ˌfɔː,kən; *Am*. 'dʒɜrˌfælkən] *s orn.* Geierfalk *m*, G(i)erfalke *m*.
gy·ro ['dʒaɪərəʊ] *pl* **-ros** *colloq. für* **autogiro, gyrocompass, gyroscope**.
gy·ro·com·pass ['dʒaɪərəʊˌkʌmpəs] *s mar. phys.* Kreiselkompaß *m*: **master** ~ Mutterkompaß *m*.
gy·ro·graph ['dʒaɪərəʊgræf; *Br*. -grɑːf] *s tech.* Touren-, Um'drehungszähler *m*.
gy·ro·ho·ri·zon *s aer. astr.* künstlicher Hori'zont.
gy·roi·dal [dʒaɪə'rɔɪdl] *adj* kreis- *od.* spi'ralförmig angeordnet *od.* wirkend.
gy·ro·mag·net·ic [ˌdʒaɪərəʊmæg'netɪk] *adj phys.* gyroma'gnetisch.
gy·ron ['dʒaɪərən] *s her.* Ständer *m*.
gy·ro·pi·lot ['dʒaɪərəʊˌpaɪlət] *s aer.* 'Autopiˌlot *m*, auto'matische Steuerungsanlage.
gy·ro·plane ['dʒaɪərəpleɪn] *s aer.* Tragschrauber *m*.
gy·ro·scope ['dʒaɪərəskəʊp] *s* **1.** *phys.* Gyro'skop *n*, Kreisel *m*. **2.** *mar. mil.* Ge'radlaufapparat *m* (*Torpedo*). ˌ**gy·ro'scop·ic** [-ˈskɒpɪk; *Am*. -ˈskɑ-] *adj* (*adv* ~**ally**) gyro'skopisch: ~ **compass** → **gyrocompass**; ~ **(ship) stabilizer** Schiffskreisel *m*.
gy·rose ['dʒaɪərəʊs] *adj bot.* gewunden, gewellt.
gy·ro·sta·bi·liz·er [ˌdʒaɪərəʊ'steɪbɪˌlaɪzə(r)] *s aer. mar.* (Stabili'sier-, Lage-)Kreisel *m*.
gy·ro·stat ['dʒaɪərəʊstæt] *s phys.* Gyro'stat *m*, Kreiselvorrichtung *f*. ˌ**gy·ro'stat·ic** *adj* (*adv* ~**ally**) gyro'statisch: ~ **compass** → **gyrocompass**.
gyve [dʒaɪv] *obs. od. poet.* **I** *s meist pl* (*bes.* Fuß)Fessel *f*. **II** *v/t* j-m (Fuß)Fesseln anlegen.

H

H, h [eɪtʃ] **I** *pl* **H's, Hs, h's, hs** [ˈeɪtʃɪz] *s* **1.** H, h *n* (*Buchstabe*): **to drop one's H's** das H nicht aussprechen (*Zeichen der Unbildung*). **2.** H H *n*, H-förmiger Gegenstand. **3.** H *sl.* ‚H' [eɪtʃ] *n* (*Heroin*). **II** *adj* **4.** acht(er, e, es): **Company H. 5.** H H-..., H-förmig.
ha [hɑː] *interj* **1.** ha!, ah! **2.** was?
haar [hɑː] *s Br.* kalter (See)Nebel.
Hab·ak·kuk [ˈhæbəkək; -kʌk; həˈbækək] *npr u. s Bibl.* (das Buch) Habakuk *m*.
ha·ba·ne·ra [ˌhæbəˈneərə; *bes. Am.* ˌɑːbə-] *s mus.* Habaˈnera *f*.
ha·be·as cor·pus [ˌheɪbjəsˈkɔː(r)pəs; -bɪəs-] (*Lat.*) *s a.* **writ of ~** *jur.* gerichtliche Anordnung e-s ˈHaftˌprüfungsterˌmins: **H~ C~ Act** Habeascorpusakte *f* (*1679*).
hab·er·dash·er [ˈhæbə(r)dæʃə(r)] *s* **1.** *Br.* Kurzwarenhändler *m.* **2.** *Am.* Inhaber *m* e-s Herrenmodengeschäfts, Herrenausstatter *m.* **ˈhab·er·dash·er·y** *s* **1.** *Br.* a) Kurzwarengeschäft *n*, b) Kurzwaren *pl.* **2.** *Am.* a) Herrenmodengeschäft *n*, b) ˈHerrenbeˌkleidung(sarˌtikel *pl*) *f*.
hab·er·geon [ˈhæbə(r)dʒən] *s mil. hist.* Halsberge *f*, Kettenhemd *n*.
hab·ile [ˈhæbɪl] *adj* geschickt.
ha·bil·i·ments [həˈbɪlɪmənts] *s pl* **1.** (Amts-, Fest)Kleidung *f.* **2.** *humor.* (Alltags)Kleider *pl*.
ha·bil·i·tate [həˈbɪlɪteɪt] **I** *v/t Am.* ein Bergbauunternehmen finanˈzieren. **II** *v/i sich* (*für ein Amt etc*) qualifiˈzieren, *univ.* sich habiliˈtieren.
hab·it [ˈhæbɪt] *s* **1.** (An)Gewohnheit *f*: ~s **of life** Lebensgewohnheiten; **eating ~s** Art *f* zu essen, Eßgewohnheiten; **out of** (*od.* **by**) ~ aus Gewohnheit, gewohnheitsmäßig; **to act from force of ~** der Macht der Gewohnheit nachgeben; **to be in the ~ of doing s.th.** etwas zu tun pflegen; **die (An)Gewohnheit haben, etwas zu tun**; **it is the ~ with him** es ist bei ihm so üblich; **to break o.s. (s.o.) of a ~** sich (j-m) etwas abgewöhnen; **to make a ~ of s.th.** sich etwas zur Gewohnheit machen; → **creature 1, fall into 2, fall out of, get into 4, get out of 3. 2.** *oft* **~ of mind** Geistesverfassung *f.* **3.** (*bes.* Drogen)Sucht *f*, (*Zustand a.*) ˈSüchtigkeit *f*: **drink has become a ~ with him** es kommt vom Alkohol nicht mehr los. **4.** *psych.* Habit *n*, *a. m* (*Erlerntes, Erworbenes*). **5.** *bot.* Habitus *m*, Wachstumsart *f.* **6.** *zo.* Lebensweise *f.* **7.** (Amts-, Berufs-, *bes.* Ordens)Kleidung *f*, Tracht *f*, Haˈbit *m*, *a. ~* **riding** 4.
hab·it·a·ble [ˈhæbɪtəbl] *adj* (*adv* **habitably**) bewohnbar.
ha·bi·tan → **habitant** 2.
hab·i·tant *s* **1.** [ˈhæbɪtənt] Einwohner(in), Bewohner(in). **2.** [abiˈtɑ̃] a) ˈFrankokaˌnadier *m*, b) Einwohner *m* franˈzösischer Abkunft (*in Louisiana*).
hab·i·tat [ˈhæbɪtæt] *s* **1.** *bot. zo.* Habiˈtat *n*, Standort *m*, Heimat *f.* **2.** Habiˈtat *n* (*kapselförmige Unterwasserstation für Aquanauten*). **ˌhab·iˈta·tion** [-ˈteɪʃn] *s* **1.** (Be)Wohnen *n*: **unfit for human ~** nicht bewohnbar, für Wohnzwecke ungeeignet. **2.** Wohnung *f*, Behausung *f*.
ˈhab·itˌform·ing *adj* **1. to be ~** a) zur Gewohnheit werden, b) Sucht erzeugen. **2.** suchterzeugend: **~ drug** Suchtmittel *n*.
ha·bit·u·al [həˈbɪtjʊəl; *Am.* həˈbɪtʃəwəl; -tʃəl] *adj* (*adv* **-ly**) **1.** gewohnheitsmäßig, Gewohnheits...: **~ criminal** Gewohnheitsverbrecher *m.* **2.** gewohnt, ständig, üblich: **he is ~ly late** er kommt ständig zu spät. **haˈbit·u·al·ness** *s* Gewohnheitsmäßigkeit *f.* **haˈbit·u·ate** [-tjʊeɪt; *Am.* -tʃəˌweɪt] **I** *v/t* **1.** (o.s. sich) gewöhnen (**to an** *acc*): **to ~ o.s. to doing s.th.** sich daran gewöhnen, etwas zu tun. **2.** *Am. colloq.* frequenˈtieren, häufig besuchen. **II** *v/i* **3.** zur Gewohnheit werden. **4.** süchtig machen. **haˌbit·u·ˈa·tion** *s* Gewöhnung *f* (**to an** *acc*).
hab·i·tude [ˈhæbɪtjuːd; *Am. a.* -ˌtuːd] *s* **1.** Wesen *n*, Neigung *f*, Veranlagung *f.* **2.** (An)Gewohnheit *f*.
ha·bit·u·é [həˈbɪtjʊeɪ; *Am.* həˈbɪtʃəˌweɪ] *s* ständiger Besucher, Stammgast *m*.
hab·i·tus [ˈhæbɪtəs] *s* **1.** *med.* Habitus *m* (*Besonderheiten im Erscheinungsbild e-s Menschen, die e-n gewissen Schluß auf Krankheitsanlagen zulassen*). **2.** → **habit** 5.
ha·chure [hæˈʃjʊə; *bes. Am.* hæˈʃʊə(r)] **I** *s* **1.** Schraffe *f*, Bergstrich *m* (*auf Landkarten*). **2.** *pl* Schrafˈfierung *f*, Schraḟfur *f.* **II** *v/t* **3.** schrafˈfieren.
ha·ci·en·da [ˌhæsɪˈendə; *Am. a.* ˌhɑːsɪˈendə; ˌɑːsɪ-] *s* **1.** Haziˈenda *f*, (Land)Gut *n.* **2.** (Faˈbrik-, Bergwerks)Anlage *f*.
hack¹ [hæk] **I** *v/t* **1.** a) (zer)hacken: **to ~ off** abhacken (**von**); **to ~ out** *fig.* grob darstellen; **to ~ to pieces** (*od.* **bits**) in Stücke hacken, *fig. Ruf etc* zerstören, ‚kaputtmachen', b) *fig.* e-n *Text* verstümmeln, entstellen. **2.** (ein)kerben. **3.** *agr. den Boden* (auf-, los)hacken: **to ~ in** *Samen* unterhacken. **4.** *tech. Steine* behauen. **5.** a) (*bes. Rugby*) j-m, *a.* j-n ans *od.* gegen das Schienbein treten, b) (*Basketball*) j-m, *a.* j-n auf den Arm schlagen. **6.** *Am. colloq.* a) ausstehen, leiden, b) ‚schaffen', bewältigen. **II** *v/t* **7.** hacken: **to ~ at** a) (mit dem *Beil etc*) schlagen auf (*acc*), b) *a.* **to ~ away at** einhauen auf (*acc*). **8.** trocken u. stoßweise husten: **~ing cough** → 15. **9. ~ around** *Am. colloq.* ‚herˈumhängen', -lungern. **III** *s* **10.** Hieb *m*: **to take a ~ at** a) (mit dem *Beil etc*) schlagen auf (*acc*), b) *Am. colloq. etwas* probieren, versuchen. **11.** a) Hacke *f*, b) Haue *f*, Pickel *f.* **12.** Kerbe *f.* **13.** *Am.* Schalm *m* (*an Bäumen*). **14.** a) (*bes.* Rugby) Tritt *m* ans *od.* gegen das Schienbein, b) (*bes.* Rugby) Trittwunde *f*, c) (*Basketball*) Schlag *m* auf den Arm. **15.** trockener, stoßweiser Husten.
hack² [hæk] **I** *s* **1.** a) Reit-, *a.* Kutschpferd *n*, b) Mietpferd *n*, c) Klepper *m.* **2.** *Br.* Aus-, Spaˈzierritt *m.* **3.** *Am.* a) Droschke *f*, Miet(s)kutsche *f*, b) *colloq.* Taxi *n*, c) → **hackie. 4.** a) Schriftsteller, der auf Bestellung arbeitet, b) (rein) kommerziˈeller Schriftsteller. **II** *v/t* **5.** liteˈrarische Aufträge erteilen an (*acc*). **6.** *Pferd* vermieten. **7.** *Br.* ein *Pferd* ausreiten. **8.** e-n *Begriff etc* abnutzen. **III** *v/i* **9.** *Br.* ausreiten, e-n Spaˈzierritt machen. **10.** *Am.* in e-r Droschke *od. colloq.* in e-m Taxi fahren. **11.** *Am. colloq.* ein Taxi fahren. **12.** auf Bestellung arbeiten (*Schriftsteller*). **IV** *adj* **13.** **~ writer** → 4. **14.** mittelmäßig. **15.** → **hackneyed**.
hack³ [hæk] **I** *s* **1.** Falkenˈrei: Futterbrett *n*: **to keep at ~** → **3. 2.** a) Trockengestell *n*, b) Futtergestell *n.* **II** *v/t* **3.** *Falken* in teilweiser Freiheit halten. **4.** auf e-m Gestell trocknen.
ˈhack·berry *s* **1.** *bot.* Zürgelbaum *m.* **2.** beerenartige Frucht von 1.
ˈhack·but *s mil. hist.* Arkeˈbuse *f*.
ˈhack·er *s Am.* Hacker *m* (*Computerpirat*).
hack·ie [ˈhækiː] *s Am. colloq.* Taxifahrer *m*.
hack·le¹ [ˈhækl] **I** *s* **1.** *tech.* Hechel *f.* **2.** a) *orn.* (lange) Nackenfeder(n *pl*), b) *pl* (aufstellbare) Rücken- u. Halshaare *pl* (*Hund*): **to get s.o.'s ~s up** *fig.* j-n wütend machen; **to have one's ~s up** *fig.* wütend sein; **with one's ~s up** *fig.* wütend. **3.** *Angelsport:* a) Federfüße *pl*, b) → **hackle fly. II** *v/t* **4.** Flachs *etc* hecheln. **5.** künstliche (*Angel*)Fliege mit Federfüßen versehen.
hack·le² [ˈhækl] *v/t* zerhacken.
ˈhack·le fly *s* (künstliche) Angelfliege mit Federfüßen.
hack·ma·tack [ˈhækmətæk] *s* **1.** *bot.* a) Amer. Lärche *f*, b) Echter Waˈcholder. **2.** Tamarak *n* (*Holz von* 1 a).
hack·ney [ˈhæknɪ] **I** *s* **1.** → **hack²** 1 a. **2.** *a. ~* **carriage** Droschke *f*, Miet(s)kutsche *f.* **II** *v/t* **3.** e-n *Begriff etc* abnutzen. **ˈhack·neyed** *adj* abgedroschen, abgenutzt.
ˈhack·saw *s tech.* Bügelsäge *f*.
had [hæd] *pret u. pp von* **have**.
had·dock [ˈhædək] *pl* **-docks**, *bes. collect.* **-dock** *s* Schellfisch *m*.
hade [heɪd] *geol.* **I** *s* Neigungswinkel *m.* **II** *v/i* von der Vertiˈkallinie abweichen.
Ha·des [ˈheɪdiːz] *s* **1.** *myth.* Hades *m*, ˈUnterwelt *f.* **2.** *colloq.* Hölle *f*.
hadj [hædʒ] *s relig.* Hadsch *m* (*Wallfahrt nach Mekka, die jeder Mohammedaner wenigstens einmal in s-m Leben unternehmen soll*). **ˈhadj·i** [-iː] *s relig.* Hadschi *m* (*Ehrentitel für e-n Mekkapilger*).

hadst [hædst] *obs. 2. sg pret von* **have**: thou ~.
hae·mal ['hi:ml] *adj anat. bes. Br.* Blut(gefäß)...
hae·ma·te·in [ˌhemə'ti:ɪn; ˌhi:-] *s bes. Br.* Hämate'in *n*, Hämatoxy'lin *n* (*in der Histologie zur Zellkernfärbung verwendeter Farbstoff aus dem Holz des Blutholzbaumes*).
hae·ma·tem·e·sis [ˌhemə'temɪsɪs; ˌhi:-] *s med. bes. Br.* Häma'temesis *f*, Blutbrechen *n*.
hae·mat·ic [hi:'mætɪk] *bes. Br.* **I** *adj* **1.** blutfarbig. **2.** blutgefüllt. **3.** *physiol.* Blut..., im Blut enthalten. **4.** *physiol.* blutbildend. **II** *s* **5.** *med. pharm.* Hä'matikum *n*, blutbildendes Mittel.
haem·a·tin ['hemətɪn; 'hi:-] *s physiol. bes. Br.* Häma'tin *n* (*eisenhaltiger Bestandteil des roten Blutfarbstoffs*).
haem·a·tite ['hemətaɪt; 'hi:-] *s min. bes. Br.* Häma'tit *m*.
hae·mat·o·blast [hi:'mætəʊblæst; 'hemətəʊblæst; 'hi:-] *s physiol. bes. Br.* Häma'to'blast *m*, Hämo'blast *m* (*blutbildende Zelle im Knochenmark*).
haem·a·to·cele ['hemətəʊsi:l; 'hi:-] *s med. bes. Br.* Hämato'zele *f* (*geschwulstartige Ansammlung von geronnenem Blut in e-r Körperhöhle, bes. in der Bauchhöhle*).
haem·a·to·crit ['hemətəʊkrɪt; 'hi:-; hi:'mætəʊkrɪt] *s med. bes. Br.* **1.** Hämato'krit *m*, 'Blutzentriˌfuge *f*. **2.** Hämato'kritwert *m*.
haem·a·tog·e·nous [ˌhemə'tɒdʒɪnəs; ˌhi:-; *Am.* -'tɑ-] *adj physiol. bes. Br.* hämato'gen: a) aus dem Blut stammend, b) blutbildend.
hae·ma·tol·o·gist [ˌhemə'tɒlədʒɪst; ˌhi:-; *Am.* -'tɑ-] *s med. bes. Br.* Hämato'loge *m*, ˌhae·ma'tol·o·gy *s med. bes. Br.* Hämatolo'gie *f* (*Teilgebiet der Medizin, das sich mit dem Blut u. den Blutkrankheiten befaßt*).
hae·ma·to·ma [ˌhemə'təʊmə; ˌhe-] *pl* **-mas, -ma·ta** [-tə] *s med. bes. Br.* Häma'tom *n*, Blutbeule *f*, -erguß *m*.
haem·a·to·poi·e·sis [ˌhemətəʊpɔɪ'i:sɪs; ˌhi:-; hi:ˌmætəʊ-] *s physiol. bes. Br.* Hämatopo'ese *f*, Häma'tose *f*, Blutbildung *f*, bes. Bildung *f* der roten Blutkörperchen.
hae·ma·to·sis [ˌhi:mə'təʊsɪs; ˌhe-] *s physiol. bes. Br.* **1.** → haematopoiesis. **2.** 'Umwandlung *f* von ve'nösem in arteri'elles Blut (*in der Lunge*).
hae·ma·tox·y·lin [hi:mə'tɒksɪlɪn; ˌhe-; *Am.* -'tɑ-] → haematein.
hae·ma·to·zo·on [ˌhemətəʊ'zəʊɒn; ˌhi:-; *Am.* -ˌɑn] *pl* **-zo·a** [-'zəʊə] *s med. zo. bes. Br.* Hämato'zoon *n*, 'Blutparaˌsit *m*.
hae·ma·tu·ri·a [ˌhemə'tjʊərɪə; *Am. a.* -'tʊrɪə] *s med. bes. Br.* Hämatu'rie *f* (*Ausscheidung nicht zerfallener roter Blutkörperchen mit dem Urin*).
hae·mo·cyte ['hi:məʊsaɪt; 'he-] *s physiol. bes. Br.* Hämo'zyt *m*, Blutkörperchen *n*.
hae·mo·di·al·y·sis [ˌhi:məʊdaɪ'ælɪsɪs] *s irr med. bes. Br.* Hämodia'lyse *f* (*Reinigung des Blutes von krankhaften Bestandteilen, z. B. in der künstlichen Niere*).
hae·mo·glo·bin [ˌhi:məʊ'gləʊbɪn] *s physiol. bes. Br.* Hämoglo'bin *n* (*Farbstoff der roten Blutkörperchen*). 'hae·moˌglo·bi'nu·ri·a [-'njʊərɪə; *Am. a.* -'nʊrɪə] *s med. bes. Br.* Hämoglobinu'rie *f* (*Ausscheidung von rotem Blutfarbstoff im Urin*).
hae·mo·ly·sin [hi:məʊ'laɪsɪn; ˌhi:mə'lɪsn] *s med. bes. Br.* Hämoly'sin *n* (*Antikörper, der artfremde Blutkörperchen auflöst*).
hae·mol·y·sis [hɪ'mɒlɪsɪs; *Am.* -'mɑ-] *pl*

-ses [-si:z] *s med. bes. Br.* Hämo'lyse *f* (*Auflösung der roten Blutkörperchen durch Austritt des roten Blutfarbstoffs*).
hae·mo·phile ['hi:məʊfaɪl] *s med. bes. Br.* Hämo'phile(r) *m*, Bluter *m*. ˌhae·mo'phil·i·a [-'fɪlɪə] *s med. bes. Br.* Hämophi'lie *f*, Bluterkrankheit *f*. ˌhae·mo'phil·i·ac [-'fɪlɪæk] → haemophile. ˌhae·mo'phil·ic [-'fɪlɪk] *adj bes. Br.* **1.** *med.* hämo'phil: a) *an* Hämophilie leidend, b) *auf* Hämophilie beruhend. **2.** *biol.* hämo'phil, blutliebend, im Blut lebend: ~ **bacteria**.
haem·op·ty·sis [hɪ'mɒptɪsɪs; *Am.* -'mɑ-] *s med. bes. Br.* Hämo'ptyse *f*, Hämo'ptysis *f*, Bluthusten *n*, -spucken *n*.
haem·or·rhage ['hemərɪdʒ] *med. bes. Br.* **I** *s* Hämorrha'gie *f*, Blutung *f*: brain (*od.* cerebral) ~ Gehirnblutung. **II** *v/i* bluten.
haem·or·rhoi·dal [ˌhemə'rɔɪdl] *adj med. bes. Br.* hämorrhoi'dal. ˌhaem·or·rhoid'ec·to·my [-'dektəmɪ] *s med. bes. Br.* Hämorrhoidekto'mie *f*, Hämorrho'idenoperati̱on *f*. 'haem·or·rhoids [-dz] *s pl med. bes. Br.* Hämorrho'iden *pl*.
hae·mo·sta·sis [ˌhi:məʊ'steɪsɪs] *pl* **-ses** [-si:z] *s med. bes. Br.* Hämo'stase *f*: a) Blutstockung *f*, b) Blutstillung *f*. 'hae·mo·stat [-stæt] *s med. bes. Br.* **1.** Gefäß-, Ar'terienklemme *f*. **2.** *pharm.* Hämo'styptikum *n*, Hämo'statikum *n*, blutstillendes Mittel. ˌhae·mo'stat·ic [-'stætɪk] *med. pharm. bes. Br.* **I** *adj* hämo'styptisch, hämo'statisch, blutstillend. **II** *s* → haemostat.
hae·res → heres.
ha·fiz ['hɑ:fɪz] *s relig.* Hafis *m* (*Ehrentitel e-s Mannes, der den Koran auswendig kann*).
haf·ni·um ['hæfnɪəm] *s chem.* Hafnium *n*.
haft [hɑ:ft; *Am.* hæft] **I** *s* Griff *m*, Heft *n* (*bes. e-r Stichwaffe*), Stiel *m* (*e-r Axt*). **II** *v/t* e-n Griff *etc* einsetzen in (*acc*).
hag¹ [hæg] *s* **1.** *fig.* häßliches altes Weib, Hexe *f*. **2.** *ichth.* Schleimaal *m*.
hag² [hæg; hɑ:g] *s Br. dial.* feste Stelle im Sumpf.
Hag·ga·i ['hægeɪaɪ; *bes. Am.* 'hægɪaɪ; -gaɪ] *npr u. s Bibl.* (das Buch) Hag'gai *m od.* Ag'gäus *m*.
hag·gard ['hægə(r)d] **I** *adj* (*adv* ~**ly**) **1.** wild: ~ **look**. **2.** a) abgehärmt, sorgenvoll, b) abgespannt, c) abgezehrt, hager. **3.** ~ **falcon** → **4**. **II** *s* **4.** Falke, der ausgewachsen eingefangen wurde. 'hag·gard·ness *s* Hagerkeit *f*.
hag·gis ['hægɪs] *s gastr. Scot.* Herz, Lunge u. Leber vom Schaf, im Schafsmagen gekocht.
hag·gish ['hægɪʃ] *adj* hexenhaft.
hag·gle ['hægl] **I** *v/i* **1.** feilschen, handeln, schachern (**about, over** um). **2.** → **hack⁷**. **II** *v/t* → **hack¹**. 'hag·gler *s* Feilscher(in), Schacherer *m*.
hag·i·oc·ra·cy [ˌhægɪ'ɒkrəsɪ; *Am.* -'ɑk-; *a.* ˌheɪdʒɪ-] *s* (Staat *m etc* unter) Heiligenherrschaft *f*.
Hag·i·og·ra·pha [ˌhægɪ'ɒgrəfə; *Am.* -'ɑg-; *a.* ˌheɪdʒɪ-] *s pl Bibl.* Hagi'ographa *pl*, Hagio'graphen *pl* (*griechische Bezeichnung des dritten, vor allem poetischen Teils des Alten Testaments*). ˌhag·i'og·ra·pher [-grəfə(r)] *s* Hagio'graph *m*: a) e-r der Verfasser der Hagiographa, b) Verfasser von Heiligenleben. ˌhag·i·o'graph·ic [-gɪə'græfɪk], ˌhag·i·o'graph·i·cal *adj* hagio'graphisch. ˌhag·i'og·ra·phist → hagiographer. ˌhag·i'og·ra·phy *s* Hagiogra'phie *f* (*Erforschung u. Beschreibung von Heiligenleben*).
hag·i·o·la·ter [ˌhægɪ'ɒlətə(r); *Am.* hægi-

ˌɒlətə(r); *a.* ˌheɪdʒɪ-] *s relig.* Heiligenverehrer *m*. ˌhag·i'ol·a·try [-trɪ] *s* Hagiola'trie *f*, Heiligenverehrung *f*, -kult *m*. ˌhag·i'ol·o·gist [-'ɒlədʒɪst; *Am.* -'ɑl-] → hagiographer b. ˌhag·i'ol·o·gy *s* **1.** Hagiolo'gie *f* (*Lehre von den Heiligen*). **2.** Hagio'logion *n* (*liturgisches Buch mit Lebensbeschreibungen der Heiligen in der orthodoxen Kirche*).
'**hag·rid·den** *adj* **1.** gepeinigt, verfolgt. **2.** to be ~ *humor.* von Frauen schikaniert werden.
Hague| Con·ven·tions [heɪg] *s pl pol.* (*die*) Haager Abkommen *pl*. ~ **Tri·bu·nal** *s pol.* (*der*) Haager Schiedshof.
hah → ha.
ha-ha¹ ['hɑ:hɑ:] *s* (*in e-m Graben*) versenkter Grenzzaun.
ha-ha² [hɑ:'hɑ:] **I** *interj* haha! **II** *s* Haha *n*. **III** *v/i* 'haha' rufen.
hahn·i·um ['hɑ:nɪəm] *s chem.* Hahnium *n*.
hail¹ [heɪl] **I** *s* **1.** Hagel *m* (*a. fig. von Flüchen, Fragen, Steinen etc*): ~ **of bullets** Geschoßhagel. **II** *v/i* **2.** *impers* hageln: **it is** ~**ing** es hagelt. **3.** ~ **down** *fig.* niederhageln, -prasseln (**on, upon** *auf acc*). **III** *v/t* **4.** ~ **down** *fig.* niederhageln *od.* -prasseln lassen (**on, upon** *auf acc*): **to** ~ **blows down on** s.o. j-n mit Schlägen eindecken.
hail² [heɪl] **I** *v/t* **1.** freudig *od.* mit Beifall begrüßen, zujubeln (*dat*): **they** ~**ed him (as) king** sie jubelten ihm als König zu. **2.** (be)grüßen. **3.** j-n, ein Taxi *etc* her'beirufen *od.* -winken. **4.** *fig.* etwas begrüßen, begeistert aufnehmen. **II** *v/i* **5.** *bes. mar.* rufen, sich melden. **6.** ('her-) stammen, kommen (**from** *von od. aus*). **III** *interj* **7.** *bes. poet.* heil! **IV** *s* **8.** Gruß *m*. **9.** (Zu)Ruf *m*. **10.** Ruf-, Hörweite *f*: **within ~** in Rufweite.
'**hail·er** *s Am.* Megaˈphon *n*.
'**hail-ˌfel·low-ˌwell-ˈmet I** *adj* a) gesellig, 'umgänglich, freundlich, b) vertraut: **to be ~ with** auf du u. du stehen mit, c) *contp.* plump-vertraulich. **II** *s* a) geselliger *od.* 'umgänglicher Mensch, b) *contp.* plump-vertraulicher Kerl.
'**hail·ing dis·tance** *s* Ruf-, Hörweite *f*: **within ~** a) in Rufweite, b) *fig.* greifbar nahe, in greifbarer Nähe.
Hail Mar·y *s relig.* 'Ave-Ma'ria *n*, Englischer Gruß.
'**hail·stone** *s* Hagelkorn *n*, (Hagel-) Schloße *f*. '~**storm** *s* Hagelschauer *m*.
hai·mish *adj* heimisch.
hain't [heɪnt] *obs. od. dial. colloq.* für **have not, has not**.
hair [heə(r)] *s* **1.** (*einzelnes*) Haar. **2.** *collect.* Haar *n*, Haare *pl*. **3.** *bot.* Haar *n*, Tri'chom *n*. **4.** Härchen *n*, Fäserchen *n*. **5.** Haartuch *n*. *Besondere Redewendungen:* **by a ~** äußerst *od.* ganz knapp (*gewinnen etc*); **to a ~** aufs Haar, haargenau; **to do one's ~** sich die Haare machen, sich frisieren; **to get in(to) s.o.'s ~** *colloq.* j-m auf den Wecker fallen *od.* gehen'; **not to harm a ~ on** s.o.'**s head** j-m kein Haar krümmen; **to have a ~ of the dog (that bit one)** *colloq.* e-n Schluck Alkohol trinken, um s-n ‚Kater' zu vertreiben; **to have** s.o. **by the short ~s** j-n (fest) in der Hand haben; **keep your ~ on!** *colloq.* reg' dich ab!, nur keine Aufregung!; **to keep (***od.* **get) out of** s.o.'**s ~** *colloq.* j-m aus dem Weg gehen; **to keep** s.o. **out of one's ~** *colloq.* sich j-n vom Leib halten; **to let one's ~ down** a) sein Haar aufmachen, b) *fig.* sich ungezwungen benehmen *od.* geben, c) *fig.* aus sich herausgehen; **to lose one's ~** a) kahl werden, b) *fig.* wütend werden; **he is losing his ~** ihm gehen die Haare aus; **to split ~s**

hairball – half step

Haarspalterei treiben; **the sight made my ~ stand (up) on end** bei dem Anblick standen mir die Haare zu Berge *od.* sträubten sich mir die Haare; **to tear one's ~ (out)** sich die Haare raufen; **not to turn a ~** nicht mit der Wimper zucken; **without turning a ~** ohne mit der Wimper zu zucken; → curl 1, 6.
'**hair|·ball** *s zo.* Haarknäuel *m, n.* '**~·breadth I** *s*: **by a ~** um Haaresbreite; **to escape by a ~** mit knapper Not davonkommen. **II** *adj* äußerst *od.* ganz knapp: **to have a ~ escape** mit knapper Not davonkommen. '**~·brush** *s* **1.** Haarbürste *f.* **2.** Haarpinsel *m.* '**~·bulb** *s anat.* Haarzwiebel *f.* '**~·check** → hair crack. '**~·cloth** *s* Haartuch *n.* **~ compass·es** *s pl* **a pair of ~** Haar(strich)zirkel *m.* **~ crack** *s tech.* Haarriß *m.* '**~·curl·ing** *adj* haarsträubend. '**~·cut** *s* a) Haarschnitt *m*: **to give s.o. a ~** j-m die Haare schneiden; **to have a ~** sich die Haare schneiden lassen; **you need a ~** du mußt dir wieder mal die Haare schneiden lassen, du mußt wieder mal zum Friseur, b) Fri'sur *f.* '**~·cut·ting I** *s* Haarschneiden *n.* **II** *adj* Haarschneide... **~ di·vid·ers** → hair compasses. '**~·do** *pl* **-dos** *s colloq.* Fri'sur *f.* '**~·drawn** *adj* hairsplitting **II.** '**~·dress·er** *s* Fri'seur *m,* Fri'seuse *f.* '**~·dress·ing I** *s* **1.** Fri'sieren *n.* **2.** a) Haarwasser *n,* b) Po'made *f.* **II** *adj* **3.** Frisier...: **~ salon** Friseur-, Frisiersalon *m.* '**~·dri·er** *s* Haartrockner *m.*
haired [heə(r)d] *adj* **1.** behaart. **2.** *in Zssgn* ...haarig.
hair| fol·li·cle *s anat.* 'Haarfol₁likel *m,* -balg *m.* '**~·grip** *s bes. Br.* Haarklammer *f,* -klemme *f.*
hair·i·ness ['heərɪnɪs] *s* Haarigkeit *f,* Behaartheit *f.*
hair lac·quer *s* Haarfestiger *m.*
'**hair·less** *adj* haarlos, unbehaart, ohne Haar(e), kahl: **his head is completely ~** er hat kein einziges Haar auf dem Kopf.
'**hair|·line** *s* **1.** Haaransatz *m.* **2.** Haarstrich *m* (*Buchstabe*). **3.** a) feiner Streifen (*Stoffmuster*), b) feingestreifter Stoff. **4.** Haarseil *n.* **5.** a. **~ crack** *tech.* Haarriß *m.* **6.** *opt. surv.* Faden-, Strichkreuz *n.* **~ mat·tress** *s* 'Roßhaar₁matratze *f.* '**~·net** *s* Haarnetz *n.* **~ oil** *s* Haaröl *n.* '**~·piece** *s* (*für Frauen*) Haarteil *n,* (*für Männer*) Tou'pet *n.* '**~·pin** *s* **1.** Haarnadel *f.* **2.** a. **~ bend** Haarnadelkurve *f.* **II** *v/i* **3.** in Serpen'tinen verlaufen (*Straße*). '**~·rais·er** *s colloq.* (*etwas*) Haarsträubendes, *bes.* Horrorfilm *m,* -geschichte *f.* '**~·rais·ing** *adj* haarsträubend. **~ re·stor·er** *s* Haarwuchsmittel *n.*
hair's| breadth → hairbreadth I. '**~·breadth** → hairbreadth II. '**hairs·breadth** → hairbreadth.
hair| seal *s zo.* Haarseehund *m.* **~ shirt** *s* Haarhemd *n,* härenes Hemd. **~ sieve** *s* Haarsieb *n.* **~ slide** *s* Haarspange *f.* **~ space** *s print.* Haarspatium *n.* '**~·split·ter** *s* Haarspalter(in). '**~·split·ting I** *adj* haarspalterisch, spitzfindig. **~ spray** *s* Haarspray *m, n.* '**~·spring** *s tech.* Haar-, Unruhfeder *f.* '**~·streak** *s zo.* (ein) Bläuling *m.* **~ stroke** *s* Haarstrich *m* (*Schrift*). '**~·style** *s* Fri'sur *f.* **~ styl·ist** *s* Hair-Stylist *m,* 'Haarsty₁list *m,* 'Damenfri₁seur *m.* '**~·trans·plan·ta·tion** *f,* -verpflanzung *f.* '**~·trig·ger** *s tech.* Stecher *m* (*am Gewehr*). '**~·trig·ger** *adj colloq.* **1.** aufbrausend (*Temperament*), reizbar (*Person*). **2.** la'bil (*Gleichgewicht*). **3.** prompt: **~ service.** '**~·weav·ing** *s* Haarverwebung *f.* '**~·worm** *s zo.* Haar-, Fadenwurm *m.*
'**hair·y** *adj* **1.** haarig, behaart. **2.** Haar...

3. haarartig. **4.** *colloq.* a) ‚haarig', schwierig, unangenehm, b) gefährlich.
haj·i, haj·ji → hadji.
hake¹ [heɪk] *pl* **hakes**, *bes. collect.* **hake** *s ichth.* Seehecht *m.*
hake² [heɪk] *s* Trockengestell *n.*
ha·keem [hə'kiːm] → hakim.
ha·kim *s* (*im Orient*) **1.** [hə'kiːm] Ha'kim *m*: a) Weise(r) *m,* Gelehrte(r) *m,* b) Arzt *m.* **2.** ['hɑːkɪm] Hakim *m*: a) Herrscher *m,* b) Richter *m.*
ha·la·tion [hə'leɪʃn; *Am. bes.* heɪ-] *s phot.* Lichthof-, Halobildung *f.*
hal·berd ['hælbɜːd; -bəd; *Am.* -bərd] *s mil. hist.* Helle'barde *f.* '**hal·berd'ier** [-bə(r)dɪə(r)] *s* Hellebar'dier *m.*
hal·bert ['hælbɜːt; -bət; *Am.* -bərt] → halberd.
hal·cy·on ['hælsɪən] **I** *s* **1.** *myth.* Eisvogel *m.* **2.** *poet. für* kingfisher. **II** *adj* **3.** (h)alky'onisch, friedlich. **~ days** *s pl* **1.** (h)alkyonische Tage *pl*: a) Tage *pl* der Ruhe (auf dem Meer), b) *fig.* Tage *pl* glücklicher Ruhe **2.** *fig.* glückliche Zeit *od.* Tage *pl.*
hale¹ [heɪl] *v/t* schleppen, zerren.
hale² [heɪl] *adj* gesund, kräftig, rüstig: **~ and hearty** gesund u. munter.
half [hɑːf; *Am.* hæf] **I** *adj* **1.** halb: **a ~ mile,** *meist* **a mile** e-e halbe Meile; **a ~ share** ein halber Anteil, e-e Hälfte; **~ an hour** e-e halbe Stunde; **at ~ the price** zum halben Preis; **two pounds and a ~, two and a ~ pounds** zweieinhalb Pfund; **a fish and a ~** *colloq.* ein ‚Mordsfisch'; **a fellow and a ~** *colloq.* ein ‚Pfundskerl'. **2.** halb, oberflächlich: **~ knowledge** Halbwissen *n,* Halbbildung *f.*
II *adj* **3.** halb, zur Hälfte: **~ full;** *my* **work is ~ done;** **~ cooked** halbgar; **~ as long** halb so lang; **~ as much** halb soviel; **~ as much** (*od.* **as many**) **again** anderthalbmal soviel. **4.** halb(wegs), fast, nahezu: **~ dead** halbtot; **he ~ wished (suspected)** er wünschte (vermutete) halb *od.* fast. **5.** *not ~* a) bei weitem nicht, lange nicht: **not ~ big enough,** b) *colloq.* (ganz u.) gar nicht: **not ~ bad** gar nicht übel, c) *colloq.* gehörig, ‚mordsmäßig': **he didn't ~ swear** er fluchte nicht schlecht. **6.** (*in Zeitangaben*) halb: **~ past two** zwei Uhr dreißig, halb drei. **7.** *mar.* ...einhalb: **~ three** dreieinhalb (Faden).
III *pl* **halves** [hɑːvz; *Am.* hævz] *s* **8.** Hälfte *f*: **one ~ of** die e-e Hälfte davon; **~ of the girls** die Hälfte der Mädchen; **to waste ~ of one's time** die halbe Zeit verschwenden; → **better**¹ **1. 9.** *sport* a) (Spiel)Hälfte *f,* Halbzeit *f*: **first (second) ~,** b) (Spielfeld)Hälfte *f.* **10.** → halfback. **11.** *Golf*: Gleichstand *m.* **12.** Fahrkarte *f* zum halben Preis. **13.** → half-hour 1. **14.** halbes Pint (*bes. Bier*): **I only had a ~** ich hab' nur ein kleines Bier getrunken. **15.** *obs.* Halbjahr *n.*
Besondere Redewendungen:
~ of it is (*aber* **~ of them are**) **rotten** die Hälfte (davon) ist faul; **~ the amount** die halbe Menge *od.* Summe, halb soviel; **to cut in (**od.** in ~) halves** (*od.* **in ~**) *etwas* halbieren *od.* in zwei Hälften teilen; **to do s.th. by halves** etwas nur halb tun; **to do things by halves** halbe Sachen machen; **not to do things by halves** Nägel mit Köpfen machen; **too clever by ~** überschlau; **to go halves with s.o. in s.th.** etwas mit j-m teilen, mit j-m bei etwas halbpart machen; **I have ~ a mind to go there** ich habe nicht übel Lust hinzugehen, ich möchte fast hingehen; **not good enough by ~** bei weitem nicht gut genug; → battle *Bes. Redew.,* eye 2, mind 5.
₁**half-a-'crown** → half crown.
'**~-and-'half I** *s* Halb-u.-halb-Mi-

schung *f, bes.* Mischung *f* (*zu gleichen Teilen*) *aus Ale u. Porter.* **II** *adj* Halb-u.-halb-... **III** *adv* halb u. halb. '**~·assed** *adj Am. colloq.* **1.** unzulänglich: **he only did a ~ job** er leistete nur halbe Arbeit. **2.** a) dumm, b) unfähig, c) ‚grün'. '**~·back** *s* **1.** *Rugby*: Halbspieler *m.* **2.** *Fußball, Hockey*: *hist.* Läufer *m.* '**~·baked** *adj* **1.** nicht durch, halbgar. **2.** *colloq.* a) nicht durch'dacht, halbfertig, unausgegoren (*Plan etc*), b) ‚grün' (*Person*), c) → half-witted. '**~·bind·ing** *s* Halbband *m* (*e-s Buchs*). '**~·blood** *s* **1.** Halbbürtigkeit *f* (*von Geschwistern*): **brother of the ~** Halbbruder *m.* **2.** → half-breed 1 *u.* 3. '**~·blood·ed** *adj* half-bred I. '**~·board** *s* 'Halbpensi₁on *f.* **~ boot** *s* Halbstiefel *m.* '**~·bound** *adj* in Halbband (Buch). '**~·bred** *adj* halbblütig, Halbblut... **II** *s zo.* Halbblut. '**~·breed I** *s* **1.** Mischling *m,* Halbblut *n.* **2.** *Am.* Me'stize *m.* **3.** *zo.* Halbblut *n.* **4.** *bot.* Kreuzung *f.* **II** *adj* **5.** halbblütig, Halbblut... **~ broth·er** *s* Halbbruder *m.* '**~·caste** → half-breed 1 *u.* 5. '**~·cloth** *adj* Halbleinen..., in Halbleinen gebunden. **~ cock** *s* Vorderrast *f* (*des Gewehrhahns*): **to go off at ~** *colloq.* a) ‚hochgehen', wütend werden, b) ‚in die Hosen gehen', mißglücken; → **cock**¹ 7 b. '**~·cocked** *adj* in Vorderraststellung (*Gewehrhahn*): **to go off ~** *colloq.* a) ‚hochgehen', wütend werden, b) ‚in die Hosen gehen', mißglücken. **~ col·umn** *s arch.* Halbsäule *f.* **~ crown** *s Br. hist.* Halbkronenstück *n* (*Wert*: 2 *s.* 6 *d.*). **~ deck** *s mar.* Halbdeck *n.* **~ ea·gle** *s Am. hist.* Fünfdollar(gold)stück *n.* **~ face** *s paint. phot.* Pro'fil *n.* '**~·faced** *adj* **1.** Profil... **2.** nach vorne offen: **~ tent.** ₁**~·'heart·ed** *adj* (*adv* **~·ly**) halbherzig.
hol·i·day *s* **1.** halber Feiertag. **2.** halber Urlaubstag. **~ hose** *s collect.* (*als pl konstruiert*) **1.** Halb-, Kniestrümpfe *pl,* Socken *pl.* ₁**~·'hour I** *s* **1.** halbe Stunde: **the clock struck the ~** es schlug halb. **II** *adj* **2.** halbstündig. **3.** halbstündlich. **III** *adv* **4.** jede *od.* alle halbe Stunde, halbstündlich. ₁**~·'length I** *adj* in 'Halbfi₁gur (*Porträt*): **~ portrait** → **II**. **II** *s* Brustbild *n, art* 'Halbfi₁gur(enbild *n*) *f.* '**~·life (pe·ri·od)** *s phys.* Halbwertzeit *f* (*beim Atomzerfall*). ₁**~·'long** *adj bes. ling.* halblang. '**~·mast I** *s* **to fly at ~** a) auf halbmast wehen, *mar.* halbstock(s) wehen; **flags were flown at ~** es wurde halbmast geflaggt; **flags were ordered to be flown at ~** wurde Trauerbeflaggung angeordnet; **to wear one's trousers at ~** *humor.* die Hosen auf halbmast tragen. **II** *v/t* halbmast setzen, *mar.* halbstock(s) setzen. **~ meas·ure** *s* Halbheit *f,* halbe Sache. **~ moon** *s* **1.** Halbmond *m.* **2.** (*etwas*) Halbmondförmiges. **3.** (Nagel-)Möndchen *n.* **~ mourn·ing** *s* Halbtrauer *f.* **~ nel·son** *s Ringen*: Halbnelson *m.* **~ note** *s mus.* Am. halbe Note. '**~·or·phan** *s* Halbwaise *f.*
half·pen·ny ['heɪpnɪ] *s* **1.** *pl* **half·pence** ['heɪpəns] halber Penny (= ¹⁄₂₀₀ *Pfund*): **three halfpence, a penny ~** eineinhalb Pennies. **2.** *pl* '**half·pen·nies** Halbpennystück *n*: **not to have two halfpennies to rub together** *colloq.* nur sehr wenig *od.* überhaupt kein Geld haben.
'**half|-pint** *s* **1.** halbes Pint. **2.** *colloq.* a) ‚halbe Porti'on', b) ‚Niemand' *m.* ₁**~·'price** *adj u. adv* zum halben Preis. **~ prin·ci·pal** *s arch.* Halbbinder *m.* **~ re·lief** *s* 'Halbreli₁ef *n.* '**~·seas o·ver** *adj colloq.* ‚blau', betrunken. **~ sis·ter** *s* Halbschwester *f.* '**~·slip** *s* 'Unter-, Halbrock *m.* ₁**~·'staff** → half-mast. **~ step** *s Am.* **1.** *mil.* Kurzschritt *m* (*15 Zoll*). **2.**

mus. Halbton *m.* **~ term** *s univ. Br.* kurze Ferien in der Mitte e-s Trimesters. **~ tide** *s mar.* Gezeitenmitte *f.* **'~-ˌtim·ber(ed)** *adj arch.* Fachwerk... **~ time** *s* **1.** halbe Arbeitszeit. **2.** *sport* Halbzeit *f (Pause):* **at ~** bei *od.* zur Halbzeit. **ˌ~-'time I** *adj* **1.** Halbtags...: **~ job. 2.** *sport* Halbzeit...: **~ whistle; ~ score** Halbzeitstand *m,* -ergebnis *n.* **II** *adv* **3.** halbtags: **to work ~. ˌ~-'tim·er** *s* Halbtagsbeschäftigte(r *m*) *f.* **'~-ˌti·tle** *s* Schmutztitel *m.* **'~-ˌtone** *s Graphik:* a) Halbton *m (a. paint.),* b) *a.* **~ process** Halbtonverfahren *n,* c) Halbtonbild *n,* d) *a.* **~ block** Autoty'pieklischee *n:* **~ etching** Autotypie *f.* **'~-track I** *s* **1.** *tech.* Halbkettenantrieb *m.* **2.** Halbketten-, Räderraupenfahrzeug *n.* **3.** *mil.* (Halbketten-)Schützenpanzer (-wagen) *m.* **II** *adj* **4.** *a.* **half-tracked** mit Halbkettenantrieb, Halbketten... **'~-truth** *s* Halbwahrheit *f.* **~ vol·ley** *s Tennis, Tischtennis:* Halb-, Halfvolley *m (Schlag),* (Ball *a.*) Halbflugball *m.* **ˌ~-'vol·ley** (*Tennis, Tischtennis*) **I** *v/t* e-n Ball als Halbvolley nehmen *od.* schlagen. **II** *v/i* Halbvolleys spielen. **ˌ~-'way I** *adj* **1.** auf halbem Weg *od.* in der Mitte (liegend): **we have reached the ~ point** wir haben die Hälfte geschafft. **2.** halb, teilweise: **~ measures** Halbheiten, halbe Sachen. **II** *adv* **3.** auf halbem Weg, in der Mitte: **to meet s.o. ~** *fig.* j-m auf halbem Wege entgegenkommen; **to meet trouble ~** sich schon im voraus Sorgen machen. **4.** bis zur Hälfte *od.* Mitte. **5.** teilweise, halb(wegs). **'~-way house** *s* **1.** auf halbem Weg gelegenes Gasthaus. **2.** Rehabilitati'onszentrum *n (für Strafentlassene od. aus e-r Erziehungsanstalt entlassene Drogenabhängige).* **3.** *fig.* 'Zwischenstufe *f,* -stati₁on *f.* **4.** *fig.* Kompro'miß *m.* **'ˌ~-'wit** *s* Idi'ot *m,* Schwachkopf *m,* Trottel *m.* **ˌ~-'wit·ted** *adj* schwachsinnig, blöd. **'~-world** *s* **1.** *bes. pol.* Hemi'sphäre *f.* **2.** Halbwelt *f.* **3.** 'Unterwelt *f.* **ˌ~-'year** *s* Halbjahr *n.* **II** halbjährig. **ˌ~-'year·ly I** *adj* **1.** halbjährig. **2.** halbjährlich. **II** *adv* **3.** jedes halbe Jahr, halbjährlich.
hal·i·but ['hælɪbət] *pl* **-buts,** *bes. collect.* **-but** *s ichth.* Heilbutt *m.*
hal·ide ['hælaɪd; 'heɪ-] *s chem.* Ha'lid *n,* Haloge'nid *n.*
hal·i·eu·tic [ˌhælɪ'ju:tɪk; *Am. a.* -lɪ'u:-] **I** *adj* Fischerei... **II** *s pl (als sg konstruiert)* Fische'reiwesen *n.*
hal·ite ['hælaɪt; 'heɪ-] *s min.* Ha'lit *n,* Steinsalz *n.*
hal·i·to·sis [ˌhælɪ'təʊsɪs] *s med.* Hali'tose *f,* übler Mundgeruch.
hall [hɔ:l] *s* **1.** Halle *f,* Saal *m.* **2.** a) Diele *f,* Flur *m,* b) (Empfangs-, Vor)Halle *f,* Vesti'bül *n.* **3.** a) (Versammlungs)Halle *f,* b) *meist in Zssgn* großes (öffentliches) Gebäude: **the H~ of Fame** *bes. Am.* die Ruhmeshalle; **to earn o.s. a place in the H~ of Fame** *fig.* sich unsterblich machen. **4.** *hist.* Gilde-, Zunfthaus *n.* **5.** *bes. Br.* Herrenhaus *n (e-s Landgutes).* **6.** *univ.* a) *a.* **~ of residence** Stu'dentenheim *n:* **to live in ~** in e-m Studentenheim wohnen, b) *Br.* (Essen *n* im) Speisesaal *m:* **to eat in ~** im Speisesaal essen. **7.** *univ. Am.* Insti'tut *n:* **Science H~** natur-wissenschaftliches Institut. **8.** *hist.* a) Schloß *n,* Stammsitz *m,* b) Fürsten-, Königssaal *m,* c) Festsaal *m.* **~ bed·room** *s Am.* kleines Schlafzimmer *(am Ende e-s Flurs).* **'ˌ~boy** *s Am.* Boy *m,* Laufbursche *m (im Hotel).* **~ clock** *s* Standuhr *f.*
Hall ef·fect [hɔ:l] *s phys.* 'Hall-Ef₁fekt *m.*
hal·le·lu·jah, *a.* **hal·le·lu·iah** [ˌhælɪ'lu:jə] **I** *s* Halle'luja *n (a. mus.).* **II** *interj* halle'luja! **~ maid·en** *s colloq. humor.*

„Halle'lujamädchen" *n (Angehörige der Heilsarmee).*
Hal·ley's Com·et ['hælɪz] *s astr.* Halleyscher Ko'met *m.*
hal·liard → **halyard.**
'hall·mark I *s* **1.** Feingehaltsstempel *m (der Londoner Goldschmiede-Innung).* **2.** *fig.* Stempel *m (der Echtheit),* Gepräge *n,* (Kenn)Zeichen *n,* Merkmal *n.* **II** *v/t* **3.** Gold *od.* Silber stempeln, mit e-m Feingehaltsstempel versehen. **4.** *fig.* kennzeichnen.
hal·lo *bes. Br. für* **hello.**
hal·lo(a) [hə'ləʊ] → **halloo** 1 u. 2.
hal·loo [hə'lu:] **I** *interj* **1.** hallo!, he!, heda! **II** *s* Hallo *n.* **III** *v/i* **3.** (,hallo') rufen *od.* schreien: **don't ~ till you are out of the woods!** freu dich nicht zu früh!, man soll den Tag nicht vor dem Abend loben. **IV** *v/t* **4.** e-n Hund durch (Hallo)Rufe antreiben. **5.** schreien, (aus-)rufen.
hal·low[1] ['hæləʊ] **I** *v/t* heiligen: a) heilig machen, weihen, b) als heilig verehren: **~ed be Thy name** geheiligt werde Dein Name. **II** *s obs.* Heilige(r) *m.*
hal·low[2] ['hæləʊ] → **halloo.**
Hal·low·een, *a.* **Hal·low·e'en** [ˌhæləʊ'i:n; *Am. a.* ˌhælə'wi:n; *a.* ˌhɑ:lə-] *s* Abend *m* vor Aller'heiligen. **Hal·low·mas** ['hæləʊmæs] *s relig. obs.* Aller'heiligen *n.*
hall| **por·ter** *s bes. Br.* Hausdiener *m (in e-m Hotel).* **'~stand** *s* a) Garde'roben-, Kleiderständer *m,* b) ('Flur)Garde₁robe *f.* **~ tree** *Am.* → **hallstand** a.
hal·lu·ci·nate [hə'lu:sɪneɪt] **I** *v/i* **1.** halluzi'nieren, e-e Halluzinati'on *od.* Halluzinati'onen haben. **II** *v/t* **2.** e-e Halluzinati'on *od.* Halluzinati'onen auslösen bei j-m: **to be ~d** **1.** **3.** halluzi'nieren, als Halluzinati'on wahrnehmen. **halˌlu·ci'na·tion** *s* Halluzinati'on *f.* **hal'lu·ci·na·to·ry** [-nət̬ərɪ; *Am.* -nəˌtɔ:rɪ; -ˌto:rɪ] *adj* halluzina'torisch. **hal'lu·cin·o·gen** [-nədʒən; -dʒən] *s* Halluzino'gen *n (Halluzinationen hervorrufende Droge).* **halˌlu·ci·no'gen·ic** [-'dʒenɪk] *adj* halluzino'gen. **hal'lu·ci'no·sis** [-'nəʊsɪs] *s med.* Halluzi'nose *f (Krankheitszustand, der durch das Auftreten von vorwiegend akustischen Halluzinationen bei klarem Bewußtsein gekennzeichnet ist).*
'hall·way *s Am.* **1.** (Eingangs)Halle *f,* Diele *f.* **2.** Korridor *m.*
halm [hɑ:m] → **haulm.**
hal·ma ['hælmə] *s* Halma(spiel) *n.*
ha·lo ['heɪləʊ] **I** *pl* **-loes, -los** *s* **1.** Heiligen-, Glorienschein *m,* Nimbus *m (a. fig.).* **2.** *astr.* Halo *m,* Ring *m,* Hof *m.* **3.** *allg.* Ring *m, (a. phot.* Licht)Hof *m.* **II** *v/t* **3.** *sg pres* **-loes 4.** mit e-m Heiligenschein *etc* um'geben.
ha·lo·bi·ont [ˌhæləʊ'baɪɒnt; *Am.* -ˌɑnt] *s biol.* Halobi'ont *m (Tier- od. Pflanzenart, die nur an salzreichen Stellen vorkommt).*
ha·lo ef·fect *s psych.* 'Haloef₁fekt *m (positive od. negative Beeinflussung bei der Beurteilung bestimmter Einzelzüge e-r Person durch den ersten Gesamteindruck od. die bereits vorhandene Kenntnis von anderen Eigenschaften).*
hal·o·gen ['hælədʒen; -dʒən] *s chem.* Halo'gen *n,* Salzbildner *m:* **~ lamp** Halogen(glüh)lampe *f.*
hal·o·gen·ate [hə'lædʒəneɪt; *Am. a.* 'hæ'lə-] *v/t chem.* haloge'nieren.
ha·log·e·nous [hə'lɒdʒɪnəs; *Am.* hæ'lɑ-] *adj chem.* halogen, salzbildend.
hal·oid ['hæləɪd] *chem.* **I** *adj* Halogenid..., Haloid...: **~ salt.** **II** *s* Haloge'nid *n.*
hal·om·e·ter [hæ'lɒmɪtə; *Am.* hæ'lɑmət̬ər] *s chem.* Halo'meter *m (Meßgerät*

zur Bestimmung der Konzentration von Salzlösungen).
hal·o·phyte ['hæləfaɪt] *s bot.* Halo'phyt *m,* Salzpflanze *f.*
hal·o·thane ['hæləθeɪn] *s chem. med.* Halo'than *n (ein Inhalationsnarkotikum).*
halt[1] [hɔ:lt] **I** *s* **1.** a) Halt *m,* Rast *f,* Aufenthalt *m,* Pause *f,* b) Stillstand *m:* **to bring to a ~** → 3; **to call a ~** *(fig.* Ein)Halt gebieten **(to** *dat);* **to come to a ~** → 4; **to make a ~** → 4 a; → **grind** 14. **2.** *rail. Br.* (Bedarfs)Haltestelle *f,* Haltepunkt *m.* **II** *v/t* **3.** anhalten (lassen), haltmachen lassen, *a. fig.* zum Halten *od.* Stehen bringen. **III** *v/i* **4.** a) anhalten, haltmachen, b) *a. fig.* zum Stehen *od.* Stillstand kommen. **IV** *interj* **5.** *bes. mil.* halt!
halt[2] [hɔ:lt] **I** *v/i* **1.** *obs.* hinken. **2.** *fig.* a) hinken *(Argument, Vergleich etc),* b) holpern, hinken *(Vers, Übersetzung etc).* **3.** stockend sprechen. **4.** zögern, schwanken. **II** *adj* **5.** *obs.* lahm. **III** *s obs.* **6. the ~** die Lahmen. **7.** Lahmheit *f.*
hal·ter ['hɔ:ltə(r)] **I** *s* **1.** Halfter *m, n.* **2.** (Tod *m* durch den) Strick *od.* Strang. **3.** rückenfreies Oberteil *od.* Kleid mit Nackenband. **II** *v/t* **4.** *oft* **~ up** Pferd (an)halftern. **5.** j-n zügeln. **6.** *fig.* zügeln. **'~-break** *v/t irr* Pferd an den Halfter gewöhnen. **'~-neck I** *s* → **halter** 3. **II** *adj* rückenfrei mit Nackenband.
'halt·ing *adj (adv* **-ly) 1.** *obs.* hinkend. **2.** *fig.* a) hinkend, b) holp(e)rig. **3.** stockend. **4.** zögernd, schwankend.
halve [hɑ:v; *Am.* hæv] *v/t* **1.** hal'bieren: a) in zwei Hälften teilen, b) auf die Hälfte redu'zieren. **2.** *Golf:* a) *ein Loch* mit der gleichen Anzahl von Schlägen erreichen **(with** *wie),* b) e-e Runde mit der gleichen Anzahl von Schlägen spielen **(with** *wie).* **3.** *Tischlerei:* ab-, verblatten.
halves [hɑ:vz; *Am.* hævz] *pl von* **half.**
hal·yard ['hæljə(r)d] *s mar.* Fall *n:* **to settle ~s** die Falleinen wegfieren.
ham [hæm] *s* **1.** *gastr.* Schinken *m:* **~ and eggs** Ham and Eggs, Schinken mit (Spiegel)Ei, b) 'Hinterkeule *f.* **2.** *meist pl anat.* (hinterer) Oberschenkel *m:* **to squat on one's ~s** in der Hocke sitzen, hocken. **3.** *colloq.* a) *a.* **~ actor** über'triebener *od.* mise'rabel spielender Schauspieler, 'Schmieren(ko)mö₁diant *m,* b) *a.* **~ acting** über'triebenes *od.* mise'rables Spiel *(e-s Schauspielers),* c) *mus. etc* Dilet'tant *m,* Stümper *m.* **4.** *colloq.* 'Funkama₁teur *m,* Ama'teurfunker *m.* **II** *adj* **5.** *colloq. mus. etc* dilet'tantisch, stümperhaft. **6.** *colloq.* Amateurfunker...: **~ licence.** **III** *v/t* **7.** *colloq.* e-e Rolle über'trieben *od.* mise'rabel spielen: **to ~ it up** → 8. **IV** *v/i* **8.** *colloq.* über'trieben *od.* mise'rabel spielen.
ham·a·dry·ad [ˌhæmə'draɪæd; -æd] *pl* **-ads, -a·des** [-əˌdi:z] *s* **1.** *myth.* (Hama-)Dry'ade *f,* Baumnymphe *f.* **2.** *zo.* a) → **king cobra,** b) Mantelpavian *m.*
ham·burg ['hæmbɜ:g; *Am.* 'hæmˌbɜrg] → **hamburger.** **'ham·burg·er** *s* **1.** *Am.* Rinderhack *n.* **2.** a) *a.* **H~ steak** Frika'delle *f (aus Rinderhack),* b) Hamburger *m.*
Ham·burg steak → **hamburger** 2 a.
hames [heɪmz] *s pl* Kummet *n.*
ˌham|**-'fist·ed** *bes. Br. für* **ham-handed 1. '~-ˌhand·ed** *adj colloq.* **1.** tolpatschig, ungeschickt. **2.** mit riesigen Händen.
Ham·ite[1] ['hæmaɪt] *s* Ha'mit(in).
ha·mite[2] ['heɪmaɪt] *s zo.* Ammo'nit *m.*
Ham·it·ic [hæ'mɪtɪk; hə-] *adj* ha'mitisch.
ham·let ['hæmlɪt] *s* **1.** Weiler *m,* Dörfchen *n.* **2.** *Br.* Dorf *n* ohne eigene Kirche.
ham·mer ['hæmə(r)] **I** *s* **1.** Hammer *m:* **to come** *(od.* **go) under the ~** unter den

hammer beam – hand

Hammer kommen, versteigert werden; **~ and sickle** *pol.* Hammer u. Sichel (*Symbol des Kommunismus*); **to go at it ~ and tongs** *colloq.* a) ‚sich mächtig ins Zeug legen', b) (sich) streiten, daß die Fetzen fliegen. **2.** *mus.* Hammer *m* (*Klavier etc*). **3.** *anat.* Hammer *m* (*Gehörknöchelchen*). **4.** *Leichtathletik:* a) Hammer *m*, b) Hammerwerfen *n*. **5.** *tech.* a) Hammer(werk *n*) *m*, b) Hahn *m*, Spannstück *n* (*e-r Feuerwaffe*). **6.** *mot. Am. sl.* ¹Gaspe¸dal *n:* **to drop the ~** ‚auf die Tube drücken'; **to have the ~ down** auf dem Gas stehen. **II** *v/t* **7.** hämmern, (*mit e-m Hammer*) schlagen *od.* treiben: **to ~ in** einhämmern (*a. fig.*); **to ~ an idea into s.o.'s head** *fig.* j-m e-e Idee einhämmern *od.* einbleuen; **he ~ed the ball against the post** (*Fußball*) er hämmerte den Ball gegen den Pfosten. **8.** a) *oft* **~ out** Metall hämmern, (*durch Hämmern*) formen *od.* bearbeiten, b) **~ out** *fig.* ausarbeiten: **to ~ out a policy**, c) **~ out** Differenzen ‚ausbügeln'. **9.** *a.* **~ together** zs.-hämmern, -schmieden, -zimmern. **10.** (mit den Fäusten) bearbeiten, einhämmern auf (*acc*): **to ~ a typewriter** auf der Schreibmaschine hämmern. **11.** *colloq.* vernichtend schlagen, *sport a.* ‚vernaschen', ‚über¹fahren'. **12.** *Börse:* a) j-n (*durch drei Hammerschläge*) für zahlungsunfähig erklären, b) **~ down** *die Kurse* durch Leerverkauf drücken. **III** *v/i* **13.** hämmern (*a. Puls etc*), schlagen: **to ~ at** einhämmern auf (*acc*); **to ~ away** draufloshämmern *od.* -arbeiten; **to ~ away at the piano** auf dem Klavier hämmern, das Klavier bearbeiten. **14.** *a.* **~ away (at)** sich den Kopf zerbrechen (*über acc*), sich abmühen (mit).

ham·mer│beam *s arch.* Stichbalken *m.* **~ blow** *s* Hammerschlag *m.* **~ drill** *s tech.* Schlagbohrer *m.*
ham·mered [ˈhæmə(r)d] *adj tech.* gehämmert, getrieben, Treib...
ham·mer│face *s tech.* Hammerbahn *f.* **~ forg·ing** *s metall.* Reckschmieden *n.* ¹~¸**hard·en** *v/t tech.* kalthämmern. ¹~¸**head** *s* **1.** *tech.* Hammerkopf *m:* **~ bolt** *Am.* Hammerschraube *f.* **2.** Dummkopf *m.* **3.** *ichth.* Hammerhai *m.*
¹**ham·mer·less** *adj* mit verdecktem Schlaghammer (*Gewehr*).
¹**ham·mer│lock** *s Ringen:* Hammerlock *m* (*Griff, bei dem der Arm des Gegners entgegen der Schwerkraft des Körpers gedreht wird*). **~ mill** *s tech.* Hammermühle *f.* **~ price** *s* Zuschlagpreis *m* (*auf e-r Auktion*). **~ scale** *s tech.* Hammerschlag *m*, Zunder *m.* **~ sedge** *s bot.* Rauhhaarige Segge. ¹~¸**smith** *s* Hammerschmied *m.* **~ throw** *s Leichtathletik:* Hammerwerfen *n.* **~ throw·er** *s Leichtathletik:* Hammerwerfer *m.* ¹~¸**toe** *s med.* Hammerzehe *f.* **~ weld·ing** *s tech.* Hammer-, Feuer-, Schmiedeschweißen *n.*
ham·mock¹ [ˈhæmək] *s* Hängematte *f.*
ham·mock² [ˈhæmək] *s Am.* humusreiches Laubwaldgebiet.
Ham·mond or·gan [ˈhæmənd] *s mus.* Hammondorgel *f.*
ham·my [ˈhæmɪ] *adj colloq.* a) über¹trieben, mise¹rabel spielend (*Schauspieler*), b) über¹trieben, mise¹rabel (*Spiel*).
ham·per¹ [ˈhæmpə(r)] *v/t* **1.** (be)hindern, hemmen. **2.** stören.
ham·per² [ˈhæmpə(r)] *s* **1.** (Pack-, Trag-)Korb *m* (*meist mit Deckel*). **2.** Geschenk-, ‚Freßkorb' *m.* **3.** *Am.* Wäschekorb *m.*
ham·shack·le [ˈhæmˌʃækl] *v/t* **1.** *Pferd etc* fesseln (*um Kopf u. Vorderbein*). **2.** *fig.* zu¹rückhalten, zügeln.
ham·ster [ˈhæmstə(r)] *s zo.* Hamster *m.*

¹**ham·string I** *s* **1.** *anat.* Kniesehne *f.* **2.** *zo.* A¹chillessehne *f.* **II** *v/t irr* **3.** (durch Zerschneiden der Kniesehnen *od.* der A¹chillessehne) lähmen. **4.** *fig.* a) vereiteln, b) handlungsunfähig machen, lähmen.
ham·u·lus [ˈhæmjʊləs] *pl* **-li** [-laɪ] *s anat. bot. zo.* Häkchen *n.*
hance [hæns; *Br. a.* hɑːns] *s arch.* a) Auslauf *m* (*von elliptischen Bogen*), b) (Bogen)Schenkel *m.*
hand [hænd] **I** *s* **1.** Hand *f:* **~s off!** Hände weg!; **~s up!** Hände hoch!; **a helping ~** *fig.* e-e hilfreiche Hand; **to give** (*od.* **lend) a (helping) ~** mit zugreifen, j-m helfen (**with** bei); **to give s.o. a ~ up** j-m auf die Beine helfen *od.* hochhelfen; **he asked for her ~** er hielt um ihre Hand an. **2.** a) Hand *f* (*Affe*), b) Vorderfuß *m* (*Pferd etc*), c) Fuß *m* (*Falke*), d) Schere *f* (*Krebs*). **3.** Urheber *m*, Verfasser *m.* **4.** *pl* Hand *f*, Macht *f*, Gewalt *f:* **I am entirely in your ~s** ich bin ganz in Ihrer Hand; **to fall into s.o.'s ~s** j-m in die Hände fallen. **5.** *pl* Hände *pl*, Obhut *f:* **the child is in good ~s. 6.** *pl* Hände *pl*, Besitz *m:* **to change ~s** → *Bes. Redew.* **7.** Hand *f* (*Handlungs-, bes.* Regierungsweise): **with a high ~** selbstherrlich, anmaßend, willkürlich, eigenmächtig; **with (a) heavy ~** hart, streng, mit harter Hand; **~ iron 12. 8.** Hand *f*, Quelle *f:* **at first ~** aus erster Hand. **9.** Hand *f*, Fügung *f*, Einfluß *m*, Wirken *n:* **the ~ of God** die Hand Gottes; **hidden ~** (geheime) Machenschaften *pl.* **10.** Seite *f* (*a. fig.*), Richtung *f:* **on every ~** überall, ringsum; **on all ~s** a) überall, b) von allen Seiten; **on the right ~** rechter Hand, rechts; **on the one ~ ..., on the other ~** *fig.* einerseits ..., andererseits. **11.** *oft in Zssgn* Arbeiter *m*, Mann *m* (*a. pl*), *pl* Leute *pl, mar.* Ma¹trose *m:* **~ deck** 1. **12.** Fachmann *m*, Routini¹er *m:* **an old ~** ein alter Fachmann *od.* Praktikus *od.* ‚Hase'; **a good ~ at** sehr geschickt *od.* geübt in (*dat*); **I am a poor ~ at golf** ich bin ein schlechter Golfspieler. **13.** (gute) Hand, Geschick *n:* **he has a ~ for horses** er versteht es, mit Pferden umzugehen; **my ~ is out** ich bin außer *od.* aus der Übung. **14.** Handschrift *f:* **a legible ~. 15.** ¹Unterschrift *f:* **to set one's ~ to** s-e Unterschrift setzen unter (*acc*), unterschreiben; **under the ~ of** unterzeichnet von; **contract under ~** einfacher (nicht besiegelter) Vertrag. **16.** Hand *f*, Fertigkeit *f:* **it shows a master's ~** es verrät die Hand e-s Meisters. **17.** Ap¹plaus *m*, Beifall *m:* **to get a big ~** stürmischen Beifall hervorrufen, starken Applaus bekommen. **18.** Zeiger *m* (*der Uhr etc*). **19.** Büschel *n*, Bündel *n* (*Früchte*), Hand *f* (*Bananen*). **20.** Handbreit *f* (= 4 Zoll = 10,16 cm) (*bes. um die Höhe von Pferden zu messen*). **21.** *Kartenspiel:* a) Spieler *m*, b) Blatt *n*, Karten *pl*, c) Spiel *n:* → **lone** 1. **22.** *pl Fußball:* Handspiel *n:* **he was cautioned for ~s** er wurde wegen e-s Handspiels verwarnt; **~s! Hand!**
Besondere Redewendungen:
~ and foot a) an Händen u. Füßen (*fesseln*), b) *fig.* eifrig, ergeben (*dienen*), vorn u. hinten (*bedienen*); **to be ~ in glove (with)** a) auf vertrautem Fuße stehen (mit), ein Herz u. e-e Seele sein (mit), b) unter ¹einer Decke stecken (mit); **~s down** spielend, mühelos (*gewinnen etc*); **~ in ~** Hand in Hand (*a. fig.*); **~ on heart** Hand aufs Herz; **~ over fist** a) Hand über Hand (*klettern etc*), b) *fig.* Zug um Zug, schnell, spielend; **to ~ Mann gegen Mann** (*kämpfen*); **at ~** a) nahe, in Reichweite, b) nahe (bevorstehend), c) bei der *od.* zur Hand, bereit; **at the (~s)** *of* von seiten, seitens (*gen*), durch; **by ~** a) j-n bei der Hand nehmen, b) *fig.* j-n unter s-e Fittiche nehmen; **by the ~ of** durch; **from ~ to ~** von Hand zu Hand; **from ~ to mouth** von der Hand in den Mund (*leben*); **in ~** a) in der Hand, b) zur (freien) Verfügung, c) vorrätig, vorhanden, d) *fig.* in der Hand *od.* Gewalt, e) in Bearbeitung, f) im Gange; **the letter (matter) in ~** der vorliegende Brief (die vorliegende Sache); **to take in ~** a) in die Hand *od.* in Angriff nehmen, b) *colloq.* j-n unter s-e Fittiche nehmen; **on ~** a) verfügbar, vorrätig, b) bevorstehend, c) zur Stelle; **on one's ~s** a) auf dem Hals, b) zur Verfügung; **to be on s.o.'s ~s** j-m zur Last fallen; **out of ~** a) kurzerhand, sofort, b) vorbei, erledigt, c) *fig.* aus der Hand, außer Kontrolle, nicht mehr zu bändigen; **to let one's temper get out of ~** die Selbstbeherrschung verlieren; **to ~ zur Hand; to come to ~** eingehen, -laufen, -treffen (*Brief etc*); **the letter to ~** *econ. obs.* im Besitz Ihres werten Schreibens; **under ~** a) unter Kontrolle, b) unter der Hand, heimlich; **under the ~ and seal of Mr. X** von Mr. X eigenhändig unterschrieben *od.* geschrieben u. gesiegelt; **with one's own ~** eigenhändig; **to change ~s** in andere Hände übergehen, den Besitzer wechseln; **to get one's ~ in** Übung bekommen, sich einarbeiten; **to grease** (*od.* **oil) s.o.'s ~** *colloq.* j-n ‚schmieren', j-n bestechen; **to have one's ~ in** in Übung sein, Übung haben; **to have a ~ in s.th.** s-e Hand im Spiel haben bei etwas; **to get s.th. off one's ~s** etwas loswerden; **to have one's ~s full** alle Hände voll zu tun haben; **to hold ~s** Händchen halten (*Verliebte*); **to hold one's ~** sich zurückhalten; **to join ~s** sich die Hände reichen, *fig. a.* sich verbünden *od.* zs.-tun; **to keep one's ~ in** in Übung bleiben; **to keep a firm ~ on** unter strenger Zucht halten; **to lay (one's) ~s on** a) anfassen, b) ergreifen, packen, habhaft werden (*gen*), c) (*gewaltsam*) Hand an j-n legen, d) *relig.* ordinieren; **I can't lay my ~s on it** ich kann es nicht finden; **to lay ~s on o.s.** Hand an sich legen; **not to lift** (*od.* **raise) a ~** keinen Finger rühren; **to live by one's ~s** von s-r Hände Arbeit leben; **to play into s.o.'s ~s** j-m in die Hände arbeiten; **to put one's ~ on** a) finden, b) *fig.* sich erinnern an (*acc*); **to put** (*od.* **set) the ~ to** a) ergreifen, b) *fig.* in Angriff nehmen, anpacken; **to shake ~s** sich die Hände schütteln; **to shake ~s with s.o., to shake s.o. by the ~** j-m die Hand schütteln (*a. zur Gratulation etc*) *od.* geben; **to show one's ~** *fig.* s-e Karten aufdecken; **to take a ~ at a game** bei e-m Spiel mitmachen; **to throw one's ~ in** (*Kartenspiel*) aussteigen (*a. fig.*); **to try one's ~ at s.th.** etwas versuchen, es mit etwas probieren; **to wash one's ~s of it** a) (in dieser Sache) s-e Hände in Unschuld waschen, b) nichts mit der Sache zu tun haben wollen; **I wash my ~s of him** mit ihm will ich nichts mehr zu tun haben; → **overplay** 2, **sit** 1.
II *v/t* **23.** ein-, aushändigen, (über¹)geben, (-)reichen (**s.o. s.th., s.th. to s.o.** j-m etwas): **you must ~ it to him** *fig.* das muß man *od.* der Neid ihm lassen (*anerkennend*). **24.** j-m helfen, j-n geleiten: **to ~ s.o. into** (**out of**) **the car** j-m ins (aus dem) Auto helfen. **25.** *mar.* Segel festmachen.
Verbindungen mit Adverbien:
hand│ a·round *v/t* her¹umreichen, her¹umgehen lassen. **~ back** *v/t* zu¹rück-

handbag – handy

geben. ~ **down** v/t **1.** hin'unter-, her'unterreichen, -langen (**from** von; **to** dat). **2.** j-n hin'unter-, her'untergeleiten (**to** zu). **3.** vererben, (als Erbe) hinter'lassen (**to** dat). **4.** (**to**) Tradition etc weitergeben (an acc), Bräuche etc über'liefern (dat). **5.** jur. Am. a) die Entscheidung e-s höheren Gerichtshofes e-m 'untergeordneten Gericht über'mitteln, b) das Urteil etc verkünden. ~ **in** v/t **1.** etwas hin'ein-, her'einreichen. **2.** e-e Prüfungsarbeit etc abgeben, e-n Bericht, ein Gesuch etc einreichen (**to** bei): → **check** 12. ~ **off** v/t Rugby: e-n Gegner mit der Hand wegstoßen. ~ **on** v/t **1.** weiterreichen, -geben (**to** dat, an acc). **2.** → **hand down 4.** ~ **out** v/t **1.** aus-, verteilen (**to** an acc). **2.** verschenken. **3.** Ratschläge, Komplimente etc verteilen: **I don't need you handing (me) out that sort of advice!** auf diese Ratschläge von dir kann ich verzichten! ~ **o·ver** v/t (**to** dat) **1.** über'geben: **to hand s.o. over to the police. 2.** über'lassen. **3.** ('her)geben, aushändigen. ~ **round** → **hand around.** ~ **up** v/t hin'auf-, her'aufreichen, -langen (**to** dat).

'**hand**|**·bag** s **1.** Handtasche f. **2.** Handkoffer m, Reisetasche f. ~ **bag·gage** s bes. Am. Handgepäck n. '~**·ball** s sport **1.** a) bes. Br. Handball(spiel n) m, b) Am. ein dem Squash ähnliches Spiel, bei dem der Ball mit der Hand geschlagen wird. **2.** a) Handball m, b) Am. bei 1 b verwendeter Ball. '~**·bar·row** s **1.** Trage f. **2.** → handcart. ~ **ba·sin** s Waschbecken n. ~ **bell** s Tisch-, Handglocke f. '~**·bill** s Handzettel m, Flugblatt n. '~**·book** s **1.** Handbuch n. **2.** Reiseführer m (of durch, von): **a ~ of London** ein London-Führer. ~ **brake** s tech. Handbremse f. ~ **breadth** s Handbreit f. '~**·car** s rail. Am. Drai'sine f mit Handantrieb. '~**·cart** s Handkarre(n m) f. '~**·carved** adj handgeschnitzt. '~**·clap** s Händeklatschen n: **a flurry of ~s greeted him** ihn empfing stürmischer Beifall; **to give s.o. a slow ~** Br. j-m durch langsames, rhythmisches Händeklatschen s-e Unzufriedenheit od. s-e Ungeduld ausdrücken. '~**·clasp** Am. → **handshake.** ~ **craft** → **handicraft.** ~ **cream** s Handcreme f. '~**·cuff I** s meist pl Handschelle f. **II** v/t j-m Handschellen anlegen: ~**ed** in Handschellen; **to be ~ed to a policeman** mit Handschellen an e-n Polizisten gefesselt sein. ~ **drill** s tech. 'Hand₁bohrma-₁schine f.

-**handed** [hændɪd] Wortelement mit der Bedeutung ...händig, mit ... Händen.

'**hand**|**·fast** s obs. **1.** fester Griff. **2.** durch e-n Händedruck besiegelter (Heirats-) Vertrag. '~**·feed** v/t irr **1.** agr. von Hand füttern. **2.** tech. von Hand beschicken: **hand-fed** handbeschickt. ~ **flag** s mar. Winkerflagge f. '~**·forged** adj handgeschmiedet.

hand·ful ['hændful; 'hænfʊl] s **1.** (e-e) Handvoll (a. fig. Personen). **2.** colloq. Plage f (lästige Person od. Sache), ,Nervensäge' f: **to be a ~ for s.o.** j-m ganz schön zu schaffen machen.

hand|**gal·lop** s 'Hand₁ga₁lopp m. ~ **gen·er·a·tor** s electr. 'Kurbelin₁duktor m. ~ **glass** s **1.** Handspiegel m. **2.** (Lese)Lupe f. ~ **gre·nade** s mil. 'Handgra₁nate f. '~**·grip** s **1.** a) Händedruck m, b) Griff m. **2.** tech. Griff m. **3.** pl Handgemenge n: **they came to ~s** sie wurden handgemein. **4.** Reisetasche f. '~**·gun** s bes. Am. Hand-, Faustfeuerwaffe f. '~**·held** adj Film, TV: tragbar (Kamera). '~**·hold** s Halt m: **to get a ~ on s.th.** etwas zu fassen bekommen. '~₁**hold·ing** s Händchenhalten n.

hand·i·cap ['hændɪkæp] **I** s Handikap n:

a) sport Vorgabe f (für leistungsschwächere Teilnehmer), b) Vorgaberennen n od. -spiel n od. -kampf m, c) fig. Behinderung f, Benachteiligung f, Nachteil m, Erschwerung f, Hindernis n (**to** für): → **mental** 3, **physical** 1. **II** v/t handikapen: a) (be)hindern, benachteiligen, belasten, b) sport mit Handikaps belegen: **to ~ the horses** die Chancen der Pferde durch Vorgaben od. Gewichtsbelastung ausgleichen. '**hand·i·capped I** adj gehandikapt, behindert, benachteiligt (**with** durch): → **mentally, physically. II** s: **the ~** collect. pl med. die Behinderten pl. '**hand·i₁cap·per** s sport Handikapper m (Kampfrichter).

hand·i·craft ['hændɪkrɑːft; Am. -₁kræft] s **1.** Handfertigkeit f. **2.** (bes. Kunst-) Handwerk n. '**hand·i₁crafts·man** [-tsmən] s irr (bes. Kunst)Handwerker m. **hand·i·ly** ['hændɪlɪ] adv **1.** geschickt. **2.** handlich. **3.** nützlich. **4.** Am. spielend, mühelos: **to win** ~. '**hand·i·ness** s **1.** Geschicktheit f. **2.** Handlichkeit f. **3.** Nützlichkeit f.

'**hand·i·work** s **1.** Handarbeit f. **2.** Werk n, Schöpfung f: **Nature is God's** ~.

'**hand·job** s: **to give o.s. a** ~ vulg. ,sich e-n runterholen', ,wichsen' (onanieren).

hand·ker·chief ['hæŋkə(r)tʃɪf] s **1.** Taschentuch n. **2.** obs. Halstuch n.

₁**hand-'knit(·ted)** adj handgestrickt.

han·dle ['hændl] **I** s **1.** a) (Hand)Griff m, b) Stiel m, Heft n, c) Henkel m (am Topf etc), d) Klinke f, Drücker m (e-r Tür), e) Kurbel f, f) Schwengel m (e-r Pumpe): ~ **of the face** humor. Nase f; ~ **to one's name** colloq. Titel m; **to fly off the** ~ colloq. ,hochgehen', wütend werden. **2.** fig. Handhabe f, Angriffspunkt m, -fläche f: **to give s.o. a** ~ j-m e-e Angriffsfläche bieten. **3.** fig. Vorwand m: **to serve as a** ~ als Vorwand dienen. **4. to get (to have) a** ~ **on s.th.** Am. fig. etwas in den Griff bekommen (im Griff haben). **II** v/t **5.** berühren, befühlen, anfassen, in Berührung kommen mit: **to ~ the ball** (Fußball) ein Handspiel begehen. **6.** Werkzeuge etc handhaben, (geschickt) gebrauchen, han'tieren od. 'umgehen mit, Maschine bedienen. **7.** a) ein Thema etc behandeln, e-e Sache a. handhaben, b) etwas erledigen, 'durchführen, abwickeln, c) mit etwas od. j-m fertigwerden, etwas ,deichseln': **I can ~ it (him)** damit (mit ihm) werde ich fertig. **8.** j-n behandeln, 'umgehen mit, ,anfassen': → **kid glove. 9.** Tiere a) betreuen, b) dres'sieren od. abrichten (u. vorführen). **10.** a) e-n Boxer trai'nieren, b) e-n Boxer betreuen, sekun'dieren (dat). **11.** sich beschäftigen mit. **12.** Güter befördern, weiterleiten. **13.** econ. Handel treiben mit, handeln mit. **III** v/i **14.** sich handhaben lassen: ~ **easily; the car ~s well on bends** der Wagen liegt gut in der Kurve. **15.** sich anfühlen: **to ~ smooth. 16.** ~ **with care!** Vorsicht, Glas!

'**han·dle·bar** s oft pl Lenkstange f: **dropped** ~ Rennlenker m; ~ **m(o)ustache** Schnauzbart m, ,Schnauzer' m.

'**han·dler** s **1.** j-d, der mit etwas in Berührung kommt: **all ~s of food in a restaurant are required to have a health certificate. 2.** Dres'seur m, Abrichter m. **3.** Boxen: a) Trainer m, b) Betreuer m, Sekun'dant m.

'**han·dling** s **1.** Berührung f. **2.** Handhabung f, Gebrauch m. **3.** 'Durchführung f, Erledigung f. **4.** Behandlung f. **5.** econ. Beförderung f, Weiterleitung f. **6.** Fußball: Handspiel n: **to be cautioned for** ~ wegen e-s Handspiels verwarnt werden. ~ **charg·es** s pl econ. 'Umschlagspesen pl.

'**hand**|**loom** s tech. Handwebstuhl m. ~

lug·gage s Handgepäck n. ~'**made** adj handgearbeitet: ~ **paper** Büttenpapier n, handgeschöpftes Papier. '~₁**maid(·en)** s **1.** obs. Dienerin f, Magd f. **2. to be a ~ of** fig. zur Verfügung stehen (dat). '~**·me-down** colloq. **I** adj **1.** Konfektions..., ,von der Stange'. **2.** abgelegt (Kleider). **II** s **3.** meist pl Konfekti'onsanzug m, Kleid n etc ,von der Stange', pl Konfekti'onskleidung f. **4.** meist pl abgelegtes Kleidungsstück: **his big brother's ~s** die Kleider, aus denen sein großer Bruder herausgewachsen ist. ~ **mix·er** s Handmixer m. '~₁**op·er·at·ed** adj mit Handbetrieb, handbedient, Hand... ~ **or·gan** s mus. Drehorgel f, Leierkasten m. '~**·out** s **1.** Almosen n, milde Gabe. **2.** Pro'spekt m, Hand-, Werbezettel m. **3.** Handout n (Informationsunterlage, die an Pressevertreter, Tagungsteilnehmer etc verteilt wird). ~'**pick** v/t **1.** mit der Hand pflücken od. auslesen: ~**ed** handverlesen. **2.** colloq. sorgsam auswählen. ~ **press** s tech. Handpresse f. '~**·print** s Handabdruck m. ~ **pup·pet** s Am. Handpuppe f. '~**·rail** s Handlauf m. '~**·saw** s tech. Handsäge f.

'**hand's-breadth** s Handbreit f.

hand·sel ['hænsl] obs. od. dial. **I** s **1.** Einstands- od. Neujahrsgeschenk n. **2.** Morgengabe f. **3.** erste Einnahme (in e-m Geschäft). **4.** Hand-, Draufgeld n. **II** v/t pret u. pp -**seled**, bes. Br. -**selled 5.** j-m ein Einstandsgeschenk etc geben. **6.** einweihen (a. fig.).

'**hand**|**·set** s teleph. Hörer m. '~**·set** adj print. handgesetzt. '~**·sewn** adj handgenäht. '~**·shake** s Händedruck m: **to give s.o. a firm** ~ j-m kräftig die Hand schütteln. '~**·sign** v/t eigenhändig unter'zeichnen: ~**ed** handsigniert.

₁**hands-'off pol·i·cy** s Nicht'einmischungspoli₁tik f.

hand·some ['hænsəm] adj (adv ~**ly**) **1.** hübsch, schön, stattlich (alle a. fig.), (bes. Mann a.) gutaussehend. **2.** fig. beträchtlich, ansehnlich: **a ~ inheritance; a ~ sum. 3.** großzügig, nobel, ,anständig': ~ **is as ~ does** edel ist, wer edel handelt; → **come down** 10. **4.** Am. gewandt, geschickt: **a ~ speech** e-e geschickt aufgebaute Rede. '**hand·some·ness** s **1.** Schönheit f, Stattlichkeit f, gutes Aussehen. **2.** Beträchtlichkeit f. **3.** Großzügigkeit f.

₁**hands-'on train·ing** s praktische Ausbildung.

'**hand**|**·spike** s mar. tech. Handspake f, Hebestange f. '~**·spring** s Turnen: Handstand'überschlag m: **to do a** ~ e-n Handstandüberschlag machen. '~**·stand** s sport Handstand m: **to do a** ~ e-n Handstand machen. ~**·to-'hand** adj Mann gegen Mann: ~ **combat** mil. Nahkampf m. ~**·to-'mouth** adj kümmerlich: **to lead a ~ existence** von der Hand in den Mund leben. ~ **wheel** s tech. Hand-, Stellrad n. '~**·work** s Handarbeit f. '~**·write** v/t irr mit der Hand schreiben: **handwritten** handgeschrieben. '~₁**writ·ing** s **1.** (Hand)Schrift f: ~ **expert** jur. Schriftsachverständige(r) m; **the ~ on the wall** fig. die Schrift an der Wand, das Menetekel. **2.** (etwas) Handgeschriebenes. ~'**wrought** adj handgearbeitet.

hand·y ['hændɪ] adj (adv → **handily**) **1.** zur Hand, bei der Hand, greifbar, leicht erreichbar: **to have s.th.** ~ etwas zur Hand haben. **2.** geschickt, gewandt: **to be ~ with a tool** mit e-m Werkzeug (gut) umgehen können. **3.** handlich, praktisch, leicht zu handhaben(d). **4.** mar. wendig. **5.** nützlich: **to come in** ~ a) sich als nützlich erweisen, b) (sehr) gelegen kom-

men. '~**man** s irr ‚Mädchen n für alles', Fak'totum n.
hang [hæŋ] **I** s **1.** Hängen n, Fall m; Sitz m (e-s Kleids etc). **2.** colloq. a) Bedeutung f, Sinn m, b) (richtige) Handhabung: **to get the ~ of** s.th. etwas kapieren, hinter etwas kommen, den ‚Dreh rauskriegen' bei etwas. **3. I don't care** (od. **give) a ~!** colloq. das ist mir völlig ‚schnuppe'! **4.** (kurze) Pause, Stillstand m. **5.** Abhang m, Neigung f.
II v/t pret u. pp **hung** [hʌŋ] od. (für 9 u. 10) **hanged 6.** (**from, to, on**) aufhängen (an dat), hängen (an acc): **to ~** s.th. **on a hook; to be hung to** (od. **from**) aufgehängt sein od. hängen an (dat), herabhängen von. **7.** (zum Trocknen etc) aufhängen: **hung beef** gedörrtes Rindfleisch. **8.** tech. e-e Tür, e-e Karosserie etc einhängen. **9.** (auf)hängen: **to ~ o.s.** sich erhängen; **I'll be ~ed first!** colloq. eher lasse ich mich hängen!; **I'll be ~ed if** colloq. ‚ich will mich hängen lassen', wenn; **~ it (all)!** zum Henker damit! **10.** a) j-n an den Galgen bringen, b) fig. j-m ,das Genick brechen'. **11. den Kopf** hängenlassen od. senken. **12. behängen: to ~ a wall with pictures. 13.** Tapeten anbringen, ankleben. **14.** jur. Am. die Geschworenen an der Entscheidung hindern (durch Nichtzustimmung): **it was a hung jury** die Geschworenen konnten sich (über die Schuldfrage) nicht einigen. **15.** → **fire 9.**
III v/i **16.** hängen, baumeln (**by, on** an dat): **to ~ by a rope; to ~ by a thread** fig. an e-m Faden hängen; **to ~ in the air** bes. fig. in der Luft hängen; **to ~ on(to)** (od. **upon**) s.o.'s **lips** (od. **words**) an j-s Lippen hängen; → **balance 2. 17.** hängen, ein- od. aufgehängt sein. **18.** hängen, gehängt werden: **he will ~ for it** dafür wird er hängen; **to let** s.th. **go ~** colloq. sich den Teufel um etwas scheren; **let it go ~!** colloq. zum Henker damit! **19.** (her'ab)hängen, fallen (Kleid, Vorhang etc). **20.** sich senken, sich neigen, abfallen. **21. ~ on** hängen an (dat), abhängen von. **22. ~ on** sich hängen an (acc), sich festhalten an (dat), sich klammern an (acc). **23.** unentschlossen sein, zögern. **24.** → **heavy 34. 25. to ~ tough** colloq. stur od. hart bleiben, nicht nachgeben.
Verbindungen mit Präpositionen:
hang| a·bout, ~ a·round v/i her'umlungern od. sich her'umtreiben (in (dat) od. bei. ~ **on** → **hang 16, 21, 22.** ~ **o·ver** v/i **1.** fig. hängen od. schweben über (dat), drohen (dat). **2.** sich neigen über (dat), aufragen über (dat).
Verbindungen mit Adverbien:
hang| a·bout, ~ a·round v/i **1.** her'umlungern, sich her'umtreiben (**with** mit). **2.** trödeln. **3.** warten. ~ **back** v/i **1.** zögern (**from doing** s.th. etwas zu tun). **2.** → **hang behind. ~ be·hind** v/i zu'rückhängen, -bleiben. ~ **down** v/i he'runter-, her'unterhängen (**from** von). ~ **on** v/i **1.** (**to**) sich klammern (an acc) (a. fig.), festhalten (acc), nicht loslassen od. aufgeben (acc). **2.** a) warten, b) teleph. am Appa'rat bleiben. **3.** nicht nachlassen (Krankheit etc). ~ **out I** v/t **1.** (hin-, her)'aushängen, Wäsche (draußen) aufhängen. **II** v/t **2.** her'aushängen: **to let it all ~** colloq. a) sich ungezwungen benehmen, b) aus sich herausgehen, c) kein Blatt vor den Mund nehmen. **3.** ausgehängt sein. **4.** colloq. a) hausen, sich aufhalten, b) sich her'umtreiben. ~ **o·ver I** v/i andauern, exi'stieren (**from** seit). **II** v/t: **to be hung over** colloq. e-n ‚Kater' haben. ~ **to·geth·er** v/i **1.** zs.-halten (Personen). **2.** Zs.-hang haben, zs.-hängen. ~ **up I** v/t **1.** aufhängen. **2.** aufschieben, hin'ausziehen: **to be hung up** verzögert od. aufgehalten werden. **3. to be hung up (on)** colloq. a) e-n Komplex haben (wegen), b) besessen sein (von). **II** v/i **4.** teleph. einhängen, auflegen: **she hung up on him** sie legte einfach auf.

hang·ar ['hæŋə(r)] s aer. Hangar m, Flugzeughalle f, -schuppen m.

'**hang·dog I** s **1.** Galgenvogel m, -strick m. **II** adj **2.** gemein, schurkisch. **3.** a) schuldbewußt, b) jämmerlich: **~ look** Armesündermiene f.

'**hang·er** s **1.** (Auf)Hänger m. **2.** Tape-ˈzierer m. **3.** Aufhänger m, Aufhängevorrichtung f, bes. a) Kleiderbügel m, b) Schlaufe f, Aufhänger m (am Rock etc), c) (Topf)Haken m. **4.** tech. a) Hängeeisen n, b) Hängebock m, c) 'Unterlitze f, d) Tra'versenträger m. **5.** a) Hirschfänger m, b) kurzer Säbel. **6.** Haken m, Kurvenlinie f (bei Schreibversuchen).

hang·er bear·ing s tech. Hängelager n. ,**hang·er-'on** pl ,**hang·ers-'on** s contp. **1.** Anhänger m, pl Anhang m, Gefolge n. **2.** ‚Klette' f.

'**hang|ˌfire** s mil. Nachbrennen n, -zündung f. ~ **glid·er** s sport **1.** Hängegleiter m, (Flug)Drachen m. **2.** Drachenflieger(in). ~ **glid·ing** s sport Hängegleiten n, Drachenfliegen n.

'**hang·ing I** s **1.** (Auf)Hängen n. **2.** (Er-)Hängen n: **(execution by) ~** Hinrichtung f durch den Strang. **3.** meist pl Wandbehang m, Ta'pete f, Vorhang m. **II** adj **4.** (her'ab)hängend. **5.** hängend, abschüssig, ter'rassenförmig: ~ **gardens** hängende Gärten. **6.** todeswürdig: **a ~ crime** ein Verbrechen, auf das die Todesstrafe steht; **a ~ matter** e-e Sache, die j-n an den Galgen bringt. **7. a ~ judge** ein Richter, der mit dem Todesurteil rasch bei der Hand ist. **8.** Hänge..., Halte..., Stütz... ~ **com·mit·tee** s Hängeausschuß m (bei Gemäldeausstellungen). ~ **in·den·tion** s print. Einzug m nach 'überstehender Kopfzeile. ~ **wall** s Bergbau: Hangende(s) n.

'**hang|·man** [-mən] s irr Henker m. '~**ˌnail** s med. Nied-, Neidnagel m. '~**ˌout** s colloq. **1.** ‚Bude' f, Wohnung f. **2.** a) 'Stammloˌkal n, b) Treff(punkt) m. '~**ˌo·ver** s **1.** colloq. ‚Katzenjammer' m, ‚Kater' m (beide a. fig.). '~**ˌup** s colloq. **1.** Kom'plex m. **2.** Pro'blem n, Schwierigkeit f.

hank [hæŋk] s **1.** Strang m, Docke f, Wickel m (Garn etc). **2.** Hank n (ein Garnmaß). **3.** mar. Legel m.

han·ker ['hæŋkə(r)] v/i sich sehnen, Verlangen haben (**after, for** nach): **to ~ to do** s.th. sich danach sehnen, etwas zu tun.

'**han·ker·ing** s Sehnsucht f, Verlangen n (**after, for** nach).

han·ky, a. **han·kie** ['hæŋkɪ] colloq. für **handkerchief** f.

han·ky-pan·ky [ˌhæŋkɪˈpæŋkɪ] s colloq. **1.** Hokus'pokus m, Schwindel m, fauler Zauber. **2.** Techtelmechtel n.

Han·o·ve·ri·an [ˌhænəʊˈvɪərɪən] **I** adj **1.** han'noveranisch. **2.** pol. hist. hannove'ranisch. **II** s **3.** Hannove'raner(in).

Han·sard ['hænsɑːd] s Br. amtliches Parla'mentsproto,koll.

hanse [hæns] s hist. **1.** Kaufmannsgilde f. **2. H~** Hanse f, Hansa f: **H~ town** Hansestadt f. **Han·se'at·ic** [-sɪˈætɪk] adj han·se'atisch, Hanse...: **the ~ League** die Hanse.

han·sel ['hænsl] → **handsel.**

Han·sen's dis·ease ['hænsənz] s med. Lepra f, Aussatz m.

han·som (cab) ['hænsəm] s hist. Hansom m (zweirädrige Kutsche).

hap [hæp] obs. **I** s a) Zufall m, b) (zufälliges) Ereignis, c) Glück(sfall m) n. **II** v/i → **happen.**

ha·pax le·go·me·non [ˌhæpæksˈlɪˈɡɒmɪnɒn; Am. -ˌɡɑmənɑn] pl **ha·pax le'go·me·na** [-nə] s Hapaxle'gomenon n (nur einmal belegtes, in s-r Bedeutung oft nicht genau zu bestimmendes Wort e-r [nicht mehr gesprochenen] Sprache).

hap·haz·ard [ˌhæpˈhæzə(r)d] **I** adj (adv ~ly u. adv) willkürlich, plan-, wahllos. **II** s at ~ aufs Geratewohl.

'**hap·less** adj (adv ~**ly**) obs. unglücklich, glücklos, unselig.

hap·lite ['hæplaɪt] → **aplite.**

hap·log·ra·phy [hæpˈlɒɡrəfɪ; Am. -ˈlɑ-] s Haplogra'phie f (fehlerhafte Einfachschreibung von Buchstaben od. -gruppen).

hap·loid ['hæplɔɪd] biol. **I** adj haplo'id (mit einfacher Chromosomenzahl). **II** s haplo'ide Zelle, haplo'ider Orga'nismus.

hap·lol·o·gy [hæpˈlɒlədʒɪ; Am. -ˈlɑ-] s Haplolo'gie f (Verschmelzung zweier gleicher od. ähnlicher Silben).

hap·ly ['hæplɪ] adv obs. **1.** von ungefähr. **2.** vielleicht.

hap·pen ['hæpən] **I** v/i **1.** geschehen, sich ereignen, vorfallen, pas'sieren, sich zutragen, vor sich gehen, vorkommen: **what has ~ed?** was ist geschehen od. passiert?; ... **and nothing ~ed** ... u. nichts geschah. **2.** zufällig geschehen, sich zufällig ergeben, sich (gerade) treffen: **it ~ed that as** a) wie es sich (so od. gerade) traf, b) zufällig, c) wie es nun ist (einmal) so geht. **3. if you ~ to see** it wenn du es zufällig siehst od. sehen solltest; **it ~ed to be cold** zufällig war es kalt. **4.** ~ **to** geschehen mit (od. dat), pas'sieren (dat), zustoßen (dat), werden aus: **what is going to ~ to our plans?** was wird aus unseren Plänen?; **if anything should ~ to me** wenn mir etwas zustoßen sollte. **5.** ~ **(up)on** a) zufällig begegnen (dat) od. treffen (acc), b) zufällig stoßen auf (acc) od. finden (acc). **6.** bes. Am. colloq. ~ **along** (od. **by**) zufällig (vorbei)kommen; **to ~ in** ‚hereinschneien'. **II** adv **7.** Br. dial. vielleicht.

'**hap·pen·ing** ['hæpənɪŋ; 'hæpnɪŋ] s **1.** Ereignis n, Vorkommnis n: **there have been strange ~s here lately** hier sind in letzter Zeit merkwürdige Dinge passiert. **2.** Happening n (künstlerische Veranstaltung, oft grotesker od. provozierender Art, bei der die Zuschauer miteinbezogen werden u. die die Grenzen zwischen Kunst u. täglichem Leben überwinden soll): ~ **artist** Happenist m.

hap·pen·stance ['hæpənstæns] s Am. Zufall m.

hap·pi·ly ['hæpɪlɪ] adv **1.** glücklich: ~ **married. 2.** glücklicherweise, zum Glück. '**hap·pi·ness** s **1.** Glück n, Glück'seligkeit f. **2.** fig. glückliche Wahl (e-s Ausdrucks etc), glückliche Formu'lierung (e-s Textes).

hap·py ['hæpɪ] adj (adv → **happily**) **1.** allg. glücklich: a) glück'selig: **I'm quite ~** ich bin wunschlos glücklich, b) beglückt, erfreut, froh (**at, about** über acc): **I am ~ to see you** es freut mich (sehr), Sie zu sehen; **I'd be ~ to do** that ich würde das liebend gern tun, c) voller Glück: ~ **days** glückliche Tage, Tage voller Glück, d) erfreulich, e) glückverheißend: ~ **event** ein freudiges Ereignis, f) gut, trefflich: **a ~ idea,** g) passend, treffend, geglückt: **a ~ phrase,** h) zu'frieden: **I'm not ~ with my new TV set. 2.** gewandt, geschickt. **3.** colloq. ‚beschwipst', ‚angesäuselt'. **4.** in Glückwünschen: ~ **new year!** gutes neues Jahr!; → **birthday I, Easter[1] I. 5.** in Zssgn a) colloq. betäubt, wirr (im Kopf): → **slaphappy,** b) begeistert, verrückt: **ski-~** skisportbegeistert; → **trigger-happy,** c) *colloq.* süchtig: **publicity-~. ~ dis·patch** *s euphem.* Hara'kiri *n.* ⨯**-go-'luck·y** *adj u. adv* unbekümmert, sorglos, leichtfertig. **~ hour** *s* Zeit am frühen Abend, zu der in Bars etc alkoholische Getränke im Preis reduziert sind.

hap·ten ['hæptən; *Am.* 'hæp,ten], **hap·tene** ['hæpti:n] *s* Biochemie: Hap'ten *n (organische, eiweißfreie Verbindung, die die Bildung von Antikörpern im Körper verhindert).*

hap·tic ['hæptɪk] *adj* haptisch *(den Tastsinn betreffend).*

hap·to·trop·ism [,hæptəʊ'trəʊpɪzəm] *s bot.* Haptotro'pismus *m (durch Berührungsreiz ausgelöste Krümmungsbewegung, bes. bei Kletterpflanzen).*

har·a·kir·i [,hærə'kɪrɪ] *s* Hara'kiri *n (a. fig.):* political **~.**

ha·rangue [hə'ræŋ] **I** *s* 1. Ansprache *f*, Rede *f*. 2. bom'bastische *od.* flammende Rede. 3. Ti'rade *f*, Wortschwall *m.* 4. Strafpredigt *f.* **II** *v/i* 5. e-e (bom'bastische *od.* flammende) Rede halten. **III** *v/t* 6. e-e (bom'bastische *od.* flammende) Rede halten vor *(dat).* 7. j-m e-e Strafpredigt halten.

har·ass ['hærəs; *Am. a.* hə'ræs] *v/t* 1. ständig belästigen, quälen. 2. aufreiben, zermürben. 3. schika'nieren. 4. *mil.* sören: **~ing fire** Störfeuer *n.* '**har·ass·ment** *s* 1. ständige Belästigung. 2. Zermürbung *f.* 3. Schika'nierung *f.*

har·bin·ger ['hɑ:(r)bɪndʒə(r)] **I** *s* 1. *fig.* a) Vorläufer *m:* **the ~s of modern science,** b) Vorbote *m:* **the ~ of spring,** c) (erstes) Anzeichen: **the ~ of a cold.** 2. *obs.* Quar'tiermacher *m.* **II** *v/t* 3. *fig.* ankündigen, der Vorbote *(gen)* sein.

har·bor, *bes. Br.* **har·bour** ['hɑ:(r)bə(r)] **I** *s* 1. Hafen *m.* 2. Zufluchtsort *m*, 'Unterschlupf *m.* **II** *v/t* 3. beherbergen, j-m Schutz *od.* Obdach gewähren. 4. verbergen, -stecken: **~ criminals.** 5. Gedanken, e-n Groll etc hegen: **to ~ thoughts of revenge.** **III** *v/i* 6. (im Hafen) vor Anker gehen. '**har·bo(u)r·age** *s* 1. *→* harbor 2. 2. Obdach *n*, 'Unterkunft *f.*

har·bo(u)r| bar *s* Sandbank *f* vor dem Hafen. **~ dues** *pl* Hafengebühren *pl*, -gelder *pl.*

'**har·bo(u)r·less** *adj* 1. ohne Hafen, hafenlos. 2. obdachlos.

har·bo(u)r| mas·ter *s mar.* Hafenmeister *m.* **~ pi·lot** *s mar.* Hafenlotse *m.* **~ seal** *s zo.* Gemeiner Seehund.

hard [hɑ:(r)d] **I** *adj* 1. *allg.* hart: → **cheese¹** 1. 2. fest: **a ~ knot.** 3. schwer, schwierig: a) mühsam, anstrengend: **~ work** harte Arbeit; **to believe s.one zu glauben;** **~ to please** schwer zufriedenzustellen; **he is ~ to please** man kann es ihm nur schwer recht machen; **to imagine** schwer vorstellbar; **it is ~ for me to accept this thesis** es fällt mir schwer, diese These zu akzeptieren; **he made it ~ for me to believe him** er machte es mir schwer, ihm zu glauben, b) schwerverständlich, schwer zu bewältigen(d): **~ problems** schwierige Probleme. 4. hart, zäh, 'widerstandsfähig: **in condition** *sport* konditionsstark, fit; **a ~ customer** *colloq.* ein schwieriger 'Kunde', ein zäher Bursche; → **nail Bes. Redew.** 5. hart, angestrengt, inten'siv: **~ study.** 6. fleißig, tüchtig: **he is a ~ worker** er ist enorm fleißig; **to try one's ~est** sich alle Mühe geben. 7. heftig, stark: **~ rain;** **a ~ blow** ein harter Schlag, *fig. a.* ein schwerer Schlag. **~ on** *Kleidung, Teppich etc* strapazieren. 8. hart, streng, rauh: **~ climate** rauhes Kli-

ma; **~ winter** harter *od.* strenger Winter. 9. hart, gefühllos, streng: **~ words** harte Worte; **to be ~ on s.o.** a) j-n hart *od.* ungerecht behandeln, b) j-m hart zusetzen. 10. hart, drückend: **it is ~ on him** es ist hart für ihn, es trifft ihn schwer; **~ times** schwere Zeiten; **to have a ~ time** Schlimmes durchmachen (müssen); **he had a ~ time getting up early** es fiel ihm schwer, früh aufzustehen; **to give s.o. a ~ time** j-m das Leben sauer machen. 11. *econ.* mit harten Bedingungen, scharf: **~ selling,** *colloq.* **~ sell** aggressive Verkaufstaktik. 12. hart: **the ~ facts** die unumstößlichen *od.* nackten Tatsachen. 13. nüchtern, kühl (über'legend), 'unsentimen,tal: **a ~ businessman** ein kühler Geschäftsmann; **he has a ~ head** er denkt nüchtern. 14. sauer, herb *(Getränk).* 15. hart *(Droge),* (Getränk *a.*) stark. 16. *phys.* hart: **~ water;** **~ X rays;** **~ tube** Hochvakuumröhre *f.* 17. *agr.* hart, Hart...: **~ wheat.** 18. *econ.* hoch u. starr: **~ prices.** 19. hart: **~ colo(u)rs;** **a ~ voice.** 20. *Phonetic:* a) hart, unstimmhaft, b) nicht palatali'siert. 21. **~ of hearing** schwerhörig. 22. **~ up** *colloq.* a) in (Geld-) Schwierigkeiten, schlecht bei Kasse, b) in Verlegenheit *(for* um).

II *adv* 23. hart, fest: **frozen ~** hartgefroren. 24. *fig.* hart, schwer: **to work ~;** **to brake ~** scharf bremsen; **to drink ~** ein starker Trinker sein; **it will go ~ with him** es wird ihm schlecht ergehen; **to hit s.o. ~** j-m e-n harten *od.* heftigen Schlag versetzen, b) *fig.* ein harter *od.* schwerer Schlag für j-n sein; **to look ~ at** scharf ansehen; **to be ~ pressed, to be ~ put to it** in schwerer Bedrängnis sein; **to try ~** sich große Mühe geben; → **bear¹** 21, **hit** 10. 25. schwer, mühsam: → **die¹** 1. 26. nahe, dicht: **~ by** ganz in der Nähe, nahe *od.* dicht dabei; **~ on** *(od.* after) gleich nach. 27. **~ aport** *mar.* hart Backbord.

III *s* 28. *Br.* festes Uferland. 29. *Br. sl.* Zwangsarbeit *f.* 30. **to get (have) a ~ on** *vulg.* e-n 'Ständer' *(e-e Erektion)* 'kriegen' (haben).

,**hard-and-'fast** *adj* abso'lut bindend, strikt, fest(stehend), 'unum,stößlich: **a ~ rule.** '**~·back** → **hardcover** II. '**~·ball** **I** *s sport* a) Baseball(spiel *n*) *m (Ggs.* softball): **to play ~** *Am. colloq.* energisch *od.* hart durchgreifen, b) Baseball *m.* **II** *adj Am. colloq.* energisch, hart. '**~·bit·ten** *adj* 1. verbissen, hartnäckig, zäh. 2. ,abgebrüht'. 3. hart, unerbittlich. 4. → hard-boiled 2. '**~·board** *s* Hartfaserplatte *f.* '**~·boiled** *adj* 1. hart(gekocht): **a ~ egg.** 2. *fig.* a) hart, 'unsentimen,tal, b) nüchtern, sachlich, rea'listisch. '**~·bought** *adj Am.* schwererrungen. **~ case** *s* 1. Härtefall *m.* 2. schwieriger Mensch. 3. *Am.* Gewohnheitsverbrecher *m.* **~ cash** *s econ.* 1. Hartgeld *n.* 2. klingende Münze. 3. Bargeld *n:* **to pay in ~ (in) bar** (be)zahlen. **~ coal** *s* Anthra'zit *m,* Steinkohle *f.* **~ cop·y** *s* Computer: Hard copy *f,* 'Hartko,pie *f,* Pa'pierausdruck *m.* **~ core** *s* 1. *Br.* Schotter *m.* 2. *fig.* harter Kern *(e-r Bande etc).* '**~·core** *adj* 1. zum harten Kern gehörend. 2. hart: **~ pornography.** **~ court** *s* Tennis: Hartplatz *m.* '**~·cov·er** *print.* **I** *adj* gebunden: **a ~ edition.** **II** *s* Hard cover *n,* gebundene Ausgabe. **~ cur·ren·cy** *s econ.* harte Währung. '**~·earned** *adj* hartverdient, sauer verdient. **~ edge** *s paint.* Hard edge *f (Stilrichtung, die geometrische Formen u. kontrastreiche Farben bevorzugt).*

hard·en ['hɑ:(r)dn] **I** *v/t* 1. härten *(a. tech.),* hart *od.* härter machen. 2. *fig.* hart *od.* gefühllos machen, verhärten, abstumpfen *(to* gegen). **~ed** verstockt, ,abgebrüht'; **a ~ed sinner** ein verstockter Sünder. 3. *fig.* bestärken. 4. *fig.* abhärten *(to* gegen). **II** *v/i* 5. hart werden, erhärten. 6. *tech.* erhärten, abbinden *(Zement etc).* 7. *fig.* hart *od.* gefühllos werden, sich verhärten, abstumpfen *(to* gegen). 8. *fig.* abgehärtet werden, sich abhärten *(to* gegen). 9. a) *econ. u. fig.* sich festigen, b) *econ.* anziehen, steigen *(Preise).* '**hard·en·er** *s tech.* Härtemittel *n,* Härter *m.*

'**hard·en·ing I** *s* 1. Härten *n,* Härtung *f:* **~ of the arteries** *med.* Arterienverkalkung *f.* 2. *tech.* a) Härtung *f,* b) Härtemittel *n.* **II** *adj* 3. Härte...: **~ medium** *(od.* compound) → 2 b.

'**hard| -face** *v/t tech.* verstählen, panzern. ,**~'fa·vo(u)red,** ,**~'fea·tured** *adj* mit harten *od.* groben Gesichtszügen. '**~·fern** *s bot.* Rippenfarn *m.* **~ fi·ber,** *bes. Br.* **~ fi·bre** *s tech.* Hartfaser *f,* Vul'kanfiber *f.* '**~·fin·ish** *s arch.* Feinputz *m.* ,**~'fist·ed** *adj* 1. *fig.* geizig, knauserig. 2. ro'bust, kräftig. 3. *fig.* hart, streng, ty'rannisch. ,**~'fought** *adj* erbittert, hart. **~ goods** *s pl econ. Am.* Gebrauchsgüter *pl.* **~ grass** *s bot.* Hartgras *n.* '**~·hand·ed** = hardfisted 2 u. 3. '**~·hat** *s* 1. *Br.* Me'lone *f (Hut).* 2. a) Schutzhelm *m (von Bauarbeitern etc),* b) *bes. Am. colloq.* Bauarbeiter *m.* 3. *Br.* 'Erzreaktio,när *m.* '**~·head·ed** *adj* 1. praktisch, nüchtern, rea'listisch. 2. *bes. Am.* starr-, dickköpfig. ,**~'heart·ed** *adj (adv* -ly) hart(herzig). ,**~'hit·ting** *adj Am. colloq.* e'nergisch, aggres'siv, kämpferisch.

har·di·hood ['hɑ:(r)dɪhʊd], '**har·di·ness** *s* 1. Zähigkeit *f,* Ausdauer *f,* Ro'bustheit *f.* 2. *bot.* Winterfestigkeit *f.* 3. Kühnheit *f:* a) Tapferkeit *f,* b) Verwegenheit *f,* c) Dreistigkeit *f.*

hard| la·bo(u)r *s jur.* Zwangsarbeit *f.* ,**~'land** *v/t u. v/i* Raumfahrt: hart landen. **~ land·ing** *s* Raumfahrt: harte Landung. **~ line** *s* 1. *bes. pol.* harter Kurs: **to follow** *(od.* adopt) **a ~** e-n harten Kurs einschlagen. 2. *pl bes. Br.* Pech *n* (on für). ,**~'line** *adj bes. pol.* hart, kompro'mißlos. ,**~'lin·er** *s bes. pol.* j-d, der e-n harten Kurs einschlägt. ,**~'luck sto·ry** *s contp.* 'Jammergeschichte' *f.*

'**hard·ly** *adv* 1. kaum, fast nicht: **I can ~ believe it;** **~ ever** fast nie. 2. (wohl) kaum, schwerlich: **it will ~ be possible;** **this is ~ the time to do it.** 3. *(zeitlich)* kaum: **~ had he entered the room, when.** 4. mit Mühe, mühsam. 5. hart, streng.

hard| ma·ple *s bot. Am.* Zucker-Ahorn *m.* **~ met·al** *s tech.* 'Hartme,tall *n.* **~ mon·ey** → **hard cash.** ,**~'mouthed** *adj* 1. hartmäulig *(Pferd).* 2. *fig.* starr-, dickköpfig.

'**hard·ness** *s* 1. Härte *f.* 2. Schwierigkeit *f.* 3. 'Widerstandsfähigkeit *f.* 4. Nüchternheit *f.* 5. Herbheit *f.*

,**hard-'nosed** *colloq.* für a) hard-bitten 1, b) hardheaded 2. '**~·pan** *s* 1. *geol.* Ortstein *m (verhärteter Untergrund).* 2. harter, verkrusteter Boden. 3. *fig.* a) Grundlage *f,* Funda'ment *n:* **to get down to the ~ of a matter** e-r Sache auf den Grund gehen, b) (sachlicher) Kern *(e-s Problems etc).* **~ rock** *s mus.* Hardrock *m (moderne Stilrichtung des Rock, die durch starke Hervorhebung des Rhythmus, Überlautstärke etc gekennzeichnet ist).* **~ rub·ber** *s* Hartgummi *m, n.* **~ sauce** *s gastr.* Beilage für Süßspeisen aus Puderzucker, Butter u. Vanille. **~ sci·ence** *s* ex'akte Wissenschaft *(bes. Mathematik, Physik u. Logik).* ,**~·scrab·ble** *s Am.* **I** *adj* 1. ärmlich, bescheiden *(Verhältnisse etc).* 2. karg *(Boden).* **II** *s* 3.

karger Boden. ~-'set *adj* 1. hartbedrängt, in e-r schwierigen Lage. 2. streng, starr. 3. angebrütet (*Ei*). '~-shell I *adj* 1. *zo.* hartschalig: ~ clam → 3. 2. *Am. colloq.* a) eisern, unnachgiebig, kompro'mißlos, b) eingefleischt. II *s* 3. *zo.* Venusmuschel *f.*
hard·ship ['hɑ:(r)dʃɪp] *s* 1. Not *f,* Elend *n.* 2. Härte *f:* to work ~ on s.o. e-e Härte bedeuten für j-n; ~ case Härtefall *m.*
hard│shoul·der *s mot. Br.* Standspur *f.* ~ sol·der *s tech.* Hart-, Schlaglot *n.* '~-ˌsol·der *v/t* hartlöten. '~-spun *adj* festgezwirnt. '~ˌstand(·ing) *s* befestigter Abstellplatz (*für Autos, Flugzeuge etc*). '~ˌstuff *s Am. colloq.* „Hard stuff" *m,* harte Drogen *pl.* ~-'sur·face *v/t* Straße *etc* befestigen. '~·tack *s* Schiffszwieback *m.* '~-top *s mot.* Hardtop *n, m:* a) festes, als Ganzes abnehmbares Autodach, b) Auto, *bes.* Sportwagen mit a. '~·ware *s* 1. a) Me'tall-, Eisenwaren *pl,* b) Haushaltswaren *pl.* 2. *Am. sl.* „Schießeisen' *n od. pl.* 3. *Computer, Sprachlabor:* Hardware *f (technische Ausrüstung).* 4. *a. military* ~ Waffen *pl* u. mili'tärische Ausrüstung. '~·ware·man [-mən] *s irr* a) Me'tallwaren-, Eisenwarenhändler *m,* b) Haushaltswarenhändler *m.* ~·'wear·ing *adj Br.* strapa'zierfähig (*Kleidung etc*). '~·wood *s* Hartholz *n, bes.* Laubbaumholz *n.* ~·'work·ing *adj* fleißig, hart arbeitend, arbeitsam.
har·dy ['hɑ:(r)dɪ] *adj (adv* hardily) 1. a) zäh, ausdauernd, ro'bust, b) abgehärtet. 2. *bot.* winterfest: ~ annual a) winterfeste Pflanze, b) *fig. humor.* Frage, die jedes Jahr wieder aktuell wird. 3. kühn: a) tapfer, b) verwegen, c) dreist.
Har·dy-Wein·berg law [ˌhɑ:(r)dɪ-'waɪnbɜ:g; *Am.* -ˌbɜrg] *s Populationsgenetik:* Hardy-Weinberg-Formel *f,* -Regel *f.*
hare [heə(r)] I *s* 1. *zo.* Hase *m:* to run with the ~ and hunt with the hounds es ist beiden Seiten halten; to start a ~ a) e-n Hasen aufscheuchen, b) *fig.* von etwas (zu reden) anfangen, was nicht zur Sache gehört; (as) mad as a March ~ *colloq.* total verrückt; to play ~ and hounds e-e Schnitzeljagd machen. 2. Hasenfell *n.* 3. *gastr.* Hase *m,* Hasenfleisch *n.* II *v/i* 4. *colloq.* „flitzen', sausen: to ~ off davonflitzen. '~·bell *s bot.* 1. (Rundblättrige) Glockenblume. 2. Wilde Hya'zinthe. '~-brained *adj* verrückt (*Person, Plan etc*). '~-foot *s irr bot.* 1. Ackerklee *m.* 2. Balsambaum *m.*
Ha·re Krish·na [ˌhɑ:rə'krɪʃnə] *pl* **Ha·re Krish·nas** *s* Hare-Krishna-Jünger *m.*
ˌhare'lip *s med.* Hasenscharte *f.* ~-'lipped *adj* hasenschartig.
ha·rem ['hɑ:ri:m; 'hɑ:rem; *bes. Am.* 'heərəm] *s* 1. Harem *m* (*a. humor.* Frau u. Töchter *etc*). 2. *relig.* Ha'ram *m* (*nur Mohammedanern zugänglicher heiliger Bezirk*).
'**hare's**ˌ-**ear** ['heə(r)z-] *s bot.* 1. Hasenöhrchen *n.* 2. Ackerkohl *m.* '~-foot *s irr* ~ harefoot.
har·i·cot ['hærɪkəʊ] *s* 1. *gastr.* (*bes.* 'Hammel)Raˌgout *n.* 2. *a.* ~ bean *bot.* Garten-, Schminkbohne *f.*
ha·ri·ka·ri [ˌhærɪ'kɑ:rɪ; *Am.* -'kæ-] → hara-kiri.
hark [hɑ:(r)k] I *v/i* 1. horchen (*obs. od. poet.* außer *in*): ~ at him! *bes. Br. colloq.* hör dir ihn an! 2. ~ back a) *hunt.* zu'rückgehen, um die Fährte neu aufzunehmen (*Hund*), b) *fig.* zu'rückgreifen, -kommen, *a. zeitlich* zu'rückgehen (to *auf acc*). II *v/t* 3. *obs. od. poet.* lauschen (*dat*). 4. *hunt.* Hunde rufen. III *s* 5. *hunt.* (Hetz)Ruf *m.* '~-back *s* Rückgriff *m,* Zu'rückgehen *n* (to *auf acc*).

hark·en *bes. Am. für* hearken.
har·le·quin ['hɑ:(r)lɪkwɪn; *Am. a.* -kən] I *s* 1. *thea.* Harlekin *m,* Hanswurst *m* (*a. fig.*). 2. *a.* ~ duck *orn.* Kragenente *f.* II *adj* 3. bunt, scheckig. ˌhar·le·quin-'ade [-ˈneɪd] *s thea.* Harleki'nade *f,* Possenspiel *n.*
har·lot ['hɑ:(r)lət] *obs.* I *s* Metze *f,* Hure *f.* II *adj* metzenhaft. '**har·lot·ry** [-rɪ] *s obs.* 1. Hure'rei *f.* 2. → harlot I.
harm [hɑ:(r)m] I *s* 1. Schaden *m:* there is no ~ in doing s.th. es kann *od.* könnte nicht(s) schaden, etwas zu tun; there is no ~ in trying ein Versuch kann nicht schaden; to come to ~ zu Schaden kommen; he came to no ~, no ~ came to him er blieb unverletzt; to do s.o. ~ j-m schaden, j-m etwas antun; it does more ~ than good es schadet mehr, als daß es nützt; ... could do no ~ ... könnte nicht schaden, ich hätte nichts gegen ...; out of ~'s way in Sicherheit, b) in sicherer Entfernung; to keep (*od.* stay) out of ~'s way die Gefahr meiden, der Gefahr aus dem Weg gehen; → bodily 1, mean[1] 1. 2. Unrecht *n,* Übel *n.* II *v/t* 3. j-n verletzen (*a. fig.*), j-m, j-s Ruf *etc* schaden; → fly[2] 1, hair *Bes. Redew.*
'**harm·ful** *adj (adv* ~ly) nachteilig, schädlich (to *für*): ~ to one's health gesundheitsschädlich; ~ publications *jur.* jugendgefährdende Schriften.
'**harm·ful·ness** *s* Schädlichkeit *f.*
'**harm·less** *adj (adv* ~ly) 1. harmlos: a) ungefährlich, unschädlich, b) unschuldig, c) unverfänglich. 2. to hold (*od.* save) s.o. ~ *econ. jur.* j-n schadlos halten.
'**harm·less·ness** *s* Harmlosigkeit *f.*
har·mon·ic [hɑ:(r)'mɒnɪk; *Am.* -'mɑ:-] I *adj (adv* ~ally) 1. *math. mus. phys.* har'monisch: ~ minor (scale) *mus.* harmonische Molltonleiter; ~ motion *phys.* sinusförmige Bewegung; ~ progression *math.* harmonische Reihe; ~ series *mus.* Obertonreihe *f;* ~ tone *mus. phys.* Oberton *m.* 2. *fig.* → harmonious. II *s* 3. *mus. phys.* Har'monische *f:* a) Oberton *m,* b) Oberwelle *f.* 4. *pl* (*meist als sg konstruiert*) Har'monik *f.* **har'mon·i·ca** [-kə] *s mus.* 1. 'Mundharˌmonika *f.* 2. *hist.* 'Glasharˌmonika *f.* **har'mon·i·con** [-kən] *pl* **-ca** [-kə] *s mus.* 1. → harmonica 1. 2. Or'chestrion *n.*
har'mo·ni·ous *adj (adv* ~ly) har'monisch: a) ebenmäßig, b) über'einstimmend, c) wohlklingend, d) einträchtig. **har'mo·ni·ous·ness** *s* Harmo'nie *f.*
har·mo·nist ['hɑ:(r)mənɪst] *s* 1. *mus.* Har'moniker *m* (*Komponist od. Lehrer*). 2. Kol'lator *m* (*von Paralleltexten, bes. der Bibel*).
har·mo·ni·um [hɑ:(r)'məʊnjəm; -nɪəm] *s mus.* Har'monium *n.*
har·mo·ni·za·tion [ˌhɑ:(r)mənaɪ'zeɪʃn; *Am.* -nə'z-] *s* Harmoni'sierung *f,* Angleichung *f.* '**har·mo·nize** [-naɪz] I *v/i* 1. harmo'nieren (*a. mus.*), in Einklang sein, zs.-passen (with *mit*). II *v/t* 2. (with) harmoni'sieren, in Einklang bringen (mit), angleichen (an *acc*). 3. versöhnen. 4. *mus.* harmoni'sieren, mehrstimmig setzen.
har·mo·ny ['hɑ:(r)mənɪ] *s* 1. Harmo'nie *f:* a) Wohlklang *m,* b) Eben-, Gleichmaß *n,* Ordnung *f,* c) Einklang *m,* Über'einstimmung *f,* d) Eintracht *f,* Einklang *m.* 2. Zs.-stellung *f* von Paral'leltexten, (Evan'gelien)Harmoˌnie *f.* 3. *mus.* Har'monie *f:* a) Har'monik *f,* Zs.-klang *m,* b) Ak'kord *m,* c) schöner Zs.-klang. 4. *mus.* Harmo'nielehre *f.* 5. *mus.* (homo'phoner) Satz: open (close) ~ weiter (enger) Satz; two-part ~ zweistimmiger Satz; to sing in ~ mehrstimmig singen.

har·mo·tome [hɑ:(r)mətəʊm] *s min.* Harmo'tom *m.*
har·ness ['hɑ:(r)nɪs] I *s* 1. a) (Pferde*etc*)Geschirr *n:* in ~ *fig.* im täglichen Trott; to die in ~ *fig.* in den Sielen sterben, b) Laufgeschirr *n* (*für Kinder*). 2. Weberei: Harnisch *m* (*des Zugstuhls*). 3. a) *mot.* (Sicherheits)Gurt *m,* b) (Fallschirm)Gurtwerk *n.* 4. *Am. sl.* (Arbeits-) Kluft *f,* Uni'form *f* (*e-s Polizisten etc*): hospital ~ Schwesterntracht *f.* 5. *mil. hist.* Harnisch *m.* II *v/t* 6. *Pferde etc* a) anschirren, b) anspannen (to an *acc*). 7. *fig. Naturkräfte etc* nutzbar machen, ‚einspannen'. ~ bull, ~ cop *s Am. sl.* ‚Bulle' *m (Polizist)* in Uni'form. ~ horse *s* 1. Traber(pferd *n*) *m.* 2. Zugpferd *n.* ~ race *s* Trabrennen *n.*
ha·roosh [hə'ru:ʃ] *s Am. colloq.* Aufregung *f.*
harp [hɑ:(r)p] I *s* 1. *mus.* Harfe *f.* II *v/i* 2. (die) Harfe spielen. 3. *fig.* (on, on about, upon) her'umreiten (auf *dat*), dauernd reden (von): to ~ on one string immer auf derselben Sache herumreiten.
'**harp·er,** '**harp·ist** *s* Harfe'nist(in).
har·poon [hɑ:(r)'pu:n] I *s* Har'pune *f:* ~ gun Harpunengeschütz *n,* -kanone *f.* II *v/t* harpu'nieren. **har'poon·er** *s* Harpu'nierer *m.*
harp seal *s zo.* Sattelrobbe *f.*
harp·si·chord ['hɑ:(r)psɪkɔ:(r)d] *s mus.* Cembalo *n.*
har·py ['hɑ:(r)pɪ] *s* 1. *antiq.* Har'pyie *f.* 2. *fig.* a) ‚Hy'äne' *f,* Blutsauger *m,* b) ‚Hexe' *f.* 3. *a.* ~ eagle *orn.* Har'pyie *f.*
har·que·bus ['hɑ:(r)kwɪbəs; *Am. a.* -kəbəs] *s mil. hist.* Hakenbüchse *f,* Arkebuse *f.* ˌhar·que·bus'ier [-ˈsɪə(r)] *s* Arkebu'sier *m.*
har·ri·dan ['hærɪdən] *s* alte Vettel.
har·ri·er[1] ['hærɪə(r)] *s* 1. Verwüster *m.* 2. Plünderer *m.* 3. *orn.* Weihe *f.*
har·ri·er[2] ['hærɪə(r)] *s* 1. *hunt.* Hund *m* für die Hasenjagd. 2. *sport* Querfeld'einläufer(in).
Har·ro·vi·an [hə'rəʊvjən; -vɪən] I *s* Schüler *m (der Public School)* von Harrow. II *adj* aus *od.* in Harrow.
har·row[1] ['hærəʊ] I *s* 1. *agr.* Egge *f:* to be under the ~ *fig.* in großer Not sein, unter Druck stehen. II *v/t* 2. *agr.* eggen. 3. *fig.* a) quälen, peinigen, b) *Gefühl* verletzen.
har·row[2] ['hærəʊ] *obs. für* harry.
'**har·row·ing** ['hærəʊɪŋ; *Am.* -rəwɪŋ] *adj (adv* ~ly) quälend, qualvoll, peinigend.
har·rumph [hə'rʌmf] *v/i bes. Am.* 1. sich (gewichtig) räuspern. 2. *fig.* sich 'mißbilligend äußern.
har·ry ['hærɪ] *v/t* 1. verwüsten. 2. plündern. 3. to ~ hell *relig.* zur Hölle niederfahren (*Christus*).
harsh [hɑ:(r)ʃ] *adj (adv* ~ly) 1. *allg.* hart: a) rauh: ~ cloth, b) rauh, scharf: ~ voice, c) grell: ~ coloˌu(r); ~ note, d) barsch, grob, schroff: ~ manner schroffe *od.* barsche Art, e) streng: ~ discipline; ~ words harte Worte. 2. herb, scharf, sauer: ~ taste. '**harsh·ness** *s* Härte *f.*
hars·let ['hɑ:(r)slɪt; *Am. a.* 'hɑ:z-] → haslet.
hart [hɑ:(r)t] *s bes. Br.* Hirsch *m* (*bes. nach dem 5. Jahr*): ~ of ten Zehnender *m.*
har·tal ['hɑ:(r)tɑ:l] *s (in Indien)* Schließung der Geschäfte u. Arbeitsniederlegung, *bes.* als Form des politischen Protests.
hart·beest ['hɑ:(r)tbi:st], **har·te·beest** ['hɑ:(r)tɪbi:st] *s zo.* 'Kuhantiˌlope *f.*
'**hart's-ˌclo·ver** *s bot.* Stein-, Honigklee *m.*
'**harts·horn** *s pharm. obs.* Hirschhornsalz *n.*
'**hart's-tongue** *s bot.* Hirschzunge *f.*

har·um-scar·um [ˌheərəmˈskeərəm] **I** *adj* **1.** unbesonnen, leichtsinnig: **he had a ~ youth** er war in s-r Jugend ziemlich leichtsinnig. **II** *adv* **2.** → 1. **3.** wie wild. **III** *s* **4.** unbesonnener *od.* leichtsinniger Mensch.

ha·rus·pex [həˈrʌspeks; ˈhærəspeks] *pl* **ha'rus·pi·ces** [-pɪsiːz] *s antiq.* Ha-ˈruspex *m* (*j-d, der bes. aus den Eingeweiden von Opfertieren wahrsagt*).

har·vest [ˈhɑː(r)vɪst] **I** *s* **1.** Ernte *f:* a) Erntezeit *f,* b) Ernten *n,* c) (Ernte)Ertrag *m.* **2.** *fig.* Ertrag *m,* Früchte *pl.* **II** *v/t* **3.** ernten, *fig. a.* einheimsen. **4.** e-e Ernte einbringen: **to ~ a crop. 5.** *fig.* sammeln. **III** *v/i* **6.** die Ernte einbringen. **~ bug** → **chigger** 1.

ˈhar·vest·er *s* **1.** Erntearbeiter(in). **2.** *agr.* ˈMäh-, ˈErntemaˌschine *f:* → **combine** 9. **3.** *fig.* Sammler(in). **4.** → **chigger** 1. **~ ant** *s zo.* Ernteameise *f.* **ˌ~-ˈthresh·er** → **combine** 9.

har·vest|ˈfes·ti·val *s* Erntedankfest *n.* **~ fly** *s zo.* (*e-e*) Ziˈkade. **~ home** *s* **1.** → **harvest** 1 a, b. **2.** *bes. Br.* Erntefest *n.* **3.** Erntelied *n.* **ˈ~-man** [-mən; *bes. Am.* -mən] *s irr* **1.** → **harvester** 1. **2.** *zo.* Kanker *m,* Weberknecht *m.* **~ mite** → **chigger** 1. **~ moon** *s* Vollmond *um die Herbst-Tagundnachtgleiche herum.*

has [hæz; *unbetont* həz; əz; s] 3. *sg pres von* **have**. **ˈ~-been** *s colloq.* **1.** (etwas) Überˈholtes. **2.** j-d, *der den Höhepunkt s-r Karriere überschritten od. s-e Glanzzeit überlebt hat:* **a ~ of an actor** ein ˌausranˈgierterˈ Schauspieler. **3.** *pl* alte Zeiten *pl:* **for ~s** um der alten Zeiten willen.

hash[1] [hæʃ] **I** *v/t* **1.** *a.* **~ up** Fleisch zerhacken, zerkleinern. **2.** *a.* **~ up** *fig. a.* durcheinˈanderbringen, b) verpfuschen. **3.** *Am. colloq.* reden *od.* diskuˈtieren über (*acc*). **II** *v/i* **4.** *Am. sl.* (*in e-m Restaurant etc*) bedienen. **III** *s* **5.** *gastr.* Haˈschee *n.* **6.** *fig.* (*etwas*) Aufgewärmtes, Wiederˈholung *f,* Aufguß *m:* **most of it was old ~** das meiste davon war ˌeinˌalter Hutˈ. **7.** *fig.* Durcheinˈander *n:* **to make a ~ of** → 2; **to settle** (*od.* **fix**) **s.o.'s ~** *colloq.* a) j-m ˌden Mund stopfenˈ, b) j-n unschädlich machen, c) mit j-m abrechnen.

hash[2] [hæʃ] *s colloq.* ˌHaschˈ *n* (*Haschisch*).

hash-eesh → **hashish**.

ˈhash|ˈhead *s colloq.* ˌHascher(in)ˈ. **~ house** *s Am. sl.* billiges Restauˈrant.

hash·ish [ˈhæʃiːʃ] *s* Haschisch *n.*

has·let [ˈheɪzlɪt; ˈhæz-; *Am. bes.* ˈhæslət] *s gastr.* Gericht aus Innereien.

hasp [hɑːsp; *bes. Am.* hæsp] **I** *s* **1.** *tech.* a) Haspe *f,* Spange *f,* b) ˈÜberwurf *m,* Schließband *n.* **2.** Haspel *f,* Spule *f* (*für Garn*). **II** *v/t* **3.** mit e-r Haspe *etc* verˈschließen, zuhaken.

has·sle [ˈhæsl] *colloq.* **I** *s* **1.** ˌKrachˈ *m,* (*a.* handgreifliche) Auseinˈandersetzung. **2.** Mühe *f:* **it was quite a ~ getting** (*od.* **to get**) **rid of them** es war ganz schön mühsam, sie loszuwerden; **to take the ~s out of s.th.** etwas leichter *od.* angenehmer machen. **II** *v/i* **3.** ˌKrachˈ *od.* e-e (handgreifliche) Auseinˈandersetzung haben. **III** *v/t* **4.** *Am.* schikaˈnieren.

has·sock [ˈhæsək] *s* **1.** Knie-, *bes.* Betkissen *n.* **2.** Grasbüschel *n.*

hast [hæst] *obs.* 2. *sg pres von* **have**: **thou ~**.

has·tate [ˈhæsteɪt] *adj bot.* spießförmig.

haste [heɪst] **I** *s* **1.** Eile *f,* Schnelligkeit *f.* **2.** Hast *f,* Eile *f:* **in ~** in Eile, eilends, hastig; **to make ~** sich beeilen; **~ makes waste** in der Eile geht alles schief; **more ~, less speed** eile mit Weile. **II** *v/i* **3.** *obs.* (sich be)eilen.

has·ten [ˈheɪsn] *v/t* a) j-n antreiben; *etwas* beschleunigen: **to ~ one's steps** den Schritt beschleunigen. **II** *v/i* (sich be)eilen: **he ~ed home** er hastete nach Haus; **I ~ to add that ...** ich möchte *od.* muß gleich hinzufügen, daß ...

hast·i·ness [ˈheɪstɪnɪs] *s* **1.** Eile *f,* Hastigkeit *f.* **2.** Voreiligkeit *f.* **3.** Heftigkeit *f,* Hitze *f.*

hast·y [ˈheɪstɪ] *adj* (*adv* **hastily**) **1.** eilig, hastig: **he made a ~ meal** er aß eilig *od.* hastig etwas; **his ~ departure** s-e überstürzte Abreise. **2.** voreilig, vorschnell, überˈeilt. **3.** heftig, hitzig. **~ pud·ding** *s* (*Am.* Mais)Mehlbrei *m.*

hat [hæt] **I** *v/t* **1.** mit e-m Hut bekleiden *od.* bedecken: **a ~ted man** ein Mann mit Hut. **II** *s* **2.** Hut *m.* **3.** *relig.* a) Kardiˈnalshut *m,* b) *fig.* Kardiˈnalswürde *f.* *Besondere Redewendungen:* **a bad ~** *Br. colloq.* ein ˌübler Kundeˈ; **~ in hand** demütig, unterwürfig; **my ~!** *colloq.* a) na, ich danke!, b) von wegen!, daß ich nicht lache!; **I'll eat my ~ if** *colloq.* ich fresse e-n Besen, wenn ...; **somewhere** (*od.* **a place**) **to hang one's ~** *fig.* a) zu Hause; **hang** (*od.* **hold**) **on to your ~!** *mot. humor.* halt dich fest!; **to hang up one's ~** (**for the last time**) aufhören zu arbeiten, in Rente gehen; **to keep s.th. under one's ~** etwas für sich behalten *od.* geheimhalten; **to pass** (*od.* **send**) **the ~ round** den Hut herumgehen lassen (*bei*), e-e Sammlung veranstalten (*unter dat*); **~s off!** Hut ab!, alle Achtung! (**to** vor *dat*); **to take one's ~ off to s.o.** vor j-m den Hut ziehen; **to talk through one's ~** *colloq.* a) dummes Zeug reden, b) bluffen; **he did not exactly throw his ~ in the air** er machte nicht gerade Freudensprünge; **to throw** (*od.* **toss**) **one's ~ in(to) the ring** a) mitmischen, -reden, b) *bes. pol.* kandidieren; **to tip one's ~ to** Achtung haben vor (*j-m, etwas*); → **cocked hat, drop** 7, **old hat**.

hat·a·ble [ˈheɪtəbl] *adj* **1.** hassenswert. **2.** abˈscheulich.

ˈhatˈband *s* Hutband *n.* **ˈ~-box** *s* Hutschachtel *f.*

hatch[1] [hætʃ] *s* **1.** *aer. mar.* Luke *f:* **down the ~!** *colloq.* prost!; → **batten**[2] 6. **2.** *mar.* Lukendeckel *m:* **under ~es** a) unter Deck, b) *colloq.* ˌhinter Schloß u. Riegelˈ, c) *colloq.* außer Sicht, d) *colloq.* ˌhinüberˈ (*tot*). **3.** Luke *f,* Bodentür *f,* -öffnung *f.* **4.** Halbtür *f.* **5.** ˈDurchreiche *f* (*für Speisen*). **6.** *tech.* Schütz *n.*

hatch[2] [hætʃ] **I** *v/t* **1.** *a.* **~ out** Eier, Junge ausbrüten: **well, that's another book ~ed, matched, and dispatched** so, damit ist ein weiteres Buch fertig; **the ~ed, matched, and dispatched** die Familienanzeigen (*in der Zeitung*). **2.** *a.* **~ out, ~ up** a) e-n Racheplan *etc* ausbrüten, aushecken, b) ein Programm *etc* entwickeln. **II** *v/i* **3.** Junge ausbrüten. **4.** *a.* **~ out** (*aus dem Ei*) ausschlüpfen: **three eggs have already ~ed** drei Junge sind bereits ausgeschlüpft. **III** *s* **6.** → **hatching**[1] 1-3. **7. ~es, matches, and dispatches** Familienanzeigen (*in der Zeitung*).

hatch[3] [hætʃ] **I** *v/t* schrafˈfieren. **II** *s* (Schrafˈfier)Linie *f.*

ˈhatch·back *s mot.* (Wagen *m* mit) Hecktür *f.*

ˈhatˌcheck girl *s Am.* Gardeˈrobenfräulein *n.*

hatch·el [ˈhætʃl] **I** *s* **1.** (Flachs-, Hanf-) Hechel *f.* **II** *v/t pret u. pp* **-eled,** *bes. Br.* **-elled 2.** hecheln. **3.** → **heckle** 2.

hatch·er [ˈhætʃə(r)] *s* **1.** Bruthenne *f:* **a good ~** ein guter Brüter. **2.** ˈBrutappaˌrat *m.* **3.** *fig.* a) Aushecker(in), b) Entwickler(in). **ˈhatch·er·y** *s* Brutplatz *m,* -stätte *f.*

hatch·et [ˈhætʃɪt] *s* **1.** Beil *n.* **2.** Tomaˈhawk *m,* Kriegsbeil *n:* **to bury** (**take up**) **the ~** *fig.* das Kriegsbeil begraben (ausgraben); → **helve** I. **~ face** *s* scharfgeschnittenes Gesicht. **~ job** *s bes. Am. colloq.* ˌVerrißˈ *m* (*vernichtende Kritik*) (**on** *gen*): **to do a ~ on** ˌverreißenˈ. **~ man** *s bes. Am. colloq.* **1.** j-d, der für s-n Chef unangenehme Dinge erledigt. **2.** Zuchtmeister *m* (*e-r Partei*). **3.** Killer *m* (*angeheuerter Mörder*). **4.** bösartiger Kritiker.

ˈhatch·ing[1] *s* **1.** Ausbrüten *n.* **2.** Ausschlüpfen *n.* **3.** Brut *f.* **4.** *fig.* a) Aushecken *n,* b) Entwickeln *n.*

ˈhatch·ing[2] *s* **1.** Schrafˈfierung *f,* Schrafˈfur *f.* **2.** Schrafˈfieren *n.*

ˈhatch·ment *s her.* Totenschild *n.*

ˈhatch·way → **hatch**[1] 1-3.

hate [heɪt] **I** *v/t* **1.** hassen: **to ~ s.o. like poison** j-n wie die Pest hassen; **~d** verhaßt. **2.** verabscheuen, nicht ausstehen können: → **gut** 1. **3.** nicht wollen, nicht mögen, sehr ungern tun *od.* haben, sehr bedauern: **I ~ to do it** ich tue es (nur) äußerst ungern; **I ~ having to tell you that ...** ich bedaure sehr *od.* es ist mir sehr unangenehm, Ihnen mitteilen zu müssen, daß ... **II** *v/i* **4.** hassen. **III** *s* **5.** Haß *m* (**of, for** auf *acc,* gegen): **full of ~** haßerfüllt; **she looked at me with ~** (**in her eyes**) sie blickte mich haßerfüllt an; **~ tunes** *fig.* Haßgesänge. **6.** (*etwas*) Verhaßtes: **... is my pet ~** *colloq.* ... kann ich ˌauf den Todˈ nicht ausstehen *od.* leiden. **7.** Abscheu *f* (**of, for** vor *dat,* gegen).

hate·a·ble → **hatable**.

ˈhate·ful *adj* (*adv* **-ly**) **1.** hassenswert. **2.** abˈscheulich. **3.** *obs.* haßerfüllt. **ˈhate·ful·ness** *s* Abˈscheulichkeit *f.*

ˈhateˌmon·ger *s* Aufhetzer *m,* Agiˈtator *m.*

ˈhat·er *s* Hasser(in).

hat·ful [ˈhætfʊl] *s* (*ein*) Hutvoll *m.*

hath [hæθ] *obs.* 3. *sg pres von* **have**.

ˈhat·less *adj* ohne Hut, barhäuptig.

ˈhatˈpin *s* Hutnadel *f.* **ˈ~-rack** *s* Hutablage *f.*

ha·tred [ˈheɪtrɪd] → **hate** 5, 7.

hat stand *s* Hutständer *m.*

hat·ter [ˈhætə(r)] *s* Hutmacher *m:* (**as**) **mad as a ~** total verrückt.

hat| tree *s bes. Am.* Hutständer *m.* **~ trick** *s sport* Hat-Trick *m,* Hattrick *m* (*drei in unmittelbarer Folge vom gleichen Spieler* (*im gleichen Spielabschnitt*) *erzielte Tore,* b) *dreimaliger Erfolg in e-r Meisterschaft etc*): **to do** (*od.* **score, bring off**) **a ~** e-n Hat-Trick erzielen.

hau·berk [ˈhɔːbɜːk; *Am.* ˈhɔːˌbɜrk] *s mil. hist.* Halsberge *f,* Kettenhemd *n.*

haugh [hɔː; hɔːx] *s Scot.* flaches (Fluß-) Uferland.

haugh·ti·ness [ˈhɔːtɪnɪs] *s* Hochmut *m,* Arroˈganz *f.* **ˈhaugh·ty** *adj* (*adv* **haughtily**) **1.** hochmütig, -näsig, überˈheblich, arroˈgant. **2.** *obs.* edel.

haul [hɔːl] **I** *s* **1.** Ziehen *n,* Zerren *n,* Schleppen *n.* **2.** kräftiger Zug: **to give the rope a ~** kräftig an dem Seil ziehen. **3.** (Fisch)Zug *m.* **4.** *fig.* Fischzug *m,* Fang *m,* Beute *f:* **to make a big ~** e-n guten Fang machen. **5.** a) Beförderung *f,* Transˈport *m,* b) Transˈportweg *m,* -strecke *f:* **it was quite a ~ home** der Heimweg zog sich ganz schön hin; **in** (*od.* **over**) **the long ~** in Zukunft, über e-n längeren Zeitraum, c) Ladung *f,* Transˈport *m:* **a ~ of coal** e-e Ladung Kohlen. **II** *v/t* **6.** ziehen, zerren, schleppen: → **coal** 4. **7.** befördern, transporˈtieren. **8.** *Bergbau:* fördern. **9.** herˈaufholen, (*aus e-m Netz*) fangen. **10.** *mar.* a) Brassen anholen, b) herˈumholen, *bes.* anluven. **11. to ~ the wind** a) *mar.* an den Wind gehen, b) *fig.* sich zuˈrückziehen. **12.** →

haul up 2. III v/i 13. a. ~ away ziehen, zerren (on, at an dat). 14. mit dem Schleppnetz fischen. 15. 'umspringen (Wind). 16. mar. a) abdrehen, den Kurs ändern, b) → haul up 4, c) e-n Kurs segeln, d) fig. s-e Meinung ändern, es sich anders über'legen.
Verbindungen mit Adverbien:
haul| down v/t e-e Flagge etc ein-, niederholen. ~ for·ward v/i mar. schralen (Wind). ~ home v/t mar. beiholen. ~ in v/t mar. das Tau einholen. ~ off v/i 1. mar. → haul 16 a. 2. Am. colloq. ausholen: she hauled off and slapped him. ~ round → haul 15. ~ up I v/t 1. colloq. sich j-n ,vorknöpfen'. 2. colloq. a) j-n vor den ,Kadi' bringen od. ,schleppen', b) j-n ,schleppen' (before inf acc). 3. → haul 10 b. II v/i 4. mar. an den Wind gehen. 5. Am. colloq. stehenbleiben.
haul·age ['hɔːlɪdʒ] s 1. Ziehen n, Schleppen n. 2. a) Beförderung f, Trans'port m: ~ contractor → hauler 2, b) Trans'portkosten pl. 3. Bergbau: Förderung f.
'haul·a·way s mot. Autotrans'port m.
'haul·er, bes. Br. **haul·ier** [-jə(r)] s 1. bes. Bergbau: Schlepper m. 2. Trans'portunter,nehmer m, 'Fuhrunter,nehmer m.
'haul·ing s → haulage 1, 2 a, 3: ~ **cable** tech. Zugseil n; ~ **rope** Förderseil n.
haulm [hɔːm] s 1. Halm m, Stengel m. 2. collect. Br. Halme pl, Stengel pl, (Bohnen etc) Stroh n.
haunch [hɔːntʃ; Am. a. hɑːntʃ] s 1. anat. Hüfte f. 2. pl a) anat. Gesäß n: to **go down on one's ~es** in die Hocke gehen, b) zo. 'Hinterbacken pl. 3. zo. Keule f. 4. gastr. Lendenstück n, Keule f: ~ **of beef** Rindslende f. 5. arch. Schenkel m.
haunt [hɔːnt; Am. a. hɑːnt] I v/t 1. spuken od. 'umgehen in (dat): **this room is ~ed** in diesem Zimmer spukt es; ~ed **castle** Spukschloß n. 2. a) verfolgen, quälen: he **was a ~ed man** er fand keine Ruhe (mehr); ~ed **look** gehetzter Blick, b) j-m nicht mehr aus dem Kopf od. Sinn gehen. 3. häufig besuchen, frequen'tieren. II v/i 4. spuken, 'umgehen. 5. ständig zu'sammen sein (with s.o. mit j-m). III s 6. häufig besuchter Ort, beliebter Aufenthalt, bes. Lieblingsplatz m: **holiday ~** beliebter Ferienort. 7. Schlupfwinkel m. 8. zo. a) Lager n, Versteck n, b) Futterplatz m. **'haunt·ing** adj (adv ~ly) 1. quälend. 2. unvergeßlich: ~ **beauty** betörende Schönheit; a ~ **melody** (od. **tune**) ein ,Ohrwurm'.
haut·boy ['oʊbɔɪ] obs. für oboe 1.
hau·teur [oʊˈtɜː; Am. oʊˈtɜːr; a. hɔːˈtɜːr] s Hochmut m, Arro'ganz f.
Ha·van·a (ci·gar) [həˈvænə] s Ha'vanna(zi,garre) f.
have [hæv; unbetont həv; əv] I s 1. **the ~s and the ~nots** die Begüterten u. die Habenichtse, die Reichen u. die Armen. 2. Br. colloq. Trick m.
II v/t pret u. pp **had** [hæd], 2. sg pres obs. **hast** [hæst], 3. sg pres a) **has** [hæz], b) obs. **hath** [hæθ], 2. sg pret obs. **hadst** [hædst] 3. allg. haben, besitzen: **he has a house** (a friend, a good memory); **you ~ my word for it** ich gebe Ihnen mein Wort darauf; **I had the whole road to myself** ich hatte die ganze Straße für mich allein. 4. haben, erleben: **we had a fine time** wir hatten viel Spaß, wir hatten es schön. 5. a) ein Kind bekommen: **she had a baby in March**, b) zo. Junge werfen. 6. behalten: **may I ~ it?**; → **honor** 10. 7. Gefühle, e-n Verdacht etc haben, hegen. 8. erhalten, erlangen, bekommen: **we had no news**; (**not**) **to be had** (nicht) zu haben, (nicht) erhältlich. 9. (erfahren) haben: **I ~ it from reliable sources** ich habe es aus verläßlicher Quelle (erfahren); **I ~ it from my friend** ich habe od. weiß es von m-m Freund. 10. Speisen etc zu sich nehmen, einnehmen, essen od. trinken etc: **I had a glass of sherry** ich trank ein Glas Sherry; ~ **another sandwich!** nehmen Sie noch ein Sandwich!; **what will you ~?** was nehmen Sie?; → **to ~ a cigar** e-e Zigarre rauchen; → **breakfast** I, **dinner** 1, etc. 11. haben, ausführen, (mit)machen: **to ~ a discussion** e-e Diskussion haben od. abhalten; → **look** 1, **try** 1, **walk** 1, **wash** 1. 12. können, beherrschen: **she has no French** sie kann nicht od. kein Französisch; **to ~ s.th. by heart** etwas auswendig können. 13. (be)sagen, behaupten: **he will ~ it that** er behauptet steif u. fest, daß; ~ **rumor** 1. 14. sagen, ausdrücken: **as Byron has it** wie Byron sagt. 15. colloq. erwischt haben: **he had me there** da hatte er mich (an e-r schwachen Stelle) erwischt, da war ich überfragt. 16. Br. colloq. j-n ,reinlegen': **you~ been had** man hat Sie reingelegt od. ,übers Ohr gehauen'. 17. haben, dulden: **I will not** (od. **won't**) ~ **it** ich dulde es nicht, ich will es nicht (haben); **I won't ~ it mentioned** ich will nicht, daß es erwähnt wird; **he wasn't having any** colloq. er ließ sich auf nichts ein; → **none** Bes. Redew. 18. haben, erleiden: **they had broken bones** sie erlitten Knochenbrüche. 19. (vor inf) müssen: **I ~ to go now**; **he will ~ to do it** er wird es tun müssen; **we ~ to obey** wir haben od. müssen gehorchen; **it has to be done** es muß getan werden. 20. (mit Objekt u. pp) lassen: **I had a suit made** ich ließ mir e-n Anzug machen; **they had him shot** sie ließen ihn erschießen. 21. mit Objekt u. pp zum Ausdruck des Passivs: **I had my arm broken** ich brach mir den Arm; **he had a son born to him** ihm wurde ein Sohn geboren. 22. (mit Objekt u. inf) (veran)lassen: ~ **them come here at once** laß sie sofort hierherkommen; **I had him sit down** ich ließ ihn Platz nehmen. 23. (mit Objekt u. inf) es erleben, daß: **I had all my friends turn against me** ich erlebte es od. ich mußte es erleben, daß sich alle m-e Freunde gegen mich wandten. 24. (nach will od. would mit acc u. inf): **I would ~ you to know** ich möchte, daß Sie es wissen.
III v/i 25. eilen: **to ~ after s.o.** j-m nacheilen. 26. ~ **at** obs. zu Leibe rücken (dat), sich 'hermachen über (acc). 27. würde, täte (mit **as well, rather, better, best** etc): **I would rather go than stay** ich möchte lieber gehen als bleiben; **you had best go** du tätest am besten daran zu gehen; **he better had** das wäre das beste, wenn er tun könnte.
IV v/aux 28. haben: **I ~ seen** ich habe gesehen. 29. (bei vielen v/i) sein: **I ~ been** ich bin gewesen.
Besondere Redewendungen:
to ~ and hold jur. Am. innehaben, besitzen; **I ~ it! ich hab's!** (ich habe die Lösung gefunden); **he has had it** colloq. a) er ist ,reingefallen', b) er hat ,sein Fett' (s-e Strafe) weg, c) er ist ,erledigt' (a. tot); **to let s.o. ~ it** ,es' j-m (tüchtig) geben od. besorgen; j-n ,fertigmachen'; **to ~ it in for s.o.** colloq. j-n auf dem ,Kieker' haben, es auf j-n abgesehen haben; **I didn't know he had it in him** ich wußte gar nicht, daß er dazu fähig ist od. daß er das Zeug dazu hat; **to ~ it off** (od. **away**) Br. colloq. (e-n Verdacht etc haben) (Geschlechtsverkehr haben) (with mit); **to ~ it out with s.o.** die Sache mit j-m endgültig bereinigen, sich mit j-m aussprechen; **to ~ nothing on s.o.** colloq. j-m in keiner Weise überlegen sein od. j-m nichts anhaben können; **to ~ it (all) over s.o.** colloq. j-m (haushoch) überlegen sein; **he has it over me that** colloq. er ist mir insofern voraus, als; **to ~ what it takes** das Zeug dazu haben; → **do¹** 38.
Verbindungen mit Adverbien:
have| back v/t zu'rückbekommen, -erhalten: **let me have it back soon** gib es mir bald wieder zurück. ~ **down** v/t zu Besuch haben. ~ **in** v/t 1. j-n her'einbitten. 2. bes. Handwerker a) kommen lassen, b) im Haus haben. 3. a) (zu sich) einladen, b) zu Besuch haben. ~ **on** v/t 1. tragen: a) Kleid etc anhaben, b) Hut aufhaben. 2. colloq. j-n zum besten haben: **to have s.o. on**. 3. etwas vorhaben: **I have nothing on tomorrow**. ~ **up** v/t 1. her'aufkommen lassen, her'aufholen. 2. colloq. a) sich j-n ,vorknöpfen', b) j-n vor den ,Kadi' bringen (for wegen): **to be had up** vor dem Kadi stehen.
have·lock ['hævlɒk; Am. -,lɑːk] s als Sonnenschutz dienender, über den Nacken her'abhängender Mützenüberzug.
ha·ven ['heɪvn] s 1. meist fig. (sicherer) Hafen. 2. fig. Zufluchtsort m, -stätte f.
'have-not s meist pl Habenichts m: → **have** 1.
ha·ver ['heɪvə] I v/i 1. Br. → **dither** I. 2. Scot. → **babble** 2. II s 3. meist pl Scot. → **babble** 7.
hav·er·sack ['hævə(r)sæk] s bes. mil. Provi'anttasche f.
hav·il·dar ['hævɪldɑː] s Br. Ind. hist. eingeborener Ser'geant.
hav·ing ['hævɪŋ] I pres p von **have**. II s meist pl Besitz m, Habe f.
hav·ior, bes. Br. **hav·iour** [ˈheɪvjə(r)] obs. für **behavio(u)r**.
hav·oc [ˈhævək] I s Verwüstung f, Verheerung f, Zerstörung f: **to cause ~** schwere Zerstörungen an. (a. fig.) ein Chaos verursachen; **to play ~ with** (od. **among**), **to make ~ of** a) → II, b) fig. verheerend wirken auf (acc), übel mitspielen (dat). II v/t pret u. pp **'havocked** verwüsten, verheeren, zerstören.
haw¹ [hɔː] s 1. bot. Mehlbeere f (Weißdornfrucht). 2. → **hawthorn**.
haw² [hɔː] I interj äh!, hm! II s Äh n, Hm n. III v/i ,äh' od. ,hm' machen, sich räuspern, stockend sprechen: → **hem²** III, **hum¹** 3.
Ha·wai·ian [həˈwaɪən; Am. həˈwɑːjən; həˈwaɪən] I adj 1. ha'waiisch: ~ **guitar** Hawaiigitarre f. II s 2. Hawaii'aner(in). 3. ling. das Hawaiische.
haw-haw¹ [ˌhɔːˈhɔː] I interj ha'ha! II s [ˈhɔːhɔː] Ha'ha n, lautes Lachen. III v/i laut lachen.
haw-haw² [ˈhɔːhɔː] → **ha-ha¹**.
hawk¹ [hɔːk] I s 1. orn. (ein) Falke m, Bussard m, Habicht m, Weihe f. 2. fig. Halsabschneider m. 3. pol. ,Falke' m (Befürworter e-r militanten (Außen)Politik). II v/t 4. im Flug jagen, Jagd machen (at auf acc). 5. Beizjagd betreiben. III v/t 6. jagen.
hawk² [hɔːk] v/t 1. a) hau'sieren (gehen) mit, b) auf der Straße verkaufen. 2. a. ~ **about** (od. **around**) ein Gerücht etc verbreiten.
hawk³ [hɔːk] I v/i sich räuspern. II v/t oft ~ **up** aushusten. III s Räuspern n.
hawk⁴ [hɔːk] s Mörtelbrett n (der Maurer).
'hawk·bit s bot. Herbstlöwenzahn m.
'hawk·er¹ s falconer.
'hawk·er² s a) Hau'sierer(in), b) Straßenhändler(in).
'hawk-eyed adj scharfsichtig, mit scharfen Augen, adleräugig: **to be ~** Falken- od. Adleraugen haben.

'Hawk|eye State s Am. (Spitzname für den Staat) Iowa n.
'hawk·ing → falconry.
hawk|moth s zo. Schwärmer m. ~ nose s Adlernase f. ~ swal·low s orn. Mauersegler m. '~weed s bot. Habichtskraut n.
hawse [hɔːz] s mar. 1. (Anker)Klüse f. 2. Raum zwischen dem Schiffsbug u. den Ankern. 3. Lage f der Ankertaue vor den Klüsen. '~hold → hawse 1. '~pipe s mar. Klüsenrohr n.
haw·ser ['hɔːzə(r)] s mar. Kabeltau n, Trosse f.
'haw·thorn s bot. Weißdorn m.
Haw·thorne ef·fect ['hɔːθɔː(r)n] s sociol. psych. 'Hawthorne-Ef,fekt m (Einfluß, den die bloße Teilnahme an e-m Experiment auf die Versuchsperson u. damit auf das Versuchsergebnis auszuüben vermag).
hay¹ [heɪ] I s 1. Heu n: to make ~ → 6; to make ~ of s.th. fig. etwas durcheinanderbringen od. zunichte machen; to make ~ while the sun shines fig. das Eisen schmieden, solange es heiß ist; to hit the ~ sl. ,sich in die Falle od. Klappe hauen'; to roll in the ~, to have a roll in the ~ colloq. ,bumsen' (Geschlechtsverkehr haben). 2. sl. ,Grass' n (Marihuana). II v/t 3. Gras zu Heu machen. 4. mit Heu füttern. 5. Land zur Heuerzeugung verwenden. III v/i 6. heuen, Heu machen.
hay² [heɪ] s hist. ein ländlicher Reigen.
hay| ba·cil·lus s irr med. 'Heuba,zillus m. '~cock s Heuschober m, -haufen m. ~ fe·ver s med. Heuschnupfen m, -fieber n. '~field s Wiese f (zum Mähen). '~fork s Heugabel f. '~lift s Am. Heu-Luftbrücke f (zur Viehversorgung). '~loft s Heuboden m. '~mak·er s 1. Heumacher m. 2. agr. tech. Heuwender m. 3. Boxen: sl. ,Heumacher' m, wilder Schwinger. '~rack s Heuraufe f. '~rick → haystack. '~seed s 1. Grassame m. 2. Heublumen pl. 3. Am. colloq. contp. ,Bauer' m. '~stack s Heumiete f: → needle I. '~wire I s Ballendraht m. II adj colloq. a) ,ka'putt' (Gerät), b) (völlig) durchein'ander (Pläne etc), c) ,übergeschnappt' (Person): to go ~ kaputtgehen; (völlig) durcheinandergeraten; überschnappen.
haz·ard ['hæzə(r)d] I s 1. Gefahr f, Wagnis n, Risiko n: ~ not covered (Versicherung) ausgeschlossenes Risiko; ~ bonus Gefahrenzulage f; at all ~s unter allen Umständen; at the ~ of one's life unter Lebensgefahr, unter Einsatz s-s Lebens; to run a ~ etwas riskieren; ~ warning device mot. Warnblinkanlage f. 2. Zufall m: by ~ durch Zufall, zufällig; (game of) ~ Glücks-, Hasardspiel n. 3. pl Launen pl (des Wetters). 4. Golf: Hindernis n. 5. Billard: Br. a) losing ~ Verläufer m, b) winning ~ Treffer m. II v/t 6. ris'kieren, wagen, aufs Spiel setzen. 7. zu sagen wagen, ris'kieren: to ~ a remark. 8. sich (e-r Gefahr etc) aussetzen. 'haz·ard·ous adj (adv -ly) 1. gewagt, gefährlich, ris'kant. 2. unsicher, vom Zufall abhängig: ~ contract jur. Am. aleatorischer Vertrag, Spekulationsvertrag m.
haze¹ [heɪz] I s 1. Dunst(schleier) m, feiner Nebel. 2. fig. Nebel m, Schleier m. II v/t 3. in Dunst hüllen.
haze² [heɪz] v/t 1. bes. Am. a) beleidigen, beschimpfen, b) lächerlich machen. 2. bes. mar. schinden, schika'nieren.
ha·zel ['heɪzl] I s 1. bot. Haselnuß f, Hasel(nuß)strauch m. 2. a) Haselholz n, b) Haselstock m. 3. (Hasel)Nußbraun n. II adj 4. (hasel)nußbraun. ~ grouse s orn. Haselhuhn n. '~nut s Haselnuß f.

ha·zi·ness ['heɪzɪnɪs] s 1. Dunstigkeit f. 2. Unschärfe f. 3. fig. Unklarheit f, Verschwommenheit f, Nebelhaftigkeit f.
ha·zy ['heɪzɪ] adj (adv hazily) 1. dunstig, diesig, leicht nebelig: the mountains were ~ die Berge lagen im Dunst od. waren in Dunst gehüllt. 2. unscharf, verschwommen: to be ~ nur undeutlich, verschwommen zu sehen sein. 3. fig. verschwommen, nebelhaft, unklar: a ~ idea; I'm rather ~ about it ich habe nur e-e ziemlich verschwommene od. vage Vorstellung davon.
'H-bomb mil. I s H-Bombe f (Wasserstoffbombe). II v/t e-e H-Bombe abwerfen auf (acc).
he [hiː; iː; hɪ; ɪ] I pron 1. er: ~ who wer; derjenige, welcher. 2. es: who is this man? ~ is John es ist Hans. 3. contp. der: not ~! der nicht! II s 4. ,Er' m: a) Junge m, Mann m: is the baby a ~ or a she? ist das Baby ein Er oder e-e Sie?, b) zo. Männchen n. III adj 5. in Zssgn bes. zo. männlich, ...männchen n: ~-goat Ziegenbock m.
head [hed] I v/t 1. anführen, an der Spitze od. an erster Stelle stehen von (od. gen): to ~ a list; to ~ the table sport an der Tabellenspitze stehen, die Tabelle anführen. 2. vor'an-, vor'ausgehen (dat). 3. (an)führen, leiten: a commission ~ed by ein Ausschuß unter der Leitung von. 4. lenken, steuern, diri'gieren: to ~ off a) um-, ab-, abfangen, b) abfangen, c) fig. abwenden, verhindern. 5. über'treffen. 6. e-n Fluß etc (an der Quelle) um'gehen. 7. mit e-m Kopf etc versehen. 8. e-n Titel geben (dat), betiteln. 9. die Spitze bilden von (od. gen). 10. bes. Pflanzen köpfen, Bäume kappen, Schößlinge stutzen, zu'rückschneiden. 11. Fußball: den Ball köpfen: to ~ in einköpfen. 12. ~ up a) ein Faß ausböden, b) Wasser aufstauen.
II v/i 13. a) gehen, fahren: where are you ~ing?; to be ~ing back auf dem Rückweg sein, b) (for) sich bewegen (auf acc ... zu), lossteuern, -gehen (auf acc): you are ~ing for trouble wenn du so weitermachst, bekommst du Ärger; to ~ fall 1. 14. mar. (for) Kurs halten (auf acc), zusteuern od. liegen (auf acc). 15. (mit der Front) liegen nach: the house ~s south. 16. (e-n Kopf) ansetzen (Gemüse etc). 17. sich entwickeln. 18. entspringen (Fluß).
III adj 19. Kopf... 20. Spitzen..., Vorder..., an der Spitze stehend od. gehend. 21. Chef..., Haupt..., Ober..., Spitzen..., führend, oberst(er, e, es), erst(er, e, es): ~ cook Chefkoch m; ~ nurse Oberschwester f.
IV s 22. Kopf m: to have a ~ colloq. e-n ,Brummschädel' haben, e-n ,dicken od. schweren Kopf' haben; to win by a ~ (Pferderennen) um e-e Kopflänge gewinnen, a. fig. um e-e Nasenlänge gewinnen; → stand 15. 23. poet. u. fig. Haupt n: ~ of the family Haupt der Familie, Familienvorstand m, -oberhaupt; ~s of state Staatsoberhäupter; → crowned 1. 24. Kopf m, Verstand m, a. Begabung f: he has a (good) ~ for languages er ist sehr sprachbegabt; ~ for figures Zahlengedächtnis n; to have a ~ for heights schwindelfrei sein; two ~s are better than one zwei Köpfe wissen mehr als einer. 25. Spitze f, höchste Stelle, führende Stellung: at the ~ of an der Spitze (gen). 26. a) (An)Führer m, Leiter m, b) Vorstand m, Vorsteher m, c) Chef m: ~ of government Regierungschef, d) ped. Di'rektor m, Direk'torin f. 27. oberes Ende, oberer Teil od. Rand, Spitze f, a. 28. a) oberer Absatz (e-r Treppe), b) Kopf (-ende n) m (e-s Bettes, der Tafel etc),

c) Kopf m (e-r Buchseite, e-s Briefes, e-s Nagels, e-r Stecknadel, e-s Hammers, e-s Golfschlägers etc), d) mar. Topp m (Mast). 28. Kopf m (e-r Brücke od. Mole), oberes od. unteres Ende (e-s Sees etc), Boden m (e-s Fasses). 29. a) Kopf m, Spitze f, vorderes Ende, Vorderteil m, b) mar. Bug m, c) Toi'lette f (im Bug). 30. Kopf m, (einzelne) Per'son: one pound a ~ ein Pfund pro Kopf od. Person. 31. (pl ~) Stück n: 50 ~ of cattle 50 Stück Vieh. 32. Br. Anzahl f, Herde f, Ansammlung f (bes. Wild). 33. Höhepunkt m, Krise f: → bes. Redew. 34. (Haupt)Haar n: a beautiful ~ of hair schönes, volles Haar. 35. bot. a) (Salatetc)Kopf m, b) Köpfchen n (kopfig gedrängter Blütenstand), c) (Baum)Krone f, Wipfel m. 36. anat. Kopf m (vom Knochen od. Muskel). 37. med. 'Durchbruchstelle f (e-s Geschwürs etc). 38. Vorgebirge n, Landspitze f, Kap n. 39. Kopf m (e-r Münze): ~s or tails Kopf oder Adler, Kopf oder Wappen. 40. hunt. Geweih n: a deer of the first ~ ein fünfjähriger Hirsch. 41. Schaum(krone f) m (vom Bier etc). 42. Br. Rahm m, Sahne f. 43. Quelle f (e-s Flusses). 44. a) 'Überschrift f, Titelkopf m, b) Abschnitt m, Ka'pitel n, c) (Haupt)Punkt m (e-r Rede etc): the ~ and front das Wesentliche. 45. Ab'teilung f, Ru'brik f, Kate,go'rie f. 46. print. (Titel-) Kopf m. 47. ling. Oberbegriff m. 48. ~ heading. 49. tech. a) Stauwasser n, b) Staudamm m, -mauer f. 50. phys. tech. a) Gefälle n, Gefällhöhe f, b) Druckhöhe f, c) (Dampf-, Luft-, Gas)Druck m, d) Säule f, Säulenhöhe f (zur Druckmessung): ~ of water Wassersäule f. 51. tech. a) Spindelkopf m (e-r Fräsmaschine), b) Spindelbank f (e-r Drehbank), c) Sup'port m (e-r Bohrbank), d) (Gewinde)Schneidkopf m, e) Saugmassel f (Gießerei), f) Kopf-, Deckplatte f, Haube f. 52. mus. a) (Trommel)Fell n, b) (Noten)Kopf m, c) Kopf m (e-r Violine etc). 53. Verdeck n, Dach n (e-r Kutsche etc). 54. in Zssgn: colloq. a) ...süchtige(r m) f: → acidhead, hashhead, b) ...fan m: film~.
Besondere Redewendungen:
above (od. over) s.o.'s ~ zu hoch für j-n; that is (od. goes) above my ~ das geht über m-n Horizont od. Verstand; to talk above s.o.'s ~ über j-s Kopf hinweg reden; by ~ and shoulders an den Haaren (herbeiziehen), gewaltsam; (by) ~ and shoulders um Haupteslänge (größer etc), weitaus; ~ and shoulders above the rest den anderen turm- od. haushoch überlegen; from ~ to foot von Kopf bis Fuß; off (od. out of) one's ~ colloq. ,übergeschnappt'; to go off one's ~ colloq. ,überschnappen'; on one's ~ auf dem Kopf stehend; I can do that (standing) on my ~ colloq. das mach' ich ,mit links'; on this ~ in diesem Punkt; out of one's own ~ a) von sich aus, allein, b) auf eigene Verantwortung; over s.o.'s ~ über j-s Kopf hinweg; to go over s.o.'s ~ to do s.th. j-n übergehen u. etwas tun; ~ over heels a) kopfüber (die Treppe hinunterstürzen), b) bis über die od. beide Ohren (verliebt sein); to be ~ over heels in debt bis über die Ohren in Schulden sitzen od. stecken; ~ first (od. foremost) a) headlong I; to bite (od. snap) s.o.'s ~ off colloq. j-m den Kopf abreißen, j-n ,fressen'; to bring to a ~ zum Ausbruch od. zur Entscheidung bringen; to bury one's ~ in the sand den Kopf in den Sand stecken; to come to a ~ a) med. eitern, aufbrechen (Geschwür), b) fig. zur Entscheidung od. Krise kommen, sich zuspitzen; to cry one's ~ off colloq. sich die Augen aus-

weinen *od.* aus dem Kopf weinen; **it never entered his ~ to help her** es kam ihm nie in den Sinn, ihr zu helfen; **to gather** ~ überhandnehmen; **to give a horse his ~** e-m Pferd die Zügel schießen lassen; **to give s.o. his ~** *fig.* j-n gewähren *od.* machen lassen; **to give s.o. ~** *Am. vulg.* j-m e-n ‚blasen' (*j-n fellationieren*); **to go to s.o.'s ~** j-m in den *od.* zu Kopf steigen (*Alkohol, Erfolg etc*); **he has a good ~ on his shoulders** er ist ein kluger Kopf; **to have** (*od.* be) **an old ~ on young shoulders** für sein Alter sehr reif *od.* vernünftig sein; **to hold s.th. in one's ~** etwas behalten, sich etwas merken; **to keep one's ~ kühlen** Kopf bewahren, die Nerven behalten; **to keep one's ~ above water** sich über Wasser halten (*a. fig.*); **to knock s.th. on the ~** *colloq.* a) etwas über den Haufen werfen, b) e-r Sache ein Ende bereiten, Schluß machen mit etwas; **to laugh one's ~ off** *colloq.* sich fast *od.* halb totlachen; **to let s.o. have his ~** j-m s-n Willen lassen; **it lies on my ~** es wird mir zur Last gelegt; **to lose one's ~** den Kopf *od.* die Nerven verlieren; **to make ~** (gut) vorankommen, Fortschritte machen; **to make ~ against** die Stirn bieten (*dat*), sich entgegenstemmen (*dat*); **I cannot make ~ or tail of it** ich kann daraus nicht schlau werden; **to put s.th. into s.o.'s ~** j-m etwas in den Kopf setzen; **to put s.th. out of one's ~** sich etwas aus dem Kopf schlagen; **they put their ~s together** sie steckten die Köpfe zusammen; **to run in s.o.'s ~** j-m im Kopf herumgehen; **to shout one's ~ off** ‚sich die Lunge aus dem Hals *od.* Leib schreien'; **to take the ~** die Führung übernehmen; **to take s.th. into one's ~** sich etwas in den Kopf setzen; **to talk one's ~ off** *colloq.* reden wie ein Wasserfall *od.* Buch; **to talk s.o.'s ~ off** *colloq.* ‚j-m ein Loch in den Bauch reden'; **to turn s.o.'s ~** j-m den Kopf verdrehen; → **bang¹** 6, **cloud** 1, **knock** 5, **roll** 17, **swelled** 1, **swollen** II, **top¹** 1.

'**head·ache** *s* **1.** Kopfschmerz(en *pl*) *m*, Kopfweh *n*: **I have a ~** ich habe Kopfweh *od.* Kopfschmerzen. **2.** *colloq.* Problem *n*, Sorge *f*: **to be a bit of a ~** j-m Kopfschmerzen *od.* Sorgen machen. '**~·ach·y** *adj colloq.* **1.** an Kopfschmerzen leidend. **2.** Kopfschmerzen verursachend, mit Kopfschmerzen verbunden. '**~·band** *s* **1.** Kopf-, Stirnband *n*. **2.** *arch.* Kopf(zier)leiste *f*. **3.** Buchbinderei: Kapitalband *n*. '**~·board** *f* Kopfbrett *n* (*am Bett*). '**~·cheese** *s gastr. Am.* (Schweine)Sülze *f*, Preßkopf *m*. **~·clerk** *s* Bürochef *m*, -vorsteher *m*. '**~·dress** *s* **1.** Kopfschmuck *m*. **2.** Frisur *f*.

-headed [hedɪd] *in Zssgn* ...köpfig.

head·ed ['hedɪd] *adj* **1.** mit e-m Kopf *od.* e-r Spitze (versehen). **2.** mit e-r Überschrift (versehen), betitelt. **3.** reif, voll.

head·er ['hedə(r)] *s* **1.** *tech.* a) Kopfmacher *m* (*für Nägel*), b) Stauchstempel *m* (*für Schrauben*), c) Sammelleitung *f*, Sammler *m*, d) Wasserkammer *f*. **2.** *agr.* Ährenköpfmaschine *f*. **3.** *arch. tech.* a) Schluß(stein) *m*, b) Binder *m*. **4.** Kopfsprung *m*: **to make a ~** e-n Kopfsprung machen; **he took a ~ down the stairs** er stürzte kopfüber die Treppe hinunter. **5.** *Fußball:* Kopfball *m*, -stoß *m*.

head|fast *s mar.* Bugleine *f*. **~·first**, **~·fore·most** *adv* headlong. **~·gate** *s tech.* Flut-, Schleusentor *n*. '**~·gear** *s* **1.** Kopfbedeckung *f*. **2.** Kopfgestell *n*, Zaumzeug *n* (*vom Pferd*). **3.** *Bergbau:* Kopfgestell *n*, Fördergerüst *n*. '**~·hunter** *s* **1.** Kopfjäger *m*. **2.** *colloq.* Abwerber *m*. **3.** *colloq.* j-d, der sich gern in Gesellschaft von berühmten *od.* wichtigen Persönlichkeiten zeigt.

head·i·ness ['hedɪnɪs] *s* **1.** Unbesonnenheit *f*, Voreiligkeit *f*. **2.** (*das*) Berauschende (*a. fig.*). **3.** *Am. colloq.* Gewitztheit *f*, Schlauheit *f*.

head·ing ['hedɪŋ] *s* **1.** Kopfstück *n*, -ende *n*, -teil *n*, *m*. **2.** Vorderende *n*, -teil *n*, *m*. **3.** 'Überschrift *f*, Titel(zeile *f*) *m*. **4.** (Brief-)Kopf *m*. **5.** (Rechnungs)Posten *m*. **6.** Thema *n*, (Gesprächs)Punkt *m*. **7.** a) Bodmung *f* (*von Fässern*), b) (Faß)Boden *m*. **8.** *Bergbau:* a) Stollen *m*, b) Richtstrecke *f*, c) Orts-, Abbaustoß *m*. **9.** Quertrieb *m* (*beim Tunnelbau*). **10.** a) *aer.* Steuerkurs *m*, b) *mar.* Kompaßkurs *m*. **11.** *Fußball:* Kopfballspiel *n*. **~ course** *s arch.* Binderschicht *f*. **~ stone** *s arch.* Schlußstein *m*.

'**head·lamp** → **headlight**. '**~·land** *s* **1.** *agr.* Rain *m*. **2.** [-lənd] Landspitze *f*, Landzunge *f*.

'**head·less** *adj* **1.** kopflos, ohne Kopf: **~ rivet** *tech.* kopfloser Niet. **2.** *fig.* führerlos. **3.** → **catalectic**.

'**head|light** *s mot. etc* Scheinwerfer *m*: **to turn on the ~s** full beam aufblenden; **~ flasher** Lichthupe *f*. **2.** *mar.* Mast-, Topplicht *n*. '**~·line** I *s* **1.** a) *Zeitung:* Schlagzeile *f*, b) *pl*, *a.* **~ news** (*Rundfunk, TV*) (*das*) Wichtigste in Schlagzeilen: **to hit the ~s** Schlagzeilen machen. **2.** 'Überschrift *f*. **3.** *mar.* Rahseil *n*. **4.** Kopfleine *f* (*e-r Kuh etc*). II *v/t* **5.** mit e-r Schlagzeile *od.* 'Überschrift versehen. **6.** a) e-e Schlagzeile widmen (*dat*), b) *fig.* groß heraustellen. **7.** *thea. etc Am. colloq.* der Star (*gen*) sein: **to ~ a show**. '**~·lin·er** *s Am. colloq.* **1.** *thea. etc* Star *m*. **2.** prominente Persönlichkeit. '**~·lock** *s* Ringen: Kopfzange *f*. '**~·long** I *adv* **1.** kopfüber, mit dem Kopf voran. **2.** *fig.* a) Hals über Kopf, b) ungestüm, stürmisch. II *adj* **3.** mit dem Kopf voran: **he had a ~ fall down the stairs** er stürzte kopfüber die Treppe hinunter. **4.** *fig.* a) unbesonnen, voreilig, -schnell, b) → 2 b. **~ louse** *s zo.* Kopflaus *f*. **~·man** ['hedmæn] *s irr* **1.** Führer *m*. **2.** (Stammes-)Häuptling *m*. **3.** [ˌhedˈmæn; ˈhedmən] Aufseher *m*, Vorarbeiter *m*. **4.** → **headsman**. '**~·mas·ter** *s ped.* Schulleiter *m*, Di'rektor *m*, Rektor *m* (*in den USA e-r privaten [Jungen]Schule*). '**~·mis·tress** *s ped.* Schullei'terin *f*, Direk'torin *f* (*in den USA e-r privaten [Mädchen]Schule*). **~ mon·ey** *s* **1.** Kopfgeld *n*. **2.** *obs.* Kopfsteuer *f*. '**~·most** [-məʊst] *adj* vorderst(er, -e, -es). **~ note** *s* kurze ('Inhalts)Übersicht (*am Beginn e-s Kapitels etc*). **~ of·fice** *s* 'Hauptbüro *n*, -geschäftsstelle *f*, -sitz *m*, Zen'trale *f*. '**~·on** *adj u. adv* **1.** fron'tal: **two cars collided ~**; **~ attack** *bes. mil.* Frontalangriff *m*; **~ collision** Frontalzusammenstoß *m*. **2.** *fig.* di'rekt: **in his ~ fashion**. '**~·phone** *s meist pl* Kopfhörer *m*. '**~·piece** *s* **1.** Kopfbedeckung *f*. **2.** *mil. hist.* Helm *m*. **3.** *colloq. obs.* Verstand *m*, ‚Köpfchen' *n*, b) kluger Kopf (*Person*). **4.** Oberteil *m*, *n*, *bes.* a) Türsturz *m*, b) Kopfbrett *n* (*am Bett*). **5.** *print.* 'Titelvignette *f*. **6.** Stirnriemen *m* (*am Pferdehalfter*). '**~·pin** *s* König *m* (*Kegel*). '**~·quar·ters** *s pl* (*oft als sg konstruiert*) **1.** *mil.* a) 'Hauptquartier *n*, b) Stab *m*, c) Kommandostelle *f*, d) 'Oberkommando *n*: **~ company** Stabskompanie *f*. **2.** (Poli'zei)Präsidium *n*. **3.** ('Feuerwehr)Zentrale *f*. **4.** a) (Par'tei)Zentrale *f*, b) → **head office**. **~ race** *s tech.* Obergerinne *n*, 'Speisekanal *m*. **~ reg·is·ter** → **head voice**. '**~·rest**, **~ re·straint** *s* Kopfstütze *f*. '**~·room** *s* lichte Höhe. '**~·sail** *s mar.* Fockmast-, Vorsegel *n*. '**~·scarf** *s a. irr* Kopftuch *n*. **~ sea** *s mar.* Gegensee *f*. '**~·set** *s* Kopfhörer *m*.

'**head·ship** *s* **1.** Führung *f*, Leitung *f*. **2.** *ped. Br.* Direkto'rat *n*, Rekto'rat *n*: **under his ~** unter ihm als Direktor.

'**head·shrink·er** *s* **1.** Kopfjäger, der die Schädel getöteter Feinde einschrumpfen läßt. **2.** *sl.* Psychi'ater *m*.

heads·man ['hedzmən] *s irr* **1.** Scharfrichter *m*, Henker *m*. **2.** *Bergbau: Br.* Schlepper *m*.

'**head|·spring** *s* **1.** Hauptquelle *f*. **2.** *fig.* Quelle *f*, Ursprung *m*. **3.** *Turnen:* Kopfkippe *f*. '**~·stall** → **headgear**. '**~·stand** *s sport* Kopfstand *m*: **to do a ~** e-n Kopfstand machen. **~ start** *s sport* Vorgabe *f*, Vorsprung *m* (*a. fig.*): **to have a ~ over** (*od.* on) s.o. e-n Vorsprung vor j-m haben, j-m gegenüber im Vorteil sein. '**~·stock** *s tech.* **1.** (Werkzeug)Halter *m*, *bes.* Spindelstock *m*, -kasten *m*. 2. Triebwerkgestell *n*. '**~·stone** *s* **1.** *arch.* Eck-, Grundstein *m* (*a. fig.*), b) Schlußstein *m*. **2.** Grabstein *m*. '**~·stream** *s* Quellfluß *m*. '**~·strong** *adj* **1.** eigensinnig, halsstarrig. **2.** unbesonnen, voreilig, -schnell (*Handlung*). **~ tax** *s Kopf-*, *bes.* Einwanderungssteuer *f* (*in den USA*). '**~·teach·er** *Br. für* **headmaster**, **headmistress**. '**~-to-'head** *Am.* I *adj* **1.** Mann gegen Mann: **~ combat** *mil.* Nahkampf *m*. **2.** *fig.* Kopf-an-Kopf-...: **~ race**. II *s* **3.** *mil.* Nahkampf *m*. **4.** *fig.* Kopf-an-Kopf-Rennen *n*. '**~·voice** *s mus.* Kopfstimme *f*. '**~·wait·er** *s* Oberkellner *m*. '**~·wa·ter** *s meist pl* Oberlauf *m*, Quellgebiet *n* (*e-s Flusses*). '**~·way** *s* **1.** *bes. mar.* a) Fahrt *f*, Geschwindigkeit *f*, b) Fahrt *f* vor'aus. **2.** *fig.* Fortschritt(e *pl*) *m*: **to make ~** (gut) vorankommen, Fortschritte machen. **3.** *arch.* lichte Höhe. **4.** *Bergbau: Br.* Hauptstollen *m*, Vortriebstrecke *f*. **5.** *rail.* (Zeit-, Zug)Abstand *m*, Zugfolge *f*. **~ wind** *s aer. mar.* Gegenwind *m*. '**~·word** *s* Anfangswort *n*, (*in e-m Wörterbuch*) Stichwort *n*. '**~·work** *s* **1.** geistige Arbeit, Geistes-, Kopfarbeit *f*. **2.** *arch.* Köpfe *pl*. **3.** *tech.* 'Wasserkontrollanlage *f*. **4.** *Fußball:* Kopfballspiel *n*. '**~·work·er** *s* Geistes-, Kopfarbeiter *m*.

head·y ['hedɪ] *adj* (*adv* **headily**) **1.** unbesonnen, voreilig, vorschnell. **2.** berauschend (*a. fig. Parfüm, Erfolg etc*). **3.** berauscht (**with** von). **4.** *Am. colloq.* gewitzt, schlau.

heal [hiːl] I *v/t* **1.** *a. fig.* heilen, kurieren (s.o. of s.th. j-n von e-r Sache). **2.** *fig.* a) Gegensätze versöhnen, b) e-n Streit beilegen. II *v/i* **3.** *oft* **~ up**, **~ over** (zu)heilen. **4.** heilen, e-e Heilung bewirken. **5.** gesund werden, genesen. '**~·all** *s bot.* a) (e-e) nordamer. Collin'sonie, b) Braunwurz *f*, c) e-e grüne Orchidee.

'**heal·er** *s* Heiler(in), *bes.* Gesundbeter(in): **time is a great ~** die Zeit heilt alle Wunden.

'**heal·ing** I *s* **1.** Heilen *n*, Heilung *f*. **2.** Genesung *f*, Gesundung *f*. II *adj* **3.** heilsam (*a. fig.*), heilend, Heil(ungs)...

health [helθ] *s* **1.** Gesundheit *f*: **~ is better than wealth** lieber gesund als reich; **Ministry of H~** Gesundheitsministerium *n*; **~ care** medizinische Versorgung, Gesundheitsfürsorge *f*; **~ center** (*bes. Br.* centre) Ärztezentrum *n*, -haus *n*; **~ certificate** Gesundheitszeugnis *n*, ärztliches Attest; **~ club** Fitneßclub *m*; **H~ Department** *Am.* Gesundheitsministerium *n*; **~ education** Gesundheitserziehung *f*; **~ engineer** Gesundheitsingenieur *m*; **~ food** a) Reformkost *f*, b) Biokost *f*; **~ food shop** (*bes. Am.* store) a) Reformhaus *n*, b) Bioladen *m*; **~ freak** *sl.* Gesundheitsapostel *m*, -fanatiker *m*; **~ hazard** Gesundheitsrisiko *n*;

insurance Krankenversicherung f; ~ **officer** Am. a) Beamte(r) m des Gesundheitsamtes, b) mar. Hafen-, Quarantänearzt m; ~ **resort** Kurort m; ~ **service** Gesundheitsdienst m; ~ **spa** Kur-, Heilbad n; ~ **visitor** Br. Angestellte(r) des Staatlichen Gesundheitsdienstes, der/die bes. alte u. pflegebedürftige Menschen betreut. **2.** a. **state of** ~ Gesundheitszustand m: **ill** ~; **in good (poor)** ~ gesund, bei guter Gesundheit (kränklich, bei schlechter Gesundheit); **in the best of** ~ bei bester Gesundheit; → **keep** 31. **3.** Gesundheit f, Wohl n: **to drink (od. pledge, propose) s.o.'s** ~ auf j-s Wohl trinken; **your (very good)** ~! auf Ihr Wohl!; **here is to the** ~ **of the host!** ein Prosit dem Gastgeber! **4.** Heilkraft f.

'**health·ful** adj (adv ~ly) gesund (a. fig.): a) heilsam, bekömmlich, gesundheitsfördernd (to für), b) frisch, kräftig. '**health·ful·ness** s Gesundheit f, Heilsamkeit f.

health·i·ness ['helθɪnɪs] s Gesundheit f. '**health·y** adj (adv **healthily) 1.** allg. gesund (a. fig.): ~ **body (boy, climate, competition, finances**, etc). **2.** gesund (-heitsfördernd), heilsam, bekömmlich. **3.** colloq. gesund, kräftig: ~ **appetite. 4. not** ~ colloq. ,nicht gesund', unsicher, gefährlich.

heap [hi:p] **I** s **1.** Haufe(n) m: **in** ~**s** haufenweise. **2.** colloq. Haufen m, Menge f: ~**s of time** e-e Menge Zeit; ~**s of times** unzählige Male; ~**s better** sehr viel besser; **to be struck (od. knocked) all of a** ~ ,platt' od. sprachlos sein. **3.** Bergbau: (Berge)Halde f: ~ **of charcoals** Kohlenmeiler m. **4.** colloq. ,Karre' f (Auto). **II** v/t **5.** häufen: **to** ~ **a plate with food** Essen auf e-n Teller häufen; **a** ~**ed spoonful** ein gehäufter Löffel(voll); **to** ~ **insults (praises) (up)on s.o.** j-n mit Beschimpfungen (Lob) überschütten; → **coal 6.** meist ~ **up** aufhäufen, fig. a. anhäufen: **to** ~ **up wealth (riches). 7.** beladen, (a. zum Überfließen) anfüllen. **8.** fig. über'häufen, -'schütten (**with** mit).

hear [hɪə(r)] pret u. pp **heard** [hɜːd; Am. hɜrd] **I** v/t **1.** hören: **I** ~ **him laugh(ing)** ich höre ihn lachen; **to make o.s.** ~**d** sich Gehör verschaffen. **2.** hören, erfahren (**about, of** von, über acc). **3.** j-n anhören, j-m zuhören: **to** ~ **s.o. out** j-n bis zum Ende anhören, j-n ausreden lassen. **4.** (an)hören: **to** ~ **a concert** sich ein Konzert anhören; → **Mass**² **2. 5.** e-e Bitte etc erhören. **6.** hören auf (acc), j-s Rat folgen. **7.** jur. a) j-n (od. über) e-n Fall verhandeln: **to** ~ **a witness**, b) (über) e-n Fall verhandeln: **to** ~ **and decide a case** über e-e Sache befinden; → **evidence** 2 b. **8.** e-n Schüler od. das Gelernte abhören. **II** v/i **9.** hören: **to** ~ **say** sagen hören; **I have** ~**d tell of it** colloq. ich habe davon sprechen hören; **he would not** ~ **of it** er wollte nichts davon hören od. wissen; ~! ~! a) bravo!, sehr richtig!, b) iro. hört! hört! **10.** hören, erfahren (**about, of** von), Nachricht(en) erhalten (**from** von): **so I have** ~**d, so I** ~ das habe ich gehört; **you will** ~ **of this!** colloq. das wirst du mir büßen! '**hear·a·ble** adj hörbar. '**hear·er** s (Zu)Hörer(in).

hear·ing ['hɪərɪŋ] s **1.** Hören n: **within (out of)** ~ in (außer) Hörweite; **don't talk about it in his** ~ sprich nicht darüber, solange er (noch) in Hörweite ist. **2.** Gehör(sinn m) n: → **hard** 21. **3.** Anhören n. **4.** Gehör n: **to gain (od. get) a** ~ sich Gehör verschaffen; **to give (od. grant) s.o. a** ~ j-n anhören. **5.** Audi'enz f. **6.** thea. etc Hörprobe f. **7.** jur. a) Vernehmung f, b) 'Voruntersuchung f, c) (mündliche) Verhandlung, (a. **day** od. **date of** ~)

(Ver'handlungs)Ter_|min m: **to fix (a day for) a** ~ e-n Termin anberaumen; → **evidence** 2 b. **8.** bes. pol. Hearing n, Anhörung f. ~ **aid** s 'Hörappa_|rat m, -gerät n, -hilfe f. ~ **spec·ta·cles** s pl a. **pair of** ~ Hörbrille f.

heark·en ['hɑː(r)kən] v/i poet. **1.** horchen (**to** auf acc). **2.** (**to**) hören (auf acc), Beachtung schenken (dat).

hear·say ['hɪə(r)seɪ] s **1. (by** ~ **vom)** Hörensagen n: **it is mere** ~ es ist bloßes Gerede. **2.** → **hearsay evidence.** ~ **ev·i·dence** s jur. Beweis(e pl) m vom Hörensagen, mittelbarer Beweis. ~ **rule** s jur. Regel über den grundsätzlichen Ausschluß aller Beweise vom Hörensagen.

hearse [hɜːs; Am. hɜrs] s **1.** Leichenwagen m. **2.** hist. Kata'falk m. **3.** obs. a) Bahre f, b) Sarg m, c) Grab n.

heart [hɑː(r)t] s **1.** anat. Herz n: **left** ~ linke Herzhälfte. **2.** fig. Herz n: a) Seele f, Gemüt n, (das) Innere od. Innerste n, Liebe f, Zuneigung f, c) (Mit)Gefühl n, d) Mut m, e) (mo'ralisches) Empfinden, Gewissen n: **a mother's** ~ ein Mutterherz; **he has no** ~ er hat kein Herz, er ist herzlos; **to clasp s.o. to one's** ~ j-n ans Herz drücken; → **Bes. Redew. 3.** Herz n, (das) Innere, Kern m, Mitte f: **the** ~ **of Germany** im Herzen Deutschlands. **4.** a) Kern(holz n) m (vom Baum), b) Herz n (von Kopfsalat): ~ **of oak** Eichenkernholz, fig. Standhaftigkeit f. **5.** Kern m, (das) Wesentliche: **the very** ~ **of the matter** der eigentliche Kern der Sache, des Pudels Kern; **to go to the** ~ **of the matter** zum Kern der Sache vorstoßen, e-r Sache auf den Grund gehen. **6.** Herz n, Liebling m, Schatz m. **7.** herzförmiger Gegenstand. **8.** Kartenspiel: a) Herz(karte f) n, Cœur n, b) pl Herz n, Cœur n (Farbe), c) pl (als sg konstruiert) ein Kartenspiel, bei dem es darauf ankommt, möglichst wenige Herzen im Stich zu haben: → **ace** 1, **queen** 6, **ring** 5, etc. **9.** Fruchtbarkeit f (des Bodens): **in good** ~ fruchtbar, in gutem Zustand. **10.** ~ **of the attack** sport Angriffsmotor m. Besondere Redewendungen: ~ **and soul** mit Leib u. Seele; ~**'s desire** Herzenswunsch m; **after my (own)** ~ ganz nach m-m Herzen od. Geschmack od. Wunsch; **at** ~ im Grunde (m-s etc Herzens), im Innersten; **by** ~ auswendig; **for one's** ~ für sein Leben gern; **from one's** ~ von Herzen, b) offen, aufrichtig, ,frisch von der Leber weg'; **in one's** ~ **(of** ~**s)** a) insgeheim, b) im Grunde (s-s Herzens); **in** ~ guten Mutes; **out of** ~ a) mutlos, b) unfruchtbar, in schlechtem Zustand (Boden); **to one's** ~**'s content** nach Herzenslust; **with all my (od. my whole)** ~ mit od. von ganzem Herzen, mit Leib u. Seele; **with a heavy** ~ schweren Herzens; **to bare one's** ~ **to s.o.** j-m sein Herz ausschütten; **his** ~ **is in his work** er ist mit dem Herzen bei s-r Arbeit; **it breaks my** ~ es bricht mir das Herz; **I break my** ~ **over** mir bricht das Herz bei; **to close (od. shut) one's** ~ **to s.th.** sich gegen etwas verschließen; **cross my** ~ Hand aufs Herz, auf Ehre u. Gewissen; **to cry (od. sob) one's** ~ **out** sich die Augen ausweinen; **it does my** ~ **good** es tut m-m Herzen wohl; **to eat one's** ~ **out** sich vor Gram verzehren; **to give one's** ~ **to s.o.** j-m sein Herz schenken; **to go to s.o.'s** ~ j-m zu Herzen gehen; **my** ~ **goes out to him** ich empfinde tiefes Mitleid mit ihm; **to have a** ~ Erbarmen od. ein Herz haben; **not to have the** ~ **to do s.th.** nicht das Herz haben, etwas zu tun; es nicht übers Herz od. über sich bringen, etwas zu tun; **have no** ~ **to do s.th.** keine Lust haben,

etwas zu tun; **to have s.th. at** ~ etwas von Herzen wünschen; **I have your health at** ~ mir liegt d-e Gesundheit am Herzen; **I had my** ~ **in my mouth** das Herz schlug mir bis zum Halse, ich war zu Tode erschrocken; **to have one's** ~ **in the right place** das Herz auf dem rechten Fleck haben; **to have one's** ~ **in one's work** mit dem Herzen bei s-r Arbeit sein; **to lose** ~ den Mut verlieren; **to lose one's** ~ **to s.o.** sein Herz an j-n verlieren; **my** ~ **missed (od. lost) a beat** mir blieb fast das Herz stehen, mir stockte das Herz; **to open one's** ~ (**to) s.o.** j-m) sein Herz ausschütten, b) großmütig sein; **to put (od. throw) one's** ~ **into s.th.** mit Leib u. Seele bei e-r Sache sein, ganz in e-r Sache aufgehen; **to set one's** ~ **on** sein Herz hängen an (acc); **to take** ~ Mut od. sich ein Herz fassen; **take s.th. to** ~ sich etwas zu Herzen nehmen; **to wear one's** ~ **(up)on one's sleeve** das Herz auf der Zunge tragen; **what the** ~ **thinketh, the mouth speaketh** wes das Herz voll ist, des gehet der Mund über; **to win s.o.'s** ~ j-s Herz gewinnen; → **bleed** 3, **bless** Bes. Redew., **boot**¹ 1, **bottom** 1.

'**heart·ache** s Kummer m, Gram m. ~ **ac·tion** s physiol. Herztätigkeit f. ~ **at·tack** s med. Herzanfall m, b) 'Herz_|infarkt m. '~**beat** s **1.** physiol. Herzschlag m. **2.** fig. Am. Herzstück n. ~ **block** s med. Herzblock m. '~**break** s Leid n, großer Kummer. '~**break·er** s Herzensbrecher m. '~**break·ing** adj (adv ~ly) herzzerreißend. '~**bro·ken** adj gebrochen, verzweifelt, untröstlich. '~**burn** s med. Sodbrennen n. '~**burn·ing** s Neid m, Eifersucht f. ~ **cher·ry** s bot. Herzkirsche f. ~ **com·plaint** s med. Herzbeschwerden pl. ~ **con·di·tion** s med. Herzleiden n. ~ **dis·ease** s med. Herzkrankheit f.

-hearted [hɑː(r)tɪd] Wortelement mit der Bedeutung a) ...herzig, b) ...mütig.

heart·en ['hɑː(r)tn] **I** v/t ermutigen, ermuntern. **II** v/i oft ~ **up** Mut fassen. '**heart·en·ing** adj (adv ~ly) ermutigend.

heart| **fail·ure** s med. a) 'Herzinsuffizi_|enz f, b) Herzversagen n. '~**felt** adj tiefempfunden, herzlich, innig, aufrichtig. '~**free** adj frei, ungebunden.

hearth [hɑːθ] s **1.** Herd(platte f) m, Feuerstelle f. **2.** Ka'min(platte f, -sohle f) m. **3.** a. ~ **and home** fig. häuslicher Herd, Heim n. **4.** tech. a) Herd m, Hochofengestell n, Schmelzraum m, b) Schmiedeherd m. '~**rug** s Ka'minvorleger m. '~**stone** s **1.** Ka'minplatte f. **2.** fig. → **hearth** 3. **3.** Scheuerstein m.

heart·i·ly ['hɑː(r)tɪlɪ] adv **1.** herzlich: a) von Herzen, innig, aufrichtig, b) iro. sehr, gründlich: **I dislike him** ~ er ist mir von Herzen zuwider. **2.** herzhaft, kräftig, tüchtig: **to eat** ~. '**heart·i·ness** s **1.** Herzlichkeit f: a) Innigkeit f, b) Aufrichtigkeit f. **2.** Herzhaftigkeit f, Kräftigkeit f. **3.** Frische f.

'**heart·land** s Herzland n.

'**heart·less** adj (adv ~ly) herzlos, grausam. '**heart·less·ness** s Herzlosigkeit f, Grausamkeit f.

|**heart**|-'**lung ma·chine** s med. 'Herz-Lungen-Ma|schine f: **to put on the** ~ an die Herz-Lungen-Maschine anschließen. ~ **mur·mur** s med. Herzgeräusch n. ~ **pace·mak·er** s med. Herzschrittmacher m. ~ **rate** s physiol. 'Herzfre_|quenz f, Pulszahl f. '~**rend·ing** adj herzzerreißend. ~ **rot** s Kernfäule f (im Baum). ~ **sac** s anat. Herzbeutel m.

heart's blood s: **to give one's** ~ **for** sein Herzblut hingeben für.

'heart-,search·ing s Gewissenserforschung f, Selbstprüfung f.
'heart's-ease, 'hearts·ease s **1.** bot. Wildes Stiefmütterchen. **2.** fig. Seelenfrieden m.
'heart|·**seed** → balloon vine. **~shake** s Kernriß m (im Baum). **'~shaped** adj herzförmig. **'~sick** adj fig. verzweifelt, tiefbetrübt.
heart·some ['hɑːtsəm] adj Br. dial. **1.** ermutigend. **2.** fröhlich.
'heart|·**sore** → heartsick. **~ start·er** s Austral. sl. „Muntermacher" m (erster Drink am Tag). **~ strings** s pl Herz(fasern pl) n, (das) Innerste: **to pull** (od. **tug**) **at s.o.'s ~** j-m zu Herzen gehen, j-m das Herz zerreißen; **to play on s.o.'s ~** mit j-s Gefühlen spielen. **~ sur·geon** s med. 'Herzchir,urg m. **~ sur·ger·y** s med. 'Herzchirur,gie f. **'~throb** s **1.** physiol. Herzschlag m. **2.** colloq. „Schwarm" m. **,~-to-'heart I** adj frei, offen. **II** s offene Aussprache. **~ trans·plant** s med. 'Herzverpflanzung f, -transplantati,on f. **'~warm·ing** adj **1.** herzerfrischend, -erquickend. **2.** bewegend. **'~whole** adj **1.** ungebunden, frei. **2.** aufrichtig. **3.** unerschrocken. **'~wood** s Kernholz n.
heart·y ['hɑː(r)tɪ] **I** adj (adv → heartily) **1.** herzlich: a) von Herzen kommend, warm, innig, b) aufrichtig, tiefempfunden, c) iro. „gründlich": **~ dislike**. **2.** a) munter: → hale², b) e¹nergisch, c) begeistert, d) herzlich, jovi¹al. **3.** herzhaft, kräftig: **~ appetite** (curses, eater, meal, etc). **4.** gesund, kräftig, stark. **5.** fruchtbar: **~ soil**. **II** s **6.** colloq. Ma¹trose m: **my hearties**! Kameraden!, Jungs! **7.** sport bes. Br. colloq. dy¹namischer Spieler: **a rugger ~**.
heat [hiːt] **I** s **1.** Hitze f: a) große Wärme, b) heißes Wetter, 'Hitzeperi,ode f. **2.** Wärme f (a. phys.): **what is the ~ of the water**? wie warm ist das Wasser?; **~ of combustion** Verbrennungswärme. **3.** a) Erhitztheit f (des Körpers), b) (bes. Fieber)Hitze f. **4.** a) Ungestüm n, b) Zorn m, Wut f, c) Leidenschaftlichkeit f, Erregtheit f, d) Eifer m: **in the ~ of the moment** im Eifer od. in der Hitze des Gefechts; **in the ~ of passion** jur. im Affekt. **5.** Höhepunkt m, größte Intensi¹tät: **in the ~ of battle** auf dem Höhepunkt der Schlacht. **6.** einmalige Kraftanstrengung: **at one** (od. **a**) **~ in** ¹einem Zug. **7.** sport a) (Einzel)Lauf m, b) a. **preliminary ~** Vorlauf m. **8.** metall. a) Schmelz-, Chargengang m, b) Charge f, Einsatz m. **9.** (Glüh)Hitze f, Glut f. **10.** zo. Brunst f, bes. a) Hitze f, Läufigkeit f (e-r Hündin od. Katze), b) Rossen n (e-r Stute), c) Stieren n (e-r Kuh): **in** (od. **on, at**) **~** brünstig; **a bitch in ~** e-e läufige Hündin. **11.** colloq. a) Großeinsatz m (der Polizei), b) Druck m: **to turn on the ~** Druck machen; **to turn the ~ on s.o.** j-n unter Druck setzen; **the ~ is on** es weht ein scharfer Wind; **the ~ is off** man hat sich wieder beruhigt; **to take the ~ on s.th.** den Kopf für etwas hinhalten, c) **the ~** collect. Am. die „Bullen" pl (Polizei). **12.** Schärfe f (von Gewürzen etc).
II v/t **13.** a. **~ up** erhitzen, heiß machen, Speisen a. aufwärmen. **14.** heizen. **15.** fig. erhitzen, heftig erregen: **~ed with** erhitzt od. erregt von. **16. ~ up** e-e Diskussion, die Konjunktur etc anheizen.
III v/i **17.** sich erhitzen (a. fig.).
'heat·a·ble adj **1.** erhitzbar. **2.** heizbar.
heat| **ap·o·plex·y** s med. Hitzschlag m. **~ bal·ance** s phys. 'Wärmebi,lanz f, -haushalt m. **~ bar·ri·er** s aer. Hitzemauer f, -schwelle f. **~ death** s Thermodynamik: Wärmetod m.

heat·ed adj erhitzt: a) heiß geworden, b) fig. erregt (**with** von): **a ~ debate** e-e erregte Debatte; **a ~ discussion** e-e hitzige Diskussion.
heat en·gine s tech. 'Wärmekraftma,schine f.
'heat·er s **1.** Heizgerät n, -körper m, (Heiz)Ofen m. **2.** electr. Heizfaden m. **3.** (Plätt)Bolzen m. **4.** Heizer m, Glüher m (Person). **5.** Am. sl. „Schießeisen" n, „Ka¹none" f (Pistole). **~ plug** s mot. Br. Glühkerze f.
heat| **ex·chang·er** s tech. Wärmetauscher m. **~ ex·haus·tion** s med. Hitzschlag m. **~ flash** s Hitzeblitz m (bei Atombombenexplosionen).
heath [hiːθ] s **1.** bes. Br. Heide(land n) f: **one's native ~** fig. die Heimat. **2.** bot. a) Erika f, (Glocken)Heide f, b) Heidekrautgewächs n. **3.** → heather **1**. **~ bell** s bot. **1.** Erika-, Heideblüte f. **2.** a) → bell heather, b) → harebell **1**. **'~ber·ry** s **1.** → crowberry. **2.** → bilberry. **~ cock** → blackcock.
hea·then ['hiːðn] **I** s **1.** Heide m, Heidin f: **the ~** collect. die Heiden pl. **2.** Bar¹bar m. **II** adj **3.** heidnisch, Heiden... **4.** ¹un,zivili¹siert, bar¹barisch. **'hea·then·dom** s **1.** → heathenism. **2.** (die) Heiden pl. **3.** die heidnischen Länder pl. **'hea·then·ish** → heathen **3**, **4**. **'hea·then·ism** s **1.** Heidentum n. **2.** Götzenanbetung f. **3.** Barba¹rei f. **'hea·then·ize** v/t u. v/i heidnisch machen (werden).
heath·er ['heðə(r)] **I** s bot. **1.** Heidekraut n: **to take to the ~** hist. Bandit werden; **to set the ~ on fire** fig. Furore machen. **2.** (e-e) Erika. **II** adj **3.** gesprenkelt (Stoff). **~ bell** s bot. Glockenheide f. **'~**|**mix·ture** adj u. s gesprenkelt(er Stoff).
heat·ing ['hiːtɪŋ] **I** s **1.** Heizung f. **2.** tech. a) Beheizung f, b) Heißwerden n, -laufen n. **3.** phys. Erwärmung f. **4.** Erhitzung f (a. fig.). **II** adj **5.** heizend. **6.** phys. erwärmend. **7.** Heiz...: **~ battery** (costs, element, oil, surface, etc); **~ period** (od. **term**) Heizperiode f; **~ system** Heizsystem n, Heizung f. **~ en·gi·neer** s 'Heizungsmon,teur m. **~ fur·nace** s a) Wärmeofen m, b) tech. Glühofen m. **~ jack·et** s tech. Heizmantel m. **~ pad** s Heizkissen n.
heat| **in·su·la·tion** s tech. 'Wärmedäm-mung f, -isolati,on f. **~ light·ning** s Wetterleuchten n. **~ pipe** s tech. Wärmeleitrohr n. **~ pol·lu·tion** s 'Umweltverschmutzung f durch Wärme. **'~proof** adj hitzebeständig, -fest. **~ pro·stra·tion** s med. Hitzschlag m. **~ pump** s tech. Wärmepumpe f. **~ rash** s med. Hitzeausschlag m, -bläs·chen pl. **'~re,sist·ant, '~re,sist·ing** → heatproof. **'~seal** v/t Kunststoffe heißsiegeln, warmschweißen. **~ seal·ing** s Heißsiegeln n, Warmschweißen n. **~ shield** s Raumfahrt: Hitzeschild m. **~ spot** s med. Hitzebläs·chen n. **'~stroke** s med. Hitzschlag m. **~ trans·fer** s phys. 'Wärmeüber,tragung f. **'~treat** v/t tech. wärmebehandeln (a. med.). **~ treat·ment** s tech. Wärmebehandlung f (a. med.). **~ u·nit** s phys. Wärmeeinheit f. **~ val·ue** s phys. Heizwert m. **~ wave** s Hitzewelle f.
heaume [həʊm] s mil. hist. Topfhelm m.
heave [hiːv] **I** s **1.** Heben n, Hub m, (mächtiger) Ruck. **2.** Hochziehen n, Aufwinden n. **3.** Wurf m. **4.** Ringen: Hebegriff m. **5.** Wogen n: **the ~ of her bosom**; **~ of the sea** mar. Seegang m. **6.** geol. Verwerfung f, (horizon¹tale) Verschiebung. **7.** pl (als sg konstruiert) vet. Dämpfigkeit f (von Pferden): **to have the ~s** dämpfig sein. **8. he's got the ~s** colloq.: ihn würgt es, er „kotzt" (ugs.: übergibt sich).

II v/t pret u. pp **heaved** od. (bes. mar.) **hove** [həʊv] **9.** (hoch)heben, (-)wuchten, (-)stemmen, ,(-)hieven': **we ~d him to his feet** wir halfen ihm auf die Beine. **10.** hochziehen, -winden. **11.** colloq. „schmeißen", werfen. **12.** mar. hieven: **to ~ the anchor** den Anker lichten; **to ~ the lead** (log) loten (loggen). **13.** ausstoßen: **to ~ a sigh**; → groan **6**, sigh **5**. **14.** colloq. „auskotzen" (erbrechen). **15.** heben u. senken. **16.** geol. (horizon¹tal) verschieben, verdrängen.
III v/i **17.** sich heben u. senken, wogen: **her bosom was heaving**; **to ~ and set** mar. stampfen (Schiff). **18.** keuchen. **19.** colloq. a) „kotzen" (sich übergeben), b) würgen, Brechreiz haben: **his stomach ~d** ihm hob sich der Magen. **20.** sich werfen od. verschieben (durch Frost etc). **21.** mar. a) hieven, ziehen (**at** an dat): **~ ho**! holt auf!, b) treiben: **to ~ in(to) sight** (od. **view**) in Sicht kommen, fig. humor. ,aufkreuzen'.
Verbindungen mit Adverbien:
heave| **a·head** v/i **1.** mar. **I** v/t vorholen, vorwärts winden. **II** v/i vorwärts auf den Anker treiben. **~ a·stern** mar. **I** v/t rückwärts winden. **II** v/i von hinten auf den Anker treiben. **~ down** v/t mar. das Schiff kielholen. **~ in** v/t mar. einhieven. **~ out** v/t mar. das Segel losmachen. **~ to** v/t u. v/i mar. stoppen, beidrehen.
,heave-'ho s: **to give s.o. the** (old) **~** colloq. a) j-n ,an die (frische) Luft setzen od. befördern' (aus dem Haus etc werfen, entlassen), b) j-m ,den Laufpaß geben'.
heav·en ['hevn] s **1.** Himmel(reich n) m: **in ~ and earth** im Himmel u. auf Erden; **to go to ~** in den Himmel eingehen od. kommen; **to move ~ and earth** fig. Himmel u. Hölle in Bewegung setzen; **the H~ of ~s**, **the seventh ~** der sieb(en)te Himmel; **in the seventh ~** (**of delight**) fig. im sieb(en)ten Himmel. **2.** H~ Himmel m, Gott m: **the H~s** die himmlischen Mächte. **3.** (in Ausrufen) Himmel m, Gott m: **by ~!**, (**good**) **~s!** du lieber Himmel!; **~ knows what ...** weiß der Himmel, was ...; **thank ~!** Gott sei Dank!; **what in ~ ...?** was in aller Welt ...?; → forbid **1**, **3**, sake! **1**. **4.** meist pl Himmel(sgewölbe n) m, Firma¹ment n: **the northern ~s** der nördliche (Stern)Himmel; **the ~s opened** der Himmel öffnete s-e Schleusen; → stink **2**. **5.** Himmel m, Klima n, Zone f. **6.** fig. Himmel m, Para¹dies n: **on earth** der Himmel auf Erden; **it was ~** es war himmlisch. **7.** (Bühnen)Himmel m.
'heav·en·ly adj himmlisch: a) Himmels...: **~ body** astr. Himmelskörper m, b) göttlich, überirdisch, c) herrlich, wunderbar. **H~ Cit·y** s Heilige Stadt, Neues Je¹rusalem. **~ host** s himmlische Heerscharen pl.
'heav·en-sent adj vom Himmel gesandt, himmlisch: **a ~ opportunity** ein ,gefundenes Fressen'.
'heav·en·ward **I** adv himmelwärts, zum od. gen Himmel. **II** adj gen Himmel gerichtet. **'heav·en·wards** [-dz] → heavenward **I**.
heav·er ['hiːvə(r)] s **1.** Heber m. **2.** tech. Heber m, Hebebaum m, -zeug n, Winde f.
,heav·i·er-than-'air [,hevɪə(r)-] adj schwerer als Luft (Flugzeug).
heav·i·ly ['hevɪlɪ] adv **1.** schwer (etc → **heavy**): **~ armed** schwerbewaffnet; **~ loaded** (od. **laden**) schwerbeladen; **it weighs ~** (**up**)**on me** es bedrückt mich schwer, es lastet schwer auf mir; **to punish s.o. ~** j-n schwer bestrafen; **to suffer ~** schwere (finanzielle) Verluste erleiden. **2.** mit schwerer Stimme.
heav·i·ness ['hevɪnɪs] s **1.** Schwere f (a.

fig.). **2.** Gewicht *n*, Druck *m*, Last *f*. **3.** Stärke *f*, Heftigkeit *f*. **4.** Massigkeit *f*, Wuchtigkeit *f*. **5.** Bedrücktheit *f*, Schwermut *f*. **6.** Schwerfälligkeit *f*. **7.** Langweiligkeit *f*. **8.** Schläfrigkeit *f*.

heav·y ['hevɪ] **I** *adj* (*adv* → **heavily**) **1.** schwer (*a. chem. phys.*): ~ **load**; ~ **hydrocarbons** ≈ **benzene** Schwerbenzin *n*; ~ **industries** *pl* Schwerindustrie *f*. **2.** *mil.* schwer: ~ **artillery** (**bomber, cruiser**, *etc*); ~ **guns** schwere Geschütze; **to bring out** (*od.* **up**) **the** (*od.* **one's**) ~ **guns** *colloq.* ‚schweres Geschütz auffahren'. **3.** schwer: a) heftig, stark: ~ **fall** schwerer Sturz; ~ **losses** schwere Verluste; ~ **rain** starker Regen; ~ **sea** schwere See; ~ **traffic** starker Verkehr, b) massig: ~ **body**, c) wuchtig: a ~ **blow**; ~ **blow²** 2, d) drückend, hart: ~ **fine** hohe Geldstrafe; ~ **taxes** drückende *od.* hohe Steuern. **4.** beträchtlich, groß: ~ **buyer** Großabnehmer *m*; ~ **consumer**, ~ **user** Großverbraucher *m*; ~ **orders** große Aufträge. **5.** schwer, stark, 'übermäßig: **a** ~ **drinker** (**eater, smoker**) ein starker Trinker (Esser, Raucher); **a** ~ **loser** j-d, der schwere Verluste erleidet. **6.** ergiebig, reich: ~ **crops**. **7.** schwer: a) stark (alkoholhaltig): ~ **beer** Starkbier *n*, b) stark, betäubend: ~ **perfume**, c) schwerverdaulich: ~ **food**. **8.** pappig, klitschig: ~ **bread**. **9.** dröhnend, dumpf: ~ **roll of thunder** dumpfes Donnergrollen; ~ **steps** schwere Schritte. **10.** drückend, lastend: **a** ~ **silence**. **11.** a) schwer: ~ **clouds** tiefhängende Wolken, b) trüb, finster: ~ **sky** bedeckter Himmel, c) drückend, schwül: ~ **air**. **12.** (**with**) a) (schwer)beladen (mit), b) *fig.* 'überladen, voll (von): ~ **with meaning** bedeutungsvoll, -schwer. **13.** schwer: a) schwierig, mühsam, hart: ~ **task**; ~ **worker** Schwerarbeiter *m*; → **going** 2, b) schwerverständlich: ~ **book**. **14.** plump, unbeholfen, schwerfällig: ~ **style**. **15.** a. ~ **in** (*od.* **on**) **hand** stumpfsinnig, langweilig: ~ **book**. **16.** begriffsstutzig, dumm (*Person*). **17.** schläfrig, benommen (**with** von): ~ **with sleep** schlaftrunken. **18.** folgenschwer: **of** ~ **consequence** mit weitreichenden Folgen. **19.** ernst, betrüblich: ~ **news**. **20.** *thea. etc* a) ernst, düster: ~ **scene**, b) würdevoll: ~ **husband**. **21.** bedrückt, niedergeschlagen: **with a** ~ **heart** schweren Herzens. **22.** *econ.* flau, schleppend: ~ **market** gedrückter Markt; ~ **sale** schlechter Absatz. **23.** unwegsam, aufgeweicht, lehmig: ~ **road**; ~ **going** (*Pferderennsport*) tiefes Geläuf. **24.** steil, jäh: ~ **grade** starkes Gefälle. **25.** breit, grob: ~ **scar** breite Narbe; ~ **features** grobe Züge. **26.** a) **a.** ~ **with child** schwanger, b) **a.** ~ **with young** *zo.* trächtig. **27.** *print.* fett(gedruckt).

II *s* **28.** *thea. etc* a) Schurke *m*, b) würdiger älterer Herr, c) Schurkenrolle *f*, d) Rolle *f* e-s würdigen älteren Herrn. **29.** *mil.* a) schweres Geschütz, b) *pl* schwere Artille'rie. **30.** *sport colloq.* Schwergewichtler *m*. **31.** *Scot.* Starkbier *n*. **32.** *Am. colloq.* ‚schwerer Junge' (*Verbrecher*). **33.** *pl Am. colloq.* warme 'Unterkleidung.

III *adv* **34.** **to hang** ~ langsam vergehen, dahinschleichen (*Zeit*); **time was hanging** ~ **on my hands** die Zeit wurde mir lang; **to lie** ~ **on s.o.** schwer auf j-m lasten, j-n schwer bedrücken.

,**heav·y**|-'**armed** *adj* schwerbewaffnet. ~ **chem·i·cals** *s pl* 'Schwerchemi,kalien *pl*. ~ **con·crete** *s tech.* 'Schwerbe,ton *m*. ~ **cur·rent** *s electr.* Starkstrom *m*. ,~-'**du·ty** *adj* **1.** *tech.* Hochleistungs...: ~ **machine**; ~ **truck** Schwerlastkraftwagen *m*. **2.** strapa'zierfähig: ~ **gloves**. ~

earth *s chem.* 'Bariumo,xid *n*. ~ **en·gi·neer·ing** *s tech.* 'Schwerma,schinenbau *m*. ,~-'**foot·ed** *adj* mit schwerem Gang. ,~-'**hand·ed** *adj* **1.** plump, unbeholfen. **2.** streng, hart. ,~-'**heart·ed** *adj* niedergeschlagen. ~ **hy·dro·gen** *s chem.* schwerer Wasserstoff, Deu'terium *n*. ~ **in·dus·try** *s* 'Schwerindu,strie *f*. ,~-'**lad·en** *adj* **1.** schwerbeladen. **2.** *fig.* schwerbedrückt (**with** von). ~ **liq·uid** *s tech.* Schwerflüssigkeit *f*. ~ **man** → **heavy** 32. ~ **met·al** *s tech.* 'Schwerme,tall *n*. ~ **oil** *s tech.* Schweröl *n*. ~ **plate** *s tech.* Grobblech *n*. ~ **spar** *s min.* Schwerspat *m*. ~ **type** *s print.* Fettdruck *m*. ~ **wa·ter** *s chem.* schweres Wasser. '~-,**wa·ter re·ac·tor** *s* 'Schwerwasserre,aktor *m*. ~ **weight** **I** *s* **1.** 'überschwere Per'son *od.* Sache, ,Schwergewicht' *n*. **2.** *sport* Schwergewicht(ler *m*) *n*. **3.** *colloq.* Promi'nente(r) *m*, ,großes *od.* hohes Tier'. **II** *adj* **4.** 'überschwer. **5.** *sport* Schwergewichts... **6.** *colloq.* promi'nent.

heb·do·mad [hebdəmæd] *s* **1.** *obs.* a) Sieben *f* (*Zahl*), b) Siebenergruppe *f*. **2.** Woche *f*. **heb·dom·a·dal** [-'dɒmədl; *Am.* -'dɑːm-] *adj* (*adv* -**ly**) wöchentlich: **H~ Council** wöchentlich zu'sammentretender Rat der *Universität Oxford*. **heb'dom·a·dar·y** [-'dɒmədərɪ; *Am.* -'dɑːmə,derɪ:] → hebdomadal.

he·be·phre·ni·a [,hiːbɪ'friːnjə; -nɪə] *s psych.* Hebephre'nie *f*, Jugendirresein *n*. **heb·e·tate** ['hebɪteɪt] *v/i u. v/t* abstumpfen. **heb·et·ic** [hɪ'betɪk] *adj* Pubertäts... **heb·e·tude** ['hebɪtjuːd; *Am. a.* -,tuːd] *s* Stumpfsinn(igkeit *f*) *m*.

He·bra·ic [hiː'breɪɪk] *adj* (*adv* ~**ally**) he'bräisch. **He·bra·ism** ['hiːbreɪɪzəm] *s* **1.** *ling.* Hebra'ismus *m*. **2.** Judentum *n*, das Jüdische. '**He·bra·ist** *s* Hebra'ist *m*. '**He·bra·ize** *v/t u. v/i* he'bräisch machen (werden). **He·brew** ['hiːbruː] **I** *s* **1.** He'bräer(in), Israe'lit(in), Jude *m*, Jüdin *f*. **2.** *ling.* He'bräisch *n*, das Hebräische. **3.** *colloq.* Kauderwelsch *n*. **4.** *pl* (*als sg konstruiert*) *Bibl.* (Brief *m* an die) He'bräer *pl*. **II** *adj* **5.** he'bräisch: ~ **studies** Judaistik *f*, Hebraistik *f*. '**He·brew·ism** → Hebraism. **He·bri·de·an** [,hebrɪ'diːən] *a.* **He·brid·i·an** **I** *adj* he'bridisch. **II** *s* Bewohner(in) der He'briden.

hec·a·tomb ['hekətuːm; *bes. Am.* -təʊm] *s* Heka'tombe *f*: a) *antiq.* Opfer von 100 Rindern, b) *fig.* gewaltige Menschenverluste.

heck [hek] *colloq.* **I** *s* Hölle *f*: **a** ~ **of a row** ein Höllenkrach; **a** ~ **of a lot of money** e-e ,schöne Stange' Geld; **what the** ~ ...? was zum Teufel ...? **II** *interj* verdammt! **heck·le** ['hekl] *v/t* **1.** Flachs hecheln. **2.** *fig.* a) j-n ,piesacken', j-m zusetzen, b) e-n Redner durch Zwischenrufe *od.* Zwischenfragen aus der Fassung *od.* dem Kon'zept bringen, in die Enge treiben. **II** *s* **3.** Hechel *f*. '**heck·ler** *s* Zwischenrufer *m*.

hec·tare ['hektɑː(r); -teə(r)] *s* Hektar *n*, *a. m*.

hec·tic ['hektɪk] **I** *adj* (*adv* ~**ally**) **1.** *med.* hektisch: a) auszehrend (*Krankheit*), b) schwindsüchtig (*Patient*): ~ **fever** → 3 c. **2.** *colloq.* fieberhaft, aufgeregt, hektisch: **I had a** ~ **time** ich hatte keinen Augenblick Ruhe. **II** *s* **3.** *med.* a) hektisches Fieber, b) Schwindsüchtige(r *m*) *f*, c) hektische Röte.

hec·to·gram(me) ['hektəʊɡræm] *s* Hekto'gramm *n*. **hec·to·graph** ['hektəʊɡrɑːf; *bes. Am.* -græf] **I** *s* Hekto'graph *m*. **II** *v/t* hekto-gra'phieren. **hec·to·li·ter**, *bes. Br.* **hec·to·li·tre** ['hektəʊ,liːtə(r)] *s* Hektoliter *m, n*.

hec·tor ['hektə(r)] **I** *s* Ty'rann *m*. **II** *v/t* tyranni'sieren, einschüchtern, schika-'nieren, ,piesacken': **to** ~ **s.o. about** (*od.* **around**) j-n herumkommandieren. **III** *v/i* her'umkommandieren.

hed·dle ['hedl] *tech.* **I** *s* **1.** Litze *f*, Helfe *f* (*zur Lenkung der Kettfäden*) **2.** Einziehhaken *m*. **II** *v/t* **3.** Kettfäden einziehen.

hedge [hedʒ] **I** *s* **1.** Hecke *f*, *bes.* Heckenzaun *m*: **that doesn't grow on every** ~ das findet man nicht alle Tage *od.* überall. **2.** Einzäunung *f*: **stone** ~ Mauer *f*. **3.** Absperrung *f*, Kette *f*: **a** ~ **of police**. **4.** (**against**) (Ab)Sicherung *f* (gegen), Schutz *m* (gegen, vor *dat*), Vorbeugungsmaßnahme *f* (gegen). **5.** *econ.* Hedge-, Deckungsgeschäft *n*. **6.** vorsichtige *od.* ausweichende Äußerung. **II** *adj* **7.** Hekken...: ~ **plants**. **8.** *fig.* drittrangig, -klassig. **III** *v/t* **9.** *a.* ~ **in** (*od.* **round**) a) mit e-r Hecke einfassen *od.* um'geben, b) *a.* ~ **about** (*od.* **around**) *fig. etwas* behindern, erschweren (**with** mit), c) *fig.* j-n einengen: **to** ~ **off** mit e-r Hecke abgrenzen *od.* abtrennen, *fig.* abgrenzen (**against** gegen). **10.** a) (**against**) (ab)sichern (gegen), schützen (gegen, vor *dat*), b) sich gegen den Verlust (*e-r Wette ets.*) sichern: **to** ~ **a bet**; **to** ~ **one's bets** *fig.* auf Nummer Sicher gehen. **IV** *v/i* **11.** ausweichen, sich nicht festlegen (wollen), sich winden, ,kneifen'. **12.** sich vorsichtig ausdrücken *od.* äußern. **13.** a) (**against**) sich sichern (gegen), sich schützen (gegen, vor *dat*), b) *econ.* Hedge- *od.* Deckungsgeschäfte abschließen. **14.** e-e Hecke anlegen. ~ **cut·ter** *s* Heckenschere *f*. ~ **fence** *s* Heckenzaun *m*. ~ **gar·lic** *s bot.* Lauchhederich *m*.

hedge·hog ['hedʒhɒɡ; *Am. a.* -,hɑːɡ] *s* **1.** *zo.* a) Igel *m*, b) *Am.* Stachelschwein *n*. **2.** *bot.* stachlige Frucht *od.* Samenkapsel. **3.** *mil.* a) Igelstellung *f*, b) Drahtigel *m*, c) *mar.* Wasserbombenwerfer *m*. ~ **cac·tus** *s. a. irr bot.* Igelkaktus *m*.

'**hedge**|**-hop** *v/i aer.* dicht über dem Boden fliegen. '~**,hop·per** *s aer.* Tiefflieger *m*, *mil. a.* Heckenspringer *m*. ~ **hys·sop** *s bot.* **1.** Gnadenkraut *n*. **2.** Kleines Helmkraut. ~ **law·yer** *s* 'Winkeladvo,kat *m*.

hedg·er ['hedʒə(r)] *s* **1.** Heckengärtner *m*. **2.** *i-e der sich nicht festlegen will*.

'**hedge**|**·row** [hedʒrəʊ] *s* (Baum-, Rain-) Hecke *f*. ~ **shears** *s pl* **a. pair of** ~ Heckenschere *f*. ~ **spar·row**, ~ **war·bler** *s orn.* 'Heckenbrau,nelle *f*.

hedg·y ['hedʒɪ] *adj* voller Hecken.

he·don·ic [hiː'dɒnɪk; *Am.* hɪ'dɑːnɪk] *adj* (*adv* ~**ally**) hedo'nistisch. **II** *s pl* (*meist als sg konstruiert*) → **hedonism**. **he·don·ism** ['hiːdəʊnɪzəm; *Am.* 'hiːdn,ɪzəm] *s philos.* Hedo'nismus *m*, He'donik *f* (*in der griechischen Antike begründete Lehre, nach der Lust u. Genuß das höchste Gut des Lebens u. das Streben danach die Triebfeder menschlichen Handelns sind*). '**he·don·ist** *s* Hedo'nist *m*, He'doniker *m*: a) *philos.* Anhänger des Hedonismus, b) *j-d, dessen Denken u. Handeln vorrangig von dem Streben nach Lust, Genuß u. sinnlicher Erfüllung geprägt ist*. ,**he·do'nis·tic** [-də'n-] *adj* (*adv* ~**ally**) hedo'nistisch.

-hedral [hedrl; *bes. Am.* hiːdrəl] *Wortelement mit der Bedeutung e-e bestimmte Anzahl von Flächen habend*, ...flächig.

-hedron [hedrən; *bes. Am.* hiːdrən] *Wortelement mit der Bedeutung Figur mit e-r bestimmten Anzahl von Flächen*, ...flächner *m*.

hee·bie-jee·bies [,hiːbɪ'dʒiːbɪz] *s pl colloq.*: **I always get the** ~ **when ...**, ich

heed - heliography

bekomme jedesmal Zustände' *od.* ,mir wird jedesmal ganz anders', wenn ...; **that old house gives me the ~** das alte Haus ist mir irgendwie unheimlich; **it gives me the ~ even to think about it** ,schon bei dem Gedanken daran wird mir ganz anders'.
heed [hi:d] **I** *v/t* beachten, Beachtung schenken (*dat*). **II** *v/i* achtgeben, aufpassen. **III** *s* Beachtung *f*: **to give** (*od.* **pay**)~ **to**, **to take** ~ **of** → I; **to take** ~ → II; **she took no ~ of his warnings** sie schlug s-e Mahnungen in den Wind. **'heed·ful** *adj* (*adv* ~**ly**) achtsam: **to be ~ of** → heed I. **'heed·ful·ness** *s* Achtsamkeit *f*. **'heed·less** *adj* (*adv* ~**ly**) achtlos, unachtsam: **to be ~ of** nicht beachten, keine Beachtung schenken (*dat*), Mahnung *etc* in den Wind schlagen. **'heed·less·ness** *s* Achtlosigkeit *f*, Unachtsamkeit *f*.
hee-haw [,hi:'hɔ:; 'hi:hɔ:] **I** *s* **1.** I'ah *n* (*Eselsschrei*). **2.** *fig.* wieherndes Gelächter, ,Gewieher' *n*. **II** *v/i* **3.** i'ahen. **4.** *fig.* ,wiehern', wiehernd lachen.
heel[1] [hi:l] **I** *v/t* **1.** Absätze machen auf (*acc*). **2.** e-e Ferse anstricken an (*acc*). **3.** a) *Golf*: **den Ball** mit der Ferse des Schlägers treiben, b) *Rugby*: **den Ball** hakeln, c) *Fußball*: **den Ball** mit dem Absatz kicken. **4.** *Kampfhähne* mit Sporen bewaffnen. **5.** *colloq.* a) (*bes.* mit Geld) ausstatten, b) *Am.* infor'mieren, c) *Am.* arbeiten für e-e Zeitung. **6. ~ out** e-e Zigarette mit dem Absatz ausdrücken. **II** *v/i* **7.** bei Fuß gehen *od.* bleiben (*Hund*). **8.** *Am. colloq.* rennen, ,flitzen'. **III** *s* **9.** *anat.* Ferse *f*: ~ **of the hand** *Am.* Handballen *m*. **10.** *zo. colloq.* hinterer Teil des Hufs, b) *pl* 'Hinterfüße *pl*, c) Fuß *m*. **11.** Absatz *m*, Hacken *m* (*vom Schuh*): → **drag** 27. **12.** Ferse *f* (*vom Strumpf etc, a. vom Golfschläger*). **13.** vorspringender Teil, Ende *n, bes.* (*Brot*)Kanten *m*. **14.** *mar.* Hiel(ing) *f*. **15.** *bot.* Achselsteckling *m*. **16.** Rest *m*. **17.** *mus.* Frosch *m* (*am Bogen*). **18.** *Am. sl.* ,Scheißkerl' *m*.
Besondere Redewendungen:
down at ~ *a*) mit schiefen Absätzen, b) *a*. **out at ~s** *fig.* heruntergekommen (*Person, Hotel etc*), abgerissen (*Person*); **on the ~s of** unmittelbar auf (*acc*), gleich nach (*dat*); **to be in Fuß** (*Hund*), b) *fig.* gefügig, gehorsam; **under the ~ of** unter *j-s* Knute; **to bring s.o. to ~** j-n gefügig *od.* ,kirre' machen; **to be carried away ~s first** (*od.* **foremost**) mit den Füßen zuerst (*tot*) weggetragen werden; **to come to ~** a) bei Fuß gehen, b) gehorchen, ,spuren'; **to cool** (*od.* **kick**) **one's ~s** *colloq.* ,sich die Beine in den Bauch stehen'; **to follow at s.o.'s ~s**, **to follow s.o. at ~**, **to follow s.o. at** (*od.* **on**) **his ~s** j-m auf den Fersen folgen, sich j-m an die Fersen heften; **to kick up one's ~s** *colloq.* ,auf den Putz hauen'; **to lay by the ~s** a) *j-n* dingfest machen, zur Strecke bringen, b) die Oberhand *od.* das Übergewicht gewinnen über (*acc*); **to rock s.o. back on his ~s** *colloq.* j-n ,umhauen'; **to rock back on one's ~s** *colloq.* ,aus den Latschen kippen'; **to show a clean pair of ~s** ,die Beine in die Hand *od.* unter die Arme nehmen', ,Fersengeld geben'; **to show s.o. a clean pair of ~s** ,j-m die Fersen zeigen'; **to stick one's ~s in** *colloq.* ,sich auf die Hinterbeine stellen *od.* setzen'; **to take to one's ~s** ,die Beine in die Hand *od.* unter den Arm nehmen', ,Fersengeld geben'; **to tread on s.o.'s ~s** a) j-m auf die Hacken treten, b) j-m auf dem Fuß *od.* den Fersen folgen; **to turn on one's ~s** auf dem Absatz kehrtmachen; → **Achilles, dig in** 1.
heel[2] [hi:l] *mar.* **I** *v/t u. v/i.* **a. ~ over** (sich)

auf die Seite legen, krängen. **II** *s* Krängung *f*.
,**heel**|-**and**-'**toe walk·ing** *s* Leichtathletik: Gehen *n*. '**~·ball** *s* Po'lierwachs *n*. **~ bar** *s* 'Absatzbar *f*, -so,fortdienst *m*. **~ bone** *s* *anat.* Fersenbein *n*.
heeled ['hi:ld] *adj* **1.** mit e-r Ferse *od.* e-m Absatz (versehen). **2.** → **well-heeled**.
'**heel·er** *s* *pol. Am. contp.* ,La'kai' *m* (*e-s Parteibonzen*).
heel kick *s* Fußball: Absatzkick *m*.
'**heel·less** *adj* ohne Absatz, flach.
'**heel**·**piece** *s* Absatzfleck *m*. '**~·tap** *s* **1.** Absatzfleck *m*. **2.** Neige *f*, letzter Rest (*im Glas*): **no ~s!** ex!
heft [heft] **I** *s* **1.** Gewicht *n*. **2.** *Am. obs.* Hauptteil *m*. **II** *v/t* **3.** hochheben. **4.** in der Hand wiegen. '**heft·y** *adj* (*adv* **heftily**) **1.** schwer. **2.** kräftig, stämmig. **3.** *colloq.* mächtig, gewaltig (*Schlag etc*), stattlich (*Gehaltserhöhung, Mehrheit etc*), ,saftig' (*Preise etc*).
He·ge·li·an [her'gi:ljən; he'g-; *Am. bes.* her'geɪlɪən] *philos.* **I** *adj* a) hegeli'anisch (*den Hegelianismus betreffend*), b) Hegelsch(er, e, es). **II** *s* Hegeli'aner *m*. **He-'ge·li·an·ism** *s* Hegelia'nismus *m* (*Gesamtheit der philosophischen Richtungen im Anschluß an Hegel*).
heg·e·mon·ic [,hegɪ'mɒnɪk; ,hedʒɪ-; *Am.* -'mɑ-] *adj* hege'monisch, hegemoni'al. **he·gem·o·ny** [hɪ'geməni; hɪ'dʒe-; *Am. a.* 'hedʒə-; *Br. a.* 'hedʒɪmənɪ; 'hegɪ-; *Am. a.* 'hedʒə-,məʊni:] *s* Hegemo'nie *f*: a) Vorherrschaft *od.* Vormachtstellung e-s Staates, b) faktische Überlegenheit politischer, wirtschaftlicher *etc* Art: **claim to ~** Hegemonialanspruch *m*.
Heg·i·ra [he'dʒɪrə; hɪ'dʒaɪərə] *s* **1.** a) Hed'schra *f* (*Aufbruch Mohammeds von Mekka nach Medina 622 n. Chr.*, Beginn der islamischen Zeitrechnung), b) islamische Zeitrechnung. **2.** *oft* **h~** Flucht *f*.
he·gu·men [hɪ'gju:men; -mən] *s* *relig.* He'gumenos *m* (*Vorsteher e-s orthodoxen Klosters*).
Hei·del·berg man ['haɪdlbɜ:g; *Am.* -,bɜ:rg] *s* Homo *m* heidelber'gensis.
hei·fer ['hefə(r)] *s* Färse *f*, junge Kuh.
heigh-ho [,heɪ'həʊ; ,haɪ-] *interj* nun ja!
height [haɪt] *s* **1.** Höhe *f*: **~ of burst** *mil.* Sprengpunkthöhe *f*; **~ of fall** Fallhöhe *f*; **ten feet in ~** zehn Fuß hoch; **at a ~ of five feet above the ground** fünf Fuß über dem Boden; **from a great ~** aus großer Höhe; **~ to paper** *print.* Standardhöhe *f* der Druckschrift (*in GB 0,9175 Zoll, in USA 0,9186 Zoll*); **~ of land** *geogr. Am.* Wasserscheide *f*. **2.** (*Körper*)Größe *f*: **what is your ~?** wie groß sind Sie? **3.** (An)Höhe *f*, Erhebung *f*. **4.** *fig.* Höhe(punkt *m*) *f*, Gipfel *m*, höchster Grad: **at its ~** auf dem Höhepunkt; **at the ~ of one's fame** auf der Höhe s-s Ruhms; **at the ~ of summer** im Hochsommer; **dressed in the ~ of fashion** nach der neuesten Mode gekleidet; **the ~ of folly** der Gipfel der Torheit. **5.** *arch.* Pfeilhöhe *f*, Bogenstich *m*. '**height·en I** *v/t* **1.** erhöhen (*a. fig.*). **2.** *fig.* vergrößern, heben, steigern, verstärken, vertiefen. **3.** her'vorheben, betonen. **II** *v/i* **4.** *fig.* sich erhöhen, wachsen, (an)steigen, zunehmen.
height| **find·er** *s* *aer. mil.* (Radar)Höhensuchgerät *n*. **~·ga(u)ge,~ in·di·ca·tor** *s aer.* Höhenmesser *m*.
hei·mish ['haɪmɪʃ] *adj* *bes. Am. sl.* **1.** behaglich, gemütlich. **2.** a) freundlich, b) ungezwungen.
hei·nous ['heɪnəs] *adj* (*adv* ~**ly**) ab'scheulich, scheußlich, gräßlich. '**hei·nous·ness** *s* Ab'scheulichkeit *f*.
Heinz bod·ies [haɪnts; haɪnz] *s pl med.* Heinz-Innenkörper *pl*, -Körperchen *pl*.

heir [eə(r)] *s jur. u. fig.* Erbe *m* (**to** *od.* **of s.o.** j-s): **~ apparent** gesetzlicher *od.* rechtmäßiger Erbe; **~ at law**, **~ general** gesetzlicher Erbe; **~ by devise** *Am.* testamentarischer Erbe; **~ collateral** aus der Seitenlinie stammender Erbe; **~ of the body** leiblicher Erbe; **~ presumptive** mutmaßlicher Erbe; **~ to the throne** Thronerbe, -folger *m*; → **ap·point** 1, **forced** 1.
'**heir·dom** → **heirship**.
heir·ess ['eərɪs] *s* (*bes.* reiche) Erbin.
heir·loom ['eə(r)lu:m] *s* (Fa'milien)Erbstück *n*.
'**heir·ship** *s jur.* **1.** Erbrecht *n*. **2.** Erbschaft *f*, Erbe *n*: → **forced** 1.
Hei·sen·berg (un·cer·tain·ty) prin·ci·ple ['haɪznbɜ:g; *Am.* -,bɜrg] *s phys.* Heisenbergsche 'Unsicherheitsrelati,on *f*.
heist [haɪst] *bes. Am. sl.* **I** *s* **1.** a) bewaffneter 'Raub,überfall, b) Diebstahl *m*. **2.** Beute *f*. **II** *v/t* **3.** über'fallen. **4.** a) erbeuten, b) stehlen. '**heist·er** *s bes. Am. sl.* a) Räuber *m*, b) Dieb *m*.
Hej·i·ra → **Hegira**.
held [held] *pret u. pp von* **hold**[2].
he·li·a·cal [hi:'laɪəkl] *adj* (*adv* ~**ly**) *astr.* heli'akisch (*zur Sonne gehörend*): **~ rising (setting)** heliakischer Aufgang (Untergang).
he·li·an·thus [,hi:lɪ'ænθəs] *s bot.* Sonnenblume *f*.
hel·i·borne ['helɪbɔ:(r)n] *adj* im Hubschrauber befördert.
hel·i·cal ['helɪkl] *adj* (*adv* ~**ly**) schrauben-, schnecken-, spi'ralförmig: **~ blower** *tech.* Propellergebläse *n*; **~ gear** *tech.* a) Schrägstirnrad *n*, b) a. **~ teeth** Schrägverzahnung *f*; **~ gears** *pl tech.* Schraubgetriebe *n*; **~ spring** *tech.* Schraubenfeder *f*; **~ staircase** Wendeltreppe *f*.
hel·i·ces ['helɪsi:z; 'hi:-] *pl von* **helix**.
helico- [helɪkəʊ] Wortelement mit der Bedeutung Spiralen..., Schrauben...
hel·i·coid ['helɪkɔɪd] **I** *adj* spi'ralig, spi'ralförmig. **II** *s math.* Schraubenfläche *f*, Heliko'ide *f*. **hel·i·coi·dal** [,helɪ'kɔɪdl] *adj* (*adv* ~**ly**) → **helicoid** I.
Hel·i·con ['helɪkən; *Br. a.* -kɒn; *Am. a.* -,kɑn] *s* **1.** *fig.* Helikon *m*, Sitz *m* der Musen. **2.** **h~** *mus.* Helikon *n* (*Kontrabaßtuba*).
hel·i·cop·ter ['helɪkɒptə; *Am.* -,kɑptər] *aer.* **I** *s* Hubschrauber *m*, Heli'kopter *m*: **~ gunship** *mil.* Kampfhubschrauber *m*. **II** *v/t* mit dem Hubschrauber befördern *od.* fliegen. **III** *v/i* mit dem Hubschrauber fliegen.
helio- [hi:lɪəʊ] Wortelement mit der Bedeutung Sonnen...
he·li·o ['hi:lɪəʊ] *pl* **-os** *colloq.* für a) **heliogram**, b) **heliograph**.
,**he·li·o**'**cen·tric** *adj* (*adv* ~**ally**) *astr.* helio'zentrisch (*die Sonne als Mittelpunkt betrachtend*).
he·li·o·chro·my ['hi:lɪəʊˌkrəʊmɪ] *s phot.* 'Farbfoto,grafie *f*.
he·li·o·dor ['hi:lɪədɔ:(r)] *s min.* Helio'dor *m*.
he·li·o·gram ['hi:lɪəʊgræm] *s* Helio'gramm *n* (*mit Hilfe des Sonnenlichts übermittelte Nachricht*). '**he·li·o·graph** [-grɑ:f; *bes. Am.* -græf] **I** *s* Helio'graph *m*: a) *astr.* Fernrohr mit fotografischem Gerät für Aufnahmen von der Sonne, b) Gerät zur Nachrichtenübermittlung mit Hilfe des Sonnenlichts. **II** *v/t u. v/i* heliogra'phieren. ,**he·li·o**'**graph·ic** [-'græfɪk] *adj* helio'graphisch. ,**he·li·og·ra·phy** [-'ɒgrəfɪ; *Am.* -'ɑg-] *s* Heliogra'phie *f*: a) *print.* ein Druckverfahren, das sich der Sofografie bedient, b) Zeichengebung mit Hilfe des Heliographen.

heliogravure – help

he·li·o·gra·vure s print. Heliogra'vüre f: a) ein Tiefdruckverfahren zur hochwertigen Bildreproduktion auf fotografischer Grundlage, b) im Heliogravüreverfahren hergestellter Druck.
he·li·ol·a·try [ˌhiːlɪˈɒlətrɪ; Am. -ˈɑl-] s Sonnenanbetung f.
he·li·om·e·ter [ˌhiːlɪˈɒmɪtə; Am. -ˈɑmətər] s astr. Helio'meter n (Spezialfernrohr zur Messung bes. kleinerer Winkel zwischen zwei Gestirnen).
he·li·o·phile [ˈhiːlɪəʊfaɪl] adj biol. helio'phil, sonnenliebend.
he·li·o·phobe [ˈhiːlɪəʊfəʊb] adj biol. helio'phob (den Sonnenschein meidend).
he·li·o·scope [ˈhiːlɪəskəʊp] s astr. Helio'skop n (Gerät zur direkten Sonnenbeobachtung, das die Strahlung abschwächt).
he·li·o·sis [ˌhiːlɪˈəʊsɪs] s med. Heli'osis f: a) Sonnenstich m, b) Hitzschlag m.
he·li·o·stat [ˈhiːlɪəʊstæt] s astr. Helio'stat m (Gerät mit Uhrwerk u. Spiegel, das dem Sonnenlicht für Beobachtungszwecke stets die gleiche Richtung gibt).
he·li·o·ther·a·py s med. Heliothera'pie f (Behandlung mit Sonnenlicht u. -wärme).
he·li·o·trope [ˈheljətrəʊp; bes. Am. ˈhiːlɪə-] s 1. Helio'trop n: a) bot. Sonnenwende f, b) blauviolette Farbe, c) (Geodäsie) Sonnenspiegel zur Sichtbarmachung von Geländepunkten. 2. min. Helio'trop m. 3. mil. 'Spiegeltele₁graf m.
he·li·ot·ro·pism [ˌhiːlɪˈɒtrəpɪzəm; Am. -ˈɑt-] s bot. Phototro'pismus m (bei Zimmerpflanzen häufig zu beobachtende Krümmungsreaktion bei einseitigem Lichteinfall).
he·li·o·type [ˈhiːlɪəʊtaɪp] s print. Lichtdruck m. **he·li·o₁typ·y** [-ˌtaɪpɪ] s Lichtdruck(verfahren n) m.
he·li·o·zo·an [ˌhiːlɪəʊˈzəʊən] s zo. Helio'zoon n, Sonnentierchen n.
hel·i·pad [ˈhelɪpæd] → heliport. **'hel·i·port** [-pɔː(r)t] s aer. Heli'port m, Hubschrauberlandeplatz m. **'hel·i₁ski·ing** s Heli-Skiing n (Skilaufen mit Hilfe e-s Hubschraubers, der den Skifahrer auf die höchsten Gipfel bringt). **'hel·i·spot** s aer. provi'sorischer Hubschrauberlandeplatz m. **'hel·i·stop** → heliport.
he·li·um [ˈhiːljəm; ˈhiːlɪəm] s chem. Helium n.
he·lix [ˈhiːlɪks] pl **hel·i·ces** [ˈhelɪsiːz; ˈhiː-], **he·lix·es** s 1. Spi'rale f. 2. anat. Helix f (umgebogener Rand der menschlichen Ohrmuschel). 3. arch. Schnecke f. 4. math. Schneckenlinie f: ~ angle Schrägungswinkel m. 5. zo. Helix f, Schnirkelschnecke f. 6. chem. Helix f (spiralische Molekülstruktur).
hell [hel] I s 1. Hölle f (a. fig.): to go to ~ in die Hölle kommen, zur Hölle fahren; it was ~ es war die (reine) Hölle; to beat (od. knock) ~ out of s.o. colloq. j-n ‚fürchterlich verdreschen'; to catch (od. get) ~ colloq. ‚eins aufs Dach kriegen'; come ~ or high water colloq. unter allen Umständen; to give s.o. ~ colloq. j-m ‚die Hölle heiß machen'; to make s.o.'s life a ~ j-m das Leben zur Hölle machen; there will be ~ to pay if we get caught colloq. wenn wir erwischt werden, ist der Teufel los; to play ~ with colloq. Schindluder treiben mit; to raise ~ colloq. ‚e-n Mordskrach schlagen'; I'll see you in ~ first! colloq. ich werd' den Teufel tun!; to suffer ~ on earth die Hölle auf Erden haben. 2. intens colloq. Teufel m, Hölle f: a ~ of a noise ein Höllenlärm; to be in a ~ of a temper e-e ‚Mordswut' od. e-e ‚Stinklaune' haben; a ~ of a good car ein ‚verdammt' guter Wagen; a ~ of a guy ein ‚Pfundskerl'; what the ~...? was zum Teufel...?; like ~ wie verrückt (arbeiten etc); like ~ he paid for the meal! er dachte nicht im Traum daran, das Essen zu zahlen!; ~ for leather wie verrückt (fahren etc); go to ~! ‚scher dich zum Teufel!'; get the ~ out of here! mach, daß du rauskommst!; the ~ I will! ich werd' den Teufel tun!; not a hope in ~ nicht die geringste Hoffnung; tired (sure) as ~ ‚hundemüde' (‚todsicher'); ~'s bells (od. teeth)! → 6. 3. colloq. a) Spaß m: for the ~ of it aus Spaß an der Freude; the ~ of it is that das Komische daran ist, daß, b) Am. Ausgelassenheit f, 'Übermut m. 4. Spielhölle f. 5. print. De'fektenkasten m. II interj 6. colloq. a) Br. sl. a. **bloody** ~! (verärgert) verdammt!, verflucht!, b) iro. ha, ha!, c) (überrascht) Teufel auch!, Teufel, Teufel!
'hell₁bend·er s 1. zo. Schlammteufel m (Riesensalamander). 2. Am. colloq. leichtsinniger od. eigensinniger Kerl. **~'bent** adj colloq. 1. ganz versessen, wie wild (on, for auf acc): to be ~ on doing (od. to do) s.th. ganz versessen darauf sein, etwas zu tun. 2. a) rasend: ~ driver Raser m, b) leichtsinnig. 3. selbstzerstörerisch. **~ bomb** colloq. für hydrogen bomb. **'~·box** → hell 5. **'~·broth** s Hexen-, Zaubertrank m. **'~·cat** s Xan'thippe f, zänkisches Weib.
hel·le·bore [ˈhelɪbɔː(r)] s bot. 1. Nieswurz f (a. pharm.). 2. Germer m.
hel·le·bo·rine [ˈhelɪbərɪn] s bot. 1. Sumpfwurz f. 2. Waldvögelein n.
Hel·lene [ˈheliːn] s Hel'lene m, Grieche m.
Hel·len·ic [heˈliːnɪk; Am. heˈlenɪk] adj hel'lenisch, griechisch.
Hel·len·ism [ˈhelɪnɪzəm] s Helle'nismus m: a) Griechentum n, b) nachklassische Kulturepoche von Alexander dem Großen bis zur römischen Kaiserzeit. **'Hel·len·ist** s Helle'nist m. **ˌHel·len'is·tic** adj helle'nistisch. **'Hel·len·ize** v/t u. v/i (sich) helleni'sieren.
'hell₁fire s 1. Höllenfeuer n. 2. fig. Höllenqualen pl. **'~·hole** s 1. ‚scheußliches Loch' (Wohnung etc). 2. a) Sündenpfuhl m, b) anrüchiges Etablisse'ment. **'~·hound** s 1. Höllenhund m. 2. fig. Teufel m.
hel·lion [ˈheljən] s Am. colloq. Bengel m, Range f, m.
hell·ish [ˈhelɪʃ] I adj (adv -ly) 1. höllisch (a. fig. colloq.). 2. colloq. ‚verteufelt', ‚scheußlich'. II adv 2. colloq. a. ‚höllisch': a ~ cold day ein ‚scheußlich' kalter Tag; a ~ good idea e-e ‚wahnsinnig' gute Idee.
'hell·kite s Unmensch m, Teufel m.
hel·lo [həˈləʊ; heˈləʊ] I interj 1. hal'lo!, (überrascht a.) na'nu! II pl **-los** s 2. Hal'lo n. 3. Gruß m: to say ~ (to s.o.) (j-m) einen Tag sagen; she gave him a warm ~ sie begrüßte ihn herzlich; have you said all your ~s? hast du allen guten Tag gesagt? III v/i 4. hal'lo rufen.
hell·uv·a [ˈheləvə] adj u. adv colloq.: a ~ noise ein Höllenlärm; to be in a ~ temper e-e ‚Mordswut' od. e-e ‚Stinklaune' haben; a ~ good car ein ‚verdammt' guter Wagen; a ~ guy ein ‚Pfundskerl'.
helm[1] [helm] s 1. mar. a) Helm m, (Ruder)Pinne f, b) Ruder n, Steuer n: ~ a-lee!, (beim Segeln) ~ down! Ruder in Lee!; ~ up! (beim Segeln) ~ up! Ruder nach Luv! 2. fig. Ruder n, Führung f, Herrschaft f: ~ of State Staatsruder n; to be at the ~ am Ruder od. an der Macht sein; to take the ~ das Ruder übernehmen.
helm[2] [helm] s obs. od. poet. Helm m.
helmed [helmd] adj obs. od. poet. behelmt.
hel·met [ˈhelmɪt] s 1. mil. Helm m. 2. (Schutz-, Sturz-, Tropen-, Taucher-) Helm m. 3. bot. Kelch m. **'hel·met·ed** adj behelmt.
hel·minth [ˈhelmɪnθ] s zo. Hel'minthe f, Eingeweidewurm m. **ˌhel·min·thi·a·sis** [ˌhelmɪnˈθaɪəsɪs] s med. Helmin'thiasis f, Wurmkrankheit f. **ˌhel·min'thol·o·gy** [-ˈθɒlədʒɪ; Am. -ˈθɑ-] s Helmintholo'gie f (Wissenschaft von den Eingeweidewürmern).
'helms·man [ˈhelmzmən] s irr mar. Steuermann m (a. fig.).
Hel·ot [ˈhelət] s He'lot(e) m: a) hist. Staatssklave in Sparta, b) meist h~ Angehöriger e-r unterdrückten, ausgebeuteten Bevölkerungsgruppe e-s Landes. **'hel·ot·ism** s 1. Helo'tismus m, He'lotentum n. 2. biol. Helo'tismus m (Symbiose, aus der der e-e Partner größeren Nutzen zieht als der andere). **'hel·ot·ry** [-rɪ] s 1. Helo'tentum n. 2. collect. He'loten pl.
help [help] I s 1. (Mit)Hilfe f, Beistand m, Unter₁stützung f: ~! Hilfe!; by (od. with) the ~ of mit Hilfe von; he came to my ~ er kam mir zu Hilfe; it (she) is a great ~ es (sie) ist e-e große Hilfe; can I be of any ~ to you? kann ich Ihnen (irgendwie) helfen od. behilflich sein? 2. Abhilfe f: there's no ~ for it da kann man nichts machen, es läßt sich nicht ändern. 3. a) Angestellte(r m) f, Arbeiter(in), bes. Hausangestellte(r), Landarbeiter(in), b) collect. ('Dienst)Perso₁nal n. 4. Hilfsmittel n. 5. Porti'on f (Essen) (→ helping 3).
II v/t 6. j-m helfen od. beistehen, j-n unter₁stützen: to ~ s.o. (to) do s.th. j-m helfen, etwas zu tun; to ~ s.o. in (od. with) s.th. j-m bei etwas helfen; can I ~ you? a) werden Sie schon bedient?, b) kann ich Ihnen helfen od. behilflich sein?; to ~ s.o. out of a difficulty j-m aus e-r Schwierigkeit (heraus)helfen; so ~ me (I did, will, etc)! Ehrenwort!; → god 2, police 3. 7. fördern, e-r Sache nachhelfen, beitragen zu: to ~ s.o.'s downfall. 8. lindern, helfen od. Abhilfe schaffen bei: to ~ a cold. 9. to ~ s.o. to s.th. a) j-m zu etwas verhelfen, b) (bes. bei Tisch) j-m etwas reichen od. geben; to ~ o.s. sich bedienen, zugreifen; to ~ o.s. to s.th. sich bedienen mit, sich etwas nehmen, b) sich etwas aneignen od. nehmen (a. stehlen). 10. (mit can) (dat) abhelfen, verhindern, -meiden: I cannot ~ it a) ich kann es nicht ändern, b) ich kann nichts dafür; it cannot be ~ed da kann man nichts machen, es läßt sich nicht ändern; if I can ~ it wenn ich es vermeiden kann; don't be late if you can ~ it! komm möglichst nicht zu spät!; how could I ~ it? a) was konnte ich dagegen tun?, b) was konnte ich dafür?; she can't ~ her freckles für ihre Sommersprossen kann sie nichts; I could not ~ laughing ich mußte einfach lachen; I cannot ~ feeling ich werde das Gefühl nicht los; I cannot ~ myself ich kann nicht anders.
III v/i 11. helfen, Hilfe leisten: every little ~s jede Kleinigkeit hilft; nothing will ~ now jetzt hilft nichts mehr. 12. don't be longer than you can ~! bleib nicht länger als nötig!

Verbindungen mit Adverbien:

help down v/t 1. j-m her₁unter-, hin₁unterhelfen. 2. fig. zum 'Untergang (gen) beitragen. **~ in** v/t j-m hin'einhelfen. **~ off** v/t 1. ~ help on 1. 2. die Zeit vertreiben. 3. to help s.o. off with his coat j-m aus dem Mantel helfen. **~ on** v/t 1. weiter-, fortheflen (dat). 2. to help s.o. on with his coat j-m in den Mantel helfen. **~ out** I v/t 1. j-m her'aus-, hin'aushelfen. 2. fig. j-m aus der Not helfen. 3. fig. j-m aushelfen, j-n unter'stützen (with mit). II v/i 4. aushelfen (with bei,

mit. **5.** helfen, nützlich sein. **~ up** *v/t j-m* hin'aufhelfen.
'help·er *s* **1.** Helfer(in). **2.** → help 3.
'help·ful *adj* (*adv* **~ly**) **1.** behilflich (to *dat*), hilfsbereit. **2.** hilfreich, nützlich (to *dat*). **'help·ful·ness** *s* **1.** Hilfsbereitschaft *f*. **2.** Nützlichkeit *f*. **'help·ing** *I adj* **1.** helfend, hilfreich: ~ **hand** I. **II** *s* **2.** Helfen *n*, Hilfe *f*. **3.** Porti|on *f* (*Essen*): **to have** (*od.* **take**) **a second ~** sich nachnehmen, *bes. mil.* nachfassen, e-n Nachschlag fassen. **'help·less** *adj* (*adv* **~ly**) hilflos: a) ohne Hilfe: **to be ~ with laughter** sich vor Lachen nicht mehr halten können, b) ratlos, c) unbeholfen, unselbständig. **'help·less·ness** *s* Hilflosigkeit *f*.
'help·mate, *a.* **'help·meet** *s obs.* **1.** Gehilfe *m*, *bes.* Gehilfin *f*. **2.** (Ehe)Gefährte *m*, *bes.* (-)Gefährtin *f*.
hel·ter-skel·ter [ˌheltə(r)'skeltə(r)] **I** *adv* holterdie'polter, Hals über Kopf. **II** *adj* hastig, über'stürzt. **III** *s* (wildes) Durchein'ander, (wilde) Hast.
helve [helv] *I s* Griff *m*, Stiel *m*: **to throw the ~ after the hatchet** *fig.* das Kind mit dem Bade ausschütten. **II** *v/t* e-n Griff einsetzen in (*acc*).
Hel·ve·tian [hel'vi:ʃjən; *bes. Am.* -ʃən] **I** *adj* **1.** hel'vetisch, schweizerisch. **II** *s* **2.** Hel'vetier(in), Schweizer(in). **3.** *geol.* hel'vetische Peri|ode. **Hel'vet·ic** [-'vetɪk] *I adj* → Helvetian I. **II** *s relig.* schweizerischer Refor'mierter.
hem¹ [hem] **I** *s* **1.** (Kleider)Saum *m*: **to take one's coat ~ up** s-n Mantel kürzer machen. **2.** Rand *m*, Einfassung *f*. **II** *v/t* **3.** *Kleid etc* (ein)säumen. **4.** *meist* **~ in**, **~ about**, **~ around** um'randen, einfassen. **5.** *meist* **~ in** a) *mil.* einschließen, b) *fig.* einengen.
hem² [hem; hm] **I** *interj* hm!, hem! **II** *s* H(e)m *n* (*Verlegenheitslaut*). **III** *v/i* ,hm' machen, sich (*verlegen*) räuspern: **to ~ and haw** ,herumdrucksen', nicht recht mit der Sprache herauswollen.
he·mal *bes. Am. für* haemal.
'he-man [-mæn] *s irr colloq.* ,He-man' *m* (*besonders männlich u. potent wirkender Mann*).
he·ma·te·in, **he·mat·ic**, **he·mat·o·blast**, *etc bes. Am. für* haematein, haematic, haematoblast, *etc*.
hem·er·a·lo·pi·a [ˌheməra'ləupiə] *s* Hemeralo'pie *f*: a) Tagblindheit *f*, b) Nachtblindheit *f*.
hemi- [hemɪ] *Wortelement mit der Bedeutung* halb.
ˌhem·i·al'gi·a *s med.* Hemial'gie *f*, halbseitige Kopfschmerzen *pl*.
ˌhem·i·an·op·si·a [ˌhemɪæ'nɒpsɪə; *Am.* -ə'nɑ-] *s med.* Hemianop'sie *f*, Halbsichtigkeit *f*.
ˌhem·i·dem·i·sem·i·qua·ver ['hemɪˌdemɪˌsemɪˌkweɪvə(r)] *s mus.* Vierund'sechzigstel(note) *f* *n*.
ˌhem·i·he·dral [ˌhemɪ'hedrəl; *bes. Am.* -'hi:-] *adj* hemi'edrisch, halbflächig (*Kristall*). **ˌhem·i'he·dron** [-drən] *pl* **-drons**, **-dra** [-drə] *s* Hemi'eder *n*, hemi'edrischer Kri'stall.
ˌhem·i·mor·phite [ˌhemɪ'mɔː(r)faɪt] *s min.* Hemimor'phit *m*.
hem·i·ple·gi·a [ˌhemɪ'pliːdʒɪə; -dʒə] *s med.* Hemiple'gie *f*, halbseitige Lähmung. **ˌhem·i'ple·gic** *adj* hemi'plegisch.
he·mip·ter·on [hɪ'mɪptərɒn; *Am.* -ˌrɑn] *s zo.* Halbflügler *m*.
hem·i·sphere ['hemɪsfɪə(r)] *s* **1.** *bes. geogr.* Halbkugel *f*, Hemi'sphäre *f*. **2.** *anat.* Hemi'sphäre *f* (*des Groß- u. Kleinhirns*). **ˌhem·i'spher·i·cal** [-'sferɪkl; *Am. a.* -'sfɪr-], *a.* **ˌhem·i'spher·ic** *adj* hemi'sphärisch, halbkugelig.

ˌhem·i·stich ['hemɪstɪk] *s metr.* Hemi'stichion *n*, Halb-, Kurzvers *m*.
'hem·line *s* (Kleider)Saum *m*: **~s are going up again** die Kleider werden wieder kürzer.
hem·lock ['hemlɒk; *Am.* -ˌlɑk] *s* **1.** *bot.* Schierling *m*. **2.** *fig.* Schierlings-, Giftbecher *m*. **3.** *a.* **~ fir**, **~ pine**, **~ spruce** *bot.* Hemlock-, Schierlingstanne *f*.
he·mo·cy·te, **he·mo·glo·bin**, **he·mol·y·sis**, **he·mo·sta·sis**, *etc bes. Am.* für haemocyte, haemoglobin, haemolysis, haemostasis, *etc*.
hemp [hemp] *s* **1.** *bot.* Hanf *m*: ~ **agrimony** Wasserhanf; ~ **nettle** (Gemeine) Hanfnessel; **to steep** (*od.* **water**) **the ~** den Hanf rösten. **2.** Hanf(faser *f*) *m*: ~ **comb** Hanfhechel *f*. **3.** *aus Hanf gewonnenes Narkotikum, bes.* Haschisch *n*. **4.** *obs.* Henkerseil *n*, Strick *m*. **'hemp·en** *adj* hanfen, hänfen, Hanf...
'hem·stitch *s* Hohlsaum(stich) *m*.
hen [hen] *s* **1.** *orn.* Henne *f*, Huhn *n*: ~'s **egg** Hühnerei *n*; (as) **scarce as ~'s teeth** *Am.* äußerst selten; **there's a ~ on** *Am. colloq.* ,es ist etwas im Busch'. **2.** *zo.* Weibchen *n*: a) *von Vögeln*, b) *von Hummern, Krebsen etc.* **3.** *colloq.* sl. a) Schwiegerhuberin' *f*, b) Klatschbase *f*, -maul *n*. ~ **and chick·ens** *pl* **hens and chick·ens** *s bot.* Pflanze mit zahlreichen Ablegern und Sprößlingen, *bes.* a) (e-e) Hauswurz, b) Gundermann *m*, c) Gänseblümchen *n*. **'~bane** *s bot. pharm.* Bilsenkraut *n*.
hence [hens] *adv* **1.** *pleonastisch oft* **from ~** (*räumlich*) von hier, von hinnen, fort, hin'weg: ~ **with it!** fort damit!; **to go ~** von hinnen gehen, sterben. **2.** (*zeitlich*) von jetzt an, binnen (*dat*): **a week ~ in** *od.* nach e-r Woche. **3.** (*begründend*) folglich, daher, deshalb. **4.** hieraus, daraus: ~ **follows that** daraus folgt, daß. **~'forth**, **~'for·ward(s)** *adv* von nun an, fort'an, hin'fort, künftig.
hench·man ['hentʃmən] *s irr* **1.** *obs.* a) Knappe *m*, Page *m*, b) Diener *m*. **2.** *bes. pol.* a) Anhänger *m*, Gefolgsmann *m*, *pl* a. Gefolge *n*, b) *contp.* Handlanger *m*, j-s Krea'tur *f*.
'hen·coop *s* Hühnerstall *m*.
hen·dec·a·gon [hen'dekəgɒn; *Am.* -ˌgɑn] *s math.* Hendeka'gon *n*, Elfeck *n*. **hen·dec·ag·o·nal** [ˌhendɪ'kægənl] *adj* elfeckig.
hen·dec·a·syl·lab·ic [ˌhendekəsɪ'læbɪk; *Am. a.* ˌhenˌde-] *metr.* **I** *adj* elfsilbig. **II** *s* → hendecasyllable. **hen·dec·a·syl·la·ble** [ˌhendeka'sɪləbl; *Am.* ˌhenˌdekə-] *s metr.* Hendeka'syllabus *m*, elfsilbiger Vers.
hen·di·a·dys [hen'daɪədɪs] *s Rhetorik:* Hendiady'oin *n*, Hendia'dys *n*: a) *die Ausdruckskraft verstärkende Verbindung zweier synonymer Substantive od. Verben*, b) *das bes. in der Antike beliebte Ersetzen e-r Apposition durch e-e reihende Verbindung mit „und"*.
hen| har·ri·er *s orn.* Kornweihe *f*. ~ **hawk** *s orn.* a) (ein) Hühnerbussard *m*. **'~heart·ed** *adj* feig(e), furchtsam. **'~house** *s* Hühnerstall *m*.
hen·na ['henə] **I** *s* **1.** *bot.* Hennastrauch *m*. **2.** Henna *f* (*Färbemittel*). **II** *v/t* **3.** mit Henna färben.
hen·ner·y ['henərɪ] *s* **1.** Hühnerfarm *f*. **2.** Hühnerstall *m*.
hen| par·ty *s colloq.* Damengesellschaft *f*, Kaffeeklatsch *m*. **'~peck** *v/t* den Ehemann ,unter dem Pan'toffel haben'. **'~pecked** *adj* ,unter dem Pan'toffel stehend': **a ~ husband** ein ,Pantoffelheld'. **'~roost** *s* a) Hühnerstange *f*, b) Hühnerstall *m*. ~ **run** *s* Br. Auslauf *m*.
hen·ry ['henrɪ] *pl* **-rys**, **-ries** *s electr.*

phys. Henry *n* (*Einheit der Selbstinduktion*).
hent [hent] *pret u. pp* **hent** *v/t obs.* **1.** ergreifen. **2.** erreichen.
hep [hep] → hip⁴.
he·pat·ic [hɪ'pætɪk] *adj* **1.** *med.* he'patisch, Leber... **2.** rotbraun. **he'pat·i·ca** [-kə] *pl* **-cas**, **-cae** [-siː] *s bot.* **1.** Leberblümchen *n*. **2.** Lebermoos *n*.
hepatico- [hɪpætɪkəu] *Wortelement mit der Bedeutung* Leber.
hep·a·ti·tis [ˌhepə'taɪtɪs] *s med.* Hepa'titis *f*, Leberentzündung *f*. **'hep·a·tize** *v/t med. Gewebe, bes. Lunge* hepati'sieren.
hepato- [hepətəu] → hepatico-.
hep·a·tog·ra·phy [ˌhepə'tɒgrəfɪ; *Am.* -'tɑ-] *s med.* Hepatogra'phie *f* (*röntgenologische Darstellung der Leber nach Injektion von Kontrastmitteln*).
hep·a·tol·o·gist [ˌhepə'tɒlədʒɪst; *Am.* -'tɑ-] *s med.* Hepato'loge *m* (*Arzt mit speziellen Kenntnissen auf dem Gebiet der Leberkrankheiten*). **ˌhep·a'tol·o·gy** *s* Hepatolo'gie *f* (*Lehre von der Leber u. ihren Krankheiten*).
hep·a·top·a·thy [ˌhepə'tɒpəθɪ; *Am.* -'tɑ-] *s med.* Hepatopa'thie *f*, Leberleiden *n*.
'hep·cat *s sl. obs.* a) Jazz-, *bes.* Swingmusiker *m*, b) Jazz-, *bes.* Swingfreund *m*.
Hep·ple·white ['heplwaɪt] *adj* im Hepplewhitestil (*Möbel*).
hep·tad ['heptæd] *s* **1.** Sieben *f* (*Zahl*). **2.** Siebenergruppe *f*. **3.** *chem.* siebenwertiges A'tom *od.* Radi'kal.
hep·ta·gon ['heptəgɒn; *Am.* -ˌgɑn] *s math.* Hepta'gon *n*, Siebeneck *n*. **hep'tag·o·nal** [-'tægənl] *adj* (*adv* **~ly**) siebeneckig.
hep·ta·he·dral [ˌheptə'hedrəl; *bes. Am.* -'hiː-] *adj math.* siebenflächig. **ˌhep·ta'he·dron** [-drən] *pl* **-drons**, **-dra** [-drə] *s math.* Hepta'eder *n*, Siebenflach *n*, -flächner *m*.
hep·tam·e·ter [hep'tæmɪtə(r)] *s metr.* Hep'tameter *m*, siebenfüßiger Vers. **hep·ta·met·ri·cal** [ˌheptə'metrɪkl] *adj* siebenfüßig.
hep·tarch·y ['heptɑː(r)kɪ] *s* **1.** Heptar'chie *f*: a) Siebenherrschaft *f*, b) Staatenbund der sieben angelsächsischen Kleinkönigreiche (Kent, Sussex, Wessex, Essex, Northumbria, East Anglia, Mercia).
Hep·ta·teuch ['heptətjuːk; *Am. a.* -ˌtuːk] *s Bibl.* Hepta'teuch *m* (*die ersten sieben Bücher des Alten Testaments*).
hep·tath·lete [hep'tæθliːt] *s Leichtathletik:* Siebenkämpferin *f*. **hep'tath·lon** [-lɒn; *Am.* -ˌlɑn] *s* Siebenkampf *m*.
hep·ta·tom·ic [ˌheptə'tɒmɪk; *Am.* -'tɑ-] *adj chem.* **1.** siebena<0x2080>tomig. **2.** siebenwertig.
hep·tav·a·lent [hep'tævələnt; *bes. Am.* ˌheptə'veɪlənt] *adj chem.* siebenwertig.
her [hɜː; ɜː; *unbetont* hə; ə; *Am.* hɜr; hər; ər] **I** *personal pron* **1.** sie (*acc von* **she**): **I know ~**, ihr (*dat von* **she**): **I gave ~ the book**. **3.** *colloq.* sie (*nom*): **it's ~**, not him sie ist es, nicht er. **II** *possessive pron* **4.** ihr, ihre: ~ **family**. **III** *reflex pron* **5.** sich: **she looked about ~** sie sah um sich, sie sah sich um.
her·ald ['herəld] **I** *s* **1.** *hist.* a) Herold *m*, b) Wappenherold *m*. **2.** *fig.* Verkünder *m*. **3.** *fig.* Vorbote *m*: **the ~s of spring**. **II** *v/t* **4.** verkünden, ankündigen (*a. fig.*). **5.** *a.* ~ **in** a) feierlich einführen, b) *fig.* einleiten.
he·ral·dic [he'rældɪk] *adj* **1.** he'raldisch, Wappen... **2.** *hist.* Herolds...
her·ald·ry ['herəldrɪ] *s* **1.** *hist.* Amt *n* e-s Herolds. **2.** He'raldik *f*, Wappenkunde *f*. **3.** *collect.* a) Wappen *n*, b) he'raldische Sym'bole *pl*. **4.** *poet.* Pomp *m*.
Her·alds' Col·lege *s Br.* Wappenamt *n*.

herb [hɜːb; *Am.* ɜrb] *s* **1.** *bot.* Kraut

n. **2.** *pharm.* (Heil)Kraut *n.* **3.** (Gewürz-, Küchen)Kraut *n.* **4.** *Am. sl.* ‚Grass' *n* (*Marihuana*).
her·ba·ceous [hɜːˈbeɪʃəs; *Am.* ɜːrˈb-; hɜːrˈb-] *adj bot.* krautartig, krautig: ~ **border** Rabatte *f.*
'**herb·age** *s* **1.** *collect.* Kräuter *pl,* Gras *n.* **2.** *jur. Br.* Weiderecht *n.*
herb·al [ˈhɜːbl; *Am.* ˈɜːrbəl; ˈhɜːr-] **I** *adj* Kräuter..., Pflanzen... **II** *s* Kräuter-, Pflanzenbuch *n.* '**herb·al·ist** [-bəl-] *s* **1.** Kräutersammler(in), -händler(in). **2.** Kräuterkenner(in). **3.** Herbalist(in), Kräuterheilkundige(r *m*) *f.*
her·bar·i·um [hɜːˈbeərɪəm; *Am.* ɜːrˈb-; hɜːrˈb-] *s* Herbarium *n* (*systematisch angelegte Sammlung gepreßter u. getrockneter Pflanzen[teile]*).
herb| **ben·net** *pl* **herbs ben·net, herb ben·nets** *s bot.* (Echte) Nelkenwurz. ~ **but·ter** *s gastr.* Kräuterbutter *f.* ~ **Chris·to·pher** *pl* **herbs Chris·to·pher** *s bot.* (ein) Christophskraut *n.* ~ **doc·tor** *s* ‚Kräuterdoktor' *m.*
her·bi·vore [ˈhɜːbɪvɔː(r); *Am.* ˈɜːr-; ˈhɜːr-; *a.* -ˌvəʊr] *s zo.* Pflanzenfresser *m.* **her·'biv·o·rous** [-ˈbɪvərəs] *adj* (*adv* ~**ly**) *zo.* pflanzenfressend.
herb·o·rist [ˈhɜːbərɪst; *Am.* ˈɜːr-; ˈhɜːr-] → **herbalist.** '**her·bo·rize** *v/i* Pflanzen (*zu Studienzwecken*) sammeln, botanisieren.
herb| **Par·is** *pl* **herbs Par·is** *s bot.* Vierblättrige Einbeere. ~ **Pe·ter** *pl* **herbs Pe·ter** *s bot.* Himmel(s)schlüssel *m.* ~ **Rob·ert** [ˈrɒbət; *Am.* ˈrɑːbərt] *s bot.* Ruprechtskraut *n.* ~ **tea** *s* Kräutertee *m.* ~ **trin·i·ty** *pl* **herbs trin·i·ty, herb trin·i·ties** *s bot.* Stiefmütterchen *n.*
Her·cu·le·an [ˌhɜːkjʊˈliːən; hɜːˈkjuːljən; *Am.* ˌhɜːrkjəˈliːən; hɜːrˈkjuːljən] *adj* **1.** Herkules... (*a. fig.* übermenschlich, schwierig): **the ~ la·bo(u)rs** *myth.* die Arbeiten des Herkules; **a h~ la·bo(u)r** *fig.* e-e Herkulesarbeit. **2.** *oft* **h~** *fig.* herˈkulisch, riesenstark, mächtig: **a ~ man**; **~ strength** Riesenkräfte *pl.* '**Her·cu·les** [-liːz] *npr antiq.* Herkules *m* (*a. fig. riesenstarker Mann*): **a la·bo(u)r of ~** *fig.* e-e Herkulesarbeit.
herd [hɜːd; *Am.* hɜːrd] **I** *s* **1.** Herde *f,* (*wildlebender Tiere a.*) Rudel *n* (*a. von Menschen*): **the star was followed by a ~ of autograph hunters. 2.** *contp.* Herde *f,* Masse *f* (*Menschen*): **the** (**common od. vulgar**) **~** die große *od.* breite Masse. **3.** *Am. colloq.* ‚Haufen' *m* (*von Dingen*). **4.** *bes. in Zssgn* Hirt(in). **II** *v/i* **5.** *a.* **~ together** a) in Herden gehen *od.* leben, b) sich zs.-drängen (*a. Menschen*). **6.** sich zs.-tun (**among, with** mit). **III** *v/t* **7.** Vieh, *a.* Menschen treiben: **to ~ together** zs.-treiben. **8.** Vieh hüten. '**~book** *s agr.* Herd-, Stammbuch *n.*
'**herd·er** *s bes. Am.* Hirt *m.*
'**herd·ing** *s* Viehhüten *n.*
herd in·stinct *s zo.* 'Herdenin₁stinkt *m,* (*a. bei Menschen, a. contp.*) Herdentrieb *m.*
'**herds·man** [-mən] *s irr bes. Br.* **1.** Hirt *m.* **2.** Herdenbesitzer *m.*
here [hɪə(r)] **I** *adv* **1.** hier: **in ~** hier drinnen; **~ and there** a) hier u. da, da u. dort, hierhin u. dorthin, b) hin u. her, c) (*zeitlich*) hin u. wieder, hie u. da; **~ and now** hier u. jetzt *od.* heute; **~, there and everywhere** überall; **~ below** hienieden; **~'s to you!** auf Ihr Wohl!, prosit!; **~ you are** (*od.* **we are**)! hier (bitte)! (*da hast du es*); **that's neither ~ nor there** a) das gehört nicht zur Sache, b) das besagt nichts; **~ today and gone tomorrow** flüchtig *u.* vergänglich; **this man ~,** *sl.*

this **~ man** dieser Mann hier; **we are leaving ~ today** wir reisen heute (von hier) ab; **from ~ to eternity** *oft humor.* in alle Ewigkeit; → **go¹ 15, how 2. 2.** (hier-) her, hierhin: **come ~** komm her; **bring it ~** bring es hierher; **this belongs ~** das gehört hierher. **II** *s* **3. the ~ and now** a) das Hier u. Heute, b) das Diesseits.
'**here**|**·a·bout(s)** *adv* hier her'um, in dieser Gegend. **~ˈaf·ter I** *adv* **1.** → **hereinafter. 2.** künftig, in Zukunft. **II** *s* **3.** Zukunft *f.* **4.** (**das**) Jenseits. **~ˈat** *adv obs.* dessenthalben. **~ˈby** *adv* hier-, dadurch, hiermit.
he·re·des [hɪˈriːdiːz; *Am. a.* heˈreɪdeɪs] *pl von* **heres.** [**able.**]
he·red·i·ta·ble [hɪˈredɪtəbl] → **herit-**⌡
her·e·dit·a·ment [ˌherɪˈdɪtəmənt] *s* a) *Br.* bebautes *od.* unbebautes Grundstück (*als Bemessungsgrundlage für die Kommunalabgaben*), b) *jur. Am.* vererblicher Vermögensgegenstand.
he·red·i·tar·i·an·ism [həˌredɪˈteərɪənɪzəm] *s biol. psych.* Lehre, nach der das menschliche Verhalten vor allem erbbedingt ist.
he·red·i·tar·y [hɪˈredɪtərɪ; *Am.* -ˌterɪ] *adj* (*adv* **hereditarily**) **1.** er-, vererbt, erblich, Erb...: **~ disease** angeborene Krankheit, Erbkrankheit *f;* **~ monarchy** Erbmonarchie *f;* **~ peer** *Br.* Peer *m* mit ererbtem Titel; **~ proprietor** Besitzer *m* durch Erbschaft; **~ succession** *jur. Am.* Erbfolge *f;* **~ taint** erbliche Belastung. **2.** *fig.* altˈhergebracht, Erb...: **~ enemy** Erbfeind *m.*
he·red·i·ty [hɪˈredɪtɪ] *s biol.* **1.** Heredi'tät *f,* Erblichkeit *f,* Vererbbarkeit *f.* **2.** ererbte Anlagen *pl,* Erbmasse *f.*
ˌ**here**|**ˈfrom** *adv* hieraus. **~ˈin** *adv* hierin. **~ˈin·aˈbove** *adv* vorstehend, im vorstehenden (*erwähnt*), oben (*angeführt*). **~ˈin·aˈfter** *adv* nachstehend, im folgenden (*erwähnt*), unten (*angeführt*). **~ˈin·beˈfore** → **hereinabove. ~ˈof** *adv* hiervon, dessen.
he·res [ˈhɪərɪz; *Am. a.* ˈheɪreɪs] *pl* **he·re·des** [hɪˈriːdiːz; *Am. a.* heˈreɪdeɪs] *s jur.* Erbe *m.*
her·e·si·arch [heˈriːzɪɑː(r); hə-] *s relig.* Häresi'arch *m* (*Begründer u. geistliches Oberhaupt e-r Häresie*).
her·e·sy [ˈherəsɪ] *s* Häreˈsie *f,* Ketzeˈrei *f:* a) von der offiziellen Kirchenmeinung abweichende Lehre, b) Abweichen von e-r allgemein als gültig erklärten Meinung.
'**her·e·tic** [-tɪk] **I** *s* Häˈretiker(in), Ketzer(in). **II** *adj* → **heretical.**
he·ret·i·cal [hɪˈretɪkl] *adj* (*adv* ~**ly**) häˈretisch, ketzerisch.
ˌ**here**|**ˈto** *adv* **1.** hierzu: **attached ~** beigefügt. **2.** *obs.* bisher. **~ˈtoˈfore I** *adv* vordem, ehemals. **II** *adj obs.* früher. **~ˈun·der** *adv* **1.** → **hereinafter. 2.** *jur.* kraft dieses (*Vertrages etc*). **~ˈun·to** *obs.* → **hereto. ~ˈup·on** *adv* hierauf, darauf(hin). **~ˈwith** *adv* hiermit, -durch.
her·i·ot [ˈherɪət] *s jur. hist.* Hauptfall *m* (*bestes Stück der Hinterlassenschaft, das dem Lehnsherrn zufiel*).
her·it·a·ble [ˈherɪtəbl] *adj* (*adv* **heritably**) **1.** Erb..., erblich, vererbbar: **~ property** *Scot.* Grundbesitz *m.* **2.** erbfähig.
her·it·age [ˈherɪtɪdʒ] *s* **1.** Erbe *n:* a) Erbschaft *f,* Erbgut *n,* b) *ererbtes Recht etc.* **2.** *jur. Scot.* Grundbesitz *m.* **3.** *Bibl.* (**das**) Volk Israel.
her·i·tance [ˈherɪtəns] *obs. für* a) **heritage,** b) **inheritance.** '**her·i·tor** [-tə(r)] *s* **1.** *obs. od. jur.* Erbe *m.* **2.** *Scot.* Grundbesitzer *m.*
her·maph·ro·dite [hɜːˈmæfrədaɪt; *Am.* hɜːr-] **I** *s* **1.** *biol.* Hermaphroˈdit *m,* Zwitter *m.* **2.** *fig.* Zwitterwesen *n,* -ding *n.*

3. *a.* **~ brig** *mar. hist.* Briggschoner *m.* **II** *adj* **4.** Zwitter..., zwitterhaft. **her·ˌmaph·roˈdit·ic** [-ˈdɪtɪk; *Br. a.* -ˈdaɪ-] *adj;* **her·ˌmaph·roˈdit·i·cal** [-kəl] *adj* (*adv* ~**ly**) → **hermaphrodite II.** **her·ˈmaph·ro·dit·ism** [-daɪtɪzəm] *s biol.* Hermaphrodiˈtismus *m:* a) Zwittertum *n,* b) Zwitterbildung *f.*
her·me·neu·tic [ˌhɜːmɪˈnjuːtɪk; *Am.* ˌhɜːrməˈnuːtɪk; -ˈnjuː-] **I** *adj* (*adv* ~**ally**) hermeˈneutisch, auslegend. **II** *s pl* (*meist als sg konstruiert*) Hermeˈneutik *f* (*Kunst der Auslegung von Schriften, bes. der Bibel*).
her·met·ic [hɜːˈmetɪk; *Am.* hɜːr-] *adj* (*adv* ~**ally**) **1.** herˈmetisch, dicht (*verschlossen*), *tech.* luftdicht: **~ally sealed** luftdicht verschlossen. **2.** *oft* **H~** magisch, alchiˈmistisch, okkulˈtistisch.
her·mit [ˈhɜːmɪt; *Am.* ˈhɜːrmɪt] *s* **1.** *relig.* Einsiedler *m* (*a. fig.*), Ereˈmit *m,* Klausner *m.* **2.** *obs.* Betbruder *m.* **3.** *orn.* (*ein*) Kolibri *m.* **4.** *Am.* (*ein*) Siruppläzchen *n.* '**her·mit·age** *s* **1.** Einsiedeˈlei *f,* Klause *f* (*a. fig.*). **2.** Einsiedlerleben *n, fig. a.* Einsiedlertum *n.*
her·mit crab *s zo.* Einsiedlerkrebs *m.*
her·ni·a [ˈhɜːnjə; -nɪə; *Am.* ˈhɜːr-] *pl* **-ni·as, -ni·ae** [-nɪiː] *s med.* Hernie *f,* Bruch *m.* '**her·ni·al** *adj med.* Bruch...: **~ sac** Bruchsack *m;* **~ truss** Bruchband *n.* '**her·ni·at·ed** [-nɪeɪtɪd] *adj med.* **1.** bruchleidend. **2.** bruchsackartig.
her·ni·ot·o·my [ˌhɜːnɪˈɒtəmɪ; *Am.* ˌhɜːrnɪˈɑː-] *s med.* Herniotoˈmie *f* (*operative Spaltung des einschnürenden Bruchrings, um e-n eingeklemmten Bruch in die Bauchhöhle zurückzuschieben*).
he·ro [ˈhɪərəʊ] *pl* **-roes** *s* **1.** Held *m.* **2.** *antiq.* Heros *m,* Halbgott *m.* **3.** *thea. etc* Held *m,* 'Hauptperˌson *f.*
he·ro·ic [hɪˈrəʊɪk] **I** *adj* (*adv* ~**ally**) **1.** heˈroisch (*a. paint. etc*), heldenmütig, -haft, Helden...: **~ action** Heldentat *f;* **~ age** Heldenzeitalter *n;* **~ couplet** *metr.* heroisches Reimpaar; **~ poem** → **4** b; **~ tenor** *mus.* Heldentenor *m;* **~ verse** → **4** a. **2.** a) grandiˈos, erhaben, b) hochtrabend, bomˈbastisch (*Sprache, Stil*). **3.** *med.* Radikal...: **~ treatment** Radikalkur *f.* **II** *s* **4.** a) heˈroisches Versmaß, b) heroisches Gedicht. **5.** *pl* hochtrabende *od.* bomˈbastische Worte *pl.* **heˈro·i·cal·ness, heˈro·ic·ness** *s* (*das*) Heˈroische, Heldenhaftigkeit *f.*
he·ro·i·com·ic [ˌhɪərəʊˈkɒmɪk; *Am.* -ˈkɑː-], *a.* **he·ˌro·iˈcom·i·cal** [-kəl] *adj* heˈroisch-komisch (*Epos etc*).
her·o·in [ˈherəʊɪn; *Am.* ˈherəwən] *s* Heroˈin *n:* **to be on ~** heroinsüchtig sein.
her·o·ine [ˈherəʊɪn; *Am.* ˈherəwən] *s* **1.** Heldin *f, thea. etc a.* 'Hauptperˌson *f.* **2.** *antiq.* Halbgöttin *f.*
her·o·in·ism [ˈherəʊɪnɪzəm; *Am.* ˈherəwəˌnɪzəm] *s med.* Heroiˈnismus *m,* Heroˈinsucht *f.*
her·o·ism [ˈherəʊɪzəm; *Am.* ˈherəˌwɪzəm] *s* Heroˈismus *m,* Heldentum *n.*
he·ro·ize [ˈhɪərəʊaɪz] **I** *v/t* heroiˈsieren, zum Helden machen. **II** *v/i* den Helden spielen.
her·on [ˈherən] *pl* '**her·ons,** *bes. collect.* '**her·on** *s orn.* Reiher *m.* '**her·on·ry** [-rɪ] *s orn.* Reiherstand *m.*
he·ro|**·wor·ship** *s* **1.** Heldenverehrung *f.* **2.** Schwärmeˈrei *f* (**for** für). '**~-ˌwor·ship** *v/t pret u. pp* **-shiped,** *bes. Br.* **-shipped 1.** als Helden verehren. **2.** schwärmen für.
her·pes [ˈhɜːpiːz; *Am.* ˈhɜːr-] *s med.* Herpes *m,* Bläschenausschlag *m.* **~ la·bi·al·is** [ˌleɪbɪˈælɪs] *s med.* Herpes labiˈalis, Lippen-, Gesichtsherpes *m,* Fieberbläschen *pl.* **~ sim·plex** *s med.* Her-

pes *m* simplex, Virusherpes *m*. ~ **zos·ter** *s med*. Herpes *m* zoster, Gürtelrose *f*.
her·pe·tol·o·gist [ˌhɜːpɪˈtɒlədʒɪst; *Am.* ˌhɜrpəˈtɑ-] *s* Herpetoˈloge *m*. **her·pe·ˈtol·o·gy** *s* Herpetoloˈgie *f* (*Teilgebiet der Zoologie, das sich mit der Erforschung der Lurche u. Kriechtiere befaßt*).
her·ring [ˈherɪŋ] *pl* **-rings**, *bes. collect.* **-ring** *s ichth.* Hering *m*. **~ˈbone** I *s* 1. *a.* ~ **design**, ~ **pattern** Fischgrätenmuster *n*. 2. fischgrätenartige Anordnung. 3. *a.* ~ **stitch** (*Stickerei*) Fischgrätenstich *m*. 4. *Skilauf:* Grätenschritt *m*. II *adj* 5. ~ **bond** *arch.* Strom-, Kornähren-, Festungsverband *m*; ~ **gear** *tech.* Getriebe *n* mit Pfeilzahnrädern. III *v/t* 6. mit e-m Fischgrätenmuster versehen. 7. *Skilauf:* e-e Steigung im Grätenschritt nehmen. IV *v/i* 8. *Skilauf:* im Grätenschritt steigen. **~ˈdrift·er** *s mar.* Heringslogger *m*. **~ˈgull** *s orn.* Silbermöwe *f*. **~ ˈking** *s ichth.* Falscher Heringskönig. **~ pond** *s humor.* ‚Großer Teich‘ (*Atlantik*).
hers [hɜːz; *Am.* hɜrz] *possessive pron* ihr, der (die, das) ihr(ig)e (*prädikativ u. substantivisch gebraucht*), (*auf Handtüchern etc*) sie: **this house is** ~ das ist ihr Haus, dieses Haus gehört ihr; **a friend of** ~ ein(e) Freund(in) von ihr; **my mother and** ~ m-e u. ihre Mutter.
herˈself *pron* 1. (*verstärkend*) sie (*nom od. acc*) selbst, ihr (*dat*) selbst: **she did it ~**, **she ~ did it** sie hat es selbst getan, sie selbst hat es getan; **by ~** von selbst, allein, ohne Hilfe; **she is not quite ~** a) sie ist nicht ganz auf der Höhe, b) sie ist nicht ganz normal *od.* ‚bei Trost‘; **she is quite ~ again** sie ist wieder ganz die alte. 2. *reflex* sich: **she hurt ~**; **she thought ~ wise** sie hielt sich für klug. 3. sich (selbst): **she wants it for ~**.
hertz [hɜːts; *Am.* hɜrts; heərts] *s phys.* Hertz *n* (*Maßeinheit der Wellenfrequenz*). **ˈHertz·i·an**, *a.* **h~** *adj phys.* Hertzsch(er, e, es): **~ waves** Hertzsche *od.* elektromagnetische Wellen.
hes·i·tan·cy [ˈhezɪtənsɪ], *a.* **ˈhes·i·tance** *s* Zögern *n*, Zaudern *n*, Unschlüssigkeit *f*. **ˈhes·i·tant** *adj* (*adv* **~ly**) 1. zögernd (*Antwort etc*), (*Person a.*) zaudernd, unschlüssig. 2. (*beim Sprechen*) stockend.
hes·i·tate [ˈhezɪteɪt] I *v/i* 1. zögern, zaudern, unschlüssig sein, Bedenken haben (**to do** zu tun): **to make s.o.** ~ j-n unschlüssig *od.* stutzig machen; **not to** ~ **at** nicht zurückschrecken vor (*dat*); **I ~ to ask you but** ... es ist mir unangenehm, Sie zu fragen, aber ... 2. (*beim Sprechen*) stocken. II *v/t* 3. zögernd äußern. **ˈhes·iˈta·tion** *s* 1. Zögern *n*, Zaudern *n*, Unschlüssigkeit *f*: **without** (**any**) ~ ohne zu zögern, bedenkenlos; **I have no ~ in saying that** ... ich kann ohne weiteres sagen, daß ... 2. Stocken *n*. 3. *a.* ~ **waltz** *mus.* Schleifer *m*, (*ein*) langsamer Walzer. **ˈhes·i·ta·tive** [-teɪtɪv] → **hesitant** 1.
Hes·pe·ri·an [heˈspɪərɪən] *poet.* I *adj* westlich, abendländisch. II *s* Abendländer *m*.
Hes·per·i·des [heˈsperɪdiːz] *s pl* 1. *myth.* Hesperiden *pl* (*Nymphen*). 2. (*als sg konstruiert*) *poet.* Garten *m* der Hesperiden.
Hes·per·us [ˈhespərəs] *s poet.* Hesperos *m*, Hesperus *m* (*Abendstern*).
Hes·si·an [ˈhesɪən; *Am.* ˈheʃən] I *adj* 1. hessisch. II *s* 2. Hesse *m*, Hessin *f*. 3. *mil. Am.* Söldner *m* (*bes. während der Amer. Revolution auf seiten der Briten*). 4. **h~** Juteleinen *n* (*für Säcke etc*). **~ boots** *s pl hist.* Schaftstiefel *pl*. **~ fly** *s zo.* Hessenfliege *f*.
hes·site [ˈhesaɪt] *s min.* Hesˈsit *m*. **ˈhes·so·nite** [-ənaɪt] *s min.* Hessoˈnit *m*.

hest [hest] → **behest** 1.
het [het] *adj*: ~ **up** *colloq.* a) aufgeregt, b) ‚fuchtig‘, wütend; **to get ~ up** sich aufregen (**about** über *acc*, wegen); fuchtig werden.
he·tae·ra [hɪˈtɪərə] *pl* **-rae** [-riː] *s antiq.* Heˈtäre *f* (*meist hochgebildete, oft politisch einflußreiche Geliebte bedeutender Männer*).
he·tai·ra [hɪˈtaɪrə] *pl* **-rai** [-raɪ] → **hetaera**.
hetero- [hetərəʊ] Wortelement mit der Bedeutung anders, verschieden, fremd.
het·er·o [ˈhetərəʊ] *colloq.* I *adj* ‚hetero‘ (*heterosexuell*). II *pl* **-os** *s* ‚Hetero‘ *m*, *f* (*Heterosexuelle*[*r*]).
ˌ**het·er·oˈchro·mo·some** *s biol.* Heterochromoˈsom *n*, Geˈschlechtschromoˌsom *n*.
het·er·oˈchro·mous [ˌhetərəʊˈkrəʊməs] *adj* verschiedenfarbig, *bes. biol.* heteroˈchrom.
het·er·oˈclite [ˈhetərəʊklaɪt] I *adj* 1. abˈnorm, ausgefallen. 2. *ling.* heteroˈklitisch. II *s* 3. a) Sonderling *m*, b) ausgefallene Sache. 4. *ling.* Heteˈrokliton *n* (*Substantiv, dessen einzelne Deklinationsformen nach verschiedenen Stämmen od. Deklinationsmustern gebildet werden*).
ˌ**het·er·oˈcy·clic** *adj chem.* heterozyˈklisch.
het·er·o·dox [ˈhetərəʊdɒks; *Am.* -rəˌdɑks] *adj* 1. *relig.* heteroˈdox, andersˌirrgläubig. 2. *fig.* ˈunkonventioˌnell, unˈüblich. **ˈhet·er·oˌdox·y** *s* 1. *relig.* heterodoˈxie *f*, Andersgläubigkeit *f*, Irrglaube *m*. 2. hetero'doxer *od.* ˈunkonventioˌneller Chaˈrakter.
het·er·o·dyne [ˈhetərəʊdaɪn] *electr.* I *adj* Überlagerungs..., Superhet...: ~ **receiver** Überlagerungsempfänger *m*, Super(het) *m*. II *v/t u. v/i* überˈlagern.
het·er·oˈga·mous [ˌhetəˈrɒgəməs; *Am.* -ˈrɑ-] *adj biol.* heterogaˈmetisch (*verschiedengeschlechtliche Gameten bildend*).
het·er·oˈga·my *s* Heterogaˈmie *f* (*Fortpflanzung durch ungleich gestaltete od. sich ungleich verhaltende Gameten*).
het·er·o·ge·ne·i·ty [ˌhetərəʊdʒɪˈniːətɪ] *s* Heterogeniˈtät *f*, Ungleichartigkeit *f*, Verschiedenartigkeit *f*. ˌ**het·er·oˈge·ne·ous** [-ˈdʒiːnjəs; -nɪəs] *adj* (*adv* **~ly**) heteroˈgen, ungleichartig, verschiedenartig: ~ **number** *math.* gemischte Zahl.
ˌ**het·er·oˈgen·e·sis**, ˌ**het·er·ˈog·e·ny** [-ˈrɒdʒɪnɪ; *Am.* -ˈrɑ-] *s biol.* a) → **abiogenesis**, b) Generatiˈonswechsel *m*.
het·er·og·o·ny [ˌhetəˈrɒgənɪ; *Am.* -ˈrɑ-] *s biol.* Heterogoˈnie *f* (*besondere Form des Generationswechsels bei Tieren, wobei auf e-e sich geschlechtlich fortpflanzende Generation e-e andere folgt, die sich aus unbefruchteten Eiern entwickelt*).
ˌ**het·er·oˈgraph·ic** *adj ling.* heteroˈgraph (*orthographisch verschieden geschrieben, bes. bei gleichlautender Aussprache*).
ˌ**het·er·oˈmor·phic** [-ˈmɔː(r)fɪk], ˌ**het·er·oˈmor·phous** *adj biol. chem. phys.* heteroˈmorph, verschiedengestaltig.
het·er·on·o·mous [ˌhetəˈrɒnəməs; *Am.* -ˈrɑ-] *adj* (*adv* **~ly**) heteroˈnom: a) unselbständig, von fremden Gesetzen abhängig, b) *biol.* ungleichartig, -wertig. ˌ**het·erˈon·o·my** *s* Heteronoˈmie *f*.
het·er·oˈphyl·lous [ˌhetərəʊˈfɪləs; *Br. a.* -ˈrɒfɪləs] *adj bot.* heteroˈphyll (*quantitativ ungleichblättrig*). **ˈhet·er·oˌphyl·ly** *s bot.* Heterophylˈlie *f*.
het·er·oˈplas·ty [-ˌplæstɪ] *s med.* Heterotransplantatiˈon *f*, Heteroˈplastik *f* (*Verpflanzung von Organen od. Gewebeteilen aus einem Lebewesen e-r anderen Art*).
ˌ**het·er·oˈsex·u·al** *adj* (*adv* **~ly**) heterosexuˈell: a) *sexuell auf das andere Geschlecht ausgerichtet*, b) *die Heterosexualität betreffend.* II *s* Heterosexuˈelle(*r m*) *f*. **ˈhet·er·oˌsex·uˈal·i·ty** *s* Heterosexualiˈtät *f*.
het·er·o·troph [ˈhetərəʊtrɒf; *Br. a.* -trɒf; *Am. a.* -ˌtrɑf] *s biol.* heteroˈtrophe Pflanze, heterotropher Orgaˈnismus. ˌ**het·er·oˈtroph·ic** [-ˈtrɒfɪk; *Br. a.* -ˈtrɒfɪk; *Am. a.* -ˈtrɑ-] *adj biol.* heteroˈtroph (*in der Ernährung auf Körpersubstanz od. Stoffwechselprodukte anderer Organismen angewiesen*). ˌ**het·erˈot·ro·phy** [-ˈrɒtrəfɪ; *Am.* -ˈrɑ-] *s* Heterotroˈphie *f*.
ˌ**het·er·oˈzy·gote** *s biol.* Heterozyˈgot *m*. ˌ**het·er·oˈzy·gous** [-ˈzaɪgəs] *adj* heteroˈzyˌgot, mischerbig.
het·man [ˈhetmən] *pl* **-mans** *s hist.* Hetman *m*: a) *vom König eingesetzter Oberbefehlshaber des Heeres in Polen u. Litauen*, b) *frei gewählter Führer der Kosaken mit militärischer u. ziviler Befehlsgewalt*.
heu·land·ite [ˈhjuːləndaɪt] *s min.* Heulanˈdit *m*.
heu·ris·tic [hjʊəˈrɪstɪk] I *adj* (*adv* **~ally**) 1. heuˈristisch. II *s* 2. heuˈristische Meˈthode. 3. *meist pl* (*meist als sg konstruiert*) Heuˈristik *f* (*Lehre von den Wegen u. Methoden zur Gewinnung neuer wissenschaftlicher Erkenntnisse*).
he·ve·a [ˈhiːvɪə] *s bot.* Kautschukbaum *m*.
hew [hjuː] *pret* **hewed**, *pp* **hewed** *od.* **hewn** [hjuːn] I *v/t* 1. hauen, hacken: **to ~ to pieces** in Stücke hauen; **to ~ one's way** sich e-n Weg bahnen. 2. Bäume fällen. 3. *Steine etc* behauen. II *v/i* 4. ~ **to** *Am.* sich halten an (*acc*).
Verbindungen mit Adverbien:
hew | **down** *v/t* nieder-, ˈumhauen, fällen. **~ off** *v/t* abhauen. **~ out** *v/t* 1. herˈaushauen (**of** aus). 2. *fig.* mühsam schaffen: **to ~ a career for o.s.** sich s-n Weg bahnen, sich emporarbeiten. **~ up** *v/t* zerhauen, zerhacken.
hew·er [ˈhjuːə(r)] *s* 1. (*Holz-, Stein-*)Hauer *m*: **~s of wood and drawers of water** a) *Bibl.* Holzhauer u. Wasserträger, b) einfache Leute. 2. *Bergbau:* (Schräm)Hauer *m*.
hewn [hjuːn] *pp von* **hew**.
hex [heks] *Am. colloq.* I *s* 1. Hexe *f*. 2. Zauber *m*: **to put the ~ on** → II. II *v/t* 3. behexen, verzaubern. 4. e-e Sache ˌverˈhexen‘.
hex·a·bas·ic [ˌheksəˈbeɪsɪk] *adj chem.* sechsbasisch.
hex·a·chord [ˈheksəkɔː(r)d] *s mus. hist.* Hexaˈchord *m*, *n* (*Aufeinanderfolge von sechs Tönen in der diatonischen Tonleiter*).
hex·ad [ˈheksæd] *s* 1. Sechs *f* (*Zahl*). 2. Sechsergruppe *f*.
hex·a·dec·i·mal (**no·ta·tion**) [ˌheksəˈdesɪml] *s math., Computer:* Hexadeziˈmalˌsystem *n* (*Dezimalsystem mit der Grundzahl 16*).
hex·a·gon [ˈheksəgən; *Am.* -ˌgɑn] *s math.* Hexaˈgon *n*, Sechseck *n*: ~ **voltage** *electr.* Sechseckspannung *f*. **hexˈag·o·nal** [-ˈsægənl] *adj* (*adv* **~ly**) hexagoˈnal, sechseckig. **hex·a·gram** [ˈheksəgræm] *s* Hexaˈgramm *n* (*Sechsstern aus zwei gekreuzten gleichseitigen Dreiecken*).
hex·a·he·dral [ˌheksəˈhedrəl; *bes. Am.* -ˈhiː-] *adj math.* hexaˈedrisch, sechsflächig. ˌ**hex·aˈhe·dron** [-ˈhedrən; *bes. Am.* -ˈhiː-] *pl* **-drons**, **-dra** [-drə] *s math.* Hexaˈeder *n*, Sechsflach *n*, Sechsflächner *n*.
hex·am·e·ter [hekˈsæmɪtə(r)] *metr.* I *s* Heˈxameter *m* (*Vers mit sechs Versfüßen, meist Daktylen*). II *adj* hexaˈmetrisch.

hex·a·no·ic ac·id [ˌheksəˈnəʊɪk] *s chem.* Heˈxansäure *f*.

hex·a·pod [ˈheksəpɒd; *Am.* -ˌpɑd] *zo.* **I** *adj* sechsfüßig. **II** *s* Sechsfüßer *m*.

Hex·a·teuch [ˈheksətjuːk; *Am. a.* -ˌtuːk] *s Bibl.* Hexaˈteuch *m (die ersten sechs Bücher des Alten Testaments)*.

hex·a·tom·ic [ˌheksəˈtɒmɪk; *Am.* -ˈtɑ-] *adj chem.* **1.** ˈsechsaˌtomig. **2.** sechswertig.

hex·a·va·lent [ˌheksəˈveɪlənt; *Br. a.* hekˈsævələnt] *adj chem.* sechswertig.

hey [heɪ] *interj* **1.** hei!, ei!: → **presto** 2. **2.** he!, heda!

hey·day [ˈheɪdeɪ] *s* **1. a)** Höhe-, Gipfelpunkt *m*: **in the ~ of one's power** auf dem Gipfel der Macht, **b)** Blüte(zeit) *f*: **the ~ of Hollywood**. **2.** *obs.* ˈÜberschwang *m*, Sturm *m (der Leidenschaft)*.

H hour *s mil.* Stunde *f* X *(festgelegter Zeitpunkt des Beginns e-r militärischen Operation)*.

hi [haɪ] *interj* **a)** he!, heda!, **b)** *colloq.* halˈlo!

hi·a·tus [haɪˈeɪtəs] *pl* **-tus·es**, **-tus** *s* **1.** *anat.* Hiˈatus *m*, Spalt *m*, Lücke *f*, Zwischenraum *m*. **2.** Hiˈatus *m*, Lücke *f (in e-m alten Manuskript, zeitlichen Ablauf etc)*. **3.** *ling.* Hiˈatus *m (Zs.-treffen zweier Vokale am Ende des e-n u. am Anfang des folgenden Wortes)*.

hi·ber·nal [haɪˈbɜːnl; *Am.* haɪˈbɜrnl] *adj* winterlich.

hi·ber·nate [ˈhaɪbə(r)neɪt] *v/i* **1.** überˈwintern: **a)** *zo.* Winterschlaf halten, **b)** den Winter verbringen. **2.** *fig.* schlummern: **to ~ in s.o.'s mind** in j-m schlummern. **ˌhi·berˈna·tion** *s* **1.** Winterschlaf *m*, Überˈwinterung *f*. **2. a)** artificial ~ *med.* Hibernatiˈon *f*, Hibernatiˈon *f (medikamentös herbeigeführter, langdauernder Schlafzustand des Organismus als therapeutische Maßnahme od. als Narkosemethode)*. **ˈhi·ber·na·tor** *s* Tier, das Winterschlaf hält.

Hi·ber·ni·an [haɪˈbɜːnjən; -nɪən; *Am.* -ˈbɜr-] *poet.* **I** *adj* irisch. **II** *s* Ire *m*, Irin *f*, Irländer(in). **Hiˈber·ni·cism** [-nɪsɪzəm] *s* irische (Sprach)Eigenheit.

hi·bis·cus [hɪˈbɪskəs; haɪ-] *s bot.* Hiˈbiskus *m*, Eibisch *m*.

hic [hɪk] *interj* hick! *(beim Schluckauf)*.

hic·cup, **hic·cough** [ˈhɪkʌp] **I** *s* **1.** Schluckauf *m*. **2.** *pl (a. als sg konstruiert)* Schluckauf(anfall) *m*: **to have the ~s** → 4. **3.** *colloq.* kleineres Proˈblem. **II** *v/i* **4.** den Schluckauf haben. **III** *v/t* **5.** abgehackt herˈvorbringen.

hick [hɪk] *bes. Am. colloq.* **I** *s* ‚Bauer' *m*, ‚Proˈvinzler' *m*. **II** *adj* provinziˈell, Bauern...: ~ **girl** ‚Bauerntrampel' *m*, *n*; ~ **town** ‚(Provinz)Nest' *n*, ‚(Bauern)Kaff' *n*.

hick·ey [ˈhɪkiː] *s Am.* **1.** *tech.* kleine Vorrichtung, *bes.* **a)** Gewindestück *n (für e-e Steckdose)*, **b)** Biegezange *f* für Isoˈlierrohre. **2.** *colloq.* ‚Dingsbums' *n*. **3.** *colloq.* ‚Knutschfleck' *m*.

hick·o·ry [ˈhɪkərɪ] *s* **1.** *bot.* Hickory (-baum) *m*, Nordamer. Walnußbaum *m*. **2.** Hickory(holz) *n*. **3.** Hickorystock *m*.

hid [hɪd] *pret u. pp von* **hide¹**.

hid·den [ˈhɪdn] **I** *pp von* **hide¹**. **II** *adj* **1.** versteckt, geheim: **the ~ persuaders** die geheimen Verführer *(Werbung)*; ~ **taxes** *econ.* verdeckte *od.* indirekte Steuern. **2.** *mus.* verdeckt *(Intervall)*.

hid·den·ite [ˈhɪdənaɪt] *s min.* Hiddeˈnit *m*.

hide¹ [haɪd] **I** *v/t pret* **hid** [hɪd] *pp* **hid·den** [ˈhɪdn] *od.* **hid (from)** verbergen *(dat od.* vor *dat)*: **a)** verstecken *(dat od.* vor *dat)*, **b)** verheimlichen *(dat od.* vor *dat)*: **to have nothing to ~** nichts zu verbergen haben, **c)** verhüllen: **to ~ s.th. from view** etwas den Blicken entziehen.

II *v/i a.* ~ **out** *(bes. Am.* **up**) sich verbergen, sich verstecken *(a. fig.)*: **he is hiding behind his boss**; **where is he (the letter) hiding?** wo hat er sich (sich der Brief) versteckt?, wo steckt er (der Brief) bloß? **III** *s hunt. Br.* Deckung *f*.

hide² [haɪd] **I** *s* **1.** Haut *f*, Fell *n (beide a. fig.)*: **to have a ~ like a rhinoceros** ein dickes Fell haben; **to save one's own ~** die eigene Haut retten; **I haven't seen ~ or hair of her for two weeks** *colloq.* ich hab' sie schon seit zwei Wochen nicht einmal aus der Ferne gesehen; **to tan s.o.'s ~** *colloq.* j-m ‚das Fell gerben'. **II** *v/t* **2.** abhäuten. **3.** *colloq.* j-n ‚durchbleuen', verprügeln.

hide³ [haɪd] *s altes englisches Feldmaß (zwischen 60 u. 120 acres)*.

ˌhide-and-ˈseek *s* Versteckspiel *n*: **to play ~** Versteck spielen *(a. fig.)*. **ˈ~·a·way** *s* **1.** Versteck *n*. **2.** Zufluchtsort *m*. **ˈ~·bound** *adj* **1.** mit enganliegender Haut *od.* Rinde. **2.** *fig.* engstirnig, beschränkt, borˈniert.

ˈhide-out → hideaway.

hid·ey-hole → hidy-hole.

hid·e·ous [ˈhɪdɪəs] *adj (adv ~ly)* scheußlich, gräßlich, schrecklich, abˈscheulich: ~ **crime**; ~ **monster**. **ˈhid·e·ous·ness** *s* Scheußlichkeit *f*.

hid·ing¹ [ˈhaɪdɪŋ] *s* **1.** Verstecken *n*, Verbergen *n*. **2.** ~ **place** Versteck *n*: **to be in ~** sich versteckt halten; **to go into ~** untertauchen.

hid·ing² [ˈhaɪdɪŋ] *s colloq.* Tracht *f* Prügel: **to give s.o. a good ~** j-m e-e Tracht Prügel ‚verpassen'.

hi·dro·sis [hɪˈdrəʊsɪs; haɪ-] *s med.* Hiˈdrose *f*, Hiˈdrosis *f: a) (übermäßige)* Schweißbildung *u.* -absonderung, **b)** Hauterkrankung infolge übermäßiger Schweißabsonderung, **hi·drot·ic** [hɪˈdrɒtɪk; haɪ-; *Am.* ˈdrɑ-] *med. pharm.* **I** *adj* hiˈdrotisch, schweißtreibend. **II** *s* Hiˈdrotikum *n*, schweißtreibendes Mittel.

hid·y-hole [ˈhaɪdɪhəʊl] *s colloq.* Versteck *n*.

hie [haɪ] *pret u. pp* **hied**, *pres p* **ˈhie·ing** *od.* **ˈhy·ing** *v/i u. v/t obs. od. humor.* eilen, sich hurtig begeben: **I shall ~ (me** *od.* **myself) to the market**.

hi·er·arch [ˈhaɪərɑː(r)k] *s* **1.** *relig.* Oberpriester *m*, *bes. antiq.* Hierˈarch *m*. **2.** hochstehende Perˈsönlichkeit. **ˌhi·erˈar·chic** *adj*, **ˌhi·erˈar·chi·cal** *adj (adv ~ly)* hierˈarchisch. **ˈhi·er·archism** *s* hierˈarchische Grundsätze *pl od.* Macht. **ˈhi·er·arch·y** *s* Hierarˈchie *f: a)* Priesterherrschaft *f*, **b)** Priesterschaft *f*, **c)** Rangordnung *f*, -folge *f*, **d)** Gesamtheit der in e-r Rangfolge Stehenden.

hi·er·at·ic [ˌhaɪəˈrætɪk] *adj*, **ˌhi·erˈat·i·cal** *adj (adv ~ly)** hieˈratisch: **a)** priesterlich, Priester..., **b)** *art bes. antiq.* streng, starr.

hiero- [haɪərəʊ] Wortelement mit der Bedeutung heilig.

hi·er·oc·ra·cy [ˌhaɪəˈrɒkrəsɪ; *Am.* ˈrɑ-] *s* Hierokraˈtie *f*, Priesterherrschaft *f*.

hi·er·o·dule [ˈhaɪərəʊdjuːl; *Am.* -ˌduːl] *s relig. antiq.* **1.** Hieroˈdule *m*, Tempelsklave *m*. **2.** Hieroˈdule *f*, ˈTempelsklavin *f*, -prostituˌierte *f*.

hi·er·o·glyph [ˈhaɪərəʊglɪf] → hieroglyphic 3, 5. **ˌhi·er·oˈglyph·ic I** *adj (adv ~ally)* **1.** hieroˈglyphisch: **a)** Hieroˈglyphen..., **b)** rätselhaft verschlungen. **2.** unleserlich. **II** *s* **3.** Hieroˈglyphe *f*. **4.** *pl (meist als sg konstruiert)* Hieroˈglyphenschrift *f*. **5.** *pl humor.* ˌHieroˈglyphen *pl*, unleserliches Gekritzel. **ˌhi·er·oˈglyph·i·cal** → hieroglyphic I. **ˌhi·erˈog·ly·phist** [-ˈrɒglɪfɪst; *Am.* ˈrɑ-] *s* Hieroˈglyphenkundige(r) *m f*.

hi·er·o·gram [ˈhaɪərəʊgræm] *s* Hieroˈgramm *n (Zeichen e-r geheimen altägyptischen Priesterschrift, die ungewöhnliche Hieroglyphen aufweist)*.

hi·er·o·phant [ˈhaɪərəʊfænt] *s relig. antiq.* Hieroˈphant *m*, Oberpriester *m*.

hi·fa·lu·tin → highfalutin.

hi-fi [ˌhaɪˈfaɪ] *colloq.* **I** *s* **1.** Hi-Fi *n (→ high fidelity)*. **2.** Hi-Fi-Anlage *f*. **II** *adj* **3.** Hi-Fi-...

hig·gle [ˈhɪgl] → haggle.

hig·gle·dy-pig·gle·dy [ˌhɪgldɪˈpɪgldɪ] *colloq.* **I** *adv* drunter u. drüber, (wie) Kraut u. Rüben durcheinˈander. **II** *adj* kunterbunt. **III** *s* Durcheinˈander *n*.

hig·gler [ˈhɪglə(r)] *s* Hauˈsierer(in).

high [haɪ] **I** *adj (adv* → **highly)** *(→ higher*, *highest)* **1.** hoch: **ten feet ~** zehn Fuß hoch; ~ **horse** 1. **2.** hoch(gelegen): **H~ Asia** Hochasien *n*. **3.** *geogr.* hoch *(nahe den Polen)*: ~ **latitude** hohe Breite. **4.** hoch *(Grad)*: ~ **prices**; ~ **temperature**; ~ **favo(u)r** hohe Gunst; ~ **praise** großes Lob; ~ **speed a)** hohe Geschwindigkeit, **b)** *mar.* hohe Fahrt, äußerste Kraft; ~ **gear** 3. **5.** stark, heftig: ~ **passion** wilde Leidenschaft; ~ **wind** starker Wind; ~ **words** heftige *od.* scharfe Worte. **6.** hoch *(im Rang)*, Hoch..., Ober..., Haupt...: **a** ~ **official** ein hoher Beamter; ~ **commissioner** Hoher Kommissar; **the Most H~** der Allerhöchste *(Gott)*. **7.** bedeutend, hoch, wichtig: ~ **aims** hohe Ziele; ~ **politics** hohe Politik. **8.** hoch *(Stellung)*, vornehm, edel: ~ **of birth** von hoher *od.* edler Geburt, hochgeboren; ~ **society** High-Society *f*, gehobene Gesellschaftsschicht; → **standing** 1. **9.** hoch, erhaben, edel: ~ **spirit** erhabener Geist. **10.** hoch, gut, erstklassig: ~ **quality**; ~ **performance** hohe Leistung. **11.** hoch, Hoch... *(auf dem Höhepunkt stehend)*: H~ **Middle Ages** Hochmittelalter *n*; ~ **period** Glanzzeit *f (e-s Künstlers etc)*. **12.** hoch, vorgeschritten *(Zeit)*: ~ **summer** Hochsommer *m*; **it is ~ day** es ist heller Tag; ~ **high time** 1, **noon** 1. **13.** *(zeitlich)* fern, tief: **in ~ antiquity** tief im Altertum. **14.** *ling.* **a)** Hoch... *(Sprache)*, **b)** hoch *(Laut)*: ~ **tone** Hochton *m*. **15.** hoch *(im Kurs)*, teuer: **land is ~** Land ist teuer. **16.** ~ **and mighty**. **17.** exˈtrem, eifrig: **a** ~ **Tory**. **18. a)** hoch, hell, **b)** schrill, laut: ~ **note**; ~ **voice**. **19.** lebhaft: ~ **colo(u)r**; ~ **complexion** rosiger Teint. **20.** erregend, spannend: ~ **adventure**. **21. a)** gehoben, heiter: → **jinks**, **spirit** 8, **b)** *colloq.* ‚blau' *(betrunken)*, **c)** *colloq.* ‚high' *(im Drogenrausch)*, **d)** *colloq.* ‚high' *(in euphorischer Stimmung)*. **22.** *colloq.* ‚scharf', erpicht **(on** auf *acc)*. **23.** *gastr.* angegangen, mit Hautˈgout *(Wild)*. **24.** *mar.* hoch am Wind.

II *adv* **25.** hoch: **to aim ~** *fig.* sich hohe Ziele setzen *od.* stecken; **to lift ~** in die Höhe heben, hochheben; **to run ~ a)** hochgehen *(See, Wellen)*, **b)** *fig.* toben *(Gefühle)*; **feelings ran ~** die Gemüter erhitzten sich; **to search ~ and low** überall suchen, *etwas* wie e-e Stecknadel suchen. **26.** stark, heftig, in hohem Grad *od.* Maß. **27.** teuer: **to pay ~** teuer bezahlen. **28.** hoch, mit hohem Einsatz: **to play ~**. **29.** üppig: **to live ~** in Saus u. Braus leben. **30.** *mar.* hoch am Wind.

III *s* **31.** (An)Höhe *f*, hochgelegener Ort: **on ~ a)** hoch oben, droben, **b)** hoch hinauf, **c)** im *od.* zum Himmel; **from on ~ a)** von oben, **b)** vom Himmel. **32.** *meteor.* Hoch(druckgebiet) *n*. **33.** *tech.* **a)** ˈhochüberˌsetztes *od.* ˈhochunterˌsetztes Getriebe *(an Fahrzeugen)*, *bes.* Geländegang *m*, **b)** höchster Gang: **to move** *(od.* **shift) into ~** den höchsten Gang einlegen. **34.** *fig.* Höchststand *m*: **food prices**

have reached a new ~. **35.** *colloq. für* **high school. 36.** he's still got his ~ *colloq.* er ist noch immer ,blau' *od.* ,high'. **high|'al·tar** *s relig.* 'Hochal,tar *m*. ~'**al·ti·tude** *adj aer.* Höhen...: ~ **flight**; ~ **nausea** Höhenkrankheit *f*. **~ and dry** *adj mar.* hoch u. trocken: **to leave s.o.** ~ j-n im Stich lassen. **~ and might·y** *adj colloq.* anmaßend, arro'gant. '~**an·gle fire** *s mil.* Steilfeuer *n*. '~**ball** *Am.* **I** *s* **1.** Highball *m* (*Whisky-Cocktail*). **2.** *rail.* a) Freie-'Fahrt-Si,gnal *n*, b) Schnellzug *m*. **II** *v/t u. v/i* **3.** mit voller Geschwindigkeit fahren. '~ **beam** *s mot. Am.* Fernlicht *n*. '~**bind·er** *s Am. colloq.* **1.** Gangster *m*. **2.** Rowdy *m*, Schläger *m*. **3.** Gauner *m*, Betrüger *m*. **4.** kor'rupter Po'litiker. '~**-blown** *adj fig.* aufgeblasen, großspurig. '~**born** *adj* hochgeboren, von hoher Geburt. '~**boy** *s Am.* Kom'mode *f* mit Aufsatz. '~**bred** *adj* **1.** von edlem Blut. **2.** vornehm, wohlerzogen. '~**brow** *oft contp.* **I** *s* Intellektu'elle(r *m*) *f*. **II** *adj* (betont) intellektu'ell, ,hochgestochen', (geistig) anspruchsvoll. '~**browed** → **highbrow II.** '~**brow·ism** *s oft contp.* Intellektua'lismus *m*. '~**chair** *s* (Kinder)Hochstuhl *m*. **H~ Church** *s relig.* High-Church *f*, angli'kanische Hochkirche. **H~'Church** *adj relig.* High-Church-..., of the High-Church. **H~-'Church·man** *s irr relig.* Anhänger *m* der High-Church. ~**cir·cu'la·tion** *adj* auflagenstark: **a** ~ **newspaper**. ~**-'class** *adj* **1.** erstklassig. **2.** der High-So'ciety. ~ **cock·a·lo·rum** [,kɒkə'lɔːrəm; -'ləʊ-] *s Am. colloq.* a) ,Angeber' *m*, b) ,hohes Tier'. ~**'col·o(u)red** *adj rot*: ~ **complexion**. ~**'com·e·dy** *s* Konversati'onsko,mödie *f*. ~**'com·mand** *s mil.* 'Oberkom,mando *n*. **H~ Court of Jus·tice** *s jur. Br.* oberstes (*erstinstanzliches*) Zi'vilgericht. **H~ Court of Jus·ti·ci·ar·y** *s jur. Scot.* oberstes Gericht für Strafsachen. **H~ Court of Par·lia·ment** *s Br.* Parla'mentsversammlung *f*. ~ **day** *s*: ~**s and holidays** Fest- u. Feiertage. ~**'div·ing** *s sport* Turmspringen *n*. ~**'du·ty** *adj* **1.** *tech.* Hochleistungs... **2.** *econ.* hochbesteuert. ~**'en·er·gy phys·ics** *s pl* (*meist als sg konstruiert*) 'Hochener,giephy,sik *f*.

high·er ['haɪə(r)] **I** *comp von* **high**. **II** *adj* **1.** höher(e, es) (*a. fig.*), Ober...: ~ **authority** übergeordnete Instanz, übergeordnete Stelle, vorgesetzte Behörde; **the** ~ **grades of the civil service** der höhere Staatsdienst; ~ **learning** ~ **higher education**; ~ **mathematics** höhere Mathematik; **the** ~ **things** das Höhere. **2.** *bes. biol.* höher(entwickelt): **the** ~ **an·imals** die höheren (Säuge)Tiere. **III** *adv* **3.** höher, mehr: **to bid** ~. ~ **crit·i·cism** *s* hi'storische 'Bibelkri,tik. ~**ed·u·ca·tion** *s* höhere Bildung, Hochschul(aus)bildung *f*. ~**-up** *s colloq.* ,höheres Tier'.

high·est ['haɪɪst] **I** *sup von* **high**. **II** *adj* **1.** höchst(er, e, es), Höchst...: ~ **amount**; ~ **bid**[1] **1**, **bidder 1**. **III** *adv* **2.** am höchsten: ~ **possible** höchstmöglich. **IV** *s* **3.** das Höchste: **at its** ~ auf dem Höhepunkt. **4. the H~** der Allerhöchste (*Gott*).

high|ex·plo·sive *s* 'hochexplo,siver *od.* 'hochbri,santer Sprengstoff. ~**-ex·plo·sive** *adj* 'hochexplo,siv, -bri,sant: ~ **bomb** Sprengbombe *f*. ~**fa'lu·tin** [-fə'luːtɪn], *a.* ~**fa'lu·ting** [-tɪŋ] *adj u. s colloq.* hochtrabend(es Geschwätz). ~ **farm·ing** *s agr.* inten'sive Bodenbewirtschaftung. ~ **fi·del·i·ty** *s* High-Fi'delity *f* (*hohe, originalgetreue Übertragungs- u. Wiedergabequalität von Rundfunkgeräten, Plattenspielern etc*). ~**-fi·del·i·ty** *adj* High-Fidelity-... ~ **fi·**

nance *s* 'Hochfi,nanz *f*. ~**-'fli·er** *s* **1.** Erfolgsmensch *m*. **2.** *contp.* Ehrgeizling *m*. '~**-flown** *adj* **1.** bom'bastisch, hochtrabend (*Worte etc*). **2.** (allzu) ehrgeizig: a) (allzu) hochgesteckt (*Ziele etc*), b) (allzu) hochfliegend (*Pläne etc*). ~**'fly·er** → **highflier**. '~-**fly·ing** *adj* **1.** hochfliegend. **2.** → **high-flown**. ~**-'fre·quen·cy** *s electr.* 'Hochfre,quenz *f*. ~**-'fre·quen·cy** *adj electr.* 'hochfre,quent, Hochfrequenz... **H~ Ger·man** *s ling.* Hochdeutsch *n*. ~**-'grade** *adj* **1.** hochwertig: ~ **ore**; ~ **steel** Edel-, Qualitätsstahl *m*. **2.** *a. econ.* erstklassig: ~ **securities**. **3.** *biol.* hochrassig, Edel... ~**-'hand·ed** *adj* (*adv* ~ly) anmaßend, selbstherrlich, willkürlich, eigenmächtig. ~**-'hand·ed·ness** *s* Anmaßung *f*, Willkür *f*. ~ **hat** *s* Zy'linder *m* (*Hut*). '~**-hat** *bes. Am. colloq.* **I** *s* Snob *m*, hochnäsiger Mensch. **II** *adj* sno'bistisch, hochnäsig. **III** *v/t* j-n von oben her'ab behandeln. ~**-'heeled** *adj* hochhackig (*Schuhe*). '~**jack** → **hijack**. '~**jack·er** → **hijacker**. ~ **jump** *s Leichtathletik*: Hochsprung *m*: **to be for the** ~ *Br. colloq.* ,fällig' *od.* ,dran' sein. ~ **jump·er** *s Leichtathletik*: Hochspringer(in). ~**-'key** *s paint. phot.* hell, über'wiegend in hellen Farben gehalten. ~**-'keyed** *adj* **1.** schrill. **2.** → **high-strung**. **3.** farbenprächtig. ~ **land** [-lənd] **I** *s* Hoch-, Bergland *n*: **the H~s of Scotland** das schottische Hochland. **II** *adj* hochländisch, Hochland... '~**land·er** *s* **1.** Hochländer(in). **2. H~** schottischer Hochländer. ~**'lev·el** *adj* hoch (*a. fig.*): ~ **bombing** Bombenwurf *m* aus großer Flughöhe; ~ **language** (*Computer*) höhere Programmiersprache; ~ **officials** hohe Beamte; ~ **railroad** (*bes. Br.* railway) Hochbahn *f*; ~ **talks** *pol.* Gespräche auf höherer Ebene; ~ **tank** Hochbehälter *m*. ~ **life** *s* Highlife *n* (*exklusives Leben der vornehmen Gesellschaftsschicht*). '~**light** **I** *s* **1.** *paint. phot.* Schlaglicht *n*. **2.** *fig.* a) Höhe-, Glanzpunkt *m*, b) *pl* Querschnitt *m* (*of* durch *e-e Oper etc*). **3.** (blond'dierte) Strähne (*im Haar*). **II** *v/t* **4.** hell erleuchten. **5.** *fig.* ein Schlaglicht werfen auf (*acc*), her'vorheben. **6.** *fig.* den Höhe- *od.* Glanzpunkt (*gen*) bilden.

'**high·ly** *adv* **1.** hoch, in hohem Grade, höchst, äußerst, sehr: ~ **gifted** hochbegabt; ~ **inflammable** leichtentzündlich; ~ **interesting** hochinteressant; ~ **placed** hochgestellt; ~ **strung** reizbar, nervös. **2.** lobend, anerkennend: **to speak** ~ **of s.o.**; **to think** ~ **of e-e** hohe Meinung haben von, viel halten von. **3.** teuer: ~ **paid** a) teuer bezahlt, b) hochbezahlt.

high|mal·low *s bot.* Roßmalve *f*. **H~ Mass** *s R.C.* Hochamt *n*. ~**'mind·ed** *adj* **1.** hochgesinnt, von hoher Gesinnung. **2.** *obs.* hochmütig. ~**'mind·ed·ness** *s* hohe Gesinnung *f*. ~**muck·a·muck** *s sl.* arro'gantes ,hohes Tier'. ~**'necked** *adj* hochgeschlossen (*Kleid*). '**high·ness** *s* **1.** *meist fig.* Höhe *f*. **2.** Erhabenheit *f*. **3.** *gastr.* Haut'gout *m* (*vom Wild*). **4. H~** Hoheit *f* (*Titel*): → **royal 1**. ,**high|-oc·tane** *adj chem.* mit hoher Ok'tanzahl (*Benzin*). ~**-'pass fil·ter** *s electr.* Hochpaß(filter *n*, *m*) *m*. ~**-'pitched** *adj* **1.** hoch (*Ton etc*). **2.** *arch.* steil, Steil...: ~ **roof**. **3.** exal'tiert: a) über'spannt: **intellectually** ~ ,hochgestochen', b) aufgeregt. ~ **point** *s* Höhepunkt *m*: **to mark a** ~ **in s.o.'s life** e-n Höhepunkt in j-s Leben darstellen. ~**'pow·er(ed)** *adj* **1.** *tech.* Hochleistungs..., Groß..., stark. **2.** dy'namisch, e'nergisch. ~**'pres·sure I** *v/t* **1.** *colloq.* Kunden etc ,bearbeiten': **to** ~ **s.o. into**

buying s.th. j-n so lange bearbeiten, bis er etwas kauft. **II** *adj* **2.** *meteor. tech.* Hochdruck...: ~ **area** Hoch(druckgebiet) *n*; ~ **engine** Hochdruckmaschine *f*. **3.** *colloq.* aufdringlich, hartnäckig (*Verkäufer*): ~ **salesmanship** aggressive Verkaufsmethoden *pl*. ~**'priced** *adj* teuer. ~ **priest** *s relig.* Hohepriester *m* (*a. fig.*). ~**'prin·ci·pled** *adj* mit strengen Grundsätzen. ~**'proof** *adj chem.* hochgradig, stark alko'holisch. ~**'qual·i·ty** → **high-grade 1**. '~**-rank·ing** *adj* hochrangig, von hohem Rang: ~ **officer** *mil.* hoher Offizier. ~ **re·lief** *s* 'Hochreli,ef *n*. '~**rise I** *adj* a) Hoch...: ~ **building** → **II**, b) Hochhaus...: ~ **district**. **II** *s* Hochhaus *n*. '~**ris·er** *s* **1.** → **highrise II**. **2.** High-riser *m* (*Fahrrad od.* Moped mit hohem, geteiltem Lenker u. Sattel mit Rückenlehne). '~**road** *s* Hauptstraße *f* (*bes. Br. außer in Wendungen wie*): **the** ~ **to success** *fig.* der sicherste *od.* beste Weg zum Erfolg. ~**'sal·a·ried** *adj* hochbezahlt. ~ **school** *s Am.* High-School *f* (*weiterführende Schule im Sekundarbereich*). ~**'sea** *adj* Hochsee... **~ sea·son** *s* 'Hochsai,son *f*. ~**'sea·soned** *adj* scharf gewürzt. ~ **seat** *s hunt.* Hochsitz *m*. ~ **sign** *s Am.* (*bes.* warnendes) Zeichen: **to give s.o. the** ~ j-m ein warnendes Zeichen geben, j-n durch ein Zeichen warnen. '~**sound·ing** *adj* hochtönend, -trabend: ~ **titles**. ~**'speed** *adj* **1.** *tech.* a) schnellaufend. ~ **bearing**; ~ **motor**, b) Schnell..., Hochleistungs...: ~ **memory** (*Computer*) Schnellspeicher *m*; ~ **regulator** Schnellregler *m*; ~ **steel** Schnellarbeitsstahl *m*. **2.** *phot.* a) hochempfindlich: ~ **film**, b) lichtstark: ~ **lens**. ~**'spir·it·ed** *adj* lebhaft, tempera'mentvoll. ~**'spir·it·ed·ness** *s* Lebhaftigkeit *f*, Tempera'ment *n*. ~ **spot** *s colloq. für* **highlight 2 a**. ~**'step·per** *s* hochtrabendes Pferd. ~**,step·ping** *adj* **1.** hochtrabend. **2.** *fig.* vergnügungssüchtig. ~ **street** *s* Hauptstraße *f*. ~**-'strung** *adj Am.* reizbar, ner'vös. **high| ta·ble** *s ped. univ. Br.* erhöhte (Speise)Tafel (*für Lehrer, Fellows etc*). '~**-tail** *v/i*, *a. v/t*: **to** ~ (**it**) *bes. Am. colloq.* rasen, flitzen. ~ **ta·per** *s bot.* Königskerze *f*. ~ **tea** *s Br.* (frühes) Abendessen. ~**'tem·per·a·ture** *adj* Hochtempera'tur...: ~ **chemistry**; ~ **steel** warmfester Stahl; ~ **strength** Warmfestigkeit *f* (*des Stahls*). ~ **ten·sion** *s electr.* Hochspannung *f*. ~**'ten·sion** *adj electr.* Hochspannungs... ~**'test** *adj chem.* bei niederen Tempera'turen siedend (*Benzin*). ~ **tide** *s* **1.** Hochwasser *n* (*höchster Flutwasserstand*). **2.** *fig.* Höhe-, Gipfelpunkt *m*. ~ **time** *s* **1.** höchste Zeit: **it was** ~. **2. they had a high (old) time** *colloq.* sie verbrachten e-e herrliche Zeit. ~**'toned** *adj* **1.** mit strengen Grundsätzen. **2.** vornehm (*Person, Restaurant etc*). **3.** geltungsbedürftig. **4.** hoch, erhaben (*Gedanken etc*). ~ **trea·son** *s* Hochverrat *m*.

high·ty-tigh·ty [,haɪtɪ'taɪtɪ] → **hoity-toity 1**.

'**high|-up** *s colloq.* ,hohes Tier'. ~ **volt·age** *s electr.* Hochspannung *f*. ~**-'volt·age** *adj electr.* Hochspannungs...: ~ **test** Wicklungsprüfung *f*. ~ **wa·ter** *s* Hochwasser *n* (*höchster Wasserstand*). '~**-wa·ter** *adj* Hochwasser...: ~ **mark** a) Hochwasserstandsmarke *f*, b) *fig.* Höhepunkt *m*, Höchststand *m*; ~ **pants** *Am. colloq.* ,Hochwasserhosen'. '~**way** *s* Highway *m*, Haupt(verkehrs)straße *f*: **Federal ~** *Am.* Bundesstraße *f*; ~ **code** *Br.* Straßenverkehrsordnung *f*; ~ **robbery** a) Straßenraub *m*, b) *colloq.* ,reinster Nepp'; **all the** ~**s and byways** a) alle Wege,

b) *fig.* sämtliche Spielarten; **the ~ to success** *fig.* der sicherste *od.* beste Weg zum Erfolg. **'~·way·man** [-mən] *s irr* (*hist.* berittener) Straßenräuber. **'~-wing** *adj.* ~ **aircraft** Hochdecker *m.*
hi·jack ['haɪdʒæk] **I** *v/t* **1.** ein Flugzeug entführen. **2.** j-n, e-n Geldtransport *etc* überˈfallen. **II** *s* **3.** (Flugzeug)Entführung *f.* **4.** Überfall *m.* **'hi·jack·er** *s* **1.** (Flugzeug)Entführer *m.* **2.** Räuber *m.* **'hi·jack·ing** ~ hijack II.
hike [haɪk] **I** *v/i* **1.** a) wandern, e-e Wanderung machen, b) *mil.* marˈschieren, e-n Geländemarsch machen. **2.** *meist* ~ **up** *Am.* hochrutschen (*Kleidungsstück*). **3.** ~ **out** (*Segeln*) *Am.* das Boot ausreiten. **II** *v/t* **4.** *meist* ~ **up** hochziehen: **to ~ up one's trousers**. **5.** *Am. Preise etc* (drastisch) erhöhen *od.* anheben. **III** *s* **6.** a) Wanderung *f*: **to go on a ~** e-e Wanderung machen, b) *mil.* Geländemarsch *m.* **7.** *Am.* (drastische) Erhöhung: **a ~ in prices, a price ~** e-e drastische Preisanhebung. **'hik·er** *s* Wanderer *m.* **'hik·ing I** *s* Wandern *n.* **II** *adj* Wander...: ~ **route**.
hi·la ['haɪlə] *pl von* hilum.
hi·lar·i·ous [hɪˈleərɪəs; *Am. a.* haɪ-] *adj* (*adv* ~**ly**) **1.** vergnügt, ausgelassen, übermütig. **2.** lustig: **a ~ story**. **hi'lar·i·ous·ness, hi'lar·i·ty** [-ˈlærətɪ] *s* **1.** Vergnügtheit *f*, Ausgelassenheit *f*, Übermütigkeit *f.* **2.** Lustigkeit *f.*
Hil·a·ry term ['hɪlərɪ] *s Br.* **1.** *jur.* Gerichtstermine *m* zwischen dem 11. Januar bis Mittwoch vor Ostern. **2.** *univ.* 'Frühjahrstriˌmester *n.* [bert-Raum *m.*]
Hil·bert space ['hɪlbə(r)t] *s math.* 'Hil-]
hi·li ['haɪlaɪ] *pl von* hilus.
hill [hɪl] **I** *s* **1.** Hügel *m*, Anhöhe *f*, kleiner Berg: **up the ~** den Berg hinauf, bergauf; **up ~ and down dale** bergauf u. bergab; (**as**) **old as the ~s** ur-, steinalt; **to be over the ~** *colloq.* a) s-e besten Jahre *od.* s-e beste Zeit hinter sich haben, b) *bes. med.* über den Berg sein; **to go over the ~** *Am. colloq.* a) (*aus dem Gefängnis*) ausbrechen, b) *mil.* sich unerlaubt von der Truppe entfernen, c) ganz plötzlich *od.* unter mysteriösen Umständen verschwinden. **2.** (Erd)Haufen *m*: ~ **of potatoes** *agr.* gehäufelte Reihe von Kartoffeln. **II** *v/t* **3.** a. ~ **up** *agr.* Pflanzen häufeln.
'hill·bil·ly *s Am. meist contp.* Hillbilly *m*, 'Hinterwäldler *m* (*bes. aus den südlichen USA*). ~ **mu·sic** *s* 'Hillbilly-Muˌsik *f*: a) *Volksmusik aus den südlichen USA*, b) *kommerzialisierte Musik, die der Hillbillyod. der Western-Musik entspringt od. deren Stil nachmt.*
hill| climb *s Auto-, Motorrad-, Radsport*: Bergrennen *n.* **'~ˌclimb·ing a·bil·i·ty** *s mot.* Steigfähigkeit *f.*
hill·i·ness ['hɪlɪnɪs] *s* Hügeligkeit *f.*
hill·ock ['hɪlək] *s* kleiner Hügel.
ˌhill'side *s* Hang *m*, (Berg)Abhang *m.* **'~site** *s* erhöhte Lage. ~ **sta·tion** *s im* (*indischen*) *Bergland gelegener* (*Erholungs*)*Ort.* **'~top** *s* Hügel-, Bergspitze *f.* ~ **walk** *s* Bergwanderung *f.* ~ **walk·ing** *s* Bergwandern *n.*
'hill·y *adj* hügelig.
hilt [hɪlt] *s* Heft *n*, Griff *m* (*Schwert, Dolch*): **armed to the ~** bis an die Zähne bewaffnet; (**up**) **to the ~** a) bis ans Heft, b) *fig.* durch u. durch, ganz u. gar; **to back s.o. up to the ~** j-n voll u. ganz unterstützen; **to be in trouble up to the ~** bis über die Ohren in Schwierigkeiten stecken; **to play one's part up to the ~** *thea. etc* s-e Rolle (voll) ausspielen; **to prove up to the ~** unwiderleglich beweisen. **II** *v/t* mit e-m Heft *etc* versehen.

hi·lum ['haɪləm] *pl* **'hi·la** [-lə] *s* **1.** *bot.* a) Hilum *n*, Samennabel *m*, b) Kern *m* (*e-s Stärkekorns*). **2.** → hilus.
hi·lus ['haɪləs] *pl* **'hi·li** [-laɪ] *s anat.* Hilus *m* (*vertiefte Stelle an Organen, an der Nerven u. Gefäße ein- u. austreten*).
him [hɪm; ɪm] **I** *personal pron* **1.** ihn (*acc von* he): **I know ~**; **I saw ~ who did it** ich sah den(jenigen), der es tat; ich sah, wer es tat. **2.** ihm (*dat von* he): **I gave ~ the book**. **3.** *colloq.* er: **it's ~, not her** er ist es, nicht sie. **II** *reflex pron* **4.** sich: **he looks about ~** er sieht um sich, er sieht sich um.
Hi·ma·la·yan [ˌhɪməˈleɪən; hɪˈmɑːljən] *adj* Himalaja...
him'self *pron* **1.** *reflex* sich: **he cut ~**; **he thought ~ wise** er hielt sich für klug. **2.** sich (selbst): **he needs it for ~**. **3.** (er *od.* ihn *od.* ihm) selbst: **he ~ said it, he said it ~** er sagte es, er sagte es selbst; **by ~** von selbst, allein, ohne Hilfe; **he is not quite ~** a) er ist nicht ganz auf der Höhe, b) er ist nicht ganz normal *od.* ‚bei Trost'; **he is quite ~ again** er ist wieder ganz der alte.
hind[1] [haɪnd] *s zo.* Hindin *f*, Hirschkuh *f.*
hind[2] [haɪnd] *comp* **'hind·er**, *sup* **'hind·most** *od.* **'hind·er·most** *adj* hinter(er, e, es), Hinter...: ~ **leg** Hinterbein *n*; **to get** (**up**) **on one's ~ legs** *colloq.* (aufstehen u.) sich zu Wort melden; **he could talk the ~ legs off a donkey** (*od.* **mule**) *colloq.* wenn der einmal zu reden anfängt, hört er nicht mehr auf; ~ **wheel** Hinterrad *n.*
'hind·brain *s anat.* Rautenhirn *n.*
hin·der[1] ['hɪndə(r)] **I** *v/t* **1.** j-n, etwas aufhalten (in sth. bei *dat*), **to s.o. in his work**; **to ~ s.o.'s work** j-s Arbeit behindern. **2.** (**from**) hindern (an *dat*), abhalten (von), zuˈrückhalten (von *dat*): **to ~ s.o. from doing s.th.** j-n daran hindern od. davon abhalten *od.* davor zurückhalten, etwas zu tun. **II** *v/i* **3.** hinderlich *od.* im Weg sein, hindern.
hind·er[2] ['haɪndə(r)] *comp von* hind[2].
'hind·er·most *sup von* hind[2].
Hin·di ['hɪndɪ] *s ling.* Hindi *n*: a) *Sammelname nordindischer Dialekte*, b) *e-e schriftsprachliche Form des Hindustani.*
'hind·most **I** *sup von* hind[2]. **II** *hinterst*(er, e, es); *letzt*(er, e, es): → **devil** 1.
ˌhind'quar·ter *s* **1.** 'Hinterviertel *n* (*vom Schlachttier*). **2.** *meist pl* a) 'Hinterhand *f* (*vom Pferde*), b) 'Hinterteil *n.*
hin·drance ['hɪndrəns] *s* **1.** Behinderung *f*: **to be a ~** a) (**to**) → **hinder**[1] 1, b) → **hinder**[1] 2, Hindernis *n* (für *to*).
'hind·sight *s* **1.** *mil.* → **rear sight**. **2.** nachträgliche Einsicht: ~ **is easier than foresight** hinterher ist man fast immer klüger als vorher, *contp. a.* hinterher kann man leicht klüger sein als vorher.
Hin·du [ˌhɪnˈduː; ˈhɪnduː] **I** *s* **1.** *relig.* Hindu *m.* **2.** Inder *m.* **II** *adj* **3.** *relig.* Hindu... **4.** indisch. **'Hin·du·ism** *s relig.* Hinduˈismus *m.*
Hin·du·sta·ni [ˌhɪnduːˈstɑːnɪ; -ˈstænɪ] **I** *adj* hinduˈstanisch, Hindustani... **II** *s* Hinduˈstani *n.*
hinge [hɪndʒ] **I** *s* **1.** a. ~ **joint** *tech.* Schar'nier *n*, Gelenk *n*, (Tür)Angel *f*: ~ **band** Scharnierband *n*; **off its ~s** aus den Angeln. **2.** a. ~ **joint** *anat.* Scharˈniergelenk *n.* **3.** *fig.* Angelpunkt *m.* **4.** *geogr. obs.* Himmelsgegend *f.* **II** *v/t* **5.** mit Schar'nieren *etc* versehen: ~**d** auf-, herunter-, zs.-klappbar, (um ein Gelenk) drehbar, Scharnier..., Gelenk... **6.** *e-e Tür etc* einhängen. **III** *v/i* **7.** (**on, upon**) *fig.* a) abhängen (von), ankommen (auf *acc*), b) sich drehen (um).
hin·ny[1] ['hɪnɪ] *s zo.* Maulesel *m.*
hin·ny[2] ['hɪnɪ] → **whinny**.

hint [hɪnt] **I** *s* **1.** Wink *m*, Andeutung *f*: **to drop a ~** e-e Andeutung machen, e-e Bemerkung fallenlassen; **to give s.o. a ~** j-m e-n Wink geben; **to take a ~** e-n Wink verstehen; **broad ~** Wink mit dem Zaunpfahl. **2.** Wink *m*, Fingerzeig *m*, 'Hinweis *m*, Tip *m* (*on* für): ~ **for housewives** Tips für die Hausfrau. **3.** Anspielung *f* (**at** auf *acc*). **4.** *fig.* Anflug *m*, Spur *f* (**of** von). **5.** (leichter) Beigeschmack. **6.** *obs.* (günstige) Gelegenheit. **II** *v/t* **7.** andeuten: **to ~ s.th. to s.o.** j-m gegenüber etwas andeuten, j-m etwas indirekt zu verstehen geben. **III** *v/i* **8.** (**at**) andeuten (*acc*), e-e Andeutung machen (über *acc*), anspielen (auf *acc*).
hin·ter·land ['hɪntə(r)lænd] *s* **1.** 'Hinterland *n.* **2.** 'Umland *n.*
hip[1] [hɪp] *s* **1.** *anat.* Hüfte *f*: **to place** (*od.* **put**) **one's hands on one's ~s** die Arme in die Hüften stemmen; → **shoot** 26. **2.** ~ **joint**. **3.** *arch.* a) Gratanfall *m*, Walm *m* (*vom Walmdach*), b) Walmsparren *m.*
hip[2] [hɪp] *s bot.* Hagebutte *f.*
hip[3] [hɪp] *interj*: ~, ~, **hurrah**! hipp, hipp, hurra!
hip[4] [hɪp] *adj sl.* **1. to be ~** alles mitmachen, was gerade ‚in' ist. **2. to be ~ to** auf dem laufenden sein (*to* über *acc*).
'hip| bath *s* Sitzbad *n.* **'~bone** *s anat.* Hüftbein *n*, -knochen *m.* ~ **boot** *s* Wasserstiefel *m.* ~ **flask** *s* Taschenflasche *f*, ‚Flachmann' *m.* **'~ˌhug·gers** *s pl* a. **pair of ~** *bes. Am.* Hüfthose *f.* ~ **joint** *s anat.* Hüftgelenk *n.*
hipped[1] [hɪpt] *adj* **1.** mit ... Hüften, ...hüftig. **2.** *zo.* hüftlahm. **3.** *arch.* Walm...: ~ **roof**.
hipped[2] [hɪpt] *adj Am. sl.* ‚scharf', versessen (**on** auf *acc*).
hip·pie ['hɪpɪ] *s* Hippie *m* (*Angehöriger e-r in den sechziger Jahren entstandenen Bewegung, in der Jugendliche in friedlich-passiver Weise gegen die Konsum- u. Leistungsgesellschaft rebellieren mit dem Ziel, e-e humanere Welt zu schaffen*).
hip·po ['hɪpəʊ] *pl* **-pos** *s colloq. für* hippopotamus.
hip·po·cam·pus [ˌhɪpəʊˈkæmpəs] *pl* **-'cam·pi** [-paɪ] *s* **1.** *myth.* Hippoˈkamp *m*, Meerpferd *n.* **2.** *zo.* Seepferdchen *n.* **3.** *anat.* Ammonshorn *n* (*des Gehirns*).
hip pock·et *s* Gesäßtasche *f.*
Hip·po·crat·ic [ˌhɪpəʊˈkrætɪk] *adj* hippoˈkratisch: ~ **face** hippokratisches Gesicht (*Gesicht e-s Schwerkranken od. Sterbenden*); ~ **oath** hippokratischer Eid, Eid *m* des Hippokrates.
hip·po·drome ['hɪpədrəʊm] *s* **1.** Hippo'drom *m, n*: a) *antiq.* Pferde- u. Wagenrennbahn *f*, b) Reitbahn *f.* **2.** a) Zirkus *m*, b) Varieˈté(theˌater) *n.* **3.** *sport Am. sl.* abgekartete Sache, ‚Schiebung' *f.*
hip·po·griff, a. **hip·po·gryph** ['hɪpəʊgrɪf] *s* Hippoˈgryph *m* (*geflügeltes Fabeltier mit Pferdeleib u. Greifenkopf*).
hip·pol·o·gy [hɪˈpɒlədʒɪ; *Am.* -ˈpɑ-] *s* Hippoloˈgie *f*, Pferdekunde *f.*
hip·poph·a·gy [hɪˈpɒfədʒɪ; *Am.* -ˈpɑ-] *s* Essen *n* von Pferdefleisch.
hip·po·pot·a·mus [ˌhɪpəˈpɒtəməs; *Am.* -ˈpɑ-] *pl* **-'pot·a·mus·es**, **-'pot·a·mi** [-maɪ] *s zo.* Fluß-, Nilpferd *n.*
hip·pu·ric [hɪˈpjʊərɪk] *adj chem.* Hippur...: ~ **acid**.
hip·py[1] ['hɪpɪ] → **hippie**. [Hüften.]
hip·py[2] ['hɪpɪ] *adj colloq.* mit breiten
hip| raft·er *s arch.* Gratsparren *m.* ~ **roof** *s arch.* Walmdach *n.* **'~shot** *adj* **1.** *med.* mit verrenkter Hüfte. **2.** *fig.* (lenden)lahm.
hip·ster ['hɪpstə(r)] **I** *s* **1.** *sl.* j-d, der alles mitmacht, was gerade ‚in' ist. **2.** *sl. obs. für* hippie. **3.** *pl. a.* **pair of ~s** *Br.* Hüfthose *f.* **II** *adj* **4.** Hüft...: ~ **trousers** → **3**.

hirable – hit

hir·a·ble ['haɪərəbl] *adj* mietbar, zu mieten(d).
hire ['haɪə(r)] **I** *v/t* **1.** mieten: to ~ a car; to ~ a plane ein Flugzeug chartern; ~d car Leih-, Mietwagen *m*; ~d airplane Charterflugzeug *n*. **2.** *a.* ~ on a) j-n einanstellen, in Dienst nehmen, *mar.* (an-)heuern, b) j-n enga'gieren, c) *bes. b.s.* anheuern: ~d killer bezahlter *od.* gekaufter Mörder, Killer *m*. **3.** *meist* ~ out vermieten: to ~ to o.s. (out) sich selbst vermieten. **II** *v/i* **4.** *meist* ~ out e-e Beschäftigung annehmen (to bei): to ~ in (*od.* on) *Am.* den Dienst antreten. **III** *s* **5.** Miete *f* (*von beweglichen Sachen*): ~ car Leih-, Mietwagen *m*; ~ charge Leihgebühr *f*, Miete *f*; ~ company Verleih(firma *f*) *n*; ~ service *mot.* Selbstfahrerdienst *m*, Autoverleih *m*; on ~ a) mietweise, b) zu vermieten; to take (let) a car on ~ ein Auto (ver)mieten; for ~ a) zu vermieten, b) frei (*Taxi*). **6.** (Arbeits-)Lohn *m*, Entgelt *n*.
hire·ling ['haɪəlɪŋ] **I** *s* **1.** *bes. contp.* Mietling *m*. **2.** *bes. contp.* j-d, der bereit ist, für Geld (*nahezu*) alles zu machen. **3.** Mietpferd *n*. **II** *adj* **4.** *bes. contp.* käuflich. **5.** *b.s.* angeheuert: ~ killer bezahlter *od.* gekaufter Mörder, Killer *m*.
hire| pur·chase *s econ. bes. Br.* Abzahlungs-, Ratenkauf *m*, Kauf *m* auf Ratenod. Teilzahlung: to buy s.th. on ~ etwas auf Abzahlung kaufen. **~·'pur·chase** *adj econ. bes. Br.* Abzahlungs..., Raten...: ~ agreement Abzahlungsvertrag *m*; ~ system Raten-, Teilzahlungssystem *n*.
hir·er ['haɪərə(r)] *s* **1.** Mieter(in). **2.** Vermieter(in).
hir·sute ['hɜːsjuːt; *Am.* 'hɜrˌsuːt; 'hɪər-] *adj* **1.** haarig, **2.** mit zottigem *od.* struppigem Haar. **3.** *bot. zo.* rauhhaarig, borstig. **'hir·sute·ness** *s* Haarigkeit *f*.
his [hɪz; ɪz] *possessive pron* **1.** sein, seine: ~ family. **2.** seiner (seine, seines), der (die, das) seine *od.* seinige (*prädikativ u. substantivisch gebraucht*), (*auf Handtüchern etc*) er: this hat is ~ das ist sein Hut, dieser Hut gehört ihm; a book of ~ ein Buch von ihm; my father and ~ mein und sein Vater.
His·pan·ic [hɪ'spænɪk] *adj* spanisch.
His·pan·i·cism [-sɪzəm] *s* Hispa-'nismus *m*, spanische Spracheigenheit.
His·pan·i·cize [-saɪz] *v/t* hispani'sieren, spanisch machen.
his·pid ['hɪspɪd] → hirsute 3. **his'pid·u·lous** [-djʊləs; *Am.* -dʒələs] *adj bot. zo.* kurzborstig.
hiss [hɪs] **I** *v/i* **1.** zischen: to ~ at auszischen. **II** *v/t* **2.** auszischen: he was ~ed off the stage er wurde ausgezischt. **3.** zischeln, zischen(d sprechen). **III** *s* **4.** Zischen. **5.** *ling.* Zischlaut *m*. **'hiss·ing** *s* Zischen *n*, Gezisch *n*.
hist [sːt; hɪst] *interj* sch!, pst!
his·ta·mine ['hɪstəmiːn] *s physiol.* Hista-'min *n* (*den Blutdruck senkendes Gewebshormon*).
his·to- [hɪstəʊ] Wortelement mit der Bedeutung Gewebe...
his·to·chem·is·try *s* Histoche'mie *f* (*Gesamtheit der innerhalb der Histologie angewandten chemischen Verfahren zur Bestimmung der Bestandteile von Zellen u. Geweben*).
'his·to·com·pat·i·bil·i·ty *s med.* Histokompatibili'tät *f*, Gewebsverträglichkeit *f*. **his·to·com·pat·i·ble** *adj* histokompa'tibel, gewebsverträglich.
his·to·gram ['hɪstəgræm] *s* Statistik: Histo'gramm *n* (*graphische Darstellung e-r Häufigkeitsverteilung in Form von Rechtecken*).
'his·to·in·com·pat·i·bil·i·ty *s med.* Histoinkompatibili'tät *f*, Gewebsunverträglichkeit *f*. **'his·to·in·com·pat·i·ble** *adj* histoinkompa'tibel, gewebsunverträglich.
his·tol·o·gist [hɪ'stɒlədʒɪst; *Am.* -'stɑ-] *s med. biol.* Histo'loge *m*. **his'tol·o·gy** *s* **1.** *med. biol.* Histolo'gie *f*, Gewebelehre *f*. **2.** *anat.* Ge'webs-, Or'ganstrukˌtur *f*.
his·tol·y·sis [hɪ'stɒlɪsɪs; *Am.* -'stɑ-] *s med.* Histo'lyse *f*: a) Auflösung von Gewebe durch eiweißspaltende Fermente nach dem Tod, b) örtlich begrenzte Auflösung von Gewebe beim lebenden Organismus.
his·to·pa'thol·o·gy *s med. biol.* Histopatholo'gie *f* (*Wissenschaft von den krankhaften Veränderungen des menschlichen, tierischen und pflanzlichen Gewebes*).
his·to·ri·an [hɪ'stɔːrɪən; *Am. a.* -'stɑː-] *s* Hi'storiker *m*, Geschichtsforscher *m*, -wissenschaftler *m*.
his·tor·ic [hɪ'stɒrɪk; *Am. a.* -'stɑː-] *adj* (*adv* ~ally) **1.** hi'storisch, geschichtlich (berühmt *od.* bedeutsam): ~ battlefield; ~ building; a(n) ~ occasion; a(n) ~ speech. **2.** → historical. **his'tor·i·cal I** *adj* (*adv* ~ly) **1.** → historic 1. **2.** hi'storisch: a) geschichtlich (belegt *od.* überliefert): a(n) ~ event; ~ painter Historienmaler *m*; ~ painting Historienmalerei *f*; Historienbild *n*, b) mit Geschichte befaßt, Geschichts...: ~ geography historische Geographie; ~ linguistics historische Sprachwissenschaft; ~ science Geschichtswissenschaft *f*, c) geschichtlich orientiert: ~ geology historische Geologie; ~ materialism historischer Materialismus; ~ method historische Methode; ~ school *econ.* historische Schule, d) geschichtlich(en Inhalts): ~ novel historischer Roman. **3.** *ling.* hi'storisch: ~ grammar; ~ present historisches Präsens. **II** *s* **4.** *Am.* hi'storischer Film *od.* Ro'man, historisches Drama.
his'tor·i·cal·ness *s* (*das*) Hi'storische.
his·tor·i·cism [hɪ'stɒrɪsɪzəm; *Am. a.* -'stɑː-] *s* Histori'zismus *m*, Histori'zismus *m*: a) Geschichtsverständnis, das die Vergangenheit mit deren eigenen Maßstäben mißt, b) Geschichtsbetrachtung, die alle Erscheinungen aus ihren geschichtlichen Bedingungen heraus zu erklären u. zu verstehen sucht.
his·to·ric·i·ty [ˌhɪstə'rɪsətɪ] *s* Historizi-'tät *f*, Geschichtlichkeit *f*.
his·to·ried ['hɪstərɪd] *adj* hi'storisch, geschichtlich (berühmt *od.* bedeutsam): a richly ~ country ein geschichtsträchtiges Land.
his·to·ri·ette [ˌhɪstɔː'rɪet] *s* kurze Erzählung.
his·tor·i·fy [hɪ'stɔːrɪfaɪ; *Am. a.* -'stɑː-] *v/t* aufzeichnen, festhalten.
his·to·ri·og·ra·pher [ˌhɪstɔːrɪ'ɒɡrəfə; *Am.* hɪsˌtɔːrɪ'ɑɡrəfər] *s* Historio'graph *m*, Geschichtsschreiber *m*. **ˌhis·to·ri·'og·ra·phy** *s* Historiogra'phie *f*, Geschichtsschreibung *f*.
his·to·rism ['hɪstərɪzəm] → historicism.
his·to·ry ['hɪstərɪ; -trɪ] *s* **1.** Geschichte *f*, Erzählung *f*. **2.** Geschichte *f*: a) geschichtliche Vergangenheit *od.* Entwicklung, b) Geschichtswissenschaft *f*, Hi-'storik *f*: ancient (medieval, modern) ~ Alte (Mittlere, Neue[re]) Geschichte; that's ancient (*od.* past) ~ das interessiert niemanden mehr; contemporary ~ Zeitgeschichte; ~ of art Kunstgeschichte; ~ of civilization Kulturgeschichte; ~ of literature Literaturgeschichte; ~ of religions Religionsgeschichte; to go down in ~ in die Geschichte eingehen; to make ~ Geschichte machen; the chair has a ~ der Stuhl hat e-e (interessante) Vergangenheit; that's all ~ now das ist alles längst vorbei. **3.** (Entwicklungs-)Geschichte *f*, Werdegang *m* (*a. tech.*). **4.** *tech.* Bearbeitungsvorgang *m*. **5.** *allg., a. med.* Vorgeschichte *f*: (**case**) ~ Krankengeschichte *f*, Anamnese *f*. **6.** Lebensbeschreibung *f*, -lauf *m*. **7.** (zs.-hängende) Darstellung *od.* Beschreibung, Geschichte *f*: → natural history. **8.** hi'storisches Drama. **9.** Hi'storienbild *n*. ~ **paint·ing** *s* a) → history 9, b) Hi'storienmaleˌrei *f*.
his·tri·on·ic [ˌhɪstrɪ'ɒnɪk; *Am.* -'ɑnɪk] **I** *adj* (*adv* ~ally) **1.** Schauspieler(...), schauspielerisch. **2.** *contp.* thea'tralisch. **II** *s* **3.** *pl* (*a. als sg konstruiert*) a) schauspielerische Darstellung, b) Schauspielkunst *f*, c) *contp.* thea'tralisches Getue, "Schauspieleˌrei" *f*. **ˌhis·tri'on·i·cal** → histrionic I. **'his·tri·o·nism** [-trɪənɪzəm] → histrionic 3 c.
hit [hɪt] **I** *s* **1.** Schlag *m*, Hieb *m*. **2.** *a. sport u. fig.* Treffer *m*: to make (*od.* score) a ~ a) e-n Treffer erzielen, b) *fig.* gut ankommen (with bei). **3.** Glücksfall *m*, -treffer *m*. **4.** Hit *m* (*Buch, Schlager etc*): it (he) was a big ~ es (er) hat groß eingeschlagen. **5.** a) treffende Bemerkung, guter Einfall, b) Hieb *m* (at gegen), sar'kastische Bemerkung: that was a ~ at me das ging gegen mich. **6.** *print. Am.* (Ab-)Druck *m*. **7.** *sl.* ˌSchuß' *m* (*Drogeninjektion*): to give o.s. a ~ ˌsich e-n Schuß setzen *od.* drücken'. **8.** *bes. Am. sl.* (*von e-m* hit man *ausgeführter*) Mord.
II *v/t pret u. pp* **hit** **9.** schlagen, e-n Schlag versetzen (*dat*): → hard 24. **10.** (*a. fig. seelisch, finanziell etc*) treffen: to ~ the target; he was ~ by a bullet er wurde von e-r Kugel getroffen; to ~ the nail on the head *fig.* den Nagel auf den Kopf treffen; to be ~ hard (*od.* ~) *fig.* schwer getroffen sein (by durch); he's badly ~ ihn hat es schlimm erwischt; to ~ the (*od.* one's) books *Am. colloq.* ˌbüffeln'; to ~ the bottle *colloq.* ˌsaufen'; to ~ it *sl.* ˌsich in die Falle *od.* Klappe hauen'; → brick 1, hay¹ 1, road 2, sack¹ 6. **11.** *mot. etc* j-n *od.* etwas anfahren, etwas rammen: to ~ a mine *mar.* auf e-e Mine laufen. **12.** to ~ one's head against (*od.* on) sich den Kopf anschlagen an (*dat*), mit dem Kopf stoßen gegen. **13.** to ~ s.o. a blow j-m e-n Schlag versetzen. **14.** *bes. fig.* stoßen *od.* kommen auf (*acc*), treffen, finden: to ~ oil auf Öl stoßen; to ~ the right road auf die richtige Straße kommen; to ~ the right solution die richtige Lösung finden; you have ~ it! du hast es getroffen!, so ist es! **15.** *bes.* s.o.'s fancy (*od.* taste) j-s Geschmack treffen, *a.* j-m zusagen. **16.** *fig.* geißeln, scharf kriti'sieren. **17.** erreichen, *etwas* ˌschaffen': the car ~s 100 mph; prices ~ an all-time high die Preise erreichten e-e Rekordhöhe; → front page, headline 1. **18.** *a.* ~ off genau treffen *od.* 'wiedergeben, treffend nachahmen, über'zeugend darstellen *od.* schildern. **19.** *a.* ~ up *bes. Am. colloq.* j-n ˌanhauen', anpumpen (for um). **20.** *colloq.* ankommen in (*dat*): to ~ town die Stadt erreichen. **21.** *bes. Am. sl.* j-n ˌumlegen' (hit man).
III *v/i* **22.** treffen. **23.** schlagen (at nach): to ~ hard e-n harten Schlag haben. **24.** stoßen, schlagen (against gegen; on, upon auf *acc*). **25.** *mil.* einschlagen (*Granate etc*). **26.** ~ (up)on *fig.* → 14. **27.** *mot. Am. colloq.* zünden, laufen: to ~ on all four cylinders gut laufen (*a. fig.*). **28.** *a.* ~ up *sl.* ˌschießen' (Heroin *etc* spritzen).

Verbindungen mit Adverbien:

hit| back I *v/i* zu'rückschlagen (*a. fig.*): to ~ at s.o. j-m Kontra geben. **II** *v/t*

hit-and-miss – hodograph

zu'rückschlagen. **~off** I *v/t* 1. → hit 18. 2. to hit it off *colloq.* sich gut vertragen (with s.o. mit j-m): **how do they hit it off?** wie kommen sie miteinander aus? II *v/i* 3. *colloq.* (**with**) passen (zu), har-mo'nieren (mit). **~ out** *v/i* 1. um sich schlagen: **to ~ at** s.o. auf j-n einschlagen. 2. *fig.* her-, losziehen (**at**, **against** über *acc*). **~up** *v/t* 1. *Kricket:* Läufe erzielen. 2. **to hit it up** *colloq.* sich mächtig ins Zeug legen. 3. → hit 19.
‚**hit**│**-and-**'**miss** *adj* 1. mit wechselndem Erfolg. 2. → hit-or-miss. ‚**~-and-**'**run** I *adj* 1. **~ accident** → 3; **~ driver** unfallflüchtiger Fahrer. 2. kurz, rasch: **~ merchandising** kurzlebige Verkaufsaktion; **~ raid** *mil.* Stippangriff *m.* II *s* 3. Unfall *m* mit Fahrerflucht.
hitch [hɪtʃ] I *s* 1. *bes. mar.* Stich *m*, Knoten *m.* 2. Schwierigkeit *f*, Pro'blem *n*, ‚Haken' *m*: **there is a ~ (somewhere)** die Sache hat (irgendwo) e-n Haken, irgend etwas stimmt da nicht; **without a ~** glatt, reibungslos. 3. Ruck *m*, Zug *m*: **to give s.th. a ~** an etwas ziehen; **to give one's trousers a ~** s-e Hosen hochziehen. 4. *bes. Am.* Humpeln *n*, Hinken *n*: **to walk with a ~** humpeln, hinken. 5. *tech.* Verbindungshaken *m*, -glied *n.* 6. **to get a ~** *colloq.* im Auto mitgenommen werden. 7. *Am. sl.* Zeit(spanne) *f*, *bes.* a) Mili'tärzeit *f*, b) ‚Knast' *m (Gefängnisstrafe)*: **to serve a three-year ~ in prison** e-e dreijährige Strafe ‚abbrummen'. II *v/t* 8. (ruckartig) ziehen, rücken: **he ~ed his chair closer to the table** er rückte mit s-m Stuhl näher an den Tisch heran; **to ~ up one's trousers** s-e Hosen hochziehen. 9. (**to**) befestigen, festmachen, -haken (an *dat*), anbinden, ankoppeln (an *acc*). 10. e-e unpassende Bemerkung etc einbringen (**into** in *ein literarisches Werk*). 11. **to ~ a ride** → 6. 12. **to get ~ed** → 15. III *v/i* 13. *bes. Am.* humpeln, hinken: **to ~ along** dahinhumpeln. 14. sich festhaken, sich verfangen, hängenbleiben (**on an** *dat*). 15. *a.* **~ up** *colloq.* heiraten. 16. *colloq. für* **hitchhike.**
Hitch·cock·i·an [ˌhɪtʃˈkɒkɪən; *Am.* -ˈkɑ-] *adj* hitchcocksch, im Stile Hitchcocks.
'**hitch·er** *colloq. für* **hitchhiker.**
'**hitch**│**·hike** *v/i* ‚per Anhalter' fahren, trampen. '**~ˌhik·er** *s* Anhalter(in), Tramper(in).
hith·er [ˈhɪðə(r)] I *adv* ˈhierher: **~ and thither** hierhin u. dorthin. II *adj obs.* diesseitig, näher (gelegen): **the ~ side of the hill**; **H~ India** Vorderindien *n.* ‚**~to** I *adv* 1. bisher, bis jetzt. 2. *obs.* bis ˈhierher (*örtlich*). II *adj* 3. bisˈherig.
Hit·ler·ism [ˈhɪtlərɪzəm] *s hist.* Naˈzismus *m.* '**Hit·ler·ite** *hist.* I *s* Nazi *m.* II *adj* naˈzistisch.
hit│ **list** *s bes. Am. sl.* Abschußliste *f (a. fig.)*: **to be on the ~** auf der Abschußliste stehen. **~ man** *s irr bes. Am. sl.* Killer *m (e-s Verbrechersyndikats)*. '**~-off** *s* genaue ˈWiedergabe, treffende Nachahmung, überˈzeugende Darstellung *od.* Schilderung: **to do a ~ of** → hit 18. **~ or miss** *adv* aufs Gerateˈwohl, auf gut Glück. ‚**~-or-**'**miss** *adj* 1. unbekümmert, sorglos. 2. aufs Gerateˈwohl getan. 3. unsicher. **~·pa·rade** *s* ˈHitpaˌrade *f.* **~ song** *s* Hit *m.*
hit·ter [ˈhɪtə(r)] *s* *Boxen*: *colloq.* Schläger *m*, Puncher *m.*
Hit·tite [ˈhɪtaɪt] *hist.* I *s* Heˈthiter(in). II *adj* heˈthitisch.
hive [haɪv] I *s* 1. Bienenkorb *m*, -stock *m*: **~ dross** Bienenharz *n.* 2. Bienenvolk *n*, -schwarm *m.* 3. *fig.* a) Bienenhaus *n*: **what a ~ of industry** (*od.* **activity**)! das ist ja das reinste Bienenhaus!, b) Sammelpunkt *m*, c) Schwarm *m (von Menschen)*. II *v/t* 4. Bienen in e-n Stock bringen. 5. Honig im Bienenstock sammeln. 6. *a.* **~ up** (*od.* **away**) *fig.* a) sammeln, sich e-n Vorrat anlegen von, b) auf die Seite legen. 7. *fig.* beherbergen. 8. **~ off** *bes. Br.* a) (**from**) e-e Abteilung etc abtrennen (von), ausgliedern (aus), b) *Teile e-r verstaatlichten Industrie* reprivati'sieren. III *v/i* 9. in den Stock fliegen (*Bienen*): **to ~ off** *fig.* a) abschwenken (**from** von), b) *a.* **to ~ off from one's own business** *od.* selbständig machen, c) *bes. Br. colloq.* ‚sich aus dem Staub machen'. 10. sich zs.-drängen: **the multitudes that ~ in city apartments.**
hives [haɪvz] *s pl (a.* als *sg* konstruiert) *med.* Nesselausschlag *m.*
h'm [hm] *interj* hm!
ho¹ [həʊ] *interj* 1. (*überrascht*) naˈnu! 2. (*erfreut*) ah!, oh! 3. (*triumphierend*) ha! 4. *iro.* haha! 5. hallo!, holla!, heda! 6. auf nach ...: **westward ~!** auf nach Westen! 7. **land ~!** *mar.* Land in Sicht!
ho² [həʊ] *pl* **hos** *s Am. sl.* ‚Nutte' *f (Prostituierte)*.
hoar [hɔː(r); *Am. a.* haʊr] I *s* 1. → hoarfrost. II *adj* 2. *obs. für* **hoary** 1, 2. 3. (*vom Frost*) weiß, bereift.
hoard [hɔː(r)d; *Am.* haʊrd] I *s* a) Hort *m*, Schatz *m*, b) Vorrat *m* (**of** an *dat*). II *v/t a.* **~ up** horten, hamstern. III *v/i* hamstern, sich Vorräte anlegen.
'**hoard·er** *s* Hamsterer *m.*
'**hoard·ing¹** *s* 1. Horten *n*, Hamsteˈrei *f.* 2. gehortete Vorräte *pl.*
'**hoard·ing²** *s* 1. Bau-, Bretterzaun *m.* 2. *Br.* Reˈklametafel *f.*
‚**hoar**'**frost** *s* (Rauh)Reif *m.*
'**hoar·i·ness** [ˈhɔːrɪnɪs; *Am. a.* ˈhaʊ-] *s* 1. Weiß(grau) *n.* 2. *a.* Silberhaarigkeit *f*, b) *fig.* Ehrwürdigkeit *f.*
hoarse [hɔː(r)s; *Am. a.* haʊrs] *adj (adv* **-ly)** heiser: (**as**) **~ as an old crow** *colloq.* ‚stockheiser'; → **shout** 6. '**hoars·en** [-sn] *v/t u. v/i* heiser machen (werden).
'**hoarse·ness** *s* Heiserkeit *f.*
hoar·y [ˈhɔːrɪ; *Am. a.* ˈhaʊrɪ] *adj (adv* **hoarily**) 1. weiß(grau). 2. a) (alters)grau, ergraut, silberhaarig, b) *fig.* altehrwürdig, (ur)alt. 3. *bot. zo.* mit weißen Härchen bedeckt.
hoax [həʊks] I *s* 1. Falschmeldung *f*, (Zeitungs)Ente *f*, Schwindel *m.* 2. Streich *m*, (übler) Scherz: **to play a ~ on s.o.** j-m e-n Streich spielen, sich mit j-m e-n Scherz erlauben. II *v/t* 3. *j-m in* Bären aufbinden: **to ~ s.o. into believing s.th.** j-m etwas weismachen.
hob¹ [hɒb; *Am.* hɑb] *s* 1. *bes. hist.* Kaˈmineinsatz *m*, -vorsprung *m (für Teekessel etc)*. 2. → **hobnail.** 3. *tech.* a) Gewinde-, (Ab)Wälzfräser *m*, b) Strehlbohrer *m*: **~ arbor** Fräsdorn *m.* II *v/t* 4. *tech.* Gewinde verzahnen, (ab)wälzen: **~bing machine** → 3 a.
hob² [hɒb; *Am.* hɑb] *s* 1. *Br.* a) Elf *m*, Elfe *f*, b) Kobold *m.* 2. *colloq.* **to play** (*od.* **raise**) **~ with** a) ‚kaputtmachen': **to play ~ with international trade,** b) Schindluder treiben mit: **a book that plays ~ with historical facts**; **to raise ~ with s.o.** j-m ‚aufs Dach steigen'.
hob·ble [ˈhɒbl; *Am.* ˈhɑbl] I *v/i* 1. hinken, humpeln. 2. *fig.* holpern, hinken (*Vers*). II *v/t* 3. e-m *Pferd* Fußfesseln anlegen. 4. *fig.* (be)hindern, hemmen. III *s* 5. Hinken *n*, Humpeln *n*: **to walk with a ~** hinken, humpeln. 6. Fußfessel *f.* 7. *fig.* Hindernis *n*, Hemmnis *n.*
hob·ble·de·hoy [ˌhɒblɪˈhɔɪ; *Am.* ˈhɑbəldɪˌhɔɪ] *s obs. od. dial.* a) Tolpatsch *m*, b) Flegel *m.*

hob·ble skirt *s hist.* Humpelrock *m.*
hob·by¹ [ˈhɒbɪ; *Am.* ˈhɑbiː] I *s* 1. *fig.* Steckenpferd *n*, Hobby *n*, Liebhabeˈrei *f.* 2. *obs. od. dial.* ein starkes, mittelgroßes Pferd. 3. *hist.* Draiˈsine *f*, Laufrad *n.* 4. → hobbyhorse 1. II *v/i* 5. **to ~ at** (*od.* **in**) **s.th.** *Am.* etwas als Hobby betreiben.
hob·by² [ˈhɒbɪ; *Am.* ˈhɑbiː] *s orn.* Baumfalke *m.*
'**hob·by·horse** *s* 1. a) Steckenpferd *n*, b) Schaukelpferd *n*, c) Karus'sellpferd *n.* 2. *fig.* a) Lieblingsthema *n*: **he is on** (*od.* **riding**) **his ~ again** er reitet schon wieder sein Steckenpferd, er ist schon wieder bei s-m Lieblingsthema, b) fixe Iˈdee. 3. Pferdekopfmaske *f.* 4. → hobby¹ 3.
'**hob·by·ist** *s* Hobbyˈist *m (j-d, der ein Hobby hat).*
hob·by room *s* Hobbyraum *m.*
hob·gob·lin [ˈhɒbɡɒblɪn; *Am.* ˈhabˌɡablən] *s* 1. Kobold *m.* 2. (Schreck)Gespenst *n (a. fig.).*
'**hob·nail** *s* grober Schuhnagel. '**hob·nailed** *adj* 1. genagelt: **~ shoes** *a.* Nagelschuhe. 2. *fig.* ungehobelt.
'**hob·nail(ed) liv·er** *s med.* Alkoholleber *f.*
'**hob·nob** *v/i* 1. (**with** mit) a) inˈtim sein, freundschaftlich verkehren, auf du u. du sein, b) plaudern. 2. *obs.* trinken (**with** mit).
ho·bo [ˈhəʊbəʊ] *pl* **-bos, -boes** *s Am.* 1. Wanderarbeiter *m.* 2. Landstreicher *m*, ‚Tippelbruder' *m.* '**ho·bo·ism** *s Am.* Landstreichertum *n.*
hob·son-job·son [ˌhɒbsnˈdʒɒbsn; *Am.* ˌhɑbsənˈdʒɑbsən] *s* ˈVolksetymoloˌgie *f.*
Hob·son's choice [ˈhɒbsnz; *Am.* ˈhɑbsənz] *s*: **it was** (**a case of**) **~** es gab nur ˈeine Möglichkeit; **he had to take ~** er hatte nur ˈeine Möglichkeit, es blieb ihm keine andere Wahl.
hock¹ [hɒk; *Am.* hak] I *s zo.* a) Sprung-, Fesselgelenk *n (der Huftiere)*, b) Mittelfußgelenk *n (der Vögel)*, c) Hachse *f (beim Schlachttier).* II *v/t* → **hamstring** 3.
hock² [hɒk; *Am.* hak] *s* 1. weißer Rheinwein. 2. trockener Weißwein.
hock³ [hɒk] *Am. bes. Am. colloq.* I *s*: **to be in ~** a) versetzt *od.* verpfändet sein, b) verschuldet sein, Schulden haben (**to** bei), c) im ‚Kittchen' sein *od.* sitzen; **to get s.th. out of ~** etwas ein-, auslösen; **to put into ~** → II. II *v/t* versetzen, -pfänden, ins Leihhaus tragen.
hock·ey [ˈhɒkɪ; *Am.* ˈhakiː] *s sport* a) *bes. Br.* Hockey *n*, b) *bes. Am.* Eishockey *n.*
hock shop *s bes. Am. colloq.* Leihhaus *n*, Pfandhaus *n*, -leihe *f.*
'**Hock·tide** *s hist. Br.* am zweiten Montag u. Dienstag nach Ostern eingehaltene Feiertage.
ho·cus [ˈhəʊkəs] *v/t* 1. betrügen, ‚übers Ohr hauen'. 2. *j-n* betäuben. 3. e-m *Getränk* ein Betäubungsmittel beimischen. ‚**~-**'**po·cus** [-ˈpəʊkəs] I *s* Hokus'pokus *m*: a) Zauberformel *f*, b) Schwindel *m*, fauler Zauber. II *v/i* faulen Zauber machen. III *v/t* → **hocus** 1.
hod [hɒd; *Am.* hɑd] *s* 1. *a)* Mörteltrog *m*, Tragmulde *f*, b) Steinbrett *n*: **~ carrier** Mörtel-, Ziegelträger *m.* 2. Kohleneimer *m.* 3. *Br.* Zinngießerei: (ein) Holzkohlenofen *m.*
hod·den [ˈhɒdn] *s Scot.* grober, ungefärbter Wollstoff.
hodge·podge [ˈhɒdʒpɒdʒ; *Am.* ˈhadʒˌpadʒ] *bes. Am. für* **hotchpotch** 1 *u.* 2.
Hodg·kin's dis·ease [ˈhɒdʒkɪnz; *Am.* ˈhadʒ-] *s med.* Hodgkin-Krankheit *f.*
ho·di·er·nal [ˌhəʊdɪˈɜːnl; *Am.* -ˈɜːrnl] *adj* heutig.
'**hod·man** [-mən] *s irr bes. Br.* 1. Mörtel-, Ziegelträger *m.* 2. Handlanger *m.*
hod·o·graph [ˈhɒdəʊɡrɑːf; -ɡræf; *Am.*

hodometer – hold

ˈhɑdəˌgræf; ˈhəʊ-] s phys. Hodoˈgraph m (Kurve, die die Größe u. Richtung der Geschwindigkeit e-s Körpers od. Massenpunktes anzeigt).

ho·dom·e·ter [hɒˈdɒmɪtə; Am. həʊˈdɑmətər] → odometer.

hod·o·scope [ˈhɒdəskəʊp; Am. ˈhɑ-; ˈhəʊ-] s phys. Hodoˈskop n (Gerät zur Bestimmung der Bahn energiereicher Teilchen).

hoe [həʊ] **I** s Hacke f. **II** v/t a) den Boden hacken, b) Pflanzen behacken, c) a. ~ **up** Unkraut aushacken: to ~ **down** um-, niederhacken; a long row to ~ e-e schwere Aufgabe. **III** v/i hacken: to ~ **in**(**to**) Austral. colloq. (beim Essen) ‚reinhauen' (in acc). **ˈ~cake** s Am. Maiskuchen m.

hog [hɒg; Am. a. hɑg] **I** s **1.** a) Hausschwein n, b) Br. kaˈstriertes Mastschwein, c) Schlachtschwein n (über 102 kg), d) Am. Keiler m, Eber m, e) allg. Am. Schwein n: **to live high off** (od. **on**) **the ~**('**s back**) colloq. in Saus u. Braus leben; **to live low off** (od. **on**) **the ~**('**s back**) colloq. bescheiden od. sparsam leben; **on the ~** Am. colloq. ‚pleite', ‚blank' (ohne Geld); → **whole hog 2.** colloq. a) rücksichtsloser Kerl: → **road hog**, b) gieriger od. gefräßiger Kerl, c) Schmutzfink m, ‚Ferkel' n. **3.** mar. Scheuerbesen m. **4.** Papierfabrikation: Rührwerk n. **5.** tech. Am. (Reiß)Wolf m. **6.** → **hogget. 7.** Am. sl. a) (bes. schwere) ‚Maˈschine' (Motorrad), b) ‚Straßenkreuzer' m. **II** v/t **8.** nach oben krümmen: **to ~ one's back** → **14. 9.** e-e Pferdemähne stutzen, scheren. **10.** **to ~ a ship** mar. e-n Schiffsboden scheuern. **11.** colloq. rücksichtslos an sich reißen, mit Beschlag belegen: **to ~ the road** mot. a) die ganze Straße für sich brauchen, b) rücksichtslos fahren. **12.** meist **~ down** colloq. Essen hin'unterschlingen, a. fig. verschlingen: **to ~ down a book. III** v/i **13.** mar. sich in der Mitte nach oben krümmen (Kiel-Längsachse). **14.** den Rücken krümmen, e-n Buckel machen. **15.** colloq. rücksichtslos alles an sich reißen. **16.** mot. colloq. rücksichtslos fahren.

ˈhog·back s geol. langer u. scharfer Gebirgskamm. **~ chol·er·a** s vet. Am. Schweinepest f. **~ deer** s zo. Schweinshirsch m.

hogg [hɒg] → **hogget.**

hogged [hɒgd; Am. a. hɑgd] adj **1.** mar. (hoch)gekrümmt, aufgebuchtet. **2.** nach beiden Seiten steil abfallend. **ˈhog·ger** s tech. Schnellstahlfräser m, S'S-Fräser m. **ˈhog·ger·y** [-ərɪ] s **1.** Schweinestall m. **2.** → **hoggishness.**

hog·get [ˈhɒgɪt] s Br. dial. noch nicht geschorenes einjähriges Schaf.

hog·gin [ˈhɒgɪn; Am. a. ˈhɑ-] s gesiebter Kies.

hog·gish [ˈhɒgɪʃ; Am. a. ˈhɑ-] adj (adv **~ly**) a) rücksichtslos, b) gierig, gefräßig, c) schmutzig. **ˈhog·gish·ness** s a) Rücksichtslosigkeit f, b) Gier f, Gefräßigkeit f, c) Schmutzigkeit f.

Hog·ma·nay [ˈhɒgmənei] s Scot. Silˈvester(abend m) m, n.

ˈhog·nut s bot. **1.** a) Hickorynuß f (Frucht von b), b) Brauner Hickorybaum. **2.** → **pignut 2.** Euroˈpäische Erdnuß. **ˈ~round** adj u. adv Am. colloq. pauˈschal, zu e-m Einheitspreis.

ˈhog's-back [-gz-] → **hogback.**

ˈhogs·head s **1.** Hohlmaß, bes. für alkoholische Getränke: Br. 238,5 l, Am. 234,5 l. **2.** großes Faß, bes. für 1.

ˈhog·skin s Schweinsleder n. **ˈ~tie** pres p **ˈ~ty·ing** v/t bes. Am. **1.** e-m Tier alle vier Füße zs.-binden. **2.** fig. a) die Wirtschaft etc lähmen, lahmlegen, b) j-n,

etwas (be)hindern, c) e-n Plan etc durchˈkreuzen, vereiteln. **~ wal·low** s Am. **1.** Schweinepfuhl m. **2.** Mulde f. **ˈ~wash** s **1.** Schweinefutter n. **2.** fig. contp. ‚Spülwasser' n (dünner Kaffee etc). **3.** fig. contp. ‚Geˈwäsch' n, ‚Seich' m, Geschwätz n. **ˈ~wild** adj Am. colloq. wild, ungezügelt: ~ **enthusiasm**; **to go ~ over** ‚voll abfahren' auf (acc).

hoick [hɔɪk] v/t aer. ein Flugzeug hochreißen.

hoicks [hɔɪks] hunt. **I** interj hussa! (Hetzruf an Hunde). **II** s Hussa(ruf m) n.

hoi·den → **hoyden.**

hoi pol·loi [ˌhɔɪˈpɒlɔɪ; ˌhɔɪpəˈlɔɪ] (Greek) s **1.** **the ~** contp. die (breite) Masse, der Pöbel. **2.** Am. sl. ‚Tamˈtam' n, ‚Traˈra' n, ‚Rummel' m (about um).

hoise [hɔɪz] pret u. pp **hoised, hoist** obs. od. dial. für **hoist¹ I.**

hoist¹ [hɔɪst] **I** v/t **1.** hochziehen, -winden, heben, hieven: **to ~ out a boat** mar. ein Boot aussetzen. **2.** Flagge, Segel hissen: → **flag¹ 2. 3.** Am. sl. ‚klauen' (stehlen). **4.** **~ a few** Am. sl. ein paar ‚heben' od. ‚kippen' (trinken). **II** v/i **5.** hochsteigen, hochgezogen werden. **III** s **6.** Hochziehen n. **7.** tech. (Lasten)Aufzug m, Hebezeug n, Winde f. **8.** mar. a) Tiefe f (der Flagge od. des Segels), b) Heiß m (als Signal gehißte Flaggen).

hoist² [hɔɪst] pret u. pp von **hoise**: **~ with one's own petard** fig. in der eigenen Falle gefangen.

ˈhoist·ing adj tech. a) Hebe..., Hub..., b) Bergbau: Förder...: **~ cage** Förderkorb m; **~ crane** Hebekran m; **~ tackle** Flaschenzug m. **~ en·gine** s tech. **1.** Hebewerk n, Ladekran m. **2.** Bergbau: ˈFördermaˌschine f.

hoi·ty-toi·ty [ˌhɔɪtɪˈtɔɪtɪ] **I** adj **1.** hochnäsig, eingebildet. **2.** bes. Br. unbesonnen, leichtsinnig. **II** s **3.** Hochnäsigkeit f.

hoke [həʊk] v/t meist **~ up** → **overact I.**

ho·key-po·key [ˌhəʊkɪˈpəʊkɪ] s **1.** sl. → **hocus-pocus I** b. **2.** (von Straßenhändlern verkauftes) Eis.

ho·kum [ˈhəʊkəm] s Am. colloq. **1.** thea. etc (bes. sentiˈmentale) ‚Mätzchen' pl. **2.** ‚Krampf' m, ‚Quatsch' m.

hold¹ [həʊld] s aer. mar. Lade-, Frachtraum m.

hold² [həʊld] **I** s **1.** Halt m, Griff m: **to catch** (od. **get, lay, seize, take**) **~ of s.th.** etwas ergreifen od. in die Hand bekommen od. zu fassen bekommen od. erwischen; **to get ~ of s.o.** j-n erwischen; **to get ~ of o.s.** sich in die Gewalt bekommen; **to keep ~** of festhalten; **to let go** (od. **to quit**) **one's ~ of s.th.** etwas loslassen; **to miss one's ~** danebengreifen. **2.** Halt m, Griff m, Stütze f: **to afford no ~** keinen Halt bieten; **to lose one's ~** den Halt verlieren. **3.** Ringen: Griff m: **in politics no ~s are barred** fig. in der Politik wird mit harten Bandagen gekämpft. **4.** (**on, over, of**) Gewalt f, Macht f (über acc), Einfluß m (auf acc): **to get a ~ on s.o.** j-n unter s-n Einfluß od. in s-e Macht bekommen; **to have a** (**firm**) **~ on s.o.** j-n in s-r Gewalt haben, j-n beherrschen; **to lose ~ of o.s.** die Fassung verlieren. **5.** Am. Einhalt m: **to put a ~ on s.th.** etwas stoppen. **6.** Am. Haft f, Gewahrsam m. **7.** mus. Ferˈmate f. **8.** Raumfahrt: Unterˈbrechung f des Countdowns. **9.** **to put s.th. on ~** Am. fig. etwas ‚auf Eis legen'. **10.** obs. Festung f. **II** v/t pret u. pp **held** [held], pp jur. od. obs. a. **ˈhold·en** [ˈhəʊldən] **11.** (fest)halten: **the goalkeeper failed to ~ the ball** (Fußball) der Torhüter konnte den Ball nicht festhalten. **12.** sich die Nase, die Ohren zuhalten: → **one's nose** (**ears**). **13.** ein Gewicht etc tragen, (aus)halten.

14. (in e-m Zustand etc) halten: **to ~ o.s. erect** sich geradehalten; **to ~** (o.s.) **ready** (sich) bereithalten; **the way he ~s himself** (so) wie er sich benimmt. **15.** (zuˈrück-, ein)behalten: **to ~ the shipment** die Sendung zurück(be)halten; **~ everything!** colloq. sofort aufhören! **16.** zuˈrück-, abhalten (**from** von), aufhalten, im Zaume halten, zügeln: **to ~ s.o. from doing s.th.** j-n davon abhalten, etwas zu tun; **there is no ~ing him** er ist nicht zu halten od. zu bändigen; **to ~ the enemy** den Feind aufhalten. **17.** Am. a) festnehmen: **12 persons were held**, b) in Haft halten. **18.** sport sich erfolgreich verteidigen gegen e-n Gegner. **19.** j-n festlegen (**to** auf acc): **to ~ s.o. to his word** j-n beim Wort nehmen. **20.** e-e Wahlen, e-e Versammlung etc abhalten, b) ein Fest etc veranstalten, c) sport e-e Meisterschaft etc austragen. **21.** beibehalten: **to ~ the course**; **to ~ prices at the same level** die Preise (auf dem gleichen Niveau) halten. **22.** Alkohol vertragen: **to ~ one's liquor** (od. **drink**) well e-e ganze Menge vertragen. **23.** mil. u. fig. e-e Stellung halten, behaupten: **to ~ one's own** (**with**) sich behaupten (gegen), bestehen (neben); **to ~ the stage** fig. die Szene beherrschen, im Mittelpunkt stehen (Person); → **fort 1, ground¹ 7, stage 3. 24.** innehaben: besitzen: **to ~ land** (**shares, rights, etc**), b) bekleiden: **to ~ an office. 25.** e-n Platz etc einnehmen, (inne)haben, e-n Reˈkord halten: **to ~ an academic degree** e-n akaˈdemischen Titel führen. **26.** fassen: a) enthalten: **the tank ~s ten gallons**, b) Platz bieten für, ˈunterbringen: **the hotel ~s 300 guests. 27.** a. fig. enthalten, zum Inhalt haben: **the room ~s period furniture** das Zimmer ist mit Stilmöbeln eingerichtet; **the place ~s many memories** der Ort ist voll von Erinnerungen; **it ~s no pleasure for him** er findet kein Vergnügen daran; **life ~s many surprises** das Leben ist voller Überraschungen. **28.** Bewunderung, Sympathie etc hegen, haben (**for** für): **to ~ no prejudice** kein Vorurteil haben. **29.** behaupten: **to ~** (**the view**) **that** die Ansicht vertreten od. der Ansicht sein, daß. **30.** halten für, betrachten als: **I ~ him to be a fool** ich halte ihn für e-n Narren; **it is held to be wise** man hält es für klug (zu tun). **31.** halten: **to ~ s.o. dear** j-n liebhaben; **to ~ s.o. responsible** j-n verantwortlich machen; **~ contempt 1, esteem 2. 32.** bes. jur. entscheiden (**that** daß). **33.** fesseln, in Spannung halten: **to ~ the audience**; **to ~ s.o.'s attention** j-s Aufmerksamkeit fesseln. **34.** Am. Hotelzimmer etc reserˈvieren. **35.** **~ to** Am. beschränken auf (acc). **36.** **~ against** a) j-m etwas vorhalten od. vorwerfen, b) j-m etwas übelnehmen: **don't ~ it against me! 37.** Am. j-m (aus)reichen: **food to ~ him for a week. 38.** mus. e-n Ton (aus)halten. **39.** **to ~ s.th. over s.o.** j-n mit etwas einschüchtern od. erpressen.

III v/i **40.** halten, nicht (zer)reißen od. (zer)brechen. **41.** stand-, aushalten, sich halten. **42.** (sich) festhalten (**by, to** an dat). **43.** bleiben: **to ~ on one's course** s-n Kurs weiterverfolgen; **to ~ on one's way** s-n Weg weitergehen; → **fast² 5. 44.** sich verhalten: **to ~ still** stillhalten. **45.** sein Recht ableiten (**of, from** von). **46.** a. **~ good** (weiterhin) gelten, gültig sein od. bleiben: **the rule ~s of** (od. **in**) **all cases** die Regel gilt in allen Fällen. **47.** a. **~ up** anhalten, andauern: **the fine weather held**; **my luck held** das Glück blieb mir treu. **48.** einhalten: **~! halt! 49.** **~ by** (od.

to) *j-m od. e-r Sache* treu bleiben. **50.** ~ **with** a) über'einstimmen mit, b) einverstanden sein mit. **51.** stattfinden. *Verbindungen mit Adverbien:* **hold|back I** *v/t* **1.** zu'rückhalten. **2.** → **hold in I. 3.** *fig.* zu'rückhalten mit, verschweigen. **II** *v/i* **4.** sich zu'rückhalten (*a. fig.*). **5.** nicht mit der Sprache her'ausrücken. **~ down** *v/t* **1.** niederhalten, *fig. a.* unter'drücken. **2.** *colloq.* a) e-n Posten haben, b) sich in *e-r Stellung*, *e-m Amt* halten. **3.** *Am. colloq.* sich kümmern um. **~ forth I** *v/t* **1.** (an)bieten. **2.** in Aussicht stellen. **II** *v/i* **3.** sich auslassen *od.* verbreiten (**on** *über acc*). **4.** *Am.* stattfinden. **~ in I** *v/t* im Zaum halten, zügeln, zu'rückhalten: **to hold o.s. in** a) → II, b) den Bauch einziehen. **II** *v/i* sich zu'rückhalten *od.* beherrschen. **~ off I** *v/t* **1.** a) ab-, fernhalten, b) abwehren. **2.** *etwas* aufschieben, *j-n* 'hinhalten: → **5 b. 3.** *aer.* abfangen. **II** *v/i* **4.** sich fernhalten (**from** von). **5.** a) zögern, b) warten: **he held off (from) buying a house** er wartete mit dem Hauskauf. **6.** ausbleiben: **the storm held off; will the rain ~ until after the game?** wird das Spiel trocken die Bühne gehen? **~ on** *v/i* **1.** *a. fig.* festhalten (**to** *an dat*). **2.** sich festhalten (**to** *an dat*). **3.** aus-, 'durchhalten. **4.** andauern, anhalten: **the rain held on all afternoon. 5.** → **hold²** **43. 6.** *teleph.* am Appa'rat bleiben. **7.** *colloq.* aufhören; ~**!** warte mal!, halt!, immer langsam! **8.** ~ **to** *etwas* behalten. **~ out I** *v/t* **1. die Hand etc** ausstrecken: **he held out his hand for me to shake** er streckte mir die Hand entgegen; **to hold s.th. out to s.o.** *j-m etwas* hinhalten. **2.** in Aussicht stellen: **the doctors ~ little hope of his recovery** die Ärzte haben nur wenig Hoffnung, daß er wieder gesund wird. **3. to hold o.s. out as** *Am.* sich ausgeben für *od.* als. **II** *v/i* **4.** reichen (*Vorräte*). **5.** aus-, 'durchhalten. **6.** sich behaupten (**against** gegen). **7. to ~ on s.o.** *colloq.* a) *j-m etwas* verheimlichen, b) *j-m etwas* vorenthalten. **8.** ~ **for** *colloq.* bestehen auf (*dat*). **~ o•ver** *v/t* **1.** *e-e Sitzung, Entscheidung etc* vertagen, verschieben (**until** *auf acc*). **2.** *econ.* prolon'gieren. **3.** *mus. e-n Ton* hin'überhalten. **4.** *ein Amt etc* (über die festgesetzte Zeit hin'aus) behalten. **5. e-n Film etc, das** Engage'ment *e-s Künstlers etc* verlängern (**for** um): **the acrobats were held over for another month. II** *v/i* **6.** über die festgesetzte Zeit hin'aus dauern *od.* (*im Amt etc*) bleiben. **~ to•geth•er** *v/t u. v/i* zs.-halten (*a. fig.*): **a marriage is often held together by the children. ~ up I** *v/t* **1.** (hoch)heben. **2.** hochhalten, in die Höhe halten: **to ~ to view** den Blicken darbieten; → **ridicule I. 3.** halten, stützen, tragen. **4.** aufrechterhalten. **5.** 'hinstellen (**as** als): **to hold s.o. up as an example. 6.** a) *j-n, etwas* aufhalten, b) *etwas* verzögern: **to be held up** sich verzögern. **7.** *j-n, e-e Bank etc* über'fallen. **II** *v/i* **8.** ~ **hold out** 5, 6. **9.** sich halten (*Preise, Wetter etc*). **10.** sich bewahrheiten, eintreffen. **11. to ~ on s.o.** → **hold out** 7.

'hold|-all *s bes. Br.* Reisetasche *f*. **'~-back** *s* **1.** Hindernis *n*. **2.** *Am.* a) Abwarten *n*, b) Einbehaltung *f*: ~ **pay** zurückbehaltener Lohn. **3.** *tech.* a) (Rücklauf)Sperre *f*, b) (Tür)Stopper *m*. **hold•en** ['həʊldən] *jur. od. obs. pp von* **hold²**. **hold•er¹** ['həʊldə(r)] *s* **1.** a) Haltende(r *m*) *f*, b) Halter *m*: → **cigar** (**cigarette**) **holder. 2.** *tech.* a) Halter(ung *f*) *m*, b) Zwinge *f*, c) *electr.* (Lampen)Fassung *f*. **3.** (Grund)Pächter *m*. **4.** *a. econ. jur.*

Inhaber(in) (*e-r Lizenz, e-s Patents, e-s Schecks, e-r Vollmacht etc, a. e-s Rekords, e-s Titels etc*), Besitzer(in): ~ **in due course** (kraft guten Glaubens) legiti'mierter Inhaber (*e-s Wechsels, Schecks*); ~ **of a bill** Wechselinhaber. **hold•er²** ['həʊldə(r)] *s mar.* Schauermann *m*. **,hold•er-'up** *pl* **,hold•ers-'up** *s tech.* **1.** (Niet)Vor-, Gegenhalter *m*. **2.** Nietstock *m*, -kloben *m*. **'hold•fast** *s* **1.** *tech.* a) Haltevorrichtung *f*, Halter *m*, b) Bankzwinge *f*, -haken *m*. **2.** *bot.* 'Haftor,gan *n*, Haftscheibe *f*. **hold•ing** ['həʊldɪŋ] *s* **1.** (Fest)Halten *n*. **2.** Pachtung *f*, Pachtgut *n*. **3.** *oft pl* a) Besitz *m*, Bestand *m* (*an Effekten etc*), b) (Aktien)Anteil *m*, (-)Beteiligung *f*, c) Vorrat *m*, Lager *n*. **4.** *jur.* (gerichtliche) Entscheidung. ~ **at•tack** *s mil.* Fesselungsangriff *m*. ~ **com•pa•ny** *s econ.* Holding-, Dachgesellschaft *f*. ~ **pat•tern** *s* **1.** *aer.* Warteschleife *f*. **2.** *fig.* Stillstand *m*. **'hold|•out** *s Am.* a) Aus-, 'Durchhalten *n*, b) *j-d, der aus- od.* durchhält. **'~•o•ver** *s* **1.** *j-d, der über die festgesetzte Zeit hinaus im Amt bleibt.* **2.** a) Verlängerung *f* (*e-s Films etc*), b) verlängerter Film *etc*, c) *Künstler etc, dessen Engagement verlängert worden ist.* **3.** *sport* alter (*im Ggs. zu e-m neu in die Mannschaft gekommenen*) Spieler. **'~-up** *s* **1.** Verzögerung *f*, (a. Verkehrs)Stockung *f*. **2.** (bewaffneter) ('Raub)Überfall: **this is a ~!** das ist ein Überfall! **3.** *Am.* Wucher *m*.

hole [həʊl] **I** *s* **1.** Loch *n*: **a ~ in a contract** *fig.* ein Schlupfloch *od.* e-e Lücke in e-m Vertrag; **full of ~s** a) durchlöchert, löch(e)rig, b) *fig.* fehlerhaft, ,wack(e)lig' (*Theorie etc*); **to make a ~ in** *fig.* a) ein Loch reißen in (*Vorräte etc*), b) *j-s Ruf etc* schaden, c) *j-s Stolz etc* verletzen, d) *e-e Flasche* anbrechen; **to pick** (*od.* **knock**) **~s in** *fig.* a) an *e-r Sache* herumkritteln, ein Argument *etc* zerpflücken, b) *j-m am Zeug flicken*; **to wear one's socks into ~s** s-e Socken so lange tragen, bis sie Löcher haben; (**as**) **useless as a ~ in the head** *colloq.* ,so unnötig wie ein Kropf'; → **ace 1, peg 1. 2.** Loch *n*, Grube *f*, Höhlung *f*. **3.** Höhle *f*, Bau *m* (*e-s Tieres*), Loch *n* (*e-r Maus*). **4.** *tech.* Loch *n*, Bohrung *f*, Öffnung *f*. **5.** *colloq.* a) a. ~ **in the wall** ,Loch' *n*, (Bruch)Bude' *f*, b) ,Kaff' *n*, ,Nest' *n*. **6.** *colloq.* ,Patsche' *f*, ,Klemme' *f*: **to be in a ~** in der Klemme sein *od.* sitzen *od.* stecken; **to put in** (**get out of**) **a ~** *j-n* ,bös hineinreiten' (*j-m ,aus der* Patsche helfen'); **to be in the ~** ,Schulden haben'. **7.** *Am.* kleine Bucht. **8.** *Golf:* Loch *n*, Hole *n*: a) runde Vertiefung, in die der Ball geschlagen werden muß, b) (Spiel)Bahn *f*: ~ **in one** As *n*; → **nineteenth** 1. **9.** *print.* leere *od.* unbedruckte Stelle. **10.** *sl.* a) ,(Arsch)Loch' *n*, b) ,Loch' *n* (*Va'gina*), c) ,Maul' *n*. **II** *v/t* **11.** a) ein Loch machen in (*acc*), b) durch'löchern. **12.** *Bergbau:* schrämen. **13.** *ein Tier* in s-e Höhle treiben. **14.** *Golf:* den Ball einlochen. **15.** ~ **up** *Am. colloq.* a) einsperren, b) *fig. e-n Antrag etc* ,auf Eis legen'. **III** *v/i* **16.** *oft* ~ **out** (*Golf*) einlochen: **he ~d in one** ihm gelang ein As. **17.** *meist* ~ **up** a) sich in s-e Höhle verkriechen (*Tier*), b) *bes. Am. colloq.* sich verkriechen *od.* verstecken.

,hole|-and-'cor•ner *adj* **1.** heimlich, versteckt. **2.** zweifelhaft, anrüchig: **a ~ business. 3.** armselig: **a ~ life. '~•proof** *adj Am.* **1.** ,kugelfest'. **2.** *fig.* unangreifbar, ,bombensicher'.

hol•i•day ['hɒlɪdɪ; -deɪ; *Am.* 'hɑlə,deɪ] **I** *s* **1.** Feiertag *m*: **public** 3. **2.** freier Tag, Ruhetag *m*: **to take a ~** (sich) e-n Tag frei nehmen (→ 3); **to have a ~** e-n freien Tag

haben; **to have a ~ from s.th.** *fig.* befreit sein von etwas, sich von etwas erholen können. **3.** *meist pl bes. Br.* Ferien *pl*, Urlaub *m*: **the Easter ~s** die Osterferien; ~ **with pay** bezahlter Urlaub; **to be on ~** im Urlaub sein, Urlaub machen; **to go on ~** in Urlaub gehen; **to have a ~** Urlaub haben (→ 2); **to take a ~** Urlaub nehmen, Urlaub machen. **4.** *tech. Am.* (*beim Anstreichen*) über'sehene u. freigelassene Stelle. **II** *adj* **5.** Feiertags...: ~ **clothes** Festtagskleidung *f*. **6.** *bes. Br.* Ferien..., Urlaubs...: ~ **camp** Feriendorf *n* mit organisiertem Unterhaltungsprogramm; ~ **course** Ferienkurs *m*; ~ **home** Ferienhaus *n*; **in a ~ mood** in Urlaubsstimmung. **III** *v/i* **7.** *bes. Br.* Urlaub machen. **'~,mak•er** *s* Urlauber(in). **,ho•li•er-than-'thou** [,həʊlɪə(r)-] **I** *s* Phari'säer *m*. **II** *adj* phari'säisch, selbstgerecht. **ho•li•ness** ['həʊlɪnɪs] *s* **1.** Heiligkeit *f*. **2.** Frömmigkeit *f*. **3.** Tugendhaftigkeit *f*. **4. His H~** Seine Heiligkeit (*der Papst*). **ho•lism** ['hɒlɪzm; *bes. Am.* 'həʊ-] *s philos.* Ho'lismus *m* (*Lehre, die alle Erscheinungen des Lebens aus e-m ganzheitlichen Prinzip ableitet*). **ho•lis•tic** *adj* (*adv* ~**ally**) **1.** *philos.* ho'listisch. **2.** ganzheitlich: ~ **medicine** Ganzheitsmedizin *f*. **hol•la** ['hɒlə; *Am.* 'hɑlə; hə'lɑ:] → **halloo**. **hol•lan•daise** (**sauce**) [,hɒlən'deɪz; *Am.* ,hɑ-] *s gastr.* Sauce *f* hollan'daise. **Hol•land•er** ['hɒləndə(r); *Am.* 'hɑ-] *s* **1.** Holländer(in). **2.** *a.* **h~** Papierherstellung *f*: Holländer *m*. **Hol•lands** ['hɒləndz; *Am.* 'hɑ-], *a.* **Holland gin** *s* Ge'never *m* (*niederländischer Wacholderschnaps*). **hol•ler** ['hɒlə; *Am.* 'hɑlər] *colloq.* **I** *v/i* schreien, brüllen: **to ~ for help** um Hilfe schreien; ~ **to** *od.* **at s.o.** jm *etwas* zu, brüllen. **II** *v/t a.* ~ **out** *etwas* schreien, brüllen. **III** *s* Schrei *m*. **hol•lo** ['hɒləʊ; *Am.* 'hɑləʊ; hə'ləʊ] (*s: pl* **-los**) → **halloo**. **hol•low** ['hɒləʊ; *Am.* 'hɑləʊ] **I** *s* **1.** Höhle *f*, (Aus)Höhlung *f*, Hohlraum *m*: ~ **of the hand** hohle Hand; **to have s.o. in the ~ of one's hand** *j-n* völlig in s-r Gewalt haben; ~ **of the knee** Kniekehle *f*. **2.** Mulde *f*, Senke *f*, Vertiefung *f*. **3.** *tech.* a) Gußblase *f*, b) Hohlkehle *f*. **II** *adj* (*adv* ~**ly**) **4.** hohl, Hohl...: **to beat s.o. ~** *Br. colloq. j-n* haushoch schlagen, *sport a. j-n* ,über'fahren' *od.* ,vernaschen'; **he's got ~ legs** (*od.* **a ~ leg**) *colloq.* der kann essen, soviel er will, u. wird nicht dick. **5.** hohl, dumpf: ~ **sound**; ~ **voice**. **6.** *fig.* a) leer, b) falsch, unaufrichtig: ~ **ring²** 5. **7.** wertlos: ~ **victory**. **8.** hohl: a) eingefallen: ~ **cheeks**, b) tiefliegend: ~ **eyes**. **9.** leer, hungrig: **to feel ~** Hunger haben. **III** *adv* **10.** hohl (*a. fig.*): **to ring ~** a) hohl klingen (*Versprechen etc*), b) unglaubwürdig klingen (*Protest etc*). **IV** *v/t oft* ~ **out 11.** aushöhlen. **12.** *tech.* (aus)kehlen, ausstemmen, hohlbohren. **V** *v/i oft* ~ **out 13.** hohl werden. **hol•low|•back** *s* **1.** *med.* Hohlrücken *m*, -kreuz *n*. **2.** *Buchbinderei:* hohler Rücken. ~ **bit** *s tech.* Hohlmeißel *m*, -bohrer *m*. ~ **charge** *s mil.* Haft-Hohlladung *f*. '~**-cheeked** *adj* hohlwangig. '~**-eyed** *adj* hohläugig. '~**-ground** *adj tech.* hohlgeschliffen. ~**-'heart•ed** *adj fig.* falsch, unaufrichtig. '**hol•low•ness** *s* Hohlheit *f* (*a. fig.*). **2.** Dumpfheit *f*. **3.** *fig.* a) Leere *f*, b) Falschheit *f*. **'hol•low|square** *s mil.* Kar'ree *n*. ~ **tile** *s tech.* Hohlziegel *m*. '~**ware** *s* tiefes (Eß)Geschirr (*Schüsseln etc*) (*Ggs.* flatware).

hol•ly ['hɒlɪ; *Am.* 'hɑlɪ:] *s* **1.** *bot.* Stech-

holly fern – homely

palme *f.* **2.** Stechpalmenzweige *pl od.* -blätter *pl.* **3.** → holm oak. **~ fern** *s bot.* Lanzenförmiger Schildfarn.
'**hol·ly·hock** *s bot.* Stockrose *f.* **~ rose** *s bot.* Falsche Jericho-Rose. **~ tree** *s bot. (ein)* austral. Eibisch *m.*
hol·ly oak → holm oak.
'**Hol·ly·wood I** *s* Hollywood *n*: a) → Anhang IV, b) *die amer. Filmindustrie.* **II** *adj* Hollywood...: **~ star.**
holm[1] [həʊm] *s* **1.** *Br.* Holm *m*, Werder *m*, *n.* **2.** *bes. Br.* flaches, üppiges Uferland.
holm[2] [həʊm] → holm oak.
hol·mi·um ['hɒlmɪəm; *Am.* 'həʊmɪəm; 'hɒʊl-] *s chem.* Holmium *n.*
holm oak *s bot.* Steineiche *f.*
hol·o·caust ['hɒləkɔːst; *Am.* 'hɑ-; 'həʊ-] *s* **1.** Massenvernichtung *f,* -sterben *n, (bes.* 'Brand)Kata'strophe *f*: **the H~** *hist.* der Holocaust *(Massenvernichtung der europäischen Juden durch die Nationalsozialisten).* **2.** Brandopfer *n.*
Hol·o·cene ['hɒləʊsiːn; *Am.* 'həʊləˌsiːn; 'hɑlə-] *s geol.* Holo'zän *n*, Al'luvium *n.*
hol·o·gram ['hɒləʊgræm; *Am.* 'həʊləˌgræm; 'hɑlə-] *s phys.* Holo'gramm *n (mit Hilfe der Holographie hergestellte dreidimensionale Aufnahme von Gegenständen.)*
hol·o·graph ['hɒləʊgrɑːf; -græf; *Am.* 'həʊləˌgræf; 'hɑlə-] *adj u. s jur.* eigenhändig geschriebene(e Urkunde). **hol·o'graph·ic** [-'græfɪk] *adj (adv ~ally)* **1.** *jur.* eigenhändig geschrieben: **~ will. 2.** *phys.* holo'graphisch. **ho·log·ra·phy** [hɒ'lɒgrəfɪ; *Am.* həʊ'lɑ-] *s phys.* Hologra'phie *f (fotografisches Verfahren zum Erzeugen räumlicher Bilder mittels Laserstrahlen).*
hol·o·mor·phic [ˌhɒləʊ'mɔː(r)fɪk; *Am.* ˌhəʊlə-; ˌhɑlə-] *adj math.* holo'morph *(Funktion).* **hol·o'phras·tic** [-'fræstɪk] *adj ling.* holo'phrastisch: a) *aus 'einem Wort bestehend (Satz),* b) *mehrere Satzteile zu e-m einzigen Wort zs.-fassend (Sprache).* **hol·o'phyt·ic** [-'fɪtɪk] *adj zo.* holo'phytisch, rein pflanzlich *(Ernährungsweise).*
hol·o·thu·ri·an [ˌhɒləʊ'θjʊərɪən; *Am.* ˌhəʊlə'θʊrɪən; ˌhɑlə-] *s zo.* Holo'thurie *f*, Seewalze *f*, Seegurke *f.*
hol·ster ['həʊlstə(r)] *s* (Pi'stolen)Halfter *f, n.*
holt [həʊlt] *s obs. od. poet.* **1.** Gehölz *n.* **2.** bewaldeter Hügel.
ho·lus-bo·lus [ˌhəʊləs'bəʊləs] *adv colloq.* a) ganz u. gar, b) plötzlich, schlagartig.
ho·ly ['həʊlɪ] **I** *adj* **1.** heilig, *(Hostie etc)* geweiht: **~ cow** *(od.* **mackerel, smoke)**! *colloq.* ‚heiliger Strohsack *od.* Bimbam!' **2.** fromm. **3.** tugendhaft, gottgefällig. **II** *s* **4. the ~ of holies** *Bibl.* das Allerheiligste *(a. fig.).* **H~ Al·li·ance** *s hist. (die)* Heilige Alli'anz. **H~ Bi·ble** *s relig.* Bibel *f.* **~ bread** *s relig.* Abendmahlsbrot *n*, Hostie *f*. **H~ Cit·y** *s relig. (die)* Heilige Stadt. **H~ Com·mun·ion** → communion 6. **H~-'Cross Day** *s relig.* (Fest *n* der) Kreuzerhöhung *(14. September).* **~ day** *s relig.* kirchlicher Festtag. **H~ Fam·i·ly** *s relig. (die)* Heilige Fa'milie. **H~ Fa·ther** *s R.C. (der)* Heilige Vater. **H~ Ghost** *s relig. (der)* Heilige Geist. **~ grass** *s bot. (ein)* Ma'riengras *n.* **~ herb** *s bot.* **1.** Eisenkraut *n.* **2.** Ba'silienkraut *n*. **H~ Joe** *s colloq.* **1.** ‚Pfaffe' *m.* **2.** Frömmler *m*. **H~ Land** *relig. (das)* Heilige Land. **H~ Of·fice** *s R.C.* a) *(die)* Heilige Of'fizium, b) *hist. (die)* Inquisiti'on. **~ or·ders** → order 20 b. **H~ Roll·er** *s relig.* Mitglied e-r nordamer. Sekte, deren Gottesdienste oft zur Ekstase führen. **H~ Ro·man Em·pire** *s hist. (das)* Heilige Römische Reich (Deutscher Nati'on). **H~ Rood** *s relig.* Kreuz *n* (Christi). **H~ Sat·ur·day** *s relig.* Kar'samstag *m*. **H~ Scrip·ture** *s relig.* (*die*) Heilige Schrift. **H~ See** *s R.C. (der)* Heilige Stuhl. **H~ Spir·it** → Holy Ghost. '**~stone** *mar.* **I** *s* Scheuerstein *m*. **II** *v/t u. v/i* (mit dem Scheuerstein) scheuern. **~ ter·ror** *s colloq.* ‚Nervensäge' *f*. **H~ Thurs·day** *s relig.* **1.** Grün-'donnerstag *m*. **2.** *anglikanische Kirche*: Himmelfahrtstag *m*. **H~ Trin·i·ty** *s relig. (die)* Heilige Drei'faltigkeit *od.* Drei'einigkeit. **~ war** *s* heiliger Krieg. **~ wa·ter** *s relig.* Weihwasser *n*. **H~ Week** *s relig.* Karwoche *f*. **H~ Writ** *s relig. (die)* Heilige Schrift.
hom·age ['hɒmɪdʒ; *Am.* 'hɑmɪdʒ; 'ɑmɪdʒ] *s* **1.** *hist.* Huldigung *f, fig. a.* Reve'renz *f*, Anerkennung *f*: **to pay** *(od.* **do) ~ to s.o.** j-m huldigen, j-m (die *od.* s-e) Reverenz erweisen *od.* bezeigen, j-m Anerkennung zollen. **2.** *jur. hist.* a) Lehnspflicht *f*, b) Lehnseid *m*.
'**hom·ag·er** *s hist.* Lehnsmann *m*, Va'sall *m*.
Hom·burg (hat) ['hɒmbɜːg; *Am.* 'hɑmˌbɜːrg] *s* Homburg *m (Herrenfilzhut).*
home [həʊm] **I** *s* **1.** Heim *n*: a) Haus *n, (eigene)* Wohnung, b) Zu'hause *n*, Da-'heim *n*, c) Elternhaus *n*: **at ~** zu Hause, daheim *(beide a. sport)* (→ 2); **at ~ in** *(od.* **on, with)** zu Hause in *(dat)*, vertraut mit *(etc)*, bewandert in *(dat)*, vertraut mit; **not at ~ (to s.o.)** nicht zu sprechen (für j-n); **to feel at ~** sich wie zu Hause fühlen; **to make o.s. at ~** es sich bequem machen; tun, als ob man zu Hause wäre; **he made his ~ at** er ließ sich in *(dat)* nieder; **to leave ~** von zu Hause fortgehen; **away from ~** abwesend, verreist, *bes. sport* auswärts; **a ~ from ~** ein Ort, an dem man sich wie zu Hause fühlt; **pleasures of ~** häusliche Freuden. **2.** Heimat *f (a. bot., zo. u. fig.)*, Geburts-, Vaterland *n*: **the US is the ~ of baseball** die USA sind die Heimat des Baseball; **at ~** a) im Lande, in der Heimat, b) im Inland, daheim, c) im (englischen) Mutterland (→ 1); **at ~ and abroad** im In- u. Ausland; **Paris is his second ~** Paris ist s-e zweite Heimat; **spiritual ~** geistige Heimat; **a letter from ~** ein Brief aus der Heimat *od.* von zu Hause. **3.** (ständiger *od.* jetziger) Wohnort, Heimatort *m*. **4.** Zufluchtsort *m*: **last** *(od.* **long) ~** letzte Ruhestätte. **5.** Heim *n*: **~ for the aged** Alters-, Altenheim; **~ for the blind** Blindenheim, -anstalt *f*; → **children, orphan I. 6.** *sport* a) Ziel *n*, b) → **home plate. 7.** *sport* a) Heimspiel *n*, b) Heimsieg *m*.
II *adj* **8.** Heim...: a) häuslich, b) zu Hause ausgeübt: **~ circle** Familienkreis *m*; **~ life** häusliches Leben, Familienleben *n*; **~ mechanic** Bastler *m*, Heimwerker *m*; **~ remedy** Hausmittel *n*. **9.** Heimat...: **~ city; ~ port; ~ academy** heimatliche Hochschule; **~ address** Heimat- *od.* Privatanschrift *f*; **~ fleet** *mar.* Flotte *f* in Heimatgewässern; **~ forces** *mil.* im Heimatland stationierte Streitkräfte; **~ waters** *mar.* heimatliche Gewässer. **10.** einheimisch, inländisch, Inlands..., Binnen...: **~ affairs** *pol.* innere Angelegenheiten, Innenpolitik *f*; **~ demand** *econ.* Inlandsbedarf *m*; **~ market** *econ.* Inlands-, Binnenmarkt *m*; **~ trade** *econ.* Binnenhandel *m*. **11.** *sport* a) Heim...: **~ advantage** (defeat, game, team, win, *etc*); **~ strength** Heimstärke *f*; **~ weakness** Heimschwäche *f*, b) Ziel...: **~ home straight, homestretch. 12.** *tech.* Normal...: **~ position. 13.** Rück...: **~ freight. 14.** a) gezielt, wirkungsvoll *(Schlag etc)*, b) *fig.* treffend, beißend *(Bemerkung etc)*: **~ question** gezielte *od.* peinliche Frage; → **home thrust, home truth.**
III *adv* **15.** heim, nach Hause: **the way ~** der Heimweg; **to go ~** heimgehen, nach Hause gehen (→ 17); **to take ~** netto verdienen *od.* bekommen; **that's nothing to write ~ about** *colloq.* das ist nichts Besonderes *od.* ‚nicht so toll', darauf brauchst du dir nichts einzubilden. **16.** zu Hause, da'heim: **welcome ~!**; **to be ~ and dry** *Br. colloq.* a) in Sicherheit sein, b) hundertprozentig sicher sein. **17.** *fig.* a) ins Ziel *od.* Schwarze, b) im Ziel, im Schwarzen, c) bis zum Ausgangspunkt, d) soweit wie möglich, ganz: **to bring** *(od.* **drive) s.th. ~ to s.o.** j-m etwas klarmachen *od.* beibringen *od.* zum Bewußtsein bringen *od.* vor Augen führen; **to bring a charge ~ to s.o.** j-n überführen; **to drive a nail ~** e-n Nagel fest einschlagen; **to go** *(od.* **get, strike) ~** ‚sitzen', treffen, s-e Wirkung tun (→ 15); **the thrust went ~** der Hieb saß.
IV *v/i* **18.** *bes. zo.* zu'rückkehren. **19.** *aer.* a) *(mittels Leitstrahl)* das Ziel anfliegen: **to ~ on** *(od.* **in) a beam** e-m Leitstrahl folgen, b) auto'matisch auf ein Ziel zusteuern *(Rakete)*: **to ~ in on** ein Ziel automatisch ansteuern, *fig.* sich sofort *etwas* herausgreifen.
V *v/t* **20.** Flugzeug (*mittels Radar*) einweisen, ‚her'unterholen'.
ˌ**home|-and-'home** *adj sport Am.* in Vor- u. Rückspiel ausgetragen. **~-'baked** *adj* selbstgebacken: **~ bread. ~ base** → home plate. **~ bird** *Am.* '**~ˌbod·y** *s colloq.* häuslicher Mensch, *contp.* Stubenhocker(in): **I'm a ~** ich bin am liebsten zu Hause. '**~born** *adj* einheimisch. '**~bound** *adj* ans Haus gefesselt: **a ~ invalid.** **~'bred** *adj* **1.** einheimisch. **2.** *obs.* hausbacken, schlicht, einfach. **~-'brew** *s* selbstgebrautes Getränk, *bes.* selbstgebrautes Bier. **~-'brewed** *adj* selbstgebraut. **~-'built I** *adj* selbstgebaut, -gebastelt. **II** *s* selbstgebautes Mo'dell. '**~ˌcom·ing** *s* Heimkehr *f*. **~ com·put·er** *s* 'Heimcom putter *m*. **~ con·tents** *s pl* Hausrat *m*: **~ insurance** Hausratversicherung *f*. **H~ Coun·ties** *s pl* die an London angrenzenden Grafschaften. **~ e·co·nom·ics** *s pl (meist als sg konstruiert)* Hauswirtschaft(slehre) *f*. **~ ex·er·cis·er** *s* Heimtrainer *m*. **~ front** *s* Heimatfront *f (im Krieg).* **~ ground** *s* eigener Platz: **to be on ~** *fig.* sich auf vertrautem Gelände bewegen. **~'grown** *adj* a) selbstgebaut *(Obst, Tabak), (Gemüse a.)* selbstgezogen, b) einheimisch. **~ guard** *s mil.* Bürgerwehr *f*. **~ help** *s Br.* Haushaltshilfe *f (Sozialarbeiterin).* **~ im·prove·ment** *s* 'Eigenheimmoderˌnisierung *f*. **~ in·dus·try** *s econ.* **1.** einheimische Indu'strie. **2.** 'Heimindu ˌstrie *f*. '**~ˌkeep·ing** *adj* häuslich, *contp.* stubenhockerisch. '**~land** *s* **1.** Heimat-, Vaterland *n*: **the H~** das Mutterland *(England).* **2.** Homeland *n (in der Republik Südafrika den verschiedenen farbigen Bevölkerungsgruppen zugewiesenes Siedlungsgebiet).*
'**home·less** *adj* **1.** heimatlos. **2.** obdachlos: **thousands were left ~** Tausende wurden obdachlos.
'**home·like** *adj* wie zu Hause, gemütlich, anheimelnd: **a ~ atmosphere**; **a ~ meal** ein Essen wie ‚bei Muttern'.
'**home·li·ness** ['həʊmlɪnɪs] *s* **1.** Freundlichkeit *f*. **2.** Einfachheit *f*. **3.** Gemütlichkeit *f*. **4.** Unscheinbarkeit *f*, Reizlosigkeit *f*. '**home·ly** *adj* **1.** freundlich (with zu). **2.** vertraut. **3.** einfach: **a ~ meal; ~ people. 4.** → homelike. **5.** *Am.* unscheinbar, reizlos: **a ~ girl.**

homemade – homosexual

ˌhome|ˈmade *adj* **1.** haus-, selbstgemacht, Hausmacher...: ~ **bread** selbstgebackenes Brot; ~ **bomb** selbstgebastelte Bombe. **2.** *econ.* a) inländisch, einheimisch, im Inland hergestellt, b) hausgemacht: ~ **inflation**. **ˈ∼ˌmak·er** *s Am.* **1.** Hausfrau *f.* **2.** Faˈmilienpflegerin *f.* **ˈ∼ˌmak·ings** *Am.* Haushaltsführung *f.* ~ **mis·sion** *s relig.* Innere Missiˈon.
homeo- → **homoeo-**.
home|ofˈfice *s* **1.** H~ O~ *pol. Br.* Innenminiˌsterium *n.* **2.** *bes. econ. Am.* Hauptsitz *m*, Zenˈtrale *f.* ~ **plate** *s Baseball:* Heimbase *n.*
hom·er [ˈhəʊmə(r)] *s* **1.** *colloq. für* **home run**. **2.** Brieftaube *f.* **3.** *sport* Heimschiedsrichter *m.*
Ho·merˈic [həʊˈmerɪk] *adj* hoˈmerisch: ~ **laughter** homerisches Gelächter.
home| rule *s pol.* a) ˈSelbstreˌgierung *f*, -verwaltung *f*, b) H~ R~ *hist.* Homerule *f (in Irland).* ~ **run** *s Baseball:* Homerun *m (Lauf über alle 4 Male).* H~ **Secˈretary** *s pol. Br.* ˈInnenmiˌnister *m.* **ˈ∼ˌsick** *adj* heimwehkrank: **to be** ~ Heimweh haben. **ˈ∼ˌsick·ness** *s* Heimweh *n.* ~ **ˌsigˌnal** *s rail.* a) ˈHauptsiˌgnal *n*, b) ˈEinfahrt(s)siˌgnal *n.* **ˈ∼ˌspun I** *adj* **1.** zu Hause gesponnen, selbstgesponnen. **2.** *fig.* schlicht, einfach. **3.** Homespun...: ~ **garments**. **II** *s* **4.** Homespun *n:* a) *dickes*, grobes Streichgarn, b) grobfädiges, handwebeartiges Streichgarngewebe in Leinwand- *od.* Köperbindung. **ˈ∼ˌstead** [ˈhəʊmsted; -stɪd] **I** *s* **1.** Heimstätte *f*, Gehöft *n.* **2.** *jur.* (*in USA*) Heimstätte *f:* a) 160 acres große, vom Staat den Siedlern verkaufte Grundparzelle, b) gegen den Zugriff von Gläubigern geschützte Heimstätte: ~ **law** Heimstättengesetz *n.* **II** *v/t* **3.** *jur.* (*in USA*) e-e Parzelle als Heimstätte erwerben. **ˈ∼ˌsteadˌer** *s* Heimstättenbesitzer(in). ~ **straight**, **ˈ∼ˌstretch** *s sport* Zielgerade *f:* **to be on the** ~ *fig.* kurz vor dem Ziel stehen. ~ **ˌteach·er** *s Br.* Lehrer(in), der/die kranke *od.* behinderte Kinder zu Hause unterrichtet. ~ **thrust** *s fig.* gezielter Hieb, beißende Bemerkung: **that was a** ~ das hat ˌgesessen'. **ˈ∼ˌtown** *s* Heimatstadt *f.* ~ **truth** *s* harte *od.* peinliche Wahrheit, unbequeme Tatsache.
ˈhome·ward I *adv* heimwärts, nach Hause: ~ **bound**²**. II** *adj* Heim..., Rück...: ~ **journey**; ~ **freight** Rückfracht *f.*
ˈhome·wards → **homeward I**.
ˈhome|ˌwork *s* **1.** *econ.* Heimarbeit *f.* **2.** *ped.* Schularbeit(en *pl*) *f*, Hausaufgabe(n *pl*) *f:* **to do one's** ~ s-e Hausaufgaben machen (*a. fig.*). **ˈ∼ˌwork·er** *s econ.* Heimarbeiter(in). **ˈ∼ˌwreck·er** *s Am.* j-d, der e-e Ehe zerstört.
home·y *bes. Am. für* **homy**.
hom·iˈcid·al [ˌhɒmɪˈsaɪdl; *Am.* ˌhɑmə-; ˌhəʊmə-] *adj* **1.** mörderisch, mordlustig. **2.** Mord..., Totschlags...: ~ **attempt** versuchte Tötung. **ˈhom·iˈcide** *s* **1.** *jur.* Tötung *f:* a) Mord *m*, b) Totschlag *m:* ~ **by misadventure** *Am.* Unˌ(glücks)fall *m* mit Todesfolge; **felonious** ~ *Am.* Tötung als Verbrechen; **justifiable** ~ rechtmäßige Tötung (*im Strafvollzug etc*); **negligent** ~ fahrlässige Tötung; ~ **squad** Mordkommission *f.* **2.** a) Mörder(in), b) Totschläger(in).
hom·iˈletˈic [ˌhɒmɪˈletɪk; *Am.* ˌhɑmə-] *relig.* **I** *adj* homiˈletisch. **II** *s pl* (*a. als sg konstruiert*) Homiˈletik *f* (*Geschichte u. Theorie der Predigt*).
hom·iˌlist [ˈhɒmɪlɪst; *Am.* ˈhɑmə-] *s relig.* **1.** j-d, der e-e Homilie hält. **2.** Verfasser *m* von Homiˈlien.
hom·iˌly [ˈhɒmɪlɪ; *Am.* ˈhɑməlɪ] *s* **1.** *relig.* Homiˈlie *f* (*Predigt in der Form der Auslegung e-s Bibeltextes, die e-e praktische Anwendung auf das Leben enthält*). **2.** *fig.* Moˈralpredigt *f:* **to give s.o. a** ~ j-m e-e Moralpredigt halten.
hom·iˈnes [ˈhɒmɪniːz; *Am.* ˈhɑmə-] *pl von* **homo 1**.
hom·ing [ˈhəʊmɪŋ] **I** *adj* **1.** zuˈrückkehrend: ~ **pigeon** Brieftaube *f;* ~ **instinct** *zo.* Heimkehrvermögen *n.* **2.** *mil.* zielansteuernd (*Rakete, Torpedo*). **II** *s* **3.** *aer.* a) Zielflug *m*, b) Zielpeilung *f*, c) Rückflug *m:* ~ **beacon** Zielflugfunkfeuer *n;* ~ **device** Zielfluggerät *n.*
hom·iˈnid [ˈhɒmɪnɪd; *Am.* ˈhɑmə-] *zo.* **I** *adj* menschenartig. **II** *s* Homiˈnid(e) *m*, menschenartiges Wesen.
hom·iˌniˈzaˈtion [ˌhɒmɪnaɪˈzeɪʃn; *Am.* ˌhɑmənə-] *s biol.* Hominisatiˈon *f*, Menschwerdung *f.*
hom·iˈnoid [ˈhɒmɪnɔɪd; *Am.* ˈhɑmə-] *adj u. s zo.* menschenähnlich(es Tier).
hom·iˌny [ˈhɒmənɪ; *Am.* ˈhɑmənɪː] *s Am.* **1.** Maismehl *n.* **2.** Maisbrei *m.*
ho·mo [ˈhəʊməʊ] (*Lat.*) *s* **1.** *pl* **hom·iˈnes** [ˈhɒmɪniːz; *Am.* ˈhɑmə-] *zo.* Homo *m*, Mensch *m.* **2.** *pl* -**mos** *colloq.* ˈHomo' *m (Homosexueller).*
homo- → **homoeo-**.
ˌho·moˈcenˈtric *adj* (*adv* **∼ally**) *math.* homoˈzentrisch (*von* ˈeinem Punkt ausgehend *od.* in ˈeinem Punkt zs.-laufend) (*Strahlenbündel*).
ˌho·mo·chroˈmatˈic *adj phys.* monochroˈmatisch, einfarbig.
homoeo- [ˌhəʊmɪəʊ-; -mɪəʊ] Wortelement mit der Bedeutung gleich(artig).
ˌho·moe·oˈmorˈphic [-ˈmɔː(r)fɪk], **ˌho·moe·oˈmorˈphous** *adj* **1.** *chem. med.* homöoˈmorph (*gleichgestaltig, von gleicher Form u. Struktur*). **2.** → **isomorphic b**.
ˈho·moe·oˌpath [ˈhəʊmjəʊpæθ; -mɪə-] *s med.* Homöoˈpath(in). **ˌho·moe·oˈpath·ic** *adj* (*adv* **∼ally**) homöoˈpathisch. **ˈho·moe·opˈaˈthist** [ˌhəʊməʊˈɒpəθɪst; *Am.* -ˈɑp-] → **homoeopath**.
ˌho·moe·opˈaˈthy *s* Homöopaˈthie *f (Heilverfahren, bei dem der Kranke mit kleinsten Dosen von Mitteln behandelt wird, die beim Gesunden die gleichen Krankheitserscheinungen hervorrufen würden*).
ˌho·moe·oˈsta·sis *s* Homöoˈstase *f*, Homöostaˈsie *f*, Homöoˈstasis *f:* a) *biol.* Eigenschaft von Organismen, bestimmte physiologische Größen in zulässigen Grenzen konstant zu halten, b) *sociol.* hohe Stabilität e-r sozialen Organisation, die trotz sich wandelnder innerer u. äußerer Störeinflüsse aufrechterhalten wird, c) (*Kybernetik*) Aufrechterhaltung des Systemgleichgewichts.
ˌho·mo·eˈrotˈic *adj* (*adv* **∼ally**) homo-eˈrotisch. **ˌho·mo·eˈrotˈiˈcism**, *bes. Am.* **ˌho·moˈer·oˌtism** *s* Homoeˈrotik *f* (*auf das eigene Geschlecht gerichtete Erotik*).
ho·mogˈaˈmy [hɒˈmɒgəmɪ; *Am.* həʊˈmɑ-] *s bot.* Homogaˈmie *f* (*gleichzeitige Reife von Narbe u. Staubgefäßen bei zwittrigen Blütenpflanzen, die e-e Selbstbefruchtung ermöglicht*).
ˌho·moˌgeˈneˈiˈty [ˌhɒməʊdʒəˈniːətɪ; *bes. Am.* ˌhəʊmə-] *s* Homogeniˈtät *f*, Gleichartigkeit *f.* **ˌho·moˈgeˈneˈous** [-ˈdʒiːnjəs; -ɪəs] *adj* (*adv* **∼ly**) homoˈgen, gleichartig.
ho·mogˈeˈniˈzaˈtion [hɒˌmɒdʒənaɪˈzeɪʃn; *Am.* həʊˌmɑdʒənəˈz-] *s chem.* Homogeniˈsierung *f* (*a. fig.*). **hoˈmogˈeˌnize** [-naɪz] *v/t* homogeniˈsieren.
ho·mogˈeˈnous [hɒˈmɒdʒənəs; *Am.* həʊˈmɑ-] *adj* **1.** → **homogeneous**. **2.** *biol.* homological a. **hoˈmogˈeˌny** *s* **1.** → **homogeneity**. **2.** *biol.* Homoloˈgie *f.*
homˈoˈgraph [ˈhɒməʊgrɑːf; -græf; *Am.* ˈhɑməˌgræf; ˈhəʊ-] *s ling.* Homoˈgraph *n* (*Wort, das sich in der Aussprache von e-m anderen gleichgeschriebenen Wort unterscheidet*). **ˌhomˈoˈgraphˈic** *adj* (*adv* **∼ally**) homoˈgraphisch. **hoˈmogˈraˈphy** [hɒˈmɒgrəfɪ; *Am.* həʊˈmɑ-] *s* Homograˈphie *f.*
homoio- [həʊˈmɔɪə] → **homoeo-**.
homˈoˈlog *Am.* → **homologue**.
hoˈmolˈoˌgate [hɒˈmɒləgeɪt; *Am.* həʊˈmɑ-; həˈmɑ-] *v/t* **1.** a) genehmigen, b) beglaubigen, c) *jur. Scot.* e-n (*anfechtbaren*) Vertrag, e-e (*anfechtbare*) Urkunde bestätigen. **2.** *sport* homoloˈgieren: a) (*Serienwagen od.* deren Einzelteile) in die internationale Zulassungsliste zur Klasseneinteilung für Rennwettbewerbe aufnehmen, b) (*e-e Rennstrecke*) nach den Normen des Internationalen Skiverbandes anlegen.
ˌho·moˈlogˈiˈcal *adj* (*adv* **∼ly**); **ho·molˈoˌgous** [hɒˈmɒləgəs; *Am.* həʊˈmɑ-] *adj* homoˈlog: a) *biol.* stammesgeschichtlich übereinstimmend, von entwicklungsgeschichtlich gleicher Herkunft, b) *math.* gleichliegend, entsprechend, c) *chem.* gesetzmäßig aufeinanderfolgend. **homˈoˌlogue** [ˈhɒməlɒg; *Am.* ˈhəʊməˌlɔːg; ˈhɑmə-; -ˌlɑg] *s* **1.** *biol.* homoˈloges Orˌgan. **2.** *chem.* homoˈloge Verbindung. **hoˈmolˈoˌgy** [-dʒɪ] *s* Homoloˈgie *f.*
ˌho·moˈmorˈphism [-ˈmɔː(r)fɪzəm] *s math.* Homomorˈphismus *m* (*Abbildung e-r algebraischen Struktur auf e-e andere mit eindeutig einander zugeordneten, zweistelligen inneren Verknüpfungen*).
homˈoˌnym [ˈhɒməʊnɪm; *Am.* ˈhɑmə-ˌnɪm; ˈhəʊ-] *s* **1.** *ling.* Homoˈnym *n* (*Wort, das mit e-m anderen lautlich u. von der Buchstabenfolge her identisch ist, aber e-e andere Bedeutung u. Herkunft hat*). **2.** Namensvetter(in). **3.** *biol.* gleichlautende Benennung für verschiedene Gattungen *etc.* **ˌhomˈoˈnymˈic** *adj;* **hoˈmonˈyˌmous** [hɒˈmɒnɪməs; *Am.* həʊˈmɑ-] *adj* (*adv* **∼ly**) *ling.* homoˈnym.
hoˈmoˌphile [ˈhɒməʊfaɪl; *bes. Am.* ˈhəʊmə-] **I** *adj* homoˈphil, homosexuˈell. **II** *s* Homoˈphile(r *m*) *f*, Homosexuˈelle(r *m*) *f.*
homˈoˈphone [ˈhɒməʊfəʊn; *Am.* ˈhɑmə-; ˈhəʊmə-] *s ling.* Homoˈphon *n* (*Wort, das mit e-m anderen gleich lautet, aber verschieden geschrieben wird*). **ˌhomˈoˈphonˈic** [-ˈfɒnɪk; *Am.* -ˈfɑ-] *adj* (*adv* **∼ally**); **hoˈmophˈoˌnous** [hɒˈmɒfənəs; *Am.* həʊˈmɑ-] *adj* **1.** *ling.* homoˈphon. **2.** *mus.* homoˈphon, akˈkordisch (*Satzweise*). **hoˈmophˈoˌny** *s* **1.** *ling.* Homophoˈnie *f.* **2.** *mus.* Homophoˈnie *f:* a) Uniˈsono *n*, Monoˈdie *f*, b) homoˈphone *od.* akˈkordische Satzweise. **3.** *mus.* homoˈphoner Satz.
ho·moˈplasˈty [ˈhɒməʊplæstɪ; *Am.* ˈhɑmə-; ˈhəʊmə-] *s med.* Homotransplantatiˈon *f*, Homoˈplastik *f* (*operativer Ersatz verlorengegangenen Gewebes durch arteigenes*).
ho·mopˈterˈa [həʊˈmɒptərə; hɒˈm-; *Am.* həʊˈmɑp-] *s pl zo.* Gleichflügler *pl* (*Insekten*).
ho·morˈganˈic [ˌhɒmɔː(r)ˈgænɪk; *bes. Am.* ˌhəʊm-; *Am. a.* ˌhɑm-] *adj ling.* homorˈgan (*an genau od. ungefähr derselben Artikulationsstelle gebildet*) (*Laut*).
Ho·mo saˈpiˈens [ˌhəʊməʊˈsæpɪenz; -ˈseɪ-] *s* Homo *m* sapiens (*Angehöriger e-r Art der Gattung* Homo, *die vom heutigen Menschen repräsentiert wird*).
ˌho·moˈsex·uˈal I *adj* (*adv* **∼ly**) homosexuˈell: a) *sexuell auf das eigene Geschlecht ausgerichtet*, b) *die Homosexualität betreffend*. **II** *s* Homosexuˈelle(r *m*) *f.*

homosexuality – hoodlum

ˌho·mo·sex·u·'al·i·ty s Homosexualität f.
ho·mo·typ·al [ˌhɒməʊˈtaɪpl; Am. ˌhoʊmə-; ˌhɑmə-] → homotypic. 'hom·o·type [-taɪp] s biol. homo'types Or'gan. ˌho·mo·'typ·ic [-ˈtɪpɪk] adj biol. homo'typ (mit e-m Gegenstück auf der anderen Körperseite) (Organ).
ˌho·mo·'zy·gote s biol. Homozy'got m.
ˌho·mo·'zy·gous [-ˈzaɪɡəs] adj biol. homozy'got, rein-, gleicherbig.
ho·mun·cu·lar [hɒˈmʌŋkjʊlə(r); Am. həʊ-] adj ho'munkulusähnlich. ho·'mun·cu·le [-kjuːl] s, ho·'mun·cu·lus [-kjʊləs] pl -cu·li [-laɪ] s 1. Ho'munkulus m (künstlich erzeugter Mensch). 2. Menschlein n, Knirps m.
hom·y ['həʊmɪ] adj colloq. gemütlich, behaglich.
ho·nan [ˌhəʊˈnæn] s Honan(seide f) m.
hon·cho ['hɑntʃəʊ] pl -chos s Am. sl. ˌObermimer' m, ˌBoß' m.
hone¹ [həʊn] I s 1. tech. (feiner) Schleifstein. II v/t 2. tech. honen, fein-, ziehschleifen. 3. a. ~ down fig. ausfeilen.
hone² [həʊn] v/i dial. 1. sich sehnen (for, after nach). 2. klagen, jammern.
hon·est ['ɒnɪst; Am. 'ɑnəst] I adj 1. ehrlich: a) redlich, rechtschaffen: an ~ man; (as) ~ as the day is ~ colloq. ˌkreuzehrlich', b) offen, aufrichtig: an ~ face; → Injun 1, humor. wacker, bieder. 3. ehrlich verdient: ~ wealth; to earn (od. turn) an ~ penny ehrlich od. auf ehrliche Weise sein Brot verdienen. 4. echt, re'ell: ~ goods. 5. obs. ehrbar, tugendhaft: to make an ~ woman of (durch Heirat) zur ehrbaren Frau machen. II adv → honestly I. III interj → honestly II. 'hon·est·ly I adv 1. → honest 1, 2, 5. 2. ehrlich, auf ehrliche Weise. II interj colloq. 3. (empört od. überrascht) (nein also) wirklich! 4. (beteuernd) ganz bestimmt!, ehrlich! 5. offen gesagt!
ˌhon·est·to-'God, ~-to-'good·ness adj colloq. ˌrichtig', ˌwirklich'.
hon·es·ty ['ɒnɪstɪ; Am. 'ɑnəstɪ] s 1. Ehrlichkeit f: a) Redlichkeit f, Rechtschaffenheit f: ~ is the best policy ehrlich währt am längsten, b) Offenheit f, Aufrichtigkeit f. 2. obs. Ehrbarkeit f, Tugendhaftigkeit f. 3. bot. Mondvi‚ole f.
hon·ey ['hʌnɪ] I s 1. Honig m: (as) sweet as ~ honigsüß (a. fig.); with ~ in one's voice mit honigsüßer Stimme, honigsüß. 2. bot. Nektar m. 3. bes. Am. colloq. Liebling m, Schatz m. 4. bes. Am. colloq. to' be a (real) ~ (einfach) ˌKlasse' od. ˌSpitze' sein; a ~ of a car ein ˌklasse' Wagen. II adj 5. (honig)süß. 6. honigfarben, -gelb. III v/t pret u. pp 'hon·eyed, 'hon·ied 7. mit Honig süßen. 8. oft ~ up j-m ˌHonig um den Mund od. ums Maul od. um den Bart schmieren', j-m schmeicheln. IV v/i 9. to ~ (up) to ~ 8. ~ badg·er s zo. ratel. ~ bag s honey sac. '~-bee s zo. Honigbiene f. ~ bird s orn. 1. → honey guide. 2. → honey eater. '~·bun, '~·bunch colloq. für honey 3. ~ buz·zard s orn. Wespenbussard m.
'hon·ey·comb ['hʌnɪkəʊm] I s 1. Honigwabe f, -scheibe f. 2. etwas Wabenförmiges, z. B. a) Waffelmuster n (Gewebe): ~ (quilt) Waffeldecke f, b) metall. Lunker m, (Guß)Blase f. 3. a. ~ stomach zo. Netzmagen m. II v/t 4. (wabenartig) durch'löchern. 5. fig. durch'setzen (with mit). III adj 6. a. tech. Waben...: ~ radiator; ~ winding; ~ coil electr. (Honig)Wabenspule f. 'hon·ey·combed [-kəʊmd] adj 1. (wabenartig) durchlöchert, löcherig, zellig. 2. metall. blasig. 3. wabenartig gemustert. 4. fig. (with a) durch'setzt (mit), b) unter'graben (durch).

'hon·ey·dew s 1. bot. Honigtau m, Blatthonig m: ~ melon Honigmelone f. 2. mit Me'lasse gesüßter Tabak. '~-eat·er s orn. Honigfresser m.
hon·eyed ['hʌnɪd] adj 1. voller Honig. 2. honigsüß (a. fig.).
hon·ey| ex·trac·tor s Honigschleuder f. '~-flow s (Bienen)Tracht f. ~ guide s orn. Honiganzeiger m, -kuckuck m. '~·moon I s a) Flitterwochen pl, b) a. ~ trip Hochzeitsreise f, c) fig. Zeit f der anfänglichen Harmo'nie. II v/i a) in den Flitterwochen sein, b) s-e Hochzeitsreise machen: they are ~ing in Scotland sie verbringen ihre Flitterwochen in Schottland; sie sind in Schottland auf Hochzeitsreise. III adj a) für Hochzeitsreisende: a ~ resort, b) in den Flitterwochen, auf Hochzeitsreise: a ~ couple. '~·moon·er s a) ˌFlitterwöchner' m, b) Hochzeitsreisende(r m) f. ~ sac s zo. Honigmagen m (der Bienen). ~ sep·a·ra·tor → honey extractor. '~·suck·er s orn. Honigsauger m. '~·suck·le s bot. Geißblatt n. '~·sweet adj honigsüß (a. fig.).
hong [hɒŋ; Am. a. hɑŋ] s econ. 1. Warenlager n (in China). 2. hist. euro'päische Handelsniederlassung (in China).
Hong Kong| flu s colloq., ~ in·flu·en·za s med. Hongkonggrippe f.
hon·ied → honeyed.
honk [hɒŋk; Am. a. hɑŋk] I s 1. Schrei m (der Wildgans). 2. mot. 'Hupsi‚gnal n, Hupen n. II v/i 3. schreien (Wildgans). 4. mot. hupen. 5. Br. sl. ˌkotzen' (sich übergeben). III v/t 6. to ~ one's horn → 4. 7. she ~ed her nose into her handkerchief sie schneuzte sich laut in ihr Taschentuch.
hon·key, hon·kie, hon·ky ['hɒŋkɪ; 'hɑŋkɪ] s Am. sl. contp. Weiße(r) m.
honk·y-tonk ['hɒŋkɪˌtɒŋk; 'hɑŋkɪˌtɔŋk] s Am. sl. ˌSpe'lunke' f.
hon·or, bes. Br. hon·our ['ɒnə; Am. 'ɑnər] I v/t 1. ehren. 2. ehren, auszeichnen: to ~ s.o. with s.th. j-m etwas verleihen. 3. beehren (with mit). 4. zur Ehre gereichen (dat), Ehre machen (dat). 5. e-r Einladung etc Folge leisten. 6. hono'rieren, anerkennen. 7. respek'tieren. 8. econ. a) e-n Wechsel, Scheck hono'rieren, einlösen, b) e-e Schuld bezahlen, c) e-n Vertrag erfüllen.
II s 9. (sense of) ~ Ehrgefühl n; (there is) ~ among thieves (es gibt so etwas wie) Ganovenehre; (in) ~ bound, on one's ~ moralisch verpflichtet; ~ to whom ~ is due Ehre, wem Ehre gebührt; (up)on my ~!, Br. colloq. ~ bright! Ehrenwort!; man of ~ Ehrenmann; point of ~ Ehrensache f: to do s.o. ~ j-m zur Ehre gereichen, j-m Ehre machen; to do s.o. the ~ of doing s.th. j-m die Ehre erweisen, etwas zu tun; I have the ~ ich habe die Ehre (of doing, to do zu tun); may I have the ~ (of the next dance)? darf ich (um den nächsten Tanz) bitten?; to put s.o. on his ~ j-n bei s-r Ehre packen; to his ~ it must be said that zu s-r Ehre muß gesagt werden, daß; → affair 1, court 10, debt 1. 10. Ehrung f, Ehre f: (sense of) ~ Ehrerbietung f, Ehrenbezeigung f, b) Hochachtung f, Ehrfurcht f, c) Auszeichnung f, (Ehren)Titel m, Ehre f: ~ zu j-s Ehren, j-m zu Ehren; military ~s militärische Ehren; ~s of war ehrenvoller Abzug; to have (od. hold) s.o. in ~ j-n in Ehren halten; to pay s.o. the last (od. funeral) ~s j-m die letzte Ehre erweisen. 11. Ehre f, Jungfräulichkeit f: to lose one's ~ die Ehre verlieren. 12. Ehre f, Zierde f: he is an ~ to his school (parents) er ist e-e Zierde s-r Schule (er macht s-n Eltern Ehre); what an ~ to my poor abode! oft iro. welcher Glanz in m-r Hütte! 13. Golf: Ehre f (Berechtigung, den ersten Schlag auf e-m Abschlag zu machen): it is his ~ er hat die Ehre. 14. obs. pl univ. besondere Auszeichnung: → honors degree. 15. Kartenspiel: Bild n. 16. to do the ~s als Gastgeber(in) fun'gieren. 17. als Ehrentitel: Your (His) ~ Euer (Seine) Gnaden.
'hon·or·a·ble, bes. Br. 'hon·our·a·ble adj (adv honorably) 1. achtbar, ehrenwert. 2. rühmlich, ehrenvoll, -haft: an ~ peace treaty. 3. angesehen. 4. redlich, rechtschaffen: he has ~ intentions, his intentions are ~ er hat ehrliche (Heirats)Absichten. 5. H~ (der od. die) Ehrenwerte (in GB: Titel der jüngeren Kinder der Earls u. aller Kinder der Viscounts u. Barone, der Ehrendamen des Hofes, der Mitglieder des Unterhauses, gewisser höherer Richter u. der Bürgermeister; in USA: Titel der Mitglieder des Kongresses, hoher Regierungsbeamter, Richter u. Bürgermeister; im GB a. als Adam Smith; Right H~ (der) Sehr Ehrenwerte (Titel der Earls, Viscounts, Barone, der Mitglieder des Privy Council, des Lord Mayor von London etc); → friend 4.
hon·o·rar·i·um [ˌɒnəˈreərɪəm; Am. ˌɑnə-] pl -'rar·i·a [-rɪə], -'rar·i·ums s (freiwillig gezahltes) Hono'rar.
hon·or·ar·y ['ɒnərərɪ; Am. 'ɑnəˌrerɪ] adj 1. ehrend. 2. Ehren...: ~ debt (doctor, member, title, etc); ~ degree ehrenhalber verliehener akademischer Grad; ~ freeman Ehrenbürger m. 3. ehrenamtlich: ~ president (secretary, treasurer, etc); ~ consul Honorar-, Wahlkonsul m.
hon·or·if·ic [ˌɒnəˈrɪfɪk; Am. ˌɑnə-] I adj (adv -ally) 1. Ehren..., ehrend. II s 2. ehrendes Wort, (Ehren)Titel m, Ehrung f. 3. ling. Höflichkeitssilbe f. ˌhon·or·if·i·cal (adv -ly) → honorific I.
hon·ors| de·gree, bes. Br. hon·ours| de·gree ['ɒnəz; Am. 'ɑnərz] s univ. akademischer Grad mit Prüfung in e-m Spezialfach. ~ list s univ. Liste der Studenten, die e-n honors degree anstreben od. erworben haben.
'hon·or stu·dent Am. für honours man.
hon·our, hon·our·a·ble, etc bes. Br. für honor, honorable, etc.
hon·ours man s irr univ. Br. Student, der e-n honours degree anstrebt, od. Graduierter, der e-n solchen innehat.
hooch [huːtʃ] s Am. sl. (bes. geschmuggelter od. schwarzgebrannter) Schnaps.
hood¹ [hʊd] I s 1. Ka'puze f. 2. a) 'Mönchs‚kappe f, b) univ. ka'puzenartiger 'Überwurf (am Talar als Abzeichen der akademischen Würde). 3. bot. Helm m. 4. mot. a) Br. Verdeck n, b) Am. (Motor)Haube f. 5. tech. a) (Schutz)Haube f (a. für Arbeiter), Kappe f, b) (Rauch-, Gas)Abzug m, Abzugshaube f. 6. orn. Haube f, Schopf m. 7. zo. Brillenzeichnung f (der Kobra). II v/t 8. j-m e-e Ka'puze aufsetzen. 9. ver-, zudecken: to ~ one's eyes die Augen zs.-kneifen.
hood² [hʊd; huːd] → hoodlum.
-hood [hʊd] Wortelement zur Bezeichnung e-s Zustandes od. e-r Eigenschaft: childhood; likelihood.
hood·ed ['hʊdɪd] adj 1. mit e-r Ka'puze (bekleidet). 2. ver-, zugedeckt, (Augen) zs.-gekniffen. 3. bot. ka'puzen-, helmförmig. 4. orn. mit e-r Haube, b) zo. mit ausdehnbarem Hals (Kobra etc). ~ crow s orn. Nebelkrähe f. ~ seal s zo. Mützenrobbe f. ~ snake s zo. Kobra f.
hood·lum ['huːdləm] s colloq. 1. a) Rowdy m, b) ˌSchläger' m. 2. a) Ga'nove

m, b) Gangster *m.* **'hood·lum·ism** *s* **1.** Rowdytum *n.* **2.** Gangstertum *n.*

'hood·man-blind ['hʊdmən-] *obs. für* blindman's buff.

hoo·doo ['hu:du:] **I** *s* **1.** → voodoo I. **2.** *colloq.* a) Unglücksbringer *m,* b) Unglück *n,* Pech *n.* **II** *v/t* **3.** a) verhexen, b) *colloq. j-m* Unglück bringen. **III** *adj* **4.** *colloq.* Unglücks-...

'hood·wink *v/t* **1.** *obs. j-m* die Augen verbinden. **2.** *fig.* hinters Licht führen, ,reinlegen'.

hoo·ey ['hu:ɪ] *s bes. Am. sl.* ,Krampf' *m,* ,Quatsch' *m.*

hoof [hu:f] **I** *pl* **hoofs, hooves** [-vz] *s* **1.** *zo.* a) Huf *m,* b) Fuß *m (vom Huftier)*: **on the ~** lebend *(Vieh),* c) *colloq. humor.* ,Pe'dal' *n (Fuß).* **2.** Huftier *n.* **II** *v/t* **3.** *colloq.* e-e Strecke (zu Fuß) gehen, mar'schieren: **to ~ it** → 5, 6. **4.** *a.* **~ out** *colloq. j-n* ,rausschmeißen', ,an die frische Luft setzen'. **III** *v/i* **5.** *colloq.* zu Fuß gehen, mar'schieren. **6.** *colloq.* tanzen, *bes.* steppen. **,~-and-'mouth dis·ease** *s vet.* Maul- u. Klauen-Seuche *f.* **'~-beat** *s* Hufschlag *m.*

hoofed [hu:ft] *adj* **1.** gehuft, Huf...: **~ animal** Huftier *n.* **2.** huf förmig. **'hoof·er** *s Am. colloq.* Berufstänzer(in), *bes.* a) Re'vuegirl *n,* b) Stepper(in).

hoo-ha ['hu:ha:] *s colloq.* ,Spek'takel' *m,* Lärm *m* um nichts.

hook [hʊk] **I** *s* **1.** Haken *m*: **~ and eye** Haken u. Öse; **by ~ or (by) crook** unter allen Umständen, mit allen Mitteln; **off the ~** *teleph.* ausgehängt *(Hörer)* (→ 3); **on one's own ~** *colloq.* auf eigene Faust. **2.** *tech.* a) Klammer-, Drehhaken *m,* Nase *f (am Dachziegel),* c) Türangel *f,* Haspe *f.* **3.** Angelhaken *m*: **to be off the ~** *colloq.* ,aus dem Schneider' sein (→ 1); **to get s.o. off the ~** *colloq. j-m* ,aus der Patsche' helfen; **to be on the ~** *colloq.* ,in der Patsche' sein *od.* sitzen *od.* stecken; **to have s.o. on the ~** *colloq. j-n* ,zappeln lassen; **to fall for s.o. (s.th.) ~, line and sinker** *colloq.* sich rettungslos in j-n verlieben (voll auf etwas ,reinfallen'); **to swallow s.th. ~, line and sinker** *colloq.* etwas voll u. ganz ,schlucken'; **to sling one's ~** → 18. **4.** *med.* a) *(Knochen-, Wund-* etc*)*Haken *m,* b) *bes.* Greif haken *m (e-r Armprothese).* **5.** *agr.* Sichel *f.* **6.** etwas Hakenförmiges, *bes.* a) scharfe Krümmung, b) gekrümmte Landspitze, c) *bes. anat.* hakenförmiger Fortsatz. **7.** *pl sl.* ,Griffel' *pl (Finger)*: **just let me get my ~s on him!** wenn ich den unter die Finger bekomme! **8.** *mus.* Notenfähn chen *n.* **9.** *sport* a) *Golf*: Hook *m (Schlag, bei dem der Ball in e-r der Schlaghand entgegengesetzten Kurve fliegt),* b) *Boxen*: Haken *m*: **~ to the body (liver)** Körper haken *m (Leberhaken).*
II *v/t* **10.** an-, ein-, fest-, zuhaken. **11. ~ over** hängen an *(acc) od.* über *(acc)*: **~ your coat over that nail. 12.** fangen, angeln *(a. fig. colloq.)*: **to ~ a husband** sich e-n Mann angeln; **he is ~ed** *colloq.* er zappelt im Netz, er ist ,geliefert'. **13.** *colloq.* ,klauen', stehlen. **14.** biegen, krümmen. **15.** auf die Hörner nehmen, aufspießen. **16.** *tambu'*rieren, mit Ket tenstich besticken. **17.** a) *Boxen*: *j-m* e-n Haken versetzen, b) *Golf*: den Ball mit (e-m) Hook schlagen, c) *Eis hockey etc*: e-n Gegenspieler haken. **18. ~ it** *colloq.* ,Leine ziehen', verschwinden.
III *v/i* **19.** sich krümmen. **20.** sich (zu)haken lassen. **21.** sich festhaken (**to** an *dat*). **22.** → 18. **23.** *Golf*: hooken, e-n Hook schlagen *od.* spielen.
Verbindungen mit Adverbien:
hook in *v/t* einhaken. **~ on I** *v/t* **1.** mit e-m Haken befestigen, ein-, anhaken. **II** *v/i* **2.** → hook 21. **3.** (sich) einhängen (**to** bei *j-m*). **~ up I** *v/t* **1.** → hook on 1. **2.** zuhaken. **3.** *tech.* ein Gerät a) zs.-bauen, b) anschließen. **4.** *Pferde* anspannen. **5.** *Rundfunk, TV*: a) zs.-schalten, in Konfe'renz schalten, b) zuschalten (with *dat*). **II** *v/i* **6.** *colloq.* heiraten (with s.o. j-n).

hook·a(h) ['hʊkə] *s* Huka *f,* Wasser pfeife *f.*

hook|and lad·der, ,~-and-'lad·der truck *s Am.* Gerätewagen *m (der Feuer wehr).*

hooked [hʊkt] *adj* **1.** [*a.* 'hʊkɪd] krumm, hakenförmig, Haken...: **~ nose. 2.** mit (e-m) Haken (versehen). **3.** tambu'riert, mit Kettenstich bestickt. **4.** *colloq.* ver heiratet. **5.** *colloq.* süchtig (**on** nach) (*a. fig.*): **~ on heroin** (television) heroin- (fernseh)süchtig; **she's ~ on him** sie ist ihm hörig.

hook·er¹ ['hʊkə(r)] *s* **1.** a) *Rugby*: Hakler *m,* b) Hooker *m (Spieler, dessen Speziali tät der Hook ist).* **2.** *Am. sl.* a) Taschen dieb *m,* b) ,Nutte' *f (Prostituierte),* c) kräftiger Schluck *(bes. Alkohol).*

hook·er² ['hʊkə(r)] *s mar.* **1.** Huker *m (Hochseefischereifahrzeug).* **2.** Fischer boot *n.* **3.** *contp.* ,alter Kahn'.

Hooke's| cou·pling, ~ joint [hʊks] *s tech.* Kar'dangelenk *n.* **~ law** *s* Hooke sches (Proportionali'täts)Gesetz.

'hook|·nose *s* Hakennase *f.* **'~-nosed** *adj* hakennasig, mit e-r Hakennase. **~ pin** *s tech.* Hakenbolzen *m,* -stift *m.* **'~shop** *s Am. sl.* ,Puff' *m, a. n (Bordell).* **~ shot** *s Basketball*: Hakenwurf *m.* **'~-up** *s* **1.** *electr. tech.* a) Sy'stem *n,* Schaltung *f,* b) Schaltbild *n,* -schema *n,* c) Blockschal tung *f,* d) *mot.* 'Brems(en)für,setzung *f.* **2.** *tech.* Zs.-bau *m.* **3.** *Rundfunk, TV*: a) Zs.-schaltung *f,* Konfe'renzschaltung *f,* b) Zuschaltung *f.* **4.** a) Zs.-schluß *m,* Bündnis *n,* b) Absprache *f,* Verständi gung *f.* **'~worm** *s zo.* (ein) Hakenwurm *m.* **~ wrench** *s tech.* Hakenschlüssel *m.*

hook·y ['hʊkɪ] *s*: **to play ~** *bes. Am. colloq. (bes.* die Schule) schwänzen.

hoo·li·gan ['hu:lɪgən] *s* Rowdy *m.* **'hoo li·gan·ism** *s* Rowdytum *n.*

hoop¹ [hu:p] **I** *s* **1.** *allg.* Reif(en) *m (als Schmuck, im Reifrock, bei Kinderspielen, im Zirkus etc)*: **~ (skirt)** *hist.* Reifrock *m*; **to go through the ~(s)** *fig.* ,durch die Mangel gedreht werden'; **to put through the ~(s)** *fig.* ,durch die Mangel drehen', ,in die Mangel nehmen'. **2.** *tech.* a) (Faß-) Reif(en) *m,* b) (Band-) *n,* c) (Stahl)Band *n,* Ring *m*: **~ iron** Bandeisen *n,* d) Öse *f,* e) Bügel *m*: **~ drop relay** *electr.* Fallbügel relais *n.* **3.** (Finger)Ring *m.* **4.** *Basketball*: Korbring *m.* **5.** *Krocket*: Tor *n.* **II** *v/t* **6.** Fässer binden, Reifen aufziehen auf *(acc)*: **~ed skirt** *hist.* Reifrock *m.* **7.** (reifenförmig) runden. **8.** um'geben, um-'fassen. **9.** *Basketball: Punkte* erzielen: **~ 2 points.** **III** *v/i* **10.** sich runden, e-n Reifen bilden.

hoop² *obs.* → whoop. [Böttcher *m.*]
'hoop·er¹ *s* Faßbinder *m,* Küfer *m*,
'hoop·er², **~ swan** *s orn.* Singschwan *m.*
'hoop·ing swan → hooper².

hoop·la ['hu:pla:] *s* **1.** Ringwerfen *n (auf Jahrmärkten).* **2.** *Am. sl.* Rummel *m.*

'hoop·man [-mən] *s irr colloq.* Basket baller *m.*

hoo·poe ['hu:pu:] *s orn.* Wiedehopf *m.*

'hoop·ster ['hu:pstə(r)] *s colloq.* Basket baller(in).

hoo·ray [hʊ'reɪ] → hurrah.

hoos(e)·gow ['hu:s,gaʊ] *s Am. sl.* ,Kütt chen' *n (Gefängnis).*

hoo·sier ['hu:ʒər] *s Am.* **1.** *contp.* ,Bauer' *m.* **2.** **H~** *(Spitzname für e-n)* Bewohner von Indi'ana. **H~ State** *s Am. (Beiname für)* Indi'ana *n.*

hoot¹ [hu:t] **I** *v/i* **1.** (höhnisch) johlen, schreien: **to ~ at s.o.** j-n verhöhnen. **2.** schreien *(Eule).* **3.** *bes. Br.* a) *mot.* hupen, b) pfeifen *(Zug etc),* heulen *(Fabriksirene etc).* **II** *v/t* **4.** auszischen, -pfeifen, mit Pfuirufen über'schütten: **to ~ down** nie derschreien. **5. ~ out, ~ away, ~ off** durch Gejohle vertreiben. **6.** etwas johlen. **III** *s* **7.** (höhnischer, johlender) Schrei: **it's not worth a ~** *colloq.* es ist keinen Pfifferling wert; **I don't care a ~** *(od.* **two ~s)** *colloq.* ,das ist mir völlig piepe'. **8.** Schrei *m (der Eule).* **9.** *bes. Br.* a) *mot.* Hupen *n,* b) Pfeifen *n,* Heulen *n,* c) → hooter 2. **10.** **to be a ~** *Br. colloq.* ,zum Schreien sein'.

hoot² [hu:t; u:t] *interj bes. Scot.* ach was!, dummes Zeug!

hoot³ [hu:t] *s Austral. sl.* ,Zaster' *m,* ,Mo'neten' *pl (Geld).*

hootch → hooch.

hoot·er ['hu:tə(r)] *s* **1.** Johler(in). **2.** *bes. Br.* a) *mot.* Hupe *f,* b) Si'rene *f,* Pfeife *f.* **3.** *Br. sl.* ,Zinken' *m (Nase).*

hoots [hu:ts; u:ts] → hoot².

Hoo·ver ['hu:və(r)] *(TM) s* **I** *s* Staubsauger *m.* **II** *v/t meist* **h~** (staub)saugen, Teppich *etc a.* absaugen: **to h~ up** a) aufsaugen, b) *colloq.* in sich aufsaugen. **III** *v/i meist* **h~** (staub)saugen.

hooves [hu:vz] *pl von* hoof.

hop¹ [hɒp; *Am.* hɑp] **I** *v/i* **1.** (hoch)hüp fen: **to ~ on** → 7; **to ~ off** *Br. colloq.* ,abschwirren', verschwinden. **2.** *colloq.* ,schwofen', tanzen. **3.** *colloq.* a) sausen, ,flitzen', b) fahren, *bes. aer.* fliegen, c) *bes. aer.* e-n Abstecher machen: **he ~ped to London for the day** er flog für e-n Tag nach London. **4.** *meist* **~ off** *aer. colloq.* abheben. **5.** **to ~ to it** *Am. colloq.* sich an die Arbeit machen. **II** *v/t* **6.** hüpfen *od.* springen über *(acc)*: **to ~ the twig** *(od.* **stick)** *Br. colloq.* a. **to ~ it** ,abschwir ren', verschwinden), ,hops gehen' (ster ben). **7.** *colloq.* a) einsteigen in *(acc),* b) (auf)springen auf *(acc)*: **to ~ a fast- moving train. 8.** *aer. colloq.* überflie gen, -'queren: **they ~ped the Atlantic in five hours. 9.** *Am.* e-n Ball etc hüpfen lassen. **10.** *Am.* a) arbeiten als: **to ~ bells** als (Hotel)Page arbeiten, b) bedienen in *(dat)*: **to ~ bars** in Bars bedienen. **11.** *Am. sl.* angreifen *(a.* kritisieren*).* **III** *s* **12.** Sprung *m*: **~, step, and jump** *(Leicht athletik)* Dreisprung; **the shops are only a ~, step** *(od.* **skip), and jump away** es ist nur ein Katzensprung bis zu den Geschäften; **to be on the ~** *colloq.* ,auf Trab sein': a) es eilig haben, b) viel zu tun haben; **to keep s.o. on the ~** *colloq.* ,in Trab halten'; **to catch s.o. on the ~** *colloq.* j-n überraschen *od.* -rumpeln. **13.** *colloq.* ,Schwof' *m,* Tanz (-veranstaltung *f*) *m.* **14.** *colloq.* a) Fahrt *f, bes. aer.* Flug *m*: **it's only a short ~ from London to Paris** mit dem Flug zeug ist es nur ein Katzensprung von London nach Paris, b) *bes. aer.* Ab stecher *m.*

hop² [hɒp; *Am.* hɑp] **I** *s* **1.** *bot.* a) Hopfen *m,* b) *pl* Hopfen(blüten *pl*) *m*: **to pick** *(od.* **gather) ~s** → 5. **2.** *sl.* Droge *f, bes.* Opium *n.* **II** *v/t* **3.** Bier hopfen. **4. ~ up** *sl.* a) unter Drogen setzen, b) aufputschen *(a. fig.),* c) *Am. sl.* ein Auto, e-n Motor ,fri'sieren', ,aufmotzen'. **III** *v/i* **5.** Hopfen pflücken *od.* ernten.

hop| back *s Brauerei*: Hopfenseiher *m.* **'~·bine**, *a.* **'~·bind** *s bot.* Hopfenranke *f.*

hope [həʊp] **I** *s* **1.** Hoffnung *f* (**of** auf *acc*): **to live in ~(s)** die Hoffnung nicht auf geben, optimistisch sein; **past** *(od.* **beyond) (all) ~** hoffnungs-, aussichts los; **he is past all ~** er ist ein hoffnungs-

loser Fall, für ihn gibt es keine Hoffnung mehr; **there is no ~ that** es besteht keine Hoffnung, daß; **in the ~ of doing** in der Hoffnung zu tun; **~ springs eternal (in the human breast)** der Mensch hofft, solange er lebt; **my ~ was for Peter to pass the examination** ich hoffte, Peter würde die Prüfung bestehen; → **hold out** 2, **raise** 5. **2.** Hoffnung *f*: a) Vertrauen *n*, Zuversicht *f*, b) Aussicht *f*: **no ~ of success** keine Aussicht auf Erfolg. **3.** Hoffnung *f* (*Person od. Sache*): **she is our only** (*od.* last) **~**; → **white hope. 4.** → **forlorn hope. II** *v/i* **5.** hoffen: **to ~ for** hoffen auf (*acc*), erhoffen; **to ~ for the best** das Beste hoffen; **to ~ for success** sich Erfolg erhoffen; **I ~ so** hoffentlich, ich hoffe es; **the ~d-for result** das erhoffte Ergebnis. **III** *v/t* **6.** etwas hoffen: **I ~ to meet her soon; to ~ against ~ that** die Hoffnung nicht aufgeben *od.* verzweifelt hoffen, daß; **to ~ and trust that** hoffen u. glauben, daß; **it is to be ~d** es ist zu hoffen, man kann *od.* darf *od.* muß hoffen. **~ chest** *s Am. colloq.* Aussteuertruhe *f*.
'**hope·ful I** *adj* **1.** hoffnungsvoll: **to be** (*od.* feel) **~ about the future** hoffnungsvoll in die Zukunft blicken, optimistisch sein; **to be ~ of success** hoffen, Erfolg zu haben; **to be ~ that** hoffen, daß. **2.** hoffnungsvoll, vielversprechend. **II** *s* **3.** *bes.* **young ~** hoffnungsvoller *od.* vielversprechender junger Mensch. '**hope·ful·ly** *adv* **1.** → **hopeful** I. **2.** hoffentlich.
'**hope·ful·ness** *s* Opti'mismus *m*.
'**hope·less** *adj* (*adv* ~ly) hoffnungslos: a) verzweifelt, mutlos: **~ tears** Tränen der Verzweiflung, b) aussichtslos: **a ~ situation**, c) unheilbar: **a ~ patient**, d) *colloq.* mise'rabel, „unmöglich": **as an actor he is ~**, e) unverbesserlich, heillos: **a ~ drunkard** ein unverbesserlicher Trinker; **he is a ~ case** er ist ein hoffnungsloser Fall. '**hope·less·ness** *s* Hoffnungslosigkeit *f*.
hop **gar·den** *s* Hopfengarten *m*. '**~head** *s sl.* Drogen-, *bes.* Opiumsüchtige(r *m*) *f*.
Ho·pi ['həʊpɪ] *pl* **-pis, -pi** *s* Hopi *m, f*, 'Hopi-, 'Moquiindi,aner(in).
hop kiln *s* Hopfendarre *f*.
hop·lite ['hɒplaɪt; *Am.* 'hɑp-] *s antiq. mil.* Ho'plit *m* (*schwerbewaffneter Fußsoldat*).
hop-o'-my-thumb [,hɒpəmɪ'θʌm; *Am.* ,hɑp-] *s* Knirps *m*, Zwerg *m*, Drei'käsehoch *m*.
hop·per[1] ['hɒpə; *Am.* 'hɑpər] *s* **1.** Hüpfende(r *m*) *f*. **2.** *colloq.* Tänzer(in). **3.** *zo.* Hüpfer *m*, *bes.* hüpfendes In'sekt, *z.B.* Käsemade *f*. **4.** *tech.* a) (Füll)Trichter *m*, b) Schüttgut-, Vorratsbehälter *m*, c) Gichtverschluß *m* (*bei Hochöfen*), d) *a.* **~(-bottom) car** *rail.* Fallboden-, Selbstentladewagen *m*, e) *mar.* Baggerprahm *m*, f) Spülkasten *m*: **~ closet** Klosett *n* mit Spülkasten, g) *Computer*: 'Eingabemaga,zin *n*.
hop·per[2] ['hɒpə; *Am.* 'hɑpər] *s* **1.** Hopfenpflücker(in). **2.** *Brauerei*: a) Arbeiter, der den Hopfen zusetzt, b) Gosse *f*, Malztrichter *m*.
'**hop pick·er** *s* Hopfenpflücker(in).
hop·ping ['hɒpɪŋ; *Am.* 'hɑ-] *adv*: **to be ~ mad** *colloq.* ,e-e Stinkwut (im Bauch) haben'.
hop·ple ['hɒpl; *Am.* 'hɑpəl] → **hobble** 3.
hop pock·et *s* Hopfenballen *m* (*etwa* 1¹/₂ *Zentner*). **~ pole** *s* Hopfenstange *f*. **~ sack** *s* **1.** Hopfensack *m*. **2.** → **hop sacking. ~ sack·ing** *s* **1.** grobe Sackleinwand. **2.** grober Wollstoff. '**~scotch** *s* Himmel-und-Hölle-Spiel *n*. '**~vine** *s bot.* **1.** Hopfenranke *f*. **2.** Hopfenpflanze *f*.

Ho·rae ['hɔːriː; *Am. a.* 'həʊ-] *s pl myth.* Horen *pl*.
ho·ral ['hɔːrəl; *Am. a.* 'həʊ-] *adj* **1.** Stunden... **2.** stündlich.
ho·ra·ry ['hɔːrərɪ; *Am. a.* 'həʊ-] *obs.* → **horal**.
Ho·ra·tian [hə'reɪʃən; *Am.* -ʃən] *adj* ho'razisch: **~ ode**.
horde [hɔː(r)d; *Am. a.* hɔːrd] **I** *s* **1.** Horde *f*: a) (*asiatische*) Nomadengruppe, b) *bes. contp.* (wilder) Haufen. **2.** *zo.* Schwarm *m* (*Insekten*). **II** *v/i* **3.** e-e Horde bilden: **to ~ together** in Horden zs.-leben.
ho·ri·zon [hə'raɪzn] *s* **1.** *astr.* Hori'zont *m*, Gesichtskreis *m* (*beide a. fig., oft pl*): **on the ~** am Horizont (auftauchend *od.* sichtbar) (*a. fig.*); **to appear on the ~** am Horizont auftauchen, *fig. a.* sich abzeichnen; **apparent** (*od.* **sensible, visible**) **~** scheinbarer Horizont; **celestial** (*od.* **astronomical, geometrical, rational, true**) **~** wahrer *od.* geozentrischer Horizont; **visual ~** *mar.* Seehorizont, Kimm *f*; → **artificial** 1, **broaden** I. **2.** *geol.* Hori'zont *m*, Zone *f*. **3.** *Anthropologie*: Hori'zont *m*, Kul'turschicht *f*. **4.** *paint.* Hori'zontlinie *f*.
hor·i·zon·tal [,hɒrɪ'zɒntl; *Am.* ,hɔːrə'zɑntl; ,hɑrə-] **I** *adj* (*adv* **~ly**) **1.** horizon'tal: a) *math.* waag(e)recht: **~ line** → 4, b) *tech.* liegend: **~ engine**; **~ valve**, c) in der Kimmlinie liegend: **~ distance**. **2.** *tech.* Seiten... (*bes.* Steuerung). **3.** a) gleich, auf der gleichen Ebene (*Alter etc*), b) *econ.* horizon'tal: **~ combination** horizontaler Zs.-schluß, Horizontalkonzern *m*. **II** *s* **4.** *math.* Horizon'tale *f*, Waag(e)rechte *f*. **~ bar** *s Turnen*: Reck *n*. **~ mo·bil·i·ty** *s sociol.* horizon'tale Mobili'tät. **~ par·al·lax** *s astr.* Horizon'talparal,laxe *f*. **~ plane** *s math.* Horizon'talebene *f*. **~ pro·jec·tion** *s math.* Horizon'talprojekti,on *f*. **~ pro·jec·tion plane** *s math.* Grundrißebene *f*. **~ rud·der** *s mar.* Horizon'tal(steuer)ruder *n*, Tiefenruder *n*. **~ sec·tion** *s tech.* Horizon'talschnitt *m*, Grundriß *m*. **~ sta·bi·liz·er** *s aer. Am.* Höhen-, Dämpfungsflosse *f*.
hor·mo·nal [hɔː(r)'məʊnl] *adj biol.* Hormon..., hormo'nal. '**hor·mone** [-məʊn] *s* Hor'mon *n*.
horn [hɔː(r)n] **I** *s* **1.** *zo.* a) Horn *n*: **to show one's ~s** *fig.* die Krallen zeigen, b) *pl* (*Hirsch*)Geweih *n*, c) *pl fig.* Hörner *pl* (*des betrogenen Ehemanns*): → **bull**[1] 1, **dilemma** 1, **lock**[1] 14. **2.** hornähnliches Organ, *bes.* a) Stoßzahn *m* (*Narwal*), b) Horn *n* (*Nashorn*), c) *orn.* Ohrbüschel *n*, d) Fühler *m*, (Fühl)Horn *n* (*Insekt, Schnecke etc*): **to draw** (*od.* **pull**) **in one's ~s** *fig.* a) ,zurückstecken', ,den Gürtel enger schnallen', b) sich zurückhalten *od.* beherrschen. **3.** *chem.* Horn *n* (-stoff *m*), Kera'tin *n*. **4.** hornartige Substanz: **~ spectacles** Hornbrille *f*. **5.** Gegenstand aus Horn, *bes.* a) Schuhlöffel *m*, b) Horngefäß *n*, -dose *f*, c) Hornlöffel *m*. **6.** Horn *n* (*hornförmiger Gegenstand*), *bes.* a) *tech.* seitlicher Ansatz am Amboß, b) Stütze am Damensattel, c) hornförmige Bergspitze, d) (*e-e*) Spitze (*der Mondsichel*), e) Pulver-, Trinkhorn *n*: **~ of plenty** Füllhorn; **the H~** (*das*) Kap Hoorn. **7.** *mus.* a) Horn *n*: → **blow**[1] 26, b) *colloq.* 'Blasinstru,ment *n*: **the ~s** die Bläser. **8.** a) *mot.* Hupe *f*: → **blow**[1] 26, **honk** 6, **sound**[4] 10, b) Si'gnalhorn *n*. **9.** *tech.* Schalltrichter *m*: **~ loudspeaker** Trichterlautsprecher *m*. **10.** *aer.* Leitflächenhebel *m*: **rudder ~** Rudernase *f*. **11.** *electr.* Hornstrahler *m*. **12.** Sattelknopf *m*. **13.** *Bibl.* Horn *n* (*als Symbol der Stärke od. des Stolzes*). **14.** *vulg.* „Ständer" *m* (*erigierter Penis*). **15.** *Am. sl.* Telefon *n*: **to get on the ~ to s.o.** j-n anrufen.
II *v/t* **16.** a) mit den Hörnern stoßen, b) auf die Hörner nehmen. **17.** *obs. e-m Ehemann* Hörner aufsetzen.
III *v/i* **18. ~ in** *sl.* sich eindrängen *od.* einmischen (**on** in *acc*).
'**horn beam** *s bot.* Hain-, Weißbuche *f*. '**~bill** *s orn.* (Nas)Hornvogel *m*. '**~blende** [-blend] *s min.* Hornblende *f*. '**~book** *s* **1.** *ped. hist.* (Art) Ab'c-Buch *n*. **2.** *fig.* Fibel *f*. '**~break switch** *s electr.* Streckenschalter *m* mit 'Hornkon,takten. **~ bug** *s Am.* Hirschkäfer *m*.
horned [hɔː(r)nd] *adj* gehörnt, Horn...: **~ cat·tle** Hornvieh *n*. **~ owl** *s orn.* (*e-e*) Ohreule. **~ rat·tle·snake** *s zo.* Seitenwinder *m*.
hor·net ['hɔː(r)nɪt] *s zo.* Hor'nisse *f*: **to bring a ~'s nest about one's ears, to stir up a ~'s nest** *fig.* in ein Wespennest stechen.
'**horn fels** [-felz] *s geol.* Hornfels *m*. **~ fly** *s zo. Am.* Hornfliege *f*.
horn·ist ['hɔː(r)nɪst] *s mus.* Hor'nist *m*.
'**horn·less** *adj* hornlos, ohne Hörner.
'**horn pipe** *s mus.* Hornpipe *f*: a) *Blasinstrument*, dessen beide Enden aus Horn bestehen, b) *alter englischer Tanz*. **~ plate** *s tech.* Achs(en)halter *m*. **~ quick·sil·ver** *s min.* Hornquecksilber *n*. '**~-rimmed** *adj* Horn...: **~ spectacles** Hornbrille *f*. **~ shav·ings** *s pl agr.* Hornspäne *pl* (*Dünger*). **~ sil·ver** *s min.* Horn-, Chlorsilber *n*. **~ snake** *s zo. Am.* Hornnatter *f*. '**~stone** *s* **1.** → **chert**. **2.** → **hornfels**. '**~swog·gle** [-,swɒgl; *Am.* -,swɑgəl] *v/t sl.* ,bescheißen', ,übers Ohr hauen'. '**~tail** *s zo.* Holzwespe *f*.
horn·y ['hɔː(r)nɪ] *adj* **1.** hornig, schwielig: **~-handed** mit schwieligen Händen. **2.** aus Horn, Horn... **3.** gehörnt, Horn... **4.** *vulg.* geil.
hor·o·loge ['hɒrəlɒdʒ; *Am.* 'hɔːrə,ləʊdʒ; 'hɑr-] *s* Chrono'meter *n*, Zeitmesser *m*, Uhr *f*. **ho·rol·o·ger** [hɒ'rɒlədʒə; *Am.* hə'rɑlədʒər], **ho'rol·o·gist** *s* Uhrmacher *m*. **ho'rol·o·gy** [-dʒɪ] *s* **1.** Lehre *f* von der Zeitmessung. **2.** Uhrmacherkunst *f*.
ho·rom·e·try [hɒ'rɒmɪtrɪ; *Am.* hə'rɑ-] → **horology** 1.
ho·rop·ter [hɒ'rɒptə; *Am.* hə'rɑptər] *s physiol.* Ho'ropter(kreis) *m* (*kreisförmige horizontale Linie, auf der alle Punkte liegen, die mit beiden Augen nur einfach gesehen werden*).
hor·o·scope ['hɒrəskəʊp; *Am. a.* 'hɑr-] **I** *s* Horo'skop *n*: **to cast a ~** ein Horoskop stellen. **II** *v/i* horosko'pieren, Horo'skope stellen. '**hor·o·scop·er** → **horoscopist**. **hor·o'scop·ic** [-'skɒpɪk; *Am.* -'skɑ-; -'skɑʊ-] *adj* horo'skopisch. **ho·ros·co·pist** [hɒ'rɒskəpɪst; *Am.* hə'rɑ-] *s* Horo'skopsteller(in). **ho'ros·co·py** *s* Stellen *n* von Horo'skopen.
hor·ren·dous [hɒ'rendəs; *Am. a.* hɑ-] *adj* (*adv* ~ly) → **horrific**.
hor·ri·ble ['hɒrəbl; *Am. a.* hɑ-] *adj* (*adv* **horribly**) **1.** schrecklich, furchtbar, scheußlich (*alle a. fig. colloq.*). **2.** *colloq.* gemein: **to be ~ to s.o.** '**hor·ri·bleness** *s* Schrecklichkeit *f*, Furchtbarkeit *f*, Scheußlichkeit *f*.
hor·rid ['hɒrɪd; *Am. a.* 'hɑrəd] *adj* (*adv* ~ly) **1.** → **horrible**. **2.** *obs.* rauh, borstig. '**hor·rid·ness** → **horribleness**.
hor·rif·ic [hɒ'rɪfɪk; *Am. a.* hɑ-] *adj* (*adv* ~ally) **1.** schrecklich, entsetzlich. **2.** hor'rend: **~ penalties**.
hor·ri·fy ['hɒrɪfaɪ; *Am. a.* 'hɑ-] *v/t* entsetzen: a) mit Schrecken erfüllen, j-m Grauen einflößen: **to be horrified at** (*od.* **by**) entsetzt sein über (*acc*), b) mit Abscheu erfüllen, em'pören: **~ing** → **horrible** 1.

hor·rip·i·la·tion [hɒˌrɪpɪˈleɪʃn] s physiol. Gänsehaut f.
hor·ror [ˈhɒrə(r); Am. a. ˈhɑrər] I s 1. Entsetzen n, Grau(s)en n, Schrecken m: to my ~ zu m-m Entsetzen; seized with ~ von Grauen gepackt. 2. (of) Abscheu m, Ekel m (vor dat), 'Widerwille m (gegen): to have a ~ of reiten. ~ bean s bot. Saubohne f. '~box s mot. 'Pferdetrans-ˌporter m. '~break·er s Zureiter m, Bereiter m. ~ chest·nut s bot. 'Roßkaˌstanie f. '~cloth s Pferdedecke f, Schaˈbracke f. ~ cop·er s Br. Pferdehändler m.
horsed [hɔː(r)st] adj 1. beritten (Person). 2. (mit Pferden) bespannt (Wagen).
horse| **deal·er** s Pferdehändler m. ~ **doc·tor** s 1. Tierarzt m. 2. colloq. contp. ˌViehˈdoktor' m (miserabler Arzt). '~drawn adj von Pferden gezogen, Pferde... '~flesh s 1. Pferdefleisch n. 2. collect. Pferde pl: he is a good judge of ~ er ist ein Pferdekenner. '~fly s zo. (Pferde)Bremse f. ~ gow·an s bot. Margeˈrite f. H.~ Guards s pl mil. Br. 'Gardekavalleˌrieregiment n; die Royal ~). '~hair I s 1. Roß-, Pferdehaar n. 2. → haircloth. II adj 3. Roßhaar...: ~ mattress. '~hide s 1. Pferdehaut f. 2. Pferdeleder n. ~ lat·i·tudes s pl geogr. Roßbreiten pl. '~laugh I s wieherndes Gelächter. II v/i Am. wiehernd lachen, ˌwiehern'. '~leech s 1. zo. Pferdeegel m. 2. obs. Tierarzt m.

ˈhorse·less adj ohne Pferd(e).
horse|**mack·er·el** s ichth. 1. Thunfisch m. 2. 'Roßmaˌkrele f. 3. Boˈnito m. '~**man** [-mən] s irr 1. (geübter) Reiter. 2.
...

hors·y [ˈhɔː(r)sɪ] adj 1. pferdenärrisch. 2. Pferde...: a) Pferde betreffend: ~ **talk** Gespräch n über Pferde, b) nach Pferden: ~ **smell** Pferdegeruch m, c) pferdeähnlich, -artig: ~ **face** Pferdegesicht n; he bounced the boy on his knee in a ~ manner er ließ den Jungen auf s-m Knie reiten.
hor·ta·to·ry [ˈhɔː(r)tətərɪ; Am. -təˌtəʊ-rɪ:; -ˌtɔːriː] adj (adv hortatorily), **ˈhor·ta·tive** [-tɪv] adj (adv ~ly) (er)mahnend, anspornend, aufmunternd.
hor·ti·cul·tur·al [ˌhɔː(r)tɪˈkʌltʃərəl] adj (adv ~ly) gartenbaulich, Garten(bau)...: ~ **show** Gartenschau f. **ˈhor·ti·culˌture** s Hortikulˈtur f, Gartenbau m. **ˌhor·ti·ˈcul·tur·ist** s 'Gartenbauˌexperte m.
hor·tus sic·cus [ˌhɔː(r)təsˈsɪkəs] (Lat.) s Herˈbarium n.
ho·san·na [həʊˈzænə] I interj hosiˈanna!, hoˈsanna! II s Hosiˈanna n, Hoˈsanna n.
hose[1] [həʊz] s 1. (als pl konstruiert) Strümpfe pl, Strumpfwaren pl. 2. pl **hose, ˈhos·en** [-zn] hist. (Knie)Hose f.
hose[2] [həʊz] I s 1. Schlauch m. 2. tech. Dille f, Tülle f. II v/t 3. spritzen: to ~ **down** abspritzen; to ~ **out** ausspritzen.
ho·se·a [həʊˈzɪə; Am. həʊˈzeɪə] s npr u. s Bibl. (das Buch) Hoˈsea m od. Oˈsee m.
hose| **clip** s tech. Schlauchklemme f, -schelle f. '~**man** [-mən] s irr Schlauchführer m (der Feuerwehr). ~ **pipe** s Schlauchleitung f. '~**proof** adj tech. strahlwassergeschützt.
ho·sier [ˈhəʊʒə(r); Am. -ʒər] s Strumpfˌwarenhändler(in). **ˈho·sier·y** s econ. collect. bes. Strumpfwaren pl.
hos·pice [ˈhɒspɪs; Am. ˈhɑspəs] s 1. hist. Hoˈspiz n, Herberge f. 2. Sterbeklinik f.
hos·pi·ta·ble [ˈhɒspɪtəbl; Am. hɑˈspɪ-] adj (adv **hospitably**) 1. a) gast(freund)-lich: a ~ **man**, b) gastlich, gastfrei: a ~ **house**. 2. fig. freundlich: ~ **climate**. 3. fig. (to) empfänglich (für), aufgeschlossen (dat): ~ **to new ideas**. **hos·pi·taˈble·ness** → hospitality 1.
hos·pi·tal [ˈhɒspɪtl; Am. ˈhɑs-] s 1. Krankenhaus n, Klinik f: in (Am. in the) ~ im Krankenhaus; ~ **fever** med. klassisches Fleckfieber; ~ **gangrene** med. Hospital-, Wundbrand m; ~ **nurse** Kranken(haus)-schwester f. 2. mil. Lazaˈrett n: ~ **ship** Lazarettschiff n; ~ **tent** Sanitätszelt n; ~ **train** Lazarettzug m. 3. Tierklinik f. 4. hist. Spiˈtal n, bes. a) Armenhaus n, b) Altersheim n, c) Erziehungsheim n. 5. hist. Herberge f, Hoˈspiz n. 6. humor. Repaˈraturwerkstatt f: **dolls**' ~ Puppenklinik f. **ˈhos·pi·tal·ˌer**, bes. Br. **ˈhos·pi·tal·ler** [-pɪtlə(r)] s 1. H.~ Hospitaˈliter m, Johanˈniter m. 2. Mitglied n e-s Krankenpflegeordens, z. B. Barmˈherziger Bruder.
hos·pi·tal·ism [ˈhɒspɪtlɪzəm; Am. ˈhɑs-] s Hospitaˈlismus m: a) das Auftreten von physischen u./od. psychischen Schädigungen, die durch die Besonderheiten e-s Krankenhaus-, Anstalts- od. Heimaufenthalts bedingt sind, b) das Auftreten von Entwicklungsstörungen u. -verzögerungen bei Kindern als Folge e-s Heimaufenthalts im Säuglingsalter.
hos·pi·tal·i·ty [ˌhɒspɪˈtælətɪ; Am. ˌhɑspəˈ-] s 1. Gastfreundschaft f, Gastlichkeit f. 2. Akt m der Gastfreundschaft. 3. fig. Empfänglichkeit f, Aufgeschlossenheit f (to für).
hos·pi·tal·i·za·tion [ˌhɒspɪtəlaɪˈzeɪʃn; Am. ˌhɑspɪtələˈz-] s 1. Aufnahme f od. Einweisung f od. Einlieferung f ins Krankenhaus. 2. Krankenhausaufenthalt m. ~ **in·sur·ance** s Am. (private) Krankenhauskostenversicherung f.
hos·pi·tal·ize [ˈhɒspɪtlaɪz; Am. ˈhɑs-] v/t ins Krankenhaus einliefern od. einweisen.

hospitaller – hot-water

hos·pi·tal·ler *bes. Br. für* hospitaler.
host[1] [həʊst] *s* **1.** Menge *f*, Masse *f*: a ~ of questions e-e Unmenge Fragen. **2.** *obs. od. poet.* (Kriegs)Heer *n*: the ~(s) of heaven a) die Gestirne, b) die himmlischen Heerscharen; the Lord of ~s *Bibl.* der Herr der Heerscharen.
host[2] [həʊst] **I** *s* **1.** Gastgeber *m*: ~ country Gastland *n*; the ~ country for the Olympic Games das Gastgeberland für die Olympischen Spiele. **2.** (Gast)Wirt *m*: to reckon without one's ~ *fig.* die Rechnung ohne den Wirt machen. **3.** *biol.* Wirt *m*, Wirtspflanze *f od.* -tier *n*. **4.** *Rundfunk, TV*: a) Talkmaster *m*, b) Showmaster *m*, c) Mode'rator *m*: your ~ was ... durch die Sendung führte Sie ... **5.** *a.* ~ computer Verarbeitungsrechner *m.* **II** *v/t* **6.** a) als Gastgeber fun'gieren bei, b) j-n zu Gast haben. **7.** *Rundfunk, TV*: e-e Sendung mode'rieren.
host[3], *oft* **H**~ [həʊst] *s relig.* Hostie *f*.
hos·tage ['hɒstɪdʒ; *Am.* 'hɑs-] *s* **1.** Geisel *f*: to take s.o. ~ j-n als Geisel nehmen; to give ~s to fortune sich Verlusten *od.* Gefahren aussetzen. **2.** ('Unter)Pfand *n*.
hos·tel ['hɒstl; *Am.* 'hɑstl] *s* **1.** *meist* youth ~ Jugendherberge *f*. **2.** *bes. Br.* (Studenten-, Arbeiter- *etc*)Wohnheim *n*: students' ~ Studenten(wohn)heim. **3.** *obs.* Wirtshaus *n*. **'hos·tel·er**, *bes. Br.* **'hos·tel·ler** [-tələ(r)] *s* **1.** j-d, der in Jugendherbergen übernachtet. **2.** *bes. Br.* Heimbewohner(in). **3.** *obs.* Gastwirt *m*.
'hos·tel·ry [-tlrɪ] *s obs.* Wirtshaus *n*.
host·ess ['həʊstɪs] *s* **1.** Gastgeberin *f*. **2.** (Gast)Wirtin *f*. **3.** Ho'stess *f* (*Betreuerin auf Messen etc*). **4.** Ani'mier-, Tischdame *f*. **5.** *aer.* Ho'stess *f*, Stewar'deß *f*.
hos·tile ['hɒstaɪl; *Am.* 'hɑstl; -taɪl] *adj* (*adv* ~ly) **1.** feindlich, Feind(es)...: ~ act feindliche Handlung; ~ territory Feindgebiet *n*. **2.** (to) feindselig (gegen), feindlich gesinnt (*dat*): ~ to foreigners ausländerfeindlich; ~ witness *jur.* eigener Zeuge, der sich unerwartet als feindlich erweist.
hos·til·i·ty [hɒ'stɪlətɪ; *Am.* hɑ-] *s* **1.** Feindschaft *f*, Feindseligkeit *f* (to gegen): feelings of ~ feindselige Gefühle; to feel ~ toward(s) s.o. j-m feindlich gesinnt sein; ~ to foreigners Ausländerfeindlichkeit *f*. **2.** Feindseligkeit *f*, feindselige Handlung. **3.** *pl mil.* Feindseligkeiten *pl*, Kriegs-, Kampfhandlungen *pl*: hostilities only not nur für den Kriegsfall.
hos·tler ['ɒslə; *Am.* 'hɑslər; 'ɑs-] → ostler.
hot [hɒt; *Am.* hɑt] **I** *adj* (*adv* ~ly) **1.** heiß (*a. fig.*): ~ climate (stove, tears, *etc*); → iron 1. **2.** warm, heiß (*Speisen*): ~ meal warme Mahlzeit; ~ and ~ ganz heiß, direkt vom Feuer. **3.** erhitzt, heiß: I am ~ mir ist heiß; I went ~ and cold es überlief mich heiß u. kalt. **4.** a) scharf: ~ spices, b) scharf gewürzt: a ~ dish, c) *fig.* leuchtend, grell: ~ colo(u)r. **5.** heiß, hitzig, heftig, erbittert: a ~ fight; ~ words heftige Worte; they grew ~ over an argument sie erhitzten sich über e-n strittigen Punkt. **6.** leidenschaftlich, feurig: a ~ temper ein hitziges Temperament; a ~ patriot ein glühender Patriot; to be ~ for (*od.* on) *colloq.* 'scharf' sein auf (*acc*), brennen auf (*acc*). **7.** a) wütend, erbost, b) aufgeregt: to get ~ and bothered sich aufregen. **8.** ,heiß': a) *zo.* brünstig, b) *colloq.* ,spitz', geil. **9.** ,heiß' (*im Suchspiel*): you're getting ~(ter)! es wird schon heißer!, Du kommst der Sache schon näher! **10.** ganz neu *od.* frisch, ,noch warm': ~ from the press frisch aus der Presse (*Nachrichten*), soeben erschienen (*Buch etc*); a ~ scent (*od.* trail) *hunt.* e-e warme *od.* frische Fährte

od. Spur (*a. fig.*). **11.** *colloq.* a) ,toll', großartig: it (he) is not so ~ es (er) ist nicht so toll; ~ news sensationelle Nachrichten; to be ~ at (*od.* on) ,ganz groß' sein in (*e-m Fach*); → hot stuff, b) ,heiß', vielversprechend: a ~ tip; ~ favo(u)rite *bes. sport* heißer *od.* hoher Favorit. **12.** *sl.* ,heiß' (*erregend*): ~ music. **13.** *colloq.* ungemütlich, gefährlich: to make it ~ for s.o. j-m die Hölle heiß machen, j-m gründlich ,einheizen'; the place was getting too ~ for him ihm wurde der Boden zu heiß (unter den Füßen); to be in ~ water in ,Schwulitäten' sein, Ärger *od.* Schwierigkeiten haben (*bes. mit e-r Behörde*); to get into ~ water a) j-n in ,Schwulitäten' bringen, b) in ,Schwulitäten' kommen, Ärger *od.* Schwierigkeiten ,kriegen'; to get into ~ water with s.o. es mit j-m zu tun ,kriegen'; ~ under the collar wütend, erbost, b) aufgeregt, c) verlegen. **14.** *colloq.* a) ,heiß' (*gestohlen, geschmuggelt etc*): ~ goods heiße Ware; → hot money, b) (von der Poli'zei) gesucht. **15.** *phys. colloq.* ,heiß' (*stark radioaktiv*): ~ cell; → hot spot 3. **16.** *electr.* stromführend: → hot wire 1. **17.** *tech. electr.* Heiß..., Warm..., Glüh...
II *adv* **18.** heiß: the sun shines ~; to get it ~ (and strong) *colloq.* ,eins auf den Deckel kriegen'; to give it s.o. ~ (and strong) *colloq.* j-m gründlich ,einheizen', j-m die Hölle heiß machen; → blow[1] 11, run 61, track 1, trail 20.
III *v/t* **19.** *meist* ~ up *bes. Br.* heiß machen, *Speisen a.* warm machen, aufwärmen. **20.** ~ up *colloq.* a) *fig.* an-, aufheizen: to ~ up the pace *sport* aufs Tempo drücken, b) Schwung bringen in (*acc*), c) ein Auto, e-n Motor ,fri'sieren', ,aufmotzen'.
IV *v/i* **21.** *meist* ~ up *bes. Br.* heiß werden, sich erhitzen. **22.** ~ up *colloq.* a) sich verschärfen (*Lage etc*), (*sport* Tempo *a.*) anziehen, b) schwungvoller werden.
V *s pl* **23.** to have the ~s for (*od.* on) *colloq.* ,spitz' *od.* geil sein auf (*acc*).
hot| air *s* **1.** *tech.* Heißluft *f*. **2.** *colloq.* ,heiße Luft', leeres Geschwätz. **'~-'air** *adj tech.* Heißluft...: ~ balloon; ~ artist *colloq.* ,Windmacher' *m*; ~ blast → hot blast 2; ~ heating Warmluftheizung *f*; ~ engine Heißluftmotor *m*. **'~-and--'cold** *adj fig.* unbeständig, wetterwendisch. **~ bed** *s* **1.** *agr.* Mist-, Frühbeet *n*. **2.** *fig.* Brutstätte *f*: a ~ of vice. **3.** *tech.* Kühlbett *n*. **~ blast** *s tech.* **1.** Heißluftgebläse *n*. **2.** heiße Gebläseluft, Heißwind *m*. **'~-blast** *adj tech.* Heißwind...: ~ furnace Heißwindofen *m*; ~ stove Winderhitzer *m*. **'~-'blood·ed** *adj* **1.** heißblütig. **2.** reinrassig (*bes. Pferd*). **'~ bulb** *s tech.* heißgelaufene Lagerbuchse. **~ bulb** *s tech.* Glühkopf *m*. **~ cath·ode** *s electr.* 'Glüh-, Heißka,thode *f*: ~ tube Glühkathodenröhre *f*. **~ chair** → hot seat 2.
'hotch·pot ['hɒtʃ-; *Am.* 'hɑtʃ-] *s* **1.** *jur.* Verteilungsverfahren bei Nachlässen unter Berücksichtigung der Vorausempfänge. **2.** → hotchpotch 1 u. 2.
hotch·potch ['hɒtʃpɒtʃ; *Am.* 'hɑtʃpɑtʃ] *s* **1.** *gastr.* Eintopfgericht *n*, *bes.* Gemüsesuppe *f* mit Fleisch. **2.** *fig.* Mischmasch *m*, Durchein'ander *n*. **3.** *jur.* → hotchpot 1.
hot| cock·les *s pl* (*als sg konstruiert*) Schinkenklopfen *n* (*Kinderspiel*). **~ cross bun** *s* traditionellerweise am Karfreitag gegessenes Rosinenbrötchen mit e-m eingeritzten Kreuz. **~ dog** *s* Hot dog *n*, *a. m.* **II** *interj Am. colloq.* ,klasse!', ,toll!' **'~-dog** *v/i colloq.* Tricks vorführen *od.* zeigen (*bes. Ski- od. Skateboardfahrer*).
ho·tel [həʊ'tel; *Br. a.* əʊ'tel] **I** *s* Ho'tel *n*.

II *adj* Hotel...: ~ chain (china, staff, *etc*); ~ industry Hotelgewerbe *n*; ~ mogul (*od.* tycoon) Hotelkönig *m*; ~ register Fremden-, Gästebuch *n*.
ho·tel·ier [həʊ'telɪeɪ, -lɪə; *Am.* hoʊ-'teljər; ˌoʊtl'jeɪ], **ho'tel,keep·er** *s* Hote-li'er *m*: a) Ho'telbesitzer *m*, b) Ho'teldi,rektor *m*.
hot| flush·es *s pl med.* fliegende Hitze. **'~foot** *colloq.* **I** *adv* **1.** schleunigst, schnell. **II** *v/i* **2.** rennen. **III** *v/t* **3.** ~ it → II. **4.** *Am.* a) j-n verhöhnen, b) j-n anstacheln. **'~gal·va·nize** *v/t tech.* schmelztauch-, feuerverzinken. **'~gos·pel-(l)er** *s colloq.* (fa'natischer) Erweckungsprediger. **'~head** *s* Hitzkopf *m*. **'~-'head·ed** *adj* hitzköpfig. **'~head-ed·ness** *s* Hitzköpfigkeit *f*. **'~house** *s* **1.** Treib-, Gewächshaus *n*: ~ effect Treibhaus-, Glashauseffekt *m*; ~ plant a) Treibhausgewächs *n*, b) *fig. bes. contp.* ,Mimose' *f*. **2.** Trockenhaus *n*, -raum *m*. **3.** *obs.* a) Badehaus *n*, b) Bor'dell *n*. **~ jazz** *s mus.* Hot Jazz *m* (*scharf akzentuierter, oft synkopischer Jazzstil*). **~ line** *s* **1.** *bes. pol.* ,heißer Draht'. **2.** Tele'fondienst *m* (*e-r Drogenberatungsstelle etc*). **3.** *Canad.* → phone-in. **~ mon·ey** *s colloq.* Hot money *n*, ,heißes' Geld: a) *econ.* Geld, das, um größeren Gewinn zu erzielen, je nach Zinshöhe in andere Länder fließt, b) illegal erworbene Banknoten, deren Nummern möglicherweise notiert wurden u. die der Erwerber deshalb schnell wieder abstoßen muß.
'hot·ness *s* Hitze *f* (*a. fig.*).
hot| pants *s pl* **1.** Hot pants *pl*, ,heiße' Hös-chen *pl*. **2.** to have ~ for *colloq.* ,spitz' *od.* geil sein auf (*acc*). **'~-'plate** *s* **1.** a) Koch-, Heizplatte *f*, b) (Gas-, E'lektro)Kocher *m*. **2.** Warmhalteplatte *f*. **~ pot** *s gastr.* Eintopf *m*. **'~press** *tech.* **I** *s* **1.** Warm- *od.* Heißpresse *f*. **2.** Deka'tierpresse *f*. **II** *v/t* **3.** warm *od.* heiß pressen. **4.** *Tuch* deka'tieren. **5.** *Papier* sati'nieren. **'~quench** *v/t metall.* warmhärten. **~ rock** *s aer. Am. sl.* verwegener Pi'lot. **~ rod·der** *s* → hot rod. **~ rod** *s bes. Am. sl.* **1.** Fahrer *m* e-s hot rod. **2.** a) ,Raser' *m*, b) Verkehrsrowdy *m*. **~ saw** *s tech.* Warmsäge *f*. **~ seat** *s* **1.** *aer. sl.* Schleudersitz *m*. **2.** *sl.* e'lektrischer Stuhl. **3.** *colloq.* kitzlige Situati'on: to be in the ~ in e-r kitzligen Situation sein. **'~-'short** *adj tech.* rotbrüchig. **'~shot** *s Am. colloq.* **1.** ,großes *od.* hohes Tier'. **2.** *sport* ,Ka'none' *f*, As *n* (at in *dat*): ~ at soccer Fußballstar *m*. **3.** *aer. mot.* ,Ra'kete' *f* (*sehr schnelles Flug- od. Fahrzeug*). **~ spot** *s* **1.** *bes. pol.* Unruhe-, Krisenherd *m*. **2.** *bes. Am. colloq.* Nachtklub *od.* Amü'sierbetrieb, in dem etwas los ist. **3.** *colloq.* Hot spot *m* (*stark radioaktiv verseuchte Stelle*). **4.** *geol.* Hot spot *m* (*Stelle in der Erdkruste, aus der Magma austritt*). **~ spring** *s* heiße Quelle, Ther'malquelle *f*. **'~spur** *s* Heißsporn *m*. **~ stuff** *s colloq.* **1.** a) ,toller' Kerl: he's ~ er ist ,große Klasse', b) ,tolle' Sache. **2.** that film is ~ der Film ist ganz schön ,scharf' (*pornographisch*).
Hot·ten·tot ['hɒtntɒt; *Am.* 'hɑtn̩tɑt] **I** *pl* **-tot, -tots** *s* **1.** Hotten'totte *m*, Hotten'tottin *f*. **2.** *ling.* Hotten'tottisch *n*. **II** *adj* **3.** hotten'tottisch, Hottentotten...
hot·tie ['hɒtɪ] *s Austral. colloq.* Wärmflasche *f*.
hot·tish ['hɒtɪʃ; *Am.* 'hɑ-] *adj* ziemlich heiß.
hot| tube *s electr.* Heiz-, Glührohr *n*. **~ war** *s* heißer Krieg. **'~-'wa·ter** *adj* Heißwasser...: ~ bottle Wärmflasche *f*; ~ heating Heißwasserheizung *f*; ~ pollution Umweltschädigung *f* durch Wär-

me. ~ **well** → hot spring. ~ **wire** s **1.** electr. a) stromführender Draht, b) Hitzdraht m (in Meßinstrumenten). **2.** bes. pol. ‚heißer Draht'. '~-₁**wire** v/t colloq. ein Fahrzeug kurzschließen. '~-**work** v/t tech. Metall warm(ver)formen, wärmebehandeln.

hound[1] [haʊnd] **I** s **1.** Jagdhund m: **to ride to** (od. **to follow the**) ~**s** an e-r Parforcejagd (bes. Fuchsjagd) teilnehmen; **pack of** ~**s** Meute f. **2.** Verfolger m (bei der Schnitzeljagd). **3.** contp. ‚Hund' m, gemeiner Kerl. **4.** bes. Am. sl. Fa'natiker(in), ‚Narr' m: **movie** ~ Kinonarr m. **II** v/t **5.** (bes. mit Hunden, a. fig. j-n) jagen, hetzen, verfolgen: **he is** ~**ed by his creditors** s-e Gläubiger sitzen ihm im Nacken; **to** ~ **down** erlegen, zur Strecke bringen; **to** ~ **out** hinausjagen, vertreiben (of aus). **6.** Hunde hetzen (**at** auf acc): **to** ~ **a dog at a hare. 7.** oft ~ **on** j-n hetzen, (an)treiben.

hound[2] [haʊnd] s **1.** mar. Mastbacke f. **2.** pl tech. Seiten-, Diago'nalstreben pl (an Fahrzeugen).

'**hound·fish** → dogfish.

hour [ˈaʊə(r)] s **1.** Stunde f: **by the** ~ stundenweise; **for** ~**s (and** ~**s)** stundenlang; **at** 14.20 ~**s um** 14 Uhr 20; **the clock strikes the** ~ es schlägt voll; (**every** ~) **on the** ~ (immer) zur vollen Stunde; **10 minutes past the** ~ 10 Minuten nach der vollen Stunde; **twenty-four** ~**s a day** rund um die Uhr, Tag u. Nacht; **an** ~ **from here** e-e Stunde von hier; **to sleep till all** ~**s** bis ‚in die Puppen' schlafen. **2.** (Tages)Zeit f, Stunde f: **what's the** ~? obs. wieviel Uhr ist es?; **at all** ~**s** zu jeder Zeit, jederzeit; **at what** ~? um wieviel Uhr?; **at an early** ~ früh; **to keep regular** ~**s** regelmäßige Zeiten einhalten; → early 5, eleventh 1, late 1, small hours, wee[1] 2. **3.** Zeitpunkt m, Stunde f: **the** ~ **of death** die Todesstunde; **in my** ~ **of need** in der Stunde m-r Not; **his** ~ **has come** a) s-e Stunde ist gekommen, b) a. **his last** ~ **has come, his (last)** ~ **has struck** s-e letzte Stunde od. sein letztes Stündlein ist gekommen od. hat geschlagen; **the** ~ **has come for us to have a serious talk** es ist an der Zeit, daß wir uns einmal ernsthaft unterhalten. **4.** Stunde f, Tag m, Gegenwart f: **the man of the** ~ der Mann des Tages; **the question of the** ~ die aktuelle Frage. **5.** pl (Arbeits)Zeit f, (Arbeits-, Dienst-, Geschäfts)Stunden pl: **what are your** ~**s?** wann haben Sie geöffnet?; **after** ~**s** a) nach Geschäftsschluß, b) über der Arbeit, c) fig. zu spät; **outside the** ~**s of** (Geschäfts- etc)Zeit; → man-hour, office hours. **6.** ped. a) (Schul-, 'Unterrichts)Stunde f, b) univ. anrechenbare Stunde. **7.** astr. mar. Stunde f (15 Längengrade). **8.** pl relig. a) Gebetsstunden pl, b) Stundengebete pl, c) Stundenbuch n. **9.** H~s pl antiq. Horen pl.

hour|·an·gle s astr. Zeit-, Stundenwinkel m. ~ **cir·cle** s astr. Stundenkreis m. '~-**glass** s Stundenglas n, bes. Sanduhr f. ~ **hand** s Stundenzeiger m.

hou·ri [ˈhʊərɪ; Am. a. ˈhuːriː] s **1.** Huri f (mohammedanische Paradiesjungfrau). **2.** fig. betörend schöne Frau.

'**hour·ly** adv u. adj **1.** stündlich: ~ **bus service;** ~ **performance** tech. Stundenleistung f. **2.** ständig, (an)dauernd. **3.** (nur adv) stündlich, jeden Augenblick: **we are expecting him** ~.

house I s [haʊs] pl **hous·es** [ˈhaʊzɪz] **1.** Haus n (auch die Hausbewohner): **the whole** ~ **knew it** das ganze Haus wußte es; ~ **and home** Haus u. Hof; **to keep the** ~ das Haus hüten; **like a** ~ **on fire** colloq. ‚prima', ganz ‚toll'; ~ **of God** Gotteshaus n; ~ **of tolerance** Bordell n; **to get like the side of a** ~ colloq. ganz schön in die Breite gehen (bes. Frau); → eat 2, card[1] 1, correction 3, fame 1. **2.** Haus(halt m, -haltung f) n: **to keep** ~ den Haushalt führen (**for** s.o. j-m); **to put** (od. **set**) **one's** ~ **in order** fig. s-e Angelegenheiten in Ordnung bringen; **put** (od. **set**) **your own** ~ **in order first** fig. kehr erst einmal vor d-r eigenen Tür; → open 15. **3.** Haus n, (bes. Fürsten)Geschlecht n, Fa'milie f, Dyna'stie f: **the H**~ **of Hanover** das Haus Hannover. **4.** econ. a) (Handels)Haus n, Firma f: **on the** ~ auf Kosten der Firma, auf Firmenkosten, (a. im Wirtshaus etc) auf Kosten des Hauses, b) **the H**~ colloq. die Londoner Börse (→ 5). **5.** meist **H**~ parl. Haus n, Kammer f, Parla'ment n: **the H**~ a) → **House of Commons,** b) → **House of Lords,** c) → **House of Representatives,** d) collect. das Haus (die Abgeordneten) (→ 4); **the H**~**s of Parliament** die Parlamentsgebäude (in London); **to enter the H**~ Mitglied des Parlaments werden; **there is a H**~ es ist Parlamentssitzung; **the H**~ **rose at 5 o'clock** die Sitzung endete um 5 Uhr; **to make a H**~ die zur Beschlußfähigkeit nötige Anzahl von Parlamentsmitgliedern zs.-bringen; **no H**~ das Haus ist nicht beschlußfähig; → lower (upper) house. **6.** Ratsversammlung f, Rat m: **the H**~ **of Bishops** (anglikanische Kirche) das Haus der Bischöfe. **7.** thea. a) Haus n: **a full** ~, b) (das) Publikum, (die) Zuschauer pl: **to bring down 8,** c) Vorstellung f: **the second** ~ die zweite Vorstellung (des Tages). **8.** univ. Br. Haus n: a) Wohngebäude n der Stu'denten (e-s englischen College), b) College n: **the H**~ Christ Church (College in Oxford). **9.** Wohngebäude n (e-s Internats). **10.** astr. a) Haus n, b) (e-m Planeten zugeordnetes) Tierkreiszeichen n. **11.** Curling: Zielkreis m. **12.** colloq. Freudenhaus n (Bordell). **II** v/t [haʊz] **13.** (in e-m Haus etc) e-r Wohnung 'unterbringen. **14.** (in ein Haus) aufnehmen, beherbergen (a. fig. enthalten). **15.** unter Dach u. Fach bringen, verwahren. **16.** tech. (in e-m Gehäuse) 'unterbringen. **17.** mar. a) bergen, b) die Bramstengen streichen, c) in sichere Lage bringen, befestigen. **18.** Zimmerei: verzapfen.
III v/i **19.** wohnen, leben.

house|·a·gent s econ. Br. Häusermakler m. ~ **ar·rest** s 'Hausar₁rest m: **to be under** ~ unter Hausarrest stehen. ~ **bill** s **1.** econ. auf die eigene Geschäftsstelle gezogener Wechsel. **2.** parl. Am. Gesetzesvorlage f des Repräsen'tantenhauses. '~-**boat** s Hausboot n. '~-**bod·y** s Am. colloq. häuslicher Mensch, contp. Stubenhocker m: **I'm a** ~ ich bin am liebsten zu Hause. '~-**bound** adj fig. ans Haus gefesselt. '~-**boy** s Boy m (im Hotel etc). '~-**break** v/t Am. **1.** e-n Hund etc stubenrein machen: → housebroken. **2.** colloq. a) j-m Ma'nieren beibringen, b) j-n ,kirre' machen. '~-**break·er** s **1.** Einbrecher m. **2.** bes. Br. '(Haus)Abbruch₁unter₁nehmer m. '~-**break·ing** s **1.** Einbruch(sdiebstahl) m. **2.** bes. Br. Abbruch(arbeiten pl) m. '~-**bro·ken** adj Am. stubenrein (Hund etc, colloq. a. Witz etc). '~-**carl** s hist. Leibwächter m. '~-**clean** v/i **1.** Hausputz machen, ein ‚Groß'reinemachen' veranstalten. **2.** (a. v/t) Am. colloq. gründlich aufräumen (in dat), e-e 'Säuberungsakti₁on 'durchführen (in dat). '~-**clean·ing** s **1.** Hausputz m, ‚Groß'reinemachen' n. **2.** Am. colloq. 'Säuberungsakti₁on f. '~-**coat** s Morgenrock m, -mantel m. '~-**craft** s ped. Br. Hauswirtschaftslehre f. ~ **de·tec·tive** s 'Hausdetek₁tiv m (im Hotel etc). ~ **doc·tor** → house physician. ~ **dog** s Haushund m. ~ **dress** s Hauskleid n. '~₁**fa·ther** s Hausvater m, Heimleiter m (e-s Internats etc). '~-**fly** s zo. Stubenfliege f.
house·ful [ˈhaʊsfʊl] s (ein) Hausvoll n: **a** ~ **of guests** ein Haus voller Gäste.
'**house-guest** s Gast m (der e-e Nacht od. länger bleibt).
house·hold [ˈhaʊshəʊld; ˈhaʊsəʊld] **I** s **1.** Haushalt m. **2. the H**~ Br. die königliche Hofhaltung: **H**~ **Brigade, H**~ **Troops** (Leib)Garde f, Gardetruppen pl. **II** adj **3.** Haushalts...: ~ **arts** Am. → housecraft; ~ **effects** Hausrat m; ~ **gods** a) antiq. Hausgötter (Laren u. Penaten), b) fig. liebgewordene Dinge, contp. Götzen (bes. im Haushalt), c) fig. heiliggehaltene Institutionen, Tugenden etc; ~ **linen** Haushaltswäsche f; ~ **remedy** Hausmittel n; ~ **soap** Haushaltsseife f, einfache Seife. **5.** all'täglich, Alltags...: **a** ~ **name** (od. **word**) ein (fester od. geläufiger) Begriff. '**house·hold·er** s **1.** Haushaltsvorstand m. **2.** Haus- od. Wohnungsinhaber m: **single**-~ Einpersonenhaushalt m.
'**house|-hunt** v/i auf Haussuche sein: **to go** ~**ing** auf Haussuche gehen. ~ **hunt·ing** s Haussuche f. '~-**hus·band** s bes. Am. Hausmann m. ~ **keep** v/i irr colloq. den Haushalt führen. '~-**keep·er** s **1.** Haushälterin f, Wirtschafterin f: **she is a good** ~ sie kann gut wirtschaften. **2.** Hausmeister(in). '~-**keep·ing** s **1.** Haushaltung f, Haushaltsführung f. **2.** a. ~ **money** Haushalts-, Wirtschaftsgeld n.
hou·sel [ˈhaʊzl] R.C. obs. **I** s heilige Kommuni'on. **II** v/t pret u. pp -**seled,** bes. Br. -**selled** j-m die Kommuni'on spenden.
'**house·leek** s bot. Hauslaub n, -wurz f.
'**house·less** adj **1.** obdachlos. **2.** ohne Häuser, unbewohnt: **a** ~ **desert.**
'**house|·lights** s pl thea. Beleuchtung f im Zuschauerraum. '~-**line** s mar. Hüsing f. '~-**maid** s Hausmädchen n, -angestellte f, -gehilfin f. '~-**maid's knee** s med. ‚Dienstmädchenknie' n (Schleimbeutelentzündung am Knie). '~-**man** [-mən] s bes. Br. Medizi'nalassi₁stent m. ~ **mar·tin** s **1.** martin 1. '~-**mas·ter** s ped. Lehrer, der für ein Wohngebäude (e-s Internats) zuständig ist. '~-**mate** s Hausgenosse m, -genossin f. '~-**moth·er** s Hausmutter f, Heimleiterin f (e-s Internats etc). **H**~ **of As·sem·bly** s pol. 'Unterhaus n (z. B. des südafrikanischen Parlaments). **H**~ **of Com·mons** s parl. 'Unterhaus n (in Großbritannien u. Kanada). **H**~ **of Del·e·gates** s parl. Abgeordnetenhaus n (in einigen Staaten der USA). **H**~ **of Keys** s parl. 'Unterhaus n (der Insel Man). **H**~ **of Lords** s parl. Oberhaus n (in GB). **H**~ **of Rep·re·sent·a·tives** s parl. Repräsen'tantenhaus n, Abgeordnetenhaus n ('Unterhaus des US-Kongresses etc). ~ **or·gan** s Hauszeitung f, Werk(s)zeitschrift f. ~ **paint·er** s Maler m, Anstreicher m. '~-**par·ents** s pl Hauseltern pl (e-s Internats etc). ~ **par·ty** s **1.** mehrtägige Party (bes. in e-m Landhaus). **2.** collect. (die dabei anwesenden) Gäste pl. '~₁**phone** s Am. 'Hausteleˌfon n. **phy·si·cian** s **1.** Hausarzt m (im Hotel etc). **2.** im Krankenhaus wohnender Arzt. ~ **plant** s bot. Zimmerpflanze f. '~-**proud** adj über'trieben ordentlich (Hausfrau): **to be** ~ e-n ‚Putzfimmel' haben. '~-**rais·ing** s Am. gemeinsamer Hausbau (durch mehrere Nachbarn).

'~-room s Haus-, Wohnraum m: to give s.o. ~ j-n (ins Haus) aufnehmen; he wouldn't give it ~ er nähme es nicht einmal geschenkt. ~ rules s pl Hausordnung f. ~ search s jur. Haussuchung f. '~-sitter s bes. Am. Haussitter(in). ~ sparrow s orn. Hausspatz m, -sperling m. ~-to-'house adj von Haus zu Haus: ~ collection Haussammlung f; ~ salesman a) Hausierer m, b) Vertreter m; ~ selling Verkauf m an der Haustür. '~-top s Dach n: to cry (od. proclaim, shout) from the ~s etwas öffentlich verkünden, etwas Vertrauliches ,an die große Glocke hängen'. '~-train v/t bes. Br. e-n Hund etc stubenrein machen: ~ed stubenrein. '~-warming (party) s Einzugsparty f (im neuen Haus).
house·wife ['haʊswaɪf] s irr 1. Hausfrau f. 2. ['hʌzɪf] bes. Br. 'Nähe,tui n, Nähzeug n. 'house,wife·ly adj Hausfrauen..., hausfraulich: ~ duties; ~ virtues. house·wif·er·y ['haʊs,wɪfəri; Am. 'haʊs,waɪfri:] a. 'hʌzɪfrɪ; Am. 'haʊs,waɪfri:] housekeeping I.
'house·work s Hausarbeit f.
hous·ing¹ ['haʊzɪŋ] s 1. 'Unterbringung f. 2. Obdach n, 'Unterkunft f. 3. a) Wohnung f: ~ association Br. Wohnungsgenossenschaft f; ~ density Wohndichte f; ~ development bes. Am., ~ estate Br. Wohnsiedlung f, ~ development scheme (od. plan) Br. Wohnungsbauprojekt n; ~ market Wohnungsmarkt m; ~ shortage Wohnungsnot f, -mangel m; ~ situation Lage f auf dem Wohnungsmarkt; ~ unit Wohneinheit f, b) collect. Häuser pl. 4. a) Wohnungsbeschaffung f, -wesen n, b) Wohnungsbau m: Minister of H~ and Local Government Br. Minister m für Wohnungsbau u. Kommunalverwaltung. 5. Wohnen n: ~ amenities Wohnkomfort m; ~ conditions Wohnverhältnisse. 6. econ. a) Lagerung f, b) Lagergeld n. 7. Nische f. 8. tech. a) Gehäuse n, b) Zimmerei: Nut f, c) Gerüst n, d) Achshalter m. 9. mar. Hüsing f.
hous·ing² ['haʊzɪŋ] s Satteldecke f.
hove [həʊv] pret. u. pp. von heave.
hov·el ['hɒvl; Am. 'hʌvəl] s 1. offener (bes. Vieh)Schuppen. 2. contp. ,Bruchbude' f, ,Loch' n. 3. tech. (kegelförmiger) Backsteinmantel (für Porzellanöfen). 'hov·el·er, bes. Br. 'hov·el·ler s mar. 1. Berger m. 2. Bergungsboot n.
hov·er ['hɒvə; Am. 'hʌvər] I v/i 1. schweben (a. fig.): he is ~ing between life and death; ~ing accent metr. schwebender Akzent. 2. sich her'umtreiben od. aufhalten (about in der Nähe von): a question ~ed on his lips ihm lag e-e Frage auf den Lippen. 3. schwanken, sich nicht entscheiden können: she was ~ing between her husband and her lover. II s 4. Schweben n. 5. Schwanken n. ~craft pl ~craft ['hɒvəkrɑːft; Am. 'hʌvər,kræft] s Hovercraft n, Luftkissenfahrzeug n. ~hawk → kestrel. '~-train s Hover-, A'erotrain m, Luftkissen-, Schwebezug m.
how [haʊ] I adv 1. (fragend) wie: ~ are you? wie geht es Ihnen?; ~ about ...? wie steht's mit ...?; ~ about a cup of tea? wie wäre es mit e-r Tasse Tee?; ~ do you know? woher wissen Sie das?; ~ much? wieviel?; ~ many? wieviel, wie viele?; ~ ever do you do it? wie machen Sie das nur?; ~ ever was I to know that? wie konnte ich das denn ahnen?; → be 7, 15, come Bes. Redew., do¹ 34, now Bes. Redew., so 4. 2. (ausrufend u. relativ) wie: ~ large it is! wie groß es ist!; ~ absurd! wie absurd!; he knows ~ to ride er kann reiten; I know ~ to do it ich weiß, wie man es macht; ~ they will stare! die werden vielleicht Augen machen!; and ~! bes. Am. colloq. und wie!; here's ~! colloq. auf Ihr Wohl!, prost!; → old 12. 3. wie teuer, zu welchem Preis: ~ do you sell your potatoes? II s 4. Wie n, Art f u. Weise f: the ~ and the why das Wie u. Warum.
how·be·it [ˌhaʊˈbiːɪt] obs. I adv nichtsdestoweniger. II conj ob'gleich.
how·dah ['haʊdə] s (meist überdachter) Sitz auf dem Rücken e-s Ele'fanten.
how-do-you-do [ˌhaʊdjʊˈduː; -djəˈduː] s: a fine (od. nice) ~ colloq. e-e schöne ,Bescherung'.
how·dy ['haʊdɪ] interj bes. Am. colloq. ,Tag!'
how-d'ye-do [ˌhaʊdjəˈduː; -djɪ; -dɪ] → how-do-you-do.
how·e'er [haʊˈeə(r)] poet. → however.
how·ev·er [haʊˈevə(r)] I adv 1. wie auch (immer), wenn auch noch so: ~ it (may) be wie dem auch sei; ~ you do it wie du es auch machst; ~ much we wish it wie sehr wir es auch wünschen. 2. colloq. wie (denn) nur: ~ did you manage that? II conj 3. dennoch, (je)doch, aber, in'des.
how·itz·er ['haʊɪtsə(r)] s mil. Hau'bitze f.
howl [haʊl] I v/i 1. heulen (Wölfe, Wind etc). 2. brüllen, schreien (in agony vor Schmerzen; with laughter vor Lachen). 3. colloq. ,heulen', weinen. 4. pfeifen (Radio, Wind etc). II v/t 5. brüllen, schreien: to ~ s.th. out etwas herausbrüllen od. -schreien; to ~ s.o. down j-n niederschreien od. -brüllen III s 6. Heulen n, Geheul n. 7. a) Schrei m: ~s of laughter brüllendes Gelächter, b) Brüllen n, Gebrüll n, Schreien n, Geschrei n. 8. Pfeifen n. 9. to be a ~ colloq. ,zum Schreien sein'. 'howl·er s zo. Brüllaffe m 2. colloq. grober ,Schnitzer'.
'howl·ing adj 1. heulend. 2. colloq. Mords..., Riesen...: a ~ success ein Bombenerfolg. ~ mon·key s zo. Brüllaffe m.
how·so·ev·er [ˌhaʊsəʊˈevə; Am. -səˈwevər] → however 1.
,how-to-'do-it book s Bastelbuch n.
hoy¹ [hɔɪ] s mar. Leichter m, Prahm m.
hoy² [hɔɪ] I interj 1. he! 2. mar. a'hoi! II s 3. He(ruf m) n.
hoy·a ['hɔɪə] s bot. Wachsblume f.
hoy·den ['hɔɪdn] s Range f, Wildfang m (Mädchen). 'hoy·den·ish adj wild, ausgelassen.
Hoyle [hɔɪl] npr: according to ~ genau nach den (Spiel)Regeln.
hub [hʌb] s 1. tech. (Rad)Nabe f. 2. fig. Zentrum n, Mittel-, Angelpunkt m: ~ of industry Industriezentrum; ~ of the universe Mittelpunkt od. Nabel der Welt; the H~ Am. (Spitzname für) Boston n. 3. tech. a) Pa'trize f (für Münzprägungen), b) Verbindungsstück n (von Röhren).
hub-a-hub-a [ˌhʌbəˈhʌbə] interj Am. sl. ,prima!', ,toll!'
Hub·bite ['hʌbaɪt] s Am. colloq. Bewohner(in) von Boston.
hub·ble-bub·ble ['hʌblˌbʌbl] s 1. a) Brodeln n, b) Gurgeln n. 2. → hubbub. 3. Wasserpfeife f.
Hub·ble('s) con·stant s astr. 'Hubble-Kon,stante f.
hub·bub ['hʌbʌb] s 1. Stimmengewirr n. 2. Tu'mult m.
hub·by ['hʌbɪ] s colloq. ,Männe' m, (Ehe-)Mann m.
'hub·cap s mot. Radkappe f.
hu·bris ['hjuːbrɪs] s Hybris f, Hochmut m, 'Selbstüber,hebung f. hu·bris·tic adj (adv ~ally) hochmütig, über'heblich.
huck·a·back ['hʌkəbæk], a. huck Gerstenkornleinen n, Drell m.
huck·le ['hʌkl] s 1. anat. Hüfte f. 2. Buckel m, Wulst m, f. '~·back s Buckel m, Höcker m.
'huck·le·ber·ry [-bəri; -brɪ] s bes. Am. -ˌberɪ] s bot. Amer. Heidelbeere f.
'huck·le·bone s anat. 1. Hüftknochen m. 2. (Fuß)Knöchel m.
huck·ster ['hʌkstə(r)] I s 1. → hawker². 2. j-d, der aggressive od. dubiose Verkaufsmethoden anwendet. 3. Rundfunk, TV: Am. Werbetexter m, contp. ,Re'klamefritze' m. II v/i 4. → haggle 1. III v/t 5. → hawk² 1. 6. a) mit aggres'siven od. dubi'osen Me'thoden Re'klame machen für, b) mit aggres'siven od. dubi'osen Me'thoden verkaufen. 'huck·ster·ism s aggres'sive od. dubi'ose Ver'kaufs- od. 'Werbeme,thoden pl.
hud·dle ['hʌdl] I v/t 1. a) meist ~ together (od. up) zs.-werfen, auf e-n Haufen werfen, b) meist ~ together (od. up) zs.-drängen, c) bes. Br. stopfen: he ~d his shirts into his suitcase. 2. to ~ o.s. (up) sich zs.-kauern: to be ~d (sich) kauern; ~d up zs.-gekauert. 3. to ~ o.s. (up) against (od. to) → 9. 4. meist ~ together (od. up) bes. Br. e-n Zeitungsartikel etc a) 'hinwerfen, b) ,zs.-stoppeln'. 5. ~ on a) sich ein Kleidungsstück 'überwerfen, b) schlüpfen in (acc). 6. fig. vertuschen. II v/i 7. (sich) kauern: to ~ up sich zs.-kauern. 8. meist ~ together (od. up) sich zs.-drängen. 9. to ~ (up) against (od. to) sich kuscheln od. schmiegen an (acc). III s 10. a) (wirrer) Haufen, b) Wirrwarr m, Durchein'ander n: in a ~ auf e-m Haufen, dicht zs.-gedrängt. 11. to go into a ~ colloq. die Köpfe zs.-stecken, ,Kriegsrat' halten; to go into a ~ with s.o. sich mit j-m beraten; he went into a ~ (with himself) er ging mit sich zu Rate.
Hu·di·bras·tic [ˌhjuːdɪˈbræstɪk] adj (adv ~ally) komisch-he'roisch.
hue¹ [hjuː] s 1. Farbe f. 2. (Farb)Ton m, Tönung f, (a. fig.) Färbung f, Schat'tierung f: political parties of all ~s; the sky darkened in ~ der Himmel nahm e-e dunklere Färbung an.
hue² [hjuː] s Geschrei n: ~ and cry a) obs. (mit Geschrei verbundene) Verfolgung e-s Verbrechers, b) fig. großes Geschrei; to raise a ~ and cry against lautstark protestieren gegen, e-n Proteststurm entfachen gegen.
hued [hjuːd] adj obs. od. poet. bes. in Zssgn gefärbt, farbig: golden-~ goldfarben.
huff [hʌf] I v/t 1. a) ärgern, b) verstimmen: easily ~ed übelnehmerisch. 2. obs. a) j-n grob anfahren, b) tyranni'sieren, ,piesacken': to ~ s.o. into s.th. j-n zu etwas zwingen. 3. Damespiel: e-n Stein wegnehmen. II v/i 4. a) sich ärgern, b) ,einschnappen'. 5. a. ~ and puff a) schnaufen, pusten, b) (vor Wut) schnauben, c) fig. sich aufblähen. III s 6. a) Verärgerung f, Ärger m, b) Verstimmung f: to be in a ~ verärgert sein; verstimmt od. ,eingeschnappt' sein; to go into a ~ → 4.
huff·i·ness ['hʌfɪnɪs] s 1. übelnehmerisches Wesen. 2. a) Verärgerung f, b) Verstimmung f. 'huff·ish adj (adv ~ly), 'huff·y adj (adv huffily) 1. übelnehmerisch. 2. a) verärgert, b) verstimmt, ,eingeschnappt'.
hug [hʌɡ] I v/t 1. um'armen, (a. ~ to one) an sich drücken. 2. ~ o.s. fig. sich beglückwünschen (on, over zu). 3. um'fassen, um'klammern: to ~ the ball sport sich nicht vom Ball trennen können, sich zu spät vom Ball trennen. 4. fig. (zäh) festhalten an (dat): to ~ an opinion. 5. sich dicht halten an (acc): to ~ the coast (the side of the road) sich nahe an der

Küste (am Straßenrand) halten; **the car ~s the road well** *mot.* der Wagen hat e-e gute Straßenlage. **II** *v/i* **6.** ein'ander *od.* sich um'armen. **III** *s* **7.** Um'armung *f*: **to give s. o. a ~** j-n umarmen.
huge [hju:dʒ] *adj* riesig, riesengroß, gewaltig, mächtig (*alle a. fig.*). **'huge‧ly** *adv* ungeheuer, ungemein, gewaltig. **'huge‧ness** *s* ungeheure *od.* gewaltige Größe, Riesenhaftigkeit *f*.
huge‧ous ['hju:dʒəs] *obs. für* huge.
hug‧ger‧mug‧ger ['hʌgə(r)ˌmʌgə(r)] **I** *s* **1.** „Kuddelmuddel" *m, n,* Durchein'ander *n*. **2.** Heimlichtue'rei *f*. **II** *adj u. adv obs.* **3.** heimlich, verstohlen. **4.** unordentlich. **III** *v/t* **5.** *obs.* vertuschen, -bergen. **IV** *v/i* **6.** *obs.* heimlichtun, Geheimnisse haben.
'hug‧me‧tight *s* Strickweste *f* (*für Damen*).
Hu‧gue‧not ['hju:gənɒt; -nəʊ; *Am.* ˌnɑt] *s hist.* Huge'notte *m*, Huge'nottin *f*, **Huguenot'ic** [-'nɒtɪk; *Am.* -'nɑ-] *adj* huge'nottisch.
huh [hʌ] *interj* **1.** (*fragend, erstaunt*) was? **2.** *iro.* haha!
hu‧la ['hu:lə] **I** *s* Hula *f, a. m* (*Tanz der Eingeborenen auf Hawaii*): **to do the ~** → **II.** **II** *v/i* Hula tanzen. **~ hoop** *s* Hula-Hoop(-Reifen) *m*. ˌ**~'hu‧la** → hula **I**. **~ skirt** *s* Bastrock *m*.
hulk [hʌlk] **I** *s* **1.** *mar.* Hulk *f, m.* **2.** Ko'loß *m*: a) Gebilde von gewaltigem Ausmaß, b) sperriges *od.* klotziges *od.* unhandliches Ding, c) ungeschlachter Kerl, schwerfälliger Riese: **a ~ of a man** ein Koloß von e-m Mann. **II** *v/i* **3.** *oft* **~ up** sich auftürmen, aufragen. **4.** *Br. colloq.* mit schweren Schritten gehen. **'hulk‧ing**, **'hulk‧y** *adj* **1.** sperrig, klotzig, unhandlich. **2.** ungeschlacht, schwerfällig.
hull¹ [hʌl] **I** *s bot.* **1.** Schale *f*, Hülle *f* (*beide a. weitS.*), Hülse *f*. **2.** Außenkelch *m*. **II** *v/t* **3.** schälen, enthülsen: **~ed barley** Graupen *pl*.
hull² [hʌl] **I** *s* **1.** *mar.* Rumpf *m*, Schiffskasko *m*, -körper *m*: **~ insurance** (Schiffs-, *a.* Flugzeug)Kaskoversicherung *f*; **~ down** a) weit entfernt (*Schiff*), b) *mil.* in verdeckter Stellung (*Panzer*). **2.** *aer.* a) Rumpf *m* (*e-s Flugboots*), b) Rumpf *m*, Hülle *f* (*e-s Starrluftschiffs*). **3.** *mil.* (Panzer)Wanne *f*. **II** *v/t* **4.** *mar.* den Rumpf treffen *od.* durch'schießen.
hul‧la‧ba(l)‧loo [ˌhʌləbə'lu:] *s* Lärm *m*, Getöse *n*.
hull‧er ['hʌlə(r)] *s agr.* 'Schälmaˌschine *f*.
hul‧lo [hə'ləʊ; hʌ'ləʊ] → hello.
hum¹ [hʌm] **I** *v/i* **1.** summen (*Bienen, Draht, Geschoß, Person etc*): **my head is ~ming** mir brummt der Kopf. **2.** *electr.* brummen. **3. to ~ and haw** a) ‚herumdrucksen', nicht recht mit der Sprache herauswollen, b) unschlüssig sein, (hin u. her) schwanken. **4.** *a.* **to ~ with activity** *colloq.* voller Leben *od.* Aktivi'tät sein: **to make things ~** die Sache in Schwung bringen, ‚Leben in die Bude bringen'; **things are starting to ~** allmählich kommt Schwung in die Sache *od.* ‚Leben in die Bude'. **5.** *colloq.* stinken. **II** *v/t* **6.** ein Lied summen. **III** *s* **7.** Summen *n*. **8.** *electr.* Brummen *n*: **~ frequency** Brummfrequenz *f*. **9.** Hm *n*: **~s and ha's** verlegenes Geräusper. **10.** *colloq.* Gestank *m*. **IV** *interj* **11.** hm!
hum² [hʌm] *colloq.* → humbug.
hu‧man ['hju:mən] **I** *adj* (*adv* → **humanly**) **1.** menschlich, Menschen...: **I am only ~** ich bin auch nur ein Mensch; **that's only ~** das ist doch menschlich; **~ being** Mensch *m*; **~ chain** Menschenkette *f*; **~ counter** Human counter *m* (*der Strahlenschutzüberwachung dienendes Meßgerät zur Bestimmung der vom menschlichen Körper aufgenommenen u. wieder abgegebenen Strahlung*); **~ dignity** Menschenwürde *f*; **~ interest** (*das*) menschlich Ansprechende, (*der*) menschliche Aspekt; **~-interest story** ergreifende *od.* ein menschliches Schicksal behandelnde Geschichte; **~ medicine** Humanmedizin *f*; **~ nature** menschliche Natur; **~ race** Menschengeschlecht *n*; **~ relations** zwischenmenschliche Beziehungen, (*econ.* innerbetriebliche) Kontaktpflege; **~ rights** Menschenrechte; **~ touch** menschliche Note; → err 1. **2.** → humane 1. **II** *s* **3.** Mensch *m*.
hu‧mane [hju:'meɪn] *adj* **1.** hu'man, menschlich: **~ killer** Mittel zum schmerzlosen Töten von Tieren; **~ society** Gesellschaft zur Verhinderung von Grausamkeiten an Tieren. **2.** → humanistic 1. **hu'mane‧ness** *s* Humani'tät *f*, Menschlichkeit *f*.
hu‧man‧ism ['hju:mənɪzəm] *s* **1.** *oft* H~ Huma'nismus *m*: a) (*auf das Bildungsideal der griechisch-römischen Antike gegründetes*) Denken u. Handeln im Bewußtsein der Würde des Menschen, b) literarische u. philologische Neuentdeckung u. Wiederentdeckung der antiken Kultur, ihrer Sprachen, Kunst u. Geisteshaltung vom 13. bis 16. Jh. **2.** a) → humaneness, b) → humanitarianism. **'hu‧man‧ist** *s* **1.** Huma'nist(in). **2.** → humanitarian **II**. **II** *adj* → humanistic. ˌ**hu‧man'is‧tic** *adj* (*adv* ~ally) **1.** huma'nistisch: **~ education. 2.** a) → humane 1, b) → humanitarian **I**.
hu‧man‧i‧tar‧i‧an [hju:ˌmænɪ'teərɪən] **I** *adj* humani'tär, menschenfreundlich, Humanitäts... **II** *s* Menschenfreund *m*. **hu‧manˌi‧tar‧i‧an‧ism** *s* Menschenfreundlichkeit *f*, humani'täre Gesinnung.
hu‧man‧i‧ty [hju:'mænətɪ] *s* **1.** die Menschheit, das Menschengeschlecht, die Menschen *pl*, der Mensch. **2.** Menschsein *n*, menschliche Na'tur. **3.** Humani'tät *f*, Menschlichkeit *f*. **4.** *pl* a) klassische Litera'tur (*Latein u. Griechisch*), b) 'Altphiloloˌgie *f*, c) Geisteswissenschaften *pl*.
hu‧man‧i‧za‧tion [ˌhju:mənər'zeɪʃn; *Am.* -nə'z-] *s* **1.** Humani'sierung *f*. **2.** Vermenschlichung *f*, Personifikati'on *f*, Personifi'zierung *f*. **'hu‧man‧ize** *v/t* **1.** humani'sieren, hu'maner *od.* menschenwürdiger gestalten. **2.** vermenschlichen, personifi'zieren.
hu‧man‧kind [ˌhju:mən'kaɪnd; '-kaɪnd] → humanity 1.
'hu‧man‧ly *adv* **1.** menschlich. **2.** nach menschlichen Begriffen: **~ possible** menschenmöglich; **to do everything ~ possible** alles menschenmögliche *od.* sein menschenmöglichstes tun; **it is not ~ possible** es ist einfach unmöglich; **~ speaking** menschlich gesehen. **3.** hu'man, menschlich.
hum‧ble ['hʌmbl; *Am. a.* 'ʌmbl] **I** *adj* (*adv* **humbly**) bescheiden: a) demütig: **in my ~ opinion** m-r unmaßgeblichen Meinung nach; **Your ~ servant** *obs.* Ihr ergebener Diener; **to eat ~ pie** *fig.* klein beigeben, zu Kreuze kriechen; → self 1, b) anspruchslos, einfach, c) niedrig, dürftig, ärmlich: **of ~ birth** von niedriger Geburt. **II** *v/t* demütigen, erniedrigen.
'hum‧ble‧bee → bumblebee.
'hum‧ble‧ness *s* Demut *f*, Bescheidenheit *f*.
hum‧bug ['hʌmbʌg] **I** *s* **1.** „Humbug" *m*: a) Schwindel *m*, Betrug *m*, b) Unsinn *m*, dummes Zeug, ‚Mumpitz' *m*. **2.** Schwindler(in), Betrüger(in), *bes.* Hochstapler(in). **3.** *Br.* 'Pfefferminzbonˌbon *m, n*. **II** *v/t* **4.** beschwindeln, betrügen (**out of** um): **to ~ s. o. into doing s. th.** j-n dazu ˌkriegen', etwas zu tun. **'humˌbug‧ger‧y** [-ərɪ] → humbug I a.
hum‧ding‧er [ˌhʌm'dɪŋə(r)] *s bes. Am. colloq.* **1.** „Mordskerl" *m*, ‚toller' Bursche. **2.** ‚tolles Ding': **a ~ of a party** e-e ‚klasse' Party.
hum‧drum ['hʌmdrʌm] **I** *adj* **1.** eintönig, langweilig, fad. **II** *s* **2.** Langweiligkeit *f*, Eintönigkeit *f*. **3.** a) langweilige *od.* eintönige Arbeit, b) Langweiler *m*, fader Kerl. **'hum‧drum‧ness** → humdrum 2.
hu‧mec‧tant [hju:'mektənt] *s chem.* Feuchthaltemittel *n*, Feuchthalter *m*.
hu‧mer‧al ['hju:mərəl] *adj anat.* **1.** hume'ral, Oberarmknochen... **2.** Schulter...
hu‧mer‧us ['hju:mərəs] *pl* **-mer‧i** [-raɪ] *s anat.* Humerus *m*, Oberarmknochen *m*.
hu‧mic ['hju:mɪk] *adj* Humus...: **~ acid** *chem.* Humin-, Humussäure *f*.
hu‧mid ['hju:mɪd] *adj* feucht, *geogr. a.* hu'mid. **hu'mid‧i‧fi‧er** [-dɪfaɪə(r)] *s tech.* (Luft)Befeuchter *m*. **hu'mid‧i‧fy** [-faɪ] *v/t* befeuchten. **hu'mid‧i‧stat** [-dɪstæt] *s tech.* Feuchtigkeitsregler *m*. **hu'mid‧i‧ty** *s* Feuchtigkeit(sgehalt *m*) *f*: **~ of the air** Luftfeuchtigkeit.
hu‧mi‧dor ['hju:mɪdɔ:(r)] *s* Feuchthaltebehälter *m* (*für Zigarren etc*).
hu‧mil‧i‧ate [hju:'mɪlɪeɪt] *v/t* demütigen, erniedrigen. **hu'mil‧i‧at‧ing** *adj* (*adv* ~ly) erniedrigend, demütigend. **huˌmil‧i'a‧tion** *s* Erniedrigung *f*, Demütigung *f*. **hu'mil‧i‧a‧to‧ry** [-ɪətərɪ; *Am.* -lɪəˌtɔ:rɪ:; -ˌtɔ:rɪ] → humiliating.
hu‧mil‧i‧ty [hju:'mɪlətɪ] → humbleness.
Hum‧ism ['hju:mɪzəm] *s philos.* Humesche Philoso'phie.
hum‧mer ['hʌmə(r)] *s* **1.** → hummingbird. **2.** → humdinger.
hum‧ming ['hʌmɪŋ] *adj* **1.** summend. **2.** *electr.* brummend. **3.** *colloq.* a) geschäftig, b) lebhaft, schwungvoll: **~ trade** schwunghafter Handel. **'~‧bird** *s orn.* Kolibri *m*. **'~‧bird moth** *s zo. Am.* Schwärmer *m*. **~ top** *s* Brummkreisel *m*.
hum‧mock ['hʌmək] *s* **1.** Hügel *m*. **2.** Eishügel *m*. **3.** → hammock².
hu‧mor, *bes. Br.* **hu‧mour** ['hju:mə(r); *Am. a.* 'ju:-] **I** *s* **1.** Gemütsart *f*, Tempera'ment *n*. **2.** (Gemüts)Verfassung *f*, Stimmung *f*, Laune *f*: **in a good (in a bad** *od.* **in an ill) ~** (bei) guter (schlechter) Laune; **out of ~** schlecht gelaunt; **in the ~ for s. th.** zu etwas aufgelegt; **when the ~ takes him** wenn ihn die Lust dazu packt. **3.** Komik *f*, (*das*) Komische: **the ~ of the situation. 4.** Hu'mor *m*: **sense of ~** (Sinn *m* für) Humor. **5.** *pl* Verrücktheiten *pl*. **6.** Spaß *m*, Scherz *m*. **7.** *physiol.* a) Körpersaft *m*, -flüssigkeit *f*, b) *obs.* Körpersaft *m*: **the cardinal ~s** die Hauptsäfte des Körpers (*Blut, Schleim, Galle, schwarze Galle*). **8.** *pl obs.* feuchte Dämpfe *pl*. **II** *v/t* **9.** a) j-m s-n Willen tun *od.* lassen, b) j-n *od.* etwas ˌhinnehmen, mit Geduld ertragen. **10.** sich anpassen (*dat od.* an *acc*).
'hu‧mor‧al *adj physiol.* humo'ral: a) die Körperflüssigkeiten betreffend, b) auf dem Weg über die Körperflüssigkeiten übertragen: **~ pathology** Humoralpathologie *f* (*bes. in der Antike ausgebildete Lehre von den Körpersäften, deren richtige Mischung Gesundheit, deren Ungleichgewicht dagegen Krankheit bedeutete*).
hu‧mor‧esque [ˌhju:mə'resk; *Am. a.* ˌju:-] *s mus.* Humo'reske *f*.
hu‧mor‧ist ['hju:mərɪst; *Am. a.* 'ju:-] *s* **1.** Humo'rist(in). **2.** Spaßvogel *m*. ˌ**hu‧mor'is‧tic** *adj* (*adv* ~ally) humo'ristisch.

'hu·mor·less, bes. Br. 'hu·mour·less adj hu'morlos.

hu·mor·ous ['hju:mərəs; Am. a. 'ju:-] adj (adv ~ly) hu'morvoll, hu'morig, komisch: ~ paper Witzblatt n. 'hu·mor·ous·ness s hu'morvolle Art, (das) Hu'morvolle, Komik f.

hu·mour, hu·mour·less bes. Br. für humor, humorless.

hu·mous ['hju:məs] adj Humus...

hump [hʌmp] I s 1. Buckel m, (e-s Kamels) Höcker m. 2. (kleiner) Hügel: to be over the ~ fig. über den Berg sein. 3. rail. Ablaufberg m. 4. Br. colloq. a) Trübsinn m, b) ‚Stinklaune' f: that gives me the ~ dabei werde ich trübsinnig, ‚das fällt mir auf den Wecker'. 5. Am. sl. Tempo n: to get a ~ on a) ‚auf die Tube drücken', b) → 8. II v/t 6. oft ~ up (zu e-m Buckel) krümmen: to ~ one's back e-n Buckel machen. 7. bes. Br. colloq. a) auf den Rücken od. auf die Schulter nehmen, b) tragen. 8. ~ it, ~ o.s. Am. sl. sich mächtig ins Zeug legen, ‚sich ranhalten'. 9. Br. colloq. a) j-n trübsinnig machen, b) j-m ‚auf den Wecker fallen'. 10. vulg. ‚bumsen' (Geschlechtsverkehr haben mit). III v/i 11. sich buckelartig erheben. 12. Am. sl. → 8. 13. Am. sl. rasen, sausen. '~back s 1. Buckel m. 2. Buck(e)lige(r m) f. 3. zo. Buckelwal m. 4. ichth. (ein) Lachs m. '~backed adj buck(e)lig.

humped [hʌmpt] adj buck(e)lig.

humph [hʌmf; hmm] I interj hm! II v/i ‚hm' machen.

hump·ty ['hʌmptɪ] s Br. Puff m, (rundes) Sitzpolster. ~-'dump·ty [-'dʌmptɪ] s 1. bes. Br. Dickerchen n. 2. fig. (etwas) Zerbrechliches (was nicht wiederhergestellt werden kann).

hump·y ['hʌmpɪ] adj 1. buck(e)lig. 2. Br. colloq. a) trübsinnig, b) verärgert.

hu·mus ['hju:məs] s Humus m.

Hun [hʌn] s 1. Hunne m, Hunnin f. 2. fig. Wan'dale m, Bar'bar m. 3. colloq. contp. Deutsche(r) m.

hunch [hʌntʃ] I s 1. → hump 1. 2. dickes Stück. 3. Ahnung f, Gefühl n: to have a ~ that das Gefühl od. den Verdacht haben, daß. II v/t 4. a. ~ up → hump 6: to ~ one's shoulders die Schultern hochziehen; he ~ed his shoulders over his book er beugte sich über sein Buch. III v/i 5. a. ~ up sich (zs.-)krümmen, b) (sich) kauern. 6. → humpback 1, 2. '~backed → humpbacked.

hun·dred ['hʌndrəd; Am. a. -dərd] I adj 1. hundert: a (od. one) ~ (ein)hundert; several ~ men mehrere hundert Mann. 2. oft a and one hundertlei, zahllose. II s 3. Hundert f (Einheit): ~s and ~s Hunderte u. aber Hunderte; by the ~, by ~s hundertweise, immer hundert auf einmal; several ~ mehrere Hundert; ~s of thousands Hunderttausende; ~s of times hundertmal; a great (od. long) ~ hundertzwanzig. 4. Hundert f (Zahl). 5. math. Hunderter m. 6. Br. hist. Hundertschaft f, Bezirk m (Teil e-r Grafschaft). 7. Am. hist. Bezirk m, Kreis m (nur noch in Delaware). 8. ~s and thousands gastr. Liebesperlen. '~fold I adj u. adv hundertfach. II s (das) Hundertfache. ~-per'cent adj u. adv hundertpro,zentig. ~-per'cent·er s pol. Am. Hur'rapatri,ot m. ~-per'cent·ism s pol. Am. Hur'rapatriotismus m.

hun·dredth ['hʌndrədθ; -drətθ] I adj 1. hundertst(er, e, es). 2. hundertstel. II s 3. (der, die, das) Hundertste. 4. Hundertstel n.

'hun·dred·weight s: a) short ~ (in USA) 100 lbs. = 45,36 kg, b) long ~ (in GB) 112 lbs. = 50,80 kg, c) a. metric ~ Zentner m.

hung [hʌŋ] pret u. pp von hang: ~ jury → hang 14.

Hun·gar·i·an [hʌŋ'geərɪən] I adj 1. ungarisch. II s 2. Ungar(in). 3. ling. Ungarisch n, das Ungarische.

hun·ger ['hʌŋgə(r)] I s 1. Hunger m: ~ is the best sauce Hunger ist der beste Koch. 2. fig. Hunger m, (heftiges) Verlangen, Durst m (for, after nach): ~ for knowledge Wissensdurst. II v/i 3. Hunger haben. 4. fig. hungern (for, after nach): to ~ for news sehnsüchtig auf Nachricht warten. III v/t 5. a) hungern lassen, b) bes. mil. aushungern. 6. durch Hunger zwingen (into zu). ~ march s Hungermarsch m. ~ strike s Hungerstreik m.

hun·gry ['hʌŋgrɪ] adj (adv hungrily) 1. hungrig: to be (od. feel) ~ hungrig sein, Hunger haben; to go ~ hungern; (as) ~ as a hunter (od. bear) hungrig wie ein Wolf; the H~ Forties hist. die Hungerjahre (1840 bis 1846 in England). 2. fig. hungrig (for nach): ~ for knowledge wissensdurstig; ~ for love liebeshungrig. 3. agr. mager, karg (Boden). 4. gardening is ~ work Gartenarbeit macht hungrig.

hunk¹ [hʌŋk] s 1. großes Stück. 2. a. ~ of a man bes. Am. colloq. ein ‚sexy' Mann.

hunk² [hʌŋk] adj Am. colloq. 1. → hunky-dory. 2. quitt: to get ~ on s.o. mit j-m quitt werden od. abrechnen.

hunk·er ['hʌŋkə(r)] s Am. sl. Konserva'tive(r) m.

hunk·ers ['hʌŋkə(r)z] → haunch 2.

hunk·ie → hunky.

hunks [hʌŋks] pl hunks s 1. mürrischer alter Kerl. 2. Geizhals m.

hunk·y ['hʌŋkɪ] s Am. sl. contp. Arbeiter mittel- od. osteuropäischer Abstammung. hunk·y-do·ry [,hʌŋkɪ'dɔ:rɪ] adj bes. Am. colloq. ‚in Butter', bestens.

Hun·nish ['hʌnɪʃ] adj 1. hunnisch. 2. fig. bar'barisch. 3. colloq. contp. deutsch.

hunt [hʌnt] I s 1. Jagd f, Jagen n: the ~ is up (od. on) die Jagd hat begonnen (a. fig.). 2. 'Jagd(gebiet n, -re,vier n) f. 3. Jagd(gesellschaft) f. 4. fig. Jagd f: a) Verfolgung f, b) Suche f (for, after nach): to be on the ~ for auf der Jagd sein nach. 5. sport Aufjagdfahrt f. 6. tech. Flattern n, ‚Tanzen' n (von Reglern etc). II v/t 7. (a. fig. j-n) jagen, Jagd machen auf (acc), hetzen: to ~ death zu Tode hetzen; to ~ down erlegen, zur Strecke bringen (a. fig.); ~ the slipper (thimble) Pantoffel-(Fingerhut)suchen n (Kinderspiel); a ~ed look ein gehetzter Blick. 8. j-n od. e-e Spur verfolgen. 9. jagen, treiben: to ~ away (od. off) wegjagen, vertreiben; to ~ out hinausjagen, vertreiben (of aus). 10. oft ~ out (od. up) a) her'aussuchen, b) Nachforschungen anstellen über (acc), c) aufstöbern, -spüren. 11. Revier durch'jagen, -'stöbern, -'suchen (a. fig.) (nach). 12. jagen mit (Pferd, Hunden etc). 13. Radar, TV: abtasten. III v/i 14. jagen: to go ~ing auf die Jagd gehen; to ~ for Jagd machen auf (acc) (a. fig.). 15. (after, for) a) suchen (nach), b) fig. jagen, streben (nach). 16. tech. flattern, ‚tanzen' (Regler etc).

'hunt·er s 1. Jäger m (a. zo. u. fig.). ~'s moon Vollmond m nach dem harvest moon. 2. Jagdhund m od. -pferd n. 3. Sprungdeckeluhr f. 4. a. ~ green Jagdgrün n. ~-'kill·er sat·el·lite s mil. 'Killersatel,lit m.

'hunt·ing I s 1. Jagd f, Jagen n. 2. → hunt 4. 3. tech. a) → hunt 6, b) Pendelschwingung f (Radar), c) TV Abtastvorrichtung f. II adj 4. Jagd... ~ box s Jagdhütte f. ~ case s Sprungdeckelgehäuse n (Uhr). ~ cat → cheetah. ~ crop s Jagdpeitsche f. ~ ground s 'Jagdre,vier n, -gebiet n (a. fig.): the happy ~ die ewigen Jagdgründe; a happy ~ fig. ein beliebtes od. einträgliches Jagdrevier (for für). ~ horn s Jagdhorn n. ~ knife s irr Jagdmesser n. ~ leop·ard → cheetah. ~ li·cence, Am. ~ li·cense s Jagdschein m. ~ lodge s Jagdhütte f. ~ ri·fle s Jagdgewehr n. ~ scene s paint. Jagdszene f, -stück n. ~ sea·son s Jagdzeit f. ~ seat s Jagdsitz m, -schlößchen n. ~ watch → hunter 3.

hunt·ress ['hʌntrɪs] s Jägerin f.

hunts·man ['hʌntsmən] s irr 1. Jäger m, Weidmann m. 2. Rüdemeister m. 'hunts·man·ship s Jäge'rei f, Jagdwesen n, Weidwerk n.

hunt's-up [,hʌnts'ʌp] s 1. Aufbruch m zur Jagd (Jagdsignal). 2. Weckruf m.

hur·dle ['hɜ:dl; Am. 'hɜrdl] I s 1. a) Leichtathletik: Hürde f, (Hindernislauf) Hindernis n (beide a. fig.), b) Pferdesport: Hindernis n: to pass the last ~ fig. die letzte Hürde nehmen. 2. Hürde f, (Weiden-, Draht)Geflecht n (für Zäune etc). 3. tech. a) Fa'schine f, b) Bergbau: Gitter n, Rätter m. II v/t 4. a. ~ off mit Hürden um'geben, um'zäunen. 5. ein Hindernis über'springen. 6. fig. e-e Schwierigkeit etc über'winden. III v/i 7. a) Leichtathletik: e-n Hürden- od. Hindernislauf bestreiten, b) Pferdesport: ein Hindernisrennen bestreiten. 'hur·dler s 1. Hürdenmacher m. 2. Leichtathletik: a) Hürdenläufer(in), b) Hindernisläufer m.

hur·dle race s 1. Leichtathletik: a) Hürdenlauf m, b) Hindernislauf m. 2. Pferdesport: Hindernisrennen n.

hurds [hɜ:dz; Am. hɜrdz] s pl Werg n.

hur·dy-gur·dy ['hɜ:dɪ,gɜ:dɪ; Am. ,hɜrdɪ'gɜrdɪ] s mus. 1. hist. Drehleier f. 2. Leierkasten m.

hurl [hɜ:l; Am. hɜrl] I v/t 1. schleudern (a. fig.): to ~ down zu Boden schleudern; to ~ o.s. sich stürzen (on auf acc); to ~ abuse at s.o. j-m Beleidigungen ins Gesicht schleudern; to ~ invectives Beschimpfungen ausstoßen. II v/i 2. sport Hurling spielen. 3. → pitch² 20 a, b. III s 4. Schleudern n. 5. Hurling: Stock m, Schläger m. 'hurl·er s 1. sport Hurlingspieler(in). 2. → pitcher¹ 1. 'hurl·ey [-lɪ] s sport 1. → hurling. 2. a. ~ stick Hurlingstock m, -schläger m. 'hurl·ing s sport Hurling(spiel) n (ein dem Hockey ähnliches altes irisches Schlagballspiel).

hurl·y ['hɜ:lɪ; Am. 'hɜrlɪ] → hurly-burly I. ~-burl·y ['hɜ:lɪ,bɜ:lɪ; Am. ,hɜrlɪ'bɜrlɪ] I s Tu'mult m, Aufruhr m, Wirrwarr m. II adj u. adv tu'multartig, turbu'lent.

hur·rah [hʊ'rɑ:; Am. a. hʊ'rɔ:] I interj hur'ra!: ~ for ...! hoch ...!, es lebe ...!, ein Hoch (dat)! II s Hur'ra(ruf m) n: to win ~s begeistert aufgenommen werden (from von) (Platte etc); last ~ Am. fig. letzter Versuch od. Anlauf. III v/t mit Hur'ra empfangen, j-n hochleben lassen, j-m zujubeln. IV v/i Hur'ra rufen.

hur·ray [hʊ'reɪ] → hurrah.

hur·ri·cane ['hʌrɪkən; -keɪn; Am. bes. 'hɜrəkeɪn] s a) Hurrikan m, Wirbelsturm m, b) Or'kan m, fig. a. Sturm m: to rise to a ~ zum Orkan anschwellen; emotional ~s Orkane od. Stürme der Leidenschaft. ~ deck s mar. Sturmdeck n. ~ lamp s 'Sturmla,terne f. ~ roof s für hurricane deck.

hur·ried ['hʌrɪd; Am. bes. 'hɜrɪd] adj (adv ~ly) eilig, hastig, schnell, über'eilt: to write a few ~ lines hastig ein paar Zeilen schreiben; to shoot ~ly sport überhastet schießen. 'hur·ri·er s 1. An-

treiber *m.* **2.** *Bergbau: Br.* Fördermann *m.*
hur·ry ['hʌrɪ; *Am. bes.* 'hɜrɪ:] I *s* **1.** Hast *f*, Eile *f*: to be in a ~ es eilig haben (to do s.th. etwas zu tun), in Eile sein; to be in no ~ es nicht eilig haben (to do no ~ to do s.th. a) nicht darauf erpicht sein, etwas Eiliges b) etwas nicht tun wollen; I am in no ~ for you to do it es eilt mir nicht, daß du es tust; laß dir ruhig Zeit damit; to do s.th. in a ~ eilig *od.* hastig tun, sich keine Zeit mit etwas lassen; I need it in a ~ ich brauche es schnell *od.* dringend; in my ~ I left my umbrella at home vor lauter Eile vergaß ich m-n Schirm zu Hause; in my ~ to catch the train I ... ich hatte es so eilig, den Zug zu erreichen, daß ich ...; you will not beat that in a ~ *colloq.* das machst du nicht so schnell *od.* so leicht nach; in the ~ of business im Drang der Geschäfte; there is no ~ es eilt keine Eile, es eilt nicht. **2.** Hetze *f*, ‚Wirbel' *m*: the ~ of daily life. **3.** *mus.* (Trommel*etc*)Wirbel *m.* II *v/t* **4.** schnell *od.* eilig befördern *od.* bringen: to ~ through e-e *Gesetzesvorlage etc* ‚durchpeitschen'. **5.** *oft* ~ up a) *j-n* antreiben, hetzen, b) *etwas* beschleunigen: to ~ one's pace *s-n* Schritt beschleunigen. **6.** *etwas* über'eilen. III *v/i* **7.** eilen, hasten: to ~ away (*od.* off) wegeilen; to ~ over s.th. etwas flüchtig *od.* hastig erledigen. **8.** *oft* ~ up sich beeilen: ~ up! (mach) schnell! ~–'scur·ry, ~–'skur·ry [-'skʌrɪ; *Am. bes.* -'skɜrɪ:] → helter-skelter. '~–ˌup *adj Am.* **1.** eilig: ~ job; ~ call Notruf *m.* **2.** hastig: ~ breakfast.
hurst [hɜːst; *Am.* hɜrst] *s* **1.** (*obs. außer in Ortsnamen*) Forst *m*, Hain *m.* **2.** *obs.* Sandbank *f.* **3.** *obs.* bewaldeter Hügel.
hurt[1] [hɜːt; *Am.* hɜrt] I *v/t pret u. pp* **hurt 1.** verletzen, -wunden (*beide a. fig.*): to ~ s.o.'s feelings; to feel ~ gekränkt sein; to be ~ angeschlagen sein (*Boxer*); → fly[2] **1. 2.** schmerzen, *j-m* weh tun (*beide a. fig.*): the wound still ~s me; it ~s her to think of it. **3.** schädigen, schaden (*dat*), Schaden zufügen (*dat*): it won't ~ you to miss breakfast for once *colloq.* du wirst nicht gleich verhungern, wenn du einmal nicht frühstückst. **4.** *etwas* beschädigen. II *v/i* **5.** schmerzen, weh tun (*beide a. fig.*): she kicked the attackers where it ~s most. **6.** Schaden anrichten, schaden: that won't ~ das schadet nichts. **7.** *colloq.* Schmerzen haben, *a. fig.* leiden (from an *dat*). III *s* **8.** Schmerz *m* (*a. fig.*). **9.** Verletzung *f*, Wunde *f*. **10.** Kränkung *f.* **11.** Schaden *m*, Nachteil *m* (to für).
hurt[2] [hɜːt; *Am.* hɜrt] *s her.* blauer Kreis (*im Schilde*).
'**hurt·ful** *adj* (*adv* ~ly) **1.** verletzend: ~ remarks. **2.** schmerzlich: a ~ sight. **3.** schädlich, nachteilig (to für): ~ to the health gesundheitsschädlich.
hur·tle [hɜːtl; *Am.* hɜrtl] I *v/i* **1.** *obs.* (against) zs.-prallen (mit), prallen *od.* krachen (gegen). **2.** sausen, rasen, wirbeln, stürzen. **3.** rasseln, prasseln, poltern. II *v/t* **4.** schleudern, wirbeln, werfen.
hus·band ['hʌzbənd] I *s* **1.** Ehemann *m*, Gatte *m*, Gemahl *m*: ~ and wife Mann u. Frau; my ~ mein Mann. **2.** *obs.* a) Hauswirt *m*, b) Verwalter *m.* **3.** *a. ship's* ~ *mar.* Mitreeder *m.* II *v/t* **4.** haushälterisch *od.* sparsam 'umgehen mit, haushalten mit. **5.** *obs.* a) *e-n* Mann heiraten, b) *ein* Mädchen verheiraten. **6.** *obs. a) Land* bebauen, b) *Pflanzen* anbauen. '**hus·band·less** *adj* ohne Ehemann, unverheiratet. '**hus·band·man** [-mən] *s irr obs.* Bauer *m.* '**hus·band·ry** [-rɪ] *s* **1.** *agr.* Landwirtschaft *f.* **2.** *fig.*

Haushalten *n*, sparsamer 'Umgang (of mit).
hush [hʌʃ] I *interj* **1.** still!, pst!, scht! II *v/t* **2.** zum Schweigen *od.* zur Ruhe bringen. **3.** besänftigen, beruhigen. **4.** *meist* ~ up vertuschen. III *v/i* **5.** still werden, verstummen. IV *s* **6.** Stille *f*, Ruhe *f*, Schweigen *n*: policy of ~ (Politik *f* der) Geheimhaltung *f.*
hush·a·by ['hʌʃəbaɪ] I *interj* eiapo'peia! II *s* Wiegenlied *n.*
'**hush**|-**hush** *colloq.* I *v/t* **1.** zur Geheimhaltung verpflichten. **2.** vertuschen. II *adj* [*a.* ˌ-'hʌʃ] **3.** geheim, Geheim..., vertraulich. III *s* **4.** Geheimhaltung *f.* ~ **mon·ey** *s* Schweigegeld *n.*
husk [hʌsk] I *s* **1.** *bot.* a) Hülse *f*, Schale *f*, Schote *f*, b) *Am. bes.* Maishülse *f.* **2.** *fig.* (leere) Schale. **3.** *tech.* Rahmen *m*, Bügel *m.* **4.** *Am. sl.* Kerl *m.* II *v/t* **5.** enthülsen, schälen. **6.** *etwas* mit heiserer *od.* rauher Stimme sagen *od.* singen. III *v/i* **7.** heiser *od.* rauh werden (*Stimme*). '**husk·er** *s* **1.** Enthülser(in). **2.** 'Schälmaˌschine *f.* '**husk·i·ly** *adv* mit heiserer *od.* rauher Stimme. '**husk·i·ness** *s* Heiserkeit *f*, Rauheit *f* (*der Stimme*). '**husk·ing** *s* **1.** Enthülsen *n*, Schälen *n.* **2.** *a.* ~ bee *Am.* geselliges Maisschälen.
husk·y[1] ['hʌskɪ] I *adj* (*adv* → huskily) **1.** hülsig. **2.** ausgedörrt. **3.** heiser, rauh (*Stimme*). **4.** *colloq.* stämmig, kräftig. II *s* **5.** *colloq.* stämmiger Kerl.
hus·ky[2] ['hʌskɪ] *s zo.* Husky *m*, Eskimohund *m.*
hus·sar [hʊ'zɑː; *Am.* hə'zɑːr] *s mil. hist.* Hu'sar *m.*
Huss·ite ['hʌsaɪt] *s relig. hist.* Hus'sit *m.*
hus·sy ['hʌsɪ; -zɪ] *s* **1.** Fratz *m*, Göre *f.* **2.** ‚leichtes Mädchen', ‚Flittchen' *n.*
hus·tings ['hʌstɪŋz] *s pl* **1.** (*als sg konstruiert*) *Br. hist.* Podium, auf dem die Parlamentskandidaten nominiert wurden u. von dem aus sie zu den Wählern sprachen. **2.** (*a. als sg konstruiert*) a) Wahlkampf *m*, b) Wahl(en *pl*) *f.*
hus·tle ['hʌsl] I *v/t* **1.** *a.* stoßen, drängen, b) (an)rempeln. **2.** a) hetzen, (an)treiben, b) drängen (into doing s.th. etwas zu tun). **3.** (*in aller Eile*) wohin bringen *od.* schaffen *od.* schicken: she ~d her children off to school sie ‚verfrachtete' ihre Kinder in die Schule. **4.** sich beeilen mit. **5.** schütteln. **6.** ~ up *bes. Am. colloq.* (schnell) zs.-basteln *od.* machen, ‚herzaubern'. **7.** *bes. Am. colloq.* a) *etwas* ‚ergattern', b) (sich) *etwas* ergaunern, j-n betrügen (out of um). II *v/i* **8.** sich drängen. **9.** hasten, hetzen. **10.** sich beeilen. **11.** *bes. Am. colloq.* ‚mit *od.* unter Hochdruck' arbeiten, ‚wühlen'. **12.** *bes. Am. colloq.* a) betteln, b) ‚klauen', stehlen, c) betrügen, d) auf Freierfang sein (*Prostituierte*). III *s* **13.** *meist* ~ and bustle a) Gedränge *n*, b) Gehetze *n*, c) ‚Betrieb' *m*, ‚Wirbel' *m.* **14.** *bes. Am. colloq.* Gaune'rei *f*, Betrug *m.* '**hus·tler** *s bes. Am. colloq.* **1.** ‚Wühler' *m.* **2.** a) Gauner *m*, Betrüger *m*, b) ‚Nutte' *f* (*Prostituierte*).
hut [hʌt] I *s* **1.** Hütte *f*: ~ circle (*prähistorischer*) Steinring. **2.** *mil.* Ba'racke *f.* **3.** *Austral.* Arbeiterhaus *n* (*bes. für Schafscherer*). II *v/t u. v/i* **4.** in Ba'racken *od.* Hütten 'unterbringen (hausen): ~ted camp Barackenlager *n.*
hutch [hʌtʃ] I *s* **1.** Kiste *f*, Kasten *m.* **2.** (kleiner) Stall, Verschlag *m*, Käfig *m.* **3.** Trog *m.* **4.** *Am.* (kleiner) Geschirrschrank. **5.** *colloq. contp.* ‚Hütte' *f.* **6.** *Bergbau:* a) Schachtfördergefäß *n*, b) Hund *m*, c) Setzfaß *n.* II *v/t* **7.** *Erz* in e-m Sieb waschen.
hut·ment ['hʌtmənt] *s mil.* **1.** 'Unterbringung *f* in Ba'racken. **2.** Ba'rackenlager *n.*

hutz·pa(h) → chutzpa(h).
huz·za [hʊ'zɑː; *bes. Am.* hə'zɑː] *obs.* → hurrah.
hy·a·cinth ['haɪəsɪnθ] *s* **1.** *bot.* Hya'zinthe *f.* **2.** *min.* Hya'zinth *m.* **3.** Hya'zinthrot *n.* **4.** *her.* Pome'ranzengelb *n.*
Hy·a·des ['haɪədiːz], '**Hy·ads** [-ædz] *s pl astr.* Hy'aden *pl.*
hy·ae·na → hyena.
hy·a·lin ['haɪəlɪn] *s med.* Hya'lin *n* (*aus Geweben umgewandelte glasige Eiweißmasse*). '**hy·a·line** ['haɪəlɪn; -laɪn] I *adj* **1.** hya'lin: a) *anat. med.* glasig, glasartig: ~ cartilage Hyalinknorpel *m*, b) *geol.* glasig erstarrt. **2.** *obs.* 'durchsichtig. II *s* **3.** → hyalin. **4.** *obs.* etwas Durchsichtiges, *z. B.* das ruhige Meer.
hy·a·lite ['haɪəlaɪt] *s min.* Hya'lit *m*, 'Glasoˌpal *m.*
hy·a·loid ['haɪəlɔɪd] *adj anat. med.* hyalo'id, glasartig: ~ membrane Glashaut *f* (*des Auges*).
hy·brid ['haɪbrɪd] I *s* **1.** *biol.* Hy'bride *f*, *m*, Bastard *m*, Mischling *m*, Kreuzung *f.* **2.** *ling.* hy'bride Bildung, Mischwort *n.* II *adj* **3.** hy'brid: a) *biol.* mischerbig, Misch..., Bastard..., Zwitter..., b) *fig.* ungleichartig, gemischt. ~ **com·put·er** *s tech.* Hy'bridrechner *m.*
hy·brid·ism ['haɪbrɪdɪzəm] *s* **1.** → hybridity. **2.** *biol.* Hybridi'sierung *f*, Kreuzung *f*, Bastar'dierung *f.* **hy'brid·i·ty** *s* Mischbildung *f.* ˌ**hy·brid·i'za·tion** → hybridism **2.** '**hy·brid·ize** I *v/t* hybridi'sieren, bastar'dieren, kreuzen. II *v/i* sich kreuzen.
Hy·dra ['haɪdrə] *pl* **-dras**, **-drae** [-driː] *s* **1.** Hydra *f*: a) *vielköpfige Schlange*, b) *astr.* Wasserschlange *f.* **2.** h~ *fig.* Hydra *f* (*kaum auszurottendes Übel*). **3.** h~ *zo.* Hydra *f*, 'Süßwasserpoˌlyp *m.*
hy·drac·id [haɪ'dræsɪd] *s chem.* Wasserstoffsäure *f.*
hy·dran·gea [haɪ'dreɪndʒə] *s bot.* Hor'tensie *f.*
hy·drant ['haɪdrənt] *s* Hy'drant *m.*
hy·drar·gy·rism [haɪ'drɑː(r)dʒɪrɪzəm] *s med.* Hydrargy'rose *f*, Quecksilbervergiftung *f.* **hy'drar·gy·rum** [-dʒɪrəm] *s chem.* Hy'drargyrum *n*, Quecksilber *n.*
hy·drate ['haɪdreɪt] *chem.* I *s* Hy'drat *n.* II *v/t* hydrati'sieren. '**hy·drat·ed** *adj chem. min.* mit Wasser chemisch verbunden, hy'drathaltig. **hy'dra·tion** *s chem.* Hydrati'on *f.*
hy·drau·lic [haɪ'drɔːlɪk] I *adj* (*adv* ~ly) *phys. tech.* hy'draulisch: a) (Druck-)Wasser...: ~ clutch (jack, press) hydraulische Kupplung (Winde, Presse); ~ power Wasserkraft *f*; ~ pressure Wasserdruck *m*, b) unter Wasser erhärtend: ~ cement (*od.* mortar) hydraulischer Mörtel, (Unter)Wassermörtel *m.* II *s pl* (*als sg konstruiert*) *phys.* Hy'draulik *f* (*Theorie u. Wissenschaft von den Strömungen der Flüssigkeiten*). III *v/t pret u. pp* -licked *Bergbau:* hy'draulisch abbauen, druckstrahlbaggern. ~ **brake** *s tech.* hy'draulische Bremse, Flüssigkeitsbremse *f.* ~ **dock** *s mar.* Schwimmdock *n.* ~ **en·gi·neer** *s* 'Wasserbauingeˌnieur *m.* ~ **en·gi·neer·ing** *s tech.* Wasserbau *m.* ~ **min·ing** *s Bergbau:* hy'draulischer Abbau. ~ **or·gan** *s mus.* Wasserorgel *f.*
hy·dra·zo·ic [ˌhaɪdrə'zəʊɪk] *adj chem.* Stickstoffwasserstoff...: ~ acid.
hy·dric ['haɪdrɪk] *adj chem.* Wasserstoff...: ~ oxide Wasser *n.*
hy·dride ['haɪdraɪd] *s chem.* Hy'drid *n.*
hy·dri·od·ic ac·id [ˌhaɪdrɪ'ɒdɪk; *Am.* -'ɑd-] *s chem.* Jodwasserstoffsäure *f.*
hy·dro ['haɪdrəʊ] *pl* **-dros** *s* **1.** *aer. colloq. für* hydroplane **1. 2.** *med. Br. colloq.* a) hydro'pathischer Kurort, b)

hydro- – hygroscope

Ho'tel mit hydro'pathischen Einrichtungen.
hydro- [haɪdrəʊ] *Wortelement mit der Bedeutung* Wasser...
ˌhy·dro-'air·plane *Am.* → **hydroplane** 1.
'hy·dro·bomb *s mil.* 'Lufttor pedo *m*.
ˌhy·dro·bi'ol·o·gy *s* Hydrobiolo'gie *f (Teilgebiet der Biologie, das sich mit den im Wasser lebenden Organismen beschäftigt)*.
ˌhy·dro'bro·mic ac·id [-ˈbrəʊmɪk] *s chem.* Bromwasserstoffsäure *f*.
ˌhy·dro'car·bon [-ˈkɑː(r)bən] *s chem.* Kohlenwasserstoff *m*.
'hy·dro·cele [-siːl] *s med.* Hydro'zele *f*, (Hoden)Wasserbruch *m*.
ˌhy·dro'cel·lu·lose *s chem.* 'Hydrozellu lose *f*.
ˌhy·dro·ce'phal·ic [-seˈfælɪk; *Am.* -sə-], ˌhy·dro'ceph·a·lous [-ˈsefələs] *adj* mit e-m Wasserkopf. ˌhy·dro'ceph·a·lus [-ləs] *s med.* Hydro'zephalus *m*, Wasserkopf *m*.
ˌhy·dro'chlo·ric [-ˈklɒrɪk; *Am.* -ˈklɔː-; -ˈkləʊ-] *adj chem.* salzsauer: ~ **acid** Salzsäure *f*, Chlorwasserstoff *m*.
ˌhy·dro·cy'an·ic [-saɪˈænɪk] *adj chem.* blausauer: ~ **acid** Blausäure *f*, Zyanwasserstoffsäure *f*.
ˌhy·dro'cy·a·nide [-ˈsaɪənaɪd] *s chem.* zy'anwasserstoffsaures Salz.
ˌhy·dro·dy'nam·ic *phys.* I *adj (adv* ~**ally**) hydrody'namisch. II *s pl (meist als sg konstruiert)* Hydrody'namik *f (Wissenschaft von den Bewegungsgesetzen der Flüssigkeiten)*.
ˌhy·dro·e'lec·tric *adj tech.* hydroe'lektrisch: ~ **power station** Wasserkraftwerk *n*.
ˌhy·dro·ex'trac·tor [-ɪkˈstræktə(r)] *s tech.* 'Trockenzentri fuge *f*, Schleudertrockner *m*, Trockenschleuder *f*.
ˌhy·dro·flu'or·ic *adj chem.* flußsauer: ~ **acid** Flußsäure *f*.
hy·dro·foil [ˈhaɪdrəʊfɔɪl] *s aer. mar.* a) Tragflächen-, Tragflügelboot *n*, b) Tragfläche *f*, -flügel *m*.
hy·dro·gen [ˈhaɪdrədʒən] *s chem.* Wasserstoff *m*. **hy·dro·gen·ate** [ˈhaɪdrədʒɪneɪt; *Br. a.* haɪˈdrɒ-; *Am. a.* haɪˈdrɑ-] *v/t chem.* 1. hy'drieren. 2. *Öle, Fette* härten. **hy·dro·gen'a·tion** *s chem.* Hy'drierung *f*.
hy·dro·gen bomb *s mil.* Wasserstoffbombe *f*. ~ **i·on** *s chem.* (positives) 'Wasserstoffi on.
hy·dro·gen·ize [ˈhaɪdrədʒɪnaɪz; *Br. a.* haɪˈdrɒ-; *Am. a.* haɪˈdrɑ-] → **hydrogenate**. **hy'drog·e·nous** [-ˈdrɒdʒɪnəs; *Am.* -ˈdrɑ-] *adj chem.* wasserstoffhaltig, -stoff...
hy·dro·gen per·ox·ide *s chem.* Wasserstoff supero xid *n*. ~ **sul·phide** *s chem.* Schwefel wasserstoff *m*.
ˌhy·dro'graph·ic *adj (adv* ~**ally**) hydro'graphisch: ~ **map** a) hydrographische Karte, b) *mar.* Seekarte *f*; ~ **office** (*od.* **department**) Seewarte *f*.
hy·drog·ra·phy [haɪˈdrɒgrəfɪ; *Am.* -ˈdrɑ-] *s* 1. Hydrogra'phie *f*, Gewässerkunde *f*. 2. Gewässer *pl (e-r Landkarte)*.
hy·dro·log·ic [ˌhaɪdrəˈlɒdʒɪk; *Am.* -ˈlɑ-] *adj*; ˌhy·dro'log·i·cal [-kl] *adj (adv* ~**ly**) hydro'logisch. **hy'drol·o·gy** [-ˈdrɒlədʒɪ; *Am.* -ˈdrɑ-] *s* Hydrolo'gie *f (Lehre, die sich mit den Eigenschaften u. Gesetzen der ober- u. unterirdischen sowie der stehenden u. fließenden Gewässer beschäftigt)*.
hy·drol·y·sis [haɪˈdrɒlɪsɪs; *Am.* -ˈdrɑ-] *pl* **-ses** [-siːz] *s chem.* Hydro'lyse *f (Spaltung chemischer Verbindungen durch Wasser, meist unter Mitwirkung e-s Katalysators od. Enzyms)*. 'hy·dro·lyte [-drəlaɪt] *s*

Hydro'lyt *m*. ˌhy·dro'lyt·ic [-ˈlɪtɪk] *adj* hydro'lytisch. 'hy·dro·lyze [-laɪz] *v/t u. v/i* hydroly'sieren.
hy·dro·man·cy [ˈhaɪdrəʊmænsɪ] *s* Hydroman'tie *f (Wahrsagen aus der Bewegung des Wassers od. aus Spiegelungen auf der Wasseroberfläche)*.
ˌhy·dro·me'chan·i·cal *adj phys.* hydrome'chanisch. ˌhy·dro·me'chan·ics *s pl (meist als sg konstruiert)* Hydrome'chanik *f (Lehre von den bewegten u. unbewegten Flüssigkeiten)*.
hy·dro·mel [ˈhaɪdrəʊmel] *s* Honigwasser *n*: **vinous** ~ Met *m*.
ˌhy·dro·met'al·lur·gy *s tech.* Hydrometallur'gie *f (Metallgewinnung aus wäßrigen Metallösungen)*.
ˌhy·dro·me·te·or'ol·o·gy *s* Hydrometeorolo'gie *f (Teilgebiet der Meteorologie, das sich mit dem Verhalten des Wasserdampfs u. s-r Kondensationsprodukte befaßt)*.
hy·drom·e·ter [haɪˈdrɒmɪtə; *Am.* -ˈdrɑmətər] *s phys.* Hydro'meter *n (Gerät zur Messung der Geschwindigkeit fließenden Wassers, des spezifischen Gewichts von Wasser etc)*. ˌhy·dro'met·ric [-drəʊˈmetrɪk] *adj*; ˌhy·dro'met·ri·cal *adj (adv* ~**ly**) hydro'metrisch. **hy·'drom·e·try** [-trɪ] *s* Hydrome'trie *f (Messung an Gewässern mit Hilfe des Hydrometers)*.
hy·dro·path [ˈhaɪdrəʊpæθ] *s med.* Hydro'path *m (j-d, der Patienten mit Hilfe der Hydropathie behandelt)*. ˌhy·dro'path·ic, ˌhy·dro'path·i·cal *adj (adv* ~**ly**) hydro'pathisch. **hy'drop·a·thist** [-ˈdrɒpəθɪst; *Am.* -ˈdrɑ-] → **hydropath**. **hy'drop·a·thy** *s* Hydropa'thie *f (Lehre von der Heilbehandlung durch Anwendung von Wasser)*.
hy·dro·pho·bi·a [ˌhaɪdrəʊˈfəʊbjə; -bɪə] *s* 1. *med. vet.* a) Hydropho'bie *f (Wasserscheu als Symptom bei Tollwut)*, b) Tollwut *f*. 2. *psych.* Hydropho'bie *f (krankhafte Furcht vor {tiefem} Wasser)*.
hy·dro·phone [ˈhaɪdrəfəʊn] *s tech.* Hydro'phon *n*: a) 'Unterwasserhorchgerät *n*, b) *Gerät zum Überprüfen des Wasserdurchflusses durch Röhren*, c) *Verstärkungsgerät für Auskultation*.
hy·dro·phyte [ˈhaɪdrəʊfaɪt] *s bot.* Hydro'phyt *m*, Wasserpflanze *f*.
hy·drop·ic [haɪˈdrɒpɪk; *Am.* -ˈdrɑ-] *adj (adv* ~**ally**) *med.* hy'dropisch, wassersüchtig.
hy·dro·plane [ˈhaɪdrəʊpleɪn] I *s* 1. *aer.* a) Wasserflugzeug *n*, b) Gleitfläche *f (e-s Wasserflugzeugs)*. 2. *mar.* Gleitboot *n*. 3. *mar.* Tiefenruder *n (e-s U-Boots)*. II *v/i Am.* → **aquaplane** 3. 'hy·dro planing *Am.* → **aquaplaning** 2.
hy·dro·pon·ic [ˌhaɪdrəʊˈpɒnɪk; *Am.* -ˈpɑ-] *adj (adv* ~**ally**) hydro'ponisch. II *s pl (als sg konstruiert)* Hydro'ponik *f*, 'Hydrokul tur *f (Anbau ohne Erde in Nährlösungen)*.
'hy·dro power *s* Wasserkraft *f (für Energiezwecke)*.
hy·drops [ˈhaɪdrɒps; *Am.* -ˌdrɑps], 'hy·drop·sy [-sɪ] *s med.* Hydrops *m*, Hydrop'sie *f*, Wassersucht *f*.
hy·dro·qui·none [ˌhaɪdrəʊkwɪˈnəʊn], *a.* ˌhy·dro'quin·ol [-ˈkwɪnɒl; -nəʊl] *s chem. phot.* Hydrochi'non *n (als fotografischer Entwickler verwendete organische Verbindung)*.
ˌhy·dro'rub·ber *s chem.* Hydrokautschuk *m*.
'hy·dro·salt *s chem.* 1. saures Salz. 2. wassersaltiges Salz.
hy·dro·scope [ˈhaɪdrəskəʊp] *s tech.* Unter wassersichtgerät *n*. ˌhy·dro'scop·ic [-ˈskɒpɪk; *Am.* -ˈska-] *adj* hydro'skopisch.

'hy·dro skim·mer *s Am.* Luftkissenboot *n*.
'hy·dro sphere *s geol.* Hydro'sphäre *f (die Wasserhülle der Erde)*.
hy·dro·stat [ˈhaɪdrəʊstæt] *s tech.* Feuchtigkeitsregler *m*. ˌhy·dro'stat·ic *phys.* I *adj (adv* ~**ally**) hydro'statisch: ~ **pressure**; ~ **balance** hydrostatische Waage; ~ **press** hydraulische Presse. II *s pl (als sg konstruiert)* Hydro'statik *f (Lehre von den ruhenden Flüssigkeiten u. dem Gleichgewicht ihrer Kräfte)*.
hy·dro·sul·fate, hy·dro·sul·fide, *etc* → **hydrosulphate, hydrosulphide,** *etc*.
hy·dro·sul·phate [ˌhaɪdrəʊˈsʌlfeɪt] *s chem.* Hydro'gensul fat *n*, 'Bisul fat *n*.
ˌhy·dro'sul·phide [-faɪd] *s chem.* Hydrosul'fid *n*. ˌhy·dro'sul·phite [-faɪt] *s chem.* 1. Hydrosul'fit *n*. 2. 'Natriumhydrosul fit *n*.
ˌhy·dro·tel'lu·ric ac·id *s chem.* Tellur'wasserstoffsäure *f*.
'hy·dro ther·a'peu·tic *med.* I *adj (adv* ~**ally**) hydrothera'peutisch. II *s pl (als sg konstruiert)* Hydrothera'pie *f (Lehre von der Heilbehandlung durch Anwendung von Wasser)*. ˌhy·dro'ther·a·pist *s* Hydrothera'peut *m*. ˌhy·dro'ther·a·py *s* Hydrothera'pie *f (Heilbehandlung durch Anwendung von Wasser in Form von Bädern, Güssen etc)*.
hy·drous [ˈhaɪdrəs] *adj bes. chem.* wasserhaltig.
hy·drox·ide [haɪˈdrɒksaɪd; *Am.* -ˈdrɑk-] *s* Hydro'xid *n*: ~ **of sodium** Ätznatron *n*. **hy·drox·y** [haɪˈdrɒksɪ; *Am.* -ˈdrɑk-] *adj chem.* Hydroxyl...: ~ **acid**; ~ **aldehyde** Oxyaldehyd *n*. **hy'drox·yl** [-sɪl] *s chem.* Hydro'xyl *n*.
ˌhy·dro·zinc·ite [ˌhaɪdrəʊˈzɪŋkaɪt] *s min.* Hydrozin'kit *m*, Zinkblüte *f*.
hy·e·na [haɪˈiːnə] *s zo.* Hy'äne *f (a. fig.)*: **brown (spotted, striped)** ~ Schabracken-(Flecken-, Streifen)hyäne; ~ **dog** Hyänenhund *m*.
hy·e·to·graph [ˈhaɪɪtəgrɑːf; *bes. Am.* -græf] *s* 1. *geogr.* Regenkarte *f*. 2. *Meteorologie*: Hyeto'graph *m*, Regenschreiber *m*. **hy·e·tog·ra·phy** [ˌhaɪɪˈtɒgrəfɪ; *Am.* -ˈtɑ-] *s Meteorologie*: Hyetogra'phie *f (Messung der Niederschläge u. Beschreibung ihrer Verteilung)*. ˌhy·e'tom·e·ter [-ˈtɒmɪtə; *Am.* -ˈtɑmətər] *s Meteorologie*: Hyeto'meter *n*, Regenmesser *m*.
hy·giene [ˈhaɪdʒiːn] *s med.* 1. Hygi'ene *f*, Gesundheitspflege *f*: → **dental** 1, **industrial** 4, **mental**[2] 2, **personal** 3, **sex** 6, **tropical**[1] 1. 2. → **hygienic** II. **hy·gien·ic** [haɪˈdʒiːnɪk; *Am. a.* -ˈdʒɪenɪk; -ˈdʒen-] I *adj (adv* ~**ally**) hygi'enisch. II *s pl (als sg konstruiert) med.* Hygi'ene *f*, Gesundheitslehre *f*. **hy·gien·ist** [ˈhaɪdʒiːnɪst; *Am. a.* haɪˈdʒiː-; haɪˈdʒe-] *s med.* Hygi'eniker(in).
hy·gro·graph [ˈhaɪgrəgrɑːf; *bes. Am.* -græf] *s Meteorologie*: Hygro'graph *m (Gerät zur Aufzeichnung der Luftfeuchtigkeit)*.
hy·grom·e·ter [haɪˈgrɒmɪtə; *Am.* -ˈgrɑmətər] *s Meteorologie*: Hygro'meter *n*, Luftfeuchtigkeitsmesser *m*. **hy·gro·met·ric** [ˌhaɪgrəʊˈmetrɪk] *adj (adv* ~**ally**) hygro'metrisch. **hy·grom·e·try** [-trɪ] *s* Hygrome'trie *f*, Luftfeuchtigkeitsmessung *f*.
hy·gro·phyte [ˈhaɪgrəfaɪt] *s bot.* Hygro'phyt *m (an Standorten mit gleichbleibend hoher Boden- u. Luftfeuchtigkeit wachsende Pflanze mit großem Wasserverbrauch)*.
hy·gro·scope [ˈhaɪgrəskəʊp] *s Meteorologie*: Hygro'skop *n (Gerät zur ungefähren Anzeige von Veränderungen der Luftfeuchtigkeit, meist mit robusten Meß-*

hygroscopic – hypnotism

elementen). ˌhy·gro'scop·ic [-'skɒpɪk; Am. -'skɑ-] adj (adv ~ally) chem. hygro'skopisch (Wasser od. [Luft]Feuchtigkeit anziehend od. aufnehmend).
hy·le ['haɪli:] s philos. Hyle f, Stoff m, Sub'stanz f. 'hy·lic adj hylisch, körperlich, stofflich.
hy·men[1] ['haɪmen; Am. -mən] s anat. Hymen n, Jungfernhäutchen n.
Hy·men[2] ['haɪmen; Am. -mən] s myth. Hymen m, Gott m der Ehe.
hy·me·ne·al [ˌhaɪmeˈniːəl; Am. -məˈn-] I adj bes. poet. hochzeitlich, Hochzeits... II s Hochzeitslied n.
hy·me·nop·ter·an [ˌhaɪmɪˈnɒptərən; Am. -məˈnɑp-] pl -ter·ans, -ter·a [-rə], ˌhyˈme'nop·ter·on pl -ter·ons, -ter·a s zo. Hautflügler m. ˌhy·me·'nop·ter·ous adj zu den Hautflüglern gehörig.
hymn [hɪm] I s 1. Hymne f, Loblied n, -gesang m. 2. Kirchenlied n, Cho'ral m. II v/t 3. bes. relig. (lob)preisen. III v/i 4. Hymnen singen. 'hym·nal [-nəl] I adj hymnisch, Hymnen... II s relig. Gesangbuch n. 'hymn·book → hymnal II. 'hym·nic [-nɪk] adj hymnenartig.
hym·no·dist ['hɪmnəʊdɪst] s Hym'node m, (bes. altgriechischer) Hymnensänger od. -dichter. 'hym·no·dy s 1. Hymnensingen n. 2. Hymno'die f, Hymnendichtung f. 3. collect. Hymnen pl. hym'nog·ra·pher [-'nɒgrəfə(r); Am. -'nɑ-] s (bes. altgriechischer) Hymnenschreiber. hym'nol·o·gist [-'nɒlədʒɪst; Am. -'nɑ-] s 1. Hymno'loge m. 2. → hymnodist. hym'nol·o·gy s 1. Hymnolo'gie f: a) Wissenschaft von den Hymnen, b) Wissenschaft von den Kirchenliedern. 2. → hymnody.
hy·oid (bone) ['haɪɔɪd] s anat. Zungenbein n.
hy·os·cine ['haɪəʊsiːn] s chem. Hyos'cin n.
hyp·aes·the·si·a [ˌhɪpiːsˈθiːzɪə; ˌhaɪp-; Am. -esˈθiːʒə] s med. bes. Br. Hypästhe'sie f (verminderte Empfindlichkeit, bes. gegen Berührung).
hy·pal·la·ge [haɪˈpælədʒiː; -lədʒɪ; Am. a. hɪ-] s rhet. Hyp'allage f (Veränderung der Beziehungen von Wörtern zueinander; Veränderung u. Vertauschung von Satzteilen).
hy·pan·thi·um [haɪˈpænθɪəm] pl -thi·a [-θɪə] s bot. Blütenbecher m.
hype[1] [haɪp] sl. I s 1. Spritze f unter die Haut. 2. Rauschgiftige(r m) f. II v/i 3. meist ~ up ,sich e-n Schuß setzen od. drücken'. III v/t 4. to be ~d up ,high' sein: a) im Drogenrausch sein, b) in euphorischer Stimmung sein.
hype[2] [haɪp] sl. I s 1. 'Täuschungsmaˌnöver n, (a. Reˈklame)Trick m: to work a ~ on → 3. 2. Täuscher(in). II v/t 3. j-n austricksen.
hyper- [haɪpə(r)] Wortelement mit den Bedeutungen: hyper..., Hyper....: a) über..., b) höher, größer (als normal), c) übermäßig, d) übertrieben, e) math. bes. vierdimensional.
ˌhy·per·a'cid·i·ty s med. Hyperazidi'tät f, Über'säuerung f (des Magensafts).
hy·per·ae·mi·a [ˌhaɪpəˈriːmɪə] s med. bes. Br. Hyperä'mie f (vermehrte Ansammlung von Blut in Organen od. Körperabschnitten). ˌhy·per'ae·mic adj hyper'ämisch.
hy·per·aes·the·si·a [ˌhaɪpəriːsˈθiːzɪə; Am. -esˈθiːʒə] s med. bes. Br. Hyperästhe'sie f (gesteigerte Empfindlichkeit für Berührungsreize). ˌhy·per·aesˈthet·ic [-ˈθetɪk] adj hyperäs'thetisch.
hy·per·al·ge·si·a [ˌhaɪpərælˈdʒiːzɪə; -sɪə; Am. a. -ʒə] s med. Hyperalge'sie f (Überempfindlichkeit gegenüber Schmer-

zen). ˌhy·per·al'ge·sic adj med. hyperal'getisch.
hy·per·ba·ton [haɪˈpɜːbətɒn; Am. -ˈpɜːbəˌtɑn] pl -tons, -ta [-tə] s rhet. Hy'perbaton n (Trennung syntaktisch zs.-gehörender Wörter durch eingeschobene Satzteile).
hy·per·bo·la [haɪˈpɜːbələ; Am. -ˈpɜːr-] pl -las, -lae [-liː] s math. Hy'perbel f (Kegelschnitt, geometrischer Ort aller Punkte, die von zwei festen Punkten gleichbleibende Differenz der Entfernung haben).
hy·per·bo·le [haɪˈpɜːbəlɪ; Am. -ˈpɜːr-] s rhet. Hy'perbel f, (im wörtlichen Sinne oft unglaubwürdige) Über'treibung.
hy·per·bol·ic [ˌhaɪpə(r)ˈbɒlɪk; Am. -ˈbɑ-] adj; ˌhy·per'bol·i·cal [-kl] adj (adv ~ly) math. rhet. hyper'bolisch.
hy·per·bo·lism [haɪˈpɜːbəlɪzəm; Am. -ˈpɜːr-] → hyperbole. hy'per·bo·lize v/t etwas durch e-e Hy'perbel ausdrücken.
hy·per·bo·loid [haɪˈpɜːbəlɔɪd; Am. -ˈpɜːr-] s math. Hyperbolo'id n (Körper, der durch Drehung e-r Hyperbel um ihre Achse entsteht).
Hy·per·bo·re·an [ˌhaɪpə(r)bɔːˈriːən; bes. Am. -pə(r)bəˈriːən] I s 1. myth. Hyperbo'reer m. II adj 2. myth. hyperbo'reisch. 3. meist h~ obs. hyperbo'reisch, im hohen Norden gelegen od. wohnend.
ˌhy·per·corˈrect adj ˈhyperkorˌrekt (a. ling.). ˌhy·per·corˈrec·tion s ling. 'hyperkorˌrekter Ausdruck. ˌhy·per·corˈrect·ness s 'Hyperkor,rektheit f.
ˌhy·perˈcrit·ic s 'überstrenger Kritiker. ˌhy·perˈcrit·i·cal adj (adv ~ly) hyperkritisch.
hy·per·du·li·a [ˌhaɪpə(r)djuːˈlaɪə; Am. a. -duː-] s R.C. Hyperdu'lie f (besondere Verehrung Marias als Gottesmutter).
hy·per·e·mi·a, hy·per·e·mic Am. für hyperaemia, hyperaemic.
hy·per·es·the·si·a, hy·per·es·thet·ic Am. für hyperaesthesia, hyperaesthetic.
hy·per·gly·c(a)e·mi·a [ˌhaɪpə(r)glaɪˈsiːmɪə] s med. Hyperglykä'mie f (Erhöhung des Blutzuckergehaltes).
hy·per·gol·ic [ˌhaɪpə(r)ˈgɒlɪk; Am. -ˈgɑ-] adj chem. hyper'golisch (spontan u. unter Flammenbildung miteinander reagierend): ~ rocket fuel.
hy·per·in·su·lin·ism [ˌhaɪpəˈrɪnsjʊlɪnɪzəm; Am. -sələ-] s med. Hyperinsuli'nismus m (erhöhte Bildung von Insulin in der Bauchspeicheldrüse u. dadurch bedingte Senkung des Blutzuckers).
ˈhy·perˌker·a'to·sis s med. Hyperkera'tose f (auf vermehrter Hornbildung od. mangelhafter Abstoßung verhornter Zellen beruhende Verdickung der Hornschicht der Haut).
ˈhy·perˌmar·ket s Br. Groß-, Verbrauchermarkt m.
hy·per·me·ter [haɪˈpɜːmɪtə; Am. -ˈpɜːrmətər] s metr. Hy'permetron n, Hy'permeter m (Vers mit überzähliger Schlußsilbe, die aber durch Elision mit der Anfangssilbe des folgenden Verses verschmolzen wird).
hy·per·me·tro·pi·a [ˌhaɪpə(r)mɪˈtrəʊpɪə] → hyperopia. ˌhy·per·me'trop·ic [-ˈtrɒpɪk; Am. -ˈtrəʊ-; -ˈtrɑ-] → hyperopic. ˌhy·perˈmet·ro·py [-ˈmetrəpɪ] → hyperopia.
hy·perm·ne·si·a [ˌhaɪpə(r)mˈniːzɪə; bes. Am. -ʒə] s med. psych. Hypermne'sie f (außergewöhnliche Verstärkung der Erinnerungsfähigkeit für Einzeldaten).
hy·per·on [ˈhaɪpərɒn; Am. -ˌrɑn] s phys. Hyperon n (Elementarteilchen, dessen Masse größer ist als die der Nukleonen).
hy·per·o·pi·a [ˌhaɪpəˈrəʊpɪə] s med.

Hypero'pie f, Hypermetro'pie f, ˈÜber-,Weitsichtigkeit f. ˌhy·perˈop·ic [-ˈrɒpɪk; Am. -ˈrəʊ-; -ˈrɑ-] adj hyper'op, hyperme'tropisch, 'über-, weitsichtig.
hy·per·os·to·sis [ˌhaɪpərɒˈstəʊsɪs; Am. -ɑsˈt-] s med. Hypero'stose f (Wucherung des Knochengewebes an der Oberfläche od. im Inneren des Knochens).
ˌhy·perˈphys·i·cal adj hyperˈphysisch, 'überna,türlich, -sinnlich.
hy·per·plas·i·a [ˌhaɪpə(r)ˈplæzɪə; -ˈpleɪ-; bes. Am. -ˈpleɪʒə] s med. Hyperpla'sie f (übermäßige Entwicklung von Geweben od. Organen durch abnorme Vermehrung der Zellen).
ˌhy·per·pyˈrex·i·a s med. Hyperpyre'xie f (sehr hohes Fieber).
ˌhy·perˈsen·si·tive adj (adv ~ly) 'hypersen,sibel, a. med. 'überempfindlich (to gegen).
ˌhy·perˈson·ic adj phys. hyper'sonisch (etwa oberhalb fünffacher Schallgeschwindigkeit liegend).
ˌhy·perˈspace s math. Hyperraum m, 'vierdimensio,naler Raum.
ˌhy·perˈten·sion s med. Hyperto'nie f, Hypertensi'on f, erhöhter Blutdruck.
hy·per·ther·mi·a [ˌhaɪpə(r)ˈθɜːmɪə; Am. -ˈθɜːr-], ˌhy·perˈther·my [-mɪ] s med. Hyperther'mie f (erhöhte Körpertemperatur als Folge e-r Überwärmung).
ˌhy·perˈthy·roid·ism s med. Hyperthyre'ose f, Hyperthyreoi'dismus m (Überfunktion der Schilddrüse).
hy·per·troph·ic [ˌhaɪpə(r)ˈtrɒfɪk; Am. -ˈtrəʊ-; -ˈtrɑ-] adj 1. biol. med. hyper'troph(isch), fig. a. hypertro'phiert. hy·per·tro·phy [haɪˈpɜːtrəfɪ; Am. -ˈpɜːrtrə-] I s Hypertro'phie f: a) biol. med. übermäßige Vergrößerung von Geweben od. Organen nur durch Vergrößerung, nicht durch Vermehrung der Zellen, b) Über'zogenheit f, Über'spanntheit f. II v/i u. v/t biol. med. (sich) 'übermäßig vergrößern (a. fig.).
ˌhy·perˈur·ban·ism s ling. Hyperurba'nismus m, 'hyperkor,rekter Ausdruck.
hy·phen [ˈhaɪfn] I s a) Bindestrich m, b) Trennungszeichen n. II v/t → hyphenate I.
hy·phen·ate [ˈhaɪfəneɪt] I v/t a) mit Bindestrich schreiben: ~d American → II, b) trennen. II s meist contp. ˈBindestrichameriˌkaner', II, ˈHalbameriˌkaner m. ˌhy·phenˈa·tion, ˌhy·phenˈi'za·tion s a) Schreibung f mit Bindestrich, b) (Silben)Trennung f. ˈhy·phen·ize → hyphenate I.
hyp·no·a·nal·y·sis [ˌhɪpnəʊəˈnæləsɪs] s psych. Hypnoana'lyse f (Psychoanalyse unter Anwendung von Hypnose).
hyp·no·ge·net·ic [ˌhɪpnəʊdʒɪˈnetɪk] adj (adv ~ally) med. 1. Schlaf erzeugend. 2. Hyp'nose bewirkend.
hyp·noid [ˈhɪpnɔɪd] adj med. hypno'id: a) schlafähnlich, b) hyp'noseähnlich.
hyp·no·p(a)e·di·a [ˌhɪpnəʊˈpiːdɪə] s Hypnopä'die f, 'Schlaflernmeˌthode f.
hyp·no·sis [hɪpˈnəʊsɪs] pl -ses [-siːz] s med. Hyp'nose f: to be under ~ unter Hypnose stehen.
hyp·no·ther·a·py [ˌhɪpnəʊˈθerəpɪ] s psych. Hypnothera'pie f (Psychotherapie unter Anwendung von Hypnose).
hyp·not·ic [hɪpˈnɒtɪk; Am. -ˈnɑ-] med. I adj (adv ~ally) 1. hyp'notisch. 2. einschläfernd. 3. hypnoti'sierbar. II s 4. pharm. Hyp'notikum n, Schlafmittel n. 5. a) Hypnoti'sierte(r m) f, b) j-d, der hypnotisierbar ist.
hyp·no·tism [ˈhɪpnətɪzəm] s med. 1. Hyp'notik f (Lehre von der Hypnose). 2. Hypno'tismus m (Gesamtheit der hypnotischen Erscheinungen u. der Theorien zu ihrer Erklärung u. Anwendung). 3. →

hypnotization. 4. → hypnosis. ˈhyp·no·tist s Hypnotiˈseur m. ˌhyp·no·tiˈza·tion [-taɪˈzeɪʃn; *Am.* -təˈz-] s Hypnotiˈsierung f (*a. fig.*). ˈhyp·no·tize [-taɪz] v/t hypnotiˈsieren (*a. fig.*). ˈhyp·no·tiz·er [-taɪzə(r)] → hypnotist.

hy·po[1] [ˈhaɪpəʊ] s *chem. phot.* Natriumˈthiosulˌfat n, Fiˈxiersalz n.

hy·po[2] [ˈhaɪpəʊ] pl **-pos** *colloq. für* a) hypodermic injection, b) hypodermic syringe.

hypo- [haɪpəʊ; -pə] Wortelement mit den Bedeutungen a) unter(halb), tiefer, b) geringer, abnorm gering, c) Unter..., Hypo..., Sub...

ˌhy·po·ˈac·id·i·ty s *med.* Hypoazidität f, Unterˈsäuerung f (*des Magensafts*).

hy·po·blast [ˈhaɪpəblæst] s *biol. med.* Hypoˈblast n (→ entoderm).

ˌhy·poˈbro·mous ac·id [-ˈbrəʊməs] s *chem.* hypoˈbromige *od.* ˈunterbromige Säure.

ˈhy·po·caust [-kɔːst] s *antiq. arch.* Hypoˈkaustum n (*Raumheizung, bei der von e-m Heizraum aus Heißluft durch Hohlräume unter den Fußboden, a. durch Tonröhren in die Wände geleitet wurde*).

ˌhy·poˈchlo·rite s *chem.* Hypochloˈrit n.

hy·po·chon·dri·a [ˌhaɪpəʊˈkɒndrɪə; *Am.* -kɑn-] s *med.* Hypochonˈdrie f (*übertriebene od. krankhafte Besorgnis um den eigenen Gesundheitszustand*). ˌhy·poˈchon·dri·ac [-dræk] **I** *adj* hypoˈchondrisch. **II** s Hypoˈchonder m. ˌhy·poˈchon·dri·a·cal [-ˈdraɪəkl] *adj* (*adv* ~ly) → hypochondriac I. ˌhy·po·chonˈdri·a·sis [-ˈdraɪəsɪs] → hypochondria.

hy·po·cot·yl [ˌhaɪpəˈkɒtɪl; *Am.* ˈ-ˌkɑtl] s *bot.* Hypokoˈtyl n (*Keimachse unterhalb der Keimblätter*).

hy·poc·ri·sy [hɪˈpɒkrəsɪ; *Am.* -ˈpɑ-] s Hypokriˈsie f, Heucheˈlei f, Scheinheiligkeit f. **hyp·o·crite** [ˈhɪpəkrɪt] s Hypoˈkrit m, Heuchler(in), Scheinheilige(r) m f. ˌhyp·oˈcrit·i·cal *adj* (*adv* ~ly) hypoˈkritisch, heuchlerisch, scheinheilig.

hy·po·cy·cloid [ˌhaɪpəʊˈsaɪklɔɪd] s *math.* Hypozykloˈide f (*Kurve, die ein mit e-m Kreis fest verbundener Punkt beschreibt, wenn dieser Kreis im Innern e-s Festkreises gleitfrei abgerollt wird*).

hy·po·derm [ˈhaɪpədɜːm; *Am.* -ˌdɜrm], ˌhy·poˈder·ma [-pəʊˈdɜːmə; *Am.* -ˈdɜrmə] → hypodermis.

hy·po·der·mic [ˌhaɪpəʊˈdɜːmɪk; *Am.* -ˈdɜr-] **I** *adj* (*adv* ~ally) **1.** *med.* hypoderˈmal, subkuˈtan, unter der *od.* die Haut. **2.** *bot. zo.* Hypoderm... **II** s *med.* **3.** → hypodermic injection. **4.** → hypodermic syringe. **5.** hypoˈkutan angewandtes Mittel. ~ **in·jec·tion** s *med.* subkuˈtane Injektiˈon *od.* Einspritzung. ~ **med·i·ca·tion** s *med.* Verabreichung f von Heilmitteln durch subkuˈtane Injektiˈon. ~ **syr·inge** s *med.* Spritze f zur subkuˈtanen Injektiˈon.

hy·po·der·mis [ˌhaɪpəʊˈdɜːmɪs; *Am.* -ˈdɜr-] s Hypoˈderm n: a) *bot.* ˈUnterhautgewebe n, b) *zo.* aus e-r einschichtigen Zellage bestehende Epidermis, die den Hautpanzer abscheidet.

hy·po·gas·tric [ˌhaɪpəʊˈgæstrɪk] *adj anat.* hypoˈgastrisch, Unterbauch... ˌhy·poˈgas·tri·um [-trɪəm] *pl* **-tri·a** [-trɪə] s Hypoˈgastrium n, Unterbauchgegend f.

hy·po·ge·al [ˌhaɪpəˈdʒiːəl], ˌhy·poˈge·an *adj* **1.** ˈunterirdisch. **2.** → hypogeous. ˈhy·po·gene [-dʒiːn] *adj geol.* unter der Erdoberfläche gebildet: ~ agents Unterkräfte. **hyˈpog·e·nous** [-ˈpɒdʒɪnəs; *Am.* -ˈpɑ-] *adj bot.* auf der ˈUnterseite (*von Blättern etc*) wachsend. ˌhy·poˈge·ous [-ˈdʒiːəs] *adj* **1.** *bot.* hypoˈgäisch, ˈunterirdisch wachsend. **2.** *zo.* ˈunterirdisch lebend. **3.** ˈunterirdisch.

hy·po·gly·c(a)e·mi·a [ˌhaɪpəʊglaɪˈsiːmɪə] s *med.* Hypoglykäˈmie f (*Absinken des Blutzuckergehaltes unter den Normalwert*).

hy·po·ma·ni·a [ˌhaɪpəʊˈmeɪnɪə] s *med.* Hypomaˈnie f, leichte Maˈnie.

ˌhy·poˈphos·phate s *chem.* ˈHypophosˌphat n.

ˌhy·po·phosˈphor·ic ac·id s *chem.* Hypo-, ˈUnterphosphorsäure f.

hy·poph·y·sis [haɪˈpɒfɪsɪs; *Am.* -ˈpɑ-] *pl* **-ses** [-siːz] s Hypoˈphyse f: a) *anat.* Hirnanhangdrüse f, b) *bot.* Zelle *od.* Zellgruppe, die den Embryo mit dem Embryoträger verbindet.

hy·po·pla·si·a [ˌhaɪpəʊˈplæzɪə, -ˈpleɪ-; *bes. Am.* -ˈpleɪʒə] s *med.* Hyploˈplasie f (*Unterentwicklung von Geweben od. Organen*).

hy·pos·ta·sis [haɪˈpɒstəsɪs; *Am.* -ˈpɑ-] *pl* **-ses** [-siːz] s **1.** Hypoˈstase f: a) *philos.* Grundlage f, Subˈstanz f, (*das*) Zuˈgrundeliegende, b) *bes. philos.* Vergegenständlichung f (*e-s Begriffs*). **2.** *myth. relig.* Hypoˈstase f: a) Personifizierung göttlicher Eigenschaften *od.* religiöser Vorstellungen zu e-m eigenständigen göttlichen Wesen, b) Wesensmerkmal e-r personifizierten göttlichen Gestalt. **3.** *med.* Hypoˈstase f, Hypostaˈsie f (*vermehrte Ansammlung von Blut in den tiefer liegenden Körperteilen*). **4.** *Genetik*: Hypoˈstase f, Hypostaˈsie f (*Unterdrückung der Wirkung e-s Gens durch die Wirkung e-s anderen Gens, das nicht zum gleichen Paar gehört*). ˌhy·poˈstat·ic [-pəʊˈstætɪk] *adj*, ˌhy·poˈstat·i·cal *adj* (*adv* ~ly) hypoˈstatisch: ~ union hypostatische Union (*die Vereinigung der göttlichen u. der menschlichen Natur Jesu in ˈeiner Person*).

ˌhy·poˈsul·fite, *bes. Br.* ˌhy·poˈsul·phite s *chem.* **1.** Hypoˈsulfit n, ˈunterschwefligsaures Salz. **2.** Hypoˈdisulˌfit n. **3.** → hypo[1].

ˌhy·poˈsul·fu·rous ac·id, *bes. Br.* ˌhy·poˈsul·phu·rous ac·id [-ˈsʌlfərəs; *Am. a.* -sʌlˈfjʊərəs] s *chem.* ˈunterschweflige Säure.

hy·po·tac·tic [ˌhaɪpəʊˈtæktɪk] *adj* (*adv* ~ally) *ling.* hypoˈtaktisch, ˈunterordnend. ˌhy·poˈtax·is [-ˈtæksɪs] s Hypoˈtaxe f, ˈUnterordnung f (*von Sätzen od. Satzgliedern*).

ˌhy·poˈten·sion s *med.* Hypotoˈnie f, Hypotensiˈon f, zu niedriger Blutdruck.

hy·pot·e·nuse [haɪˈpɒtɪnjuːz; -ʒuːs; *Am.* haɪˈpɑtnuːs; -ˌjuːs; -z] s *math.* Hypoteˈnuse f.

hy·poth·ec [haɪˈpɒθɪk; hɪ-; *Am.* -ˈpɑ-] s *jur. Scot.* Hypoˈthek f. **hyˈpoth·e·car·y** [-kərɪ; *Am.* -ˌkeriː] *adj jur.* hypotheˈkarisch: ~ **debt** Hypothekenschuld f; ~ **value** Beleihungswert m. **hyˈpoth·e·cate** [-keɪt] v/t **1.** *jur.* verpfänden, Grundstück *etc* hypotheˈkarisch belasten. **2.** *Schiff* verbodmen. **3.** *econ.* Effekten lomˈbardieren. **hyˌpoth·eˈca·tion** s **1.** *jur.* Verpfändung f, hypotheˈkarische Belastung. **2.** *mar.* Verbodmung f. **3.** *econ.* Lombarˈdierung f.

hy·poth·e·nuse [haɪˈpɒθənjuːz; -juːs; *Am.* haɪˈpɑθənˌuːs; -ˌjuːs; -z] → hypotenuse.

hy·po·ther·mi·a [ˌhaɪpəʊˈθɜːmɪə; *Am.* -ˈθɜr-] s *med.* Hypotherˈmie f: a) abnorm niedrige Körpertemperatur, b) künstliche Unterkühlung des Körpers zur Reduktion der Stoffwechsel- u. Lebensvorgänge im Organismus.

hy·poth·e·sis [haɪˈpɒθɪsɪs; *Am.* -ˈpɑ-] *pl* **-ses** [-siːz] s Hypoˈthese f: a) Annahme f, Vorˈaussetzung f: → **working** 10, b) (bloße) Vermutung. **hyˈpoth·e·sist** s Urheber m e-r Hypoˈthese. **hyˈpoth·e·size I** v/i e-e Hypoˈthese aufstellen. **II** v/t a) vorˈaussetzen, annehmen, b) vermuten.

hy·po·thet·ic [ˌhaɪpəʊˈθetɪk] *adj*, ˌhy·poˈthet·i·cal *adj* (*adv* ~ly) hypoˈthetisch (*a. philos.*).

ˌhy·poˈthy·roid·ism s *med.* Hypothyreˈose f, Hypothyreoiˈdismus m (*Unterfunktion der Schilddrüse*).

hy·pot·ro·phy [haɪˈpɒtrəfɪ; *Am.* -ˈpɑ-] s *biol. med.* Hypotroˈphie f (*unterdurchschnittliches Wachstum von Geweben od. Organen durch Zellverkleinerung*).

hyp·sog·ra·phy [hɪpˈsɒgrəfɪ; *Am.* -ˈsɑ-] s *geogr.* **1.** Hypsograˈphie f: a) Höhen-, Gebirgsbeschreibung, b) Gebirgsdarstellung. **2.** → hypsometry. **hypˈsom·e·ter** [-ˈsɒmɪtə; *Am.* -ˈsɑmətər] s **1.** *phys.* Hypsoˈmeter n, ˈSiedethermoˌmeter n. **2.** (Baum)Höhenmesser m. **hypˈsom·e·try** [-trɪ] s *geogr.* Hypsomeˈtrie f, Höhenmessung f.

hy·son [ˈhaɪsn] s Hyson m, Haisan m (*ein grüner chinesischer Tee*).

hy spy [ˈhaɪspaɪ] s Versteckspiel n: **to play** ~ Versteck spielen.

hys·sop [ˈhɪsəp] s **1.** *bot.* Ysop m. **2.** *R.C.* Weihwedel m.

hys·ter·al·gia [ˌhɪstəˈrældʒə] s *med.* Hysteralˈgie f (*Schmerzen im Bereich der Gebärmutter*).

hys·ter·ec·to·mize [ˌhɪstəˈrektəmaɪz] v/t *med.* e-r Frau die Gebärmutter entfernen. ˌhys·terˈec·to·my [-ˈrektəmɪ] s Hysterektoˈmie f (*operative Entfernung der Gebärmutter*).

hys·ter·e·sis [ˌhɪstəˈriːsɪs] s *phys.* Hyˈsteresis f, Hysteˈrese f (*Ummagnetisierung*): ~ **loop** Hystereseschleife f; ~ **motor** Hysteresemotor m. **hysˈter·et·ic** [-ˈretɪk] *adj phys.* hysteˈretisch, Hysteresis...

hys·te·ri·a [hɪˈstɪərɪə; *Am. a.* hɪˈste-] s *med. u. fig.* Hysteˈrie f. **hys·ter·ic** [hɪˈsterɪk] **I** s Hyˈsteriker(in). **2.** *pl* Hysteˈrie f, hyˈsterischer Anfall: **to go** (**off**) **into ~s** a) e-n hysterischen Anfall bekommen, hysterisch werden, b) *colloq.* e-n Lachkrampf bekommen. **II** *adj* → hysterical. **hysˈter·i·cal** *adj* (*adv* ~ly) **1.** *med. u. fig.* hyˈsterisch. **2.** *colloq.* ˌwahnsinnigˈ komisch.

ˌhys·terˈol·o·gy [ˌhɪstəˈrɒlədʒɪ; *Am.* -ˈrɑ-] s *med.* Hysteroloˈgie f (*Lehre von den Gebärmutterkrankheiten*).

hys·ter·on pro·ter·on [ˌhɪstərɒnˈprɒtərɒn; *Am.* -ˌrɑnˈprɑtəˌrɑn] s Hysteron-Proteron n: a) *philos., Logik*: Beweis aus e-m Satz, der selbst erst zu beweisen ist, b) *rhet.* Redefigur, bei der das nach Logik *od.* Zeitfolge Spätere zuerst steht.

hys·ter·ot·o·my [ˌhɪstəˈrɒtəmɪ; *Am.* -ˈrɑ-] s *med.* Hysterotoˈmie f, Gebärmutterschnitt m.

I

I¹, i [aɪ] **I** pl **I's, Is, i's, is** [aɪz] s **1.** I, i n (Buchstabe): → dot² **5. 2.** i math. i (= $\sqrt{-1}$; imaginäre Einheit). **3.** I I n, I-förmiger Gegenstand. **II** adj **4.** neunt(er, e, es): Company I. **5.** I I-..., I-förmig.
I² [aɪ] **I** pron ich: it is I ich bin es; **to play the great I am** colloq. sich ‚furchtbar' aufspielen. **II** pl **I's** s (das) Ich.
i·amb ['aɪæmb; 'aɪæm] → iambus.
i'am·bic [-bɪk] **I** adj (adv ~ally) **1.** metr. jambisch. **II** s **2.** metr. a) → iambus, b) jambischer Vers. **3.** jambisches (satirisches) Gedicht. **i'am·bus** [-bəs] pl **-bi** [-baɪ], **-bus·es** s metr. Jambus m, Jambe f (Versfuß aus e-r kurzen [unbetonten] u. e-r folgenden langen [betonten] Silbe).
i·at·ric [aɪ'ætrɪk], **i'at·ri·cal** [-kl] adj i'atrisch (die ärztliche Lehre od. Heilkunst betreffend).
i·at·ro·gen·ic [aɪˌætroʊ'dʒenɪk] adj iatro'gen (durch den Arzt hervorgerufen od. verursacht).
I beam s tech. a) I-Träger m, Doppel-T-Träger m, b) I-Eisen n, Doppel-T-Eisen n: ~ **girder** (zs.-genieteter) I-Träger; ~ **section** I-Profil n.
I·be·ri·an [aɪ'bɪərɪən] **I** s **1.** I'berer(in). **2.** ling. I'berisch n, das Iberische (Sprache der Ureinwohner Spaniens). **II** adj **3.** i'berisch.
i·bex ['aɪbeks] pl **'i·bex·es, ib·i·ces** ['ɪbɪsiːz; 'aɪ-], bes. collect. **'i·bex** s zo. Steinbock m.
i·bi·dem ['ɪbaɪdəm; 'ɪbɪdəm] (Lat.) adv i'bidem, ebenda, -dort.
i·bis ['aɪbɪs] pl **'i·bis·es**, bes. collect. **'i·bis** s orn. Ibis m.
ice [aɪs] **I** s **1.** Eis n (a. Spielfläche beim Eishockey): **breaking up of the ~** Eisgang m; **broken ~** Eisstücke pl; **to be on ~** colloq. a) ‚auf Eis liegen', b) eingefroren sein (diplomatische Beziehungen etc); **to be (skating) on thin ~** fig. sich vorwagen, sich auf gefährlichem Boden bewegen, engS. ein heikles Thema berühren; **to break the ~** fig. a) das Eis brechen, b) den Anfang machen; **to cut no ~ (with)** colloq. keinen Eindruck machen (auf acc), nicht ‚ziehen' (bei); **to keep on ~** colloq. in Reserve halten, aufheben; **to put on ~** a) kalt stellen, b) colloq. ‚auf Eis legen', c) colloq. diplomatische Beziehungen einfrieren; **he was sent off the ~** (Eishockey) er wurde vom Eis gestellt. **2.** a) Am. Fruchteis n, b) Br. → ice cream. **3.** → icing **5. 4.** fig. (eisige) Kälte (im Benehmen): **the ~ in her voice. 5.** Am. sl. ‚Klunker(n)' pl (Diamanten etc). **6.** Am. sl. ‚Schmiergeld(er pl)' n. **II** v/t **7.** mit Eis bedecken od. über'ziehen. **8.** in Eis verwandeln, gefrieren lassen. **9.** Getränke etc mit od. in Eis kühlen. **10.** gastr. mit Zuckerguß über'ziehen, gla'sieren. **11.** colloq. a) ‚auf Eis legen', b) Sieg etc sicherstellen. **12.** Am. colloq.

‚kaltmachen', 'umbringen. **13. ~ out** Am. colloq. (gesellschaftlich) ‚kaltstellen'. **III** v/i **14.** gefrieren. **15.** meist **~ up** (od. **over**) a) zufrieren, b) vereisen. **16. ~ out** auftauen (Gewässer).
ice|age s geol. Eiszeit f. **~ a·pron** s arch. Eisbrecher m (an Brücken). **~ ax(e)** s Eispickel m. **~ bag** s med. Eisbeutel m. **~ belt** → ice foot. **'~-berg** [-bɜːg; Am. -ˌbɜrg] s Eisberg m (a. fig. Person): **the tip of the ~** die Spitze des Eisbergs (a. fig.). **~ bird** s orn. **1.** Kleiner Krabbentaucher. **2.** Nachtschwalbe f. **'~-blink** s Eisblink m (in den Polarmeeren der helle Widerschein des Eises am Horizont). **'~-boat** s **1.** Eisjacht f. **2.** mar. Eisbrecher m. **'~-boat·ing** s sport Eissegeln n. **'~-bound** adj a) eingefroren, vom Eis eingeschlossen (Schiff), b) zugefroren (Hafen). **'~-box** s **1.** Eisfach n (e-s Kühlschranks). **2.** Am. Eis-, Kühlschrank m. **3.** Kühlbox f, -tasche f. **'~-break·er** s **1.** mar. Eisbrecher m (a. fig.): **his joke was meant to be an ~** sein Witz sollte das Eis brechen. **2.** → ice apron. **3.** tech. Eiszerkleinerer m (Gerät). **~ buck·et** s Eiskübel m. **'~-cap** s geol. a) (bes. polare) Eiskappe, b) (bes. arktische) Eisdecke. **ˌ~-'cold** adj eiskalt (a. fig.). **~ cream** s (Speise)Eis n, Eiscreme f: **chocolate ~** Schokoladeneis. **'~-cream** adj Eis...: **~ powder; ~ cone** (Br. a. **cornet**) Eistüte f; **~ freezer** tech. Eismaschine f; **~ par·lo(u)r** Eisdiele f; **~ soda** Eisbecher mit Sirup u. Sodawasser. **~ crush·er** s Eiszerkleinerer m (Gerät). **~ cube** s Eiswürfel m.
iced [aɪst] adj **1.** eisbedeckt. **2.** eisgekühlt. **3.** gefroren. **4.** gastr. gla'siert, mit Zuckerguß (über'zogen).
'ice|·fall s gefrorener Wasserfall. **~ feath·ers** s pl rauhreifähnliche Eisbildungen pl. **~ field** s Eisfeld n. **~ floe** s Treibeis n. **2.** Eisscholle f. **~ foot** s irr (arktischer) Eisgürtel. **~ fox** s zo. Po'larfuchs m. **ˌ~-'free** adj eisfrei (Hafen, Straße etc). **~ hock·ey** s sport Eishockey n.
Ice·land·er ['aɪsləndə(r); -ˌlæn-] s **1.** Is'länder(in). **2.** orn. G(i)erfalke m. **Ice·lan·dic** [aɪs'lændɪk] **I** adj isländisch. **II** s ling. Isländisch n, das Isländische.
ice| lol·ly s Br. Eis n am Stiel. **~ ma·chine** s tech. 'Eis-, 'Kältema,schine f. **'~-man** [-ˌmæn] s irr Am. Eismann m, Eisverkäufer m. **'~-out** s Eisschmelze f, Auftauen n (von Gewässern). **~ pack** s **1.** Packeis n. **2.** med. Eisbeutel m. **3.** 'Kühlaggreˌgat n (e-r Kühlbox). **~ pail** s Eiskübel m. **~ pa·per** s sehr dünnes, 'durchsichtiges Gelaˌtinepaˌpier. **~ pick** s Eishacke f, bes. mount. Eispickel m. **~ pi·lot** s mar. Eislotse m. **~ plant** s bot. Eiskraut n. **~ point** s phys. Gefrierpunkt m. **'~-quake** s Krachen n berstender

Eismassen. **~ rink** s (Kunst)Eisbahn f. **~ sheet** s geol. Eisdecke f. **~ show** s 'Eisreˌvue f. **~ skate** → skate² **1.** **'~-skate** → skate² **3.** **~ skat·er** → skater **1.** **~ skat·ing** → skating **1.** **~ spar** s min. Eisspat m, glasiger Feldspat. **~ tray** s Eis(würfel)schale f (im Kühlschrank). **~ wa·ter** s Eiswasser n: a) eisgekühltes Wasser, b) Schmelzwasser. **~ yacht** s Eisjacht f.
ich·neu·mon [ɪk'njuːmən; Am. a. -ˈnuː-] s zo. **1.** Ich'neumon n, m, Mungo m. **2.** **~ fly** (od. **wasp**) Schlupfwespe f.
ich·nite ['ɪknaɪt] → ichnolite.
ich·nog·ra·phy [ɪk'nɒgrəfɪ; Am. -'nɑ-] s **1.** Grundriß m. **2.** Zeichnen n von Grundrissen.
ich·no·lite ['ɪknəlaɪt] s geol. fos'sile Fußspur.
i·chor ['aɪkɔː(r)] s I'chor n: a) myth. Götterblut n, b) med. blutig-seröse Absonderung gangränöser Geschwüre.
ich·thy·oid ['ɪkθɪɔɪd] adj u. s zo. fischartig(es Wirbeltier).
ich·thy·o·lite ['ɪkθɪəlaɪt] s geol. Ichthyo'lith m, fos'siler Fisch.
ich·thy·o·log·i·cal [ˌɪkθɪə'lɒdʒɪkl; Am. -'lɑ-] adj ichthyo'logisch. **ˌich·thy'ol·o·gist** [-'ɒlədʒɪst; Am. -'ɑl-] s Ichthyo'loge m. **ˌich·thy'ol·o·gy** s Ichthyolo'gie f, Fischkunde f.
ich·thy·oph·a·gous [ˌɪkθɪ'ɒfəgəs; Am. -'ɑf-] adj fisch(fr)essend.
ich·thy·o·saur ['ɪkθɪəsɔː(r)], **ˌich·thy·o'sau·rus** [-rəs] pl **-ri** [-raɪ] s zo. hist. Ichthyo'saurus m, -'saurier m.
ich·thy·o·sis [ˌɪkθɪ'əʊsɪs] s med. Ich'thyˌose f, Fischschuppenkrankheit f.
i·ci·cle ['aɪsɪkl] s Eiszapfen m.
i·ci·ness ['aɪsɪnɪs] s **1.** Eisigkeit f, eisige Kälte. **2.** → ice **4.**
ic·ing ['aɪsɪŋ] s **1.** Gefrieren n. **2.** a) Zufrieren n, b) Vereisung f. **3.** Eisschicht f. **4.** Eishockey: unerlaubter Weitschuß. **5.** gastr. Zuckerguß m, Gla'sur f: **~ sugar** bes. Br. Puderzucker m.
i·con ['aɪkɒn; Am. 'aɪˌkɑn] s **1.** (Ab)Bild n, Statue f. **2.** I'kone f, Heiligenbild n. **3.** sym'bolische Darstellung. **'i·con·ize** v/t abgöttisch verehren, vergöttern.
i·con·o·clasm [aɪ'kɒnəʊklæzəm; Am. aɪ'kɑnə-] s **1.** bes. hist. Ikono'klasmus m, Bildersturm m. **2.** fig. Bilderstürme'rei f. **i'con·o·clast** [-klæst] s Ikono'klast m, Bilderstürmer m (a. fig.). **iˌcon·o'clas·tic** adj (adv **~ally**) ikono'klastisch, bilderstürmerisch (a. fig.).
i·co·nog·ra·pher [ˌaɪkɒ'nɒgrəfə; Am. ˌaɪkə'nɑgrəfər] s Ikono'graph m. **i·conˌo·graph·ic** [aɪˌkɒnə'græfɪk; Am. aɪˌkɑnə-] adj; **iˌcon·o'graph·i·cal** adj (adv **~ly**) **1.** ikono'graphisch. **2.** bildlich darstellend, durch Bilder beschreibend. **ˌi·co'nog·ra·phy** [ˌaɪkɒ'nɒgrəfɪ; Am. ˌaɪkə'nɑ-] s Ikonogra'phie f: a) bild-

iconolater – idiot

liche Darstellung, b) *Kunst der bildlichen Darstellung*, c) *Sammlung von Bildwerken*, d) *Beschreibung von Bildwerken*.
i·con·ol·a·ter [ˌaɪkɒˈnɒlətə; *Am.* ˌaɪkəˈnɑlətər] *s* Bilderverehrer *m*. **i·co·nol·a·try** [-trɪ] *s* Ikonolaˈtrie *f*, Bilderverehrung *f*.
i·co·nol·o·gy [ˌaɪkɒˈnɒlədʒɪ; *Am.* ˌaɪkəˈnɑ-] *s* **1.** Ikonoloˈgie *f*, Bilderkunde *f*. **2.** symˈbolische Darstellungen *pl*.
i·co·nom·e·ter [ˌaɪkɒˈnɒmɪtə; *Am.* ˌaɪkəˈnɑmətər] *s* Ikonoˈmeter *n*: a) *phys. tech.* Gerät zur Messung der Entfernung u. Größe entfernter Gegenstände, b) *phot.* Rahmensucher *m*.
i·con·o·scope [aɪˈkɒnəskəʊp; *Am.* -ˈkɑ-] *s TV* Ikonoˈskop *n*, Bildzerleger *m*.
i·con·o·stas [aɪˈkɒnəstæs; *Am.* -ˈkɑ-] *pl* **i·co·nos·ta·ses** → **iconostasis**. **i·co·nos·ta·sis** [ˌaɪkəʊˈnɒstəsɪs; *Am.* ˌaɪkəˈnɑ-] *pl* **-ses** [-siːz] *s arch. relig.* Ikonoˈstasis *f*, Ikonoˈstase *f*, Ikonoˈstas *m*, Bilderwand *f*.
i·co·sa·he·dral [ˌaɪkəsəˈhedrəl; -ˈhiː-; *Am.* aɪˌkɒsəʊ-] *adj math.* ikosaˈedrisch, zwanzigflächig. **i·co·sa·he·dron** [-drən] *pl* **-drons, -dra** [-drə] *s* Ikosaˈeder *n*, Zwanzigflächner *m*.
ic·tus [ˈɪktəs] *pl* **-tus·es, -tus** *s* **1.** *metr.* Iktus *m*, ˈVersakˌzent *m*. **2.** *med.* Iktus *m*: a) Stoß *m*, Schlag *m*, b) plötzlich auftretendes, schweres Krankheitsmerkmal.
i·cy [ˈaɪsɪ] *adj* (*adv* **icily**) **1.** eisig: a) vereist, b) eiskalt. **2.** *fig.* eisig, (eis)kalt.
id [ɪd] *s psych.* Id *n*, Es *n*.
I·da·ho·an [ˈaɪdəhəʊən; ˌaɪdəˈh-] **I** *adj* Idaho... **II** *s* Bewohner(in) von Idaho (*USA*).
ID card → **identity card**.
ide [aɪd] *s ichth.* Kühling *m*, Aland *m*.
i·de·a [aɪˈdɪə] *s* **1.** Iˈdee *f*, Vorstellung *f*, Begriff *m*: **that's not my ~ of ...** unter (*dat*) ... stelle ich mir etwas anderes vor; **das ist nicht (gerade) das, was ich mir unter (*dat*) ... vorstelle**; **she's everyone's ~ of a pretty girl** sie entspricht der allgemeinen Vorstellung von e-m hübschen Mädchen; **to form an ~ of** sich *etwas* vorstellen, sich e-n Begriff machen von; **to get ~s** sich falsche Hoffnungen *od.* Vorstellungen machen; **can you give me an ~ how (where, etc) ...?** kannst du mir ungefähr sagen, wie (wo *etc*) ...?; **he has no ~ (of it)** er hat keine Ahnung (davon); **you have no ~ how ...** du kannst dir gar nicht vorstellen, wie ...; **to put ~s into s.o.'s head** j-m Flausen in den Kopf setzen; **the ~ of such a thing!**, **the (very) ~!**, **what an ~!** was für e-e Idee!, so ein Unsinn! **2.** Gedanke *m*, Meinung *f*, Ansicht *f*: **it is my ~ that** ich bin der Ansicht, daß. **3.** Absicht *f*, Plan *m*, Gedanke *m*, Idee *f*: **that's not a bad ~** das ist keine schlechte Idee, das ist gar nicht schlecht; **the ~ is ...** der Zweck der Sache ist, ...; es geht darum, ...; **that's the ~!** darum dreht es sich!, so ist es!; **the ~ entered my mind** mir kam der Gedanke; **I've got the ~** ich habe verstanden; **big 7. 4.** unbestimmtes Gefühl: **I have an ~ that** ich habe so das Gefühl, daß; es kommt mir (so) vor, als ob. **5. ~ of reference** *psych.* Beachtungswahn *m*. **6.** *philos.* Iˈdee *f*: a) geistige Vorstellung, b) Ideˈal(vorstellung) *f* *n*, c) Urbild *n* (*Plato*), d) unmittelbares Obˈjekt des Denkens (*Locke, Descartes*), e) transzendenˈtaler Vernunftbegriff (*Kant*), f) (*das*) Absoˈlute (*Hegel*). **7.** *bes. mus.* Iˈdee *f*, Thema *n*.
i·de·aed, *a.* **i·de·a'd** [ˈaɪdɪəd] *adj* iˈdeenreich.
i·de·al [aɪˈdɪəl; aɪˈdiːl] **I** *adj* (*adv* → **ideally**) **1.** ideˈal, vollˈendet, vollkommen, vorbildlich, Muster...: **~ type** Idealˈtyp(us) *m* (*a. sociol.*). **2.** ideˈell: an Ideen..., b) auf Ideˈalen beruhend, c) (nur) eingebildet. **3.** *philos.* a) ideˈal, als Urbild exiˈstierend (*Plato*), b) ideˈal, wünschenswert, c) ideaˈlistisch: **~ realism** Ideal-Realismus *m*. **4.** *math.* ideˈell, uneigentlich: **~ number** ideelle Zahl. **II** *s* **5.** Ideˈal *n*: a) Leitgedanke *m*, b) Ideˈalbild *n*. **6.** (*das*) Ideˈelle (*Ggs. das* Wirkliche). **7.** *math.* Ideˈal *n* (*Teilmenge e-s Rings, die die Eigenschaft hat, daß mit jedem Element auch die Vielfachen des Elements u. mit je zwei Elementen a. ihre Differenz zur Teilmenge gehört*).
i·de·a·less *adj* iˈdeenlos.
i·de·al·ism [aɪˈdɪəlɪzəm] *s* **1.** *philos. u. fig.* Ideaˈlismus *m*. **2.** Idealiˈsierung *f*. **3.** (*das*) Ideˈale, Ideˈalfall *m*. **i·de·al·ist** *s* Ideaˈlist(in). **i·de·al·is·tic** *adj* (*adv* **~ally**) ideaˈlistisch.
i·de·al·i·ty [ˌaɪdɪˈælətɪ] *s* **1.** ideˈaler Zustand. **2.** *philos.* Idealiˈtät *f*. **3.** Vorstellungskraft *f*.
i·de·al·i·za·tion [aɪˌdɪəlaɪˈzeɪʃn; *Am.* aɪˌdiːələˈz-] *s* Idealiˈsierung *f*. **i·de·al·ize** *v/t u. v/i* idealiˈsieren.
i·de·al·ly [aɪˈdɪəlɪ] *adv* **1.** ideˈal. **2.** ideˈalerweise, im Ideˈalfall. **3.** ideˈell.
i·de·al·typ·i·cal *adj* ideˈaltypisch (*a. sociol.*).
i·de·a·man *s irr* Planer *m*.
i·de·ate [ˈaɪdɪeɪt; aɪˈdiːeɪt] **I** *v/t* sich *etwas* vorstellen, sich e-n Begriff machen von. **II** *v/i* Iˈdeen bilden, denken. **III** [ˈaɪdɪeɪt; -ɪt] *s philos.* Abbild *n* der Iˈdee in der Erscheinungswelt. **i·de·a·tion** *s* **1.** Vorstellungsvermögen *n*. **2.** Ideatiˈon *f*, Iˈdeenbildung *f*. **i·de·a·tum** [-təm] *pl* **-ta** [-tə] → **ideate** III.
i·dée fixe, *pl* **i·dées fixes** [iːˌdeɪˈfiːks] *s* fixe Iˈdee.
i·dem [ˈaɪdem; ˈɪdem] (*Lat.*) *pron od. adj* idem, der(selbe) (*Verfasser*).
i·den·tic [aɪˈdentɪk; ɪˈd-] *adj* (*adv* **~ally**) → **identical** (*obs. außer in Verbindungen wie*): **~ note** *pol.* gleichlautende *od.* identische Note. **i·den·ti·cal** *adj* (*adv* **~ly**) **1.** (**with**) a) iˈdentisch (mit), (genau) gleich (*dat*): **~ twins** eineiige Zwillinge, b) der-, die-, dasˈselbe (wie), c) gleichbedeutend (mit), d) iˈdentisch (mit), gleichlautend (wie). **2.** *math.* iˈdentisch: **~ equation**; **~ proposition** (*Logik*) identischer Satz.
i·den·ti·fi·a·ble [aɪˈdentɪfaɪəbl; ɪˈd-] *adj* identifiˈzierbar, feststellbar, erkennbar.
i·den·ti·fi·ca·tion [aɪˌdentɪfɪˈkeɪʃn; ɪˌd-] *s* **1.** Identifiˈzierung *f*: a) Gleichsetzung *f*, b) Erkennung *f*, Feststellung *f*: **~ card** → **identity card**; **~ disk** (*Am.* **tag**) *mil.* Erkennungsmarke *f*; **~ papers** Ausweispapiere *pl*; **~ parade** *jur. Br.* Gegenüberstellung *f*. **2.** Legitimatiˈon *f*, Ausweis *m*. **3.** *Funk, Radar:* Kennung *f*: **~ friend/foe** Freund-Feind-Kennung; **~ letter** Kennbuchstabe *m*.
i·den·ti·fy [aɪˈdentɪfaɪ; ɪˈd-] **I** *v/t* **1.** identifiˈzieren, gleichsetzen, als iˈdentisch betrachten (**with** mit): **to ~ o.s. with** → **4**. **2.** identifiˈzieren: a) erkennen (as als), die Identiˈtät feststellen von (*od. gen*), b) *biol. etc* die Art feststellen von (*od. gen*). **3.** ausweisen, legitiˈmieren: **to ~ o.s. II** *v/i* **4. ~ with** sich identifiˈzieren mit: a) sich soliˈdarisch erklären mit, b) sich anschließen (*dat od.* an *acc*).
i·den·ti·kit (pic·ture) [aɪˈdentɪkɪt; ɪˈd-] *s jur. Br.* Phanˈtombild *n*.
i·den·tism [aɪˈdentɪzəm; ɪˈd-] → **identity philosophy**.
i·den·ti·ty [aɪˈdentətɪ; ɪˈd-] *s* **1.** Identiˈtät *f*: a) (völlige) Gleichheit, b) Perˈsönlichkeit *f*, Individualiˈtät *f*: **to prove one's ~** sich ausweisen, sich legitimieren; **to reveal one's ~** sich zu erkennen geben; **to establish s.o.'s ~** j-s Identität feststellen, j-n identifizieren; **loss of ~** Identitätsverlust *m*; → **mistaken 2**. **2.** *math.* a) iˈdentischer Satz, b) identische Gleichung. **3.** *biol.* Artgleichheit *f*. **~ card** *s* (Persoˈnal)Ausweis *m*. **~ cri·sis** *s irr* Identiˈtätskrise *f*. **~ pa·rade** *s jur.* Gegenˈüberstellung *f*. **~ phi·los·o·phy** *s* Identiˈtätsphilosoˌphie *f* (*Lehre, nach der Geist u. Materie, Denken u. Sein, Subjekt u. Objekt nur zwei Seiten ein u. desselben Wesens sind*).
id·e·o·gram [ˈɪdɪəʊɡræm; ˈaɪd-], **id·e·o·graph** [ˈɪdɪəʊɡrɑːf; ˈaɪd-; *bes. Am.* -ɡræf] *s ling.* Ideoˈgramm *n*, Begriffszeichen *n*.
id·e·o·log·ic [ˌaɪdɪəˈlɒdʒɪk; ˌɪd-; *Am.* -ˈlɑ-] *adj*; **id·e·o·log·i·cal** [-kl] *adj* (*adv* **~ly**) ideoˈlogisch. **id·e·ol·o·gism** [-ˈɒlədʒɪzəm; *Am.* -ˈɑl-] *s* Ideoloˈgie gebundenheit *f*. **id·e·ol·o·gist** [-dʒɪst] *s* Ideoˈloge *m*: a) (führender) Vertreter e-r Ideologie; politischer Theoretiker, b) weltfremder Theoretiker. **id·e·ol·o·gize** [-dʒaɪz] *v/t* ideologiˈsieren. **ˈid·e·o·logue** [-lɒɡ; *Am. a.* -ˌlɑɡ] → **ideologist**. **id·e·ol·o·gy** [-dʒɪ] *s* Ideoloˈgie *f*: a) Gesamtheit der von e-r Gesellschaftsgruppe *od.* Kultur hervorgebrachten Denksysteme, b) politische Theorie *od.* Grundanschauung, c) meist *contp.* rein theoretisches Wirklichkeitsbild; weltfremde, spekulative Lehre.
id·e·o·mo·tor [ˌaɪdɪəʊˈməʊtə(r); ˌɪd-] *adj psych.* ideomoˈtorisch (*ohne Mitwirkung des Willens ausgeführt*) (*Bewegungen, Handlungen*).
ides [aɪdz] *s pl* (*als sg konstruiert*) *antiq.* Iden *pl* (*13. od. 15. Monatstag des altrömischen Kalenders*).
id est [ɪdˈest] (*Lat.*) id est, das heißt.
id·i·o·blast [ˈɪdɪəʊblæst] *s bot.* Idioˈblast *m* (*in e-n andersartigen pflanzlichen Gewebeverband eingelagerte Einzelzelle od. Zellgruppe mit spezifischem Bau u. besonderer Aufgabe*).
id·i·o·chro·mat·ic [ˌɪdɪəʊkrəʊˈmætɪk] *adj min.* idiochroˈmatisch (*e-e Farbe aufweisend, die nicht von Verunreinigungen, sondern von der Kristallsubstanz selbst herrührt*).
id·i·o·cy [ˈɪdɪəsɪ] *s* Idioˈtie *f*: a) *med.* hochgradiger Schwachsinn, b) *contp.* Blödheit *f*, Dummheit *f*.
id·i·o·lect [ˈɪdɪəʊlekt; -dɪə-] *s ling.* Idioˈlekt *m* (*Wortschatz u. Ausdrucksweise e-s Individuums*). **id·i·o·lect·al**, **id·i·o·lect·ic** *adj* idioˈlekˌtal.
id·i·om [ˈɪdɪəm] *s* **1.** *ling.* Idiˈom *n*: a) eigentümliche Sprache *od.* Sprechweise e-r regional *od.* sozial abgegrenzten Gruppe, b) idioˈmatischer Ausdruck, Redewendung *f*. **2.** *pl ling.* Idioˈmatik *f* (*Gesamtbestand der Idiome e-r Sprache*). **3.** *art* (*charakteˈristischer*) Stil (*e-s Individuums, e-r Schule, e-r Periode etc*). **id·i·o·mat·ic** [-ˈmætɪk] *adj*; **id·i·o·mat·i·cal** *adj* (*adv* **~ly**) *ling.* idioˈmatisch. **id·i·o·mat·i·cal·ness** *s ling.* (*das*) Idioˈmatische.
id·i·o·path·ic [ˌɪdɪəˈpæθɪk] *adj med.* idioˈpathisch (*unabhängig von anderen Krankheiten od. ohne erkennbare Ursache auftretend*).
id·i·o·plasm [ˈɪdɪəʊplæzəm] *s biol.* Idioˈplasma *n*, ˈErbsubˌstanz *f*.
id·i·o·syn·cra·sy [ˌɪdɪəˈsɪŋkrəsɪ] *s* **1.** Eigenart *f*. **2.** Veranlagung *f*, Naˈtur *f*. **3.** Idiosynkraˈsie *f*: a) *med.* hochgradige, angeborene Überempfindlichkeit gegen bestimmte Stoffe: **~ to protein** Eiweißidiosynkrasie, b) *psych.* heftige Abneigung gegen bestimmte Personen, Tiere, Speisen *etc*. **id·i·o·syn·crat·ic** [-sɪŋˈkrætɪk] *adj* (*adv* **~ally**) **1.** charakteˈristisch, typisch. **2.** *med. psych.* idiosynˈkratisch.
id·i·ot [ˈɪdɪət] *s* Idiˈot *m*: a) *med.* hoch-

gradig Schwachsinnige(r *m*) *f*, b) *contp.* Trottel *m*: ~'s lantern *Br. colloq.* 'Glotze' *f*, 'Glotzkiste' *f* (*Fernseher*). ~ **board** *colloq. für* teleprompter. ~ **box** *s colloq.* 'Glotze' *f*, 'Glotzkiste' *f* (*Fernseher*). ~ **card** *s TV colloq.* „Neger" *m* (*Texttafel als Gedächtnisstütze*).
id·i·ot·ic [ˌɪdɪˈɒtɪk; *Am.* -ˈɑtɪk] *adj* idiˈotisch: a) *med.* hochgradig schwachsinnig, b) *contp.* blöd, vertrottelt. ˌ**id·iˈot·i·cal·ly** *adv* **1.** → idiotic. **2.** blöderweise. **3.** *colloq.* lächerlich: ~ cheap spottbillig.
id·i·ot·ism [ˈɪdɪətɪzəm] *s obs.* **1.** → idiocy. **2.** → idiom 1.
i·dle [ˈaɪdl] **I** *adj* (*adv* idly) **1.** untätig, müßig: the ~ rich die reichen Müßiggänger. **2.** unbeschäftigt, arbeitslos: to make s.o. ~. **3.** ungenutzt, ruhig, still, Muße...: ~ hours, ~ time *econ.* Verlust-, Totzeit *f*. **4.** faul, träge: an ~ fellow. **5.** *tech.* a) stillstehend, außer Betrieb, b) leer laufend, im Leerlauf: to lie ~ stilliegen; to run ~ leer laufen; ~ current Leerlaufstrom *m*; Blindstrom *m*; ~ motion Leergang *m*; ~ pulley → idler 3 b; ~ speed Leerlaufdrehzahl *f*; ~ stroke *mot.* Leertakt *m*. **6.** *agr.* brachliegend (*a. fig.*). **7.** *econ.* ˈunprodukˌtiv, tot: ~ capital. **8.** beiläufig: ~ glance; ~ remark; ~ curiosity bloße Neugier. **9.** a) müßig, nutz-, sinn-, zwecklos: it was ~ to warn her, b) vergeblich: an ~ attempt. **10.** leer, hohl: ~ talk (*od.* gossip) leeres *od.* seichtes Geschwätz; ~ threats leere Drohungen. **II** *v/i* **11.** nichts tun, faulenzen: to ~ about (*od.* around) herumtrödeln. **12.** *tech.* leer laufen. **III** *v/t* **13.** *meist* ~ away müßig zubringen, vertrödeln. **14.** zum Nichtstun verurteilen: ~d → 2. **15.** *tech.* leer laufen lassen. ˈ**i·dle·ness** *s* **1.** Untätigkeit *f*, Müßiggang *m*. **2.** Faul-, Trägheit *f*. **3.** Muße *f*. **4.** a) Zwecklosigkeit *f*, b) Vergeblichkeit *f*. **5.** Hohl-, Seichtheit *f*. ˈ**i·dler** *s* **1.** Müßiggänger(in). **2.** Faulenzer(in). **3** *tech.* a) ~ wheel → idle wheel 1, b) → pulley Leitrolle *f*, Leitscheibe *f*. **4.** *rail.* ˈLeerwagˌgon *m*. **5.** *mar.* Freiwächter *m*.
i·dle wheel *tech.* **1.** Zwischen(zahn)rad *n*. **2.** → idler 3 b.
i·dling [ˈaɪdlɪŋ] *s* **1.** Nichtstun *n*, Müßiggang *m*. **2.** *tech.* Leerlauf *m*.
i·dol [ˈaɪdl] *s* **1.** a) Götze *m*: to make an ~ of → idolize I b, b) Idol *n*, Götzenbild *n*. **2.** *fig.* Idol *n*: he was the ~ of his parents er war der Abgott s-r Eltern. **3.** Trugschluß *m*.
i·do·la [aɪˈdəʊlə] *pl von* idolum.
i·dol·a·ter [aɪˈdɒlətə; *Am.* aɪˈdɑlətər] *s* **1.** Götzenanbeter *m*, -diener *m*. **2.** *fig.* abgöttischer Verehrer. **iˈdol·a·tress** [-trɪs] *s* **1.** Götzenanbeterin *f*, -dienerin *f*. **2.** *fig.* abgöttische Verehrerin. **iˈdol·a·trize** *v/t* → idolize. **iˈdol·a·trous** [-trəs] *adj* (*adv* ~ly) **1.** götzendienerisch, Götzen... **2.** *fig.* abgöttisch. **iˈdol·a·try** [-trɪ] *s* **1.** Idolaˈtrie *f*, Götzenanbetung *f*, -dienst *m*. **2.** *fig.* abgöttische Verehrung, Vergötterung *f*.
i·dol·ism [ˈaɪdəlɪzəm] *s* **1.** a) → idolatry, b) → idolization 2. **2.** Trugschluß *m*. ˈ**i·dol·ist** → idolater, idolatress.
i·dol·i·za·tion [ˌaɪdəlaɪˈzeɪʃn; *Am.* -ə-] *s* **1.** → idolatry. **2.** *fig.* Idoliˈsierung *f*. ˈ**i·dol·ize** **I** *v/t* a) abgöttisch verehren, vergöttern, b) zum Idol machen. **II** *v/i* Abgötteˈrei treiben. ˈ**i·dol·iz·er** → idolater, idolatress.
i·do·lum [aɪˈdəʊləm] *pl* **iˈdo·la** [-lə] *s* **1.** Idee *f*, Vorstellung *f*, Begriff *m*. **2.** Trugschluß *m*.
i·dyl(l) [ˈɪdɪl; *Am.* ˈaɪdl] *s* **1.** Iˈdylle *f*, *bes.* Schäfer-, Hirtengedicht *n*. **2.** Iˈdyll *n* (*a. mus.*), iˈdyllische Szene. **i·dyl·lic** [aɪˈdɪlɪk; *Br. a.* ɪˈd-] *adj* (*adv* ~ally) *a*) iˈdyllisch. **i·dyll·ist** [ˈaɪdɪlɪst] *s* Iˈdyllendichter *m od.* -kompoˌnist *m*.

if [ɪf] **I** *conj* **1.** wenn, falls: ~ I were you wenn ich du wäre, (ich) an d-r Stelle; as ~ als wenn, als ob; even ~ wenn auch, selbst wenn; ~ any wenn überhaupt (e-r, e-e, e-s *od.* etwas *od.* welche[s]); she's thirty years ~ she's a day sie ist mindestens 30 Jahre alt; ~ not wo *od.* wenn nicht; ~ so a) gegebenenfalls, b) wenn ja; → even[1] 1. **2.** wenn auch: I will do it, ~ I die for it ich werde es tun, und wenn ich dafür sterben sollte; it is interesting, ~ a little long es ist interessant, aber *od.* wenn auch ein bißchen lang; ~ he be ever so rich mag er noch so reich sein. **3.** (*indirekt fragend*) ob: try ~ you can do it. **4.** *in Ausrufen*: ~ that is not a shame! das ist doch e-e Schande!, wenn das keine Schande ist!; and ~! *colloq.* und ob! **II** *s* **5.** Wenn *n*: without ~s and buts ohne Wenn u. Aber.
ig·loo, *a.* **ig·lu** [ˈɪɡluː] *s* **1.** Iglu *m*, *n*. **2.** kuppelförmige Hütte *etc*, *a. mil.* Muniti'onsbunker *m*. **3.** Schneehöhle *f* (*der Seehunde*).
ig·ne·ous [ˈɪɡnɪəs] *adj* **1.** *geol.* vulˈkanisch, Eruptiv...: ~ rock Eruptivgestein *n*. **2.** Feuer...
ig·nis fat·u·us [ˌɪɡnɪsˈfætjʊəs; *Am.* -ˈfætʃʊəs] *pl* **ig·nes fat·u·i** [ˌɪɡniːzˈfætʃʊwaɪ] (*Lat.*) *s* **1.** Irrlicht *n*. **2.** *fig.* Trugbild *n*.
ig·nit·a·ble → ignitible.
ig·nite [ɪɡˈnaɪt] **I** *v/t* **1.** an-, entzünden. **2.** *mot. tech.* zünden. **3.** *chem.* bis zur Verbrennung erhitzen. **4.** *fig.* entzünden, -flammen. **II** *v/i* **5.** sich entzünden, Feuer fangen. **6.** *mot. tech.* zünden. **igˈnit·er** *s tech.* **1.** Zündvorrichtung *f*, Zünder *m*. **2.** Zündladung *f*, -satz *m*. **igˈnit·i·ble** *adj* entzündbar.
ig·ni·tion [ɪɡˈnɪʃn] **I** *s* **1.** An-, Entzünden *n*. **2.** *mot. tech.* Zündung *f*: advanced (retarded) ~ Früh-(Spät)zündung. **3.** *chem.* Erhitzung *f*. **II** *adj* **4.** *mot. tech.* Zünd...: ~ battery (cable, distributor, key, lock, switch, voltage). ~ charge → igniter 2. ~ coil *s mot.* Zündspule *f*. ~ de·lay *s* Zündverzögerung *f*. ~ or·der *s* Zündfolge *f*. ~ point *s chem.* Zündpunkt *m*. ~ tim·ing *s* Zündeinstellung *f*: ~ adjuster Zündfolgeeinstellung *f* (*Vorrichtung*). ~ tube *s chem.* Glührohr *n*.
ig·ni·tor → igniter.
ig·ni·tron [ɪɡˈnaɪtrɒn; *Am.* ˌtrɑn; *Br. a.* ˈɪɡnɪtrɒn] *s phys.* Ignitron *n* (*mit e-r Quecksilberkathode versehene Gasentladungsröhre mit der Wirkungsweise e-s Relais*).
ig·no·bil·i·ty [ˌɪɡnəʊˈbɪlətɪ] *s* Gemeinheit *f*, Unehrenhaftigkeit *f*. **igˈno·ble** [ɪɡˈnəʊbl] *adj* (*adv* ignobly) **1.** gemein, unehrenhaft. **2.** von niedriger Geburt. **igˈno·ble·ness** → ignobility.
ig·no·min·i·ous [ˌɪɡnəʊˈmɪnɪəs] *adj* (*adv* ~ly) schändlich, schimpflich.
ig·no·min·y [ˈɪɡnəmɪnɪ; *Am. a.* ɪɡˈnɑməˌnɪ] *s* **1.** Schande *f*, Schimpf *m*. **2.** Schändlichkeit *f*.
ig·no·ra·mus [ˌɪɡnəˈreɪməs] *s* Ignoˈrant(in).
ig·no·rance [ˈɪɡnərəns] *s* **1.** Unwissenheit *f*, Unkenntnis *f* (*of gen*): from (*od.* through) ~ aus Unwissenheit; to be in ~ of s.th. nichts wissen *od.* kennen, nichts wissen von etwas; ~ of the law is no excuse Unkenntnis schützt vor Strafe nicht. **2.** *contp.* Ignoˈranz *f*, Beschränktheit *f*. ˈ**ig·no·rant** *adj* **1.** unkundig (*of gen*): to be ~ of s.th. etwas nicht wissen *od.* kennen, nichts wissen von etwas; he is not ~ of what happened er weiß sehr wohl, was geschehen ist. **2.** *contp.* a) ignoˈrant, beschränkt, b) un-

idiot board - ill-advised

gebildet. **3.** von Unwissen zeugend: an ~ remark. **4.** unwissentlich: an ~ sin. ˈ**ig·no·rant·ly** *adv* unwissentlich.
ig·nore [ɪɡˈnɔː(r)] *v/t* **1.** igno'rieren, nicht beachten, keine Noˈtiz nehmen von. **2.** *jur. Am.* e-e Anklage verwerfen, als unbegründet abweisen.
i·gua·na [ɪˈɡwɑːnə] *s* **1.** *zo.* (*ein*) Leguˈan *m*. **2.** *allg.* große Eidechse.
i·ke·ba·na [ˌiːkəˈbɑːnə; ˌɪkɪ-; ˌɪkeɪ-] *s* Ikeˈbana *n* (*japanische Kunst des Blumensteckens*).
i·kon → icon.
i·lang-i·lang [ˌiːlæŋˈiːlæŋ; *Am.* ˌiːlɑːŋˈiːlɑːŋ] *s* **1.** *bot.* Ilang-Ilang *n*, Ylang-Ylang *n*. **2.** Ilang-Ilang-Öl *n*, Ylang-Ylang-Öl *n*.
il·e·i·tis [ˌɪlɪˈaɪtɪs] *s med.* Ileˈitis *f*, Krummdarmentzündung *f*. **il·e·um** [ˈɪlɪəm] *s anat.* Ileum *n*, Krummdarm *m*. **il·e·us** [-əs] *s med.* Ileus *m*, Darmverschluß *m*.
i·lex [ˈaɪleks] *s bot.* **1.** Stecheiche *f*. **2.** Stechpalme *f*.
il·i·a [ˈɪlɪə] *pl von* ilium.
il·i·ac [ˈɪlɪæk] *adj anat.* Darmbein...
Il·i·ad [ˈɪlɪəd; -æd] *s* Ilias *f*, Iliˈade *f*: an ~ of woes e-e endlose Leidensgeschichte.
il·i·um [ˈɪlɪəm] *pl* **il·i·a** [ˈɪlɪə] *s anat.* **1.** Darmbein *n*. **2.** Hüfte *f*.
ilk [ɪlk] *s* **1.** Art *f*, Sorte *f*: people of his (that) ~ Leute s-r Sorte (solche Leute). **2.** of that ~ *Scot.* gleichnamigen Ortes: Kinloch of that ~ = Kinloch of Kinloch.
ill [ɪl] **I** *adj comp* **worse** [wɜːs; *Am.* wɜrs], *sup* **worst** [wɜːst; *Am.* wɜrst] **1.** schlimm, schlecht, übel, unheilvoll, verderblich, widrig, nachteilig, ungünstig, schädlich: ~ effects; ~ moment ungünstiger Augenblick; to do s.o. an ~ service j-m e-n schlechten Dienst *od.* e-n „Bärendienst" erweisen; ~ wind widriger *od.* ungünstiger Wind; it's an ~ wind that blows nobody good etwas Gutes ist an allem; → fortune 3, luck 1, omen I, weed[1] 1. **2.** (*moralisch*) schlecht, schlimm, übel, böse: ~ deed Missetat *f*; → fame 1, repute 1. **3.** bösartig, feindselig, schlimm: ~ nature a) Unfreundlichkeit *f*, ruppiges Wesen, b) Bösartigkeit *f*; ~ treatment a) schlechte Behandlung, b) Mißhandlung *f*; → blood 2, feeling 2, grace 3, humor 1, temper 2, will[2] 6. **4.** schlecht, übel, 'widerwärtig: ~ smells. **5.** schlecht, mangelhaft: ~ breeding a) schlechte Erziehung, b) Ungezogenheit *f*; ~ health schlechter Gesundheitszustand. **6.** *nur pred* krank: to be taken (*od.* to fall) ~ krank werden, erkranken (with an *dat*); to be ~ with a cold (a fever) e-e Erkältung (Fieber) haben; incurably ~ with cancer unheilbar krebskrank. **7.** *nur pred Br.* verletzt: he is seriously ~ in hospital er liegt schwer verletzt im Krankenhaus.
II *adv* **8.** schlecht, schlimm, übel (*etc* → 1-5): to be ~ off schlimm *od.* übel d(a)ran sein; to speak (think) ~ of s.o. schlecht von j-m reden (denken); to turn out ~ schlecht ausgehen; it went ~ with him es erging ihm übel; it ~ becomes (*od.* befits, *obs. od.* boots, beseems) you es steht dir schlecht an; → ease 2, fare 5, wish 4. **9.** schwerlich, kaum, schlecht, nicht gut: I can ~ afford it.
III *s* **10.** Übel *n*, Unglück *n*, ˈMißgeschick *n*. **11.** Krankheit *f*, Leiden *n* (*beide a. fig.*). **12.** a) *oft pl* Übel *n*, ˈMißstand *m*, b) (*etwas*) Übles *n*, Böses *n*.
ˌ**ill·-adˈvised** *adj* **1.** schlecht beraten: you would be ~ to sell your house now du wärest schlecht beraten, wenn du dein Haus jetzt verkauftest. **2.** unbeson-

ill-assorted – imaginative

nen, unklug, unbedacht. ~-as'sort·ed *adj* schlecht zs.-passend.
il·la·tion [ɪˈleɪʃn] *s* 1. Folgern *n*. 2. Schluß *m*, Folgerung *f*.
ˌill'-be'haved → ill-bred 2. ~-'bod·ing *adj* unheilverkündend. ~-'bred *adj* 1. schlechterzogen. 2. ungezogen, unhöflich. ~-con'di·tioned *adj* übellaunig. ~-con'sid·ered → ill-advised 2. ~-de'fined *adj* undeutlich, unklar. ~-dis'posed *adj* 1. übelgesinnt: to be ~ to (ward[s]) a) *j-m* übel gesinnt sein, *j-m* übelwollen, b) *e-m* Plan *etc* ablehnend gegenüberstehen. 2. bösartig, böse.
il·le·gal [ɪˈliːgl] *adj* (*adv* ~ly) unerlaubt, verboten: a) *jur.* 'ille̯gal, ungesetzlich, gesetz-, rechtswidrig, ˈwiderrechtlich: ~ parking falsches Parken, Falschparken *n*; ~ possession of weapons unerlaubter Waffenbesitz, b) *sport* regelwidrig. il·le·gal·i·ty [ˌɪliːˈgæləti] *s* 1. *jur.* Gesetzwidrigkeit *f*: a) Ungesetzlichkeit *f*, Illegali'tät *f*, b) gesetzwidrige Handlung. 2. *sport* Regelwidrigkeit *f*. il·le·gal·ize [ɪˈliːgəlaɪz] *v/t* für gesetzwidrig erklären, verbieten.
il·leg·i·bil·i·ty [ɪˌledʒɪˈbɪlɪtɪ] *s* Unleserlichkeit *f*. il'leg·i·ble *adj* (*adv* illegibly) unleserlich. il'leg·i·ble·ness → illegibility.
il·le·git·i·ma·cy [ˌɪlɪˈdʒɪtɪməsɪ] *s* 1. ~ illegality 1 a. 2. Nicht-, Unehelichkeit *f*. ˌil·le'git·i·mate I *adj* [-mət] (*adv* ~ly) 1. ~ illegal a. 2. nicht-, unehelich: an ~ child. 3. fehlerhaft, 'inkor̩rekt: an ~ word. 4. unlogisch. II *v/t* [-meɪt] 5. → illegalize. 6. für nicht- *od.* unehelich erklären. ˌil·le'git·i·mate·ness *s* 1. → illegality 1 a. 2. → illegitimacy 2. ˌil·le'git·i·ma·tize [-mətaɪz] *v/t* 1. → illegalize. 2. → illegitimate 6.
ˌill'-'fat·ed *adj* unglücklich: a) Unglücks..., vom Unglück verfolgt, b) ungünstig. ~-'fa·vo(u)red *adj* (*adv* ~ly) 1. unschön, häßlich. 2. anstößig. ~-'found·ed *adj* unbegründet. ~-'got·ten *adj* unrechtmäßig (erworben): ~ gains. ~-'hu·mo(u)red *adj* schlechtgelaunt.
il·lib·er·al [ɪˈlɪbərəl] *adj* (*adv* ~ly) 1. knauserig. 2. engstirnig. 3. *pol.* 'illibe̩ral. 4. unfein, gewöhnlich. il'lib·er·al·ism *s pol.* 'illibe̩raler Standpunkt. il·ˌlib·er'al·i·ty [-ˈræləti] *s* 1. Knause'rei *f*. 2. Engstirnigkeit *f*. 3. Unfeinheit *f*.
il·lic·it [ɪˈlɪsɪt] *adj* (*adv* ~ly) unerlaubt, unzulässig, verboten, gesetzwidrig: ~ trade Schwarzhandel *m*; ~ work Schwarzarbeit *f*.
Il·li·noi·an [ˌɪlɪˈnɔɪən], Il·li'nois·i·an [-'nɔɪzɪən]; *Am. a.* -ʒən] I *adj aus* Illi'nois, Illinois... II *s* Bewohner(in) von Illi'nois (*in USA*).
il·liq·uid [ɪˈlɪkwɪd] *adj econ.* 1. nicht flüssig: ~ assets. 2. 'illi̩quid, vor'übergehend zahlungsunfähig.
il·lit·er·a·cy [ɪˈlɪtərəsɪ] *s* 1. Unbildung *f*, Unwissenheit *f*. 2. Analpha'betentum *n*. 3. grober (gram'matischer *etc*) Fehler. il'lit·er·ate [-rət] I *adj* (*adv* ~ly) 1. unwissend, ungebildet. 2. analpha'betisch. 3. a) ungebildet, 'unkulti̩viert: an ~ person, b) voller grober (gram'matischer *etc*) Fehler: an ~ composition. II *s* 4. Ungebildete(r *m*) *f*. 5. Analpha'bet(in). il'lit·er·ate·ness *s* illiteracy 1 *u.* 2.
ˌill'-'judged → ill-advised 2. ~-'man·nered *adj* (*adv* ~ly) mit schlechten 'Umgangsformen, ungehobelt, ungezogen. ~-'matched *adj* schlecht zs.-passend. ~-'na·tured *adj* 1. unfreundlich, bösartig, boshaft. 2. ~ ill-tempered.
ill·ness [ˈɪlnɪs] *s* Krankheit *f*: after a long ~ nach langer Krankheit.

il·log·i·cal [ɪˈlɒdʒɪkl; *Am.* ɪˈlɑː-] *adj* (*adv* ~ly) unlogisch. il·ˌlog·i'cal·i·ty [-ˈkælətɪ] *s* a) Unlogik *f*, b) Ungereimtheit *f*. il'log·i·cal·ness → illogicality.
ˌill'-'o·mened → ill-starred. ~-'spent *adj*: ~ youth vergeudete Jugend. ~-'starred *adj* unglücklich, Unglücks..., vom Unglück verfolgt: to be ~ unter *e-m* ungünstigen Stern stehen. ~-'tem·pered *adj* schlechtgelaunt, übellaunig. ~-'timed *adj* ungelegen, unpassend, zur unrechten Zeit. ~-'treat → maltreat.
il·lume [ɪˈljuːm; *bes. Am.* ɪˈluːm] *obs. od. poet. für* illuminate. il'lu·mi·nant [-mɪnənt] I *adj* → illuminating. II *s* a) Beleuchtungs-, Leuchtmittel *n*, b) Beleuchtungskörper *m*, Leuchte *f*.
il·lu·mi·nate [ɪˈljuːmɪneɪt; *bes. Am.* ɪˈluː-] *v/t* 1. be-, erleuchten, erhellen. 2. illumi'nieren, festlich beleuchten. 3. *fig.* a) *etwas* aufhellen, erläutern, erklären, b) *j-n* erleuchten. 4. *bes. fig.* (Licht *u.*) Glanz verleihen (*dat*). 5. *bes. hist.* Bücher *etc* illumi'nieren, mit Buchmale'reien verzieren. il'lu·mi·nat·ed *adj* beleuchtet, leuchtend, Leucht..., Licht...: ~ advertising Leuchtreklame *f*. il'lu·mi·nat·ing *adj* 1. leuchtend, Leucht...: ~ engineer Beleuchtungsingenieur *m*; ~ gas Leuchtgas *n*; ~ power Leuchtkraft *f*; ~ projectile *mil.* Leuchtgeschoß *n*. 2. *fig.* aufschlußreich.
il·lu·mi·na·tion [ɪˌljuːmɪˈneɪʃn; *bes. Am.* ɪˌluː-] *s* 1. Be-, Erleuchtung *f*. 2. a) Illumi̩nati'on *f*, Festbeleuchtung *f*, b) *pl* Beleuchtungskörper *pl*, -anlage *f*. 3. *fig.* a) Erläuterung *f*, Erklärung *f*, b) Erleuchtung *f*. 4. *bes. fig.* (Licht *n u.*) Glanz *m*. 5. *bes. hist.* Illumi̩nati'on *f*, Verzierung *f* mit Buchmale'reien. il'lu·mi·na·tive [-nətɪv; *bes. Am.* -neɪtɪv] → illuminating. il'lu·mi·na·tor [-neɪtə(r)] *s* a) Erläuterer, b) Erleuchter *m*. 2. *bes. hist.* Illumi'nator *m*. 3. *opt.* Illumi'nator *m*, Beleuchtungsgerät *n*, -quelle *f*.
il·lu·mine [ɪˈljuːmɪn; *bes. Am.* ɪˈluː-] *obs. od. poet. für* illuminate.
ˌill'-'use → maltreat.
il·lu·sion [ɪˈluːʒn] *s* 1. Illusi'on *f*: a) Sinnestäuschung *f*: → optical, b) *psych.* Trugwahrnehmung *f*, c) Trugbild *n*, Wahn *m*, falsche Vorstellung, Einbildung *f*, Selbsttäuschung *f*: to be under an ~ sich täuschen; to be under the ~ that glauben *od.* sich einbilden, daß; to cherish the ~ that sich der Illusion hingeben, daß; to have no ~s sich keine Illusionen machen (about über *acc*). 2. Blendwerk *n*. 3. (*ein*) zarter Tüll. il'lu·sion·al [-ʒənl], il'lu·sion·ar·y [-ʃnərɪ; *Am.* -ʃə̩nerɪ] *adj* illu'sorisch. il'lu·sion·ism [-ʃənɪzəm] *s* Illusio'nismus *m*: a) *philos.* Auffassung, daß Wahrheit, Schönheit *u.* sittliche Werte nur Schein sind, b) *art* illusionistische (Bild)Wirkung. il'lu·sion·ist *s* Illusio'nist *m*: a) *philos.* Anhänger(in) des Illusionismus, b) Schwärmer(in), Träumer(in), c) Zauberkünstler *m*.
il·lu·sive [ɪˈluːsɪv] *adj* (*adv* ~ly) illu'sorisch, trügerisch: to be ~ trügen. il'lu·sive·ness, il'lu·so·ri·ness [-sərɪnɪs] *s* 1. Unwirklichkeit *f*, Schein *m*, (*das*) Illu'sorische. 2. Täuschung *f*. il'lu·so·ry *adj* (*adv* illusorily) → illusive.
il·lus·trate [ˈɪləstreɪt; *Am. a.* ɪˈlʌs-] *v/t* 1. erläutern, erklären, veranschaulichen. 2. illu'strieren, bebildern.
il·lus·tra·tion [ˌɪləˈstreɪʃn] *s* Illustrati'on *f*: a) Erläuterung *f*, Erklärung *f*, Veranschaulichung *f*: in ~ of zur Erläuterung von (*od. gen*), b) Beispiel *n*: by way of ~ als Beispiel, c) Bebilderung *f*, d) Bild(beigabe *f*) *n*, Abbildung *f*.

il·lus·tra·tive [ˈɪləstrətɪv; -streɪtɪv; *Am. bes.* ɪˈlʌstrətɪv] *adj* erläuternd, veranschaulichend, illustra'tiv: ~ material Anschauungsmaterial *n*; to be ~ of → illustrate 1.
il·lus·tra·tor [ˈɪləstreɪtə(r); *Am. a.* ɪˈlʌs-] *s* Illu'strator *m*: a) Erläuterer *m*, b) illustrierender Künstler *m*.
il·lus·tri·ous [ɪˈlʌstrɪəs] *adj* (*adv* ~ly) 1. il'luster, glanzvoll, erlaucht. 2. berühmt. il'lus·tri·ous·ness *s* 1. Glanz *m*, Erlauchtheit *f*. 2. Berühmtheit *f*.
il·ly [ˈɪlɪ] *bes. Am. für* ill II.
Il·lyr·i·an [ɪˈlɪrɪən] *hist.* I *adj* 1. il'lyrisch. II *s* 2. Il'lyrier(in). 3. *ling.* Il'lyrisch *n*, das Illyrische.
im- [ɪm] → in-[2].
im·age [ˈɪmɪdʒ] I *s* 1. Bild(nis) *n*. 2. a) Bildsäule *f*, Statue *f*, b) *relig.* Heiligenbild *n*, c) Götzenbild *n*, I'dol *n*: ~ worship Bilderanbetung *f*, -verehrung *f*; Götzenanbetung *f*, -dienst *m*; → graven II. 3. (*abstrakt*) Bild *n*, Erscheinungsform *f*, Gestalt *f*. 4. Ab-, Ebenbild *n*: he is the very ~ of his father er ist ganz der Vater, er ist *s-m* Vater wie aus dem Gesicht geschnitten; → spit[1] 12, spitting image. 5. *math. opt. phys.* Bild *n*: ~ carrier *TV* Bildträger *m*; ~ converter *TV* Bildwandler *m*; real (virtual) ~ *opt.* reelles (scheinbares) Bild. 6. Image *n*: a) Vorstellungsbild, *das e-e* Person *od.* Gruppe von sich selbst *od.* anderen Personen, Sachen *od.* Verhältnissen hat, b) *das durch* Werbung *od.* Public Relations von *e-r* Person, *e-r* Gruppe *od. e-r* Sache in der Öffentlichkeit erzeugte Bild. 7. (Leit)Bild *n*, I'dee *f*. 8. *psych.* 'Wiedererleben *n*. 9. Verkörperung *f*: he is the ~ of loyalty er ist die Treue selbst *od.* in Person. 10. Sym'bol *n*. 11. (sprachliches) Bild, bildlicher Ausdruck, Me'tapher *f*: to speak in ~s in Bildern *od.* Metaphern sprechen. II *v/t* 12. abbilden, bildlich darstellen. 13. 'widerspiegeln. 14. sich (*etwas*) vorstellen. 15. verkörpern. '~·ˌbuild·ing *s* Imagepflege *f*. ~·or·thi·con [ˈɔː(r)θɪkɒn; *Am.* -ˌkɑn] *s TV* Imageorthikon *n* (*speichernde Aufnahmeröhre*).
im·age·ry [ˈɪmɪdʒərɪ; -dʒrɪ] *s* 1. *collect.* Bilder *pl*, Bildwerk(*e pl*) *n*. 2. *collect.* Vorstellungen *pl*, geistige Bilder *pl*. 3. bildliche Darstellung. 4. Bilder(sprache *f*) *pl*, Meta'phorik *f*.
im·ag·i·na·ble [ɪˈmædʒɪnəbl] *adj* (*adv* imaginably) vorstellbar, erdenklich, denkbar: the greatest difficulty ~ die denkbar größte Schwierigkeit.
im·ag·i·nar·i·ly [ɪˈmædʒɪnərəlɪ], im·ag·i·nar·i·ness *s* imagi'när, in der Einbildung. im·ag·i·nar·y [-nərɪ; *Am.* -ˌnerɪ] I *adj* imagi'när (*a. math.*), nur in der Einbildung *od.* Vorstellung vor'handen, eingebildet, (nur) gedacht, Schein..., Phantasie...: the characters of this novel are ~ die Personen dieses Romans sind frei erfunden. II *s math.* imagi'näre Zahl.
im·ag·i·na·tion [ɪˌmædʒɪˈneɪʃn] *s* 1. (schöpferische) Phanta'sie, Vorstellungs-, Einbildungskraft *f*, Phanta'sie-, Einfalls-, I'deenreichtum *m*: he has no ~ er hat keine Phantasie, er ist phantasielos; use your ~! laß dir etwas einfallen!, laß d-e Phantasie spielen! 2. Vorstellen *n*, Vorstellung *f*: in ~ in der Vorstellung, im Geiste. 3. Vorstellung *f*: Einbildung *f*: pure ~ reine Einbildung; maybe it was just my ~ vielleicht habe ich mir das alles auch nur eingebildet, b) I'dee *f*, Gedanke *m*, Einfall *m*. 4. *collect.* Einfälle *pl*, I'deen(reichtum *m*) *pl*. 5. Schöpfergeist *m* (*Person*).
im·ag·i·na·tive [ɪˈmædʒɪnətɪv; *Am. a.* -ˌneɪtɪv] *adj* (*adv* ~ly) 1. phanta'sie-, ein-

fallsreich: an ~ writer; ~ faculty, ~ power → imagination 1. 2. phanta'sievoll, phan'tastisch: an ~ story. 3. contp. ,erdichtet', aus der Luft gegriffen. **im-'ag·i·na·tive·ness** → imagination 1.

im·ag·ine [ɪ'mædʒɪn] **I** v/t **1.** sich vorstellen, sich denken: you can't ~ my joy; I ~ him as a tall man ich stelle ihn mir groß vor; I ~ him to be rich ich halte ihn für reich; can you ~ him becoming famous? kannst du dir vorstellen, daß er einmal berühmt wird?; it is not to be ~d es ist nicht auszudenken. **2.** ersinnen, sich ausdenken. **3.** sich etwas einbilden: don't ~ that bilde dir nur nicht ein, denke bloß nicht, daß; you are imagining things! du bildest od. redest dir etwas ein!, das bildest od. redest du dir nur ein! **II** v/i **4.** just ~! iro. stell dir vor!, denk dir nur!

i·mag·i·nes [ɪ'meɪdʒɪniːz; ɪ'maːgɪneɪz; Am. a. ɪ'meɪgəˌniːz] pl von imago.

im·ag·ism ['ɪmɪdʒɪzəm] s hist. Ima'gismus m (anglo-amerikanische literarische Bewegung, 1912–1920, die e-e Knappheit des Ausdrucks u. e-e Genauigkeit des dichterischen Bildes anstrebte).

i·ma·go [ɪ'meɪgəʊ; ɪ'maː-] pl **-goes**, **i·mag·i·nes** [ɪ'meɪdʒɪniːz; ɪ'maːgɪneɪz; Am. a. ɪ'meɪgəˌniːz] s **1.** zo. I'mago f, vollentwickeltes In'sekt. **2.** psych. I'mago f (aus der Kindheit bewahrtes, unbewußtes Idealbild).

i·mam [ɪ'maːm] s I'mam m: a) Vorbeter in der Moschee, b) Titel für verdiente Gelehrte des Islams, c) Prophet u. religiöses Oberhaupt der Schiiten.

im·bal·ance [ɪm'bæləns] s **1.** Unausgewogenheit f, Unausgeglichenheit f. **2.** med. gestörtes Gleichgewicht (im Körperhaushalt etc): glandular ~ Störung f im hormonalen Gleichgewicht. **3.** pol. etc Ungleichgewicht n.

im·be·cile ['ɪmbɪsiːl, -saɪl; Am. 'ɪmbəsəl; -ˌsaɪl] **I** adj (adv ~ly) **1.** med. imbe'zil(l), mittelgradig schwachsinnig. **2.** contp. idi'otisch, vertrottelt. **II** s **3.** med. Schwachsinnige(r m) f mittleren Grades. **4.** contp. Idi'ot m, Trottel m. **im·be-'cil·ic** [-'sɪlɪk] adj (adv ~ally) → imbecile I. **im·be·cil·i·ty** [-'sɪlətɪ] s **1.** med. Imbezili'tät f, Schwachsinn m mittleren Grades. **2.** contp. Idio'tie f, Blödheit f.

im·bed [ɪm'bed] → embed.

im·bibe [ɪm'baɪb] v/t **1.** trinken. **2.** Luft etc schöpfen. **3.** Feuchtigkeit etc aufsaugen. **4.** Wissen etc einsaugen, in sich aufnehmen, sich zu eigen machen.

im·bri·cate I adj ['ɪmbrɪkɪt, -keɪt] **1.** dachziegel- od. schuppenartig angeordnet od. verziert, geschuppt. **II** v/t [-keɪt] **2.** dachziegelartig anordnen. **3.** schuppenartig verzieren. **III** v/i [-keɪt] **4.** dachziegelartig überein'anderliegen. **'im·bri·cat·ed** [-keɪtɪd] → imbricate I.

im·bro·glio [ɪm'brəʊlɪəʊ; -ljəʊ] pl **-glios** s **1.** Verwicklung f, -wirrung f, Komplikati'on f, verwickelte Lage. **2.** a) ernstes Mißverständnis, b) heftige Auseinandersetzung. **3.** mus. Im'broglio n, Taktartmischung f.

im·brue [ɪm'bruː] v/t (with, in) a) baden (in dat), tränken (mit) (a. fig.), b) beflecken, färben (mit).

im·bue [ɪm'bjuː] v/t **1.** durch'tränken, eintauchen. **2.** tief färben. **3.** fig. durch-'dringen, erfüllen (with mit): ~d with hatred haßerfüllt.

i·mid·o·gen [ɪ'mɪdədʒen; -dʒən] s chem. N^H-Gruppe f, I'midogruppe f.

im·i·ta·ble ['ɪmɪtəbl] adj nachahmbar.

im·i·tate ['ɪmɪteɪt] v/t **1.** etwas od. j-n nachahmen, -machen, imi'tieren, etwas a. nachbilden: not to be ~d unnachahmlich. **2.** fälschen. **3.** j-m nacheifern. **4.** ähneln (dat), aussehen wie. **5.** biol. sich anpassen an (acc). **'im·i·tat·ed** adj **1.** nachgeahmt, unecht, künstlich, imi'tiert. **2.** gefälscht.

im·i·ta·tion [ˌɪmɪ'teɪʃn] **I** s **1.** Nachahmung f, -ahmen n, Imi'tieren n: for ~ zur Nachahmung; in ~ of nach dem Muster von (od. gen). **2.** Imitati'on f, Nachahmung f (beide a. mus. psych.), Nachbildung f. **3.** Fälschung f. **4.** biol. Anpassung f. **II** adj **5.** nachgemacht, unecht, künstlich, Kunst..., Imitations...: ~ leather Kunstleder n.

im·i·ta·tive ['ɪmɪteɪtɪv; Am. 'ɪməˌteɪtɪv] adj (adv ~ly) **1.** nachahmend, imi'tierend: to be ~ of nachahmen, imitieren. **2.** zur Nachahmung neigend. **3.** nachgeahmt, -gebildet, -geahmt (of dat). **4.** biol. sich anpassend. **5.** ling. lautmalend. **'im·i·ta·tor** [-teɪtə(r)] s Nachahmer m, Imi'tator m.

im·mac·u·la·cy [ɪ'mækjʊləsɪ] s Unbefleckheit f, Makellosigkeit f, Reinheit f. **im'mac·u·late** [-lət] adj (adv ~ly) **1.** fig. unbefleckt, makellos, rein: I~ Conception R.C. Unbefleckte Empfängnis. **2.** tadel-, fehlerlos, einwandfrei. **3.** fleckenlos, sauber. **4.** bot. zo. ungefleckt. **im-'mac·u·late·ness** → immaculacy.

im·ma·nence ['ɪmənəns], **'im·ma·nen·cy** [-sɪ] s Imma'nenz f: a) Innewohnen n, b) philos. das Verbleiben in e-m vorgegebenen Bereich, ohne Überschreitung der Grenzen. **'im·ma·nent** adj imma'nent (a. philos.), innewohnend: to be ~ in s.th. e-r Sache innewohnen.

im·ma·te·ri·al [ˌɪmə'tɪərɪəl] adj (adv ~ly) **1.** immateri'ell, unkörperlich, unstofflich. **2.** unwesentlich, belanglos, unerheblich (to für) (a. jur.). **ˌim·ma'te·ri·al·ism** s philos. Immateria'lismus m (Lehre, die die Materie als selbständige Substanz leugnet u. dagegen ein geistig--seelisches Bewußtsein setzt). **'im·ma·te·ri·al·i·ty** [-'ælətɪ] s **1.** Immateriali'tät f, Unkörperlichkeit f, Unstofflichkeit f. **2.** Unwesentlichkeit f, Belanglosigkeit f, Unerheblichkeit f (a. jur.). **ˌim·ma-'te·ri·al·ize** v/t unkörperlich od. unstofflich machen, vergeistigen.

im·ma·ture [ˌɪmə'tjʊə(r); Am. a. -'tʊər] adj (adv ~ly) unausgereift (beide a. fig.). **ˌim·ma'tu·ri·ty** s Unreife f.

im·meas·ur·a·bil·i·ty [ɪˌmeʒərə'bɪlətɪ; ɪˌmeʒrə-; Am. -ʒərə-] s Unermeßlichkeit f. **im'meas·ur·a·ble** adj (adv immeasurably) unermeßlich, grenzenlos. **im'meas·ur·a·ble·ness** → immeasurability.

im·me·di·a·cy [ɪ'miːdjəsɪ; -dɪəsɪ] s **1.** Unmittelbarkeit f, Di'rektheit f. **2.** Unverzüglichkeit f. **3.** philos. a) unmittelbar gegebener Bewußtseinsinhalt, b) unmittelbare Gegebenheit.

im·me·di·ate [ɪ'miːdjət; -dɪət; Br. a. -dʒət] adj **1.** unmittelbar: a) nächst(gelegen): in the ~ vicinity in unmittelbarer Nähe, in der nächsten Umgebung; ~ constituent ling. (größeres) Satzglied, Wortgruppe f, b) di'rekt: ~ contact unmittelbare Berührung; ~ cause unmittelbare Ursache; ~ information Informationen aus erster Hand. **2.** (zeitlich) unmittelbar (be'vorstehend), nächst(er, e, es): in the ~ future in nächster Zukunft. **3.** unverzüglich, so'fortig, 'umgehend: ~ answer; to take ~ action sofort handeln; ~ annuity sofort fällige Rente; ~ matter jur. Sofortsache f; ~ objective mil. Nahziel n; ~ steps Sofortmaßnahmen; ~! (auf Briefen) Eilt! **4.** derzeitig, augenblicklich: my ~ plans. **5.** nächst(er, e, es) (in der Verwandtschaftslinie): my ~ family m-e nächsten Angehörigen. **6.** philos. intui'tiv, di'rekt, unmittelbar. **7.** di'rekt betreffend, unmittelbar berührend. **im'me·di·ate·ly I** adv **1.** unmittelbar, di'rekt. **2.** so'fort, unverzüglich. **II** conj **3.** bes. Br. so'bald; sofort, als. **im'me·di·ate·ness** → immediacy 1 u. 2.

Im·mel·mann (turn) ['ɪməlmaːn; -mən] s aer. sport Immelmann-Turn m (halber Looping u. halbe Rolle).

im·me·mo·ri·al [ˌɪmɪ'mɔːrɪəl; Am. a. -'məʊ-] adj uralt: ~ customs; from (od. since) time ~ seit undenklichen Zeiten.

im·mense [ɪ'mens] adj (adv ~ly) **1.** riesig: an ~ palace. **2.** fig. e'norm, im'mens, riesig: ~ costs. **3.** → immeasurable. **4.** colloq. ,prima', großartig: they enjoyed themselves ~ly. **im'mense·ness**, **im'men·si·ty** s Riesigkeit f.

im·men·su·ra·bil·i·ty [ɪˌmenʃʊrə'bɪlətɪ; bes. Am. -ʃərə-], **im'men·su·ra·ble**, **im'men·su·ra·ble·ness** → immeasurability, etc.

im·merse [ɪ'mɜːs; Am. ɪ'mɜrs] v/t **1.** (ein)tauchen (in in acc), 'untertauchen (in in acc). **2.** relig. (bei der Taufe) 'untertauchen. **3.** einbetten, -graben (in in acc). **4.** to ~ o.s. in sich vertiefen od. versenken in (acc): he ~d himself in a book. **im'mersed** [ɪ'mɜːst; Am. ɪ'mɜrst] adj **1.** eingetaucht: ~ compass tech. Flüssigkeitskompaß m. **2.** versunken, -tieft (in in acc): ~ in a book; ~ in thought gedankenversunken. **3.** biol. in benachbarte Teile eingebettet. **4.** bot. ganz unter Wasser wachsend.

im·mer·sion [ɪ'mɜːʃn; Am. ɪ'mɜrʒən; -ʃən] s **1.** Ein-, 'Untertauchen n, phys. Immersi'on f: ~ heater Tauchsieder m; ~ lens (od. objective) opt. Immersionsobjektiv n. **2.** Versunkenheit f, Vertiefung f. **3.** relig. Immersi'onstaufe f. **4.** astr. Immersi'on f (Eintreten e-s Gestirns in den Schatten e-s anderen).

im·mi·grant ['ɪmɪgrənt] **I** s Einwanderer m, Einwanderin f, Immi'grant(in). **II** adj einwandernd (a. biol. med.).

im·mi·grate ['ɪmɪgreɪt] **I** v/i einwandern (into in acc) (a. biol. med.). **II** v/t ansiedeln (into in dat). **ˌim·mi'gra·tion** s **1.** Einwanderung f, Immigrati'on f. **2.** Einwandererzahl f.

im·mi·nence ['ɪmɪnəns], **'im·mi·nen·cy** [-sɪ] s **1.** nahes Bevorstehen. **2.** drohende Gefahr, Drohen n. **'im·mi·nent** adj (adv ~ly) **1.** nahe bevorstehend: his ~ death sein naher Tod. **2.** drohend: ~ danger.

im·mis·ci·bil·i·ty [ɪˌmɪsə'bɪlətɪ] s Unvermischbarkeit f. **im'mis·ci·ble** adj (adv immiscibly) unvermischbar.

im·mit·i·ga·ble [ɪ'mɪtɪgəbl] adj (adv immitigably) nicht zu mildern(d).

im·mo·bile [ɪ'məʊbaɪl; -biːl; Am. bes. -bəl] adj unbeweglich: a) bewegungslos: to keep one's injured arm ~ s-n verletzten Arm ruhig halten, b) starr, fest. **im·mo·bil·i·ty** [ˌɪməʊ'bɪlətɪ] s **1.** Unbeweglichkeit f. **2.** Bewegungslosigkeit f. **im·mo·bi·li·za·tion** [ɪˌməʊbɪlaɪ'zeɪʃn; Am. -lə'z-] s **1.** Unbeweglichmachen n. **2.** econ. a) Festlegung f, b) Einziehung f. **3.** med. Ruhigstellung f, Immobilisierung f, Immobilisati'on f. **im'mo·bi·lize** v/t **1.** unbeweglich machen: ~d bewegungsunfähig (a. Fahrzeug etc). **2.** econ. a) Kapital festlegen, b) Metallgeld einziehen, aus dem Verkehr ziehen. **3.** med. ruhigstellen, immobili'sieren. **4.** mil. Truppen lähmen, fesseln.

im·mod·er·a·cy [ɪ'mɒdərəsɪ; -drəsɪ; Am. 'mɑː-] s 'Übermaß n, Unmäßigkeit f, Maßlosigkeit f. **im'mod·er·ate** [-rət] adj (adv ~ly) 'über-, unmäßig, maßlos. **im'mod·er·ate-**

immoderation - impeachment

ness, im‚mod·er'a·tion → immoderacy.
im·mod·est [ɪ'mɒdɪst; *Am.* ɪ'mɑdəst] *adj (adv ~ly)* **1.** unbescheiden, aufdringlich, anmaßend, vorlaut. **2.** unanständig, schamlos. **im'mod·es·ty** *s* **1.** Unbescheidenheit *f*, Aufdringlichkeit *f*. **2.** Unanständigkeit *f*, Schamlosigkeit *f*.
im·mo·late ['ɪməʊleɪt] *v/t* opfern (*a. fig.*), als Opfer darbringen. **‚im·mo'la·tion** *s a. fig.* **1.** Opfern *n*, Opferung *f*. **2.** Opfer *n*.
im·mor·al [ɪ'mɒrəl; *Am. a.* ɪ'mɑ-] *adj (adv ~ly)* **1.** 'unmo‚ralisch, unsittlich (*a. jur.*): ~ life. **2.** *jur.* unsittlich, sittenwidrig: ~ contract. **im·mo·ral·i·ty** [‚ɪmə'rælətɪ; ‚ɪmɒ-] *s* Unsittlichkeit *f*: a) (*das*) 'Unmo‚ralische, b) 'Unmo‚ral *f*, c) unsittliche *od.* unzüchtige Handlung (*a. jur.*), d) unsittlicher Lebenswandel, e) *jur.* Sittenwidrigkeit *f*: ~ of a transaction.
im·mor·tal [ɪ'mɔː(r)tl] **I** *adj (adv ~ly)* **1.** unsterblich (*a. fig.*). **2.** *fig.* ewig, unvergänglich. **II** *s* **3.** Unsterbliche(r *m*) *f* (*a. fig.*). **‚im·mor'tal·i·ty** [-'tælətɪ] *s* **1.** Unsterblichkeit *f* (*a. fig.*). **2.** Unvergänglichkeit *f*. **im‚mor·tal·i'za·tion** [-təlaɪ'zeɪʃn; *Am.* -ələ'z-] *s* Unsterblichmachen *n*, Verewigen *n*. **im'mor·tal·ize** *v/t* unsterblich machen, verewigen.
im·mor·telle [‚ɪmɔː(r)'tel] *s bot.* Immor'telle *f*, Strohblume *f*.
im·mo·tile [ɪ'məʊtaɪl; *Am. bes.* -tl] *adj biol.* feststehend, unbeweglich.
im·mov·a·bil·i·ty [ɪ‚muːvə'bɪlətɪ] *s* **1.** Unbeweglichkeit *f*. **2.** *fig.* Unerschütterlichkeit *f*. **im'mov·a·ble I** *adv (adj immovably)* **1.** unbeweglich: a) fest(stehend), ortsfest: ~ property → 5, b) unbewegt, bewegungslos. **2.** unabänderlich. **3.** *fig.* a) fest, unerschütterlich, b) hart, unnachgiebig. **4.** (*zeitlich*) unveränderlich: ~ feast *relig.* unbeweglicher Feiertag. **II** *s* **5.** *pl jur.* Liegenschaften *pl*, Immo'bilien *pl*, unbewegliches Eigentum.
im·mune [ɪ'mjuːn] **I** *adj* **1.** *med. u. fig.* (against, from, to) im'mun (gegen), unempfänglich (für): ~ body (response, serum) Immunkörper *m* (-reaktion *f*, -serum *n*). **2.** (against, from, to) geschützt *od.* gefeit (gegen), frei (von): ~ to corrosion *tech.* korrosionsbeständig. **3.** befreit, ausgenommen (from von): ~ from taxation. **II** *s* **4.** im'mune Per'son.
im'mu·ni·ty *s* **1.** Immuni'tät *f*: a) *med. u. fig.* Unempfänglichkeit *f*: ~ to heat *tech.* Wärmebeständigkeit *f*, b) *jur.* Freiheit *f*, Befreiung *f*: diplomatic ~ diplomatische Immunität; ~ to enjoy ~ Immunität genießen; ~ from criminal prosecution (from suit) strafrechtliche (zivilrechtliche) Immunität; ~ from punishment Straflosigkeit *f*; ~ from taxes Steuer-, Abgabefreiheit *f*; ~ of witness Zeugnisverweigerungsrecht *n*. **2.** *jur.* Privi'leg *n*, Sonderrecht *n*. **3.** Freisein *n* (from von): ~ from error Unfehlbarkeit *f*.
im·mu·ni·za·tion [‚ɪmjuːnaɪ'zeɪʃn; *Am.* ‚ɪmjənə'z-] *s med.* Immuni'sierung *f*. **'im·mu·nize** *v/t* immuni'sieren, im'mun machen (against gegen) (*a. fig.*).
immuno- [ɪmjuːnəʊ] *Wortelement mit der Bedeutung* Immun...
‚im·mu·no·bi'ol·o·gy *s* Im'munbiolo‚gie *f* (*Teilgebiet der Mikrobiologie, das sich mit den im menschlichen u. tierischen Körper ablaufenden Immunreaktionen befaßt*).
‚im·mu·no'chem·is·try *s* Im'munche‚mie *f* (*Teilgebiet der Chemie, das die stofflichen Grundlagen der Immunität u. der biologischen Vorgänge, die zum Immunitätszustand führen, untersucht*).

‚im·mu·no·ge'net·ics *s pl (meist als sg konstruiert)* Im'munge‚netik *f* (*Teilgebiet der Genetik, das die Vererbung der Blutgruppen bei Mensch u. Tier sowie die genetischen Faktoren, die für Entstehung und Ablauf von Infektionskrankheiten von Bedeutung sind, untersucht*).
im·mu·no·log·ic [‚ɪmjuːnə'lɒdʒɪk; *Am.* ‚ɪmjənl'ɑdʒɪk] *adj*; **‚im·mu·no'log·i·cal** *adj (adv ~ly) med.* immuno'logisch: a) *die Immunologie betreffend*, b) *die Immunität betreffend*: ~ reaction Immunreaktion *f*. **im·mu·nol·o·gist** [‚ɪmjuːn'ɒlədʒɪst; *Am.* ‚ɪmjən'ɑl-] *s* Immuno'loge *m*. **‚im·mu'nol·o·gy** *s* Immunolo'gie *f*, Immuni'tätsforschung *f*, -lehre *f*.
‚im·mu·no·re'ac·tion *s biol. med.* Im'munreakti‚on *f* (*Abwehrreaktion von Lebewesen auf Krankheitserreger od. Gifte*).
‚im·mu·no'ther·a·py *s med.* Im'munthera‚pie *f* (*Behandlungsweise von Infektionskrankheiten u. Toxinvergiftungen, bei der spezifische Mittel angewandt werden, um e-e künstliche Immunität herzustellen*).
im·mure [ɪ'mjʊə(r)] *v/t* **1.** einsperren, -kerkern: to ~ o.s. sich vergraben, sich abschließen. **2.** *obs.* einmauern.
im·mu·ta·bil·i·ty [ɪ‚mjuːtə'bɪlətɪ] *s* Unveränderlichkeit *f*. **im'mu·ta·ble** *adj (adv immutably)* unveränderlich.
imp [ɪmp] *s* **1.** Kobold *m*. **2.** *colloq.* ‚Racker' *m*.
im·pact I *s* ['ɪmpækt] **1.** Zs.-, Anprall *m*. **2.** Auftreffen *n*, -prall *m*. **3.** a) *mil.* Auf-, Einschlag *m*: ~ of fire Aufschlagschießen *n*; ~ fuse Aufschlagzünder *m*, b) Im'pakt *m*, Meteo'riteneinschlag *m*: ~ crater Meteoritenkrater *m*. **4.** *phys. tech.* a) Stoß *m*, Schlag *m*, b) Wucht *f*: ~ crusher (*Bergbau*) Schlagbrecher *m*; ~ extrusion Schlagstrangpressen *n*; ~ pressure Staudruck *m*; ~ strength Schlagbiegefestigkeit *f*. **5.** *fig.* a) (heftige) (Ein)Wirkung, Auswirkungen *pl*, (starker) Einfluß (on auf *acc*), (von Werbemaßnahmen) Im'pact *m*, b) (starker) Eindruck (on auf *acc*), c) Wucht *f*, Gewalt *f*, d) (on) Belastung (*gen*), Druck *m* (auf *acc*): to make an ~ (on) ‚einschlagen' (bei), e-n starken Eindruck hinterlassen (bei), sich mächtig auswirken (auf *acc*); s.th. has lost its ~ etwas ‚greift' *od.* ‚zieht' nicht mehr. **II** *v/t* [ɪm'pækt] **6.** zs.-pressen, -drücken. **7.** voll-, verstopfen. **8.** *a. med.* ein-, festklemmen, einkeilen: ~ed fracture eingekeilter Bruch; ~ed tooth impaktierter Zahn. **im'pac·tion** *s bes. med.* Einkeilung *f*.
im·pair [ɪm'peə(r)] **I** *v/t* beeinträchtigen: to ~ one's health s-r Gesundheit schaden. **II** *s obs. für* impairment. **im'pair·ment** *s* Beeinträchtigung *f*.
im·pa·la [ɪm'pɑːlə; ɪm'pælə] *pl* **-las**, *bes. collect.* **-la** *s zo.* Im'pala *f* (*e-e Antilope*).
im·pale [ɪm'peɪl] *v/t* **1.** aufspießen (on auf *acc*), durch'bohren. **2.** *hist.* pfählen. **3.** *her.* zwei Wappen auf e-m Schild durch e-n senkrechten Pfahl getrennt nebenein'ander anbringen. **4.** *fig.* festnageln. **im'pale·ment** *s* **1.** *hist.* Pfählung *f*. **2.** Aufspießung *f*, Durch'bohrung *f*. **3.** *her.* Vereinigung *f* zweier durch e-n Pfahl getrennter Wappen auf einem Schild.
im·pal·pa·ble [ɪm'pælpəbl] *adj (adv impalpably)* **1.** unfühlbar, ungreifbar. **2.** äußerst fein. **3.** *fig.* kaum (er)faßbar *od.* greifbar.
im·pa·na·tion [ɪmpæ'neɪʃn] *s relig.* Impanati‚on *f* (*Verkörperung Christi im Abendmahl ohne Transsubstantiation*).
im·pan·el [ɪm'pænl] *v/t pret u. pp* **-eled**, *bes. Br.* **-elled 1.** in e-e Liste eintragen. **2.** *jur.* a) in die Geschworenenliste ein-

tragen, b) *Am. die* Geschworenen aus der Liste auswählen.
im·par·i·pin·nate [‚ɪmpærɪ'pɪnɪt; -neɪt] *adj bot.* unpaarig gefiedert.
im·par·i·syl·lab·ic ['ɪm‚pærɪsɪ'læbɪk] *adj u. s ling.* ungleichsilbig(es Wort).
im·par·i·ty [ɪm'pærətɪ] *s* Ungleichheit *f*.
im·part [ɪm'pɑː(r)t] *v/t* **1.** (to *dat*) geben: a) gewähren, zukommen lassen, b) *e-e Eigenschaft etc* verleihen. **2.** a) mitteilen (to *dat*): to ~ news, b) vermitteln (to *dat*): to ~ knowledge, c) *a. phys.* über'tragen (to auf *acc*): to ~ a motion; to be ~ed to sich mitteilen (*dat*); sich übertragen auf (*acc*).
im·par·tial [ɪm'pɑː(r)ʃl] *adj (adv ~ly)* 'unpar‚teiisch, unvoreingenommen, unbefangen. **'im‚par·ti'al·i·ty** [-ʃɪ'ælətɪ], **im'par·tial·ness** *s* 'Unpar‚teilichkeit *f*, Unvoreingenommenheit *f*.
im·pass·a·ble [ɪm'pɑːsəbl; *Am.* -'pæ-] *adj (adv impassably)* **1.** 'unpas‚sierbar: ~ roads. **2.** *bes. fig.* 'unüber‚windbar: an ~ obstacle to freedom. **3.** nicht 'umlauffähig: ~ counterfeit money.
im·passe [æm'pɑːs; 'æmpɑːs; *Am.* 'ɪm‚pæs; ɪm'pæs] *s* **1.** Sackgasse *f* (*a. fig.*). **2.** *fig.* völliger Stillstand, toter Punkt: to reach an ~ in e-e Sackgasse geraten, sich festfahren; to break the ~ aus der Sackgasse herauskommen.
im·pas·si·bil·i·ty [ɪm‚pæsɪ'bɪlətɪ] *s* **1.** Unempfindlichkeit *f*. **2.** Ungerührtheit *f*. **im'pas·si·ble** *adj (adv impassibly)* **1.** (to) gefühllos (gegen), unempfindlich (für) (*beide a. fig.*). **2.** ungerührt, mitleidlos.
im·pas·sion [ɪm'pæʃn] *v/t* leidenschaftlich bewegen *od.* erregen, aufwühlen: **~ed** leidenschaftlich.
im·pas·sive [ɪm'pæsɪv] *adj (adv ~ly)* **1.** a) teilnahmslos, leidenschaftslos, b) ungerührt. **2.** gleichmütig, gelassen. **3.** heiter. **4.** unbewegt, ausdruckslos: ~ face. **im'pas·sive·ness**, **‚im·pas'siv·i·ty** *s* **1.** a) Teilnahmslosigkeit *f*, b) Ungerührtheit *f*. **2.** Gleichmütigkeit *f*, Gelassenheit *f*. **3.** Heiterkeit *f*. **4.** Ausdruckslosigkeit *f*.
im·paste [ɪm'peɪst] *v/t* **1.** zu e-m Teig kneten. **2.** *paint.* pa'stos malen.
im·pas·to [ɪm'pæstəʊ; ɪm'pɑːs-] *s paint.* Im'pasto *n*, dicker Farbauftrag.
im·pa·tience [ɪm'peɪʃns] *s* **1.** Ungeduld *f*. **2.** ungeduldiges Verlangen (for nach; to do zu tun). **3.** a) Unduldsamkeit *f*, 'Intole‚ranz *f*, b) Unzufriedenheit *f*, Verärgerung *f*.
im·pa·tient [ɪm'peɪʃnt] *adj (adv ~ly)* **1.** ungeduldig: ~ questions. **2.** to be ~ for s.th. etwas nicht erwarten können; to be ~ to do s.th. darauf brennen, etwas zu tun; es nicht erwarten können, etwas zu tun. **3.** (of) a) unduldsam, 'intole‚rant (gegen'über): to be ~ of nicht (v)ertragen können, nichts übrig haben für, b) unzufrieden (mit), ärgerlich, ungehalten (über *acc*).
im·peach [ɪm'piːtʃ] *v/t* **1.** *jur.* j-n anklagen (for, of, with *gen*): to ~ s.o. for doing s.th. j-n anklagen, etwas getan zu haben. **2.** *jur. bes. Am.* e-n hohen Staatsbeamten, (*in den USA*) *bes.* den Präsidenten unter Amtsanklage stellen. **3.** *jur.* anfechten: to ~ a document die Gültigkeit e-s Schriftstücks anfechten *od.* in Zweifel ziehen *od.* bestreiten; to ~ a witness *Am.* die Glaubwürdigkeit e-s Zeugen anzweifeln. **4.** etwas in Frage stellen, in Zweifel ziehen: to ~ s.o.'s motives. **im'peach·a·ble** *adj* **1.** *jur.* anklagbar. **2.** *jur.* anfechtbar.
im'peach·ment [ɪm'piːtʃmənt] *s* **1.** *jur.* Anklage *f*, Beschuldigung *f*. **2.** *jur. bes. Am.* Im'peachment *n* (*Amtsanklage gegen e-n hohen Staatsbeamten, in den USA bes.*

gegen den Präsidenten, zum Zwecke der Amtsenthebung). **3.** *jur.* Anfechtung *f* (der Gültigkeit): ~ **of a witness** *Am.* Anzweiflung der Glaubwürdigkeit e-s Zeugen. **4.** 'In|fragestellung *f.* ~ **of waste** *s jur.* Pächterhaftung *f* für Wertminderung des Pachtlandes.

im·pec·ca·bil·i·ty [ɪmˌpekəˈbɪlətɪ] *s* **1.** Sünd(en)losigkeit *f.* **2.** Tadellosigkeit *f.* **im'pec·ca·ble** *adj (adv* **impeccably)** **1.** sünd(en)los. **2.** tadellos, untadelig, einwandfrei. **im'pec·cant** *adj* sünd(en)los.

im·pe·cu·ni·os·i·ty [ˈɪmpɪˌkjuːnɪˈɒsətɪ; *Am.* -ˌɑs-] *s* Mittellosigkeit *f.* **ˌim·pe·'cu·ni·ous** [-ˈkjuːnjəs; -nɪəs] *adj (adv* ~**ly)** mittellos, unbemittelt.

im·ped·ance [ɪmˈpiːdəns; -dns] *s electr.* Impe'danz *f,* 'Schein|widerstand *m:* **characteristic** ~ Wellenwiderstand; ~ **coil** Drosselspule *f.*

im·pede [ɪmˈpiːd] *v/t* **1.** *j-n od. etwas* (be)hindern: **what** ~**s your telling him the truth?** was hindert Sie daran, ihm die Wahrheit zu sagen? **2.** *etwas* erschweren. **im'pe·di·ent** [-dɪənt] *adj* hindernd, hinderlich.

im·ped·i·ment [ɪmˈpedɪmənt] *s* **1.** Behinderung *f.* **2.** Hindernis *n* (to für). **3.** *med.* Funkti'onsstörung *f:* ~ **(in one's speech)** Sprachfehler *m.* **4.** *pl a.* **imˌped·i'men·ta** [-ˈmentə] *jur.* Hinderungsgrund *m:* ~ **(to marriage)** Ehehindernis *n.* **imˌped·i'men·ta** [-ˈmentə] *s pl* **1.** *mil.* Gepäck *n.* **2.** *colloq.* a) (hinderliches) Gepäck, b) (*j-s*) ‚Siebensachen' *pl.*

im·pel [ɪmˈpel] *v/t* **1.** *a. fig.* (an-, vorwärts)treiben, drängen. **2.** zwingen, nötigen, bewegen: **I felt** ~**led** ich sah mich gezwungen *od.* fühlte mich genötigt (**to do** zu tun). **3.** führen zu, verursachen. **im'pel·lent** *I adj* (an)treibend, Trieb... **II** *s* Triebkraft *f,* Antrieb *m.* **im'pel·ler** *s* **1.** Antreibende(r *m) f.* **2.** *tech.* a) Laufrad *n,* b) Flügelrad *n* (*e-r Pumpe*), c) *aer.* Laderlaufrad *n.*

im·pend [ɪmˈpend] *v/t* **1.** hängen, schweben (**over** über *dat).* **2.** *fig.* a) (**over**) drohend schweben (über *dat*), drohen (*dat*), b) nahe bevorstehen. **im'pendent, im'pend·ing** *adj* a) nahe bevorstehend: **his** ~ **death** sein naher Tod, b) drohend: ~ **danger.**

im·pen·e·tra·bil·i·ty [ɪmˌpenɪtrəˈbɪlətɪ] *s* **1.** *a. phys. u. fig.* 'Undurchˌdringlichkeit *f.* **2.** *fig.* Unergründlichkeit *f,* Unerforschlichkeit *f.* **im'pen·e·tra·ble** *adj (adv* **impenetrably) 1.** *a. phys. u. fig.* 'undurchˌdringlich (**by** für). **2.** *fig.* unergründlich, unerforschlich: **an** ~ **mystery. 3.** *fig.* (**to, by**) unempfänglich (für), unzugänglich (*dat*).

im·pen·i·tence [ɪmˈpenɪtəns], *a.* **im'pen·i·ten·cy** [-sɪ] *s a) relig.* Unbußfertigkeit *f,* b) Verstocktheit *f.* **im'pen·i·tent** *adj (adv* ~**ly**) a) *relig.* unbußfertig, b) verstockt.

im·per·a·ti·val [ɪmˌperəˈtaɪvl] → **imperative 3.**

im·per·a·tive [ɪmˈperətɪv] **I** *adj (adv* ~**ly**). **1.** befehlend, gebieterisch, herrisch, Befehls... **2.** 'unumˌgänglich, zwingend, dringend (notwendig), unbedingt erforderlich. **3.** *ling.* impera'tivisch, Imperativ..., Befehls...: ~ **mood** → **5. II** *s* **4.** Befehl *m.* **5.** *ling.* Imperativ *m,* Befehlsform *f.* **6.** a) 'unumˌgängliche Pflicht, b) dringendes Erfordernis, Notwendigkeit *f.*

im·per·cep·ti·ble [ˌɪmpə(r)ˈseptəbl] *adj* (*adv* **imperceptibly**). **1.** nicht wahrnehmbar, unmerklich. **2.** verschwindend klein. **ˌim·per'cep·tive** → **impercipient. ˌim·per'cip·i·ent** [-ˈsɪpɪənt] *adj* **1.** ohne Wahrnehmung, nicht wahrnehmend. **2.** begriffsstutzig, beschränkt.

im·per·fect [ɪmˈpɜːfɪkt; *Am.* -ˈpɜr-] **I** *adj* (*adv* ~**ly**). **1.** unvollkommen (*a. mus.*): a) unvollständig (*a. bot.*), 'unvollˌendet, b) mangel-, fehlerhaft, schwach: ~ **number** *math.* unvollkommene Zahl; ~ **title** *jur.* fehlerhafter Eigentumstitel. **2.** *ling.* Imperfekt...: ~ **tense** → **4. 3.** *jur.* nicht einklagbar. **II** *s* **4.** *ling.* Imperfekt *n,* 'unvollˌendete Vergangenheit. **im·per·fec·tion** [ˌɪmpə(r)ˈfekʃn] *s* **1.** Unvollkommenheit *f,* Mangelhaftigkeit *f.* **2.** Mangel *m,* Fehler *m,* Schwäche *f.* **3.** *print.* De'fekt(buchstabe) *m.*

im·per·fo·rate [ɪmˈpɜːfərət; *Am.* -ˈpɜr-; *a.* -ˌreɪt] **I** *adj* **1.** *bes. med.* ohne Öffnung. **2.** nicht durch'bohrt *od.* -'löchert, nicht gelocht *od.* perfo'riert: ~ **stamp** → **3. II** *s* **3.** ungezähnte Briefmarke.

im·pe·ri·al [ɪmˈpɪərɪəl] **I** *adj (adv* ~**ly**) **1.** kaiserlich, Kaiser... **2.** *hist.* Reichs...: **I**~ **Diet** Reichstag *m.* **3.** *des Brit.* Weltreichs, Reichs..., Empire... **4.** *fig.* a) souve'rän, b) gebieterisch. **5.** *fig.* a) königlich, fürstlich, prächtig, großartig, b) her'vorragend, exqui'sit, c) impo'sant, mächtig, riesig. **6.** *Br.* gesetzlich (*Maße u. Gewichte*): ~ **gallon** Gallone *f* (= 4,55 *l*). **II** *s* **7.** Kaiserliche(r) *m* (*Anhänger od. Soldat*). **8.** Knebelbart *m.* **9.** Imperi'al (-paˌpier) *n* (*Format: in den USA 23 × 31 in., in GB 22 × 30 in.*). **10.** dunkles Purpurrot. ~ **blue** *s chem.* in Spiritus lösliches Ani'linblau. ~ **cit·y** *s hist.* **1.** freie Reichsstadt. **2. I**~ **C**~ Kaiserstadt *f* (*bes. Rom*). ~ **dome** *s arch.* Spitzkuppel *f.* ~ **ea·gle** *s orn.* Kaiseradler *m.*

im'pe·ri·al·ism *s pol.* **1.** Imperia'lismus *m* (*Streben e-s Staates nach Macht- u. Besitzerweiterung*). **2.** Kaiserherrschaft *f.* **im'pe·ri·al·ist I** *s* **1.** *pol.* Imperia'list *m.* **2.** kaiserlich Gesinnte(r) *m,* Kaiserliche(r) *m.* **II** *adj* **3.** imperia'listisch. **4.** kaiserlich, -treu. **imˌpe·ri·al'is·tic** *adj (adv* ~**ally**) → **imperialist II. im'pe·ri·al·ize** *v/t* **1.** kaiserlich machen, mit kaiserlicher Würde ausstatten. **2.** zu e-m Kaiserreich machen.

im·pe·ri·al| moth *s zo.* Kaiserspinner *m.* ~ **pref·er·ence** *s econ.* Zollbegünstigung *f,* Vorzugszoll *m* (*für den Handel zwischen Großbritannien u. s-n Dominions*).

im·per·il [ɪmˈperəl] *v/t* gefährden, in Gefahr bringen.

im·pe·ri·ous [ɪmˈpɪərɪəs] *adj (adv* ~**ly**) **1.** herrisch, gebieterisch. **2.** dringend, zwingend: **an** ~ **necessity. im'pe·ri·ous·ness** *s* **1.** herrisches *od.* gebieterisches Wesen. **2.** Dringlichkeit *f.*

im·per·ish·a·ble [ɪmˈperɪʃəbl] *adj (adv* **imperishably**). **1.** unverderblich. **2.** *fig.* unvergänglich, ewig. **im'per·ish·a·ble·ness** *s* **1.** Unverderblichkeit *f.* **2.** *fig.* Unvergänglichkeit *f.*

im·per·ma·nence [ɪmˈpɜːmənəns; *Am.* -ˈpɜr-], **im'per·ma·nen·cy** [-sɪ] *s* vor'übergehende Art. **im'per·ma·nent** *adj (adv* ~**ly**) vor'übergehend, nicht von Dauer.

im·per·me·a·bil·i·ty [ɪmˌpɜːmjəˈbɪlətɪ; -mɪə-; *Am.* -ˌpɜr-] *s* 'Undurchˌdringbarkeit *f,* 'Unˌdurchlässigkeit *f, bes. phys.* Impermeabili'tät *f.* **im'per·me·a·ble** *adj (adv* **impermeably**) 'undurchˌdringbar, 'unˌdurchlässig, *bes. phys.* imperme'abel (**to** für): ~ **to gas(es)** *phys.* gasundurchlässig; ~ **to water** wasserdicht.

im·per·mis·si·ble [ˌɪmpə(r)ˈmɪsəbl] *adj* unzulässig, unstatthaft.

im·per·script·i·ble [ˌɪmpə(r)ˈskrɪptəbl] *adj* nicht schriftlich belegt.

im·per·son·al [ɪmˈpɜːsnl; *Am.* -ˈpɜrsnəl] **I** *adj (adv* ~**ly**) **1.** 'unperˌsönlich: **an** ~ **deity;** ~ **account** *econ.* Sachkonto *n.* **2.** *ling.* a) 'unperˌsönlich: ~ **verb,** b) unbestimmt: ~ **pronoun** unbestimmtes Fürwort, Indefinitpronomen *n.* **II** *s* **3.** (*das*) 'Unperˌsönliche. **4.** *ling.* 'unperˌsönliches Zeitwort. **im·perˌson·al·i·ty** [-səˈnælətɪ] *s* 'Unperˌsönlichkeit *f.* **im'per·son·al·ize** [-nəlaɪz] *v/t* **1.** 'unperˌsönlich machen. **2.** entmenschlichen.

im·per·son·ate [ɪmˈpɜːsəneɪt; *Am.* ɪm-ˈpɜrsnˌeɪt] *v/t* **1.** *thea. etc* verkörpern, mimen. **2.** *j-n* imi'tieren, nachahmen. **3.** sich ausgeben als *od.* für. **im·perˌson·a'tion** *s* **1.** *thea. etc* Verkörperung *f,* Darstellung *f.* **2.** Imitati'on *f,* Nachahmung *f:* **to give an** ~ **of** → **impersonate 2. 3.** (betrügerisches *od.* scherzhaftes) Auftreten (of als). **im'per·son·a·tive** [-ətɪv; -eɪtɪv] *adj thea. etc* Darstellungs..., darstellend. **im'per·son·a·tor** [-tə(r)] *s* **1.** *thea. etc* Darsteller(in). **2.** Imi'tator *m,* Nachahmer *m.* **3.** Hochstapler(in).

im·per·ti·nence [ɪmˈpɜːtɪnəns; *Am.* ɪm-ˈpɜrtnəns] *s* **1.** Unverschämtheit *f,* Ungehörigkeit *f,* Frechheit *f.* **2.** Zudringlichkeit *f.* **3.** Belanglosigkeit *f.* **4.** Nebensache *f.* **im'per·ti·nent** *adj (adv* ~**ly**) **1.** unverschämt, ungehörig, frech. **2.** zudringlich. **3.** nicht zur Sache gehörig, 'irreleˌvant: **to be** ~ **to** keinen Bezug haben auf (*acc*). **4.** unerheblich, belanglos (**to** für).

im·per·tur·ba·bil·i·ty [ˈɪmpəˌtɜːbəˈbɪlətɪ; *Am.* ˈɪmpərˌtɜr-] *s* Unerschütterlichkeit *f,* Gelassenheit *f,* Gleichmut *m.* **ˌim·per'turb·a·ble** *adj (adv* **imperturbably**) unerschütterlich, gelassen, gleichmütig.

im·per·vi·ous [ɪmˈpɜːvjəs; -vɪəs; *Am.* ɪmˈpɜr-] *adj (adv* ~**ly**) **1.** → **impermeable. 2.** unempfindlich (**to gegen**) (*a. fig.*). **3.** *fig.* (**to**) a) unzugänglich (für *od. dat*), taub (gegen): ~ **to advice,** b) nicht zu erschüttern(d) (durch): **he is** ~ **to criticism** an ihm prallt jede Kritik wirkungslos ab, c) ungerührt (von): **he was** ~ **to her tears. im'per·vi·ous·ness** *s* **1.** → **impermeability. 2.** Unempfindlichkeit *f* (*a. fig.*). **3.** *fig.* Unzugänglichkeit *f.*

im·pe·tig·i·nous [ˌɪmpɪˈtɪdʒɪnəs] *adj* (*adv* ~**ly**) *med.* impetigi'nös. **ˌim·pe'ti·go** [-ˈtaɪɡəʊ; *Am.* *a.* -ˈtiː-] *pl* -**gos** *s* Impe'tigo *f,* Eiterflechte *f.*

im·pet·u·os·i·ty [ɪmˌpetjʊˈɒsətɪ; *Am.* ɪmˌpetʃəˈwɑsətɪ] *s* **1.** Heftigkeit *f,* Ungestüm *n.* **2.** impul'sive Handlung. **3.** über'eilte *od.* vorschnelle Handlung. **im'pet·u·ous** [-tjʊəs; *Am.* -tʃəwəs] *adj (adv* ~**ly**) **1.** heftig, ungestüm. **2.** impul'siv. **3.** über'eilt, vorschnell. **4.** *poet.* stürmisch: ~ **winds.**

im·pe·tus [ˈɪmpɪtəs] *s* **1.** *phys.* Stoß-, Triebkraft *f,* Antrieb *m,* Schwung *m.* **2.** *fig.* Impetus *m:* a) Antrieb *m,* Anstoß *m,* Im'puls *m,* b) Schwung *m:* **to give an** ~ **to** Auftrieb *od.* Schwung verleihen (*dat*).

im·pi·e·ty [ɪmˈpaɪətɪ] *s* **1.** Gottlosigkeit *f.* **2.** (**to** gegen'über) a) Pie'tätlosigkeit *f,* b) Re|spektlosigkeit *f.*

im·pinge [ɪmˈpɪndʒ] *v/i* **1.** (**on, upon, against**) a) auftreffen (auf *acc*), (an)prallen, stoßen (an *acc,* gegen), zs.-stoßen (mit), b) treffen (auf *acc*): **strong light impinging on the eye causes pain; to** ~ **on** *s.o.'s* **ear** *an j-s* Ohr dringen. **2.** (**on, upon**) sich auswirken (auf *acc*), beeinflussen (*acc*). **3.** (**on, upon**) eingreifen (in *j-s Besitz od. Recht*), unberechtigt eindringen (**in** *acc*), sich 'Übergriffe leisten (**in, auf** *acc*), (*j-s Recht*) verletzen. **im'pinge·ment** *s* **1.** (**on, upon, against**) Auftreffen *n* (auf *acc*), Stoß *m* (gegen), Zs.-stoß *m* (mit). **2.** (**on, upon**) Auswirkung *f* (auf *acc*), Beeinflussung *f* (gen).

3. (on, upon) Eingriff *m* (in *acc*), 'Übergriff *m* (in, auf *acc*), Verletzung *f* (*gen*).
im·pi·ous ['ɪmpɪəs; *Am. a.* ɪm'paɪəs] *adj* (*adv* ~ly) **1.** gottlos. **2.** (to gegen'über) a) pie'tätlos, b) re'spektlos.
imp·ish ['ɪmpɪʃ] *adj* (*adv* ~ly) schelmisch, spitzbübisch.
im·plac·a·bil·i·ty [ɪm,plækə'bɪlətɪ; -,pleɪ-] *s* Unversöhnlichkeit *f*, Unnachgiebigkeit *f*. **im'plac·a·ble** *adj* (*adv* **implacably**) unversöhnlich, unnachgiebig. **im'plac·a·ble·ness** → implacability.
im·plant I *v/t* [ɪm'plɑːnt; *Am.* -'plænt] **1.** *med.* implan'tieren, einpflanzen (*a. fig.*) (in, into *dat*). **2.** *fig.* einprägen (in, into *dat*): **deeply ~ed hatred** tiefverwurzelter Haß. **II** *s* ['ɪmplɑːnt; *Am.* -,plænt] **3.** *med.* Implan'tat *n*. **,im·plan'ta·tion** *s* **1.** *med.* Implantati'on *f*, Einpflanzung *f* (*a. fig.*). **2.** *fig.* Einprägung *f*.
im·plau·si·bil·i·ty [ɪm,plɔːzə'bɪlətɪ] *s* Unwahrscheinlichkeit *f*. **im'plau·si·ble** *adj* (*adv* **implausibly**) unwahrscheinlich, unglaubwürdig, nicht plau'sibel *od.* einleuchtend.
im·plead [ɪm'pliːd] *v/t jur.* **1.** a) verklagen, b) Klage erheben gegen. **2.** *Am.* e-e dritte Person in den Pro'zeß hin'einbringen.
im·ple·ment I *s* ['ɪmplɪmənt] **1.** Werkzeug *n* (*a. fig.*), (Arbeits)Gerät *n*. **2.** *pl* Uten'silien *pl*, Gerät *n*, Zubehör *n*, Handwerkszeug *n*. **3.** Hilfsmittel *n*. **4.** *jur. Scot.* Erfüllung *f* (*e-s Vertrags*). **II** *v/t* [-ment] **5.** aus-, 'durchführen. **6.** *jur. Scot.* e-n Vertrag erfüllen. **'im·ple·ment·ing, ,im·ple'men·ta·ry** *adj* ausführend: **~ order** Ausführungsverordnung *f*; **~ regulations** Ausführungsbestimmungen. **,im·ple·men'ta·tion** *s* Aus-, 'Durchführung *f*.
im·pli·cate ['ɪmplɪkeɪt] *v/t* **1.** *fig.* verwickeln, hin'einziehen (in *acc*), in Zs.-hang *od.* Verbindung bringen (**with** mit): **~d in a crime** in ein Verbrechen verwickelt. **2.** *fig.* mit sich bringen, zur Folge haben. **3.** → **imply** 1.
,im·pli'ca·tion [ɪmplɪ'keɪʃn] *s* **1.** Verwicklung *f*. **2.** Implikati'on *f*, Einbegreifen *n*, Einbeziehung *f*. **3.** Einbegriffensein *n*. **4.** (stillschweigende *od.* selbstverständliche) Folgerung: **by ~** a) als natürliche Folgerung *od.* Folge, b) stillschweigend, ohne weiteres, durch sinngemäße Auslegung. **5.** Begleiterscheinung *f*, Folge *f*, Auswirkung *f*, *pl a.* Weiterungen *pl*: **a war and all its ~s** ein Krieg u. alles, was er mit sich bringt. **6.** (enger) Zs.-hang, Verflechtung *f*, *pl a.* 'Hintergründe *pl*. **7.** tieferer Sinn, eigentliche Bedeutung. **8.** (versteckte) Andeutung (**of** von). **9.** *Logik:* Implikati'on *f* (*Beziehung zwischen zwei Sachverhalten, von denen der e-e den anderen in sich schließt od. schließen soll*). **im·pli·ca·tive** ['ɪmplɪkətɪv; 'ɪmplɪkeɪtɪv] *adj* (*adv* ~ly) in sich schließend, impli'zierend: **to be ~ of** → **imply** 1.
im·plic·it [ɪm'plɪsɪt] *adj* **1.** → **implied**. **2.** *math.* impli'zit: **~ function** implizite *od.* nicht entwickelte Funktion. **3.** verborgen, 'hintergründig. **4.** abso'lut, vorbehaltlos, bedingungslos: **~ faith** (**obedience**) blinder Glaube (Gehorsam). **im'plic·it·ly** *adv* **1.** implizite, stillschweigend, ohne weiteres. **2.** → **implicit** 4. **im'plic·it·ness** *s* **1.** Mit'inbegriffensein *n*. **2.** stillschweigende Folgerung. **3.** Abso'lutheit *f*.
im·plied [ɪm'plaɪd] *adj* impli'ziert, (stillschweigend *od.* mit) inbegriffen, mitverstanden, -enthalten, einbezogen, sinngemäß (dar'in) enthalten *od.* (dar'aus) her'vorgehend: **~ contract** stillschwei-

gend geschlossener Vertrag; **~ powers** stillschweigend zuerkannte Befugnisse, mit inbegriffene Zuständigkeiten. **im'pli·ed·ly** *adv* → **implicitly** 1.
im·plode [ɪm'pləʊd] **I** *v/i phys.* implo'dieren. **II** *v/t ling.* als Implo'sivlaut aussprechen.
im·plo·ra·tion [ɪmplɔː'reɪʃn] *s* Flehen *n*, dringende Bitte (**for** um). **im·plore** [ɪm'plɔː(r)] **I** *v/t* **1.** inständig bitten, anflehen, beschwören. **2.** erflehen, erbitten, flehen um. **II** *v/i* **3.** flehen, inständig bitten (**for** um). **im'plor·ing** *adj* (*adv* ~ly) flehentlich (bittend), flehend.
im·plo·sion [ɪm'pləʊʒn] *s phys.* Implosi'on *f* (*a. ling.* Einströmen der Luft in die Mundhöhle bei Verschlußlauten). **im'plo·sive** [-sɪv] *ling.* **I** *adj* implo'siv. **II** *s* Implo'sivlaut *m*.
im·ply [ɪm'plaɪ] *v/t* **1.** impli'zieren, (stillschweigend *od.* mit) einbegreifen, einbeziehen, mit enthalten, (sinngemäß *od.* stillschweigend) be-inhalten, in sich schließen: **this implies** daraus ergibt sich, das bedeutet. **2.** bedeuten, besagen (*Wort*). **3.** andeuten, 'durchblicken lassen, zu verstehen geben. **4.** mit sich bringen, bedeuten, zur Folge haben.
im·pol·der [ɪm'pəʊldə(r)] *v/t* eindeichen, trockenlegen.
im·pol·i·cy [ɪm'pɒlɪsɪ; *Am.* ɪm'pɑ-] *s* Unklugheit *f*, 'undiplo,matisches Vorgehen.
im·po·lite [,ɪmpə'laɪt] *adj* (*adv* ~ly) unhöflich. **,im·po'lite·ness** *s* Unhöflichkeit *f*.
im·pol·i·tic [ɪm'pɒlɪtɪk; *Am.* ɪm'pɑ-] *adj* (*adv* ~ly) 'undiplo,matisch, unklug.
im·pon·der·a·bil·i·a [ɪm,pɒndərə'bɪlɪə; *Am.* ɪm,pɑn-] *s pl* Impondera'bilien *pl*, Unwägbarkeiten *pl*.
im·pon·der·a·bil·i·ty [ɪm,pɒndərə'bɪlətɪ; *Am.* ɪm,pɑn-] *s* Unwägbarkeit *f*. **im'pon·der·a·ble I** *adj* unwägbar, nicht ab- *od.* einschätzbar. **II** *s* Unwägbarkeit *f*: **~s** → *a.* imponderabilia.
im·port [ɪm'pɔː(r)t; *Am. a.* ɪm'pɔərt] **I** *v/t* **1.** impor'tieren, einführen: **~ed articles** (*od.* **commodities**) → 10 b. **2.** *fig.* (into) einführen *od.* hin'einbringen (in *acc*), über'tragen (auf *acc*). **3.** bedeuten, besagen. **4.** mit enthalten, einbegreifen. **5.** betreffen, angehen, interes'sieren, Bedeutung haben für. **II** *v/i* **6.** *econ.* impor'tieren, einführen: **~ing country** Einfuhrland *n*; **~ing firm** Importfirma *f*. **7.** von Wichtigkeit sein, Bedeutung haben. **III** *s* ['ɪmp-] **8.** *econ.* Einfuhr(handel *m*) *f*, Im'port *m*. **9.** *pl econ.* Im'port-, 'Importar,tikel *m*. **10.** *pl econ.* a) (Ge'samt)Import *m*, (-)Einfuhr *f*, b) Im'portgüter *pl*, Einfuhrware *f*. **11.** Bedeutung *f*: a) Sinn *m*, b) Wichtigkeit *f*, Tragweite *f*, Gewicht *n*. **IV** *adj* **12.** *econ.* Einfuhr..., Import...: **~ bounty** Einfuhrprämie *f*; **~ duty** Einfuhrzoll *m* (*bes. Am.* **license**) Einfuhrgenehmigung *f*, Importlizenz *f*; **~ permit** Einfuhrbewilligung *f*; **~ trade** Einfuhrhandel *m*, Importgeschäft *n*. **im'port·a·ble** *adj econ.* im'portfähig, einführbar, Einfuhr...
im·por·tance [ɪm'pɔː(r)tns; *Am.* ɪm'pɔər-] *s* **1.** Bedeutung *f*, Wichtigkeit *f*, Bedeutsamkeit *f*: **to be of no ~** unwichtig *od.* belanglos sein (**to** für); **to attach ~ to s.th.** e-r Sache Bedeutung beimessen; **conscious** (*od.* **full**) **of one's ~** (äußerst) selbstbewußt, wichtigtuerisch, eingebildet; **of such ~** von solcher Größenordnung; **of the first ~** ersten Ranges; → **air**[6], b) Einfluß *m*, Gewicht *n*, Ansehen *n*: **a person of ~** e-e bedeutende *od.* gewichtige Persönlichkeit. **2.** wichtigtuerisches Gehabe, Wichtigtue'rei *f*. **im'por·tant** *adj* (*adv* ~ly) **1.**

bedeutend: a) wichtig, bedeutsam, wesentlich, von Belang (**to** für), b) her'vorragend, c) einflußreich, angesehen. **2.** wichtig(tuerisch), eingebildet.
,im·por'ta·tion [,ɪmpɔː(r)'teɪʃn; *Am. a.* ,ɪmpɔər-, ,ɪmpər-] → **import** 8–10.
im'port·er *s econ.* Impor'teur *m*.
im·por·tu·nate [ɪm'pɔːtjʊnət; -tʃʊ-; *bes. Am.* -tʃə-] *adj* (*adv* ~ly) lästig, zu-, aufdringlich, hartnäckig. **im'por·tu·nate·ness** *s* Lästigkeit *f*, Zu-, Aufdringlichkeit *f*.
im·por·tune [ɪm'pɔːtjuːn; -tʃuːn; -tjuːn; *Am.* ,ɪmpər'tuːn; ɪm'pɔːrtʃən] *v/t* **1.** j-n bedrängen (*a.* unsittlich) belästigen, bestürmen, dauernd (*bes.* mit Bitten) behelligen. **2.** etwas hartnäckig fordern. **,im·por'tu·ni·ty** *s* **1.** → **importunateness**. **2.** hartnäckige Forderung.
im·pose [ɪm'pəʊz] **I** *v/t* **1.** *e-e* Pflicht, Steuer *etc* auferlegen, -bürden (**on, upon** *dat*): **to ~ a penalty on s.o.** e-e Strafe verhängen gegen j-n, j-n mit e-r Strafe belegen; **to ~ a tax on s.o.** (**s.th.**) j-n (*etwas*) mit e-r Steuer belegen, j-n (*etwas*) besteuern. **2.** (**on, upon**) a) *etwas* aufdrängen, -zwingen (*dat*): **to ~ o.s.** (*od.* **one's presence**) **on s.o.** sich j-m aufdrängen, b) *etwas* (*mit Gewalt*) einführen *od.* 'durchsetzen (**bei**): **to ~ law and order** Recht u. Ordnung schaffen. **3.** *etwas* aufschwatzen, 'andrehen' (**on, upon** *dat*). **4.** *relig.* die Hände segnend auflegen. **5.** *print.* Kolumnen ausschießen: **to ~ anew** umschießen; **to ~ wrong** verschießen. **6.** (*als Pflicht*) vorschreiben. **II** *v/i* **7.** (**on, upon**) beeindrucken (*acc*), impo'nieren (*dat*): **he is not to be ~d upon** er läßt sich nichts vormachen. **8.** ausnutzen, *b.s. a.* miß'brauchen (**on, upon** *acc*): **to ~ on s.o.'s kindness**. **9.** (**on, upon** *dat*) a) sich aufdrängen, b) zur Last fallen: **I don't want to ~** ich möchte Ihnen nicht zur Last fallen. **10.** täuschen, betrügen, hinter'gehen (**on, upon** *acc*). **im'pos·ing** *adj* (*adv* ~ly) eindrucksvoll, impo'nierend, impo'sant, großartig. **im'pos·ing·ness** *s* impo'nierende Wirkung.
,im·po'si·tion [,ɪmpə'zɪʃn] *s* **1.** Auferlegung *f*, Aufbürdung *f* (*von Steuern, Pflichten etc*): **~ of a penalty** Verhängung *f* e-r Strafe; **~ of taxes** Besteuerung *f* (**on, upon** *gen*). **2.** a) (auferlegte) Last *od.* Pflicht, Auflage *f*, b) Steuer *f*, Abgabe *f*. **3.** *ped. Br.* Strafarbeit *f*. **4.** Sich'aufdrängen *n*. **5.** Ausnutzung *f*, 'Mißbrauch *m* (**on, upon** *gen*). **6.** Täuschung *f*, Betrug *m*, Schwindel *m*. **7.** *relig.* Auflegung *f* (*der Hände*). **8.** *print.* Ausschießen *n*.
im·pos·si·bil·i·ty [ɪm,pɒsə'bɪlətɪ; *Am.* ɪm,pɑ-] *s* **1.** Unmöglichkeit *f*. **2.** (*das*) Unmögliche.
im·pos·si·ble [ɪm'pɒsəbl; *Am.* ɪm'pɑ-] **I** *adj* unmöglich: a) undenkbar, ausgeschlossen: **it is ~ for me to think of him as a priest** ich kann ihn mir einfach nicht als Priester vorstellen, b) unausführbar, 'undurch,führbar: **~ of conquest** unmöglich zu erobern; **it is ~ for him to return** er kann unmöglich zurückkehren; **in some countries it is ~ for a woman to get a divorce** in einigen Ländern hat e-e Frau keine Möglichkeit, sich scheiden zu lassen, c) *colloq.* unglaublich, unerträglich: **an ~ fellow** ein unmöglicher Kerl. **II** *s* Unmöglichkeit *f*, (*das*) Unmögliche. **im'pos·si·bly** *adv* unglaublich: **~ expensive**.
im·post[1] ['ɪmpəʊst] **I** *s* **1.** *econ.* Abgabe *f*, Steuer *f*, *bes.* Einfuhrzoll *m*. **2.** *sport* Ausgleichsgewicht *n* (*für Rennpferde*). **II** *v/t* **3.** *econ. Am.* Importwaren zur Zollfestsetzung klassifi'zieren.
im·post[2] ['ɪmpəʊst] *s arch.* Kämpfer *m*.

im·post·er, im·pos·tor [ɪmˈpɒstə; *Am.* ɪmˈpɑstər] *s* Betrüger(in), Schwindler(in), *bes.* Hochstapler(in).
im·pos·ture [ɪmˈpɒstʃə; *Am.* ɪmˈpɑstʃər] *s* Betrug *m*, Schwindel *m*, *bes.* Hochstapelei *f*.
im·po·tence [ˈɪmpətəns], *a.* **ˈim·po·ten·cy** [-sɪ] *s* **1.** a) Unvermögen *n*, Unfähigkeit *f*: **intellectual ~** geistige Impotenz, b) Hilflosigkeit *f*, Ohnmacht *f*. **2.** Schwäche *f*, Kraftlosigkeit *f*. **3.** *med.* Impotenz *f*. **ˈim·po·tent** *adj* (*adv* ~**ly**) **1.** a) unfähig (**in doing, to do** zu tun), b) hilflos, ohnmächtig: **I watched them in ~ rage. 2.** schwach, kraftlos. **3.** *med.* impotent: a) zeugungsunfähig, b) *unfähig, e-n Geschlechtsakt zu vollziehen.*
im·pound [ɪmˈpaʊnd] *v/t* **1.** a) *streunende od. entwichene Tiere* ins Tierheim bringen, b) *falsch geparkte Fahrzeuge* abschleppen (lassen). **2.** *Wasser* sammeln. **3.** *jur.* a) in Besitz nehmen, b) beschlagnahmen, sicherstellen. **4.** *fig.* an sich reißen.
im·pov·er·ish [ɪmˈpɒvərɪʃ; -vrɪʃ; *Am.* ɪmˈpɑ-] *v/t* **1.** arm machen, verarmen lassen: **to be ~ed** verarmen *od.* verarmt sein. **2.** *ein Land etc* auspowern, *den Boden etc a.* auslaugen. **3.** *fig.* a) (*of*) ärmer machen (um), berauben (*gen*), b) verarmen lassen, reizlos machen. **imˈpov·er·ish·ment** *s* **1.** Verarmung *f* (*a. fig.*). **2.** Auslaugung *f*.
im·prac·ti·ca·bil·i·ty [ɪmˌpræktɪkəˈbɪlətɪ] *s* **1.** Undurchführbarkeit *f*. **2.** Unbrauchbarkeit *f*. **3.** ˈUnpas‚sierbarkeit *f*. **4.** *obs.* Unlenksamkeit *f*. **imˈprac·ti·ca·ble** *adj* (*adv* **impracticably**) **1.** ˈundurch‚führbar, unausführbar, unmöglich. **2.** unbrauchbar. **3.** ˈunpas‚sierbar (*Straße etc*). **4.** *obs.* unlenksam, ˈwiderspenstig, störrisch (*Person*). **imˈprac·ti·ca·ble·ness** → impracticability.
im·prac·ti·cal [ɪmˈpræktɪkl] *adj* (*adv* ~**ly**) **1.** unpraktisch (denkend *od.* veranlagt). **2.** (rein) theoˈretisch. **3.** unklug. **4.** → impracticable 1. **imˌprac·tiˈcal·i·ty** [-ˈkælətɪ], **imˈprac·ti·cal·ness** *s* **1.** (*das*) Unpraktische, unpraktisches Wesen. **2.** → impracticability 1.
im·pre·cate [ˈɪmprɪkeɪt] *v/t* **1.** *Unglück etc* herˈabwünschen (**on, upon** *auf acc*): **to ~ curses on s.o.** j-n verfluchen. **2.** verfluchen, verwünschen. ˌim·preˈca·tion *s* Verwünschung *f*, Fluch *m*.
im·pre·cise [ˌɪmprɪˈsaɪs] *adj* (*adv* ~**ly**) ungenau. ˌim·preˈci·sion [-ˈsɪʒn] *s* Ungenauigkeit *f*.
im·preg [ˈɪmpreg] *s Am.* harzbehandeltes Holz.
im·preg·na·bil·i·ty [ɪmˌpregnəˈbɪlətɪ] **1.** Uneinnehmbarkeit *f*. **2.** a) Unerschütterlichkeit *f*, b) Unangreifbarkeit *f*. **imˈpreg·na·ble** *adj* (*adv* **impregnably**) **1.** uneinnehmbar: **an ~ town. 2.** *fig.* a) unerschütterlich: **~ self-confidence,** b) unangreifbar: **an ~ argument. imˈpreg·na·ble·ness** → impregnability *f*.
im·preg·nate I *v/t* [ˈɪmpregneɪt; ɪmˈpreg-] **1.** *biol.* a) schwängern, b) befruchten (*a. fig.*). **2.** *a bes. chem.* sättigen, durchˈdringen, b) *chem. tech.* impräˈgnieren, tränken. **3.** *fig.* (durch)ˈtränken, durchˈdringen, erfüllen (**with** mit): **~d with history** geschichtsträchtig. II *adj* [ɪmˈpregnɪt; -neɪt] **4.** *biol.* a) geschwängert, schwanger, b) befruchtet. **5.** *fig.* erfüllt, voll, durchˈtränkt, durchˈdrungen (**with von**). ˌim·pregˈna·tion *s* **1.** *biol.* a) Schwängerung *f*, b) Befruchtung *f* (*a. fig.*). **2.** *chem. tech.* Sättigung *f*, Impräˈgnierung *f*. **3.** *fig.* Durchˈdringung *f*, Erfüllung *f*. **4.** *geol.* Imprägnatiˈon *f* (*fei-*

ne Verteilung von Erz od. Erdöl in Spalten od. Poren e-s Gesteins). **imˈpreg·na·tor** [-tə(r)] *s* **1.** *tech.* Impräˈgnierer *m*. **2.** Appaˈrat *m* zur künstlichen Befruchtung.
im·pre·sa [ɪmˈpreɪzə] *s obs.* **1.** Emˈblem *n*, Sinnbild *n*. **2.** Deˈvise *f*, Wahlspruch *m*.
im·pre·sa·ri·o [ˌɪmprɪˈsɑːrɪəʊ; -ˈzɑː-] *pl* **-os** *s* **1.** Impreˈsario *m*, Theˈater-, Konˈzertaˌgent *m*. **2.** Theˈater-, ˈOperndiˌrektor *m*.
im·pre·scrip·ti·ble [ˌɪmprɪˈskrɪptəbl] *adj jur.* a) unverjährbar, b) unveräußerlich: **~ rights.**
im·press[1] [ɪmˈpres] I *v/t* **1.** beeindrucken, Eindruck machen auf (*acc*), impoˈnieren (*dat*): **not to be easily ~ed** nicht leicht zu beeindrucken sein; **to be favo(u)rably ~ed by** (*od.* **at, with**) **s.th.** von e-r Sache e-n guten Eindruck gewinnen *od.* haben; **he ~ed me unfavo(u)rably** er machte auf mich keinen guten Eindruck. **2.** j-n erfüllen, durchˈdringen (**with** mit): **~ed with** durchdrungen von. **3.** tief einprägen (**on, upon** *dat*): **~ itself on s.o.** j-n beeindrucken. **4.** (auf-)drücken (**on** *auf acc*), (ein)drücken (**in, into** *in acc*). **5.** *ein Zeichen etc* aufprägen, -drucken (**on** *auf acc*): **~ed stamp** Prägestempel *m*. **6.** *e-e Eigenschaft* verleihen (**on, upon** *dat*). **7.** *electr. Spannung od. Strom* aufdrücken, einprägen: **~ed source** eingeprägte (Spannungs-, Strom)Quelle; **~ed voltage** eingeprägte Spannung. II *v/i* **8.** Eindruck machen, impoˈnieren. III *s* [ˈɪmpres] **9.** Prägung *f*, Kennzeichnung *f*. **10.** Abdruck *m*, Eindruck *m*, Stempel *m*: **time has left its ~ on him** *fig.* die Zeit ist nicht spurlos an ihm vorübergegangen. **11.** *fig.* Gepräge *n*.
im·press[2] I *v/t* [ɪmˈpres] **1.** requiˈrieren, beschlagnahmen. **2.** *bes. mar.* (zum Dienst) pressen. II *s* [ˈɪmpres] → impressment.
im·press·i·bil·i·ty [ɪmˌpresɪˈbɪlətɪ] *s* Empfänglichkeit *f*. **imˈpress·i·ble** [-əbl] *adj* (**to**) beeinflußbar, leicht zu beeindrucken(d) (durch), empfänglich (für).
im·pres·sion [ɪmˈpreʃn] *s* **1.** Eindruck *m* (**of** von): **to give s.o. a wrong ~** bei j-m e-n falschen Eindruck erwecken; **to make a good (bad) ~** e-n guten (schlechten) Eindruck machen; **to make a strong ~ on s.o.** j-n stark beeindrucken. **2.** Einwirkung *f* (**on** *auf acc*): **~ of light. 3.** *psych.* a) unmittelbarer Sinneseindruck, b) vermittelter Sinneseindruck, c) subjekˈtiver Reiz. **4.** Eindruck *m*, (dunkles) Gefühl, Vermutung *f*: **I have an** (*od.* **the**) **~** (*od.* **I am under the ~**) **that** ich habe den Eindruck, daß; **under the ~ that** in der Annahme, daß. **5.** Nachahmung *f*, Imitatiˈon *f*: **to do** (*od.* **give**) **an ~ of** nachahmen, imitieren. **6.** Abdruck *m* (*a. med.*). **7.** Aufdruck *m*, Prägung *f*. **8.** Vertiefung *f*. **9.** Stempel *m*, *fig. a.* Gepräge *n*. **10.** *print.* a) Abzug *m*, (Ab)Druck *m*, b) gedrucktes Exemˈplar, c) (*bes.* unveränderte) Auflage, Nachdruck *m*. **11.** *tech.* a) Holzschnitt *m*, Kupfer-, Stahlstich *m*. **12.** *paint.* Grunˈdierung *f*. **13.** Aufdrücken *n* (**on** *auf acc*), Eindrücken *n* (**in, into** *in acc*). **14.** Anschlag *m* (*e-r Schreibmaschinentaste*). **imˈpres·sion·a·ble** *adj* **1.** für Eindrücke empfänglich. **2.** → **impressible.**
imˈpres·sion·ism *s* Impressioˈnismus *m* (*Stilrichtung der bildenden Kunst, der Literatur u. der Musik, deren Vertreter persönliche Umwelteindrücke u. Stimmungen in künstlerischen Kleinformen wiedergaben*). **imˈpres·sion·ist** I *s* **1.** Impressioˈnist(in). **2.** Nachahmer *m*, Imiˈtator *m*. II *adj* **3.** impressioˈnistisch. **im-**

ˌpres·sionˈis·tic [-ʃənˈɪs-] *adj* (*adv* ~**ally**) → impressionist II.
im·pres·sive [ɪmˈpresɪv] *adj* (*adv* ~**ly**) **1.** eindrucksvoll, impoˈnierend, imposˈsant. **2.** wirkungsvoll, packend: **an ~ scene.** **imˈpres·sive·ness** *s* (*das*) Eindrucksvolle.
im·press·ment [ɪmˈpresmənt] *s* **1.** Beschlagnahme *f*, Requiˈrierung *f*. **2.** *bes. mar.* Pressen *n* (*zum Dienst*).
im·prest [ˈɪmprest] *s bes. Br.* Vorschuß *m* aus öffentlichen Mitteln.
im·pri·ma·tur [ˌɪmprɪˈmeɪtə; *Am.* ˌɪprɪˈmɑːˌtʊr] *s* **1.** a) Druckerlaubnis *f*, b) *R.C.* bischöfliche Druckerlaubnis (*für Bibelausgaben u. religiöse Schriften*). **2.** *fig.* Zustimmung *f*: **to give one's ~ to s.th.**
im·print I *s* [ˈɪmprɪnt] **1.** Ab-, Eindruck *m*. **2.** Aufdruck *m*, Stempel *m*. **3.** *fig.* Stempel *m*, Gepräge *n*. **4.** *fig.* Eindruck *m*. **5.** *print.* Imˈpressum *n*, Erscheinungs-, Druckvermerk *m*. II *v/t* [ɪmˈprɪnt] **6.** (auf)drücken, aufprägen (**on** *auf acc*). **7.** *print.* (auf-, ab)drucken. **8.** *e-n Kuß* aufdrücken (**on** *dat*). **9.** *Gedanken etc* einprägen: **to ~ s.th. on** (*od.* **in**) **s.o.'s memory** j-m etwas ins Gedächtnis einprägen.
im·pris·on [ɪmˈprɪzn] *v/t* **1.** *jur.* inhafˈtieren, ˌeinˈsperren' (*a. weitS.*). **2.** *fig.* a) einschließen: **he is ~ed in his memories** er kommt von s-n Erinnerungen nicht los, b) beschränken, einengen. **imˈpris·on·ment** *s* **1.** *jur.* a) Freiheitsstrafe *f*, Gefängnis(strafe *f*) *n*, Haft *f*: **conditions of ~** Haftbedingungen; **~ for three months** 3 Monate Gefängnis; **he was given 10 years' ~** er wurde zu e-r zehnjährigen Freiheitsstrafe verurteilt; **~ with hard labor** *Am.* Zuchthausstrafe *f*; → **false I i,** b) Inhafˈtierung *f*. **2.** *fig.* Beschränkung *f*, Einengung *f*.
im·prob·a·bil·i·ty [ɪmˌprɒbəˈbɪlətɪ; *Am.* ɪmˌprɑ-] *s* Unwahrscheinlichkeit *f*. **imˈprob·a·ble** *adj* (*adv* **improbably**) unwahrscheinlich.
im·pro·bi·ty [ɪmˈprəʊbətɪ] *s* Unredlichkeit *f*, Unehrlichkeit *f*.
im·promp·tu [ɪmˈprɒmptjuː; -mtjuː; *Am.* -ˈprɑm-; *a.* -tuː] I *s* **1.** Improvisatiˈon *f*, (*etwas*) Improviˈsiertes. **2.** *mus.* Impromptˈu *n* (*nach e-m Einfall frei gestaltetes, der Improvisation ähnliches Musikstück, bes. für Klavier*). II *adj u. adv* **3.** aus dem Stegreif, improˈvisiert, Stegreif...
im·prop·er [ɪmˈprɒpə; *Am.* ɪmˈprɑpər] *adj* (*adv* ~**ly**) **1.** ungeeignet, unpassend. **2.** unanständig, unschicklich (*Benehmen etc*). **3.** unˈgenau, ˈinexˌakt. **4.** *math.* unˈecht: **~ fraction; ~ integral** uneigentliches Integral.
im·pro·pri·ate I *v/t* [ɪmˈprəʊprɪeɪt] *jur. relig. Br.* *ein Kirchengut* an Laien überˈtragen. II *adj* [-prɪət] e-m Laien überˈtragen. **imˌproˈpri·a·tion** *s* a) Überˈtragung *f* an Laien, b) an Laien überˈtragenes Kirchengut. **imˈpro·pri·a·tor** [-eɪtə(r)] *s* weltlicher Besitzer von Kirchengut.
im·pro·pri·e·ty [ˌɪmprəˈpraɪətɪ] *s* **1.** Ungeeignetheit *f*. **2.** Unschicklichkeit *f*. **3.** Unrichtigkeit *f*.
im·prov·a·ble [ɪmˈpruːvəbl] *adj* (*adv* **improvably**) **1.** verbesserungsfähig. **2.** *agr.* melioˈrierbar.
im·prove [ɪmˈpruːv] I *v/t* **1.** *allg., a. tech.* verbessern. **2.** *Land* a) *agr.* melioˈrieren, b) erschließen u. im Wert steigern. **3.** vorteilhaft *od.* nutzbringend verwenden, ausnutzen; → **occasion 2. 4.** veredeln, verfeinern (**into** zu). **5.** vermehren, erhöhen, steigern: **to ~ the value. 6. ~ away** (*od.* **off**) (durch Verbesserungsversuche) verderben *od.* zerstören. II *v/i*

improvement – inability

7. sich (ver)bessern, besser werden, Fortschritte machen (*a. Patient*), sich erholen (*gesundheitlich od. econ. Markt, Preise*): he is improving (in health) es geht ihm besser; to ~ in strength kräftiger werden; to ~ on acquaintance bei näherer Bekanntschaft gewinnen. **8.** *econ.* steigen, anziehen (*Preise*). **9.** ~ (up)on über'bieten, -'treffen: not to be ~d upon unübertrefflich. **III** *s* **10.** to be on the ~ *Austral.* → 7.

im'prove-ment *s* **1.** (Ver)Besserung *f* (in *gen*; on gegen'über, im Vergleich zu): ~ in health Besserung der Gesundheit; ~ in prices *econ.* Preisbesserung, -erholung *f*; ~ in the weather Wetterbesserung; today's weather is an ~ on yesterday's heute ist das Wetter besser als gestern. **2.** a) *agr.* Melioration *f*, b) Erschließung *f* u. Wertsteigerung *f*. **3.** Ausnutzung *f*. **4.** Vered(e)lung *f*, Verfeinerung *f*: ~ industry *econ.* Veredelungsindustrie *f*. **5.** Vermehrung *f*, Erhöhung *f*, Steigerung *f*.

im'prov-er *s* **1.** Verbesserer *m*. **2.** Verbesserungsmittel *n*.

im·prov·i·dence [ɪm'prɒvɪdəns; *Am.* -'prɑ-] *s* **1.** mangelnde Vor'aussicht. **2.** Verschwendung *f*. **im'prov·i·dent** *adj* (*adv* ~ly) **1.** sorglos: to be ~ of nicht vorsorgen für. **2.** verschwenderisch.

im·prov·ing [ɪm'pruːvɪŋ] *adj* (*adv* ~ly) **1.** (sich) (ver)bessernd. **2.** a) lehrreich, b) erbaulich: ~ literature Erbauungsliteratur *f*.

im·pro·vi·sa·tion [ˌɪmprəvaɪ'zeɪʃn; *Am.* ɪmˌprɑvə'z-; ˌɪmprəvə'z-] *s* Improvisati'on *f*: a) unvorbereitete Veranstaltung, b) aus dem Stegreif Dargebotenes, 'Stegreifkompositi͜on *f*, -rede *f*, c) Provi'sorium *n*, Behelfsmäßnahme *f*, d) Provi'sorium *n*, behelfsmäßige Vorrichtung.

ˌim·pro·vi'sa·tion·al [-ʃənl] → improvisatorial.

im·pro·vi·sa·tor [ɪm'prɒvɪzeɪtə(r); *Am.* ɪm'prɑvə-] *s* Improvi'sator *m*: a) j-d, der zu improvisieren versteht, b) Stegreifdichter *m*, -musiker *m*, -redner *m*. **im-ˌprov·i·sa'to·ri·al** [-zə'tɔːriəl; *Am.* a. -'toʊ-] *adj* (*adv* ~ly); **im·pro·vi·sa·to·ry** [ˌɪmprəvaɪ'zeɪtəri; ˌɪmprə'vaɪzətri; *Am.* ɪm'prɒvəzəˌtɔːri; ˌɪmprə-'vaɪzə-] *adj* **1.** improvisa'torisch. **2.** → improvised.

im·pro·vise ['ɪmprəvaɪz] **I** *v/t* improvi'sieren: a) extempo'rieren, aus dem Stegreif dichten *od.* kompo'nieren *od.* sprechen *od.* spielen, b) provi'sorisch *od.* behelfsmäßig 'herstellen, c) ohne Vorbereitung tun. **II** *v/i* improvi'sieren. **'im·pro·vised** *adj* improvi'siert: a) Stegreif..., b) unvorbereitet, c) provi'sorisch, behelfsmäßig. **'im·pro·vis·er** *s* improvisator.

im·pru·dence [ɪm'pruːdəns; -dns] *s* **1.** Unklugheit *f*. **2.** Unvorsichtigkeit *f*. **im-'pru·dent** *adj* (*adv* ~ly) **1.** unklug, unvernünftig. **2.** unvorsichtig, unbesonnen, 'unüber‚legt.

im·pu·dence ['ɪmpjʊdəns], **'im·pu·den·cy** [-sɪ] *s* Unverschämtheit *f*. **'im·pu·dent** *adj* (*adv* ~ly) unverschämt.

im·pugn [ɪm'pjuːn] *v/t* **1.** a) bestreiten, b) anfechten, c) angreifen, d) in Zweifel ziehen. **im'pugn·a·ble** *adj* a) bestreitbar, b) anfechtbar. **im'pugn·ment** *s* a) Bestreitung *f*, b) Anfechtung *f*.

im·pulse ['ɪmpʌls] *s* **1.** Antrieb *m*, Stoß *m*, Triebkraft *f*. **2.** *fig.* Im'puls *m*: a) Antrieb *m*, Anstoß *m*, Anreiz *m*, b) (an *dat*): it is not ~ her to es liegt nicht in ihrer Art zu; → have *Bes. Redew., etc.* **9.** (*zeitlich*) in (*dat*), an (*dat*), bei, binnen, unter (*dat*), während, zu: ~ two hours a) in *od.* binnen zwei Stunden, b) während zweier Stunden; in 1985 1985; → beginning 1, daytime, evening 1, flight[2], October, reign 1, time *Bes. Redew.*, winter, year 1, *etc.* **10.** (*Richtung*) in (*acc, dat*), auf (*acc*), zu: → confidence 1, trust 10, *etc.* **11.** (*Zweck*) in (*dat*), zu, als: → answer 1, defence 5, *etc.* **12.** (*Grund*) in (*dat*), aus, wegen, zu: → honor 10, sport 4, *etc.* **13.** (*Hinsicht, Beziehung*) in (*dat*), an (*dat*), in bezug auf (*acc*): the latest thing ~ das Neueste in *od.* an *od.* auf dem Gebiet (*gen*); → equal 10, far *Bes. Redew.*, itself 3, number 2, that[3] 4, width 1, *etc.* **14.** nach, gemäß: → opinion 1, probability 1, *etc.* **15.** (*Mittel, Material, Stoff*) in (*dat*), aus, mit, durch: ~ black boots in *od.* mit schwarzen Stiefeln; a statue ~ bronze e-e Bronzestatue; → oil 2, pencil 1, white 8, *etc.* **16.** (*Zahl, Betrag*) in (*dat*), aus, von, zu: seven ~ all insgesamt *od.* im ganzen sieben; there are 60 minutes ~ an hour e-e Stunde hat 60 Minuten; five ~ the hundred 5 vom Hundert, 5%; → all *Bes. Redew.*, one 1, two 2, *etc.*

II *adv* **17.** innen, drinnen: ~ among mitten unter; to know ~ and out j-n, etwas ganz genau kennen, in- u. auswendig kennen; to be ~ for s.th. etwas zu erwarten haben; now you are ~ for it *colloq.* jetzt bist du ‚dran': a) jetzt kannst du nicht mehr zurück, b) jetzt ‚bist *od.* sitzt *od.* steckst du in der Patsche', jetzt ‚geht's dir an den Kragen'; he is ~ for a shock er wird e-n gewaltigen Schreck *od.* e-n Schock bekommen; I am ~ for an examination mir steht e-e Prüfung bevor; to be ~ on a) eingeweiht sein in (*acc*), b) beteiligt sein an (*dat*); to be ~ with s.o. mit j-m gut stehen; the harvest is ~ die Ernte ist eingebracht; → penny 1, keep in 9, *etc.* **18.** her'ein: → come in 1, show in, *etc.* **19.** hin'ein: the way ~ der Eingang, der Weg nach innen; → walk in, *etc.* **20.** da, (an)gekommen: the train is ~. **21.** zu Hause, im Zimmer *etc*: Mrs. Brown is not ~ Mrs. Brown ist nicht da *od.* zu Hause; he has been ~ and out all day er kommt u. geht schon den ganzen Tag. **22.** *pol.* am Ruder, an der Macht, an der Re'gierung: the Conservatives are ~; → come in 4. **23.** *sport* d(a)ran, am Spiel, an der Reihe: to be ~ (*Baseball, Kricket*) am Schlagen sein. **24.** ‚in', in Mode: → come in 3. **25.** *mar.* a) im Hafen, b) beschlagen, festgemacht (*Segel*), c) zum Hafen: on the way ~ beim Einlaufen (in den Hafen). **26.** da'zu, zusätzlich, als Zugabe: → throw in 3.

III *adj* **27.** im Innern *od.* im Hause *od.* am Spiel *od.* an der Macht befindlich, Innen...: ~ party *pol.* Regierungspartei *f*; the ~ side (*Baseball, Kricket*) die schlagende Partei. **28.** nach Hause kommend: the ~ train der ankommende Zug. **29.** an ~ restaurant ein Restaurant, das gerade ‚in' ist; the ~ people die Leute, die alles mitmachen, was gerade ‚in' ist. **30.** *colloq.* (nur) für Eingeweihte *od.* Kenner: an ~ joke.

IV *s* **31.** *pl pol. Am.* Re'gierungspartei *f*. **32.** Winkel *m*, Ecke *f*: the ~s and outs a) alle Winkel u. Ecken, b) *fig.* (alle) Einzelheiten *od.* Schwierigkeiten *od.* Feinheiten; to know all the ~s and outs of sich ganz genau auskennen bei *od.* in (*dat*), in- u. auswendig kennen (*acc*).

in-[1] [ɪn] *Vorsilbe mit den Bedeutungen* in..., innen, ein..., hinein..., hin...

in-[2] [ɪn] *Vorsilbe mit der Bedeutung* un..., nicht.

in·a·bil·i·ty [ˌɪnə'bɪlətɪ] *s* Unfähigkeit *f*, Unvermögen *n*: ~ to pay *econ.* Zahlungsunfähigkeit.

in ab·sen·ti·a [ˌɪnæbˈsentɪə; -ʃɪə] (*Lat.*) *adv bes. jur.* in abˈsentia, in Abwesenheit: he was sentenced to death ~.
in·ac·ces·si·bil·i·ty [ˈɪnækˌsesəˈbɪlətɪ; *Am. a.* ˈɪnɪkˌs-] *s* Unzugänglichkeit *f*, Unerreichbarkeit *f* (*beide a. fig.*). **ˌin·acˈces·si·ble** *adj* (*adv* **inaccessibly**) (**to**) unzugänglich (für *od. dat*) (*a. fig.*): a) unerreichbar (für *od. dat*), b) unnahbar (*Person*), c) unempfänglich (für).
in·ac·cu·ra·cy [ɪnˈækjʊrəsɪ] *s* **1.** Ungenauigkeit *f*. **2.** Fehler *m*, Irrtum *m*. **inˈac·cu·rate** [-rət] *adj* (*adv* **~ly**) **1.** ungenau. **2.** unrichtig, falsch: to be ~ falsch gehen (*Uhr*). **inˈac·cu·rate·ness** *s* Ungenauigkeit *f*.
in·ac·tion [ɪnˈækʃn] *s* **1.** Untätigkeit *f*. **2.** Trägheit *f*, Faulheit *f*. **3.** Ruhe *f*.
in·ac·ti·vate [ɪnˈæktɪveɪt] *v/t* **1.** *bes. med.* inaktiˈvieren. **2.** *mil.* außer Dienst stellen.
in·ac·tive [ɪnˈæktɪv] *adj* (*adv* **~ly**) **1.** untätig. **2.** träge, faul. **3.** *econ.* lustlos, flau: ~ **market**; ~ **account** umsatzloses Konto; ~ **capital** brachliegendes Kapital. **4.** a) *chem. phys.* ˈinakˌtiv, unwirksam: ~ **mass** träge Masse, b) *phys.* nicht radioakˈtiv. **5.** *med.* ˈinakˌtiv. **6.** *mil.* nicht akˈtiv, außer Dienst. **ˌin·acˈtiv·i·ty** *s* **1.** → **inaction** 1, 2. **2.** *econ.* Lustlosigkeit *f*, Flauheit *f*. **3.** *chem. phys.* ˈInaktiviˌtät *f* (*a. med.*), Unwirksamkeit *f*.
in·a·dapt·a·bil·i·ty [ˈɪnəˌdæptəˈbɪlətɪ] *s* **1.** Mangel *m* an Anpassungsfähigkeit. **2.** Unverwendbarkeit *f*. **ˌin·aˈdapt·a·ble** *adj* **1.** nicht anpassungsfähig (**to an** *acc*). **2.** unverwendbar (für).
in·ad·e·qua·cy [ɪnˈædɪkwəsɪ] *s* **1.** Unzulänglichkeit *f*. **2.** Unangemessenheit *f*, ˈInadäˌquatheit *f*. **inˈad·e·quate** [-kwət] *adj* (*adv* **~ly**) **1.** unzulänglich, ungenügend: the food was ~ for all of us das Essen reichte nicht für uns alle. **2.** unangemessen (**to** *dat*), ˈinadäˌquat: to feel ~ to the occasion sich der Situation nicht gewachsen fühlen.
in·ad·mis·si·bil·i·ty [ˈɪnədˌmɪsəˈbɪlətɪ] *s* Unzulässigkeit *f*. **ˌin·adˈmis·si·ble** *adj* unzulässig (*a. jur.*), unerlaubt, unstatthaft.
in·ad·vert·ence [ˌɪnədˈvɜːtəns; *Am.* -ˈvɑrtəns], **ˌin·adˈvert·en·cy** [-sɪ] *s* **1.** Unachtsamkeit *f*. **2.** Unabsichtlichkeit *f*. **3.** Versehen *n*. **ˌin·adˈvert·ent** *adj* (*adv* **~ly**) **1.** unachtsam, unvorsichtig, nachlässig. **2.** unbeabsichtigt, unabsichtlich, versehentlich: **~ly** *a.* aus Versehen.
in·ad·vis·a·bil·i·ty [ˈɪnədˌvaɪzəˈbɪlətɪ] *s* Unratsamkeit *f*. **ˌin·adˈvis·a·ble** *adj* unratsam, nicht ratsam *od.* empfehlenswert.
in·al·ien·a·bil·i·ty [ɪnˌeɪljənəˈbɪlətɪ; -lɪənə-] *s jur.* Unveräußerlichkeit *f*. **inˈal·ien·a·ble** *adj* (*adv* **inalienably**) unveräußerlich, ˈunüberˌtragbar: ~ rights. **inˈal·ien·a·ble·ness** → inalienability.
in·al·ter·a·ble [ɪnˈɔːltərəbl; -trəbl] *adj* (*adv* **inalterably**) unveränderlich, ˈunabˌänderlich: it is ~ es läßt sich nicht (ab)ändern.
in·am·o·ra·ta [ɪnˌæməˈrɑːtə] *s* Geliebte *f*. **inˌam·oˈra·to** [-təʊ] *pl* **-tos** *s* Geliebte(r) *m*.
ˌin-and-ˈin *adj u. adv* Inzucht...: ~ **breeding** Inzucht *f*; to breed ~ sich durch Inzucht vermehren.
ˌin-and-ˈout *adj* wechselhaft, schwankend: ~ **performances** schwankende Leistungen.
in·ane [ɪˈneɪn] **I** *adj* (*adv* **~ly**) **1.** leer. **2.** *fig.* geistlos, albern. **II** *s* **3.** Leere *f*, *bes.* leerer (Welten)Raum.
in·an·i·mate [ɪnˈænɪmət] *adj* (*adv* **~ly**) **1.** leblos: ~ **nature** unbelebte Natur. **2.** *fig.* schwunglos, langweilig, fad. **3.** *econ.* flau,

lustlos. **inˈan·i·mate·ness**, **ˌin·an·iˈma·tion** *s* **1.** Leblosigkeit *f*, Unbelebtheit *f*. **2.** *fig.* Schwunglosigkeit *f*, Langweiligkeit *f*, Fadheit *f*. **3.** *econ.* Flauheit *f*, Lustlosigkeit *f*.
in·a·ni·tion [ˌɪnəˈnɪʃn] *s med.* Inanitiˈon *f* (*Abmagerung mit völliger Entkräftung u. Erschöpfung als Folge unzureichender Ernährung od. auszehrender Krankheiten*).
in·an·i·ty [ɪˈnænətɪ] *s* Geistlosigkeit *f*, Albernheit *f*: a) geistige Leere, b) dumme Bemerkung: **inanities** *pl* albernes Geschwätz.
in·ap·peas·a·ble [ˌɪnəˈpiːzəbl] *adj* **1.** nicht zu besänftigen(d), unversöhnlich. **2.** nicht zuˈfriedenzustellen(d), unersättlich.
in·ap·pe·tence [ɪnˈæpɪtəns], **inˈap·pe·ten·cy** [-sɪ] *s* **1.** *med.* Appeˈtitlosigkeit *f*. **2.** Unlust *f*. **inˈap·pe·tent** *adj* **1.** *med.* appeˈtitlos. **2.** lustlos, unlustig.
in·ap·pli·ca·bil·i·ty [ˈɪnˌæplɪkəˈbɪlətɪ] *s* Un-, Nichtanwendbarkeit *f*. **inˈap·pli·ca·ble** *adj* (*adv* **inapplicably**) (**to**) unanwendbar, nicht anwendbar *od.* zutreffend (auf *acc*), ungeeignet (für): → **delete**.
in·ap·po·site [ɪnˈæpəzɪt] *adj* (*adv* **~ly**) unpassend, unangemessen (**to** *dat*), unangebracht.
in·ap·pre·ci·a·ble [ˌɪnəˈpriːʃəbl] *adj* (*adv* **inappreciably**) unmerklich: **an ~ change**. **ˈin·apˌpre·ciˈa·tion** [-ʃˈeɪʃn] *s* Mangel *m* an Würdigung *od.* Anerkennung. **ˌin·apˈpre·ci·a·tive** [-ʃjətɪv; *Am.* -ʃətɪv] *adj*: to be ~ of a) nicht zu schätzen *od.* zu würdigen wissen (*acc*), b) keinen Sinn haben für, c) nicht richtig beurteilen *od.* einschätzen (*acc*), nicht bewußt sein (*gen*).
in·ap·pro·pri·ate [ˌɪnəˈprəʊprɪət] *adj* (*adv* **~ly**) (**to, for**) unpassend, ungeeignet (für), unangemessen (*dat*).
in·apt [ɪnˈæpt] *adj* (*adv* **~ly**) **1.** unpassend, ungeeignet. **2.** ungeschickt. **3.** unfähig, außerˈstande (to do zu tun). **inˈapt·i·tude** [-tɪtjuːd; *Am. bes.* -ˌtuːd], **inˈapt·ness** *s* **1.** Ungeeignetheit *f*. **2.** Ungeschicktheit *f*. **3.** Unfähigkeit *f*.
in·ar·tic·u·late [ˌɪnɑːˈtɪkjʊlət] *adj* (*adv* **~ly**) **1.** ˈunartikuˌliert, undeutlich (ausgesprochen), unverständlich (*Wörter etc*). **2.** unfähig(, deutlich) zu sprechen. **3.** unfähig, sich klar auszudrücken: **he is ~** a) er kann sich nicht ausdrücken, er artikulieren, b) er macht *od.* ˌkriegt' den Mund nicht auf. **4.** sprachlos (**with** vor *dat*). **5.** unaussprechlich: ~ **suffering**. **6.** *bot. zo.* ungegliedert. **ˌin·arˈtic·u·lat·ed** [-leɪtɪd] *adj* → **inarticulate** 1, 6. **ˌin·arˈtic·u·late·ness** *s* **1.** Undeutlichkeit *f*, Unverständlichkeit *f*. **2.** Unfähigkeit *f*(, deutlich) zu sprechen.
in·ar·tis·tic [ˌɪnɑːˈtɪstɪk] *adj* (*adv* **~ally**) unkünstlerisch: a) kunstlos, b) ohne Kunstverständnis.
in·as·much as [ˌɪnəzˈmʌtʃ] *conj* **1.** in Anbetracht der Tatsache, daß; da (ja), weil. **2.** *obs.* inˈsofern als.
in·at·ten·tion [ˌɪnəˈtenʃn] *s* Unaufmerksamkeit *f*. **ˌin·atˈten·tive** [-tɪv] *adj* (*adv* **~ly**) unachtsam, unaufmerksam (**to** gegen): to be ~ to s.th. etwas nicht beachten. **ˌin·atˈten·tive·ness** *s* Unaufmerksamkeit *f*.
in·au·di·bil·i·ty [ɪnˌɔːdəˈbɪlətɪ] *s* Unhörbarkeit *f*. **inˈau·di·ble** *adj* (*adv* **inaudibly**) unhörbar. **inˈau·di·ble·ness** *s* Unhörbarkeit *f*.
in·au·gu·ral [ɪˈnɔːgjʊrəl; -gjə-; *Am. a.* -gərəl] **I** *adj* Einführungs..., Einweihungs..., Antritts..., Eröffnungs...: ~ **speech** → II. **II** *s* Antrittsrede *f*. **inˈau·gu·rate** [-reɪt] *v/t* **1.** j-n (feierlich) (in sein Amt) einführen *od.* einsetzen. **2.**

einweihen, eröffnen. **3.** *ein Denkmal* enthüllen. **4.** einleiten: to ~ **a new era**.
inˌau·guˈra·tion *s* **1.** (feierliche) Amtseinsetzung *od.* Amtseinführung *f*: **I.~ Day** *pol. Am.* Tag *m* des Amtsantritts des Präsidenten (*20. Januar*). **2.** Einweihung *f*, Eröffnung *f*. **3.** Enthüllung *f*. **4.** Beginn *m*. **inˈau·gu·ra·tor** [-reɪtə(r)] *s* Einführende(r *m*) *f*. **inˈau·gu·ra·to·ry** [-rətərɪ; *Am.* -ˌtəʊrɪː, -ˌtɔː-] → **inaugural** I.
in·aus·pi·cious [ˌɪnɔːˈspɪʃəs] *adj* (*adv* **~ly**) ungünstig: a) unheildrohend, b) unglücklich: to be ~ unter e-m ungünstigen Stern stehen. **ˌin·ausˈpi·cious·ness** *s* ungünstige Aussicht.
in-be·ing [ˈɪnˌbiːɪŋ] *s* **1.** *philos.* Innewohnen *n*, Immaˈnenz *f*. **2.** Wesen *n*.
ˌin-beˈtween **I** *s* **1.** a) Mittelsmann *m*, b) *econ.* Zwischenhändler(in), c) j-d, der e-e Zwischenstellung einnimmt, **2.** Mitteilung *n*. **II** *adj* **3.** Mittel..., Zwischen...: ~ **weather** Übergangswetter *n*.
in·board [ˈɪnbɔː(r)d] *mar.* **I** *adj* **1.** Innenbord...: ~ **motor**. **II** *adv* **2.** binnenbords. **III** *s* **3.** Innenbordmotor *m*. **4.** Innenborder *m* (*Boot*).
in·born [ˌɪnˈbɔː(r)n] *adj* angeboren.
in·bound [ˈɪnbaʊnd] *adj mar.* a) einlaufend, -fahrend, b) auf der Heimreise befindlich.
in·bred [ˌɪnˈbred] *adj* **1.** a) angeboren, b) tief eingewurzelt. **2.** durch Inzucht erzeugt.
in·breed [ˌɪnˈbriːd] *v/t irr* *Tiere* durch Inzucht züchten. **ˌinˈbreed·ing** *s* Inzucht *f* (*a. fig.*).
in-built [ˌɪnˈbɪlt] *adj arch. tech.* eingebaut (*a. fig.*), Einbau...: ~ **furniture** Einbaumöbel *pl*.
in·cal·cu·la·ble [ɪnˈkælkjʊləbl] *adj* **1.** unberechenbar (*a. Person etc*). **2.** unermeßlich.
in·can·desce [ˌɪnkænˈdes; -kən-] *v/t u. v/i* (weiß)glühend machen (werden). **ˌin·canˈdes·cence** [-ˈdesns], **ˌin·canˈdes·cen·cy** [-ˈdesnsɪ] *s* (Weiß)Glühen *n*, (-)Glut *f*. **ˌin·canˈdes·cent** *adj* (*adv* **~ly**) **1.** (weiß)glühend: ~ **lamp** Glühlampe *f*. **2.** *fig.* leuchtend, strahlend.
in·can·ta·tion [ˌɪnkænˈteɪʃn] *s* **1.** Beschwörung *f*. **2.** Zauber *m*, Zauberformel *f*, -spruch *m*.
in·ca·pa·bil·i·ty [ɪnˌkeɪpəˈbɪlətɪ] *s* **1.** Unfähigkeit *f*. **2.** Untauglichkeit *f*. **3.** Hilflosigkeit *f*.
in·ca·pa·ble [ɪnˈkeɪpəbl] *adj* (*adv* **incapably**) **1.** unfähig (**of** zu *od. gen*; **of doing** zu tun), nichtˈimˌstande (**of doing** zu tun): ~ **of murder** nicht fähig, e-n Mord zu begehen. **2.** hilflos: **drunk and ~** volltrunken. **3.** ungeeignet, untauglich (**for** für). **4.** nicht zulassend (**of** *acc*): a **problem ~ of solution** ein unlösbares Problem; ~ **of being misunderstood** unmißverständlich. **5. legally ~** geschäfts-, rechtsunfähig.
in·ca·pac·i·tate [ˌɪnkəˈpæsɪteɪt] *v/t* **1.** unfähig *od.* untauglich machen (**for** s.th. für etwas; **for** [*od.* **from**] **doing** zu tun). **2.** *jur.* für rechts- *od.* geschäftsunfähig erklären. **ˌin·caˈpac·i·tat·ed** *adj* **1.** *a.* ~ **for work** a) arbeitsunfähig, b) erwerbsunfähig. **2.** behindert: **physically** (**mentally**) ~. **3.** *a.* **legally** ~ geschäfts-, rechtsunfähig. **ˈin·caˌpac·iˈta·tion** *s* **1.** Unfähigmachen *n*. **2.** Incapacity.
ˌin·caˈpac·i·ty [-ətɪ] *s* **1.** Unfähigkeit *f*, Untauglichkeit *f*: ~ **for work** a) Arbeitsunfähigkeit *f*, b) Erwerbsunfähigkeit *f*. **2.** *a.* **legal** ~ Rechts-, Geschäftsunfähigkeit *f*: ~ **to sue** Prozeßunfähigkeit *f*.
in·cap·su·late [ɪnˈkæpsjʊleɪt; *Am.* -səˌleɪt] → encapsulate.
in·car·cer·ate [ɪnˈkɑː(r)səreɪt] *v/t* **1.** ein-

incarcerated – incline

kerkern. 2. → imprison 2. **in'car·cer·at·ed** *adj med.* inkarze'riert, eingeklemmt (*bes. Bruch*). **in₁car·cer'a·tion** *s* 1. Einkerkerung *f.* 2. → imprisonment 2. 3. *med.* Inkarzerati'on *f*, Einklemmung *f*.

in·car·nate I *v/t* ['ɪnkɑː(r)neɪt; ɪn'k-] 1. kon'krete Form (*od.* feste Form) geben (*dat*), verwirklichen: to ~ an ideal; to be ~d *relig.* Fleisch werden. 2. verkörpern, personifi'zieren. **II** *adj* [ɪn'kɑː(r)neɪt; -nɪt] 3. *relig.* inkar'niert, fleischgeworden: God ~ Gott *m* in Menschengestalt. 4. *fig.* leib'haftig: a devil ~ ein Teufel in Menschengestalt. 5. personifi'ziert, verkörpert: innocence ~ die personifizierte Unschuld, die Unschuld in Person. 6. fleischfarben. **in·car'na·tion** *s* Inkarnati'on *f*: a) *relig.* Fleisch-, Menschwerdung *f*, b) *fig.* Verkörperung *f*, Inbegriff *m*.

in·cen·di·a·rism [ɪn'sendjərɪzəm; -dɪə-] *s* 1. Brandstiftung *f*. 2. *fig.* Aufwiegelung *f*. **in'cen·di·a·ry** [-djərɪ; *Am.* -dɪˌerɪː] **I** *adj* 1. Brandstiftungs..., durch Brandstiftung verursacht. 2. Brand..., Feuer... 3. *mil.* Brand...: ~ agent → 7 c; ~ bomb → 7 a; ~ bullet (*od.* projectile, shell) → 7 b. 4. *fig.* aufwiegelnd, aufhetzend: ~ speech Hetzrede *f*. 5. *fig.* erregend, 'hinreißend: an ~ woman. **II** *s* 6. Brandstifter(in). 7. *mil.* a) Brandbombe *f*, b) Brandgeschoß *n*, c) Brand-, Zündstoff *m*. 8. *fig.* Aufwiegler(in), Hetzer(in), Agi'tator *m*.

in·cense¹ ['ɪnsens] **I** *s* 1. Weihrauch: ~ boat *relig.* Weihrauchgefäß *n*; ~ burner *relig.* Räucherfaß *n*, -vase *f*. 2. Weihrauch(wolke *f*, -duft *m*) *m*. 3. Duft *m*. 4. *fig.* Beweihräucherung *f*. **II** *v/t* 5. beweihräuchern. 6. durch'duften. 7. *fig. obs.* j-n beweihräuchern.

in·cense² [ɪn'sens] *v/t* erzürnen, erbosen, in Rage bringen: ~d zornig, wütend (at über *acc*).

in·cen·so·ry ['ɪnsensərɪ] *s relig.* Weihrauchgefäß *n*.

in·cen·ter, *bes. Br.* **in·cen·tre** ['ɪnˌsentə(r)] *s math.* Inkreismittelpunkt *m*: ~ of triangle Mittelpunkt e-s in ein Dreieck einbeschriebenen Kreises.

in·cen·tive [ɪn'sentɪv] **I** *adj* ansporend, antreibend, anreizend (to zu): to be ~ to anspornen zu; ~ bonus *econ.* Leistungsprämie *f*; ~ pay (*od.* wage[s]) höherer Lohn für höhere Leistung, Leistungslohn *m*. **II** *s* Ansporn *m*, Antrieb *m*, Anreiz *m* (to zu): ~ to buy Kaufanreiz *m*; give s.o. (an) ~ j-n anspornen.

in·cen·tre *bes. Br.* für **incenter**.

in·cept [ɪn'sept] **I** *v/t bes. biol.* in sich aufnehmen. **II** *v/i univ. Br. obs.* a) sich für den Grad e-s **Master** od. **Doctor** qualifi'zieren, b) sich habili'tieren. **in'cep·tion** *s* 1. Beginn *m*, Anfang *m*, *bes.* Gründung *f* (*e-r Institution*). 2. *univ. Br. obs.* a) Promoti'on *f* zum **Master** *od.* **Doctor**, b) Habilitati'on *f*. **in'cep·tive I** *adj* (*adv* ~ly) 1. Anfangs...: a) beginnend, anfangend, b) anfänglich. 2. → inchoative 2. **II** *s* → inchoative 3.

in·cer·ti·tude [ɪn'sɜːtɪtjuːd; *Am.* ɪn'sɜːrtəˌtuːd] *s* Unsicherheit *f*, Ungewißheit *f*.

in·ces·san·cy [ɪn'sesnsɪ] *s* Unablässigkeit *f*. **in'ces·sant** [-snt] *adj* (*adv* ~ly) unaufhörlich, unablässig, ständig. **in'ces·sant·ness** → incessancy.

in·cest ['ɪnsest] *s* Blutschande *f*, In'zest *m*: (spiritual) ~ *relig.* geistlicher Inzest. **in·ces·tu·ous** [ɪn'sestjʊəs; *Am.* ɪn'sestʃəwəs] *adj* (*adv* ~ly) blutschänderisch, inzestu'ös.

inch¹ [ɪntʃ] **I** *s* Inch *m* (= *2,54 cm*), Zoll *m* (*a. fig.*): two ~es of rain *meteor.* zwei Zoll Regen; by ~es, ~ by ~ a) Zentimeter um Zentimeter, b) *fig.* allmählich, ganz langsam, Schritt für Schritt; he missed the goal by ~es *sport* er verfehlte das Tor nur ganz knapp *od.* nur um Zentimeter; a man of your ~es ein Mann von Ihrer Statur *od.* Größe; every ~ *fig.* jeder Zoll, durch u. durch; every ~ a gentleman ein Gentleman vom Scheitel bis zur Sohle; not to budge (*od.* give, yield) an ~ *fig.* nicht e-n Zentimeter weichen *od.* nachgeben; give him an ~ and he'll take a yard (*od.* mile) *fig.* wenn man ihm den kleinen Finger gibt, nimmt er gleich die ganze Hand; within an ~ *fig.* um ein Haar, fast; to be beaten (*or*) within an ~ of one's life fast zu Tode geprügelt werden; he came within an ~ of death er wäre innerhalb *od.* um Haaresbreite gestorben. **II** *adj* ...zöllig: a three-~ rope. **III** *v/t u. v/i* (sich) zenti'meterweise *od.* sehr langsam bewegen: we ~ed the wardrobe into the corner wir schoben den Schrank zentimeterweise in die Ecke.

inch² [ɪntʃ] *s Scot. od. Ir.* kleine Insel.

inched [ɪntʃt] *adj* 1. in *Zssgn* ...zöllig: four-~. 2. mit Inch- *od.* Zolleinteilung (versehen), Zoll...: ~ staff Zollstock *m*.

-incher [ɪntʃə(r)] *s in Zssgn* wie four-incher Gegenstand *m* von 4 Inch(es) *od.* Zoll Dicke *od.* Länge.

'inch-meal *adv:* (by) ~ a) Zentimeter um Zentimeter, b) *fig.* Schritt für Schritt.

in·cho·ate I *adj* ['ɪnkəʊeɪt; *Am.* ɪn'kəʊət; 'ɪnkəˌweɪt] 1. angefangen. 2. beginnend, anfangend, Anfangs... 3. unvollständig: ~ agreement Vertrag, der noch nicht von allen Parteien unterzeichnet ist. **II** *v/t u. v/i* ['ɪnkəʊeɪt; *Am.* ɪn'kəʊət]. **obs.** beginnen, anfangen. **in·cho·a·tive** ['ɪnkəʊeɪtɪv; *bes. Am.* ɪn'kəʊətɪv] **I** *adj* 1. → inchoate 1. 2. *ling.* inchoa'tiv (*e-n Beginn ausdrückend*): ~ verb → 3 b. **II** *s* 3. *ling.* a) inchoa'tive Akti'onsart, b) Inchoa'tiv *n*, inchoa'tives Verb.

in·ci·dence ['ɪnsɪdəns; *Am. a.* 'ɪnsəˌdens] *s* 1. Auftreten *n*, Vorkommen *n*, Häufigkeit *f*, Verbreitung *f*: high ~ häufiges Vorkommen, weite Verbreitung; to have a high ~ häufig vorkommen, weit verbreitet sein. 2. a) Auftreffen *n* (on, upon auf *acc*) (*a. phys.*), b) *phys.* Einfall(en *n*) *m* (*von Strahlen*): ~ angle → 3. *econ.* Anfall *m* (*e-r Steuer*): ~ of taxation Verteilung *f* der Steuerlast, Steuerbelastung *f*.

in·ci·dent ['ɪnsɪdənt; *Am. a.* 'ɪnsəˌdent] **I** *adj* 1. (to) a) verbunden (mit), b) gehörend (zu). 2. a) auftreffend (*a. phys.*), b) *phys.* einfallend. **II** *s* 3. Vorfall *m*, Ereignis *n*, Vorkommnis *n*, *a. pol.* Zwischenfall *m*: full of ~s ereignisreich. 4. 'Nebenumstand *m*, -sache *f*. 5. Epi'sode *f*, Nebenhandlung *f* (*im Drama etc*). 6. *jur.* a) (Neben)Folge *f* (of aus), b) Nebensache *f*, c) (*mit e-m Amt etc verbundene*) Verpflichtung.

in·ci·den·tal [ˌɪnsɪ'dentl] *adj* 1. nebensächlich, Neben...: ~ earnings Nebenverdienst *m*; ~ expenses → 8; ~ music Begleit-, Hintergrundmusik *f*. 2. beiläufig. 3. gelegentlich. 4. zufällig. 5. → incident 1: the expenses ~ thereto die dabei entstehenden *od.* damit verbundenen Unkosten. 6. folgend (on, upon auf *acc*), nachher auftretend: ~ images *psych.* Nachbilder. **II** *s* 7. 'Nebenumstand *m*, -sächlichkeit *f*. 8. *pl econ.* Nebenausgaben *pl*, -kosten *pl*. ˌin·ci'den·tal·ly [-tlɪ] *adv* 1. nebenbei 2. beiläufig. 3. gelegentlich. 4. zufällig. 5. nebenbei bemerkt, übrigens.

in·cin·er·ate [ɪn'sɪnəreɪt] *v/t u. v/i* verbrennen. **in₁cin·er'a·tion** *s* Verbrennung *f*: ~ plant → incinerator b. **in-'cin·er·a·tor** [-reɪtə(r)] *s* a) Verbrennungsofen *m*, b) Verbrennungsanlage *f*.

in·cip·i·ence [ɪn'sɪpɪəns], *a.* **in'cip·i·en·cy** [-sɪ] *s* 1. Beginn *m*, Anfang *m*. 2. Anfangsstadium *n*. **in'cip·i·ent** *adj* beginnend, anfangend, einleitend, Anfangs..., Anfangs...: ~ stage Anfangsstadium *n*. **in'cip·i·ent·ly** *adv* anfänglich, anfangs, zu Anfang.

in·cise [ɪn'saɪz] *v/t* 1. ein-, aufschneiden (*a. med.*). 2. a) *ein Muster etc* einritzen, -schnitzen, -kerben (on in *acc*), b) to ~ s.th. with a pattern ein Muster in etwas einritzen *od.* -schnitzen *od.* -kerben. **in'cised** *adj* 1. eingeschnitten (*a. bot. zo.*). 2. Schnitt...: ~ wound.

in·ci·sion [ɪn'sɪʒn] *s* 1. (Ein)Schnitt *m* (*a. med.*). 2. *bot. zo.* Einschnitt *m*.

in·ci·sive [ɪn'saɪsɪv] *adj* (*adv* ~ly) 1. (ein)schneidend. 2. *fig.* scharf: a) 'durchdringend: ~ intellect, b) beißend: ~ irony, c) schneidend: ~ tone. 3. *fig.* treffend, prä'gnant. 4. *anat.* Schneide(zahn)...: ~ bone Zwischenkieferknochen *m*; ~ tooth → incisor. **in'ci·sive·ness** *s* Schärfe *f*.

in·ci·sor [ɪn'saɪzə(r)] *s anat.* Schneidezahn *m*.

in·cit·ant [ɪn'saɪtənt] **I** *adj* anreizend. **II** *s* Reiz-, Anregungsmittel *n*. ˌin·ci'ta·tion [-saɪ-, -sɪ-] *s* 1. Anregung *f*. 2. Anreiz *m*, Ansporn *m*, Antrieb *m* (to zu). 3. → incitement 2.

in·cite [ɪn'saɪt] *v/t* 1. anregen (*a. med.*), ansporen, anstacheln, antreiben (to zu). 2. aufwiegeln, -hetzen, *jur.* anstiften (to zu). 3. *Zorn etc* erregen: to ~ anger in s.o. in j-s Zorn erregen, j-n erzürnen. **in-'cite·ment** *s* 1. → incitation 1 *u.* 2. 2. Aufwiegelung *f*, -hetzung *f*, *jur.* Anstiftung *f* (to zu). **in'cit·er** *s* 1. Ansporner(in), Antreiber(in). 2. Aufwiegler(in), Hetzer(in), Agi'tator *m*.

in·ci·vil·i·ty [ˌɪnsɪ'vɪlətɪ] *s* Unhöflichkeit *f*, Grobheit *f* (*beide a. Bemerkung etc*).

in·ci·vism ['ɪnsɪvɪzəm] *s* Mangel *m* an Bürgersinn.

'in-ˌclear·ing *s econ. Br.* Gesamtbetrag *m* der auf ein Bankhaus laufenden Schecks, Abrechnungsbetrag *m*.

in·clem·en·cy [ɪn'klemənsɪ] *s* 1. Rauheit *f*, Unfreundlichkeit *f*: inclemencies of the weather Unbilden der Witterung. 2. Härte *f*, Unerbittlichkeit *f*. **in'clem·ent** *adj* (*adv* ~ly) 1. rauh, unfreundlich (*Klima*). 2. hart, unerbittlich.

in·clin·a·ble [ɪn'klaɪnəbl] *adj* 1. ('hin)neigend, ten'dierend (to zu): to be ~ to tendieren zu. 2. wohlwollend gegen'überstehend, günstig gesinnt (to *dat*). 3. *tech.* schrägstellbar.

in·cli·na·tion [ˌɪnklɪ'neɪʃn] *s* 1. *fig.* Neigung *f*, Hang *m* (to zu): ~ to buy *econ.* Kauflust *f*; ~ to stoutness Anlage *f* zur Korpulenz. 2. *fig.* Zuneigung *f* (for zu). 3. Neigen *n*, Beugen *n*, Neigung *f*. 4. Gefälle *n*. 5. *math.* a) Neigung *f*, Schrägstellung *f*, Schräge *f*, Senkung *f*, b) geneigte Fläche, c) Neigungswinkel *m*: the ~ of two planes der Winkel zwischen zwei Ebenen. 6. Inklinati'on *f*: a) *astr.* Neigung der Ebene e-r Planetenbahn zur Ebene der Erdbahn, b) (*Geophysik*) Winkel zwischen der erdmagnetischen Feldlinien u. der Horizontalen.

in·cline [ɪn'klaɪn] **I** *v/i* 1. *fig.* 'hinneigen, geneigt sein, (dazu) neigen (to, toward[s] zu; to do zu tun). 2. *fig.* e-e Anlage haben, neigen (to zu): to ~ to stoutness; to ~ to red ins Rötliche spielen. 3. sich neigen (to, toward[s] nach), (schräg) abfallen: the roof ~s sharply das Dach fällt steil ab. 4. *Bergbau:* einfallen. 5. *fig.* sich neigen, zu Ende gehen (*Tag*). 6. *fig.* wohlwollend gegen-

'überstehen, günstig gesinnt sein (**to** *dat*). **II** *v/t* **7.** *fig.* geneigt machen, veranlassen, bewegen (**to** zu): *this ~s me to doubt dies läßt mich zweifeln*; *this ~s me to the view* dies bringt mich zu der Ansicht; **to ~ s.o. to do s.th.** j-n dazu bringen, etwas zu tun. **8.** neigen, beugen, senken: **to ~ the head**; **to ~ one's ear to s.o.** *fig.* j-m sein Ohr leihen. **9.** Neigung geben (*dat*), neigen, schräg (ver)stellen, beugen. **10.** (**to, toward[s]**) richten (auf *acc*), lenken (nach ... hin). **III** *s* [ɪnˈkleɪn; ˈɪnkleɪn] **11.** Gefälle *n*. **12.** (Ab)Hang *m*. **13.** *math. phys.* schiefe Ebene. **14.** *Bergbau*: tonnläiger Schacht, einfallende Strecke. **15. double ~ rail.** Ablaufberg *m*.
in·clined [ɪnˈklaɪnd] *adj* **1.** (**to**) *fig.* a) geneigt (zu), b) neigend (zu): **to be ~ to do s.th.** dazu neigen, etwas zu tun. **2.** *fig.* gewogen, wohlgesinnt (**to** *dat*). **3.** geneigt, schräg, schief, abschüssig: **to be ~** sich neigen; **~ plane** *math. phys.* schiefe Ebene.
in·cli·nom·e·ter [ˌɪnklɪˈnɒmɪtə; *Am.* -ˈnɑmətər] *s tech.* **1.** Inklinati'onskompaß *m*, -nadel *f*. **2.** *aer.* Neigungsmesser *m*. **3.** → **clinometer**.
in·close → **enclose**.
in·clude [ɪnˈkluːd] *v/t* **1.** einschließen, um'geben. **2.** in sich einschließen, um'fassen, enthalten. **3.** einschließen, -beziehen, -rechnen (**in** in *acc*), rechnen (**among** unter *acc*, zu): *speakers ~ ... unter den Sprechern sind ..., unter anderem sprechen ...* **4.** erfassen, aufnehmen: *not to be ~d on the list* nicht auf der Liste stehen; **to ~ s.th. in the agenda** etwas auf die Tagesordnung setzen; **to ~ s.o. in one's will** j-n in s-m Testament bedenken.
in·clud·ed [ɪnˈkluːdɪd] *adj* **1.** eingeschlossen (*a. math.*). **2.** mit inbegriffen, mit eingeschlossen: **tax ~** einschließlich *od.* inklusive Steuer. **in'clud·i·ble** *adj* einbeziehbar. **in'clud·ing** *prep* einschließlich: **~ all charges** *econ.* einschließlich *od.* inklusive aller Kosten.
in·clu·sion [ɪnˈkluːʒn] *s* **1.** Einschluß *m*, Einbeziehung *f* (**in** in *acc*): **with the ~ of** einschließlich (*gen*), mit (*dat*). **2.** *min. tech.* Einschluß *m*. **3.** *biol.* Zelleinschluß *m*: **~ body** *med.* Einschlußkörperchen *n*.
in·clu·sive [ɪnˈkluːsɪv] *adj* (*adv* **~ly**) **1.** einschließlich, inklu'sive (**of** *gen*): **to be ~ of** einschließen (*acc*); **to Friday ~** bis einschließlich Freitag, bis Freitag inklusive. **2.** alles einschließend *od.* enthaltend, Pauschal...: **~ price** Pauschalpreis *m*.
in·co·er·ci·ble [ˌɪnkəʊˈɜːsɪbl; *Am.* -ˈɜːrsəbəl] *adj* (*adv* **incoercibly**) **1.** unerzwingbar, nicht zu erzwingen(d): **to be ~** sich nicht erzwingen lassen. **2.** *phys.* nicht kompri'mierbar.
in·cog·ni·to [ɪnˈkɒɡnɪtəʊ; ˌɪnkɒɡˈniː-; *Am.* ɪnˈkɑɡniːtəʊ; ˌɪnˈkɑɡnə-] **I** *adv* **1.** in'kognito, unter fremdem Namen: **to travel ~**. **II** *adj* **2.** unter fremdem Namen: **a king ~**. **III** *pl* **-tos** *s* **3.** In'kognito *n*: **to preserve** (**disclose** *od.* **reveal**) **one's ~** sein Inkognito wahren (lüften). **4.** j-d, der inkognito reist etc.
in·cog·ni·za·ble [ɪnˈkɒɡnɪzəbl; *Am.* ɪnˈkɑɡ-] *adj* a) nicht erkennbar, b) nicht wahrnehmbar. **in'cog·ni·zant** *adj* nicht unter'richtet (**of** über *acc od.* von): **to be ~ of s.th.** a) von etwas keine Kenntnis haben, b) etwas nicht erkennen.
in·co·her·ence [ˌɪnkəʊˈhɪərəns; *Am.* -ˈhɪr-], **in·co'her·en·cy** *s* **1.** fehlender Zs.-halt (*a. fig.*). **2.** Zs.-hang(s)losigkeit *f*. **3.** fehlende Über'einstimmung. **in·coˈher·ent** *adj* (*adv* **~ly**) **1.** unverbunden. **2.** *phys.* inkohä'rent. **3.** (logisch) 'unzusammenhängend, unklar, unverständ-

lich: **to be ~ in one's speech** sich nicht klar ausdrücken (können).
in·com·bus·ti·ble [ˌɪnkəmˈbʌstəbl] **I** *adj* (*adv* **incombustibly**) un(ver)brennbar. **II** *s* a) un(ver)brennbarer Gegenstand, b) un(ver)brennbares Materi'al.
in·come [ˈɪnkʌm; ˈɪnkʌm] *s econ.* Einkommen *n*, Einkünfte *pl* (**from** aus): **~ from employment** Arbeitseinkommen; **to live within** (**beyond**) **one's ~** s-n Verhältnissen entsprechend (über s-e Verhältnisse) leben; → **earn** 1, **unearned**. **~ ac·count** *s* Ertragskonto *n*. **~ bond** *s* Schuldverschreibung *f* mit vom Gewinn (der Gesellschaft) abhängiger Verzinsung. **~ brack·et** *s* Einkommensstufe *f*, -gruppe *f*: **the lower ~s** die unteren Einkommensschichten. **~ group** *s* Einkommensgruppe *f*.
in·com·er [ˈɪnkʌmə(r)] *s* **1.** Her'einkommende(r *m*) *f*, Ankömmling *m*. **2.** *econ. jur.* (Rechts)Nachfolger(in).
in·come split·ting *s Am.* Einkommensaufteilung *f* zur getrennten Veranlagung. **~ state·ment** *s econ. Am.* Gewinn- u. Verlustrechnung *f*. **~ tax** *s econ.* Einkommensteuer *f*: **~ return** Einkommensteuererklärung *f*.
in·com·ing [ˈɪnkʌmɪŋ] **I** *adj* **1.** her'einkommend: **the ~ tide**. **2.** ankommend (*Telefongespräch, Verkehr, electr.* Strom *etc*), nachfolgend, neu (*Mieter, Regierung etc*). **3.** *econ.* a) erwachsend (*Nutzen, Gewinn*), b) eingehend, einlaufend: **~ orders** Auftragseingänge; **~ mail** Posteingang *m*; **~ stocks** Warenzugänge. **4.** beginnend: **the ~ year**. **5.** *psych.* nach innen gekehrt, verschlossen, introver'tiert. **II** *s* **6.** Kommen *n*, Eintritt *m*, Eintreffen *n*, Ankunft *f*. **7.** *meist pl econ.* a) Eingänge *pl*, b) Einkünfte *pl*.
in·com·men·su·ra·bil·i·ty [ˌɪnkəˌmenʃərəˈbɪlətɪ; *Am. a.* -ˌmensərə-] *s* Inkommensurabili'tät *f* (*a. math. phys.*), Unvergleichbarkeit *f*. **in·comˈmen·su·ra·ble I** *adj* (*adv* **incommensurably**) **1.** (**with**) inkommensu'rabel (*a. math. phys.*), nicht vergleichbar (mit), nicht mit dem'selben Maß meßbar (wie). **2.** unangemessen, unverhältnismäßig. **II** *s* **3.** *math.* inkommensu'rable Größe.
in·com·men·su·rate [ˌɪnkəˈmenʃərət; *Am. a.* -ˈmensə-] *adj* (*adv* **~ly**) **1.** unangemessen, nicht entsprechend (**with, to** *dat*). **2.** → **incommensurable I**.
in·com·mode [ˌɪnkəˈməʊd] *v/t* **1.** j-m Unannehmlichkeiten bereiten. **2.** belästigen, j-m zur Last fallen. **in·comˈmo·di·ous** [-dʒəs; -dɪəs] *adj* (*adv* **~ly**) unbequem: a) lästig, beschwerlich (**to** *dat od.* für), b) beengt, eng.
in·com·mu·ni·ca·ble [ˌɪnkəˈmjuːnɪkəbl] *adj* (*adv* **incommunicably**) **1.** nicht mitteilbar. **2.** *obs.* für **incommunicative**.
in·com·mu·ni·ca·do [-ˈkɑːdəʊ] *adj* von der Außenwelt iso'liert, *jur. a.* in Iso'lierhaft: **to keep ~** von der Außenwelt isolieren, *jur. a.* in Isolierhaft halten.
in·com·mu·ni·ca·tive [-nəˌkeɪtɪv; *Am. bes.* -nəkətɪv] *adj* (*adv* **~ly**) nicht mitteilsam, verschlossen.
in·com·mut·a·ble [ˌɪnkəˈmjuːtəbl] *adj* **1.** nicht austauschbar. **2.** nicht ablösbar (*Verpflichtung etc*), (*a. jur. Strafe*) nicht 'umwandelbar.
'in-ˌcom·pa·ny *adj* 'firmenin͵tern.
in·com·pa·ra·ble [ɪnˈkɒmpərəbl; -prəbl; *Am.* -ˈkɑm-] **I** *adj* **1.** unvergleichbar, einzigartig. **2.** nicht zu vergleichen(d), unvergleichlich (**with, to** *dat*). **II** *s* **3.** *orn.* Papstfink *m*. **inˈcom·pa·ra·bly** *adv* → **imcomparable 1**.
in·com·pat·i·bil·i·ty [ˌɪnkəmˌpætəˈbɪlətɪ] *s* **1.** Unvereinbarkeit *f*: a) 'Widersprüchlichkeit *f*, b) Inkompatibili'tät *f*. **2.**

'Widerspruch *m*. **3.** Unverträglichkeit *f*, Gegensätzlichkeit *f*: **~ between husband and wife** *jur. Am.* unüberwindliche Abneigung (*Scheidungsgrund*). **in·comˈpat·i·ble** *adj* (*adv* **incompatibly**) **1.** unvereinbar: a) 'widersprüchlich, b) inkompa'tibel (*Ämter*). **2.** unverträglich: a) nicht zs.-passend, gegensätzlich (*a. Personen*), b) *med.* inkompa'tibel (*Blutgruppen, Arzneimittel*): **to be ~** (**with**) sich nicht vertragen (mit), nicht passen (zu). **II** *s* **3.** *pl* unverträgliche Per'sonen *od.* Sachen. **in·comˈpat·i·ble·ness** → **incompatibility**.
in·com·pe·tence [ɪnˈkɒmpɪtəns; *Am.* ɪnˈkɑmpə-], **in·comˈpe·ten·cy** [-sɪ] *s* **1.** Unfähigkeit *f*, Untüchtigkeit *f*. **2.** *jur. a.* a. *weitS.* Nichtzuständigkeit *f*, 'Inkompeˌtenz *f*, b) Unzulässigkeit *f*, c) Geschäftsunfähigkeit *f*. **in'com·pe·tent I** *adj* (*adv* **~ly**) **1.** unfähig (**to do** zu tun), untüchtig. **2.** nicht fach-*od.* sachkundig, 'unqualifiˌziert. **3.** *jur.* a) *a. weitS.* unzuständig, 'inkompeˌtent (*Richter, Gericht*), b) unzulässig (*Beweise, Zeuge*), c) geschäftsunfähig. **4.** nicht ausreichend (**for** für), unzulänglich, mangelhaft. **5.** *geol.* 'inkompeˌtent, tek'tonisch nicht verformbar (*Gestein*). **II** *s* **6.** unfähige Per'son, Nichtskönner(in). **7.** *jur.* geschäftsunfähige Per'son.
in·com·plete [ˌɪnkəmˈpliːt] *adj* (*adv* **~ly**) **1.** 'inkomˌplett, unvollständig, 'unvollˌkommen: **~ shadow** *math. phys.* Halbschatten *m*. **2.** unvollzählig, 'inkomˌplett. **3.** 'unvollˌendet, unfertig. **in·comˈplete·ness**, **in·com·pleˈtion** [-ˈpliːʃn] *s* Unvollständigkeit *f*, 'Unvollˌkommenheit *f*.
in·com·pre·hend·ing [ˌɪnˌkɒmprɪˈhendɪŋ; *Am.* ˌɪnˌkɑmprə-] *adj* (*adv* **~ly**) verständnislos. **in·comˌpre·henˈsi·bil·i·ty** [-səˈbɪlətɪ] *s* Unbegreiflichkeit *f*. **in·comˌpre·ˈhen·si·ble** *adj* unbegreiflich, unfaßbar, unverständlich. **in·comˌpre·ˈhen·si·bly** *adv* unverständlicherweise. **in·comˌpre·ˈhen·sion** *s* Unverständnis *n* (**of** für).
in·com·press·i·ble [ˌɪnkəmˈpresəbl] *adj* (*adv* **incompressibly**) nicht zs.-drückbar, *phys. tech.* nicht kompri'mierbar *od.* verdichtbar.
in·con·ceiv·a·bil·i·ty [ˈɪnkənˌsiːvəˈbɪlətɪ] *s* Unbegreiflichkeit *f*. **in·conˈceiv·a·ble** *adj* (*adv* **inconceivably**) **1.** unbegreiflich, unfaßbar. **2.** undenkbar, unvorstellbar (**to** für): **it is ~ to me that** ich kann mir nicht vorstellen, daß. **in·conˈceiv·a·ble·ness** → **inconceivability**.
in·con·clu·sive [ˌɪnkənˈkluːsɪv] *adj* (*adv* **~ly**) **1.** nicht über'zeugend *od.* schlüssig, ohne Beweiskraft. **2.** ergebnis-, erfolglos. **in·conˈclu·sive·ness** *s* **1.** Mangel *m* an Beweiskraft. **2.** Ergebnislosigkeit *f*.
in·con·dite [ɪnˈkɒndɪt; -daɪt; *Am.* -ˈkɑn-] *adj* **1.** unausgefeilt (*Stil etc*). **2.** ungehobelt, ungeschliffen (*Benehmen, Kerl etc*).
in·con·gru·ence [ɪnˈkɒŋɡruəns; *Am.* ˌɪnkənˈɡruːəns; ɪnˈkɑŋɡrəwəns] *s* **1.** *math.* In'kongruˌenz *f*: a) *mangelnde Deckungsgleichheit*: **to be in ~** sich nicht decken, inkongruent sein, b) *mangelnde Übereinstimmung von zwei Zahlen, die, durch e-e dritte geteilt, ungleiche Reste liefern*. **in·conˈgru·ent** *adj* (*adv* **~ly**) **1.** nicht über'einstimmend (**to, with** mit). **2.** (**to, with**) nicht passend (zu), unvereinbar (mit): **his conduct is ~ with his principles**. **3.** *math.* 'inkongruˌent (*a. fig.*). **4.** ungereimt, 'widersinnig: **an ~ story**. **in·conˈgru·i·ty** [ˌɪnkɒŋˈɡruːətɪ; *Am.* ˌɪnkən-] *s*

incongruous – incredulity

1. Nichtüber'einstimmung f. 2. Unvereinbarkeit f. 3. → incongruence 2. 4. Ungereimtheit f, 'Widersinnigkeit f. in'con·gru·ous [-grʊəs; Am. -grəwəs] → incongruent. in'con·gru·ous·ness → incongruity.

in·con·se·quence [ɪnˈkɒnsɪkwəns; Am. ɪnˈkɑnsəˌkwens] s 1. 'Inkonse,quenz f, Unlogik f, Folgewidrigkeit f. 2. Belanglosigkeit f. in'con·se·quent [-kwənt] adj (adv ~ly) 1. 'inkonse,quent, folgewidrig, unlogisch. 2. 'unzu,sammenhängend. 3. nicht zur Sache gehörig, 'irrelevant. 4. belanglos, unwichtig. in·con·se·quen·tial [ˌɪnkɒnsɪˈkwenʃl; Am. ɪnˌkɑnsə-] → inconsequent.

in·con·sid·er·a·ble [ˌɪnkənˈsɪdərəbl; -drəbl] adj (adv inconsiderably) 1. gering(fügig). 2. unbedeutend, unwichtig (a. Person).

in·con·sid·er·ate [ˌɪnkənˈsɪdərət; -drət] adj (adv ~ly) 1. rücksichtslos (to, toward[s] gegen). 2. taktlos. 3. unbesonnen, (Handlung a.) 'unüber,legt. in·con'sid·er·ate·ness, in,con·sid·er'a·tion [-dəˈreɪʃn] s 1. Rücksichtslosigkeit f. 2. Unbesonnenheit f.

in·con·sist·ence [ˌɪnkənˈsɪstəns], in·con'sist·en·cy [-sɪ] s 1. 'Inkonse,quenz f: a) Folgewidrigkeit f, b) Unbeständigkeit f, Wankelmut m. 2. 'Unvereinbarkeit f, 'Widerspruch m. 3. 'Widersprüchlichkeit f, 'Inkonsi,stenz f. in·con'sist·ent adj (adv ~ly) 1. 'inkonse,quent: a) folgewidrig, b) unbeständig, wankelmütig. 2. (with) unvereinbar (mit), im 'Widerspruch od. Gegensatz stehend (zu). 3. 'widersprüchlich, (bes. Logik a.) 'inkonsi,stent.

in·con·sol·a·ble [ˌɪnkənˈsəʊləbl] adj (adv inconsolably) 1. un'tröstlich (for über acc). 2. unermeßlich: ~ grief; her grief was ~ nichts konnte sie in ihrem Schmerz trösten.

in·con·spic·u·ous [ˌɪnkənˈspɪkjʊəs; Am. -kjəwəs] adj (adv ~ly) 1. unauffällig: he tried to make himself as ~ as possible er versuchte, so wenig wie möglich aufzufallen. 2. bot. klein, unscheinbar (Blüten). in·con'spic·u·ous·ness s Unauffälligkeit f.

in·con·stan·cy [ɪnˈkɒnstənsɪ; Am. -ˈkɑn-] s 1. Unbeständigkeit f, Veränderlichkeit f, 'Inkon,stanz f. 2. Wankelmut m. in'con·stant adj (adv ~ly) 1. unbeständig, veränderlich, 'inkon,stant (a. electr. math. phys.). 2. wankelmütig.

in·con·test·a·ble [ˌɪnkənˈtestəbl] adj (adv incontestably) unanfechtbar.

in·con·ti·nence [ɪnˈkɒntɪnəns; Am. ɪnˈkɑntnəns], in'con·ti·nen·cy s 1. (bes. sexuelle) Unmäßigkeit, Zügellosigkeit f. 2. 'Unaufhörlichkeit f: ~ of speech Geschwätzigkeit f. 3. med. 'Inkonti,nenz f (Unfähigkeit, Harn od. Stuhl zurückzuhalten): ~ of the f(a)eces, f(a)ecal (od. rectal) ~ Stuhlinkontinenz; urinary ~ Harninkontinenz.

in·con·ti·nent¹ [ɪnˈkɒntɪnənt; Am. ɪnˈkɑntnənt] adj (adv ~ly) 1. (bes. sexuell) unmäßig, zügellos. 2. 'unauf,hörlich: ~ flow of talk pausenloser Redestrom. 3. to be ~ of s.th. etwas nicht zurückhalten können: to be ~ of a secret ein Geheimnis nicht für sich behalten können. 4. med. 'inkonti,nent: to be ~ an Stuhl od. Harninkontinenz leiden.

in·con·ti·nent² [ɪnˈkɒntɪnənt; Am. ɪnˈkɑntnənt], a. in'con·ti·nent·ly [-lɪ] adv obs. sporn streichs, schnurstracks.

in·con·tro·vert·i·ble [ˌɪnkɒntrəˈvɜːtəbl; Am. ɪnˌkɑntrəˈvɜrtəbl] adj (adv incontrovertibly) 1. unbestreitbar, unstreitig. 2. unanfechtbar.

in·con·ven·ience [ˌɪnkənˈviːnjəns; -nɪəns] I s 1. Unbequemlichkeit f. 2. a) Ungelegenheit f, Lästigkeit f, b) Unannehmlichkeit f, Schwierigkeit f: to put s.o. to ~ → 4. II v/t 3. j-n belästigen, stören, j-m lästig sein od. zur Last fallen. 4. j-m Unannehmlichkeiten od. Ungelegenheiten bereiten, j-m 'Umstände machen. in·con'ven·ient adj (adv ~ly) 1. unbequem (to für). 2. ungelegen, lästig, störend (to für): at an ~ time zu e-r ungünstigen Zeit, ungelegen.

in·con·vert·i·bil·i·ty [ˌɪnkənˌvɜːtəˈbɪlətɪ; Am. -ˌvɜr-] s 1. Unverwandelbarkeit f. 2. econ. a) Nichtkonver'tierbarkeit f, b) Nicht'umwechselbarkeit f, c) Nicht'umstellbarkeit f. in·con'vert·i·ble adj (adv inconvertibly) 1. nicht 'umwandelbar od. umwandelbar (into in acc). 2. econ. a) nicht konver'tierbar (Wertpapiere, Schulden etc), b) nicht 'umod. einwechselbar (Geld), c) nicht 'umstellbar (to auf acc) (Währung). 3. nicht bekehrbar (to zu) (a. relig.). in·con'vert·i·ble·ness → inconvertibility.

in·con·vin·ci·ble [ˌɪnkənˈvɪnsəbl] adj nicht zu über'zeugen(d).

in·co·or·di·na·tion [ˌɪnkəʊˌɔːdɪˈneɪʃn; Am. -ˌɔrdnˈeɪ-] s 1. Mangel m an Koordinati'on, mangelnde Abstimmung (aufein'ander). 2. med. Inkoordinati'on f (gestörtes od. fehlendes Zs.-wirken der einzelnen Muskeln in e-r Muskelgruppe).

in·cor·po·rate [ɪnˈkɔː(r)pəreɪt] I v/t 1. vereinigen, verbinden, zs.-schließen (with, into in mit). 2. (in, into) e-e Idee etc einverleiben (dat), aufnehmen (in acc), ein Staatsgebiet a. eingliedern, inkorpo'rieren (in acc). 3. e-e Stadt eingemeinden, inkorpo'rieren. 4. (zu e-r Körperschaft) vereinigen, zs.-schließen (into, in zu). 5. econ. jur. a) als (Am. Aktien)Gesellschaft eintragen (lassen), b) e-e Gesellschaft gründen, c) 'Rechtsper,sönlichkeit verleihen (dat). 6. (als Mitglied) aufnehmen (into, in in acc). 7. in sich schließen, enthalten. 8. chem. tech. vermischen (into zu). 9. tech. u. fig. einbauen (into, in in acc). 10. verkörpern. II v/i 11. sich (eng) verbinden od. vereinigen od. zs.-schließen (with mit): these ideas ~d with existing ones to form a new philosophy diese Vorstellungen verbanden sich mit bereits bestehenden zu e-r neuen Philosophie. 12. econ. jur. e-e Gesellschaft gründen. III adj [-rət] → incorporated.

in·cor·po·rat·ed [ɪnˈkɔː(r)pəreɪtɪd] adj 1. econ. jur. als (Am. Aktien)Gesellschaft eingetragen: ~ bank Am. Aktienbank f; ~ company a) Br. rechtsfähige (Handels-)Gesellschaft, b) Am. Aktiengesellschaft f; ~ society eingetragener Verein. 2. (eng) verbunden, zs.-geschlossen (in, into mit). 3. einverleibt (in, into dat): to become ~ in(to) einverleibt werden (dat), aufgehen in (dat); ~ territories eingegliederte od. inkorporierte Staatsgebiete. 4. eingemeindet, inkorpo'riert: ~ city (od. town) Stadtgemeinde f. in'cor·po·rat·ing adj: ~ languages inkorporierende Sprachen (bei denen mehrere Satzteile zu e-m einzigen Wort zs.-geschlossen werden). in,cor·po'ra·tion s 1. Vereinigung f, Verbindung f, Zs.-schluß m. 2. Einverleibung f, Eingliederung f, Inkorporati'on f. 3. Eingemeindung f. 4. econ. jur. a) Eintragung f als (Am. Aktien)Gesellschaft, b) Gründung f, c) Verleihung f der 'Rechtsper,sönlichkeit. ~ article 76, certificate 1. in'cor·po·ra·tive [-rətɪv; Am. bes. -ˌreɪtɪv] adj 1. einverleibend. 2. → incorporating. in'cor·po·ra·tor [-reɪtə(r)] s econ. Am. Gründungsmitglied n.

in·cor·po·re·al [ˌɪnkɔː(r)ˈpɔːrɪəl] adj (adv ~ly) 1. unkörperlich. 2. immateri'ell: ~ chattels jur. immaterielle Vermögenswerte; ~ hereditaments jur. (mit Grund u. Boden verbundene) (Am. vererbliche) Rechte; ~ right jur. Immaterialgüterrecht n. 3. a) geistig, b) 'übersinnlich. in,cor·po're·i·ty [-pəˈriːətɪ] s Unkörperlichkeit f.

in·cor·rect [ˌɪnkəˈrekt] adj (adv ~ly) 1. 'inkor,rekt, unrichtig: a) fehlerhaft, b) unwahr, unzutreffend: that is ~ das stimmt nicht; you are ~ (in saying) Sie haben unrecht(, wenn Sie sagen). 2. 'inkor,rekt, ungehörig: ~ behavio(u)r; this is an ~ thing to do das gehört sich nicht. in·cor'rect·ness s 'Inkor,rektheit f: a) Unrichtigkeit f, b) Ungehörigkeit f.

in·cor·ri·gi·bil·i·ty [ɪnˌkɒrɪdʒəˈbɪlətɪ; Am. a. -ˌkɑ-] s Unverbesserlichkeit f. in'cor·ri·gi·ble I adj (adv incorrigibly) 1. unverbesserlich. 2. unfügsam, unlenksam: an ~ child. II s 3. unverbesserlicher Mensch.

in·cor·rupt [ˌɪnkəˈrʌpt] adj (adv ~ly), a. in·cor'rupt·ed [-tɪd] adj 1. (moralisch) unverdorben. 2. lauter, redlich. 3. unbestechlich. 4. unverfälscht. in·cor'rupt·i·ble adj (adv incorruptibly) 1. mo'ralisch gefestigt, unverführbar. 2. unbestechlich. 3. unverderblich (Speisen). in·cor'rup·tion, in·cor'rupt·ness s 1. Unverdorbenheit f. 2. Lauterkeit f, Redlichkeit f. 3. Unbestechlichkeit f.

in·crease [ɪnˈkriːs] I v/i 1. zunehmen, größer werden, (an)wachsen, (an)steigen, sich vergrößern od. vermehren od. erhöhen od. steigern od. verstärken: prices have ~d die Preise sind gestiegen od. haben angezogen; to ~ in size (value) an Größe (Wert) zunehmen, größer (wertvoller) werden; to ~ in price im Preis steigen, teurer werden; ~d demand a) Mehrbedarf m, b) econ. verstärkte Nachfrage; ~d production econ. Produktionssteigerung f. 2. sich (durch Fortpflanzung) vermehren. II v/t 3. vergrößern, -stärken, -mehren, erhöhen, steigern, sport Führung etc ausbauen: to ~ tenfold verzehnfachen; to ~ the salary das Gehalt erhöhen od. aufbessern; to ~ a sentence e-e Strafe erhöhen od. verschärfen; to ~ the speed die Geschwindigkeit steigern od. erhöhen od. heraufsetzen; to ~ one's lead s-n Vorsprung ausdehnen (to auf acc). III s [ˈɪnkriːs] 4. Vergrößerung f, -mehrung f, -stärkung f, Zunahme f, (An)Wachsen n, Zuwachs m, Wachstum n, Steigen n, Steigerung f, Erhöhung f: to be on the ~ zunehmen; ~ in the bank rate econ. Heraufsetzung f od. Erhöhung f des Diskontsatzes; ~ in population Bevölkerungszunahme, -zuwachs; ~ in trade econ. Aufschwung m des Handels; ~ in value Wertsteigerung, -zuwachs; ~ of capital econ. Kapitalerhöhung; ~ of a function math. Zunahme e-r Funktion; ~ of (od. in) salary econ. Gehaltserhöhung, -aufbesserung f, -zulage f; ~ twist tech. Progressivdrall m. 5. Vermehrung f (durch Fortpflanzung). 6. Zuwachs m (e-s Betrages), Mehrbetrag m. in'creas·er s (der, die, das) Vergrößernde od. Vermehrende. in'creas·ing·ly adv immer mehr, in zunehmendem Maße: ~ clear immer klarer.

in·cred·i·bil·i·ty [ɪnˌkredɪˈbɪlətɪ] s 1. Un'glaublichkeit f. 2. Unglaubwürdigkeit f. in'cred·i·ble [-əbl] adj (adv incredibly) 1. un'glaublich (a. colloq. unerhört, äußerst, riesig, sagenhaft). 2. unglaubwürdig.

in·cre·du·li·ty [ˌɪnkrɪˈdjuːlətɪ; Am. bes. -ˈduː-] s Ungläubigkeit f, Skepsis f.

in·cred·u·lous [ɪnˈkredjʊləs; *Am.* -dʒə-] *adj* (*adv* ~ly) ungläubig: **an ~ look**; **to be ~ of s.th.** e-r Sache skeptisch gegenüberstehen.

in·cre·ment [ˈɪnkrɪmənt; ˈɪŋk-] *s* **1.** Zuwachs *m*, Zunahme *f*. **2.** *econ.* (Gewinn-)Zuwachs *m*, (Mehr)Ertrag *m*: **~ value** Wertzuwachs; → **unearned**. **3.** *math. phys.* Inkreˈment *n*, Zuwachs *m*. **ˌin·cre-ˈmen·tal** [-ˈmentl] *adj* Zuwachs...: **~ computer** digitale Integrieranlage.

in·cre·tion [ɪnˈkriːʃn] *s physiol.* **1.** Inkretiˈon *f* (innere Sekretion). **2.** Inˈkret *n* (vom körpereigenen Stoffwechsel gebildeter u. ins Blut abgegebener Stoff, bes. Hormon).

in·crim·i·nate [ɪnˈkrɪmɪneɪt] *v/t j-n* (*e-s Verbrechens od. Vergehens*) beschuldigen, *j-n* belasten: **to ~ o.s.** sich (selbst) bezichtigen. **inˈcrim·i·nat·ing** *adj* belastend: **~ evidence** *jur.* Belastungsmaterial *n*. **inˌcrim·iˈna·tion** *s* Beschuldigung *f*, Belastung *f*. **inˈcrim·i·na·tor** [-tə(r)] *s* Beschuldiger *m*. **inˈcrim·i·na·to·ry** [-nətərɪ; -trɪ; *Am.* -nəˌtɔːrɪː; -ˌtoː-] → **incriminating**.

in·crust [ɪnˈkrʌst] **I** *v/t* **1.** mit e-r Kruste überˈziehen, ver-, überˈkrusten. **2.** a) reich verzieren, b) inkruˈstieren, mit e-r Inkrustatiˈon verzieren. **3.** *fig.* überˈdecken. **II** *v/i* **4.** sich ver- *od.* überˈkrusten. **5.** e-e Kruste bilden. **6.** *geol.* inkruˈstieren. **ˌin·crusˈta·tion** *s* **1.** Krustenbildung *f*. **2.** a) reiche Verzierung, b) Inkrustatiˈon *f* (farbige Verzierung von Flächen durch Einlagen). **3.** *geol.* Inkrustatiˈon *f* (Krustenbildung durch chemische Ausscheidung). **4.** *fig.* Überˈdeckung *f*.

in·cu·bate [ˈɪnkjʊbeɪt; ˈɪŋk-] **I** *v/t* **1.** Eier ausbrüten (*a.* künstlich). **2.** Bakterien im Inkuˈbator züchten. **3.** *fig.* e-n Plan, e-e Krankheit ausbrüten. **II** *v/i* **4.** ausgebrütet werden. **5.** sich im Inkuˈbator entwickeln. **6.** *fig.* sich entwickeln, reifen. **ˌin·cuˈba·tion** *s* **1.** Ausbrütung *f* (*a. fig.*), Brüten *n*: **~ apparatus** → **incubator**. **2.** *med.* Inkubatiˈon *f* (das Sichfestsetzen von Krankheitserregern im Körper): **~ (period)** Inkubationszeit *f*. **3.** *antiq.* Inkubatiˈon *f*, Tempelschlaf *m*. **ˈin·cu·ba·tive** *adj* **1.** Brüt..., Brut... **2.** *med.* Inkubations... **ˈin·cu·ba·tor** [-tə(r)] *s* a) *med.* Inkuˈbator *m*, Brutkasten *m* (für Frühgeburten), b) *biol. med.* Inkuˈbator *m* (zum Züchten von Bakterien), c) ˈBrutappaˌrat *m*, -käfig *m*, -maˌschine *f*, -ofen *m* (zum Ausbrüten von Eiern). **ˈin·cu·ba·to·ry** [-beɪtərɪ; *Am. a.* -bəˌtɔːrɪː; -ˌtoː-] → **incubative**.

in·cu·bus [ˈɪnkjʊbəs; ˈɪŋ-] *pl* **-bi** [-baɪ] *od.* **-bus·es** *s* **1.** Inkubus *m*, Alp *m*. **2.** *med.* Alpdrücken *n*. **3.** *fig.* a) Alpdruck *m*, b) Schreckgespenst *n*.

in·cu·des [ɪnˈkjuːdiːz; -ɪŋ-] *pl von* **incus**.

in·cul·cate [ˈɪnkʌlkeɪt; ɪnˈk-] *v/t*: **to ~ s.th. in(to)** (*od.* **on, upon**) **s.o.**, **to ~ s.o. with s.th.** *j-m* etwas einprägen *od.* einschärfen. **ˌin·culˈca·tion** *s* Einschärfung *f*.

in·cul·pate [ˈɪnkʌlpeɪt; ɪnˈk-] → **incriminate**. **ˌin·culˈpa·tion** → **incrimination**. **inˈcul·pa·to·ry** [-pətərɪ; -trɪ; *Am.* -ˌtɔːrɪː; -ˌtoː-] → **incriminating**.

in·cum·ben·cy [ɪnˈkʌmbənsɪ] *s* **1.** a) Innehaben *n* e-s Amtes, b) Amtsbereich *m*, c) Amtszeit *f*. **2.** *relig. Br.* a) Pfründenbesitz *m*, b) Pfründe *f*. **3.** Obliegenheit *f*, Pflicht *f*. **inˈcum·bent I** *adj* (*adv* ~ly) **1.** obliegend: **it is ~ (up)on him** es ist s-e Pflicht, es liegt ihm ob. **2.** amˈtierend. **3.** lastend (**on, upon** auf *dat*). **4.** *bot. zo.* aufliegend. **5.** liegend, (sich zuˈrück)lehnend. **II** *s* **6.** Amtsinhaber *m*. **7.** *relig. Br.* Pfründeninhaber *m*, -besitzer *m*. **inˈcum·ber** → **encumber**. **inˈcum·brance** [-brəns] → **encumbrance**.

in·cu·nab·u·lum [ˌɪnkjuːˈnæbjʊləm; *Am.* ˌɪnkjə-] *pl* **-la** [-lə] *s* **1.** *print. hist.* Inkuˈnabel *f*, Wiegen-, Frühdruck *m*. **2.** *pl* früheste Anfänge *pl*, Anfangsstadium *n*.

in·cur [ɪnˈkɜː; *Am.* ɪnˈkɜr] *v/t* **1.** sich *etwas* zuziehen, auf sich laden, geraten in (*acc*): **to ~ a fine** sich e-e Geldstrafe zuziehen; **to ~ debts** *econ.* Schulden machen, in Schulden geraten; **to ~ liabilities** *econ.* Verpflichtungen eingehen; **to ~ losses** *econ.* Verluste erleiden. **2.** sich (*e-r Gefahr etc*) aussetzen: **to ~ a danger**.

in·cur·a·bil·i·ty [ɪnˌkjʊərəˈbɪlətɪ] *s* Unheilbarkeit *f*. **inˈcur·a·ble I** *adj* (*adv* **incurably**) **1.** *med.* unheilbar. **2.** *fig.* unheilbar, unverbesserlich: **an ~ pessimist**; **~ habits** eingefleischte Gewohnheiten. **II** *s* **3.** *med.* unheilbar Kranke(r *m*) *f*. **4.** *fig.* Unverbesserliche(r *m*) *f*.

in·cu·ri·os·i·ty [ɪnˌkjʊərɪˈɒsətɪ; *Am.* -ˈɑs-] *s* Interˈesseˌlosigkeit *f*, Gleichgültigkeit *f*. **inˈcu·ri·ous** *adj* (*adv* ~ly) a) nicht neugierig *od.* wißbegierig: **to be ~ about s.th.** von etwas nichts wissen wollen, b) (**about**) ˈuninterˌesˌsiert (**an** *dat*), gleichgültig (**gegen**, gegenˈüber).

in·cur·sion [ɪnˈkɜːʃn; -ʒn; *Am.* ɪnˈkɜrʒn] *s* **1.** (feindlicher) Einfall: **to make an ~ on** einfallen in (*acc, a. dat*). **2.** Eindringen *n* (**into** in *acc*) (*a. fig.*). **inˈcur·sive** [-sɪv] *adj* einfallend.

in·cur·vate I *v/t* [ˈɪnkɜːveɪt; *Am.* -kɜr-] **1.** (nach innen) krümmen, (ein)biegen. **II** *adj* [ɪnˈkɜːvɪt; -veɪt; *Am.* ˈɪnkɜrˌveɪt; ɪnˈkɜrvət] **2.** (nach innen) gekrümmt, (ein)gebogen. **3.** *med.* verkrümmt. **ˌin·curˈva·tion** [-ˈveɪʃn] *s* **1.** Krümmen *n*. **2.** (Einwärts)Krümmung *f*. **3.** *med.* Verkrümmung *f*.

in·curve I *v/t* [ˌɪnˈkɜːv; *Am.* ˌɪnˈkɜrv] **1.** → **incurvate** 1. **II** *adj* [ˌɪnˈkɜːv; *Am.* ˌɪnˈkɜrv] **2.** → **incurvate** 2. **III** *s* [ˈɪnkɜːv; *Am.* ˈɪnˌkɜrv] **3.** → **incurvation** 2. **4.** *Baseball*: sich nach innen drehender Ball.

in·cus [ˈɪŋkəs; ˈɪn-] *pl* **in·cu·des** [ɪnˈkjuːdiːz; -ɪŋ-] *s anat.* Incus *n*, Amboß *m*.

in·cuse [ɪnˈkjuːz] **I** *adj* ein-, aufgeprägt. **II** *s* (Auf-, Ein)Prägung *f*. **III** *v/t*: **to ~ a coin with a design** ein Muster auf e-e Münze aufprägen *od.* in e-e Münze einprägen.

in·debt·ed [ɪnˈdetɪd] *adj* **1.** *econ.* verschuldet (**to an** *acc*, **bei**): **to be ~ to** Schulden haben bei, *j-m* Geld schulden. **2.** (zu Dank) verpflichtet (**to s.o.** *j-m*): **I am greatly ~ to you for** ich bin Ihnen zu großem Dank verpflichtet für, ich stehe tief in Ihrer Schuld wegen. **inˈdebt·ed·ness** *s* **1.** *a.* Verschuldung *f*, Schulden(last *f*) *pl*, Verbindlichkeiten *pl*: → **certificate** 1, **excessive** 1. **2.** Dankesschuld *f*, Verpflichtung *f* (to gegenˈüber).

in·de·cen·cy [ɪnˈdiːsnsɪ] *s* **1.** Unanständigkeit *f*, Anstößigkeit *f*, *bes. jur.* Unzucht *f*: **~ with children**, → **zote** *f*. **3.** Unschicklichkeit *f*. **inˈde·cent** *adj* (*adv* ~ly) **1.** unanständig, anstößig, *bes. jur.* unzüchtig: → **assault** 3, **exposure** 5 a. **2.** unschicklich, ungehörig. **3.** ungebührlich: **~ haste** unziemliche Hast.

in·de·cid·u·ous [ˌɪndɪˈsɪdjʊəs; *Am.* -ˈsɪdʒəws] *adj bot.* **1.** immergrün (Bäume). **2.** nicht abfallend (*Blätter*).

in·de·ci·pher·a·ble [ˌɪndɪˈsaɪfərəbl] *adj* (*adv* **indecipherably**) **1.** unentzifferbar, nicht zu entziffern(d). **2.** ˈundechifˌfrierbar (*Geheimschrift*). **3.** *fig.* nicht enträtselbar.

in·de·ci·sion [ˌɪndɪˈsɪʒn] *s* Unentschlossenheit *f*, Unschlüssigkeit *f*.

in·de·ci·sive [ˌɪndɪˈsaɪsɪv] *adj* (*adv* ~ly) **1.** a) nicht entschieden, unentschieden: **an ~ battle**. **2.** unentschlossen, unschlüssig. **3.** unbestimmt, ungewiß. **ˌin·deˈci·sive·ness** *s* **1.** Unentschiedenheit *f*. **2.** → **indecision**. **3.** Unbestimmtheit *f*.

in·de·clin·a·ble [ˌɪndɪˈklaɪnəbl] *adj* (*adv* **indeclinably**) *ling.* ˈundekliˌnierbar.

in·dec·o·rous [ɪnˈdekərəs] *adj* (*adv* ~ly) unschicklich, unanständig, ungehörig. **inˈdec·o·rous·ness**, **ˌin·de·co·rum** [ˌɪndɪˈkɔːrəm; *Am. a.* -ˈkoʊ-] *s* Unschicklichkeit *f*, Ungehörigkeit *f*.

in·deed [ɪnˈdiːd] **I** *adv* **1.** in der Tat, tatsächlich, wirklich: **he is very strong ~** er ist wirklich sehr stark; **did you enjoy yourself? yes, ~!** und ob, das kann man wohl sagen!; und ob!; **thank you very much ~!** vielen herzlichen Dank!; **I didn't mind, ~ I was pleased** ich war sogar froh; **that ~ is his name** er heißt tatsächlich so; **if ~ he should come** falls er tatsächlich kommen sollte; **who is she, ~!** Sie fragen noch, wer sie ist? 2. (fragend) wirklich?, tatsächlich?: **I asked my boss for a salary increase. did you ~?** tatsächlich? **3.** a) allerdings, freilich, b) zwar: **there are ~ some difficulties, but ...** **II** *interj* **4.** ach wirklich?, was Sie nicht sagen!

in·de·fat·i·ga·bil·i·ty [ˈɪndɪˌfætɪgəˈbɪlətɪ] *s* Unermüdlichkeit *f*. **ˌin·deˈfat·i·ga·ble** *adj* (*adv* **indefatigably**) unermüdlich. **ˌin·deˈfat·i·ga·ble·ness** *s* Unermüdlichkeit *f*.

in·de·fea·si·bil·i·ty [ˈɪndɪˌfiːzəˈbɪlətɪ] *s* Unantastbarkeit *f*. **ˌin·deˈfea·si·ble** *adj* (*adv* **indefeasibly**) *jur.* unantastbar, unentziehbar: **~ right** unangreifbares Recht. **ˌin·deˈfea·si·ble·ness** *s* Unantastbarkeit *f*.

in·de·fect·i·bil·i·ty [ˈɪndɪˌfektɪˈbɪlətɪ] *s* **1.** Unvergänglichkeit *f*. **2.** Unfehlbarkeit *f*. **3.** Fehlerlosigkeit *f*. **ˌin·deˈfect·i·ble** *adj* (*adv* **indefectibly**) **1.** unvergänglich, ewig. **2.** unfehlbar, verläßlich. **3.** fehlerfrei, -los.

in·de·fen·si·bil·i·ty [ˈɪndɪˌfensəˈbɪlətɪ] *s* **1.** Unhaltbarkeit *f*. **2.** Unentschuldbarkeit *f*. **ˌin·deˈfen·si·ble** *adj* (*adv* **indefensibly**) **1.** unhaltbar: a) *mil.* nicht zu verteidigen(d) *od.* zu halten(d): **an ~ city**, b) *fig.* nicht aufrechtzuerhalten: **~ argument**. **2.** *fig.* nicht zu rechtfertigen(d), unentschuldbar. **ˌin·deˈfen·si·ble·ness** → **indefensibility**.

in·de·fin·a·ble [ˌɪndɪˈfaɪnəbl] *adj* (*adv* **indefinably**) ˈundefiˌnierbar: a) unbestimmbar: **~ age** unbestimmbaren Alters, b) unbestimmt.

in·def·i·nite [ɪnˈdefɪnət] **I** *adj* **1.** unbestimmt (*a. ling.*): **an ~ number**; **~ article** *ling.* unbestimmter Artikel; **~ pronoun** → 4. **2.** unbegrenzt, unbeschränkt: **~ possibilities**. **3.** unklar, undeutlich: **an ~ answer** e-e vage Antwort. **II** *s* **4.** *ling.* ˈIndefiˌnitproˌnomen *n*, unbestimmtes Fürwort. **inˈdef·i·nite·ly** *adv* **1.** auf unbestimmte Zeit. **2.** unbegrenzt. **inˈdef·i·nite·ness** **1.** Unbestimmtheit *f*. **2.** Unbegrenztheit *f*.

in·de·lib·er·ate [ˌɪndɪˈlɪbərət; -brət] *adj* (*adv* ~ly) ˈunüberˌlegt, unabsichtlich.

in·del·i·bil·i·ty [ɪnˌdeləˈbɪlətɪ] *s* Unauslöschlichkeit *f*. **inˈdel·i·ble** *adj* (*adv* **indelibly**) unauslöschlich: a) untilgbar (*a. fig.*): **~ shame**; **~ ink** Zeichen-, Kopiertinte *f*; **~ pencil** Tintenstift *m*, b) *fig.* unvergeßlich: **an ~ impression**.

in·del·i·ca·cy [ɪnˈdelɪkəsɪ] *s* **1.** Taktlosigkeit *f* (*a. Bemerkung etc*), Mangel *m* an Zartgefühl. **2.** Unanständigkeit *f* (*a. Bemerkung etc*). **3.** Unfeinheit *f*. **inˈdel·i·cate** [-kət] *adj* (*adv* ~ly) **1.** taktlos: **an ~ remark**. **2.** unanständig, anstößig: **an ~ joke**. **3.** unfein, grob: **~ manners**.

in·dem·ni·fi·ca·tion [ɪnˌdemnɪfɪˈkeɪʃn] *s econ.* a) → **indemnity** 1 a, b) Entschä-

indemnify – indicate

digung *f*, Ersatzleistung *f*, c) → **indemnity** 1 d.
in·dem·ni·fy [ɪnˈdemnɪfaɪ] *v/t* **1.** *econ.* a) *j-m* Schadloshaltung zusagen, *j-n* sicherstellen (**from**, **against** gegen *zukünftige Verluste*), b) *j-n* freistellen (**from**, **against** von *der Haftung*). **2.** *j-n* entschädigen, *j-m* Schadenersatz leisten (**for** für). **3.** *jur. parl. j-m* Indemniˈtät erteilen (**for** für). **in͵dem·niˈtee** [-ˈtiː] *s Am.* Entschädigungsberechtigte(r *m*) *f*.
in·dem·ni·ty [ɪnˈdemnətɪ] *s* **1.** *econ.* a) Versprechen *n* der Schadloshaltung, Sicherstellung *f*; ~ **bond** Ausfallbürgschaft *f*; ~ **contract** Vertrag *m* über Schadloshaltung; ~ **insurance** Schadensversicherung *f*; ~ **double indemnity**, b) Freistellung *f*; ~ **against liability** Haftungsfreistellung *f*, c) → **indemnification** 1 b, d) Entschädigung(ssumme) *f*, Vergütung *f*, Abfindung *f* (sbetrag *m*). **2.** *jur. parl.* Indemniˈtät *f* (*Straffreiheit des Abgeordneten in bezug auf alle im Parlament, in den Ausschüssen od. in der Fraktion gemachten Äußerungen mit Ausnahme verleumderischer Tatbestände*).
in·dene¹ [ˈɪndiːn] *s chem.* Inˈden *n*.
in·dent¹ [ɪnˈdent] **I** *v/t* **1.** einzähnen, (ein-, aus)kerben, auszacken. **2.** *Balken* verzahnen, verzapfen. **3.** zerklüften. **4.** *print.* Zeile einrücken, -ziehen. **5.** *e-n Vertrag* in doppelter *od.* mehrfacher Ausfertigung aufsetzen. **6.** *econ.* Waren (*bes. aus Übersee*) bestellen. **II** *v/i* **7.** *jur. obs.* e-n Vertrag abschließen. **8.** ~ (**up**)**on** *econ.* an *j-n* e-e Forderung stellen: **to ~ upon s.o. for s.th.** a) etwas von *j-m* anfordern, b) etwas bei *j-m* bestellen. **9.** *mil. Br. Vorräte* requiˈrieren. **III** *s* [ˈɪndent; ɪnˈd-] **10.** Kerbe *f*, Einschnitt *m*, Auszackung *f*, Zacke *f*. **11.** *print.* Einzug *m*, Einrückung *f*. **12.** *jur.* Vertrag(surkunde *f*) *m*. **13.** *mil. Br.* Requisiti'on *f*. **14.** *econ.* Warenbestellung *f* (*bes. aus Übersee*), Auslandsauftrag *m*.
in·dent² **I** *v/t* [ɪnˈdent] eindrücken: a) einprägen (**in** in *acc*), b) einbeulen. **II** *s* [ˈɪndent; ɪnˈd-] Einbeulung *f*, Vertiefung *f*, Delle *f*.
in·den·ta·tion [͵ɪndenˈteɪʃn] *s* **1.** Einkerben, Auszacken *n*. **2.** → **indent**¹ 10. **3.** *tech.* Zahnung *f*. **4.** Einbuchtung *f*, Bucht *f*. **5.** Zickzacklinie *f*, -kurs *m*. **6.** → **indent**² II. **7.** *print.* a) Einzug *m*, Einrückung *f*, b) Abschnitt *m*, Absatz *m*.
inˈdent·ed *adj* **1.** (aus)gezackt, gezahnt. **2.** *econ.* vertraglich verpflichtet. **3.** *print.* eingerückt, -gezogen. **in·denˈtion 1.** → **indent**¹ 10. **2.** → **indentation** 5, 7.
in·den·ture [ɪnˈdentʃə(r)] **I** *s* **1.** *jur.* a) Vertrag *m* (in doppelter Ausfertigung), b) (Vertrags)Urkunde *f*: ~ **of lease** Pachtvertrag; **trust** ~ *Am.* Treuhandvertrag. **2.** *oft pl econ. jur.* Ausbildungs-, Lehrvertrag *m*: **to bind by** ~ **6; to take up one's** ~**s** ausgelernt haben. **3.** *jur.* amtliches Verzeichnis. **4.** → **indent**¹ 10. **5.** a) → **indentation** 3, b) → **indentation** 5. **II** *v/t* **6.** *econ. jur.* durch Ausbildungs- *od.* Lehrvertrag binden.
in·de·pend·ence [͵ɪndɪˈpendəns] *s* Unabhängigkeit *f* (**from**, **of** von) (*a. pol.*), Selbständigkeit *f*: **I~ Day** *Am.* Unabhängigkeitstag *m* (*am 4. Juli zur Erinnerung an die Unabhängigkeitserklärung vom 4. 7. 1776*); ~ **movement** *pol.* Unabhängigkeitsbewegung *f*.
in·de·pend·en·cy [͵ɪndɪˈpendənsɪ] *s* **1.** → **independence**. **2.** *pol.* unabhängiger Staat. **3.** **I~** *relig.* → **Congregationalism** 2.
in·de·pend·ent [͵ɪndɪˈpendənt] **I** *adj* (*adv* ~**ly**) **1.** unabhängig (**of** von) (*a. pol.*), selbständig: ~ **travel**(**l**)**er** Einzelreisen-

de(r *m*) *f*. **2.** unbeeinflußt: **an ~ observer**. **3.** finanziˈell unabhängig: ~ **gentleman** Privatier *m*; **to be ~** auf eigenen Füßen stehen. **4.** finanziˈell unabhängig machend: **an ~ fortune**; **a man of ~ means** ein finanziell unabhängiger Mann. **5.** ~(**ly**) **of** ungeachtet (*gen*). **6.** freiheitsliebend. **7.** selbstbewußt, -sicher. **8.** *parl.* parˈtei-, frakti'onslos. **9.** *math.* unabhängig: ~ **variable** unabhängige Veränderliche. **10.** *ling.* unabhängig, Haupt...: ~ **clause** Hauptsatz *m*. **11.** *tech.* unabhängig, eigen, Einzel...: ~ **axle** Schwingachse *f*; ~ **fire** *mil.* Einzel-, Schützenfeuer *n*; ~ **suspension** *mot.* Einzelaufhängung *f*. **II** *s* **12.** Unabhängige(r *m*) *f*. **13.** *parl.* Parˈtei-, Frakti'onslose(r *m*) *f*. **14.** *relig.* → **Congregationalist**.
͵**in-ˈdepth** *adj* tiefschürfend, gründlich: ~ **interview** *bes. sociol.* Tiefeninterview *n*.
in·de·scrib·a·bil·i·ty [ˈɪndɪ͵skraɪbəˈbɪlətɪ] *s* Unbeschreiblichkeit *f*. **in·deˈscrib·a·ble** *adj* (*adv* **indescribably**) **1.** unbeschreiblich. **2.** unbestimmt, ˈundefiˌnierbar. ͵**in·deˈscrib·a·ble·ness** *s* Unbeschreiblichkeit *f*.
in·de·struct·i·bil·i·ty [ˈɪndɪ͵strʌktəˈbɪlətɪ] *s* Unzerstörbarkeit *f*. ͵**in·deˈstruct·i·ble** *adj* (*adv* **indestructibly**) unzerstörbar.
in·de·ter·mi·na·ble [͵ɪndɪˈtɜːmɪnəbl; *Am.* -ˈtɜːr-] *adj* (*adv* **indeterminably**) **1.** unbestimmbar. **2.** ˈundefiˌnierbar. **3.** nicht zu entscheiden(d).
in·de·ter·mi·na·cy [͵ɪndɪˈtɜːmɪnəsɪ; *Am.* -ˈtɜːr-] → **indeterminateness**. ~ **prin·ci·ple** *s phys.* ˈUnschärferelaˌtion *f*.
in·de·ter·mi·nate [͵ɪndɪˈtɜːmɪnət; *Am.* -ˈtɜːr-] *adj* (*adv* ~**ly**) **1.** unbestimmt (*a. math.*). **2.** unklar, ungewiß, unsicher. **3.** nicht defiˈniert, nicht genau festgelegt: ~ **sentence** *jur.* Strafe *f* von unbestimmter Dauer. **4.** unentschieden, ergebnislos. **5.** dem freien Willen folgend. **6.** *bot.* unbegrenzt: ~ **inflorescence** unbegrenzter Blütenstand. **7.** *ling.* unbetont u. von unbestimmter ˈLautqualiˌtät. ͵**in·deˈter·mi·nate·ness**, ͵**in·de͵ter·mi·ˈna·tion** *s* **1.** Unbestimmtheit *f*. **2.** Ungewißheit *f*.
in·de·ter·min·ism [͵ɪndɪˈtɜːmɪnɪzəm; *Am.* -ˈtɜːr-] *s philos.* Indetermiˈnismus *m* (*Lehrmeinung, nach der ein Geschehen nicht od. nur bedingt durch Kausalität od. Naturgeschehen bestimmt ist, womit ein bestimmtes Maß an Willensfreiheit angenommen wird*). ͵**in·deˈter·min·ist I** *s* Indetermiˈnist(in). **II** *adj* indetermiˈnistisch.
in·dex [ˈɪndeks] **I** *pl* **in·dex·es**, **in·di·ces** [-dɪsiːz] *s* **1.** (Inhalts-, Namens-, Sach-, Stichwort)Verzeichnis *n*, Taˈbelle *f*, (ˈSach)Reˌgister *n*, Index *m*. **2.** *a.* ~ **file** Karˈtei *f*: ~ **card** Karteikarte *f*. **3.** *fig.* (**of**, **to**) a) (An)Zeichen *n* (von *od.* für *od. gen*), b) Hinweis *m* (auf *acc*), c) Gradmesser *m* (für *gen*): **to be an ~ of** (*od.* **to**) → **17**. **4.** *Statistik*: Index-, Meßziffer *f*, *econ.* Index *m*: ~ **of general business activity** Konjunkturindex. **5.** *tech.* a) (Uhr- *etc*)Zeiger *m*, b) Zunge *f* (*e-r Waage*), c) (Einstell)Marke *f*, Strich *m*. **6.** → **index finger**. **7.** Wegweiser *m*. **8.** *print.* Hand(zeichen *n*) *f*. **9.** *physiol.* (Schädel)Index *m*. **10.** (*pl nur* **indices**) *math.* a) Expoˈnent *m*, b) Index *m*, Kennziffer *f*: ~ **of a logarithm** *phys.* Brechungsindex *od.* -exponent. **11.** **I~** *R.C. hist.* Index *m* (*Liste der verbotenen Bücher*). **II** *v/t* **12.** mit e-m Inhaltsverzeichnis *etc* versehen: **to ~ a book**. **13.** a) in ein Verzeichnis aufneh-

men, b) in e-m Verzeichnis aufführen. **14.** karˈteimäßig erfassen. **15.** *R.C. hist.* auf den Index setzen. **16.** *tech.* a) Revolverkopf *etc* schalten, b) einteilen (*in Maßeinheiten*): ~**ing disc** Schaltscheibe *f*. **17.** aufzeigen, ˈhinweisen *od.* ˈ-deuten auf (*acc*). ˌ**in·dexˈa·tion** *s* Inde'xierung *f*. **ˈin·dex·er** *s* Indexverfasser *m*.
in·dex| fin·ger *s* Zeigefinger *m*. ~ **fos·sils** *s pl geol.* ˈLeitfosˌsilien *pl*. ˈ**~-linked** *adj econ.* indexgebunden, Index...: ~ **pension**. ~ **num·ber** → **index** 4.
In·di·a [ˈɪndjə; -dɪə] *s bes. Am.* (chiˈnesische) Tusche, Ausziehtusche *f*. ˈ**~-man** [-mən] *s irr mar. hist.* Ostˈindienfahrer *m* (*Schiff*).
In·di·an [ˈɪndjən; -dɪən] **I** *adj* **1.** (ost)indisch: **the ~ rope trick** der indische Seiltrick. **2.** indiˈanisch, Indianer...: ~ **reservations**. **3.** *west'indisch*. **II** *s* **4.** a) Inder(in), b) Ostˈindier(in). **5.** *a.* **American ~**, **Red ~** Indiˈaner(in). **6.** *ling.* Indiˈanisch *n*. ~ **a·gent** *s Am.* Regierungsbeamter, der die Regierung gegenüber e-m Indianerstamm vertritt. ~ **bread** *s* **1.** Manˈiok *m*. **2.** *Am.* Maisbrot *n*. ~ **club** *s sport* Keule *f*. ~ **corn** *s* Mais *m*. ~ **cress** *s bot.* Kapuˈzinerkresse *f*. ~ **Em·pire** *s pol.* Britisch-Indisches Reich (*bis 1947*). ~ **file** *s*: **in** ~ → II. **II** *adv* im Gänsemarsch. ~ **gift** *s Am. colloq.* Geschenk in Erwartung e-s Gegengeschenks. ~ **giv·er** *s Am. colloq.* a) *j-d*, der ein Geschenk in Erwartung e-s Gegengeschenks macht, b) *j-d*, der ein Geschenk zurückverlangt. ~ **hay** *s Am. sl.* Marihuˈana *n*. ~ **hemp** *s bot.* **1.** Hanfartiges Hundsgift (*Nordamerika*). **2.** (*bes. Ostˈindischer*) Hanf.
In·di·an·i·an [͵ɪndɪˈænjən] **I** *adj* aus (dem Staat) Indiˈana (*USA*), Indiana... **II** *s* Bewohner(in) von Indiˈana.
In·di·an ink *Br.* → **India ink**.
In·di·an| lad·der *s Am.* Leiter mit nur ˈeinem Holm u. seitlichen Sprossen. ~ **lic·o·rice** *s bot.* Paterˈnoster-Erbse *f*. ~ **list** *s Canad. colloq.* Liste von Personen, an die kein Alkohol verkauft werden darf. ~ **meal** *s Am.* Maismehl *n*. ~ **mil·let** *s bot.* **1.** Indiˈanerhirse *f*. **2.** Negerhirse *f*. ~ **nut** *s bot.* Betelnuß *f*. ~ **poke** *s bot.* Grüner Germer. ~ **pud·ding** *s gastr. Am.* gebackene Nachspeise aus Maismehl, Milch, Zucker, Butter u. Gewürzen. ~ **red** *s* Indisch-, Bergrot *n*. ~ **rice** *s bot.* Indiˈaner-, Wildreis *m*, Wasserhafer *m*. ~ **sum·mer** *s* Spät-, Altˈweiber-, Nachsommer *m*. ~ **to·bac·co** *s bot. Amer.* Loˈbelie *f*. ~ **tur·nip** *s bot.* **1.** Feuerkolben *m*. **2.** Wurzel *f* des Feuerkolbens. ~ **wres·tling** *s* Armdrücken *n*.
In·di·a| Of·fice *s pol. Br.* Reichsamt *n* für Indien (*bis 1947*). ~ **pa·per** *s* **1.** ˈChinapaˌpier *n*. **2.** ˈDünndruckpaˌpier *n*. ~ **rub·ber**, **i͵n·dia-ˈrub·ber** *s* **1.** Kautschuk *m*, Gummi *n*, *m*. **2.** Raˈdiergummi *m*. ˈ**~-͵rub·ber**, **i͵n·dia-ˈrub·ber** *adj* Gummi...: ~ **ball**.
In·dic [ˈɪndɪk] *adj ling.* indisch (*die indischen Sprachen der indogermanischen Sprachfamilie betreffend*).
in·dic² [ˈɪndɪk] *adj chem.* Indium...
in·di·cant [ˈɪndɪkənt] **I** *adj* → **indicative** 1. **II** *s* → **indication**.
in·di·cate [ˈɪndɪkeɪt] *v/t* **1.** deuten *od.* zeigen *od.* weisen auf (*acc*). **2.** *fig. a.* aufzeigen, ˈhinweisen, ˈ-deuten auf (*acc*), b) schließen lassen auf (*acc*), c) andeuten, zu erkennen geben. **3.** *fig.* angebracht *od.* angezeigt erscheinen lassen, *bes. med. a.* indiˈzieren: **to be ~d** angebracht *od.* angezeigt sein. **4.** *tech.* a) anzeigen (*Meß- od. Prüfgerät*), b) (*mit e-m Meß- od. Prüfgerät*) nachweisen: ~**d air speed** *aer.*

indication – indistinctness

angezeigte Fluggeschwindigkeit; ~d horsepower indizierte Pferdestärke; **indicating range** Anzeigebereich *m*.
in·di'ca·tion *s* **1.** Deuten *n*, Zeigen *n* (**of** auf *acc*). **2.** *fig.* (**of**) a) (An)Zeichen *n* (für), b) 'Hinweis *m* (auf *acc*), c) Andeutung *f* (*gen*): **to give (some) ~ of** → **indicate 2; there is every ~** alles deutet darauf hin *od.* läßt darauf schließen (**that daß**). **3.** *med.* a) Indikati'on *f*, Heilanzeige *f*, b) Sym'ptom *n* (*a. fig.*). **4.** *tech.* Anzeige *f*.
in·dic·a·tive [ɪn'dɪkətɪv] **I** *adj* (*adv* ~**ly**) **1.** (**of**) a) aufzeigend (*acc*), b) andeutend (*acc*): **to be ~ of** → **indicate 2. 2.** *ling.* indikativisch, Indikativ...: **~ mood** → **3. II** *s* **3.** *ling.* Indikativ *m*, Wirklichkeitsform *f*.
in·di·ca·tor ['ɪndɪkeɪtə(r)] *s* **1.** *Statistik etc*: Indi'kator *m* (*Umstand etc, der als Anzeichen für e-e bestimmte Entwicklung etc dient*). **2.** *tech.* a) Zeiger *m*, b) Anzeiger *m*, Anzeige- *od.* Ablesegerät *n*, (Leistungs)Messer *m*, Zähler *m*: **~ board** Anzeigetafel *f*; **~ card, ~ diagram** Indikatordiagramm *n*, Leistungskurve *f* (*e-r Maschine*), c) Indi'kator *m* (*Instrument zum Messen des Druckverlaufs von Dampf, Gas od. Flüssigkeiten in e-m Zylinder*). **3.** *mot.* Richtungsanzeiger *m*, Blinker *m*. **4.** *chem.* Indi'kator *m* (*Stoff, der durch Farbänderung anzeigt, ob e-e Lösung alkalisch, neutral od. sauer reagiert*).
in·di·ca·to·ry [ɪn'dɪkətərɪ; *Am.* ˌ-təʊrɪ:; ˌ-tɔː-] → **indicative 1**.
in·di·ca·trix [ˌɪndɪ'keɪtrɪks] *s* Indi'katrix *f*: a) *math.* Kurve, die die Art der Krümmung e-r Fläche in der Umgebung e-s Flächenpunktes anzeigt, b) (*Optik*) Kurve, die die räumliche Lichtstärkeverteilung e-r Lichtquelle *od.* e-r beleuchteten Fläche angibt.
in·di·ces ['ɪndɪsiːz] *pl von* **index**.
in·di·ci·a [ɪn'dɪʃɪə; *Am. a.* -ʃə] *pl* **-a, -as** *s* **1.** In'diz *n*, Anzeichen *n* (of für). **2.** *mail Am.* Freimachungsvermerk *m*.
in·di·ci·um [ɪn'dɪʃɪəm] *pl* **-ci·a** [-ʃɪə; *Am. a.* -ʃə], **-ci·ums** → **indicia 1**.
in·dict [ɪn'daɪt] *v/t jur.* (öffentlich) anklagen (**for** wegen). **in'dict·a·ble** *adj* strafrechtlich verfolgbar: **~ offence** (*Am.* **offense**) a) *Br.* Straftat, die auf Grund e-r formellen Anklage unter Mitwirkung von Geschworenen abgeurteilt werden kann, b) *Am.* Straftat, die in der Regel auf Grund e-r formellen Anklage von Geschworenen abgeurteilt wird. **in'dict·er** *s* (An)Kläger(in).
in·dic·tion [ɪn'dɪkʃn] *s* **1.** *hist.* a) E'dikt *n* (*e-s römischen Kaisers*) über die Steuerfestsetzung, b) Steuer *f*. **2.** *hist.* Indikti'onsperi,ode *f* (*15jährige Steuerperiode*). **3.** *obs.* Verkündigung *f*.
in·dict·ment [ɪn'daɪtmənt] *s jur.* **1.** (for'melle) Anklage: **to bring an ~** Anklage erheben (**against** gegen); **to find an ~** *Am.* e-e Anklage für begründet erklären, (*etwa*) das Hauptverfahren eröffnen; **to dismiss** (*od.* **quash**) **the ~** die Anklage für nicht begründet erklären, (*etwa*) das Verfahren einstellen. **2.** *a.* **bill of ~** (for'melle) Anklageschrift: **to prefer** (*od.* **present**) **a bill of ~** die Anklageschrift vorlegen.
in·dic·tor [ɪn'daɪtə(r)] → **indicter**.
in·dif·fer·ence [ɪn'dɪfrəns; *Am. a.* -fərns] *s* **1.** Gleichgültigkeit *f*, 'Indiffe,renz *f*. **2.** 'Unpar,teilichkeit *f*, Neutrali'tät *f*. **3.** Mittelmäßigkeit *f*. **4.** Bedeutungslosigkeit *f*, Unwichtigkeit *f*: **it is a matter of ~** es ist belanglos.
in·dif·fer·ent [ɪn'dɪfrənt; *Am. a.* -fərnt] **I** *adj* (*adv* ~**ly**) **1.** gleichgültig, 'indiffe,rent (**to** gegen, gegen'über): **she is ~ to it** es

ist ihr gleichgültig. **2.** 'unpar,teilich, neu'tral. **3.** mittelmäßig: a) leidlich, 'durchschnittlich: **~ quality**, b) nicht besonders gut: **she is an ~ cook** sie ist keine besonders gute Köchin. **4.** bedeutungs-, belanglos, unwichtig (**to** für). **5.** *chem. med. phys.* neu'tral, 'indiffe,rent. **6.** *biol.* nicht differen'ziert *od.* speziali'siert. **II** *s* **7.** Gleichgültige(r *m*) *f*. **8.** Neu'trale(r *m*) *f*.
in'dif·fer·ent·ism *s* **1.** Indifferen'tismus *m*, gleichgültiges Verhalten. **2.** → **identity philosophy**.
in·di·gen ['ɪndɪdʒən; -dʒiːn] → **indigene**.
in·di·gence ['ɪndɪdʒəns] *s* Armut *f*, Bedürftigkeit *f*, Mittellosigkeit *f*.
in·di·gene ['ɪndɪdʒiːn] *s* **1.** Eingeborene(r *m*) *f*. **2.** a) einheimisches Tier, b) einheimische Pflanze.
in·dig·e·nize [ɪn'dɪdʒənaɪz] *v/t Am.* **1.** *a. fig.* heimisch machen, einbürgern. **2.** (nur) mit einheimischem Perso'nal besetzen.
in·dig·e·nous [ɪn'dɪdʒɪnəs; -dʒə-] *adj* (*adv* ~**ly**) **1.** eingeboren, *a. bot. zo.* einheimisch (**to** in *dat*): **~ inhabitants** Ureinwohner. **2.** *fig.* angeboren (**to** *dat*). **3.** Eingeborenen...
in·di·gent ['ɪndɪdʒənt] **I** *adj* (*adv* ~**ly**) arm, bedürftig, mittellos. **II** *s* Bedürftige(r *m*) *f*, Mittellose(r *m*) *f*.
in·di·gest·i·bil·i·ty [ˌɪndɪˌdʒestə'bɪlɪtɪ; *Am. a.* 'ɪndaɪˌdʒ-] *s* Unverdaulichkeit *f*.
ˌin·di'gest·i·ble *adj* (*adv* **indigestibly**) un-, schwerverdaulich (*a. fig.*). **ˌin·di'ges·tion** [-'dʒestʃən; -ʃtʃən] *s med.* Verdauungsstörung *f*: a) Indigesti'on *f* (*fehlende od. mangelhafte Verdauungstätigkeit*), b) Magenverstimmung *f*, verdorbener Magen. **ˌin·di'ges·tive** *adj med.* a) mit Verdauungsstörungen verbunden, b) an e-r Verdauungsstörung leidend.
in·dig·nant [ɪn'dɪgnənt] *adj* (*adv* ~**ly**) entrüstet, ungehalten, empört, aufgebracht (**at, over, about,** *with* **über** *acc*).
ˌin·dig'na·tion *s* Entrüstung *f*, Empörung *f*, Ungehaltenheit *f*, Unwille *m* (**at, with** *über acc*): **to my ~** zu m-r Entrüstung *od.* Empörung; **~ meeting** Protestversammlung *f*.
in·dig·ni·ty [ɪn'dɪgnətɪ] *s* Erniedrigung *f*, Demütigung *f*.
in·di·go ['ɪndɪgəʊ] *pl* **-gos, -goes** *s* **1.** Indigo *m* (*Farbstoff*). **2.** → **indigotin**. **3.** Indigopflanze *f*. **4.** → **indigo blue 1**. ~ **blue** *s* **1.** Indigoblau *n* (*Farbe*). **2.** → **indigotin**. ~**-'blue** *adj* indigoblau. ~ **car·mine** *s min.* 'Indigokar,min *n*. ~ **cop·per** *s min.* Kupferindigo *m*.
in·di·got·ic [ˌɪndɪ'gɒtɪk; *Am.* ˌ-'gɑ-] *adj* **1.** Indigo... **2.** indigofarben.
in·di·go·tin [ɪn'dɪgətɪn; ˌɪndɪ'gəʊtɪn] *s chem.* Indigo'tin *n*, Indigoblau *n*.
in·di·rect [ˌɪndɪ'rekt; -daɪ-] *adj* (*adv* ~**ly**) **1.** *allg.* 'indi,rekt: ~ **election** (**lighting, method, tax,** *etc*). **2.** 'indi,rekt, mittelbar: ~ **evidence;** ~ **cost** (*od.* **expense**) *econ.* Gemeinkosten *pl*; ~ **exchange** *econ.* Preisnotierung *f* (*e-s Devisenkurses*); ~ **labo(u)r cost** *econ.* Fertigungsgemeinkosten *pl*; ~ **materials cost** Materialgemeinkosten *pl*. **3.** nicht di'rekt *od.* gerade (*a. fig.*): **an ~ answer** e-e ausweichende Antwort; ~ **means** Umwege, Umschweife; ~ **route** Umweg *m*. **4.** unehrlich, unredlich. **5.** *ling.* 'indi,rekt: ~ **question;** ~ **object** indirektes Objekt, *bes.* Dativobjekt *n*; ~ **passive** von e-m indirekten *od.* präpositionalen Objekt gebildetes Passiv; ~ **speech** (*bes. Am.* **discourse**) indirekte Rede. ~ **in·i·ti·a·tive** *s pol.* von Wählern ausgehender Gesetzesantrag, über den bei Ablehnung durch die gesetzgebende Ver-

sammlung ein Volksentscheid herbeigeführt wird.
in·di·rec·tion [ˌɪndɪ'rekʃn; -daɪ-] *s* **1.** 'indi,rektes Vorgehen. **2.** *fig.* 'Umweg *m*: **by ~** a) auf Umwegen, indirekt, b) hinten herum, auf unehrliche Weise. **3.** Unehrlichkeit *f*. **4.** Anspielung *f*. **5.** Ziellosigkeit *f*.
ˌin·di'rect·ness *s* **1.** 'Indi,rektheit *f*. **2.** Unehrlichkeit *f*.
in·di·ru·bin [ˌɪndɪ'ruːbɪn] *s chem.* Indigorot *n*, Indiru'bin *n*.
in·dis·cern·i·ble [ˌɪndɪ'sɜːnəbl; -'zɜː-; *Am.* -'sɜr-; -'zɜr-] *adj* (*adv* **indiscernibly**) **1.** nicht wahrnehmbar, unmerklich. **2.** nicht unter'scheidbar (**from** von).
in·dis·ci·pline [ɪn'dɪsɪplɪn] *s* Diszi'plinlosigkeit *f*.
in·dis·cov·er·a·ble [ˌɪndɪ'skʌvərəbl] *adj* (*adv* **indiscoverably**) unauffindbar, nicht zu entdecken(d).
in·dis·creet [ˌɪndɪ'skriːt] *adj* (*adv* ~**ly**) **1.** unbesonnen, unbedacht. **2.** 'indis,kret: a) taktlos, b) nicht verschwiegen.
in·dis·crete [ˌɪndɪ'skriːt] *adj* (*adv* ~**ly**) kom'pakt, zs.-hängend, homo'gen.
in·dis·cre·tion [ˌɪndɪ'skreʃn] *s* **1.** Unbedachtheit *f*. **2.** Indiskreti'on *f*: a) Taktlosigkeit *f*, b) Mangel *m* an Verschwiegenheit.
in·dis·crim·i·nate [ˌɪndɪ'skrɪmɪnət] *adj* **1.** a) nicht wählerisch: **he is ~ in making friends** er schließt mit jedem Freundschaft, b) urteils-, kri'tiklos. **2.** a) wahl-, 'unterschiedslos: **he dealt out ~ blows** er schlug blind *od.* wahllos um sich, b) ungeordnet, kunterbunt. **ˌin·dis'crim·i·nate·ly** *adv* ohne 'Unterschied (*etc,* → **indiscriminate**). **ˌin·dis'crim·i·nate·ness** *s* **1.** Kri'tiklosigkeit *f*. **2.** Wahllosigkeit *f*. **ˌin·dis'crim·i·nat·ing** [-neɪtɪŋ] → **indiscriminate**. **ˌin·dis,crim·i'na·tion** → **indiscriminateness**. **ˌin·dis'crim·i·na·tive** [-nətɪv; -neɪ-] → **indiscriminate**.
in·dis·pen·sa·bil·i·ty ['ɪndɪˌspensə'bɪlətɪ] *s* Unentbehrlichkeit *f*, Unerläßlichkeit *f*. **ˌin·dis'pen·sa·ble I** *adj* (*adv* **indispensably**) **1.** unentbehrlich, unerläßlich (**to** für): ~ **to life** lebensnotwendig. **2.** unerläßlich: **an ~ duty**. **II** *s* **3.** unentbehrliche Per'son *od.* Sache. **4.** *pl, a.* **pair of ~s** *obs. od. humor.* Hose *f*. **ˌin·dis'pen·sa·ble·ness** → **indispensability**.
in·dis·pose [ˌɪndɪ'spəʊz] *v/t* **1.** untauglich machen (**for** zu). **2.** unpäßlich *od.* unwohl machen. **3.** abgeneigt machen (**to do** zu tun). **ˌin·dis'posed** *adj* **1.** 'indispo,niert, unpäßlich, unwohl. **2.** abgeneigt (**for** *dat*; **to do** zu tun): **to be ~ to do s.th.** etwas nicht tun wollen.
in·dis·po·si·tion [ˌɪndɪspə'zɪʃn] *s* **1.** Indispositi'on *f*, 'Indispo,niertheit *f*, Unpäßlichkeit *f*, Unwohlsein *n*. **2.** Abgeneigtheit *f* (**for** gegen'über; **to do** zu tun).
in·dis·put·a·ble [ˌɪndɪ'spjuːtəbl] *adj* (*adv* **indisputably**) 'indispu,tabel, unstrittig, unstreitig.
in·dis·sol·u·bil·i·ty ['ɪndɪˌsɒljʊ'bɪlətɪ; *Am.* -dɪsˌɑljə'b-] *s* **1.** Unlöslichkeit *f*. **2.** *fig.* Unauflösbarkeit *f*. **ˌin·dis'sol·u·ble** *adj* (*adv* **indissolubly**) **1.** unlöslich. **2.** *fig.* unauflösbar. **ˌin·dis'sol·u·ble·ness** → **indissolubility**.
in·dis·tinct [ˌɪndɪ'stɪŋkt] *adj* (*adv* ~**ly**) **1.** a) undeutlich: ~ **murmur;** ~ **outlines**, b) unscharf: **an ~ area in a photograph**. **2.** unklar, verworren, dunkel, verschwommen. **ˌin·dis'tinc·tive** *adj* (*adv* ~**ly**) ohne besondere Eigenart, nichtssagend: ~ **features** ausdruckslose Züge. **ˌin·dis'tinct·ness** *s* **1.** a) Undeutlichkeit *f*, b) Unschärfe *f*.

indistinguishable – induration

2. Unklarheit *f*, Verschwommenheit *f*.
in·dis·tin·guish·a·ble [ˌɪndɪˈstɪŋgwɪʃəbl] *adj (adv* **indistinguishably**) **1.** nicht zu ˈunterscheiden(d) (**from** von). **2.** nicht wahrnehmbar *od.* erkennbar, nicht auszumachen(d).
in·dite [ɪnˈdaɪt] *v/t obs.* **1.** e-n Text abfassen, (nieder)schreiben. **2.** dikˈtieren.
in·di·vid·u·al [ˌɪndɪˈvɪdjʊəl; -dʒʊəl; *Am.* ˌɪndɪˈvɪdʒwəl; -dʒəl] **I** *adj* (*adv* → **individually**) **1.** einzeln, individuˈell, Einzel..., Individual...: ~ **assets** *econ.* Privatvermögen *n (e-s Gesellschafters)*; ~ **banker** *econ. Am.* Privatbankier *m*; ~ **bargaining** *econ.* Einzel(tarif)verhandlung(en *pl) f*; ~ **case** Einzelfall *m*; ~ **credit** *econ.* Personalkredit *m*; ~ **earnings** *econ.* Pro-Kopf-Einkommen *n*; ~ **income** *econ.* Individualeinkommen *n*; ~ **insurance** Einzelversicherung *f*; ~ **liberty** (*die*) Freiheit des einzelnen. **3.** ~ **psychology** Individualpsychologie *f* (*Forschungsrichtung, die sich mit dem Einzelwesen befaßt*); ~ **traffic** Individualverkehr *m*; ~ **travel(l)er** Einzelreisende(r *m*) *f*; **to give** ~ **attention** to individuell behandeln. **2.** für ˈeine (einzelne) Perˈson bestimmt, Einzel...: **she served the pudding in** ~ **portions**. **3.** individuˈell, perˈsönlich, eigentümlich, -willig, besonder(er, e, es), charakteˈristisch: **an** ~ **style**; ~ **behavio(u)r** Individualverhalten *n*. **4.** verschieden: **five** ~ **cups**. **5.** *tech.* Einzel...: ~ **drive**. **II** *s* **6.** Indiˈviduum *n*, ˈEinzelmensch *m*, -wesen *n*, -perˌson *f*, Einzelne(r *m*) *f*. **7.** *meist contp.* Indiˈviduum *n*, Perˈson *f*. **8.** Einzelding *n*. **9.** untrennbares Ganzes. **10.** Einzelgruppe *f*. **11.** *biol.* ˈEinzelorgaˌnismus *m*, -wesen *n*. ˌin·diˈvid·u·al·ism *s* **1.** Individuˈalismus *m*: a) *philos.* Lehre, die dem Einzelwesen den Vorrang vor der Gemeinschaft gibt, b) Betonung der Interessen des einzelnen, der besonderen Eigenarten u. Bedürfnisse der einzelnen Persönlichkeit, c) *a. contp.* Vertretung der eigenen Interessen; ˈÜberbetonung der Bedürfnisse der einzelnen. **2.** → **individuality 1.** ˌin·diˈvid·u·al·ist **I** *s* Individuaˈlist(in). **II** *adj* individuaˈlistisch. ˈin·diˌvid·u·alˈis·tic *adj (adv* ~**ally**) individuaˈlistisch.
in·di·vid·u·al·i·ty [ˌɪndɪˌvɪdjʊˈælɪtɪ; -dʒʊˈæ-; *Am.* -ˌvɪdʒəˈwæ-] *s* **1.** Individualiˈtät *f*, (perˈsönliche) Eigenart *od.* Note, Besonderheit *f*. **2.** Einzelwesen *n*, -mensch *m*. **3.** individuˈelle Exiˈstenz.
in·di·vid·u·al·i·za·tion [ˈɪndɪˌvɪdjʊəlaɪˈzeɪʃn; -dʒʊə-; *Am.* ˌɪndɪˌvɪdʒwəlɪˈzeɪ-; -ˌvɪdʒələˈz-] *s* **1.** Individualiˈsierung *f*: a) individuˈelle Behandlung, b) einzelne Betrachtung. **2.** individuˈelle Gestaltung. ˌin·diˈvid·u·al·ize *v/t* **1.** individualiˈsieren: a) individuˈell behandeln, b) einzeln betrachten. **2.** individuˈell gestalten, e-e perˈsönliche Note geben *od.* verleihen *(dat)*: ~**d gifts** persönliche Geschenke. ˌin·diˈvid·u·al·ly *adv* **1.** einzeln, jed(er, e, es) für sich. **2.** einzeln betrachtet, für sich genommen. **3.** perˈsönlich: **this affects me** ~.
in·di·vid·u·ate [ˌɪndɪˈvɪdjʊeɪt, -dʒʊ-; *Am.* -dʒəˌweɪt] *v/t* **1.** → **individualize 2. 2.** unterˈscheiden (**from** von). ˈin·diˌvid·u·aˈtion *s* **1.** Ausbildung *f* der Individualiˈtät, *psych.* Individuatiˈon *f*. **2.** → **individualization 2. 3.** *philos.* Individuatiˈon *f* (*Heraussonderung des Einzelnen aus dem Allgemeinen*).
in·di·vis·i·bil·i·ty [ˈɪndɪˌvɪzɪˈbɪlətɪ] *s* Unteilbarkeit *f*. ˌin·diˈvis·i·ble **I** *adj (adv* **indivisibly**) unteilbar. **II** *s math.* unteilbare Größe. ˌin·diˈvis·i·ble·ness *s* Unteilbarkeit *f*.
indo-¹ [ˈɪndəʊ] *chem.* Wortelement mit der Bedeutung Indigo...

Indo-² [ˈɪndəʊ] *Wortelement mit der Bedeutung* indisch, indo..., Indo...
ˌIn·doˈ-ˈAr·y·an **I** *adj* indisch-arisch. **II** *s* arischer *od.* indogerˈmanischer Inder. ~**-Chiˈnese**, ~**chiˈnese** *adj* indochiˈnesisch, ˈhinterindisch.
in·do·cile [ɪnˈdəʊsaɪl; *Am.* ɪnˈdɑsəl] *adj* **1.** ungelehrig. **2.** unfügsam. **in·do·cil·i·ty** [ˌɪndəʊˈsɪlətɪ; *Am. a.* -dɑˈs-] *s* **1.** Ungelehrigkeit *f*. **2.** Unfügsamkeit *f*.
in·doc·tri·nate [ɪnˈdɒktrɪneɪt; *Am.* ɪnˈdɑk-] *v/t* **1.** *contp. bes. pol.* indoktriˈnieren. **2.** unterˈweisen, schulen (**in** in *dat*). **3.** erfüllen (**with** mit). ˌinˌdoc·triˈna·tion *s* **1.** Indoktrinatiˈon *f*. **2.** Unterˈweisung *f*, Schulung *f*. **3.** Erfüllung *f*. **inˈdoc·tri·na·tor** [-tə(r)] *s* Unterˈweiser *m*.
ˈIn·doˌ-ˌEu·roˈpe·an *ling.* **I** *adj* **1.** indogerˈmanisch. **II** *s* **2.** Indogerˈmanisch *n*, das Indogermanische. **3.** Indogerˈmane *m*, -gerˈmanin *f*. ~**-Gerˈman·ic** → **Indo-European 1** *u.* **2**. ~**-ˈIˈra·ni·an** *ling.* **I** *adj* indoiˈranisch, arisch. **II** *s* Indoiˈranisch *n*, Arisch *n*.
in·dol [ˈɪndəʊl; *Br. a.* -dɒl; *Am. a.* -ˌdɑl], **in·dole** [ˈɪndəʊl] *s chem.* Inˈdol *n*.
in·do·lence [ˈɪndələns] *s* **1.** Trägheit *f*, Indoˈlenz *f* (*a. med.* [*Schmerz*]*Unempfindlichkeit*, *Schmerzlosigkeit*). **2.** *med.* a) langsamer Verlauf, b) langsamer ˈHeilungsproˌzeß *m*. **ˈin·do·lent** *adj (adv* ~**ly**) **1.** a) träg(e), indoˈlent, b) träg(e) machend: **the** ~ **heat of the afternoon**. **2.** *med.* a) indoˈlent, (schmerz)unempfindlich, b) indoˈlent, schmerzlos, c) langsam vorˈanschreitend, d) langsam heilend.
in·dom·i·ta·ble [ɪnˈdɒmɪtəbl; *Am.* -ˈdɑmə-] *adj (adv* **indomitably**) **1.** unbezähmbar, nicht ˈunterzukriegen(d). **2.** unbeugsam. **inˈdom·i·ta·ble·ness** *s* Unbezähmbarkeit *f*.
In·do·ne·sian [ˌɪndəʊˈniːzjən; *Am.* -ʒən; -ʃən] **I** *s* **1.** Indoˈnesier(in). **2.** *ling.* Indoˈnesisch *n*, das Indonesische. **II** *adj* **3.** indoˈnesisch.
in·door [ˈɪndɔː(r)] *adj* Haus..., Zimmer..., *sport* Hallen...: ~ **aerial** (*bes. Am.* **antenna**) Zimmerantenne *f*; ~ **dress** Hauskleid *n*; ~ **games** *a)* Spiele fürs Haus, *b) sport* Hallenspiele; ~ **garments** Hauskleidung *f*; ~ **plant** Zimmerpflanze *f*; ~ **shot** *phot.* Innenaufnahme *f*; ~ **swimming pool** Hallenbad *n*.
in·doors [ˌɪnˈdɔː(r)z] *adv* **1.** im Haus, drinnen. **2.** ins Haus (h)ein.
in·dorse [ɪnˈdɔː(r)s], *etc* → **endorse**, *etc*.
in·draft, *bes. Br.* **in·draught** [ˈɪndrɑːft; *Am.* ˈɪnˌdræft] *s* **1.** (Herˈ)Einziehen *n*, Ansaugen *n*, Sog *m*. **2.** Einwärtsströmung *f*. **3.** Zu-, Einströmen *n*.
in·drawn [ˌɪnˈdrɔːn] *adj* **1.** (hin-)ˈeingezogen. **2.** *fig.* zuˈrückhaltend.
in·du·bi·ta·ble [ɪnˈdjuːbɪtəbl; *Am. a.* ɪnˈduːbə-] *adj (adv* **indubitably**) unzweifelhaft, zweifellos, fraglos.
in·duce [ɪnˈdjuːs; *Am. bes.* ɪnˈduːs] *v/t* **1.** j-n veranlassen, bewegen, bestimmen (**to do** zu tun). **2.** (künstlich) herˈbeiführen, herˈvorrufen, bewirken, verursachen, auslösen, führen zu, fördern: **to** ~ **labo(u)r** *med.* die Geburt einleiten; ~**d sleep** *med.* künstlich erzeugter Schlaf. **3.** *Logik:* induˈzieren (*vom besonderen Einzelfall auf das Allgemeine schließen*) (**from** aus). **4.** *electr. etc* induˈzieren, bewirken, erzeugen: ~**d current** *electr.* induziert, sekundär; ~**d current** *electr.* Induktionsstrom *m*; ~**d draft** (*bes. Br.* **draught**) Saugzug *m*, künstlicher Zug; ~**d transformation** (*Atomphysik*) künstliche Umwandlung. **inˈduce·ment** *s* **1.** Anlaß *m*, Beweggrund *m*. **2.** a) Veranlassung *f*, b) Anreiz *m*: ~ **to buy** Kaufanreiz *m*. **inˈduc·er** *s* **1.** Veranlasser(in). **2.** *tech.* Vorverdichter *m*.

in·duct [ɪnˈdʌkt] *v/t* **1.** (*in ein Amt etc*) einführen, -setzen. **2.** j-n einführen, einweihen (**into**, **to** in *acc*). **3.** führen, geleiten (**into** in *acc*, zu). **4.** *mil. Am.* einziehen, -berufen. **inˈduc·tance** *s electr.* **1.** Induktiˈon *f*, Induktiviˈtät *f*: ~ **coil** Induktionsspule *f*. **2.** Indukˈtanz *f*, indukˈtiver (ˈBlind)Widerstand. **inˈducˈtee** [-ˈtiː] *s mil. Am.* Reˈkrut *m*.
in·duc·tile [ɪnˈdʌktaɪl; *Am.* -tl] *adj* **1.** *phys. tech.* a) undehnbar, unstreckbar, unhämmerbar, b) un(aus)ziehbar, c) unbiegsam. **2.** *fig.* unfügsam.
in·duc·tion [ɪnˈdʌkʃn] *s* **1.** (künstliche) Herˈbeiführung, Auslösung *f*: ~ **of labo(u)r** *med.* Geburtseinleitung *f*. **2.** *Logik:* a) Induktiˈon *f*, b) Induktiˈonsschluß *m*. **3.** *electr. etc* Induktiˈon *f*. **4.** *mot.* Ansaugung *f*, Einlaß *m*: ~ **pipe** Ansaugkrümmer *m*, -leitung *f*. **5.** Einführung *f*, -setzung *f*. **6.** Einleitung *f*. **7.** *mil. Am.* Einberufung *f*, Einziehung *f*: ~ **order** Einberufungsbefehl *m*. **II** *adj* **8.** *electr. etc* Induktions...: ~ **coil** (**current**, **motor**, *etc*).
in·duc·tive [ɪnˈdʌktɪv] *adj (adv* ~**ly**) **1.** *electr. etc* indukˈtiv, Induktions...: ~ **load** induktive Belastung; ~ **resistor** induktiver Widerstand. **2.** *Logik:* indukˈtiv.
in·duc·tor [ɪnˈdʌktə(r)] *s* **1.** *electr.* Drosselspule *f*. **2.** *biol.* Inˈduktor *m*, Organiˈsatorsubˌstanz *f*. **3.** *chem.* Inˈduktor *m*, Reaktiˈonsbeschleuniger *m*. **4.** (*in ein Amt etc*) Einführende(r *m*) *f*.
in·due → **endue**.
in·dulge [ɪnˈdʌldʒ] **I** *v/t* **1.** nachsichtig sein gegen, gewähren lassen, j-m nachgeben: **to** ~ **s.o. in s.th.** a) j-m etwas nachsehen, b) j-m in e-r Sache nachgeben; **to** ~ **o.s. in s.th.** sich etwas gönnen *od.* leisten. **2.** Kinder verwöhnen. **3.** e-r Neigung etc nachgeben, frönen, sich ˈhingeben: **to** ~ **a passion**. **4.** *econ. j-m* (Zahlungs)Aufschub gewähren: **to** ~ **a debtor**. **5.** sich gütlich tun *an (dat)*, genießen. **6.** j-n zuˈfriedenstellen, befriedigen (**with** mit). **II** *v/i* **7.** (**in**) schwelgen (*in dat*), sich ˈhingeben (*dat*), frönen (*dat*), freien Lauf lassen (*dat*). **8.** (**in**) sich gütlich tun (an *dat*), genießen (*acc*): **to** ~ **in s.th.** sich etwas gönnen *od.* leisten. **9.** *colloq.* sich (gern *od.* oft) ˌeinen geˈnehmigen' (*trinken*).
in·dul·gence [ɪnˈdʌldʒəns] *s* **1.** Nachsicht *f*: **to ask s.o.'s** ~ j-n um Nachsicht bitten; **to treat s.o. with** ~ j-n nachsichtig behandeln. **2.** Entgegenkommen *n*, Gefälligkeit *f*. **3.** Verwöhnung *f*. **4.** (**in**) Frönen *n (dat)*, Schwelgen *n* (*in dat*): (**excessive**) ~ **in alcohol** übermäßiger Alkoholgenuß. **5.** Zügel-, Maßlosigkeit *f*. **6.** a) Luxus *m*: **an occasional cigar is his only** ~, b) Genuß *m*. **7.** *econ.* Stundung *f*, (Zahlungs)Aufschub *m*. **8.** Vorrecht *n*, Priviˈleg *n*. **9.** *hist.* Gewährung *f* größerer religiˈöser Freiheiten an Dissiˈdenten u. Kathoˈliken. **10.** *R.C.* Ablaß *m*: **sale of** ~**s** Ablaßhandel *m*. **inˈdulgenced** [-nst] *adj relig.* Ablaß...: ~ **prayer**. **inˈdul·gent** *adj (adv* ~**ly**) nachsichtig (**to** gegen, gegenˈüber).
in·du·men·tum [ˌɪndjʊˈmentəm; *Am.* ˌɪndəˈm-; ˌɪndjəˈm-] *pl* -**tums**, -**ta** [-tə] *s* **1.** *zo.* Federkleid *n*, Gefieder *n*. **2.** *bot.* (Haar)Kleid *n*, Flaum *m*.
in·du·rate [ˈɪndjʊəreɪt; *Am.* ˈɪndəˌreɪt; ˈɪndjə-] **I** *v/t* **1.** härten, hart machen. **2.** *fig.* a) verhärten, abstumpfen, b) abhärten (**against**, **to** gegen). **II** *v/i* **3.** sich verhärten: a) hart werden, b) *fig.* abstumpfen. **4.** *fig.* abgehärtet werden. **III** *adj* [-rət] **5.** verhärtet. ˌin·duˈra·tion *s* **1.** (*a. med.* Ver)Härtung *f*. **2.** *fig.* a) Verhärtung *f*, Abstumpfung *f*, b) Abhärtung *f*.

industrial – inevitability

in·dus·tri·al [ɪnˈdʌstrɪəl] **I** *adj* (*adv* ~ly) **1.** industriˈell, gewerblich, Industrie..., Fabrik..., Gewerbe..., Wirtschafts...: ~ **action** *Br.* Arbeitskampf *m*; ~ **arch(a)eology** Industriearchäologie *f* (*Teilbereich der Denkmalpflege, der sich mit technischen Denkmälern, z. B. Fabriken, Brücken, beschäftigt*); ~ **area** Industriegebiet *n*; ~ **art** a) Werbegraphik *f*, b) *pl ped. Am.* Werkunterricht *m*; ~ **artist** Werbegraphiker(in); ~ **association** *Am.* Industrie-, Wirtschaftsverband *m*; ~ **bonds** Industrieobligationen; ~ **diamond** Industriediamant *m*; ~ **disease** Berufskrankheit *f*; ~ **espionage** Industrie-, Werkspionage *f*; ~ **estate** *Br.* Industrie(an)siedlung *f*; ~ **front** *Br.* Streikfront *f*; ~ **law** *Br.* Arbeitsrecht *n*; ~ **park** *Am.* Industriepark *m*, -gebiet *n*; ~ **peace** Arbeitsfriede *m*; ~ **pollution** Umweltverschmutzung *f* durch die Industrie; ~ **spy** Industrie-, Werkspion *m*; ~ **shares** (*bes. Am.* **stocks**) Industrieaktien; ~ **town** Industriestadt *f*; ~ **tribunal** *Br.* Arbeitsgericht *n*; ~ **waste** Industrieabfälle *pl*. **2.** industrialiˈsiert, Industrie...: **an ~ nation** ein Industriestaat *m*; ~ **society** Industriegesellschaft *f*. **3.** in der Induˈstrie beschäftigt, Industrie...: ~ **workers** Industriearbeiterschaft *f*. **4.** Betriebs...: ~ **accident** Betriebsunfall *m*; ~ **hygiene** Gesundheitsschutz *m* am Arbeitsplatz; ~ **management** Betriebsführung *f*; ~ **medicine** Arbeitsmedizin *f*; ~ **psychology** Betriebspsychologie *f*. **5.** industriˈell erzeugt: ~ **products** Industrieprodukte, gewerbliche Erzeugnisse. **6.** nur für industriˈellen Gebrauch bestimmt: ~ **alcohol** Industriealkohol *m*, denaturierter Alkohol. **II** *s* **7.** Industriˈelle(r *m*) *f*. **8.** *pl econ.* Induˈstriepaˌpiere *pl*, -werte *pl*.

in·dus·tri·al and provˈi·dent so·ciˈe·ty *s econ. Br.* Erwerbs- u. Wirtschaftsgenossenschaft *f*. ~ **as·surˈance** *Br.* → **industrial life insurance**. ~ **code** *s econ.* Gewerbeordnung *f*. ~ **deˈsign** Induˈstriedeˌsign *n*, industriˈelle Formgebung. ~ **deˈsign·er** *s* Induˈstriedeˌsigner *m*. ~ **en·gi·neer** *s Am.* ˈWirtschaftsingeniˌeur *m*. ~ **en·gi·neer·ing** *s Am.* Inˈdustrial engiˈneering *n* (*Beschäftigung mit Fragen der industriellen Fertigung von Gütern mit dem Ziel, die wirtschaftliche Produktion mit humanen Arbeitsbedingungen zu verbinden*). ~ **in·surˈance** → **industrial life insurance**.

in·dus·tri·al·ism [ɪnˈdʌstrɪəlɪzəm] *s econ.* Industriaˈlismus *m* (*Vorherrschen der Industrie in der Wirtschaft e-s Landes u. die sich daraus ergebenden Konsequenzen*). **in·dus·tri·al·ist** *s* Industriˈelle(r *m*) *f*. **in·dus·tri·al·iˈza·tion** [-laɪˈzeɪʃn; *Am.* -lə/z-] *s* Industrialiˈsierung *f*. **inˈdus·tri·al·ize** *v/t* industrialiˈsieren.

in·dus·tri·al| life in·surˈance *s* Kleinlebensversicherung *f*. ~ **partˈner·ship** *s econ. Am.* Gewinnbeteiligung *f* der Arbeitnehmer. ~ **propˈer·ty** *s jur.* gewerbliches Eigentum (*Patente etc*): ~ **rights** gewerbliche Schutzrechte. ~ **reˈla·tions** *s pl econ.* a) Beziehungen *pl* zwischen Arbeitgeber u. Arbeitnehmern, b) Beziehungen *pl* zwischen Betriebsführung u. Gewerkschaften. **I.~ Rev·oˈlu·tion** *s hist.* (*die*) industriˈelle Revoluti'on. ~ **school** *s* **1.** *Br.* Gewerbeschule *f*. **2.** *Am.* (*einzelstaatliche*) Jugendstrafanstalt. ~ **trust** *s Am.* Finanˈzierungsgesellschaft *f* für Induˈstriebedarf. ~ **unˈion** *s econ.* Induˈstriegewerkschaft *f*.

in·dus·tri·ous [ɪnˈdʌstrɪəs] *adj* (*adv* ~ly) fleißig: a) arbeitsam, b) eifrig, emsig. **inˈdus·tri·ous·ness** *s* Fleiß *m*.

inˈdus·try [ˈɪndəstrɪ] *s* **1.** *econ.* a) Induˈstrie *f* (*e-s Landes etc*), b) Induˈstrie (-zweig *m*) *f*, Gewerbe(zweig *m*) *n*: **the steel ~** die Stahlindustrie; **secondary industries** weiterverarbeitende Industrien; → **heavy** 1, **mining industry**, **tourist** 3. **2.** *econ.* Unterˈnehmer(schaft *f*) *pl*. **3.** *econ.* Arbeit *f* (*als volkswirtschaftlicher Wert*). **4.** Fleiß *m*, (Arbeits)Eifer *m*, Emsigkeit *f*.

in·dwell [ˌɪnˈdwel] *irr* **I** *v/t* **1.** bewohnen. **2.** *fig.* innewohnen (*dat*). **II** *v/i* **3.** (**in** a) wohnen (in *dat*), b) *fig.* innewohnen (*dat*). ˈ**in·ˌdwell·er** *s poet.* Bewohner(in). ˈ**in·ˌdwell·ing** *adj* **1.** innewohnend. **2.** ~ **catheter** *med.* Verweilkatheter *m*.

in·earth [ɪnˈɜːθ; *Am.* ɪnˈɝθ] *v/t poet.* zur letzten Ruhe betten, beerdigen.

in·e·bri·ant [ɪˈniːbrɪənt] *adj u. s* berauschend(es Mittel).

in·e·bri·ate I *v/t* [ɪˈniːbrɪeɪt] **1.** berauschen: a) betrunken machen, b) *fig.* trunken machen. **2.** *fig.* betäuben. **II** *s* [-ət] **3.** Betrunkene(r *m*) *f*. **4.** (Gewohnheits-)Trinker(in). **in·eˌbriˈa·tion, in·eˈbri·e·ty** [ˌɪniːˈbraɪətɪ] *s* Trunkenheit *f*.

in·ed·i·bil·i·ty [ɪnˌedɪˈbɪlətɪ] *s* Ungenießbarkeit *f*. **inˈed·i·ble** *adj* ungenießbar, nicht eßbar.

in·ed·it·ed [ɪnˈedɪtɪd] *adj* **1.** unveröffentlicht. **2.** ˈunrediˌgiert.

in·ed·u·ca·bil·i·ty [ɪnˌedjʊkəˈbɪlətɪ; ɪnˌedʒʊ-; *Am.* ˌedʒəˈb-] *s ped. psych.* Sonderschulbedürftigkeit *f*. **inˈed·u·ca·ble** *adj* sonderschulbedürftig. **in·edˈu·ca·tion** [ɪnˌedjʊˈkeɪʃn; -ˌedʒuː-; *Am.* ɪnˌedʒəˈk-] *s* Unbildung *f*.

in·ef·fa·ble [ɪnˈefəbl] *adj* (*adv* ineffably) unbeschreiblich, unsagbar, unsäglich: ~ **joy**.

in·ef·face·a·ble [ˌɪnɪˈfeɪsəbl] *adj* (*adv* ineffaceably) **1.** unlöschbar. **2.** *fig.* unauslöschlich.

in·ef·fec·tive [ˌɪnɪˈfektɪv] **I** *adj* (*adv* ~ly) **1.** ˈineffekˌtiv, unwirksam, wirkungslos: **to become ~** *jur.* unwirksam werden, außer Kraft treten. **2.** ˈineffekˌtiv, frucht-, erfolglos. **3.** unfähig, untauglich (*a. mil.*). **4.** nicht eindrucks- *od.* efˈfektvoll. **II** *s* **5.** Unfähige(r *m*) *f*. **in·efˈfec·tive·ness** *s* **1.** Unwirksamkeit *f*, Wirkungslosigkeit *f*. **2.** Erfolglosigkeit *f*. **3.** Unfähigkeit *f*, Untauglichkeit *f*.

in·ef·fec·tu·al [ˌɪnɪˈfektjʊəl; *Am.* -tʃəwəl; -kʃwəl] *adj* (*adv* ~ly) → **ineffective** 1–3. ˈ**in·efˌfec·tu·alˈi·ty** [-tʃuˈælət-, -tʃəˈwæ-], ˌ**in·efˈfec·tu·al·ness** → **ineffectiveness**.

in·ef·fi·ca·cious [ˌɪnefɪˈkeɪʃəs] *adj* (*adv* ~ly) → **ineffective** 1 *u.* 2. ˌ**in·efˈfi·ca·cious·ness**, **inˈef·fi·ca·cy** [-kəsɪ] *s* **ineffectiveness** 1 *u.* 2.

in·ef·fi·cien·cy [ˌɪnɪˈfɪʃnsɪ] *s* **1.** ˈIneffiˌzienz *f*, Untüchtigkeit *f*, (Leistungs-)Unfähigkeit *f*. **2.** ˈIneffiˌzienz *f*, Unwirksamkeit *f*, Wirkungslosigkeit *f*. **3.** ˈIneffiˌzienz, Unwirtschaftlichkeit *f*, ˈunratioˌnelle Arbeitsweise. **4.** ˈIneffiˌzienz *f*, Untauglichkeit *f*, Unbrauchbarkeit *f*. ˌ**in·efˈfi·cient** *adj* (*adv* ~ly) **1.** ˈineffiˌzient, untüchtig, (leistungs)unfähig. **2.** ˈineffiˌzient, unwirksam. **3.** ˈineffiˌzient, ˈunratioˌnell, unwirtschaftlich. **4.** ˈineffiˌzient, unbrauchbar, untauglich, *tech. a.* leistungsschwach.

in·e·las·tic [ˌɪnɪˈlæstɪk] *adj* (*adv* ~ally) **1.** ˈuneˌlastisch (*a. fig.*): ~ **demand** *econ.* unelastische Nachfrage; ~ **scattering** *phys.* unelastische Streuung. **2.** *fig.* a) starr: ~ **policy**, b) nicht anpassungsfähig. ˌ**in·e·lasˈtic·i·ty** [-ˈtɪsətɪ] *s* **1.** Mangel *m* an Elastiziˈtät. **2.** *fig.* a) Starrheit *f*, b) Mangel *m* an Anpassungsfähigkeit.

in·el·e·gance [ɪnˈelɪɡəns], **inˈel·e·gan·cy** [-sɪ] *s* ˈUneleˌganz *f*. **inˈel·e·gant** *adj* (*adv* ~ly) ˈuneleˌgant.

in·el·i·gi·bil·i·ty [ɪnˌelɪdʒəˈbɪlətɪ] *s* **1.** fehlende Eignung. **2.** fehlende Berechtigung. **3.** Unwählbarkeit *f*. **inˈel·i·gi·ble I** *adj* (*adv* ineligibly) **1.** (**for**) nicht in Frage kommend (für): a) ungeeignet, unannehmbar, ˈinakzepˌtabel (für), b) nicht berechtigt *od.* beˈfähigt (zu), ˈunqualifiˌziert (für): **to be ~ for** keinen Anspruch haben auf (*acc*); ~ **to vote** nicht wahlberechtigt, c) nicht teilnahmeberechtigt (an *dat*), *sport a.* nicht startberechtigt (für), d) nicht wählbar. **2.** a) unerwünscht, b) unpassend, ungeeignet: **at an ~ moment**. **2.** *econ.* nicht bank- *od.* disˈkontfähig. **II** *s* **4.** *colloq.* nicht in Frage kommende Perˈson *od.* Sache.

in·el·o·quence [ɪnˈeləkwəns] *s* Mangel *m* an Redegewandtheit. **inˈel·o·quent** *adj* (*adv* ~ly) nicht redegewandt.

in·e·luc·ta·ble [ˌɪnɪˈlʌktəbl] *adj* (*adv* ineluctably) unabwendbar, unentrinnbar: ~ **fate**.

in·ept [ɪˈnept] *adj* (*adv* ~ly) **1.** unpassend: a) ungeeignet, b) verfehlt: **an ~ comparison** ein unpasserder Vergleich. **2.** albern, töricht. **3.** a) ungeschickt, unbeholfen: **he's quite ~ at tennis** er stellt sich beim Tennis ziemlich ungeschickt an, b) unfähig. **inˈep·ti·tude** [-tɪtjuːd; *Am. a.* -tuːd], **inˈept·ness** *s* **1.** Albernheit *f*. **2.** a) Ungeschicklichkeit *f*, Unbeholfenheit *f*, b) Unfähigkeit *f*.

in·e·qual·i·ty [ˌɪnɪˈkwɒlətɪ; *Am.* -ˈkwɑ-] *s* **1.** Ungleichheit *f* (*a. astr. math. sociol.*), Verschiedenheit *f*: ~ **of opportunity** (*od.* **opportunities**) Chancenungleichheit. **2.** *math.* Ungleichung *f*.

in·eq·ui·ta·ble [ɪnˈekwɪtəbl] *adj* (*adv* inequitably) ungerecht, unbillig. **inˈeq·ui·ta·ble·ness**, **inˈeq·ui·ty** [-wətɪ] *s* Ungerechtigkeit *f*, Unbilligkeit *f*.

in·e·rad·i·ca·ble [ˌɪnɪˈrædɪkəbl] *adj* (*adv* ineradicably) unausrottbar (*a. fig.*).

in·e·ras·a·ble [ˌɪnɪˈreɪzəbl] *adj* (*adv* inerasably) **1.** unlöschbar. **2.** *fig.* unauslöschlich.

in·er·ran·cy [ɪnˈerənsɪ] *s* Unfehlbarkeit *f*. **inˈer·rant** *adj* (*adv* ~ly) unfehlbar.

in·ert [ɪˈnɜːt; *Am.* ɪnˈɝt] *adj* (*adv* ~ly) **1.** *phys.* träg(e): ~ **mass**. **2.** *chem.* inˈert, reaktiˈonsträg(e): ~ **gas** Edelgas *n*. **3.** träg(e): a) *lustlos* u. *ohne Schwung*, b) schwerfällig *u.* langsam: **politically ~ citizens**.

in·er·tia [ɪˈnɜːʃjə; -ʃə; *Am.* ɪnˈɝ-] *s* **1.** *phys.* (Massen)Trägheit *f*, Beharrungsvermögen *n*: **law of ~** Trägheitsgesetz *n*; **momentum of ~** Trägheitsmoment *n*; **~-reel seat belt** *mot.* Automatikgurt *m*; ~ **starter** *mot.* Schwungkraftanlasser *m*. **2.** *chem.* Inerˈtie *f*, Reaktiˈonsträgheit *f*. **3.** Trägheit *f*: ~ **selling** *Br.* Praktik, unbestellte Waren zu versenden *u.* sie in Rechnung zu stellen, *falls sie nicht zurückgeschickt werden*. **inˈer·tial** [-ʃl; *Am.* ɪnˈɝʃəl] *adj phys.* Trägheits...: ~ **force** Trägheitskraft *f*; ~ **system** (*od.* **reference frame**) (Relativitätstheorie) Inertialsystem *n* (*Bezugssystem, in dem es keine Gravitationskräfte gibt*).

inˈert·ness → **inertia**.

in·es·cap·a·ble [ˌɪnɪˈskeɪpəbl] *adj* (*adv* inescapably) unvermeidlich: a) unentrinnbar, unabwendbar, b) zwangsläufig, unweigerlich.

in·es·cutch·eon [ˌɪnɪˈskʌtʃən] *s her.* Herzschild *m*.

in·es·sen·tial [ˌɪnɪˈsenʃl] **I** *adj* unwesentlich, unwichtig, entbehrlich. **II** *s* (*etwas*) Unwesentliches, Nebensache *f*.

in·es·ti·ma·ble [ɪnˈestɪməbl] *adj* (*adv* inestimably) unschätzbar: **of ~ value** von unschätzbarem Wert.

in·ev·i·ta·bil·i·ty [ɪnˌevɪtəˈbɪlətɪ] *s* Un-

vermeidlichkeit f. **in·ev·i·ta·ble I** adj (adv **inevitably**) **1.** unvermeidlich: a) unentrinnbar: ~ **fate**; ~ **accident** jur. unvermeidliches Ereignis, b) ˈunumˌgänglich, zwangsläufig: **it was ~ for their marriage to break up** ihre Ehe zerbrach zwangsläufig, c) colloq. obliˈgat: **she was wearing her ~ large hat**. **2.** naˈturgemäß gehörend (**to** zu). **II** s **3.** **the ~** das Unvermeidliche: → **bow**[1] **5.** **inˈev·i·ta·ble·ness** → **inevitability**.
in·ex·act [ˌɪnɪgˈzækt] adj (adv ~**ly**) ungenau. ˌ**in·exˈac·ti·tude** [-tɪtjuːd; Am. a. -ˌtuːd], ˌ**in·exˈact·ness** s Ungenauigkeit f.
in·ex·cus·a·ble [ˌɪnɪkˈskjuːzəbl] adj unverzeihlich, unentschuldbar. ˌ**in·exˈcus·a·bly** adv unverzeihlich(erweise).
in·ex·haust·i·ble [ˌɪnɪgˈzɔːstəbl] adj (adv **inexhaustibly**) unerschöpflich. ˌ**in·exˈhaus·tive** adj (adv ~**ly**) **1.** obs. → **inexhaustible**. **2.** fig. nicht erschöpfend.
in·ex·o·ra·bil·i·ty [ɪnˌeksərəˈbɪlətɪ] s Unerbittlichkeit f. **in·ex·o·ra·ble** [ɪnˈeksərəbl] adj (adv **inexorably**) unerbittlich. **inˈex·o·ra·ble·ness** → **inexorability**.
in·ex·pe·di·ence [ˌɪnɪkˈspiːdjəns; -dɪəns], ˌ**in·exˈpe·di·en·cy** s Unzweckmäßigkeit f. ˌ**in·exˈpe·di·ent** adj (adv ~**ly**) **1.** nicht ratsam, unangebracht. **2.** unzweckmäßig.
in·ex·pen·sive [ˌɪnɪkˈspensɪv] adj (adv ~**ly**) billig, nicht teuer. ˌ**in·exˈpen·sive·ness** s Billigkeit f.
in·ex·pe·ri·ence [ˌɪnɪkˈspɪərɪəns] s Unerfahrenheit f. ˌ**in·exˈpe·ri·enced** adj unerfahren.
in·ex·pert [ɪnˈekspɜːt; ˌɪnekˈspɜːt; Am. -ɜːrt] adj (adv ~**ly**) **1.** unerfahren: **to be ~ in** (od. **at**) keine Erfahrung haben in (dat). **2.** unfachmännisch. **3.** ungeschickt, unbeholfen (**in, at** in dat).
in·ex·pi·a·ble [ɪnˈekspɪəbl] adj (adv **inexpiably**) **1.** unsühnbar. **2.** obs. unversöhnlich, unerbittlich.
in·ex·plain·a·bil·i·ty [ˈɪnɪkˌspleɪnəˈbɪlətɪ] → **inexplicability**. ˌ**in·exˈplain·a·ble** → **inexplicable**. ˌ**in·exˈplain·a·ble·ness** → **inexplicability**. ˌ**in·exˈplain·a·bly** → **inexplicably**.
in·ex·pli·ca·bil·i·ty [ɪnˌeksplɪkəˈbɪlətɪ; ˈɪnɪkˌsplɪkəˈb-] s Unerklärlichkeit f. **in·ex·pli·ca·ble** [ɪnˈeksplɪkəbl; ˌɪnɪkˈsplɪkəbl] adj unerklärbar, unerklärlich. **inˈex·pli·ca·ble·ness** → **inexplicability**. **inˈex·pli·ca·bly** adv unerklärlich(erweise).
in·ex·plic·it [ˌɪnɪkˈsplɪsɪt] adj (adv ~**ly**) **1.** undeutlich, unbestimmt, unklar. **2.** nicht offen od. deutlich (**about, on** in bezug auf acc).
in·ex·plo·sive [ˌɪnɪkˈspləʊsɪv] adj (adv ~**ly**) nicht exploˈsiv, exploˈsionssicher.
in·ex·press·i·ble [ˌɪnɪkˈspresəbl] **I** adj (adv **inexpressibly**) unaussprechlich, unsäglich, unbeschreiblich. **II** s pl, a. **pair of ~s** obs. od. humor. Hose f.
in·ex·pres·sive [ˌɪnɪkˈspresɪv] adj (adv ~**ly**) **1.** ausdruckslos, nichtssagend: **an ~ face**; **~ style** farbloser od. fader Stil; **to be ~ of s.th.** etwas nicht ausdrücken (od. zum Ausdruck bringen). **2.** inhaltslos. ˌ**in·exˈpres·sive·ness** s **1.** Ausdruckslosigkeit f. **2.** Inhaltslosigkeit f.
in·ex·pug·na·bil·i·ty [ˈɪnɪkˌspʌgnəˈbɪlətɪ; Am. a. -ˌspjuːnəˈb-] → **impregnability**. ˌ**in·exˈpug·na·ble** adj (adv **inexpugnably**) → **impregnable**. ˌ**in·exˈpug·na·ble·ness** → **impregnability**.
in·ex·ten·si·ble [ˌɪnɪkˈstensəbl] adj unausdehnbar, nicht (aus)dehnbar.
in ex·ten·so [ˌɪnekˈstensəʊ] (Lat.) adv in exˈtenso: a) vollständig, ungekürzt, b) ausführlich.

in·ex·tin·guish·a·ble [ˌɪnɪkˈstɪŋgwɪʃəbl] adj (adv **inextinguishably**) **1.** unlöschbar. **2.** fig. unauslöschlich. **3.** untilgbar.
in ex·tre·mis [ˌɪnɪkˈstriːmɪs; Am. a. -ˈstreɪməs] (Lat.) adv **1.** in äußerster Not. **2.** in exˈtremis, im Sterben: **to be ~ in** den letzten Zügen liegen; **baptism ~** Nottaufe f.
in·ex·tri·ca·ble [ɪnˈekstrɪkəbl; ˌɪnɪkˈstrɪ-] adj (adv **inextricably**) **1.** unentwirrbar (a. fig.): **an ~ knot**. **2.** fig. äußerst verwickelt, (gänzlich) verworren. **3.** fig. ausweglos. **4.** kunstvoll verschlungen: **an ~ design**.
in·fal·li·bi·lism [ɪnˈfæləblɪzəm] s R.C. Infallibiˈlismus m (Lehre von der Unfehlbarkeit). **inˈfal·li·bi·list** s R.C. Infallibiˈlist(in). **in·ˌfal·li·biˈli·ty** [-ˈbɪlətɪ] s Unfehlbarkeit f, R.C. a. Infallibiliˈtät f. **inˈfal·li·ble** adj (adv **infallibly**) R.C. a. inˈfallibel. **inˈfal·li·bly** adv **1.** ~ infallible. **2.** colloq. todsicher, ganz bestimmt.
in·fa·mize [ˈɪnfəmaɪz] v/t obs. **1.** entehren. **2.** verleumden.
in·fa·mous [ˈɪnfəməs] adj (adv ~**ly**) **1.** verrufen, berüchtigt (**for** wegen). **2.** schändlich, niederträchtig, gemein, inˈfam. **3.** jur. Am. a) **he is ~** ihm wurden die bürgerlichen Ehrenrechte aberkannt, b) **~ crime** Verbrechen, das den Verlust der bürgerlichen Ehrenrechte nach sich zieht. **4.** colloq. miseˈrabel, ‚saumäßig‘: **an ~ meal**. **ˈin·fa·mous·ness** → **infamy** 1, 2.
in·fa·my [ˈɪnfəmɪ] s **1.** Verrufenheit f. **2.** Schändlichkeit f, Niedertracht f, Gemeinheit f, Infaˈmie f. **3.** niederträchtige Handlung, Infaˈmie f. **4.** jur. Am. Verlust m der bürgerlichen Ehrenrechte.
in·fan·cy [ˈɪnfənsɪ] s **1.** frühe Kindheit, frühes Kindesalter, bes. Säuglingsalter n. **2.** jur. Minderjährigkeit f. **3.** fig. Anfang(sstadium m) m: **to be in its ~** in den Anfängen od. ‚Kinderschuhen‘ stecken.
in·fant [ˈɪnfənt] **I** s **1.** Säugling m. **2.** a) (kleines) Kind, b) ped. Br. Schüler(in) e-r **infant school** (→ 6). **3.** jur. Minderjährige(r m) f. **II** adj **4.** Säuglings...: **~ mortality** Säuglingssterblichkeit f; **~ welfare** Säuglingsfürsorge f. **5.** (noch) klein, im Kindesalter (stehend): **his ~ son** sein kleiner Sohn; **~ Jesus** das Jesuskind; **~ prodigy** Wunderkind n. **6.** Kinder..., Kindes...: **~ school** Br. Grundschule f für Kinder zwischen 5 u. 7 (Jahren). **7.** jur. minderjährig. **8.** fig. in den Anfängen od. ‚Kinderschuhen‘ steckend, jung: **an ~ industry**.
in·fan·ta [ɪnˈfæntə] s hist. Inˈfantin f. **inˈfan·te** [-tɪ] s hist. Inˈfant m.
in·fan·ti·cid·al [ɪnˌfæntɪˈsaɪdl] adj kind(e)smörderisch. **inˈfan·ti·cide** s **1.** Kind(e)stötung f. **2.** Kind(e)s-, Kindermörder(in).
in·fan·tile [ˈɪnfəntaɪl; Am. a. -tl; -ˌtiːl] adj **1.** infanˈtil, kindisch. **2.** kindlich. **3.** Kinder..., Kindes...: **~ diseases** Kinderkrankheiten; **~ (spinal) paralysis** med. (spinale) Kinderlähmung. **4.** psych. frühkindlich: **~ sexuality**. **5.** → **infant** 8. **in·fanˈtil·i·ty** [-ˈtɪlətɪ] s **1.** Infantiliˈtät f, kindisches Wesen. **2.** Kindlichkeit f.
in·fan·til·ism [ˈɪnfæntɪlɪzəm; Am. ɪnˈfæntəˌlɪzəm] s **1.** Infantiˈlismus m: a) psych. Verharren in kindlichen Denk-, Äußerungs- u. Verhaltensweisen im Erwachsenenalter, b) med. aufgrund verschiedener Krankheiten bedingter Entwicklungszustand einzelner Organe od. des gesamten Organismus, der dem e-s (wesentlich jüngeren) Kindes entspricht. **2.** infanˈtile od. kindische Sprechweise.

in·fan·tine [ˈɪnfəntaɪn; Am. a. -ˌtiːn] → **infantile**.
in·fan·try [ˈɪnfəntrɪ] s mil. Infanteˈrie f, Fußtruppe f. **ˈ~·man** [-mən] s irr Infanteˈrist m.
in·farct [ɪnˈfɑː(r)kt; ˈɪnfɑː(r)kt] s med. Inˈfarkt m: **~ cardiac infarct, pulmonary**. **inˈfarc·tion** [-kʃn] s med. **1.** ˈInfarktbildung f. **2.** Inˈfarkt m: → **cardiac infarction, pulmonary**.
in·fare [ˈɪnfeə(r)] s bes. Br. dial. a) Einzugsparty f (im neuen Haus), b) Hochzeitsempfang m.
in·fat·u·ate [ɪnˈfætjʊeɪt; -tʃʊ-; Am. -tʃəˌweɪt] v/t **1.** betören (**with** durch). **2.** j-m völlig den Kopf verdrehen. **inˈfat·u·at·ed** adj **1.** betört. **2.** vernarrt (**with** in acc).
in·fat·u·a·tion [ɪnˌfætjʊˈeɪʃn; -tʃʊ-; Am. -tʃəˈw-] s **1.** Betörung f. **2.** Vernarrtheit f (**for, with** in acc). **3.** Schwarm m: **she's his latest ~; this music is his ~** er schwärmt für diese Musik.
in·fect [ɪnˈfekt] v/t **1.** med. j-n od. etwas infiˈzieren, anstecken (**with** mit; **by** durch): **to become ~ed** sich infizieren od. anstecken; **~ed area** verseuchtes Gebiet. **2.** bot. befallen. **3.** a) verpesten: **to ~ the air**, b) fig. vergiften: **to ~ the atmosphere**. **4.** fig. j-n anstecken (**with** mit): a) mitreißen, b) (moralisch) verderben, (ungünstig) beeinflussen.
in·fec·tion [ɪnˈfekʃn] s **1.** med. a) Infektiˈon f, Ansteckung f: **to catch** (od. **take**) **an ~** sich infizieren od. anstecken, b) Infektiˈonskrankheit f, Inˈfekt m, c) Ansteckungskeim m, Infektiˈonsstoff m. **2.** bot. Befall m. **3.** a) Verpestung f, b) fig. Vergiftung f. **4.** fig. Ansteckung f, Mitreißen n, b) (ungünstige) Beeinflussung.
in·fec·tious [ɪnˈfekʃəs] adj (adv ~**ly**) med. ansteckend, infektiˈös: **~ disease** Infektionskrankheit f; **he is still ~ bei** ihm besteht noch immer Ansteckungsgefahr. **2.** fig. ansteckend: **laughing is ~** Lachen steckt an. **inˈfec·tious·ness** s med. (das) Ansteckende (a. fig.), Infektiosiˈtät f.
in·fec·tive [ɪnˈfektɪv] adj (adv ~**ly**) → **infectious**: **~ agent** Infektionserreger m. **inˈfec·tive·ness** → **infectiousness**.
in·fe·cund [ɪnˈfiːkənd] → **infertile**. **in·feˈcun·di·ty** [ˌɪnfɪˈkʌndətɪ] → **infertility**.
in·feed [ˈɪnfiːd] tech. **I** s **1.** Vorschub m (Werkzeugmaschine). **2.** Aufgabe f, Zuführung f (von Füllgut etc). **3.** Beschickungsseite f; **~ table** Aufgabetisch m. **II** v/t [a. ɪnˈfiːd] irr **3.** zuführen, aufgeben.
in·fe·lic·i·tous [ˌɪnfɪˈlɪsɪtəs] adj (adv ~**ly**) **1.** unglücklich. **2.** fig. unglücklich (gewählt), ungeschickt: **an ~ remark**. ˌ**in·feˈlic·i·ty** s **1.** Unglück n, Elend n. **2.** unglücklicher Umstand. **3.** unglücklicher Ausdruck.
in·fer [ɪnˈfɜː; Am. ɪnˈfɜr] **I** v/t **1.** schließen, folgern, ableiten (**from** aus). **2.** schließen lassen auf (acc), erkennen lassen. **3.** andeuten, zu erkennen od. verstehen geben. **II** v/i **4.** Schlüsse ziehen.
in·fer·a·ble [ɪnˈfɜːrəbl] adj zu schließen(d), zu folgern(d), ableitbar (**from** aus).
in·fer·ence [ˈɪnfərəns] s **1.** Folgern n. **2.** (Schluß)Folgerung f, (Rück)Schluß m: **to make** (od. **draw**) **~s** Schlüsse ziehen.
in·fer·en·tial [ˌɪnfəˈrenʃl] adj aufgrund e-s Schlusses od. gefolgert: **~ evidence** jur. Indizienbeweis m. **3.** zu folgern(d). **4.** folgernd. **ˌin·ferˈen·tial·ly** adv durch (Schluß)Folgerung(en).
in·fer·i·ble [ɪnˈfɜːrəbl] → **inferable**.

in·fe·ri·or [ɪnˈfɪərɪə(r)] **I** *adj* **1.** (to) ˈuntergeordnet (*dat*), (*im Rang*) tieferstehend, niedriger, geringer (als): **an ~ caste** e-e niedrige *od.* untere Kaste; **~ court** *jur.* niederes *od.* unteres *od.* untergeordnetes Gericht; **in an ~ position** in untergeordneter Stellung; **to be ~ to s.o.** a) j-m untergeordnet sein, b) j-m nachstehen, j-m unterlegen sein; **he is ~ to none** er nimmt es mit jedem auf. **2.** weniger wert, von geringerem Wert (to als). **3.** minderwertig, zweitklassig, -rangig, mittelmäßig; **~ quality**; **~ goods** *econ.* minderwertige Waren. **4.** (*räumlich*) unter, tiefer, Unter...: **~ maxilla** *anat.* Unterkiefer *m.* **5.** *bot.* a) ˈunterständig: **an ~ ovary**, b) dem Deckblatt nahegelegen. **6.** *astr.* unter: a) *der Sonne näher als die Erde*: **an ~ planet**, b) *der Erde näher als die Sonne*: **an ~ conjunction**, c) *unter dem Horizont liegend*. **7.** *print.* tiefstehend: **~ character** → 10. **II** *s* **8.** ˈUntergeordnete(r *m*) *f*, Unterˈgebene(r *m*) *f*. **9.** Unterˈlegene(r *m*) *f*, Schwächere(r *m*) *f*: **to be s.o.'s ~** j-m in e-r Sache nachstehen *od.* unterlegen sein. **10.** *print.* Index *m*, tiefstehendes Zeichen. **in·fe·ri·or·i·ty** [ɪnˌfɪərɪˈɒrətɪ; *Am. a.* -ˈɑːr-] *s* **1.** ˈUntergeordnetheit *f.* **2.** (*a. zahlen- u. mengenmäßige*) Unterˈlegenheit. **3.** Minderwertigkeit *f*, Mittelmäßigkeit *f.* **4.** *a.* **~ feeling** *psych.* Minderwertigkeitsgefühl *n*: **~ complex** *psych.* Minderwertigkeitskomplex *m*.

in·fer·nal [ɪnˈfɜːnl; *Am.* -ˈfɜːr-] *adj* (*adv* **~ly**) **1.** ˈunterirdisch, stygisch: **the ~ regions** die Unterwelt. **2.** höllisch, infer'nal(isch), Höllen...: **~ machine** *obs.* Höllenmaschine *f.* **3.** *fig.* teuflisch: **an ~ deed** e-e Teufelei. **4.** *colloq.* gräßlich, schrecklich, höllisch, infer'nalisch: **an ~ noise** ein Höllenlärm. ˌ**in·ferˈnal·i·ty** [-ˈnælətɪ] *s* **1.** teuflisches Wesen. **2.** Teufeˈlei *f.*

in·fer·no [ɪnˈfɜːnəʊ; *Am.* -ˈfɜːr-] *pl* **-nos** *s* a) Inˈferno *n*, Hölle *f* (*beide a. fig.*): **the ~ of war** das Inferno des Krieges, b) Flammenmeer *n*.

in·fer·ra·ble, in·fer·ri·ble [ɪnˈfɜːrəbl] → **inferable**.

in·fer·tile [ɪnˈfɜːtaɪl; *Am.* ɪnˈfɜːrtl] *adj* unfruchtbar: a) *biol. med.* ste'ril, b) nicht ertragreich: **~ land**, c) *fig.* unschöpferisch. ˌ**in·ferˈtil·i·ty** [-ˈtɪlətɪ] *s* Unfruchtbarkeit *f.*

in·fest [ɪnˈfest] *v/t* **1.** bes. e-n Ort heimsuchen, unsicher machen. **2.** verseuchen, befallen (*Parasiten etc*): **~ed with** befallen von, verseucht durch; **~ed with bugs** verwanzt. **3.** *fig.* überˈschwemmen, -ˈlaufen: **~ed with** wimmelnd von; **the streets were ~ed with people** auf den Straßen wimmelte es von Menschen. ˌ**in·fesˈta·tion** *s* **1.** Heimsuchung *f.* **2.** Verseuchung *f*, Befall *m.* **3.** *fig.* Überˈschwemmung *f.*

in·feu·da·tion [ˌɪnfjuːˈdeɪʃn] *s jur. hist.* **1.** Belehnung *f.* **2.** Zehntverleihung *f* an Laien.

in·fi·del [ˈɪnfɪdəl] *relig.* **I** *s* Ungläubige(r *m*) *f.* **II** *adj* ungläubig. ˌ**in·fiˈdel·i·ty** [-ˈdelətɪ] *s* **1.** *relig.* Ungläubigkeit *f.* **2.** a) Treulosigkeit *f*: **conjugal** (*od.* **marital**) **~** eheliche Untreue, b) ˌ‚Seitensprung' *m.*

in·field [ˈɪnfiːld] *s* **1.** *agr.* a) dem Hof nahe Felder *pl*, b) Ackerland *n.* **2.** *Baseball, Kricket*: a) Innenfeld *n*, b) Innenfeldspieler *pl.* ˈ**in·field·er** *s Baseball, Kricket*: Innenfeldspieler *m.*

in·fight·ing [ˈɪnˌfaɪtɪŋ] *s* **1.** *Boxen*: Nahkampf *m*, Infight *m.* **2.** (parˈtei- *etc*) inˌterne Kämpfe *pl od.* Streiteˈreien *pl.*

in·fil·trate [ˈɪnfɪltreɪt; *Am.* ɪnˈfɪl-] *I v/t* **1.** einsickern in (*acc*) (*a. mil.*), infilˈtrieren (*a. med.*), durchˈsetzen *n*, -ˈdringen, -ˈtränken (with mit). **3.** einschleusen, -ˈschmuggeln (into in *acc*). **4.** *pol.* unterˈwandern, infilˈtrieren. **II** *v/i* **5.** einsickern (into in *acc*) (*a. mil.*). **6.** ~ into → **4. III** *s* **7.** *med.* Infilˈtrat *n* (*in Gewebe eingedrungene Substanz*). ˌ**in·filˈtra·tion** *s* **1.** Einsickern *n*, Infiltratiˈon *f.* **2.** Durchˈsetzen *n*, -ˈdringen *n.* **3.** Einschleusung *f.* **4.** *pol.* Unterˈwanderung *f.* **5.** *med.* a) Infiltratiˈon *f*: **~ an(a)esthesia** Infiltrationsanästhesie *f* (*örtliche Betäubung durch Einspritzungen*), b) → infiltrate 7.

in·fin·i·tant [ɪnˈfɪnɪtənt] *adj Logik*: negativ modifiˈzierend. **in·fin·i·tate** [-teɪt] *v/t Logik*: negativ modifiˈzieren.

in·fi·nite [ˈɪnfɪnət] **I** *adj* **1.** unˈendlich, grenzenlos, unermeßlich (*alle a. fig.*): **~ space** (**pleasure, wisdom,** *etc*); **his patience is ~** s-e Geduld kennt keine Grenzen. **2.** endlos. **3.** gewaltig, ungeheuer. **4.** *mit s pl* unzählige: **~ stars. 5.** *math., a. mus.* unˈendlich: **~ integral**; **~ series** unendliche Reihe. **6.** *ling.* nicht durch Perˈson *od.* Zahl bestimmt: **~ verb** Verbum *n* infinitum. **7.** *Logik*: negativ modifiˈziert. **II** *s* **8.** (*das*) Unˈendliche. **9. the I~** (**Being**) der Unendliche, Gott *m.* **10.** *math.* unˈendliche Größe *od.* Zahl. ˈ**in·fi·nite·ly** *adv* unˈendlich (*etc*, → infinite): **~ variable** *tech.* stufenlos (regelbar). ˈ**in·fi·nite·ness** → infinity 1.

in·fin·i·tes·i·mal [ˌɪnfɪnɪˈtesɪml] **I** *adj* (*adv* **~ly**) **1.** unˈendlich *od.* verschwindend klein, winzig. **2.** *math.* infinitesiˈmal (*sich e-m Grenzwert annähernd, ohne ihn zu erreichen*): **~ calculus** Infinitesimalrechnung *f.* **II** *s* **3.** unˈendlich kleine Menge. **4.** *math.* infinitesiˈmale Größe.

in·fin·i·ti·val [ˌɪnfɪnɪˈtaɪvl; ˌɪnfɪnɪˈt-] → **infinitive II.**

in·fin·i·tive [ɪnˈfɪnətɪv] *ling.* **I** *s* Infinitiv *m*, Grund-, Nennform *f.* **II** *adj* infinitivisch, Infinitiv...: **~ mood** → I.

in·fin·i·tude [ɪnˈfɪnɪtjuːd; *Am. a.* -ˌtuːd] → infinity 1 *u.* 2.

in·fin·i·ty [ɪnˈfɪnətɪ] *s* **1.** Unˈendlichkeit *f*, Grenzenlosigkeit *f*, Unermeßlichkeit *f* (*alle a. fig.*): **to ~** endlos, ad infinitum. **2.** unˈendlicher Raum, unˈendliche Menge *od.* Zahl *od.* Zeit *od.* Größe: **an ~ of people** unendlich viele Leute; **I seemed to wait for an ~** die Wartezeit kam mir endlos vor. **3.** *math.* unˈendliche Menge *od.* Größe, das Unˈendliche (*a. philos.*).

in·firm [ɪnˈfɜːm; *Am.* ɪnˈfɜːrm] *adj* (*adv* **~ly**) **1.** *med.* schwach, gebrechlich: **to walk with ~ steps** mit unsicheren Schritten gehen. **2.** a) *med.* geistesschwach, b) chaˈrakter-, willensschwach: **~ of purpose** unentschlossen, schwankend. **3.** anfechtbar, fragwürdig: **an ~ assumption**. **in·firˈma·ry** [-ərɪ] *s* **1.** Krankenhaus *n.* **2.** Krankenzimmer *n*, -stube *f* (*in Internaten etc*). **3.** *mil.* (ˈKranken)Reˌvier *n*: **~ case** Revierkranke(r) *m*. **in·firˈmi·ty** *s* **1.** *med.* a) Schwäche *f*, Gebrechlichkeit *f*, b) Gebrechen *n*: **infirmities of old age** Altersgebrechen. **2.** a) *med.* Geistesschwäche *f*, b) Chaˈrakter-, Willensschwäche *f*: **~ of purpose** Unentschlossenheit *f.* **3.** Anfechtbarkeit *f*, Fragwürdigkeit *f.* **inˈfirmˌness** → infirmity 1, 2, 3.

in·fix I *v/t* [ɪnˈfɪks] **1.** hinˈeintreiben, einrammen. **2. to ~ s.th.** in s.o. j-m etwas einprägen *od.* einschärfen. **3.** *ling. ein Affix* einfügen. **II** *s* [ˈɪnfɪks] **4.** *ling.* Inˈfix *n* (*Affix im Inneren e-s Stammes*).

in·flame [ɪnˈfleɪm] *I v/t* **1.** entzünden (*a. med.*): **to become ~d** → **3. 2.** *fig. a*) *j-s Blut* in Wallung bringen, b) *Gefühle etc* entfachen, -flammen, c) *j-n* entflammen, erregen: **~d with love** in Liebe entbrannt; **~d with rage** wutentbrannt. **II** *v/i* **3.** sich entzünden (*a. med.*), Feuer fangen. **4.** *fig.* a) entbrennen (with vor *dat*), b) sich erhitzen, in Wut geraten. **inˈflamed** *adj* **1.** entzündet (*etc*, → inflame I). **2.** *her.* a) brennend, b) mit Flämmchen verziert.

in·flam·ma·bil·i·ty [ɪnˌflæməˈbɪlətɪ] *s* **1.** Entflammbarkeit *f*, Entzündlichkeit *f*, Brennbarkeit *f.* **2.** Feuergefährlichkeit *f.* **3.** *fig.* Erregbarkeit *f.* **inˈflam·ma·ble I** *adj* (*adv* **inflammably**) **1.** entflammbar, brennbar, leichtentzündlich: **~ gas. 2.** feuergefährlich. **3.** *fig.* reizbar, leichterregbar, hitzig, jähzornig. **II** *s* **4.** leichtentzündlicher Stoff, feuergefährlicher Stoff. **in·flam·ma·tion** [ˌɪnfləˈmeɪʃn] *s* **1.** *med.* Entzündung *f.* **2.** *fig.* Entflammung *f*, Erregung *f.* **inˈflam·ma·to·ry** [ɪnˈflæmətərɪ; *Am.* -ˌtɔːrɪ; -ˌtɔːriː] *adj* **1.** *med.* entzündlich, Entzündungs... **2.** *fig.* aufrührerisch, aufhetzend, Hetz...: **~ an ~ speech.**

in·flat·a·ble [ɪnˈfleɪtəbl] **I** *adj* aufblasbar: **~ boat** Schlauchboot *n.* **II** *s* aufblasbarer Gegenstand, *bes.* Schlauchboot *n.* **in·flate** [ɪnˈfleɪt] **I** *v/t* **1.** aufblasen, mit Luft *od.* Gas füllen, *Reifen etc* aufpumpen. **2.** *med.* aufblähen, -treiben. **3.** *econ.* den Geldumlauf ˈübermäßig steigern, *die Preise etc* in die Höhe treiben, *Geld* über die Deckung hinˈaus in ˈUmlauf setzen. **II** *v/i* **4.** aufgeblasen *od.* aufgepumpt werden, sich mit Luft *od.* Gas füllen. **inˈflat·ed** *adj* **1.** aufgeblasen (*a. fig.*): **~ with pride** stolzgeschwellt. **2.** *med.* aufgebläht, -getrieben. **3.** *fig.* schwülstig, bomˈbastisch: **~ style. 4.** *fig.* überˈsteigert, -ˈtrieben: **to have an ~ opinion of o.s.** ein übersteigertes Selbstbewußtsein haben. **5.** *econ.* überˈhöht: **~ prices. inˈflat·er** *s tech.* Luftpumpe *f.*

in·fla·tion [ɪnˈfleɪʃn] *s* **1.** Aufblasen *n*, Aufpumpen *n.* **2.** *fig.* a) Aufgeblasenheit *f*, b) Schwülstigkeit *f.* **3.** *econ.* Inflatiˈon *f*: **~ rate** Inflationsrate *f*; → **creeping 1, galloping, runaway 4.** **inˈfla·tion·ar·y** [-ʃnərɪ; *Am.* -ʃəˌnerɪ] *adj econ.* inflaˈtorisch, inflatioˈnär, Inflations...: **~ policy**; **~ spiral** Inflationsspirale *f.* **inˈfla·tion·ism** *s econ.* Inflatioˈnismus *m* (*wirtschaftspolitische Richtung, nach der zur Erhaltung der Vollbeschäftigung e-e schleichende Inflation in Kauf genommen werden kann*). **inˈfla·tion·ist** *econ.* **I** *s* Inflatioˈnist *m.* **II** *adj* inflatioˈnistisch: a) den Inflationismus betreffend, b) → inflationary.

inˈfla·tion-proof *econ.* **I** *adj* inflatiˈonssicher, -geschützt. **II** *v/t* inflatiˈonssicher machen, vor Inflatiˈon schützen. **inˈfla·tion-racked** *adj* inflatiˈonsgeschädigt.

in·fla·tor → **inflater.**

in·flect [ɪnˈflekt] **I** *v/t* **1.** beugen, (nach innen) biegen. **2.** *mus. rhet. den Ton etc* moduˈlieren, abwandeln. **3.** *ling.* beugen, flekˈtieren. **II** *v/i* **4.** *mus. rhet.* sich abwandeln. **5.** *ling.* beugen, flekˈtieren. **in·flec·tion,** *bes. Br.* **in·flex·ion** [ɪnˈflekʃn] *s* **1.** Beugung *f*, Biegung *f*, Krümmung *f.* **2.** *mus. rhet.* Modulatiˈon *f*, Abwandlung *f.* **3.** *ling.* a) Beugung *f*, Flexiˈon *f*, b) Flexiˈonsform *f*, -endung *f.* **4.** *math.* a) Wendung *f*, b) **~ point** Knick-, Wendepunkt *m* (*e-r Kurve*). **inˈflec·tion·al,** *bes. Br.* **inˈflex·ion·al** [-ʃənl] *adj* **1.** Beugungs... **2.** *ling.* Flexions..., flekˈtierend.

in·flec·tive [ɪnˈflektɪv] → **inflectional.**

in·flex·i·bil·i·ty [ɪnˌfleksəˈbɪlətɪ] *s* **1.** Inflexibiliˈtät *f*: a) Unbiegsamkeit *f*, b) *fig.* Unbeweglichkeit *f*, **2.** *fig.* Unlenkbar-, Unfolgsamkeit *f.* **inˈflex·i·ble** *adj* (*adv* **inflexibly**) **1.** ˈinflekˌxibel: a) unbiegsam, ˈuneˌlastisch, starr, b) *fig.* nicht anpassungsfähig, unbeweglich.

inflexion – ingenuity

fig. unlenkbar, unlenksam, unfolgsam. **in·flex·ion**, *etc bes. Br. für* **inflection**, *etc.*
in·flict [ɪnˈflɪkt] *v/t* (**on, upon**) **1.** *Leid, Schaden etc* zufügen (*dat*), *e-e Niederlage, e-e Wunde, Verluste* beibringen (*dat*), *e-n Schlag* versetzen (*dat*). **2.** *e-e Strafe* auferlegen (*dat*), verhängen (über *acc*): **to ~ punishment on s.o. 3.** aufbürden (*dat*): **to ~ o.s. upon s.o.** sich j-m aufdrängen; **to ~ s.th. upon s.o.** j-n mit etwas belligen *od.* belästigen. **inˈflic·tion** *s* **1.** Zufügung *f.* **2.** Auferlegung *f*, Verhängung *f* (*e-r Strafe*). **3.** Plage *f*, Last *f*: **they are ~s** sie sind e-e Plage.
ˈin-flight *adj aer.* **1.** Bord...: **~ fare** Bordverpflegung *f.* **2.** während des Flugs: **~ refuel(l)ing** Auftanken *n* in der Luft.
in·flo·res·cence [ˌɪnflɔːˈresns, -fləˈr-] *s* **1.** *bot.* a) Blütenstand *m*, b) Blüten *pl.* **2.** (Auf)Blühen *n.*
in·flow [ˈɪnfləʊ] → **influx.**
in·flu·ence [ˈɪnfluəns] **I** *s* **1.** Einfluß *m*, Einwirkung *f* (**on, upon, over** auf *acc*; **with** bei): **undue ~** *jur.* unzulässige Beeinflussung; **to be under s.o.'s ~** unter j-s Einfluß stehen; **under the ~ of drink** (*od.* **alcohol**) unter Alkoholeinfluß (stehend), in angetrunkenem Zustand; **under the ~** *colloq.* ‚blau'; **to exercise** (*od.* **exert**) **a great ~** großen Einfluß ausüben; **to have ~ with** Einfluß haben bei; **to use one's ~ to bring about** hinwirken auf (*acc*). **2.** Einfluß *m*, Macht *f*: **sphere of ~** *pol.* Interessensphäre *f*, Machtbereich *m.* **3.** einflußreiche Persönlichkeit *od.* Kraft: **he is an ~ in politics; to be an ~ for good** e-n guten Einfluß ausüben. **4.** *electr.* Influˈenz *f* (*Trennung von Ladungen durch ein elektrisches Feld*). **5.** *astr.* Einfluß *m* der Gestirne. **II** *v/t* **6.** beeinflussen: **don't let him ~ your decision** lassen Sie sich nicht von ihm in Ihrer Entscheidung beeinflussen. **7.** bewegen (**to do** zu tun). **8.** e-n Schuß Alkohol geben in (*ein Getränk*). **ˈin·flu·ent I** *adj* **1.** (her)einströmend, -fließend. **II** *s* **2.** Zustrom *m.* **3.** *geogr.* Nebenfluß *m.* **4.** bestimmender Faktor (*Tier od. Pflanze, die für die Ökologie e-s Landes von Bedeutung ist*).
in·flu·en·tial [ˌɪnfluˈenʃl] *adj* (*adv* **~ly**) **1.** einflußreich. **2.** (**on**) von (großem) Einfluß (auf *acc*), maßgeblich (bei).
in·flu·en·za [ˌɪnfluˈenzə] *med.* **I** *s* Grippe *f.* **II** *adj* Grippe...: **~ epidemic** (**virus**, *etc*). **inˈflu·en·zal** *adj* grip'pös.
in·flux [ˈɪnflʌks] *s* **1.** Einströmen *n*, Zustrom *m*, Zufluß *m.* **2.** *econ.* (*Kapital- etc*)Zufluß *m*, (*Waren*)Zufuhr *f*: **~ of gold** Goldzufluß *m.* **3.** *geogr.* (Fluß)Mündung *f.* **4.** *fig.* Zustrom *m*: **~ of visitors** Besucherstrom *m.*
in·fo [ˈɪnfəʊ] *colloq. für* **information.**
in·fold [ɪnˈfəʊld] → **enfold.**
in·form [ɪnˈfɔːm] **I** *v/t* **1.** (**of, about**) benachrichtigen, verständigen, in Kenntnis setzen, unterˈrichten (von), inforˈmieren (über *acc*), j-m Mitteilung machen (von), j-m mitteilen (*acc*): **to keep s.o. ~ed** z-n *am* laufenden halten; **to ~ o.s. of s.th.** sich über etwas informieren; **to ~ s.o. that** j-n davon in Kenntnis setzen, daß. **2.** durchˈdringen, erfüllen, beseelen (**with** mit). **3.** Gestalt geben (*dat*), formen, bilden. **II** *v/i* **4.** *jur.* Anzeige erstatten: **to ~ against** (*od.* **on**) **s.o.** a) j-n anzeigen, b) *contp.* j-n denunzieren.
in·for·mal [ɪnˈfɔːml] *adj* (*adv* **~ly**) **1.** formlos: a) formwidrig: **~ test** *ped. psych.* ungeeichter Test, b) *jur.* formfrei: **~ contract. 2.** zwanglos, ungezwungen, nicht forˈmell *od.* förmlich. **3.** 'inoffizi,ell: **an ~ visit. ˌin·forˈmal·i·ty** [-ˈmælətɪ] *s* **1.** Formlosigkeit *f.* **2.** *bes. jur.* Formfehler *m.* **3.** Zwanglosigkeit *f*, Ungezwungenheit *f.* **4.** 'inoffizi,eller Chaˈrakter.
in·form·ant [ɪnˈfɔː(r)mənt] *s* **1.** Inforˈmant *m*: a) Gewährsmann *m*, b) *ling.* Muttersprachler, *der entscheiden kann, ob e-e Ausdrucksweise möglich ist etc.* **2.** → **informer.**
in·for·mat·ics [ˌɪnfə(r)ˈmætɪks, -fɔː(r)ˈmæ-] *s pl* (*als sg konstruiert*) Inforˈmatik *f* (*Wissenschaft vom Wesen u. der Funktion der Information, ihrer Verarbeitung sowie der Anwendung informationsverarbeitender Systeme*).
in·for·ma·tion [ˌɪnfə(r)ˈmeɪʃn] *s* **1.** a) Benachrichtigung *f*, Unterˈrichtung *f*, b) Nachricht *f*, Mitteilung *f*, Bescheid *m.* **2.** Auskünfte *pl*, Auskunft *f*, Informatiˈon *f* (*a. Computer*): **to give ~** Auskunft geben; **for your ~** zu Ihrer Information *od.* Kenntnisnahme. **3.** *collect.* Nachrichten *pl*, Informatiˈonen *pl* (*a. Computer*): **a bit** (*od.* **piece**) **of ~** e-e Nachricht *od.* Information; **we have no ~** wir sind nicht unterrichtet (**as to** über *acc*); **further ~** nähere Einzelheiten *pl*, Nähere *n*, Näheres. **4.** *collect.* Erkundigungen *pl*: **to gather ~** Erkundigungen einziehen, Auskünfte einholen, sich erkundigen. **5.** Wissen *n*, Kenntnisse *pl.* **6.** (wissenswerte) Tatsachen *pl*: **full of ~** inhalts-, aufschlußreich. **7.** *jur.* a) (*formelle*) Anklage, b) (*Straf*)Anzeige: **to file** (*Am.* **lay**) **an ~ against s.o.** (Straf)Anzeige erstatten gegen j-n. **ˌin·forˈma·tion·al** [-ʃənl] *adj* informaˈtorisch, Informations..., Auskunfts...: **~ value** Informationswert *m.*
in·forˈma·tion bul·le·tin *s* Mitteilungsblatt *n.* **~ buˈreau** *s* Auskunftsstelle *f.* **~ desk** *s* Auskunft(sschalter *m*) *f.* **~ of·fice** *s* Auskunftsstelle *f.* **~ polˈlu·tion** *s bes. contp.* Informatiˈonsschwemme *f.* **~ proˈvid·er** *s* Informatiˈonsanbieter *m.* **~ reˈtriev·al** *s Computer:* Informatiˈons,wiedergewinnung *f.* **~ sci·ence** → **informatics. ~ sci·en·tist** *s* Inforˈmatiker *m.* **~ sys·tem** *s* Informatiˈonssystem *n.* **~ the·o·ry** *s* Informatiˈonstheoˌrie *f* (*mathematische Theorie, die mit Hilfe formaler Modelle u. eindeutiger Definitionen die Grundlage geschaffen hat für e-e Untersuchung der Zs.-hänge bei Übertragung, Speicherung u. Empfang von Informationen*).
in·form·a·tive [ɪnˈfɔː(r)mətɪv] *adj* (*adv* **~ly**) **1.** informaˈtiv, aufschluß-, lehrreich. **2.** mitteilsam. **3.** → **informational. inˈform·a·to·ry** [-tərɪ; *Am.* -ˌtɔːrɪ; -ˌtəʊrɪ] *adj* **a)** informational, **b)** informative **1.**
in·formed [ɪnˈfɔː(r)md] *adj* **1.** unterˈrichtet, infor'miert: **~ quarters** unterrichtete Kreise; **to give ~ consent** *med. etc* s-e Zustimmung (zu e-r Behandlung *etc*) geben, nachdem man über die Risiken aufgeklärt worden ist. **2.** a) sachkundig, b) sachlich begründet *od.* einwandfrei: **an ~ estimate. 3.** gebildet, kultiˈviert, von hohem (geistigen) Niˈveau. **inˈform·er** *s* **1.** *contp.* Denunziˈant(in). **2.** Spitzel *m.* **3.** *jur.* Erstatter(in) *e-r* (Straf)Anzeige.
in·fra [ˈɪnfrə] *adv* 'unterhalb, unten: → **vide** 2.
infra- [ˈɪnfrə] *Wortelement mit der Bedeutung:* a) unter(halb), b) innerhalb.
ˌin·fraˈcos·tal *adj anat.* infra-, subkoˈstal (*unterhalb e-r od. mehrerer Rippen gelegen*).
in·fract [ɪnˈfrækt] *v/t ein Gesetz etc* verletzen, verstoßen gegen. **inˈfrac·tion** *s* **1.** Verletzung *f*, Verstoß *m.* **2.** *med.* Infraktiˈon *f*, Knickbruch *m.* **inˈfrac·tor** [-tə(r)] *s* (*Gesetzes- etc*)Verletzer(in).
in·fra dig [ˌɪnfrəˈdɪg] *adj*: **it is ~ for s.o. to do s.th.** *colloq.* es ist unter j-s Würde, etwas zu tun; **he considered it to be ~** *colloq.* er hielt es für unter s-r Würde. **~ˈhu·man** *adj* 'untermenschlich.
in·fran·gi·bil·i·ty [ɪnˌfrændʒɪˈbɪlətɪ] *s* **1.** Unzerbrechlichkeit *f.* **2.** *fig.* Unverletzlichkeit *f.* **inˈfran·gi·ble** *adj* (*adv* **infrangibly**) **1.** unzerbrechlich. **2.** *fig.* unverletzlich. **inˈfran·gi·ble·ness** → **infrangibility.**
ˌin·fraˈred *adj phys.* infrarot: **~ lamp** Infrarotlampe *f.* **~ˈre·nal** *adj anat.* infrareˈnal (*unterhalb der Nieren gelegen*). **~ˈson·ic** *adj phys.* **I** *adj* Infraschall... **II** *s pl* (*als sg konstruiert*) Lehre *f* vom Infraschall. **~ˈsound** *s phys.* Infraschall *m.* **~ˈstruc·ture** *s* Infrastrukˈtur *f*: a) *econ.* Unterbau e-r hochentwickelten Wirtschaft (*z. B. Verkehrsnetz, Arbeitskräfte etc*), b) miliˈtärische Anlagen *pl* (*z. B. Flugplätze, Hafen- u. Fernmeldeanlagen*).
in·fre·quence [ɪnˈfriːkwəns], **inˈfre·quen·cy** [-sɪ] *s* **1.** Seltenheit *f.* **2.** Spärlichkeit *f.* **inˈfre·quent** *adj* (*adv* **~ly**) **1.** selten. **2.** spärlich, dünngesät.
in·fringe [ɪnˈfrɪndʒ] **I** *v/t Gesetze, Verträge etc* brechen, verletzen, verstoßen gegen: **to ~ a patent** ein Patent verletzen. **II** *v/i*: **~** (**up**)**on** → I: **to ~ upon s.o.'s rights** in j-s Rechte eingreifen. **inˈfringe·ment** *s* **1.** (*Gesetzes-, a. Patent*)Verletzung *f*: **~ of a law** (**patent**) *f.* **2.** Verstoß *m* (**of** gegen). **3.** (**on, upon**) Eingriff *m* (in *acc*), 'Übergriff *m* (auf *acc*): **~ on s.o.'s rights.**
in·fruc·tu·ous [ɪnˈfrʌktjʊəs, -ˈfrʊk-; *Am.* -tʃəwəs] *adj* (*adv* **~ly**) **1.** unfruchtbar. **2.** *fig.* fruchtlos, zwecklos.
in·fu·ri·ate [ɪnˈfjʊərɪeɪt] *v/t* in Wut versetzen, wütend machen. **inˈfu·ri·at·ing** *adj* (*adv* **~ly**) a) äußerst ärgerlich: **~ delays**, b) aufreizend: **his ~ indifference.**
in·fus·cate [ɪnˈfʌskeɪt] *adj zo.* braungewölkt.
in·fuse [ɪnˈfjuːz] **I** *v/t* **1.** *med.* e-e Flüssigkeit infunˈdieren (**into** *dat*). **2.** *Mut etc* einflößen (**into** *dat*). **3.** *fig.* erfüllen (**with** mit): **his speech ~d all listeners with enthusiasm. 4.** *Tee etc* a) aufgießen, b) ziehen lassen. **II** *v/i* **5.** ziehen (*Tee etc*). **inˈfus·er** *s bes. Br.* Tee-Ei *n.*
in·fu·si·ble [ɪnˈfjuːzəbl] *adj phys. tech.* unschmelzbar.
in·fu·sion [ɪnˈfjuːʒn] *s* **1.** *med.* Infusiˈon *f.* **2.** *fig.* Einflößung *f.* **3.** *fig.* Erfüllung *f.* **4.** a) Aufgießen *n*, b) Ziehenlassen *n.* **5.** a) Aufguß *m*, b) Tee *m.* **inˈfu·sion·ism** *s relig.* Lehre, daß die Seele schon vor dem Körper existiert u. diesem bei der Empfängnis oder Geburt eingegeben wird.
in·fu·so·ri·al [ˌɪnfjuːˈzɔːrɪəl, -ˈsɔː-] *adj zo.* infuˈsorienartig, Infusorien...: **~ earth** *geol.* Infusorienerde *f*, Kieselgur *f.* **ˌin·fuˈso·ri·an I** *s* → **infusorium. II** *adj* → **infusorial. inˌfuˈso·ri·um** [-əm] *pl* **-ri·a** [-rɪə] *s* Infuˈsorium *n*, Aufguß-, Wimpertierchen *n.*
in·gath·er [ɪnˈgæðə(r)] *v/t u. v/i* einsammeln, *bes.* ernten: **feast of ~ing** *Bibl.* Fest *n* der Einsammlung.
in·gen·er·ate [ɪnˈdʒenərət] *adj bes. relig.* nicht erschaffen, durch sich selbst exiˈstierend: **God is ~** Gott existiert durch sich selbst.
in·gen·ious [ɪnˈdʒiːnjəs] *adj* (*adv* **~ly**) geniˈal: a) erfinderisch, findig, b) sinnreich, raffiˈniert: **~ design. inˈgen·ious·ness** → **ingenuity 1.**
in·gé·nue [ˈænʒɪnjuː; *Am.* ˌænʒəˈnuː] *s* **1.** naˈives Mädchen. **2.** *thea.* Naˈive *f.*
in·ge·nu·i·ty [ˌɪndʒɪˈnjuːətɪ; *Am. bes.* -ˈnuː-] *s* **1.** Geniali'tät *f*: a) Erfindungsgabe *f*, Findigkeit *f*, b) (*das*) Sinnreiche

od. Geni'ale. **2.** sinnreiche Konstrukti'on *od.* Ausführung *od.* Erfindung.

in·gen·u·ous [ɪnˈdʒenjʊəs; *Am.* -jəwəs] *adj* (*adv* ~ly) **1.** offen(herzig), aufrichtig. **2.** na'iv, kindlich-unbefangen. **3.** *hist.* freigeboren. **in'gen·u·ous·ness** *s* **1.** Offenheit *f*, Aufrichtigkeit *f*. **2.** Naivi'tät *f*, kindliche Unbefangenheit.

in·gest [ɪnˈdʒest] *v/t biol.* Nahrung aufnehmen (*a. fig.*), zu sich nehmen: **to ~ an idea. in'ges·ta** [-tə] *s pl* In'gesta *pl*, aufgenommene Nahrung. **in'ges·tion** [-tʃn] *s* Nahrungsaufnahme *f*. **in'ges·tive** *adj* die Nahrungsaufnahme betreffend, zur Nahrungsaufnahme dienend.

in·gle [ˈɪŋgl] *s obs. od. dial.* **1.** Herd-, Ka'minfeuer *n*. **2.** Ka'min *m*, Herd *m*. '**~nook** [-nʊk] *s Br.* Ka'minecke *f*.

in·glo·ri·ous [ɪnˈglɔːrɪəs; *Am. a.* ɪnˈgloʊ-] *adj* (*adv* ~ly) **1.** unrühmlich, schimpflich, schmählich: **an ~ defeat. 2.** *obs.* unbekannt.

in·glu·vi·es [ɪnˈgluːviːiːz] *pl* -vi·es *s orn.* Kropf *m*.

'**in-goal** *s Rugby:* Malfeld *n*.

in·go·ing [ˈɪnˌgoʊɪŋ] **I** *adj* **1.** eintretend: **~ mail** Posteingang *m*. **2.** nachfolgend, neu: **~ tenant** a) neuer Mieter *od.* Pächter, b) Nachmieter *m*. **3.** *fig.* scharfsinnig. **II** *s* **4.** Eintreten *n*. **5.** *oft pl Br.* Ablöse *f*, Abstandssumme *f*, ‚Abstand' *m* (*für übernommene Möbel etc*).

in·got [ˈɪŋgət] *metall.* **I** *s* Barren *m*, (Roh-) Block *m*, Massel *f*: **~ of gold** Goldbarren; **~ of steel** Stahlblock. **II** *v/t* in Barren gießen, zu Barren *od.* Blöcken verarbeiten. **~ i·ron** *s* Flußeisen *n*. **~ mill** *s* Blockwalzwerk *n*. **~ mo(u)ld** *s* Blockform *f*, Ko'kille(ngußform) *f*. **~ slab** *s* Rohbramme *f*. **~ steel** *s* (härtbarer) Flußstahl.

in·graft [ɪnˈgrɑːft; *Am.* ɪnˈgræft] → engraft.

in·grain I *v/t* [ˌɪnˈgreɪn] → engrain. **II** *adj* [ˈɪŋgreɪn] **1.** im Garn *od.* in der Faser gefärbt. **2.** → engrained. **III** *s* [ˈɪŋgreɪn] **3.** a) vor dem Weben gefärbtes Materi'al, b) *a.* **~ carpet** Teppich *m* aus a. **in·grained** [ˌɪnˈgreɪnd; ˈɪŋgreɪnd] → engrained.

in·grate [ɪnˈgreɪt; ˈɪŋgreɪt] *obs.* **I** *adj* undankbar. **II** *s* Undankbare(r *m*) *f*.

in·gra·ti·ate [ɪnˈgreɪʃɪeɪt] *v/t:* **to ~ o.s.** (**with s.o.**) sich (bei j-m) lieb Kind machen *od.* einschmeicheln. **in'gra·ti·at·ing** *adj* (*adv* ~ly) **1.** einnehmend, gewinnend. **2.** schmeichlerisch, einschmeichelnd.

in·grat·i·tude [ɪnˈgrætɪtjuːd; *Am. bes.* -ˌtuːd] *s* Undank(barkeit *f*) *m*.

in·gra·ves·cence [ˌɪŋgrəˈvesns] *s med.* Verschlimmerung *f*. ‚**in·gra'ves·cent** *adj* sich verschlimmernd.

in·gre·di·ent [ɪnˈgriːdjənt; -dɪənt] *s* **1.** Bestandteil *m* (*a. fig.*): **primary ~** Grundbestandteil; **imagination is an ~ of success** zum Erfolg gehört Phantasie; **the ~s of a man's character** das, was den Charakter e-s Menschen ausmacht. **2.** *gastr.* Zutat *f*.

in·gress [ˈɪŋgres] *s* **1.** Eintritt *m* (*a. astr.*), Eintreten *n* (**into** in *acc*). **2.** *fig.* Zutritt *m*, Zugang *m*, Eintrittsrecht *n* (**into** zu). **3.** *fig.* Zustrom *m*: **~ of visitors** Besucherstrom *m*. **4.** Eingang(stür *f*) *m*.

'**in-group** *s sociol.* Ingroup *f* (*Gruppe, zu der man gehört u. der man sich innerlich stark verbunden fühlt*).

in·grow·ing [ˈɪnˌgroʊɪŋ] *adj* **1.** einwärts wachsend, *bes. med.* eingewachsen, eingewachsen: **an ~ nail. 2.** *fig.* nach innen gewandt, sich abschließend. '**in-grown** *adj* **1.** *bes. med.* eingewachsen. **2.** *fig.* (in sich selbst) zu'rückgezogen. '**in-growth** *s* **1.** Einwachsen *n*. **2.** Einwuchs *m*.

in·gui·nal [ˈɪŋgwɪnl] *adj anat.* ingui'nal, Leisten...: **~ gland; ~ hernia** *med.* Leistenbruch *m*.

in·gur·gi·tate [ɪnˈgɜːdʒɪteɪt; *Am.* -ˈgɜːr-] *v/t* **1.** (gierig) hin'unterschlingen, verschlingen (*a. fig.*): **the flood ~d trees and houses. 2.** Getränke hin'unterstürzen.

in·hab·it [ɪnˈhæbɪt] *v/t* **1.** bewohnen, wohnen *od.* leben in (*dat*). **in‚hab·it·a'bil·i·ty** *s* Bewohnbarkeit *f*. **in'hab·it·a·ble** *adj* bewohnbar.

in·hab·it·ance [ɪnˈhæbɪtəns], **in'hab·it·an·cy** [-sɪ] *s* **1.** Wohnen *n*, ständiger Aufenthalt. **2.** Bewohnen *n*. **3.** Bewohntsein *n*. **4.** Wohnrecht *n*. **5.** (*bes.* Gesellschafts)Sitz *m*, Wohnort *m*. **in'hab·it·ant** *s* **1.** Bewohner(in) (*e-s Ortes od. Landes*), Bewohner(in) (*bes. e-s Hauses*). **2.** *jur.* Ansässige(r *m*) *f*. **in'hab·i·tive·ness** *s* Seßhaftigkeit *f*.

in·hal·ant [ɪnˈheɪlənt] **I** *adj* **1.** einatmend. **2.** *med.* Inhalations... **II** *s* **3.** *med.* a) → inhaler 1, b) Inhalati'onsmittel *n*, -präpa‚rat *n*.

in·ha·la·tion [ˌɪnhəˈleɪʃn; ˌɪnəˈl-] *s* **1.** Einatmung *f*. **2.** *med.* a) Inhalati'on *f*, b) → inhalant 3 b. **in·ha'la·tion·al** [-ʃənl] *adj med.* Inhalations...: **~ an(a)esthetic** Inhalationsnarkotikum *n*. **in'ha·la·tor** [-tə(r)] → inhaler 1.

in·hale [ɪnˈheɪl] **I** *v/t* **1.** einatmen, *med. a.* inha'lieren. **2.** *Am. colloq.* Essen ‚verdrücken', ‚sich zu Gemüte führen'. **II** *v/i* **3.** einatmen. **4.** inha'lieren (*bes. beim Rauchen*), Lungenzüge machen. **in'hal·er** *s* **1.** *med.* Inhalati'onsappa‚rat *m*, Inha'lator *m*. **2.** *Am.* Kognakschwenker *m*.

in·har·mon·ic [ˌɪnhɑːˈmɒnɪk; *Am.* -ˈmɑː-] *adj* (*adv* ~ally) → inharmonious. **in·har·mo·ni·ous** [ˌɪnhɑːˈmoʊnjəs; -nɪəs] *adj* (*adv* ~ly) **a)** *a. fig.* ‚unhar‚monisch: a) mißtönend, b) *fig.* uneinig.

in·haust [ɪnˈhɔːst] *v/t humor.* → inhale 2.

in·here [ɪnˈhɪə(r)] *v/i* **1.** innewohnen, eigen sein (**in** *dat*). **2.** enthalten sein, stecken (**in** *dat*). **in'her·ence** [ɪnˈhɪərəns; -ˈher-] *s* **1.** Innewohnen *n*. **2.** *philos.* Inhä'renz *f* (*das Verbundensein der Eigenschaften mit ihrem Träger, ohne den sie nicht existent sind*). **in'her·en·cy** [-sɪ] *s* **1.** → inherence. **2.** innewohnende Eigenschaft.

in·her·ent [ɪnˈhɪərənt; -ˈher-] *adj* **1.** innewohnend, eigen (**in** *dat*): **~ defect** (*od.* **vice**) *econ. jur.* innerer Fehler; **~ right** angeborenes *od.* natürliches Recht. **2.** eigen, rechtmäßig gehörend (**in** *dat*). **3.** eingewurzelt. **4.** *philos.* inhä'rent. **in'her·ent·ly** *adv* von Na'tur aus, dem Wesen (der Sache) nach, schon an sich.

in·her·it [ɪnˈherɪt] *v/t* **1.** *jur., a. biol. u. fig.* erben (**from** von). **2.** *biol. u. fig.* ererben. **3.** *jur.* beerben. **II** *v/i* **4.** *jur.* a) erben: **to ~ from s.o.** j-n beerben, b) erbberechtigt *od.* -fähig sein. **in'her·it·a·ble** *adj* **1.** *jur., a. biol. u. fig.* vererbbar, erblich, Erb... **2.** *jur.* erbfähig, -berechtigt (*Person*).

in·her·it·ance [ɪnˈherɪtəns] *s* **1.** *jur.* Erbe *n*, Erbschaft *f* (*beide a. fig.*), Nachlaß *m*: **~ tax** *Am.* Erbschaftssteuer *f*; → **accrual**, b) Vererbung *f* (*a. biol.*): **by ~** erblich, durch Vererbung (*beide a. biol.*), im Erbgang; **law of ~** (*objektives*) Erbrecht; → **right** 12, c) (*gesetzliche*) Erbfolge. **2.** *biol.* Erbgut *n*. **in'her·it·ed** *adj* ererbt, Erb... **in'her·i·tor** [-tə(r)] *s* Erbe *m*. **in'her·i·tress** [-trɪs], **in'her·i·trix** [-trɪks] *s* Erbin *f*.

in·he·sion [ɪnˈhiːʒn] → inherence 1.

in·hib·it [ɪnˈhɪbɪt] *v/t* **1.** hemmen (*a. med. psych.*), (ver)hindern. **2.** (**from**) j-n zu'rückhalten (von), hindern (**an** *dat*): **to ~ s.o. from doing s.th.** j-n daran hindern, etwas zu tun.

in·hi·bi·tion [ˌɪnhɪˈbɪʃn; ˌɪnɪˈb-] *s* **1.** Hemmung *f*, (Ver)Hinderung *f*. **2.** a) *jur.* Unter'sagung *f*, Verbot *n*, b) *jur.* Unter'sagungsbefehl *m* (*Befehl an e-n Richter, e-e Sache nicht weiter zu verfolgen*). **3.** *psych.* Hemmung *f*. **in·hib·i·tive** [ɪnˈhɪbɪtɪv] → inhibitory. **in'hib·i·tor** [-tə(r)] *s* **1.** *chem.* Inhibitor *m*, Hemmstoff *m*. **2.** *metall.* a) (Oxydati'ons)Kataly‚sator *m*, b) Sparbeize *f*. **in'hib·i·to·ry** [-tərɪ; *Am.* -ˌtɔːrɪ; -ˌtoʊ-] *adj* **1.** *a. med. psych.* hemmend, Hemmungs... **2.** verbietend, unter'sagend.

in·hos·pi·ta·ble [ɪnˈhɒspɪtəbl; *Am.* ɪnˈhɑː-] *adj* (*adv* inhospitably) **1.** a) wenig gastfreundlich: **an ~ man**, b) ungastlich: **an ~ house. 2.** *fig.* unfreundlich: **~ climate. 3.** *fig.* (**to**) unempfänglich (für), nicht aufgeschlossen (*dat*): **~ to new ideas. in'hos·pi·ta·ble·ness**, '**in·hos·pi'tal·i·ty** [-ˈtælətɪ] *s* **1.** Ungastlichkeit *f*, Mangel *m* an Gastfreundschaft. **2.** *fig.* Unempfänglichkeit *f*.

'**in-house** *adj* **1.** ˌfirmenin'tern: **~ training program(me). 2.** firmeneigen: **~ computer.**

in·hu·man [ɪnˈhjuːmən] *adj* (*adv* ~ly) **1.** → inhumane. **2.** menschen'unähnlich. **3.** ˌüber'menschlich. ‚**in·hu'mane** [-ˈmeɪn] *adj* ‚inhu'man, unmenschlich. ‚**in·hu'man·i·ty** [-ˈmænətɪ] *s* ˌInhumani'tät *f*, Unmenschlichkeit *f*.

in·hu·ma·tion [ˌɪnhjuˈmeɪʃn] *s* Beisetzung *f*, Bestattung *f*. **in·hume** [ɪnˈhjuːm] *v/t* beisetzen, bestatten.

in·im·i·cal [ɪˈnɪmɪkl] *adj* (*adv* ~ly) **1.** (**to**) feindselig (gegen), feindlich gesinnt (*dat*). **2.** (**to**) nachteilig (für), schädlich (*dat od.* für), abträglich (*dat*).

in·im·i·ta·bil·i·ty [ɪˌnɪmɪtəˈbɪlətɪ] *s* Unnachahmlichkeit *f*. **in'im·i·ta·ble** *adj* (*adv* inimitably) unnachahmlich, einzigartig. **in'im·i·ta·ble·ness** *s* Unnachahmlichkeit *f*.

in·iq·ui·tous [ɪˈnɪkwɪtəs] *adj* (*adv* ~ly) **1.** ungerecht. **2.** frevelhaft. **3.** schändlich, ungeheuerlich. **4.** niederträchtig, gemein. **5.** lasterhaft, sündig. **in'iq·ui·tous·ness** → iniquity 1–5.

in·iq·ui·ty [ɪˈnɪkwətɪ] *s* **1.** (schreiende) Ungerechtigkeit *f*. **2.** Frevelhaftigkeit *f*. **3.** Schändlichkeit *f*, Ungeheuerlichkeit *f*. **4.** Niederträchtigkeit *f*, Gemeinheit *f*. **5.** Lasterhaftigkeit *f*, Sündigkeit *f*. **6.** Schandtat *f*. **7.** Sünde *f*, Laster *n*: → **den** 2.

in·i·tial [ɪˈnɪʃl] **I** *adj* (*adv* → initially) **1.** anfänglich, Anfangs..., Ausgangs..., erst(er, e, es): **~ advertising** *econ.* Einführungswerbung *f*; **~ capital expenditure** *econ.* a) Einrichtungskosten *pl*, b) Anlagekosten *pl*; **~ dividend** *econ.* Abschlagsdividende *f*; **~ position** *mil. tech. etc* Ausgangsstellung *f*; **~ material** *econ.* Ausgangsmaterial *n*; **~ payment** Anzahlung *f*; **~ salary** Anfangsgehalt *n*; **~ stage(s)** Anfangsstadium *n*; **~ subscription** *econ.* Erstzeichnung *f*; **~ symptoms** erste Symptome, Anfangssymptome; **~ teaching alphabet** Lautschrift *f* für den Anfangsunterricht im Lesen. **2.** *tech.* Anfangs..., Vor...: **~ tension** Vorspannung *f*. **3.** *ling.* anlautend: **~ word** → initialism. **II** *s* **4.** Initi'ale *f*, (großer) Anfangsbuchstabe. **5.** *pl* Mono'gramm *n*. **6.** *bot.* Meri'stemzelle *f*. **III** *v/t pret u. pp* **-tialed,** *bes. Br.* **-tialled 7.** mit s-n Initi'alen versehen *od.* unter'zeichnen, *pol.* para'phieren. **8.** mit e-m Mono'gramm versehen: **~(l)ed paper** Monogrammpapier *n*. **in'i·tial·ism** *s* Initi'alwort *n*, Akro'nym *n*. **in'i·tial·ize** *v/t Computer:* initiali'sieren. **in'i·tial·ly**

initiate – inmost

[-ʃəlɪ] *adv* am *od.* zu Anfang, zu'erst, anfänglich, ursprünglich.

in·i·ti·ate I *v/t* [ɪ'nɪʃɪeɪt] **1.** *etwas* beginnen, anfangen, einleiten, in die Wege leiten, in Gang setzen, ins Leben rufen, initi'ieren. **2.** (*against*) *jur.* e-n Prozeß einleiten, anstrengen (gegen), anhängig machen (*dat*): **to ~ legal proceedings. 3.** (*into, in*) *j-n* einführen (in *acc*): a) einweihen (in *acc*), b) aufnehmen (in *e-e exklusive Gesellschaft etc*), (*sociol., Völkerkunde a.*) initi'ieren, c) einarbeiten (in *acc*). **4.** *parl.* als erster beantragen, *ein Gesetz* einbringen. **5.** *chem. e-e Reaktion etc* initi'ieren, auslösen. **II** *adj* [-ʃɪət; *Am. a.* -ʃət] **6.** → initiated. **III** *s* [-ʃɪət; *Am. a.* -ʃət] **7.** a) Eingeweihte(r *m*) *f*, b) Neuautgenommene(r *m*) *f*, (*sociol., Völkerkunde a.*) Initi'ierte(r *m*) *f*. **8.** Neuling *m*, Anfänger(in). **in'i·ti·at·ed** [-ʃɪeɪtɪd] *adj* eingeweiht (*etc*; → initiate I): **the ~ die Eingeweihten.

in·i·ti·a·tion** [ɪˌnɪʃɪ'eɪʃn] *s* **1.** Einleitung *f*, Ein'gangsetzung *f*, Initi'ierung *f*. **2.** *jur.* Anstrengung *f*. **3.** Einführung *f*: a) Einweihung *f*, b) Aufnahme *f*, (*sociol., Völkerkunde a.*) Initiati'on *f*: **~ rite** Initiationsritus *m*, c) Einarbeitung *f*. **4.** *parl.* Einbringung *f*.

in·i·ti·a·tive [ɪ'nɪʃɪətɪv; *bes. Am.* ɪ'nɪʃə-tɪv] **I** *s* **1.** Initia'tive *f*: a) erster Schritt: **to take the ~** die Initiative ergreifen, den ersten Schritt tun, b) Anstoß *m*, Anregung *f*: **on s.o.'s ~** auf j-s Initiative hin; **on one's own ~** aus eigener Initiative, aus eigenem Antrieb, c) Unter'nehmungsgeist *m*, Entschlußkraft *f*. **2.** *pol.* (Ge'setzes)Initia'tive *f*, Initia'tivrecht *n* des Volkes. **II** *adj* (*adv* ~ly) **3.** einführend, Einführungs... **4.** beginnend, anfänglich. **5.** einleitend.

in·i·ti·a·tor [ɪ'nɪʃɪeɪtə(r)] *s* **1.** Initi'ator *m*, Urheber *m*. **2.** *mil.* (Initi'al)Zündladung *f*. **3.** *chem.* reakti'onsauslösende Sub'stanz. **in'i·ti·a·to·ry** [-ʃɪətəʊrɪ; *Am.* -ʃɪətɔːrɪ; -ˌtɔː-] *adj* **1.** einleitend: **~ steps. 2.** einführend, einweihend: **~ ceremonies** Einweihungszeremonien.

in·ject [ɪn'dʒekt] *v/t* **1.** *med.* inji'zieren, einspritzen: **to ~ s.th. into s.o., to ~ s.o. with s.th.** j-m etwas spritzen; → **blood** 1, b) *Gefäße, Wunden etc* ausspritzen (**with** mit), c) e-e Einspritzung machen *od.* spritzen in (*acc*): **to ~ the thigh. 2.** *tech.* einspritzen. **3.** *fig.* einflößen: **to ~ fear into s.o., to ~ s.o. with fear** j-m Furcht einflößen. **4.** *fig.* etwas (hin'ein)bringen (**into** in *acc*): **to ~ humo(u)r into the subject; to ~ new life** into neuen Schwung bringen in (*acc*), mit neuem Leben erfüllen (*acc*). **5.** *e-e Bemerkung* einwerfen. **in'ject·a·ble** *adj* **1.** inji'zierbar. **II** *s* Injekti'onsmittel *n*.

in·jec·tion [ɪn'dʒekʃn] *s* **1.** *med.* Injekti'on *f*: a) Einspritzung *f*, Spritze *f*: **to give s.o. an ~, to ~ s.o.** e-e Spritze *od.* e-e Injektion geben; **~ of money** *fig.* 'Geld-, Finanzspritze', b) eingespritztes Medika'ment, c) Ausspritzung *f* (*von Wunden etc*). **2.** *tech.* Einspritzung *f*: → **fuel** 4. **3.** *geol.* Injekti'on *f* (*das Eindringen von geschmolzenem Magma in Fugen u. Spalten e-s Gesteins*). **4.** *Raumfahrt:* Einschießen *n* (*e-s Flugkörpers*) in e-e 'Umlauf- *od.* Flugbahn. **5. our club needs an ~ of new life** unser Verein braucht neuen Schwung. **~ die** *s tech.* Spritzform *f*. **~ mo(u)ld·ing** *s tech.* Spritzguß(verfahren *n*) *m*. **~ noz·zle** *s tech.* Einspritzdüse *f*. **~ pres·sure** *s tech.* (Ein)Spritzdruck *m*. **~ pump** *s tech.* Einspritzpumpe *f*. **~ syr·inge** *s med.* Injekti'onsspritze *f*.

in·jec·tor [ɪn'dʒektə(r)] *s tech.* **1.** In'jektor *m* (*Dampfstrahlpumpe zur Speisung von Dampfkesseln*). **2.** → injection nozzle.

in·ju·di·cious [ˌɪndʒuː'dɪʃəs] *adj* (*adv* ~ly) **1.** unklug, unvernünftig. **2.** 'unüber-ˌlegt. **in·ju'di·cious·ness** *s* **1.** Unklugheit *f*, Unvernünftigkeit *f*. **2.** 'Unüber-ˌlegtheit *f*.

In·jun ['ɪndʒən] *s bes. Am. colloq.* Indi'aner *m*: **honest ~!** (mein) Ehrenwort!, ehrlich!

in·junct [ɪn'dʒʌŋkt] *v/t jur.* durch e-e einstweilige Verfügung unter'sagen.

in·junc·tion [ɪn'dʒʌŋkʃn] *s* **1.** *jur.* gerichtliches Verbot: (**interim** *od.* **interlocutory**) **~** einstweilige Verfügung. **2.** ausdrücklicher Befehl: **to lay an ~ of secrecy on s.o.** j-m ausdrücklich befehlen, Stillschweigen zu bewahren.

in·jur·ant ['ɪndʒərənt; *bes. Am.* -dʒɜːr-] *s* (gesundheits)schädliche Sub'stanz, Schadstoff *m*.

in·jure ['ɪndʒə(r)] *v/t* **1.** verletzen: **to ~ one's leg** sich am Bein verletzen; **to be ~d** sich verletzen. **2.** *fig.* a) *Gefühle, a. j-n* kränken, verletzen, *j-m* weh tun, b) *j-m* unrecht tun. **3.** *etwas* beschädigen, verletzen. **4.** *fig.* schaden (*dat*), schädigen, beeinträchtigen: **to ~ one's health** s-r Gesundheit schaden; **to ~ s.o.'s interests** j-s Interessen schädigen. **'in·jured** *adj* **1.** verletzt. **2.** schadhaft, beschädigt. **3.** *fig.* geschädigt: **~ party** *jur.* Geschädigte(r *m*) *f*. **4.** gekränkt, verletzt: **~ innocence** gekränkte Unschuld.

in·ju·ri·ous [ɪn'dʒʊərɪəs] *adj* (*adv* ~ly) **1.** (**to**) schädlich (für), abträglich (*dat*): **~ to health** gesundheitsschädlich; **to be ~** (**to**) schaden (*dat*). **2.** kränkend, verletzend: **~ falsehood** *jur. Br.* Anschwärzung *f*.

in·ju·ry ['ɪndʒərɪ] *s* **1.** *med.* Verletzung *f* (**to an** *dat*): **~ to the head** Kopfverletzung, -wunde *f*; **to do s.o. (o.s.) an ~** j-n (sich) verletzen. **2.** (Be)Schädigung *f* (*gen*), *a. jur.* Schaden *m* (*an dat*): **~ to person** (**property**) Personen-(Sach)schaden; **~ personal** 1. **3.** *fig.* Kränkung *f*, Verletzung *f* (**to** *gen*). **~ ben·e·fit** *s Br.* Unfall-, Krankengeld *n*. **~ time** *s Fußball:* verletzungsbedingte Nachspielzeit: **the referee allowed five minutes' ~** der Schiedsrichter ließ wegen einiger Verletzungen fünf Minuten nachspielen.

in·jus·tice [ɪn'dʒʌstɪs] *s* Unrecht *n*, Ungerechtigkeit *f*: **to do s.o. an ~** j-m ein Unrecht zufügen, j-m unrecht tun.

ink [ɪŋk] **I** *s* **1.** Tinte *f*. **2.** Tusche *f*. **3.** *print.* Druckfarbe *f*: (**printer's**) **~** Druckerschwärze *f*. **4.** *zo.* Tinte *f*, Sepia *f*. **II** *v/t* **5.** mit Tinte schwärzen *od.* beschmieren. **6.** *a.* **~ up** *print.* Druckwalzen *etc* einfärben. **7. ~ in, ~ over** tu'schieren, mit Tusche ausziehen. **8.** mit Tinte schreiben. **9.** *Am. colloq.* a) unter'schreiben: **to ~ a contract,** b) *j-n* unter Vertrag nehmen, verpflichten: **to ~ two new players. ~ bag** → **ink sac. ~ ball** *s print. hist.* Anschwärzballen *m*. **'~·blot** *s psych.* Klecksbild *n* (*im Formdeutetest*). **'~·bot·tle** *s* Tintenflasche *f*. **~ e·ras·er** *s* 'Tintenˌdiergummi *m*. **'~·foun·tain** → fount[2] 1 b. **'~·horn I** *s hist.* tragbares Tintenfaß. **II** *adj* affek'tiert gelehrt *od.* pe'dantisch.

ink·ling ['ɪŋklɪŋ] *s* **1.** Andeutung *f*, Wink *m*. **2.** dunkle Ahnung: **to give s.o. an ~ of** (*od.* **as to**) **s.th.** j-m e-e ungefähre Vorstellung von etwas geben; **to have an ~ of s.th.** etwas dunkel ahnen; **not the least ~** keine blasse Ahnung, nicht die leiseste Idee.

ink| nut *s bot.* Tintennuß *f*. **'~·pad** *s* Stempelkissen *n*. **~ pen·cil** *s* Tinten-, Ko'pierstift *m*. **'~·pot** *s* Tintenfaß *n*. **~ sac** *s zo.* Tintenbeutel *m* (*der Tintenfische*). **'~·sling·er** *s colloq.* Tintenklecker *m*, Schreiberling *m*. **~ stain** *s* Tintenklecks *m*, -fleck *m*. **'~·stand** *s* Tintenfaß *n*. **'~·well** *s* (eingelassenes) Tintenfaß.

ink·y ['ɪŋkɪ] *adj* **1.** tinten-, pechschwarz: **~ darkness. 2.** tintenartig. **3.** mit Tinte beschmiert, voll Tinte, tintig, Tinten...: **~ fingers. ~ cap** *s bot.* Tintling *m*, Tintenpilz *m*.

in·lace [ɪn'leɪs] → enlace.

in·laid [ˌɪn'leɪd; 'ɪnleɪd] **I** *pp* von inlay. **II** *adj* **1.** eingelegt, Einlege...: **~ table** *m* mit Einlegearbeit; **~ work** Einlegearbeit *f*. **2.** parket'tiert, Parkett...: **~ floor** Parkett(fußboden *m*) *n*.

in·land I *s* ['ɪnlənd; -lænd] **1.** In-, Binnenland *n*. **2.** (*das*) Landesinnere. **II** *adj* ['ɪnlənd; -lænd] **3.** binnenländisch, Binnen...: **~ duty** (**market, navigation, town, trade, waters**) Binnenzoll *m* (-markt *m*, -schiffahrt *f*, -stadt *f*, -handel *m*, -gewässer); **~ marine insurance** Binnentransportversicherung *f*. **4.** inländisch, einheimisch, Inland..., Landes...: **~ commodities** einheimische Waren; **~ produce** Landeserzeugnisse *pl*. **5.** nur für das Inland bestimmt, Inlands...: **~ air traffic** Inlandsluftverkehr *m*; **~ bill** (**of exchange**) *econ.* Inlandswechsel *m*; **~ mail** Inlandspost *f*; **~ payments** *econ.* Inlandszahlungen; **~ revenue** *econ. Br.* a) Staatseinkünfte *pl* (*aus inländischen Steuern u. Abgaben*), b) **I-** R**-** Finanzverwaltung *f*, *colloq.* Finanzamt *n*; → **board**[1] 5. **III** *adv* [ɪn'lænd; *Am.* 'ɪnˌlænd; 'ɪnlənd] **6.** land'einwärts: a) im Landesinneren, b) ins Landesinnere.

in·land·er ['ɪnləndə(r)] *s* Binnenländer (-in), im Landesinneren Lebende(r *m*) *f*.

in-law ['ɪnlɔː] *s* angeheiratete(r) Verwandte(r), *pl a.* Schwiegereltern *pl*.

in·lay I *v/t irr* [ˌɪn'leɪ] **1.** einlegen: **to ~ wood with ivory. 2.** tä'feln, auslegen, parket'tieren: **to ~ a floor. 3.** einbetten (**in** in *acc*). **5.** *Buchdeckel etc* mit eingelegten Illustrati'onen versehen. **II** *s* ['ɪnleɪ] **6.** Einlegearbeit *f*, In'tarsia *f*. **7.** Einlegestück *n*. **8.** Einsatz(stück *n*) *m* (*am Kleid*). **9.** *med.* Inlay *n*: a) (gegossene) (Zahn)Füllung, b) Knochenspan *m*, Im-plan'tat *n*. **10.** *a.* **~ graft** *med.* (In)Okulati'on *f*. **'in·lay·er** *s* innere Schicht. **in·lay·ing** ['ɪnˌleɪɪŋ; 'ɪnˌl-] *s* **1.** Einlegen *n*. **2.** Fur'nieren *n*. **3.** Auslegen *n*, Täfelung *f*: **~ of floors** Parkettierung *f*; **~ saw** Laub-, Schweifsäge *f*. **4.** → inlay 6 *u.* 7.

in·let ['ɪnlet] *s* **1.** (*a. anat.*): **pelvic ~** Beckeneingang. **2.** Einlaß *m* (*a. tech.*): **~ valve** Einlaßventil *n*. **3.** a) schmale Bucht, b) schmaler Wasserlauf, c) Meeresarm *m*, d) *mar.* (Hafen)Einfahrt *f*. **4.** eingelegtes Stück, Einsatz *m*.

in·li·er ['ɪnˌlaɪə(r)] *s geol.* Einschluß *m*.

'in-line en·gine *s tech.* Reihenmotor *m*.

in lo·co pa·ren·tis [ɪnˌləʊkəʊpə'rentɪs] (*Lat.*) *adv bes. jur.* in loco pa'rentis, an Eltern Statt. (innig(lich).)

in·ly ['ɪnlɪ] *adv poet.* **1.** innerlich. **2.** tief,

in·ly·ing ['ɪnˌlaɪɪŋ] *adj* innen (*od.* im Inneren) liegend, Innen..., inner(er, e, es).

'in·marˌriage → endogamy.

in·mate ['ɪnmeɪt] *s* **1.** Insasse *m*, Insassin *f* (*bes. e-r Anstalt, e-s Gefängnisses etc*). **2.** *obs.* Bewohner(in). **3.** *obs.* Hausgenosse *m*, -genossin *f*, Mitbewohner(in).

in me·di·as res [ɪnˌmiːdɪæs'reɪz; -'reɪs; ɪnˌmiːdɪəs-] (*Lat.*) *adv*: **to plunge ~** in medias res gehen *od.* kommen, ohne Umschweife zur Sache kommen.

in me·mo·ri·am [ˌɪnmɪ'mɔːrɪəm; *Am. a.* -'məʊ-] (*Lat.*) *adv* in me'moriam, zum Andenken *od.* zur Erinnerung (an *acc*).

'in·ˌmi·grant *s* Zugewanderte(r *m*) *f*.

'in-ˌmi·grate *v/i* zuwandern.

in·most ['ɪnməʊst] *adj* **1.** innerst(er, e, es)

(*a. fig.*). **2.** *fig.* tiefst(er, e, es), geheimst(er, e, es): his ~ **desires**.
inn [ɪn] *s* **1.** Gasthaus *n*, -hof *m*. **2.** Wirtshaus *n*. **3.** → **Inns of Court**.
in·nards ['ɪnə(r)dz] *s pl colloq.* a) Eingeweide *pl*: his ~ **were rumbling** ihm knurrte der Magen, es rumorte in s-m Bauch, b) (*das*) Innere: **from the earth's** ~ aus dem Erdinneren, c) ‚Inne¦reien' *pl* (*e-r Maschine etc*).
in·nate [ɪ'neɪt; 'ɪneɪt] *adj* **1.** angeboren (in *dat*): his ~ **courtesy** die ihm angeborene Höflichkeit. **2.** → **inherent** 1. **3.** *bot.* a) angewachsen, b) → **endogenous b**.
in'nate·ly *adv* von Na¦tur (aus): ~ **kind**.
in·nav·i·ga·ble [ɪ'nævɪgəbl] *adj* **1.** *mar.* a) nicht schiffbar, unbefahrbar, b) fahruntüchtig. **2.** *aer.* unlenkbar (*Luftschiff*).
in·ner ['ɪnə(r)] **I** *adj* **1.** inner, inwendig, Innen...: ~ **city** *Am.* (*von ärmeren Bevölkerungsschichten bewohnte*) Innenstadt; ~ **conductor** *electr.* Innenleiter *m*; ~ **ear** *anat.* Innenohr *n*; ~ **door** Innentür *f*. **2.** *fig.* inner(er, e, es), vertraut, enger(er, e, es): the ~ **circle of his friends** sein engerer Freundeskreis. **3.** geistig, seelisch, innerlich: ~ **life** Innen-, Seelenleben *n*. **4.** verborgen, geheim: an ~ **meaning**. **5.** *mus.* Mittel...: ~ **voice** → **inner part**. **6.** *chem.* intramoleku¦lar. **II** *s* **7.** Bogenschießen: (Treffer *m* in das) Schwarze (*e-r Schießbude*). ~**di'rect·ed** *adj* nonkonfor¦mistisch, eigenbestimmt. ~**man** *s irr* a) Seele *f*, Geist *m*, b) *humor.* Magen *m*, c) *humor.* Appe¦tit *m*: **to satisfy the** ~ für sein leibliches Wohl sorgen.
in·ner·most ['ɪnə(r)məʊst] → **inmost**.
in·ner¦**part** *s mus.* Mittelstimme *f* (*Alt u. Tenor*). ~ **span** *s arch.* lichte Weite. ~ **square** *s tech.* innerer rechter Winkel (*Winkelmaß*). ~**sur·face** *s* Innenseite *f*, -fläche *f*.
in·ner·vate ['ɪnɜːveɪt; ɪ'nɜːveɪt; *Am.* ɪ-'ɜːr-; ɪ'nɜːr-] *v/t physiol.* **1.** inner¦vieren, mit Nerven(reizen) versorgen. **2.** (durch Nervenreize) anregen, stimu¦lieren. ¦**in·ner**'**va·tion** *s* **1.** Innervati¦on *f*, Versorgung *f* mit Nerven(reizen). **2.** Anregung *f od.* Stimulati¦on *f* (durch Nervenreize).
in·ning ['ɪnɪŋ] *s* **1.** a) Baseball: Inning *n* (*Spielabschnitt, bei dem eine Mannschaft die Schlag- u. die andere die Fangpartei ist*), b) *pl* (*als sg konstruiert*) Kricket: Zeit, während der ein Spieler *od.* e-e Mannschaft am Schlagen ist; *a.* die während dieser Zeit erzielten Läufe: **to have one's** ~(**s**) am Schlagen sein; *fig.* an der Reihe sein, *pol. a.* an der Macht sein; *fig.* s-e Chance haben; **he had a good** ~(**s**) *colloq.* er hatte ein langes u. glückliches Leben. **2.** *obs.* a) Zu¦rückgewinnung *f* (*überfluteten Landes*), b) *pl* dem Meer abgewonnenes Land. **3.** *obs.* Einbringung *f* (*der Ernte*).
'**inn**¦**keep·er** *s* (Gast)Wirt(in).
in·no·cence ['ɪnəsns] *s* **1.** Unschuld *f*: a) Schuldlosigkeit *f*, b) sittliche Reinheit, Unberührtheit *f*: **to lose one's** ~ s-e Unschuld verlieren, c) Harmlosigkeit *f*, d) Arglosigkeit *f*, Naivi¦tät *f*, Einfalt *f*. **2.** Unkenntnis *f*, Unwissenheit *f*.
in·no·cent ['ɪnəsnt] **I** *adj* **1.** unschuldig: a) schuldlos (**of** an *dat*), b) sittlich rein, (*Mädchen a.*) unberührt: (**as**) ~ **as a newborn babe** so unschuldig wie ein neugeborenes Kind, c) harmlos: ~ **air** Unschuldsmiene *f*, d) arglos, na¦iv, einfältig. **2.** harmlos: **an** ~ **sport**. **3.** unbeabsichtigt: **an** ~ **deception**. **4.** *jur. a.* ~ **I a**, b) gutgläubig: ~ **purchaser**, c) (gesetzlich) zulässig, le¦gal: ~ **trade**, d) nicht geschmuggelt: ~ **goods**, e) Völkerrecht: friedlich: ~ **passage** friedliche Durchfahrt (*von Handelsschiffen*). **5.** ~ **of** frei von, bar (*gen*), ohne (*acc*): ~ **of self-respect** ohne jede Selbstachtung; **he is** ~ **of Latin** er kann kein Wort Latein; **he is** ~ **of such things** er hat noch nie etwas von diesen Dingen gehört; **her face was** ~ **of cosmetics** sie war ungeschminkt. **II** *s* **6.** Unschuldige(r *m*) *f*: **the massacre** (*od.* **slaughter**) **of the I**~**s** *Bibl.* der Kindermord zu Bethlehem. **7.** ‚Unschuld' *f*, na¦iver Mensch, Einfaltspinsel *m*. **8.** Igno¦rant(in), Nichtswisser(in), -könner(in). '**in·no·cent·ly** *adv* **1.** unschuldig (*etc*, → **innocent** I). **2.** in aller Unschuld.
in·no·cu·i·ty [ɪnɒ'kjuːətɪ; ˌɪnə-; *Am.* ˌɪnɑ'kjuː-] *s* Harmlosigkeit *f*, Unschädlichkeit *f*. **in·noc·u·ous** [ɪ'nɒkjʊəs; *Am.* ɪ'nɑkjəwəs] *adj* (*adv* ~**ly**) **1.** harmlos, unschädlich. **2.** → **inoffensive** 2. **3.** *fig.* fad(e), langweilig: **an** ~ **novel**.
in·nom·i·nate [ɪ'nɒmɪnət; *Am.* ɪn'ɑm-] *adj* **1.** namenlos. **2.** ~ **anonymous**. ~ **bone** *s anat.* Hüftbein *n*, -knochen *m*.
in·no·vate ['ɪnəʊveɪt; 'ɪnə-] **I** *v/t* (neu) einführen. **II** *v/i* Neuerungen einführen *od.* vornehmen, *econ. sociol. a.* inno¦vieren (**on, in** an *dat*, **bei**, **in** *dat*).
in·no·va·tion [ˌɪnəʊ'veɪʃn; ˌɪnə'v-] *s* **1.** (Neu)Einführung *f*. **2.** Neuerung *f, econ. sociol. a.* Innovati¦on *f*. **3.** *bot.* Neubildung *f*, junger Jahrestrieb. ˌ**in·no**'**va·tion·al** [-ʃənl] → **innovative**. **ˌin·no**-'**va·tion·ist** *s* Neuerer *m*, Neuerin *f*. '**in·no·va·tive** [-veɪtɪv] *adj* Neuerungs..., *econ. sociol. a.* innova¦torisch. '**in·no·va·tor** [-tə(r)] → **innovationist**. '**in·no·va·to·ry** [-veɪtərɪ; *Am. a.* -vəˌtɔːrɪː; ˌ-tɔː-] → **innovative**.
in·nox·ious [ɪ'nɒkʃəs; *Am.* ɪ'nɑk-] *adj* (*adv* ~**ly**) → **innocuous** 1.
Inns of Court *s pl jur. Br.* die vier *Innungen der barristers in London* (Inner Temple, Middle Temple, Lincoln's Inn, Gray's Inn), *die für Ausbildung und Zulassung der barristers zuständig sind*.
in·nu·en·do [ˌɪnjʊ'endəʊ; *Am.* ˌɪnjə-'wendəʊ] **I** *pl* -**does**, -**dos** *s* **1.** (**about**, **at**) versteckte Andeutung (über *acc*) *od.* Anspielung (auf *acc*) *a. jur.* in Beleidigungsklagen). **2.** Anzüglichkeit *f*, Zweideutigkeit *f*. **II** *v/i* **3.** versteckte Andeutungen *od.* Anspielungen machen.
in·nu·mer·a·ble [ɪ'njuːmərəbl; *Am. a.* ɪ'nuːm-] *adj* (*adv* **innumerably**) unzählig, zahllos.
in·nu·tri·tion [ˌɪnjuː'trɪʃn; *Am. a.* ˌɪnuː't-] *s* Nahrungsmangel *m*.
in·ob·serv·ance [ˌɪnəb'zɜːvəns; *Am.* -'zɜːr-] *s* **1.** Nichtbeachtung *f*, -befolgung *f*. **2.** Unaufmerksamkeit *f*, Unachtsamkeit *f*. ˌ**in·ob**'**serv·ant** *adj* (*adv* ~**ly**). **1.** nicht beachtend *od.* befolgend (**of** *acc*). **2.** unaufmerksam, unachtsam: **to be** ~ **of** nicht achten auf (*acc*).
in·oc·cu·pa·tion [ɪnˌɒkjʊ'peɪʃn; *Am.* ɪnˌɑkjə'p-] *s* Beschäftigungslosigkeit *f*.
in·oc·u·la·ble [ɪ'nɒkjʊləbl; *Am.* ɪn'ɑkjə-] *adj med.* **1.** impfbar. **2.** durch Impfung über¦tragbar (*Krankheitserreger*). **in'oc·u·lant** [-lənt] *s med.* Impfstoff *m*. **in'oc·u·late** [-leɪt] *v/t* **1. to** ~ **s.th. on** (*od.* **into**) **s.o.**, ~ **s.o. with s.th.** *med.* j-m etwas einimpfen. **2.** *med.* j-n impfen (**against** gegen). **3.** *med.* Krankheitserreger durch Impfung über¦tragen. **4.** ~ **with** *fig.* j-m *etwas* einimpfen, *j-n* erfüllen mit: **to** ~ **s.o. with new ideas**. **in**ˌ**oc·u**'**la·tion** *s* **1.** *med.* Impfung *f*: **to give s.o. an** ~ j-n impfen; **he had an** ~ **against yellow fever** er ließ sich gegen Gelbfieber impfen; ~ **gun** Impfpistole *f*; → **preventive** 1. **2.** *med.* Einimpfung *f*. **3.** *med.* Über¦tragung *f* durch Impfung. **4.** *fig.* Einimpfung *f*, Erfüllung *f*. **in'oc·u·la·tive** [-lətɪv; *Am.* -ˌleɪtɪv] *s med.* Impf..., Impfungs... **in'oc·u·la·tor** [-leɪtə(r)] *s med.* Impfarzt *m*. **in'oc·u·lum** [-ləm] *pl* -**la** [-lə] *s med.* Impfstoff *m*.
in·o·cyte ['ɪnəʊsaɪt; 'aɪ-] *s anat.* Fibro¦blast *m*, Bindegewebszelle *f*.
in·o·dor·ous [ɪn'əʊdərəs] *adj* geruchlos.
in·of·fen·sive [ˌɪnə'fensɪv] *adj* (*adv* ~**ly**) **1.** harmlos, unschädlich. **2.** a) friedfertig: **an** ~ **man**, b) harmlos: **an** ~ **remark**. ˌ**in·of**'**fen·sive·ness** *s* **1.** Harmlosigkeit *f*, Unschädlichkeit *f*. **2.** Friedfertigkeit *f*.
in·of·fi·cious [ˌɪnə'fɪʃəs] *adj* (*adv* ~**ly**) *jur.* pflichtwidrig: ~ **testament** (*od.* **will**) gegen die natürlichen Pflichten des Erblassers verstoßendes Testament.
in·op·er·a·ble [ɪn'ɒpərəbl; *Am.* -'ɑp-] *adj* **1.** undurch¦führbar. **2.** *med.* 'inope¦rabel, nicht ope¦rierbar.
in·op·er·a·tive [ɪn'ɒpərətɪv; *Am.* -'ɑp-; ɪnˌɑpəˈreɪtɪv] *adj* **1.** unwirksam: a) wirkungslos, b) *jur.* ungültig: **to become** ~ unwirksam werden, außer Kraft treten. **2.** a) außer Betrieb, b) nicht einsatzfähig. **3.** stillgelegt (*Zeche etc*).
in·op·por·tune [ɪn'ɒpətjuːn; *Am.* ɪnˌɑpər'tuːn] *adj* ungünstig, unpassend, unangebracht, unzweckmäßig, ungelegen, 'inopporˌtun: **at an** ~ **time** (*od.* **moment**) zur Unzeit. **in·op·por·tune·ly** *adv* **1.** → **inopportune**. **2.** *fig.* ungelegen. **in·op·por·tune·ness** *s* Ungelegenheit *f*, Unzweckmäßigkeit *f*.
in·or·di·nate [ɪ'nɔːdɪnət; *Am.* ɪn'ɔːrdnət] *adj* (*adv* ~**ly**) **1.** in Unordnung, durchein¦ander. **2.** un-, ¦übermäßig: **a film of** ~ **length** ein Film mit Überlänge; ~ **demands for wages** überzogene Lohnforderungen. **3.** *fig.* ungeregelt. **4.** *fig.* zügellos, ungezügelt: ~ **passions**. **in'or·di·nate·ness** *s* **1.** Un-, ¦Übermäßigkeit *f*. **2.** Zügellosigkeit *f*.
in·or·gan·ic [ˌɪnɔː(r)'gænɪk] *adj* (*adv* ~**ally**) **1.** 'unorˌganisch. **2.** *chem.* 'anorˌganisch: ~ **chemistry**. **3.** *fig.* nicht or¦ganisch (entstanden *od.* gewachsen), 'unorˌganisch.
in·or·gan·i·za·tion [ɪnˌɔː(r)gənaɪ'zeɪʃn; *Am.* -nəˈz-] *s* Mangel *m* an Organisati¦on.
in·or·nate [ˌɪnɔː(r)'neɪt] *adj* schmucklos, einfach.
in·os·cu·late [ɪ'nɒskjʊleɪt; *Am.* ɪn'ɑskjə-] **I** *v/t* **1.** *med.* Gefäße verbinden, -einigen. **2.** *fig.* eng (mitein¦ander) verbinden: **to** ~ **past and present**. **II** *v/i* **3.** *anat.* sich verbinden *od.* vereinigen (*Gefäße*). **4.** *fig.* sich eng (mitein¦ander) verbinden. **in**ˌ**os·cu**'**la·tion** *s* **1.** *anat. med.* Verbindung *f*, Vereinigung *f*. **2.** *fig.* enge Verbindung.
in·pa·tient ['ɪnˌpeɪʃnt] *s* statio¦närer Pati¦ent: ~ **treatment** stationäre Behandlung; **to receive** ~ **treatment** stationär behandelt werden.
in·pay·ment ['ɪnˌpeɪmənt] *s econ.* Einzahlung *f*.
in·phase ['ɪnfeɪz] *adj electr.* gleichphasig. ~ **com·po·nent** *s electr.* 'Wirkkompoˌnente *f*.
in·plant ['ɪnplɑːnt; *Am.* -ˌplænt] *adj bes. Am.* innerbetrieblich, be¦triebsinˌtern: **an** ~ **training program**.
in·pour·ing ['ɪnˌpɔːrɪŋ] **I** *adj* (her)einströmend. **II** *s* (Her)¦Einströmen *n*.
in·put ['ɪnpʊt] **I** *s* Input *m*: a) eingesetzte Produkti¦onsmittel *pl etc*, b) *electr.* zugeführte Leistung, Eingangsleistung *f*: ~ **amplifier** Eingangsverstärker *m*; ~ **impedance** Eingangswiderstand *m*, c) *tech.* eingespeiste Menge, d) *Computer*: (Daten)Eingabe *f*: ~ **device** Eingabegerät *n*; ~ **file** Eingabedatei *f*. **II** *v/t pret u. pp* -**put·ted**, -**put** *Computer*: Daten eingeben. ˌ~-'**out·put a·nal·y·sis** *s irr*

¹In·put-¹Out·put-Ana₁ly·se *f:* a) *Computer:* Analyse der Wirkungsweise e-s Systems aufgrund der Gegenüberstellung von Input u. Output, b) *econ.* Betrachtung der ökonomischen Aktivitäten e-s Industriezweigs anhand der von ihm eingesetzten u. erzeugten Güter.

in·quest [ˈɪnkwest] *s* **1.** *jur.* a) gerichtliche Unter¦suchung, b) *a.* **coroner's ~** gerichtliche Untersuchung der Todesursache bei nicht natürlichen Todesfällen. **2.** *colloq.* für **inquiry** 2.

in·qui·e·tude [ɪnˈkwaɪətjuːd; *Am. a.* -₁tuːd] *s* Unruhe *f*, Beunruhigung *f*, Besorgnis *f*.

in·qui·line [ˈɪnkwɪlaɪn] *zo.* **I** *s* Inquiˈlin *m*, Einmieter *m*. **II** *adj* mitbewohnend.

in·quire [ɪnˈkwaɪə(r)] **I** *v/t* **1.** (of s.o. bei j-m) sich erkundigen nach, erfragen. **II** *v/i* **2.** (of s.o. bei j-m) (nach)fragen, sich erkundigen (**after**, **for** nach; **about** wegen), Erkundigungen einziehen (**about** über *acc*, wegen): **to ~ after** s.o. sich nach j-m *od.* j-s Befinden erkundigen; **much ~d after** (*od.* **for**) sehr gefragt *od.* begehrt; **~ within** Näheres im Hause (zu erfragen). **3.** Unter¦suchungen anstellen, nachforschen: **to ~ into** s.th. etwas untersuchen *od.* prüfen *od.* erforschen. **inˈquir·er** *s* **1.** Fragesteller(in), (An)Fragende(r *m*) *f*. **2.** Unter¦suchende(r *m*) *f*. **inˈquir·ing** *adj* (*adv* **~ly**) **1.** forschend, fragend: **~ looks. 2.** wißbegierig, forschend, neugierig.

in·quir·y [ɪnˈkwaɪəri; *Am. a.* ˈɪnkwəri] *s* **1.** Erkundigung *f*, (An-, Nach)Frage *f*: **on ~** auf Nach- *od.* Anfrage; **to make inquiries** Erkundigungen einziehen (**of** s.o. bei j-m; **about**, **after** *acc*, wegen). **2.** Unter¦suchung *f*, Prüfung *f* (**of**, **into** gen), Nachforschung *f*, Ermittlung *f*, Re¦cherche *f*: **board of ~** Untersuchungsausschuß *m*; **court of ~** *mil. u. Br. econ.* Untersuchungsausschuß *m*. **3.** *pl rail.* etc Auskunft *f* (*Büro*, *Schalter*). **~ of·fice** *s* ¹Auskunftsbü₁ro *n*, *rail. etc* Auskunft *f*.

in·qui·si·tion [₁ɪnkwɪˈzɪʃn] *s* **1.** Unter¦suchung *f* (**into** *gen*). **2.** *jur.* a) gerichtliche *od.* amtliche Unter¦suchung: **~ in lunacy** *Br.* Untersuchung des Geisteszustandes (*e-r Person*), b) Gutachten *n*, c) Unter¦suchungsproto₁koll *n*. **3. I~** *R.C.* a) *hist.* Inquisiti¦on *f*, b) Kongregati¦on *f* des heiligen Of¦fiziums. **4.** eindringliche Befragung. **in·quiˈsi·tion·al** [-ʃənl] *adj* **1.** Untersuchungs-... **2.** *R.C. hist.* Inquisitions-... **3.** → **inquisitorial** 3.

in·quis·i·tive [ɪnˈkwɪzətɪv] *adj* (*adv* **~ly**) **1.** wißbegierig: **to be ~ about** s.th. etwas gern wissen wollen. **2.** neugierig. **inˈquis·i·tive·ness** *s* **1.** Wißbegier(de) *f*. **2.** Neugier(de) *f*. **inˈquis·i·tor** [-zɪtə(r)] *s* **1. ~ inquirer.** **2.** *jur.* Unter¦suchungsbe₁amte(r) *m*, -richter *m*. **3.** *R.C. hist.* Inquiˈsitor *m*: **Grand I~** Großinquisitor. **in₁quis·iˈto·ri·al** [-zɪˈtɔːrɪəl; *Am. a.* -ˈtou-] *adj* (*adv* **~ly**) **1.** *jur.* Untersuchungs...: **~ trial** a) Prozeß, bei dem der Richter gleichzeitig staatsanwaltliche Funktionen ausübt, b) Prozeß mit geheimem Verfahren. **2.** *R.C. hist.* Inquisitions-... **3.** inquisi¦torisch, unerbittlich. **4.** aufdringlich neugierig.

in¦ re [ɪnˈreɪ] (*Lat.*) *prep jur.* in Sachen, betr(*eff*). **~ rem** [ɪnˈrem] (*Lat.*) *adj jur.* dinglich: **~ action; rights ~**.

in·road [ˈɪnrəʊd] *s bes. pl* **1.** *bes. mil.* Einfall *m* (**in**, **into**, **on**, **upon** *acc*): **to make an ~** einfallen. **2.** *fig.* (**in**, **into**, **on**, **upon**) Eingriff *m* (*in acc*), ¦Übergriff *m* (*auf acc*): **to make ~s into s.o.'s rights** in j-s Rechte eingreifen. **3.** *a.* **heavy ~** *fig.* ¹übermäßige In¦anspruchnahme (**in**, **into**, **on**, **upon** *gen*): **to make ~s on** s.o.'s free time j-s Freizeit stark einschränken; **to make ~s into s.o.'s savings** ein großes Loch in j-s Ersparnisse reißen. **4.** *fig.* Eindringen *n* (**in**, **into**, **on**, **upon** *acc*): **to make ~s into a market** *econ.* in e-n Markt eindringen.

in·rush [ˈɪnrʌʃ] *s* **1.** (Her)¹Einströmen *n*. **2.** *fig.* Flut *f*, (Zu)Strom *m*: **~ of tourists** Touristenstrom.

in·sal·i·vate [ɪnˈsælɪveɪt] *v/t med.* Nahrung einspeicheln.

in·sa·lu·bri·ous [₁ɪnsəˈluːbrɪəs] *adj* (*adv* **~ly**) ungesund, unzuträglich, unbekömmlich: **an ~ climate.** **₁in·saˈlu·bri·ty** [-brətɪ] *s* Unzuträglichkeit *f*, Unbekömmlichkeit *f*.

in·sane [ɪnˈseɪn] *adj* (*adv* **~ly**) wahnsinnig, irrsinnig: **~ asylum** *bes. Am.* Heil- u. Pflegeanstalt *f*, b) *fig.* verrückt, toll: **~ ideas.** **inˈsane·ness** → **insanity.**

in·san·i·tar·y [ɪnˈsænɪtərɪ; *Am.* -nə₁terɪ:] *adj* ¦unhygi₁enisch, gesundheitsschädlich. **in₁san·iˈta·tion** *s* ¦unhygi₁enischer Zustand.

in·san·i·ty [ɪnˈsænətɪ] *s* Wahnsinn *m*, Irrsinn *m*: a) *med.* Geisteskrankheit *f*, b) *fig.* Verrücktheit *f*, Tollheit *f*.

in·sa·ti·a·bil·i·ty [ɪn₁seɪʃjəˈbɪlətɪ; *bes. Am.* -ʃə¹b-] *s* Unersättlichkeit *f*. **inˈsa·ti·a·ble** *adj* (*adv* **insatiably**) unersättlich (*Person*), unstillbar (*Durst etc*; *beide a. fig.*): **he is ~** (*od.* **for**) **power** sein Machthunger ist unstillbar; **~ desire for knowledge** unstillbarer Wissensdurst. **inˈsa·ti·a·ble·ness** *s* insatiability.

in·sa·ti·ate [ɪnˈseɪʃɪət; *Am. a.* -ʃət], *etc* → **insatiate, etc.**

in·scribe [ɪnˈskraɪb] *v/t* **1.** → **engrave.** **2.** (ein)schreiben, eintragen (**in** *acc*): **to ~ one's name in a book** sich in ein Buch eintragen; **they have ~d their names (up)on the pages of history** sie haben Geschichte gemacht, sie sind in die Geschichte eingegangen; **~d stock** *econ. Br.* Namensaktien *pl* (*nur bei der Emissionsstelle eingetragene Aktien ohne Besitzerzertifikat*). **3.** *ein Buch etc* mit e-r (per¦sönlichen) Widmung versehen. **4.** *math.* einbeschreiben (**in** *dat*): **~d angle** einbeschriebener Winkel.

in·scrip·tion [ɪnˈskrɪpʃn] *s* **1.** In- *od.* Aufschrift *f*. **2.** Eintragung *f*. **3.** (per¦sönliche) Widmung. **4.** *math.* Einbeschreibung *f*. **inˈscrip·tion·al** [-ʃənl], **inˈscrip·tive** [-tɪv] *adj* **1.** Inschriften-... **2.** inschriftartig.

in·scru·ta·bil·i·ty [ɪn₁skruːtəˈbɪlətɪ] *s* Unerforschlichkeit *f*, Unergründlichkeit *f*. **inˈscru·ta·ble** *adj* (*adv* **inscrutably**) unerforschlich, unergründlich: **the ~ ways of Providence.**

in·sect [ˈɪnsekt] *s* **1.** *zo.* In¦sekt *n*, Kerbtier *n*: **~ bite** Insektenstich *m*; **~ feeder** → **insectivore** I a, 2; **~ pest** Insektenplage *f*; **~ repellent** insektenvertreibend; **~ repellent** → **insectifuge.** **2.** *fig. contp.* ¹Gartenzwerg' *m*. **in·secˈtar·i·um** [-ˈteərɪəm] *pl* **-i·a** [-ɪə] *od.* **-i·ums**, **inˈsec·tar·y** [*Brit.* ɪnˈsek-; *Am.* ˈɪn₁sek-] *s* In¦sek¦tarium *n* (*der Aufzucht u. dem Studium von Insekten dienende Anlage*). **in·sec·tiˈcid·al** [-tɪˈsaɪdl] *adj chem.* insekti¦zid, insektentötend. **inˈsec·ti·cide** [-saɪd] *s chem.* Insekti¦zid *n*, In¦sektenvernichtungsmittel *n*. **inˈsec·ti·fuge** [-fjuːdʒ] *s* In¦sektenvertreibungsmittel *n*.

in·sec·tion [ɪnˈsekʃn] *s* Einschnitt *m*.

in·sec·ti·vore [ɪnˈsektɪvɔː(r)] *s* **1.** *zo.* In¦sektenfresser *m*: a) *insektenfressendes Tier*, b) *Säugetier der Ordnung Insectivora*. **2.** *bot.* fleischfressende Pflanze. **₁in·secˈtiv·o·rous** [-ˈtɪvərəs] *adj* **1.** *zo.* in¦sektenfressend. **2.** *bot.* fleischfressend.

in·se·cure [₁ɪnsɪˈkjʊə(r)] *adj* (*adv* **~ly**) **1.** ungesichert, nicht fest. **2.** *fig.* unsicher: a) ungesichert, ris¦kant: **an ~ investment**, b) gefährdet: **their marriage was ~ from the very beginning**, c) nicht selbstsicher: **to feel ~** sich unsicher fühlen. **in·seˈcu·ri·ty** [₁ɪnsɪˈkjʊərətɪ] *s* Unsicherheit *f*.

in·sel·berg [ˈɪnzlbɜːg; *Am.* -₁bɜrg] *pl* **-bergs, -₁ber·ge** [-gə] *s* Inselberg *m*.

in·sem·i·nate [ɪnˈsemɪneɪt] *v/t* **1.** *agr.* a) den Boden einsäen, b) Samen (aus)säen. **2.** (ein)pflanzen. **3.** *biol.* befruchten, *zo. a.* besamen. **4.** *fig.* einprägen: **to ~** s.th. **in(to)** s.o.'s mind, **~** s.o.'s mind with s.th. j-m etwas einimpfen. **in₁sem·iˈna·tion** *s* **1.** *agr.* (Ein)Säen *n*. **2.** (Ein-)Pflanzen *n*. **3.** *biol.* Befruchtung *f*, Besamung *f*. **4.** *fig.* Einimpfung *f*.

in·sen·sate [ɪnˈsenseɪt, -sət] *adj* (*adv* **~ly**) **1.** gefühllos: a) empfindungslos, leblos: **~ stone**, b) hart, bru¦tal. **2.** unsinnig, unvernünftig. **3.** ¹übermäßig, sinnlos: **~ anger.** **4.** → **insensible** 3. **inˈsen·sate·ness** *s* **1.** Gefühllosigkeit *f*: a) Empfindungs-, Leblosigkeit *f*, b) Härte *f*, Brutali¦tät *f*. **2.** Unsinnigkeit *f*, Unvernunft *f*. **3.** → **insensibility** 3.

in·sen·si·bil·i·ty [ɪn₁sensəˈbɪlətɪ] *s* **1.** Empfindungs-, Gefühllosigkeit *f*, Un-¦empfindlichkeit *f* (**to** gegen): **~ to pain** Schmerzunempfindlichkeit *f*. **2.** Bewußtlosigkeit *f*. **3.** *fig.* (**of**, **to**) Unempfänglichkeit *f* (für), Gleichgültigkeit *f* (gegen). **inˈsen·si·ble** [ɪnˈsensəbl] *adj* (*adv* **insensibly**) **1.** empfindungslos, gefühllos, unempfindlich (**to** gegen): **~ to pain** schmerzunempfindlich. **2.** bewußtlos: **to knock** s.o. **~**; **to fall ~** in Ohnmacht fallen. **3.** *fig.* (**of**, **to**) unempfänglich (für), gleichgültig (gegen). **4.** sich nicht bewußt (**of** gen): **not to be ~ of** s.th. sich e-r Sache durchaus *od.* sehr wohl bewußt sein. **5.** unmerklich.

in·sen·si·tive [ɪnˈsensətɪv] *adj* (*adv* **~ly**) **1.** *a. phys. tech.* unempfindlich (**to** gegen): **an ~ skin**; **~ to light** lichtunempfindlich. **2.** → **insensible** 1, 3. **inˈsen·si·tive·ness**, **in₁sen·siˈtiv·i·ty** *s* **1.** Unempfindlichkeit *f*: **~ to light** Lichtunempfindlichkeit *f*. **2.** → **insensibility** 1, 3.

in·sen·ti·ent [ɪnˈsenʃɪənt; -ʃnt] *adj* → **insensate** 1, **insensible** 1.

in·sep·a·ra·bil·i·ty [ɪn₁sepərəˈbɪlətɪ; -prə¦b-] *s* Untrennbarkeit *f*, Unzertrennlichkeit *f*. **inˈsep·a·ra·ble** **I** *adj* (*adv* **inseparably**) **1.** untrennbar (*a. ling.*). **2.** unzertrennlich (**from** von): **~ friends.** **II** *s* **3.** *pl* untrennbare Dinge *pl*. **4.** *pl* unzertrennliche Freunde *pl*: **they are ~s** sie sind unzertrennlich.

in·sert **I** *v/t* [ɪnˈsɜːt; *Am.* ɪnˈsɜrt] **1.** einfügen, -setzen, -schieben, Worte *a.* einschalten, *ein Instrument etc* einführen, *e-n Schlüssel etc* (hin¦ein)stecken, *e-e Münze etc* einwerfen (**in**, **into** *acc*). **2.** *electr.* einschalten, zwischenschalten. **3. to ~ an advertisement in**(**to**) **a newspaper** e-e Anzeige in e-e Zeitung setzen, in e-r Zeitung inserieren. **4.** → **insertion** 2-5. **5.** *Film, TV:* Insert *n*, Einblendung *f*, Zwischenschnitt *m*.

in·ser·tion [ɪnˈsɜːʃn; *Am.* -ˈsɜr-] *s* **1.** Einfügen *n*, -setzen *n*, Einführung *f*, Einwurf *m*. **2.** Einfügung *f*, Ein-, Zusatz *m*, Einschaltung *f*. **3.** Einsatz(stück *n*) *m*: **~ of lace** Spitzeneinsatz. **4.** (Zeitungs)Anzeige *f*, Inse¦rat *n*. **5.** (Zeitungs)Beilage *f*, (Buch)Einlage *f*. **6.** *electr.* Ein-, Zwischenschaltung *f*. **7.** *anat. bot. a*) Einfügung *f* (*e-s Organs*), b) Ansatz(stelle *f*) *m*: **muscular ~** *anat.* Muskelansatz. **8.** → **injection** *med*.

ˈin-₁ser·vice *adj:* **~ training** berufsbegleitende Aus- *od.* Weiterbildung.

in·ses·so·ri·al [ˌɪnseˈsɔːrɪəl; *Am.* a. -ˈsoʊ-] *adj orn.* **1.** hockend: ~ **birds. 2.** zum Hocken geeignet (*Fuß*).

in·set I *s* [ˈɪnset] **1.** → **insertion** 2, 3, 5. **2.** Eckeinsatz *m*, Nebenbild *n*, -karte *f*. **3.** Einsetzen *n* (*der Flut*), Her'einströmen *n*. **II** *v/t* [ˌɪnˈset; *Am. a.* ˈɪnˌset] *irr pret u. pp a.* ˌ**inˈset·ted 4.** einfügen, -setzen, -schieben, -schalten (**in**, **into** in *acc*).

in·shore [ˌɪnˈʃɔː(r); *Am. a.* ˌɪnˈʃɔər] **I** *adj* **1.** an *od.* nahe der Küste: ~ **fishing** Küstenfischerei *f*. **2.** sich auf die Küste zu bewegend: ~ **current** Küstenströmung *f*. **II** *adv* **3.** zur Küste hin. **4.** nahe der Küste. **5.** ~ **of the ship** zwischen Schiff u. Küste.

in·shrine [ɪnˈʃraɪn] → **enshrine**.

in·side [ˌɪnˈsaɪd, ˈɪnsaɪd] **I** *s* **1.** Innenseite *f*, -fläche *f*, innere Seite: **on the** ~ innen (→ 2). **2.** (*das*) Innere: **from the** ~ von innen; ~ **out** das Innere *od.* die Innenseite nach außen (*kehren*), verkehrt, umgestülpt; **he was wearing his pullover** ~ **out** er hatte s-n Pullover links an; **to turn s.th.** ~ **out** a) etwas umdrehen *od.* umstülpen, b) *fig.* etwas (völlig) umkrempeln *od.* ˌauf den Kopf stellenˈ; **to know s.th.** ~ **out** etwas in- u. auswendig kennen; **on the** ~ eingeweiht (→ 1); **s.o. on the** ~ Insider, ein Eingeweihter. **3.** Häuserseite *f* (*e-s Radwegs etc*). **4.** *fig.* inneres Wesen, (*das*) Innerste *od.* Wesentliche: **to look into the** ~ **of s.th.** etwas gründlich untersuchen. **5.** *oft pl colloq.* Eingeweide *pl*, *bes.* Magen *m*, Bauch *m*: **a pain in one's** ~**s** Bauchschmerzen *pl*. **6.** Mitte *f*: **the** ~ **of a week** die Wochenmitte. **7.** *colloq.* ˈInsiderinformatiˌonen *pl*, inˈterne *od.* vertrauliche Informationen *pl* (**on** über *acc*). **II** *adj* [*meist* ˈɪnsaɪd] **8.** im Innern (befindlich), inner, Innen..., inwendig: ~ **cal(l)iper** *tech.* Lochzirkel *m*; ~ **diameter** Innendurchmesser *m*, lichte Weite; ~ **broker** *econ. Br.* amtlich zugelassener Makler; ~ **director** *econ. Am.* (*etwa*) Vorstandsmitglied *n*; ~ **finish** *arch. Am.* Ausbau *m*; ~ **lane** *sport* Innenbahn *f*; ~ **left (right)** (*Fußball, Hockey*) *hist.* Halblinke(r) *m* (Halbrechte[r] *m*); **to push s.th. onto the** ~ **pages** etwas von den Titelseiten verdrängen; ~ **track** a) *Radsport, Eisschnellauf:* Innenbahn *f*, b) *fig. Am.* Vorteil *m*, günstige (Ausgangs)Position. **9.** im Hause beschäftigt. **10.** im Hause getan: ~ **work. 11.** inˈtern, vertraulich: ~ **information** (*colloq.* **stuff**) → 7; **it was an** ~ **job** *colloq.* a) ˌdas Dingˈ wurde von Insidern gedrehtˈ, b) an dem ˌDingˈ waren Insider beteiligt; ~ **man** *Am.* (*in e-e Organisation*) eingeschleuster Mann, Spitzel *m*; → **dope** 7 a. **III** *adv* [ˌɪnˈsaɪd] **12.** im Inner(e)n, (dr)innen. **13.** ins Innere, nach innen, hinˈein, herˈein. **14.** ~ **of** a) innerhalb (*gen*): ~ **of a week** innerhalb e-r Woche, b) *Am.* → 16. **15.** (von) innen, an der Innenseite: ~ **painted red** ~ innen rot gestrichen. **IV** *prep* [ˌɪnˈsaɪd] **16.** innerhalb, im Inner(e)n (*gen*): ~ **the house** im Hause.

in·sid·er [ˌɪnˈsaɪdə(r)] *s* Insider(in): a) Eingeweihte(r *m*) *f*, b) Mitglied e-r (Wirtschafts)Gemeinschaft.

in·sid·i·ous [ɪnˈsɪdɪəs] *adj* (*adv* ~**ly**) **1.** heimtückisch, ˈhinterhältig, -listig. **2.** *med.* (heim)tückisch, schleichend: ~ **disease. in·sid·i·ous·ness** *s* Heimtücke *f*, ˈHinterlist *f*.

in·sight [ˈɪnsaɪt] *s* **1.** (**into**) a) Einblick *m* (in *acc*): **to gain an** ~ **into s.th.** (e-n) Einblick in etwas gewinnen; **to provide** ~ **into s.th.** Einblick in etwas gewähren, b) Verständnis *n* (für): **a man of** ~ ein verständnisvoller Mann. **2.** Einsicht *f* (*a. psych.*). **3.** Scharfblick *m*. ˈ**in·sight·ful** *adj* (*adv* ~**ly**) aufschlußreich.

in·si·gne [ɪnˈsɪɡnɪ] *pl* **-ni·a** [-nɪə] → **insignia**.

in·sig·ni·a [ɪnˈsɪɡnɪə] *pl* **-as, -a** *s* **1.** Inˈsignie *f*, Amts-, Ehrenzeichen *n*. **2.** *mil.* Abzeichen *n*. **3.** (Kenn)Zeichen *n*.

in·sig·nif·i·cance [ˌɪnsɪɡˈnɪfɪkəns] *s* **1.** Bedeutungslosigkeit *f*, Unwichtigkeit *f*. **2.** Belanglosigkeit *f*, Geringfügigkeit *f*. ˌ**in·sigˈnif·i·can·cy** [-sɪ] *s* **1.** → **insignificance. 2.** (*etwas*) Belangloses, Lapˈpalie *f*. **3.** unbedeutender Mensch.

in·sig·nif·i·cant [ˌɪnsɪɡˈnɪfɪkənt] *adj* (*adv* ~**ly**) **1.** bedeutungslos, unwichtig. **2.** geringfügig, unerheblich: **an** ~ **sum**; ~ **wage** Hungerlohn *m*. **3.** unbedeutend: **an** ~ **person. 4.** verächtlich, gemein: **an** ~ **fellow** ein gemeiner Kerl. **5.** nichtssagend: ~ **words**.

in·sin·cere [ˌɪnsɪnˈsɪə(r)] *adj* (*adv* ~**ly**) unaufrichtig, falsch. ˌ**in·sinˈcer·i·ty** [-ˈserətɪ] *s* Unaufrichtigkeit *f*, Falschheit *f*.

in·sin·u·ate [ɪnˈsɪnjʊeɪt; *Am.* ɪnˈsɪnjəˌweɪt] **I** *v/t* **1.** andeuten, anspielen auf (*acc*), zu verstehen geben: **are you insinuating that ...?** wollen Sie damit sagen, daß ...? **2. to** ~ **s.th. into s.o.'s mind** j-m etwas geschickt beibringen *od.* einimpfen, j-m Furcht einflößen, j-s Argwohn, Zweifel etc wecken. **3.** ~ **o.s.** sich eindrängen (**into** in *acc*): **to** ~ **o.s. into s.o.'s favo(u)r** sich bei j-m einschmeicheln; **to** ~ **o.s. into s.o.'s confidence** sich j-s Vertrauen erschleichen. **II** *v/i* **4.** Andeutungen machen. **in·sin·u·at·ing** *adj* (*adv* ~**ly**) **1.** einschmeichelnd, schmeichlerisch. **2.** → **insinuative** 1. **in·sin·u·a·tion** [ɪnˌsɪnjʊˈeɪʃn; *Am.* -jəˈw-] *s* (**about**) Anspielung *f* (auf *acc*), (versteckte) Andeutung (über *acc*): **to make** ~**s**; **by** ~ andeutungsweise. **inˈsin·u·a·tive** [-jʊətɪv; *Am.* -jəˌweɪtɪv], **inˈsin·u·a·to·ry** [-jʊətərɪ; *Am.* -jəwəˌtɔːriː; -ˌtoʊ-] *adj* **1.** andeutend: **an** ~ **remark** → **insinuation. 2.** → **insinuating** 1.

in·sip·id [ɪnˈsɪpɪd] *adj* (*adv* ~**ly**) fad(e): a) geschmacklos, (*bes.* Getränk) schal, b) *fig.* langweilig, geistlos (*Geschichte, Person etc*). ˌ**in·siˈpid·i·ty**, **inˈsip·id·ness** *s* Fadheit *f*.

in·sist [ɪnˈsɪst] **I** *v/i* **1.** (**on, upon**) dringen (auf *acc*), bestehen (auf *dat*), verlangen (*acc*): **I** ~ **on doing it** ich bestehe darauf, es zu tun; ich will es unbedingt tun; **I** ~**ed on him** (*od.* **his**) **leaving it** ich bestand darauf, daß er ging; *you must come with us*, **I** ~ ich bestehe darauf; **if you** ~ a) wenn Sie darauf bestehen, b) wenn es unbedingt sein muß. **2.** (**on**) beharren (auf *dat, bei*), beharrlich beteuern *od.* behaupten (*acc*), bleiben bei (*e-r Behauptung*). **3.** (**on, upon**) Gewicht legen (auf *acc*), herˈvorheben, (nachdrücklich) betonen (*acc*): **to** ~ **on a point. II** *v/t* **4.** darˈauf bestehen, verlangen (**that** daß): **I** ~**ed that he (should) leave** ich bestand darauf, daß er ging. **5.** darˈauf beharren, beharrlich beteuern *od.* behaupten, daˈbei bleiben (**that** daß): **he** ~**ed that he was innocent. inˈsist·ence, inˈsist·en·cy** *s* **1.** Bestehen *n*, Beharren *n* (**on, upon** auf *dat*): *I did it*, **but only at his** ~ aber nur, weil er darauf bestand; aber nur auf sein Drängen (hin). **2.** beharrliche Beteuerung (**on** *gen*): **his** ~ **that he was innocent** s-e beharrliche Beuptung, unschuldig zu sein. **3.** (**on, upon**) Betonung *f* (*gen*), Nachdruck *m* (auf *dat*): **with great** ~ mit großem Nachdruck, sehr nachdrücklich. **4.** Beharrlichkeit *f*, Hartnäckigkeit *f*. **inˈsistent** *adj* (*adv* ~**ly**) **1.** beharrlich, hartnäckig: **to be** ~ (**on**) → **insist** 1-3; **to be** ~ **on s.th.** a) auf e-r Sache bestehen, b)

in si tu [ɪnˈsɪtjuː; *Am. bes.* ˌɪnˈsaɪtuː] (*Lat.*) *adv* in situ: a) in der naˈtürlichen Lage (*a. anat.*), b) *med.* auf den Ausgangsort beschränkt (*Tumor etc*).

in·so·bri·e·ty [ˌɪnsoʊˈbraɪətɪ] *s* Unmäßigkeit *f*.

ˌ**in·soˈfar**, *a.* **in so far** *adv:* ~ **as** soweit.

in·so·late [ˈɪnsoʊleɪt] *v/t* den Sonnenstrahlen aussetzen. ˌ**in·soˈla·tion** *s* **1.** Sonnenbestrahlung *f*: **artificial** ~ *med.* Höhensonnenbestrahlung. **2.** Sonnenbad *n*, -bäder *pl*. **3.** *med.* Sonnenstich *m*.

in·sole [ˈɪnsoʊl] *s* **1.** Brandsohle *f*. **2.** Einlegesohle *f*.

in·so·lence [ˈɪnsələns] *s* **1.** Anmaßung *f*, Überˈheblichkeit *f*. **2.** Unverschämtheit *f*, Frechheit *f*. ˈ**in·so·lent** *adj* (*adv* ~**ly**) **1.** anmaßend, überˈheblich. **2.** unverschämt, frech (**to** zu).

in·sol·u·bil·i·ty [ɪnˌsɒljʊˈbɪlətɪ; *Am.* ɪnˌsɑljəˈb-] *s* **1.** *chem.* Un(auf)löslichkeit *f*. **2.** *fig.* Unlösbarkeit *f*. **inˈsol·u·ble I** *adj* (*adv* **insolubly**) **1.** *chem.* un(auf)löslich. **2.** *fig.* unlösbar. **II** *s* **3.** *chem.* unlösliche Subˈstanz. **4.** *fig.* unlösbares Proˈblem.

in·sol·ven·cy [ɪnˈsɒlvənsɪ; *Am. bes.* ɪnˈsɑl-] *s econ. jur.* **1.** Zahlungsunfähigkeit *f*, -einstellung *f*, Insolˈvenz *f*. **2.** Konˈkurs *m*, Bankˈrott *m*. **3.** Überˈschuldung *f*. **inˈsol·vent** *adj* **1.** *econ. jur.* zahlungsunfähig, insolˈvent. **2.** *econ. jur.* konˈkursreif, bankˈrott: ~ **law** Bankrottgesetz *n*. **3.** *econ. jur.* überˈschuldet: ~ **estate** überschuldeter Nachlaß. **4.** *fig.* (*moralisch etc*) bankˈrott. **II** *s* **5.** *econ. jur.* zahlungsunfähiger Schuldner.

in·som·ni·a [ɪnˈsɒmnɪə; *Am.* ɪnˈsɑm-] *s med.* Schlaflosigkeit *f*. **inˈsom·ni·ac** [-æk] **I** *s* an Schlaflosigkeit Leidende(r *m*) *f*: **to be an** ~ an Schlaflosigkeit leiden. **II** *adj* a) an Schlaflosigkeit leidend, b) zu Schlaflosigkeit führend.

ˌ**in·soˈmuch** *adv* **1.** so sehr, dermaßen, so (**that** daß). **2.** → **inasmuch as**.

in·sou·ci·ance [ɪnˈsuːsjəns; -sɪəns] *s* Sorglosigkeit *f*, Unbekümmertheit *f*. **inˈsou·ci·ant** *adj* (*adv* ~**ly**) unbekümmert, sorglos.

in·spect [ɪnˈspekt] *v/t* **1.** unterˈsuchen, prüfen, sich genau ansehen (**for** auf *acc* [hin]). **2.** *jur.* Akten einsehen, Einsicht nehmen in (*acc*). **3.** besichtigen, inspiˈzieren: **to** ~ **troops**.

in·spec·tion [ɪnˈspekʃn] *s* **1.** Besichtigung *f*, Unterˈsuchung *f*, Prüfung *f*, (*bes. amtliche*) Konˈtrolle, *tech. a.* Abnahme *f*: **on** ~ bei näherer Prüfung; **not to bear** (*od.* **stand**) **close** ~ e-r näheren Prüfung nicht standhalten; **for (your kind)** ~ *econ.* zur (gefälligen) Ansicht; **free** ~ **(invited)** freie Besichtigung ohne Kaufzwang; ~ **copy** *print.* Prüfstück *n*; ~ **hole** *tech.* Schauloch *n*; ~ **lamp** *tech.* Abˈleuchtlampe *f*; ~ **test** *tech.* Abnahmeprüfung; ~ **window** *tech.* Ablesefenster *n*, Schauglas *n*. **2.** *jur.* Einsicht(nahme) *f*: ~ **of the books and accounts** Buchprüfung *f*, Einsichtnahme in die (Geschäfts-)Bücher; **to be (laid) open to** ~ zur Einsicht auslegen. **3.** (offiziˈelle) Besichtigung, Inspiˈzierung *f*, Inspektiˈon *f*: ~ **of the troops** Truppenbesichtigung. **4.** *mil.* (*Waffen- etc*) Apˈpell *m*. **5.** Aufsicht *f* (**of**, **over** über *acc*): **under sanitary** ~ unter gesundheitspolizeilicher Aufsicht; **committee of** ~ *jur.* Gläubigerausschuß *m* (*zur Unterstützung des Konkursverwalters*).

in·spec·tor [ɪnˈspektə(r)] *s* **1.** Inˈspektor *m*, Aufsichtsbeamte(r) *m*, Aufseher *m*,

inspectoral - institutional

Prüfer *m*, Kontrol'leur *m* (*a. rail. etc*): ~ **of schools** Schulinspektor; → **weight** 2. 2. **customs** ~ Zollbeamte(r) *m*. 3. **police** ~ *Br*. Poli'zeiin,spektor *m*, -kommis,sar *m*. 4. *mil*. Inspek'teur *m*: **I.~ General** Generalinspekteur. **in'spec·to·ral** [-rəl] *adj* 1. Inspektor(en)... 2. Aufsichts...: ~ **staff** Aufsichtspersonal *n*. **in'spec·to·rate** [-rət] *s* 1. Inspekto'rat *n*: a) Aufseheramt *n*, b) Aufsichtsbezirk *m*. 2. Inspekti'on(sbehörde) *f*.

in·spec·to·ri·al [ˌɪnspekˈtɔːrɪəl; *Am. a.* -'toʊ-] → **inspectoral**.

in'spec·tor·ship *s* 1. Inspekto'rat *n*, In'spektoramt *n*. 2. Aufsicht *f* (of über *acc*).

in·spec·to·scope [ɪn'spektəskoʊp] *s Am.* Röntgenapparat zur *Untersuchung von Gepäckstücken etc.*

in·spi·ra·tion [ˌɪnspəˈreɪʃn] *s* 1. Inspirati'on *f*: a) *physiol*. Einatmung *f*, b) *relig*. göttliche Eingebung, (plötzlicher) Einfall, c) *fig*. Anregung *f*: **to draw one's ~ from** s-e Anregung(en) beziehen aus; **to be s.o.'s ~**, **to be an ~ to** (*od*. for) s.o. j-n inspirieren. 2. Gedankenflug *m*. 3. Veranlassung *f*: **at s.o.'s ~** auf j-s Veranlassung (hin). ˌ**in·spi'ra·tion·al** [-ʃənl] *adj* (*adv* ~**ly**) 1. inspi'riert. 2. Inspirations... 3. → **inspirative**. ˌ**in·spi'ra·tion·ist** *s relig*. j-d, der glaubt, daß die Heilige Schrift unter göttlicher Eingebung geschrieben wurde. **in·spir·a·tive** [ɪn'spaɪərətɪv] *adj* inspira'tiv, inspi'rierend.

in·spi·ra·tor [ˈɪnspəreɪtə(r)] *s med*. Inha'lator *m*, Inhalati'onsappa,rat *m*. **in·spir·a·to·ry** [ɪn'spaɪərətərɪ; *Am.* -ˌtoʊriː; -ˌtɔː-] *adj* Einatmungs...

in·spire [ɪn'spaɪə(r)] **I** *v/t* 1. einatmen. 2. inspi'rieren: a) j-n erleuchten, b) j-n anregen, beflügeln, veranlassen (**to** zu; **to do** zu tun), c) *etwas* anregen, beflügeln. 3. *ein Gefühl etc* erwecken, auslösen (**in** in *dat*): **to ~ confidence in s.o.** j-m Vertrauen einflößen. 4. *fig*. erfüllen, beseelen (**with** mit). 5. her'vorbringen, verursachen. 6. *obs*. einhauchen (**into** *dat*). **II** *v/i* 7. inspi'rieren. 8. einatmen. **in'spired** *adj* 1. *relig. u. fig*. erleuchtet. 2. inspi'riert. 3. glänzend, her'vorragend: **it was an ~ guess** das war glänzend geraten. 4. schwungvoll, zündend. 5. von ,oben' (*von der Regierung etc*) veranlaßt. 6. ~ **leak** gezielte Indiskretion. **in'spir·er** *s* Inspi'rator *m*.

in·spir·it [ɪn'spɪrɪt] → **inspire** 2 b.

in·sta·bil·i·ty [ˌɪnstə'bɪlətɪ] *s* 1. mangelnde Festigkeit *od*. Stabili'tät. 2. *bes. chem. tech*. Instabili,tät *f*. 3. *fig*. Unbeständigkeit *f*. 4. *fig*. mangelnde Festigkeit: (**emotional**) ~ Labilität *f*. **in·sta·ble** [ɪn'steɪbl] → **unstable**.

in·stall, *bes. Am. a*. **in·stal** [ɪn'stɔːl] *v/t* 1. *tech*. instal'lieren: a) *ein Bad, e-e Maschine, e-e Heizung* einbauen, b) *e-e Leitung etc* legen, c) *ein Telefon etc* anschließen. 2. in ein Amt einführen *od*. einsetzen, *e-n Geistlichen* inve'stieren. 3. *etwas* setzen, stellen, legen: **he ~ed himself in front of the fireplace** er ließ sich vor dem Kamin nieder. 4. j-n (*beruflich, häuslich*) 'unterbringen: **he ~ed his sister as secretary**.

in·stal·la·tion [ˌɪnstəˈleɪʃn] *s* 1. *tech*. Instal'lierung *f*, Installati'on *f*, Einbau *m*, Anschluß *m*. 2. *tech*. (*fertige*) Anlage, (Betriebs)Einrichtung *f*: **military** ~ militärische Anlage. 3. *pl* Inven'tar *n*. 4. (Amts)Einsetzung *f*, (-)Einführung *f*.

in'stall·ment¹, *bes. Br.* **in'stal·ment** *s econ*. Rate *f*: **by** (*od.* **in**) ~**s** in Raten, ratenweise (→ 2); **first ~** Anzahlung *f* (**toward**[**s**] auf *acc*); **monthly ~** Monatsrate. 2. (Teil)Lieferung *f* (*e-s Buches etc*): **by** (*od.* **in**) ~**s** in (Teil)Lieferungen (→ 1). 3. a) Fortsetzung *f*: **a novel by** (*od.* **in**) ~**s** ein Fortsetzungsroman, b) *Rundfunk, TV*: Folge *f*: **program(me) in two ~s** Zweiteiler *m*.

in'stall·ment², *bes. Br.* **in'stal·ment** → **installation** 1.

in·stall·ment | busi·ness *s econ*. Teilzahlungs-, Ratenzahlungs-, Abzahlungsgeschäft *n*. **~ buy·ing** *s* Teilzahlungs-, Ratenzahlungs-, Abzahlungskauf *m*. **~ con·tract** *s* Teilzahlungs-, Abzahlungsvertrag *m*. **~ cred·it** *s* 'Teilzahlungs-, 'Abzahlungskre,dit *m*. **~ plan**, **~ sys·tem** *s Am*. 'Teilzahlungs-, 'Ratenzahlungs-, 'Abzahlungssy,stem *n*: **to buy on the ~** auf Abzahlung *od*. Raten kaufen.

in·stal·ment *bes. Br. für* **installment¹** u. ².

in·stance [ˈɪnstəns] **I** *s* 1. (*einzelner*) Fall: **in this ~** in diesem (besonderen) Fall; **in a given ~** in e-m Einzelfall. 2. Beispiel *n*: **for ~** zum Beispiel; **as an ~ of s.th.** als Beispiel für etwas; → **for instance**. 3. dringende Bitte, An-, Ersuchen *n*: **at his ~** auf s-e Veranlassung (hin), auf sein Betreiben *od*. Drängen. 4. *jur*. In'stanz *f*: **a court of the first ~** ein Gericht erster Instanz; **in the last ~** a) in letzter Instanz, b) *fig*. letztlich; **in the first ~** *fig*. a) in erster Linie, b) zu'erst. **II** *v/t* 5. als Beispiel anführen. 6. mit Beispielen belegen. **in·stan·cy** [-sɪ] *s* 1. Dringlichkeit *f*. 2. Unverzüglichkeit *f*.

in·stant [ˈɪnstənt] **I** *s* 1. Mo'ment *m*: a) (*kurzer*) Augenblick: **in an ~**, **on the ~** sofort, augenblicklich, im Nu, b) (*genauer*) Zeitpunkt, Augenblick *m*: **at this ~** in diesem Augenblick; **this ~** sofort, auf der Stelle; **the ~ I saw her** sobald ich sie sah. **II** *adj* (*adv* ~**ly**) 2. so'fortig, unverzüglich, augenblicklich: **~ camera** *phot*. Sofortbild-, Instantkamera *f*; **~ replay** *sport, TV* (*bes*. Zeitlupen)Wiederholung *f* (*e-r Spielszene etc*). 3. di'rekt, unmittelbar. 4. *gastr*. Fertig...: **~ cake mix** Backmischung *f*; **~ coffee** Instant-, Pulverkaffee *m*; **~ meal** Fertig-, Schnellgericht *n*. 5. *econ*. gegenwärtig, laufend: **the 10th ~** der 10. dieses Monats. 6. dringend: **to be in ~ need of s.th.** etwas dringend brauchen.

in·stan·ta·ne·ous [ˌɪnstən'teɪnjəs; -nɪəs] *adj* 1. so'fortig, unverzüglich, augenblicklich: **~ action; death was ~** der Tod trat auf der Stelle ein; **his death was ~** er war auf der Stelle *od*. sofort tot. 2. *a. phys. tech*. momen'tan, Moment..., Augenblicks...: **~ heater** Durchlauferhitzer *m*; **~ photo**(**graph**) Momentaufnahme *f*; **~ shutter** Momentverschluß *m*; **~ value** Momentan-, Augenblickswert *m*. 3. gleichzeitig: **~ events**. 4. augenblicklich, momen'tan. ˌ**in·stan'ta·ne·ous·ly** *adv* augenblicklich, so'fort, unverzüglich, auf der Stelle. ˌ**in·stan'ta·ne·ous·ness** *s* Unverzüglichkeit *f*.

in·stan·ter [ɪn'stæntə(r)] *adv bes. jur*. so'fort, unverzüglich.

in·stan·ti·ate [ɪn'stænʃɪeɪt] *v/t etwas* durch ein (kon'kretes) Beispiel darlegen.

in·stant·ly [ˈɪnstəntlɪ] *adv* augenblicklich, so'fort, unverzüglich.

in·state [ɪn'steɪt] → **install** 2.

in·stead [ɪn'sted] *adv* 1. **~ of** an Stelle von (*od. gen*), (an)statt (*gen*): **~ of me** an m-r Stelle; **~ of going** anstatt zu gehen; **~ of at work** statt bei der Arbeit; **worse ~ of better** schlechter statt besser. 2. statt dessen, da'für: **take this ~**.

in·step [ˈɪnstep] *s* 1. *anat*. Rist *m*, Spann *m*: **~ raiser** *med*. Senk- *od*. Plattfußeinlage *f*. 2. Blatt *n* (*e-s Schuhs*).

in·sti·gate [ˈɪnstɪgeɪt] *v/t* 1. j-n aufhetzen, *a. jur*. anstiften (**to** zu; **to do** zu tun). 2. a) *etwas Böses* anstiften, anzetteln, b) *etwas* in Gang setzen, in die Wege leiten, initi'ieren. ˌ**in·sti'ga·tion** *s* 1. Anstiftung *f*, Aufhetzung *f*. 2. Anregung *f*: **at s.o.'s ~** auf j-s Veranlassung (hin), auf j-s Betreiben *od*. Drängen. ˈ**in·sti·ga·tor** [-tə(r)] *s* 1. Anstifter(in), (Auf)Hetzer(in): **~ of a crime** Anstifter(in) e-s Verbrechens *od*. zu e-m Verbrechen. 2. a) Anzett(e)ler(in), b) Initi'ator *m*, Initia'torin *f*.

in·stil(**l**) [ɪn'stɪl] *v/t* 1. einträufeln (**into** *dat*). 2. *fig*. einflößen, -impfen, beibringen (**into** *dat*). ˌ**in·stil'la·tion**, **in'stil**(**l**)**·ment** *s* 1. Einträuf(e)lung *f*. 2. *fig*. Einflößung *f*, Einimpfung *f*.

in·stinct¹ [ˈɪnstɪŋkt] *s* 1. In'stinkt *m*, (Na'tur)Trieb *m*: **the ~ of self-preservation** der Selbsterhaltungstrieb; **by** (*od.* **from**) ~ instinktiv. 2. (*sicherer*) In'stinkt, na'türliche Begabung (**for** für): **to have an ~ for** *s.th.* (*od.* **to do**) **s.th.** etwas instinktiv tun. 3. instink'tives Gefühl (**for** für).

in·stinct² [ɪn'stɪŋkt] *adj* erfüllt, durch'drungen (**with** von).

in·stinc·tive [ɪn'stɪŋktɪv] *adj* (*adv* ~**ly**) instink'tiv: a) in'stinkt-, triebmäßig, b) unwillkürlich: ~ **act**(**ion**) Instinktivhandlung *f*, c) angeboren.

in·sti·tute [ˈɪnstɪtjuːt; *Am. a.* -tuːt] **I** *v/t* 1. er-, einrichten, gründen, ins Leben rufen: **to ~ a society**. 2. einsetzen: **to ~ a government**. 3. einführen: **to ~ laws**. 4. in Gang setzen, in die Wege leiten, initi'ieren: **to ~ an inquiry** e-e Untersuchung einleiten; **to ~ inquiries** Nachforschungen anstellen; → **action** 12, **suit** 4. 5. a) → **install** 2, b) *relig*. einsetzen (**in**, **into** in *acc*); **to ~ into a benefice** in e-e Pfründe einsetzen. 6. *jur*. einsetzen (**s.o. as heir** j-n zum *od*. als Erben). **II** *s* 7. a) Insti'tut *n*: **~ for business cycle research** *econ*. Konjunkturinstitut, b) Anstalt *f*, c) Akade'mie *f*, d) (*literarische etc*) Gesellschaft *f*. 8. a) Insti'tut(sgebäude) *n*, b) Anstalt(sgebäude *n*) *f*. 9. *ped*. a) höhere technische Schule: **~ of technology** Technische Hochschule; **textile ~** Textilfachschule *f*, b) Universi'tätsinsti,tut *n*, c) *a.* **teachers' ~** 'Lehrersemi,nar *n*. 10. *pl a. jur*. Instituti'onen *pl*, Sammlung *f* grundlegender Gesetze, ('Rechts)Kommen,tar *m*, b) Grundlehren *pl* (*e-r Wissenschaft*).

in·sti·tu·tion [ˌɪnstɪˈtjuːʃn; *Am. a.* -'tuː-] *s* 1. a) Instituti'on *f*, Einrichtung *f*, b) Insti'tut *n*, c) Anstalt *f*, d) Heim *n*, e) Stiftung *f*, f) Gesellschaft *f*: **charitable ~** Wohltätigkeitseinrichtung; **educational ~** Bildungs-, Lehranstalt; **~ penal** 1. 2. a) Insti'tut(sgebäude) *n*, b) Anstalt(sgebäude *n*) *f*, c) Heim *n*. 3. *sociol*. a) Instituti'on *f*, Einrichtung *f*: **the ~ of marriage**, b) (Über'kommene) Sitte, (fester) Brauch. 4. → **institute** 10 a. 5. *colloq*. a) eingefleischte Gewohnheit: **Tom's sundowner was an ~** Tom trank regelmäßig sein Dämmerschoppen, b) vertraute Sache, feste Einrichtung: **the old man in the park is a regular ~** ist ein vertrauter Anblick; **he's become a living ~** er gehört schon zum lebenden Inventar. 6. Er-, Einrichtung *f*, Gründung *f*. 7. Einsetzung *f*. 8. Einführung *f*. 9. In'gangsetzung *f*, Initi'ierung *f*. 10. a) → **installation** 4, b) *relig*. Einsetzung *f*. 11. *jur*. Einsetzung *f*.

in·sti·tu·tion·al [ˌɪnstɪˈtjuːʃənl; *Am. a.* -'tuː-] *adj* 1. institutio'nell, Institutions...: **~ advertising** institutionelle Werbung, Goodwill-Werbung *f*; **~ investors** *econ*. institutionelle Anleger (*Banken etc*). 2. a) Instituts..., b) Anstalts...: **~ clothing**, c) Heim...: **~ care** (stationäre) Pflege, Versorgung in e-m Heim *od*. e-r Anstalt. 3. *bes. contp*. Einheits...: **~ furniture**

institutionalism – insure

(meals, *etc*). ˌin·sti'tu·tion·al·ism [-ʃnəlɪzəm] *s* **1.** Festhalten *n* an über-ˈkommenen Sitten u. Gebräuchen. **2.** Institutionaˈlismus *m* (*Richtung der Nationalökonomie, die auf den Institutionen als der Gesamtheit der in e-r Gesellschaft gegebenen Organisationsformen menschlichen Handelns aufbaut*). ˌin·sti'tu·tion·al·ize *v/t* **1.** institutionaliˈsieren, zu e-r Institutiˈon machen. **2.** in ein Heim *od*. e-e Anstalt einweisen. **3. he was ~d into apathy** er wurde im Heim *od*. in der Anstalt apathisch.

in·struct [ɪnˈstrʌkt] *v/t* **1.** a) unterˈrichten (**in** in *dat*): **to ~ a class in biology** e-r Klasse Biologieunterricht geben *od*. erteilen, b) ausbilden, schulen (**in** in *dat*). **2.** inforˈmieren, unterˈrichten, *j-m* Bescheid geben *od*. sagen. **3.** instruˈieren, anweisen, beauftragen (**to do** zu tun): **he has been ~ed to come earlier** er hat Anweisung, früher zu kommen. **4.** *jur*. *e-n Zeugen etc* belehren (**to do** zu tun): **the judge ~ed the jury** der Richter erteilte den Geschworenen Rechtsbelehrung. in·struc·tion [ɪnˈstrʌkʃn] *s* **1.** a) ˈUnterricht *m*: **to give a class ~ in biology** e-r Klasse Biologieunterricht geben *od*. erteilen; **private ~** Privatunterricht; → **course** 15, b) Ausbildung *f*, Schulung *f*: **he is still under ~** er ist *od*. steht noch in der Ausbildung. **2.** Inforˈmierung *f*, Unterˈrichtung *f*. **3.** Instruktiˈon *f*: a) Anweisung *f*, Auftrag *m*: **according to ~s** auftrags-, weisungsgemäß; vorschriftsmäßig; **~s for use** Gebrauchsanweisung, -anleitung *f*; → **operating** 1, b) *Computer*: Befehl *m*. **4.** *mil*. Dienstanweisung *f*, Instruktiˈon *f*. **5.** *jur*. a) Belehrung *f*, b) *meist pl* Rechtsbelehrung *f*. in'struc·tion·al [-ʃənl] *adj* **1.** a) Unterrichts..., Lehr...: **~ film** Lehrfilm *m*; **~ television** Schulfernsehen *n*, b) Ausbildungs..., Schulungs... **2.** → **instructive**.

in·struc·tive [ɪnˈstrʌktɪv] *adj* (*adv* ~ly) instrukˈtiv, aufschluß-, lehrreich. in'struc·tive·ness [-tə(r)] *s* (*das*) Instrukˈtive. in'struc·tor [-tə(r)] *s* **1.** Lehrer *m*. **2.** *mil. etc* Ausbilder *m*. **3.** *univ. Am.* (*etwa*) außerplanmäßiger Proˈfessor. in'struc·tress [-trɪs] *s* Lehrerin *f*.

in·stru·ment [ˈɪnstrəmənt] **I** *s* **1.** *tech*. Instruˈment *n*: a) (feines) Werkzeug *n*, Appaˈrat *m*, (technische) Vorrichtung, (*bes.* Meß)Gerät *n*: **to fly on ~s** *aer*. im Blind- *od*. Instrumentenflug fliegen. **2.** *med*. Instruˈment *n*, *pl a*. Besteck *n*: **~ for use surgical** 2. **3.** *mus*. Instruˈment *n*. **4.** *econ. jur*. a) Dokuˈment *n*, Urkunde *f*, *econ. a*. (ˈWert)Paˌpier *n*: **~ of payment** Zahlungsmittel *n*; **~ of ratification** *pol*. Ratifikationsurkunde; **~ of title** Eigentums-, Besitztitel *m*; **~ (payable) to bearer** Inhaberpapier; **~ (payable) to order** Orderpapier, b) *pl* Instrumenˈtarium *n*: **the ~s of credit policy**. **5.** *fig*. Werkzeug *n*: a) (Hilfs)Mittel *n*, Instruˈment *n*, b) Handlanger(in). **II** *v/t* [*a*. -ment] **6.** instrumenˈtieren, mit Instruˈmenten ausstatten *od*. ausrüsten. **7.** *mus*. instrumenˈtieren: a) *die Stimmen* (*e-s Kompositionsentwurfs*) *auf die Orchesterinstrumente verteilen*, b) (*ein Musikstück*) (*nachträglich*) *für Orchester umschreiben*. **III** *adj* **8.** *tech*. Instrumenten..., Geräte...: **~ board** (*od*. **panel**) *mot*. Armaturenbrett *n*, -tafel *f*, *aer. a*. Instrumentenbrett *n*, -tafel *f*; **~ engineering** Meß- u. Regeltechnik *f*; **~ maker** Apparate-, Instrumentenbauer *m*, Feinmechaniker *m*. **9.** *aer*. Blind..., Instrumenten...: **~ flying**; **~ landing**; **~ landing system** Instrumentenlandesystem *n*, ILS-Anlage *f*; **~ rating** Instrumentenflugschein *m*.

in·stru·men·tal [ˌɪnstrəˈmentl] **I** *adj* (*adv* → **instrumentally**) **1.** behilflich, dienlich, förderlich: **to be ~ in s.th.** zu etwas beitragen, bei etwas mitwirken; **to be ~ in doing s.th.** mithelfen *od*. dazu beitragen, etwas zu tun. **2.** *mus*. instrumenˈtal, Instrumental...: **~ music**. **3.** *tech*. Instrumenten...: **~ error** Instrumentenfehler *m*. **4.** *ling*. instrumenˈtal: **~ case** → 6. **II** *s* **5.** Instrumenˈtalstück *n*. **6.** *ling*. Instrumenˈtal(is) *m* (*Kasus im Slawischen, der das Mittel od. Werkzeug bezeichnet*). ˌin·stru·menˈtal·ism [-təlɪzəm] *s philos*. Instrumentaˈlismus *m* (*Auffassung, nach der Denken u. Ideen nur als Instrumente der Naturbeherrschung Geltung haben*). ˌin·struˈmen·tal·ist *s* Instrumentaˈlist *m*: a) *mus. Spieler e-s Instruments*, b) *philos.* Anhänger des Instrumentalismus. ˌin·stru·menˈtal·i·ty [-ˈtælətɪ] *s* **1.** Mitwirkung *f*, (Mit)Hilfe *f*: **by** (*od*. **through**) **his ~** mit s-r Hilfe. **2.** (Hilfs)Mittel *n*; **by** (*od*. **through**) **the ~ of** (ver)mittels (*gen*). ˌin·struˈmen·tal·ly [-təlɪ] *adv* **1.** durch Instruˈmente. **2.** *mus*. instrumenˈtal, mit Instruˈmenten: **to accompany s.o. ~**. **3.** → **instrumental** 1. ˌin·stru·menˈta·tion *s* **1.** *mus*. a) Instrumentatiˈon *f*, Instrumenˈtierung *f*, b) Vortrag *m*, Spiel *n*. **2.** Anwendung *f* von Instruˈmenten. **3.** Instrumenˈtierung *f*, Ausstattung *f od*. Ausrüstung *f* mit Instruˈmenten. **4.** → **instrumentality**.

in·sub·or·di·nate [ˌɪnsəˈbɔː(r)dnət] *adj* (*adv* ~ly) widerˈsetzlich, aufsässig: **~ conduct** → **insubordination** 1. 'in·subˌor·di'na·tion [-ˌbɔːdɪˈneɪʃn; *Am*. -ˌbɔːrdnˈeɪʃən] *s* **1.** Widerˈsetzlichkeit *f*, Aufsässigkeit *f*. **2.** *bes. mil.* Insubordinatiˈon *f*, Gehorsamsverweigerung *f*.

in·sub·stan·tial [ˌɪnsəbˈstænʃl] *adj* (*adv* ~ly) **1.** nicht stofflich, unkörperlich, immateriˈell. **2.** unwirklich. **3.** wenig *od*. nicht nahrhaft *od*. sättigend (*Essen etc*). **4.** geringfügig, unwesentlich (*Unterschied etc*). **5.** a) nicht *od*. wenig stichhaltig, ˈunfunˌdiert (*Argumente etc*), b) gegenstandslos (*Befürchtungen etc*). ˈin·subˌstan·ti·ˈal·i·ty [-ʃɪˈælətɪ] *s* **1.** Unkörperlichkeit *f*. **2.** Unwirklichkeit *f*.

in·suf·fer·a·ble [ɪnˈsʌfərəbl] *adj* (*adv* **insufferably**) unerträglich, ˈunausˌstehlich. in'suf·fer·a·ble·ness *s* Unerträglichkeit *f*.

in·suf·fi·cien·cy [ˌɪnsəˈfɪʃnsɪ] *s* **1.** ˈUnzuˌlänglichkeit *f*. **2.** Untauglichkeit *f*, Unfähigkeit *f*: **~ feeling**, **feeling of ~** *psych*. Insuffiziˈenz *f*, Minderwertigkeitsgefühl *n*. **3.** *med*. Insuffiziˈenz *f*, Funktiˈonsschwäche *f*. ˌin·sufˈfi·cient *adj* (*adv* ~ly) **1.** ˈunzuˌlänglich, ungenügend: **to be ~** nicht genügen *od*. (aus)reichen; **~ funds** *econ*. (*Wechselvermerk*) ungenügende Deckung. **2.** untauglich, unfähig (**to do** zu tun).

in·suf·flate [ˈɪnsəˌfleɪt; *Am. a.* ɪnˈsʌf-] *v/t* **1.** *tech*. einblasen, *med. a.* insufˈflieren. **2.** *med*. hinˈeinblasen in (*acc*), ausblasen: **to ~ a room with an insecticide**. **3.** *R.C.* anhauchen. ˌin·sufˈfla·tion [ˌɪnsə-ˈfleɪʃn] *s* **1.** *tech*. Einblasung *f*, *med. a.* Insufflatiˈon *f*. **2.** Ausblasung *f*. **3.** *R.C.* Anhauchung *f*. ˈin·sufˌfla·tor [-tə(r)] *s med. tech*. ˈEinblaseappaˌrat *m*.

in·su·la [ˈɪnsjʊlə; *Am*. ˈɪnsələ] *pl* **-lae** [-liː] *s anat*. Insula *f* (*Teil der Großhirnrinde*).

in·su·lant [ˈɪnsjʊlənt; *Am*. ˈɪnsələnt] *s electr. tech*. Isoˈlierstoff *m*, -materiˌal *n*, (*von Räumen etc a.*) Dämmstoff *m*.

in·su·lar [ˈɪnsjʊlə; *Am*. ˈɪnsələ; -ʃələr] *I adj* (*adv* ~ly) **1.** inselartig, -förmig, insuˈlar, Insel...: **I~ Celtic** *ling*. das Inselkeltische. **3.** *fig*. isoˈliert, abgeschlossen. **4.** *fig*. engstirnig: **~ outlook** Engstirnigkeit *f*. **II** *s* **5.** Inselbewohner(in). 'in·su·lar·ism → **insularity** 2, 3. ˌin·suˈlar·i·ty [-ˈlærətɪ] *s* **1.** insuˈlare Lage, Insellage *f*, *geogr. a.* Insulariˈtät *f*. **2.** *fig*. isoˈlierte Lage, Abgeschlossenheit *f*. **3.** *fig*. Engstirnigkeit *f*.

in·su·late [ˈɪnsjʊleɪt; *Am*. -sə-] *v/t* **1.** *electr. tech*. isoˈlieren, *Räume etc a.* dämmen. **2.** *Schall, Wärme* dämmen. **3.** *fig*. (**from**) a) isoˈlieren, absondern (von), b) schützen (vor *dat*), abschirmen (gegen). ˈin·suˌlat·ing [ˈɪnsjʊleɪtɪŋ; *Am*. -sə-] *adj electr. tech*. isoˈlierend, Isolier..., Dämm...: **~ board** Isoˈlier-, Dämmplatte *f*; **~ compound** Isoˈliermasse *f*; **~ joint** *s* Isoˈlierverbindung *f*, -kupplung *f*; **~ material** → **insulant**; **~ switch** Trennschalter *m*; **~ tape** *Br*. Isoˈlierband *n*. ˌin·suˈla·tion [ˌɪnsjʊˈleɪʃn; *Am*. -sə-] *s electr. tech*. a) Isoˈlierung *f*, Isolatiˈon *f*: **~ resistance** Isolationswiderstand *m*, b) → **insulant**. 'in·suˌla·tor [-tə(r)] *s* **1.** *electr*. Isoˈlator *m*: a) Nichtleiter *m*, Isoˈlierstoff *m*, b) Isoˈliervorrichtung *f*: **~ chain** Isolator(en)kette *f*. **2.** Isoˈlierer *m* (*Arbeiter*).

in·su·lin [ˈɪnsjʊlɪn; *Am*. ˈɪnsələn] *s med*. Insuˈlin *n*: **~ shock** Insulinschock *m*; **~ shock therapy** Insulinschocktherapie *f*. 'in·su·linˌize *v/t* mit Insuˈlin behandeln.

in·sult **I** [ɪnˈsʌlt] *v/t* **1.** beleidigen (**by** durch, **mit**) (*a. fig*.). **II** *s* [ˈɪnsʌlt] **2.** Beleidigung *f* (**to** für *od*. *gen*) (*a. fig*.): **to add ~ to injury** alles noch (viel) schlimmer machen; **to be an ~ to the ear** (**eye**) das Ohr (Auge) beleidigen. **3.** *med*. Verletzung *f*, Wunde *f*. in'sult·ing *adj* (*adv* ~ly) **1.** beleidigend. **2.** unverschämt, frech.

in·su·per·a·bil·i·ty [ˌɪnˌsjuːpərəˈbɪlətɪ; *bes. Am*. -ˌsuː-] *s* ˈUnüberˌwindlichkeit *f*. in'su·per·a·ble *adj* (*adv* **insuperably**) 'unüberˌwindlich (*a. fig.*): **~ difficulties**.

in·sup·port·a·bil·i·ty [ˈɪnsəˌpɔː(r)təˈbɪlətɪ] *s* Unerträglichkeit *f*, ˈUnausˌstehlichkeit *f*. ˌin·supˈport·a·ble *adj* (*adv* **insupportably**) unerträglich, ˈunausˌstehlich.

in·sur·a·bil·i·ty [ɪnˌʃʊərəˈbɪlətɪ] *s econ*. Versicherungsfähigkeit *f*. in'sur·a·ble *adj econ*. versicherbar, versicherungsfähig: **~ interest** versicherbares Interesse; **~ value** Versicherungswert *m*.

in·sur·ance [ɪnˈʃʊərəns] **I** *s* **1.** *econ*. Versicherung *f*: → **buy** 4, **carry** 10 d, **effect** 14 a, **take out** 4 b. **2.** *econ*. Versicherungsbranche *f*: **he works in ~** er ist bei e-r Versicherung beschäftigt. **3.** *econ*. a) Verˈsicherungsvertrag *m*, -poˌlice *f*, b) Versicherungssumme *f*: **he received £10,000 ~** er bekam 10 000 Pfund von der Versicherung, c) Versicherungsprämie *f*: **he pays £100 ~ every year** er zahlt e-e Jahresprämie von 100 Pfund. **4.** *fig*. (Ab-)Sicherung *f* (**against** gegen): **as an ~** sicherheitshalber, für alle Fälle. **II** *adj* **5.** *econ*. Versicherungs...: **~ agent** (**benefit, broker, clause, claim, company, coverage, fraud** *od*. **swindle, premium, value**) Versicherungsvertreter *m* (-leistung *f*, -makler *m*, -klausel *f*, -anspruch *m*, -gesellschaft *f*, -deckung *f*, -betrug *m*, -prämie *f*, -wert *m*). **~ pol·i·cy** *s econ*. Verˈsicherungspoˌlice *f*, -schein *m*: → **take out** 4 b. **~ trust** *s Am*. treuhänderische Verwaltung von Lebensversicherungsbezügen.

in·sur·ant [ɪnˈʃʊərənt] → **insured** II. in·sure [ɪnˈʃʊə(r)] **I** *v/t* **1.** *econ*. versichern (**against** gegen; **for** mit e-r Summe): **occurrence of the event ~d against** Eintritt *m* des Versicherungsfalls. **2.** *bes. Am*. → **ensure**. **II** *v/i* **3.** *econ*. Versicherungsgeschäfte machen. **4.** *econ*. sich versichern lassen.

in·sured [ɪnˈʃʊə(r)d] *econ.* **I** *adj* versichert: **the ~ party** → II. **II** *s* Versicherte(r *m*) *f*, Versicherungsnehmer(in).

in·sur·er [ɪnˈʃʊərə(r)] *s econ.* Versicherer *m*, Versicherungsträger *m*: **the ~s** die Versicherungsgesellschaft.

in·sur·gence [ɪnˈsɜːdʒəns; *Am.* -ˈsɜr-], **in'sur·gen·cy** [-sɪ] *s* Aufruhr *m*, -stand *m*, Rebelli'on *f*, Re'volte *f*. **in'sur·gent I** *adj* aufrührerisch, -ständisch, re'bellisch. **II** *s* Aufrührer *m*, (*a.* Par'tei)Re̩bell *m*, Aufständische(r) *m*.

in·sur·mount·a·bil·i·ty [ˌɪnsə(r)ˌmaʊntəˈbɪlətɪ] *s* **1.** ˈUnüberˌsteigbarkeit *f.* **2.** *fig.* ˈUnüberˌwindlichkeit *f.* **in·sur'mount·a·ble** *adj* (*adv* insurmountably) **1.** ˈunüberˌsteigbar. **2.** *fig.* ˈunüberˌwindlich. **in·sur'mount·a·ble·ness** → insurmountability.

in·sur·rec·tion [ˌɪnsəˈrekʃn] → insurgence. **in·sur'rec·tion·al** [-ʃənl], **in·sur'rec·tion·ar·y** [-ʃnərɪ; *Am.* -ʃəˌnerɪ] → insurgent I. **in·sur'rec·tion·ist** *s* Aufrührer *m*, Re'bell *m*, Aufständische(r) *m*.

in·sus·cep·ti·bil·i·ty [ˌɪnsəˌseptəˈbɪlətɪ] *s* **1.** Unempfindlichkeit *f* (to gegen): **~ to pain** Schmerzunempfindlichkeit. **2.** Unempfänglichkeit *f* (to für). **in·sus'cep·ti·ble** *adj* (*adv* insusceptibly) **1.** nicht anfällig (to für). **2.** unempfindlich (to gegen): **~ to pain** schmerzunempfindlich. **3.** unempfänglich (to für): **~ to flattery. 4. to be ~ of** (*od.* to) etwas nicht zulassen: **the passage is ~ of a different interpretation.**

in·tact [ɪnˈtækt] *adj* in'takt: a) unversehrt, unbeschädigt, b) ganz, vollständig: **he left his savings ~** er rührte *od.* tastete s-e Ersparnisse nicht an. **in'tact·ness** *s* In'taktheit *f*.

in·tag·li·at·ed [ɪnˈtɑːlɪeɪtɪd; -ˈtæ-] *adj* eingeschnitten, in In'taglio gearbeitet.

in·tag·li·o [ɪnˈtɑːlɪəʊ; *Am.* ɪnˈtæljəʊ] **I** *pl* **-os** *s* **1.** In'taglio *n*, Gemme *f*. **2.** ˈeingraviertes Bild, eingeschnittene Verzierung. **3.** In'taglioverfahren *n*, -arbeit *f*, -kunst *f*. **4.** tiefgeschnittener Druckstempel. **5.** *a.* **~ printing** *Am.* Tiefdruckverfahren *n*. **II** *v/t* **6.** einschneiden, ˈeingravieren.

in·take [ˈɪnteɪk] *s* **1.** *tech.* Einlaß(öffnung *f*) *m*: **~ valve** Einlaßventil *n*. **2.** Ein-, Ansaugen *n*: **~ of breath** Atemholen *n*; **~ stroke** *mot.* Saughub *m*. **3.** Aufnahme *f*: → food 1. **4.** a) aufgenommene Menge, Zufuhr *f*, b) (Neu)Aufnahme(n *pl*) *f*, (Neu)Zugänge *pl*: **our school has a yearly ~ of 500 pupils** unsere Schule nimmt jährlich 500 neue Schüler auf. **5.** Verengung *f*, enge Stelle.

in·tan·gi·ble [ɪnˈtændʒəbl] **I** *adj* (*adv* intangibly) **1.** nicht greifbar, immateri'ell, unkörperlich. **2.** *fig.* unklar, unbestimmt, vage. **3.** *econ.* immateri'ell: **~ assets** → 5 a; **~ property** → 5 b. **II** *s* **4.** (*etwas*) nicht Greifbares. **5.** *pl econ.* a) immateri'elle Vermögenswerte *pl*, b) immateri'elles Vermögen *n*.

in·tar·si [ɪnˈtɑː(r)siː] *pl von* intarsio.

in·tar·si·a [ɪnˈtɑː(r)sɪə] *s* In'tarsia *f*, Einlegearbeit *f*.

in·tar·si·o [ɪnˈtɑː(r)sɪəʊ] *pl* **-si** [-siː] → intarsia.

in·te·ger [ˈɪntɪdʒə(r)] *s* **1.** *math.* ganze Zahl. **2.** → integral 7.

in·te·gral [ˈɪntɪɡrəl] **I** *adj* (*adv* ~ly) **1.** inte'gral, (zur Vollständigkeit) unerläßlich: **an ~ part** ein integraler Bestandteil. **2.** a) aus inte'gralen Teilen bestehend, inte'griert, einheitlich, geschlossen, b) ganz, vollständig: **an ~ whole** ein einheitliches *od.* vollständiges Ganzes. **3.** *tech.* a) (fest) eingebaut, b) e-e Einheit bildend (**with** mit). **4.** unversehrt, unverletzt. **5.** voll'kommen. **6.** *math.* a) ganz(-zahlig): **~ multiple**, b) e-e ganze Zahl *od.* ein Ganzes betreffend, c) Integral...: **~ calculus** Integralrechnung *f*; **~ equation** Integralgleichung *f*; **~ sign** Integralzeichen *n*; **~ theorem** Integralsatz *m*. **II** *s* **7.** (*ein*) vollständiges Ganzes. **8.** *math.* Inte'gral *n*: **~ with respect to x from a to b** Integral nach x von a bis b.

in·te·grand [ˈɪntɪɡrænd] *s math.* Inte'grand *m* (*das, was unter dem Integralzeichen steht*). **ˈin·te·grant** [-ɡrənt] → integral 1.

in·te·grate [ˈɪntɪɡreɪt] **I** *v/t* **1.** inte'grieren: a) zs.-schließen (**into** zu), b) eingliedern (**into** in *acc*): **to ~ a criminal into society**, c) einbeziehen, einbauen (**into, with** in *acc*), d) *math.* das Inte'gral (*gen*) berechnen. **2.** *bes. Am.* Einrichtungen für Farbige zugänglich machen. **3.** *electr.* zählen (*Meßgerät*). **II** *v/i* **4.** sich inte'grieren: a) sich zs.-schließen (**into** zu), b) sich eingliedern (lassen) (**into** in *acc*), c) sich einbeziehen *od.* einbauen lassen (**into, with** in *acc*). **5.** *bes. Am.* für Farbige zugänglich werden (*Einrichtungen*). **III** *adj* [-ɡrət; -ɡreɪt] **6.** vollständig, ganz.

ˈin·te·grat·ed *adj* **1.** *allg.* inte'griert: **~ circuit** *electr.* integrierter Schaltkreis; **~ data processing** integrierte Datenverarbeitung. **2.** ausgeglichen: **an ~ person** (*character, etc*). **3.** *bes. Am.* für Farbige zugänglich: **an ~ school. 4.** *econ.* Verbund...: **~ economy**; **~ store** Filiale *f*.

ˈin·te·grat·ing *adj* **1.** *allg.* inte'grierend. **2.** *electr.* Zähl...: **~ device** Zählwerk *n*.

in·te·gra·tion [ˌɪntɪˈɡreɪʃn] *s* **1.** Integrati'on *f*, Inte'grierung *f*: a) Zs.-Schluß *m* (**into** zu), b) Eingliederung *f* (**into** in *acc*), c) Einbeziehung *f*, Einbau *m* (**into, with** in *acc*), d) *math.* Berechnung *f* des Inte'grals. **2.** *bes. Am.* Aufhebung *f* der Rassenschranken. **3.** *psych.* Integrati'on *f* (*Einheit im Aufbau der Persönlichkeit u. ihrer Beziehung zur Umwelt*). **ˌin·teˈgra·tion·ist** *s bes. Am.* Verfechter(in) der rassischen Gleichberechtigung.

in·te·gra·tive [ˈɪntɪɡreɪtɪv] *adj* integra'tiv: a) e-e Integration herbeiführend, b) auf e-e Integration abzielend. **ˈin·te·gra·tor** [-tə(r)] *s* **1.** Person *od.* Sache, die integriert. **2.** *math. tech.* Inte'grator *m* (*Rechenmaschine zur zahlenmäßigen Darstellung von Infinitesimalrechnungen*). **3.** *electr.* inte'grierende Schaltung.

in·teg·ri·ty [ɪnˈteɡrətɪ] *s* **1.** Integri'tät *f*, Rechtschaffenheit *f*, Unbescholtenheit *f*. **2.** a) Vollständigkeit *f*, b) Einheit *f*: **seen in its ~ it is ...** als Ganzes gesehen ist es ...

in·teg·u·ment [ɪnˈteɡjʊmənt] *s* **1.** Hülle *f*. **2.** Integu'ment *n*: a) *bot.* Samenhülle *f*, b) *anat.* Haut *f*, Körperdecke *f*. **in·teg·u'men·tal, in·teg·u'men·ta·ry** *adj anat.* Haut...

in·tel·lect [ˈɪntəlekt] *s* **1.** Intel'lekt *m*, Verstand *m*, Denk-, Erkenntnisvermögen *n*, Urteilskraft *f*. **2.** a) kluger Kopf, her'vorragender Geist, b) *collect.* große Geister *pl*, hervorragende Köpfe *pl*, Intelli'genz *f*. **ˈin·tel·lec·tion** *s* **1.** Denken *n*, Verstandes-, Denktätigkeit *f*. **2.** Gedanke *m*, I'dee *f*. **ˌin·telˈlec·tive** *adj* (*adv* **~ly**) **1.** denkend. **2.** Verstandes... **3.** intelli'genz.

in·tel·lec·tu·al [ˌɪntəˈlektjʊəl; -tʃʊəl; *Am.* -tʃwəl; -kʃwəl] **I** *adj* (*adv* → intellectually) **1.** intellektu'ell, verstandesmäßig, Verstandes..., geistig, Geistes...: **~ history** Geistesgeschichte *f*; **~ interests** geistige Interessen; **~ power** Verstandes-, Geisteskraft *f*; **~ worker** Geistesarbeiter *m*. **2.** klug, vernünftig, intelli'gent: **an ~ being** ein vernunftbegabtes Wesen. **3.** intellektu'ell, verstandesbetont, (geistig) anspruchsvoll. **II** *s* **4.** Intellektu'elle(r *m*) *f*, Verstandesmensch *m*: **the ~s** die Intellektuellen, die Intelligenz. **ˌin·telˈlec·tu·al·ism** *s* Intellektua'lismus *m*: a) *a. contp.* Überbetonung des Intellekts, b) *philos.* Lehre, die dem Verstand vor den Willens- u. Gemütskräften den Vorrang gibt. **ˌin·telˈlec·tu·al·ist I** *s* Intellektua'list *m* (*a. philos.*). **II** *adj* intellektua'listisch (*a. philos.*). **ˌin·telˌlec·tu·al'is·tic** *adj* (*adv* **~ally**) → intellectualist II. **ˌin·telˌlec·tu·al·i·ty** [-ˈælətɪ; -ˈwælətɪ] *s* **1.** Intellektuali'tät *f*, Verstandesmäßigkeit *f*. **2.** Verstandes-, Geisteskraft *f*. **ˈin·telˌlec·tu·al·iˈza·tion** *s* Intellektuali'sierung *f*, intellektu'elle Behandlung. **ˈin·telˈlec·tu·al·ize** *v/t* intellektuali'sieren, intelektu'ell behandeln. **ˌin·telˈlec·tu·al·ly** *adv* **1.** verstandesmäßig, intellektu'ell. **2.** mit dem *od.* durch den Verstand. **ˌin·telˈlec·tu·al·ness** → intellectuality.

in·tel·li·gence [ɪnˈtelɪdʒəns] *s* **1.** Intelli'genz *f*: **~ quotient** Intelligenzquotient *m*; **~ test** Intelligenztest *m*. **2.** Einsicht *f*, Verständnis *n*. **3.** → intellect 2. **4.** a) *obs.* Nachrichten *pl*, Mitteilungen *pl*, Informati'onen *pl*, b) nachrichtendienstliche Informati'onen *pl*. **5.** *a.* **~ service** Nachrichten-, Geheimdienst *m*: **he is in ~** er arbeitet für e-n Nachrichtendienst; **~ officer** Nachrichtenoffizier *m*. **6.** *Christian Science:* die ewige Eigenschaft des unendlichen Geistes. **inˈtel·li·gencˌer** *obs.* **1.** Berichterstatter(in). **2.** Spi'on(in), A'gent(in).

in·tel·li·gent [ɪnˈtelɪdʒənt] *adj* (*adv* **~ly**) **1.** intelli'gent, klug, gescheit. **2.** vernünftig: **~ verständig, einsichtsvoll, b) vernunftbegabt, c) sinnvoll: by ~ use of the material. inˌtel·liˈgen·tial** [-ˈdʒenʃl] → intellectual 1 u. 2. **inˌtel·liˈgent·si·a** [-ˈdʒentsɪə; -ˈgent-] *s* (*als pl konstruiert*) *collect.* (*die*) Intelli'genz, (*die*) Intellektu'ellen *pl*.

in·tel·li·gi·bil·i·ty [ɪnˌtelɪdʒəˈbɪlətɪ] *s* Verständlichkeit *f*. **inˈtel·li·gi·ble** *adj* (*adv* intelligibly) **1.** verständlich (**to** für *od.* dat). **2.** *philos.* intelli'gibel (nur durch den Intellekt u. nicht durch die sinnliche Wahrnehmung erkennbar).

in·tem·per·ance [ɪnˈtempərəns] *s* **1.** Unmäßigkeit *f*. **2.** Unbeherrschtheit *f*. **3.** Trunksucht *f*. **4.** Rauheit *f* (*des Klimas*). **inˈtem·per·ate** [-pərət] *adj* (*adv* **~ly**) **1.** unmäßig: a) ausschweifend, zügellos, b) maßlos. **2.** unbeherrscht: **~ rage** unbändige Wut. **3.** trunksüchtig. **4.** rauh (*Klima*).

in·tend [ɪnˈtend] *v/t* **1.** beabsichtigen, vorhaben, planen, im Sinn haben (s.th. etwas; **to do** *od.* **doing** zu tun): **we ~ no harm** wir haben nichts Böses im Sinn; **was this ~ed?** war das Absicht?; → offence 3. **2.** bezwecken, im Auge haben, 'hinzielen auf (*acc*). **3.** bestimmen (**for** für, zu): **what is it ~ed for?** was ist der Zweck der Sache?, wozu soll das dienen?; **it was ~ed for you** es war für dich (bestimmt); **our son is ~ed for the legal profession** (*od.* **to be a lawyer**) unser Sohn soll (einmal) Anwalt werden; **it is not ~ed for sale** es ist nicht verkäuflich *od.* zum Verkauf bestimmt. **4.** sagen wollen, meinen: **what do you ~ by this?** was wollen Sie damit sagen? **5.** bedeuten, sein sollen: **it was ~ed for** (*od.* **as, to be**) **a compliment** es sollte ein Kompliment sein. **6.** wollen, wünschen: **we ~ him to go, we ~ that he should go** wir wünschen *od.* möchten, daß er geht.

in·tend·ant [ɪnˈtendənt] *s* Verwalter *m*.

in·tend·ed I *adj* (*adv* **~ly**) **1.** beabsichtigt, geplant. **2.** gewünscht. **3.** absichtlich. **4.** *colloq.* zukünftig: **her ~ husband**

ihr ‚Zukünftiger'. **II** *s* **5.** *colloq.* Verlobte(r *m*) *f*: **her** ~ ihr ‚Zukünftiger'; **his** ~ s-e ‚Zukünftige'. **in'tend·ing** *adj* angehend, zukünftig: ~ **buyer** *econ.* (Kauf-)Interessent *m.* **in'tend·ment** *s jur.* wahre Bedeutung: ~ **of the law** gesetzgeberische Absicht.

in·tense [ɪn'tens] *adj* **1.** inten'siv: a) stark, heftig: ~ **heat** starke Hitze; ~ **longing** heftige Sehnsucht, intensives Verlangen, b) hell, grell: ~ **light**, c) tief, satt: ~ **colo(u)rs**, d) 'durchdringend (*Geräusch, Geruch*), e) angespannt, angestrengt: ~ **study**, f) (an)gespannt, konzen'triert: ~ **look**, g) eifrig, h) sehnlich, dringend, i) eindringlich: ~ **style. 2.** leidenschaftlich, stark gefühlsbetont. **3.** beträchtlich: **an** ~ **amount. 4.** *phot.* dicht (*Negativ*). **in'tense·ly** *adv* **1.** äußerst, höchst. **2.** → **intense. in'tense·ness** *s* **1.** Intensi'tät *f*: a) Stärke *f*, Heftigkeit *f*, b) Grelle *f*, Grellheit *f*, c) Tiefe *f*, Sattheit *f*, d) Anspannung *f*, Angestrengtheit *f*, e) Eifer *m*, f) Eindringlichkeit *f.* **2.** Leidenschaftlichkeit *f*, starke Gefühlsbetontheit. **3.** Beträchtlichkeit *f.* **4.** *phot.* Dichte *f.*

in·ten·si·fi·ca·tion [ɪn,tensɪfɪ'keɪʃn] *s* Verstärkung *f* (*a. phot.*), Intensi'vierung *f.* **in'ten·si·fi·er** [-faɪə(r)] *s* **1.** *phot.* Verstärker *m.* **2.** *ling.* verstärkendes Adjektiv, Ad'verb *etc.* **in'ten·si·fy** [-faɪ] **I** *v/t* verstärken (*a. phot.*), intensi'vieren: **to** ~ **a negative. II** *v/i* sich verstärken.

in·ten·sion [ɪn'tenʃn] *s* **1.** → **intensification. 2.** → **intenseness** 1 *a u.* d. **3.** *philos.* Intensi'on *f*, Inhalt *m* (*e-s Be-'griffs*). **4.** → **intensional meaning.**

in'ten·sion·al mean·ing [-ʃənl] *s ling.* Bedeutungsinhalt *m.*

in·ten·si·ty [ɪn'tensətɪ] *s* Intensi'tät *f*: a) (hoher) Grad, Stärke *f*, Heftigkeit *f*, b) *electr. phys. tech.* (*Laut-, Licht-, Strometc*)Stärke *f*, (Stärke)Grad *m*: ~ **of radiation** Strahlungsintensität, c) → **intenseness.**

in·ten·sive [ɪn'tensɪv] **I** *adj* (*adv* ~**ly**) **1.** inten'siv: a) stark, heftig, b) gründlich, erschöpfend: ~ **study**; ~ **research**; ~ **course** Intensiv-, Schnellkurs *m.* **2.** verstärkend (*a. ling.*): ~ **adverb**; ~ **pronoun. 3.** sich verstärkend. **4.** *med.* a) stark wirkend, b) ~ **care** Intensivpflege *f*; **he is in** ~ **care**, he is in the ~ **care unit** er liegt auf der Intensivstation. **5.** a) *econ.* inten'siv, ertragssteigernd: ~ **cultivation of land** intensive Bodenbewirtschaftung, b) *in Zssgn* ...intensiv: → **wage--intensive**, *etc.* **II** *s* **6.** → **intensifier** 2.

in·tent [ɪn'tent] **I** *s* **1.** Absicht *f*, Vorsatz *m*: **with** ~ absichtlich, mit Absicht, *bes. jur.* vorsätzlich; **with** ~ **to defraud** *jur.* in betrügerischer Absicht; **to all** ~**s and purposes** a) in jeder Hinsicht, durchaus, b) im Grunde, eigentlich, c) praktisch, fast völlig, sozusagen; → **criminal** 1, declaration 1. **2.** Ziel *n*, Zweck *m*, Plan *m.* **II** *adj* (*adv* ~**ly**) **3. to be** ~ (**up**)**on doing s.th.** eifrig beschäftigt sein mit, vertieft sein in (*acc*): **to be** ~ (**up**)**on doing s.th.** fest entschlossen sein, etwas zu tun; etwas unbedingt tun wollen. **4.** aufmerksam, gespannt: **an** ~ **look.**

in·ten·tion [ɪn'tenʃn] *s* **1.** Absicht *f*, Vorhaben *n*, Vorsatz *m*, Plan *m* (**of doing** zu tun): **to have every** ~ **of doing s.th.** fest entschlossen sein, etwas zu tun; etwas unbedingt tun wollen; **it wasn't my** ~ **to insult you** es war nicht meine Absicht, Sie zu beleidigen; ich wollte Sie nicht beleidigen; **with the best** (**of**) ~**s** in bester Absicht; **with the** ~ **of going** in der Absicht zu gehen; **it was without** ~ es geschah unabsichtlich *od.* unbeabsichtigt; → **pave. 2.** *jur.* Vorsatz *m.* **3.** Zweck *m*, Ziel *n.* **4.** *obs.* Sinn *m*, Bedeutung *f.* **5.** *pl* (Heirats)Absichten *pl*: → **honorable** 4. **6.** *med.* Intenti'on *f*, 'Heilpro,zeß *m*: **first** ~ **Wundheilung** *f* ohne Eiterung; **second** ~ Wundheilung *f* mit Granulations- u. Narbenbildung. **in'ten·tion·al** [-ʃənl] *adj* (*adv* ~**ly**) **1.** absichtlich, *bes. jur.* vorsätzlich: ~**ly** *a.* mit Absicht. **2.** intentio'nal, intentio'nell, zweckbestimmt. **in-'ten·tioned** *adj in Zssgn* ...gemeint, ...meinend: → **well-intentioned.**

in'tent·ness *s* **1.** gespannte Aufmerksamkeit. **2.** Eifer *m*: ~ **of purpose** Zielstrebigkeit *f.*

in·ter¹ [ɪn'tɜː; *Am.* ɪn'tɜr] *v/t* beerdigen, bestatten.

in·ter² ['ɪntə(r)] (*Lat.*) *prep* zwischen, unter: ~ **alia** unter anderem.

inter- [ɪntə(r); *vor Vokal a. Br.* ɪntər] Wortelement mit der Bedeutung: a) (da-)zwischen, Zwischen..., b) (dar)unter, c) gegen-, wechselseitig, einander, Wechsel...

in·ter·a·bang → interrobang.

in·ter'act¹ *v/i* aufein'ander (ein)wirken, sich gegenseitig beeinflussen, *psych. sociol.* intera'gieren.

'in·ter·act² *s thea.* Zwischenakt *m.*

in·ter'ac·tion *s* Wechselwirkung *f*, *psych. sociol.* Interakti'on *f*: **electromagnetic** (**strong, weak**) ~ *phys.* elektromagnetische (starke, schwache) Wechselwirkung; **gravitational** ~ *phys.* Gravitationswechselwirkung. **in·ter·'ac·tion·ism** *s psych.* Interaktiona'lismus *m*, Interaktio'nismus *m* (*Theorie, die die gesellschaftlichen Beziehungen als Gesamtheit der Interaktionen zwischen Individuen u. Gruppen deutet*). **in·ter'ac·tive** *adj* aufein'ander (ein)wirkend, sich gegenseitig beeinflussend, *psych. sociol.* intera'gierend.

in·ter'al·lied *adj mil. pol.* interalli'iert: a) mehrere Verbündete gemeinsam betreffend, b) aus Verbündeten bestehend.

in·ter·a'tom·ic *adj chem.* interato'mar (*zwischen mehreren Atomen bestehend od. stattfindend*).

in·ter'blend *v/t u. v/i* (sich) vermischen.

'in·ter,bourse *adj*: ~ **securities** *econ. Am.* international gehandelte Effekten.

'in·ter'brain *s anat.* Zwischenhirn *n.*

in·ter'breed *irr biol.* **I** *v/t* **1.** durch Kreuzung züchten, kreuzen. **II** *v/i* **2.** sich kreuzen. **3.** sich unterein'ander vermehren.

in·ter·ca·lar·y [ɪn'tɜːkələrɪ; *Am.* ɪn-'tɜrkə,lerɪː] *adj* **1.** eingeschaltet, -geschoben. **2.** Schalt...: ~ **day**; ~ **year. in'ter·ca·late** [-leɪt] *v/t* **1.** einschieben, -schalten. **2.** *geol.* einschließen. **in,ter·ca'la·tion** *s* **1.** Einschiebung *f*, -schaltung *f.* **2.** *geol.* Einschließung *f.*

in·ter·cede [,ɪntə(r)'siːd] *v/i* sich verwenden *od.* einsetzen, Fürsprache *od.* Fürbitte einlegen (**with** *bei*; **for**, **on behalf of** für). **,in·ter'ced·er** *s* Fürsprecher(in).

,in·ter'cel·lu·lar *adj biol. med.* interzellu'lar, interzellu'lär: a) zwischen den Zellen gelegen, b) sich zwischen den Zellen abspielend.

in·ter·cept I *v/t* [,ɪntə(r)'sept] **1.** e-n Brief, e-n Boten, e-n Funkspruch, ein Flugzeug, sport e-n Paß etc abfangen. **2.** e-e Meldung mit-, abhören, auffangen. **3.** *j-m* den Weg abschneiden. **4.** *math.* a) abschneiden, b) einschließen (**between** *zwischen dat*). **II** *s* ['ɪntə(r)sept] **5.** *math.* Abschnitt *m*: ~ **on axis of coordinates** Achsenabschnitt. **6.** aufgefangene Funkmeldung. **,in·ter'cept·er** → **interceptor.**

in·ter·cep·tion [,ɪntə(r)'sepʃn] *s* **1.** Abfangen *n*: ~ **flight** *aer. mil.* Sperrflug *m*; ~ **plane** → **interceptor** 2. **2.** Abhören *n*, Auffangen *n*: ~ **circuit** *teleph.* Fangschaltung *f*; ~ **service** Abhördienst *m.* **3.** *math.* a) Abschneidung *f*, b) Einschließung *f.* **,in·ter'cep·tor** [-tə(r)] *s* **1.** Auffänger *m.* **2.** *a.* ~ **plane** *aer. mil.* Abfangjäger *m.* **3.** *tech.* 'Auffang,kanal *m.*

in·ter·ces·sion [,ɪntə(r)'seʃn] *s* Fürbitte *f* (*a. relig.*), Fürsprache *f.* **,in·ter'ces·sor** [-sə(r)] *s* **1.** Fürsprecher(in). **2.** *relig.* Bistumsverweser *m.* **,in·ter'ces·so·ry** [-sərɪ] *adj* fürsprechend, Fürsprech...

,in·ter'change I *v/t* **1.** gegen- *od.* unterein'ander austauschen, auswechseln. **2.** *Geschenke, Meinungen etc* austauschen, *Briefe* wechseln (**with** *mit*). **II** *s* **3.** Austausch *m.* **4.** Austausch *m*: ~ **of civilities** Austausch von Höflichkeiten; ~ **of ideas** Gedankenaustausch. **5.** *mot.* Autobahnkreuz *n.* **6.** *a.* ~ **station** 'Umsteig(e)bahnhof *m*, -stati,on *f.* **,in·ter-'change·a·ble** *adj* (*adv* **interchangeably**) austausch-, auswechselbar. **,in·ter-'chang·er** *s tech.* (*Luft-, Wärme-*)Austauscher *m.*

,in·ter'cit·i·zen,ship *s Am.* gleichzeitige *od.* doppelte Staatsangehörigkeit (*bes. hinsichtlich verschiedener Einzelstaaten*).

,in·ter-'cit·y *s rail. Br.* Inter'city *m*: ~ **train** Intercity-Zug *m.*

,in·ter·col'le·gi·ate *adj* zwischen (verschiedenen) Colleges (bestehend *od.* stattfindend).

in·ter·com ['ɪntəkɒm; *Am.* 'ɪntər,kɑm] *s* (Gegen-, Haus-, *aer. mar.* Bord)Sprechanlage *f*: **on** (*od.* **over**) **the** ~ über die Sprechanlage.

,in·ter·com'mu·ni·cate *v/i* **1.** mitein-'ander in Verbindung stehen, kommuni'zieren. **2.** mitein'ander (durch e-e Tür *etc*) verbunden sein: **these two rooms** ~ diese beiden Räume haben e-e Verbindungstür. **'in·ter·com,mu·ni'ca·tion** *s* gegenseitige Verbindung: ~ **system** → **intercom.**

,in·ter·com'mun·ion *s relig.* interkonfessio'nelles Abendmahl.

,in·ter·con'fes·sion·al *adj relig.* interkonfessio'nell.

,in·ter·con'nect *v/t* mitein'ander verbinden, *electr. a.* zs.-schalten. **,in·ter·con'nec·tion** *s* gegenseitige Verbindung, *electr. a.* Zs.-schluß *m.*

'in·ter,con·ti'nen·tal *adj* interkontinen'tal, Interkontinental...: ~ **flight**; ~ **ballistic missile** *mil.* Interkontinentalrakete *f.*

,in·ter'cos·tal I *adj* **1.** *anat.* interko'stal, Zwischenrippen...: ~ **muscle** → 4 a. **2.** *bot.* zwischen den Blattrippen. **3.** *mar.* zwischen den Schiffsrippen. **II** *s* **4.** *anat.* a) Zwischenrippenmuskel *m*, b) Zwischenrippenraum *m.* **5.** *tech.* Zwischenblech *n.*

'in·ter·course *s* **1.** 'Umgang *m*, Verkehr *m* (**with** *mit*): **commercial** ~ Geschäfts-, Handelsverkehr *m*; **social** ~ gesellschaftlicher Verkehr. **2.** (Geschlechts)Verkehr *m*: → **anal, oral** 2.

,in·ter'cross I *v/t* **1. to** ~ **each other** sich kreuzen (*Straßen*). **2.** *biol.* kreuzen. **II** *v/i* **3.** sich kreuzen (*a. biol.*). **III** *s* [*Am.* '-,krɔːs] **4.** *biol.* a) Kreuzung *f*, Kreuzen *n*, b) 'Kreuzungspro,dukt *n*) *f.*

,in·ter'cur·rent *adj* **1.** da'zwischenkommend. **2.** *med.* interkur'rent, hin-'zutretend: **an** ~ **disease.**

'in·ter·de,nom·i'na·tion·al *adj relig.* interkonfessio'nell.

,in·ter'den·tal *adj* (*adv* ~**ly**) interden-'tal: a) *anat.* zwischen den Zähnen liegend; den Zahnzwischenraum betreffend, b) *ling.* zwischen den Zähnen gebildet: ~ **conso-**

interdepartmental – interior

nant Interdental *m*, Zahnzwischenlaut *m*.
'in·ter·de‚part'men·tal *adj* (*adv* ~ly) **1.** zwischen den Ab'teilungen: ~ relations. **2.** mehrere Ab'teilungen betreffend: ~ matters.
‚in·ter·de'pend *v*/*i* vonein'ander abhängen. **‚in·ter·de'pend·ence, ‚inter·de'pend·en·cy** *s* gegenseitige Abhängigkeit. **‚in·ter·de'pend·ent** *adj* vonein'ander abhängig.
in·ter·dict I *s* ['ɪntə(r)dɪkt] **1.** (amtliches) Verbot: **to put an ~ upon** → **4. 2.** *jur. Scot.* a) einstweilige Verfügung, b) gerichtliches Verbot. **3.** *R.C.* Inter'dikt *n* (*Verbot von kirchlichen Amtshandlungen als Strafe für e-e Person od. e-n Bezirk*): **to lay** (*od.* **put**) **under an ~** → **5. II** *v*/*t* [ˌɪntə(r)'dɪkt] **4.** (amtlich) unter'sagen, verbieten (**to** s.o. j-m). **5.** *R.C.* mit dem Inter'dikt belegen. **6.** *mil. Nachschubwege unter'brechen, feindliches Vorrücken behindern od.* zum Stillstand bringen. **‚inter'dic·tion** → **interdict** 1 *u.* 3. **‚inter'dic·tive, ‚in·ter'dic·to·ry** [-tərɪ] *adj* unter'sagend, Verbots...
in·ter·dig·i·tate [ˌɪntə(r)'dɪdʒɪteɪt] **I** *v*/*i* **1.** verflochten sein (**with** mit). **2.** inein'andergreifen. **II** *v*/*t* **3.** mitein'ander verflechten.
‚in·ter'dis·ci·pli·nar·y *adj* interdiszipli'när: a) *mehrere (wissenschaftliche) Disziplinen umfassend*, b) *die Zs.-arbeit mehrerer (wissenschaftlicher) Disziplinen betreffend*: ~ research.
in·ter·est ['ɪntrɪst; 'ɪntərest] **I** *s* **1.** (in) Inter'esse *n* (an *dat*, für), (An)Teilnahme *f* (an *dat*): **to lose ~** das Interesse verlieren; **to take** (*od.* **have**) **an ~ in** s.th. sich für etwas interessieren; **music is his only ~** er interessiert sich nur für Musik. **2.** Reiz *m*, Inter'esse *n*: **to add ~ to** reizvoll *od.* interessant machen (*acc*); **to be of ~ (to)** interessieren (*acc*), reizvoll sein (für); **there is no ~ in doing** s.th. es ist uninteressant *od.* sinnlos, etwas zu tun; → **human** 1. **3.** Wichtigkeit *f*, Bedeutung *f*, Inter'esse *n*: **of great (little) ~** von großer Wichtigkeit (von geringer Bedeutung). **4.** *bes. econ.* Beteiligung *f*, Anteil *m* (**in** an *dat*): **to have an ~ in** s.th. an *od.* bei e-r Sache beteiligt sein; → **control** 1. **5.** *meist pl bes. econ.* Geschäfte *pl*, Inter'essen *pl*, Belange *pl*: **shipping ~(s)** Reedereigeschäfte, -betrieb *m*. **6.** *a. pl econ.* Interes'senten *pl*, Inter'essengruppe(n *pl*) *f*, (die) beteiligten Kreise *pl*: **the banking ~** die Bankkreise; **the business ~s** die Geschäftswelt; **the shipping ~** die Reeder *pl*; **the ~s** die Interessenten; → **landed, vest** 9. **7.** Inter'esse *n*, Vorteil *m*, Nutzen *m*, Gewinn *m*: **to be in** (*od.* **to**) s.o.'**s ~ in** j-s Interesse liegen; **in your** (**own**) **~** zu Ihrem (eigenen) Vorteil, in Ihrem (eigenen) Interesse; **in the public ~** im öffentlichen Interesse; **to look after** (*od.* **protect, safeguard**) s.o.'s **~** s j-s Interessen wahrnehmen *od.* wahren; **to study** s.o.'s **~** j-s Vorteil im Auge haben; → **lie**[2] *Bes. Redew.* **8.** Eigennutz *m*. **9.** Einfluß *m* (**with** bei), Macht *f*: → **sphere** 6. **10.** *jur.* (An)Recht *n*, Anspruch *m* (**in** auf *acc*): → **vest** 9. **11.** (*only sg*) *econ.* Zins *m*, Zinsen *pl*: ~ **due** fällige Zinsen; ~ **from** (*od.* **on**) **capital** Kapitalzinsen; ~ **charged** franko Zinsen; **and** (*od.* **plus**) ~ zuzüglich Zinsen; **as** ~ zinsweise; **ex** ~ ohne Zinsen; **free of ~** zinslos; **to bear** (*od.* **carry, earn, pay, yield**) ~ Zinsen tragen, sich verzinsen (**at** 4% **mit** 4%); ~ **for default** (*od.* **delay**) *od.* ~ **on arrears** Verzugszinsen; ~ **on credit balances** Habenzinsen; ~ **on debit balances** Sollzinsen; ~ **on deposits** Zinsen auf (Bank-) Einlagen; ~ **on shares** Stückzinsen; ~

rate → 12; **to invest money at ~** Geld verzinslich anlegen; **to return a blow** (**an insult**) **with ~** *fig.* e-n Schlag (e-e Beleidigung) mit Zinsen *od.* mit Zins u. Zinseszins zurückgeben; **to return** s.o.'s **kindness with ~** *fig.* sich für j-s Freundlichkeit mehr als nur erkenntlich zeigen; → **rate**[1] 2. **12.** *econ.* Zinsfuß *m*, -satz *m*.
II *v*/*t* **13.** interes'sieren (**in** für), *j-s* Inter'esse *od.* Teilnahme erwecken (**in** s.th. an e-r Sache; **for** s.o. für j-n): **to ~** o.s. **in** sich interessieren für. **14.** angehen, betreffen: **every citizen is ~ed in this law** dieses Gesetz geht jeden Bürger an. **15.** interes'sieren, fesseln, anziehen, reizen. **16.** *bes. econ.* beteiligen (**in** an *dat*).

in·ter·est| ac·count *s econ.* Zinsenkonto *n*. '**~-‚bear·ing** *adj* verzinslich, zinstragend. **~ cou·pon** *s econ.* 'Zinsabschnitt *m*, -schein *m*, -ku‚pon *m*.
'in·ter·est·ed *adj* **1.** interes'siert (**in** an *dat*): **to be ~ in** s.th. sich für etwas interessieren; **I was ~ to know** es interessierte mich zu wissen. **2.** *bes. econ.* beteiligt (**in** an *dat*, **bei**): **the parties ~** a) die Beteiligten, b) die Interessenten. **3.** voreingenommen, befangen: **an ~ witness**. **4.** eigennützig. **'in·ter·est·ed·ly** *adv* **1.** mit Inter'esse, aufmerksam. **2.** in interes'santer Weise. **'in·ter·est·ed·ness** *s* **1.** Interes'siertheit *f*. **2.** Voreingenommenheit *f*. **3.** Eigennutz *m*.
'in·ter·est-‚free *adj econ.* zinslos. **~ group** *s* Inter'essengruppe *f*.
'in·ter·est·ing *adj* interes'sant: **to be in an ~ condition** *obs.* in anderen Umständen sein. **'in·ter·est·ing·ly** *adv* Inter‚es,santer'weise.
in·ter·est| in·stal(l)·ment *s econ.* Zinsrate *f*. **~ lot·ter·y** *s* 'Prämienlotte‚rie *f*. **~ state·ment** *s* Zinsaufstellung *f*. **~ tick·et, ~ war·rant** → **interest coupon**.
'in·ter·face *s* **1.** *chem. phys.* Grenz-, Trennungsfläche *f*. **2.** *electr.* Schnittstelle *f*, (*Computer a.*) Nahtstelle *f*. **3.** *fig.* Nahtstelle *f* (**of** [*od.* **between**] ... **and** zwischen [*dat*] ... und).
'in·ter·fac·ing *s* **1.** Einlage *f* (in e-m *Kleidungsstück*). **2.** → **interlining**[2].
in·ter·fere [ˌɪntə(r)'fɪə(r)] *v*/*i* **1.** (**with**) stören, behindern (*acc*): a) (j-n) belästigen, b) (*etwas*) beeinträchtigen: **to ~ with** s.o.'s **plans** j-s Pläne durchkreuzen; **the noise ~d with my work** der Krach störte mich bei der Arbeit. **2.** eingreifen (**in** in *acc*). **3.** sich einmischen (**in** in *acc*). **4.** (**with** an *dat*) a) sich zu schaffen machen, b) sich vergreifen: **who's been interfering with my wine?** wer war an m-m Wein? **5. to ~ with** s.o. a) sich an j-n ‚heranmachen': **stop interfering with that girl!** laß das Mädchen in Ruhe!, b) sich an j-m vergehen, j-n vergewaltigen: **the girl was brutally ~d with. 6.** *fig.* kolli'dieren (**with** mit), aufein'anderprallen. **7.** *jur. Am.* das Priori'tätsrecht (für e-e Erfindung) geltend machen. **8.** *electr.* a) sich über'lagern, *phys. a.* interfe'rieren: **to ~ with** überlagern (*acc*), b) stören (**with** *acc*): **the reception was ~d with. 9.** *sport* sperren: **to ~ with** s.o. *a.* j-n regelwidrig behindern. **10.** *ling.* interfe'rieren, sich über'lagern (*Strukturen verschiedener Sprachsysteme*).
in·ter·fer·ence [ˌɪntə(r)'fɪərəns] *s* **1.** Störung *f* (**with** *gen*): a) Belästigung *f*, Behinderung *f*, b) Beeinträchtigung *f*. **2.** Eingriff *m* (**in** in *acc*). **3.** Einmischung *f* (**in** in *acc*). **4.** *fig.* Kollisi'on *f* (**with** mit), Aufein'anderprallen *n*. **5.** *electr.* a) Über'lagerung *f* (**with** *gen*), *phys. a.* Interfe'renz *f*: ~ **col·o(u)r** Interferenzfarbe *f*, b)

Störung *f* (**with** *gen*): ~ **sig·nal** Störsignal *n*; ~ **sup·pres·sion** Entstörung *f*; ~ **sup·pres·sor** Entstörfilter *n, m*. **6.** *sport* Sperren *n*, regelwidrige Behinderung (**with** *gen*). **7.** *ling.* Interfe'renz *f* (*Einwirkung von Strukturen e-s Sprachsystems auf Strukturen e-s anderen Sprachsystems*). **8.** *psych.* Interfe'renz *f* (*Hemmung od. Löschung e-s psychischen Prozesses, wenn er mit e-m anderen zs.-fällt*). **9.** *biol. med.* Interfe'renz *f* (*Hemmung e-s biologischen Vorgangs durch e-n gleichzeitigen u. gleichartigen anderen*).
‚in·ter·fe'ren·tial [ˌɪntə(r)fə'renʃl] *adj phys.* Interferenz...
‚in·ter'fer·ing *adj* (*adv* ~ly) **1.** störend, lästig. **2.** sich einmischend: **don't be so ~** misch dich doch nicht ständig ein. **3.** *fig.* kolli'dierend. **4.** *electr.* störend, (sich) über'lagernd, *phys. a.* interfe'rierend.
in·ter·fer·om·e·ter [ˌɪntə(r)fə'rɒmɪtə; *Am.* -'rɑmətər] *s* **1.** *phys.* Interfero'meter *n* (*Gerät, das die Interferenz von Licht- od. Schallwellen für Messungen ausnutzt*). **2.** → **radio interferometer**. **in·ter·fer'om·e·try** [-trɪ] *s phys.* Interferome'trie *f* (*Gesamtheit der Präzisionsmeßverfahren, die auf der Interferenz des Lichts beruhen*).
in·ter·fer·on [ˌɪntə(r)'fɪərɒn; *Am.* -ˌɑn] *s Biochemie*: Interfe'ron *n* (*von Körperzellen gebildeter Eiweißkörper, der als Abwehrsubstanz gegen Infektionen wirksam ist*).
'in·ter·flow *s* ['ɪntə(r)fləʊ] Inein'anderfließen *n*. **II** *v*/*i* [ˌ-'fləʊ] inein'anderfließen, sich vermischen.
in·ter·flu·ent [ɪn'tɜ:flʊənt; *Am.* ɪn'tɜrflʊənt; ˌɪntə(r)'flu:ənt] *adj* inein'anderfließend, sich vermischend.
‚in·ter'fo·li·ate → **interleave**.
‚in·ter'fuse I *v*/*t* **1.** durch'dringen. **2.** (ver)mischen, durch'setzen (**with** mit). **3.** (eng) verbinden. **II** *v*/*i* **4.** sich (mitein'ander) vermischen. **5.** sich (eng) (mitein'ander) verbinden. **in·ter'fu·sion** *s* **1.** Durch'dringung *f*. **2.** Vermischung *f*, Durch'setzung *f* (**with** mit). **3.** (enge) Verbindung.
‚in·ter'gla·cial *geol.* **I** *adj* interglazi'al, zwischeneiszeitlich: ~ **period** → **II**. **II** *s* Interglazi'al *n*, Zwischeneiszeit *f*.
‚in·ter·gra'da·tion *s* all'mähliches Inein,ander'übergehen. **in·ter·grade** *bes. biol.* **I** *v*/*i* [ˌɪntə(r)'greɪd] all'mählich inein'ander 'übergehen. **II** *s* ['-greɪd] Zwischenstufe *f*.
in·ter·im ['ɪntərɪm] **I** *s* **1.** Zwischenzeit *f*: **in the ~** inzwischen, mittlerweile, unterdessen, in der Zwischenzeit, einstweilen, zwischenzeitlich. **2.** Interim *n*, einstweilige Regelung, 'Übergangsregelung *f*. **3. I~** *hist.* (Augsburger) Interim *n* (*vorläufige Lösung der Religionsfrage zwischen Protestanten u. Katholiken; 1548*). **II** *adj* **4.** interi'mistisch, einstweilig, vorläufig, Interims..., Zwischen...: ~ *adj* Überbrükkungshilfe *f*; ~ **balance sheet** *econ.* Zwischenbilanz *f*; ~ **certificate** *econ.* Interimsschein *m*; ~ **credit** *econ.* Zwischenkredit *m*; ~ **dividend** *econ.* Abschlagsdividende *f*; ~ **government** *pol.* Interims-, ‚Übergangsregierung *f*; ~ **measure** Übergangsmaßnahme *f*; ~ **report** Zwischenbericht *m*; ~ **solution** Interims-, Zwischenlösung *f*; → **injunction**.
in·ter·im·is·tic [ˌɪntərɪ'mɪstɪk] → **interim** 4.
'in·ter·in·di'vid·u·al *adj* zwischenmenschlich.
in·te·ri·or [ɪn'tɪərɪə(r)] **I** *adj* (*adv* ~ly) **1.** inner(er, e, es), Innen...: ~ **angle** *math.* Innenwinkel *m*; ~ **decoration** a) Innenausstattung *f*, b) *a.* ~ **design** Innenarchi-

tektur *f*; ~ **decorator** a) Innenausstatter(in), b) *a.* ~ **designer** Innenarchitekt(in), c) → **decorator** 3; ~ **light** *mot.* Innenbeleuchtung *f*; ~ **monologue** innerer Monolog; ~ **planet** *astr.* innerer Planet. **2.** *geogr.* binnenländisch, Binnen... **3.** inländisch, Inlands... **4.** inner(er, e, es): a) pri'vat, in'tern, b) verborgen, geheim. **5.** innerlich, geistig. **II** *s* **6.** *oft pl (das)* Innere. **7.** Innenraum *m*, -seite *f*. **8.** *paint.* Interi'eur *n.* **9.** *phot.* Innenaufnahme *f*, *Film, TV*: *a.* Studioaufnahme *f*. **10.** *geogr.* Binnenland *n*, *(das)* Innere: **in the ~ of Australia** im Inneren od. Herzen Australiens. **11.** *pol.* innere Angelegenheiten *pl*, *(das)* Innere: → **department** 6. **12.** inneres *od.* wahres Wesen.
in'te·ri·or·ize *v/t* → **internalize**.
in'te·ri·or-sprung *adj*: ~ **mattress** Sprungfeder-, Federkernmatratze *f*.
in·ter·ja·cent [ˌɪntə(r)ˈdʒeɪsnt] *adj* da'zwischenliegend.
in·ter·ject [ˌɪntə(r)ˈdʒekt] *v/t* **1.** da'zwischen-, einwerfen: **to ~ a remark. 2.** aus-, da'zwischenrufen. **in·ter'jection** [-kʃn] *s* **1.** Da'zwischenwerfen *n*, Einwurf *m*. **2.** Aus-, Zwischenruf *m*. **3.** *ling.* Interjekti'on *f*. **in·ter'jec·tion·al** [-ʃənl] *adj* **1.** da'zwischen-, eingeworfen. **2.** *ling.* Interjektions...
ˌin·ter'lace **I** *v/t* **1.** (mitein'ander) verflechten, verschlingen, *a. fig.* (inein'ander) verweben. **2.** (ver)mischen (**with** mit). **3.** durch'flechten, -'weben (*a. fig.*): **to ~ a speech with humo(u)r; -'ed scanning** *TV* Zeilensprung(verfahren *n*) *m*. **4.** einflechten. **II** *v/i* **5.** sich verflechten, sich kreuzen: **interlacing arches** *arch.* verschränkte Bogen; **interlacing boughs** verschlungene Zweige. **ˌin·ter'lace·ment** *s* **1.** Verflechtung *f*. **2.** Verflochtenheit *f*. **3.** Vermischung *f*.
ˌin·ter'lam·i·nate *v/t* **1.** zwischen Schichten einfügen. **2.** schichtweise anordnen *od.* aufhäufen.
in·ter·lan·guage *s* Verkehrssprache *f*.
ˌin·ter'lard *v/t* **1.** spicken, durch'setzen (**with** mit): **a speech ~ed with oaths. 2. foreign words** ~ **his book** sein Buch ist mit Fremdwörtern gespickt, in s-m Buch wimmelt es von Fremdwörtern.
ˈin·ter·leaf *s irr* leeres Zwischenblatt.
ˌin·ter'leave *v/t* Bücher durch'schießen.
ˌin·ter'li·brar·y loan *s* **1.** Fernleihe *f*, Fernleihverkehr *m*: **to get a book on ~** ein Buch über den Fernleihverkehr bekommen. **2.** über den Fernleihverkehr ausgeliehenes Buch *etc*.
in·ter·line¹ [ˌɪntə(r)ˈlaɪn] *v/t* **1.** Text zwischenzeilig schreiben, zwischen die Zeilen schreiben *od.* setzen, einfügen. **2.** *Schriftstücke* interlini'ieren: **~d manuscript** Interlinearmanuskript *n*. **3.** *print.* durch'schießen.
ˌin·ter'line² *v/t Kleidungsstück* mit e-m Zwischenfutter versehen.
ˌin·ter'lin·e·ar *adj* **1.** zwischengeschrieben, zwischenzeilig (geschrieben), interline'ar: ~ **translation** *ling.* Interlinearübersetzung *f*. **2.** *print.* blank: ~ **space** Durchschuß *m*. **ˈin·terˌlin·e'a·tion** *s (das)* Da'zwischengeschriebene, interline'arer Text.
ˌin·ter'lin·gua *s* **1.** → **interlanguage**. **2.** *meist* **L** Inter'lingua *f (Welthilfssprache, die auf Latein u. den romanischen Sprachen fußt)*.
ˌin·ter·lin'guis·tics *s pl (als sg konstruiert)* Interlin'guistik *f (Teilgebiet der Sprachwissenschaft, das auf synchroner Ebene die Gemeinsamkeiten u. Unterschiede natürlicher Sprachen untersucht)*.
ˈin·terˌlin·ing¹ → **interlineation**.

ˈin·terˌlin·ing² *s* Zwischenfutter(stoff *m*) *n*.
in·ter·link **I** *v/t* [ˌɪntə(r)ˈlɪŋk] (mitein'ander) verketten *od.* verbinden *od.* verknüpfen: **~ed fates; ~ed voltage** *electr.* verkettete Spannung. **II** *s* [ˈ-lɪŋk] Binde-, Zwischenglied *n*.
ˌin·ter'lock **I** *v/i* **1.** inein'andergreifen (*a. fig.*): **~ing directorates** *econ. bes. Am.* personelle Unternehmensverflechtung (*auf Verwaltungsratsebene*). **2.** *rail.* verriegelt *od.* verblockt sein: **~ing signals** verriegelte Signale. **II** *v/t* **3.** eng zs.-schließen, inein'anderschachteln. **4.** inein'anderhaken, (mitein'ander) verzahnen. **5.** *Eisenbahnsignale* verriegeln, verblocken.
in·ter·lo·cu·tion [ˌɪntə(r)ləʊˈkjuːʃn] *s* Gespräch *n*, Unter'redung *f*. **ˌin·ter'loc·u·tor** [-ˈlɒkjʊtə; *Am.* -ˈlɑːkjətər] *s* **1.** Gesprächspartner *m*. **2.** *jur. Scot.* gerichtliche (Zwischen)Entscheidung. **ˌin·ter'loc·u·to·ry** [-tərɪ; *Am.* -ˌtɔːrɪ; -ˌtoʊ-] *adj* **1.** gesprächsweise, in Gesprächsform. **2.** in Gesprächs eingeflochten. **3.** Gesprächs... **4.** *jur.* einstweilig, vorläufig, Zwischen...: ~ **decree**, ~ **judg(e)ment** Zwischenurteil *n*; ~ **judg(e)ment of divorce** *am.* vorläufiges Scheidungsurteil (*das nach e-r Übergangszeit wirksam wird*); → **injunction** 1. **ˌin·ter'loc·u·tress** [-trɪs] *s*, **ˌin·ter'loc·u·trice** [-trɪs] *s*, **ˌin·ter'loc·u·trix** [-trɪks] *pl* **ˈin·terˌloc·u'tri·ces** [-ˈtraɪsɪz] *s* Gesprächspartnerin *f*.
ˌin·ter'lope *v/i* **1.** sich eindrängen, einmischen. **2.** *econ.* Schleich- *od.* Schwarzhandel treiben. **ˈin·ter'lop·er** *s* **1.** Eindringling *m*. **2.** *econ.* Schleich-, Schwarzhändler *m*.
in·ter·lude [ˈɪntə(r)luːd] *s* **1.** a) (kurze) Zeit, Peri'ode *f*: **an ~ of bright weather** e-e Schönwetterperiode. b) Unter'brechung *f* (**in** *gen*). **2.** *thea.* a) Pause *f*, b) Zwischenspiel *n*, Inter'mezzo *n* (*beide a. mus. u. fig.*).
ˌin·ter·lu'na·tion *s* Inter'lunium *n (Zeit des Neumonds)*.
ˌin·ter'mar·riage *s* **1.** Mischehe *f (zwischen Angehörigen verschiedener Stämme, Rassen od. Konfessionen)*. **2.** Heirat *f* innerhalb der Fa'milie *od.* zwischen Blutsverwandten. **ˌin·ter'mar·ry** *v/i* **1.** a) e-e Mischehe eingehen, b) unterein'ander heiraten: **the two families have intermarried for many years. 2.** innerhalb der Fa'milie heiraten: **members of some ancient races intermarried with their own sisters** heirateten ihre eigene Schwester.
in·ter·max·il·lar·y [ˌɪntə(r)mækˈsɪlərɪ; *Am.* -ˈmæksəˌlerɪ] *anat.* **I** *adj* Intermaxillar...: ~ **bone** → **II**. **II** *s* Intermaxil'lar-, Zwischenkieferknochen *m*.
ˌin·ter'med·dle *v/i* sich einmischen (**with** in *acc*).
ˌin·ter'me·di·a **I** *s* Multi'media *pl*. **II** *adj* multimedi'al: ~ **show** Multimedia-Show *f*.
ˌin·ter'me·di·a·cy *s* Da'zwischenliegen *n*.
in·ter·me·di·ar·y [ˌɪntə(r)ˈmiːdjərɪ; *Am.* -dɪˌerɪ] **I** *adj* **1.** → **intermediate¹** 1-3: ~ **storage** Zwischenlagerung *f (von Atommüll etc)*. **2.** *med. physiol.* intermedi'är: ~ **metabolism** intermediärer Stoffwechsel, Zwischenstoffwechsel *m*. **II** *s* **3.** Vermittler(in), Mittelsmann *m*. **4.** *econ.* Zwischenhändler *m*. **5.** Vermittlung *f*. **6.** a) Zwischenform *f*, b) Zwischenstadium *n*.
in·ter·me·di·ate¹ [ˌɪntə(r)ˈmiːdjət; -dɪət] **I** *adj (adv* ~**ly**) **1.** da'zwischenliegend, da'zwischen befindlich, eingeschaltet, Zwischen..., Mittel...: **to be** ~

between ... and ... zwischen (*dat*) ... u. ... liegen; ~ **colo(u)r** (**credit, examination, frequency, product, seller, stage, trade**) Zwischenfarbe *f* (-kredit *m*, -prüfung *f*, -frequenz *f*, -produkt *n*, -verkäufer *m*, -stadium *n*, -handel *m*); ~ **school** → **junior high** (**school**); **~-range ballistic missile** *mil.* Mittelstreckenrakete *f*; ~ **terms** *math.* innere Glieder, Mittelglieder. **2.** *ped.* für fortgeschrittene Anfänger: ~ **course. 3.** vermittelnd, Verbindungs..., Zwischen..., Mittel(s)...: ~ **agent** → 7. **4.** mittelbar, 'indi͵rekt. **II** *s* **5.** Zwischending *n*. **6.** *chem.* ˈZwischenpro͵dukt *n*. **7.** Vermittler(in), Mittelsmann *m*. **8.** *ped.* Zwischenprüfung *f*.
in·ter·me·di·ate² [ˌɪntə(r)ˈmiːdɪeɪt] *v/i* **1.** da'zwischentreten, interve'nieren. **2.** vermitteln.
ˌin·ter'me·di·ate·ness *s* Da'zwischenliegen *n*.
ˈin·terˌme·di'a·tion *s* **1.** Da'zwischentreten *n*, Interve'nieren *n*. **2.** Vermittlung *f*. **ˌin·ter'me·di·a·tor** [-tə(r)] *s* Vermittler(in).
in·ter·ment [ɪnˈtɜːmənt; *Am.* -ˈtɜːr-] *s* Beerdigung *f*, Bestattung *f*.
in·ter·mez·zo [ˌɪntə(r)ˈmetsəʊ; -ˈmedzəʊ] *pl* **-ˈmez·zi** [-tsiː; -dziː] *od.* **-ˈmez·zos** *s mus.* Inter'mezzo *n*, Zwischenspiel *n*.
in·ter·mi·na·bil·i·ty [ɪnˌtɜːmɪnəˈbɪlətɪ; *Am.* -ˌtɜːr-] *s* Endlosigkeit *f*. **inˈter·mi·na·ble** *adj (adv* **interminably**) endlos: **an ~ desert** (**sermon**, *etc*); **housework is an ~ job** die Hausarbeit nimmt nie ein Ende. **inˈter·mi·na·ble·ness** *s* Endlosigkeit *f*.
ˌin·ter'min·gle **I** *v/t* **1.** vermischen, vermengen. **II** *v/i* **2.** sich vermischen. **3.** ~ **with** sich mischen unter (*acc*).
ˌin·ter'mis·sion *s* **1.** Pause *f (a. thea. etc)*, Unter'brechung *f*: **there will now be a short ~** es folgt e-e kurze Pause; **without ~** ohne Pause, pausenlos, unaufhörlich. **2.** *med.* Intermissi'on *f (beschwerdefreie Zwischenzeit im Krankheitsverlauf)*.
in·ter·mit [ˌɪntə(r)ˈmɪt] **I** *v/t (zeitweilig)* unter'brechen, aussetzen mit. **II** *v/i (zeitweilig)* aussetzen, vor'übergehend aufhören. **ˌin·ter'mit·tence** [-təns], **ˌin·ter'mit·ten·cy** [-sɪ] *s* **1.** Unter'brechung *f*, (zeitweiliges) Aussetzen. **2.** → **intermission** 2.
in·ter·mit·tent [ˌɪntə(r)ˈmɪtənt] *adj (adv* **~ly**) mit Unter'brechungen, (zeitweilig) aussetzend, stoßweise, peri'odisch (auftretend), intermit'tierend: ~ **claudication** *med.* intermittierendes Hinken, „Schaufensterkrankheit" *f*; ~ **current** *electr.* intermittierender *od.* pulsierender Strom; ~ **fever** *med.* intermittierendes Fieber, Wechselfieber *n*; ~ **light** Blinklicht *n*; ~ **river** *geogr.* intermittierender Fluß.
ˌin·ter'mix *v/t u. v/i* (sich) vermischen. **ˌin·ter'mix·ture** *s* **1.** Vermischen *n*. **2.** Mischung *f*, Gemisch *n*. **3.** Beimischung *f*, Zusatz *m*.
ˌin·ter·mo'lec·u·lar *adj chem. phys.* intermoleku'lar (*zwischen den Molekülen liegend od. stattfindend*).
in·tern¹ *v/t* [ɪnˈtɜːn; *Am.* ˈɪnˌtɜːrn] a) j-n inter'nieren, b) *Schiffe etc* festhalten. **II** *s* [ˈɪntɜːn; *Am.* ˈɪntɜːrn] Inter'nierte(r *m*) *f*.
in·tern² [ˈɪntɜːn; *Am.* ˈɪnˌtɜːrn] *bes. Am.* **I** *s* a) *im Krankenhaus wohnender Medizinalassistent*, b) *ped.* Referen'dar(in). **II** *v/i* a) sein Medizi'nalpraktikum absolvieren, b) *ped.* sein Referendari'at absolvieren.
in·tern³ [ˈɪntɜːn; *Am.* ɪnˈtɜːrn] *adj obs.* inner(er, e, es).
in·ter·nal [ɪnˈtɜːnl; *Am.* ɪnˈtɜːrnl] **I** *adj (adv* **~ly**) **1.** inner(er, e, es), inwendig: ~

internal-combustion engine – interrogative

angle *math.* Innenwinkel *m*; ~ **ear** *anat.* Innenohr *n*; ~ **evidence** *jur.* reiner Urkundenbeweis; ~ **injury** *med.* innere Verletzung; ~ **medicine** innere Medizin; ~ **organs** innere Organe; ~ **rhyme** *metr.* Binnenreim *m*; ~ **specialist** → **internist**; ~ **telephone** Hausapparat *m*; ~ **thread** *tech.* Innengewinde *n*; **he was bleeding ~ly** er hatte innere Blutungen. **2.** *med. pharm.* innerlich anzuwenden(d): **an ~ remedy**; "**not to be taken ~ly**" „nicht zur inneren Anwendung". **3.** inner(er, e, es), innerlich, geistig: **the ~ law** das innere Gesetz. **4.** einheimisch, in-, binnenländisch, Inlands..., Innen..., Binnen...; ~ **loan** *econ.* Inlandsanleihe *f*; ~ **trade** Binnenhandel *m*. **5.** *pol.* inner(er, e, es), 'innenpo₁litisch, Innen...: ~ **affairs** innere Angelegenheiten. **6.** a) in'tern, b) *econ.* (be'triebs)in,tern, innerbetrieblich: ~ **control**. **II** *s* **7.** *pl anat.* innere Or'gane *pl*. **8.** wesentliche Eigenschaft. **9.** *med.* gynäko'logische Unter'suchung.

in₁ter·nal-com'bus·tion en·gine *s* Verbrennungsmotor *m*.

in·ter·nal·i·za·tion [ɪn₁tɜːnəlaɪ'zeɪʃn; *Am.* ɪn₁tɜrnlə'z-] *s* Verinnerlichung *f*, Internali'sierung *f*. **in'ter·nal·ize** *v/t psych. sociol.* Verhaltensnormen, Konflikte *etc* internali'sieren, verinnerlichen.

in·ter·nal rev·e·nue *s econ. Am.* Staatseinkünfte *pl* (*aus inländischen Steuern u. Abgaben*): **I~ R~ Service** (Bundes)Finanzamt *m*.

in·ter·na·tion·al [₁ɪntə(r)'næʃənl] **I** *adj* (*adv* **-ly**) **1.** internatio'nal, zwischenstaatlich, Welt..., Völker...: ~ **copyright** internationales Urheberrecht; ~ **date line** Datumsgrenze *f*; ~ **law** Völkerrecht *n*, internationales Recht; ~ **nautical mile** Seemeile *f*; ~ **reply coupon** mail internationaler Antwortschein. **2.** Auslands...: ~ **call**; ~ **flight**; ~ **money order** Auslandspostanweisung *f*. **II** *s* **3.** *sport* a) Internatio'nale(r m) *f*, Natio'nalspieler(in), b) Länderkampf *m*, -spiel *n*. **4.** I~ a) *pol.* (Mitglied *n* e-r Internatio'nale: → **socialist** II, b) Internatio'nale *f* (*sozialistisches Kampflied*). **5.** *pl econ.* internatio'nal gehandelte 'Wertpa₁piere *pl*.

In·ter·na·tion·al| Bank for Re·con·struc·tion and De·vel·op·ment *s econ.* Internatio'nale Bank für Wieder'aufbau u. Entwicklung. **~ Court of Jus·tice** *s* Internatio'naler Gerichtshof. **~ Crim·i·nal Po·lice Or·gan·i·za·tion** *s* Internatio'nale Krimi'nalpo₁li₁zeiliche Organisati'on (*Interpol*). **~ De·vel·op·ment As·so·ci·a·tion** *s econ.* Internatio'nale Ent'wicklungsorganisati₁on.

In·ter·na·tio·nale [₁ɪntə(r)næʃə'naːl; *Am. a.* -'næl] → **international** 4 b.

In·ter·na·tion·al Fi·nance Cor·po·ra·tion *s econ.* Internatio'nale Fi'nanz-Corporati₁on.

in·ter·na·tion·al·ism [₁ɪntə(r)'næʃənl₁ɪzəm] *s* **1.** Internationa'lismus *m* (*Streben nach internationalem Zs.-schluß*). **2.** internatio'nale Zs.-arbeit. **3.** I~ *pol.* Grundsätze *pl od.* Bestrebungen *pl* e-r Internatio'nale. ₁**in·ter'na·tion·al·ist. I.** Internationa'list(in). **2.** Völkerrechtler *m*. **3.** I~ *pol.* Mitglied *n* e-r Internatio'nale. '**in·ter₁na·tion·al·i·ty** *s* internatio'naler Cha'rakter. ₁**in·ter'na·tion·al·ize** *v/t* **1.** internatio'nal machen, internationali'sieren. **2.** unter internatio'nale Kon'trolle stellen.

In·ter·na·tion·al| La·bo(u)r Of·fice *s pol.* Internatio'nales Arbeitsamt. **~ La·bo(u)r Or·gan·i·za·tion** *s pol.* Internatio'nale 'Arbeitsorganisati₁on. **~ Mon·e·tar·y Fund** *s econ.* Internatio'naler Währungsfonds. **~ Stand·ards Or·gan·i·za·tion** *s* Internatio'naler Normenausschuß.

in·terne ['ɪntɜːn; *Am.* 'ɪn₁tɜrn] → **intern²** I *u.* 3.

in·ter·ne·cine [₁ɪntə(r)'niːsaɪn; *Am. a.* -'nesiːn] *adj* **1.** zur gegenseitigen Vernichtung führend: **an ~ war** ein gegenseitiger Vernichtungskrieg. **2.** mörderisch, vernichtend. **3.** innerhalb e-r Gruppe (ausgetragen), in'tern: ~ **quarrels**.

in·tern·ee [₁ɪntɜː'niː; *Am.* -tɜr-] *s mil.* Inter'nierte(r m) *f*.

in·ter·nist [ɪn'tɜːnɪst; *Am.* 'ɪn₁tɜr-] *s med.* Inter'nist *m*, Facharzt *m* für innere Krankheiten.

in·tern·ment [ɪn'tɜːnmənt; *Am.* -'tɜrn-] *s mil.* a) Inter'nierung *f* (*von Personen*): ~ **camp** Internierungslager *n*, b) Festhalten *n* (*von Schiffen etc*).

in·ter·nod·al [₁ɪntə(r)'nəʊdl] *adj anat. bot.* interno'dal. '**in·ter·node** [-nəʊd] *s* Inter'nodium *n*: a) *anat.* interno'dales Seg'ment (*e-r Nervenfaser*), b) *bot.* zwischen zwei Blattknoten liegender Sproßabschnitt.

'**in·tern·ship** *s bes. Am.* **1.** *med.* Medizi'nalpraktikum *n*. **2.** *ped.* Referendari'at *n*.

₁**in·ter'nu·cle·ar** *adj biol.* zwischen (Zell)Kernen gelegen.

₁**in·ter'nun·ci·o** *pl* **-os** *s R.C.* Inter'nuntius *m* (*päpstlicher Gesandter der zweiten Rangklasse*).

'**in·ter₁o·ce'an·ic** *adj* interozea'nisch: a) *zwischen Weltmeeren* (gelegen), b) (*zwei*) *Weltmeere verbindend*.

₁**in·ter'oc·u·lar** *adj* zwischen den Augen (befindlich): ~ **distance** Augenabstand *m*.

₁**in·ter'os·cu·late** *v/i* **1.** inein'ander 'übergehen. **2.** sich gegenseitig durch'dringen. **3.** *bes. biol.* ein Verbindungsglied bilden.

₁**in·ter'page** *v/t* zwischen die Blattseiten einschieben.

in·ter·pel·lant [₁ɪntə(r)'pelənt] *s parl.* Interpel'lant *m*.

in·ter·pel·late [ɪn'tɜːpeleɪt; *Am.* ₁ɪntər'peleɪt] *v/t parl.* e-e Interpellati'on *od.* Anfrage richten an (acc). **in·ter·pel·la·tion** [ɪn₁tɜːpe'leɪʃn; *Am.* ₁ɪntərpə'l-] *s* **1.** *parl.* Interpellati'on *f*, Anfrage *f*. **2.** Unter'brechung *f*. **3.** Einspruch *m*.

₁**in·ter'pen·e·trate I** *v/t* (vollständig) durch'dringen. **II** *v/i* sich gegenseitig durch'dringen. '**in·ter₁pen·e'tra·tion** *s* gegenseitige Durch'dringung.

₁**in·ter'per·son·al** *adj* **1.** interperso'nal, interperso'nell: a) *zwischen mehreren Personen ablaufend*, b) *mehrere Personen betreffend*. **2.** zwischenmenschlich.

in·ter·phone ['ɪntə(r)fəʊn] → **intercom**.

₁**in·ter'plan·e·tar·y** *adj* interplane'tar(isch).

'**in·ter·play** *s* Wechselwirkung *f*, -spiel *n*: **the ~ of forces** das wechselseitige Spiel der Kräfte.

₁**in·ter'plead** *v/i a. irr jur.* gerichtlich untereinander austragen, wer der wahre Gläubiger ist. ₁**in·ter'plead·er** *s* prozessuale Verfahrensmöglichkeit zur Feststellung des wahren Gläubigers.

₁**in·ter'po·lar** *adj bes. electr.* die Pole verbindend, zwischen den Polen (liegend).

in·ter·po·late [ɪn'tɜːpəʊleɪt; *Am.* ɪn'tɜrpə₁l-] *v/t* **1.** interpo'lieren: a) *etwas* einschalten, einfügen, b) *e-n Text* (durch Einschiebungen) ändern, *bes.* verfälschen. **2.** *math.* interpo'lieren (*Werte zwischen bekannten Werten e-r Funktion errechnen*). **in₁ter·po'la·tion** *s* **1.** Interpolati'on *f*: a) Einschaltung *f*, Einfügung *f*, b) Änderung *f*, *bes.* Verfälschung *f* (*durch Einschiebungen*). **2.** Interpo'lieren *n*, Einschalten *n*, Einfügen *n*. **3.** *math.* Interpolati'on *f*: **calculus of ~** Interpolationsrechnung *f*.

'**in·ter·pole** *s electr.* Zwischenpol *m*.

in·ter·pose [₁ɪntə(r)'pəʊz] **I** *v/t* **1.** da'zwischenstellen, -legen, -bringen: **to ~ o.s. between** *fig.* vermitteln zwischen (*dat*). **2.** *ein Hindernis* in den Weg legen. **3.** *e-e Bemerkung* einwerfen, einflechten. **4.** *e-n Einwand* vorbringen, *Einspruch* erheben, *ein Veto* einlegen. **5.** *geol.* einlagern. **6.** *tech.* zwischen-, einschalten. **II** *v/i* **7.** da'zwischenkommen, -treten. **8.** vermitteln (**in** in *dat*; **between** zwischen *dat*), eingreifen (**in** in *acc*). **9.** sich unter'brechen. **in·ter·po·si·tion** [ɪn₁tɜːpə'zɪʃn; *bes. Am.* ₁ɪntə(r)pə'z-] *s* **1.** Da'zwischentreten *n*, -legen *n*, -bringen *n*. **2.** Einwerfen *n*, Einflechten *n*. **3.** Einwurf *m*. **4.** Vorbringen *n*, Erheben *n*, Einlegen *n*. **5.** *tech.* Zwischen-, Einschaltung *f*. **6.** Vermittlung *f*, Eingreifen *n*.

in·ter·pret [ɪn'tɜːprɪt; *Am.* -'tɜr-] **I** *v/t* **1.** auslegen, auffassen, deuten, interpre'tieren (**as** als): **I ~ his silence as agreement**. **2.** dolmetschen. **3.** *mus. thea. etc* interpre'tieren, 'wiedergeben. **4.** *Daten etc* auswerten. **II** *v/i* **5.** dolmetschen, als Dolmetscher(in) fun'gieren: **to ~ for s.o.** j-m dolmetschen. **in₁ter·pre'ta·tion** *s* **1.** Auslegung *f*, Deutung *f*, Interpre'tierung *f*, Interpretati'on *f*: **his remark may be given several ~s** s-e Bemerkung kann verschieden ausgelegt werden; ~ **clause** Auslegungsbestimmung *f*. **2.** Dolmetschen *n*. **3.** *mus. thea. etc* Interpretati'on *f*, 'Wiedergabe *f*. **4.** Auswertung *f*. **in'ter·pre·ta·tive** [-tətɪv; *Am.* -₁teɪtɪv] *adj* (*adv* **-ly**) auslegend: **to be ~ of** s.th. etwas auslegen *od.* deuten *od.* interpretieren. **in'ter·pret·er** *s* **1.** Ausleger(in), Deuter(in), Inter'pret(in). **2.** Dolmetscher(in). **3.** *mus. thea. etc* Inter'pret(in). **in'ter·pre·tive** → **interpretative**.

in·ter·punc·tion [₁ɪntə(r)'pʌŋkʃn], '**in·ter₁punc·tu'a·tion** → **punctuation**.

₁**in·ter'ra·cial** *adj* **1.** zwischen verschiedenen Rassen (vorkommend *od.* bestehend): ~ **tensions** Rassenspannungen. **2.** gemischtrassig: ~ **schools**.

'**In·ter·rail pass** *s* Interrailkarte *f*.

₁**in·ter're'act** *v/i* aufein'ander *od.* wechselseitig rea'gieren, sich gegenseitig beeinflussen. ₁**in·ter·re'ac·tion** *s* wechselseitige Reakti'on, gegenseitige Beeinflussung.

in·ter·reg·num [₁ɪntə'regnəm] *pl* **-na** [-nə], **-nums** *s* **1.** Inter'regnum *n*: a) *Zeit zwischen Tod, Absetzung od. Abdankung e-s Herrschers u. der Inthronisation s-s Nachfolgers*, b) *Übergangszeit. zwischen zwei Regierungen*. **2.** herrscher- *od.* re'gierungslose Zeit. **3.** Unter'brechung *f*, Pause *f*.

₁**in·ter·re'late I** *v/t* (zuein'ander) in Beziehung bringen *od.* setzen. **II** *v/i* (zuein'ander) in Beziehung stehen, zs.-hängen.

₁**in·ter·re'lat·ed** *adj* in Wechselbeziehung stehend, zs.-hängend. ₁**in·ter·re'la·tion** *s* Wechselbeziehung *f*.

in·ter·ro·bang [ɪn'terəbæŋ] *s* Ausrufezeichen *n* u. Fragezeichen *n* (*nach e-r rhetorischen Frage*).

in·ter·ro·gate [ɪn'terəʊgeɪt] *v/t* **1.** verhören, vernehmen. **2.** *Computer:* den *Speicher* abfragen. **3.** *fig.* (zu) ergründen (suchen). **in₁ter·ro'ga·tion** *s* **1.** Verhör *n*, Vernehmung *f*. **2.** Frage *f* (*a. ling.*): ~ **mark** (*od.* **point**) → **3**. **3.** Fragezeichen *n*. **4.** *Computer:* Abfragen *n*.

in·ter·rog·a·tive [₁ɪntə'rɒgətɪv; *Am.* -'rɑ-] **I** *adj* (*adv* **-ly**) **1.** fragend: **an ~ look**; **in an ~ tone** fragend. **2.** *ling.* interroga'tiv, Frage...: ~ **adverb** → 3 a; ~ **pronoun** → 3 b; ~ **sentence** → 3 c. **II** *s* **3.**

interrogator – intimidatory

ling. a) Interroga'tivad,verb *n*, 'Frage-,umstandswort *n*, b) Interroga'tivpro,nomen *n*, Interroga'tiv(um) *n*, Fragefürwort *n*, c) Interroga'tiv-, Fragesatz *m*. **4.** Fragezeichen *n*.
in·ter·ro·ga·tor [ɪn'terəʊgeɪtə(r)] *s* Ver'nehmungsbe,amte(r) *m*. **in·ter·rog·a·to·ry** [ˌɪntə'rɒgətərɪ; *Am.* -'rɑgə,tɔːrɪ; -,tɔː-] **I** *adj* **1.** → interrogative 1. **II** *s* **2.** Frage *f*. **3.** *pl jur.* schriftliche Beweisfragen *pl* (*vor der Verhandlung an e-e Prozeßpartei, die schriftlich unter Eid beantwortet werden müssen*).
in·ter·rupt [ˌɪntə'rʌpt] **I** *v/t* **1.** unter'brechen (*a. electr.*), *j-m* ins Wort fallen: to ~ a pregnancy e-e Schwangerschaft abbrechen *od.* unterbrechen. **2.** aufhalten, stören, behindern, *den Verkehr a.* zum Stocken bringen. **3.** *die Sicht* versperren: to ~ the view. **II** *v/i* **4.** unter'brechen: don't ~! unterbrich *od.* stör mich *etc* nicht! **III** *s* **5.** Unter'brechung *f*. **in·ter'rupt·ed·ly** *adv* mit Unter'brechungen. **in·ter'rupt·er** *s* **1.** Unter'brecher(in). **2.** Störer(in). **3.** *electr.* Unter'brecher *m*. **in·ter'rup·tion** *s* **1.** Unter'brechung *f* (*a. electr.*): without ~ ohne Unterbrechung, ununterbrochen; ~ of pregnancy Schwangerschaftsabbruch *m*, -unterbrechung *f*. **2.** Störung *f*, Behinderung *f*: ~ of traffic Verkehrsstockung *f*. **3.** Versperrung *f*. **in·ter'rup·tive** *adj* (*adv* ~ly) **1.** unter'brechend. **2.** störend. **in·ter'rup·tor** → interrupter.
in·ter·scho·las·tic *adj* zwischen mehreren Schulen (bestehend, stattfindend *etc*).
in·ter·sect [ˌɪntə(r)'sekt] **I** *v/t* **1.** (durch-)'schneiden, (-)'kreuzen. **II** *v/i* **2.** sich (durch-, über-)'schneiden, sich kreuzen: ~ing roads (Straßen)Kreuzung *f*; ~ing line → intersection 3 c; ~ing point → intersection 2, 3 b. **3.** *fig.* sich über-'schneiden. **III** *s* ['-sekt] → intersection 3 b *u. c,* 4.
in·ter·sec·tion [ˌɪntə(r)'sekʃn] *s* **1.** Durch'schneiden *n*. **2.** *a.* point of ~ Schnitt-, Kreuzungspunkt *m*. **3.** *math.* a) Schnitt *m*, b) *a.* point of ~ Schnittpunkt *m*, c) *a.* line of ~ Schnittlinie *f*; angle of ~ Schnittwinkel *m*; ~ of the axes Nullpunkt *m* e-s Koordinatensystems. **4.** (Straßen)Kreuzung *f*. **5.** *arch.* Vierung *f*. **6.** *Bergbau:* Durch'örterung *f*. **in·ter'sec·tion·al** [-ʃənl] *adj* Kreuzungs..., Schnitt...
'in·ter·sex I *s* **1.** *biol.* Inter'sex *n* (*Individuum, das die typischen Merkmale der Intersexualität zeigt*). **2.** → unisex I. **II** *adj* → unisex II. **in·ter'sex·u·al** *adj* (*adv* ~ly) *biol.* intersexu'ell. **in·ter'sex·u·al·ism, 'in·ter,sex·u'al·i·ty** *s biol.* Intersexuali'tät *f* (*abnorme Mischung von männlichen u. weiblichen Geschlechtsmerkmalen in e-m Individuum*).
in·ter'space I *s* **1.** Zwischenraum *m*. **2.** interplane'tar(isch)er *od.* interstel'larer Raum. **II** *v/t* **3.** Raum lassen zwischen (*dat*). **4.** a) trennen, b) unter'brechen.
in·ter'spa·tial *adj* Zwischenraum...
in·ter·sperse [ˌɪntə'spɜːs; *Am.* ˌɪntər'spɜrs] *v/t* **1.** einstreuen, hier u. da einfügen. **2.** durch'setzen (with mit). **in·ter'sper·sion** [-'spɜːʃn; *Am.* -'spɜrʒən; -ʃn] *s* **1.** Einstreuung *f*. **2.** Durch'setzung *f*.
'in·ter,state *Am.* **I** *adj* zwischenstaatlich, zwischen den einzelnen (Bundes-)Staaten (bestehend *etc*): ~ commerce Handel *m* zwischen den Einzelstaaten; ~ highway → II. **II** *s* (*zwei od. mehrere Staaten verbindende*) Autobahn.
in·ter'stel·lar *adj* interstel'lar, zwischen den Sternen (befindlich).

in·ter·stice [ɪn'tɜːstɪs; *Am.* -'tɜr-] *s* **1.** Zwischenraum *m*, *anat. a.* Inter'stitium *n*. **2.** Lücke *f*, Spalt *m*. **3.** *R.C.* Inter'stitien *pl* (*vorgeschriebene Zwischenzeit zwischen dem Empfang zweier geistlicher Weihen*).
in·ter'sti·tial [-'stɪʃl] *adj* in Zwischenräumen gelegen, *anat. a.* interstiti'ell: ~ tissue.
in·ter'trib·al *adj* (*adv* ~ly) zwischen verschiedenen Stämmen: ~ war Stammeskrieg *m*.
in·ter·tri·go [ˌɪntə(r)'traɪgəʊ] *pl* **-goes** *s med.* Inter'trigo *f*, Hautwolf *m*.
in·ter'twine *v/t u. v/i* (sich) verflechten *od.* verschlingen. **in·ter'twine·ment** *s* Verflechtung *f*.
in·ter'twist → intertwine.
in·ter'ur·ban I *adj* zwischen mehreren Städten (bestehend *od.* verkehrend), Überland...: ~ bus; ~ traffic. **II** *s* 'Überlandbahn *f*, -bus *m*.
in·ter'u·ter·ine *adj anat.* interute'rin, intra-ute'rin: a) *im Inneren der Gebärmutter gelegen*: ~ device *med.* Interuterin-, Intra-uterinpessar *n*, b) *das Innere der Gebärmutter betreffend*.
in·ter·val ['ɪntəvl; *Am.* 'ɪntərvəl] *s* **1.** (*zeitlicher od. räumlicher*) Abstand, (*zeitlich a.*) Inter'vall *n*: at ~s dann u. wann, ab u. zu, in Abständen; at regular ~s in regelmäßigen Abständen; at ten-minute ~s, at ~s of ten minutes in Abständen von zehn Minuten, im Zehn-Minuten-Takt; at ~s of fifty feet in Abständen von 50 Fuß; sunny ~s *meteor.* Aufheiterungen; ~ training *sport* Intervalltraining *n*; → lucid 1. **2.** *Br.* Pause *f* (*a. thea. etc*), Unter'brechung *f*: there was a long ~ before he answered er antwortete erst nach e-r langen Pause; ~ signal (*Rundfunk, TV*) Pausenzeichen *n*. **3.** *mus.* Inter'vall *n* (*Höhenunterschied zwischen zwei Tönen, die gleichzeitig od. nacheinander erklingen*). **4.** *math.* Inter'vall *n* (*Bereich zwischen zwei Punkten auf e-r Strecke od. Skala*). **5.** *Bergbau:* Getriebsfeld *n*, Fach *n*.
in·ter·vene [ˌɪntə(r)'viːn] *v/i* **1.** eingreifen, einschreiten, *bes. mil. pol.* interve-'nieren: to ~ in the affairs of another country sich gewaltsam in die Angelegenheiten e-s anderen Landes einmischen. **2.** vermitteln (in in *dat*; between zwischen *dat*). **3.** *jur.* (e-m Rechtsstreit) beitreten; intervening party → intervener 2. **4.** (*zeitlich*) da'zwischenliegen: in the years that ~d, in the intervening years in den dazwischenliegenden Jahren, in den Jahren dazwischen. **5.** sich in'zwischen ereignen: nothing interesting has ~d in der Zwischenzeit hat sich nichts Interessantes ereignet. **6.** (plötzlich) eintreten, (unerwartet) da'zwischenkommen: if nothing ~s wenn nichts dazwischenkommt. **in·ter'ven·er** *s* **1.** Vermittler(in). **2.** *jur.* 'Nebenintervenient *m*.
in·ter·ven·tion [ˌɪntə(r)'venʃn] *s* **1.** Eingreifen *n*, Einschreiten *n*, Eingriff *m*, *bes. mil. pol.* Interventi'on *f*: armed ~. **2.** Vermittlung *f*. **3.** *jur.* Nebeneintritt *m*.
in·ter'ven·tion·ism *s* a) *econ. pol.* Interventio'nismus *m* (*Eingreifen des Staates in die (private) Wirtschaft*), b) *mil.* Befürwortung *f* e-r Interventi'on. **in·ter'ven·tion·ist** *s* a) *econ. pol.* Interventio'nist *m*, b) *mil.* Befürworter *m* e-r Interventi'on.
in·ter'ver·te·bral *adj anat.* interverte'bral, Zwischenwirbel...: ~ disc (*od.* disk) Bandscheibe *f*.
in·ter·view ['ɪntəvjuː] **I** *s* **1.** Inter'view *n*: to give s.o. an ~. **2.** Einstellungsgespräch *n*. **II** *v/t* **3.** *j-n* inter'viewen, ein Inter'view führen mit. **4.** ein Einstellungs-

gespräch führen mit. **III** *v/i* **5.** inter-'viewen. **6.** ein Einstellungsgespräch führen. **in·ter·view'ee** [-ˈiː] *s* **1.** Inter-'viewte(r *m*) *f*. **2.** *j-d, mit dem ein Einstellungsgespräch geführt wird*. **'in·ter,view·er** *s* **1.** Inter'viewer(in). **2.** Leiter(in) e-s Einstellungsgesprächs.
in·ter·vo'cal·ic *adj* (*adv* ~ally) *ling.* 'inter-, 'zwischenvo,kalisch.
'in·ter·war *adj*: the ~ period die Zeit zwischen den (Welt)Kriegen.
in·ter'weave *irr* **I** *v/t* **1.** (mitein'ander) verweben *od.* verflechten: their lives were interwoven. **2.** vermengen, vermischen (*a. fig.*): to ~ truth with fiction. **II** *v/i* **3.** sich verweben *od.* verflechten (*a. fig.*).
in·ter·wind [ˌɪntə(r)'waɪnd] *v/t u. v/i irr* (sich) verflechten.
in·ter'zon·al *adj* interzo'nal, Interzonen...
in·tes·ta·cy [ɪn'testəsɪ] *s jur.* Sterben *n* ohne Hinter'lassung e-s Testa'ments: succession on ~ Intestaterbfolge *f*, gesetzliche Erbfolge; the property goes by ~ der Nachlaß fällt an die gesetzlichen Erben. **in'tes·tate** [-teɪt; -tət] **I** *adj* **1.** ohne Hinter'lassung e-s Testa'ments: to die ~; ~ decedent *Am.* → 3. **2.** nicht testamen'tarisch geregelt: ~ estate; ~ succession Intestaterbfolge *f*, gesetzliche Erbfolge; ~ successor Intestaterbe *m*, gesetzlicher Erbe. **II** *s* **3.** Erblasser(in), der (die) kein Testa'ment hinter'lassen hat.
in·tes·ti·nal [ɪn'testɪnl; *Br. a.* ˌɪntes-'taɪnl] *adj anat.* Darm..., Eingeweide...: ~ flora Darmflora *f*; ~ influenza *med.* Darmgrippe *f*.
in·tes·tine [ɪn'testɪn] **I** *s* **1.** *anat.* Darm *m*: ~s Gedärme, Eingeweide; large ~ Dickdarm; small ~ Dünndarm. **II** *adj* **2.** → intestinal. **3.** *fig.* inner(er, e, es): ~ strife; ~ war Bürgerkrieg *m*.
in·thral(l) [ɪn'θrɔːl] → enthral(l).
in·throne [ɪn'θrəʊn], *etc* → enthrone, *etc*.
in·ti·ma·cy ['ɪntɪməsɪ] *s* Intimi'tät *f*: a) Vertrautheit *f*, vertrauter 'Umgang, b) (*a. contp. plumpe*) Vertraulichkeit, c) in'time (*sexuelle*) Beziehungen *pl*, d) Gemütlichkeit *f*: to be on terms of ~ (with) auf vertrautem Fuß stehen (mit); intime Beziehungen haben (zu).
in·ti·mate¹ ['ɪntɪmət] **I** *adj* (*adv* ~ly) **1.** in'tim: a) vertraut, eng (*Freund etc*), b) vertraulich (*Mitteilung etc*), *contp. a.* plump-vertraulich, c) in sexu'ellen Beziehungen stehend, *a.* anheimelnd, gemütlich (*Atmosphäre etc*), e) innerst(er, e, es) (*Wünsche etc*), f) gründlich, genau (*Kenntnisse etc*): they became ~ sie wurden vertraut miteinander; sie wurden intim; to have ~ knowledge of ein Intimkenner (*gen*) sein; to be on ~ terms (with) auf vertrautem Fuße stehen (mit); intime Beziehungen haben (zu). **2.** *chem.* innig: ~ mixture. **3.** *tech.* eng, innig: ~ contact. **II** *s* **4.** Vertraute(r *m*) *f*, Intimus *m*. **5.** In'timkenner(in).
in·ti·mate² ['ɪntɪmeɪt] *v/t* **1.** andeuten: to ~ to s.o. that j-m zu verstehen geben, daß. **2.** a) ankündigen, b) mitteilen.
in·ti·mate·ness ['ɪntɪmətnɪs] → intimacy.
in·ti·ma·tion [ˌɪntɪ'meɪʃn] *s* **1.** Andeutung *f*. **2.** a) Ankündigung *f*, b) Mitteilung *f*.
in·tim·i·date [ɪn'tɪmɪdeɪt] *v/t* einschüchtern: to ~ s.o. into doing s.th. j-n nötigen, etwas zu tun. **in,tim·i'da·tion** *s* Einschüchterung *f*. **in'tim·i·da·tor** [-tə(r)] *s* Einschüchterer *m*. **in'tim·i·da·to·ry** [-dətərɪ; *Am.* -də,tɔːrɪ; -,tɔː-] *adj* einschüchternd.

in·tit·ule [ɪnˈtɪtjuːl] v/t parl. ein Gesetz betiteln.

in·to [ˈɪntʊ; nur vor Konsonanten: ˈɪntə] prep **1.** in (acc), in (acc) ... hinˈein: he went ~ the house; → run into 5, translate 1, etc. **2.** gegen: → drive 32, etc. **3.** Zustandsänderung: zu: to make water ~ ice; → cash¹ 2, etc. **4.** math. in (acc): 7 ~ 49 goes 7 (times) 7 geht siebenmal in 49; → divide 7 a. **5.** Zustand: colloq. in (dat): they are ~ the second half sport sie sind (schon) in der zweiten Halbzeit; he is ~ his fifth whisky er ist schon beim fünften Whisky; he is ~ modern music er ‚steht auf' moderne Musik, er ‚hat's mit' moderner Musik; he's ~ me (for £500), er steht bei mir (mit 500 Pfund) in der Kreide'; → juice 5.

in·toed [ˈɪntəʊd] adj mit einwärts gekehrten Fußspitzen.

in·tol·er·a·ble [ɪnˈtɒlərəbl; Am. -ˈtɑ-] adj (adv **intolerably**) unerträglich. **inˈtol·er·a·ble·ness** s Unerträglichkeit f.

in·tol·er·ance [ɪnˈtɒlərəns; Am. -ˈtɑ-] s **1.** Unduldsamkeit f, ˈIntoleˌranz f (to gegen). **2.** ˈÜberempfindlichkeit f (of of heat. **inˈtol·er·ant I** adj (adv ~ly) **1.** unduldsam, ˈintoleˌrant (of gegenˈüber): to be ~ of s.th. etwas nicht dulden od. tolerieren; he is ~ of opinions different from his own er läßt nur s-e eigene Meinung gelten. **2.** to be ~ of s.th. a) etwas nicht (v)ertragen können, ˈüberempfindlich sein gegen etwas: he is ~ of noise er ist sehr lärmempfindlich, b) med. ˈintoleˌrant od. nicht ˈwiderstandsfähig sein gegen: he is ~ of alcohol er verträgt keinen Alkohol. **II** s **1.** unduldsamer od. ˈintoleˌranter Mensch.

in·to·nate [ˈɪntəʊneɪt] → intone. ˌin·toˈna·tion s **1.** ling. Intonatiˈon f, ˈSatzˌmeloˌdie f. **2.** Tonfall m. **3.** mus. Intonatiˈon f: a) (in der Gregorianik) die vom Priester etc gesungenen Anfangsworte e-s liturgischen Gesangs, der dann vom Chor od. von der Gemeinde weitergeführt wird, b) präludierende Einleitung in größeren Tonsätzen, c) Art der Tongebung bei Sängern u. Instrumentalisten. **4.** a) Psalmoˈdieren n, liˈturgischer Sprechgesang, b) Singsang m.

in to·to [ɪnˈtəʊtəʊ] (Lat.) adv in toto: a) im ganzen, b) vollständig.

in·tox·i·cant [ɪnˈtɒksɪkənt; Am. -ˈtɑk-] **I** adj berauschend (a. fig.). **II** s Rauschmittel n, -gift n, bes. berauschendes Getränk.

in·tox·i·cate [ɪnˈtɒksɪkeɪt; Am. -ˈtɑk-] **I** v/t **1.** berauschen (a. fig.): driving while ~d Am. Fahren n in betrunkenem Zustand; ~d with joy freudetrunken. **2.** med. vergiften. **II** v/i **3.** berauschen(d wirken) (a. fig.): intoxicating drinks berauschende od. alkoholische Getränke. ˌinˌtox·iˈca·tion s **1.** Rausch m, fig. a. Trunkenheit f. **2.** med. Vergiftung f.

intra- [ɪntrə] Wortelement mit der Bedeutung innerhalb, inner...

ˌin·traˈcar·di·ac adj intrakardiˈal: a) anat. innerhalb des Herzens gelegen, b) med. unmittelbar ins Herz hinein erfolgend: an ~ injection.

ˌin·traˈcel·lu·lar adj biol. intrazelluˈlär, -zelluˈlar (innerhalb der Zelle[n] [gelegen]).

ˌin·traˈcol·le·gi·ate adj innerhalb e-s College (bestehend od. stattfindend).

ˌin·traˈcra·ni·al adj anat. intrakraniˈell (innerhalb des Schädels gelegen).

in·trac·ta·bil·i·ty [ɪnˌtræktəˈbɪlətɪ] s **1.** Unlenkbarkeit f, Eigensinn m. **2.** Hartnäckigkeit f. **inˈtrac·ta·ble** adj (adv **intractably**) **1.** unlenkbar, eigensinnig. **2.** hartnäckig (Krankheit, Problem etc). **3.** schwer zu bearbeiten(d) (Material). **inˈtrac·ta·ble·ness** → intractability.

ˌin·traˈcu·ta·ne·ous adj intrakuˈtan: a) anat. in der Haut (gelegen), b) med. in die Haut hinein erfolgend: an ~ injection.

ˌin·traˈder·mal adj (adv ~ly), ˌin·traˈder·mic adj (adv ~ally) → intracutaneous.

in·tra·dos [ɪnˈtreɪdɒs; Am. -ˌdɑs; ˈɪntrəˌdɑs] pl **-dos** [-dɒs; Am. -ˌdəʊz; -ˌdɑs], **-dos·es** s arch. (Bogen-, Gewölbe)Laibung f.

ˌin·tra·moˈlec·u·lar adj chem. intramolekuˈlar (sich innerhalb der Moleküle vollziehend).

ˌin·traˈmun·dane adj philos. intramunˈdan, innerweltlich.

ˌin·traˈmu·ral adj **1.** innerhalb der Mauern (e-r Schule od. Universität), weitS. inˈtern: an ~ investigation; ~ courses (od. classes) lehrplanmäßige Kurse der Universität. **2.** anat. intramuˈral (innerhalb der Wand e-s Hohlraums gelegen): ~ gland Zwischenwanddrüse f.

ˌin·traˈmus·cu·lar adj (adv ~ly) intramuskuˈlär: a) anat. innerhalb des Muskels gelegen, b) med. in den Muskel hinein erfolgend: an ~ injection; to inject s.th. ~ly.

in·tran·si·gence [ɪnˈtrænsɪdʒəns; -zɪ-], **inˈtran·si·gen·cy** s Unversöhnlichkeit f, Komproˈmißlosigkeit f, Intransiˈgenz f. **inˈtran·si·gent I** adj (adv ~ly) unnachgiebig, unversöhnlich, komproˈmißlos, intransiˈgent. **II** s Unnachgiebige(r m) f, bes. pol. Intransiˈgent(in).

in·tran·si·tive [ɪnˈtrænsɪtɪv; -zɪ-] **I** adj (adv ~ly) **1.** ling. intransitiv, nichtzielend: ~ **verb** → 3. **2.** Logik: intransitiv: an ~ equation. **II** s **3.** ling. Intransitiv(um) n, intransitives Verb, nichtzielendes Zeitwort.

ˌin·traˈpar·ty adj pol. ˈinnerparˌteilich, parˈteiinˌtern.

ˌin·traˈplant adj econ. beˈtriebsinˌtern, innerbetrieblich.

ˌin·traˈstate adj Am. innerstaatlich, innerhalb e-s Bundesstaates.

ˌin·tra·telˈlu·ric adj geol. intratelˈlurisch (im Erdinneren liegend od. entstanden).

ˌin·traˈu·ter·ine → interuterine.

in·tra·va·sa·tion [ɪnˌtrævəˈseɪʃn] s med. Intravasatiˈon f (Eintritt e-s Fremdkörpers in ein Blutgefäß).

ˌin·traˈve·nous **I** adj (adv ~ly) intraveˈnös: a) anat. innerhalb e-r Vene (gelegen od. vorkommend), b) med. in e-e Vene hinein erfolgend: to inject s.th. ~ly; ~ infusion → II b. **II** s med. a) intraveˈnöse Injektiˈon, b) intraveˈnöse Infusiˈon.

in·trench [ɪnˈtrentʃ] → entrench.

in·trep·id [ɪnˈtrepɪd] adj (adv ~ly) unerschrocken, kühn. **in·tre·pid·i·ty** [ˌɪntrɪˈpɪdətɪ], **inˈtrep·id·ness** s Unerschrockenheit f, Kühnheit f.

in·tri·ca·cy [ˈɪntrɪkəsɪ] s **1.** Kompliˈziertheit f. **2.** Kniff(e)ligkeit f. **3.** Verworrenheit f, Schwierigkeit f. **ˈin·tri·cate** [-kət] adj (adv ~ly) **1.** verzweigt, verschlungen: ~ **patterns**. **2.** fig. verwickelt, kompliˈziert. **3.** ausgeklügelt, kniff(e)lig. **4.** fig. verworren, schwierig. **ˈin·tri·cate·ness** → intricacy.

in·trigue [ɪnˈtriːg] **I** v/t **1.** a) fasziˈnieren, b) interesˈsieren, c) neugierig machen. **2.** to ~ s.o.'s interest j-s Interesse wecken. **II** v/i **3.** intriˈgieren (against gegen). **4.** e-e heimliche Liebesafˌfäre haben (with mit). **III** s [a. ˈɪntriːg] **5.** Inˈtrige f: to weave a web of ~ Intrigen spinnen. **6.** thea. etc Inˈtrige f (durch List absichtlich zu e-m meist komischen Zweck herbeigeführte Verwicklung von Handlungen u. Personenbeziehungen). **7.** heimliche ˈLiebesˌafˌfäre. **inˈtri·guer** s Intriˈgant(in).

inˈtri·guing I adj (adv ~ly) **1.** a) fasziˈnierend, b) interesˈsant. **2.** intriˈgant. **II** s **3.** Inˈtrigen(spiel n) pl.

in·trin·sic [ɪnˈtrɪnsɪk; -zɪk] adj **1.** inner(er, e, es): a) innewohnend: ~ **value** innerer od. wirklicher Wert, b) von innen (wirkend etc), bes. ped. psych. inˈtrinsisch: ~ **motivation** intrinsische Motivation. **2.** wesentlich. **inˈtrin·si·cal·ly** adv **1.** wirklich, eigentlich. **2.** an sich: ~ **safe** electr. eigensicher.

inˈtrin·sic|ˈev·i·dence s jur. reiner Urkundenbeweis. **~ˈsem·i·conˈduc·tor** s electr. Eigenhalbleiter m.

intro- [ɪntrəʊ] Wortelement mit der Bedeutung hinein, nach innen.

in·tro [ˈɪntrəʊ] pl **-tros** s colloq. für introduction.

in·tro·duce [ˌɪntrəˈdjuːs; Am. a. -ˈduːs] v/t **1.** einführen: to ~ a new fashion (method, etc). **2.** (to) j-n bekannt machen (mit), vorstellen (dat): to ~ o.s. sich vorstellen; I don't think we've been ~d ich glaube nicht, daß wir uns kennen. **3.** j-n einführen (at bei). **4.** (to) j-n einführen (in e-e Wissenschaft etc), bekannt machen (mit e-r Sache): he was ~d to drink as a boy er machte schon als Junge mit dem Alkohol Bekanntschaft. **5.** ein Thema etc anschneiden, zur Sprache bringen, aufwerfen. **6.** einleiten: to ~ a new epoch. **7.** e-n Redner, ein Programm etc ankündigen. **8.** e-e Krankheit einschleppen (into in acc). **9.** e-n Gedanken etc, parl. e-e Gesetzesvorlage einbringen (into in acc). **10.** (into) a) einfügen (in acc), neu hinˈzufügen (zu), b) herˈein-, hinˈeinbringen (in acc), c) hinˈeinstecken, einführen: to ~ a probe e-e Sonde einführen. ˌin·troˈduc·er s **1.** Einführer(in) f. **2.** Vorstellende(r m) f. **3.** med. Intuˈbator m.

in·tro·duc·tion [ˌɪntrəˈdʌkʃn] s **1.** Einführung f. **2.** Bekanntmachen n, Vorstellung f: to make the ~s die Vorstellung übernehmen. **3.** Einführung f: → letter¹ 2. **4.** Anschneiden n, Aufwerfen n. **5.** Einleitung f, Vorrede f, Vorwort n. **6.** mus. Introduktiˈon f: a) freier Einleitungssatz vor dem Hauptsatz e-r Sonate etc, b) erste Gesangsnummer e-r Oper. **7.** Leitfaden m, Anleitung f, Lehrbuch n: an ~ to botany ein Leitfaden der Botanik. **8.** Einschleppung f. **9.** Einbringung f. ˌin·troˈduc·to·ry adj **1.** einführend, Einführungs...: ~ **offer** (price, etc). **2.** einleitend, Einleitungs...

in·tro·it [ˈɪntrɔɪt; ˈɪntrəʊɪt] s relig. Inˈtroitus m, Eingangslied n.

in·tro·mis·sion [ˌɪntrəʊˈmɪʃn] s Intromissiˈon f. ˌin·troˈmit v/t intromitˈtieren: a) hinˈeinstecken, -schieben, b) in die Vagina eindringen (Penis).

ˌin·troˈpu·ni·tive adj psych. sich selbst bestrafend.

in·trorse [ɪnˈtrɔː(r)s] adj (adv ~ly) bot. inˈtrors, einwärts gewendet (Staubbeutel).

in·tro·spect [ˌɪntrəʊˈspekt] v/i psych. sich selbst beobachten. ˌin·troˈspec·tion s **1.** Introspektiˈon f, Selbstbeobachtung f. **2.** sympathetic ~ sociol. Untersuchung menschlichen Verhaltens durch persönliche Einfühlung in die entsprechenden Bedingungen. ˌin·troˈspec·tive adj (adv ~ly) psych. introspekˈtiv.

in·tro·ver·si·ble [ˌɪntrəʊˈvɜːsəbl; Am. -ˈvɜːr-] adj bes. zo. einstülpbar. ˌin·troˈver·sion s psych. Introversiˈon f, Introverˈtiertheit f.

in·tro·vert [ˈɪntrəʊvɜːt; Am. -ˌvɜːrt] **I** s **1.** psych. introverˈtierter Mensch. **2.** bes. zo. Organ, das eingestülpt ist od. werden kann.

II *adj* **3.** *psych.* introver'tiert, nach innen gewandt. **III** *v/t* [*Br.* ˌ-ˈvɜːt] **4.** *Gedanken etc* nach innen richten. **5.** *bes. zo.* einstülpen.

in·trude [ɪnˈtruːd] **I** *v/t* **1.** to ~ o.s. into sich eindrängen in (*acc*) (*a. fig.*): to ~ o.s. into s.o.'s affairs sich in j-s Angelegenheiten eindrängen *od.* einmischen; **a suspicion ~d itself into his mind** ein Verdacht drängte sich ihm auf; **he ~d his ideas into our conversation** er mischte sich mit s-n Ansichten in unsere Unterhaltung. **2.** aufdrängen (s.th. [up]on s.o. j-m etwas; o.s. [up]on s.o. sich j-m). **II** *v/i* **3.** sich eindrängen in (*acc*) (*a. fig.*). **4.** sich aufdrängen (**on, upon** *dat*). **5.** stören: **to ~ (up)on s.o.** j-n belästigen *od.* stören; **to ~ (up)on s.o.'s privacy** in j-s Privatsphäre eindringen *od.* eingreifen; **to ~ (up)on s.o.'s time** j-s Zeit ungebührlich in Anspruch nehmen; **am I intruding?** störe ich? **6.** *geol.* intru'dieren (*in Gestein eindringen*) (*Magma*).

in·tru·sion [ɪnˈtruːʒn] *s* **1.** Eindrängen *n*, *fig. a.* Einmischung *f.* **2.** Aufdrängen *n*. **3.** Störung *f* (**on, upon** *gen*). **4.** *geol.* a) Intrusi'on *f*, b) Intru'siv-, Tiefengestein *n*.

in·tru·sive [ɪnˈtruːsɪv] *adj* (*adv* ~ly) **1.** aufdringlich. **2.** *geol.* intru'siv: ~ **rocks** → intrusion 4 b. **3.** ~ **r** *ling.* intrusives r (*Einschub e-s unberechtigten R-Lauts im Englischen*: **the idea of ...** [ðɪ aɪˈdɪərəv ...]). **inˈtru·sive·ness** *s* Aufˌ Zudringlichkeit *f*.

in·trust [ɪnˈtrʌst] → entrust.

in·tu·bate [ˈɪntjuːbeɪt] *v/t med.* intu'bieren, e-e Intubati'on vornehmen an (*dat*). ˌin·tu'ba·tion *s* Intubati'on *f* (*Einführung e-s Rohrs in die Luftröhre zur künstlichen Beatmung während e-r Narkose od. zum Einbringen von Medikamenten in die Luftwege*). ˈin·tu·ba·tor [-tə(r)] *s* Intu'bator *m*.

in·tu·it [ɪnˈtjuːɪt; *Am. a.* ɪnˈtuːət] **I** *v/t* intui'tiv erkennen *od.* wissen. **II** *v/i* intui'tives Wissen haben.

in·tu·i·tion [ˌɪntjuːˈɪʃn; *Am. a.* -tuː-] *s* **1.** Intuiti'on *f*: a) unmittelbares Erkennen *od.* Wahrnehmen, b) (plötzliche) Eingebung *od.* Erkenntnis. **2.** intui'tives Wissen. ˌin·tu'i·tion·al [-ʃənl] *adj* (*adv* ~ly) intui'tiv, Intuitions... ˌin·tu'i·tion-(·al)·ism *s* **1.** *philos.* Intuitio'nismus *m* (*Lehre von der Intuition als ursprünglicher u. sicherster Erkenntnisquelle*). **2.** *math.* Intuitio'nismus *m* (*Richtung der mathematischen Grundlagenforschung, nach der die natürlichen Zahlen u. deren Theorie intuitiv gegeben u. als Anfang aller Mathematik zu betrachten sind*). ˌin·tu'i·tion(·al)·ist **I** *s* Intuitio'nist(in). **II** *adj* intuitio'nistisch.

in·tu·i·tive [ɪnˈtjuːɪtɪv; *Am. a.* -ˈtuː-] *adj* (*adv* ~ly) intui'tiv, Intuitions... **inˈtu·i·tive·ness** *s* unmittelbare Erkenntnisfähigkeit *f*. **inˈtu·i·tiv·ism** *s* **1.** → intuition(al)ism 1. **2.** → intuition 2.

in·tu·mes·cence [ˌɪntjuːˈmesns; *Am. a.* -ˈtuː-] *s med. physiol.* **1.** Intumes'zenz *f*, Anschwellen *n*. **2.** Anschwellung *f*.

in·twine [ɪnˈtwaɪn] → entwine.

in·twist [ɪnˈtwɪst] → entwist.

in·unc·tion [ɪnˈʌŋkʃn] *s* **1.** Salbung *f.* **2.** *med.* Inunkti'on *f*: a) Einsalbung *f*, b) Einreibung *f*.

in·un·date [ˈɪnʌndeɪt] *v/t* über'schwemmen, -ˈfluten (*a. fig.*): **to be ~d by** (*od.* **with**) überschwemmt werden mit, sich nicht retten können vor. ˌin·un'da·tion *s* **1.** Über'schwemmung *f*, -'flutung *f* (*a. fig.*). **2.** *fig.* Flut *f*: **an ~ of letters**; **~ of tourists** Touristenstrom *m*.

in·ure [ɪnˈjʊə(r); *Am.* ɪnˈʊr] **I** *v/t* **1.** *meist pass* abhärten (**to** gegen), *fig. a.* gewöhnen (**to an** *acc*): **to ~ o.s. to do s.th.** sich daran gewöhnen, etwas zu tun; **to be ~d to cold** gegen Kälte abgehärtet sein, unempfindlich gegen Kälte sein. **II** *v/i* **2.** *bes. jur.* wirksam *od.* gültig werden, in Kraft treten. **3.** dienen, zuˈgute kommen (**to** *dat*). **inˈure·ment** *s* (**to**) Abhärtung *f* (gegen), Gewöhnung *f* (an *acc*).

in·urn [ɪnˈɜːn; *Am.* ɪnˈɜrn] *v/t* **1.** in e-e Urne tun. **2.** bestatten.

in·u·til·i·ty [ˌɪnjuːˈtɪlətɪ] *s* **1.** Nutz-, Zwecklosigkeit *f.* **2.** (*etwas*) Nutzloses *od.* Zweckloses, unnütze Einrichtung *od.* Sache.

in·vade [ɪnˈveɪd] **I** *v/t* **1.** einfallen *od.* eindringen in (*acc*), *mil. a.* ˈeinmarˌschieren in (*acc*). **2.** sich ausbreiten über (*acc*) *od.* in (*dat*), erˈfüllen: **the smell of baking was invading the house; fear ~d all** alle wurden von Furcht ergriffen. **3.** eindringen *od.* sich eindrängen in (*acc*). **4.** *fig.* überˈlaufen, -ˈschwemmen: **the village was ~d by tourists**. **5.** *fig.* j-s Privatsphäre *etc* verletzen, eingreifen in (*j-s Rechte*). **II** *v/i* **6.** einfallen, *mil. a.* ˈeinmarˌschieren: **invading troops** Invasionstruppen. **inˈvad·er** *s* **1.** Eindringling *m*. **2.** *pl mil.* Inva'soren *pl*.

in·vag·i·na·tion [ɪnˌvædʒɪˈneɪʃn] *s* Invaginati'on *f*: a) *med.* Darmeinstülpung *f*, b) *biol.* Einstülpung *od.* Einfaltung e-r embryonalen Keimschicht in e-e andere, die dann die erstere umhüllt.

in·va·lid¹ [ˈɪnvəlɪd] **I** *adj* **1.** a) kränklich, krank, gebrechlich, b) invaˈlid(e), arbeits-, dienst-, erwerbsunfähig, c) kriegsbeschädigt. **2.** Kranken...: ~ **chair** Rollstuhl *m*, Kranken(fahr)stuhl *m*; ~ **diet** Krankenkost *f*. **II** *s* **3.** a) Kranke(r *m*) *f*, Gebrechliche(r *m*) *f*, Inva'lide *m*, Arbeits-, Dienst-, Erwerbsunfähige(r *m*) *f*. **III** *v/t* [ɪnvəˈliːd; *Am.* -lɪd] **4.** zum Invaˈliden machen. **5.** *bes. mil.* a) dienstuntauglich erklären, b) *meist* ~ **out** als dienstuntauglich entlassen: **to be ~ed out of the army** als Invalide aus dem Heer entlassen werden.

in·val·id² [ɪnˈvælɪd] *adj* (*adv* ~ly) **1.** *jur.* (rechts)ungültig, unwirksam, (null u.) nichtig. **2.** a) nicht stichhaltig *od.* triftig: ~ **evidence**, b) unbegründet, unberechtigt: ~ **claims**.

in·val·i·date [ɪnˈvælɪdeɪt] *v/t* **1.** *jur.* außer Kraft setzen: a) für ungültig *od.* nichtig erklären, b) ungültig *od.* ˈhinfällig *od.* unwirksam machen. **2.** Argumente *etc* entkräften. **inˌval·i'da·tion** *s* **1.** Außerˈkraftsetzung *f*, Ungültigkeitserklärung *f.* **2.** Entkräftung *f*.

in·va·lid·ism [ˈɪnvəlɪdɪzəm] *s* **1.** a) (körperliches) Gebrechen, b) → invalidity¹. **2.** Geˈsundheitsfanaˌtismus *m*.

in·va·lid·i·ty¹ [ˌɪnvəˈlɪdətɪ] *s* a) Invalidiˈtät *f*, Arbeits-, Dienstunfähigkeit *f*: ~ **benefit** *Br.* Leistung *f* (*der Sozialversicherung*) bei Invalidität; ~ **pension** Frührente *f*; ~ **pensioner** Frührentner(in).

in·va·lid·i·ty² [ˌɪnvəˈlɪdətɪ] *s jur.* (Rechts)ungültigkeit *f*, Nichtigkeit *f*.

in·val·u·a·ble [ɪnˈvæljʊəbl; *Am.* -jəbl] *adj* (*adv* **invaluably**) unschätzbar (*a. fig.*): ~ **services**; **to be ~ to s.o.** für j-n von unschätzbarem Wert sein.

in·var·i·a·bil·i·ty [ɪnˌveərɪəˈbɪlətɪ] *s* Unveränderlichkeit *f*. **inˈvar·i·a·ble I** *adj* (*adv* **invariably**) **1.** unveränderlich, konˈstant: a) gleichbleibend, b) *math.* invari'abel. **II** *s* **2.** (*etwas*) Unveränderliches. **3.** *math.* Kon'stante *f*, invari'able Größe *f*. **inˈvar·i·a·ble·ness** → invariability. **inˈvar·i·a·bly** [-blɪ] *adv* ausnahmslos, dauernd, immer.

in·va·sion [ɪnˈveɪʒn] *s* **1.** (**of**) Einfall *m* (in *acc*), Eindringen *n* (in *acc*), *mil. a.* Invasi'on *f* (*gen*), Einmarsch *m* (in *acc*): **the German ~ of France** *hist.* der Einmarsch der Deutschen in Frankreich; **an ~ of tourists** *fig.* e-e Touristeninvasion. **2.** *meteor.* Einbruch *m*: ~ **of cold air** Kälteeinbruch *m.* **3.** *fig.* (**of**) Verletzung *f* (*gen*), Eingriff *m* (in *acc*). **inˈva·sive** [-sɪv] *adj* **1.** *mil.* Invasions...: ~ **war**. **2.** *med.* invaˈsiv (*in das umgebende Bindegewebe hineinwachsend*): ~ **cancer cells**.

in·vec·tive [ɪnˈvektɪv] **I** *s* **1.** Beschimpfung *f*, Schmähung(en *pl*) *f*: **to thunder ~ against** wüste Beschimpfungen ausstoßen gegen, b) *pl* Schimpfworte *pl*. **II** *adj* schimpfend, schmähend, Schmäh...

in·veigh [ɪnˈveɪ] *v/i* (**against**) schimpfen (über *od.* auf *acc*), ˈherziehen (über *acc*).

in·vei·gle [ɪnˈveɪgl; ɪnˈviːgl] *v/t* verlocken, verleiten, verführen (**into** zu): **to ~ s.o. into doing s.th.** j-n dazu verführen, etwas zu tun. **to ~ s.th. from s.o.** j-m etwas ablocken. **inˈvei·gle·ment** *s* Verlockung *f*, Verleitung *f*, Verführung *f*.

in·vent [ɪnˈvent] *v/t* **1.** erfinden. **2.** ersinnen. **3.** etwas Unwahres erfinden, erdichten.

in·ven·tion [ɪnˈvenʃn] *s* **1.** Erfindung *f*: a) Erfinden *n*, b) *etwas* Erfundenes. **2.** Erfindungsgabe *f*, Phantaˈsie *f*, Einfallsreichtum *m*. **3.** Erfindung *f*, Märchen *n*: **it is pure ~** es ist von A bis Z erfunden. **4.** *Rhetorik*: Inventiˈon *f* (*auf Stoffsammlung u. das Finden von Beweisgründen ausgerichtete Phase bei der Vorbereitung e-r Rede*). **5.** *mus.* Inventiˈon *f* (*nur* ˈein *Thema*, ˈeinen Einfall kontrapunktisch bearbeitendes Musikstück in freier Form). **6.** **I~ of the Cross** *relig.* Kreuzauffindung *f*.

in·ven·tive [ɪnˈventɪv] *adj* (*adv* ~ly) **1.** erfinderisch: ~ **merit** (*Patentrecht*) erfinderische Leistung, Erfindungshöhe *f.* **2.** origiˈnell, einfallsreich. **3.** Erfindungs...: ~ **faculty** (*od.* **powers** *pl*) → invention 2. **inˈven·tive·ness** → invention 2. **inˈven·tor** [-tə(r)] *s* Erfinder(in).

in·ven·to·ry [ˈɪnvəntrɪ; *Am.* -ˌtɔːrɪ; -ˌtoː-] **I** *s* **1.** Bestandsverzeichnis *n*, Liste *f* der Vermögensgegenstände: ~ **of property** *jur.* (*bes.* Konkurs)Masseverzeichnis *n.* **2.** *econ.* Invenˈtar *n*, Lager(bestands)verzeichnis *n*, Bestandsliste *f*: **to make** (*od.* **take**) **an ~ of** → 5a. **3.** *econ.* Invenˈtar *n*, (Waren-, Lager)Bestand *m*: ~ **control** Lager(bestands)kontrolle *f*; ~ **sheet** Inventarverzeichnis *n*; ~ **value** Inventarwert *m.* **4.** *econ.* Invenˈtur *f*, Bestandsaufnahme *f*: **to take ~** Inventur machen. **II** *v/t* **5.** *econ.* inventariˈsieren, Bestandsliste machen von, b) in e-e Bestandsliste aufnehmen.

in·verse [ˌɪnˈvɜːs; *Am.* ˈɪnˌvɜrs] *adj* (*adv* ~ly) **1.** ˈumgekehrt, entgegengesetzt: **in ~ order** in umgekehrter Reihenfolge; **to be in ~ proportion** (*od.* **relation**) **to** im umgekehrten Verhältnis stehen zu (→ 3). **2.** verkehrt. **3.** *math.* inˈvers, reziˈprok, ˈumgekehrt, entgegengesetzt: ~ **function** inverse *od.* reziproke Funktion, Umkehrfunktion *f*; ~**ly proportional** umgekehrt proportional; **to be in ~ proportion** (*od.* **relation**) **to** umgekehrt proportional sein zu (→ 1). **4.** *math.* Arkus...: ~ **sine** Arkussinus *m.* **II** *s* **5.** ˈUmkehrung *f*, Gegenteil *n.* **6.** *math.* Inˈverse(s) *n*, Reziˈproke(s) *n*. ~ **cur·rent** *s electr.* Gegenstrom *m.* ~ **feed·back** *s electr.* negative Rückkopplung. ~**hy·per·bol·ic func·tion** *s math.* ˈAreafunktiˌon *f*.

in·ver·sion [ɪnˈvɜːʃn; *Am.* ɪnˈvɜrʒn; -ʃn] *s* **1.** ˈUmkehrung *f*, *mus. a.* Inversiˈon *f*: ~ **of start** *sport* umgekehrte Startfolge. **2.** *ling.* Inversiˈon *f* (*Umkehrung der normalen Satzstellung Subjekt-Prädikat*). **3.** *chem.* Inversiˈon *f* (*Umkehrung der Drehungsrichtung bei optisch aktiven Ver-*

bindungen). **4.** *med.* Inver|si¹on *f (Umstülpung von Hohlorganen).* **5.** *psych.* (sexu¹elle) Inver|si¹on, Homosexuali¹tät *f.* **6.** *Genetik:* Inver|si¹on *f (innerhalb desselben Chromosoms stattfindende Genmutation, bei der nach e-m Bruch u. e-r Wiedervereinigung die Reihenfolge der Gene umgekehrt geworden ist).* **7.** *math.* Inver|si¹on *f (Berechnung der inversen Funktion).* **8.** *meteor.* Inver|si¹on *f (Temperaturumkehr an e-r Sperrschicht, an der die normalerweise mit der Höhe abnehmende Temperatur sprunghaft zunimmt).*
in·vert I *v/t* [ɪnˈvɜːt; *Am.* ɪnˈvɜrt] **1.** ¹umkehren (*a. mus.*). **2.** ¹umwenden, ¹umstülpen, auf den Kopf stellen. **3.** *ling.* *Subjekt u. Prädikat* ¹umkehren, *e-n Satz* inver¹tieren. **4.** *chem.* inver¹tieren, e-r Inver|si¹on unter¹ziehen. **II** *s* [ˈɪnvɜːt; *Am.* ˈɪnˌvɜrt] **5.** (*etwas*) ¹Umgekehrtes, *z. B. arch.* ¹umgekehrter Bogen. **6.** *psych.* Inver¹tierte(r *m*) *f,* Homosexu¹elle(r *m*) *f.* **7.** *tech.* Sohle *f (e-r Schleuse etc).*
in·vert·ase [ɪnˈvɜːteɪz; -s; *Am.* -ˈvɜr-] *s chem.* Inver¹tase *f (Enzym, das Rohrzucker in Trauben- u. Fruchtzucker spaltet).*
in·ver·te·brate [ɪnˈvɜːtɪbrət; -breɪt; *Am.* -ˈvɜr-] **I** *adj* **1.** *zo.* wirbellos. **2.** *fig.* ohne Rückgrat, rückgratlos. **II** *s* **3.** *zo.* wirbelloses Tier. **4.** *fig.* Mensch *m* ohne Rückgrat.
in¹vert·ed *adj* **1.** ¹umgekehrt. **2.** *geol.* über¹kippt. **3.** *psych.* inver¹tiert, homosexu¹ell. **4.** *tech.* hängend: ~ **engine** Motor *m* mit hängenden Zylindern. ~ **com·mas** *s pl bes. Br.* Anführungszeichen *pl,* ‚Gänsefüßchen' *pl:* **to put** (*od.* **place**) **in** ¹Anführungszeichen setzen. ~ **flight** *s aer.* Rückenflug *m.* ~ **im·age** *s phys.* Kehrbild *n.* ~ **loop** *s aer.* Looping *m, n* aus der Rückenlage. ~ **mor·dent** *s mus.* Pralltriller *m.*
in¹vert·er *s* **1.** *electr.* Wechselrichter *m.* **2.** *Computer:* In¹verter *m (Rechenelement, das e-e Eingangsgröße mit –1 multipliziert).* **in¹vert·i·ble** *adj* **1.** ¹umkehrbar. **2.** *chem.* inver¹tierbar.
¹**in·vert**| **soap** *s chem.* In¹vertseife *f,* kati¹onenak₁tive Seife. ~ **sug·ar** *s chem.* In¹vertzucker *m.*
in·vest [ɪnˈvest] **I** *v/t* **1.** (**in**) *econ.* Kapital inve¹stieren (**in** *acc od. dat*), anlegen (**in** *dat*): **he** ~**ed a lot of time and effort in this plan** *fig.* er investierte e-e Menge Zeit und Mühe in diesen Plan. **2.** *poet.* bekleiden (**in, with** mit). **3.** *poet.* schmücken: **spring** ~**ed the trees with leaves. 4.** *mil.* belagern, einschließen. **5.** (in Amt u. Würden) einsetzen, *bes. relig.* inve¹stieren. **6.** **to** ~ **s.o. with** *fig.* a) j-m *etwas* verleihen, b) j-n ausstatten mit (*Befugnissen etc*). **II** *v/i* **7.** *econ.* inve¹stieren (**in** *in acc od. dat*): **she** ~**ed in paintings** sie legte ihr Geld in Gemälden an. **8. to** ~ **in s.th.** *colloq.* sich etwas kaufen *od.* zulegen.
in·ves·ti·gate [ɪnˈvestɪgeɪt] **I** *v/t ein Verbrechen etc* unter¹suchen, Ermittlungen *od.* Nachforschungen anstellen (über (*acc*), *e-n Fall* recher¹chieren, *j-n, e-n Anspruch etc* über¹prüfen, *e-r Beschwerde etc* nachgehen, *ein Gebiet etc* (*wissenschaftlich*) erforschen: **to** ~ **statistically** statistische Erhebungen anstellen über (*acc*); **the police are investigating the case** die Polizei ermittelt in dem Fall. **II** *v/i* ermitteln, recher¹chieren, Ermittlungen *od.* Nachforschungen anstellen (**into** über *acc*): **investigating committee** Untersuchungsausschuß *m.* **in·ves·ti-**¹**ga·tion** *s* **1.** Unter¹suchung *f* (**into,** of *gen*), Ermittlung *f,* Nachforschung *f,* Re-¹cherche *f,* Über¹prüfung *f:* **statistical** ~**s** statistische Erhebungen; **to be under** ~

untersucht werden; **he is under** ~ gegen ihn wird ermittelt. **2.** (*wissenschaftliche*) (Er)Forschung. **in¹ves·ti·ga·tive** *adj* a) Forschungs...: ~ **method** (**technique**, *etc*), b) Forscher...: ~ **mind. in¹ves·ti-ga·tor** [-tə(r)] *s* **1.** Ermittler(in). **2.** Unter¹suchungs-, Ermittlungsbeamte(r) *m.* **in¹ves·ti·ga·to·ry** [-tərɪ; *Am.* -gəˌtəʊrɪ:; -ˌtɔː-] → **investigative**.
in·ves·ti·ture [ɪnˈvestɪtʃə(r); *Am. a.* -tə-ˌtʃʊər] *s* **1.** (feierliche) Amtseinsetzung, *bes. relig.* Investi¹tur *f.* **2.** (**with** *a*) Verleihung *f* (*gen*): **after her** ~ **with the award** nachdem ihr die Auszeichnung verliehen worden war, b) Ausstattung *f* (**mit**).
in¹vest·ment *s* **1.** *econ.* Inve¹stierung *f,* Anlage *f:* **terms of** ~ Anlagebedingungen. **2.** *econ.* Investiti¹on *f,* (Kapi¹tal-) Anlage *f:* **foreign languages are a good** ~ *fig.* es lohnt sich, Fremdsprachen zu lernen; Fremdsprachen machen sich bezahlt, b) ¹Anlagekapi₁tal *n, pl* Anlagewerte *pl,* Investiti¹onen *pl.* **3.** *econ.* Einlage *f,* Beteiligung *f (e-s Gesellschafters).* **4.** *mil.* Belagerung *f,* Einschließung *f.* **5.** → **investiture** 2. ~ **ad·vis·er** *s econ.* Anlageberater(in). ~ **al·low·ance** *s* Investiti¹onsabschreibung *f.* ~ **bank** *s* Investiti¹onsbank *f.* ~ **bonds** *s pl* festverzinsliche ¹Anlagepa₁piere *pl.* ~ **cer·tif·i·cate** *s* In¹vestmentzertifi₁kat *n.* ~ **com·pa·ny** *s* Kapi¹talanlage-, In¹vestmentgesellschaft *f.* ~ **con·sult·ant,** ~ **coun·sel** *s* Anlageberater(in). ~ **cred·it** *s* Investiti¹onskre₁dit *m.* ~ **fail·ure** *s* ¹Fehlinvestiti₁on *f.* ~ **in·cen·tive** *s* Investiti¹onsanreiz *m.* ~ **mar·ket** *s* Markt *m* für Anlagewerte. ~ **se·cu·ri·ties** *s pl* ¹Anlagepa₁piere *pl,* -werte *pl.* ~ **trust** *s* In¹vestmenttrust *m,* Kapi¹talanlage-, In¹vestmentgesellschaft *f:* ~ **certificate** Investmentzertifikat *n.*
in·ves·tor [ɪnˈvestə(r)] *s econ.* Geld-, Kapi¹talanleger *m,* In¹vestor *m, pl a.* Anlagepublikum *n.*
in·vet·er·a·cy [ɪnˈvetərəsɪ] *s* **1.** Unausrottbarkeit *f.* **2.** *med.* Hartnäckigkeit *f.* **in¹vet·er·ate** [-rət] *adj* (*adv* ~**ly**) **1.** eingewurzelt, unausrottbar: ~ **prejudice;** ~ **hatred** tief verwurzelter Haß. **2.** *med.* a) hartnäckig, b) chronisch. **3.** eingefleischt, unverbesserlich: ~ **liar;** ~ **drinker** Gewohnheitstrinker *m.*
in·vid·i·ous [ɪnˈvɪdɪəs] *adj* (*adv* ~**ly**) **1.** Ärgernis *od.* Neid erregend: **an** ~ **task** e-e unpopuläre Aufgabe. **2.** gehässig, boshaft, gemein: ~ **remarks. 3.** unfair: **an** ~ **comparison. in¹vid·i·ous·ness** *s* **1.** (*das*) Ärgerliche. **2.** Gehässigkeit *f,* Boshaftigkeit *f,* Gemeinheit *f.*
in·vig·i·late [ɪnˈvɪdʒɪleɪt] *v/i* **1.** *ped. Br.* (bei Prüfungen) die Aufsicht führen. **2.** *obs.* wachen, Wache halten. **in₁vig·i¹la·tion** *s ped. Br.* Aufsicht *f.*
in·vig·o·rant [ɪnˈvɪɡərənt] *s med. pharm.* Stärkungs-, Kräftigungsmittel *n.* **in-**¹**vig·o·rate** [-reɪt] *v/t* a) stärken, kräftigen, b) beleben, anregen: **to** ~ **the imagination** *fig.* die Phantasie anregen, c) ermuntern, aufmuntern: **an invigorating speech. in₁vig·o·ra·tion** *s* a) Stärkung *f,* Kräftigung *f,* b) Belebung *f,* Anregung *f,* c) Ermunterung *f,* Aufmunterung *f.* **in¹vig·o·ra·tive** [-rətɪv; *Am.* -ˌreɪtɪv] *adj* (*adv* ~**ly**) a) stärkend, kräftigend, b) belebend, anregend, c) ermunternd, aufmunternd.
in·vin·ci·bil·i·ty [ɪnˌvɪnsəˈbɪlətɪ] *s* **1.** *mil. sport* Unbesiegbarkeit *f.* **2.** *fig.* ¹Unüber₁windlichkeit *f.* **in¹vin·ci·ble** *adj* (*adv* **invincibly**) **1.** *mil. sport* unbesiegbar. **2.** *fig.* a) ¹unüber₁windlich: ~ **difficulties,** b) unerschütterlich: **his** ~ **conviction,** c) eisern: **his** ~ **will.**

in·vi·o·la·bil·i·ty [ɪnˌvaɪələˈbɪlətɪ] *s* Unverletzlichkeit *f.* **in-**¹**vi·o·la·ble** *adj* (*adv* **inviolably**) unverletzlich, unantastbar. **in¹vi·o·la-ble·ness** → **inviolability**.
in·vi·o·la·cy [ɪnˈvaɪələsɪ] *s* **1.** Unversehrtheit *f.* **2.** Unberührtheit *f.* **3.** → **inviolability**. **in¹vi·o·late** [-lət] *adj* (*adv* ~**ly**) **1.** unverletzt, nicht verletzt *od.* gebrochen (*Gesetz etc*). **2.** nicht entweiht, unberührt. **3.** unversehrt. **4.** → **inviolable**.
in·vis·i·bil·i·ty [ɪnˌvɪzəˈbɪlətɪ] *s* Unsichtbarkeit *f.* **in¹vis·i·ble I** *adj* (*adv* **invisibly**) **1.** *a. fig.* unsichtbar (**to** für): **he was** ~ er war nicht zu sehen, *fig. a.* er ließ sich nicht sehen *od.* blicken; ~ **church** → **church invisible;** ~ **exports** *econ.* unsichtbare Exporte (*aktive Dienstleistungen*); ~ **imports** *econ.* unsichtbare Importe (*passive Dienstleistungen*); ~ **ink** Geheimtinte *f;* ~ **mending** 1. **II** *s* **2.** (*etwas*) Unsichtbares. **3. the** ~ das Unsichtbare, die nicht sichtbare Welt. **4.** *pl econ.* unsichtbare Ex- u. Im¹porte *pl.* **in¹vis·i·ble·ness** → **invisibility**.
in·vi·ta·tion [ˌɪnvɪˈteɪʃn] *s* **1.** Einladung *f* (**to** *an acc;* **zu**): **at the** ~ **of** auf Einladung von (*od. gen*); "~ **only**" „Zutritt nur mit schriftlicher Einladung"; ~ **card** Einladungskarte *f;* ~ **performance** Privatvorstellung *f.* **2.** (höfliche *od.* freundliche) Aufforderung, Bitte *f,* Ersuchen *n:* **at her** ~ auf ihre Bitte hin. **3.** Her¹ausforderung *f:* **to be an** ~ **for** → **invite** 4. **4.** Verlockung *f,* (*etwas*) Verlockendes. **5.** *econ.* ~ **bid**¹ *u.* 10, **tender**² 5.
in·vi·ta·to·ry [ɪnˈvaɪtətərɪ; *Am.* -ˌtəʊrɪ; -ˌtɔː-] *adj* einladend, Einladungs...
in·vite [ɪnˈvaɪt] **I** *v/t* **1.** einladen: **to** ~ **s.o. to dinner** (**for a drink**) j-n zum Essen (auf *e-n* Drink) einladen; **to** ~ **s.o. to one's house** j-n zu sich (nach Hause) einladen; **to** ~ **s.o. in** j-n herein- *od.* hineinbitten; **she gets only seldom** ~**d** sie wird nur selten eingeladen. **2.** *j-n* (höflich *od.* freundlich) auffordern, ersuchen, bitten (**to do** zu tun). **3.** bitten *od.* ersuchen um (*Spenden etc*), *a.* Fragen *etc* erbitten. **4.** einladen *od.* ermutigen *od.* verlocken zu, her¹ausfordern: **to** ~ **criticism** (zur) Kritik herausfordern; **your behavio(u)r will** ~ **ridicule** mit d-m Benehmen läufst du Gefahr, dich lächerlich *od.* zum Gespött zu machen. **5.** *j-n* einladen *od.* ermutigen *od.* verlocken (**to do** zu tun): **the lake** ~**d us to swim** der See verlockte uns zum Schwimmen. **6. to** ~ **applications for a position** *econ.* e-e Stelle ausschreiben; → **bid**¹ 1, **subscription** 8, **tender**² 8. **II** *v/i* **7.** einladen. **III** *s* [ˈɪnvaɪt] **8.** *colloq.* Einladung *f.* **in¹vit·ing** *adj* (*adv* ~**ly**) einladend, verlockend. **in¹vit·ing·ness** *s* (*das*) Einladende *od.* Verlockende.
in·vo·ca·tion [ˌɪnvəʊˈkeɪʃn] *s* **1.** (**to** *gen*) Anrufung *f,* (Gottes, der Musen *a.*) Invokati¹on *f.* **2.** *relig.* Bittgebet *n.* **3.** Ap¹pell *m* (**of** an *acc*). **4.** (**of**) Anführung *f* (von *od. gen*), Berufung *f* (auf *acc*). **5.** a) Beschwörung *f,* b) Beschwörungsformel *f.* **in·voc·a·to·ry** [ɪnˈvɒkətərɪ; *Am.* ɪnˈvɑkəˌtəʊrɪ:; -ˌtɔː-] *adj* anrufend, anflehend: ~ **prayer** Bittgebet *n.*
in·voice [ˈɪnvɔɪs] *econ.* **I** *s* (Waren)Rechnung *f,* Faktura *f:* **as per** ~ laut Rechnung *od.* Faktura. **2.** Rechnungsbetrag *m;* ~ **clerk** Fakturist(in); ~ **number** Rechnungsnummer *f;* → **consular. II** *v/t* a) faktu¹rieren, in Rechnung stellen: **as** ~**d** laut Rechnung *od.* Faktura, b) *j-m* e-e Rechnung ausstellen.
in·voke [ɪnˈvəʊk] *v/t* **1.** flehen um, her¹abflehen, erflehen: **to** ~ **God's blessing**

Gottes Segen erflehen *od.* erbitten; **to ~ s.o.'s forgiveness** j-n um Verzeihung anflehen, j-n inständig um Verzeihung bitten; **to ~ vengeance (up)on one's enemies** Rache auf s-e Feinde herabflehen. **2.** *Gott, die Musen etc* anrufen. **3.** *fig.* appel'lieren an *(acc)*: **to ~ s.o.'s help** an j-s Hilfsbereitschaft appellieren. **4.** *fig.* (als *Autorität*) zu Hilfe rufen, *(zur Bestätigung)* anführen *od.* zi'tieren *od.* her'anziehen, sich berufen auf *(acc)*. **5.** *e-n Geist* beschwören.

in·vo·lu·cre ['ɪnvəluːkə(r)], *a.* ˌin·vo-'lu·crum [-krəm] *pl* -**cra** [-krə] *s bot.* Invo'lucrum *n*, Hüll-, Außenkelch *m*.

in·vol·un·tar·i·ness [ɪn'vɒləntərɪnɪs; *Am.* ɪn'valənˌterɪ-] *s* **1.** Unfreiwilligkeit *f*. **2.** Unwillkürlichkeit *f*. **in'vol·un·tar·y** *adj* (*adv* **involuntarily**) **1.** unfreiwillig, erzwungen: **~ bankruptcy** *Am.* unfreiwilliger Konkurs. **2.** unabsichtlich, unbeabsichtigt: **~ manslaughter** *jur.* fahrlässige Tötung. **3.** unwillkürlich: **~ laughter**; **~ nervous system** *physiol.* vegetatives Nervensystem.

in·vo·lute ['ɪnvəluːt] **I** *adj* **1.** *fig.* kompli'ziert, verwickelt. **2.** *bot.* eingerollt (*Blatt*). **3.** *zo.* mit engen Windungen (*Muschel*). **II** *s math.* Evol'vente *f*, Invo'lute *f*, Abwick(e)lungskurve *f*: **~ gear** *tech.* Evolventenrad *n*; **~ gear teeth** *tech.* Evolventenverzahnung *f*.

in·vo·lu·tion [ˌɪnvə'luːʃn] *s* **1.** *fig.* Verwirrung *f*. **2.** *fig.* tieferer Sinn. **3.** *bot.* Einrollung *f* (*Blatt*). **4.** *biol.* Involuti'on *f*, Rückbildung *f*: **the ~ of the uterus after pregnancy**; **senile ~** Altersrückbildung. **5.** *ling.* verschachtelte Konstrukti'on. **6.** *math.* Involuti'on *f* (*Darstellung des Verhältnisses zwischen Punkten, Geraden od. Ebenen in der projektiven Geometrie*).

in·volve [ɪn'vɒlv; *Am.* ɪn'vɑlv] *v/t* **1.** a) j-n verwickeln, hin'einziehen (**in** in *acc*): **to ~ s.o. in a crime**; **I don't want to get ~d in an accident** in e-n Unfall verwickelt, an e-m Unfall beteiligt; **~d in debt** verschuldet; **to be completely ~d in one's work** von s-r Arbeit völlig in Anspruch genommen sein, b) *j-n, etwas* angehen, berühren, betreffen: **the persons ~d** die Betroffenen; **we are all ~d (in this case)** es (dieser Fall) geht uns alle an, wir sind alle davon (von diesem Fall) betroffen; **to feel personally ~d** sich persönlich betroffen fühlen; **the national prestige was ~d** das nationale Prestige stand auf dem Spiel; **a question of principle is ~d** es geht um e-e prinzipielle Frage, c) *etwas* in Mitleidenschaft ziehen: **diseases that ~ the nervous system. 2. to be ~d with** a) zu tun haben mit *j-m, etwas*, b) enge Beziehungen haben zu *j-m*; **to get ~d with s.o.** mit j-m engen Kontakt bekommen, *contp.* sich mit j-m einlassen; **to ~ o.s.** sich einsetzen *od.* engagieren für. **3.** a) mit sich bringen, zur Folge haben, nach sich ziehen, b) verbunden sein mit: **the expense ~d** die damit verbundenen Kosten, c) erfordern, nötig machen: **taking the job would ~ living abroad** wenn ich die Stelle annehme, müßte ich im Ausland leben, b) um'fassen, einschließen. **4.** *etwas* verwirren, kompli'zieren: **the situation was further ~d by her disappearance**. **in'volved** *adj* **1.** → **involve. 2.** a) kompli'ziert, b) verworren. **3.** *ling.* verschachtelt: **~ sentence** Schachtelsatz *m*. **in'volve·ment** *s* **1.** Verwick(e)lung *f* (**in** in *acc*). **2.** Betroffensein *n* (**in** von). **3.** a) Kompli'ziertheit *f*, b) Verworrenheit *f*. **4.** verworrene Situati'on.

in·vul·ner·a·bil·i·ty [ɪnˌvʌlnərə'bɪlətɪ] *s* **1.** Unverwundbarkeit *f*. **2.** *fig.* Unanfechtbarkeit *f*. **in'vul·ner·a·ble** *adj* (*adv* **invulnerably**) **1.** unverwundbar (*a. fig.*). **2.** *mil.* uneinnehmbar: **an ~ fortress**. **3.** *fig.* gefeit (**to** gegen). **4.** *fig.* a) unanfechtbar, hieb- u. stichfest: **an ~ argument**, b) unangreifbar, abso'lut sicher: **an ~ position**.

in·ward ['ɪnwə(r)d] **I** *adv* **1.** einwärts, nach innen: **to clear ~** *mar.* einklarieren. **2.** → **inwardly** 1-3. **II** *adj* **3.** inner(er, e, es), innerlich, Innen...: **~ life**; **~ convulsions** *med.* innere Krämpfe. **4.** *fig.* inner(er, e, es), innerlich, seelisch, geistig. **5.** *fig.* inner(er, e, es), eigentlich: **the ~ meaning** die eigentliche *od.* tiefere Bedeutung. **6. ~ trade** *econ.* Einfuhrhandel *m*. **II** *s* **7.** (*das*) Innere (*a. fig.*). **8.** *pl* ['ɪnə(r)dz] *colloq.* Eingeweide *pl.* **'in·ward·ly** *adv* **1.** *a. fig.* innerlich, im Inner(e)n. **2.** *fig.* im stillen, insgeheim: **to laugh ~. 3.** leise, gedämpft, für sich. **4.** → **inward** 1. **'in·ward·ness** *s* **1.** Innerlichkeit *f*. **2.** innere Na'tur, (innere *od.* wahre) Bedeutung. **in·wards** ['ɪnwə(r)dz] → **inward** I.

in·weave [ɪn'wiːv] *v/t irr* **1.** einweben (**into**, **in** in *acc*). **2.** *a. fig.* einflechten (**into**, **in** in *acc*), verflechten (**with** mit).

in·wrap [ɪn'ræp] → **enwrap**.

in·wrought [ˌɪn'rɔːt] *adj* **1.** (ein)gewirkt, eingewoben, eingearbeitet (**in**, **into** in *acc*). **2.** verziert (**with** mit). **3.** *fig.* (eng) verflochten (**with** mit).

i·o·date ['aɪədeɪt] **I** *s chem.* Jo'dat *n*, jodsaures Salz. **II** *v/t* → **iodize**.

i·od·ic [aɪ'ɒdɪk; *Am.* aɪ'ɑ-] *adj chem.* jodhaltig, Jod...: **~ acid**.

i·o·dide ['aɪədaɪd] *s chem.* Jo'did *n*: **~ of nitrogen** Jodstickstoff *m*; **~ of potassium** Kaliumjodid *n*.

i·o·dine ['aɪəʊdiːn; 'aɪədaɪn] *s chem.* Jod *n*: → **tincture** 1. **'i·o·dism** *s med.* Jo'dismus *m*, Jodvergiftung *f*. **'i·o·dize** *v/t med. phot.* mit Jod behandeln, jo'dieren.

i·o·do·form [aɪ'ɒdəfɔːm; *Am.* aɪ'əʊdəˌfɔːrm; -'ɑdə-] *s med. pharm.* Jodo'form *n* (*ein stark antiseptisches Mittel*).

i·o·dom·e·try [ˌaɪə'dɒmɪtrɪ; *Am.* -'dɑmə-] *s chem.* Jodome'trie *f* (*Maßanalyse mit Hilfe von Jod*).

i·o·dous ['aɪədəs; *Am.* aɪ'əʊdəs; 'aɪədəs] *adj chem.* **1.** jodartig, **2.** Jod...: **~ acid**.

i·on ['aɪən] *s chem. phys.* I'on *n* (*elektrisch geladenes Teilchen, das aus neutralen Atomen od. Molekülen durch Anlagerung od. Abgabe von Elektronen entsteht*): **positive (negative) ~s**. **~ ac·cel·er·a·tor** *s phys.* I'onenbeschleuniger *m*. **~ en·gine** *s Raumfahrt:* I'onentriebwerk *n*. **~ ex·change** *s chem. phys.* I'onenaustausch *m*.

I·o·ni·an [aɪ'əʊnjən; -nɪən] **I** *adj* **1.** *hist.* i'onisch. **2.** *mus.* i'onisch: **~ mode** ionischer Kirchenton, ionische Tonart. **II** *s* **3.** *hist.* I'onier(in).

I·on·ic[1] [aɪ'ɒnɪk; *Am.* -'ɑ-] *adj* **1.** *bes. arch.* i'onisch: **~ order** ionische Säulenordnung. **II** *s* **2.** *hist.* i'onischer Dia'lekt. **3.** *metr.* i'onischer Versfuß, I'onikus *m*. **4.** *print.* Egypti'enne *f*.

i·on·ic[2] [aɪ'ɒnɪk; *Am.* -'ɑ-] *adj phys. chem.* i'onisch, Ionen...

i·on·ic| at·mos·phere *s chem. phys.* I'onenwolke *f*. **~ mi·gra·tion** *s chem. phys.* I'onenwanderung *f*. **~ pro·pul·sion** *s Raumfahrt:* I'onenantrieb *m*. **~ valve** *s electr.* I'onenröhre *f*.

i·o·ni·um [aɪ'əʊnjəm; -nɪəm] *s chem.* I'onium *n* (*radioaktives Zerfallsprodukt des Urans*).

i·on·i·za·tion [ˌaɪənaɪ'zeɪʃn; *Am.* -nə'z-] *s chem. phys.* Ioni'sierung *f*, Ionisati'on *f* (*Bildung von Ionen durch Anlagerung od. Abspaltung von Elektronen*): **~ by collision** Stoßionisation; **~ chamber** Ionisationskammer *f*; **~ ga(u)ge** Ionisationsmanometer *n*. **'i·on·ize I** *v/t* ioni'sieren, e-e Ionisati'on bewirken an (*dat*). **II** *v/i* in I'onen zerfallen. **'i·on·iz·er** *s* Ioni'sator *m* (*Gerät zur Beseitigung elektrostatischer Aufladungen*).

i·o·nom·e·ter [ˌaɪə'nɒmɪtə; *Am.* -'nɑmətər] *s chem. phys.* Iono'meter *n* (*Meßgerät zur Bestimmung der Ionisation e-s Gases, um Rückschlüsse auf vorhandene Strahlung zu ziehen*).

i·on·o·sphere [aɪ'ɒnəˌsfɪə(r); *Am.* -'ɑ-] *s* Iono'sphäre *f* (*äußerste Hülle der Erdatmosphäre*).

i·on·o·ther·a·py [aɪˌɒnə'θerəpɪ; *Am.* -ˌɑ-] *s med.* I'onenthera pie *f* (*Heilmethode zur Beeinflussung des Ionenhaushalts des menschlichen Körpers durch Ionenaustausch*).

i·on| pro·pul·sion *s Raumfahrt:* I'onenantrieb *m*. **~ rock·et** *s* Ra'kete *f* mit I'onenantrieb.

i·on·to·pho·re·sis [aɪˌɒntəʊfə'riːsɪs; *Am.* -ˌɑntə-] *s med.* Iontopho'rese *f* (*Einführung von Ionen mit Hilfe des galvanischen Stroms durch die Haut in den Körper zu therapeutischen Zwecken*).

i·o·ta [aɪ'əʊtə] *s* I'ota *n*: a) *griechischer Buchstabe*, b) *fig.* Spur *f*: **not an ~ of truth** kein Funke od. Körnchen Wahrheit; **there is not one ~ of truth in that story** an der Geschichte ist kein einziges Wort wahr.

IOU [ˌaɪəʊ'juː] *s* Schuldschein *m* (= **I owe you**).

I·o·wan ['aɪəʊən; *bes. Am.* 'aɪəwən] **I** *s* Io'waner(in), Einwohner(in) von Iowa (*USA*). **II** *adj* Iowa..., von Iowa.

ip·e·cac ['ɪpɪkæk], **ip·e·cac·u·an·ha** [ˌɪpɪkækjʊ'ænə; *Am. a.* ˌɪpekəkʊ'ænjə] *s bot.* Brechwurz(el) *f*.

ip·so| fac·to [ˌɪpsəʊ'fæktəʊ] (*Lat.*) *adv* ipso facto, durch die Tat selbst. **~ ju·re** [-'jʊərɪ; *Am. a.* -'dʒʊərɪ] (*Lat.*) *adv* ipso jure, durch das Recht selbst, von Rechts wegen.

I·ra·ni·an [ɪ'reɪnjən; -nɪən] **I** *adj* **1.** i'ranisch. **II** *s* **2.** I'raner(in). **3.** *ling.* I'ranisch *n*, das Iranische (*Untergruppe der indoeuropäischen Sprachenfamilie*).

I·ra·qi [ɪ'rɑːkɪ] **I** *s* **1.** I'raker(in). **2.** *ling.* I'rakisch *n*, das Irakische. **II** *adj* **3.** i'rakisch. **I'ra·qi·an** → **Iraqi** II.

i·ras·ci·bil·i·ty [ɪˌræsɪ'bɪlətɪ; aɪˌr-] *s* Jähzorn *m*, Reizbarkeit *f*. **i'ras·ci·ble** *adj* (*adv* **irascibly**) jähzornig, reizbar.

i·rate ['aɪreɪt] *adj* zornig, wütend (*beide a. fig. Brief etc*), gereizt.

ire [aɪə(r)] *s poet.* Zorn *m*, Wut *f*. **'ire·ful** *adj* (*adv* **~ly**) *poet.* zornig.

i·ren·ic [aɪ'riːnɪk; -'ren-] **I** *adj* (*adv* **~ally**) i'renisch, friedfertig, friedliebend. **II** *s pl* (*meist als sg konstruiert*) *relig.* I'renik *f* (*theologische Richtung, die e-e interkonfessionelle Verständigung anstrebt*). **i'ren·i·cal** → **irenic** I.

i·ren·ol·o·gy [ˌaɪərən'ɒlədʒɪ; *Am.* -'ɑl-] *s* Friedensforschung *f*.

ir·i·dec·to·my [ˌɪrɪ'dektəmɪ; ˌaɪ-] *s med.* Iridekto'mie *f* (*operative Entfernung e-s Teils der Regenbogenhaut*).

ir·i·des ['aɪrɪdiːz; 'ɪr-] *pl von* **iris**.

ir·i·des·cence [ˌɪrɪ'desns] *s* Schillern *n*, Iri'sieren *n*. **ˌir·i'des·cent** *adj* (*adv* **~ly**) (*in den Regenbogenfarben*) schillernd, iri'sierend: **~ colo(u)r** Schillerfarbe *f*.

i·rid·i·um [aɪ'rɪdɪəm; ɪ'r-] *s* I'ridium *n*.

ir·i·dot·o·my [ˌɪrɪ'dɒtəmɪ; ˌaɪ-; *Am.* -'dɑ-] *s med.* Iridoto'mie *f* (*Einschnitt in die Regenbogenhaut*).

ir·i·dous ['ɪrɪdəs; 'aɪ-] *adj chem.* Iridium...

i·ris ['aɪərɪs] *pl* '**i·ris·es** [-sɪz], **ir·i·des** ['aɪrɪdiːz; 'ɪr-] *s* **1.** *phys.* Regenbogenglanz *m*, -farben *pl.* **2.** *anat.* Iris *f*, Regenbogenhaut *f.* **3.** *bot.* Iris *f*, Schwertlilie *f.* **4.** *min.* Regenbogenquarz *m.* ~ **di·a·phragm** *s Film, phot.* Irisblende *f.*
I·rish ['aɪərɪʃ] **I** *s* **1.** the ~ *pl* die Iren *pl*, die Irländer *pl.* **2.** *ling.* Irisch *n*, das Irische: ~ (**English**) (Anglo)Irisch *n.* **II** *adj* **3.** irisch, irländisch: the ~ **Free State** *obs.* der Irische Freistaat. ~ **bull** → bull³ 1 c. ~ **cof·fee** *s* Irish Coffee *m* (*starker, heißer Kaffee mit Whisky u. Schlagsahne*). ~ **po·ta·to** *s bes. Am.* Kar'toffel *f.* ~ **Re·pub·li·can Ar·my** *s* 'Irisch-Repubʹlikanische Arʹmee. ~ **set·ter** *s* Irischer Setter (*ein Jagdhund*). ~ **stew** *s gastr.* Irish-Stew *n* (*Eintopfgericht aus gekochtem Hammelfleisch mit Weißkraut, Kartoffeln, Zwiebeln u. gehackter Petersilie*). ~ **ter·ri·er** *s* Irischer Terrier (*ein Haus- u. Begleithund*). ~ **whis·key** *s* irischer Whiskey. '~**wom·an** *s irr* Irin *f*, Irländerin *f.*
i·ri·tis [aɪ'raɪtɪs] *s med.* I'ritis *f*, Regenbogenhautentzündung *f.*
irk [ɜːk; *Am.* ɜrk] *v/t* **1.** ärgern, verdrießen: it ~s me es ärgert od. stört mich (that daß). **2.** ermüden, langweilen.
irk·some ['ɜːksəm; *Am.* 'ɜrksəm] *adj* (*adv* ~ly) **1.** ärgerlich, verdrießlich, lästig. **2.** ermüdend, langweilig. '**irk·some·ness** *s* Ärgerlichkeit *f*, Verdrießlichkeit *f.*
i·ron ['aɪə(r)n] **I** *s* **1.** Eisen *n*: to have several ~s in the fire mehrere Eisen im Feuer haben; to pump ~ *sport sl.* Gewichtheber sein; to strike while the ~ is hot das Eisen schmieden, solange es heiß ist; a man of ~ ein unnachgiebiger *od.* harter Mann; he is made of ~ er hat e-e eiserne Gesundheit; a heart of ~ ein Herz von Stein; a will of ~ ein eiserner Wille; in ~s *mar.* im Wind, nicht wendefähig; the ~ entered his soul *Bibl.* Pein u. Trübsal beschlichen s-e Seele; → **rod** 4 d. **2.** *Gegenstand aus Eisen, z. B.* a) Brandeisen *n*, -stempel *m*, b) (Bügel)Eisen *n*, c) Harʹpune *f*, d) Steigbügel *m.* **3.** Eisen *n* (*Schneide-s Werkzeugs*). **4.** *Golf:* Eisen *n* (*Golfschläger mit eisernem Kopf*). **5.** *a.* shooting ~ *bes. Am. sl.* ‚Schießeisen‛ *n.* **6.** *med. pharm.* 'Eisen(präpaˌrat) *n*: to take ~ Eisen einnehmen. **7.** *pl* Handˌ Fußschellen *pl*, Eisen *pl*: to put in ~s → 17. **8.** *med. Am. colloq.* Beinschiene *f* (*Stützapparat*): to put s.o.'s leg in ~s j-m das Bein schienen. **9.** Eisengrau *n.*
II *adj* **10.** eisern, Eisen..., aus Eisen: an ~ **bar**. **11.** eisenfarben. **12.** *fig.* eisern: a) kräftig, roʹbust: an ~ **constitution** e-e eiserne Gesundheit, b) unerbittlich, grausam, hart, c) unbeugsam, unerschütterlich: the **I~ Chancellor** der Eiserne Kanzler (*Bismarck*); the **I~ Duke** der Eiserne Herzog (*Wellington*); ~ **discipline** eiserne Disziplin; with an ~ **hand** mit eiserner Hand, unerbittlich; an ~ **will** ein eiserner Wille. **13.** *hist.* Eisenzeit...
III *v/t* **14.** bügeln, plätten. **15.** ~ **out** a) *Kleidungsstück, Falten etc* ausbügeln, b) *fig.* Meinungsverschiedenheiten, Schwierigkeiten *etc* aus der Welt schaffen, beseitigen. **16.** mit Eisen beschlagen. **17.** j-n in Eisen legen.
IV *v/i* **18.** bügeln, plätten.
i·ron| age *s meist* **I~ A~** *hist.* Eisenzeit *f.* '~**bark(tree)** *s bot.* (*ein*) Eisenrinden-, Eukaʹlyptusbaum *m.* '~**bound** *adj* **1.** in Eisen gefaßt, eisenbeschlagen. **2.** *fig.* zerklüftet, felsig: an ~ **coast**. **3.** *fig.* eisern,

unerbittlich. ~ **cast·ing** *s tech.* Eisenguß(stück *n*) *m.* ~ **ce·ment** *s tech.* Eisenkitt *m.* '~**clad I** *adj* [*pred* ˌ-'klæd] **1.** gepanzert (*Schiff*), eisenverkleidet, gußgekapselt (*Elektromotor etc*). **2.** *fig.* a) eisern, unerbittlich, b) unanfechtbar, hieb- u. stichfest: an ~ **argument**. **II** *s* **3.** *mar. hist.* Panzerschiff *n.* ~ **con·crete** *s tech.* 'Eisenbeˌton *m.* ~ **core** *s tech.* Eisenkern *m.* **I~ Cross** *s mil.* Eisernes Kreuz. **I~ Cur·tain** *s pol.* Eiserner Vorhang: the ~ **countries** die Länder hinter dem Eisernen Vorhang. ~ **dross** *s tech.* Hochofenschlacke *f.*
i·ron·er ['aɪə(r)nə(r)] *s* Bügler(in), Plätter(in).
i·ron| found·ry *s tech.* Eisengieße'rei *f.* ~ **gird·er** *s tech.* (genieteter) Eisenträger. ~ **glance** ~ **haematite**. ~ **grass** *s bot.* **1.** Frühlings-Segge *f.* **2.** Vogelknöterich *m.* ˌ~-'**gray**, *bes. Br.* ˌ~-'**grey** *adj* eisengrau. ~**hand·ed** *adj* (~ly) mit eiserner Hand, unerbittlich. ~ **horse** *s colloq.* **1.** ‚Dampfroß‛ *n* (*Lokomotive*). **2.** ‚Stahlroß‛ *n* (*Fahrrad*).
i·ron·ic [aɪ'rɒnɪk; *Am.* -'rɑ-]; **i'ron·i·cal** *adj* **1.** i'ronisch. **2.** voller Iro'nie: it is ~ **that** es entbehrt nicht e-r gewissen Ironie, daß. **i'ron·i·cal·ly** *adv* **1.** i'ronisch. **2.** i'ronischerweise. **i'ron·i·cal·ness** *s* Iroʹnie *f*, (*das*) I'ronische.
i·ron·ing ['aɪə(r)nɪŋ] *s* **1.** Bügeln *n*, Plätten *n.* **2.** Bügel-, Plättwäsche *f.* ~ **board** *s* Bügel-, Plättbrett *n.*
i·ron·ize ['aɪərənaɪz] *v/t u. v/i* ironi'sieren.
i·ron| lung *s med.* eiserne Lunge. ~ **maid·en** *s hist.* eiserne Jungfrau. ~ **man** *s irr* **1.** *Am.* → ironmaster. **2.** *Am.* → ironworker. **3.** *sport Am. u. Austral.* Triathlon *m* (*Ausdauermehrkampf, der aus Schwimmen, Radfahren u. Laufen besteht*). **4.** *Am. colloq.* Roboter *m.* **5.** *Am. sl.* (*bes.* Silber)Dollar *m.* ~ **mas·ter** *s* 'Eisenfabriˌkant *m.* ~ **mike** *s aer. sl.* Autopi'lot *m*, auto'matische Steuerungsanlage. ~ **mold**, *bes. Br.* ~ **mould** *s* a) Eisen-, Rostfleck *m*, b) Tintenfleck *m.* '~**mon·ger** *s Br.* a) Eisen-, Me'tallwarenhändler *m*, b) Haushaltswarenhändler *m.* '~**mon·ger·y** *s Br.* **1.** a) Eisen-, Me'tallwarenhandlung *f*, b) Haushaltswaren *pl.* **2.** a) Eisen-, Me'tallwarenhandlung *f*, b) Haushaltswarenhandlung *f.* ~ **ore** *s min.* Eisenerz *n.* ~ˌ**pump·er** *s sport sl.* Gewichtheber *m.* ~ **py·ri·tes** *s min.* **1.** Eisen-, Schwefelkies *m*, Py'rit *n.* **2.** Pyrrho'tin *n*, Ma'gnetkies *m.* ~ **ra·tion** *s mil. etc* eiserne Rati'on. ~ **scale** *s chem. tech.* (Eisen)Hammerschlag *m.* ~ **scrap** *s tech.* Eisenschrott *m.* '~**side** *s* **1.** *a. pl* (*als sg konstruiert*) Mann *m* von großer Tapferkeit. **2.** **I~** *hist. Br.* Beiname von Edmund II. **3.** *pl hist. Br.* a) Cromwells Reite'rei, b) Cromwells Ar'mee. **4.** *pl* (*als sg konstruiert*) → ironclad 3. '~**stone** *s min.* Eisenstein *m*: ~ (**china**) Hartsteingut *n.* ~ **sul·phate** *s chem.* 'Eisenvitriˌol *n*, 'Ferrosulˌfat *n.* ~ **sul·phide** *s chem.* 'Eisensulˌfid *n.* '~**ware** *s* a) Eisen-, Me'tallwaren *pl*, b) Haushaltswaren *pl.* '~**wood** *s* **1.** *bot.* Eisenbaum *m.* **2.** Eisenholz *n.* '~**work** *s* **1.** Eisenbeschläge *pl*: ornamental ~ Eisenverzierung *f.* **2.** *pl* (*oft als sg konstruiert*) Eisenhütte *f*, -werk *n.* '~**work·er** *s* **1.** Eisen-, Hüttenarbeiter *m.* **2.** ('Stahlbau)Monˌteur *m.*
i·ron·y¹ ['aɪə(r)nɪ] *adj* **1.** eisern. **2.** eisenhaltig (*Erde*). **3.** eisenartig.
i·ron·y² ['aɪərənɪ] *s* **1.** Iro'nie *f*: ~ **of fate** Ironie des Schicksals. **2.** i'ronische Bemerkung. **3.** *e-e* Ironie des Schicksals.
Ir·o·quoi·an [ˌɪrəʊ'kwɔɪən] *adj* iro'kesisch. **Ir·o·quois** ['ɪrəkwɔɪ; -kwɔɪz] **I** *pl* **-quois** [-kwɔɪz; -kwɔɪ] *s* Iro'kese *m*, Iro'kesin *f.* **II** *adj* iro'kesisch.

ir·ra·di·ance [ɪ'reɪdjəns; -dɪəns], *a.* **ir'ra·di·an·cy** [-sɪ] *s* **1.** *phys.* → irradiation 4. **2.** *fig.* → irradiation 3. **ir'ra·di·ant** *adj a. fig.* strahlend (with vor *dat*).
ir·ra·di·ate [ɪ'reɪdɪeɪt] *v/t* **1.** bestrahlen (*a. med.*), erleuchten, anstrahlen. **2.** *Licht etc* ausstrahlen, verbreiten, Strahlen *etc* aussenden. **3.** *fig.* Gesicht *etc* aufheitern, verklären. **4.** *fig.* a) j-n erleuchten, aufklären, b) *etwas* erhellen, Licht werfen auf (*acc*).
ir·ra·di·a·tion [ɪˌreɪdɪ'eɪʃn] *s* **1.** Bestrahlung *f* (*a. med.*), Erleuchtung *f*, Anstrahlung *f.* **2.** Ausstrahlung *f*, Aussendung *f.* **3.** *fig.* Erleuchtung *f*, Aufklärung *f.* **4.** *phys.* a) 'Strahlungsintensiˌtät *f*, b) spe'zifische 'Strahlungsenerˌgie. **5.** *med.* Irradiati'on *f* (*Ausstrahlung e-s Schmerzes über den betroffenen Teil hinaus*). **6.** *psych.* Irradiati'on *f* (*optische Täuschung, die darin besteht, daß e-e helle Figur auf dunklem Grund größer erscheint als e-e gleich große dunkle auf hellem Hintergrund*).
ir·ra·tion·al [ɪ'ræʃənl] **I** *adj* (*adv* ~ly) **1.** 'irratioˌnal, unvernünftig: a) vernunftlos: ~ **animals** vernunftlose Tiere, b) vernunftwidrig, unlogisch. **2.** *math.* 'irratioˌnal: ~ **number** → 4. **3.** *metr.* unregelmäßig. **II** *s* **4.** *math.* 'irratioˌnale Zahl.
ir'ra·tion·al·ism [-ʃnəlɪzəm] *s* **1.** *philos.* Irrationa'lismus *m* (*Lehre, wonach das Wesen der Welt durch den Verstand nicht greifbar ist u. das Irrationale das Prinzip der Welt ist*). **2.** Irrationa'lismus *m*, 'irratioˌnale Äußerung, Handlung *etc.*
ir·raˌtion·al·i·ty [-'nælətɪ] *s* **1.** Irrationali'tät *f*, Vernunftlosigkeit *f*, a) Vernunftwidrigkeit *f*, Unlogik *f.* **2.** → irrationalism 1.
ir·re·al·i·ty [ˌɪrɪ'ælətɪ] *s* Irreali'tät *f*, Unwirklichkeit *f.*
ir·real [ɪ'rɪəl] *adj* 'irreˌal, unwirklich.
ir·re·but·ta·ble [ˌɪrɪ'bʌtəbl] *adj* 'unwiderˌlegbar: ~ **presumption** *jur.* unwiderlegbare Rechtsvermutung.
ir·re·claim·a·ble [ˌɪrɪ'kleɪməbl] *adj* (*adv* irreclaimably) **1.** unverbesserlich, ˌhoffnungslos‛. **2.** *agr.* nicht kul'turfähig (*Land*). **3.** *tech.* nicht regene'rierfähig.
ir·rec·og·niz·a·ble [ɪ'rekəgnaɪzəbl] *adj* (*adv* irrecognizably) nicht zu erkennen(d) *od.* 'wiederzuerˌkennen(d), unkenntlich.
ir·rec·on·cil·a·bil·i·ty [ɪˌrekənsaɪlə'bɪlətɪ] *s* **1.** Unvereinbarkeit *f.* **2.** Unversöhnlichkeit *f.* **ir·rec·on·cil·a·ble** [ɪ'rekənsaɪləbl; ˌɪˌrekən's-] **I** *adj* (*adv* irreconcilably) **1.** unvereinbar (with mit). **2.** unversöhnlich: ~ **enemies**. **II** *s* **3.** unversöhnlicher Gegner.
ir·re·cov·er·a·ble [ˌɪrɪ'kʌvərəbl] *adj* (*adv* irrecoverably) **1.** nicht 'wiederˌerlangbar. **2.** nicht 'wiederˌgutzumachend, unersetzlich, unersetzbar (*Verlust, Schaden*). **3.** *jur.* uneintreibbar (*Schuld*). **4.** nicht 'wiederˌherstellbar. **5.** *tech.* nicht regene'rierbar.
ir·re·cu·sa·ble [ˌɪrɪ'kjuːzəbl] *adj* unabweisbar, unablehnbar.
ir·re·deem·a·ble [ˌɪrɪ'diːməbl] *adj* (*adv* irredeemably) **1.** nicht rückkaufbar. **2.** *econ.* nicht (in Gold) einlösbar: ~ **paper money**. **3.** *econ.* a) untilgbar: ~ **loan**, b) nicht ablösbar, unkündbar: ~ **bond** (*vor dem Fälligkeitstermin*) unkündbare Schuldverschreibung. **4.** *fig.* unverbesserlich, unrettbar (verloren): ~ **sinners**. **5.** nicht 'wiederˌgutzumachen(d): ~ **loss**.
ir·re·den·ta [ˌɪrɪ'dentə] *s pol.* Irre'denta *f*: a) Bewegung, die danach strebt, abgetrennte Gebiete mit e-r nationalen Minderheit wieder dem Mutterland staatlich

anzuschließen, b) *Gebiet mit e-r Irredenta-Bewegung.* ˌir·re'den·tism *s* Irredenˈtismus *m (Geisteshaltung e-r Irredenta-Bewegung).* ˌir·re'den·tist **I** *s* Irredenˈtist(in). **II** *adj* irredenˈtistisch.
ir·re·duc·i·ble [ˌɪrɪ'djuːsəbl; *Am. a.* -ˈduː-] *adj (adv* **irreducibly) 1.** nicht reduˈzierbar: a) nicht zuˈrückführbar **(to** auf *acc*): **to be ~ to a simpler form** sich nicht vereinfachen lassen, b) *chem. math.* ˈirreduˌzibel, c) nicht herˈabsetzbar: **the~ minimum** das absolute Minimum, das Mindestmaß (**of** an *dat*). **2.** nicht verwandelbar **(into,** to in *acc*).
ir·ref·ra·ga·ble [ɪ'refrəgəbl] *adj (adv* **irrefragably)** ˈunwiderˌlegbar, ˈunumˌstößlich.
ir·re·fran·gi·ble [ˌɪrɪ'frændʒəbl] *adj* **1.** unverletzlich, ˈunüberˌtretbar, ˈunumˌstößlich: **an ~ rule. 2.** *phys.* unbrechbar: **~ rays.**
ir·ref·u·ta·bil·i·ty [ˌɪˌrefjʊtə'bɪlətɪ; ˈɪrɪˌfjuːtəˈb-] *s* ˈUnwiderˌlegbarkeit *f.* **ir·ref·u·ta·ble** *adj (adv* **irrefutably)** ˈunwiderˌlegbar, ˈunwiderˌleglich, nicht zu widerˈlegen(d).
ir·re·gard·less [ˌɪrɪɡɑː'rdləs] *Am. colloq.* für **regardless** I.
ir·reg·u·lar [ɪ'regjʊlə(r)] **I** *adj (adv* **~ly) 1.** unregelmäßig: a) *a. bot.* ungleichmäßig, -förmig: **~ teeth** unregelmäßige Zähne, b) *econ.* uneinheitlich, schwankend, c) ungeordnet, ˈunsysteˌmatisch, d) unpünktlich: **at ~ intervals** in unregelmäßigen Abständen. **2.** uneben: **~ terrain. 3.** a) regelwidrig, b) vorschriftswidrig, nicht ordnungsgemäß: **~ papers,** c) ungesetzlich, ungültig: **~ procedure. 4.** a) ungeregelt, unordentlich: **an ~ life,** b) ungehörig, ungebührlich: **~ conduct,** c) unstet, ausschweifend: **an ~ man. 5.** nicht reguˈlär, nicht voll gültig *od.* anerkannt: **an ~ physician** kein richtiger Arzt, ein Kurpfuscher. **6.** *ling.* unregelmäßig: **~ verbs. 7.** *mil.* ˈirreguˌlär. **II** *s* **8.** *mil.* a) Irreguˈläre(r) *m,* irreguˌlärer Solˈdat, b) *pl* ˈirreguˌläre Truppe(n *pl*). **ir·ˌreg·u'lar·i·ty** [-ˈlærətɪ] *s* **1.** Unregelmäßigkeit *f (a. ling.),* Ungleichmäßigkeit *f.* **2.** Unebenheit *f.* **3.** a) Vorschrifts-, Regelwidrigkeit *f,* b) *jur.* Formfehler *m,* Verfahrensmangel *m,* c) Verstoß *m,* Vergehen *n.* **4.** a) Ungeregeltheit *f,* b) Ungehörigkeit *f.*
ir·rel·a·tive [ɪ'relətɪv] *adj (adv* **~ly) 1. (to)** unabhängig (von), nicht bedingt (durch). **2.** beziehungslos, absoˈlut.
ir·rel·e·vance [ɪ'reləvəns], ir·rel·e·van·cy [-sɪ] *s* **1.** ˈIrreleˌvanz *f,* Unerheblichkeit *f,* Belanglosigkeit *f.* **2.** Unanwendbarkeit *f.* **ir·rel·e·vant** *adj (adv* **~ly) 1.** ˈirreleˌvant, nicht zur Sache gehörig: **to be ~ to** sich nicht beziehen auf (*acc*). **2.** ˈirreleˌvant, unerheblich, belanglos (**to** für). **3.** unanwendbar (**to** auf *acc*).
ir·re·li·gion [ˌɪrɪ'lɪdʒən] *s* **1.** Irreligiosiˈtät *f.* **2.** Gottlosigkeit *f.* Religiˈonsfeindlichkeit *f.* ˌir·re'li·gious [-dʒəs] *adj (adv* **~ly) 1.** ˈunreligiˌös, ˈirreligiˌös. **2.** gottlos. **3.** religiˈonsfeindlich.
ir·rem·e·a·ble [ɪ'remɪəbl; ɪˈriː-] *adj obs. od. poet.* ohne ˈWiederkehr.
ir·re·me·di·a·ble [ˌɪrɪ'miːdjəbl; -dɪəbl] *adj (adv* **irremediably)** nicht behebbar *od.* abstellbar: **this is ~** dem ist nicht abzuhelfen, das läßt sich nicht beheben.
ir·re·mis·si·ble [ˌɪrɪ'mɪsəbl] *adj (adv* **irremissibly) 1.** unverzeihlich: **an ~ offence. 2.** unerläßlich: **an ~ duty.**
ir·re·mov·a·ble [ˌɪrɪ'muːvəbl] *adj (adv* **irremovably) 1.** nicht entfernbar, unbeweglich. **2.** unabsetzbar: **~ judges. 3.** nicht behebbar: **~ faults.**
ir·rep·a·ra·ble [ɪ'repərəbl] *adj (adv* **irreparably) 1.** ˈirrepaˌrabel, nicht wiederˈgutzumachen(d): **~ damage. 2.** unersetzlich, unersetzbar: **~ loss.**
ir·re·place·a·ble [ˌɪrɪ'pleɪsəbl] *adj (adv* **irreplaceably)** unersetzlich, unersetzbar.
ir·re·press·i·ble [ˌɪrɪ'presəbl] *adj (adv* **irrepressibly) 1.** ˈununterˌdrückbar, nicht zu unterˈdrücken(d): **~ laughter. 2.** un(be)zähmbar (*Person*).
ir·re·proach·a·ble [ˌɪrɪ'prəʊtʃəbl] *adj (adv* **irreproachably)** untadelig, tadellos, einwandfrei: **~ conduct.** ˌir·re'proach·a·ble·ness *s* **1.** Untadeligkeit *f.* **2.** einwandfreies Benehmen.
ir·re·sist·i·bil·i·ty [ˈɪrɪˌzɪstə'bɪlətɪ] *s* ˈUnwiderˌstehlichkeit *f.* ˌir·re'sist·i·ble *adj (adv* **irresistibly)** ˈunwiderˌstehlich: **an ~ impulse; an ~ woman.**
ir·res·o·lute [ɪ'rezəluːt; *Am. a.* -lət] *adj (adv* **~ly) 1.** unentschieden, unentschlossen, unschlüssig, schwankend, 2. unbestimmt (*Antwort etc*). **ir'res·o·lute·ness,** ˈirˌres·o'lu·tion *s* Unentschlossenheit *f,* Unschlüssigkeit *f.*
ir·re·spec·tive [ˌɪrɪ'spektɪv] *adj (adv* **~ly): ~ of** ohne Rücksicht auf (*acc*), ungeachtet (*gen*), unabhängig von.
ir·re·spon·si·bil·i·ty [ˈɪrɪˌspɒnsə'bɪlətɪ; *Am.* -ˌspɑːn-] *s* **1.** Verantwortungslosigkeit *f.* **2.** Unverantwortlichkeit *f.* **3.** *jur.* Unzurechnungsfähigkeit *f.* ˌir·re'spon·si·ble **I** *adj (adv* **irresponsibly) 1.** nicht verantwortlich (**to** *dat;* **for** für): **to be ~ to s.o.** j-m nicht unterstellt sein; **to be ~ to s.o. for s.th.** j-m (gegenüber) für etwas nicht haften *od.* verantwortlich sein. **2.** *jur.* a) unzurechnungsfähig, b) nicht haftbar (**for** für). **3.** verantwortungslos, unzuverlässig. **4.** verantwortungslos, unverantwortlich. **5.** (**for**) nicht verantwortlich (für), nicht schuld an (*dat*), nicht die Ursache (von *od. gen*). **II** *s* **6.** verantwortungslose Perˈson. **7.** *jur.* unzurechnungsfähige Perˈson.
ir·re·spon·sive [ˌɪrɪ'spɒnsɪv; *Am.* -ˈspɑːn-] *adj:* **to be ~ to** a) nicht ansprechen *od.* reagieren auf (*acc*) (*a. electr. tech. etc*), b) nicht empfänglich *od.* aufgeschlossen sein für, c) nicht eingehen auf (*j-n od. etwas*).
ir·re·ten·tive [ˌɪrɪ'tentɪv] *adj (adv* **~ly) 1.** gedächtnisschwach. **2. ~ memory** (*od.* **mind**) schwaches Gedächtnis.
ir·re·triev·a·ble [ˌɪrɪ'triːvəbl] *adj (adv* **irretrievably) 1.** unersetzlich, unersetzbar (*Verlust*). **2.** nicht wiederˈgutzumachen(d): **→ break down 9, breakdown 3.**
ir·rev·er·ence [ɪ'revərəns] *s* Reˈspekt-, Ehrfurchtslosigkeit *f.* **ir'rev·er·ent** *adj (adv* **~ly),** ˌirˌrev·er'en·tial [-ˈrenʃl] *adj* reˈspekt-, ehrfurchtslos.
ir·re·vers·i·bil·i·ty [ˈɪrɪˌvɜːsə'bɪlətɪ; *Am.* -ˌvɜːr-] *s* **1.** Nichtˈumkehrbarkeit *f,* Irreversibiliˈtät *f.* **2.** ˈUnwiderˌruflichkeit *f.* ˌir·re'vers·i·ble *adj (adv* **irreversibly) 1.** *a. chem. math. phys.* nicht ˈumkehrbar, irreverˈsibel. **2.** *tech.* nur in ˈeiner Richtung laufend. **3.** *electr.* selbstsperrend. **4. → irrevocable.**
ir·rev·o·ca·bil·i·ty [ˌɪrevəkə'bɪlətɪ] *s* ˈUnwiderˌruflichkeit *f.* **ir·rev·o·ca·ble** [ɪ'revəkəbl; ˌɪrɪ'vəʊkəbl] *adj (adv* **irrevocably)** ˈunwiderˌruflich, ˈunabˌänderlich, ˈunumˌstößlich: **~ letter of credit** *econ.* unwiderrufliches Akkreditiv.
ir·ri·gate ['ɪrɪɡeɪt] *v/t* **1.** *agr.* (künstlich) bewässern, berieseln. **2.** *med. e-e Wunde etc* ausspülen. **ir·ri'ga·tion** *s* **1.** *agr.* (künstliche) Bewässerung *od.* Berieselung: **~ canal** Bewässerungskanal *m.* **2.** *med.* Ausspülung *f,* Irrigatiˈon *f:* **gastric ~** Magenspülung *f.* **ir·ri'ga·tion·al** [-ʃnl], **ˈir·ri·ga·tive** [-ɡətɪv; *bes. Am.*

-ˈɡeɪtɪv] *adj* Bewässerungs..., Riesel... **'ir·ri·ga·tor** [-ɡeɪtə(r)] *s* **1.** Bewässerungsgerät *n,* -anlage *f.* **2.** *med.* Irriˈgator *m,* ˈSpülappaˌrat *m.*
ir·ri·ta·bil·i·ty [ˌɪrɪtə'bɪlətɪ] *s* Reizbarkeit *f.* **ˈir·ri·ta·ble** *adj (adv* **irritably) 1.** a) reizbar, b) gereizt. **2.** *med. physiol.* a) reizbar, empfindlich (*Gewebe, Nerv etc*), b) nerˈvös: **~ heart** nervöses Herz, Herzneurose *f.* **ir·ri'tan·cy** [ˈɪrɪtənsɪ] *s* Ärgernis *n,* **ir·ri·tant** [ˈɪrɪtənt] **I** *adj* Reiz erzeugend, Reiz...: **~ agent → II. II** *s* Reizstoff *m.* **ir·ri·tate** [ˈɪrɪteɪt] *v/t* **1.** reizen (*a. med.*), (verˈ)ärgern, irriˈtieren: **~d at** (*od.* **by, with**) verärgert *od.* ärgerlich über (*acc*). **ˈir·ri'tat·ing** *adj (adv* **~ly) 1.** ärgerlich, irriˈtierend. **2. ~** irritant I. **ir·ri'ta·tion** *s* **1.** Verärgerung *f,* Reizung *f,* Irritatiˈon *f.* **2.** Ärger *m* (**at** über *acc*). **3.** *med.* Reizung *f:* a) Reiz *m,* b) Reizzustand *m:* **~ of the kidneys** Nierenreizung. **ˈir·ri·ta·tive** *adj* **1. →** irritant I. **2.** Reiz...: **~ cough.**
ir·rup·tion [ɪ'rʌpʃn] *s* **1.** Einbruch *m,* Herˈeinbrechen *n* (**into** in *acc*): **~ of water** Wassereinbruch. **2.** *mil.* Einfall *m* (**into** in *acc*). **ir'rup·tive** [-tɪv] *adj (adv* **~ly) 1.** herˈeinbrechend. **2.** *geol.* **→ intrusive 2.**
is [ɪz; *unbetont:* z; s] a) (*3. sg pres von* **be**) ist, b) *dial.* in allen Personen des *pres* gebraucht: **I ~, you ~,** etc.
Is·a·bel·la [ˌɪzə'belə], *a.* 'Is·a·bel *s* Isaˈbellfarbe *f.* **ˌis·a'bel·line** [-laɪn; *Am. a.* -lɪn] *adj* isaˈbellfarben, -farbig, graugelb.
is·a·cous·tic [ˌaɪsə'kuːstɪk] *adj* von gleicher Schallstärke: **~ line** (*Geophysik*) Isakuste *f (Kurve, die bei Erdbeben die Punkte gleicher Schallstärke verbindet).*
i·sa·go·ge ['aɪsəɡəʊdʒɪ] *s* Isaˈgoge *f (Einführung in e-e Wissenschaft).* ˌi·sa'gog·ic [-ˈɡɒdʒɪk; *Am.* -ˈɡɑː-] **I** *adj* einführend, Einführungs... **II** *s pl (meist als sg konstruiert)* Isaˈgogik *f (Kunst der Einführung in e-e Wissenschaft, bes. die Lehre von der Entstehung der biblischen Bücher).*
I·sa·iah [aɪ'zaɪə; *Am.* aɪ'zeɪə], *a.* I'sa·ias [-əs] *npr u. s Bibl.* (das Buch) Jeˈsaja(s) *od.* Iˈsaias *m.*
i·sa·tin ['aɪsətɪn] *s chem.* Isaˈtin *n.*
is·ch(a)e·mi·a [ɪ'skiːmjə; -mɪə] *s med.* Is-chäˈmie *f (mangelhafte Versorgung einzelner Organe mit Blut).*
is·chi·a ['ɪskɪə] *pl von* **ischium.**
is·chi·ad·ic [ˌɪskɪ'ædɪk], is·chi·al ['ɪskɪəl], ˌis·chi'at·ic [-ˈætɪk] *adj anat.* Sitzbein...
is·chi·um ['ɪskɪəm] *pl* -chi·a [-ə] *s anat.* Is-chium *n,* Sitzbein *n.*
Ish·ma·el ['ɪʃmeɪəl; *Am.* -ˈɪʃmiːəl] **I** *npr Bibl.* Ismael *m.* **II** *s →* **Ishmaelite 2.** **Ish·ma·el·ite** ['ɪʃmɪəlaɪt] *s* **1.** *relig.* Ismaeˈlit(in). **2.** *fig.* Verstoßene(r *m*) *f,* Ausgestoßene(r *m*) *f.*
i·sin·glass ['aɪzɪŋɡlɑːs; *Am.* 'aɪznˌɡlæs] *s* Hausenblase *f.*
Is·lam ['ɪzlɑːm; ɪz'lɑːm; -ɪs-] *s relig.* a) Isˈlam *m,* Islaˈmismus *m,* b) *collect.* Mohammeˈdaner *pl,* Islaˈmiten *pl.* Is'lam·ic [-ˈlæmɪk; -ˈlɑː-] *adj* isˈlamisch, islaˈmitisch, mohammeˈdanisch, Islam... **Islam·ism** ['ɪzləmɪzəm; *Am. a.* 'ɪsˈlɑːmˌɪzəm] **→** Islam. 'Is·lam·ite *s* Islaˈmit(in), Mohammeˈdaner(in). **Is·lam·i·za·tion** [ˌɪzləmaɪ'zeɪʃn; *Am.* -məˈz-] *s* Islamiˈsierung *f.* 'Is·lam·ize *v/t* islamiˈsieren.
is·land ['aɪlənd] **I** *s* **1.** Insel *f (a. weitS. u. fig.):* **~ arc** *geogr.* Inselbogen *m;* **~ chain** Inselkette *f;* **~ universe** *astr. obs.* Milchstraßensystem *n,* **the I~s of the Blessed** *myth.* die Inseln der Seligen; **→ speech 9. 2.** Verkehrsinsel *f.* **3.** *anat.* Zellinsel *f:* **~s**

islander - issueless

of **Langerhans** Langerhanssche Inseln. 4. *mar.* Insel *f*, Aufbau *m* (*bes. auf Flugzeugträgern, mit Kommandobrücke etc*): **three-~ ship** Dreiinselschiff *n*. **II** *v/t* **5.** zur Insel machen. **6. to be ~ed** mit Inseln durchsetzt sein. **7.** auf e-r Insel aussetzen. **8.** *fig.* iso'lieren. **'is·land·er** *s* Inselbewohner(in), Insu'laner(in).
isle [aɪl] *s poet. u. in npr* (*bes.* kleine) Insel, Eiland *n*: **the I-s of the Blest** *myth.* die Inseln der Seligen.
is·let ['aɪlɪt] *s* **1.** Inselchen *n*. **2.** → **island** 3.
ism ['ɪzəm] *s oft contp.* Ismus *m* (*e-e bloße*) *Theorie*).
iso- [aɪsəʊ] *Wortelement mit der Bedeutung* gleich, iso..., Iso...
i·so·bar ['aɪsəʊbɑː(r)] *s* **1.** *meteor.* Iso-'bare *f* (*Verbindungslinie zwischen Orten gleichen Luftdrucks*). **2.** *phys.* Iso'bar *n* (*Atomkern mit isobaren Eigenschaften*). **ˌi·so'bar·ic** [-'bærɪk] *adj* **1.** *meteor.* iso-'bar, gleichen Luftdrucks. **2.** *phys.* iso'bar (*e-e gleiche Anzahl Neutronen u. e-e verschiedene Anzahl Protonen aufweisend*) (*Atomkerne*).
i·so·base ['aɪsəʊbeɪs] *s Geophysik:* Iso-'base *f* (*Linie, die alle Orte gleich großer Hebung verbindet*).
i·so·bath ['aɪsəʊbæθ] *s meteor.* Iso'bathe *f* (*Linie, die alle Orte gleicher Wassertiefe verbindet*).
i·so·chro·mat·ic [ˌaɪsəʊkrəʊˈmætɪk] *adj phys.* isochro'matisch, gleichfarbig.
i·soch·ro·nal [aɪˈsɒkrənl; *Am.* -'sɑk-] *adj* (*adv* **~ly**) *phys.* iso'chron (*von gleicher Dauer*). **i·so·chrone** ['aɪsəʊkrəʊn] *s* **1.** *Geophysik:* Iso'chrone *f* (*Linie, die alle Orte des gleichzeitigen Eintreffens bestimmter Erscheinungen verbindet*). **2.** *geogr.* Iso'chrone *f* (*Linie, die alle Orte verbindet, von denen aus ein Zielpunkt bei gleicher Reisedauer erreicht werden kann*). **iˈsoch·ro·nism** [-nɪzəm] *s phys.* Isochro'nismus *m* (*Eigenschaft schwingender Körper od. schwingender mechanischer Systeme, die Schwingungsdauer unabhängig von der Weite des Schwingungsbogens konstant zu halten*). **iˈsoch·ro·nous** → **isochronal**.
i·so·cli·nal [ˌaɪsəʊˈklaɪnl] **I** *adj geol.* iso-kli'nal (*gleichsinnig einfallend*): **~ fold** Isoklinalfalte *f*; **~ line** → II. **II** *s geogr.* Iso'kline *f* (*Linie, die alle Orte gleicher Neigung der Magnetnadel verbindet*).
i·sog·a·my [aɪˈsɒɡəmɪ; *Am.* -'sɑː-] *s biol.* Isoga'mie *f* (*Vereinigung gleichgestalteter Geschlechtszellen*).
i·sog·e·nous [aɪˈsɒdʒɪnəs; *Am.* -'sɑː-] *adj biol.* iso'gen, geˈnetisch iˈdentisch. **iˈsog·e·ny** *s* Isogeˈnie *f* (*genetische Identität aller Individuen e-r Gruppe*).
i·so·gloss ['aɪsəʊɡlɒs; *Am.* 'aɪsəˌɡlɔːs] *s ling.* Iso'glosse *f* (*Linie, die Gebiete gleicher sprachlicher Erscheinungen umgrenzt*).
i·so·gon ['aɪsəʊɡɒn; *Am.* 'aɪsəˌɡɑn] *s math.* Iso'gon *n*, regelmäßiges Vieleck. **ˌi·so'gon·ic I** *adj* **1.** *math.* isogo'nal, gleichwink(e)lig. **2.** *Kartographie, math.* isogo'nal, winkeltreu. **3. ~ line** → **4**. **II** *s* **4.** Iso'gone *f*: a) (*Geophysik*) Linie, die alle Orte gleicher erdmagnetischer Deklination verbindet, b) *meteor.* Linie, die alle Orte gleicher Windrichtung verbindet.
i·so·late ['aɪsəleɪt] *v/t* **1.** *a. med.* iso'lieren, absondern (**from** von): **isolating languages** isolierende Sprachen (*ohne Formenbildung*). **2.** *chem. electr. phys.* iso'lieren. **3.** *fig.* a) iso'liert *od.* getrennt *od.* für sich betrachten, b) trennen (**from** von). **'i·so·lat·ed** *adj* **1.** iso'liert, abgesondert: **~ camera** *sport, TV* a) Hinter-Tor-Kamera *f*, b) Zeitlupenkamera *f*. **2.** einzeln, vereinzelt: **an ~ case** ein Einzelfall

m. **3.** abgeschieden. **4.** *chem. electr. phys.* iso'liert.
i·so·la·tion [ˌaɪsə'leɪʃn] *s* **1.** Iso'lierung *f*, Isolati'on *f*, Absonderung *f*: **~ block** Isolationsblock *m* (*in e-m Gefängnis*); **~ hospital** Klinik *f* für ansteckende Krankheiten, *mil.* Seuchenlazarett *n*; **~ torture** Isolationsfolter *f*; **~ ward** *med.* Isolierstation *f*. **2. to consider in ~** → **isolate** 3 a. **3.** Abgeschiedenheit *f*: **to live in ~** zurückgezogen leben. **ˌi·so'la·tion·ism** *s pol.* Isolatio'nismus *m* (*Tendenz, sich vom Ausland abzuschließen u. staatliches Eigeninteresse zu betonen*). **ˌi·so'la·tion·ist** *pol.* **I** *s* Isolatio'nist *m*. **II** *adj* isolatio'nistisch.
i·so·mer ['aɪsəmə(r)] *s chem.* Iso'mer(e) *f) n* (*Verbindung einer Reihe von Isomeren mit gleicher Summenformel, aber mit verschiedenem Molekülaufbau u. unterschiedlichen physikalischen u. chemischen Eigenschaften*). **ˌi·so'mer·ic** [-'merɪk] *adj* iso'mer. **i·so·mer·ism** [aɪˈsɒmərɪzəm; *Am.* -'sɑː-] *s* Isomeˈrie *f* (*Auftreten von Isomeren*). **i·so·mer·i·ˈza·tion** *s* Isomerisati'on *f*, Isomeri'sierung *f*. **iˈsom·er·ize** *v/t* isomeriˈsieren.
i·so·met·ric [ˌaɪsəʊˈmetrɪk] **I** *adj* (*adv* **~ally**) iso'metrisch (*die gleiche Längenausdehnung beibehaltend*). **II** *s pl* (*a.* **als** *sg konstruiert*) Iso'metrik *f*, iso'metrisches Muskeltraining.
i·som·e·try [aɪˈsɒmɪtrɪ; *Am.* -'sɑ-] *s* Isomeˈtrie *f*, Längengleichheit *f*, -treue *f* (*bes. bei Landkarten*).
i·so·morph ['aɪsəʊmɔː(r)f] *s* **1.** *chem.* iso'morphe Verbindung. **2.** *ling.* Iso-'morphe *f* (*Isoglosse, die e-e Eigentümlichkeit der grammatischen Formen betrifft*). **ˌi·so'mor·phic** *adj chem. ling. math.* iso'morph. **ˌi·so'mor·phism** *s* **1.** *chem.* Isomor'phismus *m* (*Eigenschaft gewisser Stoffe, gemeinsam dieselben Kristalle zu bilden*). **2.** *math.* Isomor'phismus *m* (*spezielle, umkehrbar eindeutige Abbildung e-r algebraischen Struktur auf e-e andere*). **3.** *ling.* Isomor'phismus *m* (*Gleichgestaltigkeit der verschiedenen Ebenen im Sprachsystem ohne Berücksichtigung qualitativer Unterschiede zwischen ihnen*).
i·so·pod ['aɪsəʊpɒd; *Am.* -ˌpɑd] *s zo.* Iso'pode *m*, Assel *f*.
i·so·prene ['aɪsəʊpriːn] *s chem.* Iso'pren *n* (*flüssiger, ungesättigter Kohlenwasserstoff*).
i·sos·ce·les [aɪˈsɒsɪliːz; *Am.* -'sɑsə-] *adj math.* gleichschenk(e)lig (*Dreieck*).
i·so·spin ['aɪsəʊspɪn] *s Kernphysik:* Iso'spin *m* (*Quantenzahl, die die Ladung e-s Elementarteilchens beschreibt*).
i·sos·ta·sy [aɪˈsɒstəsɪ; *Am.* -'sɑs-] *s Geophysik:* Isosta'sie *f* (*Massengleichgewicht innerhalb der Erdkruste*).
i·so·therm ['aɪsəʊθɜːm; *Am.* 'aɪsəˌθɜrm] *s* **1.** *meteor.* Iso'therme *f* (*Linie, die alle Orte gleicher Lufttemperatur zu e-m bestimmten Zeitpunkt od. im Durchschnitt e-s Zeitraums verbindet*). **2.** *chem. phys.* → **isothermal II**. **ˌi·so'ther·mal** *chem. phys.* **I** *adj* iso'therm (*bei konstanter Temperatur verlaufend*): **~ line** → II. **II** *s* Iso'therme *f* (*Kurve, die in e-m Zustandsdiagramm die Abhängigkeit e-r thermodynamischen Größe von e-r anderen bei konstanter Temperatur angibt*).
i·so·tope ['aɪsəʊtəʊp] *s Kernphysik:* Iso-'top *n* (*Atomart desselben Elements mit gleicher Ordnungszahl, aber verschiedener Massenzahl*). **ˌi·so'top·ic** [-'tɒpɪk; *Am.* -'tɑ-] *adj* (*adv* **~ally**) iso'top: **~ spin** → **isospin**. **i·so·to·py** [aɪˈsɒtəpɪ; *Am.* -'sɑ-] *s* Isoto'pie *f* (*das Vorkommen von Isotopen*).
i·so·trop·ic [ˌaɪsəʊˈtrɒpɪk; *Am.* -sə'troʊ-; -'trɑ-], **i·sot·ro·pous** [aɪˈsɒtrəpəs; *Am.* -'sɑ-] *adj phys.* iso'trop. **i·sot·ro·py**

[aɪˈsɒtrəpɪ; *Am.* -'sɑ-] *s* Isotro'pie *f* (*Richtungsunabhängigkeit der physikalischen u. chemischen Eigenschaften von Stoffen*).
Is·ra·el ['ɪzreɪəl; ˌɪzrɪəl; *Am.* 'ɪzriːəl] *s Bibl.* (das Volk) Israel *n*.
Is·rae·li [ɪzˈreɪlɪ] **I** *adj* israˈelisch. **II** *s* Israˈeli *m*, Bewohner(in) des Staates Israel.
Is·rae·ite ['ɪzrɪəlaɪt] *Bibl.* **I** *s* Israeˈlit(in). **II** *adj* israeˈlitisch.
is·sei [iːˈseɪ; ˈiːseɪ] *pl* **-sei, -seis** *s* japanischer Einwanderer in den USA.
is·su·a·ble ['ɪʃʊəbl; *Br. a.* 'ɪsjuː-] *adj* (*adv* **issuably**) **1.** auszugeben(d), zu erlassen(d). **2.** *econ.* emissi'onsfähig.
is·su·ance ['ɪʃuːəns; 'ɪsjuː-; *Am.* 'ɪʃəwəns] → **issue** 1, 2.
is·sue ['ɪʃuː; *Br. a.* 'ɪsjuː] **I** *s* **1.** Ausgabe *f*, Erlaß *m*, Erteilung *f* (*von Befehlen etc*): **~ of orders** Befehlsausgabe. **2.** *econ.* Ausgabe *f* (*von Banknoten, Wertpapieren etc*), Emissi'on *f* (*von Wertpapieren*), Begebung *f*, Auflegung *f* (*e-r Anleihe*), Ausstellung *f* (*e-s Dokuments, Schecks, Wechsels etc*): **~ of securities** Effektenemission; **~ of shares** (*od.* **stocks**) Aktienausgabe; → **bank**¹ 1. **3.** *print.* a) Herˈaus-, Ausgabe *f*, Veröffentlichung *f*, Auflage *f* (*e-s Buches*), b) Ausgabe *f*, Nummer *f* (*e-r Zeitung*). **4.** Streitfall *m*, -frage *f*, -punkt *m*, (strittiger *od.* wesentlicher) Punkt: **~ of fact** (**law**) *jur.* Tatsachen-(Rechts)frage *f*; **at ~** strittig, streitig, zur Debatte stehend; **point at ~** umstrittener Punkt, strittige Frage; **the point at ~ is ...** es dreht sich darum, ...; **the national prestige is at ~** es geht um das nationale Prestige, das nationale Prestige steht auf dem Spiel; **to be at ~ with s.o.** mit j-m im Streit liegen *od.* uneinig sein; **that decided the ~** das war ausschlaggebend *od.* entscheidend; **to evade the ~** ausweichen; **to make an ~ of s.th.** etwas aufbauschen *od.* dramatisieren; **to join** (*od.* **take**) **~ with s.o.** sich auf e-e Auseinandersetzung einlassen mit j-m. **5.** Kernfrage *f*, (aˈkutes) Proˈblem, Angelpunkt *m*: **this question raises the whole ~** diese Frage schneidet den ganzen Sachverhalt an. **6.** Ausgang *m*, Ergebnis *n*, Resulˈtat *n*, Schluß *m*: **in the ~** schließlich; **to bring s.th. to an ~** etwas zur Entscheidung bringen; **to force an ~** e-e Entscheidung erzwingen. **7.** *bes. mil.* Ausgabe *f*, Zu-, Verteilung *f*. **8.** *jur.* Nachkommen(schaft *f) pl*, (Leibes)Erben *pl*, Abkömmlinge *pl*: **to die without ~** ohne Nachkommen *od.* kinderlos sterben. **9.** Abfluß *m*, Abzug *m*, Öffnung *f*, Mündung *f*. **10.** *med.* a) Ausfluß *m* (*von Eiter, Blut etc*), b) eiterndes Geschwür. **11.** *econ.* Erlös *m*, Ertrag *m*, Einkünfte *pl* (*aus Landbesitz etc*). **12.** Herˈausgehen *n*, -kommen *n*: **free ~ and entry** freies Kommen u. Gehen.
II *v/t* **13.** *Befehle etc* ausgeben, erlassen, erteilen, ergehen lassen. **14.** *econ. Banknoten, Wertpapiere etc* ausgeben, in 'Umlauf setzen, emitˈtieren, *e-e Anleihe* begeben, auflegen, *ein Dokument, e-n Wechsel, Scheck etc* ausstellen: **~d capital** effektiv ausgegebenes Kapital. **15.** *ein Buch, e-e Zeitung* herˈausgeben, veröffentlichen, auflegen, publiˈzieren. **16.** *bes. mil.* a) *Essen, Munition etc* ausgeben, zu-, verteilen, b) ausrüsten, beliefern (**with** mit).
III *v/i* **17.** herˈaus-, herˈvorkommen. **18.** herˈvorstürzen, -brechen. **19.** herˈausfließen, -strömen. **20.** a) (**from**) entspringen (*dat*), ˈherkommen, -rühren (von), b) abstammen (**from** von). **21.** herˈauskommen, herˈausgegeben werden (*Schriften etc*). **22.** ergehen, erteilt werden (*Befehl etc*). **23.** enden (**in** in *dat*).
'is·sue·less *adj jur.* ohne Nachkommen,

kinderlos. **'is·su·er** *s econ.* **1.** Aussteller(in). **2.** Emit'tent(in), Ausgeber(in).
'is·sue-re,lat·ed *adj* sachbezogen.
isth·mi·an ['ɪsθmɪən; *bes. Am.* 'ɪsmɪən] *adj* isthmisch. **isth·mus** ['ɪsməs] *pl* **-mus·es, -mi** [-maɪ] *s* **1.** *geogr.* Isthmus *m*, Landenge *f*: **the L** der Isthmus (*von Korinth od. Panama od. Suez*). **2.** *anat.* Isthmus *m*, Vereng(er)ung *f*.
it [ɪt] **I** *pron* **1.** es (*nom od. acc*): **what is it?** was ist es?; **do you understand it?** verstehen Sie es? **2.** (*wenn auf schon Genanntes bezogen*) es, er, ihn, sie: (**pencil**) ... **it writes well** (Bleistift) ... er schreibt gut. **3.** (*als Subjekt bei unpersönlichen Verben u. Konstruktionen*) es: **it rains; it is cold; it is 6 miles to** es sind 6 Meilen (bis) nach; **it is pointed out that** es wird darauf hingewiesen, daß; → **follow 10, time 4,** *etc*. **4.** (*als grammatisches Subjekt*) es: **oh, it was you** oh, Sie waren es *od.* das; → **be 7. 5.** (*verstärkend*) es: **it is to him that you should turn** an 'ihn solltest du dich wenden; → **be** *Bes. Redew.* **6.** (*als unbestimmtes Objekt*) es (*oft unübersetzt*): → **foot 12, go**[1] **58, take 59,** *etc*. **7.** *nach Präpositionen:* **at it** daran, dazu, darüber; **by it** dadurch, dabei; **for it** dafür, deswegen; **in it** darin; **of it** davon, darüber; **little was left of it** wenig blieb davon übrig. **8.** *reflex* sich: **the development brought with it that** die Entwicklung brachte (es) mit sich, daß. **II** *s* **9.** *colloq.* 'der (die, das) Größte': **he thinks he's 'it**, b) **this is really 'it** das ist genau das richtige, genau 'das ist es. **10.** *colloq.* das gewisse Etwas, Sex-Ap'peal *m*. **11. now you are it** (*in Kinderspielen*) jetzt bist du dran.
I·tal·ian [ɪ'tæljən] **I** *adj* **1.** itali'enisch: ~ **hand** lateinische Schreibschrift. **II** *s* **2.** Itali'ener(in). **3.** *ling.* Itali'enisch *n*, das Italienische. **I'tal·ian·ate I** *adj* [-neɪt; -nət] italiani'siert. **II** *v/t* [-neɪt] italiani'sieren. **I'tal·ian·ism** *s* Italia'nismus *m*, itali'enische (Sprach- *etc*)Eigenheit. **I'tal·ian·ize I** *v/i* itali'enische Art annehmen, italienisch werden. **II** *v/t* italiani'sieren.
i·tal·ic [ɪ'tælɪk] **I** *adj* **1.** *print.* kur'siv: ~ **type** → **3. 2. I** *ling. hist.* i'talisch. **II** *s* **3.** *print.* Kur'siv-, Schrägschrift *f*: **in** ~**s** kursiv (gedruckt). **4. I** *ling. hist.* I'talisch *n*, das Italische. **I'tal·i·cism** [-sɪzəm] → Italianism. **i'tal·i·cize** [-saɪz] *v/t print.* **1.** kur'siv drucken. **2.** durch Kur'sivschrift her'vorheben.
itch [ɪtʃ] **I** *s* **1.** Jucken *n*, Juckreiz *m*: **he had an** ~ ihn juckte es. **2.** *med.* Krätze *f*. **3.** *fig.* Verlangen *n* (**for** nach): **to have an** ~ **for money** geldgierig sein; **to have** (*od.* **feel**) **an** ~ **to do s.th.** große Lust haben *od.* darauf brennen, etwas zu tun; etwas unbedingt tun wollen. **II** *v/i* **4.** jucken: a) kratzen: **his sweater** ~**ed** sein Pullover juckte *od.* kratzte (ihn), b) von e-m Juckreiz befallen sein: **my hand** ~**es** m-e Hand juckt (mich), mir *od.* mich juckt die Hand; **my fingers are** ~**ing to do it, I'm feeling my fingers** ~ **to do it** *colloq.* mir *od.* mich juckt's in den Fingern, es zu tun. **5.** e-n Juckreiz verspüren: **I am** ~**ing all over** mir *od.* mich juckt es überall *od.* am ganzen Körper. **6.** *colloq.* **I am** ~**ing to try it** es reizt *od.* „juckt" mich, es zu versuchen; ich möchte es unbedingt versuchen; **to be** ~**ing for s.th.** etwas unbedingt (haben) wollen; **he's** ~**ing for his girlfriend to come** er kann es kaum erwarten, bis s-e Freundin kommt. **III** *v/t* **7.** *j-n* jucken, kratzen. **8.** *j-n* (ver)ärgern, irri'tieren. **itch·i·ness** ['ɪtʃɪnɪs] *s* **1.** → **itch 1. 2. the** ~ **of his sweater was so great that** ... sein Pullover juckte *od.* kratzte (ihn) so sehr, daß ... **'itch·ing I** *adj* **a**) juckend: **an** ~ **eczema; an** ~ **sweater** ein juckender *od.* kratzender *od.* kratziger Pullover; **he's got** ~ **feet** *colloq.* er muß unbedingt wieder einmal irgendwohin fahren, *weitS.* er hält es nirgendwo lange aus; → **palm**[1] **1,** b) Juck...: ~ **powder** Juckpulver *n*. **II** *s* → **itch 1** *u.* **3. 'itch·y** *adj* **1.** → **itching I a. 2.** *med.* krätzig. **3.** *fig.* unruhig, ner'vös.
i·tem ['aɪtəm] *s* **1.** Punkt *m*, Gegenstand *m* (*der Tagesordnung etc*), Ziffer *f* (*in e-m Vertrag etc*), (Bi'lanz-, Buchungs-, Rechnungs)Posten *m*: **an important** ~ **ein** wesentlicher Punkt; **to discuss a problem** ~ **by** ~ ein Problem Punkt für Punkt erörtern; ~ **veto** *pol. Am.* Einspruchsrecht *n* (*bes. e-s Gouverneurs*) gegen einzelne Punkte e-r Gesetzesvorlage. **2.** Einzelheit *f*, De'tail *n*. **3.** ('Waren)Ar,tikel *m*, *weitS.* Gegenstand *m*, Ding *n*. **4.** ('Presse-, 'Zeitungs)No,tiz *f*, (*a. Rundfunk, TV*) Nachricht *f*, Meldung *f*. **5.** *mus. thea. etc* Stück *n*. **,i·tem·i'za·tion** *s* einzelne Aufführung, Spezifikati'on *f*, Aufgliederung *f*. **'i·tem·ize** *v/t* Rechnungsposten einzeln aufführen, *a. e-e* Rechnung spezifi'zieren, Kosten *etc* aufgliedern.
it·er·ance ['ɪtərəns] → iteration. **'it·er·ant** *adj* sich wieder'holend. **'it·er·ate** [-reɪt] *v/t* wieder'holen. **,it·er'a·tion** *s* **1.** Wieder'holung *f*. **2.** *math.* Iterati'on *f* (*schrittweises Rechenverfahren zur Annäherung an die Lösung e-r Gleichung*): ~ **loop** (*Computer*) Iterationsschleife *f*. **3.** *ling.* Iterati'on *f* (*Wiederholung e-r Silbe od. e-s Wortes*). **'it·er·a·tive** [-rətɪv; *Am. bes.* -,reɪ-] *adj* **1.** sich wieder'holend. **2.** *math.* itera'tiv: ~ **loop** (*Computer*) Iterationsschleife *f*. **3.** *ling.* itera'tiv.
i·tin·er·an·cy [ɪ'tɪnərənsɪ; aɪ't-], *a.* **i'tin·er·a·cy** [-rəsɪ] *s* **1.** Um'herreisen *n*, -wandern *n*, -ziehen *n*. **2.** reisende Kommissi'on, Beamte *pl etc* auf e-r Dienstreise. **3.** *relig.* festgelegtes Wechseln von Pfarrstellen (*bes. der Methodisten*). **i'tin·er·ant** *adj* (*adv* ~**ly**) (*beruflich*) reisend, um'herziehend, Reise..., Wander...: ~ **preacher** Wanderprediger *m*; ~ **trade** *econ.* Wandergewerbe *n*; ~ **worker** Wanderarbeiter *m*. **i·tin·er·ar·y** [aɪ-'tɪnərərɪ; ɪ't-; *Am.* -,rerɪ] **I** *s* **1.** a) Reiseweg *m*, -route *f*, b) Reiseplan *m*. **2.** Reisebericht *m*, -beschreibung *f*. **3.** Reiseführer *m* (*Buch*). **II** *adj* **4.** Reise... **i'tin·er·ate** [-reɪt] *v/i* (um'her)reisen.
its [ɪts] *pron* sein, seine, ihr, ihre: **the house and** ~ **roof** das Haus u. sein Dach. **it·self** [ɪt'self] *pron* **1.** *reflex* sich: **the animal hides** ~. **2.** *intens* selbst: **the kitten wants it for** ~. **3.** (*verstärkend*) selbst: **like innocence** ~ wie die Unschuld selbst; **by** ~ a) (für sich) allein, b) von allein, von selbst; **in** ~ an sich (betrachtet).
it·sy-bit·sy [,ɪtsɪ'bɪtsɪ] *adj colloq.* **1.** 'klitzeklein', winzig. **2.** zs.-gestückelt.
it·ty-bit·ty [,ɪtɪ'bɪtɪ] → itsy-bitsy **1.**
i·vied ['aɪvɪd] *adj* 'efeuum,rankt, mit Efeu bewachsen.
i·vo·ry ['aɪvərɪ; -vrɪ] **I** *s* **1.** Elfenbein *n*: **black** ~ *obs.* 'schwarzes Elfenbein' (*Negersklaven*). **2.** Stoßzahn *m* (*bes. des Elefanten*). **3.** *pl a.* **-ry** 'Elfenbein(schnitze,rei *f*, -arbeit *f*) *n*. **4.** *pl a.* ~**ry** *sl.* a) Zahn *m*, *pl a.* Gebiß *n*: **to show one's ivories** die Zähne fletschen; breit grinsen, b) Würfel *m*, c) Billardkugel *f*, d) (*bes.* Kla'vier-)Taste *f*: **to tickle the ivories** (auf dem Klavier) klimpern. **5.** *a.* ~ **white** (*od.* **yellow**) Elfenbeinfarbe *f*. **II** *adj* **6.** elfenbeinern, Elfenbein... **7.** elfenbeinfarben. ~ **black** *s* Elfenbeinschwarz *n* (*Farbstoff*). ~ **nut** *s bot.* Elfenbein-, Steinnuß *f*. ~ **palm** *s bot.* Elfenbeinpalme *f*. ~ **tow·er** *s fig.* **1.** Elfenbeinturm *m*: **to live in an** ~ in e-m Elfenbeinturm leben *od.* sitzen. **2.** Weltfremdheit *f*: **the** ~ **of some researchers.** '~-**,tow·er(ed)** *adj fig.* **1.** weltabgewandt. **2.** weltfremd.
i·vy ['aɪvɪ] *s bot.* Efeu *m*: **American** ~ Wilder Wein, Jungfernrebe *f*. ~ **bush** *s bot.* Efeubusch *m*. **I**~ **League** *s Am.* die Eliteuniversitäten im Osten der USA. '~**-leaved** *adj* efeublätt(e)rig.
i·wis [ɪ'wɪs] *adv obs.* gewiß.
iz·zard ['ɪzə(r)d] *s obs.* Z, z *n* (*Buchstabe*).

J

J, j [dʒeɪ] **I** *pl* **J's, Js, j's, js** [dʒeɪz] *s* **1.** J, j *n*, Jot *n* (*Buchstabe*). **2.** J J *n*, J-förmiger Gegenstand. **3.** → joint 7. **II** *adj* **4.** zehnt(er, e, es): **Company J. 5.** J J-..., J-förmig.

jab [dʒæb] **I** *v/t* **1.** *etwas* (hin¦ein)stechen, (-)stoßen (**into** in *acc*): **he ~bed his elbow into my side** er stieß mir den Ellbogen in die Seite; **to ~ out** *Auge etc* ausstechen. **II** *v/i* **2.** stechen, stoßen (**at** nach; **with** mit): **suddenly a stick ~bed into my face** plötzlich stach mir j-d mit e-m Stock ins Gesicht; **he ~bed at the mistake with his pencil** er tippte mit s-m Bleistift auf den Fehler. **3.** *Boxen*: e-n Jab schlagen: **they ~bed (away) at each other** *allg*. sie schlugen aufeinander ein. **III** *s* **4.** Stich *m*, Stoß *m* **5.** *Boxen*: Jab *m* (*hakenartiger Schlag aus kurzer Distanz*). **6.** *med. colloq.* Spritze *f*: **have you had your polio ~s yet?** bist du schon gegen Kinderlähmung geimpft worden?

jab·ber [ˈdʒæbə(r)] **I** *v/t a*. **~ out** (da¦her-) plappern, *Gebet etc* ˌher¦unterrasseln'. **II** *v/i a*. **~ away** plappern, schwatzen. **III** *s* Geplapper *n*, Geschwätz *n*. **ˈjab·ber·er** *s* Schwätzer(in).

ja·bot [ˈʒæbəʊ; *Am. a.* ʒæˈbəʊ] *s* Ja¦bot *n* (*am Kragen befestigte Spitzenrüsche zum Verdecken des vorderen Verschlusses an Damenblusen u., bes. hist., an Männerhemden*).

ja·cal [həˈkɑːl] *s* primi¦tive mexi¦kanische Hütte.

ja·cinth [ˈdʒæsɪnθ; ˈdʒeɪ-] *s min*. Hya¦zinth *m*.

jack[1] [dʒæk] **I** *s* **1.** J~ *colloq für* **John: before you could say J~ Robinson** im Nu, im Handumdrehen; **→ all** *Bes. Redew*. **2.** *colloq*. Mann *m*, Kerl *m*: **every man ~** jeder(mann), alle; **every man ~ of them (us, you)** jeder von ihnen (uns, euch), sie (wir, ihr) alle. **3.** *oft* J~ Ma¦trose *m*, Seemann *m*. **4.** *Kartenspiel*: Bube *m*: **~ of hearts** Herzbube *m*. **5.** *oft* J~ *Br. sl.* ˌBulle' *m* (*Polizist*). **6.** *a.* **lifting ~** *tech*. Hebevorrichtung *f*, (Hebe)Winde *f*, (-)Bock *m*: (**car**) **~** Wagenheber *m*. **7.** *a*. **roasting ~** Bratenwender *m*. **8.** *Bowls*: Zielkugel *f*. **9.** *mar*. Gösch *f*, (kleine) Flagge: **pilot's ~** Lotsenflagge. **10.** *electr*. a) Klinke *f*: **~ panel** Klinkenfeld *n*, b) Steckdose *f*, Buchse *f*. **11.** *mar*. Oberbramsaling *f*. **12.** a) *zo*. Männchen *n*, *bes*. → **jackass 1**, b) *ichth*. Grashecht *m*. **13.** *Am. sl.* ˌZaster' *m*, ˌKohlen' *pl*, ˌMoos' *n* (*Geld*). **II** *adj* **14. to be ~ of** s.th. *Austral. colloq*. genug *od*. ˌdie Nase voll' haben von etwas, etwas satt haben. **III** *v/t* **15.** *meist* **~ up** hochheben, hoch-, aufwinden, *Auto* aufbocken. **16. ~ up** *colloq*. a) *Gehälter, Preise etc* erhöhen, *j-s Moral etc* heben: **to ~ s.o. up** j-n ˌauf Touren bringen', b) *etwas* erledigen. **17. ~ in** *Br.*

sl. etwas ˌaufstecken', ˌ¦hinschmeißen': **he ~ed his job in. 18.** *Am.* mit e-m **jacklight** fischen *od*. jagen.

jack[2] [dʒæk] *s bot*. Jackbaum *m*.

jack[3] [dʒæk] *s mil. hist.* (ledernes) Koller.

ˌjack-a-ˈdan·dy *s* Dandy *m*, Geck *m*, Stutzer *m*.

jack·al [ˈdʒækɔːl; *Am. bes.* -kəl] *s* **1.** *zo*. Schaˈkal *m*. **2.** Handlanger *m*. **3.** a) Betrüger *m*, Schwindler *m*, b) Komˈplize *m*, Helfershelfer *m*.

jack·a·napes [ˈdʒækəneɪps] *s* **1.** eingebildeter Kerl. **2.** a) Naseweis *m*, (kleiner) Frechdachs, b) Racker *m*, Schlingel *m*. **3.** *obs*. Affe *m*.

jack·ass [ˈdʒækæs] *s* **1.** (männlicher) Esel. **2.** *fig*. Esel *m*, Dummkopf *m*.

ˈjack¦·boot *s* **1.** Stulp(en)-, *hist. a.* Kaˈnonenstiefel *m*. **2.** Wasserstiefel *m*. **3.** *pol*. a) bruˈtale Unter¦drückung (**on** *gen*), b) bruˈtaler Unter¦drücker. **~-by-the--ˈhedge** *s bot*. Lauchhederich *m*. **~-cross-tree** → **jack**[1] **11. ~ cur·lew** *s orn*. Regenbrachvogel *m*. **ˈ~-daw** *s orn*. Dohle *f*.

jack·et [ˈdʒækɪt] **I** *s* **1.** Jacke *f*, Jac¦kett *n*: → **dust 10. 2.** *tech*. Mantel *m*, Um¦mantelung *f*, Um¦hüllung *f*, Um¦wicklung *f*, Hülle *f*, Verkleidung *f*: **~ cylinder** ~ Zylindermantel; **~ pipe, ~ tube** Mantelrohr *n*. **3.** *phys*. Hülle *f*, Hülse *f* (*des spaltbaren Materials im Reaktor*). **4.** *mil*. (Geschoß-, *a*. Rohr)Mantel *m*. **5.** (ˈSchutz-)ˌUmschlag *m*, (Buch-, *Am. a.* Schallplatten)Hülle *f*. **6.** *Am.* ˈUmschlag *m* (*e-s Dokuments*). **7.** *zo*. a) Fell *n*, Pelz *m*, b) Haut *f*. **8.** Schale *f*: **potatoes** (**boiled**) **in their ~s** Pellkartoffeln. **II** *v/t* **9.** mit e-r Jacke bekleiden. **10.** *tech*. um¦manteln, verkleiden: **~ed barrel** *mil*. Mantelrohr *n*. **11.** in e-n ˈUmschlag stecken. **~ crown** *s Zahnmedizin*: Jacketkrone *f*.

ˈjack·et·ing *s* **1.** *tech*. a) Um¦mantelung *f*, Verkleidung *f*, b) ˈMantelˌmateri¦al *n*. **2. to give s.o. a ~** ˌj-m die Jacke ˌvollhauen'.

jack ¦ flag *s mar*. Gösch *f*. **~ frame** *s tech*. ˈFeinspulmaˌschine *f*, Spindelbank *f*. **J~ Frost** *s* Väterchen *n* Frost: **~ has been again** Väterchen Frost hat wieder zugeschlagen. **~ ham·mer** *s tech*. Preßlufthammer *m*. **ˈ~-in-ˌof·fice** *pl* **ˈ~s--in-ˌof·fice** *s* wichtigtuerischer (kleiner) Beamter. **ˈ~-in-the-ˌbox** *pl* **ˈ~-in--the-ˌbox·es, ˈ~s-in-the-ˌbox** *s* Schachtelmännchen *n*, -teufel *m* (*Kinderspielzeug*). **J~ Ketch** [ketʃ] *s Br. obs.* der Henker. **ˈ~-knife I** *s irr* **1.** Klappmesser *n*. **2.** *a*. **~ dive** (*Wasserspringen*) gehechteter Sprung. **II** *v/i* **3.** (wie ein Taschenmesser) zs.-klappen. **4. the tractor and its trailer ~ed** der Anhänger stellte sich quer. **5.** *Wasserspringen*: e-n gehechteten Sprung voll¦führen. **III** *adj* **6.** *tech*. Scheren... **~ lad·der** → **Jacob's ladder 2. ˈ~ˌlight** *Am.* **I** *s* (*bes. verbotenerweise*) zum Fischen *od*. Jagen verwendete Lichtquelle. **II** *v/t* → **jack 18. ˌ~-of-ˈall--trades** *s a. contp*. Hans¦dampf *m* in allen Gassen. **ˈ~-o'-ˌlan·tern** *pl* **ˈ~--o'-ˌlan·terns** *n* **1.** Irrlicht *n*. **2.** *meteor*. Elmsfeuer *n*. **3.** ˈKürbisˌlaterne *f*. **~ pine** *s bot*. Banks-, Strauchkiefer *f*. **~ plane** *s tech*. Schrupphobel *m*. **ˈ~-pot** *s Poker etc*: Jackpot *m*: **to hit the ~** *colloq*. a) den Jackpot gewinnen, b) *fig*. das große Los ziehen (**with** mit), c) *fig*. den Vogel abschießen (**with** mit). **~ rab·bit** *s zo*. (*ein*) Eselhase *m*. **ˈ~ˌroll·er** *s Am. sl.* j-d, *der schlafende od. betrunkene Personen bestiehlt*. **ˈ~-screw** *s tech*. Schraubenwinde *f*, Hebespindel *f*. **~ shaft** *s tech*. Zwischen-, Blindwelle *f*.

Jack·son Day [ˈdʒæksn] *s* Jackson-Tag *m* (*8. Januar; von der Demokratischen Partei in den USA gefeiert*).

jack ¦ staff *s mar*. Jackstag *m*. **ˈ~-straw** *s* a) Jaˈckstroh *m* **b**) *pl* (*als sg konstruiert*) Miˈkado(spiel) *n*. **~ switch** *s electr*. Knebelschalter *m*. **~ tar** *s obs*. Teerjacke *f* (*Matrose*). **~ tree** → **jack**[2]. **ˈ~-up** *s* **1.** Erhöhung *f* (*in gen*): **~ in prices** Preiserhöhung. **2.** Bohrhubinsel *f*. **~ yard** *s mar*. Schotrah *f*.

Ja·cob [ˈdʒeɪkəb] *npr Bibl*. Jakob *m*.

Jac·o·be·an [ˌdʒækəʊˈbiːən] *adj* Jakob I. *od*. die Reˈgierungszeit Jakobs I. (*1603 bis 1625*) betreffend: **~ architecture** Bauweise *f* der Zeit Jakobs I.

Jac·o·bin [ˈdʒækəʊbɪn] *s* **1.** *hist*. Jako¦biner *m* (*Französische Revolution*). **2.** *pol*. Extreˈmist *m*, Radiˈkale(r) *m*. **3.** *pol*. Jako¦biner *m* (*Dominikaner in Frankreich*). **4.** *oft* j~ *orn*. Jako¦binertaube *f*. **ˌJac·o·ˈbin·ic** *adj*; **ˌJac·o·bin·i·cal** *adj* (*adv* -ly) **1.** *hist*. jakoˈbinisch. **2.** *pol*. extreˈmistisch, radiˈkal. **ˈJac·o·bin·ism** *s* **1.** *hist*. Jako¦binertum *n*. **2.** *pol*. Extreˈmismus *m*, Radikaˈlismus *m*.

Jac·o·bite [ˈdʒækəʊbaɪt] *s hist*. Jako¦bit *m* (*Anhänger Jakobs II. od. s-r Nachkommen*).

Ja·cob's ¦ lad·der [ˈdʒeɪkəbz] *s* **1.** *Bibl., a. bot*. Jakobs-, Himmelsleiter *f*. **2.** *mar*. Jakobsleiter *f*, Lotsentreppe *f*. **ˌ~-ˈstaff** *s bot*. Echte Königskerze.

jac·o·net [ˈdʒækənɪt; -net] *s* Jaco(n)net *m*, Jako¦nett *m* (*feiner, kattunähnlicher Baumwoll- od. Zellwollstoff, der als Futter für Anzüge u. Lederwaren verwendet wird*).

Jac·quard [ˈdʒækɑː(r)d; dʒəˈk-] *s* **1.** *a*. **~ weave** Jacˈquard *m* (*Stoff mit kompliziertem, auf Jacquardmaschinen hergestelltem Webmuster*). **2.** *a*. **~ loom** *tech*. Jacˈquardmaˌschine *f*.

jac·ta·tion [dʒækˈteɪʃn] *s* **1.** Prahleˈrei *f*. **2.** Jaktatiˈon *f*: a) *med*. unruhiges Sichhinundherwerfen von Kranken, *z. B.* im Delirium, b) *psych*. unruhiges Sichhinundherwerfen von Kindern vor dem Ein-

schlafen, als Zeichen unbefriedigter sozialer Bedürfnisse gewertet.
jac·ti·ta·tion [ˌdʒæktɪˈteɪʃn] *s* **1.** → jactation. **2.** Vorspiegelung *f* (**of marriage** des Bestehens e-r Ehe).
jade¹ [dʒeɪd] **I** *s* **1.** *min.* Jade *f*, *m*. **2.** *a.* ~ **green** Jadegrün *n*. **II** *adj* **3.** jaden, Jade...: ~ **ornaments**.
jade² [dʒeɪd] **I** *s* **1.** Klepper *m*. **2.** a) *contp.* ‚Weibsbild' *n*, -stück' *n*, b) (kleines) ‚Biest', c) koˈkettes Mädchen. **II** *v/t* **3.** *ein Pferd* abschinden. **4.** *j-n* erschöpfen, ermüden. **III** *v/i* **5.** ermatten, ermüden.
jad·ed [ˈdʒeɪdɪd] *adj* (*adv* ~**ly**) **1.** abgeschunden: ~ **horse** → jade² **1** **2.** erschöpft, ermattet. **3.** abgestumpft, überˈsättigt. **4.** schal, reizlos geworden: ~ **pleasures** Vergnügungen, die ihren Reiz verloren haben.
jade·ite [ˈdʒeɪdaɪt] *s min.* Jadeˈit *m*.
jae·ger [ˈjeɪɡə(r)] *s mil.* Jäger *m*.
jag¹ [dʒæɡ] **I** *s* **1.** Zacke *f*. **2.** Loch *n*, Riß *m*. **3.** → jab **6**. **II** *v/t* **4.** auszacken. **5.** ein Loch reißen in (*acc*).
jag² [dʒæɡ] *s* **1.** *dial.* kleine Ladung: **a** ~ **of hay**. **2.** *sl.* a) (*Alkohol-, Drogen*)Rausch *m*: **to have a** ~ **on** ‚e-n sitzen haben'; ‚high' sein, b) ‚Sauftour' *f*: **to go on a** ~ e-e Sauftour machen. **3. crying** ~ *sl.* ‚Heulanfall *m*, -krampf' *m*: **he ended in a crying** ~ zum Schluß hatte er das ‚heulende Elend'.
Jag³ [dʒæɡ] *s colloq.* Jaguar *m* (*Automarke*).
jä·ger → jaeger.
jag·ged [ˈdʒæɡɪd] *adj* (*adv* ~**ly**) **1.** (aus)gezackt, zackig. **2.** zerklüftet (*Steilküste etc*). **3.** ungleichmäßig: **a** ~ **wound** e-e ausgefranste Wunde. **4.** *fig.* abgehackt (*Rhythmus etc*). **5.** *sl.* a) ‚blau', ‚besoffen', b) ‚high' (*im Drogenrausch*).
jag·gy [ˈdʒæɡɪ] → jagged 1-3.
jag·u·ar [ˈdʒæɡjʊə; *Am.* ˈdʒæɡjəˌwɑːr; ˈdʒæɡˌwɑːr] *s zo.* Jaguar *m*.
Jah·ve(h), Jah·we(h) → Yahve(h).
jail [dʒeɪl] **I** *s* Gefängnis *n*: **in** ~ im Gefängnis; **to put in** ~ **II**. **II** *v/t* ins Gefängnis sperren *od.* werfen, einsperren. ˈ~ˌ**bait** *s Am. sl.* **1.** a) minderjähriges Mädchen (*mit dem Geschlechtsverkehr strafbar ist*), b) ‚sexy' Mädchen. **2.** *Versuchung*, etwas zu tun, worauf Gefängnis steht. ˈ~ˌ**bird** *s colloq.* ‚Knastbruder' *m*, ‚Knacki' *m*. ˈ~ˌ**break** *s* Ausbruch *m* (aus dem Gefängnis). ˈ~ˌ**break·er** *s* Ausbrecher *m*. ~ **de·liv·er·y** *s* (gewaltsame) Gefangenenbefreiung.
jail·er [ˈdʒeɪlə(r)] *s* Gefängnisaufseher *m*, -wärter *m*.
jail| **fe·ver** *s med.* Flecktyphus *m*. ˈ~ˌ**house** *s Am.* Gefängnis *n*.
jail·or → jailer.
Jain·ism [ˈdʒaɪnɪzəm] *s relig.* Jaiˈnismus *m*, Dschaiˈnismus *m* (*dem Buddhismus nahestehende, auf Selbsterlösung gerichtete, im Unterschied zu ihm aber streng asketische indische Religion*).
jake¹ [dʒeɪk] *s Am. colloq.* a) *allg.* Kerl *m*, b) *contp.* ‚Bauer' *m*.
jake² [dʒeɪk] *adj bes. Am. sl.* in Ordnung: **everything is** ~; **it's** ~ **with me** mir soll's recht sein.
jal·ap [ˈdʒæləp] *s* **1.** *med. pharm.* a) Jaˈlapenwurzel *f* (*Abführ- u. Wurmmittel*), b) Jaˈlapenharz *n*. **2.** *bot.* Jaˈlape *f*, Purˈgierwinde *f*.
ja·lop·(p)y [dʒəˈlɒpɪ; *Am.* -ˈlɑ-] *s colloq.* ‚alte Kiste *od.* Mühle' (*Auto, Flugzeug*).
jal·ou·sie [ˈʒæluːziː; *Am.* ˈdʒæləsɪ] *s* Jalouˈsie *f*.
jam¹ [dʒæm] **I** *v/t* **1.** etwas (hinˈein)pressen, (-)quetschen, (-)zwängen, *Menschen a.* (-)pferchen (**into** in *acc*): **to** ~ **in** hineinpressen *etc*; **to** ~ **together** zs.-pressen *etc*. **2.** (ein)klemmen, (-)quetschen: **he** ~**med his finger** (*od.* **got his finger** ~**med**) **in the door** er quetschte sich den Finger in der Tür, er brachte den Finger in die Tür; **to be** ~**med** in eingekeilt sein (**between, by** zwischen *dat*); **the ship was** ~**med in the ice** das Schiff saß im Eis fest. **3.** *a.* ~ **up** blocˈkieren, versperren, verstopfen: **the corridors were** ~**med with** (*od.* **by**) **people** auf den Gängen drängten sich die Menschen. **4.** *a.* ~ **up** *tech. etc* verklemmen. **5.** *a.* ~ **up** (*Funk etc*) *den Empfang* (*durch Störsender*) stören. **6.** a) *etwas* schmettern, schleudern (**into** in *acc*; **on** auf *acc*), *das Knie etc* rammen (**into** in *acc*), b) *j-n* drängen (**against** gegen). **7. to** ~ **on the brakes** *mot.* voll auf die Bremse treten, e-e Vollbremsung machen. **II** *v/i* **8.** sich (hinˈein)drängen *od.* (-)quetschen *od.* (-)zwängen (**into** in *acc*): **to** ~ **in** sich hineindrängen *etc*. **9.** a) *tech. etc* sich verklemmen *od.* verkeilen, (*Bremsen*) blocˈkieren, b) *tech. etc* klemmen, verklemmt sein, c) Ladehemmung haben (*Gewehr etc*). **10.** *Jazz*: *a.* frei improviˈsieren, b) an e-r Jam Session teilnehmen. **III** *s* **11.** Gedränge *n*, Gewühl *n*. **12.** Verstopfung *f*: **there is a** ~ **in the pipe** das Rohr ist verstopft; → **traffic jam**. **13.** a) *tech. etc* Verklemmung *f*, Blocˈkierung *f*, b) Ladehemmung *f*. **14.** *colloq.* ‚Klemme' *f*: **to be in a** ~ in der Klemme sein *od.* sitzen *od.* stecken.
jam² [dʒæm] **I** *s* **1.** Marmeˈlade *f*: ~ **jar** (*od.* **pot**) Marmelade(n)glas *n*; **to have** ~ **on** (*od.* **all over**) **one's face** *Br. colloq.* ‚dumm aus der Wäsche schauen'; **d'you want** ~ **on it?** *Br. colloq.* ‚du kriegst den Hals wohl nie voll'; → **money 2**. **II** *v/t* **2.** zu Marmeˈlade verarbeiten, Marmelade machen aus. **3.** mit Marmeˈlade bestreichen: ~**med bread** Marmelade(n)brot *n*.
Ja·mai·ca [dʒəˈmeɪkə] *s* Jamaica rum. ~ **bark** *s bot.* Fieberrinde *f*.
Jaˈmai·can I *adj* jamaiˈkanisch, jaˈmaikisch, Jamaika... **II** *s* Jamaiˈkaner(in), Jaˈmaiker(in).
Ja·mai·ca| **pep·per** *s* Jaˈmaikapfeffer *m*. ~ **rum** *s* Jaˈmaikarum *m*.
jamb [dʒæm] *s* **1.** (Tür-, Fenster)Pfosten *m*. **2.** seitliche Einfassung (*bes. e-s Kamins*). **3.** *mil. hist.* Beinschiene *f*.
jambe → jamb **3**.
jam·beau [ˈdʒæmbəʊ] *pl* -**beaux** [-bəʊz] → jamb **3**.
jam·bo·ree [ˌdʒæmbəˈriː] *s* **1.** Jamboˈree *n*, (internatioˈnales) Pfadfindertreffen. **2.** große (Parˈtei- *etc*)Veranstaltung (*mit Unterhaltungsprogramm*). **3.** *colloq.* ausgelassene Feier: **to go (out) on a** ~ ‚e-n draufmachen'.
James [dʒeɪmz] *npr* Jakob *m*, *Bibl.* Jaˈkobus *m*: **the Epistle of**) ~ der Jakobusbrief; → **St. James's**.
jam·mer [ˈdʒæmə(r)] *s Rundfunk*: Störsender *m*.
jam·ming [ˈdʒæmɪŋ] *s* **1.** → jam¹ **13**. **2.** *Funk etc*: Störung *f*: ~ **station** (*od.* **transmitter**) → jammer.
jam·my [ˈdʒæmɪ] *adj Br. sl.* **1.** (kinder)leicht. **2.** Glücks...: ~ **fellow** Glückspilz *m*.
jam| **nut** *s tech.* Gegenmutter *f*. ~-ˈ**packed** *adj colloq.* vollgestopft (**with** mit), (*Stadion etc*) bis auf den letzten Platz besetzt.
jams [dʒæmz] *s pl bes. Am. colloq.* Schlafanzug *m*.
jam ses·sion *s Jazz*: Jam Session *f* (*zwanglose Zs.-kunft von Musikern, bei der improvisiert wird*).
Jane [dʒeɪn] **I** *npr* **1.** Joˈhanna *f*: **plain** ~ ‚Mauerblümchen' *n*, ‚graue Maus'. **II** *s* **2.** *a.* **j**~ *bes. Am. sl.* ‚Weib' *n*. **3.** **j**~ *Am. colloq.* ‚Damenklo' *n*. ~ **Crow** *s Am. sl.* ˈFrauendiskrimiˌnierung *f*. ~ **Doe** [dəʊ] *s jur. fiktiver weiblicher Name für e-e unbekannte Partei in e-m Rechtsstreit*.
jan·gle [ˈdʒæŋɡl] **I** *v/i* **1.** a) schrill *od.* ˈmißtönend erklingen, schrillen: **jangling noise** schrilles Geräusch, b) klimpern (*Münzen etc*), klirren, rasseln (*Ketten etc*). **2.** keifen. **II** *v/t* **3.** a) schrill *od.* ˈmißtönend erklingen lassen, b) klimpern *od.* klirren mit. **4.** keifen. **5. to** ~ **s.o.'s nerves** j-m auf die Nerven gehen. **III** *s* **6.** a) Schrillen *n*, b) Klimpern *n*, Klirren *n*. **7.** Keifen *n*.
Jan·is·sar·y, j~ [ˈdʒænɪsərɪ; *Am.* -nəˌserɪ] → Janizary.
jan·i·tor [ˈdʒænɪtə(r)] *s* **1.** Pförtner *m*. **2.** *bes. Am.* Hausmeister *m*. ˈ**jan·i·tress** [-trɪs] *s* **1.** Pförtnerin *f*. **2.** *bes. Am.* Hausmeisterin *f*.
Jan·i·zar·y, j~ [ˈdʒænɪzərɪ; *Am.* -nəˌzeriː] *s* **1.** *hist.* Janiˈtschar *m* (*Angehöriger e-r dem Sultan unterstellten Kerntruppe des türkischen Heeres, die mit gewissen Vorrechten ausgestattet war*). **2.** *bes. pol.* Handlanger *m*.
Jan·u·ar·y [ˈdʒænjʊərɪ; *Am.* -jəˌwerɪ] *s* Januar *m*: **in** ~ im Januar.
Ja·nus [ˈdʒeɪnəs] *s myth.* Janus *m* (*römischer Gott*). ˈ~-**faced** *adj* januskӧpfig: a) doppelgesichtig (*a. fig.*), b) *fig.* zwei-, mehrdeutig.
Jap [dʒæp] *colloq.* **I** *s* ‚Japs' *m* (*Japaner*). **II** *adj* jaˈpanisch.
ja·pan [dʒəˈpæn] **I** *s* **1.** Japanlack *m*. **2.** mit Japanlack ˈüberˌzogene Arbeit. **II** *adj* **3. J**~ jaˈpanisch. **4.** mit Japanlack ˈüberˌzogen. **III** *v/t* **5.** mit Japanlack ˈüberˌziehen. **6.** *bes. Leder* poˈlieren.
Jap·a·nese [ˌdʒæpəˈniːz] **I** *s* **1.** *pl* -**nese** Jaˈpaner(in). **2.** *ling.* Jaˈpanisch *n*, das Japanische. **II** *adj* **3.** jaˈpanisch: ~ **quince** → japonica **2**.
jape [dʒeɪp] *obs.* **I** *v/t* **1.** verspotten, foppen. **II** *v/i* **2.** scherzen, spaßen. **III** *s* **3.** Scherz *m*, Spaß *m*. **4.** Spott *m*. ˈ**jap·er·y** [-ərɪ] *s* Gespött *n*.
Ja·pon·ic [dʒəˈpɒnɪk; *Am.* -ˈpɑ-] *adj* jaˈpanisch, Japon...: ~ **acid** *chem.* Japonsäure *f*. **jaˈpon·i·ca** [-kə] *s bot.* **1.** Kaˈmel(l)ie *f*. **2.** Jaˈpanische Quitte.
jar¹ [dʒɑː(r)] *s* **1.** (*irdenes od.* gläsernes) Gefäß, Krug *m*, Topf *m*. **2.** (Marmelade-, Einmach)Glas *n*. **3.** *Br. colloq.* Glas *n* Bier: **to have a** ~ **with s.o.** mit j-m ein Bier trinken.
jar² [dʒɑː(r)] **I** *v/i* **1.** kratzen, kreischen, quietschen (**on** auf *dat*). **2.** nicht harmoˈnieren: a) sich ‚beißen' (*Farben*), b) sich ˈwiderˌsprechen (*Meinungen etc*): ~**ring opinions** widerstreitende Meinungen, c) *mus.* dissoˈnieren: ~**ring** mißtӧnend; ~**ring tone** Mißton *m* (*a. fig.*). **3. a.** ~ **(up)on** weh tun (*dat*) (*Farbe, Geräusch etc*), *Auge, Ohr, ein Gefühl* beleidigen: **to** ~ **on s.o.'s nerves** j-m auf die Nerven gehen. **4.** a) wackeln: **to** ~ **loose** sich lockern, b) zittern, beben. **II** *v/t* **5.** kratzen *od.* quietschen mit. **6.** a) erschüttern (*a. fig.*), b) ˈdurchˌrütteln, c) *fig.* er-, aufregen. **7.** → **3**. **III** *s* **8.** Kratzen *n*, Kreischen *n*, Quietschen *n*. **9.** a) Erschütterung *f* (*a. fig.*), b) Stoß *m*. **10.** *mus.* ˈMißklang *m*, Dissoˈnanz *f* (*beide a. fig.*). **11.** a) Streit *m*, b) Zs.-stoß *m*.
jar³ [dʒɑː(r)] *s*: **on a** (*od.* **the**) ~ angelehnt (*Tür etc*).
jar·di·nière [ˌdʒɑː(r)dɪˈnjeə(r), *Am. a.* ˌjɑːrdnˈɪər] *s* **1.** Jardiniˈere *f*, Blumenschale *f* *od.* -ständer *m*. **2.** *gastr.* Jardiniˈere *f*, Geˈmüsegarˌnierung *f*.
ˈ**jar·fly** *s* cicada.
jar·ful [ˈdʒɑː(r)fʊl] *s* (*ein*) Krug(voll) *m*.
jar·gon¹ [ˈdʒɑː(r)ɡən] **I** *s* **1.** Jarˈgon *m*:

jargon – jerk

jargon a) *besondere umgangssprachliche Ausdrucksweise innerhalb bestimmter sozialer Schichten od. Berufsgruppen,* b) *ungepflegte Ausdrucksweise.* **2.** Kauderwelsch *n.* **3.** hochtrabende Sprache. **4.** *orn.* Zwitschern *n.* **II** *v/i* **5.** *orn.* zwitschern. **6.** → jargonize 1.
jar·gon² ['dʒɑː(r)gɒn; *Am.* -ˌgɑn] *s min.* Jar'gon *m.*
jar·gon·ize ['dʒɑː(r)gənaɪz] **I** *v/i* **1.** Jar'gon sprechen od. schreiben. **2.** kauderwelschen. **II** *v/t* **3.** etwas im Jar'gon ausdrücken. **4.** *e-e Sprache* verkauderwelschen.
jar·goon [dʒɑː(r)ˈguːn] → jargon².
jar·o·site ['dʒærəsaɪt] *s min.* Jaroˈsit *m.*
jas·min(e) ['dʒæsmɪn; 'dʒæz-] *s bot.* (Echter) Jas'min.
jas·per ['dʒæspə(r)] *s min.* Jaspis *m.*
ja·to ['dʒeɪtəʊ] *pl* **-tos** *s aer.* Start *m* mit 'Starthilfsraˌkete *f.* ~ **u·nit** *s* 'Starthilfsraˌkete *f.*
jaun·dice ['dʒɔːndɪs; *Am. a.* 'dʒɑːn-] **I** *s* **1.** *med.* Gelbsucht *f.* **2.** *fig.* a) Voreingenommenheit *f,* b) Neid *m,* Eifersucht *f,* c) Feindseligkeit *f.* **II** *v/t* **3.** *fig.* a) voreingenommen machen, b) mit Neid od. Eifersucht erfüllen, neidisch od. eifersüchtig machen, c) feindselig machen.
'jaun·diced *adj* **1.** *med.* gelbsüchtig. **2.** *fig.* a) voreingenommen, b) neidisch, eifersüchtig, c) feindselig: **to take a ~ view of s.th.** e-r Sache feindselig gegenüberstehen.
jaunt [dʒɔːnt; *Am. a.* dʒɑːnt] **I** *v/i* e-n Ausflug od. e-e Spritztour machen. **II** *s* Ausflug *m,* *mot.* Spritztour *f:* **to go for** (*od.* **on**) **a ~** → **I**.
jaun·ti·ness ['dʒɔːntɪnɪs; *Am. a.* 'dʒɑːn-] *s* Unbeschwertheit *f,* Unbekümmertheit *f.*
'jaunt·ing car *s* leichter, zweirädriger Wagen mit Längssitzen.
jaun·ty ['dʒɔːntɪ; *Am. a.* 'dʒɑːn-] *adj* (*adv* **jauntily**) **1.** fesch, flott (*Hut etc*). **2.** unbeschwert, unbekümmert (*Einstellung, Person*): **he wore his hat at a ~ angle** er hatte s-n Hut lässig aufgesetzt. **3.** flott, schwungvoll (*Melodie*). **4.** beschwingt: **with a ~ step** mit beschwingten Schritten.
Ja·va ['dʒɑːvə, -viː] *s Am. sl.* Kaffee *m.*
Ja·va man ['dʒɑːvə; *Am. a.* 'dʒævə] *s hist.* Ja'vanthropus *m (eiszeitlicher Menschentyp, dessen Reste in Ngandong auf Java gefunden wurden).*
Ja·van ['dʒɑːvən; *Am. a.* 'dʒæ-] → Javanese.
Ja·va·nese [ˌdʒɑːvəˈniːz; *Am. a.* ˌdʒæ-] **I** *s* **1.** *pl* **-nese** Ja'vaner(in). **2.** *ling.* Ja'vanisch *n,* das Javanische. **II** *adj* **3.** ja'vanisch.
jave·lin ['dʒævlɪn] *s* **1.** Wurfspieß *m.* **2.** *Leichtathletik:* a) Speer *m:* **~ throw** Speerwerfen *n;* **~ thrower** Speerwerfer (-in), b) Speerwerfen *n.*
jaw [dʒɔː] **I** *s* **1.** *anat.* Kiefer *m,* Kinnbacke *f,* **-lade** *f:* **lower ~** Unterkiefer; **upper ~** Oberkiefer. **2.** → jawbone 1. **3.** *meist pl* a) Mund *m,* b) *zo.* Maul *n,* Rachen *m:* **the ~s of death** *fig.* der Rachen des Todes. **4.** *zo.* Mundöffnung *f,* Kauwerkzeuge *pl* (*bei Wirbellosen*). **5.** *tech.* a) (Klemm-) Backe *f,* Backen *m,* b) Klaue *f:* **~ clutch** Klauenkupplung *f;* **J~s** *pl* **of Life** Rettungsspreizer *m.* **6.** *mar.* Gaffelklaue *f.* **7.** *colloq.* a) Geschwätz *n,* Gerede *n,* b) Plaude'rei *f,* Schwätzchen *n,* Plausch *m,* c) freches *od.* unverschämtes Gerede: **hold your ~!, none of your ~!** sei gefälligst nicht so frech!, komm mir ja nicht ‚dumm'!, d) Mo'ralpredigt *f.* **II** *v/i* **8.** *colloq.* a) **a. ~ away** plaudern, plauschen, schwatzen, b) ‚predigen': **to ~ at s.o.** j-m e-e Moralpredigt halten. **III** *v/t* **9.** *colloq. j-m* ‚dumm' kommen.

'jaw|·bone I *s* **1.** *anat.* Kiefer(knochen) *m.* **2.** *Am. sl.* Kre'dit *m:* **on ~** auf Kredit. **II** *v/t* **3.** *Am. sl.* a) eindringliche Ap'pelle richten an (*Wirtschafts-, Gewerkschaftsführer*), b) Preiserhöhungen, Lohnforderungen durch eindringliche Ap'pelle beeinflussen. **'~bon·ing** *Am. sl.* eindringliche Appelle e-s Regierungschefs *etc* an die Wirtschafts- u. Gewerkschaftsführer zur Mäßigung bei Preiserhöhungen u. Lohnforderungen. **'~break·er** *s tech.* Zer'kleinerungsmaˌschine *f.* **2.** *colloq.* ‚Zungenbrecher' *m (Wort).* **'~break·ing** *adj colloq.* ‚zungenbrecherisch'. **~ chuck** *s tech.* Backenfutter *n.* **~ crush·er** → jawbreaker 1.
jawed [dʒɔːd] *adj in Zssgn mit ...* Kinnbacken: **broad~**.
ˌjaw-'jaw *Br. colloq.* **I** *v/i* endlos reden. **II** *s* endloses Gerede.
jay¹ [dʒeɪ] *s* **1.** *orn.* Eichelhäher *m.* **2.** *colloq.* Lästermaul *n,* Klatschtante *f.* **3.** *colloq.* a) ‚Bauer' *m:* **~ girl** ‚Bauerntrampel' *m,* b) ‚Einfaltspinsel' *m,* ‚Trottel' *m.*
jay² [dʒeɪ] *s* **1.** Jot *n (Buchstabe).* **2.** → **joint** 7.
'Jayˌhawk·er *s Am. (Spitzname für e-n) Bewohner von Kansas.*
'jay|·walk *v/i* unachtsam *od.* verkehrswidrig auf der *od.* über die Straße gehen. **'~walk·er** *s* unachtsamer Fußgänger. **'~walk·ing** *s* unachtsames *od.* verkehrswidriges Verhalten (*e-s Fußgängers*).
jazz [dʒæz] **I** *s* **1.** *mus.* 'Jazz(muˌsik *f*) *m.* **2.** *colloq.* ‚Schmiß' *m,* Schwung *m.* **3.** *colloq.* a) ‚Krampf' *m,* Blödsinn *m,* b) **and all that ~ u.** so ein ‚Zeug(s)'. **II** *adj* **4.** Jazz...: **~ band** (*music, etc*). **5.** → jazzy 2. **III** *v/t* **6.** *oft* **~ up** *mus.* verjazzen. **7.** *meist* **~ up** *colloq.* a) ‚Schmiß' *od.* Schwung bringen in (*acc*), b) *j-n* ‚aufmöbeln', c) *etwas* ‚aufmöbeln', ‚aufmotzen'. **IV** *v/i* **8.** jazzen, Jazz spielen. **9.** *colloq.* her'umhopsen. **jazz·er** *s* Jazzer *m,* Jazzmusiker *m.*
'jazzˌman *s irr* → jazzer.
jazz·y ['dʒæzɪ] *adj* (*adv* **jazzily**) **1.** jazzartig. **2.** *colloq.* ‚knallig' (*Farben*), (*a. Kleider etc*) ‚poppig'.
jeal·ous ['dʒeləs] *adj* (*adv* **~ly**) **1.** eifersüchtig: **a ~ husband. 2.** neidisch (**of** auf *acc*), 'mißgünstig: **to be ~ of s.o.** auf j-n neidisch *od.* eifersüchtig sein; **she is ~ of his success** sie mißgönnt ihm s-n Erfolg. **3.** (**of**) eifersüchtig besorgt (um), sehr bedacht (auf *acc*): **to be ~ of one's rights. 4.** argwöhnisch, 'mißtrauisch gegen'über): **to keep a ~ eye on s.o.** j-n argwöhnisch beobachten.
jeal·ous·y ['dʒeləsɪ] *s* **1.** a) Eifersucht *f,* b) *meist pl* Eifersüchte'lei *f (a. weitS.).* **2.** Neid *m,* 'Mißgunst *f.* **3.** Argwohn *m,* 'Mißtrauen *n.*
jean [dʒiːn] *s* **1.** (*Br. a.* dʒeɪn) geköperter Baumwollstoff. **2.** *pl* Jeans *pl.* **jeaned** *adj* in Jeans.
jeep [dʒiːp] *s (TM) mot. mil.* Jeep *m.*
jee·pers (cree·pers) ['dʒiːpərz; ˌ-'kriːpərz] *interj Am. colloq.* ‚Mensch Meier!'
jeer [dʒɪə(r)] **I** *v/i* (**at** a) höhnische Bemerkungen machen (über *acc*), b) höhnisch lachen (über *acc*): **to ~ at** → a. **II. II** *v/t* verhöhnen. **III** *s* a) höhnische Bemerkung, b) Hohngelächter *n.*
jeer² [dʒɪə(r)] *s meist pl mar.* Rahtakel *f.*
'jeer·ing *adj* (*adv* **~ly**) höhnisch: **~ laughter** Hohngelächter *n.*
je·had → jihad.
Je·ho·va [dʒɪˈhəʊvə] *s Bibl.* Je'hova *m.* **~'s Wit·ness** *s relig.* Zeuge *m* Je'hovas.
Je·hu ['dʒiːhjuː; *Am. a.* -huː] **I** *npr Bibl.* Jehu *m (König von Jerusalem).* **II** *s j~ mot. colloq.* ‚Raser' *m.*
je·june [dʒɪˈdʒuːn] *adj* (*adv* **~ly**) **1.** ohne Nährwert: **~ food. 2.** *fig.* trocken, langweilig. **3.** *fig.* kindisch, na'iv. **je'june·ness** *s* **1.** Trockenheit *f,* Langweiligkeit *f.* **2.** Naivi'tät *f.*
je·ju·num [dʒɪˈdʒuːnəm] *s anat.* Je'junum *n,* Leerdarm *m.*
Jek·yll and Hyde [ˌdʒekɪlənd'haɪd; ˌdʒiː-] *s* Mensch *m* mit e-r gespaltenen Per'sönlichkeit. **,~-and-'Hyde** *adj* gespalten: **~ personality**.
jell [dʒel] **I** *v/i* **1.** ge'lieren. **2.** *fig.* Gestalt annehmen. **II** *v/t* **3.** ge'lieren lassen, zum Ge'lieren bringen. **III** *s Am. colloq. für* jelly I.
jel·lied ['dʒelɪd] *adj* **1.** gal'lertartig. **2.** in As'pik *od.* Sülze: **~ fish.**
jel·li·fy ['dʒelɪfaɪ] → jell 1, 3.
jel·lo ['dʒeləʊ] *pl* **-los** *Am.* → jelly 1 d.
jel·ly ['dʒelɪ] **I** *s* **1.** a) Gal'lert(e *f*) *n,* b) Ge'lee *n,* c) As'pik *m,* Sülze *f,* d) Götterspeise *f,* ‚Wackelpeter' *m,* **-pudding'** *m:* **his knees shook like ~** er hatte ‚Gummiknie'. **2.** *tech. Br.* Gela'tinedynaˌmit *n.* **II** *v/i* **3.** → jell I. **III** *v/t* **4.** → jell 3. **5.** in As'pik *od.* Sülze einlegen: → jellied 2. **~·by Br.** Gummibärchen *n.* **'~fish** *s* **1.** *zo.* (*e-e*) Qualle. **2.** *colloq.* ‚Waschlappen' *m,* Schwächling *m,* Kerl *m* ohne Rückgrat.
jem·my ['dʒemɪ] *Br.* **I** *s* Brech-, Stemmeisen *n.* **II** *v/t a.* **~ open** aufbrechen, -stemmen.
Je·na glass ['jeɪnə] *s* Jenaer Glas *n.*
jen·net ['dʒenɪt] *s* **1.** *zo.* Eselin *f.* **2.** kleines spanisches Reitpferd.
jen·ny ['dʒenɪ] *s* **1.** → **spinning jenny**. **2.** *zo.* Weibchen *n, bes.* Eselin *f:* **~ wren** Zaunkönigweibchen *n.* **3.** *tech.* Laufkran *m.*
Jen·sen·ism ['jensənɪzəm] *s* Jense'nismus *m (Lehre, nach der die Intelligenz weitestgehend erbbedingt ist).*
jeop·ard·ize ['dʒepə(r)daɪz] *v/t j-n, etwas* gefährden, in Gefahr bringen, *etwas* in Frage stellen. **'jeop·ard·y** *s* Gefahr *f:* **to be in ~** gefährdet *od.* in Gefahr sein; **to put** (*od.* **place**) **in ~** → jeopardize; **double ~** *jur. bes. Am.* (Verbot *n* der) doppelte(n) Strafverfolgung e-s Täters wegen derselben Tat.
jer·bo·a [dʒɜːˈbəʊə; *Am.* dʒɜr-] *s zo.* Wüstenspringmaus *f,* Jer'boa *m.*
jer·e·mi·ad [ˌdʒerɪˈmaɪəd; -æd] *s* Jeremi'ade *f,* Klagelied *n.*
Jer·e·mi·ah [ˌdʒerɪˈmaɪə] *npr u.* **s 1.** *Bibl.* (das Buch) Jere'mia(s) *m.* **2.** *fig.* 'Unglücksproˌphet *m,* Schwarzseher *m.* **ˌJer·e'mi·as** [-əs] → Jeremiah 1.
Jer·i·cho ['dʒerɪkəʊ] *npr Bibl.* Jericho *n.*
jerk¹ [dʒɜːk; *Am.* dʒɜrk] **I** *s* **1.** a) Ruck *m,* b) ruckartige Bewegung, c) Sprung *m,* Satz *m:* **by ~s** sprung-, ruckweise; **at one ~** auf einmal; **with a ~** plötzlich, mit e-m Ruck; **to give a ~** rucken, e-n Satz machen (*Auto etc*), zs.-zucken (*Person*) (→ 2); **to give s.th. a ~** e-r Sache e-n Ruck geben, ruckartig an etwas ziehen. **2.** *med.* a) Zuckung *f:* **to give a ~** zucken (→ 1), b) (*bes.* 'Knie)Reˌflex *m,* c) *pl Am. sl.* Veitstanz *m.* **3.** *pl meist* **physical ~s** *Br. colloq.* gym'nastische Übungen *pl.* **4.** *Am. sl.* ‚Trottel' *m,* ‚Blödmann' *m.* **II** *v/t* **6.** e-n Ruck geben (*dat*), ruckartig ziehen an (*dat*): **to ~ out** mit e-m Ruck herausziehen; **to ~ o.s. free** sich losreißen; **she ~ed the letter out of my hand** sie riß mir den Brief aus der Hand. **7.** *meist* **~ out** *Worte* herˈvorstoßen: **to ~ out one's words** abgehackt sprechen. **8. to ~ o.s. off** → **11. III** *v/i* **9.** sich ruckartig od. ruckweise bewegen: **to ~ along** dahinruckeln; **to ~ forward** e-n Ruck *od.* Satz nach vorn machen; **to ~ to a stop** ruckartig *od.* mit e-m Ruck stehenbleiben. **10.** (zs.-)zucken. **11. ~ off** *bes. Am. vulg.*

‚wichsen', ‚sich e-n runterholen' (*masturbieren*).
jerk² [dʒɜːk; *Am.* dʒɜrk] **I** *v/t* Fleisch in Streifen schneiden u. an der Luft dörren. **II** *s* in Streifen geschnittenes u. an der Luft gedörrtes Fleisch.
jerk·er ['dʒɜːkə; *Am.* 'dʒɜrkər] → soda jerk(er).
jer·kin¹ ['dʒɜːkɪn; *Am.* 'dʒɜr-] *s* **1.** Weste *f*. **2.** *hist.* (Leder)Wams *n*.
jer·kin² ['dʒɜːkɪn; *Am.* 'dʒɜr-] *s orn.* männlicher Gerfalke.
'jerk‚wa·ter *adj Am. colloq.* unbedeutend, Provinz...: ~ **college**; ~ **politician** ‚Schmalspurpolitiker' *m*; ~ **town** ‚Nest' *n*, ‚Kaff' *n*.
jerk·y¹ ['dʒɜːkɪ; *Am.* 'dʒɜrkiː] *adj* (*adv* **jerkily**) **1.** a) ruckartig, (*Bewegungen*) fahrig, b) stoß-, ruckweise. **2.** *bes. Am. sl.* blöd, albern.
jerk·y² ['dʒɜːkɪ; *Am.* 'dʒɜrkiː] → **jerk²** II.
jer·o·bo·am [‚dʒerə'bəʊəm] *s* große Weinflasche, (*etwa*) Vier'literflasche *f*.
jerque [dʒɜːk] *v/t Br.* Schiffspapiere zollamtlich über'prüfen.
jer·ry¹ ['dʒerɪ] *s colloq.* **1.** *Br.* ‚Pott' *m*, ‚Thron' *m* (*Nachttopf*). **2.** → **jeroboam**.
Jer·ry² ['dʒerɪ] *s bes. Br. sl.* a) Deutsche(r) *m*, *bes.* deutscher Sol'dat, b) *collect.* (*die*) Deutschen *pl*.
'jer·ry|-build *v/t irr* **1.** schlampig bauen: **jerry-built house** ‚Bruchbude' *f*. **2.** *fig.* ein Buch *etc* ‚zs.-stoppeln'. **'~-‚build·er** *s* Erbauer *m* von minderwertigen Häusern (*bes. zu Spekulationszwecken*). ~ **can** *s Br.* großer (Ben'zin-)Ka‚nister.
jer·sey¹ ['dʒɜːzɪ; *Am.* 'dʒɜrziː] *s* **1.** Pullover *m*, *a.* sport Tri'kot *n*. **3.** Jersey *n* (*feinmaschig gewirkter od. gestrickter Kleiderstoff aus Wolle, Baumwolle od. Chemiefasern*): ~ **suit** Jerseyanzug *m*.
Jer·sey² ['dʒɜːzɪ; *Am.* 'dʒɜrziː] *s zo.* Jersey(rind) *n*.
Je·ru·sa·lem| ar·ti·choke [dʒə'ruːsələm] *s bot.* 'Erdarti‚schocke *f*. ~ **cross** *s her.* Je'rusalemkreuz *n*.
jes·sa·mine ['dʒesəmɪn] → **jasmin(e)**.
Jesse win·dow ['dʒesɪ] *s* mit dem Stammbaum Christi bemaltes Fenster.
jest [dʒest] **I** *s* **1.** Spaß *m*: **in** ~ im *od.* zum Scherz. **2.** Spott *m*. **3.** Zielscheibe *f* des Spotts: **standing** ~ Zielscheibe ständigen Spotts. **II** *v/i* **4.** spaßen: **to** ~ **with** (s-n) Spaß treiben mit; **he's not a man to** ~ **with** er läßt nicht mit sich spaßen. **5.** spotten (**about** über *acc*): **this is nothing to** ~ **about** über so etwas spottet man nicht. '**jest·er** *s* **1.** Spaßvogel *m*. **2.** *hist.* (Hof)Narr *m*. '**jest·ing I** *adj* **1.** a) spaßend, b) spaßhaft. **2.** a) spottend, b) **this is no** ~ **matter** über so etwas spottet man nicht. **II** *s* **3.** Scherz(en *n*) *m*. **4.** Spott(en *n*) *m*. '**jest·ing·ly** *adv* im *od.* zum Scherz.
Jes·u·it ['dʒezjʊɪt; -zɔɪt; *Am.* 'dʒeʒwət; -zəwət] *s* **1.** *R.C.* Jesu'it *m*. **2.** *fig. contp.* Jesu'it *m* (*Mensch, der trickreich u. oft wortverdrehend zu argumentieren versteht u. den man für unaufrichtig hält*). **Jes·u'it·ic** [-zjʊ'ɪtɪk; -zʊ'ɪ-; *Am.* -ʒə'wɪtɪk; -zə'w-] *adj*, ‚**Jes·u'it·i·cal** *adj* (*adv* ~**ly**) *R.C.* jesu'itisch (*a. fig. contp.*), Jesuiten...
'**Jes·u·it·ism**, '**Jes·u·it·ry** [-rɪ] *s R.C.* Jesui'tismus *m* (*a. fig. contp.*), Jesuitentum *n*.
Je·sus| freak ['dʒiːzəs] *s sl.* Anhänger(in) der Jesus-People-Bewegung. ~ **Move·ment** *s* Jesus-People-Bewegung *f* (*Anfang der 70er Jahre in den USA entstandene Jugendbewegung, die sich gegen die Leistungs- u. Konsumgesellschaft richtet u. durch stark emotionale Hingabe an Jesus gekennzeichnet ist*). ~ **Peo·ple** *s pl* Jesus People *pl* (*Anhänger der Jesus-People-Bewegung*).

jet¹ [dʒet] **I** *s* **1.** *min.* Ga'gat *m*, Jet(t) *m*, *n*, schwarzer Bernstein. **2.** Jet(t)-, Tiefschwarz *n*. **II** *adj* **3.** aus Ga'gat. **4.** jet(t)-, tiefschwarz.
jet² [dʒet] **I** *s* **1.** (Wasser-, Dampf-, Gas-*etc*)Strahl *m*: ~ **of flame** Feuerstrahl, Stichflamme *f*. **2.** *tech.* Düse *f*, Strahlrohr *n*. **3.** a) → **jet engine**, b) *aer.* Jet *m*, Düsenflugzeug *n*. **II** *v/i* **4.** (her'aus-, her'vor)schießen (**from** aus). **5.** *aer. mil.* mit e-m Jet fliegen, ‚jetten'. **III** *v/t* **6.** ausstrahlen, -stoßen, -spritzen. **7.** an-, bespritzen (**with** mit). **8.** *aer.* mit e-m Jet fliegen *od.* befördern, ‚jetten'.
jet| age *s* Düsenzeitalter *n*. ~ **air·lin·er** → jetliner. '**~-‚as‚sist·ed take-off** *s aer.* Start *m* mit 'Starthilfsra‚kete. ~ **black** → **jet** 2. '**~‚boat** *s* Düsenboot *n*. '**~borne** *adj* im Jet befördert. ~ **car·bu·re(t)·tor** *s tech.* Einspritz-, Düsenvergaser *m*. ~ **en·gine** *s aer.* Strahlmotor *m*, -triebwerk *n*. ~ **fa·tigue** → **jet lag**. ~ **fight·er** *s aer. mil.* Düsenjäger *m*. ~ **flame** *s* Stichflamme *f*. '**~hop** *v/i aer. colloq.* ‚jetten'. ~ **lag** *s* Störung des gewohnten Alltagsrhythmus durch die Zeitverschiebung bei Langstreckenflugreisen: **he is suffering from** ~ er ist durch die Zeitverschiebung völlig aus dem Rhythmus (gekommen). '**~lin·er** *s* Jetliner *m*, Düsenverkehrsflugzeug *n*. ~ **pi·lot** *s aer.* 'Düsenpi‚lot *m*. ~ **plane** *s aer.* Düsenflugzeug *n*. '**~port** *s* Flugplatz *m* für Düsenflugzeuge. '**~-pro‚pelled** *adj* **1.** *bes. aer.* düsengetrieben, mit Düsen-*od.* Strahlantrieb, Düsen... **2.** *colloq.* a) e'nergisch, dy'namisch, b) blitzschnell: **at** ~ **speed** mit rasender Geschwindigkeit. ~ **pro·pul·sion** *s bes. aer.* Düsen-, Strahlantrieb *m*.
jet·sam ['dʒetsəm] *s mar.* **1.** Seewurfgut *n* (*in Seenot über Bord geworfene Ladung*). **2.** Strandgut *n*: → **flotsam** 1.
jet| set *s* Jet-set *m* (*Schicht der internationalen Gesellschaft, die über genügend Geld verfügt, um sich – unter Benutzung von [Privat]Jets – an verschiedenen Plätzen, die gerade ‚in' sind, zu vergnügen*). '**~‚set·ter** *s* Angehörige(r *m*) *f* des Jet-set. ~ **stream** *s meteor.* Jetstream *m* (*starker Luftstrom in der Tropo- od. Stratosphäre*).
~ **syn·drome** → **jet lag**.
jet·ti·son ['dʒetɪsn; -zn] **I** *s* **1.** *mar.* Über'bordwerfen *n* (*e-r Ladung, a. fig. von Prinzipien etc*), Seewurf *m*. **2.** *aer.* Notwurf *m*. **3.** Absprengung *f*. **4.** a) Wegwerfen *n*, b) *fig.* Fallenlassen *n*. **5.** → **jetsam**. **II** *v/t* **6.** *mar.* über Bord werfen (*a. fig.*). **7.** *aer.* (im Notwurf) abwerfen, Treibstoff ablassen. **8.** ausgebrannte Raketenstufe absprengen. **9.** a) alte Kleidung *etc* wegwerfen, b) *fig.* j-n, e-n Plan *etc* fallenlassen. '**jet·ti·son‚a·ble** *adj aer.* abwerfbar, Abwurf...: ~ **tank**.
jet·ton ['dʒetn] *s* Je'ton *m*, Spielmarke *f*, -münze *f*.
jet·ty ['dʒetɪ] *s mar.* **1.** Hafendamm *m*, Mole *f*, Außenpier *m*, *f*. **2.** Landungsplatz *m*, Anlegestelle *f*. **3.** Strombrecher *m* (*an Brücken*).
jeu·nesse do·rée [‚ʒɜːnes dɔː'reɪ] *s* Jeu'nesse *f* do'rée (*die zur begüterten Oberschicht gehörenden Jugendlichen*).
Jew [dʒuː] **I** *s* **1.** Jude *m*, Jüdin *f*. **2.** *a.* **j~** *sl. contp.* a) j-d, der hart verhandelt, b) Geizhals *m*, ‚kragen' *m*. **II** *adj* **3.** *oft contp.* → **Jewish** 1. **III** *v/t* **4.** *oft* **j~** *sl. contp.* hart verhandeln mit: **to** ~ **down** herunterhandeln (**to** auf *acc*). '**~‚bait·ing** *s* a) Judenverfolgung *f*, b) Judenhetze *f*.
jew·el ['dʒuːəl] **I** *s* **1.** Ju'wel *m*, *n*, Edelstein *m*: ~ **box** Schmuckkassette *f*, -schatulle *f*. **2.** *tech.* Stein *m* (*e-r Uhr*). **3.** *fig.* Ju'wel *n*: a) Kleinod *n* (*Sache*), b) ‚Schatz' *m* (*Person*). **II** *v/t pret u. pp* **-eled**, *bes. Br.*

-elled 4. mit Ju'welen schmücken *od.* besetzen. **5.** *tech.* e-e Uhr mit Steinen auslegen. '**jew·el·er**, *bes. Br.* '**jew·el·ler** *s* Juwe'lier *m*. '**jew·el·ry**, *bes. Br.* '**jew·el·ler·y** [-əlrɪ] *s* Ju'welen *pl*, *weitS.* Schmuck *m*: **piece of** ~ Schmuckstück *n*; ~ **case** Schmuckkassette *f*, -schatulle *f*.
Jew·ess ['dʒuːɪs] *s* Jüdin *f*.
jew·ing ['dʒuːɪŋ] *s orn.* Kehllappen *m*.
Jew·ish ['dʒuːɪʃ] *adj* **1.** jüdisch, Juden...: **the** ~ **calendar**; ~ **studies** Judaistik *f*, Hebraistik *f*. **2.** *sl. contp.* geizig.
Jew·ry ['dʒʊərɪ] *s* **1.** (*das*) Judentum, (*die*) Juden *pl*: **world** ~ Weltjudentum. **2.** *hist.* Judenviertel *n*, G(h)etto *n*.
'**Jew's|-ear** *s bot.* **1.** Judasohr *n*, Ho'lunderschwamm *m*. **2.** Becherling *m*. **j~-harp** [‚-'hɑː(r)p; *Am. bes.* '‚-h-] *s mus.* Maultrommel *f*. ~ **mal·low** *s bot.* Jutepflanze *f*, Indischer Flachs. ~ **myr·tle** *s bot.* Echte Myrte.
Jews' thorn *s bot.* Christusdorn *m*.
Jez·e·bel ['dʒezəbl; -bel] **I** *npr* Isebel *f*, Jezabel *f* (*jüdische Königin*). **II** *s fig.* a) schamlose Frau, b) hart'herzige Frau.
jib¹ [dʒɪb] **I** *s mar.* Klüver *m*: **flying** (*od.* **outer**) ~ Außenklüver; **the cut of his** ~ *colloq. obs.* a) sein Aussehen, s-e äußere Erscheinung, b) die Art, wie er sich gibt. **II** *v/i u. v/t* → **jibe¹**.
jib² [dʒɪb] *v/i* **1.** scheuen, bocken (**at** vor *dat*). **2.** *fig.* störrisch *od.* bockig sein: **to** ~ **at** a) sich sträuben gegen, b) ‚streiken' bei.
jib³ [dʒɪb] → **jibboom** 2.
jib|'boom *s* **1.** *mar.* Klüverbaum *m*. **2.** *tech.* Ausleger *m* (*e-s Krans etc*). ~ **door** *s* Ta'petentür *f*.
jibe¹ [dʒaɪb] *mar.* **I** *v/i* **1.** giepen, sich 'umlegen (*Segel*). **2.** drehen, den Kurs ändern. **II** *v/t* **3.** *Segel* 'übergehen lassen (*beim Segeln vor dem Wind*). **4.** *Segel* 'durchkaien.
jibe² [dʒaɪb] *v/i colloq.* über'einstimmen (**with** mit).
jibe³ → **gibe¹**.
jif·fy ['dʒɪfɪ], *a.* **jiff** *s colloq.* Augenblick *m*: **in a** ~ im Nu, im Handumdrehen; **half a-!, wait a-!** Augenblick!; **I won't be a** ~ a) ich komme gleich, b) ich bin gleich wieder da.
jig¹ [dʒɪɡ] **I** *s* **1.** *tech.* a) (Auf-, Ein-)Spannvorrichtung *f*, Bohrvorrichtung *f*, -futter *n*, b) ('Bohr)Scha‚blone *f*. **2.** *Angeln*: Heintzblinker *m*. **3.** *Bergbau*: a) Kohlenwippe *f*, b) 'Setzma‚schine *f*. **II** *v/t* **4.** *tech.* mit e-r Einstellvorrichtung *od.* e-r Scha'blone 'herstellen. **5.** *Bergbau*: Erze setzen, scheiden.
jig² [dʒɪɡ] **I** *s* **1.** *mus.* → **gigue**: **the** ~ **is up** *colloq.* das Spiel ist aus. **2.** ruckartige Auf- u. Abbewegung. **II** *v/t* **3.** ruckweise auf u. ab bewegen: **to** ~ **s.o.** fest mit den Füßen wippen; **he ~ged his son on his knees** er ließ s-n Sohn auf den Knien wippen *od.* reiten. **III** *v/i* **4.** e-e Gigue tanzen. **5.** a) sich ruckweise auf u. ab bewegen, b) *a.* ~ **about** (*od.* **around**) her'umhüpfen.
jig³, **jigg** [dʒɪɡ] *s Am. sl. contp.* ‚Nigger' *m* (*Neger*).
jig·ger¹ ['dʒɪɡə(r)] **I** *s* **1.** Giguetänzer(in). **2.** *mar.* a) Be'san *m*, b) *a.* ~ **mast** Be'sanmast *m*, c) Jigger *m*, Handtalje *f*, d) Jollentau *n*, e) kleines Boot mit Jollentakelung. **3.** *tech.* Erzscheider *m*, Siebsetzer *m*. **4.** *tech.* Rüttelvorrichtung *f*: a) *Bergbau*: Setzsieb *n*, 'Sieb‚setzma‚schine *f*, b) 'Schleifma‚schine *f* (*für lithographische Steine*), c) Dreh-, Töpferscheibe *f*, d) Speicherkran *m*, e) *electr.* Kopplungsspule *f*. **5.** → **jig¹** 2. **6.** *Am.* a) kleiner Meßbecher (*für Cocktails*), (*etwa*) Schnapsglas *n*, b) kleines Whiskyglas. **7.** *Golf*: Jigger *m* (*meist für Annähe-*

jigger – jockey

rungsschläge benutzter Eisenschläger). **8.** *Billard:* (Holz)Bock *m* (*für das Queue*). **9.** *Am. colloq.* ‚Dingsbums' *n.* **II** *v/t* **10.** *Am. colloq. e-e Bilanz etc* ‚fri'sieren', ma-nipu'lieren.
jig·ger² ['dʒɪgə(r)] *s zo.* **1.** *a.* ~ **flea** Sandfloh *m.* **2.** → **chigger** 1.
jig·gered ['dʒɪgə(r)d] *adj colloq.* **1.** I'm ~ if der Teufel soll mich holen, wenn. **2. to be** ~ *Br.* a) ‚baff' *od.* ‚platt' sein: **well, I'm** ~! da bin ich aber baff!, b) ‚kaputt' *od.* ‚fix u. fertig' sein.
jig·ger·y-pok·er·y [‚dʒɪgərɪ'pəʊkərɪ] *s bes. Br. colloq.* ‚Schmu' *m,* ‚fauler Zauber'.
jig·gle ['dʒɪgl] **I** *v/t* a) wackeln mit, b) schütteln, c) rütteln an (*dat*). **II** *v/i* wackeln.
'jig·saw *s* **1.** *tech.* Deku'piersäge *f.* **2.** → jigsaw puzzle. ~ **puz·zle** *s* Puzzle(spiel) *n.*
ji·had [dʒɪ'hæd; -'hɑːd] *s* Heiliger Krieg (*der Mohammedaner*).
jil·lion ['dʒɪljən] *s colloq.* Unmenge *f,* -zahl *f:* ~**s of pounds** jede Menge Pfund.
jilt [dʒɪlt] **I** *v/t* a) *ein Mädchen* ‚sitzenlassen', b) *e-m Liebhaber, e-m Mädchen* ‚den Laufpaß geben'. **II** *s* a) Frau, die *e-m Mann* ‚den Laufpaß gibt', b) Mann, der häufig die Freundinnen wechselt.
Jim¦Crow [‚dʒɪm'krəʊ] *Am.* **I** *s* **1.** *contp.* ‚Nigger' *m* (*Neger*). **2.** → **Jim Crowism**. **3.** *j~ c~ tech.* Brechstange *f.* **II** *adj* **4.** (nur) für Schwarze. **5.** diskrimi'nierend. ~ **Crow·ism** *s Am.* 'Rassendiskrimi‚nierung *f.*
jim·i·ny ['dʒɪmɪnɪ] *interj* herr'je!
jim·jams ['dʒɪmdʒæmz] *s pl colloq.* **1.** De'lirium *n* tremens. **2.** → jitter I.
jim·my ['dʒɪmɪ] *Am. für* **jemmy**.
jin·gle ['dʒɪŋgl] **I** *v/i* **1.** klimpern (*Münzen etc*), ‚bimmeln' (*Glöckchen etc*). **II** *v/t* **2.** klimpern mit, ‚bimmeln' lassen. **III** *s* **3.** Klimpern *n,* ‚Bimmeln' *n:* ~ **bell** a) → 5, b) Schlittenglocke *f,* c) *tech.* Si'gnalglocke *f.* **4.** Glöckchen *n.* **5.** einprägsames Verschen *od.* Liedchen (*bes. in der Werbung*), Werbespruch *m.* **'jin·gling** *adj* **1.** klimpernd, ‚bimmelnd'. **2.** *fig.* einprägsam, eingängig.
jin·go ['dʒɪŋgəʊ] **I** *s* **1.** *pl* **-goes** *pol.* Jingo *m,* Chauvi'nist *m,* Nationa'list *m.* **2.** → jingoism. **II** *adj* **3.** *pol.* chauvi'nistisch, nationa'listisch. **III** *interj* **4. by** ~! Donnerwetter! **'jin·go·ism** *s pol.* Jingo'ismus *m,* Chauvi'nismus *m,* Nationa'lismus *m.* **'jin·go·ist** **I** *s* → jingo 1. **II** *adj* → jingo 3. **‚jin·go'is·tic** *adj* (*adv* ~**ally**) → jingo 3.
jink [dʒɪŋk] **I** *s* (geschickte) Ausweichbewegung. **II** *v/i* (geschickt) ausweichen.
jinks [dʒɪŋks] *s pl:* **high** ~ Ausgelassenheit *f;* **they were having high** ~ bei ihnen ‚ging es hoch her'.
jinn [dʒɪn] *s* **1.** *pl von* **jinnee, jinni. 2.** *pl* jinns, jinn → **jinnee**. **jin·nee, jin·ni** [dʒɪ'niː; 'dʒɪnɪ] *pl* **jinn** [dʒɪn] *s* Dschinn *m* (*Geist im islamischen Volksglauben*).
jin·rick·sha, jin·rick·shaw, jin·rik·i·sha, jin·rik·sha [dʒɪn'rɪkʃə; -ʃɔː] *s* Rikscha *f.*
jinx [dʒɪŋks] *colloq.* **I** *s* **1.** Unglücksbringer *m.* **2.** Pech *n,* Unheil *n,* Unglück *n:* **there seems to be a** ~ **on our work** mit unserer Arbeit ist es wie verhext; **to break the** ~ den Bann brechen; **to put a** ~ **on** → 3. **II** *v/t* **3.** a) Unglück bringen (*dat*), b) ‚verhexen': **our work seems to be** ~**ed** mit unserer Arbeit ist es wie verhext. **4.** *etwa* ‚vermasseln'.
jis·som ['dʒɪsəm] *s vulg.* ‚Soße' *f* (*Sperma*).
jit·ney ['dʒɪtnɪ] *s Am.* **1.** kleiner Bus, der in unregelmäßigen Abständen fährt. **2.** *sl.* Fünf'centstück *n.*

jit·ter ['dʒɪtə(r)] *colloq.* **I** *s:* **the** ~**s** *pl* ‚Bammel' *m,* e-e ‚Heidenangst' (**about** vor *dat*); **to have the** ~**s** → II. **II** *v/i* a) ‚Bammel' *od.* e-e ‚Heidenangst' haben, b) ‚furchtbar' ner'vös sein.
jit·ter·bug ['dʒɪtə(r)bʌg] **I** *s* **1.** *mus.* Jitterbug *m* (*um 1935 aus dem Boogie-Woogie entstandener Tanz, der durch akrobatische, formlose Bewegungen gekennzeichnet ist*). **2.** Jitterbugtänzer(in). **3.** *fig.* Nervenbündel *n.* **II** *v/i* **4.** Jitterbug tanzen.
jit·ter·y ['dʒɪtərɪ] *adj colloq.* ‚furchtbar' ner'vös: **to be** ~ → jitter II.
jiu·jit·su, jiu·jut·su [dʒuː'dʒɪtsuː; *bes. Am.* dʒuː-] → **jujitsu**.
jive [dʒaɪv] **I** *s* **1.** *mus.* Jive *m:* a) → jitterbug 1, b) 'Swing(mu‚sik *f*) *m.* **2.** *Am. sl.* Jar'gon *m, bes.* Jargon der Drogen- *od.* Unter'haltungsszene. **3.** *Am. sl.* a) Schwindel *m:* **don't give me any of that** ~! erzähl mir doch keine Märchen!, b) ‚Gequatsche' *n.* **II** *adj* **4.** *Am. sl.* ‚faul': **a** ~ **excuse; he's** ~ an dem ist etwas faul. **III** *v/t* **5.** *Am. sl. j-n* ‚anschwindeln'. **III** *v/i* **6.** a) swingen, Swing spielen *od.* tanzen, b) → jitterbug 4. **7.** *Am. sl.* Jar'gon sprechen. **8.** *Am. sl.* a) schwindeln, Märchen erzählen, b) ‚quatschen'.
jo [dʒəʊ] *pl* **joes** *s Scot.* ‚Schatz' *m,* Liebste(r *m*) *f.*
job¹ [dʒɒb; *Am.* dʒɑb] **I** *s* **1.** (einzelne) Arbeit: **to be on the** ~ a) bei der Arbeit sein, b) in Aktion sein (*Maschine etc*), c) *Br. vulg.* gerade ‚e-e Nummer machen *od.* schieben' (*koitieren*); **it was quite a** ~ es war e-e ‚Heidenarbeit'; **to do a** ~ **of work** *Br. colloq.* ganze Arbeit leisten; **I had a** ~ **doing** (*od.* **to do**) **it** es war gar nicht so einfach (für mich), das zu tun; **to make a good** (**bad**) ~ **of s.th.** etwas gut (schlecht) machen; ~ **order** Arbeitsauftrag *m;* ~ **production** Einzel(an)fertigung *f;* ~ **simplification** Arbeitsvereinfachung *f;* ~ **ticket** Arbeitsauftrag *m,* -laufzettel *m:* → odd 9. **2.** *a.* ~ **work** *econ.* Stück-, Ak'kordarbeit *f:* **by the** ~ im Akkord; ~ **time** Akkordzeit *f;* ~ **wage**(**s**) Akkordlohn *m.* **3.** a) Beschäftigung *f,* Stellung *f,* Stelle *f,* Arbeit *f,* ‚Job' *m,* Arbeitsplatz *m:* **out of a** ~ arbeits-, stellungslos; ~ **analysis** Arbeitsplatzanalyse *f;* ~ **classification** *Am.* Berufsklassifizierung *f;* ~ **control** *Am.* gewerkschaftliche Einflußnahme auf die Personalpolitik (*e-r Firma*); ~ **creation** Arbeits(platz)beschaffung *f,* Beschaffung *f* von Arbeitsplätzen; ~ **creation program**(**me**) (*od.* **scheme**) Arbeitsbeschaffungsprogramm *n;* ~ **description** Tätigkeits-, Arbeits(platz)beschreibung *f;* ~ **discrimination** Benachteiligung *f* im Arbeitsleben; ~ **evaluation** (*Am. a.* **rating**) Arbeits(platz)bewertung *f;* ~ **interview** Einstellungsgespräch *n;* **computers are** ~ **killers** Computer vernichten Arbeitsplätze; ~ **maintenance** Erhaltung *f* der Arbeitsplätze; ~ **market** Arbeits-, Stellenmarkt *m;* ~ **opportunities** Arbeitsmöglichkeiten; ~ **rotation** turnusmäßiger Arbeitsplatztausch; ~ **security** Sicherheit *f* des Arbeitsplatzes; ~ **specification** *Am.* Arbeits(platz)-, Tätigkeitsbeschreibung *f;* **to know one's** ~ s-e Sache verstehen; → **boy** 1. **4.** Sache *f:* a) Aufgabe *f,* Pflicht *f:* **it is your** ~ (**to do it**) das ist d-e Sache, b) Geschmack *m:* **this is not everybody's** ~ das ist nicht jedermanns Sache, das liegt nicht jedem. **5.** *Computer:* ‚Job' *m,* Auftrag *m.* **6.** *colloq.* Sache *f,* Angelegenheit *f:* **that's a good** ~! so ein Glück!; **he's gone, and a good** ~ **too**! er ist Gott sei Dank weg!; **it's a good** ~ **I saw you** wie *od.* nur gut, daß ich dich sah; **to make the best of a bad**

~ a) gute Miene zum bösen Spiel machen, b) das Beste daraus machen; **to give up** (**on**) **as a bad** ~ als hoffnungslos aufgeben; **just the** ~ genau das Richtige. **7.** *colloq.* a) ‚Schiebung' *f,* ‚krumme Tour', *bes.* 'Amts‚mißbrauch *m,* b) ‚Ding' *n,* ‚krumme Sache': **bank** ~ Bankraub *m,* -überfall *m;* **to catch s.o. on the** ~ j-n auf frischer Tat ertappen; **to do a** ~ **on s.o.** a) j-n zs.-schlagen, b) *fig. j-n* ‚kaputtmachen'; **to pull a** ~ ein Ding drehen. **8.** *colloq.* a) ‚Ding' *n,* ‚Appa'rat' *m:* **that new car of yours is a beautiful** ~ dein neuer Wagen sieht ‚klasse' aus, b) ‚Nummer' *f,* ‚Type' *f* (*Person*): **he is a tough** ~ er ist ein unangenehmer Kerl. **9.** *pl Am.* a) beschädigte Ware(n *pl*), *bes.* Remit'tenden *pl* (*Bücher*), b) Ladenhüter *pl.* **II** *v/i* **10.** Gelegenheitsarbeiten machen, ‚jobben'. **11.** (im) Ak'kord arbeiten. **12.** *Börse: Br.* als Jobber tätig sein: **to** ~ **in** handeln mit. **13.** *Am.* an der Börse speku'lieren. **14.** *colloq.* ‚schieben', ‚Schiebungen' machen, *bes.* sein Amt *od.* s-e Stellung miß'brauchen.
III *v/t* **15.** *a.* ~ **out** Arbeit a) in Auftrag geben, b) im Ak'kord vergeben. **16.** *Am.* an der Börse speku'lieren mit. **17. to** ~ **s.o. into a post** *colloq.* j-m e-n Posten ‚zuschanzen'.
Job² [dʒəʊb] *npr Bibl.* Hiob *m,* Job *m:* (**the Book of**) ~ (das Buch) Hiob *m od.* Job *m;* **patience of** ~ Engelsgeduld *f;* **that would try the patience of** ~ das würde selbst e-n Engel zur Verzweiflung treiben; ~**'s comforter** j-d, der durch s-n Trost alles nur noch schlimmer macht.
job·ber ['dʒɒbə; *Am.* 'dʒɑbər] *s* **1.** Gelegenheitsarbeiter *m,* ‚Jobber' *m.* **2.** Ak'kordarbeiter *m.* **3.** *Börse: Br.* Jobber *m* (*der auf eigene Rechnung Geschäfte tätigt*). **4.** *Am.* 'Börsenspeku‚lant *m.* **5.** *colloq.* ‚Schieber' *m, bes.* j-d, der sein Amt *od.* s-e Stellung mißbraucht.
job·ber·y ['dʒɒbərɪ; *Am.* 'dʒɑ-] *s* ‚Schiebung' *f, bes.* 'Amts‚mißbrauch *m.*
job·bing ['dʒɒbɪŋ; *Am.* 'dʒɑ-] **I** *adj* **1.** im Ak'kord arbeitend, Akkord... **2.** Gelegenheitsarbeiten verrichtend, Gelegenheits...: ~ **worker;** ~ **printer** Akzidenzdrucker *m;* ~ **work** *print.* Akzidenzarbeit *f.* **II** *s* **3.** Ak'kordarbeit *f.* **4.** Gelegenheitsarbeit *f.* **5.** *Br. Effektenhandel auf eigene Rechnung.* **6.** 'Börsenspekulati‚on(en *pl*) *f.* **7.** → **jobbery.**
'job¦hold·er *s* **1.** Stelleninhaber(in). **2.** *Am.* Angestellte(r *m*) *f* des öffentlichen Dienstes, Staatsbedienstete(r *m*) *f.* **'~-hop** *v/i colloq.* häufig den Arbeitsplatz wechseln. ~ **hop·per** *s colloq.* j-d, der häufig den Arbeitsplatz wechselt. ~ **hop·ping** *s colloq.* häufiger Arbeitsplatzwechsel. **'~-hunt** *v/i:* **to go** ~**ing** auf Arbeitssuche gehen. ~ **hunt·er** *s* Arbeitssuchende(r *m*) *f.* ~ **hunt·ing** *s* Arbeitssuche *f.*
'job·less **I** *adj* arbeits-, stellungslos. **II** *s:* **the** ~ *pl* die Arbeitslosen *pl.*
job lot *s econ.* Ramsch-, Par'tieware(n *pl*) *f:* **to sell as a** ~ im Ramsch verkaufen.
Jock¹ [dʒɒk; *Am.* dʒɑk] *s colloq.* Schotte *m.*
jock² [dʒɒk; *Am.* dʒɑk] *colloq.* → jockey 1.
jock³ [dʒɒk; *Am.* dʒɑk] *colloq.* → jockstrap.
jock⁴ [dʒɑk] *s Am. colloq.* (*bes. Schul-, College*)Sportler(in).
jock·ette [dʒɒ'ket] *s Pferderennsport: Am.* Ama'zone *f.*
jock·ey ['dʒɒkɪ; *Am.* 'dʒɑkɪ:] **I** *s* **1.** *Pferderennsport:* Jockey *m.* **2.** *Am. colloq.* a) Fahrer *m:* **truck** ~, b) Bedienungsmann *m:* **elevator** ~ Liftboy *m.* **II** *v/t* **3.** *Pferd* (als Jockey) reiten. **4.** *Am. colloq.*

a) *e-n Lastwagen etc* fahren, b) *e-n Aufzug etc* bedienen. **5.** manö'vrieren (*a. fig.*): **to ~ s.o. away** j-n ‚weglotsen'; **to ~ s.o. into s.th.** j-n in etwas hineinmanövrieren; **to ~ s.o. into a position** j-m eine Stellung ‚zuschanzen'; **to ~ out of** a) *j-n* ‚hinausbugsieren' aus (*e-r Stellung etc*), b) *j-n* betrügen um. **III** *v/i* **6.** als Jockey reiten: **he has ~ed in many races** er ist schon in vielen Rennen geritten. **7. ~ for** ‚rangeln' um (*a. fig.*): **to ~ for position** *sport etc* sich e-e günstige (Ausgangs)Position zu verschaffen suchen (*a. fig.*). **~ cap** *s* Jockeymütze *f*. **~ pul·ley** *s tech.* Spann-, Leitrolle *f*. **~ weight** *s tech.* Laufgewicht *n* (*e-r Waage*). **~ wheel** *s* jockey pulley.
jock·o ['dʒɒkəʊ; *Am.* 'dʒɑ-] *pl* **-os** *s zo.* Schim'panse *m*.
'**jock·strap** *s sport* Suspen'sorium *n* (*Unterleibsschutz*).
jo·cose [dʒəʊ'kəʊs] *adj* **1.** ausgelassen (*Person*). **2.** witzig, spaßig, spaßhaft (*Bemerkung etc*). **jo'cose·ly** *adv* im od. zum Spaß. **jo'cose·ness, jo·cos·i·ty** [-'kɒsəti; *Am.* -'kɑ-] *s* **1.** Ausgelassenheit *f*. **2.** Witzigkeit *f*, Spaßhaftigkeit *f*. **3.** Spaß *m*, Scherz *m*.
joc·u·lar ['dʒɒkjʊlə; *Am.* 'dʒɑkjələr] *adj* → jocose. ‚**joc·u'lar·i·ty** [-'lærəti] → jocoseness. '**joc·u·lar·ly** → jocosely.
joc·und ['dʒɒkənd; *Am.* 'dʒɑ-] *adj* (*adv* **~ly**) lustig, fröhlich, heiter. '**joc·und·ness, jo·cun·di·ty** [dʒəʊ'kʌndəti] *s* Lustig-, Fröhlich-, Heiterkeit *f*.
jodh·pur breech·es [ˌdʒəʊdpə'brɪtʃɪz; *Am.* ˌdʒɑdpər'bri-], '**jodh·purs** *s pl a.* **pair of ~** Reithose *f*.
Joe¹ [dʒəʊ] *s Am. colloq.* Bursche *m*, Kerl *m*.
joe² → jo.
Joe|Blow *s Am. colloq.* der Mann auf der Straße. **~ Col·lege** *s Am. colloq.* 'College-Stuˌdent *m, bes.* e-r, der sein Studium nicht allzu ernst nimmt. **~ Doakes** [dəʊks] → Joe Blow.
Jo·el ['dʒəʊel; -əl] *npr u. s Bibl.* (das Buch) Joel *m*.
Joe Mil·ler [ˌdʒəʊ'mɪlə(r)] *s* **1.** Witzbuch *n*. **2.** Witz *m, bes.* Witz ‚mit Bart'.
jo·ey ['dʒəʊɪ] *s Austral. colloq.* **1.** a) junges Känguruh, b) junges Tier. **2.** kleines Kind.
jog¹ [dʒɒg; *Am.* dʒɑg] **I** *v/t* **1.** stoßen an (*acc*) *od.* gegen, *j-n* anstoßen, ‚stupsen': **to ~ s.o.'s memory** *fig.* j-s Gedächtnis nachhelfen. **2. ~ up and down** durchrütteln (*Bus etc*). **3.** Papierbogen *etc* geradestoßen, ausrichten. **4.** *Maschine etc* nur kurz (an)laufen lassen. **II** *v/i* **5.** a) trotten (*Person, Tier*), ‚zuckeln' (*Bus etc*): **to ~ along** dahintrotten, -zuckeln, b) *sport* joggen. **6. ~ along** *fig.* a) ‚vor sich hin wursteln', b) sich dahinschleppen (*Leben etc*). **III** *s* **7.** Stoß *m*, ‚Stups' *m*: **to give s.o.'s memory a ~** j-s Gedächtnis nachhelfen.
jog² [dʒɒg] *s Am.* a) Vorsprung *m*, b) Einbuchtung *f*, c) Kurve *f*.
jog·ger ['dʒɒgə; *Am.* 'dʒɑgər] *s sport* Jogger(in). '**jog·ging I** *s* a) Trotten *n*, ‚Zuckeln' *n*, b) *sport* Joggen *n*, Jogging *n*. **II** *adj sport* Jogging...: **~ shoes** (**suit,** *etc*).
jog·gle ['dʒɒgl; *Am.* 'dʒɑgəl] **I** *v/t* **1.** (leicht) schütteln, rütteln (an *dat*), erschüttern (*a. fig.*). **2.** *tech.* verschränken, -zahnen, (ver)kröpfen. **II** *v/i* **3.** wackeln. **III** *s* **4.** Schütteln *n*, Rütteln *n*. **5.** *tech.* a) Verzahnung *f*: **~ beam** verzahnter Balken, Zahnbalken *m*, b) Zapfen *m*, c) Kerbe *f*, d) Falz *m*, Nut *f*.
jog|trot *s* **1.** gemächlicher Trab, Trott *m*. **2.** *fig.* Trott *m*: a) Schlendrian *m*, Eintönigkeit *f*. '**~-trot I** *adj fig.* eintönig.

II *v/i* gemächlich traben (*bes. Pferd*), trotten (*Person, Tier*).
John [dʒɒn; *Am.* dʒɑn] *npr u. s* **1.** *Bibl.* a) Jo'hannes *m*, b) Jo'hannesevanˌgelium *n*: **~ the Baptist** Johannes der Täufer; (**the Epistles of) ~** die Johannesbriefe. **2.** Jo'hann(es) *m*. **3.** *a.* **j~** *Am. sl.* a) ‚Typ' *m*, Kerl *m*, b) Freier *m* (*e-r Prostituierten*). **4. j~** *Am. colloq.* ‚Klo' *n*. **~ Bull** *s a)* England *n*, die Engländer *pl*, b) ein typischer Engländer. **~ Chi·na·man** *s Am. bes. contp.* a) China *n*, die Chi'nesen *pl*, b) chi'nesischer Einwanderer. **~ Doe** [dəʊ] *s* **1.** fiktiver männlicher Name für e-e unbekannte Partei in e-m Rechtsstreit. **2.** *bes. Am. colloq.* 'Durchschnittsmann *m*. **~ Do·ry** ['dɔːrɪ] *s ichth.* Heringskönig *m*. **~ Han·cock** ['hænˌkɒk] *s Am. colloq.* ‚Friedrich Wilhelm' *m* (*Unterschrift*): **to put one's ~ on** s-n Friedrich Wilhelm setzen auf (*acc*).
John·ny ['dʒɒnɪ; *Am.* 'dʒɑniː] *npr u. s* **1.** Koseform von **John** 2. **2.** *a.* **j~** *sl.* ‚Typ' *m*, Kerl *m*. **3. j~** *Br. sl.* ‚Pa'riser' *m*, ‚Gummi' *m* (*Kondom*). '**j~ˌcake** *s Am.* (ein) Maiskuchen *m*. ‚**~-come-'late·ly** *s Am. colloq.* **1.** Neuankömmling *m*. **2.** Nachzügler *m* (*a. fig.*). ‚**~-on-the-'spot** *s Am. colloq.* a) j-d, der ‚auf Draht' ist, b) Retter *m* in der Not. **~ Tax·pay·er** *s Am. colloq.* der (brave) Steuerzahler.
John·son·ese [ˌdʒɒnsə'niːz; *Am.* ˌdʒɑn-] *s* **1.** Stil *m* von Samuel Johnson. **2.** pom'pöser *od.* hochtrabender Stil.
John·so·ni·an [dʒɒn'səʊnjən; -nɪən; *Am.* dʒɑn-] *adj* **1.** Johnsonsch(er, e, es) (*Samuel Johnson od. s-n Stil betreffend*). **2.** pom'pös, hochtrabend.
joie de vi·vre [ˌʒwɑːdə'viːvrə] *s* Lebensfreude *f*, -lust *f*.
join [dʒɔɪn] **I** *v/t* **1.** *etwas* verbinden, -einigen, zs.-fügen (**to, on** to mit): **to ~ hands** a) die Hände falten, b) sich die Hand *od.* die Hände reichen, c) *fig.* gemeinsame Sache machen, sich zs.-tun (**with** mit). **2.** *Personen* vereinigen, zs.-bringen (**with, to** mit): **to ~ in friendship** freundschaftlich verbinden; **they are ~ed in marriage** sie sind ehelich (miteinander) verbunden. **3.** *fig.* verbinden, -ein(ig)en: **to ~ prayers** gemeinsam beten; → **force** 1. **4.** sich anschließen (*dat ad.* an *acc*), stoßen *od.* sich gesellen zu: **I'll ~ you later** ich komme später nach; **I was ~ed by Mary** Mary schloß sich mir an; **to ~ s.o. in** (**doing**) **s.th.** etwas zusammen mit j-m tun; **to ~ s.o. in a walk** (gemeinsam) mit j-m e-n Spaziergang machen, sich j-m auf e-m Spaziergang anschließen; **to ~ one's regiment** zu s-m Regiment stoßen; **to ~ one's ship** an Bord s-s Schiffes gehen; → **majority** 2. **5.** eintreten in (*acc*): a) e-m Club, e-r Partei *etc* beitreten, b) anfangen bei e-r Firma *etc*: **to ~ the army** ins Heer eintreten, *weitS.* Soldat werden. **6.** a) teilnehmen *od.* sich beteiligen an (*dat*), mitmachen bei, sich anschließen (*dat*) b) sich einlassen auf (*acc*), *den Kampf etc* aufnehmen: **to ~ an action** *jur.* e-m Prozeß beitreten; **to ~ a treaty** e-m (Staats)Vertrag beitreten; **~ battle** *Bes. Redew.*, **issue** 4. **7.** sich vereinigen mit, zs.-kommen mit, (ein)münden in (*acc*) (*Fluß, Straße*). **8.** *math.* Punkte verbinden. **9.** (an)grenzen an (*acc*). **II** *v/i* **10.** sich vereinigen *od.* verbinden (**with** mit). **11. ~ in** a) teilnehmen, sich beteiligen, mitmachen (**at, in** an *dat*), b) sich anschließen (*dat*): **~ in, everybody!** alle mitmachen *od.* mitsingen!, b) → 6 a: **to ~ with s.o. in** (**doing**) **s.th.** etwas zusammen mit j-m tun. **12.** sich vereinigen, zs.-kommen (*Straßen*), (*Flüsse a.*) zs.-fließen. **13.** an-

ein'andergrenzen, sich berühren. **14. ~ up** Sol'dat werden.
III *s* **15.** Verbindungsstelle *f*, -linie *f*, Naht *f*, Fuge *f*.
join·der ['dʒɔɪndə(r)] *s* **1.** Verbindung *f*. **2.** *jur.* a) **~ of causes of action** objektive Klagehäufung, b) **~ of parties** subjektive Klagehäufung, c) **~ of issue** Festlegung *f* der zu entscheidenden strittigen Fragen.
join·er ['dʒɔɪnə(r)] *s* **1.** Tischler *m*, Schreiner *m*: **~'s bench** Hobelbank *f*; **~'s clamp** Leim-, Schraubzwinge *f*. **2.** *j-d*, *der zs.-fügt*: **film ~** (Film)Kleber(in). **3.** *colloq.* ‚Vereinsmeier' *m*. '**join·er·y** [-ərɪ] *s* **1.** Tischler-, Schreinerhandwerk *n*, Tischle'rei *f*, Schreine'rei *f*. **2.** Tischler-, Schreinerarbeit *f*.
joint [dʒɔɪnt] **I** *s* **1.** Verbindung(sstelle) *f*, *bes.* a) Tischlerei *etc*: Fuge *f*, Stoß *m*, b) *rail.* Schienenstoß *m*, c) (Löt)Naht *f*, Nahtstelle *f*, d) *anat. biol. tech.* Gelenk *n*: **out of ~** ausgerenkt; *fig.* aus den Fugen; **to put out of ~** sich *etwas* ausrenken; → **nose** *Bes. Redew.* **2.** *bot.* a) (Sproß)Glied *n*, b) (Blatt)Gelenk *n*, c) Gelenk(knoten *m*) *n*. **3.** Verbindungsstück *n*, Bindeglied *n*. **4.** *gastr.* Braten(stück *n*) *m*. **5.** Buchbinderei: Falz *m* (*der Buchdecke*). **6.** *sl.* ‚Laden' *m*, ‚Bude' *f*: a) Lo'kal *n*: → **clip joint**, b) Gebäude *n*, c) Firma *f*, Geschäft *n*. **7.** *sl.* ‚Joint' *m* (*mit Haschisch od. Marihuana versetzte Zigarette*).
II *adj* (*adv* → **jointly**) **8.** gemeinsam, gemeinschaftlich (*a. jur.*): **~ effort**; **~ invention**; **~ liability**; **~ action** gemeinsames Vorgehen; **to take ~ action** gemeinsam vorgehen; **~ and several** a) *jur.* gesamtschuldnerisch, b) solidarisch; **~ and several liability** gesamtschuldnerische Haftung; **~ and several note** *Am.* gesamtschuldnerisches Zahlungsversprechen; **for their lives** solange sie beide *od.* alle leben. **9.** *bes. jur.* Mit..., Neben...: **~ heir** *bes. Am.* Miterbe *m*; **~ offender** Mittäter *m*; **~ plaintiff** Mitkläger *m*. **10.** vereint, zs.-hängend.
III *v/t* **11.** verbinden, zs.-fügen. **12.** *tech.* a) fugen, stoßen, verbinden, -zapfen, b) *Fugen* verstreichen. **13.** *Geflügel etc* zerlegen.
joint| ac·count *s econ.* Gemeinschaftskonto: **on** (*od.* **for**) **~** auf *od.* für gemeinsame Rechnung. **~ ad·ven·ture** → joint venture. **~ cap·i·tal** *s econ.* Geˌsellschaftskapiˌtal *n*. **~ com·mit·tee** *s bes. parl.* gemischter *od.* pari'tätischer Ausschuß. **~ cred·it** *s econ.* Konsorti'alˌkreˌdit *m*. **~ cred·i·tor** *s jur.* gemeinsamer Gläubiger, (*etwa*) Gesamthandgläubiger *m*. **~ debt** *s jur.* gemeinsame Verbindlichkeit, (*etwa*) Gesamthandschuld *f*. **~ debt·or** *s jur.* Mitschuldner *m*, (*etwa*) Gesamthandschuldner *m*.
'**joint·ed** *adj* **1.** verbunden. **2.** gegliedert, mit Gelenken (versehen): **~ doll** Gliederpuppe *f*. '**joint·er** *s tech.* **1.** Schlichthobel *m*. **2.** Fügebank *f*. **3.** Maurerei: Fugeisen *n*, Fugenkelle *f*.
joint| e·vil *s vet.* Lähme *f*. **~ fam·i·ly, ~ house·hold** *s* 'Großfaˌmilie *f*.
'**joint·ly** *adv* gemeinschaftlich: **~ and severally** a) *jur.* gesamtschuldnerisch, b) solidarisch, gemeinsam.
joint|own·er *s econ.* Miteigentümer(in), Mitinhaber(in); Mitbesitzer(in): **~ of a ship** Mit-, Partenreeder *m*. **~ own·er·ship** *s econ.* Miteigentum *n*, Mitinhaberschaft *f*. **~ pro·duc·tion** *s Film, TV*: 'Koprodukti̦on *f*. **~ res·o·lu·tion** *s allg.* gemeinsame Entschließung, *parl. Am.* gemeinsame Resoluti'on (*des Senats u. des Repräsentantenhauses*). **~ stock** *s econ.* Ge'sellschafts-, 'Aktien-

kapi̱tal n. ~·'stock bank s econ. Br. Aktienbank f. ~·'stock com·pa·ny s econ. 1. Br. a) Kapi'talgesellschaft f, b) Aktiengesellschaft f. 2. Am. Offene Handelsgesellschaft auf Aktien. ~ ten·an·cy s jur. 1. gemeinsames Eigentum, Miteigentum n. 2. Mitpacht f, Mitmiete f. ~ ten·ant s jur. 1. Miteigentümer (-in). 2. Mitpächter(in), Mitmieter(in). ~ un·der·tak·ing → joint venture 2. join·ture ['dʒɔɪntʃə(r)] jur. I s (vom Ehemann verfügte) Vermögenszuwendung (an die Ehefrau für die Zeit nach s-m Tod): to settle a ~ upon one's wife → II. II v/t: to ~ one's wife s-r Frau e-e Vermögenszuwendung aussetzen.
joint ven·ture s econ. 1. Ge'meinschaftsunter₁nehmen n. 2. Gelegenheitsgesellschaft f.
joist [dʒɔɪst] arch. I s 1. Deckenträger m, -balken m. 2. I-Träger m. II v/t 3. Dekkenträger einziehen in (acc).
joke [dʒəʊk] I s 1. Witz m: to crack ~s Witze reißen; to make ~s about sich lustig machen über (acc), (s-e) Witze machen über (acc). 2. a) Scherz m, Spaß m: in (od. for a) ~ im od. zum Spaß; this time the ~'s on me diesmal bin ich der Dumme; to be no ~ e-e ernste Angelegenheit sein; keine Kleinigkeit sein; that's going beyond a ~ das ist kein Spaß mehr, das ist nicht mehr lustig; I don't see the ~ ich verstehe nicht, was daran so lustig sein soll; he can't take a ~ er versteht keinen Spaß, b) meist practical ~ Streich m: to play a ~ on s.o. j-m e-n Streich spielen. 3. Zielscheibe f des Spotts, Gespött n. II v/i 4. scherzen, Witze od. Spaß machen: I was only joking ich hab' nur Spaß gemacht, das war nicht ernst gemeint; I'm not joking ich meine das ernst, ich mache keinen Spaß; you must be joking das ist doch nicht dein Ernst! III v/t 5. j-n hänseln, necken. 'jok·er s 1. Spaßvogel m, Witzbold m. 2. sl., Typ' m, Kerl m. 3. Joker m (Spielkarte). 4. Am. sl. meist pol. ,'Hintertürklausel' f. 'jok·ing I adj scherzhaft, spaßend: I'm not in a ~ mood ich bin nicht zu Scherzen aufgelegt, mir ist nicht nach Späßen zumute. II s Witze pl: ~ apart! Scherz od. Spaß beiseite!
jol·li·fi·ca·tion [₁dʒɒlɪfɪ'keɪʃn; Am. ₁dʒɑ-] s colloq. (feuchtfröhliches Fest, Festivi'tät f. 'jol·li·fy [-faɪ] v/t colloq. 1. in fröhliche Stimmung versetzen. 2. beschwipst machen. 'jol·li·ness, 'jol·li·ty [-ətɪ] s Lustigkeit f, Fröhlichkeit f. jol·ly¹ ['dʒɒlɪ; Am. 'dʒɑlɪ:] I adj (adv jollily) 1. lustig, fröhlich, vergnügt. 2. nett, angenehm. 3. colloq. angeheitert, beschwipst: to be ~ e-n Schwips haben. II adv 4. Br. colloq. ,ganz schön', ziemlich: ~ late; ~ good!, prima'!, ,klasse!'; a ~ good fellow ein ,prima' Kerl; he's a ~ nice er ist ,unheimlich' nett; you'll well have to do it du mußt (es tun), ob du willst oder nicht; you ~ well know du weißt ganz gut od. genau. III v/t colloq. 5. meist ~ along (od. up) j-n bei Laune halten. 6. to ~ s.o. into doing s.th. j-n dazu bringen od. überreden, etwas zu tun. 7. j-n ,aufziehen', necken.
jol·ly² ['dʒɒlɪ; Am. 'dʒɑlɪ:], ~ boat s mar. Jolle f.
Jol·ly Rog·er [₁dʒɒlɪ'rɒdʒə; Am. ₁dʒɑlɪ:-'radʒər] s Totenkopf-, Pi'ratenflagge f.
jolt [dʒəʊlt] I v/t 1. a) e-n Ruck od. Stoß geben (dat), b) Passagiere 'durchrütteln, -schütteln. 2. tech. Metallstäbe stauchen. 3. fig. a) j-m e-n Schock versetzen, b) j-n auf- od. wachrütteln: to ~ s.o. out of a. j-n reißen aus. II v/i 4. a) e-n Ruck machen, b) rütteln, holpern (bes. Fahrzeug): to ~ along dahinholpern. 5. Am. sl. ,fixen', ,schießen' (sich Drogen spritzen). III s 6. Ruck m, Stoß m. 7. fig. Schock m: to give s.o. a ~ j-m e-n Schock versetzen; a healthy ~ ein heilsamer Schock. 8. Am. sl. ,Schuß' m (Kognak, Heroin etc). 'jolt·er s Am. sl. ,Fixer(in)'. 'jolt·y adj 1. ruckartig. 2. a) holp(e)rig (Fahrbahn etc), b) rüttelnd (Fahrzeug).
Jo·nah ['dʒəʊnə] npr u. s 1. Bibl. (das Buch) Jona(s) m. 2. fig. Unglücksbringer m. ~ word s Wort, mit dessen Aussprache ein Stotterer Schwierigkeiten hat.
Jo·nas ['dʒəʊnəs] → Jonah 1.
Jon·a·than ['dʒɒnəθən; Am. 'dʒɑ-] s Jonathan m (ein Tafelapfel).
jon·gleur [ʒɔ̃:ŋ'glɑ:; Am. -'glɑr] s hist. fahrender Sänger, Spielmann m.
jon·quil ['dʒɒŋkwɪl; Am. 'dʒɑŋ-; 'dʒɑn-] s 1. bot. Jon'quille f (e-e Narzisse). 2. a. ~ yellow helles Rötlichgelb.
jo·rum ['dʒɔ:rəm] s großes Trinkgefäß.
Jo·seph·son ef·fect ['dʒəʊzɪfsn] s phys. 'Josephson-Ef₁fekt m.
josh [dʒɒʃ] Am. colloq. I v/t j-n ,aufziehen', ,veräppeln', necken. II v/i Spaß od. Witze machen (with mit). III s ,Veräppelung' f.
Josh·u·a ['dʒɒʃwə; Am. 'dʒɑ-] npr u. s Bibl. (das Buch) Josua m od. Josue m.
joss [dʒɒs; Am. a. dʒɑs] s chi'nesischer (Haus)Götze. ~ house s chi'nesischer Tempel. ~ stick s Räucherstäbchen n.
jos·tle ['dʒɒsl; Am. 'dʒɑsəl] I v/t 1. anrempeln. 2. dränge(l)n: to ~ one's way through sich (hindurch)drängen durch. II v/i 3. ~ against rempeln gegen, anrempeln. 4. sich dränge(l)n. 5. Am. sl. Taschendiebstähle begehen. III s 6. Rempe'lei f. 7. Gedränge n. 'jos·tler s Am. sl. Taschendieb(in).
Jos·u·e ['dʒɒsjuɪ:; Am. 'dʒɑsə₁weɪ] → Joshua.
jot [dʒɒt; Am. dʒɑt] I s fig. Spur f: not a ~ of truth kein Funke od. Körnchen Wahrheit; there is not one ~ of truth in that story an der Geschichte ist kein Wort wahr. II v/t meist ~ down a) sich etwas no'tieren, b) etwas 'hinwerfen, flüchtig zu Pa'pier bringen. 'jot·ter s No'tizbuch n, -block m. 'jot·ting s meist pl No'tiz f.
joule [dʒu:l; dʒaʊl] s phys. Joule n (1 Wattsekunde).
Joule-Thom·son ef·fect [₁dʒu:l-'tɒmsn; Am. -'tɑmsən] s phys. 'Joule-'Thomson-Ef₁fekt m.
jounce [dʒaʊns] → jolt 1, 4, 6.
jour·nal ['dʒɜ:nl; Am. 'dʒɜrnl] s 1. Tagebuch n. 2. Buchhaltung: Jour'nal n, Grundbuch n: cash ~ Kassenbuch n; sales ~ Warenausgangsbuch n. 3. parl. Proto'koll n: the J~s pl Br. das Protokollbuch. 4. a) Jour'nal n, Zeitschrift f, b) Zeitung f. 5. mar. Jour'nal n, Logbuch n. 6. tech. (Lager-, Wellen)Zapfen m, Achsschenkel m: ~ bearing Achs-, Zapfenlager n; ~ box Lagerbüchse f. ₁jour·nal'ese [-nə'li:z] s Zeitungsstil m. 'jour·nal·ism s Journa'lismus m: a) Zeitungs-, Pressewesen n, b) Tätigkeit der Journalisten, c) oft contp. charakteristische Art der Zeitungsberichterstattung. 'jour·nal·ist s Journa'list(in). ₁jour·nal'is·tic adj (adv ~ally) journa'listisch. 'jour·nal·ize I v/t 1. in ein Tagebuch od. (econ.) in das Jour'nal eintragen. II v/i ein Tagebuch od. (econ.) ein Jour'nal führen.
jour·ney ['dʒɜ:nɪ; Am. 'dʒɜrnɪ:] I s 1. Reise f (a. fig.): to make a ~; life is a ~ from birth to death; to go on a ~ verreisen; to reach one's ~'s end poet. a) am Ziel der Reise anlangen, b) fig. am Ende des Lebensweges anlangen. 2. Reise f, Entfernung f, Weg m: a two days' ~ zwei Tagereisen (to nach). 3. Route f, Strecke f. II v/i 4. reisen. '~·man [-mən] s irr 1. (Handwerks)Geselle m: ~ tailor Schneidergeselle. 2. fig. (guter) Handwerker (j-d, der einwandfrei, aber unschöpferisch arbeitet): a good ~ trumpeter ein handwerklich guter Trompeter; a ~ work e-e handwerkliche Arbeit. '~·work s 1. Gesellenarbeit f. 2. (notwendige) Rou'tinearbeit.
journ·o ['dʒɜ:nəʊ; Am. 'dʒɜr-] pl -os s Austral. colloq. Journa'list(in).
joust [dʒaʊst; dʒu:st] hist. I v/i 1. im Tur'nier kämpfen, tur'nieren (against, with gegen). II s 2. Lanzenbrechen n, -stechen n. 3. Tur'nier n. 'joust·er s hist. Tur'nierkämpfer m.
Jove [dʒəʊv] npr Jupiter m: by ~! Donnerwetter!
jo·vi·al ['dʒəʊvjəl; -vɪəl] adj (adv ~ly) lustig, fröhlich, vergnügt. ₁jo·vi'al·i·ty [-'ælətɪ], 'jo·vi·al·ness s Lustigkeit f, Fröhlichkeit f.
Jo·vi·an ['dʒəʊvjən; -vɪən] adj astr. u. myth. des Jupiter.
jowl [dʒaʊl] s 1. ('Unter)Kiefer m. 2. a) Wange f, Backe f: → cheek 1, b) Hängebacke f. 3. zo. Wamme f. 4. orn. Kehllappen m. 5. ichth. Kopf(stück n) m.
joy [dʒɔɪ] I s 1. Freude f (at über acc; in an dat): for ~ vor Freude weinen etc; in ~ and in sorrow in Freud u. Leid; tears of ~ Freudentränen; to the ~ of s.o., to s.o.'s ~ zu j-s Freude; it gives me great ~, it is a great ~ to me es macht od. bereitet mir große Freude; to wish s.o. ~ j-m Glück wünschen (of zu); I wish you ~! iro. na dann viel Spaß!; → jump 18, leap 1, 2. Br. colloq. Erfolg m: I got no ~, I didn't have any ~ ich hatte kein Glück. II v/i 3. poet. sich freuen (in über acc). III v/t 4. poet. erfreuen.
'joy·ful adj (adv ~ly) 1. freudig, erfreut: to be ~ sich freuen, froh sein. 2. erfreulich, froh, freudig: a ~ occasion. 'joy·ful·ness s Freudigkeit f. 'joy·less adj (adv ~ly) 1. freudlos. 2. unerfreulich. 'joy·less·ness s 1. Freudlosigkeit f. 2. Unerfreulichkeit f. 'joy·ous adj (adv ~ly) → joyful. 'joy·ous·ness → joyfulness.
'joy·pop v/i sl. ab u. zu Drogen nehmen. ~ ride s colloq. ,Spritztour' f (bes. in e-m gestohlenen Wagen): to go on a ~ → joy-ride. '~-ride v/i colloq. (bes. in e-m gestohlenen Wagen) e-e ,Spritztour' machen. ~ rid·er s colloq. j-d, der in e-m gestohlenen Wagen) e-e ,Spritztour' macht. ~ stick s colloq. 1. Steuerknüppel m. 2. Computer: Joystick m.
ju·be ['dʒu:bi:] s arch. 1. Lettner m. 2. 'Lettnerem₁pore f.
ju·bi·lant ['dʒu:bɪlənt] adj (adv ~ly) 1. 'überglücklich. 2. jubelnd: ~ shout Jubelschrei m.
ju·bi·late¹ ['dʒu:bɪleɪt] v/i jubeln, jubi'lieren.
Ju·bi·la·te² [₁dʒu:bɪ'lɑ:tɪ; ,ju:-; Am. -₁teɪ] s relig. 1. (Sonntag m) Jubi'late (3. Sonntag nach Ostern). 2. Jubi'latepsalm m.
ju·bi·la·tion [₁dʒu:bɪ'leɪʃn] s Jubel m.
ju·bi·lee ['dʒu:bɪlɪ:; ₁-'li:] I s 1. Jubi'läum n: silver (golden, diamond) ~ fünfundzwanzigjähriges (fünfzigjähriges, sechzigjähriges) Jubiläum. 2. fünfzigjähriges Jubi'läum. 3. R.C. Jubel-, Ablaßjahr n. 4. Halljahr n (der Israeliten). 5. a) Jubel-, Freudenfest n, b) Festzeit f. 6. Jubel m. II adj 7. Jubiläums-...: ~ stamp.
Ju·dae·an → Judean.
Ju·dah ['dʒu:də] Bibl. I npr Juda m. II s (Stamm m) Juda m.
Ju·da·ic [dʒu:'deɪɪk], a. Ju'da·i·cal adj jüdisch.
Ju·da·ism ['dʒu:deɪɪzəm; Am. -dəɪzəm;

-dɪɪzəm] s Juda'ismus m (*jüdische Religion u. Sitten*). **ˌJu·da'is·tic** *adj* (*adv* **~ally**) juda'istisch. **'Ju·da·ize** I *v/i* dem Juda'ismus anhängen. II *v/t* zum Juda'ismus bekehren, jüdisch machen.
Ju·das ['dʒuːdəs] I *npr Bibl.* **1.** Judas *m.* II *s* **2.** Judas *m* (*Verräter*). **3.** *meist* **j~** a) Guckloch *n*, Spi'on *m*, b) Guckfenster *n*. '**~ˌcol·o(u)red** *adj* rot, rötlich (*bes. Haar*). **j~ hole** → Judas 3 a. **~ kiss** *s* Judaskuß *m*. **~ tree** *s bot.* Judasbaum *m*. **j~ ˈwin·dow** → Judas 3 b.
jud·der ['dʒʌdə(r)] *bes. tech.* I *v/i* vi'brieren. II *s* Vi'brieren *n*.
Jude [dʒuːd] *npr u. s Bibl.* Judas *m*: (the Epistle of) ~ der Judasbrief.
Ju·de·an [dʒuːˈdiːən] *hist.* I *adj* juˈdäisch. II *s* Ju'däer *m*.
judge [dʒʌdʒ] I *s* **1.** *jur.* Richter *m*: **body of ~s** Richterkollegium *n*; → **associate** 7, **sober** 1. **2.** *fig.* Richter *m* (of über *acc*). **3.** a) Schiedsrichter *m* (*a. sport*), b) Preisrichter *m* (*a. sport*), c) *sport* Kampfrichter *m*, (*Boxen*) Punktrichter *m*. **4.** Kenner *m*: **a (good) ~ of wine** ein Weinkenner; **a good ~ of character** ein guter Menschenkenner; **I am no ~ of** it ich kann es nicht beurteilen; **let me be the ~ of that** überlasse das *od.* die Entscheidung darüber ruhig mir. **5.** *Bibl.* a) Richter *m*, b) **J~s** *pl* (*als sg konstruiert*) (*das Buch der*) Richter. II *v/t* **6.** *jur.* a) e-n Fall verhandeln, b) die Verhandlung führen gegen. **7.** richten (*Gott*): **God will ~ all men. 8.** a) Wettbewerbsteilnehmer, Leistungen *etc* beurteilen, b) als Schieds- *od.* Preis- *od.* Kampf- *od.* Punktrichter fun'gieren bei. **9.** entscheiden (s.th. etwas; **that** daß). **10.** sich ein Urteil bilden über (*acc*), beurteilen, einschätzen (**by** nach). **11.** betrachten als, halten für: **he ~d it better to leave** er hielt es für besser zu gehen. **12.** schätzen: **to ~ the distance**; **I ~ him to be 60** ich schätze ihn auf 60. **13.** schließen, folgern (**from**, **by** aus). **14.** vermuten, annehmen. III *v/i* **15.** *jur.* Richter sein. **16.** als Schieds- *od.* Preis- *od.* Kampf- *od.* Punktrichter fun'gieren (at bei). **17.** urteilen, sich ein Urteil bilden (**of** über): **as far as one can ~** nach menschlichem Ermessen; **~ for yourself** urteilen Sie selbst; **judging by his words** s-n Worten nach zu urteilen.
judge| ad·vo·cate *pl* **judge ad·vo·cates** *s mil.* Kriegsgerichtsrat *m*. **~ ad·vo·cate genˈer·al** *pl* **judge ad·vo·cates genˈer·al**, **judge ad·vo·cate genˈer·als** *s mil.* Chef *m* der Mili'tärjuˌstiz. '**~-made law** *s jur.* auf richterlicher Entscheidung beruhendes Recht.
judge·matˈic, **judge·matˈi·cal**, **judge·ment** → judgmatic, judgmatical, judgment.
'**judge·ship** *s jur.* Richteramt *n*.
judgˈmatˈic ['dʒʌdʒˈmætɪk] *adj*; **judgˈmatˈi·cal** [-kl] *adj* (*adv* **~ly**) klug, 'umsichtig, vernünftig.
judg·ment ['dʒʌdʒmənt] *s* **1.** *jur.* (Gerichts)Urteil *n*, gerichtliche Entscheidung: **to sit in ~ on** a) e-n Fall verhandeln, b) *a. weitS.* zu Gericht sitzen über (*acc*). **2.** *default* 3. **2.** a) Urteilsurkunde *f*) *n*, b) *Br.* Urteilsbegründung *f*. **3.** Urteil *n*, Beurteilung *f*. **4.** Urteilsvermögen *n*, -kraft *f*, Verständnis *n*, Einsicht *f*: **a man of sound ~** ein urteilsfähiger Mensch; **use your best ~** handeln Sie nach bestem Ermessen; **against better ~** wider bessere Einsicht. **5.** Meinung *f*, Ansicht *f*, Urteil *n* (**on** über *acc*): **to form a ~ on** sich ein Urteil bilden über (*acc*); **in my ~** m-s Erachtens. **6.** a) Strafe *f* (*Gottes*) (**on s.o.** für j-n), b) göttliches (Straf)Gericht: **the Last J~** das Jüngste Gericht; **Day of J~** → Judgment Day. **7.** göttlicher Ratschluß. **8.** Glaube *m*: **the Calvinist ~**. **~ credˈi·tor** *s jur.* Voll'streckungsgläubiger *m*. **J~ Day** *s relig.* Tag *m* des Jüngsten Gerichts, Jüngster Tag. **~ debt** *s jur.* durch Urteil festgestellte Schuld. **~ ˈdebt·or** *s jur.* Voll'streckungsschuldner *m*. **~ note** *s econ. jur. Am.* Schuldanerkenntnisschein *m*. **~-ˈproof** *adj jur. Am.* nicht eintreibbar *od.* pfändbar. **J~ seat** *s relig.* Richterstuhl *m* (*Gottes*).
ju·di·ca·ble ['dʒuːdɪkəbl] *adj jur.* a) verhandlungsfähig (*Fall*), b) rechtsfähig (*Person*). '**ju·di·caˈtive** [-kətɪv; *Am.* -ˌkeɪtɪv] *adj* Urteils...: **~ faculty** Urteilskraft *f*. '**ju·di·caˈto·ry** [-kətərɪ; -keɪ-; *Am.* -kəˌtɔːrɪ; -ˌtoːrɪ] *jur.* I *adj* → judicial. II *s* → judicature 1 *u.* 5.
ju·di·ca·ture ['dʒuːdɪkətʃə(r); *Am. a.* -ˌtʃʊər] *s jur.* **1.** Rechtsprechung *f*, Rechtspflege *f*, Juˈstiz(verwaltung) *f*: **Supreme Court of J~** Oberster Gerichtshof (*für England u. Wales*). **2.** Geˈrichtswesen *n*, -syˌstem *n*: **J~ Act** *Br.* Gerichtsverfassungsgesetz *n*. **3.** a) Richteramt *n*, b) Amtszeit *f* e-s Richters, c) richterliche Gewalt. **4.** → **judiciary** 4. **5.** Gerichtshof *m*.
ju·di·cial [dʒuːˈdɪʃl] *adj* (*adv* **~ly**) **1.** *jur.* gerichtlich, Gerichts...: **~ authorities** Justizbehörden; **~ decision** gerichtliche *od.* richterliche Entscheidung; **~ district** (*Am.* circuit) Gerichtsbezirk *m*; **~ error** Justizirrtum *m*; **~ murder** Justizmord *m*; **~ proceedings** Gerichtsverfahren *n*, gerichtliches Verfahren; → **separation** 4. **2.** *jur.* richterlich: **~ discretion** richterliches Ermessen; **~ oath** vom Richter abgenommener Eid; **~ office** Richteramt *n*; **~ power** richterliche Gewalt. **3.** *jur.* gerichtlich (*angeordnet od.* gebilligt): **~ sale** *Am. u. Scot.* gerichtliche Versteigerung, Zwangsversteigerung *f*. **4.** scharf urteilend, kritisch. **5.** 'unparˌteiisch. **6.** als göttliche Strafe verhängt: **~ pestilence**.
ju·di·ciˈar·y [dʒuːˈdɪʃɪərɪ; -ʃərɪ; *Am.* -ʃɪˌerɪ] *adj* **1.** → **judicial** 1 *u.* 2. II *s* **2.** *Am.* richterliche Gewalt. **3.** → **judicature** 2. **4.** *collect.* Richter(schaft *f*, -stand *m*) *pl*.
ju·di·cious [dʒuːˈdɪʃəs] *adj* (*adv* **~ly**) **1.** vernünftig, klug, 'umsichtig. **2.** 'wohlˈüberˌlegt. **juˈdi·cious·ness** *s* Vernünftigkeit *f*, Klugheit *f*, 'Umsicht *f*.
Ju·dith ['dʒuːdɪθ] *npr u. s Bibl.* (*das Buch*) Judith *f*.
ju·do ['dʒuːdəʊ] *s sport* Judo *n*. '**ju·doˌist** *s* Judoexˌperte *m*. '**ju·doˌka** [-kɑː] *s* **1.** Juˈdoka *m*. **2.** → judoist.
'**ju·do·man** *s irr sport* Juˈdoka *m*.
Ju·dy ['dʒuːdɪ] *s* **1.** Kasperletheater *n*: Gretel *f*: → **Punch**[4]. **2.** *oft* **j~** *colloq.* ˌPuppe' *f*, ˌBiene' *f* (*Mädchen*).
jug[1] [dʒʌg] I *s* **1.** a) Krug *m*, b) *bes. Br.* Kanne *f*, c) *bes. Br.* Kännchen *n*. **2.** *sl.* ˌKittchen' *n*, ˌKnast' *m* (*Gefängnis*). **3.** *econ. Am. sl.* Bank *f*. II *v/t* **4.** *gastr. bes.* e-n Hasen schmoren: **~ged hare** Hasenpfeffer *m*. **5.** *sl.* ins ˌKittchen' stecken, ˌeinlochen'.
jug[2] [dʒʌg] I *v/i* schlagen (*Nachtigall*). II *s* Schlag *m*.
juˈgal [ˈdʒuːgl] *anat. zo.* I *adj* Jochbein... II *s a.* **~ bone** Jochbein *n*.
juˈgate [ˈdʒuːɡeɪt; -ɡɪt] *adj* **1.** *biol.* paarig, gepaart. **2.** *bot.* ...paarig.
Juˈgend·stil [ˈjuːɡəntʃtiːl] (*Ger.*) *s art* Jugendstil *m*.
jugˈful [ˈdʒʌɡfʊl] *s* (*ein*) Krug(voll) *m*.
jugˈger·naut [ˈdʒʌɡə(r)nɔːt] *s* **1.** *mot. Br.* Schwerlastzug *m*. **2.** *fig.* Moloch *m*: **the ~ of war** der Moloch Krieg.
jug·gins [ˈdʒʌɡɪnz] *s bes. Br. colloq.* Trottel *m*.

jug·gle [ˈdʒʌɡl] I *v/t* **1.** jonˈglieren (mit). **2.** *fig.* a) jonˈglieren mit (*Fakten*, *Worten* *etc*), b) *Fakten*, *Worte etc* verdrehen, c) *Konten etc* fälschen, ˌfriˈsieren'. **3.** j-n betrügen (**out of** um), ˌreinlegen'. II *v/i* **4.** jonˈglieren. **5.** **~ with ~ 2**. **6.** ein falsches (*od.* sein) Spiel treiben (**with s.o.** mit j-m). III *s* **7.** Jonˈgleurakt *m*. **8.** Schwindel *m*. '**jug·gler** *s* **1.** Jonˈgleur *m*. **2.** *fig.* j-d, der mit etwas jongliert *od.* der etwas verdreht *od.* fälscht: **~ of words** Wortverdreher *m*. **3.** Schwindler *m*. '**juggler·y** [-lərɪ] *s* **1.** Jonˈglieren *n*: **act of ~** Jongleurakt *m*. **2.** Schwindel *m*.
Ju·goˈslav, *etc* → Yugoslav, *etc*.
jug·u·lar [ˈdʒʌɡjʊlə; *Am.* -jələr] I *adj* **1.** *anat.* Jugular... **2.** *med.* **~ vein** → 3. **2.** *fig.* mörderisch: **~ competition** mörderischer *od.* unbarmherziger Konkurrenzkampf. II *s* **3.** *anat.* Drosselvene *f*, Juguˈlarader *f*, -vene *f*. **4.** *ichth.* Kehlflosser *m*. **5.** *fig.* empfindliche Stelle: **to have a feel** (*od.* **an instinct**) **for the ~** ein Gespür dafür haben, wo j-d verwundbar ist.
ju·gu·late [ˈdʒʌɡjʊleɪt] *v/t* **1.** die Kehle 'durchschneiden (*dat*). **2.** *med.* e-e Krankheit ku'pieren.
juice [dʒuːs] I *s* **1.** a) (*Obst-*, *Fleisch-etc*)Saft *m*: **to let s.o. stew in his own ~** *colloq.* ˌj-n im eigenen Saft schmoren lassen', b) *meist pl physiol.* Körpersaft *m*: → **digestive** 2, **gastric**. **2.** *fig.* Saft *m* (*u.* Kraft *f*), Vitaliˈtät *f*. **3.** *fig.* (*das*) Wesentliche, Kern *m*. **4.** *el. sl.* ˌSaft' *m* (*Strom*), b) *mot.* ˌSprit' *m* (*Benzin*): **to step on the ~** ˌSaft' *od.* Gas geben. **5.** *bes. Am. sl.* Alkohol *m*: **to be into ~** ˌblau' sein. **6.** *Am. sl.* a) Wucherzinsen *pl*, b) Kreˈdit *m* zu Wucherzinsen. **7.** *Am. sl.* a) Einfluß *m*, b) einflußreiche Posiˈtion. II *v/t* **8.** entsaften. **9.** mit Saft überˈgießen. **10. ~ up** *Am. colloq.* Leben *od.* Schwung bringen in (*acc*): **to ~ up a party**. **11. to get ~d up** *bes. Am. sl.* ˌsich vollaufen lassen' (**on** mit). **juiced** *adj bes. Am. sl.* ˌblau', ˌbesoffen'.
ˈjuice| exˈtrac·tor → **juicer** 1. '**~-ˌhead** *s bes. Am. sl.* a) Gewohnheitstrinker *m*, b) ˌSäufer' *m*.
'**juice·less** *adj* **1.** saftlos. **2.** *fig.* fad(e), ohne Saft (*u.* Kraft).
juice man *s irr Am. sl.* ˌKreˈdithai' *m*.
'**juic·er** *s* **1.** Entsafter *m* (*Gerät*). **2.** *thea. etc sl.* Beleuchter *m*.
juic·iˈness [ˈdʒuːsɪnɪs] *s* **1.** Saftigkeit *f*. **2.** *colloq.* a) Pikanteˈrie *f*, b) ˌKnackigkeit' *f*. '**juic·y** *adj* (*adv* juicily) **1.** saftig. **2.** *colloq.* a) ˌknackig' (*Mädchen*), b) ˌsaftig' (*Gewinn etc*), c) lukraˈtiv (*Vertrag etc*), d) piˈkant (*Einzelheiten etc*).
ju·jitˈsu [dʒuːˈdʒɪtsuː] *s sport* Jiu-Jitsu *n*.
juˈju [ˈdʒuːdʒuː] *s* Juju *m* (*in Westafrika*), b) der damit verbundene Zauber.
ju·jube [ˈdʒuːdʒuːb] *s* **1.** *bot.* a) Juˈjube *f*, Judendorn *m*, b) Chiˈnesische Dattel. **2.** *med. pharm.* Paˈstille *f* (*mit Fruchtgeschmack*).
ju·jutˈsu [dʒuːˈdʒʊtsuː] → jujitsu.
'**juke-box** [ˈdʒuːk-] *s* Jukebox *f*, Muˈsikautoˌmat *m*. **~ joint** *s Am. sl.* ˌJukeboxˌbude' *f*, ˌBumslokal' *n*.
ju·lep [ˈdʒuːlep; -lɪp] *s Am.* Julep *n*, *m* (*alkoholisches Erfrischungsgetränk mit Pfefferminzgeschmack*).
Julˈian [ˈdʒuːlɪən] *adj* juliˈanisch: **the ~ calendar** der Julianische Kalender.
ju·liˈenne [dʒuːlɪˈen; ˌʒuː-] I *s* Juliˈennesuppe *f*. II *adj* feingeschnitten (*Gemüse*).
Julˈy [dʒuːˈlaɪ; dʒʊ-] *s* Juli *m*: **in ~** im Juli.
jum·bal → jumble 5.
jum·ble [ˈdʒʌmbl] I *v/t* **1.** *a.* **~ together** (*od.* **up**) a) Sachen durchein'anderwerfen: **his clothes are all ~d up in the wardrobe** s-e Kleidung liegt auf e-m

jumbly – junk

Haufen im Schrank, b) *Fakten etc* durchein'anderbringen: **his thoughts are all ~d up** er ist ganz wirr *od.* durcheinander. **II** *v/i* **2.** wild durchein'anderlaufen. **III** *s* **3.** Durchein'ander *n*: **our plans fell into a ~** unsere Pläne gerieten durcheinander. **4.** *Br.* Ramsch *m*: **~ sale** a) Ramschverkauf *m*, b) Wohltätigkeitsbasar *m*; **~ shop** Ramschladen *m*. **5.** Zuckerkringel *m*. **'jum·bly** [-blɪ] *adj* durchein'ander, wirr.

jum·bo [ˈdʒʌmbəʊ] **I** *pl* **-bos** *s* **1.** Ko'loß *m* (*Sache od. Person*). **2.** *aer.* Jumbo *m* (*Jumbo-Jet*). **II** *adj* **3.** riesig, Riesen... **~ jet** *s aer.* Jumbo-Jet *m* (*Großraumdüsenflugzeug*). **'~-sized** → jumbo 3.

jump [dʒʌmp] **I** *s* **1.** Sprung *m*, Satz *m*: **to make** (*od.* take) **a ~** e-n Sprung machen; **by ~s** *fig.* sprungweise; **to be on the ~** *bes. Am. colloq.* ,auf Trab sein': a) es eilig haben, b) viel zu tun haben; **to keep s.o. on the ~** *bes. Am. colloq.* j-n ,in Trab halten'; **to have the ~ on s.o.** *colloq.* j-m voraussein; **to get the ~ on s.o.** *colloq.* j-m zuvorkommen; **to be one ~ ahead (of)** *colloq.* e-n Schritt *od.* e-e Nasenlänge voraussein (*dat*). **2.** (Fallschirm)Absprung *m*: **~ area** (Ab-)Sprunggebiet *n*. **3.** *sport* (Drei-, Hoch-, Ski-, Weit)Sprung *m*. **4.** Hindernis *n*: **to take the ~**. **5.** *fig.* sprunghaftes Anwachsen, Em'porschnellen *n* (*der Preise etc*): **~ in production** rapider Produktionsanstieg. **6.** (plötzlicher) Ruck *od.* Stoß. **7.** Über'springen *n* (*a. fig.*). **8.** *Damespiel*: Schlagen *n*. **9.** → jump cut. **10.** (Zs.-)Zucken *n*, Auf-, Zs.-fahren *n*: **to give a ~** → 17; **it gives me the ~s** *colloq.* es macht mich ganz nervös *od.* unruhig; **to have the ~s** *colloq.* ganz nervös *od.* aufgeregt *od.* unruhig sein. **11.** *colloq.* a) Fahrt *f*, *bes. aer.* Flug *m*: **it's only a short ~ from London to Paris** mit dem Flugzeug ist es nur ein Katzensprung von London nach Paris, b) *bes. aer.* Abstecher *m*. **12.** a) Rückstoß *m* (*e-r Feuerwaffe*), b) *mil.* Abgangsfehler *m* (*beim Schießen*). **13.** *bes. Br. vulg.* ,Nummer' *f* (*Geschlechtsverkehr*): **to have a ~** e-e Nummer machen *od.* schieben.

II *v/i* **14.** springen: **to ~ clear of s.th.** von etwas wegspringen; **to ~ at** a) *sport* e-n Gegenspieler anspringen, b) *fig.* sich stürzen auf (*acc*); **to ~ at the chance** mit beiden Händen zugreifen, sofort zupakken; **to ~ at the idea** den Gedanken sofort aufgreifen; **to ~ down s.o.'s throat** *colloq.* j-n ,anfahren' *od.* ,anschnauzen'; **to ~ off** a) abspringen (von), b) (*Springreiten*) das Stechen bestreiten; **to ~ on s.o.** *colloq.* a) über j-n herfallen, b) j-m ,aufs Dach steigen'; **to ~ out of one's skin** aus der Haut fahren; **to ~ all over s.o.** *Am. colloq.* j-n ,zur Schnecke' machen; **to ~ to one's feet** auf-, hochspringen; **to ~ to it** *colloq.* mit Schwung ,rangehen', zupacken; **to ~ up** auf-, hochspringen; → conclusion 3. **15.** hüpfen, springen: **to ~ about** (*od.* around) herumhüpfen; **to ~ for joy** Freudensprünge machen; **to make hearts ~ for joy** die Herzen höher schlagen lassen. **16.** (*mit dem Fallschirm*) abspringen. **17.** zs.-zukken, auf-, zs.-fahren (at bei): **the news made him ~** die Nachricht ließ ihn zs.-fahren, er fuhr bei der Nachricht zusammen. **18.** *fig.* ab'rupt 'übergehen, 'überspringen, -wechseln (to zu): **to ~ from one topic to another**. **19.** a) rütteln, stoßen (*Wagen etc*), b) gerüttelt werden, schaukeln, wackeln. **20.** *Damespiel*: schlagen. **21.** sprunghaft (an)steigen, em'porschnellen (*Preise etc*). **22.** *tech.* springen (*Filmstreifen, Schreibmaschine etc*). **23.** *Bridge*: unnötig hoch reizen. **24.** *colloq.* voller Leben sein: **the party was ~ing** auf der Party war ,schwer was los'. **25. (with)** über'einstimmen (mit), passen (zu).

III *v/t* **26.** (hin'weg)springen über (*acc*). **27.** *fig.* über'springen, auslassen: **he must have ~ed a few lines**; **to ~ channels** den Instanzenweg nicht einhalten; **to ~ the line** (*bes. Br.* queue) a) sich vordränge(l)n (*beim Schlangestehen u. fig.*), b) *mot.* aus e-r Kolonne ausscheren u. überholen; → gun¹ 3, light¹ 5. **28.** springen lassen: **he ~ed his horse across the ditch** er setzte mit s-m Pferd über den Graben; **to ~ s.o. into s.th.** *fig.* j-n in e-e Sache hineinstoßen. **29.** *Damespiel*: schlagen. **30.** *mot.* ein Auto mit e-m Starthilfekabel starten. **31.** *Am. colloq.* ,abhauen' aus *od.* von: → bail¹ 2. **32.** 'widerrechtlich Besitz ergreifen von (*fremdem Besitztum etc*). **33.** her'unterspringen von, (her'aus)springen aus: → rail¹ 4. **34.** *colloq.* a) aufspringen auf (*acc*), b) abspringen von (*e-m fahrenden Zug etc*). **35.** *a.* **~ out** *Am. colloq.* ,anschnauzen'. **36.** j-n über'fallen, über j-n 'herfallen. **37.** em'porschnellen lassen, hochtreiben: **to ~ prices**. **38.** *bes. Br. vulg.* ,bumsen', ,vögeln' (*schlafen mit*).

jump·a·ble [ˈdʒʌmpəbl] *adj* über'springbar, zu über'springen(d).

jump|ball *s Basketball*: Sprungball *m*. **~ cut** *s Film, TV*: harter Schnitt (*zwischen zwei Szenen*). **'~-cut** *v/i irr Film, TV*: harte Schnitte machen.

jumped-up [ˌdʒʌmptˈʌp] *adj colloq.* **1.** (parve'nühaft) hochnäsig. **2.** em'porgekommen: **a ~ lot** ein Haufen von Emporkömmlingen.

jump·er¹ [ˈdʒʌmpə(r)] *s* **1.** *sport* (Drei-, Hoch-, Ski-, Weit)Springer *m*. **2.** Sprungpferd *n*. **3.** *tech.* a) Stoß-, Steinbohrer *m*, b) Bohrmeißel *m*, c) Stauchhammer *m*. **4.** *electr.* Über'brückungsdraht *m*.

jump·er² [ˈdʒʌmpə(r)] *s* **1.** *bes. Br.* Pull'over *m*. **2.** *Am.* Kittel *m*. **3.** *Am.* Trägerrock *m*, -kleid *n*.

jump·er ca·bles *s pl mot. Am.* Starthilfekabel *n*.

jump·i·ness [ˈdʒʌmpɪnɪs] *s* a) Nervosi'tät *f*, b) Schreckhaftigkeit *f*.

jump·ing [ˈdʒʌmpɪŋ] *s* **1.** Springen *n*. **2.** *Skisport*: Sprunglauf *m*, Springen *n*. **~ bean** *s bot.* Springende Bohne. **~ hill** *s Skispringen*: Sprungschanze *f*. **~ jack** *s* Hampelmann *m* (*Spielzeug u. in der Gymnastik*). **~ mouse** *s irr zo.* Hüpfmaus *f*. **'~-off place** (*od.* point) *s* **1.** Ausgangspunkt *m*, -basis *f*. **2.** *Am.* a) entlegener Ort, b) Ende *n* der Welt.

jump|jet *s aer. colloq.* Düsensenkrechtstarter *m*. **~ leads** *Br.* → jumper cables. **'~-off** *s Springreiten*: Stechen *n*. **~ pass** *s Basketball*: Sprungpaß *m*. **~ rope** *s Am.* Spring-, Sprungseil *n*. **~ seat** *s* Klapp-, Notsitz *m*. **~ shot** *s Basketball*: Sprungwurf *m*. **~ spark** *s electr.* 'Überschlagfunken *m*. **~ start** *s mot.* Starthilfe *f*: **to give s.o. a ~** j-m Starthilfe geben. **~ suit** *s* Overall *m*. **~ turn** *s Skisport*: 'Umsprung *m*.

jump·y [ˈdʒʌmpɪ] *adj* **1.** a) ner'vös, b) schreckhaft. **2.** a) ruckartig, b) ruckelnd.

junc·tion [ˈdʒʌŋkʃn] *I s* **1.** Verbindung *f*, -einigung *f*. **2.** *rail.* a) Knotenpunkt *m*, b) 'Anschlußstati͵on *f*. **3.** (Straßen)Kreuzung *f*, (-)Einmündung *f*: **traffic ~** Verkehrsknotenpunkt *m*. **4.** Verbindungspunkt *m*. **5.** *math.* Berührung(spunkt *m*) *f*. **6.** *Bergbau*: 'Durchschlag *m*. **7.** *tech.* Anschluß *m*. **II** *adj* **8.** Verbindungs..., Anschluß...: **~ piece**, **~ box** *electr.* Anschluß-, Klemmenkasten *m*; **~ line** *rail.* Verbindungs-, Nebenbahn *f*.

junc·ture [ˈdʒʌŋktʃə(r)] *s* **1.** (kritischer) Augenblick *od.* Zeitpunkt: **at this ~** in diesem Augenblick, zu diesem Zeitpunkt. **2.** a) Verbindung(sstelle) *f*, b) Verbindungsstück *n*, Gelenk *n*, c) Fuge *f*, d) Naht *f*.

June [dʒuːn] *s* Juni *m*: **in ~** im Juni. **~ bee·tle**, **~ bug** *s zo.* Junikäfer *m*.

jun·gle [ˈdʒʌŋgl] *s* Dschungel *m*, *a. n*, *f* (*a. fig.*): **the ~ of tax laws**; **the law of the ~** das Gesetz des Dschungels. **~ bear** *s zo.* Lippenbär *m*. **~ cat** *s zo.* Sumpfluchs *m*.

jun·gled [ˈdʒʌŋgld] *adj* mit Dschungel(n) bedeckt.

jun·gle| fe·ver *s med.* Dschungelfieber *n*. **~ gym** *s* Klettergerüst *n* (*für Kinder*).

jun·gly [ˈdʒʌŋglɪ] *adj* **1.** dschungelartig, Dschungel... **2.** → jungled.

jun·ior [ˈdʒuːnjə(r)] **I** *adj* **1.** junior (*meist nach Familiennamen u. abgekürzt zu Jr., jr., Jun., jun.*): George Smith jr.; Smith ~ Smith II (*von Schülern*). **2.** jünger(er, e, es), 'untergeordnet, zweit(er, e, es): **~ clerk** a) untere(r) Büroangestellte(r), b) zweiter Buchhalter, c) *jur. Br.* Anwaltspraktikant *m*; **~ partner** *econ.* Junior(-partner) *m*; **~ staff** untere Angestellte *pl*. **3.** a) *ped.* Unter...: **the ~ classes**, b) *univ. Am.* im vorletzten Studienjahr: **~ student**. **4.** *jur.* rangjünger, (im Rang) nachstehend: **~ lien** *Am.* nachrangiges Pfandrecht. **5.** *sport* Junioren,... **~ championship**. **6.** Kinder..., Jugend...: **~ books**; **~ library**. **7.** *Am.* jugendlich, jung: **~ skin**. **8.** *Am. colloq.* kleiner(er, e, es): **a ~ hurricane**. **II** *s* **9.** Jüngere(r *m*) *f*: **he is my ~ by 2 years**, **he is 2 years my ~** er ist 2 Jahre jünger als ich; **my ~s** Leute, die jünger sind als ich. **10.** *univ. Am.* Stu'dent(in) im vorletzten Studienjahr. **11.** *a.* **J~** (*ohne art*) a) Junior *m* (*Sohn mit dem Vornamen des Vaters*), b) *allg.* der Sohn, der Junge, c) *Am. colloq.* Kleine(r) *m*. **12.** Jugendliche(r *m*) *f*; Her'anwachsende(r *m*) *f*: → junior miss. **13.** 'Untergeordnete(r *m*) *f* (im Amt), (älte(re)r) Angestellte(r): **he is my ~ in this office** a) er untersteht mir in diesem Amt, b) er ist in diesem Amt noch nicht eingetreten. **14.** *sport* Junior *m*. **~ bar·ris·ter** *s* junior counsel. **~ col·lege** *s Am.* College, an dem die ersten beiden Jahre e-s vierjährigen Studiums absolviert werden. **~ coun·sel** *s jur. Br.* barrister, *der kein* King's Counsel *ist*. **~ high (school)** *s ped. Am.* die unteren Klassen der High-School.

jun·ior·i·ty [ˌdʒuːnɪˈɒrətɪ; *Am.* dʒuːˈnjɔːr-; -ˈjɑːr-] *s* **1.** geringeres Alter *od.* Dienstalter. **2.** 'untergeordnete Stellung, niedrigerer Rang.

jun·ior|light·weight *s Boxen*: Junior-'Leichtgewicht(ler *m*) *n*. **~-'light·weight** *adj Boxen*: Junior-Leichtgewichts... **~ mid·dle·weight** *s Boxen*: Junior-'Mittelgewicht(ler *m*) *n*. **~-'mid·dle·weight** *adj Boxen*: Junior-Mittelgewichts... **~ miss** *s Am.* ,junge Dame', her'anwachsendes Mädchen. **~ right** *s ut͵imogeniture*. **~ school** *s ped. Br.* Grundschule *f* für Kinder von 7–11. **~ wel·ter·weight** *s Boxen*: Junior-'Weltergewicht(ler *m*) *n*. **~-'wel·ter·weight** *adj Boxen*: Junior-Weltergewichts...

ju·ni·per [ˈdʒuːnɪpə(r)] *s bot.* **1.** Wa'cholder(busch *m*. -baum) *m*. **2.** *Am.* 'Zederͺpresse *f*. **3.** Amer. Lärche *f*.

junk¹ [dʒʌŋk] **I** *s* **1.** a) Ausschuß(ware *f*) *m*, Trödel *m*, Kram *m*, b) 'Altmateri͵al *n*, Altwaren *pl*, c) Schrott *m*. **2.** Plunder *m*, Gerümpel *n*, Abfall *m*. **3.** *contp.* Schund *m*, ,Mist' *m*. **4.** *sl.* ,Stoff' *m*, *bes.* Hero'in *n*. **II** *v/t* **5.** *etwas unbrauchbar Gewordenes* ,ausranͺgieren', *ein Auto etc* verschrotten. **6.** *fig. ein Projekt etc* fallenlassen.

junk² [dʒʌŋk] *s* Dschunke *f*.

junk|art s Junk-art f (Kunstform, bei der Konsumabfall der modernen Zivilisation verwendet wird). ~ **deal·er** s Trödler m, Altwarenhändler m.

Jun·ker ['jʊŋkər] (Ger.) s hist. Junker m. **'Jun·ker·dom, 'Jun·ker·ism** s Junkertum n.

jun·ket ['dʒʌŋkɪt] **I** s **1.** a) Quark m, b) Dickmilch f. **2.** a) Sahnequark m, b) Quarkspeise f mit Sahne. **3.** Fest n, Gelage n. **4.** Am. als Dienstreise deklarierte Vergnügungsreise auf öffentliche Kosten. **II** v/i **5.** feiern, ein Fest geben. **6.** Am. e-e als Dienstreise deklarierte Vergnügungsreise auf öffentliche Kosten machen. **III** v/t **7.** festlich bewirten.

junk·ie ['dʒʌŋkɪ] s sl. **1.** „Junkie" m (Rauschgiftsüchtiger), bes. ‚H-Fixer' m. **2.** in Zssgn ...süchtige(r m) f: **to be a publicity ~** publicitysüchtig sein.

junk|mail s Am. Postwurfsendung f. **'~man** Am. → junk dealer. **~ press** s tech. Schrottpresse f. **~ room** s Rumpelkammer f. **~ shop** s **1.** Trödelladen m. **2.** contp. Antiquitätenladen m.

junk·y → junkie.

'junk·yard s a) Schuttabladeplatz m, b) Schrottplatz m.

Ju·no ['dʒuːnəʊ] s astr. myth. u. fig. Juno f. **¡Ju·no'esque** [-'esk], **Ju'no·ni·an** [-njən; -nɪən] adj junonisch.

jun·ta ['dʒʌntə; 'dʒʊntə; Am. bes. 'hʊntə] s **1.** pol. Junta f. **2.** → junto.

jun·to ['dʒʌntəʊ] pl **-tos** s bes. pol. Clique f, Klüngel m.

Ju·pi·ter ['dʒuːpɪtə(r)] s astr. myth. Jupiter m.

ju·ra ['dʒʊərə] pl von jus.

Ju·ras·sic [dʒʊə'ræsɪk] geol. **I** adj Jura..., ju'rassisch: **~ period** → **II.** **II** s 'Jura(formati̯on f) m.

ju·rat ['dʒʊəræt] s jur. **1.** Eidesformel f in e-r (schriftlichen) eidlichen Erklärung. **2.** Ratsherr m (in Kent u. Sussex). **3.** Richter m (auf den Kanalinseln).

ju·rid·ic [dʒʊə'rɪdɪk] adj; **ju'rid·i·cal** adj (adv ~ly) **1.** gerichtlich, Gerichts...: **~ days** Gerichts-, Verhandlungstage. **2.** ju'ristisch, Rechts...

ju·ri·met·rics [ˌdʒʊərɪ'metrɪks] s pl (meist als sg konstruiert) Anwendung f na'turwissenschaftlicher Me'thoden auf 'Rechtsproˌbleme.

ju·ris·con·sult ['dʒʊərɪskənˌsʌlt; Am. ˌdʒʊərɪs'kʌnsʌlt] s **→** jurist **1.**

ju·ris·dic·tion [ˌdʒʊərɪs'dɪkʃn] s **1.** Rechtsprechung f. **2.** a) Gerichtsbarkeit f, b) (örtliche u. sachliche) Zuständigkeit (of, over für): **to come** (od. **fall**) **under** (od. **within**) **the ~ of** unter die Zuständigkeit fallen von (od. gen); **to have ~ over** zuständig sein für. **3.** Gerichtshoheit f. **4.** a) Gerichts-, Verwaltungsbezirk m, b) Zuständigkeitsbereich m. **¡ju·ris'dic·tion·al** [-ʃənl] adj a) Gerichtsbarkeits..., b) Zuständigkeits...: **~ amount** Am. Streitwert m; **~ dispute** Kompetenzstreitigkeit f.

ju·ris·pru·dence [ˌdʒʊərɪs'pruːdəns] s **1.** 'Rechtswissenschaft f, -philosoˌphie f, Jurispruˈdenz f: → **medical jurisprudence.** **2.** Rechtsgelehrsamkeit f. **¡ju·ris'pru·dent** **I** s → jurist **1.** **II** adj rechtskundig. **¡ju·ris·pru'den·tial** [-denʃl] adj rechtswissenschaftlich. **ju·rist** ['dʒʊərɪst] s **1.** Ju'rist m, Rechtsgelehrte(r) m. **2.** Br. 'Rechtsstuˌdent m, Stu'dent m der Rechtswissenschaft, Ju'rist m. **3.** Am. sl. 'Rechtsanwalt m, Richter m. **ju'ris·tic** adj (adv ~ally) ju'ristisch, rechtlich: **~ act** Rechtsgeschäft n; → person **1.** **ju'ris·ti·cal** adj (adv ~ly) → juristic.

ju·ror ['dʒʊərə(r)] s **1.** jur. Geschworene(r) m/f. **2.** Ju'ror m, Preisrichter m.

ju·ry¹ ['dʒʊərɪ] s **1.** jur. (die) Geschworenen pl, Juˈry f: **~ trial** Schwurgerichtsverfahren n; → **grand jury, petty jury, serve 3, special jury, trial 2. 2.** Juˈry f, Preisgericht n, sport a. Kampfgericht n.

ju·ry² ['dʒʊərɪ] adj mar. Hilfs..., Not...: **~ rudder** Notruder n.

ju·ry|box s jur. Geschworenenbank f. **~ fix·ing** s colloq. Geschworenenbestechung f. **~ list** s jur. Geschworenenliste f. **'~man** [-mən] s irr jur. Geschworene(r) m. **~ pan·el** → jury list. **'~ˌwom·an** s irr jur. Geschworene f.

jus [dʒʌs] pl **ju·ra** ['dʒʊərə] (Lat.) s jur. Recht n. **~ ca·no·ni·cum** [kəˈnɒnɪkəm; Am. -ˈnɑː-] (Lat.) s jur. kaˈnonisches Recht, Kirchenrecht n. **~ di·vi·num** [dɪˈvaɪnəm] (Lat.) s göttliches Recht. **~ gen·ti·um** [ˈdʒentɪəm] (Lat.) s jur. Völkerrecht n.

jus·sive ['dʒʌsɪv] ling. **I** adj: **~ mood** → **II.** **II** s Jussiv m (imperativisch gebrauchter Konjunktiv).

just [dʒʌst] **I** adj (adv **justly**) **1.** gerecht (**to** gegen): **to be ~ to s.o.** j-n gerecht behandeln. **2.** gerecht, angemessen, gehörig, (wohl)verdient: **it was only ~** es war nur recht u. billig; **~ reward** gerechter od. wohlverdienter Lohn. **3.** rechtmäßig, zu Recht bestehend, (wohl)begründet: **a ~ claim. 4.** berechtigt, gerechtfertigt, (wohl)begründet: **~ indignation. 5.** richtig, gehörig. **6.** a) genau, korˈrekt, b) wahr, richtig: **a ~ statement. 7.** Bibl. gerecht, rechtschaffen. **8.** mus. rein.

II adv (unbetont dʒəst) **9.** gerade, (so-)ˈeben: **they have ~ gone** sie sind gerade (fort)gegangen; **~ now 3, 10.** gerade, genau, eben: **~ there** eben dort; **~ then** a) gerade damals, b) gerade in diesem Augenblick; **~ five o'clock** genau fünf Uhr; **~ as** a) ebenso wie, b) (zeitlich) gerade als; **~ so!** ganz recht!; **that is ~ it** das ist es (ja) gerade od. eben; **that is ~ like you!** das sieht dir ähnlich!; → thing² **1, well¹ 12. 11.** gerade (noch), ganz knapp, mit knapper Not: **we ~ managed it** wir schafften es gerade noch; **the bullet ~ missed him** die Kugel ging ganz knapp an ihm vorbei, die Kugel hätte ihn beinahe getroffen; **~ possible** immerhin möglich, im Bereich des Möglichen; **~ too late** gerade zu spät. **12.** nur, lediglich, bloß: **~ for the fun of it** nur zum Spaß; **~ an ordinary man** nur ein Mann wie alle anderen; **~ moment 1, etc. 13. ~ about** a) ungefähr, etwa: **~ about the same;** I've **~ about had enough!** colloq. so langsam reicht's mir!, b) gerade noch: **I ~ about caught the train. 14.** vor imp a) doch, mal, b) nur: **~ tell me** sag mir mal, sag mir nur od. bloß; **~ sit down, please** setzen Sie sich doch bitte. **15.** colloq. einfach, wirklich: **~ wonderful. 16.** eigentlich: **~ how many are there?**

jus·tice ['dʒʌstɪs] s **1.** Gerechtigkeit f (**to** gegen, gegenüber). **2.** Rechtmäßigkeit f, Berechtigung f: **the ~ of a claim. 3.** Berechtigung f, Recht n: **to complain with ~** sich mit od. zu Recht beschweren. **4.** Gerechtigkeit f, gerechter Lohn: **to do ~ to** a) j-m od. e-r Sache Gerechtigkeit widerfahren lassen, gerecht werden (dat), b) etwas recht zu würdigen wissen, richtig würdigen, c) e-r Speise, dem Wein etc tüchtig zusprechen; **to do o.s. ~, to do to o.s. ~** sein wahres Können zeigen, s-e Fähigkeiten zeigen od. unter Beweis stellen, b) sich selbst gerecht werden; **in ~ to him** um ihm gerecht zu werden. **5.** jur. Gerechtigkeit f, Recht n: **~ was done** der Gerechtigkeit wurde Genüge getan; **in ~ von Rechts wegen; ~ administer 2, flee 1. 6.** Rechtsprechung f, Rechtspflege f, Juˈstiz f: **to bring to ~** vor den Richter bringen. **7.** jur. Richter m: **~ of the peace** Friedensrichter (Laienrichter für Bagaˈtellsachen); **~'s warrant** Br. Haftbefehl m e-s justice of the peace; → **chief justice. 'jus·tice·ship** s Richteramt n.

jus·ti·ci·a·ble [dʒʌ'stɪʃɪəbl; -ʃəbl] adj **1.** gerichtlicher Entscheidung unterˈworfen. **2.** gerichtlich verwendbar.

jus·ti·ci·a·ry [dʒʌ'stɪʃɪərɪ; Am. -ʃɪˌerɪ] **I** s Richter m. **II** adj Justiz..., richterlich.

jus·ti·fi·a·bil·i·ty [ˌdʒʌstɪfaɪə'bɪlətɪ] s Vertretbarkeit f. **'jus·ti·fi·a·ble** adj zu rechtfertigen(d), berechtigt, vertretbar, entschuldbar: → **homicide 1. 'jus·ti·fi·a·bly** [-blɪ] adv berechtigterweise, mit gutem Grund, mit Recht.

jus·ti·fi·ca·tion [ˌdʒʌstɪfɪ'keɪʃn] s **1.** Rechtfertigung f (a. jur. u. relig.): **in ~ of** zur Rechtfertigung von (od. gen); **to plead ~** jur. (im Beleidigungsprozeß) geltend machen, daß die angegriffene Behauptung wahr ist. **2.** Berechtigung f: **with ~** → **justifiably. 3.** print. Juˈstierung f, Ausschluß m. **'jus·ti·fi·ca·to·ry** ['dʒʌstɪfɪkeɪtərɪ; Am. bes. dʒʌ'stɪfɪkəˌtɔː-, -ˌtoː-; -ə-]. **'jus·ti·fi·ca·tive** [-ˌkeɪtɪv] adj rechtfertigend, Rechtfertigungs...

jus·ti·fy ['dʒʌstɪfaɪ] v/t **1.** rechtfertigen (**before** od. **to s.o.** vor j-m, j-m gegenüber): **to be justified in doing s.th.** a) etwas mit gutem Recht tun, b) berechtigt sein, etwas zu tun; **you are not justified in talking to me like that** Sie haben kein Recht, so mit mir zu sprechen; → **end 18. 2.** a) gutheißen, b) entschuldigen, c) j-m Recht geben. **3.** relig. rechtfertigen, von Sündenschuld freisprechen. **4.** tech. richtigstellen, richten, e-e Waage etc juˈstieren. **5.** print. juˈstieren, ausschließen. **II** v/i **6.** jur. sich rechtfertigen (können).

'just·ly adv **1.** richtig. **2.** mit od. zu Recht: **~ indignant. 3.** gerechterweise, verdientermaßen.

'just·ness s **1.** Gerechtigkeit f. **2.** Rechtmäßigkeit f. **3.** Richtigkeit f. **4.** Genauigkeit f.

jut [dʒʌt] **I** v/i a. **~ out** a) vorspringen, b) herˈausragen: **to ~ into s.th.** in etwas hineinragen. **II** s Vorsprung m.

jute¹ [dʒuːt] **I** s **1.** Jute(faser) f. **2.** bot. Jutepflanze f. **II** adj **3.** Jute...

Jute² [dʒuːt] s Jüte m.

Jut·land·er ['dʒʌtləndə(r)] s Jütländer m.

ju·ve·nes·cence [ˌdʒuːvə'nesns] s **1.** Verjüngung f, Jungwerden n: **well of ~** Jungbrunnen m. **2.** Jugend f. **ju·ve'nes·cent** adj **1.** sich verjüngend. **2.** jugendlich.

ju·ve·nile ['dʒuːvənaɪl; Am. a. -vənl] **I** adj **1.** jugendlich, jung. **2.** Jugend...: **~ books;** **~ court** jur. Jugendgericht n; **~ delinquency** Jugendkriminalität f; **~ delinquent** (od. **offender**) jugendlicher Täter, straffälliger Jugendlicher; **~ offence** (Am. **offense**) Straftat f e-s Jugendlichen. **3.** a) unreif, Entwicklungs...: **~ stage** Entwicklungsstadium n, b) contp. kindisch, infanˈtil. **II** s **4.** Jugendliche(r m) f. **5.** thea. jugendlicher Liebhaber. **6.** Jugendbuch n. **7.** eben flügge gewordener Vogel.

ju·ve·nil·i·a [ˌdʒuːvə'nɪlɪə] (Lat.) s pl **1.** Jugendwerke pl (e-s Autors etc). **2.** a) Werke pl für die Jugend, b) (als sg konstruiert) Jugendbuch n, -film m etc.

ju·ve·nil·i·ty [ˌdʒuːvə'nɪlətɪ] s **1.** Jugendlichkeit f. **2.** a) jugendliche Torheit, jugendlicher Leichtsinn, b) oft pl Kindeˈrei f. **3.** collect. (die) Jugendlichen pl, (die) Jugend.

ju·vey, ju·vie ['dʒuːvɪ] s Am. sl. jugendlicher Täter.

jux·ta·pose [ˌdʒʌkstə'pəʊz] v/t nebenein anderstellen (a. fig.). **¡jux·ta·po'si·tion** s **1.** Nebeneinˈanderstellung f. **2.** Nebeneinˈanderstehen n: **to be in ~** nebeneinanderstehen.

K

K, k [keɪ] **I** *pl* **K's, Ks, k's, ks** [keɪz] *s* **1.** K, k *n* (*Buchstabe*). **2.** K K *n*, K-förmiger Gegenstand. **II** *adj* **3.** elft(er, e, es). **4.** K K-..., K-förmig: a K frame.
ka(b)·ba·la, *etc* → cabala, *etc*.
ka·di → cadi.
Kaf·(f)ir ['kæfə(r)] *pl* **-(f)irs, -(f)ir** *s meist contp.* Kaffer(in) (*Angehörige[r] e-s der südafrikanischen Bantuvölker*).
Kaf·ka·esque [ˌkæfkə'esk; *Am. a.* ˌkɑːf-] *adj* kafka'esk, bedrückend u. furchterregend.
kaf·tan → caftan.
kai·ak → kayak.
kail, kail·yard → kale, kaleyard.
kai·nite ['kaɪnaɪt; 'keɪ-] *s min.* Kai'nit *m*.
Kai·ser, k~ ['kaɪzər] (*Ger.*) *s hist.* Kaiser *m*.
ka·ke·mo·no [ˌkækɪ'məʊnəʊ; *Am.* ˌkɑː-] *pl* **-nos** *s* Kake'mono *n* (*ostasiatisches hochformatiges Rollbild auf Papier, Brokat od. Seide*).
ka·ki ['kɑːkɪ] *s bot.* **1.** Kakibaum *m*. **2.** Kakipflaume *f,* -frucht *f*.
kale [keɪl] *s* **1.** *bot.* Grün-, Braun-, Winter-, Krauskohl *m*. **2.** *Scot.* a) *bot.* Kohl *m*, b) Kohlsuppe *f*. **3.** *Am. sl.* „Zaster" *m*, ‚Kies' *m* (*Geld*).
ka·lei·do·scope [kə'laɪdəskəʊp] *s* Kaleido'skop *n* (*a. fig.*): ~ of colo(u)rs Farbkaleidoskop. **kaˌlei·do'scop·ic** [-ˈskɒpɪk; *Am.* -ˌskɑ-] *adj*; **kaˌlei·do-'scop·i·cal** *adj* (*adv* ~ly) kaleido'skopisch.
kal·ends → calends.
'kale·yard *s Scot.* Gemüsegarten *m*.
kal·i ['kælɪ; 'keɪlɪ] *s bot.* Salzkraut *n*.
ka·lif, ka·liph → caliph.
kal·mi·a ['kælmɪə] *s bot.* Lorbeerrose *f*.
Kal·mu(c)k ['kælmʌk], **'Kal·myk** [-mɪk] **I** *s* **1.** Kal'mücke *m*, Kal'mückin *f*. **2.** *ling.* Kal'mückisch *n*. **II** *adj* **3.** kal'mückisch.
kame [keɪm] *s geogr.* (langgestreckter) Geschiebehügel.
ka·mi·ka·ze [ˌkæmɪ'kɑːzɪ; *Am.* ˌkɑː-] *s* **1.** *mil. hist.* a) *oft* K~ Kami'kaze(flieger) *m*, b) Kami'kazeflugzeug *n*. **II** *adj* **2.** Kamikaze... (*a. fig.*). **3.** *fig.* selbstmörderisch: the city's ~ taxi drivers.
kam·pong [kæm'pɒŋ; *Am.* 'kɑːmˌpɔːŋ; 'kæm-] *s* Kampong *m*, *n* (*indonesisches Dorf*).
Ka·nak·a [kə'nækə; 'kænəkə] *s* Ka'nake *m* (*Südseeinsulaner*).
kan·ga·roo [ˌkæŋgə'ruː] *s zo.* Känguruh *n*. **II** *v/i colloq.* Bocksprünge machen (*Wagen*). **III** *v/t colloq.* Bocksprünge machen mit (*e-m Wagen*). ~ **clo·sure** *s parl.* Verkürzung e-r Debatte dadurch, daß nur bestimmte Anträge zur Diskussion gestellt werden. ~ **court** *s colloq.* a) 'inoffizi‚elles Gericht (*z. B. unter Strafgefangenen*), b) Feme(gericht *n*) *f.* ~ **rat** *s zo.* Känguruhratte *f*.

Kant·i·an ['kæntɪən] *philos.* **I** *adj* a) kantisch (*nach Art Kants*), b) Kantisch (*von Kant herrührend*). **II** *s* Kanti'aner(in), Anhänger(in) Kants. **'Kant·i·an·ism, 'Kant·ism** *s* Kantia'nismus *m* (*Gesamtheit der an die Philosophie Kants anknüpfenden Lehren*).
ka·o·lin(e) ['keɪəlɪn] *s* Kao'lin *n*, *m*, Porzel'lanerde *f*. **'ka·o·lin·ite** *s min.* Kaoli'nit *m*.
ka·pok ['keɪpɒk; *Am.* -ˌpɑk] *s* Kapok *m* (*als Isolier-, Polstermaterial etc verwendete Samenfaser des Kapokbaums*). ~ **tree** *s bot.* Kapokbaum *m*.
kap·pa ['kæpə] *s* Kappa *n* (*griechischer Buchstabe*).
ka·put [kæ'pʊt; kə'puːt; kɑː-] *adj pred colloq.* ‚ka'putt'.
kar·a·bi·ner [ˌkærə'biːnə(r)] *s mount.* Kara'binerhaken *m*.
kar·at *bes. Am.* → carat.
ka·ra·te [kə'rɑːtɪ] **I** *s* Ka'rate *n*. **II** *v/t j-m* Ka'rateschläge *od.* e-n Ka'rateschlag versetzen. **III** *v/i* Ka'rateschläge austeilen. ~ **chop** *s* Ka'rateschlag *m*.
ka'ra·te-chop → karate II, III.
ka·ra·te·ka [kə'rɑːtɪkɑː] *s* Kara'teka *m*, Ka'ratekämpfer *m*.
kar·ma ['kɑː(r)mə] *s* **1.** Hinduismus, Buddhismus: Karma(n) *n* (*das die Form der Wiedergeburt e-s Menschen bestimmende Handeln bzw. das durch ein früheres Handeln bedingte gegenwärtige Schicksal*). **2.** *allg.* Schicksal *n*.
ka(r)·roo [kə'ruː] *s* Kar'ru *f* (*Trockensteppe in Südafrika*).
karst [kɑː(r)st] *s geol.* Karst *m*.
kart [kɑː(r)t] *s sport* Kart *m* (*Go-Kart*). **'kart·ing** *s* Kart(ing)sport *m*.
kar·y·og·a·my [ˌkærɪ'ɒgəmɪ; *Am.* -'ɑg-] *s biol. med.* Karyoga'mie *f*, Kernverschmelzung *f*. **kar·y·o·ki·ne·sis** [ˌkærɪəʊkɪ'niːsɪs; -ˌkaɪ'n-] *s* Karyoki'nese *f* (*Teilvorgang der Mitose, bei dem sich die Längsspaltung entstandenen Chromosomenhälften gleichmäßig auf die neuen Kerne verteilen*). **kar·y·o·lymph** ['kærɪəʊlɪmf] *s* Karyo'lymphe *f*, Kernsaft *m*. **kar·y·ol·y·sis** [ˌkærɪ'ɒlɪsɪs; *Am.* -'ɑlə-] *s* Karyo'lyse *f*: a) *zum Beginn der Kernteilung auftretende, scheinbare Auflösung des Zellkerns*, b) *Auflösung des Zellkerns im Zustand zwischen zwei Kernteilungen infolge schädlicher Einwirkungen*. **kar·y·o·plasm** ['kærɪəʊplæzəm] *s* Karyo'plasma *n*, Kernplasma *n*. **kar·y·o·some** [ˌkærɪ'əʊsəʊm] *s* Zellkern *m*. **kar·y·o·tin** [ˌkærɪ'əʊtɪn] → chromatin.
kas·bah ['kæzbɑː] *s* Kasba(h) *f*: a) *Zitadelle*(*nviertel*) *e-r nordafrikanischen Altstadt*, b) *arabisches Viertel nordafrikanischer Städte*.
ka·sha ['kɑːʃə] *s gastr.* Kasch *m*, Kascha *f* (*geröstete Buchweizen-, Grieß- od. Reisgrütze*).

ka·sher ['kɑːʃə(r)] → kosher.
kash·mir → cashmere.
Kash·mir·i [ˌkæʃ'mɪərɪ] *s* **1.** *pl* **-is, -i** → Kashmirian II. **2.** *ling.* Kasch'miri *n*. **Kash'mir·i·an I** *adj* kasch'mirisch. **II** *s* Einwohner(in) Kaschmirs.
kat·a·bat·ic [ˌkætə'bætɪk] *adj meteor.* kata'batisch, fallend: ~ **wind** Fallwind *m*.
ka·tab·o·lism → catabolism.
ka·thar·sis, *etc* → catharsis, *etc*.
kat·zen·jam·mer ['kætsənˌdʒæmə(r)] *s bes. Am.* **1.** ‚Katzenjammer' *m*, ‚Kater' *m* (*beide a. fig.*). **2.** Aufruhr *m*, Tu'mult *m*.
kau·ri, kau·ry ['kaʊrɪ] *s* **1.** *bot.* Kauri-, Dam'marafichte *f*. **2.** a. ~ **gum** (*od.* **resin**) Dammarharz *n*.
ka·va ['kɑːvə] *s* **1.** *bot.* Kavapfeffer *m*. **2.** Kavabier *n*.
kay·ak ['kaɪæk] *s* Kajak *m*, *n*: a) Eskimoboot *n*, b) Sportpaddelboot *n*: two-seater ~ Zweierkajak.
kay·o [ˌkeɪ'əʊ] *sl.* **I** *pl* **-os** *s* → knockout I. **II** *adj* → knockout II. **III** *v/t* → knock out 2.
ke·a ['keɪə; 'kiːə] *s orn.* 'Keapapa‚gei *m*.
keat [kiːt] *s Am.* junges Perlhuhn.
ke·bab [kɪ'bæb; *Am.* 'keɪˌbɑːb; kə'bɑːb] *s gastr.* Ke'bab *m* (*orientalische Speise aus am Spieß gebratenen, scharf gewürzten Hammelfleischstückchen, mit Reis angerichtet*).
keck [kek] *v/i bes. Am.* **1.** würgen (*beim Erbrechen*). **2.** *fig.* sich ekeln (**at** vor *dat*).
ked·dah ['kedə] *s* Ele'fantenfalle *f* (*in Indien*).
kedge [kedʒ] *mar.* **I** *v/t* Schiff warpen, verholen. **II** *v/i* sich verwarpen. **III** *s a.* ~ **anchor** Wurf-, Warpanker *m*.
kedg·er·ee [ˌkedʒə'riː] *s gastr. bes. Br.* Reisgericht mit Fisch u. harten Eiern.
keef [kiːf] → kif.
keek [kiːk] *bes. Scot.* **I** *v/i* gucken, lugen, neugierig *od.* verstohlen blicken: **to** ~ **at** e-n Blick werfen auf (*acc*). **II** *s* neugieriger *od.* verstohlener Blick: **to have** (*od.* **take**) **a** ~ **at** e-n Blick werfen auf (*acc*).
keel¹ [kiːl] **I** *s* **1.** *mar.* Kiel *m*: **on an even** ~ a) auf ebenem Kiel, gleichlastig, b) *fig.* gleichmäßig, ausgeglichen, ruhig; **to lay down the** ~ den Kiel legen. **2.** *poet.* Schiff *n*. **3.** *aer.* Kiel *m*, Längsträger *m*. **4.** Kiel *m*: a) *bot.* Längsrippe *f* (*vom Blatt*), b) *zo.* scharfkantige Erhebung. **5.** *Br. dial.* a) flaches Kohlenschiff, b) *ein Kohlenmaß* (= 21,54 Tonnen). **II** *v/t* **6.** *meist* ~ **over** (*od.* **up**) Boot *etc* a) kiel'oben legen, b) kentern lassen. **7. the heat** ~**ed** (**over**) **quite a few tourists** *colloq.* in der Hitze ‚kippten' etliche Touristen ‚um'. **III** *v/i* **8.** *meist* ~ **over** (*od.* **up**) 'umschlagen, kentern. **9.** *meist* ~ **over** *colloq.* ‚umkippen': **he** ~**ed over with laughter** er kugelte sich vor Lachen.
keel² [kiːl] **I** *s* Rötel *m*. **II** *v/t* Schafe, Holz *etc* mit Rötel kennzeichnen.

keeled [ki:ld] *adj* **1.** gekielt, mit e-m Kiel. **2.** kielförmig.
'**keel·haul** *v/t* **1.** *hist. j-n* kielholen. **2.** *fig.* ,abkanzeln', ,zs.-stauchen'.
keel·son ['kelsn; 'ki:lsn] *s mar.* Kielschwein *n*, Binnenkiel *m*.
keen[1] [ki:n] *adj* (*adv* ~**ly**) **1.** scharf (geschliffen), mit scharfer Schneide *od.* Kante: ~ **edge** scharfe Schneide. **2.** schneidend (*Kälte*), scharf (*Wind*). **3.** beißend: ~ **sarcasm. 4.** scharf (*Sinne, Verstand etc*): ~ **eyes;** ~ **ears** scharfes Gehör; **to have a** ~ **mind** e-n scharfen Verstand haben, scharfsinnig sein. **5.** fein (*Gefühl, Sinn*). **6.** durch'dringend, stechend: ~ **glance;** ~ **smell. 7.** grell (*Licht*), schrill (*Ton*). **8.** *econ.* a) scharf (*Wettbewerb*), b) lebhaft, stark (*Nachfrage*). **9.** heftig, stark (*Gefühl*): ~ **desire** heftiges Verlangen, heißer Wunsch; ~ **interest** starkes *od.* lebhaftes Interesse. **10.** *econ. bes. Br.* äußerst konkur'renzod. wettbewerbsfähig (*Preise*). **11.** begeistert, eifrig, leidenschaftlich: a ~ **sportsman. 12.** *bes. Am. sl.* ,prima', ,klasse'. **13.** versessen, ,scharf' (**on,** *about auf acc*): **to be** ~ **on doing** (*od.* **to do**) **s.th.** unbedingt tun wollen; **she is very** ~ **on his doing it** ihr liegt sehr viel daran, daß er es tut; (**as**) ~ **as mustard** (**on**) *colloq.* ganz versessen (auf), Feuer u. Flamme (für); **not to be** ~ (**on**) keine Lust haben (zu). **14.** ~ **on** begeistert von, sehr interes'siert an (*dat*): ~ **on music;** **she is not very** ~ **on him** sie macht sich nicht sehr viel aus ihm.
keen[2] [ki:n] **I** *s* **1.** Totenklage *f.* **2.** Wehklage *f.* **II** *v/i* **3.** wehklagen. **III** *v/t* **4.** beklagen, klagen um.
'**keen·er** *s Ir.* Wehklagende(r *m*) *f*, *bes.* Klageweib *n*.
'**keen·ness** *s* **1.** Schärfe *f.* **2.** Heftigkeit *f.* **3.** Leidenschaftlichkeit *f.*
kee·no → **keno.**
keep [ki:p] **I** *s* **1.** ('Lebens)'Unterhalt *m*: **to earn one's** ~. **2.** ('Unterkunft *f* u.) Verpflegung *f.* **3.** a) Bergfried *m*, Hauptturm *m*, b) Burgverlies *n*. **4.** 'Unterhaltskosten *pl*: **the** ~ **of a horse. 5.** for ~**s** *colloq.* a) für *od.* auf immer, endgültig: **to settle a controversy for** ~**s** e-n Streit ein für allemal beilegen; **it's mine for** ~**s** ich kann es. darf es behalten, b) ernsthaft. **6.** Obhut *f*, Verwahrung *f*.
II *v/t pret u. pp* **kept** [kept] **7.** (be)halten, haben: ~ **the ticket in your hand** behalte die Karte in der Hand. **8.** *j-n od. etwas* lassen, (*in e-m bestimmten Zustand*) (er)halten: ~ **apart** getrennt halten, auseinanderhalten; **to** ~ **a door closed** e-e Tür geschlossen halten; **to** ~ **s.th. dry** etwas trocken halten *od.* vor Nässe schützen; **to** ~ **s.o. going** a) *j-n* finanziell unterstützen, b) *j-n* am Leben erhalten; **to** ~ **s.th. a secret** etwas geheimhalten (**from** *s.o.* vor *j-m*); →**advised** 2, **go**[1] 23, **wait** 6. **9.** *fig.* (er)halten, (be)wahren: → **balance** 2, **distance** 7. **10.** (*im Besitz*) behalten: **you may** ~ **the book;** ~ **the change!** der Rest (*des Geldes*) ist für Sie!; ~ **your seat, please** bitte behalten Sie Platz; **to** ~ **a seat for s.o.** *j-m* e-n Platz freihalten; **you can** ~ **it!** *colloq.* ,das kannst du dir an den Hut stecken!' **11.** *fig.* halten, sich halten *od.* behaupten in *od.* auf (*dat*): → **field** 7. **12.** *j-n* aufhalten: **I won't** ~ **you long; don't let me** ~ **you!** laß dich nicht aufhalten!; **what's** ~**ing him?** wo bleibt er denn nur (so lange)? **13.** (fest)halten, bewachen: **to** ~ **s.o. in prison** *j-n* in Haft halten; **to** ~ **s.o. for lunch** *j-n* zum Mittagessen dabehalten; **she** ~**s him here** sie hält ihn hier fest, er bleibt ihretwegen hier; → **goal** 2, **prisoner. 14.** aufheben, aufbewahren: **I** ~ **all my old letters; to** ~ **a secret** ein Geheimnis bewahren; **can you** ~ **a secret? to** ~ **for a later date** für später *od.* für e-n späteren Zeitpunkt aufheben; → **well-kept** 2. **15.** (aufrechter)halten, unter'halten: **to** ~ **good relations with s.o.** zu *j-m* gute Beziehungen unterhalten; → **eye**[1] 2. **16.** pflegen, (er)halten: **to** ~ **in good repair** in gutem Zustand erhalten, instand halten; **badly kept** a) in schlechtem Zustand, b) ungepflegt; → **well-kept** 1. **17.** *e-e Ware* führen: **we don't** ~ **this article. 18.** *ein Tagebuch etc* führen: → **record** 16. **19.** *ein Geschäft etc* führen: **to** ~ **a shop** (*bes. Am.* **store**) e-n Laden haben *od.* betreiben; → **house** 1, 2. **20.** *ein Amt etc* innehaben. **21.** *bes. Am. e-e Versammlung etc* (ab)halten: **to** ~ **school** Schule halten. **22.** *ein Versprechen etc* (ein)halten: **to** ~ **an appointment** e-e Verabredung einhalten; → **word** 5. **23.** *das Bett, Haus, Zimmer* hüten, bleiben in (*dat*): **to** ~ **one's bed** (**house, room**). **24.** *Vorschriften etc* beachten, einhalten, befolgen: **to** ~ **Sundays** die Sonntage einhalten. **25.** *ein Fest* begehen, feiern: **to** ~ **Christmas. 26.** ernähren, er-, unter'halten, sorgen für: **to have a family to** ~ e-e Familie ernähren müssen; **to** ~ **s.o. in money** *j-n* mit Geld versorgen; **to** ~ **s.o. in food** für *j-s* Ernährung sorgen, *j-n* ernähren. **27.** (*bei sich*) haben, beherbergen: **to** ~ **boarders. 28.** a) *Tiere* halten, b) *sich den Hausmädchen, ein Auto etc* halten. **29.** (be)schützen: **God** ~ **you!**
III *v/i* **30.** bleiben: **to** ~ **at home; to** ~ **in bed** im Bett bleiben; **to** ~ **in sight** in Sicht(weite) bleiben; **to** ~ **out of danger** sich nicht in Gefahr bringen; → *Verbindungen mit Adv.* **31.** sich halten, (*in e-m bestimmten Zustand*) bleiben: **to** ~ **friends** (weiterhin) Freunde bleiben; ~ **in good health** gesund bleiben; **the milk** (**weather**) **will** ~ die Milch (das Wetter) wird sich halten; **the weather** ~**s fine** das Wetter bleibt schön; **this matter will** ~ diese Sache hat Zeit *od.* eilt nicht; **the secret will** ~ das Geheimnis bleibt gewahrt; → **cool** 1, 5. **32.** weiter... (*Handlung beibehalten*): **the baby kept** (**on**) **crying for hours** das Baby weinte stundenlang; **prices** ~ (**on**) **increasing** die Preise steigen immer weiter; **to** ~ (**on**) **laughing** a) weiterlachen, nicht aufhören zu lachen, b) dauernd *od.* ständig lachen; ~ **smiling!** immer nur lächeln!, laß den Mut nicht sinken!, Kopf hoch!; **to** ~ (**on**) **trying** es weiterversuchen, es immer wieder versuchen. **33. how are you** ~**ing?** wie geht es dir?
Verbindungen mit Präpositionen:
keep| at I *v/t* **1.** weitermachen mit, dranbleiben an (*e-r Arbeit etc*): ~ **it!** nur nicht aufgeben! **2.** *j-m* keine Ruhe lassen, *j-m* zusetzen (**to do** zu tun). **II** *v/t* **3. to** ~ **keep s.o. at s.th.** *j-n* mit etwas nicht aufhören lassen. ~ **from I** *v/t* **1.** ab-, zu'rück-, fernhalten von, hindern an (*dat*): **to** ~ **keep s.o. from doing s.th.** *j-n* davon abhalten *od.* daran hindern, etwas zu tun; **he kept me from work** er hielt mich von der Arbeit ab; **I kept him from knowing too much** ich sorgte dafür, daß er nicht zuviel erfuhr. **2.** bewahren vor (*dat*): **he kept me from danger. 3.** *j-m etwas* vorenthalten, verschweigen: **you are keeping s.th. from me. II** *v/i* **4.** sich fernhalten von. **5.** vermeiden (*acc*), sich enthalten (*gen*): **to** ~ **doing s.th.** es vermeiden *od.* sich davor hüten, etwas zu tun; **I could hardly** ~ **laughing** ich konnte mir kaum das Lachen verkneifen. ~ **off I** *v/t* **1.** fernhalten von: **keep your hands off it!** Hände weg (davon)! **II** *v/i* **2.** sich fernhalten von: → **grass** *Bes. Redew.* **3.** *ein Thema etc* nicht berühren *od.* erwähnen. ~ **on** *v/i* leben *od.* sich ernähren von: ~ **to rice.** ~ **to I** *v/i* **1.** bleiben in (*dat*): **to** ~ **the house; to** ~ **one's bed** das Bett hüten; **to** ~ **o.s. für sich bleiben;** → **left**[1] 1, **right**[1] 17. **2.** *fig.* festhalten an (*dat*), bleiben bei: **to** ~ **the rules of the game** sich an die Spielregeln halten; **to** ~ **the agreed time** die vereinbarte Zeit einhalten; **to** ~ **the point** bei der Sache *od.* sachlich bleiben. **II** *v/t* **3. to keep s.th. to a** (*od.* **the**) **minimum** etwas auf ein Minimum beschränken. **4.** *j-n* zwingen, bei *e-r Sache* zu bleiben: **I kept him to his promise** ich nagelte ihn auf sein Versprechen fest. **5. to keep s.th. to o.s.** etwas für sich behalten; **to keep o.s. to o.s.** für sich bleiben.
Verbindungen mit Adverbien:
keep| a·head *v/i* in Führung *od.* an der Spitze *od.* vorne bleiben: **to** ~ **of s.o.** *j-m* vorausbleiben. ~ **a·way I** *v/t j-n, etwas* fernhalten (**from** von). **II** *v/i* weg-, fernbleiben, sich fernhalten (**from** von). ~ **back I** *v/t* **1.** zu'rückhalten: **to keep s.o. back from doing s.th.** *j-n* davon abhalten *od.* daran hindern, etwas zu tun. **2.** *fig.* zu'rückhalten: a) *Lohn etc* einbehalten, b) *Tränen etc* unter'drücken, c) *etwas* verschweigen, hinterm Berg halten mit. **3.** etwas verzögern, aufhalten. **II** *v/i* **4.** im 'Hintergrund bleiben. ~ **down I** *v/t* **1.** *den Kopf etc* unten behalten. **2.** *Kosten etc* niedrig halten. **3.** nicht hoch- *od.* aufkommen lassen, unter Kon'trolle halten, *Volk, Gefühle etc a.* unter'drücken. **4.** *Nahrung etc* bei sich behalten. **II** *v/i* **5.** a) unten bleiben, b) sich geduckt halten. ~ **in I** *v/t* **1.** nicht her'aus- *od.* hin'auslassen, nicht aus dem Haus *od.* in die Schule lassen. **2.** *ped.* nachsitzen lassen. **3.** *den Atem* anhalten. **4.** *den Bauch* einziehen. **5.** *Gefühle* zu'rückhalten, unter'drücken. **6.** *Feuer* nicht ausgehen lassen. **II** *v/i* **7.** drin bleiben, nicht her'auskommen. **8.** nicht ausgehen (*Feuer*). **9.** ~ **with** sich mit *j-m* gut stellen, mit *j-m* gut Freund bleiben. ~ **off I** *v/t*. *j-n, etwas* fernhalten: **keep your hands off!** Hände weg! **II** *v/i* **2.** sich fernhalten: ~**!** a) Berühren verboten!, b) Betreten verboten! **3.** ausbleiben (*Regen etc*): **if the rain keeps off** falls es nicht regnet *od.* anfängt zu regnen. ~ **on I** *v/t* **1.** *Kleider* anbehalten, anlassen, *den Hut* aufbehalten: → **hair** *Bes. Redew.*, **shirt** *Bes. Redew.* **2.** *das Licht* brennen lassen, anlassen. **3.** *e-n Angestellten etc* behalten. **II** *v/i* **4.** a) weitermachen, b) nicht lockerlassen. **5.** (*mit ger*) → **keep** 32. **6.** ~ **at** → **keep at** 2. **7.** ~ **about** dauernd *od.* ständig reden von. ~ **out I** *v/t* **1.** (*of*) nicht hin'ein- *od.* her'einlassen (in *acc*), fern-, abhalten (von): **warm clothing keeps out the cold. 2.** *fig. j-n* her'aushalten: **to** ~ **of bewahren vor** (*dat*), her'aushalten aus, fernhalten von. **II** *v/i* **3.** draußen bleiben: ~**!** Zutritt verboten! **4.** *fig.* sich her'aushalten (**of** aus): **to** ~ **of politics;** ~ (**of this**)**!** halte dich da raus!; **to** ~ **of debt** keine Schulden machen; ~ **of mischief!** mach keine Dummheiten!; **to** ~ **of sight** sich nicht blicken lassen; → **keep** 30. ~ **to·geth·er I** *v/t* Dinge, *fig. e-e Mannschaft etc* zs.-halten. **II** *v/i* zs.-bleiben (*a. fig. Mannschaft etc*), zs.-halten (*a. fig. Freunde etc*). ~ **un·der I** *v/t* **1.** *ein Volk, Gefühle etc* unter'drücken. **2.** *ein Feuer etc* unter Kon'trolle halten. **3.** *j-n* streng behandeln. **4.** *med. j-n* unter Nar'kose halten. **II** *v/i* **5.** unter Wasser bleiben, sich unter Wasser halten. ~ **up I** *v/t* **1.** oben halten, hochhalten: → **chin** I. **2.** *fig.* aufrechterhalten, *Brauch, Freund-*

keeper – key

schaft etc a. weiterpflegen, *das Tempo* halten, *Preise etc* (hoch)halten, *den Mut* nicht sinken lassen, sich *s-e gute Laune etc* nicht nehmen lassen: **~ the good work!, keep it up!** (nur) weiter so!, (nur) nicht lockerlassen!; → **appearance** *Bes. Redew.* **3.** in gutem Zustand *od.* in Ordnung halten. **4.** *j-n* da'von abhalten, ins Bett zu gehen. **II** *v/i* **5.** oben bleiben. **6.** nicht 'umfallen. **7.** *fig.* a) sich halten: **prices are keeping up** die Preise behaupten sich, b) nicht sinken (*Mut etc*), c) andauern, nicht nachlassen: **the rain was keeping up** es regnete (unvermindert) weiter. **8.** **~ with** a) Schritt halten mit (*a. fig.*): **to ~ with the Joneses** es den Nachbarn (*hinsichtlich des Lebensstandards*) gleichtun (wollen), b) sich auf dem laufenden halten über (*acc*), c) in Kon-'takt bleiben mit. **9.** (*abends*) aufbleiben: **to ~ late** lange aufbleiben.

'**keep·er** *s* **1.** Wächter *m*, Aufseher *m*: **am I my brother's ~?** *Bibl.* soll ich m-s Bruders Hüter sein?; → **gamekeeper, goalkeeper, lighthouse, parkkeeper, zoo,** *etc.* **2.** Verwahrer *m* (*als Titel*), Verwalter *m*: → **Lord Keeper (of the Great Seal). 3.** *meist in Zssgn* a) Inhaber *m*, Besitzer *m*: → **innkeeper, shopkeeper, storekeeper** 1, b) Halter *m*, Züchter *m*: → **beekeeper. 4.** Betreuer *m*, Verwalter *m*: → **boxkeeper, storekeeper** 1, 2. **5.** *tech.* Halter *m*, bes. a) Schutzring *m*, b) Schieber *m*, c) Gegenmutter *f*, d) Sperrung *f* (*Haken*), e) Ma-'gnetanker *m*. **6. to be a good ~** sich gut halten (*Obst, Fisch etc*).

,**keep-'fresh bag** *s* Frischhaltebeutel *m*.
'**keep·ing** *s* **1.** ['kiːpɪ;;] Verwahrung *f*, Aufsicht *f*, l'flɛgɛ *f*, Obhut *f*: **to put in o.o.'s** – a) *j n* in j-s Obhut geben, b) j-m etwas zur Aufbewahrung geben; → **safekeeping.** **2.** Pflege *f*: **in good ~** a) in gutem Zustand, b) gepflegt. **3.** Über'einstimmung *f*, Einklang *m*: **to be in (out of) ~ with** a) (nicht) in Einklang stehen *od.* (nicht) übereinstimmen mit, b) (nicht) passen zu, c) (nicht) entsprechen (*dat*); **in ~ with the times** zeitgemäß. **II** *adj* **4.** haltbar, dauerhaft: **~ apples** Winteräpfel.
'**keep·sake** ['kiːpseɪk] *s* (*Geschenk zum*) Andenken *n*: **as** (*od.* **for**) **a ~** als *od.* zum Andenken.
'**kees·ter** → **keister.**
kef [kef] → **kif.**
kef·ir ['kefə(r); *Am. a.* ke'fɪər] *s* Kefir *m* (*aus* [*Stuten*]*Milch durch Gärung gewonnenes Getränk mit säuerlichem Geschmack u. geringem Alkoholgehalt*).
keg [keg] *s* kleines Faß, Fäßchen *n*.
keis·ter ['kiːstə(r)] *s bes. Am. sl.* **1.** a) Koffer *m*, b) Kasten *m*, Kiste *f*. **2.** ,'Hintern' *m*.
ke·loid ['kiːlɔɪd] *s med.* Kelo'id *n*, Wulstnarbe *f*.
kelp [kelp] *s* **1.** Kelp *n*, Riementangasche *f*. **2.** *bot.* (*ein*) Riementang *m*, *bes.* (**giant ~**) Birntang *m*.
kel·pie ['kelpɪ] *s Scot.* Wassergeist in Pferdegestalt, der s-e Reiter in die Tiefe zieht.
kel·son ['kelsn] → **keelson.**
Kelt[1] [kelt] → **Celt**[2].
kelt[2] [kelt] *s* geschwächter Lachs *od.* geschwächte Lachsforelle nach dem Laichen.
kel·ter ['keltə(r)] *s colloq.*: **to be in** (**good**) **~** in Ordnung sein; **to be out of ~** ,kaputt' sein.
Kelt·ic ['keltɪk] → **Celtic.** '**Kelt·i·cism** → **Celticism.**
kel·vin ['kelvɪn] *s phys.* Kelvin *n* (*Maßeinheit der Kelvinskala*). **K~ scale** *s* Kelvinskala *f* (*thermodynamische Temperaturskala, die am absoluten Nullpunkt beginnt*).

kempt [kempt] *adj* gekämmt.
ken [ken] **I** *s* **1. this is beyond** (*od.* **outside, not within**) **my ~** a) das entzieht sich m-r Kenntnis, b) das ist mir zu hoch. **II** *v/t pret u. pp* **kenned, kent** [kent] **2.** *Scot.* wissen. **3.** *Scot.* begreifen, verstehen.
ken·do ['kendəʊ] *s sport* Kendo *n* (*als Kampfsport betriebenes Fechten mit Bambusstöcken*).
ken·nel[1] ['kenl] **I** *s* **1.** Hundehütte *f*. **2.** *oft pl* (*als sg konstruiert*) a) Hundezwinger *m*, b) Hundeheim *n*. **3.** *zo.* Bau *m*. **4.** *fig.* ,Bruchbude' *f*, ,Loch' *n*. **5.** Meute *f* (*a. von Personen*). **II** *v/t pret u. pp* **-nelled,** *bes. Br.* **-nelled 6.** in e-r Hundehütte *od.* in e-m Zwinger halten *od.* 'unterbringen. **III** *v/i* **7.** in e-r Hundehütte liegen. **8.** hausen.
ken·nel[2] ['kenl] *s obs.* Gosse *f*, Rinnstein *m*.
ken·ning ['kenɪŋ] *s* Kenning *f* (*mehrgliedrige Umschreibung von Begriffen in der altgermanischen Dichtung*).
ke·no ['kiːnəʊ] *s Am.* ein Glücksspiel.
ke·no·sis [kɪ'nəʊsɪs] *s relig.* Kenosis *f*, Selbstentäußerung *f* Christi (*durch s-e Menschwerdung*).
kent [kent] *pret u. pp von* **ken.**
Kent·ish ['kentɪʃ] *adj* aus *od.* von (*der englischen Grafschaft*) Kent.
Ken·tuck·i·an [ken'tʌkɪən] **I** *adj* aus *od.* von (*dem Staat*) Ken'tucky. **II** *s* Einwohner(in) von Ken'tucky.
Ken·tuck·y Der·by [ken,tʌkɪ'dɑːbɪ; *Am.* -'dɜːrbɪ] *s* Ken'tucky Derby *n* (*seit 1875 bei Louisville ausgetragenes Galopprennen für dreijährige Vollblüter*).
kep·i ['keɪpɪ;;; 'kepiː] *s* Käppi *n* (*Militärmütze*).
Kep·le·ri·an [kep'lɪərɪən] *adj* Kep-lersch(er, e, es): **~ telescope. Kep·ler's laws** ['keplə(r)z] *s pl astr.* die Kepler-schen Gesetze *pl*.
kept [kept] **I** *pret u. pp von* **keep. II** *adj*: **~ woman** Mätresse *f*.
ke·ram·ic [kɪ'ræmɪk] → **ceramic.**
ker·a·tin ['kerətɪn] *s chem.* Kera'tin *n*, Hornstoff *m*. **ke·rat·in·ize** [kɪ'rætɪ-naɪz; 'kerətɪnaɪz] *v/i* verhornen, hornig werden. ,**ker·a'ti·tis** [-'taɪtɪs] *s med.* Kera'titis *f*, Hornhautentzündung *f*.
ker·a·to·plas·ty ['kerətəʊplæstɪ] *s med.* Kerato'plastik *f*, 'Hornhautüber-,tragung *f*. ,**ker·a'to·sis** [-'təʊsɪs] *s med.* Kera'tose *f* (*übermäßige Verhornung der Haut*).
kerb [kɜːb] *s Br.* **1.** Bordschwelle *f*, Bord-, Randstein *m*, Straßenkante *f*: **~ drill** Verkehrserziehung *f* für Fußgänger; **~ weight** Leergewicht *n* (*e-s Personenwagens*). **2.** (steinerne) Einfassung. **3.** *a.* **~ market** *econ.* Freiverkehrsbörse *f*: **~ prices** Freiverkehrskurse. '**~stone** → **kerb** 1.
ker·chief ['kɜːtʃɪf; *Am.* 'kɜːrtʃəf] *s* **1.** Hals-, Kopftuch *n*. **2.** *bes. poet.* Taschentuch *n*.
kerf [kɜːf; *Am.* kɜːrf] *s* Kerbe *f*, Einschnitt *m*.
ker·fuf·fle [kə'fʌfl] *s meist* **fuss and ~** *Br. colloq.* ,Getue' *n*, ,The'ater' *n* (**over, about** um).
ker·mes ['kɜːmɪz; *Am.* 'kɜːrmɪz] *s* **1.** (roter) Kermesfarbstoff. **2.** *zo.* a) Kermes (-schildlaus *f*) *m*, b) Kermeskörner *pl* (*getrocknete Weibchen der Laus*). **3.** *a.* **~ oak** *bot.* Kermeseiche *f*.
ker·mess ['kɜːmɪs; *Am.* 'kɜːrməs], '**ker·mis** [-mɪs; *Am.* -məs] *s* **1.** Kirmes *f*, Kirchweih *f* (*in Belgien u. den Niederlanden*). **2.** *Am.* Wohltätigkeitsfest *n*.
kern [kɜːn; *Am.* kɜːrn] *print.* **I** *s* 'Überhang *m*. **II** *v/t* unter'schneiden.
ker·nel ['kɜːnl; *Am.* 'kɜːrnl] *s* **1.** (*Nuß-etc*)Kern *m*. **2.** (*Hafer-, Mais- etc*)Korn *n*. **3.** *fig.* Kern *m*: a) Kernpunkt *m*, b) (*das*) Innerste, Wesen *n*. **4.** *tech.* (*Guß- etc*) Kern *m*.
ker·nite ['kɜːnaɪt; *Am.* 'kɜːr-] *s min.* Ker-'nit *m*.
ker·o·sene, ker·o·sine ['kerəsiːn; -'siːn] *s chem.* Kero'sin *n*.
Kerr ef·fect [kɑː;; kɜː; *Am.* kɑːr; kɜːr] *s opt.* 'Kerr-Ef,fekt *m*.
kes·trel ['kestrəl] *s orn.* Turmfalke *m*.
ketch [ketʃ] *s mar.* Ketsch *f* (*zweimastiger Segler*).
ketch·up ['ketʃəp] *s* Ketchup *m, n*.
ke·tene ['kiːtiːn] *s chem.* Ke'ten *n*.
ke·to ac·id ['kiːtəʊ] *s chem.* Keto-, Ke-'tonsäure *f*. **~ form** *s* Keto-, Ke'tonform *f*.
ke·tone ['kiːtəʊn] *s chem.* Ke'ton *n*: **~ body** *physiol.* Ketonkörper *m*. **ke·to·nu·ri·a** [,kiːtəʊ'njʊərɪə; *Am. a.* ,kiːtəʊnʊ-rɪə] *s med.* Ketonu'rie *f* (*Ausscheidung von Ketonkörpern im Harn*). **ke·tose** ['kiː-təʊs; -təʊz] *s chem.* Ketozucker *m*, Ke-'tose *f*. **ke·to·sis** [kɪ'təʊsɪs] *s med.* Ke-'tose *f* (*Auftreten von Ketonen im Blut*).
ket·tle ['ketl] *s* **1.** (Koch)Kessel *m*: **a pretty** (*od.* **fine**) **~ of fish** *iro.* e-e schöne Bescherung; **that's a different ~ of fish** das ist etwas ganz anderes; **to keep the ~ boiling** a) sich über Wasser halten, b) die Sache in Schwung halten. **2.** *geol.* Gletschertopf *m*, -mühle *f*, b) Soll *n*. '**~drum** *s mus.* (Kessel)Pauke *f*. '**~,drum·mer** *s* (Kessel)Pauker *m*. **~ hole** → **kettle** 2.
Keu·per ['kɔɪpə(r)] *s geol.* Keuper *m*.
kew·pie ['kjuːpɪ] *s Am.* **1.** pausbäckiger Engel mit hohem Haarknoten. **2.** *a.* **~ doll** e-e Puppe dieser Art.
key[1] [kiː] **I** *s* **1.** Schlüssel *m*: **to turn the ~** absperren, abschließen; **power of the ~s** *R.C.* Schlüsselgewalt *f*. **2.** *fig.* (**to**) Schlüssel *m* (**zu**): a) Erklärung *f* (für), b) Lösung *f* (*gen*). **3.** *fig.* (**to**) Schlüssel *m* (**zu**): a) Lösungsbuch *n* (für, zu), b) Zeichenerklärung *f* (für, zu) c) Code *m* (für, zu). **4.** *bot. zo.* (Klassifikati'ons)Ta,belle *f*. **5.** Kennwort, -ziffer *f*, Chiffre *f* (*in Inseraten etc*). **6.** *tech.* a) Keil *m*, Splint *m*, Bolzen *m*, Paßfeder *f*, b) Schraubenschlüssel *m*, c) Taste *f* (*der Schreibmaschine etc*). **7.** *electr.* a) Taste *f* (Druckknopf *m*), b) Taster *m* (Tastkon,takt *m*, -schalter *m*. **8.** *tel.* Taster *m*, Geber *m*. **9.** *print.* Setz-, Schließkeil *m*. **10.** Tischlerei: Dübel *m*, Band *n*. **11.** *arch.* Schlußstein *m*. **12.** *mus.* a) Taste *f* (*bei Tasteninstrumenten*): **black** (**upper,** *a.* **chromatic**) **~** schwarze (Ober)Taste, b) Klappe *f* (*bei Blasinstrumenten*): **closed** (**open**) **~** Klappe zum Öffnen (Schließen). **13.** *mus.* Tonart *f*: **major** (**minor**) **~** Dur *n* (Moll *n*); **in the ~ of C** in C; **~ of C** (**major**) C-Dur; **~ of C minor** c-Moll; **to sing off** (*od.* **out of**) **~ with** *fig.* a) (nicht) in Einklang stehen *od.* (nicht) übereinstimmen mit, b) (nicht) passen zu. **14.** → **key signature. 15.** *fig.* Ton *m*: (**all**) **in the same ~** eintönig, monoton; **in a high ~** a) laut, b) *paint. phot.* in hellen Tönen (gehalten); **in a low ~** a) leise, b) *paint. phot.* in matten Tönen (gehalten), c) wenig spannend *od.* abwechslungsreich. **16.** → **keymove. 17. the K~s** *pl parl.* die Mitglieder des **House of Keys.**
II *v/t* **18. ~ in** (*od.* **on**) *tech.* verfestkeilen. **19.** *print.* füttern, unter'legen. **20. ~ in** (*Computer*) Daten eintippen. **21.** *mus.* stimmen. **22.** (**~ up**) to, **~ in with** *fig.* abstimmen auf (*acc*), anpassen (*dat*) *od.* an (*acc*): **to ~ s.o. up for** j-n einstimmen auf (*acc*). **23. ~ up** j-n in ner'vöse Spannung versetzen: **~ed up** nervös, aufge-

regt (about wegen). **24.** ~ **up** *fig.* steigern, erhöhen. **25.** *ein Inserat etc* mit e-m Kennwort versehen, chif'frieren.
III *adj* **26.** *fig.* Schlüssel...: ~ **industry** (position, role, *etc*); ~ **official** Beamte(r) *m* in e-r Schlüsselstellung.
key² [kiː; keɪ] → **cay**.
key³ [kiː] *s sl.* Kilo *n* (*Drogen, bes. Haschisch*): **a** ~ **of hash**.
key¦ bit *s tech.* Schlüsselbart *m.* **'~board I** *s* **1.** *mus.* a) Klavia'tur *f*, Tasta'tur *f* (*e-s Klaviers*), b) Manu'al *n* (*e-r Orgel*). **2.** *tech.* Tastenfeld *n*, Tasta'tur *f* (*e-r Schreibmaschine etc*). **3.** Schlüsselbrett *n.* **II** *v/t* **4.** *print.* maschi'nell setzen. **5.** → **key 20.** ~ **bu·gle** *s mus.* Klappenhorn *n.* ~ **case** *s* 'Schlüssel͵tui *n.* ~ **chord** *s mus.* Grundreiklang *m* (*e-r Tonart*). ~ **club** *s Am.* Pri'vatclub *m.* ~ **desk** *s mus.* Orgelpult *n.*
keyed [kiːd] *adj* **1.** *mus.* a) Tasten...: ~ **instrument**, b) Klappen...: ~ **horn**. **2.** *mus.* a) in e-r (*bestimmten*) Tonart gesetzt, b) gestimmt (**to** auf e-n Ton). **3.** *tech.* ver-, festgekeilt. **4.** *arch.* durch e-n Schlußstein verstärkt. **5.** chif'friert: ~ **advertisement**. **6.** ~ **up** → **key 23**.
key¦fos·sil *s geol.* 'Leitfos͵sil *n.* ~ **harp** *s mus.* Tastenharfe *f.* **'~hole** *s* **1.** Schlüsselloch *n:* ~ **report** *fig.* Bericht *m* mit intimen Einzelheiten. **2.** *tech.* Dübelloch *n.* **3.** Basketball: *Am. colloq.* Freiwurfraum *m.* **'~hole saw** *s tech.* Stichsäge *f.* **'~man** [-mæn] *s irr* **1.** 'Schlüsselfi͵gur *f.* **2.** Mann *m* in Schlüsselstellung, Schlüsselkraft *f.* ~ **map** *s arch.* Orien'tierungsplan *m.* ~ **mon·ey** *s* **1.** *Br.* (*vom Mieter an den Vermieter gezahlte*) Abstandssumme. **2.** (*von e-m potentiellen Mieter gezahlte*) Bestechungsgeld. **'~move** *s* Schach: Schlüsselzug *m.* **'~note I** *s* **1.** *mus.* Grundton. **2.** *fig.* Grund-, Leitgedanke *m* (*e-r Rede, Politik etc*): **to strike the** ~ **of s.th.** das Wesentliche e-r Sache treffen; ~ **address** (*od.* **speech**) *pol.* programmatische Rede; ~ **speaker** → **keynoter. II** *v/t* **3.** *pol.* a) e-e program'matische Rede halten auf (*e-m Parteitag etc*), b) in e-r program'matischen Rede darlegen, c) als Grundgedanken enthalten. **'~not·er** *s pol.* j-d, der e-e program'matische Rede hält. ~ **plan** *s arch.* Lageplan *m.* ~ **point** *s* springender Punkt. ~ **punch** *s* **1.** Computer: (Loch)Kartenstanzer *m.* **2.** (*manueller*) Kartenlocher. ~ **ring** *s* Schlüsselring *m.* ~ **seat** → **keyway. '~͵seat·er** *s tech.* 'Keilnuten͵ziehma͵schine *f.* ~ **sig·na·ture** *s mus.* Vorzeichen *n u. pl.* **'~͵sta·tion** *s* Rundfunk, *TV: Am.* Hauptsender *m.* ~ **step** *s* entscheidender Schritt. **'~stone** *s* **1.** *arch.* Schlußstein *m.* **2.** *fig.* Grundpfeiler *m.* **3.** *tech.* Füllsplitt *m* (*bei asphaltierten Straßen*). **4.** *a.* ~ **sack** Baseball: zweites Mal. **'K~stone State** *s* (*Beiname für*) Pennsyl'vanien *n.* **'~stroke** *s* Anschlag *m.* ~ **tone** *s mus.* Grundton *m.* **'~way** *s tech.* Keilnut *f*, -bahn *f.* ~ **word** *s* Schlüssel-, Stichwort *n.*
kha·ki [ˈkɑːkɪ; *Am. a.* ˈkækɪ] **I** *s* **1.** Khaki *n* (*Farbe*). **2.** a) Khaki *m* (*Stoff*), b) *meist pl* 'Khakiuni͵form *f.* **II** *adj* **3.** Khaki...: a) khakibraun, -farben, -farbig, b) aus Khaki.
kham·sin [ˈkæmsɪn; *bes. Am.* kæmˈsiːn] *s* Cham'sin *m*, Kam'sin *m* (*heißer Wüstenwind aus Ägypten*).
khan¹ [kɑːn; *Am. a.* kæn] *s* Khan *m* (*orientalischer Herrschertitel*).
khan² [kɑːn; *Am. a.* kæn] → **caravansary**.
khan·ate [ˈkɑːneɪt; ˈkæn-] *s* Kha'nat *n* (*Herrschaftsgebiet od. Amt e-s Khans*).
khe·dive [kɪˈdiːv] *s hist.* Khe'dive *m* (*Titel des Vizekönigs von Ägypten*).

khi [kaɪ] *s* Chi *n* (*griechischer Buchstabe*).
kib·ble¹ [ˈkɪbl] *s* Bergbau: *Br.* Förderkorb *m.*
kib·ble² [ˈkɪbl] *v/t* schroten.
kib·butz [kɪˈbuːts] *pl* **kib·butz·im** [kɪˈbʊtsɪm; *bes. Am.* kɪ͵bʊtˈsiːm] *s* Kibbuz *m* (*Gemeinschaftssiedlung in Israel*).
kibe [kaɪb] *s* offene Frostbeule (*bes. an der Ferse*).
ki·bei [kiːˈbeɪ] *pl* **-bei, -beis** *s* in den USA geborener, aber in Japan erzogener Japaner.
kib·itz [ˈkɪbɪts] *v/i colloq.* kiebitzen. **'kib·itz·er** *s colloq.* **1.** Kiebitz *m* (*Zuschauer, bes. beim Kartenspiel*). **2.** *fig.* Besserwisser *m.*
ki·bosh [ˈkaɪbɒʃ; *Am.* -͵bɑʃ] *sl.* **I** *s*: **to put the** ~ **on** → **II. II** *v/t* Pläne, Hoffnungen *etc* ͵ka'puttmachen', zerstören.
kick [kɪk] **I** *s* **1.** (Fuß)Tritt *m* (*a. fig.*), Stoß *m* (mit dem Fuß): **to give s.o. s.th. a** ~ *e-n* Tritt geben *od.* versetzen (*dat*); **to give s.o. a** ~ **in the arse** (*Am.* **ass**) *vulg.* j-m e-n 'Arschtritt' geben; **to get more** ~**s than halfpence** mehr Prügel als Lob ernten; **to get the** ~ *colloq.* (raus)fliegen (*entlassen werden*); → **pants 1, tooth 1. 2.** a) Fußball: Schuß *m*: ~ **corner kick, free kick 1, penalty kick 1,** b) Rugby: Tritt *m*: → **free kick 2, penalty kick 2. 3.** Schwimmsport: Beinschlag *m.* **4.** Leichtathletik: *Am.* Spurt(kraft *f*) *m.* **5.** Stoß *m*, Ruck *m.* **6.** Rückstoß *m* (*e-r Schußwaffe*). **7.** *electr. Am.* a) (Strom-) Stoß *m*, Im'puls *m*, b) Ausschlag *m* (*e-s Zeigers etc*). **8.** Stoßkraft *f.* **9.** *colloq.* a) anregende *od.* berauschende Wirkung, (*e-r Droge*) ͵Kick' *m*: **that cocktail has got a** ~ **in it** der Cocktail ͵hat es (aber) in sich', b) *Am.* Schwips *m*: **he's got a** ~, ͵er hat einen sitzen'. **10.** *colloq.* Schwung *m*, E'lan *m*: **he has no** ~ **left** er hat keinen Schwung mehr; **to give a** ~ **to** etwas in Schwung bringen, e-m Theaterstück *etc* ͵Pfiff' verleihen; **a novel with a** ~ ein Roman mit ͵Pfiff'. **11.** *colloq.* a) (Nerven)Kitzel *m*, prickelndes Gefühl, b) Spaß *m*, Vergnügen *n*: **for** ~**s** zum Spaß; **he just lives for** ~**s** er lebt nur zu s-m Vergnügen; **driving a car gives him a** ~, **he gets a** ~ **out of driving a car** das Autofahren macht ihm e-n ͵Riesenspaß'. **12.** *colloq.* Abneigung *f*: **to have a** ~ **against s.th.** gegen etwas sein, b) Beschwerde *f* (**against** gegen j-n, über etwas), c) *pl* Grund *m* zur Beschwerde: **you've got no** ~**s at all** du hast keinerlei Grund, dich zu beklagen *od.* zu beschweren. **13.** *sl.* **he's on a new** ~ **every week** er ͵steht' jede Woche auf etwas anderes; **she's on a health-food** ~ **at the moment** zur Zeit ͵hat' sie es mit Biokost. **14.** *Am. colloq.* a) Tasche *f*, b) Geldbeutel *m*: **he was without a dime in his** ~.
II *v/t* **15.** (mit dem Fuß) stoßen, treten, e-n (Fuß)Tritt geben *od.* versetzen (*dat*): **to** ~ **s.o.'s shin, to** ~ **s.o. on the shin** j-n gegen das Schienbein treten; **to** ~ **s.o. downstairs** j-n die Treppe hinunterstoßen; **to** ~ **s.o. upstairs** *fig.* j-n durch Beförderung ͵kaltstellen'; **to** ~ **s.o. when he is down** *fig.* j-m noch e-n Fußtritt geben, wenn er schon am Boden liegt; **I could have** ~**ed myself** ich hätte mich ohrfeigen *od.* mir in den ͵Hintern' beißen können; → **bucket 1, heel¹** *Bes. Redew.* **16.** Fußball: *ein Tor* schießen, *den Ball a.* treten, spielen, schlagen. **17.** *colloq.* loskommen von (*e-r Droge, Gewohnheit etc*). **III** *v/i* **18.** a) (mit dem Fuß) stoßen, treten (**at** nach), b) um sich treten, c) strampeln, d) das Bein hochwerfen, e) ausschlagen (*Pferd etc*): → **trace² 1. 19.** hochspringen, -prallen (*Ball*). **20.** zu-

'rückstoßen, e-n harten *etc* Rückschlag *od.* Rückstoß haben: **the rifle** ~**s hard**. **21.** *mot. colloq.* schalten: **he** ~**ed into second** er schaltete in den zweiten Gang. **22.** *mot. colloq.* ͵stottern' (*Motor*). **23.** *colloq.* a) ͵meutern', ͵rebel'lieren', sich (mit Händen u. Füßen) wehren (**against, at** gegen), b) sich beschweren (**about** über *acc*). **24.** ~ **about** (*od.* **around**) *colloq.* sich her'umtreiben in (*dat*). **25.** ~ **about** (*od.* **around**) *colloq.* her'umliegen in (*dat*) (*Gegenstand*). **26.** → **kick off 3**.
Verbindungen mit Adverbien:
kick¦a·bout, ~ a·round *colloq.* **I** *v/t* **1.** j-n her'umkomman͵dieren. **2.** j-n, etwas her'umstoßen, -schubsen. **3.** bereden, disku'tieren über (*acc*). **II** *v/i* **4.** sich her'umtreiben. **5.** her'umliegen (*Gegenstand*). ~ **back I** *v/i* **1.** zu'rücktreten. **2.** → **kick 20. 3.** *fig.* zu'rückschlagen: **if you insult him he'll** ~ wenn du ihn beleidigst, zahlt er es dir heim; **his accusations kicked back** s-e Anschuldigungen schlugen auf ihn zurück *od.* erwiesen sich als Bumerang. **4.** *fig.* unangenehme Folgen haben (**at** für). **5.** *Am. colloq.* e-e (*illegale*) Provisi'on *od.* ͵Schmiergeld(er)' zahlen. **II** *v/t* **6.** die Bettdecke *etc* wegstrampeln. **7.** Fußball: den Ball zu'rückspielen (**to** zu). **8.** *Am. colloq.* etwas Gestohlenes (dem Eigentümer) zu'rückgeben. **9.** *Am. colloq.* a) j-m e-e (*illegale*) Provisi'on *od.* ͵Schmiergeld(er)' zahlen, b) *e-n* Betrag an (*illegaler*) Provisi'on *od.* an ͵Schmiergeld(ern)' zahlen. ~ **in I** *v/t* **1.** *e-e* Tür eintreten: **to kick s.o.'s teeth in** *a.* j-m die Zähne einschlagen. **2.** *Am. colloq.* etwas beisteuern (**for** zu). **II** *v/i* **3.** *Am. colloq.* (etwas) dazu beisteuern: **to** ~ **with** → **2. 4.** → **kick off 3.** ~ **off I** *v/i* **1.** Fußball: anstoßen: a) den Anstoß ausführen, b) Anstoß haben. **2.** *colloq.* anfangen, beginnen. **3.** *Am. sl.* ͵den Löffel weglegen' (*sterben*). **II** *v/t* **4.** *etwas* wegtreten, Schuhe wegschleudern. **5.** *colloq. etwas* starten, den Anfang (*gen*) bilden. ~ **out I** *v/i* **1.** a) um sich treten: **to** ~ **at s.o.** *etc*). **II** *v/t* **2.** Fußball: den Ball (*absichtlich*) ins Aus schießen. **3.** *colloq.* j-n ͵rausschmeißen' (**of** aus) (*a. fig.*). ~ **o·ver I** *v/t* mit dem Fuß 'umstoßen. **II** *v/i Am. colloq.* zünden (*Motor*). ~ **through** *v/i Am. sl.* **1.** → **kick off 3. 2.** beichten. ~ **up** *v/t* **1.** mit dem Fuß hochschleudern, Staub aufwirbeln: → **dust 2, heel¹** *Bes. Redew.* **2.** → **din 1, fuss 2, row¹ 1, stink 10**.
'kick¦back *s* **1.** Rückschlag *m.* **2.** *fig.* a) unangenehme *od.* starke ('Gegen)Reakti͵on, b) unangenehme Folge(n *pl*). **3.** *Am. colloq.* a) (*illegale*) Provisi'on, b) ͵Schmiergeld(er)' *pl n.* **~͵box·ing** *s sport* Thai-Boxen *n.* **'~down** *s mot.* Kickdown *m* (*Durchtreten des Gaspedals e-s Wagens mit Automatikgetriebe, um ein Herunter- bzw. späteres Heraufschalten zu erreichen*).
kick·er [ˈkɪkə(r)] *s* **1.** (Aus)Schläger *m* (*Pferd*). **2.** *colloq.* Queru'lant *m.* **3.** *colloq.* kleiner Außenbordmotor. **4.** *Am. colloq.* unfaire *od.* nachteilige Klausel (*in e-m Vertrag etc*).
'kick¦off *s* **1.** Fußball: Anstoß *m*: (**the**) ~ **is at 3 o'clock** Anstoß ist *od.* der Anstoß erfolgt um 3 Uhr; ~ (**time**) Anstoßzeit *f.* **2.** *colloq.* Anfang *m*, Beginn *m*, Start *m*: **for a** ~ a) zunächst (einmal), fürs erste, b) erstens (einmal), um es gleich zu sagen. **'~out** *s colloq.* ͵Rausschmiß' *m* (*a. fig.*).
kick·shaw [ˈkɪkʃɔː], **'kick·shaws** [-ʃɔːz] *s* **1.** billiges *od.* wertloses Schmuckstück. **2.** *obs.* kleiner Leckerbissen.
'kick¦stand *s* Kippständer *m* (*e-s Fahr-*

rads etc). ~ **start** → kick starter. '~-start *v/t ein Motorrad mit dem Kickstarter anlassen.* ~ **start·er** *s Kickstarter m (Fußhebel als Anlasser e-s Motorrads).* ~ **turn** *s Skifahren:* Spitzkehre *f.* '~**up** *s Am. colloq.* ‚Wirbel' *m,* ‚Wind' *m,* ‚The'ater' *n* (about um).

'**kick·y** *adj colloq.* **1.** erregend, packend. **2.** *Am.* ‚prima', ‚klasse'.

kid[1] [kɪd] **I** *s* **1.** *zo.* Zicklein *n,* Kitz(e *f*) *n.* **2.** *a.* ~ **leather** Ziegen-, Gla'céleder *n,* Kid *n.* **3.** *colloq.* a) Kind *n:* **my ~ brother** mein kleiner Bruder; **that's ~s' stuff** das ist (nur) was für kleine Kinder; das ist kinderleicht *od.* ein Kinderspiel (to für); **listen, ~,** ... hör mal, Kleine(r), ..., b) *bes. Am.* Jugendliche(r *m*) *f:* **the college ~s** die jungen Leute auf dem College; **he's quite some ~** ‚der ist nicht ohne', ‚der hat ganz schön was drauf'. **II** *v/i* **4.** zickeln, (Junge) werfen.

kid[2] [kɪd] *colloq.* **I** *v/t j-n* ‚auf den Arm nehmen': **you're ~ding me!** das meinst du doch nicht im Ernst!; **to ~ o.s.** sich etwas vormachen. **II** *v/i* a) albern, b) Spaß machen, c) schwindeln: **he was only ~ding** er hat nur Spaß gemacht, er hat es nicht ernst gemeint; **no ~ding?** im Ernst?, ehrlich?; **no ~ding!** im Ernst!, ehrlich!

kid[3] [kɪd] *s* Fäßchen *n.*

kid·die → kiddy.

kid·dle ['kɪdl] *s obs.* Fischreuse *f.*

kid·do ['kɪdəʊ] *pl* **-dos, -does** *s colloq.* Kleine(r *m*) *f (als Anrede):* **listen, ~s,** ... hört mal, ihr Lieben, ...

kid·dy ['kɪdɪ] *s colloq.* (kleines) Kind: ~ **show** Kindervorstellung *f.* '~**porn** *s sl.* 'Kinderpornogra,phie *f.*

kid| glove *s* Gla'céhandschuh *m, pl a.* Kids *pl:* **to handle s.o. with ~s** *fig.* j-n mit Samt- *od.* Glacéhandschuhen anfassen. '~**-glove** *adj fig.* **1.** wählerisch, anspruchsvoll. **2.** zimperlich. **3.** a) diplo'matisch, taktisch geschickt: ~ **approach,** b) rücksichtsvoll, behutsam: **to give s.o. ~ treatment** j-n mit Samt- *od.* Glacéhandschuhen anfassen.

kid·nap ['kɪdnæp] *v/t pret u. pp* **-naped,** *bes. Br.* **-napped** *j-n* kidnappen, entführen. '**kid·nap·(p)er** *s* Kidnapper *m,* Entführer *m.* '**kid·nap·(p)ing** *s* Kidnapping *n,* Entführung *f,* Menschenraub *m.*

kid·ney ['kɪdnɪ] *s* **1.** *anat.* Niere *f:* ~ **artificial 1. 2.** *pl gastr.* Nieren *pl.* **3.** *fig.* Art *f,* Sorte *f,* Schlag *m:* **a man of that ~** ein Mann dieser Art; **he is of the right ~** er ist vom richtigen Schlag. ~ **bean** *s bot.* Weiße Bohne. ~ **ma·chine** *s med.* künstliche Niere: **to put s.o. on a ~** j-n an e-e künstliche Niere anschließen. ~ **ore** *s min.* nierenförmiger Häma'tit. ~ **punch** *s Boxen:* Nierenschlag *m.* '~**-shaped** *adj* nierenförmig. ~ **stone** *s med.* Nierenstein *m.* ~ **trans·plant** *s med.* 'Nierenverpflanzung *f,* -transplantati̱on *f.*

'**kid·skin** *s* **1.** Ziegenfell *n.* **2.** → kid[1] 2.

kief [kiːf] → kif.

kie·sel·gu(h)r ['kiːzlˌɡʊə(r)] *s geol.* Kieselgur *f,* -erde *f.*

kie·ser·ite ['kiːzəraɪt] *s min.* Kiese'rit *m.*

kif [kɪf; kiːf] *s* **1.** Kif *n,* Marihu'ana *n.* **2.** Droge, die, wenn geraucht, e-n euphori-schen Zustand hervorruft. **3.** (bes. durch das Rauchen von Marihuana hervorgerufener) eu'phorischer Zustand.

kike [kaɪk] *s Am. sl. contp.* ‚Itzig' *m,* Jude *m.*

kil·der·kin ['kɪldə(r)kɪn] *s* **1.** Fäßchen *n.* **2.** altes englisches Flüssigkeitsmaß von 18 Gallonen = 82 l.

Kil·ken·ny cats [kɪl'kenɪ] *s pl:* **to fight like ~** *obs.* erbittert kämpfen.

kill [kɪl] **I** *v/t* **1.** (o.s. sich) töten, 'umbringen, ermorden, (*kaltblütig etc a.*) ‚killen': **his reckless driving will ~ him one day** sein rücksichtsloses Fahren wird ihn noch einmal das Leben kosten; **to ~ off** a) abschlachten, b) ausrotten, vertilgen; **to ~ two birds with one stone** zwei Fliegen mit e-r Klappe schlagen; **to be ~ed** getötet werden, ums Leben kommen, umkommen; → **action 13. 2.** *Tiere* schlachten: → **fat 10. 3.** *hunt.* erlegen, schießen. **4.** *mil.* a) abschießen, b) zerstören, vernichten, c) versenken. **5.** (fast) 'umbringen: **the job is (my feet are) ~ing me** die Arbeit bringt (m-e Füße bringen) mich (noch) um; **the sight nearly ~ed me** der Anblick war zum Totlachen; **to ~ s.o. with kindness** j-n vor Freundlichkeit fast umbringen. **6.** *a.* ~ **off** Knospen *etc* vernichten, zerstören: **the frost ~ed the cherry blossom. 7.** Gefühle (ab)töten, ersticken. **8.** Schmerzen stillen. **9.** unwirksam machen, Farben etc a. neutrali'sieren, Wirkung etc a. entschärfen, aufheben. **10.** Geräusche (a. ver)schlucken, *Ton* ab-'tönen. **11.** e-e Gesetzesvorlage *etc* zu Fall bringen, e-e Eingabe etc unter'drücken, e-n Plan etc durch'kreuzen. **12.** a) *Tennis etc:* e-n Ball töten, b) *Fußball:* e-n Ball stoppen. **13.** streichen: **to ~ a passage of the text. 14.** Zeit totschlagen: **to ~ time. 15.** a) e-e Maschine *etc* abstellen, abschalten, **den Motor** *a.* ‚abwürgen', b) Lichter ausschalten, c) *electr.* abschalten, *e-e Leitung* spannungslos machen. **16.** *colloq.* a) *e-e Flasche etc* ‚vernichten', austrinken, b) *e-e Zigarette* ausdrücken.

II *v/i* **17.** töten: a) den Tod verursachen *od. her'*beiführen, b) morden. **18.** *colloq.* 'unwiderˌstehlich *od.* 'hinreißend sein, e-n ‚tollen' Eindruck machen, ‚e-n 'umschmeißen': **dressed to ~** ‚todschick' gekleidet, *contp.* ‚aufgedonnert'.

III *s* **19.** a) Tötung *f,* b) Mord *m:* **on the ~** auf Beute aus (*Raubtier*), *fig.* auchs Ganze gehend. **20.** *hunt.* a) Tötung *f (e-s Wildes),* Abschuß *m:* **to be in at the ~** *fig.* am Schluß (mit) dabeisein, b) Jagdbeute *f,* Strecke *f.* **21.** *mil.* a) Abschuß *m,* Zerstörung *f,* Vernichtung *f,* c) Versenkung *f.*

kill·a·ble ['kɪləbl] *adj* schlachtreif (*Tier*).

'**kill·deer** *s orn.* (ein) amer. Regenpfeifer *m.*

'**kill·er** *s* **1.** Mörder *m,* (*kaltblütiger, professioneller*) Killer *m:* **this disease is a ~** diese Krankheit ist *od.* verläuft tödlich; → **contract 1 b. 2.** a) Raubtier *n,* b) **this snake is a ~** der Biß dieser Schlange ist tödlich. **3.** Schlächter *m.* **4.** *chem. bes. in Zssgn* Vertilgungs- *od.* Vernichtungsmittel *n:* ~ **weed killer. 5.** → **killer whale. 6.** *Am. colloq.* a) ‚tolle' Frau, b) ‚toller' Bursche, c) ‚tolle' Sache. **II** *adj* **7.** tödlich: ~ **diseases.** ~ **in·stinct** *s* **1.** *zo.* 'Tötungsinˌstinkt *m.* **2.** *Boxen:* 'Killerinˌstinkt *m.* ~ **sat·el·lite** *s mil.* 'Killersatelˌlit *m.* ~ **whale** *s zo.* Schwert-, Mörder-, Butzkopf *m.*

kil·lick ['kɪlɪk] *s mar.* **1.** (kleiner) Bootsanker. **2.** Ankerstein *m.*

'**kill·ing I** *s* **1.** a) Tötung *f,* Morden *n,* Mord *m.* **2.** → **kill 20 b. 3.** Schlachten *n:* ~ **time** Schlachtzeit *f.* **4. to make a ~** *econ. colloq.* e-n hohen u. unerwarteten Spekulationsgewinn erzielen. **II** *adj* (*adv* ~**ly**) **5.** tödlich. **6.** vernichtend, mörderisch (*beide a. fig.*): **a ~ glance** ein vernichtender Blick; **a ~ pace** ein mörderisches Tempo. **7.** *colloq.* 'umwerfend, 'hinreißend, ‚toll'. **8.** *colloq.* urkomisch, zum Totlachen.

'**kill·joy** *s* Spielverderber(in), Miesmacher(in).

kil·lock ['kɪlək] → killick.

'**kill-time I** *s* Zeitvertreib *m.* **II** *adj* Zeitvertreib (dienend), zum Zeitvertreib (getan).

kiln [kɪln; kɪl] **I** *s* a) Darre *f (für Malz etc),* b) Brennofen *m (für Steingut etc):* **cement ~** Zementofen *m,* c) Trockenofen *m (für Gußformen etc),* d) Kiln *m (zur Metallgewinnung aus Schwelerzen).* **II** *v/t* → kiln-dry. '**kiln-dry** *v/t* im Ofen trocknen.

ki·lo ['kiːləʊ] *pl* **-los** *s* **1.** Kilo *n.* **2.** → kilometer.

kil·o·am·pere ['kɪləʊˌæmpeə; *Am.* -pɪr] *s electr.* Kiloam'pere *n.* '**ki·lo**ˌ**cal·o·rie** *s phys.* Kilokalo'rie *f.* '**ki·lo·e**ˌ**lectron-'volt** *s phys.* Kiloelek'tronenvolt *n.* '**ki·lo·gram(me)** *s* Kilo'gramm *n.* '**ki·lo·joule** *s phys.* Kilo'joule *n.* '**ki·lo**ˌ**li·ter,** *bes. Br.* '**ki·lo**ˌ**li·tre** *s* Kilo'liter *m, n.* **ki·lo·me·ter,** *bes. Br.* **ki·lo·me·tre** [ˈkɪləʊˌmiːtə; kɪ'lɒmɪtə; *Am.* kɪ'lɑmətər] *s* Kilo'meter *m.* ˌ**ki·lo'met·ric** [-'metrɪk], ˌ**ki·lo'met·ri·cal** *adj* kilo-'metrisch. '**ki·lo·ton** *s* Kilo'tonne *f:* a) 1000 Tonnen, b) *mil.* Detonationswert e-s Atomsprengkörpers, der dem von 1000 Tonnen TNT entspricht. '**ki·lo·volt** *s electr.* Kilo'volt *n.* '**ki·lo·watt** *s electr.* Kilo'watt *n.* ˌ**ki·lo·watt-'hour** *s electr.* Kilo'wattstunde *f.*

kilt [kɪlt] **I** *s* **1.** Kilt *m,* Schottenrock *m.* **II** *v/t* **2.** schürzen. **3.** fälteln, plis'sieren. '**kilt·ed** *adj* **1.** mit e-m Kilt (bekleidet). **2.** plis'siert.

kilt·er ['kɪltə(r)] *bes. Am.* für kelter.

'**kilt·ing** ['kɪltɪŋ] *s* Plis'see *n.*

kim·ber·lite ['kɪmbə(r)laɪt] *s min.* Kimber'lit *m.*

ki·mo·no [kɪ'məʊnəʊ; *Am.* kə'məʊnə] *pl* **-nos** *s* **1.** Kimono *m:* ~ **sleeve** Kimonoärmel *m.* **2.** (kimonoähnlicher) Morgenrock. **ki'mo·noed** *adj* mit e-m Kimono bekleidet.

kin [kɪn] **I** *s* **1.** Sippe *f,* Geschlecht *n,* Fa'milie *f:* **of good ~** aus guter Fa'milie. **2.** *collect.* (*als pl konstruiert*) (Bluts)Verwandtschaft *f, (die)* Verwandten *pl:* **to be of ~ to s.o.** mit j-m verwandt sein; **to be no ~ to** nicht verwandt sein mit; **of the same ~** *as fig.* von derselben Art wie; **near of ~** nahe verwandt (*a. fig.*); → **kith, next of kin. II** *adj* **3.** verwandt (to mit): **we are ~** wir sind (miteinander) verwandt. **4.** *fig.* (to) verwandt (mit), ähnlich (*dat*).

kin·aes·the·si·a [ˌkaɪniːs'θiːzjə; *Am.* ˌkɪnəs'θiːʒə], **kin·aes'the·sis** [-sɪs] *s med. bes. Br.* Kinästhe'sie *f,* Muskelgefühl *n.*

kind[1] [kaɪnd] *s* **1.** Art *f,* Sorte *f:* **all ~(s) of** alle möglichen, allerlei; **all of a ~ (with)** von der gleichen Art (wie); **two of a ~** zwei von derselben Sorte *od.* vom selben Schlag; **nothing of the ~** a) nichts dergleichen, b) keineswegs; **s.th. of the ~, this ~ of thing** etwas Derartiges, so etwas; **that ~ of place** so ein Ort; **I haven't got that ~ of money** *colloq.* so viel Geld hab' ich nicht; **what ~ of man is he?** was für ein Mann *od.* Mensch ist er?; **she is not that ~ of girl** sie ist nicht so e-e; **he is not the ~ of man to do such a thing** er ist nicht der Typ, der so etwas tut; **he felt a ~ of compunction** er empfand so etwas (Ähnliches) wie Reue; **coffee of a ~** *colloq.* so etwas Ähnliches wie Kaffee, etwas Kaffeeartiges; **the lit·erary ~** die Leute, die sich mit Literatur befassen. **2.** Geschlecht *n,* Klasse *f,* Art *f,* Gattung *f:* → **humankind. 3.** Art *f,* Wesen *n:* **different in ~** der Art *od.* dem Wesen nach verschieden. **4.** ~ **of** *colloq.* ein bißchen, irgendwie: **he's ~ of crazy; I ~ of expected it** ich hatte es irgendwie erwartet; **I've ~ of promised it** ich habe es halb u. halb versprochen. **5.** Natu'ralien *pl*, Waren *pl*: **to pay in ~** in Naturalien zahlen; **to pay s.o. in ~** *fig.* es j-m mit gleicher Münze heimzahlen.

kind² [kaɪnd] *adj* (*adv* → **kindly** II) **1.** freundlich, liebenswürdig, nett (**to** s.o. zu j-m): **~ words**; **to be ~ to animals** tierlieb sein; **~ to the skin** hautfreundlich (*Creme etc*); **it was very ~ of you to help me** es war sehr nett *od.* lieb (von dir), daß du mir geholfen hast; **would you be so ~ as to do this for me?** sei so gut *od.* freundlich u. erledige das für mich, erledige das doch bitte für mich; → **enough** III. **2.** hilfreich: **a ~ deed**. **3.** herzlich: → **regard** 12. **4.** freundlich, mild, angenehm: **~ climate.**

kin·der·gar·ten ['kɪndə(r)ˌgɑː(r)tn] *s* Kindergarten *m*: **~ teacher** Kindergärtnerin *f*. **'kin·derˌgart·ner** [-nə(r)], *a.* **'kin·derˌgar·ten·er** *s* **1.** Kindergärtnerin *f.* **2.** *Am.* Kind, das e-n Kindergarten besucht.

ˌ**kind'heart·ed** *adj* (*adv* **~ly**) gütig, gutherzig. ˌ**kind'heart·ed·ness** *s* Gutherzigkeit *f*, (Herzens)Güte *f*.

kin·dle ['kɪndl] **I** *v/t* **1.** an-, entzünden. **2.** *Haß etc* entfachen, -flammen, *Interesse etc* wecken. **3.** erleuchten: **the moon ~d the countryside**; **happiness ~d her eyes** ihre Augen leuchteten vor Glück. **II** *v/i* **4.** sich entzünden, Feuer fangen. **5.** *fig.* entbrennen, -flammen. **6.** *fig.* (er)glühen (**with** vor *dat*). **'kin·dler** *s* **1.** → kindling 3. **2.** *j-d, der (Haß etc) entfacht od. entflammt*: **a ~ of hatred**.

kind·li·ness ['kaɪndlɪnɪs] *s* Güte *f*, Freundlichkeit *f*, Liebenswürdigkeit *f*.

kin·dling ['kɪndlɪŋ] *s* **1.** An- Entzünden *n.* **2.** *fig.* Entfachen *n*, -flammen *n.* **3.** 'Anzündmateriˌal *n.*

kind·ly ['kaɪndlɪ] **I** *adj* **1.** gütig, freundlich, liebenswürdig. **2.** → **kind²** 4. **II** *adv* **3.** → **kind²** 1. **4.** freundlicher-, liebenswürdiger-, netterweise: **~ tell me** sagen Sie mir bitte; **would you ~ shut up!** *colloq. iro.* halt gefälligst die ,Klappe'! **5.** **to take s.th. ~** etwas gut aufnehmen: **I would take it ~ if you**... Sie täten mir e-n großen Gefallen *od.* es wäre sehr freundlich von Ihnen, wenn Sie ... **6. to take ~ to s.th.** sich mit etwas an- *od.* befreunden. **7.** herzlich: **we thank you ~**.

'kind·ness *s* **1.** Freundlichkeit *f*, Liebenswürdigkeit *f*: **to show s.o. ~** freundlich *od.* liebenswürdig zu j-m sein; **please have the ~** (*Br. a.* **please do me the ~**) **to close the window** sei so gut *od.* freundlich u. schließ das Fenster, schließ doch bitte das Fenster. **2.** Gefälligkeit *f*, Freundlichkeit *f*: **to do s.o. a ~** j-m e-e Gefälligkeit erweisen.

kin·dred ['kɪndrɪd] **I** *s* **1.** (Bluts)Verwandtschaft *f*: **he claims ~ to** (*od.* **with**) **me** er behauptet, mit mir verwandt zu sein. **2.** *fig.* Verwandtschaft *f*. **3.** *collect.* (*als pl konstruiert*) Verwandte *pl*, Verwandtschaft *f*. **4.** Stamm *m*, Fa'milie *f*. **II** *adj* **5.** (bluts)verwandt: **of ~ blood** blutsverwandt **6.** *fig.* verwandt, ähnlich: **~ spirit** Gleichgesinnte(r *m*) *f*.

kine [kaɪn] *pl obs. von* **cow¹**.

kin·e·mat·ic [ˌkɪnɪ'mætɪk; ˌkaɪ-] *phys.* **I** *adj* (*adv* **~ally**) kineˈmatisch. **II** *s pl* (*als sg konstruiert*) Kineˈmatik *f*, Bewegungslehre *f*. **ˌkin·e'mat·i·cal** [-kl] → kinematic I.

kin·e·mat·o·graph [ˌkɪnɪ'mætəʊɡrɑːf; ˌkaɪ-] *bes. Am.* -təɡræf] *etc* → cinematograph, *etc.*

ki·ne·sics [kɪ'niːsɪks; kaɪ-] *s pl* (*als sg konstruiert*) Ki'nesik *f* (*Wissenschaft, die sich mit der Erforschung nichtsprachlicher Kommunikation befaßt*).

kin·es·the·si·a, **kin·es·the·sis** *Am.* → kinaesthesia, kinaesthesis.

ki·net·ic [kaɪ'netɪk; kɪ'n-] **I** *adj* **1.** *phys.* kiˈnetisch: **~ energy** kinetische Energie, Bewegungsenergie *f*; **~ pressure** Staudruck *m*; **~ theory of gases** kinetische Gastheorie. **2.** *art* kiˈnetisch: **~ sculpture**; **~ art** → kineticism; **~ artist** → kineticist. **II** *s pl* (*als sg konstruiert*) **3.** *phys.* Kiˈnetik *f* (*Lehre des Zs.-hangs zwischen den Kräften u. den daraus folgenden Bewegungen e-s Körpers*). **ki'net·i·cism** [-sɪzm] *s art* Kiˈnetik *f* (*moderne Kunstrichtung, die die Wirkung beweglicher Objekte durch Lichteffekte, Spiegelungen u. Geräusche steigert*). **ki'net·i·cist** *s art* Kiˈnetiker *m*.

'kin·folk *bes. Am.* → kinsfolk.

king [kɪŋ] **I** *s* **1.** König *m*: **~ of beasts** König der Tiere (*Löwe*); **the ~ of the castle** *fig. bes. Br.* der wichtigste Mann; → **English** 3, **evidence** 2 c. **2.** *relig.* a) K~ of K~s König *m* der Könige (*Gott, Christus*), b) (**Book of**) K~s *Bibl.* (*das* Buch der) Könige *pl.* **3.** *Schach*: König *m*: **~'s knight** Königsspringer *m*. **4.** *Damespiel*: Dame *f*. **5.** *Kartenspiel*: König *m*: **~ of hearts** Herzkönig. **6.** *fig.* König *m*, Maˈgnat *m*: **oil ~**. **II** *v/i* **7.** *meist* **~ it** herrschen (**over** über *acc*). **III** *v/t* **8. ~** zum König machen. **'king·bird** *s orn.* Tyˈrann *m*, *bes.* Königsvogel *m*. **'~·bolt** *s tech.* Drehbolzen *m*, Achs(schenkel)bolzen *m*. **~ co·bra** *s zo.* Königskobra *f*, -hutschlange *f*. **'~·crab** *s zo.* Teufelskrabbe *f*, Meerspinne *f*.

king·dom ['kɪŋdəm] *s* **1.** Königreich *n*: → **United Kingdom**. **2.** *fig.* Reich *n*, Gebiet *n*: **~ of thought** (*od.* **of the mind**) Reich der Gedanken. **3.** *a.* K~, *a.* **~ of heaven** *relig.* Reich *n* (Gottes): **thy ~ come** (*im Vaterunser*) dein Reich komme; **to go to** *od.* **come** *colloq.* ,das Zeitliche segnen'; **to knock s.o. to ~ come** *colloq.* j-n ins ,Reich der Träume' schicken (*bewußtlos schlagen*); **to send s.o. to ~ come** *colloq.* j-n in Jenseits befördern; **till** (*od.* **until**) **~ come** *colloq.* bis in alle Ewigkeit. **4.** (Naˈtur)Reich *n*: **animal (mineral, vegetable** *od.* **plant) ~** Tier-(Mineral-, Pflanzen)reich.

king| duck, *a.* **~ ei·der** *s orn.* Königseiderente *f*. **K~ Em·per·or** *s hist.* König *m* u. Kaiser *m* (*Titel des Herrschers über das Vereinigte Königreich u. Indien*). **~ fern** *bot.* Königsfarn *m*. **'~·fish** *s* **1.** a) Königsdorsch *m*, b) Stumpf *m*, Getupfter Sonnenfisch, c) 'Königsmaˌkrele *f*. **2.** *Am. colloq.* ,König' *m*: **the ~ of Boston's underworld**. **'~·fish·er** *s* Eisvogel *m*.

King James| Bi·ble, ~ Ver·sion *s* englische Bibelversion von 1611.

king·let ['kɪŋlɪt] *s* **1.** a) unbedeutender *od.* schwacher König, b) König *m* e-s kleinen *od.* unbedeutenden Landes. **2.** *orn. Am.* (*ein*) Goldhähnchen *n*.

'king·like *adj* **→ kingly**.

king·li·ness ['kɪŋlɪnɪs] *s* (*das*) Königliche *od.* Majeˈstätische. **king·ly** ['kɪŋlɪ] **I** *adj* **1.** königlich. **2.** majeˈstätisch. **II** *adv obs.* → I.

'king|ˌmak·er *s fig.* Königsmacher *m*. **ˌK~·of-'Arms** *pl* ˌ**Kings-of-'Arms** *s her.* Wappenkönig *m*. **'~·pin** *s* **1.** *Kegeln*: Kegelˈkönig *m*. **2.** *colloq.* a) wichtigster Mann, b) Dreh- u. Angelpunkt *m*. **3.** *tech.* → kingbolt. **~ post** *s arch.* einfache Hängesäule. **~ salm·on** *s ichth.* Königslachs *m*. **K~'s Bench Di·vi·sion** *s jur. Br.* Erste Kammer des High Court of Justice. **K~'s Coun·sel** *s jur. Br.* Kronanwalt *m* (*ein barrister, der für die Krone in Strafsachen vertritt*). **~'s e·vil** *s med. obs.* Skrofuˈlose *f*.

king·ship ['kɪŋʃɪp] *s* **1.** Königtum *n*, Königswürde *f*. **2.** Monarˈchie *f*.

'king-size(d) *adj* über durchschnittlich groß, Riesen...: **~ cigarettes** King-size-Zigaretten.

King's| proc·tor → proctor 3. **~ speech** *s Br.* Thronrede *f*.

king vul·ture *s orn.* Königsgeier *m*.

kink [kɪŋk] **I** *s* **1.** Knick *m* (*in e-m Draht etc*), *mar.* Kink *f* (*in e-r Stahltrosse*). **2.** *fig.* a) Spleen *m*, ,Tick' *m*, b) *colloq.* abartige Veranlagung, c) schwacher Punkt, Mangel *m*. **3. a ~ in one's back (neck)** *med.* ein steifer Rücken (Hals). **II** *v/i u. v/t* **4.** knicken.

kin·kle ['kɪŋkl] *s* kleiner Knick. **'kin·kled** *adj* **1.** voller Knicke, verknickt. **2.** kraus (*Haar*). **3.** *fig.* spleenig.

kink·y ['kɪŋkɪ] *adj* **1.** → kinkled. **2.** *colloq.* abartig (veranlagt), per'vers. **3.** *sl.* ,irre', ,verrückt': **~ clothes**.

ki·no (gum) ['kiːnəʊ] *s* Kinoharz *n*.

kin·o·plasm ['kɪnəʊplæzəm; ˈkaɪ-] *s biol.* 'Kinoˌplasma *n* (*Bündel von Filamenten im Protozoenzellkörper*).

kins·folk ['kɪnzfəʊk] *s pl* Verwandtschaft *f*, (*die*) (Bluts)Verwandten *pl*.

kin·ship ['kɪnʃɪp] *s* **1.** (Bluts)Verwandtschaft *f*: **~ family** *sociol.* Großfamilie *f*. **2.** *fig.* Verwandtschaft *f*.

kins·man ['kɪnzmən] *s irr* (Bluts)Verwandte(r) *m*, Angehörige(r) *m*. **'kins·ˌwom·an** *s irr* (Bluts)Verwandte *f*, Angehörige *f*.

ki·osk ['kiːɒsk; *Am.* 'kiːɑːsk] *s* **1.** Kiosk *m*: a) orientalisches Gartenhaus, b) Verkaufshäus·chen. **2.** *Br.* Teleˈfon-, Fernsprechzelle *f*.

kip¹ [kɪp] *s* **1.** (*ungegerbtes*) (*bes.* Kalbs-, Lamm)Fell. **2.** Bündel *n* Felle.

kip² [kɪp] *sl.* **I** *s* **1.** Schlaf *m*: **to have a ~** ,pennen'. **2.** Schlafstelle *f*. **II** *v/i* **3.** ,pennen'. **4.** *meist* **~ down** ,sich ˈhinhauen'.

kip³ [kɪp] (*Turnen*) *Am.* **I** *s* Kippe *f*. **II** *v/i* e-e Kippe machen.

kip⁴ [kɪp] *s* tausend englische Pfund *pl* (= 453,59 kg).

kip·per ['kɪpə(r)] **I** *s* **1.** Kipper *m* (*am Rücken aufgeschnittener, kurz gesalzener u. dann kalt geräucherter Hering*). **2.** männlicher Lachs, Hakenlachs *m* (*während od. nach der Laichzeit*). **II** *v/t* **3. ~ed herring** → 1.

Kipp's ap·pa·ra·tus [kɪps] *s chem.* Kippscher Appaˈrat.

Kirch·hoff's laws ['kɪə(r)kɒfs] *s pl electr.* Kirchhoffsche Regeln *pl*.

Kir·ghiz [kɜː'ɡɪz; *Am.* kɪr'ɡɪːz] **I** *s* **1.** Kirˈgise *m*, Kirˈgisin *f*. **2.** *ling.* Kirˈgisisch *n*, das Kirgisische. **II** *adj* **3.** kirˈgisisch.

kirk [kɜːk; *Am.* kɜrk; kɪrk] *s* **1.** *Scot.* Kirche *f*. **2. the K~** die schottische Staatskirche. **'~·man** [-mən] *s irr* **1.** Mitglied *n* der schottischen Staatskirche. **2.** *Scot.* Geistliche(r) *m*.

kir·mess → kermess.

kirsch(·was·ser) [kɪə(r)ʃ; ˈ-ˌvɑːsə(r)] *s* Kirsch(wasser *n*) *m*.

kish [kɪʃ] *s metall.* 'Garschaumgraˌphit *m*.

kis·met ['kɪsmet; 'kɪz-] *s* **1.** *relig.* Kismet *n* (*das dem Menschen von Allah zugeteilte Los*). **2.** *poet.* Los *n*, Schicksal *n*.

kiss [kɪs] **I** *s* **1.** Kuß *m*: **to give s.o. a ~**; **to blow** (*od.* **throw**) **s.o. a ~** j-m e-e Kußhand zuwerfen; **~ of life** *Br.* Mund-zu-Mund-Beatmung *f*; **to give s.th. the ~ of life** *fig.* etwas zu neuem Leben erwecken; **to give s.th. the ~ of death** e-r Sache den Todesstoß versetzen. **2.** leichte Berührung (*z. B. zweier Billardbälle*). **3.** *Am.* a) Baiˈser *n* (*Zuckergebäck*), b) Praˈline *f*. **II** *v/t* **4.** küssen: **he ~ed her (on the) lips** er küßte sie auf die Lippen *od.* auf den Mund; **to ~ away s.o.'s tears** j-s Tränen wegküssen; **to ~ s.o. goodby(e) (good night)** j-m e-n Abschiedskuß (Gutenachtkuß) geben; **to ~ the Book**

kissable – kneel

die Bibel küssen (*beim Eid*); **to ~ one's hand to** s.o. j-m e-e Kußhand zuwerfen; **to ~ the dust** *colloq.* a) ‚ins Gras beißen' (*umkommen*), b) ‚abgeschmettert' werden (*Plan etc*), c) ‚dran glauben müssen' (*getrunken werden, ausrangiert werden*); → **rod** 3. **5.** leicht berühren. **6.** ~ **off** *bes. Am. colloq.* a) j-m e-e ‚Abfuhr' erteilen, b) j-n ‚rausschmeißen' (*entlassen*), c) *etwas* abtun: **he ~ed off their objections with a wave of his hand. III** *v/i* **7.** sich küssen: **they ~ed goodbye(e) (good night)** sie gaben sich e-n Abschiedskuß (Gutenachtkuß). **8.** sich leicht berühren.
'**kiss·a·ble** *adj* zum Küssen: **a ~ girl** ein Mädchen, das man (am liebsten) küssen möchte; **~ mouth** Kußmund *m*.
kiss curl *s bes. Br.* ‚Schmachtlocke' *f*.
'**kiss·er** *s* **1. to be a good ~** gut küssen. **2.** *sl.* a) ‚Schnauze' *f*, ‚Fresse' *f*, b) ‚Vi'sage' *f*.
'**kiss·ing** *s* Küssen *n*. **~ gate** *s Br.* kleines Schwingtor, das nur jeweils 'eine Person durchläßt.
‚**kiss-in-the-'ring** *s* ein Gesellschaftsspiel für junge Leute, dem e-r den andern fängt u. küßt. '**~-me** *s bot.* Wildes Stiefmütterchen. '**~-off** *s bes. Am. colloq.* a) ‚Abfuhr' *f*, b) ‚Rausschmiß' *m*: **to give** s.o., s.th. **the ~** → **kiss** 6. '**~-proof** *adj* kußecht, -fest: **a ~ lipstick**.
kit[1] [kɪt] *I s* **1.** (*Jagd-, Reise-, Reit- etc*) Ausrüstung *f*, Ausstattung *f*. **2.** *mil.* a) Mon'tur *f*, b) Gepäck *n*. **3.** a) Arbeitsgerät *n*, Werkzeug (e *pl*) *n*, b) Werkzeugtasche *f*, -kasten *m*, c) *allg.* Behälter *m*: **a plastic ~ for medical supplies**, d) (abgepackter) Satz (Zubehör- *etc*)Teile: → **first-aid. 4.** a) Baukasten *m*, b) Bastelsatz *m*. **5. the whole ~ (and caboodle)** *colloq.* a) (*von Sachen*) der ganze Plunder *od.* Kram, b) (*von Personen*) die ganze ‚Blase' *od.* Sippschaft. **6.** *a. press* ~ Pressemappe *f*. **II** *v/t* **7.** *oft* ~ **out** (*od.* **up**) *bes. Br.* ausstatten (**with** mit).
kit[2] [kɪt] → **kitten**.
kit bag *s* **1.** *mil.* Kleider-, Seesack *m*. **2.** Reisetasche *f*.
kitch·en ['kɪtʃɪn] *I s* **1.** Küche *f*. **2.** *chem. tech.* Dampfraum *m*. **II** *adj* **3.** Küchen...: **~ knife (machine, table,** *etc*). **~ cab·i·net** *s* **1.** Küchenschrank *m*. **2.** *pol. Am. colloq.* 'Küchenkabi,nett *n*.
kitch·en·er ['kɪtʃɪnə(r)] *s* Küchenmeister *m* (*in e-m Kloster*).
kitch·en·et(te) [ˌkɪtʃɪ'net] *s* **1.** kleine Küche. **2.** Kochnische *f*.
kitch·en|**fa·tigue** *s mil.* Küchendienst *m*. **~ gar·den** *s* Küchen-, (Obst- u.) Gemüsegarten *m*. **~ gar·den·er** *s* o, *der e-n* **kitchen garden** *hat*. **~ help** *s* Küchenhilfe *f*. '**~-maid** *s* Küchenmädchen *n*. **~ mid·den** *s* Kjökkenmöddinger *pl*, Muschelhaufen *m* (*vorgeschichtliche Speiseabfallhaufen*). **~ po·lice** *s mil. Am.* a) zum Küchendienst 'abkomman,dierte Sol'daten *pl*, b) Küchendienst *m*. **~ sink** *s* Ausguß(becken *n*) *m*, Spülbecken *n*, Spüle *f*: **with everything** (*od.* **all) but the ~ humor.** mit Sack u. Pack. '**~-sink dra·ma** *s* rea'listisches Sozi'aldrama. **~ stuff** *s* **1.** Küchenbedarf *m* (*bes. Gemüse*). **2.** Küchenabfälle *pl*. **3.** abgetropftes Bratenfett. **~ u·nit** *s* Einbauküche *f*. '**~-ware** *s* Küchengeschirr *n*, -gerät *n*.
kite [kaɪt] *I s* **1.** Drachen *m*: **to fly a ~** a) e-n Drachen steigen lassen, b) *fig.* e-n Versuchsballon steigen lassen (→ 6); **go fly a ~!** *bes. Am. sl.* ‚hau ab!', ‚zieh Leine!'. **2.** *orn.* (*ein*) Falke *m*, *bes.* Gabelweihe *f*, Roter Milan. **3.** *obs.* Ausbeuter *m*. **4.** *pl mar.* Drachen *pl* (*Segel*). **5.** *aer. Br. sl.* ‚Kiste' *f*, ‚Mühle' *f* (*Flugzeug*). **6.** *econ. sl.* Kellerwechsel *m* *pl* Gefälligkeitswechsel *m*: **to fly a ~** Wechselreiterei betreiben

(→ 1). **II** *v/i* **7.** (wie ein Drachen) steigen *od.* (da'hin)gleiten. **8.** *Am. colloq.* a) hochschnellen (*Preise*), b) ‚flitzen', sausen, c) ‚abhauen', sich aus dem Staub machen. **9.** *econ.* Wechselreite'rei betreiben. **III** *v/t* **10.** *Am. colloq.* die Preise hochschnellen lassen. **11. to ~ a check** *Am.* a) e-n (noch) ungedeckten Scheck ausstellen, b) e-n Scheckbetrag fälschen. **~ bal·loon** *s aer.* 'Drachen-, 'Fesselbal,lon *m*. **~ check** *s Am.* a) (noch) ungedeckter Scheck, b) gefälschter Scheck. '**~-fli·er** *s* **1.** j-d, der e-n Drachen steigen läßt. **2.** *econ.* Wechselreiter *m*. '**~-fly·ing** *s* **1.** Steigenlassen *n* e-s Drachens. **2.** *econ.* Wechselreite'rei *f*. **K~ mark** *s* drachenförmiges Zeichen auf brit. Waren als Hinweis, daß deren Qualität, Größe *etc* den Bestimmungen der British Standards Institution entspricht.
kit fox *s zo.* Prä'riefuchs *m*.
kith [kɪθ] *s*: **~ and kin** Bekannte u. Verwandte; **with ~ and kin** mit Kind u. Kegel.
kith·a·ra ['kɪθərə] → **cithara**.
kitsch [kɪtʃ] (*Ger.*) *I s* Kitsch *m*. **II** *adj* kitschig. '**kitsch·i·fy** *v/t* verkitschen. '**kitsch·y** *adj* kitschig.
kit·ten ['kɪtn] *I s* **1.** Kätzchen *n*, junge Katze: **to have ~s** *Br. colloq.* ‚Zustände kriegen'. **2.** Junges *n* (*von Kaninchen etc*). **II** *v/i* **3.** (Junge) werfen. **3.** koket'tieren. '**kit·ten·ish** *adj* **1.** kätzchenartig, wie ein Kätzchen (geartet). **2.** (kindlich) verspielt *od.* ausgelassen. **3.** ko'kett.
kit·tle ['kɪtl] *Scot.* *I v/t* **1.** kitzeln. **2.** *j-n* stören, *j-m* lästig sein. **3.** *j-n* verwirren. **II** *adj* **4.** kitzlig, heikel, schwierig.
kit·ty[1] ['kɪtɪ] *s* a) Kätzchen *n*, b) Mieze *f*.
kit·ty[2] ['kɪtɪ] *s* **1.** Kartenspiel: (Spiel)Kasse *f*. **2.** gemeinsame Kasse.
ki·wi ['kiːwɪ] *s* **1.** *orn.* Kiwi *m*, Schnepfenstrauß *m*. **2.** *bot.* Kiwi *f*: **~ fruit** (*od.* **berry**) Kiwi(frucht) *f*. **3.** *meist* **K~** *colloq.* Neu'seeländer *m*.
Klan [klæn] *s* Ku-Klux-Klan *m*.
klang·far·be ['klaːŋˌfaː(r)bə] *s mus.* Klangfarbe *f*.
Klans·man ['klænzmən] *s irr* Mitglied *n* des Ku-Klux-Klan.
klax·on ['klæksn] *s mot.* Hupe *f*.
Klebs-Löf·fler ba·cil·lus [ˌklebzˈlʌflə] *s irr med.* 'Klebs-'Löffler-Ba,zillus *m*.
Kleen·ex, k~ ['kliːneks] (*TM*) *pl* **-ex, -ex·es** *s* Kleenex *n* (*ein Papiertuch*).
klep·to·ma·ni·a [ˌkleptəʊ'meɪnɪə; -nɪə] *s psych.* Kleptoma'nie *f* (*krankhafter Stehltrieb*). ‚**klep·to'ma·ni·ac** [-nɪæk] *I s* Klepto'mane, Klepto'manin *f*. **II** *adj* klepto'manisch.
klieg| **eyes** [kliːɡ] *s pl med.* durch Einwirkung grellen Lichts entzündete Augen. **~ light** *s Film*: Jupiterlampe *f*.
kloof [kluːf] *s S. Afr.* (Berg)Schlucht *f*.
klutz [klʌts] *s Am. sl. contp.* ‚Klotz' *m*, ‚Büffel' *m*, (*Frau*) ‚Trampel' *m*. '**klutz·y** *adj Am. sl. contp.* ‚büffelhaft', ‚trampelhaft'.
klys·tron ['klɪstrɒn; 'klaɪ-; *Am.* ˌstrɑːn] *s electr.* Klystron *n* (*Elektronenröhre zur Erzeugung, Gleichrichtung u. Verstärkung höchstfrequenter Schwingungen zur Steuerung der Geschwindigkeit e-s Elektronenstrahls*).
knack [næk] *s* **1.** Kniff *m*, Trick *m*: **to get the ~ of doing** s.th. dahinterkommen *od.* herausbekommen, wie man etwas tut; **to have the ~ of** s.th. den ‚Dreh' von *od.* bei etwas haben, **to have the ~ of doing** s.th. Geschick *od.* das Talent haben, etwas zu tun, *iro.* ein besonderes Geschick *od.* Talent (dafür) haben, etwas zu tun.

knäck·e·bröd ['nekəbrɔːd] *s* Knäckebrot *n*.
knack·er ['nækə] *s Br.* **1.** Abdecker *m*, Pferdeschlächter *m*: **~'s yard** Abdecke'rei *f*. **2.** 'Abbruchunter,nehmer *m*. **3.** *pl sl.* ‚Eier' *pl* (*Hoden*).
knack·ered ['nækəd] *adj Br. colloq.* ‚geschlaucht', ‚ka'putt'.
knack·er·y ['nækərɪ] *s Br.* Abdecke'rei *f*.
knack·wurst ['nækwɜːst; *Am.* 'nɑːkˌwɜːrst] *s* Knackwurst *f*.
knag [næɡ] *s* **1.** Knorren *m*, Ast *m* (*im Holz*). **2.** Aststumpf *m*. '**knag·gy** *adj* knorrig.
knap [næp] *s bes. dial.* Kuppe *f* (*e-s Hügels*).
knap·sack ['næpsæk] *I s* **1.** *mil.* Tor'nister *m*. **2.** Rucksack *m*. **3.** *a.* ~ **tank** *tech. Am.* Tragbehälter *m*. **II** *v/i* **4.** *Am.* mit dem Rucksack wandern.
'**knap·weed** *s bot.* Flockenblume *f*.
knar [nɑː(r)] *s* Knorren *m*.
knave [neɪv] *s* **1.** *obs.* Schurke *m*, Bube *m*. **2.** *obs.* Diener *m*. **3.** Kartenspiel: Bube *m*: **~ of hearts** Herzbube *m*. '**knav·er·y** [-ərɪ] *s obs.* Schurke'rei *f*, Schurkenstreich *m*, Bübe'rei *f*, Bubenstück *n*. '**knav·ish** *adj* (*adv* **~·ly**) *obs.* bübisch, schurkisch.
knead [niːd] *v/t* **1.** a) Teig ('durch)kneten, b) Zutaten verkneten. **2.** Muskeln ('durch)kneten, mas'sieren. **3.** *fig.* formen (**into** zu). '**knead·a·ble** *adj* knetbar. '**knead·er** *s* 'Knetma,schine *f*. '**knead·ing** *s* Kneten *n*: **~ trough** Backtrog *m*.
knee [niː] *I s* **1.** Knie *n*: **on one's ~s** kniefällig, auf Knien; **on the ~s of the gods** im Schoße der Götter; **to bend** (*od.* **bow**) **the ~s to** niederknien vor (*dat*); **to bring** s.o. **to his ~s** j-n auf *od.* in die Knie zwingen; **to go (down)** (*od.* **fall**) **on one's ~s to** auf die Knie sinken *od.* niederknien vor (*dat*), *fig. a.* in die Knie gehen vor (*dat*); **to learn** s.th. **at one's mother's ~** a) etwas von s-r Mutter lernen, b) etwas schon als kleines Kind lernen; **to put a child across one's ~** ein Kind übers Knie legen; → **bend** 7. **2.** *zo.* Vorderknie *n*, b) *orn.* Fußwurzelgelenk *n*. **3.** *tech.* Knie(stück) *n*, Winkel *m*. **4.** *tech.* a) Knierohr *n*, Rohrknie *n*, (Rohr)Krümmer *m*, b) Winkelstrom *m*, c) Kröpfung *f*. **5.** *bot.* Knoten *m*, Knick *m*. **II** *v/t* **6.** mit dem Knie stoßen *od.* berühren: **he ~d the door open** er stieß die Tür mit dem Knie auf; **to ~** s.o. **in the stomach** j-m das Knie in den Magen rammen. **~ ac·tion** *s mot.* Kniegelenkfederung *f*. **~ bend** *s* Kniebeuge *f*. **~ boots** *s pl* Schaftstiefel *pl*. **~ breech·es** *s pl a.* **pair of ~** (Knie)Bundhose *f*. '**~-cap** *I s* **1.** *anat.* Kniescheibe *f*. **2.** Knieleder *n*, -schützer *m*. **II** *v/t* **3.** j-m in die Kniescheibe(n) schießen *od.* die Kniescheibe(n) zerschießen. '**~-deep** *adj u. adv* knietief, kniehoch; **the snow lay ~** der Schnee lag kniehoch; **the water was ~** das Wasser reichte bis an die Knie; **~ in water** bis an die Knie im Wasser; **to be ~ in work** *fig.* bis über die Ohren in Arbeit stecken. ‚**~-'high** *adj* **1.** → **knee-deep**; **~ stockings** Kniestrümpfe *pl*, *colloq. a.* **~ to a grasshopper** ganz klein (*Kind*): **~ boy** ‚Dreikäsehoch' *m*. '**~-hole** *s* freier Raum für die Knie: **a ~ desk** Schreibtisch *m* mit Öffnung für die Knie. '**~-jerk** *s med.* 'Knie(sehnen)re,flex *m*. '**~-jerk** *adj fig.* **1.** a) auto'matisch, b) vor'hersehbar: **a ~ reaction. 2.** auto'matisch *od.* vor'hersehbar rea'gierend. **~ joint** *s anat.* Kniegelenk *n* (*a. tech.*).
kneel [niːl] *v/i pret u. pp* **knelt** [nelt] *od.* **kneeled** **1.** *a.* **~ down** (sich) 'hinknien, niederknien (**to** vor *dat*). **2.** a) knien, auf

den Knien liegen (**before** vor *dat*), b) *mil.* (*im Anschlag*) knien.
'**knee-length** *adj* knielang: ~ **skirt** kniefreier Rock; ~ **boots** kniehohe Stiefel; ~ **portrait** Halbfigur(enbild *n*) *f.*
kneel·er ['ni:lə(r)] *s* **1.** Kniende(r *m*) *f.* **2.** a) Kniekissen *n,* b) Kniestuhl *m.*
'**knee**|·**pad** *s* Knieschützer *m.* '~·**pan** → kneecap 1. '~·**piece** *s* **1.** *mil. hist.* Kniestück *n od.* -buckel *m* (*e-r Rüstung*). **2.** *tech.* Kniestück *n.* '~·**pipe** *s tech.* Knierohr *n.* ~ **raft·er** *s arch.* Kniesparren *m.* '~·**room** *s mot. aer.* Kniefreiheit *f.* ~ **shot** *s Film, TV:* 'Halbto,tale *f.* '~·ˌ**slap·per** *s Am. colloq.* Witz *m* ‚zum Totlachen'. ~·**stop**,~·**swell** *s mus.* Knieschweller *m.* ~ **tim·ber** *s* Knie-, Krummholz *n.*
Kneipp·ism ['naɪpɪzəm], *a.* **Kneipp's cure** [naɪps] *s med.* Kneippkur *f.*
knell [nel] **I** *s* Grab-, Totengeläut(e) *n*: to sound (*od.* ring) the ~ of a) zu Grabe läuten, b) *fig.* das Ende (*gen*) bedeuten. **II** *v/i* läuten (*bes. Totenglocke*). **III** *v/t* (*bes. durch Läuten*) a) bekanntmachen, verkünden, b) zs.-rufen.
knelt [nelt] *pret u. pp von* kneel.
Knes·set(h) ['kneset] *s* Knesset(h) *f* (*israelisches Parlament*).
knew [nju:; *Am. bes.* nu:] *pret von* know.
Knick·er·bock·er ['nɪkəbɒkə; *Am.* 'nɪkərˌbɑkər] *s* **1.** (*Spitzname für den*) New Yorker. **2.** k~s *pl* Knickerbocker *pl.*
knick·ers ['nɪkə(r)z] *s pl* **1.** → Knickerbocker 2. **2.** *a. esp. Br.* Br. (Damen)Schlüpfer *m*: to get one's ~ in a twist *colloq. oft humor.* ‚sich ins Hemd machen'; ~! *colloq.* ‚Mist!'
knick knack ['nɪknæk] *s* **1.** Nippsache *f.* **2.** billiges Schmuckstück. **3.** Spiele'rei *f,* ‚Schnickschnack' *m.* '**knick**ˌ**knack·er·y** [-ərɪ] *s* **1.** Nippes *pl.* **2.** billiger Schmuck. **3.** Spiele'reien *pl,* ‚Schnickschnack' *m.*
knick·point ['nɪkpɔɪnt] *s geol.* Gefällstufe *f,* Knick(punkt) *m.*
knife [naɪf] **I** *pl* **knives** [naɪvz] *s* **1.** Messer *n*: before you can say ~ *bes. Br. colloq.* im Nu, im Handumdrehen; to the ~ bis aufs Messer, bis zum Äußersten; to have one's ~ into s.o. j-n ‚auf dem Kieker haben', ‚auf j-n gefressen haben'. **2.** *med.* (Se'zier-, Operati'ons)Messer *n*: be (go) under the ~ unterm Messer liegen (unters Messer kommen); he died under the ~ er starb während der Operation. **II** *v/t* **3.** (be)schneiden, mit e-m Messer bearbeiten, *Farbe* mit dem Messer auftragen. **4.** a) mit e-m Messer stechen *od.* verletzen: he was ~d in the back er bekam ein Messer in den Rücken, b) erstechen. **5.** *fig.* a) j-m in den Rücken fallen, j-m e-n Dolchstoß versetzen, b) j-n ‚abschießen'.
knife| **blade** *s* Messerklinge *f.* '~-**blade con·tact** *s electr.* 'Messerkonˌtakt *m.* ~ **edge** *s* **1.** Messerschneide *f*: to be on a ~ *fig.* ganz aufgeregt *od.* nervös sein (about wegen); to be balanced on a ~ *fig.* auf des Messers Schneide stehen. **2.** *tech.* Waagschneide *f.* **3.** Grat *m* (*am Berg*). '~**-edged** *adj* messerscharf (*a. fig.*): ~ **pleats**; a ~ **wit** ein messerscharfer Verstand. '~**-edge re·lay** *s electr.* Re'lais *n* mit Schneidenlagerung. ~ **fight** *s* Messere'rei *f.* ~ **grind·er** *s* **1.** Scheren-, Messerschleifer *m.* **2.** Schleifstein *m,* Schmirgelrad *n.* ~ **point** *s* Messerspitze *f*: at ~ mit vorgehaltenem Messer.
knif·er ['naɪfə(r)] *s* Messerstecher *m.*
knife| **rest** *s* **1.** Messerbänkchen *n* (*bei Tisch*). **2.** *mil.* Spanischer Reiter (*Hindernis*). ~ **switch** *s electr.* Messerschalter *m.*
knif·ing ['naɪfɪŋ] *s* Messersteche'rei *f.*
knight [naɪt] **I** *s* **1.** *hist.* Ritter *m.* **2.** Ritter *m* (*unterste u. nicht erbliche Stufe des englischen Adels; Anrede* Sir *u. Vorname*). **3.** ~ **of the shire** *Br. hist.* Vertreter *m* e-r Grafschaft im Parla'ment. **4.** Ritter *m* (*Mitglied e-s Ritterordens*): K~ of the **Garter** Ritter des Hosenbandordens; K~ **of St. John of Jerusalem** ~ **Hospitaler** 1. **5.** *humor.* Ritter *m*: ~ **of the pen** Ritter der Feder (*Schriftsteller*); ~ **of the pestle** *obs.* Apotheker *m*; ~ **of the road** a) *obs.* Straßenräuber *m,* b) Handelsreisende(r) *m,* c) Tramp *m,* d) *Br.* Ritter der Landstraße. **6.** *Schach*: Springer *m,* Pferd *n.* **II** *v/t* **7.** zum Ritter schlagen. '**knight·age** *s* **1.** *collect.* Ritterschaft *f.* **2.** Ritterstand *m.*
knight| **bach·e·lor** *pl* **knights bach·e·lor(s)** *s Br.* Ritter *m* (*Mitglied des niedersten englischen Ritterordens*). ~ **ban·ner·et** *pl* **knights ban·ner·ets** → banneret[1]. ~ **com·mand·er** → knights com·mand·ers *s* Kom'tur *m* (*e-s Ritterordens*). ~ **com·pan·ion** *pl* **knights com·pan·ions** → companion[1] 6. ~ **er·rant** *pl* **knights er·rant** *s* **1.** *hist.* fahrender Ritter. **2.** *fig.* ‚Don Qui'chotte' *m.* ~ **er·rant·ry** [-rɪ] *s* **1.** *hist.* fahrendes Rittertum. **2.** *fig.* Donquichot'te'rie *f.*
knight·hood ['naɪthʊd] *s* **1.** Rittertum *n,* -würde *f.* **2.** Ritter(stand *m*) *pl*: **order of** ~ Ritterorden *m.* **3.** *collect.* Ritterschaft *f.* **4.** *fig.* Ritterlichkeit *f.*
Knight Hos·pi·tal·(l)er *pl* **Knights Hos·pi·tal·(l)ers** → Hospitaler 1.
knight·li·ness ['naɪtlɪnɪs] *s* Ritterlichkeit *f.* '**knight·ly** *adj u. adv* ritterlich.
knight| **serv·ice** *s* **1.** *hist.* Ritterdienst *m.* **2.** *fig.* wertvoller Dienst. K~ **Templar** *pl* **Knights Tem·plar(s)** → Templar 1 *u.* 2.
knit [nɪt] *v/t* *pret u. pp* **knit** *od.* '**knit·ted 1.** a) stricken, b) wirken: ~ **two, purl two** zwei rechts, zwei links (stricken). **2.** a. ~ **together** zs.-fügen, verbinden, -einigen (*alle a. fig.*): to ~ the hands die Hände falten; → close-knit, well-knit. **3.** *fig.* verknüpfen: to ~ **up** (*od.* together) a) fest verbinden, b) ab-, beschließen. **4.** a) *die Stirn* runzeln: to ~ one's brow, b) *die Augenbrauen* zs.-ziehen: to ~ one's eyebrows. **II** *v/i* **5.** a) stricken, b) wirken. **6.** *meist* ~ **up** sich stricken: this wool ~s well. **7.** *a.* ~ **up** (*od.* together) *a. fig.* sich vereinigen, sich (eng) verbinden *od.* zs.-fügen, zs.-wachsen (*gebrochene Knochen etc*). **8.** sich zs.-ziehen *od.* runzeln. **III** *s* **9.** Strickart *f.*
'**knit·ted** *adj* a) gestrickt, Strick..., b) gewirkt, Wirk...
'**knit·ter** *s* **1.** Stricker(in). **2.** *tech.* a) 'Strickmaˌschine *f,* b) 'Wirkmaˌschine *f.*
'**knit·ting** *s* **1.** Stricken *n,* b) Wirken *n.* **2.** Strickarbeit *f,* -zeug *n,* Stricke'rei *f.* ~ **ma·chine** → knitter 2. ~ **mag·a·zine** *s* Strickheft *n.* ~ **nee·dle** *s* Stricknadel *f.*
'**knit·wear** *s* a) Strickwaren *pl,* b) Wirkwaren *pl.*
knives [naɪvz] *pl von* knife.
knob [nɒb; *Am.* nɑb] *s* **1.** (*runder*) Griff, Knopf *m,* Knauf *m*: (the) same to you with ~s on! *colloq. iro.* danke gleichfalls! **2.** Buckel *m,* Beule *f,* Höcker *m,* Knoten *m,* Verdickung *f.* **3.** Knorren *m,* Ast *m* (*im Holz*). **4.** *bes. Br.* Stück(chen) *n* (*Zucker etc*). **5.** *arch.* Knauf *m* (*an Kapitellen etc*). **6.** *Br. vulg.* ‚Schwanz' *m* (*Penis*).
knobbed *adj* **1.** mit e-m Knauf *od.* Griff (versehen). **2.** knorrig.
knob·bi·ness ['nɒbɪnɪs; *Am.* 'nɑ-] *s* Knorrigkeit *f.*
knob·ble ['nɒbl; *Am.* 'nɑbəl] *s* **1.** kleiner Knopf. **2.** Knötchen *n.*
knob·by ['nɒbɪ; *Am.* 'nɑbɪ] *adj* **1.** knorrig. **2.** knaufartig.

knob·ker·rie ['nɒbˌkerɪ; *Am.* 'nɑb-] *s* Knüppel *m* mit Knauf (*Waffe*).
'**knob**|**-like** → knobby 2. '~**-stick** → knobkerrie.
knock [nɒk; *Am.* nɑk] **I** *s* **1.** a) Schlag *m,* Stoß *m,* b) *fig.* (Tief)Schlag *m*: to take (*od.* have) a ~ e-n Schlag einstecken müssen. **2.** Klopfen *n,* Pochen *n*: there is a ~ (at [*Am.* on] the door) es klopft; to give a double ~ zweimal klopfen; to open to s.o.'s ~ auf j-s Klopfen öffnen. **3.** *mot.* Klopfen *n.* **4.** *oft pl colloq.* Kri'tik *f.*
II *v/t* **5.** schlagen, stoßen: to ~ **on the head** a) bewußtlos schlagen, b) totschlagen; to ~ **one's head against** sich den Kopf anschlagen an (*dat*); to ~ **one's head against a brick wall** *fig.* mit dem Kopf gegen die Wand rennen, to ~ s.o. **into the middle of next week** *colloq.* j-n ‚fertigmachen'; to ~ **s.th. into s.o.('s head)** j-m etwas einhämmern *od.* einbleuen; to ~ **some sense into s.o.** j-m den Kopf zurechtsetzen; to ~ **spots off s.o.** *colloq.* j-m haushoch überlegen sein (at in *dat*); to ~ **three seconds off a record** *sport colloq.* e-n Rekord um 3 Sekunden verbessern; he's ~ed £5 off the bill (for us) *colloq.* er hat (uns) 5 Pfund von der Rechnung nachgelassen; → cold 12, head *Bes. Redew.* **6.** schlagen, klopfen: to ~ **into shape** in Form bringen. **7.** *colloq.* her'unter-, schlechtmachen, kriti'sieren. **8.** *colloq.* a) j-n ‚umhauen', sprachlos machen, b) *j-n* ‚schocken'.
III *v/i* **9.** schlagen, pochen, klopfen: to ~ **at** (*Am.* on) **the door** an die Tür klopfen; **please ~ before entering** bitte (an)klopfen. **10.** schlagen, prallen, stoßen (**against, into** gegen; **on** auf *acc*). **11.** → knock together 3. **12.** *tech.* a) rattern, rütteln (*Maschine*), b) klopfen (*Motor, Brennstoff*). **13.** ~ **about** (*od.* **around**) *colloq.* sich her'umtreiben (in *dat*). **14.** ~ **about** (*od.* **around**) *colloq.* her'umliegen in (*dat*) (*Gegenstand*).
Verbindungen mit Adverbien:
knock | **a·bout,** ~ **a·round** **I** *v/t* **1.** her'umstoßen. **2.** *colloq.* prügeln, schlagen, miß'handeln. **3.** *colloq.* bereden, dis'ku'tieren über (*acc*). **II** *v/i* **4.** *colloq.* sich her'umtreiben: to ~ **with** a) sich herumtreiben mit, b) ‚gehen' mit (*e-m Mädchen etc*). **5.** *colloq.* her'umliegen (*Gegenstand*). ~ **back** *v/t*: *bes. Br. colloq.* **1.** ein Getränk ‚runterkippen', ‚(sich) hinter die Binde gießen'. **2.** to knock s.o. **back a few pounds** j-n ein paar Pfund kosten. **3.** ‚umhauen', sprachlos machen. ~ **down I** *v/t* **1.** a) 'umstoßen, -werfen, b) niederschlagen: ~ **feather** 1 *c,* *a.* 'umfahren; über'fahren, d) *Leichtathletik*: *Latte* abwerfen, reißen, *Springreiten*: *Stange* abwerfen, e) *colloq.* ‚'umhauen', sprachlos machen. **2.** *Gebäude etc* abreißen, -brechen. **3.** *Maschine etc* zerlegen, aus'einandernehmen. **4.** (to auf *acc*; £2 um 2 Pfund) a) j-n, *den Preis* her'unterhandeln, b) mit dem Preis her'untergehen. **5.** to knock s.th. **down to s.o.** (*Auktion*) j-m etwas zuschlagen (at, for für). **6.** *Am. colloq.* a) Geld unter'schlagen, b) *e-e Bank etc* ausrauben. **7.** *Am. colloq.* ein Gehalt etc ‚einstreichen'. **8.** → knock back 1. **II** *v/i* **9.** nicht mehr *od.* ausein'andernehmen lassen. **10.** *Am. colloq.* a) sich legen (*Sturm etc*), b) ruhiger werden (*Meer etc*). ~ **in** *v/t* e-n Nagel einschlagen. ~ **off I** *v/t* **1.** her'unter-, abschlagen, weghauen. **2.** *colloq.* aufhören mit: **knock it off!** hör auf (damit)!; to ~ **work(ing)** → 10 b. **3.** *colloq.* *Arbeit* erledigen. **4.** *colloq.* e-n Artikel etc aus dem Ärmel schütteln'. **5.** *colloq.* e-n Betrag

knockabout - known

(von der Rechnung *etc*) nachlassen (**for s.o.** j-m). **6.** *colloq.* **j-n** ˌ**umlegen**ˈ (*töten*). **7.** *colloq.* a) e-n Gegner erledigen, b) *Essen* ˌwegputzenˈ. **8.** *colloq.* ˌ**klauen**ˈ (*stehlen*), b) e-e Bank *etc* ausrauben. **9.** *sl.* ein Mädchen ˌbumsenˈ, ˌvögelnˈ (*schlafen mit*). **II** *v/i* **10.** *colloq.* a) allg. aufhören, b) Schluß *od.* Feierabend machen: **to ~ for tea** (e-e) Teepause machen. **~ out** *v/t* **1.** herˈausschlagen, -klopfen (**of** aus), *Pfeife* ausklopfen: → **bottom 3. 2.** a) bewußtlos schlagen, b) *Boxen:* k. o. schlagen, ausknocken, c) betäuben (*Droge etc*), d) *colloq.* ˌumhauenˈ (*sprachlos machen, hinreißen*). **3.** *sport* e-n Gegner ausschalten: **to be knocked out** ausscheiden, ˌrausfliegenˈ (**of** aus). **4. to ~ a tune on the piano** *colloq.* e-e Melodie auf dem Klavier ˌhämmernˈ. **5.** *colloq.* j-n ˌschlauchenˈ, ˌfertigmachenˈ: **to knock o.s. out** ˌsich umbringenˈ, sich abrackern. **~ o·ver** *v/t* **1.** ˈumwerfen, ˈumstoßen b) überˈfahren. **~ to·geth·er I** *v/t* **1.** aneinˈanderstoßen, -schlagen: **he knocked their heads together** er schlug sie mit den Köpfen aneinander (*um sie zur Vernunft zu bringen*). **2.** *colloq.* etwas schnell ˌzs.-zimmernˈ, *ein Essen etc* ˌ(her)zaubernˈ. **II** *v/i* **3.** aneinˈanderstoßen, -schlagen: **his knees were knocking together** ihm schlotterten die Knie. **~ up I** *v/t* **1.** hochschlagen, in die Höhe schlagen. **2.** *Br. colloq.* herˈausklopfen, (*durch Klopfen*) wecken. **3.** *Am. colloq.* a) etwas ˌkaˈputtmachenˈ, b) j-n verletzen: **he was all knocked up** er war bös zugerichtet. **4.** → **knock together 2. 5.** → **knock out 5. 6.** *Br. colloq.* Geld verdienen. **7.** *Kricket:* Läufe machen. **7.** *sl.* e-m Mädchen ˌein Kind machenˈ. **II** *v/i* **8.** *Tennis etc:* sich einschlagen *od.* einspielen.

ˈ**knock**·**a**·**bout I** *adj* **1.** lärmend, laut. **2.** *thea. etc* Klamauk...: **~ comedy** → **6. 3.** a) Gebrauchs...: **~ car** (→ 5, b) strapaˈzierfähig (*Kleidung etc*). **II** *s* **4.** *mar.* slupgetakeltes, halbgedecktes Kielboot für offene Gewässer. **5.** *mot.* Gebrauchsfahrzeug *n*, -wagen *m*. **6.** *thea.* Klaˈmaukstück *n*. ˈ**~·down I** *adj* **1.** niederschmetternd (*a. fig.*): **a ~ blow; the news came as a ~ blow to him** die Nachricht war ein schwerer Schlag für ihn. **2.** zerlegbar, auseinˈandernehmbar. **3. ~ price** a) Schleuderpreis *m:* **at a ~ price** spottbillig, b) *econ.* Werbepreis *m*, c) *Auktion:* äußerster Preis. **II** *s* **4.** a) niederschmetternder Schlag (*a. fig.*), b) *Boxen:* Niederschlag *m*. **5.** Leichtathletik, Springreiten: Abwurf *m*. **6.** zerlegbares Möbelstück *od.* Gerät. **7.** *Am. u. Austral. colloq.* Vorstellung *f:* **to give s.o. a ~ to** j-n j-m vorstellen. ˈ**knock**·**er** *s* **1.** Klopfende(r *m*) *f*. **2.** *Br.* a) Hauˈsierer *m*, b) Vertreter *m*. **3.** (Tür-) Klopfer *m:* **to sell s.th. on the ~** etwas an der Haustür verkaufen. **4.** *colloq.* Krittler *m*, Kritiˈkaster *m*. **5.** *Am. colloq.* ˌTypˈ *m*, Kerl *m*. **6.** *pl sl.* ˌTittenˈ *pl* (*Brüste*). ˌ**knock-for-**ˈ**knock a·gree·ment** *s Br.* Abkommen zwischen Autoversicherungen, daß bei Unfällen – unabhängig von der Schuldfrage – jede Gesellschaft den Schaden an dem bei ihr versicherten Wagen trägt. ˈ**knock·ing shop** *s Br. sl.* ˌPuffˈ *m*, *a. n* (*Bordell*). ˌ**knock**|-ˈ**kneed** *adj* **1.** X-beinig: **to be ~** X-Beine haben. **2.** *fig.* a) ˌlahmˈ (*Ausrede etc*), b) plump, unförmig. ˌ**~**-ˈ**knees** *s pl med.* X-Beine *pl.* ˈ**~·me-**ˌ**down** *adj Am. colloq.* überˈwältigend. ˈ**~·off** *s Am. colloq.* **1.** *tech.* a) autoˈmatisches Abschalten, b) autoˈmatischer Abschalter. **2.** Feierabend *m*. ˈ**~·out I** *s* **1.** *Boxen:* Knockout *m*, K. ˈo. *m:* **to win by a ~**

durch K. o. gewinnen; → **technical 2. 2.** *colloq.* a) ˌtolleˈ Perˈson *od.* Sache, b) ˌBombenerfolgˈ *m:* **his latest film is a ~**. **II** *adj* **3.** a) *Boxen:* K.-o-....: **~ blow** (*od.* **punch**) K.-o.-Schlag *m;* **~ system** *sport* K.-o.-System *n*, b) betäubend: **~ drops** K.-o.-Tropfen. ˈ**~·proof** *adj tech.* klopffest: **~ petrol**. ˈ**~·up** *s Tennis etc:* Einschlagen *n*, Einspielen *n*. ˈ**~·wurst** [-wɜːst; *Am.* -ˌwɜːrst] *s* Knackwurst *f*.

knoll [nəʊl] *s* Hügel *m*, Kuppe *f*.

knop [nɒp; *Am.* nɑp] *s* **1.** Noppe *f:* **~ yarn** Noppengarn *n*. **2.** *obs.* (Zier)Knauf *m*. **3.** (Blüten)Knospe *f*.

knot [nɒt; *Am.* nɑt] **I** *s* **1.** Knoten *m:* **to make** (*od.* **tie**) **a ~** e-n Knoten machen, **to tie s.o. (up) in ~s** *fig.* j-n ganz konfus machen. **2.** Schleife *f*, Schlinge *f* (*als Verzierung*), *bes.* a) Achselstück *n*, Epauˈlette *f*, b) Koˈkarde *f*. **3.** *mar.* Knoten *m:* a) Stich *m* (*im Tau*), b) Marke an der Logleine, c) Seemeile *f* (*1,853 km/h*): **at a rate of ~s** *fig.* in Windeseile. **4.** *fig.* a) Knoten *m*, Proˈblem *n*, Schwierigkeit *f*, Verwicklung *f:* **to cut the ~** den Knoten durchhauen, b) Verbindung *f*, Band *n:* **marriage ~** Band der Ehe. **5.** *bot.* a) Knoten *m* (*Blattansatzstelle*), b) Astknorren *m*, -knoten *m*, c) Knötchen *n*, knotenˌod. knötchenartiger Auswuchs, d) Knospe *f*, Auge *n*. **6.** *med.* (Gicht- *etc*)Knoten *m*. **7.** Gruppe *f*, Knäuel *m*, *n*, Haufen *m*, Traube *f* (*Menschen etc*). **II** *v/t* **8.** (e-n) Knoten machen in (*acc*). **9.** (ver)knoten, (-)knüpfen: **to ~ together** zs.-knoten, miteinander verknüpfen; **get ~ted!** *sl.* rutsch mir doch den Buckel runter!, du kannst mich mal! **10.** verwickeln, -heddern, -wirren. **III** *v/i* **11.** (e-n) Knoten bilden, sich verknoten. **12.** sich verwickeln.

ˈ**knot**|-**grass** *s bot.* Knöterich *m*. ˈ**~-hole** *s* Astloch *n* (*im Holz*). **~ stitch** *s* Stickeˈrei: Knotenstich *m*.

knot·ted [ˈnɒtɪd; *Am.* ˈnɑ-] *adj* **1.** ver-, geknotet, geknüpft. **2.** → **knotty**.

knot·ter [ˈnɒtə; *Am.* ˈnɑtər] *s tech.* ˈKnüpf-, ˈKnotmaˌschine *f*.

knot·ty [ˈnɒtɪ; *Am.* ˈnɑtɪ] *adj* **1.** ge-, verknotet. **2.** knotig, voller Knoten. **3.** knorrig, astig (*Holz*). **4.** *fig.* verwickelt, schwierig, kompliˈziert, verzwickt: **a ~ problem**.

knout [naʊt] *I s* Knute *f*. **II** *v/t* mit der Knute schlagen, j-m die Knute geben.

know [nəʊ] **I** *v/t pret* **knew** [njuː; *Am. bes.* nuː] *pp* **known** [nəʊn] **1.** *allg.* wissen: **he ~s what to do** er weiß, was zu tun ist; **to ~ all about it** genau Bescheid wissen; **don't I ~ it!** und ob ich das weiß!; **he wouldn't ~ (that)** er kann das nicht *od.* kaum wissen; **I would have you ~ that** ich möchte Ihnen klarmachen, daß; **I have never ~n him to lie** m-s Wissens hat er noch nie gelogen; **he ~s a thing or two** *colloq.* ˌer ist nicht von gesternˈ, er weiß ganz gut Bescheid (**about** über *acc*); **what do you ~** *colloq.* na so was, sieh mal an!: → **answer 1, good 18, what** *Bes. Redew.* **2.** a) können: **he ~s (some) German** er kann (etwas) Deutsch; → **business 1, onion 1, rope 1,** *etc*, b) **to ~ how to do s.th.** etwas tun können: **do you ~ how to do it?** weißt du, wie man das macht?, kannst du das?; **he ~s how to treat children** er versteht mit Kindern umzugehen; **do you ~ how to drive a car?** können Sie Auto fahren?; **he doesn't ~ how to lose** er kann nicht verlieren. **3.** kennen: a) sich auskennen in (*dat*): **to ~ a town; do you ~ this place?** kennen Sie sich hier aus?, b) vertraut sein mit: **to ~ a novel; do you ~ Dickens?; to ~ s.th. backward(s)** *Br. colloq.* etwas in- u.

auswendig kennen, c) bekannt sein mit: **I have ~n him (for) five years** ich kenne ihn (schon) seit fünf Jahren; **after I first knew him** nachdem ich s-e Bekanntschaft gemacht hatte; → **Adam. 4.** erfahren, erleben: **he has ~n better days** er hat schon bessere Tage gesehen; **I have ~n it to happen** ich habe das schon erlebt. **5.** a) (ˈwieder)erkennen (**by** an *dat*): **I would ~ him anywhere** ich würde ihn überall erkennen; **before you ~ where you are** im Handumdrehen; **I don't ~ whether I shall ~ him again** ich weiß nicht, ob ich ihn wiedererkennen werde, b) unterˈscheiden (können): **to ~ one from the other** e-n vom anderen unterscheiden können, die beiden auseinanderhalten können. **6.** *Bibl.* (geˈschlechtlich) erkennen.

II *v/i* **7.** wissen (**of** von, um), im Bilde sein *od.* Bescheid wissen (**about** über *acc*): **I ~ of s.o. who** ich weiß *od.* kenne j-n, der; **I ~ better!** so dumm bin ich nicht!; **you ought to ~ better (than that)** das sollten Sie besser wissen, so dumm werden Sie doch nicht sein; **to ~ better than to do s.th.** sich davor hüten, etwas zu tun; **he ought to ~ better than to go swimming after a big meal** er sollte soviel Verstand haben zu wissen, daß man nach e-r ausgiebigen Mahlzeit nicht baden geht; **not that I ~ of** nicht daß ich wüßte; **do** (*od.* **don't**) **you ~?** *colloq.* nicht wahr?; **you ~** wissen Sie; **he is an alcoholic as you ~** (*od.* **as everybody ~s**) er ist bekanntlich Alkoholiker; **you never ~** man kann nie wissen.

III *s* **8. to be in the ~** Bescheid wissen, im Bilde *od.* eingeweiht sein.

ˈ**know·a·ble** *adj* erkennbar.

ˈ**know**|-**all I** *s* Allesˈbesserˌwisser *m*, Besserwisser *m*. **II** *adj* besserwisserisch. ˈ**~-how** *s* Know-ˈhow *n:* a) *Wissen um die praktische Durchführung e-r Sache*, b) *econ. auf organisatorischer od. technischer Erfahrung beruhendes Spezialwissen:* **industrial ~** praktische Betriebserfahrung.

ˈ**know·ing I** *adj* **1.** intelliˈgent, klug, geˈscheit. **2.** schlau, durchˈtrieben: **a ~ one** ein Schlauberger. **3.** verständnisvoll, wissend: **a ~ glance**. **II** *s* **4.** Wissen *n*, Kenntnis *f:* **there is no ~** man kann nie wissen. ˈ**know·ing·ly** *adv* **1.** → **knowing I. 2.** wissentlich, absichtlich, bewußt. ˈ**know·ing·ness** *s* **1.** Klugheit *f*. **2.** Schlauheit *f*.

ˈ**know-it-**ˌ**all** *Am.* → **know-all**.

knowl·edge [ˈnɒlɪdʒ; *Am.* ˈnɑ-] *s* **1.** Kenntnis *f:* **the ~ of the victory** die Kunde vom Sieg; **to bring s.th. to s.o.'s ~** j-m etwas zur Kenntnis bringen, j-n von etwas in Kenntnis setzen; **it has come to my ~** es ist mir zur Kenntnis gelangt, ich habe erfahren (**that** daß); **to have ~ of** Kenntnis haben von; **from personal** (*od.* **one's own**) **~** aus eigener Kenntnis; **(not) to my ~** m-s Wissens (nicht); **to the best of one's ~ and belief** *jur.* nach bestem Wissen u. Gewissen; **my ~ of Mr. X** m-e Bekanntschaft mit Mr. X; **without my ~** ohne mein Wissen; **~ of life** Lebenserfahrung *f;* **~ carnal, common 5, tree 1. 2.** Wissen *n*, Kenntnisse *pl* (**of, in** in *dat*): **basic ~** Grundwissen, -kenntnisse; **~ of the law** Rechtskenntnisse; **to have a good ~ of** viel verstehen von, sich gut auskennen in (*dat*); → **general 3.** ˈ**knowl·edge·a·ble** *adj colloq.* **1.** geˈscheit, klug. **2.** (ˈgut)unterˌrichtet. **3.** kenntnisreich: **to be very ~ about** viel verstehen von, sich gut auskennen in (*dat*).

known [nəʊn] **I** *pp* von **know**. **II** *adj* bekannt (**as** als; **to s.o.** j-m): **he is ~ to**

the police er ist polizeibekannt; to make ~ bekanntmachen; to make o.s. ~ to s.o. sich mit j-m bekannt machen, sich j-m vorstellen; the ~ facts die anerkannten Tatsachen; ~ quantity → III a; ~ substance → III b. III s etwas Bekanntes, *bes.* a) *math.* bekannte Größe, b) *chem.* bekannte Sub'stanz.

'know-,noth·ing I s 1. Nichtswisser(in), Igno'rant(in). 2. *philos.* A'gnostiker(in). II *adj* 3. igno'rant.

knuck·le ['nʌkl] I s 1. (Finger)Knöchel *m*: → rap¹ 1, 8. 2. (Kalbs-, Schweins-)Haxe *f od.* (-)Hachse *f*: ~ of ham Eisbein *n*; near the ~ *colloq.* reichlich gewagt (*Witz etc*). 3. *tech.* Gelenk *n.* 4. *pl* (*a. als sg konstruiert*) *Am.* Schlagring *m.* II *v/i* 5. ~ down sich anstrengen, ‚sich da'hinterklemmen'; to ~ down to work sich an die Arbeit machen, ‚sich hinter die Arbeit klemmen'. 6. ~ under sich unter'werfen *od.* beugen (to *dat*), klein beigeben. '~·bone *s anat.* Knöchelbein *n*. '~·dust·er *s* Schlagring *m*. '~·head *s colloq.* ‚Blödmann'. *m.* '~·head·ed *adj colloq.* ‚blöd'. ~ joint *s* 1. *anat.* Knöchel-, Fingergelenk *n.* 2. *tech.* Gabelgelenk *n.*

knur, *Br. a.* knurr [nɜː; *Am.* nɜr] *s* Knorren *m*, Knoten *m*.

knurl [nɜːl; *Am.* nɜrl] I s 1. Einkerbung *f.* 2. *tech.* Rändelrad *n.* II *v/t* 3. *tech.* rändeln, kor'dieren: ~ed screw Rändelschraube *f*.

knurr *Br. für* knur.

KO [ˌkeɪ'əʊ] *colloq.* I *pl* KO's *s* → knockout I. II *v/t pret u. pp* KO'd → knock out 2.

ko·a·la (bear) [kəʊ'ɑːlə] *s zo.* Ko'ala (-bär) *m*, Beutelbär *m*.

ko·bold ['kɒbəʊld; *Am.* 'kəʊˌbɔːld] *s* Kobold *m*.

kohl·ra·bi [ˌkəʊl'rɑːbɪ] *pl* -bies *s bot.* Kohl'rabi *m*.

ko·la ['kəʊlə] *s* 1. *a.* ~ nut Kolanuß *f.* 2. 'Kolanußex,trakt *m.* 3. *bot.* Kolabaum *m*.

kol·khoz, *a.* kol·khos [kɒl'hɔːz; *Am.* kal'kɔːz] *s* Kolchos *m*, *n*, Kol'chose *f*.

koo·doo → kudu.

kook [kuːk] *s Am. colloq.* ‚Spinner'. *m.*

kook·a·bur·ra [ˈkʊkəˌbʌrə; *Am. bes.* -ˌbɜrə] *s orn.* Rieseneisvogel *m*, Lachender Hans.

kook·ie, kook·y [ˈkuːkɪ] *adj Am. colloq.* ‚spinnig'.

kop [kɒp; *Am.* kap] *s S. Afr.* Hügel *m*, Berg *m*.

ko·pe(c)k [ˈkəʊpek] *s* Ko'peke *f*.

kop·je [ˈkɒpɪ; *Am.* ˈkɑpɪː] *s S. Afr.* kleiner Hügel.

Ko·ran [kɒˈrɑːn; *Am.* kəˈræn; kəˈrɑːn] *s relig.* Koˈran *m*.

Ko·re·an [kəˈrɪən] I *s* 1. Koreˈaner(in). 2. *ling.* Koreˈanisch *n*, das Koreanische. II *adj* 3. koreˈanisch.

ko·ru·na [kɒˈruːnə; *Am.* ˈkɔːrəˌnɑː] *s* Koˈruna *f*, Tschechenkrone *f*.

ko·sher [ˈkəʊʃə(r)] I *adj* 1. *relig.* koscher, rein (*nach jüdischen Speisegesetzen*). 2. *colloq.* a) echt, b) ‚koscher', rechtmäßig, in Ordnung: it is not ~ for him to do it er hat kein Recht, es zu tun. II *s* 3. *relig.* koschere Nahrung.

ko·tow [ˌkəʊˈtaʊ] → kowtow.

kot·wal [ˈkɒtwɑːl; ˈkəʊt-] *s Br. Ind.* hoher Poliˈzeibeˌamter.

kou·mis(s), kou·myss → kumiss.

kour·bash → kurbash.

kow·tow [ˌkaʊˈtaʊ] I *v/i* 1. e-n Koˈtau machen (to vor *j-m*) (*a. fig.*). 2. *fig.* kriechen (to vor *j-m*). II *s* 3. *hist.* Koˈtau *m* (*tiefe Verbeugung mit Niederknien u. Neigen des Kopfes bis auf die Erde*).

kraal [krɑːl; krɔːl] *s S. Afr.* Kral *m*: a) Eingeborenendorf, b) umzäunter Viehhof.

kraft [krɑːft; *Am.* kræft] *s* starkes 'Packpaˌpier.

krans [krɑːns; *Am.* kræns], krantz [-ts] *s S. Afr.* steile Klippe.

Kraut [kraʊt] *sl. contp.* I *s* Deutsche(r *m*) *f.* II *adj* deutsch.

Krebs cy·cle [krebz] *s* Biochemie: Krebs-Zyklus *m*.

Krem·lin [ˈkremlɪn] *npr* Kreml *m*.

krieg·spiel [ˈkriːɡspiːl] *s mil.* Kriegs-, Planspiel *n*.

kris [kriːs] *s* Kris *m* (*malaiischer Dolch*).

Krish·na [ˈkrɪʃnə] *npr u.* s 1. *Hinduismus:* Krischna *m* (*Gott*). 2. → Hare Krishna.

ˈKrish·na·ism *s Hinduismus:* Krischnaˈismus *m*, Krischnaverehrung *f*.

kro·na¹ [ˈkrəʊnə] *pl* -nor [-nɔː(r); -nɑː(r)] *s* Krone *f* (*Münzeinheit u. Silbermünze in Schweden*).

kro·ne¹ [ˈkrəʊnə] *pl* -ner [-nə(r)] *s* Krone *f* (*Münzeinheit u. Silbermünze in Dänemark u. Norwegen*).

kro·ne² [ˈkrəʊnə] *pl* -nen [-nən] *s* Krone *f* (*ehemalige Münze in Österreich u. Deutschland*).

kro·ner [ˈkrəʊnə(r)] *pl von* krone¹.

kro·nor [ˈkrəʊnɔː(r); -nə(r)] *pl von* krona.

kryp·ton [ˈkrɪptɒn; *Am.* -ˌtɑn] *s chem.* Krypton *n* (*farb- u. geruchloses Edelgas*).

ku·chen [ˈkuːkən; ˈkuːxən] *s* (Hefe-)Kuchen *m*.

ku·dos [ˈkjuːdɒs; *Am.* ˈkuːˌdɑs] *s colloq.* Ruhm *m*, Ehre *f*, Ansehen *n*: he got a great deal of ~ for it es brachte ihm viel Ehre ein.

ku·du [ˈkuːduː] *s zo.* Kudu *m*, ˈSchraubenantiˌlope *f*.

Ku·fic [ˈkjuːfɪk; ˈkuː-] *adj* kufisch, ˈaltaˌrabisch (*Schrift*).

ku·gel·blitz [ˈkuːɡlblɪts] *pl* -ˌblit·ze [-ˌblɪtsə] *s* Kugelblitz *m*.

Ku Klux [ˈkjuːklʌks; ˈkuː-] *s* 1. Ku-Klux-Klan *m.* 2. → Ku Kluxer. Ku Klux·er *s* Mitglied *n* des Ku-Klux-Klan. Ku Klux Klan [klæn] → Ku Klux 1.

kuk·ri [ˈkʊkrɪ] *s* Krummdolch *m* (*der Gurkhas*).

ku·lak [ˈkuːlæk; *Am. a.* kuːˈlæk] *s hist.* Kuˈlak *m*, Großbauer *m*.

Kul·tur [kʊlˈtʊə(r)] *s* Kulˈtur *f.* Kulˈtur·kreis [-kraɪs] *pl* -ˌkrei·se [-ˌkraɪzə] *s* Kulˈturkreis *m*.

ku·miss [ˈkuːmɪs; *Am. a.* kuːˈmɪs] *s* Kumyß *m* (*alkoholhaltiges Getränk aus gegorener Stutenmilch*).

küm·mel [ˈkʊməl; *bes. Am.* ˈkɪməl] *s* Kümmel *m* (*Schnapssorte*).

kum·quat [ˈkʌmkwɒt; *Am.* -ˌkwat] *s bot.* Kumquat *f*, Kleinfrüchtige ˈGoldoˌrange.

kung fu [ˌkʊŋˈfuː; ˌkʌŋ-] *s* Kung-ˈfu *n* (*e-e Selbstverteidigungssportart im Karatestil*).

kunz·ite [ˈkʊntsaɪt] *s min.* Kunˈzit *m*.

kur·bash [ˈkʊə(r)bæʃ] I *s* Karˈbatsche *f.* II *v/t* karˈbatschen.

Kurd [kɜːd; *Am.* kʊrd; kɜrd] *s* Kurde *m*, Kurdin *f.* ˈKurd·ish I *adj* kurdisch. II *s ling.* Kurdisch *n*, das Kurdische.

kur·saal [ˈkʊə(r)zɑːl] *pl* -ˌsä·le [-ˌzɛːlə] *s* Kursaal *m*.

kur·to·sis [kɜːˈtəʊsɪs; *Am.* kɜr-] *s* Statistik: Häufungs-, Häufigkeitsgrad *m*.

kvas(s) [kvɑːs] *s* Kwaß *m* (*in der Sowjetunion beliebtes, leicht alkoholisches, bierähnliches Getränk aus vergorenem Malz, Mehl u. Brotbrei*).

kvetch [kvetʃ] *Am. sl.* I *s* Nörgler(in). II *v/i* nörgeln.

ky·ack [ˈkaɪæk] *s Am.* (Pferde)Packtaschen *pl.*

ky·a·nite [ˈkaɪənaɪt] → cyanite.

ky·an·ize [ˈkaɪənaɪz] *v/t tech.* Holz kyaniˈsieren, zyaniˈsieren, mit ˈQuecksilberchloˌrid behandeln.

kyle [kaɪl] *s Scot.* Meerenge *f*, Sund *m*.

ky·mo·graph [ˈkaɪməʊɡrɑːf; *bes. Am.* -ˌɡræf] *s* 1. *tech.* Kymoˈgraph *m* (*Aufzeichnungsgerät physiologischer Zustandsänderungen*). 2. *aer. mar.* Wendezeiger *m*.

Kyr·i·e (e·lei·son) [ˈkɪərɪeɪ; -rɪ; rˈleɪsən; *Br. a.* -sɒn; *Am. a.* -ˌsɑn] *s relig.* Kyrie(ˈleison) *n*.

L

L, l [el] **I** *pl* **L's, Ls, l's, ls** [elz] *s* **1.** L, l *n* (*Buchstabe*). **2.** *phys.* L (*Selbstinduktionskoeffizient*). **3.** *l arch.* (Seiten)Flügel *m.* **4.** L L *n*, L-förmiger Gegenstand, *bes. tech.* Rohrbogen *m.* **II** *adj* **5.** zwölf(er, e, es). **6.** L L-..., L-förmig.

la [lɑː] *s mus.* la *n* (*Solmisationssilbe*).

laa·ger [ˈlɑːɡə(r)] **I** *s* **1.** *S. Afr.* (befestigtes) Lager, *bes.* Wagenburg *f.* **2.** *mil.* Ringstellung *f* von Panzerfahrzeugen. **II** *v/i* **3.** *S. Afr.* ein Lager errichten, e-e Wagenburg bilden. **III** *v/t* **4.** *S. Afr.* e-e Wagenburg bilden aus.

lab [læb] *s colloq.* Laˈbor *n.*

lab·e·fac·tion [ˌlæbɪˈfækʃn], **lab·e·facˈta·tion** [-fækˈteɪʃn] *s* Schwächung *f*, Verschlechterung *f.*

la·bel [ˈleɪbl] **I** *s* **1.** Etiˈkett *n*, (Klebe-, Anhänge)Zettel *m od.* (-)Schild(chen) *n*. **2.** Aufschrift *f*, Beschriftung *f*. **3.** Label *n*: a) *Etikett, unter dem e-e Schallplatte geführt u. verkauft wird*, b) *selbständige od. als Tochter geführte Schallplattenfirma*. **4.** *Computer:* Label *n*, Proˈgrammschlußpunkt *m.* **5.** *arch.* Tür-, Fenstergesims *n.* **6.** *fig.* Bezeichnung *f, bes. contp.* Etiˈkett *n.* **II** *v/t pret u. pp* **-beled,** *bes. Br.* **-belled 7.** etiketˈtieren, mit e-m Zettel *od.* Schild(chen) *od.* e-r Aufschrift versehen, beschriften: **the bottle was** ~(**l)ed "poison"** die Flasche trug die Aufschrift „Gift". **8.** als ... bezeichnen, zu ... stempeln: **to be** ~**l)ed a criminal** zum Verbrecher gestempelt werden.

ˈla·bel·(l)ing ma·chine *s tech.* Etiketˈtiermaˌschine *f.*

la·bel·lum [ləˈbeləm] *pl* **laˈbel·la** [-ˈbelə] *s bot.* Laˈbellum *n*, Lippe *f* (*e-r Blüte*).

ˈlab-exˌam·ine *v/t colloq.* im Laˈbor prüfen *od.* unterˈsuchen: ~d laborgeprüft.

la·bi·a [ˈleɪbɪə] *pl von* labium.

la·bi·al [ˈleɪbjəl; -bɪəl] **I** *adj* (*adv* ~**ly**) **1.** Lippen... **2.** *ling. mus.* Lippen..., labiˈal: ~ **consonant** → 4; ~ **vowel** gerundeter Vokal; ~ **pipe** → 3. **II** *s* **3.** *mus.* Lippen-, Labiˈalpfeife *f* (*der Orgel*). **4.** *ling.* Labiˈal *m*, Lippen-, Labiˈallaut *m.* **ˈla·biˌalˌism, la·bi·al·iˈza·tion** *s ling.* Labialiˈsierung *f.* **ˈla·bi·al·ize** *v/t ling.* labialiˈsieren.

la·biˌa|ˈma·jo·ra [məˈdʒɔːrə] *s pl anat.* große *od.* äußere Schamlippen *pl.* **~ miˈno·ra** [mɪˈnɔːrə] *s pl* kleine *od.* innere Schamlippen *pl.*

la·bi·ate [ˈleɪbɪeɪt; -bɪət] **I** *adj* **1.** lippenförmig. **2.** *bot.* lippenblütig: ~ **plant** → 3. **II** *s* **3.** *bot.* Lippenblütler *m.*

la·bile [ˈleɪbaɪl; -bɪl] *adj* **1.** *med. phys. psych.* laˈbil (*a. fig.*). **2.** unsicher, unbeständig. **3.** *chem.* unbeständig, zersetzlich. **la·bil·i·ty** [ləˈbɪlətɪ] *s* Labiliˈtät *f.*

ˌla·bi·oˈden·tal [ˌleɪbɪo-] *ling.* **I** *adj* labiodenˈtal. **II** *s* Labiodenˈtal(laut) *m*, Lippenzahnlaut *m.* **ˌla·bi·oˈna·sal I** *adj* labionaˈsal. **II** *s* Labionaˈsal(laut) *m*, Lippennasenlaut *m.* **ˌla·bi·oˈve·lar I** *adj* labioveˈlar. **II** *s* Labioveˈlar(laut) *m*, Lippengaumenlaut *m.*

la·bi·um [ˈleɪbɪəm] *pl* **-bi·a** [-bɪə] *s* Labium *n*: a) *anat.* Lippe *f*, b) *anat.* Schamlippe *f*: → labia majora, labia minora, c) *zo.* ˈUnterlippe *f (der Insekten)*.

la·bor, *bes. Br.* **la·bour** [ˈleɪbə(r)] **I** *s* **1.** (schwere) Arbeit: **a** ~ **of love** e-e gerngetane *od.* unentgeltlich getane Arbeit, ein Liebesdienst; → **hard labo(u)r**, **Herculean** 1, **Hercules** 2. Mühe *f*, Plage *f*, Anstrengung *f*: **lost** ~ vergebliche Mühe. **3.** *econ.* a) Arbeiter(klasse *f*) *pl*, Arbeiterschaft *f*, b) Arbeiter *pl*, Arbeitskräfte *pl*: **cheap** ~ billige Arbeitskräfte; **shortage of** ~ Mangel *m* an Arbeitskräften; → **skilled** 2, **unskilled** 2. **4. Labour** (*ohne art*) *pol.* die Labour Party (*Großbritanniens etc*). **5.** *med.* Wehen *pl*: **to be in** ~ in den Wehen liegen. **6.** Schlingern *n*, Stampfen *n* (*e-s Schiffs*). **II** *v/i* **7.** (schwer) arbeiten (**at** an *dat*), sich bemühen (**for s.th.** um etwas), sich anstrengen *od.* abmühen (**to do zu** tun). **8.** *a.* ~ **along** sich mühsam fortbewegen *od.* fortschleppen, nur schwer vorˈankommen: **to** ~ **through** sich kämpfen durch (*Schlamm etc, a. ein Buch etc*); **to** ~ **up the hill** sich den Berg hinaufquälen. **9.** stampfen, schlingern (*Schiff*). **10.** (**under**) a) zu leiden haben (unter *dat*), zu kämpfen haben (mit), kranken (an *dat*): **to** ~ **under difficulties** mit Schwierigkeiten zu kämpfen haben, b) befangen sein (in *dat*): → **delusion** 2, **misapprehension** 11. *med.* in den Wehen liegen. **III** *v/t* **12.** ausführlich *od.* ˈumständlich behandeln, bis ins einzelne ausarbeiten *od.* ausführen, ˈbreitwalzen‘: **to** ~ **a point** auf e-r Sache ˈherumreiten‘. **13.** *obs. od. poet.* den Boden bestellen, bebauen. **IV** *adj* **14.** Arbeits...: ~ **camp** (**conditions, court,** *etc*). **15.** Arbeiter...: ~ **leader** Arbeiterführer *m* (→ 16, 17); ~ **movement** Arbeiterbewegung *f* (→ 17); ~ **demand** Nachfrage *f* nach Arbeitskräften; ~ **trouble(s)** Schwierigkeiten *pl* mit der Arbeiterschaft. **16. Labour** *pol.* Labour...: **Labour leader** führender Mann in der Labour Party (*Großbritanniens etc*) (→ 15, 17). **17. labor** *Am.* Gewerkschafts...: ~ **leader** Gewerkschaftsführer *m* (→ 15, 16); ~ **movement** Gewerkschaftsbewegung *f* (→ 15).

la·bor·a·to·ry [ləˈbɒrətərɪ; -trɪ; *Am.* ˈlæbrətɔːrɪː; -ˌtəʊrɪ] *s* **1.** Laboraˈtorium *n*, Laˈbor *n*: ~ **assistant** Laboˈrant(in); ~ **test** Laborversuch *m.* **2.** *weitS.* a) Versuchsanstalt *f*, b) (*Sprach- etc*)Laˈbor *n.* **3.** *fig.* Werkstätte *f*, -statt *f*: **the** ~ **of the mind.**

La·bor Day, *bes. Br.* **La·bour Day** *s* Tag *m* der Arbeit (*der 1. Mai in den europäischen Ländern, der 1. Montag im September in den USA*).

la·bored, *bes. Br.* **la·boured** [ˈleɪbəd] *adj* **1.** schwerfällig: **a** ~ **style. 2.** mühsam, schwer: ~ **breathing.**

la·bor·er, *bes. Br.* **la·bour·er** [ˈleɪbərə(r)] *s* (*bes.* Hilfs)Arbeiter *m.*

la·bor force, *bes. Br.* **la·bour force** *s* **1.** (Gesamtzahl *f* der) Arbeitskräfte *pl*, ˈArbeitspotentiˌal *n*: **to enter the** ~ ins Arbeitsleben eintreten. **2.** Belegschaft *f* (*e-r Firma*).

la·bor·ing, *bes. Br.* **la·bour·ing** [ˈleɪbərɪŋ] *adj* Arbeiter...: **the** ~ **classes** *pl* die Arbeiterklasse.

ˈla·bor-inˌten·sive, *bes. Br.* **ˈla·bour-inˌten·sive** *adj* (*adv* ~**ly**) ˈarbeitsintenˌsiv.

la·bo·ri·ous [ləˈbɔːrɪəs] *adj* (*adv* ~**ly**) **1.** mühsam, mühselig, schwer, schwierig. **2.** schwerfällig: **a** ~ **style. 3.** arbeitsam, fleißig. **laˈbo·ri·ousˌness** *s* **1.** Mühseligkeit *f.* **2.** Schwerfälligkeit *f.* **3.** Arbeitsamkeit *f*, Fleiß *m.*

la·bor·ite, *bes. Br.* **la·bour·ite** [ˈleɪbəraɪt] *s* **1.** Anhänger(in) der Arbeiterbewegung. **2. Labourite** Anhänger(in) *od.* Mitglied *n* der Labour Party (*Großbritanniens etc*).

ˌla·bor-ˈman·age·ment re·la·tions, *bes. Br.* **ˌla·bour-ˈman·age·ment re·la·tions** *s pl* Beziehungen *pl* zwischen Arbeitˈgebern u. Arbeitˈnehmern. ~ **mar·ket** *s* Arbeitsmarkt *m*: **situation on the** ~ Arbeitsmarktlage *f.* **ˈ~-ˌsav·ing** *adj* arbeitsparend.

la·bor un·ion *s Am.* Gewerkschaft *f.*

la·bor, la·boured, la·bour·er *etc bes. Br. für* labor, labored, laborer *etc.*

la·bour ex·change *s Br. obs.* Arbeitsamt *n.* **L~ Par·ty** *s pol.* Labour Party *f* (*Großbritanniens etc*).

la·bra [ˈleɪbrə; ˈlæ-] *pl von* labrum.

Lab·ra·dor [ˈlæbrədɔː(r)] *s* Labraˈdor (-hund) *m.*

lab·ra·dor·ite [ˌlæbrəˈdɔːraɪt; *bes. Am.* ˈlæbrədɔːraɪt] *s min.* Labradoˈrit *m.*

Lab·ra·dor re·triev·er *s* Labrador.

la·brum [ˈleɪbrəm; ˈlæ-] *pl* **-bra** [-brə] *s* Labrum *n*: a) *anat.* Lippe *f* (*e-r Gelenkpfanne*), b) *zo.* Oberlippe *f* (*der Insekten*).

la·bur·num [ləˈbɜːnəm; *Am.* ləˈbɜr-] *s bot.* Goldregen *m.*

lab·y·rinth [ˈlæbərɪnθ] *s* **1.** Labyˈrinth *n*, *fig. a.* Gewirr *n.* **2.** *fig.* verworrene Situatiˈon. **3.** *anat.* (ˈOhr)Labyˌrinth *n.* **ˌlab·yˈryn·thi·an** *adj*; **ˌlab·yˈrin·thic** *adj* (*adv* ~**ally**); **ˌlab·yˈrin·thine** [-θaɪn; *Am. bes.* -θən] *adj* labyˈrinthisch.

lac[1] [læk] *s* Gummilack *m*, Lackharz *n.*

lac[2] [læk] *s Br. Ind.* Lak *n* (*100 000, meist Rupien*).

lac·co·lite [ˈlækəlaɪt], **ˈlac·co·lith** [-lɪθ] *s geol.* Lakkoˈlith *m* (*Magma, das erd-*

oberflächennah pilzförmig zwischen Schichtgesteinen eingedrungen ist).
lace [leɪs] **I** s **1.** *Textilwesen:* Spitze f. **2.** Litze f, Tresse f, Borte f: **gold ~** Goldborte, -tresse. **3.** Schnürband n, -senkel m. **4.** Band n, Schnur f. **5.** Schuß m Alkohol (*in Getränken*): **tea with a ~ of rum** Tee m mit e-m Schuß Rum. **II** v/t **6.** a. **~ up** (zu-, zs.-)schnüren. **7.** *j-n od. j-s Taille* (*durch ein Schnürkorsett*) (zs.-, ein-)schnüren: **her waist was ~d tight. 8.** a) *Schnürsenkel etc* ein-, 'durchziehen, b) *Film* einfädeln, -legen. **9.** *Kleid etc* mit Spitzen *od.* Litzen besetzen, verbrämen, einfassen. **10.** mit e-m Netz- *od.* Streifenmuster verzieren. **11.** *fig.* beleben, würzen (**with** mit): **a story ~d with jokes.** **12.** *colloq.* (ver)prügeln. **13.** *e-m Getränk* e-n Schuß Alkohol zugeben: **to ~ one's tea with rum** e-n Schuß Rum in s-n Tee geben. **III** v/i **14.** *a.* **~ up** sich schnüren (lassen). **15.** sich (*mit e-m Korsett*) schnüren. **16. to ~ into s.o.** *colloq.* über j-n herfallen (*a.* mit Worten). '**~ˌcurˈtain** *adj Am. oft contp.* vornehm.
laced [leɪst] *adj* **1.** geschnürt, Schnür...: **~ boot** Schnürstiefel m. **2.** buntgestreift. **3.** *zo.* andersfarbig gerändert (*Feder*). **4.** mit e-m Schuß Alkohol (versetzt): **~ tea** Tee m mit Schuß; **tea ~ with rum** Tee m mit e-m Schuß Rum.
lace|glass s Venezi'anisches Fadenglas. **~ paˑper** s Pa'pierspitzen pl, 'Spitzenpaˌpier n. **~ pilˑlow** s Klöppelkissen n.
lacˑerˑant [ˈlæsərənt] *adj fig.* verletzend.
lacˑerˑate I v/t [ˈlæsəreɪt] **1.** *das Gesicht etc* a) aufreißen, b) zerschneiden, c) zerkratzen. **2.** *fig. j-n od. j-s Gefühle* verletzen. **II** *adj* [-rɪt; -reɪt] **~ lacerated.**
'**lacˑerˑatˑed** *adj* **1.** a) aufgerissen, c) zerkratzt: **~ wound** ausgefranste Wunde. **2.** *bot. zo.* (*ungleichmäßig*) geschlitzt, gefranst. ˌ**lacˈerˑaˑtion** s **1.** a) Rißwunde f, b) Schnittwunde f, c) Kratzwunde f. **2.** *fig.* Verletzung f.
lacˑerˑy [ˈleɪsərɪ] s lacework 2.
'**laceˈ-up** *adj* Schnür..., zum Schnüren. **II** s Schnürschuh m, -stiefel m. **'~ˈwing** s zo. (*ein*) Netzflügler m, *bes.* Florfliege f, Goldauge n. **'~ˈwork** s **1.** Spitzenarbeit f, -muster n. **2.** *weitS.* Fili'gran(muster) n.
lachˑes [ˈleɪtʃɪz; ˈlæ-] s *jur.* a) (schuldhafte) Unter'lassung, b) Versäumnis n in der Geltendmachung e-s Anspruchs.
Lachˑryˑma Chrisˑti [ˌlækrɪməˈkrɪstɪ] s Lacrimae Christi m (*Rot- od. Weißwein vom Vesuv u. dessen Umgebung*).
lachˑryˑmal [ˈlækrɪml] *adj* **1.** Tränen...: **~ duct** Tränendrüse f; **~ duct** Tränenkanal m. **2. ~ lachrymose** l *u.* 2.
lachˑryˑmaˑtor [ˈlækrɪmeɪtə(r)] s *chem.* Tränengas n.
lachˑryˑmaˑtoˑry [ˈlækrɪmətərɪ; *Am.* -ˌtɔːrɪ:; -ˌtoːrɪ:] **I** *adj* Tränen herˈvorrufend, Tränen...: **~ gas** Tränengas n. **II** s *antiq.* Tränenkrug m.
lachˑryˑmose [ˈlækrɪməʊs] *adj* **1.** tränenreich. **2.** weinerlich. **3.** traurig, ergreifend.
lacˑing [ˈleɪsɪŋ] s **1.** (Zu-, Zs.-)Schnüren n. **2.** Litzen pl, Tressen pl, Borten pl, Schnüre pl. **3.** a) Schnürbänder pl, -senkel pl, b) (*Korsett*)Schnürung f. **4.** *colloq.* (Tracht f) Prügel pl: **to give s.o. a ~** j-m e-e Tracht Prügel ˈverpassen. **5. ~ lace 5.**
lack [læk] **I** s **1.** Mangel m (**of** an *dat*): **~ of interest** Desinteresse n, Interesselosigkeit f; **for** (*od.* **through**) **~ of time** aus Zeitmangel; **there was no ~ of** es fehlte nicht an (*dat*); **water is the chief ~** hauptsächlich fehlt es an Wasser; **~ of leadership** mangelnde Führungsqualitäten pl. **II** v/t **2.** nicht haben, Mangel haben *od.* leiden an (*dat*): **we ~ coal** es fehlt uns an Kohle; **I ~ words with which to express it** mir fehlen die Worte, um es auszudrücken. **3.** es fehlen lassen an (*dat*). **III** v/i **4.** a) (*nur im pres p*) fehlen: **wine was not ~ing** an Wein fehlte es nicht, b) **~ in** Mangel haben *od.* leiden an (*dat*): **he is ~ing in courage** ihm fehlt der Mut, er hat keinen Mut; **what he ~ed in experience he made up in fighting spirit** *sport* s-e fehlende Routine machte er durch Kampfgeist wett. **5. to ~ for nothing** von allem genug haben: **he ~s for nothing** es fehlt ihm an nichts.
lackˑaˑdaiˑsiˑcal [ˌlækəˈdeɪzɪkl] *adj* (*adv* **~ly**) **1.** lustlos. **2.** nachlässig.
lackˑey [ˈlækɪ] **I** s **1.** Laˈkai m (*a. fig. contp.*). **2.** *fig. contp.* Kriecher m, Speichellecker m. **II** v/t **3.** *j-n* bedienen. **4.** *contp.* um *j-n* (herˈum)scharˌwenzeln.
'lackˑing *adj* **1. to be found ~** sich nicht bewähren. **2.** *Br. colloq.* beschränkt, dumm.
'**lackˌlusˑter**, *bes. Br.* '**~ˌlusˑtre** *adj* glanzlos, matt.
lacˑmoid [ˈlækmɔɪd] s *chem.* La(c)kˈmoˈid n, Resorˈcinblau n.
lacˑmus [ˈlækməs] **~ litmus.**
laˑconˑic [ləˈkɒnɪk; *Am.* ləˈkɑ-] **I** *adj* (*adv* **~ally**) **1.** laˈkonisch, kurz u. treffend. **2.** wortkarg. **II** s **3.** Laˈkonik f, laˈkonische Art (*des Ausdrucks*). **4.** laˈkonischer Ausdruck, laˈkonische Aussage. **lacˑoˑnism** [ˈlækənɪzəm] s Lakoˈnismus m: a) **~ laconic 3**, b) **~ laconic 4.**
lacˑquer [ˈlækə(r)] **I** s **1.** *tech.* Lack(firnis) m, Firnis m, Farblack m. **2.** a) Lackarbeit f, b) a. **~ware** *collect.* Lackarbeiten pl, -waren pl. **3.** (Haar)Festiger m. **II** v/t **4.** lacˈkieren: **to ~ one's fingernails** sich die Fingernägel lackieren. **5. to ~ one's hair** sich Festiger ins Haar sprühen. '**lacˑquerˌing** s Lacˈkierung f: a) Lacˈkieren n, b) ˈLackˌüberzug m.
lacˑquey ~ lackey.
lacˑriˑmal, *etc* **~ lachrymal, etc.**
laˑcrosse [ləˈkrɒs] s *sport* Laˈcrosse n (*dem Hockey verwandtes Spiel, bei dem ein Gummiball mit Schlägern, die ein Fangnetz haben, ins gegnerische Tor geschleudert wird*). **~ stick** s Laˈcrosseschläger m.
lacˑtase [ˈlækteɪs; -z] s *chem.* Lakˈtase f (*Enzym, das Milchzucker in Galaktose u. Glukose spaltet*).
lacˑtate [ˈlækteɪt] **I** v/i *biol.* lakˈtieren, Milch absondern (*Brustdrüse*). **II** s *chem.* Lakˈtat n (*Salz od. Ester der Milchsäure*). **lacˈtaˑtion** s *biol.* Laktatiˈon f: a) Milchabsonderung f, b) Laktatiˈonsperiˌode f.
lacˑteˑal [ˈlæktɪəl] **I** *adj* **1.** milchig, Milch...: **~ gland** *anat.* Milchdrüse f. **2.** *physiol.* Lymph... **II** s **3.** Lymphgefäß n.
lacˑteˑous [ˈlæktɪəs] *adj* milchig. **lacˑtesˑcent** [lækˈtesnt] *adj* **1.** milchartig, milchig. **2.** *biol.* lakˈtierend, Milch absondernd. [Milch...: **~ acid.**
lacˑtic [ˈlæktɪk] *adj chem. physiol.*
lacˑtifˑerˑous [lækˈtɪfərəs] *adj* **1.** milchführend: **~ duct** *anat.* Milchgang m. **2.** *bot.* Milchsaft führend.
lacˑtoˑbaˑcilˑlus [ˌlæktəʊbəˈsɪləs] s *irr med.* ˈLaktoˑ, ˈMilchsäurebakˌterie f.
lacˑtoˑflaˑvin [ˌlæktəʊˈfleɪvɪn] s *chem.* Laktofla'vin n (*zum Vitamin-B₂-Komplex gehörende organische Verbindung*).
lacˑtomˑeˑter [lækˈtɒmɪtə; *Am.* -ˈtɑmətər] s *chem.* Lakˈtometer n, Milchwaage f.
lacˑtose [ˈlæktəʊs; -z] s *chem.* Lakˈtose f, Milchzucker m.
laˑcuˑna [ləˈkjuːnə; *Am.* a. -ˈkuː-] pl **-nae** [-niː] *od.* **-nas** Laˈkune f: a) Grube f, Vertiefung f, b) *bes. anat. bot.* Spalt m, Hohlraum m, c) Lücke f (*in e-m Text*). **laˈcuˑnal** *adj* Lakunen..., lückenhaft.
laˑcuˑnar [ləˈkjuːnə(r); *Am.* -ˈkuː-] pl **-nars**, *a.* **lacˑuˑnarˑiˑa** [ˌlækjʊˈneərɪə] s *arch.* **1.** Kasˈsette f, (Decken)Feld n. **2.** Kasˈsettendecke f.
laˑcusˑtrine [ləˈkʌstraɪn; *Am.* -trən] *adj* See...: **~ plants** *bot.* Seepflanzen. **~ age** s (Zeit f der) 'Pfahlbaukulˌtur f. **~ dwellˑings** s pl Pfahlbauten pl.
lacˑy [ˈleɪsɪ] *adj* spitzenartig, Spitzen...
lad [læd] s **1.** junger Kerl *od.* Bursche. **2.** *colloq.* ˌalter Jungeˈ. **3.** a (bit of a) **~** *Br. colloq.* ein (ziemlicher) Draufgänger.
ladˑder [ˈlædə(r)] **I** s **1.** Leiter f (*a. fig.*): **the social ~** die gesellschaftliche Stufenleiter; **the ~ of fame** die (Stufen)Leiter des Ruhms; **→ bottom 1, top¹ 2. 2. ~ ladder tournament. 3.** *bes. Br.* Laufmasche f (*im Strumpf etc*). **II** v/i **4.** *bes. Br.* Laufmaschen bekommen (*Strumpf etc*). **III** v/t **5.** *bes. Br.* sich e-e Laufmasche holen in (*dat*): **she's ~ed her tights. ~ dredge** s *tech.* Eimerleiterbagger m. '**~ˌproof** *adj bes. Br.* laufmaschensicher, maschenfest (*Strumpf etc*). **~ stitch** s Stickerei: Leiterstich m. **~ tourˑnaˑment** s *sport* 'Ranglistenturˌnier n. **~ truck** s *Am.* Leiterfahrzeug n (*der Feuerwehr*). '**~ˌway** s Bergbau: Fahrschacht m.
ladˑdie [ˈlædɪ] s *bes. Scot.* Bürschchen n, Kleine(r) m.
lade [leɪd] *pret* **ˈladˑed** *pp* **ˈladˑen** *od.* **ˈladˑed** v/t **1.** beladen, befrachten: **to ~ a vessel. 2.** Güter auf-, verladen, verfrachten: **to ~ goods on a vessel. 3.** Wasser schöpfen.
ladˑen [ˈleɪdn] **I** pp von lade. **II** adj **1.** (**with**) (schwer) beladen (mit), voll (von), voller: **trees ~ with fruit; ~ tables** reichbeladene Tische. **2.** *fig.* bedrückt (**with** von): **~ with sorrow** sorgen-, kummervoll; **~ with guilt** schuldbeladen.
laˑdiˑda [ˌlɑːdɪˈdɑː] *colloq.* **I** s **1.** ˌAffeˈ m, ˌFatzkeˈ m. **2.** affekˈtiertes *od.* ˌaffigesˈ Getue. **II** *adj* **3.** affekˈtiert, ˌaffigˈ.
Laˑdiesˈ|Aid s *Am.* örtliche Vereinigung von Frauen, die es sich zur Aufgabe gemacht haben, ihre Kirche finanziell zu unterstützen. **~ choice** s Damenwahl f (*beim Tanz*). **~ man** s irr Frauenheld m. **~ room** s 'Damentoiˌlette f.
laˑdiˑfy [ˈleɪdɪfaɪ] v/t **1.** wie e-e Dame behandeln. **2.** damenhaft machen.
ladˑing [ˈleɪdɪŋ] s **1.** (Be-, Ver)Laden n, Befrachten n. **2.** Ladung f, Fracht f.
Laˑdiˑno [ləˈdiːnəʊ] s *ling.* Laˈdino n, Judenspanisch n.
laˑdle [ˈleɪdl] **I** s **1.** Schöpflöffel m, -kelle f. **2.** *tech.* a) Gieß-, Schöpfkelle f, Gießlöffel m, -pfanne f, b) Schaufel f (*e-s Baggers, Wasserrads etc*). **II** v/t **3.** a. **~ out** (aus)schöpfen. **4.** a. **~ out** austeilen (*a. fig.*): **to ~ out praise** (**hono[u]rs**) **to s.o.** j-n mit Lob (Ehren) überhäufen.
laˑdy [ˈleɪdɪ] **I** s **1.** *allg.* Dame f: **a perfect ~**; **young ~** a) junge Dame, b) (*tadelnd etc*) mein Fräulein; **his young ~** *colloq.* s-e (kleine) Freundin. **2.** Dame f (*ohne Zusatz als Anrede für Frauen im allgemeinen nur im pl üblich, im sg poet. od. bes. Am. sl.*): **ladies and gentlemen** m-e Damen u. Herren!; **my dear** (*od.* **good**) **~** (verehrte) gnädige Frau. **3. L~** Lady f (*als Titel*): a) (*als weibliches Gegenstück zu* Lord) *für die Gattin e-s Peers*, b) *für die Peereß im eigenen Recht*, c) (*vor dem Vornamen*) *für die Tochter e-s Duke, Marquis od. Earl*, d) (*vor dem Familiennamen*) *als Höflichkeitstitel für die Frau e-s Baronet od. Knight*, e) (*vor dem Vornamen des Ehemannes*) *für die Frau e-s Inhabers des Höflichkeitstitels* Lord. **4.** Herrin f, Gebieterin f (*poet. außer in*): **~ of the house** Hausherrin, Dame f *od.* Frau f des Hauses; **~ of the manor** Grundherrin (*unter dem Feudalsystem*); **our sovereign ~** die

Lady altar – lamentable

Königin. **5.** *obs.* Geliebte *f.* **6.** *obs. od. sl.* *(außer wenn auf e-e Inhaberin des Titels* **Lady** *angewandt)* Gattin *f,* Frau *f,* Gemahlin *f:* **your good ~** Ihre Frau Gemahlin; **the old ~** *humor.* m-e ‚Alte'. **7. Our L~** *R.C.* Unsere Liebe Frau, die Mutter Gottes: **Church of Our L~** Marien-, Frauenkirche *f.* **8. Ladies** *pl (als sg konstruiert)* 'Damentoi‚lette *f.* **9.** *zo. humor.* (e-e) ‚Sie', Weibchen *n.*
II *adj* **10.** weiblich: **~ doctor** Ärztin *f;* **~ friend** Freundin *f;* **~ president** Präsidentin *f;* **~ dog** *humor.* Hündin *f,* ‚Hundedame' *f.*
III *v/t* **11. ~ it** die Lady *od.* die große Dame spielen (**over** bei, in *dat*).
La·dy| al·tar *s R.C.* Ma'rienal‚tar *m.* **'L~·bird** *s zo.* Ma'rien-, Blattlauskäfer *m.* **~ Boun·ti·ful** *pl* **La·dy Boun·ti·fuls, La·dies Boun·ti·ful** *s* gute Fee. **'L~·bug** *Am.* für ladybird. **L~ chair** *s* Vier'händesitz *m* (*Tragesitz für Verletzte, durch die verschlungene Hände zweier Personen gebildet*). **~ Chap·el** *s arch.* Ma'rien-, 'Schutzka‚pelle *f.* **L~·crab** *s zo.* Schwimmkrabbe *f.* **~ Day** *s R.C.* Ma'riä Verkündigung *f* (25. März). **L~ fern** *s bot.* Weiblicher Streifenfarn. **'L~‚fin·ger** *s* **1.** Löffelbiskuit *n, m.* **2.** → **lady's-finger** 1.
la·dy·fy → **ladify**.
‚la·dy|-in-'wait·ing *pl* **‚la·dies-in-'wait·ing** *s* Hofdame *f.* **‚~·'kill·er** *s colloq.* Ladykiller *m,* Herzensbrecher *m.* **'~·like** *adj* **1.** damenhaft, vornehm, fein. **2.** *iro.* typisch weiblich. **3.** *contp.* weibisch. **'~·love** *s obs.* Geliebte *f.* **L~ Luck** *s* For'tuna, die Glücksgöttin. **L~ of the Bed·cham·ber** *s* königliche Kammerfrau, Hofdame *f.*
la·dy's| bed·straw ['leɪdɪz] *s bot.* Echtes Labkraut. **‚~·'cush·ion** *s bot.* Moossteinbrech *m.* **‚~·de'light** *s bot.* Wildes Stiefmütterchen. **'~·‚fin·ger** *s* **1.** *bot.* Gemeiner Wundklee. **2.** → **ladyfinger** 1.
'la·dy·ship *s* Ladyschaft *f* (*Stand e-r Lady*): **Your L~** Eure Ladyschaft.
la·dy's| lac·es *s bot.* Ma'riengras *n.* **~ maid** *s* Kammerzofe *f.* **~ man** → **ladies' man.** **‚~·'man·tle** *s bot.* Wiesenfrauenmantel *m.*
'la·dy·snow *s sl.* ‚Snow' *m,* ‚Schnee' *m* (*Kokain*).
la·dy's| slip·per *s bot.* **1.** Frauenschuh *m.* **2.** *Am.* 'Gartenbalsa‚mine *f.* **~ smock** *s bot.* Wiesenschaumkraut *n.*
Lae·ta·re Sun·day [lɪ'teɑːrɪ; *Am.* leɪ'tɑː-riː] *s* Sonntag *m* Lä'tare (*3. Sonntag vor Ostern, R.C.* **4.** Fastensonntag).
lae·vo·gy·ra·tion [‚liːvəʊdʒaɪ'reɪʃn], **‚lae·vo·ro'ta·tion** *s chem. phys. bes. Br.* Linksdrehung *f.* **‚lae·vo'ro·ta·to·ry** *adj chem. phys. bes. Br.* linksdrehend.
laev·u·lose ['liːvjʊləʊs; -z] *s chem.* Lävu‚lose *f,* Fruchtzucker *m.*
lag¹ [læg] **I** *v/i* **1.** meist **~ behind** zu'rückbleiben, nicht mitkommen, nachhinken (*alle a. fig.*): **to ~ behind s.o.** hinter j-m zurückbleiben. **2.** meist **~ behind** a) sich verzögern, b) *electr.* nacheilen (*Strom*). **II** *s* **3.** Zu'rückbleiben *n,* Nachhinken *n* (*beide a. fig.*). **4.** a) → **time lag,** b) *electr.* negative Phasenverschiebung, (Phasen)Nacheilung *f.* **5.** *aer.* Rücktrift *f.*
lag² [læg] *sl.* **I** *v/t* **1.** *bes. Br.* j-n ‚schnappen' (*verhaften*). **2.** ‚einlochen' (*einsperren*). **II** *s* **3.** ‚Knastbruder' *m,* ‚Knacki' *m.* **4.** *bes. Br.* ‚Knast' *m* (*Strafzeit*).
lag³ [læg] **I** *s* **1.** (Faß)Daube *f.* **2.** *tech.* Schalbrett *n.* **II** *v/t* **3.** mit Dauben versehen. **4.** *tech.* a) verschalen, b) iso'lieren, um'manteln.
lag·an ['lægən] *s jur. mar.* (*freiwillig*) versenktes (Wrack)Gut, Seewurfgut *n.*
la·ger ['lɑːgə(r)] *s* Lagerbier *n.*

lag·gard ['lægə(r)d] **I** *adj* **1.** langsam, bumm(e)lig, träge. **II** *s* **2.** Nachzügler(in). **3.** träger Mensch, Bummler(in).
lag·ger ['lægə(r)] → **laggard** II.
lag·ging¹ ['lægɪŋ] → **lag¹** 3.
lag·ging² ['lægɪŋ] *s* **1.** *tech.* a) Verschalung *f,* b) Iso'lierung *f,* Um'mantelung *f.* **2.** *tech.* Iso'lier-, Um'mantelungsstoff *m.* **3.** *arch.* Blendboden *m.*
la·gniappe ['lænjæp; læn'jæp] *s Am.* Trinkgeld *n.*
la·goon [lə'guːn] *s* La'gune *f.*
lag screw *s tech.* Gewindeschraube *f* mit Vier- *od.* Sechskantkopf.
la·gune → **lagoon.**
lah-di-dah → **la-di-da.**
la·ic ['leɪɪk] **I** *adj* (*adv* **~·ally**) weltlich, Laien... **II** *s* Laie *m.* **'la·i·cal** → **laic** I. **'la·i·cize** [-saɪz] *v/t* verweltlichen, säkulari'sieren.
laid [leɪd] *pret u. pp von* **lay¹.** **~ pa·per** *s* Pa'pier *n* mit Egout'teurrippung.
lain [leɪn] *pp von* **lie².**
lair [leə(r)] *s* **1.** *zo.* a) Lager *n,* b) Bau *m,* c) Höhle *f.* **2.** Versteck *n.*
laird [leə(r)d] *s Scot.* Gutsherr *m.*
lais·sez-faire ‚leɪseɪ'feə(r); ‚les-] **I** *s* Laissez-faire *n:* a) *econ. bes. hist.* wirtschaftlicher Libera'lismus, b) *allg.* 'übermäßige Tole'ranz. **II** *adj* 'übermäßig tole'rant.
la·i·ty ['leɪətɪ] *s* **1.** Laienstand *m,* Laien *pl* (*Ggs.* Geistlichkeit). **2.** Laien *pl,* Nichtfachleute *pl.*
lake¹ [leɪk] *s* **1.** *chem.* Beizenfarbstoff *m.* **2.** a) Farblack *m,* *bes.* → **crimson lake,** b) Pig'ment *n.*
lake² [leɪk] *s* See *m:* **the Great L~** der große Teich (*der Atlantische Ozean*); **the Great L~s** die Großen Seen (*an der Grenze zwischen den USA u. Kanada*).
Lake|Dis·trict *s* Lake District *m* (*Seengebiet im Nordwesten Englands*). **L~ dwell·er** *s* Pfahlbauebewohner(in). **L~ dwell·ing** *s* Pfahlbau *m.* **'~·land** *s* Lake District. **L~ Po·ets** *s pl die 3 Dichter des Lake District* (*Wordsworth, Coleridge u. Southey*).
lak·er ['leɪkə(r)] *s* **1.** Seefisch *m, bes.* → **lake trout. 2.** Seedampfer *m.*
'lake|·shore *s* Seeufer *n.* **'~·side** *s* Seeufer *n:* **by the ~** am See; **~ promenade** Uferpromenade *f.* **~ trout** *s ichth.* 'Seefo‚relle *f.*
lakh → **lac².**
lak·y ['leɪkɪ] *adj* kar'min-, karme'sinrot.
la·la·pa·loo·za [‚lɑləpə'luːzə] → **lollapaloosa.**
Lal·lan(s) ['lælən; -nz] *Scot.* **I** *adj* Tief‚lands... **II** *s ling.* Tieflandschottisch *n,* das Tieflandschottische.
lal·la·pa·loo·za [‚lɑləpə'luːzə] → **lollapaloosa.**
lal·la·tion [læ'leɪʃn] *s* **1.** Lallen *n.* **2.** → **lambdacism** a.
lal·ly·gag ['lɑlɪ‚gæg] *v/i Am. colloq.* **1.** ‚rumgammeln', ‚rumhängen'. **2.** (rum-)schmusen'.
lam¹ [læm] *sl.* **I** *v/t* ‚verdreschen', ‚vermöbeln'. **II** *v/i:* **to ~ into s.o.** auf j-n ‚eindreschen', b) über j-n herfallen (*a. mit Worten*).
lam² [læm] *Am. sl.* **I** *s* ‚Verduften' *n:* **on the ~** auf der Flucht (*bes. vor der Polizei*); **to take it on the ~** → **II. II** *v/i* ‚abhauen', ‚verduften'.
la·ma ['lɑːmə] *s relig.* Lama *m.*
La·ma·ism ['lɑːməɪzəm] *s relig.* Lama‚ismus *m* (*in Tibet entstandene Form des Buddhismus*). **'La·ma·ist I** *s* Lama‚ist(in). **II** *adj* lama‚istisch.
La·marck·ism [lɑː'mɑː(r)kɪzəm; lə-] *s biol.* Lamar'ckismus *m* (*Abstammungslehre, nach der die Wandlung der Arten durch Einstellung des Individuums auf* veränderte Umweltbedingungen erfolgt sein soll).
la·ma·ser·y ['lɑːməsərɪ; *Am.* -‚serɪ:] *s* Lamakloster *n.*
lamb [læm] **I** *s* **1.** Lamm *n* (*a. fig. Person*): **in** (*od.* **with**) **~** trächtig (*Schaf*); **like a ~** (sanft) wie ein Lamm, lammfromm; **like a ~ to the slaughter** wie ein Lamm zur Schlachtbank. **2.** Lamm *n:* a) *gastr.* Lammfleisch *n:* **~ chop** Lammkotelett *n,* b) → **lambskin. 3.** ‚Gimpel' *m,* leichtgläubiger Mensch, *bes.* unerfahrener Speku‚lant. **4. the L~ (of God)** das Lamm (Gottes) (*Christus*). **II** *v/i* **5.** lammen.
lam·baste [læm'beɪst] *v/t sl.* **1.** ‚vermöbeln', ‚verdreschen'. **2.** *fig.* ‚her'unterputzen', ‚zs.-stauchen'.
lamb·da ['læmdə] *s* Lambda *n* (*griechischer Buchstabe*).
lamb·da·cism ['læmdəsɪzəm] *s* Lambda'zismus *m:* a) fehlerhafte Aussprache des R als L, b) falsche Aussprache des L bzw. Unvermögen, das L auszusprechen.
lam·ben·cy ['læmbənsɪ] *s* **1.** Züngeln *n,* Tanzen *n* (*e-r Flamme etc*). **2.** (geistreiches) Funkeln, Sprühen *n.* **'lambent** *adj* (*adv* **~ly**) **1.** züngelnd, flakkernd, tanzend: **~ flames. 2.** sanft strahlend. **3.** funkelnd, sprühend (*Witz etc*).
lam·bert ['læmbə(r)t] *s phys.* Lambert *n* (*Einheit der Leuchtdichte*).
Lam·beth (pal·ace) ['læmbəθ] *s* **1.** der Amtssitz des Erzbischofs von Canterbury im Süden von London. **2.** *fig.* der Erzbischof von Canterbury (*als Vertreter der anglikanischen Kirche*).
lamb·kin ['læmkɪn] *s* **1.** Lämmchen *n.* **2.** *fig.* Häs-chen *n* (*Kosename*).
'lamb·like *adj* lammfromm, sanft (wie ein Lamm).
'lamb·skin *s* **1.** Lammfell *n.* **2.** Schafleder *n.* **3.** Lambskin *n* (*Lammfellimitation aus Plüsch*).
lamb's| let·tuce *s bot.* Ra'pünzchen *n,* 'Feldsa‚lat *m.* **~ tails** *s pl bot.* **1.** *Br.* Haselkätzchen *pl.* **~ wool** *s* Lambswool *n,* Lamm-, Schafwolle *f.*
lame¹ [leɪm] **I** *adj* (*adv* **~·ly**) **1.** a) lahm: **in a leg** auf 'einem Bein lahm; **to walk ~ly** hinken, (*Tier a.*) lahmen, b) gelähmt. **2.** *fig.* ‚lahm': a) ‚faul': **a ~ excuse,** b) schwach: **a ~ argument,** c) matt, schwach: **~ efforts. 3.** *fig.* hinkend, holp(e)rig (*Vers*). **4. to be ~** *Am. sl.* ‚auf od. hinter dem Mond leben'. **II** *v/t* **5.** lähmen (*a. fig.*). **III** *s* **6.** *Am. sl.* j-d, der ‚auf od. hinter dem Mond lebt'.
lame² [leɪm] *s* **1.** *hist.* Schuppe *f* (*e-s Panzers*). **2.** dünnes Me'tallplättchen.
la·mé ['lɑːmeɪ; *Am.* lɑː'meɪ; læ-] *s* La'mé *m* (*Gewebe mit Metallfäden*).
lame duck *s colloq.* **1.** Körperbehinderte(r *m*) *f.* **2.** ‚Niete' *f,* Versager *m* (*Person od. Sache*). **3.** rui'nierter ('Börsen)Speku‚lant. **4.** *pol. Am.* nicht wiedergewählter Amtsinhaber, *bes.* Kongreßmitglied, bis zum Ablauf s-r Amtszeit.
la·mel·la [lə'melə] *pl* **-lae** [-liː], **-las** *s* La'melle *f,* (dünnes) Plättchen. **la'mel·lar, lam·el·late** ['læmɪleɪt; -lət; lə'meleɪt; -lət], **'lam·el·lat·ed** [-leɪtɪd] *adj* la'mellen-, plättchenartig, Lamellen...
'lame·ness *s* **1.** a) Lahmheit *f* (*a. fig.*), b) Lähmung *f.* **2.** *fig.* Hinken *n,* Holp(e)rigkeit *f* (*von Versen*).
la·ment [lə'ment] **I** *v/i* **1.** jammern, (weh)klagen, *iro.* lamen'tieren (**for, over** um). **2.** trauern (**for, over** um). **II** *v/t* **3.** beklagen: a) bejammern, bedauern, b) betrauern: → **late** 5 b. **III** *s* **4.** Jammer *m,* (Weh)Klage *f.* **5.** Klagelied *n.*
lam·en·ta·ble ['læməntəbl; lə'men-] *adj* (*adv* **lamentably**) **1.** beklagenswert, bedauerlich. **2.** *contp.* erbärmlich, kläglich.

lam·en·ta·tion [ˌlæmənˈteɪʃn; -mən-] s **1.** (Weh)Klage f. **2.** iro. Laˈmento n, Lamenˈtieren n. **3.** the L~s (of Jeremiah) pl (meist als sg konstruiert) Bibl. die Klagelieder pl Jereˈmiae.

la·mi·a [ˈleɪmɪə] pl **-mi·as, -mi·ae** [-miː] s myth. Lamia f (blutsaugendes Fabelwesen).

lam·i·na [ˈlæmɪnə] pl **-nae** [-niː], **-nas** s **1.** Plättchen n, Blättchen n. **2.** (dünne) Schicht. **3.** ˈÜberzug m. **4.** bot. Blattspreite f. **5.** zo. blattförmiges Orˈgan.

lam·i·na·ble [ˈlæmɪnəbl] adj tech. streckbar, (aus)walzbar.

lam·i·nal [ˈlæmɪnl] → **laminar**.

lam·i·nar [ˈlæmɪnə(r)] adj tech. laˈmellenförmig, lamelˈliert. ~ **flow** s phys. lamiˈnare Strömung, Schichtenströmung f.

lam·i·nate [ˈlæmɪneɪt] tech. **I** v/t **1.** lamiˈnieren: a) (aus)walzen, strecken, b) schichten, schichtweise legen, c) mit Folie überˈziehen: **laminating sheet** Schichtfolie f. **2.** lamelˈlieren, in Blättchen aufspalten. **II** v/i **3.** sich in Schichten od. Plättchen spalten. **III** s [-nət, -neɪt] **4.** (Plastik-, Verbund)Folie f, Schichtstoff m, Lamiˈnat n. **IV** adj [-nət, -neɪt] → **laminated**. ˈ**lam·i·nat·ed** adj tech. **1.** lamiˈniert, geschichtet: ~ **brush switch** electr. Bürstenschalter m; ~ **fabric** Hartgewebe n; ~ **glass** Verbundglas n; ~ **material** Schichtstoff m; ~ **paper** Hartpapier n; ~ **sheet** Schichtplatte f; ~ **spring** Blattfeder f; ~ **windscreen** (Am. **windshield**) mot. Windschutzscheibe f aus Verbundglas; ~ **wood** Schicht-, Preßholz n. **2.** lamelˈliert, geblättert. ˌ**lam·iˈna·tion** s **1.** tech. Lamiˈnierung f: a) Streckung f, b) Schichtung f. **2.** tech. Lamelˈlierung f. **3.** tech. Schicht f, (dünne) Lage. **4.** geol. Lamiˈnatiˈon f (plattenartige Absonderung durch gleitendes Fließen von Massen).

Lam·mas [ˈlæməs] s **1.** relig. Petri Kettenfeier f. **2.** a. ~ **Day** Br. hist. Erntefest n am 1. Auˈgust.

lam·mer·gei·er, lam·mer·gey·er [ˈlæmə(r)ɡaɪə(r)] s orn. Lämmer-, Bartgeier m.

lamp [læmp] s **1.** Lampe f, (Straßen)Laˈterne f: **to smell of the** ~ fig. a) nach harter Arbeit ˈriechen', b) mehr Fleiß als Talent verraten. **2.** electr. Lampe f: a) Glühbirne f, b) Leuchte f, Beleuchtungskörper m; ~ **holder** Lampenfassung f. **3.** fig. Leuchte f, Licht n: **to pass** (od. **hand**) **on the** ~ fig. die Fackel (des Fortschritts etc) weitergeben.

lam·pas¹ [ˈlæmpəs] s Lamˈpas m (schweres Damastgewebe als Möbel- od. Dekorationsstoff).

lam·pas² [ˈlæmpəz] s vet. Frosch m (Gaumenschwellung bei Pferden).

ˈ**lamp**|**black** s Lampenruß m, -schwarz n. ~ **chim·ney** s ˈLampenzyˌlinder m.

lam·pern [ˈlæmpə(r)n] s ichth. Flußneunauge n.

ˈ**lamp**|**light** s Lampen-, Laˈternenlicht n: **by** ~ bei Lampenlicht. ˈ~ˌ**light·er** s hist. Laˈternenanzünder m.

lam·poon [læmˈpuːn] **I** s Spott-, Schmähschrift f, (saˈtirisches) Pamˈphlet. **II** v/t (schriftlich) verspotten. **lamˈpoon·er** s Verfasser(in) e-r Schmähod. Spottschrift, Pamphleˈtist(in). **lamˈpoon·er·y** [-ərɪ] s (schriftliche) Verspottung. **lamˈpoon·ist** → **lampooner**.

ˈ**lamp**|**post** s Laˈternenpfahl m: → **between 2.**

lam·prey [ˈlæmprɪ] s ichth. Lamˈprete f, Neunauge n.

ˈ**lamp**|**shade** s Lampenschirm m. ~ **shell** s zo. (ein) Armfüßer m. ~ **stan·dard** s Laˈternenpfahl m.

la·nate [ˈleɪneɪt] adj biol. wollig, Woll...

Lan·cas·tri·an [læŋˈkæstrɪən] **I** adj **1.** Lancaster... **II** s **2.** Bewohner(in) der (englischen) Stadt Lancaster od. der Grafschaft Lancashire. **3.** hist. Angehörige(r m) f od. Anhänger(in) des Hauses Lancaster.

lance [lɑːns; Am. læns] **I** s **1.** Lanze f: **to break a** ~ **with s.o.** fig. mit j-m die Klingen kreuzen. **2.** Fischspeer m. **3.** → **lancer 1 b. 4.** → **lancet 1. II** v/t **5.** aufspießen, mit e-r Lanze durchˈbohren. **6.** med. mit e-r Lanˈzette öffnen: **to** ~ **a boil** ein Geschwür öffnen. ~ **buck·et** s mil. hist. Lanzenschuh m. ~ **cor·po·ral,** colloq. ˈ~ˌ**jack** s mil. Br. Ober-, Hauptgefreite(r) m.

lance·let [ˈlɑːnslɪt; Am. ˈlænslət] s ichth. (ein) Lanˈzettfischchen n.

lan·ce·o·late [ˈlɑːnsɪəleɪt, -lɪt; Am. ˈlæn-] adj bes. bot. lanˈzettförmig.

lanc·er [ˈlɑːnsə; Am. ˈlænsər] s **1.** mil. a) hist. Lanzenträger m, b) hist. Uˈlan m, Lanzenreiter m, c) Soldat e-s brit. Lancer-Regiments (jetzt leichte Panzerverbände). **2.** pl (als sg konstruiert) Lanciˈer m, Quaˈdrille f à la cour.

lance | **rest** s mil. hist. Stechtasche f (zum Einlegen der Lanze). ~ **serˈgeant** s mil. Br. Gefreite(r) m in der Dienststellung e-s ˈUnteroffiˌziers.

lan·cet [ˈlɑːnsɪt; Am. ˈlænsət] s **1.** med. Lanˈzette f. **2.** arch. a) a. ~ **arch** Spitzbogen m, b) a. ~ **window** Spitzbogenfenster n. ˈ**lan·cet·ed** adj arch. **1.** spitzbogig (Fenster). **2.** mit Spitzbogenfenstern.

lan·ci·nate [ˈlɑːnsɪneɪt; Am. ˈlæn-] v/t durchˈbohren: **lancinating pain** med. lanzinierender Schmerz.

land [lænd] **I** s **1.** Land n (Ggs. Meer, Wasser, Luft): **by** ~ zu Land(e), auf dem Landweg(e); **by** ~ **and sea** zu Wasser u. zu Lande; **to see** (od. **find out**) **how the** ~ **lies** fig. a) ˈdie Lage peilen', b) sich e-n Überblick verschaffen; **to make** ~ mar. a) Land sichten, b) das (Fest)Land erreichen. **2.** Land n, Boden m: **wet** ~ nasser Boden; **ploughed** ~ Ackerland. **3.** Land n (Ggs. Stadt): **back to the** ~ zurück aufs Land. **4.** jur. a) Land-, Grundbesitz m, Grund m u. Boden m, b) pl Ländeˈreien pl, Güter pl. **5.** Land n, Staat m, Volk n, Natiˈon f. **6.** econ. naˈtürliche Reichtümer pl (e-s Landes). **7.** fig. Land n, Gebiet n, Reich n: the ~ **of dreams** das Reich od. Land der Träume; **the** ~ **of the living** das Diesseits; → **milk 1, nod 8. 8.** Feld n (zwischen den Zügen des Gewehrlaufs). **II** v/i **9.** aer. landen, mar. a. anlegen. **10.** oft ~ **up** landen, (an)kommen: **to** ~ **in a ditch** in e-m Graben landen; **to** ~ **up in prison** im Gefängnis landen; **to** ~ **second** sport an zweiter Stelle landen. **11.** colloq. e-n Schlag od. Treffer landen: **to** ~ **on s.o.** bei j-m e-n Treffer landen; b) fig. ˈes j-m geben'. **III** v/t **12.** Personen, Güter, Flugzeug landen: **to** ~ **goods** Güter ausladen (mar. a. löschen). **13.** e-n Fisch etc an Land ziehen. **14.** bes. Fahrgäste absetzen: **the cab** ~**ed him at the station**; **he was** ~**ed in the mud** er landete im Schlamm. **15.** j-n bringen: **that will** ~ **you in prison**; **to** ~ **o.s.** (od. **to be** ~**ed**) **in trouble** in Schwierigkeiten geraten od. kommen; **to** ~ **s.o. in trouble** j-n in Schwierigkeiten bringen. **16.** **to** ~ **s.o. with s.th., to** ~ **s.th. onto s.o.** colloq. j-m etwas aufhalsen. **17.** colloq. e-n Schlag od. Treffer landen, anbringen: **he** ~**ed him one** er ˈknallte' ihm eine, er ˌverpaßte' ihm eins (od. ein Ding). **18.** colloq. j-n, etwas ˈkriegen', erwischen: **the police have** ~**ed the criminal; to** ~ **a husband** sich e-n Mann ˌangeln'; **to** ~ **a prize** sich e-n Preis ˌholen', e-n Preis ˌergattern'.

land|**a·gent** s **1.** Grundstücksmakler m. **2.** Br. Gutsverwalter m. ~ **art** s Landˌart f (Kunstrichtung, in der die Landschaft zum Gestaltungsmaterial wird).

lan·dau [ˈlændɔː] s Landauer m (Kutsche).

lan·dau·let(te) [ˌlændɔːˈlet; Am. ˌlændlˈet] s Landauˈlett n, Halblandauer m (Kutsche).

land| **bank** s **1.** ˈBodenkreˌditanstalt f, Hypoˈthekenbank f. **2.** Am. (staatliche) Landwirtschaftsbank. ~ **breeze** s Landwind m. ~ **bridge** s geogr. Landbrücke f. ~ **conˌsol·i·ˈda·tion** s Flurbereinigung f. ~ **de·vel·op·ment** s Erschließung f von Baugelände.

land·ed [ˈlændɪd] adj Land..., Grund...: **the** ~ **gentry** collect. der Landadel; **the** ~ **interest** collect. die Grundbesitzer (als Klasse); ~ **property,** ~ **estate** Grundbesitz m, -eigentum n, Landbesitz m, Liegenschaften pl; ~ **proprietor** Grundbesitzer m, -eigentümer m.

ˈ**land**|**fall** s **1.** aer. Sichten n von Land, mar. a. Landfall m. **2.** aer. Landen n, Landung f. **3.** Erdrutsch m. ~ **forc·es** pl mil. Landstreitkräfte pl. ~ **freeze** s staatliches Verbot, Land zu verkaufen. ˈ~-**grab·ber** s j-d, der auf ungesetzliche Weise Land in Besitz nimmt. ~ **grant** s Am. staatliche Landzuweisung. ˈ~-**grant uˌni·ˈver·si·ty** s Am. durch staatliche (ursprünglich aus Land bestehende) Subventionen unterstützte Hochschule. ˈ~ **grave** s hist. (deutscher) Landgraf. ˌ~**ˈgra·vi·ate** [-ˈɡreɪvɪət, -vɪeɪt] s Landgrafschaft f. ˈ~-**gra·vine** [-ɡrəviːn] s Landgräfin f. ˈ~**hold·er** s bes. Am. **1.** Grundpächter m. **2.** Grundbesitzer m, -eigentümer m.

land·ing [ˈlændɪŋ] s **1.** aer. Landung f, Landen n, mar. a. Anlegen n: → **forced l. 2.** Landung f, Landen n (von Personen, Gütern, Flugzeugen), Ausladen n, mar. a. Löschen n (von Gütern). **3.** mar. Lande-, Anlegeplatz m. **4.** Ausladestelle f. **5.** (Treppen)Absatz m. **6.** tech. a) Gichtbühne f (e-s Hochofens), b) Bergbau: Füllort m. ~ **an·gle** s aer. Ausrollwinkel m. ~ **ap·proach** s aer. Landeanflug m. ~ **barge** s mar. mil. (großes) Landefahrzeug. ~ **beam** s aer. Landeleitstrahl m. ~ **craft** s mar. mil. Landungsboot n. ~ **field** s aer. Landeplatz m. ~ **flap** s aer. Landeklappe f. ~ **force** s mil. Landungstruppe f, amˈphibischer Kampfverband. ~ **gear** s aer. Fahrgestell n, -werk n. ~ **light** s aer. **1.** Lande-, Bordscheinwerfer m. **2.** Landefeuer n (am Flugplatz). ~ **net** s Kescher m. ~ **par·ty** s mil. bes. Br. ˈLandungstrupp m, ˈKomˌmando n. ~ **per·mit** s aer. Landeerlaubnis f. ~ **stage** s mar. Landungsbrücke f, -steg m. ~ **strip** → **airstrip.** ~ **ve·hi·cle** s Raumfahrt: Landefähre f.

land|**job·ber** s ˈGrundstücksspekuˌlant m. ˈ~-**la·dy** s **1.** (Haus-, Gast-, Pensiˈons)Wirtin f. **2.** Grundeigentümerin f, -besitzerin f. ~ **law** s jur. Grundstücksrecht n.

länd·ler [ˈlentlə(r)] pl **-ler, -lers** s mus. Ländler m.

ˈ**land·less** adj ohne Grundbesitz, grundbesitzlos.

land|**line** s electr. ˈÜberlandleitung f. ˈ~**locked** adj ˈlandumˌschlossen: ~ **country** Binnenstaat m; ~ **salmon** ichth. im Süßwasser verbleibender Lachs. ˈ~ˌ**lop·er** s Landstreicher m. ˈ~**lord** [ˈlændlɔː(r)d] s **1.** Grundeigentümer m, -besitzer m. **2.** (Haus-, Gast-, Pensiˈons)Wirt m. ˈ~**lub·ber** s ˌLandratte' f. ˈ~**mark** s **1.** Grenzstein m, -zeichen n. **2.** a)

landmass – laparoscopy

mar. Landmarke *f,* Seezeichen *n,* b) Gelände-, Orien'tierungspunkt *m.* **3.** Kennzeichen *n*: **anatomical ~** *med.* anatomischer Merkpunkt. **4.** Wahrzeichen *n* (*e-r Stadt etc*). **5.** *fig.* Mark-, Meilenstein *m*: **a ~ in history.** '**~mass** *s* Landmasse *f.* **~ mine** *s mil.* Landmine *f.*

land|of·fice *s Am.* Grundbuchamt *n.* '**~-,of·fice busi·ness** *s Am. colloq.* ,Bombengeschäft' *n.* '**~own·er** *s* Grundbesitzer(in), -eigentümer(in). '**~-,own·ing** *adj* grundbesitzend, Grundbesitz(er)... '**~plane** *s* Landflugzeug *n.* **~ plan·ning** *s* Raumordnung *f.* **~-poor** *adj* über 'unren,tablen Grundbesitz verfügend. **~ pow·er** *s pol.* Landmacht *f* (*Ggs. Seemacht*). **~ rail** *s orn.* Wiesenknarre *f.* **~ re·form** *s* 'Bodenre₁form *f.* **~ reg·is·ter** *s Br.* Grundbuch *n.* **~ reg·is·try** *s Br.* Grundbuchamt *n.* **L~ Rov·er** (*TM*) *s mot.* Landrover *m* (*ein Geländefahrzeug*).

land·scape ['lænskeɪp; 'lænd-] **I** *s* **1.** Landschaft *f.* **2.** *paint.* a) Landschaft(sbild *n*) *f,* b) Landschaftsmale'rei *f.* **II** *v/t* **3.** landschaftlich verschönern *od.* gestalten. **III** *v/i* **4.** als Landschaftsgärtner arbeiten. **~ ar·chi·tect** *s* 'Landschaftsarchi₁tekt *m.* **~ ar·chi·tec·ture** *s* 'Landschaftsarchitek,tur *f.* **~ for·mat** *s print.* 'Quer-, 'Langfor,mat *n.* **~ gar·den·er** *s* Landschaftsgärtner *m.* **~ gar·den·ing** *s* Landschaftsgärtne'rei *f.* **~ mar·ble** *s* landschaftartig gezeichneter Marmor. **~ paint·er** *s* landscapist. **land·scap·ist** ['lænskeɪpɪst; 'lænd-] *s* Landschaftsmaler(in).

land shark *s colloq.* **1.** *j-d, der Matrosen an Land ausbeutet.* **2.** 'Bodenspeku,lant *m.* **lands·knecht** ['læntskə₁nekt] *s mil. hist.* Landsknecht *m.*

'**land|·slide** *s* **1.** Erdrutsch *m.* **2.** *a.* **~ victory** (*od.* **win**) *pol.* über'wältigender Wahlsieg. '**~slip** *bes. Br. für* landslide 1. **lands·man** ['lændzmən] *s irr* ,Landratte' *f.*

land| sur·vey·or *s* Landvermesser *m,* Geo'meter *m.* **~ swell** *s mar.* Landschwell *f,* einlaufende Dünung. **~ tax** *s hist.* Grundsteuer *f.* **~ tie** *s arch.* Mauerstütze *f.*

,**land-to-'land** *adj mil.* Boden-Boden-...: **~ weapons.**

land| tor·toise *s zo.* Landschildkröte *f.* '**~wait·er** *s Br.* 'Zollin,spektor *m.*

land·ward ['lændwə(r)d] **I** *adj* land-('ein)wärts gelegen. **II** *adv* land('ein)wärts, (nach) dem Lande zu '**land·wards** [-dz] **~ landward** II.

land yacht *s* Strandsegler *m.*

lane [leɪn] *s* **1.** (Feld)Weg *m*: **it is a long ~ that has no turning** *fig.* alles muß sich einmal ändern. **2.** Gasse *f*: **a)** Sträßchen *n,* b) 'Durchgang *m* (*zwischen Menschenreihen etc*): **to form a ~** Spalier stehen, e-e Gasse bilden. **3.** Schneise *f.* **4.** *a.* **~ route** *mar.* (Fahrt)Route *f,* Fahrrinne *f.* **5.** *aer.* Flugschneise *f.* **6.** *mot.* (Fahr)Spur *f*: **to change ~s** die Spur wechseln; **to get in ~** sich einordnen; **~ indication arrow** Richtungspfeil *m.* **7.** *sport* (einzelne) Bahn.

lang·lauf ['lɑːŋlaʊf] *s* Skisport: Langlauf *m.* '**~läu·fer** [-,lɔɪfə(r)] *pl* **-fer, -fers** *s* Langläufer(in).

Lan·go·bard ['læŋgəʊbɑː(r)d; 'læŋgəb-] **~ Lombard I.**

lan·gouste ['lɒŋguːst; *Am.* lɑːŋ'guːst] *s zo.* Lan'guste *f.*

lan·grage, *a.* **lan·gridge** ['læŋgrɪdʒ] *s mar. hist.* Kar'tätschengeschoß *n.*

lang syne [,læŋ'saɪn] *Scot.* **I** *adv* einst, in längst vergangener Zeit. **II** *s* längst vergangene Zeit: **~ auld lang syne.**

lan·guage ['læŋgwɪdʒ] *s* **1.** Sprache *f*: **~ of flowers** *fig.* Blumensprache; **to speak the same ~** dieselbe Sprache sprechen (*a. fig.*); **to talk s.o.'s ~** *j-s* Sprache sprechen (*a. fig.*). **2.** Sprache *f,* Rede-, Ausdrucksweise *f,* Worte *pl*: **~! so etwas sagt man nicht!**; **→ bad**[1] 4, **strong** 7. **3.** Sprache *f,* Stil *m.* **4.** (Fach)Sprache *f,* Terminolo'gie *f*: **medical ~** medizinische Fachsprache, Medizinersprache. **5.** a) Sprachwissenschaft *f,* b) 'Sprachunterricht *m.* **~ arts** *s pl ped. Am.* 'Sprach₁unterricht *m.* **~ bar·ri·er** *s* 'Sprachbarri₁ere *f,* -schranke *f.* **~ cen·ter,** *bes. Br.* **~ cen·tre** *s* Sprachenzentrum *n.* **~ course** *s* Sprachkurs *m.* '**lan·guaged** *adj* **1.** *in Zssgn* ...sprachig: **many-~** vielsprachig. **2.** sprachkundig, -gewandt. **3.** formu'liert: **his speech was well ~.**

lan·guage| la·bor·a·to·ry *s* 'Sprachla₁bor *n.* **~ mas·ter** *s ped. Br.* Sprachlehrer *m.* **~ me·di·a·tor** *s* Sprachmittler *m.* **~ re·search** *s* Sprachforschung *f.* **~ school** *s* Sprachenschule *f.* **~ teach·er** *s* Sprachlehrer(in). **~ teach·ing** *s* Spracherziehung *f.*

langued [læŋd] *adj her.* mit her'ausgestreckter Zunge.

lan·guet(te) ['læŋgwet] *s* **1.** Zunge *f,* zungenähnlicher Gegenstand. **2.** Landzunge *f.* **3.** *mus.* Zunge *f* (*e-r Orgelpfeife*).

lan·guid ['læŋgwɪd] *adj* (*adv* **~ly**) **1.** schwach, matt. **2.** träge, schleppend. **3.** *fig.* lau, inter'esselos. **4.** *econ.* flau, lustlos. '**lan·guid·ness** *s* **1.** Schwachheit *f,* Mattigkeit *f.* **2.** Trägheit *f.* **3.** *fig.* Lauheit *f,* Inter'esselosigkeit *f.* **4.** *econ.* Flauheit *f,* Lustlosigkeit *f.*

lan·guish ['læŋgwɪʃ] *v/i* **1.** ermatten, erschlaffen. **2.** erlahmen (*Interesse, Konversation etc*). **3.** (ver)schmachten, da'hinsiechen: **to ~ in a dungeon** in e-m Kerker schmachten. **4.** da'niederliegen (*Handel, Industrie etc*). **5.** schmachtend *od.* sehnsüchtig blicken. **6.** sich sehnen, schmachten (**for** nach). '**lan·guish·ing** *adj* (*adv* **~ly**) **1.** ermattend, erschlaffend. **2.** erlahmend. **3.** (ver)schmachtend, da'hinsiechend. **4.** da'niederliegend. **5.** sehnsüchtig, schmachtend: **a ~ look. 6.** langsam (u. qualvoll): **a ~ death; a ~ illness** e-e schleichende Krankheit. **5. → languid** 3 *u.* 4.

lan·guor ['læŋgə(r)] *s* **1. → languidness** 1-3. **2.** *oft pl* melan'cholische Sehnsucht (**for** nach). **3.** a) bedrückende *od.* einschläfernde Stille, b) einschläfernde Schwüle. '**lan·guor·ous** *adj* (*adv* **~ly**) **1. → languid** 1-3. **2.** melan'cholisch-'sehnsuchtsvoll. **3.** a) bedrückend *od.* einschläfernd still, b) einschläfernd schwül.

lan·gur [lʌŋ'gʊə(r)] *s zo.* (ein) Schlankaffe *m, bes.* Langur *m.*

lan·iard → lanyard.

la·ni·ar·y ['læniəri; *Am.* 'leɪni₁eri:; 'læn-] *zo.* **I** *s* Reißzahn *m.* **II** *adj* Reiß...: **~ tooth.**

la·nif·er·ous [lə'nɪfərəs], **la·nig·er·ous** [lə'nɪdʒərəs] *adj biol.* wollig, Woll...

lank [læŋk] *adj* (*adv* **~ly**) **1.** hager, mager. **2.** glatt (*Haar*).

lank·i·ness ['læŋkɪnɪs] *s* Schlaksigkeit *f.* '**lank·ness** *s* Hagerkeit *f,* Magerkeit *f.* '**lank·y** *adj* (*adv* **lankily**) schlaksig, hochaufgeschossen.

lan·ner ['lænə(r)] *s orn.* (*bes.* weiblicher) Feldeggsfalke. '**lan·ner·et** [-ret] *s* männlicher Feldeggsfalke.

lan·o·lin(e) ['lænəʊliːn; *Am.* 'lænlən] *s chem.* Lano'lin *n,* Wollfett *n.*

la·nose ['leɪnəʊs, -z] **→ lanate.**

lans·que·net ['lænskə₁net] *s mil. hist.* Landsknecht *m.*

lan·tern ['læntə(r)n] *s* **1.** La'terne *f.* **2.** La'terna *f* magica. **3.** *mar.* Leuchtkammer *f* (*e-s Leuchtturms*). **4.** *arch.* La'terne *f.* **5.** *tech.* a) **→ lantern pinion,** b) Gießerei: 'Kernske₁lett *n.* **6.** *fig.* Leuchte *f*: **he was a ~ of science.** '**~-jawed** *adj* hohlwangig. **~ jaws** *s pl* eingefallene *od.* hohle Wangen *pl.* **~ lec·ture** *s* Lichtbildervortrag *m.* **~ light** *s* **1.** La'ternenlicht *n.* **2.** 'durchscheinende Scheibe (*e-r Laterne*). **3.** *arch.* Oberlichtfenster *n.* **~ pin·ion** *s tech.* Drehling *m,* Stockgetriebe *n.* **~ slide** *s phot.* Dia(posi'tiv) *n,* Lichtbild *n.* '**~-slide lec·ture** *s* Lichtbildervortrag *m.*

lan·tha·nide ['lænθənaɪd] *s chem.* Lantha'noïd *n,* Lantha'nid *n.* **~ series** Lanthanoidenreihe *f,* -gruppe *f.*

lan·tha·num ['lænθənəm] *s chem.* Lanthan *n.*

la·nu·go [lə'njuːgəʊ; *Am.* *a.* -'nuː-] *s* La'nugo *f*: a) *zo.* Wollhaar *n,* b) *anat.* Flaum *m,* Wollhaar *n.*

lan·yard ['lænjə(r)d] *s* **1.** *mar.* Taljereep *n.* **2.** *mil.* Abzugsleine *f* (*e-r Kanone*). **3.** (*um den Hals getragene*) Kordel (*an der ein Messer, e-e Pfeife etc befestigt ist*).

la·od·i·ce·an [,leɪəʊdɪ'siːən; *Am.* ,leɪ₁ədə-'siːən] *bes. relig.* **I** *adj* lau, halbherzig. **II** *s* lauer *od.* halbherziger Mensch.

lap[1] [læp] *s* **1.** Schoß *m* (*e-s Kleides od. des Körpers; a. fig.*): **to sit on s.o.'s ~; in the ~ of the Church; to be in the ~ of the gods** im Schoß der Götter liegen; **to drop** (*od.* **fall**) **into s.o.'s ~** j-m in den Schoß fallen; **to live in the ~ of luxury** ein Luxusleben führen. **2.** (*Kleider- etc*) Zipfel *m.* **3.** *anat.* (*Ohr*)Läppchen *n.*

lap[2] [læp] **I** *v/t* **1.** wickeln, falten (**about,** [**a**]**round** um). **2.** einhüllen, -schlagen, -wickeln (**in** *acc*): **~ped insulation** Bandisolierung *f.* **3.** *fig.* einhüllen, um'hüllen: **~ped in luxury** von Luxus umgeben. **4.** *fig.* hegen, pflegen. **5.** a) sich über'lappend legen über (*acc*), b) über'lappt anordnen: **to ~ tiles. 6.** hin'ausragen über (*acc*). **7.** Zimmerei: über'lappen. **8.** po'lieren, schleifen. **9.** *sport* a) e-n Gegner über'runden, b) e-e Strecke zu'rücklegen: **to ~ the course in 6 minutes.** **II** *v/i* **10.** sich winden, sich legen (**about,** [**a**]**round** um). **11.** 'überstehen, hin'ausragen (**over** über *acc*). **12.** sich über'lappen. **13.** *sport* über die Runde gehen, über'rundet werden: **he ~ped in less than 60 seconds. III** *s* **14.** (einzelne) Windung, Lage *f,* Wick(e)lung *f* (*e-r Spule etc*). **15.** Über'lappung *f.* **16.** 'übergreifende Kante, 'überstehender Teil, *bes.* a) Vorstoß *m,* b) *Buchbinderei:* Falz *m.* **17.** Über'lappungsbreite *f od.* -länge *f.* **18.** *tech.* Po'lier-, Schleifscheibe *f.* **19.** *tech.* a) über'walzte Naht, b) Falte *f* (*Oberflächenfehler*). **20.** *sport* Runde *f*: **~ of hono(u)r** Ehrenrunde; **two ~s** (*Leichtathletik*) *colloq.* 800-m-Lauf *m od.* -Strecke *f*; **to be on the last ~** a) in der letzten Runde sein, b) *fig.* kurz vor dem Ziel stehen. **21.** Abschnitt *m,* E'tappe *f* (*beide a. fig.*).

lap[3] [læp] **I** *v/t* **1.** plätschern(d schlagen) gegen *od.* an (*acc*). **2.** lecken, schlecken: **to ~ up** a) auflecken, -schlecken, b) *colloq.* ,fressen', ,schlucken' (*kritiklos glauben*), c) *colloq.* Komplimente etc gierig aufnehmen, etwas liebend gern hören; **she ~ped it up** es ging ihr runter wie Öl. **II** *v/i* **3.** plätschern: **to ~ against → 1. III** *s* **4.** Lecken *n,* Schlecken *n*: **to take a ~ at** lecken *od.* schlecken an (*dat*). **5.** Plätschern *n.* **6.** *colloq.* labb(e)riges Zeug.

lap·a·ro·cele ['læpərəʊsiːl] *s med.* Laparo'zele *f,* Eingeweide-, Bauch(wand)bruch *m.*

lap·a·ro·scope ['læpərəʊskəʊp] *s med.* Laparo'skop *n* (*Spezialendoskop zur Untersuchung der Bauchhöhle*). ,**lap·a·'ros·co·py** [-'rɒskəpɪ; *Am.* -'rɑː-] *s* La-

laparotomy – lasciviousness

parosko'pie *f* (*Untersuchung mit e-m Laparoskop*).
lap·a·rot·o·my [ˌlæpəˈrɒtəmɪ; *Am.* -ˈrɑ-] *s med.* Laparoto'mie *f*, Bauchschnitt *m*.
lap| belt *s aer. mot.* Beckengurt *m*. **'~-board** *s* Schoßbrett *n*. **~ dis·solve** *s Film, TV*: ('Bild)Über͜blendung *f*, 'Durchblendung *f*. **~ dog** *s* 1. Schoßhund *m*, Schoßhündchen *n*. 2. *contp.* Schoßkind *n* (*Liebling*).
la·pel [ləˈpel] *s* Aufschlag *m*, Re'vers *n*, *m*: **~ badge** Ansteckabzeichen *n*; **~ microphone** Ansteck-, Knopflochmikrophon *n*.
'lap-fade *v/t Film, TV: ein Bild über*'blenden.
lap·i·dar·y [ˈlæpɪdərɪ; *Am.* -pəˌderɪ-] **I** *s* 1. Steinschneider *m*. 2. Steinschneidekunst *f*. **II** *adj* 3. Steinschneide...: **~ art**. 4. in Stein gehauen: **a ~ inscription**. 5. *fig.* lapi'dar: **~ style** Lapidarstil *m*.
lap·i·date [ˈlæpɪdeɪt] *v/t* steinigen. **ˌlap·iˈda·tion** *s* Steinigung *f*.
lap·is laz·u·li [ˌlæpɪsˈlæzjʊlaɪ; *Am.* -zəliː] *s* 1. *min.* Lapis'lazuli *m*, La'sur-, A'zurstein *m*. 2. *a.* **~ blue** Lapis-, La'sur-, A'zurblau *n*.
lap| joint *s tech.* Über'lappung(sverbindung) *f*. **'~-ˌjoint·ed** *adj* sich über'lappend.
La·place| op·er·a·tor [ləˈplɑːs; ləˈplæs] *s math.* La'place-Ope͜rator *m*. **~ trans·form** *s* La'place-Transformati͜on *f*.
Lap·land·er [ˈlæplændə(r)] **→ Lapp** 1.
Lapp [læp] **I** *s* 1. Lappe *m*, Lappländer(in). 2. *ling.* Lappisch *n*, das Lappische. **II** *adj* 3. lappisch.
lap·pet [ˈlæpɪt] *s* 1. Zipfel *m*. 2. (Rock-)Schoß *m*. 3. *anat.* (Fleisch-, Haut)Lappen *m*.
Lapp·ish [ˈlæpɪʃ] **→ Lapp** 2 *u*. 3.
lap| riv·et·ing *s tech.* Über'lappungsnietung *f*. **~ robe** *s Am.* Reisedecke *f*.
lapse [læps] **I** *s* 1. Lapsus *m*, Versehen *n*, (kleiner) Fehler *od.* Irrtum: **~ of the pen** Schreibfehler; **~ of justice** Justizirrtum; **~ of taste** Geschmacksverirrung *f*. 2. Vergehen *n*, Entgleisung *f*, Fehltritt *m*, Sünde *f*: **~ from duty** Pflichtversäumnis *n*; **~ from faith** Abfall *m* vom Glauben; **moral ~, ~ from virtue** moralische Entgleisung *od.* Verfehlung *f*. 3. a) Ab-, Verlauf *m*, Vergehen *n* (*der Zeit*), b) *jur.* (Frist-)Ablauf *m*: **~ of time**, c) Zeitspanne *f*. 4. *jur.* a) Verfall *m*, Erlöschen *n* (*von Rechten etc*), b) Heimfall *m* (*von Erbteilen etc*). 5. Verfall *m*, Absinken *n*, Niedergang *m*. 6. Aufhören *n*, Verschwinden *n*, Aussterben *n*. 7. *a.* **~ rate** *meteor.* vertikaler (Tempera'tur)Gradi͜ent. **II** *v/i* 8. a) verstreichen (*Zeit*), b) ablaufen (*Frist*). 9. verfallen, versinken (**into** in *acc*): **to ~ into silence**. 10. absinken, abgleiten, verfallen (**into** in *acc*): **to ~ into barbarism**. 11. (mo'ralisch) entgleisen, e-n Fehltritt tun, sündigen. 12. abfallen (**from faith** vom Glauben). 13. versäumen (**from duty** s-e Pflicht). 14. aufhören, 'einschlafen' (*Beziehungen, Unterhaltung etc*). 15. verschwinden, aussterben. 16. *jur.* a) verfallen, erlöschen (*Anspruch, Recht etc*), b) heimfallen (**to an** *acc*).
'lap|strake, '~-streak *mar.* **I** *adj* klinkergebaut. **II** *s* klinkergebautes Boot.
lap·sus [ˈlæpsəs] (*Lat.*) *pl* **-sus** → **lapse** 1.
La·pu·tan [ləˈpjuːtən] *adj* phan'tastisch, ab'surd.
'lap|-weld *v/t tech.* über'lapptschweißen. **~ weld** *s tech.* Über'lapptschweißung *f*. **~ wind·ing** *s electr.* Schleifenwicklung *f*. **'~-wing** *s orn.* Kiebitz *m*.

lar·board [ˈlɑː(r)bə(r)d] *mar. obs.* **I** *s* Backbord *n*. **II** *adj* Backbord...
lar·ce·ner [ˈlɑː(r)sənə(r)], **'lar·ce·nist** [-nɪst] *s* Dieb(in). **'lar·ce·nous** *adj* 1. diebisch. 2. Diebstahls... **'lar·ce·ny** [-nɪ] *s jur.* Diebstahl *m*: **grand (petty) ~** *Am.* schwerer (einfacher) Diebstahl.
larch [lɑː(r)tʃ] *s* 1. *bot.* Lärche *f*. 2. Lärche(nholz *n*) *f*.
lard [lɑː(r)d] **I** *s* 1. Schweinefett *n*, -schmalz *n*: **~ oil** Schmalzöl *n*. **II** *v/t* 2. einfetten. 3. *Fleisch spicken*: **~ing needle** (*od.* **pin**) Spicknadel *f*. 4. *fig.* spicken, (aus)schmücken (**with** mit).
lard·er [ˈlɑː(r)də(r)] *s* 1. Speisekammer *f*. 2. Speiseschrank *m*.
lar·don [ˈlɑː(r)dən], **larˈdoon** [-ˈduːn] *s* Speckstreifen *m* (*zum Spicken*).
lard pig *s* Fettschwein *n*.
lard·y cake *s Br.* Hefekuchen *mit Korinthen, Ingwer, Zimt u. Muskat*.
lar·dy-dar·dy [ˈlɑː(r)dɪˈdɑː(r)dɪ] *adj colloq.* affek'tiert, ,affig'.
la·res [ˈleərɪz; ˈlɑːreɪz] (*Lat.*) *s pl antiq.* Laren *f* (*Schutzgötter von Haus u. Familie*): **~ and penates** a) Laren u. Penaten *pl*, b) *fig.* Penaten *pl*, Haus *n* u. Herd *m*.
large [lɑː(r)dʒ] **I** *adj* (*adv* → **largely**) 1. groß: **a ~ horse** (**house, rock, room**, *etc*); (**as**) **~ as life** in voller Lebensgröße; **~r than life** überlebensgroß (→ **larger-than-life**); **~ of limb** schwergliedrig. **a ~ business** (**family, income, sum**, *etc*); **a ~ meal** e-e ausgiebige *od.* reichliche Mahlzeit. 3. um'fassend, weitgehend, ausgedehnt: **~ discretion** weitgehende Ermessensfreiheit; **~ powers** umfassende Vollmachten. 4. Groß...: **~ consumer** (**farmer**, *etc*); **~ producer** Großerzeuger *m*. 5. *colloq.* großspurig. 6. großzügig, -mütig (*obs. außer in Verbindungen wie*): **a ~ attitude** e-e vorurteilsfreie Einstellung; **to have a ~ heart** großherzig sein; **~ tolerance** große Toleranz; **~ views** weitherzige Ansichten. **II** *s* 7. **at ~** a) in Freiheit, auf freiem Fuße: **to set at ~** auf freien Fuß setzen, b) frei, ungebunden, c) (sehr) ausführlich: **to discuss s.th. at ~**, d) ganz allgemein, nicht präzise, e) in der Gesamtheit: **the nation at ~** die Nation in ihrer Gesamtheit, die ganze Nation; **the world at ~** die Weltöffentlichkeit, f) *pol. Am.* e-n gesamten Staat *etc* vertretend (*u. nicht nur e-n bestimmten Wahlbezirk*), g) planlos, aufs Geratewohl: **to talk at ~** ins Blaue hineinreden. 8. **in (the) ~** a) im großen, in großem Maßstab, b) im ganzen. **III** *adv* 9. (sehr) groß: **to write ~**. 10. *colloq.* großspurig: **to talk ~** ,große Töne spucken', angeben.
large| cal·o·rie *s chem. phys.* 'Kilokalo͜rie *f*. **,~-'hand·ed** *adj fig.* freigebig. **~-'hand·ed·ness** *s fig.* Freigebigkeit *f*. **,~-'heart·ed** *adj fig.* großherzig. **~-'heart·ed·ness** *s fig.* Großherzigkeit *f*.
'large·ly *adv* 1. in hohem Maße, großen-, größtenteils. 2. weitgehend, in großem 'Umfang, im wesentlichen. 3. reichlich. 4. allgemein.
ˌlarge-ˈmind·ed *adj* (*adv* **~ly**) vorurteilslos, aufgeschlossen, tole'rant. **~-'mind·ed·ness** *s* Aufgeschlossenheit *f*, Tole'ranz *f*.
'large·ness *s* 1. Größe *f*. 2. Ausgedehntheit *f*. 3. *colloq.* Großspurigkeit *f*.
ˌlarg·er-than-ˈlife *adj* 1. 'überlebensgroß. 2. *fig.* a) legen'där, b) heldenhaft, he'roisch.
'large-scale *adj* 1. groß(angelegt), 'umfangreich, ausgedehnt, Groß..., Massen...: **~ attack** Großangriff *m*; **~ experiment** Großversuch *m*; **~ manufac-** ture Massenherstellung *f*; **~ technology** Großtechnik *f*. 2. in großem Maßstab (gezeichnet *etc*): **a ~ map**.
lar·gess(e) [lɑː(r)ˈdʒes; -ˈʒes] *s* 1. Großzügigkeit *f*, Freigebigkeit *f*. 2. großzügige Gabe.
lar·ghet·to [lɑː(r)ˈgetəʊ] *mus.* **I** *adj u. adv* lar'ghetto, ziemlich langsam. **II** *pl* **-tos** *s* Lar'ghetto *n*.
larg·ish [ˈlɑː(r)dʒɪʃ] *adj* ziemlich groß.
lar·go [ˈlɑː(r)gəʊ] *mus.* **I** *adj u. adv* largo, breit, sehr langsam. **II** *pl* **-gos** *s* Largo *n*.
lar·i·at [ˈlærɪət] *s bes. Am.* Lasso *n, m*.
la·rith·mics [ləˈrɪθ-] *s pl* (*als sg konstruiert*) Be'völkerungssta͜tistik *f*.
lark[1] [lɑː(r)k] *s orn.* Lerche *f*: **to rise** (*od.* **be up**) **with the ~** mit den Hühnern aufstehen; **→ merry** 1.
lark[2] [lɑː(r)k] *colloq.* **I** *s* Jux *m*, Ulk *m*, Spaß *m*: **for a ~** zum Spaß, aus Jux; **what a ~!** ,das ist (ja) zum Brüllen!' **II** *v/i* meist **~ about** (*od.* **around**) Blödsinn machen, her'umalbern.
'lark·ing → **larksome**.
lark·some [ˈlɑː(r)ksəm] *adj colloq.* ausgelassen, 'übermütig, vergnügt.
lark·spur [ˈlɑː(r)kspɜː; *Am.* ˈlɑː(r)kˌspɜːr] *s bot.* Rittersporn *m*.
larn [lɑː(r)n] *v/t colloq.* 1. *humor.* lernen. 2. **that'll ~ you!** a) das wird dir e-e Lehre sein!, b) das kommt davon!
lar·nax [ˈlɑː(r)næks] *pl* **-na·kes** [-nəkiːz] *s Archäologie:* Larnax *f* (*Tonsarkophag der ägäischen Kultur*).
lar·ri·kin [ˈlærɪkɪn] *s Austral. colloq.* Rowdy *m*.
lar·rup [ˈlærəp] *v/t colloq.* ,verdreschen', ,vermöbeln'.
lar·va [ˈlɑː(r)və] *pl* **-vae** [-viː] *s zo.* Larve *f*. **'lar·val** [-vl] *adj* 1. *zo.* lar'val, Larven... 2. *med.* lar'viert, versteckt. 3. *fig.* a) 'unterentwickelt: **a ~ society**, b) aufkeimend: **~ hopes**. **'lar·vate** [-veɪt] *adj* 1. mas'kiert, versteckt. 2. → **larval** 2.
'lar·vi·cide [-vɪsaɪd] *s* Larvenvertilgungsmittel *n*. **'lar·vi·form** [-vɪfɔː(r)m] *adj zo.* larvenförmig.
la·ryn·gal [ləˈrɪŋgl] **I** *adj* → **laryngeal** 2. **II** *s* → **laryngeal** 3. **la·ryn·ge·al** [ˌlærɪnˈdʒiːəl; ləˈrɪndʒɪəl] **I** *adj* (*adv* **~ly**) 1. *anat.* larynge'al, Kehlkopf...: **~ mirror**. 2. *ling.* Kehlkopf..., laryn'gal: **~ articulation**. **II** *s* 3. *ling.* Laryn'gal(laut) *m*, Kehlkopflaut *m*. **la·ryn·ges** [ləˈrɪndʒiːz] *pl von* **larynx**. **lar·yn·gis·mus** [ˌlærɪnˈdʒɪzməs] *s med.* Laryn'gismus *m*, Stimmritzenkrampf *m*. **ˌlar·ynˈgi·tis** [-ˈdʒaɪtɪs] *s med.* Laryn'gitis *f*, Kehlkopfentzündung *f*.
lar·yn·gol·o·gist [ˌlærɪŋˈgɒlədʒɪst; *Am.* ˌlærənˈgɑː-] *s med.* Laryngo'loge *m*. **ˌlar·ynˈgol·o·gy** *s* Laryngolo'gie *f* (*Lehre vom Kehlkopf u. s-n Erkrankungen*).
la·ryn·go·pha·ryn·ge·al [ləˌrɪŋgəʊˌfærɪnˈdʒiːəl; ləˌrɪŋgəʊfəˈrɪndʒɪəl] *adj anat. med.* la͜ryngopha͜rynge'al (*Kehlkopf u. Rachen betreffend*).
la·ryn·go·phone [ləˈrɪŋgəfəʊn] *s* 'Kehlkopfmikro͜phon *n*.
la·ryn·go·scope [ləˈrɪŋgəskəʊp] *s med.* Laryngo'skop *n*, Kehlkopfspiegel *m*.
lar·yn·gos·co·py [ˌlærɪŋˈgɒskəpɪ; *Am.* ˌlærənˈgɑː-] *s* Laryngosko'pie *f*, Kehlkopfspiegelung *f*.
lar·yn·got·o·my [ˌlærɪŋˈgɒtəmɪ; *Am.* ˌlærənˈgɑː-] *s med.* Laryngoto'mie *f*, Kehlkopfschnitt *m*.
lar·ynx [ˈlærɪŋks] *pl* **la·ryn·ges** [ləˈrɪndʒiːz] *od.* **'lar·ynx·es** *s anat.* Larynx *m*, Kehlkopf *m*.
las·car [ˈlæskə(r)] *s mar.* Laskar *m* (*ostindischer Matrose*).
las·civ·i·ous [ləˈsɪvɪəs] *adj* (*adv* **~ly**) 1. geil, lüstern. 2. las'ziv, schlüpfrig. **lasˈciv·i·ous·ness** *s* 1. Geilheit *f*,

Lüsternheit f. **2.** Laszivi'tät f, Schlüpfrigkeit f.
lase [leɪz] phys. **I** v/t mit Laser bestrahlen. **II** v/i Laserstrahlen aussenden.
las·er ['leɪzə(r)] s phys. Laser m. **~ beam** s phys. Laserstrahl m. **~ fu·sion** s phys. 'Laserfusi͵on f. **~ gun·sight** s Laserzielgerät n (am Gewehr). **~ sur·ger·y** s med. 'Laserchirur͵gie f.
lash¹ [læʃ] **I** s **1.** Peitschenschnur f. **2.** Peitschenhieb m: **to have a ~ at** s.th. Austral. colloq. etwas probieren od. versuchen. **3. the ~** die Prügelstrafe. **4.** fig. a) (at) (Peitschen)Hieb m (gegen), Geißelung f (gen), b) Schärfe f: **the ~ of her tongue** ihre scharfe Zunge; **the ~ of his criticism** s-e beißende Kritik. **5.** Peitschen n (a. fig.): **the ~ of the lion's tail**; **the ~ of the rain**. **6.** fig. Aufpeitschen n: **the ~ of public opinion**. **7.** (Augen-)Wimper f. **II** v/t **8.** (aus)peitschen. **9.** fig. a) peitschen: **the storm ~es the sea**, b) peitschen(d schlagen) an (acc) od. gegen: **the waves ~ the rocks**. **10.** peitschen mit: **to ~ its tail** mit dem Schwanz um sich schlagen. **11.** fig. aufpeitschen (into zu): **to ~ o.s. into a fury** sich in Wut hineinsteigern. **12.** fig. geißeln, vom Leder ziehen gegen. **13. ~ out** colloq. etwas ,springen lassen', spen'dieren. **III** v/i **14.** peitschen(d schlagen) (against an acc, gegen): **to ~ down** niederprasseln (Regen, Hagel). **15.** schlagen (at nach): **to ~ about** (od. **around**) (wild) um sich schlagen; **to ~ back** zurückschlagen; **to ~ into** a) einschlagen auf (acc), b) fig. j-n ,zs.-stauchen'; **to ~ out** a) (wild) um sich schlagen, b) ausschlagen (Pferd); **to ~ out at** a) einschlagen auf (acc), b) a. **to ~ out against** fig. geißeln (acc), vom Leder ziehen gegen. **16. ~ out** colloq. sich in Unkosten stürzen, viel Geld ausgeben (on für).
lash² [læʃ] v/t **1.** a. **~ down** (fest)binden (**to**, **on** an dat). **2.** mar. (fest)zurren.
'**lash·ing¹** s **1.** Peitschen n. **2.** Auspeitschung f. **3.** fig. Geißelung f. **4.** pl bes. Br. colloq. e-e Unmenge (**of** von, an dat): **~s of drink**, **~s to drink** ,jede Menge' zu trinken.
'**lash·ing²** s **1.** Festbinden n. **2.** Strick m, Schnur f, Seil n. **3.** mar. Lasching f, Tau n.
'**lash·less** adj wimpernlos.
lass [læs] s **1.** Mädchen n. **2.** Freundin f, Schatz m.
las·sie ['læsɪ] → lass.
las·si·tude ['læsɪtjuːd; Am. bes. ͵-tuːd] s Mattigkeit f, Abgespanntheit f.
las·so [læ'suː; 'læsəʊ] **I** pl **-sos**, **-soes** s Lasso n, m. **II** v/t mit e-m Lasso (ein-)fangen.
last¹ [laːst; Am. læst] **I** adj (adv → lastly) **1.** letzt(er, e, es): **the ~ two** die beiden letzten; **~ but one** vorletzt(er, e, es); **~ but two** drittletzt(er, e, es); **for the ~ time** zum letzten Mal; **to the ~ man** bis auf den letzten Mann; **the L~ Day** relig. der Jüngste Tag; **~ thing** als letztes (bes. vor dem Schlafengehen). **2.** letzt(er, e, es), vorig(er, e, es): **~ Monday**, **Monday ~** (am) letzten od. vorigen Montag; **~ night** a) gestern abend, b) in der vergangenen Nacht, letzte Nacht; **~ week** in der letzten od. vorigen Woche, letzte od. vorige Woche. **3.** neuest(er, e, es), letzt(er, e, es): **the ~ news**, **the ~ thing in jazz** das Neueste im Jazz; → **word** Bes. Redew. **4.** letzt(er, e, es) (allein übrigbleibend): **my ~ hope** (pound, etc). **5.** letzt(er, e, es), endgültig, entscheidend: → **word** Bes. Redew. **6.** äußerst(er, e, es): **the ~ degree** der höchste Grad; **of the ~ importance** von höchster Bedeutung; **my ~ price** mein äußerster od. niedrigster Preis. **7.** letzt(er, e, es) (am wenigsten erwartet od. geeignet): **the ~ man I would choose** der letzte, den ich wählen würde; **he was the ~ person I expected to see** mit ihm od. mit s-r Gegenwart hatte ich am wenigsten gerechnet; **the ~ thing I would do** das letzte, was ich tun würde; **this is the ~ thing to happen** es ist sehr unwahrscheinlich, daß das geschieht. **8.** ,letzt(er, e, es)', mise'rabelst(er, e, es), scheußlichst(er, e, es): **the ~ form of vice**.
II adv **9.** zu'letzt, als letzt(er, e, es), an letzter Stelle: **he came ~** er kam als letzter; **~ but not least** nicht zuletzt, nicht zu vergessen; **~ of all** zuallerletzt, ganz zuletzt. **10.** zu'letzt, zum letzten Male: **I ~ met her in Berlin**. **11.** schließlich, zuguter'letzt. **12.** letzt...: **~-mentioned** letztgenannt, -erwähnt.
III s **13.** (der, die, das) Letzte: **the ~ of the Mohicans** der letzte Mohikaner; **he would be the ~ to say such a thing** er wäre der letzte, der so etwas sagen würde. **14.** (der, die, das) Letzte od. Letztgenannte. **15.** colloq. **für ~ baby**, **for ~ etc**: **I wrote in my ~** ich schrieb in m-m letzten Brief; **this is our ~** das ist unser Jüngstes. **16.** colloq. a) letzte Erwähnung, b) letztmaliger Anblick, c) letztes Mal: → Bes. Redew. **17.** Ende n: a) Schluß m, b) Tod m: → Bes. Redew.
Besondere Redewendungen:
at ~ a) endlich, b) schließlich, zuletzt; **at long ~** schließlich (doch noch), nach langem Warten; **to the ~** a) bis zum äußersten, b) bis zum Ende od. Schluß, c) bis zum Tod; **to breathe one's ~** s-n letzten Atemzug tun; **to hear the ~ of** a) zum letzten Male hören von, b) nichts mehr hören von; **we've seen the ~ of him** den sehen wir nie mehr wieder; **we'll never see the ~ of that fellow** den Kerl werden wir nie mehr los.
last² [laːst; Am. læst] **I** v/i **1.** (an-, fort-) dauern: **too good to ~** zu schön, um lange zu währen. **2.** bestehen: **as long as the world ~s**. **3.** a. **~ out** 'durch-, aus-, standhalten, sich halten: **he won't ~ much longer** er wird es nicht mehr lange machen (a. Kranker). **4.** (sich) halten: **the paint will ~** die Farbe wird halten; **the book will ~** das Buch wird sich (lange) halten; **to ~ well** haltbar sein. **5.** a. **~ out** (aus)reichen, genügen: **while the money ~s** solange das Geld reicht; **we must make our supplies ~** wir müssen mit unseren Vorräten auskommen. **II** v/t **6.** j-m reichen: **it will ~ us a week** damit kommen wir e-e Woche aus. **7.** meist **~ out** a) über'dauern, -'leben, b) (es mindestens) ebenso lange aushalten wie.
last³ [laːst; Am. læst] s Leisten m: **to put shoes on the ~** Schuhe über den Leisten schlagen; **to stick to one's ~** fig. bei s-m Leisten bleiben.
last⁴ [laːst; Am. læst] s Last f (Gewicht od. Hohlmaß, verschieden nach Ware u. Ort, meist etwa 4000 englische Pfund od. 30 hl).
'**last|-ditch** adj **1.** allerletzt(er, e, es): **a ~ attempt** ein verzweifelter Versuch. **2.** bis zum Äußersten: **a ~ fight**. **~-'ditch·er** s j-d, der bereit ist, bis zum Äußersten zu kämpfen.
'**last·ing I** adj (adv **~ly**) **1.** dauerhaft: a) (an)dauernd, anhaltend, beständig: **~ peace** dauerhafter Friede; **~ effect** anhaltende Wirkung; **to have ~ value** von bleibendem Wert sein, b) haltbar. **2.** nachhaltig: **a ~ impression**. **II** s **3.** Lasting n (festes Kammgarn, bes. für Möbel, Schuhe etc). '**last·ing·ness** s **1.** Dauerhaftigkeit f: a) Beständigkeit f, b) Haltbarkeit f. **2.** Nachhaltigkeit f.
'**last·ly** adv zu'letzt, zum Schluß.

'**last-'min·ute** adj in letzter Mi'nute: **~ changes**.
Las Ve·gas Night s Am. Wohltätigkeitsveranstaltung mit Glücksspielen.
latch [lætʃ] **I** s **1.** Schnäpper m, Schnappriegel m: **on the ~** (nur) eingeklinkt (Tür); **off the ~** angelehnt (Tür). **2.** Druck-, Schnappschloß n. **3.** Computer: Si'gnalspeicher m. **II** v/t **4.** ein-, zuklinken. **III** v/i **5.** (sich) einklinken, einschnappen. **6. ~ on to** (od. **onto**) colloq. a) festhalten (acc), sich festhalten (-)klammern an (dat), b) sich anschließen (dat), c) sich ,hängen' an (j-n). **7. ~ on** colloq. ,ka'pieren', verstehen: **to ~ on to** (od. **onto**) s.th. etwas kapieren od. verstehen. **~ bolt** s Falle f (e-s Schnappschlosses). '**~·key** s **1.** Schlüssel m (für ein Schnappschloß). **2.** Haus-, Wohnungsschlüssel m: **~ child** (colloq. **kid**) Schlüsselkind n.
late [leɪt] **I** adj (adv → **lately**) **1.** spät: **at a ~ hour** spät (a. fig.), zu später Stunde; **to keep ~ hours** spät aufstehen u. spät zu Bett gehen; **~ fruits** Spätobst n; **~ shift** econ. Spätschicht f; **it's getting ~** es ist schon spät. **2.** vorgerückt, spät..., Spät...: **~ summer** Spätsommer m; **L~ Latin** Spätlatein n; **the ~ 18th century** das späte 18. Jh.; **~ work** Spätwerk n (e-s Künstlers); **she is in her ~ sixties** sie ist hoch in den Sechzigern. **3.** verspätet, zu spät: **to be ~** a) zu spät kommen, sich verspäten, spät dran sein, b) Verspätung haben (Zug etc), c) im Rückstand sein; **to be ~ for dinner** zu spät zum Essen kommen; **you'll be ~ for your own funeral** colloq. humor. du kommst noch zu d-m eigenen Begräbnis zu spät; **it is too ~** es ist zu spät. **4.** letzt(er, e, es), jüngst(er, e, es), neu: **the ~ war** der letzte Krieg; **the ~st fashion** die neueste Mode; **the ~st news** die neuesten Nachrichten; **of ~ years** in den letzten Jahren; → **thing²** **3. 5.** a) letzt(er, e, es), früher(er, e, es), ehemalig, vormalig: **our ~ enemy** unser ehemaliger Feind; **the ~ government** die letzte Regierung; **my ~ residence** m-e frühere Wohnung; **~ of Oxford** früher in Oxford (wohnhaft), b) verstorben: **her ~ husband**; **the ~ lamented** der od. die jüngst Entschlafene od. Verstorbene. **II** adv **5.** spät: **as ~ as last year** erst od. noch letztes Jahr; **better ~ than never** lieber spät als gar nicht; **see you ~r!** auf bald!, bis später!; **~r on** später; **of ~** → **lately**; **to sit** (od. **stay**) **up ~** lang od. bis spät in die Nacht aufbleiben; **~ in the day** colloq. reichlich spät, ,ein bißchen' spät; **to come ~st** als letzter od. zuletzt kommen. **7.** zu spät: **to come ~**; **the train came ~** der Zug hatte Verspätung. '**~·com·er** s **1.** Zu'spätkommende(r m) f, Zu'spätgekommene(r m) f: **he is a ~ into jazz music** er ist erst spät zur Jazzmusik gekommen.
lat·ed ['leɪtɪd] adj poet. verspätet.
la·teen [lə'tiːn] mar. **I** adj **1.** Latein...: **~-rigged** Lateinsegel führend; **~-rigged boat** → **3**; **~ sail** → **2**. **II** s **2.** La'teinsegel n. **3.** La'teinsegelboot n.
late·ly ['leɪtlɪ] adv **1.** vor kurzem, kürzlich, neulich, unlängst. **2.** in letzter Zeit, seit einiger Zeit, neuerdings.
la·ten·cy ['leɪtənsɪ] s La'tenz f, Verborgenheit f: **~ period** a) psych. Latenzperiode f (relativ ruhige Phase in der sexuellen Entwicklung des Menschen zwischen der kindlichen Sexualität u. der Pubertät), b) med. Latenz-, Inkubationszeit f.
La Tène [laː'ten] adj La-Tène-..., la'tènezeitlich.
late·ness ['leɪtnɪs] s **1.** späte Zeit, spätes Stadium: **the ~ of the hour** die vor-

la·tent ['leɪtənt] *adj (adv ~ly)* **1.** la'tent, verborgen; ~ **abilities**; ~ **defect**; ~ **hatred** unterschwelliger Haß. **2.** *med. phys. psych.* la'tent: ~ **infection**; ~ **heat** *phys.* latente *od.* gebundene Wärme; ~ **image** *phot.* latentes Bild; ~ **period** a) *med.* Latenz-, Inkubationszeit *f*, b) *physiol.* Latenz *f (die durch die Nervenleitung bedingte Zeit zwischen Reizeinwirkung u. Reaktion)*. **3.** *bot.* unentwickelt.

lat·er·al ['lætərəl] *I adj (adv → laterally)* **1.** seitlich, Seiten...: ~ **to be** ~ **to** sich seitlich *(gen)* befinden; ~ **angle** Seitenwinkel *m*; ~ **axis** Querachse *f*; ~ **branch** Seitenlinie *f (e-s Stammbaums)*; **a** ~ **deviation** e-e seitliche Abweichung; ~ **fin** *ichth.* Seitenflosse *f*; ~ **motion** Seitwärtsbewegung *f*; ~ **pass** → 7; ~ **stability** *tech.* Querstabilität *f*; ~ **thinking** unorthodoxe Denkweise; ~ **thrust** *tech.* Axialverschiebung *f*; ~ **view** Seitenansicht *f*; ~ **wind** Seitenwind *m.* **2.** *ling.* Lateral...: ~ **sound** → 6. **3.** *anat.* late'ral *(zur Körperseite hin gelegen)*. **II** *s* **4.** Seitenteil *m*, *n*, -stück *n.* **5.** *bot.* Seitenzweig *m.* **6.** *ling.* Late'ral(laut) *m (Konsonant, bei dessen Artikulation die ausströmende Luft seitlich der Zunge entweicht)*. **7.** *sport* Querpaß *m.* ‖ **lat·er'al·i·ty** [-'rælətɪ] *s anat. psych.* Laterali'tät *f (das Vorhandensein besonders ausgeprägter Eigenschaften e-r Körperseite).* ‖ **'lat·er·al·ly** *adv* **1.** seitlich, seitwärts. **2.** von der Seite.

Lat·er·an ['lætərən] *I s* **1.** *n.* ~ **palace** Late'ran(pa₁last) *m (Palast des Papstes in Rom).* **2.** Late'rankirche *f.* **II** *adj* **3.** late'ranisch.

lat·er·ite ['lætəraɪt] *s geol.* Late'rit (-boden) *m (unfruchtbarer, ziegelroter Verwitterungsboden der Tropen u. Subtropen).*

lat·est ['leɪtɪst] *I adj u. adv sup von* **late.** **II** *s* **1. at the** ~ spätestens: **on Monday at the** ~ spätestens am Montag. **2.** *(das)* Neueste: **have you heard the** ~ **about Mary?**; **what's the** ~? was gibt's Neues?; **she is wearing the** ~ **in hats** sie trägt das Neueste in *od.* an Hüten.

la·tex ['leɪteks] *pl* **'la·tex·es, lat·i·ces** ['lætɪsiːz] *s bot.* Latex *m (Kautschuk enthaltender Milchsaft).*

lath [lɑːθ; *Am.* læθ] *pl* **laths** [-ðs; -ðz] *I s* **1.** Latte *f*, Leiste *f*: **(as) thin as a** ~ spindeldürr *(Person).* **2.** *collect.* Latten *pl*, Leisten *pl.* **3.** *arch.* a) Lattenwerk *n*, b) Putzträger *m*: ~ **and plaster** *tech.* Putzträger u. Putz *m.* **4.** Bergbau: (Getriebe-) Pfahl *m.* **II** *v/t* **5.** mit Latten *od.* Leisten verschalen.

lathe¹ [leɪð] *tech. I s* **1.** 'Drehbank *f*, -ma₁schine *f*: ~ **carriage** Drehbanksupport *m*; ~ **tool** Drehstahl *m*; ~ **tooling** Bearbeitung *f* auf der Drehbank. **2.** Töpferscheibe *f.* **3.** Lade *f (am Webstuhl).* **II** *v/t* **4.** auf der Drehbank bearbeiten.

lathe² [leɪð] *s Br. hist.* Grafschaftsbezirk *m (in Kent).*

lath·er ['lɑːðə; 'læðə; *Am.* 'læðər] *I s* **1.** (Seifen)Schaum *m.* **2.** schäumender Schweiß *(bes. des Pferdes)*: **to get in a** ~, **to work o.s. up into a** ~ *colloq.* außer sich geraten *(over* wegen). **II** *v/t* **3.** einseifen. **4.** *colloq.* ,verdreschen', ,vermöbeln'. **III** *v/i* **5.** schäumen. ‖ **'lath·er·y** *adj* schäumend, schaumbedeckt.

lath·ing [lɑːθɪŋ; *Am.* læθ-] *s* Lattenwerk *n*, *bes.* Lattenverschalung *f.*

lath·work → **lathing.**

lath·y ['lɑːθɪ; 'læθɪ] *adj* lang u. dünn.

lath·y·rus ['læθɪrəs] *s bot.* Platterbse *f.*

lat·i·ces ['lætɪsiːz] *pl von* **latex.**

lat·i·cif·er·ous [ˌlætɪ'sɪfərəs] *adj bot.* Latex führend.

lat·i·fun·di·um [ˌlætɪ'fʌndɪəm] *pl* **-di·a** [-dɪə] *s hist.* Lati'fundium *n (von Sklaven bewirtschaftetes großes Landgut im Römischen Reich).*

Lat·in ['lætɪn; *Am.* 'lætn] *I s* **1.** *ling.* La'tein(isch) *n*, das Lateinische. **2.** Ro'manisch *n*, das Romanische. **3.** *antiq.* a) La'tiner *m*, b) Römer *m.* **4.** Ro'mane *m.* **II** *adj* **5.** *ling.* la'teinisch, Latein... **6.** ro'manisch: **the** ~ **peoples. 7.** *relig.* 'römisch-ka'tholisch: **the** ~ **Church**; ~ **cross** Lateinisches Kreuz. **8.** la'tinisch. ‖ ~**-A'mer·i·can** *I adj* la'teinameri₁kanisch. **II** *s* La'teinameri₁kaner(in).

Lat·in·er ['lætɪnə; *Am.* 'lætnər] *s colloq.* ,La'teiner' *m.*

'Lat·in·ism *s ling.* Lati'nismus *m*: a) Übertragung e-r für das Lateinische charakteristischen Erscheinung auf e-e nichtlateinische Sprache, b) e-r lateinischen Spracheigentümlichkeit nachgebildeter Ausdruck in e-r nichtlateinischen Sprache.

'Lat·in·ist *s ling.* Lati'nist(in) *(j-d, der sich wissenschaftlich mit der lateinischen Sprache u. Literatur befaßt).*

La·tin·i·ty [lə'tɪnɪtɪ; læ-] *s* Latini'tät *f*: a) klassische lateinische Schreibweise, b) klassisches lateinisches Schrifttum.

Lat·in·i·za·tion [ˌlætɪnaɪ'zeɪʃn; *Am.* ˌlætnə'z-] *s* Latini'sierung *f.*

Lat·in·ize ['lætɪnaɪz; *Am.* 'lætn₁aɪz], **a.** **L**~ **I** *v/t* **1.** *e-e Sprache, ein Wort etc* latini'sieren. **2.** ins La'teinische über'tragen. **3.** *relig.* der 'römisch-ka'tholischen Kirche annähern, dem Einfluß der 'römisch-ka'tholischen Kirche öffnen. **II** *v/i* **4.** Lati'nismen verwenden. **5.** *relig.* sich der 'römisch-ka'tholischen Kirche annähern.

lat·ish ['leɪtɪʃ] *adj* ziemlich *od.* etwas spät.

lat·i·tude ['lætɪtjuːd; *Am. bes.* -₁tuːd] *s* **1.** *astr. geogr.* Breite *f*: **in** ~ 40 **N.** auf dem 40. Grad nördlicher Breite; **high (low)** ~**s** hohe (niedere) Breiten; **in these** ~**s** in diesen Breiten *od.* Gegenden; → **degree** 6. **2.** Geodäsie: Breite *f.* **3.** *fig.* a) Spielraum *m*, (Bewegungs)Freiheit *f*: **to allow** *(od.* **give)** **s.o. a great deal of** ~ j-m große Freiheit gewähren, b) großzügige Auslegung *(e-s Wortes).* **4.** *phot.* Belichtungsspielraum *m.* ‖ ₁**lat·i·'tu·di·nal** [-dɪnl; *Am.* -dnəl] *adj geogr.* latitudi'nal, Breiten...

lat·i·tu·di·nar·i·an [ˌlætɪtjuːdɪ'neərɪən; *Am.* -₁tuːdn'erɪən] *I adj* **1.** weitherzig, libe'ral, tole'rant. **2.** *bes. relig.* freidenkerisch. **II** *s bes. relig.* Freigeist *m*, Freidenker(in). ‖ ₁**lat·i·tu·di·'nar·i·an·ism** *s relig.* Latitudina'rismus *m (Richtung in der anglikanischen Kirche, die für ein Christentum der Toleranz eintrat).*

lat·i·tu·di·nous [ˌlætɪ'tjuːdɪnəs; *Am.* -'tuːdnəs] *adj fig.* weit, großzügig: ~ **interpretation.**

la·tri·a [lə'traɪə] *s R.C.* La'trie *f (die Gott u. Christus allein zustehende Verehrung).*

la·trine [lə'triːn] *s* La'trine *f.*

lat·ten ['lætn] *s* **1.** a. ~ **brass** *obs.* Messingblech *n.* **2.** (*bes.* Zinn)Blech *n.*

lat·ter ['lætə(r)] *adj (adv* → **latterly**) **1.** letzterwähnt(er, e, es), letztgenannt(er, e, es) *(von zwein)*: → **former²** 4. **2.** neuer, jünger, mo'dern: **in these** ~ **days** in der jüngsten Zeit. **3.** letzt(er, e, es), später: **the** ~ **half of June** die zweite Junihälfte; **the** ~ **years of one's life** es letzten *od.* spät(er)en Lebensjahre. ‖ **'~-day** *adj* der Gegenwart, mo'dern. ‖ **'L~-day Saints** *s pl (die)* Heiligen *pl* der letzten Tage (Mormonen).

'lat·ter·ly *adv* in letzter Zeit, neuerdings.

'lat·ter·most *adj* letzt(er, e, es).

lat·tice ['lætɪs] *I s* **1.** Gitter(werk) *n.* **2.** Gitterfenster *n od.* -tür *f.* **3.** Gitter (-muster *n*, -anordnung *f*) *n.* **II** *v/t* **4.** vergittern. **5.** gitterartig erscheinen lassen. ‖ ~ **bridge** *s tech.* Gitter(träger)brücke *f.* ‖ ~ **con·stant** *s phys.* 'Gitterkon₁stante *f.* ‖ ~ **gird·er** *s tech.* Gitterträger *m.* ‖ ~ **the·o·ry** *s math.* Ver'bandstheo₁rie *f.* ‖ ~ **win·dow** *s* Gitterfenster *n.* ‖ **'~·work** → **lattice** 1.

Lat·vi·an ['lætvɪən] *I adj* **1.** lettisch. **II** *s* **2.** Lette *m*, Lettin *f.* **3.** *ling.* Lettisch *n*, das Lettische.

laud [lɔːd] *I s* **1.** Lobeshymne *f*, Lobgesang *m.* **2.** *pl (a. als sg konstruiert) R.C.* Laudes *pl (Morgengebet des Stundenbuchs).* **II** *v/t* **3.** loben, preisen, rühmen: → **sky** 2. ‖ **laud·a·bil·i·ty** *s* Löblichkeit *f.* ‖ **'laud·a·ble** *adj* löblich, lobenswert. ‖ **'laud·a·ble·ness** *s* laudability. ‖ **'laud·a·bly** *adv* **1.** → laudable. **2.** lobenswerterweise.

lau·da·num ['lɒdnəm; *bes. Am.* 'lɔːd-] *s med. pharm. obs.* Laudanum *n*, 'Opiumpräpa₁rat *n.*

lau·da·tion [lɔː'deɪʃn] *s* Lob *n.*

laud·a·to·ry ['lɔːdətərɪ; *Am.* -₁tɔːrɪː; -₁toːriː] *adj* lobend, Lob..., Belobigungs...: ~ **speech** Lobrede *f*, Laudatio *f.*

laugh [lɑːf; *Am.* læf] *I s* **1.** Lachen *n*, Gelächter *n*: **with a** ~ lachend; **to give a loud** ~ laut auf- *od.* herauslachen; **to have a good** ~ **at s.th.** herzlich über e-e Sache lachen; **to have** *(od.* **get) the** ~ **of** *(od.* **on)** **s.o.** über j-n (am Ende) triumphieren; **to have the** ~ **on one's side** die Lacher auf s-r Seite haben; **the** ~ **is against him** die Lacher sind auf der anderen Seite; **to have the last** ~ am Ende recht haben; **his jokes are always good for a** ~ *colloq.* über s-e Witze kann man immer lachen. **2.** *colloq.* Spaß *m*: **it's (he's) a** ~ es (er) ist zum Lachen; **for** ~**s** (nur) zum Spaß, ,aus Blödsinn'. **II** *v/i* **3.** lachen: ~ **to** über *j-n od.* etwas lachen, sich über *j-n od.* etwas lustig machen, *j-n* auslachen; **to** ~ **to o.s.** in sich hineinlachen; **to make s.o.** ~ a) j-n zum Lachen bringen, b) j-m lächerlich vorkommen; **don't make me** ~! *colloq.* daß ich nicht lache!; **he** ~**s best who** ~**s last** wer zuletzt lacht, lacht am besten; **you're** ~**ing** *colloq.* du hast's gut; → **beard** 1, **face** 1, **sleeve** 1, **wrong** 2. **III** *v/t* **4.** lachend äußern: **he** ~**ed his thanks** dankte lachend. **5.** lachen: **to** ~ **a bitter** ~ bitter lachen; **to** ~ **s.o. out of s.th.** j-n durch Lachen von etwas abbringen; → **court** 10, **scorn** 2.

Verbindungen mit Adverbien:

laugh|a·way *v/t* **1.** *Sorgen etc* durch Lachen verscheuchen. **2.** → **laugh off** 1. **3.** *die Zeit* mit Scherzen verbringen. **II** *v/i* **4.** drauflloslachen: ~! lach (du) nur! ‖ ~ **down** *v/t* **1.** j-n durch Gelächter zum Schweigen bringen. **2.** etwas durch Gelächter vereiteln *od.* unmöglich machen. ‖ ~ **off** *v/t* **1.** etwas lachend *od.* mit e-m Scherz abtun, sich lachend hin'wegsetzen über *(acc)*, *e-e peinliche Situation etc* durch Lachen über'spielen. **2.** → **head** *Bes. Redew.* ‖ ~ **out** *v/i* a) auflachen, b) her'auslachen: **to** ~ **loud.**

'laugh·a·ble *adj (adv* **laughably**) **1.** ulkig, komisch. **2.** lachhaft, lächerlich.

'laugh·er *s* Lacher *m.*

'laugh·ing *I s* **1.** Lachen *n*, Gelächter *n.* **II** *adj (adv* -ly) **2.** lachend. **3.** lustig: **a** ~ **mood**; **it is no** ~ **matter** es ist nicht(s) zum Lachen. ‖ ~ **gas** *s chem.* Lachgas *n.* ‖ ~ **gull** *s orn.* Lachmöwe *f.* ‖ ~ **hy·e·na** *s zo.* 'Tüpfel-, 'Fleckenhy₁äne *f.* ‖ ~ **jack·ass** *s orn.* Lachender Hans, Riesenvogel *m.* ‖ ~ **mus·cle** *s anat.* Lachmuskel *m.*

laugh line – law court

stock s Zielscheibe f des Spottes: **to make a ~ of o.s.** sich lächerlich machen; **this made him the ~ of the whole town** das machte ihn zum Gespött der ganzen Stadt.
laugh line s Lachfalte f.
laugh·ter ['lɑ:ftə; Am. 'læftər] s Lachen n, Gelächter n: **~ is the best medicine** Lachen ist die beste Medizin.
laugh track s TV nachträglich e-r Show unterlegtes Gelächter.
launce [lɑ:ns; Am. a. lɔ:ns] s ichth. Sandaal m.
launch¹ [lɔ:ntʃ; Am. a. lɑ:ntʃ] I v/t **1.** ein Boot aussetzen, zu Wasser lassen. **2.** ein Schiff vom Stapel (laufen) lassen: **to be ~ed** vom Stapel laufen. **3.** ein Flugzeug etc (mit Kata'pult) starten, katapul'tieren, abschießen. **4.** Geschoß, Torpedo abschießen, e-e Rakete, ein Raumfahrzeug a. starten. **5.** e-n Speer etc schleudern. **6.** a) e-e Rede, Kritik, e-n Protest etc, a. e-n Schlag vom Stapel lassen, loslassen: **to ~ a stinging attack on s.o.** j-n scharf angreifen, b) Drohungen etc ausstoßen, c) mil. Truppen einsetzen, schikken (**against** gegen). **7.** a) ein Projekt etc in Gang setzen, starten, beginnen, lan'cieren, b) sport e-n Angriff vortragen. **8.** (**into**) j-n lan'cieren (in acc), j-m ,Starthilfe' geben (bei). **9.** **to ~ o.s. on a task** (**into work**) sich auf e-e Aufgabe (in die Arbeit) stürzen. II v/i **10. ~ out** a) **~ forth** starten, aufbrechen: **to ~ out into sea** in See gehen od. stechen; **to ~ out on a voyage of discovery** auf e-e Entdeckungsreise gehen, b) a. **~ forth** anfangen (**into** acc od. mit): **to ~ out into a new career** e-e neue Laufbahn starten; **to ~ out into politics** in die Politik gehen, c) fig. sich stürzen (**into** in acc): **to ~ out into work**, d) e-n Wortschwall von sich geben: **to ~ out into a speech** e-e Rede vom Stapel lassen, e) colloq. viel Geld ausgeben (**on** für). III s **~ launching** I.
launch² [lɔ:ntʃ; Am. a. lɑ:ntʃ] s mar. Bar'kasse f: (**pleasure**) ~ Vergnügungs-, Ausflugsboot n.
'launch·er s **1.** j-d, der (etwas) vom Stapel läßt od. in Gang setzt, Initi'ator m. **2.** mil. a) Schießbecher m, b) (Ra'keten)Werfer m, c) Abschußvorrichtung f (für Fernlenkgeschosse). **3.** aer. Kata'pult n, a. m, Startschleuder f.
'launch·ing I s **1.** mar. Stapellauf m. **2.** aer. Kata'pultstart m. **3.** Abschießen n, Abschuß m, Start m. **4.** mil. Einsatz m. **5.** In'gangsetzung f, Lan'cierung f. II adj **6.** Abschuß..., Start... **~ pad** s **1.** Abschußrampe f (für Raketen, Raumfahrzeuge). **2.** fig. Sprungbrett, s tech. Schleuderscheibe f (zum Raketenstart). **~ rope** s aer. Startseil n. **~ site** s Abschußbasis f (für Raketen, Raumfahrzeuge). **~ tube** s mar. mil. Tor'pedo(ausstoß)rohr n. **~ ve·hi·cle** s Raumfahrt: 'Träger-, 'Startra₁kete f. **~ ways** s pl (a. als sg konstruiert) mar. Helling f, Ablaufbahn f.
'launch·man s irr mar. Bar'kassenführer m. **~ pad** → **launching pad**. **~ ve·hi·cle** → **launching vehicle**. **'~ ways** → **launching ways**. **~ win·dow** s astronomisch günstige Zeit für den Start e-s Raumfahrzeugs.
laun·der ['lɔ:ndə; Am. a. 'lɑ:n-] I v/t **1.** Wäsche waschen (u. bügeln). **2.** illegal erworbenes Geld ,waschen'. II v/i **3.** Wäsche waschen (u. bügeln). **4.** sich waschen (lassen): **to ~ well**. III s **5.** Trog m.
laun·der·ette [₁lɔ:ndə'ret; Am. a. ₁lɑ:n-] s 'Waschsa₁lon m.
laun·dress ['lɔ:ndrɪs; Am. a. 'lɑ:n-] s Wäscherin f, Waschfrau f.

laun·dro·mat ['lɔ:ndrəmæt; Am. a. 'lɑ:n-] s bes. Am. 'Waschsa₁lon m.
laun·dry ['lɔ:ndrɪ; Am. a. 'lɑ:n-] s **1.** Wäsche'rei f. **2.** Waschhaus n, -küche f. **3.** (schmutzige od. gewaschene) Wäsche. **4.** ,Geldwaschanlage' f. **~ bag** s Wäschebeutel m, -sack m. **~ bas·ket** s Wäschekorb m. **~ list** s **1.** Wäschezettel m (e-r Wäscherei). **2.** Am. colloq. lange ,Latte' od. Liste. **'~·man** [-mən] s irr **1.** Wäsche'reiangestellte(r) m. **2.** j-d, der Wäsche abholt u. ausliefert, ,Waschemann' m. **'~₁wom·an** s irr **1.** Wäsche'reiangestellte f. **2.** → **laundress**.
lau·re·ate ['lɔ:rɪət] I adj **1.** lorbeergekrönt, -bekränzt, -geschmückt. II s **2.** Lorbeergekrönte(r) m. **3.** → **poet laureate**. **4.** Laure'at m, Preisträger m: **Nobel ~** Nobelpreisträger.
lau·rel ['lɔrəl; Am. a. 'lɑ:-] s **1.** bot. Lorbeer(baum) m. **2.** bot. e-e lorbeerähnliche Pflanze, bes. a) Kalmie f, b) Rhodo'dendron n, m: **great ~** Große Amer. Alpenrose. **3.** Lorbeer(laub n) m (als Ehrenzeichen). **4.** a) Lorbeerkranz m, b) Lorbeerzweig m. **5.** pl fig. Lorbeeren pl, Ehren pl, Ruhm m: **to look to one's ~s** eifersüchtig auf s-n Ruhm od. sein Ansehen bedacht sein, b) sich vor s-n Rivalen in acht nehmen; **to rest on one's ~s** (sich) auf s-n Lorbeeren ausruhen; **to win** (od. **gain**) **one's ~s** Lorbeeren ernten. **'lau·reled**, bes. Br. **'lau·relled** adj **1.** → **laureate** 1. **2.** preisgekrönt.
Lau·ren·ti·an [lɔ:'renʃn; -ʃjən] adj **1.** den Sankt-'Lorenz-Strom betreffend. **2.** geol. lau'rentisch.
lau·ric ac·id ['lɔ:rɪk] s chem. Lau'rinsäure f.
lau·rite ['lɔ:raɪt] s min. Lau'rit m.
lau·ryl al·co·hol ['lɔ:rɪl] s chem. Lau'rylalkohol m.
lav [læv] s colloq. **1.** → **lavatory** 1, 3. **2.** ,Klo' n (Klosett).
la·va ['lɑ:və; Am. a. 'læv] s Lava f: **~ flow** a) Lavastrom m, b) Lavadecke f.
la·va·bo [lə'veɪbəʊ; Am. bes. -'vɑ:-] pl **-boes**, **-bos** s **1.** R.C. La'vabo n: a) Handwaschung des Priesters, b) a. **~ basin** dabei verwendetes Becken. **2.** oft **L~** relig. La'vabo n (Psalm 25, 6–12). **3.** großes steinernes Wasserbecken (in Klöstern). **4.** Waschbecken n.
la·vage [læ'vɑ:ʒ] med. I s (Aus)Spülung f.
la·va·tion [læ'veɪʃn] s bes. poet. Waschung f.
lav·a·to·ry ['lævətərɪ; Am. ₁təʊri-; ₁tɔ:ri] s **1.** Waschraum m. **2.** Toi'lette f, Klo'sett n: **public ~** Bedürfnisanstalt f; **~ attendant** Toilettenfrau f, -mann m; **~ joke** ordinärer Witz; **~ paper** Br. Toiletten-, Klosettpapier n; **~ roll** Br. Rolle f Toiletten- od. Klosettpapier. **3.** Waschbecken n. **4.** R.C. Handwaschung f (des Priesters).
lave [leɪv] poet. I v/t **1.** a) waschen, b) baden. **2.** um'spülen (Meer etc). II v/i **3.** a) sich waschen, b) (sich) baden. **4.** spülen (**against** an acc).
lav·en·der ['lævəndə(r)] I s **1.** bot. La'vendel m: **~ bag** Lavendelsäckchen n; **oil of ~**, **~ oil** Lavendelöl n; **~ cotton** Heiligenkraut n; **~ water** Lavendel(wasser) n. **2.** La'vendel(farbe f) n, 'Blauvio₁lett n. II adj **3.** la'vendel(farben), 'blauvio₁lett.
la·ver¹ ['leɪvə(r)] s **1.** poet. Waschgefäß n. **2.** poet. (Brunnen)Becken n, Wasserbecken n, Waschschale f. **3.** Bibl. Waschbecken n (im jüdischen Heiligtum).
la·ver² ['leɪvə(r); Br. a. 'lɑ:və] s bot. **1.** a. **red ~** (ein) Purpurtang n. **2.** a. **green ~** 'Meersa₁lat m.

la·ver bread ['lɑ:və; 'leɪvə] s Br. brotähnliches Gebäck aus Tang.
lav·er·ock ['lævərək] s orn. bes. Scot. Lerche f.
lav·ish ['lævɪʃ] I adj (adv **~ly**) **1.** sehr freigebig, verschwenderisch (**of** mit; **in** in dat): **to be ~ of** verschwenderisch umgehen mit; **to be ~ of praise** nicht mit Lob geizen; **to be a ~ spender**, **to spend the money ~ly** das Geld mit vollen Händen ausgeben. **2.** 'überschwenglich (Lob, Zuneigung etc), großzügig (Geschenk etc), luxuri'ös, aufwendig (Einrichtung etc). II v/t **3.** verschwenden, verschwenderisch (aus)geben: **to ~ s.th. on s.o.** j-n mit etwas überhäufen. **'lav·ish·ness** s **1.** 'übergroße od. verschwenderische Freigebigkeit f, 'Überschwenglichkeit f, Großzügigkeit f, Aufwendigkeit f.
law¹ [lɔ:] s **1.** (objektives) Recht, Gesetz n, Gesetze pl: **according to ~**, **by ~**, **in ~**, **under the ~** nach dem Gesetz, von Rechts wegen, gesetzlich; **contrary to ~**, **against the ~** gesetz-, rechtswidrig; **under German ~** nach deutschem Recht; **~ and order** Recht od. Ruhe u. Ordnung; **to act within the ~** sich im Rahmen des Gesetzes bewegen, gesetzmäßig handeln; **to take the ~ into one's own hands** sich selbst Recht verschaffen, zur Selbsthilfe greifen. **2.** (einzelnes) Gesetz: **the bill has become** (od. **passed into**) **~** die Gesetzesvorlage ist (zum) Gesetz geworden. **3.** → **common law**. **4.** Recht n: a) 'Rechtssy₁stem n: **the English ~**, b) (einzelnes) Rechtsgebiet: **~ of nations** Völkerrecht, internationales Recht; → **commercial law**, **international** 1. **5.** Rechtswissenschaft f, Jura pl: **comparative ~** vergleichende Rechtswissenschaft; **to read** (od. **study**, **take**) **~** Jura studieren; **learned in the ~** rechtsgelehrt; **Doctor of L~s** Doktor m der Rechte. **6.** Ju'ristenberuf m, ju'ristische Laufbahn: **to be in the ~** Jurist sein. **7.** Rechtskenntnisse pl: **he has only little ~**. **8.** Gericht n, Rechtsweg m: **at ~** vor Gericht, gerichtlich; **to go to ~** vor Gericht gehen, den Rechtsweg beschreiten, prozessieren; **to go to ~ with s.o.**, **to have** (od. **take**) **the ~ of** (od. **on**) **s.o.** j-n verklagen od. belangen. **9.** colloq. a) ,Bullen' pl (Polizei), b) ,Bulle' m (Polizist). **10.** allg. Gesetz n, Vorschrift f, Gebot n, Befehl m: **to be a ~ unto o.s.** sich über jegliche Konvention hinwegsetzen; tun, was e-m paßt; **to lay down the ~** sich als Autorität aufspielen (**to s.o.** j-m gegenüber); **to lay down the ~ to s.o.** j-m Vorschriften machen. **11.** a) Gesetz n, Grundsatz m, Prin'zip n: **the ~s of poetry** die Gesetze der Dichtkunst, b) (Spiel-)Regel f: **the ~s of the game** die Spielregeln. **12.** a) a. **~ of nature**, **natural ~** Naturgesetz n, b) (wissenschaftliches) Gesetz: → **causality** 1, c) (Lehr)Satz m: **~ of sines** math. Sinussatz; **~ of thermodynamics** phys. Hauptsatz der Thermodynamik. **13.** Gesetzmäßigkeit f, Ordnung f (in der Natur): **not chance**, **but ~** nicht Zufall, sondern Gesetzmäßigkeit. **14.** relig. a) (göttliches) Gesetz od. Gebot, b) oft **L~** collect. (göttliches) Gesetz, Gebote pl Gottes. **15.** relig. a) **the L~** (**of Moses**) das Gesetz (des Moses), der Penta'teuch, b) das Alte Testa'ment.
law² [lɔ:] interj colloq. dial. herr'je!
'law|-a₁bid·ing adj gesetzestreu: **~ citizens**. **'~₁break·er** s Ge'setzesbrecher(in), Rechtsbrecher(in). **'~₁breaking** I adj ge'setzesüber₁tretend, rechtsbrecherisch. II s Ge'setzesüber₁tretung f, Rechtsbruch m. **~ cen·tre** s Br. Stelle f für kostenlose Rechtsberatung. **~ court**

s Gerichtshof *m*. **~ en·force·ment** *s* Ge'setzesvoll,zug *m*. **'~-en,force·ment** *adj*: ~ **authorities** Vollstreckungsbehörden; ~ **officer** Polizeibeamte(r) *m*.

'law·ful *adj* (*adv* **~ly**) **1.** gesetzlich, gesetzmäßig, le'gal: ~ **age** gesetzliches Mindestalter, *bes.* Volljährigkeit *f*; ~ **money** gesetzliches Zahlungsmittel. **2.** rechtmäßig, legi'tim: ~ **ruler**; ~ **son** ehelicher *od*. legitimer Sohn. **3.** gesetzlich anerkannt, rechtsgültig: ~ **marriage** gültige Heirat. **'law·ful·ness** *s* **1.** Gesetzlichkeit *f*, Gesetzmäßigkeit *f*, Legali'tät *f*. **2.** Rechtmäßigkeit *f*, Legitimi'tät *f*. **3.** Rechtsgültigkeit *f*.

'law|,giv·er *s* Gesetzgeber *m*. **'~,giv·ing** I *s* Gesetzgebung *f*. II *adj* gesetzgebend: ~ **power** gesetzgebende Gewalt.

lawks [lɔːks] *interj Br. colloq. dial.* herr'je!

law Lat·in *s* Ju'ristenla,tein *n*.

'law·less *adj* (*adv* **~ly**) **1.** gesetzlos (*Land od. Person*). **2.** rechts-, gesetzwidrig, unrechtmäßig. **3.** zügellos: ~ **passions**. **'law·less·ness** *s* **1.** Gesetzlosigkeit *f*. **2.** Rechts-, Gesetzwidrigkeit *f*, Unrechtmäßigkeit *f*. **3.** Zügellosigkeit *f*.

Law Lord *s* Mitglied des brit. Oberhauses mit richterlicher Funktion.

'law|,mak·er → lawgiver. **'~,mak·ing** → lawgiving. **'~·man** [-mən] *s irr Am.* **1.** Poli'zist *m*. **2.** Sheriff *m*. **~ mer·chant** *s jur. bes. Br.* Handelsrecht *n*.

lawn¹ [lɔːn] *s* **1.** Rasen *m*. **2.** *obs.* Lichtung *f*.

lawn² [lɔːn] *s Textilwesen*: Li'non *m*, Ba'tist *m*.

lawn| chair *s Am.* Liegestuhl *m*. **~ mow·er** *s* Rasenmäher *m*: **have you had a fight with the ~?** *humor*. bist du die Treppe hinuntergefallen? (*bist du beim Friseur gewesen?*). **~·par·ty** *s Am.* **1.** Gartenfest *n*, -party *f*. **2.** Wohltätigkeitsveranstaltung *f* im Freien. **~ sprin·kler** *s* Rasensprenger *m*. **~ ten·nis** *s sport* Lawn-Tennis *n*, (Rasen)Tennis *n*.

law|of·fice *s bes. Am.* ('Rechts)Anwaltsbü,ro *n*, -praxis *f*. **~ of·fi·cer** *s jur.* **1.** Ju'stizbeamte(r) *m*. **2.** *Br. für* a) **attorney general** 1, b) **solicitor general** 1.

law·ren·ci·um [lɒ'rensiəm; lɔː-] *s chem.* Law'rencium *n* (*ein Element*).

law re·port *s jur.* **1.** Bericht *m* über e-e richterliche Entscheidung. **2.** *pl* Sammlung *f* von richterlichen Entscheidungen. **~ school** *s* **1.** *Br.* 'Rechtsakade,mie *f*. **2.** *univ. Am.* ju'ristische Fakul'tät. **L~ So·ci·e·ty** *s Br.* Berufsverband *m* der solicitors. **'~·suit** *s jur.* a) Pro'zeß *m*, (Gerichts)Verfahren *n*, b) Klage *f*: **to bring a ~** e-n Prozeß anstrengen, Klage einreichen *od*. erheben (**against** gegen). **~ term** *s* **1.** ju'ristischer Ausdruck. **2.** Ge'richtsperi,ode *f*.

law·yer ['lɔːjə(r); 'lɔɪə(r)] *s* **1.** (Rechts-)Anwalt *m*. **2.** Rechtsberater *m* (*e-r Firma etc*). **3.** Ju'rist *m*, Rechtsgelehrte(r) *m*. **4.** *zo*. a) (*ein*) Stelzenläufer *m*, b) Amer. Quappe *f*. **5.** Schlammfisch *m*.

lax [læks] *adj* (*adv* **~ly**) **1.** lax, locker, (nach)lässig: **a ~ attitude** e-e lasche Einstellung; **~ morals** lockere Sitten. **2.** unklar, verschwommen: **~ ideas**. **3.** schlaff, lose, locker: **a ~ handshake** ein schlaffer Händedruck; **a ~ rope** ein schlaffes Seil; **~ tissue** lockeres Gewebe. **4.** a) *physiol*. gut ausgeprägt: **to have ~ bowels** regelmäßig Stuhlgang haben, b) *med*. an 'Durchfall leidend. **5.** *ling*. schlaff artiku'liert, offen: **~ vowel**.

lax·a·tion [læk'seɪʃn] *s physiol*. Darmentleerung *f*, Stuhl(gang) *m*.

lax·a·tive ['læksətɪv] *med. pharm.* I *s* Laxa'tiv *n*, mildes Abführmittel. II *adj* mild abführend.

lax·i·ty ['læksətɪ], **'lax·ness** [-nɪs] *s* **1.** Laxheit *f*, Lockerheit *f*, (Nach)Lässigkeit *f*. **2.** Unklarheit *f*, Verschwommenheit *f*. **3.** Schlaffheit *f*.

lay¹ [leɪ] I *s* **1.** (*bes*. geo'graphische) Lage: **the ~ of the land** *fig. bes. Am.* die Lage (der Dinge). **2.** Schicht *f*, Lage *f*. **3.** Schlag *m* (*beim Tauwerk*). **4.** Plan *m*. **5.** *colloq*. „Job" *m*, Beschäftigung *f*, Tätigkeit *f*. **6.** *Am.* a) Preis *m*, b) (Verkaufs)Bedingungen *pl*. **7.** *sl.* a) **she's an easy ~** die ist ‚leicht zu haben', die geht mit jedem ins Bett; **she's a good ~** sie ist gut im Bett, b) ‚Nummer' *f* (*Geschlechtsverkehr*): **to have a ~** e-e Nummer machen *od*. schieben.

II *v/t pret u. pp* **laid** [leɪd] **8.** legen: **to ~ s.o. into the grave**; **to ~ s.th. on the table**; **to ~ bricks** mauern; **to ~ a bridge** e-e Brücke schlagen; **to ~ a cable** ein Kabel (ver)legen; **to ~ troops** Truppen einquartieren *od*. in Quartier legen (**on** bei); → *Verbindungen mit den entsprechenden Substantiven*. **9.** Eier legen: → **egg¹** 7. **10.** *fig*. legen, setzen: **to ~ an ambush** e-n Hinterhalt legen; **to ~ one's hopes on** s-e Hoffnungen setzen auf (*acc*); **to ~ an offside trap** *sport* e-e Abseitsfalle aufbauen; **the scene is laid in Rome** der Schauplatz *od*. Ort der Handlung ist Rom, das Stück *etc* spielt in Rom; **to ~ the whip to s.o.'s back** *obs*. j-n auspeitschen; **to ~ off work** → **lay off** 1; → **ax** 1, **stress** 4. **11.** ('her)richten, anordnen, *den Tisch* decken: **to ~ the fire** das Feuer (*im Kamin*) anlegen; **to ~ lunch** den Tisch zum Mittagessen decken. **12.** belegen, auslegen (**with** mit): **to ~ the floor with linoleum**. **13.** *Farbe etc* auftragen. **14.** (**before**) vorlegen (*dat*), bringen (vor *acc*): **to ~ one's case before a commission**. **15.** geltend machen, *e-e* ~ **claim** 7, *infor*'mation 7 b. **16.** *Schaden etc* festsetzen (**at** auf *acc*). **17.** Schuld *etc* zuschreiben, zur Last legen (**to** *dat*): **to ~ a mistake to s.o.** **18.** a) *e-e* Steuer auferlegen (**on** *dat*), b) *e-e* Strafe, *ein* Embargo *etc* verhängen (**on** über *acc*). **19.** *e-n* Plan schmieden, ersinnen. **20.** a) *etwas* wetten, b) setzen auf (*acc*). **21.** niederwerfen, -strecken, zu Boden strecken. **22.** *Getreide etc* zu Boden drücken, 'umlegen (*Wind etc*). **23.** die *Wogen etc* glätten, beruhigen, besänftigen: **the wind is laid** der Wind hat sich gelegt. **24.** Staub löschen. **25.** *e-n* Geist bannen, beschwören: **to ~ the ghosts of the past** *fig*. Vergangenheitsbewältigung betreiben. **26.** Stoff *etc* glätten, glattpressen. **27.** *mar*. Kurs nehmen auf (*acc*), ansteuern. **28.** *mil*. *ein* Geschütz richten. **29.** *sl. e-e* Frau ‚aufs Kreuz legen' (*mit e-r Frau schlafen*).

III *v/i* **30.** (Eier) legen. **31.** wetten. **32.** **to ~ about one** (wild) um sich schlagen (**with** mit). **~ into s.o.** über j-n herfallen (*a. mit Worten*). **33.** **~ to** (e'nergisch) ‚rangehen' an *e-e Sache*. **34.** **~ for** *sl. j-m* auflauern. **35.** **~ off** *colloq*. a) *j-n*, *etwas* in Ruhe lassen, b) aufhören mit: ~ **off it!** hör auf damit! **36.** *sl*. liegen.

Verbindungen mit Adverbien:

lay|a·bout *v/i* (wild) um sich schlagen (**with** mit). **~·a·side** *v/t* **1.** bei'seite legen, weglegen. **2.** ablegen, aufgeben: **to ~ a bad habit**. **3.** (*für die Zukunft*) bei'seite *od*. auf die Seite legen, zu'rücklegen. **~·a·way** *v/t* **1.** → **lay aside** 3. **2.** *angezahlte Ware* zu'rücklegen. **~ by** I *v/t* **1.** → **lay aside** 3. **2.** → **lay to** II *v/i* → **lay to** 2. **~·down** *v/t* **1.** 'hinlegen. **2.** *ein* Amt, die *Waffen etc* niederlegen: **to ~ one's tools** die Arbeit niederlegen, in den Streik treten. **3.** *e-e* Hoffnung aufgeben. **4.** *sein* Leben 'hingeben, opfern. **5.** a) den Grund legen für, b) planen, entwerfen, c) *e-e* Straße *etc* anlegen. **6.** *e-n* Grundsatz *etc* aufstellen, *Regeln etc* festlegen, -setzen, vorschreiben, *Bedingungen* (**in** *e-m Vertrag*) niederlegen, verankern: → **law¹** 10. **7.** Wein *etc* einlagern. **8.** *agr*. a) besäen, bepflanzen, b) säen, pflanzen. **~ in** *v/t* a) sich eindecken mit, b) einlagern. **~ off** I *v/t* **1.** Arbeiter (*bes*. vor'übergehend) entlassen. **2.** die Arbeit einstellen. **3.** *colloq*. aufhören mit: **to ~ smoking** *od*. das Rauchen aufgeben; **to ~ doing s.th**. aufhören, etwas zu tun. II *v/i* **4.** *colloq*. a) Feierabend machen, b) Ferien machen, ausspannen, c) aufhören, d) *e-e* Pause machen, pau'sieren. **~ on** I *v/t* **1.** Farbe *etc* auftragen: **to lay it on** *colloq*. ‚dick auftragen'; ~ **thick** 20, **trowel** 1. **2.** Pläne *etc* vorlegen. **3.** *Br. Gas etc* instal'lieren, (*Wasser- etc*)Leitung legen: **to ~ gas to a house** ein Haus ans Gasnetz anschließen. **4.** *Br.* a) veranstalten, organi'sieren, b) (zur Verfügung) stellen, c) *Busse etc* einsetzen. II *v/i* **5.** zuschlagen. **~·o·pen** *v/t* **1.** bloß-, freilegen. **2.** a) offen darlegen, b) aufdecken, enthüllen. **~ out** *v/t* **1.** ausbreiten, -legen. **2.** ausstellen. **3.** *e-n* Toten aufbahren. **4.** *colloq*. Geld (*bes*. mit vollen Händen) ausgeben. **5.** *e-n Garten etc* anlegen. **6.** a) *e-n* Plan entwerfen, b) *etwas* planen, entwerfen. **7.** 'herrichten, vorbereiten. **8.** *print*. aufmachen, gestalten, das Lay'out (*gen*) machen. **9.** *colloq*. zs.-schlagen, k. o. schlagen. **10.** **to lay o.s. out** *colloq*. ‚mächtig' anstrengen. **~ o·ver** *Am.* I *v/i* 'Zwischenstati,on machen. II *v/t* verschieben, -tagen (**until** *auf acc*, bis). **~ to** I *v/t* **1.** *mar*. beidrehen mit. II *v/i* **2.** *mar*. beidrehen. **3.** *Am. colloq*. ‚sich ranmachen'. **4.** *Am. colloq*. zuschlagen. **~ up** *v/t* **1.** a) anhäufen, (an)sammeln: **to ~ trouble for o.s.** sich Schwierigkeiten ‚einbrocken' *od*. ‚einhandeln', b) → **lay aside** 3. **2.** *ein Schiff* auflegen, (vor'übergehend) außer Dienst stellen. **3.** **to be laid up** das Bett hüten müssen, bettlägerig sein: **to be laid up with influenza** mit Grippe *od*. grippekrank im Bett liegen.

lay² [leɪ] *pret von* **lie²**.

lay³ [leɪ] *adj* Laien...: a) *relig*. weltlich, b) laienhaft, nicht fachmännisch: **to the ~ mind** für den Laien(verstand).

lay⁴ [leɪ] *s poet*. Lied *n*, Weise *f*.

'lay|·a·bout *s bes. Br. colloq*. Faulenzer *m*, Tagedieb *m*. **'~·a,way** *s* angezahlte u. zu'rückgelegte Ware. **~ broth·er** *s relig*. Laienbruder *m*. **'~·by** *s mot. Br.* a) Park-, Rastplatz *m* (*Autobahn*), b) Parkbucht *f* (*Landstraße*). **~ day** *s mar*. **1.** Liegetag *m*. **2.** *pl* Liegetage *pl*, -zeit *f*. **'~·down** *adj* Umlege...: ~ **collar**.

lay·er ['leɪə(r)] I *s* **1.** Schicht *f*, Lage *f*: **in ~s** lagen-, schichtweise; ~ **of fat** *physiol*. Fettschicht. **2.** *geol*. Schicht *f*, Lager *n*, Flöz *n*. **3.** *j-d, der od. etwas, was legt* (*in Zssgn*) ...leger *m*: → **pipelayer**, *etc*. **4.** Leg(e)henne *f*: **this hen is a good ~** diese Henne legt gut. **5.** *bot*. Ableger *m*, Absenker *m*. II *v/t* **6.** *e-e Pflanze* absenken. **7.** lagen- *od*. schichtweise anordnen *od*. legen, schichten: **~ed look** (*Mode*) Schichtenlook *m*. III *v/i* **8.** *agr. bot*. ablegen. **'lay·er·age** *s agr. bot*. Absenken *n*.

lay·er cake *s gastr*. Schichttorte *f*.

lay·ette [leɪ'et] *s* Babyausstattung *f*.

lay fig·ure *s* **1.** a) *paint. etc* Gliederpuppe *f* (*als Modell*), b) Schaufensterpuppe *f*. **2.** *fig*. a) Mario'nette *f*, b) Null *f*.

'lay·ing *s* **1.** Legen *n*: ~ **on of hands** *bes. relig*. Handauflegung *f*. **2.** *tech*. (Ver)Legen *n* (*von Leitungen etc*). **3.** a) (*Eier*)Legen *n*: **a hen past ~** e-e Henne, die nicht mehr legt; ~ **bat-**

tery Legebatterie *f*, b) Gelege *n* (*Eier*).
lay| judge *s jur.* Laienrichter *m*. '~**man** [-mən] *s irr* **1.** Laie *m* (*Ggs. Geistlicher*). **2.** Laie *m*, Nichtfachmann *m*. '~**off** *s* **1.** (*bes.* vor'übergehende) Entlassung *od.* Arbeitslosigkeit. **2.** Arbeitseinstellung *f.* **3.** *colloq.* Pause *f*, Pau'sieren *n*. '~**out** *s* **1.** Ausbreiten *n*, -legen *n*. **2.** Grundriß *m*, Lageplan *m*. **3.** Plan *m*, Entwurf *m*. **4.** Anlage *f*. **5.** *print.* Lay'out *n*: ~ **man** Layouter *m*. **6.** Ausrüstung *f*, -stattung *f*, Gerät *n*. **7.** *Am. colloq.* Anwesen *n*. '~‚**o·ver** *s Am.* **1.** (kurzer) Aufenthalt, 'Fahrtunter‚brechung *f*. **2.** 'Zwischensta·ti‚on *f*. ~ **preach·er** *s* Laienprediger *m*. '~**shaft** *s mot. tech.* Vorgelegewelle *f*. ~ **sis·ter** *s relig.* Laienschwester *f*. ~‚**wom·an** *s irr* (*weiblicher*) Laie, Laiin *f*.
la·zar ['læzə(r); *Am. a.* 'leɪzər] *obs.* → leper.
laz·a·ret(te) [‚læzə'ret] *s*, '**laz·a'ret·to** [-təʊ] *pl* -**tos** *s* **1.** a) Krankenhaus *n* für ansteckende Krankheiten, b) → leper house. **2.** a) Quaran'täne-, Iso'lierstati‚on *f*, b) Quaran'täneschiff *n*. **3.** *mar.* Zwischendeckkammer *f*.
Laz·a·rus ['læzərəs] *npr Bibl.* Lazarus *m*.
laze [leɪz] **I** *v/i* faulenzen: **to ~ in the sun** sich in der Sonne ‚aalen'; **to ~ about** (*od.* **around**) faul herumliegen *od.* -sitzen *od.* -stehen. **II** *v/t meist* ~ **away** Zeit vertrödeln, mit Nichtstun verbringen. **III** *s* Faulenzen *n*: **to have a ~** faulenzen; **to have a ~ at the beach** faul am Strand liegen.
la·zi·ness ['leɪzɪnɪs] *s* **1.** a) Faulheit *f*, b) Trägheit *f*. **2.** Langsamkeit *f*.
laz·u·li ['læzjʊlaɪ; *Am.* -zəli:] → lapis lazuli.
laz·u·lite ['læzjʊlaɪt; *Am.* -zə‚laɪt] *s min.* Lazu'lith *m*, Blauspat *m*.
laz·u·rite ['læzjʊraɪt; *Am.* -zə‚raɪt] *s min.* Lasu'rit *m*.
la·zy ['leɪzɪ] *adj* (*adv* **lazily**) **1.** a) faul: **to have a ~ afternoon** sich e-n faulen Nachmittag machen, b) träg(e). **2.** träg(e), langsam, sich langsam bewegend: **a ~ river** ein träge fließender Strom. **3.** faul *od.* träg(e) machend: **this is really ~ weather** bei diesem Wetter wird man so richtig faul. **4.** *bes. Am.* liegend (*Brandzeichen etc*). '~**bones** *s pl* (*als sg konstruiert*) *colloq.* Faulpelz *m*. ~ **eight** *s Kunstflug:* Stehende Acht. ~ **pin·ion** *s tech.* Zwischenrad *n* (*im Zahnradgetriebe*). ~**Su·san** *s Am.* Kaba'rett *n*, drehbares Ta'blett (*für Speisen, Gewürze etc*).
'**L-‚driv·er** → learner 3 b.
lea[1] [li:] *s poet.* Flur *f*, Au(e) *f*, Wiese *f*.
lea[2] [li:] *s hist.* Lea *n* (*ein Garnmaß*; *für Wollgarn 80 Yards, für Baumwoll- od. Seidengarn 120 Yards, für Leinengarn 300 Yards*).
leach [li:tʃ] **I** *v/t* **1.** 'durchsickern lassen. **2.** *meist* ~ **out** (*od.* **away**) e-e Substanz auswaschen, -schwemmen. **3.** *meist* ~ **out den Boden** auslaugen. **II** *v/i* **4.** 'durchsickern. **5.** *meist* ~ **out** (*od.* **away**) ausgewaschen *od.* -geschwemmt werden. **6.** *meist* ~ **out** ausgelaugt werden.
lead[1] [li:d] **I** *s* **1.** Führung *f*; a) Leitung *f*: **under s.o.'s ~**, b) führende Stelle, Spitze *f*: **to be in the ~** an der Spitze stehen, führend sein, *sport etc* in Führung *od.* vorn(e) liegen, führen; **to have the ~** die Führung innehaben, *sport etc* in Führung *od.* vorn(e) liegen, führen; **to take the ~** a) *a. sport* die Führung übernehmen (**from** von *dat*), sich an die Spitze setzen, b) die Initiative ergreifen, c) vorangehen, neue Wege weisen. **2.** Vorsprung *m* (**over** vor *dat*) (*a. sport*): **a one minute's** *od.* **one-minute** ~ 'eine Minute Vorsprung; **to have a two-goal ~** mit zwei Toren führen; **to have the ~ over** e-n Vorsprung haben vor (*der Konkurrenz etc*). **3.** *Boxen:* (e-e *Schlagserie*) einleitender Schlag. **4.** Vorbild *n*, Beispiel *n*: **to follow s.o.'s ~** j-s Beispiel folgen; **to give s.o. a ~** j-m ein gutes Beispiel geben, j-m mit gutem Beispiel vorangehen. **5.** a) 'Hinweis *m*, Wink *m*, b) Anhaltspunkt *m*, c) Spur *f*: **to give s.o. a ~** j-m e-n Hinweis *od.* Anhaltspunkt geben, j-n auf die Spur bringen. **6.** *thea. etc* a) Hauptrolle *f*, b) Hauptdarsteller(in). **7.** *Kartenspiel:* a) Vorhand *f*, b) zu'erst ausgespielte Karte *od.* Farbe: **your ~!** Sie spielen aus! **8.** *Journalismus:* a) Vorspann *m* (*e-s Zeitungsartikels*), b) Aufmacher *m*: **the scandal was the ~ in the papers** der Skandal wurde von den Zeitungen groß herausgestellt. **9.** *tech.* Steigung *f*, Ganghöhe *f* (*e-s Gewindes*). **10.** *electr.* a) (Zu-)Leitung *f*, b) Leiter *m*, Leitungsdraht *m*, c) *a.* **phase ~** Voreilung *f*. **11.** ('Mühl)Ka‚nal *m*. **12.** Wasserrinne *f* (*in e-m Eisfeld*). **13.** (Hunde)Leine *f*: **to keep on the ~** an der Leine führen *od.* halten. **14.** *mil.* Vorhalt *m*.
II *adj* **15.** Leit..., Führungs..., Haupt...
III *v/t pret u. pp* **led** [led] **16.** führen, leiten, j-m den Weg zeigen: **to ~ the way** vorangehen, den Weg zeigen; → **garden path, nose** *Bes. Redew.* **17.** führen, bringen: **this road will ~ you to town**; ~ **into temptation. 18.** bewegen, verleiten, -führen (**to** zu), dahin bringen, veranlassen (**to do** zu tun): **this led me to believe** dies veranlaßte mich zu glauben; **what led you to think so?** was brachte Sie zu dieser Ansicht? **19.** (an-) führen, leiten, an der Spitze stehen von: **to ~ an army** e-e Armee führen *od.* befehligen; **to ~ the field** *sport* das Feld anführen; **to ~ the table** *sport* die Tabelle anführen, an der Tabellenspitze stehen. **20.** a) *bes. Am.* ein Orchester leiten, diri'gieren, b) *bes. Br.* die erste Geige spielen *od.* Kon'zertmeister sein in (*dat*) *od.* bei. **21.** ein behagliches *etc* Leben führen. **22.** *j-m etwas* bereiten: → **dance** 8, **dog** *Bes. Redew.* **23.** e-n Zeugen durch Sugge'stivfragen lenken. **24.** e-e *Karte, Farbe etc* aus-, anspielen. **25.** *Boxen:* e-n Schlag führen.
IV *v/i* **26.** führen: a) vor'angehen, den Weg weisen (*a. fig.*), b) die erste *od.* leitende Stelle einnehmen, Führer sein, c) *sport* an der Spitze *od.* in Führung liegen: **to ~ by points** nach Punkten führen. **27.** führen (*Straße, Gang etc*): ~ **off** abgehen von; **to ~ to** *fig.* führen zu, zur Folge haben; → **Rome** I. **28.** *Boxen:* (zu schlagen) beginnen: **to ~ with the left. 29.** ~ **with** (*Journalismus*) etwas als Aufmacher bringen.
Verbindungen mit Adverbien:
lead| a·stray *v/t fig.* a) irreführen, b) verführen. ~ **a·way** *v/t* **1.** wegführen, *Verhafteten etc* abführen. **2.** *fig. j-n* abbringen (**from** von): **to be led away** *a.* sich abbringen lassen. ~ **in** *v/t* **1.** *Se etc* einleiten (**with** mit). ~ **off I** *v/t* **1.** → lead away. **2.** *fig.* einleiten, eröffnen, beginnen (**with** mit). **II** *v/i* **3.** *fig.* anfangen, beginnen: **he led off by saying** er sagte eingangs. ~ **on** *v/t* **1.** verführen, verlocken (**with** mit). **2.** *j-n* etwas vor- *od.* weismachen: **to lead s.o. on to think that** j-n glauben machen, daß. ~ **up I** *v/t* **1.** *j-n* hin'auf-, her'aufführen (**to** auf *acc*). **II** *v/i* **2.** hin'auf-, her'aufführen (**to** auf *acc*) (*Straße etc*). **3.** *fig.* (**to**) a) (all'mählich *od.* schließlich) führen (zu), b) 'überleiten (zu), einleiten (*acc*), c) hin'auswollen (auf *acc*): **he was leading up to s.th.** er wollte auf etwas ganz Bestimmtes hinaus.

lead[2] [led] **I** *s* **1.** *chem.* Blei *n*. **2.** *mar.* Senkblei *n*, Lot *n*: **to cast** (*od.* **heave**) **the ~** das Lot auswerfen, loten; **to swing the ~** *Br. sl.* sich (vor *od.* von der Arbeit) drücken, *bes.* ‚krankmachen', ‚krankfeiern'. **3.** Blei *n*, Kugeln *pl* (*Geschosse*). **4.** *chem.* Gra'phit *m*, Reißblei *n*. **5.** (Blei‑)stift)Mine *f*: **to put ~ in s.o.'s pencil** *colloq. humor.* j-s Manneskraft stärken. **6.** *print.* 'Durchschuß *m*. **7.** Fensterblei *n*, Bleifassung *f*. **8.** *pl Br.* a) bleierne Dachplatten *pl*, b) (flaches) Bleidach. **9.** → white lead. **II** *v/t* **10.** verbleien: ~**ed** verbleit, (*Benzin a.*) bleihaltig. **11.** a) mit Blei füllen, b) mit Blei beschweren. **12.** *Fensterglas* in Blei fassen: ~**ed window** Bleiglasfenster *n*. **13.** *print.* durch'schießen. **III** *v/i* **14.** *mar.* loten.
lead| ac·e·tate [led] *s chem.* 'Bleiace‚tat *n*, -zucker *m*. ~ **ar·se·nate** *s chem.* 'Blei‚arseni‚at *n*. ~‚**cham·ber pro·cess** *s chem.* Bleikammerverfahren *n*. ~ **col·ic** *s med.* Bleikolik *f*. ~ **con·tent** *s chem.* Bleigehalt *m*.
lead·en ['ledn] *adj* (*adv* ~**ly**) **1.** bleiern: a) Blei...: ~ **cable**, b) bleigrau: ~ **sky**, c) *fig.* schwer: ~ **limbs** bleischwere Glieder; ~ **sleep** bleierner Schlaf. **2.** schwerfällig, hölzern: ~ **witticisms** geistlose Witze.
lead·er ['li:də(r)] *s* **1.** Führer(in). **2.** (An-) Führer *m*, *pol.* (Par'tei)Vorsitzende(r) *m*, *parl.* (*Fraktions-, Oppositions*)Führer *m*, *mil.* (*bes.* Zug- *od.* Gruppen)Führer *m*: **the ~ of the Labour Party**; ~ **of the delegation** Delegationsführer *m*; ~ **of the opposition** *Br.* Oppositionsführer *m*; **L~ of the House** (**of Commons**) *Br.* Fraktionsführer der Regierungspartei; → **floor leader. 3.** *mus.* a) *bes. Am.* Leiter *m*, Diri'gent *m*, b) *bes. Br.* Kon'zertmeister *m*, c) (Band)Leader *m*. **4.** *jur. Br.* a) erster Anwalt: ~ **for the defence** Hauptverteidiger *m*, b) Kronanwalt *m*. **5.** Leitpferd *n*. **6.** *Br.* 'Leitar‚tikel *m* (*e-r Zeitung*): ~ **writer** Leitartikler *m*. **7.** *sport etc* Spitzenreiter *m*: **to be the ~** a) *sport* in Führung liegen, führen, b) *führend od.* tonangebend sein (**in** auf *e-m Gebiet*). **8.** *econ.* a) 'Zug-, 'Lockar‚tikel *m*, b) 'Spitzenar‚tikel *m*, führende Marke, c) *pl* (*Börse*) führende Marktwerte *pl*. **9.** *tech.* a) Leitungs-, *bes.* Fallrohr *n*, b) Hauptantriebsrad *n*. **10.** Leitschnur *f* (*e-r Angel*). **11.** *pl print.* Leit-, Ta'bellenpunkte *pl*. **12.** *bot.* Leit-, Haupttrieb *m*. **13.** *anat.* Sehne *f*. **14.** Sugge'stivfrage *f*. **15.** Startband *n* (*e-s Films*).
'**lead·er·less** *adj* führerlos, ohne Führer, (*Partei etc a.*) führungslos.
'**lead·er·ship** *s* **1.** Führung *f*, Leitung *f*: **to relinquish one's party's ~** als Parteivorsitzender zurücktreten. **2.** Führerschaft *f*. **3.** *a.* **quality of ~** 'Führungsquali‚täten *pl*: ~ **lack** **1.** ~ **role** *s* Führungsrolle *f*. ~ **style** *s* 'Führungsstil *m*.
'**lead-free** ['led-] *adj* bleifrei (*Benzin*).
lead| gui·tar [li:d] *s mus.* 'Leadgi‚tarre *f*. ~ **gui·tar·ist** *s* 'Leadgitar‚rist *m*.
lead|-in ['li:dɪn] **I** *adj* **1.** *electr.* Zuleitungs...: ~ **cable. 2.** *fig.* einleitend, -führend. **II** *s* [*Br. a.* ‚li:d'ɪn] **3.** *electr.* (a. An'tennen)Zuleitung *f*. **4.** *fig.* a) (to) Einleitung *f* (zu), Einführung *f* (in *acc*), b) → lead[1] 8 a.
lead·ing[1] ['li:dɪŋ] **I** *s* **1.** Leitung *f*, Führung *f*. **II** *adj* **2.** Leit..., leitend, führend. **3.** erst(er, e, es): **the ~ car in the procession. 4.** Haupt..., führend, erst(er, e, es), (be)herrschend, maßgebend, tonangebend: ~ **citizen** einflußreicher Bürger; ~ **fashion** herrschende Mode.
lead·ing[2] ['ledɪŋ] *s* **1.** Bleiwaren *pl*. **2.**

Verbleiung *f.* **3.** a) 'Blei|überzug *m,* b) Bleifassung *f.* **4.** → lead² 6.
lead·ing| ar·ti·cle ['li:dɪŋ] *s* **1.** → leader 6. **2.** *Am.* → lead¹ 8 b. **3.** → leader 8 a, b. **~ case** *s jur.* wichtiger Präze'denzfall. **~ coun·sel** → leader 4 a. **~ edge** *s* **1.** Vorderkante *f.* **2.** *electr.* Anstiegsflanke *f.* **~ la·dy** *s thea. etc* Hauptdarstellerin *f.* **~ light** *s* **1.** *mar.* Leitfeuer *n.* **2.** *fig.* führende *od.* wichtige *od.* einflußreiche Per'sönlichkeit. **~man** *s irr thea. etc* Hauptdarsteller *m.* **~mark** *s mar.* Leit-, Richtungsmarke *f.* **~ mo·tive** *s* **1.** 'Hauptmo,tiv *n.* **2.** *mus.* 'Leitmo,tiv *n.* **~ note** *s mus.* Leitton *m.* **~ ques·tion** *s* Sugge'stivfrage *f.* **~ rein** *s* **1.** Leitzügel *m.* **2.** *pl Br.* → leading strings. **~ strings** *s pl Am.* Gängelband *n (a. fig.)*: to keep s.o. in **~** j-n am Gängelband führen *od.* haben *od.* halten; to be in **~** to s.o. von j-m gegängelt werden. **~ tone** → leading note.
lead·less ['ledlɪs] *adj* bleifrei *(Benzin).*
lead line [led] *s mar.* Lotleine *f.*
'lead-off ['li:d-] **I** *adj* Eröffnungs..., einleitend, erst(er, e, es). **II** *s [Br. a.* ˌli:d'ɒf] Eröffnung *f,* Einleitung *f.*
lead|pen·cil [led] *s* Bleistift *m.* **'~-ˌpipe cinch** *s Am. sl.* a) „Kinderspiel" *n,* b) „todsichere" Sache: it's a **~** he'll come er kommt todsicher. **~ poi·son·ing** *s med.* Bleivergiftung *f:* he died of **~** er starb an e-r Bleivergiftung *(Am. sl. a.* er wurde erschossen).
lead| screw [li:d] *s tech.* Leitspindel *f (e-r Drehbank).* **~ sing·er** *s mus.* Leadsänger(in).
lead soap [led] *s chem.* Bleiseife *f.*
lead sto·ry [li:d] → lead¹ 8 b.
'lead|ˌswing·er ['led-] *s Br. sl.* „Drückeberger(in)', *bes. j-d, der* ‚krankmacht' *od.* ‚krankfeiert'. **~ˌswing·ing** *s Br. sl.* ‚Drückeberge'rei', *bes.* ‚Krankmachen' *n,* ‚Krankfeiern' *n.*
lead time [li:d] *s* **1.** *bes. Am.* Vorlaufzeit *f (e-s Projekts etc).* **2.** *econ.* Lieferzeit *f.*
lead| tree [led] *s bot., a. chem.* Bleibaum *m.* **~ wool** *s chem. tech.* Bleiwolle *f.* **'~-work** *s* **1.** Bleiarbeit *f.* **2.** *pl (oft als sg* konstruiert) Bleihütte *f.*
lead·y ['ledɪ] *adj* **1.** bleiern, bleiartig. **2.** bleihaltig.
leaf [li:f] **I** *pl* **leaves** [li:vz] *s* **1.** *bot.* Blatt *n:* **~ blade** Blattspreite *f;* **~ bud** Blattknospe *f;* in **~** belaubt; to come into **~** ausschlagen, zu sprießen beginnen. **2.** *bot. (Blüten)*Blatt *n:* rose **~**. **3.** *collect.* a) Teeblätter *pl,* b) Tabakblätter *pl.* **4.** Blatt *n (im Buch):* to take a **~** out of s.o.'s book *fig.* sich ein Beispiel nehmen an j-m, sich von j-m e-e Scheibe abschneiden'; to turn over a new **~** *fig.* ein neues Leben beginnen, e-n neuen Anfang machen. **5.** *tech.* a) (Fenster-, Tür)Flügel *m,* b) (Tisch)Klappe *f,* c) Ausziehplatte *f (e-s Tisches):* to pull out the leaves den Tisch ausziehen, d) Aufziehklappe *f (e-r Klappbrücke),* e) (Vi'sier)Klappe *f (am Gewehr).* **6.** *tech.* Blatt *n,* (dünne) Folie, La'melle *f:* **~ brass** Messingfolie. **7.** *tech.* a) Blatt *n (e-r Feder),* b) Zahn *m (am Triebrad),* c) Blattfeder *f.* **II** *v/i* **8.** *a.* **~ out** Blätter treiben: to **~** out *Am.* ausschlagen, zu sprießen beginnen. **9.** *a.* **through** 'durchblättern. **III** *v/t* **10.** *Am.* 'durchblättern.
leaf·age ['li:fɪdʒ] *s* Laub(werk) *n,* Blätter (-werk *n) pl.*
leafed [li:ft] *adj* **1.** belaubt. **2.** *in Zssgn* ...blätt(e)rig.
leaf| fat *s zo.* Nierenfett *n.* **~ green** *s bot. chem.* Blattgrün *n (a. Farbe).*
'leaf·less *adj* blätterlos, entblättert, kahl: **~ in winter** winterkahl.
leaf·let ['li:flɪt] **I** *s* **1.** *bot.* Blättchen *n.* **2.** a)

Flugblatt *n,* Hand-, Re'klamezettel *m,* b) Merkblatt *n,* c) Pro'spekt *m.* **II** *v/i* **3.** Flugblätter *etc* verteilen.
leaf| met·al *s tech.* 'Blattme,tall *n.* **~ mo(u)ld** *s agr.* Kom'post *m.* **~ sight** *s* 'Klappvi,sier *n (des Gewehrs).* **~ spring** *s tech.* Blattfeder *f.* **'~-stalk** *s bot.* Blattstiel *m.* **~ to·bac·co** *s* **1.** Rohtabak *m.* **2.** Blättertabak *m.* **'~-work** *s art* Blatt-, Laubwerk *n.*
'leaf·y *adj* **1.** belaubt. **2.** Laub... **3.** blattartig, Blatt...
league¹ [li:g] **I** *s* **1.** Liga *f,* Bund *m:* L**~** of Nations *hist.* Völkerbund. **2.** Bündnis *n,* Bund *m:* to be in **~** with gemeinsame Sache machen mit, unter 'einer Decke stecken mit; to be in **~** with the devil mit dem Teufel im Bunde stehen. **3.** *sport* Liga *f:* **~ game** Punktspiel *n;* **~ table** Tabelle *f.* **4.** *colloq.* Klasse *f:* they are not in the same **~** with me an mich kommen sie nicht ran. **II** *v/t u. v/i pres p* **'lea·guing 5.** *a.* **~ together** (sich) verbünden.
league² [li:g] *s Br. hist.* League *f (ein Längenmaß, etwa 3 Meilen).*
lea·guer¹ ['li:gə(r)] *mil. obs.* **I** *s* Belagerung *f.* **II** *v/t* belagern.
lea·guer² ['li:gə(r)] *s bes. Am.* Verbündete(r) *m.*
leak [li:k] **I** *s* **1.** a) *mar.* Leck *n (a. in e-m Tank etc),* b) Loch *n,* undichte Stelle *(a. fig. in e-m Amt etc):* to spring a **~** ein Leck *od.* Loch bekommen. **2.** a) Auslaufen *n,* b) 'Durchsickern *n:* **~ inspired 6. 3.** *(das)* auslaufende Wasser *etc.* **4.** *electr.* a) Verluststrom *m,* Streuung(sverluste *pl) f,* b) Fehlerstelle *f.* **5.** *sl.* ‚Schiffen' *n (Urinieren):* to have a **~** schiffen; to go for a **~** schiffen gehen. **II** *v/i* **6.** lecken, leck sein. **7.** tropfen *(Wasserhahn).* **8.** *electr.* lecken, streuen. **9.** *a.* **~ out** auslaufen, -strömen, -treten, entweichen, *fig.* 'durchsickern. **10.** **~ in** eindringen, -strömen. **11.** *sl.* ‚schiffen' *(urinieren).* **III** *v/t* **12.** 'durchlassen. **13.** *fig.* 'durchsickern lassen: to **~ information**.
leak·age ['li:kɪdʒ] *s* **1.** Lecken *n.* **2.** → leak 2–4. **3.** *econ.* Lec'kage *f (Gewichtsverlust durch Verdunsten od. Aussickern auf Grund e-r undichten Stelle).* **~ con·duct·ance** *s electr.* Ableitung *f.* **~ cur·rent** *s electr.* Reststrom *m (e-s Kondensators).* **~ flux** *s electr.* Streufluß *m.* **~ path** *s electr.* Kriechweg *m.* **~ re·sist·ance** *s electr.* 'Streu-, 'Ableit,widerstand *m.*
'leak·y *adj* leck, undicht *(a. fig.).*
leal [li:l] *adj Scot. od. poet.* treu.
lean¹ [li:n] **I** *v/i pret u. pp* **leaned** [li:nd; *Br. bes.* lent], *bes. Br.* **leant** [lent] **1.** sich neigen, schief sein *od.* stehen. **2.** sich neigen, sich lehnen, sich beugen (**over** über *acc):* to **~ back** sich zurücklehnen; to **~ forward** sich vorbeugen; to **~ out** sich hinauslehnen (of aus); to **~ over backward(s) (to do s.th.)** *colloq.* sich ‚fast umbringen'(, etwas zu tun). **3.** sich lehnen (**against** gegen). **4.** sich neigen (**against** an *dat).* **5.** **~ on** a) sich stützen auf *(acc),* b) *fig.* sich verlassen auf *(acc),* bauen auf *(acc),* c) *colloq.* j-n unter Druck setzen. **6.** **~ to(ward[s])** *fig.* ('hin)neigen *od.* ten'dieren zu. **II** *v/t* **7.** neigen, beugen. **8.** lehnen (**against** gegen, an *acc).* **9.** stützen (**on** auf *acc).* **III** *s* **10.** Neigung *f:* a **~** of 60°.
lean² [li:n] **I** *adj (adv* **-ly**) **1.** mager *(a. fig.):* **~ man (cattle, meat, crop, soil, wages, years,** *etc);* a **~** face ein hageres *od.* mageres Gesicht; (as) **~** as an alley cat völlig abgemagert; **~ in** *(od.* on) *fig.* arm an *(dat).* **2.** *fig.* ei'gnant, knapp: **~ prose**. **3.** *tech.* mager, arm: **~ coal** Magerkohle *f;* **~ concrete** Magerbeton

m; **~ gas** Arm-, Schwachgas *n;* **~ mixture** mageres *od.* armes Gemisch. **II** *s* **4.** *(das)* Magere *(des Fleisches).* **'~-burn en·gine** *s mot.* Magermotor *m.* **'~-faced** *adj* mit hagerem Gesicht: to be **~** ein hageres Gesicht haben.
'lean·ing I *adj* schräg, geneigt, schief: the L**~** Tower of Pisa der Schiefe Turm von Pisa. **II** *s fig.* Neigung *f,* Ten'denz *f* (**to, toward[s]** zu).
'lean·ness *s* Magerkeit *f (a. fig.).*
leant [lent] *bes. Br. pret u. pp von* **lean¹**.
'lean-to **I** *pl* **-tos** *s* Anbau *m od.* Schuppen *m* (mit Pultdach). **II** *adj* Anbau...: **~ roof** Pultdach *n.*
leap [li:p] **I** *v/i pret u. pp* **leaped** [li:pt; *Br. bes.* lept] *od.* **leapt** [lept; *Am. bes.* li:pt] **1.** springen *(a. fig.):* look before you **~** erst wägen, dann wagen; to **~ aside** auf die *od.* zur Seite springen; to **~ at** *fig.* sich stürzen auf *(ein Angebot etc);* to **~ for joy** Freudensprünge machen; to make hearts **~ for joy** die Herzen höher schlagen lassen; to **~ from one subject to another** von e-m Thema zum anderen springen; to **~ into fame** schlagartig berühmt werden; to **~ into s.o.'s mind** j-m plötzlich *(in den Sinn)* kommen; to **~ into view** plötzlich auftauchen *od.* in Sicht kommen; to **~ out** ins Auge springen (**to s.o.** j-m); to **~ to the eye** ins Auge springen; to **~ up** a) aufspringen, b) hochschlagen *(Flammen),* c) *fig.* sprunghaft anwachsen, emporschnellen *(Preise etc);* **~ conclusion 3,** foot **1. II** *v/t* **2.** über'springen *(a. fig.),* springen über *(acc).* **3.** *Pferd etc* springen lassen. **4.** *e-e Stute etc* bespringen, decken. **III** *s* **5.** Sprung *m (a. mus. u. fig.):* a great **~ forward**; to take a **~** e-n Sprung machen; a **~ in the dark** *fig.* ein Sprung ins Ungewisse; by **~s and bounds** *fig.* sprunghaft. **6.** *fig.* sprunghaftes Anwachsen, Emporschnellen *n (von Preisen etc).* **~ day** *s* Schalttag *m.* **'~-frog I** *s* **1.** Bockspringen *n.* **II** *v/i* **2.** bockspringen. **3.** a) ‚hüpfen': he **~ged from town to town,** b) sich (immer wieder) gegenseitig über'holen *(a. fig.).* **III** *v/t* **4.** bockspringen über *(acc).* **5.** to **~ each other** *(od.* one another) → 3 b. **6.** *mil.* zwei Einheiten im über'schlagenden Einsatz vorgehen lassen. *[von* leap.*)*
leapt [lept; *Am. bes.* li:pt] *pret u. pp*
leap year *s* Schaltjahr *n.*
learn [lɜ:n; *Am.* lɜrn] *pret u. pp* **learned** [-nt; -nd] *od.* **learnt** [-nt] **I** *v/t* **1.** (er)lernen: to **~** a language; to **~** a trade e-n Beruf erlernen; to **~** the piano Klavier spielen lernen; to **~** (how) to swim schwimmen lernen; to **~** by heart auswendig lernen; to **~** off (auswendig) lernen; → lesson 5. **2. (from)** a) erfahren, hören (von): to **~** the truth die Wahrheit erfahren; I am *(od.* have) yet to **~** that es ist mir nicht bekannt, daß; it was **~ed yesterday** gestern erfuhr man, b) ersehen, entnehmen (aus *e-m Brief etc).* **3.** *sl.* ‚lernen' *(lehren).* **II** *v/i* **4.** lernen. **5.** hören, erfahren (**about, of** von). **'learn·a·ble** *adj* erlernbar.
learn·ed ['lɜ:nɪd; *Am.* 'lɜrnəd] *adj (adv* **-ly**) **1.** gelehrt *(Mensch),* *(Abhandlung etc* a.*)* wissenschaftlich: **~ profession** akademischer Beruf; → friend 4. **2.** erfahren, bewandert (**in** in *dat).* **3.** angelernt: **~ skills**.
'learn·er *s* **1.** Anfänger(in). **2.** Lernende(r *m) f:* a foreign **~** of German ein Ausländer, der Deutsch lernt; to be a fast (slow) **~** schnell (langsam) lernen. **3.** *a.* **~ driver** a) Fahrschüler(in), b) *Br.* Fahrschüler, der nur in Begleitung e-s Führerscheininhabers berechtigt ist, ein Kraftfahrzeug zu führen.

learn·ing s **1.** Gelehrsamkeit f, Gelehrtheit f. **2.** (Er)Lernen n: ~ **by doing** Grundsatz, nach dem Lernen sich hauptsächlich in der praktischen Auseinandersetzung mit den Dingen vollzieht. **3.** meist pl Am. Lehrstoff m. ~ **dis·a·bil·i·ty** s Lernbehinderung f. '~**-dis‚a·bled** adj lernbehindert.
learnt [lɜːnt; Am. lɜrnt] pret u. pp von learn.
lease[1] [liːs] **I** s **1.** Pacht-, Mietvertrag m. **2.** a) Verpachtung f, Vermietung f (to an acc), b) Pacht f, Miete f: ~ **of life** Pacht auf Lebenszeit; **a new** ~ **of** (od. **on**) **life** fig. ein neues Leben (nach Krankheit etc); **to put out to** (od. **to let out on**) ~ ~ 5; **to take on** ~, **to take a** ~ **of** → 6; **by** (od. **on**) ~ **auf Pacht. 3.** Pachtbesitz m, -gegenstand m, bes. Pachtgrundstück n. **4.** Pacht-, Mietzeit f: **put out to a** ~ **of 5 years** auf 5 Jahre verpachtet. **II** v/t **5.** ~ **out** verpachten, -mieten (**to an** acc). **6.** a) pachten, mieten, b) leasen.
lease[2] [liːs] s (Weberei) **1.** (Faden)Kreuz n, Schrank m. **2.** Latze f.
'**lease·back** s Rückverpachtung f (an den Verkäufer). '~**·hold I** s **1.** Pacht-, Mietbesitz m. **2.** Pachtland n, -grundstück n. **II** adj **3.** Pacht..., Miet...: ~ **estate** Pachtgut n; ~ **insurance** Pachtgutsversicherung f. '~**·hold·er** s Pächter(in), Mieter(in). ‚~'**lend** → lend-lease.
'**leas·er** s Pächter(in), Mieter(in).
leash [liːʃ] **I** s **1.** (Hunde)Leine f: **to keep on the** ~ → 5 a; **to keep** (od. **hold**) **in** ~ → 5 b; **to strain at the** ~ a) an der Leine zerren, b) fig. kaum mehr zu halten sein; **to strain at the** ~ **to do s.th.** fig. a) alle möglichen Anstrengungen unternehmen, etwas zu tun, b) es kaum mehr erwarten können, etwas zu tun. **2.** a) hunt. Koppel f (Hunde, Füchse etc), b) fig. ‚Dreigespann' n: **a** ~ **of** drei. **3.** → lease[2] 2. **II** v/t **4.** zs.-koppeln. **5.** a) an der Leine halten (od. führen), b) fig. im Zaum halten.
leas·ing [ˈliːsɪŋ] s **1.** a) Pachten n, Mieten n, b) Leasen n. **2.** Verpachten n, -mieten n. **3.** Leasing n (Vermietung von längerlebigen Wirtschaftsgütern mit der Möglichkeit, sie nach Ablauf des Vertrags gegen geringere Gebühr weiter zu benutzen od. käuflich zu erwerben).
least [liːst] **I** adj (sup von little) **1.** geringst(er, e, es), mindest(er, e, es), wenigst(er, e, es): ~ **resistance** 1. **2.** geringst(er, e, es), unbedeutendst(er, e, es): **at the** ~ **thing** bei der geringsten Kleinigkeit. **II** s **3.** (das) Mindeste, (das) Geringste, (das) Wenigste: **at** ~ wenigstens, zumindest; **at** (**the**) ~ mindestens; **at the very** ~ allerwenigstens; **not in the** ~ nicht im geringsten od. mindesten; **to say the** ~ (**of it**) gelinde gesagt. **III** adv **4.** am wenigsten: **he worked** ~; ~ **possible** geringstmöglich; ~ **of all** am allerwenigsten; ~ **tomorrow** → **of all** morgen schon gar nicht. ~ **com·mon mul·ti·ple** s math. kleinstes gemeinsames Vielfaches. ~ **squares** (**meth·od**) s math. Me'thode f der kleinsten Qua'drate. ~ **tern** s orn. Zwergseeschwalbe f.
'**least·ways,** Am. '**least‚wise** adv colloq. wenigstens, zu'mindest.
leat [liːt] s Br. 'Mühlka‚nal m.
leath·er [ˈleðə(r)] **I** s **1.** Leder n (a. humor. Haut; a. sport Ball): → hell 2. **2.** Gegenstand aus Leder, bes. Lederball m, -riemen m, -lappen m. **3.** pl a) Lederhose(n pl f), b) 'Lederga‚maschen pl. **II** v/t **4.** mit Leder über'ziehen. **5.** colloq. ‚versohlen', verprügeln. '~**·back** s zo. Lederschildkröte f. '~**·board** s Lederpappe f. '~**·bound** adj ledergebunden.
leath·ern [ˈleðə(r)n] adj obs. ledern.

leath·er·neck s mil. sl. ‚Ledernacken' m (Marineinfanterist des U.S. Marine Corps).
leath·er·y [ˈleðərɪ] adj lederartig, zäh: ~ **meat.**
leave[1] [liːv] pret u. pp **left** [left] **I** v/t **1.** verlassen: a) von j-m od. e-m Ort etc fort-, weggehen: **the car left the road** der Wagen kam von der Straße ab; → **home** 1, b) abreisen, abfahren etc von (**for** nach), c) von der Schule abgehen: **to** ~ **school,** d) j-n od. etwas im Stich lassen, etwas aufgeben: **she left him for another man** sie verließ ihn wegen e-s anderen Mannes; **to get left** colloq. im Stich gelassen werden. **2.** lassen: **to** ~ **s.th. about** (od. **around**) **the room** etwas im Zimmer herumliegen lassen; ~ **it at that** es dabei belassen od. (bewenden) lassen; **to** ~ **things as they are** die Dinge so lassen, wie sie sind; → **leave alone** 2; **to** ~ **s.o. to himself** j-n sich selbst überlassen; → **cold** 4 d, **lurch**[2]. **3.** (übrig)lassen: **6 from 8** ~ **s 2 8 minus 6 ist 2; to be left** übriglieben od. übrig sein; **there is plenty of wine left** es ist noch viel Wein übrig; **there's nothing left for us but to go** uns bleibt nichts (anderes) übrig als zu gehen; **to be left till called for** postlagernd; → **desire** 1, **stone** Bes. Redew., **undone** 1. **4.** e-e Narbe etc zu'rücklassen, e-n Eindruck, e-e Nachricht, e-e Spur etc hinter'lassen: **to** ~ **s.o. wondering whether** j-n im Zweifel darüber lassen, ob. **5.** hängen-, liegen-, stehenlassen, vergessen: **he left his umbrella at the restaurant. 6.** über'lassen, an'heimstellen (**to** s.o. j-m): **I** ~ **it to you to decide** ich überlasse die Entscheidung Ihnen; **to** ~ **nothing to accident** nichts dem Zufall überlassen. **7.** (nach dem Tode) hinter'lassen: **he** ~ **s a widow and five children** er hinterläßt e-e Frau u. fünf Kinder; **he left his family well off** er ließ seine Familie in gesicherten Verhältnissen zurück. **8.** vermachen, -erben: **she left him a small fortune. 9.** (auf der Fahrt) links od. rechts liegen lassen: ~ **the village on the left. 10.** aufhören mit, einstellen, (unter')lassen. **II** v/i **11.** (fort-, weg)gehen, abreisen, abfahren (**for** nach): **the train** ~ **s at six** der Zug fährt um 6 (Uhr) ab od. geht um 6. **12.** gehen (die Stellung aufgeben): **our cook has threatened to** ~.
Verbindungen mit Adverbien:
leave | a·bout v/t her'umliegen lassen. ~ **a·lone** v/t **1.** al'lein lassen. **2.** a) j-n od. etwas in Ruhe lassen: ~ **severely** 1, b) etwas auf sich beruhen lassen. ~ **a·round** → **leave about.** ~ **a·side** v/t e-e Frage etc bei'seite lassen, ausklammern. ~ **be·hind** v/t **1.** zu'rücklassen. **2.** → **leave**[1] 4 u. 5. **3.** e-n Gegner etc hinter sich lassen (a. fig.). ~ **in** v/t **1.** im Ofen od. in der Röhre lassen. **2.** e-n Satz etc (stehen)lassen. ~ **off** v/t **1.** einstellen, aufhören mit: **to** ~ **work** die Arbeit einstellen; **to** ~ **crying** zu weinen aufhören. **2.** e-e Gewohnheit etc aufgeben. **3.** Kleidungsstück ablegen, nicht mehr tragen od. anziehen. **II** v/i **4.** aufhören. ~ **on** v/t **1.** Kleidungsstück anbehalten, anlassen. **2.** das Radio etc anlassen. **3.** dar'auf lassen: **to leave the lid on.** ~ **out** v/t **1.** draußen lassen. **2.** aus-, weglassen (**of** von, bei). **3.** über'sehen, vergessen (**of** bei). ~ **o·ver** v/t Br. **1.** übriglassen: **to be left over** übrigbleiben od. übrig sein; **there is plenty of wine left over** es ist noch viel Wein übrig. **2.** verschieben (**till,** **until** auf acc, bis).
leave[2] [liːv] s **1.** Erlaubnis f, Genehmigung f: **to ask** ~ **of s.o., to ask s.o.'s** ~ j-n um Erlaubnis bitten; **to take** ~ **to say**

sich zu sagen erlauben; **by** ~ **of** mit Genehmigung (gen); **by your** ~! mit Verlaub!; **without a 'with** (od. **by**) **your** ~' colloq. ohne auch nur zu fragen; → **absence** 2, **absent** 1. **2.** Urlaub m: (**to go**) **on** ~ auf Urlaub (gehen); **a man on** ~ ein Urlauber; ~ **pay** Urlaubsgeld n; → **absence** 2. **3.** Abschied m: **to take** (**one's**) ~ sich verabschieden, Abschied nehmen (**of** s.o. von j-m); → **sense** 2.
leave[3] [liːv] → **leaf** 8.
leaved [liːvd] adj (bes. in Zssgn) **1.** bot. ...blätt(e)rig. **2.** ...flügelig: **two-**~ **door** Flügeltür f.
leav·en [ˈlevn] **I** s **1.** a) Sauerteig m, b) Treibmittel n. **2.** fig. Auflockerung f. **II** v/t **3.** Teig a) säuern, b) (auf)gehen lassen. **4.** fig. auflockern (**with** mit, durch).
'**leav·en·ing** → **leaven** I.
leaves [liːvz] pl von **leaf.**
'**leave-‚tak·ing** s Abschied m, Abschiednehmen n.
leav·ing [ˈliːvɪŋ] s **1.** meist pl 'Überbleibsel n, Rest m. **2.** pl Abfall m. ~ **cer·tif·i·cate** s ped. Abgangszeugnis n.
Leb·a·nese [‚lebəˈniːz] **I** adj liba'nesisch. **II** pl -'**nese** s Liba'nese m, Liba'nesin f.
Le·bens·raum [ˈleɪbənzraʊm] s Lebensraum m.
leb·ku·chen [ˈleɪb‚kuːkən] pl **-chen** s Lebkuchen m.
lech [letʃ] colloq. **I** s **1.** → **lechery.** **2.** Lüstling m, Wüstling m, ‚Lustmolch' m. **II** adj **3.** → **lecherous. III** v/i **4.** geil od. ‚scharf' sein (**after** auf acc).
le·cha·te·lier·ite [ləʃə‚tɛlˈjəraɪt; Am. la‚ʃɑːtlˈɪ‚raɪt] s min. Lechatelie'rit m.
'**lech·er** s Lüstling m, Wüstling m. '**lech·er·ous** adj (adv ~**ly**) geil, lüstern. '**lech·er·ous·ness** s Geilheit f, Lüsternheit f. '**lech·er·y** s Geilheit f (a. Gedanke etc), Lüsternheit f.
lec·i·thin [ˈlesɪθɪn] s Biochemie: Lezi'thin n (in allen pflanzlichen u. tierischen Zellen enthaltener Stoff, der die Resorbierbarkeit der für den Körper schwerverdaulichen Fette steigert).
lec·tern [ˈlektɜːn; -tən; Am. -tərn] s relig. Lese-, Chorpult n.
lec·tion [ˈlekʃn] s relig. Lekti'on f, Lesung f. '**lec·tion·ar·y** [-ʃnərɪ; Am. -ʃə‚nerɪ] s relig. Lektio'nar n (Sammlung von Bibelabschnitten in der Reihenfolge, in der sie im Laufe des Kirchenjahres in der Messe zu lesen sind).
lec·ture [ˈlektʃə(r)] **I** s **1.** (**on** über acc) **to vor** (dat) a) Vortrag m, b) univ. Vorlesung f: ~ **room** Vortrags-, univ. Hörsaal m; ~ **tour** Vortragsreise f; **to give** (od. **read**) **a** ~ **on** e-n Vortrag od. e-e Vorlesung halten. **2.** Strafpredigt f: **to give** (od. **read**) **s.o. a** ~ → 5. **II** v/i **3.** (**on** über acc; **to vor** dat) a) e-n Vortrag od. Vorträge halten, b) univ. e-e Vorlesung od. Vorlesungen halten, lesen. **III** v/t **4.** a) e-n Vortrag od. Vorträge halten vor (dat), b) univ. e-e Vorlesung od. Vorlesungen halten vor (dat). **5.** j-m e-e Strafpredigt od. ‚Standpauke' halten.
lec·tur·er [ˈlektʃərə(r)] s **1.** Vortragende(r m) f: **he is an excellent** ~ er trägt ausgezeichnet vor. **2.** univ. a) Br. (etwa) außerplanmäßiger Pro'fessor, b) Lehrbeauftragte(r) m.
lec·tur·ette [‚lektʃəˈret] s Kurzvortrag m.
led [led] pret u. pp von **lead**[1].
ledge [ledʒ] s **1.** Sims m, n, Leiste f, vorstehender Rand. **2.** (Fels)Gesims n. **3.** Felsbank f, Riff n. **4.** Bergbau: a) Lager n, b) Ader f.
ledg·er [ˈledʒə(r)] s **1.** econ. Hauptbuch n. **2.** arch. Querbalken m, Sturz m (e-s Ge'rüsts). **3.** große Steinplatte. ~ **board** s Handleiste f (e-s Geländers etc). ~ **line**

1. Angelleine *f* mit festliegendem Köder. **2.** *mus.* Hilfslinie *f.* ~ **pa·per** *s* gutes 'Schreib₁pa₁pier (*für Hauptbücher*). ~ **tack·le** *s* Grundangel *f.*

lee [li:] *s* **1.** Schutz *m*: **under** (*od.* **in**) **the** ~ **of** im Schutz von (*od. gen*). **2.** (wind-)geschützte Stelle. **3.** a) Windschattenseite *f*, b) *mar.* Lee(seite) *f*: **to be under the** ~ windgeschützt liegen; **to come by the** ~ in Lee fallen; **to go by the** ~ den Wind verlieren. '~**board** *s mar.* Seitenschwert *n.*

leech¹ [li:tʃ] *I s* **1.** *zo.* Blutegel *m*: **to apply ~es to** → 4; **to stick** (*od.* **cling**) **like a** ~ **to s.o.** wie e-e Klette an j-m hängen. **2.** *fig.* a) Klette *f*, b) Blutsauger *m.* **3.** *obs.* Arzt *m.* *II v/t* **4.** j-m Blutegel setzen.

leech² [li:tʃ] *s mar.* Leick *n*, Liek *n.*

leek [li:k] *s* **1.** *bot.* (Breit)Lauch *m*, Porree *m.* **2.** Lauch *m* (*Emblem von Wales*).

leer¹ [lɪə(r)] *I s* a) höhnisches *od.* boshaftes *od.* anzügliches Grinsen, b) lüsterner Seitenblick. *II v/i* a) höhnisch *od.* boshaft *od.* anzüglich grinsen, b) lüstern schielen (**at** nach).

leer² → **lehr.**

leer·y ['lɪ(ə)rɪ] *adj sl.* argwöhnisch, 'mißtrauisch (**of** gegen'über): **I'm very** ~ **of that fellow** dem Kerl trau' ich nicht über den Weg.

lees [li:z] *s pl* Bodensatz *m*: **to drink** (*od.* **drain**) **to the** ~ *fig.* a) bis zur Neige auskosten, b) bis zur bitteren Neige durchstehen.

lee|shore *s mar.* Leeküste *f.* ~**side** *s mar.* Leeseite *f.*

leet¹ [li:t] *s hist. Br.* **1.** Lehngericht *n.* **2.** (Lehn)Gerichtstag *m.*

leet² [li:t] *s Scot.* Bewerber-, Kandi'datenliste *f.*

lee tide *s mar.* Leetide *f.*

lee·ward ['li:wə(r)d; *mar.* 'lu:ə(r)d] *mar.* *I adj* Lee..., leewärts gelegen, nach Lee zu liegend *od.* sich bewegend. *II s* Lee(seite) *f*: **to** ~ → III; **to drive to** ~ abtreiben; **to fall to** ~ abfallen. *III adv* leewärts, nach Lee.

'**lee·way** *s* **1.** *mar.* Leeweg *m*, Abtrift *f*: **to make** ~ (*vom Kurs*) abtreiben. **2.** *aer.* Abtrift *f.* **3.** *fig.* Rückstand *m*, Zeitverlust *m*: **to make up** ~ (den Rückstand *od.* den Zeitverlust) aufholen. **4.** *fig.* Spielraum *m.*

left¹ [left] *adj* **1.** link(er, e, es), Links...: **on the** ~ **hand** of linker Hand von; **a wife of the** ~ **hand** *hist.* e-e morganatische Gattin; **on** (*od.* **to**) **the** ~ **side** links, linker Hand. *II s* **2.** (die) Linke, linke Seite (*a. von Stoff*): **on** (**at, to**) **the** ~ (**of**) zur Linken (*gen*), links (von), auf der linken Seite (*von od. gen*), linker Hand (von); **on our** ~ zu unserer Linken, uns zur Linken; **the second turning to** (*od.* **on**) **the** ~ die zweite Querstraße links; **to keep to the** ~ a) sich links halten, b) *mot.* links fahren. **3.** *Boxen*: Linke *f* (*Hand od. Schlag*). **4. the** ~, **a. the L** ~ *pol.* die Linke. *III adv* **5.** links (of von), auf der linken Seite, zur linken Hand: **to turn** ~ a) (sich) nach links wenden, b) *mot.* links abbiegen; ~, **right and center** (*bes. Br.* **centre**) *fig.* überall; **to spend one's money** ~, **right and center** (*bes. Br.* **centre**) sein Geld mit vollen Händen ausgeben.

left² [left] *pret u. pp von* **leave¹.**

'**left**|-**hand** *adj* **1.** link(er, e, es): ~ **glove**; ~ **bend** Linkskurve *f.* **2.** linkshändig, mit der linken Hand (ausgeführt): ~ **blow** (*Boxen*) Linke *f.* **3.** *bes. tech.* linksgängig, -läufig, Links...: ~ **drive** Linkssteuerung *f*; ~ **engine** linksläufiger Motor; ~ **motion** Linksgang *m*; ~ **rotation** Linksdrehung *f*; ~ **screw** linksgängige Schraube; ~ **thread** Linksgewinde *n*; ~ **twist** Linksdrall *m.* ₁~'**hand·ed** *I adj* (*adv* ~**ly**) **1.** linkshändig: ~ **person** Linkshänder(in). **2.** → **left-hand** 2, 3. **3.** zweifelhaft, fragwürdig: ~ **compliments. 4.** linkisch, ungeschickt. **5.** *hist.* morga'natisch: ~ **marriage** a. Ehe *f* zur linken Hand. *II adv* **6.** mit der linken Hand. ₁~'**hand·ed·ness** *s* **1.** Linkshändigkeit *f.* **2.** Zweifelhaftigkeit *f*, Fragwürdigkeit *f.* **3.** Ungeschicktheit *f.* ₁~'**hand·er** *s* **1.** Linkshänder(in). **2.** *Boxen*: Linke *f.*

left·ism ['leftɪzəm] *s pol.* 'Linkspoli₁tik *f*, -orien₁tierung *f.* '**left·ist** *I s* **1.** *pol.* 'Linkspo₁litiker *m*, -stehende(r) *m*, -par₁teiler *m*, -radi₁kale(r) *m.* **2.** *Am.* Linkshänder(in). *II adj* **3.** *pol.* 'linksgerichtet, -stehend, -radi₁kal, Links...

'**left-₁lean·ing** *adj pol.* nach links ten'dierend.

₁**left**|-'**lug·gage lock·er** *s rail. Br.* (Gepäck)Schließfach *n.* ₁~-'**lug·gage of·fice** *s rail. Br.* Gepäckaufbewahrung(sstelle) *f.* '~**-off** *adj* abgelegt: ~ **clothes.** '~**₁o·ver** *I adj* **1.** übrig(geblieben). *II s* **2.** meist pl 'Überbleibsel *n*, Rest *m.* **3.** *gastr. Am.* Gericht *n* aus Resten.

left| **wing** *s* **1.** *bes. mil. pol. sport* linker Flügel. **2.** *sport* Linksaußen *m.* '~**-wing** *adj pol.* dem linken Flügel angehörend, Links...

left·y ['leftɪ] *s colloq.* **1.** *pol.* Linke(r) *m.* **2.** *bes. Am.* Linkshänder(in).

leg [leg] *I v/i* **1.** *meist* ~ **it** a) die Beine gebrauchen, zu Fuß gehen, b) (weg)rennen. *II s* **2.** Bein *n.* **3.** 'Unterschenkel *m.* **4.** (*Hammel- etc*)Keule *f*: → **of mutton. 5.** a) (Hosen-, Strumpf)Bein *n*, b) (Stiefel-)Schaft *m.* **6.** a) (Stuhl-, Tisch- etc)Bein *n*, b) Stütze *f*, Strebe *f*, Stützpfosten *m*, c) Schenkel *m* (*e-s Zirkels*). **7.** *math.* Ka'thete *f*, Schenkel *m* (*e-s Dreiecks*). **8.** E'tappe *f*, Abschnitt *m* (*e-r Reise etc*), a. *aer. sport* (Teil)Strecke *f.* **9.** *mar.* Schlag *m* (*Strecke, die ein kreuzendes Schiff zurücklegt, ohne zu wenden*). **10.** *sport* 'Durchgang *m*, Runde *f*: **first-**~ (**second-**~) **game** Vorspiel *n* (Rückspiel *n*). **11.** *Kricket*: Seite des Spielfelds, die links vom Schläger (*u.* rechts vom Werfer) liegt. **12.** *hist.* Kratzfuß *m*: **to make a** ~. *Besondere Redewendungen:*

to be off one's ~s sich ausruhen; **she is never off her** ~s sie kommt nie zur Ruhe; **to be on one's** ~s **again** wieder auf den Beinen sein (*nach e-r Krankheit*); **to be all** ~s *colloq.* nur aus Beinen bestehen, ,Beine bis zum Kinn haben'; **to be on one's last** ~s auf dem letzten Loch pfeifen; **my car is on its last** ~s mein Wagen macht nicht mehr lange; **the government are on their last** ~s die Regierung ist am Ende *od.* hat abgewirtschaftet; **to find one's** ~s a) gehen *od.* laufen lernen (*Baby*), b) *fig.* sich freischwimmen; lernen, selbständig zu handeln, c) *fig.* sich eingewöhnen; **to get** (**up**) **on one's** ~s (aufstehen u.) sich zu Wort melden; **to get s.o. back on his** ~s *fig.* j-m wieder auf die Beine helfen; **to get a** (*od.* **one's**) ~ **over** *sl.* ,bumsen' (*Geschlechtsverkehr haben*); **to give s.o. a** ~ **up** a) j-m (hin)aufhelfen, b) *fig.* j-m unter die Arme greifen; **to have the** ~s **of s.o.** *colloq.* schneller laufen (können) als j-d; **to have no** ~ **to stand on** a) keinerlei Beweise haben, b) sich nicht herausreden können; **to pull s.o.'s** ~ *colloq.* j-n ,auf den Arm nehmen' *od.* ,aufziehen' *od.* foppen; **to run** (*od.* **rush**) **s.o. off his** ~s j-n in Trab halten; **to shake a** ~ *colloq.* a) das Tanzbein schwingen, b) ,Dampf od. Tempo machen'; **to show a** ~ *colloq.* aufstehen, aus dem Bett steigen; **to stand on one's own** (**two**) ~s auf eigenen Beinen stehen; **to stretch one's** ~s sich die Beine vertreten; **to take to one's** ~s ,die Beine in die Hand *od.* unter den Arm nehmen', ,Fersengeld geben'; → **hind²**, **walk off** 3.

leg·a·cy ['legəsɪ] *s jur.* Vermächtnis *n*, *fig. a.* Erbe *n.* ~ **hunt·er** *s* Erbschleicher *m.*

le·gal ['li:gl] *adj* (*adv* ~**ly**) **1.** gesetzlich, rechtlich: ~ **holiday** *Am.* gesetzlicher Feiertag; → **tender²** 7. **2.** le'gal, gesetzmäßig, rechtsgültig. **3.** Rechts..., ju'ristisch: ~ **adviser** Rechtsberater *m*; ~ **age** gesetzliches Mindestalter, bes. Volljährigkeit *f*; ~ **agent** gesetzlicher Vertreter; ~ **aid** (*unentgeltliche*) Rechtshilfe (*für bedürftige Personen*); ~ **capacity** Rechts-, Geschäftsfähigkeit *f*; ~ **dispute** Rechtsstreit *m*; ~ **medicine** Gerichtsmedizin *f*; ~ **position** Rechtslage *f*; ~ **profession** a) (der) Anwaltsstand, (die) Anwaltschaft; ~ **protection** Rechtsschutz *m*; → **capacity** 9, **entity** 2, **force** 5. **4.** gerichtlich: **a** ~ **decision**; **to take** ~ **action** den Rechtsweg beschreiten; **to take** ~ **action** (*od.* **steps**) **against s.o.** gerichtlich gegen j-n vorgehen; ~ **separation** (gerichtliche) Aufhebung der ehelichen Gemeinschaft. **5.** *relig.* a) dem Gesetz des Moses entsprechend, b) auf die seligmachende Kraft der guten Werke (*u. nicht der Gnade*) bauend.

le·gal·ese [₁li:gə'li:z] *s* Ju'ristensprache *f*, -jar₁gon *m.*

le·gal·ism ['li:gəlɪzəm] *s* Lega'lismus *m*: a) *strikte Gesetzestreue*, b) *contp. starres Festhalten an Paragraphen.*

le·gal·i·ty [lɪ'gælətɪ] *s* **1.** Gesetzlichkeit *f.* **2.** Legali'tät *f*, Gesetzmäßigkeit *f*, Rechtsgültigkeit *f.* **3.** *relig.* Werkgerechtigkeit *f.*

le·gal·i·za·tion [₁li:gəlaɪ'zeɪʃn; *Am.* -lə'z-] *s* Legali'sierung *f.* '**le·gal·ize** *v/t* legali'sieren: a) e-e Urkunde amtlich beglaubigen *od.* bestätigen, b) e-e Sache le'gal machen.

leg·ate¹ ['legɪt; -gət] *s pol.* Le'gat *m*, päpstliche(r) Gesandte(r).

le·gate² [lɪ'geɪt] *v/t* (testamen'tarisch) vermachen.

leg·a·tee [₁legə'ti:] *s jur.* Lega'tar(in), Vermächtnisnehmer(in).

le·ga·tion [lɪ'geɪʃn] *s pol.* **1.** a) Gesandtschaft *f*, b) Legati'on *f*, päpstliche Gesandtschaft. **2.** a) Entsendung *f* (*e-s bevollmächtigten Vertreters*), b) Auftrag *m*, Missi'on *f.* **3.** Gesandtschaft(sgebäude *n*) *f.*

le·ga·to [lə'gɑ:təʊ] *mus.* *I adj u. adv* le'gato, gebunden. *II pl* -**tos** *s* Le'gato *n.*

le·ga·tor [lɪ'geɪtə(r); *bes. Am.* lɪ'geɪtə(r)] *s jur.* Vermächtnisgeber(in).

leg bye *s Kricket*: Lauf, nachdem der Ball das Bein *od.* e-n anderen Körperteil des Schlagmanns berührte, nicht aber den Schläger.

leg·end ['ledʒənd] *s* **1.** Sage *f*, Le'gende *f* (*a. fig.*). **2.** *collect.* Sage *f*, Sagen(schatz *m*) *pl*, Le'gende(n *pl*) *f*: **in** ~ in der Sage *od.* Legende. **3.** ('Heiligen)Le₁gende *f.* **4.** *fig.* legen'däre Gestalt *od.* Sache, Mythus *m*: → **living** 1, **time** 7. **5.** 'Le₁gende *f*: a) erläuternder Text, 'Bild₁unterschrift *f*, b) Zeichenerklärung *f* (*auf Karten, Schautafeln etc*), c) Inschrift *f* (*auf Münzen etc*).

leg·end·ar·y ['ledʒəndərɪ; *Am.* -₁derɪ] *I adj* **1.** legen'där: a) le'genden-, sagenhaft, b) unwahrscheinlich, c) zur Le'gende geworden. *II s* **2.** Le'gendensammlung *f.* **3.** Sagen-, Le'gendendichter *m.*

leg·end·ry ['ledʒəndrɪ] → **legend** 2.

leg·er·de·main [₁ledʒə(r)də'meɪn] *s* **1.** Taschenspiele'rei *f* (*a. fig.*). **2.** Schwindel *m.*

le·ges ['li:dʒi:z] *pl von* **lex.**

legged [legd; *bes. Am.* 'legɪd] *adj* (*bes. in Zssgn*) mit (...) Beinen, ...beinig.

leg·gings – length

leg·gings [ˈlegɪŋz], *Am. a.* **leg·gins** [ˈlegənz] *s pl* **1.** a) (hohe) Ga'maschen *pl*, b) Leggins *pl*, Leggings *pl* (*vom Knöchel bis zum Oberschenkel reichende Ledergamaschen nordamerikanischer Indianer*). **2.** a) Strampelhose *f*, b) Ga'maschenhose *f*, c) *Am.* Steghose *f*.
leg·gy [ˈlegɪ] *adj* **1.** langbeinig. **2.** *colloq.* mit langen, wohlgeformten Beinen: **a ~ girl. 3. a ~ photo (show)** *colloq.* ein Foto, auf dem (e-e Show, in der) viel Bein zu sehen ist.
leg·horn *s* **1.** [ˈleghɔː(r)n; *Br. a.* leˈgɔːn; *Am. a.* ˈlegərn] a) (*ein*) feines Strohgeflecht, b) *Hut aus a.* **2.** L~ [leˈgɔːn; *Am.* ˈleghɔːrn; ˈlegərn] Leghorn *n* (*e-e Haushuhnrasse*).
leg·i·bil·i·ty [ˌledʒɪˈbɪlətɪ] *s* Leserlichkeit *f*, Lesbarkeit *f*. **'leg·i·ble** [-əbl] *adj* (*adv* **legibly**) **1.** leserlich, lesbar. **2.** wahrnehmbar, erkennbar, sichtbar. **'leg·i·ble·ness →** legibility.
le·gion [ˈliːdʒən] *s* **1.** *antiq. mil.* Legi'on *f*. **2.** Legi'on *f*, (*bes.* Frontkämpfer)Verband *m*: **the American (the British) L~; L~ of Hono(u)r** (*französische*) Ehrenlegion; **L~ of Merit** *mil. Am.* Verdienstlegion (*Orden*); **→ foreign** 1. **3.** *fig.* Legi'on *f*: a) Heer *n*, b) Unzahl *f*: **they are ~** ihre Zahl ist Legion.
le·gion·ar·y [ˈliːdʒənərɪ; *Am.* -ˌnerɪː] **I** *adj* **1.** Legions... **II** *s* **2.** *Br.* Angehörige(r) *m* des Brit. Frontkämpferverbands. **~ ant → driver ant**.
le·gion·naire [ˌliːdʒəˈneə(r)] *s* **1.** Legio'när *m*. **2.** *oft* L~ *Am.* Angehörige(r) *m* des Amer. Frontkämpferverbands.
le·gion·naires' dis·ease [ˌliːdʒəˈneə(r)z] *s med.* Legio'närskrankheit *f*.
leg·is·late [ˈledʒɪsleɪt] **I** *v/i* **1.** Gesetze erlassen. **2.** *fig.* **to ~ against s.th.** etwas verhindern; **to ~ against s.o. doing s.th.** verhindern, daß j-d etwas tut; **to ~ for s.th.** etwas berücksichtigen. **II** *v/t* **3.** durch Gesetzgebung bewirken *od.* schaffen.
leg·is·la·tion [ˌledʒɪsˈleɪʃn] *s* Gesetzgebung *f* (*a. weitS.* erlassene Gesetze).
leg·is·la·tive [ˈledʒɪslətɪv; *Am.* ˈledʒɪsˌleɪtɪv] **I** *adj* (*adv* **~ly**) **1.** gesetzgebend, legisla'tiv: **~ assembly** gesetzgebende Versammlung; **~ body → 4** b; **~ power → 4** a. **2.** gesetzgeberisch, legisla'torisch, Legislatur..., Gesetzgebungs...: **~ period** Legislaturperiode *f*. **3.** gesetzlich, durch die Gesetzgebung festgelegt. **II** *s* **4.** Legisla'tive *f*: a) gesetzgebende Gewalt, b) gesetzgebende Körperschaft.
leg·is·la·tor [ˈledʒɪsleɪtə(r)] *s* **1.** Gesetzgeber *m*. **2.** Mitglied *n* einer gesetzgebenden Körperschaft. **ˌleg·is·laˈto·ri·al** [-ləˈtɔːrɪəl] → legislative 2.
leg·is·la·tress [ˈledʒɪsleɪtrɪs] *s* **1.** Gesetzgeberin *f*. **2.** → legislator.
leg·is·la·ture [ˈledʒɪsleɪtʃə(r)] *s* **1.** → legislative 4. **2.** *obs.* → legislative 4 a.
le·gist [ˈliːdʒɪst] *s* **1.** Rechtskundige(r) *m*, Ju'rist *m*. **2.** *hist.* Le'gist *m* (*Jurist, der das römische Recht beherrschte*).
le·git [lɪˈdʒɪt] *sl.* **I** *adj* → legitimate 1 a u. b, 5. **II** *s* → legitimate drama.
le·git·i·ma·cy [lɪˈdʒɪtɪməsɪ] *s* **1.** Legiti'mität *f*: a) Gesetzmäßigkeit *f*, Gesetzlichkeit *f*, b) Rechtmäßigkeit *f*, Berechtigung *f*, c) Ehelichkeit *f*. **2.** Richtigkeit *f*, Kor'rektheit *f*. **3.** Folgerichtigkeit *f*, Logik *f*. **4.** Echtheit *f*.
le·git·i·mate [lɪˈdʒɪtɪmət] **I** *adj* (*adv* **~ly**) **1.** legi'tim: a) gesetzmäßig, gesetzlich, b) rechtmäßig, berechtigt: **~ claims**; **the ~ ruler** der legitime Herrscher, c) ehelich: **~ birth; ~ son. 2.** richtig, kor'rekt. **3.** einwandfrei, folgerichtig, logisch. **4.** echt. **5.** a) ernst: **~ music**, b) *thea.* Dramen...: **~ playwright** Dramatiker *m*. **II** *v/t* [-meɪt] **6.** legiti'mieren: a) für gesetzmäßig erklären, b) ehelichen Status verleihen (*dat*), für ehelich erklären. **7.** als (rechts)gültig anerkennen, sanktio'nieren. **8.** rechtfertigen. **~ dra·ma** *s* (*das*) Drama (*Ggs. Revue, Musical etc*).
le·git·i·mate·ness → legitimacy.
le·git·i·ma·tion [lɪˌdʒɪtɪˈmeɪʃn] *s* Legitimati'on *f*: a) Legiti'mierung *f*, *a.* Ehelichkeitserklärung *f*, b) Ausweis *m*. **leˈgit·i·ma·tize** [-mətaɪz] → legitimate II.
le·git·i·mism [lɪˈdʒɪtɪmɪzəm] *s pol. hist.* Legiti'mismus *m* (*auf dem monarchischen Legitimitätsprinzip beruhende Auffassung von der Unabsetzbarkeit e-s regierenden Herrschers*). **leˈgit·i·mist I** *s* Legiti'mist(in). **II** *adj* legiti'mistisch.
le·git·i·mi·za·tion [lɪˌdʒɪtɪmaɪˈzeɪʃn; *Am.* -məˈz-] → legitimation. **leˈgit·i·mize** → legitimate II.
leg·less [ˈleglɪs] *adj* ohne Beine, beinlos.
leg·man [ˈlegmæn; *Br. a.* -mən] *s irr bes. Am.* **1.** (ˈZeitungs)Re‚porter *m*. **2.** *colloq.* Laufbursche *m*.
ˌleg-of-ˈmut·ton *adj*: **~ sail** *mar.* Schafschenkel *m*, Schratsegel *n*; **~ sleeve** Keulenärmel *m*. **'~-pull** *s colloq.* Foppe'rei *f*. **~ room** *s bes. mot.* Beinfreiheit *f*, Platz *m* für die Beine. **~ show** *s colloq.* Show, in der viel Bein zu sehen ist.
leg·ume [ˈlegjuːm; *a.* lɪˈgjuːm] *s* **1.** *bot.* a) Legumi'nose *f*, Hülsenfrucht *f*, b) Le'gumen *n*, Hülse *f* (*Frucht der Leguminosen*). **2.** *meist pl* a) Hülsenfrüchte *pl* (*als Gemüse*), b) Gemüse *n*. **le·gu·men** [leˈgjuːmen; -mən; lɪ-] *pl* **-mi·na** [-mɪnə], **-mens →** legume 2. **le'gu·min** [-mɪn] *s chem.* Legu'min *n* (*Eiweißstoff in den Hülsenfrüchten*). **le'gu·mi·nous** [-mɪnəs] *adj* **1.** a) Hülsen..., b) hülsenartig, c) hülsentragend. **2.** erbsen- *od.* bohnenartig. **3.** *bot.* zu den Hülsenfrüchten gehörig.
leg|ˈwarm·ers *s pl Mode:* Legwarmers *pl*, Stulpen *pl*. **'~work** *s colloq.* **1.** ‚Laufe'rei *f*. **2.** Kleinarbeit *f*.
lehr [lɪə(r)] *s tech.* (Band-, Tunnel)Kühlofen *m* (*für Glas*).
le·hu·a [leɪˈhuːə] *s* **1.** *bot.* (*ein*) Eisenholzbaum *m*. **2.** Blüte dieses Baumes (*Emblem von Hawaii*).
lei[1] [ˈleɪiː; leɪ] *s* Blumen-, Blütenkranz *m* (*auf Hawaii*).
lei[2] [ˈleɪiː; leɪ] *pl von* **leu**.
Leices·ter [ˈlestə(r)] *s* Leicester-Schaf *n* (*langwolliges englisches Schaf*).
leish·ma·ni·a [liːʃˈmeɪnɪə] *s zo.* Leish'mania *f* (*ein schmarotzendes Geißeltierchen*). **leish·ma·ni·a·sis** [ˌliːʃməˈnaɪəsɪs], **leish·ma·ni·o·sis** [liːʃˌmeɪnɪˈəʊsɪs; -ˌmænɪ-] *s med.* Leishmani'ose *f* (*durch Leishmanien verursachte Tropenkrankheit*).
leis·ter [ˈliːstə(r)] *s* mehrzackiger Fischspeer.
lei·sure [ˈleʒə(r); *Am. bes.* ˈliːʒər] **I** *s* **1.** freie Zeit: **at ~** a) mit Muße, ohne Hast, in (aller) Ruhe, b) frei, unbeschäftigt; **at your ~** wenn es Ihnen (gerade) paßt, bei Gelegenheit; **lady of ~** *colloq.* ‚Gunstgewerblerin' *f* (*Prostituierte*). **2.** → leisureliness. **II** *adj* **3.** Muße..., frei: **~ activities** Freizeitgestaltung *f*; **~ center** (*bes. Br.* **centre**) Freizeitzentrum *n*; **~ facilities** Freizeiteinrichtungen *pl*; **~ hours** Mußestunden *pl*; **~ industry** Freizeitindustrie *f*; **~ occupation** Freizeitbeschäftigung *f*; **~ suit** Freizeitanzug *m*; **~ time** Freizeit *f*; **~ wear** Freizeitkleidung *f*. **'lei·sured** *adj* **1.** unbeschäftigt, müßig: **the ~ classes** die begüterten Klassen. **2.** → leisurely. **'lei·sure·li·ness** [-lɪnɪs] *s* Gemächlichkeit *f*, Gemütlichkeit *f*. **'lei·sure·ly** *adj u. adv* gemächlich, gemütlich.
leit·mo·tiv, *a.* **leit·mo·tif** [ˈlaɪtməʊˌtiːf] *s mus.* 'Leitmoˌtiv *n* (*a. in der Literatur*).
lem·an [ˈlemən] *s obs.* Buhle *m, f*, Geliebte(r *m*) *f*.
lem·ma[1] [ˈlemə] *pl* **-mas** *od.* **-ma·ta** [-mətə] *s* Lemma *n*: a) *math., Logik:* Hilfssatz *m*, Annahme *f*, b) (*lexikographisches*) Stichwort, c) *ling.* Grundform *f* (*e-s Worts*), d) *obs.* in Titel *od.* Motto ausgedrückter Hauptinhalt e-s Werkes.
lem·ma[2] [ˈlemə] *pl* **-mas** *s bot.* Deckspelze *f* (*der Gräser*).
lem·ma·ta [ˈlemətə] *pl von* **lemma**[1].
lem·ming [ˈlemɪŋ] *s zo.* Lemming *m*.
lem·nis·cate [ˈlemnɪskɪt; *Am.* ˈlemnɪskət] *s math.* Lemnis'kate *f* (*algebraische Kurve 4. Ordnung, die die Form e-r liegenden Acht hat*).
lem·on [ˈlemən] **I** *s* **1.** Zi'trone *f*. **2.** *bot.* Li'mone *f*, Zi'tronenbaum *m*. **3.** Zi'tronengelb *n*. **4.** *sl.* „Niete" *f* (*Sache od. Person*). **II** *adj* **5.** Zitronen...: **~ juice** (**taste, tea**, *etc*). **6.** zi'tronengelb.
lem·on·ade [ˌleməˈneɪd] *s* Zi'tronenliˌmoˌnade *f*.
lem·on|cheese, ~ curd *s* Brotaufstrich *aus Eigelb, Zucker, Zitronensaft u. Butter*. **~ dab** *s ichth.* Rotzunge *f*. **~ drop** *s* Zi'tronenbonˌbon *m, n*. **~ so·da** *s Am.* Zi'tronenlimoˌnade *f*. **~ sole** *s ichth.* (*bes.* Fran'zösische) Seezunge. **~ squash** *s Br.* Getränk aus Zitronenkonzentrat *u.* Wasser. **~ squeez·er** *s* Zi'tronenpresse *f*.
lem·on·y [ˈlemənɪ] *adj* **1.** → **lemon** 5, 6. **2.** *Austral. sl.* „sauer" (*verärgert*).
le·mur [ˈliːmə(r)] *s zo.* Halbaffe *m*, *bes.* a) Maki *m*, b) Gemeiner Le'mur(e).
lem·u·res [ˈlemjʊəriːz; *Am.* ˈleməˌreɪs] *pl myth. antiq.* Le'muren *pl* (*nachts als Gespenster umherirrende Geister von Verstorbenen*).
lem·u·roid [ˈlemjʊərɔɪd] *zo.* **I** *adj* halbaffenartig. **II** *s* Halbaffe *m*.
lend [lend] *pret u. pp* **lent** [lent] *v/t* **1.** (ver-, aus)leihen: **to ~ s.o. money**, **to ~ money to s.o.** j-m Geld leihen, an j-n Geld verleihen. **2.** *fig.* Würde, Nachdruck, Farbe *etc* verleihen (**to** *dat*). **3.** *fig.* leihen, gewähren, schenken: **to ~ one's name to s.th.** s-n Namen hergeben für etwas; **to ~ o.s. to s.th.** a) sich hergeben zu etwas, b) sich e-r Sache hingeben; **to ~ itself to s.th.** sich eignen für *od.* zu etwas; **→ aid** 4, **ear**[1] 3, **hand** 1. **'lend·er** *s* Ausˌ Verleiher(in), Geld-, Kre'dit-, Darlehensgeber(in).
'lend·ing *s* Aus-, Verleihen *n*, (*e-r* Bi'bliothek) Leihverkehr *m*, *econ.* Kre'dit-, Darlehensgewährung *f*: **~ international** *od.* internationaler Kreditverkehr. **~ li·brar·y** *s* 'Leihbücheˌrei *f*.
ˌlend-ˈlease I *s* 'Leih-'Pacht-Syˌstem *n*. **II** *v/t* auf Grund *od.* nach Art des Leih-Pacht-Gesetzes verleihen u. verpachten. **ˌL~-ˈL~ Act** *s* Leih-Pacht-Gesetz *n* (*von 1941*).
le·nes [ˈleɪnɪz; ˈliːniːz] *pl von* **lenis**.
length [leŋθ; leŋkθ] *s* **1.** Länge *f* (*Dimension*): **~ and breadth**; **they searched the ~ and breadth of the house** sie durchsuchten das ganze Haus; **an arm's ~** e-e Armlänge; **two feet in ~** 2 Fuß lang; **what ~ is it?** wie lang ist es? **2.** Länge *f*: a) Strecke *f*: **a ~ of three feet**, b) lange Strecke. **3.** *Maß f:* a) Bahn *f* (*Stoff, Tapete etc*), b) Stück *n* (*Schnur etc*), c) Abschnitt *m* (*e-r Straße etc*), d) Bahn *f*, Länge *f* (*e-s Schwimmbeckens*). **4.** Länge *f*, 'Umfang *m* (*e-s Buches, e-r Liste etc*). **5.** (*zeitliche*) Länge: a) Dauer *f* (*a. ling. e-s Lautes*): **of some ~** ziemlich lang, b) lange Dauer. **6.**

sport Länge *f*: **the horse won by a ~** das Pferd gewann mit e-r Länge (Vorsprung). **7.** *metr.* Quanti'tät *f*. *Besondere Redewendungen*: **at ~ a)** ausführlich, **b)** endlich, schließlich; **at full ~ a)** in allen Einzelheiten, **b)** der Länge nach; **at great (some) ~** sehr (ziemlich) ausführlich; **to go to great ~s a)** sehr weit gehen, **b)** sich sehr bemühen; **he went (to) the ~ of asserting** er ging so weit zu behaupten; **to go to all ~s** aufs Ganze gehen; **to go any ~(s) for s.o.** alles tun für j-n; **I wonder what ~(s) he will go to** wie weit er wohl gehen wird?; **I cannot go that ~ with you** darin gehen Sie mir zu weit; **to know the ~ of s.o.'s foot** j-s Schwächen *od.* Grenzen kennen; → **arm**[1] *Bes. Redew.*, **measure** 18.

length·en ['leŋθən; 'leŋkθən] **I** *v/t* **1.** verlängern, länger machen, *Kleidungsstück a.* auslassen. **2.** ausdehnen. **3.** *metr.* lang machen. **4.** *Wein etc* strecken. **II** *v/i* **5.** sich verlängern, länger werden: **his face ~ed** sein Gesicht wurde länger, er machte ein langes Gesicht; **the shadows ~ed** die Schatten wurden länger. **6. ~ out** sich in die Länge ziehen. **'length·en·ing I** *s* Verlängerung *f*. **II** *adj* Verlängerungs...
length·i·ness ['leŋθɪnɪs; 'leŋkθ-] *s* Langatmigkeit *f*.
'length·ways, 'length·wise I *adv* der Länge nach, in der Länge, längs. **II** *adj* Längs...: **~ cut**.
length·y ['leŋθɪ; 'leŋkθɪ] *adj (adv* **length·i·ly) 1.** sehr lang. **2.** übermäßig od. ermüdend lang, langatmig. **3.** *colloq.* ,lang': **a ~ fellow**.
le·ni·en·cy ['li:njənsɪ; -nɪənsɪ], **'le·ni·ence** *s* Milde *f*, Nachsicht *f*. **'le·ni·ent** *adj (adv* **~ly)** mild(e), nachsichtig **(to, toward**[*s*] gegen'über).
Len·in·ism ['lenɪnɪzəm] *s pol.* Leni'nismus *m*. **'Len·in·ist, 'Len·in·ite I** *s* Leni'nist(in). **II** *adj* leni'nistisch.
le·nis ['leɪnɪs; 'li:-] *ling.* **I** *pl* **le·nes** ['leɪneɪz; 'li:ni:z] *s* Lenis *f* (*mit schwachem Druck u. ungespannten Artikulationsorganen gebildeter Verschluß- od. Reibelaut*). **II** *adj* le'niert.
le·ni·tion [lɪˈnɪʃn] *s ling.* Le'nierung *f*, Konso'nantenschwächung *f* (*bes. in den keltischen Sprachen*).
len·i·tive ['lenɪtɪv] **I** *adj* **1.** *med. pharm.* lindernd. **2.** *fig.* besänftigend, beruhigend. **II** *s* **3.** *med. pharm.* Linderungsmittel *n*.
len·i·ty ['lenətɪ] *s* Nachsicht *f*, Milde *f*.
le·no ['li:nəʊ] **I** *pl* **-nos** *s* Li'non *m* (*feinfädiges Leinen- od. Baumwollgewebe in Leinwandbindung*). **II** *adj* Linon...
lens [lenz] *s* **1.** *anat., a. phot. phys.* Linse *f*: **~ aperture** *phot.* Blende *f*; **supplementary ~** Vorsatzlinse. **2.** *phot. phys.* Ob'jek'tiv *n*. **3.** (*einzelnes*) Glas (*e-r Brille*). **4.** Lupe *f*. **5.** *zo.* Sehkeil *m* (*e-s Facettenauges*). **~ hood** ~ **lens screen**. **~ mount** *s phot.* Ob'jek'tivfassung *f*. **~ screen** *s phot.* Gegenlichtblende *f*. **~ tur·ret** *s phot.* Ob'jek'tivre,volver *m*.
lent[1] [lent] *pret u. pp von* **lend**.
Lent[2] [lent] *s* **1.** Fasten(zeit *f*) *pl*. **2.** *pl* Frühjahrsbootsrennen *pl* (*der Universität Cambridge*).
Lent·en, L~ ['lentən] *adj* **1.** Fasten... **2.** *obs. od. poet.* fastenmäßig, karg, mager: **~ fare** fleischlose Kost.
len·tic·u·lar [len'tɪkjʊlə(r)] *adj* **1.** linsenförmig. **2.** *phys.* bikon'vex. **3.** *anat.* Linsen...
len·ti·form ['lentɪfɔ:(r)m] *adj* linsenförmig.
len·ti·go [len'taɪɡəʊ] *pl* **-tig·i·nes** [-'tɪdʒɪniːz] *s* **1.** *med.* Len'tigo *f*, Linsenfleck *m*, Muttermal *n*. **2.** Sommersprosse *f*.

len·til ['lentɪl; *bes. Am.* -tl] *s* **1.** *bot.* Linse *f*: **~ soup** Linsensuppe *f*. **2.** *geol.* (Ge,steins)Linse *f*.
Lent lil·y *s bot. bes. Br.* 'Nar'zisse *f*.
len·to ['lentəʊ] *mus.* **I** *adj u. adv* lento, langsam. **II** *pl* **-tos** *s* Lento *n*.
Lent term *s univ. Br.* 'Frühjahrs,mester *n*.
Lenz's law ['lentsɪz] *s phys.* Lenzsche Regel.
Le·o ['li:əʊ; 'liəʊ] *s astr.* Löwe *m*: **to be (a) ~** Löwe sein.
Le·on·i·des [li:'ɒnɪdi:z, lɪ-; *Am.* -'ɑnə-], **Le·o·nids** ['li:əʊ(r)] *s pl astr.* Leo'niden *pl* (*periodischer, zwischen dem 14. u. 19. November auftretender Meteorstrom, dessen Ausgangspunkt im Sternbild Löwe liegt*).
le·o·nine[1] ['li:əʊnaɪn; 'lɪə-] *adj* **1.** Löwen...: **~ head** Löwenhaupt *n*. **2.** *jur.* leo'ninisch: **~ partnership** leoninischer Vertrag.
Le·o·nine[2] ['li:əʊnaɪn; 'lɪə-] *adj*: **~ verse** *metr.* leoninischer Vers.
leop·ard ['lepə(r)d] *s* **1.** *zo.* Leo'pard *m*, Panther *m*: **American ~** Jaguar *m*; **black ~** Schwarzer Panther; **a ~ never changes** (*od.* **cannot change**) **its spots** *fig.* der Mensch kann nicht aus s-r Haut heraus. **2.** Leo'pardenfell *n*. **~ cat** *s zo.* Ben'galkatze *f*. **'~'s-bane** *s bot.* Gemswurz *f*.
le·o·tard ['li:əʊta:(r)d; 'lɪə-] *s* **1.** Tri'kot *n*. **2.** Gym'nastikanzug *m*.
lep·er ['lepə(r)] *s* **1.** *med.* Leprakranke(r *m*) *f*, Aussätzige(r *m*) *f*: **~ hospital** Leprakrankenhaus *n*. **2.** *fig.* j-d, der von allen gemieden wird.
le·pid·o·lite [lɪˈpɪdəlaɪt; 'lepɪdəʊ-] *s min.* Lepido'lith *m*.
lep·i·dop·ter·ist [ˌlepɪˈdɒptərɪst; *Am.* -'dɑp-] *s* Lepidopte'rologe *m*, Schmetterlingskundler *m*. **lep·i·dop·ter'ol·o·gist** [-'rɒlədʒɪst; *Am.* -'rɑ-] → **lepidopterist**. **lep·i·dop·ter'ol·o·gy** *s* Lepidopterolo'gie *f*, Schmetterlingskunde *f*. **lep·i·dop·ter·on** [-rən] *pl* **-ter·a** [-tərə] *s* Schmetterling *m*. **lep·i·'dop·ter·ous** *adj* Schmetterlings...
lep·i·dote ['lepɪdəʊt] *adj biol.* schuppig.
lep·o·rine ['lepəraɪn] *adj zo.* **1.** Hasen... **2.** hasenartig.
lep·re·chaun ['leprəkɔ:n; *Am. a.* -ˌkɑ:n] *s Ir.* Kobold *m*.
lep·ro·sar·i·um [ˌleprəˈseərɪəm] *pl* **-i·a** [-ɪə] *s* Lepro'sorium *n* (*Spezialklinik für Leprakranke*).
lep·rose ['leprəʊs; -z] *adj biol.* schuppig.
lep·ro·sy ['leprəsɪ] *s* **1.** *med.* Lepra *f*, Aussatz *m*. **2.** *fig.* verderblicher Einfluß.
'lep·rous *adj* **1.** *med.* le'pros, le'prös: **Lepra...**, **b)** leprakrank, aussätzig. **2.** *fig.* verderbt, verdorben: **a ~ character**.
lep·ta ['leptə; *Am. a.* lep'tɑ:] *pl von* **lepton**[1].
lep·to·dac·ty·lous [ˌleptəʊˈdæktɪləs] *adj zo.* schmalzehig.
lep·ton[1] ['leptɒn; *Am.* lep'tɑn; 'lepˌtɑn] *pl* **-ta** ['leptə; *Am. a.* lep'tɑ:] *s* Lep'ton *n* (*griechische Münze*).
lep·ton[2] ['leptɒn; *Am.* -ˌtɑn] *s phys.* Lep'ton *n* (*Elementarteilchen, das keiner starken Wechselwirkung unterworfen ist*).
Le·pus ['li:pəs; 'lepəs] *s astr.* Hase *m* (*Sternbild*).
les·bi·an ['lezbɪən] **I** *adj* **1.** **L~** lesbisch, von Lesbos. **2.** lesbisch: **~ love**. **3.** e'rotisch: **~ novels**. **II** *s* **4.** Lesbierin *f*. **'Les·bi·an·ism** *s* Lesbia'nismus *m*, lesbische Liebe.
lèse ma·jes·té [ˌleɪzˈmæʒesteɪ], **lese maj·es·ty** [ˌliːzˈmædʒɪstɪ] *s* **1.** Maje'stätsbeleidigung *f* (*a. fig.*). **2.** Hochverrat *m*.
le·sion ['li:ʒn] *s* **1.** *med.* **a)** Verletzung *f*, Wunde *f*, **b)** Läsi'on *f* (*Funktionsstörung*

e-s Organs od. Körperteils). **2.** *jur.* Schädigung *f*.
less [les] **I** *adv* (*comp von* **little**) **1.** weniger, in geringerem Maß *od.* Grad: **~ known** weniger bekannt; **~ and ~** immer weniger; **still** (*od.* **much**) **~** noch viel weniger, geschweige denn; **the ~ so as** (dies) um so weniger, als; **~ than smooth** alles andere als glatt; **we expected nothing ~ than** wir erwarteten alles eher als; → **none** *Bes. Redew.* **II** *adj* (*comp von* **little**) **2.** geringer, kleiner, weniger: **in a ~ degree** in geringerem Grad *od.* Maß; **of ~ value** von geringerem Wert; **he has ~ money** er hat weniger Geld; **in ~ time** in kürzerer Zeit; **no ~ a man than Churchill** kein Geringerer als Churchill. **3.** jünger (*obs. außer in*): **James the L~** *Bibl.* Jakobus der Jüngere. **III** *s* **4.** weniger, eine kleinere Menge *od.* Zahl, ein geringeres (Aus)Maß: **~ is sometimes more** weniger ist manchmal mehr; **it was ~ than five dollars** es kostete weniger als 5 Dollar; **in ~ than no time** im Nu; **to do with ~** mit weniger auskommen; **for ~** billiger; **little ~ than robbery** so gut wie *od.* schon fast Raub; **no ~ than** nicht weniger als; **nothing ~ than a)** zumindest, **b)** geradezu. **IV** *prep* **5.** weniger, minus: **five ~ two**; **~ interest** abzüglich (der) Zinsen. **6.** ausgenommen.
-less [lɪs] *Wortelement mit der Bedeutung* **1.** ...los, ohne: → **childless**, *etc.* **2.** nicht zu ...: → **countless**, *etc.*
les·see [le'si:] *s jur.* **a)** Pächter(in), Mieter(in), **b)** Leasingnehmer(in).
less·en ['lesn] **I** *v/i* **1.** sich vermindern *od.* verringern, abnehmen, geringer *od.* kleiner werden. **II** *v/t* **2.** vermindern, -ringern, her'absetzen, verkleinern. **3.** *fig.* **a)** her'absetzen, schmälern, **b)** bagatelli'sieren.
less·er ['lesə(r)] *adj* (*nur attr*) **1.** kleiner, geringer: → **evil** 5. **2.** unbedeutender (*von zweien*): **~ wife** Nebenfrau *f*.
les·son ['lesn] *s* **1.** Lekti'on *f*, Übungsstück *n*. **2.** (Haus)Aufgabe *f*. **3. a)** (Lehr-, 'Unterrichts)Stunde *f*: **an English ~** e-e Englischstunde, **b)** *pl* 'Unterricht *m*, Stunden *pl*: **to give ~s** Unterricht erteilen, unterrichten, Stunden geben; **to take ~s from s.o.** Unterricht bei j-m nehmen; **~s in French** Französischunterricht. **4.** *fig.* Lehre *f*: **this was a ~ to me** das war mir e-e Lehre; **let this be a ~ to you** laß dir das zur Lehre *od.* Warnung dienen. **5.** *fig.* Lekti'on *f*, Denkzettel *m*: **he has learnt his ~** er hat s-e Lektion gelernt; → **teach** 2. **6.** *relig.* (zu verlesender) (Bibel)Text. **II** *v/t* **7.** j-m 'Unterricht erteilen, j-n unter'richten, j-n unter'weisen (**in** in *dat*). **8.** *fig.* j-m e-n Denkzettel geben, j-m e-e Lekti'on erteilen.
les·sor [le'sɔ:(r)] *s jur.* **a)** Verpächter(in), Vermieter(in), **b)** Leasinggeber(in).
lest [lest] *conj* **1.** (*meist mit folgendem* **should** *konstruiert*) daß *od.* da'mit nicht; aus Furcht, daß: **he ran away ~ he should be seen** er lief davon, um nicht gesehen zu werden. **2.** (*nach Ausdrücken des Befürchtens*) daß: **there is danger ~ the plan become known**.
let[1] [let] **I** *s* **1.** *Br.* **a)** Vermieten *n*, Vermietung *f*, **b)** 'Mietob,jekt *n*: **he is looking for a ~ in London** er will in London e-e Wohnung *od.* ein Haus mieten *od.* vermieten; **in London e-e Wohnung od. ein Haus, c)** *colloq.* Mieter(in): **they can't find a ~ for their flat**.
II *v/t pret u. pp* **let 2.** lassen, j-m erlauben: **~ him talk** laß ihn reden; **~ me help you** lassen Sie sich (von mir) helfen; **he ~ himself be deceived** er ließ sich täuschen; **to ~ s.o. know** j-n wissen lassen, j-m Bescheid geben; **to ~ into a)**

let – Levant

(her)einlassen in (*acc*), b) *j-n einweihen in ein Geheimnis*, c) *ein Stück Stoff etc einsetzen in* (*acc*); **to ~ s.o. off a penalty** j-m e-e Strafe erlassen; **to ~ s.o. off a promise** j-n von e-m Versprechen entbinden. **3.** *bes. Br.* vermieten, -pachten (**to** an *acc*; **for** auf *ein Jahr etc*): "to ~" „zu vermieten". **4.** *e-e Arbeit etc vergeben* (**to** an *acc*).
III *v/aux* **5.** lassen, mögen, sollen (*zur Umschreibung des Imperativs der 1. u. 3. Person, von Befehlen etc*): **~ us go!** Yes, **~'s!** gehen wir! Ja, gehen wir! (*od.* Ja, einverstanden!); **~ us pray** lasset uns beten; **~ him go there at once!** er soll sofort hingehen!; (just) **~ them try** sie sollen es nur versuchen; **→ A be equal to B** nehmen wir an, A ist gleich B.
IV *v/i* **6.** *bes. Br.* vermietet *od.* verpachtet werden (**at, for** für). **7.** *sich gut etc* vermieten *od.* verpachten lassen. **8. ~ into** 'herfallen über *j-n*.
Besondere Redewendungen:
~ alone a) geschweige denn, ganz zu schweigen von, b) → **let alone; to ~ be** a) *etwas seinlassen, die Finger lassen von*, b) *j-n, etwas in Ruhe lassen;* **to ~ drive at s.o.** auf j-n losschlagen *od.* -feuern; **to ~ fall** a) fallen lassen, b) *fig. e-e Bemerkung etc* fallenlassen, c) *math. e-e Senkrechte* fällen (**on, upon** auf *acc*); **to ~ fly** a) *etwas* abschießen, b) *fig. etwas* loslassen, vom Stapel lassen, c) schießen (**at** auf *acc*), d) *fig.* grob werden, vom Leder ziehen (**at** gegen); **to ~ go** loslassen; **to ~ s.th. go, to ~ go of s.th.** etwas loslassen; **to ~ o.s. go** a) sich gehenlassen, b) aus sich herausgehen; **~ it go at that** laß es dabei bewenden; **don't ~ it go any further** erzählen Sie es nicht weiter; → **loose** 1, **slip¹** 15, *etc*.
Verbindungen mit Adverbien:
let | a·lone *v/t* a) *etwas seinlassen, die Finger lassen von*, b) *j-n, etwas in Ruhe lassen;* → **let¹** *Bes. Redew.*, **severely** 1, **well¹** 18. **~ by** *v/t* vor'beilassen. **~ down I** *v/t* **1.** her'unter-, hin'unterlassen: **to let s.o. down gently** *fig.* mit j-m glimpflich verfahren; → **hair** *Bes. Redew.* **2.** *Kleidungsstück* auslassen. **3.** die Luft lassen aus: **to ~ a tyre. 4.** verdünnen. **5.** a) *j-n* im Stich lassen, b) enttäuschen. **II** *v/i* **6.** *Am.* nachlassen: **to ~ in one's efforts. 7.** *aer. Am.* her'untergehen, zur Landung ansetzen. **~ in** *v/t* **1.** (her-, hin')einlassen, *Wasser etc* 'durchlassen: **to let s.o. in;** ~ **light; to let o.s. in** (aufsperren *od.* die Tür aufmachen u.) hineingehen; **it would ~ all sorts of evils** wir öffneten allen möglichen Übeln Tür u. Tor öffnen. **2.** *ein Stück etc* einlassen, -setzen. **3.** *Kleidungsstück* enger machen. **4.** *j-n* einweihen (**on** in *acc*). **5.** in Schwierigkeiten bringen: **to let s.o. in for s.th.** j-m etwas aufhalsen *od.* einbrocken; **to let o.s. in for s.th.** sich etwas aufhalsen lassen *od.* einbrocken, sich auf etwas einlassen. **~ off** *v/t* **1.** *ein Feuerwerk* abbrennen, *e-e Dynamitladung etc* zur Explosi'on bringen, *ein Gewehr etc* abfeuern. **2.** *Gase etc* ablassen: → **steam** 1. **3.** *j-n* aussteigen lassen, absetzen. **4.** *fig. e-n Witz etc* vom Stapel lassen. **5.** *j-n* laufenlassen, *mit e-r Geldstrafe etc* da'vonkommen lassen: **to let s.o. off with a fine. 6.** *j-n* gehenlassen, entlassen. **~ on** *colloq.* **1.** *Am.* ‚plaudern' (*ein Geheimnis verraten*): **don't ~!** halt den Mund!, nichts verraten (**about** von)! **2.** sich etwas anmerken lassen (**about** von; **was** ... anbetrifft). **3.** so tun als ob. **II** *v/t* **4.** zugeben (**that** daß): **he knows more than he lets on. 5.** vorgeben: **he's not half as ill as he lets on. 6.** ‚ausplaudern', verraten (**that** daß). **7.** sich anmerken lassen (**that** daß). **~ out I**

v/t **1.** her'aus-, hin'auslassen (**of** aus): **to let o.s. out** (aufsperren *od.* die Tür aufmachen u.) hinausgehen; **to let the air out of a tire** (*bes. Br.* **tyre**) die Luft aus e-m Reifen lassen. **2.** *ein Kleidungsstück* auslassen. **3.** *e-n Schrei etc* ausstoßen. **4.** *ein Geheimnis* ‚ausplaudern', verraten. **5.** *colloq. j-n* aus dem Spiel lassen, verschonen: **to let s.o. out of doing s.th.** es j-m erlassen, etwas zu tun. **6.** → **let¹** 3, 4.
II *v/i* **7.** 'herfallen (**at** über *acc*) (**a.** mit Worten). **~ through** *v/t* 'durchlassen. **~ up** *v/i colloq.* **1.** a) nachlassen, b) aufhören. **2.** (**on**) weniger streng sein (mit), nachsichtiger sein (gegen).

let² [let] *s* **1.** *bes. Tennis:* Let *n*, Netzaufschlag *m*. **2.** Hindernis *n* (*obs. außer in*): **without ~ or hindrance** völlig unbehindert.

'let·down *s* **1.** Enttäuschung *f*. **2.** *aer. Am.* Her'untergehen *n*.

le·thal ['liːθl] **I** *adj* **1.** tödlich, le'tal: **~ dosis** tödliche Dosis; **~ injection** *jur. Am.* Todesspritze *f*. **2.** Todes...: **~ chamber** Todeskammer *f*. **II** *s* **1.** lethal factor. **~ fac·tor, ~ gene** *s biol.* Le'talfaktor *m*.

le·thar·gic [leˈθɑː(r)dʒɪk, lɪ-] *adj*, **le·'thar·gi·cal** [-kl] *adj* (*adv* **-ly**) le'thargisch: a) teilnahmslos, träg(e), stumpf, b) *med.* schlafsüchtig. **leth·ar·gy** ['leθədʒɪ] *s* Lethar'gie *f*: a) Teilnahmslosigkeit *f*, Trägheit *f*, Stumpfheit *f*, b) *med.* Schlafsucht *f*.

Le·the ['liːθiː; -θɪ] *s* **1.** Lethe *f* (*Fluß des Vergessens im Hades*). **2.** *poet.* Vergessen(heit *f*) *n*.

let's [lets] *colloq. für* let us.

Lett [let] *s* **1.** Lette *m*, Lettin *f*. **2.** *ling.* Lettisch *n*, das Lettische.

let·ter ['letə(r)] **I** *s* **1.** Buchstabe *m* (*a. fig. buchstäblicher Sinn*): **to the ~** a) wortwörtlich, buchstäblich, b) *fig.* peinlich genau; **the ~ of the law** der Buchstabe des Gesetzes; **in ~ and in spirit** dem Buchstaben u. dem Sinne nach. **2.** Brief *m*, Schreiben *n* (**to** an *acc*): **by ~** brieflich, schriftlich; **last ~** Abschiedsbrief; **~ of application** Bewerbungsschreiben; **~ of introduction** Einführungsschreiben; **~ of thanks** Dank(es)brief, Dankschreiben. **3.** *meist pl* (*amtlicher*) Brief, Urkunde *f*: **~s of administration** *jur.* Nachlaßverwalterzeugnis *n*; **~ of attorney** *jur.* Vollmacht(surkunde) *f*; **~s of credence, ~s credential** *pol.* Beglaubigungsschreiben *n*; **~ of credit** *econ.* Akkreditiv *n*; **~s patent** a) (*Adels- etc*) Patent *n*, b) *jur.* Patenturkunde; **~s testamentary** *jur. Am.* Testamentsvollstreckerzeugnis *n*. **4.** *print.* a) Letter *f*, Type *f*, b) *collect.* Lettern *pl*, Typen *pl*, c) Schrift(art) *f*. **5.** *pl* (*a. als sg konstruiert*) a) (schöne) Litera'tur, b) Bildung *f*, c) Wissenschaft *f*: **man of ~s** Literat *m* **6.** *ped. univ. Am.* Abzeichen *n* mit den Initialen e-r Schule etc, das bes. für herausragende sportliche Leistungen verliehen wird.
II *v/t* **7.** beschriften. **8.** mit Buchstaben bezeichnen. **9.** *ein Buch* am Rand mit den Buchstaben (*des Alphabets als Daumenindex*) versehen.

let·ter² ['letə(r)] *s bes. Br.* Vermieter(in), Verpächter(in).

let·ter| bag *s* Briefbeutel *m*, -sack *m*. **~ bomb** *s* Briefbombe *f*. **~ book** *s* Briefordner *m* (*für Kopien*). **~ box** *s bes. Br.* Briefkasten *m*. **~ card** *s* Kartenbrief *m*. **~ car·ri·er** *s Am.* Briefträger *m*. **~ case** *s* **1.** Briefmappe *f*. **2.** *print.* Setzkasten *m*. **~ drop** *s* Briefeinwurf *m*.

let·tered ['letə(r)d] *adj* **1.** (lite'rarisch) gebildet. **2.** gelehrt. **3.** lite'rarisch. **4.** beschriftet.

let·ter| file *s* Briefordner *m*. **~ found·er** *s print.* Schriftgießer *m*. **~ found·ry** *s print.* Schriftgieße'rei *f*.
let·ter·gram ['letə(r)græm] *s Am.* 'Brieftele₁gramm *n*.
'let·ter·head *s* **1.** (gedruckter) Briefkopf. **2.** Kopfbogen *m*.
let·ter·ing ['letərɪŋ] *s* **1.** Beschriften *n*: **~ pen** Tuschfeder *f*. **2.** Beschriftung *f*. **3.** Buchstaben *pl*.
let·ter| lock *s* Buchstabenschloß *n*. **'~·man** [-ˌmæn; -mən] *s irr ped. univ. Am.* Schüler *od.* Student, der für herausragende sportliche Leistungen ein Abzeichen mit den Initialen s-r Schule etc verliehen bekommen hat. **~ o·pen·er** *s* Brieföffner *m*. **~ pa·per** *s* Briefpa₁pier *n*. **~·'per·fect** *adj bes. Am.* **1.** textsicher (*Redner, Schauspieler etc*). **2.** per'fekt auswendig gelernt (*Text etc*). **'~·press** *s* **1.** 'Briefko₁pierpresse *f*. **2.** *print. bes. Br.* (Druck)Text *m*. **3.** *print.* Hoch-, Buchdruck *m*. **~ scales** *pl* Briefwaage *f*. **~ tel·e·gram** *s* 'Brieftele₁gramm *n*. **~ weight** *s* Briefbeschwerer *m*. **'~·wood** *s bot.* Buchstabenholz *n*. **~ wor·ship** *s* Buchstabengläubigkeit *f*. **~ writ·er** *s* **1.** Briefschreiber(in). **2.** *hist.* Briefsteller(in).

Let·tic ['letɪk] → **Lettish**.

let·ting ['letɪŋ] *s bes. Br.* **1.** Vermieten *n*, Verpachten *n*. **2.** Mietob₁jekt *n*.

Let·tish ['letɪʃ] **I** *adj* lettisch. **II** *s ling.* Lettisch *n*, das Lettische.

let·tuce ['letɪs] *s* **1.** *bot.* (Garten)Lattich *m*, (*bes.* 'Kopf)Sa₁lat *m*. **~ bird** *s orn. Am.* Goldzeisig *m*.

'let·up *s colloq.* a) Nachlassen *n*, b) Aufhören *n*.

leu ['leu:; ləʊ] *pl* **lei** ['leɪ:; leɪ] *s* Leu *m* (*rumänische Währungseinheit*).

leu·c(a)e·mi·a → **leuk(a)emia**.

leu·co·base ['ljuːkəʊbeɪs; *bes. Am.* 'luː-] *s chem.* Leuko'base *f* (*meist farblose Verbindung mit basischen Eigenschaften, die bei der Reduktion bestimmter Farbstoffe entsteht*).

leu·co·cyte ['ljuːkəʊsaɪt; *bes. Am.* 'luː-] *s med.* Leuko'zyt *m*, weißes Blutkörperchen.

leu·co·cy·to·sis [ˌljuːkəʊsaɪˈtəʊsɪs; *bes. Am.* ˌluː-] *s med.* Leukozy'tose *f* (*deutliche Vermehrung der weißen Blutkörperchen bei entzündlichen u. infektiösen Erkrankungen*).

leu·co·ma [ljuːˈkəʊmə; *bes. Am.* luː-] *s med.* Leu'kom *n* (*weiße Trübung der Hornhaut des Auges durch e-e Narbe*).

leu·co·plast ['ljuːkəʊplæst; *bes. Am.* 'luː-] *s bot.* Leuko'plast *m* (*in Knollen, Wurzeln etc vorkommender, meist Stärke bildender u. speichernder Bestandteil der pflanzlichen Zelle*).

leu·cor·rh(o)e·a [ˌljuːkəˈrɪə; *bes. Am.* ˌluː-] *s med.* Leukor'rhö(e) *f*, Weißfluß *m*. **ˌleu·cor'rh(o)e·al** *adj* leukor'rhöisch.

leu·co·sis [ljuːˈkəʊsɪs; *bes. Am.* luː-] *s* **1.** *med.* Leu'kose *f*, Leukä'mie *f*. **2.** *vet.* Ge'flügelleukä₁mie *f*.

leu·co·tome ['ljuːkəʊtəʊm; *bes. Am.* 'luː-] *s med.* Leuko'tom *n* (*bei der Leukotomie verwendetes Messer*). **leu·cot·o·my** [ljuːˈkɒtəmɪ; *bes. Am.* luːˈkɑː-] *s* Leukoto'mie *f*, Loboto'mie *f* (*Durchtrennung der Nervenbahnen zwischen Stirnhirn u. anderen Hirnteilen zur Behandlung von Geisteskrankheiten*).

leu·k(a)e·mi·a [ljuːˈkiːmɪə; *bes. Am.* luː-] *s med.* Leukä'mie *f*. **leu·'k(a)e·mic I** *adj* leukä'misch. **II** *s* Leukä'miekranke(r) *m*) *f*.

leu·ko·cyte, leu·ko·cy·to·sis, leu·ko·ma, leu·kor·rhe·a, leu·kor·rhe·al, leu·ko·sis *bes. Am.* → **leucocyte, leucocytosis,** *etc*.

Le·vant¹ [lɪˈvænt] *s* **1.** Le'vante *f* (*die*

Länder um das östliche Mittelmeer). **2.** *obs.* Morgenland *n,* Orient *m.* **3.** l~ → **Levanter 2. 4.** l~, *a.* l~ **morocco** feines Saffianleder.

le·vant² [lɪˈvænt] *v/i Br.* ˌsich aus dem Staub machenˈ *(bes. Schuldner).*

Le·vant·er [lɪˈvæntə(r)] *s* **1.** Levanˈtiner(in). **2.** *meist* l~ starker Südˈostwind *(im Mittelmeer).*

Le·van·tine [ˈlevəntaɪn; -tiːn; lɪˈvæn-] **I** *s* Levanˈtiner(in). **II** *adj* levanˈtinisch.

lev·ee¹ [ˈlevɪ; *Br. a.* ləˈviː] **I** *s* **1.** (Ufer-, Schutz)Damm *m,* (Fluß)Deich *m.* **2.** Lande-, Anlegeplatz *m.* **II** *v/t* **3.** eindämmen.

lev·ee² [ˈlevɪ; *Br. a.* ˈleveɪ; *Am. a.* ləˈviː] *s* **1.** *hist.* Leˈver *n,* Morgenempfang *m (e-s Fürsten).* **2.** a) *(in England)* Nachmittagsaudienz am Hof für Männer, b) *(in USA)* Empfang beim Präsidenten, c) *allg.* Empfang *m.*

lev·ée en masse [ləˌveɪɑːŋˈmæs] *s mil.* Volksaufgebot *n.*

lev·el [ˈlevl] **I** *s* **1.** *tech.* Liˈbelle *f,* Wasserwaage *f.* **2.** *surv. tech.* a) Nivelˈlierinstrument *n,* b) Höhen-, Niˈveaumessung *f.* **3.** Ebene *f (a. geogr.),* ebene Fläche. **4.** Horizonˈtalebene *f,* Horizonˈtale *f,* Waag(e)recht *f.* **II** *v/t* **3.** Höhe *f (a. geogr.),* *(Wasser- etc)*Spiegel *m,* (-)Stand *m,* (-)Pegel *m:* ~ **of sound** Geräuschpegel, Tonstärke *f;* **to be on a** ~ **with** a) auf gleicher Höhe sein mit, b) genauso hoch sein wie (→ 6); **on the** ~ *colloq.* ˌin Ordnungˈ, ehrlich, anständig. **6.** *fig. (a. geistiges)* Niˈveau, Stand *m,* Grad *m,* Stufe *f:* ~ **of employment** Beschäftigungsstand; **high** ~ **of technical skill** hohes technisches Niveau; **low production** ~ niedriger Produktionsstand; **to put o.s. on the** ~ **of others** sich auf das Niveau anderer Leute begeben; **to sink to the** ~ **of cut- -throat practices** auf das Niveau von Halsabschneidern absinken; **to find one's (own)** ~ s-n Platz finden *(an den man gehört);* **to be on a** ~ **with** auf der gleichen Niveau *od.* auf der gleichen Stufe stehen wie (→ 5). **7.** *(politische etc)* Ebene: **at government** ~ auf Regierungsebene; **a conference on the highest** ~ e-e Konferenz auf höchster Ebene; **on a ministerial** ~ auf Ministerebene. **8.** *Bergbau:* a) Sohle *f,* b) Sohlenstrecke *f.*
II *adj (adv* ~**ly)* **9.** eben: a ~ **road;** a ~ **teaspoon** ein gestrichener Teelöffel (-voll). **10.** waag(e)recht, horizonˈtal. **11.** gleich *(a. fig.):* ~ **crossing** *Br.* schienengleicher (Bahn)Übergang; **it was** ~ **pegging between them** *sport etc Br. colloq.* sie lagen gleichauf; **to be on** ~ **points** *sport etc* punktgleich sein; **to be** ~ **with** a) auf gleicher Höhe sein mit, b) genauso hoch sein wie, c) *fig.* auf dem gleichen Niveau *od.* auf der gleichen Stufe stehen wie; **to make** ~ **with the ground** dem Erdboden gleichmachen; **to draw** ~ **with s.o.** j-n einholen. **12.** a) gleichmäßig: ~ **stress** *ling.* schwebende Betonung, b) ausgeglichen: a ~ **race. 13. to do one's** ~ **best** sein möglichstes tun. **14.** gleichbleibend: ~ **temperature. 15.** vernünftig. **16.** ruhig: **to have (keep) a** ~ **head** e-n kühlen Kopf haben (bewahren), sich nicht aus der Ruhe bringen lassen; **to give s.o. a** ~ **look** j-n ruhig *od.* fest anschauen.
III *v/t pret u. pp* **-eled,** *bes. Br.* **-elled 17.** a) *a.* ~ **off** (ein)ebnen, plaˈnieren, b) *a.* ~ **to** *(od.* **with) the ground** dem Erdboden gleichmachen: **to** ~ **a city. 18.** *j-n* zu Boden schlagen. **19.** *a.* ~ **off** *(od.* **out)** *fig.* a) gleichmachen, nivelˈlieren: **to** ~ **the score** *sport* ausgleichen, b) *Unterschiede* beseitigen, ausgleichen. **20.** a) e-e *Waffe* richten, *das Gewehr* anlegen (**at** auf *acc):* **to** ~ **one's rifle at s.o.** auf j-n anlegen, b) *fig.* (**at, against)** *Anschuldigungen* erheben (gegen), *Kritik* üben (an *dat):* **his criticism was** ~ **(l)led against me** s-e Kritik richtete sich gegen mich. **21.** *surv.* nivelˈlieren.
IV *v/i* **22.** die Waffe richten, *(das Gewehr)* anlegen (**at** auf *acc).* **23.** ~ **with** *colloq.* offen reden mit, ehrlich sein zu.
Verbindungen mit Adverbien:
lev·el down *v/t* **1.** nach unten ausgleichen. **2.** *fig.* auf ein tieferes Niˈveau herˈabdrücken, *Preise, Löhne etc* drükken, herˈabsetzen. ~ **off** **I** *v/t* **1.** → **level 17 a,** 19. **2.** *ein Flugzeug* abfangen. **II** *v/i* **3.** flach werden *od.* auslaufen *(Gelände etc).* **4.** a) das Flugzeug abfangen, b) sich fangen *(Flugzeug).* **5.** *fig.* sich stabiliˈsieren, sich einpendeln (**at** bei). ~ **out** **I** *v/t* **1.** → level 19. **2.** → level off 2. **II** *v/i* → **level off II.** ~ **up** *v/t* **1.** nach oben ausgleichen. **2.** *fig.* auf ein höheres Niˈveau bringen, *Preise, Löhne etc* hinˈaufschrauben.

lev·el·er, *bes. Br.* **lev·el·ler** [ˈlevlə(r)] *s* **1.** a) Plaˈnierer *m,* b) Plaˈniergerät *n.* **2.** a) *oft contp.* Gleichmacher *m,* b) **Leveller** *hist.* Leveller *m (Angehöriger e-r radikalen demokratischen Gruppe zur Zeit Cromwells, die vollkommene bürgerliche u. religiöse Freiheit anstrebte),* c) ˌGleichmacherˈ *m (Faktor, der soziale Unterschiede ausgleicht).*

ˌ**lev·elˈhead·ed** *adj (adv* ~**ly)* vernünftig.

lev·el·ing| **rod,** *bes. Br.* **lev·el·ling**| **rod** *s surv.* Nivelˈlierlatte *f,* -stab *m.* ~ **screw** *s tech.* Nivelˈlier-, Fußschraube *f.*

lev·el·ler, lev·el·ling rod *etc bes. Br. für* leveler, leveling rod *etc.*

le·ver [ˈliːvə(r); *Am. a.* ˈlevər] **I** *s* **1.** *phys. tech.* Hebel *m:* ~ **of the first order** *(od.* **kind)** zweiarmiger Hebel; ~ **of the second order** *(od.* **kind)** einarmiger Hebel; ~ **key** *electr.* Kippschalter *m;* ~ **ratio** → **leverage 1** a; ~ **switch** Hebel-, Griffschalter *m.* **2.** *tech.* a) Hebebaum *m,* Brechstange *f,* b) Schwengel *m (e-r Pumpe etc),* c) Anker *m (e-r Uhr):* ~ **escapement** Ankerhemmung *f;* ~ **watch** Ankeruhr *f,* d) (Kammer)Stengel *m (e-s Gewehrschlosses),* e) *a.* ~ **tumbler** Zuhaltung *f.* **3.** *fig.* Druckmittel *n.* **II** *v/t* **4.** hebeln, stemmen: **to** ~ **out (of)** *a)* heˈrausstemmen (aus), b) *fig. j-n* verdrängen (aus).

le·ver·age [ˈliːvərɪdʒ; *Am. a.* ˈlev-] *s* **1.** *tech.* a) ˈHebelüberˌsetzung *f,* b) Hebelkraft *f,* -wirkung *f.* **2.** *fig.* Macht *f,* Einfluß *m:* **to have the better** ~ am längeren Hebel sitzen. **3.** *econ.* Kapiˈtalanlage *f* mit geborgten Mitteln.

lev·er·et [ˈlevərɪt; -vrɪt] *s zo.* junger Hase *(im ersten Jahr),* Häs·chen *n.*

le·vi·a·than [lɪˈvaɪəθn] *s* **1.** *Bibl.* Leviˈat(h)an *m (ein drachenartiges Meerungeheuer).* **2.** riesiges Meerestier *(bes. Wal).* **3.** *fig.* Ungetüm *n,* Koˈloß *m,* Riese *m (bes. Schiff).*

lev·i·gate [ˈlevɪgeɪt] **I** *v/t* **1.** pulveriˈsieren, *(a.* zu e-r Paste) verreiben. **2.** *chem.* homogeniˈsieren. **II** *adj* [*a.* -gət] **3.** *bes. bot.* glatt.

lev·in [ˈlevɪn] *s obs.* Blitz(strahl) *m.*

lev·i·rate [ˈlevɪrət; ˈlev-; -reɪt] *s* Leviˈrat *n,* Leviˈratsehe *f.*

lev·i·tate [ˈlevɪteɪt] **I** *v/t* **1.** frei schweben lassen, *(Parapsychologie)* leviˈtieren. **2.** *med.* e-n Patienten auf Luftkissen betten. **II** *v/i* **3.** frei schweben, *(Parapsychologie)* leviˌtieren. ˌ**lev·iˈta·tion** *s* **1.** a) freies Schweben, *(Parapsychologie)* Levitatiˈon *f,* b) freies Schwebenlassen, *(Parapsychologie)* Levitatiˈon *f.* **3.** *psych.* Levitatiˈon *f*

(subjektives Erleben des freien Schwebens im Raum).

Le·vite [ˈliːvaɪt] *s Bibl.* Leˈvit *m (jüdischer Tempeldiener aus dem Stamm Levi).* **Le·vit·ic** [lɪˈvɪtɪk] *adj;* **Leˈvit·i·cal** *(adv* ~**ly)* leˈvitisch.

Le·vit·i·cus [lɪˈvɪtɪkəs] *s Bibl.* Leˈvitikus *m,* 3. Buch *n* Mose.

lev·i·ty [ˈlevətɪ] *s* Leichtfertigkeit *f:* **with** ~ leichtfertig.

le·vo·gy·ra·tion, *etc Am.* → **laevogyration,** *etc.*

lev·u·lose *bes. Am.* → **laevulose.**

lev·y [ˈlevɪ] **I** *s* **1.** *econ.* a) Erhebung *f (e-r Steuer etc),* b) Einziehung *f,* Eintreibung *f (e-r Steuer etc).* **2.** *econ.* Steuer *f,* Abgabe *f.* **3.** Beitrag *m,* ˈUmlage *f.* **4.** *jur.* Pfändung *f (auf Grund e-s Vollstreckungstitels).* **5.** *mil.* a) Aushebung *f (von Truppen),* b) *a. pl* ausgehobene Truppen *pl,* Aufgebot *n.* **II** *v/t* **6.** *Steuern etc* a) erheben, b) legen (**on** auf *acc),* auferlegen (**on** *dat):* **to** ~ **a tax on s.th.** etwas besteuern. **7.** *jur.* e-e Zwangsvollstreckung durchführen (**against** bei *j-m):* ~ **execution** 3 f. **8.** **to** ~ **blackmail on s.o.** j-n erpressen. **9.** *mil.* a) *Truppen* ausheben, b) e-n *Krieg* beginnen *od.* führen (**on** gegen). **III** *v/i* **10.** Steuern erheben: **to** ~ **on land** Landbesitz besteuern.

lev·y en masse [ˌlevɪɑːŋˈmæs] *s mil.* Volksaufgebot *n.*

lewd [luːd; *Br. a.* ljuːd] *adj (adv* ~**ly)* **1.** geil, lüstern. **2.** unanständig, obˈszön. **3.** *Bibl.* sündhaft, böse. **4.** *obs.* ungebildet. ˈ**lewd·ness** *s* **1.** Geilheit *f,* Lüsternheit *f.* **2.** Unanständigkeit *f,* Obszöniˈtät *f.*

lex [leks] *pl* **le·ges** [ˈliːdʒiːz] *(Lat.) s* **1.** Gesetz *n,* Lex *f.* **2.** Recht *n.*

lex·eme [ˈleksiːm] *s ling.* Leˈxem *n (Einheit des Wortschatzes, die die begriffliche Bedeutung trägt).*

lex·i·cal [ˈleksɪkl] *adj (adv* ~**ly)* lexiˈkalisch: a) *das Lexikon betreffend;* in der Art e-s *Lexikons,* b) den *Wortschatz* betreffend. ~ **mean·ing** *s ling.* Stammbedeutung *f.*

lex·i·cog·ra·pher [ˌleksɪˈkɒgrəfə(r); *Am.* -ˈkɑ-] *s* Lexikoˈgraph(in). ˌ**lex·i·coˈgraph·ic** [-kəʊˈgræfɪk] *adj;* ˌ**lex·i·coˈgraph·i·cal** [-kl] *adj (adv* ~**ly)* lexikoˈgraphisch. ˌ**lex·iˈcog·ra·phy** [-ˈkɒgrəfɪ; *Am.* -ˈkɑ-] *s* Lexikograˈphie *f (Lehre von den Wörterbüchern, ihrer Zs.- stellung u. Abfassung).*

ˌ**lex·i·coˈlog·ic** [ˌleksɪkəʊˈlɒdʒɪk; *Am.* -ˈlɑ-] *adj,* ˌ**lex·i·coˈlog·i·cal** [-kl] *adj (adv* ~**ly)* lexikoˈlogisch. ˌ**lex·iˈcol·o·gist** [-ˈkɒlədʒɪst; *Am.* -ˈkɑ-] *s* Lexikoˈloge *m.* ˌ**lex·iˈcol·o·gy** *s* Lexikoloˈgie *f (Lehre vom Wortschatz, von der Erforschung u. Beschreibung s-r Struktur).*

lex·i·con [ˈleksɪkən; *Am. a.* -səˌkɑn] *s* **1.** Lexikon *n.* **2.** *(bes. altsprachliches)* Wörterbuch. **3.** *ling.* Lexikon *n (Gesamtheit der bedeutungstragenden Einheiten e-r Sprache; der Wortschatz im Ggs. zur Grammatik).*

lex·i·co·sta·tis·tics [ˌleksɪkəʊstəˈtɪstɪks] *s pl (als sg konstruiert)* Lexikostaˈtistik *f,* ˈSprachstaˌtistik *f.*

lex·ig·ra·phy [lekˈsɪɡrəfɪ] *s* Wortschrift *f (z. B. chinesische Schrift).*

lex·is [ˈleksɪs] *s ling.* Lexik *f (Wortschatz e-r Sprache).*

lex| **lo·ci** [ˈləʊsaɪ; -kaɪ] *s* Recht *n* des Handlungsortes. ~ **non scripˈta** [nɒnˈskrɪptɑ; *Am.* non-] *s* ungeschriebenes Recht. ~ **scripˈta** *s* Gesetzesrecht *n.*

ley [leɪ; liː] → **lea**¹.

Ley·den jar [ˈleɪdnˈdʒɑː(r); ˌlaɪdn-] *s phys.* Leidener Flasche *f.*

lez [lez] *s Am. sl.* ˌLesbeˈ *f (Lesbierin).*

L-head engine – licensed

¹L-head en·gine s tech. seitengesteuerter Motor.

li·a·bil·i·ty [ˌlaɪəˈbɪlətɪ] s **1.** econ. jur. a) Verpflichtung f, Verbindlichkeit f, Schuld f, b) Haftung f, Haftpflicht f, Haftbarkeit f: ~ **insurance** Haftpflichtversicherung f; → **joint** 8, **limited** 1, c) pl Schuldenmasse f (des Konkursschuldners). **2.** pl econ. (in der Bilanz) Passiva pl. **3.** allg. Verantwortung f, Verantwortlichkeit f. **4.** Ausgesetztsein n, (Steuer- etc)Pflicht f: ~ to (colloq. for) taxation; ~ to penalty Strafbarkeit f. **5.** (to) Hang m, Neigung f (zu), Anfälligkeit f (für). **6.** a) Nachteil m, b) Belastung f. **7.** Wahr'scheinlichkeit f.

li·a·ble [ˈlaɪəbl] adj **1.** econ. jur. verantwortlich, haftbar, -pflichtig (**for** für): **to be ~ for** haften für. **2.** ausgesetzt, unter'worfen (**to** dat od Sache): **to be ~ to s.th.** e-r Sache unterliegen; ~ **to** (colloq. for) **taxation** steuerpflichtig; ~ **to penalty** strafbar. **3. to be ~ to** neigen zu, anfällig sein für: **he is ~ to colds**. **4. to be ~ to do s.th.** a) etwas gern od. leicht tun, b) etwas wahrscheinlich tun: **he is ~ to come** er kommt wahrscheinlich; es ist anzunehmen, daß er kommt; **to be ~ to get excited** sich leicht aufregen; **we are all ~ to make mistakes occasionally** wir machen alle einmal e-n Fehler; **that is ~ to happen** das kann durchaus od. leicht passieren; **difficulties are ~ to occur** mit Schwierigkeiten muß gerechnet werden.

li·aise [lɪˈeɪz] v/i **1.** Verbindung aufnehmen (**with** mit). **2.** sich verbünden (**with** mit). **3.** zs.-arbeiten (**with** mit).

li·ai·son [liːˈeɪzɔ̃ːŋ; lɪˈeɪzɒn; Am. ˈliːəˌzɑn; liːˈeɪˌzɑn] s **1.** Verbindung f: ~ **man** Verbindungsmann m: ~ **officer** mil. Verbindungsoffizier m. **2.** Bündnis n. **3.** Zs.-arbeit f. **4.** Liai'son f, (Liebes)Verhältnis n. **5.** ling. Liai'son f (im Französischen das Aussprechen e-s sonst stummen Konsonanten am Wortende vor e-m vokalisch beginnenden Wort). **6.** gastr. Bindemittel n.

li·a·na [lɪˈɑːnə; Am. a. lɪˈænə], **li·ane** [lɪˈɑːn] s bot. Li'ane f, Kletterpflanze f.

li·ar [ˈlaɪə(r)] s Lügner(in).

Li·as [ˈlaɪəs] s geol. Lias m, f, schwarzer Jura. **Li·as·sic** [laɪˈæsɪk] adj li'assisch, Lias...

Lib [lɪb] → a) **Gay Lib** (**gay** 5), b) **Women's Lib** (**women**).

li·ba·tion [laɪˈbeɪʃn] s **1.** relig. hist. Trankopfer n. **2.** meist humor. Trunk m (bes. Wein).

Lib·ber [ˈlɪbə(r)] → a) **Gay Libber** (**gay** 5), b) **Women's Libber** (**women**).

li·bel [ˈlaɪbl] I s **1.** jur. a) relig. Klage (-schrift) f, b) Scot. Anklage f. **2.** jur. a) (schriftliche) Verleumdung od. Beleidigung (**of, on** gen), b) Schmähschrift f. **3.** allg. (**on**) Verleumdung f, Verunglimpfung f (gen), Beleidigung f (gen od. für). II v/t pret u. pp **-beled**, bes. Br. **-belled 4.** jur. a) relig. klagen gegen, b) Scot. anklagen. **5.** jur. (schriftlich) verleumden od. beleidigen. **6.** allg. verleumden, verunglimpfen, beleidigen.

li·bel·(l)ant [ˈlaɪblənt] s **1.** jur. relig. Kläger(in). **2.** → **libel(l)er**. **ˌli·bel'(l)ee** [-blˈiː] s jur. relig. Beklagte(r) m f. **ˈli·bel·(l)er**, **ˈli·bel·(l)ist** s Verleumder(-in), Verfasser(in) e-r Schmähschrift.

ˈli·bel·(l)ous [-bləs] adj (adv ~ly) verleumderisch.

li·ber [ˈlaɪbə(r)] s bot. Bast m.

lib·er·al [ˈlɪbərəl; ˈlɪbrəl] I adj (adv ~ly) **1.** libe'ral, frei(sinnig), vorurteilslos, aufgeschlossen: **a ~ thinker** ein liberal denkender Mensch. **2.** meist **L~** pol. libe'ral: **the L~ Party**. **3.** großzügig: **a) großzügig, freigebig** (**of** mit): **a ~ donor**, b) reichlich (bemessen): **a ~ gift** ein großzügiges Geschenk; **a ~ quantity** e-e reichliche Menge, c) frei: **a ~ interpretation**. **4.** allgemein(bildend), nicht berufsbezogen: ~ **education** allgemeinbildende Erziehung, (gute) Allgemeinbildung. **5.** voll: ~ **lips**. **6.** ungezügelt, vorlaut: ~ **tongue**. II s **7.** libe'ral denkender Mensch. **8.** meist **L~** pol. Libe'rale(r) m f. ~ **arts** s pl **1.** Geisteswissenschaften pl. **2.** hist. freie Künste pl.

lib·er·al·ism [ˈlɪbərəlɪzəm; -brəl-] s Libera'lismus m: **a) ~ libe'rales Wesen**, b) meist **L~** im 19. Jh. entstandene, im Individualismus wurzelnde Weltanschauung, die die freie gesellschaftliche u. staatliche Entfaltung des Individuums fordert u. staatliche Eingriffe auf ein Minimum beschränkt sehen will. **ˌlib·er·alˈis·tic** adj libera'listisch.

lib·er·al·i·ty [ˌlɪbəˈrælətɪ] s **1.** Liberali'tät f, libe'rales Wesen. **2.** Großzügigkeit f: **a)** Freigebigkeit f, b) Reichlichkeit f. **3.** großzügiges Geschenk.

lib·er·al·i·za·tion [ˌlɪbərəlaɪˈzeɪʃn; -brəl-; Am. -ləˈz-] s Liberali'sierung f. **ˈlib·er·al·ize** v/t liberali'sieren.

ˈlib·er·alˌthink·ing adj libe'ral denkend.

lib·er·ate [ˈlɪbəreɪt] v/t **1.** befreien (**from** von, aus) (a. fig.). **2.** Sklaven etc freilassen. **3.** chem. Gase etc, fig. Kräfte etc freisetzen: **to be ~d** a. freiwerden. **4.** Am. sl. ˌorgani'sieren', ˌabstauben' (stehlen).

lib·er·a·tion [ˌlɪbəˈreɪʃn] s **1.** Befreiung f: ~ **theology** Befreiungstheologie f. **2.** Freilassung f. **3.** chem. u. fig. Freisetzung f. **ˌlib·erˈa·tion·ism** s Befürwortung f der Trennung von Kirche u. Staat.

lib·er·a·tor [ˈlɪbəreɪtə(r)] s Befreier m.

Li·be·ri·an [laɪˈbɪərɪən] I s Liberi'aner (-in), Li'berier(in). II adj liberi'anisch, li'berisch.

lib·er·tar·i·an [ˌlɪbə(r)ˈteərɪən] s **1.** bes. philos. relig. Anhänger(in) od. Vertreter (-in) des Prin'zips der Willensfreiheit. **2.** Befürworter(in) der individu'ellen Gedanken- u. Handlungsfreiheit. **ˌlib·erˈtar·i·an·ism** s **1.** bes. philos. relig. Vertretung f des Prin'zips der Willensfreiheit. **2.** Befürwortung f der individu'ellen Gedanken- u. Handlungsfreiheit.

lib·er·ti·cide [lɪˈbɜːtɪsaɪd; Am. -ˈbɜːr-] s **1.** Vernichter m der Freiheit. **2.** Vernichtung f der Freiheit. [**tinism**.]

lib·er·tin·age [ˈlɪbə(r)tɪnɪdʒ] → **liber-**]

lib·er·tine [ˈlɪbə(r)tiːn; Br. a. -taɪn] I s **1.** zügelloser Mensch, bes. Wüstling m. **2.** bes. contp. Freigeist m. **3.** antiq. Freigelassene(r) m. II adj **4.** zügellos, ausschweifend. **5.** bes. contp. freidenkerisch. **ˈlib·er·tin·ism** [-tɪnɪzəm] s **1.** Zügellosigkeit f, zügelloser od. ausschweifender Lebenswandel. **2.** bes. contp. Freigeiste'rei f.

lib·er·ty [ˈlɪbə(r)tɪ] s **1.** Freiheit f: **civil** ~ bürgerliche Freiheit; **religious** ~ Religionsfreiheit; ~ **of conscience** Gewissensfreiheit; ~ **of the press** Pressefreiheit; ~ **of speech** Redefreiheit; ~ **of thought** Gedankenfreiheit. **2.** Freiheit f, freie Wahl, Erlaubnis f: **large** ~ **of action** weitgehende Handlungsfreiheit. **3.** bes. philos. relig. Willensfreiheit f. **4.** meist pl Freiheit f, Privi'leg n, (Vor)Recht n. **5.** Dreistigkeit f, (plumpe) Vertraulichkeit. **6.** mar. (kurzer) Landurlaub. **7.** (beschränkte) Bewegungsfreiheit: **he was given the ~ of the house** er konnte sich im Haus frei bewegen. **8.** hist. Br. Freibezirk m (e-r Stadt). Besondere Redewendungen: **at ~** a) in Freiheit, frei, auf freiem Fuß, b) unbeschäftigt, frei, c) unbenutzt; **to be at ~ to do s.th.** etwas tun dürfen; berechtigt sein, etwas zu tun; **you are at ~ to go** es steht Ihnen frei zu gehen, Sie können gern(e) gehen; **to set at ~** auf freien Fuß setzen, freilassen; **to take** (od. **allow o.s.**) **the ~ to do** (od. **of doing**) **s.th.** sich die Freiheit (heraus)nehmen od. sich erlauben, etwas zu tun; **to take liberties with** a) sich Freiheiten gegen j-n herausnehmen, b) willkürlich mit etwas umgehen; **he has taken liberties with the translation** er hat sehr frei übersetzt.

lib·er·ty | hall s colloq. Haus, in dem der Gast (fast) alles tun kann, was er will. ~ **man** s irr mar. Ma'trose m auf Landurlaub. **L~ ship** s mar. Liberty ship n (während des 2. Weltkriegs in Serie gebautes amer. Frachtschiff).

li·bid·i·nal [lɪˈbɪdɪnl] → **libidinous**. **li'bid·i·nous** adj (adv ~ly) psych. libidi'nös: a) die sexuelle Lust betreffend, b) triebhaft.

li·bi·do [lɪˈbiːdəʊ; -ˈbaɪ-] s psych. Li'bido f: a) Geschlechtstrieb m, b) Lebenswille m, -kraft f.

Li·bra [ˈlaɪbrə; ˈliː-] s astr. Waage f (Sternbild): **to be (a) ~** Waage sein.

li·brar·i·an [laɪˈbreərɪən] s Bibliothe'kar(in). **liˈbrar·i·anˌship** s **1.** a) Biblio'thekswesen n, b) Biblio'thekslehre f. **2.** Bibliothe'karsstelle f.

li·brar·y [ˈlaɪbrərɪ; Am. a. -ˌbrerɪ] s **1.** Biblio'thek f: a) (öffentliche) Büche'rei: → **reference** 8, b) (private) Büchersammlung, c) Biblio'thekszimmer n, d) Buchreihe f. **2.** (ˈBild-, ˈZeitungs)Arˌchiv n. ~ **e·di·tion** s Biblio'theksausgabe f. ~ **pic·ture** s Ar'chivbild n. ~ **sci·ence** s Biblio'thekswissenschaft f. ~ **tick·et** s Leseausweis m.

li·brate [ˈlaɪbreɪt] v/i **1.** schwingen, pendeln. **2.** schweben. **liˈbra·tion** s **1.** Schwingen n, Pendeln n. **2.** Schweben n. **3.** astr. Librati'on f (scheinbare Schwankung des Mondes um die mittlere Lage).

li·bret·tist [lɪˈbretɪst] s Libret'tist m, Textdichter m. **liˈbret·to** [-təʊ] pl **-tos**, **-ti** [-tɪ; -tiː] s Li'bretto n: a) Textbuch n, b) (Opern- etc)Text m.

li·bri·form [ˈlaɪbrɪfɔː(r)m] adj bot. bastfaserartig, Libriform...

Lib·y·an [ˈlɪbɪən] I adj **1.** libysch. **2.** poet. afri'kanisch. II s **3.** Libyer(in). **4.** ling. Libysch n, das Libysche.

lice [laɪs] pl von **louse**.

li·cence [ˈlaɪsəns] I Am. **li·cense** s **1.** (offizielle) Erlaubnis. **2.** (a. econ. Export-, Herstellungs-, Patent-, Verkaufs)Liˈzenz f, Konzessiˈon f, (behördliche) Genehmigung, Zulassung f, Gewerbeschein m: **to hold a ~** e-e Lizenz haben; **to take out a ~** sich e-e Lizenz beschaffen; ~ **fee** Lizenzgebühr f (→ 3). **3.** amtlicher Zulassungsschein, (Führer-, Jagd-, Waffen- etc)Schein m: **dog ~** Erlaubnisschein zum Halten e-s Hundes; **number** ~ mot. Kennzeichen n. **4.** a. **marriage ~** (Br. kirchliche, Am. amtliche) Heiratserlaubnis: → **special licence**. **5.** univ. Befähigungsnachweis m. **6.** a) Handlungsfreiheit f, b) Gedankenfreiheit f. **7.** (künstlerische, dichterische) Freiheit: → **poetic** I. **8.** Zügellosigkeit f. II v/t Am. → **license** I.

li·cense [ˈlaɪsəns] I v/t **1.** j-m e-e (behördliche) Genehmigung od. e-e Li'zenz od. e-e Konzessiˈon erteilen. **2.** lizenˈzieren, konzessioˈnieren, (behördlich) genehmigen od. zulassen. **3. to ~ s.o. to do s.th.** (es) j-m (offiziell) erlauben, etwas zu tun: **to be ~d to do s.th.** etwas tun dürfen; die Erlaubnis haben, etwas zu tun. II s **4.** Am. für **licence** I: ~ **plate** mot. Nummern-, Kennzeichenschild n.

li·censed [ˈlaɪsənst] adj **1.** konzessioˈniert, lizenˈziert, (behördlich) genehmigt

od. zugelassen: **a ~ house** ein Lokal mit Schankkonzession; → **victual(l)er** 2. **2.** Lizenz...: **~ construction** Lizenzbau *m.*
li·cen·see [laɪsənˈsiː] *s* Liˈzenznehmer *m,* Konzessiˈonsinhaber *m.*
li·cens·er, li·cen·sor [ˈlaɪsənsə(r)] *s* Liˈzenzgeber *m,* Konzessiˈonserteiler *m.*
li·cen·ti·ate [laɪˈsenʃɪət] *s univ.* **1.** [*Am. bes.* lɪˈs-] Lizentiˈat *n* (*ein akademischer Grad*). **2.** Lizentiˈat *m.*
li·cen·tious [laɪˈsenʃəs] *adj* (*adv* **~ly**) **1.** ausschweifend, zügellos. **2.** ˈunkorˌrekt.
liˈcen·tious·ness *s* **1.** Zügellosigkeit *f.* **2.** ˈUnkorˌrektheit *f.*
li·chen [ˈlaɪkən; *Br. a.* ˈlɪtʃɪn] *s* Lichen *m:* a) *bot.* Flechte *f,* b) *med.* Knötchenflechte *f,* -ausschlag *m.* ˌli·chenˈol·o·gy [-ˈnɒlədʒɪ; *Am.* -ˈnɑ-] *s bot.* Lichenoloˈgie *f,* Flechtenkunde *f.*
lich gate [lɪtʃ] *s* überˈdachtes Friedhofstor (*wo früher zu Beginn der Begräbnisfeierlichkeiten der Sarg abgestellt wurde*).
lic·it [ˈlɪsɪt] *adj* leˈgal, gesetzlich, erlaubt.
ˈlic·it·ly *adv* leˈgal, erlaubterweise.
lick [lɪk] **I** *v/t* **1.** (ab-, be)lecken: **to ~ a stamp** e-e Briefmarke belecken; **to ~ up (off, out)** auf-(weg-, aus)lecken; **he ~ed the jam off his lips** er leckte sich die Marmelade von den Lippen; **to ~ s.o.'s boots** (*od.* **shoes**) *fig.* vor j-m kriechen; **to ~ one's lips** sich die Lippen lecken (*a. fig.*); **to ~ into shape** *fig.* a) *j-n* ‚auf Vordermann bringen', b) *etwas* in die richtige Form bringen, zurechtbiegen, -stutzen; **to ~ one's wounds** *fig.* s-e Wunden lecken; → **dust** 1. **2.** *fig.* a) plätschern an (*acc*) (*Wellen*), b) lecken an (*dat*): **the flames ~ed the roof** die Flammen leckten *od.* züngelten am Dach empor. **3.** *colloq.* a) verprügeln, ‚verdreschen', b) schlagen, besiegen, c) fertigwerden mit *e-m Problem etc,* d) überˈtreffen, ‚schlagen': **that ~s creation das übertrifft alles; this ~s me** das geht über m-n Horizont; **it ~s me how** es ist mir unbegreiflich, wie. **4.** *colloq.* pflegen, (tadellos) in Ordnung halten.
II *v/i* **5.** lecken: **to ~ at** belecken, lecken an (*dat*). **6.** *colloq.* sausen, flitzen.
III *s* **7.** Lecken *n:* **to give ~s.th. a ~** etwas belecken, an etwas lecken; **to give s.th. a ~ and a promise** *colloq.* etwas oberflächlich reinigen *od.* aufräumen. **8.** Spur *f:* **he has a ~ of a schoolmaster about him** er hat ein bißchen was von e-m Schulmeister an sich; **he didn't do a ~** (**of work**) *colloq.* er hat keinen ‚Strich' getan *od.* gemacht. **9.** (*Farb-, Regenetc*)Spritzer *m:* **~ of paint** (**rain**). **10.** *colloq.* Schlag *m.* **11.** *colloq.* Tempo *n:* **at full ~** mit voller Geschwindigkeit. **12.** a) (Salz)Lecke *f* (*für Wild*), b) Leckstein *m* (*für Haustiere u. Wild*).
lick·er [ˈlɪkə(r)] *s tech.* (Tropf)Öler *m.*
lick·er·ish [ˈlɪkərɪʃ] *adj* (*adv* **~ly**) *obs.* **1.** gierig, verlangend. **2.** geil, lüstern. **3.** lecker.
ˌ**lick·et·y-ˈbrin·dle** [ˌlɪkətɪ-], ˌ**~-ˈcut**, ˌ**~-ˈsplit** *adv Am. colloq.* wie der Blitz.
ˈlick·ing *s* **1.** Lecken *n.* **2.** *colloq.* Prügel *pl,* ‚Dresche' *f* (*a. fig. Niederlage*): **to get a ~**, ‚Dresche' beziehen', *fig. a.* e-e ‚Schlappe' erleiden; **to give s.o. a ~** j-m ‚e-e Abreibung verpassen', *fig.* j-m e-e ‚Schlappe' beibringen.
ˈlickˌspit·tle *s* Speichellecker *m.*
lic·o·rice [ˈlɪkərɪs; *Am. a.* -rɪʃ] *s* **1.** *bot.* Süßholz *n, bes.* Laˈkritze *f.* **2.** a) Süßholzwurzel *f,* b) Laˈkritze(nsaft *m*) *f.*
lid [lɪd] *s* **1.** Deckel *m:* **to blow** (*od.* **lift, take**) **the ~ off** *colloq.* etwas an die Öffentlichkeit bringen, *e-n Skandal etc* aufdecken; **to clamp** (*od.* **clap**) **the ~** (**down**) **on** *Am. colloq.* a) drosseln, einschränken, b) stoppen; **to keep a tight ~ on** *colloq.* etwas unter strenger Kontrolle halten; **to put the ~ on** *Br. colloq.* a) *e-r Sache* die Krone aufsetzen, b) *e-r Sache* ein Ende bereiten *od.* machen; **that puts the ~ on it!** *Br. colloq.* das schlägt dem Faß den Boden aus! **2.** (Augen)Lid *n.* **3.** *bot.* a) Deckel *m,* b) Deckelkapsel *f.* **4.** *sl.* ‚Deckel' *m* (*Hut*). **5.** *Am. sl.* Unze *f* Mariˈhuˌana. **lid·ded** [ˈlɪdɪd] *adj* **1.** mit e-m Deckel (versehen). **2.** (Augen)Lider habend: **heavy-~** mit schweren Lidern.
li·do [ˈliːdəʊ] *pl* **-dos** *s Br.* a) Freibad *n,* b) Strandbad *n.*
lie[1] [laɪ] **I** *s* **1.** Lüge *f:* **to tell ~s** (*od.* **a ~**) lügen; **that's a ~!** das ist e-e Lüge!, das ist gelogen!; **to give the ~ to** a) *j-n* der Lüge bezichtigen, b) *etwas od. j-n* Lügen strafen *od.* widerlegen; **~s have short wings** Lügen haben kurze Beine; → **white lie**. **II** *v/i pres p* **ly·ing** [ˈlaɪɪŋ] **2.** lügen: **to ~ to s.o.** j-n belügen, j-n anlügen; **to ~ through** (*od.* **in**) **one's teeth**, **to ~ in one's throat** *colloq.* ‚das Blaue vom Himmel (herunter)lügen'. **3.** lügen, trügen, täuschen, e-n falschen Eindruck erwecken: **these figures ~**. **III** *v/t* **4.** **to ~ s.o. that** j-m vorlügen, daß; **to ~ o.s.** (*od.* **one's way**) **out of** sich herauslügen aus.

lie[2] [laɪ] **I** *s* **1.** Lage *f* (*a. fig. u. Golf*): **the ~ of the land** *fig. Br.* die Lage (der Dinge). **2.** Lager *n* (*von Tieren*).
II *v/i pret* **lay** [leɪ], *pp* **lain** [leɪn] *obs.* **li·en** [ˈlaɪən], *pres p* **ly·ing** [ˈlaɪɪŋ] **3.** liegen: a) *allg.* im Bett, im Hinterhalt *etc* liegen: **to ~ in bed** (**in ambush**); → **ruin** 2, *etc,* b) ausgebreitet, *tot etc* daliegen: **to ~ dead; to ~ dying** im Sterben liegen, c) gelegen sein, sich befinden: **the town ~s on a river** die Stadt liegt an e-m Fluß; **to ~ second** *sport etc* an zweiter Stelle *od.* auf dem zweiten Platz liegen; **his money is lying in the bank** sein ganzes Geld liegt auf der Bank, d) begründet liegen, *wie.* bestehen (**in** in *dat*), e) begraben sein *od.* liegen: **here ~s** sein ruht. **4.** *mar. mil.* liegen (*Flotte, Truppe*). **5.** *mar.* a) vor Anker liegen, b) beidrehen: → **lie along, lie off** 1, **lie to**. **6.** a) liegen: **the goose lay heavy on his stomach** die Gans lag ihm schwer im Magen, b) *fig.* lasten (**on** auf *der Seele etc*): **his past ~s heavily on him** (*od.* **his mind**) s-e Vergangenheit lastet schwer auf ihm. **7.** führen, verlaufen: **the road ~s through a forest**. **8.** (**behind**) stecken (**hinter** *dat*), der Grund sein (für *od. gen*). **9.** *jur.* zulässig sein (*Klage etc*): **appeal ~s to the Supreme Court** Berufung kann vor dem Obersten Gericht eingelegt werden. **10.** **to ~ with s.o.** *obs. od. Bibl.* j-m beiliegen (*mit j-m schlafen*).
Besondere Redewendungen:
as far as in me ~s *obs. od. poet.* soweit es an mir liegt, soweit es in m-n Kräften steht; **his greatness ~s in his courage** s-e Größe liegt in s-m Mut (begründet); **he knows where his interest ~s** er weiß, wo sein Vorteil liegt; **to ~ in s.o.'s way** a) j-m (*od.* in j-s Fach) möglich sein, c) in j-s Fach schlagen, d) j-m im Weg stehen; **his talents do not ~ that way** dazu hat er kein Talent; **to ~ on s.o.** *jur.* j-m obliegen; **the responsibility ~s on you** die Verantwortung liegt bei dir; **to ~ on s.o.'s hands** unbenutzt *od.* unverkauft bei j-m liegenbleiben; **to ~ to the north** *mar.* Nord anliegen; **the house lay under a curse** auf dem Haus lag *od.* lastete ein Fluch; **to ~ under an obligation** e-e Verpflichtung haben; **to ~ under the suspicion of murder** unter Mordverdacht stehen; **to ~ under a sentence of death** zum Tode verurteilt sein; **it ~s with you to do it** es liegt an dir *od.* es ist d-e Sache, es zu tun; *siehe* Verbindungen mit den entsprechenden Substantiven *etc.*
Verbindungen mit Adverbien:
lieˌ aˈbout *v/i* herˈumliegen. **~ aˈhead** *v/i:* **what lies ahead of us** was vor uns liegt, was uns bevorsteht, was auf uns zukommt; **he was thinking of the work that lay ahead** die vor ihm lag. **~ aˈlong** *v/i mar.* krängen, schiefliegen. **~ aˈround** ~ lie about. **~ˈback** *v/i* sich zuˈrücklegen *od.* -lehnen. **2.** *fig.* sich ausruhen, die Hände in den Schoß legen. **~ beˈhind** *v/i fig.* daˈhinterstecken, der Grund sein. **~ ˈby** *v/i* **1.** ~ lie off 2. **2.** nicht benutzt werden, (*Haus etc*) leerstehen. **~ ˈdown** *v/i* **1.** sich ˈhinlegen, sich niederlegen: **to ~ on sich legen auf** (*acc*); **to ~ on the job** *Am. colloq.* bummeln. **2. to ~ under, to take lying down** e-e Beleidigung *etc* ˈwiderspruchslos ˈhinnehmen, sich *e-e Beleidigung etc* gefallen lassen. **~ ˈin** *v/i* **1.** *Br.* (*morgens*) lang(e) im Bett bleiben. **2.** im Wochenbett liegen. **~ ˈlow** *v/i* **1.** a) sich verstecken *od.* versteckt halten, b) sich ruhig verhalten. **2.** auf e-e günstige Gelegenheit warten, den rechten Augenblick abwarten *od.* abpassen. **~ ˈoff** *v/i* **1.** *mar.* vom Land *od.* anderen Schiff abhalten. **2.** e-e (Ruhe-)Pause einlegen, (sich) ausruhen. **~ ˈo·ver** *v/i* **1.** *Am.* nicht rechtzeitig bezahlt werden. **2.** a) liegenbleiben, unerledigt bleiben, b) aufgeschoben *od.* zuˈrückgestellt werden. **~ ˈto** *v/i mar.* beiliegen. **~ ˈup** *v/i* **1.** das Bett *od.* das Zimmer hüten (müssen). **2.** → **lie low** 1 a. **3.** nicht benutzt werden, (*Maschine etc*) außer Betrieb sein.
ˈlie-aˌbed *s* Langschläfer(in).
lied [liːd] *pl* **lie·der** [ˈliːdə(r)] *s mus.* (*deutsches*) (Kunst)Lied.
ˈlie·derˌ reˈcit·al *s* Liederabend *m.* **~ ˈsing·er** *s* Liedersänger(in).
lie deˈtec·tor *s* ˈLügenˌdetektor *m.*
ˈlie-down *s colloq.* Schläfchen *n:* **to have a ~** a) ein Schläfchen machen, b) sich (kurz) hinlegen.
lief [liːf] *obs.* **I** *adj* lieb, teuer. **II** *adv* gern: **I had** (*od.* **would**) **as ~ go** ich ginge ebenso gern, ich würde lieber gehen; **I would** (*od.* **had**) **as ~ die as betray a friend** ich würde eher sterben, als e-n Freund verraten; **~er than** lieber als.
liege [liːdʒ] **I** *s* **1.** **a. ~ lord** Leh(e)nsherr *m.* **2.** *a.* **~ man** Leh(e)nsmann *m,* Vaˈsall *m.* **II** *adj* **3.** Leh(e)ns...
ˈlie-in *s:* **to have a ~** *colloq.* → **lie in** 1.
li·en[1] [lɪən; ˈliːən; *Am. a.* liːn] *s jur.* Pfandrecht *n,* Zuˈrückbehaltungsrecht *n:* **to lay a ~ on s.th.** das Pfandrecht auf e-e Sache geltend machen.
li·en[2] [ˈlaɪən] *obs. pp von* **lie**[2].
li·e·nal [ˈlaɪənl; *Am.* laɪˈiːnl] *adj anat. med.* liˈenal, Milz...
li·en·ee [lɪəˈniː; ˌliːəˈniː] *s jur.* Pfandschuldner *m.*
li·en·i·tis [ˌlaɪəˈnaɪtɪs] *s med.* Lieˈnitis *f,* Milzentzündung *f.*
li·en·or [ˈlɪənə(r); ˈliːə-; *Am. a.* ˈliːnər] *s jur.* Pfandgläubiger *m.*
li·en·ter·y [ˈlaɪəntərɪ; *Am.* -ˌterɪ; laɪˈentəriː] *s med.* Lienteˈrie *f* (*Durchfall mit Abgang unverdauter Speiseteile*).
li·erne [lɪˈɜːn; *Am.* lɪˈɜrn] *s arch.* Neben-, Zwischenrippe *f.*
lieu [ljuː; *bes. Am.* luː] *s:* **in ~ of** an Stelle von (*od. gen*), anstatt (*gen*); **in ~ statt** dessen.
lieu·ten·an·cy [lefˈtenənsɪ; *mar.* ləˈt-; leˈt-; *Am.* luːˈt-] *s* **1.** *mar. mil.* a) Leutnantsrang *m,* b) *collect.* Leutnants *pl.* **2.** Statthalterschaft *f.*
lieu·ten·ant [lefˈtenənt; *mar.* ləˈt-; leˈt-; *Am.* luːˈt-] *s* **1.** Stellvertreter *m.* **2.** Statthalter *m,* Gouverˈneur *m.* **3.** *mar. mil.* a)

lieutenant colonel – liftoff

allg. Leutnant *m*, b) *Br. (Am.* first ~) Oberleutnant *m*: second ~ Leutnant, c) *mar. (Am. a.* ~ senior grade) Kapi'tänleutnant *m*: junior grade *Am.* Oberleutnant *m* zur See. ~ **colo·nel** *s mil.* Oberstleutnant *m.* ~ **com·mand·er** *s mar.* Kor¹vettenkapi,tän *m.* ~ **gen·er·al** *s mil.* Gene¹ralleutnant *m.* ~ **gov·er·nor** *s* ¹Vizegouver,neur *m (im brit. Commonwealth od. e-s amer. Bundesstaates).*

life [laɪf] *pl* **lives** [laɪvz] *s* **1.** (or¹ganisches) Leben: how did ~ begin? wie ist das Leben entstanden? **2.** Leben(skraft *f*) *n.* **3.** Leben *n*: a) Lebenserscheinungen *pl*, b) Lebewesen *pl*: **there is no ~ on the moon** auf dem Mond gibt es kein Leben; **marine ~** das Leben im Meer, die Lebenserscheinungen *pl* od. Lebewesen im Meer. **4.** (Menschen)Leben *n*: **they lost their lives** sie verloren ihr Leben, sie kamen ums Leben; **three lives were lost** drei Menschenleben sind zu beklagen; **with great sacrifice of ~** mit schweren Verlusten an Menschenleben; **~ and limb** Leib u. Leben. **5.** Leben *n (e-s Einzelwesens)*: **a matter (question) of ~ and death** e-e lebenswichtige Angelegenheit (Frage); **early in ~** in jungen Jahren; **my early ~** m-e Jugend; **late in ~** in vorgerücktem Alter; → **danger** 1, **matter** 3, **risk** 3. **6.** a) Leben *n*, Lebenszeit *f*, Lebensdauer *f (a. tech. e-r Maschine etc)*, Dauer *f*, Bestehen *n*: **all his ~** sein ganzes Leben lang; **the ~ of a book** die Erfolgszeit e-s Buches; **during the ~ of the republic** während des Bestehens der Republik; → **expectation** 3, b) *econ. jur.* Laufzeit *f (e-s Wechsels, Vertrags etc), bes. econ.* Haltbarkeit *f*, Lagerfähigkeit *f*: **tho. ~ of packaged fresh meat.** **7.** Leben *n*, Lebensweise *f*, -führung *f*, -art *f*, -wandel *m*: → **married** 1. **8.** Leben(sbeschreibung *f*) *n*, Biogra¹phie *f*. **9.** Leben *n*, menschliches Tun u. Treiben, Welt *f*: **~ in Australia** das Leben in Australien; **economic ~** Wirtschaftsleben *n*; **to see ~** das Leben kennenlernen *od.* genießen. **10.** Leben *n*, Schwung *m*: **full of ~** lebendig, voller Leben; **the ~ of the Constitution** der wesentliche Inhalt der Verfassung; **he was the ~ and soul of the party** er brachte Schwung in die Party, er unterhielt die ganze Party. **11.** *art* Leben *n*: **from (the) ~** nach dem Leben, nach der Natur; → **large** 1. **12.** Versicherungswesen: a) auf Lebenszeit Versicherte(r *m*) *f (im Hinblick auf die Lebenserwartung),* b) *a.* **~ business** Lebensversicherungsgeschäft *n*. **13.** *jur. colloq.* lebenslängliche Freiheitsstrafe: **he is doing ~** er ¸sitzt' lebenslänglich; **he got ~** er bekam ¸lebenslänglich'. *Besondere Redewendungen:* **for ~** a) fürs (ganze) Leben, für den Rest s-s Lebens, b) *bes. jur. pol.* lebenslänglich, auf Lebenszeit; **appointed for ~** auf Lebenszeit ernannt; **imprisonment for ~** lebenslängliche Freiheitsstrafe; **not for the ~ of me** *colloq.* nicht um alles in der Welt; **not on your ~** *colloq.* ganz bestimmt nicht, unter keinen Umständen; **to the ~** nach dem Leben, lebensecht, naturgetreu; **upon my ~!** so wahr ich lebe!; **that's ~** so ist nun einmal das Leben; **to bring to ~** a) *a.* **to put ~ into** beleben, Leben *od.* Schwung bringen in *(acc), a.* j-n ins Leben *od.* Schwung bringen, (*a. Person)* in Schwung kommen; **after some time the party came to ~** nach einiger Zeit kam Leben *od.* Schwung in die Party; **to come back to ~** a) wieder zu(m) Bewußtsein *od.* zu sich kommen, b) wieder gesund werden; **to live (*od.* have) the ~ a) ~ of Riley** *colloq.* ein angenehmes Leben haben; **to run for dear (*od.* one's) ~** um sein Leben laufen; **to sell one's ~ dearly** sein Leben teuer verkaufen; **to show (signs of) ~** Lebenszeichen von sich geben; **to seek s.o.'s ~** j-m nach dem Leben trachten; **to take s.o.'s ~** j-n umbringen; **to take one's own ~** sich (selbst) das Leben nehmen; **to take one's ~ in one's (own) hands** *colloq.* sein Leben riskieren *od.* aufs Spiel setzen; → **bet** 4, **breathe** 7, **bring back** 4, **charm** 5.

,**life|-and-'death** *adj* auf Leben u. Tod: **a ~ struggle. ~ an·nu·i·ty** *s* Leibrente *f*. **~ as·sur·ance** *s bes. Br.* Lebensversicherung *f*. **~ belt** *s mar.* Rettungsgürtel *m*. '**~·blood** *s* **1.** Blut *n (als lebensnotwendige Substanz).* **2.** *fig.* Lebensnerv *m*. '**~·boat** *s mar.* Rettungsboot *n*: **~ gun** Rettungsraketenapparat *m*. **~ buoy** *s mar.* Rettungsring *m*. **~ car** *s mar.* Behälter, der an e-m Tau zwischen Schiff u. Land läuft. **~ cy·cle** *s biol.* **1.** Lebenszyklus *m*. **2.** → **life history** 1. **3.** Lebens-, Entwicklungsphase *f*. **~ es·tate** *s jur.* Grundbesitz *m* auf Lebenszeit. **~ ex·pect·an·cy** *s* Lebenserwartung *f*. **~ ex·pe·ri·ence** *s* Lebenserfahrung *f*. **~ force** *s* Lebenskraft *f*. '**~·giv·ing** *adj* lebengebend, -spendend, lebensnotwendig (*a. fig.*): **the ~ stream of foreign investments.** '**~·guard** *s* **1.** a) Rettungsschwimmer *m*, b) Bademeister *m*. **2.** *mil.* Leibgarde *f*, -wache *f*. L**~ Guards** *s pl Br.* ein zu den Gardetruppen gehörendes Kavallerieregiment. **~ his·to·ry** *s* **1.** *biol. sociol.* Lebensgeschichte *f*. **2.** → **life cycle** 1. **~ im·pris·on·ment** *s jur.* lebenslängliche Freiheitsstrafe. **~ in·stinct** *s psych.* Lebenstrieb *m*. **~ in·sur·ance** *s* Lebensversicherung *f*. **~ in·ter·est** *s jur.* lebenslänglicher Nießbrauch. **~ is·land** *s med.* Life-island *n* (keimfreie Umgebung für infektgefährdete Kranke). **~ jack·et** *s mar.* Rettungs-, Schwimmweste *f*. '**life·less** *adj (adv ~ly)* **1.** leblos: a) tot: **his ~ body**, b) unbelebt: **~ matter**. **2.** ohne Leben: **~ planet**; **Mars seems to be ~** auf dem Mars scheint es kein Leben zu geben. **3.** *fig.* matt (*a. Stimme etc*), teilnahmslos, schwunglos. **4.** *econ.* lustlos. '**life·like** *adj* lebensecht, na¹turgetreu. '**~·line** *s* **1.** *mar.* Rettungsleine *f*. **2.** Halteleine *f (für Schwimmer etc).* **3.** Si¹gnalleine *f (für Taucher).* **4.** *fig.* Rettungsanker *m*. **5.** *fig.* Lebensader *f (Versorgungsweg).* **6.** Lebenslinie *f (in der Hand).* '**~·long** *adj* lebenslang: **he is a ~ friend of mine** wir sind schon unser ganzes Leben lang Freunde. **life·man·ship** [¹laɪfmənʃɪp] *s* erfolgssicheres Auftreten; die Kunst, sich anderen Leuten über¹legen zu zeigen. **life**| **mask** *s (e-m Lebenden abgenommene)* Gipsmaske. **~ mem·ber** *s* Mitglied *n* auf Lebenszeit. **~ net** *s* Sprungtuch *n (der Feuerwehr).* **~ peer** *s* Peer *m* auf Lebenszeit. **~ pre·serv·er** *s* **1.** *mar. Am.* a) Rettungs-, Schwimmweste *f*, b) Rettungsgürtel *m*. **2.** *bes. Br.* Totschläger *m (Waffe).* **lif·er** [¹laɪfə(r)] *s colloq.* **1.** ¸Lebenslängliche(r *m*) *f (Strafgefangene[r]).* **2.** *Am.* Be¹rufssol,dat *m*. **life**| **raft** *s mar.* Rettungsfloß *n*. **~ ring** *s* Rettungsring *m*. **~ rock·et** *s mar.* ¹Rettungs-, ¹Leinenwurf,rakete *f*. '**~·sav·ers** **1.** Lebensretter *m*. **2.** *bes. Br.* → lifeguard 1. **3.** *colloq.* a) ¸rettender Engel', b) Rettung *f*: **this money was a ~** das Geld war m-e Rettung *od.* hat mich gerettet. '**~·sav·ing I** *s* Lebensrettung *f*. **II** *adj* lebensrettend, (Lebens)Rettungs... **~ sci·ence** *s meist pl* Biowissenschaft *f*. **~ sen·tence** *s jur.* lebenslängliche Freiheitsstrafe. '**~·size(d)** *adj* lebensgroß, in Lebensgröße: **a ~ statue**. **~ space** *s psych.* Lebensraum *m*. **~ span** → **lifetime** I. **~ style** *s* Lebensstil *m*. '**~·sup·port sys·tem** *s med.*, Raumfahrt: ¹Life-Sup,port-Sy,stem *n (System zur Erhaltung des menschlichen Lebens in e-r zum Leben ungeeigneten Umgebung durch die automatische Regelung von Sauerstoff, der Luftfeuchtigkeit etc).* '**~·sus,tain·ing meas·ures** *s pl med.* lebenserhaltende Maßnahmen *pl.* **~ ta·ble** *s* ¹Sterblichkeits,tabelle *f.* '**~·time I** *s* Lebenszeit *f*, Leben *n*, *a. tech. etc* Lebensdauer *f*: **once in a ~** sehr selten, ¹einmal im Leben; **during (*od.* in) s.o.'s ~** a) zu j-s Lebzeiten, zu s-r Zeit, b) in j-s Leben; → **chance** 4. **II** *adj* auf Lebenszeit, lebenslang: **~ post** Lebensstellung *f*; **~ sport** Lifetime-Sport *m (Sport, der von Menschen jeder Altersstufe betrieben werden kann).* **~ vest** *s* Rettungs-, Schwimmweste *f.* '**~·work** *s* Lebenswerk *n*.

lift [lɪft] **I** *s* **1.** (Hoch-, Auf)Heben *n*: **he gave the boy a ~ onto the chair** er hob den Jungen auf den Stuhl. **2.** Steigen *n*. **3.** Hochhalten *n*, aufrechte *od.* stolze Haltung: **the proud ~ of her head** ihre stolze Kopfhaltung. **4.** *tech.* a) Hub(höhe *f*) *m*, b) Förderhöhe *f*, c) Steighöhe *f*, d) Förder-, Hubmenge *f*. **5.** a) *Am.* Beförderung *f*, b) Luftbrücke *f*. **6.** *aer. phys.* Auftrieb *m*, *fig. a.* Aufschwung *m*: **to give s.o. a ~** → 18. **7.** **Last** *f*: **a heavy ~**. **8.** Gewichtheben: Versuch *m*. **9.** Beistand *m*, Hilfe *f*: **to give s.o. a ~** a) j-m helfen, b) j-n (im Auto) mitnehmen; **to get a ~ from s.o.** von j-m mitgenommen werden; → **thumb** 4. **10.** *tech.* Hebe-, Fördergerät *n*, -werk *n* **11.** *bes. Br.* Lift *m*, Aufzug *m*, Fahrstuhl *m*. **12.** (Ski-, Sessel)Lift *m*. **13.** *Bergbau*: a) Pumpensatz *m*, b) Abbauhöhe *f*. **14.** *colloq.* Diebstahl *m*. **15.** *med.* Lift *m*, *n*, Lifting *n*: **to have a ~** sich liften lassen.

II *v/t* **16.** *a.* **~ up** a) (hoch-, auf)heben, b) *die Stimme etc* erheben: **to ~ one's eyes** aufschauen, -blicken; **to ~ one's hand to s.o.** die Hand gegen j-n erheben; **to ~ s.th. down** etwas herunterheben (from von); → **finger** 1, **hand** *Bes. Redew.* **17.** *fig.* a) (geistig *od. sittlich)* heben, b) em¹porheben (from, out of aus der Ar-mut etc). **18.** *a.* **~ up** j-n aufmuntern, j-m Auftrieb *od.* Aufschwung geben: **~ed up with pride** stolzgeschwellt. **19.** *Bergbau*: fördern. **20.** *die Preise etc* anheben, -höhen. **21.** *colloq.* ¸klauen', stehlen: a) ¸mitgehen lassen', b) plagi¹ieren. **22.** *Zelt, Lager* abbrechen. **23.** a) *Kartoffeln* klauben, ernten, b) e-n *Schatz* heben. **24.** *Am.* e-e *Hypothek etc* tilgen. **25.** *das Gesicht etc* liften, straffen: **to have one's face ~ed** sich das Gesicht liften lassen. **26.** e-e *Belagerung, ein Embargo, ein Verbot etc* aufheben. **27.** *Fingerabdrücke* sichern.

III *v/i* **28.** sich heben, steigen (*a. Nebel*): **to ~ off** a) starten *(Rakete),* b) abheben *(Flugzeug).* **29.** sich (hoch)heben lassen.

'**lift**| **boy** *s bes. Br.* Liftboy *m*. **~ bridge** *s tech.* Hubbrücke *f*. '**lift·er** *s* **1.** *sport* (Gewicht)Heber *m*. **2.** *tech.* Heber *m*, Hebegerät *n*, *z. B.* a) Hebebaum *m*, b) Nocken *m*. **3.** *colloq.* ¸Langfinger' *m*, Dieb *m*. '**lift·ing** *adj* Hebe-, Hub... **~ bod·y** *s aer.* Auftriebskörper *m*. **~ bridge** → **lift bridge**. **~ force** *s aer. phys. tech.* Auftriebs-, Hub-, Tragkraft *f*. **~ jack** *s tech.* Hebevorrichtung *f*, (-)Winde *f*, (-)Bock *m*. **~ plat·form** *s tech.* Hebebühne *f*. **~ pow·er** → **lifting force**. '**lift·man** [-mæn] *s irr bes. Br.* Fahrstuhlführer *m.* '**~·off** *s* a) Start *m (e-r*

Rakete), b) Abheben *n* (*e-s Flugzeugs*). **~ pump** *s tech.* Hebepumpe *f.* **~ shaft** *s bes. Br.* Lift-, Aufzug(s)schacht *m.* **~ truck** *s* Hubkarren *m.* **~ valve** *s tech.* ¹Druckven₁til *n.*

lig·a·ment [ˈlɪgəmənt] *s anat.* Liga¹ment *n,* Band *n* (*a. fig.*). **lig·a¹men·tous** [-ˈmentəs], *a.* ˌ**lig·a¹men·ta·ry** *adj* **1.** *anat.* Band... **2.** bandförmig.

li·gate [ˈlaɪgeɪt; laɪˈgeɪt] *v/t med.* ein Gefäß li¹gieren, unter¹binden. **li·ga·tion** *s* **1.** *med.* Liga¹tur *f,* Unter¹bindung *f.* **2.** *fig.* Band *n.*

lig·a·ture [ˈlɪgəˌtʃʊə(r); -tʃə(r)] **I** *s* **1. ~ ligation. 2.** *med.* Klemme *f.* **3.** *print.* Liga¹tur *f* (*Verbindung zweier Buchstaben zu* ¹*einer Type*). **4.** *mus.* Liga¹tur *f:* a) *Verbindung e-r zs.-gehörenden Notengruppe,* b) *Bogen über zwei Noten gleicher Tonhöhe.* **II** *v/t* → **ligate.**

li·ger [ˈlaɪgə(r)] *s Kreuzung zwischen Löwe u. Tigerin.*

light¹ [laɪt] **I** *s* **1.** Licht *n,* Helligkeit *f:* **let there be ~!** *Bibl.* es werde Licht!; **to stand** (*od.* **be**) **in s.o.'s ~** a) j-m im Licht stehen, b) *fig.* j-m im Weg stehen; **to stand in one's own ~** a) sich im Licht stehen, b) *fig.* sich selbst im Weg stehen; **get out of the ~!** geh aus dem Licht!; **to see the ~ at the end of the tunnel** *fig.* das Licht am Ende des Tunnels sehen. **2.** Licht *n* (*a. phys.*), Beleuchtung *f:* **in subdued ~** bei gedämpftem Licht. **3.** Licht *n,* Schein *m:* **by the ~ of a candle** beim Licht *od.* Schein e-r Kerze, bei Kerzenschein. **4.** a) Licht(quelle *f*) *n* (*Sonne, Lampe, Kerze etc*): **to hide one's ~ under a bushel** sein Licht unter den Scheffel stellen, b) *mot.* Scheinwerfer *m:* → **flash 11. 5.** *Br. meist pl* (Verkehrs)Ampel *f:* **to jump** (*od.* **shoot**) **the ~s** bei Rot über die Kreuzung fahren, ein Rotlicht überfahren; **the ~s were against him** er hatte Rot; → **green light, red light. 6.** *mar.* a) Leuchtfeuer *n,* b) Leuchtturm *m.* **7.** Sonnen-, Tageslicht *n: I must finish my work while the ~ lasts* solang(e) es noch hell ist; **to see the ~** (**of day**) a) das Licht der Welt erblicken, geboren werden, b) *fig.* herauskommen, auf den Markt kommen (→ 9, 11); **in the cold ~ of day** (*od.* **dawn**) *fig.* bei Licht besehen *od.* betrachtet. **8.** Tagesanbruch *m:* **at ~** bei Tagesanbruch. **9.** *fig.* (Tages)Licht *n:* **to bring** (**come**) **to ~** ans Licht bringen (kommen); **to see the ~** (**of day**) bekannt *od.* veröffentlicht werden (→ 7, 11). **10.** *fig.* Licht *n,* A¹spekt *m:* **in the ~ of** unter dem Aspekt (*gen*), in Anbetracht (*gen*), angesichts (*gen*); **I have never looked on the matter in that ~** von dieser Seite habe ich die Angelegenheit noch nie gesehen; **to put s.th. in its true ~** etwas ins rechte Licht rücken; **to reveal s.th. in a different ~** etwas in e-m anderen Licht erscheinen lassen; **to see s.th. in a different ~** etwas mit anderen Augen sehen; **to show s.th. in a bad ~** ein schlechtes Licht auf e-e Sache werfen. **11.** *fig.* Licht *n,* Erleuchtung *f* (*a. relig.*): **to cast** (*od.* **shed, throw**) **~ on s.th.** a) Licht auf e-e Sache werfen, b) zur Lösung *od.* Aufklärung e-r Sache beitragen; **I see the ~** mir geht ein Licht auf; **to see the ~** a) zur Einsicht kommen, b) *relig.* erleuchtet werden (→ 7, 9); **by the ~ of nature** mit den natürlichen Verstandeskräften. **12.** *pl* Erkenntnisse *pl,* Informati¹onen *pl.* **13.** *fig.* Wissen *n,* Verstand *m,* geistige Fähigkeiten *pl:* **according to his ~s** so gut er es eben versteht. **14.** *paint.* a) Licht *n:* **~ and shade,** b) Aufhellung *f.* **15.** Glanz *m,* Leuchten *n* (*der Augen*): **the ~ went out of her eyes** der Glanz ihrer Augen erlosch. **16.** Feuer *n* (*zum Anzünden*), bes. Streichholz *n:* **have you got a ~?** haben Sie Feuer?; **to put a** (*od.* **set**) **~ to s.th.** etwas anzünden *od.* in Brand stecken; **to strike a ~** ein Streichholz anzünden. **17.** a) Fenster(scheibe *f*) *n,* b) Dachfenster *n.* **18.** *a.* **shining ~** *fig.* Leuchte *f,* großes Licht (*Person*): → **leading light 2. 19.** *a.* **~ of one's eyes** *poet.* Augenlicht *n.* **20.** *pl sl.* ¸Gucker' *pl* (*Augen*).

II *adj* **21.** hell, licht: **a ~ colo(u)r; a ~ room; ~ hair** helles Haar; **~ red** Hellrot *n.*

III *v/t pret u. pp* ¹**light·ed** *od.* **lit** [lɪt] **22.** *a.* **~ up** anzünden: **to ~ a fire** (**a lamp,** *etc*); **he lit a cigarette** er zündete sich e-e Zigarette an. **23.** be-, erleuchten, erhellen: **to ~ up** hell beleuchten. **24.** *meist* **~ up** j-s Augen etc aufleuchten lassen. **25.** j-m leuchten. **26. to be lit up** *colloq.* angeheitert sein: a) *durch Alkoholgenuß beschwingt sein,* b) *leicht angetrunken sein.*

IV *v/i* **27.** *a.* **~ up** sich entzünden. **28.** *meist* **~ up** a) sich erhellen, hell werden, b) *fig.* aufleuchten (*Augen etc*). **29. ~ up** a) Licht machen, b) die Straßenbeleuchtung einschalten, c) *mot.* die Scheinwerfer einschalten. **30. ~ up** *colloq.* ¸sich e-e (*Zigarette etc*) anzünden'.

light² [laɪt] **I** *adj* (*adv* → **lightly**) **1.** leicht (*von geringem Gewicht*): (**as**) **~ as air** (*od.* **a feather**) federleicht. **2.** (*spezifisch*) leicht: **~ metal** Leichtmetall *n.* **3. ~ coin** *Am.* Münze *f* mit zu geringem Edelmetallgehalt. **4.** leicht (*zu ertragen od. auszuführen*): **~ punishment; ~ work;** → **work 1. 5.** leicht (*nicht tief*): **~ sleep;** → **sleeper 1. 6.** leicht, Unterhaltungs...: **~ literature** Unterhaltungsliteratur *f;* **~ music** leichte Musik, Unterhaltungsmusik *f;* **~ opera** komische Oper, Spieloper *f;* **~ reading** Unterhaltungslektüre *f,* leichte Lektüre. **7.** gering(fügig), unbedeutend, leicht: **~ illness; a ~ rain; a ~ eater** ein schwacher Esser; **a ~ error** ein kleiner Irrtum; **~ traffic** geringer Verkehr; **no ~ matter** keine Kleinigkeit; **to make ~ of s.th.** a) etwas auf die leichte Schulter nehmen, b) verharmlosen, bagatellisieren. **8.** leicht: a) leichtverdaulich: **a ~ meal** e-e leichte Mahlzeit, b) *mit geringem Alkohol- od. Nikotingehalt:* **~ cigars; a ~ wine. 9.** locker: **~ earth; ~ snow; ~ bread** leichtes *od.* locker gebackenes Brot. **10.** leicht, sanft: **a ~ touch. 11.** flink: **to be ~ on one's feet** flink auf den Beinen sein. **12.** grazi¹ös, anmutig: **she is a ~ dancer. 13.** *a.* unbeschwert, sorglos, heiter, fröhlich: **with a ~ heart** leichten Herzens, b) leichtfertig, -sinnig, c) unbeständig, flatterhaft, d) ¸unmo₁ralisch': **a ~ girl** ein ¸leichtes' Mädchen. **14. to be ~ in the head** (leicht) benommen sein. **15.** *mar. mil.* leicht: **~ artillery; ~ cruiser; in ~ marching order** mit leichtem Marschgepäck. **16.** a) leichtbeladen, b) unbeladen, leer, ohne Ladung: **the ship returned;** c) **a ~ engine** e-e alleinfahrende Lokomotive. **17.** *tech.* leicht(gebaut), für leichte Beanspruchung, Leicht...: **~ plane** Leichtflugzeug *n;* **~ current** *electr.* Schwachstrom *m.* **18.** *Phonetik:* a) un-, schwachbetont (*Silbe, Vokal*), b) schwach (*Betonung*), c) hell, vorn im Mund artiku¹liert (*l-Laut*).

II *adv* **19. to travel ~** mit leichtem Gepäck reisen.

light³ [laɪt] *pret u. pp* ¹**light·ed** *od.* **lit** [lɪt] *v/i* **1.** (ab)steigen (**from, off** von). **2.** fallen (**on** auf *acc*): **a cat always ~s on its feet. 3.** sich niederlassen (**on** auf *dat*): **the bird ~ed on a twig. 4.** *fig.* (zufällig) stoßen (**on** auf *acc*). **5.** *fig.* fallen: **the choice ~ed on him. 6. to ~ into s.o.** *colloq.* über j-n herfallen (*a.* **mit Worten**). **7. ~ out** *colloq.* ¸verduften', verschwinden.

light | **air** *s* leiser Zug (*Windstärke 1*). ¸**~-¹armed** *adj mil.* leichtbewaffnet. **~ bar·ri·er** *s electr.* Lichtschranke *f.* **~ day** *s astr.* Lichttag *m:* → **light² 17. ~ bea·con** *s aer. mar.* Leuchtfeuer *n,* -bake *f.* **~ breeze** *s* leichte Brise (*Windstärke 2*). **~ bulb** *s electr.* Glühlampe *f.* ¸**~-e₁mit·ting di·ode** *s electr.* ¹Leuchtdi₁ode *f.*

light·en¹ [ˈlaɪtn] **I** *v/i* **1.** sich aufhellen, hell(er) werden. **2.** leuchten. **3.** *impers* blitzen: **it is ~ing. II** *v/t* **4.** (*a.* blitzartig) erhellen. **5.** *fig. obs.* erleuchten.

light·en² [ˈlaɪtn] **I** *v/t* **1.** leichter machen, erleichtern (*beide a. fig.*): **to ~ s.o.'s heart** j-m das Herz leichter machen. **2.** *ein Schiff* (ab)leichtern. **3.** j-n aufheitern. **II** *v/i* **4.** leichter werden: **her heart ~ed** *fig.* ihr wurde leichter ums Herz. **5.** *fig.* heiterer werden.

light en·gi·neer·ing *s* ¹Leichtma₁schinenbau *m.*

light·er¹ [ˈlaɪtə(r)] *s* **1.** Anzünder *m* (*a. Gerät*). **2.** Feuerzeug *n.*

light·er² [ˈlaɪtə(r)] *mar.* **I** *s* Leichter *m,* Prahm *m.* **II** *v/t* in e-m Leichter befördern.

light·er·age [ˈlaɪtərɪdʒ] *s mar.* **1.** Leichtergeld *n.* **2.** ¹Leichtertrans₁port *m.*

¹**light·er·man** [-mən] *s irr mar.* Leichterschiffer *m.*

¸**light·er-than-¹air** *adj:* **~ craft** Luftfahrzeug *n* leichter als Luft.

light | **face** *s print.* magere Schrift. ¹**~-faced** *adj print.* mager. ¹**~fast·ness** *s* Lichtbeständigkeit *f.* ¹**~-fin·gered** *adj* **1.** fingerfertig, geschickt. **2.** ¸langfing(e)rig', diebisch. **~-¹fin·gered·ness** *s* Fingerfertigkeit *f,* Geschicktheit *f.* **~ fix·ture** *s* Beleuchtungskörper *m.* **~ fly·weight** *s Boxen:* Halb-, Leicht¹fliegengewicht(ler *m*) *n.* **~-¹fly·weight** *adj Boxen:* Halb-, Leichtfliegengewichts... ¹**~-foot·ed** *adj* (*adv* **~ly**) leichtfüßig, flink. ¹**~-foot·ed·ness** *s* Leichtfüßigkeit *f,* Flinkheit *f.* ¹**~-hand·ed** *adj* (*adv* **~ly**) geschickt. ¹**~-hand·ed·ness** *s* Geschicktheit *f.* ¹**~-head·ed** *adj* (*adv* **~ly**) **1.** leichtsinnig, -fertig. **2. to feel ~** a) (leicht) benommen sein, b) wie auf Wolken schweben. ¹**~-head·ed·ness** *s* **1.** Leichtsinn *m,* -fertigkeit *f.* **2.** (leichte) Benommenheit *f.* ¹**~-heart·ed** *adj* (*adv* **~ly**) fröhlich, heiter, unbeschwert. ¸**~-¹heart·ed·ness** *s* Fröhlichkeit *f,* Heiterkeit *f,* Unbeschwertheit *f.* **~ heav·y·weight** *s sport* Halb-, Leicht¹schwergewicht(ler *m*) *n.* ¸**~-¹heav·y·weight** *adj sport* Halb-, Leichtschwergewichts... ¹**~ house** *s* Leuchtturm *m:* **~ keeper** Leuchtturmwärter *m;* **~ tube** *electr.* Leuchtturmröhre *f.* ¹**~ house·man** [-mən] *s irr* Leuchtturmwärter *m.*

¹**light·ing** *s* **1.** Beleuchtung *f:* **~ battery** Lichtbatterie *f;* **~ effect** Beleuchtungseffekt *m;* **~ engineer** Beleuchter *m;* **~ load** Lichtnetzbelastung *f;* **~ point** *electr.* Brennstelle *f.* **2.** Beleuchtung(sanlage) *f.* **3.** Anzünden *n.* **4.** *paint.* Lichtverteilung *f.* ¸**~-¹up time** *s* (vorgeschriebene) Zeit des Einschaltens der Straßenbeleuchtung *od.* (*mot.*) der Scheinwerfer.

¹**light·less** *adj* lichtlos, dunkel.

¹**light·ly** *adv* **1.** leicht. **2.** wenig: **to eat ~; ~ booked** weniger gebucht. **3.** gelassen: **to bear s.th. ~. 4.** leichtfertig, -sinnig. **5.** leicht¹hin. **6.** geringschätzig.

light | **me·ter** *s phot.* Belichtungsmesser *m.* **~ mid·dle·weight** *s sport* Halb¹mittelgewicht(ler *m*) *n.* ¸**~-¹mid·dle·weight** *adj sport* Halbmittelgewichts...

light-minded – liking

~-'**mind·ed** *adj* (*adv* ~**ly**) a) leichtfertig, -sinnig, b) unbeständig, flatterhaft. ~-'**mind·ed·ness** *s* a) Leichtfertigkeit *f*, -sinn *m*, b) Unbeständigkeit *f*, Flatterhaftigkeit *f*. ~ **min·ute** *s astr.* 'Lichtmi‚nute *f*. ~ **month** *s astr.* Lichtmonat *m*.
light·ness[1] ['laɪtnɪs] *s* Helligkeit *f*.
light·ness[2] ['laɪtnɪs] *s* **1.** Leichtheit *f*, Leichtigkeit *f*, geringes Gewicht. **2.** Leichtverdaulichkeit *f*. **3.** Lockerheit *f*. **4.** Sanftheit *f*. **5.** Flinkheit *f*. **6.** Grazie *f*, Anmut *f*. **7.** a) Unbeschwertheit *f*, Sorglosigkeit *f*, Heiterkeit *f*, Fröhlichkeit *f*, b) Leichtfertigkeit *f*, -sinn *m*, c) Unbeständigkeit *f*, Flatterhaftigkeit *f*, d) 'Unmo‚ral *f*.
light·ning ['laɪtnɪŋ] **I** *s* Blitz *m*: **struck by** ~ vom Blitz getroffen; ~ **struck a house** der Blitz schlug in ein Haus (ein); **like** ~ wie der Blitz; → **flash** 1, **grease** 6, **streak** 2. **II** *adj* blitzschnell, Blitz..., Schnell...: ~ **artist** Schnellzeichner *m*; ~ **offensive** *mil.* Blitzoffensive *f*; **with** ~ **speed** mit Blitzesschnelle. ~ **ar·rest·er** *s electr.* Blitzschutzvorrichtung *f*. ~ **bug** *Am.* ~ **firefly**. ~ **con·duc·tor** *s electr.* Blitzableiter *m*. ~ **rod** *s electr.* Blitzableiter *m* (*a. fig.*): **to serve as a** ~ **for s.o.** j-m als Blitzableiter dienen, j-s Blitzableiter sein. ~ **strike** *s econ.* Blitzstreik *m*. ~ **vis·it** *s* 'Stippvi‚site *f*, Blitzbesuch *m*.
light|**oil** *s chem. tech.* Leichtöl *n*. ~ **pen** *s Computer:* Lichtstift *m*. ~ **plant** *s electr.* Lichtanlage *f*. ~ **pol·lu·tion** *s* 'Lichtüber‚flutung *f* (*in e-r Stadt*). '~-**proof** *adj* 'licht‚undurchlässig. ~ **quan·tum** *s phys.* Lichtquant *n*, Photon *n*. ~ **re·ac·tion** *s bot.* 'Lichtreakti‚on *f*.
lights [laɪts] *s pl zo.* Lunge *f*.
light| **sec·ond** *s astr.* 'Lichtse‚kunde *f*. '~-**ship** *s mar.* Feuer-, Leuchtschiff *n*. ~ **show** *s* Light-Show *f* (*Show mit besonderen Lichteffekten*). '~-**skinned** *adj* hellhäutig.
light·some[1] ['laɪtsəm] *adj* (*adv* ~**ly**) *obs. od. poet.* **1.** grazi'ös, anmutig. **2.** flink. **3.** a) unbesorgt, sorglos, heiter, fröhlich, b) leichtfertig, -sinnig.
light·some[2] ['laɪtsəm] *adj obs. od. poet.* **1.** leuchtend. **2.** licht, hell.
light source *s* Lichtquelle *f*.
‚**lights-'out** *s*: ~ **is at ten p.m.** um 22 Uhr heißt es „Licht aus".
'**light**|-**struck** *adj phot.* durch Lichteinwirkung verschleiert. ~ **trap** *s* **1.** Lichtschleuse *f*. **2.** Insektenvernichtungsgerät, das aus e-r Lichtquelle u. e-m Behälter besteht. ~ **week** *s astr.* Lichtwoche *f*. '~-**weight I** *adj* **1.** leicht(gewichtig): ~ **pickup** Leichtgewichtarm *m*. **2.** *sport* Leichtgewichts... **3.** *fig.* a) leicht: ~ **reading** *a.* Unterhaltungslektüre *f*, b) unbedeutend (*Person*): ~ **artist** künstlerisches Leichtgewicht. **II** *s* **4.** a) Leichtgewicht *n* (*Person*) (*a. fig.*), b) etwas Leichtes. **5.** *sport* Leichtgewicht(ler *m*) *m.* **6.** *fig.* unbedeutender Mensch. ~ **wel·ter·weight** *s Boxen:* Halb'weltergewicht(ler *m*) *n*. ~ -'**wel·ter·weight** *adj Boxen:* Halbweltergewichts... '~-**wood** *s* **1.** Anmachholz *n*. **2.** *Am.* Kienholz *n*. ~ **year** *s astr.* Lichtjahr *n*: ~**s away** *fig.* himmelweit entfernt; **it is** ~**s since** *fig.* es ist schon e-e Ewigkeit her, daß *od.* seit.
lign·al·oes [laɪ'næləʊz; lɪg'n-] *s pl* (*als sg konstruiert*) **1.** Aloeholz *n*. **2.** *pharm.* Aloe *f*.
lig·ne·ous ['lɪgnɪəs] *adj* holzig, holzartig, Holz...
lig·ni·fi·ca·tion [‚lɪgnɪfɪ'keɪʃn] *s bot.* Lignifi'zierung *f*, Verholzung *f*.
lig·ni·fy ['lɪgnɪfaɪ] *bot.* **I** *v/t* ligni fi'zieren, in Holz verwandeln. **II** *v/i* ligni fi'zieren, verholzen.

lig·nin ['lɪgnɪn] *s chem.* Li'gnin *n*, Holzstoff *m*.
lig·nite ['lɪgnaɪt] *s geol.* (verfestigte) Braunkohle. **lig'nit·ic** [-'nɪtɪk] *adj* braunkohlenhaltig. '**lig·ni·tize** [-nɪtaɪz] *v/t* in Braunkohle verwandeln.
lig·niv·o·rous [lɪg'nɪvərəs] *adj zo.* holzfressend.
lig·num vi·tae [‚lɪgnəm'vaɪtiː] *s bot.* Pockholz(baum *m*) *n*.
lig·ro·in(e) ['lɪgrəʊɪn; *Am.* 'lɪgrəwən] *s chem.* Ligro'in *n*, 'Lackben‚zin *n*.
lig·u·la ['lɪgjʊlə] *pl* -**lae** [-liː] *od.* -**las** *s* **1.** → **ligule. 2.** *zo.* Ligula *f* (*verwachsene Zunge u. Nebenzunge von Insekten*). '**lig·ule** [-juːl] *s bot.* **1.** Ligula *f*, Blatthäutchen *n* (*bes. an Gräsern*). **2.** Zungenblütchen *n*.
Li·gu·ri·an [lɪ'gjʊərɪən] **I** *adj* li'gurisch: ~ **Sea** Ligurisches Meer. **II** *s* Li'gurier(in).
lik·a·ble ['laɪkəbl] *adj* liebenswert, -würdig, sym'pathisch. '**lik·a·ble·ness** *s* liebenswerte Art, sym'pathisches Wesen.
like[1] [laɪk] **I** *adj* **1.** gleich (*dat*), wie: **she is just** ~ **her sister** sie ist geradeso wie ihre Schwester; **a man** ~ **you** ein Mann wie du; **what is he** ~? wie ist er?; **he is** ~ **that** er ist nun einmal so; **he was not** ~ **that before** so war er doch früher nicht; **what does it look** ~? wie sieht es aus?; **a fool** ~ **that** ein derartiger *od.* so ein Dummkopf; **he felt** ~ **a criminal** er kam sich wie ein Verbrecher vor; **that's more** ~ **it!** *colloq.* das läßt sich (schon) eher hören; → **master** 5c, **nothing** 7 *u. Bes. Redew.*, **something** 3. **2.** ähnlich (*dat*), bezeichnend für: **that is just** ~ **him!** das sieht ihm ähnlich! **3.** *in bes. Verbindungen mit folgendem Substantiv od. Gerundium:* **it is** ~ **having children** es ist (so), als ob man Kinder hätte; → **feel** 10. **4.** gleich: **a** ~ **amount; in** ~ **manner** a) auf gleiche Weise, b) gleichermaßen; **of** ~ **mind** gleichgesinnt; ~ **signs** *math.* gleiche Vorzeichen; ~ **terms** *math.* gleichnamige Glieder; ~ **unto his brethren** *Bibl.* s-n Brüdern gleich. **5.** ähnlich: **the portrait is not** ~; **the two signs are very** ~; **they are (as)** ~ **as two eggs** sie gleichen sich wie ein Ei dem anderen. **6.** ähnlich, gleichartig, derartig: ... **and other** ~ **problems** ... und andere derartige Probleme **7.** *colloq.* wahr'scheinlich.
II *prep* (*siehe a. adj u. adv, die oft wie e-e prep gebraucht werden*) **8.** wie: **to sing** ~ **a nightingale**; **do not shout** ~ **that** schrei nicht so; **a thing** ~ **that** so etwas.
III *adv* (*siehe auch prep*) **9.** (so) wie: ~ **every teacher he has** so wie jeder Lehrer hat auch er; **I cannot play** ~ **you** (do) ich kann nicht so gut spielen wie du. **10.** *colloq.* wahr'scheinlich: ~ **enough, as** ~ **as not, very** ~ höchstwahrscheinlich, sehr wahrscheinlich. **11.** *sl.* irgendwie, merkwürdig, ziemlich. **12.** *obs. so:* ~ **as** so wie.
IV *conj* **13.** *colloq.* wie, (eben)so wie. **14.** *dial.* als ob: **he trembled** ~ **he was afraid**.
V *s* **15.** (der, die das) gleiche, (etwas) Gleiches: **his** ~ seinesgleichen; **did you ever see the** ~(**s**) **of that girl?** hast du jemals so etwas wie dieses Mädchen gesehen?; **the** ~**s of me** *colloq.* meinesgleichen, unsereiner, Leute wie ich; ~ **attracts** ~ gleich u. gleich gesellt sich gern; **the** ~ dergleichen; **peas, beans, and the** ~ Erbsen, Bohnen u. dergleichen; **cocoa or the** ~ Kakao oder so etwas (Ähnliches); **he will never do the** ~ **again** so etwas wird er nie wieder tun; → **such** 7.
like[2] [laɪk] **I** *v/t* **1.** gern haben, (gern) mögen, (gut) leiden können, gern tun, essen, trinken *etc:* **I** ~ **it** ich habe *od.* mag es gern, es gefällt mir; **I** ~ **him** ich mag ihn gern, ich kann ihn gut leiden; **how do you** ~ **it?** wie gefällt es dir?, wie findest du es?; "**As You L**~ **It**" „Wie es euch gefällt" (*Lustspiel von Shakespeare*); **I** ~ **that!** *iro.* so was hab' ich gern!; **do you** ~ **oysters?** mögen Sie Austern (gern)?; **I should much** ~ **to come** ich würde sehr gern kommen; **he** ~**s playing** (*od.* **to play**) **tennis** er spielt gern Tennis; **I should** ~ **to know** ich möchte gerne wissen; **what do you** ~ **better?** was hast du lieber?, was gefällt dir besser?; **I do not** ~ **such things discussed** ich habe es nicht gern, daß solche Dinge erörtert werden; **I** ~ **whisky, but it does not** ~ **me** *colloq.* ich trinke gern Whisky, aber er bekommt mir nicht; (**much**) ~**d** (sehr) beliebt.
II *v/i* **2.** wollen: (**just**) **as you** ~ (ganz) wie du willst, (ganz) nach Belieben; **do as you** ~ mach, was du willst; **if you** ~ wenn du willst; **I am stupid if you** ~ **but** ich bin vielleicht dumm, aber. **3.** *obs.* gefallen. **4.** *obs.* gedeihen.
III *s* **5.** Neigung *f*, Vorliebe *f*: ~**s and dislikes** Neigungen u. Abneigungen; **I know his** ~**s and dislikes** ich weiß, was er mag u. was nicht.
-like [laɪk] *Wortelement mit der Bedeutung* wie, ...artig, ...ähnlich.
like·a·ble, *etc* → **likable,** *etc.*
like·li·hood ['laɪklɪhʊd] *s* **1.** Wahr'scheinlichkeit *f*: **in all** ~ aller Wahrscheinlichkeit nach, höchstwahrscheinlich; **there is a strong** ~ **of his succeeding** es ist sehr wahrscheinlich, daß es ihm gelingt, er wird mit großer Wahrscheinlichkeit Erfolg haben. **2.** (deutliches) Anzeichen (**of** für). **3.** *obs.* Verheißung *f*. '**like·li·ness** → **likelihood.**
like·ly ['laɪklɪ] **I** *adj* **1.** wahr'scheinlich, vor'aussichtlich: **it is not** ~ **that he will come, he is not** ~ **to come** es ist unwahrscheinlich, daß er kommt; **which is his most** ~ **route?** welchen Weg wird er aller Wahrscheinlichkeit nach nehmen?; **this is not** ~ **to happen** das wird wahrscheinlich nicht geschehen. **2.** glaubhaft: **a** ~ **story; a** ~ **story!** *iro.* das soll glauben, wer mag! **3.** in Frage kommend, geeignet: **a** ~ **candidate; a** ~ **remedy. 4.** aussichtsreich, vielversprechend: **a** ~ **young man. II** *adv* **5.** wahr'scheinlich: **very** ~ sehr wahrscheinlich; **most** ~ höchstwahrscheinlich; **as** ~ **as not** (sehr) wahrscheinlich; **not** ~! *colloq.* wohl kaum!
‚**like-'mind·ed** *adj* (*adv* ~**ly**) gleichgesinnt. ‚**like-'mind·ed·ness** *s* Gleichgesinntheit *f*.
lik·en ['laɪkən] *v/t* vergleichen (**to** mit).
like·ness ['laɪknɪs] *s* **1.** Ähnlichkeit *f* (**between** zwischen *dat*; **to** mit). **2.** Gestalt *f*: **an enemy in the** ~ **of a friend. 3.** Bild *n*, Por'trät *n*: **to have one's** ~ **taken** sich malen *od.* fotografieren lassen. **4.** Abbild *n* (**of** *gen*): **he is the exact** ~ **of his father.**
'**like·wise** *adv* **1.** außerdem, auch, zusätzlich. **2.** des'gleichen, ebenso: **to do** ~ es ebenso machen, das gleiche tun; **pleased to meet you** – ~ ganz meinerseits!; **have a nice day** – ~ danke gleichfalls!
lik·ing ['laɪkɪŋ] *s* (**for**) Vorliebe *f* (für), Geschmack *m* (**an** *dat*): **to have a** ~ **for** e-e Vorliebe haben für j-n, etwas, Zuneigung *f* empfinden, gern mögen; **to take a** ~ **to** Zuneigung fassen zu j-m, Gefallen finden an j-m, etwas, Geschmack finden an *etwas*; **to be greatly to s.o.'s** ~ j-m sehr zusagen; **this is not (to) my** ~ das ist nicht nach m-m Geschmack; **it is not my** ~ **to have to**

get up early ich mag es nicht, früh aufstehen zu müssen; it is too old-fashioned for my ~ es ist mir zu altmodisch.
li·lac ['laɪlək] **I** s **1.** bot. Spanischer Flieder. **2.** Lila n (Farbe). **II** adj **3.** lila (-farben).
lil·i·a·ceous [ˌlɪlɪ'eɪʃəs] adj bot. Lilien..., lilienartig.
Lil·li·pu·tian [ˌlɪlɪ'pjuːʃjən; -ʃɪən; bes. Am. -ʃn] **I** adj **1.** a) winzig, zwergenhaft, b) Liliput..., Klein(st)... **2.** fig. engstirnig, 'kleinka‚riert'. **II** s **3.** Liliput'aner(in) (Bewohner[in] des fiktiven Landes Liliput; weitS. Mensch von zwerghaftem Wuchs). **4.** fig. engstirniger od. ‚'kleinka‚rierter' Mensch.
li·lo ['laɪləʊ] pl **-los** s Br. colloq. 'Luftma‚tratze f.
lilt [lɪlt] **I** s **1.** a) flotter Rhythmus, b) flotte od. schwungvolle Melo'die. **2.** (federnder) Schwung, Federn n: the ~ of her step ihr federnder Gang. **II** v/i **3.** e-n flotten Rhythmus haben: ~ing flott. **4.** mit federnden Schritten gehen.
lil·y ['lɪlɪ] **I** s **1.** bot. a) Lilie f, b) lilienartige Pflanze: ~ of the Nile Schmucklilie; ~ of the valley Maiglöckchen n; to gild (od. paint) the ~ fig. des Guten zuviel tun. **2.** her. Lilie f. **II** adj **3.** lilienweiß: a ~ hand. **4.** poet. zart, ä'therisch. **5.** poet. rein (a. Wahrheit), unschuldig. ~**i·ron** s e-e Harpune mit abnehmbarer Spitze. ‚~'**livered** adj feig(e). ‚~'**white** adj **1.** → lily **3. 2.** Am. colloq. nur für Weiße: a ~ club.
Li·ma bean ['liːmə; bes. Am. 'laɪmə] s bot. Limabohne f.
lim·a·cine ['lɪməsaɪn; -sɪn; 'laɪ-] adj zo. schneckenartig, Schnecken...
li·ma·çon ['lɪməsɒn; Am. -‚sɑn; ‚lɪmə-'sɔːn] s math. Pas'calsche Schnecke.
limb[1] [lɪm] s **1.** (Körper)Glied n: ~s pl a. Gliedmaßen pl; to tear s.o. ~ from ~ j-n in Stücke reißen. **2.** Hauptast m (e-s Baumes): to be out on a ~ colloq. a) in e-r gefährlichen Lage sein, b) Br. allein (da-)stehen. **3.** fig. a) Glied n, Teil m (e-s Ganzen), b) Arm m (e-s Kreuzes etc): ~ of the sea Meeresarm, c) Ausläufer m (e-s Gebirges), d) ling. (Satz)Glied n, e) jur. Absatz m, f) Arm m, Werkzeug n: ~ of the law Arm des Gesetzes (Jurist, Polizist etc). **4.** a. ~ of Satan (od. the devil) colloq. ‚Racker' m, Schlingel m.
limb[2] [lɪm] s **1.** bot. a) Limbus m, (Kelch-)Saum m (e-r Blumenkrone), b) Blattrand m (bei Moosen). **2.** astr. Rand m (e-s Himmelskörpers). **3.** tech. Limbus m (Teilkreis an Instrumenten zur Winkelmessung).
lim·bate ['lɪmbeɪt] adj biol. andersfarbig gerandet od. gesäumt.
limbed [lɪmd] adj in Zssgn ...gliedrig.
lim·ber[1] ['lɪmbə(r)] **I** adj **1.** biegsam, geschmeidig. **2.** beweglich, gelenkig. **3.** fig. fle'xibel: ~ credit terms. **II** v/t **4.** meist ~ up biegsam od. geschmeidig machen, Muskeln a. auflockern: to ~ o.s. → **5. III** v/i **5.** meist ~ up sich auflockern, Lockerungsübungen machen.
lim·ber[2] ['lɪmbə(r)] **I** s **1.** mil. Protze f: ~ chest Protzkasten m. **2.** pl mar. Pumpensod m. **II** v/t u. v/i **3.** meist ~ up aufprotzen.
'**lim·ber·ing ex·er·cise** s Lockerungsübung f.
lim·ber·ness ['lɪmbə(r)nɪs] s **1.** Biegsamkeit f, Geschmeidigkeit f. **2.** Beweglichkeit f, Gelenkigkeit f. **3.** fig. Flexibili'tät f.
lim·bo[1] ['lɪmbəʊ] pl **-bos** s **1.** oft L~ relig. Limbus m, Vorhölle f. **2.** Gefängnis n. **3.** fig. Rumpelkammer f: to put s.o. into ~ j-n aufs Abstellgleis schieben. **4.** Übergangs-, Zwischenstadium n: to be in ~ a) in der Schwebe sein (Entscheidung etc), b) ‚in der Luft hängen', im ungewissen sein (Person); to occupy a ~ (between ... and ...) ein Übergangsstadium darstellen (von ... zu ...), ein Zwischenstadium darstellen (zwischen dat ... und ...).
lim·bo[2] ['lɪmbəʊ] pl **-bos** s Limbo m (akrobatischer Tanz westindischer Herkunft, bei dem der Tänzer den Körper von den Knien an zurückbiegt u. sich mit schiebenden Tanzschritten unter e-r Querstange hindurchbewegt).
Lim·burg·er ['lɪmbɜːgə; Am. -bɜrgər] s a. '**Lim·burg cheese** s Limburger (Käse) m.
lime[1] [laɪm] **I** s **1.** chem. Kalk m: hydrated ~ gelöschter Kalk; → **unslaked 1. 2.** agr. Kalkdünger m. **3.** Vogelleim m. **II** v/t **4.** kalken: a) mit Kalk bestreichen od. behandeln, b) agr. mit Kalk düngen, c) → limewash I. **5.** mit Vogelleim bestreichen od. fangen.
lime[2] [laɪm] s bot. Linde f.
lime[3] [laɪm] s bot. **1.** Limo'nelle f (Baum). **2.** Li'mone f, Limo'nelle f (Frucht).
lime|burn·er s Kalkbrenner m. ~**cast** s Kalkverputz m. ~ **con·crete** s 'Kalkbe‚ton m, 'Kalk-'Sand-Be‚ton m. ~ **juice** s Li'monen-, Limo'nellensaft m. ‚~-'**juic·er** → limey I. '~**kiln** s Kalk(brenn)ofen m. '~**light** s **1.** tech. Kalklicht n, Drummondsches Licht. **2.** fig. Rampenlicht n, Licht n der Öffentlichkeit: to be in the ~ im Rampenlicht od. im Licht der Öffentlichkeit stehen. ~ **mor·tar** s Kalkmörtel m.
li·men ['laɪmen] pl '**li·mens, lim·i·na** ['lɪmɪnə] s psych. (Bewußtseins- od. Reiz-)Schwelle f.
lime pit s **1.** Kalkgrube f. **2.** Gerberei: Äscher(grube f) m.
lim·er·ick ['lɪmərɪk] s Limerick m (fünfzeiliges komisch-ironisches Gedicht mit dem Reimschema aabba).
'**lime·stone** s geol. Kalkstein m. ~**tree** s bot. **1.** Linde f. **2.** (ein) Tu'pelobaum m. ~**twig** s **1.** Leimrute f. **2.** fig. Falle f, Schlinge f. '~**wash** I v/t kalken, weißen, tünchen. II s (Kalk)Tünche f. '~**wa·ter** s chem. **1.** Kalkmilch f, -lösung f. **2.** kalkhaltiges Wasser.
lim·ey ['laɪmɪ:] Am. sl. **I** s **1.** a) Brite m, Britin f, b) britischer Ma'trose. **2.** britisches Schiff. **II** adj **3.** britisch.
li·mic·o·lous [laɪ'mɪkələs] adj zo. limi'kol, im Schlamm lebend, Schlamm...
lim·i·na ['lɪmɪnə] pl von limen. '**lim·i·nal** [-nl] adj psych. Schwellen...
lim·it ['lɪmɪt] **I** s **1.** fig. Grenze f, Begrenzung f, Beschränkung f, (Zeit- etc) Limit n: to the ~ bis zum Äußersten od. Letzten; within ~s in (gewissen) Grenzen; without ~ ohne Grenzen, grenzen-, schrankenlos; there is a ~ to everything alles hat s-e Grenzen; there is no ~ to his greed, his greed knows no ~ s-e Gier kennt keine Grenzen; to know one's (own) ~s s-e Grenzen kennen; to put a ~ on s.th., to set a ~ to s.th. etwas begrenzen od. beschränken; he has reached the ~ of his patience s-e Geduld ist am Ende od. erschöpft; to go the ~ über die volle Distanz gehen (Boxer etc); superior ~ a) äußerster Termin, b) obere Grenze, Höchstgrenze f; inferior ~ a) frühestmöglicher Zeitpunkt, b) untere Grenze; off ~s Zutritt verboten (to für); that's the ~! colloq. das ist (doch) die Höhe!; he is the ~! colloq. er ist unglaublich od. unmöglich! **2.** Grenze f, Grenzlinie f. **3.** obs. Bezirk m, Bereich m. **4.** math. tech. Grenze f, Grenzwert m. **5.** econ. a) Börse: Höchstbetrag m, b) Limit n, Preisgrenze f: **lowest** ~ äußerster od. letzter Preis. **II** v/t **6.** beschränken, begrenzen (to auf acc): ~ing adjective ling. einschränkendes Adjektiv. **7.** econ. Preise limi'tieren.
lim·i·ta·tion [ˌlɪmɪ'teɪʃn] s **1.** fig. Grenze f: to know one's (own) ~s s-e Grenzen kennen. **2.** fig. Begrenzung f, Beschränkung f: ~ of armament Rüstungsbeschränkung; ~ of liability jur. Haftungsbeschränkung. **3.** jur. Verjährung f: ~ (period) Verjährungsfrist f; ~ of action Klageverjährung.
lim·i·ta·tive ['lɪmɪtətɪv; bes. Am. -teɪtɪv] adj limita'tiv, begrenzend, beschränkend.
'**lim·it·ed I** adj (adv ~ly) **1.** beschränkt, begrenzt (to auf acc): ~ intelligence; ~ space; ~ bus → 4 a; ~ (liability) company econ. Br. Aktiengesellschaft f; ~ order edition begrenzte Auflage; ~ in time befristet; ~ train → 4 b. **2.** pol. konstitutio'nell: ~ monarchy. **3.** fig. (geistig) beschränkt. **II** s **4.** Am. a) Schnellbus m, b) Schnellzug m.
'**lim·it·er** s **1.** einschränkender Faktor. **2.** electr. (Ampli'tuden)Begrenzer m.
'**lim·it·less** adj (adv ~ly) fig. grenzenlos.
lim·i·trophe ['lɪmɪtrəʊf] adj grenzend (to an acc), Grenz...: ~ region.
lim·it switch s electr. Endschalter m.
limn [lɪm] v/t obs. od. poet. **1.** malen, zeichnen, abbilden. **2.** fig. veranschaulichen, schildern. '**lim·ner** [-nə(r)] s obs. od. poet. (Por'trät)Maler m.
lim·net·ic [lɪm'netɪk], **lim·nic** ['lɪmnɪk] adj limnisch: a) biol. im Süßwasser lebend od. entstanden, b) geol. im Süßwasser entstanden od. abgelagert.
lim·nite ['lɪmnaɪt] s min. Raseneisenerz n.
lim·nol·o·gy [lɪm'nɒlədʒɪ; Am. -'nɑ-] s Limnolo'gie f (Lehre von den Binnengewässern u. den in ihnen lebenden Organismen).
lim·o ['lɪməʊ] pl **-os** colloq. für limousine.
lim·o·nene ['lɪmənɪːn] s chem. Limo'nen n (in ätherischen Ölen verbreiteter Kohlenwasserstoff von zitronenartigem Geruch).
li·mo·nite ['laɪmənaɪt] s min. Limo'nit m, Brauneisenerz n.
lim·ou·sine ['lɪmuːzɪːn; Am. ‚lɪmə'zɪːn] s mot. Limou'sine f.
limp[1] [lɪmp] **I** v/i **1.** hinken (a. fig. Vers etc), humpeln. **2.** sich (da'hin)schleppen (a. fig.). **II** s **3.** Hinken n: to walk with a ~ hinken, humpeln.
limp[2] [lɪmp] adj **1.** schlaff, schlapp: to go ~ erschlaffen; a ~ gesture e-e müde Handbewegung; a ~ joke ein ‚müder' Witz. **2.** biegsam, weich: ~ book cover.
limp·en ['lɪmpən] v/i erschlaffen.
lim·pet ['lɪmpɪt] s zo. Napfschnecke f: to hold on (od. hang on, cling) to s.o. like a ~ fig. wie e-e Klette an j-m hängen. ~ **mine** s mil. Haftmine f.
lim·pid ['lɪmpɪd] adj (adv ~ly) **1.** 'durchsichtig, klar (Wasser etc). **2.** fig. klar (Stil etc). **3.** fig. ruhig, friedlich (Leben etc).
lim·pid·i·ty, 'lim·pid·ness s 'Durchsichtigkeit f, Klarheit f.
'**limp·ness** s Schlaff-, Schlappheit f.
limp|**wrist** s Am. colloq. ‚Schwule(r)' m (Homosexueller). '~**wrist** adj Am. colloq. ‚schwul'.
lim·y[1] ['laɪmɪ] adj **1.** Kalk..., kalkig: a) kalkhaltig, b) kalkartig. **2.** gekalkt. **3.** mit Vogelleim beschmiert.
lim·y[2] ['laɪmɪ] adj mit Li'monen- od. Limo'nellengeschmack.
lin·ac ['lɪnæk] s phys. Line'arbeschleuniger m (aus linear accelerator).
lin·age ['laɪnɪdʒ] s **1.** → alignment. **2.** Zeilenzahl f. **3.** 'Zeilenhono‚rar n.
linch·pin ['lɪntʃpɪn] s **1.** tech. Lünse f,

Lincoln – linger

Achsnagel *m.* **2.** *fig.* Stütze *f*: **this fact is the ~ of his argumentation** auf diese Tatsache stützt sich s-e Argumentation; **he is the ~ of the company** er hält die ganze Firma zusammen.
Lin·coln ['lɪŋkən] *s* Lincoln(schaf) *n.* **~ green** *s* **1.** Lincolngrün *n* (*Tuchfarbe*). **2.** Lincolner Tuch *n.*
lin·crus·ta [lɪnˈkrʌstə] *s* Linˈkrusta *f* (*linoleumähnliche, abwaschbare Tapete mit reliefartiger Prägung*).
lin·den ['lɪndən] *s* **1.** *bot.* Linde *f.* **2.** Lindenholz *n.*
line¹ [laɪn] **I** *s* **1.** Linie *f* (*a. sport*), Strich *m.* **2.** a) (*Hand- etc*)Linie *f*: **~ of fate** Schicksalslinie, b) Falte *f*, Runzel *f*, c) Zug *m* (*im Gesicht*). **3.** Zeile *f*: **to read between the ~s** *fig.* zwischen den Zeilen lesen; → **drop** 41. **4.** *TV* (Bild)Zeile *f.* **5.** a) Vers *m*, b) *pl thea. etc* Rolle *f*, Text *m*, c) *pl ped. Br.* Strafarbeit *f*, -aufgabe *f.* **6.** *pl* (*meist als sg konstruiert*) *bes. Br. colloq.* Trauschein *m.* **7.** *colloq.* (**on**) Informatiˈon *f* (*über acc*), ˈHinweis *m* (*auf acc*). **8.** *Am. colloq.* a) ‚Platte' *f* (*Geschwätz*), b) ‚Tour' *f*, ‚Masche' *f* (*Trick*). **9.** Linie *f*, Richtung *f*: **~ of attack** a) *mil.* Angriffsrichtung, b) *fig.* Taktik *f*; **~ of fire** *mil.* Schußlinie *f*; **~ of sight** a) Blickrichtung, b) *a.* **~ of vision** Gesichtslinie, -achse *f*; **hung on the ~** in Augenhöhe aufgehängt (*Bild*); **he said s.th. along these ~s** er sagte etwas in dieser Richtung; → **resistance** 1. **10.** *pl* Grundsätze *pl*, Richtlinie(n *pl*) *f*: **the ~s of his policy** die Grundlinien s-r Politik; **on** (*od.* **along**) **the ~s of** nach dem Prinzip (*gen*); **along these ~s** a) nach diesen Grundsätzen, b) folgendermaßen; **along general ~s** ganz allgemein, in großen Zügen; **along similar ~s** ähnlich. **11.** Art *f u.* Weise *f*, Meˈthode *f*, Verfahren *n*: **~ of approach (to)** Art u. Weise (*etwas*) anzupacken, Methode; **~ of argument** (Art der) Beweisführung *f*; **~ of reasoning** Denkweise; **~ of thought** a) Auffassung *f*, b) Gedankengang *m*; **to take a strong ~** energisch auftreten *od.* werden (**with s.o.** gegenüber j-m); **to take the ~ that** den Standpunkt vertreten, daß; **don't take that ~ with me!** komm mir ja nicht so!; **in the ~ of** nach Art von (*od. gen*); **on strictly commercial ~s** auf streng geschäftlicher Grundlage, auf rein kommerzieller Basis; → **hard line** 1. **12.** Grenze *f* (*a. fig.*), Grenzlinie *f*: **to overstep the ~ of good taste** über die Grenzen des guten Geschmacks hinausgehen; **to be on the ~** auf dem Spiel stehen; **to draw the ~** eine Grenze ziehen, haltmachen (**at** bei); **I draw the ~ at that** da hört es bei mir auf; **to go on the ~** *Am.* ‚auf den Strich gehen'; **to lay** (*od.* **put**) **on the ~** sein Leben, s-n Ruf *etc* aufs Spiel setzen; **to lay it on the ~ that** in aller Deutlichkeit sagen, daß; **I'll lay it on the ~ for you!** *colloq.* das kann ich Ihnen genau sagen!; **~s of responsibility** Zuständigkeiten. **13.** *pl* a) Linien(führung *f*) *pl*, Konˈturen *pl*, Form *f*, b) Entwurf *m*, c) *tech.* Riß *m.* **14.** a) Reihe *f*, Kette *f*: **a ~ of poplars** e-e Pappelreihe, b) *bes. Am.* (Menschen-, *a.* Auto)Schlange *f*: **to stand in ~** anstehen, Schlange stehen (**for** um, nach); **to drive in ~** *mot.* Kolonne fahren; **to be in ~ for** *fig.* Aussichten haben auf (*acc*). **15.** Reihe *f*, Linie *f*: **in ~ with** *fig.* in Übereinstimmung *od.* im Einklang mit; **to be in ~** *fig.* übereinstimmen (**with** mit); **out of ~** aus der Flucht, nicht in e-r Linie; **to be out of ~** *fig.* nicht übereinstimmen (**with** mit); **to bring** (*od.* **get**) **into ~** *fig.* a) in Einklang bringen (**with** mit), b) ‚auf Vordermann bringen'; **to fall into ~** a) sich einordnen,

b) *mil.* (in Reih u. Glied) antreten, c) *fig.* sich anschließen (**with** *dat*); **to keep s.o. in ~** *fig.* j-n bei der Stange halten; **to step** (*od.* **get**) **out of ~** *fig.* aus der Reihe tanzen; **in ~ of duty** in Ausübung s-s Dienstes *od.* s-r Pflicht; → **toe** 8. **16.** a) (Abstammungs)Linie *f*, b) (Ahnen- *etc*) Reihe *f*, c) *zo.* (Zucht)Stamm *m*, d) Faˈmilie *f*, Stamm *m*, Geschlecht *n*: **the male ~** die männliche Linie; **in the direct ~** in direkter Linie. **17.** *pl bes. Br.* Los *n*, Geschick *n*: → **hard line** 2. **18.** Fach *n*, Gebiet *n*, Sparte *f*: **~ (of business)** Branche *f*, Geschäftszweig *m*; **in the banking ~** im Bankfach *od.* -wesen; **that's not in my ~** a) das schlägt nicht in mein Fach, b) das liegt mir nicht; **that's more in my ~** das liegt mir schon eher. **19.** (*Verkehrs-, Eisenbahn- etc*)Linie *f*, Strecke *f*, Route *f*, *engS. rail.* Gleis *n*: **the end of the ~** *fig.* das (bittere) Ende; **that's the end of the ~!** *fig.* Endstation!; **he was at the end of the ~** *fig.* er war am Ende. **20.** (*Flug- etc*)Gesellschaft *f.* **21.** a) *bes. teleph.* Leitung *f*: **the ~ is busy** (*Br.* **engaged**) die Leitung ist besetzt; **to get off the ~** aus der Leitung gehen; **hold the ~!** bleiben Sie am Apparat!; → **hot line**, *bes. teleph.* Anschluß *m*, c) *teleph.* Amt *n*: **can I have a ~, please?** **22.** *tech.* (Rohr)Leitung *f*: **oil ~** Ölleitung. **23.** *tech.* (Fertigungs)Straße *f*: **~ packaging** II. **24.** *econ.* a) Sorte *f*, Warengattung *f*, b) Posten *m*, Parˈtie *f*, c) Sortiˈment *n*, d) Arˈtikel *m od. pl*, Arˈtikelserie *f.* **25.** *mil.* a) Linie *f*: **behind the enemy ~s** hinter den feindlichen Linien; **~ of communications** rückwärtige Verbindungen; **~ of defence** (*Am.* **defense**) (**departure, retreat**) Verteidigungs-(Ausgangs-, Rückzugs)linie; → **battle** 4, b) Front *f*: **to go up the ~** nach vorn *od.* an die Front gehen; **all along the ~**, **down the ~**, **auf der ganzen Linie**, *a.* voll u. ganz; **to go down the ~ for** *Am. colloq.* sich voll einsetzen für, c) Fronttruppe(n *pl*) *f.* **26.** *geogr.* Längen- *od.* Breitenkreis *m*: **the L~** der Äquator. **27.** *mar.* Linie *f*: **~ abreast** Dwarslinie; **~ ahead** Kiellinie. **28.** a) Leine *f*: **to hang the washing up on the ~** die Wäsche auf die Leine hängen, b) Schnur *f*, c) Seil *n.* **29.** *teleph. etc* a) Draht *m*, b) Kabel *n.*
II *v/i* **30.** → **line up** 1 *u.* 2.
III *v/t* **31.** liˈnieren, liniˈieren: **to ~ paper.** **32.** → **line up** 4. **33.** zeichnen. **34.** skizˈzieren. **35.** *das Gesicht* (zer)furchen. **36.** (ein)säumen: **~d with trees**; **thousands of people ~d the streets** Tausende von Menschen säumten die Straßen; **soldiers ~d the street** Soldaten bildeten an der Straße Spalier.

Verbindungen mit Adverbien:
line| in *v/t* einzeichnen. **~ off** *v/t* abgrenzen. **~ through** *v/t* ˈdurchstreichen. **~ up I** *v/i* **1.** sich in e-r Reihe *od.* Linie aufstellen. **2.** *bes. Am.* sich anstellen (**for** um, nach). **3.** *fig.* sich zs.-schließen (**to ~ behind s.o.** sich hinter j-n stellen. **II** *v/t* **4.** in e-r Linie *od.* Reihe aufstellen. **5.** *fig. colloq.* ‚auf die Beine stellen', organiˈsieren, arranˈgieren.

line² [laɪn] *v/t* **1.** *Kleid etc* füttern. **2.** *tech.* (auf der Innenseite) überˈziehen *od.* belegen, ausfüttern, -gießen, -kleiden, -schlagen, *Bremsen, Kupplung* belegen. **3.** *als Futter od.* Überzug dienen für. **4.** (an)füllen: **to ~ one's pocket(s)** (*od.* **purse**) in die eigene Tasche arbeiten, sich bereichern; **to ~ one's stomach** sich den Bauch ‚vollschlagen'.
lin·e·age¹ ['lɪnɪdʒ] *s* **1.** geradlinige Abstammung. **2.** Stammbaum *m.* **3.** Geschlecht *n*, Faˈmilie *f.*
line·age² → **linage**.

lin·e·al ['lɪnɪəl] *adj* (*adv* **~ly**) **1.** geradlinig, in diˈrekter Linie, direkt: **~ descent**; **~ descendant** direkter Nachkomme. **2.** ererbt, Erb...: **~ feud**. **3.** → **linear**.
lin·e·a·ment ['lɪnɪəmənt] *s meist pl* **1.** (Gesichts)Zug *m.* **2.** *fig.* Zug *m.*
lin·e·ar ['lɪnɪə(r)] *adj* (*adv* **~ly**) **1.** lineˈar, geradlinig: **~ distance** Luftlinie *f.* **2.** *math. phys. tech.* Linear..., lineˈar: **~ algebra** (**function, perspective,** *etc*). **3.** Längen...: **~ dimension** Längenabmessung *f.* **4.** Linien..., Strich..., linien-, strichförmig. **5.** *bot.* lineˈalisch (*viel länger als breit u. mit parallelen Rändern*): **~ leaves**. **L~ A** *s* Paläographie: Lineˌar-ˈA-Schrift *f.* **~ ac·cel·er·a·tor** *s phys.* Lineˈarbeschleuniger *m.* **L~ B** *s* Paläographie: Lineˌar-ˈB-Schrift *f.* **~ e·qua·tion** *s math.* lineˈare Gleichung, Gleichung *f* ersten Grades.
lin·e·ate ['lɪnɪɪt, -eɪt], *a.* **'lin·e·at·ed** [-eɪtɪd] *adj* **1.** (längs)gestrichelt. **2.** *bot.* gestreift, gerippt.
lin·e·a·tion [ˌlɪnɪˈeɪʃn] *s* **1.** Skizˈzierung *f.* **2.** (ˈUmriß)Linie *f.* **3.** Striche *pl*, Linien *pl.* **4.** Anordnung *f* in Linien *od.* Zeilen.
line| **blank·ing** *s TV* Zeilenabtastung *f.* **'~-breed** *v/t irr* reinzüchten. **~ breed·ing** *s* Rein-, Faˈmilienzucht *f.* **~ draw·ing** *s* Strichzeichnung *f.* **~ en·grav·ing** *s art* (Stich *m* in) ˈLinienˌmanier *f.* **~ e·qua·tion** *s math.* Gleichung *f* e-r ebenen Kurve. **~ etch·ing** *s art* Strichätzung *f.* **~ in·te·gral** *s math.* ˈLinienˌinteˌgral *n.* **'~-man** [-mən] *s irr* **1.** *teleph. etc bes. Am.* Störungssucher *m*: **line-men's pliers** Kabelzange *f.* **2.** *rail. bes. Br.* Streckenarbeiter *m.*
lin·en ['lɪnɪn] **I** *s* **1.** Leinen *n*, Leinwand *f.* **2.** (Bett-, Unter- *etc*)Wäsche *f*: **~ basket** *bes. Br.* Wäschekorb *m*; **~ closet** (*od.* **cupboard**) Wäscheschrank *m*; **to change one's ~** die (Unter)Wäsche wechseln; **to wash one's dirty ~** (**in public**) *fig.* (s.e) schmutzige Wäsche (in der Öffentlichkeit) waschen. **3.** → **linen paper**. **II** *adj* **4.** Leinen..., leinen, Leinwand... **~ fold** *s arch.* Faltenfüllung *f.* **~ pa·per** *s* ˈLeinenˌpapier *n.*
'line|-out *s Rugby*: Gasse *f.* **~ print·er** *s Computer*: Zeilendrucker *m.*
lin·er¹ ['laɪnə(r)] *s* **1.** Abfütterer *m.* **2.** *tech.* Futter *n*, Buchse *f*, Einlage *f.* **3.** Einsatz(stück *n*) *m.*
lin·er² ['laɪnə(r)] *s* **1.** *mar.* Liniendampfer *m*, -schiff *n.* **2.** *aer.* Verkehrsflugzeug *n.* **3.** Linienzieher *m* (*Person od. Gerät*). **4.** **eye liner**.
lines·man ['laɪnzmən] *s irr* **1.** *bes. Br.* → **lineman**. **2.** *sport* Linienrichter *m.*
line| **spec·trum** *s phys.* Linienspektrum *n.* **~ squall** *s meteor.* Linien-, Reihenbö *f.* **'~-up** *s* **1.** *sport* Aufstellung *f.* **2.** Gruppierung *f.* **3.** *bes. Am.* (Menschen-) Schlange *f.* **4.** *Rundfunk, TV*: Sendefolge *f*, Proˈgramm *n.*
ling¹ [lɪŋ] *pl* **lings**, *bes. collect.* **ling** *s ichth.* Leng(fisch) *m.*
ling² [lɪŋ] *s bot.* Heidekraut *n.*
lin·ga ['lɪŋgə], **lin·gam** ['lɪŋgəm] *s relig.* Linga(m) *n* (*Phallus als Symbol des indischen Gottes Schiwa*).
lin·ger ['lɪŋgə(r)] *v/i* **1.** verweilen, sich aufhalten (*beide a. fig.* **over, on, upon** bei e-m *Thema etc*): **to ~ on** a) noch dableiben, b) nachklingen (*Ton*), c) *fig.* fortleben, -bestehen (*Tradition etc*). **2.** *fig.* (zuˈrück)bleiben, sich ˈhinziehen *od.* -schleppen. **4.** daˈhinsiechen (*Kranker*). **5.** a) zögern, zaudern, b) trödeln: **to ~ about** (*od.* **around**) herumtrödeln. **6.** schlendern, bummeln. **7.** *obs.* sich sehnen (**after** nach).

lin·ge·rie ['læ:nʒəri:; 'lænʒ-; Am. a. ˌlɑnd-ʒə'reɪ] s 'Damen(ˌunter)wäsche f.
lin·ger·ing ['lɪŋgərɪŋ] adj (adv ~ly) **1.** nachklingend. **2.** fig. (zu'rück)bleibend. **3.** schleppend. **4.** schleichend: a ~ disease. **5.** sehnsüchtig: a ~ look.
lin·go ['lɪŋgəʊ] pl **-goes** s colloq. **1.** Kauderwelsch n. **2.** ('Fach)Jarˌgon m. **3.** (Fremd)Sprache f.
lin·gua fran·ca [ˌlɪŋgwə'fræŋkə] s Lingua f franca, Verkehrssprache f.
lin·gual ['lɪŋgwəl] **I** adj (adv ~ly) **1.** anat. ling. med. linguˈal, Zungen...: ~ **bone** Zungenbein n; ~ **sound** → 3. **2.** → **linguistic** 2. **II** s **3.** ling. Linguˈal(laut) m, Zungenlaut m.
lin·guist ['lɪŋgwɪst] s **1.** Linguˈist(in), Sprachwissenschaftler(in). **2.** Sprachkundige(r m) f: she's a good ~ sie ist sehr sprachbegabt.
lin·guis·tic [lɪŋ'gwɪstɪk] **I** adj (adv ~ally) **1.** sprachwissenschaftlich, linguˈistisch. **2.** Sprach(en)...: ~ **atlas** Sprachatlas m; ~ **borrowing** Lehnwort n; ~ **form** bedeutungstragender Sprachbestandteil (Wort, Satz etc); ~ **geography** Sprachgeographie f; ~ **island** Sprachinsel f; ~ **science** → 3; ~ **stock** Sprachfamilie f. **II** s pl (meist als sg konstruiert) **3.** Linguˈistik f, Sprachwissenschaft f.
lin·gu·late ['lɪŋgjʊleɪt; Am. bes. -gjələt] adj zungenförmig.
lin·hay ['lɪnɪ] s Br. dial. Feldscheune f.
lin·i·ment ['lɪnɪmənt] s med. pharm. Liniˈment n, Einreibemittel n.
lin·ing ['laɪnɪŋ] s **1.** Futter(stoff m) n, (Aus)Fütterung f (von Kleidern etc). **2.** tech. Futter n, Ver-, Auskleidung f, (Brems-, Kupplungs- etc)Belag m. **3.** arch. Ausmauerung f. **4.** electr. Isolatiˈon(sschicht) f. **5.** Buchbinderei: Kapiˈtalband n.
link[1] [lɪŋk] **I** s **1.** (Ketten)Glied n. **2.** fig. a) Glied n (in e-r Kette von Ereignissen, Beweisen etc): → **missing** 1, b) Bindeglied n, c) Verbindung f, Zs.-hang m. **3.** Masche f, Schlinge f (beim Stricken). **4.** einzelnes Würstchen (aus e-r Wurstkette). **5.** surv. Meßkettenglied n (a. als Längenmaß, = 7,92 Zoll). **6.** Manˈschettenknopf m. **7.** tech. (Befestigungs)Glied n, Verbindungsstück n, Gelenk(stück) n, Kuˈlisse f: flat ~ Lasche f; ~ **drive** Stangenantrieb m. **8.** Fernmeldewesen: Kaˈnal m, Übertragungsweg m. **II** v/t **9.** a. ~ **up** verketten, -binden, -knüpfen (**to**, **with** mit): **to** ~ **arms** sich unterˈhaken (**with** bei). **10.** a. ~ **up** fig. in Verbindung bringen, e-n Zs.-hang 'herstellen zwischen (dat): **to be** ~**ed (together)** a) in Verbindung od. Zs.-hang stehen, b) miteinander verknüpft sein; **his name is closely** ~**ed with the success of our firm** sein Name ist eng verbunden mit dem Erfolg unserer Firma. **III** v/i **11.** a. ~ **up** sich verketten od. -binden od. -knüpfen (**to**, **with** mit). **12.** a. ~ **up** fig. sich zs.-fügen.
link[2] [lɪŋk] s hist. Fackel f (als Straßenbeleuchtung).
link·age ['lɪŋkɪdʒ] s **1.** Verkettung f, -bindung f, -knüpfung f (a. tech.). **2.** tech. (Getriebe)Kette f. **3.** electr. Durch'flutung f, Amˈperewindungszahl f. **4.** biol. electr. Kopplung f: ~ **group** biol. Kopplungsgruppe f (von Genen).
'link·boy → **linkman**[1]. [(träger m.]
'link·man[1] [-mən] s irr hist. Fackel-
'link·man[2] [-mən] s irr Br. **1.** sport Mittelfeldspieler m. **2.** Rundfunk, TV: Modeˈrator m. **3.** Vermittler m, Mittelsmann m.
link mo·tion s tech. Kuˈlissensteuerung f.
links [lɪŋks] s pl **1.** → **golf links**. **2.** bes. Scot. Dünen pl.

Link train·er [lɪŋk] (TM) s aer. Link-Trainer m (Flugsimulator für die Pilotenschulung am Boden).
'link·up s **1.** → **linkage** 1. **2.** fig. Verbindung f, Zs.-hang m. ~ **verb** s ling. Kopula f.
linn [lɪn] s bes. Scot. **1.** a) Wasserfall m, b) Teich m am Fuß e-s Wasserfalls. **2.** a) Abgrund m, b) Schlucht f.
lin·net ['lɪnɪt] s orn. Hänfling m.
li·no ['laɪnəʊ] colloq. für **linoleum**. **'~-cut** s Liˈnolschnitt m.
li·no·le·ate [lɪ'nəʊlɪeɪt] s chem. Linoleˈat n (Salz u. Ester der Linolsäure).
li·no·le·ic ac·id [ˌlɪnəʊ'li:ɪk; -'leɪɪk] s chem. Liˈnol-, Leinölsäure f. [leum n.]
li·no·le·um [lɪ'nəʊljəm; -lɪəm] s Liˈno-
li·no·type ['laɪnəʊtaɪp] s print. **1.** a. **L~** (TM) Linotype f (Zeilensetz- u. -gießmaschine). **2.** ('Setzmaˌschinen)Zeile f.
lin·seed ['lɪnsi:d] s bot. Leinsamen m. ~ **cake** s agr. Leinkuchen m. ~ **meal** s Leinsamenmehl n. ~ **oil** s Leinöl n.
lin·sey-wool·sey [ˌlɪnzɪ'wʊlzɪ] s **1.** Linsey-Woolsey m (grobe Baumwolle od. grobes Leinen). **2.** Am. fig. Mischmasch m.
lin·stock ['lɪnstɒk; Am. -ˌstɑk] s mil. hist. Luntenstock m.
lint [lɪnt] **I** s **1.** med. Scharˈpie f (gezupfte Baumwolle). **2.** Am. Lint n (verspinnbare Fasern der Baumwolle). **3.** Fussel(n pl). **II** v/i **4.** fusseln.
lin·tel [lɪntl] s arch. Oberschwelle f, (Tür-, Fenster)Sturz m.
lin·ter ['lɪntə(r)] s **1.** tech. Maschine zur Gewinnung von **2.** pl Linters pl (kurze Baumwollfasern, die beim Entkernen noch am Samen hängengeblieben sind u. die als Rohstoff für Kunstseide etc verwendet werden).
lin·y ['laɪnɪ] adj **1.** linien-, strichartig. **2.** voll Linien. **3.** faltig, runz(e)lig.
li·on ['laɪən] s **1.** zo. Löwe m: a ~ **in the way** (od. **path**) fig. e-e (bes. eingebildete) Gefahr od. Schwierigkeit; **to go into the** ~**'s den** fig. sich in die Höhle des Löwen wagen; **to put one's head into the** ~**'s mouth** fig. sich in große Gefahr begeben; **to throw s.o. to the** ~**s** fig. j-n 'über die Klinge springen lassen'; **the** ~**'s share** fig. der Löwenanteil; **the British L~** der brit. Löwe (als Wappentier od. als Personifikation Großbritanniens); **to twist the L~'s tail** fig. dem Löwen auf den Schwanz treten, über die Briten herziehen; → **beard** 6. **2.** ˌ'Größe' f, Berühmtheit f (Person). **3.** L~ astr. Löwe m (Tierkreiszeichen od. Sternbild): **to be (a) L~** Löwe sein.
li·on·ess ['laɪənes] s Löwin f.
li·on·et ['laɪənet; -nɪt] s junger od. kleiner Löwe.
'li·onˌ**heart·ed** adj (adv ~ly) unerschrocken, mutig. **'~ˌheart·ed·ness** s Unerschrockenheit f, Mut m. ~ **hunt·er** s **1.** Löwenjäger m. **2.** fig. Promiˈnentenjäger m.
li·on·ize ['laɪənaɪz] **I** v/t **1.** j-n feiern. **2.** j-n berühmt machen. **II** v/i **3.** die Gesellschaft Promiˈnenter suchen.
lip [lɪp] **I** s **1.** a (a. zo. u. bot.): **lower (upper)** ~ Unter-(Ober)lippe f; **stiff upper** ~ fig. a) (unerschütterliche) Haltung, b) (Selbst)Beherrschung f; **to have** (od. **keep, maintain, wear**) **a stiff upper** ~ fig. a) Haltung bewahren, b) sich nichts anmerken lassen; **to bite one's** ~ fig. sich auf die Lippen beißen; **we heard it from his own** ~**s** wir hörten es aus s-m eigenen Mund; **it never passed my** ~**s** es kam nie über m-e Lippen; → **button** 7, **hang** 16, **lick** 1, **seal**[2] 17 a, **smack**[2] 7. **2.** colloq. Unverschämtheit f, freches Geschwätz: **none of your** ~! sei nicht so unverschämt od. frech! **3.** mus. a) Mund-

stück n (am Blasinstrument), b) Lippe f (der Orgelpfeife). **4.** Rand m (e-r Wunde, e-r Schale, e-s Kraters etc). **5.** Tülle f, Schnauze f (e-s Kruges etc). **6.** tech. Schneide f, Messer n (e-s Stirnfräsers etc). **II** adj **7.** a. ling. Lippen...: ~ **consonant** Lippenlaut m. **8.** fig. nur äußerlich, geheuchelt: ~ **sympathy** geheuchelte Anteilnahme. **III** v/t **9.** mit den Lippen berühren. **10.** poet. küssen. **11.** a) murmeln, flüstern, b) Am. sl. singen. **12. to** ~ **the hole** (Golf) den Ball unmittelbar an den Rand des Loches spielen.
li·pase ['lɪpeɪs; -z; 'laɪ-] s Biochemie: Liˈpase f, Fettspalter m.
ˌlip-'deep adj nur äußerlich, geheuchelt.
lip·o·chrome ['lɪpəʊkrəʊm] s Biochemie: Lipoˈchrom n (zu den Lipoiden gehörender Farbstoff).
li·pog·ra·phy [lɪ'pɒgrəfɪ; Am. -ˈpɑ-] s unbeabsichtigtes Auslassen e-s Buchstabens od. e-r Silbe.
lip·oid ['lɪpɔɪd; 'laɪ-] (Biochemie) **I** adj lipoˈid, fettartig. **II** s Lipoˈid n (fettartige organische Substanz).
li·pol·y·sis [lɪ'pɒlɪsɪs; Am. laɪ'pɑləsɪs] s Biochemie: Lipoˈlyse f, Fettspaltung f.
li·po·ma [lɪ'pəʊmə; Am. a. laɪ-] pl **-ma·ta** [-mətə] od. **-mas** s med. Liˈpom n, Fettgeschwulst f.
li·po·ma·to·sis [lɪˌpəʊmə'təʊsɪs] s med. Lipomaˈtose f: a) Auftreten von Fettgeschwülsten an mehreren Körperstellen, b) Fettsucht f.
lipped [lɪpt] adj **1.** in Zssgn ...lippig, mit ... Lippen: **two-**~ bot. zweilippig. **2.** Lippen pl od. e-e Lippe habend, mit Lippen (versehen). **3.** a) gerandet, b) mit e-r Tülle (versehen).
lip·pie ['lɪpɪ] s Austral. colloq. Lippenstift m.
Lip·pi·zan·er [ˌlɪpɪt'sɑ:nə(r)] s zo. Lipizˈzaner m.
lip print s Lippenabdruck m.
lip·py ['lɪpɪ] adj bes. Am. colloq. unverschämt, frech.
'lip|**-read** v/t u. v/i irr von den Lippen ablesen. ~ **read·ing** s Lippenlesen n. '~-ˌround·ing s ling. Lippenrundung f. ~ **salve** s Lippenpoˌmade f. ~ **ser·vice** s Lippenbekenntnis n: **to pay** ~ **to** ein Lippenbekenntnis ablegen zu e-r Idee etc. '~-ˌstick s Lippenstift m. '~-ˌsync(h) colloq. → lip-synchronized. '~-ˌsynchro·nized adj Film etc: 'lippensynˌchron.
li·quate ['laɪkweɪt] v/t oft ~ **out** metall. (aus)seigern, Kupfer darren. **liˈquation** s tech. (Aus)Seigerung f: ~ **furnace** Seigerofen m; ~ **hearth** Seigerherd m.
liq·ue·fa·cient [ˌlɪkwɪ'feɪʃnt] **I** s Verflüssigungsmittel n. **II** adj verflüssigend. ˌ**liq·ue'fac·tion** [-ˈfækʃn] s **1.** Verflüssigung f. **2.** Schmelzung f.
liq·ue·fi·a·ble ['lɪkwɪfaɪəbl] adj schmelzbar. **'liq·ue·fi·er** s Verflüssiger m, bes. Verˈflüssigungsappaˌrat m. **'liq·ue·fy** v/t u. v/i **1.** (sich) verflüssigen: **liquefied petroleum gas** Flüssiggas n. **2.** schmelzen.
li·ques·cent [lɪ'kwesnt] adj **1.** sich (leicht) verflüssigend. **2.** schmelzend.
li·queur [lɪ'kjʊə; Am. lɪˈkɜr] s Liˈkör m.
liq·uid ['lɪkwɪd] **I** adj (adv ~ly) **1.** flüssig, chem. a. liˈquid: ~ **air**; ~ **body** flüssiger Körper; ~**-cooled reactor** phys. flüssigkeitsgekühlter Reaktor; ~ **crystal** flüssiger Kristall, Flüssigkristall m; ~ **crystal display** Flüssigkristallanzeige f; ~ **fuel** (Raumfahrt) flüssiger Raketentreibstoff; ~**-fuel rocket** Flüssigkeitsrakete f; ~ **manure** Jauche f; ~ **oxygen** Flüssigsauerstoff m, flüssiger Sauerstoff. **2.** Flüssigkeits...: ~ **barometer**; ~ **compass**; ~ **measure** Flüssigkeitsmaß (sy-

liquidate - lithotomy

stem) *n.* **3.** a) klar: **the ~ air of a spring morning,** b) feucht: **~ eyes. 4.** *fig.* a) fließend: **~ movements,** b) flüssig: **a ~ speech. 5.** *ling.* li'quid: **~ consonant →** 8. **6.** *econ.* li'quid, flüssig: **~ assets** a) flüssige Anlagen *pl,* flüssiges Vermögen, b) (*Bilanz*) Umlaufvermögen *n;* **~ debt** liquide *od.* fällige Schuld; **~ securities** sofort realisierbare Wertpapiere. **II** *s* **7.** Flüssigkeit *f.* **8.** *ling.* Liquida *f,* Li-'quid(laut) *m,* Schwing-, Schmelz-, Fließlaut *m.*
liq·ui·date ['lɪkwɪdeɪt] **I** *v/t* **1.** *econ.* liqui'dieren: a) *e-e Gesellschaft* auflösen, b) *Sachwerte etc* reali'sieren, zu Geld machen, c) *Schulden etc* begleichen, tilgen. **2.** den Schuldbetrag etc feststellen: **~d damages** bezifferter Schadenersatz. **3.** *Konten* abrechnen, sal'dieren. **4.** *fig.* a) beseitigen, b) erledigen, c) *j-n* liqui'dieren, beseitigen, 'umbringen. **II** *v/i* **5.** *econ.* liqui'dieren, in Liquidati'on gehen *od.* treten.
liq·ui·da·tion [ˌlɪkwɪ'deɪʃn] *s* **1.** *econ.* Liquidati'on *f:* a) Auflösung *f:* **to go into ~** in Liquidation gehen *od.* treten, b) Reali'sierung *f,* c) Begleichung *f,* Tilgung *f.* **2.** Feststellung *f.* **3.** Abrechnung *f,* Sal'dierung *f.* **4.** *fig.* Liqui'dierung *f,* Beseitigung *f.* **'liq·ui·da·tor** [-tə(r)] *s econ.* Liqui'dator *m,* Abwickler *m.*
li·quid·i·ty [lɪ'kwɪdɪtɪ] *s* **1.** flüssiger Zustand. **2.** a) Klarheit *f,* b) Wässerigkeit *f.* **3.** *econ.* Liquidi'tät *f,* Flüssigkeit *f.*
liq·uor ['lɪkə(r)] **I** *s* **1.** a) *Br.* alko'holische Getränke *pl,* Alkohol *m:* **hard ~,** e-b, b) *Am.* Schnaps *m,* Spiritu'osen *pl:* **in ~** betrunken; **~ cabinet** *Am.* Hausbar *f;* **~ store** *Am.* Spirituosengeschäft *n;* → **carry 4, hold² 22. 2.** *gastr.* Brühe *f,* Saft *m.* **3.** *med. pharm.* Liquor *m,* Arz'neilösung *f.* **4.** *tech.* a) Lauge *f,* b) Flotte *f* (*Färbebad*), c) *allg.* Bad *n.* **5.** Brauwasser *n.* **II** *v/t* **6.** *meist* **~ up** *Am. sl.* unter Alkohol setzen. **7.** *tech.* einweichen, mit e-r Flüssigkeit behandeln. **III** *v/i* **8.** *meist* **~ up** *Am. sl.* sich ,vollaufen' lassen.
liq·uo·rice ~ licorice.
liq·uor·ish ['lɪkərɪʃ] *adj* **1.** → lickerish. **2.** *Am. sl.* ,versoffen', ,scharf' auf Alkohol.
li·ra ['lɪərə; *Am.* 'lɪrə; 'li:rə] *pl* **-re** [lɪərɪ; *Am.* 'li:reɪ] *od.* **-ras** *s* **1.** Lira *f* (*italienische Währungseinheit*). **2.** türkisches Pfund.
L i·ron *s tech.* Winkeleisen *n.*
lisle [laɪl] *s Textilwesen:* Florgarn *n.*
lisp [lɪsp] **I** *s* **1.** Lispeln *n,* Anstoßen *n* (mit der Zunge): **to speak with a ~ →** 3. **2.** Stammeln *n.* **II** *v/i* **3.** lispeln, mit der Zunge anstoßen. **4.** stammeln. **III** *v/t* **5.** *etwas* lispeln. **6.** *etwas* stammeln.
lis pen·dens [ˌlɪs'pendenz] (*Lat.*) *s jur.* anhängiger Rechtsstreit.
'lisp·er *s* Lispler(in).
Lis·sa·jous fig·ure ['li:səʒu:; ˌli:sə'ʒu:] *s phys.* Lissa'jous-Fi‚gur *f.*
lis·some, *a.* **lis·som** ['lɪsəm] *adj* (*adv* **~ly**) **1.** geschmeidig. **2.** flink. **'lis·som(e)·ness** *s* **1.** Geschmeidigkeit *f.* **2.** Flinkheit *f.*
list¹ [lɪst] **I** *s* **1.** Liste *f,* Verzeichnis *n:* **to be on the ~** auf der Liste stehen; **to make** (*od.* **draw up**) **a ~** e-e Liste aufstellen; **to put s.o.'s name on the ~** *j-n* auf die Liste setzen; **to take s.o.'s name off the ~** *j-n* von der Liste streichen; **active ~** *mil.* erste Reserve der Offiziere; **~ price** Listenpreis *m;* **~ system** *pol.* Listenwahlsystem *n.* **2. the ~** *econ.* die Liste der börsenfähigen 'Wertpa‚piere. **II** *v/t* **3.** (in e-r Liste) verzeichnen, aufführen, erfassen, regi'strieren; **~ed securities** börsenfähige *od.* an der Börse zugelassene Wertpapiere; **~ed building** *Br.* Gebäude *n* unter Denkmalschutz. **4.** in e-e Liste eintragen. **5.** aufzählen, -führen. **III** *v/i* **6.** *econ.* aufgeführt sein (**at** mit *e-m Preis*).

list² [lɪst] **I** *s* **1.** Saum *m,* Rand *m.* **2.** → **selvage. 3.** a) Leiste *f,* b) Salleiste *f.* **4.** (Farb-, Stoff)Streifen *m.* **5.** *pl hist.* a) Schranken *pl* (*e-s Turnierplatzes*), b) (*a. als sg konstruiert*) Tur'nier-, Kampfplatz *m,* Schranken *pl:* **to enter the ~s** *fig.* a) (*als Konkurrent*) auf den Plan treten, b) in die Schranken treten (**against** mit, gegen; **for** für). **II** *v/t* **6.** mit Stoffstreifen besetzen *od.* einfassen. **7.** *Bretter* abkanten.
list³ [lɪst] **I** *s* **1.** Neigung *f:* **there was a forward ~ to his body as he walked** er ging vornübergebeugt. **2.** *mar.* Schlagseite *f,* Krängung *f:* **to have a heavy ~** schwere Schlagseite haben. **3.** *fig.* Neigung *f,* Ten'denz *f* (**to** zu). **II** *v/i* **4.** sich neigen. **5.** *mar.* Schlagseite haben *od.* bekommen, krängen. **III** *v/t* **6.** **the shifting cargo ~ed the ship** durch die verrutschte Ladung bekam das Schiff Schlagseite.
list⁴ [lɪst] *v/t pret u. pp* **'list·ed, list** *obs.* **1.** *j-n* gelüsten, *j-m* belieben: **he did as him ~** er handelte, wie es ihm beliebte. **2.** wünschen.
list⁵ [lɪst] *obs. od. poet.* **I** *v/t* hören auf (*acc*), (*dat*) zuhören. **II** *v/i* → listen 1.
lis·tel ['lɪstl] *s arch.* Leiste *f.*
lis·ten ['lɪsn] **I** *v/i* **1.** horchen, hören, lauschen (**to** auf *acc*): **to ~ to** a) *j-m* zuhören, *j-n* anhören: **~!** hör mal!, b) auf *j-n, j-s Rat* hören, c) *e-m Rat* folgen: **to ~ for** horchen auf (*acc*); **to ~ for s.o.** horchen, ob *j-d* kommt; **~ out for your name to be called** *colloq.* paß auf, falls du aufgerufen wirst; **~ to reason** 3. **2. ~ in** a) Radio hören: **to ~ in to a concert** ein Konzert im Radio hören, sich ein Konzert im Radio anhören (**an** Telefon *etc*) mithören (**on** [*od.* **to**] s.th. *etwas*): **to ~ in on** (*od.* **to**) *a.* belauschen, abhören. **3.** *Am. sl.* sich *gut etc* anhören, klingen. **II** *v/t obs.* → list⁵ **I. 'lis·ten·er** *s* **1.** Horcher(in), Lauscher(in). **2.** Zuhörer(in): **to be a good ~** (gut) zuhören können; **to be a bad ~** nicht zuhören können. **3.** *Radio:* Hörer(in).
'lis·ten·ing| booth ['lɪsnɪŋ] *s* 'Abhör‚ka‚bine *f* (*in e-m Schallplattengeschäft*). **~ post** *s mil.* Horchposten *m* (*a. fig.*). **~ ser·vice** *s mil.* Abhördienst *m.*
list·less ['lɪstlɪs] *adj* (*adv* **~ly**) lust-, teilnahmslos, matt, schlaff. **'list·less·ness** *s* Lust-, Teilnahmslosigkeit *f.*
lit [lɪt] *pret u. pp von* **light¹** *u.* **light³.**
lit·a·ny ['lɪtənɪ; *Am.* 'lɪtnɪ:] *s relig.* Lita'nei *f* (*a. fig.*).
li·ter, *bes. Br.* **li·tre** ['li:tə(r)] *s* Liter *m, a. n.*
lit·er·a·cy ['lɪtərəsɪ; -trəsɪ] *s* **1.** Fähigkeit *f* zu lesen u. zu schreiben. **2.** (lite'rarische) Bildung, Belesenheit *f.*
lit·er·al ['lɪtərəl; -trəl] **I** *adj* **1.** wörtlich: **~ translation. 2.** genau, wahrheitsgetreu: **a ~ account. 3.** nüchtern, trocken, pro'saisch: **a ~ approach. 4.** wörtlich, eigentlich: **the ~ meaning of a word. 5.** buchstäblich: **a ~ annihilation** buchstäblich e-e Vernichtung. **6.** Buchstaben...: **~ equation** *math.* Buchstabengleichung *f,* algebraische Gleichung; **~ error → 8. 7.** wahr: **a ~ flood. II** *s* **8.** Druck-, Schreibfehler *m.* **'lit·er·al·ism** *s* **1.** Festhalten *n* am Buchstaben, *bes.* strenge *od.* allzu wörtliche Über'setzung *od.* Auslegung, Buchstabenglaube *m.* **2.** *art* Rea'lismus *m.* **3.** Betonung *f* lite'rarischer *od.* huma'nistischer Werte. **'lit·er·al·ist** *s* **1.** Buchstabengläubige(r *m*) *f.* **2.** *art* Rea'list(in). ˌ**lit·er·al·i·ty** [-tə'rælətɪ] *s* **1.** Wörtlichkeit *f.* **2.** wörtliche Bedeutung. **3.** wörtliche Auslegung. **'lit·er·al·ize** [-rəlaɪz] *v/t* **1.** wörtlich 'wiedergeben. **2.** wörtlich auslegen. **'lit·er·al·ly** *adv* **1.** wörtlich: **to translate ~;** **to take s.th. ~. 2.** buchstäblich: **he did ~ nothing at all.**
lit·er·ar·y ['lɪtərərɪ; -trərɪ; *Am.* 'lɪtəˌrerɪ:] *adj* (*adv* **literarily**) **1.** lite'rarisch, Literatur...: **~ critic** Literaturkritiker(in); **~ criticism** Literaturkritik *f;* **~ historian** Literar-, Literaturhistoriker(in); **~ history** Literaturgeschichte *f;* **~ language** Schriftsprache *f;* **~ manager** *thea. etc* Chefdramaturg *m.* **2.** schriftstellerisch: **a ~ man** ein Literat *od.* Schriftsteller; **~ property** *jur.* geistiges *od.* literarisches Eigentum, *a.* Urheberrecht *n.* **3.** → literate 2. **4.** gewählt, ,hochgestochen': **a ~ expression;** **~ style** *contp.* papierener Stil.
lit·er·ate ['lɪtərət] **I** *adj* (*adv* **~ly**) **1.** to be **~** lesen u. schreiben können. **2.** (lite'rarisch) gebildet, belesen. **3.** lite'rarisch. **II** *s* **4.** des Lesens u. Schreibens Kundige(r *m*) *f.* **5.** (lite'rarisch) Gebildete(r *m*) *f.*
lit·e·ra·ti [ˌlɪtə'rɑ:ti:] *s pl* Intelli'genz *f* (*Gesamtheit der Intellektuellen*).
lit·e·ra·tim [ˌlɪtə'rɑ:tɪm; -'reɪ-] (*Lat.*) *adv* Buchstabe für Buchstabe.
lit·er·a·ture ['lɪtərətʃə; 'lɪtrɪtʃə; *Am.* 'lɪtərəˌtʃʊər] *s* **1.** Litera'tur *f,* Schrifttum *n:* **English ~** (die) englische Literatur; **the ~ of medicine** die medizinische (Fach)Literatur. **2.** *colloq.* Informati'onsmateri‚al *n.* **3.** Schriftstelle'rei *f.*
lith-, -lith [lɪθ] *Wortelement mit der Bedeutung* Stein.
lith·arge ['lɪθɑ:(r)dʒ] *s chem.* **1.** Bleiglätte *f.* **2.** *weitS.* 'Bleimono‚xyd *n.*
lithe [laɪð] *adj* (*adv* **~ly**) geschmeidig. **'lithe·ness** *s* Geschmeidigkeit *f.*
lithe·some ['laɪðsəm] → lissome.
lith·i·a ['lɪθɪə] *s chem.* 'Lithiummon‚oxid *n.*
li·thi·a·sis [lɪ'θaɪəsɪs] *s med.* Li'thiasis *f,* Steinleiden *n.*
lith·ic¹ ['lɪθɪk] *adj chem.* Lithium...
lith·ic² ['lɪθɪk] *adj* Stein...
lith·i·um ['lɪθɪəm] *s chem.* Lithium *n.*
li·tho ['laɪθəʊ] **I** *pl* **-thos** *s* a) → lithograph I, b) → lithography. **II** *adj* → lithographic.
litho- [lɪθəʊ; lɪθə] *Wortelement mit der Bedeutung* Stein.
ˌ**lith·o·gen·e·sis** *s geol.* Lithoge'nese *f* (*Entstehung von Gesteinen*).
lith·o·graph ['lɪθəʊgrɑ:f; *bes. Am.* -ˌgræf] **I** *s* Lithogra'phie *f,* Steindruck *m* (*Erzeugnis*). **II** *v/t u. v/i* lithogra'phieren. **li·thog·ra·pher** [lɪ'θɒgrəfə; *Am.* lɪ-'θɑ:grəfər] *s* Litho'graph *m.* ˌ**lith·o'graph·ic** *adj;* ˌ**lith·o'graph·i·cal** *adj* (*adv* **~ly**) litho'graphisch, Steindruck... **li'thog·ra·phy** *s* Litogra'phie *f,* Steindruck(verfahren *n*) *m.*
lith·o·log·ic [ˌlɪθəʊ'lɒdʒɪk; *Am.* -ˌlɑ-] *adj;* ˌ**lith·o'log·i·cal** *adj* (*adv* **~ly**) litho'logisch. **li·thol·o·gist** [lɪ'θɒlədʒɪst; *Am.* lɪθɑl-] *s* Litho'loge *m.* **li'thol·o·gy** *s* Litholo'gie *f,* Gesteinskunde *f.*
ˌ**lith·o'me·te·or** *s* 'Lithomete‚or *m* (*Ansammlung von meist feinen Teilchen, die in der Luft schweben od. vom Boden hochgewirbelt worden sind*).
li·thoph·a·gous [lɪ'θɒfəgəs; *Am.* lɪ'θɑf-] *adj zo.* steinfressend.
lith·o·phyte ['lɪθəʊfaɪt] *s bot.* Litho'phyt *m* (*auf Felsoberflächen siedelnde od. in den Fels eindringende Pflanze*).
'**lith·o‚sphere** *s geol.* Litho'sphäre *f* (*Gesteinshülle der Erde*).
lith·o·tome ['lɪθəʊtəʊm] *s med.* Litho'tom *m, n* (*Messer zur operativen Zerkleinerung u. Entfernung von Steinen, bes. von Blasensteinen*). **li·thot·o·my** [lɪ'θɒtəmɪ]

Am. lıθˈɑt-] *s* Lithotoˈmie *f (operative Entfernung von Steinen, bes. von Blasensteinen).*

Lith·u·a·ni·an [ˌlıθjuːˈeınjən; *Am.* ˌlıθəˈweınıən] **I** *s* **1.** Litauer(in). **2.** *ling.* Litauisch *n*, das Litauische. **II** *adj* **3.** litauisch.

lit·i·ga·ble [ˈlıtıgəbl] *adj jur.* streitig, strittig. **ˈlit·i·gant** *jur.* **I** *s* Proˈzeßführende(r *m*) *f*, streitende Parˈtei. **II** *adj* streitend, proˈzeßführend.

lit·i·gate [ˈlıtıgeıt] *jur.* **I** *v/t* **1.** prozesˈsieren *od.* streiten um. **2.** bestreiten, anfechten. **II** *v/i* **3.** prozesˈsieren, streiten. ˌ**lit·iˈga·tion** *s* **1.** *jur.* Rechtsstreit *m*, Proˈzeß *m.* **2.** *fig.* Streit *m.* **ˈlit·i·ga·tor** [-tə(r)] → litigant I.

li·ti·gious [lıˈtıdʒəs] *adj (adv* ~ly) **1.** *jur.* Prozeß... **2.** *jur.* strittig, streitig. **3.** proˈzeß-, streitsüchtig: ~ **person** ˈProzeßhansel' *m.*

lit·mus [ˈlıtməs] *s chem.* Lackmus *n.* ~ **pa·per** *s* ˈLackmuspaˌpier *n.* ~ **test** *s fig.* Feuerprobe *f.*

li·to·tes [ˈlaıtəʊtiːz] *s rhet.* Liˈtotes *f (Umschreibung e-r Aussage durch doppelte Verneinung od. durch Verneinung des Gegenteils).*

li·tre *bes. Br. für* liter.

lit·ter [ˈlıtə(r)] **I** *s* **1.** a) Trage *f*, b) Sänfte *f.* **2.** Streu *f (für Tiere)*, (*a. für Pflanzen*) Stroh *n*. **3.** *agr.* Stallmist *m.* **4.** herˈumliegende Sachen *pl*, *bes.* herumliegender Abfall. **5.** Wust *m*, Durcheinˈander *n*, Unordnung *f.* **6.** *Am.* Waldstreu *f (oberste Schicht des Waldbodens).* **7.** *zo.* Wurf *m*: **a** ~ **of pigs** ein Wurf Ferkel. **II** *v/t* **8.** *meist* ~ **down** a) Streu legen für, den Pferden etc einstreuen, b) *den Stall, den Boden* einstreuen. **9.** *Pflanzen* mit Stroh abdecken. **10.** a) *Abfall etc* herˈumliegen lassen in (*dat*) *od.* auf (*dat*), werfen auf (*acc*), b) *e-n Raum etc* in Unordnung bringen, *e-n Park etc* verschandeln (**with** mit): **to** ~ **a park with rubbish**, c) *Abfall etc* herˈumwerfen *od.* liegenlassen: **to** ~ **rubbish all over the place**, d) verstreut liegen *od.* unordentlich herˈumliegen in (*dat*) *od.* auf (*dat*): **rubbish was** ~**ing the park** überall im Park lag Abfall herum. **11.** *zo.* Junge werfen. **III** *v/i* **12.** Abfall *etc* liegenlassen *od.* herˈumwerfen. **13.** *zo.* (Junge) werfen.

lit·te·rae hu·ma·ni·o·res [ˈlıtəriːhjuːˌmænɪˈɔːriːz] (*Lat.*) *s pl* → humanity 4.

lit·té·ra·teur [ˌlıtərəˈtɜː; *Am.* -ˈtɜr] *s* Liteˈrat *m.*

ˈlit·terˌbag *s Am.* Abfalltüte *f (im Auto etc).* ~ **bas·ket,** ˈ~**bin** *s* Abfallkorb *m.* ˈ~**bug** *s bes. Am. colloq. j-d, der Straßen etc mit Abfall etc verschandelt.* ~ **lout** *bes. Br. colloq.* → litterbug.

lit·tle [ˈlıtl] **I** *adj comp* **less** [les], (*in gewissen Fällen*) **less·er** [ˈlesə(r)], (*bes. für* 1, 2) **smallˈ·er** [ˈsmɔːlə(r)], *sl.* ˈ**lit·tler,** *sup* **least** [liːst], (*bes. für* 1, 2) **small·est** [ˈsmɔːlıst], *sl.* ˈ**lit·tlest 1.** klein (*oft gefühlsbetont*): **a** ~ **child**; **a nice** ~ **house** ein nettes kleines Haus, ein nettes Häuschen; ~ **one** Kleiner *m*, Kleine *f*, Kleines *n (Kind)*; **our** ~ **ones** unsere Kleinen; ~ **finger** 1. **2.** klein (*gewachsen*): **a** ~ **man** ein kleiner Mann (*a. fig.*); **the** ~ **people** (*od.* **folk**) die Elfen *od.* Heinzelmännchen *pl.* **3.** (*zahlenmäßig*) klein: **a** ~ **army** 4. **kurz**: **a** ~ **way**; → **while** 1. **5.** wenig: ~ **hope**; **a** ~ **honey** ein wenig *od.* ein bißchen Honig, etwas Honig. **6.** schwach: **a** ~ **voice**. **7.** klein, gering(fügig), unbedeutend: ~ **discomforts** kleine Unannehmlichkeiten; ~ **farmer** Kleinbauer *m.* **8.** klein, beschränkt, engstirnig: ~ **minds** Kleingeister. **9.** *contp.* gemein, erbärmlich, armselig. **10.** *oft iro.* klein: **his** ~ **intrigues**; **her poor** ~ **efforts** ihre rührenden kleinen Bemühungen; → **game**[1] 6.

II *adv comp* **less,** *sup* **least 11.** wenig, kaum, nicht sehr: ~ **improved** kaum besser; ~**known** wenig bekannt; ~ **better than** nicht viel besser als; ~ **does one expect** man erwartet kaum; **to think** ~ **of** wenig halten von; **for as** ~ **as** £10 für nur 10 Pfund. **12.** überˈhaupt nicht: **he** ~ **knows,** ~ **does he know er hat keine Ahnung. 13.** wenig, selten: **I see him very** ~.

III *s* **14.** Kleinigkeit *f*, (*das*) Wenige, (*das*) bißchen: **a** ~ ein wenig, ein bißchen, etwas; **not a** ~ nicht wenig; **every** ~ **helps** jede Kleinigkeit hilft; **he did what** ~ **he could** er tat das wenige, was er tun konnte; **after a** ~ nach e-m Weilchen; **he went on a** ~ er ging ein Stückchen weiter; ~ **by** ~, **by** ~ **and** ~ (ganz) allmählich, nach und nach. **15. in** ~ im kleinen, in kleinem Maßstab.

Lit·tle|**Eng·land·er** *s pol. hist.* Gegner *m* der imperiaˈlistischen Poliˈtik Englands. ~ **En·tente** *s pol. hist.* Kleine Enˈtente. ˈ**L**~,**mind·ed** → little 8. **ˈlit·tle·ness** *s* **1.** Kleinheit *f.* **2.** Geringfügigkeit *f*, Bedeutungslosigkeit *f.* **3.** Beschränktheit *f*, Engstirnigkeit *f.*

Lit·tle | **Red Rid·ing·hood** *s* Rotkäppchen *n.* ~ **Rusˈsian** *s* **1.** Kleinrusse *m*, -russin *f*, Ukraˈiner(in). **2.** *ling.* Kleinrussisch *n*, das Ukraˈinische. **L**~ **the·a·ter**, *bes. Br.* **L**~ **the·a·tre** *s* **1.** Kleinbühne *f*, Kammerspiele *pl.* **2.** Experimenˈtierbühne *f.*

lit·to·ral [ˈlıtərəl] **I** *adj* litoˈral, Küsten..., Ufer...: ~ **fauna** litorale Fauna, Litoralfauna *f.* **II** *s* Litoˈral(e) *n*, ˈKüstenregiˌon *f*, Uferzone *f.*

li·tur·gic [lıˈtɜːdʒık; *Am.* lıˈtɜːr-] *relig.* **I** *adj (adv* ~**ally**) liˈturgisch. **II** *s pl (meist als sg konstruiert)* Liˈturgik *f*, Liturˈgiewissenschaft *f.* **liˈtur·gi·cal** [-kl] → liturgic I.

lit·ur·gy [ˈlıtə(r)dʒı] *s relig.* Liturˈgie *f.*

liv·a·ble [ˈlıvəbl] *adj* **1.** wohnlich, bewohnbar. **2.** lebenswert: **the things that make life** ~. **3.** a) ~ **with** erträglich: **the pain is bad, but it is** ~ aber man kann damit leben; **not** ~ (**with**) unerträglich. **4.** ~ **with** ˈumgänglich (*Person*).

live[1] [lıv] **I** *v/i* **1.** leben, am Leben sein: **the characters in this novel seem to** ~ die Gestalten in diesem Roman wirken lebendig; **to get s.o. where he** ~**s** *fig.* j-n an e-r empfindlichen Stelle treffen. **2.** leben, am Leben bleiben: **to** ~ **long** lange leben; **the doctors don't think he will** ~ die Ärzte glauben nicht, daß er durchkommt; **to** ~ **through s.th.** etwas durchleben *od.* -machen *od.* -stehen; **the patient did not** ~ **through the night** der Patient hat die Nacht nicht überlebt; **to** ~ **to be old, to** ~ **to a great age** ein hohes Alter erreichen, sehr alt werden; **he wants to** ~ **to a hundred** er will 100 werden; **to** ~ **to see** erleben; **he will** ~ **to regret it** er wird es noch bereuen; **you** ~ **and learn** man lernt nie aus; **to** ~ **with s.th.** *fig.* mit etwas leben; **I'll have to** ~ **with it** ich werde damit leben müssen. **3.** *oft* ~ **on** *bes. fig.* weiter-, fortleben: **the dead** ~ **on in our hearts; these ideas still** ~. **4.** aushalten, sich halten, bestehen. **5.** leben (**on, upon** von), sich ernähren (**on, upon** von; **by** von, durch): **to earn enough to** ~ genug zum Leben verdienen; **to** ~ **off one's capital** von s-m Kapital leben *od.* zehren; **he** ~**s on his wife** er lebt auf Kosten *od.* von (den Einkünften) s-r Frau; **to** ~ **by painting** vom Malen leben, sich s-n Lebensunterhalt durch Malen verdienen. **6.** *ehrlich etc* leben, ein *ehrliches etc* Leben führen: **to** ~ **honestly; to** ~ **well** üppig *od.* gut leben; **to** ~ **poorly** ein kärgliches Leben fristen; **to** ~ **to o.s.** ganz für sich leben; **to** ~ **within o.s.** nur mit sich selbst beschäftigen; **she** ~**d there a widow** sie lebte dort als Witwe; → **income, mean**[3] 7. **7.** leben, wohnen (**with** bei): **to** ~ **in the country**; **to** ~ **with s.o.** mit j-m zs.-leben. **8.** leben, das Leben genießen: ~ **and let** ~ leben u. leben lassen.

II *v/t* **9.** *ein bestimmtes Leben* führen *od.* leben: **to** ~ **a double life** ein Doppelleben führen. **10.** (vor)leben, im Leben verwirklichen: **he** ~**s his faith** er lebt s-n Glauben.

Verbindungen mit Adverbien:

live| **down** *v/t (bes.* durch tadellosen Lebenswandel) vergessen machen *od.* wiederˈgutmachen. ~ **in** *v/i* am Arbeitsplatz wohnen. ~ **on** → live[1] 3. ~ **out I** *v/t* überˈleben: **he will not** ~ **the night. II** *v/i* nicht am Arbeitsplatz wohnen. ~ **to·geth·er** *v/i* zs.-leben (**with** mit). ~ **up I** *v/i*: **to** ~ **to** s-n *Grundsätzen etc* gemäß leben, *s-m Ruf etc* gerecht werden, *den Erwartungen etc* entsprechen, *ein Versprechen etc* halten. **II** *v/t*: **to live it up** *colloq.* a) 'auf den Putz hauen', b) sich ein angenehmes Leben machen.

live[2] [laıv] **I** *adj (meist attr)* **1.** lebend, leˈbendig: ~ **animals**; ~ **birth** Lebendgeburt *f*; ~ **hair** Haar *n* von lebenden Wesen; ~ **oak** Immergrüne Eiche; ~ **rock** lebender *od.* gewachsener Fels; ~ **show** Live-Show *f (Vorführung e-s Geschlechtsaktes vor Publikum)* (→ 9); ~ **weight** Lebendgewicht *n*; **a real** ~ **lord** *colloq.* ein richtiger *od.* echter Lord. **2.** eˈnergisch, tatkräftig (*Vorgehen etc*). **3.** aktuˈell: **a** ~ **question. 4.** glühend (*Kohle etc*), (*Zigarette etc. a.*) brennend. **5.** scharf (*Munition etc*): **a** ~ **bomb. 6.** ungebraucht (*Streichholz*). **7.** akˈtiv: **a** ~ **volcano. 8.** *electr.* spannung-, stromführend, unter Spannung *od.* Strom stehend; → **live wire** 1. **9.** *Rundfunk, TV:* Direkt..., Original..., Live-...: ~ **broadcast**; ~ **show** Live-Show *f (live übertragene Show)* (→ 1). **10.** lebhaft, leˈbendig: ~ **colo(u)rs. 11.** *tech.* a) Antriebs..., b) angetrieben: ~ **center** (*bes. Br.* **centre**) mitlaufende Spitze; ~ **wheel** Antriebsrad *n*, c) beweglich: ~ **load** Verkehrs-, Auflast *f.* **12.** *Akustik:* Hall...: ~ **room** Hallraum *m.* **13.** *print.* gebrauchs-, druckfertig: ~ **matter** druckfertiger Satz, Stehsatz *m.* **14.** *sport* im Spiel (befindlich): **a** ~ **ball**.

II *adv* **15.** *Rundfunk, TV:* diˈrekt, origiˈnal, live: **the game will be broadcast** ~.

ˈlive·a·ble → livable.

live·li·hood [ˈlaıvlıhʊd] *s* ˈLebensˌunterhalt *m*, Auskommen *n*: **to pick up a scanty** ~ sein knappes Auskommen haben; **to earn** (*od.* **make, gain**) **a** (*od.* **one's**) ~ s-n Lebensunterhalt verdienen.

live·li·ness [ˈlaıvlınıs] *s* **1.** Lebhaftigkeit *f.* **2.** Leˈbendigkeit *f.*

ˈlive·long [ˈlıv-] *adj*: **the** ~ **day** *poet.* den lieben langen Tag.

live·ly [ˈlaıvlı] **I** *adj (adv* **livelily**) **1.** lebhaft (*Geist, Interesse, Person, Phantasie, Unterhaltung etc*): **look** ~! *colloq.* mach fix! **2.** leˈbendig (*Schilderung etc*): **he gave me a** ~ **idea of the accident** er schilderte mir den Unfall lebhaft. **3.** → live[2] 10. **4.** aufregend (*Zeiten*): **to make it** (*od.* **things**) ~ **for s.o., to give s.o. a** ~ **time** j-m (kräftig) ˈeinheizen'. **5.** prickelnd, schäumend (*Getränk*). **6.** belebend, erfrischend (*Brise etc*). **7.** schnell, flott (*Tempo etc*). **8.** federnd, eˈlastisch: **a** ~ **ball** ein Ball, der gut

liven – loan

springt. **9.** *mar.* handig. **II** *adv* **10.** → 1, 2, 7, 8.

liv·en ['laɪvn] *meist* ~ **up I** *v/t* beleben, Leben bringen in (*acc*): to ~ **things up** für Leben *od.* Schwung sorgen. **II** *v/i* in Schwung kommen.

liv·er[1] ['lɪvə(r)] *s* **1.** *anat.* Leber *f*: ~ **complaint** *med.* Leberleiden *n.* **2.** *a.* ~ **colo(u)r** (*od.* **brown**) Rotbraun *n.*

liv·er[2] ['lɪvə(r)] *s j-d, der ein bestimmtes Leben führt*: **clean** ~ anständiger *od.* solider Mensch; **to be a fast** ~ ein flottes Leben führen; **loose** ~ liederlicher Mensch.

liv·er·ied ['lɪvərɪd] *adj* li'vriert.

liv·er·ish ['lɪvərɪʃ] *adj* **1.** **to be** ~ *colloq.* ,es mit der Leber haben'. **2.** mürrisch.

Liv·er·pud·li·an [ˌlɪvə(r)'pʌdlɪən] **I** *adj* aus *od.* von Liverpool, Liverpooler. **II** *s* Liverpooler(in).

liv·er|rot *s vet.* Leberfäule *f.* ~ **sau·sage** *s gastr.* Leberwurst *f.* ~ **spot** *s med.* Leberfleck *m.* '~·**wort** *s bot.* **1.** Lebermoos *n.* **2.** Leberblümchen *n.* '~·**wurst** [-wɜːst; *Am.* ˌwɜrst, ˌwʊrst] *s bes. Am. gastr.* Leberwurst *f.*

liv·er·y[1] ['lɪvərɪ] *s* **1.** Li'vree *f*: in ~ in Livree, livriert. **2.** (Amts)Tracht *f.* **3.** *fig. poet.* Kleid *n*, Tracht *f*, Gewand *n*: **animals in their winter** ~ Tiere im Winterkleid. **4.** **to be at** ~ in e-m Mietstall untergebracht sein. **5.** *Am.* → **livery stable**. **6.** *jur.* a) 'Übergabe *f*, Über'tragung *f*, b) *Br.* 'Übergabe *f* aus Vormundschaftsgericht freigegebenem Eigentum, c) Über'tragungsurkunde *f*: **to sue one's** ~ *Br.* beim Vormundschaftsgericht um Übertragung des Eigentumsrechts an s-m Erbgut nachsuchen. **7.** *hist.* Zuteilung *f* von Nahrungsmitteln, Kleidung *etc* (*an die Gefolgschaft*).

liv·er·y[2] ['lɪvərɪ] *adj* **1.** leberartig, Leber... **2.** rötlich-, rotbraun. **3.** → **liverish**.

liv·er·y|com·pa·ny *s e-e der Gilden der City of London.* ~ **horse** *s* Mietpferd *n.* '~·**man** [-mən] *s irr* Mitglied *n* e-r livery company. ~ **sta·ble** *s* Mietstall *m.*

lives [laɪvz] *pl von* **life**.

live|steam [laɪv] *s tech.* Frischdampf *m.* '~·**stock** *s* **1.** Vieh(bestand *m*) *n*, lebendes Inven'tar. **2.** *colloq.* Ungeziefer *n.* ~ **trap** *s* Falle, *in der Tiere lebend gefangen werden*. '~·**trap** *v/t* ein Tier lebend in e-r Falle fangen. '~·**ware** *s* Perso'nal *n* e-s Rechenzentrums. ~ **wire** *s* **1.** stromführender Draht. **2.** *colloq.* ,Ener'giebündel' *n.*

liv·id ['lɪvɪd] *adj* (*adv* **-ly**) **1.** blau, bläulich (*verfärbt*). **2.** bleifarben, graublau. **3.** fahl, aschgrau, bleich, blaß (*with vor dat*). **4.** *colloq.* ,fuchsteufelswild'. **li'vid·i·ty**, **'liv·id·ness** *s* Fahlheit *f*, Blässe *f.*

liv·ing ['lɪvɪŋ] **I** *adj* **1.** lebend: ~ **languages**; **no man** ~ kein Mensch *od.* Sterblicher; **the greatest of** ~ **statesmen** der größte lebende Staatsmann; **while** ~ bei *od.* zu Lebzeiten; **within** ~ **memory** seit Menschengedenken; **it is within** ~ **memory** es leben noch Leute, die sich daran erinnern (können); ~ **death** trostloses *od.* schreckliches Dasein; **she was a** ~ **legend** sie war schon zu Lebzeiten e-e Legende; ~ **rock** lebender *od.* gewachsener Fels; → **daylight** 1, **dictionary** 3. **2.** le'bendig: ~ **faith**; ~ **reality**; **the** ~ **God**. **3.** → **live**[2] 4. **4.** lebensecht, lebensnah: **the** ~ **image das getreue Abbild**. **5.** Lebens...: ~ **conditions** (**habits**, *etc*); ~ **standard** Lebensstandard *m*. **II** *s* **6.** **the** ~ die Lebenden: → **land** 7. **7.** das Leben: ~ **is very expensive these days**; → **cost** 1. **8.** Leben *n*, Lebensweise *f*: **good** ~ üppiges Leben; **loose** ~ lockerer Lebenswandel;

→ **clean** 8, **plain**[1] 1. **9.** 'Lebens͵unterhalt *m*: **to earn** (*od.* **gain**, **get**, **make**) **a** ~ s-n Lebensunterhalt verdienen (**as als**; **out of** durch, mit). **10.** Leben *n*, Wohnen *n*. **11.** *relig. Br.* Pfründe *f.* ~ **pic·ture** *s* lebendes Bild. ~ **room** *s* Wohnzimmer *n*. ~ **space** *s* **1.** Wohnfläche *f*, -raum *m.* **2.** *pol.* Lebensraum *m*. ~ **wage** *s econ.* Living-wage *n*, Exi'stenzminimum *n*. ~ **will** *s* schriftliche Erklärung e-r Person, daß ihr Leben nicht künstlich verlängert werden soll, falls keine Aussicht auf Heilung mehr besteht.

Li·vo·ni·an [lɪ'vəʊnjən, -nɪən] *hist.* **I** *adj* livländisch. **II** *s* Livländer(in).

lix·iv·i·ate [lɪk'sɪvɪeɪt] *v/t chem.* auslaugen. **lix͵iv·i'a·tion** *s* Auslaugung *f.*

liz·ard ['lɪzə(r)d] *s* **1.** *zo.* Eidechse *f*: **common** ~ Berg-, Waldeidechse. **2.** Eidechsleder *n*: ~ **bag** Eidechstasche *f.* **3.** *orn.* Lizard *m* (*Kanarienvogel*). **4.** → **lounge lizard**.

liz·zie ['lɪzɪ] → **tin lizzie**.

lla·ma ['lɑːmə] *s* **1.** *zo.* Lama *n*. **2.** Lamawolle *f.*

lla·no ['lɑːnəʊ; *Am. a.* 'læ-] *s* Llano *m* (*baumarme Hochebene der tropischen u. subtropischen Gebiete Südamerikas*).

lo [ləʊ] *interj obs.* **siehe!**, **seh(e)t!**: ~ **and behold!** (*oft humor.*) sieh(e) da!

loach [ləʊtʃ] *s ichth.* Schmerle *f.*

load [ləʊd] **I** *s* **1.** Last *f* (*a. phys.*). **2.** Ladung *f* (*a. e-r Schußwaffe*), Fuhre *f*: **to get a** ~ **of** *colloq.* a) sich etwas ansehen *od.* anhören, b) etwas zu sehen *od.* zu hören bekommen; **get a** ~ **of this!** *colloq.* a) hör *od.* schau dir das mal an!, b) merk dir das!; **to have a** ~ **on** *Am. colloq.* ,schwer geladen haben' (*betrunken sein*); **to shoot one's** ~ *vulg.* ,abschießen' (*ejakulieren*). **3.** *fig.* Last *f*, Bürde *f*: **a** ~ **of care** e-e Sorgenlast; **his decision took a** ~ **off my mind** bei s-r Entscheidung fiel mir ein Stein vom Herzen; **it is a** ~ **off my mind to know that ...** seitdem ich weiß, daß ..., ist mir bedeutend wohler. **4.** (*of*) *pl colloq.* Massen *pl* (von *Geld etc*), e-e Unmasse (*Leute etc*): **there were** ~**s to eat** es gab massenhaft zu essen; → **loads** II. **5.** (Arbeits)Pensum *n*, *econ. a.* Leistungssoll *n*. **6.** *electr. tech.* a) Last *f*, Belastung *f*: **safe** ~ zulässige Belastung; **the** ~ **on a motor** die Belastung e-s Motors; → **inductive** 1, **peak**[1] 10, b) Leistung *f.* **7.** *tech.* Ladung *f*, Füllung *f* (*Beschickungsgut*).

II *v/t* **8.** *a.* ~ **up** *ein Fahrzeug etc* beladen (**with** mit): **to be** ~**ed with coal** Kohle geladen haben; **to** ~ **down** a) schwer beladen, b) niederdrücken (*a. fig.*); **he is** ~**ed down with responsibilities** s-e Verpflichtungen lasten schwer auf ihm. **9.** *e-n Gegenstand etc* laden (**into** in *acc*; **into** auf *acc*), Güter verladen: **to** ~ **up** aufladen. **10.** *tech.* Beschickungsgut aufgeben, einfüllen. **11.** *e-e Schußwaffe etc* laden: **to** ~ **the camera** *phot.* e-n Film (in die Kamera) einlegen. **12.** *j-n* über'häufen (**with** mit *Arbeit*, *Geschenken*, *Vorwürfen etc*): **to** ~ **duties on s.o.** j-n mit Pflichten überhäufen. **13.** **den Magen** über'laden. **14.** beschweren, schwerer machen, *engS.* Würfel einseitig beschweren, präpa'rieren: **to** ~ **the dice in s.o.'s favo(u)r** *fig.* a) vorteilhaft für j-n sein, b) j-m e-n Vorteil verschaffen; **to** ~ **the dice against s.o.** *fig.* a) nachteilig für j-n sein, b) j-n benachteiligen; **to be** ~**ed in favo(u)r of** (**against**) **s.o.** *fig.* j-n begünstigen (benachteiligen), (un)günstig für j-n sein. **15.** a) *Getränk* präpa'rieren, b) *Wein etc* panschen. **16.** *electr.* pupini'sieren, Pu'pinspulen einbauen in (*acc*). **17.** *Computer*: ein Programm laden.

III *v/i* **18.** *meist* ~ **up** (auf-, ein)laden.

19. beladen werden. **20.** (das Gewehr *etc*) laden, *phot.* e-n Film einlegen: **are you** ~**ed?** ist Ihre Waffe geladen? **21.** geladen werden (*Schußwaffe etc*): **how does this camera** ~? *phot.* wie wird in diese Kamera der Film eingelegt?

'**load|-͵bear·ing** *adj* tragend (*Wand etc*). ~ **ca·pac·i·ty** *s* **1.** *tech.* a) Ladefähigkeit *f*, b) Tragfähigkeit *f.* **2.** *electr. f.* ~ **cen·ter**, *bes. Br.* ~ **cen·tre** *s* Lastschwerpunkt *m*. ~ **dis·place·ment** *s mar.* Ladeverdrängung *f.*

'**load·ed** *adj* **1.** beladen. **2.** geladen (*Schußwaffe etc*), *phot.* mit eingelegtem Film. **3.** beschwert: ~ **cane** (*od.* **stick**) Totschläger *m*. ~ **dice** falsche *od.* präparierte Würfel. **4.** a) präpa'riert (*Getränk*), b) gepanscht (*Wein etc*). **5.** ~ **question** a) Fangfrage *f*, b) Suggestivfrage *f*; ~ **word** a) emotionsgeladenes Wort, b) Reizwort **6.** *colloq.* ,stinkreich': **to be** ~ *a.* ,Geld wie Heu haben'. **7. to be** ~ *bes. Am. colloq.* a) ,schwer geladen haben' (*betrunken sein*), b) ,high' (*im Drogenrausch*) sein.

'**load·er** *s* **1.** (Ver-, Auf)Lader *m* (*Person*). **2.** Verladevorrichtung *f*, (Auf)Lader *m*. **3.** *in Zssgn* ...lader *m*: → **breechloader, muzzle-loader**, *etc.*

load fac·tor *s* **1.** *aer.* Lastvielfache(s) *n*. **2.** *electr.* Belastungsfaktor *m*.

'**load·ing** *s* **1.** Beladen *n*. **2.** *tech.* Aufgabe *f* (*von Beschickungsgut*). **3.** Ladung *f.* **4.** *electr. tech.* Belastung *f.* **5.** *Versicherung*: Verwaltungskostenanteil *m* (*der Prämie*). ~ **bridge** *s* **1.** Verladebrücke *f.* **2.** *aer.* Fluggastbrücke *f.* ~ **coil** *s electr.* Pu'pinspule *f.*

load| line *s mar.* (Tief)Ladelinie *f.* ~ **re·sist·ance** *s electr.* Be'lastungs-, 'Arbeits͵widerstand *m.*

loads [ləʊdz] *colloq.* **I** *s pl* → **load** 4. **II** *adv*: ~ **better** viel besser; **thanks** ~ vielen Dank.

'**load|·star** → **lodestar**. '~·**stone** → **lodestone**. ~ **test** *s electr. tech.* Belastungsprobe *f.*

loaf[1] [ləʊf] *pl* **loaves** [ləʊvz] *s* **1.** a) Laib *m* (Brot), b) *weitS.* Brot *n*: **a white** ~ ein (Laib) Weißbrot; **half a** ~ **is better than no bread** etwas ist besser als gar nichts; **the miracle of the loaves and fishes** *Bibl.* die Speisung der Fünftausend. **2.** *a.* **sugar** ~ Zuckerhut *m*: ~ **sugar** Hutzucker *m.* **3.** *a.* **meat** ~ *gastr.* Hackbraten *m.* **4.** *Br. sl.* ,Hirn' *n*, Verstand *m*: **to use one's** ~ sein Hirn anstrengen, (nach-) denken.

loaf[2] [ləʊf] *colloq.* **I** *v/i* **1.** *a.* ~ **about** (*od.* **around**) her'umlungern: **to** ~ **about** (*od.* **around**) **the streets** auf den Straßen herumlungern. **2.** faulenzen. **II** *v/t* **3.** ~ **away** Zeit verbummeln. **III** *s* **4. to be on the** ~ *I.*

'**loaf·er** *s colloq.* **1.** Müßgänger(in). **2.** Faulenzer(in). **3.** *bes. Am.* leichter Slipper.

loam [ləʊm] **I** *s* Lehm *m.* **II** *v/t* mit Lehm bedecken *od.* (auf)füllen. '**loam·y** *adj* Lehm...: a) lehmig: ~ **soil** Lehmboden *m*, b) lehmhaltig.

loan [ləʊn] **I** *s* **1.** (Ver)Leihen *n*, Ausleihung *f*: **on** ~ leihweise; **a book on** ~ ein geliehenes Buch; **to ask for the** ~ **of s.th.** darum bitten, (sich) etwas (aus)leihen zu dürfen; **may I have the** ~ **of ...?** darf ich (mir) ... (aus)leihen?; **to have s.th. on a** ~ **from s.o.** (sich) etwas von j-m (aus-)geliehen haben. **2.** *econ.* Anleihe *f* (*a. fig.*): **to take up a** ~ e-e Anleihe aufnehmen (**on** auf *acc*); → **government** 4. **3.** *econ.* Darlehen *n*, Kre'dit *m*: ~ **on securities** Lombardkredit. **4.** Leihgabe *f* (*für e-e Ausstellung*): ~ **collection** Leihgaben (-sammlung *f*) *pl.* **5.** *ling.* Lehnwort *n*.

loan bank – lock

II v/t **6.** bes. Am. (to) (aus)leihen (dat), ver-, ausleihen (an acc). **III** v/i **7.** bes. Am. Geld verleihen. ~ **bank** s Br. Darlehensbank f, -kasse f, Kre'ditanstalt f.

'**loan·er** s bes. Am. Verleiher m.

loan|of·fice s Darlehenskasse f. ~ **shark** s colloq. 'Kre'dithai' m. ~ **trans·la·tion** s ling. 'Lehnüber,setzung f. ~ **val·ue** Beleihungswert m (e-r Lebensversicherung). '~**word** s ling. Lehnwort n.

loath [ləʊθ] adj: **to be** ~ **to do s.th.** etwas nur (sehr) ungern od. (sehr) widerwillig tun; **I am** ~ **to go** ich habe (gar) keine Lust zu gehen; **to be** ~ **for s.o. to do s.th.** dagegen sein, daß j-d etwas tut; **to be nothing** ~ durchaus nicht abgeneigt sein.

loathe [ləʊð] v/t **1.** verabscheuen, hassen, nicht ausstehen können: **to** ~ **doing s.th.** es hassen, etwas zu tun. **2.** sich ekeln vor (dat): **s** ~ **it** es ekelt mich od. mir davor, es ekelt mich an. '**loath·ing** s **1.** Abscheu m. **2.** Ekel m. '**loath·ing·ly** adv **1.** mit Abscheu. **2.** mit Ekel.

loath·ly[1] ['ləʊðlɪ] adv (sehr) ungern od. 'widerwillig.

loath·ly[2] ['ləʊðlɪ] obs. → loathsome.

loath·some ['ləʊðsəm; 'ləʊð-] adj (adv ~ly) **1.** widerlich, ab'scheulich, ekelhaft, verhaßt. **2.** eklig, ekelhaft: ~ **diseases** ekelerregende Krankheiten. '**loathsome·ness** s Widerlichkeit f.

loaves [ləʊvz] pl von loaf[1].

lob [lɒb; Am. lab] **I** s **1.** bes. Tennis: Lob m. **II** v/t **2.** bes. Tennis: a) **to** ~ **a ball** (→ 4, b) den Gegner über'lobben. **3.** colloq. (in hohem Bogen) werfen. **III** v/i **4.** bes. Tennis: lobben, e-n Lob spielen od. schlagen.

lo·bar ['ləʊbə(r)] → lobular.

lo·bate ['ləʊbeɪt] → lobed.

lob·by [lɒbɪ; Am. 'labɪ] **I** s **1.** a) Vor-, Eingangshalle f, Vesti'bül n, b) Vorzimmer n, -raum m, c) Wandelhalle f, d) thea. Foy'er n. **2.** parl. bes. Br. a) Lobby f (Vorraum e-s Parlamentsgebäudes, in dem die Abgeordneten mit Außenstehenden verhandeln können), b) a. **division** ~ e-r der beiden Vorräume, in denen sich die Abgeordneten zum Hammelsprung versammeln. **3.** pol. Lobby f, Inter'essengruppe f, -verband m. **II** v/i **4.** die Abgeordneten beeinflussen: **to** ~ **for (against) a bill** mit Hilfe e-r Lobby auf die Annahme (Ablehnung) e-r Gesetzesvorlage hinarbeiten. **III** v/t **5.** a) ~ **through** e-e Gesetzesvorlage mit Hilfe e-r Lobby 'durchbringen. **6.** Abgeordnete beeinflussen. '**lob·by·ing** s Lobbying n (Beeinflussung von Abgeordneten durch Interessenverbände). '**lob·by·ism** s Lobby'ismus m (System der Beeinflussung von Abgeordneten durch Interessenverbände). '**lob·by·ist** s Lobby'ist m (Angehöriger e-r Lobby).

lobe [ləʊb] s **1.** bes. bot. Lappen m, anat. a. Lobus m: ~ (**of the ear**) Ohrläppchen n; ~ **of the lungs, pulmonary** ~ Lungenlappen. **2.** Radar: Zipfel m, Schleife f.

lo·bec·to·my [ləʊ'bektəmɪ] s med. Lobekto'mie f (operative Entfernung e-s Lungenlappens).

lobed [ləʊbd] adj gelappt, lappig.

lo·be·li·a [ləʊ'biːljə; -lɪə] s bot. Lo'belie f.

lo·be·line ['ləʊbɪliːn] s med. pharm. Lobe'lin n (Alkaloid vieler Lobelienarten, das als Anregungsmittel bei Lähmungen des Atemzentrums sowie bei Alkohol- u. Schlafmittelmißbrauch verwendet wird).

lob·lol·ly ['lɒb,lɒlɪ; Am. 'lab,lalɪ] s **1.** mar. od. dial. dicker (Hafer)Brei. **2.** a. ~ **pine** bot. Weihrauchkiefer f. ~ **boy** s, ~ **man** s irr mar. hist. Gehilfe m des Schiffsarztes.

lo·bot·o·my [ləʊ'bɒtəmɪ; Am. -'baː-] → leucotomy.

lob·scouse ['lɒbskaʊs; Am. 'lab-] s mar. gastr. Labskaus n.

lob·ster ['lɒbstə; Am. 'labstər] s **1.** zo. Hummer m: **hen** ~ weiblicher Hummer; (**as**) **red as a** ~ krebsrot. **2.** ~ **spiny lobster**. **3.** zo. ein hummerähnlicher Krebs. ~ **ther·mi·dor** s gastr. Gericht aus Hummerfleisch, Pilzen u. Rahmsoße, in e-r Hummerschale serviert.

lob·u·lar ['lɒbjʊlə; Am. 'labjələr] adj bes. bot. läppchenförmig, anat. med. a. lobu'lär. **lob·ule** ['lɒbjuːl; Am. 'lab-] s bes. bot. Läppchen n, anat. a. Lobulus m.

lo·cal ['ləʊkl] **I** adj (adv → **locally**) **1.** lo'kal, örtlich, Lokal..., Orts...: ~ **adverb** ling. lokales Adverb, Umstandswort n des Ortes; ~ **authority** pol. Br. Kommunalbehörde f; ~ **battery** teleph. Ortsbatterie f; ~ **bill** (od. **draft**) econ. Platzwechsel m; ~ **branch** Zweigstelle f, Filiale f; ~ **bus** Nahverkehrsbus m; ~ **call** teleph. Ortsgespräch n; ~ **derby** sport Lokalderby m; ~ **examination** ped. Br. von e-r Universitätskommission abgehaltene Prüfung an e-r höheren Schule; ~ **government** a) Gemeinde-, Kommunalverwaltung f, b) örtliche Selbstverwaltung; ~ **hero** bes. sport Lokalmatador m; ~ **news** Lokalnachrichten; ~ **newspaper** Lokalzeitung f; ~ **oscillator** electr. eingebauter Oszillator; ~ **patriotism** Lokalpatriotismus m; ~ **politician** Lokal-, Kommunalpolitiker m; ~ **politics** Lokal-, Kommunalpolitik f; ~ **tax** Am. Kommunalsteuer f; ~ **time** Ortszeit f; ~ **traffic** Lokal-, Orts-, Nahverkehr m; ~ **train** a) Nahverkehrszug m, b) Personenzug m; → **color** 5, **option** 1. **2.** Orts..., ortsansässig, hiesig: **the** ~ **doctor**; **the** ~ **hotels** die Hotels am Ort; ~ **team** sport einheimische Mannschaft. **3.** lo'kal, örtlich (beschränkt), Lokal...: ~ **an(a)esthesia** med. Lokalanästhesie f, örtliche Betäubung; ~ **custom** ortsüblicher Brauch; ~ **expression** ling. Lokalismus m; ~ **inflammation** med. örtliche od. lokale Entzündung. **4.** lo'kal(patri,otisch): **from a** ~ **point of view** von e-m rein lokalen Gesichtspunkt aus. **II** s **5.** a) Nahverkehrsbus m, b) Nahverkehrs- od. Per'sonenzug m. **6.** Zeitung: bes. Am. Lo'kalnachricht f. **7.** Rundfunk, TV: Am. Regio'nalpro,gramm n. **8.** Am. Ortsgruppe f (e-r Gewerkschaft etc). **9.** a) meist pl Ortsansässige(r m) f, Einheimische(r m) f, b) pl sport Am. einheimische Mannschaft. **10.** Br. colloq. (nächstgelegene) Kneipe, bes. Stammkneipe f. **11.** med. örtliche Betäubung.

lo·cale [ləʊ'kɑːl; Am. bes. -'kæl] s Schauplatz m, Szene f.

lo·cal·ism ['ləʊkəlɪzəm] s **1.** ling. Loka'lismus m. **2.** ortsüblicher Brauch. **3.** Lo'kalpatrio,tismus m. **4.** Bor'niertheit f, Engstirnigkeit f.

lo·cal·i·ty [ləʊ'kælətɪ] s **1.** a) Örtlichkeit f, Ort m (od. **sense**) **of** ~ Ortssinn m, Orientierungsvermögen n. **2.** Gegend f. **2.** bot. zo. etc Fundort m. **3.** → **locale**. **4.** (örtliche) Lage.

lo·cal·iz·a·ble ['ləʊkəlaɪzəbl] adj lokali'sierbar. **lo·cal·i'za·tion** s Lokali'sierung f, örtliche Bestimmung od. Festlegung od. Beschränkung. '**lo·cal·ize I** v/t **1.** lokali'sieren: a) örtlich bestimmen, festlegen, b) örtlich beschränken (**to** auf acc). **2.** lo'kal färben, Lo'kalkolo,rit geben (dat). **II** v/i **3.** a) sich festsetzen (**in** in dat), b) sich konzen'trieren (**on** auf acc). '**lo·cal·iz·er** s a. ~ **beacon** (od. **transmitter**) aer. Landekurssender m: ~ **beam** Leitstrahl m.

lo·cal·ly ['ləʊkəlɪ] adv **1.** lo'kal, örtlich. **2.** am Ort: **we have no church** ~ wir haben hier keine Kirche.

lo·cate [ləʊ'keɪt; Am. bes. 'ləʊˌkeɪt] **I** v/t **1.** ausfindig machen, aufspüren, den Aufenthaltsort ermitteln von (od. gen). **2.** a) mar. etc orten, b) mil. ein Ziel etc ausmachen. **3.** lokali'sieren, örtlich bestimmen od. festlegen. **4.** ein Büro etc errichten: **to** ~ **a new office in Detroit**. **5.** Am. a) den Ort od. die Grenzen festsetzen für, b) Land etc abstecken, abgrenzen. **6.** e-n bestimmten Platz zuweisen (dat), (a. gedanklich) einordnen. **7.** a) (an e-m bestimmten Ort) an- od. 'unterbringen, b) (an e-n Ort) verlegen: **to be** ~**d** gelegen sein, liegen, sich befinden. **8.** Am. bewegliche Sachen vermieten. **II** v/i **9.** Am. sich niederlassen.

lo·ca·tion [ləʊ'keɪʃn] s **1.** Stelle f, Platz m. **2.** Lage f, Standort m. **3.** angewiesenes Land, bes. zugewiesenes Schürffeld. **4.** Am. Grundstück n. **5.** Film, TV: Gelände n für Außenaufnahmen: ~ **shooting, shooting on** ~ Außenaufnahmen pl. **6.** Ausfindigmachen n. **7.** a) mar. etc Ortung f, b) mil. Ausmachen n. **8.** Lokali'sierung f, örtliche Bestimmung od. Festlegung. **9.** Am. Niederlassung f. **10.** Am. Vermietung f.

loc·a·tive (case) ['lɒkətɪv; Am. 'lɑː-] s ling. Lokativ m (den Ort bestimmender Fall).

lo·ca·tor [ləʊ'keɪtə(r); Am. bes. 'ləʊˌk-] s aer. **1.** a. ~ **beacon** Anflugfunkfeuer n. **2.** → **localizer**.

loch [lɒk; lɒx; Am. lɑk; lɑx] s Scot. Loch m: a) See m, b) Bucht f.

lo·chi·a ['lɒkɪə; Am. 'ləʊ-; 'lɑ-] s med. Lochien pl, Wochenfluß m.

lo·ci ['ləʊsaɪ; -kaɪ] pl von **locus**.

lock[1] [lɒk; Am. lɑk] **I** s **1.** Schloß n (an Türen etc): **under** ~ **and key** a) hinter Schloß u. Riegel (Person), b) unter Verschluß (Sache). **2.** Verschluß m, Schließe f. **3.** Sperrvorrichtung f, Sicherung f. **4.** Bremsvorrichtung f. **5.** (Gewehr- etc) Schloß n: ~, **stock, and barrel** fig. a) mit allem Drum u. Dran, b) mit Stumpf u. Stiel, voll u. ganz, ganz u. gar, c) mit Sack u. Pack. **6.** Schleuse(nkammer) f. **7.** Luft-, Druckschleuse f. **8.** mot. etc Br. Einschlag m (der Vorderräder): **angle of** ~ Einschlagwinkel m. **9.** Knäuel m, n (von Fahrzeugen), b) → **traffic jam**. **10.** Ringen: Fessel(ung) f.

II v/t **11.** a. ~ **up** ab-, zu-, verschließen, zu-, versperren: **to** ~ **the stable door after the horse has bolted** (od. **been stolen**) den Brunnen (erst) zudecken, wenn das Kind hineingefallen ist. **12.** a. ~ **up** a) j-n einschließen, (ein)sperren (**in, into** in acc), gesperren (gefangensetzen): **to** ~ **o.s. up** sich einschließen, b) → **lock up** 2. **13.** um'schließen, um'fassen, in die Arme schließen: ~**ed** a) festgekeilt, b) eng umschlungen, c) ineinander verkrallt; ~**ed by mountains** von Bergen umschlossen. **14.** ineinanderschlingen, die Arme verschränken: **to** ~ **horns** fig. (hart) aneinandergeraten (**with** mit). **15.** tech. sperren, sichern, arre'tieren, festklemmen. **16.** (beim Ringen) (um)'fassen. **17.** ein Schiff ('durch)schleusen. **18.** e-n Kanal etc mit Schleusen ausstatten.

III v/i **19.** schließen. **20.** sich ab-, zuod. verschließen lassen, ab- od. verschließbar sein. **21.** ineinandergreifen. **22.** mot. etc bloc'kieren (Räder). **23.** mot. etc Br. a) sich einschlagen lassen (Räder), b) sich durch Einschlag der Vorderräder lenken lassen (Fahrzeug). **24.** ('durch)geschleust werden. **25.** ~ **onto** a) (Radar) ein Ziel etc erfassen u. verfolgen, b) aer. mil. sich richten auf (acc) (Geschoß).

lock - logbook

Verbindungen mit Adverbien:
lock|a·way *v/t* **1.** *etwas* wegschließen. **2.** *j-n* einsperren. **~ down** *v/t* ein Schiff hin'unter-, her'unterschleusen. **~ in** *v/t* einschließen, -sperren. **~ off** *v/t* durch e-e Schleuse abteilen. **~ out** *v/t j-n (a. econ. Arbeitnehmer)* aussperren. **~ through** *v/t* ein Schiff 'durchschleusen. **~ up I** *v/t* **1.** → lock¹ 11, 12 a. **2.** etwas ver-, ein-, wegschließen. **3.** *print.* die Formen schließen. **4.** *Kapital* fest anlegen. **5.** *ein Schiff* hin'auf-, her'aufschleusen. **II** *v/i* **6.** abschließen.
lock² [lɒk; *Am.* lɑk] *s* **1.** (Haar)Locke *f*, (-)Strähne *f*, (-)Büschel *n*. **2.** *pl meist poet.* (*bes.* lockiges) Haar. **3.** (Woll)Flocke *f*.
'lock·a·ble *adj* ab-, verschließbar.
'lock·age *s* **1.** ('Durch)Schleusen *n*. **2.** 'Schleusen(anlage *f*, -system *n*) *pl.* **3.** Schleusengeld *n*.
'lock|·box *s* **1.** verschließbare Kas'sette. **2.** Postfach *n*.
'lock·er *s* **1.** Schließfach *n*. **2. a)** verschließbarer Kasten *od.* Schrank, **b)** Spind *m, n*: **~ room** Umkleideraum *m*.
lock·et ['lɒkɪt; *Am.* 'lɑkət] *s* Medail'lon *n*.
lock| gate *s tech.* Schleusentor *n*. **'~ house** *s* Schleusenwärterhaus *n*.
'lock-in *s* Protestdemonstration, deren Teilnehmer sich in e-m Gebäude etc einschließen.
'lock·ing → lockable.
'lock|·jaw *s med.* **1.** Kiefersperre *f*, Kaumuskelkrampf *m*. **2.** Wundstarrkrampf *m*. **~ keep·er** *s* Schleusenwärter *m*. **'~-nut** *s tech.* **1.** Gegenmutter *f*. **2.** Feststellring *m (der Bügelmeßschraube)*. **'~-out** *s econ.* Aussperrung *f*. **~ saw** *s tech.* Schweif-, Loch-, Stichsäge *f*. **'~-smith** *s* Schlosser *m*. **~ step** *s mil. etc* Mar'schieren *n* in dicht geschlossenen Gliedern. **~ stitch** *s* (Doppel)Steppstich *m (beim Nähen)*. **'~-up** *s* **1.** Torschluß *m*: **~ is at six** die Tore werden um 6 (Uhr) geschlossen. **2. a)** Ar'restzelle *f*, **b)** *colloq.* ‚Kittchen' *n (Gefängnis)*. **3.** *Br.* kleiner Laden ohne dazugehörige Wohnung. **4.** *bes. Br.* ('Einzel)Ga‚rage *f*. **5.** *print.* Formenschließen *n*. **6.** *econ.* feste Anlage *(von Kapital)*. **~ wash·er** *s tech.* 'Unterleg-, Sicherungsscheibe *f*.
lo·co¹ ['ləʊkəʊ] **I** *pl* **-coes, -cos** *s* **1.** → locoweed. **2.** → loco disease. **3. a)** *an der loco disease leidendes Tier*, **b)** *bes. Am. sl.* Verrückte(r *m*) *f*. **II** *adj* **4. a)** *an der loco disease leidend*, **b)** *bes. Am. sl.* verrückt *(a. Ideen etc)*: **he went ~ with rage** er ‚drehte durch' vor Wut. **III** *v/t* **5. a)** mit locoweed vergiften, **b)** *bes. Am. sl.* verrückt machen.
lo·co² ['ləʊkəʊ] *pl* **-cos** *s rail. colloq.* ‚Lok' *f (Lokomotive)*.
lo·co ci·ta·to [‚ləʊkəʊsɪ'teɪtəʊ; *Am.* -saɪ't-] *(Lat.) adv* loco ci'tato, am angeführten Ort.
lo·co dis·ease *s vet. durch den Genuß von* locoweed *hervorgerufene Erkrankung bei Rindern, Schafen u. Pferden, die durch Lähmungen u. Sehstörungen gekennzeichnet ist*.
lo·co·ism ['ləʊkəʊɪzəm] → loco disease.
'lo·co·man [-mən] *s irr rail. Br. colloq.* ‚Lokführer' *m*.
lo·co·mo·bile [‚ləʊkə'məʊbɪl] **I** *s* Fahrzeug *n* mit Eigenantrieb. **II** *adj* selbstfahrend, -getrieben, mit Eigen- *od.* Selbstantrieb.
lo·co·mo·tion [‚ləʊkə'məʊʃn] *s* **1.** Fortbewegung *f*, *biol. a.* Lokomoti'on *f*. **2.** Fortbewegungsfähigkeit *f*.
lo·co·mo·tive ['ləʊkə‚məʊtɪv; ‚ləʊkə-'məʊ-] **I** *adj (adv* **~ly**) **1.** sich fortbewegend, Fortbewegungs..., *biol. a.* lokomo'torisch: **~ engine** → 4; **~ organ** *zo.* Fortbewegungsorgan *n*; **~ power** Fortbewegungsfähigkeit *f*. **2.** fortbewegungsfähig. **3.** *rail.* Lokomotiv...: **~ engineer** *Am.* Lokomotivführer *m*; **~ shed** Lokomotivhalle *f*, -schuppen *m*. **II** *s* **4.** *rail.* Lokomo'tive *f*.
lo·co·mo·tor **I** *adj* ['ləʊkəʊ‚məʊtə(r)] → locomotive 1. **II** *s* [‚ləʊkə‚məʊtə(r)] *j-d, der od. etwas, was sich frei fortbewegt*.
‚lo·co·mo·to·ry → locomotive 1.
'lo·co·weed *s bot.* e-r von mehreren Schmetterlingsblütlern, deren Genuß die loco disease *verursacht*.
loc·u·lar ['lɒkjʊlə; *Am.* 'lɑkjələr] *adj* **1.** *bot.* fächerig. **2.** *zo.* gekammert.
loc·u·lus ['lɒkjʊləs; *Am.* 'lɑkjə-] *pl* **-li** [-laɪ] *s* **1.** *bes. anat. bot. zo.* Kammer *f*, Zelle *f*. **2.** *bot.* **a)** Pollenfachhälfte *f*, **b)** Fruchtknotenfach *n*.
lo·cum ['ləʊkəm] *colloq. für* locum tenens. **~ te·nens, ~ te·nen·tes** [tɪ'nentɪːz] *s bes. Br.* Stellvertreter(in).
lo·cus ['ləʊkəs] *pl* **lo·ci** ['ləʊsaɪ; -kaɪ] *s* **1.** *math.* geo'metrischer Ort, Ortskurve *f*. **2.** *biol.* Genort *m*. **~ clas·si·cus** ['klæsɪkəs] *pl* **lo·ci clas·si·ci** [-saɪ; -kaɪ] *(Lat.) s maßgebende u. oft zitierte Stelle e-s Standardwerkes*. **~ si·gil·li** [sɪ'dʒɪlaɪ] *pl* **lo·ci si·gil·li** *(Lat.) s (in Abschriften)* Siegelstelle *f*. **~ stan·di** ['stændaɪ] *(Lat.) s jur.* Recht *n*, gehört zu werden.
lo·cust ['ləʊkəst] *s* **1.** *zo.* (*e-e*) (Wander- *od.* Feld)Heuschrecke. **2.** *a.* **~ tree** *bot. ein fieberblättriger Leguminosenbaum, bes.* **a)** Ro'binie *f*, Scheina‚kazie *f*, **b)** Gle'ditschie *f*, **c)** Jo'hannisbrotbaum *m*, **d)** Heuschreckenbaum *m (Westindien)*. **3.** *bot.* **a)** Jo'hannisbrot *n*, Ka'robe *f*, **b)** Kassiaschote *f*.
lo·cu·tion [ləʊ'kjuːʃn] *s* **1.** Ausdrucks-, Redeweise *f*. **2.** Redewendung *f*, Ausdruck *m*.
lode [ləʊd] *s (Erz)*Ader *f*, (-)Gang *m*.
lo·den ['ləʊdn] *s* Loden(stoff) *m*.
'lode|·star *s* Leitstern *m (a. fig.), bes.* Po'larstern *m*. **'~-stone** *s* **1.** Ma'gneteisen(stein *m*) *n*. **2.** *fig.* Ma'gnet *m*.
lodge [lɒdʒ; *Am.* lɑdʒ] **I** *s* **1. a)** Sommer-, Gartenhaus *n*, **b)** *Jagd- etc)*Hütte *f*, **c)** Gärtner-, Pförtnerhaus *n (auf e-m Gut)*. **2.** Porti'er-, Pförtnerloge *f*. **3.** *Am.* 'Ferienho‚tel *n*. **4.** *univ. Br.* Wohnung *f (e-s College-Leiters in Cambridge)*. **5.** *(bes.* Freimaurer)Loge *f*. **6.** *bes. Am.* Ortsgruppe *f (e-r Gewerkschaft etc)*. **7.** *zo. (bes.* Biber)Bau *m*. **8. a)** Wigwam *m*, **b)** Indi'anerfa‚milie *f*.
II *v/i* **9. a)** logieren, *(bes.* vor'übergehend *od.* in 'Untermiete) wohnen. **10.** über'nachten. **11.** sich verbergen *(Wild)*. **12.** stecken(bleiben) *(Geschoß, Bissen etc)*: **it had ~d in his memory** *fig.* es war in s-r Erinnerung *od.* in s-m Gedächtnis haftengeblieben.
III *v/t* **13.** aufnehmen, beherbergen, (für die Nacht) 'unterbringen: **the house ~s ten people** das Haus beherbergt zehn Leute. **14.** in Lo'gis *od.* 'Untermiete nehmen. **15.** ~ **o.s. a)** *bes. mil.* sich festsetzen, **b)** sich 'einquar‚tieren (**in** *dat*): **to be ~d** → 9. **16.** *j-n* in Gewahrsam nehmen: **~d behind bars** hinter ‚schwedischen Gardinen'. **17.** *Güter etc* 'unterbringen, einlagern. **18.** *Wertgegenstände etc* depo'nieren, hinter'legen, *Geld a.* einzahlen (**in a bank** bei e-r Bank). **19.** anvertrauen (**with** *dat*), *Befugnisse etc* über'tragen (**with** *dat od. a.* **on** *acc*). **20.** *bes. jur. e-n Antrag, e-e Beschwerde etc* einreichen, *(Straf)Anzeige* erstatten, *Berufung, Protest* einlegen (**with** bei). **21.** *ein Messer etc* stoßen, *e-e Kugel* schießen: **he ~d a bullet in his heart** er schoß sich e-e Kugel ins Herz. **22. to be ~d** → 12. **23.** *Schmutz etc* ablagern. **24.** *obs. Getreide etc* 'umlegen *(Wind etc)*.
lodged [lɒdʒd; *Am.* lɑdʒd] *adj her.* gelagert *(Tier)*.
lodge·ment → lodgment.
'lodg·er *s* 'Untermieter(in): **she has a student as a ~** bei ihr wohnt e-e Studentin in *od.* zur Untermiete; **to take ~s** Zimmer vermieten.
lodg·ing ['lɒdʒɪŋ; *Am.* 'lɑ-] *s* **1.** Wohnen *n*, Lo'gieren *n*, *a. pl* Lo'gis *n*, 'Unterkunft *f*: **night's ~, ~ for the night** Nachtquartier *n*. **3.** vor'übergehender Wohnsitz. **4.** *pl* mö'bliertes Zimmer, mö'blierte Zimmer *pl*: **to live in ~s** möbliert wohnen, **b)** *a. pl univ. Br.* Wohnung *f (e-s College-Leiters in Oxford)*. **~ house** *s* Fremdenheim *n*, Pensi'on *f*. **~ in·dus·try** *s* Beherbergungsgewerbe *n*.
'lodg·ment *s* **1.** 'Unterbringung *f*, Einlagerung *f (von Gütern etc)*. **2.** Depo'nierung *f*, Hinter'legung *f (von Wertgegenständen etc)*. **3.** *bes. jur.* Einreichung *f (e-s Antrags, e-r Beschwerde etc)*, Erstattung *f (e-r Anzeige)*, Einlegung *f (e-r Berufung, e-s Protests)*. **4.** Ablagerung *f (von Schmutz etc)*. **5. to gain a ~** *mil.* sich festsetzen *(a. fig.)*.
lo·ess ['ləʊɪs; lɜːs; *Am. a.* les] *s geol.* Löß *m*.
loft [lɒft] **I** *s* **1.** Dachboden *m*: **in the ~** auf dem Dachboden. **2.** Boden *m*, Speicher *m*. **3.** Heuboden *m*. **4.** *Am. (bes.* 'durchgehendes) Obergeschoß *(e-s Lagerhauses etc)*. **5.** *arch.* Em'pore *f*: **(organ) ~** (Orgel)Chor *m*. **6.** Taubenschlag *m*. **7.** *Golf:* **a)** Loft *m (Winkel zwischen Schlagfläche u. Sohle e-s Schlägers)*, **b)** Hochschlagen *n* des Balls, **c)** Hochschlag *m*. **II** *v/t* **8.** auf dem Boden *od.* Speicher aufbewahren. **9.** *Golf:* **a)** den Ball hochschlagen, **b)** *ein Hindernis* durch Hochschlag über'winden. **III** *v/i* **10.** *Golf:* e-n Hochschlag ausführen.
'loft·er *s Golf:* Schläger *m* für Hochbälle.
loft·i·ness ['lɒftɪnɪs] *s* **1.** Höhe *f*. **2.** Erhabenheit *f*. **3.** Stolz *m*, Hochmut *m*.
'loft·ing i·ron → lofter.
'loft·y *adj (adv* **loftily**) **1.** hoch(ragend). **2.** hochfliegend *(Pläne etc)*, hochgesteckt *(Ziele etc)*, erhaben *(Gedanken, Stil etc)*. **3.** stolz, hochmütig: **a ~ smile** ein überlegenes Lächeln.
log¹ [lɒg; *Am. a.* lɑg] **I** *s* **1. a)** (Holz)Klotz *m*, **b)** *(gefällter)* Baumstamm *m*: **(as) easy** *(od.* **simple) as falling off a ~** *colloq.* kinderleicht; → **sleep** 1, **c)** *(großes)* (Holz)Scheit. **2.** *mar.* Log *n*, Logge *f*: **to heave** *(od.* **throw) the ~** loggen. **3.** → logbook. **II** *v/t* **4.** *e-n Baum* (fällen u.) ‚abästen. **5.** *gefällte Bäume* in Klötze schneiden. **6.** *e-n Wald, e-e Gegend etc* abholzen. **7.** *a.* **~ up** *e-e Entfernung* zu'rücklegen. **8.** *a.* **~ up a)** in das Logbuch *etc* eintragen, **b)** *allg. Ereignisse etc* aufzeichnen, festhalten, **c)** *Computer:* Daten protokol'lieren. **III** *v/i* **9.** Holz fällen.
log² [lɒg; *Am. a.* lɑg] *colloq. für* logarithm.
lo·gan·ber·ry ['ləʊgənbərɪ; -brɪ] *bes. Am.* ‚berɪ] *s bot.* Loganbeere *f*.
log·a·rithm ['lɒgərɪðəm; *Am. a.* 'lɑ-] *s math.* Loga'rithmus *m*: **common ~** gewöhnlicher Logarithmus; **natural ~** natürlicher Logarithmus; → table 10.
‚log·a'rith·mic [-mɪk] *adj (adv* **~ally**) loga'rithmisch: **~ decrement** logarithmisches Dekrement; **~ function** Logarithmusfunktion *f*; **~ paper** Logarithmenpapier *n*; **~ scale** logarithmische Skala. **‚log·a'rith·mi·cal** [-kl] → logarithmic.
'log·book *s* **1.** *mar.* Logbuch *n*, Schiffstagebuch *n*. **2.** *aer.* Flugbuch *n*. **3.** *mot.* Bord-, Fahrtenbuch *n*. **4.** *mot. Br.* Kraft-

588

log cabin – longbow

fahrzeugbrief *m.* **5.** Dienstbuch *n* (*e-s Polizeireviers etc*). **6.** *Film, TV:* Schnittliste *f.* **~ cab·in** *s* Blockhaus *n,* -hütte *f.*
loge [ləʊʒ] *s* **1.** *thea.* Loge *f.* **2.** a) Häuschen *n,* b) Verschlag *m.*
logged [lɒgd; *Am. a.* lɑgd] *adj* **1.** → **waterlogged. 2.** schwer(fällig).
log·ger [ˈlɒgə(r); *Am. a.* ˈlɑgər] *s* **1.** Holzfäller *m.* **2.** *Computer:* Regiˈstriergerät *n.*
ˈ~head *s* **1.** to be at **~s** Streit haben (with mit), ˈsich in den Haaren liegenˈ. **2.** *a.* **~ turtle** *zo.* Unechte Kaˈrettschildkröte.
log·gia [ˈləʊdʒə; ˈləʊdʒɪə] *pl* **-gias, -gie** [-dʒeɪ] *s arch.* Loggia *f.*
log glass *s mar.* Logglas *n.*
log·i·a [ˈlɒgɪə; *Am.* ˈləʊgɪɑː] *pl von* **logion.**
log·ic [ˈlɒdʒɪk; *Am.* ˈlɑ-] *s* **1.** *philos.* Logik *f* (*Lehre von den Formen u. Gesetzen folgerichtigen Denkens*). **2.** Logik *f:* a) Folgerichtigkeit des Denkens: **female ~** weibliche Logik; **to chop ~** Haarspalterei treiben, b) Notwendigkeit *f,* Folgerichtigkeit *f* (*e-r Entwicklung etc*). **3.** Überˈzeugungskraft *f:* **the ~ of facts.**
log·i·cal [ˈlɒdʒɪkl; *Am.* ˈlɑ-] *adj* (*adv* → **logically**) **1.** *philos.* logisch. **2.** logisch: a) folgerichtig: **to have a ~ mind** logisch denken (können), b) notwendig, folgerichtig: **the ~ consequence. ~ de·sign** *s Computer:* logischer Aufbau, logische Strukˈtur.
log·i·cal·ly [ˈlɒdʒɪkəlɪ; -klɪ] *adv* **1.** logisch (*etc*; → **logical**). **2.** logischerweise.
ˈlog·i·cal·ness [-klnɪs] *s* Logik *f,* (*das*) Logische.
log·i·cal op·er·a·tion *s Computer:* logische Operatiˈon.
log·ic cir·cuit *s Computer:* logische Schaltung.
lo·gi·cian [ləʊˈdʒɪʃn; ləˈdʒ-] *s philos.* Logiker *m.*
log·i·cism [ˈlɒdʒɪsɪzəm; *Am.* ˈlɑ-] *s* **1.** *philos.* Logiˈzismus *m* (*Bevorzugung der logischen vor der psychologischen Betrachtungsweise*). **2.** *math.* Logiˈzismus *m* (*Auffassung, daß sich die gesamte konkrete Mathematik auf die Logik zurückführen läßt*).
lo·gie [ˈləʊgi] *s thea.* Juˈwelenimitatiˌon *f.*
log·i·on [ˈlɒgɪɒn; *Am.* ˈləʊgɪˌɑːn] *pl* **-i·a** [-ɪə; *Am. a.* -ˌɑː] *s relig.* Logion *n* (*Ausspruch Jesu*).
lo·gis·tic [ləʊˈdʒɪstɪk; ləˈdʒ-] **I** *adj* (*adv* **~ally**) **1.** loˈgistisch. **II** *s* **2.** Loˈgistik *f* (*mathematische u. formale Logik*). **3.** *pl* (*oft als sg konstruiert*) *mil.* Loˈgistik *f* (*Planung, Bereitstellung u. Einsatz der für militärische Zwecke erforderlichen Mittel u. Dienstleistungen zur Unterstützung der Streitkräfte*). **4.** *pl* (*oft als sg konstruiert*) *econ.* Loˈgistik *f* (*Lehre vom Material-, Energie- u. Produktfluß innerhalb e-r Betriebswirtschaft od. zwischen dieser u. ihrer Umwelt*). **loˈgis·ti·cal** [-kl] → **logistic I.**
ˈlog·jam *s bes. Am.* **1.** durch treibende Baumstämme verursachte Blockierung e-s Flusses *etc.* **2.** *fig.* → **deadlock 2. ~ line** *s mar.* Logleine *f.*
log·o [ˈlɒgəʊ; *Br. a.* ˈləʊ-; *Am. a.* ˈlɑ-] *pl* **-os** *colloq.* für **logotype.**
log·o·gram [ˈlɒgəʊgræm; *Am. a.* ˈlɑgə-], **ˈlog·o·graph** [-grɑːf; *bes. Am.* -græf] *s* Logoˈgramm *n,* Wortzeichen *n.*
log·o·griph [ˈlɒgəʊgrɪf; *Am. a.* ˈlɑgə-] *s* Logoˈgriph *m* (*Rätsel, bei dem durch Wegnehmen, Hinzufügen od. Vertauschen e-s Buchstabens ein neues Wort entsteht*).
log·o·ma·chy [lɒˈgɒməkɪ; *Am.* ləˈgɑm-] *s* **1.** Wortklaubeˈrei *f,* Haarspalteˈrei *f.* **2.** *Am.* ˈWortzuˌsammensetzspiel *n.*
log·o·p(a)e·dics [ˌlɒgəʊˈpiːdɪks; *Am. a.*

ˌlɑgə-] *s pl* (*meist als sg konstruiert*) *med.* Logopäˈdie *f,* Sprachheilkunde *f.*
log·or·rh(o)e·a [ˌlɒgəˈrɪə; *Am. a.* ˌlɑ-] *s med. psych.* Logorˈrhö(e) *f* (*krankhaft ungehemmter, häufig unzusammenhängender Redefluß*).
log·o·type [ˈlɒgəʊtaɪp; *Am. a.* ˈlɑgə-] *s* **1.** *print.* Logoˈtype *f* (*Type, die aus mehreren Buchstaben besteht, deren Kombination häufig vorkommt*). **2.** ˈFirmenemˌblem *n.*
ˈlog·roll *pol. bes. Am.* **I** *v/t* ein Gesetz durch gegenseitiges In-die-ˈHände-Arbeiten ˈdurchbringen (*Parteien*). **II** *v/i* sich gegenseitig in die Hände arbeiten (*Parteien*). **ˈ~roll·ing** *s* **1.** *pol. bes. Am.* ˌKuhhandelˈ *m,* gegenseitiges In-die-ˈHände-Arbeiten (*zwischen Parteien*). **2.** Wettkampf, bei dem zwei auf e-m schwimmenden Baumstamm stehende Gegner versuchen, sich durch Drehen des Stamms zu Fall zu bringen. **ˈ~wood** *s bot.* Blauholz *n.*
loin [lɔɪn] *s* **1.** *meist pl anat.* Lende *f:* → **gird¹ 4. 2.** *pl Bibl. u. poet.* Lenden *pl* (*als Sitz der Zeugungskraft*): **a child of his ~s. 3.** *gastr.* Lende(nstück *n*) *f.* **ˈ~cloth** *s* Lendenschurz *m.*
loir [lɔɪə(r)] *s zo.* Siebenschläfer *m.*
loi·ter [ˈlɔɪtə(r)] **I** *v/i* **1.** bummeln: a) schlendern: **to ~ along** dahinschlendern, b) trödeln. **2.** *a.* **~ about** (*od.* **around**) herˈumlungern. **II** *v/t* **3.** *a.* **~ away** Zeit vertrödeln, -bummeln. **ˈloi·ter·er** *s* Bummler(in).
loll [lɒl; *Am.* lɑl] **I** *v/i* **1.** sich ˌrekelnˈ *od.* ˌräkelnˈ, sich ˌlümmelnˈ: **to ~ about** (*od.* **around**) *a.* sich herˈumlümmeln. **2.** (schlaff) herˈabhängen: **to ~ out** herˈaushängen (*Zunge*). **II** *v/t* **3.** (schlaff) herˈabhängen lassen, *den Kopf* hängenlassen: **to ~ out** *die Zunge* herˈaushängen lassen.
lol·la·pa·loo·sa, lol·la·pa·loo·za [ˌlɒləpəˈluːzə] *s:* **to be a ~** *Am. sl.* ganz große ˌKlasseˈ sein.
Lol·lard [ˈlɒləd; *Am.* ˈlɑlərd] *s* Lolˈlarde *m* (*Anhänger Wycliffes im 14., 15. u. 16. Jh.*).
lol·li·pop [ˈlɒlɪpɒp; *Am.* ˈlɑlɪˌpɑp] *s* **1.** Lutscher *m.* **2.** *Br.* Eis *n* am Stiel. **~ man** *s irr Br. colloq.* (*etwa*) Schülerlotse *m.* **~ wom·an** *s irr Br. colloq.* (*etwa*) Schülerlotsin *f.*
lol·lop [ˈlɒləp; *Am.* ˈlɑ-] *v/i* hoppeln (*Hase, Fahrzeug*), ˌlatschenˈ (*Person*).
lol·ly [ˈlɒlɪ; *Am.* ˈlɑlɪ] *s* **1.** *colloq.* → **lollipop 1. 2.** → **lollipop 2. 3.** *Br. sl.* ˌKiesˈ *m* (*Geld*).
Lom·bard [ˈlɒmbə(r)d; -bɑː(r)d; *Am.* ˈlɑm-] **I** *s* **1.** *hist.* Langoˈbarde *m,* Langoˈbardin *f.* **2.** Lomˈbarde *m,* Lomˈbardin *f.* **II** *adj* **3.** *hist.* langoˈbardisch. **4.** lomˈbardisch. **~ Street** *s* **1.** Londoner Bankviertel *n.* **2.** *fig.* Londoner Geldmarkt *m.*
lo·ment [ˈləʊment], **lo·men·tum** [ləʊˈmentəm] *pl* **-ta** [-tə] *s bot.* Gliederfrucht *f,* -hülse *f.*
Lon·don·er [ˈlʌndənə(r)] *s* Londoner(-in).
Lon·don·ese [ˌlʌndəˈniːz] *s* Londoner Mundart *f, bes.* Cockney *n.*
Lon·don pride *s bot.* Porzelˈlanblümchen *n.*
lone [ləʊn] *adj* **1.** einzeln: **~ hand** (*Kartenspiel*) Einzelspieler(in); **to play a ~ hand** *fig.* e-n Alleingang machen; → **wolf 2c. 2.** alˈleinstehend, -lebend: **a ~ house. 3.** einzig: **our ~ competitor. 4.** alˈleinstehend: a) ledig, unverheiratet, b) verwitwet. **5.** *poet.* → **lonely b, c.**
lone·li·ness [ˈləʊnlɪnɪs] *s* Einsamkeit *f.*
lone·ly [ˈləʊnlɪ] *adj* einsam: a) einzeln, b) verlassen, alˈlein, c) (welt)abgeschieden, verlassen. **~ hearts** *adj* der einsamen Herzen: **a ~ club.**

lon·er [ˈləʊnə(r)] *s* Einzelgänger *m* (*Mensch u. Tier*).
lone·some [ˈləʊnsəm] **I** *adj* (*adv* **~ly**) *bes. Am.* → **lonely. II** *s:* **by one's ~** *Am. colloq.* (ganz) alˈlein. **ˈlone·some·ness** *bes. Am.* → **loneliness.**
ˌLone-ˈStar State *s* (*Beiname für*) Texas *n.*
long¹ [lɒŋ] **I** *adj* **1.** *allg.* lang (*a. fig.* langwierig): **a ~ illness** (**journey, list, look, speech,** *etc*); **~ years of misery; two miles** (**weeks**) **~** zwei Meilen (Wochen) lang; **a ~ way round** ein großer Umweg; **two ~ miles** zwei gute Meilen, mehr als zwei Meilen. **2.** zu lang: **the coat is ~ on him** der Mantel ist ihm zu lang. **3.** lang(gestreckt), länglich. **4.** Längs...: **~ side. 5.** lang, hochgewachsen: **a ~ fellow. 6.** groß: **a ~ family; a ~ figure** e-e vielstellige Zahl; **a ~ price** ein hoher Preis. **7.** ˈübergroß, Groß...: **~ dozen** dreizehn; → **hundred 3. 8.** weitreichend: **~ thoughts; a ~ memory** ein gutes Gedächtnis; **to take the ~ view** weit vorausblicken; → **view 7. 9.** grob: **a ~ guess. 10.** gering: **a ~ chance; ~ odds 3. 11.** seit langem bestehend, alt: **a ~ custom; a ~ friendship. 12.** *bes. econ.* langfristig, mit langer Laufzeit, auf lange Sicht: **~ bill** langfristiger Wechsel. **13.** (*zeitlich*) fern, weit in der Zukunft liegend: **a ~ date. 14.** *econ.* a) eingedeckt (**of** mit): **~ of wool,** b) auf Preissteigerung wartend: **to be** (*od.* **go**) **~ of the market, to be on the ~ side of the market** auf Hausse spekulieren. **15.** *to be* **~ on** *colloq.* e-e Menge ... haben: **he's ~ on good ideas. 16.** *mit Mineral-, Sodawasser od. Fruchtsaft aufgefüllt (alkoholisches Getränk):* **~ drink** Longdrink *m.* **17.** *ling.* lang: **~ vowels. 18.** *metr.* a) lang, b) betont. **19.** *chem.* leichtflüssig.
II *adv* **20.** lang(e): **~ dead** schon lange tot; **as ~ as he lives** solange er lebt; **as** (*od.* **so**) **~ as** a) solange wie, b) sofern; vorausgesetzt, daß; **falls; ~ after** lange danach; **as ~ ago as 1900** schon 1900; **so ~!** *colloq.* bis dann!, tschüs!; → **ago, all 1, before 2, since 1. 21.** lange (*in elliptischen Wendungen*): **don't be ~!** beeil dich!, mach schnell!; **to be ~** (in *od.* about) **doing s.th.** lange brauchen, um etwas zu tun; **it was not ~ before he came** es dauerte nicht lange, bis er kam. **22.** (*in Steigerungsformen*): **to hold out ~er** länger aushalten; **no ~er, not any ~er** nicht mehr, nicht (mehr) länger.
III *s* **23.** (e-e) lange Zeit: **at** (**the**) **~est** längstens; **for ~** lange (*Zeit*); **it is ~ since I saw her** es ist lange her, daß ich sie gesehen habe; **to take ~** (to do s.th.) lange brauchen (, um etwas zu tun); **the ~ and** (**the**) **short of it is that** a) es dreht sich einzig u. allein darum, daß, b) mit ˈeinem Wort; → **before 5. 24.** Länge *f:* a) *ling.* langer Laut, b) *metr.* lange Silbe. **25.** *econ.* Haussiˈer *m.* **26.** *pl* a) lange Hosen *pl,* b) ˈÜbergrößen *pl.*

long² [lɒŋ] *v/i* sich sehnen (**for** nach): **to ~ to do s.th.** sich danach sehnen, etwas zu tun; **she was ~ing for the sermon to end** sie sehnte das Ende der Predigt herbei; **he ~ed for the holidays** (*Am.* **vacation**) **to come** er sehnte sich nach den Ferien; **she is ~ing for him to kiss her** sie sehnt sich danach, von ihm geküßt zu werden; **~ed-for** ersehnt.
ˌlong-aˈgo *adj* längst vergangen, alt.
lon·ga·nim·i·ty [ˌlɒŋgəˈnɪmɪtɪ] *s* Langmut *f.* **lon·gan·i·mous** [ˌlɒŋˈgænɪməs] *adj* langmütig.
ˈlong·bill *s* ein langschnäbeliger Vogel, *bes.* Schnepfe *f.* **ˈ~boat** *s mar.* **1.** großes Beiboot (*e-s Segelschiffs*). **2.** → **longship. ˈ~bow** [-bəʊ] *s hist.* Langbogen *m.*

longcase clock - look

'~-case clock s Standuhr f. '~-₁cherished adj langgehegt (Wunsch etc). '~--₁dat·ed adj econ. langfristig (Staatspapiere). ~ dis·tance s 1. teleph. a) Fernamt n, b) bes. Am. Ferngespräch n: by ~ per Ferngespräch. 2. sport Langstrecke f. ₁~-'dis·tance I adj 1. Am. Fern...: ~ call teleph. Ferngespräch n; ~ driver Fernfahrer m; ~ freight traffic Güterfernverkehr m; ~ line teleph. Fernleitung f; ~ lorry (bes. Am. truck) Fernlaster m. 2. aer. sport Langstrecken...: ~ bomber; ~ flight; ~ race a) sport Langstreckenrennen n, b) (Leichtathletik) Langstreckenlauf m; ~ runner (Leichtathletik) Langstreckenläufer(in), Langstreckler(in). II adv 3. teleph. to call (od. phone) ~ ein Ferngespräch führen; to call s.o. up ~ j-n per Ferngespräch anrufen. III v/t 4. teleph. Am. a) j-n per Ferngespräch anrufen, b) etwas per Ferngespräch über'mitteln. ₁~-'drawn, ₁~-drawn-'out adj langatmig (Rede etc), in die Länge gezogen (Verhandlungen etc).
longe [lʌndʒ] → **lunge²**.
'long-₁eared adj 1. langohrig. 2. fig. eselhaft, dumm. ~ bat s zo. Langohrfledermaus f.
lon·ge·ron ['lɒndʒərən; Am. 'lɑndʒə-₁rɑn] s aer. (Längs)Holm m.
lon·gev·i·ty [lɒn'dʒevɪtɪ; Am. lɑn-; lɔːn-] s 1. Langlebigkeit f, langes Leben. 2. hohes od. höheres Dienstalter: to be promoted by ~ nach dem Dienstalter befördert werden; ~ pay Dienstalterzulage f. **lon·ge·vous** [-'dʒiːvəs] adj langlebig.
'long-for₁got·ten adj (schon) längst vergessen. '~-hair I s 1. Langhaarige(r) m. 2. meist contp. a) (bes. weltfremder) Intellektu'eller, b) Schöngeist m. 3. contp. ₁Langhaarige(r)' m, Linke(r) m, 'Linksradi₁kale(r) m. II adj → longhaired 2, 3. ₁~'haired adj 1. langhaarig. 2. meist contp. a) weltfremd el. schöngeistig, c) intellektu'ell. 3. contp. ₁langhaarig', (a. Ansichten etc) link(er, e, es), 'linksradi₁kal. '~-hand s Langschrift f. ₁~'head·ed adj 1. biol. langköpfig. od. -schädelig. 2. fig. a) 'umsichtig, klug, weitblickend. b) schlau. '~-horn s 1. langhörniges Tier. 2. Long-, Langhorn n (ein Rind). ~ horse s Turnen: Langpferd n.
lon·gi·cau·date [₁lɒndʒɪ'kɔːdeɪt; Am. ₁lɑndʒə-] adj zo. langschwänzig.
lon·gi·corn ['lɒndʒɪkɔːn; Am. 'lɑndʒə-₁kɔːrn] s zo. Langhornbock m (ein Bockkäfer).
long·ing ['lɒŋɪŋ] I adj (adv ~ly) sehnsüchtig: a ~ look. II s Sehnsucht f (for nach): his secret ~s; to have a ~ for sich sehnen nach.
lon·gi·pen·nate [₁lɒndʒɪ'peneɪt; Am. ₁lɑndʒə-] adj orn. mit langen Flügeln.
long·ish ['lɒŋɪʃ] adj 1. ziemlich lang. 2. länglich.
lon·gi·tude ['lɒndʒɪtjuːd; Am. 'lɑndʒə-₁tuːd; -tjuːd] s geogr. Länge f. ₁**lon·gi·'tu·di·nal** [-dɪnl] I adj 1. geogr. Längen... 2. Längs..., längs verlaufend: ~ section tech. Längsschnitt m. II s 3. aer. → longeron. 4. mar. Längsspant m. ₁**lon·gi·tu·di·nal·ly** [-nəlɪ] adv längs, der Länge nach.
long¦**johns** pl colloq. lange 'Unterhose. ~ **jump** s Leichtathletik: bes. Br. Weitsprung m. ~ **jump·er** s Leichtathletik: bes. Br. Weitspringer(in). '~-**legged** [-legd; -₁legɪd] adj langbeinig. '~-**legs** pl -**legs** s 1. orn. langbeiniger Vogel, bes. a) Stelzenläufer m, b) Schlammstelzer m. 2. → **daddy longlegs**. '~-**life milk** s Dauermilch f, H-Milch f. ₁~'**lived** [-'lɪvd; Am. a. -'laɪvd] adj 1. langlebig. 2. dauerhaft: a ~ friendship. 3. ~ assets econ. langfristige Vermögenswerte. ~ **me·ter**, bes. Br. ~ **me·tre** s Strophe f aus vier achtsilbigen Versen.
Lon·go·bard ['lɒŋɡəbɑː(r)d; Am. a. 'lɑŋ-] pl -**bards, Lon·go·bar·di** ['lɒŋɡəbɑːdɪ; Am. ₁lɔːŋɡə'bɑːr₁daɪ; -diː; ₁lɑŋ-] → **Lombard** 1.

Long¦**Par·lia·ment** s Br. hist. Langes Parla'ment (von 1640-53 u. 1659-60). **l₁pig** s Menschenfleisch n (bei den Kannibalen). '**l**₁~₁**play·ing rec·ord** s Langspielplatte f. ₁**l**₁~-'**range** adj 1. mil. a) weittragend, Fern(kampf)...: ~ **gun** Ferngeschütz n, b) bes. aer. Langstrecken...: ~ **bomber**; ~ **radar**; ~ **missile** mil. Langstreckenrakete f; ~ **reception** (Funk) Fernempfang m; ~ **reconnaissance** Fernaufklärung f. 2. allg. auf lange Sicht (geplant), langfristig. '**l**~-**run** adj langfristig: ~ **prospects**. '**l**~-**ship** s mar. hist. Langschiff n (der Wikinger). '**l**~**shore** adj 1. Küsten... 2. Hafen... '**l**~-**shore**·**man** [-mən] s irr bes. Am. Dock-, Hafenarbeiter m, Schauermann m. **L**~ **shot** s 1. Film, TV: To'tale f. 2. sport Weitschuß m. 3. fig. a) ris'kante Wette, b) ris'kante Angelegenheit, c) vage Vermutung. 4. **not by a ~** fig. bei weitem nicht, nicht im entferntesten. 5. sport Außenseiter m. ₁**l**~-'**sight·ed** adj (adv -ly) med. weitsichtig, fig. a. weitblickend. ₁**l**~-'**sight·ed·ness** s 1. med. Weitsichtigkeit f. 2. fig. Weitsicht f, -blick m. ₁**l**~-'**stand·ing** adj seit langer Zeit bestehend, alt: **a ~ feud**. ₁**l**~-'**suf·fer·ing** I s a) Geduld f, b) geduldig ertragenes Leid. II adj geduldig (leidend). '**l**~-**term** adj langfristig: ~ **contract**; ~ **aim** Fernziel n; ~ **memory** psych. Langzeitgedächtnis n; ~ **perspective** Langzeitperspektive f; ~ **prescription** med. Dauerverordnung f. '**l**~-**time** → **long-standing**. **l**~ **tom** s sl. 1. mar. hist. lange 'Deckka₁none. 2. mil. Ferngeschütz n.

lon·gueur [lɔːŋ'ɡɜː; Am. -'ɡɜːr] s oft pl Länge f, langweilige Stelle (in e-m Roman etc).
long¦ **va·ca·tion** s jur. univ. Br. große Ferien pl. ~ **wave** s electr. phys. Langwelle f. '**~-wave** adj electr. phys. 1. langwellig. 2. Langwellen... '**~-ways** → **lengthways**. '**~-₁wear·ing** adj Am. strapa'zierfähig: **a ~ coat**. ₁~-'**wind·ed** [-'wɪndɪd] adj (adv -ly) 1. langatmig, weitschweifig (Person). 2. langatmig, weitschweifig (Erzählung etc), (a. Person) 'umständlich. ₁~-'**wind·ed·ness** s 1. Langatmigkeit f, Weitschweifigkeit f, 'Umständlichkeit f. '**~-wise** → **lengthways**.

loo¹ [luː] s a) ein Kartenspiel um Geld, b) Einsatz m (bei a).
loo² [luː] interj bes. Am. colloq. hal'lo!
loo³ [luː] s bes. Br. colloq. ₁Klo' n (Klosett): **public ~** öffentliche Toi'lette f; ~ **attendant** Klofrau f; ~ **paper** Klopapier n; ~ **roll** Rolle f Klopapier.
loo·by ['luːbɪ] s 1. Dummkopf m. 2. Faulpelz m.
loo·fa(h) ['luːfə] s 1. bot. Luffa f, Schwammkürbis m, Schwamm-, Netzgurke f. 2. Luffa(schwamm) m.
look [lʊk] I s 1. Blick m (**at** auf acc): **to cast** (od. **throw**) **a ~** einen Blick werfen auf (acc); **to give s.o. an angry ~** j-m e-n wütenden Blick zuwerfen, j-n wütend ansehen; **to give s.th. a second ~** etwas nochmals od. genauer ansehen; **to have a ~ at s.th.** (sich) etwas ansehen; **let's have a ~ round** schauen wir uns hier mal etwas um. 2. Miene f, (Gesichts)Ausdruck m: **to take on a severe ~** e-e strenge Miene aufsetzen. 3. oft pl Aussehen n: (**good**) **~s** gutes Aussehen; **she kept her ~s even in old age** sie sah auch noch im Alter gut aus; **to have a strange ~** merkwürdig aussehen; **to have the ~ of** aussehen wie; **by** (od. **from**) **the ~(s) of it** (so) wie es aussieht, fig. a. allem Anschein nach; **I do not like the ~(s) of it** die Sache gefällt mir nicht. II v/i 4. schauen: **don't ~!** nicht hersehen!; **~ who is coming!** schau (mal), wer da kommt!; oft iro. ei, wer kommt denn da!; **~ who is here!** schau (mal), wer da ist!; **~ here!** schau mal (her)!, hör mal (zu)!; **don't ~ like that!** mach nicht so ein Gesicht!, schau nicht so!; **he'll ~!** der wird (vielleicht) Augen machen od. schauen!; **~ what you are doing!** paß doch auf!; **~ where you are going!** paß auf, wo du hintrittst!; → **leap** 1. 5. (nach)schauen, nachsehen: **have you ~ed in the kitchen?**; **~ and see!** überzeugen Sie sich (selbst)! 6. aussehen, -schauen (a. fig.): **to ~ ill**; **she ~s nice in her new dress**; **does this hat ~ well on me?** steht mir dieser Hut?; **it ~s promising** (**to me**) es sieht (mir) vielversprechend aus; **things ~ bad for him** es sieht schlimm für ihn aus; **it ~s as if** (so) aus, als ob; **he ~s like my brother** sieht wie mein Bruder aus; **it ~s like snow(ing)** es sieht nach Schnee aus; **he ~s like winning** es sieht so aus, als ob er gewinnen sollte od. wird. 7. liegen od. (hin'aus)gehen nach: **my room ~s north**. III v/t 8. j-m (in die Augen etc) sehen od. schauen od. blicken: **to ~ s.o. in the eyes**; **to ~ death in the face** dem Tod ins Angesicht sehen. 9. aussehen wie, e-r Sache ähnlich sehen: **she does not ~ her age** man sieht ihr ihr Alter nicht an; **to ~ an idiot** wie ein Idiot aussehen od. (fig.) dastehen; **he ~s it!** a) so sieht er (auch) aus!, b) man sieht es ihm (auch) an!; (**not**) **to ~ o.s.** (gesundheitlich) gut (schlecht) aussehen; **to ~ one's part** thea. etc s-e Rolle glaubhaft od. überzeugend spielen; → **best** Bes. Redew. 10. durch Blicke ausdrücken: **to ~ compassion** (**one's surprise**) mitleidig (überrascht) blicken od. dreinschauen; **to ~ one's thanks at s.o.** j-n dankbar ansehen; → **dagger** 1. 11. **~ that** darauf achten, daß; dafür sorgen, daß; zusehen, daß.

Verbindungen mit Präpositionen:

look¦ **a·bout** → **look around**. ~ **af·ter** v/i 1. nachblicken, -schauen, -sehen (dat). 2. aufpassen auf (acc), sich kümmern um, sorgen für: → **interest** 7. ~ **a·round** v/i 1. sich 'umschauen od. -sehen in (dat). 2. **to ~ one** sich umsehen od. umblicken, um sich sehen od. blicken. ~ **at** v/i 1. ansehen, anblicken, anschauen, betrachten: **to ~ one's watch** auf die Uhr schauen; **~ that now!**, **just ~ it!** sieh dir das mal od. nur an!; **pretty to ~** hübsch anzusehen; **he is not much to ~** er sieht nicht besonders gut aus; **to ~ him** wenn man ihn (so) ansieht; **to ~ the facts** die Tatsachen betrachten, den Tatsachen ins Auge sehen. 2. sich etwas anschauen, etwas prüfen: **he wouldn't ~ it** er wollte nichts davon wissen; **he won't ~ a price under £2,000** ein Preis unter 2000 Pfund kommt für ihn nicht in Frage. ~ **down** v/i 1. nose Bes. Redew. ~ **for** v/i 1. suchen (nach): → **trouble** 9 b. 2. a) erwarten, b) hoffen auf (acc), erhoffen: **to ~ success** sich Erfolg erhoffen. ~ **in·to** v/i 1. (hin'ein)schauen od. (-)sehen od. e-n Blick werfen in (acc): **to ~ the mirror** in den Spiegel schauen; **to ~ s.o.'s eyes** j-m in die Augen schauen. 2. unter'suchen, prüfen: **I shall ~ the matter**. ~ **on** v/i 1. betrachten, ansehen (**as** als; **with** mit):

590

to ~ s.o. as a great poet j-n für e-n großen Dichter halten; **to ~ s.th. with distrust** etwas mißtrauisch betrachten; **to ~ s.th. favo(u)rably** etwas wohlwollend betrachten. **~ on·to** v/i (hin'aus)gehen auf (acc) od. nach: **my room looks onto the garden. ~ out** v/i colloq. hin-'ausschauen od. -sehen zu, her'ausschauen od. -sehen zu: **to ~ the window** aus dem Fenster schauen. **~ o·ver** v/i **1.** schauen od. blicken über (acc). **2.** (sich) etwas (flüchtig) ansehen od. anschauen, e-n Blick werfen in (acc), etwas (flüchtig) (über)'prüfen. **3.** (absichtlich) über'sehen. **~ round** → look around. **~ through** v/i **1.** blicken durch. **2.** (hin)'durchsehen od. (-)'durchschauen durch. **3.** fig. j-n igno'rieren, wie Luft behandeln. **5.** etwas (flüchtig) 'durchsehen od. -schauen. **~ to** v/i **1.** 'hinsehen od. 'hinschauen zu. **2.** achten od. achtgeben od. aufpassen auf (acc); **~ it that** achte darauf, daß; sorge dafür, daß; sieh zu, daß; **~ laurel 5. 3.** zählen od. sich verlassen auf (acc), von j-m erwarten (daß er hilft etc): **I ~ you to help me** (od. for help) ich erwarte Hilfe von dir; ich verlasse mich darauf, daß du mir hilfst. **4.** sich wenden od. halten an (acc): **I shall ~ you for payment. 5.** → look for **2. 6.** → look to **7. 7.** hindeuten auf (acc), erwarten lassen: **the evidence looks to acquittal. ~ to·ward(s)** v/i **1.** → look **7. 2.** → look to **7. ~ up·on** → look on. Verbindungen mit Adverbien:

look|·a·bout → look around. **~ a·head** v/i **1.** nach vorne sehen od. blicken od. schauen. **2.** fig. vor'ausschauen (**two years** um zwei Jahre). **~ a·round** v/i sich 'umblicken od. -sehen od. -schauen (**for** nach). **~ a·way** v/i wegblicken, -sehen, -schauen. **~ back** v/i **1.** sich 'umsehen. **2.** a. fig. zu'rückblicken, -schauen ([**up**]**on, to** auf acc). **3. since then he has never** (od. **not**) **looked back** fig. seitdem hat er ständig Fortschritte gemacht, seitdem ist es ständig mit ihm bergauf gegangen. **~ down I** v/i **1.** hin'unterblicken, -sehen, -schauen ([**up**]**on** auf acc, zu): **to ~ (up)on** fig. **2.** her'unterblicken, -sehen od. -schauen, herabsehen auf (acc), b) → look onto (prep). **2.** den Blick senken, zu Boden blicken. **II** v/t **3.** durch Blicke einschüchtern. **~ forward** v/i in die Zukunft blicken: **to ~ to s.th.** sich auf e-e Sache freuen, e-r Sache erwartungsvoll entgegensehen; **I ~ to meeting him** ich freue mich darauf, ihn zu treffen. **~ in** v/i **1.** hin'einsehen, -schauen, her'einsehen, -schauen. **2.** TV fernsehen. **3.** (als Besucher) vor'beikommen, -schauen, e-n kurzen Besuch machen (**on** bei). **~ on** v/i **1.** zusehen, zuschauen. **2. to ~ with s.o.** mit j-m mitlesen. **~ out** v/i **1.** hin'ausblicken, -sehen, -schauen, her'ausblicken, -sehen, -schauen (**of** zu): **to ~ of the window** aus dem Fenster blicken. **2.** (**for**) aufpassen (auf acc), sich vorsehen (vor dat), auf der Hut sein (vor dat); **~! paß auf!, Vorsicht! 3.** Ausschau halten (**for** nach). **4. ~ on** (od. **over**) → look onto (prep). **II** v/t **5.** bes. Br. a) etwas her'aussuchen, b) sich etwas aussuchen: **to look s.th. out for s.o.** j-m etwas (flüchtig) ansehen od. anschauen, e-n Blick werfen in (acc), etwas (flüchtig) (über)'prüfen. **~ round** → look around. **~ through** v/t etwas (flüchtig) 'durchsehen od. -schauen. **~ up I** v/i **1.** hin'aufblicken, -sehen, her-'aufblicken, -sehen, -schauen. **2.** aufblicken, -sehen, -schauen (**from** von; fig. **to** zu): **to ~ from one's book; she**

needs s.o. to ~ to sie braucht j-n, zu dem sie aufblicken kann. **3.** a) sich bessern, besser werden: **things are looking up** die Lage bessert sich, es geht bergauf, b) steigen (Chancen etc), (Aktien, Kurse, Preise a.) anziehen. **II** v/t **4.** a) nachschlagen: **to ~ a word in a dictionary**, b) nachschlagen in (dat). **5.** a) vor'beischauen bei, besuchen, b) sich in Verbindung setzen mit. **6. to look s.o. up and down** j-n von oben bis unten mustern.

'look·a,like s **1.** Doppelgänger(in). **2.** (genaues) Gegenstück.
look·er ['lokə(r)] s **1.** in Zssgn colloq. j-d, der (gut etc) aussieht: → good-looker. **2.** colloq. gutaussehende Per'son, bes. hübsches Mädchen: **she's a real ~** sie sieht einfach 'klasse' aus; **she's not much of a ~** sie ist nicht besonders hübsch. **,~-'on** pl **,look·ers-'on** s Zuschauer(in).
'look-in s **1.** kurzer Besuch. **2.** flüchtiger Blick. **3.** colloq. (Erfolgs-, Gewinn-, Sieges)Chance f: **I don't get a ~** ich hab' keine Chance.
look·ing ['lokɪŋ] adj in Zssgn ...aussehend: → good-looking.
'look·ing|glass s **1.** Spiegel m (a. fig.): **to hold up the ~ to s.o.** j-m den Spiegel vorhalten. **2.** Spiegelglas n. **'~-glass** adj verkehrt: **a ~ world; ~ politics** Politik f verkehrt.
'look|·out I s **1.** Ausschau f: **to be on the ~ for s.th.** nach etwas Ausschau halten; **to be on the ~ for a wife** auf Freiersfüßen gehen; **to keep a good ~ (for)** auf der Hut sein (vor dat); **to stand ~** 'Schmiere stehen'. **2.** Wache f, Beobachtungsposten m: **to act as ~** 'Schmiere stehen'. **3.** Ausguck m: a) bes. mil. Beobachtungsstand m, b) mar. Krähennest n. **4.** bes. Br. Aussicht f, -blick m (**over** über acc). **5.** bes. Br. fig. Aussicht(en pl) f: **it is a bad ~ for** es sieht schlecht aus für. **6.** colloq. Angelegenheit f: **that's his ~** das ist s-e Sache. **II** adj **7.** bes. mil. Beobachtungs..., Wach...: **~ tower**. **'~-,o·ver** s: **to give s.th. a ~** (sich) etwas (flüchtig) ansehen od. anschauen, e-n Blick in etwas werfen, etwas (flüchtig) (über)prüfen. **'~-see** s: **to have a ~** bes. Am. colloq. sich mal umsehen, sich die Sache mal ansehen. **'~-through** s: **to give s.th. a ~** etwas (flüchtig) durchsehen od. anschauen.
loom¹ [lu:m] s **1.** 'Webstuhl m, -ma,schine f. **2.** mar. Riemenschaft m. **3.** Am. Rohrmantel m (für Kabel etc).
loom² [lu:m] **I** v/i **1. ~ up** a) undeutlich od. drohend sichtbar werden: **a figure ~ed out of the fog** e-e Gestalt tauchte schemenhaft aus dem Nebel auf, b) fig. bedrohlich näherrücken (Prüfung etc). **2.** a. **~ up** (drohend) aufragen: **to ~ over** ragen über (acc); **to ~ large** a) sich auftürmen (Schwierigkeiten etc), b) großen Raum einnehmen, e-e große Rolle spielen. **II** s **3.** undeutliches od. drohendes Sichtbarwerden: **he could make out the ~ of the coast** er konnte die Küste schemenhaft erkennen.
loon¹ [lu:n] s orn. Seetaucher m: **common ~** Eistaucher.
loon² [lu:n] s **1.** Dummkopf m. **2.** Faulpelz m.
loon·y ['lu:nɪ] sl. **I** adj 'bekloppt', verrückt. **II** s Verrückte(r m) f. **~ bin** s sl. 'Klapsmühle' f (Nervenklinik).
loop¹ [lu:p] **I** s **1.** Schlinge f, Schleife f: **to knock** (od. **throw**) **for a ~** Am. sl. a) ganz durcheinanderbringen, b) ins Unglück stürzen. **2.** Schleife f, Windung f (e-s Flusses etc). **3.** a) Schlaufe f, b) Öse f, c) Ring m. **4.** Eis-, Rollkunstlauf: Schleife f. **5.** aer. sport Looping m, a. n (Figur, bei der das Flugzeug e-n vertikalen Kreis beschreibt). **6.** rail. etc (Wende)Schleife f. **7.** anat. (Darm- etc)Schlinge f. **8.** phys. a) (Schwingungs)Bauch m, b) Punkt m der größten Ampli'tude. **9.** electr. a) Schleife f, geschlossener Stromkreis, b) geschlossenes ma'gnetisches Feld. **10.** Computer: (Pro'gramm)Schleife f. **11.** med. Spi'rale f. **12.** → loop aerial. **13.** Am. Geschäftsviertel n. **II** v/t **14.** in e-e Schleife od. in Schleifen legen, schlingen. **15.** e-e Schlinge machen in (acc). **16.** Schnur etc schlingen ([a]round um). **17.** mit Schleifen od. Schlaufen festmachen od. versehen: **to ~ up** Haar, Kleid etc aufstecken. **18. to ~ the ~** aer. sport loopen, e-n Looping fliegen od. ausführen. **19.** electr. zu e-m geschlossenen Stromkreis zs.-schalten: **to ~ in** in den Stromkreis einschalten. **III** v/i **20.** e-e Schlinge bilden. **21.** e-e Schleife od. Schleifen machen, sich winden. **22.** sich schlingen ([a]round um). **23.** → **18**.
loop² [lu:p] s metall. Luppe f.
loop| aer·i·al, bes. Am. **~ an·ten·na** s electr. 'Rahmen,an,tenne f. **'~-hole I** s **1.** Guckloch n. **2.** Seh-, Mauerschlitz m. **3.** mil. a) Sehschlitz m, b) Schießscharte f. **4.** fig. Schlupfloch n, 'Hintertürchen n: **a ~ in the law** e-e Gesetzeslücke. **II** v/t **5.** mit Sehschlitzen etc versehen. **~ knot** s einfacher Knoten. **~ line** s loop¹ **6.** **,~-the-'loop** s Am. Achterbahn f.
loop·y ['lu:pɪ] adj **1.** gewunden, verschlungen. **2.** collloq. 'leicht bekloppt'.
loose [lu:s] **I** adj (adv **~ly**) **1.** a) los(e), locker, b) frei, nicht angebunden od. eingesperrt: **to come** (od. **get**) **~** abgehen (Knopf etc), sich lockern (Schraube etc), sich ablösen, abblättern (Farbe etc), loskommen (Tier etc); **to let** ~ Hund von der Leine lassen, a. Flüche etc loslassen, s-m Ärger etc Luft machen, freien Lauf lassen, nachgeben (Material), sich lockern (Schraube etc); **~ connection** electr. Wackelkontakt m; → screw **1**. **2.** locker (Boden, Gewebe etc): **to have ~ bowels** weichen Stuhlgang haben. **3.** a) lose (Haar, Geldscheine etc): **~ money** Kleingeld n, Münzen pl; **to wear one's hair ~** das Haar offen tragen, b) offen, lose, unverpackt (Ware): **to buy s.th. ~** etwas offen kaufen; **to be at a ~ end** (Am. **at ~ ends**) nichts zu tun haben; nicht recht wissen, was man (mit sich) anfangen soll. **4.** lose sitzend, weit (Kleidungsstück). **5.** fig. a) lose (Abmachung, Zs.-hang etc), b) frei, libe'ral (Auslegung etc), c) frei, ungenau (Übersetzung etc), d) unlogisch, wirr (Gedankengang etc): **~ thinker** Wirrkopf m, e) 'unkonzen,triert, nachlässig (Spielweise etc), f) 'unkontrol,liert: **to have a ~ tongue** den Mund nicht halten können. **6.** a) locker (Moral, Lebenswandel etc): → liver²; **living 8**, b) schlüpfrig (Roman etc). **7.** econ. verfügbar (Geld etc).
II adv **8.** lose, locker (oft in Zssgn): → loose-fitting, etc.
III v/t **9.** los-, freilassen. **10.** e-n Knoten etc, a. fig. die Zunge lösen: **the wine ~d his tongue** der Wein löste ihm die Zunge. **11.** lösen, befreien (**from** von). **12.** a) mar. losmachen. **13.** den Boden etc (auf-)lockern. **14.** a. **~ off** e-e Waffe, e-n Schuß abfeuern, e-n Pfeil etc abschießen. **15.** lockern: **to ~ one's hold of s.th.** etwas loslassen.
IV v/i **16.** mar. den Anker lichten. **17.** a. **~ off** schießen (**at** auf acc).
V s **18. to be on the ~** a) auf freiem Fuß sein, b) **a. to go on the ~** colloq. 'auf den Putz hauen'.

'loose|·box s Box f (für ein Pferd). **~ cov·er** s bes. Br. Schonbezug m (für

loose-fitting – lose

Möbel). '~-,**fit·ting** *adj* lose sitzend, locker, weit (*Kleidungsstück*). ,~-'**joint-ed** *adj* gelenkig, beweglich. '~-**leaf** *adj* Loseblatt...: ~ **bookkeeping**; ~ **binder** Schnellhefter *m*; ~ **notebook** Loseblattbuch *n*. ,~-'**limbed** → **loose-jointed**.

loos·en ['luːsn] **I** *v/t* **1.** *Knoten, Fesseln etc, a. med.* den *Husten, fig.* die *Zunge* lösen: **the wine ~ed his tongue** der Wein löste ihm die Zunge. **2.** *e-e Schraube, s-n Griff etc, a. fig.* die *Disziplin etc* lockern: **to ~ one's hold of s.th.** etwas loslassen; **to ~ one's belt (by two holes)** den Gürtel (um zwei Löcher) weiter schnallen. **3.** *a.* ~ **up** den Boden, die Muskeln etc, a. fig. j-n auflockern. **4.** loslassen, -machen, freilassen. **II** *v/i* **5.** sich lösen. **6.** sich lockern. **7.** ~ **up** *bes. sport* sich auflockern. **8.** *a.* ~ **up** *fig.* aus sich herausgehen, auftauen.

loose·ness ['luːsnɪs] *s* **1.** Lockerheit *f*. **2.** loser Sitz (*e-s Kleidungsstücks*). **3.** *fig.* a) Ungenauigkeit *f* (*e-r Übersetzung etc*), b) Unlogik *f* (*e-s Gedankengangs etc*). **4.** a) Lockerheit *f* (*des Lebenswandels*), b) Schlüpfrigkeit *f* (*e-s Romans etc*).

'**loose**|-**strife** *s bot.* **1.** Felberich *m*: **creeping ~** Pfennigkraut *n*. **2.** Weiderich *m*: **purple ~** Blutweiderich. '**~-tongued** *adj*: **to be ~** den Mund nicht halten können.

loot [luːt] **I** *s* **1.** (Kriegs-, Diebes)Beute *f*. **2.** *colloq.* „Zaster" *m* (*Geld*). **3.** Plünderung *f*. **II** *v/t* **4.** erbeuten. **5.** *e-e Stadt etc* plündern. **6.** *j-n, e-n Laden etc, fig. a. Energievorkommen etc* ausplündern. **III** *v/i* **7.** plündern. '**loot·er** *s* Plünderer *m*.

lop[1] [lɒp; *Am.* lɑp] **I** *v/t* **1.** *e-n Baum etc* beschneiden, (zu)stutzen, abästen. **2.** *oft* ~ **off** Äste, a. den Kopf etc abhauen, abhacken. **II** *s* **3.** (abgehauene) kleine Äste *pl*: ~ **and top** (*od.* **crop**) abgehauenes Astwerk.

lop[2] [lɒp; *Am.* lɑp] **I** *v/t* **1.** schlaff her'unterhängen. **2.** latschig gehen, latschen. **3.** → **lope** I. **II** *v/t* **4.** schlaff her'unterhängen lassen.

lop[3] [lɒp; *Am.* lɑp] *s mar.* Seegang *m* mit kurzen, leichten Wellen.

lope [ləʊp] **I** *v/i* **1.** mit federnden Schritten gehen *od.* laufen. **2.** *a*) springen: **the deer ~d down the hill**, b) hoppeln (*Hase*), c) kantern (*Pferd*). **II** *v/t* **3.** *ein Pferd* kantern lassen. **III** *s* **4.** federnder Gang: **at a ~** a) mit federnden Schritten, b) mit großen Sprüngen (*Tier*). **5.** Kanter *m* (*e-s Pferds*).

'**lop**|-**eared** *adj* mit Hänge- *od.* „Schlappohren". ~ **ears** *s pl* Hänge-, „Schlappohren' *pl*.

lo·pho·bran·chi·ate [ˌlɒʊfə'bræŋkɪeɪt; -kɪət] *s ichth.* Büschelkiemer *m*.

lop·pings ['lɒpɪŋz; *Am.* 'lɑ-] *s pl* abgehauene Äste *pl od.* Zweige *pl*.

,**lop**'**sid·ed** *adj* **1.** schief, nach 'einer Seite hängend, *bes. mar.* mit Schlagseite. **2.** 'unsym,metrisch, auf 'einer Seite dicker *od.* schwerer. **3.** *fig.* einseitig. ,**lop**-'**sid·ed·ness** *s* **1.** Schiefheit *f*. **2.** *fig.* Einseitigkeit *f*.

lo·qua·cious [ləʊ'kweɪʃəs; lə'kw-] *adj* (*adv* **~ly**) geschwätzig, redselig. **lo**'**qua·cious·ness**, **lo·quac·i·ty** [ləʊ'kwæsɪtɪ; lə'kw-] *s* Geschwätzigkeit *f*, Redseligkeit *f*.

lo·qui·tur ['lɒkwɪtə(r); *Am.* 'lɑ-] (*Lat.*) *thea. obs.* er (sie, es) spricht.

lor [lɔː(r)] *interj bes. Br. sl.* → **lord** 10.

lo·ran ['lɔːræn; *Am. a.* 'lɒʊˌræn] *s aer. mar.* (*aus* **lo**ng-**ra**nge **n**avigation) Loran-Verfahren *n*.

lord [lɔː(r)d] **I** *s* **1.** Herr *m*, Gebieter *m* (*of* über *acc*): **the ~s of creation** *humor.* die Herren der Schöpfung; **her ~ and master** *obs. od. humor.* ihr Herr u. Ge-

bieter. **2.** *fig.* Ma'gnat *m*: → **press lord**. **3.** *Br. hist.* Lehnsherr *m*: → **manor** 1. **4.** **the L~** a) *a.* **L~ God** Gott *m* (der Herr): **L~ (only) knows where** Gott *od.* der Himmel weiß, wo, b) *a.* **our L~** (Christus *m*) der Herr: **in the year of our L~** im Jahre des Herrn, Anno Domini. **5.** Lord *m*: a) Angehöriger des hohen brit. Adels (vom Baron bis zum Herzog), b) *j-d, dem auf Grund s-s Amts od. aus Höflichkeit der Titel Lord zusteht:* **to live like a ~** wie ein Fürst leben; → **drunk** 1. **6.** **L~** Lord *m*: a) *Titel e-s Barons*, b) *weniger förmlicher Titel e-s Marquis, Earl od. Viscount, z. B.* **L~ Derby** *anstatt* **the Earl of Derby**, c) *Höflichkeitstitel für den ältesten Sohn e-s Peers*, d) *Höflichkeitstitel für jüngere Söhne e-s Herzogs od. Marquis, in Verbindung mit dem Vor- u. Familiennamen, z. B.* **L~ Peter Wimsey**, e) *Titel e-s Bischofs*, f) *Titel gewisser, bes. richterlicher Würdenträger*. **7. the L~s** die Lords, das Oberhaus (*des brit. Parlaments*). **8. my L~** [mɪ'lɔː(r)d; *jur. Br. a.* mɪ'lʌd] My'lord, Euer Gnaden (*Anrede*). **9.** *astr.* re'gierender Pla'net.
II *interj* **10.** **L~!** (du) lieber Gott *od.* Himmel!
III *v/t* **11.** zum Lord erheben. **12. to ~ it** den Herrn spielen: **to ~ it over s.o.** a) sich j-m gegenüber als Herr aufspielen, b) j-n herumkommandieren.

Lord| **Ad·vo·cate** *s jur. Scot.* Kronanwalt *m*. ~ **Cham·ber·lain (of the House·hold)** *s Br.* Haushofmeister *m*. ~ **Chan·cel·lor** *s Br.* Lordkanzler *m*. ~ **Chief Jus·tice (of Eng·land)** *s jur.* Lord'oberrichter *m*. ~ **High Chan·cel·lor** → **Lord Chancellor**. ~ **High Com·mis·sion·er** *s Br.* Vertreter der Krone bei der Generalversammlung der schottischen Staatskirche. ~ **High Con·sta·ble** *s Br. hist.* 'Großkonne,tabel *m* von England (*jetzt noch bei Krönungen als Ehrenwürde*). ~ **-in-'wait·ing** *pl* ,**lords-in-'wait·ing** *s* Hofherr *m*. ~ **Jus·tice of Ap·peal** *pl* **Lords Jus·tic·es of Ap·peal** *s jur. Br.* Richter *m* am Berufungsgericht. ~ **Keep·er of the Great Seal** → **Lord Chancellor**. ~ **Lieu·ten·ant** *pl* **Lord(s) Lieu·ten·ants** *s Br.* **1.** *Vertreter der Krone in e-r Grafschaft*. **2.** *hist.* Vizekönig in Irland.

lord·li·ness ['lɔː(r)dlɪnɪs] *s* **1.** Großzügigkeit *f*. **2.** Vornehmheit *f*. **3.** Pracht *f*. **4.** Stolz *m*. **5.** Hochmut *m*, Arro'ganz *f*.

lord·ling ['lɔː(r)dlɪŋ] *s contp.* kleiner Lord, Herrchen *n*.

'**lord·ly** *adj u. adv* **1.** e-m Lord geziemend *od.* gemäß. **2.** großzügig. **3.** vornehm, edel. **4.** prächtig. **5.** herrisch, gebieterisch. **6.** stolz. **7.** hochmütig, arro'gant.

Lord| **May·or** *pl* **Lord May·ors** *s Br.* Oberbürgermeister *m*: ~'**s Day** Tag des Amtsantritts des Oberbürgermeisters von London (9. November); ~'**s Show** Festzug des Oberbürgermeisters von London am 9. November. ~ **of Ap·peal** *s Br.* ein vom Oberhaus ernannter Richter, der das Haus bei Berufungsfällen unterstützen soll. ~ **of the Bed·cham·ber** *s* königlicher Kammerherr, Kammerdiener *m*.

lor·do·sis [lɔː(r)'dəʊsɪs] *s med.* Lor'dose *f* (*Rückgratverkrümmung nach vorn*).

Lord| **Pres·i·dent of the Coun·cil** *s Br.* Präsi'dent *m* des Geheimen Staatsrats. ~ **Priv·y Seal** *s Br.* Lord'siegelbewahrer *m*. ~ **Pro·tec·tor** *s hist.* 'Lordpro,tektor *m*: a) *Reichsverweser m*, b) *Titel Oliver Cromwells (1653–58) u. Richard Cromwells (1658–59)*. ~ **Prov·ost** *pl* **Lord Prov·osts** *s Scot.* Oberbürgermeister *m*.

'**lord·ship** *s* **1.** Lordschaft *f*: **your (his) ~** Euer (Seine) Lordschaft. **2.** *hist.* Ge-

richts- *od.* Herrschaftsgebiet *n* e-s Lords. **Lord's Prayer** *s relig.* Vaterunser *n*. **Lord's Spir·it·u·al** *s pl Br.* die geistlichen Mitglieder des Oberhauses. **Lord's**| **Sup·per** *s* **1.** *Bibl.* (*das*) letzte Abendmahl. **2.** *relig.* a) (*das*) (heilige) Abendmahl, b) *R.C.* (*die*) heilige Kommuni'on. ~ **ta·ble** *s relig.* **1.** Al'tar *m*. **2.** Tisch *m* des Herrn: a) → **Lord's Supper**, b) Abendmahlstisch *m*. **Lords Tem·po·ral** *s pl Br.* die weltlichen Mitglieder des Oberhauses.

lore[1] [lɔː(r)] *s zo.* **1.** Zügel *m* (Raum zwischen Auge u. Schnabel bei Vögeln od. zwischen Auge u. Nasenlöchern bei Reptilien). **2.** Mundleiste *f* (*bei Insekten*).

lore[2] [lɔː(r)] *s* **1.** Wissen *n* (*auf bestimmtem Gebiet*): **animal ~** Tierkunde *f*. **2.** überlieferte Kunde (*e-r bestimmten Klasse*), (überliefertes) Sagen- u. Märchengut: **gipsy ~**. **3.** *obs. od. poet.* Lehre *f*: **the ~ of Christ**.

Lo·rentz force ['lɒrəns; *Am.* 'lɔʊ-] *s phys.* Lorentz-Kraft *f*.

lor·gnette [lɔː(r)'njet] *s* Lor'gnette *f*, Lor'gnon *n* (*Brille ohne Bügel, die an e-m Stiel vor die Augen gehalten wird*).

lor·gnon [lɔː(r)'njɒːŋ] *s* Lor'gnon *n*: a) *Einglas mit Stiel*, b) → **lorgnette**.

lor·i·cate ['lɒrɪkeɪt; *Am.* 'lɔːrɪkət; 'lɑr-] *adj zo.* gepanzert.

lor·i·keet ['lɒrɪkiːt; ˌ-'kiːt; *Am.* 'lɔːrəkiːt; 'lɑr-] *s orn.* (*ein*) kleiner Lori (*Papagei*).

lor·i·mer ['lɒrɪmə(r)], '**lor·i·ner** [-nə(r)] *s obs.* Gürtler *m*, Sattler *m*.

lorn [lɔː(r)n] *adj obs. od. poet.* verlassen, einsam.

Lor·rain·er [lɒ'reɪnə(r); lə-] *s* Lothringer(in). **Lor·rain·ese** [ˌlɒˌreɪ'niːz; lə-] *adj* lothringisch.

lor·ry ['lɒrɪ] *s Br.* **1.** Last(kraft)wagen *m*, Lastauto *n*. **2.** Bergbau: Lore *f*, Förderwagen *m*.

lose [luːz] *pret u. pp* **lost** [lɒst; *Am. bes.* lɔːst] **I** *v/t* **1.** *allg. e-e Sache, a. s-n Glauben, das Interesse, s-e Stimme, den Verstand, Zeit etc* verlieren: **to have lost one's voice** a. heiser sein; **to ~ no time in doing s.th.** sich beeilen, etwas zu tun; etwas sofort tun; (*siehe die Verbindungen mit den betreffenden Substantiven*); → **lost** II. **2.** verlieren, einbüßen, kommen um: **to ~ one's position** (*property, etc*); **to ~ one's health** s-e Gesundheit einbüßen; **he lost 10 pounds** er nahm 10 Pfund ab. **3.** verlieren (*durch Tod, Trennung etc*): **she lost a son in the war**; **to ~ a patient** a) *e-n Patienten (an e-n anderen Arzt)* verlieren, b) *e-n Patienten nicht retten können*. **4.** *ein Spiel, e-n Prozeß etc* verlieren. **5.** *e-n Preis etc* nicht gewinnen *od.* erringen. **6.** *e-e Gesetzesvorlage nicht* 'durchbringen. **7.** *den Zug etc, a. fig. e-e Gelegenheit etc* versäumen, -passen. **8.** *e-e Rede etc* ,nicht mitbekommen', *etwas* nicht hören *od.* sehen (können): **I lost the end of his speech** mir entging das Ende s-r Rede. **9.** aus den Augen verlieren. **10.** vergessen: **I have lost my Greek**. **11.** *e-n Verfolger* abschütteln. **12.** *e-e Krankheit* loswerden: **he lost his cold**. **13.** nachgehen um (*Uhr*): **my watch ~s two minutes a day** m-e Uhr geht am Tag zwei Minuten nach. **14.** *j-n s-e Stellung etc* kosten, *j-n* bringen um: **this will ~ you your position**. **15. to ~ o.s. in** a) sich verirren in (*dat*): **he lost himself in the maze**, b) *fig.* sich verlieren in (*dat*): **to ~ o.s. in thought**; **the path ~s itself in the woods**, c) *fig.* sich vertiefen in (*acc*): **he lost himself in the book**. **II** *v/i* **16.** *a.* ~ **out** verlieren (gegen), unter'liegen (*dat*). **17.** *a.* ~ **out** verlieren, „draufzahlen' (**on** bei): **he lost on the deal**; **you won't ~ by doing it** es kann nicht(s) schaden, wenn du es tust. **18.** a) Verluste erleiden: **they lost heavily** sie erlitten schwere Verluste, b) verlieren (in bei, durch): **the story has lost in translation** die Geschichte hat durch die Übersetzung (sprachlich) verloren. **19.** verlieren (in an *dat*): **to ~ (in weight)** (an Gewicht) abnehmen; **the days were losing in warmth** die Tage wurden kälter. **20.** schlechter *od.* schwächer werden: **he lost daily** er wurde von Tag zu Tag schwächer. **21.** nachgehen (*Uhr*).

los·er ['lu:zə(r)] *s* Verlierer(in): **a good (bad) ~**; **to be a bad ~** *a.* nicht verlieren können; **to be the ~** den kürzeren ziehen; **to be a born ~** der geborene Verlierer sein.

los·ing ['lu:zɪŋ] **I** *adj* **1.** verlierend. **2.** verlustbringend, Verlust...: **~ bargain** *econ.* Verlustgeschäft *n.* **3.** verloren, aussichtslos: **a ~ battle**; **a ~ game**; **~ game¹ 3. II** *s* **4.** *pl (bes.* Spiel)Verluste *pl.*

loss [lɒs; *Am. bes.* lɔ:s] *s* **1.** Verlust *m*, Einbuße *f* (in an *dat*, von *od. gen*): **~ of blood** Blutverlust; **~ of earnings** Verdienstausfall *m*; **~ of memory** Gedächtnisverlust; **~ of prestige** Prestigeverlust; **~ of time** Zeitverlust; **dead ~** a) Totalverlust, b) hoffnungsloser Fall (*Person*): **to make a ~** Verlust machen, verlieren, ,draufzahlen' (on bei); **to sell s.th. at a ~** *econ.* etwas mit Verlust verkaufen; **to work at a ~** *econ.* mit Verlust arbeiten; **to throw s.o. for a ~** *Am. colloq.* j-n deprimieren *od.* ,fertigmachen'. **2.** Verlust *m*, Schaden *m*: **it is no great ~**; → cut 55. **3.** Verlust *m* (*verlorene Sache od. Person*): **he is a great ~ to his firm** sein Weggang ist ein großer Verlust für s-e Firma. **4.** Verlust *m* (*verlorene Schlacht, Wette etc*). **5.** Verlust *m*, Abnahme *f*, Schwund *m*: **~ in weight** Gewichtsverlust, -abnahme. **6.** *pl mil.* Verluste *pl*, Ausfälle *pl.* **7.** 'Untergang *m* (*e-r Kultur etc*). **8.** *electr. tech.* (Ener'gie)Verlust *m*; **~ of friction** Reibungsverlust(e); **~ of heat** Wärmeverlust(e). **9.** *tech.* (Materi'al)Verlust *m*, *bes.* Abbrand *m* (*von Metall*). **10.** *Versicherungswesen:* Schadensfall *m*: **fire ~** Brandschaden *m.* **11. to be at a ~ in** Verlegenheit sein (for um): **he is never at a ~ for an answer** er ist nie um e-e Antwort verlegen; **to be at a ~ for words** keine Worte finden; **to be at a ~ what to do** nicht wissen, was man tun soll; **he would have been at a ~ to explain why** ... es wäre ihm schwergefallen zu erklären, warum ...

löss [lɜːs] → **loess**.

loss| lead·er *s econ.* (*unter dem Selbstkostenpreis verkaufter*) 'Lockar, tikel. '**~,mak·er** *s econ.* **1.** mit Verlust arbeitender Betrieb. **2.** Verlustgeschäft *n.* '**~,mak·ing** *adj econ.* mit Verlust arbeitend. **~ ra·tio** *s Versicherungswesen:* Schadensquote *f.*

lost [lɒst; *Am. bes.* lɔːst] **I** *pret u. pp von* **lose**. **II** *adj* **1.** verloren: **~ articles**; **a ~ battle**; **~ friends**; **~ cause** *fig.* aussichtslose Sache; **~ heat** *tech.* Abwärme *f*; **~ motion** *tech.* toter Gang; **~ property office** Fundbüro *n.* **2.** verloren(gegangen) (*a.* a) verlorengehen, b) zugrunde gehen, untergehen, c) umkommen, d) verschwinden; **to give up for** (*od.* as) **~** verloren geben; **a ~ soul** e-e verlorene Seele. **3.** vergessen: **a ~ art. 4.** verirrt: **to be ~** sich verirrt haben, sich nicht mehr zurechtfinden (*a. fig.*); **to get ~** sich verirren; **get ~!** *colloq.* ,hau ab!' **5.** verschwunden: **~ in the fog. 6.** verloren, vergeudet: **~ time** verlorene Zeit; **to be ~ (up)on s.o.** keinen Eindruck machen auf j-n, an j-n verloren sein, j-n gleichgültig lassen *od.* kaltlassen; **this won't be ~ on**

me das wird *od.* soll mir e-e Lehre sein; → **labor 2. 7.** versäumt, verpaßt: **a ~ chance. 8. ~ in** a) versunken (in (*dat*): **~ in thought** in Gedanken versunken, *bes. adv a.* gedankenversunken, -verloren, b) vertieft in (*acc*): **he was ~ in his book. 9. ~ to** a) verloren für, b) versagt (*dat*), nicht vergönnt (*dat*), c) nicht mehr empfänglich für, d) ohne Empfinden für, bar (*gen*): **to be ~ to all sense of shame** keinerlei Schamgefühl haben; **to be ~ to the world** nicht wahrnehmen, was um e-n herum vorgeht.

lot [lɒt; *Am.* lat] **I** *s* **1.** Los *n*: **to cast** (*od.* **draw**) **~s** losen (for um); **to cast** (*od.* **throw**) **in one's ~ with s.o.** *fig.* j-s Los teilen, sich auf Gedeih u. Verderb mit j-m zs.-tun; **to choose s.th. by ~** etwas auslosen; **the ~ fell on** (*od.* **to**) **me** das Los fiel auf mich. **2.** Anteil *m*: → part 5. **3.** Los *n*, Geschick *n*, Schicksal *n*: **to fall to s.o.'s ~** j-m zufallen. **4.** 'festum,grenztes Stück Land, *bes.* a) Par'zelle *f*, b) (In·du'strie)Gelände *n*, e) (Müll- *etc*)Platz *m*, f) Parkplatz *m.* **5.** *Film, TV: bes. Am.* a) Gelände *n*, b) Studio *n.* **6.** *econ.* a) Ar'tikel *m*, b) Par'tie *f*, Posten *m* (*von Waren*): **in ~s** partienweise. **7.** Gruppe *f*, Gesellschaft *f*: **the whole ~** a) die ganze Gesellschaft, b) → **get out**, **the** (**whole**) **~ of you!** raus, alle miteinander! **8. the ~** alles, das Ganze: **take the ~!**; **that's the ~** das ist alles. **9.** *colloq.* Menge *f*, Haufen *m*: **a ~ of**, **~s of** viel, e-e Menge; **a ~ of money**, **~s of money** viel Geld, e-e Menge *od.* ein Haufen Geld; **~s and ~s of** e-e Unmasse *Menschen etc*; **I'd give a ~, if** ich gäbe viel darum, wenn; **he has a ~ to learn** er muß noch viel lernen. **10. a bad ~** *colloq.* a) ein ,mieser Typ', b) ein ,mieses Pack'.
II *adv* **11. a ~**, **~s** *colloq.* (sehr) viel; **a ~ better**; **a (fat) ~ I care!** *iro.* das (be)kümmert mich herzlich wenig!; → **fat 4**.
III *v/t* **12.** *obs.* losen um. **13.** durch Los verteilen, auslosen. **14.** a) *oft* **~ out** Land in Par'zellen einteilen, parzel'lieren, b) *econ.* Ware in Par'tien aufteilen.

loth → **loath**.

Lo·thar·i·o [ləʊ'θɑːrɪəʊ; -'θeər-] *pl* **-os** *s* Schwerenöter *m.*

lo·tion ['ləʊʃn] *s* Loti'on *f*, (Gesichts-, Rasier)Wasser *n.*

lot·ter·y ['lɒtərɪ; *Am.* 'lɑ-] *s* **1.** Lotte'rie *f*: **~ number** Losnummer *f*; **~ ticket** Lotterielos *n*; **~ wheel** Glücksrad *n*, Lostrommel *f.* **2.** *fig.* Glückssache *f*, Lotte'riespiel *n*: **life is a ~**.

lot·to ['lɒtəʊ; *Am.* 'lɑ-] *s* **bingo** I.

lo·tus ['ləʊtəs] *s* **1.** (*in griechischen Sagen*) a) Lotos *m* (*e-e wohlige Schlaffheit bewirkende Frucht*), b) → **lotus tree** 1. **2.** *bot.* Lotos(blume *f*) *m.* **3.** 'Lotosblumenorna,ment *n.* **4.** *bot.* Honigklee *m.* **~-,eat·er** *s* **1.** (*in der Odyssee*) Lotosesser *m.* **2.** verträumter Nichtstuer. **~ po·si·tion** *s Joga:* Lotussitz *m.* **~ tree** *s bot.* **1.** Lotos *m* (*Pflanze, von deren Frucht sich nach der Sage die Lotophagen ernährten*). **2.** a) Lotospflaume *f*, b) Vir'ginische Dattelpflaume.

loud [laʊd] **I** *adj* (*adv* **~ly**) **1.** laut (*a. fig.*): **a ~ cry**; **~ admiration**; **~ streets** lärmende Straßen. **2.** *fig.* schreiend, auffallend, grell, aufdringlich: **~ colo(u)rs** schreiende Farben; **~ dress** auffallende Kleidung; **~ manners** auffallendes *od.* aufdringliches Benehmen; **~ smell** *Am.* ein penetranter Geruch. **II** *adv* **3.** laut: **don't talk so ~**; **to say s.th. out ~** *colloq.* etwas hörbar *od.* laut sagen. '**~,hail·er** *s* Megaˈphon *n.* '**~,mouth** *s colloq.* ,Großmaul' *n.* '**~,mouthed** *adj colloq.* ,großmäulig'.

'loud·ness *s* **1.** Lautheit *f*, (*das*) Laute. **2.** *phys.* Lautstärke *f*. **3.** Lärm *m*. **4.** *fig.* (*das*) Auffallende *od.* Schreiende.

,loud'speak·er *s electr.* Lautsprecher *m*: **external** (*od.* **extra**) **~** (*Radio etc*) Zweitlautsprecher; **~ van** *Br.* Lautsprecherwagen *m.*

lough [lɒk; lɒx; *Am.* lak; lax] *s Ir.* **1.** See *m.* **2.** Meeresarm *m.*

lou·is ['luːɪ] *pl* **lou·is** [-ɪz], **~ d'or** [,luːˈdɔː(r)] *pl* **lou·is d'or** *s hist.* Louis'dor *m* (*französische Goldmünze*).

Lou·i·si·an·an [luːˌiːzɪˈænɪən], *a.* **Lou·i·si·an·an** [-nən] **I** *adj* louisi'anisch. **II** *s* Louisi'aner(in).

lounge [laʊndʒ] **I** *s* **1.** Chaise'longue *f*, Liege(sofa *n*) *f.* **2.** Wohnzimmer *n.* **3.** Gesellschaftsraum *m*, Sa'lon *m* (*e-s Hotels, Schiffs*). **4.** Foy'er *n* (*e-s Theaters*). **5.** Wartehalle *f* (*e-s Flughafens*). **6.** *Br.* vornehmerer u. teurerer Teil *e-s Lokals.* **II** *v/i* **7.** sich ,rekeln' *od.* ,räkeln', sich ,lümmeln': **to ~ about** (*od.* **around**) *a.* herumlümmeln. **8.** schlendern. **III** *v/t* **9.** *meist* **~ away** die Zeit vertrödeln, -bummeln. **~ bar** → **lounge 6**. **~ car** *s rail. Am.* Sa'lonwagen *m.* **~ chair** *s* Klubsessel *m.* **~ liz·ard** *s colloq.* Sa'lonlöwe *m.* **~ suit** *s bes. Br.* Straßenanzug *m.* **~ suite** *s* 'Couch-, 'Polstergarni,tur *f.*

loupe [luːp] *s* (*bes.* Juwe'lier-, Uhrmacher)Lupe *f.*

lour ['laʊə(r)], **'lour·ing** [-rɪŋ], **'lour·y** → **lower¹** *etc.*

louse [laʊs] **I** *s* **1.** *pl* **lice** [laɪs] *zo.* Laus *f.* **2.** *pl* **'lous·es** *sl.* ,Scheißkerl' *m*, ,Schwein' *n.* **II** *v/t* [laʊz; laʊs] **3.** (ent)lausen. **4. ~ up** *sl.* ,versauen', ,vermurksen'. '**~·wort** *s bot.* Läusekraut *n.*

lous·i·ness ['laʊzɪnɪs] *s* Verlaustheit *f.* **'lous·y** *adj* (*adv* **lousily**) **1.** verlaust, voller Läuse. **2.** *sl.* a) ,fies', hundsgemein: **that was a ~ thing to do** das war ganz schön fies, b) ,lausig', ,mies': **a ~ film**; **to feel ~**. **3. to be ~ with** *sl.* a) wimmeln von: **the streets were ~ with people** auf den Straßen wimmelte es von Menschen, b) strotzen vor (*dat*) *od.* von: **he's ~ with money** er ,stinkt' vor Geld.

lout [laʊt] *s* Flegel *m*, Rüpel *m.* **'lout·ish** *adj* (*adv* **~ly**) flegel-, rüpelhaft. **'lout·ish·ness** *s* Flegel-, Rüpelhaftigkeit *f.*

lou·ver, *bes. Br.* **lou·vre** ['luːvə(r)] *s* **1.** *arch. hist.* Dachtürmchen *n.* **2.** *arch.* a) **~ board** Schallbrett *n*, *pl* Schallbretter *pl* (*des Schallfensters an Glockenstuben*). **3.** Jalou'sie *f.* **4.** Belüftungsklappe *f.* **5.** Schallöffnung *f* (*e-s Lautsprechers*). **'lou·vered** *adj* **1.** Jalousie... **2.** schräggestellt.

lov·a·bil·i·ty [,lʌvəˈbɪlətɪ] *s* liebenswerte Art. **'lov·a·ble** *adj* (*adv* **~bly**) liebenswert, reizend. **'lov·a·ble·ness** *s* **lovability**.

lov·age ['lʌvɪdʒ] *s bot.* Liebstöckel *n.*

love [lʌv] **I** *s* **1.** (sinnliche *od.* geistige) Liebe (of, for, to, toward[s] zu): **~ herzliche Grüße** (*Briefschluß*); **to be in ~** verliebt sein (**with** in *acc*); **to fall in ~** sich verlieben (**with** in *acc*); **to do s.th. for ~** etwas aus Spaß *od.* zum Vergnügen *od.* aus Gefälligkeit tun; **to play for ~** um nichts *od.* um die Ehre spielen; **for the ~ of God** um Gottes willen; **not for ~ or money** nicht für Geld u. gute Worte; **to send one's ~ to** j-n grüßen lassen; **to make ~** a) zärtlich werden, b) sich (*körperlich*) lieben; **to make ~ to s.o.** a) j-m gegenüber zärtlich werden, b) j-n (*körperlich*) lieben; **there is no ~ lost between them** sie haben nichts füreinander übrig, sie können sich nicht leiden; "**L~'s Labour's Lost**" ,,Verlorene Liebesmüh" (*Lustspiel von Shakespeare*); **~ of adventure** Abenteuerlust *f*; **~ of**

loveability - low-mindedness

(one's) country Vaterlandsliebe f; ~ of learning Freude f od. Spaß m am Lernen; → fair¹ 11, give 18, labor 1. 2. L~ die Liebe (*personifiziert*), (Gott *m*) Amor *m*, der Liebesgott. 3. *pl art* Amo'retten *pl*. 4. *colloq*. (*Anrede, oft unübersetzt*) ,Schatz': mind the step, ~! Vorsicht, Stufe! 5. *colloq*. ,Schatz' *m*: he's a real ~ er ist ein richtiger Schatz; a ~ of a car ein ,süßer' Wagen. 6. *bes. Tennis*: null: ~ all null zu null.
II *v/t* 7. j-n (*a. körperlich*) lieben, liebhaben. 8. *etwas* lieben, gerne mögen: to ~ to do (*od.* doing) s.th. etwas sehr gern tun; we ~d having you with us wir haben uns sehr über d-n Besuch gefreut.
III *v/i* 9. lieben, *bes.* verliebt sein.
love·a·bil·i·ty, *etc* → lovability, *etc*.
love|af·fair *s* ('Liebes)Af₁färe *f*, Liebesabenteuer *n*, Liebschaft *f*. **~ap·ple** *s bot. obs.* Liebesapfel *m*, To'mate *f*. **'~bird** *s* 1. *orn.* Unzertrennliche(r) *m*, Inséparable *m*. 2. *orn.* Edelsittich *m*. 3. *meist pl fig. colloq.* ,Turteltaube' *f*. **~bite** *s colloq.* ,Knutschfleck' *m*. **~ child** *s irr* Kind *n* der Liebe. **~du·et** *s mus.* 'Liebesdu₁ett *n*. **~ feast** *s* Liebesmahl *n*. **~ game** *s Tennis*: Zu-'null-Spiel *n*. **~ha·te (re·la·tion·ship)** *s* Haßliebe *f*. **'~in** *s* Love--'in *n* (*Protestveranstaltung jugendlicher Gruppen, bei der es zu öffentlichem Geschlechtsverkehr kommt*). **~in-a-'mist** *s bot.* 1. Jungfer *f* im Grünen. 2. Stinkende 'Passi₁onsblume. 3. Filziges Hornkraut. **~in-'i·dle·ness** *s bot.* Wildes Stiefmütterchen.
'love·less *adj* 1. lieblos. 2. ungeliebt.
love| let·ter *s* Liebesbrief *m*. **~lies--'bleed·ing** *s bot.* 1. Roter Fuchsschwanz. 2. Flammendes Herz. 3. Blutströpfchen *n*. **~ life** *s* Liebesleben *n*.
love·li·ness ['lʌvlɪnɪs] *s* 1. Schönheit *f*. 2. Liebreiz *m*.
'love|·lock *s* ,Schmachtlocke' *f*. **'~lorn** *adj* liebeskrank.
love·ly ['lʌvlɪ] I *adj* (*adv* lovelily) 1. (wunder)schön. 2. nett, reizend. 3. *colloq.* ,prima', großartig. II *s* 4. *colloq.* (*oft als Anrede*) ,Hübsche' *f*, ,Süße' *f*.
'love₁mak·ing *s* 1. a) Zärtlichkeiten *pl*, b) (*körperliche*) Liebe. 2. Liebeskunst *f*. **~ match** *s* Liebesheirat *f*. **~nest** *s* Liebesnest *n*. **~ po·tion** *s* Liebestrank *m*.
lov·er ['lʌvə(r)] *s* 1. a) Liebhaber *m*, Geliebte(r) *m*, b) Geliebte *f*. 2. *pl* Liebende *pl*, Liebespaar *n*: we are ~s wir lieben uns; ~s' lane *colloq.* ,Seufzergäßchen' *n*. 3. Liebhaber(in), (*Musik- etc*)Freund(in): a ~ of music, a music ~.
lov·er·ly ['lʌvəlɪ] *adj u. adv* zärtlich.
love| scene *s thea. etc* Liebesszene *f*. **~ seat** *s* kleines Sofa für zwei. **~ set** *s Tennis*: Zu-'null-Satz *m*. **'~sick** *adj* liebeskrank: to be ~ Liebeskummer haben. **~song** *s* Liebeslied *n*. **~sto·ry** *s* Liebesgeschichte *f*, (*bes.* rührselige *a*.) LoveStory *f*. **~ to·ken** *s* Liebespfand *n*.
lov·ing ['lʌvɪŋ] *adj* (*adv ~ly*) liebend, liebevoll, zärtlich: your ~ father (*als Briefschluß*) Dein Dich liebender Vater. **~cup** *s* Po'kal *m* (*a. sport*). **~'kind·ness** *s* 1. (göttliche) Gnade *od.* Barm'herzigkeit. 2. Herzensgüte *f*.

low¹ [ləʊ] I *adj* 1. niedrig (*a. fig.*): ~ building (forehead, number, price, temperature, wages, *etc*); ~ brook seichter Bach; ~ speed geringe Geschwindigkeit; ~ in fat fettarm; to bring ~ *fig.* a) j-n demütigen, b) j-n ruinieren; to lay ~ a) j-n niederschlagen, -schießen, b) j-n ans Bett fesseln, ,umwerfen' (*Krankheit*); to sell ~ billig verkaufen. 2. tiefegelegen: ~ ground. 3. tief: a ~ bow; ~ flying *aer.* Tiefflug *m*; the sun is ~ die Sonne steht tief. 4. → low-necked. 5. a) fast leer (*Gefäß*), b) fast erschöpft, knapp (*Vorrat etc*): to get (*od.* run) ~ knapp werden, zur Neige gehen; he is getting (*od.* running) ~ on money ihm geht allmählich das Geld aus; to be ~ on funds knapp bei Kasse sein. 6. schwach, kraftlos, matt: ~ pulse schwacher Puls. 7. *Kost etc*: a) wenig nahrhaft, b) einfach. 8. gedrückt, niedergeschlagen, depri'miert: to feel ~ a) in gedrückter Stimmung sein, b) sich elend fühlen (→ 13 c). 9. (*zeitlich*) verhältnismäßig neu *od.* jung: of ~ date (verhältnismäßig) neuen Datums. 10. gering(schätzig): ~ opinion 3. 11. minderwertig. 12. (*sozial*) unter(er, e, es), nieder, niedrig: of ~ birth von niedriger Geburt; ~ life das Leben der einfachen Leute. 13. a) gewöhnlich, niedrig (*denkend od. gesinnt*): ~ thinking niedrige Denkungsart, b) ordi'när, vul'gär: a ~ expression; a ~ fellow, c) gemein, niederträchtig: a ~ trick; to feel ~ sich gemein vorkommen (→ 8). 14. nieder, primi'tiv: ~ forms of life niedere Lebensformen; ~ race primitive Rasse. 15. tief (*Ton etc*). 16. leise (*Ton, Stimme etc*): in a ~ voice leise. 17. *ling.* offen. 18. L~ → Low-Church. 19. *tech.* erst(er, e, es), niedrigst(er, e, es): → gear 3 b.
II *adv* 20. niedrig: it hangs ~; to aim ~er. 21. tief: to bow ~. 22. *fig.*: tief: sunk thus ~ so tief gesunken. 23. kärglich, dürftig: to live ~ ein kärgliches Leben führen. 24. niedrig, mit geringem Einsatz: to play ~ niedrig spielen. 25. tief (-klingend): to sing ~ tief singen. 26. leise: to talk ~.
III *s* 27. *mot.* erster *od.* niedrigster Gang. 28. *meteor.* Tief(druckgebiet) *n*. 29. *fig.* Tief(punkt *m*, -stand *m*) *n*: to be at a new ~ e-n neuen Tiefpunkt erreicht haben.

low² [ləʊ] I *v/i* brüllen, muhen (*Rind*). II *s* Brüllen *n*, Muhen *n*.

'low|₁ball *v/t Am. colloq.* j-m bewußt e-n zu niedrigen Kostenvoranschlag machen. **'~bed trail·er** *s mot.* Tiefladeanhänger *m*. **~blow** *s Boxen*: Tiefschlag *m*. **~born** *adj* von niedriger Geburt. **'~boy** *s Am.* niedrige Kom'mode. **~bred** *adj* ungebildet, unfein, ordi'när, gewöhnlich. **'~brow** I *s* geistig Anspruchslose(r *m*) *f*, ,Unbedarfte(r' *m*) *f*. II *adj* geistig anspruchslos, ,unbedarft'. **'~browed** → lowbrow II. **'~budg·et** *adj* billig, preiswert. **'~cal·o·rie** *adj* kalo'rienarm. **'~ceil·inged** *adj* niedrig (*Raum*). **L~ Church** *s relig.* Low-Church *f* (*protestantische Richtung innerhalb der anglikanischen Kirche*). **L~--'Church** *adj relig.* Low-Church-..., der Low-Church. **L~-'Church·man** *s irr relig.* Anhänger *m* der Low-Church. **~ com·e·dy** *s* Posse *f*, (derber) Schwank. **'~cost** *adj* kostengünstig, billig, Billig...: ~ flights. **~ coun·try** *s geogr.* Tiefland *n*. **'~down** *adj colloq.* ,fies', hundsgemein. **'~down** *s colloq.*: to give s.o. the ~ j-n aufklären (on über *acc*); to get the ~ aufgeklärt werden (on über *acc*).

low·er¹ ['laʊə(r)] *v/i* 1. finster *od.* drohend blicken: to ~ at s.o. j-n finster *od.* drohend ansehen. 2. a) sich (am Himmel) auftürmen (*Wolken*), b) sich mit schwarzen Wolken über'ziehen (*Himmel*).

low·er² ['laʊə(r)] I *v/t* 1. niedriger machen: to ~ a wall. 2. die Augen, den Gewehrlauf *etc*, *a.* die Stimme, den Preis, die Temperatur *etc* senken. 3. *fig.* erniedrigen: to ~ o.s. a) sich demütigen, b) sich herablassen. 4. abschwächen, mäßigen: to ~ one's hopes s-e Hoffnungen herabschrauben. 5. her'unter-, her'ablassen, *Fahne, Segel* niederholen, streichen; → flag¹ 1. 6. *mus.* (*im Ton*) erniedrigen. II *v/i* 7. niedriger werden (*a. fig.*). 8. *fig.* sinken, her'untergehen, fallen.

low·er³ ['ləʊə(r)] I *comp von* low¹. II *adj* 1. niedriger (*a. fig.*): a ~ estimate e-e niedrigere Schätzung. 2. unter(er, e, es), Unter...: ~ court *jur.* untergeordnetes Gericht; ~ jaw Unterkiefer *m*; ~ lip Unterlippe *f*. 3. *geogr.* Unter..., Nieder...: L~ Austria Niederösterreich *n*. 4. neuer, jünger (*Datum*): of a ~ date jüngeren Datums. 5. *biol.* nieder: the ~ plants.
low·er|case *s print.* 1. 'Unterkasten *m*. 2. Kleinbuchstaben *pl*. **~-case** ['-keɪs, ₁-'keɪs] *print.* I *adj* 1. in Kleinbuchstaben (gedruckt *od.* geschrieben). 2. Klein...: ~ letters. II *v/t* 3. in Kleinbuchstaben drucken *od.* schreiben. **~ class** *s sociol.* 'Unterschicht *f*: the ~es die unteren Klassen. **~-'class** *adj* 1. *sociol.* ... der 'Unterschicht. 2. zweitklassig. **~'class·man** [-mən] *s irr ped. Am.* Stu'dent *m* in den ersten beiden Studienjahren. **~crit·i·cism** *s* 'Textkri₁tik *f*. **~ deck** *s mar.* 1. 'Unterdeck *n*. 2. the ~ *Br. collect.* die 'Unteroffi₁ziere *pl* u. Mannschaftsgrade *pl*. **~ house** *s parl.* 'Unterhaus *n*.

low·er·ing ['laʊərɪŋ] *adj* (*adv ~ly*) finster, drohend.

low·er·most ['ləʊə(r)məʊst] I *adj* 1. niedrigst(er, e, es) (*a. fig.*). 2. unterst(er, e, es). II *adv* 3. am niedrigsten. 4. zu'unterst.

low·er| re·gions *s pl* → lower world 2. **~ world** *s* 1. (die) Erde. 2. Hölle *f*, 'Unterwelt *f*.

low·er·y ['laʊərɪ] *adj* finster, drohend.

low·est ['ləʊɪst] I *sup von* low¹. II *adj* 1. niedrigst(er, e, es) (*a. fig.*): ~ bid *econ.* Mindestgebot *n*; ~ price Tiefstpreis *m*. 2. unterst(er, e, es). III *s* 3. at the ~ wenigstens, mindestens.

low| ex·plo·sive *s chem.* Sprengstoff *m* geringer Bri'sanz. **'~fat** *adj* fettarm. **'~-fly·ing** *adj* tieffliegend: ~ plane Tiefflieger *m*. **~ fre·quen·cy** *s electr. phys.* 'Niederfre₁quenz *f*. **L~ Ger·man** *s ling.* 1. Niederdeutsch *n*, das Niederdeutsche. 2. Platt(deutsch) *n*, das Plattdeutsche. **'~-grade** *adj* 1. minderwertig. 2. leicht: ~ fever. **'~-heeled** *adj* mit niedrigen *od.* flachen Absätzen. **'~in·come** *adj* einkommensschwach. **'~key(ed)** *adj* 1. *paint. phot.* dunkel, 'überwiegend in dunklen Farben gehalten. 2. gedämpft (*Farbe*), (*Ton a.*) leise. 3. zu'rückhaltend (*Empfang etc*). **'~land** [-lənd; *Am. a.* -₁lænd] I *s* Tief-, Flachland *n*: the L~s of Scotland das schottische Tiefland. II *adj* tief-, flachländisch, Tief-, Flachland... **'~land·er** [-ləndə(r); *Am. a.* -₁læn-] *s* 1. Tief-, Flachländer(in). 2. L~ schottischer Tiefländer. **L~ Lat·in** *s ling.* nichtklassisches La'tein. **'~'lead** [-led] *adj* bleiarm (*Benzin*). **'~lev·el** *adj* 1. niedrig (*a. fig.*): ~ officials *a.* kleine Beamte; ~ language (*Computer*) maschinennahe *od.* -orientierte Programmiersprache; ~ aer. mil. Tief(flieger)...: ~ attack; ~ bombing Bombenwurf *m* aus niedriger Flughöhe; ~ flight Tiefflug *m*. **'~life** *s Am.* **1.** Angehörige(r *m*) *f* der 'Unterschicht. **2.** *colloq.* zwielichtiger ,Typ'.

low·li·ness ['ləʊlɪnɪs] *s* Demut *f*, Bescheidenheit *f*.

low load·er *s mot.* Tieflader *m*.

low·ly ['ləʊlɪ] I *adj* (*adv* lowlily) 1. demütig, bescheiden. 2. → low¹ 12. 3. ~ low-ranking. 4. unwichtig. II *adv* 5. demütig (*etc*; → I). 6. leise.

Low| Mass *s R.C.* Stille Messe. **₁L~--'mind·ed** *adj* (*adv ~ly*) gewöhnlich, ordi'när. **₁L~-'mind·ed·ness** *s* Ge-

wöhnlichkeit f, Ordi'närheit f. ˌl~-ˈnecked adj tief ausgeschnitten, mit tiefem Ausschnitt (Kleid).
low·ness [ˈləʊnɪs] s **1.** Niedrigkeit f (a. fig.). **2.** Tiefe f (e-r Verbeugung, e-s Tons etc). **3.** Knappheit f (von Vorräten etc). **4.** ~ of spirits → low-spiritedness. **5.** Minderwertigkeit f. **6.** a) Ordi'närheit f, Vulgari'tät f, b) Gemeinheit f, Niederträchtigkeit f.
ˌlow-ǀ-ˈnoise adj rauscharm (Tonband etc). ~ˈocˈtane adj chem. mit niedriger Ok'tanzahl. ~ **pass** s sport Flachpaß m. ˈ~-pass filˈter s electr. Tiefpaß(filter n, m) m. ~ˈpitched adj **1.** tief (Ton f). **2.** mit geringer Neigung (Dach). ~ **pressure** s **1.** tech. Niederdruck m. **2.** meteor. Tiefdruck m. ~ˈpresˈsure adj **1.** tech. Niederdruck....: ~ **compressor** (turbine, etc). **2.** meteor. Tiefdruck...: ~ **area** Tief(druckgebiet) n. **3.** fig. a) wenig aggres'siv: a ~ **sales campaign**, b) sanft, 'indi₁rekt: his ~ **manner**, c) unbeschwert: a ~ **feeling**. ˈ~-priced → low-cost. ˈ~-rankˌing adj von niederem Rang, nieder: ~ **officials** a. kleine Beamte. ~ reˈlief s ˈBas-, ˈFlachreli₁ef n. ˈ~-rise **I** adj Flach...: ~ **building** → **II. II** s Flachbau m. ~ **sea·son** sˈVor-, ˈNachsai₁son f. ~ **shoe** s Halbschuh m. ˈ~-slung adj niedrig. ~ˈspirˈitˈed adj (adv ~ly) niedergeschlagen, gedrückt, depri'miert. ~ˈspirˈitˈed·ness s Niedergeschlagenheit f, Gedrücktheit f, Depri'miertheit f. **L~ Sun·day** s relig. Weißer Sonntag (erster Sonntag nach Ostern). ~ˈtem·per·a·ture adj tech. Niedertemperatur...: ~ **carbonization** Schwelen n, Tieftemperaturverkokung f; ~ **coke** Schwel-, Tieftemperaturkoks m; ~ **dyeing** Kaltfärben n; ~ **physics** Tieftemperaturphysik f. ~ **tenˈsion** s electr. Niederspannung f. ~ˈtenˈsion adj electr. Niederspannungs... ~ ˈvoltˈage s electr. Niederspannung f. ~ˈvoltˈage adj electr. Niederspannungs... ~ **wa·ter** s mar. Niedrigwasser n, tiefster Gezeitenstand: **to be in** ~ fig. auf dem trockenen sitzen. ~ˈwa·ter mark s **1.** mar. Niedrigwassermarke f. **2.** fig. Tiefpunkt m, -stand m. **L~ Week** s relig. Woche f nach dem Weißen Sonntag. ~ˈwing adj: ~ aircraft Tiefdecker m.
lox [lɒks; Am. lɑks] s tech. Flüssigsauerstoff m.
lox·o·drome [ˈlɒksədrəʊm; Am. ˈlɑ-] s math., Kartographie: Loxoˈdrome f (Kurve, die jede Kurve e-r Schar unter dem gleichen Winkel schneidet; bes. Verbindungslinie zweier Punkte der Erdoberfläche, die alle Längenkreise unter dem gleichen Winkel schneidet). ˌlox·oˈdromˈic [-ˈdrɒmɪk; Am. -ˈdrɑ-] adj (adv ~ally) loxoˈdrom(isch): ~ **curve** → loxodrome.
lox·y·gen [ˈlɒksɪdʒən; Am. ˈlɑ-] → lox.
loy·al [ˈlɔɪəl] adj (adv ~ly) **1.** (to) loy'al (gegen'über), treu (ergeben) (dat): **to be** ~ **to s.o.** a. treu zu j-m stehen, sich j-m gegenüber loyal verhalten; **a ~ friend** ein treuer od. zuverlässiger Freund. **2.** (ge-) treu (to dat): ~ **to his vow**. ˈloy·al·ist s **1.** loy'aler Staatsbürger od. ˈUntertan an etc. **2.** hist. a) Loyaˈlist m (Kolonist, der im nordamer. Unabhängigkeitskrieg für das Verbleiben bei GB eintrat), b) Republiˈkaner m (im spanischen Bürgerkrieg).
loy·al·ty [ˈlɔɪəltɪ] s Loyali'tät f, Treue f (to zu).
loz·enge [ˈlɒzɪndʒ; Am. ˈlɑznd₃] s **1.** math. Raute f, Rhombus m: ~ **mo(u)lding** arch. Rautenstab m. **2.** her. rautenförmiges Wappenschild (von Witwen od. unverheirateten Frauen). **3.** pharm. Paˈstille f, Taˈblette f. **4.** Raute f, rautenförmige Faˈcette (e-s Edelsteins). ˈlozˈenged adj **1.** rautenförmig. **2.** gerautet. ˈlozˈengˈy adj her. gerautet.
ˈ**L-plate** s Br. Schild mit der Aufschrift „L", das ein learner 3 b an s-m Fahrzeug anbringen muß.
lub·ber [ˈlʌbə(r)] s **1.** a) Flegel m, Rüpel m, b) ˌTrottelˈ m, c) ˌTolpatschˈ m. **2.** mar. ˌLandratteˈ f: ~ˈs **hole** Soldatengatt n; ~(ˈs) **line** Steuerstrich m (im Kompaßgehäuse). ˈlub·ber·ly adv a) flegel-, rüpelhaft, b) ˌvertrotteltˈ, c) ˌtolpatschigˈ.
lube [luːb] s tech. bes. Am. colloq. Schmiermittel n. ~ **oil** s tech. bes. Am. colloq. Schmieröl n.
lu·bra [ˈluːbrə] s Austral. Eingeborene f.
lu·bri·cant [ˈluːbrɪkənt] tech. **I** adj gleitfähig machend (a. med.), schmierend. **II** s Gleitmittel n (a. med.), Schmiermittel n. ˈ**lu·bri·cate** [-keɪt] v/t tech. **1.** gleitfähig machen (a. med.). **2.** schmieren, ölen (beide a. fig.). ˈ**lu·bri·cat·ing** adj tech. Schmier...: ~ **grease** Schmierfett n; ~ **oil** Schmieröl n; ~ **power** Schmierfähigkeit f. ˌlu·briˈcation s tech. Schmieren n, Ölen n (beide a. fig.): ~ **chart** Schmierplan m; ~ **point** Schmierstelle f, -nippel m. ˌlu·briˈcationˈal, ˈlu·bri·ca·tive [-keɪtɪv] adj tech. schmierend, ölend. ˈlu·bri·ca·tor [-tə(r)] s tech. Schmiervorrichtung f.
lu·bric·i·ty [luːˈbrɪsɪtɪ] s **1.** tech. Gleitfähigkeit f (a. med.). **2.** tech. Schmierfähigkeit f. **3.** fig. a) Schlüpfrigkeit f, b) Geilheit f. ˈ**lu·bri·cous** [-kəs] adj tech. **1.** gleitfähig (a. med.). **2.** tech. schmierfähig. **3.** fig. a) schlüpfrig, b) geil.
lu·carne [luːˈkɑː(r)n] s arch. stehendes Dachfenster.
luce [luːs] s ichth. (ausgewachsener) Hecht.
lu·cen·cy [ˈluːsnsɪ] s **1.** Glanz m. **2.** ˈDurchsichtigkeit f, Klarheit f. ˈ**lu·cent** adj (adv ~ly) **1.** glänzend, strahlend. **2.** ˈdurchsichtig, klar.
lu·cer·nal [luːˈsɜːnl; Am. luːˈsɜrnl] adj Lampen...: ~ **microscope**.
lu·cerne [luːˈsɜːn; Am. -ˈsɜrn] s bot. bes. Br. Luˈzerne f.
lu·cid [ˈluːsɪd] adj (adv ~ly) **1.** fig. klar (Auskunft, Gedanke, Verstand etc). **2.** fig. hell, (geistig) klar: ~ **interval** od. **moment** bes. psych. heller od. lichter Augenblick. **3.** obs. zo. glatt u. glänzend. **luˈcidˈi·ty**, ˈ**lu·cidˈness** s **1.** fig. Klarheit f. **2.** obs. poet. → lucency.
Lu·ci·fer [ˈluːsɪfə(r)] s **1.** Bibl. Luzifer m: (as) **proud as ~** sündhaft überheblich. **2.** astr. poet. Luzifer m (der Planet Venus als Morgenstern). **3.** l~, a. l~ **match** Streichholz n.
lu·cif·er·ous [luːˈsɪfərəs] adj obs. **1.** lichtspendend. **2.** fig. erleuchtend.
luck [lʌk] s **I.** s **1.** Schicksal n, Geschick n, Zufall m: **by** ~ durch e-n glücklichen Zufall; **as** ~ **would have it** wie es der Zufall wollte, (un)glücklicherweise; **bad** (od. **hard**, **ill**) ~ Unglück n, Pech n; **bad ~!** so ein Pech!; **bad ~ to him!** ich wünsch' ihm alles Schlechte!; **better ~ next time!** vielleicht klappt es beim nächsten Mal!; **good** ~ Glück n; **good ~!** viel Glück!; **worse ~** (als Einschaltung) unglücklicherweise, leider; **worse ~!** wie schade!; **worst ~** Pech n; **to be down on one's ~** vom Pech verfolgt sein od. werden; **just my ~!** so geht es mir immer!, wieder einmal Pech gehabt!; → **British 1. 2.** Glück n: **for ~** als Glücksbringer; **with ~ you will find it** wenn Sie Glück haben, finden Sie es; ~ **was with us** das Glück stand uns bei od. war auf unserer Seite; **to be in (out of)** ~ (kein) Glück haben; **to have the ~ to** das Glück haben zu; **I had the ~ to succeed** glücklicherweise gelang es mir; **to have the ~ of the devil** (Br. a. Irish), **to have the devil's own ~** colloq. (ein) ˌunverschämtesˈ Glück haben; **to try one's ~** sein Glück versuchen. **II** v/i **3.** ~ **out** Am. colloq. Glück haben (on bei).
luck·i·ly [ˈlʌkɪlɪ] adv zum Glück, glücklicherweise: ~ **for me** zu m-m Glück. ˈ**luck·i·ness** s Glück n.
luck·less [ˈlʌklɪs] adj **1.** unglücklich. **2.** glücklos, erfolglos. ˈ**luck·less·ly** adv **1.** unglücklicherweise. **2.** ohne Glück. ˈ**luck·less·ness** s **1.** Unglück n. **2.** Glück-, Erfolgslosigkeit f.
luck·y [ˈlʌkɪ] adj (adv → luckily) **1.** Glücks..., glücklich: ~ **bag** Am. Grabbelsack m; **a ~ day** ein Glückstag; ~ **dip** Br. a) Glückstopf m, b) colloq. Glück(s)sache f, Glücksspiel n; ~ **fellow** Glückspilz m; ~ **hit** viel Glück, Zufallstreffer m; **to be ~** Glück haben; **you are ~ to be still alive** du hast Glück, daß du noch lebst; **it was ~ that** ... es war ein Glück, daß ...; glücklicherweise ..., zum Glück ...; ~ **for you!** dein Glück! **2.** glückbringend, Glücks...: ~ **penny** Glückspfennig m.
lu·cra·tive [ˈluːkrətɪv] adj (adv ~ly) einträglich, gewinnbringend, lukraˈtiv.
lu·cre [ˈluːkə(r)] s contp. **1.** Gewinn m, Proˈfit m. **2.** Mammon m, Geld n: **he will do anything for ~** für Geld macht der alles; **filthy ~** oft humor. schnöder Mammon.
lu·cu·brate [ˈluːkjuːbreɪt; -kjʊ-; Am. a. -kə-] v/i **1.** (bes. in der Nacht) angestrengt arbeiten. **2.** gelehrte Schriften verfassen. ˌ**lu·cuˈbra·tion** s **1.** angestrengte (bes. Nacht)Arbeit. **2.** gelehrte Schrift.
lu·cu·lent [ˈluːkjʊlənt] adj (adv ~ly) fig. klar, überˈzeugend.
Lu·cul·lan [luːˈkʌlən], **Luˈculˈleˈan** [ˌluːkʌˈliːən], **Luˈculˈliˈan** [-lɪən] adj luˈkullisch: **a ~ meal**.
lud [lʌd] → lord 8.
Lud·dite [ˈlʌdaɪt] s Ludˈdit m (Anhänger des englischen Arbeiters Ned Ludd, der 1811–16 das Los der Arbeiter durch die Zerstörung der Maschinen in den Fabriken verbessern wollte).
lu·di·crous [ˈluːdɪkrəs] adj (adv ~ly) lächerlich, abˈsurd, groˈtesk. ˈ**lu·di·crousˈness** s Lächerlichkeit f.
lu·do [ˈluːdəʊ] s Br. Mensch, ärgere dich nicht n (ein Würfelspiel).
lu·es [ˈluːiːz] s med. Syphilis f, Lues f. **luˈetˈic** [luːˈetɪk] adj (adv ~ally) syphiˈlitisch, luˈetisch.
luff¹ [lʌf] mar. **I** s **1.** Luven n. **2.** obs. Luv(seite) f, Windseite f. **3.** obs. Backe f (des Bugs). **4.** Vorliek n. **II** v/t **5.** a. ~ **up** an-, aufluven, an den Wind bringen. **6.** a. ~ **away** überˈloppen, e-m Segelboot den Wind wegfangen. ~ing **match** Luvkampf m. **III** v/i **7.** a. ~ **up** an-, aufluven.
luff² [lʌf] s mil. Am. sl. Leutnant m.
luf·fa [ˈlʌfə] bes. Am. → loofa(h).
lug¹ [lʌg] **I** v/t **1.** a) zerren, schleifen: **to ~ s.th. into a discussion** etwas mit Gewalt in e-e Diskussion einbringen, b) schleppen. **II** s **2.** heftiger Ruck. **3.** 28- bis 40-Pfund-Korb od. -Kiste zum Obst- u. Gemüsetransport. **4.** pl Am. colloq. Alˈlüren pl: **to put on ~s** vornehm tun. **5. to put the ~ on s.o.** Am. sl. j-n (finanziell) erpressen od. unter Druck setzen. **6.** mar. → lugsail.
lug² [lʌg] s **1.** bes. Scot. Ohr n. **2.** (Leder-) Schlaufe f. **3.** electr. a) (Löt)Fahne f, b) Kabelschuh m. **4.** tech. a) Henkel m, Öhr n, b) Knagge f, Zinke f, c) Ansatz m, Halter m, d) mot. Radbolzen m. **5.** sl. a) ˌTrottelˈ m, b) ˌTolpatschˈ m, c) Kerl m, ˌKnülchˈ m,

lug – lunge

lug[3] [lʌg] → lugworm.
luge [lu:ʒ] **I** s (Rodel)Schlitten m: ~ **slide** (od. **chute**) Rodelbahn f. **II** v/i Schlitten fahren, rodeln.
lug·gage [ˈlʌgɪdʒ] s (Reise)Gepäck n. ~ **al·low·ance** s aer. Freigepäck n. ~ **car·ri·er** s Gepäckträger m (am Fahrrad). ~ **com·part·ment** s 1. aer. rail. Gepäckraum m. 2. mot. Br. Kofferraum m. ~ **in·sur·ance** s Reisegepäckversicherung f. ~ **lock·er** s Gepäckschließfach n (auf Bahnhöfen etc). ~ **of·fice** s Gepäckschalter m. ~ **rack** s rail. Gepäcknetz n. ~ **van** s rail. Br. Gepäckwagen m.
lug·ger [ˈlʌgə(r)] s mar. Lugger m, Logger m (kleines Fischereifahrzeug mit Motor u./od. Segel).
lug|nut s mot. tech. Radmutter f. '~**sail** s mar. Lugger-, Logger-, Sturmsegel n, Breitfock f.
lu·gu·bri·ous [lu:ˈguːbrɪəs] adj (adv ~ly) traurig, kummervoll.
'**lug·worm** s zo. Köderwurm m.
Luke [lu:k] npr u. s Bibl. ˈLukas(evan,gelium e) m.
luke·warm [ˈluːkwɔː(r)m] adj (adv ~ly) lau(warm) (a. fig. Zustimmung etc), (Unterstützung etc a.) halbherzig, (Applaus etc) lau, mäßig. '**luke,warm·ness** s Lauheit f (a. fig.).
lull [lʌl] **I** v/t 1. meist ~ to sleep einlullen. 2. fig. j-n (bes. durch Täuschung) beruhigen, beschwichtigen: to ~ s.o.'s suspicions j-s Argwohn zerstreuen; to ~ s.o. into (a false sense of) security j-n in Sicherheit wiegen. 3. to be ~ed sich legen, nachlassen (Sturm), sich beruhigen (Meer). **II** v/i 4. → 3. **III** s 5. (in) (Ruhe)Pause f (in dat), vor'übergehendes Nachlassen (gen): a ~ (in the wind) e-e Flaute, e-e kurze Windstille; a ~ in conversation e-e Gesprächspause; business ~ Geschäftsstille f, Flaute f; the ~ before the storm die Stille vor dem Sturm (a. fig.).
lull·a·by [ˈlʌləbaɪ] **I** s Wiegen-, Schlaflied n. **II** v/t in den Schlaf singen.
lu·lu [ˈluːluː] s bes. Am. sl. ‚tolles Ding', ‚toller Typ': a ~ of a story e-e tolle Geschichte; a ~ of a mistake ein ‚dicker Hund'.
lum·bag·i·nous [lʌmˈbædʒɪnəs; -ˈbeɪ-] adj med. lumbagi'nös, Hexenschuß...
lum·ba·go [-ˈbeɪgəʊ] s med. Lum'bago f, Hexenschuß m.
lum·bar [ˈlʌmbə(r)] adj anat. med. lumˈbal, Lumbal..., Lenden...: ~ **puncture** Lumbalpunktion f, Lendenstich m; ~ **region** Lumbal-, Lendengegend f; ~ **vertebra** Lumbal-, Lendenwirbel m.
lum·ber[1] [ˈlʌmbə(r)] **I** s 1. bes. Am. u. Canad. (gesägtes od. roh behauenes) Bauholz, Nutzholz n. 2. Gerümpel n. 3. fig. 'überflüssiger Ballast. **II** v/t 4. bes. Am. Holz aufbereiten. **III** v/t 5. planlos aufhäufen. 6. a. ~ up Zimmer etc vollstopfen, a. e-e Erzählung etc über'laden (**with** mit): to ~ one's mind with facts sich (unnötig) mit Fakten belasten. 7. etwas (hin'ein-) stopfen (**into** in acc). 8. to ~ s.o. with s.th. Br. colloq. j-m etwas ‚aufhängen' od. ‚aufhalsen'.
lum·ber[2] [ˈlʌmbə(r)] v/i 1. sich (da'hin-) schleppen, schwerfällig gehen. 2. (da'hin-) rumpeln (Wagen).
lum·ber·er [ˈlʌmbərə(r)] s bes. Am. Holzfäller m, -arbeiter m.
lum·ber·ing[1] [ˈlʌmbərɪŋ] s bes. Am. Holzaufbereitung f.
lum·ber·ing[2] [ˈlʌmbərɪŋ] adj (adv ~ly) 1. schwerfällig. 2. rumpelnd.
'**lum·ber·jack** s 1. bes. Am. Holzfäller m, -arbeiter m. 2. Am. → lumber jacket. ~ **jack·et** s Lumberjack m (Jacke aus Leder od. Tuch mit gestricktem Bund an Taille u. Ärmeln). '~**man** [-mən] s irr 1. → lumberjack 1. 2. bes. Am. Holzhändler m. ~ **mill** s bes. Am. Sägewerk n, -mühle f. ~ **room** s Rumpelkammer f. ~ **trade** s bes. Am. (Bau)Holzhandel m. '~**yard** s bes. Am. Holzplatz m.
lum·bri·coid [ˈlʌmbrɪkɔɪd] zo. **I** adj 1. wurmartig, -förmig. 2. Spulwurm... **II** s 3. Spulwurm m.
lu·men [ˈluːmɪn] pl -**mens**, -**mi·na** [-mɪnə] s 1. phys. Lumen n (Einheit des Lichtstroms). 2. anat. Lumen n, Hohlraum m.
lu·mi·nal art [ˈluːmɪnl] s Lichtkunst f.
lu·mi·nar·ist [ˈluːmɪnərɪst; Am. -məˌnerəst] s paint. Meister m in der Darstellung von 'Lichtef,fekten.
lu·mi·nar·y [ˈluːmɪnərɪ; Am. -məˌnerɪ:] s 1. Leuchtkörper m. 2. astr. bes. poet. Himmelskörper m. 3. fig. a) Leuchte f (Person), b) Star m.
lu·mi·nesce [ˌluːmɪˈnes] v/i phys. luminesˈzieren. ˌ**lu·mi'nes·cence** s Lumines'zenz f (Leuchten e-s Stoffs, das nicht durch Erhöhung der Temperatur bewirkt wird). ˌ**lu·mi'nes·cent** adj lumines'zierend.
lu·mi·nif·er·ous [ˌluːmɪˈnɪfərəs] adj 1. phys. a) lichterzeugend, b) lichtfortpflanzend. 2. lichtspendend, leuchtend.
lu·mi·nist [ˈluːmɪnɪst] → luminarist. ~ **art** → luminal art.
lu·mi·nos·i·ty [ˌluːmɪˈnɒsətɪ] s 1. Leuchten n. 2. Leuchtkraft f. 3. fig. Brilˈlanz f. 4. leuchtender Gegenstand. 5. astr. phys. Lichtstärke f, Helligkeit f.
lu·mi·nous [ˈluːmɪnəs] adj (adv ~ly) 1. leuchtend, strahlend, Leucht...: ~ **dial** Leuchtzifferblatt n; ~ **energy** phys. a) Licht-, Strahlungsenergie f, b) Leuchtkraft f; ~ **flux** phys. Lichtstrom m; ~ **paint** Leuchtfarbe f. 2. hell erleuchtet: ~ **hall**. 3. fig. glänzend: a ~ **future**. 4. fig. a) intelliˈgent, brilˈlant: a ~ **mind** ein klarer Verstand, b) klar, einleuchtend: ~ **ideas**. '**lu·mi·nous·ness** → luminosity 1.
lum·me [ˈlʌmɪ] interj Br. colloq. Donnerwetter!
lum·mox [ˈlʌməks] s bes. Am. colloq. a) ‚Trottel' m, b) ‚Tolpatsch' m.
lum·my [ˈlʌmɪ] → lumme.
lump[1] [lʌmp] **I** s 1. Klumpen m, Brocken m: to have a ~ in one's (od. the) throat fig. e-n Kloß im Hals haben; his ~ of selfishness er ist die Selbstsucht in Person. 2. a) Schwellung f, Beule f, Höcker m, b) med. Geschwulst f, (in der Brust) Knoten m. 3. unförmige Masse. 4. Stück n Zucker etc. 5. metall. Luppe f, Deul m. 6. fig. Gesamtheit f, Masse f: **all of** (od. **in**) **a** ~ alles auf einmal; **in the** ~ a) in Bausch u. Bogen, im ganzen, pauschal, b) **taken in the** ~ im großen u. ganzen, alles in allem. 7. a. pl colloq. Haufen m, Masse f, Unmenge f Geld etc. 8. colloq. ‚Klotz' m (ungeschlachter, dummer Mensch). **II** adj 9. Stück...: ~ **coal** Stückkohle f; ~ **sugar** Würfelzucker m. 10. a. ~ **sum** Pauschal...: **a** ~ **sum** e-e Pauschalsumme, e-e Pauschale; **~sum settlement** Pauschalabfindung f. **III** v/t 11. oft ~ **together** a) zs.-ballen, b) fig. zs.-werfen, in ˈeinen Topf werfen (**with** mit), über ˈeinen Kamm scheren, c) zs.-fassen (**under one heading** unter ˈeiner 'Überschrift), d) Kosten etc zs.-legen. **IV** v/i 12. Klumpen bilden, klumpen. 13. schwerfällig gehen.
lump[2] [lʌmp] v/t: **to ~ (like it or) ~ it** colloq. sich damit abfinden; **like it or ~ it** ob es dir (nun) paßt oder nicht; **if you don't like it you may** (od. **can**) ~ **it du** wirst dich eben damit abfinden müssen.
lump·en [ˈlʌmpən] adj colloq. a) dumm, b) nicht denkend.
lum·pen·pro·le·tar·i·at [ˈlʌmpənˌprəʊlɪˈteərɪət] s Marxismus: ˈLumpenproletariˌat n.
lump·i·ness [ˈlʌmpɪnɪs] s 1. klumpige Beschaffenheit. 2. → lumpishness.
'**lump·ish** adj (adv ~ly) 1. massig, schwer. 2. schwerfällig (a. fig.). '**lump·ish·ness** s 1. Massigkeit f. 2. Schwerfälligkeit f (a. fig.).
'**lump·y** adj (adv lumpily) 1. klumpig. 2. mar. unruhig (See). 3. → lumpish.
lu·na·cy [ˈluːnəsɪ] s a) med. Wahnsinn m (a. fig.), Geistesstörung f: **that's sheer** ~! das ist doch heller od. purer od. reiner ‚Wahnsinn'!, b) jur. bes. Am. Unzurechnungsfähigkeit f, c) fig. meist pl ‚Verrücktheit' f.
lu·nar [ˈluːnə(r)] adj 1. Mond..., Lunar..., luˈnar: ~ **bone** anat. Mondbein n; ~ **caustic** med. pharm. Höllenstein m; ~ **cycle** astr. Mondzyklus m; ~ **day** (**month, year**) astr. Mondtag m (-monat m, -jahr n); ~ **distance** Mondentfernung f; ~ **eclipse** astr. Mondfinsternis f; ~ **landing** (Raumfahrt) Mondlandung f; ~ **module** (Raumfahrt) Mond(lande)fähre f; ~ **observation** mar. Monddistanzbeobachtung f; ~ **rock** Mondgestein n; ~ **rover** (Raumfahrt) Mondfahrzeug n; ~ **tide** astr. Mondtide f. 2. Silber...
lu·na·tic [ˈluːnətɪk] **I** adj a) med. wahnsinnig, geistesgestört: ~ **asylum** contp. Irrenanstalt f; ~ **fringe** ‚Hundertfünfzigprozentige' pl (extremistische od. fanatische Kreise), b) jur. bes. Am. unzurechnungsfähig, c) fig. ‚verrückt'. **II** s a) med. Wahnsinnige(r m) f, Geistesgestörte(r m) f, b) jur. bes. Am. Unzurechnungsfähige(r m) f, c) fig. ‚Verrückte(r' m) f.
lu·na·tion [luːˈneɪʃn] s astr. Lunatiˈon f (vollständiger Ablauf aller Mondphasen).
lu·na·tism [ˈluːnətɪzəm] s med. Lunaˈtismus m, Mondsüchtigkeit f.
lunch [lʌntʃ] **I** s Mittagessen n: **to have** (**zu**) **Mittag essen; to be at** ~ beim Mittagessen sein; **packed** ~ Lunchpaket(e pl) n; ~ **hour** a) a. ~ **break** Mittagspause f, b) → **lunchtime**. **II** v/i (zu) Mittag essen: **they ~ed on cold meat** zu Mittag gab es e-e kalte Platte; **to ~ out** auswärts od. im Restaurant zu Mittag essen. **III** v/t zum Mittagessen einladen: **to ~ s.o. on s.th.** j-m etwas zum Mittagessen servieren od. vorsetzen.
lunch·eon [ˈlʌntʃən] **I** s formell für **lunch** I: ~ **meat** Frühstücksfleisch n; ~ **voucher** Essen(s)bon m, -gutschein m, -marke f. **II** v/i formell für **lunch** II. ˌ**lunch·eon'ette** [-ˈnet] s Am. Imbißstube f.
'**lunch·er** s Speisende(r m) f.
'**lunch|·room** → luncheonette. '~**time** s Mittagszeit f: **at** ~ zur Mittagszeit.
lune [luːn] s 1. math. Kugelzweieck n. 2. halbmondförmiger Gegenstand etc. 3. → **lunette** 4.
lu·nette [luːˈnet] s 1. arch. a) Lüˈnette f (halbkreisförmiges Bogenfeld über Türen u. Fenstern), b) Lichtraum m, Ohr n (e-s Gewölbes). 2. mil. hist. Lüˈnette f (etwa mondförmiger Grundriß von Schanzen u. Forts). 3. mot. tech. Abschleppöse f. 4. R.C. Lunula f (halbmondförmiger Halter für die Hostie in der Monstranz).
lung [lʌŋ] s anat. zo. Lunge(nflügel m) f: **the ~s** pl die Lunge (als Organ); **the ~s of a city** die Lungen e-r Großstadt (Grünanlagen etc).
lunge[1] [lʌndʒ] **I** s a) bes. fenc. Ausfall m, b) Sprung m vorwärts, Satz m: **to make a** ~ → **II**. **II** v/i a) a. ~ **out** bes. fenc. e-n

Ausfall machen, b) *a.* ~ **out** e-n Sprung vorwärts *od.* e-n Satz machen, c) sich stürzen (**at** auf *acc*). **III** *v/t* vorstoßen: **he ~d his finger accusingly.**
lunge² [lʌndʒ] **I** *s* Longe *f* (*lange Leine, an der ein Pferd bei der Dressur im Kreis herumgeführt wird*). **II** *v/t* ein Pferd longieren.
lung·er [ˈlʌŋə(r)] *s colloq.* Lungenkranke(r *m*) *f*, *bes.* Tbˈc-Kranke(r *m*) *f*.
ˈ**lung|·fish** *s zo.* Lungenfisch *m*. ˈ**~worm** *s zo.* Lungenwurm *m*. ˈ**~wort** *s bot.* **1.** Lungenkraut *n*. **2.** Lungenflechte *f*.
lu·ni·so·lar [ˌluːnɪˈsəʊlə(r)] *adj astr.* lunisoˈlar: a) *Sonne u. Mond betreffend*, b) *von Sonne u. Mond ausgehend*.
lu·ni·tid·al [ˌluːnɪˈtaɪdl] *adj astr.* Mondtiden...
lu·nu·la [ˈluːnjʊlə] *pl* **-lae** [-liː] *s anat.* Lunula *f*, Nagelmöndchen *n*. ˈ**lu·nular**, ˈ**lu·nu·late** [-leɪt] *adj* halbmondförmig.
lu·nule [ˈluːnjuːl] → lunula.
lu·pin [ˈluːpɪn] *s bot.* Luˈpine *f*.
lu·pine¹ [ˈluːpaɪn] *Am.* → lupin.
lu·pine² [ˈluːpaɪn] *adj* Wolfs-..., wolfartig, wölfisch.
lu·pus [ˈluːpəs] *s med.* Lupus *m* (*meist chronische tuberkulöse Hautflechte, die oft entstellende Narben hinterläßt*).
lurch¹ [lɜːtʃ; *Am.* lɜrtʃ] **I** *s* **1.** Taumeln *n*, Torkeln *n*. **2.** *mar.* Schlingern *n*. **3.** Ruck *m*: **to give a ~** → 7. **4.** *Am. fig.* Hang *m*, Neigung *f* (**toward** zu). **II** *v/i* **5.** taumeln, torkeln. **6.** *mar.* schlingern. **7.** rucken, e-n Ruck machen.
lurch² [lɜːtʃ; *Am.* lɜrtʃ] *s*: **to leave s.o. in the ~** j-n im Stich lassen, j-n sitzenlassen.
lure [ljʊə(r); *bes. Am.* lʊə(r)] **I** *s* **1.** Köder *m* (**to** für) (*a. fig.*). **2.** *fig.* Lockung *f*, Reiz *m*. **3.** *fig.* Falle *f*. **4.** *hunt.* Federspiel *n* (*bei der Falkenjagd*). **II** *v/t* **5.** (an)locken, ködern (*beide a. fig.*): **to ~ away** fortlocken. **6.** *fig.* verlocken, -führen (**into** zu). **III** *v/i* **7.** *fig.* (ver)locken.
lu·rid [ˈljʊərɪd; ˈlʊə-; *Am.* ˈlʊrəd] *adj* (*adv* ~**ly**) **1.** fahl, unheimlich, gespenstisch (*Beleuchtung etc*). **2.** düsterrot: ~ **flames**. **3.** grell: ~ **colo(u)rs**. **4.** geisterhaft, blaß, bleich, fahl. **5.** *bes. fig.* düster, finster, unheimlich: **it casts a ~ light on his character** das zeigt s-n Charakter in e-m unheimlichen Licht. **6.** gräßlich, schauerlich. **7.** *bot. zo.* schmutziggelb, -braun.
lurk [lɜːk; *Am.* lɜrk] **I** *v/i* **1.** sich versteckt halten, auf der Lauer liegen, lauern (*a. fig.*): **to ~ for s.o.** j-m auflauern. **2.** *fig.* a) verborgen liegen, schlummern, b) (heimlich) drohen. **3.** schleichen: **to ~ about** (*od.* **around**) herumschleichen. **II** *s* **4.** *Austral. sl.* Trick *m*, ‚Masche'. ˈ**lurk·ing** *adj* **1.** lauernd (*a. fig.*). **2.** *fig.* verborgen, schlummernd.
lus·cious [ˈlʌʃəs] *adj* (*adv* ~**ly**) **1.** a) köstlich, lecker, b) süß (*u.* saftig). **2.** sinnlich (*Lippen etc*), üppig (*Figur, Frau etc*), ‚knackig', ‚knusprig' (*Mädchen*). **3.** *fig.* herrlich. **4.** überˈladen (*Stil etc*). ˈ**luscious·ness** *s* **1.** a) Köstlichkeit *f*, b) Süße *f* (*u.* Saftigkeit *f*). **2.** Sinnlichkeit *f*, Üppigkeit *f*, ‚Knackigkeit' *f*. **3.** Herrlichkeit *f*. **4.** Überˈladenheit *f*.
lush¹ [lʌʃ] *adj* (*adv* ~**ly**) **1.** saftig (*Gras etc*), üppig (*Vegetation*). **2.** → luscious 3, 4. **3.** *Am. fig.* a) reich(lich), ‚überreich': ~ **supply**; ~ **salary** ‚dickes' Gehalt, b) floˈrierend: ~ **industries**, c) luxuriˈös: **a ~ car**.
lush² [lʌʃ] *Am. sl.* **I** *s* **1.** ‚Stoff' *m*, ‚Zeug' *n* (*Schnaps etc*). **2.** Säufer *m*. **II** *v/t* **3.** j-n unter Alkohol setzen: **to ~ o.s.** sich ‚volllaufen lassen' (**on** mit). **4.** sich *Alkoholika* ‚hinter die Binde gießen'. **III** *v/i* **5.** ‚saufen'.

lust [lʌst] **I** *s* **1.** sinnliche Begierde, Wollust *f*. **2.** Gier *f*, leidenschaftliches Verlangen (**of, for** nach): ~ **for life** Lebensgier; ~ **of power** Machtgier. **II** *v/i* **3.** gieren, lechzen (**for, after** nach): **they ~ for** (*od.* **after**) **power** es gelüstet sie nach (der) Macht.
lus·ter¹, *bes. Br.* **lus·tre** [ˈlʌstə(r)] **I** *s* **1.** Glanz *m* (*a. min. u. fig.*): **to add ~ to a name** e-m Namen Glanz verleihen. **2.** a) glänzender ˈÜberzug, b) *a.* metallic ~ Lüster *m* (*auf Glas, Porzellan etc*). **3.** a) Lüster *m*, Kronleuchter *m*, b) Kriˈstallanhänger *m*. **4.** Lüster *m* (*dichtes, glänzendes Halbwollgewebe in Leinwandbindung*). **5.** → lusterware. **II** *v/t* **6.** *Porzellan, Stoff etc* lüˈstrieren.
lus·ter² [ˈlʌstə(r)] → lustrum.
ˈ**lus·ter·less**, *bes. Br.* ˈ**lus·tre·less** *adj* glanzlos, matt, stumpf.
ˈ**lus·ter·ware**, *bes. Br.* ˈ**lus·tre·ware** *s* Glas-, Ton- *od.* Porzelˈlangeschirr *n* mit Lüster.
ˈ**lust·ful** *adj* (*adv* ~**ly**) wollüstig, lüstern. ˈ**lust·ful·ness** *s* Wollüstigkeit *f*, Lüsternheit *f*.
ˈ**lust·i·ness** [ˈlʌstɪnɪs] *s* **1.** Kräftigkeit *f* (*a. fig.*), Roˈbustheit *f*. **2.** Tatkraft *f*. **3.** → lustfulness.
lus·tra [ˈlʌstrə] *pl von* lustrum.
lus·trate [ˈlʌstreɪt] *v/t antiq. relig.* luˈstrieren. **lus·traˈtion** [lʌˈstreɪʃn] *s* Lustratiˈon *f* (*feierliche kultische Reinigung, im alten Rom durch Sühneopfer, in der lateinischen Liturgie durch Besprengen mit Weihwasser etc*).
lus·tre¹ *bes. Br. für* luster¹.
lus·tre² [ˈlʌstə(r)] → lustrum.
lus·tre·less, lus·tre·ware *bes. Br. für* lusterless, lusterware.
lus·tring [ˈlʌstrɪŋ] *s* Lüˈstrine *f* (*stark glänzendes, leichtes Hutfuttergewebe in Taftbindung*).
lus·trous [ˈlʌstrəs] *adj* (*adv* ~**ly**) **1.** glänzend (*a. fig.*), strahlend. **2.** *fig.* ilˈluster.
lus·trum [ˈlʌstrəm] *pl* **-trums**, **-tra** [-trə] *s* Jahrˈfünft *n*, *antiq. a.* Lustrum *n*.
lust·y [ˈlʌstɪ] *adj* (*adv* lustily) **1.** kräftig, roˈbust, stark u. gesund. **2.** tatkräftig. **3.** kräftig, stark (*Stoß, Wein etc*). **4.** → lustful.
lu·ta·nist [ˈluːtənɪst; *Am.* ˈluːtnəst] *s* Lauteˈnist(in), Lautenspieler(in).
lute¹ [luːt] *s mus.* Laute *f*: → rift 2.
lute² [luːt] *s* **1.** *tech.* Kitt *m*, Dichtungsmasse *f*. **2.** Gummiring *m* (*für Flaschen etc*). **II** *v/t* **3.** (ver)kitten.
lu·te·in [ˈluːtɪɪn; -tiːn] *s Biochemie*: Luteˈin *n* (*in grünen Blättern, Eidotter, Kuhbutter etc vorkommender gelber organischer Farbstoff*).
lu·te·nist → lutanist.
lu·te·ous [ˈluːtɪəs] *adj* grüngelb.
ˈ**lute·string** → lustring.
Lu·ther·an [ˈluːθərən] **I** *s relig.* Lutheˈraner(in). **II** *adj* lutherisch. ˈ**Lu·ther·an·ism** *s* Luthertum *n*. ˈ**Lu·ther·an·ize** *v/t u. v/i* lutherisch machen (werden).
lut·ing [ˈluːtɪŋ] → lute² 1.
lut·ist [ˈluːtɪst] *Am.* → lutanist.
luv [lʌv] *s Br. sl. od. humor.* **1.** herzliche Grüße (*Briefschluß*). **2.** → love 4.
lux [lʌks] *pl* **lux**, **lux·es** [ˈlʌksɪz] *s phys.* Lux *n* (*Einheit der Beleuchtungsstärke*).
lux·ate [ˈlʌkseɪt] *v/t med.* luˈxieren, ausverrenken: **he ~d his left shoulder** er renkte sich die linke Schulter aus; **the accident ~d his left shoulder** bei dem Unfall renkte er sich die linke Schulter aus. **luxˈa·tion** *s* Luxatiˈon *f*, Verrenkung *f*.
ˈ**lux₁me·ter** *s phys.* Luxmeter *n* (*Meßinstrument zur Ermittlung der Beleuchtungsstärke*).
lux·u·ri·ance [lʌgˈzjʊərɪəns; *bes. Am.*

-ˈʒʊər-], **luxˈu·ri·an·cy** [-sɪ] *s* **1.** Üppigkeit *f*. **2.** Fruchtbarkeit *f*. **3.** (**of**) Fülle *f* (von *od.* gen), Reichtum *m* (an *dat*), ˈÜberfluß *m* (an *dat*). **luxˈu·ri·ant** *adj* (*adv* ~**ly**) **1.** üppig (*Vegetation*) (*a. fig.*). **2.** fruchtbar. **3.** *fig.* (ˈüber)reich, verschwenderisch: **a ~ imagination** e-e blühende Phantasie. **4.** blumig, verschnörkelt, ˈüberschwenglich (*Rede, Stil etc*). **5.** reichverziert. **6.** → luxurious 1.
lux·u·ri·ate [lʌgˈzjʊərɪeɪt; *bes. Am.* -ˈʒʊər-] *v/i* **1.** üppig wachsen *od.* gedeihen. **2.** ~ **in** sich ‚rekeln' *od.* ‚räkeln' in (*dat*): **to ~ in the sun** sich in der Sonne ‚aalen'. **3.** ~ **in** schwelgen in (*dat*) (*a. fig.*). **4.** ein Luxusleben führen.
lux·u·ri·ous [lʌgˈzjʊərɪəs; *bes. Am.* -ˈʒʊər-] *adj* (*adv* ~**ly**) **1.** luxuriˈös, Luxus...: **to live a ~ life** → luxuriate 4. **2.** schwelgerisch. **3.** verschwenderisch, genußsüchtig (*Person*). **4.** genüßlich, wohlig. **luxˈu·ri·ous·ness** → luxury 1.
lux·u·ry [ˈlʌkʃərɪ] **I** *s* **1.** Luxus *m*: a) Wohlleben *n*, Reichtum *m*: **to live in ~** im Überfluß *od.* Luxus leben; → **lap¹ 1, lap²** 3, b) etwas Besonderes: **to permit o.s. the ~ of doing s.th.** sich den Luxus gestatten, etwas zu tun, c) Aufwand *m*, Pracht *f*. **2.** ˈLuxusgegenstand *m*, -arˌtikel *m*: **he can't afford many luxuries** er kann sich nicht viel Luxus leisten. **II** *adj* **3.** Luxus..., der Luxusklasse: **a ~ hotel**; ~ **apartment** (*bes. Br.* **flat**) Luxus-, Komfortwohnung *f*.
ly·can·thro·py [laɪˈkænθrəpɪ] *s* **1.** *Volksglaube:* Verwandlung *f* in e-n Wolf. **2.** *psych.* Lykanthroˈpie *f* (*Wahnvorstellung, in e-n [Wer]Wolf od. in ein anderes wildes Tier verwandelt zu sein*).
ly·ce·um [laɪˈsiːəm; *Am.* ˈlaɪsɪəm] *s Am.* (*Art*) Volkshochschule *f*.
ˈ**lych gate** → lich gate.
lych·nis [ˈlɪknɪs] *s bot.* Lichtnelke *f*.
ly·co·pod [ˈlaɪkəpɒd; *Am.* -ˌpɑd] *s bot.* Bärlapp *m*.
lydd·ite [ˈlɪdaɪt] *s chem.* Lydˈdit *m* (*Sprengstoff aus Pikrinsäure*).
lye [laɪ] *chem.* **I** *s* Lauge *f*. **II** *v/t* mit Lauge behandeln.
ly·ing¹ [ˈlaɪɪŋ] **I** *pres p von* lie¹. **II** *adj* lügnerisch, verlogen, (*Angaben etc*) unwahr. **III** *s* Lügen *n od. pl*.
ly·ing² [ˈlaɪɪŋ] **I** *pres p von* lie². **II** *adj* liegend: ~ **shaft** *tech.* horizontale Welle.
ly·ing³ [ˈlaɪɪŋ] *pres p von* lye II.
ˌ**ly·ing-ˈin** *pl* ˌ**ly·ings-ˈin**, ˌ**ly·ing-ˈins** *s med.* a) Niederkunft *f*, Entbindung *f*, b) Wochenbett *n*.
lyke-wake [ˈlaɪkweɪk] *s Br.* Totenwache *f*.
lyme grass [laɪm] *s bot.* **1.** Haargras *n*. **2.** Fächer-Rispengras *n*.
lymph [lɪmf] *s physiol.* Lymphe *f*: a) *physiol.* Gewebsflüssigkeit *f*, b) *med.* aus Lymphe von Kühen *od.* Kälbern gewonnener Impfstoff gegen Pocken.
lymph·ad·e·ni·tis [lɪmˌfædɪˈnaɪtɪs] *s med.* Lymphadeˈnitis *f*, Lymphknotenentzündung *f*.
lym·phat·ic [lɪmˈfætɪk] **I** *adj anat. med. physiol.* lymˈphatisch, Lymph...: ~ **gland** → lymph gland; ~ **system** Lymphgefäßsystem *n*; ~ **vessel** → II. **II** *s anat.* Lymphgefäß *n*.
lymph| cell, ~ **cor·pus·cle** → lymphocyte. ~ **gland**, ~ **node** *s anat.* Lymphknoten *m*.
lym·pho·cyte [ˈlɪmfəʊsaɪt] *s physiol.* Lymphoˈzyt *m*, Lymphzelle *f*.
lym·pho·cy·to·sis [ˌlɪmfəʊsaɪˈtəʊsɪs; *Am. a.* -sə-] *s med.* Lymphozyˈtose *f* (*krankhafte Vermehrung der Lymphozyten im Blut*).
lym·phog·ra·phy [lɪmˈfɒgrəfɪ; *Am.* -ˈfɑ-] *s med.* Lymphograˈphie *f* (*Rönt-*

lymphoid – lyssa

gendarstellung von Lymphgefäßen u. -knoten).

lymph·oid [ˈlɪmfɔɪd] *adj anat. physiol.* lymphˈid, Lymph...

lym·pho·ma [lɪmˈfəʊmə] *pl* **-ma·ta** [-mətə], **-mas** *s med.* Lymˈphom *n (gut- u. bösartige Vergrößerung der Lymphknoten).*

lynch [lɪntʃ] *v/t* lynchen. **~ law** *s* ˈLynchjuˌstiz *f.*

lynx [lɪŋks] *s* **1.** *zo.* Luchs *m.* **2.** Luchs(-pelz) *m.* **ˈ~-eyed** *adj fig.* mit Augen wie ein Luchs, mit Luchsaugen.

Ly·on King of Arms [ˈlaɪən] *s* Kron-Wappenherold *m (in Schottland).*

Ly·ra [ˈlaɪərə] *gen* **-rae** [-riː] *s astr.* Leier *f (Sternbild).*

ly·rate [ˈlaɪərɪt; -reɪt], *a.* ˈ**ly·rat·ed** [-tɪd] *adj* leierförmig.

lyre [ˈlaɪə(r)] *s* **1.** *antiq. mus.* Leier *f*, Lyra *f.* **2.** L~ → Lyra. ˈ**~-bird** *s orn. (ein)* Leierschwanz *m.*

lyr·ic [ˈlɪrɪk] **I** *adj* (*adv* **~ally**) **1.** lyrisch: **~ poetry** → 4 b. **2.** *fig.* lyrisch, gefühlvoll. **3.** *mus.* a) Musik...: **~ drama**, b) lyrisch: **a ~ voice**. **II** *s* **4.** a) lyrisches Gedicht, b) *pl* Lyrik *f*, lyrische Dichtung. **5.** *pl mus.* (Lied)Text *m.* ˈ**lyr·i·cal** [-kl] *adj (adv* **~ly**) **1.** → lyric I. **2.** schwärmerisch: **to get ~** ins Schwärmen geraten.

lyr·i·cism [ˈlɪrɪsɪzəm] *s* **1.** Lyrik *f*, lyrischer Chaˈrakter *od.* Stil. **2.** Schwärmeˈrei *f.* ˈ**lyr·i·cist** *s* **1.** Lyriker *m*, lyrischer Dichter. **2.** Textdichter *m.*

lyr·ist *s* **1.** [ˈlɪrɪst] → lyricist 1. **2.** [ˈlaɪərɪst] Leierspieler(in).

lyse [laɪs; laɪz] *v/t u. v/i biol. med.* (sich) auflösen.

ly·sim·e·ter [laɪˈsɪmɪtə(r)] *s tech.* Lysiˌmeter *n (Vorrichtung zur Messung der Versickerung von Wassermengen im Boden).*

ly·sin [ˈlaɪsɪn; *Am.* -sn] *s biol. med.* Lyˈsin *n (Stoff od. Antikörper, der in den Organismus eingedrungene Fremdsubstanzen u. Krankheitserreger aufzulösen vermag).*

ly·sine [ˈlaɪsiːn; *Br. a.* -sɪn] *s Biochemie:* Lyˈsin *n (basische Aminosäure, die als Baustein in vielen Eiweißstoffen vorkommt).*

ly·sis [ˈlaɪsɪs] *s* **1.** *med.* Lysis *f (allmähliches Zurückgehen des Fiebers).* **2.** *biol. med.* Lysis *f (Auflösung von Zellen nach Zerstörung der Zellwand durch Lysine).*

lys·sa [ˈlɪsə] *s med. vet.* Lyssa *f*, Tollwut *f.*

M

M, m [em] **I** *pl* **M's, Ms, m's, ms** [emz] *s* **1.** M, m *n* (*Buchstabe*). **2.** *print.* → em **3**. **3.** M M *n*, M-förmiger Gegenstand. **II** *adj* **4.** dreizehnt(er, e, es). **5.** M M-..., M-förmig.
ma [mɑː] *s colloq.* Ma'ma *f*, Mutti *f*.
ma'am *s* **1.** [mæm; məm; m] *colloq. für* madam. **2.** [mɑːm; mæm] *Br.* a) Maje- ˈstät (*Anrede für die Königin*), b) (königliche) Hoheit (*Anrede für Prinzessinnen*).
mac¹ [mæk] *Br. colloq. für* mackintosh.
Mac² [mæk] *s Am. colloq.* (*als Anrede*) „Meisterǃ', „Chef!'
Mac- [mæk; mək; mɪk; mə; mɪ] *Wortelement in irischen u. schottischen Eigennamen mit der Bedeutung Sohn des:* MacDonald, Macdonald.
ma·ca·bre [məˈkɑːbrə], *Am. a.* **maˈca·ber** [-bər] *adj* maˈkaber: a) grausig, gräßlich, b) Toten-...
ma·ca·co [məˈkɑːkəʊ; *Br. a.* -ˈkeɪ-] *pl* **-cos** *s zo.* (*ein*) Maki *m*, Leˈmure *m*.
mac·ad·am [məˈkædəm] (*Straßenbau*) **I** *s* **1.** Makaˈdam-, Schotterdecke *f od.* -straße *f.* **2.** a) Makaˈdam *m, n* (*Teersplitt*), b) Schotter *m.* **II** *adj* **3.** Makadam..., Schotter...: **~ road**. **mac·ad·am·iˈza·tion** *s* makadamiˈsierung *f*, Chausˈsierung *f.* **macˈad·am·ize** *v/t* makadamiˈsieren, chausˈsieren: **~d road** Schotterstraße *f.*
ma·caque [məˈkɑːk; *Am. a.* məˈkæk] *s zo.* Maˈkak *m* (*Affe*).
mac·a·ro·ni [ˌmækəˈrəʊnɪ] *s pl* Makkaˈroni *pl.*
mac·a·ron·ic [ˌmækəˈrɒnɪk; *Am.* -ˈrɑ-] **I** *adj* **1.** makkaˈronisch: **~ poetry**. **II** *s* **2.** *pl* makkaˈronische Verse *pl.* **3.** *fig.* Mischmasch *m*.
mac·a·roon [ˌmækəˈruːn] *s* Maˈkrone *f.*
Ma·cas·sar [məˈkæsə(r)], **~ oil** *s* Maˈkassaröl *n* (*ein Haaröl*).
ma·caw¹ [məˈkɔː] *s orn.* Ara *m*.
ma·caw² [məˈkɔː], **~ palm, ~ tree** *s bot.* Macawbaum *m*.
Mac·ca·be·an [ˌmækəˈbiːən] *adj Bibl.* makkaˈbäisch. **Mac·ca·bees** [ˈmækəbiːz] *s pl Bibl.* **1.** Makkaˈbäer *pl.* **2.** (*als sg konstruiert*) (*das Buch der*) Makkaˈbäer *pl.*
mac·ca·ro·ni → macaroni.
mace¹ [meɪs] *s* **1.** *mil. hist.* Keule *f,* Streitkolben *m.* **2.** Knüppel *m.* **3.** Amtsstab *m.* **4.** *a.* **~bearer** Träger *m* des Amtsstabs. **5.** *hist.* Billardstock *m.* **6.** (*a.* **Chemical** **M~**) (*TM*) chemische Keule (*bei Polizeieinsätzen verwendeter Reizstoff*).
mace² [meɪs] *s* Musˈkatblüte *f* (*als Gewürz*).
ma·cé·doine [ˌmæsɪˈdwɑːn; masedwan] (*Fr.*) *s* Macéˈdoine *f*: a) Gemisch von kleingeschnittenen u. in Gelee servierten Früchten *od.* Gemüsen, b) ein Gemüsesalat.
Mac·e·do·ni·an [ˌmæsɪˈdəʊnjən] **I** *s* Mazeˈdonier(in). **II** *adj* mazeˈdonisch.

mac·er [ˈmeɪsə(r)] → mace¹ 4.
mac·er·ate [ˈmæsəreɪt] **I** *v/t* **1.** ein-, aufweichen, aufquellen u. erweichen. **2.** *biol.* Nahrungsmittel aufschließen. **3.** ausmergeln, entkräften. **4.** kaˈsteien. **II** *v/i* **5.** aufweichen, aufquellen u. weich werden. **6.** ausgemergelt werden. ˌ**mac·erˈa·tion** *s* **1.** Einweichung *f,* Aufquellen *n* u. Erweichen *n.* **2.** *biol.* Aufschließen *n* (*von Nahrungsmitteln bei der Verdauung*). **3.** Ausmerg(e)lung *f,* Entkräftung *f.* **4.** Kaˈsteiung *f.* ˈ**mac·er·a·tor** [-tə(r)] *s tech.* Stoffmühle *f.*
Mach [mɑːk; *Br. a.* mæk] *s aer. phys.* Mach *n*: **~ two** 2 Mach.
ma·chan [məˈtʃɑːn] *s hunt. Br. Ind.* Hochsitz *m* (*bei der Tigerjagd*).
ma·che·te [məˈtʃetɪ; *Am. a.* məˈʃetiː] *s* Maˈchete *f.*
Mach·i·a·vel·li·an [ˌmækɪəˈvelɪən] **I** *adj* **1.** Machiaˈvellisch. **2.** *bes. pol.* machiavelˈlistisch, skrupellos, ränkevoll. **II** *s* **3.** Machiavelˈlist *m,* skrupelloser Intriˈgant. ˌ**Mach·i·aˈvel·li·an·ism** *s pol.* Machiavelˈlismus *m.*
ma·chic·o·lat·ed [mæˈtʃɪkəʊleɪtɪd] *adj mil. hist.* maschikuˈliert, mit Pechnasen (*versehen od.* bewehrt). **maˌchic·oˈla·tion** *s* **1.** Pechnase *f,* Gußerker *m.* **2.** Gußlochreihe *f.*
mach·i·nate [ˈmækɪneɪt] **I** *v/i* Ränke schmieden, intriˈgieren. **II** *v/t* aushecken. ˌ**mach·iˈna·tion** *s* **1.** (tückischer) Anschlag, Inˈtrige *f,* Machenschaft *f*: **political ~s** politische Ränke *od.* Umtriebe. **2.** Aushecken *n.* ˈ**mach·i·na·tor** [-tə(r)] *s* Ränkeschmied *m.*
ma·chine [məˈʃiːn] **I** *s* **1.** *tech.* Maˈschine *f.* **2.** a) Appaˈrat *m,* Vorrichtung *f,* b) Autoˈmat *m.* **3.** *colloq.* Maˈschine *f* (*Flugzeug, Motorrad, Auto etc*). **4.** *thea.* Maˈschine *f,* ˈBühnenmechaˌnismus *m*: → **god** 1. **5.** (*literarischer*) Kunstgriff. **6.** *fig.* „Maˈschine" *f,* „Roboter" *m* (*Mensch*). **7.** *pol.* Appaˈrat *m* (*maschinenmäßig funktionierende Organisation*): **party ~, political ~** Parteiapparat, -maschinerie *f*; **the ~ of government** der Regierungsapparat. **8.** *hist.* ˈKriegsmaˌschine *f.* **II** *v/t* **9.** *tech.* a) maschiˈnell ˈherstellen, b) *Br.* maschinell drucken, c) mit der ˈ(Näh)Maˌschine nähen, d) *Metall* zerspanen. **~ ac·count·ing** *s* Maˈschinenbuchführung *f.* **~ age** *s* Maˈschinenzeitalter *n.* **~ book·keep·ing** *s* Maˈschinenbuchführung *f.* **~ fit·ter** *s tech.* Maˈschinenschlosser *m.*
ma·chine gun *s mil.* Maˈschinengewehr *n,* MˈG *n.* **maˈchine-gun** *v/t* mit e-m Maˈschinengewehr beschießen, mit Maˈschinengewehrfeuer belegen *od.* bestreichen. **maˈchine-ˌgun·ner** *s mil.* MˈG-Schütze *m.*
ma·chine in·tel·li·gence *s Computer*: Maˈschinenintelliˌgenz *f.* **~ lan·guage** *s*

Computer: Maˈschinensprache *f.* **~ load** *s tech.* Maˈschinenbelastung *f.*
maˈchine-made *adj* **1.** maschiˈnell ˈhergestellt, Fabrik...: **~ paper** Maschinenpapier *n.* **2.** *fig.* stereoˈtyp, genormt.
maˈchine·man [-mən] *s irr* **1.** Maschiˈnist *m.* **2.** *Br. für* pressman.
maˈchineǀ**op·er·a·tor** *s* Maˈschinenarbeiter *m,* Maschiˈnist *m.* **~ pis·tol** *s mil.* Maˈschinenpiˌstole *f.* **~ pro·duc·tion** *s* maschiˈnelle ˈHerstellung. **~ pro·gram(me)** *s Computer*: Maˈschinenproˌgramm *n.*
maˈchine-ˌread·a·ble *adj Computer*: maschiˈnell lesbar, maˌschinenlesbar.
ma·chine rul·er *s* Liˈnierma‚schine *f.*
ma·chin·er·y [məˈʃiːnərɪ] *s* **1.** Maˈschinen *pl.* **2.** Maschineˈrie *f,* Maˈschinen (-park *m,* -ausrüstung *f*) *pl.* **3.** Mechaˈnismus *m,* (Trieb)Werk *n.* **4.** *fig.* a) Maschineˈrie *f,* Maˈschine *f,* Räderwerk *n,* b) → **machine** 7. **5.** Theˈatermaschine‚rie *f.* **6.** draˈmatische Kunstmittel *pl.*
ma·chineǀ**shop** *s tech.* Maˈschinenhalle *f,* -saal *m,* -werkstatt *f.* **~ steel** *s tech.* Maˈschinenbaustahl *m.* **~ time** *s* **1.** *tech.* Betriebszeit *f* (*e-r Maschine*). **2.** *Computer*: Maˈschinen-, Rechenzeit *f.* **~ tool** *s tech.* ˈWerkzeugma‚schine *f.*
maˈchine-tooled *adj* **1.** *tech.* auf der ˈWerkzeugma‚schine ˈhergestellt *od.* bearbeitet. **2.** *fig.* präˈzise.
ma·chineǀ**trans·la·tion** *s* maschiˈnelle Überˈsetzung. **~ twist** *s* (ˈNäh-) Ma‚schinenfaden *m,* -garn *n.*
maˈchine-ˌwash·a·ble *adj* ˈwaschma‚schinenfest (*Gewebe*).
ma·chin·ist [məˈʃiːnɪst] *s* **1.** *tech.* a) Maˈschinenschlosser *m,* b) Maschiˈnist *m* (*a. thea.*), Maˈschinenmeister *m,* c) Facharbeiter *m* für ˈWerkzeugma‚schinen. **2.** Maˈschinennäherin *f.* **3.** *mar.* Maschiˈnist *m.*
ma·chis·mo [məˈtʃɪzməʊ; -ˈkɪz-; *Am.* mɑːˈtʃɪz-] *s* Maˈchismo *m,* Männlichkeitswahn *m.*
mach·me·ter [ˈmɑːkˌmiːtə(r); *Br. a.* ˈmæk-] → machometer.
Mach num·ber *s aer. phys.* Machsche Zahl, Machzahl *f.*
ma·cho [ˈmɑːtʃəʊ] **I** *pl* **-chos** *s* „harter Bursche', Kraft- *od.* Sexprotz *m.* **II** *adj* hart, (betont) männlich.
ma·chom·e·ter [məˈkɒmɪtə(r); *Am.* -ˈkɑ-] *s phys.* Machmeter *n,* Machoˈmeter *n.*
mac·in·tosh → mackintosh.
mack [mæk] **1.** *Br. colloq. für* mackintosh. **2.** *Am. colloq. für* Mackinaw. **3.** *sl.* Zuhälter *m.*
mack·er·el [ˈmækərəl] *pl* **-el** *s ichth.* Maˈkrele *f.* **~ breeze** *s mar.* Maˈkrelenbrise *f,* -wind *m* (*der für den Makrelenfang günstig ist*). **~ shark** *s ichth.* (ein) Heringshai *m.* **~ sky** *s meteor.*

(Himmel *m* mit) Schäfchenwolken *pl.*
mack·i·naw ['mækəˌnɔː] *s Am.* **1.** *a.* ~ **blanket** Mackinaw-Decke *f (dicke Wolldecke).* **2.** *a.* ~ **coat** Stutzer *m,* kurzer (schwerer) Plaidmantel. **3.** *a.* ~ **boat** *mar.* Mackinaw-Boot *n (flachgehendes Boot).*
mack·in·tosh ['mækɪntɔʃ] *Am.* ˌtɑʃ] *s* Mackintosh *m:* a) *durch e-e Gummischicht wasserdicht gemachter Stoff,* b) *bes. Br.* Regen-, Gummimantel *m.*
mack·le ['mækl] **I** *s* **1.** dunkler Fleck. **2.** *print.* Schmitz *m,* verwischter Druck, Doppeldruck *m.* **II** *v/t u. v/i* **3.** schmitzen.
ma·cle ['mækl] *s min.* **1.** 'Zwillingskriˌstall *m.* **2.** dunkler Fleck *(in e-m Mineral).*
mac·ro ['mækrəʊ] *pl* **-ros** *colloq. für* macroinstruction.
macro- [mækrəʊ; -rə] *Wortelement mit der Bedeutung* Makro..., (sehr) groß.
ˌmac·ro·a'nal·y·sis *s irr chem.* 'Makroanaˌlyse *f.*
ˌmac·ro·bi'ot·ic **I** *adj* makrobi'otisch. **II** *s pl (oft als sg konstruiert)* Makrobi'otik *f:* a) *med. Kunst, das Leben zu verlängern,* b) *spezielle, hauptsächlich auf Getreide u. Gemüse basierende Ernährung.*
ˌmac·ro·ce'phal·ic, ˌmac·ro'ceph·a·lous *adj med.* großköpfig, makroze'phal. ˌmac·ro'ceph·a·ly *s* Großköpfigkeit *f.*
'mac·roˌcli·mate *s meteor.* Groß-, Makroklima *n.*
'mac·ro·cosm *s* Makro'kosmos *m.*
ˌmac·ro'cos·mic *adj* makro'kosmisch.
'mac·ro·cyte [-saɪt] *s med.* Makro'zyt *m (großes rotes Blutkörperchen).*
'mac·ro·e·co'nom·ic *adj econ.* makroöko'nomisch. 'mac·roˌe·co'nom·ics *s pl (meist als sg konstruiert)* Makroökono'mie *f.*
ˌmac·ro·in'struc·tion *s Computer:* 'Makroinstruktiˌon *f,* -befehl *m.*
ˌmac·ro·lin'guis·tics *s pl (meist als sg konstruiert) ling.* Makrolin'guistik *f.*
ma·cron ['mækrɒn; *Am.* 'meɪkˌrɑn] *s ling.* Längestrich *m (über Vokalen).*
ˌmac·ro·pho'to·graph *s phot.* 'Makrofoto(graˌfie *f) n.* ˌmac·ro·pho'tog·ra·phy *s* 'Makrofotograˌfie *f.*
ˌmac·ro'phys·ics *s pl (als sg konstruiert) phys.* Makrophy'sik *f.*
'mac·ro·phyte [-faɪt] *s biol. med.* Makro'phyt *m.*
ma·crop·ter·ous [mæ'krɒptərəs; *Am.* ˌkrɑ-] *adj zo.* **1.** langflüg(e)lig *(Vögel, Insekten).* **2.** langflossig *(Fische).*
ˌmac·ro'scop·ic [*Am.* ˌska-] *adj (adv* **-ally)** makro'skopisch, mit bloßem Auge wahrnehmbar.
'mac·ro·tome [-təʊm] *s med.* 'Schnittappaˌrat *m* für grobe Schnitte *(in der Mikroskopie).*
ma·cru·ral [məˈkrʊərəl], **ma'cru·rous** *adj zo.* zu den Langschwänzen gehörig.
mac·u·la ['mækjʊlə] *pl* **-lae** [-liː] *s* **1.** (dunkler) Fleck *(a. min.).* **2.** *med. (bes.* Haut)Fleck *m.* **3.** *astr.* Sonnenfleck *m.* 'mac·u·lar *adj* **1.** gefleckt, fleckig, makuˈlös. **2.** Flecken... 'mac·u·late **I** *v/t* [-leɪt] beflecken *(a. fig.).* **II** *adj* [-lət] befleckt *(a. fig.),* ˌmac·u'la·tion *s* Befleckung *f.* **2.** Fleck(en) *m,* Makel *m.*
mac·ule ['mækjuːl] *s* **1.** *print.* → mackle. **2.** *obs.* a) *(Schmutz)*Fleck *m,* b) Makel *m.*
mad [mæd] **I** *adj (adv* → **madly**) **1.** wahnsinnig, verrückt, toll, irr(e) *(alle a. fig.):* **to go** ~ verrückt *od.* wahnsinnig werden; **to drive s.o.** ~ a) j-n verrückt *od.* wahnsinnig machen, b) j-m ˌauf den Wecker fallen'; **it's enough to drive one** ~ es ist zum Verrücktwerden; **like** ~ wie toll *od.* wild *od.* verrückt *(arbeiten etc);* **a** ~ **plan** ein verrücktes Vorhaben;

→ hare 1, hatter. **2.** (after, about, for, on) wild, versessen, erpicht (auf *acc*), verrückt (nach), vernarrt (in *acc*). **3.** *colloq.* außer sich, verrückt, rasend, wahnsinnig (**with** vor *Freude, Schmerz, Wut etc*). **4.** *bes. Am. colloq.* wütend, böse, ˌsauer' (**at, about** über *acc, auf acc*). **5.** toll, ausgelassen, wild, närrisch, 'übermütig: **they are having a** ~ **time** bei denen geht's toll zu, sie amüsieren sich großartig. **6.** wild (geworden): **a** ~ **bull** ein wilder Stier. **7.** *vet.* tollwütig *(Hund etc).* **8.** wild, heftig, wütend: **they made a** ~ **scramble for the door** sie stürzten wie wild zur Tür. **II** *v/t* **9.** *obs.* verrückt machen. **10.** *bes. Am. colloq.* wütend machen. **III** *v/i* **11.** *obs.* sich wie wahnsinnig *od.* toll gebärden.
Mad·a·gas·can [ˌmædəˈgæskən] **I** *s* Made'gasse *m,* Made'gassin *f.* **II** *adj* made'gassisch, aus Mada'gaskar.
mad·am ['mædəm] *pl* **mes·dames** ['meɪdæm; *Am.* meɪˈdɑːm; ˌdæm] *od.* 'mad·ams *s.* **1.** *(im pl meist* ladies) gnädige Frau *od.* gnädiges Fräulein *(als Anrede, oft unübersetzt).* **2.** *pl* mesdames Frau *f (als Titel):* **the cakes were provided by Mesdames X and Z. 3.** *pl* madams Bor'dellwirtin *f,* ˌPuffmutter' *f.*
'**mad·cap I** *s* verwegener *od.* verrückter Kerl. **II** *adj* verwegen, verrückt *(Entschluß, Mensch etc):* ~ **driver** rücksichtsloser Fahrer.
mad·den ['mædn] **I** *v/t* verrückt *od.* toll *od.* rasend machen *(alle a. fig. wütend machen).* **II** *v/i* verrückt *etc* werden. '**mad·den·ing** *adj (adv* **-ly**) aufreizend, verrückt *od.* rasend machend: **it is** ~ **es ist zum Verrücktwerden.**
mad·der ['mædə(r)] *s* **1.** *bot.* a) Krappflanze *f,* b) Färberröte *f,* c) Krapp *m,* Färberwurzel *f.* **2.** Krapp(rot *n*) *m:* ~ **lake,** ~ **pink** Krapprosa *n.*
mad·ding ['mædɪŋ] *adj poet.* **1.** rasend, tobend: **the** ~ **crowd. 2.** → **maddening.**
'**mad-ˌdoc·tor** *s* Irrenarzt *m.*
made [meɪd] **I** *pret u. pp von* **make**. **II** *adj* **1.** (künstlich) 'hergestellt *od.* hergerichtet: ~ **dish** aus mehreren Zutaten zs.-gestelltes Gericht; ~ **ground** aufgeschütteter Boden; ~ **road** befestigte Straße; **English-**~ **article** *econ.* englisches Fabrikat; ~ **of wood** aus Holz (hergestellt), Holz... **2.** erfunden: **a** ~ **story. 3.** gemacht, arriˈviert: **a** ~ **man** ein gemachter Mann. **4.** voll ausgebildet *(Soldat).* **5.** gutabgerichtet *(Hund, Pferd etc).* **6.** (*gut*-*, kräftig etc*) gebaut *(Person):* **a well-**~ **man. 7.** *colloq.* bestimmt, gedacht, gemacht: **it's** ~ **for this purpose** es ist für diesen Zweck gedacht. **8.** **he had got it** ~ *colloq.* er hatte es geschafft.
Ma·dei·ra [məˈdɪərə] *s* Ma'deira(wein) *m.* ~ **cake** *s Br. (Art)* Bis'kuitkuchen *m.*
Ma·dei·ran [məˈdɪərən] **I** *s* Bewohner(-in) der Insel Ma'deira. **II** *adj* aus Ma'deira, Madeira...
ˌ**made·-to-ˈmeas·ure** *adj econ.* nach Maß gearbeitet *od.* angefertigt, Maß...: ~ **suit** maßgeschneiderter Anzug, Maßanzug *m.* ˌ~**-to-ˈor·der** *adj* **1.** → made-to-measure. **2.** *fig.* ˌmaßgeschneidert', ˌnach Maß'. ˈ~**-up** *adj* **1.** (frei) erfunden: **a** ~ **story. 2.** geschminkt, zu'rechtgemacht. **3.** *fig.* unecht, gekünstelt. **4.** fertig, Fertig... **5.** *fig.* fabrik...: ~ **clothes** Konfektionskleidung *f.* ˈ~**work** *s econ. Am.* ˈArbeitsbeschaffung(sproˌjekte *pl*) *f.*
'**mad·house** *s* Irrenhaus *n, fig. a.* Narren-, Tollhaus *n.*
mad·ly ['mædlɪ] *adv* **1.** wie verrückt, wie wild, wie besessen: **they worked** ~. **2.** *colloq.* ˌwahnsinnig', ˌschrecklich': ~ **in love. 3.** dummerweise. **4.** voreilig.

ˈmad·man [-mən] *s irr* Verrückte(r) *m,* Wahnsinnige(r) *m,* Irre(r) *m.* ~ **min·ute** *s mil.* Schnellfeuerzeit *f (beim Mannschaftsschießen).*
mad·ness ['mædnɪs] *s* **1.** Wahnsinn *m (a. fig.):* **it's sheer** ~! das ist der helle *od.* blanke Wahnsinn! **2.** *fig.* Narrheit *f,* Tollheit *f,* Verrücktheit *f.* **3.** *bes. Am. colloq.* Wut *f* (**at** über *acc,* **auf** *acc*).
Ma·don·na [məˈdɒnə; *Am.* -ˈdɑ-] *s* **1. the** ~ *relig.* die Maˈdonna. **2.** *a.* **m**~ *art* Maˈdonna *f,* Ma'donnenbild *n.*
mad·re·pore [ˌmædrɪˈpɔː; *Am.* ˈmædrəˌpɔʊər] *s zo.* Madreˈpore *f,* ˈLöcherkoˌralle *f.*
mad·ri·gal ['mædrɪgl] *s* Madri'gal *n:* a) *kurzes (bes. Liebes)Gedicht,* b) *mus. polyphon gesetztes mehrstimmiges Chorlied.* 'mad·ri·gal·ist [-gəlɪst] *s* **1.** Madri'galdichter *m.* **2.** *mus.* Madriga'list *m:* a) *Komponist von Madrigalen,* b) *Madrigalsänger.*
'**mad·ˌwom·an** *s irr* Wahnsinnige *f,* Irre *f,* Verrückte *f.*
Mae·ce·nas [miːˈsiːnæs] *s* Mäˈzen *m.*
mael·strom ['meɪlstrɒm; *Am.* -strəm] *s* Ma(h)lstrom *m:* a) *die* **M**~ *Name e-s Strudels vor der norwegischen Westküste,* b) *allg. u. fig.* Strudel *m,* Sog *m,* Wirbel *m:* ~ **of traffic** Verkehrsgewühl *n;* **the** ~ **of war** der Moloch Krieg, die Wirren des Krieges.
mae·nad ['miːnæd] *s* Mä'nade *f.* **mae·ˈnad·ic** *adj* mä'nadisch, bac'chantisch, rasend.
ma·es·to·so [ˌmɑːeˈstəʊzəʊ; *Am. bes.* maɪˈstəʊsəʊ] *mus.* **I** *adj u. adv* mae'stoso, maje'stätisch. **II** *pl* **-sos** *s* Mae'stoso *n.*
ma·es·tro [ˈmɑːestrəʊ; *Am. bes.* ˈmaɪstrəʊ] *pl* **-stros, -stri** [-strɪ] *s* Ma'estro *m,* Meister *m.*
Mae West [ˌmeɪˈwest] *s sl.* **1.** *aer.* aufblasbare Schwimmweste *(nach der amer. Schauspielerin).* **2.** *mil. Am.* Panzer *m* mit Zwillingsturm.
Maf·fi·a → Mafia.
maf·fick ['mæfɪk] *v/i Br. obs.* ausgelassen feiern.
Ma·fi·a ['mæfɪə; ˈmɑː-] *s* Mafia *f (a. fig.).*
ma·fi·o·so [ˌmæfɪˈəʊsəʊ] *pl* **-sos** *od.* **-si** [-sɪ] *s* Mafi'oso *m (a. fig.).*
mag[1] [mæg] *colloq. für* magazine 7.
mag[2] [mæg] *colloq. für* magneto: ~ **generator** Magnetodynamo *m.*
mag·a·zine [ˌmæɡəˈziːn; *Am. a.* ˈmæɡəˌziːn] *s* **1.** *mil.* a) Muniti'onslager *n,* -depot *n, bes.* ˈPulvermagaˌzin *n,* b) Nachschub-, Versorgungslager *n,* c) Ma·ga'zin *n,* Kasten *m (in Mehrladewaffen):* ~ **gun,** ~ **rifle** Mehrladegewehr *n.* **2.** *tech.* Maga'zin *n,* Vorratsbehälter *m.* **3.** *phot.* a) ('Film)Maga·zin *f,* b) Filmtrommel *f.* **4.** Maga'zin *n,* Speicher *m,* Warenlager *n,* Lagerhaus *n.* **5.** Vorrat *m,* Vorräte *pl.* **6.** *fig.* Vorrats-, Kornkammer *f (fruchtbares Gebiet e-s Landes).* **7.** Maga'zin *n,* *(oft illu'strierte)* Zeitschrift.
mag·a·zin·ist [ˌmæɡəˈziːnɪst] *s* Mitarbeiter(in) an e-m Maga'zin.
mage [meɪdʒ] *s obs.* **1.** Magier *m.* **2.** Weise(r) *m,* Gelehrte(r) *m.*
ma·gen·ta [məˈdʒentə] *chem.* **I** *s* Ma'genta(rot) *n,* Fuch'sin *n.* **II** *adj* magentarot.
Mag·gie's draw·ers ['mæɡɪz] *s pl mil. Am. sl.* **1.** Flaggenzeichen bei Fehlschuß. **2.** ˌFahrkarte' *f (Fehlschuß).*
mag·got [ˈmæɡət] *s* **1.** *zo.* Made *f,* Larve *f.* **2.** *fig.* Grille *f,* verrückte I'dee, Spleen *m.* 'mag·got·y *adj* **1.** voller Maden, madig. **2.** *fig.* schrullig, grillenhaft, wunderlich.
Ma·gi [ˈmeɪdʒaɪ] *s pl* **1. the (three)** ~ die (drei) Weisen aus dem Morgenland, die Heiligen Drei Könige. **2.** *pl von* Magus 1.

Magian – maiden

'**Ma·gi·an** [-dʒɪən] *s* **1.** *sg von* **Magi** 1. **2.** m~ Magier *m*, Zauberer *m*. **3.** → **Magus** 1.

mag·ic ['mædʒɪk] **I** *s* **1.** Ma'gie *f*, Zaube'rei *f*: **as if by ~, like ~** wie durch Zauberei; **it works like ~** es ist die reinste Hexerei. **2.** Zauber(kraft *f*) *m*, magische Kraft (*a. fig.*): **the ~ of a great name. 3.** *fig.* Wunder *n*: **like ~** wie ein Wunder. **II** *adj* (*adv* ~**ally**) **4.** magisch, Wunder..., Zauber...: **~ carpet** fliegender Teppich; **~ arts** magische Künste; **~ eye** *electr.* magisches Auge; **~ lamp** Wunderlampe *f*; **~ lantern** Laterna *f* magica; **~ square** magisches Quadrat. **5.** zauber-, märchenhaft: **~ beauty**. '**mag·i·cal** *adj* (*adv* ~**ly**) → **magic** II.

ma·gi·cian [məˈdʒɪʃn] *s* **1.** Magier *m*, Zauberer *m*: **I'm not a ~!** ich kann doch (auch) nicht hexen! **2.** Zauberkünstler *m*.

mag·is·te·ri·al [ˌmædʒɪˈstɪərɪəl] *adj* (*adv* ~**ly**) **1.** obrigkeitlich, amtlich, behördlich. **2.** maßgeblich, autoritaˈtiv. **3.** gebieterisch, herrisch.

mag·is·tra·cy ['mædʒɪstrəsɪ] *s* **1.** *jur. pol.* Amt *e-s* **magistrate. 2.** *collect. jur.* Richterschaft *f*. **3.** *collect. pol.* Verwaltung *f*. **4.** *jur. pol.* Amtsbereich *e-s* **magistrate**.

mag·is·tral ['mædʒɪstrəl] *adj* **1.** *pharm.* magi'stral (*nach ärztlicher Vorschrift bereitet*). **2.** *selten für* **magisterial**. **3.** Lehr(er)...

mag·is·trate ['mædʒɪstreɪt; -trɪt] *s* **1.** *jur.* Richter *m* (*an e-m* **magistrates' court**): **~s' court** *Br.*, **~'s court** *Am.* erstinstanzliches Gericht für Straf- und Zivilsachen niederer Ordnung; **police ~** *Am.* Polizeirichter *m*. **2.** *pol.* (Verwaltungs)Beamte(r) *m*: **chief ~** *Am.* oberster Verwaltungsbeamter: a) Präsident *m*, b) Gouverneur *m*, c) Bürgermeister *m*. '**mag·is·trate·ship** *s jur. pol.* Amt(szeit) *n e-s* **magistrate**. '**mag·is·tra·ture** [-trətjʊə; *Am.* -ˌtreɪtʃər] → **magistracy**.

mag·ma ['mægmə] *pl* **-mas, -ma·ta** [-mətə] *s* **1.** dünn(flüssig)er Brei, knetbare Masse. **2.** *geol.* Magma *n*.

Mag·na C(h)ar·ta [ˌmægnəˈkɑː(r)tə] *s* **1.** *hist.* Magna Charta *f* (*die große Freiheitsurkunde des englischen Adels, 1215*). **2.** Grundgesetz *n*.

mag·nal·i·um [mægˈneɪlɪəm] *s chem.* Ma'gnalium *n* (*Magnesium-Aluminium-Legierung*).

mag·na·nim·i·ty [ˌmægnəˈnɪmətɪ] *s* Großmut *f*, Edelmut *m*, Großmütigkeit *f*. **mag'nan·i·mous** [-ˈnænɪməs] *adj* (*adv* ~**ly**) groß-, edelmütig.

mag·nate ['mægneɪt] *s* **1.** Ma'gnat *m*: a) *hist.* Adliger im osteuropäischen, bes. polnischen Landtag, b) 'Großindustriˌelle(r) *m*: **oil ~** Ölmagnat *m*, c) Großgrundbesitzer *m*. **2.** Größe *f*, einflußreiche Per'sönlichkeit.

mag·ne·sia [mægˈniːʃə; -ʒə] *s chem.* **1.** Ma'gnesia *f*, Ma'gnesiumˌoxyd *n*. **2.** *pharm.* gebrannte Ma'gnesia. **mag-'ne·sian** *adj* **1.** Magnesia... **2.** Magnesium...

mag·ne·site ['mægnɪsaɪt] *s min.* Magne'sit *m*, Ma'gnesiumkarboˌnat *n*.

mag·ne·si·um [mægˈniːzjəm; -zɪəm; *Am. a.* -ʒəm] *s chem.* Ma'gnesium *n*: **~ light** Magnesiumlicht *n*.

mag·net ['mægnɪt] *s* **1.** Ma'gnet *m* (*a. fig.*). **2.** Ma'gneteisenstein *m*.

mag·net·ic [mægˈnetɪk] *adj* (*adv* ~**ally**) **1.** ma'gnetisch, Magnet...: **~ compass**; **~ field**; **~ attraction** *phys. od. fig.* magnetische Anziehung(skraft). **2.** magneti'sierbar. **3.** *fig.* ma'gnetisch, anziehend, faszi'nierend, mesmerisch hyp'notisch. **~ bot·tle** *s phys.* ma'gnetische Flasche. **~ brake** *s electr.* Ma'gnetbremse *f*. **~ core** *s phys.* Fer'rit-, Ma'gnetkern *m*. **~ dec·li·na·tion**, **~ dip** *s geogr. phys.* ma'gnetische Inklinatiˌon, 'Mißweisung *f*. **~ disk stor·age** *s Computer*: Plattenspeicher *m*. **~ e·qua·tor** *s geogr.* ma'gnetischer Äˌquator. **~ fig·ure** *s phys.* Kraftlinienbild *n*. **~ flux** *s phys.* Ma'gnetfluß *m*, ma'gnetischer (Kraft-)Fluß. **~ in·duc·tion** *s phys.* ma'gnetische Induktiˌon. **~ mine** *s* Ma'gnet-, Haftmine *f*. **~ nee·dle** *s phys.* Ma'gnetnadel *f*. **~ north** *s phys.* ma'gnetisch Nord (*Kurs*). **~ pole** *s geogr.* ma'gnetischer (Erd)Pol. **~ re·cord·er** *s electr.* Ma'gnettongerät *n*.

mag·net·ics [mægˈnetɪks] *s pl* (*meist als sg konstruiert*) Ma'gnetik *f* (*Lehre vom Magnetismus*).

mag·net·ic storm *s phys.* ma'gnetischer Sturm. **~ tape** *s electr.* Ma'gnettonband *n*: **~ recorder** → **magnetophone**; **~ storage** (*Computer*) (Magnet)Bandspeicher *m*.

mag·net·ism ['mægnɪtɪzəm] *s phys.* Magne'tismus *m*. **2.** → **mesmerism**. **3.** *fig.* Anziehungskraft *f*.

mag·net·ite ['mægnɪtaɪt] *s min.* Magne'tit *m*, Ma'gneteisenerz *n*.

mag·net·i·za·tion [ˌmægnɪtaɪˈzeɪʃn; *Am.* -nətəˈz-] *s* Magneti'sierung *f*. '**mag·net·ize** *v/t* **1.** magneti'sieren. **2.** *fig.* anziehen, fesseln. '**mag·net·iz·er** *s med.* Magneti'seur *m*.

mag·ne·to [mægˈniːtəʊ] *pl* **-tos** *s electr.* (Ma'gnet)Zündappaˌrat *m*, Ma'gnetzünder *m*, 'Zündmaˌgnet *m*.

mag·ne·to al·ter·na·tor *s electr.* (*bes.* 'Wechselstrom)Geneˌrator *m* mit 'Dauermaˌgnet. **mag·ne·to'dy·na·mo** *s electr.* Dy'namo *m od.* Gene'rator *m* mit Perma'nentmaˌgnet. **mag·ne·to·e'lec·tric** *adj* ma'gnetoeˌlektrisch. **mag·ne·to'gen·er·a·tor** *s electr.* **1.** 'Kurbelinˌduktor *m*. **2.** → **magneto**. **mag'ne·to·gram** [-græm] *s phys. tech.* Magneto'gramm *n*. **mag'ne·to·graph** [-grɑːf; *Am.* -ˌgræf] *s phys. tech.* **1.** Magneto'graph *m*. **2.** → **magnetogram**. **mag·ne·tom·e·ter** [ˌmægnɪˈtɒmɪtə(r); *Am.* -ˈtɑ-] *s phys.* Magneto'meter *n*. **mag'ne·toˌmo·tive** *adj phys.* maˌgnetomo'torisch.

mag·ne·ton ['mægnɪtɒn; *Am.* -ˌtɑn] *s Kernphysik*: Magne'ton *n* (*Einheit des magnetischen Moments*).

mag'ne·to·phone *s electr.* (*TM*) Magneto'phon *n*, Ma'gnettongerät *n*.

mag'ne·toˌsphere *s phys.* Magneto'sphäre *f*.

mag·ne·tron ['mægnɪtrɒn; *Am.* -ˌtrɑn] *s electr.* Magne'tron *n*.

mag·ni·cide ['mægnɪsaɪd] *s* Ermordung *f e-r* bedeutenden Per'sönlichkeit.

mag·nif·ic [mægˈnɪfɪk] *adj*; **mag'nif·i·cal** [-kl] *adj* (*adv* ~**ly**) *obs.* **1.** großartig, herrlich. **2.** erhaben.

mag·ni·fi·ca·tion [ˌmægnɪfɪˈkeɪʃn] *s* **1.** Vergrößern *n*. **2.** Vergrößerung *f*. **3.** *phys.* Vergrößerungsstärke *f*. **4.** *electr.* Verstärkung *f*. **5.** *obs.* Verherrlichung *f*.

mag·nif·i·cence [mægˈnɪfɪsns] *s* **1.** Großartigkeit *f*, Pracht *f*, Herrlichkeit *f*. **2.** Erhabenheit *f* (*des Stils etc*).

mag·nif·i·cent [mægˈnɪfɪsnt] *adj* (*adv* ~**ly**) **1.** großartig, prächtig, prachtvoll, herrlich (*alle a. fig. colloq.* fabelhaft). **2.** groß(artig), erhaben.

mag·ni·fi·co [mægˈnɪfɪkəʊ] *pl* **-coes** *s* **1.** (*bes.* veneziˈanischer) Grande. **2.** hoher Würdenträger.

mag·ni·fi·er ['mægnɪfaɪə(r)] *s* **1.** Vergrößerungsglas *n*, Lupe *f*. **2.** *electr.* Verstärker *m*. **3.** *obs.* Verherrlicher *m*.

mag·ni·fy ['mægnɪfaɪ] *v/t* **1.** *opt. u. fig.* vergrößern: **~ing glass** → **magnifier** 1. **2.** *fig.* über'treiben, über'trieben, darstellen, aufbauschen. **3.** *electr.* verstärken. **4.** *obs.* verherrlichen.

mag·nil·o·quence [mægˈnɪləʊkwəns] *s* **1.** Großspreche'rei *f*. **2.** Schwulst *m*, Bom'bast *m*. **mag'nil·o·quent** *adj* (*adv* ~**ly**) **1.** großsprecherisch. **2.** hochtrabend, bom'bastisch.

mag·ni·tude ['mægnɪtjuːd; *Am. a.* -ˌtuːd] *s* **1.** Größe *f*, Größenordnung *f*, *astr. a.* Helligkeit *f*, *math. a.* Absoˈlutwert *m*: **a star of the first ~** ein Stern erster Größe. **2.** *fig.* Ausmaß *n*, Schwere *f*, Größe *f*: **the ~ of the catastrophe. 3.** *fig.* Bedeutung *f*: **of the first ~** von äußerster Wichtigkeit.

mag·no·li·a [mægˈnəʊljə] *s bot.* Ma'gnolie *f*: **M~ State** *Am.* (*Beiname für den Staat*) Mississippi *n*. **mag'no·li·a·ceous** [-lɪˈeɪʃəs] *adj bot.* Magnolien...

mag·num ['mægnəm] *s* Zweiquartflasche *f* (*etwa 2 l enthaltend, bes. Wein*).

mag·num o·pus [ˌmægnəmˈəʊpəs] (*Lat.*) *s* a) Meisterwerk *n*, b) Hauptwerk *n* (*e-s Künstlers*).

mag·pie ['mægpaɪ] *s* **1.** *orn.* Elster *f*: **black-billed ~** (Gemeine) Elster. **2.** *orn. e-e* Haustaubenrasse. **3.** *fig.* Schwätzer (-in). **4.** *Scheibenschießen*: a) zweiter Ring von außen, b) Schuß *m* in den zweiten Außenring. **5.** *Br. fig.* sammelwütiger Mensch.

mag·uey ['mægweɪ] *s* **1.** *bot.* (*e-e*) 'Faser-Aˌgave. **2.** Magueyfaser *f*.

Ma·gus ['meɪgəs] *pl* **-gi** [-dʒaɪ] *s* **1.** *antiq.* (*persischer*) Priester. **2.** m~ Magus *m*, Zauberer *m*. **3.** *a.* m~ *sg von* Magi 1.

Mag·yar ['mægjɑː(r)] **I** *s* **1.** Ma'djar *m*, Ungar *m*. **2.** *ling.* Ma'djarisch *n*, Ungarisch *n*. **II** *adj* **3.** ma'djarisch, ungarisch.

ma·ha·ra·ja(h) [ˌmɑːhəˈrɑːdʒə] *s* Maha'radscha *m*.

ma·ha·ra·nee [ˌmɑːhəˈrɑːniː] *s* Maha'rani *f*.

ma·hat·ma, *a.* **M~** [məˈhɑːtmə; -ˈhæt-mə] *s* Ma'hatma *m*: a) (*buddhistischer*) Weiser, b) Heiliger mit übernatürlichen Kräften, c) edler Mensch.

Mah·di ['mɑːdiː] *s relig.* Mahdi *m* (*von den Mohammedanern erwarteter letzter Imam*).

mah-jong(g) [ˌmɑːˈdʒɒŋ; *Am. a.* -ˈdʒɑŋ] *s* Mah-'Jongg *n* (*chinesisches Gesellschaftsspiel*).

mahl·stick → **maulstick**.

ma·hog·a·ny [məˈhɒɡənɪ; *Am.* -ˈhɑ-] **I** *s* **1.** *bot.* Maha'gonibaum *m*. **2.** Maha'goni (-holz) *n*. **3.** Maha'goni(farbe *f*) *n*. **4.** **to have** (*od.* **put**) **one's knees** (*od.* **feet**) **under s.o.'s ~** bei *j-m* zu Tisch sein, *j-s* Gastfreundschaft genießen. **II** *adj* **5.** aus Maha'goni, Mahagoni... **6.** maha'gonifarben.

ma·hout [məˈhaʊt] *s Br. Ind.* Ele'fantentreiber *m*.

maid [meɪd] *s* **1.** *obs.* (junges) Mädchen, Maid *f* (*a. iro.*). **2.** *obs.* (junge) unverheiratete Frau: **old ~** alte Jungfer; **~ of hono(u)r** a) Ehren-, Hofdame *f*, b) *Am.* (erste) Brautjungfer, c) *Br.* (*ein*) Käsekuchen *m*. **3.** (Dienst)Mädchen *n*, Hausangestellte *f*: **~ of all work** *bes. fig.* Mädchen für alles. **4.** *poet.* Jungfrau *f*, Maid *f*: **the M~ (of Orléans)** die Jungfrau von Orleans.

mai·dan [maɪˈdɑːn] *s Br. Ind.* **1.** (Markt-)Platz *m*. **2.** Espla'nade *f*.

maid·en ['meɪdn] **I** *adj* (*adv* → **maidenly**) **1.** mädchenhaft, Mädchen...: **~ name** Mädchenname *m* (*e-r* Frau). **2.** jungfräulich, unberührt (*a. fig.*): **~ soil**. **3.** unverheiratet: **~ aunt**. **4.** Jungfern..., Erstlings..., Antritts...: **~ flight** *aer.* Jungfernflug *m*; **~ speech** *parl.* Jungfernrede *f*: **~ voyage** *mar.* Jungfernfahrt *f*. **5.** noch nie

gedeckt (*Tier*). **6.** aus dem Samen gezogen (*Pflanze*). **7.** unerprobt (*Person od. Sache*). **II** *s* **8.** → maid 1 *u*. 2: **an answer to a ~'s prayer** ein Geschenk des Himmels. **9.** *a.* **the M~** *Scot. hist.* (*Art*) Guillo-'tine *f*. **10.** *a.* **~ over** (*Kricket*) Serie *f* von 6 Bällen ohne Läufe. **11.** *Rennsport:* Maiden *n* (*Pferd, das noch keinen Sieg errungen hat*). **~ as'size** *s jur. hist.* Gerichtssitzung *f* ohne Krimi'nalfall. **'~·hair (fern)** *s bot.* Frauenhaar(farn *m*) *n*, bes. Venushaar *n*. **'~·hair tree** → ginkgo.
maid·en·head ['meɪdnhed] *s* **1.** → maidenhood. **2.** *anat.* Jungfernhäutchen *n*.
maid·en·hood ['meɪdnhʊd] *s* **1.** Jungfräulichkeit *f*, Unberührtheit *f*, Jungfernschaft *f*. **2.** Jung'mädchenzeit *f*.
'maid·en·like → **maidenly. maid·en·li·ness** ['meɪdlɪnɪs] *s* mädchenhaftes *od.* jungfräuliches Wesen. **'maid·en·ly** *adj u. adv* **1.** mädchenhaft. **2.** jungfräulich, sittsam, züchtig.
'maid,serv·ant → maid 3.
ma·ieu·tic [meɪˈjuːtɪk] *s philos.* mä'eutisch, (auf so'kratische Weise) ausfragend.
mail¹ [meɪl] **I** *s* **1.** Post(sendung) *f*, -sachen *pl*, bes. Brief- *od.* Pa'ketpost *f*: **by ~** bes. *Am.* mit der Post; **the ~ is not in yet** die Post ist noch nicht da; **incoming ~** Posteingang *m*; **outgoing ~** Postausgang *m*. **2.** Postbeutel *m*, Postsack *m*. **3.** a) Post(dienst *m*) *f*: **the Federal M~s** *Am.* die Bundespost, b) Postversand *m*. **4.** Postauto *n*, -schiff *n*, -bote *m*, -flugzeug *n*, -zug *m*. **5.** bes. *Scot.* (Reise)Tasche *f*. **II** *adj* **6.** Post...: **~ boat** Postschiff *n*. **III** *v/t* **7.** bes. *Am.* a) (mit der Post) (ab)schicken *od.* (ab)senden, aufgeben, e-n Brief einwerfen, b) (zu)schicken (**to** *dat*).
mail² [meɪl] **I** *s* **1.** Kettenpanzer *m*. **2.** (Ritter)Rüstung *f*. **3.** *zo.* (Haut)Panzer *m*. **II** *v/t* **4.** panzern.
mail·a·ble ['meɪləbl] *adj* bes. *Am.* postversandfähig.
'mail|·bag *s* Postsack *m*, Postbeutel *m*. **'~·box** *s* bes. *Am.* Briefkasten *m*. **'~·car** *s rail. Am.* Postwagen *m*. **~ car·ri·er** → mailman. **'~·clad** *adj* gepanzert. **~ clerk** *s Am.* **1.** Postangestellte(r *m*) *f*. **2.** Postbearbeiter(in) (*in e-m Amt etc*). **'~·coach** *s Br. rail.* Postwagen *m*. **2.** *hist.* Postkutsche *f*. **~ drop** *s Am.* **1.** Briefkastenschlitz *m*, Briefeinwurf *m*. **2.** ,toter Briefkasten' *m* (*von Spionen*). **3.** Posteingangskorb *m*.
mailed [meɪld] *adj* **1.** gepanzert (*a. zo.*): **the ~ fist** *fig.* die eiserne Faust. **2.** *orn.* mit (panzer'ähnlichen) Brustfedern.
mail·er ['meɪlə(r)] *s* **1.** *Am.* a) Adres'sier,maschine *f*, b) Fran'kierma,schine *f*. **2.** A'dressenschreiber(in). **3.** *Am.* Postwurfsendung *f*.
mail·gram ['meɪlˌɡræm] *s Am.* 'Brieftele,gramm *n*.
mail·ing| list ['meɪlɪŋ] *s* A'dressenliste *f*. **~ ma·chine** → mailer 1.
mail·lot [maɪˈəʊ; majo] (*Fr.*) *s* **1.** (bes. einteiliger, trägerloser) Badeanzug *m*. **2.** Mail'lot *n*, *m* (*Trikot für Akrobaten etc*).
'mail|·man [-mæn] *s irr* bes. *Am.* Postbote *m*, Briefträger *m*. **~ or·der** *s* Bestellung *f* (*von Waren*) durch die Post. **'~-,or·der** *adj* Postversand...: **~ busi·ness** Versandhandel *m*; **~ house**, **~ firm** Versandgeschäft *n*, -haus *n*. **~ train** *s* Postzug *m*.
maim [meɪm] *v/t* verstümmeln (*a. fig. e-n Text*), zum Krüppel machen.
main¹ [meɪn] **I** *adj* (*nur attr*) (*adv* → **mainly**) **1.** Haupt..., größt(er, e, es), wichtigst(er, e, es), vorwiegend, hauptsächlich: **~ gird·er** Längsträger *m*; **the ~ office** das Hauptbüro, die Zentrale; **~**

road Hauptverkehrsstraße *f*; **the ~ rea·son** der Hauptgrund; **~ sta·tion** *a) teleph.* Hauptanschluß *m*, b) *rail.* Hauptbahnhof *m*; **the ~ thing** die Hauptsache; **by ~ force** mit äußerster Kraft, mit (roher) Gewalt. **2.** *mar.* groß, Groß...: **~-top·gal·lant** Großbramstenge *f*. **3.** *poet.* (weit) offen: **the ~ sea** → 11. **4.** *ling.* a) Haupt..., b) des Hauptsatzes. **5.** *obs.* gewaltig, b) wichtig. **II** *s* **6.** *meist pl* a) Haupt(gas-, -wasser)leitung *f*: (**gas**) **~**; (**water**) **~**, b) Hauptstromleitung *f*, c) Strom(versorgungs)netz *n*, Netz(leitung *f*) *n*: **~ adapt·er** (*od.* **unit**) Netzteil *n*; **~s aer·i·al** (bes. *Am.* **antenna**) Netzantenne *f*; **~s ca·ble** Netzkabel *n*; **~s con·nec·tion** Netzanschluß *m*; **~s fail·ure** Stromausfall *m*; **~s fre·quen·cy** Betriebsfrequenz *f*; **~s--oper·at·ed** Netz..., mit Netzanschluß; **~s volt·age** Netzspannung *f*. **7.** Hauptleitung *f*: a) Hauptrohr *n*, b) Hauptkabel *n*. **8.** *Am.* Haupt(eisenbahn)linie *f*. **9.** *obs.* Kraft *f*, Gewalt *f*: **~ might¹** 2. **10.** Hauptsache *f*, Kern(punkt) *m*, (*das*) Wichtigste: **in** (*Am. a.* **for**) **the ~** hauptsächlich, in der Hauptsache. **11.** *poet.* (*das*) weite Meer, (*die*) offene *od.* hohe See. **III** *v/t* **12.** *sl.* sich (*Heroin etc*) spritzen.

main² [meɪn] *s* **1.** *in e-m alten Würfelspiel* (*Schanze*) die vom Spieler vor dem Wurf angesagte Zahl. **2.** Glücksspiel *n*. **3.** *obs.* Boxkampf *m*. **4.** Hahnenkampf *m*.

main| bang *s Radar:* 'Auslöse-, 'Startim,puls *m*. **~ beam** *s mot. Br.* Fernlicht *n*. **~ brace** *s mar.* Großbrasse *f*: **to splice the ~** *sl.* a) Extraration Rum an die Mannschaft austeilen, b) ,saufen'. **~ chance** *s* beste Gelegenheit (zu profi'tieren), (materi'eller) Vorteil: **to have an eye to the ~** sein eigenen Vorteil im Auge haben *od.* behalten. **~ clause** *s ling.* Hauptsatz *m*. **~ course** → mainsail. **~ deck** *s mar.* **1.** Hauptdeck *n*. **2.** Batte'riedeck *n*. **~ drain** *s* **1.** 'Hauptrohr *n*, -ka,nal *m* (*für Abwässer*). **2.** *mar.* Hauptlenzleitung *f*. **~ es·tab·lish·ment** *s* Hauptniederlassung *f*. **'~·frame** *s Computer:* Zen'traleinheit *f*. **~ fuse** *s electr.* Hauptsicherung *f*. **~ hatch** *s mar.* Großluke *f*. **'~·land** *s* Festland *n*. **~ line** *s* **1.** *mil. rail. etc* Hauptlinie *f*: **~ of re·sist·ance** Hauptkampf-, Hauptverteidigungslinie. **2.** *Am.* Hauptverkehrsstraße *f*. **3.** *sl.* a) Hauptvene *f*, b) ,Schuß' *m* (*Heroin etc*). **'~·line** *v/i sl.* ,fixen'. **'~·lin·er** *s sl.* ,Fixer(in)'.

main·ly ['meɪnlɪ] *adv* hauptsächlich, größtenteils, vorwiegend, in erster Linie.

main|·mast ['meɪnmɑːst; *mar.* -məst; *Am.* -mæst] *s mar.* Großmast *m*. **~·sail** ['meɪnseɪl; *mar.* -sl] *s mar.* Großsegel *n*. **'~·sheet** *s mar.* Großschot *f*. **'~·spring** *s* **1.** Hauptfeder *f* (*e-r Uhr etc*). **2.** *fig.* (Haupt)Triebfeder *f*, treibende Kraft. **'~·stay** *s* **1.** *mar.* Großstag *n*. **2.** *fig.* Hauptstütze *f*. **~ stem** *s Am.* **1.** Hauptstraße *f*. **2.** Haupt(verkehrs)linie *f*. **3.** *fig.* (*das*) ,große Geschäft': *musical.* **'~·stream** **I** *s* **1.** bes. *fig.* Hauptströmung *f*. **2.** *mus.* Mainstream *m* (*Jazzstil*). **II** *v/t* **3.** *ped. Am.* behinderte Kinder zu'sammen mit nichtbehinderten Kindern unter'richten. **'~·stream·ing** *s ped. Am.* gemeinsame Unter'richtung von behinderten u. nichtbehinderten Kindern. **M~ Street** *adj Am.* provinzi'ell-materia'listisch. **M~ Street** *s Am.* provinzi'eller Spießer.

main·tain [meɪnˈteɪn] *v/t* **1.** *in Zustand* (aufrecht)erhalten, beibehalten, (be-)wahren: **to ~ an at·ti·tude** e-e Haltung beibehalten; **to ~ good re·la·tions** gute Beziehungen aufrechterhalten; **to ~ one's rep·u·ta·tion** s-n guten Ruf wahren. **2.** in'stand halten, unter'halten, pflegen, *tech. a.* warten: **to ~ a ma·chine**

ex·pen·sive to ~ teuer im Unterhalt. **3.** unter'halten, (weiter)führen: **to ~ a cor·re·spond·ence**. **4.** (*in e-m bestimmten Zustand*) lassen, bewahren: **to ~ s.th. in** (**an**) **ex·cel·lent con·di·tion**. **5.** *s-e Familie etc* unter'halten, versorgen. **6.** behaupten (**that** daß; **to** *inf* zu *inf*). **7.** *e-e Meinung, ein Recht etc* verfechten, -teidigen. **8.** *j-n* unter'stützen, *j-m* beipflichten. **9.** auf e-r Forderung bestehen: **to ~ a claim**. **10.** nicht aufgeben, behaupten: **to ~ one's ground** bes. *fig.* sich (in s-r Stellung) behaupten *od.* halten. **11.** *jur.* a) *e-e Klage* anhängig machen: **to ~ an ac·tion**, b) *e-e Prozeßpartei* 'widerrechtlich unter'stützen. **12.** *econ. e-n Preis* halten. **13.** *e-e Ware* im Preis halten. **main·tain·a·ble** *adj* zu halten(d), verfechtbar, haltbar. **main·tain·er** *s* Unter'stützer(in): a) Verfechter(in) (*e-r Meinung etc*), b) Versorger(in), Erhalter(in). **main·tain·or** [-nə(r)] *s jur.* außenstehender Pro'zeßtreiber.

main·te·nance ['meɪntənəns] *s* **1.** In'standhaltung *f* (*a. tech.*), Unter'haltung *f*. **2.** *tech.* Wartung *f*, Pflege *f*: **~ man** Wartungsmonteur *m*; **~-free** wartungsfrei. **3.** 'Unterhalt(smittel *pl*) *m*: **~ grant** Unterhaltszuschuß *m*; **~ or·der** Anordnung *f* von Unterhaltszahlungen. **4.** (Aufrecht)Erhaltung *f*, Beibehalten *n*. **5.** Betreuung *f*: **cap of ~** *hist.* Schirmhaube *f*. **6.** Behauptung *f*, Verfechtung *f*. **7.** *jur.* 'ille,gale Unter'stützung e-r pro'zeßführenden Par'tei.

'main|·top *s mar.* Großmars *m*. **'~--'top·mast** *s mar.* Großstenge *f*. **'~--'top·sail** *s mar.* Großbramsegel *n*. **'~·trav·el(l)ed** *adj* vielbefahren (*Straße*). **~ yard** *s mar.* Gro[ßrah *f*].

mai·son·(n)ette [ˌmeɪzəˈnet] *s* **1.** Maiso(n)nette *f*. **2.** Einliegerwohnung *f*.

maî·tre d'hô·tel [ˌmetrədoˈtel; ˌmeɪ-; mɛtrədotɛl] (*Fr.*) *s* **1.** a) Haushofmeister *m*, b) *hist.* Major'domus *m*. **2.** Oberkellner *m*. **3.** Ho'telbesitzer *m*. **4.** *meist* **~ but·ter** Hofmeistersoße *f* (*Buttersoße mit Kräutern*).

maize [meɪz] *s* bes. *Br.* **1.** *bot.* Mais *m*. **2.** Maiskorn *n*. **3.** Maisgelb *n*.

ma·jes·tic [məˈdʒestɪk] *adj* (*adv* **~al·ly**) maje'stätisch.

maj·es·ty ['mædʒəstɪ] *s* **1.** Maje'stät *f*, königliche Hoheit: **His** (**Her**) **M~** Seine (Ihre) Majestät *od.* Königliche Hoheit; **Your M~** Eure Majestät; **in her ~** her. mit Krone u. Zepter (*Adler*). **2.** Maje'stät *f*, maje'stätisches Aussehen, Erhabenheit *f*, Hoheit *f*. **3.** *art* (*die*) Herrlichkeit Gottes.

ma·jol·i·ca [məˈjɒlɪkə; -ˈdʒɒ-; *Am.* -ˈɑl-] *s* Ma'jolika *f*.

ma·jor ['meɪdʒə(r)] **I** *s* **1.** *mil.* Ma'jor *m*. **2.** *ped. Am.* a) Hauptfach *n*, b) Stu'dent, der *Geschichte etc* als Hauptfach belegt hat: **history ~**. **3.** *jur.* Volljährige(r *m*) *f*, Mündige(r *m*) *f*: **to become a ~** volljährig werden. **4.** *mus.* a) Dur *n*, b) 'Durak,kord *m*, c) Durtonart *f*. **5.** *Logik:* a) **a. ~ term** Oberbegriff *m*, b) **a. ~ prem·ise** Obersatz *m*. **II** *adj* (*nur attr*) **6.** größer(er, e, es) (*a. fig.* an Bedeutung, Interesse *etc*), *fig. a.* bedeutend, wichtig, schwerwiegend: **~ ax·is** *math.* Hauptachse *f*; **~ event** bes. *sport* Großveranstaltung *f*; **~ ill·ness** schwer(er) Krankheit; **~ of·fen·sive** Großoffensive *f*; **~ par·ty** *pol.* große Partei; **~ poet** großer Dichter; **~ road** Haupt(verkehrs)straße *f*; **~ share·hold·er** (bes. *Am.* **stockholder**) *econ.* Großaktionär *m*; **~ op·er·a·tion** **9.** **7.** Mehrheits...: **~ vote** die von der Mehrheit abgegebenen Stimmen *pl*. **8.** *jur.* volljährig, majo'renn, mündig. **9.** *mus.* a) groß (*Terz etc*), b) Dur...: **C ~** C-Dur *n*.

10. *Am.* Hauptfach... **11.** *der ältere od.* erste: **Cato M~** der ältere Cato. **III** *v/i* **12.** ~ **in** *ped. Am.* als *od.* im Hauptfach stu'dieren.
Ma·jor·can [mə'dʒɔː(r)kən; -'jɔː(r)-] **I** *s* Mallor'quiner(in). **II** *adj* mallor'quinisch.
ma·jor-do·mo [ˌmeɪdʒə(r)'dəʊməʊ] *pl* **-mos** *s* **1.** Haushofmeister *m.* **2.** *hist.* Major'domus *m*, Hausmeier *m.*
ma·jor·ette [ˌmeɪdʒə'ret] *s Am.* 'Tambourma,jorin *f.*
ma·jor| **gen·er·al** *pl* ~ **gen·er·als** *s mil.* Gene'ralma,jor *m.*
ma·jor·i·ty [mə'dʒɒrətɪ; *Am. a.* -'dʒɑr-] *s* **1.** Mehrheit *f:* **by a large** ~ mit großer Mehrheit; ~ **of votes** (Stimmen)Mehrheit, Majorität *f;* ~ **decision,** ~ **vote** Mehrheitsbeschluß *m;* ~ **leader** *parl. Am.* Fraktionsführer *m* der Mehrheitspartei; ~ **rule** *pol.* Mehrheitsprinzip *n;* → **silent** *v.* **2.** größere Zahl, größerer *od.* größter Teil, Mehrzahl *f:* **to be in the** (*od.* **a**) ~ in der Mehrzahl sein; **in the** ~ **of cases** in der Mehrzahl der Fälle; **to join the** (**great**) ~ zu den Vätern versammelt werden (*sterben*). **3.** *a.* ~ **party** *pol.* 'Mehrheitspar,tei *f.* **4.** *jur.* Voll-, Großjährigkeit *f,* Mündigkeit *f:* **to reach one's** ~ volljährig werden. **5.** *mil.* Ma'jorsrang *m od.* -stelle *f:* **to obtain one's** ~ zum Major befördert werden. ~ **car·ri·er** *s electr.* Majori'tätsträger *m.*
ma·jor| **key** *s mus.* Dur(tonart *f*) *n.* ~ **league** *s sport Am.* oberste Spielklasse. ~ **mode** *s mus.* Durgeschlecht *n.* ~ **or·ders** *s pl relig.* (die) höheren Weihen *pl.* **M~ Proph·ets** *s pl Bibl.* (die) großen Pro'pheten *pl.* ~ **scale** *s mus.* Durtonleiter *f.* ~ **suit** *s Bridge:* höhere Farbe (*Herz od. Pik*).
ma·jus·cule ['mædʒəskjuːl; *Am. a.* mə'dʒʌs-] *s* Ma'juskel *f,* großer (Anfangs)Buchstabe.
make [meɪk] **I** *s* **1.** a) Machart *f,* Ausführung *f,* b) Erzeugnis *n,* Pro'dukt *n,* Fabri'kat *n:* **our own** ~ (unser) eigenes Fabrikat; **of best English** ~ beste englische Qualität; **I like the** ~ **of this car** mir gefällt die Ausführung *od.* Form dieses Wagens; **is this your own** ~? haben Sie das (selbst) gemacht? **2.** *Mode:* Schnitt *m*, Fas'son *f.* **3.** *econ.* (Fa'brik-)Marke *f.* **4.** *tech.* Typ *m,* Bau(art *f*) *m.* **5.** Beschaffenheit *f,* Zustand *m.* **6.** Anfertigung *f,* 'Herstellung *f,* Produkti'on *f.* **7.** Produkti'on(smenge) *f,* Ausstoß *m.* **8.** a) (Körper)Bau *m,* b) Veranlagung *f,* Na'tur *f,* Art *f.* **9.** Bau *m,* Gefüge *n.* **10.** Fassung *f,* Stil *m* (*e-s Romans etc*). **11.** *electr.* Schließen *n* (*des Stromkreises*): **to be at** ~ geschlossen sein. **12.** *Kartenspiel:* a) Trumpfbestimmung *f,* b) *Bridge:* endgültiges Trumpfgebot, c) Mischen *n* (*der Karten*). **13. to be on the** ~ *sl.* a) ,schwer dahinter hersein', auf Geld *od.* auf s-n Vorteil aussein, b) auf ein (*sexuelles*) Abenteuer aussein, c) (*gesellschaftlich*) nach oben drängen, d) im Kommen *od.* Werden sein.
II *v/t pret u. pp* **made** [meɪd] **14.** *allg. z. B.* Anstrengungen, Einkäufe, Einwände, *e-e* Reise, sein Testament, *e-e* Verbeugung, *e-n* Versuch machen: **to** ~ **a fire** Feuer machen; **to** ~ **a price** e-n Preis festsetzen *od.* machen; **to** ~ **a speech** e-e Rede halten; (*siehe die Verbindungen mit den entsprechenden Stichwörtern*). **15.** machen: a) anfertigen, 'herstellen, erzeugen (**from, of, out of** von, aus), b) verarbeiten, bilden, formen (**to, into** *in acc,* zu), c) Tee *etc* (zu)bereiten, d) *ein Gedicht etc* verfassen, dichten: **to** ~ **a sonnet. 16.** errichten, bauen, *e-n* Park, Weg *etc* anlegen. **17.** (er)schaffen: **God made man**

Gott schuf den Menschen; **you are made for this job** du bist für diese Arbeit wie geschaffen. **18.** *fig.* machen zu: **he made her his wife; to** ~ **a doctor of s.o.** j-n Arzt werden lassen. **19.** ergeben, bilden, entstehen lassen: **oxygen and hydrogen** ~ **water** Wasserstoff u. Sauerstoff bilden Wasser. **20.** verursachen: a) *ein Geräusch, Lärm, Mühe, Schwierigkeiten etc* machen, b) bewirken, (mit sich) bringen: **prosperity** ~**s contentment. 21.** (er)geben, den Stoff abgeben zu, dienen als (*Sache*): **this** ~**s a good article** das gibt e-n guten Artikel; **this cloth will** ~ **a suit** dieses Tuch wird für e-n Anzug reichen. **22.** sich erweisen als (*Personen*): **he would** ~ **a good salesman** er würde e-n guten Verkäufer abgeben; **she made him a good wife** sie war ihm e-e gute Frau. **23.** bilden, (aus-)machen: **this** ~**s the tenth time** das ist das zehnte Mal. **24.** (*mit adj, pp etc*) machen: **to** ~ **angry** zornig machen, erzürnen; → **make good. 25.** (*mit folgendem Substantiv*) machen zu, ernennen zu: **they made him (a) general, he was made a general** er wurde zum General ernannt; **he made himself a martyr** er machte sich zum Märtyrer. **26.** *mit inf* (*act ohne to, pass mit to*) j-n lassen, veranlassen *od.* bringen *od.* zwingen *od.* nötigen zu: **to** ~ **s.o. wait** j-n warten lassen; **we made him talk** wir brachten ihn zum Sprechen; **they made him repeat it, he was made to repeat it** man ließ es ihn wiederholen; **to** ~ **s.th. do, to** ~ **do with s.th.** mit etwas auskommen, sich mit etwas behelfen. **27.** *fig.* machen: **to** ~ **much of** a) viel Wesens um *etwas od.* j-n machen, b) viel halten von, e-e hohe Meinung haben von, große Stücke halten auf (*acc*). **28.** sich *e-e* Vorstellung von *etwas* machen, *etwas* halten für: **what do you** ~ **of it?** was halten Sie davon? **29.** *colloq.* j-n halten für: **I** ~ **him a greenhorn. 30.** schätzen auf (*acc*): **I** ~ **the distance three miles. 31.** feststellen: **I** ~ **it a quarter to five** nach m-r Uhr ist es Viertel vor fünf. **32.** erfolgreich 'durchführen: → **escape** 10. **33.** j-m zum Erfolg verhelfen, j-s Glück machen: **I can** ~ **and break you** ich kann aus Ihnen etwas machen u. ich kann Sie auch erledigen. **34.** sich *ein Vermögen etc* erwerben, verdienen, *Geld, e-n Profit* **a** *e-n Gewinn* erzielen: **to** ~ **money (a fortune, a profit)**; → **name** *Bes. Redew.* **35.** ‚schaffen': a) *e-e Strecke* zu'rücklegen: **can we** ~ **it in 3 hours?,** b) *e-e Geschwindigkeit* erreichen, ‚machen': **to** ~ **60 mph. 36.** *colloq. etwas* erreichen, ‚schaffen', *e-n* akademischen Grad erlangen, *sport ec* Punkte, *a. e-e Schulnote* erzielen, *e-n* Zug erwischen: **to** ~ **it** es schaffen; **to** ~ **the team** *bes. Am.* sich *e-n* Platz (in der Mannschaft) erobern; → **regular** 14. **37.** *sl. e-e* Frau ,rumkriegen', ,umlegen' (*verführen*). **38.** ankommen in (*dat*), erreichen: **to** ~ **port** *mar.* in den Hafen einlaufen. **39.** *mar.* sichten, ausmachen: **to** ~ **land. 40.** *Br. e-e Mahlzeit* einnehmen. **41.** *ein Fest etc* veranstalten. **42.** *Kartenspiel:* a) Karten mischen, b) *e-n* Stich machen. **43.** *electr.* den Stromkreis schließen, *e-n* Kontakt 'herstellen. **44.** *ling.* den Plural *etc* bilden, werden zu. **45.** sich belaufen auf (*acc*), ergeben, machen: **two and two** ~ **four** 2 u. 2 macht *od.* ist 4. **46.** *bes. Br. ein Tier* abrichten, dres'sieren: **to** ~ **a horse. 47.** *obs.* über'setzen (*in e-e andere Sprache*). **48.** *Am. sl.* j-n identifi'zieren.
III *v/i* **49.** sich anschicken, den Versuch machen (**to do** zu tun): **he made to go** er wollte gehen. **50.** (**to** nach) a) sich be-

geben *od.* wenden, b) führen, gehen (*Weg etc*), sich erstrecken, c) fließen. **51.** einsetzen (*Ebbe, Flut*), (an)steigen (*Flut etc*). **52.** (*statt pass*) gemacht *od.* 'hergestellt werden: **bolts are making in this shop. 53.** *Kartenspiel:* e-n Stich machen. **54.** ~ **as if** (*od.* **as though**) so tun als ob *od.* als wenn: **to** ~ **believe** (**that** *od.* **to do**) vorgeben (daß *od.* zu tun); **to** ~ **like** *Am. sl.* sich benehmen *od.* aufführen wie.
Verbindungen mit Präpositionen:
make| **aft·er** *v/i obs.* j-m nachsetzen, j-n verfolgen. ~ **a·gainst** *v/i* **1.** ungünstig *od.* nachteilig sein für, schaden (*dat*). **2.** sprechen gegen (*a. von Umständen*). ~ **at** *v/i* losgehen *od.* sich stürzen auf (*acc*): **he made at me with a knife.** ~ **for** *v/i* **1.** a) zugehen *od.* lossteuern auf (*acc*), zustreben (*dat*), b) sich begeben nach, eilen nach, sich aufmachen nach, c) *mar.* Kurs haben auf (*acc*), d) sich stürzen auf (*acc*). **2.** förderlich sein (*dat*), dienen (*dat*), führen *od.* beitragen zu, (e-e Verbesserung *gen*) bewirken: **it makes for his advantage** es wirkt sich für ihn günstig aus; **the aerial** (*bes. Am.* **antenna**) **makes for better reception** die Antenne verbessert den Empfang; **it makes for good health** es ist gut für die Gesundheit; **to** ~ **the success of** zum Erfolg (*gen*) beitragen. ~ **from** *v/i* **1.** sich fortmachen von. **2.** *mar.* abreiben von (*der Küste*). ~ **to·ward(s)** *v/i* **1.** → **make for** 1 a. **2.** sich nähern (*dat*). ~ **with** *v/i bes. Am. sl.* **1.** Getränke *etc* ,auffahren'. **2.** sich e-n Vorschlag *etc* einfallen lassen. **3. to** ~ **the face** Grimassen schneiden; ~ **the feet!** lauf schon!, mach schon!
Verbindungen mit Adverbien:
make| **a·way** *v/i* sich da'vonmachen: **to** ~ **with** a) sich davonmachen mit (*Geld etc*), b) *etwas od.* j-n beseitigen, aus dem Weg räumen, *etwas* aus der Welt schaffen, c) Geld *etc* durchbringen, d) sich entledigen (*gen*). ~ **good I** *v/t* **1.** a) (wieder)'gutmachen, b) ersetzen, vergüten: **to** ~ **a deficit** ein Defizit decken. **2.** a) begründen, rechtfertigen, b) be-, nachweisen. **3.** *ein Versprechen,* sein Wort halten, erfüllen, sich an e-e Abmachung halten. **4.** den Erwartungen entsprechen. **5.** Flucht *etc* glücklich bewerkstelligen. **6.** e-e (berufliche *etc*) Stellung ausbauen, sichern. **II** *v/i* **7.** sich 'durchsetzen (*a. Sache*), erfolgreich sein, sein Ziel erreichen. **8.** sich bewähren, den Erwartungen entsprechen. ~ **off** *v/i* sich da'vonmachen, sich aus dem Staub machen: **to** ~ **with the money** mit dem Geld durchbrennen; **to** ~ **with the prize** den Preis ergattern. ~ **out I** *v/t* **1.** e-n Scheck *etc* ausstellen. **2.** ein Dokument *etc* ausfertigen. **3.** e-e Liste *etc* aufstellen. **4.** ausmachen, erkennen: **to** ~ **a figure at a distance. 5.** e-n Sachverhalt *etc* feststellen, her'ausbekommen. **6.** a) j-n ausfindig machen, b) j-n verstehen, aus j-m *od.* e-r Sache klug werden: **I cannot make him (it) out. 7.** e-e Handschrift *etc* entziffern. **8.** a) behaupten, b) glaubhaft machen, c) beweisen: → **case**[1] 6; **to make s.o. out a liar** j-n als Lügner hinstellen. **9.** *Am.* a) (*bes.* mühsam) zu'stande bringen, b) ergeben, (aus-)machen. **10.** a) vervollkommnen, b) *art* Einzelheiten ausarbeiten, c) *e-e* Summe voll machen. **11.** halten für: **to make s.o. out to be a hypocrite. 12.** behaupten, vorgeben: **they** ~ **to be well informed. II** *v/i* **13.** *bes. Am. colloq.* a) Erfolg haben, erfolgreich sein (**as** als), b) sich ,sa'nieren', sich ,gesundstoßen' (**by** durch), c) gut *etc* abschneiden, d) gut *etc* zu'rechtkommen. **14.** *bes. Am.* auskommen (**with** mit j-m). **15.** *Am. colloq.* sich behelfen

(with mit). **16.** *bes. Am. sl.* a) ‚schmusen' (with mit), b) ‚bumsen' (*Geschlechtsverkehr haben*). ~ **o·ver** *v/t* **1.** *Eigentum* über'tragen, -'eignen, vermachen. **2.** a) *e-n Anzug etc* 'umarbeiten, ändern, b) *ein Haus etc* 'umbauen *od.* reno'vieren, c) *j-n* ändern *od.* bessern. ~ **up I** *v/t* **1.** bilden, zs.-setzen: **to ~ a whole** ein Ganzes bilden; **to be made up of** bestehen *od.* sich zs.-setzen aus. **2.** *e-e Arznei, Warenproben, e-n Bericht etc* zs.-stellen. **3.** *a. thea. etc* a) zu'rechtmachen, 'herrichten: **to ~ s.o.**; **to ~ one's face**; **to ~ a room**, b) schminken, c) 'ausstaf,fieren. **4.** *ein Schriftstück etc* abfassen, aufsetzen, *e-e Liste* anfertigen, *e-e Tabelle* aufstellen. **5.** sich *e-e Geschichte etc* ausdenken, (*a. lügnerisch*) erfinden: **the story is made up. 6.** *ein Paket etc* (ver)packen, (ver)schnüren: **to ~ parcels. 7.** *e-n Anzug etc* anfertigen, nähen. **8.** → **mind 5. 9.** a) *Versäumtes* nachholen, wettmachen: ~ **leeway 3**, b) 'wiedergewinnen: **to ~ lost ground. 10.** ersetzen, vergüten. **11.** *e-n Streit etc* beilegen, begraben: **to make it up** a) es wiedergutmachen, b) sich versöhnen *od.* wieder vertragen (**with** mit). **12.** vervollständigen, *fehlende Summe etc* ergänzen, *e-n Betrag, e-e Gesellschaft etc* voll machen. **13.** *econ.* a) *e-e Bilanz* ziehen, b) *Konten, e-e Rechnung* ausgleichen: → **average 2. 14.** *print. den Satz* um'brechen. **15.** *j-n* darstellen, sich verkleiden als. **II** *v/i* **16.** sich zu'rechtmachen, *bes.* sich pudern *od.* schminken. **17.** (**for** für) Ersatz leisten, als Ersatz dienen, entschädigen. **18.** (**for**) ausgleichen, aufholen (*acc*), (*e-n Verlust*) wieder'gutmachen *od.* wettmachen, Ersatz leisten (für): **to ~ for lost time** den Zeitverlust wieder wettzumachen suchen, die verlorene Zeit wieder aufzuholen suchen. **19.** *Am.* (**to**) sich nähern (*dat*), zugehen (auf *acc*). **20.** *colloq.* (**to**) a) (*j-m*) den Hof machen, b) (*j-m*) schöntun, sich einschmeicheln *od.* anbiedern (bei *j-m*), c) sich her'anmachen (an *j-n*). **21.** sich versöhnen *od.* wieder vertragen (**with** mit).
make| and break *s electr.* Unter-'brecher *m.* **~-and-'break** *adj electr.* Unterbrecher...: ~ **contact**; ~ **ignition** Abreißzündung *f.* ~ **and mend** *s mar. Br.* **1.** Putz- u. Flickstunde *f.* **2.** Halbtagsurlaub *m.* **'~-bate** *s obs.* Störenfried *m*, Unruhestifter(in). **'~-be,lieve I** *s* **1.** a) So-Tun-als-ob *n*, b) Verstellung *f*, c) Heuche'lei *f.* **2.** Vorwand *m.* **3.** (*falscher*) (An)Schein, Spiegelfechte'rei *f.* **4.** a) Heuchler(in), b) *fig.* Schauspieler(in). **II** *adj* **5.** angenommen, eingebildet, nur in der Phanta'sie exi'stierend: ~ **world** Schein-, Phantasiewelt *f.* **6.** falsch: a) scheinbar, unecht, b) geheuchelt, unaufrichtig, c) vor-, angeblich. **'~-do** ~ **makeshift. '~-fast** *s mar.* **1.** Vertäupfahl *m.* **2.** Poller *m.* **3.** Vertäuboje *f.* **'~-peace** *s* Friedensstifter(in).
mak·er ['meɪkə(r)] *s* **1.** Macher *m*, Verfertiger *m.* **2.** *econ.* 'Hersteller *m*, Erzeuger *m.* **3.** the M~ *relig.* der Schöpfer (Gott): (**to go**) **to meet one's ~** *euphem.* das Zeitliche segnen. **4.** *econ.* Aussteller *m e-s* Eigenwechsels. **5.** *obs.* Dichter *m*, Sänger *m.* **6.** *Bridge:* (Al'lein)Spieler *m.*
'make|-,read·y *s print.* Zurichtung *f.* **'~-shift I** *s* Notbehelf *m.* **II** *adj* behelfsmäßig, provi'sorisch, Behelfs..., Not...: ~ **construction**; ~ **team** *sport* Verlegenheitsmannschaft *f.*
'make-up *s* **1.** Aufmachung *f*: a) *Film etc*: Ausstattung *f*, Kostü'mierung *f*, b) *econ.* Ausstattung *f*, Verpackung *f*, c) *humor.* Aufzug *m*, (Ver)Kleidung *f.* **2.** Make-'up *n*: a) Schminken *n*, Pudern *n*, b) Kos'metikum *n*, Schminke *f*, Puder *m*;

~ **case** Kosmetiktäschchen *n.* **3.** *Film etc*: Maske *f* (*a. im Abspann*). **4.** *fig.* Rüstzeug *n.* **5.** *chem. etc, a. pol. u. fig.* Zs.-setzung *f*: **the ~ of the Cabinet**; **the ~ of the team** *sport* die Mannschaftsaufstellung. **6.** Körperbau *m.* **7.** Veranlagung *f*, Na'tur *f.* **8.** Pose *f.* **9.** *fig. Am.* erfundene Geschichte, Erfindung *f.* **10.** *ped. Am.* a) Nachprüfung *f*, b) Wieder'holungsprüfung *f.* **11.** *print.* 'Umbruch *m.* **~ man** *irr* **1.** *Film etc*: Maskenbildner *m.* **2.** *print.* 'Umbruchredak,teur *m.*
'make·weight *s* **1.** (Gewichts)Zugabe *f*, Zusatz *m* (*bes. zum vollen Gewicht*). **2.** *a. fig.* Gegengewicht *n*, Ausgleich *m.* **3.** *fig.* a) Lückenbüßer *m* (*Person*), b) (kleiner) Notbehelf, Füllsel *n.*
'make-,work *s econ. Am.* Gewerkschaftspraxis, die verhindern soll, daß sich durch technischen Fortschritt bedingte Arbeitszeitverkürzungen negativ auf die Arbeitnehmer auswirken.
ma·ki·mo·no [,mɑ:kɪˈməʊnəʊ] *pl* **-nos** *s* Maki'mono *n* (*ostasiatische Bildrolle*).
mak·ing ['meɪkɪŋ] *s* **1.** Machen *n*, Schaffen *n*: **this is of my own ~** das habe ich selbst gemacht, das ist mein eigenes Werk. **2.** Erzeugung *f*, 'Herstellung *f*, Fabrikati'on *f*: ~ **order** spezifizierter Fertigungsauftrag; **to be in the ~** a) im Werden *od.* im Kommen *od.* in der Entwicklung sein, b) noch nicht fertig *od.* noch in Arbeit sein. **3.** Pro'dukt *n* (*e-s Arbeitsgangs*): a ~ **of bread** ein Schub *m* Brot. **4.** a) Zs.-setzung *f*, b) Verfassung *f*, c) Bau(art *f*) *m*, Aufbau *m*, d) Aufmachung *f.* **5.** Glück *n*, Chance *f*: **this will be the ~ of him** damit ist er ein gemachter Mann; **misfortune was the ~ of him** sein Unglück machte ihn groß. **6.** *oft pl* Anlagen *pl*, ‚Zeug' *n*: **he has the ~s of** er hat das Zeug *od.* die Anlagen zu. **7.** *pl* a) ('Roh)Materi,al *n* (*a. fig.*), b) *colloq.* (die) nötigen Zutaten *pl.* **8.** *pl* Pro'fit *m*, Verdienst *m.* **9.** *pl Bergbau*: Kohlengrus *m.* **'~-up day** *s econ. Br.* Re'porttag *m.* **'~-up price** *s econ. Br.* Liquidati'onspreis *m*, -kurs *m.*
mal- [mæl] Wortelement mit der Bedeutung schlecht.
ma·lac·ca (cane) [məˈlækə] *s* Ma'lakka(spa,zier)stöckchen *n.*
Mal·a·chi [ˈmæləkaɪ], **Mal·a·chi·as** [-əs] *npr u. s Bibl.* (das Buch) Male'achi *m od.* Mala'chias *m.*
mal·a·chite [ˈmæləkaɪt] *s min.* Mala'chit *m*, Kupferspat *m.*
mal·a·co·derm [ˈmæləkəʊdɜːm; *Am.* -,dɜːrm] *s zo.* Weichhäuter *m.*
mal·a·col·o·gy [,mæləˈkɒlədʒɪ; *Am.* -ˈkɑː-] *s* Malakolo'gie *f*, Weichtierkunde *f.*
mal·a·cop·ter·yg·i·an [,mæləkɒptəˈrɪdʒɪən; *Am.* ,kɑːp-] *zo.* **I** *s* Weichflosser *m.* **II** *adj* weichflossig, Weichflosser...
mal·a·cos·tra·can [,mæləˈkɒstrəkən; *Am.* -ˈkɑː-] *zo.* **I** *s* Schalenkrebs *m.* **II** *adj* Schalenkrebs...
'mal,ad·ap'ta·tion *s* schlechte Anpassung.
,mal·ad'dress *s* **1.** ungeschicktes Benehmen. **2.** Taktlosigkeit *f.*
,mal·ad'just·ed *adj* **1.** schlecht angepaßt *od.* angeglichen, unausgeglichen. **2.** *psych.* nicht angepaßt, 'dissozi,al, mi-'lieugestört. **,mal·ad'just·ment** *s* **1.** schlechte Anpassung *od.* Angleichung. **2.** *tech.* falsche Einstellung. **3.** *fig.* a) 'Mißverhältnis *n*, b) gestörtes (*wirtschaftliches etc*) Gleichgewicht. **4.** *psych.* mangelnde Anpassung(sfähigkeit),Mi'lieustörung *f.*
'mal·ad,min·is'tra·tion *s* **1.** schlechte Verwaltung. **2.** *pol.* 'Mißwirtschaft *f.*
mal·a·droit [,mæləˈdrɔɪt] *adj* (*adv* **-ly**) **1.** ungeschickt. **2.** taktlos. **,mal·a·'droit·ness** *s* **1.** Ungeschick *n*, Un-

geschicklichkeit *f.* **2.** Taktlosigkeit *f.*
mal·a·dy [ˈmælədɪ] *s* **1.** Krankheit *f*, Gebrechen *n.* **2.** *fig.* Übel *n*: **a social ~**.
ma·la fi·de [,meɪlə ˈfaɪdɪ; *bes. Am.* ,mæ-] (*Lat.*) *adj u. adv* **1.** *jur.* a) arglistig, b) bösgläubig. **2.** falsch, unredlich. **,ma·la 'fi·des** [-diːz] (*Lat.*) *s* **1.** *jur.* a) Arglist *f*, b) böser Glauben. **2.** Unredlichkeit *f.*
Mal·a·gas·y [,mæləˈgæsɪ] **I** *s* a) Mada-'gasse *m*, Mada'gassin *f*, b) Mada'gassen *pl.* **II** *adj* mada'gassisch.
ma·laise [mæˈleɪz] *s* **1.** Unpäßlichkeit *f*, Unwohlsein *n* (*a. der Frau*), Kränklichkeit *f.* **2.** *fig.* Unbehagen *n.*
ma·la·mute [ˈmæləmjuːt] *s* Eskimohund *m.*
mal·an·ders [ˈmælændə(r)z] *s pl* (*meist als sg konstruiert*) *vet.* Mauke *f* (*Pferdekrankheit*).
mal·a·pert [ˈmæləpɜːt; *Am.* ,mæləˈpɜːrt] *adj u. s obs.* unverschämt(e Per'son).
mal·a·prop [ˈmæləprɒp; *Am.* -,prɑːp], **'mal·a·prop,ism** *s* (lächerliche) Wortverwechslung, 'Mißgriff *m.*
mal·a·pro·pos [,mæləˈprəʊpəʊ; -əprə-'pəʊ] **I** *adj* **1.** ungelegen, unpassend. **2.** unschicklich. **II** *adv* **3.** a) zur unrechten Zeit, b) im falschen Augenblick. **III** *s* **4.** (*etwas*) Unangebrachtes *etc.*
ma·lar [ˈmeɪlə(r)] *anat.* **I** *adj* ma'lar, Backen...: ~ **bone** → **II**. **II** *s* Backenknochen *m.*
ma·lar·i·a [məˈleərɪə] *s med.* Ma'laria *f*, Sumpffieber *n.* **ma·lar·i·al, ma·lar·i·an, ma·lar·i·ous** *adj* Malaria...
ma·lar·k(e)y [məˈlɑː(r)kɪ] *s colloq.* ‚Käse' *m*, ‚Quatsch' *m.*
mal·ate [ˈmæleɪt; ˈmeɪ-] *s chem.* Ma'lat *n*, Salz *n od.* Ester *m* der Apfelsäure.
Ma·lay [məˈleɪ; *Am.* ˈmeɪleɪ] **I** *s* **1.** Ma'laie *m*, Ma'laiin *f.* **2.** Eingeborene(r *m*) *f* von Ma'lakka. **3.** *ling.* Ma'laiisch *n*, das Ma'laiische. **II** *adj* **4.** ma'laiisch.
Mal·a·ya·lam [,mælɑːləm; *Am.* -ˈjɑː-] *s* Malaya'lam *n* (*malabarische Sprache*).
Ma·lay·an [məˈleɪən; *Am.* a. ˈmeɪl-] → **Malay II**.
Ma·lay·si·an [məˈleɪzɪən; *Am.* -ʒən; -ʃən] **I** *s* Ma'laysier(in). **II** *adj* ma'laysisch.
,mal·con'tent I *adj* unzufrieden (*a. pol.*). **II** *s* Unzufriedene(r *m*) *f* (*a. pol.*).
male [meɪl] **I** *adj* **1.** *biol.* männlich (*a. tech.*): ~ **cat** Kater *m*; ~ **child** Knabe *m*; ~ **cousin** Vetter *m*; ~ **fern** *bot.* Wurmfarn *m*; ~ **nurse** Krankenpfleger *m*; ~ **plug** *electr.* Stecker *m*; ~ **prostitute** Strichjunge *m*; ~ **screw** *tech.* Schraubenbolzen *m*, -spindel *f*; **without ~ issue** ohne männliche(n) Nachkommen. **2.** *weit S.* a) männlich, mannhaft, b) kräftig (*in der Farbe etc*), c) Männer...: ~ **voice**; ~ **choir** Männerchor *m.* **II** *s* **3.** a) Mann *m*, b) Knabe *m.* **4.** *zo.* Männchen *n.* **5.** *bot.* männliche Pflanze.
ma·le·ate [ˈmæleɪt; *Am.* ˈmeɪ-; *a.* -lɪət] *s chem.* Male'at *n.*
mal·e·dic·tion [,mælɪˈdɪkʃn] *s* **1.** Fluch *m*, Verwünschung *f.* **2.** Fluchen *n.* **,mal·e'dic·to·ry** [-tərɪ] *adj* verwünschend, Verwünschungs..., Fluch...
mal·e·fac·tion [,mælɪˈfækʃn] *s* Missetat *f.* **'mal·e·fac·tor** [-tə(r)] *s* Misse-, Übeltäter *m.* **'mal·e·fac·tress** [-trɪs] *s* Misse-, Übeltäterin *f.*
ma·lef·ic [məˈlefɪk] *adj* (*adv* **~ally**) **1.** ruchlos, bösartig. **2.** unheilvoll. **ma·lef·i·cent** [-snt] *adj* **1.** bösartig. **2.** schädlich (**to** für *od. dat*). **3.** verbrecherisch.
ma·le·ic ac·id [məˈleɪɪk; *Am. a.* -ˈliːɪk] *s chem.* Male'insäure *f.*
ma·le·mute → **malamute**.
ma·lev·o·lence [məˈlevələns] *s* 'Mißgunst *f*, Bosheit *f*, Feindseligkeit *f* (**to** gegen), Böswilligkeit *f.* **ma·lev·o·lent**

malfeasance – mammy

adj (*adv* ~**ly**) **1.** 'mißgünstig, widrig (*Umstände etc*). **2.** (**to**) feindselig (gegen), feindlich gesinnt (*dat*), übelwollend (*dat*), böswillig.
mal·fea·sance ['mæl'fiːzns] *s jur.* strafbare Handlung, (*bes.* Amts)Vergehen *n*.
mal·fea·sant I *adj* gesetzwidrig, strafbar. **II** *s* Missetäter(in), *bes.* j-d, der sich e-s Amtsvergehens schuldig macht.
ˌ**mal·for'ma·tion** *s bes. med.* 'Mißbildung *f*. ˌ**mal'formed** *adj* 'mißgebildet.
ˌ**mal'func·tion I** *s* **1.** *med.* Funkti'onsstörung *f*. **2.** *tech.* a) schlechtes Funktio'nieren *od.* Arbeiten, b) Versagen *n*. **II** *v/i* **3.** *tech.* a) schlecht funktio'nieren *od.* arbeiten, b) versagen.
mal·ic ['mælɪk; 'meɪ-] *adj chem.* Apfel...: ~ **acid**.
mal·ice ['mælɪs] *s* **1.** Böswilligkeit *f*, Gehässigkeit *f*, Bosheit *f*: **out of pure ~** aus reiner Bosheit. **2.** Groll *m*: **to bear ~ to s.o.**, **to bear s.o. ~** j-m grollen, Rachegefühle gegen j-n hegen *od.* nähren. **3.** Arglist *f*, (Heim)Tücke *f*: **the ~ of fate** die Tücke des Geschicks. **4.** (schelmische) Bosheit, Schalkhaftigkeit *f*: **with ~** boshaft, maliziös. **5.** *jur.* böse Absicht, Vorsatz *m*: **with ~** (**aforethought** *od.* **prepense**) vorsätzlich.
ma·li·cious [mə'lɪʃəs] *adj* (*adv* ~**ly**) **1.** böswillig, feindselig. **2.** arglistig, (heim)tückisch. **3.** gehässig. **4.** malizi'ös: a) hämisch, schadenfroh, b) schalkhaft, boshaft. **5.** *jur.* böswillig, vorsätzlich: ~ **abandonment** böswilliges Verlassen; ~ **mischief** *Am. u. Scot.* (böswillige) Sachbeschädigung; ~ **prosecution** böswillige Strafverfolgung. **ma'li·cious·ness** → **malice** 1-3.
ma·lign [mə'laɪn] **I** *adj* **1.** verderblich, schädlich. **2.** unheilvoll. **3.** → **malignant** 1-4. **II** *v/t* **4.** verlästern, -leumden, beschimpfen. **ma·lig·nan·cy** [mə'lɪgnənsɪ] *s* **1.** Bösartigkeit *f* (*a. med.*), Böswilligkeit *f*, Feindseligkeit *f*. **2.** Bosheit *f*, Arglist *f*. **3.** hämisches Wesen. **4.** Schädlichkeit *f*, Verderblichkeit *f*. **ma'lig·nant I** *adj* (*adv* ~**ly**) **1.** bösartig (*a. med.*), böswillig, feindselig. **2.** boshaft, arglistig, (heim)tückisch. **3.** hämisch, schadenfroh. **4.** gehässig. **5.** → **malign** 1, 2. **6.** *pol.* unzufrieden, re'bellisch. **II** *s* **7.** *Br. hist.* Königstreue(r *m*) *f*, Roya'list(in) (*bes. Anhänger von Charles I*). **8.** *pol.* Unzufriedene(r *m*) *f*. **ma·lig·ner** [mə'laɪnə(r)] *s* Verleumder(in). **ma·lig·ni·ty** [mə'lɪgnətɪ] *s* **1.** → **malignancy** 1, 2, 3. **2.** tiefer Haß. **3.** *pl* a) Haßgefühle *pl*, b) Gemeinheiten *pl*, böswillige Handlungen *pl*, c) unheilvolle Ereignisse *pl*.
ma·lines [mæ'liːn; *bes. Am.* mə-; malin] *pl* **-lines** [-'liːn; -nz; malin] (*Fr.*) *s* **1.** (*früher* handgewebtes) tüllartiges Maschenwerk. **2.** Mechelner Spitzen *pl*.
ma·lin·ger [mə'lɪŋgə(r)] *v/i* sich krank stellen, simu'lieren, ,sich drücken'. **ma·'lin·ger·er** *s* Simu'lant *m*, Drückeberger *m*.
ma·lism ['meɪlɪzəm] *s* Lehre, daß die Welt als Ganzes schlecht ist.
mal·i·son ['mælɪzn, -ɪsn] *s obs.* Verwünschung *f*, Fluch *m*.
mal·kin ['mɔːkɪn; 'mɔːl-; *Am. a.* 'mæl-] *s* **1.** *obs.* Schlampe *f*, Hure *f*. **2.** Vogelscheuche *f*.
mall¹ [mɔːl; mæl] *s* **1.** schattiger Prome'nadenweg. **2.** *hist.* a) Mail(spiel) *n*, b) Mailschlegel *m*, c) Mailplatz *m*. **3.** *Am.* Einkaufszentrum *n*.
mall² [mɔːl; mɑːl] *s orn.* Sturmmöwe *f*.
mall³ → **maul**.
mal·lard ['mæləːd; *Am.* -ərd] *pl* **-lards**, *bes. collect.* **-lard** *s* **1.** *orn.* a) Wild-, Stockente *f*, b) wilder Enterich. **2.** Wildente(nfleisch *n*) *f*.

mal·le·a·bil·i·ty [ˌmælɪə'bɪlətɪ] *s* **1.** *tech.* a) (Kalt)Hämmerbarkeit *f*, b) Dehn-, Streckbarkeit *f*, c) Verformbarkeit *f*. **2.** *fig.* Geschmeidigkeit *f*, Formbarkeit *f*.
mal·le·a·ble ['mælɪəbl] *adj* **1.** *tech.* a) (kalt)hämmerbar, b) dehn-, streckbar, c) verformbar. **2.** *fig.* formbar, gefügig, geschmeidig. ~ **cast i·ron** *s tech.* **1.** Tempereisen *n*. **2.** Temperguß *m*. ~ **i·ron** *s tech.* **1.** a) Schmiede-, Schweißeisen *n*, b) schmiedbarer Guß. **2.** *Am.* → **malleable cast iron**.
mal·le·a·ble·ize ['mælɪəblaɪz] *v/t tech.* tempern, glühfrischen.
mal·le·i ['mælɪaɪ] *pl von* **malleus**.
mal·le·i·form [mə'liːɪfɔː(r)m; mæ-] *adj zo.* hammerförmig.
mal·le·muck ['mælɪmʌk] *s orn.* a) Sturmvogel *m*, b) Eismöwe *f*, c) Fulmar *m*.
mal·le·o·lar [mə'liːələ(r)] *adj anat.* mal'leo·lar, Knöchel... **mal·le·o·lus** [-ləs] *pl* **-li** [-laɪ] *s anat.* Mal'leolus *m*, Knöchel *m* (*am Ende des Schien- u. Wadenbeins*).
mal·let ['mælɪt] *s* **1.** Holzhammer *m*, Schlegel *m*. **2.** *Bergbau:* (Hand)Fäustel *m*, Schlägel *m*. **3.** *sport* a) (Krocket)Schläger *m*, b) (Polo)Schläger *m*.
mal·le·us ['mælɪəs] *pl* **-le·i** [-laɪ] *s anat.* Hammer *m* (*Gehörknöchelchen*).
mal·low ['mæləʊ] *s bot.* **1.** Malve *f*. **2.** Malvengewächs *n*.
malm [mɑːm; *Am. a.* mɑːlm] *s geol.* Malm *m*, (*kalkhaltiger*) weicher Lehm.
malm·sey ['mɑːmzɪ; *Am. a.* 'mɑːlm-] *s* Malva'sier(wein) *m* (*Süßweinsorte*).
ˌ**mal·nu'tri·tion** *s* **1.** 'Unterernährung *f*. **2.** Fehlernährung *f*.
ˌ**mal·oc'clu·sion** *s med.* Ge'bißanoma,lie *f*.
ˌ**mal'o·dor·ous** *adj* übelriechend.
Mal·pigh·i·an [mæl'pɪgɪən] *adj bot. med. zo.* mal'pighisch (*nach dem italienischen Anatomen Malpighi*): ~ **body**, ~ **corpuscle** *med.* Malpighisches Körperchen.
ˌ**mal·po'si·tion** *s med.* 'Stellungs-, 'Lageanoma,lie *f*.
ˌ**mal'prac·tice** *s* **1.** Übeltat *f*, Vergehen *n*. **2.** *jur.* a) Vernachlässigung *f* der beruflichen Sorgfalt, b) Kunstfehler *m*, falsche (ärztliche) Behandlung, c) Fahrlässigkeit *f* (*des Arztes*), d) Amtsvergehen *n*, e) Untreue *f* (*im Amt etc*).
ˈ**mal·pres·en'ta·tion** *s med.* ano'male Kindslage.
malt [mɔːlt] **I** *s* **1.** Malz *n*: **green ~** Grünmalz. **2.** *colloq.* (Malz)Bier *n*. **II** *v/t* **3.** mälzen, malzen: ~**ed milk** Malzmilch *f*. **4.** unter Zusatz von Malz 'herstellen. **III** *v/i* **5.** zu Malz werden. **6.** malzen. **IV** *adj* **7.** Malz...: ~ **extract**; ~ **liquor** gegorener Malztrank, *bes.* (Malz)Bier *n*; ~ **whisky** Malt-Whisky *m*, Malzwhisky *m*.
malt·ase ['mɔːlteɪs] *s biol. chem.* Mal'tase *f*, Dia'stase *f* (*Ferment*).
Mal·tese [mɔːl'tiːz; *Am. a.* -'tiːs] **I** *s* **1.** a) Mal'teser(in), b) *pl* Mal'teser *pl*. **2.** *ling.* Mal'tesisch *n*. **II** *adj* **3.** mal'tesisch, Maltesér... ~ **cross** *s* **1.** Malteserkreuz *n*. **2.** *tech.* Mal'teserkreuz(getriebe) *n*.
mal·tha ['mælθə] *s* **1.** *min.* Berg-, Erdteer *m*. **2.** (*verschiedene Arten von*) Mörtel *m od.* Ze'ment *m*.
'malt·house *s* Mälze'rei *f*.
Mal·thu·sian [mæl'θjuːzjən, -'θuː-; *Am.* -ʒən] **I** *s* Malthusi'aner(in). **II** *adj* mal'thusisch, Malthus... **Mal'thu·si·an·ism** *s* Malthusia'nismus *m*.
malt·ine ['mɔːltiːn] *s chem. Br.* Mal'tin *n*, 'Malzdia,stase *f*.
malt·ing ['mɔːltɪŋ] *s* Mälze'rei *f*.
malt·ose ['mɔːltəʊz; *Am. a.* -əʊs] *s chem.* Mal'tose *f*, Malzzucker *m*.
ˌ**mal'treat** *v/t* **1.** schlecht behandeln, malträ'tieren, grob 'umgehen mit. **2.** miß'handeln. ˌ**mal'treat·ment** *s* **1.** schlechte Behandlung. **2.** Miß'handlung *f*.
malt·ster ['mɔːltstə(r)] *s* Mälzer *m*.
malt sug·ar → **maltose**.
malt·y ['mɔːltɪ] *adj* malzig, malzhaltig, Malz...
mal·va·ceous [mæl'veɪʃəs] *adj bot.* zu den Malvengewächsen gehörig.
mal·ver·sa·tion [ˌmælvəː'seɪʃn; *Am.* -vər-] *s jur.* **1.** Veruntreuung *f*, 'Unterschleif *m*. **2.** 'Amts,mißbrauch *m*, -vergehen *n*.
mal·voi·sie ['mælvɔɪzɪ; *Am.* ˌmælvwə-'ziː] → **malmsey**.
mam·ba ['mæmbə; *Am. a.* 'mɑːmbə] *s zo.* Mamba *f* (*Giftnatter*).
mam·e·lon ['mæmələn] *s* Hügel *m*.
Mam·e·luke ['mæmɪluːk] *s hist.* **1.** Ma·me'luck *m*. **2.** m~ Sklave *m*.
ma·mil·la [mæ'mɪlə] *pl* **-lae** [-liː] *s* **1.** *anat.* Brustwarze *f*. **2.** *zo.* Zitze *f*. **3.** (brust)warzenförmiges Gebilde. **ma·mil·lar·y** ['mæmɪlərɪ; *Am.* -ˌlerɪ] *adj* **1.** *anat.* Brustwarzen... **2.** (brust)warzenförmig. **'ma·mil·late** [-leɪt], **'ma·mil·lat·ed** *adj* **1.** mit Brustwarzen besetzt. **2.** → **mamillary** 2. **ma·mil·li·form** [mæ'mɪlɪfɔː(r)m] → **mamillary** 2.
mam·ma¹ [mə'mɑː; *Am. a.* 'mɑːmə] *s* Ma'ma *f*, Mutti *f*.
mam·ma² ['mæmə] *pl* **-mae** [-miː; *Am. a.* -maɪ] *s* **1.** *anat.* (weibliche) Brust, Brustdrüse *f*. **2.** *zo.* Zitze *f*, Euter *n*.
mam·mal ['mæml] *s zo.* Säugetier *n*.
Mam·ma·li·a [mæ'meɪljə; -lɪə; mə-] *s pl zo.* Mam'malia *pl*, Säugetiere *pl*. **mam·'ma·li·an** *zo.* **I** *s* Säugetier *n*. **II** *adj* Säugetier..., zu den Säugetieren gehörig.
mam·ma·lif·er·ous [ˌmæmə'lɪfərəs] *adj geol.* (*fossile*) Säugetierreste enthaltend. ˌ**mam·ma'log·i·cal** *adj* mam·ma'logisch. **mam·mal·o·gy** [mæ'mælədʒɪ; mə-] *s* Mammalo'gie *f*, Säugetierkunde *f*.
mam·ma·ry ['mæməːrɪ] *adj* **1.** *anat.* Brust(warzen)..., Milch...: ~ **gland** Brust-, Milchdrüse *f*. **2.** *zo.* Euter...
mam·mi·fer ['mæmɪfə(r)] *s zo. selten* Säugetier *n*. **mam·mif·er·ous** [mæ'mɪfərəs] *adj* säugend, mit Brustwarzen (versehen). **'mam·mi·form** [-fɔː(r)m] *adj* **1.** brust(warzen)förmig. **2.** zitzen-, euterförmig.
mam·mil·la, *etc bes. Am. für* **mamilla**, *etc*.
mam·mock ['mæmək] *bes. dial.* **I** *s* Bruchstück *n*, Brocken *m*. **II** *v/t* (in Stücke) (zer)brechen.
mam·mo·gram ['mæməgræm] *s med.* Mammo'gramm *n* (*Röntgenaufnahme der weiblichen Brust*). **'mam·mo·graph** [-grɑːf; *bes. Am.* -græf] → **mammogram**. **mam·mog·ra·phy** [mæ'mɒgrəfɪ; *Am.* -'mɑː-] Mammogra'phie *f* (*röntgenologische Untersuchung der weiblichen Brust*).
mam·mon ['mæmən] *s* Mammon *m*: a) Reichtum *m*, Geld *n*: **the ~ of unrighteousness** *Bibl.* der ungerechte Mammon, b) M~ Dämon des Geldes *od.* der Besitzgier: **to serve** (*od.* **worship**) **M~** dem Mammon dienen. **'mam·mon·ish** *adj* dem Mammon ergeben. **'mam·mon·ism** *s* Mammo'nismus *m*, Geldgier *f*. **'mam·mon·ist**, **'mam·mon·ite** *s* Mammonsdiener *m*.
mam·mo·plas·ty ['mæmɒplæstɪ; *Am.* -'mɑː-] *s med.* Mammo'plastik *f*.
mam·moth ['mæməθ] **I** *s zo.* Mammut *n*. **II** *adj* Mammut..., riesig, Riesen..., ungeheuer: ~ **enterprise** Mammutunternehmen *n*; ~ **tree** *bot.* Mammutbaum *m*.
mam·my ['mæmɪ] *s* **1.** *colloq.* Mami *f*, Mutti *f*. **2.** *contp. Am.* farbiges Kindermädchen.

man [mæn] **I** *pl* **men** [men] *s* **1.** Mensch *m.* **2.** *oft* M~ (*meist ohne the*) *collect.* der Mensch, die Menschen *pl*, die Menschheit: **the rights of ~** die Menschenrechte. **3.** Mann *m*: **~ about town** Lebemann; **the ~ in** (*Am. a.* **on**) **the street** der Mann auf der Straße, der Durchschnittsbürger, der gewöhnliche Sterbliche; **~ of all work** a) Faktotum *n*, b) Allerweltskerl *m*; **~ of God** Diener *m* Gottes; **~ of straw** *fig.* Strohmann; **~ of the world** Mann von Welt; **M~ of Sorrows** *relig.* Schmerzensmann (*Christus*); **he is a ~ of few words** er macht nicht viele Worte; **he is an Oxford ~** er hat in Oxford studiert; **I have known him ~ and boy** ich kenne ihn schon von Jugend auf; **to be one's own ~** sein eigener Herr sein; **the ~ Smith** (besagter *od.* dieser) Smith; **a ~ and a brother** *Br. colloq.* ein patenter Kerl; **my good ~!** *iro.* mein lieber Herr!; → **honor 9, inner man, letter 5. 4.** *weitS.* a) Mann *m*, Per¦son *f*, b) jemand, c) man: **as a ~** als Mensch (*schlechthin*); **any ~**) irgend jemand, b) jedermann; **every ~** jeder(mann); **few men** nur wenige (Menschen); **no ~** niemand; **50 p per ~** 50 Pence pro Person *od.* Mann; **what can a ~ do in such a case?** was kann man da schon machen?; **to give a ~ a chance** einem e-e Chance geben; **the M~** *Am. sl.* a) der Weiße, b) das (*bes.* weiße) Establishment, c) die „Bullen" *pl*, die Polizei. **5.** Mann *m*: **as one ~** wie ¦ein Mann, geschlossen; **~ by ~** Mann für Mann; **to a ~** bis auf den letzten Mann. **6.** (Ehe)Mann *m*: **~ and wife** Mann u. Frau. **7.** (*der*) (richtige) Mann, (*der*) Richtige: **if you want a guide, he is your ~; I am your ~!** ich bin Ihr Mann!; **he is not the ~ to do it** er ist nicht der richtige Mann dafür. **8.** (wahrer, echter *od.* ‚richtiger') Mann: **be a ~!** sei ein Mann!, reiß dich zusammen! **9.** *collect.* die Männer *pl*, der Mann. **10.** a) Diener *m*, b) Angestellte(r) *m*, c) Arbeiter *m*: **the men are on strike. 11.** *mil.* Mann *m* (*a. pl*): a) Sol¦dat *m*, b) Ma¦trose *m*, c) *pl* Mannschaft *f*: **~ on leave** Urlauber *m*; **20 men** zwanzig Mann. **12.** (*als inter*) *a.* **~ alive!** Mensch!, Menschenskind!, Mann!: **hurry up, ~!** Mensch, beeil dich! **13.** *hist.* Lehnsmann *m*, ¦Untertan *m.* **14.** *Brettspiele*: Stein *m*, (¦Schach)Fi¦gur *f*.

II *v/t* **15.** *mar. mil.* a) bemannen: **to ~ a ship**; **~ned space flight**, b) besetzen: **to ~ a fort. 16.** *e-n Arbeitsplatz etc* besetzen, einnehmen, arbeiten *od.* beschäftigt sein an (*dat*). **17.** *fig. j-n* stärken: **to ~ o.s.** sich ermannen *od.* aufraffen.

III *adj* **18.** männlich: **~ cook** Koch *m*.

ma·na [ˈmɑːnə] *s* Mana *n*: a) *magische Elementarkraft*, b) *übernatürliche Macht* (*-stellung*)*, Geltung.*

man·a·cle [ˈmænəkl] **I** *s meist pl* **1.** Handfessel *f*, -schelle *f*, Fessel *f* (*a. fig.*). **II** *v/t* **2.** *j-m* Handfesseln *od.* -schellen anlegen. **3.** *fig. j-n* (be)hindern.

man·age [ˈmænɪdʒ] **I** *v/t* **1.** *e-e Sache* führen, verwalten: **to ~ one's own affairs** s-e eigenen Angelegenheiten erledigen. **2.** *e-n Betrieb etc* leiten, führen, vorstehen (*dat*): **to ~ a business. 3.** *ein Gut etc* bewirtschaften: **to ~ an estate. 4.** *e-n Künstler, Sportler etc* managen. **5.** etwas zu¦stande bringen, bewerkstelligen. **6.** es fertigbringen: **he ~d to see the general himself** es gelang ihm, den General selbst zu sprechen. **7.** ‚deichseln', ‚einfädeln', ‚managen': **to ~ matters** die Sache deichseln. **8.** *colloq. e-e Arbeit, a. Essen etc* bewältigen, ‚schaffen'. **9.** ¦umgehen (können) mit: a) *ein Werkzeug etc* handhaben, *e-e Maschine etc* bedienen, b) mit *j-m* ¦umzugehen *od. j-n* zu behandeln *od.* zu ‚nehmen' wissen, c) mit *j-m* fertig werden, *j-n* bändigen: **I can ~ him** ich werde schon mit ihm fertig, d) *j-n* her¦umkriegen. **10.** *ein Fahrzeug etc* lenken (*a. fig.*). **11.** *ein Pferd* dres¦sieren, zureiten. **12.** *Land* bearbeiten. **13.** *colloq.* (*durch Schwierigkeiten*) (hin)¦durchbringen, -la¦vieren. **14.** *obs.* haushalten mit.

II *v/i* **15.** wirtschaften. **16.** das Geschäft *od.* den Betrieb *etc* führen. **17.** auskommen, sich behelfen (**with** mit; **without** ohne). **18.** *colloq.* a) ‚es schaffen', ¦durchkommen, zu¦rechtkommen, zu Rande kommen, b) (es) einrichten *od.* ermöglichen: **can you come this evening? I'm afraid, I can't ~ (it)** können Sie heute abend kommen? Es geht leider nicht *od.* es ist mir leider nicht möglich.

III *s obs.* **19.** Reitschule *f*, Ma¦nege *f*. **20.** a) Dres¦sur *f* (*von Pferden*), b) Dres¦surübungen *pl.*

man·age·a·ble [ˈmænɪdʒəbl] *adj* (*adv* **manageably**) **1.** lenksam, fügsam. **2.** gelehrig. **3.** dres¦sierbar. **4.** handlich, leicht zu handhaben(d). '**man·age·a·ble·ness** *s* **1.** Lenk-, Fügsamkeit *f.* **2.** Gelehrigkeit *f.* **3.** Handlichkeit *f.*

man·aged| cur·ren·cy [ˈmænɪdʒd] *s econ.* manipu¦lierte *od.* (staatlich) gelenkte Währung. **~ e·con·o·my** *s econ.* Planwirtschaft *f.*

man·age·ment [ˈmænɪdʒmənt] *s* **1.** (Haus- *etc*)Verwaltung *f.* **2.** *econ.* Management *n*, Unter¦nehmensführung *f*: **junior** (**middle, top**) **~** untere (mittlere, obere) Führungskräfte *pl*; **~ consultant** Betriebs-, Unternehmensberater *m*; **~ engineering** *Am.* Betriebstechnik *f*; **~ studies** Betriebswirtschaft *f*; **~ science** Wissenschaft *f* von der Unternehmensführung. **3.** *econ.* Geschäftsleitung *f*, Direkti¦on *f*: **under new ~** unter neuer Leitung, (*Geschäft etc*) neu eröffnet; **la·bo(u)r and ~** Arbeitnehmer *pl* u. Arbeitgeber *pl*; **~ shares** *bes. Br.* Gründeraktien, -anteile; **~ and union** Sozialpartner *pl.* **4.** *agr.* Bewirtschaftung *f*: **~ of an estate. 5.** Erledigung *f*, Besorgung *f*: **~ of affairs. 6.** Geschicklichkeit *f*, (kluge) Taktik *f*, Manipulati¦on *f.* **7.** Kunstgriff *m*, Trick *m*. **8.** Handhabung *f*, Behandlung *f.* **9.** *med.* Behandlung *f* (u. Pflege *f*).

man·ag·er [ˈmænɪdʒə(r)] *s* **1.** (Haus- *etc*)Verwalter *m.* **2.** *econ.* a) Manager *m*, b) Führungskraft *f*, c) Geschäftsführer *m*, Leiter *m*, Di¦rektor *m*: **~ of a branch office** Filialleiter *m*; **hotel ~** Hoteldirektor *m.* **3.** *thea.* a) Inten¦dant *m*, b) Regis¦seur *m*, c) Manager *m*, Impre¦sario *m.* **4.** Manager *m* (*e-s Schauspielers etc*). **5.** *agr.* Bewirtschafter *m*, (Guts)Verwalter *m.* **6.** **to be a good ~** gut *od.* sparsam wirtschaften können. **7.** *Fußball*: *Br.* Cheftrainer *m* u. Manager *m.* **8.** *parl. Br.* Mitglied *n* e-s Ausschusses für Angelegenheiten beider Häuser. **man·ag·er·ess** [ˌmænɪdʒəˈres; *bes. Am.* ˈmænɪdʒərəs] *s* **1.** (Haus- *etc*)Verwalterin *f.* **2.** *econ.* a) Managerin *f*, b) Geschäftsführerin *f*, Leiterin *f*, Direk¦torin *f.* **3.** Managerin *f* (*e-s Schauspielers etc*).

man·a·ger·i·al [ˌmænəˈdʒɪərɪəl] *adj econ.* geschäftsführend, leitend, Direktions...: **~ function** leitende Funktion; **in a ~ capacity** in leitender Stellung; **~ policy** Unternehmenspolitik *f*; **~ position** leitende Stellung; **~ qualities** Führungseigenschaften *f*; **~ staff** leitende Angestellte *pl.* ˌ**man·aˈger·i·al·ism** *s* Managertum *n.*

man·ag·ing [ˈmænɪdʒɪŋ] *adj* **1.** *bes. econ.* Betriebs... **2.** *econ.* geschäftsführend, leitend. **~ board** *s econ.* Direk¦torium *n*, geschäftsführender Vorstand, Verwaltungsrat *m.* **~ clerk** *s econ.* **1.** Geschäftsführer *m.* **2.** Bü¦rovorsteher *m.* **~ com·mit·tee** *s econ.* **1.** Verwaltungsausschuß *m.* **2.** Vorstand *m.* **~ di·rec·tor** *s econ.* Gene¦ral¦di¦rektor *m*, leitender Di¦rektor *m*, Hauptgeschäftsführer *m.* **~ ed·i·tor** *s* Chef *m* vom Dienst (*Zeitung*). **~ part·ner** *s econ.* geschäftsführender Gesellschafter *od.* Teilhaber.

ˌ**man-at-ˈarms** *pl* ˌ**men-at-ˈarms** *s hist.* **1.** Sol¦dat *m*, Krieger *m.* **2.** schwerbewaffneter Reiter.

man·a·tee [ˌmænəˈtiː; *Am.* ˈmænəˌtiː] *s zo.* Laman¦tin *m*, Rundschwanz-Seekuh *f.*

man·bot(e) [ˈmænbəʊt] *s jur. hist.* Wer-, Manngeld *n.*

Man·ches·ter| goods [ˈmæntʃɪstə(r); *bes. Am.* -tʃes-] *s pl* Baumwollwaren *pl.* **~ school** *s* Manchestertum *n* (*liberalistische volkswirtschaftliche Richtung*).

Man·chu [ˌmænˈtʃuː; ˈmæntʃuː] **I** *s* **1.** Mandschu *m* (*Eingeborener der Mandschurei*). **2.** *ling.* Mandschu *n.* **II** *adj* **3.** man¦dschurisch. **Manˈchu·ri·an** [-ˈtʃʊərɪən] → **Manchu** 1 *u.* 3.

man·ci·ple [ˈmænsɪpl] *s* Verwalter *m.*

Man·cu·ni·an [mænˈkjuːnjən] **I** *s* Einwohner(in) von Manchester. **II** *adj* Manchester...

-mancy [mænsɪ] *Wortelement mit der Bedeutung* Wahrsagung.

man·da·mus [mænˈdeɪməs] *s jur. hist.* (**heute order** [*Am.* **writ**] **of ~**) Befehl *m* e-s höheren Gerichts an ein untergeordnetes.

man·da·rin[1] [ˈmændərɪn] *s* **1.** *hist.* Manda¦rin *m* (*chinesischer Titel*). **2.** *colloq.* „hohes Tier", hoher Beamter. **3.** *Br. sl.* rückständiger Par¦teiführer. **4.** nickende *chinesische* Puppe. **5.** M~ *ling.* Manda¦rin *n* (*Hochchinesisch*).

man·da·rin[2] [ˈmændərɪn] *s* **1.** *bot.* Manda¦rine *f.* **2.** Manda¦rinenli¦kör *m.* **3.** Manda¦ringelb *n.*

man·da·rin duck *s orn.* Manda¦rinente *f.*

man·da·rine [ˈmændərɪn; *Br. a.* -riːn] → **mandarin**[2].

man·da·tar·y [ˈmændətərɪ; *Am.* -ˌterɪ] *s jur.* Manda¦tar *m*, (Pro¦zeß)Bevollmächtigte(r) *m*, Sachwalter *m.* **2.** Manda¦tarstaat *m.*

man·date [ˈmændeɪt] **I** *s* **1.** *jur.* Man¦dat *n*: a) (Vertretungs)Auftrag *m*, (Pro¦zeß-) Vollmacht *f*, b) Geschäftsbesorgungsauftrag *m.* **2.** *jur. pol.* a) (¦Völkerbunds) Man¦dat *n* (*Schutzherrschaftsauftrag*), b) Man¦dat(sgebiet) *n.* **3.** *jur.* Anordnung *f*, Befehl *m* (*e-s übergeordneten Gerichts etc*). **4.** *parl.* Auftrag *m*, Man¦dat *n.* **5.** *R.C.* päpstlicher Entscheid. **6.** *poet.* Befehl *m*, Geheiß *n.* **II** *v/t* **7.** e-m Man¦dat unter¦stellen: **~d territory** Mandatsgebiet *n.* '**man·da·tor** [-tə(r)] *s jur.* Man¦dant *m*, Auftrag-, Vollmachtgeber *m.* **man·da·to·ry** [ˈmændətərɪ; *Am.* -ˌtəːrɪ; -ˌtoːr-] *adj* **1.** *jur.* vorschreibend, befehlend: **~ regulation** Mußvorschrift *f*; **to make s.th. ~ upon s.o.** j-m etwas vorschreiben *od.* zur Pflicht machen; **~ sign** *function* Weisungsfunktion *f*; **~ sign** *mot.* Gebotszeichen *n.* **2.** obliga¦torisch, zwingend vorgeschrieben, verbindlich, zwangsweise: **~ retirement age** Zwangspensionierungsalter *n.* **3.** bevollmächtigend. **4.** *pol.* Mandatar...: **~ state. II** *s* → **mandatary**.

man·di·ble [ˈmændɪbl] *s* **1.** *anat.* a) Kinnbacken *m*, -lade *f*, b) ¦Unterkieferknochen *m.* **2.** *zo.* Man¦dibel *f*, ¦Unterkiefer *m.* **3.** *orn.* a) *pl* Schnabel *m*, b) (*der*) untere Teil des Schnabels, b) Vorderkiefer *m.*

man·do·la [ˈmændələ; *Am.* mænˈdəʊlə] *s mus. hist.* Man¦dola *f*, Man¦dora *f* (*e-e Laute*).

man·do·lin ['mændəlɪn], **man·do·line** [ˌmændə'liːn] *s mus.* Mando'line *f.*
man·do·ra ['mændərə; *Am.* mæn'dəʊrə; -'dɔːrə] → mandola.
man·dor·la [mæn'dɔːlə; *Am.* 'mɑːndəʊɹˌlɑː] *s paint.* Mandorla *f (mandelförmige Gloriole).*
man·drag·o·ra [mæn'drægərə] → mandrake 1, 2.
man·drake ['mændreɪk] *s bot.* **1.** Al'raunwurzel *f.* **2.** Al'raun(e *f) m.* **3.** *Am.* Maiapfel *m.*
man·drel, man·dril ['mændrəl] *s tech.* **1.** Dorn *m,* Docke *f.* **2.** a) (Drehbank-) Spindel *f,* b) *(für Holz)* Docke(nspindel) *f,* c) Stößel *m (e-r Presse).*
man·drill ['mændrɪl] *s zo.* Man'drill *m.*
mane [meɪn] *s* Mähne *f (a. fig. e-s Menschen).*
'**man-ˌeat·er** *s* **1.** Menschenfresser *m.* **2.** menschenfressendes Tier *(Tiger, Hai etc).* **3.** *ichth.* Menschenhai *m.* **4.** *fig. colloq.* ‚männermordendes Wesen': she's a ~ sie hat einen großen Männerverschleiß. '**man-ˌeat·ing** *adj* **1.** menschenfressend. **2.** *fig. colloq.* ‚männermordend'.
maned [meɪnd] *adj* gemähnt, mit e-r Mähne. ~ **wolf** *s irr zo.* Mähnenwolf *m.*
ma·nège, *a.* **ma·nege** [mæ'neɪʒ; *Am.* -'neʒ] *s* **1.** Ma'nege *f:* a) Reitschule *f,* b) Reitbahn *f (bes. im Zirkus).* **2.** Dres'sier-, Reitkunst *f.* **3.** Gang *m,* Schule *f.* **4.** Schul-, Zureiten *n.*
ma·nes ['mɑːneɪz; 'meɪniːz] *s pl relig.* Manen *pl.*
ma·neu·ver, *bes. Br.* **ma·nœu·vre** [mə'nuːvə(r)] **I** *s* **1.** *mar. mil.* Ma'növer *n:* a) taktische (Truppen- *od.* Flotten)Bewegung: **pivoting ~, wheeling ~** Schwenkung *f,* b) *a. pl* Truppen- *od.* Flottenübung *f,* Gefechtsübung *f, aer.* 'Luftmaˌnöver *n od. pl:* **to be on ~s** im Manöver sein; **room for ~** *bes. fig.* Handlungsspielraum *m.* **2.** (Hand)Griff *m,* Bewegung *f.* **3.** *fig.* Ma'növer *n,* Schachzug *m,* List *f.* **4.** geschicktes La'vieren. **II** *v/i* **5.** *mar. mil.* manö'vrieren. **6.** *fig.* manö'vrieren, la'vieren, geschickt zu Werke gehen. **III** *v/t* **7.** manö'vrieren *(a. fig.):* **to ~ s.o. into s.th.** j-n in etwas hineinmanövrieren *od.* -lotsen. **maˌneu·ver·a'bil·i·ty**, *bes. Br.* **maˌnœu·vra'bil·i·ty** [-vrə-] *s* **1.** Manö'vrierbarkeit *f.* **2.** *tech.* Lenkbarkeit *f.* **3.** *fig.* Wendigkeit *f,* Beweglichkeit *f.* **ma'neu·ver·a·ble**, *bes. Br.* **ma'nœu·vra·ble** *adj* **1.** *mil.* manö'vrierbar, -fähig. **2.** *tech.* lenk-, steuerbar. **3.** *fig.* wendig, beweglich. **ma'neu·ver·er**, *bes. Br.* **ma'nœu·vrer** *s fig.* **1.** schlauer Taktiker, gerissener Kerl. **2.** Intri'gant *m.*
ma·neu·vra·bil·i·ty, ma·neu·vra·ble → maneuverability, *etc.*
'**man·ful** *adj (adv ~ly)* mannhaft, tapfer, beherzt. '**man·ful·ness** *s* Mannhaftigkeit *f,* Tapferkeit *f,* Beherztheit *f.*
man·ga·nate ['mæŋgəneɪt] *s chem.* man'gansaures Salz, Manga'nat *n.*
man·ga·nese ['mæŋgəniːz] *s chem.* Man'gan *n:* ~ **dioxide** Braunstein *m,* Mangandioxyd *n;* ~ **spar** *min.* Manganspat *m.*
man·gan·ic [mæŋ'gænɪk] *adj* man'ganhaltig, Mangan...: ~ **acid** Mangansäure *f.*
man·ga·nite ['mæŋgənaɪt] *s* **1.** *min.* Graubraunstein *m.* **2.** *chem.* Manga'nit *m.*
man·ga·nous ['mæŋgənəs] *adj chem.* man'ganig, Mangan... *(mit 2wertigem Mangan):* ~ **oxide** Manganoxydul *n.*
mange [meɪndʒ] *s vet.* Räude *f.*
man·gel(-wur·zel) ['mæŋgl(ˌwɜːzl); *Am.* -ˌwɜːrzəl)] *s bot.* Mangold *m.*
man·ger ['meɪndʒə(r)] *s* **1.** Krippe *f,* Futtertrog *m:* → **dog** *Bes. Redew.* **2.** M~ *astr.* Krippe *f.*
man·gle¹ ['mæŋgl] *v/t* **1.** zerfleischen, -reißen, -fetzen, -stückeln. **2.** *fig.* a) *e-n Text* verstümmeln *od.* entstellen, b) verhunzen, ka'puttmachen.
man·gle² ['mæŋgl] **I** *s* (Wäsche)Mangel *f.* **II** *v/t* mangeln.
man·gler ['mæŋglə(r)] *s* **1.** 'Hackmaˌschine *f,* Fleischwolf *m.* **2.** *fig.* Verstümmler *m.*
man·go ['mæŋgəʊ] *pl* **-goes** *s* **1.** Mangopflaume *f.* **2.** *bot.* Mangobaum *m:* ~ **trick** indischer (Mango)Baumtrick. **3.** eingemachte Me'lone.
man·gold(-wur·zel) ['mæŋgəld(-ˌwɜːzl); *Am.* -ˌwɜːrzəl)] → mangel (-wurzel).
man·go·steen ['mæŋgəʊstiːn; *bes. Am.* -gə-] *s bot.* Mango'stane *f:* a) Mango'stanbaum *m,* b) Mango'stin *m (Frucht).*
man·grove ['mæŋgrəʊv] *s bot.* Man'grove(nbaum *m) f.*
man·gy ['meɪndʒɪ] *adj (adv* mangily) **1.** *vet.* krätzig, räudig: **a ~ dog.** **2.** *fig.* schmutzig, eklig. **3.** *fig.* schäbig, her'untergekommen: **a ~ hotel.**
'**manˌhan·dle** *v/t* **1.** miß'handeln. **2.** mit Menschenkraft bewegen *od.* weitern, (mit den Händen) heben *od.* befördern.
Man·hat·tan| (cock·tail) [mæn'hætn] *s* Man'hattan(cocktail) *m (aus Whisky, Wermut etc).* **~ Dis·trict** *s* Deckname für das Projekt zur Herstellung von Atombomben in den USA während des 2. Weltkriegs.
'**man·hole** *s* **1.** Ka'nal-, Einsteigeschacht *m:* ~ **cover** Schachtdeckel *m.* **2.** Mannloch *n (e-s Kessels etc).* **3.** *mar. mil.* (Einsteig)Luke *f.*
'**man·hood** *s* **1.** Menschsein *n,* Menschentum *n.* **2.** Mannesalter *n:* **to reach ~** ins Mannesalter kommen. **3.** männliche Na'tur, Männlichkeit *f.* **4.** Mannhaftigkeit *f.* **5.** *collect.* die Männer *pl (e-s Landes).* **6.** *euphem.* Manneskraft *f.*
'**man|-hour** *s* Arbeitsstunde *f.* '**~-hunt** **I** *s* Großfahndung *f.* **II** *v/i:* **to go ~ing** auf Männerfang gehen.
ma·ni·a ['meɪnjə; -nɪə] *s* **1.** *med.* Ma'nie *f,* Wahn(sinn) *m,* Rase'rei *f,* Besessensein *n,* Psy'chose *f:* **religious ~** religiöser Wahn; → **persecution** 1. **2.** *fig.* (**for**) Besessenheit *f* (von), Sucht *f* (nach), Leidenschaft *f* (für), Ma'nie *f,* fixe I'dee, ‚Fimmel' *m:* **collector's ~** Sammelwut *f,* ‚-leidenschaft; **doubting ~** Zweifelsucht; **sports ~** ‚Sportfimmel'; ~ **for cleanliness** ‚Sauberkeitsfimmel'; **he has a ~ for old cars** er ist verrückt nach alten Autos.
ma·ni·ac¹ ['meɪnɪæk] **I** *s* **1.** *med.* Wahnsinnige(r *m) f,* Rasende(r *m) f,* Verrückte(r *m) f:* **sex ~** Triebverbrecher *m.* **2.** *fig.* Fa'natiker *m:* **sports ~; car ~** ‚Autonarr' *m.* **II** *adj (adv* ~ally) **3.** *med.* wahnsinnig, verrückt, irr(e).
ma·ni·ac² [meɪnɪæk] *s tech. (ein)* elek'tronischer 'Hochleistungsdigiˌtalrechner *(aus* **m**athematical **a**nalyzer, **n**umerical integrator, **a**nd **c**omputer).
-maniac [meɪnɪæk] *Wortelement mit der Bedeutung:* a) verrückt auf *od.* nach, ...-süchtig, manisch, b) ...süchtiger, ...mane.
ma·ni·a·cal [mə'naɪəkl] *adj (adv ~ly)* → maniac¹ II.
ma·nic ['mænɪk] **I** *adj* **1.** *psych.* manisch. **2.** → maniac¹ II. **3.** manische Per'son. **~-de'pres·sive** *med. psych.* **I** *adj* 'manisch-depres'siv: ~ **insanity** manisch-depressives Irresein. **II** *s* 'Manisch-Depres'sive(r *m) f:* **she is a ~** sie ist manisch-depressiv.
man·i·cure ['mænɪˌkjʊə(r)] **I** *s* Mani'küre *f:* a) Hand-, Nagelpflege *f,* b) Hand-, Nagelpflegerin *f.* **II** *v/t u. v/i* mani'küren. '**man·iˌcur·ist** → manicure I b.
man·i·fest ['mænɪfest] **I** *adj (adv ~ly)* **1.** offenbar, offenkundig, augenscheinlich, handgreiflich, deutlich (erkennbar), mani'fest *(a. med. psych.).* **II** *v/t* **2.** offen'baren, bekunden, kundtun, deutlich zeigen, manife'stieren. **3.** be-, erweisen. **4.** *mar.* im Ladungsverzeichnis aufführen. **III** *v/i* **5.** *pol.* Kundgebungen veranstalten. **6.** sich erklären **(for** für; **against** gegen). **7.** erscheinen, sich zeigen *(Geister).* **IV** *s* **8.** *mar.* Ladungsverzeichnis *n.* **9.** *econ.* ('Ladungs-, 'Schiffs)Maniˌfest *n.* **10.** → manifesto. **11.** *rail. bes. Am.* Güterschnellzug *m.* **12.** *aer. bes. Am.* Passa'gierliste *f.* **man·i'fes·tant** *s* Teilnehmer(in) an e-r Kundgebung, *a.* Demon'strant(in). ˌ**man·i·fes'ta·tion** *s* **1.** Offen'barung *f,* Äußerung *f,* Ausdruck *m.* **2.** Manifestati'on *f,* Kundgebung *f.* **3.** (deutlicher) Beweis, Anzeichen *n,* Sym'ptom *n:* ~ **of life** Lebensäußerung *f.* **4.** (po'litische) Kundgebung, Demonstrati'on *f.* **5.** Erscheinen *n (e-s Geistes),* Materialisati'on *f.* '**man·i'fes·ta·tive** [-tətɪv] *adj* verdeutlichend, offenkundig (machend). '**man·i·fest·ness** *s* Offenkundigkeit *f.*
man·i·fes·to [ˌmænɪ'festəʊ] *pl* **-tos, -toes** *s* Mani'fest *n:* a) öffentliche Erklärung, b) *pol.* Grundsatzerklärung *f,* Pro'gramm *n (e-r Partei):* **election ~** Wahlprogramm *n.*
man·i·fold ['mænɪfəʊld] **I** *adj (adv ~ly)* **1.** mannigfaltig, -fach, mehrfach, vielfältig, vielerlei. **2.** vielförmig, differen'ziert. **3.** mehrfach, in mehr als 'einer 'Hinsicht: **a ~ traitor.** **4.** *tech.* a) Mehr-, Vielfach..., Mehr-, Vielzweck..., b) Kombinations... **II** *s* **5.** a) *(etwas)* Vielfältiges, b) → manifoldness. **6.** *tech.* a) Verteiler(stück *n) m,* Rohrverzweigung *f,* b) Sammelleitung *f.* **7.** (vervielfältigte) Ko'pie, Abzug *m.* **III** *v/t* **8.** *Dokumente etc* vervielfältigen. '**man·i'fold·er** *s* Vervielfältigungsgerät *n.* '**man·i·fold·ness** *s* **1.** Mannigfaltigkeit *f,* Vielfältigkeit *f.* **2.** Vielfalt *f.*
man·i·fold| pa·per *s* Manifold-Paˌpier *n (festes Durchschlagpapier).* **~ plug** *s electr.* Vielfachstecker *m.* '**~-ˌwrit·er** → manifolder.
man·i·kin ['mænɪkɪn] *s* **1.** *oft contp.* Männchen *n,* Knirps *m.* **2.** Gliederpuppe *f:* a) Kleiderpuppe *f,* b) Schaufensterpuppe *f.* **3.** *med.* ana'tomisches Mo'dell, Phan'tom *n.* **4.** → mannequin 1.
Ma·nil·(l)a [mə'nɪlə] *abbr. für* a) Manil(l)a cheroot, b) Manil(l)a hemp, c) Manil(l)a paper. **~ che·root, ~ ci·gar** *s* Ma'nilaziˌgarre *f.* **~ hemp** *s* Ma'nilahanf *m.* **~ pa·per** *s* Ma'nilapaˌpier *n.*
man·i·oc [mænɪɒk; -ˌɑk] *s bot.* Mani'okstrauch *m,* Mandi'oka *f.*
ma·nip·u·late [mə'nɪpjʊleɪt] **I** *v/t* **1.** manipu'lieren, (künstlich) beeinflussen: **to ~ prices; ~d currency** manipulierte Währung. **2.** *(a.* geschickt) handhaben, *tech.* bedienen, betätigen, *Fahrzeug* lenken, steuern. **3.** *j-n* manipu'lieren *od.* geschickt behandeln. **4.** ‚managen', ‚deichseln', ‚schaukeln'. **5.** zu'rechtstutzen, *bes. Bücher, Konten,* fri'sieren': **to ~ accounts.** **II** *v/i* **6.** manipu'lieren. **maˌnip·u'la·tion** *s* **1.** Manipulati'on *f.* **2.** a) (Hand)Griff *m od.* (-)Griffe *pl,* b) Verfahren *n,* c) *tech.* Bedienen *n,* Betätigen *n,* Steuern *n.* **3.** *contp.* Machenschaft *f,* Manipulati'on *f,* ‚Ma'növer' *n.* **4.** *contp.* ‚Fri'sieren' *n.* **ma'nip·u·la·tive** [-lətɪv; *Am.* -ˌleɪ-] → manipulatory. **ma'nip·u·la·tor** [-tə(r)] *s* **1.** (geschickter) Handhaber. **2.** *contp.* Drahtzieher *m,* Manipu'lant *m,* Manipu'lierer *m,* Manipu'lator *m (a. Zauberkünstler).* **3.** *tech.*

manipulatory – manufacturing

Manipu'lator *m.* **ma'nip·u·la·to·ry** [-lətərɪ; *Am.* -ˌtəʊrɪː; -ˌtɔː-] *adj* **1.** durch Manipulati'on her'beigeführt. **2.** manipu'lierend. **3.** Handhabungs...

man·i·to ['mænɪtəʊ], **'man·i·tou**, **'man·i·tu** [-tuː] *s* Manitu *m*, ‚Großer Geist' (*überirdische Macht bei den Indianern*).

man jack *s colloq.*: **every ~** jeder einzelne; **no ~** kein einziger.

'man-ˌkill·er *s* **1.** Totschläger *m.* **2.** Mörder *m.*

man·kind *s* **1.** [mænˈkaɪnd] die Menschheit, das Menschengeschlecht, die Menschen *pl*, der Mensch. **2.** [ˈmænkaɪnd] *collect.* die Männer *pl*, die Männerwelt.

man·less [ˈmænlɪs] *adj* **1.** männerlos. **2.** *obs.* unmännlich.

'man·like *adj* **1.** menschenähnlich. **2.** wie ein Mann, männlich. **3.** → **mannish**.

man·li·ness [ˈmænlɪnɪs] *s* **1.** Männlichkeit *f.* **2.** Mannhaftigkeit *f.* **'man·ly** *adj* **1.** männlich. **2.** mannhaft. **3.** Mannes..., Männer...: **~ sports** Männersport *m.*

ˌman-maˈchine commu·ni·ca·tion *s Computer*: 'Mensch-Ma'schine-Verkehr *m.* **~ diˈa·log(ue)** *s Computer*: 'Mensch-Ma'schine-Diaˌlog *m.*

'man-made *adj* a) vom Menschen geschaffen: **~ laws**, b) vom Menschen verursacht: **~ disasters**, c) künstlich: **~ satellites; ~ fibers** (*bes. Br.* **fibres**) Kunst-, Chemiefasern.

man·na [ˈmænə] *s* **1.** *Bibl. u. fig.* Manna *n*, *f.* **2.** *bot. pharm.* Manna *n*: a) zuckerhaltige Ausschwitzung der *Manna-Esche etc*, b) *leichtes Abführmittel daraus.* **~ ash** *s bot.* Manna-Esche *f.* **~ croup** *s*, **~ groats** *s pl* grobkörnige Weizengrütze.

man·ne·quin [ˈmænɪkɪn] *s* **1.** Mannequin *n*, Vorführdame *f.* **2.** → **manikin** 2.

man·ner [ˈmænə(r)] *s* **1.** Art *f*, Weise *f*, Art u. Weise (*etwas zu tun*): **after** (*od.* **in**) **the ~ of** (so) wie, nach (der) Art von (*od. gen*); **after** (*od.* **in**) **this ~** auf diese Art *od.* Weise, so; **in such a ~** (**that**) so *od.* derart (daß); **in what ~?** wie?; *adverb of* **~** *ling.* Umstandswort *n* der Art u. Weise, Modaladverb *n*; **in a ~ of speaking** sozusagen, wenn ich *od.* man so sagen darf; **in a gentle** (**rough**) **~** sacht (grob); **as to the ~ born** wie selbstverständlich, als ob er *etc* das schon immer getan hätte. **2.** Art *f* (*sich zu geben*), Betragen *n*, Auftreten *n*, Verhalten *n* (**to** zu): **it's just his ~** das ist so s-e Art; **I don't like his ~** ich mag s-e Art nicht. **3.** *pl* Benehmen *n*, ˈUmgangsformen *pl*, Maˈnieren *pl*: **bad** (**good**) **~s**; **he has no ~s** er hat keine Manieren; **we shall teach them ~s**, ‚wir werden sie Mores lehren'; **it is bad ~s** (**to** *inf*) es gehört *od.* schickt sich nicht (zu *inf*); **to make one's ~s** a) e-n ‚Diener' machen, sich verbeugen, b) e-n Knicks machen. **4.** *pl* Sitten *pl* (u. Gebräuche *pl*): **other times other ~s** andere Zeiten, andere Sitten. **5.** würdevolles Auftreten: **he had quite a ~** er hatte e-e distinguierte Art (des Auftretens); **the grand ~** das altväterlich würdevolle Benehmen *od.* Gehabe. **6.** *paint. etc* Stil(art *f*) *m*, Maˈnier *f.* **7.** → **mannerism** 2. **8.** *obs.* Art *f*, Sorte *f*, Beschaffenheit *f*: **all ~ of things** alles mögliche; **by no ~ of means** in keiner Weise, durchaus nicht; **in a ~** in gewisser Hinsicht, auf e-e (gewisse) Art, gewissermaßen; **what ~ of man is he?** was für ein Mensch ist er (eigentlich)? **'mannered** [-nə(r)d] *adj* **1.** *bes. in Zssgn* gesittet, geartet: → **ill-mannered**, *etc.* **2.** gekünstelt, manieˈriert.

man·ner·ism [ˈmænərɪzəm] *s* **1.** *paint. etc* Manieˈrismus *m*, (überˈtriebene) Gewähltheit, Gespreiztheit, Künsteˈlei *f.* **2.** Manieˈriertheit *f*, Gespreiztheit *f.* **3.** eigenartige *od.* manieˈrierte Wendung (*in der Rede etc*). **'man·ner·ist I** *s* **1.** Manieˈrist *m* (*Künstler*). **2.** *contp.* manieˈrierter Künstler *od.* (*allg.*) Kerl. **II** *adj* → **manneristic**. **ˌman·nerˈis·tic** *adj*; **ˌman·nerˈis·ti·cal** *adj* (*adv* **~ly**) **1.** manieˈriert. **2.** manieˈristisch.

man·ner·less [ˈmænə(r)lɪs] *adj* ˈunmaˌnierlich, ungezogen. **'man·ner·li·ness** [-lɪnɪs] *s* gute ˈUmgangsformen *pl*, gute Kinderstube, gutes Benehmen, Maˈnierlichkeit *f.* **'man·ner·ly** *adj* maˈnierlich, gesittet, anständig.

man·ni·kin → **manikin**.

man·nish [ˈmænɪʃ] *adj* **1.** maskuˈlin, unweiblich. **2.** (typisch) männlich.

man·nite (**sug·ar**) [ˈmænaɪt], **man·ni·tol** [ˈmænɪtɒl; *Am.* -ˌtɔːl; -ˌtəʊl] *s chem.* Manˈnit *m*, Mannazucker *m.*

maˌnœu·vra·biliˈty, maˈnœu·vra·ble, maˈnœu·vre, maˈnœu·vrer *bes. Br. für* **maneuverability**, *etc.*

ˌman-of-ˈwar *pl* **ˌmen-of-ˈwar** *s mar. obs.* Kriegsschiff *n.*

ma·nom·e·ter [məˈnɒmɪtə(r); *Am.* -ˈnɑː-] *s tech.* Manoˈmeter *n*, (Dampf*etc*)Druckmesser *m*, Druckanzeiger *m.* **man·o·met·ric** [ˌmænəʊˈmetrɪk; *Am.* -nəˈm-], **ˌman·oˈmet·ri·cal** *adj* manoˈmetrisch.

man·or [ˈmænə(r)] *s* **1.** *hist. Br.* Rittergut *n*: **lord** (**lady**) **of the ~** Gutsherr(in). **2.** *Br.* a) (Land)Gut *n*, b) *a.* **~ house** *od.* **seat** Herrenhaus *n*, -sitz *m.* **3.** *hist. Am.* Pachtland *n.* **4.** *Br. colloq.* Poliˈzeibezirk *m.* **'man-ˌor·chis** *s bot.* **1.** Männliches Knabenkraut. **2.** Ohnhorn *n.*

ma·no·ri·al [məˈnɔːrɪəl; *Am. a.* -ˈnəʊ-] *adj* herrschaftlich, (Rȋtter)Guts..., Herrschafts..., grundherrlich.

man pow·er, *a.* **'manˌpow·er** *s* **1.** menschliche Arbeitskraft *od.* -leistung, Menschenkraft *f.* **2.** *meist* **manpower** ˈMenschenpotentiˌal *n*, *bes.* a) Kriegsstärke *f* (*e-s Volkes*), b) (verfügbare) Arbeitskräfte *pl*: **~ shortage** Arbeitskräftemangel *m*; **~ situation** Lage *f* auf dem Arbeitsmarkt.

man·qué *m*, **man·quée** *f* [ˈmãːŋkeɪ; *Am.* mãːˈkeɪ; mãke] (*Fr.*) *adj*: **a poet manqué** a) ein ‚verhinderter' Dichter, b) ein ‚verkrachter' Dichter, c) ein Möchtegerndichter *m.*

man·sard [ˈmænsɑː(r)d] *s* **1.** *a.* **~ roof** Manˈsardendach *n.* **2.** Manˈsarde *f.*

manse [mæns] *s* Pfarrhaus *n* (*e-s freikirchlichen Pfarrers od. Scot. e-s Pfarrers der presbyterianischen Kirche*).

'manˌser·vant *pl* **'menˌser·vants** *s* Diener *m.*

man·sion [ˈmænʃn] *s* **1.** (herrschaftliches) Wohnhaus, Villa *f.* **2.** *meist pl bes. Br.* (großes) Miet(s)haus. **3.** *a.* **mansion house** 1. **4.** *obs.* Bleibe *f*, Wohnung *f.* **5.** *astr.* Haus *n.* **~ house** *s Br.* **1.** Herrenhaus *n*, -sitz *m.* **2.** Amtssitz *m*: **the M~ H~** *Amtssitz des* Lord Mayor *von London.*

'man-size(d) *adj* **1.** mannsgroß. **2.** *fig.* Männer...: **~ a job**. **3.** *fig. colloq.* riesig, Riesen...: **a ~ steak**.

'manˌslaugh·ter *s jur.* Totschlag *m*, Körperverletzung *f* mit Todesfolge: **involuntary ~** fahrlässige Tötung; **voluntary ~** Totschlag im Affekt. **'~ˌslay·er** *s jur.* Totschläger(in).

man·sue·tude [ˈmænswɪtjuːd; *Am. a.* -ˌtuːd] *s obs.* Sanftmut *f*, Milde *f.*

man·ta [ˈmæntə] *s bes. Am.* **1.** Pferde-, Reise-, Satteldecke *f.* **2.** ˈUmhang *m.* **3.** → mantlet 2.

man·tel [ˈmæntl] *abbr. für* a) mantelpiece, b) mantelshelf.

man·tel·et [ˈmæntlet; -ɪt] *s* **1.** kurzer Mantel, ˈÜberwurf *m.* **2.** → **mantlet**. **'man·telˌpiece** *s arch.* **1.** Kaˈmineinfassung *f*, -mantel *m.* **2.** Kaˈminsims *m.* **'~ˌshelf** *s irr* Kaˈminsims *m.* **'~ˌtree** *s* **1.** Querbalken an der Kaminöffnung. **2.** → mantelpiece 1.

man·tic [ˈmæntɪk] *adj* proˈphetisch.

man·til·la [mænˈtɪlə; *Am. a.* -ˈtiːjə] *s* Manˈtille *f*: a) langes Spitzen- *od.* Schleiertuch, Manˈtilla *f* (*bes. der Spanierin*), b) leichter ˈUmhang, Cape *n.*

man·tis [ˈmæntɪs] *s zo.* Gottesanbeterin *f* (*Heuschrecke*). **~ crab**, **~ shrimp** *s zo.* Gemeiner Heuschreckenkrebs.

man·tle [ˈmæntl] **I** *s* **1.** (ärmelloser) ˈUmhang, ˈÜberwurf *m.* **2.** *fig.* (Schutz-, Deck)Mantel *m*, Hülle *f*: **~ of snow** e-e Schneedecke; **the ~ of authority** die Aura der Würde; **the ~ of night** der Mantel der Nacht. **3.** *tech.* Mantel *m*, (Glüh)Strumpf *m*: **incandescent ~** Glühstrumpf. **4.** *tech.* Rauchfang *m* (*e-s Hochofens*). **5.** *Gußtechnik*: Formmantel *m.* **6.** *zo.* Mantel *m.* **II** *v/i* **7.** sich überziehen (**with** mit). **8.** erröten, sich röten (*Gesicht*). **III** *v/t* **9.** überˈziehen. **10.** einhüllen. **11.** verbergen (*a. fig.* bemänteln). **12.** erröten lassen. **~ cav·i·ty** *s zo.* Mantel-, Kiemenhöhle *f.* **~ fi·bers**, *bes. Br.* **~ fi·bres** *s pl biol.* Zugfasern *pl.*

mant·let [ˈmæntlɪt] *s mil.* **1.** a) Schutzwall *m* (*der Anzeigerdeckung auf e-m Schießstand*), b) tragbarer kugelsicherer Schutzschild. **2.** *hist.* Sturmdach *n.*

ˌman-to-ˈman *adj* von Mann zu Mann: **a ~ talk**.

man·tra [ˈmæntrə; ˈmʌn-] *s* Mantra *n* (*als wirkungskräftig geltender religiöser Spruch der Inder*).

'man-trap *s* **1.** Fußangel *f.* **2.** *fig.* Falle *f.*

man·tu·a [ˈmæntjʊə; *Am.* -tʃəwə; -təwə] *s hist.* Manˈteau *m*, (ˈFrauen-)ˌUmhang *m.*

man·u·al [ˈmænjʊəl] **I** *adj* **1.** mit der Hand *od.* den Händen (verrichtet *od.* arbeitend), Hand..., manuˈell: **~ alphabet** Fingeralphabet *n*; **~ aptitude** (*od.* **skill**) manuelle Begabung, Handfertigkeit *f*; **~ exercise** → 4; **~ labo(u)r** (*od.* **work**) körperliche Arbeit; **~ labo(u)rer** (*od.* **worker**) (Hand)Arbeiter *m*; **~ operation** Handbetrieb *m*; **~ press** Handpresse *f*; **~ training** *ped.* Werkunterricht *m.* **2.** handschriftlich: **~ bookkeeping**. **II** *s* **3.** a) Handbuch *n*, Leitfaden *m*, b) *mil.* Dienstvorschrift *f.* **4.** *mil.* Griff (-übung *f*) *m*: **~ of a rifle** Griffübung(en) am Gewehr. **5.** *mus.* Manuˈal *n* (*e-r Orgel etc*). **6.** *relig. hist.* Manuˈal *n* (*Ritualbuch*). **'man·u·al·ly** *adv* von Hand, mit der Hand, manuˈell: **~ operated** a) mit Handbetrieb, b) **~ controlled** handgesteuert.

man·u·fac·to·ry [ˌmænjʊˈfæktərɪ; *Am. a.* ˌmænə-] *s obs.* Faˈbrik *f.*

man·u·fac·ture [ˌmænjʊˈfæktʃə(r); *Am. a.* ˌmænə-] **I** *s* **1.** Fertigung *f*, Erzeugung *f*, ˈHerstellung *f*, Fabrikatiˈon *f*, Produktiˈon *f*: **year of ~** Herstellungs-, Baujahr *n*; **article of English ~** englisches Erzeugnis; **cost of ~** Herstellungskosten *pl.* **2.** Erzeugnis *n*, Fabriˈkat *n*, ˈIndustrieproˌdukt *n*: **home** (*od.* **inland**) **~** einheimisches Erzeugnis, inländisches Fabrikat. **3.** Induˈstrie(zweig *m*) *f*: **the linen ~** die Leinenindustrie. **4.** *allg.* Erzeugen *n*, *contp.* ‚Fabriˈzieren' *n.* **II** *v/t* **5.** (an-, ver)fertigen, erzeugen, ˈherstellen, fabriˈzieren: **~d goods** Fabrik-, Fertig-, Manufakturwaren. **6.** verarbeiten (**into** zu). **7.** *contp.* ‚fabriˈzieren': a) ‚produˈzieren', ‚liefern': **to ~ a speech**, b) erfinden: **to ~ excuses**, c) fälschen: **to ~ evidence**.

ˌman·uˈfac·tur·er *s* **1.** ˈHersteller *m*, Erzeuger *m.* **2.** Fabriˈkant *m*, Induˈstriˌelle(r) *m.* **ˌman·uˈfac·tur·ing I** *adj* **1.**

Herstellungs..., Fabrikations..., Produktions...: ~ **business** produzierendes Unternehmen; ~ **cost** Herstellungskosten *pl*; ~ **engineering** Arbeitsplanung *f*; ~ **industries** Fertigungsindustrien; ~ **loss** Betriebsverlust *m*; ~ **order** Arbeits-, Werksauftrag *m*; ~ **plant** Fabrikationsbetrieb *m*; ~ **process** Herstellungsverfahren *n*; ~ **schedule** Arbeitsplan *m*. **2.** Industrie..., Fabrik...: ~ **town**; ~ **branch** Industriezweig *m*. **3.** gewerbetreibend. **II** *s* → **manufacture** 1.

man·u·mis·sion [ˌmænjʊˈmɪʃn] *s hist.* Freilassung *f* (aus der Sklave'rei).

ma·nure [məˈnjʊə(r); *Am. a.* -ˈnʊər] **I** *s* (bes. natürlicher) Dünger, Mist *m*, Dung *m*: **liquid** ~ (Dung)Jauche *f*. **II** *v/t* düngen. **maˈnu·ri·al** *adj* Dünger..., Dung...

man·u·script [ˈmænjʊskrɪpt] **I** *s* **1.** Ma·nu'skript *n*: a) Handschrift *f* (*alte Urkunde etc*), b) Urschrift *f* (*des Autors*), c) *print.* Satzvorlage *f*. **2.** (Hand)Schrift *f*. **II** *adj* **3.** Manuskript..., handschriftlich, *a.* ma'schinegeschrieben.

man·ward [ˈmænwə(r)d] *adj u. adv* auf den Menschen gerichtet.

Manx [mæŋks] **I** *s* **1.** Bewohner *pl* der Insel Man. **2.** *ling.* Manx *n* (*deren keltische Mundart*). **II** *adj* **3.** die Insel Man betreffend. **4.** *ling.* Manx... '~**man** [-mən] *s irr* Bewohner *m* der Insel Man.

man·y [ˈmenɪ] **I** *adj comp* **more** [mɔː(r); *Am. a.* ˈmɔʊər], *sup* **most** [moʊst] **1.** viel(e): ~ **times** oft; **his reasons were** ~ **and good** er hatte viele gute Gründe; **in** ~ **respects** in vieler Hinsicht; **as** ~ ebensoviel(e); **as** ~ **as forty** (nicht weniger als) vierzig; **as** ~ **again** (*od.* **more**), **twice as** ~ noch einmal soviel; **in so** ~ **words** wörtlich, ausdrücklich; **he is (not) a man of** ~ **words** er redet gern (er macht nicht viele Worte, er ist ein schweigsamer Mensch); **they behaved like so** ~ **children** sie benahmen sich wie (die) Kinder; **too** ~ **by half** um die Hälfte zuviel; **one too** ~ einer zu viel (*überflüssig*); **he was (one) too** ~ **for them** er war ihnen (allen) ‚über‘; **he's had one too** ~ er hat einer über den Durst getrunken. **2.** manch(er, e, es), manch ein(er, e, es): ~ **a man** manch einer; ~ **another** manch anderer; ~ **(and** ~**) a time** zu wiederholten Malen, so manches Mal. **II** *s* **3.** viele: **the** ~ (*als pl konstruiert*) die (große) Masse; ~ **of us** viele von uns; **a good** ~ ziemlich viel(e); **a great** ~ sehr viele. ~ˈcol·o(u)red *adj* vielfarbig, bunt. ~ˈhead·ed beast (*od.* mon·ster) *s fig.* (*das*) vielköpfige Ungeheuer, (*die*) große Masse. '~-one *adj math.* (*u. Logik*) mehreindeutig. '~-root *s bot.* (e-e) Ru-ˈelle. ~ˈsid·ed *adj* **1.** vielseitig (*a. fig.*). **2.** *fig.* vielschichtig (*Problem etc*). ~ˈsid·ed·ness *s* **1.** Vielseitigkeit *f* (*a. fig.*). **2.** *fig.* Vielschichtigkeit *f*.

Mao·ism [ˈmaʊɪzəm] *s pr. Noun.* Maoˈismus *m*. **ˈMao·ist** [-ɪst] **I** *s* Maoˈist(in). **II** *adj* maoˈistisch.

Mao·ri [ˈmaʊrɪ] **I** *s* **1.** Maˈori *m* (*Eingeborener Neuseelands*). **2.** *ling.* Maˈori *n*. **II** *adj* **3.** Maori... '~-land *s colloq.* Neuˈseeland *n*.

map [mæp] **I** *s* **1.** (Land-, See-, Himmels)Karte *f*, *weitS.* (Stadt- *etc*)Plan *m*: **a** ~ **of the city**; **by** ~ nach der Karte; **off the** ~ *colloq.* a) abgelegen, ‚hinter dem Mond‘ (gelegen), b) *fig.* bedeutungslos, c) abgetan, veraltet, d) so gut wie nicht vorhanden; **to wipe off the** ~ **e-e Stadt** *etc* ‚ausradieren‘, dem Erdboden gleichmachen; **on the** ~ *colloq.* a) in Rechnung zu stellen(d), beachtenswert, b) (noch) da *od.* vorhanden; **to put on the** ~ **e-e Stadt** *etc* bekannt machen. **2.** *sl.* ‚Fresse‘ *f*, ‚Viˈsage‘ *f* (*Gesicht*). **II** *v/t* **3.** e-e Karte machen von, kartoˈgraphisch darstellen. **4.** *ein Gebiet* kartoˈgraphisch erfassen. **5.** auf e-r Karte eintragen. **6.** *meist* ~ **out** *fig.* (bis in die Einzelheiten) (vorˈaus)planen, entwerfen, ausarbeiten: **to** ~ **out one's time** sich s-e Zeit einteilen. **7.** *fig.* (wie auf e-r Karte) (ver)zeichnen *od.* darstellen. **8.** *math.* abbilden. ~ **case** *s* Kartentasche *f*. ~ **con·duct of fire** → **map fire**. ~ **ex·er·cise** *s mil.* Planspiel *n*. ~ **fire** *s mil.* Planschießen *n*, Schießen *n* nach der Karte. ~ **grid** *s geogr. math.* Karten-, Grad-, Koordiˈnatennetz *n*.

ma·ple [ˈmeɪpl] **I** *s* **1.** *bot.* Ahorn *m*: **broad-leaved** ~ Großblättriger Ahorn. **2.** Ahorn(holz *n*) *m*. **II** *adj* **3.** aus Ahorn (-holz), Ahorn... ~ **leaf** *s irr* Ahornblatt *n* (*Sinnbild Kanadas*). ~ **sir·up** *bes. Am. für* **maple syrup**. ~ **sug·ar** *s bot. chem.* Ahornzucker *m*. ~ **syr·up** *s bot. chem.* Ahornsirup *m*.

map|li·chen *s bot.* Landkartenflechte *f*. '~ˈmak·er *s* Kartoˈgraph(in). '~ˌmak·ing *s* Kartograˈphie *f*.

map·per [ˈmæpə(r)] *s* Kartoˈgraph(in). **ˈmap·ping** *s* Kartenzeichnen *n*, Kartograˈphie *f*.

map|read·ing *s* Kartenlesen *n*. ~ **scale** *s geogr. math.* Kartenmaßstab *m*. ~ **tur·tle** *s zo.* Landkartenschildkröte *f*.

ma·quis [ˈmækiː; *Am.* mæˈkiː] *pl* **-quis** [-kiː; -kiːz] *s* a) Maˈquis *m*, franˈzösische ˈWiderstandsbewegung (*im 2. Weltkrieg*), b) Maquiˈsard *m*, ˈWiderstandskämpfer *m*, Partiˈsan *m*.

mar [mɑː(r)] *v/t* **1.** (be)schädigen. **2.** *obs.* verderben, ruiˈnieren: **this will make or** ~ **us** dies wird unser Glück oder Verderben sein. **3.** verunstalten, verschandeln, ruiˈnieren: ~-**resistant** *tech.* kratzfest. **4.** *fig.* a) *Pläne etc* stören, beeinträchtigen, vereiteln, b) *die Schönheit, den Spaß etc* verderben.

mar·a·bou [ˈmærəbuː] *s* **1.** *orn.* Marabu *m*. **2.** Marabufedern *pl* (*als Hutschmuck etc*). **3.** Marabuseide *f*.

Mar·a·bout [ˈmærəbuː] *s* Maraˈbut *m*: a) mohammedanischer Einsiedler *od.* Heiliger, b) *dessen* (heilige) Grabstätte.

mar·a·schi·no [ˌmærəˈskiːnəʊ; *Am. a.* -ˈʃiː-] *s* Marasˈchino(liˌkör) *m*. ~ **cher·ries** *s pl* Marasˈchinokirschen *pl*.

ma·ras·mic [məˈræzmɪk] *adj med.* maˈrastisch, verfallend, schwindend. **maˈras·mus** [-məs] *s med.* Maˈrasmus *m*, geistig-körperlicher Kräfteverfall.

mar·a·thon [ˈmærəθn; *Am.* ˈmærəˌθæn] **I** *s* **1.** *a.* ~ **race** *sport* a) Marathonlauf *m*, b) (Ski- *etc*)Marathon *n*. **2.** *fig.* Dauerwettkampf *m*: **dance** ~ Dauertanzturnier *n*. **II** *adj* **3.** *sport* Marathon...: ~ **runner**. **4.** *fig.* Marathon..., Dauer...: ~ **session**.

ma·raud [məˈrɔːd] **I** *v/i* plündern. **II** *v/t* (aus)plündern. **maˈraud·er** *s* **1.** Plünderer *m*. **2.** *zo.* Räuber *m*.

mar·ble [ˈmɑːbl] **I** *s* **1.** *min.* Marmor *m*: **artificial** ~ Gipsmarmor, Stuck *m*; **fibrous** ~ rissiger Marmor; **a heart of** ~ *fig.* ein Herz aus Stein. **2.** Marmorbildwerk *n*, -statue *f*, -tafel *f*. **3.** a) Murmel (-kugel) *f*: **he's lost his** ~**s** *Br. sl.* ‚er hat nicht mehr alle Tassen im Schrank‘; **to pass in one's** ~ *Austral. colloq.* ‚den Löffel weglegen‘ (*sterben*), b) *pl* (*als sg konstruiert*) Murmelspiel *n*: **to play** ~ (mit) Murmeln spielen. **4.** marmoˈrierter Buchschnitt. **II** *adj* **5.** marmorn (*a. fig.*), aus Marmor. **6.** marmoˈriert, gesprenkelt: ~ **paper**. **7.** *fig.* steinern, gefühllos, hart *u.* kalt: **a** ~ **heart** ein Herz aus Stein. **III** *v/t* **8.** marmoˈrieren, sprenkeln: ~**d cat** gesprenkelte Katze; ~**d meat** durchwachsenes Fleisch. ~ **cake** *s* Marmorkuchen *m*. '~-ˌheart·ed *adj fig.* hartherzig, gefühllos.

mar·ble·ize [ˈmɑː(r)blaɪz] → **marble** 8.

mar·bler [ˈmɑː(r)blə(r)] *s* **1.** Marmorarbeiter *m*, -schneider *m*. **2.** Marmoˈrierer *m* (*von Papier etc*).

mar·bly [ˈmɑː(r)blɪ] *adj* marmorn (*a. fig.*).

marc [mɑː(r)k] *s* **1.** Treber *pl*, Trester *pl*: ~ **brandy** Tresterbranntwein *m*. **2.** unlöslicher Rückstand, Satz *m*.

mar·ca·site [ˈmɑː(r)kəsaɪt; *Am. a.* ˌmɑːrkəˈziːt] *s min.* **1.** Markaˈsit *m*. **2.** aus Pyˈrit geschliffener Schmuckstein.

mar·cel [mɑː(r)ˈsel] **I** *v/t Haar* wellen, onduˈlieren. **II** *s a.* ~ **wave** Welle *f*.

march[1] [mɑː(r)tʃ] **I** *v/i* **1.** *mil. etc* marˈschieren, ziehen: **to** ~ **off** abrücken; **to** ~ **past (s.o.)** (an j-m) vorbeiziehen *od.* -marschieren; **to** ~ **up** anrücken. **2.** *fig.* fort-, vorwärtsschreiten: **time** ~**es on** die Zeit schreitet fort. **3.** *fig.* Fortschritte machen. **II** *v/t* **4.** marˈschieren, (im Marsch) zuˈrücklegen: **to** ~ **ten miles**. **5.** marˈschieren lassen, (ab)führen: **to** ~ **off prisoners** Gefangene abführen. **III** *s* **6.** *mil.* Marsch *m* (*a. mus.*): ~ **past** Vorbeimarsch, Parade *f*; **slow** ~ ‚langsamer Paradeˈmarsch; ~ **in file** Rottenmarsch; ~ **in line** Frontmarsch; ~ **order** *Am.* Marschbefehl *m*; **to be on the** ~ **again** *fig.* wieder im Kommen sein. **7.** *allg.* (Fuß)Marsch *m*. **8.** Marsch(strecke *f*) *m*: **a day's** ~ ein Tage(s)marsch; **line of** ~ *mil.* Marschroute *f*. **9.** Vormarsch *m* (*on auf acc*). **10.** Tage(s)marsch *m*. **11.** *fig.* (Ab)Lauf *m*: **the** ~ **of events** der Lauf der Dinge, der (Fort)Gang der Ereignisse. **12.** *fig.* Fortschritt *m*: ~ **of progress** fortschrittliche Entwicklung. **13.** *fig.* mühevoller Weg *od.* Marsch. **14.** Gangart *f*, Gang *m*.

Besondere Redewendungen:

~ **at ease!** *mil.* ohne Tritt (marsch)!; **quick** ~! *mil.* Abteilung marsch!; ~ **order!** *mil.* in Marschordnung angetreten!; **to steal a** ~ **on s.o.** j-m ein Schnippchen schlagen, j-m den Rang ablaufen, j-m zuvorkommen.

march[2] [mɑː(r)tʃ] **I** *s* **1.** *hist.* Mark *f*. **2.** a) (*a.* umˈstrittenes) Grenzgebiet, -land, b) Grenze *f*. **3.** *pl* Marken *pl* (*bes. das Grenzgebiet zwischen England einerseits u. Schottland bzw. Wales andererseits*). **II** *v/i* **4.** grenzen (**upon** an *acc*). **5.** e-e gemeinsame Grenze haben (**with** mit).

March[3] [mɑː(r)tʃ] *s* März *m*: **in** ~ im März; ~ **brown** Märzfliege *f* (*Angelköder*); ~ **violet** Märzveilchen *n*; → **hare** 1.

march·ing [ˈmɑː(r)tʃɪŋ] **I** *adj mil.* Marsch..., marˈschierend: ~ **order** a) Marschausrüstung *f*, b) Marschordnung *f*; **in heavy** ~ **order** feldmarschmäßig; ~ **orders** *pl* Marschbefehl *m*; **he got his** ~ **orders** a) *fig. colloq.* er bekam den ‚Laufpaß‘ *s-r Firma od. von s-r Freundin*, b) *sport colloq.* ‚er flog vom Platz‘. **II** *s* (Auf-, Vorˈbei)Marsch *m*, Marˈschieren *n*: ~ **in** Einmarsch *m*; ~-**off point** Abmarschpunkt *m*.

mar·chion·ess [ˈmɑː(r)ʃənɪs] *s* Marˈquise *f*, Markgräfin *f*.

march·pane [ˈmɑː(r)tʃpeɪn] *s obs.* Marziˈpan *n*, *m*.

Mar·co·ni [mɑː(r)ˈkəʊnɪ] **I** *adj* Marconi... **II** *s* ~ **ˈFunkteleˌgramm** *n*. **III** *v/i u. v/t* ein ˈFunkteleˌgramm senden (**an** *acc*). **marˈco·ni·gram** [-græm] *s hist.* ˈFunkteleˌgramm *n*.

Mar·di gras [ˌmɑː(r)dɪˈɡrɑː; *Am.* ˈmɑːrdiˌɡrɑː] *s* Fastnacht *f*, Fasching *m*, *bes.* Fastnachts-, Faschingsdienstag *m*.

mare[1] [meə(r)] *s* Stute *f*: **the gray** (*bes. Br.* **grey**) ~ **is the better horse** die Frau

mare – mark

ist der Herr im Hause *od.* hat die Hosen an.
mare[2] [meə(r)] *s obs.* (Nacht)Mahr *m*.
ma·re[3] [ˈmɑːreɪ] *pl* **-ri·a** [-rɪə] (*Lat.*) *s jur. pol.* Meer *n*: ~ **clausum** mare clausum, (*für ausländische Schiffe*) geschlossenes Meer; ~ **liberum** mare liberum, freies Meer.
ma·rem·ma [məˈremə] *s* Maˈremme *f* (*sumpfige Küstengegend*).
mare's|-nest [ˈmeə(r)znest] *s fig.* **1.** ‚Windei' *n, a.* (Zeitungs)Ente *f*. **2.** *bes. Am.* ‚Saustall' *m*. **ˈ~-tail** *s* **1.** *meteor.* langgestreckte Federwolken *pl*. **2.** *bot.* Tann(en)wedel *m*.
mar·gar·ic [mɑː(r)ˈgærɪk] *adj chem.* Margarin...: ~ **acid**.
mar·ga·rine [ˌmɑːdʒəˈriːn; *Am.* ˈmɑːrdʒərən; -əˌriːn] *s* Margaˈrine *f*.
marge[1] [mɑː(r)dʒ] *s poet.* Rand *m*, Saum *m*.
marge[2] [mɑːdʒ] *s Br. colloq.* Margaˈrine *f*.
mar·gin [ˈmɑː(r)dʒɪn] **I** *s* **1.** Rand *m* (*a. fig.*): at the ~ of the forest am Rande des Waldes; on the ~ of good taste am Rande des guten Geschmacks; the ~ of consciousness *psych.* die Bewußtseinsschwelle. **2.** *a. pl* (Seiten)Rand *m* (*bei Büchern etc*): as by (*od.* per) ~ *econ.* wie nebenstehend; in the ~ am Rande *od.* nebenstehend (*vermerkt etc*); bled ~ bis in die Schrift hinein beschnittener Rand; cropped ~ zu stark beschnittener Rand. **3.** Grenze *f* (*a. fig.*): ~ **of income** Einkommensgrenze. **4.** Spielraum *m*: to leave a ~ (**for**) Spielraum lassen (für). **5.** *fig.* ˈÜberschuß *m* (*a. econ.*), (*ein*) Mehr *n* (*an Zeit, Geld etc*): ~ **of safety** Sicherheitsspanne *f*; by a narrow ~ mit knapper Not. **6.** *meist* profit ~ *econ.* (Gewinn-, Verdienst)Spanne *f*, Marge *f*, Handelsspanne *f*. **7.** *Börse:* Hinterˈlegungssumme *f*, Deckung *f* (*von Kursschwankungen*), (Bar)Einschuß(zahlung *f*) *m*, Marge *f*: to purchase securities on ~ Wertpapiere auf Einschuß kaufen; ~ **business** *Am.* Effektendifferenzgeschäft *n*; ~ **system** *Am.* Art Effektenkäufe mit Einschüssen als Sicherheitsleistung. **8.** *econ.* Rentabiliˈtätsgrenze *f*. **9.** a) Mehrheit *f*, b) *sport* Abstand *m*, (*a.* Punkt)Vorsprung *m*: by a ~ **of four seconds** mit 4 Sekunden Vorsprung *od.* Abstand.
II *v/t* **10.** mit e-m Rand versehen. **11.** a) umˈranden, b) säumen. **12.** Randbemerkungen schreiben (*acc*). **13.** an den Rand schreiben. **14.** *econ.* (*durch Hinterlegung*) decken.
mar·gin·al [ˈmɑː(r)dʒɪnl] *adj* (*adv* → **marginally**) **1.** am Rande, auf den Rand gedruckt *etc*, Rand...: ~ **inscription** Umschrift *f* (*auf Münzen*); ~ **note** Randbemerkung *f*; ~ **release** (**stop**) Randauslöser *m* (*Randsteller*) *m* (*der Schreibmaschine*). **2.** am Rande, nebensächlich, Grenz... (*a. fig.*): ~ **sensations** Wahrnehmungen am Rande des Bewußtseins. **3.** *fig.* Mindest...: ~ **capacity**. **4.** *econ.* a) zum Selbstkostenpreis: ~ **sales**, b) knapp über der Rentabiliˈtätsgrenze (liegend), gerade noch renˈtabel, Grenz...: ~ **analysis** Grenzplanungsrechnung *f*; ~ **cost** Grenz-, Marginalkosten *pl*; ~ **disutility** *Am.* Grenze *f* der Arbeitswilligkeit (bei niedrigem Lohn); ~ **enterprise** Grenzbetrieb *m*, unrentabler Betrieb; ~ **land** *agr.* Grenz(ertrags)boden *m*; ~ **net product** Nettogrenzprodukt *n*; ~ **profits** Gewinnminimum *n*, Rentabilitätsgrenze *f*; **theory of** ~ **utility** Grenznutzentheorie *f*. **5.** *med.* margiˈnal, randständig. **6.** *sociol.* am Rande der Gesellschaft (stehend). **7.** *fig.* geringfügig: a ~ **improvement**.
mar·gi·na·li·a [ˌmɑː(r)dʒɪˈneɪljə; -ɪə] *s pl* Margiˈnalien *pl*, Randbemerkungen *pl*.
mar·gin·al·ism [ˈmɑː(r)dʒɪnlɪzəm] *s econ.* ˈGrenznutzentheoˌrie *f*. **ˈmar·gin·al·ize** [-laɪz] → **margin** 12.
mar·gin·al·ly [ˈmɑː(r)dʒɪnəlɪ] *adv fig.* **1.** geringfügig, (um) eine Spur, eine Iˈdee. **2.** (nur) am Rande.
mar·gra·vate [ˈmɑː(r)grəvɪt; *Am.* -ˌveɪt] → **margraviate**. **ˈmar·grave** [-greɪv] *s hist.* Markgraf *m*. **marˈgra·vi·ate** [-vɪət; *Am. a.* -vɪˌeɪt] *s* Markgrafschaft *f*. **ˈmar·gra·vine** [-grəviːn] *s* Markgräfin *f*.
mar·gue·rite [ˌmɑː(r)gəˈriːt] *s bot.* **1.** Gänseblümchen *n*, Maßliebchen *n*. **2.** ˈStrauch-Margeˌrite *f*. **3.** Weiße Wucherblume, Margeˈrite *f*.
ma·ri·a [ˈmeərɪə] *pl von* **mare**[3].
Mar·i·an [ˈmeərɪən; ˈmær-; *Am. a.* ˈmeɪ-] **I** *adj* mariˈanisch: a) *R.C.* Marien..., die Jungfrau Maˈria betreffend, b) *hist.* die Königin Maˈria betreffend (*bes. Maria Stuart von Schottland, 1542–87, u. Maria, Königin von England, 1553–58*). **II** *s hist.* Anhänger(in) der Königin Maˈria (Stuart).
mar·i·cul·ture [ˈmærɪˌkʌltʃə(r)] *s biol.* (maˈrine) ˈAquakulˌtur *f*.
mar·i·gold [ˈmærɪgəʊld] *s bot.* **1.** Ringelblume *f*. **2.** a) *a.* **African** ~ Samtblume *f*, b) *a.* **French** ~ Stuˈdentenblume *f*.
mar·i·jua·na, *a.* **mar·i·hua·na** [ˌmærɪˈhwɑːnə] *s* **1.** *bot.* Marihuˈanahanf *m*. **2.** Marihuˈana *n* (*Rauschgift*).
ma·ri·na [məˈriːnə] *s* Boots-, Jachthafen *m*.
mar·i·nade [ˌmærɪˈneɪd] **I** *s* **1.** Mariˈnade *f*, Beize *f*. **2.** a) mariˈniertes Fleisch, b) mariˈnierter Fisch. **II** *v/t* → **marinate**. **ˈmar·i·nate** [-neɪt] *v/t* mariˈnieren.
ma·rine [məˈriːn] **I** *adj* **1.** a) See...: ~ **chart**; ~ **warfare**; ~ **insurance** See(transport)versicherung *f*; b) Meeres...: ~ **animal**; ~ **climate**; ~ **plants**. **2.** Schiffs...: ~ **engineering** Schiffsmaschinenbau *m*. **3.** Marine...: ~ **painter**. **II** *s* **4.** Maˈrine *f*: **mercantile** (*od.* **merchant**) ~ Handelsmarine. **5.** *mar. mil.* Maˈrineinfanteˌrist *m*: a) ˈSeesolˌdat *m*, b) Angehörige(r) *m* des amer. **Marine Corps**: **tell that to the ~!** *colloq.* das kannst du d-r Großmutter erzählen! **6.** *pl* Seegemälde *n*, -stück *n*. ~ **belt** *s mar.* Hoheitsgewässer *pl*. ~ **blue** *s* Maˈrineblau *n* (*Farbe*). **M~ Corps** *s mar. mil.* Maˈrineinfanteˌriekorps *n*. ~ **court** *s jur. Am.* Seegericht *n*. ~ **phos·pho·res·cence** *s* Meeresleuchten *n*.
mar·in·er [ˈmærɪnə(r)] *s* Seemann *m*, Maˈtrose *m*: **master** ~ Kapitän *m* e-s Handelsschiffs; ~'**s compass** (See-)Kompaß *m*.
Ma·rin·ism [məˈriːnɪzəm] *s* Mariˈnismus *m* (*affektierter Dichtungsstil des 17. Jhs.*).
Mar·i·ol·a·try [ˌmeərɪˈɒlətrɪ; *Am.* -ˈɑːl-] *s R.C.* Mariolaˈtrie *f*, Maˈrienkult *m*, -vergötterung *f*.
Mar·i·ol·o·gist [ˌmeərɪˈɒlədʒɪst; *Am.* -ˈɑːl-] *s R.C.* Marioˈloge *m*. **ˌMar·i·ˈol·o·gy** *s R.C.* Marioloˈgie *f*, Lehre *f* von der Gottesmutter.
mar·i·o·nette [ˌmærɪəˈnet] *s* Marioˈnette *f*: ~ **play** Puppenspiel *n*.
mar·ish [ˈmærɪʃ] *poet.* **I** *s* Moor *n*. **II** *adj* sumpfig, moˈrastig.
mar·i·tal [ˈmærɪtl; *Br. a.* məˈraɪtl] *adj* (*adv* -**ly**) ehelich, Ehe..., Gatten...: ~ **partners** Ehegatten *pl*; ~ **duties** eheliche Pflichten *pl*; ~ **relations** eheliche Beziehungen *pl*; ~ **rights** eheliche Rechte *pl*; ~ **status** *jur.* Familienstand *m*.
mar·i·time [ˈmærɪtaɪm] *adj* **1.** See...: ~ **blockade** Seeblockade *f*; ~ **commerce** (Über)Seehandel *m*; ~ **court** Seeamt *n*; ~ **insurance** See(transport)versicherung *f*; ~ **law** Seerecht *n*; ~ **navigation** Seeschiffahrt *f*; ~ **port** Seehafen *m*. **2.** Schiffahrts...: ~ **affairs** Schiffahrtsangelegenheiten, Seewesen *n*. **3.** Marine..., Seemanns...: ~ **life**. **5.** a) seefahrend, b) Seehandel (be)treibend. **6.** Küsten...: ~ **provinces**. **7.** *zo.* an der Küste lebend, Strand... **8.** Meer(es)... **M~ Com·mis·sion** *s Am.* oberste Handelsschiffahrtsbehörde der USA. ~ **dec·la·ra·tion** *s mar.* Verklarung *f*. **M~ La·bor Board** *s Am.* oberste Schlichtungsbehörde zwischen Reedern u. Seemannsvertretungen.
mar·jo·ram [ˈmɑː(r)dʒərəm] *s bot.* **1.** Majoran *m*. **2.** *a.* **sweet** ~, **true** ~ Echter Majoran. **3.** *a.* **common** ~, **wild** ~ Felddost(en) *m*.
mark[1] [mɑː(r)k] **I** *s* **1.** Marˈkierung *f*, Bezeichnung *f*, Mal *n*, *bes. tech.* Marke *f*: **adjusting** ~ Einstellmarke; **boundary** ~ Grenzmal; **to make a** ~ **in the calendar** sich e-n Tag rot anstreichen. **2.** *fig.* Zeichen *n*: ~ **of confidence** Vertrauensbeweis *m*; ~ **of favo(u)r** Gunstbezeigung *f*; ~ **of respect** Zeichen der Hochachtung; **God bless** (*od.* **save**) **the** ~ *colloq.* mit Verlaub zu sagen. **3.** (Kenn)Zeichen *n*, (*a.* charakteˈristisches) Merkmal: **distinctive** ~ Kennzeichen. **4.** (Schrift-, Satz)Zeichen *n*. **5.** Orienˈtierungs-, Sichtzeichen *n*: **a** ~ **for pilots**. **6.** (An)Zeichen *n*: **a** ~ **of great carelessness**. **7.** a) (Eigentums)Zeichen *n*, b) Brandmal *n*. **8.** roter Fleck (*auf der Haut*), Strieme *f*, Schwiele *f*. **9.** Narbe *f* (*a. tech.*). **10.** Kerbe *f*, Einschnitt *m*. **11.** (Hand-, Namens-)Zeichen *n*, Kreuz *n* (*e-s Analphabeten*). **12.** Ziel(scheibe *f*) *n* (*a. fig.* **beside**) **the** ~ *fig.* a) fehl am Platz, nicht zur Sache gehörig, b) ‚fehlgeschossen'; **you are quite off** (*od.* **wide of**) **the** ~ *fig.* Sie irren sich gewaltig; **to hit the** ~ (ins Schwarze) treffen; **to miss the** ~ a) fehl-, vorbeischießen, b) sein Ziel *od.* s-n Zweck verfehlen, ‚danebenhauen'; £ *1,000 will be nearer to the* ~ kommen eher hin. **13.** *fig.* Norm *f*: **below the** ~ unter dem Durchschnitt, b) *gesundheitlich etc* nicht auf der Höhe; **to be up to the** ~ a) der Sache gewachsen sein, b) den Erwartungen entsprechen, c) *gesundheitlich* auf der Höhe sein; **within the** ~ a) innerhalb der erlaubten Grenzen, b) berechtigt (**in doing s.th.** etwas zu tun); **to overshoot** (*od.* **overstep**) **the** ~ a) über das Ziel hinausschießen, b) zu weit gehen, es zu weit treiben. **14.** (aufgeprägter) Stempel, Gepräge *n*. **15.** (Fuß-, Brems- *etc*)Spur *f* (*a. fig.*): **to leave one's** ~ **upon** *fig.* a) s-n Stempel aufdrücken (*dat*), b) bei *j-m* s-e Spuren hinterlassen; **to make a** (*od.* **one's**) ~ sich e-n Namen machen (**upon** bei), Vorzügliches leisten, es zu etwas bringen. **16.** *fig.* Bedeutung *f*, Rang *m*: **a man of** ~ eine marˈkante *od.* bedeutende Persönlichkeit. **17.** Marke *f*, Sorte *f*: ~ **of quality** Qualitätsmarke. **18.** *econ.* a) (Faˈbrik-, Waren)Zeichen *n*, (Schutz-, Handels)Marke *f*, b) Preisangabe *f*. **19.** *mar.* a) (abgemarkte) Fadenlänge (*der Lotleine*), b) Landmarke *f*, c) Bake *f*, Leitzeichen *n*, d) Mark *n*, Ladungsbezeichnung *f*, e) Marke *f*. **20.** *mil. tech.* Moˈdell *n*, Type *f*: **a** ~ **V tank** ein Panzer(-wagen) der Type V. **21.** *ped.* a) (Schul-)Note *f*, Zenˈsur *f*: **to obtain full** ~**s in allen Punkten voll bestehen; **to give s.o. full** ~**s for s.th.** *fig.* j-m für etwas höchstes Lob zollen; **he gained 20** ~**s for Greek** im Griechischen bekam er 20 Punkte; **bad** ~ Note für schlechtes Betragen, b) *pl* Zeugnis *n*: **bad** ~**s** (ein) schlechtes Zeugnis. **22.** *sl.* (*das*) Richtige: **not my** ~ nicht mein Geschmack, nicht das Rich-

tige für mich. **23.** *meist* **easy ~** *sl.* Gimpel *m*, leichtes Opfer, leichte Beute: **to be an easy ~** ,leicht reinzulegen sein'. **24.** *sport* a) *Fußball:* Elf'meterpunkt *m*, b) *Boxen: sl.* Magengrube *f*, c) *Bowls:* Zielkugel *f*, d) *Laufsport:* Startlinie *f:* **on your ~s!** auf die Plätze!; **to be quick (slow) off the ~** a) e-n guten (schlechten) Start haben, b) *fig.* schnell (langsam) ,schalten'. **25.** *meist* **~ of mouth** Bohne *f*, Kennung *f* (*Alterszeichen an Pferdezähnen*). **26.** *hist.* a) Mark *f*, Grenzgebiet *n*, b) Gemeindemark *f*, All'mende *f:* **~ moot** Gemeindeversammlung *f*.
II *v/t* **27.** mar'kieren: a) *Wege, Gegenstände etc* kennzeichnen, b) *Stellen auf e-r Karte etc* bezeichnen, (*provisorisch*) andeuten, c) *Wäsche* zeichnen: **to ~ by a dotted line** durch e-e punktierte Linie kennzeichnen; **to ~ (with a hot iron)** brandmarken; **to ~ time** a) *mil.* auf der Stelle treten (*a. fig.*), b) *fig.* nicht vom Fleck kommen, c) abwarten, d) *mus.* den Takt schlagen. **28.** Spuren hinter'lassen auf (*dat*): **his hobnails ~ed the floor. 29.** kennzeichnen, kennzeichnend sein für: **to ~ an era; the day was ~ed by heavy fighting** der Tag stand im Zeichen schwerer Kämpfe; **no triumph ~s her manner** es ist nicht ihre Art aufzutrumpfen. **30.** ein Zeichen sein (**for** für): **that ~s him for a leader** das zeigt, daß er sich zum Führer eignet. **31.** *a.* **~ out** (*aus mehreren*) bestimmen, (*aus*)wählen, ausersehen (**for** für). **32.** her'vorheben: **to ~ the occasion** zur Feier des Tages, aus diesem Anlaß. **33.** zum Ausdruck bringen, zeigen: **to ~ one's displeasure by hissing. 34.** *ped.* benoten, zen'sieren. **35.** no'tieren, vermerken. **36.** sich (*etwas*) merken: **~ my words!** denke an m-e Worte (*od.* an mich)! **37.** bemerken, beachten, achtgeben auf (*acc*). **38.** *econ.* a) *Waren* auszeichnen, b) *Br.* (*öffentlich*) no'tieren (lassen), c) *den Preis* festsetzen: → **mark down** 1. **39.** *ling.* e-n Akzent setzen, *e-e Länge* bezeichnen. **40.** *sport* a) *s-n Gegenspieler* decken, (*gut etc*) mar'kieren, b) *Punkte, Tore etc* aufschreiben, no'tieren: **to ~ the game** → 44 b.
III *v/i* **41.** mar'kieren. **42.** achtgeben, aufpassen: **~!** Achtung! **43.** sich etwas merken: **~ you!** wohlgemerkt! **44.** *sport* a) decken, b) den Spielstand laufend no'tieren.
Verbindungen mit Adverbien:
mark| down *v/t* **1.** *econ.* (*im Preis etc*) her'unter-, her'absetzen. **2.** bestimmen, vormerken (**for** für, zu). **3.** no'tieren, vermerken. **~ off** *v/t* **1.** abgrenzen, abstecken. **2.** *fig.* trennen: a) absondern, b) abgrenzen, (unter)'scheiden. **3.** *math.* e-e Strecke ab-, auftragen. **4.** *tech.* vor-, anreißen. **5.** (*bes. auf e-r Liste*) abhaken. **~ out** *v/t* **1.** → **mark**[1] 31. **2.** abgrenzen, (*durch Striche etc*) bezeichnen, mar'kieren. **3.** 'durchstreichen. **~ up** *v/t econ.* **1.** (*im Preis etc*) hin'auf-, her'aufsetzen. **2.** den Diskontsatz etc erhöhen.
mark[2] [mɑːrk] *s econ.* **1.** (deutsche) Mark: **blocked ~** Sperrmark *f*. **2.** *hist.* Mark *f:* a) *schottische Silbermünze im Werte von etwa 67 p*, b) *Gold- u. Silbergewicht von etwa 8 Unzen*.
Mark[3] [mɑːrk] *npr u. s Bibl.* 'Markus (-evan,gelium *n*) *m*.
'mark·down *s econ.* **1.** niedrigere Auszeichnung (*e-r Ware*). **2.** Preissenkung *f*.
marked [mɑːrkt] *adj* **1.** mar'kiert, gekennzeichnet, mit e-m Zeichen *od.* e-r Aufschrift (versehen): **a ~ check** (*Br.* **cheque**) a) *Am.* ein gekennzeichneter Scheck, b) *Br.* ein bestätigter Scheck. **2.** gezeichnet (*a. fig.* gebrandmarkt): **a face ~ with smallpox** ein pockennarbiges

Gesicht; **feathers ~ with black spots** Federn mit schwarzen Punkten; **a ~ man** *fig.* ein Gezeichneter *od.* Gebrandmarkter. **3.** *fig.* deutlich, merklich, ausgeprägt: **a ~ American accent; ~ progress** spürbarer *od.* deutlicher Fortschritt. **4.** auffällig, ostenta'tiv: **~ indifference.** **'mark·ed·ly** [-ɪd-] *adv* merklich, deutlich, ausgesprochen.
mark·er ['mɑːrkə(r)] *s* **1.** Mar'kierer *m:* **~ (of goods)** Warenauszeichner *m*. **2.** (An-, Auf)Schreiber *m*, (*bes. Billard*) Mar'kör *m*. **3.** *mil.* a) Anzeiger *m* (*beim Schießstand*): **~'s gallery** Anzeigerdeckung *f*, b) Flügelmann *m*. **4.** a) Kennzeichen *n*, b) ('Weg-, 'Grenz- *etc*)Mar'kierung *f*. **5.** Merk-, Lesezeichen *n*. **6.** *Am.* Straßen-, Verkehrsschild *n*. **7.** *Am.* Gedenkzeichen *n*, -tafel *f*. **8.** *aer. mil.* a) Sichtzeichen *n*, b) Leuchtbombe *f*, c) *a.* **~ aircraft** Beleuchter *m* (*bei Nachtangriffen*): **~ bomb** Markierungsbombe *f;* **~ panel** Fliegertuch *n*. **9.** *a.* **~ (radio) beacon** Mar'kierungsfunkfeuer *n*. **10.** *agr.* Furchenzieher *m* (*Gerät*). **11.** *bes. sport* a) Mar'kierer *m* (*Mann*), b) Mar'kiergerät *n* (*auf Tennisplätzen etc*). **12.** *sport* ,Bewacher' *m*, Gegenspieler *m*. **13.** *Wasserbau:* Pegel *m*. **14.** *econ. Am.* Schuldschein *m*.
mar·ket ['mɑːrkɪt] *econ.* **I** *s* **1.** Markt *m* (*Handel*): **to be in the ~ for** Bedarf haben an (*dat*), kaufen *od.* haben wollen, suchen; **to be on** (*od.* **in**) **the ~** (zum Verkauf) angeboten werden; **to come into the ~** auf den Markt kommen; **to place** (*od.* **put**) **on the ~** → 14; **sale in the open ~** freihändiger Verkauf. **2.** Markt *m* (*Handelszweig*): **~ for cattle** Viehmarkt; **real estate ~** Grundstücks-, Immobilienmarkt. **3.** *Börse:* Markt *m:* **railway** (*Am.* **railroad**) **~** Markt für Eisenbahnwerte. **4.** Geldmarkt *m:* **to boom the ~** die Kurse in die Höhe treiben; **to make a ~** (durch Kaufmanöver) die Nachfrage (nach Aktien) künstlich hervorrufen; **to play the ~** (an der Börse) spekulieren. **5.** Markt *m*, Börse *f*, Wirtschaftslage *f:* **active (dull) ~** lebhafter (lustloser) Markt. **6.** a) Marktpreis *m*, -wert *m*, b) Marktpreise *pl:* **the ~ is low** (**rising, up**), **at the ~** a) zum Marktpreis, b) *Börse:* zum ,Bestens'-Preis. **7.** Markt(platz) *m*, Handelsplatz *m:* **in the ~** auf dem Markt; (**covered**) **~** Markthalle *f;* **settled ~** Stapelplatz *m*. **8.** (Wochen-, Jahr)Markt *m:* **to bring one's eggs** (*od.* **hogs, goods**) **to a bad** (*od.* **the wrong**) **~** *fig.* sich verkalkulieren *od.* ,verhauen'. **9.** Markt *m* (*Absatzgebiet*): **to hold the ~** a) den Markt behaupten, b) (durch Kauf *od.* Verkauf) die Preise halten. **10.** Absatz *m*, Verkauf *m*, Markt *m:* **to meet with a ready ~** schnellen Absatz finden. **11.** (**for**) Nachfrage *f* (nach), Bedarf *m* (an *dat*): **a ~ for leather. 12.** *Am.* (Lebensmittel)Geschäft *n*, Laden *m:* **meat ~. 13. the ~** (*Börse*) a) der Standort der Jobber, b) *collect.* die Jobber *pl*.
II *v/t* **14.** auf den Markt bringen. **15.** (auf dem Markt) verkaufen, vertreiben.
III *v/i* **16.** Handel treiben, (ein)kaufen u. verkaufen. **17.** a) auf dem Markt handeln, b) Märkte besuchen.
IV *adj* **18.** Markt...: **~ basket** Marktkorb *m*. **19.** a) Börsen..., b) Kurs...
mar·ket·a·bil·i·ty [ˌmɑːrkɪtəˈbɪlətɪ] *s econ.* Marktfähigkeit *f*. **'mar·ket·a·ble** *adj* a) marktfähig, -gängig, verkäuflich, b) gefragt: **~ title** *jur.* uneingeschränktes, frei veräußerliches Eigentum. **2.** no'tiert, börsenfähig: **~ securities.**
mar·ket| a·nal·y·sis *s econ.* 'Marktana,lyse *f*. **~ con·di·tion** *s econ.* Marktlage *f*, Konjunk'tur *f*. **~ deal·ings** *s pl*

econ. Br. Börsenhandel *m*. **~ dom·i·nance** *s econ.* Marktbeherrschung *f*. **'~-,dom·i·nat·ing** *adj econ.* marktbeherrschend (*Stellung*). **~ e·con·o·my** *s* Marktwirtschaft *f:* **free** (**social**) **~** freie (soziale) Marktwirtschaft.
mar·ket·eer [ˌmɑːrkəˈtɪə(r)] *s* Verkäufer *m od.* Händler *m* (*auf e-m Markt*). **'mar·ket·er** [-tər] *s Am.* **1.** Markthändler(in). **2.** Marktbesucher(in).
mar·ket| fish *s Am.* Knurrfisch *m*. **~ fluc·tu·a·tion** *s econ.* **1.** Konjunk'turbewegung *f*. **2.** *pl* Konjunk'turschwankungen *pl*. **~ gap** *s econ.* Marktlücke *f*. **~ gar·den** *s* Handelsgärtne'rei *f*. **~ gar·den·er** *s* Handelsgärtner(in). **~ gar·den·ing** *s* (Betreiben *n* e-r) Handelsgärtne'rei *f*.
mar·ket·ing ['mɑːrkɪtɪŋ] **I** *s* **1.** *econ.* Marketing *n*, 'Absatzpoli,tik *f*, -förderung *f*, Vertrieb *m*. **2.** Marktversorgung *f*. **3.** Marktbesuch *m:* **to do one's ~** s-e Einkäufe machen. **4.** Marktware *f*. **II** *adj* **5.** Absatz..., Markt...: **~ association** Marktverband *m;* **~ company** Vertriebsgesellschaft *f;* **~ cooperative** Vertriebs-, Absatzgenossenschaft *f;* **~ director** Marketingdirektor *m;* **~ organization** Marktvereinigung *f*, Absatzorganisation *f;* **~ research** Absatzforschung *f;* **~ strategy** Marktstrategie *f*.
mar·ket| in·quir·y, ~ in·ves·ti·ga·tion *s econ.* Marktunter,suchung *f*. **~ lead·ers** *s pl* führende Börsenwerte *pl*. **~ let·ter** *s Am.* Markt-, Börsenbericht *m*. **~ niche** *s* Marktnische *f*, -lücke *f*. **~ or·der** *s* **1.** Marktanweisung *f*. **2.** *Börse:* Bestensauftrag *m*. **~ place** *s* Marktplatz *m*. **~ po·si·tion** *s* 'Marktpositi,on *f*. **~ price** *s* **1.** Marktpreis *m*. **2.** *Börse:* Kurs (-wert) *m*. **~ quo·ta·tion** *s* 'Börseno,tierung *f*, Marktkurs *m:* **list of ~s** Markt-, Börsenzettel *m*. **~ rate** → **market price**. **~ re·port** *s* **1.** Markt-, Handelsbericht *m*. **2.** Börsenbericht *m*. **~ re·search** *s* Marktforschung *f*. **~ re·search·er** *s* Marktforscher *m*. **~ rig·ging** *s* Kurstreibe'rei *f*, 'Börsenma,növer *n*. **~ share** *s* Marktanteil *m*. **~ sit·u·a·tion** *s* Marktlage *f*. **~ swing** *s Am.* Konjunk'turperi,ode *f*, -,umschwung *m*. **~ town** *s* Marktflecken *m*. **~ val·ue** *s* Markt-, Kurs-, Verkehrswert *m*.
mark·ing ['mɑːrkɪŋ] *s* **1.** Mar'kierung *f*, Kennzeichnung *f*, *a. mus.* Bezeichnung *f*. **2.** *aer.* Hoheitszeichen *n*. **3.** *zo.* (Haut-, Feder)Musterung *f*, Zeichnung *f*. **4.** *ped.* Zen'sieren *n*. **II** *adj* **5.** mar'kierend: **~ awl** Reißahle *f;* **~ hammer** Anschlaghammer *m;* **~ ink** (unauslöschliche) Zeichentinte, Wäsche'tinte *f*, Brenneisen *n;* **~ tool** Anreißwerkzeug *n*. **~ nut** *s bot.* Ma'lakkanuß *f*.
mark·ka ['mɑːkɑː] *pl* **'mark·kaa** [-kɑː] *s* Markka *f*, Finnmark *f*.
Mar·kov| chain ['mɑːrkɒf] *s Stochastik:* Markow-Kette *f*. **~ pro·cess** *s Stochastik:* 'Markow-Pro,zeß *m*.
marks·man ['mɑːrksmən] *s irr* **1.** guter Schütze, Meister-, Scharfschütze *m* (*a. fig. sport*). **2.** *mil. Am.* niedrigste Leistungsstufe bei Schießübungen. **3.** *Am.* Analpha'bet *m*, ,Kreuzschreiber' *m*. **'marks·man·ship** *s* **1.** Schießkunst *f*. **2.** Treffsicherheit *f*.
mark| tooth *s irr* Kennzahn *m* (*e-s Pferdes*). **'~-up** *s econ.* **1.** höhere Auszeichnung (*e-r Ware*). **2.** Preiserhöhung *f*. **3.** Kalkulati'onsaufschlag *m:* **~ on selling price** Handelsspanne *f*.
marl[1] [mɑːl] **I** *s* **1.** *geol.* Mergel *m*. **2.** *poet.* Erde *f*. **II** *v/t* **3.** mergeln, mit Mergel düngen.
marl[2] [mɑːrl] *v/t mar.* ein Tau marlen, bekleiden.

marl – **martini**

marl³ [mɑː(r)l] s Pfauenfederfaser f *(für künstliche Angelfliegen)*.
mar·la·ceous [mɑː(r)ˈleɪʃəs] adj geol. mergelhaltig od. -artig.
mar·line [ˈmɑː(r)lɪn] s mar. Marlleine f, Marling f. **˜·spike** s 1. mar. Marlpfriem m. 2. orn. Raubmöwe f.
marl·ite [ˈmɑː(r)laɪt] s min. Marˈlit m *(Art Kalkmergel)*.
marl·y [ˈmɑː(r)lɪ] adj merg(e)lig.
marm [mɑː(r)m] *dial. für* madam.
mar·ma·lade [ˈmɑː(r)məleɪd] s *(bes. O'rangen)*Marmeˌlade f. **˜ tree** s bot. Große Saˈpote, Marmeˈladenpflaume f.
mar·mo·lite [ˈmɑː(r)məlaɪt] s min. Marˈmoˌlith m *(blätteriger Serpentin)*.
mar·mo·re·al [mɑː(r)ˈmɔːrɪəl; *Am. a.* -ˈməʊ-] adj 1. marmorn, Marmor... 2. marmorartig.
mar·mose [ˈmɑː(r)məʊs] s zo. Beutelratte f.
mar·mo·set [ˈmɑː(r)məʊzet; *Am.* -məˌset] s zo. *(ein)* Krallenaffe m.
mar·mot [ˈmɑː(r)mət] s zo. 1. Murmeltier n. 2. Präˈriehund m. 3. *a.* ~ **squirrel** Ziesel m.
mar·o·cain [ˈmærəkeɪn] s Maroˈcain n *(kreppartiger Kleiderstoff)*.
ma·roon¹ [məˈruːn] I v/t 1. *(auf e-r einsamen Insel etc)* aussetzen. 2. *fig.* a) im Stich lassen, b) von der Außenwelt abschneiden. II v/i 3. *hist.* fliehen *(Negersklave)*. 4. *Am.* a) einsam zelten, b) ein Picknick veranstalten. 5. herˈumlungern. III s 6. Busch-, Maˈronneger m *(in Westindien u. Holländisch-Guayana)*. 7. Ausgesetzte(r m) f.
ma·roon² [məˈruːn] I s 1. Kaˈstanienbraun n 2. Kaˈnonenschlag m *(Feuerwerk)*. II adj 3. kaˈstanienbraun.
ma·roon·er [məˈruːnə(r)] s Piˈrat m.
mar·plot [ˈmɑː(r)plɒt; *Am.* -ˌplɑt] s 1. Quertreiber m. 2. Spielverderber m, Störenfried m.
marque [mɑː(r)k] s mar. hist. 1. Kapern: **letter(s) of ~** (and reprisal) Kaperbrief m. 2. Kaperschiff n.
mar·quee [mɑː(r)ˈkiː] s 1. großes Zelt *(für Zirkus u. andere Vergnügungen; a. mil.)*. 2. *Am.* Marˈkise f, Schirmdach n *(über e-m Hoteleingang etc)*. 3. Vordach n *(über e-r Haustür)*.
mar·quess → marquis.
mar·que·try, *a.* **mar·que·te·rie** [ˈmɑː(r)kɪtrɪ] s Marketeˈrie f, Inˈtarsien pl, Holzeinlegearbeit f.
mar·quis [ˈmɑː(r)kwɪs] s Marˈquis m *(englischer Adelstitel zwischen Duke u. Earl)*. **ˈmar·quis·ate** [-zət] s Marquiˈsat n *(Würde u. Besitztum e-s Marquis)*.
mar·quise [mɑː(r)ˈkiːz] s 1. Marˈquise f *(für nichtenglischen Adelstitel)*. 2. *a.* ~ **ring** Marˈquise f *(Ring mit Edelsteinen in lanzettförmiger Fassung)*. 3. → marquee.
mar·riage [ˈmærɪdʒ] s 1. Heirat f, Vermählung f, Hochzeit f (**to** mit). 2. Ehe (-stand m) f by angeheiratet; **related by ~** verschwägert; **of his (her) first ~** aus erster Ehe; **to contract a ~** die Ehe eingehen; **to give s.o. in ~** j-n verheiraten; **to take s.o. in ~** j-n heiraten; ~ **civil marriage, companionate.** 3. *fig.* Vermählung f, enge od. innige Verbindung: **a ~ of ideas** e-e Gedankenverbindung. 4. Mariˈage f: a) *ein Kartenspiel,* b) *König u. Dame gleicher Farbe im Blatt.* **ˈmar·riage·a·ble** adj heiratsfähig, mannbar, *jur.* ehemündig: ~ **age** Ehemündigkeit f. **ˈmar·riage·a·ble·ness** s Heiratsfähigkeit f.
mar·riage| ar·ti·cles s pl *jur.* Ehevertrag m. ~ **bed** s Ehebett n. ~ **bro·ker** s Heiratsvermittler m, *jur.* Ehemakler m. ~ **bu·reau** s ˈHeiratsinstiˌtut n. ~ **cer·e·mo·ny** s Trauung f. ~ **cer·tif·i·cate** s Trauschein m. ~ **con·tract** s *jur.* Ehevertrag m. ~ **flight** s zo. Hochzeitsflug m *(der Bienen)*. ~ **guid·ance** s Eheberatung f. ~ **guid·ance cen·ter** (*bes. Br.* **cen·tre**) s Eheberatungsstelle f. ~ **guid·ance coun·sel·(l)or** s Eheberater(in). ~ **li·cence** (*Am.* **li·cense**) s *(Br. kirchliche, Am. amtliche)* Heiratserlaubnis. ~ **lines** s pl *(meist als sg konstruiert) bes. Br. colloq.* Trauschein m. ~ **of con·ve·nience** s Geld-, Zweck-, Vernunftheirat f *od.* -ehe f. ~ **por·tion** s *jur.* Mitgift f. ~ **set·tle·ment** s *jur.* Ehevertrag m, Güterrechtstreuhandvertrag m. ~ **vow** s Ehegelöbnis n.
mar·ried [ˈmærɪd] I adj 1. verheiratet, Ehe..., ehelich: **(newly) ~ couple** (jungvermähltes) Ehepaar; ~ **life** Eheleben n; ~ **man** Ehemann m; ~ **state** Ehestand m; ~ **woman** Ehefrau f. 2. *fig.* eng *od.* innig (miteinˈander) verbunden, vereint. 3. a) aus Teilen verschiedener (Möbel)Stücke zs.-gesetzt, b) *Br.* nur im ganzen verkäuflich, c) *Br.* mit Tonstreifen *(Filmkopie)*. II s 4. Verheiratete(r m) f: **the young ~s** die Jungverheirateten.
mar·ron [ˈmærən] s Maˈrone f *(eßbare Kastanie)*.
mar·row¹ [ˈmærəʊ] s 1. *anat.* (Knochen)Mark n: **red ~** rotes Knochenmark; **yellow ~** Fettmark. 2. *fig.* Mark n, Kern m, *(das)* Innerste *od.* Wesentlichste: **to the ~** (of one's bones) bis aufs Mark, bis ins Innerste; **he was frozen to the ~** er war völlig durchgefroren. 3. *fig.* Lebenskraft f, Lebensmut m. 4. *fig.* Kraftnahrung f.
mar·row² [ˈmærəʊ] s *Am. meist* **~ squash**, *Br. a.* **vegetable ~** *bot.* Eier-, Markkürbis m.
mar·row³ [ˈmærəʊ] s *dial.* 1. Genosse m, Genossin f. 2. Ehegespons n. 3. Ebenbürtige(r m) f. 4. *fig.* getreues Abbild.
ˈmar·row·bone s 1. Markknochen m. 2. pl *humor.* Knie pl. 3. pl Totenkopfknochen pl *(Bildzeichen)*.
mar·row·less [ˈmærəʊlɪs] adj *fig.* mark-, kraftlos.
mar·row pea s *bot.* Markerbse f.
mar·row·sky [məˈraʊskɪ] s *colloq.* → spoonerism.
mar·row·y [ˈmærəʊɪ; *Am.* -əwɪ] adj *fig.* markig, kernig.
mar·ry¹ [ˈmærɪ] I v/t 1. heiraten, sich vermählen *od.* verheiraten mit, zum Mann (zur Frau) nehmen: **to be married to** verheiratet sein mit *(a. fig. iro.)*; **to get married to** sich verheiraten mit. 2. *s-e Tochter etc* verheiraten (**to** an acc, mit): **to ~ off** verheiraten, unter die Haube bringen. 3. *ein Paar* trauen, vermählen *(Geistlicher)*. 4. *fig.* eng verbinden *od.* verknüpfen (**to** mit). 5. *mar. Taue* spleißen. 6. *Weinsorten* (miteinˈander) vermischen. II v/i 7. heiraten, sich verheiraten: **to ~ into a family** in e-e Familie einheiraten; ~ **in haste and repent at leisure** schnell gefreit, lange bereut; ~**ing man** Heiratslustige(r) m, Ehekandidat m. 8. *fig.* sich innig verbinden.
mar·ry² [ˈmærɪ] *interj obs. od. dial.* fürˈwahr!: ~ **come up!** na, mach's halblang!
Mars [mɑː(r)z] I npr 1. *myth.* Mars m *(Kriegsgott)*. II s 2. *poet.* der Kriegsgott, Mars m *(Krieg)*. 3. *astr.* Mars m.
marsh [mɑː(r)ʃ] s 1. Sumpf(land n) m, Marsch f. 2. Moˈrast m.
mar·shal [ˈmɑː(r)ʃ(ə)l] I s 1. *mil.* Marschall m. 2. *jur. Br.* Gerichtsbeamter, der e-n reisenden High-Court-Richter begleitet. 3. *jur. Am.* a) ˈUS-~ (ˈBundes)Vollˌzugsbeamte(r) m, b) Beˈzirkspoliˌzeichef m, c) *a.* **city ~** Poliˈzeidiˌrektor m. 4. *a.* **fire ~** *Am.* ˈBranddiˌrektor m. 5. Zereˈmonienmeister m, Festordner m, *mot. sport* Rennwart m. 6. *hist.* (Hof)Marschall m: **knight ~** *Br.* königlicher Hofmarschall. 7. *Br. hist.* königlicher Zereˈmonienmeister *(jetzt* Earl M~). 8. *univ. Br.* Begleiter m e-s Proktors. II v/t pret *u.* pp **-shaled**, *bes. Br.* **-shalled** 9. *allg.* auf-, zs.-stellen, zs.-fassen: **to ~ one's thoughts** s-e Gedanken ordnen. 10. *mil. Truppen* auf-, bereitstellen, antreten lassen, ˈaufmarˌschieren lassen *(a. fig.)*. 11. *(methodisch)* (an)ordnen, arranˈgieren. 12. **to ~ wag(g)ons into trains** *rail.* Züge zs.-stellen. 13. *(bes. feierlich)* (hin(ein))geleiten (**into** acc). 14. *aer.* einwinken. 15. *jur.* a) **die Aktiva** (zur Begleichung von Konˈkursforderungen) rangwertig zs.-stellen: **to ~ the assets**, b) die Reihenfolge *der Masseglubiger gemäß dem Vorrang ihrer Forderungen feststellen.* III v/i 16. sich einordnen (an acc). **ˈmar·shal·(l)er** s *aer.* Marshaler m *(der gelandete Flugzeuge in ihre Parkposition einweist)*.
mar·shal·(l)ing| a·re·a [ˈmɑː(r)ʃ(ə)lɪŋ] s *mil.* Bereitstellungsraum m. ~ **yard** s *rail.* Ranˈgier-, Verschiebebahnhof m.
Mar·shal·sea [ˈmɑː(r)ʃlsɪː] s *jur. Br. hist.* 1. *(a. court of ~)* Hofmarschallgericht n. 2. Hofmarschallgefängnis n.
mar·shal·ship [ˈmɑː(r)ʃ(ə)lʃɪp] s Marschallamt n, -würde f.
marsh| fe·ver s *med.* Sumpf-, Wechselfieber n. ~ **gas** s Sumpfgas n. ~ **gen·tian** s *bot.* Lungenenzian m.
marsh·i·ness [ˈmɑː(r)ʃɪnɪs] s sumpfige Beschaffenheit, Sumpfigkeit f.
ˈmarsh|·land s Sumpf-, Moor-, Marschland n. ~**ˈmal·low** s 1. *bot.* Echter Eibisch, Alˈthee f. 2. Marshˈmallow n *(Süßigkeit)*. ~ **mar·i·gold** s *bot.* Sumpfdotterblume f.
marsh·y [ˈmɑː(r)ʃɪ] adj sumpfig, moˈrastig, Sumpf...
mar·su·pi·al [mɑː(r)ˈsjuːpjəl; *Am.* mɑː(r)ˈsuːpɪəl] zo. I adj 1. Beuteltier... 2. a) beutelartig, b) Beutel..., Brut...: ~ **pouch** Brutsack m. II s 3. Beuteltier n.
mart [mɑː(r)t] s 1. Markt m, Handelszentrum n. 2. Auktiˈonsraum m. 3. *obs. od. poet.* a) Markt(platz) m, b) (Jahr-)Markt m, c) Handeln n.
mar·tel [ˈmɑː(r)tel; *Am.* ˈmɑːrˌtel] s *mil. hist.* Streitaxt f, -hammer m.
mar·tel·lo [mɑː(r)ˈteləʊ] pl **-los** s, *a.* ~ **tow·er** s *mil. hist.* Marˈtelloturm m *(rundes Küstenfort)*.
mar·ten [ˈmɑːtɪn; *Am.* ˈmɑːrtn] s zo. Marder m.
mar·tial [ˈmɑː(r)ʃ(ə)l] adj (adv **-ly**) 1. M~ Martian 2 u. 3. 2. kriegerisch, streitbar, kampfesfreudig. 3. miliˈtärisch, solˈdatisch: ~ **music** Militärmusik f. 4. Kriegs..., Militär... 5. stramm, solˈdatisch *(Haltung)*. 6. ~ **arts** asiatische Kampfsportarten. ~ **law** s 1. Kriegsrecht n: **state of ~** Ausnahme-, Belagerungszustand m; **to try by ~** vor ein Kriegsgericht stellen. 2. Standrecht n.
Mar·ti·an [ˈmɑː(r)ʃjən; *Am.* ˈmɑːrʃən] I s 1. Marsmensch m, -bewohner(in). II adj 2. Mars..., kriegerisch. 3. *astr.* Mars...
mar·tin [ˈmɑː(r)tɪn] s orn. 1. *a.* **house ~** Haus-, Mauerschwalbe f. 2. Baumschwalbe f.
mar·ti·net [ˌmɑː(r)tɪˈnet] s *mil. od. fig.* Zuchtmeister m, strenger *od.* kleinlicher Vorgesetzter. **ˌmar·ti·net·ish** adj ˌscharfˈ, streng, zuchtmeisterlich.
mar·tin·gale [ˈmɑː(r)tɪŋgeɪl; -tɪŋ-] s 1. Martingal n *(zwischen den Vorderbeinen des Pferdes durchlaufender Sprungriemen)*. 2. *mar. hist.* Stampfstock m. 3. *Glücksspiel:* Verdoppeln n des Einsatzes nach e-m Verlust.
mar·ti·ni [mɑː(r)ˈtiːnɪ] s Marˈtini m *(Cocktail aus Gin, Wermut etc)*.

Mar·tin·mas ['mɑː(r)tɪnməs] s Martinstag m, Mar'tini n (11. November).
Mar·tin pro·cess ['mɑː(r)tɪn] s metall. (Siemens-)'Martin-Pro¦zeß m.
mart·let ['mɑː(r)tlɪt] s her. Vogel m (als Beizeichen im Wappen e-s 4. Sohnes).
mar·tyr ['mɑː(r)tə(r)] **I** s **1.** Märtyrer(in), Blutzeuge m: to make a ~ of → 4. **2.** fig. Märtyrer(in), Opfer n: to make a ~ of o.s. a) sich für etwas aufopfern, b) iro. den Märtyrer spielen; to die a ~ to (od. in the cause of) science sein Leben im Dienst der Wissenschaft opfern. **3.** colloq. Dulder(in), armer Kerl: to be a ~ to gout ständig von Gicht geplagt werden. **II** v/t **4.** zum Märtyrer machen. **5.** zu Tode martern: to be ~ed den Märtyrertod sterben. **6.** martern, peinigen, quälen. '**mar·tyr-dom** s **1.** Martyrium n (a. fig.), Märtyrertod m. **2.** Marterqualen pl (a. fig.). '**mar·tyr·ize** v/t **1.** (o.s. sich) zum Märtyrer machen (a. fig.). **2.** → martyr 6.
mar·tyr·ol·a·try [ˌmɑː(r)tə'rɒlətrɪ; Am. -ˈrɑ-] s Märtyrerkult m.
mar·tyr·o·log·i·cal [ˌmɑː(r)tərə'lɒdʒɪkl; Am. -ˈlɑ-] adj martyro'logisch.
mar·tyr'ol·o·gist [-ˈrɒlədʒɪst; Am. -ˈrɑ-] s Martyro'loge m. **mar·tyr'ol·o·gy** [-dʒɪ] s **1.** Martyro'logie f. **2.** Martyro'logium n: a) Geschichte f der Märtyrer, b) Märtyrererzählung f, c) Märtyrerbuch n.
mar·vel ['mɑː(r)vl] **I** s **1.** Wunder(ding) n, (etwas) Wunderbares: an engineering ~ ein Wunder der Technik; to be a ~ at s.th. etwas fabelhaft können; it is a ~ that es ist (wie) ein Wunder, daß; it is a ~ to me how ich staune nur, wie; to work (od. do) ~s Wunder wirken. **2.** Muster n (of an dat): he is a ~ of patience er ist die Geduld selber; he is a perfect ~ colloq. er ist ‚phantastisch' od. ein Phänomen. **3.** obs. Staunen n. **II** v/i pret u. pp **-veled,** bes. Br. **-velled 4.** sich (ver)wundern, staunen (at über acc). **5.** sich verwundert fragen, sich wundern (that daß; how wie).
mar·vel·(l)ous ['mɑː(r)vələs] adj (adv ~ly) **1.** erstaunlich, wunderbar. **2.** unglaublich, unwahrscheinlich. **3.** colloq. fabelhaft, phan'tastisch, wunderbar. '**mar·vel·(l)ous·ness** s **1.** (das) Wunderbare, (das) Erstaunliche. **2.** (das) Unglaubliche.
mar·vie, mar·vy ['mɑːrvɪ] interj Am. sl. ‚prima!', ‚Klasse!'
Marx·i·an ['mɑː(r)ksjən; -ɪən] → Marxist.
Marx·ism ['mɑː(r)ksɪzəm], a. '**Marx·i·an·ism** [-sjənɪzəm; -ɪən-] s Marx'ismus m. '**Marx·ist I** s Marx'ist(in). **II** adj mar'xistisch.
Mar·y Jane [ˌmeərɪ'dʒeɪn] s Am. sl. Mary Jane f, Marihu'ana n.
mar·zi·pan [ˌmɑːzɪ'pæn; Am. 'mɑːrtsəˌpɑːn; -ˌpæn] s Marzi'pan n, m.
mas·ca·ra [mæ'skɑːrə; Am. -ˈskærə] s Mas'cara n, Wimperntusche f.
mas·cot ['mæskət; -kɒt; Am. -ˌkɑt] s Mas'kottchen n: a) Glücksbringer(in), b) Talisman m: **radiator ~** mot. Kühlerfigur f.
mas·cu·line ['mæskjʊlɪn] **I** adj **1.** männlich, Männer...: **~ voice. 2.** ling. metr. männlich, masku'lin: **~ noun. 3.** männlich: a) vi'tal, ro'bust, b) mannhaft. **4.** kräftig, stark. **5.** unweiblich, masku'lin. **II** s **6.** Mann m. **7.** ling. Maskulinum n: a) männliches Substantiv od. Pro'nomen, b) männliches Geschlecht.
mas·cu·lin·i·ty [ˌmæskjʊ'lɪnətɪ] s **1.** Männlichkeit f: a) Vitali'tät f, Ro'bustheit f, b) Mannhaftigkeit f. **2.** unweibliche od. masku'line Art.
mas·cu·lin·ize ['mæskjʊlɪnaɪz] **I** v/t **1.** männlich machen. **2.** e-e männliche Note

verleihen (dat). **3.** med. zo. maskulini'sieren, vermännlichen. **4.** zu e-m höheren Männeranteil führen in (dat). **II** v/i **5.** männlich werden. **6.** med. zo. maskulini'sieren, vermännlichen.
mash¹ [mæʃ] **I** s **1.** Brauerei: Maische f. **2.** agr. Mengfutter n. **3.** breiige Masse, Brei m, ‚Mansch' m. **4.** Br. colloq. Kar'toffelbrei m. **5.** Mischmasch m. **II** v/t **6.** (ein-)maischen: ~ing tub Maischbottich m. **7.** (zu Brei etc) zerdrücken, -quetschen: ~ed potatoes Kartoffelpüree n, -brei m.
mash² [mæʃ] obs. sl. **I** v/t **1.** j-m den Kopf verdrehen. **2.** flirten od. schäkern mit. **II** v/i **3.** flirten, schäkern. **III** s **4.** Verliebtheit f. **5.** a) Schwerenöter m, Schäker m, b) ‚Flamme' f.
mash·er¹ ['mæʃə(r)] s **1.** Stampfer m, Quetsche f (Küchengerät). **2.** Brauerei: 'Maischappaˌrat m.
mash·er² ['mæʃə(r)] → mash² 5 a.
mash·ie ['mæʃɪ] s Golf: obs. Mashie m (Eisenschläger Nr. 5). **~ i·ron** s Golf: Mashie-Iron m (Eisenschläger Nr. 4). **~ nib·lick** s Golf: obs. Mashie-Niblick m (Eisenschläger Nr. 7).
mash·y¹ ['mæʃɪ] adj **1.** (zu Brei) zerstampft, -quetscht. **2.** breiig.
mash·y² → mashie.
mask [mɑːsk; Am. mæsk] **I** s **1.** Maske f (Nachbildung des Gesichts). **2.** (Schutz-, Gesichts)Maske f: **fencing ~** Fechtmaske. **3.** Gasabguß m, (Kopf)Maske f. **4.** Gasmaske f. **5.** Maske f: a) Mas'kierte(r m) f, b) 'Maskenkoˌstüm n, Mas'kierung f, c) fig. Verkleidung f, -kappung f, Vorwand m: **to throw off the ~** die Maske fallen lassen; **under the ~ of** unter dem Deckmantel (gen). **6.** ~ masque. **7.** fig. maskenhaftes Gesicht. **8.** arch. Maska'ron m (Fratzenskulptur) Maske f. **9.** Kosmetik: (Gesichts)Maske f. **10.** mil. Tarnung f, Blende f. **11.** zo. Fangmaske f (der Libellen). **12.** TV (Bildröhren)Maske f. **13.** tech. (Abdeck)Blende f, Maske f. **14.** phot. Vorsatzscheibe f. **II** v/t **15.** j-n mas'kieren, verkleiden, -mummen. **16.** fig. verschleiern, -hüllen, -decken, -bergen, tarnen. **17.** mil. a) e-e Stellung etc tarnen, Gelände mas'kieren, b) feindliche Truppen binden, fesseln, c) die eigene Truppe behindern (indem man in ihre Feuerlinie gerät). **18.** Licht abblenden. **19.** a. ~ **out** tech. korri'gieren, retu'schieren: **to ~ out a stencil. 20.** pharm. etc a) e-n Geschmack über'decken, b) mit geschmacksverbessernden Zusätzen versehen. **III** v/i **21.** e-e Maske tragen.
masked [mɑːskt; Am. mæskt] adj **1.** mas'kiert: **~ bandits; ~ ball** Maskenball m. **2.** verdeckt, -borgen. **3.** fig. verschleiert, -hüllt: **~ advertising** econ. Schleichwerbung f. **4.** mil. getarnt: **~ ground** maskiertes Gelände. **5.** med. lar'viert, verborgen: **~ disease. 6.** bot. mas'kiert, geschlossen (Blüte). **7.** zo. mit maskenartiger Kopfbildung.
mask·er ['mɑːskə; Am. 'mæskər] s **1.** Maske f, Maskentänzer(in), -spieler(in). **2.** → mask 5 a.
mask·ing ['mɑːskɪŋ; Am. 'mæskɪŋ] s tech. Kreppband n.
mask·oid ['mɑːskɔɪd; Am. 'mæsk-] s Maske f (aus Stein od. Holz; an Gebäuden im alten Mexiko u. Peru).
mas·och·ism ['mæsəʊkɪzəm; -sək-] s psych. Maso'chismus m. '**mas·och·ist** s Maso'chist m. ˌ**mas·och'is·tic** adj (adv ~ally) maso'chistisch.
ma·son ['meɪsn] **I** s **1.** Steinmetz m, -hauer m: **~'s level** Setzwaage f. **2.** Maurer m. **3.** oft **M~** Freimaurer m. **II** v/t **4.** aus Stein errichten. **5.** mauern. **M~-Dix·on line** [ˌmeɪsn'dɪksn] s Grenze zwischen Pennsylvanien u. Maryland, früher Grenzlinie zwischen Staaten mit u. ohne Sklaverei.
ma·son·ic [mə'sɒnɪk; Am. -ˈsɑ-] adj (adv ~ally) **1.** Maurer... **2.** meist **M~** freimaurerisch, Freimaurer...: **M~ lodge** Freimaurerloge f.
ma·son·ry ['meɪsnrɪ] s **1.** Steinmetzarbeit f. **2.** a) Maurerarbeit f, b) Mauerwerk n: **bound ~** Quaderwerk n. **3.** Maurerhandwerk n. **4.** meist **M~** Freimaureˈrei f.
masque [mɑːsk; Am. mæsk] s **1.** thea. hist. Maskenspiel n. **2.** Maskeˈrade f.
mas·quer → masker.
mas·quer·ade [ˌmæskəˈreɪd] **I** s **1.** Maskeˈrade f: a) Maskenfest n, -ball m, b) Mas'kierung f, 'Maskenkoˌstüm n, c) fig. The'ater n, Verstellung f, d) fig. Maske f, Verkleidung f. **II** v/i **2.** an e-r Maske'rade teilnehmen. **3.** mas'kiert her'umgehen. **4.** sich mas'kieren od. verkleiden. **5.** fig. The'ater spielen, sich verstellen. **6.** fig. sich ausgeben (**as** als). ˌ**mas·quer'ad·er** s **1.** Teilnehmer(in) an e-m Maskenzug od. -ball. **2.** fig. ‚Schauspieler(in)'. **3.** fig. ‚Hochstapler(in)'.
mass¹ [mæs] **I** s **1.** Masse f, Ansammlung f: **a ~ of troops** e-e Truppenansammlung. **2.** Masse f (formloser Stoff): **a ~ of blood** ein Klumpen Blut. **3.** Masse f, Stoff m, Materie f. **4.** Masse f, (große) Menge: **a ~ of data; a ~ of errors** e-e (Un)Menge Fehler. **5.** Gesamtheit f: **in ~** → en masse; **in the ~** im ganzen. **6.** Hauptteil m, Mehrzahl f: **the ~ of imports** der überwiegende od. größere Teil der Einfuhr(en). **7.** paint. etc größere einfarbige Fläche. **8.** **the ~** die Masse, die Allge'meinheit: **the ~es** die (breite) Masse. **9.** phys. Masse f (Quotient aus Gewicht u. Beschleunigung). **10.** math. Vo'lumen m, Inhalt m. **11.** mil. geschlossene Formati'on. **II** v/t u. v/i **12.** (sich) (an)sammeln od. (an)häufen. **13.** (sich) zs.-ballen od. -ziehen. **14.** mil. (sich) mas'sieren od. konzen'trieren. **III** adj **15.** Massen...: **~ demonstration** (dis)missals, flight, grave, hysteria, murder, psychology, psychosis, suggestion, unemployment, etc).
Mass² [mæs] s relig. **1.** (die heilige) Messe. **2.** oft **m~** Messe f, Meßfeier f: **~ was said** die Messe wurde gelesen; **to attend** (the) **~, to go to ~** zur Messe gehen; **to hear ~** die Messe hören; **~ for the dead** Toten-, Seelenmesse; → **Low Mass, High Mass. 3.** Messe f, 'Meßlitur¦gie f. **4.** mus. Messe f.
mas·sa·cre ['mæsəkə(r)] **I** s **1.** Gemetzel n, Mas'saker n, Blutbad n. **II** v/t **2.** niedermetzeln, massa'krieren, ab-, 'hinschlachten. **3.** fig. a) ka'puttmachen, b) sport sl. ‚ausein'andernehmen'.
mas·sage ['mæsɑːʒ; Am. məˈsɑːʒ] **I** s Mas'sage f; Am. məˈsɑːʒ] **~ machine** Massagegerät n; **~ parlo(u)r** a) Massageinstitut n, -praxis f, b) euphem. Massagesalon m (Bordell). **II** v/t mas'sieren. **mas·sag·er** [mæˈsɑːʒər] s Am. → masseur.
Mass bell s Sanktusglocke f. **~ book** s R.C. Meßbuch n, Mis'sale n. **m~ com·mu·ni·ca·tion** s 'Massenkommunikatiˌon f: **~ media** Massenkommunikationsmittel, Massenmedien. '**m~-ˌcult, m~ˌcul·ture** s 'Massenkulˌtur f.
mas·sé ['mæseɪ; Am. mæˈseɪ] s Billard: Kopf-, Mas'séstoß m.
ˌ**mass-'en·erˌgy eˌqua·tion** s phys. Masse-Ener¦gie-Gleichung f. **~ eˌquiv·a·lence** s Masse-Enerˈgie-Äquivaˌlenz f.
mas·se·ter [mæˈsiːtə(r)] s anat. Mas'seter m, Kaumuskel m.
mas·seur [mæˈsɜː; Am. mæˈsɜr] s **1.** Mas'seur m. **2.** Mas'sagegerät n. **mas'seuse** [-ˈsɜːz; Am. a. -ˈsuːz] s a) Mas'seurin f,

massicot – mat

Mas'seuse f, b) euphem. Mas'seuse f (Prostituierte, die in e-m Massagesalon arbeitet).
mas·si·cot ['mæsɪkɒt; Am. -ˌkɑt; -ˌkoʊ] s chem. Massicot n, gelbes 'Blei₁oxyd: native ~ Arsenikblei n, Bleiblüte f.
mas·sif ['mæsiːf; bes. Am. mæˈsiːf] s geol. 1. Ge'birgsmas₁siv n, -stock m. 2. Scholle f (der Erdrinde).
mas·sive ['mæsɪv] adj (adv -ly) 1. mas'siv: a) groß u. schwer, massig, b) gediegen (Gold etc), c) fig. wuchtig, ‚klotzig', d) fig. gewaltig, ‚mächtig', heftig: ~ accusations massive Beschuldigungen; ~ construction arch. Massivbauweise f; ~ research gewaltige Forschungsarbeiten pl; on a ~ scale in ganz großem Rahmen. 2. fig. schwer(fällig). 3. geol. mas'siv. 4. min. dicht. 5. psych. stark, anhaltend (Sinneseindruck). **'mas·sive·ness** 1. (das) Mas'sive. 2. Gewaltigkeit f, großes od. mächtiges Ausmaß. 3. Gediegenheit f (von Gold etc). 4. fig. Wucht f.
mass| **jump** s aer. mil. Massenabsprung m. ~ **me·di·a** s pl Massenmedien pl. ~ **meet·ing** s Massenversammlung f. ~ **num·ber** s phys. Massenzahl f. ~ **ob·ser·va·tion** s Br. Massenbeobachtung f, Meinungsbefragung f der gesamten Bevölkerung. ~ **par·ti·cle** s phys. Masse(n)teilchen n. '**~·pro₁duce** v/t serienmäßig 'herstellen: ~d articles Massenware f, Serienartikel pl. ~ **pro·duc·er** s econ. 'Massen₁hersteller m. ~ **pro·duc·tion** s econ. Massenerzeugung f, 'Massen-, 'Serienprodukti₁on f; **stand·ard·ized** ~ Fließarbeit f. ~ **so·ci·e·ty** s Massengesellschaft f. ~ **spec·tro·graph** s phys. 'Massenspektro₁graph m. ~ **spec·trom·e·ter** s phys. 'Massen₁spektro₁meter n. ~ **spec·trum** s phys. Massenspektrum n. ~ **sur·vey** s med. 'Reihenunter₁suchung f. ~ **u·nit** s phys. Masseneinheit f.
mass·y ['mæsɪ] → massive I a–c.
mast¹ [mɑːst; Am. mæst] **I** s 1. mar. (Schiffs)Mast m: to sail before the ~ (als Matrose) zur See fahren. 2. mar. Mast m (stangen- od. turmartiger Aufbau): **fighting** ~ Gefechtsmars m; (the) ~ auf dem Hauptdeck. 3. electr. (An'tennen-, Leitungs- etc)Mast m. 4. aer. Ankermast m (für Luftschiffe). **II** v/t 5. bemasten.
mast² [mɑːst; Am. mæst] s agr. Mast (-futter n) f.
mas·tec·to·my [mæˈstektəmɪ] s med. 'Brust₁amputati₁on f.
mast·ed ['mɑːstɪd; Am. 'mæstəd] adj mar. 1. bemastet. 2. in Zssgn ...mastig: **three-**~; **three-**~ **schooner** Dreimastschoner m.
mas·ter ['mɑːstə; Am. 'mæstər] **I** s 1. Meister m, Herr m, Gebieter m: **the M**~ relig. der Herr (Christus); **to be** ~ **of s.th.** etwas (a. e-e Sprache etc) beherrschen; **to be** ~ **of o.s.** sich in der Gewalt haben; **to be** ~ **of the situation** Herr der Lage sein; **to be one's own** ~ sein eigener Herr sein; **to be** ~ **in one's own house** der Herr im Hause sein; **to be** ~ **of one's time** über s-e Zeit (nach Belieben) verfügen können. 2. Besitzer m, Eigentümer m, Herr m: **to make o.s.** ~ **of s.th.** etwas in s-n Besitz bringen. 3. Hausherr m. 4. Meister m, Sieger m. 5. econ. a) Lehrherr m, Meister m, Prinzi'pal m, b) (Handwerks)Meister m: ~ **tailor** Schneidermeister, c) jur. Arbeitgeber m, Dienstherr m: **like** ~ **like man** wie der Herr, so's Gescherr. 6. Vorsteher m, Leiter m (e-r Innung etc). 7. a. ~ **mariner** mar. ('Handels)Kapi₁tän m: ~'s certificate Kapitänspatent n. 8. fig. (Lehr)Meister m. 9. bes. Br. Lehrer m: ~ **in English** Englischlehrer. 10. Br. Rektor m (Titel des Leiters einiger Colleges). 11. paint. etc Meister m, großer Künstler. 12. univ. Ma'gister m (Grad): **M**~ **of Arts** Magister Artium, Magister der Geisteswissenschaften; **M**~ **of Science** Magister der Naturwissenschaften. 13. junger Herr (a. als Anrede für Knaben der höheren Schichten bis zu 16 Jahren). 14. Br. (in Titeln) Leiter m, Aufseher m (am königlichen Hof etc): **M**~ **of (the) Hounds** Master m; **M**~ **of the Horse** Oberstallmeister m (am englischen Königshof); ~ **of ceremony** 1. 15. jur. proto'kollführender Gerichtsbeamter: **M**~ **of the Rolls** Oberarchivar m (Leiter der Archive des **High Court of Chancery**). 16. Scot. (gesetzmäßiger) Erbe (e-s Adligen vom Range e-s **Baron** od. e-s **Viscount**). 17. ('Schall-)Platten₁matrize f.
II v/t 18. Herr sein od. herrschen über (acc), beherrschen. 19. sich zum Herrn machen über (acc), besiegen, unter'werfen. 20. ein Tier zähmen, bändigen. 21. e-e Aufgabe, Schwierigkeit etc, a. ein Gefühl, a. s-n Gegner meistern, Herr werden (gen), bezwingen, e-e Leidenschaft etc a. bezähmen, bändigen: **to** ~ **one's temper** sein Temperament zügeln od. im Zaum halten. 22. e-e Sprache etc beherrschen, mächtig sein (gen).
III adj 23. Meister..., meisterhaft, meisterlich. 24. Herren..., Meister...: ~ **race** Herrenrasse f. 25. Haupt..., hauptsächlich: ~ **bedroom** Am. Elternschlafzimmer n; ~ **container** Sammelbehälter m; ~ **fuse** electr. Hauptsicherung f; ~ **plan** Gesamtplan m; ~ **program(me)** Rahmenprogramm n; ~ **switch** electr. Hauptschalter m; ~ **tape** tech. Mutterband n. 26. leitend, führend (a. fig.). 27. vorherrschend: ~ **passion**. 28. iro. Erz..., ‚Mords...': **a** ~ **liar**.
mas·ter| **a·gree·ment** s econ. Am. 'Mantelta₁rif m. ~**-at-'arms** pl **mas·ters-at-'arms** s mar. 'Schiffspro₁fos m (Polizeibeamter). ~ **build·er** s 1. (a. großer) Baumeister. 2. 'Bauunter₁nehmer m. ~ **chord** s mus. Domi'nantdreiklang m. ~ **clock** s Zen'traluhr f. ~ **com·pass** s mar. Mutterkompaß m. ~ **cop·y** s 1. Origi'nal₁ko₁pie f (von Dokumenten, a. Filmen u. Platten). 2. 'Handexem₁plar n (e-s literarischen etc Werks). ~ **cyl·in·der** s mot. 'Haupt₁bremszy₁linder m. ~ **file** s 'Haupt-, Zen'tralkar₁tei f.
'mas·ter·ful adj (adv -ly) 1. herrisch, gebieterisch. 2. willkürlich. 3. ty'rannisch, des'potisch. 4. → **masterly**.
mas·ter| **ga(u)ge** s tech. Prüf-, Vergleichs-, Abnahmelehre f. ~ **gen·er·al of the Ord·nance** s mil. Br. Gene'ralfeldzeugmeister m. ~ **gun·ner** s mil. 1. Br. 'Feldwebel₁leutnant m. 2. Am. 'Oberkano₁nier m (der Küstenartillerie). ~ **hand** s 1. Meister m, (großer) Könner (at in dat). 2. fig. Meisterhand f.
'mas·ter·hood → **mastership**.
mas·ter| **in chan·cer·y** s jur. hist. beisitzender Refe'rent im Kanz'leigericht. ~ **key** s 1. Hauptschlüssel m. 2. fig. Schlüssel m.
mas·ter·li·ness ['mɑːstəlɪnɪs; Am. 'mæstər-] s 1. meisterhafte Ausführung, Meisterhaftigkeit f, -schaft f. 2. (das) Meisterhafte. **'mas·ter·ly** adj u. adv meisterhaft, meisterlich, Meister...
mas·ter| **ma·son** s 1. Maurermeister m. 2. Meister m (Freimaurer im 3. Grad). ~ **me·chan·ic** s Werkmeister m, erster Me'chaniker m. '**~·mind I** s über'ragender Geist, Ge'nie n. 2. (führender) Kopf. **II** v/t 3. der Kopf (gen) sein: **he** ~**ed the coup** er steckt hinter dem Coup. ~ **pat·tern** s tech. 'Muster-, 'Muttermo₁dell n. ~ **piece** s 1. Haupt-, Meisterwerk n. 2. Meisterstück n. ~ **plan** s Gesamtplan m. ~ **ser·geant** s mil. Am. (Ober)Stabsfeldwebel m.
mas·ter·ship ['mɑːstəʃɪp; Am. 'mæstər-] s 1. meisterhafte Beherrschung (of gen), Meisterschaft f: **to attain a** ~ es zur Meisterschaft bringen in (dat). 2. Herrschaft f, Macht f, Gewalt f (over über acc). 3. Vorsteheramt n. 4. bes. Br. Lehramt n.
mas·ter| **sin·ew** s zo. Hauptsehne f. '**~·sing·er** s hist. Meistersinger m. ~ **spring** s tech. Antriebsfeder f. '**~·stroke** s Meisterstreich m, -stück n, -zug m, -leistung f, Glanzstück n: **a** ~ **of diplomacy** ein meisterhafter diplomatischer Schachzug; **your idea is a** ~ d-e Idee ist ein genial. ~ **tap** s tech. Gewinde-, Origi'nalbohrer m. ~ **tooth** s irr Eck-, Fangzahn m. ~ **touch** s 1. Meisterhaftigkeit f, -schaft f. 2. Meisterzug m. 3. mus. meisterhafter Anschlag. 4. tech. u. fig. letzter Schliff. ~ **wheel** s tech. Antriebs-, Hauptrad n. '**~·work** → **masterpiece**.
mas·ter·y ['mɑːstərɪ; Am. 'mæs-] s 1. Herrschaft f, Gewalt f, Macht f (of, over über acc). 2. Über'legenheit f, Oberhand f: **to gain the** ~ **over s.o.** über j-n die Oberhand gewinnen. 3. Beherrschung f (e-r Sprache, von Spielregeln etc). 4. Beherrschung f, Bändigung f (von Leidenschaften etc). 5. Meisterhaftigkeit f, -schaft f: **to gain the** ~ **in** (od. **of**) es (bis) zur Meisterschaft bringen in (dat).
'mast·head I s 1. mar. Masttopp m, -korb m, Mars m: ~ **light** Topplicht n. 2. print. Druckvermerk m, Im'pressum n (e-r Zeitung). **II** v/t 3. mar. Flagge etc vollmast hissen.
mas·tic ['mæstɪk] s 1. Mastix(harz n) m. 2. bot. 'Mastixstrauch m, -pi₁stazie f. 3. Mastik m, 'Mastixze₁ment m, (Stein-) Kitt m.
mas·ti·ca·ble ['mæstɪkəbl] adj kaubar. **'mas·ti·cate** [-keɪt] v/t 1. (zer)kauen. 2. zerkleinern, -stoßen, Gummi kneten. ₁**mas·ti'ca·tion** s 1. (Zer)Kauen n. 2. Zerkleinern n. '**mas·ti·ca·tor** [-tə(r)] s 1. Kauende(r m) f. 2. 'Fleischwolf m, -hack₁ma₁schine f. 3. tech. a) 'Mahlma₁schine f, b) 'Knetma₁schine f. '**mas·ti·ca·to·ry** [-kətərɪ; Am. -kəˌtɔːrɪ; -ˌtoʊ-] **I** adj Kau..., Freß...: ~ **organs**. **II** s physiol. Mastika'torium n, Kaumittel n.
mas·tiff ['mæstɪf; Br. a. 'mɑːs-] s Mastiff m, Bulldogge f, englische Dogge.
mas·ti·goph·o·ran [ˌmæstɪˈgɒfərən; Am. -ˌgɑ-] zo. **I** s Geißeltierchen n. **II** adj zu den Geißeltierchen gehörig.
mas·ti·tis [mæˈstaɪtɪs] s 1. med. Ma'stitis f, Brust(drüsen)entzündung f. 2. vet. Entzündung f des Euters.
mas·to·car·ci·no·ma ['mæstoʊˌkɑː(r)sɪ'noʊmə] s med. 'Mammakarzi₁nom n, Brustkrebs m.
mas·to·don ['mæstədɒn; Am. -ˌdɑn] s zo. Mastodon n (Urelefant).
mas·toid ['mæstɔɪd] anat. **I** adj masto'id, brust(warzen)förmig. **II** s a. ~ **process** Warzenfortsatz m (des Schläfenbeins).
mas·tot·o·my [mæˈstɒtəmɪ; Am. -ˈstɑ-] s med. 'Brustoperati₁on f.
mas·tur·bate ['mæstə(r)beɪt] v/i mastur'bieren (a. v/t), ona'nieren. ₁**mas·tur'ba·tion** s Masturbati'on f, Ona'nie f. '**mas·tur·ba·tor** [-tə(r)] s Ona'nist m.
mat¹ [mæt] **I** s 1. Matte f. 2. 'Untersetzer m, -satz m: **beer** ~ Bierdeckel m, -filz m. 3. (Zier)Deckchen n. 4. sport Matte f: **to be on the** ~ a) (Ringen) auf der Matte sein, b) am Boden sein, c) fig. ‚in der Tinte sitzen', d) fig. e-e ‚Zigarre verpaßt

bekommen'; **to go to the ~ with s.o.** *fig.* mit j-m e-e heftige Auseinandersetzung haben. **5.** Vorleger *m*, Abtreter *m*. **6.** a) grober Sack (*zur Verpackung von Kaffee etc*), b) *ein Handelsgewicht für Kaffee*. **7.** verfilzte Masse (*Haar, Unkraut*). **8.** Gewirr *n*, Geflecht *n*. **9.** *Spitzenweberei:* dichter Spitzengrund. **10.** (glasloser) Wechselrahmen. **II** *v/t* **11.** mit Matten belegen. **12.** *fig.* (wie mit e-r Matte) bedecken. **13.** (mattenartig) verflechten. **14.** verfilzen. **III** *v/i* **15.** sich verfilzen *od.* verflechten.

mat² [mæt] **I** *adj* **1.** matt (*a. phot.*), glanzlos, mat'tiert. **II** *s* **2.** Mat'tierung *f*. **3.** mat'tierte Farbschicht (*auf Glas*). **4.** mat'tierter (*meist Gold*)Rand (e-s Bilderrahmens). **III** *v/t* **5.** mat'tieren.

mat·a·dor ['mætədɔː(r)] *s* Mata'dor *m*: a) *Stierkämpfer*, b) *Haupttrumpf in einigen Kartenspielen*.

match¹ [mætʃ] **I** *s* **1.** (*der, die, das*) gleiche *od.* Ebenbürtige: **his ~** a) seinesgleichen, b) sein Ebenbild c) j-d, der es mit ihm aufnehmen kann, d) s-e Lebensgefährtin; **to find** (*od.* **meet**) **one's ~** s-n Meister finden; **to be a ~ for s.o.** j-m gewachsen sein; **to be more than a ~ for s.o.** j-m überlegen sein. **2.** (dazu) passende Sache *od.* Per'son, Gegenstück *n*. **3.** (zs.-passendes) Paar, Gespann *n* (*a. fig.*): **they are an excellent ~** sie passen ausgezeichnet zueinander. **4.** *econ.* Ar'tikel *m* gleicher Quali'tät: **exact ~** genaue Bemusterung. **5.** (Wett)Kampf *m*, (Wett)Spiel *n*, Par'tie *f*, Treffen *n*, Match *n*, *m*: **cricket ~** Krickettwettspiel, -partie *f*; **singing ~** Wettsingen *n*. **6.** a) Heirat *f*: **to make a ~** e-e Ehe stiften; **to make a ~ of it** heiraten, b) (*gute etc*) Par'tie: **she is a good ~**.
II *v/t* **7.** a) j-n passend verheiraten (**to**, **with** mit), b) *Tiere* paaren. **8.** e-r *Person od. Sache* etwas Gleiches gegen'überstellen, j-n *od.* etwas vergleichen (**with** mit). **9.** j-n ausspielen (**against** gegen). **10.** passend machen, anpassen (**to, with** an *acc*). **11.** j-m *od.* e-r *Sache* (*a. farblich etc*) entsprechen, passen zu: **the carpet does not ~ the wallpaper** der Teppich paßt nicht zur Tapete; **→ well-matched** 2. **12.** zs.-fügen. **13.** etwas Gleiches *od.* Passendes *an etwas* finden zu: **can you ~ this velvet for me?** haben Sie etwas Passendes zu diesem Samt(stoff)? **14.** *electr.* angleichen, anpassen. **15.** j-m ebenbürtig *od.* gewachsen sein, es aufnehmen mit (*j-m od.* e-r *Sache*), e-r *Sache* gleichkommen: **not to be ~ed** unerreichbar, unvergleichbar; **the teams are well ~ed** die Mannschaften sind gleich stark. **16.** *Am. colloq.* a) e-e Münze hochwerfen, b) knobeln mit (*j-m*).
III *v/i* **17.** *obs.* sich verheiraten (**with** mit). **18.** zs.-passen, über'einstimmen (**with** mit), entsprechen (**to** *dat*): **she bought a brown coat and gloves to ~** sie kaufte sich e-n braunen Mantel u. dazu passende Handschuhe; **he had nothing to ~** er hatte dem nichts entgegenzusetzen.

match² [mætʃ] *s* **1.** Zünd-, Streichholz *n*. **2.** Zündschnur *f*. **3.** *obs. od. hist.* a) Zündstock *m*, b) Lunte *f*.

'**match·board** *tech.* **I** *s* Spundbrett *n* (*für Parkett etc*). **II** *v/t* mit Spundbrettern abdecken. '~**board·ing** *s collect.* gespundete Bretter *pl.* '~**book** *s* Streichholzbrief *m.* '~**box** *s* Streichholzschachtel *f.* '~**cloth** *s econ.* (*ein*) grober Wollstoff.

match game *s sport* Entscheidungsspiel *n*.

match·ing ['mætʃɪŋ] **I** *s* **1.** *electr.* u. *Computer:* Anpassung *f*. **II** *adj* **2.** (dazu) passend (*farblich etc abgestimmt*). **3.** *electr.* Anpassungs...: **~ transformer;** **~ condenser** Abgleichkondensator *m*. **~ test** *s* Vergleichsprobe *f*.

match joint *s tech.* Verzinkung *f*.

match·less ['mætʃlɪs] *adj* (*adv* **~ly**) unvergleichlich, einzigartig.

'**match·lock** *s mil. hist.* **1.** Luntenschloß *n* (*der Muskete*). **2.** 'Luntenschloß)mus,kete *f*.

'**match,mak·er** *s* **1.** Ehestifter(in), Heiratsvermittler(in). **2.** *contp.* Kuppler(in).

'**match,mak·ing** *s* **1.** Ehe-, Heiratsvermittlung *f*; **~ agency** Heiratsinstitut *n*. **2.** *contp.* Kuppe'lei *f*.

'**match·mark** *s tech.* Mon'tagezeichen *n*. **~ plane** *s tech.* Nut- u. Spundhobel *m*. **~ play** *s sport* **1.** → match game. **2.** *Golf:* Lochspiel *n*. **~ point** *s sport* (für den Sieg) entscheidender Punkt, *Tennis etc:* Matchball *m*. **~ race** *s sport Am.* Wettrennen *n*. **~ rope** *s mil. hist.* Zündschnur *f* (*zu e-r Kanone*). '~**stick**, a. '~**stalk** *s tech.* Stab *m* e-s Streichhölzchens. '~**wood** *s* **1.** Streichhölzerholz *n*. **2.** *collect.* (Holz)Späne *pl*, Splitter *pl*: **to make ~ of s.th., to smash s.th. to ~** aus etwas Kleinholz machen, etwas kurz u. klein schlagen.

mate¹ [meɪt] **I** *s* **1.** a) ('Arbeits-, 'Werk-)Kame,rad *m*, Genosse *m*, Gefährte *m*, b) (*als Anrede*) Kame'rad *m*, 'Kumpel' *m*, c) Gehilfe *m*, Handlanger *m*: **driver's ~** Beifahrer *m*. **2.** Lebensgefährte *m*, Gatte *m*, Gattin *f*. **3.** *zo.*, *bes. orn.* Männchen *n od.* Weibchen *n*. **4.** Gegenstück *n* (*von Schuhen etc*), der andere *od.* da'zugehörige (Schuh *etc*). **5.** *Handelsmarine:* 'Schiffsoffi,zier *m* (*unter dem Kapitän*). **6.** *mar.* Maat *m*: **cook's ~** Kochsmaat. **II** *v/t* **7.** zs.-gesellen. **8.** (*paarweise*) verbinden, *bes.* vermählen. **9.** *Tiere* paaren. **10.** *fig.* ein'ander anpassen: **to ~ words with deeds** auf Worte (entsprechende) Taten folgen lassen. **11.** (**to**) *tech. Am.* zs.-bauen (mit), mon'tieren (an *acc*), verbinden (mit). **III** *v/i* **12.** sich (ehelich) verbinden, heiraten. **13.** *zo.* sich paaren. **14.** *tech.* a) (**with**) kämmen (mit), eingreifen (**in** *acc*) (*Zahnräder*), b) aufein'anderarbeiten: **mating surfaces** Arbeitsflächen *f*.

mate² [meɪt] → **checkmate.**

ma·té ['mɑːteɪ; *Br. a.* 'mæteɪ] *s* **1.** Mate-, Para'guaytee *m*. **2.** *bot.* Matestrauch *m*. **3.** *a.* **~ gourd** *bot.* Flaschenkürbis *m*.

ma·te·lot ['mætləʊ] *s bes. Br. sl.* Ma'trose *m*.

ma·ter ['meɪtə(r)] (*Lat.*) *s ped. Br. sl.* die Mutter. **~ do·lo·ro·sa** [,dɒlə'rəʊsə; *Am.* ˌdoʊ-; ˌdɑː-] (*Lat.*) *s* (*die*) Schmerzensmutter.

ma·te·ri·al [mə'tɪərɪəl] **I** *adj* (*adv* **~ly**) **1.** materi'ell, physisch, körperlich, substanti'ell: **~ existence** körperliches Dasein. **2.** stofflich, Material...: **~ damage** Sachschaden *m*; **~ defect** Materialfehler *m*; **~ fatigue** *tech.* Materialermüdung *f*; **~ goods** *econ.* Sachgüter. **3.** materi'ell, leiblich, körperlich: **~ comfort; ~ well-being**. **4.** materia'listisch (*Interessen, Anschauung etc*). **5.** materi'ell, wirtschaftlich, re'al: **~ civilization** materielle Kultur; **~ wealth** materieller Wohlstand. **6.** *a. philos.* a) (sachlich) wichtig, gewichtig, von Belang, b) wesentlich, ausschlaggebend (**to** für). **7.** *jur.* erheblich, rele'vant, einschlägig: **~ facts; a ~ witness** ein unentbehrlicher Zeuge. **8.** *Logik:* (nicht verbal *od. formal*) sachlich: **~ consequence** sachliche Folgerung. **9.** *math.* materi'ell: **~ point**.
II *s* **10.** Materi'al *n*: a) (*a.* Roh-, Grund-)Stoff *m*, Sub'stanz *f*, b) *tech.* Werkstoff *m*: **~ test(ing)** Materialprüfung *f*; **~s-intensive** materialintensiv; **~s science** Werkstoffkunde *f*; **~ (**Kleider)Stoff *m*: **dress ~** Stoff für ein Damenkleid. **11.** *collect. od. pl* Materi'al(ien *pl*) *n*, Ausrüstung *f*: **building ~s** Baustoffe *pl*; **war ~** Kriegsmaterial; **writing ~s** Schreibmaterial(ien). **12.** *oft pl fig.* Materi'al *n* (Sammlungen, Urkunden, Belege, Notizen, Ideen *etc*), Stoff *m* (**for** zu e-m Buch *etc*), 'Unterlagen *pl*.

ma·te·ri·al·ism [mə'tɪərɪəlɪzəm] *s* Materia'lismus *m*. **ma·te·ri·al·ist** *s* Materia'list(in). **II** *adj* materia'listisch. **ma,te·ri·al'is·tic** *adj*; **ma,te·ri·al·'is·ti·cal** *adj* (*adv* **~ly**) materia'listisch. **ma,te·ri·al·i·ty** [-'ælətɪ] *s* **1.** Stofflichkeit *f*, Körperlichkeit *f*. **2.** *a. jur.* Wichtigkeit *f*.

ma·te·ri·al·i·za·tion [mə,tɪərɪəlaɪ'zeɪʃn; *Am.* -lə'z-] *s* **1.** Verkörperung *f*. **2.** *Spiritismus:* Materialisati'on *f* (*von Geistern*). **ma'te·ri·al·ize** *v/t* **1.** materiali'sieren, verstofflichen, -körperlichen. **2.** etwas verwirklichen, reali'sieren. **3.** *bes. Am.* materia'listisch machen: **to ~ thought. 4.** *Geister* erscheinen lassen. **II** *v/i* **5.** feste Gestalt annehmen, sinnlich wahrnehmbar werden, sich verkörpern (**in** *in dat*). **6.** sich verwirklichen, Tatsache werden, zu'standekommen. **7.** erscheinen, sich materiali'sieren (*Geister*).

ma·te·ri·al·man [-mən] *s irr tech. Am.* Materi'allieferant *m*.

ma·te·ri·a med·i·ca [mə,tɪərɪə'medɪkə] *s pharm.* **1.** *collect.* Arz'neimittel *pl*. **2.** Pharmakolo'gie *f*, Arz'neimittellehre *f*.

ma·té·ri·el, ma·te·ri·el [mə,tɪərɪ'el] *s* **1.** *econ.* Materi'al *n*, Ausrüstung *f*. **2.** *mil.* a) 'Kriegsmateri,al *n*, -ausrüstung *f*, b) Versorgungsgüter *pl*.

ma·ter·nal [mə'tɜːnl; *Am.* -'tɜːrnl] *adj* (*adv* **~ly**) **1.** mütterlich, Mutter...: **~ love; ~ instinct; ~ affection** mütterliche Zuneigung; **~ language** Muttersprache *f*. **2.** *Großvater etc* mütterlicherseits, von mütterlicher Seite: **~ grandfather; ~ inheritance. 3.** Mütter...: **~ mortality** Müttersterblichkeit *f*; **~ welfare (work)** Mütterfürsorge *f*.

ma·ter·ni·ty [mə'tɜːnətɪ; *Am.* -'tɜːr-] **I** *s* **1.** Mutterschaft *f*. **2.** *med.* Materni'tät *f*. **3.** *Am.* a) Entbindungsklinik *f*, b) Ent'bindungsstati,on *f*, c) 'Umstandskleid *n*. **II** *adj* **4.** Wöchnerin(nen)..., Schwangerschafts..., Umstands...: **~ allowance** (*od.* **benefit**) (wöchentliche) Mutterschaftsbeihilfe *f*; **~ dress** Umstandskleid *n*; **~ grant** *Br.* (einmaliger) Mutterschaftszuschuß; **~ home** Entbindungsheim *n*; **~ hospital** Entbindungsklinik *f*; **~ leave** Mutterschaftsurlaub *m*; **~ ward** Entbindungsstation *f*.

mate·y, *Br. a.* **mat·y** ['meɪtɪ] **I** *adj* kame'radschaftlich, vertraulich, famili'är. **II** *s Br. colloq.* → **mate¹** 1 b.

math [mæθ] *s Am. colloq.* „Mathe" *f* (*Mathematik*).

math·e·mat·i·cal [ˌmæθə'mætɪkl] *adj* (*adv* **~ly**) **1.** mathe'matisch: **~ expectation** (*Statistik*) mathematische Erwartung; **~ point** gedachter *od.* ideeller Punkt; **~ psychology** mathematische Psychologie. **2.** Mathematik... **3.** *fig.* (mathe'matisch) ex'akt: **with ~ precision. 4.** *fig.* 'unum,stößlich, defini'tiv: **~ certainty**. **math·e·ma·ti·cian** [-mə'tɪʃn] *s* Mathe'matiker *m*. **math·e'mat·ics** [-'mætɪks] *s pl* **1.** (*meist als sg konstruiert*) Mathema'tik *f*: **higher** (**elementary**, **pure**, **new**) **~** höhere (elementare, reine, neue) Mathematik. **2.** (*oft als pl konstruiert*) (*j-s*) Rechenkünste *pl*, mathe'matische Berechnungen *pl*. '**math·e·ma·tize** [-mətaɪz] *v/t* mathe-

maths – maunder

mati'sieren, in mathe'matische Form bringen.
maths [mæθs] *s pl* (*meist als sg konstruiert*) *Br. colloq.* „Mathe' *f* (*Mathematik*).
mat·in ['mætɪn] **I** *s* **1.** *pl* (*als sg od. pl konstruiert*) *oft* **M~s** *relig.* a) *R.C.* (Früh-)Mette *f*, b) (*Church of England*) 'Morgenlitur,gie *f*. **2.** *poet.* Morgenlied *n* (*der Vögel*). **II** *adj* **3.** *poet.* Morgen..., morgendlich. **'mat·in·al** → matin II.
mat·i·nee, mat·i·née ['mætɪneɪ; *Am.* ,mætə'neɪ] *s* **1.** *thea.* Mati'nee *f, bes.* Nachmittagsvorstellung *f*. **2.** *Am.* Morgenrock *m* (*der Frauen*).
mat·ing ['meɪtɪŋ] *s zo.* Paarung *f*: ~ season Paarungszeit *f*.
ma·tri·arch ['meɪtrɪɑː(r)k] *s sociol.* Fa-'milien-, Stam(mes)mutter *f*. ,**ma·tri·'ar·chal** *adj* matriar'chalisch. ,**ma·tri·'ar·chal·ism** *s* matriar'chalisches Wesen *od.* Sy'stem. **'ma·tri·arch·ate** [-kɪt; -keɪt] *s* **1.** Mutterschaft *f*. **2.** *sociol.* Matriar'chat *n*. ,**ma·tri·'ar·chic** *adj* matriarchal. **'ma·tri·arch·y** → matriarchate.
ma·tric¹ ['meɪtrɪk; 'mæt-] *adj math.* Matrix...
ma·tric² [mə'trɪk] *Br. colloq.* für matriculation.
ma·tri·ces ['meɪtrɪsiːz; 'mæ-] *pl von* matrix.
ma·tri·cid·al [,meɪtrɪ'saɪdl; ,mæt-] *adj* muttermörderisch. **'ma·tri·cide** *s* **1.** Muttermord *m*. **2.** Muttermörder(in).
ma·tric·u·late [mə'trɪkjʊleɪt] **I** *v/t* (*an e-r Universität*) immatriku'lieren, **II** *v/i* sich immatriku'lieren (lassen). **III** *s* [-lɪt] Immatriku'lierte(r *m*) *f*. **ma,tric·u·'la·tion** *s* **1.** ,Immatrikulati'on *f*. **2.** *hist. Br.* Zulassungsprüfung *f* zum Universi'tätsstudium.
mat·ri·mo·ni·al [,mætrɪ'məʊnjəl] *adj* (*adv* **-ly**) ehelich, Ehe...: ~ agency Heiratsinstitut *n*; ~ causes *jur.* Ehesachen; home ehelicher Wohnsitz; ~ law Eherecht *n*; ~ offence (*Am.* offense) Eheverfehlung *f*; ~ troubles Eheprobleme.
mat·ri·mo·ny ['mætrɪmənɪ; *Am.* 'mætrə,məʊnɪ] *s* **1.** *a. jur.* Ehe(stand *m*) *f*: to enter into holy ~ in den heiligen Stand der Ehe treten. **2.** a) *ein Kartenspiel*, b) Trumpfkönig *u.* -dame, c) König *u.* Dame derselben Farbe.
ma·trix ['meɪtrɪks; 'mæt-] *pl* **'ma·tri·ces** [-trɪsiːz] *od.* **'ma·trix·es** *s* **1.** Mutter-, Nährboden *m* (*beide a. fig.*), 'Grund,sub,stanz *f*. **2.** *physiol.* Matrix *f*: a) Mutterboden *m*, b) Gewebeschicht *f*, c) Gebärmutter *f*: nail ~ Nagelbett *n*; ~ of bone Knochengrundsubstanz *f*. **3.** *bot.* Nährboden *m*. **4.** *min.* a) Grundmasse *f*, b) Ganggestein *n*. **5.** *tech.* Ma'trize *f* (*Gieß-, Stanz- od.* Prägeform, *a. e-r* Schallplatte; *a. print.*). **6.** *math.* Matrix *f*: system of matrices Matrizensystem *n*: ~ algebra Matrizenrechnung *f*.
ma·tron ['meɪtrən] *s* **1.** ältere (verheiratete) Frau, würdige Dame, Ma'trone *f*: ~ of hono(u)r a) verheiratete Brautführerin, b) verheiratete Hofdame. **2.** Hausmutter *f* (*e-s Internats etc*), Wirtschafterin *f*. **3.** a) Vorsteherin *f*, b) *Br.* Oberschwester *f*, Oberin *f*, c) Aufseherin *f* (*im Gefängnis etc*), d) *Am.* Toi'letten-, Klofrau *f*. **'ma·tron·hood** *s* Ma'tronentum *n*, Frauenstand *m*. **'ma·tron·ize** *v/t* **1.** ma'tronenhaft *od.* mütterlich machen. **2.** (*j-n*) bemuttern, b) beaufsichtigen. **'ma·tron·li·ness** [-lɪnɪs] *s* Ma'tronenhaftigkeit *f*. **'ma·tron·ly I** *adj* ma'tronenhaft, würdig, gesetzt: ~ duties hausmütterliche Pflichten. **II** *adv* ma'tronenhaft.
ma·tross [mə'trɒs; *Am.* -'ɑːs] *s mil. hist.* 'Unterkano,nier *m*.

mat rush *s bot.* Teichbinse *f*.
matt → mat².
matte [mæt] *s metall.* Stein *m*, Lech *m* (*Schmelzprodukt von Kupfer u. Bleisulfiderzen*).
mat·ted¹ ['mætɪd] *adj* mat'tiert.
mat·ted² ['mætɪd] *adj* **1.** mit Matten belegt: a ~ floor. **2.** verfilzt: ~ hair.
mat·ter ['mætə(r)] **I** *s* **1.** Ma'terie *f* (*a. philos. u. phys.*), Materi'al *n*, Sub'stanz *f*, Stoff *m*: organic ~ organische Substanz, gaseous ~ gasförmiger Körper; → foreign **3.** **2.** a) *physiol.* Sub'stanz *f*: → gray matter, b) *med.* Eiter *m*. **3.** Sache *f* (*a. jur.*), Angelegenheit *f*: this is a serious ~; the ~ in (*od.* at) hand die vorliegende Angelegenheit; a ~ of course e-e Selbstverständlichkeit; as a ~ of course selbstverständlich; a ~ of discretion e-e Ermessensfrage; a ~ of fact a) e-e Tatsache, b) *jur. bes. Am.* e-e (*strittige*) Tatfrage; as a ~ of fact tatsächlich, eigentlich, um die Wahrheit zu sagen; a ~ of form e-e Formsache; ~ in controversy *jur.* Streitgegenstand *m*, Streitfall *m*; ~ in issue *jur.* Streitgegenstand *m*, Streitsache *f*; a ~ of taste (*e-e*) Geschmackssache; a ~ of time e-e Frage der Zeit, e-e Zeitfrage; for that ~, for the ~ of that was das betrifft, schließlich; in the ~ of a) hinsichtlich (*gen*), b) *jur.* in Sachen (*A. gegen B.*); it is a ~ of life and death es geht um Leben u. Tod; it is a ~ of finishing in time es geht darum, rechtzeitig fertig zu werden; → fact 1, laughing **3.** **4.** *pl* (*ohne Artikel*) die Sache, die Dinge *pl*: to make ~s worse a) die Sache schlimmer machen, b) (*als feststehende Wendung*) was die Sache noch schlimmer macht; to carry ~s too far es zu weit treiben; as ~s stand wie die Dinge liegen; ~s were in a mess es war e-e verfahrene Geschichte. **5.** the ~ die Schwierigkeit: what's the ~? was ist los?, wo fehlt's?; what's the ~ with it (with him)? was ist (los) damit (mit ihm)?; what's the ~ with drinking? was ist (schon) dabei, wenn man trinkt?; what's the ~ now? was ist denn jetzt schon wieder los?; there's nothing the ~ with him es hat ja nichts zu sagen!, nichts von Bedeutung!; it's no ~ whether es spielt keine Rolle, ob; no ~ what he says was er auch sagt; no ~ gleich, was er sagt; no ~ who gleichgültig, wer. **6.** (*mit verblaßter Bedeutung*) Sache *f*, Ding *n*: it's a ~ of £5 es kostet 5 Pfund; a ~ of 4 weeks in ein paar Wochen; a ~ of three weeks ungefähr 3 Wochen; it was a ~ of 5 minutes es dauerte nur 5 Minuten; it's a ~ of common knowledge es ist allgemein bekannt. **7.** Anlaß *m*, Veranlassung *f* (for zu): a ~ for reflection etwas zum Nachdenken. **8.** (*Ggs. äußere Form*) a) Stoff *m*, Thema *n*, (*behandelter*) Gegenstand, Inhalt *m* (*e-s Buches etc*), b) (*innerer*) Gehalt, Sub'stanz *f*: strong in ~ but weak in style inhaltlich stark, aber stilistisch schwach; ~ and manner Gehalt u. Gestalt. **9.** Literaturgeschichte: Sagenstoff *m*, -kreis *m*: ~ of France matière de France (*um Karl den Großen*); ~ of Britain Bretonischer Sagenkreis (*um König Arthur*). **10.** Materi'al *n*, Stoff *m*, 'Unterlagen *pl* (for für; zu): ~ for a biography. **11.** Logik: Inhalt *m* (*e-s Satzes*). **12.** a. postal (*bes. Am.* mail) → Postsache *f*: ~ print **3.** **13.** *print.* a) Manu'skript *n*, b) (*Schrift*)Satz *m*: → dead **23**, live² **13**, standing **6**. **II** *v/i* **14.** von Bedeutung sein (to für), darauf ankommen (to s.o. j-m): it doesn't ~ es macht nichts (aus), es tut nichts; it hardly ~s to me es macht mir nicht viel aus; it little ~s es spielt

kaum e-e Rolle, es ist ziemlich einerlei. **15.** *med.* eitern.
,**mat·ter-of-'course** *adj* selbstverständlich, na'türlich. **~-of-'fact** *adj* **1.** sich an Tatsachen haltend, sachlich, nüchtern. **2.** pro'saisch. **~-of-'fact·ness** *s* Sachlichkeit *f*, Nüchternheit *f*.
Mat·thew ['mæθjuː] *npr u. s Bibl.* Mat'thäus(,evan,gelium *n*) *m*.
mat·ting¹ ['mætɪŋ] *s tech.* **1.** Mattenflechten *n*. **2.** Materi'al *n* zur 'Herstellung von Matten. **3.** a) Mattenbelag *m*, b) *collect.* Matten *pl*. **4.** (*ein*) Zierrand *m* (*um Bilder*).
mat·ting² ['mætɪŋ] *s tech.* **1.** Mat'tierung *f*. **2.** Mattfläche *f*.
mat·tock ['mætək] *s* **1.** *tech.* (Breit-)Hacke *f*. **2.** *agr.* Karst *m*.
mat·tress ['mætrɪs] *s* **1.** Ma'tratze *f*. **2.** *a.* air ~ 'Luftma,tratze *f*. **3.** *tech.* Matte *f*, Strauch-, Packwerk *n*.
mat·u·rate ['mætjʊreɪt; *bes. Am.* -tʃə-] *v/i* **1.** reifen (*a. fig.*). **2.** *med.* reifen, zum Eitern kommen (*Abszeß etc*). ,**mat·u·'ra·tion** *s* **1.** *med.* (Aus)Reifung *f*, Eiterung *f*. **2.** *biol.* Reifen *n*, Ausbildung *f* (*e-r Frucht, Zelle*): → division Reife-, Reduktionsteilung *f*. **3.** *fig.* (Her'an)Reifen *n*, Entwicklung *f*. **ma·tur·a·tive** [mə'tjʊərətɪv; *Am.* -'tʊər-; *Br. a.* -'tʃʊə-] *adj u. s med.* die Eiterung fördernd(es Mittel).
ma·ture [mə'tjʊə(r); -'tʃʊə(r); *Am. a.* -'tʊər] **I** *adj* (*adv* **-ly**) **1.** *biol.* reif, vollentwickelt: ~ germ cells; a ~ woman. **2.** reif, gereift: a ~ judg(e)ment; a ~ mind; to be of a ~ age reiferen Alters sein. **3.** *fig.* reiflich erwogen, (wohl)durch,dacht, ausgereift: ~ plans; upon ~ reflection nach reiflicher Überlegung. **4.** reif, (aus)gereift: ~ cheese; ~ wine. **5.** *med.* reif: ~ abscess. **6.** *econ.* fällig, zahlbar: a ~ bill of exchange. **7.** *geogr.* a) durch Erosi'on stark zerklüftet: ~ land, b) der Ge'steinsstruk,tur folgend: a ~ stream. **II** *v/t* **8.** Früchte, Wein, Käse, Geschwür zur Reife bringen, (aus)reifen lassen. **9.** *fig.* Pläne *etc* reifen lassen. **III** *v/i* **10.** (her'an-, aus)reifen (into zu), reif werden. **11.** *econ.* fällig werden. **ma·'tured** *adj* **1.** (aus)gereift. **2.** abgelagert. **3.** *econ.* fällig. **ma·'ture·ness** *s* **1.** Reife *f* (*a. fig.*). **2.** *econ.* Fälligkeit *f*.
ma·tur·i·ty [mə'tjʊərətɪ; -'tʃʊə-; *Am. a.* -'tʊə-] *s* **1.** Reife *f* (*a. fig.*): to bring (come) to ~ zur Reife bringen (kommen). **2.** *econ.* Fälligkeit *f*, Verfall(zeit *f*) *m*, Ablauf *m* (of a bill *e-s* Wechsels): at (*od.* on) ~ bei Verfall, bei Fälligkeit; ~ date Fälligkeitstag *m*.
ma·tu·ti·nal [,mætjʊ'taɪnl; *Am.* ,mætʃə-; mə'tjuːtɪnəl] *adj* morgendlich, Morgen..., früh.
mat·y *Br. Nebenform von* matey.
maud [mɔːd] *s* **1.** graugestreifter 'Woll,überwurf, Plaid *n*, *m* (*der schottischen Schäfer*). **2.** Reisedecke *f*.
maud·lin ['mɔːdlɪn] **I** *s* **1.** → maudlinism. **II** *adj* **2.** weinerlich: a ~ voice. **3.** rührselig: a ~ story. **4.** gefühlig, gefühlsdus(e)lig: a ~ poet. **'maud·lin·ism** *s* **1.** Weinerlichkeit *f*. **2.** Rührseligkeit *f*. **3.** Gefühligkeit *f*, Gefühlsduse'lei *f*.
mau·gre, *a.* **mau·ger** ['mɔːgə(r)] *prep obs.* ungeachtet, trotz (*gen*).
maul [mɔːl] **I** *s* **1.** *tech.* Schlegel *m*, schwerer Holzhammer. **II** *v/t* **2.** a) *j-n od. etwas* übel zurichten, roh 'umgehen mit, b) *j-n* 'durchprügeln *od.* miß'handeln, c) *j-n* trak'tieren (with mit), d) zerfleischen. **3.** *fig.* ,her'unterreißen', verreißen (*Kritiker*).
maul·stick ['mɔːlstɪk] *s paint.* Malerstock *m*.
mau-mau ['maʊ,maʊ] *v/t Am. sl.* terrori'sieren.
maun·der ['mɔːndə(r); *Am. a.* 'mɑːn-] *v/i*

1. schwafeln, faseln. **2.** a) ziellos her-'umschlendern, b) gedankenlos handeln.
maun·dy ['mɔːndɪ; *Am. a.* 'mɑːn-] *relig.* **I** *s* **1.** R.C. Fußwaschung *f*. **2.** *a.* **Royal M~** königliche Almosenverteilung am Grün'donnerstag. **II** *adj* **3.** Gründonners tags...: ~ **money** *Br.* (königliches) Grünndonnerstagsalmosen; **M~ Thursday** Gründonnerstag *m*.
Mau·ser ['maʊzə(r)] *s* 'Mausergewehr *n*, -pi stole *f* (*Markenname u. Typ*).
mau·so·le·um [,mɔːsə'liəm; -zə-] *pl* -'le·ums, -'le·a [-'lɪə] *s* Mauso'leum *n*.
mauve [məʊv; *Am. a.* 'mɔːv] **I** *s* Mau-ve'in *n*. **II** *adj* malvenfarbig, mauve.
mav·er·ick ['mævərɪk] *s* **1.** *Am.* herrenloses (Stück) Vieh ohne Brandzeichen. **2.** *Am.* mutterloses Kalb. **3.** a) *pol.* (abtrünniger) Einzelgänger, b) *allg.* Außenseiter *m*.
ma·vin ['meɪvɪn] *s Am. sl.* As *n*, Ex-'perte *m*. [drossel *f*.)
ma·vis ['meɪvɪs] *s poet. od. dial.* Sing-
ma·vour·neen [mə'vʊə(r)niːn] *s u. interj Ir.* mein Schatz.
maw [mɔː] *s* **1.** (Tier)Magen *m*, *bes.* Labmagen *m* (*der Wiederkäuer*). **2.** a) *zo.* Rachen *m*, b) *orn.* Kropf *m*. **3.** *humor.* Wanst *m*. **4.** *fig.* Schlund *m*, Rachen *m* (*des Todes etc*).
mawk·ish ['mɔːkɪʃ] *adj* **1.** leicht widerlich, (unangenehm) süßlich (*im Geschmack*). **2.** *fig.* rührselig, süßlich, kitschig. **'mawk·ish·ness** *s* **1.** Widerlichkeit *f*. **2.** Rührseligkeit *f*, (*das*) Süßlich-Sentimen'tale.
maw seed *s* Mohnsame(n) *m*.
'maw·worm *s* **1.** *zo.* Maden-, Spulwurm *m*. **2.** *fig.* Heuchler *m*.
max·i ['mæksɪ] **I** *s* **1.** Maximode *f*: **to wear** ~ maxi tragen. **2.** a) Maximantel *m*, b) Maxikleid *n*, c) Maxirock *m*. **II** *adj* **3.** Maxi...: ~ **coat**, *etc* → **maxicoat**, *etc*. **4.** riesig, Riesen...: ~ **savings**.
'max·i·coat *s* Maximantel *m*. **'~·dress** *s* Maxikleid *n*.
max·il·la [mæk'sɪlə] *pl* -lae [-liː] *s* **1.** *anat.* (Ober)Kiefer *m*, Ma'xilla *f*: **inferior** (**superior**) ~ Unter-(Ober-)Kiefer. **2.** *zo.* Fußkiefer *m* (*von Krustentieren*), Zange *f*. **max·il·lar·y** [mæk'sɪlərɪ; *Am.* 'mæksə,lerɪ] **I** *adj anat.* maxil'lar, (Ober-)Kiefer...: ~ **gland** Backendrüse *f*; ~ **process** Kieferfortsatz *m*. **II** *s a.* ~ **bone** Oberkieferknochen *m*. **max'il·li·ped** [-ped] *s zo.* Kieferfuß *m*.
max·il·lo·pal·a·tal [mæk,sɪləʊ'pælətl], **max,il·lo'pal·a·tine** [-taɪn] *adj biol.* ,maxillopalati'nal, Kinn u. Gaumen betreffend.
max·im ['mæksɪm] *s* **1.** Ma'xime *f*: a) (Haupt)Grundsatz *m* (*des Handelns*), Lebensregel *f*, b) Sen'tenz *f*. **2.** *math.* Axi'om *n*.
max·i·ma ['mæksɪmə] *pl von* **maximum**.
max·i·mal ['mæksɪml] *adj* (*adv* **-ly**) → **maximum 4**. **'max·i·mal·ist** *s* Maxima'list *m*.
Max·im (gun) ['mæksɪm] *s mil.* 'Maxim-(Ma,schinen)Gewehr *n*.
max·i·mize ['mæksɪmaɪz] *v/t econ. tech.* maxi'mieren, bis zum Höchstmaß steigern.
max·i·mum ['mæksɪməm] **I** *pl* **-ma** [-mə], **-mums** *s* **1.** Maximum *n*, Höchstgrenze *f*, -maß *n*, -stand *m*, -wert *m*, -zahl *f*: **to smoke a ~ of 5 cigarettes a day** maximal 5 Zigaretten am Tag rauchen. **2.** *math.* Höchstwert *m* (*e-r Funktion*), Scheitel *m* (*e-r Kurve*). **3.** *econ.* Höchstpreis *m*, -angebot *n*, -betrag *m*. **II** *adj* **4.** höchst(er, e, es), maxi'mal, Höchst..., Maximal...: ~ **card** (*Philatelie*) Maximumkarte *f*; ~ **likelihood estimation** (*Statistik*) Schätzung *f* nach dem höchsten Wahrscheinlichkeitswert; ~ **load** *electr.* Höchstbelastung *f* (→ 5); ~ **output** *econ.* (Produktions)Höchstleistung *f*; ~ **performance** Höchst-, Spitzenleistung *f*; ~ (**permissible**) **speed** (zulässige) Höchstgeschwindigkeit; ~ **and minimum thermometer** Maximum-Minimum-Thermometer *n*; ~ **voltage** *electr.* Maximalspannung *f*; ~ **wages** Höchst-, Spitzenlohn *m*. **5.** höchstzulässig: ~ **dose** *med.* Maximaldosis *f*; ~ (**safety**) **load** (*od.* **stress**) *tech.* zulässige (Höchst)Beanspruchung (→ 4); ~ **punishment** Höchststrafe *f*.
'max·i,sin·gle *s* Maxisingle *f*. **'~·skirt** *s* Maxirock *m*.
max·well ['mækswəl, -wel] *s electr.* Maxwell *n* (*Einheit des magnetischen Flusses*).
may[1] [meɪ], *obs.* **2.** *sg pres* **mayst** [meɪst], **3.** *sg pres* **may**, *pret u. optativ* **might** [maɪt] *v irr* (*defektiv, meist Hilfsverb*) **1.** (*Möglichkeit, Gelegenheit*) können, mögen: **it ~ happen any time** es kann jederzeit geschehen; **it might happen** es könnte geschehen; **you ~ be right** du magst recht haben, vielleicht hast du recht; **he ~ not come** vielleicht kommt er nicht; **es ist möglich, daß er nicht kommt**; **come what ~** komme, was da wolle; **he might lose his way** er könnte sich verirren. **2.** (*Erlaubnis*) dürfen, können: **you ~ go**; **~ I ask?** darf ich fragen?; **I wish I might tell you** ich wollte, ich dürfte (es) dir sagen; *selten mit neg*: **he ~ not do it** er darf es nicht tun (*dafür oft* **cannot** *od.* **eindringlicher** **must not**). **3.** *mit* (**as**) **well**, **just as well**: **you ~ well say so** du hast gut reden; **we might as well go** da können wir (auch) ebensogut gehen, gehen wir schon. **4.** *ungewisse Frage*: **how old ~ she be?** wie alt mag sie wohl sein?; **I wondered what he might be doing** ich fragte mich, was er wohl tue. **5.** (*Wunschgedanke, Segenswunsch*) mögen: **~ God bless you!**; **~ you be happy!** sei glücklich!; **~ it please your Grace** Euer Gnaden mögen geruhen. **6.** *als Aufforderung*: **you ~ post this letter for me** du kannst diesen Brief für mich einstecken; **you might help me** du könntest mir (eigentlich) helfen; **you might at least offer to** du könntest wenigstens d-e Hilfe anbieten. **7.** ~ *od.* **might** *als Konjunktionsumschreibung*: **I shall write to him so that he ~ know our plans** damit er unsere Pläne erfährt; **though it ~ cost a good deal** obwohl es e-e Menge kosten kann; **difficult as it ~ be** so schwierig es auch sein mag; **we feared they might attack** wir fürchteten, sie würden angreifen. **8.** *jur.* (*in Verordnungen*) können.
May[2] [meɪ] *s* **1.** Mai *m*, *poet.* Lenz *m*: **in ~** im Mai. **2. m~** *fig.* Lenz *m*, Blüte(zeit) *f*, Frühling *m*: **his ~ of youth** sein Jugendlenz. **3. m~** *bot.* Weißdorn(blüte) *f m*. **4.** *pl* ~ **May apples**.
may[3] [meɪ] *s poet.* Maid *f*.
Ma·ya[1] ['maɪə] *s* **1.** Maya *m*, *f*. **2.** *ling.* Mayasprache *f*.
ma·ya[2] ['maɪə; 'mɑːjə] *s Hinduismus*: Maja *f*: a) (Na'tur)Ma,gie *f*, b) Illusi'on *f*.
Ma·yan ['maɪən] **I** *adj* zu den Mayas gehörig. **II** *s* → **Maya**[1].
May bas·ket *s Am.* Mai-, Geschenkkörbchen *n* (*das man s-r Freundin am 1. Mai an die Türklinke hängt*).
may·be ['meɪbɪ] *adv* vielleicht, möglicherweise: **I'm telling you to do it straight away, and I don't mean ~!** *bes. Am. colloq.* und ich mein' es ernst!
May bee·tle → **May bug**. **'~·bloom**, **~·blos·som** *s bot.* Weißdornblüte *f*. **~·bug** *s zo.* Maikäfer *m*. **~ Day** *s* der 1. Mai.
'm~·day *s aer. mar.* internationaler Funknotruf. **'m~·flow·er** *s* **1.** *bot. allg.* Maiblume *f*, *z. B.* a) *Br.* Weißdorn *m od.* Wiesenschaumkraut *n*, b) *Am.* Primelstrauch *m od.* Ane'mone *f*. **2. M~** *hist.* Auswandererschiff *der* **Pilgrim Fathers** (1620). **'m~·fly** *s* **1.** *zo.* Eintagsfliege *f*. **2.** *Angelsport*: Maifliege *f*.
may·hap ['meɪhæp; *Am. a.* meɪ'hæp] *adv obs.* vielleicht, möglicherweise.
may·hem ['meɪhem; *Am. a.* 'meɪəm] *s* **1.** *jur. hist.* (strafbare) Verstümmelung e-r Person, *um sie wehrlos zu machen*. **2.** *bes. Am.* a) *jur.* schwere Körperverletzung, b) mutwillige Zerstörung, c) *fig.* de-struk'tive Kri'tik. **3.** *fig.* Chaos *n*: **to cause** (*od.* **create**) ~ ein Chaos auslösen.
may·o ['meɪəʊ] *pl* -**os** *colloq. für* **mayonnaise**.
may·on·naise [,meɪə'neɪz; 'meɪəneɪz] *s* **1.** Mayon'naise *f*. **2.** Mayon'naisegericht *n*: **lobster ~** Hummermayonnaise *f*.
may·or [meə(r); *Am. a.* 'meɪər] *s* Bürgermeister *m*: **~'s court** *Am.* Bürgermeistergericht *n*. **'may·or·al** *adj* bürgermeisterlich, Bürgermeister...: ~ **candidate** Kandidat *m* für das Amt des Bürgermeisters. **'may·or·al·ty** [-tɪ] *s* **1.** Bürgermeisteramt *n*. **2.** 'Amtsperi,ode *f* e-s Bürgermeisters: **during his ~** als er (noch) Bürgermeister war. **'may·or·ess** *s* **1.** Gattin *f* des Bürgermeisters. **2.** *Am.* Bürgermeisterin *f* (= *Br.* **Lady Mayor**). **3.** *Br.* Dame, die, falls der Bürgermeister ein Junggeselle ist, gewisse repräsentative Verpflichtungen übernimmt, die sonst der Gattin des Bürgermeisters obliegen.
'may·pole *s* Maibaum *f*. **'~·pop** *s bot.* (*e-e nordamer.*) Passi'onsblume. **M~ queen** *s* Maikönigin *f*. **M~ rac·es** *s pl Br.* Bootsrennen *in Cambridge*, *spät im Mai od. früh im Juni*.
mayst [meɪst] *obs. 2. sg pres von* **may**[1].
'may·thorn *s bot.* Weißdorn *m*. **'M~·time** *s* Mai(en)zeit *f*.
maz·ard → **mazzard**.
maz·a·rine [,mæzə'riːn; *Am. a.* 'mæzə,riːn] **I** *adj* **1.** maza'rin-, dunkelblau. **II** *s* **2.** *a.* ~ **blue** Maza'rinblau *n*. **3.** *obs.* blaues Tuch.
Maz·da·ism ['mæzdaɪzəm] *s hist.* Mazda'ismus *m* (*altpersische Religion Zoroasters*). **Maz·de·an** ['mæzdɪən; *Am. a.* mæz'diːən] *adj* zoro'astrisch. **Maz·de·ism** → **Mazdaism**.
maze [meɪz] *s* **1.** Irrgarten *m*, Laby'rinth *n* (*a. fig.*): ~ **of streets** Straßengewirr *n*. **2.** *fig.* Verwirrung *f*: **in a ~** → **mazed**.
mazed *adj* verdutzt, verwirrt.
ma·zer ['meɪzə(r)] *s* großes Trinkgefäß (*ehemals aus Maserholz*).
ma·zu·ma [mə'zuːmə] *s bes. Am. sl.* ,Mo'neten *pl* (*Geld*).
ma·zur·ka [mə'zɜːkə; *Am.* mə'zɜrkə, -'zʊərkə] *s mus.* Ma'zurka *f*.
ma·zy ['meɪzɪ] *adj* (*adv* **mazily**) **1.** laby-'rinthisch, wirr, verworren. **2.** verwirrend.
maz·zard ['mæzə(r)d] *s* **1.** *bot.* wilde Süßkirsche. **2.** *obs.* a) Kopf *m*, b) Gesicht *n*.
Mc·Car·thy·ism [mə'kɑː(r)θɪɪzəm] *s* McCarthy'ismus *m* (*allzu rigorose Untersuchungsmethoden gegen politisch Verdächtige, Treibjagd auf* [*vermeintliche*] *Kommunisten etc*).
Mc·Coy [mə'kɔɪ] *s*: **the real ~** *Am. sl.* der (die, das) Richtige, ,der wahre Jakob'.
'M-day *s mil.* Mo'bilmachungstag *m*.
me [miː; mɪ] **I** *pron* **1.** (*dat*) mir: a) **he gave ~ money**; **he gave it to ~**, b) *obs. od. dial. als ethischer dat*: **I can buy ~ twenty**; **heat ~ these irons** mach mir diese Eisen heiß. **2.** (*acc*) mich: a) **he took ~ away** er führte mich weg; **will you open the door for ~** mach mir bitte die Tür auf, b) *reflex* (*nach prep*): **I looked behind ~**, c) *obs. od. dial. reflex*:

mead – measure

I sat ~ down. 3. *colloq.* ich: a) it's ~ ich bin's, b) *in Ausrufen*: poor ~ ich Arme(r); and ~ a widow wo ich doch Witwe bin. 4. *of* ~ (*statt* my *od.* mine) *in Wendungen wie*: not for the life of ~ unter gar keinen Umständen. II *s* 5. *oft* Me *psych.* Ich *n*: the real ~ mein wahres Ich.

mead[1] [mi:d] *s* Met *m*, Honigwein *m*.

mead[2] [mi:d] *poet. für* meadow 1.

mead·ow ['medəʊ] I *s* 1. (Heu-, Berg-)Wiese *f*, Matte *f*, Anger *m*. 2. Grasniederung *f* (*in Fluß- od. Seenähe*). 3. Futterplatz *m* für Fische. 4. Wiesengrün *n*. II *v/t* 5. zu Wies(en)land machen. ~ **saf·fron** *s bot.* (*bes.* Herbst)Zeitlose *f*. ~ **sax·i·frage** *s bot.* 1. (*ein*) Steinbrech *m*. 2. Wiesensilau *m*. 3. Sesel *m*. '~**sweet** *s bot.* 1. Mädesüß *n*. 2. *Am.* Spierstrauch *m*.

mead·ow·y ['medəʊɪ] *adj* wiesenartig, -reich, Wiesen...

mea·ger, *bes. Br.* **mea·gre** ['mi:gə(r)] *adj* (*adv* ~ly) 1. mager, dürr: a ~ face ein hageres Gesicht. 2. *fig.* dürftig, kärglich: a ~ salary; ~ fare magere Kost; ~ attendance spärlicher Besuch. 3. *fig.* dürftig, i'deenarm. '**mea·ger·ness**, *bes. Br.* '**mea·gre·ness** *s* 1. Magerkeit *f*. 2. *fig.* Dürftigkeit *f*.

meal[1] [mi:l] *s* 1. grobes (Getreide)Mehl, Schrotmehl *n* (*Ggs.* flour = *Weiß- od. Weizenmehl*): rye ~ Roggenmehl. 2. Hafermehl *n*. 3. *Am.* Maismehl *n*. 4. Mehl *n*, Pulver *n* (*aus Früchten, Mineralien etc*).

meal[2] [mi:l] *s* 1. Mahl(zeit *f*) *n*, Essen *n*: to have a ~ e-e Mahlzeit einnehmen; to take one's ~s s-e Mahlzeiten einnehmen, essen; to make a ~ of s.th. *fig. colloq.* a) sich in e-e Sache zu sehr ,hineinknien', b) etwas aufbauschen; he made a ~ of it *fig. colloq.* er war nicht mehr zu bremsen; a ~ out ein Essen im Restaurant; to have a ~ out auswärts *od.* im Restaurant essen; ~s on wheels Essen auf Rädern. 2. *agr.* Milchmenge *f* e-r Kuh von 'einem Melken.

meal·ie ['mi:lɪ] (*S.Afr.*) *s* 1. Maisähre *f*. 2. *meist pl* Mais *m*.

meal·i·ness ['mi:lɪnɪs] *s* Mehligkeit *f*.

meal | **moth** *s zo.* (*ein*) Mehlzünsler *m*. ~ **pack** *s Am.* tiefgekühltes 'Fertigme,nü. ~ **tick·et** *s Am.* 1. Essenbon(s *pl*) *m*. 2. *sl.* a) *b.s.* ,Ernährer' *m*, b) Einnahmequelle *f*, c) Kapi'tal *n*: his voice is his ~. '~**time** *s* Essens-, Tischzeit *f*: fixed ~s. ~ **worm** *s zo.* Mehlwurm *m*.

meal·y ['mi:lɪ] *adj* 1. mehlig: ~ potatoes. 2. mehlhaltig. 3. (wie) mit Mehl bestäubt. 4. blaß (*Gesicht*). 5. → mealymouthed. 6. (weiß u. grau) gefleckt (*Pferd*). ~ **bug** *s zo.* (*e-e*) Schildlaus. '~**mouthed** [-maʊðd] *adj* schönfärberisch, heuchlerisch, unaufrichtig (*Person, Äußerung etc*), verschlüsselt (*Äußerung etc*): to be ~ about it um den (heißen) Brei herumreden. ,~'**mouth·ed·ness** [-ðɪd-] *s* Schönfärbe'rei *f*, Heuche'lei *f*, Unaufrichtigkeit *f*.

mean[1] [mi:n] *pret u. pp* **meant** [ment] I *v/t* 1. etwas im Sinn *od.* im Auge haben, beabsichtigen, vorhaben, (*tun etc*) wollen, (*zu tun*) gedenken: I ~ to do it ich will es tun; he meant to write er wollte schreiben; I ~ it es ist mir Ernst damit; he ~s business er meint es ernst, er macht Ernst; he meant no harm er hat es nicht böse gemeint; no harm meant! nichts für ungut!; I ~ what I say ich mein's, wie ich's sage; ich spaße nicht; I ~ to say ich will sagen; I didn't ~ to disturb you ich wollte Sie nicht stören; without ~ing it ohne es zu wollen. 2. (*bes. pass*) bestimmen (for für, zu): they were meant for each other; he was meant to be a barrister er sollte Anwalt werden; this cake is meant to be eaten der Kuchen ist zum Essen da; that remark was meant for you diese Bemerkung ging auf dich *od.* war an d-e Adresse gerichtet *od.* auf dich abgezielt; that picture is meant to be Churchill das Bild soll Churchill sein *od.* darstellen. 3. meinen, sagen wollen: by 'liberal' I ~ unter ,liberal' verstehe ich; I ~ his father ich meine s-n Vater. 4. bedeuten: a family ~s a lot of work; that ~s war; he ~s all the world to me er bedeutet mir alles. 5. (*von Wörtern u. Worten*) bedeuten, heißen: what does 'fair' ~?; does that ~ anything to you? sagt es Ihnen das ein Begriff? II *v/i* 6. to ~ well (ill) by (*od.* to) s.o. j-m wohlgesinnt (übel gesinnt) sein. 7. bedeuten (to für *od. dat*): to ~ little to s.o. j-m wenig bedeuten.

mean[2] [mi:n] *adj* (*adv* → **meanly**) 1. gemein, gering, niedrig (*dem Stande nach*): ~ birth niedrige Herkunft; ~ white *hist. Am.* Weiße(r) *m* (*in den Südstaaten*) ohne Landbesitz. 2. ärmlich, armselig, schäbig: ~ streets. 3. schlecht, unbedeutend, gering: no ~ artist ein recht bedeutender Künstler; no ~ foe ein nicht zu unterschätzender Gegner. 4. gemein, niederträchtig: ~ trick. 5. schäbig, geizig, knauserig, ,filzig'. 6. *colloq.* (*charakterlich*) schäbig: to feel ~ sich schäbig *od.* gemein vorkommen. 7. *bes. Am. colloq.* a) bös(artig), bissig, ,ekelhaft', b) scheußlich', ,bös' (*Sache*), c) ,toll', ,wüst': a ~ fighter.

mean[3] [mi:n] I *adj* 1. mittel, mittler(e, es), Mittel..., 'durchschnittlich, Durchschnitts...: ~ **course** *mar.* Mittelkurs *m*; ~ **life** a) mittlere Lebensdauer, b) *phys.* Halbwertzeit *f*; ~ **height** mittlere Höhe (*über dem Meeresspiegel*); ~ **annual temperature** Temperaturjahresmittel *n*; ~ **sea level** Normalnull *n*; ~ **proportional** *math.* mittlere Proportionale; ~ **value theorem** *math.* Mittelwertsatz *m*. 2. da'zwischenliegend, Zwischen...
II *s* 3. Mitte *f*, (*das*) Mittlere, Mittel *n*, 'Durchschnitt *m*, Mittelweg *m*: to hit the happy ~ die goldene Mitte treffen. 4. *math.* 'Durchschnittszahl *f*, Mittel(wert *m*) *n*: arithmetical ~ arithmetisches Mittel; to strike a ~ e-n Mittelwert errechnen; ~ of position. 5. *Logik*: Mittelsatz *m*. 6. *meist pl* (*als sg od. pl konstruiert*) (Hilfs)Mittel *n od. pl*, Werkzeug *n*, Weg *m*: by all (manner of) ~s auf alle Fälle, unbedingt, durchaus; by any ~s a) etwa, vielleicht, gar, b) überhaupt, c) auf irgendwelche Weise; by no (manner of) ~s, not by any ~s durchaus nicht, keineswegs, auf keinen Fall; by some ~s or other auf die eine oder die andere Weise; by ~s of mittels, vermittels(t), durch, mit; by this (*od.* these) ~s hierdurch, damit; a ~s of communication ein Verkehrsmittel; ~s of protection Schutzmittel; ~s of transport(ation *Am.*) Beförderungsmittel; to adjust the ~s to the end die Mittel dem Zwecke anpassen; to find the ~s Mittel u. Wege finden; → end 18. 7. *pl* (Geld)Mittel *pl*, Vermögen *n*, Einkommen *n*: to live within (beyond) one's ~s s-n Verhältnissen entsprechend (über s-e Verhältnisse) leben; a man of ~s ein bemittelter Mann; ~s test *Br.* a) Bedürftigkeitsermittlung *f*, b) (behördliche) Einkommensermittlung *f*.

me·an·der [mɪ'ændə(r)] I *s* 1. *bes. pl* verschlungener Pfad, Schlängel-, Irrweg *m*, Windung *f*, Krümmung *f*. 2. *art* Mä'ander(linien *pl*) *m*, Schlangenlinien *pl*, spi'ralförmiges Zierband. II *v/i* 3. sich winden, sich schlängeln. 4. ziellos wandern. III *v/t* 5. winden. 6. mit verschlungenen Verzierungen versehen. **me'an·der·ing** *adj* gewunden: ~ line Mäander(linie *f*) *m*.

mean·ing ['mi:nɪŋ] I *s* 1. Sinn *m*, Bedeutung *f*: full of ~ bedeutungsvoll, bedeutsam; what's the ~ of this? was soll das bedeuten?; words with the same ~ Wörter mit gleicher Bedeutung. 2. Meinung *f*, Absicht *f*, Wille *m*, Zweck *m*, Ziel *n*: do you take my ~? verstehst du, was ich meine? II *adj* (*adv* ~ly) 3. bedeutend. 4. bedeutungsvoll, bedeutsam (*Blick etc*). 5. in Zssgn in ... Absicht: → **well-meaning**. '**mean·ing·ful** *adj* ~ly) bedeutungsvoll. '**mean·ing·less** *adj* (*adv* ~ly) 1. sinnlos, bedeutungslos. 2. ausdruckslos (*Gesichtszüge*). '**mean·ing·less·ness** *s* Sinn-, Bedeutungslosigkeit *f*.

mean·ly ['mi:nlɪ] *adv* 1. armselig, niedrig. 2. schlecht: ~ equipped. 3. schäbig, knauserig, geizig.

mean·ness ['mi:nnɪs] *s* 1. Niedrigkeit *f*, niedriger Stand. 2. Ärmlichkeit *f*, Armseligkeit *f*, Schäbigkeit *f*. 3. Gemeinheit *f*, Niederträchtigkeit *f*. 4. Knauserigkeit *f*, Filzigkeit *f*, Schäbigkeit *f*, Geiz *m*. 5. *bes. Am. colloq.* Bösartigkeit *f*, Niedertracht *f*.

meant [ment] *pret u. pp von* **mean**[1].

mean|**time** [,mi:n'taɪm; *bes. Am.* 'mi:ntaɪm] I *adv* in'zwischen, mittler'weile, unter'dessen, in der Zwischenzeit, zwischenzeitlich. II *s* Zwischenzeit *f*: in the ~ I. ~ **time** *s astr.* mittlere (Sonnen-)Zeit. ~**while** [,mi:n'waɪl; *bes. Am.* 'mi:nwaɪl] → meantime.

mea·sle ['mi:zl] *s zo.* Finne *f*, Blasenwurm *m*. '**mea·sled** *adj vet.* finnig.

mea·sles ['mi:zlz] *s pl* (*meist als sg konstruiert*) 1. *med.* Masern *pl*: → **German measles**. 2. *vet.* Finnen *pl* (*der Schweine*). '**mea·sly** ['mi:zlɪ] *adj* 1. *med.* masernkrank. 2. *vet.* finnig. 3. *fig. colloq.* schäbig, dürftig, pop(e)lig, lumpig: a ~ present.

meas·ur·a·bil·i·ty [,meʒərə'bɪlətɪ; *Am.* a. 'meɪ-] *s* Meßbarkeit *f*. '**meas·ur·a·ble** *adj* (*adv* ~ **measurably**) 1. meßbar: within ~ distance (of) in kurzer Entfernung (von), nahe (*dat*). 2. wesentlich, merklich. '**meas·ur·a·ble·ness** → measurability. '**meas·ur·a·bly** [-blɪ] *adv* 1. in meßbaren Ausmaßen. 2. *Am.* (bis) zu e-m gewissen Grad.

meas·ure ['meʒə(r); *Am. a.* 'meɪ-] I *s* 1. Maß(einheit *f*) *n*: **cubic** ~, **solid** ~ Körper-, Raum-, Kubikmaß; **lineal** ~, **linear** ~, **long** ~, ~ **of length** Längenmaß *n*; **square** ~, **superficial** ~ Flächenmaß *n*; ~ **of capacity** Hohlmaß; **unit of** ~ Maßeinheit *f*. 2. *fig.* richtiges Maß, Ausmaß *n*: **beyond** ~ (*od.* **out of**) **all** ~ über alle Maßen, außerordentlich; **her joy was beyond** ~ ihre Freude kannte keine Grenzen; **for good** ~ noch dazu, obendrein; **in a great** ~ a) in großem Maße, überaus, b) großenteils; **in some** ~, **in a (certain)** ~ gewissermaßen, bis zu e-m gewissen Grade; **without** ~ ohne Maßen. 3. Messen *n*, Maß *n*: (**made**) **to** ~ nach Maß (gearbeitet); → **made-to-measure**; **to take the** ~ **of s.th.** etwas abmessen; **to take s.o.'s** ~ a) j-m (*für e-n Anzug*) Maß nehmen, b) *fig.* j-n taxieren *od.* abeinschätzen; **I have his** ~ ich habe ihn durchschaut. 4. Maß *n*, Meßgerät *n*: **to weigh with two** ~**s** *fig.* mit zweierlei Maß messen; → **tape measure**. 5. *fig.* Maßstab *m* (**of** für): **to be a** ~ **of s.th.** e-r Sache als Maßstab dienen; **man is the** ~ **of all things** der Mensch ist das Maß aller Dinge. 6. Anteil *m*, Porti'on *f*, gewisse Menge. 7. a) *math.* Maß(einheit *f*) *n*, Teiler *m*, Faktor *m*, b) *phys.* Maßeinheit *f*: **2 is a** ~ **of 4** 2 ist Teiler von 4; ~ **of dispersion** Streuungs-, Verteilungsmaß *n*. 8. (abgemessener) Teil, Grenze *f*: **to set a** ~ **to s.th.** etwas begrenzen; **the** ~

of my days *Bibl.* die Dauer m-s Lebens. **9.** *metr.* a) Silbenmaß *n*, b) Versglied *n*, c) Versmaß *n*, Metrum *n*. **10.** *mus.* a) Takt (-art *f*) *m*: **duple ~, two-in-a-~** Zweiertakt, b) Takt *m* (*als Quantität*): **the first** (*od.* **opening**) **~**, c) Zeitmaß *n*, Tempo *n*, d) Takt *m*, Rhythmus *m*, e) Men'sur *f* (*bei Orgelpfeifen*): **to tread a ~** sich im Takt *od.* Tanz bewegen, tanzen. **11.** *poet.* Weise *f*, Melo'die *f*. **12.** *pl geol.* Lager *n*, Flöz *n*. **13.** *chem.* Men'sur *f*, Grad *m* (*e-s graduierten Gefäßes*). **14.** *print.* Zeilen-, Satz-, Ko'lumnenbreite *f*. **15.** *fenc.* Men'sur *f*, Abstand *m*. **16.** Maßnahme *f*, -regel *f*, Schritt *m*: **to take ~s** Maßnahmen treffen *od.* ergreifen; **to take legal ~s** den Rechtsweg beschreiten. **17.** *jur.* gesetzliche Maßnahme, Verfügung *f*.
II *v/t* **18.** (ver)messen, ab-, aus-, zumessen: **to ~ one's length** *fig.* der Länge nach *od.* längelang hinfallen; **to ~ swords** a) die Klingen messen (*vergleichen*), b) *bes. fig.* die Klingen kreuzen, sich messen (**with** mit); **to ~ s.o.** (**to be** *od.* **get ~d**) **for a suit of clothes**) j-m Maß nehmen (sich Maß nehmen lassen) für e-n Anzug. **19. ~ out** ausmessen, die Ausmaße *od.* Grenzen bestimmen, *ein Bergwerk* markscheiden. **20.** *fig.* ermessen. **21.** (ab)messen, abschätzen (**by an** *dat*): **~d by** gemessen an. **22.** beurteilen (**by** nach). **23.** vergleichen, messen (**with** mit): **to ~ one's strength with s.o.** s-e Kräfte mit j-m messen. **24.** *e-e Strecke* durch'messen, zu'rücklegen.
III *v/i* **25.** Messungen vornehmen. **26.** messen, groß sein: **it ~s 7 inches** es mißt 7 Zoll, es ist 7 Zoll lang. **27. ~ up to** a) die Ansprüche (*gen*) erfüllen, gut abschneiden im Vergleich zu, b) den Ansprüchen *etc* gewachsen sein, c) her'anreichen an (*acc*).
meas·ured ['meʒə(r)d; *Am. a.* 'meɪ-] *adj* (*adv* **~ly**) **1.** (ab)gemessen: **~ in the clear** (*od.* **day**) *tech.* im Lichten gemessen; **~ distance** *aer. tech.* Stoppstrecke *f*; **~ value** Meßwert *m*; **a ~ mile** e-e amtliche gemessene *od.* richtige Meile. **2.** richtig proportio'niert. **3.** (ab)gemessen, gleich-, regelmäßig: **~ tread** gemessener Schritt. **4.** 'wohlüber,legt, abgewogen, gemessen: **to speak in ~ terms** mit maßvoll ausdrücken. **5.** gewollt, bewußt, berechnet: **with ~ insolence** mit betonter Frechheit. **6.** rhythmisch. **7.** in Versmaß, metrisch.
meas·ure·less ['meʒə(r)lɪs; *Am. a.* 'meɪ-] *adj* unermeßlich, grenzenlos.
meas·ure·ment ['meʒə(r)mənt; *Am. a.* 'meɪ-] *s* **1.** (Ver)Messung *f*, Messen *n*, 'Meßme,thode *f*: **~ of field intensity** *electr. phys.* Feldstärkemessung. **2.** Maß *n*: **to take s.o.'s ~s for a suit** j-m für e-n Anzug Maß nehmen. **3.** *pl* Abmessungen *pl*, Größe *f*, (Aus)Maße *pl*. **4.** *math.* (Maß)Einheit *f*. **5.** *mar.* Tonnengehalt *m*: **→ ton¹ 2. 6.** 'Maßsy,stem *n*. **~ goods** *s pl econ.* Maß-, Schüttgüter *pl*.
meas·ur·ing ['meʒərɪŋ; *Am. a.* 'meɪ-] **I** *s* Messen *n*, (Ver)Messung *f*. **II** *adj* Meß... **~ bridge** *s electr.* Meßbrücke *f*. **~ di·al** *s* Rundmaßskala *f*. **~ glass** *s* Meßglas *n*. **~ in·stru·ment** *s tech.* Meßgerät *n*. **~ -'off** *s math.* Abtragung *f*, Abmessung *f*. **~ range** *s phys.* Meßbereich *m*. **~ tape** *s tech.* Maß-, Meßband *n*, Bandmaß *n*. **~ volt·age** *s electr.* Meßspannung *f*.
meat [miːt] *s* **1.** Fleisch *n* (*als Nahrung*): **~s** a) Fleischwaren, b) Fleischgerichte; **butcher's ~** Schlachtfleisch; **fresh ~** Frischfleisch; **~ and potatoes** *fig. sl.* solide Grundlage. **2.** *obs.* Speise *f* (*noch in den Wendungen*): **after** (**before**) **~** nach (vor) dem Essen; **~ and drink** Speise u. Trank; **this is ~ and drink to me** *fig.* es ist mir e-e Wonne, das ist ganz mein Fall;

one man's ~ is another man's poison des e-n Freud, des andern Leid. **3.** *obs. od. dial.* Nahrung *f*. **4.** Fleischspeise *f*, -gericht *n*: **cold ~** a) kalte Platte, b) *Am. sl.* Leiche(n *pl*) *f*. **5.** *a. pl Am.* Fleisch *n* (*von Früchten, Fischen etc*), Kern *m* (*e-r Nuß*): **as full as an egg is of ~** (*a. Br.*) ganz voll. **6.** *Bibl.* Speiseopfer *n*. **7.** *fig.* Sub'stanz *f*, Gehalt *m*, (wesentlicher) Inhalt, I'deen(gut *n*) *pl*: **full of ~** gehaltvoll. **8.** *Am. sl.* **→ ~-and-po'ta·toes** *adj sl.* grundlegend, fundamen'tal: **~ problems. ~ ax(e)** *s* Schlachtbeil *n*. **'~-ball** *s* **1.** Fleischklößchen *n*. **2.** *sl.* a) 'Heini *m*, b) Langweiler *m*. **~ broth** *s* Fleischbrühe *f*. **~ chop·per** *s* **1.** Hackmesser *n*. **2.** 'Fleisch,hackma,schine *f*, Fleischwolf *m*. **~ ex·tract** *s* 'Fleischex,trakt *m*. **~ fly** *s zo.* Schmeißfliege *f*. **~ grind·er → meat chopper 2**: **to put in a ~** *Am. colloq.* j-n *od.* etwas 'durch den Wolf drehen'. **'~-head** *s Am. sl.* 'Rindvieh' *n*. **~ in·spec·tion** *s* Fleischbeschau *f*. **~ in·spec·tor** *s* Fleischbeschauer *m*.
meat·less ['miːtlɪs] *adj* fleischlos.
'meat,man [-,mæn] *s irr Am.* Metzger *m*, Fleischer *m*. **~ meal** *s* Fleischmehl *n*. **~ of·fer·ing** *s Bibl.* Speiseopfer *n*. **~ pack·er** *s* 'Fleischwaren,hersteller *m*, -großhändler *m*. **~ pie** *s* 'Fleischpa,stete *f*. **~ safe** *s Br.* Fliegenschrank *m*.
me·a·tus [mɪ'eɪtəs] *pl* **-tus, -tus·es** *s anat.* Me'atus *m*, Gang *m*, Ka'nal *m*: **auditory ~** Gehörgang.
meat·y ['miːtɪ] *adj* **1.** fleischig. **2.** fleischartig, Fleisch... **3.** *fig.* gehaltvoll (*Buch etc*), fruchtbar (*Diskussion etc*), handfest (*Vorschlag etc*).
Mec·ca ['mekə] *s geogr. relig. u. fig.* Mekka *n*: **a ~ for tourists**.
Mec·can·o, m~ [mɪ'kɑːnəʊ; *Am.* mə-'kænoʊ] (*TM*) *pl* **-os** *s* Sta'bilbaukasten *m* (*Spielzeug*).
me·chan·ic [mɪ'kænɪk] **I** *adj* (*adv* **~ally**) **→ mechanical. II** *s* **1.** a) Me'chaniker *m*, (*Auto- etc*)Schlosser *m*, Maschi'nist *m*, Mon'teur *m*, b) Handwerker *m*. **2.** *pl* (*als sg konstruiert*) *phys.* a) Me'chanik *f*, Bewegungslehre *f*, b) *tech.* Ma'schinenlehre *f*: **~s of fluids** Flüssigkeits-, Hydro-, Strömungsmechanik. **3.** *pl* (*als sg konstruiert*) *tech.* Kon'strukti'on *f* von Ma'schinen *etc*. **4.** *pl* (*als sg konstruiert*) *tech. u. fig.* Mecha'nismus *m*: **the ~s of a lathe**; **the ~s of politics**. **5.** *pl* (*als sg konstruiert*) *fig.* Technik *f*: **the ~s of playwriting**. **6.** *obs. contp.* Rüpel *m*.
me·chan·i·cal [mɪ'kænɪkl] *adj* (*adv* **~ly**) **1.** me'chanisch: a) *phys.* mechanisch begründet, Bewegungs..., b) *tech.* Maschinen..., maschi'nell: **~ly operated** mechanisch betätigt. **2.** *tech.* me'chanisch 'hergestellt. **3.** *tech.* auto'matisch. **4.** *fig.* me'chanisch: a) unwillkürlich, auto'matisch: **a ~ gesture**, b) rou'tine-, scha'blonenmäßig: **~ work. 5.** a) Handwerks..., Handwerker..., b) Mechaniker...: **~ art** Handwerk *n*; **~ dodge** *colloq.* Handwerkskniff *m*. **6.** technisch veranlagt: **~ genius** technisches Genie; **~ aptitude** technische Begabung. **~ ad·van·tage** *s tech.* **1.** Last-Kraft-Verhältnis *n*. **2.** me'chanische Kraftverstärkung, Kraftgewinn *m*. **~ cen·trif·u·gal ta·chom·e·ter** *s tech.* 'Fliehpendeltacho,meter *n*. **~ draw·ing** *s* me'chanisches Zeichnen (*Ggs. Freihandzeichnen*). **~ ef·fect** *s tech.* 'Nutzeffekt *m*. **~ en·gi·neer** *s* Ma'schi'nenbauingeni,eur *m*. **~ en·gi·neer·ing** *s tech.* Ma'schinenbau *m*. **~ feed press** *s tech.* 'Stanzauto,mat *m*.
me·chan·i·cal·ness [mɪ'kænɪklnɪs] *s* (*das*) Me'chanische.
me·chan·i·cal pen·cil *s Am.* Drehbleistift *m*. **~ pow·er** *s* **1.** *phys.* me'chanische Leistung. **2.** *tech.* Nutzleistung *f*. **~ wood-pulp** *s* (me'chanischer) Holzschliff.
mech·a·ni·cian [,mekə'nɪʃn] **→ mechanic 1**.
mech·a·nism ['mekənɪzəm] *s* **1.** *allg., a. fig.* Mecha'nismus *m*: a) *tech.* me'chanische Ein- *od.* Vorrichtung: **the ~ of a watch**; **~ of government** *fig.* Regierungs-, Verwaltungsapparat *m*, b) *a. weitS.* (me'chanische) Arbeits- *od.* Wirkungsweise. **2.** *biol. philos.* Mecha'nismus *m* (*mechanistische Auffassung*). **3.** *med. psych.* Mecha'nismus *m*, me'chanisches Reakti'onsvermögen: **~ of defence** (*Am.* **defense**) Abwehrmechanismus, -reaktion *f*.
mech·a·nis·tic [,mekə'nɪstɪk] *adj* (*adv* **~ally**) **1.** me'chanisch bestimmt. **2.** *philos.* mecha'nistisch. **3. → mechanical**.
mech·a·ni·za·tion [,mekənaɪ'zeɪʃn; *Am.* -nə'z-] *s* Mechani'sierung *f*, *mil. a.* Motori'sierung *f*. **mech·a·nize** ['mekənaɪz] *v/t* me'chani'sieren, *a.* motori'sieren: **~d division** *mil.* Panzergrenadierdivision *f*.
Mech·lin (lace) ['meklɪn] *s* Mechelner *od.* Flandrischer Spitzen *pl*.
me·con·ic [mɪ'kɒnɪk; *Am.* -'kɑ-; -'koʊ-] *adj chem.* me'konsauer: **~ acid** Mekonsäure *f*.
me·co·ni·um [mɪ'kəʊnɪəm] *s physiol.* Me'konium *n*, Kindspech *n*.
Med [med] *s colloq.* für **mediterranean 3**.
med·al ['medl] **I** *s* Me'daille *f*: a) Denk-, Schaumünze *f*: **the reverse of the ~** *fig.* die Kehrseite der Medaille, b) Ehrenzeichen *n*, Auszeichnung *f*, Orden *m*: **service ~** Dienstmedaille; **M~ for Merit** *Am.* Verdienstorden; **M~ of Honor** *mil. Am.* Tapferkeitsmedaille; **~ play** (*Golf*) Zähl(wett)spiel *n*; **~ ribbon** Ordensband *n*. **II** *v/t pret u. pp* **-aled**, *bes. Br.* **-alled** j-n mit e-r Me'daille auszeichnen: **~(l)ed** ordengeschmückt.
med·al·ist, *bes. Br.* **med·al·list** ['medlɪst] *s* **1.** Medail'leur *m*, Me'daillenschneider *m*. **2.** Me'daillenkenner(in), -liebhaber(in), -sammler(in). **3.** Me'daillengewinner(in): **gold** (**silver**, **bronze**) **~**.
me·dal·lic [mɪ'dælɪk] *adj* Medaillen..., Ordens...
me·dal·lion [mɪ'dæljən] *s* **1.** große Denk- *od.* Schaumünze. **2.** Medail'lon *n*. **3.** *Am.* 'Taxili,zenz *f*.
med·al·list *bes. Br.* für **medalist**.
med·dle ['medl] *v/i* **1.** sich (ungefragt) (ein)mischen (**with**, **in** in *acc*). **2.** sich (unaufgefordert) befassen, sich abgeben, sich einlassen (**with** mit): **do not ~ with him!** gib dich nicht mit ihm ab! **3.** (**with**) her'umhan,tieren, -spielen (mit), sich zu schaffen machen (an *dat*). **4.** *obs.* sich auf e-n Kampf einlassen (**with s.o.** mit j-m).
'med·dler *s* j-d, der sich in fremde Angelegenheiten (ein)mischt: **auf-** *od.* zudringlicher Mensch: **he's a terrible ~** der muß s-e Finger überall drinhaben.
'med·dle·some [-səm] *adj* lästig, auf-, zudringlich. **'med·dle·some·ness** *s* **1.** Sucht *f*, sich einzumischen. **2.** Auf-, Zudringlichkeit *f*. **'med·dling I** *adj* **→ meddlesome. II** *s* (unerwünschte) Einmischung.
med·e·vac ['medə,væk] *mil. Am.* **I** *s* Sani'tätshubschrauber *m*. **II** *v/t* mit e-m Sani'tätshubschrauber befördern *od.* ausfliegen.
me·di·a¹ ['miːdɪə; *Am.* 'miːdɪə] *pl* **-di·ae** [-diːiː] *s* **1.** *ling.* Media *f*, stimmhafter Verschlußlaut. **2.** *anat.* Media *f* (*mittlere Schicht*).
me·di·a² ['miːdjə; -ɪə] **I** *pl* von **medium**.
II *s pl* Medien *pl*: **~ event** Medien-

mediacy – medium-range

ereignis *n*: a) *von den Medien inszeniertes od. provoziertes Ereignis*, b) *von den Medien aufgebauschtes Ereignis*, c) *aufsehenerregende Fernsehsendung etc*; **~-shy** medienscheu; → **mixed media**, *etc*.

me·di·a·cy ['miːdɪəsɪ] *s* **1.** Vermittlung *f*. **2.** Zwischenzustand *m*.

me·di·ae ['miːdɪiː; *Am*. 'miː-] *pl* von **media¹**.

me·di·ae·val, *etc* → **medieval**, *etc*.

me·di·al ['miːdjəl; -ɪəl] *I adj* (*adv* ~ly) **1.** mittler(er, e, es), Mittel...: **~ line** Mittellinie *f*. **2.** *ling.* medi'al, inlautend: **~ sound** Inlaut *m*. **3.** Durchschnitts...: **~ alligation** *math.* Durchschnittsrechnung *f*. **II** *s* → **media¹** 1.

me·di·an ['miːdjən; -ɪən] *I adj* **1.** die Mitte bildend *od*. einnehmend, mittler (-er, e, es), Mittel...: **~ digit** *anat. zo.* Mittelzehe *f*; **~ strip** *Am*. Mittelstreifen *m* (*e-r Autobahn*). **2.** *meist* **~ gray** (*bes. Br.* **grey**) mittelgrau. **3.** *Statistik*: in der Mitte *od*. zen'tral liegend: **~ salaries** mittlere Gehälter. **4.** *anat. math.* medi'an: **~ line** a) *anat.* Median-, Mittellinie *f* (*des Körpers*), b) *math.* Mittel- *od*. Halbierungslinie *f*; **~ point** → 5 b. **II** *s* **5.** *math.* a) **~** bisector, b) Mittelpunkt *m*, Schnittpunkt *m* der 'Winkelhalˌbierenden, c) Mittelwert *m*.

me·di·ant ['miːdjənt; -ɪənt] *s mus.* Medi'ante *f*.

me·di·as·ti·nal [ˌmiːdɪəˈstaɪnl] *adj anat.* mediasti'nal, Mittelfell...

me·di·ate ['miːdɪeɪt] *I v/i* **1.** vermitteln, den Vermittler spielen (**between** zwischen *dat*). **2.** a) e-n mittleren Standpunkt einnehmen, b) ein Bindeglied bilden (**between** zwischen *dat*). **II** *v/t* **3.** a) vermitteln, (durch Vermittlung) zu'stande bringen: **to ~ an agreement**, b) (durch Vermittlung) beilegen: **to ~ East- -West differences**. **4.** (**to**) *Wissen etc* vermitteln (*dat*), weitergeben (an *acc*). **III** *adj* [-dɪət] (*adv* ~ly) **5.** in der Mitte *od*. daˌzwischen liegend, mittler(er, e, es), Mittel-. **6.** 'indiˌrekt, mittelbar: **~ certainty** mittelbare (*durch Schlüsse erlangte*) Gewißheit. **7.** *jur. hist.* mittelbar, nicht souve'rän.

me·di·a·tion [ˌmiːdɪˈeɪʃn] *s* **1.** Vermittlung *f*, Fürsprache *f*, *a. relig.* Fürbitte *f*: **through his ~**. **2.** *jur. pol.* Mediati'on *f*.

me·di·a·ti·za·tion [ˌmiːdɪətaɪˈzeɪʃn; *Am*. -təˈz-] *s hist.* Mediati'sierung *f*. **'me·di·a·tize** *I v/t* **1.** *hist.* a) mediati'sieren (*die Reichsunmittelbarkeit od. Souveränität nehmen*), b) *ein Gebiet* einverleiben. **2.** *fig.* aufsaugen. **II** *v/i* **3.** *hist.* mediati'siert werden, die Reichsunmittelbarkeit verlieren.

me·di·a·tor ['miːdɪeɪtə(r)] *s* **1.** Vermittler *m*, Fürsprecher *m*: **the M~** *relig.* der Mittler (*Christus*). **3.** *biol.* Ambo'zeptor *m*, Zwischenkörper *m*. ˌ**me·di·a'to·ri·al** [-dɪəˈtɔːrɪəl; *Am*. *a.* -ˈtoʊ-] *adj* vermittelnd, Vermittler..., Mittler...: **~ proposal** Vermittlungsvorschlag *m*. **'me·di·a·torˌship** *s* Vermittleramt *n*, -rolle *f*, Vermittlung *f*. **'me·di·a·to·ry** [-dɪətərɪ; *Am*. -ˌtɔːri; -ˌtoʊ-] → **mediatorial**. **'me·di·a·tress** [-eɪtrɪs], ˌ**me·di·aˈtrix** [-trɪks] *s* Vermittlerin *f*.

med·ic ['medɪk] *I adj obs. für* **medical** I. **II** *s colloq.* a) Medi'ziner *m* (*Arzt u. Student*), b) *mil.* Sani'täter *m*.

med·i·ca·ble ['medɪkəbl] *adj* heilbar.

Med·i·caid ['medɪˌkeɪd] *s Am.* gemeinsames Gesundheitsfürsorgeprogramm der Staaten *u*. der Bundesregierung für Bedürftige.

med·i·cal ['medɪkl] *I adj* (*adv* ~ly) **1.** a) medi'zinisch, ärztlich, Kranken...: **~ association** Ärzteverband *m*; **~ attendance** (*od. care, treatment*) ärztliche Behandlung; **~ board** Gesundheitsbehörde *f*; **~ certificate** ärztliches Attest; **on ~ grounds** aus gesundheitlichen Gründen; **~ laboratory technician** medizinisch-technische Assistentin; **~ record** Krankenblatt *n*; **~ retirement** Rücktritt *m* aus gesundheitlichen Gründen; **~ specialist** Facharzt *m*; **~ student** Medizinstudent(in); → **staff¹** 8, b) inter'nistisch: **~ ward** innere Abteilung (*e-r Klinik*). **2.** behandlungsbedürftig: **a ~ disease**. **3.** heilend, Heil... **4.** *mar. mil.* Sanitäts... **II** *s* **5.** *colloq.* a) Arzt *m*, b) ärztliche Unterˌsuchung. **M~ Corps** *mil.* Sani'tätstruppe *f*. **~ di·rec·tor** *s mar. Am*. Ma'rineoberstarzt *m*. **~ ex·am·in·er** *s* **1.** *jur. Am.* ärztlicher Leichenbeschauer. **2.** a) Vertrauensarzt *m* (*e-r Krankenkasse*), b) Amtsarzt *m*. **~ in·spec·tor** *s mar. Am.* Ma'rinearzt *m* zweiter Ranges. **~ ju·ris·pru·dence** *s jur.* Ge'richtsmediˌzin *f*. **~ man** *s irr* Arzt *m*, 'Doktor' *m*: **our ~** unser Hausarzt. **~ of·fi·cer** *s* **1.** *a.* **~ of health** Amtsarzt *m*. **2.** *mil.* 'Sanitätsoffiˌzier *m*. **~ prac·ti·tion·er** *s* praktischer Arzt. **~ sci·ence** → **medicine** 2 a.

me·dic·a·ment [meˈdɪkəmənt; mɪˈd-; ˈmedɪk-] *I s* Medika'ment *n*, Heil-, Arz'neimittel *n*. **II** *v/t* medikamen'tös behandeln.

Med·i·care [ˈmedɪˌkeər] *s Am.* Gesundheitsfürsorgeprogramm der Regierung, *bes. für Bürger über 65*.

med·i·cate ['medɪkeɪt] *v/t* **1.** medi'zinisch behandeln. **2.** mit Arz'neistoff(en) versetzen *od*. imprä'gnieren: **~d bath** Heil-, Medizinalbad *n*; **~d candle** Räucherkerzchen *n*; **~d cotton** (**wool**) medizinische Watte; **~d wine** Medizinalwein *m*. ˌ**med·i'ca·tion** *s med.* **1.** Beimischung *f* von Arz'neistoffen, Imprä'gnieren *n* mit medi'zinischen Zusätzen. **2.** Medikati'on *f*, (Arz'nei)Verordnung *f*, medi'zinische *od*. medikamen'töse Behandlung. **'med·i·ca·tive** [-kətɪv; -keɪ-], *a.* **'med·i·ca·to·ry** [-kətərɪ; -keɪ-; *Am*. -kəˌtɔːri:; -ˌtoʊ-] → **medicinal** 1.

Med·i·ce·an [ˌmedɪˈtʃiːən; -ˈsiːən] *adj* Medi'ceisch, Medici...

me·dic·i·nal [meˈdɪsɪnl] *adj* (*adv* ~ly) **1.** medizi'nal, medi'zinisch, heilkräftig, Heil...: **~ herbs** Arznei-, Heilkräuter; **~ properties** Heilkräfte; **~ spring** Heilquelle *f*. **2.** *fig.* heilsam.

med·i·cine ['medsɪn; *Am*. 'medəsən] *I s* **1.** Medi'zin *f*, Arz'nei *f* (*a. fig.*): **to take one's ~** a) s-e Medizin (ein)nehmen, b) *fig.* ˌin den sauren Apfel beißen', ˌdie (bittere) Pille schlucken'; **he was given a taste** (*od.* **dose**) **of his own ~** *fig.* er bekam es in *od*. mit gleicher Münze heimgezahlt. **2.** a) Heilkunde *f*, Medi'zin *f*, ärztliche Wissenschaft, b) innere Medi'zin (*Ggs. Chirurgie*). **3.** *fig.* (Zauber-) Trank *m*. **4.** Zauber *m*, Medi'zin *f* (*bei den Indianern*): **~ bag** Zauberbeutel *m*, Talisman *m*; **he is bad ~** *Am. sl.* den geht man am besten aus dem Weg; **it is big ~** *Am. sl.* es bedeutet (persönliche) Macht. **5.** → **medicine man**. **II** *v/t* **6.** ärztlich behandeln. **~ ball** *s sport* Medi'zinball *m*. **~ chest** *s* Arz'neikasten *m*, 'Haus-, 'Reiseapoˌtheke *f*. **~ glass** *s med.* Medi'zin-, Tropfenglas *n*. **~ man** *s irr* Medi'zinmann *m* (*der Indianer etc*).

med·i·co ['medɪkəʊ] *pl* **-cos** *s colloq.* Medi'ziner *m* (*Arzt u. Student*).

medico- [medɪkəʊ] *Wortelement mit der Bedeutung* medizinisch: **~legal** gerichtsmedizinisch.

me·di·e·val [ˌmedɪˈiːvl; ˌmiːdɪ-] *adj* (*adv* ~ly) mittelalterlich (*a. colloq. fig.* altmodisch, vorsintˌflutlich): **M~ Greek** *ling.* Mittelgriechisch *n*. ˌ**me·di·e·val·ism** *s* **1.** Eigentümlichkeit *f od*. Geist *m* des Mittelalters. **2.** Vorliebe *f* für das Mittelalter. **3.** a) Mittelalterlichkeit *f*, b) 'Überbleibsel *n* aus dem Mittelalter. ˌ**me·di·e·val·ist** *s* Mediä'vist(in), Erforscher(in) *od*. Kenner(in) *od*. Verehrer(in) des Mittelalters.

me·di·o·cre [ˌmiːdɪˈəʊkə(r)] *adj* mittelmäßig, zweitklassig. ˌ**me·di'oc·ri·ty** [-ˈɒkrətɪ; *Am*. -ˈɑk-] *s* **1.** Mittelmäßigkeit *f*. **2.** mittelmäßiger *od*. unbedeutender Mensch, kleiner Geist: **he is a ~** er ist nur Mittelmaß.

med·i·tate ['medɪteɪt] *I v/i* nachsinnen, -denken, grübeln, medi'tieren (**on, upon** über *acc*). **II** *v/t* im Sinn haben, planen, vorhaben, erwägen: **to ~ revenge** auf Rache sinnen. ˌ**med·i'ta·tion** *s* **1.** tiefes Nachdenken, Sinnen *n*. **2.** Meditati'on *f*, (*bes. fromme*) Betrachtung: **~s** Betrachtungen, Besinnliches *n*; **book of ~s** Erbauungs-, Andachtsbuch *n*.

med·i·ta·tive ['medɪtətɪv; -teɪ-] *adj* (*adv* ~ly) nachdenklich: a) nachsinnend, b) besinnlich (*a. Buch etc*). **'med·i·ta·tive·ness** *s* Nachdenklichkeit *f*.

med·i·ter·ra·ne·an [ˌmedɪtəˈreɪnjən; -nɪən] *I adj* **1.** von Land um'geben, binnenländisch. **2.** **M~** mittelmeerisch, mediter'ran, Mittelmeer...: **M~ Sea** → II *s* **3. M~** Mittelmeer *n*, Mittelländisches Meer. **4. M~** Angehörige(r *m*) *f* der mediter'ranen Rasse.

me·di·um ['miːdjəm; -ɪəm] *I pl* **-di·a** [-djə; -dɪə], **-di·ums** *s* **1.** *fig.* Mitte *f*, Mittel *n*, Mittelweg *m*: **the just ~** die richtige Mitte, der goldene Mittelweg; **to hit** (**upon**) (*od.* **find**) **the happy ~** die richtige Mitte treffen. **2.** 'Durchschnitt *m*, Mittel *n*. **3.** *biol. chem. phys.* Medium *n*, Träger *m*, Mittel *n*: (**culture**) **~** *med.* Nährboden *m*; **refractive ~** *phys.* brechendes Medium. **4.** *paint.* Bindemittel *n*. **5.** *econ.* Medium *n*: a) (Zahlungs- *etc*) Mittel *n*: **~ of exchange** Tauschmittel *od*. Valuta *f*, b) Werbemittel, -träger *m* (*Fernsehen, Zeitung etc*): **media man** *Am*. Media-man *m*, Media-Mann *m* (*Fachmann für Auswahl u. Einsatz von Werbemitteln*); **media research** Medien-, Werbeträgerforschung *f*. **6.** (künstlerisches) Medium, Ausdrucksmittel *n*. **7.** Medium *n*, (Hilfs)Mittel *n*, Werkzeug *n*, Vermittlung *f*: **by** (*od.* **through**) **the ~ of** a) durch, vermittels (*gen*), b) durch Vermittlung (*gen*). **8.** 'Lebenseleˌment *n*, -bedingungen *pl*. **9.** *a.* **social ~** 'Umwelt *f*, Mili'eu *n*. **10.** *Hypnose, Parapsychologie*: Medium *n*: **trance** (**writing**) **~** Trance-(Schreib-) medium. **11.** *econ.* Mittelware *f*, -gut *n*. **12.** *print.* Mediˌanpaˌpier *n* (*englisches Druckpapier 18 × 28, Schreibpapier 17½ × 22 Zoll; amer. Druckpapier 19 × 24, Schreibpapier 18 × 23 Zoll*). **13.** *phot.* (**Art**) Lack *m* (*zum Bestreichen der Negative vor dem Retuschieren*). **14.** *thea.* bunter Beleuchtungsschirm. **II** *adj* **15.** mittelmäßig, mittler(er, e, es), Mittel...: **~ talent** mittelmäßige Befähigung *od*. Begabung; **~ quality** mittlere Qualität. **16.** Durchschnitts... **17.** *gastr.* englisch (*Steak*). **'~-ˌdat·ed** *adj econ.* mittelfristig (*Staatspapier*). **'~-faced** *adj print.* halbfett. **~ fre·quen·cy** *s electr.* 'Mittelfreˌquenz *f*, *in Zssgn* Mittelwellen...

me·di·um·is·tic [ˌmiːdjəˈmɪstɪk; -ɪə-] *adj Parapsychologie*: medi'al (begabt *od*. veranlagt).

me·di·um|plane *s math.* Mittelebene *f*. **'~-priced** *adj econ.* der mittleren Preislage. **'~-range** *adj* für mittlere Reichweite: **~ radar**; **~ flight** *aer.* Mittelstreckenflug *m*; **~ missile** *mil.* Mittelstreckenrakete *f.* ~ **shot** *s Film, TV:* Mittelaufnahme *f.* ~ **size** *s* Mittelgröße *f.* '~-**size(d)** *adj* **1.** mittelgroß: ~ **car** *mot.* Wagen *m* der Mittelklasse, Mittelklassewagen *m.* **2.** *econ.* mittelständisch (*Unternehmen*). '~-**term** *adj* mittelfristig (*Planung etc*). ~ **wave** *s electr.* Mittelwelle *f.*

med·lar ['medlə(r)] *s bot.* **1.** *a.* ~ **tree** Mispelstrauch *m.* **2.** Mispel *f* (*Frucht*).

med·ley ['medlɪ] **I** *s* **1.** Gemisch *n, contp.* Mischmasch *m,* Durcheinˈander *n.* **2.** gemischte Gesellschaft. **3.** a) *mus.* Medley *n,* Potpourri *n,* b) *obs.* lite'rarische Auslese. **4.** *obs.* Handgemenge *n.* **II** *adj* **5.** gemischt, bunt, *contp.* wirr: ~ **relay** a) (*Schwimmen*) Lagenstaffel *f,* b) (*Schwimmen, Laufsport*) Schwellstaffel *f;* ~ **swimming** Lagenschwimmen *n.*

me·dul·la [meˈdʌlə; mɪ-] *s* **1.** *physiol.* a) *a.* ~ **spinalis** Rückenmark *n,* b) (Knochen)Mark *n,* c) *a.* ~ adrenal ~ Nebennierenmark. **2.** *bot.* Mark *n.*

med·ul·lar·y [meˈdʌlərɪ; mɪ-; *Am. a.* ˈmedəˌlerɪ;; ˈmedʒə-] *adj biol.* medulˈlär, markig, markhaltig, Mark... ~ **ca·nal** *s anat.* 'Markkaˌnal *m.* ~ **mem·brane** *s anat.* Endˈost *n.* ~ **ray** *s bot.* Markstrahl *m* (*des Holzes*). ~ **tube** *s anat.* 'Rückenmarkskaˌnal *m.*

med·ul·li·tis [ˌmedəˈlaɪtɪs] *s med.* Knochenmarkentzündung *f.*

Me·du·sa [mɪˈdjuːzə; -sə; *Am. a.* -ˈduː-] **I** *npr antiq.* Meˈdusa *f:* head of~Medusenhaupt *n.* **II** *s m,~ pl* **-sas, -sae** [-ziː; -siː] *zo.* Meˈduse *f,* Qualle *f.* **Med·u·sae·an** [ˌmɪdjʊˈsiːən; *Am. a.* -duː-] *adj* meˈdusisch, Medusen... **me·du·sal** [mɪˈdjuːsl; -zl; *Am. a.* -ˈduː-], **meˈdu·san** *adj zo.* zu den Quallen gehörig, quallenartig.

meed [miːd] *s poet.* Lohn *m,* Sold *m.*

meek [miːk] *adj* (*adv* **-ly**) **1.** mild, sanft (-mütig). **2.** demütig: a) bescheiden, b) *contp.* unterˈwürfig, duckmäuserisch: **to be ~ and mild** sich alles gefallen lassen. **3.** fromm (*Tier*): (**as**) ~ **as a lamb** *fig.* lammfromm. **'meek·ness** *s* **1.** Sanftmut *f,* Milde *f.* **2.** Demut *f, contp.* Duckmäuseˈrei *f,* Unterˈwürfigkeit *f.*

meer·kat [ˈmɪə(r)kæt] *s zo.* **1.** Meerkatze *f.* **2.** ~ suricate.

meer·schaum [ˈmɪə(r)ʃəm; *Am. a.* -ˌʃɔːm] *s* **1.** *min.* Meerschaum *m.* **2.** *a.* ~ **pipe** Meerschaumpfeife *f.*

meet [miːt] **I** *v/t pret u. pp* **met** [met] **1. a)** begegnen (*dat*), zs.-treffen mit, treffen (auf *acc*), antreffen: **to ~ each other** einander begegnen, sich treffen; **well met!** schön, daß wir uns treffen!, b) treffen, sich treffen mit. **2.** *j-n* kennenlernen: **when I first met him** als ich s-e Bekanntschaft machte; **pleased to ~ you!** *colloq.* sehr erfreut(, Sie kennenzulernen)!; ~ **Mr. Brown** *bes. Am.* darf ich Ihnen Herrn Brown vorstellen? **3.** *j-n* abholen: **to ~ s.o. at the station** j-n von der Bahn abholen; **to be met abgeholt** *od.* empfangen werden; **the bus ~s all trains** der Omnibus ist zu allen Zügen an der Bahn; **to come (go) to ~ s.o.** j-m entgegenkommen (-gehen). **4.** *fig.* j-m entgegenkommen (**halfway** auf halbem Wege). **5.** *a. fig.* gegenˈübertreten (*dat*). **6.** (*feindlich*) zs.-treffen, -stoßen mit, begegnen (*dat*), *sport a.* antreten gegen, treffen auf (*e-n Gegner*): → fate 2. **7.** *fig.* entgegentreten (*dat*): **a)** *e-r Sache* abhelfen, *der Not* steuern, b) *Schwierigkeiten* überˈwinden, *ein Problem* lösen, fertig werden mit, Herr werden (*gen*): **to ~ a difficulty**; **to ~ the competition** der Konkurrenz begegnen, c) *Einwände* widerˈlegen, entˈgegnen auf (*acc*): **to ~ objections**. **8.** *fig.* (an)treffen, finden, erfahren. **9.** *pol.* sich dem Parlament vorstellen (*neue Regierung*). **10.** berühren, münden in (*acc*) (*Straßen*), stoßen *od.* treffen auf (*acc*), schneiden (*a. math.*): **to ~ s.o.'s eye** a) j-m ins Auge fallen, b) j-s Blick erwidern; **to ~ the eye** auffallen; **there is more in it than ~s the eye** da steckt mehr dahinter. **11.** versammeln (*bes. pass*): **to be met with** zs.-gefunden haben, beisammen sein. **12.** *Anforderungen etc* entsprechen, gerecht werden (*dat*), überˈeinstimmen mit: **the supply ~s the demand** das Angebot entspricht der Nachfrage; **to be well met** gut zs.-passen; **that won't ~ my case** das löst mein Problem nicht, damit komme ich nicht weiter. **13.** *j-s Wünschen* entgegenkommen *od.* entsprechen, *e-e Forderung* erfüllen, *e-r Verpflichtung* nachkommen, *Unkosten* bestreiten *od.* decken, *e-e Rechnung* begleichen: **to ~ a demand** a) e-r Forderung nachkommen, b) e-e Nachfrage befriedigen; **to ~ s.o.'s expenses** j-s Auslagen decken; **to ~ a bill** *econ.* e-n Wechsel honorieren.

II *v/i* **14.** zs.-kommen, -treffen, -treten, sich versammeln, tagen. **15.** sich begegnen, sich (*a. verabredungsgemäß*) treffen: **to ~ again** sich wiedersehen. **16.** (*feindlich*) zs.-stoßen, aneinˈandergeraten, *sport* aufeinˈandertreffen, sich begegnen (*Gegner*). **17.** sich kennenlernen, zs.-treffen. **18.** sich vereinigen (*Straßen etc*), sich berühren, in Berührung kommen (*a. Interessen etc*). **19.** genau zs.-treffen, -stimmen, -passen, sich decken: **this skirt does not ~** dieser Rock ist zu eng *od.* geht nicht zu; → Bes. Redew. **20.** ~ **with** a) zs.-treffen mit, b) sich treffen mit, c) (an)treffen, finden, (*zufällig*) stoßen auf (*acc*), d) erleben, erleiden, erfahren, betroffen *od.* befallen werden von, erhalten, bekommen: **to ~ with an accident** e-n Unfall erleiden *od.* haben, verunglücken; **to ~ with approval** Billigung *od.* Beifall finden; **to ~ with a refusal** auf Ablehnung stoßen; **to ~ with success** Erfolg haben; **to ~ with a kind reception** freundlich aufgenommen werden.

III *s* **21.** *Am.* a) Treffen *n* (*von Zügen etc*), b) → **meeting** 6 b. **22.** *hunt.* a) Jagdtreffen *n* (*zur Fuchsjagd*), b) Jagdgesellschaft *f;* c) Sammelplatz *m.*

IV *adj obs.* **23.** passend. **24.** angemessen, geziemend: **it is ~ that** es schickt sich, daß.

meet·ing [ˈmiːtɪŋ] *s* **1.** Begegnung *f,* Zs.-treffen *n,* -kunft *f:* ~ **of (the) minds** *fig.* völlige Übereinstimmung, *jur.* Konsens *m* (*beim Vertragsabschluß*). **2.** Versammlung *f,* Konfeˈrenz *f,* Sitzung *f,* Tagung *f:* **at a ~** auf e-r Versammlung; **to call a ~ for nine o'clock** e-e Versammlung auf neun Uhr einberufen; ~ **of members** Mitgliederversammlung. **3.** *relig.* gottesdienstliche Versammlung. **4.** Stelldichein *n,* Rendezˈvous *n.* **5.** Zweikampf *m,* Duˈell *n.* **6.** *sport* a) *a.* **race** ~ Pferdesport: Rennveranstaltung *f,* b) (*leichtathletisches etc*) Treffen, Wettkampf *m,* (Sport-)Veranstaltung *f.* **7.** Zs.-treffen *n* (*zweier Linien etc*). '~**·house** *s relig.* Andachts-, Bethaus *n.* ~ **place** *s* **1.** Tagungs-, Versammlungsort *m.* **2.** Sammelplatz *m,* Treffpunkt *m.* ~ **room** *s* Sitzungssaal *m.*

meet·ness [ˈmiːtnɪs] *s obs.* Schicklichkeit *f,* Angemessenheit *f.*

meg- [meg], **mega-** [megə] *Wortelement mit der Bedeutung* a) groß, b) Million.

ˈmeg·a·bit *s Computer:* Megabit *n* (*1 Million Bit*).

ˈmeg·aˌbuck *s Am. sl.* e-e Milliˈon Dollar: **to make ~s** ein „Schweinegeld" verdienen.

ˈmeg·a·byte *s Computer:* Megabyte *n* (*1 Million Byte*).

ˌmeg·a·ceˈphal·ic, ˌmeg·a·ˈceph·a·lous *adj anat.* megalozeˈphal, großköpfig. **ˌmeg·aˈceph·a·ly** *s med.* Megalozephaˈlie *f,* Großköpfigkeit *f.*

ˈmeg·aˌcy·cle *s electr.* Megahertz *n* (*1 Million Hertz*).

ˈmeg·a·death *s* Tod *m* von e-r Milliˈon Menschen, e-e Milliˈon Tote (*bes. in e-m Atomkrieg*).

Me·gae·ra [mɪˈdʒɪərə] *npr antiq.* Meˈgäre *f.* [(-anlage *f*) *n.*]

ˈmeg·a·fog *s mar.* ˈNebelsiˌgnal]

ˈmeg·a·hertz *s electr.* Megahertz *n* (*1 Million Hertz*).

ˈmeg·a·lith *s* Megaˈlith *m.* **ˌmeg·aˈlith·ic** *adj* megaˈlithisch.

megalo- [megələʊ] *Wortelement mit der Bedeutung* groß.

ˌmeg·a·loˈcar·di·a *s med.* Kardiomegaˈlie *f,* Herzerweiterung *f.*

ˌmeg·a·loˈceˈphal·ic → megacephalic.

meg·a·lo·cyte [ˈmegələʊsaɪt] *s physiol.* Megaloˈzyt *m* (*abnorm großes rotes Blutkörperchen*).

ˌmeg·a·loˈma·ni·a *s psych.* Megalomaˈnie *f,* Größenwahn *m.* **ˌmeg·a·loˈma·ni·ac** **I** *s* Größenwahnsinnige(r *m*) *f:* **to be a ~** an Größenwahn leiden, größenwahnsinnig sein. **II** *adj* megaloˈmanisch, größenwahnsinnig.

meg·a·lop·o·lis [ˌmegəˈlɒpəlɪs; *Am.* -ˈlɑː-] *s* **1.** Megaˈlopolis *f,* Megaloˈpole *f,* (*aus mehreren Städten bestehende*) Riesenstadt. **2.** Ballungsraum *m,* -gebiet *n* (*um e-e Großstadt*).

ˌmeg·a·loˈtechˈnol·o·gy *s* Großtechnik *f.*

meg·a·phone [ˈmegəfəʊn] **I** *s* Megaˈphon *n,* Sprachrohr *n,* Schalltrichter *m.* **II** *v/t u. v/i* durch ein Megaˈphon sprechen.

Me·gar·i·an [mɪˈgeərɪən] *adj* meˈgarisch: ~ **school** (*von Euklid um 400 v. Chr. gegründete*) Schule von Megara. **Me·ˈgar·ic** [-ˈgærɪk] → Megarian.

meg·a·scope [ˈmegəskəʊp] *s* **1.** *tech.* Mega·skop *n.* **2.** *phot.* Vergrößerungskammer *f.* **ˌmeg·aˈscop·ic** [-ˈskɒpɪk; *Am.* -ˈskɑː-] *adj* (*adv* **-ally**) **1.** *phot.* vergröˈßert. **2.** mit bloßem Auge wahrnehmbar.

ˈmeg·aˌseism [-ˌsaɪzəm] *s geol. phys.* heftiges Erdbeben.

ˌmeg·a·spoˈran·gi·um *s irr bot.* Makro-, Megaspoˈrangium *n.* **ˈmeg·a·spore** *s* Makro-, Megaspore *f.* **ˌmeg·aˈspo·ro·phyll** *s* Mega-, Makrosporoˈphyll *n.*

ˈmeg·aˌstruc·ture *s* Mammutbau *m.*

ˈmeg·a·ton *s* Megatonne *f* (*1 Million Tonnen*): ~ **bomb** Bombe *f* mit der Sprengkraft von 1000 Kilotonnen TNT.

meg·a·ver·si·ty [ˌmegəˈvɜːsətɪ; *Am.* -ˈvɜːr-] *s* ˈMammutuniversiˌtät *f.*

ˈmeg·a·volt *s electr.* Megavolt *n* (*1 Million Volt*).

ˈmeg·a·watt *s electr.* Megawatt *n* (*1 Million Watt*).

meg·ger [ˈmegə(r)] *s electr.* Megohmˈmeter *n,* Isolatiˈonsmesser *m.*

me·gilp [məˈgɪlp] *s* (*ein*) Retuˈschierfirnis *m* (*aus Leinöl u. Mastix*). **II** *v/t* firnissen.

ˈmeg·ohm *s electr.* Megˈohm *n* (*1 Million Ohm*).

me·grim [ˈmiːgrɪm] *s* **1.** *med. obs.* Miˈgräne *f.* **2.** *obs.* Grille *f,* Laune *f,* Spleen *m.* **3,** *pl obs.* Schwermut *f,* Melanchoˈlie *f.* **4.** *pl vet.* Koller *m* (*der Pferde*).

mei·o·sis [maɪˈəʊsɪs] *s* **1.** *ling.* a) Liˈtotes *f,* b) Verkleinerung *f.* **2.** *biol.* Meiˈose *f,* Reduktiˈonsteilung *f.*

me·kom·e·ter [mɪˈkɒmɪtə(r); *Am.* -ˈkɑː-] *s mil.* Entfernungsmesser *m.*

me·la·da [mɪˈlɑːdə] *s* roher Zucker, Meˈlasse *f.*

mel·am [ˈmeləm] *s chem.* Melam *n.*

'mel·a·mine [-miːn] s Mela'min n, Cya'nursäure₁mid n. **'mel·a·mine-form'al·de·hyde res·ins** s pl Mela'min-Formalde'hyd-Harze pl.
mel·an·cho·li·a [₁melənˈkəʊljə; -lɪə] s med. Melancho'lie f, Schwermut f. **mel·an'cho·li·ac** [-liæk], **mel·an'chol·ic** [-ˈkɒlɪk; Am. -ˈkɑ-] **I** adj → melancholy II. **II** s Melan'choliker(in).
mel·an·chol·y [ˈmelənkəlɪ; Am. -₁kɑlɪ] **I** s **1.** Melancho'lie f: a) med. Depressi'on f, Gemütskrankheit f, b) Schwermut f, Trübsinn m. **II** adj **2.** melan'cholisch: a) schwermütig, trübsinnig, b) fig. traurig, düster. **3.** traurig, schmerzlich: **a ~ duty.**
mé·lange, Am. a. **me·lange** [meɪˈlɑ̃ːʒ; meˈlɑ̃ːʒ] (Fr.) s Mischung f, Gemisch n.
mel·a·nin [ˈmelənɪn] s biol. chem. Mela'nin n. **mel·a·nism** s **1.** biol. Mela'nismus m (Entwicklung dunklen Farbstoffs in der Haut etc). **2.** → melanosis.
mel·a·nite [ˈmelənaɪt] s min. Mela'nit m.
mel·a·no·blast [ˈmelənəʊblɑːst; Am. -₁blæst; məˈlænə-] s biol. Melano'blast m, (dunkle) Pig'mentzelle.
mel·a·no·sis [₁meləˈnəʊsɪs] s med. Mela'nose f, Schwarzsucht f.
mel·an·tha·ceous [₁melənˈθeɪʃəs] adj bot. zu den Zeitlosengewächsen gehörig.
me·las·sic [mɪˈlæsɪk] adj chem. Melassin...: **~ acid.**
Mel·ba toast [ˈmelbə] s dünne hartgeröstete Brotscheiben pl.
meld¹ [meld] (Kartenspiel) **I** v/t u. v/i melden. **II** s zum Melden geeignete Kombinati'on.
meld² [meld] v/t u. v/i (sich) (ver)mischen.
me·lee, bes. Br. **mê·lée** [ˈmeleɪ; Am. ˈmeɪ-] s **1.** Handgemenge n. **2.** fig. Gewühl n, Gedränge n.
me·le·na [mɪˈliːnə] s med. Me'läna f, Blutbrechen n.
mel·ic [ˈmelɪk] adj **1.** melisch, lyrisch. **2.** für Gesang bestimmt.
mel·i·lot [ˈmelɪlɒt; Am. -₁lɑt] s bot. Stein-, Honigklee m.
me·line [ˈmiːlaɪn; -lɪn] zo. **I** adj dachsartig. **II** s Dachs m.
me·li·o·rate [ˈmiːljəreɪt; -lɪə-] **I** v/t **1.** (ver)bessern. **2.** agr. Ackerland melio'rieren. **II** v/i **3.** besser werden, sich (ver)bessern. **me·li·o'ra·tion** s **1.** (Ver)Besserung f. **2.** agr. Meliorati'on f.
me·li·o·rism [ˈmiːljərɪzəm; -lɪə-] s philos. Melio'rismus m: a) Lehre von der Verbesserungsfähigkeit der Welt, b) Streben nach Verbesserung der menschlichen Gesellschaft.
me·liph·a·gous [meˈlɪfəgəs] adj zo. honigfressend.
me·lis·sa [mɪˈlɪsə] s bot. pharm. (Zi'tronen)Me'lisse f.
mel·i·t(a)e·mi·a [₁melɪˈtiːmɪə], **mel·i·th(a)e·mi·a** [-ˈθiːmɪə] s med. Melishä'mie f, Glykä'mie f (erhöhter Blutzuckergehalt).
mell [mel] v/t u. v/i obs. od. dial. (sich) mischen, (sich) einmengen.
mel·lif·er·ous [meˈlɪfərəs] adj **1.** bot. honigerzeugend. **2.** zo. Honig tragend od. bereitend.
mel·lif·lu·ence [meˈlɪflʊəns; Am. -flʊwəns] s **1.** Honigfluß m. **2.** fig. Süßigkeit f, glattes Da'hinfließen (der Worte etc). **mel'lif·lu·ent** adj (adv **~ly**), **mel'lif·lu·ous** adj (adv **~ly**) honigsüß, lieblich, einschmeichelnd.
mel·lit·ic [meˈlɪtɪk] adj chem. Mellith..., Honigsalz..., mell'lith-, honigsauer: **~ acid** Mellith-, Honigsäure f.
mel·low [ˈmeləʊ] **I** adj (adv **~ly**) **1.** reif, saftig, mürbe, weich (Obst). **2.** agr. locker, leicht zu bearbeiten(d), locker, fett u. reich: **~ soil. 3.** ausgereift, weich, lieblich (Wein). **4.** sanft, mild, de'zent, angenehm: **~**

light; **~ tints** zarte Farbtöne. **5.** mus. weich, voll, lieblich. **6.** fig. gereift u. gemildert, mild, abgeklärt, heiter: **of ~ age** reiferen od. gereiften Alters. **7.** angeheitert, beschwipst. **II** v/t **8.** weich od. mürbe machen, den Boden auflockern. **9.** fig. sänftigen, mildern. **10.** (aus)reifen, reifen lassen (a. fig.). **III** v/i **11.** weich od. mürbe od. mild od. reif werden (Wein etc). **12.** fig. sich abklären od. mildern. **'mel·low·ing** adj weich, sanft, schmelzend: **~ voice. 'mel·low·ness** s **1.** Weichheit f, Mürbheit f. **2.** agr. Gare f. **3.** Gereiftheit f. **4.** Milde f, Sanftheit f, Weichheit f: **~ of colo(u)r.**
me·lo·de·on [mɪˈləʊdjən; -ɪən] s mus. **1.** Me'lodium(orgel f) n (ein amer. Harmonium). **2.** (Art) Ak'kordeon n. **3.** obs. Am. Varie'téthe₁ater n.
me·lod·ic [mɪˈlɒdɪk; Am. məˈlɑ-] **I** adj (adv **~ally**) me'lodisch. **II** s pl (als sg konstruiert) mus. Melo'dielehre f, Me'lodik f.
me·lo·di·ous [mɪˈləʊdjəs; -ɪəs] adj (adv **~ly**) me'lodisch, melodi'ös, wohlklingend. **me'lo·di·ous·ness** s Wohlklang m, (das) Me'lodische.
mel·o·dist [ˈmelədɪst] s **1.** Liedersänger(in). **2.** a) 'Liederkompo₁nist m, b) Me'lodiker m (Komponist).
mel·o·dize [ˈmelədaɪz] **I** v/t **1.** me'lodisch machen. **2.** Lieder vertonen. **II** v/i **3.** Melo'dien singen od. kompo'nieren.
mel·o·dra·ma [ˈmeləʊ₁drɑːmə; Am. a. -₁dræmə] s Melo'dram(a n) s ro'mantisches Sensati'onsstück (mit Musik), b) hist. sensatio'nelles (Volks)Stück, c) hist. Singspiel n, d) fig. melodra'matisches Ereignis od. Getue, Rührszene f. **mel·o·dra'mat·ic** [-drəˈmætɪk] **I** adj (adv **~ally**) melodra'matisch. **II** s pl (a. als sg konstruiert) melodra'matisches Getue. **mel·o'dram·a·tist** [-ˈdræmətɪst] s Melo'dramenschreiber(in). **mel·o'dram·a·tize** [-ˈdræmətaɪz] v/t melodra'matisch machen od. darstellen: **to ~ s.th.** fig. aus e-r Sache ein Melodrama machen.
mel·o·dy [ˈmelədɪ] s **1.** mus. Melo'die f: a) me'lodisches Ele'ment, b) Tonfolge f, c) Me'lodiestimme f, d) Lied n, Weise f, e) Wohllaut m, -klang m. **2.** ling. 'Sprach-, 'Satzmelo₁die f. **3.** fig. (etwas) Me'lodisches: **in ~** ineinander übergehend (Farben).
mel·on [ˈmelən] s **1.** bot. Me'lone f. **2.** econ. sl. großer Pro'fit: **to cut a ~** e-e Sonderdividende ausschütten.
melt [melt] **I** v/i pret u. pp **'melt·ed,** pp a. **'mol·ten** [ˈməʊltən] **1.** (zer)schmelzen, flüssig werden, sich auflösen, zergehen: **to ~ down** zerfließen; **to ~ in the mouth** auf der Zunge zergehen; **the crowd melted away** fig. die Menge löste sich auf; → **butter** 1. **2.** aufgehen (into in acc), sich verflüchtigen. **3.** zs.-schrumpfen. **4.** fig. zerschmelzen, -fließen (**with** vor dat): **to ~ into tears** in Tränen zerfließen. **5.** fig. auftauen, weich werden, schmelzen (Herz, Mensch). **6.** Bibl. verzagen. **7.** verschmelzen, verschwimmen, (inein'ander) 'übergehen (Ränder, Farben etc): **outlines ~ing into each other** verschwimmende Umrisse. **8.** a. **~ away** fig. da'hinschwinden, -schmelzen, zur Neige gehen: **his money had soon ~ed away. 9.** humor. vor Hitze vergehen, zerfließen. **II** v/t **10.** schmelzen, lösen. **11.** (zer)schmelzen od. (zer)fließen lassen (into in acc), Butter zerlassen. **12.** tech. schmelzen: **to ~ down** niederschmelzen; **to ~ out** ausschmelzen. **13.** fig. erweichen, rühren: **to ~ s.o.'s heart. 14.** Farben etc verschmelzen od. verschwimmen lassen. **III** **15.** metall. Schmelzen n. **16.** Schmelze f, geschmolzene Masse. **17.** → **melting**

charge. **'melt·age** s Schmelzen n, Schmelze f: **~ of ice** Eisschmelze. **'melt·er** s **1.** Schmelzer m. **2.** tech. a) Schmelzofen m, b) Schmelztiegel m.
melt·ing [ˈmeltɪŋ] **I** adj (adv **~ly**) **1.** schmelzend, Schmelz...: **~ heat** schwüle Hitze. **2.** fig. a) weich, zart, b) schmelzend, schmachtend, rührend: **~ look; ~ tones. II** s **3.** Schmelzen n, Verschmelzung f. **4.** pl Schmelzmasse f. **~ charge** s tech. Schmelzgut n, -beschickung f, Einsatz m. **~ cone** s phys. tech. Schmelz-, Brennkegel m. **~ fur·nace** s tech. Schmelzofen m. **~ point** s phys. Schmelzpunkt m. **~ pot** s Schmelztiegel m (a. fig. Land etc): **to put into the ~** fig. von Grund auf ändern, gänzlich ummodeln. **~ stock** s tech. Charge f, Beschickungsgut n (Hochofen).
'melt₁wa·ter s Schmelzwasser n.
mem·ber [ˈmembə(r)] s **1.** Mitglied n, Angehörige(r) m f (e-r Gesellschaft, Familie, Partei etc): **~ of the armed forces** Angehörige(r) m der Streitkräfte; **~ state** (od. nation) pol. Mitgliedstaat m. **2.** parl. a) a. M~ **of Parliament** Br. Mitglied n des 'Unterhauses, b) a. M~ **of Congress** Am. Kon'greßmitglied n. **3.** tech. (Bau-)Teil m, n, Glied n. **4.** math. a) Glied n (e-r Reihe etc), b) Seite f (e-r Gleichung). **5.** bot. Einzelteil m. **6.** ling. Satzteil m, -glied n. **7.** anat. a) Glied(maße f) n, b) (männliches) Glied.
mem·ber·ship [ˈmembə(r)ʃɪp] s **1.** (of) Mitgliedschaft f (bei), Zugehörigkeit f (zu e-r Vereinigung etc): **~ card** Mitgliedsausweis m; **~ fee** Mitgliedsbeitrag m. **2.** Mitgliederzahl f: **to have a ~ of 200** 200 Mitglieder haben. **3.** collect. Mitgliederschaft f, (die) Mitglieder pl.
mem·brane [ˈmembreɪn] s **1.** anat. Mem'bran(e) f, Häutchen n: drum ~ Trommelfell n. ~ **of connective tissue** Bindegewebshaut f. **2.** Mem'bran f, Perga'ment n (zum Schreiben). **3.** phys. tech. Mem'bran(e) f.
mem·bra·ne·ous [memˈbreɪnjəs; -nɪəs], **mem·bra·nous** [memˈbreɪnəs; bes. Am. ˈmembrənəs] adj (adv **~ly**) anat. bot. häutig, membra'nös, Membran...: **~ cartilage** Hautknorpel m.
me·men·to [mɪˈmentəʊ] (Lat.) pl **-tos** s Me'mento n: a) Mahnzeichen n, Erinnerung f (of an acc): **~ mori** Memento mori n, Mahnung f an den Tod, b) R.C. Bittgebet n für Lebende u. Tote.
mem·o [ˈmeməʊ] pl **-os** → memorandum 1.
mem·oir [ˈmemwɑː(r); -wɔː(r)] s **1.** Denkschrift f, Abhandlung f, Bericht m. **2.** pl Me'moiren pl, (Lebens)Erinnerungen pl. **3.** wissenschaftliche Unter'suchung (on über acc). **'mem·oir·ist** s Me'moirenschreiber(in).
mem·o·ra·bil·i·a [₁memərəˈbɪlɪə] s pl Denkwürdigkeiten pl. **mem·o·ra'bil·i·ty** s **1.** Denkwürdigkeit f. **2.** Einprägsamkeit f. **'mem·o·ra·ble** adj (adv **memorably**) **1.** denkwürdig. **2.** einprägsam. **'mem·o·ra·ble·ness** → memorability.
mem·o·ran·dum [₁meməˈrændəm] pl **-da** [-də], **-dums** s **1.** a) Vermerk m, No'tiz f: **to make a ~ of s.th.** etwas notieren; **urgent ~** Dringlichkeitsvermerk, b) 'Aktenno₁tiz f, -vermerk m. **2.** econ. jur. Vereinbarung f, Vertragsurkunde f: **~ of association** Br. Gründungsurkunde f (e-r Aktiengesellschaft); **~ of deposit** Br. Hinterlegungsurkunde f. **3.** econ. a) Rechnung f, Nota f, b) Kommissi'onsnota f: **to send on a ~** in Kommission senden. **4.** jur. (kurze) Aufzeichnung f (vereinbarter Punkte). **5.** pol. diplo'matische Note, Denkschrift f, Memo'randum n. **6.** Merkblatt

memorandum book – menticide

n. ~ **book** *s econ.* No'tizbuch *n*, Kladde *f*.
me·mo·ri·al [mɪ'mɔːrɪəl; *Am. a.* -ˈmoʊ-]
I *adj* **1.** Gedenk..., Gedächtnis...: ~ **park** Ahnenpark *m*; ~ **service** Gedenkgottesdienst *m*; ~ **stone** Gedenkstein *m*. **II** *s* **2.** Denk-, Ehrenmal *n* (**to** für). **3.** Gedenkfeier *f*. **4.** Andenken *n* (**to** an *acc*). **5.** *jur.* Auszug *m* (*aus e-r Urkunde etc*). **6.** Denkschrift *f*, Eingabe *f*, Gesuch *n*. **7.** → **memorandum** 5. **8.** *pl* → **memoir** 2. **M~ Day** *s Am.* Heldengedenktag *m* (30. Mai).
me·mo·ri·al·ist [mɪ'mɔːrɪəlɪst; *Am. a.* -ˈmoʊ-] *s* **1.** Me'moirenschreiber(in).
2. Bittsteller(in). **me'mo·ri·al·ize** *v/t* **1.** e-e Denk- *od.* Bittschrift einreichen bei: **to ~ Congress. 2.** erinnern an (*acc*).
3. e-e Gedenkfeier abhalten für, feiern.
mem·o·rize [ˈmemərаɪz] *v/t* **1.** sich einprägen, auswendig lernen, memo'rieren.
2. niederschreiben, festhalten.
mem·o·ry [ˈmemərɪ] *s* **1.** Gedächtnis *n*, Erinnerung(svermögen *n*) *f*: **from~**, **by~** aus dem Gedächtnis, auswendig; **to speak from ~** frei sprechen; **to call to ~** sich *etwas* ins Gedächtnis zurückrufen; **to escape s.o.'s ~** j-s Gedächtnis entfallen; **to have a good (weak) ~** ein gutes (schwaches) Gedächtnis haben; **to have a bad ~ for names** ein schlechtes Namensgedächtnis haben; **~ image** *psych.* Erinnerungsbild *n*; **to retain a clear ~ of s.th.** etwas in klarer Erinnerung behalten; **if my ~ serves me (right)** wenn ich mich recht erinnere; **before~**, **beyond ~ of my ~** vor unvordenklichen Zeiten; **to the best of my ~** soweit ich mich erinnern kann; → **commit** 2, **living** 1, **sieve** 1, **sponge** 1. **2.** Andenken *n*, Erinnerung *f*: **in ~ of** zum Andenken an (*acc*); → **blessed** 1.
3. Reminis'zenz *f*, Erinnerung *f* (*an Vergangenes*): **sad memories; childhood memories** Kindheitserinnerungen. **4.** *Computer:* Speicher *m*: ~ **bank** Speicherbank *f*; ~ **unit** Speichereinheit *f*.
mem·o·ry|lane *s* **to: down** ~ *colloq.* in die Vergangenheit; **a trip** (*od.* **journey**) **down ~.** ~ **span** *s psych.* Gedächtnisspanne *f*. ~ **trace** *s psych.* En'gramm *n*, Erinnerungsbild *n*.
Mem·phi·an [ˈmemfɪən] *adj antiq.* memphisch, ä'gyptisch: ~ **darkness** ägyptische Finsternis.
mem·sa·hib [ˈmemˌsɑːhɪb; -sɑːb] *s Br. Ind.* euro'päische (verheiratete) Frau.
men [men] *pl* von **man**.
men·ace [ˈmenəs] **I** *v/t* **1.** bedrohen: a) drohen (*dat*), b) gefährden. **2.** *etwas* androhen. **II** *v/i* **3.** drohen (*a. fig.*), Drohungen ausstoßen. **III** *s* **4.** Drohung *f*, Bedrohung *f* (**to** *gen*), *fig. a.* drohende Gefahr (**to** für). **5.** *colloq.* „Nervensäge" *f*, Quälgeist *m*. **'men·ac·ing** *adj* (*adv* ~**ly**) drohend.
me·nad → **maenad**.
mé·nage [meˈnɑːʒ; *bes. Am.* meɪ-] *s* Haushalt(ung *f*) *m*. ~ **à trois** [-ɑːˈtrwɑː] *s* Dreiecksverhältnis *n*.
me·nag·er·ie [mɪˈnædʒərɪ] *s* Menage'rie *f*, Tierschau *f*, -park *m*.
me·nar·che [meˈnɑːkɪ; *Am.* ˈmenˌɑːrkɪ] *s physiol.* Men'arche *f* (*erste Menstruation*).
mend [mend] **I** *v/t* **1.** ausbessern, flicken, repa'rieren: **to ~ boots**; ~ **stockings** Strümpfe stopfen; → **fence** 1. **2.** (ver-) bessern: **to ~ one's efforts** s-e Anstrengungen verdoppeln; **to ~ the fire** das Feuer schüren, nachlegen; **that won't ~ matters** das macht die Sache auch nicht besser; **to ~ one's pace** den Schritt beschleunigen; **to ~ sails** *mar.* die Segel losmachen u. besser anschlagen; **to ~ one's ways** sich bessern (*Person*). **3.** in Ordnung bringen, berichtigen: **to ~ a text**; **least said soonest ~ed** je weniger geredet wird, desto rascher wird alles wieder gut; ~ **or end!** besser machen oder Schluß machen! **4.** a) heilen (*a. fig.*), b) *fig.* „kitten", „repa'rieren": **to ~ a friendship. 5.** *colloq.* schlagen, über- 'treffen (*bes. im Erzählen*). **II** *v/i* **6.** sich bessern (*a. Person*): **it's never too late to ~. 7.** genesen: **to be ~ing** auf dem Wege der Besserung sein; **the patient is ~ing nicely** der Patient macht gute Fortschritte. **III** *s* **8.** Besserung *f* (*gesundheitlich u. allg.*): **to be on the ~** auf dem Wege der Besserung sein. **9.** ausgebesserte Stelle, Flicken *m*, Stopfstelle *f*.
'mend·a·ble *adj* (aus)besserungsfähig.
men·da·cious [menˈdeɪʃəs] *adj* (*adv* ~**ly**)
1. lügnerisch, verlogen. **2.** lügenhaft, unwahr. **men'dac·i·ty** [-ˈdæsətɪ] *s* **1.** Lügenhaftigkeit *f*, Verlogenheit *f*. **2.** Lüge *f*, Unwahrheit *f*.
Men·de·li·an [menˈdiːljən; -lɪən] *adj biol.* Mendelsch(er, e, es), Mendel...: ~ **ratio** Mendelsches Verhältnis. **Men·del·ism** [ˈmendəlɪzəm] *s* Mende'lismus *m*, Mendelsche Regeln *pl*. **'Men·del·ist** *s* Anhänger(in) der Lehre Mendels.
'Men·del·ize *v/i* mendeln.
Men·del's laws [ˈmendlz] *s pl biol.* (*die*) Mendelschen Gesetze.
mend·er [ˈmendə(r)] *s* Ausbesserer *m*.
men·di·can·cy [ˈmendɪkənsɪ] *s* Bette'lei *f*, Betteln *n*. **'men·di·cant I** *adj*
1. bettelnd, Bettel...: ~ **friar** → 3; ~ **order** Bettelorden *m*. **II** *s* **2.** Bettler(in).
3. Bettelmönch *m*.
men·dic·i·ty [menˈdɪsətɪ] *s* **1.** Bettelarmut *f*. **2.** Bettelstand *m*: **to reduce to ~** an den Bettelstab bringen. **3.** Bette'lei *f*.
mend·ing [ˈmendɪŋ] *s* **1.** a) Ausbessern *n*, Flicken *n*: **his boots need ~** s-e Stiefel müssen repariert werden; **invisible ~** Kunststopfen *n*, b) Flickarbeit *f*. **2.** *pl* Stopfgarn *n*.
'men·folk(s) *s pl* Mannsvolk *n*, -leute *pl*.
men·ha·den [menˈheɪdn] *s ichth.* Men- 'haden *m* (*ein Heringsfisch*).
men·hir [ˈmenˌhɪə(r)] *s* Menhir *m*, Dru'idenstein *m*, Steinsäule *f*.
me·ni·al [ˈmiːnjəl; -nɪəl] **I** *adj* (*adv* ~**ly**)
1. Diener..., Gesinde... **2.** knechtisch, niedrig (*Arbeit*): ~ **offices** niedrige Dienste. **3.** knechtisch, unter'würfig. **II** *s*
4. Diener(in), Knecht *m*, Magd *f*, La'kai *m* (*a. fig. contp.*): ~**s** *pl* Gesinde *n*.
me·nin·ge·al [mɪˈnɪndʒɪəl; *Am.* ˌmenənˈdʒiːəl] *adj anat.* meninge'al, Hirnhaut...
me'nin·ges [-dʒiːz] *pl* von **meninx**.
men·in·gi·tis [ˌmenɪnˈdʒаɪtɪs] *s med.* Menin'gitis *f*, Hirnhautentzündung *f*.
me·nin·go·cele [mɪˈnɪŋɡəʊsiːl] *s med.* Meningo'zele *f*, Hirnhautbruch *m*. **me- ˌnin·go'coc·cal** [-ˈkɒkəl; *Am.* -ˈkɑː-] *adj* Meningo'kokken betreffend.
me·ninx [ˈmiːnɪŋks] *pl* **me·nin·ges** [mɪˈnɪndʒiːz] *s anat.* Meninx *f*, Hirnhaut *f*.
me·nis·cus [mɪˈnɪskəs] *pl* **-ci** [-ˈnɪsаɪ] *s*
1. Me'niskus *m*: a) halbmondförmiger Körper, b) *anat.* Gelenkscheibe *f*, c) *phys.* Wölbung der Flüssigkeitsoberfläche in Kapillaren. **2.** *opt.* kon'vex-kon'kave Linse, Me'niskenglas *n*.
Men·non·ite [ˈmenənаɪt] *relig.* **I** *s* Menno'nit(in). **II** *adj* menno'nitisch.
men·o·pau·sal [ˌmenəʊˈpɔːzl] *adj physiol.* klimak'terisch. **'men·o·pause** *s* Meno'pause *f*, Klimak'terium *n*, Wechseljahre *pl*, kritische Jahre *pl*.
men·or·rha·gi·a [ˌmenəˈreɪdʒɪə; -dʒə] *s med.* Menorrha'gie *f*, 'übermäßige Regelblutung.
men·sa [ˈmensə] *pl* **-sae** [-siː] (*Lat.*) *s* Tisch *m*: **divorce a ~ et thoro** *jur.* Trennung *f* von Tisch u. Bett.
men·ses [ˈmensiːz] *s* *physiol.* Menses *pl*, Monatsblutung *f*, Menstruati'on *f*.
Men·she·vik [ˈmenʃəvɪk; *Am.* -tʃə-] *s pol. hist.* Mensche'wik *m*. **'Men·she·vism** *s* Mensche'wismus *m*. **'Men·she·vist I** *s* Mensche'wist *m*. **II** *adj* menˈsche'wistisch.
men·stru·a [ˈmenstruə; *Am.* -strəwə; -strə] *pl* von **menstruum**.
men·stru·al [ˈmenstruəl; *Am.* -strəwəl; -strəl] *adj* **1.** monatlich, Monats...: ~ **equation** *astr.* Monatsgleichung *f*. **2.** *physiol.* Menstruations...: ~ **cycle** Monatszyklus *m*; ~ **flow** Monatsblutung *f*.
'men·stru·ate [-eɪt] *v/i physiol.* menstru'ieren. **ˌmen·stru'a·tion** *s physiol.* Menstruati'on *f*, (monatliche) Regel, Peri'ode *f*. **'men·stru·ous** *adj physiol.* Menstruations...
men·stru·um [ˈmenstruəm; *Am.* -strəwəm; -strəm] *pl* **-stru·ums**, **-stru·a** [-struə; *Am.* -strəwə; -strə] *s chem.* Lösemittel *n*.
men·sur·a·bil·i·ty [ˌmenʃʊrəˈbɪlətɪ; *Am.* -sərə-; -tʃərə-] *s* Meßbarkeit *f*.
'men·sur·a·ble *adj* **1.** meßbar. **2.** *mus.* Mensural...: ~ **music. men·su·ral** [ˈmenʃʊrəl; *Am.* -sərəl; -tʃə-] *adj* **1.** men- su'ral, Maß... **2.** *mus.* Mensural...
men·su·ra·tion [ˌmensjʊəˈreɪʃn; *Am.* -sə'r-; -tʃə'r-] *s* **1.** (Ab-, Aus-, Ver)Messung *f*. **2.** *math.* Meßkunst *f*.
men·tal[1] [ˈmentl] *adj anat. zo.* Kinn...
men·tal[2] [ˈmentl] **I** *adj* (*adv* ~ **mentally**)
1. geistig, innerlich, intellektu'ell, Geistes...: ~ **arithmetic** Kopfrechnen *n*; **to make a ~ note of s.th.** sich etwas merken; ~ **power** Geisteskraft *f*; ~ **reservation** geheimer Vorbehalt, Mentalreservation *f*; ~ **state** Geisteszustand *m*; ~ **ratio** Intelligenzquotient *m*; ~ **test** psychologischer Test; ~ **vigo(u)r** geistige Frische. **2.** (geistig-)seelisch, psychisch: ~ **health**; ~ **hygiene** Psychohygiene *f*.
3. a) geisteskrank, -gestört: ~ **disease**, ~ **illness** Geisteskrankheit *f*; ~ **handicap** geistige Behinderung; ~ **hospital**, ~ **institution** psychiatrische Klinik, Nervenklinik *f*; ~ **patient** Geisteskranke(r *m*) *f*, b) *colloq.* verrückt: **to go ~** „überschnappen". **II** *s* **4.** *colloq.* Verrückte(r *m*) *f*.
men·tal|age *s psych.* Intelli'genzalter *n*: **she has a ~ of fourteen** sie ist auf dem geistigen Entwicklungsstand e-r Vierzehnjährigen. ~ **ca·pac·i·ty** *s jur.* Zurechnungsfähigkeit *f*. ~ **cru·el·ty** *s jur.* seelische Grausamkeit (*als Scheidungsgrund*). ~ **de·fec·tive** *s med.* Geistesschwache(r *m*) *f*, -gestörte(r *m*) *f*. ~ **de·fi·cien·cy** *s med.* Geistesschwäche *f*, -störung *f*. ~ **de·range·ment** → **mental deficiency**. ~ **heal·er** *s Parapsychologie:* Geistheiler(in). ~ **heal·ing** *s Parapsychologie:* Geistheilung *f*.
men·tal·ism [ˈmentəlɪzəm] *s ling. philos. psych.* Menta'lismus *m*.
men·tal·i·ty [menˈtælətɪ] *s* **1.** Mentali- 'tät *f*, Geistes-, Denkart *f*, Gesinnung *f*.
2. Wesen *n*, Na'tur *f* (*e-s Menschen*).
3. geistige Fähigkeiten *pl*. **men·tal·ly** [ˈmentəlɪ] *adv* geistig, geistes...: ~ **deficient** *med.* geistesgestört; ~ **handicapped** *med.* geistig behindert; ~ **ill** *med.* geisteskrank.
men·tal phi·los·o·phy *s univ. Am.* (die) Fächer *pl* Psycholo'gie, Logik *f* u. Metaphy'sik *f*.
men·thane [ˈmenθeɪn] *s chem.* Men- 'than *n*.
men·thene [ˈmenθiːn] *s chem.* Men- 'then *n*.
men·thol [ˈmenθɒl; *Am. a.* -ˌθoʊl] *s chem.* Men'thol *n*: ~ **cigarettes**. **men·tho·lat·ed** [ˈmenθəleɪtɪd] *adj pharm.* mit Men'thol behandelt, Men'thol enthaltend.
men·ti·cide [ˈmentɪsаɪd] → **brainwashing**.

men·tion ['menʃn] **I** s **1.** Erwähnung f: to make ~ of → 3; hono(u)rable ~ ehrenvolle Erwähnung; to give individual ~ to einzeln erwähnen. **2.** lobende Erwähnung (in Wettbewerben, Prüfungen etc). **II** v/t **3.** erwähnen (to gegen'über), anführen: as ~ed above wie oben erwähnt; don't ~ it! a) gern geschehen!, bitte (sehr)!, (es ist) nicht der Rede wert!, b) (auf e-e Entschuldigung hin) bitte!; not to ~ ganz zu schweigen von; not worth ~ing nicht der Rede wert; to be ~ed in dispatches mil. Br. im Kriegsbericht (lobend) erwähnt werden. **'men·tion·a·ble** adj erwähnenswert.

men·tor ['mentɔː(r)] s Mentor m, (weiser u. treuer) Ratgeber.

men·u ['menjuː] s **1.** Speise(n)karte f. **2.** Speisenfolge f.

me·ow [mɪ'aʊ] **I** v/i mi'auen. **II** s Mi'auen n (der Katze).

Me·phis·to·phe·le·an, Me·phis·to·phe·li·an [ˌmefɪstə'fiːljən; Am. a. məˌfɪstə-] adj mephisto'phelisch, dia'bolisch.

me·phit·ic [me'fɪtɪk] adj bes. med. me'phitisch, verpestet, giftig: ~ air Stickluft f. **me'phi·tis** [-'faɪtɪs] s faule Ausdünstung, Stickluft f.

merc [mɜːk; Am. mɜrk] colloq. für mercenary II.

mer·can·tile ['mɜːkəntaɪl; Am. 'mɜr-; a. -tiːl] adj **1.** kaufmännisch, handeltreibend, Handels...: ~ agency a) Kreditauskunftei f, b) Handelsvertretung f; ~ credit Handelskredit m; ~ law Handelsrecht n; ~ paper Warenpapier n, -wechsel m. **2.** econ. hist. Merkantil...: ~ system → mercantilism 3.

mer·can·til·ism ['mɜːkəntɪlɪzəm; -taɪ-; Am. 'mɜr-] s **1.** Handels-, Krämergeist m. **2.** kaufmännischer Unter'nehmergeist. **3.** econ. hist. Merkan'tilismus m, Merkan'tilsystem n. **'mer·can·til·ist** econ. hist. **I** s Merkanti'list m. **II** adj merkanti'listisch.

mer·ce·nar·i·ly ['mɜːsɪnərɪli; Am. ˌmɜrsn'erəliː] adv um Lohn, für Geld, aus Gewinnsucht. **'mer·ce·nar·i·ness** s **1.** Käuflichkeit f. **2.** Gewinnsucht f. **'mer·ce·nar·y** [Am. -ˌeriː] **I** adj **1.** gedungen, Lohn...: ~ troops → 4 b. **2.** fig. käuflich. **3.** fig. Gewinn..., gewinnsüchtig, Geld...: ~ marriage Geldheirat f. **II** s **4.** mil. a) Söldner m, b) pl Söldnertruppen pl. **5.** contp. Mietling m.

mer·cer ['mɜːsə] s Br. Seiden- u. Tex'tilienhändler m.

mer·cer·i·za·tion [ˌmɜːsəraɪ'zeɪʃn; Am. ˌmɜrsərə'z-] s tech. Merzeri'sierung f. **'mer·cer·ize** v/t merzeri'sieren.

mer·cer·y ['mɜːsərɪ] s econ. Br. **1.** Seiden-, Schnittwaren pl. **2.** Seiden-, Schnittwarenhandel m od. -handlung f.

mer·chan·dise ['mɜːtʃəndaɪz; Am. 'mɜr-] **I** s **1.** Waren pl, Handelsgüter pl: an article of ~ e-e Ware. **II** v/i **2.** Handel treiben, Waren vertreiben. **III** v/t **3.** Waren vertreiben. **4.** Werbung machen für e-e Ware, den Absatz e-r Ware (durch geeignete Mittel) zu steigern suchen. **'mer·chan·dis·ing** econ. **I** s **1.** Merchandising n, Ver'kaufspoli,tik f u. -förderung f (durch Marktforschung, Untersuchung der Verbrauchergewohnheiten, wirksame Gütergestaltung u. Werbung). **2.** Handel(sgeschäfte pl) m. **II** adj **3.** Handels...

mer·chant ['mɜːtʃənt; Am. 'mɜr-] **I** s **1.** econ. (Groß)Kaufmann m, Handelsherr m, (Groß)Händler m: the ~s die Kaufmannschaft, die Handelskreise; ~'s clerk Handlungsgehilfe m; "The M~ of Venice" „Der Kaufmann von Venedig" (Drama von Shakespeare). **2.** econ. bes. Am. Ladenbesitzer m, Krämer m. **3.** ~ of doom Br. sl. „Unke" f. **4.** mar. obs. → merchantman. **II** adj **5.** econ. Handels..., Kaufmanns... **'mer·chant·a·ble** adj econ. **1.** zum Verkauf geeignet, marktgängig, -fähig. **2.** handelsüblich.

mer·chant ad·ven·tur·er pl **mer·chant(s) ad·ven·tur·ers** s econ. hist. **1.** kaufmännischer 'Überseespeku,lant. **2.** M~ A~s Titel e-r in England eingetragenen Handelsgesellschaft, die vom 14. bis 17. Jh. ein Monopol im Wollexport von England besaß. **~ bar** s tech. Stab-, Stangeneisen n. **~ fleet** s mar. Handelsflotte f. **'~·man** [-mən] s irr mar. Kauffahr'teischiff n. **~ ma·rine, ~ na·vy** s mar. 'Handelsma,rine f. **~ prince** s econ. reicher Kaufherr, Handelsfürst m. **~ sea·man** s irr Ma'trose m der 'Handelsma,rine. **~ ser·vice** s mar. **1.** Handelsschiffahrt f. **2.** 'Handelsma,rine f. **~ ship** s Handelsschiff n. **~ tai·lor** s hist. (Herren)Schneider m (der ein Stofflager hielt).

~ ven·tur·er → merchant adventurer.

mer·chet ['mɜːtʃɪt; Am. 'mɜr-] s jur. hist. Abgabe f des Hörigen an s-n Lehnsherrn (bei Verheiratung s-r Tochter).

mer·ci·ful ['mɜːsɪfʊl; Am. 'mɜr-] adj (to) barm'herzig, mitleid(s)voll (gegen), gütig (gegen, zu), gnädig (dat). **'mer·ci·ful·ly** adv **1.** → merciful. **2.** glücklicherweise, Gott sei Dank. **'mer·ci·ful·ness** s Barm'herzigkeit f, Erbarmen n, Gnade f (Gottes). **'mer·ci·less** adj unbarmherzig, erbarmungs-, mitleid(s)los. **'mer·ci·less·ness** s Unbarmherzigkeit f, Erbarmungslosigkeit f.

mer·cu·rate ['mɜːkjʊreɪt; Am. 'mɜr-] v/t chem. merku'rieren, mit Quecksilber (-salz) verbinden od. behandeln.

mer·cu·ri·al [mɜː'kjʊərɪəl; Am. mɜr-] **I** adj (adv ~ly) **1.** fig. a) quecksilb(e)rig, quicklebendig, b) sprunghaft. **2.** med. Quecksilber...: ~ poisoning. **3.** chem. tech. quecksilberhaltig, -artig, Quecksilber... **4.** astr. dem (Einfluß des Planeten) Mer'kur unter'worfen. **5.** M~ myth. (den Gott) Mer'kur betreffend: M~ wand Merkurstab m. **II** s **6.** med. 'Quecksilberpräpa,rat n. **mer'cu·ri·al·ism** s med. Quecksilbervergiftung f. **mer'cu·ri·al·ize** v/t med. phot. mit Quecksilber behandeln.

mer·cu·ric [mɜː'kjʊərɪk; Am. mɜr-] adj chem. Quecksilber..., Mercuri... **~ chlo·ride** s chem. 'Quecksilberchlo,rid n. **~ ful·mi·nate** s chem. Knallquecksilber n.

mer·cu·rous ['mɜːkjʊrəs; Am. 'mɜr-; a. mɜr'kjʊrəs] adj chem. Quecksilber..., Mercuro...: ~ chloride Kalomel n.

mer·cu·ry ['mɜːkjʊrɪ; Am. 'mɜr-] npr u. s **1.** M~ astr. u. myth. Mer'kur m. **2.** fig. Bote m. **3.** chem. med. Quecksilber n. **4.** tech. Quecksilber(säule f) n: the ~ is rising das Barometer steigt (a. fig.). **5.** bot. Bingelkraut n. **6.** → mercurial 6. **~ arc** s electr. Quecksilberlichtbogen m: ~ lamp Quecksilberdampflampe f. **~ chlo·ride** → mercuric chloride. **~ con·vert·er** s electr. Quecksilbergleichrichter m. **~ ful·mi·nate** → mercuric fulminate. **~ poi·son·ing** s med. Quecksilbervergiftung f. **~ pres·sure ga(u)ge** s phys. 'Quecksilbermano,meter n. **'~-,va·po(u)r lamp** s phys. Quecksilberdampflampe f.

mer·cy ['mɜːsɪ; Am. 'mɜrsiː] s **1.** Barm'herzigkeit f, Mitleid n, Erbarmen n, Gnade f: to be at the ~ of s.o. j-m auf Gedeih u. Verderb ausgeliefert sein; at the ~ of the waves den Wellen preisgegeben; to have (no) ~ on s.o. (kein) Mitleid od. Erbarmen mit j-m haben; Lord have ~ upon us! Herr, erbarme Dich unser!; to be left to the tender mercies of s.o. iro. j-m in die Hände fallen; to show no ~ kein Erbarmen haben, keine Gnade walten lassen; his death was a ~ war e-e Erlösung; → throw on 2. **2.** (wahres) Glück, (wahrer) Segen, (wahre) Wohltat: it is a ~ he didn't come es ist ein wahres Glück, daß er nicht gekommen ist. **3.** jur. Am. Begnadigung f (e-s zum Tode Verurteilten) zu lebenslänglicher Zuchthausstrafe. **~ kill·ing** s Sterbehilfe f. **~ seat** s relig. **1.** Deckel m der Bundeslade. **2.** fig. Gottes Gnadenthron m.

mere¹ [mɪə(r)] adj (adv ~ merely) **1.** bloß, nichts als, al'lein(ig), rein, völlig: a ~ excuse nur e-e Ausrede; ~ imagination bloße od. reine Einbildung; ~ nonsense purer Unsinn; a ~ trifle e-e bloße Kleinigkeit; he is no ~ craftsman, he is an artist er ist kein bloßer Handwerker, er ist ein Künstler; the ~st accident der reinste Zufall. **2.** jur. rein, bloß (ohne weitere Rechte): ~ right bloßes Eigentum(srecht).

mere² [mɪə] s Br. dial. od. obs. Teich m, Weiher m.

mere³ [mɪə(r)] obs. **I** s Grenze f: ~ stone Markstein m. **II** v/t begrenzen.

mere·ly ['mɪə(r)lɪ] adv bloß, rein, nur, lediglich.

meres·man ['mɪəzmən] s irr Br. hist. Grenzmesser m.

mer·e·tri·cious [ˌmerɪ'trɪʃəs] adj (adv ~ly) **1.** obs. dirnenhaft, Dirnen... **2.** fig. unaufrichtig, falsch. **3.** fig. protzig (Schmuck etc), bom'bastisch (Stil etc).

mer·gan·ser [mɜː'gænsə(r); Am. mɜr-] s orn. (bes. Gänse)Säger m.

merge [mɜːdʒ; Am. mɜrdʒ] **I** v/t **1.** (in) verschmelzen (mit), aufgehen lassen (in dat), vereinigen (mit), einverleiben (dat): to be ~d in s.th. in etwas aufgehen. **2.** jur. tilgen, aufheben. **3.** econ. a) fusio'nieren, b) Aktien zs.-legen. **II** v/i **4.** (in) verschmelzen (mit), aufgehen (in dat), sich zs.-schließen (zu). **5.** zs.-laufen (Straßen). **6.** sich (in den Verkehr) einfädeln. **'merg·ence** s Aufgehen n (in in dat), Verschmelzung f (into mit). **'merg·er** s **1.** econ. jur. Fusi'on f (durch Aufnahme), Fusio'nierung f (von Gesellschaften), a. allg. Zs.-schluß m, Vereinigung f. **2.** econ. Zs.-legung f (von Aktien). **3.** econ. Verschmelzung(svertrag m) f, Aufgehen n (e-s Besitzes od. Vertrages in e-m anderen etc). **4.** jur. Konsumpti'on f (e-r Straftat durch e-e schwerere).

me·rid·i·an [mə'rɪdɪən] **I** adj **1.** mittägig, Mittags... **2.** astr. Kulminations..., Meridian...: ~ circle Meridiankreis m (a. Instrument); ~ transit Meridiandurchgang m (e-s Gestirns). **3.** fig. höchst(er, e, es). **II** s **4.** geogr. Meridi'an m, Längenkreis m: ~ of longitude Längenkreis; ~ of a place Ortsmeridian. **5.** poet. Mittag(szeit f) m. **6.** astr. Kulminati'onspunkt m. **7.** fig. a) Gipfel m, Ze'nit m, Höhepunkt m: the ~ of his career, b) Blüte(zeit) f. **8.** fig. eigster Hori'zont.

me·rid·i·o·nal [mə'rɪdɪənl] **I** adj (adv ~ly) **1.** astr. meridio'nal, Meridian..., Mittags... **2.** südlich, südländisch. **II** s **3.** Südländer m, bes. 'Südfran,zose m, 'Südfran,zösin f. **~ sec·tion** s math. Achsenschnitt m.

me·ringue [mə'ræŋ] s Me'ringe f, Bai'ser n, Schaumgebäck n.

me·ri·no [mə'riːnəʊ] pl **-nos** s **1.** a. ~ sheep zo. Me'rinoschaf n. **2.** Me'rinowolle f. **3.** Me'rino m (Stoff).

mer·is·mat·ic [ˌmerɪz'mætɪk; -rɪs-] adj: ~ process biol. Fortpflanzungsprozeß m durch Teilung (in Zellen).

mer·i·stem ['merɪstem] s biol. Meri'stem n, Teilungsgewebe n.

mer·it ['merɪt] **I** s **1.** Verdienst(lichkeit f) n: a man of ~ e-e verdiente Persönlichkeit; **according** to one's ~s nach Verdienst (belohnen etc); ~ **pay** econ. Bezahlung f nach Leistung, leistungsgerechte od. -bezogene Bezahlung; ~ **rating** econ. Leistungseinstufung f, -beurteilung f; ~ **system** pol. Am. auf Fähigkeit allein beruhendes Anstellungs- u. Beförderungssystem im öffentlichen Dienst. **2.** a) Wert m, b) Vorzug m: **work** of ~ bedeutendes Werk; **of artistic** ~ von künstlerischem Wert; **without** ~ a) wertlos, b) gehaltlos, nicht fundiert od. gültig, sachlich unbegründet; **the observation had some** ~ an der Beobachtung war etwas dran. **3. the** ~s pl jur. u. fig. die Hauptpunkte pl, die wesentlichen Gesichtspunkte pl, der sachliche Gehalt: **on its own** ~s aufs Wesentliche gesehen, an u. für sich betrachtet; **to consider a case on its** ~s jur. e-n Fall nach materiell-rechtlichen Gesichtspunkten od. aufgrund des vorliegenden Tatbestandes behandeln; **to discuss** s.th. **on its** ~s e-e Sache ihrem wesentlichen Inhalt nach besprechen; **to inquire into the** ~s **of a case** e-r Sache auf den Grund gehen. **II** v/t **4.** Lohn, Strafe etc verdienen. '**mer·it·ed** adj verdient. '**mer·it·ed·ly** adv verdientermaßen.

'**mer·it₁mon·ger** s obs. j-d, der sich auf s-e guten Werke beruft, um die Seligkeit zu erlangen.

mer·i·toc·ra·cy [ˌmerɪ'tɒkrəsɪ; Am. -'tɑː-] s **1.** (herrschende) E'lite. **2.** Leistungsgesellschaft f.

mer·i·to·ri·ous [ˌmerɪ'tɔːrɪəs; Am. a. -'tou-] adj (adv ~ly) verdienstlich.

mer·lin ['mɜːlɪn; Am. 'mɜr-] s orn. Merlin-, Zwergfalke m.

mer·lon ['mɜːlən; Am. 'mɜr-] s mil. hist. Mauerzacke f, Schartenbacke f.

mer·maid ['mɜːmeɪd; Am. 'mɜr-] a. '**mer₁maid·en** [-dn] s Meerjungfrau f, -weib n, Seejungfrau f, Nixe f.

mer·man ['mɜːmæn; Am. 'mɜr-] s irr Wassergeist m, Nix m.

mero-¹ [merəʊ] Wortelement mit der Bedeutung Teil...

mero-² [mɪrəʊ] Wortelement mit der Bedeutung Schenkel..., Hüfte...

me·ro·cele ['mɪrəʊsiːl] s med. Schenkelbruch m.

mer·o·gen·e·sis [ˌmerəʊ'dʒenɪsɪs] s biol. 'Furchungspro₁zeß m (beim Ei).

me·rog·o·ny [mə'rɒgənɪ; Am. -'rɑ-] s biol. Merogo'nie f, Ei-Teilentwicklung f.

Mer·o·vin·gi·an [ˌmerəʊ'vɪndʒɪən] hist. **I** adj merowingisch. **II** s Merowinger m.

mer·ri·ment ['merɪmənt] s **1.** Fröhlichkeit f, Lustigkeit f. **2.** Belustigung f, Lustbarkeit f, Spaß m.

mer·ry ['merɪ] adj (adv **merrily**) **1.** lustig, heiter, fröhlich, fi'del: **(as)** ~ **as a lark** (od. **cricket**) kreuzfidel; a ~ **Christmas (to you)**! fröhliche Weihnachten!; **M~ England** das lustige, gemütliche (alte) England (bes. zur Zeit Elisabeths I.); **the M~ Monarch** volkstümliche Bezeichnung für Karl II. (1660–85); **to make** ~ lustig sein, (fröhlich) feiern (→ **2**). **2.** spaßhaft, lustig: **to make** ~ **over** sich belustigen über (acc). **3.** colloq. beschwipst, angeheitert: **to get** ~ ,sich n. andudeln'. ~ **an·drew** s **1.** Hans'wurst m, Spaßmacher m. **2.** hist. Gehilfe m e-s Quacksalbers (auf Jahrmärkten). ~ **danc·ers** s pl phys. Scot. Nordlicht n. '~-**go-₁round** s **1.** Karus'sell n. **2.** fig. Wirbel m, ‚Hetzjagd' f. '~**₁mak·ing** s **1.** Belustigung f, Lustbarkeit f. **2.** Gelage n, Fest n. '~**thought** s bes. Br. Gabel-, Brustbein n (e-s Huhns etc).

me·sa ['meɪsə] s geogr. Tafelland n.
mé·sal·li·ance [meˈzælɪɑ̃s; Am. ˌmeɪˌzælˈjɑːns] s Mesalli'ance f, nicht standesgemäße Ehe.

me·sa oak s bot. Am. Tischeiche f.
mesc [mesk] bes. Am. colloq. für **mescaline**.

mes·cal [me'skæl] s **1.** bot. Pey'ote-Kaktus m. **2.** bot. 'Mescal-A₁gave f. **3.** Mes'kal m (Agavenbranntwein). **mes·ca·line** ['meskəliːn; -lɪn], a. **mes·ca·lin** [-lɪn] s chem. Meska'lin n (Rauschgift).

mes·dames ['meɪdæm; Am. meɪ'dɑːm; -'dæm] pl von **madam**.

me·seems [mɪ'siːmz] v/impers obs. od. poet. mich dünkt.

mes·en·ce·phal·ic [ˌmesenkə'fælɪk; bes. Am. -ˌensɪ'f-; 'mez-] adj anat. Mittelhirn... **mes·en·ceph·a·lon** [-'sefələn; Am. -ˌlɑn] s Mittelhirn n.

mes·en·chyme ['mesenkaɪm; Am. a. 'mez-] s biol. Mesen'chym n (embryonales Bindegewebe).

mes·en·ter·ic [ˌmesən'terɪk; ˌmez-] adj anat. mesenteri'al: ~ **artery** Gekrösearterie f. **mes·en·ter·y** ['mesəntərɪ; 'mez-; Am. -ˌteri:] s anat. Gekröse n.

mesh [meʃ] **I** s **1.** Masche f (e-s Netzes, Siebs etc). **2.** pl Netzwerk n, Geflecht n. **3.** tech. Maschenweite f. **4.** meist pl fig. Netz n, Schlingen pl: **to be caught in the** ~**s of the law** sich in den Schlingen des Gesetzes verfangen (haben). **5.** tech. In-ein'andergreifen n, Eingriff m (von Zahnrädern): **to be in** ~ im Eingriff sein. **6.** → **mesh connection**. **II** v/t **7.** in e-m Netz fangen, verwickeln. **8.** tech. Zahnräder in Eingriff bringen, einrücken. **9.** im Jagdgarnen, im Netz fangen. **10.** fig. eng zs.-schließen, (mitein'ander) verzahnen. **III** v/i **11.** tech. inein'andergreifen (Zahnräder; a. fig.). **12.** fig. a) mitein'ander verzahnt sein, b) sich (eng) verbinden (**with** mit). ~ **con·nec·tion** s electr. Vieleck-, bes. Delta- od. Dreieckschaltung f.

meshed [meʃt] adj netzartig, maschig: **close-**~ engmaschig.

mesh stock·ing s Netzstrumpf m.
me·shu·ga [mɪ'ʃʊgə] adj me'schugge.
mesh ₁volt·age s electr. verkettete Spannung, bes. Delta- od. Dreieckspannung f. '~**work** s Maschen pl, Netzwerk n.

me·si·al ['miːzjəl; -ɪəl] adj (adv ~ly) **1.** in der Mittelebene (des Körpers etc) gelegen. **2.** Zahnmedizin: mesi'al.

mes·mer·ic [mez'merɪk; mes-] adj; **mes·mer·i·cal** [-kl] adj (adv ~ly) **1.** med. hist. mesmerisch, 'heilma₁gnetisch. **2.** fig. 'unwider₁stehlich, faszi'nierend. '**mes·mer·ism** [-mərɪzəm] s med. hist. Mesme'rismus m, ani'malischer od. tierischer Magne'tismus. '**mes·mer·ist** s med. hist. **1.** 'Heilmagne₁tiseur m. **2.** Mesmeri'aner(in) (Anhänger des Mesmerismus). '**mes·mer·ize** v/t **1.** med. hist. ('heil)magneti₁sieren, mesmeri'sieren. **2.** fig. faszi'nieren: ~d fasziniert, wie hypnotisiert.

mesne [miːn] adj jur. Zwischen..., Mittel...: ~ **lord** Afterlehnsherr m. ~ **in·ter·est** s jur. Zwischenzins m. ~ **pro·cess** s jur. **1.** Verfahren n zur Erwirkung e-r Verhaftung (wegen Fluchtgefahr). **2.** während der Verhandlung e-r Rechtssache entstehender 'Nebenpro₁zeß m. ~ **prof·its** s pl jur. in e-n Prozeß einbezogene Erträgnisse pl (e-s unrechtmäßigen Landbesitzers).

meso- [mesəʊ; -z-; -ə] Wortelement mit der Bedeutung Zwischen..., Mittel...

'**mes·o·blast** [-blæst] s → **mesoderm**.
'**mes·o·carp** [-kɑː(r)p] s bot. Meso'karp n, mittlere Fruchthaut.

'**mes·o·derm** s biol. med. Meso'blast n, Meso'derm n (mittleres Keimblatt des menschlichen u. tierischen Embryos).

'**mes·o·labe** [-leɪb] s math. Meso'labium n (Instrument).

ˌ**mes·o'lith·ic** adj geol. meso'lithisch, mittelsteinzeitlich.

me·sol·o·gy [me'sɒlədʒɪ; Am. -'sɑ-] s biol. Mesolo'gie f, 'Umweltlehre f.

ˌ**mes·o'mor·phic** adj med. meso'morph. '**mes·o₁mor·phy** s med. Mesomor'phie f (Konstitution e-s Menschentypus von muskulöser, knochiger Gestalt).

mes·on ['miːzɒn; Am. 'mezˌɑn] s phys. Meson n, Meso'tron n (Elementarteilchen, dessen Masse geringer ist als die e-s Protons, jedoch größer als die e-s Leptons).

'**mes·o·phyl(l)** [-fɪl] s bot. Meso'phyll n, Mittelblatt n. '**mes·o·phyte** [-faɪt] s bot. Meso'phyt m (Pflanze mit mittlerem Wasseranspruch). '**mes·o·plast** [-plæst] s biol. Zellkern m, Sameneikern m.

Mes·o·po·ta·mi·an [ˌmesəpə'teɪmjən; -mɪən] adj mesopo'tamisch.

'**mes·o·scale** adj mittlerer Größe od. Höhe, mittleren 'Umfangs.

'**mes·o₁sphere** s meteor. Meso'sphäre f.
ˌ**mes·o'ster·nal** adj anat. Mittelbrustbein...

ˌ**mes·o'tho·rax** s Mittelbrustring m (der Insekten).

Mes·o·zo·ic [ˌmesəʊ'zəʊɪk] geol. **I** adj meso'zoisch. **II** s Meso'zoikum n.

mes·quite [me'skiːt; 'meskiːt] s bot. **1.** Süßhülsenbaum m, Mes'quitbaum m. **2.** a) Gramagras n, b) Buffalogras n.

mess [mes] **I** s **1.** obs. Gericht n: ~ **of pottage** Bibl. Linsengericht (des Esau). **2.** (Porti'on f) Viehfutter n. **3.** Messe f: a) mil. ~ **hall**, b) mil. Messegesellschaft f (c) mar. Back(mannschaft) f: ~ **council** Messevorstand m; **captain of a** ~ Backsmeister m; **cooks of the** ~ Backschaft f; **officers'** ~ Offiziersmesse, -kasino n. **4.** a) Unordnung f, Schmutz m, ‚Schweine'rei' f, b) Mischmasch m, Mansche'rei f, c) fig. Durchein'ander n, d) ‚Schla'massel' m, böse Geschichte f, e) ‚Patsche' f, ‚Klemme' f: **in a** ~ schmutzig, verwahrlost, in Unordnung, ‚schön' aussehend, fig. in e-m schlimmen Zustand, verfahren, ‚in der Klemme'; **to make a** ~ Schmutz od. e-e ‚Schweinerei' machen; **to make a** ~ **of** → **6**; **you made a nice** ~ **of it** du hast was Schönes angerichtet; **he was a** ~ er sah gräßlich aus, fig. er war völlig verkommen od. verwahrlost; **a pretty** ~! e-e ‚schöne' Geschichte!; → **matter 4**. **II** v/t **5.** j-n verpflegen od. beköstigen. **6.** a. ~ **up** a) beschmutzen, übel zurichten, b) in Unordnung od. Verwirrung bringen, c) fig. verpfuschen, ‚versauen'. **III** v/i **7.** a) (an e-m gemeinsamen Tisch) essen (**with** mit), b) mar. mil. in der Messe essen: **to** ~ **together** mar. zu 'einer Back gehören. **8.** manschen, panschen (**in** in dat). **9.** ~ **with** sich einmischen in (acc). **10.** ~ **about**, ~ **around** a) her'ummurksen, (-)pfuschen, b) sich her'umtreiben, c) sich einlassen (**with** mit e-r Frau etc).

mes·sage ['mesɪdʒ] **I** s **1.** Botschaft f (**to** an acc): **can I take a** ~? kann ich etwas ausrichten?; → **presidential 1**. **2.** Mitteilung f, Bescheid m: **to send a** ~ **to** s.o. j-m e-e Mitteilung zukommen lassen; **telephone** ~ fernmündliche Mitteilung, telephonische Nachricht; **he got the** ~ colloq. er hat kapiert; ~ **unit** teleph. Am. Gebühren-, Gesprächseinheit f; → **radio message**, **wireless 1**. **3.** a) Bibl. Botschaft f, Verkündigung f, b) relig. Am. Predigt f. **4.** fig. Botschaft f, Anliegen n, Aussage f (e-s Dichters etc). **5.** physiol. Im'puls m, Si'gnal n. **II** v/t **6.** melden, mitteilen, senden.

mes·sen·ger ['mesɪndʒə(r)] s **1.** (Post-,

messenger boy – metathesis

Eil)Bote *m*: **by** ~ durch Boten; → **express** 7. **2.** (Kabi'netts)Ku,rier *m*: King's ~, Queen's ~ königlicher Kurier. **3.** *mil.* Melder *m*, *hist.* Ku'rier *m*. **4.** *fig.* (Vor)Bote *m*, Verkünder *m*. **5.** *pl Br. dial.* kleine Einzelwolken *pl.* **6.** *mar.* a) Anholtau *n*, b) Ankerkette *f*, Kabelar *n*. **7.** 'A¹postel' *m* (*beim Drachensteigenlassen etc*). ~ **boy** *s* Laufbursche *m*, Botenjunge *m*. ~ **ca·ble** *s electr.* Aufhänge-, Führungs-, Tragkabel *n*. ~ **dog** *s* Meldehund *m*. ~ **pi·geon** *s* Brieftaube *f*. ~ **wheel** *s tech.* Treibrad *n*.
mess|gear → **mess kit** 1. ~ **hall** *s mar. mil.* Messe *f*, Ka'sino(raum *m*) *n*, Speisesaal *m*.
Mes·si·ah [mɪˈsaɪə] *s Bibl.* Mes'sias *m*, Erlöser *m*. **Mes·si·an·ic** [ˌmesɪˈænɪk] *adj* messi'anisch.
mess| jack·et *s mar. mil.* kurze Uni¹formjacke, „Affenjäckchen'' *n*. ~ **kit** *s mar. mil.* **1.** Koch-, Eßgeschirr *n*, Eßgerät *n*. **2.** *Br.* Uni¹form *f* für gesellschaftliche Anlässe. '~**mate** *s* **1.** *mar. mil.* 'Tischpartner *m*, 'Meßgenosse *m*, -kame,rad *m*. **2.** ~ **commensal** 2. **3.** *bot.* (*ein*) Euka'lyptusbaum *m*. ~ **pork** *s Am.* gepökeltes Schweinefleisch. '~**room** → **mess hall**.
Messrs. ['mesə(r)z] *s pl* **1.** (*die*) Herren *pl* (*vor mehreren Namen bei Aufzählung*). **2.** *econ.* Firma *f*, *abbr.* Fa.
mess| ser·geant *s mil.* 'Küchenunteroffi,zier *m*. ~ **stew·ard** *s mar. mil.* 'Messeordo,nanz *f*. '~**tin** *s mar. mil. bes. Br.* Koch-, Eßgeschirr *n*.
mes·suage ['meswɪdʒ] *s jur.* Wohnhaus *n* (*meist mit dazugehörigen Ländereien*), Anwesen *n*.
'**mess-up** *s colloq.* → **mix-up** 1.
mess·y ['mesɪ] *adj* **1.** unordentlich, schlampig. **2.** unsauber, schmutzig (*a. fig.*). **3.** *fig.* unangenehm, „vertrackt''.
mes·ti·zo [meˈstiːzəʊ] *pl* **-zos, -zoes** *s* **1.** Me'stize *m*. **2.** *allg.* Mischling *m*.
met [met] *pret u. pp von* **meet**.
met- [met], **meta-** [metə] Vorsilbe mit den Bedeutungen a) mit, b) nach, c) höher, d) *med.* hinten, e) *biol. chem.* Meta..., meta..., f) Verwandlungs...
met·a·bol·ic [ˌmetəˈbɒlɪk; *Am.* -ˈbɑ-] *adj* **1.** *biol. physiol.* meta'bolisch, Stoffwechsel... **2.** *biol.* verwandelnd. **me·tab·o·lism** [meˈtæbəlɪzəm] *s* **1.** *biol.* Metabo¹lismus *m* (*a. chem.*), Verwandlung *f*, Formveränderung *f*. **2.** *physiol., a. bot.* Stoffwechsel *m*: general ~, total ~ Gesamtstoffwechsel *m*; → **basal metabolism. me·tab·o·lite** [-laɪt] *s physiol.* Metabo¹lit *m*. **me·tab·o·lize** [-laɪz] *v/t biol. chem.* umwandeln.
ˌ**met·a·car·pal** *anat.* **I** *adj* Mittelhand... **II** *s* Mittelhandknochen *m*. ˌ**met·a·car·pus** *pl* **-pi** [-paɪ] *s* **2.** 1. Mittelhand *f*. **2.** Vordermittelfuß *m*.
'**met·a,cen·ter**, *bes. Br.* '**met·a,centre** *s* **1.** *mar. phys.* Meta'zentrum *n*. **2.** *mar.* Schwankpunkt *m*.
ˌ**met·a'chem·is·try** *s* **1.** *philos.* meta¹physische Che¹mie. **2.** *chem.* 'subato,mare Che'mie, 'Kernche,mie *f*. **3.** *Zweig der Chemie, der sich mit spezifischen Eigenschaften der Atome u. Moleküle befaßt.*
me·tach·ro·nism [meˈtækrənɪzəm] *s* Metachro¹nismus *m* (*Zuweisung in e-e spätere Zeit*).
ˌ**met·a'chro·sis** [-ˈkrəʊsɪs] *s* Farbenwechsel *m* (*z. B. beim Chamäleon*).
ˌ**met·a'cy·clic** *adj math. phys.* meta¹zyklisch.
met·age ['miːtɪdʒ] *s* **1.** amtliches Messen (*des Inhalts od. Gewichts von Kohlen etc*). **2.** Meß-, Waagegeld *n*.
ˌ**met·a'gen·e·sis** *s biol.* Metage'nese *f* (*Generationswechsel*).

met·a'grob·o·lize [-ˈɡrɒbəlaɪz; *Am.* -ˈɡrɑ-] *v/t humor.* verwirren.
ˌ**met·a·ki'ne·sis** [-kaɪˈniːsɪs; -kɪ-] *s biol.* Metaki'nese *f*.
met·al ['metl] **I** *s* **1.** *chem. min.* Me'tall *n*. **2.** *tech.* a) 'Nichteisenme,tall *n*, b) Me'tall-Le,gierung *f*, *bes.* 'Typen-, Ge'schützme,tall *n*, c) 'Gußme,tall *n*: **brittle** ~, **red** ~ Rotguß *m*, Tombak *m*; **fine** ~ Weiß-, Feinmetall; **gray** (*bes. Br.* **grey**) ~ graues Gußeisen; **rolled** ~ Walzblech *n*. **3.** *tech.* a) (Me'tall)König *m*, Regulus *m*, Korn *n*, b) Lech *m*, (Kupfer)Stein *m*: ~ **of lead** Bleistein. **4.** *Bergbau*: Schieferton *m*. **5.** *tech.* (flüssige) Glasmasse. **6.** *mar.* (Zahl der) Geschütze *pl*. **7.** *pl Br.* (Eisenbahn)Schienen *pl*, G(e)leise *pl*: **the train ran off** (*od.* **left, jumped**) **the** ~**s** der Zug sprang aus den Schienen *od.* entgleiste. **8.** *her.* Me'tall *n* (Gold- *u.* Silberfarbe). **9.** *Straßenbau*: Beschotterung *f*, Schotter *m*. **10.** *fig.* Mut *m*. **11.** *fig.* Materi'al *n*, Stoff *m*. **II** *v/t pret u. pp* **-aled**, *bes. Br.* **-alled 12.** mit Me'tall bedecken *od.* versehen. **13.** *Straßenbau: Br.* beschottern. **III** *adj* **14.** Metall..., me'tallen, aus Me'tall (angefertigt). ~ **age** *s meist* M~ A~ *hist.* Bronze- *u.* Eisenzeitalter *n*.
'**met·a,lan·guage** *s* Metasprache *f*.
met·al| arc *s tech.* Me'tall-Lichtbogen *m*: ~ **welding** Lichtbogenschweißen *n* mit Metallelektrode. '~**-clad** *adj tech.* **1.** me'tallplat,tiert. **2.** *bes. electr.* blechgekapselt. '~**-coat** *v/t* mit Me'tall über¹ziehen, metalli'sieren. '~**-craft** *s* Me¹tallorna,mentik *f*. ~ **cut·ting** *s tech.* spanabhebende *od.* zerspanende Me'tallbearbeitung.
met·aled, *bes. Br.* **met·alled** ['metld] *adj Straßenbau: Br.* Schotter...
met·a·lep·sis [ˌmetəˈlepsɪs] *s Rhetorik*: Meta'lepsis *f* (*Vertauschung des Vorhergehenden mit dem Nachfolgenden*).
met·al| fa·tigue *s tech.* Me'tallermüdung *f*. ~ **form·ing** *s tech.* spanlose Me'tallbearbeitung. ~ **found·er** *s* Me'tallgießer *m*. ~ **ga(u)ge** *s* Blechlehre *f*.
ˌ**met·a·lin'guis·tics** *s pl* (*als sg konstruiert*) 'Metalin,guistik *f* (*Zweig der Linguistik, der die Wechselbeziehung zwischen der Sprache u. den anderen Kultursystemen analysiert*).
met·al·ize, *bes. Br.* **met·al·lize** ['metlaɪz] *v/t tech.* metalli'sieren.
me·tal·lic [mɪˈtælɪk] *adj* (*adv* ~**ally**) **1.** me'tallen, me'tallisch, Metall...: ~ **cover** a) *tech.* Metallüberzug *m*, b) *econ.* Metalldeckung *f*; ~ **currency** *econ.* Me'tallwährung *f*, Hartgeld *n*. **2.** me'tallisch (glänzend *od.* klingend): ~ **voice**; ~ **beetle** Prachtkäfer *m*. **3.** → **metalliferous**. **4.** *fig.* kalt *u.* hart: ~ **woman**. ~ **ox·ide** *s chem.* Me'tallo,xyd *n*. ~ **pa·per** *s tech.* **1.** 'Kreidepa,pier *n* (*auf dem mit Metallstift geschrieben werden kann*). **2.** Me'tallpa,pier *n*. ~ **soap** *s* Me'tallseife *f*.
met·al·lif·er·ous [ˌmetəˈlɪfərəs] *adj* me'tallführend, -reich. **met·al·line** ['metəlaɪn, -lɪn] *adj* **1.** me'tallisch. **2.** me'tallhaltig.
met·al·lize *bes. Br. für* **metalize**.
met·al·lo·chrome [meˈtæləʊkrəʊm], **me'tal·lo,chro·my** *s tech.* chemisch erzeugte Me'tall(oberflächen)färbung.
met·al·log·ra·phy [ˌmetəˈlɒɡrəfɪ; *Am.* ˌmetlˈɑɡrə-] *s* Metallogra'phie *f*: a) Wissenschaft *f* von den Me'tallen, b) Verzierung *f* von Me'tallen durch Aufdruck, c) Druck *m* mittels Me'tallplatten.
met·al·loid ['metəlɔɪd] **I** *adj* metallo¹idisch, me'tallartig. **II** *s chem.* Metallo'id *n*, 'Nichtme,tall *n*. **met·al'loi·dal** → **metalloid I**.
me·tal·lo·phone [meˈtæləfəʊn] *s mus.* Metallo'phon *n*.

met·al·lur·gic [ˌmetəˈlɜːdʒɪk; *Am.* ˌmetlˈɜr-], **met·al'lur·gi·cal** [-kl] *adj* metall'urgisch, Hütten... **met·al·lur·gist** [meˈtælədʒɪst; *Am.* ˈmetlˌɜrdʒəst] *s* Metall'urg(e) *m*. **met·al·lur·gy** [meˈtælədʒɪ; *Am.* ˈmetlˌɜrdʒɪː] *s* Metall¹ur'gie *f*, Hüttenkunde *f*, -wesen *n*.
ˌ**met·a'log·ic** *s philos.* **1.** Metaphy'sik *f* der Logik. **2.** Pseudologik *f*.
'**met·al,plat·ing** *s tech.* (*bes.* E¹lektro)Plat,tierung *f*. '~**-,pro·cess·ing** *adj tech.* me'tallverarbeitend (Industrie *etc*). '~**-ware** *s econ.* Me'tallwaren *pl*. '~**-,work·er** *s* Me'tallbearbeiter *m*, -verarbeiter *m*. '~**,work·ing I** *s* Me'tallbearbeitung *f*, -verarbeitung *f*. **II** *adj* me'tallverarbeitend: ~ **industry**.
'**met·a,math·e'mat·ics** *s pl* (*als sg konstruiert*) 'Metamathema,tik *f*.
met·a·mer ['metəmə(r)] *s chem.* meta'mere Verbindung.
met·a·mere ['metəmɪə(r)] *s zo.* (sekun¹däres 'Ur)Seg,ment, Folgestück *n*. ˌ**met·a'mer·ic** [-ˈmerɪk] *adj chem. zo.* meta¹mer.
ˌ**met·a'mor·phic** [ˌmetəˈmɔː(r)fɪk] *adj* **1.** *geol.* meta'morph. **2.** *biol.* gestaltverändernd. ˌ**met·a'mor·phism** *s* **1.** *geol.* Metamor'phismus *m*. **2.** Metamor'phose *f*.
ˌ**met·a'mor·phose** [ˌmetəˈmɔː(r)fəʊz] **I** *v/t* **1.** (**to, into**) 'umgestalten (zu), verwandeln (in *acc*). **2.** verzaubern, -wandeln (**to, into** in *acc*). **3.** metamorphi'sieren, 'umbilden. **II** *v/i* **4.** *zo.* sich verwandeln.
ˌ**met·a'mor·pho·sis** [ˌmetəˈmɔː(r)fəsɪs] *pl* **-ses** [-siːz] *s* Metamor'phose *f* (*a. biol. physiol.*), Ver-, 'Umwandlung *f*. '**met·a,mor'phot·ic** [-ˈmɔː(r)fɒtɪk; *Am.* -ˈfɑ-] *adj* metamor'photisch.
'**met·a·phase** *s biol.* Meta'phase *f*, zweite Kernteilungsphase.
met·a·phor ['metəfə(r); *Am. bes.* -ˌfɔːr] *s* Me'tapher *f*, bildlicher Ausdruck. ˌ**met·a'phor·ic** [-ˈfɒrɪk; *Am. a.* -ˈfɑ-] *adj*, ˌ**met·a'phor·i·cal** [*adv* ~**ly**] meta¹phorisch, bildlich. '**met·a·phor·ist** [-fərɪst; *Am. a.* -ˌfɔːrəst] *s* Meta'phoriker(in).
ˌ**met·a'phos·phate** *s chem.* meta'phosphorsaures Salz, Metaphos'phat *n*.
ˌ**met·a'phys·i·cal** *adj* (*adv* ~**ly**) **1.** *philos.* meta'physisch. **2.** 'übersinnlich. ˌ**met·a·phy'si·cian** *s philos.* Meta'physiker *m*. ˌ**met·a'phys·ics** *s pl* (*als sg konstruiert*) *philos.* Metaphy'sik *f*.
met·a·plasm ['metəplæzəm] *s* **1.** *ling.* Meta'plasmus *m*, 'Wortveränderung *f*, -umbildung *f*. **2.** *biol.* Meta'plasma *n*.
'**met·a·plast** [-plæst] *s ling.* 'umgebildeter Wortstamm.
ˌ**met·a'pol·i·tics** *s pl* (*als sg konstruiert*) *oft contp.* po'litische Theo'rie.
ˌ**met·a·psy'chol·o·gy** *s* **1.** Metapsycholo'gie *f*. **2.** Parapsycholo'gie *f*.
me·tas·ta·sis [mɪˈtæstəsɪs] *pl* **-ses** [-siːz] *s* **1.** *med.* a) Meta'stase *f*, Tochtergeschwulst *f*, b) Meta'stasenbildung *f*. **2.** *biol.* Sub'stanz-, Stoffwechsel *m*. **3.** *geol.* Verwandlung *f* e-r Gesteinsart. **me·tas·ta·size** *v/i med.* metasta'sieren, Tochtergeschwülste bilden.
ˌ**met·a'tar·sal** *anat.* **I** *adj* metatar'sal, Mittelfuß... **II** *s* Mittelfußknochen *m*. ˌ**met·a'tar·sus** *pl* **-si** [-saɪ] *s anat. zo.* Mittelfuß *m*.
me·tath·e·sis [meˈtæθəsɪs] *pl* **-ses** [-siːz] *s* Meta'these *f*: a) *ling.* 'Umstellung *f*, Lautversetzung *f*, b) *biol.* Radi'kalaustausch *m*.

met·a·tho·rax *s zo.* hinterer Brustteil (*der Insekten*).

mé·ta·yage [ˌmetəˈjaːʒ] *s agr.* Halbpacht *f*.

met·a·zo·an [ˌmetəˈzəʊən] *zo.* **I** *adj* metaˈzoisch, vielzellig. **II** *s* Vielzeller *m*.

mete [miːt] **I** *v/t* **1.** *poet.* (ab-, aus-, ˈdurch)messen. **2.** *meist* ~ **out** *a.* e-e *Strafe* zumessen (**to** *dat*). **3.** *fig.* ermessen. **II** *s meist pl* **4.** Grenze *f*: **to know one's ~s and bounds** *fig.* s-e Grenzen kennen, Maß u. Ziel kennen.

met·em·pir·ic [ˌmetemˈpɪrɪk], **met·em·ˈpir·i·cal** *adj* (*adv* ~**ly**) *philos.* transzendenˈtal, jenseits der Erfahrung liegend. **met·em·ˈpir·i·cism** [-sɪzəm] *s* **1.** transzendenˈtaler Ideaˈlismus. **2.** transzendenˈtale Philosoˈphie.

me·tem·psy·cho·sis [ˌmetempsɪˈkəʊsɪs; meˌtem-] *pl* **-ses** [-siːz] *s* Seelenwanderung *f*, Metempsyˈchose *f*.

met·en·ce·phal·ic [ˌmetˌenkəˈfælɪk; *bes. Am.* -ˌensɪ-] *adj anat.* Hinterhirn... **met·en·ˈceph·a·lon** [-ˈsefələn; *Am.* -ˌlɑn] *pl* **-la** [-lə] *s* Metenˈzephalon *n*, ˈHinterhirn *n*.

me·te·or [ˈmiːtjə(r); -ɪə(r)] *s astr.* a) Meteˈor *m* (*a. fig.*), b) Sternschnuppe *f*, c) ˈFeuerkugel *f*, -meteˌor *m*: ~ **dust** kosmischer Staub; ~ **steel** *tech.* Meteorˌstahl *m*; ~ **system** Meteorschwarm *m*.

me·te·or·ic [ˌmiːtɪˈɒrɪk; *Am. a.* -ˈɑ-] *adj* **1.** *astr.* meteˈorisch, Meteor...: ~ **iron** Meteoreisen *n*; ~ **shower** Meteoritenschauer *m*, Steinregen *m*. **2.** *fig.* meteˈorhaft: a) glänzend, b) koˈmetenhaft: **his ~ rise to power**.

me·te·or·ite [ˈmiːtjəraɪt; -ɪə-] *s astr.* Meteoˈrit *m*, Meteˈorstein *m*.

me·te·or·o·graph [ˈmiːtjərəɡrɑːf; *Am.* ˌmiːtɪˈɔːrəˌɡræf; -ˈɑrə-] *s phys.* Meteoroˈgraph *m*. **me·te·or·oˈgraph·ic** [-ˈɡræfɪk] *adj* meteoroˈgraphisch.

me·te·or·o·log·ic [ˌmiːtjərəˈlɒdʒɪk; -tɪə-; *Am.* -ˈlɑ-] *adj* (*adv* ~**ally**) → **meteorological**: ~ **message** *mil.* Barbarameldung *f*. **me·te·or·oˈlog·i·cal** [-kl] *adj* (*adv* ~**ly**) *phys.* meteoroˈlogisch, Wetter..., Luft...: ~ **conditions** Witterungsverhältnisse, ~ **observation** Wetterbeobachtung *f*; ~ **office** Wetteramt *n*; ~ **satellite** Wettersatellit *m*.

me·te·or·ol·o·gist [ˌmiːtjəˈrɒlədʒɪst; -tɪə-; *Am.* -ˈrɑ-] *s phys.* Meteoroˈloge *m*. **me·te·or·ˈol·o·gy** [-dʒɪ] *s phys.* **1.** Meteoroloˈgie *f*, Wetterkunde *f*. **2.** meteoroˈlogische Verhältnisse *pl* (*e-r Gegend*).

me·ter[1], *bes. Br.* **me·tre** [ˈmiːtə(r)] *s* **1.** Meter *m* (*a. n*) (*Maß*). **2.** *metr.* Metrum *n*, Versmaß *n*. **3.** *mus.* a) Zeit-, Taktmaß *n*, b) Periˈodik *f*.

me·ter[2] [ˈmiːtə(r)] **I** *s* **1.** (*meist in Zssgn*) j-d, der mißt; Messende(r *m*) *f*. **2.** *tech.* Messer *m*, ˈMeßinstruˌment *n*, Zähler *m*: ~ **board** Zählertafel *f*; ~ **candle** *phys.* Meterkerze *f*, Lux *n*. **3.** ~ **mail** *a* Freistempler *m*, b) *a.* ~ **impression** Freistempel *m*. **II** *v/t* **4.** (*mit e-m Meßinstrument*) messen: **to** ~ **out** abgeben, dosieren; ~**ing pump** *tech.* Meßpumpe *f*. **5.** *Post* freistempeln.

ˈme·ter-ˈkil·o·gram-ˈsec·ond sys·tem *s* ˈMeter-Kiloˌgramm-SeˈkundenˌSyˌstem *n*.

me·ter maid *s colloq.* Poliˈtesse *f*.

meth·ac·ry·late [meθˈækrɪleɪt] *s chem.* Methacryˈlat *n*. ~ **res·in**, *a.* ~ **plas·tic** *s chem.* Methaˈcrylharz *n* (*Kunststoff*).

met·hae·mo·glo·bin → **methemoglobin**.

meth·ane [ˈmiːθeɪn; *Am.* ˈme-] *s chem.* Meˈthan *n*, Sumpf-, Grubengas *n*.

meth·a·nol [ˈmeθənɒl; *Am. a.* -ˌnəʊl] *s chem.* Methaˈnol *n*.

met·he·mo·glo·bin [metˌhiːməʊˈɡləʊbɪn] *s biol.* Methämogloˈbin *n*.

meth·ene [ˈmeθiːn] *s chem.* Methyˈlen *n*.

me·thinks [mɪˈθɪŋks] *pret* **meˈthought** [-ˈθɔːt] *v/impers obs. od. poet.* mich dünkt.

meth·od [ˈmeθəd] *s* **1.** Meˈthode *f* (*a. math.*), Verfahren *n* (*a. chem. tech.*): ~ **of doing s.th.** Art *f* u. Weise *f*, etwas zu tun; **by a** ~ nach e-r Methode; ~ **of measuring** Meßverfahren *n*; **business** ~**s** Geschäftsmethoden; **differential** ~ *math.* Differentialmethode; ~ **of compensation** *math.* Ausgleichungsrechnung *f*; ~ **of payment** Zahlungsweise *f*; ~ **of financing** Finanzierungsart *f*; ~ **of operation** a) Verfahrensweise *f*, Arbeitsmethode *f*, b) ˈHandˌschrift' *f* (*e-s Täters*). **2.** ˈLehrmeˌthode *f*. **3.** Syˈstem *n*. **4.** *philos.* (logische) ˈDenkmeˌthode. **5.** Meˈthode *f*, Planmäßigkeit *f*: **to work with** ~ methodisch arbeiten; **there is** ~ **in his madness** sein Wahnsinn hat Methode (*was er tut, ist nicht so verrückt, wie es aussieht*); **there is** ~ **in all this** da ist System drin.

me·thod·ic [mɪˈθɒdɪk; *Am.* -ˈθɑ-] *adj*; **meˈthod·i·cal** *adj* (*adv* ~**ly**) **1.** meˈthodisch, planmäßig, systeˈmatisch. **2.** überˈlegt.

meth·od·ism [ˈmeθədɪzəm] *s* **1.** meˈthodisches Verfahren. **2.** **M**~ *relig.* Meˈthodismus *m*. **ˈmeth·od·ist I** *s* **1.** Meˈthodiker(in). **2.** **M**~ *relig.* Methoˈdist(in). **II** *adj* **3.** **M**~ *relig.* methoˈdistisch, Methodisten... **meth·odˈis·tic** *adj* **1.** streng meˈthodisch. **2.** **M**~ → **methodist** 3.

meth·od·ize [ˈmeθədaɪz] *v/t* meˈthodisch ordnen.

meth·od·less [ˈmeθədlɪs] *adj* plan-, syˈstemlos.

meth·od·ol·o·gy [ˌmeθəˈdɒlədʒɪ; *Am.* -ˈdɑ-] *s* **1.** Meˈthodik *f*. **2.** Meˈthodenlehre *f*, Methodoloˈgie *f*.

me·thought [mɪˈθɔːt] *pret von* **methinks**.

Me·thu·se·lah [mɪˈθjuːzələ; -ˈθuː-] *npr Bibl.* Meˈthusalem *m*: (**as**) **old as** ~.

meth·yl [ˈmeθɪl; ˈmiːθaɪl] *s chem.* Meˈthyl *n*: ~ **alcohol** Methylalkohol *m*; ~ **blue** Methylblau *n*. **ˈmeth·yl·ate** [-leɪt] *chem.* **I** *v/t* **1.** methyˈlieren. **2.** denatuˈrieren: ~**d spirits** denaturierter *od.* vergällter Spiritus. **II** *s* **3.** Methyˈlat *n*.

meth·yl·ene [ˈmeθɪliːn] *s chem.* Methyˈlen *n*: ~ **blue** Methylenblau *n*.

me·thyl·ic [meˈθɪlɪk] *adj chem.* Methyl...

me·tic·u·los·i·ty [mɪˌtɪkjʊˈlɒsətɪ; *Am.* -ˈlɑ-] *s* peinliche Genauigkeit, Akriˈbie *f*. **meˈtic·u·lous** *adj* (*adv* ~**ly**) peinlich genau, übergenau, aˈkribisch. **meˈtic·u·lous·ness** *s* → **meticulosity**.

mé·tier [ˈmeɪtɪeɪ; ˈmetjeɪ] *s* **1.** Gewerbe *n*, Handwerk *n*. **2.** *fig.* (Speziˈal)Gebiet *n*, Metiˈer *n*.

mé·tis [meˈtiːs; *Am.* meɪ-] *pl* **méˈtis** [-ˈtiːs; -ˈtiːz] *s* Mischling *m*, Meˈstize *m*, *bes. Canad.* Abkömmling *m* von Franˈzosen u. Indiˈanern.

met of·fice [met] *s colloq.* Wetteramt *n*.

met·o·nym [ˈmetənɪm] *s Rhetorik*: Metoˈnym *n*. **me·ton·y·my** [mɪˈtɒnɪmɪ; *Am.* -ˈtɑ-] *s* Metonyˈmie *f* (*Begriffsvertauschung, z. B.* **Heaven** *für* **God**).

met·ope [ˈmetəʊp; *Am.* ˈmetəpɪ;] *s arch.* Meˈtope *f*, Zwischenfeld *n*. **me·top·ic** [mɪˈtɒpɪk; *Am.* -ˈtɑ-] *adj anat.* meˈtopisch, Stirn...

me·tre *bes. Br. für* **meter**[1].

met·ric [ˈmetrɪk] **I** *adj* (*adv* ~**ally**) **1.** metrisch, Maß...: ~ **method of analysis** *chem.* Maßanalyse *f*. **2.** metrisch, Meter...: ~ **system** metrisches (Maß- u. Gewichts)System; **to go** ~ → **metricate II**; ~ **hundredweight** *c*, **ton**[1] 1 *c*. **3.** ~ **metrical 2. II** *s pl* (*als sg konstruiert*) **4.** Metrik *f*, Verslehre *f*. **5.** *mus.* Rhythmik *f*, Taktlehre *f*. **ˈmet·ri·cal** *adj* (*adv* ~**ly**) **1.** → **metric** 1 *u.* 2. **2.** a) metrisch, nach Verssilbenmaß gemessen, b) rhythmisch. **ˈmet·ri·cate** [-keɪt] *Br.* **I** *v/t* auf das metrische Syˈstem ˈumstellen. **II** *v/i* das metrische Syˈstem einführen, sich auf das metrische Syˈstem ˈumstellen. **ˌmet·riˈca·tion** *s Br.* ˈUmstellung *f* auf das metrische Syˈstem.

me·trol·o·gy [mɪˈtrɒlədʒɪ; *Am.* -ˈtrɑ-] *s* Metroloˈgie *f*, Maß- u. Gewichtskunde *f*.

met·ro·nome [ˈmetrənəʊm] *s mus.* Metroˈnom *n*, Taktmesser *m*. **ˌmet·roˈnom·ic** [-ˈnɒmɪk; *Am. a.* -ˈnɑ-] *adj* metroˈnomisch: ~ **mark** Metronombezeichnung *f*, Taktvorschrift *f*. **2.** *fig.* monoˈton, regelmäßig.

met·ro·nym·ic [ˌmetrəˈnɪmɪk; *Am. a.* ˌmiːtrə-] *ling.* **I** *adj* matroˈnymisch, Mutter... **II** *s* Matroˈnymikum *n*, Muttername *m*.

me·trop·o·lis [mɪˈtrɒpəlɪs; *Am.* -ˈtrɑ-] *s* **1.** Metroˈpole *f*, Hauptstadt *f*: **the M**~ *Br.* London *n*; **commercial** ~ Handelsmetropole. **2.** Großstadt *f*. **3.** Zentrum *n*. **4.** *relig.* Sitz *m* e-s Metropoˈliten *od.* Erzbischofs. **5.** *zo.* Hauptfundort *m*. **met·ro·pol·i·tan** [ˌmetrəˈpɒlɪtən; *Am.* -ˈpɑ-] **I** *adj* **1.** hauptstädtisch. **2.** *relig.* Metropolitan..., erzbischöflich. **3.** Mutterstadt..., -land... **II** *s* **4.** *relig.* Metropoˈlit *m*: a) führender Geistlicher in der Ostkirche, b) *R.C.* (*e-r Kirchenprovinz vorstehender*) Erzbischof. **5.** Bewohner(in) der Hauptstadt. **6.** Großstädter(in).

met·tle [metl] *s* **1.** Veranlagung *f*, Natuˈrell *n*. **2.** Eifer *m*, Enthusiˈasmus *m*, Mut *m*, Feuer *n*: **a man of** ~ ein Mann von echtem Schrot u. Korn; **a horse of** ~ ein feuriges Pferd; **to be on one's** ~ zeigen wollen, was man kann; vor Eifer brennen; **to put s.o. on his** ~ j-n zur Aufbietung aller s-r Kräfte anspornen; **to try s.o.'s** ~ j-n auf die Probe stellen. **ˈmet·tled**, **ˈmet·tle·some** [-səm] *adj* feurig, mutig.

mew[1] [mjuː] *s orn.* Seemöwe *f*.

mew[2] [mjuː] → **meow**.

mew[3] [mjuː] **I** *v/t obs.* **1.** *zo.* das Geweih, *die Haare etc* verlieren: **the bird** ~**s its feathers** der Vogel mausert sich. **2.** *meist* ~ **up** einsperren. **II** *v/i* **3.** *zo. obs.* sich mausern, federn, haaren. **III** *s* **4.** Mauserkäfig *m* (*bes. für Falken*). **5.** *pl* (*als sg konstruiert*) *bes. Br.* a) Stall *m*: **the Royal M**~**s** der Königliche Marstall (*in London*), b) *zo.* Wohnungen *od.* Garagen umˌgebaute ehemalige Stallungen.

mewl [mjuːl] *v/i* **1.** wimmern (*Baby*). **2.** miˈauen.

Mex·i·can [ˈmeksɪkən] **I** *adj* **1.** mexiˈkanisch. **II** *s* **2.** Mexiˈkaner(in). **3.** Azˈteke *m*. **4.** *ling.* die Naˈhuatlsprache. **5.** → **Mexican dollar**. ~ **dol·lar** *s* mexiˈkanischer Dollar.

mez·za·nine [ˈmetsəniːn; *bes. Am.* ˈmez-] *s arch.* **1.** Mezzaˈnin *n*, Zwischen-, Halbgeschoß *n*. **2.** *thea. Br.* Raum *m od.* Boden *m* unter der Bühne.

mez·zo [ˈmedzəʊ; ˈmetsəʊ] **I** *adj* **1.** *mus.* mezzo, mittelˈ, halb: ~ **forte** halbstark. **II** *pl* **-zos 2.** → **mezzo-soprano**. **3.** → **mezzotint I**. ~**-reˈlie·vo**, ~**-riˈlie·vo** *s Bildhauerei*: ˈHalbreliˌef *n*. ~**-soˈpra·no** *mus.* **I** *s* ˈMezzosoˌpran *m*: a) ˈMezzosoˌpranstimme *f*, b) ˈMezzosopraˌnistin *f*, c) ˈMezzosoˌpranparˌtie *f*. **II** *adj* Mezzosopran... **ˈ~-tint** *s Kupferstecherei*: a) Mezzoˈtinto *n*, Schabkunst *f*, b) Schabkunstblatt *n*: ~ **engraving** Stechkunst *f* in Mezzotinoˌmanier. **II** *v/t* in Mezzoˈtinto graˈvieren.

mho [məʊ] *s electr.* Siemens *n* (*Einheit der Leitfähigkeit*). **mho·me·ter** [ˈməʊˌmiːtə(r)] *s* (*direktanzeigender*) Leitwertˌmesser.

mi [mi:] *s mus.* mi *n* (*Solmisationssilbe*).
mi·aow [mɪˈaʊ] → **meow**.
mi·asm [ˈmaɪæzəm], **mi'as·ma** [mɪˈæzmə; maɪ-] *pl* **-ma·ta** [-mətə] *s med.* Mi'asma *n*, Krankheits-, Ansteckungsstoff *m.* **mi'as·mal, ˌmi·asˈmat·ic** [-ˈmætɪk] *adj* **1.** miasˈmatisch, ansteckend. **2.** Miasma...
mi·aul [miːˈaʊl] *v/i* miˈauen.
mi·ca [ˈmaɪkə] *min.* **I** *s* **1.** Glimmer(erde *f*) *m*: **argentine** ~ Silberglimmer, Katzensilber *n*; **yellow** ~ Goldglimmer, Katzengold *n.* **2.** Fraueneis *n*, Maˈrienglas *n.* **II** *adj* **3.** Glimmer...: ~ **capacitor** *electr.* Glimmerkondensator *m*; ~ **schist**, ~ **slate** Glimmerschiefer *m*; ~ **sheet** Glimmerblatt *n.* **mi'ca·ceous** [-ˈkeɪʃəs] *adj* Glimmer...: ~ **iron ore** Eisenglimmer *m.*
Mi·cah [ˈmaɪkə] *npr u. s Bibl.* (das Buch) Micha *m od.* Kaˈthäas.
Mi·caw·ber·ism [mɪˈkɔːbərɪzəm] *s* kindlicher Optiˈmismus(, daß alles von alˈlein wieder gut wird) (*nach Mr. Wilkins Micawber in „David Copperfield" von Dickens*). **Mi'caw·ber·ist** *s* unentwegter Optiˈmist.
mice [maɪs] *pl von* **mouse**.
Mich·ael·mas [ˈmɪklməs] *s bes. Br.* Michaelstag *m*, Michaˈeli(s) *n* (*29. September*). ~ **Day** *s* **1.** → **Michaelmas**. **2.** e-r der vier brit. Quartalstage. ~ **term** *s univ. Br.* ˈHerbstseˌmester *n.*
Mick [mɪk] **I** *npr* Koseform *von* **Michael**. **II** *s m* ~ *sl. contp.* a) Ire *m*, b) Kaˈthole *m.*
Mick·ey [ˈmɪkɪ] *s* **1.** *aer. Am. sl.* Flugzeug-Bordradar(gerät *n*) *m*: ~ **navigator**, ~ **pilot** Orter *m.* **2.** **to take the m**~ **out** of s.o. *bes. Br. colloq.* j-n ˌauf den Arm nehmenˈ *od.* ˌaufˌziehenˈ. **3. m**~ → **Miok II**. **4.** → **Mickey Finn**. ~ **Finn** [fɪn] *s sl.* a) präpaˈrierter Drink, b) Betäubungsmittel *n.* ~ **Mouse** *adj bes. Am. sl.* anspruchslos (*Musik, Job etc*).
mick·le [ˈmɪkl] *s obs. od. dial.* Menge *f*: **many a little makes a** ~ viele Wenig machen ein Viel.
Mick·y [ˈmɪkɪ] → **Mick I, Mickey 2**.
mi·cra [ˈmaɪkrə] *pl von* **micron**.
micro- [maɪkrəʊ] Wortelement mit den Bedeutungen a) Mikro..., (sehr) klein, b) (*bei Maßbezeichnungen*) ein Millionstel, c) mikroskopisch.
mi·cro·am·me·ter [ˌmaɪkrəʊˈæmtə(r)] *s electr.* ˈMikroˌampereˌmeter *n.*
ˌmi·croˈanal·y·sis *s irr chem.* Mikroanaˈlyse *f.*
mi·crobe [ˈmaɪkrəʊb] *s biol.* Miˈkrobe *f.*
mi'cro·bi·al, mi'cro·bi·an, mi·ˈcro·bic *adj* miˈkrobisch, Mikroben-.
mi'cro·bi·cid·al [-bɪsaɪdl] *adj* miˈkrobentötend, antibiˈotisch. **miˈcro·bi·cide** *s* Antibiˈotikum *n.* **ˈmi·cro·biˈoˈlog·ic, ˌmi·croˌbi·oˈlog·i·cal** *adj* (*adv* ~**ly**) mikrobioˈlogisch. **ˌmi·cro·biˈol·o·gist** *s* Mikrobioˈloge *m.* **ˌmi·cro·biˈol·o·gy** *s* Mikrobioloˈgie *f.* **ˌmi·cro·biˈo·sis** [-baɪˈəʊsɪs] *s med.* Mikrobiˈose *f*, Mi'krobeninfektiˌon *f.*
ˈmi·cro·card *s* Mikrokarte *f.*
ˌmi·cro·ceˈphal·ic [-keˈfælɪk; *bes. Am.* -sɪˈf-] *adj med.* mikrozeˈphal, kleinköpfig. **ˌmi·croˈceph·a·lism** [-ˈkefəlɪzəm; *bes. Am.* -ˈsef-] *s* Kleinköpfigkeit *f.* **ˌmi·croˈceph·a·lous** → **microcephalic**.
ˌmi·croˈchem·i·cal *adj chem.* mikroˈchemisch. **ˌmi·croˈchem·is·try** *s* Mikrocheˈmie *f.*
ˈmi·cro·chip *s electr.* Mikrochip *m.*
ˈmi·cro·cir·cuit *s electr.* Mikroschaltung *f*, ˈmikrominiatuˌrisierte Schaltung.
ˈmi·croˌcli·mate *s meteor.* Mikroklima *n.*

ˌmi·croˈcoc·cal [-ˈkɒkəl; *Am.* -ˈkɑ-] *adj* Mikrokokken... **ˌmi·croˈcoc·cus** *s irr* Mikroˈkokkus *m*, ˈKugelbakˌterie *f.*
ˈmi·croˌcop·y *s* Mikrokoˈpie *f.*
ˈmi·cro·cosm *s* Mikroˈkosmos *m*: a) *philos.* (*a.* Mensch *m* als) Welt *f* im kleinen, b) kleine Gemeinschaft, c) kleine Darstellung. **ˌmi·croˈcos·mic** *adj* mikroˈkosmisch: ~ **salt** *chem.* mikrokosmisches Salz, Phosphorsalz *n.* **ˌmi·croˈcosˌmog·ra·phy** *s philos.* Beschreibung *f* des Menschen (*als Welt im kleinen*).
ˈmi·croˌcul·ture *s Bakteriologie:* Mikrokulˈtur *f.*
ˈmi·cro·cyte [-saɪt] *s med.* Mikroˈzyt *m* (*kleines rotes Blutkörperchen*).
ˌmi·cro·deˈtec·tor *s* **1.** *tech.* Mikrodeˈtektor *m.* **2.** *electr.* hochempfindliches Galvanoˈmeter.
ˈmi·croˌearth·quake *s geol. phys.* sehr schwaches Erdbeben (*weniger als 2,5 auf der Richter-Skala*).
ˌmi·croˌe·coˈnom·ic *adj econ.* mikroökoˈnomisch. **ˌmi·croˌe·coˈnom·ics** *s pl* (*meist als sg konstruiert*) Mikroökonoˈmie *f.*
ˌmi·croˌe·lecˈtron·ics *s pl* (*als sg konstruiert*) *phys.* Mikroelekˈtronik *f.*
ˈmi·croˌfar·ad *s electr.* Mikrofaˈrad *n.*
ˈmi·cro·fiche *s* Mikrofiche *m*, Mikrofilmkarte *f.*
ˈmi·cro·film *phot.* **I** *s* Mikrofilm *m.* **II** *v/t* auf Mikrofilm aufnehmen.
ˈmi·cro·gram, *bes. Br.* **ˈmi·cro·gramme** *s phys.* Mikroˈgramm *n* (*ein millionstel Gramm*).
ˈmi·cro·graph *s* **1.** *tech.* (*Art*) Storchschnabel *m* (*Instrument zum Zeichnen*). **2.** mikroˈgraphische Darstellung. **3.** *phys.* Mikroˈgraph *m* (*selbstregistrierendes Meßinstrument für kleinste Bewegungen*).
ˈmi·cro·groove *s tech.* **1.** Mikrorille *f* (*e-r Schallplatte*). **2.** Schallplatte *f* mit Mikrorillen.
ˈmi·cro·inch *s* ein milliˈonstel Zoll.
ˌmi·cro·inˈstruc·tion *s Computer:* ˈMikroinstruktiˌon *f*, -befehl *m.*
ˌmi·cro·linˈguis·tics *s pl* (*meist als sg konstruiert*) *ling.* Mikrolinˈguistik *f.*
ˌmi·croˈlog·i·cal *adj* **1.** mikroˈlogisch. **2.** *fig.* peˈdantisch, kleinlich. **miˈcrol·o·gy** [maɪˈkrɒlədʒɪ; *Am.* -ˈkrɑ-] *s* **1.** Mikroloˈgie *f.* **2.** *fig.* Kleinigkeitskrämeˈrei *f*, Haarspalteˈrei *f.*
mi·crom·e·ter[1] [maɪˈkrɒmɪtə(r); *Am.* -ˈkrɑ-] *s* **1.** *opt.* Okuˈlar-Mikroˌmeter *n.* **2.** *a.* ~ **caliper** Mikroˈmeter *n*, Feinmeßschraube *f*, Schraublehre *f.*
mi·cro·me·ter[2], *bes. Br.* **mi·cro·me·tre** [ˈmaɪkrəʊˌmiːtə(r)] *s phys.* Mikroˈmeter *n* (*ein millionstel Meter*): ~ **adjustment** *tech.* Feinstellung *f.*
mi·crom·e·ter screw *s phys.* **1.** → **micrometer**[1] **2. 2.** (Meß-, Schraub)Spindel *f*, Meßschraube *f* (*e-r Schraublehre*).
mi·cro·me·tre *bes. Br. für* **micrometer**[2].
ˌmi·croˈmet·ric, ˌmi·croˈmet·ri·cal *adj phys.* mikroˈmetrisch.
ˌmi·croˈmi·croˌfar·ad *s electr.* Picofaˈrad *n* (= 10^{-12} Farad).
ˌmi·croˈmil·liˌme·ter, *bes. Br.* **ˌmi·croˈmil·liˌme·tre** *s* Mikromilliˈmeter *n* (*ein millionstel Millimeter*).
mi·cron [ˈmaɪkrɒn; *Am.* -ˌkrɑn] *pl* **-crons**, **-cra** [-krə] *s chem. phys.* Mikron *n* (*ein tausendstel Millimeter*).
ˌmi·cro·orˈgan·ic *adj biol.* mikroorˈganisch. **ˌmi·croˈor·gan·ism** *s* Mikroorgaˈnismus *m.*
mi·cro·phone [ˈmaɪkrəfəʊn] *s electr. phys.* **1.** Mikroˈphon *n*: **at the** ~ am Mikrophon; ~ **key** Mikrophon-, Sprechtaste *f.* **2.** *teleph.* Sprechkapsel *f.* **3.** *colloq.*

Radio *n*: **through the** ~ durch den Rundfunk. **ˌmi·croˈphon·ics** [-ˈfɒnɪks; *Am.* -ˈfɑ-] *s pl* **1.** (*als sg konstruiert*) *phys.* Mikroˈphonik *f* (*Lehre von der Verstärkung schwacher Töne*). **2.** (*als pl konstruiert*) *electr.* Mikroˈphonˌfekt *m*, aˈkustische Rückkopplung.
ˌmi·croˈpho·to·graph *s phot.* Mikrofoto(graˈfie *f*) *n.* **ˌmi·cro·phoˈtog·ra·phy** *s* Mikrofotograˈfie *f.*
ˌmi·croˈphys·ics *s pl* (*oft als sg konstruiert*) *phys.* Mikrophyˈsik *f.*
ˈmi·cro·phyte [ˈmaɪkrəʊfaɪt] *s biol. med.* Mikroˈphyt *m*, pflanzliche Miˈkrobe.
ˈmi·cro·print *s* Mikrodruck *m.*
ˌmi·croˈpro·ces·sor *s Computer:* ˈMikroproˌzessor *m.*
mi·cro·scope [ˈmaɪkrəskəʊp] *phys.* **I** *s* Mikroˈskop *n*: **compound** ~ Verbundmikroskop; ~ **stage** Objektivtisch *m*; **to put s.o.** (**s.th.**) **under the** ~ *fig.* j-n (etwas) genau unter die Lupe nehmen; → **reflect 2. II** *v/t* mikroˈskopisch unterˈsuchen. **ˌmi·croˈscop·ic** [-ˈskɒpɪk; *Am.* -ˈskɑ-] *adj*; **ˌmi·croˈscop·i·cal** *adj* (*adv* ~**ly**) **1.** mikroˈskopisch: ~ **examination**; ~ **slide** Objektträger *m.* **2.** *fig.* (peinlich) genau, ins kleinste gehend. **3.** mikroˈskopisch klein, verschwindend klein (*a. fig.*). **miˈcros·co·py** [-ˈkrɒskəpɪ; *Am.* -ˈkrɑ-] *s* Mikroskoˈpie *f.*
ˈmi·croˌsec·ond *s* Mikroseˈkunde *f.*
ˈmi·croˌseism *s geol. phys.* leichtes Erdbeben.
mi·cro·some [ˈmaɪkrəʊsəʊm] *s biol.* Mikroˈsom *n*, feinstes Körnchen.
ˌmi·croˌspoˈran·gi·um *s irr bot.* Mikrosporˈrangium *n*, Pollensack *m.* **ˈmi·cro·spore** *s* Mikroˈspore *f.* **ˌmi·croˈspo·ro·phyll** *s* Mikrosporoˈphyll *n*, männliches Sporoˈphyll.
ˈmi·cro·state *s pol.* Zwergstaat *m.*
ˌmi·croˈsur·ger·y *s med.* Mikrochirurˈgie *f.*
mi·cro·tome [ˈmaɪkrəʊtəʊm] *s phys.* Mikroˈtom *m, n* (*Vorrichtung zum Schneiden sehr dünner mikroskopischer Präparate*). **miˈcrot·o·my** [maɪˈkrɒtəmɪ; *Am.* -ˈkrɑ-] *s phys.* Mikrotoˈmie *f.*
ˈmi·cro·tone *s mus.* ˈKlein-Interˌvall *n.*
ˈmi·cro·volt *s electr.* Mikrovolt *n.*
ˈmi·cro·wave *s electr.* Mikro-, Deziˈmeterwelle *f*: ~ **engineering** Höchstfrequenztechnik *f*; ~ **oven** Mikrowellenherd *m.*
mi·cro·zo·a [ˌmaɪkrəʊˈzəʊə] *s pl zo.* Mikroˈzoen *pl*, mikroˈskopisch kleine Tierchen *pl*, Urtiere *pl.*
mic·tu·rate [ˈmɪktjʊəreɪt; *Am. bes.* -tʃə-] *v/i med.* harnen, uriˈnieren. **micˈtu·ri·tion** [-ˈrɪʃn] *s* **1.** Harndrang *m.* **2.** Harnen *n*, Uriˈnieren *n.*
mid[1] [mɪd] *adj* **1.** *attr od. in Zssgn* mittler (-er, e, es), Mittel...: **in** ~**air** freischwebend, (mitten) in der Luft, über dem Boden; **in** ~**April** Mitte April; **in** ~ **morning** am Vormittag; **in the** ~ **16th century** in der Mitte des 16. Jhs.; **in** ~**ocean** auf offener See. **2.** *ling.* halb(offen) (*Vokal*).
mid[2] [mɪd] *prep meist poet.* inˈmitten von (*od. gen*).
Mi·das [ˈmaɪdæs; -dəs] **I** *npr antiq.* Midas *m*: **he has the** ~ **touch** *fig.* er macht aus allem Geld. **II** *s m* ~ *zo.* Midasfliege *f.*
ˈmidˈbrain *s anat.* Mittelhirn *n.* ~**day I** *s* Mittag *m*: **at** ~ mittags. **II** *adj* mittägig, Mittag(s)...: ~ **meal** Mittagessen *n.*
mid·den [ˈmɪdn] *s obs. od. dial.* a) Misthaufen *m*, b) Abfallhaufen *m.*
mid·dle [ˈmɪdl] **I** *adj* **1.** (*a. zeitlich u. fig.*) mittler(er, e, es), Mittel...: ~ **rail**; ~ **size**; ~ **C** *mus.* eingestrichenes C; ~ **finger** Mittelfinger *m*; ~ **life** mittleres Lebensalter; ~ **quality** *econ.* Mittelqualität *f*; **in the** ~

fifties Mitte der Fünfziger(jahre). **2.** *ling.* a) Mittel...: **M~ Latin** Mittellatein *n*, b) medi'al. **II** *s* **3.** Mitte *f*: **in the ~** in der *od.* die Mitte; **in the ~ of** in der Mitte (*gen*), mitten in (*dat*), inmitten (*gen*); **in the ~ of speaking** mitten im Sprechen; **in the ~ of July** Mitte Juli. **4.** Mittelweg *m*. **5.** mittlerer Teil, Mittelstück *n* (*a. e-s Schlachttieres*). **6.** Mittelsmann *m*. **7.** Mitte *f* (*des Leibes*), Taille *f*, Gürtel *m*. **8.** *ling.* Medium *n* (*griechische Verbform*). **9.** *Logik*: Mittelglied *n* (*e-s Schlusses*). **10.** *bes. Fußball:* Flanke(nball *m*) *f*. **11.** *a.* **~ article** *Br.* Feuille'ton *n*. **12.** *pl econ.* Mittelsorte *f*. **III** *v/t* **13.** in die Mitte pla'cieren. **14.** *bes. Fußball:* den Ball zur Mitte geben.
mid·dle| age *s* **1.** mittleres Alter. **2. the M~ A~s** *pl* das Mittelalter. ı**M~-'Age** *adj* mittelalterlich. ı**~-'aged** *adj* mittleren Alters. **M~ A·mer·i·ca** *s* die (konserva'tive) ameri'kanische Mittelschicht. **M~ At·lan·tic States** *s pl Am.* (*Sammelname für die Staaten*) New York, New Jersey u. Pennsyl'vania. '**~-ıbrack·et** *adj* zur mittleren Einkommensstufe gehörend: **a ~ income** ein mittleres Einkommen. '**~-brow I** *adj* von 'durchschnittlichen geistiger ,Nor'malverbraucher'. ı**~-'class** *adj* zum Mittelstand gehörig, Mittelstands... **~ class·es** *s pl* Mittelstand *m*. **~ course** *s fig.* Mittelweg *m*: **to take** (*od.* **follow**) **a ~** e-n Mittelweg gehen. **~ deck** *s mar.* Mitteldeck *n*. **~ dis·tance** *s* **1.** *paint. phot.* Mittelgrund *m*. **2.** *sport* Mittelstrecke *f*. ı**~-'dis·tance** *adj sport* Mittelstrecken...: **~ race**; **~ runner** Mittelstreckler(in), Mittelstreckenläufer(in). **~ ear** *s anat.* Mittelohr *n*. '**~-earth** *s obs.* Erde *f* (*als zwischen Himmel u. Hölle liegend betrachtet*). **M~ East** *s geogr.* **1.** (*der*) Mittlere Osten. **2.** *Br.* (*der*) Nahe Osten. **M~ Em·pire** **~** Middle Kingdom 1. **M~ Eng·lish** *s ling.* Mittelenglisch *n*. **M~ Greek** *s ling.* die griechische Sprache des Mittelalters. **~ ground** *s* **1.** → middle distance 1. **2.** *mar.* seichte Stelle. **3.** *fig.* mittlerer *od.* neu'traler Standpunkt. **M~ High Ger·man** *s ling.* Mittelhochdeutsch *n*. '**~-ıin·come** *adj* mit mittlerem Einkommen. **M~ Kingdom** *s* **1.** *antiq.* mittleres Königreich Ä'gypten (*etwa 2400 bis 1580 v. Chr.*). **2.** *hist.* Reich *n* der Mitte (*China*). '**~-man** [-mæn] *s irr* **1.** Mittelsmann *m*. **2.** *econ.* a) Makler *m*, Zwischenhändler *m*, b) A'gent *m*, Vertreter *m*. **3.** *Br.* Feuilleto'nist *m*. '**~-most** [-məʊst] *adj* ganz in der Mitte (*liegend etc*). **~ name** *s* **1.** zweiter Vorname. **2.** *fig. colloq.* her'vorstechende Eigenschaft: **inertia is his ~** er ist die Faulheit in Person. ı**~-of-the-'road** *adj bes. pol.* gemäßigt: **~ policy**. ı**~-of-the-'road·er** *s bes. pol.* Gemäßigte(r) *m*.
'**mid·dle|-range** *adj* **1.** Mittelstrecken... (*a. mil.*). **2.** Mittelklasse...: **~ car**. **3.** *fig.* mittelfristig (*Pläne etc*). '**~-rate** *adj* mittelmäßig. **~ school** *s ped. Br.* Hauptschule *f*. '**~-sized** *adj* (von) mittlerer Größe. **M~ States** → Middle Atlantic States. **~ term** → middle 9. '**~-weight** *sport I s* Mittelgewicht(ler *m*) *n*. **II** *adj* Mittelgewichts... **M~ West** *s Am. u. Canad.* Mittelwesten *m*, (*der*) mittlere Westen.
mid·dling ['mɪdlɪŋ] **I** *adj* (*adv* **~ly**) **1.** von mittlerer Größe *od.* Güte *od.* Sorte, mittelmäßig (*a. contp.*), Mittel...: **how are you? fair to ~** ,so lala'; **~ quality** Mittelqualität *f*. **2.** leidlich, ,mittelmäßig' (*Gesundheit*). **3.** ziemlich groß. **II** *adv colloq.* **4.** leidlich, ziemlich, erträglich: **~ good** leidlich gut; **~ large** mittelgroß. **5.** ziemlich *od.* ganz gut. **III** *s* **6.** *meist pl econ.* Ware *f* mittlerer Güte, Mittelsorte *f*. **7.** *pl*

a) Mittelmehl *n*, b) (*mit Kleie etc vermischtes*) Futtermehl. **8.** *pl metall.* 'Zwischenproıdukt *n*.
mid·dy ['mɪdɪ] *s* **1.** *colloq.* für **midshipman. 2.** → middy blouse. **~ blouse** *s* Ma'trosenbluse *f*.
'**mid·ıen·gined** *adj* Mittelmotor...
ı**mid'field** *s bes. Fußball:* Mittelfeld *n*: **in ~** im Mittelfeld; **~ man**, **~ player** Mittelfeldspieler *m*.
midge [mɪdʒ] *s* **1.** *zo.* kleine Mücke. **2.** → midget 1.
midg·et ['mɪdʒɪt] **I** *s* **1.** Zwerg *m*, Knirps *m*. **2.** Winzling *m* (*Person, a. Sache*). **II** *adj* **3.** Zwerg..., Miniatur..., Kleinst...: **~ car** *mot.* Klein(st)wagen *m*; **~ golf** Minigolf *n*; **~ railway** Liliputbahn *f*; **~ submarine** *mar.* Kleinst-U-Boot *n*.
mid·i ['mɪdɪ] **I** *s* **1.** Midimode *f*: **to wear ~** midi tragen. **2.** a) Midimantel *m*, b) Midikleid *n*, c) Midirock *m*. **II** *adj* **3.** Midi...: **~ coat**, *etc* **~ midicoat**, *etc*. '**~-coat** *s* Midimantel *m*. '**~-dress** *s* Midikleid *n*.
'**mid·iıron** *s Golf*: Midiron *m* (*Eisenschläger Nr. 2*).
'**mid·i-skirt** *s* Midirock *m*.
'**mid·|land** [-lənd] **I** *s* **1.** *meist pl* Mittelland *n*. **2. the M~s** *pl* Mittelengland *n*. **II** *adj* **3.** binnenländisch. **4. M~** *geogr.* mittelenglisch. '**~-life cri·sis** *s psych.* Midlife-crisis *f*, Krise *f* in der Lebensmitte. '**~-line** *s math.* Mittellinie *f*, Ort *m* der Mittelpunkte, Medi'ane *f*. '**~-mash·ie** *s Golf*: Midmashie *m* (*Eisenschläger Nr. 3*). '**~-most** *adj* **1.** ganz *od.* genau in der Mitte (*liegend etc*). **2.** innerst(er, e, es). **II** *adv* **3.** (ganz) im Innern *od.* in der Mitte. '**mid·night I** *s* Mitternacht *f*: **at ~** um Mitternacht. **II** *adj* mitternächtig, Mitternachts...: **to burn the ~ oil** bis spät in die Nacht arbeiten *od.* aufbleiben. **~ ap·point·ment** *s pol. Am.* Anstellung *f od.* Ernennung *f* von Be'amten in der letzten Mi'nute (*vor dem Ablauf der Amtsperiode e-r Regierung*). **~ blue** *s* Mitternachtsblau *n* (*Farbe*). **~ sun** *s* **1.** Mitternachtssonne *f*. **2.** *mar.* Nordersonne *f*.
'**mid·|noon** *s* Mittag *m*. ı**~-'off**, ı**~-'on**) *s* (*Kricket*) **1.** links (rechts) vom Werfer po'stierter Spieler. **2.** links (rechts) vom Werfer liegende Seite des Spielfelds. '**~-point** *s* **1.** *math.* Mittelpunkt *m* (*e-r Linie*), Hal'bierungspunkt *m*. **2.** *fig.* Hälfte *f*, Mitte *f*: **to reach ~** die Hälfte hinter sich haben. '**~-rib** *s bot.* Mittelrippe *f* (*e-s Blatts*). '**~-riff** *s* **1.** *anat.* Zwerchfell *n*. **2.** a) Mittelteil *m*, *n* (*e-s Damenkleidungsstücks*), b) *Am.* zweiteiliges Damenkleidungsstück, das die Taille freiläßt. **3.** Obertaille *f*: **~ bulge** ,Rettungsring' *m* (*Fettwulst um die Taille*). **4.** Magengrube *f*: **a blow in the ~**. '**~-ship** *mar. I s* Mitte *f* des Schiffs. **II** *adj* Mitschiffs...: **~ section** Hauptspant *m*. '**~-ship·man** [-mən] *s irr mar.* Midshipman *m*: a) *Br.* unterster Rang *e-s* Seeoffiziers, b) *Am.* 'Seeoffiıziersanwärter *m*. '**~-ships** *adv mar.* mittschiffs.
midst [mɪdst] **I** *s* (*das*) Mittelste, Mitte *f* (*nur mit prep*): **from the ~** aus der Mitte; **in the ~ of** inmitten (*gen*), mitten unter (*dat*); **in their** (**our**) **~** mitten unter ihnen (uns); **from our ~** aus unserer Mitte. **II** *prep obs. od. poet.* für amidst.
ı**mid'stream** *s* Strommitte *f*.
'**mid·ısum·mer I** *s* **1.** Mitte *f* des Sommers, Hochsommer *m*. **2.** *astr.* Sommersonnenwende *f* (*21. Juni*): "**A M~ Night's Dream**" ,,Ein Sommernachtstraum" (*Lustspiel von Shakespeare*). **II** *adj* **3.** hochsommerlich, Hochsommer..., im Hochsommer. **M~ Day** *s* **1.** Jo'hanni(stag *m*) *n* (*24. Juni*). **2.** e-r der

4 *brit. Quartalstage*. **~ mad·ness** *s* Wahnsinn *m*, Verrücktheit *f*.
ı**Mid|-Vic'to·ri·an I** *adj* die Mitte der viktori'anischen E'poche (*Regierungszeit der Königin Victoria 1837–1901*) betreffend *od.* kennzeichnend: **~ ideas**; **~ writers**. **II** *s* (*a. typischer*) Zeitgenosse der Mitte der viktorianischen Epoche. '**m~-way I** *s* **1.** Mitte *f od.* Hälfte *f* des Weges. **2.** *Am.* Haupt-, Mittelstraße *f* (*auf Ausstellungen*). **II** *adj* **3.** mittler(er, e, es). **III** *adv* **4.** *a. fig.* auf halbem Wege (**between** zwischen *dat*). '**m~week I** *s* Mitte *f* der Woche. **II** *adj* (in der) Mitte der Woche stattfindend. ı**m~'week·ly I** *adj* **1.** → midweek II. **2.** in der Mitte jeder Woche stattfindend. **II** *adv* **3.** in der Mitte der *od.* jeder Woche. '**~-west I** *s* → Middle West. **II** *adj* den Mittelwesten betreffend. ı**~-'west·ern·er** *s Am.* Bewohner(in) des Mittelwestens.
mid·wife ['mɪdwaɪf] **I** *s irr* **1.** Hebamme *f*, Geburtshelferin *f* (*a. fig.*). **II** *v/i* **2.** Hebammendienste leisten. **III** *v/t* **3.** entbinden, e-r Frau bei der Geburt helfen. **mid·wife·ry** ['mɪdwɪfərɪ; *Am.* -ıwaɪf-; ımɪd'wɪf-] *s* **1.** Geburtshilfe *f*, Hebammendienst *m*. **2.** *fig.* Bei-, Mithilfe *f*. '**mid·wife toad** *s zo.* Geburtshelferkröte *f*.
'**mid·|wing mon·o·plane** *s aer.* Mitteldecker *m*. ı**~-'win·ter** *s* Mitte *f* des Winters. **2.** *astr.* Wintersonnenwende *f*. ı**~-'year I** *adj* **1.** in der Mitte des Jahres vorkommend, in der Jahresmitte: **~ settlement** *econ.* Halbjahresabrechnung *f*. **II** *s* **2.** Jahresmitte *f*. **3.** *Am. colloq.* a) um die Jahresmitte stattfindende Prüfung, b) *pl* Prüfungszeit *f* (um die Jahresmitte).
mien [miːn] *s poet.* a) Miene *f*, (Gesichts)Ausdruck *m*, b) Gebaren *n*, Haltung *f*, c) Aussehen *n*: **a man of haughty ~** ein Mann mit hochmütigem Auftreten; **noble ~** vornehme Haltung.
miff [mɪf] *colloq.* **I** *s* **1.** 'Mißmut *m*, Verstimmung *f*. **2.** belangloser Streit *m*. **II** *v/t* (*meist passiv*) **3.** ärgern: **to be ~ed** → 4. **III** *v/i* **4.** sich auf den Schlips getreten fühlen, beleidigt sein. '**miff·y** *adj colloq.* **1.** leicht beleidigt, mi'mosenhaft. **2.** empfindlich (*Pflanze*).
might[1] [maɪt] *s* **1.** Macht *f*, Gewalt *f*: **~ is** (**above**) **right** right Gewalt geht vor Recht. **2.** Stärke *f*, Kraft *f*: **with ~ and main**, **with all one's ~** aus Leibeskräften, mit aller Kraft *od.* Gewalt.
might[2] [maɪt] *pret von* may[1].
'**might-have-ıbeen** *s colloq.* a) etwas, was hätte sein können, b) j-d, der es zu etwas hätte bringen können: **oh, for the glorious ~!** es wär' so schön gewesen!
might·i·ly ['maɪtɪlɪ] *adv* **1.** mit Macht, mit Gewalt, heftig, kräftig. **2.** *colloq.* riesig, gewaltig, mächtig, äußerst, sehr.
'**might·i·ness** *s* **1.** Macht *f*, Gewalt *f*, Größe *f*. **2. M~** *hist.* (*als Titel*) Hoheit *f*: **your high ~** *iro.* großmächtiger Herr!, Euer Gnaden!
might·y ['maɪtɪ] **I** *adj* (*adv* → **mightily** u. II) **1.** mächtig, kräftig, gewaltig, groß, stark: → **high and mighty**. **2.** *fig.* mächtig, gewaltig, riesig, fabelhaft. **II** *adv* **3.** (*vor adj. u. adv*) *colloq.* mächtig, e'norm, kolos'sal, riesig, ungeheuer, 'überaus: **~ easy** kinderleicht; **~ fine** ,prima', wunderbar.
mi·gnon·ette [ımɪnjə'net] *s* **1.** *bot.* Re'seda *f*. **2.** a) **green R~** Re'sedagrün *n*. **~ lace** Migno'nette *f* (*e-e zarte, schmale Zwirnspitze*).
mi·graine ['miːgreɪn; *bes. Am.* 'maɪ-] *s med.* Mi'gräne *f*: **ocular ~** Augenmigräne. '**mi·grain·ous** *adj* Migräne...
mi·grant ['maɪgrənt] **I** *adj* **1.** Wander..., Zug...: **~ birds** Zugvögel; **~ worker**

migrate – milk run

econ. Wanderarbeiter *m*. **II** *s* **2.** Wanderer *m*, 'Umsiedler *m*. **3.** *zo.* a) Zugvogel *m*, b) Wandertier *n*.
mi·grate [maɪ'greɪt; *Am. bes.* 'maɪg-] *v/i* **1.** (ab-, aus)wandern, (*a. orn.* fort)ziehen: **to ~ from the country to the town** vom Land in die Stadt übersiedeln. **2.** (*aus e-r Gegend in e-e andere*) wandern. **3.** *univ. Br.* in ein anderes College 'umziehen.
mi·gra·tion [maɪ'greɪʃn] *s* **1.** Wanderung *f* (*a. chem. u. zo.*): **~ of (the) peoples** Völkerwanderung; **intramolecular ~** intra- *od.* innermolekulare Wanderung; **~ of ions** Ionenwanderung (*Elektrolyse*). **2.** *a. zo.* Abwandern *n*, Fortziehen *n*. **3.** Zug *m* (*von Menschen od. Wandertieren*). **4.** *orn.* Wanderzeit *f*. **5.** *geol.* na'türliche Wanderung von Erdölmassen. **mi'gra·tion·al** *adj* Wander..., Zug...
mi·gra·to·ry ['maɪgrətərɪ; *Am.* -ˌtɔːrɪ; -ˌtɔː-] *adj* **1.** (aus)wandernd. **2.** *zo.* Zug..., Wander...: **~ animal** Wandertier *n*; **~ bird** Zugvogel *m*; **~ fish** Wanderfisch *m*; **~ instinct** Wandertrieb *m*. **3.** um'herziehend, no'madisch: **~ life** Wanderleben *n*; **~ worker** Wanderarbeiter *m*.
mi·ka·do [mɪ'kɑːdəʊ] *pl* **-dos** *s* Mi'kado *m* (*ehemalige Bezeichnung des Kaisers von Japan*).
Mike¹ [maɪk] → **Mick.**
mike² [maɪk] *Br. sl.* **I** *v/i* her'umlungern. **II** *s*: **to do** (*od.* **have**) **a ~** → **I.**
mike³ [maɪk] *s colloq.* „Mikro" *n* (*Mikrophon*).
mi·kron → **micron.**
mil [mɪl] *s* **1.** Tausend *n*: **per ~** per Mille. **2.** *tech.* 1/1000 Zoll (*Drahtdurchmesser*). **3.** *mil.* (Teil)Strich *m*.
mil·age → **mileage.**
Mil·a·nese [ˌmɪlə'niːz] **I** *adj* mailändisch, Mailänder. **II** *s sg u. pl* Mailänder(in), Mailänder(innen) *pl*.
milch [mɪltʃ; *Am. a.* mɪlk] *adj* milchgebend, Milch...: **~ cow** a) Milchkuh *f*, b) *fig. colloq.* melkende Kuh, Melkkuh *f* (*einträgliche Geldquelle*). **'milch·er** *s* Milchkuh *f*, -schaf, -ziege *f*.
mild [maɪld] *adj* (*adv* **~ly**) **1.** mild, gelind(e), sanft, leicht, schwach: **~ air** milde Luft; **~ attempt** schüchterner Versuch; **~ climate** mildes Klima; **~ light** sanftes Licht; **~ sarcasm** milder Spott; **~ surprise** gelinde Überraschung; **to put it mild(ly)** a) sich gelinde ausdrücken, b) (*Redew.*) gelinde gesagt; **that's putting it ~ly** das ist gar kein Ausdruck!; → **draw** 37. **2.** mild, sanft, nachsichtig, freundlich: **a ~ disposition**; **a ~ man**. **3.** mild, glimpflich: **~ punishment**. **4.** mild, leicht: **~ drug**; **~ cigar**; **~ wine**; **~ steel** *tech.* Flußstahl *m*.
mil·dew ['mɪldjuː; *Am. a.* -duː] **I** *s* **1.** *bot.* Me(h)ltau(pilz) *m*, Brand *m* (*am Getreide*). **2.** Schimmel *m*, Moder *m*: **a spot of ~** ein Moderfleck *m* (*in Papier etc*). **II** *v/t* **3.** mit Me(h)ltau *od.* Schimmel- *od.* Moderflecken über'ziehen: **to be ~ed** verschimmelt sein (*a. fig.*). **III** *v/i* **4.** brandig *od.* (*a. fig.*) schimm(e)lig *od.* mod(e)rig *od.* stockig werden. **'mil·dewed, 'mil·dew·y** *adj* **1.** brandig, mod(e)rig, schimm(e)lig. **2.** *bot.* von Me(h)ltau befallen, me(h)tauartig.
mild·ness ['maɪldnɪs] *s* **1.** Milde *f*, Sanftheit *f*. **2.** Sanftmut *f*, Nachsicht *f*.
mile [maɪl] *s* **1.** Meile *f* (*zu Land = 1,609 km*): **Admiralty ~** *Br.* englische Seemeile (*= 1,853 km*); **air ~** Luftmeile (*= 1,852 km*); **geographical ~, nautical ~, sea ~** Seemeile (*= 1,852 km*); → **statute mile**; **~ after ~ of fields**, **~s and ~s of fields** meilenweite Felder; **~s apart** meilenweit auseinander, *fig.* himmelweit (voneinan-

der) entfernt; **not to come within a ~ of** *fig.* nicht annähernd herankommen an (*acc*); **there's no one within ~s** (*od.* **a ~**) **of him as a tennis player** *fig.* im Tennis kann ihm niemand (auch nur annähernd) das Wasser reichen; **to make short ~s** *mar.* schnell segeln; **to miss s.th. by a ~** *fig.* etwas (meilen)weit verfehlen; **to run a ~ from s.o.** *fig. colloq.* um j-n e-n großen Bogen machen; **to talk a ~ a minute** *colloq.* reden wie ein Maschinengewehr; **that stands** (*od.* **sticks**) **out a ~** *colloq.* das sieht ja ein Blinder; **she's feeling ~s better today** *colloq.* sie fühlt sich heute wesentlich besser. **2.** *sport* Meilenrennen *n*.
mile·age ['maɪlɪdʒ] *s* **1.** Meilenlänge *f*, -zahl *f*. **2.** zu'rückgelegte Meilenzahl *od.* Fahrtstrecke, Meilenstand *m*: **a used car with a low ~** ein Gebrauchtwagen mit geringem Meilenstand; **~ recorder** *mot.* Meilenzähler *m*. **3.** *a.* **~ allowance** Meilengeld *n*. **4.** Fahrpreis *m* per Meile. **5.** *a.* **~ book** *rail. Am.* Fahrscheinheft *n*; **~ ticket** Fahrkarte *f* e-s Fahrscheinhefts. **6.** *colloq.* Nutzen *m*, Gewinn *m*: **to get a ~ out of s.th.** etwas weidlich ausschlachten; **there's no ~ in it** das bringt nichts ein, da schaut nichts dabei raus.
mile·om·e·ter [maɪ'lɒmɪtə(r); *Am.* -'lɑː-] *s mot.* Meilenzähler *m*.
mil·er ['maɪlə(r)] *s sport colloq.* **1.** Meiler *m* (*Pferd*). **2.** Meilenläufer *m*.
Mi·le·si·an¹ [maɪ'liːzjən; mɪ-; *Am.* -ʒən; -ʃən] **I** *adj* Mi'let betreffend, aus Milet. **II** *s* Einwohner(in) von Mi'let.
Mi·le·si·an² [maɪ'liːzjən; mɪ-; *Am.* -ʒən; -ʃən] **I** *adj* irisch. **II** *s* Irländer(in) (*als Abkömmling des sagenhaften Königs Milesius*).
'mile·stone *s* **1.** Meilenstein *m*. **2.** *fig.* Meilen-, Markstein *m*.
mil·foil ['mɪlfɔɪl] *s bot.* Schafgarbe *f*.
mil·i·ar·i·a [ˌmɪlɪ'eərɪə] *s med.* Mili'aria *pl*, Frieselfieber *n*.
mil·i·ar·y ['mɪlɪərɪ; *Am.* 'mɪlɪˌerɪ] *adj med.* mili'ar, hirsekornartig: **~ fever** → **miliaria**; **~ gland** Hirsedrüse *f*.
mi·lieu ['miːljɜː; *Am.* miː'ljɜː; -'juː] *s* Mi'lieu *n*, Um'gebung *f*.
mil·i·tan·cy ['mɪlɪtənsɪ] *s* **1.** Kriegszustand *m*, Kampf *m*. **2.** Angriffs-, Kampfgeist *m*.
mil·i·tant ['mɪlɪtənt] **I** *adj* (*adv* **~ly**) militant: a) streitend, kämpfend, b) streitbar, kriegerisch, kämpferisch. **II** *s* Kämpfer *m*, Streiter *m*. **'mil·i·tant·ness** *s* militancy. **'mil·i·ta·rist** [-tərɪst] *s* **1.** *pol.* Milita'rist *m*. **2.** Fachmann *m* in mili'tärischen Angelegenheiten. ˌmil·i·ta'ris·tic *adj* milita'ristisch. ˌmil·i·ta·ri'za·tion *s* Militari'sierung *f*. **'mil·i·ta·rize** *v/t* militari'sieren.
mil·i·tar·y ['mɪlɪtərɪ; *Am.* -ˌterɪ] **I** *adj* **1.** mili'tärisch, Militär...: **to be of ~ age** in wehrpflichtigem Alter sein; **to be of an old ~ family** aus e-r alten Soldatenfamilie stammen. **2.** Heeres..., Kriegs... **II** *s* (*als pl konstruiert*) **3.** Mili'tär *n*, Sol'daten *pl*, Truppen *pl*. **~ a·cad·e·my** *s* **1.** Mili'tärakaˌdemie *f*. **2.** *Am.* (*zivile*) Schule mit mili'tärischer Diszi'plin u. Ausbildung. **~ ad·vis·er** *s* Mili'tärberater *m*. **~ at·ta·ché** *s* Mili'tärattaˌché *m*. **~ code** *s jur. mil.* Mili'tärstrafgesetz(buch) *n*. **~ col·lege** *s Am.* Mili'tärcollege *n*. **M~ Cross** *s mil.* Mili'tärverdienstkreuz *n* (*England u. Belgien*). **~ dic·ta·tor·ship** *s* Mili'tärdikta,tur *f*. **~ fe·ver** *s med.* ('Unterleibs)Typhus *m*. **~ gov·ern·ment** *s* Mili'tärreˌgierung *f*. **~ heel** *s* Blockabsatz *m* (*an Damenschuhen*). **~ hon·o(u)rs** *s pl* mili'tärische Ehren *pl*. **~ hos·pi·tal** *s* Laza-

'rett *n*. **~ in·tel·li·gence** *s mil.* **1.** ausgewertete Feindnachrichten *pl*. **2.** a) (*Am.* Heeres)Nachrichtendienst *m*, b) Abwehr(-dienst *m*) *f*. **~ jun·ta** *s* Mili'tärjunta *f*. **~ man** *s irr* Sol'dat *m*, Mili'tär *m*. **~ map** *s mil.* Gene'ralstabskarte *f*. **~ po·lice** *s mil.* Mili'tärpoliˌzei *f*. **~ po·lice·man** *s irr* Mili'tärpoliˌzist *m*. **~ pro·fes·sion** *s* Sol'datenstand *m*. **~ prop·er·ty** *s mil.* Heeresgut *n*. **~ school** → **military academy** 2. **~ sci·ence** *s* Mili'tär-, Wehrwissenschaft *f*. **~ ser·vice** *s* Mili'tär-, Wehrdienst *m*: **to do one's ~** s-n Wehrdienst ableisten. **~ ser·vice book** *s mil.* Wehrpaß *m*. **~ stores** *s pl* Mili'tärbedarf *m*, 'Kriegsmateriˌal *n* (*Munition, Proviant etc*). **~ tes·ta·ment** *s jur. mil.* 'Nottestaˌment *n* (*von* Mili'tärperˌsonen) (*im Krieg*). **~ ve·hi·cle** *s* Mili'tärfahrzeug *n*.
mil·i·tate ['mɪlɪteɪt] *v/i fig.* (**against**) sprechen (gegen), wider'streiten (*dat*), entgegenwirken (*dat*): **to ~ in favo(u)r of** (*od.* **for**) **s.th.** (**s.o.**) für etwas (j-n) sprechen *od.* eintreten; **the facts ~ against this opinion** die Tatsachen sprechen gegen diese Ansicht.
mi·li·tia [mɪ'lɪʃə] *s mil.* Mi'liz *f*, Bürgerwehr *f*. **mi'li·tia·man** [-mən] *s irr mil.* Mi'lizsolˌdat *m*.
mil·i·um ['mɪlɪəm] *s med.* Milium *n*, Hautgrieß *m*.
milk [mɪlk] **I** *s* **1.** Milch *f*: **cow in ~** frischmilchende Kuh; **~ for babes** *fig. colloq.* ‚simple Kost' (*für geistig Unbedarfte*); **land of ~ and honey** *fig.* Schlaraffenland *n*; **~ of human kindness** Milch der frommen Denkungsart; **it is no use crying over spilt ~** geschehen ist geschehen; **to come home with the ~** *Br. humor.* ‚sehr früh' nach Hause kommen; → **coconut** 1. **2.** *bot.* (Pflanzen-) Milch *f*, Milchsaft *m*. **3.** Milch *f*, milchartige Flüssigkeit (*a. chem.*): **~ of magnesia** *pharm.* Magnesiummilch; **~ of sulfur** (*bes. Br.* sulphur) Schwefelmilch. **4.** *zo.* Austernlaich *m*. **5.** *min.* Wolken *pl* (*in Diamanten*). **II** *v/t* **6.** melken: **to ~ a cow**; **to ~ the pigeon** *colloq.* das Unmögliche versuchen. **7.** *fig.* a) Nachrichten *etc* (her'aus)holen (**from** aus), b) j-n ‚melken', ‚ausnehmen', c) das letzte her'ausholen aus: **to ~ an enterprise**, **to ~ a joke** einen Witz ‚totreiten'. **8.** *e-e Leitung etc* ‚anzapfen' (*um mitzuhören*). **III** *v/i* **9.** melken. **10.** Milch geben.
milk| and wa·ter *s fig.* saft- u. kraftloses *od.* seichtes Zeug. ˌ**~-and-'wa·ter** *adj* saft- u. kraftlos (*Stil etc*), seicht (*Literatur etc*). **~ bar** *s* Milchbar *f*. **~ choc·o·late** *s* 'Vollmilchschokoˌlade *f*. **~ churn** *s Br.* Milchkanne *f*. **~ crust** *s med.* Milchschorf *m*. **~ duct** *s anat.* Milchdrüsengang *m*, 'Milchkaˌnälchen *n*.
milk·er ['mɪlkə(r)] *s* **1.** Melker(in). **2.** *tech.* 'Melkmaˌschine *f*. **3.** Milchkuh *f*, -schaf *n*, -ziege *f*.
milk| fe·ver *s med. vet.* Milchfieber *n*. **~ float** *s Br.* Milchwagen *m*. **~ glass** *s* Milchglas *n*.
milk·i·ness ['mɪlkɪnɪs] *s* **1.** Milchigkeit *f*. **2.** *fig.* Sanft-, Weichheit *f*. **3.** *fig.* Ängstlichkeit *f*.
milk·ing ['mɪlkɪŋ] *s* **1.** Melken *n*: **~ machine** *tech.* Melkmaschine *f*; **~ parlor** *Am.* Melkraum *m*, -haus *n*; **~ stool** Melkschemel *m*. **2.** gewonnene Milch.
milk| lake *s econ.* Milchsee *m*. **~ leg** *s* **1.** *med.* Venenentzündung *f* (*im Wochenbett*). **2.** *vet.* Fußgeschwulst *f* (*bei Pferden*). ˌ**~-'liv·ered** *adj fig.* feige, furchtsam. **'~-maid** *s* Melkerin *f*. **'~·man** [-mən] *s irr* **1.** Milchmann *m*. **2.** Melker *m*. **~ pars·ley** *s bot.* Wilder Eppich. **~ plas·ma** *s biol. chem.* Milchplasma *n*. **~ pow·der** *s* Milchpulver *n*, Trockenmilch *f*. **~**

run s aer. colloq. ‚gemütliche Sache', Rou'tineeinsatz m, gefahrloser Einsatz. ~ **shake** s Milchshake m (Mixgetränk). '~**shed** s Milch-Einzugsgebiet n (e-r Stadt). ~ **sick·ness** s med. vet. Milchkrankheit f. '~**sop** s fig. Weichling m, Muttersöhnchen n, ‚Schlappschwanz' m. ~ **sug·ar** s chem. Milchzucker m, Lak-'tose f. ~ **this·tle** s bot. 1. Ma'riendistel f. 2. Gänsedistel f. ~ **tooth** s irr Milchzahn m. '~**weed** s bot. 1. Schwalbenwurzgewächs n, bes. Seidenpflanze f. 2. Wolfsmilch f. 3. Gänsedistel f. 4. → milk parsley. '~**white** adj milchweiß: ~ crystal min. Milchquarz m.

milk·y ['mɪlkɪ] adj 1. milchig: a) milchartig, Milch..., b) milchweiß, c) min. wolkig: a ~ gem. 2. molkig. 3. milchreich. 4. zo. Am. voll Milch od. Laich: ~ **oysters**. 5. fig. mild, weich(lich), sanft. 6. fig. ängstlich. **M~ Way** s astr. Milchstraße f.

mill¹ [mɪl] **I** s 1. tech. (Mehl-, Mahl-) Mühle f: the ~s of God grind slowly Gottes Mühlen mahlen langsam; → grist f. 2. (Kaffee-, Öl-, Säge- etc) Mühle f, Zerkleinerungsvorrichtung f: to go through the ~ fig. e-e harte Schule durchmachen; to put s.o. through the ~ a) j-n in e-e harte Schule schicken, b) j-n hart rannehmen; to have been through the ~ viel durchgemacht haben. 3. tech. Hütten-, Hammer-, Walzwerk n. 4. a. spinning~ tech. Spinne'rei f. 5. tech. a) Münzherstellung: Spindel-, Prägwerk n, b) Glaserstellung: Reib-, Schleifkasten m. 6. print. Druckwalze f. 7. Fa'brik f, Werk n. 8. colloq. contp. ‚Fa'brik' f: diploma ~. 9. colloq. Prüge'lei f. **II** v/t 10. Korn etc mahlen. 11. tech. allg. ver-, bearbeiten, z. B. a) Holz, Metall fräsen, b) Papier, Metall walzen, c) Münzen rändeln, d) Tuch, Leder etc walken, e) Seide mouli'nieren, fi'lieren, zwirnen, f) Schokolade quirlen, schlagen: ~ed lead Walzblei n. 12. obs. colloq. ‚durchwalken', ('durch)prügeln. **III** v/i 13. obs. colloq. raufen, sich prügeln. 14. a. ~ **about**, ~ **around** her'umlaufen, ziellos her'umirren: ~ing crowd wogende Menge, (Menschen)Gewühl n. 15. tech. gefräst od. gewalzt werden, sich fräsen od. walzen lassen.

mill² [mɪl] s Am. Tausendstel n (bes. 1/1000 Dollar).

mill| **bar** s tech. Pla'tine f. '~**board** s tech. starke Pappe, Pappdeckel m. ~ **cake** s Ölkuchen m. '~**course** s tech. 1. Mühlengerinne n. 2. Mahlgang m. '~**dam** s Mühlwehr n.

mil·le·nar·i·an [ˌmɪlɪ'neərɪən] **I** adj 1. tausendjährig. 2. relig. das Tausendjährige Reich (Christi) betreffend. **II** s 3. relig. Chili'ast m. ˌ**mil·le'nar·i·an·ism** s relig. Chili'asmus m (Glaube an das Tausendjährige Reich Christi auf Erden).

mil·le·nar·y [mɪ'lenərɪ; Am. a. 'mɪləˌnerɪ] **I** adj aus tausend (Jahren) bestehend, von tausend Jahren. **II** s → millennium 1 u. 2.

mil·len·ni·al [mɪ'lenɪəl] adj 1. → millenarian 1 u. 2. e-e Jahr'tausendfeier betreffend. **mil'len·ni·um** [-əm] pl **-ni·ums** od. **-ni·a** [-ə] s 1. Jahr'tausend n. 2. Jahr'tausendfeier f, Tausend'jahrfeier f. 3. relig. Tausendjähriges Reich Christi. 4. fig. (zukünftiges) Zeitalter des Glücks u. Friedens, Para'dies n auf Erden.

mil·le·pede ['mɪlɪpiːd], '**mil·le·ped** [-ped] s zo. Tausendfüß(l)er m.

mill·er ['mɪlə(r)] s 1. Müller m: to drown the ~ den Teig od. Wein etc verwässern od. ‚pan(t)schen'. 2. tech. a) → **milling machine**, b) → **milling cutter**. 3. zo. Müller m (Motte).

mil·ler·ite ['mɪlərɪt] s min. Mille'rit m.

mil·les·i·mal [mɪ'lesɪml] **I** adj (adv ~**ly**) 1. tausendst(er, e, es). 2. aus Tausendsteln bestehend. **II** s 3. Tausendstel n.

mil·let ['mɪlɪt] s bot. (bes. Rispen)Hirse f. ~ **grass** s bot. Flattergras n.

milli- [mɪlɪ] Wortelement mit der Bedeutung Tausendstel.

ˌ**mil·li'am·me·ter** s electr. 'Milliamˌpereˌmeter n. ˌ**mil·li'am·pere** s electr. 'Milliamˌpere n.

mil·liard ['mɪljɑːd] s Br. Milli'arde f.

mil·li·ar·y ['mɪljərɪ; Am. -lɪˌerɪ] s a. ~ **column** (römischer) Meilenstein.

'**mil·liˌbar** s meteor. Milli'bar n. '**mil·liˌcu·rie** s phys. Millicu'rie n.

'**mil·liˌgram**, bes. Br. '**mil·liˌgramme** s Milli'gramm n. '**mil·liˌli·ter**, bes. Br. '**mil·liˌli·tre** s Milli'liter m, n. '**mil·liˌme·ter**, bes. Br. '**mil·liˌmetre** s Milli'meter m, n. '**mil·liˌmi·cron** s Milli'mikron n.

mil·li·ner ['mɪlɪnə(r)] s Hut-, Putzmacherin f, Mo'distin f: **man** ~ a) Putzmacher m, b) fig. Kleinigkeitskrämer m. '**mil·li·ner·y** [-nərɪ; Am. -əˌnerɪ:] s 1. Putz-, Modewaren pl. 2. 'Hutsaˌlon m.

mill·ing ['mɪlɪŋ] s 1. Mahlen n, Müllerei f. 2. tech. a) Walken n, b) Rändeln n, c) Fräsen n, d) Walzen n. 3. colloq. Tracht f Prügel. ~ **cut·ter** s tech. Fräser m, Fräserwerkzeug n. ~ **i·ron** s tech. Rändeleisen n. ~ **ma·chine** s tech. 1. 'Fräsmaˌschine f. 2. Rändelwerk n. ~ **plant** s chem. Feinanlage f (für Seifenerzeugung). ~ **tool** s tech. 1. Fräswerkzeug n. 2. Rändeleisen n.

mil·lion ['mɪljən] s 1. Milli'on f: a ~ **times** millionenmal; **two** ~ **men** 2 Millionen Mann; **by the** ~ nach Millionen; **~s of people** fig. e-e Unmasse Menschen; **to feel like a** ~ **dollars** Am. colloq. sich ganz prächtig fühlen. 2. **the** ~ die große Masse, das Volk. ˌ**mil·lion'aire** [-ˈneə(r)] s Millio'när m. ˌ**million'air·ess** s Millio'närin f. '**mil·lion·ar·y** [-nərɪ; Am. -ˌnerɪ:] **I** adj milli'onenschwer (Industrieller etc). **II** s → millionaire. '**mil·lion·fold** [-fəʊld] adj u. adv milli'onenfach. **mil·lion·naire** bes. Am. für millionaire. '**mil·lionth** [-jənθ] **I** adj milli'onst(er, e, es). **II** s Milli'onstel n.

mil·li·pede ['mɪlɪpiːd] → millepede.

'**mil·liˌsec·ond** s 'Milliseˌkunde f. '**mil·li·stere** [-stɪə(r)] s Milli'ster n (1/1000 Ster od. 1 Kubikdezimeter = 61.023 **cubic inches**). '**mil·liˌvolt** s electr. phys. Millivolt n. '**mil·liˌvoltˌme·ter** s Millivoltmeter n.

'**mill**|ˌ**own·er** s 1. Mühlenbesitzer m. 2. Spinne'rei-, Fa'brikbesitzer m. '~**pond** s Mühlteich m: (as) smooth as a ~ spiegelglatt (Meer etc). '~**race** s tech. Mühlgerinne n. ~ **ream** s tech. Ries n Pa'pier (von 480 Bogen, von denen die zwei äußeren Bogen schadhaft sind).

Mills bomb [mɪlz], **Mills gre·nade** s mil. 'Eierhandgraˌnate f.

'**mill·stone** s Mühlstein m: to see through a ~ fig. das Gras wachsen hören; to be between the upper and nether ~ fig. zwischen die Mühlsteine geraten sein, zerrieben werden; to be a ~ round s.o.'s neck fig. a) j-m ein Klotz am Bein sein (Person), b) j-m am Bein hängen (Hypothek etc). **M~ Grit** s geol. Kohlensandstein m.

'**mill·wheel** s Mühlrad n.

mi·lom·e·ter s mileometer.

milque·toast ['mɪlkˌtəʊst] s Am. unter'würfiger od. duckmäuserischer Mensch.

mil·reis ['mɪlreɪs; Am. mɪl'reɪs] s hist. Mil'reis n: a) brasilianische Silbermünze zu 1000 Reis; bis 1942, b) portugiesische Rechnungsmünze von 1000 Reis; bis 1911.

milt¹ [mɪlt] s anat. Milz f.

milt² [mɪlt] ichth. **I** s Milch f (der männlichen Fische). **II** v/t den Rogen mit Milch befruchten.

milt·er ['mɪltə(r)] s ichth. Milch(n)er m (männlicher Fisch zur Laichzeit).

Mil·to·ni·an [mɪl'təʊnɪən], **Mil'ton·ic** [-'tɒnɪk; Am. -'tɑ-] adj mil'tonisch, im Stil Miltons, den englischen Dichter John Milton (1608–74) betreffend.

mime [maɪm] **I** s 1. antiq. Mimus m, Posse(nspiel n) f. 2. Mime m, Possenspieler m. 3. Possenreißer m. **II** v/t 4. mimisch darstellen. 5. mimen, nachahmen. **III** v/i 6. als Mime auftreten.

mim·e·o·graph ['mɪmɪəɡrɑːf; Am. -ˌɡræf] **I** s Mimeo'graph m (Vervielfältigungsapparat). **II** v/t vervielfältigen. ˌ**mim·e·o'graph·ic** [-ˈɡræfɪk] adj (adv ~**ally**) mimeo'graphisch, vervielfältigt.

mi·me·sis [mɪ'miːsɪs; maɪ-] s 1. antiq. Rhetorik: Mimesis f, Nachahmung f. 2. a) → mimicry 3, b) bot. Nachahmung f. **mi·met·ic** [mɪ'metɪk; maɪ-] adj (adv ~**ally**) 1. nachahmend: a) mi'metisch, b) contp. nachäffend, Schein..., c) ling. lautmalend. 2. biol. fremde Formen nachbildend.

mim·ic ['mɪmɪk] **I** adj 1. mimisch, (durch Gebärden) nachahmend. 2. Schauspieler...: ~ **art** Schauspielkunst f. 3. nachgeahmt, Schein...: ~ **warfare** Kriegsspiel n. **II** s 4. Nachahmer m, Imi'tator m. 5. Mime m, Schauspieler m. **III** v/t pret u. pp '**mim·icked**, pres p '**mim·ick·ing** 6. nachahmen, -äffen. 7. bot. zo. fremde Formen od. Farben etc nachahmen. '**mim·ick·er** s Nachahmer m, -äffer m.

mim·ic·ry ['mɪmɪkrɪ] s 1. (possenhaftes) Nachahmen (bes. Gebärden), Nachäffung f, Schauspielern n. 2. Nachahmung f, -bildung f (Kunstgegenstand etc). 3. zo. Mimikry f, Schutztracht f, Angleichung f.

mim·i·ny-pim·i·ny [ˌmɪmɪnɪ'pɪmɪnɪ] adj affek'tiert, geziert, etepe'tete.

mi·mo·sa [mɪ'məʊzə; -sə; Am. a. maɪ-] s bot. 1. Mi'mose f. 2. Echte A'kazie.

min·a·ret ['mɪnəret; ˌmɪnə'ret] s arch. Mina'rett n.

min·a·to·ry ['mɪnətərɪ; 'maɪn-; Am. -ˌtɔːrɪ; -ˌtəʊr-] adj drohend.

mince [mɪns] **I** v/t 1. zerhacken, in kleine Stücke (zer)schneiden, zerstückeln: to ~ **meat** Fleisch hacken od. durchdrehen, Hackfleisch machen. 2. fig. mildern, bemänteln: to ~ **one's words** geziert od. affek'tiert sprechen; **not to** ~ **matters** (od. **one's words**) kein Blatt vor den Mund nehmen. 3. geziert tun: to ~ **one's steps** → 5 b. **II** v/i 4. Fleisch, Gemüse etc (klein)schneiden, Hackfleisch machen. 5. a) sich geziert benehmen, b) geziert gehen, trippeln. **III** s 6. bes. Br. für mincemeat 1. '~**meat** s 1. Hackfleisch n, Gehacktes n: **to make** ~ **of** fig. a) ‚aus j-m Hackfleisch machen', b) ein Argument, Buch etc ‚(in der Luft) zerreißen'. 2. Pa'stetenfüllung f (aus Korinthen, Äpfeln, Rosinen, Zucker, Hammelfett, Rum etc mit od. ohne Fleisch). ~ **pie** s mit mincemeat gefüllte Pastete.

minc·er ['mɪnsə(r)] s → **mincing machine**.

minc·ing ['mɪnsɪŋ] adj (adv ~**ly**) 1. zerkleinernd, Hack... 2. geziert, affek'tiert. ~ **ma·chine** s 'Hackmaˌschine f, Fleischwolf m.

mind [maɪnd] **I** s 1. Sinn m, Gemüt n, Herz n: to have s.th. on one's ~ etwas auf dem Herzen haben; it was a weight off my ~ mir fiel ein Stein vom Herzen; that might take his ~ off his worries das lenkt ihn vielleicht von s-n Sorgen

ab. **2.** Seele *f*, Verstand *m*, Geist *m*: **before one's ~'s eye** vor s-m geistigen Auge; **to see s.th. in one's ~'s eye** etwas im Geiste vor sich sehen; **to be of sound ~, to be in one's right ~** bei (vollem) Verstand sein; **anybody in his right ~** jeder halbwegs Normale; **it is all in the ~** das ist rein seelisch bedingt *od*. reine Einbildung (*Krankheit etc*); **of sound ~ and memory** *jur*. im Vollbesitz s-r geistigen Kräfte; **of unsound ~** geistesgestört, unzurechnungsfähig; **to be out of one's ~** nicht (recht) bei Sinnen sein, verrückt sein; **to lose one's ~** den Verstand verlieren; **to close** (*od*. **shut**) **one's ~ to s.th.** sich gegen etwas verschließen; **to have an open ~** unvoreingenommen sein; **to cast back one's ~** sich zurückversetzen (**to** nach, **in** *acc*); **to enter s.o.'s ~** j-m in den Sinn kommen; **to give** (*od*. **put, set**) **one's ~ to s.th.** sich mit e-r Sache befassen, sich e-r Sache widmen; **to pay no ~ to** nicht achten auf (*acc*); **to put s.th. out of one's ~** sich etwas aus dem Kopf schlagen; **to read s.o.'s ~** j-s Gedanken lesen; **it slipped my ~** es ist mir entfallen; → **presence** 1. **3.** Geist *m* (*a. philos.*): **the human ~; things of the ~** Geistesgeschichte *f*; **his is a fine ~** er hat e-n feinen Verstand, er ist ein kluger Kopf; **one of the greatest ~s of his time** *fig*. e-r der größten Geister s-r Zeit; **(the triumph of) ~ over matter** der Sieg des Geistes über die Materie. **4.** Meinung *f*, Ansicht *f*: **in** (*od*. **to**) **my ~** a) m-r Ansicht nach, m-s Erachtens, b) nach m-m Sinn *od*. Geschmack; **to be of s.o.'s ~** j-s Meinung sein; **to change one's ~** sich anders besinnen; **to speak one's ~ (freely)** s-e Meinung frei äußern; **to give s.o. a piece** (*od*. **bit**) **of one's ~** j-m gründlich die Meinung sagen; **to know one's own ~** wissen, was man will; **to be in two ~s about s.th.** mit sich selbst über etwas nicht einig sein; **there can be no two ~s about it** darüber kann es keine geteilte Meinung geben; **many men, many ~s** viele Köpfe, viele Sinne. **5.** Neigung *f*, Lust *f*, Absicht *f*: **to have (half) a ~ to do s.th.** (nicht übel) Lust haben, etwas zu tun; **to have s.th. in ~** a) sich wohl erinnern (**that** daß), b) etwas im Sinne haben; **I have you in ~** ich denke (dabei) an dich; **to have it in ~ to do s.th.** beabsichtigen, etwas zu tun; **to make up one's ~** a) sich entschließen, e-n Entschluß fassen, b) zu dem Schluß *od*. zu der Überzeugung kommen (**that** daß), sich klarwerden (**about** über *acc*); **I can't make up your ~!** du mußt d-e Entscheidung(en) schon selbst treffen! **6.** Erinnerung *f*, Gedächtnis *n*: **to bear** (*od*. **keep**) **s.th. in ~** (immer) an e-e Sache denken, etwas nicht vergessen, etwas bedenken; **to bring back** (*od*. **call**) **s.th. to ~** a) etwas ins Gedächtnis zurückrufen, an e-e Sache erinnern, b) sich etwas ins Gedächtnis zurückrufen, sich an e-e Sache erinnern; **to put s.o. in ~ of s.th.** j-n an etwas erinnern; **nothing comes to ~** nichts fällt e-m (dabei) ein; **time out of ~** seit *od*. vor undenklichen Zeiten. **7.** *Christian Science*: Gott *m*.
II *v/t* **8.** merken, beachten, achtgeben *od*. achten auf (*acc*): **~ you write** *colloq*. denk daran (*od*. vergiß nicht) zu schreiben. **9.** achtgeben auf (*acc*), sich hüten vor (*dat*): **~ the step!** Achtung Stufe!; **~ your head!** stoß dir den Kopf nicht an!; → **step** 1, 7, 9. **10.** sorgen für, sehen nach: **to ~ the fire** nach dem Feuer sehen; **to ~ the children** sich um die Kinder kümmern, die Kinder hüten *od*. beaufsichtigen; **~ your own business!** kümmere dich um d-e eigenen Dinge!; **never ~** him! kümmere dich nicht um ihn!; **don't ~ me!** lassen Sie sich durch mich nicht stören! **11.** etwas haben gegen, es nicht gern sehen *od*. mögen, sich stoßen an (*dat*): **do you ~ my smoking?** haben Sie etwas dagegen, wenn ich rauche?; **would you ~ coming?** würden Sie so freundlich sein zu kommen?; **I don't ~ it** ich habe nichts dagegen, meinetwegen, von mir aus (gern); **I should not ~ a drink** ich wäre nicht abgeneigt, etwas zu trinken. **12.** *obs*. a) erinnern (**of an** *acc*), b) sich erinnern an (*acc*).
III *v/i* **13.** achten, aufpassen, bedenken: **~ (you!)** a) wohlgemerkt, b) sieh dich vor!; **never ~!** laß es gut sein!, es hat nichts zu sagen!, macht nichts!, schon gut! (→ 14). **14.** etwas da'gegen haben: **I don't ~** ich habe nichts dagegen, meinetwegen, von mir aus (gern); **I don't ~ if I do** *colloq*. a) ja, ganz gern *od*. ich möchte schon, b) ich bin so frei; **he ~s a great deal** er ist allerdings dagegen, es macht ihm sehr viel aus, es stört ihn schon; **never ~!** mach dir nichts draus! (→ 13). **15. ~ out** *Br*. aufpassen (**for** auf *acc*).

'mind|-,bend·er *s sl.* **1.** bewußtseinsverändernde Droge. **2.** j-d, der bewußtseinsverändernde Drogen nimmt. **3.** ,harte Nuß', schwieriges Pro'blem. **4.** j-d, dessen Einfluß sub'tile Beeinflussung versteht. **'~,bend·ing** *adj sl.* **1.** bewußtseinsverändernd (*Droge*). **2.** nahezu unfaßbar *od*. unverständlich. **'~blow** *v/t irr sl. → ~,vom* Stuhl hauen'. **~blow·er** *sl.* → **mind-bender** 1, 2. **'~blow·ing** *adj sl.* **1.** → mind-bending 1. **2.** → mind-boggling. **~,bog·gling** *adj sl.* ,umwerfend, ,irr', ,toll'. **~ cure** *s* psychothera'peutische Behandlung. **~ doctor** *s* Psychi'ater *m*.

mind·ed ['maɪndɪd] *adj* **1.** geneigt, gesonnen: **if you are so ~** wenn das d-e Absicht ist. **2.** *bes. in Zssgn* a) ...gesinnt, mit *od*. von e-r ... Gesinnung, zu ... geneigt: → **evil-minded**, *etc*, b) konventionell, international etc denkend: **internationally ~**, c) religiös, technisch etc veranlagt: **mechanically ~**, d) ...begeistert, interes'siert an (*dat*): → **air-minded**, *etc*. **'mind·ed·ness** *s in Zssgn* a) Gesinnung *f*, Neigung *f*: → **evil-mindedness**, *etc*, b) Begeisterung *f*: → **air-mindedness**, *etc*.

Min·del ['mɪndl] *geol.* **I** *s* Mindeleiszeit *f*. **II** *adj* Mindel...: **~ time** → I.

mind·er ['maɪndə(r)] *s* **1.** Aufseher *m*, Wärter *m*: **machine ~** Maschinenwart *m*. **2.** *Br. hist.* (armes) Kost- *od*. Pflegekind.

'mind|-ex,pand·er *s* bewußtseinserweiternde Droge. **'~-ex,pand·ing** *adj* bewußtseinserweiternd (*Droge*).

'mind·ful [-fʊl] *adj* (*adv* **~ly**) **1.** aufmerksam, achtsam: **to be ~ of** achten auf (*acc*). **2.** eingedenk (*of gen*): **to be ~ of** denken an (*acc*). **'mind·ful·ness** *s* Achtsamkeit *f*, Aufmerksamkeit *f*.

mind·less ['maɪndlɪs] *adj* (*adv* **~ly**) **1.** (**of**) unbekümmert (um), ohne Rücksicht (auf *acc*), uneingedenk (*gen*). **2.** gedankenlos, blind. **3.** geistlos, ohne Intelli'genz. **4.** unbeseelt.

'mind|,read·er *s* Gedankenleser(in): **I'm not a ~!** ich kann doch keine Gedanken lesen! **~,read·ing** *s* Gedankenlesen *n*.

mine¹ [maɪn] **I** *pron* der, die, das meinige *od*. meine: **it is ~** es ist mein, es gehört mir; **what is ~** was mir gehört, das Meinige; **a friend of ~** ein Freund von mir; **me and ~** ich u. die Mein(ig)en. **II** *adj poet. od. obs.* (*statt* **my** *vor mit Vokal od.* **h** *anlautenden Wörtern*) mein: **~ eyes**; **~ host** (der) Herr Wirt.

mine² [maɪn] **I** *v/i* **1.** mi'nieren. **2.** schürfen, graben (**for** nach). **3.** sich eingraben (*Tiere*). **II** *v/t* **4.** Erz, Kohlen abbauen, gewinnen. **5.** graben in (*dat*): **to ~ the earth for** ore nach Erz schürfen. **6.** *mar. mil.* a) verminen, b) mi'nieren. **7.** *fig*. unter'graben, untermi'nieren. **8.** ausgraben. **III** *s* **9.** *oft pl tech*. Mine *f*, Bergwerk *n*, Zeche *f*, Grube *f*. **10.** *mar. mil.* Mine *f*: **to spring a ~** e-e Mine springen lassen (*a. fig.*). **11.** *fig*. Fundgrube *f* (**of an** *dat*): **a ~ of information**. **12.** *biol*. Mine *f*, Fraßgang *m*. **~ bar·ri·er** *s mil.* Minensperre *f*. **~ bomb** *s mil.* Minenbombe *f*. **~ car** *s tech*. Gruben-, Förderwagen *m*, Hund *m*. **~ cham·ber** *s mil. tech*. Sprengkammer *f*. **~ de·tec·tor** *s mil.* Minensuchgerät *n*. **~ dis·as·ter** *s* Grubenunglück *n*. **~ fan** *s tech*. 'Wettermaschine *f*, 'Grubenventi,lator *m*. **'~-field** *s mil.* Minenfeld *n*. **~ fire** *s tech*. Grubenbrand *m*. **~ foreman** *s irr* Obersteiger *m*. **~ gal·ler·y** *s mil.* Minenstollen *m*. **~ gas** *s* **1.** → methane. **2.** *tech*. Grubengas *n*, schlagende Wetter *pl*. **~ hunt·er** *s mar. mil.* Minensuchboot *n*. **~,lay·er** *s mar. mil.* Minenleger *m*: **cruiser ~** Minenkreuzer *m*.

min·er ['maɪnə(r)] *s* **1.** *tech*. Bergarbeiter *m*, -knappe *m*, -mann *m*, Grubenarbeiter *m*, Kumpel *m*: **~s' association** Knappschaft *f*; **~'s lamp** Grubenlampe *f*; **~'s lung** *med*. (Kohlen)Staublunge *f*. **2.** *mar. mil.* Mi'neur *m*, Minenleger *m*.

min·er·al ['mɪnərəl] **I** *s* **1.** *chem. med. min.* Mine'ral *n*. **2.** *pl* Grubengut *n*. **3.** *min. colloq*. Erz *n*. **4.** *bes. pl Br.* Mine'ralwasser *n*. **II** *adj* **5.** mine'ralisch, Mineral... **6.** *chem*. 'anor,ganisch. **~ blue** *s min*. Bergblau *n*. **~ car·bon** *s min. tech*. Gra'phit *m*. **~ coal** *s min*. Steinkohle *f*. **~ col·o(u)r** *s tech*. Erd-, Mine'ralfarbe *f*. **~ de·pos·it** *s geol*. Erzlagerstätte *f*.

min·er·al·i·za·tion [ˌmɪnərəlaɪˈzeɪʃn; *Am*. -ləˈz-] *s* **1.** *geol. min.* Mineralisati'on *f*, Mine'ralbildung *f*, Vererzung *f*. **2.** *med*. Verkalkung *f* (*des Skeletts*). **'min·er·al·ize** *v/t geol*. **1.** vererzen. **2.** minerali'sieren, in ein Mine'ral verwandeln, versteinern. **3.** mit 'anor,ganischem Stoff durch'setzen. **II** *v/i* **4.** nach Mine'ralien suchen.

min·er·al jel·ly *s chem*. Vase'line *f*. **min·er·a·log·i·cal** [ˌmɪnərəˈlɒdʒɪkl; *Am*. -ˈlɑ-] *adj* minera'logisch. **ˌmin·er'al·o·gist** [-ˈrælədʒɪst] *s* Minera'loge *m*. **ˌmin·er'al·o·gy** [-dʒɪ] *s* Mineralo'gie *f*.

min·er·al oil *s chem*. Mine'ral-, Erdöl *n*, Pe'troleum *n*. **~ pitch** *s tech*. As'phalt *m*. **~ spring** *s* Mine'ralquelle *f*, Heilbrunnen *m*. **~ vein** *s geol*. Mine'ralgang *m*, Erzader *f*. **~ wa·ter** *s* Mine'ralwasser *n*. **~ wax** *s min. tech*. Ozoke'rit *m*, Berg-, Erdwachs *n*.

mine| sur·vey *s tech*. Gruben(ver)messung *f*, Markscheidung *f*. **~ sur·vey·or** *s tech*. Markscheider *m*. **~ sweep·er** *s mar. mil.* Minenräum-, Minensuchboot *n*, Minenräumer *m*.

min·e·ver → miniver.

min·gle ['mɪŋɡl] **I** *v/i* **1.** verschmelzen, sich vermischen, sich vereinigen, sich verbinden (**with** mit): **with ~d feelings** mit gemischten Gefühlen. **2.** a) sich (ein)mischen (**in** in *acc*), b) sich mischen (**among, with** unter *acc*): **to ~ with the crowd**; **to ~ with politicians** mit Politikern verkehren. **II** *v/t* **3.** vermischen, -mengen. **4.** vereinigen. **'~-,man·gle** [-ˌmæŋɡl] **I** *v/t* durchein'anderwerfen, vermengen. **II** *s* Mischmasch *m*, ,Kuddelmuddel' *m*, *n*.

min·gy ['mɪndʒɪ] *adj colloq*. geizig.

mini- [mɪnɪ] *Wortelement mit der Bedeutung* Mini..., Klein(st)...

min·i ['mɪnɪ] **I** *s* **1.** Minimode *f*: **to wear**

~ mini tragen. **2.** a) Minimantel *m*, b) Minikleid *n*, c) Minirock *m*. **3.** Kleinstwagen *m*. **II** *adj* **4.** Mini...: ~ **coat**, *etc* → **minicoat**, *etc*.

min·i·ate ['mɪnɪeɪt] *v/t* **1.** (*mit Mennige*) rot färben. **2.** *ein Buch* illumi'nieren.

min·i·a·ture ['mɪnətʃə(r); *Am. a.* 'mɪniːəˌtʃʊər] **I** *s* **1.** Minia'tur(gemälde *n*) *f*. **2.** *fig.* Minia'turausgabe *f*: in ~ → **5**. **3.** Minia'tur *f* (*Schachproblem, das aus höchstens 7 Figuren gefügt ist*). **4.** kleine Ordensschnalle. **II** *adj* **5.** Miniatur..., im kleinen, ,im 'Westentaschenforˌmat', en minia'ture: ~ **golf** Minigolf *n*; ~ **grand** *mus.* Stutzflügel *m*; ~ **painting** *print. hist.* Buchmalerei *f*; ~ **railway** (*Am.* **railroad**) Liliput(eisen)bahn *f*; ~ **score** *mus.* Studien-, Taschenpartitur *f*; ~ **valve** *electr.* Liliputröhre *f*. ~ **cam·er·a** *s phot.* Kleinbildkamera *f*.

min·i·a·tur·ist ['mɪnəˌtjʊərɪst; *Am. a.* 'mɪniːəˌtʃʊərəst] *s* **1.** *print. hist.* Mini'ator *m*, Buchmaler *m*. **2.** Minia'turenmaler *m*.

min·i·a·tur·i·za·tion [ˌmɪnətʃərai-'zeɪʃn; *Am.* ˌmɪniːəˌtʃʊrəˈz-] *s tech.* Miniaturi'sierung *f*. '**min·i·a·tur·ize** *v/t* elektronische Elemente etc miniaturi'sieren.

'**min·i·bus** *s* Kleinbus *m*. '**~cab** Minicar *m* (*Kleintaxi*).

min·i·cam ['mɪnɪkæm], '**min·iˌcam·er·a** *abbr. für* **miniature camera**.

'**min·iˌcoat** *s* Kleinstwagen *m*. '**~coat** *s* Minimantel *m*. ˌ**~comˈput·er** *s electr.* 'Klein-, 'Minicomˌputer *m*. '**~dress** *s* Minikleid *n*.

min·i·fy ['mɪnɪfaɪ] *v/t* vermindern.

min·i·kin ['mɪnɪkɪn] **I** *adj* **1.** affek'tiert, geziert. **2.** winzig, zierlich. **II** *s* **3.** kleine Stecknadel. **4.** → **minim 2**.

min·im ['mɪnɪm] *s* **1.** *mus.* halbe Note. **2.** (*etwas*) Winziges, Zwerg *m*, Knirps *m*. **3.** *pharm.* 1/60 Drachme *f* (*Apothekergewicht*). **4.** Kalligraphie: Grundstrich *m*: ~ **letters** Buchstaben mit Grundstrich (*z. B. m, n*). **5.** M~ *pl relig..* Mi'nimen *pl*, Pau'laner *pl* (*ein Bettelorden*). **II** *adj* **6.** winzig.

min·i·ma ['mɪnɪmə] *pl von* **minimum**.

min·i·mal ['mɪnɪml] → **minimum II**. ~ **art** *s* Minimal art *f* (*auf elementare Formen reduzierte Kunstrichtung*). ~ **artˑist** *s* Vertreter(in) der Minimal art.

min·i·mal·ism ['mɪnɪməlɪzəm] → **minimal art**. '**min·i·mal·ist** *s* Minima'list(in).

'**min·iˌmind·ed** *adj* geistlos.

min·i·mize ['mɪnɪmaɪz] *v/t* **1.** auf das Mindestmaß her'absetzen, möglichst gering halten: **to ~ a loss**. **2.** als geringfügig 'hinstellen, bagatelli'sieren, ˌher'unterspielen': **to ~ s.o.'s achievements**.

min·i·mum ['mɪnɪməm] **I** *pl* -**ma** [-mə] *s* Minimum *n*: a) Mindestmaß *n*, -betrag *m*, -wert *m*, b) *math.* kleinster Abso'lutwert (*e-r Funktion*): **at a ~** auf dem Tiefststand; **with a ~ of** effort mit e-m Minimum an *od.* von Anstrengung. **II** *adj* miniˈmal, Minimal..., mindest(er, e, es), Mindest..., kleinst(er, e, es), geringst(er, e, es): ~ **age** Mindestalter *n*; ~ **capacity** *electr.* a) Minimumkapazität *f*, b) Anfangskapazität *f* (*e-s Drehkondensators*); ~ **rate** *econ. Br.* Diskontsatz *m*; ~ **output** *tech.* Leistungsminimum *n*; ~ **price** Mindestpreis *m*; ~ **taxation** *econ.* Steuermindestsatz *m*; ~ **value** a) *math.* Kleinst-, Mindest-, Minimal-, Minimumwert *m*, b) *a.* ~ **value of response** *tech.* Ansprechwert *m*; ~ **wage** *econ.* Mindestlohn *m*.

min·i·mus ['mɪnɪməs] (*Lat.*) *adj ped. Br.* der jüngste (*von mehreren Brüdern an e-r Schule*): **Miller ~**.

min·ing ['maɪnɪŋ] *tech.* **I** *s* Bergbau *m*, Bergwerk(s)betrieb *m*, Bergwesen *n*. **II** *adj* Bergwerks..., Berg(bau)..., Montan...: ~ **academy** Bergakademie *f*; ~ **claim** a) Grubenfeld *n*, b) Mutungsrecht *n*; ~ **disaster** Grubenunglück *n*; ~ **law** Bergrecht *n*; ~ **partnership** Abbaugesellschaft *f*; ~ **share** (*Am.* **stock**) Kux *m*, Bergwerksaktie *f*. ~ **enˑgiˑneer** *s econ.* 'Bergingeniˌeur *m*. ~ **inˑdusˑtry** *s* Bergbau *m*.

min·ion ['mɪnjən] *s* **1.** Günstling *m*, Favo'rit *m*. **2.** *contp.* La'kai *m*, Speichellecker *m*: ~ **of the law** *oft humor.* Gesetzeshüter *m*. **3.** *print.* Kolo'nel *f* (*Schriftgrad*): **double** ~ Mittelschrift *f*.

'**min·iˑpill** *s med.* Minipille *f*. '**~ski** *s* Kurzski *m*. '**~skirt** *s* Minirock *m*. '**~state** *s pol.* Zwergstaat *m*.

min·is·ter ['mɪnɪstə(r)] **I** *s* **1.** *relig.* Geistliche(r) *m*, Pfarrer *m* (*bes. e-r Dissenterkirche*). **2.** *pol. bes. Br.* Mi'nister *m*: M~ **of the Crown** (Kabinetts)Minister; M~ **of Foreign Affairs** Minister des Äußeren, Außenminister; M~ **of Labour** Arbeitsminister; ~ **of state** Staatsminister. **3.** *pol.* Gesandte(r) *m*: ~ **plenipotentiary** bevollmächtigter Minister; ~ **resident** Ministerresident *m*. **4.** *fig.* Diener *m*, Werkzeug *n*. **II** *v/i* **5.** darbieten, -reichen: **to ~ the sacraments** *relig.* die Sakramente spenden. **III** *v/i* **6.** (**to**) behilflich *od.* dienlich sein (*dat*), helfen (*dat*), unter'stützen (*acc*): **to ~ to the wants of others** für die Bedürfnisse anderer sorgen. **7.** *fig.* (**to**) dienlich sein (*dat*), fördern (*acc*), beitragen (zu). **8.** als Diener *od.* Geistlicher wirken.

min·is·te·ri·al [ˌmɪnɪ'stɪərɪəl] *adj* (*adv* -**ly**) **1.** amtlich, Verwaltungs...: ~ **officer** Verwaltungs-, Exekutivbeamte(r) *m*. **2.** *relig.* geistlich. **3.** *pol. bes. Br.* ministe'riell, Ministerial..., Minister...: ~ **benches** Ministerbänke. **4.** *pol. bes. Br.* Regierungs...: ~ **bill** Regierungsvorlage *f*. **min·is·te·ri·al·ist** *s pol. bes. Br.* Ministeri'elle(r) *m*, Anhänger *m* der Re'gierung.

min·is·trant ['mɪnɪstrənt] **I** *adj* **1.** (to *dat*) dienend, dienstbar. **II** *s* **2.** Diener(in). **3.** *relig.* Mini'strant *m*. ˌ**min·isˈtraˑtion** [-ˈstreɪʃn] *s* Dienst *m* (**to an** *dat*), *bes.* kirchliches Amt, Pfarrtätigkeit *f*. '**min·isˑtraˑtive** [-strətɪv; *Am. a.* -ˌstreɪ-] *adj* **1.** dienend, helfend. **2.** *relig.* mini'strierend.

min·is·try ['mɪnɪstrɪ] *s* **1.** *relig.* geistliches Amt. **2.** *pol. bes. Br.* Mi'nisterium *n* (*a.* Amtsdauer *u.* Gebäude), *pl* Mi'nisterposten *m*, -amt *n*, c) Re'gierung *f*, Kabi'nett *n*. **3.** *pol.* Amt *n* e-s Gesandten. **4.** *relig.* Geistlichkeit *f*.

'**min·iˑtrack** *s* Verfolgen e-s Satelliten in s-r Bahn mittels der von ihm ausgesandten Signale.

min·i·um ['mɪnɪəm] *s* **1.** → **vermilion**. **2.** *chem. min.* Mennige *f*.

min·i·ver ['mɪnɪvə(r)] *s* Grauwerk *n*, Feh *n* (*Pelz*).

mink [mɪŋk] *s* **1.** *zo.* Mink *m*, Amer. Nerz *m*. **2.** Nerz(fell *n*) *m*. '**minkˑerˑy** [-ərɪ] *s Am.* Nerz(zucht)farm *f*.

min·ne·sing·er ['mɪnɪˌsɪŋə(r)] *s hist.* Minnesänger *m*. '**minˑneˑsong** *s* Minnesang *m*.

min·now ['mɪnəʊ] *s* **1.** *ichth.* Elritze *f*. **2.** *mar. mil. Am. sl.* ,Aal' *m* (*Torpedo*). **3.** *fig.* unbedeutender Mensch: **to be a ~** ein Niemand sein.

Mi·no·an [mɪ'nəʊən; *Am. a.* maɪ-] *adj* mi'noisch.

mi·nor ['maɪnə(r)] **I** *adj* **1.** a) kleiner, geringer, b) klein, unbedeutend, geringfügig, c) 'untergeordnet (*a. philos.*): ~ **casualty** *mil.* Leichtverwundete(r) *m*; ~ **league** *sport Am.* untere Spielklasse; ~ **offence** (*Am.* **offense**) *jur.* leichtes Vergehen, Übertretung *f*; ~ **part** *thea. etc* kleinere Rolle; ~ **party** *pol.* kleine Partei; ~ **premise** → **8**; **the M~ Prophets** *Bibl.* die kleinen Propheten; ~ **sentence** *ling.* unvollständiger Satz; ~ **shareholder** (*bes. Am.* **stockholder**) *econ.* Kleinaktionär *m*; ~ **subject** → **10**; ~ **suit** (*Bridge*) geringere Farbe (Karo *od.* Kreuz); ~ **surgery** *med.* kleine Chirurgie; **of** ~ **importance** von zweitrangiger Bedeutung; → **operation 9**. **2.** Neben..., Hilfs..., Unter...: ~ **axis** *math. tech.* kleine Achse, Halb-, Nebenachse *f*; ~ **determinant** *math.* Minor *f*, Unterdeterminante *f*; **a** ~ **group** e-e Untergruppe. **3.** *jur.* minderjährig. **4.** *ped. Br.* jünger: **Smith** ~ Smith der Jüngere. **5.** *mus.* a) klein (*Terz etc*), b) Moll...: **C** ~ c-moll; ~ **key** Moll(tonart *f*) *n*; **in a** ~ **key** *fig.* a) gedämpft, b) im kleinen; ~ **mode** Mollgeschlecht *n*; ~ **scale** Molltonleiter *f*. **II** *s* **6.** *jur.* Minderjährige(r *m*) *f*. **7.** *mus.* a) Moll *n*, b) 'Mollakˌkord *m*, c) Molltonart *f*. **8.** *philos.* 'Untersatz *m*. **9.** M~ *relig.* → **Minorite**. **10.** *ped. Am.* Nebenfach *n*. **III** *v/i* **11.** ~ **in** *ped. Am.* als *od.* im Nebenfach stu'dieren: **to ~ in geography**.

Mi·nor·ite ['maɪnəraɪt] *s relig.* Mino'rit *m*, Franzis'kaner *m*.

mi·nor·i·ty [maɪ'nɒrətɪ; mɪ-; *Am. a.* -ˈnɑː-] *s* **1.** *jur.* Minderjährigkeit *f*, Unmündigkeit *f*: **he is still in his** ~ er ist noch minderjährig. **2.** Minori'tät *f*, Minderheit *f*, -zahl *f*: ~ **government** *pol.* Minderheitsregierung *f*; ~ **group** *sociol.* Minderheitsgruppe *f*; ~ **leader** *parl. Am.* Fraktionsführer *m* der Minderheitspartei; ~ **party** *pol.* Minderheitspartei; ~ **shareholder** (*bes. Am.* **stockholder**) *econ.* Minderheitsaktionär *m*; **you are in a** ~ **of one** du stehst allein gegen alle anderen; **to be in the** (*od.* **a**) ~ in der Minderheit *od.* Minderzahl sein.

Min·o·taur ['maɪnətɔː(r); 'mɪn-] *npr antiq.* Mino'taurus *m*.

min·ster ['mɪnstə(r)] *s relig.* **1.** Klosterkirche *f*. **2.** Münster *n*, Kathe'drale *f*.

min·strel ['mɪnstrəl] *s* **1.** *mus. hist.* a) Spielmann *m*, b) Minnesänger *m*. **2.** *poet.* Sänger *m*, Dichter *m*. **3.** *Varietékünstler* (*bes. Sänger*), *der als Neger geschminkt auftritt*. '**minˑstrelˑsy** [-sɪ] *s* **1.** Musi'kantentum *n*. **2.** a) Spielmannskunst *f*, -dichtung *f*, b) Minnesang *m*, -dichtung *f*, c) *poet.* Dichtkunst *f*. **3.** Spielleute *pl*.

mint[1] [mɪnt] *s* **1.** *bot.* Minze *f*: ~ **camphor** *pharm.* Menthakampfer *m*, Menthol *n*; ~ **julep** → **julep 2**; ~ **sauce** (*saure*) Minzsoße. **2.** *Pfefferminz*(li̩kör) *m*.

mint[2] [mɪnt] **I** *s* **1.** Münze *f*: a) Münzstätte *f*, -anstalt *f*, b) Münzamt *n*: ~ **mark** Münzzeichen *n*; ~ **master** (Ober-)Münzmeister *m*; ~ **par of exchange** *econ.* Münzpari *n*; ~ **price** Münzfuß *m*, Prägewert *m*; **fresh from the** ~ frischgeprägt. **2.** *fig. colloq.* ,Heidengeld' *n*: **to earn (make) a** ~. **II** *adj* **3.** (*wie*) neu, tadellos erhalten, unbeschädigt (*von Briefmarken, Büchern etc*): **in** ~ **condition**. **III** *v/t* **4.** Geld münzen, schlagen, prägen. **5.** *fig. Wort* prägen.

mint·age ['mɪntɪdʒ] *s* **1.** Münzen *n*, Prägung *f* (*a. fig.*). **2.** (*das*) Geprägte, Geld *n*. **3.** Prägegebühr *f*. **4.** a) Münzgepräge *n*, b) *fig.* Gepräge *n*.

min·u·end ['mɪnjʊend] *s math.* Mi'nuend *m*.

min·u·et [ˌmɪnjʊ'et] *s mus.* Menu'ett *n*.

mi·nus ['maɪnəs] **I** *prep* **1.** *math.* minus, weniger, abzüglich. **2.** *colloq.* ohne: ~ **his hat**; **after the fight he was** ~ **a front tooth** fehlte ihm ein Schneidezahn. **II** *adv* **3.**

minus, unter null (*Temperatur*). **III** *adj* **4.** Minus..., negativ: ~ **amount** Fehlbetrag *m*; ~ **quantity** → 8; ~ **reaction** negative Reaktion; ~ **sign** → 7. **5.** *colloq.* schlecht: **his manners are definitely ~. 6.** *bot.* minusgeschlechtig. **IV** *s* **7.** Minus(zeichen) *n.* **8.** *math.* negative Größe. **9.** Minus *n*, Mangel *m*.
mi·nus·cule ['mɪnəskjuːl; mɪ'nʌs-; *Am. a.* maɪ'n-] **I** *s* **1.** Mi'nuskel *f*, kleiner (Anfangs)Buchstabe. **2.** Karo'lingische Mi'nuskel. **II** *adj* **3.** Minuskel... **4.** winzig.
min·ute¹ ['mɪnɪt] **I** *s* **1.** Mi'nute *f*: **for a ~** e-e Minute (lang); ~ **hand** Minutenzeiger *m* (*e-r Uhr*); ~ **steak** Minutensteak *n*; **to the ~** auf die Minute (genau); **(up) to the ~** *fig.* hypermodern; **I won't be a ~** ich bin gleich wieder da. **2.** Augenblick *m*: **in a ~** sofort; **just a ~!** Moment mal!; **come this ~!** komm sofort!; **the ~ that** sobald. **3.** *econ.* a) Kon'zept *n*, kurzer Entwurf, b) No'tiz *f*, Memo'randum *n*, Proto'kolleintrag *m*: ~ **book** Protokollbuch *n*. **4.** *pl jur. pol.* ('Sitzungs)Proto'koll *n*, Niederschrift *f*: **(the) ~s of the proceedings** (das) Verhandlungsprotokoll; **to keep the ~s** das Protokoll führen. **5.** *astr. math.* Mi'nute *f* (60. *Teil e-s Kreisgrades*): ~ **of arc** *math.* Bogenminute. **6.** *arch.* Mi'nute *f* (60. *Teil e-s Säulendurchmessers an der Basis*). **II** *v/t* **7.** a) entwerfen, aufsetzen, b) no'tieren, protokol'lieren, zu Proto'koll nehmen. **8.** mitstoppen, die Zeit (*gen*) nehmen: **to ~ a match**.
mi·nute² [maɪ'njuːt; mɪ-; *Am. a.* -'nuːt] *adj* **1.** sehr *od.* ganz klein, winzig: ~ **differences**; **in the ~st details** in den kleinsten Einzelheiten. **2.** *fig.* unbedeutend, geringfügig. **3.** sorgfältig, sehr *od.* peinlich genau, minuzi'ös: **a ~ report**.
min·ute·ly¹ [maɪ'nɪtlɪ] **I** *adj* jede Mi'nute geschehend, Minuten... **II** *adv* jede Mi'nute, von Minute zu Minute, im Mi'nutenabstand.
mi·nute·ly² [maɪ'njuːtlɪ; mɪ-; *Am. a.* -'nuːt-] *adv von* minute².
min·ute·man ['mɪnɪtˌmæn] *s irr Am. hist.* Freiwilliger *im amer.* Unabhängigkeitskrieg, der sich zu unverzüglichem Heeresdienst bei Abruf verpflichtete.
mi·nute·ness [maɪ'njuːtnɪs; mɪ-; *Am. a.* -'nuːt-] *s* **1.** Kleinheit *f*, Winzigkeit *f*. **2.** peinliche Genauigkeit.
mi·nu·ti·a [maɪ'njuːʃɪə; mɪ-; *Am. a.* -'nuː-] *pl* **-ti·ae** [-ʃiː; *Am. a.* -ˌaɪ] (*Lat.*) *s* (kleinste) Einzelheit, De'tail *n*.
minx [mɪŋks] *s* (kleines) ‚Biest'.
Mi·o·cene ['maɪəʊsiːn] *geol.* **I** *s* Mio'zän(peri͵ode *f*) *n*. **II** *adj* mio'zän, Miozän...
mir·a·cle ['mɪrəkl] *s* **1.** Wunder *n* (*a. fig.*), 'überna͵türliches Ereignis, Wunderwerk *n*, -tat *f*: **economic** ~ Wirtschaftswunder *n*; ~ **man**, ~**worker** Wundertäter *m*; ~ **drug** *med.* Wundermittel *n*; **a ~ of skill** *fig.* ein Wunder an Geschicklichkeit; **to a ~** überraschend gut, ausgezeichnet; **to work** (*od.* **perform**) ~**s** Wunder tun *od.* wirken; **I can't work ~s!** ich kann doch nicht hexen *od.* zaubern!; **it would be a ~ if** es wäre ein Wunder, wenn; **the age of ~s is not past!** *bes. humor.* Wunder über Wunder! **2.** Wunderkraft *f*. **3.** *a.* ~ **play** *hist.* Mi'rakel(spiel) *n*.
mi·rac·u·lous [mɪ'rækjʊləs] **I** *adj* **1.** 'überna͵türlich, wunderbar, Wunder...: ~ **cure** Wunderkur *f*. **2.** *fig.* wunderbar, erstaunlich, unglaublich. **II** *s* **3.** (*das*) Wunderbare. **mi'rac·u·lous·ly** *adv* **1.** (wie) durch ein Wunder. **2.** wunderbar(erweise), erstaunlich(erweise). **mi·'rac·u·lous·ness** *s* (*das*) Wunderbare.
mi·rage ['mɪrɑːʒ; *Am.* mə'rɑːʒ] *s* **1.** *phys.* Luftspiegelung *f*, Fata Mor'gana *f*. **2.** *fig.*

Trugbild *n*, Illusi'on *f*.
mire ['maɪə(r)] **I** *s* **1.** Schlamm *m*, Sumpf *m*, Kot *m* (*alle a. fig.*). **2.** *fig.* ‚Patsche' *f*, Verlegenheit *f*: **to be deep in the ~** ‚tief in der Klemme *od.* im Dreck sitzen'; **to drag s.o. through the ~** j-n in den Schmutz ziehen. **II** *v/t* **3.** in den Schlamm fahren *od.* setzen: **to be ~d im** Sumpf *etc* stecken(bleiben). **4.** beschmutzen, besudeln. **5.** *fig.* in Schwierigkeiten bringen. **III** *v/i* **6.** im Sumpf versinken *od.* steckenbleiben. ~ **crow** *s orn. Br.* Lachmöwe *f*. ~ **duck** *s orn. Am.* Hausente *f*.
mir·ror ['mɪrə(r)] **I** *s* **1.** Spiegel *m* (*a. fig.*): **to hold up the ~ to s.o.** *fig.* j-m den Spiegel vorhalten; **done with ~s** *fig.* (wie) durch Zauberei. **2.** spiegelnde (Ober)Fläche: **the ~ of the lake. 3.** *phys. tech.* Rückstrahler *m*, Re'flektor *m*. **4.** *fig.* Spiegel(bild *n*) *m*. **5.** *orn.* Spiegel *m* (*glänzender Fleck auf den Flügeln*). **II** *v/t* **6.** ('wider)spiegeln (*a. fig.*): **to be ~ed** sich spiegeln (**in** in *dat*). **7.** (e-n) Spiegel anbringen in (*dat*): ~**ed room** Spiegelzimmer *n*. ~ **carp** *s ichth.* Spiegelkarpfen *m*. ~ **com·par·a·tor** *s tech.* Spiegellehre *f*. ~ **fin·ish** *s tech.* Hochglanz *m*. ~ **im·age** *s* Spiegelbild *n*. ~**-in͵vert·ed** *adj* seitenverkehrt. ~ **sight** *s tech.* 'Spiegelvi͵sier *n*. ~ **sym·me·try** *s math. phys.* 'Spiegelsymme͵trie *f*. ~ **writ·ing** *s* Spiegelschrift *f*.
mirth [mɜːθ; *Am.* mɜrθ] *s* Fröhlichkeit *f*, Frohsinn *m*, Heiterkeit *f*. **'mirth·ful** *adj* (*adv* ~**ly**) fröhlich, heiter, lustig. **'mirth·ful·ness** *s* Fröhlichkeit *f*. **'mirth·less** *adj* freudlos, traurig.
mir·y ['maɪərɪ] *adj* **1.** sumpfig, schlammig, kotig. **2.** *fig.* schmutzig.
mis- [mɪs] Wortelement mit der Bedeutung falsch, Falsch..., schlecht, miß..., Miß..., verfehlt, Fehl...
͵mis·ad'ven·ture *s* **1.** Unfall *m*, Unglück(sfall *m*) *n*: **death by ~** *jur.* Unglücksfall *m* mit tödlichem Ausgang. **2.** 'Mißgeschick *n*: **she's had a ~** ihr ist ein Mißgeschick passiert.
͵mis·a'ligned *adj* **1.** *tech.* nichtfluchtend, aus der Flucht, verlagert. **2.** *Radio, TV*: falsch ausgerichtet (*Antenne*). **͵mis·a'lign·ment** *s* **1.** *tech.* Flucht(ungs)fehler *m*. **2.** *Radio, TV*: schlechte Ausrichtung.
͵mis·al'li·ance → mésalliance.
mis·an·thrope ['mɪzənθrəʊp; *bes. Am.* 'mɪs-] *s* Menschenfeind *m*, -hasser *m*, Misan'throp *m*. **͵mis·an'throp·ic** [-'θrɒpɪk; *Am.* -'θrɑ-] *adj*; **͵mis·an'throp·i·cal** *adj* (*adv* ~**ly**) menschenfeindlich, -scheu, misan'thropisch. **mis·'an·thro·pist** [mɪ'zænθrəpɪst; *bes. Am.* mɪ's-] → misanthrope. **mis'an·thro·py** [-pɪ] *s* Menschenhaß *m*, -scheu *f*, Misanthro'pie *f*.
'mis͵ap·pli'ca·tion *s* **1.** falsche Verwendung. **2.** → misappropriation.
͵mis·ap'ply *v/t* **1.** falsch anbringen *od.* ver-, anwenden. **2.** → misappropriate.
'mis͵ap·pre'hend *v/t* mißverstehen. **'mis͵ap·pre'hen·sion** *s* 'Mißverständnis *n*, falsche Auffassung: **to be** (*od.* **labo[u]r**) **under a ~** sich in e-m Irrtum befinden.
͵mis·ap'pro·pri·ate *v/t jur.* **1.** sich 'widerrechtlich aneignen, unter'schlagen, veruntreuen. **2.** 'widerrechtlich verwenden: ~**d capital** *econ.* fehlgeleitetes Kapital. **'mis·ap͵pro·pri'a·tion** *s* **1.** 'widerrechtliche Aneignung, Unter'schlagung *f*, Veruntreuung *f*. **2.** 'widerrechtliche Verwendung, Unter'schlagung *f*, Veruntreuung *f*.
͵mis·ar'range *v/t* falsch *od.* schlecht (an)ordnen.

͵mis·be'come *v/t irr* j-m schlecht zu Gesicht stehen, sich nicht schicken *od.* ziemen für j-n. **͵mis·be'com·ing** → unbecoming 2.
͵mis·be'got·ten *adj* **1.** unehelich. **2.** unrechtmäßig erworben. **3.** *fig.* schlecht: ~ **plan**.
͵mis·be'have *v/i od. v/reflex* **1.** sich schlecht benehmen *od.* aufführen, sich da'nebenbenehmen, ungezogen sein (*Kind*): **to ~ (o.s.)**; ~**d** ungezogen. **2.** sich einlassen, in'tim werden (**with** mit). **3. to ~ before the enemy** *mil. Am.* sich der Feigheit vor dem Feind schuldig machen. **͵mis·be'hav·io(u)r** *s* **1.** schlechtes Benehmen *od.* Betragen, Ungezogenheit *f*. **2.** *mil. Am.* a) schlechte Führung, b) ~ **before the enemy** Feigheit *f* vor dem Feind.
͵mis·be'lief *s* Irrglaube *m*: a) irrige Ansicht, b) *relig.* Ketze'rei *f*. **͵mis·be'lieve** *v/i* irrgläubig sein. **͵mis·be'liev·er** *s* Irrgläubige(r *m*) *f*.
͵mis'brand *v/t econ.* Waren falsch benennen *od.* unter falscher Bezeichnung in den Handel bringen.
͵mis'cal·cu·late **I** *v/t* falsch berechnen *od.* (ab)schätzen. **II** *v/i* sich verrechnen, sich verkalku'lieren. **͵mis·cal·cu'la·tion** *s* Rechen-, Kalkulati'onsfehler *m*, falsche (Be)Rechnung, 'Fehlkalkulati͵on *f*.
͵mis'call *v/t* falsch *od.* zu Unrecht *od.* fälschlicherweise (be)nennen.
͵mis'car·riage *s* **1.** Fehlschlag(en *n*) *m*, Miß'lingen *n*: ~ **of justice** Fehlspruch *m*, -urteil *n*, Justizirrtum *m*. **2.** *econ.* Versandfehler *m*. **3.** Fehlleitung *f* (*von Briefen etc*). **4.** *med.* Fehlgeburt *f*: **to have a ~**; **to induce** (*od.* **procure**) **a ~** (on s.o. bei j-m) e-e Fehlgeburt herbeiführen, *a.* e-e Schwangerschaftsunterbrechung vornehmen.
͵mis'car·ry *v/i* **1.** miß'lingen, -'glücken, fehlschlagen, scheitern. **2.** verlorengehen (*Brief*). **3.** *med.* e-e Fehlgeburt haben.
͵mis'cast *v/t irr thea. etc* ein Stück, e-e Rolle fehlbesetzen: **to be ~** a) (**as**) e-e Fehlbesetzung sein (als), b) *fig.* s-n Beruf verfehlt haben.
mis·ce·ge·na·tion [͵mɪsɪdʒɪ'neɪʃn] *s* Rassenmischung *f*.
mis·cel·la·ne·a [͵mɪsə'leɪnɪə] *s pl* **1.** Sammlung *f* vermischter Gegenstände, Mis'zellen *pl*. **2.** → miscellany 3. **͵mis·cel'la·ne·ous** [-njəs] *adj* (*adv* ~**ly**) **1.** ge-, vermischt, di'vers. **2.** verschiedenartig, mannigfaltig. **͵mis·cel'la·ne·ous·ness** *s* **1.** Gemischtheit *f*. **2.** Vielseitigkeit *f*, Mannigfaltigkeit *f*. **mis·cel·la·ny** ['mɪ'seləni; *Am.* 'mɪsəˌleɪnɪ] *s* **1.** Gemisch *n*. **2.** Sammlung *f*, Sammelband *m*. **3.** vermischte Schriften *pl od.* Aufsätze *pl*, Mis'zellen *pl*: **a book of miscellanies** ein Sammelband von vermischten Schriften *od.* Aufsätzen.
͵mis'chance *s* 'Mißgeschick *n*: **by** (*od.* **through a**) ~ durch e-n unglücklichen Zufall, unglücklicherweise.
mis·chief ['mɪstʃɪf] *s* **1.** Unheil *n*, Unglück *n*, Schaden *m*: **to do ~** Unheil anrichten; **to mean ~** auf Unheil sinnen, Böses im Schilde führen; **to make ~** Zwietracht säen, böses Blut machen (**between** zwischen *dat*); **to do s.o. (some) ~** j-m Schaden zufügen; **the ~ was done** es war schon passiert; **the ~ of s.th.** das Schlimme an *od.* bei e-r Sache. **2.** Verletzung *f*, (körperlicher) Schaden, Gefahr *f*: **to run into ~** in Gefahr kommen. **3.** Ursache *f* des Unheils, Übelstand *m*, Unrecht *n*, Störenfried *m*: **the ~ was a nail in the tire** (*bes. Br.* **tyre**) die Ursache des Schadens war ein Nagel im Reifen. **4.** Unfug *m*, Possen *m*, Schalk-

mischief-maker – misprision

heit *f*: **eyes full of ~** schelmisch *od.* boshaft glitzernde Augen; **to get into ~** ,etwas anstellen'; **to keep out of ~** keine Dummheiten machen, brav sein; **that will keep you out of ~!** damit du auf keine dummen Gedanken kommst. **5.** Racker *m*, ,Strick' *m* (*Kind*). **6.** Mutwille *m*, 'Übermut *m*, Ausgelassenheit *f*: **to be full of** (*od.* **up to) ~** immer zu Dummheiten aufgelegt sein. **7.** *euphem.* Teufel *m*: **what (where, why) the ~...?** was (wo, warum) zum Teufel...?; **to play the ~ with s.th.** Schindluder treiben mit etwas. '**~-mak·er** *s* Unheil-, Unruhestifter(in), Störenfried *m*.
mis·chie·vous ['mɪstʃɪvəs] *adj* (*adv* ~ly) **1.** schädlich, nachteilig, verderblich. **2.** boshaft, mutwillig, schadenfroh. **3.** schelmisch. '**mis·chie·vous·ness** *s* **1.** Schädlichkeit *f*, Nachteiligkeit *f*. **2.** Bosheit *f*, Mutwille *m*. **3.** Schalkhaftigkeit *f*, Ausgelassenheit *f*.
misch met·al [mɪʃ] *s tech.* 'Mischme‚tall *n*.
mis·ci·bil·i·ty [‚mɪsɪ'bɪlətɪ] *s* Mischbarkeit *f*. '**mis·ci·ble** *adj* mischbar.
‚**mis·col·o(u)r** *v/t* **1.** falsch färben. **2.** *fig.* entstellen, färben.
'**mis‚com·pre'hend** *v/t* 'mißverstehen.
‚**mis·con'ceive I** *v/t* falsch auffassen *od.* verstehen, 'mißverstehen, sich e-n falschen Begriff machen von. **II** *v/i* sich irren. ‚**mis·con'cep·tion** *s* 'Mißverständnis *n*, falsche Auffassung.
mis·con·duct I *v/t* [‚mɪskən'dʌkt] **1.** schlecht führen *od.* verwalten. **2. ~ o.s.** a) sich schlecht betragen *od.* benehmen, b) e-n Fehltritt begehen. **II** *s* [‚mɪs'kɒndʌkt; *Am.* -'kɑn-] **3.** Ungebühr *f*, schlechtes Betragen *od.* Benehmen. **4.** Verfehlung *f*, Fehltritt *m*, *bes.* Ehebruch *m*: **official ~**, **~ in office** *jur.* Amtsvergehen *n*; **professional ~** standeswidriges Verhalten. **5.** schlechte Verwaltung. **6.** *mil.* schlechte Führung.
‚**mis·con'struc·tion** *s* **1.** 'Mißdeutung *f*, falsche Auslegung: **to be open to ~** mißverständlich sein. **2.** *ling.* falsche ('Satz)Konstrukti‚on. ‚**mis·con'strue** *v/t* falsch auslegen, miß'deuten, 'mißverstehen.
‚**mis·cor'rect** *v/t* falsch verbessern, verschlimmbessern.
‚**mis'count I** *v/t* falsch (be)rechnen *od.* zählen. **II** *v/i* sich verrechnen. **III** *s* Rechenfehler *m*, falsche Zählung.
mis·cre·ant ['mɪskrɪənt] **I** *adj* **1.** ruchlos, gemein, ab'scheulich. **2.** *obs.* irr-, ungläubig. **II** *s* **3.** Schurke *m*, Bösewicht *m*. **4.** *obs.* Irr-, Ungläubige(r *m*) *f*.
‚**mis'creed** *s poet.* Irr-, Unglaube *m*.
‚**mis'date I** *v/t* falsch da'tieren. **II** *s* falsches Datum.
‚**mis'deal I** *v/t u. v/i irr* Kartenspiel: **to ~ (the cards)** sich vergeben. **II** *s* Vergeben *n*: **to make a ~** → **I**.
‚**mis'deed** *s* 'Missetat *f*.
‚**mis·de'liv·er** *v/t* falsch (an-, ab)liefern.
‚**mis·de'mean** *v/i od. v/reflex* sich schlecht betragen, sich vergehen: **to ~ (o.s.)**. ‚**mis·de'mean·ant** *s* **1.** Übel-, Missetäter(in). **2.** *jur.* Straffällige(r *m*) *f*, Delin'quent(in). ‚**mis·de'mean·o(u)r** *s jur.* Vergehen *n*, minderes De'likt: **~ in office** Amtsvergehen.
‚**mis·di·ag·nose** *v/t med.* e-e 'Fehldia‚gnose stellen bei. '**mis‚di·ag'no·sis** *s irr* 'Fehldia‚gnose *f*.
‚**mis'di·al** *v/i teleph.* sich verwählen.
‚**mis·di'rect** *v/t* **1.** j-n *od.* etwas fehl-, irreleiten: **~ed charity** falsch angebrachte Wohltätigkeit. **2.** *jur.* die Geschworenen falsch belehren: **the judge ~ed the jury**. **3.** e-n Brief falsch adres'sieren. ‚**mis·di'rec·tion** *s* **1.** Irreleiten

n, -führung *f*. **2.** falsche Richtung. **3.** falsche Verwendung. **4.** *jur.* unrichtige Rechtsbelehrung (*der Geschworenen*). **5.** falsche Adres'sierung.
‚**mis'do·ing**, ‚**mis'doubt** *v/t obs.* **1.** etwas an-, bezweifeln. **2.** j-n verdächtigen, j-m miß'trauen. **3.** befürchten.
mise [miːz; maɪz] *s* **1.** *bes. jur.* Kosten *pl* u. Gebühren *pl*. **2.** *hist.* Vertrag *m*.
mise en scène [ˌmiːz ɑ̃ːn'seɪn; miːzɑ̃sɛn] (*Fr.*) *s* **1.** *thea.* a) Bühnenbild *n*, b) Insze'nierung *f* (*a. fig.*). **2.** Mili'eu *n*, 'Umwelt *f*, 'Hintergrund *m*.
‚**mis·em'ploy** *v/t* falsch *od.* schlecht anwenden, miß'brauchen: **to ~ one's talents**. ‚**mis·em'ploy·ment** *s* schlechte Anwendung, 'Mißbrauch *m*.
mi·ser ['maɪzə(r)] *s* Geizhals *m*, Geizkragen *m*.
mis·er·a·ble ['mɪzərəbl] **I** *adj* (*adv* **mis·er·a·bly**) **1.** elend, jämmerlich, erbärmlich, armselig, kläglich (*alle a. contp.*). **2.** traurig, unglücklich: **to make s.o. ~**. **3.** mise'rabel: a) schlecht, b) schändlich, gemein. **II** *s* **4.** Elende(r *m*) *f*, Unglückliche(r *m*) *f*.
Mis·e·re·re [ˌmɪzə'rɪərɪ; -'reɪ; *Am. a.* -'reɪˌreɪ] *s* **1.** *mus. relig.* Mise'rere *n*, Bußpsalm *m*. **2.** *relig.* Gebet *n* um Erbarmen. **3. m~** → **misericord(e)**.
mis·er·i·cord(e) [mɪ'zerɪkɔː(r)d] *s* Miseri'kordie *f* (*Vorsprung an den Klappsitzen des Chorgestühls als Stütze während des Stehens*).
mi·ser·li·ness ['maɪzə(r)lɪnɪs] *s* Geiz *m*.
'**mi·ser·ly** *adj* geizig, filzig, knick(e)rig.
mis·er·y ['mɪzərɪ] *s* **1.** Elend *n*, Not *f*: **to put s.o. out of his ~** *a. iro.* j-n von s-m Leiden erlösen; **everyone to his own ~** jedem sein eigenes, selbstverschuldetes Elend. **2.** Trübsal *f*, Jammer *m*, (seelischer) Schmerz. **3.** *pl* Leiden *pl*, Nöte *pl*, Unannehmlichkeiten *pl*. **4.** *Br. contp.* ,Miesepeter' *m*.
‚**mis'fea·sance** *s jur.* **1.** unerlaubte Ausführung e-r an sich rechtmäßigen Handlung. **2.** 'Mißbrauch *m* (*der Amtsgewalt*), 'Amts‚mißbrauch *m*. **mis'fea·sor** [-zə(r)] *s jur.* j-d, der sich e-s 'Amts‚mißbrauchs *etc* schuldig macht.
‚**mis'file** *v/t* Briefe *etc* falsch ablegen.
‚**mis'fire I** *v/i* **1.** *mil.* versagen (*Waffe*). **2.** *bes. mot.* fehlzünden, aussetzen. **3.** *fig.* ,da'nebengehen' (*Witz etc*). **II** *s* **4.** a) Versager *m* (*beim Schießen etc*), b) *mot. etc* Fehlzündung *f*.
mis·fit ['mɪsfɪt] *s* **1.** schlechtsitzendes Kleidungsstück. **2.** nichtpassender Gegenstand. **3.** Außenseiter(in).
mis'for·tune *s* **1.** 'Mißgeschick *n*, Unglück *n*. **2.** Unglücksfall *m*. **3.** → **mishap**.
‚**mis'give I** *v/t irr* j-n Böses ahnen lassen: **my heart ~s me** mir ahnt Böses *od.* nichts Gutes. **II** *v/i* Böses ahnen. ‚**mis'giv·ing** *s* Befürchtung *f*, böse Ahnung, Zweifel *m*.
‚**mis'got·ten** *adj* unrechtmäßig erworben.
‚**mis'gov·ern** *v/t* schlecht re'gieren *od.* verwalten. ‚**mis'gov·ern·ment** *s* 'Mißre‚gierung *f*, schlechte Re'gierung.
‚**mis'growth** *s* **1.** 'Mißwuchs *m*. **2.** *fig.* Auswuchs *m*: **~ of patriotism**.
‚**mis'guid·ance** *s* Irreführung *f*, Verleitung *f*. ‚**mis'guide** *v/t* fehl-, verleiten, irreführen: **we were ~d into thinking that** wir wurden zu der Annahme verleitet, daß. ‚**mis'guid·ed** *adj* irrig (*Entscheidung etc*), unangebracht (*Optimismus etc*).
‚**mis'han·dle** *v/t* **1.** miß'handeln. **2.** etwas falsch behandeln, schlecht hand-

haben: **to ~ a car**. **3.** *fig.* falsch anpacken, ,verpatzen'.
mis·hap ['mɪshæp; mɪs'hæp] *s* **1.** Unglück *n*, Unfall *m*, *mot.* (*a. humor. fig.*) Panne *f*. **2.** *euphem.* a) ,Fehltritt *m* mit Folgen', b) uneheliches Kind.
‚**mis'hear I** *v/t irr* falsch hören. **II** *v/i* sich verhören.
‚**mis'hit** *sport* **I** *v/t irr* [ˌmɪs'hɪt] den Ball nicht richtig *od.* voll treffen. **II** *s* ['mɪshɪt] Fehlschlag *m*.
mish·mash ['mɪʃmæʃ] *s* Mischmasch *m*.
Mish·na(h) ['mɪʃnə] *s relig.* Mischna *f* (*1. Teil des Talmuds*).
‚**mis·im'prove** *v/t* **1.** verschlimmbessern. **2.** *Am. od. obs.* miß'brauchen.
‚**mis·in'form** *v/t* j-n falsch unter'richten. ‚**mis·in·for'ma·tion** *s* falscher Bericht, falsche Auskunft *od.* Informa'tion.
‚**mis·in'ter·pret** *v/t* miß'deuten, falsch auffassen *od.* auslegen. '**mis·in‚ter·pre'ta·tion** *s* 'Mißdeutung *f*, falsche Auslegung.
‚**mis'join·der** *s jur.* **1.** unzulässige Klagenhäufung. **2.** unzulässige *od.* ungehörige Hin'zuziehung (*e-s Streitgenossen*).
‚**mis'judge** *v/t u. v/i* **1.** (*v/t*) falsch beurteilen, verkennen: **~d pass** *sport* verunglückter Paß. **2.** (*v/i*) falsch urteilen. **3.** falsch (ein)schätzen: **I ~d the distance**. ‚**mis'judg(e)·ment** *s* irriges Urteil, falsche Beurteilung, Verkennung *f*.
‚**mis'lay** *v/t irr* etwas verlegen: **I have mislaid my gloves**.
‚**mis'lead** *v/t irr* **1.** irreführen, täuschen. **2.** verführen, -leiten (**into doing** zu tun): **to be misled (into doing s.th.)** sich verleiten lassen(, etwas zu tun). ‚**mis'lead·ing** *adj* irreführend: **to be ~** täuschen.
‚**mis'like** *obs. für* **dislike**.
‚**mis'man·age** *v/t* schlecht verwalten *od.* führen *od.* handhaben. ‚**mis'man·age·ment** *s* schlechte Verwaltung *od.* Führung, 'Mißwirtschaft *f*.
‚**mis'mar·riage** *s* 'Mißheirat *f*.
‚**mis'matched** *adj* nicht *od.* schlecht zs.-passend: **a ~ couple** ein ungleiches Paar.
‚**mis'move** *s Am.* falscher Schritt (*a. fig.*), falsche Bewegung: **to make a ~**.
‚**mis'name** *v/t* falsch bennen.
mis·no·mer [ˌmɪs'nəʊmə(r)] *s* **1.** *jur.* Namensirrtum *m* (*in e-r Urkunde*). **2.** falsche Benennung *od.* Bezeichnung.
mi·sog·a·mist [mɪ'sɒgəmɪst; *Am.* -'sɑ-] *s* Miso'gam *m*, Ehefeind *m*. **mi'sog·a·my** *s* Misoga'mie *f*, Ehescheu *f*.
mi·sog·y·nist [mɪ'sɒdʒɪnɪst; *Am.* -'sɑ-] *s* Miso'gyn *m*, Frauenfeind *m*. **mi‚sog·y'nis·tic**, **mi'sog·y·nous** *adj* frauenfeindlich. **mi'sog·y·ny** *s* Misogy'nie *f*, Frauenhaß *m*, -scheu *f*.
mi·sol·o·gist [mɪ'sɒlədʒɪst; *Am.* -'sɑ-] *s* Vernunfthasser *m*. **mi'sol·o·gy** *s* Misolo'gie *f*, Abneigung *f* gegen vernünftige sachliche Ausein'andersetzung.
mis·o·ne·ism [ˌmɪsəʊ'niːɪzəm] *s psych.* Misone'ismus *m*, Neopho'bie *f*, Haß *m* gegen Neuerung. **mis·o'ne·ist** *s* Neuerungshasser *m*.
‚**mis'place** *v/t* **1.** etwas verlegen. **2.** an e-e falsche Stelle legen *od.* setzen: **to ~ the decimal point** *math.* das Komma falsch setzen; **~d pass** *sport* verunglückter Paß. **3.** *fig.* falsch anbringen: **to be ~d** unangebracht *od.* deplaziert sein. ‚**mis'place·ment** *s* **1.** Verlegen *n*. **2.** *fig.* falsches Anbringen.
mis'print I *v/t* [ˌmɪs'prɪnt] verdrucken. **II** *s* ['mɪsprɪnt] Druckfehler *m*.
mis·pri·sion [ˌmɪs'prɪʒn] *s* **1.** *jur.* Vergehen *n*, Versäumnis *f*. **2.** *jur.* Unter-

'lassung f der Anzeige: ~ of felony Nichtanzeige f e-s Verbrechens.
mis·pri·sion[2] [ˌmɪsˈprɪʒn] s obs. Geringschätzung f.
ˌ**misˈprize** v/t 1. verachten. 2. geringschätzen, mißˈachten, unterˈschätzen.
ˌ**misˈpro·nounce** v/t u. v/i (ein Wort etc) falsch aussprechen. **ˈmis·proˌnun·ciˈa·tion** s falsche Aussprache.
ˌ**misˈproud** adj obs. hoffärtig, stolz.
ˌ**misˈquoˈta·tion** s falsche Anführung, falsches Ziˈtat. ˌ**misˈquote** v/t u. v/i falsch anführen od. ziˈtieren.
ˌ**misˈread** v/t irr 1. falsch lesen. 2. mißˈdeuten.
ˈ**misˌrep·reˈsent** v/t 1. falsch od. ungenau darstellen. 2. entstellen, verdrehen. ˈ**misˌrep·re·senˈta·tion** s 1. falsche od. ungenaue Darstellung, Verdrehung f, falsches Bild. 2. jur. falsche Angabe.
ˌ**misˈrule** I v/t 1. schlecht reˈgieren. II s 2. schlechte Reˈgierung, ˈMißreˌgierung f. 3. Unordnung f, Tuˈmult m.
miss[1] [mɪs] s 1. M~ (mit folgendem Namen) Fräulein n: M~ Smith Fräulein Smith; M~ **America** Miß Amerika (die Schönheitskönigin von Amerika). 2. oft humor. od. contp. ˌDingˈ n, Dämchen n. 3. econ. junges Mädchen, Teenager m: → **junior miss.** 4. (ohne folgenden Namen) Fräulein n (Anrede für Lehrerinnen, Kellnerinnen etc).
miss[2] [mɪs] I v/t 1. e-e Gelegenheit, den Zug, e-e Verabredung etc verpassen, -säumen, den Beruf, j-n, das Tor, den Weg, das Ziel etc verfehlen: **to ~ the bus** (od. **boat**) colloq. den Anschluß od. s-e Chance verpassen; **to ~ one's opportunity** (ol doing s.th. od. **to do s.th.**) die Gelegenheit verpassen od. sich die Gelegenheit entgehen lassen(, etwas zu tun); **to ~ the point** (**of an argument**) das Wesentliche (e-s Arguments) nicht begreifen; **he didn't ~ much** a) er versäumte nicht viel, b) ihm entging so gut wie nichts; **~ed approach** aer. Fehlanflug m; **~ed period** physiol. ausgebliebene Regel. 2. a. **~ out** auslassen, überˈgehen, -ˈspringen. 3. nicht haben, nicht bekommen: **I ~ed my breakfast** ich habe kein Frühstück (mehr) bekommen; → **fire 9, footing 1, hold**[2] **1, mark**[1] 12. 4. a) nicht hören können, überˈhören, b) überˈsehen, nicht bemerken. 5. vermissen: **we ~ her very much** sie fehlt uns sehr; **he is ~ing his wallet** er vermißt seine Brieftasche; **he won't ~ £100** 100 Pfund ˌtun ihm nicht wehˈ. 6. entkommen (dat), entrinnen (dat), vermeiden: **he just ~ed being drowned** er wäre um ein Haar ertrunken; **I just ~ed running him over** um ein Haar hätte ich ihn überfahren.
II v/i 7. nicht treffen: a) daˈnebenschießen, -ˈwerfen, -ˈschlagen etc, b) fehlˈgehen, daˈnebengehen (Schuß etc). 8. mißˈglücken, -ˈlingen, fehlschlagen, ˌdaˈnebengehenˈ. 9. **~ out** zu kurz kommen: **to ~ out on s.th.** a) etwas versäumen, b) etwas weglassen od. nicht berücksichtigen; **he's ~ing out on his private life** sein Privatleben kommt zu kurz.
III s 10. Fehlschuß m, -wurf m, -schlag m, -stoß m: **every shot a ~** jeder Schuß ging daneben. 11. Verpassen n, -säumen n, -fehlen n, Entrinnen n: **a ~ is as good as a mile** knapp daneben ist auch vorbei; **to give s.th. a ~** a) etwas vermeiden od. nicht tun od. nehmen od. haben wollen, die Finger lassen von etwas, b) etwas auslassen, verzichten auf etwas. 12. Am. colloq. a) Fehlgeburt f, b) mot. Fehlzündung f.
mis·sal [ˈmɪsl] relig. I s Meßbuch n. II adj Meß-...: **~ sacrifice** Meßopfer n.

ˌ**misˈshap·en** adj ˈmißgebildet, ungestalt, unförmig, häßlich.
mis·sile [ˈmɪsaɪl; Am. -səl] I s 1. (Wurf-) Geschoß n, Projekˈtil n. 2. mil. Flugkörper m, Raˈkete f. II adj 3. Schleuder-..., Wurf... 4. mil. Raketen...: **~ base** (od. **site**) Raketen(abschuß)basis f; **~ carrier** Raketenträger m. **ˈ~ˌman** [-mən] s irr Raˈketenfachmann m, -techniker m.
mis·sile·ry [ˈmɪsaɪlrɪ; Am. ˈmɪsəlrɪ:] s 1. Raˈketentechnik f. 2. collect. Raˈketen (-arseˌnal n) pl, Flugkörper pl.
miss·ing [ˈmɪsɪŋ] adj 1. fehlend, weg, nicht da: **to be ~** a) fehlen, nicht vorhanden od. weg sein (Sache); **the ~ link** a) das fehlende Glied, b) Darwinismus: das Missing link, die fehlende Übergangsform der Primaten. 2. vermißt (mil. a. **~ in action**), verschollen: **to be ~** vermißt sein od. werden; **the ~** die Vermißten od. Verschollenen; **to be reported ~** als vermißt gemeldet werden.
mis·sion [ˈmɪʃn] s 1. pol. (Am. ständige) Gesandtschaft. 2. pol. (Miliˈtär- etc)Missiˌon f (im Ausland): **the head of the ~** der Missionschef. 3. bes. pol. Auftrag m, Missiˈon f: **on** (a) **special ~** mit besonderem Auftrag. 4. relig. Missiˈon f: a) Sendung f, b) Missioˈnarstätigkeit f, c) Missiˈonskurse pl, -predigten pl, d) Missiˈonsgesellschaft f, e) Missiˈonsstatiˌon f. 5. Missiˈon f, Sendung f, (innere) Berufung, Lebenszweck m: **~ in life** Lebensaufgabe f; **sense of ~** Sendungsbewußtsein n. 6. mil. a) (Einsatz-, Kampf)Auftrag m: **~ accomplished!** Auftrag ausgeführt!, b) aer. Feindflug m, Einsatz m.
mis·sion·ar·y [ˈmɪʃnərɪ; Am. ˈmɪʃəˌnerɪ:] I adj 1. missioˈnarisch, Missions-...: **~ work**, **~ position** (Geschlechtsverkehr) Missionarsstellung f. II s 2. Missioˈnar (-in). 3. fig. Bote m, Botin f.
mis·sis [ˈmɪsɪz] s colloq. 1. ˌGnäˈ Frau (Hausfrau). 2. ˌAlteˈ f, ˌbessere Hälfteˈ (Ehefrau): **how's the** (od. **your**) **~?**
miss·ish [ˈmɪsɪʃ] adj 1. zimperlich. 2. geziert, affekˈtiert. 3. altˈjüngferlich.
mis·sive [ˈmɪsɪv] s Sendschreiben n.
ˌ**misˈspell** v/t a. irr falsch buchstaˈbieren od. schreiben. ˌ**misˈspell·ing** s 1. falsches Buchstaˈbieren. 2. Rechtschreibfehler.
ˌ**misˈspend** v/t irr falsch verwenden, vergeuden, -schwenden: **misspent youth** vergeudete Jugend.
ˌ**misˈstate** v/t falsch angeben, unrichtig darstellen. ˌ**misˈstate·ment** s falsche Angabe od. Darstellung.
ˌ**misˈstep** s 1. Fehltritt m (a. fig.). 2. fig. Fehler m, Dummheit f.
mis·sus [ˈmɪsəs; -əz] → missis.
miss·y [ˈmɪsɪ] s colloq. humor. kleines Fräulein.
mist [mɪst] I s 1. allg. (feiner) Nebel. 2. meteor. a) leichter Nebel, feuchter Dunst, b) Am. Sprühregen m. 3. fig. Nebel m, Schleier m (a. vor den Augen etc): **to be in a ~** ganz verwirrt sein; **to see things through a ~** alles wie durch e-n Schleier sehen; **through a ~ of tears** durch e-n Tränenschleier. 4. colloq. Beschlag m, Hauch m (auf e-m Glas). II v/i 5. a. **~ over** a) nebeln, neb(e)lig sein (a. fig.), b) sich verschleiern, sich umˈfloren, sich trüben (Augen), c) (sich) beschlagen (Glas). III v/t 6. umˈnebeln, umˈwölken, verdunkeln.
mis·take·a·ble [mɪˈsteɪkəbl] adj 1. (leicht) zu verwechseln(d). 2. ˈmißverständlich.
mis·take [mɪˈsteɪk] I v/t irr 1. a) (for) verwechseln (mit), (fälschlich) halten

(für), b) verfehlen, nicht erkennen, verkennen: **to ~ s.o.'s character** sich in j-s Charakter od. Wesen irren. 2. falsch verstehen, ˈmißverstehen: **there is no mistaking** ... a) ... ist unverkennbar od. unmißverständlich, b) ... steht außer Frage. II v/i 3. sich irren, sich versehen.
III s 4. ˈMißverständnis n. 5. Irrtum m (a. jur.), Versehen n, ˈMißgriff m, Fehler m: **by ~** irrtümlich, aus Versehen; **to learn from one's ~s** aus s-n Fehlern lernen; **to make a ~** sich irren; **to make a ~ of two pounds** sich um 2 Pfund verrechnen; **to make a ~ about the number** sich in der Nummer irren; **make no ~** damit wir uns nicht falsch verstehen; **and no ~** colloq. daran besteht kein Zweifel; **I was scared and no ~ when** colloq. ich hatte vielleicht Angst, als. 6. (Schreib-, Rechen- etc)Fehler m.
mis·tak·en [mɪˈsteɪkən] I pp von **mistake.** II adj 1. im Irrtum: **to be ~** sich irren; **unless I am very much ~** wenn ich mich nicht sehr irre, wenn mich nicht alles täuscht; **we were quite ~ in him** wir haben uns in ihm ganz schön getäuscht. 2. irrig, falsch: **a ~ opinion**; (**case of**) **~ identity** (Personen)Verwechslung f; **~ kindness** unangebrachte Freundlichkeit. **misˈtak·en·ly** adv fälschlicher-, irrtümlicherweise.
mis·ter [ˈmɪstə(r)] s 1. M~ Herr m (vor Familiennamen od. Titeln, a. mar. mil.; meist abbr. **Mr** od. Am. **Mr.**): **Mr** (od. **Mr.**) **Smith**; **Mr. President.** 2. sl. (in der Anrede) ˌMeisterˈ!, ˌChefˈ!
mis·ti·gris [ˈmɪstɪgrɪ:; -grɪs] s (Poker) 1. Joker m. 2. Abart des Pokerspiels, bei der Joker verwendet werden.
ˌ**misˈtime** v/t 1. a) zu unpassenden Zeit sagen od. tun, e-n falschen Zeitpunkt wählen für, b) sport Paß etc schlecht timen. 2. e-e falsche Zeit angeben od. annehmen für. ˌ**misˈtimed** adj unpassend, unangebracht, zur Unzeit.
mist·i·ness [ˈmɪstɪnɪs] s 1. Neblichkeit f, Dunstigkeit f. 2. fig. Unklarheit f, Verschwommenheit f.
mis·tle·toe [ˈmɪsltəʊ] s bot. 1. Mistel f. 2. Mistelzweig m.
ˌ**misˈtrans·late** v/t u. v/i falsch überˈsetzen. ˌ**misˈtrans·la·tion** s falsche Überˈsetzung, Überˈsetzungsfehler m.
ˌ**misˈtreat** → **maltreat.**
mis·tress [ˈmɪstrɪs] s 1. Herrin f (a. fig.), Gebieterin f, Besitzerin f: **you are your own ~** du bist dein eigener Herr; **she is ~ of herself** sie weiß sich zu beherrschen; **M~ of the Sea(s)** Beherrscherin f der Meere (Großbritannien); **M~ of the World** Herrin der Welt (das alte Rom). 2. Frau f des Hauses, Hausfrau f. 3. Leiterin f, Vorsteherin f: **M~ of the Robes** erste Kammerfrau (der brit. Königin). 4). bes. Br. Lehrerin f: **chemistry ~** Chemielehrerin f. 5. Kennerin f, Meisterin f, Exˈpertin f (**of** auf dem Gebiet gen). 6. Geliebte f, Mäˈtresse f. 7. poet. od. obs. geliebte Frau, Geliebte f. 8. → **Mrs.**
mis·tri·al s jur. 1. fehlerhaft geführter Proˈzeß. 2. Am. ergebnisloser Proˈzeß (z. B. wenn sich die Geschworenen nicht einigen können).
mis·trust I s 1. ˈMißtrauen n, Argwohn m (**of** gegen): **to have a** (**strong**) **~ of s.th.** e-r Sache (tief) mißtrauen. II v/t 2. j-m mißˈtrauen, nicht trauen. 3. zweifeln an (dat). **misˈtrust·ful** adj (adv **-ly**) ˈmißtrauisch, argwöhnisch (**of** gegen).
mist·y [ˈmɪstɪ] adj (adv **mistily**) 1. (leicht) neb(e)lig, dunstig. 2. verschleiert (Augen etc): **her eyes grew ~** ihr Blick ver-

misunderstand – mobile

schleierte sich. **3.** *fig.* unklar, verschwommen: a ~ **idea**; ~ **memories** e-e schwache *od.* undeutliche Erinnerung.
ˌmis·un·derˈstand *v/t irr* **1.** ˈmißverstehen: don't ~ me verstehen Sie mich nicht falsch. **2.** *j-n* nicht verstehen: his wife ~s him. ˌmis·un·derˈstand·ing *s* **1.** ˈMißverständnis *n.* **2.** ˈMißhelligkeit *f,* Unstimmigkeit *f,* Diffeˈrenz(en *pl*) *f.* ˌmis·un·derˈstood **I** *pret u. pp von* misunderstand. **II** *adj* **1.** ˈmißverstanden. **2.** verkannt (*Künstler etc*).
ˌmisˈus·age → misuse I.
mis·use **I** [ˌmɪsˈjuːs; *Am. a.* mɪʃˈuːs] *s* **1.** ˈMißbrauch *m.* ~ **of power** Machtmißbrauch. **2.** falscher Gebrauch. **3.** Mißˈhandlung *f.* **II** [ˌmɪsˈjuːz; *Am. a.* mɪʃˈuːz] *v/t* **4.** mißˈbrauchen, falsch *od.* zu unrechten Zwecken gebrauchen. **5.** falsch an- *od.* verwenden. **6.** mißˈhandeln.
ˌmisˈus·er *s jur.* ˈMißbrauch *m* e-s Rechts *od.* e-r Befugnis.
mite¹ [maɪt] *s zo.* Milbe *f.*
mite² [maɪt] *s* **1.** Heller *m* (*kleine Münze*). **2.** sehr kleine Geldsumme. **3.** Scherflein *n*: to contribute one's ~ to sein Scherflein beitragen zu. **4.** *colloq.* kleines Ding, Dingelchen *n*: not a ~ kein bißchen; a ~ of a child ein (kleines) Würmchen.
mi·ter, *bes. Br.* mi·tre [ˈmaɪtə(r)] **I** *s* **1.** *relig.* a) Mitra *f,* Bischofsmütze *f,* b) *fig.* Bischofsamt *n,* -würde *f.* **2.** *antiq.* (*Art*) Turban *m* (*der jüdischen Hohenpriester*). **3.** *antiq.* Mitra *f*: a) Kopfbinde der griechischen u. römischen Frauen, b) orientalische Mütze. **4.** *tech.* a) (Gehrungs)Fuge *f,* b) Gehrungsfläche *f,* c) → miter joint, d) → miter square. **5.** *zo.* → miter shell. *II v/t* **6.** mit der Mitra schmücken, infuˈlieren, zum Bischof machen. **7.** *tech.* a) auf Gehrung verbinden, b) gehren, auf Gehrung zurichten. **III** *v/i* **8.** *tech.* sich in ˈeinem Winkel treffen. ~ **block**, ~ **box** *s tech.* Gehrlade *f.*
mi·tered, *bes. Br.* mi·tred [ˈmaɪtə(r)d] *adj* **1.** infuˈliert, e-e Mitra tragend, Abt etc im Bischofsrang. **2.** mitraförmig.
mi·ter| gear, *bes. Br.* mi·tre| gear *s tech.* Kegelradgetriebe *n.* ~ **joint** *s tech.* Gehrfuge *f,* -stoß *m.* ~ **mush·room** *s bot.* Lorchel *f.* ~ **saw** *s tech.* Gehrungssäge *f.* ~ **shell** *s zo.* Mitraschnecke *f, bes.* Bischofsmütze *f.* ~ **square** *s tech.* Gehrdreieck *n,* ˈWinkellineˌal *n* von 45°. ~ **valve** *s tech.* ˈKegelvenˌtil *n.* ~ **wheel** *s tech.* Kegelrad *n.*
mith·ri·da·tism [ˈmɪθrɪdeɪtɪzəm; *bes. Am.* ˌmɪθrəˈdeɪt-] *s med.* Mithridaˈtismus *m* (*Giftfestigkeit durch Gewöhnung*).
ˈmith·ri·dat·ize [ˈmɪθrɪdeɪtaɪz] (*durch allmählich gesteigerte Dosen*) gegen Gift imˈmun machen.
mit·i·ga·ble [ˈmɪtɪɡəbl] *adj* zu linˈdern(d), zu mildern(d).
mit·i·gate [ˈmɪtɪɡeɪt] *v/t* Schmerzen etc lindern, e-e Strafe etc mildern, abschwächen, Zorn etc besänftigen, mäßigen: mitigating circumstances *jur.* mildernde Umstände. ˌmit·iˈga·tion *s* **1.** Linderung *f,* Milderung *f,* **2.** Milderung *f,* Abschwächung *f*: ~ **of punishment** Strafmilderung; to plead in ~ *jur.* a) für Strafmilderung plädieren, b) strafmildernde Umstände geltend machen. **3.** Besänftigung *f,* Mäßigung *f.* **4.** mildernder ˈUmstand. ˈmit·i·gaˌtive, ˈmit·i·ga·to·ry [-ɡeɪtərɪ; *Am.* -ɡəˌtɔːrɪ; -ˌtoʊ-] *adj* **1.** lindernd, mildernd. **2.** abschwächend, erleichternd. **3.** besänftigend, mäßigend, beruhigend.
mi·to·sis [maɪˈtəʊsɪs; *Br. a.* mɪ-] *pl* **-ses** [-siːz] *s biol.* Miˈtose *f,* ˈindiˌrekte *od.* chromosoˈmale (Zell)Kernteilung. miˈtot·ic [-ˈtɒtɪk; *Am.* -ˈtɑː-] *adj biol.* miˈtotisch.

mi·tral [ˈmaɪtrəl] *adj* **1.** Mitra... **2.** ˈmitral, bischofsmützenförmig. **3.** *anat.* Miˈtral...: ~ **valve** Mitralklappe *f.*
mi·tre, mi·tred *bes. Br. für* miter, mitered.
mitt [mɪt] *s* **1.** Halbhandschuh *m* (*langer Handschuh ohne Finger od. mit halben Fingern*). **2.** *Baseball:* Fanghandschuh *m.* **3.** → mitten 1. **4.** *sl.* ‚Flosse' *f,* ‚Pfote' *f* (*Hand*). **5.** *sl.* Boxhandschuh *m.*
mit·ten [ˈmɪtn] *s* **1.** Fausthandschuh *m,* Fäustling *m*: to get the ~ *colloq.* a) ˌe-n Korb bekommen', abgewiesen werden, b) ˌhinausfliegen', entlassen werden; to give a lover the ~ *colloq.* e-m Liebhaber ˌden Laufpaß' geben. **2.** → mitt 1. **3.** *sl.* Boxhandschuh *m.*
mit·ti·mus [ˈmɪtɪməs] *s* **1.** *jur.* Mittimus *n*: a) *richterlicher Befehl an die Gefängnisbehörde zur Aufnahme e-s Häftlings,* b) *Befehl zur Übersendung der Akten an ein anderes Gericht.* **2.** *Br.* ˌblauer Brief', Entlassung *f.*
mix [mɪks] **I** *v/t pret u. pp* **mixed**, *a.* **mixt** [mɪkst] **1.** (ver)mischen, vermengen (**with** mit), e-n Cocktail etc mixen, mischen, den Teig anrühren: to ~ **into** mischen in (*acc*), beimischen (*dat*). **2.** *oft* ~ **up** zs.-, durcheinˈandermischen. **3.** ~ **up** a) gründlich mischen, b) völlig durcheinˈanderbringen, c) verwechseln (**with** mit). **4.** to be ~ed **up** a) verwickelt sein *od.* werden (**in, with** in *acc*), b) (*geistig*) ganz durcheinˈander sein. **5.** *biol.* kreuzen. **6.** Stoffe meˈlieren. **7.** *fig.* verbinden: to ~ **business with pleasure** das Angenehme mit dem Nützlichen verbinden. **8.** ~ **it (up)** *sl.* sich e-n harten Kampf liefern. **II** *v/i* **9.** sich (ver)mischen. **10.** sich mischen lassen. **11.** gut etc auskommen, sich vertragen: they will not ~ well. **12.** verkehren (**with** mit; **in** in *dat*): to ~ **in the best society. 13.** *biol.* sich kreuzen. **14.** *Am. colloq.* a) sich (ein)mischen (**into, in** in *acc*), b) sich einlassen (**with** s.o. mit j-m). **III** *s* **15.** Mischung *f,* Gemisch *n.* **16.** *Am.* (koch-, back- *od.* gebrauchsfertige) Mischung: **cake** ~ Backmischung. **17.** *colloq.* Durcheinˈander *n,* Mischmasch *m.* **18.** *sl.* Keileˈrei *f.*
mixed [mɪkst] *adj* **1.** gemischt (*a. fig.* Gefühle, Gesellschaft, Kommission, Konto, Metapher etc). **2.** vermischt. **3.** Misch... **4.** *colloq.* verwirrt, konˈfus. **5.** *bot.* gemischt, Misch... **6.** *math.* gemischt: ~ **fraction**; ~ **number**; ~ **proportion**. **7.** ˈunterschiedlich: **of** ~ **success**. ~ **bag** *s colloq.* bunte Mischung. ~ **bless·ing** *s* zweifelhaftes Vergnügen. ~ **blood** *s* **1.** gemischtes Blut, gemischte (rassische) Abstammung. **2.** Mischling *m,* Halbblut *n.* ~ **car·go** *s econ.* Stückgutladung *f.* ~ **cloth** *s* meˈliertes Tuch. ~ **con·struc·tion** *s arch.* Gemischtbauweise *f.* ˈ~-ˌcy·cle en·gine *s tech.* Semidieselmotor *m.* ~ **dou·ble** *s meist pl Tennis etc*: gemischtes Doppel, Mixed *n*: a ~s match ein gemischtes Doppel. ~ **e·con·o·my** *s econ.* gemischte Wirtschaftsform. ˌ~-eˈcon·o·my *adj econ.* gemischtwirtschaftlich. ~ **ed·u·ca·tion** *s ped.* Gemeinschaftserziehung *f,* Koedukatiˈon *f.* ~ **farm·ing** *s* Ackerbau *m u.* Viehzucht *f.* ~ **grill** *s* Mixed grill *m.* ~ **lan·guage** *s* Mischsprache *f.* ~ **mar·riage** *s* zweifelhafte *pl* **1.** Multiˈmedia *pl.* **2.** *art* Mischtechnik *f.* ˌ~-ˈme·di·a *adj* Mixed-media-..., multimediˈal. ~ **pick·les** *s pl* Mixed Pickles *pl,* Mixpickles *pl.* ~ **price** *s econ.* Mischpreis *m.* ~ **school** *s* Koedukatiˈonsschule *f.* ~ **train** *s rail.* gemischter Zug.
ˈmixed-up *adj* verwirrt, konˈfus, durcheinˈander.

mix·en [ˈmɪksn] *s dial.* Misthaufen *m.*
mix·er [ˈmɪksə(r)] *s* **1.** a) Mischer *m,* b) Mixer *m* (*von Cocktails etc*). **2.** Mixer *m* (*Küchengerät*). **3.** *tech.* Mischer *m,* ˈMischmaˌschine *f.* **4.** *electr. TV etc*: Mischpult *n,* Mischer *m.* **5.** to be a good (bad) ~ *colloq.* kontaktfreudig (kontaktarm) sein. ~ **tube**, *Br.* ~ **valve** *s electr.* Mischröhre *f.*
mix·ing [ˈmɪksɪŋ] *adj* Misch...: ~ **ratio** *mot. etc* Mischverhältnis *n.*
mixt [mɪkst] *pret u. pp von* mix.
mix·ture [ˈmɪkstʃə(r)] *s* **1.** Mischung *f* (*a.* von Tee, Tabak etc), Gemisch *n* (**of** ... **and** us ... und). **2.** a) Mischgewebe *n,* b) Meˈlange *f* (*Garn*). **3.** *mot.* Gas-Luft-Gemisch *n.* **4.** *chem.* Gemenge *n,* Gemisch *n.* **5.** *pharm.* Mixˈtur *f.* **6.** *biol.* Kreuzung *f.* **7.** *a.* ~ **stop** *mus.* Mixˈtur *f* (*Orgelregister*).
ˈmix-up *s colloq.* **1.** Wirrwarr *m,* Durcheinˈander *n.* **2.** Verwechslung *f.* **3.** Handgemenge *n.*
miz·(z)en [ˈmɪzn] *s mar.* Beˈsan(segel *n) m.* **2.** miz(z)enmast. ˈ~-ˌroy·al sail *s* Beˈsan-, Kreuzmast *m.* ˈ~-sail *s* Kreuzoberbramsegel *n.* ˈ~-sail → miz(z)en 1. ˈ~-ˌtopˈgal·lant sail *s* Kreuzbramsegel *n.*
miz·zle¹ [ˈmɪzl] *dial. od. colloq.* **I** *v/impers* nieseln, fein regnen. **II** *s* Nieseln *n,* Sprühregen *m.*
miz·zle² [ˈmɪzl] *v/i bes. Br. sl.* ˌtürmen'.
MKS sys·tem *s* MKˈS-Syˌstem *n,* ˈMeter-Kiloˈgramm-Seˈkunde-Syˌstem *n.*
mne·mon·ic [niːˈmɒnɪk; *Am.* -ˈmɑː-] **I** *adj* **1.** mnemoˈtechnisch. **2.** mneˈmonisch, Gedächtnis... **II** *s* **3.** Gedächtnishilfe *f.* **4.** → mnemonics 1. mneˈmon·ics *s pl* **1.** (*a. als sg konstruiert*) Mneˈmonik *f,* Mnemoˈtechnik *f,* Gedächtniskunst *f.* **2.** mneˈmonische Zeichen *pl.*
mne·mo·nist [ˈniːmənɪst] *s* Mneˈmoniker(in), Gedächtniskünstler(in). mne·mo·tech·nics [ˌniːməʊˈtekniks] *s pl* (*a. als sg konstruiert*), ˈmne·moˌtech·ny *s* → mnemonics 1.
mo [məʊ] *s colloq.* **1.** Moˈment *m*: wait half a ~! eine Sekunde! **2.** *Austral.* Schnurrbart *m.*
mo·a [ˈməʊə] *s orn.* Moa *m* (*ausgestorbener Schnepfenstrauß Neuseelands*).
Mo·ab·ite [ˈməʊəbaɪt] *Bibl.* **I** *s* Moaˈbiter(in). **II** *adj* moaˈbitisch.
moan [məʊn] **I** *s* **1.** Stöhnen *n,* Ächzen *n* (*a. fig. des Windes etc*): to make (one's) ~ *obs.* → 4. **II** *v/i* **2.** stöhnen, ächzen. **3.** *fig.* a) ächzen (*Wind etc*), b) (dumpf) rauschen (*Wasser*). **4.** (weh)klagen, jammern. **III** *v/t* **5.** beklagen. **6.** Worte etc (herˈvor)stöhnen. ˈmoan·ful *adj (adv* -ly) (weh)klagend.
moat [məʊt] *mil.* **I** *s* (Wall-, Burg-, Stadt)Graben *m.* **II** *v/t* mit e-m Graben umˈgeben.
mob [mɒb; *Am.* mɑb] **I** *s* **1.** Mob *m,* zs.-gerotteter Pöbel(haufen): ~ **law** Lynchjustiz *f.* **2.** *sociol.* Masse *f*: ~ **psychology** Massenpsychologie *f.* **3.** Pöbel *m,* Gesindel *n.* **4.** *sl.* a) (Verbrecher)Bande *f,* b) *allg.* Bande *f,* Sippschaft *f,* Clique *f.* **II** *v/t* **5.** (lärmend) bedrängen, anpöbeln, ˈherfallen über (*acc*). **6.** (in e-r Rotte) attacˈkieren *od.* angreifen. **7.** *Geschäfte etc* stürmen. **III** *v/i* **8.** sich zs.-rotten.
ˈmob·cap *s hist.* Morgenhaube *f* (*der Frauen*).
mo·bile [ˈməʊbaɪl; *Am. a.* -bəl; -ˌbiːl] **I** *adj* **1.** beweglich. **2.** schnell (beweglich), wendig (*a. fig.* Geist etc). **3.** lebhaft: ~ **features**. **4.** *chem.* leicht-, dünnflüssig: ~ **liquids**. **5.** *tech.* fahrbar, beweglich, moˈbil, *mil. a.* motoriˈsiert: ~ **artillery** fahrbare Artillerie; ~ **crane** *tech.* Autokran *m*; ~ **defence** (*Am.* -**se**) *mil.* bewegliche

mobility – modicum

mo·bil·i·ty [məʊˈbɪlətɪ] s 1. Beweglichkeit f. 2. Wendigkeit f. 3. Veränderlichkeit f. 4. *sociol.* a) Mobilität f (der Bevölkerung), b) soziale Mobilität, sozialer Auf- od. Abstieg. 5. *chem.* Leichtflüssigkeit f.

od. elastische Verteidigung; ~ **home** Wohnwagen m; ~ **library** Wander-, Autobücherei f; ~ **troops** *mil.* schnelle od. motorisierte Verbände; ~ **unit** a) *tech.* fahrbare Anlage, b) *mil.* (voll)motorisierte Einheit; ~ **warfare** Bewegungskrieg m; ~ **workshop** Werkstattwagen m. 6. veränderlich, unstet. 7. *econ.* flüssig, moˈbil: ~ **funds**. II s 8. beweglicher Körper, *bes. tech.* beweglicher Teil (e-s Mechanismus). 9. Mobile n.

mo·bi·li·za·tion [ˌməʊbɪlaɪˈzeɪʃn; *Am.* -ləˈz-] s Mobiliˈsierung f: a) *mil.* Moˈbilmachung f, b) *bes. fig.* Aktiˈvierung f, Aufgebot n (der Kräfte etc), c) *econ.* Flüssigmachung f. '**mo·bi·lize** I v/t mobiliˈsieren: a) *mil.* moˈbil machen, b) *mil. etc* dienstverpflichten, herˈanziehen, c) *fig.* Kräfte etc aufbieten, einsetzen, d) *econ.* Kapital flüssigmachen. II v/i *mil.* moˈbil machen.

mob·oc·ra·cy [mɒˈbɒkrəsɪ; *Am.* mɑˈbɑ-] s 1. Pöbelherrschaft f. 2. (herrschender) Pöbel.

mobs·man [ˈmɒbzmən; *Am.* ˈmɑbz-] s irr 1. Gangster m. 2. *Br. sl.* (eleˈganter) Taschendieb.

mob·ster [ˈmɑbstər] *Am. sl. für* mobsman 1.

moc·ca·sin [ˈmɒkəsɪn; *Am.* ˈmɑ-] s 1. Mokasˈsin m (absatzloser Schuh der Indianer, a. Damenmodeschuh). 2. *zo.* Mokasˈsinschlange f.

mo·cha¹ [ˈmɒkə; *Am.* ˈməʊkə] I s 1. ˈMokka(kafˌfee) m. 2. Mochaleder n. II adj 3. Mokka...

mo·cha² [ˈmɒkə; *Am.* ˈməʊkə], **Mocha stone** s *min.* Mochastein m.

mock [mɒk; *Am. a.* mɑk] I v/t 1. verspotten, -höhnen, lächerlich machen. 2. nachäffen. 3. *poet.* nachahmen. 4. täuschen, narren. 5. spotten (gen), trotzen (dat), Trotz bieten (dat), nicht achten. II v/i 6. sich lustig machen, spotten (at über acc). III s 7. Spott m, Hohn m. 8. → **mockery** 2 u. 3. IV adj 9. falsch, nachgemacht, Schein..., Pseudo...: ~ **attack** *mil.* Scheinangriff m.

mock·er [ˈmɒkə(r); *Am. a.* ˈmɑ-] s 1. Spötter(in). 2. Nachäffer(in). 3. **to put the ~s on s.th.** *Br. sl.* etwas ˌvermasseln'.

mock·er·y [ˈmɒkərɪ; *Am. a.* ˈmɑ-] s 1. Spott m, Hohn m, Spötteˈrei f. 2. *fig.* Hohn m (of auf acc). 3. Zielscheibe f des Spottes, Gespött n: **to make a ~ of** zum Gespött (der Leute) machen. 4. Nachäffung f. 5. *fig.* Possenspiel n, Farce f.

ˌmock-heˈro·ic I adj (adv ~ally) 1. ˈkomisch-heˈroisch: ~ **poem** → 2. II s 2. ˈkomisch-heˈroisches Gedicht, heˈroische Burˈleske. 3. ˈkomisch-heˈroisches Getue od. Geschwätz.

mock·ing [ˈmɒkɪŋ; *Am. a.* ˈmɑ-] I s Spott m, Gespött n. II adj (adv ~ly) spöttisch. '**~·bird** s *orn.* Spottdrossel f.

mock| **moon** s *astr.* Nebenmond m. ~ **or·ange** s *bot.* 1. *Am.* Falscher Jasˌmin. 2. Karoˈlinischer Kirschlorbeer. 3. oˈrangenähnlicher Kürbis. **~ ˈpriv·et** s *bot.* Steinlinde f. ~ **sun** s *astr.* Nebensonne f. **~ ˈtri·al** s *jur.* ˈSchein-proˌzeß m. **~ ˈtur·tle** s *gastr.* Kalbskopf m in torˈtue. **~ tur·tle soup** s *gastr.* Mockturtlesuppe f, falsche Schildkrötensuppe. **ˈ~-up** s Moˈdell n (in natürlicher Größe), Atˈtrappe f. **~ vel·vet** s Trippsamt m.

Mod¹ [mɒd] s musikalisches u. literarisches Jahresfest der Hochlandschotten.

mod² [mɒd; *Am.* mɑd] I *abbr. für* a) **model**, b) **moderate**, c) **moderation**, d) **modern**, e) **modification**, f) **modulator**. II s → **mods**.

mod·al [ˈməʊdl] adj (adv ~ly) 1. moˈdal: a) die Art u. Weise od. die Form bezeichnend, b) durch Verhältnisse bedingt. 2. *ling. mus. philos.* moˈdal, Modal...: ~ **auxiliary**, ~ **verb** modales Hilfsverb; ~ **proposition** (*Logik*) Modalsatz m. 3. *Statistik*: häufigst(er, e, es), typisch.

mo·dal·i·ty [məʊˈdælətɪ] s 1. Modaliˈtät f, Art f u. Weise f, Ausführungsart f: **modalities of payment** Zahlungsmodalitäten. 2. *med.* a) Anwendung f e-s (physiˈkalisch-technischen) Heilmittels, b) physiˈkalisch-technisches Heilmittel.

mode¹ [məʊd] s 1. (Art f u.) Weise f, Meˈthode f: ~ **of action** *tech.* Wirkungsweise; ~ **of life** Lebensweise; ~ **of payment** Zahlungsweise. 2. (Erscheinungs-)Form f, Art f: **heat is a ~ of motion** Wärme ist e-e Form der Bewegung. 3. *philos.* Modus m, Seinsweise f. 4. *Logik:* a) Modaliˈtät f, b) Modus m (e-r Schlußfigur). 5. *mus.* Modus m, Tonart f, -geschlecht n: **ecclesiastical ~s** Kirchentonarten. 6. *ling.* Modus m, Aussageweise f. 7. *Statistik:* Modus m, häufigster Wert.

mode² [məʊd] s Mode f, Brauch m: **to be all the ~** (die) große Mode sein.

mod·el [ˈmɒdl; *Am.* ˈmɑdl] I s 1. Muster n, Vorbild n (for für): **after** (*od.* **on**) **the ~ of** nach dem Muster von (*od. gen*); **he is a ~ of self-control** er ist ein Muster an Selbstbeherrschung. 2. (*fig.* ˈDenk-)Moˌdell n, Nachbildung f: → **working model**. 3. Muster n, Vorlage f. 4. *paint. etc* Moˈdell n: **to act as a ~ to a painter** e-m Maler Modell stehen *od.* sitzen. 5. *Mode:* Mannequin n, Vorführdame f: **male ~** Dressman m. 6. Moˈdellkleid n. 7. *tech.* a) Bau(weise f) m, b) (Bau)Muster n, Moˈdell n, Typ(e f) m. 8. Urbild n, -typ m. 9. *dial.* Ebenbild n. II adj 10. vorbildlich, musterhaft, Muster...: ~ **farm** landwirtschaftlicher Musterbetrieb; ~ **husband** Mustergatte m; ~ **plant** Musterbetrieb m. 11. Modell...: ~ **airplane**, ~ **house**; ~ **builder** Modellbauer m; ~ **construction unit** Modellbaukasten m; ~ **dress** → 6; ~ **school** Muster-, Experimentierschule f; ~ **tank** *mar.* Versuchstank m. III v/t pret u. pp **-eled**, *bes. Br.* **-elled** 12. nach Moˈdell formen *od.* ˈherstellen. 13. modelˈlieren, nachbilden. 14. Form geben (dat). 15. abformen. 16. *Mode:* Kleider etc vorführen. 17. *fig.* formen, bilden, gestalten (**after**, **on**, **upon** nach [dem Vorbild *gen*]): **to ~ o.s. on** j-n zum Vorbild nehmen. IV v/i 18. ein Moˈdell od. Moˈdelle ˈherstellen. 19. *art* modelˈlieren. 20. plastische Gestalt annehmen (*Graphik*). 21. Moˈdell stehen *od.* sitzen (**for** dat). 22. als Mannequin arbeiten.

mod·el·er, *bes. Br.* **mod·el·ler** [ˈmɒdlə(r); *Am.* ˈmɑ-] s 1. Modelˈlierer m. 2. Moˈdell-, Musterbauer m. '**mod·el·ing**, *bes. Br.* '**mod·el·ling** I s 1. Modelˈlieren n. 2. Formgebung f, Formung f. 3. *Graphik:* Verleihen n plastischen Aussehens. 4. Moˈdellstehen n *od.* -sitzen n. II adj 5. Modellier...: ~ **clay**.

mo·dem [ˈməʊdem] s *Computer:* Modem m (Gerät zur Übertragung von Daten über Fernsprechleitungen).

mod·er·ate [ˈmɒdərət; *Am.* ˈmɑ-] I adj (adv ~ly) 1. mäßig: a) gemäßigt (a. Sprache etc), zuˈrückhaltend: ~ **in drinking** maßvoll im Trinken, b) einfach, fruˈgal (Lebensweise), c) mittelmäßig b) gering: ~ **interest**, e) vernünftig, angemessen, niedrig: ~ **demands**; ~ **prices**. 2. *pol.* gemäßigt. 3. mild: a ~ **winter**; a ~ **punishment**. II s 4. Gemäßigte(r *m*) f (*a. pol.*). III v/t [-reɪt] 5. mäßigen, mildern. 6. beruhigen. 7. einschränken. 8. *phys. tech.* dämpfen, abbremsen. 9. *e-e* Versammlung etc leiten. IV v/i 10. sich mäßigen. 11. sich beruhigen, nachlassen (Wind etc). **~ breeze** s *meteor.* mäßige Brise (*Windstärke 4*). **~ gale** s *meteor.* steifer Wind (*Windstärke 7*).

mod·er·ate·ness [ˈmɒdərətnɪs; *Am.* ˈmɑ-] s 1. Mäßigkeit f. 2. Gemäßigtheit f. 3. Milde f. 4. Mittelmäßigkeit f. 5. Angemessenheit f.

mod·er·a·tion [ˌmɒdəˈreɪʃn; *Am.* ˌmɑ-] s 1. Mäßigung f, Maß(halten) n: **in ~** mit Maßen. 2. Mäßigkeit f. 3. *pl univ.* erste öffentliche Prüfung für den B.A.-Grad (in Oxford).

mod·er·a·tism [ˈmɒdərətɪzəm; *Am.* ˈmɑ-] s Mäßigung f, gemäßigte Anschauung.

mod·e·ra·to [ˌmɒdəˈrɑːtəʊ; *Am.* ˌmɑ-] adj u. adv *mus.* modeˈrato, mäßig.

mod·er·a·tor [ˈmɒdəreɪtə(r); *Am.* ˈmɑ-] s 1. Mäßiger m, Beruhiger m. 2. Beruhigungsmittel n. 3. Schiedsrichter m, Vermittler m. 4. Vorsitzende(r) m, Diskussiˈonsleiter m. 5. Modeˈrator m: a) Vorsitzender e-s leitenden Kollegiums reformierter Kirchen, b) TV Programmleiter. 6. *phys. tech.* Modeˈrator m: a) Dämpfer m, b) Ölzuflußregler m, c) Reaktiˈonsbremse f (*im Atommeiler*). 7. *univ.* a) Examiˈnator m bei den **moderations** (in Oxford), b) Vorsitzender bei der höchsten Mathematikprüfung (in Cambridge).

mod·ern [ˈmɒdə(r)n; *Am.* ˈmɑ-] I adj (adv ~ly) 1. moˈdern, neuzeitlich: ~ **times** die Neuzeit. 2. moˈdern, (neu)modisch. 3. *meist* **M~** *ling.* a) moˈdern, Neu..., b) neuer(er, e, es): **M~ Greek** Neugriechisch n; ~ **languages** neuere Sprachen; **M~ Languages** (als Fach) Neuphilologie f. II s 4. Moˈderne(r *m*) f, Fortschrittliche(r *m*) f. 5. Mensch m der Neuzeit: **the ~s** die Neueren. 6. *print.* neuzeitliche Anˈtiqua. **~ dance** s Ausdruckstanz m. **M~ ˈEng·lish** s *ling.* Neuenglisch n, das Neuenglische. **M~ Greats** s pl (Oxford) Bezeichnung der Fächergruppe Staatswissenschaft, Volkswirtschaft u. Philosophie.

mod·ern·ism [ˈmɒdə(r)nɪzəm; *Am.* ˈmɑ-] s 1. Moderˈnismus m: a) fortschrittliche Einstellung, moˈderner Geschmack, b) *ling.* moˈdernes Wort, moˈderne Redewendungen *pl*, moderner Gebrauch. 2. **M~** *relig.* Moderˈnismus m.

'**mod·ern·ist** I s 1. Moderˈnist(in). 2. *art* Moˈderne(r *m*) f. 3. **M~** *relig.* Moderˈnist(in). II adj 4. moderˈnistisch.

mo·der·ni·ty [mɒˈdɜːnətɪ; *Am.* mɑˈdɜr-] s moˈderne Art f, (das) Moˈderne.

mod·ern·i·za·tion [ˌmɒdənaɪˈzeɪʃn; *Am.* ˌmɑdərnəˈz-] s Moderniˈsierung f. '**mod·ern·ize** v/t moderniˈsieren.

mod·ern jazz s Modern Jazz m. '**mod·ern·ness** s Moderniˈtät f.

mod·est [ˈmɒdɪst; *Am.* ˈmɑ-] adj (adv ~ly) 1. bescheiden, anspruchslos, bescheiden (Person od. Sache): ~ **income** bescheidenes Einkommen. 3. sittsam, schamhaft. 4. maßvoll, bescheiden, vernünftig. **ˈmod·es·ty** s 1. Bescheidenheit f (Person, Einkommen etc): **in all ~** bei aller Bescheidenheit. 2. Anspruchslosigkeit f, Einfachheit f. 3. Schamgefühl n, Sittsamkeit f. 4. a. ~ **vest** Spitzeneinsatz m (im Kleiderausschnitt).

mo·di [ˈməʊdiː, -daɪ] *pl von* **modus**.

mod·i·cum [ˈmɒdɪkəm; *Am.* ˈmɑ-;

'məʊ-] s kleine Menge, (ein) bißchen: a ~ of sense ein Funke (von) Verstand; a ~ of truth ein Körnchen Wahrheit.
mod·i·fi·a·ble ['mɒdɪfaɪəbl; *Am.* 'mɑ-] *adj* modifi'zierbar, (ab)änderungsfähig.
mod·i·fi·ca·tion [ˌmɒdɪfɪ'keɪʃn; *Am.* ˌmɑ-] *s* **1.** *allg.* Modifikati'on *f*: a) Abänderung *f*, Abwandlung *f*: **to make a ~ to s.th.** etwas modifizieren, an e-r Sache e-e (teilweise) Änderung vornehmen, b) Abart *f*, modifi'zierte Form, *tech. a.* abgeänderte Ausführung, c) Einschränkung *f*, nähere Bestimmung, d) *biol.* nichterbliche Abänderung, e) *ling.* nähere Bestimmung, f) *ling.* lautliche Veränderung, *bes.* 'Umlaut *m*, g) *ling.* teilweise 'Umwandlung, *bes.* Angleichung *f* (*e-s Lehnwortes*). **2.** Mäßigung *f*, Milderung *f*.
mod·i·fi·ca·tive ['mɒdɪfɪkeɪtɪv; *Am.* 'mɑ-], **'mod·i·fi·ca·to·ry** [-fɪkeɪtərɪ; *Am.* -fɪkəˌtɔːrɪ; -ˌtɔː-] *adj* modifi'zierend.
mod·i·fied milk ['mɒdɪfaɪd; *Am.* 'mɑ-] *s* Milch von künstlich geänderter Zs.-setzung.
mod·i·fi·er ['mɒdɪfaɪə(r); *Am.* 'mɑ-] *s* **1.** j-d, der *od.* etwas, was modifi'ziert. **2.** *ling.* a) nähere Bestimmung, b) e-e lautliche Modifikati'on anzeigendes dia'kritisches Zeichen (*Umlautzeichen etc*).
mod·i·fy ['mɒdɪfaɪ; *Am.* 'mɑ-] *v/t* **1.** modifi'zieren: a) abändern, abwandeln, teilweise 'umwandeln, b) einschränken, näher bestimmen (*a. ling.*). **2.** *ling.* e-n Vokal 'umlauten. **3.** mildern, mäßigen, abschwächen.
mod·ish ['mɒdɪʃ] *adj* (*adv* ~**ly**) **1.** modisch, mo'dern, nach der Mode. **2.** Mode...: ~ **lady** Modedame *f*.
mods [mɒdz; *Am.* mɑdz] *s pl* **1.** *colloq. abbr. für* **moderation** 3. **2.** *Br.* Halbstarke *pl* von betont dandyhaftem Äußeren.
mod·u·lar ['mɒdjʊlə; *Am.* 'mɑdʒələr] *adj* **1.** *math.* Modul..., Model... **2.** *tech.* Modul...: ~ **design** Modulbauweise *f*. **3.** *fig.* bausteinartig.
mod·u·late ['mɒdjʊleɪt; *Am.* 'mɑdʒə-] I *v/t* **1.** abstimmen, regu'lieren. **2.** anpassen (**to** an *acc*). **3.** dämpfen. **4.** *die Stimme, den Ton etc* modu'lieren (*a. Funk*): ~**d wave** modulierte Welle; **modulating valve** (*od.* **tube**) Modulations-, Steuerröhre *f*. **5.** *Gebet etc* (*im Sprechgesang*) rezi'tieren. II *v/i* **6.** *Funk:* modu'lieren. **7.** *mus.* a) modu'lieren (**from** von; **to** nach), die Tonart wechseln, b) (*beim Vortrag*) modu'lieren. **8.** all'mählich 'übergehen (**into** in *acc*). **mod·u'la·tion** *s* **1.** Abstimmung *f*, Regu'lierung *f*. **2.** Anpassung *f*. **3.** Dämpfung *f*. **4.** *mus.*, *a. Funk u. Stimme:* Modulati'on *f*. **5.** Intonati'on *f*, Tonfall *m*. **6.** *arch.* die Bestimmung *f* der Proporti'onen durch den Modul. **'mod·u·la·tor** [-tə(r)] *s* **1.** Regler *m*. **2.** *electr.* Modu'lator *m*. **3.** *mus.* die Tonverwandtschaft (*nach der Tonic-Sol-fa-Methode*) darstellende Skala. **'mod·u·la·to·ry** [-lətərɪ; *Am.* -ləˌtɔːrɪ; -ˌtɔː-] *adj mus.* Modulations...
mod·ule ['mɒdjuːl; *Am.* 'mɑdʒuːl] *s* **1.** Modul *m*, Model *m*, Maßeinheit *f*, Einheits-, Verhältniszahl *f*. **2.** *arch.* Modul *m*. **3.** Numismatik: Modul *m*, Model *m* (*Münzdurchmesser*). **4.** *tech.* (Zahn-)Teilungsmodul *m*. **5.** *tech.* Baueinheit *f*: ~ **construction** Baukastensystem *n*. **6.** *Raumfahrt:* (Kommando- *etc*)Kapsel *f*: **command** ~; → **lunar module**. **7.** *tech. allg.* Mo'dul *n* (*austauschbare Funktionseinheit*), *electr. a.* Baustein *m*.
mod·u·lus ['mɒdjʊləs; *Am.* 'mɑdʒə-] *pl* **-li** [-laɪ] *s math. phys.* Modul *m*.
mo·dus ['məʊdəs] *pl* **'mo·di** [-diː; -daɪ] (*Lat.*) *s* **1.** Modus *m*, Art *f* u. Weise *f*.

2. *jur.* a) di'rekter Besitzerwerb, b) *Kirchenrecht:* Ablösung *f* des Zehnten durch Geld. ~ **o·pe·ran·di** [-ˌɒpə'rændiː; -daɪ; *Am.* -ˌɑpə-] (*Lat.*) *s* Modus *m* ope'randi, Verfahrensweise *f*. ~ **vi·ven·di** [-viː'vendiː; -daɪ] (*Lat.*) *s* **1.** Modus *m* vi'vendi (*erträgliche Form des Zs.-lebens, Verständigung*), **2.** Lebensweise *f*. [Katze *f*.)
mog [mɒg], **mog·gy** ['mɒgɪ] *s Br. sl.*
Mo·gul ['məʊgʌl; məʊ'gʌl] *s* **1.** Mon'gole *m*, Mon'golin *f*. **2.** Mogul *m* (*mongolischer Beherrscher Indiens*): **the** (**Great** *od.* **Grand**) ~ der Großmogul. **3.** m~ *fig.* ‚großes Tier', Ma'gnat *m*, König *m*: **movie** ~ Filmmagnat *m*; **party** ~ Parteibonze *m*.
mo·hair ['məʊheə(r)] *s* **1.** Mo'hair *m* (*Angorahaar, -wolle*). **2.** unechter Mo'hair. **3.** Mo'hair(stoff *m od.* -kleidungsstück *n*) *m*.
Mo·ham·med·an [məʊ'hæmɪdən] I *adj* mohamme'danisch. II *s* Mohamme'daner(in). **Mo'ham·med·an·ism** *s* Mohammeda'nismus *m*, Is'lam *m*. **Mo·'ham·med·an·ize** *v/t* zum Is'lam bekehren, mohamme'danisch machen.
Mo·ha·ve [məʊ'hɑːvɪ] *pl* **-ves**, *bes. collect.* **-ve** *s* Mo'have-Indi,aner(in), Mo'have *m*.
Mo·hawk ['məʊhɔːk] *pl* **-hawks**, *bes. collect.* **-hawk** *s* 'Mohawk-Indi,aner (-in), Mohawk *m*.
Mo·he·gan [məʊ'hiːgən] *pl* **-gans**, *bes. collect.* **-gan** *s* Mo'hegan-Indi,aner(in), Mo'hegan *m*.
Mo·hi·can ['məʊɪkən; *Am.* məʊ'hiː-] I *pl* **-cans**, *bes. collect.* **-can** *s* Mohi'kaner(in). II *adj* mohi'kanisch.
Mo·hock ['məʊhɒk; *Am.* -hɑk] *s* Mitglied von größtenteils aus Aristokraten bestehenden Banden in London (*18. Jh.*).
moi·e·ty ['mɔɪətɪ] *s* **1.** Hälfte *f*. **2.** Teil *m*.
moil [mɔɪl] *v/i obs. od. dial.* sich schinden, sich abrackern.
moire [mwɑː(r); *Am. a.* 'mɔɪər] *s* Moi'ré *n*, moi'rierter Stoff, Moi'réseide *f*.
moi·ré ['mwɑːreɪ; *Am.* mwɑː'reɪ; mɔː'reɪ] I *adj* **1.** moi'riert, gewässert, geflammt, mit Wellenmuster. **2.** mit Wellenlinien auf der Rückseite (*Briefmarke*). **3.** wie moi'rierte Seide glänzend (*Metall*). II *s* **4.** Moi'ré *n*, Wasserglanz *m*. **5.** → **moire**.
moist [mɔɪst] *adj* (*adv* ~**ly**) **1.** feucht (**with** von): ~ **with tears** tränenfeucht. **2.** *med.* nässend. **3.** *fig.* rührselig.
mois·ten ['mɔɪsn] I *v/t* an-, befeuchten, benetzen. II *v/i* feucht werden.
moist·ness ['mɔɪstnɪs] *s* Feuchtheit *f*.
mois·ture ['mɔɪstʃə(r)] *s* Feuchtigkeit *f*: ~ **meter** Feuchtigkeitsmesser *m*; ~ **-proof** feuchtigkeitsfest.
mois·tur·ize ['mɔɪstʃəraɪz] *v/t* **1.** Haut mit e-r Feuchtigkeitscreme behandeln. **2.** Luft befeuchten. **'mois·tur·iz·er** *s* **1.** Feuchtigkeitscreme *f*. **2.** *tech.* Luftbefeuchter *m*. **'mois·tur·iz·ing cream** *s* Feuchtigkeitscreme *f*.
moke [məʊk] *s sl.* **1.** *Br.* Esel *m*. **2.** *Am.* Nigger *m*. **3.** *Austral.* Klepper *m*.
mol [-] → **mole⁴**.
mo·lar¹ ['məʊlə(r)] I *s* Backen-, Mahlzahn *m*, Mo'lar *m*. II *adj* Mahl..., Backen..., Molar...: ~ **tooth** → I.
mo·lar² ['məʊlə(r)] *adj* **1.** *phys.* Massen...: ~ **motion**. **2.** *chem.* mo'lar, Molar..., Mol...: ~ **number** Molzahl *f*; ~ **weight** Mol-, Molargewicht *n*.
mo·lar³ ['məʊlə(r)] *adj med.* Molen...
mo·las·ses [məʊ'læsɪz; mə-] *s sg u. pl* **1.** *Am.* Me'lasse *f*. **2.** (Zucker)Sirup *m*.
mold¹, *bes. Br.* **mould** [məʊld] I *s* **1.** *tech.* (Gieß-, Guß)Form *f*: **firing** ~ Brennform; **to be cast in the same** (**a different**) ~ *fig.* aus demselben (e-m anderen) Holz geschnitzt sein; ~ **candle**

gegossene Kerze. **2.** (Körper)Bau *m*, Gestalt *f*, (*äußere*) Form. **3.** Art *f*, Na'tur *f*, Wesen *n*, Cha'rakter *m*. **4.** *tech.* a) Hohlform *f*, b) Preßform *f*: (**female**) ~ Matrize *f*; **male** ~ Patrize *f*, c) Ko'kille *f*, Hartgußform *f*, d) ('Form)Mo,dell *n*, e) Gesenk *n*, f) *Dreherei:* Druckfutter *n*. **5.** *tech.* 'Gußmateri,al *n*. **6.** *tech.* Guß (-stück *n*) *m*. **7.** *Schiffbau:* Mall *n*: ~ **loft** Mall-, Schnürboden *m*. **8.** *arch.* a) Sims *m*, *n*, b) Leiste *f*, c) Hohlkehle *f*. **9.** *gastr.* a) Form *f* (*für Speisen*), b) in *der* Form hergestellte Speise. **10.** *geol.* Abdruck *m* (*e-r Versteinerung*). II *v/t* **11.** *tech.* gießen. **12.** (ab)formen, model'lieren. **13.** formen (*a. fig.* Charakter), bilden (**out of** aus), gestalten (**on** nach dem Muster von [*od. gen*]). **14.** *Teig etc* formen, kneten. **15.** mit erhabenen Mustern verzieren. **16.** profi'lieren. III *v/i* **17.** Form *od.* Gestalt annehmen, sich formen (lassen).
mold², *bes. Br.* **mould** [məʊld] I *s* **1.** Schimmel *m*, Moder *m*. **2.** *bot.* Schimmelpilz *m*. II *v/i* **3.** (ver)schimmeln, schimm(e)lig werden.
mold³, *bes. Br.* **mould** [məʊld] *s* **1.** lockere Erde, *bes.* Ackerkrume *f*: **a man of** ~ ein Erdenkloß *m*, ein Sterblicher *m*. **2.** Humus(boden) *m*.
mold·a·ble, *bes. Br.* **mould·a·ble** ['məʊldəbl] *adj* formbar, bildsam: ~ **material** Preßmasse *f*.
'mold·board, *bes. Br.* **'mould·board** *s* **1.** *agr.* Streichbrett *n*, -blech *n* (*am Pflug*). **2.** Formbrett *n* (*der Maurer*).
mold·er¹, *bes. Br.* **mould·er** ['məʊldə(r)] *s* **1.** Former *m*, Gießer *m*. **2.** Model'lierer(in), Bildner(in), Gestalter(in). **3.** 'Forma,schine *f*. **4.** *print.* 'Muttergal,vano *n*.
mold·er², *bes. Br.* **mould·er** ['məʊldə(r)] *v/i a.* ~ **away** vermodern, (*zu Staub*) zerfallen, zerbröckeln.
mold·i·ness, *bes. Br.* **mould·i·ness** ['məʊldɪnɪs] *s* **1.** Schimm(e)ligkeit *f*, Moder *m*. **2.** Schalheit *f* (*a. fig.*). **3.** *sl.* Fadheit *f*.
mold·ing, *bes. Br.* **mould·ing** ['məʊldɪŋ] *s* **1.** Formen *n*, Formung *f*, Formgebung *f*. **2.** Formgieße'rei *f*. **3.** Model'lieren *n*. **4.** (*etwas*) Geformtes, Formstück *n*, Preßteil *n*. **5.** *arch.* ~ **mold¹ 8.** ~ **board** *s* **1.** Kuchen-, Nudelbrett *n*. **2.** Model'lierbrett *n*. **3.** Formbrett *n*. **4.** geharzte Pappe. ~ **earth** *s* Formerde *f*, -ton *m*. ~ **ma·chine** *s tech.* **1.** 'Kehl(hobel)ma,schine *f* (*für Holzbearbeitung*). **2.** *Gießerei:* 'Formma,schine *f*. **3.** 'Blechforma,schine *f*. **4.** 'Spritzma,schine *f* (*für Spritzguß etc*). ~ **plane** *s tech.* Kehl-, Hohlkehlenhobel *m*. ~ **press** *s tech.* Formpresse *f*. ~ **sand** *s tech.* Form-, Gießsand *m*.
mold·y, *bes. Br.* **mould·y** ['məʊldɪ] *adj* **1.** schimm(e)lig, mod(e)rig. **2.** Schimmel..., schimmelartig: ~ **fungi** Schimmelpilze. **3.** muffig, schal (*a. fig.*). **4.** *sl.* fad.
mole¹ [məʊl] *s* **1.** *zo.* Maulwurf *m*: **cricket** Maulwurfsgrille *f*; (**as**) **blind as a** ~ stockblind. **2.** *tech.* 'Tunnelvortriebsma,schine *f*. **3.** *colloq.* ‚Maulwurf' *m* (*Agent, der sich lange im Hintergrund hält*).
mole² [məʊl] *s* (kleines) Muttermal, *bes.* Leberfleck *m*.
mole³ [məʊl] *s* **1.** Mole *f*, Hafendamm *m*. **2.** künstlicher Hafen.
mole⁴ [məʊl] *s chem.* Mol *n*, 'Grammmole,kül *n*.
mole⁵ [məʊl] *s med.* Mole *f*, Mondkalb *n*.
mo·lec·u·lar [məʊ'lekjʊlə(r); *bes. Am.* mə'lekjə-] *adj* (*adv* ~**ly**) *chem. phys.* moleku'lar, Molekular...: ~ **biologist** Mole-

kularbiologe *m*; ~ **biology** Molekularbiologie *f*; ~ **energy** Molekularkraft *f*; ~ **film** (mono)molekulare Schicht; ~ **formula** Molekular-, Molekülformel *f*; ~ **genetics** *pl* Molekulargenetik *f*; ~ **weight** Molekulargewicht *n*.

mo·lec·u·lar·i·ty [məˌlekjʊˈlærətɪ] *s chem. phys.* Molekularzustand *m*.

mol·e·cule [ˈmɒlɪkjuːl; *Am.* ˈmɑ-] *s* **1.** *chem. phys.* a) Mole'kül *n*, Mo'lekel *f*, b) → **mole**⁴. **2.** *fig.* winziges Teilchen.

ˈmoleˌhead *s mar.* Molenkopf *m.* **ˈ~ˌhill** *s* Maulwurfshügel *m*: → **mountain 1.** ~ **plough,** *bes. Am.* ~ **plow** *s agr.* Maulwurfspflug *m.* ~ **rat** *s zo.* **1.** Blindmaus *f.* **2.** a) (*e-e*) Maulwurfsratte, b) *a.* Cape ~ Sandmull *m.* ˈ~ˌ**skin** *s* **1.** Maulwurfsfell *n.* **2.** Moleskin *m*, *n*, Englischleder *n* (*ein Baumwollgewebe*). **3.** *pl* Kleidungsstücke *pl* (*bes.* Hosen *pl*) aus Moleskin.

mo·lest [məʊˈlest; məˈl-] *v*/*t* (*a. unsittlich*) belästigen, *j-m* lästig *od.* zur Last fallen.

mo·les·ta·tion [ˌməʊleˈsteɪʃn] *s* Belästigung *f*.

mo·line [məˈlaɪn; -ˈliːn] *adj her.* kreuzeisenförmig, Anker...

moll [mɒl; *Am. a.* mɑl] *s sl.* **1.** ‚Nutte' *f* (*Prostituierte*). **2.** Gangsterbraut *f*.

mol·lah [ˈmɒːlə] → **mullah**.

mol·li·fi·ca·tion [ˌmɒlɪfɪˈkeɪʃn; *Am.* ˌmɑ-] *s* **1.** Besänftigung *f.* **2.** Erweichung *f.* ˈ**mol·li·fy** [-faɪ] *v*/*t* **1.** besänftigen, beruhigen, beschwichtigen. **2.** mildern. **3.** weich machen, erweichen.

mol·lusc → **mollusk**.

mol·lus·can [mɒˈlʌskən; *Am.* mə-; mɑ-] **I** *adj* Weichtier... **II** *s* Weichtier *n.* **molˈlus·coid** *zo.* **I** *adj* **1.** weichtierähnlich. **2.** zu den Muschellingen gehörig. **II** *s* **3.** weichtierähnliches Tier. **4.** Muschelling *m.* **molˈlus·cous** *adj* **1.** *zo.* Weichtier... **2.** schwammig, molluskenhaft.

mol·lusk [ˈmɒləsk; *Am.* ˈmɑ-] *s zo.* Mol'luske *f*, Weichtier *n*.

mol·ly [ˈmɒlɪ; *Am.* ˈmɑ-] *sl. für* a) **mollycoddle** I, b) **moll**.

mol·ly·cod·dle [ˈmɒlɪˌkɒdl; *Am.* ˈmɑlɪˌkɑdl] **I** *s* Weichling *m*, Muttersöhnchen *n*, ‚Schlappschwanz' *m*. **II** *v*/*t* verweichlichen, -zärteln, -hätscheln.

Mol·ly Ma·guire [ˌmɒlɪməˈgwaɪə(r); *Am.* ˌmɑ-] *s* **Mol·ly Maˈguires** *s* **1.** Mitglied *e-s* irischen Landpächter-Geheimbundes um 1843. **2.** Mitglied *e-s* bis 1877 in den Kohlendistrikten von Pennsylvanien tätigen irischen Geheimbundes.

Mo·loch [ˈməʊlɒk; *Am.* -ˌlɑk; ˈmɑlək] *s* **1.** Moloch *m* (*a. fig.*). **2.** **m~** *zo.* Moloch *m*.

Mol·o·tov ˈ bread·bas·ket [ˈmɒlətɒf; *Am. a.* ˈmɑ-; ˈməʊ-] *s aer. mil.* (Brand-) Bombenabwurfgerät *n.* ~ **cock·tail** *s mil.* Molotowcocktail *m*.

molt, *bes. Br.* **moult** [məʊlt] **I** *v*/*i* **1.** (sich) mausern. **2.** sich häuten. **3.** *fig.* sich (ver)ändern. **4.** *fig.* sich wandeln, die Gesinnung ändern. **II** *v*/*t* **5.** Federn, Haare, Haut *etc* abwerfen, verlieren. **III** *s* **6.** Mauser(ung) *f.* **7.** Häutung *f.* **8.** beim Mausern abgeworfene Federn *pl*, beim Haarwechsel verlorene Haare *pl*, abgestoßene Haut.

mol·ten [ˈməʊltən] **I** *pp von* **melt**. **II** *adj* **1.** geschmolzen, (schmelz)flüssig. **2.** gegossen, Guß...

mo·ly [ˈməʊlɪ] *s* **1.** *bot.* Goldlauch *m.* **2.** Moly *n* (*zauberabwehrendes Kraut in der Odyssee*).

mo·lyb·date [mɒˈlɪbdeɪt; *bes. Am.* mə-] *s chem.* Moˈlyb'dat *n*, molyb'dänsaures Salz. **moˈlyb·de·nite** [-dɪnaɪt] *s min.* Molybdä'nit *m*, Molyb'dänglanz *m*.

mo·lyb·de·num [mɒˈlɪbdɪnəm; *bes. Am.* mə-] *s chem.* Molyb'dän *n.* **moˈlyb·dic** [-dɪk] *adj chem.* Molybdän...: ~ **acid**.

mom [mɒm; *Am.* mɑm] *s bes. Am. colloq.* Mami *f*, Mutti *f*.

ˌmom-and-ˈpop store *s Am. colloq.* Tante-Emma-Laden *m*.

mo·ment [ˈməʊmənt] *s* **1.** Moˈment *m*, Augenblick *m*: **wait a ~!, one ~!, just a ~!** Augenblick mal!; **in a ~** gleich, sofort, im Nu. **2.** (*bestimmter*) Zeitpunkt, Augenblick *m*: **come here this ~!** komm sofort her!; **the very ~** I saw him in dem Augenblick, in dem ich ihn sah; sobald ich ihn sah; **at the ~** im Augenblick, gerade (jetzt *od.* damals); **at the last ~** im letzten Augenblick; **not for the ~** im Augenblick nicht; **but this ~** noch eben, gerade; **to the ~** auf die Sekunde genau, pünktlich; **the ~** der (geeignete) Augenblick; **the catchword of the ~** die Losung der Stunde *od.* des Tages; **the ~ of truth** die Stunde der Wahrheit; **at this ~ in time** *bes. Br.* derzeit, gegenwärtig, augenblicklich. **3.** *fig.* (große) Stunde, großer Augenblick: **he had his ~.** **4.** Punkt *m*, Stadium *n* (*e-r Entwicklung*). **5.** Bedeutung *f*, Tragweite *f*, Belang *m* (*to* für): **of great** (*little*) **~** von großer (geringer) Bedeutung *od.* Tragweite. **6.** Moˈment *n*: a) *philos.* wesentlicher, unselbständiger Bestandteil, b) wesentlicher Umstand. **7.** *phys.* Moˈment *n*: **~ of a force** Moment e-r Kraft, Kraftmoment; ~ **of inertia** Trägheitsmoment. **8.** *Statistik:* staˈtistisches Gewicht.

mo·men·ta [məʊˈmentə] *pl von* **momentum**.

mo·men·tal [məʊˈmentl] *adj phys.* Momenten...

mo·men·tar·i·ly [ˈməʊməntərəlɪ; *Am.* ˌməʊmənˈterə-] *adv* **1.** für e-n Augenblick, kurz, vorˈübergehend. **2.** jeden Augenblick. **3.** von Seˈkunde zu Seˈkunde: **danger ~ increasing.** ˈ**mo·men·tar·y** [*Am.* -ˌterɪ] *adj* (*adv* → **momentarily**) **1.** momenˈtan, augenblicklich. **2.** vorˈübergehend, kurz, flüchtig. **3.** jeden Augenblick möglich.

mo·ment·ly [ˈməʊməntlɪ] *adv* **1.** augenblicklich, soˈfort, gleich. **2.** e-n Augenblick lang. **3.** → **momentarily 3**.

mo·men·tous [məʊˈmentəs] *adj* (*adv* ~ly) bedeutsam, bedeutend, folgenschwer, von großer Tragweite. **moˈmen·tous·ness** *s* Bedeutung *f*, Wichtigkeit *f*, Tragweite *f*.

mo·men·tum [məʊˈmentəm] *pl* **-ta** [-tə] *s* **1.** Moˈment *n*: a) *phys.* Imˈpuls *m*, Bewegungsgröße *f*, b) *tech.* Triebkraft *f*: ~ **theorem** Momentensatz *m*; ~ **transfer** Impulsübertragung *f*; ~ **of torsion** Drehmoment. **2.** *allg.* Wucht *f*, Schwung *m*, Stoßkraft *f*: **to gather** (*od.* **gain**) ~ **in Fahrt kommen, Stoßkraft gewinnen,** *fig. a.* **an Boden gewinnen (*Bewegung etc*); to lose ~** an Schwung verlieren (*a. fig.*).

mon·ac·id [mɒnˈæsɪd; *Am.* ˌmɑn-] → **monoacid**.

mon·ad [ˈmɒnæd; *bes. Am.* ˈməʊ-] *s* **1.** *philos.* Moˈnade *f*. **2.** *allg.* Einheit *f*, Einzahl *f*. **3.** *biol.* Einzeller *m*. **4.** *chem.* einwertiges Eleˈment *od.* Aˈtom *od.* Radiˈkal.

mon·a·del·phous [ˌmɒnəˈdelfəs; *Am.* ˌmɑn-] *adj bot.* einbrüderig.

mo·nad·ic [mɒˈnædɪk; *Am.* məʊ-; mɑ-] *adj* **1.** moˈnadisch, Monaden... **2.** *math.* eingliedrig, -stellig.

mo·nan·drous [mɒˈnændrəs; *Am.* mə-; mɑ-] *adj* **1.** *bot.* monˈandrisch, einmännig, mit nur ˈeinem Staubgefäß. **2.** mit nur ˈeinem Gatten (*Frau*). **3.** Einehen...

mo·nan·dry [mɒˈnændrɪ; *Am.* ˈmɑnˌændrɪ] *s* **1.** Einehe *f* (*der Frau*). **2.** *bot.* Einmännigkeit *f*.

mon·arch [ˈmɒnə(r)k; *Am.* ˈmɑ-] *s* **1.** Monˈarch(in): a) Herrscher(in), b) *hist.* Alˈleinherrscher(in). **2.** *fig.* König(in), Herr(in). **3.** *zo.* Chryˈsippusfalter *m*.

mo·nar·chal [mɒˈnɑː(r)kl; *Am.* mə-; mɑ-] → **monarchic** 1 *u.* 3. **moˈnar·chic** *adj*; **moˈnar·chi·cal** *adj* (*adv* ~ly) **1.** monˈarchisch. **2.** monarˈchistisch. **3.** königlich (*a. fig.*).

mon·ar·chism [ˈmɒnə(r)kɪzəm; *Am.* ˈmɑ-] *s* Monarˈchismus *m*. ˈ**mon·arch·ist I** *s* Monarˈchist(in). **II** *adj* monarˈchistisch.

mon·ar·chy [ˈmɒnə(r)kɪ; *Am.* ˈmɑ-] *s* **1.** Monarˈchie *f*: **constitutional ~** konstitutionelle Monarchie. **2.** Alˈleinherrschaft *f*.

mon·as·ter·y [ˈmɒnəstərɪ; *Am.* ˈmɑnəˌsterɪ] *s* (Mönchs)Kloster *n*.

mo·nas·tic [məˈnæstɪk] **I** *adj* (*adv* ~ally) **1.** klösterlich, Kloster... **2.** mönchisch (*a. fig.*), Mönchs...: ~ **vows** Mönchsgelübde *n*. **3.** *Buchbinderei:* Blinddruck... **II** *s* **4.** Mönch *m*. **moˈnas·ti·cism** [-tɪsɪzəm] *s* **1.** Mönch(s)tum *n*. **2.** Klosterleben *n*, mönchisches Leben, Asˈkese *f*.

mon·a·tom·ic [ˌmɒnəˈtɒmɪk; *Am.* ˌmɑnəˈtɑ-] *adj chem.* ˈeinˌatomig.

mon·ax·i·al [mɒnˈæksɪəl; *Am.* mɑ-] *adj* einachsig.

Mon·day [ˈmʌndɪ] *s* Montag *m*: **on ~** (am) Montag; **on ~s** montags.

Mo·nel (met·al) [mɒˈnel; *Am.* məʊ-] *s tech.* ˈMonelˌme,tall *n*.

mon·e·tar·y [ˈmʌnɪtərɪ; *Am.* ˈmɑnəˌterɪ] *adj econ.* **1.** Währungs...: ~ **reform**; ~ **unit**; ~ **management** Maßnahmen *pl* zur Erhaltung der Währungsstabilität. **2.** Münz...: ~ **standard** Münzfuß *m*. **3.** Geld..., geldlich, finanziˈell: ~ **matters**.

mon·e·tize [ˈmʌnɪtaɪz; *Am.* ˈmɑnə-] *v*/*t* **1.** zu Münzen prägen. **2.** zum gesetzlichen Zahlungsmittel machen. **3.** den Münzfuß (*gen*) festsetzen.

mon·ey [ˈmʌnɪ] *s econ.* **1.** Geld *n*: ~ **of account** Rechnungsmünze *f*; **in the ~** *colloq.* ‚gut bei Kasse'; **to be out of ~** kein Geld (mehr) haben; ~ **due** ausstehendes Geld; ~ **on account** Guthaben *n*; ~ **on hand** verfügbares Geld; **to get one's ~'s worth** etwas (*Vollwertiges*) für sein Geld bekommen; **to be (right) on the ~** *Am. sl.* (genau) ins Schwarze treffen; → **call** 16 b, **ready** 7, **short** 8. **2.** Geld *n*, Vermögen *n*: **to make ~** Geld machen, gut verdienen (**by** bei, durch); **to marry ~** Geld heiraten; ~ **for jam** (*od.* **old rope**) *Br. colloq.* guter Profit für wenig Mühe, leichtverdientes Geld; **to have ~ to burn** *colloq.* Geld wie Heu haben; **to be in the ~** *colloq.* reich *od.* vermögend sein. **3.** Geldsorte *f*. **4.** Zahlungsmittel *n* (*jeder Art*). **5.** Geldbetrag *m*, -summe *f*. **6.** *pl jur. od. obs.* Gelder *pl*, (Geld)Beträge *pl*. ˈ**~ˌbag** *s* **1.** Geldbeutel *m*. **2.** *pl colloq.* a) Geldsäcke *pl*, Reichtum *m*, b) (*als sg konstruiert*) ‚Geldsack' *m* (*reiche Person*). ~ **bill** *s pol.* Fiˈnanzvorlage *f*. ~ **box** *s* Sparbüchse *f*. ~ **bro·ker** *s econ.* Geld-, Fiˈnanzmakler *m*. ˈ**~ˌchang·er** *s* **1.** (Geld)Wechsler *m*. **2.** *bes. Am.* ˈWechselˌautoˌmat *m*.

mon·ey·ed [ˈmʌnɪd] *adj* **1.** wohlhabend, reich, vermögend. **2.** Geld...: ~ **assistance** finanzielle Hilfe; ~ **capital** Geldkapital *n*. ~ **cor·po·ra·tion** *s econ.* *Am.* 'Geld-, Kreˈditinstiˌtut *n*. ~ **in·ter·est** *s econ.* Fiˈnanzwelt *f*.

ˈ**mon·eyˌgrub·ber** *s* Geldraffer *m*. ˈ**~ˌgrub·bing** *adj* geldraffend, -gierig. ˈ**~ˌlend·er** *s econ.* Geldverleiher *m*. ˈ**mon·eyˌless** *adj* ohne Geld, mittellos. ˈ**mon·eyˌlet·ter** *s econ.* Wertbrief *m*. ~ **loan** *s econ.* Bar-, Kassendarlehen *n*. ˈ**~ˌmak·er** *s* **1.** j-d, der es versteht, Geld zu machen; guter Geschäftsmann. **2.** einträgliche Sache, gutes Geschäft. ˈ**~-**

mak·ing I *adj* gewinnbringend, einträglich. II *s* Geldmachen *n*, -verdienen *n*. ~ **mar·ket** *s econ*. Geldmarkt *m*. ~ **or·der** *s econ*. 1. Zahlungsanweisung *f*. 2. Postanweisung *f*. ~ **spi·der** *s* Glücksspinne *f* (*die Glück bringen soll*). ~ **spin·ner** *s bes. Br. für* moneymaker 2. '~**wort** *s bot*. Pfennigkraut *n*.

mon·ger ['mʌŋgə(r)] *s* (*meist in Zssgn*) 1. Händler *m, bes.* Krämer *m*: fish~ Fischhändler. 2. *fig. contp.* → scandalmonger, scaremonger, *etc*.

Mon·gol ['mɒŋgɒl; *Am.* 'mɑŋgəl; -ˌgəʊl] I *s* 1. Mon'gole *m*, Mon'golin *f*. 2. Mon'golide(r *m*) *f*. 3. *ling*. Mon'golisch *n*, das Mongolische. 4. → Mongolian 5. II *adj* → Mongolian I. **Mon·go·li·an** [-ˈɡəʊljən; -ɪən] I *adj* 1. mon'golisch. 2. mongo'lid, gelb (*Rasse*). 3. *med*. mongolo'id, an Mongo'lismus leidend. II *s* 4. → Mongol 1. 5. *med*. an Mongo'lismus Leidende(r *m*) *f*. **Mon·gol·ism** ['mɒŋɡəlɪzəm; *Am.* 'mɑŋɡə-] *s med*. Mongo'lismus *m*, mongolo'ide Idio'tie. '**Mon·gol·oid** *a. med*. I *adj* mongolo'id. II *s* Mongolo'ide(r *m*) *f*.

mon·goose ['mɒŋɡuːs; *Am.* 'mɑŋ-] *pl* -**goos·es** *s* zo. 1. Mungo *m* (*Schleichkatze*). 2. Mongoz(maki) *m* (*Halbaffe*).

mon·grel ['mʌŋɡrəl] I *s* 1. *biol*. Bastard *m*, 'Kreuzungsproˌdukt *m*. 2. Köter *m*, Prome'nadenmischung *f*. 3. Mischling *m* (*Mensch*). 4. Zwischending *n*. II *adj* 5. Bastard...: ~ **race** Mischrasse *f*. 6. 'undefiˌnierbar.

mongst [mʌŋst; mʌŋkst] *abbr. für* amongst.

mon·ick·er → moniker.

mon·ies ['mʌnɪz] *s pl* → money 6.

mon·i·ker ['mɒnɪkə(r); *Am.* 'mɑ-] *s sl*. (Spitz)Name *m*.

mon·ism ['mɒnɪzəm; *Am.* 'məʊ-; 'mɑ-] *s philos*. Mo'nismus *m*.

mo·ni·tion [məʊˈnɪʃn; məˈn-] *s* 1. (Er-)Mahnung *f*. 2. Warnung *f*. 3. *jur*. Vorladung *f*. 4. *relig*. Mahnbrief *m*.

mon·i·tor ['mɒnɪtə(r); *Am.* 'mɑ-] I *s* 1. (Er)Mahner *m*. 2. a) Warner *m*, b) Überwacher *m*. 3. *ped*. Monitor *m* (*älterer Schüler, in USA a.* Student, der Aufsichtsu. Strafgewalt hat), *bes*. Klassenordner *m*. 4. *mar*. Mahnung *f*. 5. *mar*. a) Monitor *m*, Turmschiff *n* (*ein Panzerschiff*), b) Feuerlöschboot *n*. 6. *tech*. Wendestrahlrohr *n*. 7. *electr. etc* Monitor *m*: a) Abhör-, Mithörgerät *n*, b) Kon'trollgerät *n*, -schirm *n*. 8. Warn-, Anzeigegerät *n* (*bes. für Radioaktivität*). 9. *a*. ~ **lizard** zo. Wa'ran(eidechse *f*) *m*. II *v/t* 10. *electr. teleph. etc, a. Funk*: ab-, mithören, überˈwachen, *die* Akustik *etc durch* Abhören kontrol'lieren. 11. *phys*. auf Radioaktivi'tät überˈprüfen. 12. *allg*. überˈwachen. **mon·i·to·ri·al** [-ˈtɔːrɪəl; *Am. a.* -ˈtoʊ-] *adj* (*adv* -**ly**) 1. → monitory. 2. *ped*. Monitor..., Klassenordner... '**mon·i·tor·ing** *adj electr*. Mithör-..., Prüf-..., Überwachungs-...: ~ **desk** Misch-, Reglerpult *n*; ~ **operator** a) Tonmeister *m*, b) *mil*. Horchfunker *m*. '**mon·i·tor·ship** *s ped*. Stelle *f od*. Funkti'on *f* e-s Monitors. '**mon·i·to·ry** [-tərɪ; *Am.* -ˌtɔːrɪ; -ˌtoʊ-] I *adj* 1. (er)mahnend, Mahn... warnend.

monk [mʌŋk] *s* 1. Mönch *m*. 2. a) zo. Mönchsaffe *m*, b) *ichth*. Engelhai *m*. 3. *print. bes. Br*. Schmierstelle *f*. '**monk·er·y** [-ərɪ] *s* 1. *oft contp*. a) Kloster-, Mönchsleben *n*, b) Mönch(s)tum *n*, c) *pl* Mönchspraktiken *pl*. 2. *collect*. Mönche *pl*. 3. Mönchskloster *n*.

mon·key ['mʌŋkɪ] I *s* 1. zo. a) Affe *m*, b) *engS*. kleinerer (langschwänziger) Affe: **to make a** ~ **(out) of s.o.** *sl*. j-n zum Deppen machen; **to have a** ~ **on one's back** *sl*. rauschgiftsüchtig sein. 2. (kleiner) Schlingel. 3. *tech*. a) Ramme *f*, Rammbock *m*, b) Fallhammer *m*, -bär *m*, -klotz *m*, Hammerbär *m*. 4. kleiner Schmelztiegel. 5. *Br. sl*. Wut *f*: **to get** (*od.* put) **s.o.'s** ~ **up** j-n auf die Palme bringen'; **to get one's** ~ **up** ˌhochgehen', in Wut geraten. 6. *Br. sl*. Hypo'thek *f*. 7. *sl*. a) *Br*. £500, 500 Pfund, b) *Am*. $500, 500 Dollar. II *v/i* 8. ~ **about** (*od.* around) (her'um)albern, Unsinn machen. 9. (**with**) *colloq*. (her'um)spielen (mit), her'umpfuschen (an *dat*). III *v/t* 10. nachäffen, verspotten. ~ **bread** *s bot*. 1. → baobab. 2. Affenbrotbaum-Frucht *f*. ~ **busi·ness** *s sl*. 1. ˌkrumme Tour', ˌfauler Zauber'. 2. Blödsinn *m*, Unfug *m*. ~ **en·gine** *s tech*. (Pfahl)Ramme *f*. ~ **flow·er** *s bot*. Gauklerblume *f*. ~ **jack·et** *s mar. mil*. Affenjacke *f*, Affenjäckchen *n*. ~ **nut** *Br. für* peanut. ~ **puz·zle** *s bot*. Schuppentanne *f*. '~**shine** *s meist pl Am. sl*. (dummer *od.* übermütiger) Streich, Unfug *m*, Blödsinn *m*. ~ **suit** *s Am. sl. mil*. Uni'form *f*. 2. Smoking *m*. ~ **trick** *s meist pl sl*. → monkeyshine. ~ **wrench** *s tech*. Engländer *m*, Univer'sal(schrauben)schlüssel *m*: **to throw a** ~ **into s.th.** *Am. colloq*. etwas über den Haufen werfen.

'**monk·fish** *s* 1. → angelfish 1. 2. ~ angler 2.

Mon-Khmer [məʊnˈkmeə; *Am.* -kəˈmeər] *adj ling*. Mon-Khmer-...

'**monk·hood** *s* 1. Mönch(s)tum *n*. 2. *collect*. Mönche *pl*. '**monk·ish** *adj* 1. Mönchs... 2. *meist contp*. mönchisch, pfäffisch, Pfaffen...

monk seal *s zo*. Mönchsrobbe *f*. '**monks·hood** *s bot*. Eisenhut *m*.

mono- [mɒnəʊ; -nə; *Am.* mɑ-] Wortelement mit der Bedeutung ein, einzeln, einfach.

mon·o ['mɒnəʊ; *Am.* 'mɑ-] I *pl* -**os** *s* 1. *Radio etc*: Mono *n*: **to broadcast in** ~. 2. *colloq*. Monogerät *n*. II *adj* 3. *Radio etc*: Mono...: ~ **broadcast** (**record**, *etc*).

ˌ**mon·o'ac·id** *chem*. I *adj* einsäurig. II *s* einbasige Säure.

ˌ**mon·o'bas·ic** *adj chem*. einbasisch, einbasig.

ˌ**mon·o'car·pel·lar·y** [-ˈkɑː(r)pɪlərɪ; *Am.* -pəˌlerɪː] *adj bot*. aus nur 'einem Fruchtblatt bestehend. ˌ**mon·o'car·pic** *adj bot*. nur einmal fruchtend. ˌ**mon·o'car·pous** *adj bot*. 1. einfrüchtig (*Blüte*). 2. → monocarpic.

ˌ**mon·o'cel·lu·lar** *adj biol*. einzellig.

mo·noc·er·os [məˈnɒsərəs; *Am.* -nɑsə-rəs] *s* 1. ein Fisch mit e-m hornähnlichen Fortsatz, *bes*. → a) swordfish, b) sawfish. 2. **M**~ *astr*. Einhorn *n* (*Sternbild*).

ˌ**mon·o'chlo·ride** *s chem*. Monochlo-'rid *n*.

'**mon·o·chord** *s mus*. Mono'chord *n*.

ˌ**mon·o·chro'mat·ic**, *a*. ˌ**mon·o'chro·ic** [-ˈkrəʊɪk] *adj phys*. monochro'matisch, einfarbig. '**mon·o·chrome** I *s* 1. einfarbiges Gemälde. 2. Schwarz'weißaufnahme *f*. II *adj* 3. mono'chrom, einfarbig. 4. Schwarzweiß-...: ~ **film**. '**mon·o·chro·mist** *s* Spezia'list *m* für einfarbige Male'rei.

mon·o·cle ['mɒnəkl; *Am.* 'mɑnɪkəl] *s* Mon'okel *n*. '**mon·o·cled** *adj* ein Mon'okel tragend, mit Monokel.

ˌ**mon·o'cli·nal** [-ˈklaɪnl] *geol*. I *adj* mono'klin, in nur 'einer Richtung geneigt. II *s* → monocline. '**mon·o·cline** [-klaɪn] *s geol*. mono'kline Falte. ˌ**mon·o'clin·ic** [-ˈklɪnɪk] *adj min*. mono'klin (*Kristall*). ˌ**mon·o'cli·nous** [-ˈklaɪnəs] *adj bot*. mono-, 'zwitt(e)rig.

mon·o·coque ['mɒnəkɒk; *Am.* 'mɑnə-ˌkəʊk; -ˌkɑk] *s aer*. 1. Schalenrumpf *m*: ~ construction *tech*. Schalenbau(weise *f*) *m*. 2. Flugzeug *n* mit Schalenrumpf.

'**mon·oˌcot·y'le·don** [-ˌkɒtɪˈliːdən; *Am.* -ˌkɑ-] *s bot*. Monokotyleˈdone *f*, Einkeimblättrige *f*.

mo·noc·ra·cy [mɒˈnɒkrəsɪ; *Am.* mə-'nɑ-; məː-] *s* Monokra'tie *f*, Al'leinherrschaft *f*.

mo·noc·u·lar [mɒˈnɒkjʊlə(r); *Am.* mə-'nɑ-; mə-] *adj* 1. *selten* einäugig. 2. monoku'lar, für nur 'ein Auge, nur mit 'einem Auge.

'**mon·oˌcul·ture** *s agr*. 'Monokulˌtur *f*.

'**mon·o'cy·cle** *s* Einrad *n*. ˌ**mon·o'cy·clic** *adj* 1. *chem. math. phys*. mono'zyklisch. 2. *bot. zo*. in nur 'einem Kreis angeordnet. 3. *bot*. → annual 2.

mon·o·cyte ['mɒnəsaɪt; *Am.* 'mɑnə-] *s med*. Mono'zyt *m* (*ein weißes Blutkörperchen*).

ˌ**mon·o'dac·ty·lous** [-ˈdæktɪləs] *adj zo*. einfingrig, einzehig.

mo·nod·ic [mɒˈnɒdɪk; *Am.* məˈnɑ-] *adj mus*. mon'odisch.

'**mon·o·dra·ma** *s* Mono'drama *n*, Einper'sonenstück *n*.

mon·o·dy ['mɒnədɪ; *Am.* 'mɑ-] *s* Mono'die *f*: a) Einzelgesang *m*, b) Klagelied *n*, c) *mus*. unbegleitete Einstimmigkeit, d) *mus*. Mehrstimmigkeit *f* mit Vorherrschaft 'einer Melo'die, e) *mus*. Homopho'nie *f*.

mo·noe·cism [mɒˈniːsɪzəm; mə-; *Am. a.* mɑ-] *s biol*. Monö'zie *f*, Zwittrigkeit *f*.

'**mon·o·film** *s chem. phys*. monomoleku'lare Schicht.

ˌ**mon·o'gam·ic** [-ˈɡæmɪk] → monogamous. **mo·nog·a·mist** [mɒˈnɒɡə-mɪst; *Am.* məˈnɑ-] *s* Monoga'mist(in). **mo'nog·a·mous** *adj* mono'gam, mono'gamisch. **mo'nog·a·my** *s* Monoga-'mie *f*, Einehe *f*.

ˌ**mon·o'gen·e·sis** *s* 1. Monoge'nese *f*, Gleichheit *f* der Abstammung. 2. (*Theorie der*) Entwicklung aller Lebewesen aus 'einer Urzelle. 3. → monogenism. 4. *biol*. Monoge'nese *f*: a) ungeschlechtliche Fortpflanzung, b) direkte Entwicklung ohne Metamorphose. ˌ**mon·o·ge-'net·ic** *adj* mono'genetisch. ˌ**mon·o'gen·ic** *adj* 1. mono'gen (*a. geol. math.*), gemeinsamen Ursprungs. 2. monoge'netisch. 3. *zo*. mono'genisch, sich nur auf 'eine Art fortpflanzend. **mo·nog·e·nism** [mɒˈnɒdʒɪnɪzəm; *Am.* məˈnɑ-] *s* Monoge'nismus *m* (*Ableitung aller heutigen Menschenrassen von 'einer Stammform*). **mo'nog·e·ny** *s* 1. → monogenism. 2. → monogenesis 4 a.

'**mon·o·glot** ['mɒnəɡlɒt; *Am.* 'mɑnəˌɡlɑt] I *adj* einsprachig. II *s* einsprachige Per'son.

mo·nog·o·ny [məˈnɒɡənɪ; *Am.* -ˈnɑ-] *s biol*. Monogo'nie *f*, monogene *od*. ungeschlechtliche Fortpflanzung.

mon·o·gram ['mɒnəɡræm; *Am.* 'mɑ-] *s* Mono'gramm *n*.

mon·o·graph ['mɒnəɡrɑːf; -ɡræf; *Am.* 'mɑnəˌɡræf] I *s* Monogra'phie *f*. II *v/t* in e-r Monogra'phie behandeln. **mo·nog·ra·pher** [mɒˈnɒɡrəfə(r); *Am.* məˈnɑ-] *s* Verfasser *m* e-r Monogra'phie. ˌ**mon·o'graph·ic** *adj* 1. mono'graphisch, in Einzeldarstellung. 2. mono'grammartig. **mo·nog·ra·phist** [mɒˈnɒɡrəfɪst; *Am.* məˈnɑ-] → monographer.

mo·nog·y·nous [mɒˈnɒdʒɪnəs; *Am.* məˈnɑ-] *adj* 1. *bot*. einweibig. 2. mit nur 'einer Ehefrau. 3. *zo*. mit nur 'einem Weibchen. **mo'nog·y·ny** *s* Monogy'nie *f*, Einweibigkeit *f*.

ˌ**mon·o'hy·drate** *s chem*. Monohy'drat *n*. ˌ**mon·o'hy·dric** *adj chem*. einwertig: ~ **alcohol**.

mon·o-i·de·ism [ˌmɒnəʊaɪˈdiːɪzəm; -ˈaɪdɪ-; *Am.* ˌmɑ-] *s psych*. Monoide'ismus

monolatry – mood

m (krankhaftes Vorherrschen e-r einzigen Leitvorstellung). **mo·nol·a·try** [mɒˈnɒlətrɪ; *Am.* məˈnɑ-] *s* Monolaˈtrie *f* (*Verehrung nur ˈeines Gottes, ohne die Existenz weiterer Götter zu leugnen*). ˌ**mon·oˈlin·gual** *adj* einsprachig. **mon·o·lith** [ˈmɒnəʊlɪθ; *Am.* ˈmɑnə-] *s* **1.** Monoˈlith *m*: a) *großer Steinblock*, b) *aus e-m einzigen Stein hergestelltes Kunstwerk*. **2.** *meist* **M~** (*TM*) Monoˈlith *n* (*steinähnlicher Bodenbelag*). ˌ**mon·oˈlith·ic I** *adj* monoˈlith(isch) (*a. arch. electr. u. fig.*). **II** *s electr.* monoˈlithischer Schaltkreis. ˌ**mon·o·logˈic** [ˌmɒnəˈlɒdʒɪk; *Am.* ˌmɑnl-ˈɑdʒɪk], ˌ**mon·oˈlog·i·cal** *adj* monoˈlogisch. **mo·nol·o·gist** [mɒˈnɒlədʒɪst; *Am.* məˈnɑ-] *s* **1.** Monoˈlogsprecher(in). **2.** j-d, der die Unterˈhaltung alˈlein bestreitet. **moˈnol·o·gize** *v/i* monologiˈsieren, *ein Selbstgespräch führen*. **mon·o·logue** [ˈmɒnəlɒg; *Am.* ˈmɑnlˌɔːg; -ˌɑg] *s* Monoˈlog *m*: a) *thea. u. weitS.* Selbstgespräch *n*, b) *von ˈeiner Person aufgeführtes dramatisches Gedicht*, c) *lange Rede* (*in der Unterhaltung*). ˈ**mon·oˌlogu·ist** → **monologist** 1. ˌ**mon·oˈma·ni·a** *s psych.* Monomaˈnie *f*, *fixe Iˈdee.* ˌ**mon·oˈma·ni·ac I** *s* Monoˈmane *m*, Monoˈmanin *f*. **II** *adj* monoˈman(isch).

ˈ**mon·o·mark** *s Br.* als Identifikationszeichen registrierte Kombination von Buchstaben und/oder Ziffern. **mon·o·mer** [ˈmɒnəmə(r); *Am.* ˈmɑ-] *s chem.* Monoˈmer(e) *n*. ˌ**mon·oˈmer·ic** [-ˈmerɪk] *adj* monoˈmer. ˌ**mon·oˈmet·al·ism** *s econ.* Monometalˈlismus *m* (*Verwendung nur ˈeines Währungsmetalls*). **mo·nom·e·ter** [mɒˈnɒmɪtə; *Am.* məˈnɑmətər; -mɑ-] *s metr.* Moˈnometer *m*. **mo·no·mi·al** [mɒˈnəʊmɪəl; *Am.* mɑ-; mə-] *math.* **I** *adj* monoˈnomisch, eingliedrig. **II** *s* Moˈnom *n*, eingliedrige (Zahlen-)Größe. ˌ**mon·o·moˈlec·u·lar** *adj chem. phys.* monomolekuˈlar. ˌ**mon·oˈmor·phic**, ˌ**mon·oˈmor·phous** [-fəs] *adj* monoˈmorph, gleichgestaltet. ˈ**mon·o·phase**, ˌ**mon·oˈphas·ic** *adj electr.* einphasig. ˌ**mon·oˈpho·bi·a** *s psych.* Monophoˈbie *f*, *Angst f vor dem Alˈleinsein*. **mon·oph·thong** [ˈmɒnəfθɒŋ; *Am.* ˈmɑ-] *s Phonetik*: Monoˈphthong *m*, *einfacher Selbstlaut.* ˌ**mon·ophˈthon·gal** [-gl] *adj* monoˈphthongisch. ˈ**mon·ophthong·ize** *v/t* monophthongˈgieren. ˌ**mon·oˈphy·letˈic** *adj biol.* monophyˈletisch, einstämmig. ˌ**mon·oˈphy·o·dont** [-ˈfaɪədɒnt; *Am.* -ˌdɑnt] *zo.* **I** *s* Monophyoˈdont *m*, *Tier n ohne Zahnwechsel.* **II** *adj* monophyoˈdont. **Mo·noph·y·site** [mɒˈnɒfɪsaɪt; *Am.* məˈnɑ-] *s relig.* Monophyˈsit *m*. ˈ**mon·o·plane** *s aer.* Eindecker *m*. **mon·o·pode** [ˈmɒnəpəʊd; *Am.* ˈmɑ-] **I** *adj* **1.** einfüßig. **II** *s* **2.** einfüßiges Wesen. **3.** → **monopodium**. **monˈo·po·di·um** *pl* **-di·a** [-dɪə] *s bot.* Monoˈpodium *n*, *echte Hauptachse.* **mo·nop·o·lism** [məˈnɒpəlɪzəm; *Am.* -ˈnɑ-] *s econ.* Monoˈpolwirtschaft *f*, -*kapitaˌlismus m*. **moˈnop·o·list** *s econ.* Monoˈpolist *m*, Monoˈpolkapitaˌlist *m*, -*inhaber m*. **moˌnop·oˈlis·tic** *adj* monopoˈlistisch, marktbeherrschend, Monopol...: **~ position**, **~ competition** *econ.* monopolistische Konkurrenz. **moˌnop·o·liˈza·tion** *s* Monopoliˈsierung *f*. **moˈnop·o·lize** *v/t* monopoliˈsieren: a) *econ.* ein Monoˈpol erringen *od.* haben für, b) *fig.* an sich reißen: **to ~ the conversation** die Unterhaltung ganz allein bestreiten, c) *fig. j-n od. etwas mit Beschlag belegen.* **moˈnop·o·liz·er** *s* j-d, *der* (*etwas*) monopoliˈsiert. **moˈnop·o·ly** [-lɪ] *s econ.* **1.** Monoˈpol(stellung *f*) *n*. **2.** (**of**) Monoˈpol *n* (*auf acc*), Alˈleinverkaufs-, Alˈleinbetriebs-, Alˈleinˌherstellungsrecht *n* (*für*). **3.** Monoˈpol *n*, Alˈleiniger Besitz, alˈleinige Beherrschung: **~ of learning** Bildungsmonopol. **4.** Monoˈpol *n*, (*etwas*) Monopoliˈsiertes. **5.** Monoˈpolgesellschaft *f*.

mo·nop·ter·al [mɒˈnɒptərəl; *Am.* mɑ-ˈnɑ-] *adj zo.* a) einflügelig, b) einflossig. ˈ**mon·o·rail** *s tech.* **1.** Einschiene *f*. **2.** Einschienenbahn *f*. ˌ**mon·o·sylˈlab·ic** *adj* **1.** *ling. u. fig.* einsilbig. **2.** monosylˈlabisch (*Sprache*). ˌ**mon·oˈsyl·la·ble** *s* einsilbiges Wort: **to speak in ~s** einsilbige Antworten geben. ˈ**mon·o·theˌism** *s relig.* Monotheˈismus *m*. ˈ**mon·o·theˌist** [ˈmɒnəʊθiːˌɪst; -θiːɪst; *Am.* ˈmɑnəˌθiːəst] *relig.* **I** *s* Monotheˈist *m*. **II** *adj* monotheˈistisch. ˌ**mon·o·theˈis·tic**, ˌ**mon·o·theˈis·ti·cal** *adj* monotheˈistisch. ˈ**mon·o·tint** → **monochrome**. **mo·not·o·cous** [məˈnɒtəkəs; *Am.* -ˈnɑ-] *adj zo.* nur ˈein Junges gebärend. **mon·o·tone** [ˈmɒnətəʊn; *Am.* ˈmɑ-] **I** *s* **1.** monoˈtones Geräusch, gleichbleibender Ton, eintönige Wiederˈholung *f*. **2.** monoˈtones Reziˈtieren *od.* Singen. **3.** → **monotony**. **II** *adj* **4.** → **monotonous**. **III** *v/t u. v/i* **5.** in gleichbleibendem Ton reziˈtieren *od.* singen. ˌ**mon·oˈton·ic** [-ˈtɒnɪk; *Am.* -ˈtɑ-] *adj mus.* monoˈton, eintönig. **mo·not·o·nous** [məˈnɒtnəs; *Am.* -ˈnɑ-] *adj* (*adv* ~**ly**) monoˈton, eintönig, -förmig (*alle a. fig.*). **moˈnot·o·ny** [-tnɪ], *a.* **moˈnot·o·nous·ness** *s* **1.** Monotoˈnie *f*, Eintönigkeit *f* (*a. fig.*). **2.** Einförmigkeit *f*, (*ewiges*) Einerlei. ˌ**mon·oˈtrem·a·tous** [-ˈtriːmətəs; -ˈtrem-] *adj zo.* zu den Kloˈakentieren gehörend. ˈ**mon·o·treme** [-triːm] *s* Kloˈakentier *n*. ˈ**mon·o·type¹** *s print.* **1.** *meist* **M~** (*TM*) Monotype *f* (*Setz- u. Gießmaschine für Einzelbuchstaben*). **2.** a) *mit der Monotype ˈhergestellte Letter*, b) Monotypesatz *m*. **3.** Monotyˈpie *f* (*Abdruck e-s auf e-e Metallplatte etc gemalten Bildes*). ˈ**mon·o·type²** *s biol.* einziger Vertreter (*e-r Gruppe*), *bes.* einzige Art (*e-r Gattung etc*). ˌ**mon·oˈva·lent** *adj chem.* monovaˈlent, einwertig. **mon·ox·ide** [mɒˈnɒksaɪd; *Am.* məˈnɑ-] *s chem.* ˈMonoˌxyd *n*.

Monroe Doc·trine [mənˈrəʊ; *Br. a.* ˈmʌnrəʊ], **Monˈroe·ism** *s pol.* ˈMonroedokˌtrin *f* („*Amerika den Amerikanern*"; 1823 *vom Präsidenten James Monroe ausgesprochen*). **mon·soon** [mɒnˈsuːn; *Am.* mɑn-] *s* **1.** Monˈsun *m*: **dry ~** Wintermonsun; **wet ~** Sommer-, Regenmonsun. **2.** (sommerliche) Regenzeit (*in Südasien*). **mon·ster** [ˈmɒnstə(r); *Am.* ˈmɑn-] **I** *s* **1.** Monster *n*, Ungeheuer *n*, Scheusal *n* (*a. fig.*). **2.** Monstrum *n*: a) ˈMißgeburt *f*, -*gestalt f*, -*bildung f*, b) *fig.* Ungeheuer *n*, (*etwas*) Ungeheuerliches *od.* Unförmiges, Koˈloß *m*. **II** *adj* **3.** ungeheuer(lich), Riesen..., Monster...: **~ film** Monsterfilm *m*; **~ meeting** Massenversammlung *f*. **mon·strance** [ˈmɒnstrəns; *Am.* ˈmɑn-] *s relig.* Monˈstranz *f*. **mon·stros·i·ty** [mɒnˈstrɒsɪtɪ; *Am.* mɑnˈstrɑs-] *s* **1.** Ungeheuerlichkeit *f*. **2.** → **monster** 2. **mon·strous** [ˈmɒnstrəs; *Am.* ˈmɑn-] *adj* (*adv* ~**ly**) **1.** monˈströs: a) ungeheuer, riesenhaft, b) ungeheuerlich, fürchterlich, gräßlich, scheußlich, c) ˈmißgestaltet, unförmig, ungestalt. **2.** ˈun-, ˈwidernaˌtürlich. **3.** lächerlich, abˈsurd. ˈ**mon·strous·ness** *s* **1.** Ungeheuerlichkeit *f*. **2.** Riesenhaftigkeit *f*. **3.** ˈWidernaˌtürlichkeit *f*.

mon·tage [mɒnˈtɑːʒ; *Am.* mɑn-; məʊn-] *s* **1.** ˈFoto-, ˈBildmonˌtage *f*. **2.** Film, Rundfunk *etc*: Monˈtage *f*. **Mon·tan·an** [mɒnˈtænən; *Am.* mɑn-] **I** *s* Bewohner(in) von Monˈtana (*USA*). **II** *adj* aus *od.* von Monˈtana. **mon·tane** [ˈmɒnteɪn; *Am.* ˈmɑn-; mɑnˈteɪn] *adj geogr.* Gebirgs..., Berg...: **~ plants**. **mon·te (bank)** [ˈmɑntɪ] *s Am.* a) *ein Bauernfängerspiel mit Karten*, b) → **three-card monte**. **monte·jus** [ˌmɒntˈdʒuːs; *Am.* ˌmɑnt-] *s tech.* Monteˈjus *m*, Saftheber *m*. **month** [mʌnθ] *s* **1.** Monat *m*: **this day ~** a) heute vor e-m Monat, b) heute in e-m Monat; **by the ~** (all)monatlich; **once a ~** einmal im Monat; **a ~ of Sundays** e-e ewig lange Zeit. **2.** *colloq.* vier Wochen *od.* 30 Tage. **month·ly** [ˈmʌnθlɪ] **I** *s* **1.** Monatsschrift *f*. **2.** *pl* → **menses**. **II** *adj* **3.** e-n Monat dauernd. **4.** monatlich. **5.** Monats...: **~ salary**; **~ season ticket** *rail. etc Br.* Monatskarte *f*. **III** *adv* **6.** monatlich, einmal im Monat, jeden Monat. **month's mind** *s* **1.** *relig.* Monatsgedächtnis *n* (*Gedenkmesse*). **2.** *obs. od. dial.* (**to**) Neigung *f* (*zu*), Verlangen *n* (*nach*). **mon·ti·cule** [ˈmɒntɪkjuːl; *Am.* ˈmɑn-] *s* **1.** (kleiner) Hügel. **2.** Höckerchen *n*. **mon·u·ment** [ˈmɒnjʊmənt; *Am.* ˈmɑnjə-] *s* **1.** *a. fig.* Monuˈment *n*, Denkmal *n* (**to** für; **of** *gen*): **to erect a ~ to s.o.'s memory** zum Gedenken an j-n ein Denkmal errichten; **a ~ of literature** ein Literaturdenkmal; **the M~** *e-e hohe Säule in London zur Erinnerung an den großen Brand im Jahre 1666*. **2.** Naˈturdenkmal *n*. **3.** Grabmal *n*, -stein *m*. **4.** Statue *f*. **mon·u·men·tal** [ˌmɒnjʊˈmentl; *Am.* ˌmɑnjə-] *adj* (*adv* ~**ly**) **1.** monumenˈtal: a) großartig, gewaltig, impoˈsant, b) *art* ˈüberlebensgroß. **2.** herˈvorragend, bedeutend: **a ~ event**. **3.** *colloq.* kolosˈsal, Riesen...: **a ~ error**; **~ stupidity**. **4.** Denkmal(s)... **5.** Gedenk...: **~ chapel** Gedenkkapelle *f*. **6.** Grabmal(s)...: **~ mason** Steinbildhauer *m*. **M~ City** *s Am.* (*Spitzname für*) Baltimore. **mon·u·menˈtal·ize** [ˌmɒnjʊˈmentəlaɪz; *Am.* ˌmɑnjə-] *v/t* j-m *od.* e-r Sache ein Denkmal setzen, j-n *od. etwas* verewigen. **moo** [muː] **I** *v/i* **1.** muhen. **II** *s* **2.** Muhen *n*. **3.** *Br. sl. contp.* "(blöde) Kuh". **mooch** [muːtʃ] *sl.* **I** *v/i* **1.** *a.* **~ about** (*od.* **around**) herˈumlungern, -strolchen: **to ~ along** dahinlatschen. **II** *v/t bes. Am.* **2.** abstauben, "mitgehen lassen". **3.** "schnorren", "ergattern".

mood¹ [muːd] *s* **1.** Stimmung *f* (*a. art*), Laune *f*: **to be in the** (in no) **~ to do** (nicht) dazu aufgelegt sein zu tun, (keine) Lust haben zu tun; **to be in the ~ to work** zur Arbeit aufgelegt sein; **in a good~** guter Laune, gut gelaunt; **in no giving ~** nicht in Geberlaune; **I'm in no laughing ~** mir ist nicht nach *od.* zum Lachen zumute; **he's a man of ~s** er ist sehr launenhaft; **change of ~s** *Am. a.* **swing** Stimmungsumschwung *m*; **~ music** stimmungsvolle Musik. **2.** **in a ~** *colloq.* schlechter Laune, schlecht aufgelegt. **3.** Gemüt *n*: **of somber** (*bes.*

Br. sombre) ~ von düsterem Gemüt. **4.** *paint., phot.* Stimmungsbild *n.* **5.** *obs.* a) Wut *f*, Ärger *m*, b) Eifer *m*.
mood² [muːd] *s* **1.** *ling.* Modus *m*, Aussageweise *f*. **2.** *mus.* Tonart *f*.
mood·i·ness ['muːdɪnɪs] *s* **1.** Launenhaftigkeit *f*. **2.** Übellaunigkeit *f*, Verstimmtheit *f*. **3.** Niedergeschlagenheit *f*.
mood·y ['muːdɪ] *adj (adv* **moodily) 1.** launisch, launenhaft. **2.** übellaunig, verstimmt. **3.** niedergeschlagen, trübsinnig.
moon [muːn] **I** *s (als Femininum konstruiert)* **1.** Mond *m*: there is a ~ der Mond scheint; the man in the ~ der Mann im Mond; once in a blue ~ *colloq.* alle Jubeljahre (einmal), höchst selten; to bay at the ~ den Mond anbellen; to cry for the ~ nach etwas Unmöglichem verlangen; to promise s.o. the ~ j-m das Blaue vom Himmel (herunter)versprechen; to reach for the ~ nach den Sternen greifen; to shoot the ~ *colloq.* bei Nacht u. Nebel ausziehen *(ohne die Miete zu bezahlen)*; to be over the ~ *colloq.* ganz ,weg' *(hingerissen)* sein. **2.** *astr.* Mond *m*, Tra'bant *m*, Satel'lit *m*: man-made ~, baby ~ (künstlicher *od.* Erd)Satellit. **3.** *poet.* Mond *m*, Monat *m*. **4.** *(bes.* Halb)Mond *m, (etwas)* (Halb-)Mondförmiges. **5.** *Alchimie:* Silber *n*. **II** *v/i* **6.** ~ about *(od.* around) her'umgeistern, -irren. **7.** a) träumen, dösen, b) schmachten. **III** *v/t* **8.** ~ away die Zeit vertrödeln, -träumen. '~**beam** *s* Mondstrahl *m*. '~**blind** *adj* **1.** *vet.* mondblind *(Pferd).* **2.** *med.* nachtblind. ~ **blindness** *s* **1.** *vet.* Mondblindheit *f*. **2.** *med.* Nachtblindheit *f*. '~**calf** *s irr* **1.** ,Mondkalb' *n*, Trottel *m*. **2.** Träumer *m*. **3.** → mole⁵. '~**child** *s irr astrol.* Krebs *m (im Zeichen Krebs geborener Mensch).* ~ **daisy** *s bot.* Marge'rite *f*.
mooned [muːnd] *adj* **1.** mit e-m (Halb-)Mond geschmückt. **2.** (halb)mondförmig. '**moon·er** *s* **1.** Mondsüchtige(r *m*) *f*. **2.** *fig.* Träumer(in).
'**moon**|**eye** *s* **1.** *vet.* a) an Mondblindheit erkranktes Auge, b) Mondblindheit *f*. **2.** *ichth.* Amer. Mondfisch *m*. '~**faced** *adj* vollmondgesichtig. '~**light** **I** *s* **1.** Mondlicht *n*, -schein *m*. **2.** *colloq.* Schwarzarbeit *f*. **II** *adj* **3.** Mondlicht...: a ~ walk ein Mondscheinspaziergang. **4.** ~ moonlit. '~**light·er** *s* **1.** *colloq.* Schwarzarbeiter(in). **2.** *hist.* Mondscheiner *m (Teilnehmer an nächtlichen Ausschreitungen gegen Grundbesitzer in Irland).* **3.** → moonshiner. '~**lit** *adj* vom Mond beleuchtet, mondhell. '~**mad** *adj* wahnsinnig, verrückt. '~**quake** *s* Mondbeben *n*. '~**rak·er** *s mar.* Mondsegel *n*. '~**rise** *s* Mondaufgang *m*. '~**scape** *s* Mondlandschaft *f*. '~**set** *s* 'Mond,untergang *m*. '~**shine** **I** *s* **1.** Mondschein *m*. **2.** *fig.* a) ,fauler Zauber', Schwindel *m*, b) Unsinn *m*, Geschwafel *n*, ,Quatsch' *m*: to talk ~ Unsinn reden. **3.** *Am. sl.* geschmuggelter *od.* schwarzgebrannter Alkohol. **II** *v/i* **4.** *Am. sl.* a) 'ille,gal Schnaps brennen, b) Alkohol schmuggeln. '~,**shin·er** *s Am. sl.* a) Alkoholschmuggler *m*, b) Schwarzbrenner *m*. '~**stone** *s min.* Mondstein *m*. '~**struck** *adj* **1.** mondsüchtig. **2.** → moon-mad. ~ **walk** *s* 'Mondspa,ziergang *m*.
moon·y ['muːnɪ] *adj* **1.** (halb)mondförmig. **2.** Mond..., Mondes... **3.** a) Mondlicht..., b) mondlichtartig. **4.** mondhell. **5.** verträumt, dösig. **6.** *colloq.* beschwipst. **7.** *colloq.* verrückt.
moor¹ [muə(r)] *s* **1.** Moor *n, bes.* Hochmoor *n*, Bergheide *f*. **2.** Ödland *n, bes.* Heideland *n*. **3.** *(in Cornwall)* Heideland *n* mit Zinnvorkommen.
moor² [muə(r)] *mar.* **I** *v/t* **1.** vertäuen, festmachen. **II** *v/i* **2.** festmachen, das Schiff vertäuen. **3.** sich vermuren, festmachen. **4.** festgemacht *od.* vertäut liegen.
Moor³ [muə(r)] *s* **1.** Maure *m*, Mohr *m*. **2.** *(in Südindien u. Ceylon)* Mohamme'daner *m*. **3.** *Angehöriger e-s in Delaware, USA, lebenden Mischvolks, das durch Mischung zwischen Weißen, Indianern u. Negern entstand.*
moor·age ['muərɪdʒ] *s mar.* **1.** Vertäuung *f*. **2.** Liegeplatz *m*. **3.** Anlegegebühr *f*.
'**moor**|**cock** *s orn.* (männliches) Schottisches Moor-Schneehuhn. '~**fowl**, ~ **game** *s orn.* Schottisches Moor-Schneehuhn. '~**hen** *s orn.* **1.** (weibliches) Schottisches Moor-Schneehuhn. **2.** Gemeines Teichhuhn.
moor·ing ['muərɪŋ] *s mar.* **1.** Festmachen *n*. **2.** *meist pl* Vertäuung *f (Schiff).* **3.** *pl* Liegeplatz *m*. ~ **buoy** *s mar.* Vertäuboje *f*.
moor·ish¹ ['muərɪʃ] *adj* moorig, sumpfig, Moor...
Moor·ish² ['muərɪʃ] *adj* maurisch.
'**moor·land** [-lənd; -lænd] *s* Heidemoor(land) *n*.
moor·y ['muərɪ] → moorish¹.
moose [muːs] *pl* **moose** *s* **1.** *zo.* Elch *m*. **2.** M~ *Mitglied des Geheimordens* Loyal Order of Moose. '~**ber·ry** *s bot. Am.* Erlenblättriger Schneeball.
moot [muːt] **I** *s* **1.** *hist.* (beratende) Volksversammlung. **2.** *jur. univ.* Diskussi'on *f* hypo'thetischer (Rechts)Fälle. **II** *v/t* **3.** e-e Frage aufwerfen, anschneiden. **4.** erörtern, disku'tieren. **III** *adj* **5.** *jur.* hypo'thetisch, fik'tiv: a ~ case. **6.** *fig.* a) strittig: a ~ point, b) (rein) aka'demisch: a ~ question e-e Streitfrage.
mop¹ [mɒp; *Am.* mɑp] **I** *s* **1.** Mop *m*, Fransenbesen *m*. **2.** Scheuer-, Wischlappen *m*. **3.** (Haar)Wust *m*. **4.** Tupfer *m*, Bausch *m*. **5.** *tech.* Schwabbelscheibe *f*. **II** *v/t* **6.** (*mit dem Mop*) (auf)wischen: to ~ the floor with s.o. *sl.* ,mit j-m Schlitten fahren', j-n ,fertigmachen'; to ~ one's face sich das Gesicht (ab)wischen. **7.** ~ up a) → 6, b) *mil. sl.* ein Gebiet *(vom Feind)* säubern, e-n Wald etc 'durchkämmen, c) *mil. sl.* restliche Feindtruppen ,erledigen', d) *sl.* e-n Profit etc ,schlukken', e) *sl.* viel ,erledigen', aufräumen mit, f) *Br. colloq.* austrinken. **8.** mit dem Mop auftragen. **9.** *tech.* schwabbeln.
mop² [mɒp; *Am.* mɑp] **I** *v/i meist* ~ and mow Gesichter schneiden. **II** *s* Gri'masse *f*: ~s and mows Grimassen.
'**mop,board** *s arch. Am.* Fuß-, Scheuerleiste *f*.
mope [məʊp] **I** *v/i* **1.** den Kopf hängenlassen, Trübsal blasen. **2.** ~ about (*od.* around) mit e-r Jammermiene herumlaufen. **II** *v/t* ~ o.s., be ~d a) → 1, b) sich ,mopsen' *(langweilen).* **III** *s* **4.** Trübsalbläser(in), Griesgram *m*. **5.** *pl* Trübsinn *m*, trübe Stimmung: to have (a fit of) the ~s ,e-n Moralischen haben'.
mo·ped ['məʊped] *s mot. Br.* Moped *n*.
mop·er ['məʊpə(r)] → mope 4.
'**mop**|**head** *s* **1.** Mop-Ende *n*. **2.** *colloq.* a) Wuschelkopf *m*, b) Struwwelpeter *m*.
mop·ing ['məʊpɪŋ] *adj (adv* ~ly), '**mop·ish** *adj (adv* ~ly) trübselig, a'pathisch, kopfhängerisch. '**mop·ish·ness** → mope 5.
mop·pet ['mɒpɪt; *Am.* 'mɑ-] *s* **1.** langhaariger Schoßhund. **2.** *colloq.* Puppe *f*: a) Kind *n*, b) Mädchen *n*.
mop·ping-up ['mɒpɪŋʌp; *Am.* 'mɑ-] *s mil. sl.* **1.** Aufräumungsarbeiten *pl.* **2.** Säuberung *f (vom Feinde):* ~ operation Säuberungsaktion *f*.
mo·quette [mɒ'ket; *bes. Am.* məʊ-] *s* Mo'kett *m* (Plüschgewebe).
mo·raine [mɒ'reɪn; *bes. Am.* mə-] *s geol.*
('Gletscher)Mo,räne *f*: lateral ~ Seitenmoräne; medial ~ Mittelmoräne. **mo'rain·ic** *adj* Moränen...
mor·al ['mɒrəl; *Am. a.* 'mɑ-] **I** *adj (adv* → morally) **1.** mo'ralisch, sittlich: ~ force; ~ sense moralisches *od.* sittliches Empfinden; M~ Rearmament Moralische Aufrüstung. **2.** mo'ralisch, geistig: ~ obligation moralische Verpflichtung; ~ support moralische Unterstützung; ~ victory moralischer Sieg. **3.** Moral..., Sitten...: ~ law Sittengesetz *n*; ~ theology Moraltheologie *f*. **4.** mo'ralisch, sittenstreng, sittsam, tugendhaft: a ~ life. **5.** (sittlich) gut: a ~ act. **6.** innerlich, cha'rakterlich: ~ly firm innerlich gefestigt. **7.** mo'ralisch, vernunftgemäß: ~ certainty moralische Gewißheit. **II** *s* **8.** Mo'ral *f*, Lehre *f*, Nutzanwendung *f* (*e-r Geschichte etc*): to draw the ~ from die Lehre ziehen aus. **9.** mo'ralischer Grundsatz: to point a ~ den sittlichen Standpunkt betonen. **10.** *pl* Mo'ral *f*, Sitten *pl*, sittliches Verhalten: code of ~s Sittenkodex *m*; loose ~s lockere Sitten. **11.** *pl (als sg konstruiert)* Sittenlehre *f*, Ethik *f*. **12.** [mɒ'rɑː; *Am.* mə'ræl] → morale. **13.** *sl.* Gegenstück *n*, Ebenbild *n*.
mo·rale [mɒ'rɑːl; *Am.* mə'ræl] *s* Mo'ral *f*, Stimmung *f*, Haltung *f*, (Arbeits-, Kampf)Geist *m*: the ~ of the army die (Kampf)Moral der Truppe; to raise (lower) the ~ die Moral heben (senken). **mo'rale-,boost·ing** *adj* die ('Arbeits-, 'Kampf- *etc*)Mo,ral stärkend, aufrüttelnd *(Rede etc)*.
mor·al|**fac·ul·ty** ['mɒrəl; *Am. a.* 'mɑ-] *s* Sittlichkeitsgefühl *n*. ~ **haz·ard** *s* Versicherungswesen: subjek'tives Risiko *(Risiko falscher Angaben des Versicherten).* ~ **in·san·i·ty** *s psych.* mo'ralischer De'fekt.
mor·al·ism ['mɒrəlɪzəm; *Am. a.* 'mɑ-] *s* **1.** Mo'ralspruch *m*. **2.** a) Mo'ralpredigt *f*, b) Morali'sieren *n*. **3.** Leben *n* nach den Grundsätzen der bloßen Mo'ral *(Ggs. religiöses Leben).* '**mor·al·ist** *s* **1.** Mora'list *m*, Sittenlehrer *m*. **2.** Ethiker *m*. **3.** (rein) mo'ralischer Mensch *(Ggs. gläubiger Mensch).*
mo·ral·i·ty [mə'rælətɪ; mɒ-] *s* **1.** Mo'ral *f*, Sittlichkeit *f*, Tugend(haftigkeit) *f*. **2.** Morali'tät *f*, sittliche Gesinnung. **3.** Ethik *f*, Sittenlehre *f*. **4.** *pl* mo'ralische Grundsätze *pl*, Ethik *f* (*e-r Person etc*): commercial ~ Geschäftsmoral *f*. **5.** *contp.* Mo'ralpredigt *f*. **6.** *a.* ~ play *thea. hist.* Morali'tät *f*.
mor·al·ize ['mɒrəlaɪz; *Am. a.* 'mɑ-] **I** *v/i* **1.** morali'sieren (on über *acc*). **II** *v/t* **2.** mo'ralisch auslegen, die Mo'ral *(gen)* aufzeigen. **3.** die Mo'ral *(gen)* heben, bessern. '**mor·al·iz·er** *s* Mo'ral-, Sittenprediger(in). '**mor·al·ly** [-rəlɪ] *adv* **1.** mo'ralisch *(etc;* → moral I). **2.** vom mo'ralischen Standpunkt.
mor·al|**phi·los·o·phy**, ~ **sci·ence** *s* Mo'ralphiloso,phie *f*, Ethik *f*.
mo·rass [mɒ'ræs] *s* **1.** Mo'rast *m*, Sumpf (-land *n*) *m*. **2.** *fig.* a) Wirrnis *f*, b) ,Klemme' *f*, schwierige Lage.
mo·rat ['mɒːræt; *Am.* 'məʊ,ræt] *s hist.* Getränk aus Honig, mit Maulbeeren gewürzt.
mor·a·to·ri·um [,mɒrə'tɔːrɪəm; *Am.* ,mɑrə'təʊ-] *pl* **-ri·a** [-rɪə] *od.* **-ri·ums** *s econ.* Mora'torium *n*, Zahlungsaufschub *m*, Stillhalteabkommen *n*, Stundung *f*. '**mor·a·to·ry** [-tərɪ; *Am.* -,tɔːrɪ; -,təʊ-] *adj* Moratoriums..., Stundungs...
Mo·ra·vi·an¹ [mɒ'reɪvjən; -ɪən] **I** *s* **1.** Mähre *m*, Mährin *f*. **2.** *relig.* Herrnhuter(in). **3.** *ling.* Mährisch *n*, das Mährische. **II** *adj* **4.** mährisch. **5.** *relig.* herrnhutisch: ~ Brethren Herrnhuter Brüdergemein(d)e *f*.

Mo·ra·vi·an² [məˈreɪvjən; -ɪən] *hist.* **I** *s* Einwohner(in) der Grafschaft Moray (*Schottland*). **II** *adj* aus Moray.

mor·bid [ˈmɔː(r)bɪd] *adj* (*adv* ~ly) **1.** morˈbid, krankhaft, pathoˈlogisch. **2.** *med.* pathoˈlogisch: ~ **anatomy**. **3.** grausig, schauerlich. **morˈbid·i·ty** *s* Morbidiˈtät *f*: a) Krankhaftigkeit *f*, b) Erkrankungsziffer *f*.

mor·bif·ic [mɔː(r)ˈbɪfɪk] *adj med.* **1.** krankheitserregend. **2.** krankmachend.

mor·bil·li [mɔː(r)ˈbɪlaɪ] *s pl* (*als sg konstruiert*) *med.* Masern *pl.*

mor·da·cious [mɔː(r)ˈdeɪʃəs] *adj* (*adv* ~ly) *bes. fig.* beißend, bissig. **morˈdac·i·ty** [-ˈdæsətɪ], **ˈmor·dan·cy** [-dənsɪ] *s bes. fig.* Bissigkeit *f*, beißende Schärfe.

mor·dant [ˈmɔː(r)dənt] *I adj* **1.** beißend: a) brennend (*Schmerz*), b) scharf, sarˈkastisch (*Worte etc*). **2.** *tech.* a) beizend, ätzend, b) fiˈxierend (*Farben*). **3.** *med.* weiterfressend: ~ **disease**. **II** *s* **4.** *tech.* a) Ätzwasser *n*, b) (*bes. Färberei*) Beize *f*, c) Grund *m*, Klebˈstoff *m.*

Mor·de·ca·i [ˌmɔːdɪˈkeɪaɪ; *Am.* ˈmɔːrdɪˌkaɪ] *npr Bibl.* Mardoˈchai *m.*

mor·dent [ˈmɔː(r)dənt; *Am. a.* mɔːrˈdent] *s mus.* Morˈdent *m*, Pralltriller *m* nach unten.

more [mɔː(r); *Am. a.* ˈmoʊər] **I** *adj* **1.** mehr: ~ **money**; ~ **people**; (no) ~ **than** (nicht) mehr als; **they are** ~ **than we** sie sind zahlreicher als wir. **2.** mehr, noch (mehr), weiter: **some** ~ **tea** noch etwas Tee; **one** ~ **day** noch ein(en) Tag; **two** ~ **miles** noch zwei Meilen, zwei weitere Meilen; **some** ~ **children** noch einige Kinder; **so much the** ~ **courage** um so mehr Mut; **he is no** ~ er ist nicht mehr (*ist tot*). **3.** größer (*obs. außer in*): **the** ~ **fool** der größere Tor; **the** ~ **part** der größere Teil. **II** *adv* **4.** mehr, in höherem Maße: **they work** ~ sie arbeiten mehr; ~ **in theory than in practice** mehr in der Theorie als in der Praxis; ~ **dead than alive** mehr *od.* eher tot als lebendig; ~ **and** ~ immer mehr; ~ **and** ~ **difficult** immer schwieriger; ~ **or less** mehr oder weniger, ungefähr; **the** ~ um so mehr; **the** ~ **so because** um so mehr, da; **all the** ~ **so** nur um so mehr; **so much the** ~ **as** um so mehr als; **no** (*od.* **not any**) ~ **than** ebensowenig wie; **neither** (*od.* **no**) ~ **nor less than stupid** nicht mehr u. nicht weniger als dumm, einfach dumm. **5.** (*zur Bildung des comp*): ~ **conscientiously** gewissenhafter; ~ **important** wichtiger; ~ **often** öfter. **6.** noch: **never** ~ niemals wieder; **once** ~ noch einmal; **twice** ~ noch zweimal; **two hours** (**miles**) ~ noch zwei Stunden (Meilen). **7.** darˈüber hinˈaus, überˈdies: **it is wrong and,** ~, **it is foolish**. **III** *s* **8.** Mehr *n* (*of an dat*). **9.** mehr: ~ **than one person has seen it** mehr als einer hat es gesehen; **we shall see** ~ **of you** wir werden dich noch öfter sehen; **and what is** ~ und was noch wichtiger ist; **no** ~ nichts mehr.

mo·reen [mɔˈriːn; *Am. a.* mə-] *s* moiˈriertes Woll- *od.* Baumwollgewebe.

more·ish [ˈmɔːrɪʃ; *Am. a.* ˈmoʊ-] *adj*: **it tastes** ~ *colloq.* es schmeckt nach (noch) mehr.

mo·rel [mɒˈrel; mə-] *s bot.* **1.** Morchel *f.* **2.** (*bes.* Schwarzer) Nachtschatten. **3.** → morello.

mo·rel·lo [məˈreloʊ] *pl* **-los** *s bot.* Moˈrelle *f*, Schwarze Sauerweichsel.

more·o·ver [mɔːˈroʊvə(r)] *adv* außerdem, überˈdies, ferner, weiter.

mo·res [ˈmɔːriːz; *bes. Am.* -reɪz] *s pl sociol.* Sittenkodex *m.*

Mo·resque [mɔːˈresk] **I** *adj* maurisch. **II** *s* maurischer Stil.

Mor·gan [ˈmɔː(r)gən] *s* Morgan-Pferd *n* (*ein leichtes amer. Zug- u. Reitpferd*).

mor·ga·nat·ic [ˌmɔː(r)gəˈnætɪk] *adj* (*adv* ~ally) morgaˈnatisch.

morgue [mɔː(r)g] *s* **1.** Leichenschauhaus *n.* **2.** *colloq.* Arˈchiv *n* (*e-s Zeitungsverlages etc*).

mor·i·bund [ˈmɒrɪbʌnd; *Am. a.* ˈmɔːr-] *adj* **1.** sterbend, im Sterben liegend, dem Tode geweiht. **2.** *fig.* zum Aussterben verurteilt (*Tradition etc*), zum Scheitern verurteilt (*Plan etc*).

mo·ri·on¹ [ˈmɔːrɪən; *Am.* ˈmoʊrɪən] *s min.* Morion *m*, dunkler Rauchquarz.

mo·ri·on² [ˈmɔːrɪən; *Am.* ˈmoʊrɪən] *s hist.* Sturmhaube *f.*

Mo·ris·co [məˈrɪskoʊ] **I** *pl* **-cos**, **-coes** *s* **1.** Maure *m* (*bes. in Spanien*). **2.** m~ a) maurischer Tanz, b) → morris. **II** *adj* **3.** maurisch.

Mor·mon [ˈmɔː(r)mən] *relig.* **I** *s* Morˈmone *m*, Morˈmonin *f.* **II** *adj* morˈmonisch: ~ **Church** mormonische Kirche, Kirche Jesu Christi der Heiligen der letzten Tage; ~ **State** (*Beiname des Staates*) Utah *n* (*USA*). **ˈMor·mon·ism** *s relig.* Morˈmonentum *n.*

morn [mɔː(r)n] *s poet.* Morgen *m*: **the** ~ *Scot. od. obs.* morgen.

morn·ing [ˈmɔː(r)nɪŋ] **I** *s* **1.** Morgen *m*, Vormittag *m*: **in the** ~ morgens, am Morgen, vormittags; **early in the** ~ frühmorgens, früh am Morgen; **on the** ~ **of May 5** am Morgen des 5. Mai; **one** (**fine**) ~ **e-s** (schönen) Morgens; (**on**) **this** ~ an diesem Morgen; **this** ~ heute morgen *od.* früh; **tomorrow** ~ morgen früh; **the** ~ **after** am Morgen darauf, am darauffolgenden Morgen; **the** ~ **after** (**the night before**) *colloq.* der ˈ Katzenjammer', der ,Kater'; **with** (**the**) ~ *poet.* gegen Morgen; **good** ~! guten Morgen!; ~! *colloq.* ('n) Morgen! **2.** *fig.* Morgen *m*, Anfang *m*, Beginn *m.* **3.** Morgendämmerung *f.* **4.** M~ Auˈrora *f.* **II** *adj* **5.** a) Morgen..., Vormittags...: ~ **walk** *od.* **Früh...**: ~ **train**.

ˌmorn·ingˈ-ˈaf·ter pill *s med.* Pille *f* daˈnach. **~ˈaf·ter·ish** *adj colloq.* ˌverkatert'. **~ coat** *s* Cutˈ(away) *m.* **~ dress** *s* **1.** Hauskleid *n* (*der Frau*). **2.** Besuchs-, Konfeˈrenzanzug *m*, „Stresemann" *m* (*schwarzer Rock, bes. Cut, mit gestreifter Hose*). **~ gift** *s jur. hist.* Morgengabe *f.* **'~-ˈglo·ry** *s bot.* (*bes.* Purpur)Winde *f.* **~ gown** *s* **1.** (Damen)Morgenrock *m.* **2.** Hauskleid *n.* **~ gun** *s mil.* Weckschuß *m.* **~ per·form·ance** *s* Frühvorstellung *f*, Matiˈnee *f.* **~ prayer** *s relig.* **1.** Morgengebet *n.* **2.** Frühgottesdienst *m.* **~ room** *s* Damenzimmer *n* (*zum Aufenthalt am Morgen*). **~ sick·ness** *s med.* morgendliches Erbrechen (*bei Schwangeren*). **~ star** *s* **1.** *astr.* Morgenstern *m* (*bes.* Venus). **2.** *bot.* Menˈtzelie *f.* **3.** *mil. hist.* Morgenstern *m.* **'~-tide** *s poet.* Morgen *m* (*bes. fig.*).

Mo·roc·can [məˈrɒkən; *Am.* -ˈrɑː-] **I** *adj* marokˈkanisch. **II** *s* Marokˈkaner(in).

mo·roc·co [məˈrɒkoʊ; *Am.* -ˈrɑː-] *pl* **-cos** *s* Saffian(leder *n*) *m*, Maroˈquin *m*: **French** ~ ein minderwertiger Saffian.

mo·ron [ˈmɔːrɒn; *Am.* ˈmoʊrən] *s* **1.** Schwachsinnige(r *m*) *f.* **2.** *contp.* Trottel *m*, Idiˈot *m.* **mo·ron·ic** [mɒˈrɒnɪk; *Am.* məˈrɑː-] *adj* schwachsinnig.

mo·rose [məˈroʊs] *adj* (*adv* ~ly) mürrisch, grämlich, verdrießlich. **moˈrose·ness** *s* Verdrießlichkeit *f*, mürrisches Wesen.

-morph [mɔː(r)f] *Wortelement mit der Bedeutung* Form, Gestalt.

mor·pheme [ˈmɔː(r)fiːm] *s ling.* Morˈphem *n*: a) *kleinstes bedeutungstragendes Sprachelement*, b) *gestaltbestimmendes Sprachelement.*

Mor·pheus [ˈmɔː(r)fjuːs; -fɪəs] *npr* Morpheus *m* (*Gott der Träume*): **in the arms of** ~ in Morpheus' Armen.

mor·phi·a [ˈmɔː(r)fjə; -fɪə], **mor·phine** [ˈmɔː(r)fiːn] *s chem.* Morphium *n.* **ˈmor·phin·ism** *s* **1.** Morˈphiˈnismus *m*, Morˈphinsucht *f.* **2.** Morˈphinvergiftung *f.* **ˈmor·phin·ist** *s* Morphiˈnist(in).

mor·pho·gen·e·sis [ˌmɔː(r)fəˈdʒenɪsɪs] *s biol.* Morphoˈgenesis *f*, Morphogeˈnese *f*, Gestaltbildung *f.* **ˌmor·pho·geˈnet·ic** [-dʒɪˈnetɪk] *adj* morphogeˈnetisch, gestaltbildend.

mor·pho·log·ic [ˌmɔː(r)fəˈlɒdʒɪk; *Am.* -ˈlɑː-] *adj*, **ˌmor·phoˈlog·i·cal** [-kl] *adj* (*adv* ~ly) morphoˈlogisch, Form...: ~ **element** Formelement *n.* **morˈphol·o·gist** [-ˈfɒlədʒɪst; *Am.* -ˈfɑː-] *s* Morphoˈloge *m.* **morˈphol·o·gy** *s* **1.** Morpholoˈgie *f*: a) *biol.* Formen-, Gestaltlehre *f*, -forschung *f*, b) *geogr.* Lehre von den Oberflächenformen der Erde, c) *ling.* Formen- u. Wortbildungslehre *f.* **2.** Gestalt *f*, Form *f.* **mor·pho·sis** [mɔː(r)ˈfoʊsɪs; *Am. bes.* ˈmɔːrfəsəs] *s* Morˈphose *f*, Gestaltbildung *f.*

mor·ris [ˈmɒrɪs; *Am. a.* ˈmɑː-] *s a.* ~ **dance** *hist.* Moˈriskentanz *m.* **M~ chair** *s* ein Lehnstuhl mit verstellbarer Rückenlehne u. losen Sitzpolstern.

mor·row [ˈmɒroʊ; *Am. a.* ˈmɑː-] *s* **1.** *rhet.* morgiger *od.* folgender Tag: **on the** ~ am folgenden Tag; **the** ~ **of** a) der Tag nach, b) *fig.* die Zeit unmittelbar nach; **on the** ~ **of** *fig.* (in der Zeit) unmittelbar nach; → **thought 4**. **2.** *obs.* Morgen *m.*

Morse¹ [mɔː(r)s] **I** *adj* Morse... **II** *colloq. für* a) **Morse code**, b) **Morse telegraph**. **III** *v/t u. v/i* m~ morsen.

morse² [mɔː(r)s] *s zo.* Walroß *n.*

Morse code, *a.* ~ **al·pha·bet** *s* ˈMorsealphaˌbet *n.*

mor·sel [ˈmɔː(r)sl] **I** *s* **1.** Bissen *m* (*a. weitS. Imbiß*). **2.** Stückchen *n*, (*das*) bißchen: **a** ~ **of sense** *fig.* ein Funke Verstand. **3.** Leckerbissen *m* (*a. fig.*). **II** *v/t* **4.** in kleine Stückchen teilen, in kleinen Portiˈonen austeilen.

Morse tel·e·graph *s electr.* ˈMorseteleˌgraf *m*, -appaˌrat *m.*

mort¹ [mɔː(r)t] *s hunt.* (ˈHirsch)Totsiˌgnal *n.*

mort² [mɔː(r)t] *s* dreijähriger Lachs.

mor·tal [ˈmɔː(r)tl] **I** *adj* (*adv* ~ly) **1.** sterblich: **a** ~ **man** ein Sterblicher. **2.** tödlich, todbringend (**to** für): **a** ~ **wound**. **3.** tödlich, erbittert: ~ **battle** erbitterte Schlacht; ~ **enemies** Todfeinde; ~ **hatred** tödlicher Haß; ~ **offence** *Am.* **offense** tödliche Beleidigung. **4.** Tod(es)...: ~ **agony** Todeskampf *m*; ~ **fear** Todesangst *f*; ~ **hour** Todesstunde *f*; ~ **sin 1. 5.** menschlich, irdisch, vergänglich, Menschen...: **this** ~ **life** dieses vergängliche Leben; ~ **power** Menschenkraft *f*; **by no** ~ **means** *colloq.* auf keine menschenmögliche Art; **of no** ~ **use** *colloq.* völlig zwecklos; **every** ~ **thing** *colloq.* alles menschenmögliche. **6.** *colloq.* ˌMords...', ˌmordsmäßig': **I'm in a** ~ **hurry** ich hab's furchtbar eilig. **7.** *colloq.* ewig, sterbenslangweilig: **three** ~ **hours** drei endlose Stunden. **8.** *dial.* furchtbar, schrecklich. **II** *s* **9.** Sterbliche(r *m*) *f*: **an ordinary** ~ ein gewöhnlicher Sterblicher. **10.** *humor.* Kerl *m.*

mor·tal·i·ty [mɔː(r)ˈtælətɪ] *s* **1.** Sterblichkeit *f.* **2.** die (sterbliche) Menschheit. **3.** *a.* ~ **rate** a) Sterblichkeit(sziffer) *f*: ~ **table** Sterblichkeitstabelle *f*, b) *tech.* Verschleiß(quote *f*) *m.*

mor·tar¹ [ˈmɔː(r)tə(r)] **I** *s* **1.** Mörser *m*,

Reibschale *f*. **2.** *metall*. Pochtrog *m*, -lade *f*. **3.** *mil*. a) Mörser *m* (*Geschütz*), b) Gra'natwerfer *m*. **4.** Ra'ketenappa,rat *m*. **5.** (Feuerwerks)Böller *m*. **II** *v/t* **6.** *mil*. a) mit Mörsern beschießen, b) mit Gra'natfeuer belegen.

mor·tar² ['mɔː(r)tə(r)] *arch*. **I** *s* Mörtel *m*. **II** *v/t* mörteln, mit Mörtel verbinden. **'mor·tar|·board** *s* **1.** Mörtelbrett *n* (*der Maurer*). **2.** *univ*. (qua'dratisches) Ba'rett. **~ boat, ~ ves·sel** *s mar. hist*. Bom'barde *f*, Mörserschiff *n*.

mort·gage ['mɔː(r)gɪdʒ] *jur*. **I** *s* **1.** Verpfändung *f*: **to give in ~** verpfänden. **2.** Pfandbrief *m*. **3.** Pfandrecht *n*. **4.** Hypo'thek *f*: **by ~** hypothekarisch; **to lend on ~** auf Hypothek (ver)leihen; **to raise a ~** e-e Hypothek aufnehmen (**on** auf *acc*). **5.** Hypo'thekenbrief *m*. **II** *v/t* **6.** *a. fig.* verpfänden (**to** an *acc*). **7.** hypothe'karisch belasten, e-e Hypo'thek aufnehmen auf (*acc*). **~ bond** *s* (Hypo'theken)Pfandbrief *m*. **~ deed** *s jur*. **1.** Pfandbrief *m*. **2.** Hypo'thekenbrief *m*.

mort·ga·gee [ˌmɔː(r)gəˈdʒiː] *s jur*. Hypothe'kar *m*, Pfand- *od*. Hypo'thekengläubiger *m*. **~ clause** *s* Klausel *f* (*in der Feuerversicherungspolice*) *zum Schutz des Hypo'thekengläubigers*.

mort·ga·gor [ˌmɔː(r)gəˈdʒɔː(r)], *a*. **mort·gag·er** ['mɔː(r)gɪdʒə(r)] *s jur*. Pfand- *od*. Hypo'thekenschuldner *m*.

mor·tice → mortise

mor·ti·cian [mɔːˈrtɪʃən] *s Am*. Leichenbestatter *m*.

mor·ti·fi·ca·tion [ˌmɔː(r)tɪfɪˈkeɪʃn] *s* **1.** Demütigung *f*, Kränkung *f*. **2.** Ärger *m*, Verdruß *m*. **3.** Ka'steiung *f*. **4.** Abtötung *f* (*von Leidenschaften*). **5.** *med*. (kalter) Brand, Ne'krose *f*. **'mor·ti·fied** [-faɪd] *adj* **1.** a) gedemütigt, gekränkt, b) verärgert (**at** über *acc*). **2.** *med*. brandig. **'mor·ti·fy** [-faɪ] **I** *v/t* **1.** demütigen, kränken. **2.** ärgern, verdrießen. **3.** Gefühle verletzen. **4.** den Körper, das Fleisch ka'steien. **5.** Leidenschaften abtöten. **6.** *med*. brandig machen, absterben lassen. **II** *v/i* **7.** *med*. brandig werden, absterben.

mor·tise ['mɔː(r)tɪs] **I** *s* **1.** *tech*. a) Zapfenloch *n*, b) Stemmloch *n*, c) (Keil)Nut *f*, d) Falz *m*, Fuge *f*. **2.** *fig*. fester Halt, feste Stütze. **II** *v/t* **3.** *tech*. a) verzapfen, nuten, c) einzapfen (**into** in *acc*), d) einlassen, e) verzinken, -schwalben. **4.** *allg*. fest verbinden, *fig. a*. verankern (**in** in *dat*). **~ chis·el** *s* Stech-, Lochbeitel *m*, Stemmeißel *m*. **~ ga(u)ge** *s* Zapfenstreichmaß *n*. **~ joint** *s tech*. Zapfenverbindung *f*, Verzapfung *f*. **~ lock** *s tech*. Einsteck-, Einsteckschloß *n*. **~ wheel** *s tech*. **1.** Zapfenrad *n*, -getriebe *n*. **2.** Zahnrad *n* mit Winkelzähnen.

mort·main ['mɔː(r)tmeɪn] *s jur*. unveräußerlicher Besitz, Besitz *m* der Toten Hand: **in ~** unveräußerlich.

mor·tu·ar·y ['mɔːtjʊərɪ; *Am*. 'mɔːrtʃəˌwerɪ] **I** *s* Leichenhalle *f*. **II** *adj* Begräbnis..., Leichen..., Toten...

mo·sa·ic¹ [məʊˈzeɪɪk] **I** *s* **1.** Mosa'ik *n* (*a. fig*.). **2.** *aer*. ('Luftbild)Mosa,ik *n*, Reihenbild *n*. **3.** *bot*. Mosa'ikkrankheit *f*. **II** *adj* (*adv* **~ally**) **4.** Mosaik... **5.** mosa'ikartig. **III** *v/t* **6.** mit Mosa'ik schmücken. **7.** zu e-m Mosa'ik zs.-stellen.

Mo·sa·ic² [məʊˈzeɪɪk] *adj* mo'saisch.

mo·sa·ic| dis·ease → mosaic¹ **3. ~ gold** *s* Mu'sivgold *n*. **~ hy·brid** *s biol*. Mutati'onschi,märe *f*.

mo·sa·i·cist [məʊˈzeɪɪsɪst] *s* Mosa'izist *m* (*Hersteller von Mosaiken*).

mo·sa·ic vi·sion *s zo*. mu'sivisches Sehen (*Sehen mit Facettenaugen*).

mos·cha·tel [ˌmɒskəˈtel; *Am*. ˌmɑs-] *s bot*. Moschuskraut *n*. **mos·chif·er·ous** [mɒsˈkɪfərəs; *Am*. mɑs-] *adj* Moschus erzeugend.

Mo·selle, m~ [məʊˈzel] *s* Mosel(-wein) *m*.

mo·sey ['məʊzɪ] *v/i Am. sl*. **1. ~ along** (da'hin)schlendern, -latschen. **2.** ,abhauen'.

mo·shav [məʊˈʃɑːv] *pl* **-sha·vim** [-ʃəˈviːm] *s* Moschaw *m* (*Genossenschaftssiedlung in Israel*).

Mos·lem ['mɒzləm; *Am*. 'mɑzləm] **I** *s* Moslem *m*, Muselman *m*. **II** *adj* mos'lemisch, muselmanisch, mohamme'danisch. **'Mos·lem·ism** *s relig*. Is'lam *m*.

mosque [mɒsk; *Am*. mɑsk] *s* Mo'schee *f*.

mos·qui·to [məˈskiːtəʊ] *pl* **-toes, -tos** *s* **1.** *zo*. a) Mos'kito *m*, b) *allg*. Stechmücke *f*. **2.** *aer*. Mos'kito *m* (*leichter brit. Bomber*). **~ boat, ~ craft** *s mar. mil*. Schnellboot *n*. **~ net** *s* Mos'kitonetz *n*. **M~ State** *s Am*. (*Beiname für*) New Jersey *n* (*USA*).

moss [mɒs] **I** *s* **1.** Moos *n*. **2.** *bot*. Laubmoos *n*. **3.** *bes. Scot*. (Torf)Moor *n*. **II** *v/t u. v/i* **4.** (sich) mit Moos bedecken. **~ ag·ate** *s min*. 'Moosa,chat *m*. **~ an·i·mal** → bryozoan. **'~·back** *s* **1.** *alter Fisch etc*, *dessen Rücken Moos anzusetzen scheint*. **2.** *Am. sl.* a) 'Ultrakonserva,tive(r) *m*, b) altmodischer Kerl, c) 'Hinterwäldler *m*.

Möss·bau·er ef·fect ['mɒsˌbaʊə(r)] *s phys*. 'Mößbauer-Ef,fekt *m*.

moss| cam·pi·on *s bot*. Stengelloses Leimkraut. **'~-grown** *adj* **1.** moosbewachsen, bemoost. **2.** *fig*. altmodisch. **~ hag** *s Br*. Torfboden *m*.

moss·i·ness ['mɒsɪnɪs] *s* **1.** Moosigkeit *f*, Bemoostheit *f*. **2.** Moosartigkeit *f*.

moss| pink *s bot*. Zwergphlox *m*. **~ rose** *s bot*. Moosrose *f*. **'~·troop·er** *s hist*. Wegelagerer *m* (*an der englisch-schottischen Grenze*).

moss·y ['mɒsɪ] *adj* **1.** moosig, bemoost, moosbewachsen. **2.** moosartig. **3.** Moos...: **~ green** Moosgrün *n*.

most [məʊst] **I** *adj* (*adv* **~ly**) **1.** meist(er, e, es), größt(er, e, es): **the ~ fear** die meiste *od*. größte Angst; **for the ~ part** größten-, meistenteils. **2.** (*vor e-m Substantiv im pl, meist ohne Artikel*) die meisten: **(the) ~ votes** die meisten Stimmen. **II** *s* **3.** (*das*) meiste, (*das*) Höchste, (*das*) Äußerste: **the ~ he accomplished** das Höchste, das er vollbrachte; **to make the ~ of** s.th. a) etwas nach Kräften ausnützen, (noch) das Beste aus e-r Sache herausholen, b) (*zum eigenen Vorteil*) etwas ins beste *od*. schlechteste Licht stellen; **at (the) ~** höchstens, bestenfalls. **4.** das meiste, der größte Teil: **he spent ~ of his time there** er verbrachte die meiste Zeit dort. **5.** die meisten *pl*: **better than ~** besser als die meisten; **~ of my friends** die meisten m-r Freunde. **III** *adv* **6.** am meisten: **what ~ tempted me** was mich am meisten lockte; **~ of all** am allermeisten. **7.** (*zur Bildung des sup*): **the ~ important point** der wichtigste Punkt; **~ deeply impressed** am tiefsten beeindruckt; **~ rapidly** am schnellsten, schnellstens. **8.** (*vor adj*) höchst, äußerst, überaus: **a ~ indecent story**. **9.** *Am. colloq. od. dial.* fast, beinahe.

'most-,fa·vo(u)red-'na·tion clause *s econ. pol.* Meistbegünstigungsklausel *f*.

most·ly ['məʊstlɪ] *adv* **1.** größtenteils, im wesentlichen, in der Hauptsache. **2.** hauptsächlich, meist(ens).

mot [məʊ] *s* Bon'mot *n*.

mote¹ [məʊt] *s* (Sonnen)Stäubchen *n*, winziges Teilchen: **the ~ in another's eye** *Bibl*. der Splitter im Auge des anderen.

mote² [məʊt] *v/aux obs*. mag, möge, darf: **so ~ it be** so sei es.

mo·tel [məʊˈtel] *s* Mo'tel *n*.

mo·tet [məʊˈtet] *s mus*. Mo'tette *f*.

moth [mɒθ] *s zo*. **1.** *pl* **moths** Nachtfalter *m*. **2.** *pl* **moths**, *bes*. *collect*.

moth (Kleider)Motte *f*. **'~·ball I** *s* **1.** Mottenkugel *f*: **to put in ~s** → II. **II** *v/t* **2.** *Maschinen, Kriegsschiffe etc* ,einmotten'. **3.** *fig*. Plan *etc* ,auf Eis legen'. **'~-,eat·en** *adj* **1.** von Motten zerfressen. **2.** veraltet, anti'quiert.

moth·er¹ ['mʌðə(r)] **I** *s* **1.** Mutter *f* (*a. fig.*): **~'s boy** Muttersöhnchen *n*; **M~ Russia** Mütterchen *n* Rußland. **2.** → **mother superior**. **3.** *a.* **artificial ~** künstliche Glucke. **4.** *bes. Am. vulg.* → **motherfucker**. **II** *adj* **5.** Mutter... **III** *v/t* **6.** *meist fig*. gebären, her'vorbringen. **7.** bemuttern. **8.** die Mutterschaft (*gen*) anerkennen. **9.** *fig*. a) die Urheberschaft (*gen*) anerkennen, b) die Urheberschaft (*gen*) zuschreiben (**on, upon** s.o. j-m): **to ~ a novel on s.o.** j-m ein Roman zuschreiben.

moth·er² ['mʌðə(r)] **I** *s* Essigmutter *f*. **II** *v/i* Essigmutter ansetzen.

Moth·er Car·ey's chick·en ['keərɪz] *s orn*. Sturmschwalbe *f*.

moth·er| cell *s biol*. Mutterzelle *f*. **~ church** *s* **1.** Mutterkirche *f*. **2.** Hauptkirche *f*, *bes*. Kathe'drale *f*. **~ coun·try** *s* **1.** Mutterland *n*. **2.** Vater-, Heimatland *n*. **'~·craft** *s* Kinderpflege *f u*. andere mütterliche Pflichten *pl*. **~ earth** *s* Mutter *f* Erde. **~ fix·a·tion** *s psych*. 'Mutterbindung *f*, -fi,xierung *f*. **'~·fuck·er** *s bes. Am. vulg.* ,Scheißkerl' *m*, ,Arschloch' *n*.

moth·er·hood ['mʌðə(r)hʊd] *s* **1.** Mutterschaft *f*. **2.** *collect*. (die) Mütter *pl*.

Moth·er Hub·bard ['hʌbə(r)d] *s* (*ein*) weites, loses Frauenkleid.

moth·er·ing ['mʌðərɪŋ] *s Br*. die Sitte, am vierten Fastensonntag s-e Eltern zu besuchen *u*. zu beschenken: **M~ Sunday**.

'moth·er-in-law *pl* **moth·ers-in-law** *s* Schwiegermutter *f*.

'moth·er·land → **mother country**.

moth·er·less ['mʌðə(r)lɪs] *adj* mutterlos.

'moth·er·li·ness *s* Mütterlichkeit *f*.

moth·er| liq·uor, ~ liq·uid *s chem*. Mutterlauge *f*. **~ lode** *s Bergbau*: Hauptader *f*.

moth·er·ly ['mʌðə(r)lɪ] **I** *adj* **1.** mütterlich. **2.** Mutter...: **~ instincts**. **II** *adv* **3.** *obs*. mütterlich, in mütterlicher Weise.

ˌmoth·er|-'na·ked *adj* splitternackt. **M~ of God** *s* Mutter *f* Gottes. **'~-of-'pearl I** *s* Perl'mutter *f*, Perlmutt *n*. **II** *adj* perl'muttern, Perlmutt... **~ of vin·e·gar** → **mother²** I.

Moth·er's Day *s* Muttertag *m*.

moth·er ship *s mar. Br*. Mutterschiff *n*.

moth·er's milk *s* Muttermilch *f*: **to drink** (*od*. **suck, take**) **s.th. in with the ~** *fig*. etwas mit der Muttermilch einsaugen.

moth·er| su·pe·ri·or *s relig*. Oberin *f*, Äb'tissin *f*. **~ tie** *s psych*. Mutterbindung *f*. **~ tongue** *s* **1.** Muttersprache *f*. **2.** *ling*. Stammsprache *f*. **~ wit** *s* Mutterwitz *m*. **'~·wort** *s bot*. **1.** Herzgespann *n*. **2.** Beifuß *m*.

'moth·proof I *adj* mottensicher. **II** *v/t* mottensicher machen.

moth·y ['mɒθɪ] *adj* **1.** voller Motten. **2.** mottenzerfressen.

mo·tif [məʊˈtiːf] *s* **1.** *mus*. a) Mo'tiv *n*, kurzes Thema, b) 'Leitmo,tiv *n*. **2.** *Literatur u. Kunst*: Mo'tiv *n*, Vorwurf *m*. **3.** *fig*. a) Leitgedanke *m*, b) Struk'turprin,zip *n*. **4.** *Handarbeit*: Applikati'on *f*, Aufnäharbeit *f*.

mo·tile ['məʊtaɪl; *Am. a.* -tl] **I** *adj biol.* freibeweglich. **II** *s psych.* mo'torischer Mensch. **mo·til·i·ty** [məʊ'tɪlətɪ] *s* Motili'tät *f*, selbständiges Bewegungsvermögen.

mo·tion ['məʊʃn] **I** *s* **1.** Bewegung *f* (*a. math. mus. phys.*): **to go through the ~s** so tun als ob; **to go through the ~s of doing** *etwas* mechanisch *od.* pro forma *od.* andeutungsweise tun *od.* durchexerzieren. **2.** Gang *m* (*a. tech.*), Bewegung *f*: **to set in ~** in Gang bringen (*a. fig.*), in Bewegung setzen; → **idle** 5, **lost** 1. **3.** (Körper-, Hand)Bewegung *f*, Wink *m*: **~ of the head** Zeichen *n* mit dem Kopf. **4.** Antrieb *m*: **of one's own ~** a) aus eigenem Antrieb, b) freiwillig. **5.** *pl* Schritte *pl*, Tun *n*, Handlungen *pl*: **to watch s.o.'s ~s**. **6.** *jur. parl. etc* Antrag *m*: **to bring forward a ~** e-n Antrag stellen; **on the ~ of** auf Antrag von (*od. gen*); → **carry** 14 b. **7.** *tech.* Steuerung *f*: **~ bar** Führungsstange *f*. **8.** *med.* a) Stuhlgang *m*: **to have a ~**, b) *oft pl* Stuhl *m*. **9.** *obs.* a) Puppenspiel *n*, b) Puppe *f*, Mario'nette *f*. **II** *v/i* **10.** winken (**with** mit; **to** dat). **III** *v/t* **11.** *j-m* (zu)winken, *j-n* durch e-n Wink auffordern, *j-m* ein Zeichen geben (**to do** zu tun). **'mo·tion·al** *adj* Bewegungs... **'mo·tion·less** *adj* bewegungs-, regungslos, unbeweglich.

mo·tion| pic·ture *s Am.* Film *m.* **'~ -ˌpic·ture** *adj Am.* Film...: **~ camera**; **~ projector** Filmvorführapparat *m*; **~ theater** Filmtheater *n*, Kino *n.* **~ sick·ness** *s med.* Kine'tose *f, bes.* See-, Luft-, Autokrankheit *f.* **~ stud·y** *s econ.* Bewegungsstudie *f.* **~ ther·a·py** *s med.* Be'wegungstheraˌpie *f.*

mo·ti·vate ['məʊtɪveɪt] *v/t* **1.** moti'vieren, begründen. **2.** anregen, her'vorrufen. **3.** *j-n* moti'vieren, anregen, anspornen. ˌ**mo·ti'va·tion** *s* **1.** Moti'vierung *f*: a) Begründung *f*, b) Motivati'on *f*, Ansporn *m.* **2.** Anregung *f.* **3.** Motivati'on *f*, (innere) Bereitschaft, Motiv *n.* ˌ**mo·ti'va·tion·al** *adj* Motiv...: **~ research** *econ. psych.* Motivforschung *f.*

mo·tive ['məʊtɪv] **I** *s* **1.** Mo'tiv *n*, Beweggrund *m*, Antrieb *m* (**for** zu). **2.** → **motif** 1 *u.* 2. **3.** *obs.* a) Urheber(in), b) Ursache *f*, c) Vorschlag *m.* **II** *adj* **4.** bewegend, treibend (*a. fig.*): **~ power** Triebkraft *f.* **III** *v/t* **5.** *meist pass* der Beweggrund sein von (*od. gen*), veranlassen, bestimmen: **an act ~d by hatred** e-e von Haß bestimmte Tat. **mo·tiv·i·ty** [məʊ'tɪvətɪ] *s* Bewegungsfähigkeit *f*, -kraft *f.*

mot juste, *pl* **mots justes** [ˌməʊ'ʒʊːst; moʒyst] (*Fr.*) *s* passender *od.* treffender Ausdruck.

mot·ley ['mɒtlɪ; *Am.* 'mɑ-] **I** *adj* **1.** bunt (*a. fig.* Menge etc), scheckig. **II** *s* **2.** *hist.* Narrenkleid *n*: **to wear the ~** *fig.* den Narren spielen. **3.** *fig.* buntes Gemisch, Kunterbunt *n.*

mo·to·cross ['məʊtəkrɒs; *Am.* -ˌaʊk-] *s sport* Moto-'Cross *n.*

mo·tor ['məʊtə(r)] **I** *s* **1.** *tech.* Motor *m*, *bes.* a) Verbrennungsmotor *m*, b) E'lektromotor *m.* **2.** *fig.* treibende Kraft, Motor *m.* **3.** a) Kraftwagen *m*, Auto(mo'bil) *n*, b) Motorfahrzeug *n.* **4.** *anat.* a) Muskel *m*, b) mo'torischer Nerv. **5.** *pl econ.* Automo'bilaktien *pl.* **II** *adj* **6.** bewegend, (an)treibend. **7.** Motor... **8.** Auto... **9.** *physiol.* mo'torisch, Bewegungs...: **~ muscle**. **III** *v/i* **10.** (*in e-m Kraftfahrzeug*) fahren. **IV** *v/t* **11.** in e-m Kraftfahrzeug befördern. **~ ac·ci·dent** *s* Autounfall *m.* **~ am·bu·lance** *s* Krankenwagen *m*, Ambu'lanz *f.* **~ bi·cy·cle** *s* **1.** Motorrad *n.* **2.** *Am.* a) Moped *n*, b) Mofa *n.* **'~bike** *colloq. für* **motor bicycle**. **'~boat** *s* Motorboot *n.* **'~ˌboat·ing** *s* **1.** Motorbootfahren *n*, -sport *m.* **2.** *electr.* Blubbern *n.* **'~bus** *s* Autobus *m*, Omnibus *m.* **'~cab** *s* Taxe *f*, Taxi *n.* **'~cade** [-keɪd] *s* 'Auto-, 'Wagenkoˌlonne *f*, Auto-, Wagenkorso *m.* **'~car** *s* **1.** (Kraft)Wagen *m*, Kraftfahrzeug *n*, Auto(mo'bil) *n*: **~ industry** Auto(mobil)industrie *f.* **2.** *rail.* Triebwagen *m.* **~ ca·ra·van** *s Br.* 'Wohnmoˌbil *n.* **~ coach** → **motorbus**. **~ court** → **motel**. **'~cy·cle I** *s* Motorrad *n.* **II** *v/i* a) Motorrad fahren, b) mit dem Motorrad fahren. **'~ˌcy·cle ˌtrac·tor** *s mil.* Ketten(kraft)rad *n.* **'~ˌcy·clist** *s* Motorradfahrer(in). **'~ˌdriv·en** *adj* mit Motorantrieb, Motor... **'~drome** [-drəʊm] *s* Moto'drom *n*, Auto- *od.* Motorrad(rund)rennstrecke *f.*

mo·tored ['məʊtə(r)d] *adj tech.* **1.** motori'siert, mit e-m Motor *od.* mit Mo'toren (versehen). **2.** ...motorig.

mo·tor| en·gine *s tech.* 'Kraftmaˌschine *f.* **~ fit·ter** *s* Autoschlosser *m.* **~ gen·er·a·tor** *s tech.* 'Motorgeneˌrator *m.* **~ home** *s* 'Wohn-, 'Reisemoˌbil *m.*

mo·to·ri·al [məʊ'tɔːrɪəl; *Am. a.* -'toʊ-] → **motor** 6 *u.* 9.

mo·tor·ing ['məʊtərɪŋ] **I** *s* **1.** Autofahren *n*: **school of ~** Fahrschule *f.* **2.** Motorsport *m.* **3.** Kraftfahrzeugwesen *n.* **II** *adj* **4.** Verkehrs..., Auto...: **~ accident**; **~ offence** (*bes. Am.* **offense**) Verkehrsdelikt *n.* **'mo·tor·ist** *s* Kraft-, Autofahrer(in).

mo·tor·i·za·tion [ˌməʊtəraɪ'zeɪʃn; *Am.* -rə'z-] *s* Motori'sierung *f.* **'mo·tor·ize** *v/t* motori'sieren: **~d division** *mil.* leichte Division; **~d unit** *mil.* (voll)motorisierte Einheit.

mo·tor launch *s* 'Motorbarˌkasse *f.* **mo·tor·less** ['məʊtə(r)lɪs] *adj* motorlos: **~ flight** *aer.* Segelflug *m.*

mo·tor| lor·ry *s Br.* Lastkraftwagen *m.* **'~man** [-mən] *s irr* Wagenführer *m* (*e-s elektrischen Triebwagens*). **~ me·chan·ic** *s* 'Automeˌchaniker *m.* **~ nerve** *s physiol.* mo'torischer Nerv, Bewegungsnerv *m.* **~ oil** *s tech.* Motoröl *n.* **~ point** *s physiol.* mo'torischer Nervenpunkt, Reizpunkt *m.* **~ pool** *s mil.* Fahrbereitschaft *f.* **~ road** *s* Autostraße *f.* **~ scoot·er** *s* Motorroller *m.* **~ ship** *s mar.* Motorschiff *n.* **~ show** *s* Automo'bilausstellung *f*, Automo'bilsaˌlon *m.* **~ start·er** *s electr.* (Motor)Anlasser *m.* **~ tor·pe·do boat** *s* Schnellboot *n*, E-Boot *n.* **~ trac·tor** → **tractor** 1. **~ truck** *s bes. Am.* Last(kraft)wagen *m.* **~ van** *s Br.* (kleiner) Lastkraftwagen, Lieferwagen *m.* **~ ve·hi·cle** *s* Kraftfahrzeug *n.* **'~way** *s Br.* Autobahn *f.*

mot·tle ['mɒtl; *Am.* 'mɑtl] **I** *v/t* sprenkeln, marmo'rieren. **II** *s* **2.** (Farb)Fleck *m.* **3.** Sprenkelung *f.* **III** *adj* → **mottled**. **'mot·tled** *adj* gesprenkelt, gefleckt, bunt. **'mot·tling** *s* Sprenkelung *f*, Tüpfelung *f.*

mot·to ['mɒtəʊ; *Am.* 'mɑ-] *pl* **-toes**, **-tos** *s* **1.** Motto *n*: a) Denk-, Sinnspruch *m*, b) Wahlspruch *m*, c) Kennwort *n.* **2.** *mus.* Leitthema *n.* **3.** Scherzspruch *m* (*als Beilage zu Karnevalsartikeln etc*). **mot·toed** ['mɒtəʊd; *Am.* 'mɑ-] *adj* mit e-m Motto versehen.

mouf·(f)lon ['muːflɒn; *Am.* muː'flɒʊn] *s zo.* Mufflon *m* (*Wildschaf*).

mouil·la·tion [mwɪ'eɪʃn; *Am.* muː'j-] *s ling.* palatali'sierte Aussprache, Mouil'lierung *f.* **mouil·lé** ['mwɪeɪ; *Am.* muː'jeɪ] *adj* palatali'siert.

mou·jik [-] *s* muzhik.

mould¹ *bes. Br. für* **mold¹⁻³**. **mould²** [məʊld] *s mar. Br. sl.* „Aal" *m*, Tor'pedo *n.*

mould·a·ble, **mould·er**, **mould·i·ness**, **mould·ing**, **mould·y¹** *bes. Br. für* **moldable**, etc.

mould·y² ['məʊldɪ] → **minnow** 2. **mou·lin** ['muːlɪn; *Am.* muː'læ̃] *s geol.* Gletschermühle *f.*

mou·li·net [ˌmuːlɪ'net; 'muːlɪnet] *s* **1.** *tech.* a) Haspelwelle *f*, b) Dreh-, Windebaum *m* (*e-s Krans etc*). **2.** *mil. hist.* Armbrustwinde *f.* **3.** *fenc.* Mouli'net *m* (*kreisförmiges Schwingen des Degens*).

moult *bes. Br. für* **molt**.

mound¹ [maʊnd] **I** *s* **1.** Erdwall *m*, -hügel *m.* **2.** Damm *m.* **3.** Grabhügel *m.* **4.** (*natürlicher*) Hügel: **M~ Builders** Moundbuilders (*nordamer. Indianerstämme*). **5.** *Baseball*: (*leicht erhöhte*) Abwurfstelle. **II** *v/t* **6.** mit e-m Erdwall um'geben *od.* versehen. **7.** auf-, zs.-häufen.

mound² [maʊnd] *s hist.* Reichsapfel *m.*

mount¹ [maʊnt] **I** *v/t* **1.** e-n Berg, ein Pferd, fig. den Thron besteigen. **2.** Treppen hin'aufgehen, ersteigen. **3.** e-n Fluß hin'auffahren. **4.** beritten machen: **to ~ troops**; **~ed police** berittene Polizei. **5.** errichten, aufstellen, mon'tieren. **6.** anbringen, einbauen, befestigen. **7.** *ein Bild, Papier etc* aufkleben, -ziehen, Briefmarken etc einkleben. **8.** zs.-stellen, arran'gieren. **9.** *phot. TV etc*: mon'tieren. **10.** *mil.* a) *ein Geschütz* in Stellung bringen, b) Posten aufstellen, c) Posten beziehen: → **guard** 9. **11.** *mar. mil.* ausgerüstet *od.* bewaffnet sein mit, Geschütze etc führen, haben. **12.** *tech.* a) *e-n Edelstein* fassen, b) *ein Gewehr* anschäften, c) *ein Messer etc* stielen, mit e-m Griff versehen, d) *ein Werkstück* einspannen. **13.** *thea. u. fig.* in Szene setzen, insze'nieren, *fig. a.* aufziehen. **14.** *scient.* a) *ein Versuchsobjekt* präpa'rieren, b) *ein Präparat* (im Mikro'skop) fi'xieren. **15.** *zo.* decken, bespringen, begatten. **16.** *ein Tier* (in na'türlicher Haltung) ausstopfen *od.* präpa'rieren. **17.** *etwas* ausstellen, zeigen. **II** *v/i* **18.** (auf-, em'por-, hin'auf-, hoch)steigen. **19.** aufsitzen, aufs Pferd steigen. **20.** *fig.* steigen, (an)wachsen, zunehmen, sich auftürmen: **~ing debts (difficulties, suspense)** wachsende Schulden (Schwierigkeiten, Spannung). **21.** *oft* **~ up** sich belaufen (**to** auf *acc*): **it ~s up** ‚es läppert sich zusammen'. **III** *s* **22.** a) Gestell *n*, Ständer *m*, Träger *m*, b) Fassung *f*, c) Gehäuse *n*, d) 'Aufziehkarˌton *m*, -leinwand *f*, e) Passepar'tout *n*, Wechselrahmen *f.* **23.** *mil.* (Ge'schütz)Laˌfette *f.* **24.** Reittier *n*, *bes.* Pferd *n.* **25.** Ob'jektträger *m* (*am Mikroskop*). **26.** *Philatelie*: Klebefalz *m.* **27.** *colloq.* Ritt *m*: **to have a ~** reiten dürfen.

mount² [maʊnt] *s poet.* a) Berg *m*, b) Hügel *m.* **2.** **M~** (*in Eigennamen*) Berg *m*: **M~ Sinai**. **3.** *Handlesekunst*: (Hand)Berg *m*: **~ Venus** *f.*

moun·tain ['maʊntɪn] **I** *s* **1.** Berg *m* (*a. fig. von Arbeit etc*), *pl a.* Gebirge *n*: **a ~ of work**; **~ of butter** *econ.* Butterberg; **to make a ~ of a molehill** aus e-r Mücke e-n Elefanten machen. **2.** *a.* **~ wine** heller Goldmalaga. **3. the M~** *hist.* der Berg (*Jakobinerpartei der französischen Nationalversammlung*). **II** *adj* **4.** Berg..., Gebirgs...: **~ artillery** Gebirgsartillerie *f.* **~ ash** *s bot.* **1.** (*e-e*) Eberesche. **2.** *ein australischer Fieberbaum.* **~ blue** *s* Bergblau *n* (*Farbe*). **~ boom·er** *s Am.* Rothörnchen *n.* **~ chain** *s* Berg-, Gebirgskette *f.* **~ cock** *s orn.* Auerhahn *m.* **~ crys·tal** *s min.* 'Bergkriˌstall *m.* **~ dew** *s colloq.* schwarzgebrannter Whisky.

moun·tained ['maʊntɪnd] *adj* bergig, gebirgig.

moun·tain·eer [ˌmaʊntɪ'nɪə(r)] **I** *s*

1. Berg-, Gebirgsbewohner(in). **2.** Bergsteiger(in). **II** v/i **3.** bergsteigen. ˌmoun·tain'eer·ing **I** s Bergsteigen n. **II** adj bergsteigerisch.
moun·tain·ous ['maʊntɪnəs] adj **1.** bergig, gebirgig. **2.** Berg..., Gebirgs... **3.** fig. riesig, gewaltig: ~ **waves** haushohe Wellen.
moun·tain|pride s bot. Schaftbaum m. ~ **rail·way** s Bergbahn f. ~ **range** s Gebirgszug m, -kette f. ~ **sheep** s zo. **1.** Dickhornschaf n. **2.** Bergschaf n (Hausschafrasse). ~ **sick·ness** s med. Berg-, Höhenkrankheit f. '~·**side** s Berg(ab)hang m, Berglehne f. ~ **slide** s Bergrutsch m. **M~ State** s Am. (Beiname für) a) Mon'tana n, b) West Vir'ginia n (USA). ~ **tal·low** s min. Bergtalg m. ~ **tea** s bot. Gaul'therie f. **M~ time** s Standardzeit der Rocky-Mountains-Staaten (Basis: 105° W). ~ **troops** s pl mil. Gebirgstruppen pl. ~ **wood** s min. 'Holzas₁best m.
moun·tant ['maʊntənt] **I** s tech. Klebstoff m. **II** adj obs. hoch.
moun·te·bank ['maʊntɪbæŋk] s **1.** Quacksalber m. **2.** Marktschreier m. **3.** Scharlatan m. '**moun·te·bank·er·y** [-ərɪ], '**moun·te·bank·ism** s Scharla'tane'rie f.
mount·ing ['maʊntɪŋ] s **1.** tech. a) Einbau m, Aufstellung f, Mon'tage f (a. phot. TV etc), b) Gestell n, Fassung f, Rahmen m, c) Befestigung f, Aufhängung f, d) (Auf)Lagerung f, Einbettung f, e) Arma'tur f, f) Fassung f (e-s Edelsteins), g) Garni'tur f, Ausstattung f, h) pl Fenster-, Türbeschläge pl, i) pl Gewirre n (an Türschlössern), j) Weberei: Geschirr n, Zeug n. **2.** electr. (Ver)Schaltung f, Installati'on f. **3.** mil. a) La'fette f, b) Ausrüstung f. **4.** (An-, Auf)Steigen n. ~ **bracket** s Befestigungsschelle f.
mourn [mɔː(r)n; Am. a. 'moʊərn] **I** v/i **1.** trauern, klagen (**at, over** über acc; **for, over** um). **2.** Trauer(kleidung) tragen, trauern. **II** v/t **3.** j-n betrauern, beklagen, trauern um (j-n). **4.** etwas beklagen. **5.** traurig od. klagend sagen od. singen. '**mourn·er** s **1.** Trauernde(r m) f, Leidtragende(r m) f. **2.** relig. Am. Büßer(in) (j-d, der öffentlich s-e Sünden bekennt): ~'s **bench** Büßerbank f.
'**mourn·ful** adj (adv ~ly) **1.** trauervoll, düster, Trauer... **2.** traurig. '**mourn·ful·ness** s Traurigkeit f.
mourn·ing ['mɔː(r)nɪŋ; Am. a. 'moʊər-] **I** s **1.** Trauer f, Trauern n: **day of national ~** Staatstrauertag m. **2.** Trauer(kleidung) f: **in ~** a) in Trauer(kleidung), b) sl. mit ‚Trauerrändern', schmutzig (Fingernägel). **II** adj (adv ~ly) **3.** trauernd, traurig, trauervoll. **4.** Trauer...: ~ **band** Trauerband n, -flor m. ~ **bor·der** s Trauerrand m. ~ **dove** s orn. Trauertaube f. ~ **pa·per** s Pa'pier n mit Trauerrand.
mouse I s [maʊs] pl **mice** [maɪs] **1.** zo. Maus f. **2.** fig. Feigling m, Angsthase m. **3.** colloq. ‚Maus' f, ‚Häs·chen' n (Mädchen). **4.** sl. blaues Auge, ‚Veilchen' n. **5.** tech. Zugleine f mit Gewicht. **II** v/i [maʊz] **6.** mausen, Mäuse fangen: **to go mousing** auf Mäusejagd gehen. **7.** her'umschnüffeln, her'umschleichen. '~-ˌcol·o(u)red, '~-dun adj mausfarbig, -grau. '~-ear s bot. **1.** Mausöhrlein n. **2.** (ein) Hornkraut n. **3.** Vergißmeinnicht n. '~-trap s **1.** Mausefalle f: ~ **cheese** billiger Käse. **2.** fig. Falle f. **3.** fig. ‚Loch' n, winziges Häus·chen. **4.** econ. Am. sl. Verkaufsschlager m.
mous·que·taire [ˌmuːskə'teə(r)] s **1.** mil. hist. Muske'tier m. **2.** a. ~ **glove** Stulpenhandschuh.
mousse [muːs] s Schaumspeise f.

mousse·line ['muːslɪn; bes. Am. ˌmuːs'liːn] s Musse'lin m (Gewebe).
mous·tache, Am. mus·tache [mə'stɑː; Am. 'mʌs₁tæʃ; məs'tæʃ] s **1.** Schnurrbart m. **2.** zo. Schnurrbart, Schnurrhaare pl. **mous'tached, Am. mus·tached** [-ʃt] adj mit Schnurrbart, schnurrbärtig.
Mous·t(i)e·ri·an [muː'stɪərɪən] adj geol. zum Moustéri'en (letzte ältere Altsteinzeit) gehörend, Moustérien...
mous·y ['maʊsɪ] adj **1.** von Mäusen heimgesucht. **2.** mauseartig, Mäuse..., Mause... **3.** mausgrau. **4.** fig. grau, farblos. **5.** a) unscheinbar, b) furchtsam. **6.** leise, still.
mouth I s [maʊθ] pl **mouths** [maʊðz] **1.** Mund m: **to give ~** Laut geben, anschlagen (Hund); **to give ~ to one's thoughts** s-n Gedanken Ausdruck verleihen; **to keep one's ~ shut** colloq. den Mund halten; **to place** (od. **put**) **words into s.o.'s ~** a) j-m Worte in den Mund legen, b) j-m erklären, was er sagen soll; **to take the words out of s.o.'s ~** j-m das Wort aus dem Mund nehmen; **down in the ~** colloq. deprimiert; **from s.o.'s ~** aus j-s Munde; **from ~ to ~** von Mund zu Mund; **in everybody's ~** in aller Munde; ~ **shut 1, stop 8, word** Bes. Redew., **wrong 2. 2.** zo. Maul n, Schnauze f, Rachen m. **3.** Mündung f (e-s Flusses, e-r Schußwaffe etc). **4.** Öffnung f (e-r Flasche, e-s Sackes etc). **5.** Ein-, Ausgang m (e-r Höhle, Röhre etc). **6.** Ein-, Ausfahrt f (Hafen etc). **7.** → **mouthpiece 1. 8.** Gri'masse f. **9.** sl. a) Gimpel m, Narr m, b) Schwätzer m. **10.** tech. a) Mundloch n, b) Schnauze f, c) Mündung f, Öffnung f, d) Gichtöffnung f (des Hochofens), e) Abstichloch n (am Hoch-, Schmelzofen), f) pl Rostfeuerungen pl, g) (Schacht)Mundloch n, (Schacht-) Mündung f. **11.** (beim Pferd) Maul n (Art der Reaktion auf Zügelhilfen): **with a good ~** weichmäulig.
II v/t [maʊð] **12.** etwas affek'tiert od. gespreizt (aus)sprechen. **13.** a) (aus-)sprechen, b) Worte (unhörbar) mit den Lippen formen. **14.** in den Mund od. Maul nehmen. **15.** sorgfältig kauen, im Mund her'umwälzen.
III v/i **16.** (laut od. affek'tiert) sprechen. **17.** Gri'massen schneiden (at dat).
'**mouth·ful** s **1.** (ein) Mundvoll m, Bissen m, Brocken m: **I can't eat another ~** ich bringe keinen Bissen mehr hinunter. **2.** kleine Menge. **3.** ‚Bandwurm' m, ‚ellenlanges' Wort. **4.** ‚Zungenbrecher' m. **5.** bes. Am. colloq. großes Wort: **you've said a ~!** du sprichst ein großes Wort gelassen aus!
mouth| gag s med. Mundöffner m, -sperrer m. ~ **or·gan** s mus. a) Panflöte f, b) 'Mundhar₁monika f. '~·piece s **1.** mus. Mundstück n, Ansatz m (beim Blasinstrument). **2.** tech. a) Schalltrichter m, Sprechmuschel f, b) Mundstück n (a. der Tabakspfeife), Tülle f. **3.** fig. Sprachrohr n (a. Person), Wortführer m, Or'gan n. **4.** Gebiß n (des Pferdezaumes). **5.** Boxen: Mund-, Zahnschutz m. **6.** mil. (Atem-) Mundstück n (der Gasmaske). **7.** jur. sl. (Straf)Verteidiger m. '~·pipe s mus. **1.** Labi'alpfeife f (der Orgel). **2.** Anblasröhre f (bei Blasinstrumenten). ~·to-'**res·pi·ra·tion** s med. Mund-zu-Mund-Beatmung f. '~·wash s med. Mundwasser n. '~·ˌwa·ter·ing adj appe'titlich, lecker: **it smells really ~** da läuft einem das Wasser im Mund zusammen.
mouth·y ['maʊðɪ; Am. a. -θɪ:] adj **1.** schwülstig, bom'bastisch. **2.** geschwätzig.
mov·a·bil·i·ty [ˌmuːvə'bɪlətɪ] s Beweglichkeit f, Bewegbarkeit f.

mov·a·ble ['muːvəbl] **I** adj (adv movably) **1.** beweglich (a. jur. u. tech.), bewegbar: ~ **crane** Laufkran m; ~ **feast** relig. beweglicher Feiertag; ~ **goods**, ~ **property** → **4**; ~ **kidney** med. Wanderniere f. **2.** tech. a) verschiebbar, verstellbar, b) fahrbar. **II** s **3.** pl Möbel pl. **4.** pl jur. Mo'bilien pl, bewegliche Habe. '**mov·a·ble·ness** s Beweglichkeit f, Bewegbarkeit f.
move [muːv] **I** v/t **1.** fortbewegen, -ziehen, -rücken, -tragen, von der Stelle bewegen, verschieben, transpor'tieren: **to ~ up** a) mil. Truppen heranbringen od. vorziehen, b) ped. Br. Schüler versetzen; **to ~ down** ped. Br. Schüler zurückstufen; → **heaven 1. 2.** a) entfernen, fortbringen, -schaffen, b) den Wohnsitz, e-e Militäreinheit etc verlegen: **to ~ house** umziehen. **3.** bewegen, in Bewegung od. in Gang setzen od. halten, (an)treiben: **to ~ on** vorwärtstreiben. **4.** fig. bewegen, rühren, ergreifen: **to be ~d to tears** zu Tränen gerührt sein. **5.** j-n veranlassen, bewegen, treiben, 'hinreißen (**to** zu): **to ~ s.o. from an opinion** j-n von s-r Ansicht abbringen; **to ~ s.o. to anger** j-n erzürnen. **6.** Schach etc: e-n Zug machen mit. **7.** den Appetit, ein Organ etc anregen: → **bowel 1 b. 8.** j-n erregen, aufregen. **9.** etwas beantragen, (e-n) Antrag stellen auf (acc), vorschlagen: **to ~ an amendment** parl. e-n Abänderungsantrag stellen. **10.** e-n Antrag stellen, einbringen. **11.** econ. absetzen, verkaufen.
II v/i **12.** sich bewegen, sich rühren, sich regen: ~ **it!** Tempo!, mach(t) schon!, los! **13.** sich fortbewegen, gehen, fahren: **to ~ on** weitergehen; ~ **along, please** bitte weitergehen!; **to ~ in** a) anrücken (Polizei etc), b) vorgehen (**on** gegen Demonstranten etc), c) fig. ins Haus stehen (Veränderungen etc) (**on** dat); **to ~ forward** fig. Fortschritte machen, vorankommen; **to ~ with the times** mit der Zeit gehen. **14.** 'umziehen (**to** nach): **to ~ in** einziehen; **to ~ away** wegziehen, fortziehen; **if ~d** falls verzogen. **15.** fig. vor'an-, fortschreiten: **the plot of the novel ~s swiftly**; **things began to ~** die Sache kam in Gang, es tat sich etwas. **16.** laufen, in Gang sein (Maschine etc). **17.** (weg)gehen, sich entfernen, abziehen. **18.** verkehren, sich bewegen: **to ~ in good society. 19.** vorgehen, Schritte unter'nehmen, handeln (**in** s.th. in e-r Sache; **against** gegen): **he ~d quickly** er handelte rasch, er packte zu. **20.** ~ **for** beantragen, (e-n) Antrag stellen auf (acc): **to ~ for an adjournment. 21.** Schach etc: e-n Zug machen, ziehen. **22.** med. sich entleeren (Darm): **his bowels have ~d** er hat Stuhlgang gehabt. **23.** econ. a) ‚gehen', Absatz finden (Ware), b) ~ **up** anziehen, steigen (Preise). **24.** Bibl. leben: **to ~ in God.**
III s **25.** (Fort)Bewegung f, Aufbruch m: **on the ~** a) in Bewegung, b) auf den Beinen; **get a ~ on!** Tempo!, mach(t) schon!, los!; **to make a ~** a) aufbrechen, b) sich (von der Stelle) rühren, c) fig. handeln. **26.** 'Umzug m. **27.** a) Schach etc: Zug m, b) fig. Schritt m, Maßnahme f: **a clever ~** ein kluger Schachzug od. Schritt; **to make the first ~** den ersten Schritt tun; **to make one's ~** handeln.
move·a·bil·i·ty, move·a·ble, move·a·ble·ness → **movability,** etc.
move·ment ['muːvmənt] s **1.** Bewegung f (a. fig. paint. pol. relig. etc): **free ~** Freizügigkeit f (der Arbeitskräfte etc). **2.** meist pl Handeln n, Tun n, Schritte pl, Maßnahmen pl. **3.** (rasche) Entwicklung, Fortschreiten n (von Ereignissen), Fort-

mover – mudsucker

gang *m* (*e-r Handlung etc*). **4.** Bestrebung *f*, Ten'denz *f*, Richtung *f*. **5.** mo'derne Richtung: **to be in the ~** mit der Zeit (mit)gehen. **6.** Rhythmus *m*, rhythmische Bewegung (*von Versen etc*). **7.** *mus*. a) Satz *m*: **a ~ of a sonata**, b) Tempo *n*. **8.** *mil*. (Truppen- *od*. Flotten)Bewegung *f*: **~by air** Lufttransport *m*; **~ order** Marschbefehl *m*. **9.** *tech*. a) Bewegung *f*, b) Lauf *m* (*e-r Maschine*), c) Gang-, Gehwerk *n* (*der Uhr*), 'Antriebsmecha₁nismus *m*. **10.** (Hand)Griff *m*: **with two ~s. 11.** *physiol*. a) Stuhlgang *m*, b) Stuhl *m*. **12.** *econ*. a) Bewegung *f*: **upward ~** Steigen *n*, Aufwärtsbewegung (*der Preise*), b) 'Umsatz *m*.
mov·er ['muːvə(r)] *s* **1.** *fig*. treibende Kraft, Triebkraft *f*, Antrieb *m* (*Person od. Sache*). **2.** *tech*. Triebwerk *n*, Motor *m*: → **prime mover. 3.** Antragsteller(in). **4.** *Am*. a) Spedi'teur *m*, b) (Möbel)Packer *m*.
mov·ie ['muːvɪ] *bes. Am. colloq.* **I** *s* **1.** Film(streifen) *m*. **2.** *pl* a) Film(branche *f*) *m*, b) Kino *n*, c) Kinovorstellung *f*: **to go to the ~s** ins Kino gehen. **II** *adj* **3.** Film..., Kino...: **camera** Filmkamera *f*; **~ film** Kinofilm *m*. '**~₁go·er** *s bes. Am. colloq.* Kinobesucher(in). '**~₁land** *s bes. Am. colloq.* Filmwelt *f*.
mov·ing ['muːvɪŋ] *adj* (*adv* **-ly**) **1.** beweglich, sich bewegend: **~ traffic** fließender Verkehr; **to fall from a ~ train** aus e-m fahrenden Zug. **2.** beweglich, bewegend, treibend: **~ power** treibende Kraft. **3.** *fig*. a) rührend, bewegend, ergreifend, b) eindringlich, packend. **~ av·er·age** *s* Statistik: gleitender 'Durchschnitt. **~ coil** *s electr.* Drehspule *f*. '**~-₁i·ron me·ter** *s electr.* Drehreisenmeßwerk *n*. **~ mag·net** *s electr.* 'Drehma₁gnet *m*. **~ man** *s irr Am*. **1.** Spedi'teur *m*. **2.** (Möbel)Packer *m*. **~ pic·ture** *colloq*. für **motion picture**. **~ sand** *s geol*. Wandersand *m*. **~ stair·case, ~ stair·way** *s* Rolltreppe *f*. **~ van** *s* Möbelwagen *m*.
mow¹ [məʊ] *pret* **mowed**, *pp* **mowed** *od*. **mown** [məʊn] **I** *v/t* (ab)mähen, schneiden: **to ~ down** niedermähen (*a. fig.*). **II** *v/i* mähen.
mow² [məʊ] *s* **1.** Heu-, Getreidevorrat *m* (*in der Scheune*). **2.** Heu-, Getreideboden *m* (*der Scheune*).
mow³ [maʊ, məʊ] **I** *s* Gri'masse *f*. **II** *v/i* Gri'massen schneiden.
mow·er ['məʊə(r)] *s* **1.** Mäher(in), Schnitter(in). **2.** *tech*. 'Mähma₁schine *f*. **3.** *tech*. Rasenmäher *m*.
mow·ing ['məʊɪŋ] **I** *s* Mähen *n*, Mahd *f*. **II** *adj* Mäh...: **~ machine**.
mown [məʊn] *pp von* **mow**¹.
Mr., Mr → **mister** 1.
Mrs., Mrs ['mɪsɪz] *s* Frau *f* (*Anrede für verheiratete Frauen, mit folgendem Familiennamen*): **~ Smith** Frau Smith.
Ms., Ms [mɪz] Anrede (*mit folgendem Familiennamen*) *für Frauen, deren Familienstand man nicht kennt od. die nicht als 'Mrs.' etc tituliert werden wollen*.
mu [mjuː; *Am. a.* muː] *s* My *n* (*griechischer Buchstabe*).
much [mʌtʃ] *comp* **more** [mɔː(r); *Am. a.* 'məʊər] *sup* **most** [məʊst] **I** *adj* **1.** viel: **~ money**; **he is too ~ for me** *colloq*. ich werde nicht mit ihm fertig. **2.** *obs*. a) viele *pl*, b) groß, c) gewaltig.
II *s* **3.** Menge *f*, große Sache, Besonderes *n*: **nothing ~** nichts Besonderes; **it did not come to ~** es kam nicht viel dabei heraus; **to think ~ of** viel halten von, e-e hohe Meinung haben von, große Stücke halten auf (*acc*); **he is not ~ of a dancer** er ist kein großer *od*. ,berühmter' Tänzer; **I'm not ~ of a drinker** ich mach' mir nicht viel aus Alkohol; **he's not ~ of a scholar** mit s-r Bildung ist es

nicht weit her; **it is ~ of him even to come** schon allein daß er kommt, will viel heißen; → **make** 27.
III *adv* **4.** sehr: **we ~ regret** wir bedauern sehr; **~ to my regret** sehr zu m-m Bedauern; **~ to my surprise** zu m-r großen Überraschung. **5.** (*in Zssgn*) viel...: **~-admired. 6.** (*vor comp*) viel, weit: **~ stronger** viel stärker. **7.** (*vor sup*) bei weitem, weitaus: **~ the oldest**. **8.** fast, annähernd, ziemlich (genau): **he did it in ~ the same way** er tat es auf ungefähr die gleiche Weise; **it is ~ the same thing** es ist ziemliche dasselbe.
Besondere Redewendungen:
as ~ a) so viel, b) so sehr, c) ungefähr, etwa; **as ~ as** so viel wie; **(as) ~ as I would like** so gern ich auch möchte; **as ~ more** (*od*. **again**) noch einmal soviel; **he said as ~** das war (ungefähr) der Sinn s-r Worte; **this is as ~ as to say** das soll so viel heißen wie, das heißt mit anderen Worten, **as ~ as to say** als wenn er *etc* sagen wollte; **I thought as ~** das habe ich mir gedacht; **he, as ~ as any** er so gut wie irgendeiner; **so ~** a) so sehr, b) so viel, c) lauter, nichts als; **so ~ the better** um so besser; **so ~ for today** soviel für heute; **so ~ for our plans** soviel (wäre also) zu unseren Plänen (zu sagen); **not so ~ as** nicht einmal; **without so ~ as to move** ohne sich auch nur zu bewegen; **so ~ so** (und zwar) so sehr; **~ less** *a*) viel weniger, b) geschweige denn; **not ~** *colloq*. (*als Antwort*) wohl kaum; **~ like a child** ganz wie ein Kind.
much·ly ['mʌtʃlɪ] *adv obs. od. humor*. sehr, viel, besonders.
much·ness ['mʌtʃnɪs] *s* große Menge: **much of a ~** *colloq*. ziemlich od praktisch dasselbe; **they are much of a ~** *colloq*. sie sind praktisch einer wie der andere.
mu·cic ['mjuːsɪk] *adj biol*. schleimig.
mu·ci·lage ['mjuːsɪlɪdʒ] *s* **1.** *bot*. (Pflanzen)Schleim *m*. **2.** *bes. Am*. Klebstoff *m*, Gummilösung *f*. **3.** klebrige Masse. **mu·ci·lag·i·nous** [₁mjuːsɪ'lædʒɪnəs] *adj* **1.** *bot*. a) schleimig, b) Schleim absondernd: **~ cell** Schleimzelle *f*. **2.** klebrig.
mu·cin ['mjuːsɪn] *s biol. chem*. Mu'cin *n*, Schleimstoff *m*.
muck [mʌk] **I** *s* **1.** Mist *m*, Dung *m*. **2.** Kot *m*, Dreck *m*, Unrat *m*, Schmutz *m* (*a. fig.*). **3.** *Br. colloq*. Quatsch *m*, Blödsinn *m*, ,Mist' *m*: **to make a ~ of** → **11. 5.** *contp*. (schnödes) Geld, Mammon *m*. **6.** *geol*. Sumpferde *f*. **7.** *Bergbau*: Kohlengrus *m*. **II** *v/t* **8.** düngen. **9.** *a*. **~ out** ausmisten. **10.** *oft* **~ up** *colloq*. beschmutzen, besudeln. **11.** *bes. Br. colloq*. verpfuschen, ,vermasseln', ,verhunzen'. **III** *v/i* **12.** *meist* **~ about**, **~ around** *bes. Br. colloq*. a) her'umgammeln, b) her'umpfuschen (**with** *an dat*), c) her'umalbern, -blödeln. **13. ~ in** *colloq*. mit anpacken.
muck·er ['mʌkə(r)] *s* **1.** *Bergbau*: Lader *m*. **2.** *bes. Br. sl.* a) ,Kumpel' *m*, Freund *m*, b) ,Bauer' *m*, ungehobelter Kerl. **3.** *sl*. a) schwerer Sturz, b) *fig*. ,Reinfall' *m*: **to come a ~** auf die ,Schnauze' fallen, *fig*. ,reinfallen'.
'**muck|·heap**, '**~·hill** *s* Mist-, Dreckhaufen *m*. **~ rake** *s* Mistharke *f*. '**~·rake** *v/i* **1.** Skan'dale aufdecken. **2.** im Schmutz wühlen. '**~·rak·ing** *adj*: **~ newspaper** Skandalblatt *n*.
muck·y ['mʌkɪ] *adj* **1.** schmutzig (*a. fig.*). **2.** *bes. Br. colloq*. ,dreckig, ekelhaft. **3.** *fig*. niederträchtig, gemein.
mu·coid ['mjuːkɔɪd] *biol. chem*. **I** *adj* schleimig, schleimartig. **II** *s* Muco'id *n* (*ein Glykoprotein*).

mu·co·pro·te·in [₁mjuːkəʊ'prəʊtiːn; *Am*. -kəʊ'p-] *s biol. chem*. 'Mucopro₁te₁id *n*.
mu·cos·i·ty [mjuː'kɒsɪtɪ; *Am*. -'kɑ-] *s* **1.** Schleimigkeit *f*. **2.** Schleimartigkeit *f*.
mu·cous ['mjuːkəs] *adj* **1.** schleimig. **2.** Schleim absondernd: **~ membrane** *anat*. Schleimhaut *f*.
mu·cro ['mjuːkrəʊ] *pl* **-cro·nes** [₁-'krəʊniːz] *s bot. zo*. Spitze *f*, Fortsatz *m*, Stachel *m*.
mu·cus ['mjuːkəs] *s biol*. Schleim *m*.
mud [mʌd] **I** *s* **1.** Schlamm *m*, Matsch *m*: **~ and snow tires** (*bes. Br. tyres*) *mot*. Matsch-und-Schnee-Reifen. **2.** Mo'rast *m*, Kot *m*, Schmutz *m* (*alle a. fig*.): **to drag s.o.('s name) in the ~** *fig*. j-n in den Schmutz ziehen; **to stick in the ~** a) im Schlamm stecken(bleiben), b) *fig*. aus dem Dreck nicht mehr herauskommen; **to sling** (*od*. **throw**) **~ at s.o.** *fig*. j-n mit Schmutz bewerfen; **his name is ~ with me** er ist bei mir erledigt; (**here's**) **~ in your eye!** *colloq*. Prost!; **~ sticks!** *fig*. etwas bleibt immer hängen!; → **clear** 1. **II** *v/t* **3.** schlammig machen, trüben. **4.** mit Schlamm beschmieren.
mud|bath *s med*. Moor-, Schlammbad *n*. '**~·boat** *s mar*. Baggerschute *f*. '**~·cap** *s Bergbau*: (ab)gedeckte Oberflächensprengung. **~ cat** *s ichth. Am*. (*ein*) Katzenwels *m*. **M~ Cat State** *s Am*. (*Beiname für*) Missis'sippi *n*.
mud·di·ness ['mʌdɪnɪs] *s* **1.** Schlammigkeit *f*, Trübheit *f* (*a. des Lichts*). **2.** Schmutzigkeit *f*.
mud·dle ['mʌdl] **I** *s* **1.** Durchein'ander *n*, Unordnung *f*, Wirrwarr *m*: **to make a ~ of s.th.** etwas durcheinanderbringen *od*. verpfuschen; **to get into a ~** in Schwierigkeiten geraten. **2.** Verwirrung *f*, Verworrenheit *f*, Unklarheit *f*: **to be in a ~** verwirrt *od*. in Unordnung sein. **II** *v/t* **3.** Gedanken *etc* verwirren. **4.** *a*. **~ up** verwechseln, durchein'anderwerfen. **5.** in Unordnung bringen, durchein'anderbringen. **6.** ₁benebeln' (*bes. durch Alkohol*): **to ~ one's brains** sich benebeln. **7.** verpfuschen, -derben: **to ~ away** verplempern'. **8.** *Wasser* trüben. **9.** *Am. Getränke* auf-, 'umrühren. **III** *v/i* **10.** pfuschen, stümpern, ,wursteln': **to ~ about** (*od*. **around**), ,herumwursteln'; **to ~ along** (*od*. **on**), ,weiterwursteln'; **to ~ through** sich ,durchwursteln'.
mud·dle·dom ['mʌdldəm] *s humor*. Durchein'ander *n*.
'**mud·dle|·head** *s* Wirrkopf *m*. '**~₁head·ed** *adj* wirr(köpfig), kon'fus. '**~₁head·ed·ness** *s* Wirrköpfigkeit *f*.
mud·dler ['mʌdlə(r)] *s* **1.** *Am*. Rührlöffel *m*, Rührstab *m*. **2.** a) Wirrkopf *m*, b) Pfuscher *m*, c) j-d, der sich ,durchwurstelt'.
mud·dy ['mʌdɪ] **I** *adj* (*adv* **muddily**) **1.** schlammig, trüb(e) (*a. Licht*): **to fish in ~ waters** *fig. colloq*. im trüben fischen. **2.** schmutzig, verdreckt. **3.** *fig*. unklar, verworren, -schwommen, kon'fus. **4.** blaß, verwaschen (*Farbe*). **5.** im Schlamm lebend, Schlamm... **II** *v/t* **6.** → **mud** II. '**~-₁head·ed** *adj* wirr(köpfig), kon'fus.
mud|eel *s ichth*. **1.** Armmolch *m*. **2.** Schlammaal *m*. **~ flat** *s geol*. Schlammzone *f* (*e-r Küste*). '**~·guard** *s tech*. **1.** Kotflügel *m*. **2.** Schutzblech *n*. **3.** Schmutzfänger *m*. '**~·hole** *s* **1.** Schlammloch *n*. **2.** *tech*. Schlammablaß *m*. **lark** *s sl*. Gassenjunge *m*. **la·va** *s geol*. Schlammlava *f*. **min·now** *s ichth*. Hundsfisch *m*. **~ pack** *s med*. Fangopackung *f*. '**~₁sling·er** *s* Verleumder(in). '**~₁sling·ing** **I** *s* Beschmutzung *f*, Verleumdung *f*. **II** *adj* verleumderisch. '**~

mud tortoise – multiplex

ˌsuck·er *s* **1.** *orn.* Schlamm-Wasservogel *m.* **2.** *ichth.* Kaliˈfornischer Schlammfisch. **~ˈtor·toise, ~ˈtur·tle** *s zo. Am. e-e amer. Schildkröte, bes.* a) Klappschildkröte *f,* b) Alliˈgatorschildkröte *f.*

muen·ster [ˈmʊnstə(r); *Am. a.* ˈmʌn-] *s* Münsterkäse *m.*

mues·li [ˈmjuːzlɪ] *s* Müsli *n.*

mu·ez·zin [muːˈezɪn] *s relig.* Muˈezzin *m.*

muff [mʌf] **I** *s* **1.** Muff *m.* **2.** *sport u. fig. colloq.* „Patzer" *m.* **3.** *colloq.* ‚Flasche' *f,* Stümper *m.* **4.** *tech.* a) Stutzen *m,* Muffe *f,* Flanschstück *n,* c) *Glasherstellung:* Walze *f.* **5.** *orn.* Federbüschel *n* (*am Kopf*). **II** *v/t* **6.** *sport u. fig. colloq.* ‚verpatzen'. **III** *v/i* **7.** *colloq.* stümpern, ‚patzen'.

muf·fin [ˈmʌfɪn] *s* Muffin *n* (*Gebäck*).

muf·fin·eer [ˌmʌfɪˈnɪə(r)] *s* **1.** Schüssel *f* zum Warmhalten gerösteter Muffins. **2.** Salz- *od.* Zuckerstreuer *m.*

muf·fle [ˈmʌfl] **I** *v/t* **1.** *oft* **~ up** einhüllen, -wickeln, -mumme(l)n. **2.** *den Ton etc* dämpfen (*a. fig.*). **3.** *fig.* zum Schweigen bringen. **II** *s* **4.** dumpfer *od.* gedämpfter Ton. **5.** (Schall)Dämpfer *m.* **6.** a) *metall.* Muffel *f:* **~ furnace** Muffelofen *m,* b) *tech.* Flaschenzug *m.* **7.** *zo.* Muffel *f,* Windfang *m* (*Teil der Tierschnauze*).

muf·fler [ˈmʌflə(r)] *s* **1.** (dicker) Schal *m.* **2.** *tech.* a) Schalldämpfer *m,* b) *mot. Am.* Auspufftopf *m.* **3.** *mus.* Dämpfer *m.*

muf·ti [ˈmʌftɪ; *Am. a.* ˈmʊf-] *s* **1.** Mufti *m* (*mohammedanischer Rechtsgelehrter*). **2.** *bes. mil.* Ziˈvil(kleidung *f*) *n:* **in ~** in Zivil.

mug [mʌg] **I** *s* **1.** Kanne *f,* Krug *m.* **2.** Becher *m.* **3.** *sl.* a) Viˈsage *f,* Gesicht *n:* **~ shot** Kopfbild *n* (*bes. für das Verbrecheralbum*); *Film etc:* Groß-, Nahaufnahme *f,* b) ‚Fresse' *f,* Mund *m,* c) Griˈmasse *f:* **to pull ~s** Grimassen schneiden, d) *Br.* Trottel *m,* Gimpel *m:* **to be a ~'s game** nichts (ein)bringen, e) *Br.* ‚Büffler' *m,* Streber *m,* f) *Am.* Boxer *m,* g) *Am.* Gaˈnove *m.* **II** *v/t sl.* **4.** *bes. Verbrecherfotogra*ˈfieren. **5.** *colloq.* überˈfallen u. ausrauben. **6.** *a.* **~ up** *Br. etwas* ‚büffeln', ‚ochsen'. **III** *v/i sl.* **7.** Griˈmassen schneiden. **8.** *Br.* ‚büffeln', ‚ochsen'. **9.** *Am.* ‚schmusen'. **10.** **~ up** ‚sich anmalen'.

mug·ger¹ [ˈmʌgə(r)] *s sl.* **1.** Straßenräuber *m.* **2.** *Am.* ˈSchmierenkomödiˌant *m.*

mug·ger² [ˈmʌgə(r)] *s zo.* ˈSumpfkroko̩dil *n.*

mug·gi·ness [ˈmʌgɪnɪs] *s* **1.** Schwüle *f.* **2.** Muffigkeit *f.*

mug·ging [ˈmʌgɪŋ] *s* ˈRaubˌüberfall *m* (*auf der Straße*).

mug·gins [ˈmʌgɪnz] *pl* ˈ**mug·gins** *s* **1.** *sl.* Trottel *m.* **2.** Art Dominospiel. **3.** *ein Kartenspiel (für Kinder).*

mug·gy [ˈmʌgɪ] *adj* **1.** schwül (*Wetter*). **2.** dumpfig, muffig.

mug·wump [ˈmʌgwʌmp] *s* **1.** *colloq.* ‚hohes Tier', Bonze *m.* **2.** *pol. sl.* a) Unabhängige(r) *m,* Einzelgänger *m,* b) abtrünnige(r) *m,* c) ‚Reˈbell' *m,* d) ‚unsicherer Kantoˈnist'.

Mu·ham·mad·an [mʊˈhæmədən; *Am. bes.* məʊ-], **Muˈham·med·an** [-mɪ-] → **Mohammedan**.

mu·lat·to [mjuːˈlætəʊ; *Am. a.* mʊ-] **I** *pl* **-toes,** *a.* **-tos** *s* Muˈlatte *m.* **II** *adj* Mulatten...

mul·ber·ry [ˈmʌlbərɪ; *Am. a.* -ˌberiː] *s* **1.** *bot.* Maulbeerbaum *m.* **2.** Maulbeere *f.* **3.** dunkler Purpur (*Farbton*).

mulch [mʌltʃ; *Br. a.* mʌlʃ] *agr.* **I** *s* Mulch *m.* **II** *v/t Boden* mulchen.

mulct [mʌlkt] **I** *s* **1.** Geldstrafe *f.* **II** *v/t* **2. mit e-r Geldstrafe belegen: he was ~ed £50** er mußte 50 Pfund Strafe bezahlen. **3.** a) *j-n* betrügen (**of** um), b) *Geld etc* ‚abknöpfen' (**from** *s.o.* j-m).

mule¹ [mjuːl] *s* **1.** *zo.* a) Maultier *n,* b) Maulesel *m:* (**as**) **stubborn** (*od.* **obstinate**) **as a ~** (so) störrisch wie ein Maulesel. **2.** *biol.* Bastard *m,* Hyˈbride *f* (*bes. von Kanarienvögeln*). **3.** *fig.* sturer Kerl, Dickkopf *m.* **4.** *tech.* a) (Motor)Schlepper *m,* Traktor *m,* b) ˈFörderlokomoˌtive *f,* c) *Spinnerei:* ˈMulemaˌschine *f,* Selfˈaktor *m.*

mule² [mjuːl] *s* Panˈtoffel *m.*

ˈmuleˌback *s:* **to go on** (*od.* **by**) **~** auf e-m Maultier reiten. **~ deer** *s zo.* Maultierhirsch *m.* **ˈ~ˌjen·ny** → **mule¹** 4 c. **~ skin·ner** *s Am. colloq.* Maultiertreiber *m.*

mu·le·teer [ˌmjuːlɪˈtɪə(r)] *s* Maultiertreiber *m.*

muleˌtrack *s* Saumpfad *m.* **~ twist** *s tech.* Einschuß-, Mulegarn *n.*

mu·ley saw [ˈmjuːlɪ; *Am. a.* ˈmuː-] *s tech.* Blockbandsäge *f.*

mul·ish [ˈmjuːlɪʃ] *adj* (*adv* **-ly**) *fig.* störrisch, stur. **ˈmul·ish·ness** *s* Störrigkeit *f,* Sturheit *f.*

mull¹ [mʌl] **I** *s* **1.** *Br. colloq.* a) Wirrwarr *m,* b) Fehlschlag *m:* **to make a ~ of →** 4. **2.** Torfmull *m.* **II** *v/t* **3. ~ over** nachdenken *od.* -grübeln über (*acc*). **4.** *Br. colloq.* verpfuschen, ‚verpatzen'. **III** *v/i* **5.** nachdenken, -grübeln (**over** über *acc*).

mull² [mʌl] *v/t ein Getränk* heiß machen u. (süß) würzen: **~ed wine** (*od.* **claret**) Glühwein *m.*

mull³ [mʌl] *s* (*med.* Verband)Mull *m.*

mull⁴ [mʌl] *s Scot.* Vorgebirge *n.*

mull⁵ [mʌl] *s Scot.* Schnupftabaksdose *f.*

mul·la → **mullah**.

mul·lah [ˈmʌlə; ˈmʊlə] *s relig.* Mulla *m.*

mul·lein [ˈmʌlɪn] *s bot.* Königskerze *f.*

mull·er [ˈmʌlə(r)] *s tech.* **1.** Reibstein *m,* Läufer *m.* **2.** ˈMahl-, ˈSchleifappaˌrat *m.*

mul·let¹ [ˈmʌlɪt] *s ichth.* **1.** *a.* **gray** (*bes. Br.* **grey**) **~** Meeräsche *f.* **2.** *a.* **red ~** Seebarbe *f.*

mul·let² [ˈmʌlɪt] *s her.* fünf- *od.* sechszackiger Stern.

mul·ley [ˈmjuːlɪ; ˈmuː-] *adj u. s Am.* hornlos(es Rind).

mul·li·gan [ˈmʌlɪgən] *s Am.* Eintopfgericht *n.*

mul·li·ga·taw·ny [ˌmʌlɪgəˈtɔːnɪ; *Am. a.* -ˈtɑ-] *s* Currysuppe *f.*

mul·li·grubs [ˈmʌlɪgrʌbz] *s pl colloq.* **1.** Bauchweh *n.* **2.** miese Laune.

mul·lion [ˈmʌlɪən; -jən] *arch.* **I** *s* Mittelpfosten *m* (*am Fenster etc*). **II** *v/t mit* Mittelpfosten versehen.

mul·lock [ˈmʌlək] *s* **1.** *geol. Austral.* taubes Gestein, Abgang *m* (*ohne Goldgehalt*): **to poke ~ at** *colloq.* verspotten. **2.** *bes. Br. dial.* Abfall *m.*

mul·tan·gu·lar [mʌlˈtæŋgjʊlə(r)] *adj* vielwink(e)lig, -eckig.

mul·te·i·ty [mʌlˈtiːətɪ] *s* Vielheit *f.*

multi- [mʌltɪ] *Wortelement mit der Bedeutung* viel..., mehr..., ...reich, Mehrfach..., Vielfach...

ˌmul·tiˈan·gu·lar → **multangular**.

ˈmul·tiˌax·le drive *s tech.* Mehrachsenantrieb *m.* **ˈmul·tiˈbreak** *s electr.* Serienschalter *m.* **ˌmul·tiˈcel·lu·lar** *adj biol.* mehr-, vielzellig. **ˌmul·tiˈchan·nel** *adj* (*TV*) mehrkaˌnalig, Mehrkanal... (*Fernsehen etc*).

ˈmul·tiˈcide [-saɪd] *s* Massenmord *m.*

ˌmul·tiˈcol·o(u)r, **ˌmul·tiˈcol·o(u)red** *adj* mehrfarbig, Mehrfarben...

ˌmul·tiˈen·gine(d) *adj tech.* ˈmehrmoˌtorig.

mul·ti·far·i·ous [ˌmʌltɪˈfeərɪəs] *adj* (*adv* **~ly**) **1.** mannigfaltig. **2.** *bot.* vielreihig. **3.** *jur.* verschiedene ungleichartige Ansprüche in sich vereinigend (*Klageschrift*).

ˈmul·tiˈfold *adj* viel-, mehrfach.

ˈmul·tiˈform *adj* vielförmig, -gestaltig. **ˌmul·tiˈfor·mi·ty** *s* Vielförmigkeit *f,* -gestaltigkeit *f.*

ˈmul·tiˌgraph *print.* **I** *s* Verˈvielfältigungsmaˌschine *f.* **II** *v/t u. v/i* vervielfältigen. **ˈmul·tiˈgrid tube** *s electr.* Mehrgitterröhre *f.* **ˌmul·tiˈhand·i·capped** *adj med. psych.* vielfach behindert. **ˌmul·tiˈlam·i·nate** *adj* aus vielen dünnen Plättchen *od.* Schichten bestehend. **ˌmul·tiˈlat·er·al** *adj* **1.** vielseitig (*a. fig.*). **2.** *pol.* multilateˈral, mehrseitig. **3.** *biol.* allseitwendig. **ˌmul·tiˈlin·gual** *adj* mehrsprachig. **ˌmul·tiˈme·di·a I** *s* Multiˈmedia *pl,* Medienverbund *m.* **II** *adj* multimediˈal, Multimedia... **ˌmul·tiˈmil·lion·aire** *s* mehrfacher Millioˈnär, ˈMultimillioˌnär *m.* **ˌmul·tiˈmod·al** *adj math.* mehrgipflig, mit mehreren Exˈtremwerten. **ˌmul·tiˈmoˈlec·u·lar** *adj biol.* vielzellig. **ˌmul·tiˈna·tion·al** *econ.* **I** *adj* multinatioˈnal (*Konzern*). **II** *s colloq.* ‚Multiˈ *m* (*multinationaler Konzern*). **ˈmul·tiˌpack** *s* Multipack *n, m.*

mul·tip·a·ra [mʌlˈtɪpərə] *pl* **-rae** [-riː], **-ras** *s* **1.** *med.* Mulˈtipara *f* (*Frau, die mehrmals geboren hat*). **2.** *zo.* Tier, das mehrere Junge gleichzeitig wirft. **mulˈtip·a·rous** *adj* **1.** *med.* mehrmals geboren habend: **~ woman** → **multipara** 1. **2.** *zo.* mehrere Junge gleichzeitig werfend. **3.** *bot.* mehrere Achsen *od.* Äste treibend.

ˌmul·tiˈpar·tite *adj* **1.** vielteilig. **2.** → multilateral 2. **ˈmul·tiˈphase** *adj electr.* mehrphasig: **~ current** Mehrphasenstrom *m.* **ˈmul·tiˈplane** *s aer.* Mehr-, Vieldecker *m.*

mul·ti·ple [ˈmʌltɪpl] **I** *adj* (*adv* **multiply**) **1.** viel-, mehrfach. **2.** mannigfaltig. **3.** mehrere, viele: **~ functions. 4.** *biol. med.* vielˈtipel. **5.** *electr. tech.* a) Mehr(fach)..., Vielfach..., b) Parallel...: **~ con·nec·tion → 9. 6.** *ling.* zs.-gesetzt: **~ clause. 7.** vielseitig, mehrere Funktiˈonen (gleichzeitig) ausübend: **~ ex·ec·u·tive. II** *s* **8.** *a. math.* (*das*) Vielfache. **9.** *electr.* Paralˈlelanordnung *f,* -schaltung *f:* **in ~** parallel (geschaltet). **~ al·leles** *pl biol.* mulˈtiple Alˈlele *pl.* **~ birth** *s med.* Mehrlingsgeburt *f.* **~ ca·ble** *s electr.* Vielfachkabel *n.* **ˌ~ˈchoice** *adj* Multiple-choice-... **~ con·tact switch** *s electr.* Mehrfach-, Stufenschalter *m.* **~ crop·ping** *s agr.* mehrfache Bebauung (*e-s Feldes im selben Jahr*). **~ die** *s tech.* Mehrfachwerkzeug *n:* **~ press** Stufenpresse *f.* **ˈ~-disk clutch** *s tech.* Laˈmellenkupplung *f.* **~ dwell·ing** *s* ˈMehrfaˌmilienhaus *n.* **~ fac·tors** *s pl biol.* polyˈmere Gene *pl.* **~ fruit** *s bot.* Sammelfrucht *f.* **~ neu·ri·tis** *s med.* Polyneuˈritis *f.* **ˌ~-ˈpar·ty** *adj pol.* Mehrparteien...: **~ system. ~ per·son·al·i·ty** *s psych.* mulˈtiple Perˈsönlichkeit *f.* **~ pro·duc·tion** *s econ.* ˈSerienˌherstellung *f.* **~ root** *s math.* mehrwertige Wurzel. **~ scle·ro·sis** *s med.* mulˈtiple Skleˈrose. **~ store** *s econ. bes. Br.* Ketten-, Filiˈalgeschäft *n.* **~ sus·pen·sion** *s tech.* Vielfachaufhängung *f.* **~ switch** *s electr.* Mehrfach-, Vielfachschalter *m.* **~ tan·gent** *s math.* mehrfache Tanˈgente. **~ thread** *s tech.* mehrgängiges Gewinde. **~ trans·mis·sion** *s electr.* ˈVielfachüberˌtragung *f,* Mehrfachbetrieb *m.* **~ valve** *s electr.* Mehrfachröhre *f.*

mul·ti·plex [ˈmʌltɪpleks] *adj* **1.** mehr-, vielfach. **2.** *electr.* Mehr(fach)...: **~ sys·tem** Mehrfachbetrieb *m;* **~ te·leg·ra·phy** Mehrfachtelegrafie *f.* **II** *v/t* **3.** *electr.* a) gleichzeitig senden, b) in Mehrfachschaltung betreiben.

multipliable – murrain

mul·ti·pli·a·ble [ˈmʌltɪplaɪəbl], **mul·ti·pli·ca·ble** [-plɪkəbl] *adj* multipli'zierbar. **ˌmul·ti·pliˈcand** [-ˈkænd] *s math.* Multipli'kand *m.* **ˈmul·ti·pli·cate** [-keɪt] *adj selten* mehr-, vielfach.
mul·ti·pli·ca·tion [ˌmʌltɪplɪˈkeɪʃn] *s* **1.** Vermehrung *f (a. bot.).* **2.** *math.* a) Multiplikati'on *f,* b) Vervielfachung *f:* ~ **sign** Mal-, Multiplikationszeichen *n;* ~ **table** Einmaleins *n.* **3.** *tech.* (Ge'triebe-)Über₁setzung *f.*
mul·ti·pli·ca·tive [ˌmʌltɪˈplɪkətɪv; ˈmʌltɪplɪkeɪtɪv] **I** *adj* **1.** vervielfältigend. **2.** *math.* multiplika'tiv. **II** *s* **3.** *ling.* Multiplika'tivum *n,* Vervielfältigungs-Zahlwort *n.* **ˌmul·tiˈplic·i·ty** [-ˈplɪsətɪ] *s* **1.** Vielfältigkeit *f,* Vielfalt *f.* **2.** Mannigfaltigkeit *f.* **3.** Menge *f,* Vielzahl *f.* **4.** *math.* a) Mehrwertigkeit *f,* b) Mehrfachheit *f.*
mul·ti·pli·er [ˈmʌltɪplaɪə(r)] *s* **1.** Vermehrer *m.* **2.** *math.* a) Multipli'kator *m,* b) Multipli'zierma₁schine *f.* **3.** *phys.* a) Verstärker *m,* Vervielfacher *m,* b) Vergrößerungslinse *f,* -lupe *f.* **4.** *electr.* 'Vor- *od.* 'Neben₁widerstand *m,* Shunt *m (für Meßgeräte).* **5.** *tech.* Über'setzung *f.* **6.** *bot.* Brutzwiebel *f.*
mul·ti·ply [ˈmʌltɪplaɪ] *v/t* **1.** vermehren *(a. biol.),* vervielfältigen: ~**ing glass** *opt.* Vergrößerungsglas *n,* -linse *f.* **2.** *math.* multipli'zieren, malnehmen (**by** mit): **6 multiplied by 5 is 30** 6 mal 5 ist 30. **3.** *electr.* vielfachschalten. **II** *v/i* **4.** sich vermehren *(a. biol.),* sich vervielfachen. **5.** *math.* multipli'zieren, malnehmen.
ˌmul·tiˈpo·lar *adj* **1.** *electr.* viel-, mehrpolig, multipo'lar. **2.** *med.* multi-, pluripo'lar *(Nervenzelle).* **ˌmul·tiˈpro·cess·ing** *s Computer:* Simul'tanverarbeitung *f.* **ˌmul·tiˈpro·gram·ming** *s Computer:* Pro'grammverzahnung *f,* Multi-'programming *n.* **ˌmul·tiˈpur·pose** *adj* Mehrzweck...: ~ **furniture.** **ˌmul·tiˈra·cial** *adj* gemischtrassisch, Vielvölker...: **a** ~ **state.** **ˈmul·tiˌseat·er** *s aer.* Mehrsitzer *m.* **ˈmul·tiˌspeed trans·mis·sion** *s tech.* Mehrganggetriebe *n.* **ˈmul·tiˌstage** *adj tech.* mehrstufig, Mehrstufen...: ~ **rocket.** **ˈmul·tiˌstor(e)y** *adj* vielstöckig: ~ **building** Hochhaus *n;* ~ **car park** Park(hoch)haus *n.* **II** *s* Park(hoch)haus *n.* **ˈmul·tiˌsyl·la·ble** *s* vielsilbiges Wort.
mul·ti·tude [ˈmʌltɪtjuːd; *Am. a.* -ˌtuːd] *s* **1.** große Zahl, Menge *f.* **2.** Vielzahl *f.* **3.** Menschenmenge *f:* **the** ~ der große Haufen, die Masse. **ˌmul·tiˈtu·di·nism** *s* Prin'zip *n* des Vorrechts der Masse *(vor dem Individuum).* **ˌmul·tiˈtu·di·nous** *adj (adv* ~**ly)** **1.** zahlreich. **2.** *selten* mannigfaltig, vielfältig. **3.** *poet.* dichtbevölkert.
ˌmul·tiˈva·lence *s chem.* Mehr-, Vielwertigkeit *f.* **ˌmul·tiˈva·lent** *adj* mehr-, vielwertig.
mul·ti·ver·si·ty [ˌmʌltɪˈvɜːsətiː] *s Am.* 'Mammutuniversi₁tät *f.*
mul·tiv·o·cal [mʌlˈtɪvəkl] **I** *adj* vieldeutig. **II** *s* vieldeutiges Wort.
ˈmul·tiˌway *adj electr. tech.* mehrwegig: ~ **plug** Vielfachstecker *m.*
mul·ture [ˈmʌltʃə(r)] *s* Mahlgeld *n.*
mum¹ [mʌm] *colloq.* **I** *interj* pst!, still!: ~'**s the word!** Mund halten!, kein Wort darüber! **II** *adj* still, stumm: **to keep** ~ den Mund halten, nichts verraten **(about, on** von).
mum² [mʌm] *v/i* **1.** sich vermummen. **2.** Mummenschanz treiben.
mum³ [mʌm] *s hist.* Mumme *f (süßliches dickes Bier).*
mum⁴ [mʌm] *s bes. Br. colloq.* Mami *f,* Mutti *f.*
mum·ble [ˈmʌmbl] **I** *v/t u. v/i* **1.** mur-

meln. **2.** mummeln, knabbern. **II** *s* **3.** Gemurmel *n.* **'~-the-ˌpeg** *s Am.* Messerwerfen *n (ein Spiel).*
Mum·bo Jum·bo [ˈmʌmbəʊˈdʒʌmbəʊ] *s* **1.** Schutzgeist *m (bei den Sudannegern).* **2.** *a.* m~ j~ Schreckgespenst *n,* Popanz *m.* **3.** m~ j~ Hokus'pokus *m,* fauler Zauber. **4.** m~ j~ Kauderwelsch *n.*
mum·chance [ˈmʌmtʃɑːns; *Am.* -ˌtʃæns] *adj* sprachlos.
mum·mer [ˈmʌmə(r)] *s* **1.** Vermummte(r *m*) *f,* Maske *f (Person).* **2.** *humor.* Komödi'ant(in). **ˈmum·mer·y** *s contp.* **1.** Mummenschanz *m.* **2.** Hokus'pokus *m.*
mum·mi·fi·ca·tion [ˌmʌmɪfɪˈkeɪʃn] *s* **1.** Mumifi'zierung *f.* **2.** *med.* trockener Brand. **ˈmum·mi·fied** [-faɪd] *adj* **1.** mumifi'ziert. **2.** vertrocknet, -dörrt *(oft fig.).* **3.** *med.* trocken brandig. **ˈmum·mi·fy** [-faɪ] **I** *v/t* mumifi'zieren. **II** *v/i* vertrocknen, -dorren, (ver-, ein-)schrumpeln.
mum·my¹ [ˈmʌmɪ] **I** *s* **1.** Mumie *f (a. fig.).* **2.** weiche, breiige Masse: **to beat s.o. to a** ~ *fig.* j-n zu Brei schlagen. **3.** *paint.* Mumie *f (braune Farbe).* **4.** verschrumpelte Frucht. **II** *v/t* → **mummify I.**
mum·my² [ˈmʌmɪ] *s bes. Br. colloq.* Mami *f,* Mutti *f.*
mump [mʌmp] *v/i obs.* **1.** schmollen, schlecht gelaunt sein. **2.** *colloq.* ,schnorren', betteln. **ˈmump·ish** *adj (adv* ~**ly)** mürrisch, grämlich.
mumps [mʌmps] *s pl* **1.** *(als sg konstruiert) med.* Mumps *m,* Ziegenpeter *m.* **2.** ,miese' *od.* schlechte Laune.
mump·si·mus [ˈmʌmpsɪməs] *s* **1.** hartnäckiger Irrtum. **2.** j-d, der sich nicht von e-m hartnäckigen Irrtum abbringen läßt.
munch [mʌntʃ] *v/t u. v/i* geräuschvoll *od.* schmatzend kauen, ,mampfen'.
Mun·chau·sen [mʌnˈtʃɔːzn; *Am.* ˈmʌnˌtʃaʊzən] **I** *adj* phan'tastisch, ,toll', frei erfunden. **II** *s* → **Munchausenism. Munˈchau·sen·ism** *s* phan'tastische Geschichte, Münchhausi'ade *f.*
mun·dane [ˌmʌnˈdeɪn; ˈmʌndeɪn] *adj (adv* ~**ly)** **1.** weltlich, Welt... **2.** irdisch, weltlich: ~ **poetry** weltliche Dichtung. **3.** Welten..., Weltall... **4.** *astr.* Horizont... **5.** *poet.* saisch, sachlich-nüchtern.
mung·a [ˈmʌŋgə] *s Austral. sl.* ,Futter' *n (Essen).*
mun·go¹ [ˈmʌŋgəʊ] *s bot.* Schlangenwurz *f.*
mun·go² [ˈmʌŋgəʊ] *s econ.* Mungo *m,* Reißwollgarn *n,* -gewebe *n.*
mu·nic·i·pal [mjuːˈnɪsɪpl] *adj (adv* ~**ly)** **1.** städtisch, Stadt..., kommu'nal, Gemeinde...: ~ **elections** Kommunalwahlen. **2.** Selbstverwaltungs...: ~ **town** ~ **municipality 1.** Land(es)...: ~ **law** Landesrecht *n.* ~ **bank** *s econ.* Kommu'nalbank *f.* ~ **bonds** *s pl econ.* Kommu'nalobligati₁onen *pl.* ~ **cor·po·ra·tion** *s* **1.** Gemeindebehörde *f.* **2.** Körperschaft *f* des öffentlichen Rechts.
mu·nic·i·pal·i·ty [mjuːˌnɪsɪˈpælətɪ] *s* **1.** Stadt *f* mit Selbstverwaltung. **2.** Stadtbehörde *f,* -verwaltung *f.*
mu·nic·i·pal·i·za·tion [mjuːˌnɪsɪpəlaɪˈzeɪʃn; *Am.* -ləˈz-] *s* **1.** Verwandlung *f* in e-e po'litische Gemeinde mit Selbstverwaltung. **2.** Kommuna'lisierung *f (e-s Betriebs etc).* **muˈnic·i·pal·ize** *v/t* **1.** e-e Stadt mit Obrigkeitsgewalt ausstatten. **2.** e-n Betrieb etc in städtischen Besitz 'überführen, kommunali'sieren.
mu·nic·i·pal loan *s econ.* Kommu'nalanleihe *f,* städtische Anleihe. ~ **rates,** ~ **tax·es** *s pl econ.* Gemeindesteuern *pl,* -abgaben *pl.*

mu·nif·i·cence [mjuːˈnɪfɪsns] *s* Freigebigkeit *f,* Großzügigkeit *f.* **muˈnif·i·cent** *adj (adv* ~**ly)** freigebig, großzügig *(a. Geschenk etc).*
mu·ni·ment [ˈmjuːnɪmənt] *s* **1.** *pl jur.* Rechtsurkunde *f.* **2.** Urkundensammlung *f,* Ar'chiv *n.* **3.** *obs.* Schutzmittel *n,* -waffe *f.*
mu·ni·tion [mjuːˈnɪʃn] **I** *s* **1.** *meist pl mil.* 'Kriegsmateri₁al *n,* -vorräte *pl,* bes. Muniti'on *f:* ~ **worker** Munitionsarbeiter(in). **2.** *allg.* Ausrüstung *f.* **3.** *obs.* Bollwerk *n.* **II** *v/t* **4.** ausrüsten, mit Materi'al *od.* Muniti'on versehen.
munt·jac, *a.* **munt·jak** [ˈmʌntdʒæk] *s zo.* **1.** Muntjak(hirsch) *m,* bes. Indischer Muntjak. **2.** Schopfhirsch *m.*
mu·on [ˈmjuːɒn; *Am.* -ˌɑn] *s phys.* My-Meson *n (Elementarteilchen).*
mu·ral [ˈmjʊərəl] **I** *adj* **1.** Mauer..., Wand... **2.** mauerartig, steil. **3.** *anat.* mu'ral. **II** *s* **4.** *a.* ~ **painting** Wandgemälde *n.*
Mu·ra·nese [ˌmjʊərəˈniːz; *Am.* ˌmuː-] *adj* Murano..., aus Mu'rano.
mur·der [ˈmɜːdə; *Am.* ˈmɜrdər] **I** *s* **1.** (**of**) Mord *m* (**an** *dat*), Ermordung *f* (*gen*): **first-degree (second-degree)** ~ *jur. Am.* Mord (Totschlag *m*); ~ **squad** *Br.* Mordkommission *f;* ~ **trial** Mordprozeß *m;* ~ **will out** *fig.* die Sonne bringt es an den Tag; **the** ~ **is out** *fig.* das Geheimnis ist gelüftet; **to cry blue** ~ *colloq.* zetermordio schreien; **it was** ~! *colloq.* es war fürchterlich!; **that will be** ~! *colloq.* das ist glatter Selbstmord!; **to get away with** ~ *colloq.* sich alles erlauben können. **2.** *obs.* Gemetzel *n.* **II** *v/t* **3.** (er)morden. **4.** 'hinschlachten, -morden. **5.** *fig. a.* e-e Sprache verschandeln, ,verhunzen'. **6.** *sport colloq.* ,ausei₁nandernehmen'. **ˈmur·der·er** *s* Mörder *m.* **ˈmur·der·ess** [-rɪs] *s* Mörderin *f.* **ˈmur·der·ous** *adj (adv* ~**ly)** **1.** mörderisch *(a. fig.* Hitze, Tempo etc). **2.** Mord...: ~ **intent** Mordabsicht *f;* ~ **weapon** Mordwaffe *f.* **3.** tödlich, todbringend. **4.** blutdürstig, mordgierig.
mure [mjʊə(r)] *v/t* **1.** einmauern. **2.** *a.* ~ **up** einsperren.
mu·rex [ˈmjʊəreks] *pl* -**rex·es** *od.* -**ri·ces** [-rɪsiːz] *s zo.* Stachelschnecke *f.*
mu·ri·ate [ˈmjʊərɪət; *bes. Am.* -ˌeɪt] *s chem.* **1.** Muri'at *n,* Hydrochlo'rid *n.* **2.** 'Kaliumchlo₁rid *n (ein Düngemittel).* **ˈmu·ri·at·ed** *adj chem.* muri'atisch, *bes.* kochsalzhaltig, Kochsalz... **mu·riˈat·ic** [-ˈætɪk] *adj* muri'atisch, salzsauer: ~ **acid** Salzsäure *f.*
mu·ri·ces [ˈmjʊərɪsiːz] *pl* von **murex.**
mu·rine [ˈmjʊəraɪn; -rɪn] *zo.* **I** *adj* zu den Mäusen gehörig. **II** *s* Maus *f.*
murk [mɜːk; *Am.* mɜrk] *adj poet.* **1.** dunkel, düster. **2.** trüb(e). **3.** dicht *(Nebel).* **ˈmurk·i·ness** *s* **1.** Dunkelheit *f,* Düsterkeit *f.* **2.** Nebligkeit *f.* **ˈmurk·y** *adj (adv* murkily) **1.** dunkel, düster, trüb(e) *(alle a. fig.).* **2.** voller Nebel, dunstig. **3.** dicht *(Nebel etc).*
mur·mur [ˈmɜːmə; *Am.* ˈmɜrmər] **I** *s* **1.** Murmeln *n,* (leises) Rauschen *(von Wasser, Wind etc).* **2.** Gemurmel *n.* **3.** Murren *n:* **he obeyed without a** ~ ohne zu murren. **4.** *med.* (Atem-, Herz)Geräusch *n.* **5.** *a.* ~ **vowel** *ling.* Murmellaut *m.* **II** *v/i* **6.** murmeln: a) leise sprechen, b) leise rauschen *(Wasser etc).* **7.** murren **(at, against** gegen). **III** *v/t* **8.** etwas murmeln. **ˈmur·mur·ous** *adj (adv* ~**ly)** **1.** murmelnd. **2.** gemurmelt *(Worte).* **3.** murrend.
mur·phy [ˈmɜːfɪ; *Am.* ˈmɜrfɪː] *s sl.* Kar'toffel *f.* **M**~ **bed** *s Am.* Schrankbett *n.*
mur·rain [ˈmʌrɪn; *Am. a.* ˈmɜrən] *s* **1.** *vet.* Viehseuche *f.* **2.** *obs.* Pest *f.*

mur·rey ['mʌrɪ; *Am. a.* 'mɜrɪ:] *s her.* Braunrot *n*.
mu·sa·ceous [mju:'zeɪʃəs] *adj bot.* zu den Ba'nanengewächsen gehörig.
mus·ca·del [,mʌskə'del] → muscatel.
mus·ca·dine ['mʌskədɪn; -daɪn], **mus·cat** ['mʌskət; *Am. a.* -,kæt], **mus·ca·tel** [-'tel] *s* **1.** Muska'teller(traube *f*) *m*. **2.** Muska'teller(wein) *m*.
mus·cle ['mʌsl] **I** *s* **1.** *anat.* Muskel *m*: ~ **fibre** (*bes. Am.* fiber) Muskelfaser *f*; ~ **sense** *psych.* Muskelsinn *m*; **not to move a** ~ *fig.* sich nicht rühren, nicht mit der Wimper zucken. **2.** (Muskel)Fleisch *n*, Muskeln *pl*: **to be all** ~ nur aus Muskeln bestehen. **3.** *fig.* Macht *f*, Einfluß *m*. **4.** *Am. sl.* a) Muskelprotz *m*, b) ,Schläger' *m*. **II** *v/i* **5.** *colloq.* sich mit Gewalt e-n Weg bahnen: **to ~ in** *fig.* sich rücksichtslos hineindrängen (**on** in *acc*).
'~**-bound** *adj* **1. to be ~** *med.* Muskelkater haben. **2.** *fig.* starr.
mus·cled ['mʌsld] *adj* **1.** *anat.* mit Muskeln. **2.** *in Zssgn* ...muskelig.
'**mus·cle|·man** [-mæn] *s irr* **1.** Muskelmann *m*, ,'Muskelpa,ket' *n*. **2.** ,Schläger' *m* (*e-r Bande etc*). ~ **pill** *s med. colloq.* Muskelpille *f*.
Mus·co·vite ['mʌskəʊvaɪt; *bes. Am.* -kəv-] **I** *s* **1.** a) Mosko'witer(in), b) Russe *m*, Russin *f*. **2. m~** *min.* Musko'wit *m*, Kaliglimmer *m*. **II** *adj* **3.** a) mosko'witisch, b) russisch.
Mus·co·vy ['mʌskəʊvɪ] *s hist.* Rußland *n*. ~ **duck** *s orn.* Moschusente *f*.
mus·cu·lar ['mʌskjʊlə(r)] *adj* (*adv* ~ly) **1.** Muskel...: ~ **strength**; ~ **atrophy** Muskelschwund *m*. **2.** musku'lös, (muskel)stark, kräftig. **3.** *fig.* kraftvoll.
,**mus·cu'lar·i·ty** [-'lærətɪ] *s* musku'löser Körperbau. '**mus·cu·la·ture** [-lətʃə(r)] *s physiol.* Muskula'tur *f*.
muse¹ [mju:z] **I** *v/i* **1.** (nach)sinnen, (-)denken, (-)grübeln (**on**, **upon** über *acc*), träumen. **2.** in Gedanken versunken sein, nachdenklich blicken (**on**, **upon** auf *acc*). **II** *v/t* **4.** *obs.* nachdenken über (*acc*). **5.** nachdenklich sagen.
Muse² [mju:z] *s* **1.** *myth.* Muse *f*: **son of the ~s** *humor.* Musensohn *m*. **2.** *a.* **m~** Muse *f* (*e-s Dichters*). **3. m~** *poet.* Dichter *m*.
mu·se·ol·o·gy [,mju:zɪ'ɒlədʒɪ; *Am.* -'ɑl-] *s* Mu'seumskunde *f*.
mus·er ['mju:zə(r)] *s* Träumer(in), Sinnende(r *m*) *f*.
mu·sette [mju:'zet] *s* **1.** *mus.* Mu'sette *f*: a) *kleiner Dudelsack*, b) *Zungenregister der Orgel*, c) *langsamer ländlicher Tanz in dreiteiligem Takt*, d) *trioartiger Zwischensatz, bes. in der Gavotte*. **2.** → **musette bag**. ~ **bag** *s mil. Am.* Brotbeutel *m*.
mu·se·um [mju:'zɪəm] *s* Mu'seum *n*: ~ **piece** Museumsstück *n* (*a. fig.*).
mush¹ [mʌʃ] *s* **1.** weiche Masse, Brei *m*, Mus *n*. **2.** *Am.* (Maismehl)Brei *m*. **3.** *colloq.* a) Gefühlsduse'lei *f*, b) sentimen'tales Zeug. **4.** *Radio*: Knistergeräusch *n*: ~ **area** (*Radar*) Störgebiet *n*. **5.** *sl.* ,Fresse' *f* (*Mund, Gesicht*).
mush² [mʌʃ] *Am.* **I** *v/i* a) durch den Schnee stapfen, b) mit Hundeschlitten fahren. **II** *v/t* die Schlittenhunde anfeuern.
mush³ [mʌʃ] *s sl.* Regenschirm *m*.
mush·room ['mʌʃrʊm; -ru:m] **I** *s* **1.** *bot.* a) Ständerpilz *m*, b) *allg.* eßbarer Pilz, *bes.* (Wiesen)Champignon *m*: **to grow like ~s** wie Pilze aus dem Boden schießen; ~ **growth** rapides Wachstum. **2.** *fig.* Em'porkömmling *m*. **3.** (*etwas*) Pilzförmiges, *bes.* a) *sl.* Regenschirm *m*, *colloq. ein* (*Damen*)*Hut*, c) flachgedrückte (*Gewehr- etc*)Kugel, d) *Am. ein* Wegweiser, e) Explosi'onspilz *m*, -wolke *f*. **II** *adj* **4.** Pilz...: **a ~ dish**. **5.** pilzförmig: ~ **anchor** *mar.* Pilz-, Schirmanker *m*; ~ **bulb** *electr.* Pilzbirne *f*; ~ **cloud** Atompilz *m*; ~ **head** *tech.* Pilzkopf *m* (*Niet*); ~ **insulator** *electr.* Pilzisolator *m*; ~ **valve** (pilzförmiges) Tellerventil. **6.** *fig.* a) (über Nacht) aus dem Boden geschossen, b) kurzlebig: ~ **fame**. **III** *v/i* **7.** Pilze sammeln. **8.** *fig.* a) wie Pilze aus dem Boden schießen, b) sich ausbreiten, wachsen, c) pilzförmige Gestalt annehmen. **IV** *v/t* **9.** *colloq.* e-e Zigarette ausdrücken.
mush·y ['mʌʃɪ] *adj* (*adv* mushily) **1.** breiig, weich. **2.** *fig.* weichlich, schlapp. **3.** *colloq.* gefühlsduselig, sentimen'tal. **4.** *tech. Am. sl.* ,müde'.
mu·sic ['mju:zɪk] *s* **1.** Mu'sik *f*, Tonkunst *f*: **to set** (*od.* **put**) **s.th. to ~** etwas vertonen; **that's ~ to my ears** das ist Musik in m-n Ohren; **to face the ~** *colloq.* die Suppe(, die man sich eingebrockt hat,) auslöffeln, dafür geradestehen. **2.** a) Mu'sikstück *n*, Kompositi'on *f*, b) *collect.* Kompositi'onen *pl*. **3.** Noten(blatt *n*) *pl*: **to play from ~** vom Blatt spielen. **4.** *collect.* Musi'kalien *pl*: ~ **shop** → **music house**. **5.** *fig.* Mu'sik *f*, Wohllaut *m*, Gesang *m*: **the ~ of the birds** der Gesang der Vögel. **6.** Musikali'tät *f*. **7.** *hunt.* Geläute *n*, Gebell *n* der Jagdhunde. **8.** Lärm *m*, Getöse *n*: **rough ~** a) Krach *m*, b) Katzenmusik *f*. **9.** (Mu'sik-)Ka,pelle *f*, Or'chester *n*.
mu·si·cal ['mju:zɪkl] **I** *adj* (*adv* ~ly) **1.** Musik...: ~ **history**; ~ **instrument**. **2.** wohlklingend, me'lodisch. **3.** musi'kalisch. **II** *s* **4.** Musical *n*. **5.** *colloq.* für **musical film**. ~ **art** *s* (Kunst *f* der) Mu'sik, Tonkunst *f*. ~ **box** *s bes. Br.* Spieldose *f*. ~ **chairs** *s pl* (*als sg konstruiert*) Reise *f* nach Je'rusalem (*Gesellschaftsspiel*). ~ **com·e·dy** *s* musi'kalische Ko'mödie. ~ **crit·ic** *s* Mu'sikkritiker(in).
mu·si·cale [,mju:zɪ'kæl; -'kɑ:l] *s mus. Am.* 'Hauskon,zert *n*.
mu·si·cal| film *s* Mu'sikfilm *m*. ~ **glass·es** *s pl mus.* Glasharfe *f*.
mu·si·cal·i·ty [,mju:zɪ'kælətɪ], **mu·si·cal·ness** ['mju:zɪkəlnɪs] *s* **1.** Musikali'tät *f*. **2.** Wohlklang *m*, (*das*) Musi'kalische.
'**mu·sic-ap,pre·ci·a·tion rec·ord** *s* Schallplatte *f* mit mu'sikkundlichem Kommen'tar.
mu·si·cas·sette [,mju:zɪkæ'set] *s* 'Musicas,sette *f*, Mu'sikkas,sette *f*.
mu·sic| book *s* Notenheft *n*, -buch *n*. ~ **box** *s bes. Am.* **1** → **musical box**. **2.** → **jukebox**. ~ **case** *s* Notenmappe *f*. ~ **cen·ter**, *bes.* **cen·tre** *s* Kom'paktanlage *f*. ~ **de·my** *s ein Papierformat* (20¾ × 14⅜ Zoll). ~ **dra·ma** *s mus.* Mu'sikdrama *n*. ~ **hall** *s bes. Br.* Varie'té(the,ater) *n*. ~ **house** *s* Musi'kalienhandlung *f*.
mu·si·cian [mju:'zɪʃn] *s* **1.** (*bes.* Berufs-)Musiker(in): **to be a good ~** a) gut spielen *od.* singen, b) sehr musikalisch sein. **2.** Musi'kant *m*. **mu'si·cian·ship** *s* musi'kalisches Können.
mu·si·co·log·i·cal [,mju:zɪkə'lɒdʒɪkl; *Am.* -'lɑ-] *adj* mu'sikwissenschaftlich. **mu·si·col·o·gist** [,mju:zɪ'kɒlədʒɪst; *Am.* -'kɑ-] *s* Mu'sikwissenschaftler(in). ,**mu·si'col·o·gy** *s* Mu'sikwissenschaft *f*.
mu·si·co·ther·a·py [,mju:zɪkəʊ'θerəpɪ] *s med. psych.* Mu'siktherapie *f*.
mu·sic| pa·per *s* 'Notenpa,pier *n*. ~ **rack** *s* Notenhalter *m*. ~ **stand** *s* Notenständer *m*. ~ **stool** *s* Kla'vierstuhl *m*. ~ **teach·er** *s* Mu'siklehrer(in). ~ **wire** *s mus.* **1.** Saitendraht *m*. **2.** Draht-, Stahlsaite *f*.
mus·ing ['mju:zɪŋ] **I** *s* **1.** Sinnen *n*, Grübeln *n*, Nachdenken *n*, Betrachtung *f*.
2. *pl* Träume'reien *pl*. **II** *adj* ~ly) **3.** nachdenklich, in Gedanken (versunken), versonnen.
musk [mʌsk] *s* **1.** Moschus *m*, Bisam *m*. **2.** Moschusgeruch *m*. **3.** → **musk deer**. **4.** *bot.* Moschuspflanze *f*. ~ **bag** *s zo.* Moschusbeutel *m*. ~ **ca·vy** *s zo.* (*e-e*) Baumratte. ~ **deer** *s zo.* Moschustier *n*.
mus·keg ['mʌskeg; *Am. a.* -,keɪg] *s* **1.** *Am. od. Canad.* (Tundra)Moor *n*. **2.** *bot.* Torf-, Sumpfmoos *n*.
mus·kel·lunge ['mʌskəlʌndʒ] *pl* '**mus·kel·lunge** *s ichth.* Muskalunge *m*.
mus·ket ['mʌskɪt] *s mil. hist.* Mus'kete *f*, Flinte *f*. ,**mus·ke'teer** [-'tɪə(r)] *s* Muske'tier *m*. '**mus·ket·ry** [-rɪ] *s* **1.** *hist. collect.* a) Mus'keten *pl*, b) Muske'tiere *pl*. **2.** *hist.* Mus'ketenschießen *n*. **3.** 'Schieß,unterricht *m*: ~ **manual** Schießvorschrift *f*.
musk| ox *s irr zo.* Moschusochse *m*. ~ **plant** *s bot.* Moschus-Gauklerblume *f*. '~**-rat** *s* **1.** *zo.* Bisamratte *f*. **2.** Bisam *m* (*Fell*). ~ **rose** *s bot.* Moschusrose *f*. ~ **sheep** → **musk ox**. ~ **shrew** *s zo.* Moschusspitzmaus *f*.
musk·y ['mʌskɪ] *adj* (*adv* muskily) **1.** nach Moschus riechend. **2.** moschusartig, Moschus...
Mus·lem ['mʊslem; 'mʊz-; 'mʌz-], *a.* '**Mus·lim** [-lɪm] → Moslem.
mus·lin ['mʌzlɪn] *s* **1.** Musse'lin *m*. **2.** *Am. Bezeichnung verschiedener schwererer Baumwollgewebe*. **3.** *sl.* a) *mar.* Segel *pl*, b) *obs.* Frauen *pl*: **a bit of ~** ein ,Weib(errock' *m*).
mus·mon ['mʌsmɒn; *Am.* -,mɑn] → mouf(f)lon.
mu·so ['mju:zəʊ] *pl* -os *s colloq.* (*bes.* Berufs)Musiker(in).
mus·quash ['mʌskwɒʃ; *Am. a.* -,kwɑʃ] → muskrat.
mus·quaw ['mʌskwɔ:] *s zo.* Baribal *m*, Amer. Schwarzbär *m*.
muss [mʌs] *Am.* **I** *s* **1.** a) Durchein'ander *n*, Unordnung *f*, b) Plunder *m*. **2.** Krach *m*, Streit *m*. **II** *v/t oft* ~ **up 3.** in Unordnung bringen, durchein'anderbringen, Haar zerwühlen. **4.** ,vermasseln', ,vermurksen'. **5.** beschmutzen, ,versauen'. **6.** zerknittern.
mus·sel ['mʌsl] *s zo.* (*e-e*) zweischalige Muschel, *bes.* a) Miesmuschel *f*, b) Flußmuschel *f*.
Mus·sul·man ['mʌslmən] **I** *pl* **-mans**, *a.* **-men** Muselman(n) *m*. **II** *adj* muselmanisch.
muss·y ['mʌsɪ:] *adj Am. colloq.* **1.** unordentlich, schlampig. **2.** schmutzig. **3.** verknittert.
must¹ [mʌst] **I** *v/aux* **3.** *sg pres* **must**, *pret* **must**, *inf u. Partizipien fehlen*. **1.** er, sie, es muß, du mußt, wir, sie, Sie müssen, ihr müßt: **all men ~ die** alle Menschen müssen sterben; **I ~ go now** ich muß jetzt gehen; ~ **he do that?** muß er das tun?; **he ~ be over eighty** er muß über achtzig (Jahre alt) sein; **it ~ look strange** es muß (*notwendigerweise*) merkwürdig aussehen; **you ~ have heard it** du mußt es gehört haben. **2.** (*mit Negationen*) er, sie, es darf, du darfst, wir, sie, Sie dürfen, ihr dürft: **you ~ not smoke here** du darfst hier nicht rauchen. **3.** (*als pret*) er, sie, es mußte, du mußtest, wir, sie, Sie mußten, *ihr* mußtet: **it was too late now, he ~ go on** es war bereits zu spät, er mußte weitergehen; **just as I was busiest, he ~ come** gerade als ich am meisten zu tun hatte, mußte er kommen. **4.** (*als pret mit Negationen*) er, sie, es durfte, du durftest, wir, sie, Sie durften, *ihr* durftet. **II** *adj* **5.** unerläßlich, unbedingt zu erledigen(d) (*etc*), abso'lut notwendig: **a ~ book** ein Buch, das man

must - myodynamics

(unbedingt) lesen *od.* gelesen haben muß. **III** *s* **6.** Muß *n*, Unerläßlichkeit *f*, unbedingtes Erfordernis: **it is a ~ es ist** unerläßlich *od.* unbedingt erforderlich; **this place is a ~ for tourists** diesen Ort muß man (als Tourist) gesehen haben. **must²** [mʌst] *s* Most *m*.
must³ [mʌst] *s* **1.** Moder *m*, Schimmel *m*. **2.** Dumpfigkeit *f*, Modrigkeit *f*.
must⁴ [mʌst] **I** *s* Brunst *f*, Wut *f* (*männlicher Elefanten od. Kamele*). **II** *adj* brünstig, wütend.
mus·tache, mus·tached *Am. für* moustache, *etc*.
mus·ta·chi·o [məˈstɑːʃɪəʊ; *Am. a.* məˈstæʃ-] *pl* **-chi·os** *s* Schnauzbart *m*.
mus·tang [ˈmʌstæŋ] *s* **1.** *zo.* Mustang *m* (*halbwildes Präriepferd*). **2.** M~ *aer.* Mustang *m* (*amer. Jagdflugzeugtyp im 2. Weltkrieg*).
mus·tard [ˈmʌstə(r)d] **I** *s* **1.** Senf *m*, Mostrich *m*: → **keen¹** 13. **2.** Senfmehl *n*. **3.** *bot.* (*ein*) Senf *m*. **4.** *Am. sl.* a) ‚Mordskerl‘ *m*, b) ‚tolle Sache‘, c) Schwung *m*. **5.** Senfgelb *n*. **II** *adj* **6.** senfgelb. **~ gas** *s chem. mil.* Senfgas *n*, Gelbkreuz *n*. **~ oil** *s chem.* ä'therisches Senföl. **~ plas·ter** *s med.* Senfpflaster *n*. **~ seed** *s* **1.** *bot.* Senfsame *m*: **grain of ~** *Bibl.* Senfkorn *n*. **2.** *hunt.* Vogelschrot *m, n*.
mus·te·line [ˈmʌstɪlaɪn, -lɪn] *zo.* **I** *adj* **1.** zu den Mardern gehörig. **2.** wieselartig. **II** *s* **3.** marderartiges Raubtier.
mus·ter [ˈmʌstə(r)] **I** *v/t* **1.** *mil.* a) (zum Ap'pell) antreten lassen, versammeln, b) mustern, die Anwesenheit (*gen*) feststellen, c) aufbieten: **to ~ in** *Am.* (*zum Wehrdienst*) einziehen; **to ~ out** *Am.* entlassen, ausmustern. **2.** zs.-rufen, -bringen, versammeln. **3.** *j-n od.* etwas auftreiben. **4.** *u.* **~ up** *fig.* s-e Kraft, s-n Mut *etc* aufbieten, zs.-nehmen: **to ~ up sympathy** Mitleid aufbringen od. fühlen; → **courage. 5.** sich belaufen auf (*acc*), zählen, ausmachen. **II** *v/i* **6.** sich versammeln, *mil. a.* antreten. **7.** → **into** *Am.* eintreten in (*das Heer, den Staatsdienst etc*). **III** *s* **8.** *mar. mil.* a) (Antreten *n* zum) Ap'pell *m*, b) Inspekti'on *f*, Musterung *f*, Pa'rade *f*: **to pass ~** *fig.* durchgehen, Zustimmung finden (**with** bei). **9.** *mil. u. fig.* Aufgebot *n*. **10.** → **muster roll. 11.** *econ. selten* Muster *n*. **~ book** *s mil.* Stammrollenbuch *n*. **~-out** *pl* **~s-out** *s attr. Am.* Entlassung *f*, Ausmusterung *f*. **~ roll** *s* **1.** *mar.* Musterrolle *f*. **2.** *mil.* Stammrolle *f*.
mus·ti·ness [ˈmʌstɪnɪs] *s* **1.** Muffigkeit *f*. **2.** Modrigkeit *f*. **3.** Schalheit *f* (*a. fig.*). **4.** *fig.* Verstaubtheit *f*.
mus·ty [ˈmʌstɪ] *adj* (*adv* **mustily**) **1.** muffig. **2.** mod(e)rig. **3.** schal (*a. fig.*), abgestanden. **4.** *Am. sl.* a) verstaubt, antiˈquiert, b) fad(e), abgedroschen.
mu·ta·bil·i·ty [ˌmjuːtəˈbɪlətɪ] *s* **1.** Veränderlichkeit *f*. **2.** *fig.* Unbeständigkeit *f*. **3.** *biol.* Mutati'onsfähigkeit *f*. **ˈmu·ta·ble** *adj* (*adv* **mutably**) **1.** veränderlich, wechselhaft. **2.** *fig.* unbeständig, wankelmütig. **3.** *biol.* mutati'onsfähig.
mu·tant [ˈmjuːtənt] *biol.* **I** *adj* **1.** mu'tierend. **2.** mutati'onsbedingt. **II** *s* **3.** Vari'ante *f*, Mu'tant *m*.
mu·tate [mjuːˈteɪt; *Am. a.* ˈmjuːˌteɪt] **I** *v/t* **1.** verändern. **2.** *ling.* 'umlauten: **~d vowel** Umlaut *m*. **II** *v/i* **3.** sich ändern, wechseln. **4.** *ling.* 'umlauten. **5.** *biol.* mu-'tieren.
mu·ta·tion [mjuːˈteɪʃn] *s* **1.** (Ver)Änderung *f*. **2.** 'Umwandlung *f*: **~ of energy** *phys.* Energieumformung *f*. **3.** *biol.* a) Mutati'on *f*, b) Mutati'onspro,dukt *n*. **4.** *ling.* 'Umlaut *m*. **5.** *mus.* a) Mutati'on *f*, b) *a.* **~ stop** 'Obertonre,gister *n*. **mu·ˈta·tion·al** *adj* Mutations..., Änderungs...

mu·ta·tive [ˈmjuːtətɪv; *Am. a.* -ˌteɪ-; *Br. a.* mjuːˈteɪtɪv] *adj* muta'tiv: a) *biol.* sich sprunghaft ändernd, b) *ling.* e-e Veränderung ausdrückend.
mute [mjuːt] **I** *adj* (*adv* **~ly**) **1.** stumm. **2.** *weitS.* stumm: a) still, schweigend, b) wort-, sprachlos: **to stand ~** stumm *od.* sprachlos dastehen; **to stand ~ (of malice)** *jur.* die Antwort verweigern. **3.** *ling.* stumm: **a ~ letter; ~ sound** → 7b. **II** *s* **4.** Stumme(r *m*) *f*. **5.** *thea.* Sta'tist(in). **6.** *mus.* Dämpfer *m*. **7.** *ling.* a) stummer Buchstabe, b) Verschlußlaut *m*. **III** *v/t* **8.** das Instrument dämpfen. **ˈmute·ness** *s* **1.** Stummheit *f*. **2.** Lautlosigkeit *f*.
mute swan *s orn.* Höckerschwan *m*.
mu·tic [ˈmjuːtɪk] *adj* **1.** *zo.* unbewaffnet. **2.** *bot.* stachel-, dornlos. **ˈmu·ti·cous** → mutic 2.
mu·ti·late [ˈmjuːtɪleɪt] *v/t* verstümmeln (*a. fig.*). ˌmu·ti'la·tion *s* Verstümmelung *f*.
mu·ti·neer [ˌmjuːtɪˈnɪə(r)] **I** *s* Meuterer *m*. **II** *v/i* meutern. **ˈmu·ti·nous** *adj* (*adv* **~ly**) **1.** meuterisch. **2.** aufrührerisch, reˈbellisch, *weitS. a.* aufsässig. **3.** wild: **~ passions**.
mu·ti·ny [ˈmjuːtɪnɪ] **I** *s* **1.** Meute'rei *f*: **M~ Act** *Br. hist.* Militärstrafgesetz *n*. **2.** Auflehnung *f*, Rebelli'on *f*. **3.** *fig.* Tu'mult *m*. **II** *v/i* **4.** meutern.
mut·ism [ˈmjuːtɪzəm] *s* **1.** Stummheit *f*. **2.** *psych.* Mu'tismus *m*.
mutt [mʌt] *s sl.* **1.** Trottel *m*, Schaf(s)-kopf *m*. **2.** Köter *m*.
mut·ter [ˈmʌtə(r)] **I** *v/i* **1.** murmeln, brummen: **to ~ (away) to o.s.** vor sich hin murmeln. **2.** murren (**at** über *acc*; **against** gegen). **II** *v/t* **3.** murmeln. **III** *s* **4.** Gemurmel *n*. **5.** Murren *n*.
mut·ton [ˈmʌtn] *s* **1.** Hammel-, Schaffleisch *n*: **leg of ~** Hammelkeule *f*; **to be ~ dressed (up) as lamb** auf jung machen; → **dead 1. 2.** *bes. humor.* Schaf *n*: **to our ~s!** *fig.* zurück zur Sache! **~ chop** *s* **1.** 'Hammelko,telett *n*: **~ whiskers** → 2. **2.** *pl* Kote'letten *pl* (*Backenbart*). **ˈ~-ˈhead** *s sl.* Schaf(s)kopf *m*.
mut·ton·y [ˈmʌtnɪ] *adj* Hammel-(fleisch)...
mu·tu·al [ˈmjuːtʃʊəl; *Am.* -tʃəwəl] *adj* (*adv* **~ly**) **1.** gegen-, wechselseitig: **~ aid** gegenseitige Hilfe; **~ aid association, ~ benefit society** Unterstützungsverein *m auf Gegenseitigkeit*; **~ building association** Baugenossenschaft *f*; **~ conductance** *electr.* Gegenkapazität *f*, Steilheit *f*; **by ~ consent** in gegenseitigem Einvernehmen; **~ contributory negligence** *jur.* beiderseitiges Verschulden; **~ fund** *econ. Am.* Investmentfonds *m*; **~ improvement society** Fortbildungsverein *m*; **~ insurance (company)** Versicherung(sverein *m*) *f* auf Gegenseitigkeit; **~ investment trust** *econ. Am.* Investmentfonds *m*; **~ savings bank** *bes. Am.* Sparkasse *f* (auf genossenschaftlicher Grundlage); **~ will** *jur.* gegenseitiges Testament; **it's ~!** *colloq.* das beruht auf Gegenseitigkeit! **2.** (*inkorrekt, aber oft gebraucht*) gemeinsam: **our ~ friends; ~ efforts**.
mu·tu·al·ism [ˈmjuːtjʊəlɪzəm; -tʃʊ-; *Am.* -tʃəwə-] *s biol. sociol.* Mutua'lismus *m*.
mu·tu·al·i·ty [ˌmjuːtjʊˈælətɪ; -tʃʊæ-; *Am.* -tʃəˈwæ-] *s* **1.** Gegenseitigkeit *f*. **2.** (Austausch *m* von) Gefälligkeiten *pl od.* Vertraulichkeiten *pl*. **ˈmu·tu·al·ize** [-əlaɪz] *v/t* **1.** auf die Grundlage der Gegenseitigkeit stellen. **2.** *econ. Am.* ein Unternehmen so umgestalten, daß die Angestellten *od.* Kunden die Mehrheit der Anteile besitzen.

Mu·zak [ˈmjuːzæk] (*TM*) *s* funktioˈnelle Mu'sik (*psychologisch gezielte Klangberieselung*).
mu·zhik, mu·zjik [ˈmuːʒɪk; *Am.* mu-ˈʒiːk] *s* Muschik *m* (*russischer Bauer*).
muz·zle [ˈmʌzl] **I** *s* **1.** *zo.* Maul *n*, Schnauze *f*. **2.** Maulkorb *m* (*a. fig.*). **3.** *mil.* Mündung *f* (*e-r Feuerwaffe*): **~ blast (burst, flash, report)** Mündungsdruck *m* (-krepierer *m*, -feuer *n*, -knall *m*). **4.** *tech.* Tülle *f*, Mündung *f*. **II** *v/t* **5.** e-n Maulkorb anlegen (*dat*), *fig. a.* die Presse *etc* knebeln, mundtot machen, *j-m* den Mund stopfen. **III** *v/i* **6.** (*mit der Schnauze*) herˈumwühlen, -schnüffeln. **~ brake** *s mil.* Mündungsbremse *f*. **~ guide** *s mil.* Rohrklaue *f*. **ˈ~-ˌload·er** *s mil. hist.* Vorderlader *m*. **~ sight** *s mil.* Korn *n* (*Visier*). **~ ve·loc·i·ty** *s* Ballistik: Anfangs-, Mündungsgeschwindigkeit *f*.
muz·zy [ˈmʌzɪ] *adj* **1.** a) verwirrt, zerstreut, b) dus(e)lig, benommen, c) (*vom Alkohol*) ‚benebelt‘. **2.** verschwommen. **3.** stumpfsinnig.
my [maɪ] *possessive pron* mein, meine: **I must wash ~ face** ich muß mir das Gesicht waschen; **(oh) ~!** *colloq.* (du) meine Güte!
my·al·gi·a [maɪˈældʒɪə; *Am. a.* -dʒə] *s med.* Muskelschmerz *m*, 'Muskelrheuma(ˌtismus *m*) *n*, Myalˈgie *f*.
my·all¹ [ˈmaɪɔːl; -əl], *a.* **~ wood** *s bot.* Vio'lettholz *n*.
my·all² [ˈmaɪɔːl; -əl] *s Austral.* (*wilder*) Eingeborener.
my·ce·li·um [maɪˈsiːlɪəm] *pl* **-li·a** [-ə] *s bot.* Myˈzel *n*, Pilzgeflecht *n*.
my·ce·to·ma [ˌmaɪsɪˈtəʊmə] *pl* **-ma·ta** [-tə] *s med.* Myceˈtom *n*.
my·ce·to·zo·an [maɪˌsiːtəʊˈzəʊən; *Am.* -təˈz-] *bot.* **I** *adj* Schleimpilz... **II** *s* Schleimpilz *m*.
my·co·log·ic [ˌmaɪkəˈlɒdʒɪk; *Am.* -ˈlɑ-], **my·coˈlog·i·cal** [-kl] *adj* mykoˈlogisch. **myˈcol·o·gist** [-ˈkɒlədʒɪst; *Am.* -ˈkɑ-] *s* Mykoˈloge *m*, Pilzforscher *m*. **myˈcol·o·gy** [-dʒɪ] *s bot.* **1.** Pilzkunde *f*, Mykoloˈgie *f*. **2.** Pilzflora *f*, Pilze *pl* (*e-s Gebiets*).
my·cose [ˈmaɪkəʊs] *s chem.* Myˈkose *f*.
my·co·sis [maɪˈkəʊsɪs] *s med.* Pilzkrankheit *f*, Myˈkose *f*.
my·dri·a·sis [mɪˈdraɪəsɪs; maɪ-] *s med.* Myˈdriasis *f*, Puˈpillenerweiterung *f*.
my·e·la·troph·i·a [ˌmaɪələˈtrəʊfɪə] *s med.* Rückenmarksschwindsucht *f*.
my·e·lin [ˈmaɪəlɪn] *s biol.* Myeˈlin *n*.
my·e·lit·ic [ˌmaɪəˈlɪtɪk] *adj med.* myeˈlitisch. **ˌmy·eˈli·tis** [-ˈlaɪtɪs] *s* Myeˈlitis *f*: a) Rückenmarkentzündung *f*, b) Knochenmarkentzündung *f*.
my·e·loid [ˈmaɪəlɔɪd] *adj physiol.* myeloˈid: a) Rückenmark..., b) Knochenmark..., markartig.
my·e·lon [ˈmaɪəlɒn; *Am.* -ˌlɑn] *s physiol.* Rückenmark *n*.
my·i·a·sis [ˈmaɪəsɪs; *Am.* maɪˈaɪə-; miːˈaɪə-] *s med.* Myiˈasis *f*, Madenfraß *m*, -krankheit *f*.
myn·heer [maɪnˈhɪə(r); -ˈheə(r); mə-ˈnɪə(r)] *s colloq.* Mijn'heer *m*, Holländer *m*.
my·o·car·di·o·gram [ˌmaɪəʊˈkɑː(r)dɪəɡræm; *Am.* ˌmaɪəˈk-] *s med.* Elektrokardioˈgramm *n*. **ˌmy·oˈcar·di·oˌgraph** [-ɡræf; *Br. a.* -ɡrɑːf] *s med.* Elektrokardioˈgraph *m*, EKˈG-Appaˌrat *m*.
my·o·car·di·tis [ˌmaɪəʊkɑː(r)ˈdaɪtɪs; *Am.* ˌmaɪə-] *s med.* Myokarˈditis *f*, Herzmuskelentzündung *f*. **ˌmy·oˈcar·di·um** [-dɪəm] *s physiol.* Herzmuskel *m*, Myoˈkard(ium) *n*.
my·o·dy·nam·ics [ˌmaɪəʊdaɪˈnæmɪks] *s pl* (*als sg u. pl konstruiert*) *med.* Physioloˈgie *f* der Muskeltätigkeit.

my·o·gram ['maɪəgræm] *s med.* Myo¦gramm *n*, Muskelkurve *f*.
my·o·log·ic [ˌmaɪə'lɒdʒɪk; *Am.* -¹lɑ-], **ˌmy·o'log·i·cal** [-kl] *adj* myo¦logisch.
my'ol·o·gist [-¹ɒlədʒɪst; *Am.* -¹ɑl-] *s* Myo¦loge *m*. **my'ol·o·gy** [-dʒɪ] *s* Myo¦lo¦gie *f*, Muskelkunde *f*, -lehre *f*.
my·o·ma [maɪ'əʊmə] *pl* **-ma·ta** [-tə] *od*. **-mas** *s med.* Muskelgeschwulst *f*, My¹om *n*. **my'om·a·tous** [-təs] *adj* myoma¹tös.
my·ope [¹maɪəʊp] *s med.* Kurzsichtige(r *m*) *f*.
my·o·phys·ics [ˌmaɪəʊ'fɪzɪks] *s pl* (*meist als sg konstruiert*) Phy¹sik *f* der Muskeltätigkeit.
my·o·pi·a [maɪ'əʊpjə; -pɪə] *s med.* Myo-¹pie *f*, Kurzsichtigkeit *f* (*a. fig.*). **my'op·ic** [-¹ɒpɪk; *Am.* -¹əʊ-; -¹ɑ-] *adj* kurzsichtig.
'my·o·py [-əpɪ] → myopia.
my·o·sin [¹maɪəsɪn] *s biol. chem.* Muskeleiweiß *n*, Myo¹sin *n*.
my·o·sis [maɪ'əʊsɪs] *s med.* (*krankhafte*) Pu¹pillenverengerung, Mi¹osis *f*.
my·o·si·tis [ˌmaɪəʊ'saɪtɪs; *Am.* -ə¹s-] *s med.* Muskelentzündung *f*, Myo¹sitis *f*.
my·o·so·tis [ˌmaɪəʊ'səʊtɪs; *Am.* -ə¹s-], *a.* **'my·o·sote** *s bot.* Vergißmeinnicht *n*.
my·ot·ic [maɪ'ɒtɪk; *Am.* -¹ɑ-] *med.* **I** *adj* pu¹pillenverengernd, mi¹otisch. **II** *s* Mi¹otikum *n*.
myri- [mɪrɪ], **myria-** [mɪrɪə] *Wortelement mit der Bedeutung* zehntausend.
myr·i·ad [¹mɪrɪəd] **I** *s* Myri¹ade *f*: a) Anzahl von 10 000, b) *fig.* Unzahl *f*. **II** *adj* unzählig, zahllos.
'myr·i·a·gram(me) *s* Myria¹gramm *n* (*10 000 Gramm*).
'myr·i·a·pod [-pɒd; *Am.* -ˌpɑd] *s zo.* Tausendfüß(l)er *m*.
myr·in·gi·tis [ˌmɪrɪn'dʒaɪtɪs] *s med.* Myrin¹gitis *f*, Trommelfellentzündung *f*.
myr·me·cobe [¹mɜːmɪkəʊb; *Am.* ¹mɜr-] *s zo.* Ameisenbär *m*.
myr·me·col·o·gy [ˌmɜːmɪ'kɒlədʒɪ; *Am.* ˌmɜrməˈkɑ-] *s* Myrmekolo¹gie *f*, Ameisenkunde *f*.
myr·me·co·phile [¹mɜːmɪkəʊfaɪl; *Am.* ¹mɜrməkəf-] *s zo.* Ameisengast *m* (*Insekt*).
myr·mi·don [¹mɜːmɪdən; *Am.* ¹mɜrməˌdɑn] *s* Scherge *m*, Häscher *m*, Helfershelfer *m*: ~ of law Hüter *m* des Gesetzes.
myrrh [mɜː; *Am.* mɜr] *s bot.* Myrrhe *f*: a) Süßdolde *f*, b) Harz *e-s* Balsambaums.
myr·tle [¹mɜːtl; *Am.* ¹mɜrtl] *s bot.* 1. Myrte *f*. 2. *Am.* a) Immergrün *n*, b) Kali¹fornischer Berglorbeer. 3. *a.* ~ **green** Myrtengrün *n*.

my·self [maɪ'self; mɪ-] *pl* **our·selves** [ˌaʊə(r)'selvz] *pron* 1. *intens* (ich) selbst: I did it ~ ich habe es selbst getan; I ~ wouldn't do it ich (persönlich) würde es sein lassen. 2. *reflex* mir (*dat*), mich (*acc*): I cut ~ ich habe mich geschnitten. 3. mir selbst, mich selbst: I **brought** it for ~ ich habe es für mich (selbst) mitgebracht.
mys·te·ri·ous [mɪ'stɪərɪəs] *adj* myste-ri¹ös: a) geheimnisvoll, b) rätsel-, schleierhaft, unerklärlich. **mys'te·ri·ous·ly** *adv* auf mysteri¹öse Weise. **mys'te·ri·ous·ness** *s* Rätselhaftigkeit *f*, Unerklärlichkeit *f*, (*das*) Geheimnisvolle *od.* Mysteri¹öse.
mys·ter·y¹ [¹mɪstərɪ; -trɪ] *s* 1. Geheimnis *n*, Rätsel *n* (**to** für *od. dat*): it is a (**complete**) ~ to me es ist mir (völlig) schleierhaft; to **make** a ~ of s.th. aus etwas ein Geheimnis machen, etwas in geheimnisvolles Dunkel hüllen. 2. Rätselhaftigkeit *f*, Unerklärlichkeit *f*: **wrapped in** ~ in geheimnisvolles Dunkel gehüllt. 3. Geheimniskräme¹rei *f*. 4. *relig.* My¹sterium *n*, geoffenbarte Glaubenswahrheit. 5. *R.C.* a) heilige Messe, b) (heilige) Wandlung (*von Brot u. Wein*), c) Sakra¹ment *n*, d) Geheimnis *n* (*des Rosenkranzes*). 6. *pl* Geheimlehre *f*, -kunst *f*, My¹sterien *pl.* 7. *pl iro.* Geheimnisse *pl* (*e-s Berufs*). 8. *hist.* My¹sterienspiel *n*. 9. *bes. Am.* → mystery novel.
mys·ter·y² [¹mɪstərɪ; -trɪ] *s obs.* 1. Handwerk *n*, Beruf *m*. 2. Gilde *f*, Zunft *f*.
mys·ter·y | mod·el *s mot.* ‚Erlkönig' *m*. ~ **nov·el** *s* Krimi¹nal-, Detek¹tivro¸man *m*. ~ **play** → mystery¹ 8. ~ **ship** *s mar.* U-Boot-Falle *f*. ~ **sto·ry** → mystery novel. ~ **tour** *s* Fahrt *f* ins Blaue.
mys·tic [¹mɪstɪk] **I** *adj* (*adv* ~ally) 1. mystisch. 2. eso¹terisch, geheim. 3. → **mysterious**. 4. Zauber...: ~ **formula** Zauberformel *f*. 5. *jur. Am.* versiegelt, geheim (*Testament*). 6. → **mystical** 1. **II** *s* 7. Mystiker(in). 8. Schwärmer(in).
mys·ti·cal [¹mɪstɪkl] *adj* (*adv* ~ly) 1. sym-¹bolisch, mystisch, sinnbildlich. 2. *relig.* mystisch, intui¹tiv. 3. → **mysterious**.
mys·ti·cism [¹mɪstɪsɪzəm] *s* 1. *philos. relig.* a) Mysti¹zismus *m*, Glaubensschwärme¹rei *f*, b) Mystik *f*. 2. vage Mutmaßung.
mys·ti·fi·ca·tion [ˌmɪstɪfɪ'keɪʃn] *s* 1. Täuschung *f*, Irreführung *f*, Mystifikati¹on *f*. 2. Foppe¹rei *f*. 3. Verwirrung *f*, -blüffung *f*. **'mys·ti·fied** [-faɪd] *adj* verwirrt, -blüfft. **'mys·ti·fy** [-faɪ] *v/t* 1. täuschen, hinters Licht führen, anführen, foppen. 2. verwirren, -blüffen. 3. in Dunkel hüllen.
mys·tique [mɪ'stiːk] *s* Aura *f*, geheimnisvoller Nimbus.
myth [mɪθ] *s* 1. (Götter-, Helden)Sage *f*, Mythos *m*, Mythus *m*, Mythe *f*. 2. a) Märchen *n*, erfundene Geschichte, b) *collect.* Sagen *pl*, Mythen *pl*: realm of ~ Sagenwelt *f*. 3. Phanta¹siegebilde *n*. 4. *pol. sociol.* Mythos *m*: the ~ of **racial superiority**. 5. *fig.* Mythus *m*: a) mythische Gestalt, legen¹där gewordene Per¹son, b) legen¹där gewordene Sache, c) Nimbus *m*. **'myth·ic** *adj*; **'myth·i·cal** *adj* (*adv* ~ly) 1. mythisch, sagenhaft, legen¹där (*alle a. fig.*). 2. Sagen... 3. mythisch: ~ literature. 4. *fig.* erdichtet, fik¹tiv. **'myth·i·cism** [-sɪzəm] *s* Mythi¹zismus *m*. **'myth·i·cist** *s* Mytho¹loge *m*.
my·thog·ra·pher [mɪ'θɒɡrəfə(r); *Am.* -¹θɑ-] *s* Mythenschreiber *m*. **my'thog·ra·phy** *s* 1. Mythendarstellung *f*. 2. beschreibende Mytholo¹gie.
myth·o·log·i·cal [ˌmɪθə'lɒdʒɪkl], *a.* **ˌmyth·o'log·ic** *adj* mytho¹logisch.
my·thol·o·gist [mɪ'θɒlədʒɪst; *Am.* -¹θɑ-] *s* Mytho¹loge *m*. **my'thol·o·gize** *v/t* mythologi¹sieren: a) mytho¹logisch erklären, b) e-n Mythos *od.* e-e Sage machen aus. **my'thol·o·gy** [-dʒɪ] *s* 1. Mytholo¹gie *f*, Götter- u. Heldensagen *pl*. 2. Sagenforschung *f*, -kunde *f*.
myth·o·ma·ni·a [ˌmɪθəʊ'meɪnjə; *Am.* -θə¹m-] *s psych.* Mythoma¹nie *f* (*krankhafter Hang zur Übertreibung*). **ˌmyth·o'ma·ni·ac** [-nɪæk] *s* an Mythoma¹nie Leidende(r *m*) *f*.
myth·o·pe·ic, *etc bes. Am. für* mythopoeic, *etc.*
myth·o·poe·ic [ˌmɪθəʊ'piːɪk; *Am.* -θə¹p-] *adj* Mythen schaffend. **ˌmyth·o'poe·ism** *s* Mythen-, Sagenschöpfung *f*. **ˌmyth·o'poe·ist** *s* Mythenschöpfer *m*. **ˌmyth·o·po'et·ic** → mythopoeic.
myx·(o)e·de·ma [ˌmɪksɪ'diːmə] *s med.* Myxö¹dem *n*.
myx·o·ma [mɪk'səʊmə] *pl* **-ma·ta** [-tə] *s med.* Gallertgeschwulst *f*, My¹xom *n*.
myx·o·ma·to·sis [ˌmɪksəʊmə'təʊsɪs; *Am.* mɪkˌsəʊmə¹t-] *s med. vet.* Myxoma-¹tose *f*.
myx·o·my·cete [ˌmɪksəʊmaɪ'siːt; *Am.* *a.* -¹maɪˌsiːt] *s bot.* Schleimpilz *m*, Myxomy¹zet *m*.

N

N, n [en] **I** pl **N's, Ns, n's, ns** [enz] s **1.** N, n n (*Buchstabe*). **2.** n math. n (*unbestimmte Konstante*). **3.** print. → en 3. **4.** chem. N n (*Stickstoff*). **5.** N N n, N-förmiger Gegenstand. **II** adj **6.** vierzehnt(er, e, es). **7.** N N-..., N-förmig.
'n [ən; n] dial. für **than: more'n** = more than.
nab¹ [næb] **I** v/t colloq. **1.** ‚schnappen', erwischen. **2.** (sich) etwas ‚schnappen'. **II** s/. **3.** ‚Bulle' m (*Polizist*). **4.** Verhaftung f.
nab² [næb] s tech. Schließblech n.
na·bob [ˈneɪbɒb; Am. -ˌbɑb] s **1.** Nabob m (in Indien): a) Abgeordneter des Großmoguls, b) Statthalter e-r Provinz. **2.** fig. Nabob m, Krösus m.
na·celle [næˈsel; nə-] s aer. **1.** (Motor- od. Luftschiff)Gondel f. **2.** (Flugzeug-)Rumpf m. **3.** Balˈlonkorb m.
na·cre [ˈneɪkə(r)] s **1.** Perlˈmutter f, n, Perlmutt n. **2.** Perlmuschel f. **ˈna·cre·ous** [-krɪəs], **ˈna·crous** adj **1.** perlˈmutterartig. **2.** Perlmutt(er)...
na·dir [ˈneɪdɪə(r); -də(r)] s **1.** astr. geogr. Naˈdir m, Fußpunkt m. **2.** fig. tiefster Stand, Tief-, Nullpunkt m: **his spirits sank to their ~** s-e Stimmung sank auf den Nullpunkt. **ˈna·dir·al** adj Nadir..., im Naˈdir befindlich.
nae·vus → nevus
nag¹ [næg] **I** v/t **1.** herˈumnörgeln an (*dat*), ‚herˈumhacken' auf (*j-m*). **2.** to ~ s.o. into (doing) s.th. j-m so lange zusetzen, bis er etwas tut; **she ~ged him into leaving the house** sie ekelte ihn aus dem Haus. **II** v/i **3.** nörgeln, keifen, ‚meckern': **to ~ at** → 1. **4.** nagen, bohren (*Schmerz etc*). **III** s **5.** Nörgler(in).
nag² [næg] s **1.** kleines Reitpferd, Pony n. **2.** colloq. contp. Gaul m, Klepper m.
nag·ger [ˈnægə(r)] s Nörgler(in). **ˈnag·ging I** s **1.** Nörgeˈlei f, Gekeife n. **II** adj **2.** nörgelnd, ‚meckernd', keifend. **3.** fig. nagend: **~ doubt**. **ˈnag·gy** adj nörg(e)lig, zänkisch.
Na·hum [ˈneɪhəm] npr u. s Bibl. (das Buch) Nahum m.
nai·ad [ˈnaɪæd; Am. a. ˈneɪæd] pl **-ads** od. **-a·des** [-ədiːz] s **1.** antiq. myth. Naˈjade f, Wassernymphe f. **2.** fig. (Bade)Nixe f.
na·if [nɑːˈiːf] → naïve.
nail [neɪl] **I** s **1.** (Finger-, Zehen)Nagel m. **2.** tech. Nagel m. **3.** zo. a) Nagel m, b) Klaue f, Kralle f, c) Nagel m (harte, hornige Platte auf der Schnabelspitze einiger Entenvögel). **4.** brit. Längenmaß (= 5,715 cm).
Besondere Redewendungen:
a ~ in s.o.'s coffin fig. ein Nagel zu j-s Sarg; **on the ~** auf der Stelle, sofort; **to pay on the ~** bar bezahlen; **to the ~** bis ins letzte, vollendet; **(as) hard as ~s** a) von eiserner Gesundheit, b) eisern, unerbittlich; **(as) right as ~s** ganz recht od. richtig; → **bed** Bes. Redew., **hit** 10.
II v/t **5.** (an)nageln (**on** auf acc; **to an** acc): **~ed to the spot** fig. wie angenagelt; → **color** 12. **6.** benageln, mit Nägeln beschlagen. **7.** a. **~ up** vernageln. **8.** fig. j-n festhalten (**to an** dat) (*Pflicht etc*). **9.** fig. die Augen etc heften, s-e Aufmerksamkeit richten (**to auf** acc). **10.** → **nail down** 5. **11.** colloq. Verbrecher etc ‚schnappen', erwischen. **12.** colloq. (sich) ‚schnappen', festhalten. **13.** colloq. a) j-n zur Rede stellen (**about** wegen), b) j-n in die Enge treiben. **14.** colloq. ‚klauen', sich ‚unter den Nagel reißen'. **15.** colloq. etwas ‚spitzkriegen', entdecken.
Verbindungen mit Adverbien:
nail | down v/t **1.** ver-, zunageln. **2.** fig. j-n festnageln (**to auf** acc), beim Wort nehmen. **3.** fig. a) ein Argument etc endgültig beweisen, b) e-n Streit etc endgültig beilegen. **~ up** v/t **1.** zs.-nageln. **2.** zu-, vernageln. **3.** fig. zs.-basteln: **a nailed--up drama**.
nail|bed s anat. Nagelbett n. **~ bit** s tech. Nagelbohrer m. **ˈ~ˌbit·ing I** s Nägelkauen n. **II** adj atemberaubend, atemlos (*Spannung etc*). **~ brush** s Nagelbürste f. **~ en·am·el** [-teɪ] s bes. Am. Nagellack m.
nail·er [ˈneɪlə(r)] s **1.** Nagelschmied m: **to work like a ~** colloq. wie besessen arbeiten. **2.** (Zu)Nagler m. **3.** sl. ‚Kaˈnone' f, As n, Könner m.
nail| file s Nagelfeile f. **ˈ~ˌhead** s tech. Nagelkopf m. **~ pol·ish** s Nagellack m. **~ˌpull·er** s tech. Nagelzange f. **~ scis·sors** s pl Nagelschere f. **~ var·nish** s bes. Br. Nagellack m.
na·ive, a. **na·ïve** [nɑːˈiːv] adj (adv **~ly**) naˈiːv: a) naˈtürlich, unbefangen: **~ paint·ing** art naive Malerei, b) kindlich, c) einfältig, töricht, d) arglos. **naˈïve·té**, a. **naˈïve·te** [-teɪ] s Naiviˈtät f.
na·ked [ˈneɪkɪd] adj (adv **~ly**) **1.** nackt, bloß, unbekleidet, unbedeckt. **2.** bloß, nackt: **with the ~ eye**. **3.** nackt, blank: **~ sword**. **4.** nackt, kahl: **~ rocks**; **~ walls**; **a ~ room** ein kahler Raum. **5.** entblößt (**of** von): **a tree ~ of leaves** ein entlaubter Baum; **~ of all provisions** bar aller Vorräte. **6.** a) schutz-, wehrlos, b) preisgegeben, ausgeliefert (**to** dat). **7.** nackt, ungeschminkt, unverblümt: **~ facts**; **the ~ truth**; **~ hatred** nackter, blanker Haß. **8.** bloß, einfach: **~ belief**. **9.** jur. bloß, ohne Rechtsanspruch, unbestätigt: **~ debenture** Br. ungesicherte Schuldverschreibung; **~ confession** unbestätigtes Geständnis; **~ possession** tatsächlicher Besitz (*ohne Rechtsanspruch*). **10.** bot. nackt, unbehaart, blattlos: **~ lady** Herbstzeitlose f. **11.** zo. nackt: a) unbehaart, b) federlos, c) ohne Schale od. Haus.
na·ked·ness [ˈneɪkɪdnɪs] s **1.** Nacktheit f, Blöße f. **2.** Kahlheit f. **3.** Schutz-, Wehrlosigkeit f. **4.** Armut f, Mangel m (**of an** dat). **5.** Ungeschminktheit f.
nam·a·ble [ˈneɪməbl] adj **1.** benennbar. **2.** nennenswert.
nam·by-pam·by [ˌnæmbɪˈpæmbɪ] **I** adj **1.** seicht, abgeschmackt. **2.** geziert, affekˈtiert, etepeˈtete. **3.** sentimenˈtal. **4.** verweichlicht, verzärtelt. **II** s **5.** sentimenˈtales Zeug, Kitsch m. **6.** sentimenˈtale Perˈson. **7.** Mutterkind n, (Junge, Mann a.) Muttersöhnchen n.
name [neɪm] **I** v/t **1.** (be)nennen (**after**, Am. a. **for** nach), e-n Namen geben (*dat*): **~d** genannt, namens. **2.** mit Namen nennen, beim Namen nennen. **3.** nennen, erwähnen, anführen: **he was ~d in the report**; **to ~ but one** um nur einen zu nennen. **4.** a) ernennen zu, b) nomiˈnieren, vorschlagen (**for** für), c) wählen zu, d) benennen, bekanntgeben. **5.** ein Datum etc festsetzen, bestimmen. **6.** parl. Br. zur Ordnung rufen. **II** v/i **7.** ~ **s.o.** parl. Br. zur Ordnung rufen! (*Aufforderung an den Speaker*), b) Namen nennen! **III** adj **8.** Namen(s)... **9.** Am. colloq. berühmt, anerkannt gut. **IV** s **10.** Name m: **what is your ~?** wie heißen Sie? **11.** Name m, Bezeichnung f, Benennung f. **12.** Schimpfname m: **to call s.o. ~s** j-n mit Schimpfnamen belegen, j-n beschimpfen. **13.** Name m, Ruf m: **a bad ~**. **14.** (berühmter) Name, (guter) Ruf, Ruhm m: **a man of ~**. **15.** Name m, Berühmtheit f, berühmte Perˈsönlichkeit: **the great ~s of our century**. **16.** a) Sippe f, Geschlecht n, Faˈmilie f, b) Rasse f, c) Volk n.
Besondere Redewendungen:
by ~ a) mit Namen, namentlich, b) namens, c) dem Namen nach; **to call s.th. by its proper ~** etwas beim richtigen Namen nennen; **to mention by ~** namentlich erwähnen; **to know s.o. by ~** a) j-n mit Namen kennen, b) j-n nur dem Namen nach kennen; **by** (od. **under**) **the ~ of A.** unter dem Namen A.; **a man by** (od. **of**) **the ~ of A.** ein Mann namens A.; **in ~ only** nur dem Namen nach; **in all** (od. **everything**) **but ~** wenn auch nicht dem Namen nach; **in the ~ of** a) um (*gen*) willen, b) im Namen (*gen*), c) unter dem Namen (*gen*), d) auf den Namen (*gen*); **in the ~ of the law** im Namen des Gesetzes; **in one's own ~** in eigenem Namen; **I haven't a penny to my ~** ich besitze keinen Pfennig; **to give one's ~** s-n Namen nennen; **give it a ~!** colloq. (he)raus damit!, sagen Sie, was Sie wollen!; **to give s.o. a bad ~** j-n in Verruf bringen; **give a dog a bad ~ (and hang him)** einmal in Verruf, immer in Verruf; **to have a ~ for being a coward** im Rufe stehen od. dafür bekannt sein, ein Feigling zu sein; **to make**

one's ~, to make a ~ for o.s., to make o.s. a ~ sich e-n Namen machen (as als; by durch); to put one's ~ down for a) kandidieren für, b) sich anmelden für, c) sich vormerken lassen für; to send in one's ~ sich (an)melden; what's in a ~? was bedeutet schon ein Name?, Namen sind Schall u. Rauch; that's the ~ of the game! a) darum dreht es sich!, b) so läuft das!
name·a·ble → namable.
'name|-,call·ing s Geschimpfe n, gegenseitige Beschimpfung. **'~-child** s irr nach j-m benanntes Kind: **my** ~ das nach mir benannte Kind.
named [neɪmd] adj **1.** genannt, namens: ~ **Peter**. **2.** genannt, erwähnt: ~ **above** oben genannt; **last-**~ letztgenannt.
name| day s **1.** R.C. Namenstag m. **2.** econ. Br. Abrechnungs-, Skon'trierungstag m. **'~-,drop** v/i colloq. dadurch Eindruck schinden, daß man ständig (angebliche) promi'nente Bekannte erwähnt. **'~-,drop·per** s colloq. j-d, der dadurch Eindruck schindet, daß er ständig (angebliche) promi'nente Bekannte erwähnt: **he's a** ~ er muß ständig erwähnen, wen er alles kennt. **'~-,drop·ping** s colloq. Eindruckschinden n durch ständige Erwähnung (angeblicher) promi'nenter Bekannter.
name·less ['neɪmlɪs] adj (adv **~ly**) **1.** namenlos, unbekannt, ob'skur. **2.** ungenannt, unerwähnt: **a person who shall be** ~ j-d, der ungenannt bleiben soll. **3.** ano'nym. **4.** unehelich (Kind). **5.** namenlos, unbeschreiblich: ~ **fear**. **6.** unaussprechlich, ab'scheulich: ~ **atrocities**.
name·ly ['neɪmlɪ] adv nämlich.
name| part s thea. 'Titelrolle f, -par,tie f. **~ plate** s **1.** Tür-, Firmen-, Namensschild n. **2.** tech. Typen-, Leistungsschild n. **'~-sake** s Namensvetter m, -schwester f: **she is her grandmother's** ~ sie ist nach ihrer Großmutter benannt. **'~-tape** s Wäschezeichen n.
nam·ing ['neɪmɪŋ] s Namengebung f.
nan [næn], **nan·(n)a** ['nænə] s Oma f, Omi f.
na·na ['naːnə] s Austral. sl. ,Birne' f (Kopf): **to do one's** ~ ,hochgehen', aufbrausen; **off one's** ~ ,übergeschnappt', verrückt.
nan·cy, a. ~ boy ['nænsɪ] s sl. **1.** Weichling m, Muttersöhnchen n. **2.** ,Homo' m, ,Schwule' m.
NAND cir·cuit [nænd] s Computer: NAND-Schaltung f.
na·nism ['neɪnɪzəm; 'næ-] s med. Na'nismus m, Zwergwuchs m. **,na·ni'za·tion** [-naɪ'zeɪʃn; Am. -nə'z-] s bot. künstlich her'beigeführter Zwergwuchs.
nan·keen [næn'kiːn; -kɪn] s **1.** Nanking m (rötlichgelbes, festes Baumwollzeug). **2.** pl Nankinghosen pl. **3.** Rötlichgelb n. **4.** N~, a. N~ **porcelain** weißes chinesisches Porzellan mit blauem Muster.
nan·ny ['nænɪ] s **1.** Kindermädchen n. **2.** a. ~ **goat** Geiß f, weibliche Ziege. **3.** Oma f, Omi f.
na·no ['nænəʊ; Am. -nə] s math. phys. Nano n (10^{-9}). **'~-,sec·ond** s Nano-se'kunde f.
nap¹ [næp] **I** v/i **1.** ein Schläfchen od. ein Nickerchen machen. **2.** fig. ,schlafen', nicht auf der Hut sein: **to catch s.o.** ~ping j-n überrumpeln. **II** s **3.** Schläfchen n, Nickerchen n: **to have** (od. **take**) **a** ~ → 1.
nap² [næp] **I** s **1.** Haar(seite f) n (e-s Gewebes). **2.** a) Spinnerei: Noppe f, b) Weberei: (Gewebe)Flor m. **3.** pl rauhe Stoffe pl. **II** v/t u. v/i **4.** noppen.
nap³ [næp] **I** s **1.** a) Na'poleon n (ein Kartenspiel), b) Ansagen aller 5 Stiche in diesem Spiel: **a** ~ **hand** fig. e-e aussichtsreiche Lage, gute Chance(n); **to go** ~ die höchste Zahl von Stichen ansagen, fig. das höchste Risiko eingehen, alles auf 'eine Karte setzen. **2.** Pferderennen: ('hundertpro,zentiger) Tip. **II** v/t **3.** Pferderennen: ein Pferd zum Favo'riten erklären.
na·palm ['neɪpaːm; Am. a. -,paːlm] **I** s Napalm n: ~ **bomb** Napalmbombe f. **II** v/t mit Napalmbomben belegen od. angreifen.
nape [neɪp] s meist ~ **of the neck** Genick n, Nacken m.
na·per·y ['neɪpərɪ] s Scot. Weißzeug n, bes. Tischleinen n.
naph·tha ['næfθə; 'næpθə] s chem. **1.** Naphtha n, 'Leuchtpe,troleum n. **2.** ('Schwer)Ben,zin n: **cleaner's** ~ Waschbenzin n; **painter's** ~ Testbenzin n. **'naph·tha·lene** [-liːn] s Naphtha'lin n. **,naph·tha'len·ic** [-'lenɪk] adj naph-tha'linsauer: ~ **acid** Naphthalsäure f. **'naph·tha·lin** [-θəlɪn], **'naph·tha·line** [-liːn] → naphthalene. **'naph·tha·lize** v/t naphthali'sieren. **'naph·thene** [-θiːn] s Naph'then n. **'naph·thol** [-θɒl; Am. a. -,θəʊl] s Naph'thol n. **'naph·thyl** [-θaɪl; bes. Am. -θɪl] s Naph'thyl n.
Na·pier·i·an [nə'pɪərɪən; neɪ-] adj math. Napiersch(er, e, es): ~ **logarithm**.
nap·kin ['næpkɪn] s **1.** a. **table** ~, **dinner** ~ Servi'ette f: ~ **ring** Serviettenring m. **2.** Wischtuch n. **3.** bes. Br. Windel f. **4.** meist sanitary ~ Damen-, Monatsbinde f.
nap·less ['næplɪs] adj **1.** ungenoppt, glatt (Stoff). **2.** fadenscheinig.
na·po·le·on [nə'pəʊljən] s **1.** Na'poleon m, Napoleon'dor m (20-Franc-Stück in Gold). **2.** → nap³ 1 a. **3.** Am. Cremeschnitte f aus Blätterteig. **Na,po·le'on·ic** [-lɪ'ɒnɪk; Am. -aːnɪk] adj napole'onisch.
na·poo [naː'puː] mil. Br. sl. **I** adj u. interj ka'putt(!), futsch(!), fertig(!), erledigt(!), alle(!). **II** v/t j-n ,erledigen', ,umlegen' (töten).
nap·pa ['næpə] s Nappa(leder) n.
nappe [næp] s **1.** geol. (Schub-, Über-'schiebungs)Decke f. **2.** math. Schale f (Teil e-s Kegelmantels).
napped [næpt] adj gerauht, genoppt.
nap·per¹ ['næpə] s tech. Tuchnopper m (Maschine od. Arbeiter).
nap·per² ['næpə] s Br. sl. od. dial. ,Birne' f (Kopf).
nap·ping ['næpɪŋ] s tech. **1.** Ausnoppen n (der Wolle). **2.** Rauhen n (des Tuches): ~ **comb** Aufstreichkamm m; ~ **mill** Rauhmaschine f.
nap·py¹ ['næpɪ] adj Br. stark, berauschend (Bier etc).
nap·py² ['næpɪ] s bes. Br. colloq. Windel f.
narc [naːrk] s Am. sl. Beamte(r) m des 'Rauschgiftdezer,nats: **~s** pl Rauschgiftdezernat n.
nar·ce·ine ['naː(r)siːn; bes. Am. -siːɪn] s chem. Narce'in n (ein Opiumalkaloid).
nar·cis·si [naː(r)'sɪsaɪ] pl von narcissus.
nar·cis·sism [naː'sɪsɪzəm; bes. Am. 'naː(r)sɪsɪzəm] s psych. Nar'zißmus m. **'nar·cis·sist** [naː'sɪsɪst; bes. Am. 'naː(r)-sɪsɪst] Nar'zißt(in). **,nar·cis'sis·tic** adj nar'zißtisch.
nar·cis·sus [naː(r)'sɪsəs] pl **-'cis·sus·es** od. **-'cis·si** [-saɪ] s bot. Nar'zisse f.
nar·co·hyp·no·sis [,naː(r)kəʊhɪp'nəʊ-sɪs] s psych. Narkohyp'nose f.
nar·co·lep·sy ['naː(r)kə,lepsɪ] s med. Narkolep'sie f.
nar·co·sis [naː(r)'kəʊsɪs] pl **-ses** [-siːz] s med. Nar'kose f.
nar·co·syn·the·sis [,naː(r)kəʊ'sɪnθɪsɪs] s psych. Narkosyn'these f (Freisetzung unterdrückter Affekte mit Hilfe von Arzneimitteln).
nar·co·ther·a·py [,naː(r)kəʊ'θerəpɪ] s psych. Narkothera'pie f mit Hilfe von Beruhigungsmitteln.
nar·cot·ic [naː(r)'kɒtɪk; Am. -'kaː-] **I** adj (adv **~ally**) a) med. u. fig. nar'kotisch, betäubend, einschläfernd, b) Rausch...: ~ **drug** Rauschgift n; ~ **addiction** Rauschgiftsucht f. **II** s a) med. Nar'kotikum n, Betäubungsmittel n (a. fig.), b) Rauschgift n: **~s squad** Rauschgiftdezernat n.
nar·co·tism ['naː(r)kətɪzəm] s **1.** Narko'tismus m (Sucht nach Narkosemitteln). **2.** nar'kotischer Zustand od. Rausch, Nar'kose f.
nar·co·tize ['naː(r)kətaɪz] v/t narkoti-'sieren.
nard [naː(r)d] s **1.** bot. Narde f. **2.** Nardensalbe f.
nar·es ['neərɪːz] pl von naris.
nar·ghi·le, nar·gi·le(h) ['naː(r)ɡɪlɪ; Am. a. -,leɪ] s Nargi'leh f, n (Wasserpfeife).
nar·i·al ['neərɪəl] adj anat. Nasenloch...
nar·is ['neərɪs] pl **-es** [-iːz] s anat. Naris f, Nasenloch n.
nark¹ [naːk] Br. sl. **I** s **1.** (Poli'zei-)Spitzel m, Denunzi'ant m. **II** v/t **2.** bespitzeln. **3.** ärgern: **to feel ~ed** sich ärgern (**at** über acc). **III** v/i **4.** sich als (Poli'zei)Spitzel betätigen. **5.** her'umjammern.
nark² → narc.
nark·y ['naːkɪ] adj Br. sl. **1.** gereizt. **2.** grantig.
nar·rate [nə'reɪt; næ-; Am. a. 'nær,eɪt] v/t u. v/i erzählen. **nar'ra·tion** s **1.** Erzählung f, Geschichte f. **2.** Erzählen n. **3.** Rhetorik: Darstellung f der Tatsachen.
nar·ra·tive [nə'reɪtɪv] **I** s **1.** Erzählung f, Geschichte f. **2.** Bericht m, Schilderung f. **II** adj **3.** erzählend: ~ **poem**; ~ **perspective** Erzählperspektive f. **4.** Erzählungs...: ~ **skill** Erzählungsgabe f. **'nar·ra·tive·ly** adv als od. in Form e-r Erzählung. **nar·ra·tor** [nə'reɪtə(r); næ-; Am. a. 'nær,eɪtə(r)] s Erzähler(in). **nar·ra·to·ry** ['nærətərɪ; Am. -,tɔːrɪ; -,təʊ-] adj erzählend.
nar·row ['nærəʊ] **I** adj (adv **~ly**) **1.** eng, schmal: **the** ~ **seas** geogr. der Ärmelkanal u. die Irische See. **2.** eng (a. fig.), (räumlich) beschränkt, knapp: **the** ~ **bed** fig. das Grab; **within** ~ **bounds** in engen Grenzen; **in the ~est sense** im engsten Sinne. **3.** zs.-gekniffen (Augen). **4.** eingeschränkt, beschränkt. **5.** → **narrow-minded**. **6.** knapp, dürftig, kärglich: **a** ~ **income**; ~ **resources**. **7.** knapp: ~ **majority**; **by a** ~ **margin** mit knappem Vorsprung; **they won ~ly but deservedly** sie gewannen knapp, aber verdient; → **escape** 10, **shave** 11, **squeak** 8, **squeeze** 22. **8.** gründlich, eingehend, (peinlich) genau: ~ **investigations**. **II** v/i **9.** enger od. schmäler werden, sich verengen ([in] to zu): **his eyes ~ed to slits**. **10.** knapp(er) werden, zs.-schrumpfen (**to** auf acc). **11.** fig. sich annähern: **our positions have ~ed**. **III** v/t **12.** enger od. schmäler machen, verenge(r)n, die Augen zs.-kneifen, sport den Schußwinkel verkürzen: **to** ~ **the angle**. **13.** ein-, beengen. **14.** a. ~ **down** a) be-, einschränken (**to** auf acc), b) fig. eingrenzen. **15.** verringern, vermindern. **16.** Maschen abnehmen. **17.** engstirnig machen. **IV** s **18.** Enge f, enge od. schmale Stelle. **19.** meist pl a) (Meer)Enge f, b) bes. Am. Engpaß m.
'nar·row|,cast·ing s TV Am. 'Kabelfernsehü,bertragungen pl. ~ **cloth** s econ. schmalliegendes Tuch (weniger als 52 Zoll breit). ~ **ga(u)ge** s rail. Schmalspur f. **'~-ga(u)ge, a. '~-ga(u)ged** adj **1.** rail. schmalspurig, Schmalspur...

narrow-minded – naturalist

2. *fig. contp.* ‚Schmalspur...', beschränkt. ˌ~-ˈmind·ed *adj* engstirnig, borˈniert, beschränkt. ˌ~-ˈmind·ed·ness *s* Engstirnigkeit *f*, Borˈniertheit *f*, Beschränktheit *f*.
ˈnar·row·ness *s* 1. Enge *f*, Schmalheit *f*. 2. Knappheit *f*. 3. → narrow-mindedness. 4. Gründlichkeit *f*.
nar·thex [ˈnɑː(r)θeks] *s arch.* Narthex *m*, innere Kirchenvorhalle.
nar·whal [ˈnɑː(r)wəl; *Am. a.* -ˌhwɑl], *a.* ˈnar·wal [-wəl], ˈnar·whale [-weɪl; -hweɪl] *s zo.* Narwal *m*, Einhornwal *m*.
nar·y [ˈneərɪ] *adj (aus* never a) *Am. od. dial.* kein: ~ a one kein einziger.
na·sal [ˈneɪzl] **I** *adj (adv* → nasally) 1. *anat.* Nasen...: ~ bone → 4; ~ cavity Nasenhöhle *f*; ~ concha Nasenmuschel *f*; ~ septum Nasenscheidewand *f*; ~ spray *med. pharm.* Nasenspray *m*, *n*. 2. *ling.* naˈsal, Nasal...: ~ twang Näseln *n*, nasale Aussprache. **II** *s* 3. *ling.* Naˈsal (-laut) *m*. 4. *anat.* Nasenbein *n*. na·sal·i·ty [-ˈzælətɪ] *s* Nasaliˈtät *f*.
na·sal·i·za·tion [ˌneɪzəlaɪˈzeɪʃn; *Am.* -ləˈz-] *s* 1. Nasaˈlierung *f*, naˈsale Aussprache. 2. Näseln *n*. ˈna·sal·ize **I** *v/t* nasaˈlieren. **II** *v/i* näseln, durch die Nase sprechen. ˈna·sal·ly *adv* 1. naˈsal, durch die Nase. 2. näselnd.
nas·cen·cy [ˈnæsnsɪ; ˈneɪ-] *s* Entstehen *n*, Werden *n*, Geburt *f*.
nas·cent [ˈnæsnt; ˈneɪ-] *adj* 1. werdend, entstehend, aufkommend: ~ suspicion aufkommendes Mißtrauen; in the ~ state im Entwicklungszustand, im Werden. 2. *chem.* freiwerdend, in statu nasˈcendi, nasˈzierend: ~ state, ~ condition Status *m* nascendi.
nase·ber·ry [ˈneɪzˌberɪ] *s bot.* Sapoˈtillbaum *m*.
ˌna·so·ˈfron·tal [ˌneɪzəʊ-] *adj* nasofronˈtal, Nasen- u. Stirn...
nas·ti·ness [ˈnɑːstɪnɪs; *Am.* ˈnæs-] *s* 1. Schmutzigkeit *f*. 2. Ekligkeit *f*, Widerlichkeit *f*. 3. Unflätigkeit *f*. 4. Gefährlichkeit *f*. 5. a) Gehässigkeit *f*, Bosheit *f*, b) Gemeinheit *f*, c) Übellaunigkeit *f*.
nas·tur·tium [nəˈstɜːʃəm; *Am.* -ˈstɜr-] *s bot.* Kapuˈzinerkresse *f*.
nas·ty [ˈnɑːstɪ; *Am.* ˈnæs-] **I** *adj (adv* nastily) 1. schmutzig, dreckig. 2. ekelhaft, eklig, widerlich, übel: a ~ taste. 3. abstoßend, unangenehm: a ~ habit. 4. *fig.* schmutzig, zotig: a ~ book. 5. böse, schlimm, gefährlich, tückisch: ~ accident böser Unfall. 6. a) häßlich (*Benehmen, Charakter*), boshaft, bös, gehässig, garstig (to zu, gegen): he has a ~ temper mit ihm ist nicht gut Kirschen essen, b) gemein, niederträchtig, ‚fies': a ~ trick, c) übelgelaunt, übellaunig, ‚eklig', d) ekelhaft: ~ fellow. **II** *s* 7. *colloq.* pornoˈgraphische *od.* gewaltverherrlichende ˈVideokasˌsette.
na·tal[1] [ˈneɪtl] *adj* Geburts...
na·tal[2] [ˈneɪtl] *adj anat.* Gesäß...
na·tal·i·ty [neɪˈtælətɪ] *s bes. Am.* Geburtenziffer *f*.
na·tant [ˈneɪtənt] *adj* schwimmend. na·ta·tion [nəˈteɪʃn; *Am.* neɪ-; næ-] *s* Schwimmen *n*. ˈna·ta·to·ri·al [ˌneɪtəˈtɔːrɪəl; *Am.* a. ˌneɪtəˈtəʊrɪ-] *adj* Schwimm...: ~ bird. ˈna·ta·to·ry [ˈneɪtətərɪ; nəˈteɪtərɪ; *Am.* ˈneɪtəˌtɔːrɪ; -ˌtoʊ-] *adj* Schwimm...
Natch·ez [ˈnætʃɪz] *s sg u. pl* Natchez *m* (*Angehöriger e-s Indianerstammes*).
na·tion [ˈneɪʃn] *s* 1. Natiˈon *f*: a) Volk *n*, b) Staat *m*. 2. (Einzel)Stamm *m* (*e-s Bundes von Indianerstämmen*). 3. *univ. obs.* Landsmannschaft *f*. 4. große Zahl, Menge *f*.
na·tion·al [ˈnæʃənl] **I** *adj (adv* ~ly) 1. natioˈnal, National..., Landes..., Volks...: ~ champion *sport* Landesmeister *m*; ~ championship *sport* Landesmeisterschaft *f*; ~ costume Landestracht *f*; ~ currency *econ.* Landeswährung *f*; ~ health Volksgesundheit *f*; ~ hero Volksheld *m*; ~ language Landessprache *f*; ~ pride Nationalstolz *m*; ~ record *sport* Landesrekord *m*; ~ team *sport* Nationalmannschaft *f*. 2. staatlich, öffentlich, Staats... 3. a) landesweit (*Streik etc*), ˈüberregioˌnal (*Zeitung, Sender etc*), b) Bundes... (*bei Bundesstaaten*), c) inländisch: ~ call *teleph.* Inlandsgespräch *n*. 4. *pol.* (ein)heimisch. 5. vaterländisch, patriˈotisch. **II** *s* 6. Staatsangehörige(r *m*) *f*. 7. ˈüberregioˌnale Zeitung. ~ an·them *s* Natioˈnalhymne *f*. ~ as·sem·bly *s pol.* Natioˈnalversammlung *f*. ~ bank *s econ.* Landes-, Natioˈnalbank *f*. ~ con·ven·tion *s pol. Am.* Natioˈnalkonˌvent *m*, -parˌteitag *m* (*e-r Partei, um den Präsidentschaftskandidaten aufzustellen, das Wahlprogramm festzulegen etc*). ~ debt *s econ.* öffentliche Schuld, Staatsschuld *f*. ~ e·con·o·my *s econ.* Natioˈnalökonoˌmie *f*, Volkswirtschaft *f*. N~ Gi·ro *s* Postscheckdienst *m* (*in Großbritannien*): ~ account Postscheckkonto *n*. N~ Guard *s Am.* Natioˈnalgarde *f* (*Art Miliz*). N~ Health Ser·vice *s* staatlicher Gesundheitsdienst (*in Großbritannien*). ~ in·come *s econ.* Volkseinkommen *n*. N~ In·sur·ance *s* Soziˈalversicherung *f* (*in Großbritannien*).
na·tion·al·ism [ˈnæʃnəlɪzəm] *s* 1. Natioˈnalgefühl *n*, -bewußtsein *n*. 2. *pol.* a) Natioˈnalismus *m*, b) natioˈnale Poliˈtik *f*. 3. *econ. Am.* Verˈstaatlichungspoliˌtik *f*. ˈna·tion·al·ist **I** *s pol.* Natioˈnalist(in). **II** *adj* natioˈnalistisch.
na·tion·al·i·ty [ˌnæʃəˈnælətɪ] *s* 1. Nationaliˈtät *f*, Staatsangehörigkeit *f*. 2. natioˈnale Eigenart, Natioˈnalchaˌrakter *m*. 3. natioˈnale Einheit *od.* Unabhängigkeit. 4. Natiˈon *f*. 5. Natioˈnalgefühl *n*.
na·tion·al·i·za·tion [ˌnæʃnəlaɪˈzeɪʃn; *Am.* -ləˈz-] *s* 1. *bes. Am.* Einbürgerung *f*, Naturaliˈsierung *f*. 2. *econ.* Verstaatlichung *f*. 3. Verwandlung *f* in e-e (*einheitliche, unabhängige etc*) Natiˈon. ˈna·tion·al·ize *v/t* 1. einbürgern, naturaliˈsieren. 2. *econ.* verstaatlichen. 3. zu e-r Natiˈon machen. 4. etwas zur Sache der Natiˈon machen: to ~ a holiday e-n Feiertag zum Nationalfeiertag erheben.
na·tion·al mon·u·ment *s* Natioˈnaldenkmal *n*. ~ park *s* Natioˈnalpark *m* (*Naturschutzgebiet*). ~ prod·uct *s econ.* Soziˈalproˌdukt *n*. ~ ser·vice *s bes. Br.* 1. Wehr-, Miliˈtärdienst *m*: to do one's ~ s-n Wehrdienst ableisten. 2. Wehrpflicht *f*. N~ So·cial·ism *s pol.* Natioˈnalsoziaˌlismus *m*. N~ So·cial·ist *pol.* **I** *s* Natioˈnalsoziaˌlist(in). **II** *adj* natioˈnalsoziaˌlistisch.
ˈna·tion·hood *s* (natioˈnale) Souveräniˈtät, Status *m* e-r Natiˈon.
ˈna·tion-state *s pol.* Natioˈnalstaat *m*. ˈ~-wide *adj* allgemein, das ganze Land umˈfassend, landesweit.
na·tive [ˈneɪtɪv] **I** *adj (adv* ~ly) 1. angeboren (to s.o. j-m), naˈtürlich: ~ ability; ~ right. 2. eingeboren, Eingeborenen...: ~ quarter Eingeborenenviertel *n*; to go ~ a) unter den od. wie die Eingeborenen leben, b) *fig.* verwildern; N~ American Indianer(in). 3. (ein)heimisch, inländisch, Landes...: ~ plant einheimische Pflanze; ~ product Landesprodukt *n*. 4. heimatlich, Heimat...: ~ country Heimat *f*, Vaterland *n*; ~ language Muttersprache *f*; ~ town Heimat-, Vaterstadt *f*; ~ place Geburtsort *m*, Heimat *f*. 5. urˈsprünglich, urwüchsig, naˈturhaft: ~ beauty. 6. ursprünglich, eigentlich: the ~ sense of a word. 7. *Bergbau:* gediegen (vorkommend), bergfein (*Metall etc*). 8. *min.* a) roh, Jungfern..., b) naˈtürlich vorkommend. 9. *obs.* a) nahe verwandt (to *dat*), b) (erb)rechtlich. **II** *s* 10. Eingeborene(r *m*) *f*. 11. Einheimische(r *m*) *f*, Landeskind *n*: a ~ of Berlin ein gebürtiger Berliner. 12. *Austral.* in Auˈstralien geborener Brite. 13. *bot. u. zo.* einheimisches Gewächs *od.* Tier. 14. Naˈtive *f* (*künstlich gezüchtete Auster*). 15. *obs.* unfrei Geborene(r *m*) *f*.
ˈna·tive|-born *adj* gebürtig: a ~ American. ~ cod *s ichth.* Neuˈengland-Kabeljau *m*. ~ speak·er *s* Muttersprachler(in).
na·tiv·ism [ˈneɪtɪvɪzəm] *s* 1. *pol. bes. Am.* Begünstigung *f* der Einheimischen vor den Einwanderern. 2. *philos.* Natiˈvismus *m*.
na·tiv·i·ty [nəˈtɪvətɪ; *Am. a.* neɪ-] *s* 1. Geburt *f* (*a. fig.*). 2. Geburt *f*, ˈHerkunft *f*. 3. N~ *relig.* a) the N~ die Geburt Christi (*a. paint. etc*), b) Weihnachten *n u. pl*, c) Maˈriä Geburt *f* (*8. September*): ~ play Krippenspiel *n*. 4. *astr.* Nativiˈtät *f*, (Geˈburts)Horoˌskop *n*.
na·tron [ˈneɪtrən; *Am. a.* -ˌtrɑn] *s min.* kohlensaures Natron.
nat·ter [ˈnætə(r)] *bes. Br. colloq.* **I** *v/i* 1. schwatzen, plaudern. 2. *dial.* ˌmeckern‘, schimpfen (about über *acc*). **II** *s* 3. Plausch *m*, Schwatz *m*: to have a ~ e-n Plausch *od.* Schwatz halten.
nat·ti·ness [ˈnætɪnɪs] *s* 1. (*das*) Schmucke, Sauberkeit *f*. 2. Gewandtheit *f*. ˈnat·ty *adj (adv* nattily) 1. schick, eleˈgant, geschniegelt, schmuck, sauber: he is a ~ dresser er ist immer piekfein angezogen. 2. gewandt, schwungvoll.
nat·u·ral [ˈnætʃrəl] **I** *adj (adv* → naturally) 1. naˈtürlich, Natur...: ~ law Naturgesetz *n*; a ~ disaster e-e Naturkatastrophe; to die a ~ death e-s natürlichen Todes sterben; → person 1. 2. naˈturgemäß, der menschlichen Naˈtur entsprechend. 3. naˈturbedingt, den Naˈturgesetzen entsprechend *od.* folgend. 4. angeboren, naˈtürlich, eigen (to *dat*): ~ talent natürliche Begabung. 5. geboren: a ~ leader. 6. reˈal, wirklich, physisch. 7. selbstverständlich, naˈtürlich: it comes quite ~ to him es fällt ihm leicht. 8. naˈtürlich, ungezwungen, ungekünstelt (*Benehmen etc*). 9. üblich, norˈmal, naˈtürlich: it is ~ for him to get drunk es ist ganz normal, daß er sich betrinkt. 10. naˈturgetreu, naˈtürlich wirkend (*Nachahmung, Bild etc*). 11. unbearbeitet, Natur..., Roh... 12. naˈturhaft, urwüchsig. 13. fleischfarben. 14. unehelich: ~ child; ~ father. 15. *bot.* in der Naˈtur *od.* wild wachsend. 16. *math.* naˈtürlich: ~ number. 17. *mus.* a) ohne Vorzeichen, b) mit e-m Auflösungszeichen (versehen) (*Note*), c) Vokal...: ~ music.
II *s* 18. *obs.* Idiˈot *m*, Schwachsinnige(r *m*) *f*. 19. Art *f*, Naˈtur *f*, Veranlagung *f*. 20. *colloq.* a) Naˈturtaˌlent *n* (*Person*), b) (sicherer) Erfolg (*a. Person*), (*e-e*) ‚klare Sache‘ (for s.o. für j-n). 21. *mus.* a) Auflösungszeichen *n*, b) aufgelöste Note, c) Stammton *m*, d) weiße Taste (*e-r Klaviatur*).
ˈnat·u·ral-born *adj* von Geburt, geboren: ~ genius geborenes Genie. ~ child·birth *s med.* naˈtürliche Geburt. ~ day *s* naˈtürlicher Tag (*zwischen dem Auf- u. Untergang der Sonne*).
nat·u·ral·esque [ˌnætʃrəˈlesk] *adj paint. etc* naturaˈlistisch.
nat·u·ral fre·quen·cy *s phys.* ˈEigenfreˌquenz *f*. ~ gas *s geol.* Erdgas *n*. ~ gen·der *s ling.* naˈtürliches Geschlecht. ~ his·to·ry *s* Naˈturgeschichte *f*.
nat·u·ral·ism [ˈnætʃrəlɪzəm] *s* 1. *philos.* art Naturaˈlismus *m*. 2. *relig.* Naˈturglaube *m*. ˈnat·u·ral·ist **I** *s* 1. Naˈtur-

kundige(r m) f, -wissenschaftler(in), -forscher(in), bes. Zoo'loge m od. Bo'taniker m. **2.** philos. art Natura'list m. **3.** relig. Na'turgläubige(r m) f. **4.** Br. a) Tierhändler m, b) 'Tierpräpa,rator m. **5.** Na'turschützer(in). **II** adj **6.** natura'listisch. ‚**nat·u·ral'is·tic** adj **1.** philos. art natura'listisch. **2.** relig. na'turgläubig. **3.** ‚na'turkundlich, -geschichtlich.
nat·u·ral·i·za·tion [‚nætʃrəlaɪ'zeɪʃn; Am. -ələ'z-] s **1.** pol. Naturali'sierung f, Einbürgerung f (a. fig.). **2.** Akklimati'sierung f. **'nat·u·ral·ize I** v/t **1.** naturali'sieren, einbürgern. **2.** fig. einbürgern: a) ling. etc aufnehmen, einführen, b) bot. zo. heimisch machen. **3.** akklimati'sieren (a. fig.). **4.** etwas na'türlich machen od. gestalten. **II** v/i **5.** eingebürgert od. naturali'siert werden. **6.** sich akklimati'sieren.
nat·u·ral·ly ['nætʃrəlɪ] adv **1.** von Na'tur (aus). **2.** instink'tiv, spon'tan: **learning comes ~ to him** das Lernen fällt ihm leicht. **3.** auf na'türlichem Wege, natürlich. **4.** a. interj na'türlich. '**nat·u·ral·ness** s allg. Na'türlichkeit f. **nat·u·ral**‖**or·der** s **1.** na'türliche (An-)Ordnung. **2.** bot. Ordnung f des na'türlichen 'Pflanzensy₁stems. ~ **phi·los·o·pher** s **1.** Na'turphilo₁soph m, -forscher m. **2.** Physiker m. ~ **phi·los·o·phy** s **1.** Na'turphiloso₁phie f, -kunde f. **2.** Phy'sik f. ~ **re·li·gion** s Na'turreligi₁on f. ~ **rights** s pl jur. pol. Na'turrechte pl (der Menschen). ~ **scale** s **1.** mus. Stammtonleiter f, Na'turskala f. **2.** math. Achse f der na'türlichen Zahlen. ~ **sci·ence** s Na'turwissenschaft f. ~ **sci·en·tist** s Na'turwissenschaftler(in). ~ **se·lec·tion** s biol. na'türliche Auslese. ~ **sign** s mus. Auflösungszeichen n, Auflöser m. ~ **steel** s metall. Renn-, Roh-, Wolfsstahl m. ~ **vow·el** s ling. Na'turvo₁kal m (unbetonter Vokal mittlerer Zungenstellung, bes. der Schwa-Laut).
na·ture ['neɪtʃə(r)] s **1.** allg. Na'tur f: a) Schöpfung f, Weltall n, b) a. **N~** Na'turkräfte pl: **law of ~** Naturgesetz n; → **debt** 1, c) na'türliche Landschaft: **the beauty of ~** die Schönheit der Natur; ~ **Conservancy** Br. Naturschutzbehörde f, d) Na'turzustand m: **back to ~** zurück zur Natur; ~ **cure** Naturheilverfahren n, e) Konstituti'on f (des Menschen etc): → **ease** 10, **relieve** 1, f) Wirklichkeit f: **from ~ paint.** nach der Natur; → **true** 4. **2.** Na'tur f: a) Cha'rakter m, (Eigen)Art f, Wesen n, Veranlagung f: **by ~ von Natur (aus); it is in her ~** es liegt in ihrem Wesen; → **alien** 6, **human** 1, **second**[1] 1, b) (Gemüts)Art f, Natu'rell n, Wesen n: **her sunny ~; of good ~** gutherzig, -mütig, c) collect. na'türliche Triebe pl od. In'stinkte pl. **3.** Freundlichkeit f, Liebe f. **4.** Art f, Sorte f: **things of this ~** Dinge dieser Art; ~ **of the business** econ. Gegenstand m der Firma; **of a business ~** geschäftlicher Art; **of** (od. **in**) **the ~ of a trial** nach Art od. in Form e-s Verhörs; **of a grave ~** ernster Natur; **it is in the ~ of things** es liegt in der Natur der Sache. **5.** (na'türliche) Beschaffenheit f: **the ~ of the gases.**
-natured [neɪtʃə(r)d] in Zssgn geartet, ...artig, ...mütig: → **good-natured**, etc. **na·ture**‖**god** s Na'turgottheit f. ~ **myth** s Na'turmythus m. ~ **print·ing** s Na'turselbstdruck m. ~ **re·serve** s Na'turschutzgebiet n. ~ **spir·it** s myth. Elemen'targeist m. ~ **stud·y** s ped. Na'turlehre f, -kunde f (als Lehrfach). ~ **trail** s Na'turlehrpfad m. ~ **wor·ship** s relig. Na'turanbetung f.
na·tur·ism ['neɪtʃərɪzəm] s **1.** Theorie, nach welcher die früheste Religion e-e Naturreligion war. **2.** → **nudism** 1.

na·tur·o·path ['neɪtʃərəpæθ; Am. a. nə'tjʊrə-] s med. **1.** Na'turarzt m. **2.** Na'turheilkundige(r) m (Nichtarzt). **na·tur·op·a·thy** [‚neɪtʃə'rɒpəθɪ; Am. -'rɑ-] s med. **1.** Na'turheilverfahren n. **2.** Na'turheilkunde f.
naught [nɔːt; Am. a. nɑːt] **I** s **1.** Null f. **2.** Verderben n: **to bring (come) to ~** zunichte machen (werden). **3.** poet. od. obs. nichts: **to care ~ for** nichts übrig haben für; **to set at ~ etwas** ignorieren, in den Wind schlagen; **all for ~** alles umsonst. **II** adj **4.** obs. a) wertlos, b) verloren, vernichtet, c) böse, schlecht, sündhaft. **III** adv **5.** obs. keineswegs.
naugh·ti·ness ['nɔːtɪnɪs; Am. a. 'nɑː-] s Ungezogenheit f, Unartigkeit f. **'naugh·ty** adj (adv **naughtily**) **1.** frech, ungezogen, unartig: **a ~ child; ~, ~!** aber, aber! **2.** ungehörig: ~ **manners. 3.** unanständig, schlimm: ~ **words.**
nau·se·a ['nɔːsjə; -zɪə; Am. a. -ʃə; -ʒə] s **1.** Übelkeit f, Brechreiz m. **2.** Seekrankheit f. **3.** fig. Ekel m. **'nau·se·ant** med. **I** adj Übelkeit erregend. **II** s Brechmittel n. **'nau·se·ate** [-sɪeɪt; -zɪ-; Am. a. -ʒɪ,eɪt; -ʃɪ-] **I** v/i **1.** (e-n) Brechreiz empfinden, sich ekeln (at vor dat). **II** v/t **2.** sich ekeln vor (dat). **3.** mit Ekel erfüllen, anekeln, j-m Übelkeit erregen: **to be ~d** (at) → 1. **'nau·se·at·ing** adj ekelerregend, widerlich. ‚**nau·se'a·tion** s **1.** Übelsein n. **2.** Ekel m. **3.** Anekeln n. **'nau·se·ous** [-sjəs; Am. -zɪəs; -ʃəs] adj a. fig. ekelhaft, Übelkeit erregend, widerlich, ab'scheulich.
nautch [nɔːtʃ] s Br. Ind. Natsch-Tanz m: ~ **girl** Bajadere f, Natsch-Mädchen n.
nau·tic ['nɔːtɪk] → **nautical**. **nau·ti·cal** ['nɔːtɪkl; Am. a. 'nɑːt-] adj (adv **~ly**) mar. nautisch, Schiffs..., Marine..., See(fahrts)...: ~ **school** Seefahrtsschule f. ~ **al·ma·nac** s mar. nautisches Jahrbuch. ~ **chart** s mar. Seekarte f.
nau·ti·lus ['nɔːtɪləs; Am. a. 'nɑː-] pl **-lus·es** od. **-li** [-laɪ] s ichth. Nautilus m.
na·val ['neɪvl] adj mar. **1.** Flotten..., (Kriegs)Marine... **2.** See..., Schiffs... ~ **a·cad·e·my** s mar. **1.** Ma'rineakade₁mie f. **2.** Navigati'onsschule f. ~ **ar·chi·tect** s mar. 'Schiffbauinge₁nieur m. ~ **ar·chi·tec·ture** s Schiffbau m. ~ **at·ta·ché** s mar. pol. Ma'rineatta₁ché m. ~ **base** s mar. Flottenstützpunkt m, -basis f. ~ **bat·tle** s mar. Seeschlacht f. ~ **ca·det** s mar. 'Seeka₁dett m. ~ **con·struc·tor** s mar. mil. Ma'rineschiffbaufachmann m, 'Schiffbauoffi₁zier m. ~ **ex·er·cis·es** s pl mar. mil. 'Flottenma₁növer m. ~ **forc·es** s pl mar. Seestreitkräfte pl. ~ **gun** s mar. Schiffsgeschütz n. ~ **in·tel·li·gence** s mar. Ma'rinenachrichtendienst m. ~ **of·fi·cer** s mar. **1.** mil. Ma'rineoffi₁zier m. **2.** Am. (höherer) Hafenzollbeamter. ~ **pow·er** s mar. pol. Seemacht f: **the ~s** die Seemächte. ~ **stores** s pl mar. Schiffsbedarf m.
nave[1] [neɪv] s arch. Mittel-, Hauptschiff n: ~ **of a cathedral**.
nave[2] [neɪv] s **1.** tech. (Rad)Nabe f: ~ **box** Nabenbüchse f. **2.** obs. Nabel m.
na·vel ['neɪvl] s **1.** anat. Nabel m. **2.** fig. Nabel m, Mittelpunkt m. **3.** her. Mittelpunkt m des Feldes. **4.** 'Navelo₁range f. ~ **or·ange** s 'Navelo₁range f. ~ **string** s anat. Nabelschnur f.
nav·i·cert ['nævɪsɜːt; Am. -₁sɜrt] s econ. mar. Navicert n (Geleitschein für neutrale [Handels]Schiffe im Krieg).
na·vic·u·la [nə'vɪkjʊlə] pl **-lae** [-liː] s relig. Weihrauchgefäß n. **na'vic·u·lar I** adj **1.** nachen-, boot-, kahnförmig: ~

bone → 3. **2.** bot. kahnförmig. **II** s **3.** anat. Kahnbein n.
nav·i·ga·bil·i·ty [‚nævɪgə'bɪlətɪ] s **1.** mar. a) Schiffbarkeit f, Befahrbarkeit f: ~ **of a canal**, b) Fahrtüchtigkeit f: ~ **of a ship. 2.** aer. Lenkbarkeit f. **'nav·i·ga·ble** adj **1.** mar. a) schiffbar, (be)fahrbar, b) fahrtüchtig. **2.** aer. lenkbar (Luftschiff). **'nav·i·ga·ble·ness** → **navigability.**
nav·i·gate ['nævɪgeɪt] **I** v/i **1.** (zu Schiff) fahren, segeln. **2.** bes. aer. mar. navi'gieren, steuern, orten (to nach). **II** v/t **3.** mar. a) befahren, durchfahren, b) durch'fahren: **to ~ the seas. 4.** aer. durch'fliegen. **5.** aer. mar. steuern, lenken, navi'gieren.
nav·i·gat·ing of·fi·cer ['nævɪgeɪtɪŋ] s aer. mar. Navigati'onsoffi₁zier m.
nav·i·ga·tion [‚nævɪ'geɪʃn] s **1.** mar. Schiffahrt f, Seefahrt f. **2.** Navigati'on f: a) mar. Nautik f, Schiffahrtskunde f, b) aer. Flugzeugführung f, engS. Navigati'onskunde f, c) aer. mar. Ortung f. **3.** obs. a) Schiffe pl, b) (künstlicher) Wasserweg. **N~ Act** s hist. Navigati'onsakte f (1651). ‚**nav·i'ga·tion·al** [-ʃənl] adj Navigations...: ~ **aid**; ~ **chart**.
nav·i·ga·tion‖**chan·nel** s mar. Fahrwasser n. ~ **chart** s Navigati'onskarte f. ~ **guide** s aer. mar. Bake f. ~ **head** s mar. Schiffbarkeitsgrenze f, Endhafen m. ~ **light** s aer. Positi'onslicht n. ~ **sat·el·lite** s Navigati'onssatel₁lit m.
nav·i·ga·tor ['nævɪgeɪtə(r)] s **1.** mar. a) Seefahrer m, b) Nautiker m, c) Steuermann m, d) Am. Navigati'onsoffi₁zier m. **2.** aer. a) Navi'gator m, b) Beobachter m. **3.** → **navvy** 1.
nav·vy ['nævɪ] s Br. **1.** a) Ka'nal-, Erd-, Streckenarbeiter m, b) Bauarbeiter m. **2.** tech. a) 'Ausschachtma₁schine f, Exka'vator m, b) Trocken-, Löffelbagger m.
na·vy ['neɪvɪ] s mar. **1.** meist **N~** 'Kriegsma₁rine f: **the Royal (British) N~. 2.** mar. Kriegsflotte f. **3.** obs. allg. Flotte f. ~ **blue** s Ma'rineblau n. **N~ Board** s mar. Br. Admirali'tät f. **N~ Cross** s mar. Am. ein Tapferkeitsorden für Verdienste im Seekrieg. ~ **cut** s Ma'rineschnitt m (Tabak). **N~ De·part·ment** s Am. Ma'rineamt n, -mini₁sterium n. ~ **league** s Flottenverein m. **N~ List** s Ma'rine₁rangliste f. ~ **plug** s (starker, dunkler) Plattentabak. **N~ Reg·is·ter** s mar. Am. (jährlich erscheinende) Liste der Offiziere u. Schiffe der US-Marine. ~ **yard** s mar. Ma'rinewerft f.
na·wab [nə'wɑːb] s **1. N~** Na'wab m (Fürsten- od. Ehrentitel in Indien). **2.** Nabob m, in Indien reich gewordener Engländer.
nay [neɪ] **I** adv **1.** obs. nein (als Antwort): **to say (s.o.) ~** (j-m) s-e Zustimmung verweigern. **2.** obs. ja sogar: **it is enough, ~, too much. II** s **3.** parl. etc Nein(stimme f) n: **the ~s have it!** der Antrag ist abgelehnt! **4.** obs. Nein n.
Naz·a·rene [‚næzə'riːn] s Naza'rener m: a) Bewohner von Nazareth, b) Christus, c) Anhänger Christi, d) streng judenchristlicher Sektierer.
naze [neɪz] s Landspitze f, Vorgebirge n. **Na·zi** ['nɑːtsɪ; Am. a. 'nætsɪ:] pol. hist. **I** s ,Nazi' m, Natio'nalsozia₁list m. **II** adj a. **n~** Nazi... **'Na·zism, a. 'Na·zi·ism** s Na'zismus m.
Ne·an·der·thal [nɪ'ændə(r)tɑːl; Am. ₁tɔːl; -₁θɔːl] adj Neandertal...: ~ **man** Neandertaler m.
neap [niːp] **I** adj niedrig, abnehmend (Flut). **II** s a. ~ **tide** Nippflut f. **III** v/i zu'rückgehen (Flut).

Ne·a·pol·i·tan [nɪəˈpɒlɪtən; *Am.* -ˈpɑ-] **I** *adj* neapolitanisch: ~ **ice-cream** Fürst-Pückler-Eis *n*. **II** *s* Neapoli'taner(in).

near [nɪə(r)] **I** *adv* **1.** nahe, (ganz) in der Nähe, dicht da'bei. **2.** nahe (bevorstehend) (*Zeitpunkt, Ereignis etc*), vor der Tür: ~ **upon five o'clock** ziemlich genau um 5 Uhr. **3.** nahe (her'an), näher: **he stepped ~. 4.** *colloq.* annähernd, nahezu, beinahe, fast: **not ~ so bad** nicht annähernd so schlecht, bei weitem nicht so schlecht. **5.** *fig.* sparsam: **to live ~** sparsam *od.* kärglich leben. **6.** *fig.* eng (verwandt, befreundet *etc*), innig (vertraut). **7.** *mar.* hart (*am Winde*): **to sail ~ to the wind.**
Besondere Redewendungen:
~ **at hand** a) → **1**, b) → **2**; ~ **by** → **nearby** I; **to come** (*od.* **go**) **~ to** a) sich ungefähr belaufen auf (*acc*), b) e-r Sache sehr nahe- *od.* fast gleichkommen, fast (*etwas*) sein; **to come** (*od.* **go**) **~ to doing s.th.** etwas fast *od.* beinahe tun; **not to come ~ to s.th.** in keinem Verhältnis stehen zu etwas; → **draw near.**
II *adj* (*adv* → **nearly**) **8.** nahe(gelegen), in der Nähe: **the ~est place** der nächstgelegene Ort. **9.** kurz, nahe: **the ~est way** der kürzeste Weg; ~ **miss** a) *mil.* Nachkrepierer *m*, b) *fig.* fast ein Erfolg, c) *aer.* Beinahezusammenstoß *m*. **10.** nahe (*Zeit, Ereignis*): **Christmas is ~ the future. 11.** nahe (verwandt): **the ~est relations** die nächsten Verwandten. **12.** eng (befreundet *od.* vertraut), in'tim, nahestehend (**s.o.** *j-m*): **a ~ friend** ein naher Freund. **13.** von unmittelbarem Inter'esse, a'kut, brennend: **a ~ problem. 14.** knapp: **a ~ race; that was a ~ thing** *colloq.* ‚das hätte ins Auge gehen können', das ist gerade noch einmal gutgegangen. **15.** genau, wörtlich, wortgetreu: **a ~ translation. 16.** sparsam, geizig. **17.** nachgemacht, Imitations...: ~ **beer** Dünnbier *n*; ~ **leather** Imitationsleder *n*; ~ **silk** Halbseide *f*.
III *prep* **18.** nahe (*dat*), in der Nähe von (*od. gen*), nahe an (*dat*) *od.* bei, unweit (*gen*): ~ **our garden**; ~ **s.o.** in j-s Nähe; ~ **completion** der Vollendung nahe; ~ **here** nicht weit von hier; ~ **doing s.th.** nahe daran, etwas zu tun. **19.** (*zeitlich*) nahe, nicht weit von.
IV *v/t u. v/i* **20.** sich nähern, näherkommen (*dat*): **to be ~ing completion** der Vollendung entgegengehen.

near·by I *adv* [ˌnɪə(r)ˈbaɪ] in der Nähe, nahe. **II** *adj* [ˈnɪə(r)baɪ] → **near 8**.

Ne·arc·tic [nɪˈɑː(r)ktɪk; *Am.* -ˈɑːrtɪk] *adj geogr.* ne'arktisch (*zum gemäßigten u. arktischen Nordamerika gehörend*).

ˌnear|-ˈdeath ex·pe·ri·ence *s* Sterbeerlebnis *n*. **N.~ East** *s geogr. pol.* **1.** *Br. obs.* (*die*) Balkanstaaten *pl.* **2.** (*der*) Nahe Osten.

near·ly [ˈnɪə(r)lɪ] *adv* **1.** beinahe, fast. **2.** annähernd: **he is not ~ so stupid** er ist bei weitem nicht so dumm. **3.** genau, gründlich, eingehend. **4.** nahe, eng (*verwandt etc*).

near·ness [ˈnɪə(r)nɪs] *s* **1.** Nähe *f*. **2.** Innigkeit *f*, Vertrautheit *f*. **3.** große Ähnlichkeit. **4.** Knauserigkeit *f*.

near|point *s opt.* Nahpunkt *m*. ˈ~-**side** *s mot.* Beifahrerseite *f*: ~ **door** Beifahrertür *f*. ˌ~ˈsight·ed *adj* kurzsichtig. ˌ~ˈsight·ed·ness *s* Kurzsichtigkeit *f*.

neat¹ [niːt] *adj* (*adv* **~ly**) **1.** sauber: a) ordentlich, reinlich, gepflegt: (**as**) **as a pin** blitzsauber, b) hübsch, gefällig, nett, a'drett, geschmackvoll, c) sorgfältig: ~ **style** gewandter Stil, d) 'übersichtlich geschickt: ~ **solution** e-e saubere *od.* ,elegante' Lösung, f) tadellos: **a ~ job. 2.** raffi'niert, schlau: ~ **plans. 3.** ‚hübsch',

‚schön': **a ~ profit. 4.** treffend: **a ~ answer. 5.** *bes. Am. sl.* ‚klasse', ‚prima'. **6.** a) rein: ~ **silk**, b) pur: **to drink one's whisky ~**.

neat² [niːt] **I** *s sg u. pl* **1.** *collect.* Rind-, Hornvieh *n*, Rinder *pl.* **2.** Ochse *m*, Rind *n*. **II** *adj* **3.** Rind(er)...: ~ **leather** Rind(s)leder *n*.

'neath, neath [niːθ] *prep poet. od. dial.* unter (*dat*), 'unterhalb (*gen*).

ˈ**neat-ˌhand·ed** *adj* behend(e), geschickt, flink.

ˈ**neat·herd** *s* Kuhhirte *m*.

neat·ness [ˈniːtnɪs] *s* **1.** Ordentlichkeit *f*, Sauberkeit *f*. **2.** Gefälligkeit *f*, Nettigkeit *f*. **3.** schlichte Ele'ganz, Klarheit *f* (*des Stils etc*). **4.** a) Gewandtheit *f*, b) Schlauheit *f*. **5.** Reinheit *f*.

ˈ**neat's-foot oil** *s* Klauenfett *n*.

Ne·bras·kan [nɪˈbræskən] **I** *adj* aus *od.* von Ne'braska. **II** *s* Bewohner(in) von Ne'braska.

neb·u·la [ˈnebjʊlə] *pl* **-lae** [-liː] *od.* **-las** *s* **1.** *astr.* Nebel(fleck) *m*. **2.** *med.* a) Wolke *f*, Trübung *f* (*im Urin*), b) Hornhauttrübung *f*. ˈ**neb·u·lar** *adj astr.* **1.** Nebel(fleck)..., Nebular... **2.** nebelartig. **neb·u·lé** [ˈnebjʊleɪ; -lɪ] *adj* **1.** *her.* wellig. **2.** *arch.* Wellen...

neb·u·lize [ˈnebjʊlaɪz] **I** *v/t* Flüssigkeiten zerstäuben. **II** *v/i* zerstäubt werden. ˈ**neb·u·liz·er** *s* Zerstäuber *m*.

neb·u·los·i·ty [ˌnebjʊˈlɒsətɪ; *Am.* -ˈlɑ-] *s* **1.** Neb(e)ligkeit *f*. **2.** Trübheit *f*. **3.** *fig.* Verschwommenheit *f*. **4.** *astr.* a) Nebelhülle *f*, b) Nebel(fleck) *m*.

neb·u·lous [ˈnebjʊləs] *adj* (*adv* **~ly**) **1.** neb(e)lig, wolkig. **2.** trüb, wolkig (*Flüssigkeit*). **3.** *fig.* verschwommen, unbestimmt, unklar. **4.** *astr.* a) nebelartig, b) Nebel...: ~ **star** Nebelstern *m*.

nec·es·sar·i·ly [ˈnesəsərəlɪ; *bes. Am.* ˌnesəˈserəlɪ] *adv* **1.** notwendigerweise. **2.** unbedingt: **you need not ~ do it.**

nec·es·sar·y [ˈnesəsərɪ; *Am.* -ˌserɪ] **I** *adj* **1.** notwendig, nötig, erforderlich (**to** für): **it is ~ for me to do it** ich muß es tun; **a ~ evil** ein notwendiges Übel; **if ~** nötigenfalls. **2.** unvermeidlich, zwangsläufig, notwendig: **a ~ consequence. 3.** 'unumˌstößlich: **a ~ truth. II** *s* **4.** Erfordernis *n*, Bedürfnis *n*: **necessaries of life** lebensnotwendiger Bedarf, Lebensbedürfnisse, *a. jur.* für den Lebensunterhalt notwendige Dinge *od.* Aufwendungen. **5.** *econ.* Be'darfsarˌtikel *m*.

ne·ces·si·tar·i·an [nɪˌsesɪˈteərɪən] *philos.* **I** *s* Determiˈnist *m*. **II** *adj* determiˈnistisch. **ne,ces·si'tar·i·an·ism** *s* Determiˈnismus *m*.

ne·ces·si·tate [nɪˈsesɪteɪt] *v/t* **1.** etwas notwendig *od.* nötig machen, erfordern, verlangen. **2.** *j-n* zwingen, nötigen. **ne·ˌces·si'ta·tion** *s* Nötigung *f*.

ne·ces·si·tous [nɪˈsesɪtəs] *adj* (*adv* **~ly**) **1.** bedürftig, notleidend. **2.** dürftig, ärmlich (*Umstände*).

ne·ces·si·ty [nɪˈsesətɪ] *s* **1.** Notwendigkeit *f*: a) Erforderlichkeit *f*: **as a ~, of ~** notwendigerweise, zwangsläufig, unvermeidlichkeit *f*, c) Zwang *m*: **to be under the ~ of doing** gezwungen sein zu tun. **2.** (dringendes) Bedürfnis: **necessities of life** lebensnotwendiger Bedarf. **3.** Not *f*, Zwangslage *f*: ~ **is the mother of invention** Not macht erfinderisch; ~ **knows no law** Not kennt kein Gebot; **in case of ~** im Notfall; → **virtue 3. 4.** Not(lage) *f*, Bedürftigkeit *f*. **5.** *jur.* Notstand *m*.

neck [nek] **I** *s* **1.** Hals *m* (*a. weitS.* e-r Flasche, am Gewehr, am Saiteninstrument). **2.** Nacken *m*, Genick *n*: **to break one's ~** a) sich das Genick brechen, b) *fig. colloq.* sich ,umbringen'. **3.** a) (Land-)

Meer)Enge *f*, b) Engpaß *m*. **4.** → **neckline**. **5.** Hals-, Kammstück *n* (*von Schlachtvieh*). **6.** *anat.* Hals *m* (*bes.* e-s Organs): ~ **of a tooth** Zahnhals; ~ **of the uterus** Gebärmutterhals. **7.** *geol.* Stiel(gang) *m*, Schlotgang *m*. **8.** *arch.* Halsglied *n* (e-r Säule). **9.** *tech.* a) (Wellen)Hals *m*, b) Schenkel *m* (e-r Achse), c) (abgesetzter) Zapfen *m*, d) Füllstutzen *m*, e) Ansatz *m* (e-r Schraube). **10.** *print.* Konus *m* (*der Type*).
Besondere Redewendungen:
~ **of the woods** *colloq.* Nachbarschaft *f*, Gegend *f*; ~ **and ~** Kopf an Kopf (*a. fig.*); **to be ~ and ~** Kopf an Kopf liegen; **to win by a ~** e-e Halslänge (*fig.* um e-e Nasenlänge) gewinnen; ~ **and crop** mit Stumpf u. Stiel; ~ **and heel** a) ganz u. gar, b) fest, sicher (*binden*); **to get** (*od.* **catch**) **it in the ~** *colloq.* ‚eins aufs Dach bekommen'; ~ **or nothing** a) (*adv*) auf Biegen oder Brechen, b) (*attr*) tollkühn, verzweifelt; **it is ~ or nothing** jetzt geht es aufs Ganze, jetzt geht es um alles oder nichts; **on** (*od.* **in**) **the ~ of** unmittelbar nach; **to be up to one's ~ in debt** bis über die Ohren in Schulden stecken; **to have s.o. round one's ~** j-n am Hals haben; **to risk one's ~** Kopf u. Kragen riskieren; **to save one's ~** den Kopf aus der Schlinge ziehen; **to stick one's ~ out** viel riskieren, den Kopf hinhalten (**for** für); **to tread on s.o.'s ~** j-m den Fuß in den Nacken setzen, j-n unterjochen; → **dead 1.**
II *v/t* **11.** e-m Huhn *etc* den Hals 'umdrehen *od.* den Kopf abschlagen. **12.** *colloq.* ‚(ab)knutschen', ‚knutschen' *od.* ‚schmusen' mit. **13.** *a.* ~ **out** *tech.* aushalsen: **to ~ down** absetzen (*Durchmesser nahe dem Ende verringern*). ‚schmusen'.
III *v/i* **14.** *colloq.* ‚knutschen',

ˌneck|-and-ˈneck *adj* Kopf-an-Kopf-... (*a. fig.*): **a ~ race.** ˈ~-**band** *s* Halsbund *m*. ˈ~-**cloth** *s* Halstuch *n*.

-necked [nekt] *adj* ...halsig, ...nackig.

neck·er·chief [ˈnekə(r)tʃɪf] *s* Halstuch *n*.

neck·ing [ˈnekɪŋ] *s* **1.** *arch.* Säulenhals *m*. **2.** *tech.* a) Aushalsen *n* (e-s Hohlkörpers), b) Querschnittverminderung *f*. **3.** *colloq.* ‚Geknutsche' *n*, ‚Geschmuse' *n*.

neck·lace [ˈneklɪs] *s* **1.** Halskette *f*, -schmuck *m*. **2.** Halsband *n*: ~ **microphone** Kehlkopfmikrophon *n*.

neck·let [ˈneklɪt] → **necklace**.

neck|·lev·er *s* Ringen: Nackenhebel *m*. ˈ~-**line** *s* Ausschnitt *m* (*am Kleid*). ˈ~-**mo(u)ld**, ~ **mo(u)ld·ing** *s arch.* Halsring *m* (e-r Säule). ˈ~-**piece** *s* **1.** Pelzkragen *m*. **2.** *tech.* Kehle *f*, Halsstück *n*). **~-scis·sors** *s pl* (*als sg konstruiert*) *Ringen:* Halsschere *f*. ˈ~-**tie** *s Am.* **1.** Kraˈwatte *f*, Schlips *m*. **2.** *sl.* Schlinge *f* (*des Henkers*): ~ **party** Lynchen *n* durch (Auf)Hängen. ˈ~-**wear** *s collect.* Kra'watten *pl*, Kragen *pl*, Halstücher *pl*.

ne·crol·o·gist [neˈkrɒlədʒɪst; *Am.* -ˈkrɑ-] *s* Schreiber *m* von Nekro'logen.

nec·ro·logue [ˈnekrəlɒg; *Am. a.* -ˌlɑg] *s* Nekro'log *m*, Nachruf *m*. **ne·ˈcrol·o·gy** [-dʒɪ] *s* **1.** Toten-, Sterbeliste *f* (*in Klöstern etc*). **2.** → **necrologue**.

nec·ro·man·cer [ˈnekrəʊmænsə(r)] *s* **1.** Geister-, Totenbeschwörer *m*. **2.** *allg.* Schwarzkünstler *m*. ˈ**nec·ro·man·cy** *s* **1.** Geister-, Totenbeschwörung *f*, Nekro'manˈtie *f*. **2.** *allg.* Schwarze Kunst.

nec·ro·man·tic [ˌnekrəʊˈmæntɪk] *adj* (*adv* **~ally**) **1.** nekro'mantisch, geisterbeschwörend. **2.** Zauber...

ne·croph·i·lism [neˈkrɒfɪlɪzəm; *Am.* -ˈkrɑ-] *s med. psych.* Nekrophiˈlie *f*: a) krankhafte Vorliebe für Leichen, b) Leichenschändung *f*. **ne·ˈcroph·i·lous** *adj zo.* aasliebend.

nec·ro·pho·bi·a [ˌnekrəʊˈfəʊbɪə] *s med.*

psych. Nekropho'bie *f,* krankhafte Angst vor dem Tod *od.* vor Toten.
ne·crop·o·lis [ne'krɒpəlɪs; *Am.* -'krɑ-] *pl* **-o·lis·es** *od.* **-o·leis** [-leɪs] *s* **1.** *antiq.* Ne'kropolis *f,* Totenstadt *f.* **2.** (großer) Friedhof.
nec·rop·sy ['nekrɒpsɪ; *Am.* -ˌrɑp-], **ne·cros·co·py** [ne'krɒskəpɪ; *Am.* -'krɑ-] *s med.* Nekrop'sie *f,* Leichenschau *f,* -öffnung *f.*
ne·crose [ne'krəʊs; 'nekrəʊs] *bot. med.* **I** *v/i* brandig werden, absterben, nekroti'sieren (*Zellgewebe*). **II** *v/t* brandig machen, nekroti'sieren. **ne'cro·sis** [-sɪs] *s* **1.** *med.* Ne'krose *f,* Brand *m:* ~ **of the bone** Knochenfraß *m.* **2.** *bot.* Brand *m.*
ne'crot·ic [-'krɒtɪk; *Am.* -'krɑ-] *adj bot. med.* brandig, ne'krotisch, Brand...
nec·tar ['nektə(r)] *s* **1.** *myth. u. fig.* Nektar *m,* Göttertrank *m.* **2.** *bot.* Nektar *m:* ~ **gland** Honig-, Nektardrüse *f.*
nec·tar·e·an [nek'teərɪən], **nec'tar·e·ous** *adj* **1.** Nektar... **2.** nektarsüß, köstlich.
nec·tar·if·er·ous [ˌnektə'rɪfərəs] *adj* Nektar tragend *od.* liefernd.
nec·tar·ine[1] ['nektərɪn; *Am.* ˌnektə'ri:n] *s bot.* Nekta'rine *f,* Nekta'rinenpfirsich *m.*
nec·tar·ine[2] ['nektərɪn] → **nectarean.**
nec·tar·y ['nektərɪ] *s bot. zo.* Nek'tarium *n,* Honigdrüse *f.*
ned·dy ['nedɪ] *s* Esel *m.*
nee, *Br.* **née** [neɪ] *adj* geborene (*vor dem Mädchennamen e-r verheirateten Frau*): Mrs Jones, ~ Good.
need [ni:d] **I** *s* **1.** (**of, for**) (dringendes) Bedürfnis (*nach*), Bedarf *m* (*an dat*): **to be** (*od.* **stand**) **in** ~ **of** s.th. etwas dringend brauchen, etwas sehr nötig haben; **in** ~ **of repair** reparaturbedürftig; **to have no** ~ **to do** kein Bedürfnis haben zu tun; **to fill a** ~ e-m Bedürfnis entgegenkommen. **2.** Mangel *m* (**of, for** *an dat*), Fehlen *n:* **to feel the** ~ (**of, for**) s.th. etwas vermissen, Mangel an e-r Sache verspüren. **3.** dringende Notwendigkeit: **there is no** ~ **for you to come** es ist nicht notwendig, daß du kommst; du brauchst nicht zu kommen; **to have no** ~ **to do** keinen Grund haben zu tun; **to have** ~ **to do** tun müssen. **4.** Not(lage) *f,* Bedrängnis *f:* **in** ~ in Bedrängnis; **in case of** ~, **if** ~ **be, if** ~ **arise** nötigenfalls, im Notfall. **5.** Armut *f,* Elend *n,* Not *f.* **6.** *pl* Erfordernisse *pl,* Bedürfnisse *pl:* **basic** ~**s** Grundbedürfnisse.
II *v/t* **7.** benötigen, nötig haben, brauchen, bedürfen (*gen*). **8.** erfordern: **it** ~**s all your strength; it** ~**ed doing** es mußte (einmal) getan werden.
III *v/i* **9.** *meist impers* nötig sein: **it** ~**s not that** (*od.* **it does not** ~ **that**) es ist nicht nötig, daß; **there** ~**s no excuse** e-e Entschuldigung ist nicht nötig.
IV *v/aux* **10.** müssen, brauchen: **it** ~**s to be done** es muß getan werden; **it** ~**s but to become known** es braucht nur bekannt zu werden. **11.** (*vor e-r Verneinung u. in Fragen, ohne* **to**; *3. sg pres* **need**) brauchen, müssen: **she** ~ **not do it** sie braucht es nicht zu tun; **you** ~ **not have come** du hättest nicht zu kommen brauchen; ~ **he do it?** muß er es tun?
need·ful ['ni:dfʊl] **I** *adj* (*adv* ~**ly**) nötig, notwendig. **II** *s* (*das*) Nötige: **the** ~ *colloq.* das nötige Kleingeld. **'need·ful·ness** *s* Notwendigkeit *f.*
need·i·ness ['ni:dɪnɪs] *s* Bedürftigkeit *f,* Armut *f.*
nee·dle ['ni:dl] **I** *s* **1.** (Näh-, Strick- *etc*) Nadel *f:* (**as**) **sharp as a** ~ *fig.* äußerst intelligent, 'auf Draht'; **to get** (*od.* **take**) **the** ~ *colloq.* ,hochgehen', die Wut kriegen; **to give the** ~ → **12**; **a** ~ **in a haystack** *fig.* e-e Stecknadel im Heuhaufen *od.* Heuschober; **to be on the** ~ *bes. Am.*

sl. ,an der Nadel hängen', ,fixen'. **2.** *fig.* ,Spitze' *f,* boshafte *od.* sar'kastische Bemerkung. **3.** *tech.* a) (Abspiel-, Grammo'phon-, Ma'gnet)Nadel *f,* b) Ven'tilnadel *f,* c) *mot.* Schwimmernadel *f* (*im Vergaser*), d) Zeiger *m,* e) Zunge *f* (*der Waage*), f) *Bergbau:* Räumnadel *f,* g) *Weberei:* Rietnadel *f* (*beim Jacquardstuhl*), h) *Gravierkunst:* Ra'diernadel *f.* **4.** *bot.* Nadel *f.* **5.** (Fels)Nadel *f,* Felsspitze *f.* **6.** Obe'lisk *m.* **7.** *min.* Kri'stallnadel *f.* **II** *v/t* **8.** (*mit e-r Nadel*) nähen. **9.** durch'stechen. **10.** *med.* punk'tieren. **11.** *fig.* anstacheln. **12.** *colloq.* j-n ,aufziehen', reizen, aufbringen, sticheln gegen. **13.** *colloq.* e-n Schuß Alkohol hin'zufügen zu e-m Getränk. **14.** (*wie e-e Nadel*) hin'durchschieben, hin u. her bewegen: **to** ~ **one's way through** sich hindurchschlängeln. **15.** *e-e Erzählung etc* würzen (**with humo**[**u**]**r** mit Hu'mor). ~ **bath** *s* Strahldusche *f.* ~ **beam** *s arch.* Querbalken *m* (*e-r Brückenbahn*). ~ **bear·ing** *s tech.* Nadellager *n.* **'~book** *s* Nadelbuch *n.* ~ **gun** *s mil.* Zündnadelgewehr *n.* **'~like** *adj* nadelartig. ~ **ore** *s min.* Nadelerz *n.* **'~point** *s* **1.** → **needle-point lace. 2.** Petit point *n* (*feine Nadelarbeit*). **'~point lace** *s* Nadelspitze *f* (*Ggs. Klöppelspitze*).
need·less ['ni:dlɪs] *adj* unnötig, 'überflüssig: ~ **to say** selbstredend, selbstverständlich. **'need·less·ly** *adv* unnötig(erweise). **'need·less·ness** *s* Unnötigkeit *f,* 'Überflüssigkeit *f.*
'nee·dle·stone *s min.* Nadelstein *m.* **'~talk** *s* Nadelgeräusch *n* (*beim Plattenspieler etc*). ~ **tel·e·graph** *s electr.* 'Zeigertele,graf *m.* ~ **ther·a·py** *s med.* Akupunk'tur *f.* ~ **valve** *s tech.* 'Nadelven,til *n.* **'~wom·an** *s irr* Näherin *f.* **'~work** *s* Handarbeit *f,* bes. Nähe'rei *f:* ~ **magazine** Handarbeitsheft *n;* ~ **shop** (*bes. Am.* **store**) Handarbeitsgeschäft *n.*
need·ments ['ni:dmənts] *s pl* Dinge *pl* des per'sönlichen Bedarfs.
needs [ni:dz] *adv* unbedingt, notwendigerweise, 'durchaus (*meist mit* **must** *gebraucht*): **if you must** ~ **do it** wenn du es unbedingt tun willst.
need·y ['ni:dɪ] *adj* (*adv* **needily**) arm, bedürftig, notleidend.
ne'er [neə(r)] *bes. poet. für* **never. '~-do-,well** **I** *s* Taugenichts *m.* **II** *adj* nichtsnutzig.
ne·fan·dous [nɪ'fændəs] *adj* unaussprechlich, ab'scheulich.
ne·far·i·ous [nɪ'feərɪəs] *adj* (*adv* ~**ly**) ruchlos, gemein, schändlich, böse. **ne'far·i·ous·ness** *s* Ruchlosigkeit *f.*
ne·gate [nɪ'geɪt] *v/t* **1.** verneinen, ne'gieren, leugnen. **2.** annul'lieren, unwirksam machen, aufheben. **ne'ga·tion** *s* **1.** Verneinung *f,* Verneinen *n,* Ne'gieren *n.* **2.** Verwerfung *f,* Annul'lierung *f,* Aufhebung *f.* **3.** *philos.* a) *Logik:* Negati'on *f,* b) Nichts *n.*
neg·a·tive ['negətɪv] **I** *adj* (*adv* ~**ly**) **1.** negativ: a) verneinend: ~ **outlook on life** negative Lebenseinstellung, b) abschlägig, ablehnend: **a** ~ **reply,** ~! *bes. mil.* nein!, c) erfolglos, ergebnislos: ~! *bes. mil.* Fehlanzeige!, d) ohne positive Werte. **2.** *fig.* farblos. **3.** *biol. chem. electr. math. med. phot. phys.* negativ: ~ **electricity;** ~ **image. II** *s* **4.** Verneinung *f,* Ne'gierung *f:* **to answer in the** ~ verneinen. **5.** abschlägige Antwort. **6.** *ling.* Negati'on *f,* Verneinung *f,* Verneinungssatz *m,* -wort *n.* **7.** a) Einspruch *m,* Veto *n,* b) ablehnende Stimme. **8.** negative Eigenschaft, Nega'tivum *n.* **9.** *electr.* negativer Pol. **10.** *math.* a) Minuszeichen *n,* b) negative Zahl. **11.** *phot.* Negativ *n.* **III** *v/t* **12.** ne'gieren, verneinen. **13.** verwerfen, ablehnen. **14.** wider'legen. **15.** unwirk-

sam machen, neutrali'sieren. ~ **ac·cel·er·a·tion** *s phys.* Verzögerung *f,* negative Beschleunigung. ~ **con·duc·tor** *s electr.* Minusleitung *f.* ~ **e·lec·trode** *s electr.* negative Elek'trode, Ka'thode *f.* ~ **feed·back** *s electr.* Gegenkopplung *f.* ~ **lens** *s opt.* Zerstreuungslinse *f.*
'neg·a·tive·ness *s* (*das*) Negative, negativer Cha'rakter.
neg·a·tive pole *s* negativer Pol: a) *electr.* Minuspol *m,* b) *phys.* Südpol *m* (*e-s Magneten*). ~ **pro·ton** *s phys.* Antiproton *n.* ~ **sign** *s math.* Minuszeichen *n,* negatives Vorzeichen.
neg·a·tiv·ism ['negətɪvɪzəm] *s a. philos. psych.* Negati'vismus *m.*
neg·a·tiv·i·ty [ˌnegə'tɪvətɪ] → **negativeness, negativism.**
ne·ga·tor [nɪ'geɪtə(r)] *s* Verneiner *m;* j-d, der verneint *od.* ablehnt. **neg·a·to·ry** ['negətərɪ; *Am.* -ˌtɔːrɪː; -ˌtɔː-] *adj* verneinend, ablehnend, negativ.
ne·glect [nɪ'glekt] **I** *v/t* **1.** vernachlässigen, nicht sorgen für, schlecht behandeln: ~**ed appearance** ungepflegte Erscheinung; ~**ed child** verwahrlostes Kind. **2.** miß'achten, geringschätzen. **3.** versäumen, verfehlen, unter'lassen (**to do** *od.* **doing** zu tun), außer acht lassen. **4.** über'sehen, -'gehen. **II** *s* **5.** Vernachlässigung *f,* Hint'ansetzung *f.* **6.** 'Mißachtung *f.* **7.** Unter'lassung *f,* Versäumnis *n:* ~ **of duty** Pflichtversäumnis *f.* **8.** Über'gehen *n,* -'sehen *n,* Auslassung *f.* **9.** Nachlässigkeit *f,* Unter'lassung *f.* **10.** Verwahrlosung *f:* **to be in a state of** ~ vernachlässigt *od.* verwahrlost sein.
ne'glect·ful [-fʊl] *adj* (*adv* ~**ly**) → **negligent 1. ne'glect·ful·ness** → **negligence 1.**
neg·li·gee, neg·li·gé(e) ['neglɪʒeɪ; *Am.* ˌneglə'ʒeɪ] *s* Negli'gé *n:* a) saloppe Kleidung, b) eleganter Morgenmantel.
neg·li·gence ['neglɪdʒəns] *s* **1.** Nachlässigkeit *f,* Unachtsamkeit *f,* Gleichgültigkeit *f.* **2.** *jur.* Fahrlässigkeit *f:* → **contributory 4. 'neg·li·gent** *adj* (*adv* ~**ly**) **1.** nachlässig, unachtsam, gleichgültig (**of** *gegen*): **to be** ~ **of** s.th. etwas vernachlässigen, etwas außer acht lassen. **2.** *jur.* fahrlässig. **3.** lässig, sa'lopp, ungezwungen.
neg·li·gi·ble ['neglɪdʒəbl] *adj* (*adv* **negligibly**) **1.** nebensächlich, unwesentlich. **2.** geringfügig, unbedeutend: → **quantity 4.**
ne·go·ti·a·bil·i·ty [nɪˌɡəʊʃjə'bɪlətɪ; -ʃɪə-] *s econ.* **1.** Verkäuflichkeit *f,* Handelsfähigkeit *f.* **2.** Begebbarkeit *f.* **3.** Bank-, Börsenfähigkeit *f.* **4.** Über'tragbarkeit *f.* **5.** Verwertbarkeit *f.*
ne·go·ti·a·ble [nɪ'ɡəʊʃjəbl; -ʃɪə-] *adj* (*adv* **negotiably**) **1.** *econ.* a) 'umsetzbar, verkäuflich, veräußerlich, b) verkehrsfähig, c) bank-, börsenfähig, d) (durch Indossa'ment) über'tragbar, begebbar, e) verwertbar: **not** ~ nur zur Verrechnung; ~ **instrument** begebbares Wertpapier. **2.** begehbar (*Weg*), befahrbar (*Straße*), 'überwindbar (*Hindernis*). **3.** auf dem Verhandlungsweg erreichbar: **salary** ~ Gehalt nach Vereinbarung; **not to be** ~ kein Diskussionsgegenstand sein, nicht zur Diskussion stehen.
ne·go·ti·ate [nɪ'ɡəʊʃɪeɪt] **I** *v/i* **1.** ver-, unter'handeln, in Verhandlung stehen (**with** mit; **for, about** um, wegen, über *acc*): **negotiating position** Verhandlungsposition *f;* **negotiating table** Verhandlungstisch *m.* **II** *v/t* **2.** e-n Vertrag *etc* (auf dem Verhandlungsweg) zu'stande bringen, aushandeln. **3.** verhandeln über (*acc*). **4.** *econ.* a) e-n Wechsel begeben, 'unterbringen: **to** ~ **back** zurück-

negotiation – neptunism

begeben, b) 'umsetzen, verkaufen. **5.** *e-e Straße etc* pas'sieren, *ein Hindernis etc* über'winden, *e-e Kurve* nehmen.
ne·go·ti·a·tion [nɪˌgəʊʃɪˈeɪʃn] *s* **1.** Ver-, Unter'handlung *f*: **to enter into ~s** in Verhandlungen eintreten; **by way of ~** auf dem Verhandlungsweg. **2.** Aushandeln *n* (*e-s Vertrags*). **3.** *econ.* Begebung *f*, Über'tragung *f*, 'Unterbringung *f* (*e-s Wechsels etc*): **further ~** Weiterbegebung. **4.** Pas'sieren *n*, Über'windung *f*, Nehmen *n*: **~ of a curve** (a hill, *etc*).
ne·go·ti·a·tor [nɪˈgəʊʃɪeɪtə(r)] *s* **1.** 'Unterhändler *m*. **2.** Vermittler *m*.
Ne·gress [ˈniːgrɪs] *s* Negerin *f*.
Ne·gril·lo [nɪˈgrɪləʊ; -nɪ-] *pl* **-los** *od.* **-loes** *s* Pyg'mäe *m*, Buschmann *m* (*Afrikas*).
Ne·gri·to [nɪˈgriːtəʊ; -nɪ-] *pl* **-tos** *od.* **-toes** *s* Pyg'mäe *m*, Ne'grito *m* (*Südostasien*).
ne·gri·tude [ˈnegrɪtjuːd; ˈniː-; *Am. bes.* -tuːd] *s* Negri'tude *f* (*Rückbesinnung der Afrikaner u. Afroamerikaner auf afrikanische Kulturtraditionen*).
Ne·gro [ˈniːgrəʊ] **I** *pl* **-groes** *s* Neger *m*. **II** *adj* Neger...: **~ question** Negerfrage *f*, -problem *m*.
'ne·gro·head *s* **1.** starker schwarzer Priemtabak. **2.** minderwertiges Gummi.
ne·groid [ˈniːgrɔɪd] **I** *adj* **1.** ne'grid (*die eigentlichen Neger, Papua-Melanesier u. Negritos umfassend*). **2.** negro'id, negerartig. **II** *s* **3.** Angehörige(r *m*) *f* der ne'griden Rasse.
ne·gro·ism [ˈniːgrəʊɪzəm] *s* **1.** Spracheigentümlichkeit *f* des Neger-Englisch. **2.** *pol.* Förderung *f* der Negerbewegung.
ne·gro·phile [ˈniːgrəʊfaɪl], *a.* **'ne·gro·phil** [-fɪl] **I** *s* Negerfreund(in). **II** *adj* negerfreundlich. **ne·groph·i·lism** [nɪˈgrɒfɪlɪzəm; *Am.* -ˈgrɑ-] *s* Negerfreundlichkeit *f*.
ne·gro·phobe [ˈniːgrəʊfəʊb] **I** *s* Negerfeind(in), -hasser(in). **II** *adj* negerfeindlich. **ne·gro'pho·bi·a** [-bjə; -bɪə] *s* **1.** Negerhaß *m*. **2.** Angst *f* vor Negern.
Ne·gus¹ [ˈniːgəs] *s* Negus *m* (*äthiopischer Königstitel*).
ne·gus² [ˈniːgəs] *s* Glühwein *m*.
Ne·he·mi·ah [ˌniːɪˈmaɪə; ˌniːhɪ-; ˌniːə-], **ˌNe·he'mi·as** [-əs] *npr u. s Bibl.* (das Buch) Nehe'mia *m*.
neigh [neɪ] **I** *v/i* wiehern (*Pferd*). **II** *s* Gewieher *n*, Wiehern *n*.
neigh·bor, *bes. Br.* **neigh·bour** [ˈneɪbə(r)] **I** *s* **1.** Nachbar(in): **~ at table** Tischnachbar(in). **2.** Nächste(r *m*) *f*, Mitmensch *m*. **II** *adj* **3.** benachbart, angrenzend, Nachbar...: **~ states**. **III** *v/t* **4.** (an)grenzen an (*acc*). **IV** *v/i* **5.** benachbart sein, in der Nachbarschaft wohnen. **6.** (an)grenzen (**on**, **upon** an *acc*). **7. ~ with** *Am.* gut'nachbarliche Beziehungen unter'halten zu. **'neigh·bor·hood**, *bes. Br.* **'neigh·bour·hood** *s* **1.** *a. fig.* Nachbarschaft *f*, Um'gebung *f*, Nähe *f*: **in the ~ of** a) in der Umgebung von (*od. gen*), b) *colloq.* ungefähr, etwa, um (... herum). **2.** *collect.* Nachbarn *pl*, Nachbarschaft *f*. **3.** Gegend *f*: **a fashionable ~**. **'neigh·bor·ing**, *bes. Br.* **'neigh·bour·ing** *adj* **1.** benachbart, angrenzend, Nachbar... **'neigh·bor·li·ness**, *bes. Br.* **'neigh·bour·li·ness** *s* **1.** (gut)'nachbarliches Verhalten. **2.** Freundlichkeit *f*. **'neigh·bor·ly**, *bes. Br.* **'neigh·bour·ly** *adj u. adv* **1.** (gut-) 'nachbarlich. **2.** freundlich, gesellig.
neigh·bour, *etc bes. Br. für* **neighbor**, *etc*.
nei·ther [ˈnaɪðə(r); *bes. Am.* ˈniːðə(r)] **I** *adj u. pron* **1.** kein(er, e, es) (von beiden): **on ~ side** auf keiner der beiden Seiten; **~ of you** keiner von euch (beiden). **II** *conj* **2.** weder: **~ they nor we have done it** weder sie noch wir haben es getan; **~ you nor he knows** weder du weißt es noch er; **~ more nor less** nicht mehr u. nicht weniger. **3.** noch (auch), auch nicht, ebensowenig: **he does not know, ~ do I** er weiß es nicht, und ich auch nicht.
nek [nek] *s S.Afr.* (Gebirgs)Paß *m*.
nek·ton [ˈnektən; *Am.* -tən; -ˌtɑn] *s biol.* Nekton *n* (*im Wasser aktiv schwimmende Lebewesen, z. B. Fische*).
nel·ly¹ [ˈnelɪ] *s orn.* Rieseneismöwe *f*.
nel·ly² [ˈnelɪ] *s*: **not on your ~** *Br. colloq.* nie und nimmer!, nie im Leben!
nel·son [ˈnelsn] *s Ringen*: Nelson *m*, Nackenhebel *m*.
nem·a·to·da [ˌneməˈtəʊdə] *s pl zo.* Fadenwürmer *pl*, Nema'toden *pl*. **'nem·a·tode** [-təʊd] *s* Fadenwurm *m*, Nema'tode *f*.
nem con [ˌnemˈkɒn; *Am.* -ˈkɑn] *adv* einstimmig, ohne Gegenstimme.
Ne·me·an [nɪˈmiːən; *Am. a.* ˈniːmɪən] *adj antiq.* neˈmeisch.
nem·e·sis, *a.* **N~** [ˈnemɪsɪs] *pl* **-e·ses** [-siːz] *s myth. u. fig.* Nemesis *f*, (die Göttin der) Vergeltung *f*.
ne·mo [ˈniːməʊ] *pl* **-mos** *s Rundfunk, TV*: 'Außenrepor,tage *f*.
neo- [ˌniːəʊ] *Wortelement mit der Bedeutung* neu, jung, neo..., Neo...
ˌne·o·arsˈphen·a·mine [-ˌɑː(r)sˈfenəmɪn; -miːn] *s chem. med.* Neosalvar'san *n*, Neoarsphena'min *n*.
ˌNe·o·ˈCath·o·lic *relig.* **I** *s* 'Neo-Ka,tholik *m* (*bes. Anglikaner, der sehr stark der römisch-katholischen Kirche zuneigt*). **II** *adj* 'neo-ka,tholisch.
Ne·o·cene [ˈniːəsiːn] *geol.* **I** *s* Neo'zän *n*. **II** *adj* neo'zän.
ˌne·o·ˈclas·sic *adj bes. mus.* neoklassi'zistisch. **ˌne·o·ˈclas·si·cism** *s* Neoklassi'zismus *m*.
ˌne·o·coˈlo·ni·al *pol.* **I** *adj* neokolonia'listisch. **II** *s* neokolonia'listische Macht. **ˌne·o·coˈlo·ni·al·ism** *s* Neokolonia'lismus *m*.
ˌNe·o·ˈDar·win·ism *s* Neodarwi'nismus *m*.
ˌne·o·ˈfas·cism *s pol.* Neofa'schismus *m*. **ˌne·o·ˈfas·cist** **I** *s* Neofa'schist(in). **II** *adj* neofa'schistisch.
Ne·o·gae·a [ˌniːəʊˈdʒiːə] *s Biogeographie*: Neo'gäa *f*, neo'tropische Regi'on.
ˌNe·o·ˈGoth·ic *adj* neugotisch.
ˌne·o·ˈgram·mar·i·an *s ling. hist.* 'Junggram,matiker *m*.
ˌNe·o·ˈGreek **I** *adj* neugriechisch. **II** *s ling.* Neugriechisch *n*, das Neugriechische.
ˌNe·o·ˈHel·len·ism *s* 'Neuhelle,nismus *m*.
ˌne·o·imˈpres·sion·ism *s paint.* Neoimpressio'nismus *m*.
ˌNe·o·ˈLat·in **I** *s* **1.** a) *ling.* Ro'manisch *n*, das Romanische, b) Ro'mane *m*, Ro'manin *f*. **2.** *ling.* 'Neula,tein *n*, das Neulateinische. **II** *adj* **3.** ro'manisch. **4.** 'neula,teinisch.
ne·o·lith [ˈniːəʊlɪθ; *Am.* ˈniːə-] *s* jungsteinzeitliches Gerät. **ˌne·o·ˈlith·ic** *adj* jungsteinzeitlich, neo'lithisch: **N~ Period** Jungsteinzeit *f*, Neo'lithikum *n*.
ne·ol·o·gism [niːˈɒlədʒɪzəm; *Am.* -ˈɑl-] *s* **1.** *ling.* a) Neolo'gismus *m*, Wortneubildung *f*, b) neue Bedeutung (*e-s Worts*). **2.** *relig.* Neuerung *f*, Neolo'gismus *m*, *bes.* Rationa'lismus *m*. **neˌol·oˈgis·tic** (*adv* **~ally**) neolo'gistisch. **neˈol·o·gize** *v/i* **1.** *ling.* neue Wörter bilden. **2.** *relig.* neue Lehren verkünden *od.* annehmen. **neˈol·o·gy** [-dʒɪ] *s* **1.** *ling.* a) Neolo'gie *f*, Bildung *f* neuer Wörter, b) → neologism 1. **2.** → neologism 2.
ne·on [ˈniːən; -ɒn; *Am.* -ˌɑn] *s chem.* Neon *n* (*Edelgas*): **~ lamp** Neonlampe *f*; **~ sign** Neon-, Leuchtreklame *f*.
ˌne·o·ˈNa·zi *pol.* **I** *s* Neo'nazi *m*, Neona'zist *m*. **II** *adj* neona'zistisch. **ˌne·o·ˈNa·zism** *s* Neona'zismus *m*.
ˌne·o·ˈpa·gan·ism *s* Neuheidentum *n*.
ˌne·o·ˈpho·bi·a *s* Neopho'bie *f*, Neuerungsscheu *f*.
ne·o·phyte [ˈniːəʊfaɪt] *s* **1.** Neo'phyt(in): a) Neugetaufte(r *m*) *f*, b) Neubekehrte(r *m*) *f* (*a. fig.*), Konver'tit(in). **2.** *R.C.* a) Jungpriester *m*, b) No'vize *m*, *f*. **3.** *fig.* Neuling *m*, Anfänger(in).
ne·o·plasm [ˈniːəʊplæzəm] *s med.* Neo'plasma *n*, Gewächs *n*.
ne·o·plas·ty [ˈniːəʊplæstɪ] *s med.* Neubildung *f* durch plastische Operati'on.
ˌNe·o·ˈPla·to·nism *s* 'Neuplato,nismus *m*. **ˌNe·o·ˈPla·to·nist** *s* 'Neupla,toniker *m*.
ˌne·o·ter·ic [ˌniːəʊˈterɪk] *adj* (*adv* **~ally**) neo'terisch, neuzeitlich, mo'dern.
neˈot·er·ism [nɪˈɒtərɪzəm; *Am.* -ˈɑt-] *s* neues Wort *od.* neuer Ausdruck, Neote'rismus *m*. **neˈot·er·ist** *s* Sprachneuerer *m*. **neˈot·er·ize** *v/i* neue Wörter *od.* Ausdrücke einführen.
ˌNe·o·ˈtrop·i·cal *adj* neo'tropisch (*zu den Tropen der Neuen Welt gehörend*).
Ne·o·zo·ic [ˌniːəʊˈzəʊɪk] *geol.* **I** *s* Neo'zoikum *n*, Neuzeit *f*. **II** *adj* neo'zoisch.
nep [nep] *tech. Am.* **I** *s* Knoten *m* (*in Baumwollfasern*). **II** *v/t* Baumwollfasern knotig machen.
Nep·a·lese [ˌnepɔːˈliːz; *bes. Am.* -pəˈl-] **I** *s* Nepa'lese *m*, Bewohner(in) von Ne'pal. **II** *adj* nepa'lesisch.
ne·pen·the [nɪˈpenθɪ; nɪ-], *a.* **Neˈpen·thes** [-θiːz] *s poet.* Ne'penthes *n* (*Trank des Vergessens*). **neˈpen·the·an** *adj* Vergessen bringend.
neph·e·line [ˈnefɪlɪn; -liːn], **ˈneph·e·lite** *s min.* Nephe'lin *m*, Fettstein *m*.
neph·ew [ˈnevjuː; *bes. Am.* ˈnef-] *s* **1.** Neffe *m*. **2.** *obs.* a) Enkel(in), b) Nichte *f*, c) Vetter *m*.
neph·o·log·i·cal [ˌnefəˈlɒdʒɪkl; *Am.* -ˈlɑ-] *adj* wolkenkundlich. **neˈphol·o·gy** [nɪˈfɒlədʒɪ; *Am.* neˈfɑ-] *s* Wolkenkunde *f*.
neph·o·scope [ˈnefəskəʊp] *s* Nepho'skop *n*, Wolkenmesser *m*.
ne·phral·gi·a [neˈfrældʒɪə; nɪ-] *s med.* Nephral'gie *f*, Nierenschmerz *m*.
ne·phrec·to·my [nɪˈfrektəmɪ] *s med.* Nephrekto'mie *f* (*chirurgische Entfernung e-r Niere*).
neph·ric [ˈnefrɪk] *adj* Nieren...
neph·rite [ˈnefraɪt] *s min.* Ne'phrit *m*.
neph·rit·ic [nɪˈfrɪtɪk] *adj med.* Nieren..., ne'phritisch.
neph·ri·tis [neˈfraɪtɪs; nɪ-] *s med.* Ne'phritis *f*, Nierenentzündung *f*.
neph·ro·cele [ˈnefrəʊsiːl] *s med.* Nierenbruch *m*.
neph·roid [ˈnefrɔɪd] *adj* nierenförmig.
neph·ro·lith [ˈnefrəlɪθ] *s med.* Nierenstein *m*.
ne·phrol·o·gist [neˈfrɒlədʒɪst; nɪ-; *Am.* -ˈfrɑ-] *s med.* Nierenfacharzt *m*, Uro'loge *m*. **neˈphrol·o·gy** [-dʒɪ] *s* Nephrolo'gie *f*, Nierenkunde *f*.
ne·phrot·o·my [neˈfrɒtəmɪ; nɪ-; *Am.* -ˈfrɑ-] *s med.* Nephroto'mie *f*, Nierenschnitt *m*.
ne·pot·ic [nɪˈpɒtɪk; *Am.* -ˈpɑ-] *adj* **1.** Neffen..., Vettern... **2.** Vetternwirtschaft treibend. **nep·o·tism** [ˈnepətɪzəm] *s* Nepo'tismus *m*, Vetternwirtschaft *f*.
Nep·tune [ˈneptjuːn; *Am. a.* -ˌtuːn] **I** *npr antiq.* Nep'tun *m* (*Gott des Meeres*). **II** *s* **3.** *astr.* Nep'tun *m* (*Planet*). **Nepˈtu·ni·an** **I** *adj* **1.** Neptun..., Meeres... **2.** **n~** *geol.* nep'tunisch. **II** *s* **3.** *astr.* Nep'tunbewohner *m*. **ˈnep·tun·ism** *s geol.* Neptu'nismus *m*.

nerd [nɜrd] s Am. sl. Trottel m. **'nerd·y** adj Am. sl. vertrottelt.

Ne·re·id ['nɪərɪɪd] pl **-i·des** [nəˈriːədiːz] s antiq. myth. Nereˈide f, See-, Wassernymphe f.

ne·ri·um ['nɪərɪəm] s bot. Oleˈander m.

Nernst lamp [nɛə(r)nst] s phys. Nernstlampe f.

ner·va·tion [nɜːˈveɪʃn; Am. ˌnɜr-], **'ner·va·ture** [-vətʃə(r)] s 1. anat. Anordnung f der Nerven. 2. bot. zo. Äderung f, Nervaˈtur f.

nerve [nɜːv; Am. nɜrv] **I** s 1. Nerv(enfaser f) m: **to get on s.o.'s ~s** j-m auf die Nerven gehen od. fallen; **to rob s.o. of his ~** j-m den Nerv rauben; **a bundle** (od. **bag**) **of ~s** ein Nervenbündel; **to have ~s of iron** Nerven wie Drahtseile od. Stricke haben. 2. fig. a) Lebensnerv m, b) Kraft f, Stärke f, Enerˈgie f, c) Seelenstärke f, (Wage)Mut m, innere Ruhe, Selbstbeherrschung f, Nerven pl, d) sl. Frechheit f, Unverfrorenheit f, ‚Nerven' pl: **to lose one's ~** die Nerven verlieren; **to have the ~ to do s.th.** den ‚Nerv' haben, etwas zu tun; **he has (got) a ~** colloq. ‚der hat (vielleicht) Nerven!'. 3. pl Nervosiˈtät f: **a fit of ~s** e-e Nervenkrise; **to get ~s** Nerven bekommen; **he doesn't know what ~s are** er kennt keine Nerven. 4. bot. Nerv m, Ader f (vom Blatt). 5. zo. Ader f (am Insektenflügel). 6. arch. (Gewölbe)Rippe f. 7. Sehne f (obs. außer in): **to strain every ~** fig. alle Nerven anspannen, s-e ganze Kraft zs.-nehmen. **II** v/t 8. fig. a) (körperlich) stärken, b) (seelisch) stärken, ermutigen: **to ~ o.s.** sich aufraffen. **~ block** s med. ˈLeitungsanästheˌsie f. **~ cell** s anat. Nervenzelle f. **~ cen·ter**, bes. Br. **~ cen·tre** s anat. u. fig. Nervenzentrum n. **~ cord** s anat. Nervenstrang m.

nerved [nɜːvd; Am. nɜrvd] adj 1. nervig (meist in Zssgn): **strong-~** mit starken Nerven, nervenstark. 2. bot. zo. gerippt, geädert.

nerve| fi·ber, bes. Br. **~ fi·bre** s anat. Nervenfaser f. **~ gas** s mil. Nervengas n. **~ im·pulse** s Nervenreiz m.

'nerve·less adj (adv **~ly**) 1. fig. kraft-, enerˈgielos, schlapp. 2. ohne Nerven, kaltblütig. 3. bot. ohne Adern, nervenlos.

nerve| poi·son s Nervengift n. **'~-,(w)rack·ing** adj nervenaufreibend.

ner·vine ['nɜːviːn; Am. 'nɜr-] med. **I** adj 1. nervenberuhigend, -stärkend. 2. Nerven... **II** s 3. nervenstärkendes Mittel.

ner·vous ['nɜːvəs; Am. 'nɜr-] adj (adv **~ly**) 1. Nerven..., nerˈvös: **~ excitement** nervöse Erregung; **~ system** Nervensystem n; → **breakdown** 1. 2. nerˈvös: a) nervenschwach, erregbar, b) aufgeregt, c) gereizt, d) ängstlich, scheu, unsicher: **he feels** (od. **is**) **~ of her** sie macht ihn nervös. 3. aufregend. 4. obs. a) sehnig, kräftig, nervig, b) markig (Stil etc). **'ner·vous·ness** s 1. Nervosiˈtät f. 2. obs. Nervigkeit f, Sehnigkeit f, Kraft f.

ner·vure ['nɜːvjʊə; Am. 'nɜrvjər] → nerve 4-6.

nerv·y ['nɜːvɪ; Am. 'nɜr-] adj (adv **nervily**) 1. a) kühn, mutig, b) colloq. dreist, keck. 2. Br. colloq. nerˈvös, aufgeregt. 3. colloq. nervenaufreibend. 4. obs. **~ nervous** 4 a.

nes·ci·ence ['nesɪəns] s (vollständige) Unwissenheit. **'nes·ci·ent** adj 1. unwissend (of in dat). 2. aˈgnostisch.

ness [nes] s Vorgebirge n.

nest [nest] **I** s 1. orn. zo. Nest n: → befoul. 2. fig. a) Nest n, behagliches Heim, b) Zufluchtsort m. 3. fig. a) Schlupfwinkel m, Versteck n, b) Brutstätte f: **~ of vice** Lasterhöhle f. 4. Brut f (junger Tiere): **to take a ~** ein Nest ausnehmen. 5. mil. (Widerstands-, Schützen-, Maschinenge-wehr)Nest n: **a ~ of machine guns**. 6. Serie f, Satz m (ineinanderpassender Dinge, wie Schüsseln, Tische etc). 7. geol. Nest n, geschlossenes Gesteinslager: **~ of ore** Erznest. 8. tech. Satz m, Gruppe f (miteinander arbeitender Räder, Flaschenzüge etc): **~ of boiler tubes** Heizrohrbündel n. **II** v/i 9. a) ein Nest bauen, b) nisten. 10. sich einnisten, sich niederlassen. 11. Vogelnester suchen u. ausnehmen. **III** v/t 12. ˈunterbringen. 13. Töpfe etc ineinˈanderstellen, -setzen.

nest| box s Nistkasten m. **~ egg** s 1. Nestei n. 2. fig. Not-, Spargroschen m.

nes·tle ['nesl] **I** v/i 1. a. **~ down** sich behaglich niederlassen, es sich gemütlich machen. 2. sich anschmiegen od. kuscheln (**to**, **against** an acc). 3. sich einnisten. **II** v/t 4. schmiegen, kuscheln (**on**, **to**, **against** an acc). **nest·ling** ['nestlɪŋ; 'neslɪŋ] s 1. orn. Nestling m: **~ feather** Erstlings-, Nestdune f. 2. fig. Nesthäkchen n.

Nes·tor ['nestə(r); -tə(r)] s Nestor m (weiser alter Mann od. Ratgeber).

net[1] [net] **I** s 1. Netz n: **tennis ~**. 2. fig. Falle f, Netz n, Garn n, Schlinge(n pl) f. 3. netzartiges Gewebe, Netz n (Tüll, Gaze etc). 4. (Straßen-, Leitungs-, Sender- etc) Netz n. 5. math. (Koordiˈnaten)Netz n. 6. Tennis etc: Netzball m. **II** v/t 7. mit e-m Netz fangen. 8. fig. einfangen: **she's ~ted (herself) a rich husband** sie hat sich e-n reichen Mann geangelt. 9. mit e-m Netz umˈgeben od. bedecken. 10. mit Netzen abfischen. 11. in Fiˈlet arbeiten, knüpfen. 12. Tennis etc: den Ball ins Netz schlagen. **III** v/i 13. Netz- od. Fiˈletarbeit machen. 14. Tennis etc: den Ball ins Netz schlagen.

net[2] [net] **I** adj 1. econ. netto, Netto-, Rein..., Roh... 2. tech. Nutz...: **~ efficiency** Nutzleistung f. 3. End...: **~ result**. **II** v/t 4. econ. netto einbringen, e-n Reingewinn von ... abwerfen. 5. econ. netto verdienen, e-n Reingewinn haben von. **III** s 6. econ. a) Nettoeinkommen n, b) Reingewinn m, c) Nettogewicht n.

net| a·mount s econ. Nettobetrag m, Reinertrag m. **~ bal·ance** s ˈNettobiˌlanz f, ˈNettoˌüberschuß m. **~ ball** → net[1] 6. **'~·ball** s sport Korbball(spiel n) m. **~ cash** s econ. netto Kasse, ohne Abzug gegen bar: **~ in advance** netto Kasse im voraus. **~ cur·tain** s Store m. **neth·er** ['neðə(r)] adj 1. unter(er, e, es), Unter..., b) nieder(er, e, es), Nieder... **Neth·er·land·er** ['neðə(r)ləndə(r); Am. a. -ˌlæn-] s Niederländer(in). **'Neth·er·land·ish** adj niederländisch.

neth·er·most ['neðə(r)məʊst] adj tiefst(er, e, es), unterst(er, e, es).

neth·er| re·gions s pl, **~ world** s ˈUnterwelt f.

net| in·come s econ. Nettoeinkommen n. **~ load** s tech. Nutzlast f. **~ price** s econ. Nettopreis m. **~ pro·ceeds** s pl econ. Rein-, Nettoeinnahme(n pl) f, -erlös m, -ertrag m. **~ prof·it** s econ. Reingewinn m.

'net-shaped e·lec·trode s electr. ˈNetzelekˌtrode f.

nett → net[2].

net·ted ['netɪd] adj 1. netzförmig, maschig. 2. mit Netzen umˈgeben od. bedeckt. 3. bot. zo. netzartig geädert.

net·ting ['netɪŋ] s 1. Netzstricken n, Fiˈletarbeit f. 2. Netz(werk n, Geflecht n (a. aus Draht), mil. Tarngeflecht n, -netze pl.

net·tle ['netl] **I** s 1. bot. Nessel f: **to grasp** (od. **seize**) **the ~** fig. den Stier bei den Hörnern packen. **II** v/t 2. mit od. an Nesseln brennen. 3. fig. ärgern, reizen: **to be ~d at** aufgebracht sein über (acc). **~ cloth** s econ. Nesseltuch n. **'~·rash** s med. Nesselausschlag m.

wehr) Nest n: **a ~ of machine guns**.

net| weight s econ. Netto-, Rein-, Eigen-, Trockengewicht n. **'~·work** s 1. Netz-, Maschenwerk n, Geflecht n, Netz n. 2. Fiˈlet n, Netz-, Fiˈletarbeit f. 3. fig. (a. Eisenbahn-, Fluß-, Straßen- etc)Netz n: **~ of roads**; **social ~** soziales Netz; **~ of intrigues** Netz von Intrigen. 4. electr. a) (Leitungs-, Verteilungs)Netz n, b) Rundˈfunk: Sendernetz n, -gruppe f, c) Schaltungstechnik: Netzwerk n. **~ yield** s econ. effekˈtive Renˈdite od. Verzinsung, Nettoertrag m.

neume [njuːm; Am. a. nuːm] s mus. Neume f (mittelalterliches Notenzeichen).

neu·ral ['njʊərəl; Am. a. 'nʊrəl] adj anat. 1. neuˈral, Nerven...: **~ axis** Nervenachse f. 2. Rücken...: **~ arch** oberer Wirbelbogen; **~ spine** Dornfortsatz m e-s Wirbels.

neu·ral·gia [ˌnjʊəˈrældʒə; Am. a. nʊˈr-] s med. Neuralˈgie f, Nervenschmerz m. **ˌneuˈral·gic** adj (adv **~ally**) neurˈalgisch.

neu·ras·the·ni·a [ˌnjʊərəsˈθiːnjə; -nɪə; Am. a. ˌnʊr-] s med. Neurastheˈnie f, Nervenschwäche f. **ˌneu·rasˈthen·ic** [-ˈθenɪk] med. **I** adj (adv **~ally**) neurˈasthenisch, nervenschwach. **II** s Neurˈasˌtheniker(in).

neu·ra·tion [ˌnjʊəˈreɪʃn; Am. a. nʊˈr-] → nervation.

neu·rec·to·my [ˌnjʊəˈrektəmɪ; Am. a. nʊˈr-] s med. Neurektoˈmie f, ˈNervenexstirpatiˌon f.

neu·ri·lem·ma [ˌnjʊərɪˈlemə; Am. a. ˌnʊrə-] s anat. Neuriˈlemm n, Nervenscheide f.

neu·rine ['njʊəriːn; -rɪn; Am. a. 'nuː-; 'nʊr-] s biol. chem. Neuˈrin n.

neu·rit·ic [ˌnjʊəˈrɪtɪk; Am. a. nʊˈr-] adj med. neuˈritisch. **ˌneuˈri·tis** [-ˈraɪtɪs] s Neuˈritis f, Nervenentzündung f.

neuro- [njʊərəʊ; Am. a. nʊrə] Wortelement mit der Bedeutung Nerven..., die Nerven betreffend.

'neu·ro·blast [-blæst] s biol. Neuroˈblast m, unausgereifte Nervenzelle.

neu·rog·li·a [ˌnjʊəˈrɒglɪə; Am. -ˈrɑː-; a. nʊˈr-] s anat. Neuroˈglia f, Nervenstützgewebe n.

neu·ro·log·i·cal [ˌnjʊərəˈlɒdʒɪkl; Am. -ˈlɑː-; a. ˌnʊrə-] adj med. neuroˈlogisch. **ˌneuˈrol·o·gist** [-ˈrɒlədʒɪst; Am. -ˈrɑː-] s Neuroˈloge m, Nervenarzt m. **ˌneuˈrol·o·gy** [-dʒɪ] s Neuroloˈgie f. **neu·rol·y·sis** [ˌnjʊəˈrɒlɪsɪs; Am. -ˈrɑː-; a. nʊˈr-] s med. Neuroˈlyse f.

neu·ro·ma [ˌnjʊəˈrəʊmə; Am. a. nʊˈr-] pl **-ma·ta** [-tə] s med. Nervengeschwulst f, Neuˈrom n.

'neu·ro·path [-pæθ] s med. Nervenleidende(r m) f. **ˌneu·roˈpath·ic**, **ˌneu·roˈpath·i·cal** adj med neuroˈpathisch: a) nerˈvös (Leiden etc), b) nervenkrank, -leidend. **ˌneuˈrop·a·thist** [-ˈrɒpəθɪst; Am. -ˈrɑː-] s neurologist. **ˌneu·roˈpathol·o·gy** s Neuropatholoˈgie f. **ˌneuˈrop·a·thy** s Nervenleiden n.

'neu·roˌphys·i·ol·o·gy s med. Neurophysioloˈgie f.

ˌneu·roˌpsy·chi·a·try s Neuropsychiaˈtrie f.

ˌneu·roˌpsy·cho·sis s med. Neuropsyˈchose f.

neu·rop·ter·an [ˌnjʊəˈrɒptərən; Am. -ˈrɑː-; a. nʊˈr-] zo. **I** adj Netzflügler... **II** s Netzflügler m.

neu·ro·sis [ˌnjʊəˈrəʊsɪs; Am. a. nʊˈr-] pl **-ses** [-siːz] s med. Neuˈrose f.

ˌneu·roˈsur·geon s med. ˈNervenchirˌurg m.

neu·rot·ic [ˌnjʊəˈrɒtɪk; Am. -ˈrɑː-; a. nʊˈr-] **I** adj (adv **~ally**) 1. neuˈrotisch: a) nervenleidend, -krank, b) Neurosen... 2. nerˈvös, Nerven...: **~ disease**. 3. Ner-

neurotomy – newsroom

ven...: ~ **medicament** → 5. **II** s 4. Neu'rotiker(in). 5. Nervenmittel n.
neu·rot·o·my [ˌnjʊəˈrɒtəmɪ; Am. -ˈrɑ-; a. nʊˈr-] s med. **1.** 'Nervenanato,mie f. **2.** Nervenschnitt m.
neu·ter [ˈnjuːtə(r); Am. a. ˈnuː-] **I** adj **1.** ling. a) sächlich, b) intransitiv (Verb). **2.** biol. a) geschlechtslos, nicht fortpflanzungsfähig, b) mit nur rudimen'tären Ge'schlechtsor,ganen. **3.** obs. neu'tral. **II** s **4.** ling. a) Neutrum n, sächliches Hauptwort, b) intransitives Verb, Intransi'tivum n. **5.** bot. Blüte f ohne Staubgefäße u. Stempel. **6.** zo. geschlechtsloses od. ka'striertes Tier. **III** v/t **7.** Katzen etc ka'strieren.
neu·tral [ˈnjuːtrəl; Am. a. ˈnuː-] **I** adj (adv ~ly) **1.** neu'tral, par'teilos, 'unpar,teiisch, unbeteiligt: ~ **ship** neutrales Schiff. **2.** neu'tral, unbestimmt, farblos. **3.** neu'tral (a. chem. electr.), gleichgültig, 'indiffe,rent (to gegen'über). **4.** → **neuter** 2. **5.** mot. a) Ruhe..., Null... (Lage), b) Leerlauf... (Gang). **II** s **6.** Neu'trale(r m) f, Par'teilose(r m) f. **7.** pol. a) neu'traler Staat, b) Angehörige(r m) f e-s neu'tralen Staates. **8.** mot. tech. a) Ruhelage f, b) Leerlaufstellung f (des Getriebes): **to put the car in** ~ den Gang herausnehmen. ~ **ax·is** s math. phys. tech. neu'trale Achse, Nullinie f. ~ **con·duc·tor** s electr. Mittel-, Neu'tralleiter m. ~ **e·qui·lib·ri·um** s phys. 'indiffe,rentes Gleichgewicht. ~ **gear** s mot. tech. Leerlauf m.
neu·tral·ism s pol. Neutra'lismus m, Neutrali'tätspoli,tik f. **'neu·tral·ist I** s Neutra'list m, Neu'trale(r) m. **II** adj neutra'listisch.
neu·tral·i·ty [njuːˈtrælətɪ; Am. a. ˈnuː-] s a. chem. u. pol. Neutrali'tät f.
neu·tral·i·za·tion [ˌnjuːtrəlaɪˈzeɪʃn; Am. -lə'z-; a. ˌnuː-] s **1.** Neutrali'sierung f, Ausgleich m, (gegenseitige) Aufhebung. **2.** chem. Neutralisati'on f. **3.** pol. Neutrali'tätserklärung f (e-s Staates etc). **4.** electr. Entkopplung f, Neutralisati'on f. **5.** mil. Niederhaltung f, Lahmlegung f: ~ **fire** Niederhaltungsfeuer n. **'neu·tral·ize** v/t **1.** neutrali'sieren (a. chem.), ausgleichen, aufheben: **to** ~ **each other** sich gegenseitig aufheben. **2.** pol. für neu'tral erklären. **3.** electr. neutrali'sieren, entkoppeln. **4.** a) mil. niederhalten, -kämpfen, b) sport Gegenspieler ,kaltstellen', c) mil. Kampfstoffe entgiften.
neu·tral line s **1.** math. phys. Neu'trale f, neu'trale Linie f. **2.** phys. Nullinie f. **3.** → **neutral axis.** ~ **po·si·tion** s tech. Nullstellung f, Leerlaufstellung f, Ruhelage f, Ausgangsstellung f. ~ **wire** s electr. Nullleiter m.
neu·tret·to [njuːˈtretəʊ; Am. a. nuː-] pl **-tos** s phys. Neu'tretto n (neutrales Meson).
neu·tri·no [njuːˈtriːnəʊ; Am. a. nuː-] pl **-nos** s phys. Neu'trino n (neutrales Elementarteilchen).
neu·tro·dyne [ˈnjuːtrədaɪn; Am. a. ˈnuː-] s electr. Neutro'dyn n: ~ **capacitor** Entkopplungskondensator m; ~ **receiver** Neutrodynempfänger m.
neu·tron [ˈnjuːtrɒn; Am. -ˌtrɒn; a. ˈnuː-] s phys. Neutron n: ~ **bomb** mil. Neutronenbombe f; ~ **number** Neutronenzahl f; ~ **star** astr. Neutronenstern m; ~ **weapon** mil. Neutronenwaffe f.
Ne·vad·an [neˈvɑːdən; nə-; Am. a. -ˈvæ-] adj von od. aus Ne'vada.
né·vé [ˈneveɪ; Am. neɪˈveɪ] s geol. Firn (-feld n) m.
nev·er [ˈnevə(r)] adv **1.** nie, niemals, nimmer(mehr). **2.** durch'aus nicht, (ganz u. gar) nicht, nicht im geringsten. **3.** colloq. doch nicht, (doch) wohl nicht: **you** ~ **mean to tell me that.**

Besondere Redewendungen:
~ **fear** nur keine Bange!, keine Sorge!; **well, I** ~! colloq. nein, so was!, das ist ja unerhört!; ~ **so** auch noch so, so sehr auch; ~ **were he** ~ **so bad** mag er auch noch so schlecht sein; ~ **so much** noch so sehr od. viel; ~ **so much as** nicht einmal, sogar nicht; **he** ~ **so much as answered** er hat noch nicht einmal geantwortet; ~ **ever** garantiert nie, nie u. nimmer; → **die¹** 17, **mind** 14.
'nev·er-do-,well s Taugenichts m, Tunichtgut m. **'~-,end·ing** adj endlos, unaufhörlich, nicht enden wollend: ~ **discussions.** **'~-,fail·ing** adj **1.** unfehlbar, untrüglich. **2.** nie versiegend. **~'more** adv nimmermehr, nie wieder. **~-'nev·er** s **1.** Br. colloq. ,Stottern' n (Ratenzahlung): **to buy on the** ~ ,abstottern', auf Pump kaufen. **2.** a. ~ **land** a) Au'stralischer Busch, b) fig. Wolken'kuckucksheim n. **,nev·er·the'less** adv nichtsdesto'weniger, dessen'ungeachtet, dennoch.
ne·vus [ˈniːvəs] pl **-vi** [-vaɪ] s physiol. Muttermal n, Leberfleck m: **congenital** ~ **Blutmal** n; **vascular** ~ Feuermal n.
new [njuː; Am. a. nuː] **I** adj (adv → **newly**) **1.** allg. neu: **nothing** ~ nichts Neues; **that is not** ~ **to me** das ist mir nichts Neues; **what's** ~? was gibt es Neues?; → **broom** 1, **leaf** 4. **2.** ling. neu, mo'dern. **3.** bes. contp. neumodisch. **4.** neu (Kartoffeln, Obst etc), frisch (Brot, Milch etc). **5.** neu (-entdeckt od. -erschienen od. -erstanden od. -geschaffen): **a** ~ **book**; **a** ~ **star**; ~ **moon** Neumond m; ~ **publications** Neuerscheinungen; **the** ~ **woman** die Frau von heute, die moderne Frau. **6.** unerforscht: ~ **ground** Neuland n (a. fig.). **7.** neu (gewählt, -ernannt): **the** ~ **president**. **8.** (to) a) (j-m) unbekannt, b) nicht vertraut (mit e-r Sache), unerfahren od. ungeübt (in dat), c) (j-m) ungewohnt. **9.** neu, ander(er, e, es), besser: **to feel a** ~ **man** sich wie neugeboren fühlen; **to lead a** ~ **life** ein neues (besseres) Leben führen. **10.** neu, erneut: **a** ~ **start** ein neuer Anfang. **11.** (bes. bei Ortsnamen) Neu... **II** adv **12.** neuerlich, erneut. **13.** neu, frisch (bes. in Zssgn): ~-**built** neuerbaut.
new birth s bes. fig. relig. 'Wiedergeburt f. **'~-born** adj neugeboren. ~ **chum** s bes. Austral. sl. Neuling m, Neuankömmling m. **'~-come** adj neuangekommen. **'~-,com·er** s **1.** Neuankömmling m, Fremde(r m) f. **2.** Neuling m (to a subject auf e-m Gebiet). **N~ Deal** s New Deal m (Wirtschafts- u. Sozialpolitik des Präsidenten F. D. Roosevelt). **N~ E·gyp·tian** s ling. Koptisch n, das Koptische.
new·el [ˈnjuːəl; Am. a. ˈnuː-] s tech. **1.** Spindel f (e-r Wendeltreppe, Gußform etc). **2.** Endpfosten m (e-r Geländerstange).
New Eng·land boiled din·ner → **boiled dinner.**
'new·,fan·gled adj contp. neumodisch. **~-'fash·ioned** adj modisch, mo'dern. **'~-fledged** adj **1.** orn. flügge geworden, seit kurzem flügge. **2.** fig. neugebacken. **'~-found** adj **1.** neugefunden, neuerfunden. **2.** neuentdeckt.
New·found·land (dog) [njuːˈfaʊndlənd; Am. a. nuː-; ˈnuːfənd-] s zo. Neu'fundländer m (Hund).
New·found·land·er [ˈnjuːfəndləndə(r); Am. a. ˈnuː-] s **1.** Neu'fundländer(in). **2.** mar. Neu'fundlandfahrer m (Fischereifahrzeug). **3.** zo. Neu'fundländer m (Hund).
new·ish [ˈnjuːɪʃ; Am. a. ˈnuː-] adj ziemlich neu.
New Je·ru·sa·lem Church s relig. die auf den Lehren Emanuel Swedenborgs fußende Kirche. **'n~-laid** adj frischgelegt

(Eier). ~ **Left** s pol. (die) neue Linke. **n~ light** s relig. Moder'nist m, Libe'rale(r) m. ~ **Look** s New Look m (neue Linie).
new·ly [ˈnjuːlɪ; Am. a. ˈnuː-] adv **1.** neulich, kürzlich, jüngst: ~-**married** jung-, frisch-, neuvermählt. **2.** von neuem: ~ **raised hope** neuerweckte Hoffnung. **3.** anders: ~ **arranged furniture** umgestellte Möbel. **'~-weds** s pl Neuvermählte pl, Jungverheiratete pl.
new·ness [ˈnjuːnɪs; Am. a. ˈnuː-] s **1.** (Zustand der) Neuheit f, (das) Neue. **2.** (das) Neue, (etwas) Neues. **3.** fig. Unerfahrenheit f.
'new-rich I adj neureich. **II** s Neureiche(r m) f, Parve'nü m.
news [njuːz; Am. a. nuːz] s pl (als sg konstruiert) **1.** (das) Neue, Neuigkeit(en pl) f, (etwas) Neues, Nachricht(en pl) f: **a piece** (od. **bit**) **of** ~ e-e Neuigkeit od. Nachricht; **at this** ~ bei dieser Nachricht; **good (bad)** ~ gute (schlechte) Nachricht(en); **commercial** ~ econ. Handelsteil m (e-r Zeitung); **to have** ~ **from s.o.** von j-m Nachricht haben; **what's the** ~? was gibt es Neues?; **it is** ~ **to me** das ist mir (ganz) neu; **ill** ~ **flies apace** schlechte Nachrichten erfährt man bald; **no** ~ **is good** ~ keine Nachricht ist gute Nachricht; → **bad¹** 8, **good** 17. **2.** neueste (Zeitungs- etc)Nachrichten pl: **to be in the** ~ (in der Öffentlichkeit) von sich reden machen. ~ **a·gen·cy** s 'Nachrichtena,gen,tur f, -bü,ro n. ~ **a·gent** s Zeitungshändler m. ~ **black-out** s Nachrichtensperre f: **to order a** ~ **on s.th.** über etwas eine Nachrichtensperre verhängen. **'~-boy** s Zeitungsjunge m. **'~-break** s Am. (für Zeitungsleser) interes'santes Ereignis. ~ **bul·le·tin** s Rundfunk, TV: Kurznachricht(en pl) f. ~ **butch·er** s Am. Verkäufer m von Zeitungen, Süßigkeiten etc (in Eisenbahnzügen). **'~-cast** s Rundfunk, TV: Nachrichtensendung f. **'~-,cast·er** s Rundfunk, TV: Nachrichtensprecher(in). ~ **cin·e·ma** s Aktualitätenkino n, Aki n. ~ **con·fer·ence** s 'Pressekonfe,renz f. ~ **deal·er** s Am. Zeitungshändler m. ~ **flash** s Rundfunk, TV: Kurzmeldung f. **'~-hawk** s Am. colloq. 'Zeitungsre,porter(in). ~ **head·lines** s pl Kurznachrichten pl, Nachrichten pl in Schlagzeilen. **~ hound** → **newshawk.**
news·ie → **newsy I.**
news·i·ness [ˈnjuːzɪnɪs; Am. a. ˈnuː-] s colloq. 'Überfülle f von Nachrichten od. Neuigkeiten.
'news,let·ter s **1.** (Nachrichten)Rundschreiben n, (in'ternes) Mitteilungsblatt. **2.** hist. geschriebene Zeitung. ~ **mag·a·zine** s 'Nachrichtenmaga,zin n. **'~,mak·er** s Am. j-d, der Schlagzeilen macht. **'~-man** [-mən] s irr **1.** a) Zeitungshändler m, b) Zeitungsmann m, -austräger m. **2.** Journa'list m. ~ **me·di·a** s pl Medien pl (Presse, Funk, Fernsehen). **'~,mon·ger** s Klatschmaul n.
'news,pa·per [ˈnjuːs-; ˈnjuːz-; Am. bes. ˈnuːz-] s **1.** Zeitung f: **commercial** ~ Börsenblatt n, Wirtschaftszeitung. **2.** 'Zeitungspa,pier n. ~ **clip·ping** s Am., ~ **cut·ting** s Br. Zeitungsausschnitt m. **'~-man** [-mæn] s irr **1.** Zeitungsverkäufer m. **2.** a) Re'porter m, b) ('Zeitungs-) Re,dak,teur m, c) Journa'list m. **3.** Zeitungsverleger m.
'news·speak s als bewußt mehrdeutig u. irreführend empfundene Sprache der Bürokraten u. Politiker (nach G. Orwells „1984"). **'news,print** s 'Zeitungspa,pier n. **'~,read·er** s Br. für **newscaster.** **'~-reel** s Film: Wochenschau f. **'~-room** s **1.** 'Nachrichtenraum m, -zen,trale f (e-r Nachrichtenagentur, Zeitung, Rundfunk- od. Fernsehstation). **2.** Zeitschriftenlese-

saal *m*. **3.** *Am*. Zeitungsladen *m*, -kiosk *m*. ~ **ser·vice** *s* Nachrichtendienst *m*. '~**sheet** *s* Informati'onsblatt *n*. ~ **stall** *s Br.*, '~-**stand** *s* Zeitungskiosk *m*, -stand *m*. ~ **the·a·ter**, *bes. Br.* ~ **the·a·tre** *s* Aktuali'tätenkino *n*, Aki *n*.
New Style *s* neue Zeitrechnung (nach dem Gregori'anischen Ka'lender).
news| val·ue *s* 'Nachrichtenwert' *m*, Interes'santheit *f*, Aktuali'tät *f*. ~ **ven·dor** *s* Zeitungsverkäufer *m*. '~**wor·thy** *adj* von Inter'esse für den Zeitungsleser, berichtenswert, aktu'ell.
news·y ['nju:zɪ; *Am. a.* 'nu:zi:] *colloq*. **I** *s* **1.** *Am*. Zeitungsjunge *m*. **II** *adj* **2.** voller Neuigkeiten. **3.** geschwätzig, schwatzhaft.
newt [nju:t; *Am. a.* nu:t] *s zo*. Wassermolch *m*.
New| Tes·ta·ment *s* Bibl. (*das*) Neue Testa'ment. ~ **Thought** *s relig*. e-e moderne religiöse Bewegung, die an die Macht des Geistes glaubt, den Körper zu beherrschen u. Krankheiten fernzuhalten *od*. zu heilen.
new·ton ['nju:tn; *Am. a.* 'nu:tn] *s phys*. Newton *n* (*physikalische Krafteinheit*).
New·to·ni·an [nju:'təʊnjən; -ɪən; *Am. a.* nu:-] **I** *adj* **1.** Newton(i)sch: ~ **force** (**mechanics**) Newtonsche Kraft (Mechanik). **II** *s* **2.** Anhänger *m* Newtons. **3.** *a*. ~ **telescope** *phys*. Newton(i)scher Re'flektor.
new| town *s* Satel'liten-, Tra'bantenstadt *f*. ~ **wave** *s* neue Welle (*Film etc*). **N.~ World** *s* (*die*) Neue Welt (*Amerika*). ~-'**world** *adj* (aus) der Neuen Welt. ~ **year** *s* **1.** Neujahr *n*, (*das*) neue Jahr. **2.** **N.~ Y.~** Neujahrstag *m*. **N.~ Year's Day** *s* Neujahrstag *m*. **N.~ Year's Eve** *s* Sil'vesterabend *m*.
next [nekst] **I** *adj* **1.** (*Ort, Lage*) nächste(r, e, es), erst(er, e, es) nach ..., dicht *od*. nahe bei ... (*befindlich*), nächststehend: **the ~ house**; → **door** *Bes. Redew*. **2.** (*Zeit, Reihenfolge*) nächst(er, e, es), (*unmittelbar*) folgend, gleich nach: **~ month** nächsten Monat; **~ time** das nächste Mal, ein andermal, in Zukunft; (**the**) **~ day** am nächsten *od*. folgenden Tag. **3.** unmittelbar vor'hergehend *od*. folgend: **~ in size** nächstgrößer(er, e, es) *od*. nächstkleiner (-er, e, es). **4.** (*an Rang*) nächst(er, e, es). **5.** *Am. sl.* infor'miert, im Bilde (**to** über *acc.*) *Besondere Redewendungen*:
~ **to** a) gleich neben, b) gleich nach (*Rang, Reihenfolge*), c) beinahe, fast *unmöglich etc*, so gut wie *nichts etc*; ~ **to last** zweitletzt(er, e, es); ~ **to the** (*od*. **one's**) **skin** auf der bloßen Haut; **but one** übernächst(er, e, es); **the ~ best thing to** das nächstbeste; (**the**) **~ moment** im nächsten Augenblick; **the ~ man** der erste beste; **the river ~** (*od*. **the ~ river**) **to the Thames in length** der nächstlängste Fluß nach der Themse; **not till ~ time** *humor*. nie mehr bis zum nächsten Mal; → **what** *Bes. Redew*.
II *adv* **6.** (*Ort, Zeit etc*) als nächste(r) *od*. nächstes, gleich dar'auf: **to come ~** als nächster (nächste, nächstes) folgen. **7.** nächstens, demnächst, das nächste Mal: **when I saw him ~** als ich ihn das nächste Mal sah. **8.** (*bei Aufzählung*) dann, dar'auf.
III *prep* **9.** gleich neben *od*. bei *od*. an (*dat*). **10.** (*an Rang*) gleich nach.
IV *s* **11.** (*der, die, das*) Nächste: **the ~ to come** der Nächste; **to be continued in our ~** Fortsetzung folgt; **in my ~ obs.** in m-m nächsten Schreiben.
,**next**|-'**door** *adj* im Nebenhaus, benachbart, neben'an: **the ~ baker** der Bäcker neben'an; ~ **house** Nachbar-, Nebenhaus *n*; **we are ~ neighbo(u)rs** wir wohnen Tür an Tür. ~ **friend** *s jur.* Pro'zeßpfleger *m* (*e-s Minderjährigen etc*). ~ **of kin** *s sg u. pl* (*der od. die*) nächste Verwandte, (*die*) nächsten Angehörigen *pl od*. Verwandten *pl*. ~ **world** *s* Jenseits *n*.
nex·us ['neksəs] *pl* -**us** (*Lat*.) *s* Nexus *m*, Verknüpfung *f*, Zs.-hang *m*.
n-gon ['engɒn; *Am*. 'eŋˌgɑn] *s math*. n-Eck *n*.
NHS| frame *s* (*abbr. für* National Health Service) *Br*. Kassengestell *n*. ~ **glass·es** *s pl Br*. Kassenbrille *f*. ~ **treatment** *s med. Br*. Behandlung *f* auf Krankenschein.
nib [nɪb] **I** *s* **1.** *orn*. Schnabel *m*. **2.** (Gold-, Stahl)Spitze *f* (e-r Schreibfeder). **3.** Schreibfeder *f*. **4.** *tech*. (*getrenntes, verstellbares*) Glied e-s Kombinati'onsschlüssels. **5.** *pl* Kaffee- *od*. Ka'kaobohnenstückchen *pl*. **6.** Knoten *m* (*in Wolle od. Seide*). **II** *v/t* **7.** Füllfeder *etc* mit e-r Spitze versehen. **8.** *etwas* spitz(er) machen, anspitzen.
nib·ble ['nɪbl] **I** *v/t* **1.** nagen *od*. knabbern an (*dat*), anfressen: **to ~ off** abbeißen, abfressen. **2.** den Köder vorsichtig anbeißen (*Fisch*). **II** *v/i* **3.** a) nagen, knabbern (**at** *an dat*): **to ~ at one's food** im Essen herumstochern, b) knabbern', naschen (*beim Fernsehen etc*). **4.** (fast) anbeißen (*Fisch; a. fig. Käufer*). **5.** *fig*. kritteln, nörgeln. **II** *s* **6.** Nagen *n*, Knabbern *n*. **7.** (vorsichtiges) Anbeißen (*der Fische*). **8.** (kleiner) Bissen, Happen *m*.
Ni·be·lungs ['ni:bəlʊŋz] *npr pl* (*die*) Nibelungen *pl*.
nib·lick ['nɪblɪk] *s Golf*: *obs*. Niblick *m* (*Eisenschläger Nr. 9*).
nibs [nɪbz] *s pl* (*als sg konstruiert*) *colloq*. 'großes Tier': **his ~** 'seine Hoheit'.
nice [naɪs] *adj* (*adv* → **nicely**) **1.** fein, zart. **2.** fein, lecker (*Speise etc*). **3.** nett, freundlich (**to s.o.** zu j-m). **4.** nett, hübsch, schön (*alle a. iro.*): **a ~ girl**; ~ **weather** schönes Wetter; **a ~ mess** *iro*. e-e schöne Bescherung; ~ **and fat** schön fett; ~ **and warm** hübsch *od*. schön warm. **5.** heikel, wählerisch (**about** *in dat*). **6.** fein, scharf, genau: **a ~ distinction** ein feiner Unterschied; ~ **judg(e)ment** feines Urteilsvermögen; **to have a ~ ear** ein scharfes Ohr haben. **7.** (peinlich) genau, sorgfältig, gewissenhaft, pünktlich. **8.** *fig*. heikel, 'kittlig', schwierig: **a ~ question** e-e heikle Frage. **9.** (*meist mit* **not**) anständig: **not a ~ song** ein unanständiges Lied.
nice·ly ['naɪslɪ] *adv* **1.** fein, nett: ~ **written** nett geschrieben. **2.** gut, fein, ausgezeichnet: **that will do** ~ a) das genügt vollauf, b) das paßt ausgezeichnet; **she is doing ~** *colloq*. es geht ihr gut; besser, sie macht gute Fortschritte; **to talk ~ to s.o.** j-m gute Worte geben. **3.** sorgfältig, genau. **4.** *iro*. schön: **I was done ~** *sl*. ich wurde ganz schön 'reingelegt'.
Ni·cene Creed [naɪˈsiːn; ˈnaɪsiːn] *s relig*. Ni'zänum *n*, Ni'zäisches Glaubensbekenntnis.
nice·ness ['naɪsnɪs] *s* **1.** Feinheit *f* (*des Geschmacks etc*), Schärfe *f* (*des Urteils*). **2.** Nettheit *f*, (*das*) Nette. **3.** Nettigkeit *f*, Freundlichkeit *f*. **4.** → **nicety 2**.
ni·ce·ty ['naɪsətɪ] *s* **1.** Feinheit *f*, Schärfe *f* (*des Urteils etc*). **2.** peinliche Genauigkeit, Pünktlichkeit *f*: **to a ~** äußerst (*od*. peinlich) genau. **3.** Spitzfindigkeit *f*. **4.** *pl* feine 'Unterschiede *pl*, Feinheiten *pl*: **not to stand upon niceties** es nicht so genau nehmen. **5.** wählerisches Wesen. **6.** *meist pl* Annehmlichkeit *f*: **the niceties of life** die Annehmlichkeiten des Lebens.
niche [nɪtʃ; niː∫] **I** *s* **1.** *arch*. Nische *f*. **2.** *fig*. Platz *m*, wo man 'hingehört: **he finally found his ~ in life** er hat endlich s-n Platz im Leben gefunden. **3.** *fig*. (ruhiges) Plätzchen. **II** *v/t* **4.** mit e-r Nische versehen. **5.** in e-e Nische stellen.
ni·chrome ['naɪkrəʊm] *s tech*. Nickelchrom *n*.
Nick[1] [nɪk] *npr* **1.** Koseform von Nicholas. **2.** *meist* **Old ~** *colloq*. der Teufel.
nick[2] [nɪk] **I** *s* **1.** Kerbe *f*, Einkerbung *f*, Einschnitt *m*. **2.** Kerbholz *n*. **3.** *tech*. Einschnitt *m*, Schlitz *m* (*am Schraubenkopf*). **4.** *print*. Signa'tur(rinne) *f*. **5.** (*rechter*) Zeitpunkt: **in the ~ of time** a) im richtigen Augenblick, wie gerufen, b) im letzten Moment. **6.** *Würfelspiel etc*: (*hoher*) Wurf, Treffer *m*. **7.** *Br. sl.* a) 'Kittchen' *n* (*Gefängnis*): **in the ~**, b) Poli'zeire, vier *n*. **8. to be in good ~** *colloq*. gut 'in Schuß' sein. **II** *v/t* **9.** (ein)kerben, einschneiden: **to ~ out** auszacken; **to ~ o.s. while shaving** sich beim Rasieren schneiden. **10.** *etwas* glücklich treffen: **to ~ the time** gerade den richtigen Zeitpunkt treffen. **11.** e-n Zug *etc* (gerade noch) erwischen. **12.** *Br. sl.* a) j-n ,schnappen', festnehmen, b) j-n ,einlochen', einsperren. **13.** *Br. sl.* klauen', stehlen. **14.** *Am. sl.* 'übers Ohr hauen', betrügen (**for** um). **III** *v/i* **15.** ~ **in** sich vordrängen (*bes. durch Kurvenschneiden*). **16.** ~ **off** *Austral. colloq*. sich aus dem Staub machen.
nick·el ['nɪkl] **I** *s* **1.** *chem. min*. Nickel *n*: **antimonial ~** Nickelspießglanzerz *n*; **arsenical ~** Arseniknickel; **chloride of ~** Nickelchlorid *n*. **2.** *Am. colloq*. ,Nickel' *m*, Fünf'centstück *n*: **not worth a plugged ~** keinen Pfifferling wert. **II** *adj* **3.** Nickel... **III** *v/t* **4.** vernickeln. ~ **bloom** *s min*. Nickelblüte *f*. ~ **glance** *s min*. Nickelglanz *m*.
nick·el·ic [nɪˈkelɪk] *adj chem. min*. nickelhaltig, Nickel... **nick·el·if·er·ous** [ˌnɪkɪˈlɪfərəs] *adj min*. nickelhaltig. '**nick·el·ize** *v/t* vernickeln.
nick·el·o·de·on [ˌnɪkəˈləʊdɪən] *s Am*. **1.** *hist*. billiges ('Film-, Varie'té)The,ater. **2.** ~ **juke box**.
'**nick·el**|-**plate** *v/t tech*. vernickeln. '~-**plat·ed** *adj* vernickelt, 'nickelplat,tiert. '~-**plat·ing** *s* Vernickelung *f*. ~ **sil·ver** *s* Neusilber *n*. ~ **steel** *s* Nickelstahl *n*.
nick·er[1] ['nɪkə(r)] *v/i* **1.** wiehern. **2.** kichern.
nick·er[2] ['nɪkə] *pl* '**nick·er** *s Br. sl.* Pfund *n* (Sterling): **it cost me 20 ~**.
nick·nack → **knickknack**.
nick·name ['nɪkneɪm] **I** *s* **1.** Spitzname *m*. **2.** Kosename *m*. **3.** *mil*. Deckname *m*. **II** *v/t* **4.** mit e-m Spitznamen *etc* bezeichnen, *j-m* e-n *od*. den Spitznamen ... geben.
nic·o·tin·a·mide [ˌnɪkəˈtiːnəmaɪd; -ˈtɪn-] *s chem*. Niko'tina,mid *n*.
nic·o·tine ['nɪkətiːn] *s chem*. Niko'tin *n*. ~ **con·tent** *s* Niko'tingehalt *m*: **of low ~** nikotinarm. '~-**stained** *adj* niko'tingelb (*Finger*).
nic·o·tin·ic [ˌnɪkəˈtiːnɪk; -ˈtɪ-] *adj* niko'tinisch, Nikotin...
nic·o·tin·ism ['nɪkətinɪzəm; -tɪn-] *s med*. Niko'tinvergiftung *f*. '**nic·o·tin·ize** *v/t chem*. mit Niko'tin sättigen *od*. vergiften.
nic·tate ['nɪkteɪt], **nic·ti·tate** ['nɪktɪteɪt] *v/i* blinzeln: **nictitating membrane** *anat*. Blinzel-, Nickhaut *f*.
nic·ti·ta·tion [ˌnɪktɪˈteɪʃn] *s med*. Niktitati'on *f*, krampfhaftes Blinzeln.
ni·dal ['naɪdl] *adj zo*. Nest... **nid·a·men·tal** [ˌnaɪdəˈmentl] *adj* ni'damen,tal. **ni·da·tion** [naɪˈdeɪʃn] *s* **1.** *physiol*. Nidati'on *f*, Einnisten *n* des Eies. **2.** *med*. Sich-'Festsetzen *n* von Erregern.
nid·dle-nod·dle ['nɪdlˌnɒdl; *Am*. -ˌnɑdl] **I** *v/i* wackeln. **II** *v/t* wackeln mit (*dem Kopf*). **III** *adj* wackelnd.
nide [naɪd] *s* (Fa'sanen)Nest *n*, Brut *f*.

ni·di ['naɪdaɪ] *pl von* **nidus**.
nid·i·fi·cate ['nɪdɪfɪkeɪt; *Am. a.* naɪ'dɪ-], **nid·i·fy** ['nɪdɪfaɪ] *v/i* ein Nest bauen, nisten.
nid-nod ['nɪdnɒd; *Am.* -ˌnɑd] *v/i* ständig *od.* mehrmals nicken.
ni·dus ['naɪdəs] *pl* **-di** [-daɪ] *s* **1.** *zo.* Nest *n*, Brutstätte *f*. **2.** *fig.* Lagerstätte *f*, Sitz *m*. **3.** *med.* Herd *m*, Nest *n* (e-r Krankheit).
niece [niːs] *s* **1.** Nichte *f*. **2.** *obs.* Enkelin *f*.
ni·el·lo [nɪ'eləʊ] *I pl* **-li** [-lɪ] *od.* **-los** *s* **1.** Ni'ello *n*, Schwarzschmelz *m* (schwarz ausgefüllte Metallgravierung). **2.** *a.* ~ **work** Ni'ello(arbeit *f*) *n*. **II** *v/t* **3.** niel'lieren.
Nie·tzsche·an ['niːtʃɪən] **I** *s* Nietzscheanhänger(in). **II** *adj* Nietzsches Lehre betreffend. **'Nie·tzsche·an·ism** *s* Philoso'phie *f* Friedrich Nietzsches.
nieve [niːv] *s dial.* Faust *f*.
niff [nɪf] *s Br. sl.* Gestank *m*. **'niff·y** *adj Br. sl.* stinkend: **to be** ~ stinken.
nif·ty ['nɪftɪ] *adj colloq.* **1.** ‚sauber': a) hübsch, schick, fesch, b) ‚prima', c) raffi'niert. **2.** *Br.* stinkend.
nig·gard ['nɪɡə(r)d] **I** *s* ‚Knicker(in)', Geizhals *m*, ‚Filz' *m*. **II** *adj* → **niggardly**. **'nig·gard·li·ness** *s* ‚Knause'rei' *f*, Geiz *m*. **'nig·gard·ly** *adj u. adv* **1.** schäbig, kümmerlich: a ~ **gift**. **2.** geizig, ‚knaus(e)rig', ‚knick(e)rig'.
nig·ger ['nɪɡə(r)] *s* **1.** *colloq. contp.* ‚Nigger' *m*, Neger(in), Schwarze(r *m*) *f*: ~ **in the woodpile** *colloq.* a) geheime (böse) Absicht, b) (*der*) Haken an der Sache; **to work like a** ~ wie ein Pferd arbeiten, schuften. **2.** *zo.* Larve *f*. **~·heav·ens** *thea. Am. colloq.* → **god 5**.
nig·gle ['nɪɡl] **I** *v/i* a) (pe'dantisch) ‚her'umtüfteln', b) pe'dantisch sein. **2.** (her'um)trödeln. **3.** (her'um)nörgeln (**about**, **over** *or* **at**). **'nig·gler** *s* **1.** a) Tüftler *m*, b) Pe'dant *m*. **2.** Trödler *m*. **3.** Nörgler *m*. **'nig·gling** *adj* a) ‚tüftelig', b) pe'dantisch.
nigh [naɪ] *obs. od. poet.* **I** *adv* **1.** (*Zeit u. Ort*) nahe (**to** *dat od.* **an** *dat*): ~ **to** (*od.* **unto**) **death** dem Tode nahe; ~ **but** beinahe; **to draw** ~ sich nähern (*dat*). **2.** *meist* **well** ~ beinahe, nahezu. **II** *prep* **3.** nahe (bei) (*dat*), neben. **III** *adj* **4.** nahe.
night [naɪt] *s* **1.** Nacht *f*: **at** ~, **by** ~, **in the** ~ bei Nacht, nachts, des Nachts; **to bid** (*od.* **wish**) s.o. **good** ~ j-m gute Nacht wünschen; ~'s **lodging** Nachtquartier *n*. **2.** Abend *m*: **last** ~ gestern abend; **the** ~ **before last** vorgestern abend; **a** ~ **of Wagner** ein Wagnerabend; **on the** ~ **of May 5th** am Abend des 5. Mai. **3.** *fig.* Nacht *f*, Dunkel *n*, Dunkelheit *f*. *Besondere Redewendungen:* ~ **and day** Tag u. Nacht; **they are like** ~ **and day** sie sind so verschieden wie Tag u. Nacht; **late at** ~ (tief) in der Nacht, spät abends; **over** ~ über Nacht; ~ **out** freier Abend; **to have a** ~ **out** (*od.* **off**) a) e-n Abend lang ausspannen, b) ausgehen; **to have an early** (**a late**) ~ früh (spät) schlafen gehen; **to have a good** (**bad**) ~ gut (schlecht) schlafen; **to make a** ~ **of it** bis zum (nächsten) Morgen durchfeiern, ‚sich die Nacht um die Ohren schlagen'; **to stay the** ~ at übernachten in (*e-m Ort*) *od.* bei (*j-m*); **to turn** ~ **into day** die Nacht zum Tage machen.
night│at·tack *s mil.* Nachtangriff *m*. ~ **bell** *s* Nachtglocke *f*. ~ **bird** *s* **1.** *orn.* Nachtvogel *m*. **2.** *fig.* a) Nachtmensch *m*, ‚Nachteule' *f*, b) Nachtschwärmer *m*. **'~·blind** *adj med.* nachtblind. **'~·blind·ness** *s med.* Nachtblindheit *f*. **'~-ˌbloom·ing** *adj bot.* nachtblütig. **'~-ˌbloom·ing ce·re·us** *s bot.* Königin *f* der Nacht. **'~·cap** *s* **1.** Nachtmütze *f*, -haube *f*. **2.** *fig.* Schlummertrunk *m*.

3. *sport Am. colloq.* letzter Wettkampf des Tages. ~ **cel·lar** *s Br.* (*bes.* anrüchiges) 'Kellerloˌkal. ~ **chair** *s* Nachtstuhl *m*. **'~·churr** *s orn.* Nachtjar. ~ **club** *s* Nachtklub *m*, 'Nachtloˌkal *n*. **~·com·bat** *s mil.* Nachtgefecht *n*. **'~·dress** *s* Nachthemd *n* (*für Frauen u. Kinder*). ~ **ef·fect** *s Radar etc*: 'Nacht-, 'Dämmerungsefˌfekt *m*. **~·ex·po·sure** *s phot.* Nachtaufnahme *f*. **'~·fall** *s* Einbruch *m* der Nacht *od.* Dunkelheit: **at** ~. ~ **fight·er** *s aer. mil.* Nachtjagdflugzeug *n*, Nachtjäger *m*. **'~·gear** *s* Nachtzeug *n*. ~ **glass** *s* Nachtfernrohr *n*, -glas *n*. **'~·gown** → **nightdress**. **'~·hawk** *s* **1.** *orn.* Amerikanischer Ziegenmelker. **2.** → **night owl 2**.
night·ie ['naɪtɪ] *s colloq.* (Damen-, Kinder)Nachthemd *n*.
night·in·gale ['naɪtɪŋɡeɪl; *Am. a.* -tən̩ɡ-] *s orn.* Nachtigall *f*.
'night│·jar *s orn.* Ziegenmelker *m*. ~ **latch** *s* Nachtschloß *n* (Schnappschloß). **~·leave** *s mil.* Urlaub *m* bis zum Wecken. ~ **let·ter**(**·gram**) *s Am.* (verbilligtes) 'Nachtteleˌgramm. **~·life** *s* Nachtleben *n*. ~ **light** *s* Nachtlicht *n* (*für Kinder etc*). ~ **line** *s* Nacht-, Grundangel *f*. **'~·long I** *adj* e-e *od.* die ganze Nacht dauernd. **II** *adv* die ganze Nacht (hin'durch).
night│mail *s* **1.** Nachtpost *f*. **2.** Nacht(post)zug *m*. ~ **man** *s irr* **1.** Nachtarbeiter *m*. **2.** Nachtwächter *m*.
night·mare ['naɪtmeə(r)] *s* **1.** Nachtmahr *m* (böser Geist). **2.** *med.* Alp(drücken *n*) *m*, böser Traum (*a. fig.*). **3.** *fig.* a) Schreckgespenst *n*, b) Alpdruck *m*, -traum *m*, Grauen *n*. **'night·mar·ish** *adj* beklemmend, schauerlich.
night│nurse *s* Nachtschwester *f*. **~·owl** *s* **1.** *orn.* Nachteule *f*. **2.** *colloq.* a) ‚Nachteule' *f*, Nachtmensch *m*, b) Nachtschwärmer *m*. ~ **per·son** *s* Nachtmensch *m*. ~ **piece** *s* **1.** *paint.* Nachtstück *n*. **2.** Nachtszene *f* (Beschreibung). **~·por·ter** *s* 'Nachtportiˌer *m*. ~ **rid·er** *s hist. Am.* Mitglied e-r berittenen Terroristenbande. ~ **robe** *s Am.* (Damen)Nachthemd *n*.
nights [naɪts] *adv colloq.* bei Nacht, nachts: **to work** ~ a. Nachtschicht haben.
night│safe *s* 'Nachtsafe *m*, -treˌsor *m*: ~ **container** Geldbombe *f*. ~ **school** *s* Abend-, Fortbildungsschule *f*, (*Art*) Volkshochschule *f*. **~·shade** *s bot.* **1.** Nachtschatten *m*. **2.** *a.* **deadly** ~ Tollkirsche *f*. ~ **shift** *s* Nachtschicht *f*: **to be** (*od.* **work**) **on** ~ Nachtschicht haben. **'~·shirt** *s* Nachthemd *n* (*für Männer u. Knaben*). **'~·side** *s astr.* Nachtseite *f*, *fig. a.* geheimnisvolle Seite. ~ **sky** *s* Nachthimmel *m*, nächtlicher Himmel. **'~·spot** *s colloq. für* **night club**. **~·stand** *s Am.* Nachttisch *m*. **'~·stick** *s Am.* Gummiknüppel *m*, Schlagstock *m* (*der Polizei*). **'~·stool** *s* Nachtstuhl *m*. **~·sweat** *s med.* Nachtschweiß *m*. ~ **ta·ble** → **nightstand**. ~ **ter·ror** *s med.* Nachtangst *f* (nächtliches Aufschrecken bei Kindern). **'~·tide** *s* **1.** *poet.* Nachtzeit *f*. **2.** *mar.* Flut *f* zur Nachtzeit. **'~·time** *s* Nacht(zeit) *f*: **at** ~ zur Nachtzeit, nachts. ~ **vi·sion** *s* **1.** nächtliche Erscheinung. **2.** *med.* Nachtsehvermögen *n*. **'~·walk·er** *s* Strichmädchen *n*. ~ **watch** *s* Nachtwache *f*. **2.** Nachtwächter *m*. **'~·watch·man** *s irr* Nachtwächter *m*. **'~·wear** *s* Nachtzeug *n*. **'~·work** *s* Nachtarbeit *f*.
night·y ['naɪtɪ] → **nightie**.
ni·gres·cence [naɪ'ɡresns] *s* **1.** Schwarz-

werden *n*. **2.** Dunkelheit *f*. **ni'gres·cent** *adj* **1.** schwarzwerdend. **2.** schwärzlich, dunkel.
nig·ri·tude ['nɪɡrɪtjuːd; *Am. a.* 'naɪ-; -ˌtuːd] *s* Schwärze *f*.
ni·hil·ism ['naɪɪlɪzəm; *Am. a.* 'niːə-] *s philos. pol.* Nihi'lismus *m*. **'ni·hil·ist** *s* Nihi'list(in). **ˌni·hil'is·tic** *adj* nihi'listisch. **ˌni·hil'is·tic** *adj* nihi'listisch.
nil [nɪl] *s* Nichts *n*, Null *f* (*bes. in Spielresultaten*): **two goals to** ~ (2–0) *bes. Br.* zwei zu null (2:0); ~ **report** (*od.* **return**) Fehlanzeige *f*; **his influence is** ~ sein Einfluß ist gleich Null.
nill [nɪl] *v/t u. v/i obs.* nicht wollen.
Ni·lot·ic [naɪ'lɒtɪk; *Am.* -'lɑ-] *adj* Nil...
nil·po·tent ['nɪlpətənt; *Am.* -ˌpoʊ-] *adj math.* nilpo'tent.
nim·bi ['nɪmbaɪ] *pl von* **nimbus**.
nim·ble ['nɪmbl] *adj* (*adv* **nimbly**) **1.** flink, hurtig, gewandt, be'hend(e). **2.** *fig.* geistig beweglich, ‚fix': ~ **mind** beweglicher Geist, rasche Auffassungsgabe. **'~-ˌfin·gered** *adj* **1.** geschickt, fingerfertig. **2.** langfingerig, diebisch. **'~-ˌfoot·ed** *adj* leicht-, schnellfüßig.
nim·ble·ness ['nɪmblnɪs] *s* **1.** Be'hendigkeit *f*, Gewandtheit *f*, Flinkheit *f*. **2.** *fig.* geistige Beweglichkeit.
'nim·ble-ˌwit·ted *adj* schlagfertig.
nim·bus ['nɪmbəs] *pl* **-bi** [-baɪ] *od.* **-bus·es** *s* **1.** *a.* ~ **cloud** *meteor.* Nimbus *m*, graue Regenwolke. **2.** Nimbus *m*: a) Heiligenschein *m*, Strahlenkranz *m* (*auf Gemälden etc*), b) *fig.* Ruhm(esglanz) *m*, Geltung *f*.
ni·mi·e·ty [nɪ'maɪətɪ] *s selten* Zu'viel *n*.
nim·i·ny-pim·i·ny [ˌnɪmɪnɪ'pɪmɪnɪ] *adj* affek'tiert, geziert, etepe'tete.
Nim·rod ['nɪmrɒd; *Am.* -ˌrɑd] *npr Bibl. u. s fig.* Nimrod *m* (großer Jäger).
nin·com·poop ['nɪnkəmpuːp] *s* Einfaltspinsel *m*, Trottel *m*.
nine [naɪn] **I** *adj* **1.** neun. **II** *s* **2.** Neun *f*, Neuner *m* (*Zahl, Spielkarte etc*): **the** ~ **of hearts** die Herzneun; **by** ~s immer neun auf einmal. **3. the N—** *pl* die neun Musen. **4.** *sport Am.* Baseballmannschaft *f*. *Besondere Redewendungen:* ~ **times out of ten** in neun von zehn Fällen, fast immer; **to the** ~**s** in höchstem Maße; **dressed** (**up**) **to the** ~**s** piekfein gekleidet, ‚in Schale'; **casting out the** ~**s** *math.* Neunerprobe *f*; → **wonder 1**.
nine·fold ['naɪnfəʊld] **I** *adj u. adv* neunfach. **II** *s* (*das*) Neunfache.
'nine·pin *s* **1.** Kegel *m*. **2.** *pl* (*als pl konstruiert*) Kegeln *n*: **to play** ~**s** Kegel spielen, kegeln.
nine·teen [ˌnaɪn'tiːn] **I** *adj* neunzehn: → **dozen 2**. **II** *s* Neunzehn *f*. **ˌnine·'teenth** [-'tiːnθ] **I** *adj* **1.** neunzehnt(er, e, es): **the** ~ **hole** (*Golf*) *colloq.* ‚das neunzehnte Loch' (*Bar des Golfplatzes*). **2.** neunzehntel. **II** *s* **3.** (*der, die, das*) Neunzehnte. **4.** Neunzehntel *n*.
nine·ti·eth ['naɪntɪɪθ] **I** *adj* **1.** neunzigst(er, e, es). **2.** neunzigstel. **II** *s* **3.** (*der, die, das*) Neunzigste. **4.** Neunzigstel *n*.
ˌnine-to-'five [a. *adj* mit geregelter Arbeitszeit]: **a** ~ **job**. **II** *s* **a. nine-to-fiver** *colloq.* j-d, der e-e geregelte Arbeitszeit hat.
nine·ty ['naɪntɪ] **I** *s* Neunzig *f*: **he is in his nineties** er ist in den Neunzigern; **in the nineties** in den neunziger Jahren (*e-s Jahrhunderts*). **II** *adj* neunzig.
nin·ny ['nɪnɪ], *a.* **'nin·nyˌham·mer** [-ˌhæmə(r)] *s* Dummkopf *m*, Dussel *m*. **'nin·ny·ish** *adj* dußlig.
ninth [naɪnθ] **I** *adj* **1.** neunt(er, e, es): **in the** ~ **place** neuntens, an neunter Stelle. **2.** neuntel. **II** *s* **3.** (*der, die, das*) Neunte: **the** ~ **of May** der 9. Mai. **4.** Neuntel *n*. **5.** *mus.* None *f*: ~ **chord** Nonenakkord *m*. **'ninth·ly** *adv* neuntens.

ni·o·bic [naɪˈəʊbɪk] *adj chem.* Niob...: ~ acid.
ni·o·bi·um [naɪˈəʊbɪəm] *s chem.* Niˈob *n*, Niˈobium *n*.
nip¹ [nɪp] **I** *v/t* **1.** kneifen, zwicken: **to ~ off** abzwicken, abkneifen, abbeißen; **~ped by the ice** vom Eis eingeschlossen (*Schiff*). **2.** *durch Frost etc* beschädigen, vernichten: → **bud¹ 3. 3.** *sl.* a) ‚klauen', stehlen, b) ‚schnappen', verhaften. **II** *v/i* **4.** zwicken, schneiden, beißen (*Kälte, Wind*). **5.** *tech.* klemmen (*Maschine*). **6.** *colloq.* sausen, ‚flitzen': **to ~ in** hineinschlüpfen; **to ~ on ahead** nach vorn flitzen. **III** *s* **7.** Kneifen, Biß *m*. **8.** *tech.* Knick *m* (*in e-m Draht etc*). **9.** *mar.* Einpressung *f* (*e-s Schiffs*). **10.** Abkneifen *n*, Abzwicken *n*. **11.** Beschädigung *f* (*durch Frost etc*), Frostbrand *m*. **12.** Schneiden *n* (*des Windes*), scharfer Frost.
nip² [nɪp] **I** *v/i u. v/t* nippen (an *dat*), ein Schlückchen nehmen (von). **II** *s* Schlückchen *n*: **a ~ of whisky**.
Nip³ [nɪp] *s sl. contp.* ‚Japs' *m*, Jaˈpaner(in).
nip| and tuck *adv* Kopf an Kopf (*a. fig.*): **to be ~** Kopf an Kopf liegen. **~-and-ˈtuck** *adj* Kopf-an-Kopf-... (*a. fig.*): **a ~ race**.
nip·per [ˈnɪpə(r)] *s* **1.** *bes. Br. colloq.* a) ‚Stift' *m*, Handlanger *m* (*e-s Straßenhändlers*), b) Dreiˈkäsehoch *m*. **2.** *zo.* a) Vorder-, Schneidezahn *m* (*bes. vom Pferd*), b) Schere *f* (*vom Krebs etc*). **3.** *meist pl*, *a.* **pair of ~s** (Kneif)Zange *f*, b) Pinˈzette *f*, c) Auslösungshaken *m*. **4.** *mar.* (Kabelar)Zeising *f*. **5.** *pl* Kneifer *m*. **6.** *pl colloq.* Handschellen *pl*.
nip·ping [ˈnɪpɪŋ] *adj* (*adv* **~ly**) **1.** kneifend. **2.** beißend, schneidend (*Kälte, Wind*; *a. fig.* Spott *etc*). **3.** *fig.* bissig.
nip·ple [ˈnɪpl] *s* **1.** *anat.* Brustwarze *f*. **2.** (Saug)Hütchen *n*, (Gummi)Sauger *m* (*e-r Saugflasche*). **3.** *tech.* (Speichen- od. Schmier)Nippel *m*. **~ shield** *s med.* (Brust)Warzenhütchen *n* (*für stillende Mütter*). **ˈ~wort** *s bot.* Hasenkohl *m*.
Nip·pon·ese [ˌnɪpəˈniːz] **I** *s* a) Jaˈpaner(in), b) *pl* Jaˈpaner *pl*. **II** *adj* jaˈpanisch.
nip·py [ˈnɪpɪ] **I** *adj* **1.** → **nipping** 2 *u.* 3. **2.** *colloq.* a) schnell, ‚fix', b) spritzig (*Wagen*). **II** *s* **3.** *Br. colloq.* Kellnerin *f*.
Nir·va·na [nɪə(r)ˈvɑːnə; nɜːˈv-; *Am.* nɜr-] *s relig. u. fig.* Nirˈwana *n*.
ni·sei [niːˈseɪ; ˈniːseɪ] *pl* **-sei**, **-seis** *s* Jaˈpaner(in) geboren in den USˈA.
ni·si [ˈnaɪsaɪ] (*Lat.*) *conj jur.* wenn nicht: **decree ~** vorläufiges Scheidungsurteil.
Nis·sen hut [ˈnɪsn] *s mil.* Nissenhütte *f*, ˈWellblechbaˌracke *f* (mit Zeˈmentboden).
ni·sus [ˈnaɪsəs] *pl* **-sus** *s* **1.** Bestreben *n*. **2.** *biol.* periˈodisch auftretender Fortpflanzungstrieb.
nit¹ [nɪt] *s zo.* Nisse *f*, Niß *f* (*Ei e-r Laus od. anderer Insekten*).
nit² [nɪt] *s Br. colloq.* Schwachkopf *m*.
nit³ [nɪt] *s*: **to keep ~** *Austral. colloq.* ‚Schmiere stehen', aufpassen.
ni·ter, *bes. Br.* **ni·tre** [ˈnaɪtə(r)] *s chem.* Salˈpeter *m*: **~ cake** Natriumkuchen *m*.
ni·ton [ˈnaɪtɒn; *Am.* -ˌɑn; *a.* ˈniːt-] *s chem.* Niton *n*.
ˈnit|-ˌpick·er *s colloq.* ‚Koˈrinthenkacker' *m*, ‚pingeliger' *od.* kleinlicher Mensch. **ˈ~-ˌpick·ing** *colloq.* **I** *adj* ‚pingelig', kleinlich. **II** *s* ˌKoˌrinthenkackeˈrei *f*.
ni·trate [ˈnaɪtreɪt] **I** *s chem.* Niˈtrat *n*, salˈpetersaures Salz: **~ of silver** salpetersaures Silber(oxyd), Höllenstein *m*; **~ of soda** (*od.* **sodium**) salpetersaures Natron. **II** *v/t* niˈtrieren, mit Salˈpetersäure behandeln. **ˈni·trat·ed** *adj* **1.** *chem.* salˈpetersauer. **2.** *phot.* mit salˈpetersaurem ˈSilberˌoxyd präpaˈriert (*Platte etc*).
ni·tra·tion [naɪˈtreɪʃn] *s chem.* Niˈtrierung *f*.
ni·tre *bes. Br. für* **niter**.
ni·tric [ˈnaɪtrɪk] *adj chem.* salˈpetersauer, Salpeter..., Stickstoff... **~ ac·id** *s* Salˈpetersäure *f*. **~ ox·ide** *s* ˈStickˌstoffˌoxyd *n*. **~ per·ox·ide** *s chem.* ˈStickstofftetroˌxyd *n*.
ni·tride [ˈnaɪtraɪd] *chem.* **I** *s* Niˈtrid *n*. **II** *v/t* niˈtrieren. **niˈtrif·er·ous** [-ˈtrɪfərəs] *adj* **1.** stickstoffhaltig. **2.** salˈpeterhaltig. **ˌni·tri·fiˈca·tion** [-fɪˈkeɪʃn] *s* Niˈtrierung *f*. **ˈni·tri·fy** [-faɪ] **I** *v/t* niˈtrieren. **II** *v/i* sich in Salˈpeter verwandeln.
ni·trite [ˈnaɪtraɪt] *s* Niˈtrit *n*, salˈpetrigsaures Salz.
nitro- [naɪtrəʊ] *Wortelement mit der Bedeutung* Nitro..., Salpeter...
ˌni·tro·bacˈte·ri·um *s irr med.* ˈStickstoffbakˌterie *f*.
ˌni·troˈben·zene, **ˌni·troˈben·zol(e)** *s chem.* Nitrobenˈzol *n*.
ˌni·troˈcel·lu·lose *s chem.* Nitrozelluˈlose *f*, Schießbaumwolle *f*: **~ lacquer** Nitro(zellulose)lack *m*.
ˌni·troˈgel·a·tin(e) *s chem.* Nitrogelaˈtine *f*, Gelaˈtinedynaˌmit *n*.
ni·tro·gen [ˈnaɪtrədʒən; *Am.* -trə-; *a.* ˈnaɪtrədʒɒn] *v/t chem.* Nitro...
ni·tro·gen *s chem.* Nitroˈgen *n*, Stickstoff *m*. **~ fix·a·tion** *s chem.* **1.** ˈUmwandlung *f* des freien Stickstoffs (*in technisch verwertbare Verbindungen*). **2.** Assimilatiˈon *f* des Luftstickstoffs (*durch bestimmte Bodenbakterien*).
ni·tro·gen·ize [naɪˈtrɒdʒɪnaɪz; *Am.* -ˈtrɑ-; *a.* ˈnaɪtrədʒəˌn-] *v/t chem.* mit Stickstoff verbinden *od.* anreichern: **~d foods** stickstoffhaltige Nahrungsmittel.
ni·trog·e·nous [naɪˈtrɒdʒɪnəs; *Am.* -ˈtrɑ-] *adj chem.* stickstoffhaltig.
ˌni·troˈglyc·er·in(e) *s chem.* Nitroglyceˈrin *n*.
ˈni·troˌhy·droˈchlo·ric *adj chem.* Salˈpetersalz...: **~ acid**.
ni·tro pow·der *s chem.* rauchschwaches Pulver.
ni·trous [ˈnaɪtrəs] *adj chem.* Salpeter..., salˈpeterhaltig, salˈpetrig. **~ ac·id** *s* salˈpetrige Säure. **~ an·hy·dride** *s* Salˈpetrigsäureanhyˌdrid *n*, ˌStickstoffˌoxyd *n*. **~ ox·ide** *s* ˈStickstoffoxyˌdul *n*, Lachgas *n*.
ni·trox·yl [naɪˈtrɒksɪl; *Am.* -ˈtrɑk-], **ni·tryl** [ˈnaɪtrɪl] *s chem.* das Radikal -NO₂.
nit·ty¹ [ˈnɪtɪ] *adj* voller Nissen.
nit·ty² [ˈnɪtɪ] *adj colloq.* blöd, dumm.
nit·ty-grit·ty [ˈnɪtɪˈɡrɪtɪ] *s*: **to get down** (*od.* **come**) **to the ~** *colloq.* zur Sache kommen.
ˈnit·wit [ˈnɪtwɪt] *s* Schwachkopf *m*.
ni·val [ˈnaɪvl] *adj bot.* niˈval, im Schnee wachsend.
nix¹ [nɪks] *s* Nix *m*, Wassergeist *m*.
nix² [nɪks] *Am. colloq.* **I** *pron u. interj* **1.** ‚nix', nichts. **II** *adv u. interj* **2.** nein: **to say ~ to s.th**. **III** *v/t* **3.** a) ablehnen, b) verhindern, c) verbieten. **IV** *s* **4.** a) Ablehnung *f*, b) Verhinderung *f*, c) Verbot *f*. **5.** → **nixie²**.
nix·e [ˈnɪksə], *a.* **nix·ie¹** [ˈnɪksɪ] *s* (Wasser)Nixe *f*.
nix·ie² [ˈnɪksɪ] *s Am. colloq.* unzustellbare Postsache.
no¹ [nəʊ] *adv* **1.** nein: **to answer ~** nein sagen; **to say ~ to** nein sagen zu. **2.** (*nach or am Ende e-s Satzes*) nicht (*jetzt meist not*): **whether or ~** ob oder nicht; **permitted or ~** erlaubt oder nicht. **3.** (*beim comp*) um nichts, nicht: **~ better a writer** kein besserer Schriftsteller; **~ longer** (**ago**) **than yesterday** erst gestern. **II** *pl* **noes** *s* **4.** Nein *n*, verneinende Antwort, Absage *f*, Weigerung *f*: **a clear ~ to** ein klares Nein auf (*acc*). **5.** *parl.* Gegenstimme *f*: **the ayes and ~es** die Stimmen für u. wider; **the ~es have it** die Mehrheit ist dagegen, der Antrag ist abgelehnt. **III** *adj* **6.** kein(e): **~ success** kein Erfolg; **~ hope** keine Hoffnung; **~ one** keiner; **at ~ time** nie; **in ~ time** im Nu, im Handumdrehen; → **way¹** *Bes. Redew.* **7.** kein, alles andere als ein(e): **he is ~ artist**; **he is ~ Englishman** er ist kein (typischer) Engländer. **8.** *vor ger*: → **deny** 1, **knowing** 5, **please** 2, **saying** 1.
no² [nəʊ] *s sg u. pl* No *n* (*e-e altjapanische Dramengattung*).
ˌno-acˈcount *adj Am. dial.* unbedeutend (*bes. Person*).
No·a·chi·an [nəʊˈeɪkɪən], *a.* **Noˈach·ic** [-ˈækɪk; -ˈeɪkɪk] *adj* **1.** *Bibl.* Noah u. s-e Zeit betreffend, noaˈchitisch. **2.** vorsintflutlich.
No·ah's ark [ˈnəʊəz] *s* **1.** *Bibl.* Arche *f* Noah(s) *od.* Noä. **2.** *meteor.* parallˈlele Federwolken *pl od.* -streifen *pl*. **3.** *zo.* Archenmuschel *f*. **4.** *bot.* Frauenschuh *m*.
nob¹ [nɒb; *Am.* nɑb] *s colloq.* ‚Birne' *f* (*Kopf*).
nob² [nɒb; *Am.* nɑb] *s bes. Br. colloq.* ‚feiner Pinkel', ‚großes Tier', vornehmer Mann.
ˌno-ˈball *s Kricket*: ungültiger Ball.
nob·ble [ˈnɒbl] *v/t Br. colloq.* **1.** ‚reinlegen', betrügen. **2.** *j-n* auf s-e Seite ziehen, ‚herˈumkriegen'. **3.** bestechen. **4.** ‚sich unter den Nagel reißen', ‚schnappen', ‚klauen'. **5.** *sport* ein Rennpferd (*durch Drogen etc*) ‚müde machen'. **ˈnob·bler** *s Br. colloq.* **1.** a) Betrüger *m*, b) Helfershelfer *m* (*beim Bauernfängerspiel*). **2.** Schlag *m* (auf den Kopf).
nob·by¹ [ˈnɒbɪ; *Am.* ˈnɑ-] *adj bes. Br. colloq.* (piek)fein, schick.
nob·by² [ˈnɒbɪ; *Am.* ˈnɑ-] *s mar.* kraˈweelgebautes Fischerboot.
No·bel prize [nəʊˈbel] *s* Noˈbelpreis *m*: **Nobel peace prize** Friedensnobelpreis; **~ winner** Nobelpreisträger(in).
no·bil·i·ar·y [nəʊˈbɪljərɪ; *Am. a.* -lɪˌerɪ] *adj* adlig, Adels...
no·bil·i·ty [nəʊˈbɪlətɪ] *s* **1.** *fig.* Adel *m*, Größe *f*, Würde *f*, Vornehmheit *f*: **~ of mind**, **~ noble-mindedness**; **~ of soul** Seelenadel, -größe. **2.** a) Adel(stand) *m*, (*die*) Adligen *pl*, b) (*bes. in England*) hoher Adel: **the ~ and gentry** der hohe u. niedere Adel. **3.** Adel *m*, adlige Abstammung.
no·ble [ˈnəʊbl] **I** *adj* (*adv* **nobly**) **1.** adlig, von Adel: **to be of ~ birth** adliger Abstammung sein. **2.** edel, erlaucht: **the Most N~** ... Titel e-s Herzogs. **3.** *fig.* edel, Edel..., erhaben, groß(mütig), nobel, vorˈtrefflich: **the ~ art** (*od.* **science**) die edle Kunst der Selbstverteidigung (*Boxen*). **4.** prächtig, stattlich: **a ~ edifice**. **5.** prächtig geschmückt (**with** mit). **6.** *phys.* Edel...: **~ gas**; **~ metals**. **II** *s* **7.** Edelmann *m*, (hoher) Adliger: **the ~s** der Adel, die Adligen. **8.** *hist.* Nobel *m* (*alte englische Goldmünze*). **9.** *Am. sl.* Anführer *m* von Streikbrechern. **~ fir** *s bot.* Riesen-, Silbertanne *f*. **~ˈhawk** *s orn.* Edelfalke *m*. **ˈ~-man** [-mən] *s irr* **1.** (hoher) Adliger, Edelmann *m*. **2.** *Br.* Peer *m*. **3.** *pl Schach*: Offiˈziere *pl*. **ˌ~-ˈmind·ed** *adj* edeldenkend, edelmütig, vornehm. **ˌ~-ˈmind·ed·ness** *s* Edelmut *m*, vornehme Denkungsart.
no·ble·ness [ˈnəʊblnɪs] *s* **1.** Adel *m*, hohe *od.* adlige Abstammung. **2.** *fig.* → **noble-mindedness**.
ˈno·bleˌwom·an *s irr* Adlige *f*, Edelfrau *f*.
no·bod·y [ˈnəʊbədɪ; -ˌbɒdɪ; *Am.* -ˌbɑ-] **I** *s*

fig. unbedeutende Per'son, ‚Niemand' *m*, ‚Null' *f*: **to be (a) ~** nichts sein, nichts zu sagen haben; **they are ~ in particular** es sind keine besonderen Leute, es sind ganz gewöhnliche Menschen. **II** *adj pron* niemand, keiner.

no·ci·as·so·ci·a·tion [ˌnəʊsɪəˌsəʊsɪ-ˈeɪʃn] *s med.* Entladung *f* von ner'vöser Spannung.

nock [nɒk; *Am.* nak] **I** *s* **1.** *Bogenschießen*: Kerbe *f (für den Pfeil).* **2.** Nuß *f (e-r Armbrust).* **II** *v/t* **3.** den Pfeil auf die Kerbe legen. **4.** *e-n Bogen* einkerben.

no-ˈclaim(s) bo·nus *s Haftpflichtversicherung*: 'Schadenfreiheitsraˌbatt *m*.

noc·tam·bu·la·tion [ˌnɒkˌtæmbjʊˈleɪʃn; *Am.* nak-], *a.* **noc·tam·bu·lism** [-lɪzəm] *s med.* Somnambu'lismus *m*, Schlaf-, Nachtwandeln *n.* **noc·tam·bu·list** *s* Somnamˈbule(r *m*) *f*, Schlaf-, Nachtwandler(in).

noc·ti·lu·ca [ˌnɒktɪˈluːkə; *Am.* ˌnak-] *pl* **-cae** [-siː] *s zo.* Meerleuchte *f*.

noc·to·graph [ˈnɒktəgrɑːf; *bes. Am.* -græf] *s* Schreibrahmen *m* für Blinde.

noc·tu·id [ˈnɒktjʊɪd; *Am.* ˈnaktʃəwəd] *s zo.* Eule *f (Nachtschmetterling)*.

noc·tule [ˈnɒktjuːl; *Am.* ˈnaktʃuːl] *s zo.* Abendsegler *m*, Frühfliegende Fledermaus.

noc·turn [ˈnɒktɜːn; *Am.* ˈnakˌtɜrn] *s R.C.* Nachtmette *f.* **noc·tur·nal** [-nl] *adj (adv* **~ly) 1.** nächtlich, Nacht...: **~ comfort** Schlafkomfort *m.* **2.** *bot.* sich nur bei Nacht entfaltend. **3.** *zo.* ˈnachtakˌtiv.

noc·turne [ˈnɒktɜːn; *Am.* ˈnakˌtɜrn] *s* **1.** *paint.* Nachtstück *n.* **2.** *mus.* Nocˈturne *n, f*, Notˈturno *n*.

noc·u·ous [ˈnɒkjʊəs; *Am.* ˈnakjəwəs] *adj (adv* **~ly) 1.** schädlich. **2.** giftig *(Schlangen)*.

nod [nɒd; *Am.* nad] **I** *v/i* **1.** (mit dem Kopf) nicken: **to ~ to s.o.** j-m zunicken; **~ding acquaintance** oberflächliche(r) Bekannte(r), Grußbekanntschaft *f*, flüchtige Bekanntschaft *(a. fig.* with mit); **to have a ~ding acquaintance with s.o.** j-n flüchtig kennen; **we are on ~ding terms** wir stehen auf dem Grüßfuß. **2.** *weitS.* nicken, sich neigen, wippen *(Blumen, Hutfedern etc).* **3.** *fig.* sich (in Demut) neigen (**to** vor *dat*). **4.** nicken, (*im Sitzen*) schlafen: **to ~ off** einnicken. **5.** *fig.* ‚schlafen', unaufmerksam sein: **Homer sometimes ~s** zuweilen schlummert auch Homer. **II** *v/t* **6.** nicken mit: **to ~ one's head** → 1. **7.** a) (durch Nicken) andeuten: **to ~ one's assent** beifällig (zu)nicken, b) **to ~ s.o. out** j-n hinauswinken. **III** *v/t* **8.** (Kopf)Nicken *n*: **to give s.o. a ~** j-m zunicken; **~s of approval** beifälliges *od.* zustimmendes Nicken; **a ~ is as good as a wink (to a blind horse)** ein kurzer Wink (*od.* e-e Andeutung) genügt; **on the ~** *colloq.* a) *Br.* formlos, b) *Br.* stillschweigend, c) auf Pump, auf Kredit. **9.** Nickerchen *n*: **to go to the land of N~** einnicken, einschlafen.

nod·al [ˈnəʊdl] *adj* Knoten... **~ curve** *s math.* Knoten(punkts)kurve *f.* **~ point** *s* **1.** *mus. phys.* Schwingungsknoten *m.* **2.** *math. phys.* Knotenpunkt *m*.

nod·dle [ˈnɒdl; *Am.* ˈna-] *s colloq.* **1.** ‚Birne' *f (Kopf)*. **2.** ‚Grips' *m (Verstand)*: **use your ~!** streng deinen Grips an!

node [nəʊd] *s* **1.** *allg.* Knoten *m* (*a. astr. bot. math.; a. fig. im Drama etc*): **~ of a curve** *math.* Knotenpunkt *m* e-r Kurve. **2.** *med.* Knoten *m*, Knötchen *n*, ˈÜberbein *n*: **gouty ~** Gichtknoten; **singer's ~** Stimmbandknötchen; **vital ~** Lebensknoten. **3.** *phys.* Schwingungsknoten *m*.

no·di [ˈnəʊdaɪ] *pl von* **nodus**.

no·dose [ˈnəʊdəʊs; nəʊˈdəʊs] *adj* knotig *(a. med.)*, voller Knoten. **no·ˈdos·i·ty** [-ˈdɒsɪtɪ; *Am.* -ˈdɑ-] *s* **1.** knotige Beschaffenheit. **2.** Knoten *m*.

nod·u·lar [ˈnɒdjʊlə; *Am.* ˈnɑdʒələr] *adj* knoten-, knötchenförmig: **~-ulcerous** *med.* tubero-ulzerös.

nod·ule [ˈnɒdjuːl; *Am.* ˈnɑdʒuːl] *s* **1.** *bot. med.* Knötchen *n*: **lymphatic ~** Lymphknötchen, *a. med.* Nest *n*, Niere *f*.

no·dus [ˈnəʊdəs] *pl* **-di** [-daɪ] *s fig.* verzwickte Lage.

no·e·sis [nəʊˈiːsɪs] *s philos.* Noˈesis *f*: a) geistiges Erfassen, b) Sinneneinheit *f* e-r Wahrnehmung. **no·ˈet·ic** [-ˈetɪk] *adj* noˈetisch, (rein) intellektuˈell.

no-ˈfrill(s) *adj* ohne besonderen Service (*Flug etc*), ohne besondere Ausstattung, einfach *(Wohnung etc)*.

nog[1] [nɒg; *Am.* nag] *s* Flip *m (alkoholisches Mischgetränk mit Ei)*.

nog[2] [nɒg; *Am.* nag] **I** *s* **1.** Holznagel *m*, -klotz *m.* **2.** *arch.* a) Holm *m (querliegender Balken)*, b) Maurerei (*in die Wand eingelassener*) Holzblock, Riegel *m.* **II** *v/t* **3.** mit e-m Holznagel befestigen. **4.** Mauerwerk mit Holzbarren einfassen, Fachwerk ausmauern.

nog·gin [ˈnɒgɪn; *Am.* ˈnɑ-] *s* **1.** kleiner (Holz)Krug. **2.** *kleines Flüssigkeitsmaß* (= ¹/₄ *pint*): **what about a ~?** wie wär's mit e-m Schluck? **3.** *colloq.* ‚Birne' *f*, Kopf *m*.

nog·ging [ˈnɒgɪŋ; *Am.* ˈnɑgən; -ɪŋ] *s arch.* Riegelmauer *f*, (ausgemauertes) Fachwerk.

ˌno-ˈgo a·re·a *s* Stadtteil, der aus Furcht vor Feindseligkeiten s-r Bewohner von Leuten anderer Stadtteile nicht betreten wird.

ˌno-ˈgood *Am. colloq.* **I** *s* Nichtsnutz *m*, Taugenichts *m*. **II** *adj* nichtsnutzig.

ˌno-ˈhop·er *s Austral. colloq.* ‚Flasche' *f*, Versager *m*, Niete *f*.

no·how [ˈnəʊhaʊ] *adv colloq.* **1.** not ... ~ einfach nicht: **I can't learn this ~. 2.** nichtssagend, unansehnlich: **to look ~** nach nichts aussehen. **3.** unwohl: **to feel ~** nicht auf der Höhe sein.

noil [nɔɪl] *s sg u. pl tech.* Kämmling *m*, Kurzwolle *f*.

ˌno-ˈi·ron *adj* bügelfrei *(Hemd etc)*.

noise [nɔɪz] **I** *s* **1.** Lärm *m*, Getöse *n*, Krach *m*, Geschrei *n*: **~ of battle** Gefechtslärm; **~ abatement** *(a. civ.eng.* Schallschutz *m*; **~ nuisance** Lärmbelästigung *f*; **hold your ~!** *colloq.* halt den Mund!; **big ~** → bigwig. **2.** Geräusch *n*: **a small ~** ein leises Geräusch. **3.** Rauschen *n (a. electr.* Störung), Summen *n*: **~ factor**, **~ figure** Rauschfaktor *m.* **4.** *fig.* ‚Krach' *m*, Streit *m*: **to make a ~** Krach machen (**about** wegen) (→ 5). **5.** *fig.* Aufsehen *n*, Geschrei *n*: **to make a ~** viel Tamtam machen (**about** wegen); **to make a great ~ in the world** großes Aufsehen erregen, viel von sich reden machen. **6.** *obs.* Gerücht *n.* **II** *v/i* **7.** ~ **it** lärmen. **III** *v/t* **8.** ~ **abroad**, ~ **about** verbreiten; **it's being ~d about that** man erzählt sich, daß. **~ di·ode** *s electr.* 'Rauschdiˌode *f.* **~ field in·ten·si·ty** *s electr.* Störfeldstärke *f*.

noise·less [ˈnɔɪzlɪs] *adj (adv* **~ly**) geräuschlos (*a. tech.*), lautlos, still. **ˈnoise·less·ness** *s* Geräuschlosigkeit *f*.

noise ˈlev·el *s* **1.** Lärmpegel *m (Auto etc)*. **2.** Radio: Rausch-, Störpegel *m.* **3.** Akustik: Lärm-, Störpegel *m.* **~ lim·it·er** *s electr.* Störbegrenzer *m.* **ˈ~-ˌmak·er** *s Am.* 'Lärminstruˌment *n.* **~ me·ter** *s electr.* Geräuschmesser *m.* **~ pol·lu·tion** *s* Lärmbelästigung *f*. **~ spec·trum** *s Radio*: Rauschspektrum *n.* **~ sup·pres·sion**, **~ sup·pres·sor** *s electr.* Störschutz *m*.

noi·sette[1] [nwaːˈzet; *Am.* nwə-] *s meist pl gastr.* zartes Fleischstückchen, *bes.* Nuß *f*.

noi·sette[2] [nwaːˈzet; *Am.* nwə-] *s bot.* e-e Rosensorte.

noise volt·age *s electr.* Stör-, Geräuschspannung *f*.

nois·i·ness [ˈnɔɪzɪnɪs] *s* **1.** → noise 1. **2.** lärmendes Wesen.

noi·some [ˈnɔɪsəm] *adj (adv* **~ly**) **1.** schädlich, ungesund. **2.** widerlich *(Geruch)*. **ˈnoi·some·ness** *s* **1.** Schädlichkeit *f.* **2.** Widerlichkeit *f*.

nois·y [ˈnɔɪzɪ] *adj (adv* **noisily**) **1.** geräuschvoll *(a. tech.)*, laut: **a ~ street. 2.** lärmend, laut: **~ child. 3.** *fig.* tobend, kraˈkeelend: **~ fellow** Krakeeler *m*, Schreier *m.* **4.** *fig.* a) grell, schreiend *(Farben etc)*, b) ‚laut', aufdringlich.

no·li me tan·ge·re [ˌnəʊlɪˈmeɪtæŋgərɪ; *Am.* ˌnəʊliːmiːˈtændʒɜriː; -ˌlaɪ-] *(Lat.) s* **1.** *paint.* 'Nolime‚tangere *n (Darstellung des der Maria Magdalena erscheinenden auferstandenen Christus)*. **2.** *bot.* Rührmichnichtan *n.* **3.** *med.* Ulcus *m* rodens, Lupus *m (Hauterkrankung)*.

nol·le [ˈnɒlɪ], **nol·le ˈpros** [-ˈprɒs] *(Lat.) jur. Am.* **I** *v/t* a) die Zuˈrücknahme *der (Zivil)*Klage einleiten, b) das *(Straf)*Verfahren einstellen. **II** *s* → **nolle prosequi**.

nol·le pros·e·qui [ˌnɒlɪˈprɒsɪkwaɪ; *Am.* ˌnɑlɪˈprɑ-] *(Lat.) s jur.* **1.** Zuˈrücknahme *f* der *(Zivil)*Klage. **2.** Einstellung *f* des *(Straf)*Verfahrens.

ˌno-ˈload *s electr.* Leerlauf *m*: **~ speed** Leerlaufdrehzahl *f*.

no·lo con·ten·de·re [ˌnəʊləʊkənˈtendərɪ] *(Lat.) s jur. Am.* Aussage *f (e-s Angeklagten)* ohne ausdrückliches Eingeständnis e-r Schuld *(die zwar zu s-r Verurteilung führt, ihn aber berechtigt, in e-m Parallelverfahren s-e Schuld zu leugnen)*.

nol-pros [ˌnɒlˈprɒs] → nolle I.

no·ma [ˈnəʊmə] *s med.* Noma *f*, Gesichtsbrand *m*.

no·mad [ˈnəʊmæd] **I** *adj* noˈmadisch, Nomaden... **II** *s* Noˈmade *m*, Noˈmadin *f*. **noˈmad·ic** *adj (adv* **~ally**) **1.** → nomad 1. **2.** *fig.* unstet. **ˈno·mad·ism** *s* Noˈmadentum *n*, Wanderleben *n.* **ˈno·mad·ize I** *v/i* **1.** nomadiˈsieren, ein Wanderleben führen. **II** *v/t* **2.** zu Noˈmaden machen. **3.** Noˈmaden seßhaft machen (in *dat*).

ˈno-man's-land *s* **1.** herrenloses Gebiet. **2.** *mil. u. fig.* Niemandsland *n*.

nom·bril [ˈnɒmbrɪl; *Am.* ˈnɑm-] *s her.* Nabel *m (des Wappenschilds)*.

nom de plume *pl* **noms de plume** [ˌnɔ̃ːmdəˈpluːm; ˌnɒm-; *Am.* ˌnɑmdɪˈpluːm] *s* Pseudoˈnym *n*, Schriftstellername *m*.

no·men·cla·ture [nəʊˈmenklətʃə(r); *bes. Am.* ˈnəʊmənkleɪ-] *s* **1.** Nomenklaˈtur *f*: a) *(wissenschaftliche)* Namengebung, b) Namenverzeichnis *n.* **2.** *(fachliche)* Terminoloˈgie, Fachsprache *f.* **3.** *collect.* Namen *pl*, Bezeichnungen *pl.* **4.** *math.* Benennung *f*, Bezeichnung *f*.

nom·ic [ˈnɒmɪk] *adj* gebräuchlich, üblich *(bes. Schreibweise)*.

nom·i·nal [ˈnɒmɪnl; *Am.* ˈnɑ-] *adj (adv* **~ly**) **1.** Namen..., dem Namen nach, nomiˈnell, Nominal...: **~ consideration** *jur.* formale Gegenleistung (*z. B.* $ 1); **~ rank** Titularrang *m*; **a ~ fine** e-e nominelle *(sehr geringe)* Geldstrafe. **3.** *ling.* nomiˈnal, Nominal... **4.** *electr. tech.* Nenn..., Soll..., Nominal... **~ ac·count** *s econ.* Sachkonto *n.* **~ ca·pac·i·ty** *s electr. tech.* 'Nennleistung *f*, -kapaziˌtät *f*. **~ cap·i·tal** *s econ.* ˈGründungs-, ˈGrund-, ˈStammkapiˌtal *n.* **~ cur·rent** *s electr.* Nennstrom *m.* **~ fre·quen·cy** *s electr.* Nennfrequenz *f*.

electr. 'Sollfre,quenz *f.* ~ **in·ter·est** *s econ.* Nomi'nalzinsfuß *m.*
'**nom·i·nal·ism** *s philos.* Nomina'lismus *m.* '**nom·i·nal·ist** *s* Nomina'list(in). ,**nom·i·nal'is·tic** *adj* nomina'listisch.
nom·i·nal| out·put *s tech.* Nennleistung *f.* ~ **par** *s econ.* Nenn-, Nomi'nalwert *m.* ~ **par·i·ty** *s econ.* 'Nennwertpari,tät *f.* ~ **price** *s econ.* nomi'neller Kurs (*Preis*). ~ **speed** *s electr.* Nenndrehzahl *f.* ~ **stock** → nominal capital. ~ **val·ue** *s econ.* Nomi'nal-, Nennwert *m.*
nom·i·nate I *v/t* ['nɒmɪneɪt; *Am.* 'nɑ-] **1.** (to) berufen, ernennen (zu), einsetzen (in *ein Amt*): ~d (as) executor als Testamentsvollstrecker eingesetzt. **2.** nomi'nieren, (zur Wahl) vorschlagen, als Kandi'daten aufstellen. **3.** *obs.* (be)nennen, bezeichnen. **II** *adj* [-nɪt] **4.** berufen, ernannt, nomi'niert.
nom·i·na·tion [,nɒmɪ'neɪʃn; *Am.* ,nɑ-] *s* **1.** (to) Berufung *f*, Ernennung *f* (zu), Einsetzung *f* (in *acc*): **in** ~ vorgeschlagen (**for** für). **2.** Vorschlagsrecht *n.* **3.** Aufstellung *f*, Nomi'nierung *f*, Vorwahl *f* (*e-s Kandidaten*): ~ **day** Wahlvorschlagstermin *m.*
nom·i·na·tive ['nɒmɪnətɪv; *Am.* 'nɑ-] **I** *adj* (*adv* ~**ly**) **1.** *ling.* nominativ, nomina'tivisch: ~ **case** → **3. 2.** durch Ernennung eingesetzt. **II** *s* **3.** *ling.* Nominativ *m*, erster Fall.
nom·i·na·tor ['nɒmɪneɪtə(r); *Am.* 'nɑ-] *s* Ernennende(r) *m.* ,**nom·i'nee** [-'niː] *s* **1.** (*für ein Amt etc*) Vorgeschlagene(r *m*) *f*, Desi'gnierte(r *m*) *f*, Kandi'dat(in). **2.** *econ.* Begünstigte(r *m*) *f*, Empfänger(in) (*e-r Rente etc*).
'**no·mism** ['nəʊmɪzəm] *s relig.* No'mismus *m.*
nom·o·gram ['nɒməgræm; *Br. a.* 'nɒ-; *Am. a.* 'nɑ-], *a.* '**nom·o·graph** [-grɑːf; *bes. Am.* -græf] *s math.* Nomo'gramm *n.*
non- [nɒn; *Am.* nɑn] *Wortelement mit der Bedeutung* nicht..., Nicht..., un...
,**non·ac'cept·ance** *s* Annahmeverweigerung *f*, Nichtannahme *f.*
,**non·a'chiev·er** *s* j-d, der es zu nichts bringt, *a.* Versager *m.*
,**non'ad·dict** *s* nicht abhängiger 'Drogenkonsu,ment.
non·age ['nəʊnɪdʒ; *Br. a.* 'nɒ-; *Am. a.* 'nɑ-] *s* **1.** Unmündigkeit *f*, Minderjährigkeit *f.* **2.** *fig. a.*) Kindheit *f*, b) Unreife *f.*
non·a·ge·nar·i·an [,nəʊnədʒɪ'neərɪən; *Br. a.* ,nɒn-; *Am. a.* ,nɑn-] **I** *adj a*) neunzigjährig, b) in den Neunzigern. **II** *s* Neunziger(in), Neunzigjährige(r *m*) *f.*
,**non·ag'gres·sion** *s* Nichtangriff *m*: ~ **pact** Nichtangriffspakt *m.*
non·a·gon ['nɒnəgɒn; *Am. a.* ,nəʊnə,gɑn] *s math.* Nona'gon *n*, Neuneck *n.*
'**non,al·co'hol·ic** *adj* alkoholfrei.
,**non·a'ligned** *pol.* **I** *adj* blockfrei. **II** *s* blockfreies Land: **the** ~ **collect.** die Blockfreien *pl.* ,**non·a'lign·ment** *s* Blockfreiheit *f*: **policy of** ~ Neutralitätspolitik *f.*
,**non·ap'pear·ance** *s* Nichterscheinen *n* (*vor Gericht etc*).
no·na·ry ['nəʊnərɪ] **I** *adj* auf neun aufgebaut (*Zählsystem*). **II** *s* Neunergruppe *f.*
,**non·as'sess·a·ble** *adj econ.* nicht steuerpflichtig, steuerfrei.
,**non·at'tend·ance** *s* Nichterscheinen *n.*
,**non·be'liev·er** *s* **1.** Ungläubige(r *m*) *f*, Athe'ist(in). **2.** j-d, der nicht an e-e Sache glaubt: **a** ~ **in ghosts.**
,**non·bel'lig·er·ent I** *adj* nicht kriegführend. **II** *s* nicht am Krieg teilnehmende Per'son od. Nati'on.
,**non'break·a·ble** *adj* unzerbrechlich.

nonce [nɒns; *Am.* nɑns] *s* (*nur in*): **for the** ~ *a*) für das 'eine Mal, nur für diesen Fall, b) einstweilen. ~ **word** *s ling.* Ad-'hoc-Bildung *f.*
non·cha·lance ['nɒnʃələns; *Am.* ,nɑn-ʃə'lɑːns; 'nɑnʃəl-] *s* Noncha'lance *f*, Lässigkeit *f*, Unbekümmertheit *f.* **non·cha·lant** *adj* (*adv* ~**ly**) noncha'lant, unbekümmert, ungezwungen, lässig.
,**non·col'le·gi·ate** *adj univ.* **1.** *Br.* keinem College angehörend. **2.** nicht aka-'demisch (*Studien*). **3.** nicht aus Colleges bestehend (*Universität*).
non·com ['nɒnkɒm; *Am.* 'nɑn,kɑm] *colloq. abbr. für a*) **noncommissioned officer,** b) *Am.* **noncommissioned.**
,**non'com·bat·ant** *mil.* **I** *s* 'Nichtkämpfer *m*, -kombat,tant *m.* **II** *adj* am Kampf nicht beteiligt.
,**non·com'mis·sioned** *adj* **1.** unbestallt, unbevollmächtigt. **2.** *mil.* im 'Unteroffi,ziersrang. ~ **of·fi·cer** *s mil.* 'Unteroffi,zier *m.*
,**non·com'mit·tal I** *adj* **1.** unverbindlich, nichtssagend, neu'tral. **2.** zu'rückhaltend: **to be** ~ sich nicht festlegen wollen. **II** *s* **3.** Unverbindlichkeit *f.*
,**non·com'mit·ted** *adj pol.* blockfrei.
,**non·com'pli·ance** *s* **1.** Zu'widerhandlung *f* (**with** gegen), Weigerung *f*, Nichtbefolgung *f.* **2.** Nichterfüllung *f*, Nichteinhaltung *f* (**with** *von od. gen*).
non com·pos (men·tis) [,nɒn'kɒmpəs ('mentɪs); *Am.* ,nɑn'kɑm-] (*Lat.*) *adj jur.* unzurechnungsfähig.
,**non·con'duc·tor** *s electr.* Nichtleiter *m.*
,**non·con'form·ing** *adj* nonkonfor'mistisch: *a*) individua'listisch, b) *relig.* Dissidenten... ,**non·con'form·ist I** *s* **1.** Nonkonfor'mist(in): *a*) (po'litischer *od.* sozi'aler) Einzelgänger, b) *relig. Br.* Dissi'dent(in) (*Angehörige*[*r*] *e-r* protestantischen Freikirche). **II** *adj* → **nonconforming.** ,**non·con'form·i·ty** *s* **1.** mangelnde Über'einstimmung (**with** mit) *od.* Anpassung (**to** an *acc*). **2.** Nonkonfor'mismus *m*, individua'listische Haltung. **3.** *relig.* Dissi'dententum *n*: *a*) Zugehörigkeit *f* zu e-r Freikirche, b) freikirchliche Gesinnung.
,**non'con·tact** *adj sport* körperlos: ~ **game.**
,**non·con'tent** *s parl. Br.* Neinstimme *f* (*im Oberhaus*).
,**non·con'ten·tious** *adj* nicht strittig: ~ **litigation** *jur.* freiwillige Gerichtsbarkeit.
,**non·con'trib·u·to·ry** *adj* beitragsfrei (*Organisation*).
'**non·co,op·er'a·tion** *s* Verweigerung *f* der Zu'sammen- *od.* Mitarbeit, *pol.* passiver 'Widerstand.
,**non·cor'ro·sive** *adj tech.* **1.** korrosi'onsfrei. **2.** rostbeständig (*Stahl*). **3.** säurefest.
,**non'creas·ing** *adj* knitterfrei, -fest.
,**non·cu·mu·la·tive** *adj econ.* 'nichtku,mula,tiv: ~ **stock.**
,**non'cut·ting** *adj tech.* spanlos: ~ **shaping** spanlose Formung.
,**non'cy·cli·cal** *adj econ.* keinen Konjunk'turschwankungen unter'worfen, konjunk'turunabhängig.
,**non'danc·er** *s* Nichttänzer(in).
,**non'daz·zling** *adj tech.* blendfrei.
,**non·de'liv·er·y** *s* **1.** *econ. jur.* Nichtauslieferung *f.* **2.** *mail* Nichtzustellung *f.*
'**non·de,nom·i'na·tion·al** *adj* nicht konfessi'onsgebunden: ~ **school** Simultan-, Gemeinschaftsschule *f.*
non·de·script ['nɒndɪskrɪpt; *Am.* ,nɑn-dɪ'-] *adj* **1.** schwer zu beschreiben(d) *od.* ,unterzubringen(d), nicht klassifi-'zierbar, unbestimmbar. **2.** unbedeutend, nichtssagend. **II** *s* **3.** unbedeutende *od.*

nichtssagende Per'son *od.* Sache, (*etwas*) 'Undefi,nierbares.
,**non·di'rec·tion·al** *adj Radio*: ungerichtet: ~ **aerial** (*bes. Am.* **antenna**) Rundstrahlantenne *f.*
none [nʌn] **I** *pron u. s* (*meist als pl konstruiert*) kein(er, e, es), niemand: ~ **of them are** (*od.* **is**) **here** keiner von ihnen ist hier; **I have** ~ ich habe keine(n); ~ **but fools** nur Narren. **II** *adv* in keiner Weise, nicht im geringsten: ~ **too high** keineswegs zu hoch.
Besondere Redewendungen:
~ **of the clearest** keineswegs klar; ~ **other than** kein anderer als; ~ **more so than he** keiner mehr als er; **we** ~ **of us believe it** keiner von uns glaubt es; **here are** ~ **but friends** hier sind lauter *od.* nichts als Freunde; ~ **of your tricks!** laß deine Späße!; ~ **of that** nichts dergleichen; **he will have** ~ **of me** er will von mir nichts wissen; **I will have** ~ **of it** das lasse ich keinesfalls zu; ~ **the less** nichtsdestoweniger; ~ **too soon** kein bißchen zu früh, im letzten Augenblick; ~ **too pleasant** nicht gerade angenehm; **he was** ~ **too pleased** er war gar nicht erfreut, er war wenig entzückt; → **business 9, second[1] 2, wise[1] 2.**
,**non'earth·ly** *adj* außerirdisch.
,**non·ef'fec·tive I** *adj* **1.** wirkungslos. **2.** *mar. mil.* dienstuntauglich. **II** *s* **3.** *mar. mil.* Dienstuntaugliche(r) *m.*
,**non·ef'fi·cient** *adj u. s mil.* nicht genügend ausgebildet(er Sol'dat).
,**non'e·go** *s philos.* Nicht-Ich *n.*
non·en·ti·ty [nɒ'nentətɪ; *Am.* nɑ-] *s* **1.** Nicht(da)sein *n.* **2.** etwas, was nicht exi'stiert. **3.** Unding *n*, Fikti'on *f*, Nichts *n.* **4.** *fig. contp.* „Null" *f*, unbedeutender Mensch.
nones [nəʊnz] *s pl* (*a.* als *sg konstruiert*) **1.** *antiq.* Nonen *pl* (9. Tag vor den Iden im altrömischen Kalender). **2.** *R.C.* 'Mittagsof,fizium *n.*
,**non·es'sen·tial I** *adj* unwesentlich. **II** *s* unwesentliche Sache, Nebensächlichkeit *f*: ~**s** nicht lebensnotwendige Dinge.
none·such ['nʌnsʌtʃ] **I** *adj* **1.** unvergleichlich. **II** *s* **2.** Per'son *od.* Sache, die nicht ihresgleichen hat. **3.** *bot. a*) Brennende Liebe, b) Nonpa'reilleapfel *m.*
,**none·the'less** *adv* nichtsdestoweniger, dennoch.
,**non·e'vent** *s colloq.* „Reinfall" *m*, „Pleite" *f.*
,**non·ex'ist·ence** *s* **1.** Nicht(da)sein *n.* **2.** (*das*) Fehlen. ,**non·ex'ist·ent** *adj* nicht exi'stierend.
,**non·ex'pend·a·ble sup·plies** *s pl mil.* Gebrauchsgüter *pl.*
,**non'fad·ing** *adj* lichtecht.
,**non'fea·sance** *s jur.* (pflichtwidrige) Unter'lassung.
,**non'fer·rous** *adj* **1.** nicht eisenhaltig. **2.** Nichteisen...: ~ **metal.**
,**non'fic·tion** *s* Sachbücher *pl.*
,**non'fis·sion·a·ble** *adj chem. phys.* nichtspaltbar.
,**non'flam·ma·ble** *adj* nicht entzündbar *od.* entflammbar.
,**non'freez·ing** *adj* kältebeständig: ~ **mixture** Frostschutzmittel *n.*
,**non·ful'fil(l)·ment** *s* Nichterfüllung *f.*
nong [nɒŋ] *s Austral. colloq.* **1.** Trottel *m.* **2.** „Flasche" *f*, Versager *m.*
,**non'glare** *adj* spiegelfrei (*Glas*).
,**non'ha·lat·ing** *adj phot.* lichthoffrei.
,**non'hu·man** *adj* nicht zur menschlichen Rasse gehörig.
,**non·i'den·ti·cal** *adj* **1.** nicht i'dentisch. **2.** *biol.* zweieiig (*Zwillinge*).
no·nil·lion [nəʊ'nɪljən] *s math.* **1.** *Am.* Quintilli'on *f* (10^{30}). **2.** *Br.* Nonilli'on *f* (10^{54}).

non·in'duc·tive *adj electr.* induktiʹonsfrei.
ˌnon·inˈflam·ma·ble *adj* nicht entflammbar *od.* entzündbar.
ˈnonˌinˈterˌcourse *s Am. hist.* Aufhebung *f* der Handelsbeziehungen mit der Außenwelt.
ˌnon-ˈin·ter·est-ˌbear·ing *adj econ.* zinslos, unverzinslich.
ˈnonˌinˈter·fer·ence *s pol.* Nichteinmischung *f*.
ˈnonˌin·terˈven·tion *s pol.* Nichteinmischung *f*.
ˌnonˈi·ron *adj* bügelfrei (*Hemd etc*).
no·ni·us [ˈnəʊnɪəs] *s math. tech.* Nonius (-teilung *f*) *m*.
nonˈju·ror *s* Eidesverweigerer *m*.
nonˈju·ry *adj jur.* ohne Hinʹzuziehung von Geschworenen: ~ **trial** summarisches Verfahren.
ˌnonˈlad·der·ing *adj bes. Br.* maschenfest, laufmaschensicher.
ˌnonˈlead·ed [-ˈledɪd] *adj chem.* bleifrei (*Benzin*).
nonˈlin·e·ar *adj electr. math. phys.* ʹnichtlineˌar.
ˈnonˌmem·ber *s* Nichtmitglied *n*.
ˈnonˈmet·al *s chem.* ʹNichtmeˌtall *n* (*Element*). **ˌnon·meˈtal·lic** *adj* ʹnichtmeˌtallisch: ~ **element** Metalloid *n*.
ˈnonˌmi·croˈphon·ic *adj electr.* klingfrei (*Röhre etc*).
ˌnonˈmo·ral *adj* ʹamoˌralisch.
nonˈne·go·ti·a·ble *adj econ.* 1. nicht überʹtragbar, nicht begebbar: ~ **bill** (**check**, *Br.* **cheque**) Rektawechsel *m* (-scheck *m*). 2. nicht börsen- *od.* bankfähig.
nonˈnu·cle·ar I *adj* 1. ohne Aʹtomwaffen (*Land*). 2. *mil.* konventioʹnell (*Kriegführung*). 3. *tech.* ohne Aʹtomkraft (*Antriebssystem*). **II** *s* 4. Land *n* ohne Aʹtomwaffen.
ˈno-ˌno *pl* **-os, -o's** *s Am. sl.* etwas (strikt) Verbotenes: **sweets are ~s** (**with him**) Süßigkeiten sind tabu (für ihn).
ˌnonˈob·jec·tive *adj art* abʹstrakt, gegenstandslos.
ˌnonˈob·serv·ance *s* Nichtbeachtung *f*.
ˌno-ˈnon·sense *adj* sachlich, nüchtern.
non·pa·reil [ˈnɒnpərəl; *Am.* ˌnɑnpəˈrel] **I** *adj* 1. unvergleichlich, ohneʹgleichen. **II** *s* 2. unvergleichliche Perʹson *od.* Sache. 3. *econ.* Nonpaʹreille *f* (*Obstsorte etc*). 4. *print.* Nonpaʹreille(schrift) *f*. 5. *Am.* a) Liebesperlen *pl*, mit Liebesperlen verziertes Schokoʹladenplätzchen. 6. *orn. Am.* Papstfink *m*.
ˌnonparˈtic·i·pat·ing *adj* 1. nicht teilhabend *od.* -nehmend. 2. *econ.* ohne Gewinnbeteiligung (*Versicherungspolice*).
ˌnonˈpar·ti·san *adj* 1. *pol.* parʹteiunabhängig, ʹüberparˌteilich, nicht parʹteigebunden. 2. unvoreingenommen, objekʹtiv, ʹunparˌteiisch.
ˌnonˈpar·ty → **nonpartisan**.
ˈnonˈpay·ment *s bes. econ.* Nicht(be)zahlung *f*.
ˌnonperˈform·ance *s* Nichtleistung *f*, -erfüllung *f*.
nonˈper·ish·a·ble *adj* haltbar (*Lebensmittel*).
ˈnonˈper·son *s* 1. ʹUnperˌson *f* (*aus dem öffentlichen Bewußtsein eliminierte Person*). 2. Perʹson *f* ohne Ansehen.
nonˈplus **I** *v/t pret u. pp* **-ˈplused**, *bes. Br.* -ˈplussed *j-n* (völlig) verwirren, irremachen, verblüffen: **to be ~(s)ed** verdutzt *od.* ratlos sein. **II** *s* Verlegenheit *f*, ˈKlemme *f*: **at a ~**, **brought to a ~** (völlig) ratlos *od.* verdutzt.
nonˈpoi·son·ous *adj* ungiftig.
nonˈpo·lit·i·cal *adj* 1. ʹunpoˌlitisch. 2. ʹunpoˌlitisch, an Poliʹtik ʹuninteresˌsiert. 3. ʹunparˌteiisch.

ˌnonˈpol·lut·ing *adj* ʹumweltfreundlich, ungiftig.
ˌnonproˈduc·tive *adj bes. econ.* 1. ʹunproduˌktiv (*Arbeit, Angestellter etc*). 2. unergiebig (*Ölquelle etc*).
ˌnonproˈfes·sion·al I *adj* 1. nicht fachmännisch, amaʹteurhaft. 2. nicht berufsmäßig *od.* professioʹnell, als Amaʹteur. 3. ohne (*bes.* akaʹdemische) Berufsausbildung. **II** *s* 4. Amaʹteur *m*, Nichtfachmann *m*.
ˈnonˈprof·it, *Br.* **ˌnon-ˈprof·it-ˌmak·ing** *adj* gemeinnützig: **a ~ institution**.
ˈnonproˌlifer·ˈa·tion *s pol.* Nichtweitergabe *f* von Aʹtomwaffen: **~ treaty** Atomsperrvertrag *m*.
non-pros [ˌnɒnˈprɒs; *Am.* ˌnɑnˈprɑs] *v/t jur. e-n* Kläger (wegen Nichterscheinens) abweisen. **non pro·se·qui·tur** [ˌnɒnprəʊˈsekwɪtə(r); *Am.* ˌnɑnprəˈs-] (*Lat.*) *s* Abweisung *f* (*e-s* Klägers) (wegen Nichterscheinens).
ˌnonproˈvid·ed *adj ped. Br.* ʹnichtsubventioˌniert (*Schule*).
ˌnonˈquo·ta *adj bes. econ.* nicht kontingenʹtiert: **~ imports**.
ˌnonreˈcur·ring *adj* einmalig: **~ payment**.
ˈnonˌrep·re·senˈta·tion·al *adj art* gegenstandslos, abʹstrakt.
ˌnonˈres·i·dent I *adj* 1. außerhalb des Amtsbezirks wohnend, abwesend (*Amtsperson*). 2. nicht ansässig. 3. auswärtig (*Klubmitglied etc*): **~ traffic** Durchgangsverkehr *m*. **II** *s* 4. Abwesende(r *m*) *f*. 5. Nichtansässige(r *m*) *f*, Auswärtige(r *m*) *f*, nicht im Hause Wohnende(r *m*) *f*. 6. *econ.* Deʹvisenausländer(in).
ˌnonreˈsist·ance *s* ʹWiderstandslosigkeit *f*.
ˌnonreˈturn·a·ble *adj* Einweg...: **~ bottle**.
ˌnonˈrig·id *adj aer. tech.* unstarr (*Luftschiff etc*; *a. phys.* Molekül).
ˌnonˈrun *adj bes. Am.* maschenfest, laufmaschensicher.
ˌnonˈsched·uled *adj* 1. außerplanmäßig (*Flug etc*). 2. *aer.* Charter...: **~ airline**.
non·sense [ˈnɒnsəns; *Am.* ˈnɑn-] **I** *s* 1. Nonsens *m*, Unsinn *m*, dummes Zeug: **to talk ~**. 2. Unsinn *m*, ʹMätzchen *pl*, abʹsurdes Benehmen, Frechheit(en *pl*) *f*: **to stand no ~** sich nichts gefallen lassen; **there is no ~ about him** er ist ein ganz kühler *od.* sachlicher Typ. 3. Un-, ʹWidersinnigkeit *f*: **to make ~ of a**) ad absurdum führen, b) illusorisch machen. 4. Kleinigkeiten *pl*, Kinkerlitzchen *pl*. **II** *interj* 5. Unsinn!, Blödsinn! **III** *adj* 6. → **nonsensical**: **~ verses** Nonsensverse; **~ word** Nonsenswort *n*.
non·sen·si·cal [nɒnˈsensɪkl; *Am.* nɑn-] *adj* (*adv* **~ly**) unsinnig, sinnlos, abʹsurd.
non se·qui·tur [ˌnɒnˈsekwɪtə(r); *Am.* nɑn-] (*Lat.*) *s* Trugschluß *m*, irrige Folgerung.
ˌnonˈskid, ˌnonˈslip *adj* rutschsicher, -fest: **~ chain** Gleitschutzkette *f*; **~ road surface** schleuderfreie Straßenoberfläche; **~ tire** (*bes. Br.* **tyre**) Gleitschutzreifen *m*; **~ tread** Gleitschutzprofil *n* (*am Reifen*).
ˌnonˈsmok·er *s* 1. Nichtraucher(in). 2. *rail.* ʹNichtraucher(abˌteil *n*) *m*. **ˌnonˈsmok·ing** *adj* Nichtraucher...
ˈnonˈstand·ard *adj ling.* nicht hoch- *od.* schriftsprachlich, ʹumgangssprachlich.
ˌnonˈstart·er *s*: **to be a ~** keine *od.* kaum e-e Chance haben (*Person u. Sache*).
ˌnonˈstick *adj* mit Antiʹhaftbeschichtung (*Pfanne etc*).
ˌnonˈstop I *adj* ohne Halt, pausenlos, Nonstop..., ʹdurchgehend (*Zug*), ohne Zwischenlandung (*Flug*): **~ flight** Non-

stopflug *m*; **~ run** *mot.* Ohnehaltfahrt *f*; **~ operation** *tech.* 24-Stunden-Betrieb *m*. **II** *adv* nonʹstop: **to fly ~ to New York**.
nonˈsuch ~ **nonesuch**.
ˈnonˈsuit *jur.* **I** *s* 1. (erzwungene) Zuʹrücknahme *e-r* Klage. 2. Abweisung *f e-r* Klage. **II** *v/t* 3. den Kläger mit der Klage abweisen. 4. *e-e* Klage (*wegen Versäumnis des Klägers*) abweisen.
ˌnonˈsup·port *s jur.* Nichterfüllung *f e-r* ʹUnterhaltsverpflichtung.
ˈnonˈswim·mer *s* Nichtschwimmer(in).
ˌnon-ˈtax-ˌpaid *adj econ. Am.* (noch) unversteuert: **~ liquor**.
ˌnonˈtech·ni·cal *adj* 1. *allg.* nicht technisch. 2. nicht fachlich. 3. volkstümlich, nicht fachsprachlich.
ˌnon-ˈU *adj Br. colloq.* unfein, nicht vornehm, nicht dem Sprachgebrauch der Oberschicht entsprechend.
ˌno-ˈnukes move·ment *s bes. Am. sl.* Antiʹkernwaffenbewegung *f*.
ˌnonˈu·ni·form *adj phys.* ungleichmäßig (*a. math.*), ungleichförmig (*Bewegung*).
ˌnonˈun·ion *adj econ.* 1. keiner Gewerkschaft angehörig, nicht organiʹsiert: **~ shop** *Am.* gewerkschaftsfreier Betrieb. 2. gewerkschaftsfeindlich. **ˌnonˈun·ion·ism** *s econ.* Gewerkschaftsfeindlichkeit *f*. **ˌnonˈun·ion·ist** *s econ.* 1. nicht organiʹsierter Arbeiter. 2. Gewerkschaftsgegner *m*, -feind *m*.
non·u·plet [ˈnɒnjʊplɪt; *Am.* ˈnɑ-; *a.* -ˈnʊ-] *s* 1. Neunergruppe *f*. 2. *mus.* Noveʹmole *f*.
ˌnonˈus·er *s jur.* Nichtausübung *f e-s* Rechts.
ˌnonˈva·lent *adj chem. math. phys.* nullwertig.
ˌnonˈval·ue bill *s econ.* Geʹfälligkeitsakˌzept *n*, -wechsel *m*.
ˌnonˈvi·o·lence *s* Gewaltlosigkeit *f*. **ˌnonˈvi·o·lent** *adj* gewaltlos: **~ demonstration**.
ˌnonˈvot·er *s pol.* Nichtwähler(in).
ˌnonˈvot·ing *adj econ. pol.* nicht stimmberechtigt.
ˌnonˈwar·ran·ty *s jur.* Haftungsausschluß *m*.
ˌnonˈwhite I *s* Farbige(r *m*) *f*. **II** *adj* farbig: **~ population**.
noo·dle[1] [ˈnuːdl] *s colloq.* 1. ʹEsel *m*, ʹDussel *m*, Trottel *m*. 2. *Am.* ʹBirne *f*, Schädel *m*.
noo·dle[2] [ˈnuːdl] *s* Nudel *f*: **~ soup** Nudelsuppe *f*.
nook [nʊk] *s* 1. Winkel *m*, Ecke *f*: **to search for s.th. in every ~ and cranny** nach etwas in jedem Winkel *od.* in allen Ecken suchen; **a shady ~** ein schattiges Plätzchen *od.* Fleckchen. 2. *arch.* Nische *f*.
noon [nuːn] *a.* **ˈ~·day, ˈ~·tide, ˈ~·time I** *s* 1. Mittag(szeit *f*) *m*: **at ~** zu *od.* am Mittag; **at high ~** am hellen Mittag, um 12 Uhr mittags. 2. *fig.* Höhepunkt *m*. **II** *adj* 3. mittägig, Mittags...
noose [nuːs] **I** *s* 1. Schlinge *f* (*a. fig.*): **running ~** Lauf-, Gleitschlinge; **to slip one's head out of the hangman's ~** mit knapper Not dem Galgen entgehen; **to put one's head in(to) the ~** *fig.* den Kopf in die Schlinge stecken; (**matrimonial**) **~** *humor.* Ehejoch *n*. **II** *v/t* 2. knüpfen, schlingen (**over** über *acc*; **round** um). 3. *in od.* mit *e-r* Schlinge fangen.
no·pal [ˈnəʊpəl; *Am. a.* nəʊˈpɑːl] *s bot.* Nopalpflanze *f*, Feigenkaktus *m*.
ˌno-ˈpar *adj econ.* nennwertlos: **~ share**.
nope [nəʊp] *adv colloq.* nein.
nor [nɔː(r); nə(r)] *conj* 1. (*meist nach neg*) noch: **neither ... ~** (*obs. od. poet.* **nor ... nor**) weder ... noch. 2. (*nach e-m verneinten Satzglied od. zum Beginn e-s an-*

gehängten verneinten Satzes) und nicht, auch nicht(s): ~ (**am** *od.* **do** *od.* **have**, *etc*) I ich auch nicht.
nor' [nɔː(r)] *abbr. für* **north** (*in Zssgn*).
NOR cir·cuit *s Computer*: NOR-Schaltung *f*, WEDER-NOCH-Schaltung *f*.
Nor·dic ['nɔː(r)dɪk] **I** *adj* nordisch (*nordeuropäisch*): ~ **combined** (*Skisport*) Nordische Kombination. **II** *s* nordischer Mensch *od.* Typ.
Nor·folk jack·et ['nɔː(r)fək] *s e-e lose Jacke mit Gürtel.* [(*Busen*).]
norks [nɔːks] *s pl Austral. sl.* ‚Titten' *pl*
nor·land ['nɔː(r)lənd] *poet.* **I** *s* Nordland *n.* **II** *adj* Nordland...
norm [nɔː(r)m] *s* **1.** Norm *f* (*a. econ. math.*), Regel *f*, Richtschnur *f*. **2.** *biol.* Typus *m.* **3.** *bes. ped.* 'Durchschnittsleistung *f*.
nor·mal ['nɔː(r)ml] **I** *adj* (*adv* → **normally**) **1.** nor'mal (*a. biol. chem. med. phys.*), Normal..., gewöhnlich, üblich: **it is quite** ~ **for him to come home late** er kommt meistens spät nach Hause. **2.** *math.* nor'mal: a) richtig: ~ **error curve** normale Fehlerkurve, b) lot-, senkrecht: ~ **line** → 6a; ~ **plane** → 6b. **II** *s* **3.** nor'male Per'son *od.* Sache. **4.** (*das*) Nor'male, Nor'malzustand *m*: **to be back to** ~ sich normalisiert haben. **5.** Nor'maltyp *m.* **6.** *math.* a) Nor'male *f*, Senkrechte *f*, b) senkrechte Ebene, Nor'malebene *f*. ~ **ac·cel·er·a·tion** *s math. phys.* Nor'malbeschleunigung *f*.
nor·mal·cy ['nɔː(r)mlsɪ] *s* Normali'tät *f*, Nor'malzustand *m*: **to return to** ~ sich normalisieren.
nor·mal·i·ty [nɔː(r)'mælətɪ] *s* Normali'tät *f* (*a. math.*).
nor·mal·i·za·tion [ˌnɔː(r)məlaɪ'zeɪʃn; *Am.* -ləz-] *s* **1.** Normali'sierung *f*: ~ **of diplomatic relations.** **2.** Normung *f*, Vereinheitlichung *f*. '**nor·mal·ize** *v/t* **1.** normali'sieren. **2.** normen, vereinheitlichen. **3.** *tech.* nor'malglühen. '**nor·mal·ly** *adv* **1.** nor'mal. **2.** nor'malerweise, (für) gewöhnlich.
nor·mal| out·put, ~ **pow·er** *s tech.* Nor'malleistung *f*. ~ **school** *s hist. Am.* Lehrerbildungsanstalt *f*. ~ **speed** *s tech.* **1.** Nor'malgeschwindigkeit *f*. **2.** Betriebsdrehzahl *f*.
Nor·man ['nɔː(r)mən] **I** *s* **1.** *hist.* Nor'manne *m*, Nor'mannin *f*. **2.** Bewohner(-in) der Norman'die. **3.** *ling.* Nor'mannisch *n*, das Normannische. **II** *adj* **4.** nor'mannisch: ~ **architecture,** ~ **style** normannischer Rundbogenstil; **the** ~ **Conquest** die normannische Eroberung (*von England, 1066*). ~ **French I** *adj* anglofran'zösisch. **II** *s ling.* Anglonor'mannisch *n*, -fran'zösisch *n*, das Anglonormannische.
nor·ma·tive ['nɔː(r)mətɪv] *adj* norma'tiv (*a. ling.*): ~ **grammar.**
Norn [nɔː(r)n] *s myth.* Norne *f*.
Nor·roy ['nɒrɔɪ] *s her.* der dritte der 3 englischen Wappenkönige.
Norse [nɔː(r)s] **I** *adj* **1.** skandi'navisch. **2.** altnordisch. **3.** (*bes.* alt)norwegisch. **II** *s* **4.** *ling.* a) Altnordisch *n*, das Altnordische, b) das (*bes.* Alt)Norwegische. **5.** *collect.* a) (*die*) Skandi'navier *pl*, b) (*die*) Norweger *pl*.
Norse·man ['nɔː(r)smən] *s irr hist.* Nordländer *m, bes.* Norweger *m*.
north [nɔː(r)θ] **I** *s* **1.** Norden *m*: **in the** ~ **of** im Norden von; **to the** ~ **of** → 7; **from the** ~ aus dem Norden. **2.** **the N**~ *m*, nördlicher Landesteil: **the N**~ **of Germany** Norddeutschland *n*; **the N**~ a) *Br.* Nordengland *n*, b) *Am.* der Norden, die Nordstaaten *pl*. **3.** *poet.* Nord(wind) *m*. **II** *adj* **4.** nördlich, Nord... **III** *adv* **5.** nach Norden, nordwärts. **6.** aus dem Norden (*bes. Wind*). **7.** ~ **of** nördlich von. **IV** *v/i* **8.** nach Norden gehen *od.* fahren.
N~ **A·mer·i·can I** *adj* 'nordameri͵kanisch. **II** *s* 'Nordameri͵kaner(in). **N**~ **At·lan·tic Trea·ty** *s pol.* Nordat'lantikpakt *m*. '~**bound** *adj* nach Norden gehend *od.* fahrend. **N**~ **Brit·ain** *s* Schottland *n*. ~ **by east** *s* Nordnord'ost *m.* ~ **by west** *s* Nordnord'west *m.* ~ **coun·try** *s* **1.** (*der*) Norden e-s Landes. **2. the N**~ **C**~ *Br.* Nordengland *n*. ~ '**coun·try·man** [-mən] *s irr Br.* Nordengländer *m*. ~**east** [ˌnɔː(r)θˈiːst; *mar.* nɔːrˈiːst] **I** *s* Nord'osten *m*. **II** *adj* nord'östlich, Nordost...: **N**~ **Passage** *geogr.* Nordostpassage *f*. **III** *adv* nord'östlich, nach Nord'osten. ~**east·er** *s* Nord'ostwind *m*. ~**east·er·ly** *adj* nord'östlich, Nordost... **II** *adv* von *od.* nach Nord'osten. ~**east·ern** → **northeast** II. ~**east·ward** *adj u. adv* nord'östlich, nach Nord'osten. **II** *s* nord'östliche Richtung. ~**east·ward·ly** *adj u. adv* nord'ostwärts (gelegen *od.* gerichtet).
north·er ['nɔː(r)ðə(r)] **I** *s* **1.** Nordwind *m*. **II** *v/i* **2.** nach Norden drehen (*Wind*). **3.** → **north** 8.
'**north·er·ly I** *adj* nördlich, Nord... **II** *adv* von *od.* nach Norden.
north·ern ['nɔː(r)ðn; *Am.* 'nɔː(r)ðərn] *adj* **1.** nördlich, Nord...: **N**~ **Cross** *astr.* Kreuz *n* des Nordens; **N**~ **Europe** Nordeuropa *n*; ~ **lights** *pl* Nordlicht *n*. **2.** nordwärts, Nord...: ~ **course** Nordkurs *m*.
'**north·ern·er** *s* **1.** Bewohner(in) des Nordens (*e-s Landes*). **2. N**~ Nordstaatler(in) (*in den USA*).
'**north·ern·ly** → **northerly**.
'**north·ern·most** *adj* nördlichst(er, e, es).
north·ing ['nɔː(r)θɪŋ; -ðɪŋ] *s* **1.** *astr.* nördliche Deklinati'on (*e-s Planeten*). **2.** *mar.* Weg *m od.* Di'stanz *f* nach Norden, nördliche Richtung.
'**north·land** [-lənd] *s bes. poet.* Nordland *n*. **N**~**·man** [-mən] *s irr* Nordländer *m*.
'**north·most** → **northernmost**.
north|-north·east [ˌnɔː(r)θnɔː(r)θˈiːst; *mar.* ˌnɔː(r)nɔːrˈiːst] **I** *adj* nordnord'östlich, Nordnordost... **II** *adv* nach *od.* aus Nordnord'osten. **III** *s* Nordnord'ost *m*. ~**-north'west I** *adj* nordnord'westlich, Nordnordwest... **II** *adv* nach *od.* aus Nordnord'westen. **III** *s* Nordnord'west *m*.
north| point *s phys.* Nordpunkt *m*. **N**~ **Pole** *s* Nordpol *m*. **N**~ **Sea** *s* Nordsee *f*. **N**~ **Star** *s astr.* Po'larstern *m*.
'**north·ward** *adj u. adv* nördlich, nordwärts, nach Norden: **in a** ~ **direction** Richtung Norden. '**north·wards** *adv* → **northward**.
north|·west [ˌnɔː(r)θˈwest; *mar.* nɔː(r)ˈwest] **I** *s* Nord'westen *m*. **II** *adj* 'westlich, Nordwest...: **N**~ **Passage** *geogr.* Nordwestpassage *f*. **III** *adv* nach *od.* aus Nord'westen. ~**·west·er** *s* **1.** Nord'westwind *m*. **2.** *mar. Am.* Ölzeug *n*. ~'**west·er·ly I** *adj* nord'westlich, Nordwest... **II** *adv* von *od.* nach Nord'westen. ~'**west·ern** → **northwest** II. ~'**west·ward I** *adj u. adv* nord'westlich, nach Nord'westen. **II** *s* nord'westliche Richtung. ~'**west·ward·ly** *adj u. adv* nord'westwärts (gelegen *od.* gerichtet).
Nor·way| pine *s bot.* Amer. Rotkiefer *f*. ~**rat** *s zo.* Wanderratte *f*. ~ **spruce** *s bot.* Gemeine Fichte, Rottanne *f*.
Nor·we·gian [nɔː(r)ˈwiːdʒən] **I** *adj* **1.** norwegisch. **II** *s* **2.** Norweger(in). **3.** *ling.* Norwegisch *n*, das Norwegische.
nor'west·er [nɔː(r)ˈwestə(r)] → **northwester**.

nose [nəʊz] **I** *s* **1.** *anat.* Nase *f*. **2.** *fig.* Nase *f*, ‚Riecher' *m* (**for** für). **3.** A'roma *n.* starker Geruch (*von Tee, Heu etc*). **4.** *bes. tech.* a) Nase *f*, Vorsprung *m*, (*mil.* Geschoß)Spitze *f*, Schnabel *m*, b) Mündung *f*, c) Schneidkopf *m* (*e-s Drehstahls etc*). **5.** (Schiffs)Bug *m*. **6.** *mot.* ‚Schnauze' *f* (*Vorderteil des Autos*). **7.** *aer.* Nase *f*, (Rumpf)Bug *m*, Kanzel *f*. **8.** *sl.* Spi'on(in), (a. Poli'zei)Spitzel *m*. Besondere Redewendungen:
to bite (*od.* **snap**) **s.o.'s** ~ **off** j-n ‚anschnauzen' *od.* anfahren; **to cut off one's** ~ **to spite one's face** sich ins eigene Fleisch schneiden; **to follow one's** ~ a) immer der Nase nach gehen, b) s-m Instinkt folgen; **to get** ~ **of** *colloq.* Wind bekommen von; **to keep one's** ~ **clean** sich nichts zuschulden kommen lassen; **to lead s.o. by the** ~ j-n völlig beherrschen; **to look down one's** ~ ein verdrießliches Gesicht machen; **to look down one's** ~ **at** die Nase rümpfen über (*acc*), auf j-n *od.* etwas herabblicken; **to pay through the** ~ sich ‚dumm u. dämlich' zahlen; **to poke** (*od.* **put, stick, thrust**) **one's** ~ **into** s-e Nase in e-e Sache stecken; **to put s.o.'s** ~ **out of joint** a) j-n ausstechen, b) j-n vor den Kopf stoßen; **to see no further than** (**the end of**) **one's** ~ a) kurzsichtig sein, b) *fig.* e-n engen (*geistigen*) Horizont haben; **to turn up one's** ~ (**at**) die Nase rümpfen (über *acc*); (**as**) **plain as the** ~ **in your face** sonnenklar; **on the** ~ *bes. Am. colloq.* (ganz) genau, pünktlich; **under s.o.'s** (**very**) ~ a) direkt vor j-s Nase, b) vor j-s Augen; → **grindstone** 1, **thumb** 5.
II *v/t* **9.** riechen, spüren, wittern. **10.** beschnüffeln. **11.** mit der Nase berühren *od.* stoßen. **12.** *fig.* a) *s-n* Weg vorsichtig suchen: **the car** ~**d its way through the fog** das Auto tastete sich durch den Nebel, b) *ein Auto etc* vorsichtig fahren: **to** ~ **the car out of the garage. 13.** durch die Nase *od.* näselnd aussprechen. **14.** *colloq.* → **nose out** 2.
III *v/i* **15.** a. ~ **about,** ~ **around** ‚(her'um)schnüffeln (**after, for** nach). **16.** ~ **into** s-e Nase stecken in (*acc*). **17. the car** ~**d through the fog** das Auto tastete sich durch den Nebel. **18.** ~ **on** *sl.* j-n ‚hinhängen' (*denunzieren*).
Verbindungen mit Adverbien:
nose| down *aer.* **I** *v/t* das Flugzeug andrücken. **II** *v/i* andrücken, im Steilflug niedergehen. ~ **out** *v/t* **1.** ‚ausschnüffeln', 'ausspio͵nieren, her'ausbekommen. **2.** um e-e Nasenlänge schlagen. ~ **o·ver** *v/i aer.* sich über'schlagen, e-n ‚Kopfstand' machen. ~ **up I** *v/t* das Flugzeug hochziehen. **II** *v/i* steil hochgehen.
nose| **ape** *s zo.* Nasenaffe *m*. ~ **bag** *s* Freß-, Futterbeutel *m* (*für Pferde*). '~**band** *s* Nasenriemen *m* (*am Zaumzeug*). '~**bleed** *s med.* Nasenbluten *n*: **to have a** ~ Nasenbluten haben. ~ **can·dy** *s Am. sl.* ‚Koks', ‚Schnee' *m* (*Kokain*). ~ **cone** *s* Ra'ketenspitze *f*.
nosed [nəʊzd] *adj* (*meist in Zssgn*) mit e-r dicken etc Nase, ...nasig.
nose| **dive** *s* **1.** *aer.* Sturzflug *m*. **2.** *econ. colloq.* (Preis- *etc*)Sturz *m*: **prices took a** ~ die Preise ‚purzelten'. '~**-dive** *v/i* **1.** *aer.* e-n Sturzflug machen. **2.** *econ. colloq.* ‚purzeln', ra'pid fallen (*Kurs, Preis*). ~ **drops** *s pl med. pharm.* Nasentropfen *pl*. ~ **flute** *s mus.* Nasenflöte *f*. ~ **gay** *s* Sträußchen *n*. '~**-͵heav·y** *adj aer.* vorderlastig. '~**piece** *s* **1.** *hist.* Nasenteil *m*, *n* (*e-s Helms*). **2.** *tech.* Mundstück *n* (*vom Blasebalg, Schlauch etc*). **3.** *tech.* Re'vol-

ver m (Objektivende e-s Mikroskops). **4.** Steg m (e-r Brille). ~ **pipe** s tech. Balgrohr n, Düse f.
nos·er ['nəʊzə(r)] s obs. **1.** Schlag m auf die Nase. **2.** mar. starker Gegenwind.
nose| rag s sl. ‚Rotzfahne' f (Taschentuch). ~ **ring** s Nasenring m. ~ **spray** s med. pharm. Nasenspray m, n. ~ **tur·ret** s aer. mil. vordere Kanzel. ~ **wheel** s aer. Bugrad n.
nos·ey → nosy.
nosh [nɒʃ; Am. naʃ] sl. **I** s **1.** bes. Br. a) Essen n: **to have a** ~ (etwas) essen, b) Küche f: **Chinese** ~. **2.** Am. Bissen m, Happen m: **to have a** ~ e-n Happen essen. **II** v/i **3.** bes. Br. essen. **4.** Am. e-n Bissen od. Happen essen.
,**no-'show** s bes. Am. colloq. j-d, der etwas Gebuchtes od. Bestelltes nicht in Anspruch nimmt.
'**nosh-up** s bes. Br. sl. reichhaltiges Essen: **to have a** ~ sich satt essen.
,**no-'side** s Rugby: 'Spiel,ende n.
nos·ing ['nəʊzɪŋ] s arch. Nase f, Ausladung f: ~ **of the steps** (od. **of a staircase**) Treppenkante f. ~ **o·ver** s aer. ‚Kopfstand' m (beim Landen).
no·sog·ra·pher [nɒ'sɒɡrəfə(r); Am. nəʊ'sɑ-] s med. Noso'graph m. **nos·o·graph·ic** [,nɒsə'ɡræfɪk; Am. ,nɑ-] adj noso'graphisch. **no'sog·ra·phy** [-fɪ] s Nosogra'phie f, Krankheitsbeschreibung f.
nos·o·log·i·cal [,nɒsə'lɒdʒɪkl; Am. ,nɑsə'lɑ-] adj med. noso'logisch. **no·sol·o·gist** [nɒ'sɒlədʒɪst; Am. nəʊ'sɑ-] s Noso'loge m. **no'sol·o·gy** s Nosolo'gie f, Krankheitslehre f.
nos·tal·gi·a [nɒ'stældʒɪə; -dʒə; Am. nɑ-] s **1.** med. Nostal'gie f, Heimweh n. **2.** Heimweh(gefühl) n. **3.** Nostal'gie f, Sehnsucht f (**for** nach etwas Vergangenem etc). **4.** Wehmut f, wehmütige Erinnerung. **nos'tal·gic** adj (adv ~**ally**) **1.** an Heimweh leidend, Heimweh... **2.** no'stalgisch, sehnsüchtig. **3.** wehmütig.
nos·tril ['nɒstrəl; Am. 'nɑs-] s Nasenloch n, bes. zo. Nüster f: **it stinks in one's** ~**s** es ekelt einen an.
nos·trum ['nɒstrəm; Am. 'nɑs-] s **1.** med. Geheimmittel n, 'Quacksalbermedi,zin f. **2.** fig. (soziales od. politisches) Heilmittel, Pa'tentre,zept n.
nos·y ['nəʊzɪ] adj **1.** colloq. neugierig: ~ **parker** bes. Br. neugierige Person, Schnüffler(in). **2.** obs. a) übelriechend, muffig, b) aro'matisch, duftend (bes. Tee).
not [nɒt; Am. nɑt] adv **1.** nicht: → yet 1, 2. **2.** ~ **a** kein(e): ~ **a few** nicht wenige. **3.** ~ **that** nicht, daß; nicht als ob.
Besondere Redewendungen:
I think ~ ich glaube nicht; **I know** ~ obs. od. poet. ich weiß (es) nicht; ~ **I** ich nicht, ich denke nicht daran; **it is wrong, is it** ~ (od. colloq. **isn't it**)? es ist falsch, nicht wahr?; **he is** ~ **an Englishman** er ist kein Engländer; ~ **if I know it** nicht, wenn es nach mir geht.
no·ta ['nəʊtə] pl **no·tum** f.
no·ta·bil·i·a [,nəʊtə'bɪlɪə] (Lat.) s pl das Bemerkenswerte.
no·ta·bil·i·ty [,nəʊtə'bɪlətɪ] s **1.** wichtige od. promi'nente Per'sönlichkeit, 'Standesper,son f, pl (die) Honorati'oren pl, (die) Promi'nenz. **2.** her'vorragende Eigenschaft, Bedeutung f.
no·ta·ble ['nəʊtəbl] **I** adj (adv **notably**) **1.** beachtens-, bemerkenswert, denkwürdig, wichtig. **2.** ansehnlich, beträchtlich: **a** ~ **difference** f. **3.** angesehen, her'vorragend: **a** ~ **scientist**. **4.** chem. merklich. **5.** obs. häuslich. **II** s → notability 1.
no·tar·i·al [nəʊ'teərɪəl] adj (adv ~**ly**) jur. **1.** notari'ell, Notariats... **2.** notari'ell (beglaubigt).

no·ta·rize ['nəʊtəraɪz] v/t jur. notari'ell beurkunden od. beglaubigen.
no·ta·ry ['nəʊtərɪ] s meist ~ **public** jur. (öffentlicher) No'tar (in Großbritannien u. USA nur zur Vornahme von Beglaubigungen, Beurkundungen u. zur Abnahme von Eiden berechtigt).
no·tate [nəʊ'teɪt; Am. 'nəʊt-] v/t mus. no'tieren, in Notenschrift schreiben od. aufzeichnen.
no·ta·tion [nəʊ'teɪʃn] s **1.** Aufzeichnung f: a) No'tierung f, b) No'tiz f. **2.** bes. chem. math. Be'zeichnungssy,stem n, Schreibweise f, Bezeichnung f: **chemical** ~ chemisches Formelzeichen. **3.** mus. a) Notenschrift f, b) Notati'on f, Aufzeichnen n in Notenschrift.
notch [nɒtʃ; Am. nɑtʃ] **I** s **1.** Kerbe f, Einschnitt m, Aussparung f, Falz m, Nut(e) f. **2.** Zimmerei: Kamm m. **3.** print. Signa'tur(rinne) f. **4.** mil. tech. (Vi'sier-) Kimme f: ~ **and bead sights** Kimme u. Korn. **5.** geol. Am. a) Engpaß m, b) Kehle f. **6.** colloq. Grad m, Stufe f: **to be a** ~ **above** e-e Klasse besser sein als. **II** v/t **7.** bes. tech. (ein)kerben, (ein)schneiden, einfeilen. **8.** tech. ausklinken. **9.** tech. nuten, falzen. **10.** oft ~ **up** colloq. e-n Sieg, Einnahmen etc erzielen: **to** ~ **s.o. s.th.** j-m etwas einbringen.
notched [nɒtʃt; Am. nɑtʃt] adj **1.** tech. (ein)gekerbt, mit Nuten (versehen). **2.** bot. grob gezähnt (Blatt).
NOT cir·cuit [nɒt; Am. nɑt] s Computer: NICHT-Glied n, Negati'onsschaltung f, NICHT-Schaltung f.
note [nəʊt] **I** s **1.** (Kenn)Zeichen n, Merkmal n. **2.** fig. Ansehen n, Ruf m, Bedeutung f: **man of** ~ bedeutender Mann; **nothing of** ~ nichts von Bedeutung; **worthy of** ~ beachtenswert. **3.** No'tiz f, Kenntnisnahme f, Beachtung f: **to take** ~ **of s.th.** von etwas Notiz od. etwas zur Kenntnis nehmen. **4.** meist pl No'tiz f, Aufzeichnung f: **to make a** ~ **of s.th.** sich etwas notieren od. vormerken; **to speak without** ~**s** frei sprechen; **to take** ~**s (of s.th.)** sich (über etwas) Notizen machen; → **compare** 3. **5.** (diplo'matische) Note: **exchange of** ~**s** Notenwechsel m. **6.** Briefchen n, Zettel(chen n) m. **7.** print. a) Anmerkung f, b) Satzzeichen n. **8.** econ. a) Nota f, Rechnung f: **as per** ~ laut Nota, b) (Schuld)Schein m: ~ **of hand** promissory note; **bought and sold** ~ Schlußschein m; **customs'** ~ Zollmerkschein m; ~**s payable (receivable)** Am. Wechselverbindlichkeiten (-forderungen), c) a. **bank** ~ Banknote f, Geldschein m: ~ **issue** Notenausgabe f, -kontingent n, d) Vermerk m, No'tiz f: **urgent** ~ Dringlichkeitsvermerk, e) Mitteilung f: ~ **advice** Versandanzeige f; ~ **of exchange** Kursblatt n. **9.** mus. a) Note f: **whole** ~ Am. ganze Note, b) Ton m, c) Taste f: **to strike the** ~**s** die Tasten anschlagen. **10.** poet. Klang m, Melo'die f, bes. (Vogel)Gesang m. **11.** fig. Ton(art f) m: **to strike the right** ~ den richtigen Ton treffen; **to strike a false** ~ a) sich im Ton vergreifen, b) sich danebenbenehmen; **he closed his speech on this (encouraging)** ~, **→ change** 1. **12.** fig. a) Ton m, Beiklang m: **with a** ~ **of irritation** mit e-m Unterton von Ärger, b) Note f, Ele'ment n, Faktor m: **a** ~ **of realism** e-e realistische Note. **13.** Brandmal n, Schandfleck m. **14.** Am. colloq. a) ‚tolles Ding', b) ‚böse' Sache.
II v/t **15.** bemerken. **16.** (besonders) beachten od. achten auf (acc). **17.** oft ~ **down** niederschreiben, no'tieren, vermerken, aufzeichnen. **18.** econ. Wechsel prote'stieren lassen: **bill (of exchange)**

~**d for protest** protestierter Wechsel. **19.** bes. Preise angeben.
note| bank s econ. Notenbank f. '~**book** s **1.** No'tizbuch n. **2.** econ. jur. Kladde f. ~ **bro·ker** s econ. Am. Wechselmakler m. '~**case** s Br. Brieftasche f.
not·ed ['nəʊtɪd] adj **1.** bekannt, berühmt (**for** wegen). **2.** econ. no'tiert: ~ **before official hours** vorbörslich (Kurs). '**not·ed·ly** adv ausgesprochen, deutlich, besonders.
note| pa·per s 'Briefpa,pier n. ~ **press** s econ. 'Banknotenpresse f, -drucke,rei f. ~ **row** s Zwölftonmusik: Reihe f. ~ **shav·er** s econ. Am. sl. wucherischer Wechselmakler. ~ **val·ue** s mus. Zeitwert m.
'**note,wor·thy** adj bemerkenswert: **a** ~ **book**.
,**not-for-'prof·it** adj Am. gemeinnützig: **a** ~ **institution**.
NOT gate → NOT circuit.
noth·ing ['nʌθɪŋ] **I** pron **1.** nichts (**of** von): ~ **much** nicht (sehr) viel, nichts Bedeutendes. **II** s **2.** Nichts n: **to** ~ zu od. in nichts; **for** ~ umsonst. **3.** fig. Nichts n, Unwichtigkeit f. **4.** Kleinigkeit f, Nichts n. **5.** pl Nichtigkeiten pl, leere Redensarten pl: **to say sweet** (od. **soft**) ~**s** Süßholz raspeln. **6.** Null f (a. Person). **III** adv **7.** colloq. durch'aus nicht, keineswegs: ~ **like so bad as** bei weitem nicht so schlecht wie; ~ **like complete** alles andere als od. längst nicht vollständig. **IV** interj **8.** (in Antworten) colloq. nichts dergleichen!, keine Spur!, Unsinn!
Besondere Redewendungen:
good for ~ zu nichts zu gebrauchen; **next to** ~ fast nichts; ~ **additional** nichts weiter, außerdem nichts; ~ **doing** colloq. a) das kommt nicht in Frage, b) nichts zu machen!; ~ **but** nichts als, nur; ~ **if not courageous** sehr mutig; **not for** ~ nicht umsonst, nicht ohne Grund; **that is** ~ **to what we have seen** das ist nichts gegen das, was wir gesehen haben; **that's** ~ a) das ist od. macht od. bedeutet gar nichts, b) das gibt nicht; **that's** ~ **to this** nichts im Vergleich zu; **that's** ~ **to me** das bedeutet mir nichts; **that is** ~ **to you** das geht dich nichts an; **he is** ~ **to me** er bedeutet mir nichts, er ist mir gleichgültig; **there is** ~ **to** (od. **in**) **it** a) da ist nichts dabei, das ist ganz einfach, b) an der Sache ist nichts dran; **there is** ~ **like** es geht nichts über (acc); **to end in** ~ sich in nichts auflösen; **to feel like** ~ **on earth** sich hundeelend fühlen; **to make** ~ **of s.th.** a) nicht viel Wesens von etwas machen, b) sich nichts aus etwas machen; **I can make** ~ **of him** (it) ich kann mit ihm (damit) nichts anfangen, ich werde aus ihm (daraus) nicht schlau; **to say** ~ **of** ganz zu schweigen von; **to think** ~ **of** nichts halten von, a. sich nichts machen aus; **to think** ~ **of doing s.th.** nichts dabei finden, etwas zu tun; → **have** Bes. Redew.
noth·ing·ar·i·an [,nʌθɪŋ'eərɪən] **I** adj religi'ös gleichgültig, freigeistig. **II** s Freigeist m.
'**noth·ing·ness** s **1.** Nichts n: a) Nichtsein n, b) Nichtigkeit f. **2.** Leere f: **a feeling of** ~.
no·tice ['nəʊtɪs] **I** s **1.** Beobachtung f, Wahrnehmung f: **to avoid** ~ (Redew.) um Aufsehen zu vermeiden; **to bring s.th. to s.o.'s** ~ j-m etwas zur Kenntnis bringen; **to come under s.o.'s** ~ j-m bekanntwerden; **to escape** ~ unbemerkt bleiben; **to escape s.o.'s** ~ j-m od. j-s Aufmerksamkeit entgehen; **to take (no)** ~ **of** (keine) Notiz nehmen von j-m od. etwas, (nicht) beachten; **not worth a person's** ~ nicht beachtenswert; ~! zur

Beachtung! **2.** No'tiz *f,* Nachricht *f,* Anzeige *f,* Meldung *f,* Ankündigung *f,* Kunde *f:* ~ **of an engagement** Verlobungsanzeige *f;* **this is to give ~ that** es wird hiermit bekanntgemacht, daß; **to give s.o. ~ of s.th.** j-n von etwas benachrichtigen (→ 4). **3.** Anzeige *f,* Ankündigung *f,* 'Hinweis *m,* Bekanntgabe *f,* Benachrichtigung *f,* Mitteilung *f,* Bericht *m,* Anmeldung *f:* ~ **of assessment** *econ.* Steuerbescheid *m;* ~ **of a loss** Verlustanzeige; **to give ~ of appeal** *jur.* Berufung anmelden *od.* einlegen; **to give ~ of motion** a) e-n Antrag anmelden, b) *parl.* e-n Initiativantrag stellen; **to give ~ of a patent** ein Patent anmelden; **to serve ~ upon s.o.** *jur.* j-m e-e Vorladung zustellen, j-n vorladen. **4.** Warnung *f,* Kündigung(sfrist) *f:* **subject to a month's ~** mit monatlicher Kündigung; **to give s.o. ~ (for Easter)** j-m (zu Ostern) kündigen; **to give s.o. three months' ~** j-m 3 Monate vorher kündigen; **we have ~ to quit** uns ist (die Wohnung) gekündigt worden; **I am under ~ to leave** mir ist gekündigt worden; **at a day's ~** binnen e-s Tages; **at a moment's ~** jeden Augenblick, sogleich, jederzeit; **at short ~** a) kurzfristig, auf Abruf, b) sofort, auf Anhieb; **it's a bit short ~** *colloq.* das kommt etwas plötzlich; **till** (*od.* **until**) **further ~** bis auf weiteres; **without ~** fristlos (*entlassen etc*). **5.** schriftliche Bemerkung, (*a. Presse-, Zeitungs*)No'tiz *f,* (*bes.* kurze kritische) Rezensi'on, (Buch-)Besprechung *f.*
II *v/t* **6.** bemerken: **to ~ s.o. doing s.th.** bemerken, daß j-d etwas tut; j-n etwas tun sehen. **7.** (besonders) beachten *od.* achten auf (*acc*). **8.** *ein Buch* besprechen. **9.** anzeigen, melden, bekanntmachen. **10.** *jur.* benachrichtigen.
'**no·tice·a·ble** *adj* (*adv* **noticeably**) **1.** wahrnehmbar, merklich, sichtlich: **~ results** spürbare Folgen. **2.** bemerkenswert, beachtlich. **3.** auffällig, ins Auge fallend.
no·tice| board *s bes. Br.* **1.** Anschlagtafel *f,* Schwarzes Brett. **2.** Warnungstafel *f,* Warnschild *n.* **~ pe·ri·od** *s* Kündigungsfrist *f.*
no·ti·fi·a·ble [ˈnəʊtɪfaɪəbl] *adj* meldepflichtig (*bes. Krankheit*).
no·ti·fi·ca·tion [ˌnəʊtɪfɪˈkeɪʃn] *s* **1.** (förmliche) Anzeige, Meldung *f,* (*a.* amtliche) Mitteilung, Bekanntmachung *f,* Benachrichtigung *f.* **2.** schriftliche Ankündigung.
no·ti·fy [ˈnəʊtɪfaɪ] *v/t* **1.** (*förmlich*) bekanntgeben, anzeigen, avi'sieren, melden, (amtlich) mitteilen (**s.th. to s.o.** j-m etwas). **2.** (**of**) *j-n* benachrichtigen, in Kenntnis setzen (von, über *acc;* **that** daß), *j-n* unter'richten (von).
no·tion [ˈnəʊʃn] *s* **1.** Begriff *m* (*a. math. philos.*), Gedanke *m,* I'dee *f,* Vorstellung *f, weitS. a.* Ahnung *f* (**of** von): **not to have the vaguest ~ of s.th.** nicht die leiseste Ahnung von etwas haben; **I had no ~ of this** davon war mir nichts bekannt; **I have a ~ that** ich denke mir, daß. **2.** Meinung *f,* Ansicht *f:* **to fall into the ~ that** auf den Gedanken kommen, daß. **3.** Neigung *f,* Lust *f,* Absicht *f,* Im'puls *m:* **he hasn't a ~ of doing it** es fällt ihm gar nicht ein, es zu tun. **4.** Grille *f,* verrückte I'dee: **to take the ~ of doing s.th.** auf die Idee kommen, etwas zu tun. **5.** *pl Am.* a) Kurzwaren *pl,* b) Kinkerlitzchen *pl.*
no·tion·al [ˈnəʊʃənl] *adj* (*adv* **~ly**) **1.** begrifflich, Begriffs... **2.** *philos.* rein gedanklich, speku·la'tiv (*nicht empirisch*). **3.** theo'retisch. **4.** imagi'när, fik'tiv, angenommen: **a ~ amount.**

no·to·chord [ˈnəʊtəkɔː(r)d] *s anat. zo.* Rückenstrang *m.*
No·to·gae·a [ˌnəʊtəˈdʒiːə] *s zo.* Notoˈgäa *f* (*tiergeographische Region der südlichen Halbkugel*).
no·to·ri·e·ty [ˌnəʊtəˈraɪətɪ] *s* **1.** allgemeine Bekanntheit, *a. contp.* (traurige) Berühmtheit, schlechter Ruf: **to achieve** (*od.* **gain**) **~** traurige Berühmtheit erlangen. **2.** *contp.* Berüchtigtsein *n,* (*das*) No'torische. **3.** all-*od.* weltbekannte Per'son *od.* Sache (*a. contp.*).
no·to·ri·ous [nəʊˈtɔːrɪəs; *Am. a.* -ˈtəʊ-] *adj* (*adv* **~ly**) noˈtorisch: a) offenkundig, all-, welt-, wohlbekannt (*alle a. contp.*), *iro.* bekannt wie ein bunter Hund, b) *contp.* berüchtigt (**for** wegen): **a ~ swindler.** **noˈto·ri·ous·ness** → **notoriety** 1 *u.* 2.
ˌno-ˈtrump (*Bridgespiel*) **I** *adj* **1.** ohne Trumpf. **II** *s* **2.** ,Ohne-Trumpf'-Ansage *f.* **3.** ,Ohne-Trumpf'-Spiel *n.*
no·tum [ˈnəʊtəm] *pl* **-ta** [-tə] *s zo.* Rückenplatte *f) m* (*bei Insekten*).
not·with·stand·ing [ˌnɒtwɪθˈstændɪŋ, -wɪð-; *Am.* ˌnɑt-] **I** *prep* ungeachtet, unbeschadet, trotz (*gen*): **~ the objections** ungeachtet *od.* trotz der Einwände; **his great reputation ~** trotz s-s hohen Ansehens. **II** *conj a.* **~ that** obˈgleich. **III** *adv* nichtsdestoˈweniger, dennoch.
nou·gat [ˈnuːgɑː; *Am. bes.* -gət] *s* N(o)ugat *m, n.*
nought [nɔːt; *Am. a.* nɑːt] → **naught.**
nou·me·non [ˈnuːmɪnən; ˈnaʊ-; *Am.* -ˌnɑn] *pl* **-na** [-nə] *s philos.* Noumenon *n,* Ding *n* an sich, reines Gedankending, bloße Iˈdee.
noun [naʊn] *ling.* **I** *s* Hauptwort *n,* Substantiv *n.* **II** *adj* substanˈtivisch.
nour·ish [ˈnʌrɪʃ; *Am. bes.* ˈnɜːrɪʃ] *v/t* **1.** (er)nähren, erhalten (**on** von). **2.** *fig.* nähren, hegen: **to ~ a feeling. 3.** *fig.* (be)stärken, aufrechterhalten. **ˈnour·ish·ing** *adj* nahrhaft, Nähr...: **~ power** Nährkraft *f,* -wert *m.* **ˈnour·ish·ment** *s* **1.** Ernährung *f.* **2.** Nahrung *f* (*a. fig.*), Nahrungsmittel *n:* **to take ~** Nahrung zu sich nehmen.
nous [naʊs; *Am. bes.* nuːs] *s* **1.** *philos.* Vernunft *f,* Verstand *m.* **2.** *colloq.* ,Grips' *m,* ,Grütze' *f,* Verstand *m.*
nou·veau riche [ˌnuːvəʊˈriːʃ] **I** *pl* **nouveaux riches** [ˌnuːvəʊˈriːʃ] (*Fr.*) *s* Neureiche(r *m*) *f.* **II** *adj* (*typisch*) neureich.
no·va [ˈnəʊvə] *pl* **-vae** [-viː], **-vas** *s astr.* Nova *f,* neuer Stern.
no·va·tion [nəʊˈveɪʃn] *s jur.* Novatiˈon *f:* a) Forderungsablösung *f,* b) ˈForderungsüberˌtragung *f.*
nov·el [ˈnɒvl; *Am.* ˈnɑvəl] **I** *adj* **1.** neu (-artig). **2.** ungewöhnlich. **II** *s* **3.** Roˈman *m:* **the ~** der Roman (*als Gattung*); **short ~** Kurzroman; **~ of manners** Sittenroman; **~ writer** → **novelist.**
nov·el·ese [ˌnɒvəˈliːz; *Am.* ˌnɑ-] *s contp.* ˈGroschenroˌmanstil *m.*
nov·el·ette [ˌnɒvəˈlet; *Am.* ˌnɑ-] *s* **1.** a) kurzer Roˈman, b) *bes. Br. contp.* ˈGroschenroˌman *m,* seichter *od.* kitschiger Unterˈhaltungsroˌman. **2.** *mus.* Roˈmanze *f.* **ˌnov·elˈet·tish** *adj bes. Br. contp.* a) seicht, b) rührselig, kitschig.
nov·el·ist [ˈnɒvəlɪst; *Am.* ˈnɑ-] *s* Roˈmanschriftsteller(in), Romanciˈer *m.* **ˌnov·elˈis·tic** *adj* roˈmanhaft, Roman...
nov·el·i·za·tion [ˌnɒvəlaɪˈzeɪʃn; *Am.* ˌnɑvələˈz-] *s* Darstellung *f* in Roˈmanform: **~s of films** nachträgliche Romanfassungen von Filmen. **ˈnov·el·ize** *v/t* in Roˈmanform darstellen.
no·vel·la [nəʊˈvelə] *pl* **-las, -le** [-liː; -leɪ] *s* Noˈvelle *f.*
nov·el·ty [ˈnɒvltɪ; *Am.* ˈnɑ-] *s* **1.** Neuheit *f:* a) (*das*) Neue (*e-r Sache*): **the ~ had** soon worn off der Reiz des Neuen war bald verflogen, b) (*etwas*) Neues. **2.** (*etwas*) Ungewöhnliches. **3.** *pl* ,Krimskrams' *m,* billige Neuheiten. **4.** Neuerung *f.*
No·vem·ber [nəʊˈvembə(r)] *s* Noˈvember *m:* **in ~** im November.
no·ve·na [nəʊˈviːnə] *pl* **-nae** [-niː; -neɪ] *s R.C.* Noˈvene *f,* neuntägige Andacht.
nov·ice [ˈnɒvɪs; *Am.* ˈnɑ-] **I** *s* **1.** Anfänger(in), Neuling *m* (**at** *auf e-m Gebiet*). **2.** *R.C.* Noˈvize *m,* Noˈvizin *f* (*e-s Ordens*). **3.** *Bibl.* Neubekehrte(r *m*) *f.* **II** *adj* **4.** he's a **~ swimmer** er hat gerade erst schwimmen gelernt. **5.** noch nie präˈmiˈiert (*z. B. Hund bei e-r Ausstellung*).
no·vi·ti·ate, *a.* **no·vi·ci·ate** [nəʊˈvɪʃɪət; -ɪeɪt; *Am. a.* -ˈvɪʃət] *s* **1.** Lehrzeit *f,* Lehre *f.* **2.** *R.C.* a) Noviziˈat *n,* Probezeit *f,* b) → **novice** 1 *u.* 2.
now [naʊ] **I** *adv* **1.** nun, gegenwärtig, jetzt: **from ~** von jetzt an; **up to ~** bis jetzt. **2.** soˈfort, bald. **3.** eben, soˈeben: **just ~** gerade eben, (erst) vor ein paar Minuten. **4.** (*in der Erzählung*) nun, dann, darauf, damals. **5.** (*nicht zeitlich*) nun (aber): **~ I hold quite different opinions. II** *conj* **6.** *a.* **~ that** nun aber da, nun da, da nun, jetzt wo: **~ he is gone** nun da er fort ist. **III** *s* **7.** *poet.* Jetzt *n.* **IV** *adj* **8.** *sl.* moˈdern: **it's a ~ tendency to do s.th.** es ist gerade ,in', etwas zu tun. *Besondere Redewendungen:*
before ~ a) schon einmal, schon früher, b) früher, eher, vorher; **by ~** mittlerweile, jetzt, inzwischen; **~ if** when (nun) aber; **how ~?** nun?, was gibt's?, was soll das heißen?; **what is it ~?** was ist jetzt schon wieder los?; **now ... now** bald; **~ and again, ~ and then,** (**every**) **~ and then** von Zeit zu Zeit, hie(r) u. da, dann u. wann, gelegentlich; **~ then** (nun) also; **what ~?** was nun?; **it's ~ or never** jetzt oder nie.
now·a·day [ˈnaʊədeɪ] → **nowadays** I, II.
now·a·days [ˈnaʊədeɪz] **I** *adv* heutzutage, jetzt. **II** *adj* heutig. **III** *s* Jetzt *n,* Gegenwart *f.*
ˈno·way(s) *adv bes. Am.* keinesˈwegs, in keiner Weise.
now·el [ˈnəʊəl; ˈnaʊəl] *s* Gießerei: (großer) Kern.
ˈno·where I *adv* **1.** nirgend, nirgendwo: **to come** (**in**) (*od.* **finish, be**) **~** *sport* unter „ferner liefen" *od.* im geschlagenen Feld enden. **2.** nirgendwohin: **to get ~** (fast) überhaupt nicht weiterkommen, überhaupt keine Fortschritte machen; **to get ~ in life** es im Leben zu nichts bringen; **this will get you ~** damit kommst du auch nicht weiter, das bringt dich auch nicht weiter; **£10 goes ~** mit £10 kommt man nicht sehr weit *od.* kann man nicht sehr viel anfangen. **3. ~ near** bei weitem nicht, auch nicht annähernd: **£100 is ~ near enough. II** *s* **4.** Nirgendwo *n, weitS.* Wildnis *f,* Abgelegenheit *f:* **to appear from** (*od.* **out of**) **~** aus dem Nichts auftauchen; **miles from ~** in e-r gottverlassenen Gegend; **the train stopped in the middle of ~** auf freier Strecke.
ˈnoˌwheres *adv Am. dial.* nirgends.
ˈno·wise → **noway(s).**
nox·ious [ˈnɒkʃəs; *Am.* ˈnɑ-] *adj* (*adv* **~ly**) schädlich: a) verderblich, b) ungesund (**to** für): **~ substances** *chem.* Schadstoffe. **ˈnox·ious·ness** *s* Schädlichkeit *f.*
no·yade [nwɑːˈjɑːd] *s* Noˈyade *f,* (ˈHinrichtung *f* durch) Ertränken *n.*
noz·zle [ˈnɒzl; *Am.* ˈnɑzl] *s* **1.** *obs.* Schnauze *f,* Rüssel *m.* **2.** *sl.* ,Rüssel' *m* (*Nase*). **3.** *tech.* Schnauze *f,* Tülle *f,* Schnabel *m,* Mundstück *n,* Ausguß *m,* Röhre *f* (*an Gefäßen etc*). **4.** *tech.* Stutzen *m,* Mündung *f,* Ausström(ungs)öffnung *f*

(*an Röhren etc*). **5.** *tech.* (*Kraftstoff- etc*) Düse *f*, Zerstäuber *m*: ~ **angle** Anstellwinkel *m* der Düse; ~ **ring** a) Düsenring *m*, b) Leitkranz *m*. **6.** *a.* **pistol-grip** ~ *tech.* Zapfpistole *f*.
nth [enθ] *adj math.* n-te(r), n-te(s): ~ **degree** n-ter Grad, beliebiger bestimmter Grad; **to the** ~ **degree** a) *math.* bis zum n-ten Grade, b) *fig.* im höchsten Maße; **for the** ~ **time** *fig.* zum hundertsten Mal.
nu [nju:; *Am. a.* nu:] *s* **1.** Ny *n*: a) *griechischer Buchstabe*, b) *bes. math.* **13.** *Glied e-r Reihe etc*. **2.** N~ *astr.* Stern *m* von dreizehntem Helligkeitsgrad.
nu·ance [nju:ˈɑːns; *Am.* ˈnjuːˌɑːns; ˈnuː-] *s* Nuˈance *f*: a) Schatˈtierung *f*, Feinheit *f*, feiner ˈUnterschied, b) Spur *f*, Kleinigkeit *f*.
nub [nʌb] *s* **1.** Knopf *m*, Knötchen *n*, Auswuchs *m*. **2.** (kleiner) Klumpen, Nuß *f* (*Kohle etc*). **3. the** ~ *colloq.* der springende Punkt (*of bei e-r Sache*).
nub·bin [ˈnʌbən] *s Am.* unvollkommen ausgebildete Frucht, *bes.* kleiner *od.* verkümmerter Maiskolben.
nub·ble [ˈnʌbl] → **nub** 1. **ˈnub·bly** [-blɪ] *adj* knotig.
nu·bec·u·la [njuːˈbekjʊlə; *Am. a.* nuː-] *pl* **-lae** [-liː] *s astr.* Nebelfleck *m*.
Nu·bi·an [ˈnjuːbjən; -ɪən; *Am. a.* ˈnuː-] **I** *adj* **1.** nubisch. **II** *s* **2.** Nubier(in). **3.** *ling.* Nubisch *n*, das Nubische.
nu·bile [ˈnjuːbaɪl; *Am. a.* ˈnuːbəl] *adj* **1.** mannbar, heiratsfähig, *jur.* ehemündig. **2.** ‚sexy' (*attraktiv*). **nuˈbil·i·ty** *s* Mannbarkeit *f*, Heiratsfähigkeit *f*, *jur.* Ehemündigkeit *f*.
nu·cel·lar [njuːˈselə(r); *Am. a.* nuː-] *adj bot.* den Eikern betreffend. **nuˈcel·lus** [-ləs] *pl* **-li** [-laɪ] *s* Knospen-, Eikern *m*.
nu·cha [ˈnjuːkə; *Am. a.* ˈnuː-] *pl* **-chae** [-kiː] *s zo.* Nacken *m*. **ˈnu·chal** *adj* Nacken-.
nu·cif·er·ous [njuːˈsɪfərəs; *Am. a.* nuː-] *adj bot.* nüssetragend. **ˈnu·ci·form** [-fəː(r)m] *adj* nußförmig.
nu·cle·al [ˈnjuːklɪəl; *Am. a.* ˈnuː-] → **nuclear**.
nu·cle·ar [ˈnjuːklɪə(r); *Am. a.* ˈnuː-] **I** *adj* **1.** kernförmig, Kern...: ~ **division** *biol.* Kernteilung *f*. **2.** *phys.* nukleˈar, Nukleˈar..., (Atom)Kern..., Atom..., atoˈmar: ~ **test** Atomtest *m*; ~ **weapons** Kernwaffen; ~ **deterrent** *pol.* atomare Abschreckung. **3.** *a.* ~**powered** aˈtomgetrieben, mit Aˈtomantrieb, Atom...: ~ **submarine** Atom-U-Boot *n*. **II** *s* **4.** Kernwaffe *f*, *bes.* Aˈtomraˌkete *f*. **5.** *pol.* Aˈtom-, Nukleˈarmacht *f*. ~ **age** *s* Aˈtomzeitalter *n*. ~ **bomb** *s* Aˈtombombe *f*. ~ **charge** *s phys.* Kernladung *f*. ~ **chem·is·try** *s chem.* ˈKerncheˌmie *f*. ~ **dis·in·te·gra·tion** *s phys.* Kernzerfall *m*. ~ **e·lec·tron** *s phys.* Kernelektron *n*. ~ **en·er·gy** *s phys.* **1.** ˈKernenerˌgie *f*. **2.** *allg.* Aˈtomenerˌgie *f*. ~ **fam·i·ly** *s sociol.* ˈKernfaˌmilie *f*. ~ **fis·sion** *s phys.* Kernspaltung *f*. **ˈ~-free** *adj* aˈtomwaffenfrei: ~ **zone**. ~ **fu·el** *s phys.* Kernbrennstoff *m*. ~ **fu·el rod** *s phys.* (Kern-) Brennstab *m*. ~ **fu·sion** *s phys.* ˈKernfusiˌon *f*, -verschmelzung *f*. ~ **mat·ter** *s phys.* ˈKernmaˌterie *f*. ~ **med·i·cine** *s med.* Nukleˈarmediˌzin *f*. ~ **membrane** *s biol.* ˈKernmemˌbran *f*. ~ **migra·tion** *s biol.* ˈKernübertritt *m*. ~ **mod·el** *s phys.* ˈKernmoˌdell *n*. ~ **par·ti·cle** *s phys.* Kernteilchen *n*. ~ **phys·i·cist** *s phys.* Kernphysiker *m*. ~ **phys·ics** *s pl* (*als sg konstruiert*) *phys.* ˈKernphyˌsik *f*. ~ **pol·y·mer·ism** *s chem.* ˈKernpolymeˌrie *f*. ~ **pow·er** *s* **1.** *phys.* Aˈtomkraft *f*. **2.** *pol.* Aˈtom-, Nukleˈarmacht *f*. ~ **pow·er plant** *s* Aˈtomkraftwerk *n*. ~ **re·ac·tion** *s phys.* ˈKernreaktiˌon *f*. ~

re·ac·tor *s phys.* ˈKernreˌaktor *m*. ~ **ship** *s* Reˈaktorschiff *n*. ~ **the·o·ry** *s phys.* ˈKerntheoˌrie *f*. ~ **war(·fare)** *s* Aˈtomkrieg(führung *f*) *m*. ~ **war·head** *s mil.* Aˈtomsprengkopf *m*. ~ **waste** *s* Aˈtommüll *m*.
nu·cle·ase [ˈnjuːklɪeɪz; -eɪs; *Am. a.* ˈnuː-] *s chem.* Nukleˈase *f*.
nu·cle·ate [ˈnjuːklɪeɪt; *Am. a.* ˈnuː-] *phys.* **I** *v/t* zu e-m Kern bilden. **II** *v/i* e-n Kern bilden. **III** *adj* [-ɪət; -eɪt] e-n Kern besitzend, Kern...: **ˈnu·cle·at·ed** *adj* **1.** kernhaltig. **2.** e-n Kern bildend: ~ **village** Haufendorf *n*. **ˌnu·cleˈa·tion** *s* Kernbildung *f*.
nu·cle·i [ˈnjuːklɪaɪ; *Am. a.* ˈnuː-] *pl von* **nucleus**.
nu·cle·ic [ˈnjuːklɪk; *Am.* nʊˈkliːɪk; -ˈkleɪ-] *adj chem.* Nuklein...: ~ **acid**.
nu·cle·in [ˈnjuːklɪɪn; *Am. a.* ˈnuː-] *s chem.* Nukleˈin *n*.
nu·cle·ole [ˈnjuːklɪəʊl; *Am. a.* ˈnuː-] → **nucleolus**.
nu·cle·o·lus [ˌnjuːklɪˈəʊləs; *bes. Am.* njuːˈkliːələs; *Am. a.* nuː-] *pl* **-li** [-laɪ] *s bot.* Nukleˈole, Nuˈkleolus *m*, Kernkörperchen *n*.
nu·cle·on [ˈnjuːklɪɒn; *Am. a.* -ˌɒn; ˈnuː-] *s chem. phys.* Nukleon *n*, (Atom)Kernbaustein *m* (*Proton od. Neutron*). **ˌnu·cleˈon·ics** *s pl* (*als sg konstruiert*) Nukleˈonik *f*.
nu·cle·o·plasm [ˈnjuːklɪəplæzm; *Am. a.* ˈnuː-] *s biol.* (Zell)Kernplasma *n*.
nu·cle·o·pro·te·in [ˌnjuːklɪəʊˈprəʊtiːɪn; *Am. a.* ˌnuː-] *s biol. chem.* Nukleoproteˈin *n*.
nu·cle·us [ˈnjuːklɪəs; *Am. a.* ˈnuː-] *pl* **-cle·i** [-klɪaɪ] **-cle·us·es** *s* **1.** *allg.* (*a. phys.* Aˈtom-, *astr.* Koˈmeten-, *biol.* Zell-) Kern *m*. **2.** *fig.* Kern *m*: a) Mittelpunkt *m*, b) Grundstock *m*. **3.** *opt.* Kernschatten *m*. **4.** *math.* Kern *m*: ~ **of an integral equation**. **5.** *geol.* Kerngebiet *n*.
nu·clide [ˈnjuːklaɪd; *Am. a.* ˈnuː-] *s phys.* Nuˈklid *n*.
nud·dy [ˈnʌdɪ] *s*: **in the** ~ *bes. Br. u. Austral. colloq.* nackt.
nude [njuːd; *Am. a.* nuːd] **I** *adj* **1.** nackt, bloß: ~ **beach** Nacktbadestrand *m*, FKˈK-Strand *m*; ~ **swimming** Nacktbaden *n*. **2.** *fig.* nackt: ~ **fact**. **3.** *jur.* unverbindlich, nicht bindend, nichtig (*falls nicht formell beglaubigt*): ~ **contract**. **4.** nackt, kahl: ~ **hillside**. **5.** fleischfarben. **II** *s* **6.** *art* Akt *m*. **7. the** ~ nackter Zustand, Nacktheit *f*: **in the** ~ nackt; **study from the** ~ *art* Aktstudie *f*. **ˈnude·ness** *s* Nacktheit *f*.
nudge[1] [nʌdʒ] **I** *v/t* **1.** *j-n* anstoßen, ‚stupsen' (*a. fig.*): **to** ~ **s.o.'s memory** *fig.* j-s Gedächtnis ein bißchen nachhelfen. **2.** *fig.* nahe herˈankommen an (*acc*): **to** ~ **the two-million mark**; **to** ~ **the impossible** so gut wie *od.* praktisch unmöglich sein. **II** *v/i* **3.** *fig.* sich vorsichtig e-n Weg bahnen: **to** ~ **through the crowd**. **III** *s* **4.** ‚Stups' *m*, ‚Stupser' *m* (*a. fig.*): **to give s.o. a** ~ *a.* j-n ‚stupsen'.
nudge[2] [nʌdʒ] *s Am. sl.* ‚Nervensäge' *f*, lästiger Mensch.
nu·di·bran·chi·ate [ˌnjuːdɪˈbræŋkɪeɪt; *Am. bes.* -kɪət; *a.* ˌnuː-] *zo.* **I** *adj* nacktkiemig. **II** *s* Nacktkiemer *m* (*Schnecke*).
nu·die [ˈnjuːdɪ; *Am. a.* ˈnuː-] *colloq.* **I** *s* a) Nacktfilm *m*, b) *thea.* Nacktstück *n*, c) ˈNacktmagaˌzin *n*. **II** *adj* Nackt...: ~ **film**.
nu·dism [ˈnjuːdɪzəm; *Am. a.* ˈnuː-] *s* Nuˈdismus *m*, ˈFreikörperˌkult *m*, ˈNacktkulˌtur *f*. **ˈnu·dist** *s* Nuˈdist(in), Anhänger(in) der ˈFreikörperkulˌtur, FKˈK-Anhänger(in): ~ **beach** Nacktbadestrand *m*, FKK-Strand *m*.
nu·di·ty [ˈnjuːdətɪ; *Am. a.* ˈnuː-] *s* **1.** Nacktheit *f*, Blöße *f*. **2.** *fig.* Armut *f*.

3. Kahlheit *f*. **4.** *art* ˈAkt(fiˌgur *f*) *m*.
nudzh → **nudge**[2].
nu·ga·to·ry [ˈnjuːɡətərɪ; *Am.* -ˌtɔːriː; -ˌtəʊ-; *a.* ˈnuː-] *adj* **1.** wertlos, albern. **2.** unwirksam, nichtig (*beide a. jur.*), wirkungslos, eitel, leer.
nug·get [ˈnʌɡɪt] *s* **1.** Nugget *m* (*Goldklumpen*). **2.** *fig.* Brocken *m*, Bruchstück *n*: ~ **of information** bruchstückhafte Information. **3.** *Austral. colloq.* unterˈsetzter *od.* stämmiger Mensch. **ˈnug·get·y** *adj Austral. colloq.* unterˈsetzt, stämmig.
nui·sance [ˈnjuːsns; *Am. a.* ˈnuː-] *s* **1.** (*etwas*) Lästiges *od.* Unangenehmes, Ärgernis *n*, Plage *f*, Last *f*, Belästigung *f*, Unfug *m*, ˈMißstand *m*: **dust** ~ Staubplage; **it's a** ~ **to us** es ist uns e-e (große) Plage *od.* Last; **what a** ~! wie ärgerlich!, ‚das ist ja zum Auswachsen!'; **to abate a** ~ e-n Unfug *etc* abstellen. **2.** ‚Landplage' *f*, ‚Nervensäge' *f*, Quälgeist *m*, lästiger Mensch: **to be a** ~ **to s.o.** j-m lästig fallen, j-n nerven; **to make a** ~ **of o.s.** anderen Leuten auf die Nerven gehen *od.* fallen; **don't be a** ~! nerv' mich nicht! **3.** *jur.* Poliˈzeiwidrigkeit *f*, Störung *f*: **commit no** ~! das Verunreinigen (*dieses Ortes*) ist verboten!; **public** ~ a) Störung *f od.* Gefährdung *f* der öffentlichen Sicherheit *od.* Ordnung, b) *bes. fig.* öffentliches Ärgernis; *private* ~ Besitzstörung *f*; **to cause** ~ **to s.o.** j-n im Besitz stören; ~ **raid** *s aer. mil.* Störangriff *m*. ~ **tax** *s colloq.* lästige (Verbrauchs)Steuer.
nuke [njuːk; *Am. a.* nuːk] *bes. Am. sl.* **I** *s* **1.** Kernwaffe *f*. **2.** ˈKernreˌaktor *m*. **II** *v/t* **3.** mit Kernwaffen angreifen.
null [nʌl] **I** *adj* **1.** fehlend, nicht vorˈhanden. **2.** *math.* leer. **3.** *bes. jur.* (null u.) nichtig, ungültig: **to declare** ~ **and void** für null u. nichtig erklären. **4.** Leer-, wert-, ausdrucks-, gehaltlos, nichtssagend, unbedeutend. **II** *s* **5.** *electr. math.* Null *f*: ~ **balance** *electr.* Nullabgleich *m*; ~ **hypothesis** (*Statistik*) Nullhypothese *f*; ~ **method** *electr.* Nullpunktmethode *f*; ~ **set** (*Mengenlehre*) Nullmenge *f*. **6.** *electr.* a) (*bei Funkpeilgeräten*) Minimum *n*, Peilnull *f*, b) (*bei Empfangsgeräten*) toter Punkt (*auf der Frequenzskala*).
nul·li·fi·ca·tion [ˌnʌlɪfɪˈkeɪʃn] *s* **1.** Aufhebung *f*, Nichtigerklärung *f*. **2.** Zuˈnichtemachen *n*.
nul·li·fid·i·an [ˌnʌlɪˈfɪdɪən] **I** *s* Ungläubige(r *m*) *f* (*a. relig.*), Zweifler(in). **II** *adj* ungläubig, zweiflerisch.
nul·li·fy [ˈnʌlɪfaɪ] *v/t* **1.** ungültig machen, (für) null u. nichtig erklären, aufheben. **2.** zuˈnichte machen.
nul·lip·a·ra [nʌˈlɪpərə] *pl* **-rae** [-riː], **-ras** *s med.* Nulˈlipara *f* (*Frau, die noch nicht geboren hat*). **nulˈlip·a·rous** [-rəs] *adj* noch nicht geboren habend: ~ **woman** → **nullipara**.
nul·li·ty [ˈnʌlətɪ] *s* **1.** Unwirksamkeit *f* (*a. jur.*). **2.** *bes. jur.* Ungültigkeit *f*, Nichtigkeit *f*: **decree of** ~ (**of a marriage**) Nichtigkeitsurteil *n od.* Annullierung *f* e-r Ehe; ~ **suit** Nichtigkeitsklage *f*; **to be a** ~ (null u.) nichtig sein. **3.** Nichts *n*. **4.** ‚Null' *f* (*Person*).
numb [nʌm] **I** *adj* **1.** starr, erstarrt (**with** vor *Kälte etc*), taub (*empfindungslos*): ~ **fingers**; ~ **with fear** starr vor Angst. **2.** *fig.* a) betäubt: ~ **with grief** wie betäubt vor Schmerz, b) abgestumpft. **II** *v/t* **3.** starr *od.* taub machen, erstarren lassen. **4.** *fig.* a) betäuben, b) abstumpfen.
num·ber [ˈnʌmbə(r)] **I** *s* **1.** *math.* Zahl *f*, Zahlenwert *m*, Ziffer *f*: **law of** ~**s** Gesetz *n* der Zahlen; **theory of** ~**s** Zahlentheorie *f*; **to be good at** ~**s** gut im Rechnen sein. **2.** (*Auto-, Haus-, Telefon-, Zimmer- etc*)

Nummer *f*: **by ~s** nummernweise; **~ engaged** *teleph.* besetzt!; **to have (got) s.o.'s ~** *colloq.* j-n durchschaut haben; **his ~ is up** *colloq.* s-e Stunde hat geschlagen, jetzt ist er ,dran'; → **number one**. **3.** (An)Zahl *f*: **a ~ of people** mehrere Leute; **a great ~ of people** sehr viele Leute; **five in ~** fünf an der Zahl; **~s of times** zu wiederholten Malen; **times without ~** unzählige Male; **five times the ~ of people** fünfmal so viele Leute; **in large ~s** in großen Mengen, in großer Zahl; **in round ~s** rund; **one of their ~** e-r aus ihrer Mitte; **to win by (force of) ~s** aufgrund zahlenmäßiger Überlegenheit gewinnen. **4.** *econ.* a) (An)Zahl *f*, Nummer *f*: **to raise to the full ~** komplettieren, b) Ar'tikel *m*, Ware *f*. **5.** Heft *n*, Nummer *f*, Ausgabe *f* (*e-r Zeitschrift etc*), Lieferung *f* (*e-s Werks*): **to appear in ~s** in Lieferungen erscheinen; → **back number**. **6.** *ling.* Numerus *m*, Zahl *f*: **in the singular ~** im Singular, in der Einzahl. **7.** *poet.* a) Silben-, Versmaß *n*, b) *pl* Verse *pl*, Poe'sie *f*. **8.** *thea. etc* (Pro'gramm)Nummer *f*: **to do a ~ on s.o.** bes. *Am. sl.* a) j-n ,bescheißen', b) j-n ,verarschen', a. j-m flirten. **9.** *mus.* a) Nummer *f* (*abgeschlossener Satz*), b) Mu'sikstück *n*, c) *colloq.* Schlager *m*, Tanznummer *f*. **10.** *colloq.* a) ,Geschäft' *n* (*Notdurft*): **to do ~ one (two)** sein kleines (großes) Geschäft machen, b) **to do ~ three** ,bumsen' (*Geschlechtsverkehr haben*). **11.** *sl.* ,Käfer' *m*, ,Mieze' *f* (*Mädchen*). **12.** N**~**s *Bibl.* Numeri *pl*, (*das*) Vierte Buch Mose. **13.** *colloq.* (Kleidungs)Stück *n*. **14.** *pl* (*a. als sg konstruiert*) → **number pool**.
II *v/t* **15.** (zs.-)zählen, aufrechnen: **to ~ off** abzählen; **his days are ~ed** s-e Tage sind gezählt. **16.** *math.* zählen, rechnen (*a. fig.* **among, in, with** zu *od.* unter *acc*). **17.** nume'rieren: **to ~ consecutively** durchnumerieren; **~ed account** Nummernkonto *n*. **18.** zählen, sich belaufen auf (*acc*). **19.** *Jahre* zählen, alt sein.
III *v/i* **20.** zählen. **21.** *fig.* zählen (**among** zu *j-s Freunden etc*). **22.** **~ off** abzählen.
'**num·ber·ing** *s* Nume'rierung *f*. **~ stamp** *s* Numme'rierstempel *m*.
'**num·ber·less** *adj* unzählig, zahllos.
num·ber|nine *s mil. Br. colloq.* Abführpille *f*. **~ one I** *adj* **1.** a) erstklassig, b) (aller)höchst: **of ~ priority**. **II** *s* **2.** Nummer *f* Eins; der, die, das Erste. **3.** erste Klasse. **4.** *colloq.* die eigene Per'son, das liebe Ich: **to look after ~** auf s-n eigenen Vorteil bedacht sein, nur an sich (selbst) denken. **5.** → **number 10** a. '**~-plate** *s bes. Br.* Nummernschild *n*, Kennzeichen *n*. **~ pol·y·gon** *s math.* 'Zahlenvieleck *n*, -poly₁gon *n*. **~ pool** *s Am.* (*Art*) Zahlenlotto *n*. **~ se·ries** *s sg u. pl math.* 'Zahlenreihe(n *pl*) *f*. **~ square** *s math.* 'Zahlenqua₁drat *n*, -viereck *n*. **~ sym·bol** *s math.* 'Zahlzeichen *n*. **~ sym·bol·ism** *s* 'Zahlensym₁bolik *f*. **~ work** *s math.* Rechnen *n*: **to do ~** rechnen.
'**numb·ness** *s* **1.** Erstarrung *f*, Starrheit *f*, Taubheit *f*. **2.** *fig.* Betäubung *f*.
'**numb·skull** → numskull.
nu·mer·a·ble ['nju:mərəbl; *Am. a.* 'nu:-] *adj* zählbar.
nu·mer·a·cy ['nju:mərəsɪ; *Am. a.* 'nu:-] *s bes. Br.* rechnerische Fähigkeiten *pl*.
nu·mer·al ['nju:mərəl; *Am. a.* 'nu:-] **I** *adj* **1.** nu'merisch, Zahl(en)...: **~ language** Ziffernsprache *f*; **~ script** Ziffernschrift *f*. **II** *s* **2.** *math.* Ziffer *f*, Zahlzeichen *n*: **Arabic ~s** arabische Ziffern. **3.** *ling.* Nume'rale *n*, Zahlwort *n*.

nu·mer·ar·y ['nju:mərərɪ; *Am.* -₁rerɪ:; *a.* 'nu:-] *adj* Zahl(en)...
nu·mer·ate I *adj* ['nju:mərət; *Am. a.* 'nu:-] rechenkundig: **to be ~** rechnen können. **II** *v/t* [-reɪt] aufzählen. ₁**nu·mer'a·tion** [-'reɪʃn] *s* **1.** *math.* Zählen *n*: **decimal ~** Dezimal(zahlen)system *n*. **2.** Zähl-, Rechenkunst *f*. **3.** Nume'rierung *f*. **4.** (Auf)Zählung *f*. '**nu·mer·a·tive** [-rətɪv; *Am. a.* -₁reɪ-] *adj* zählend, Zahl(en)...: **~ system** Zahlensystem *n*. '**nu·mer·a·tor** [-reɪtə(r)] *s math.* Zähler *m* (*e-s Bruches*).
nu·mer·i·cal [nju:'merɪkl; *Am. a.* nu:-] *adj* (*adv* **~ly**) **1.** *math.* nu'merisch, Zahlen...: **~ equation**; **~ analysis** numerische Analyse, Ziffernwertung *f*; **~ order** Zahlen-, Nummernfolge *f*; **~ value** Zahlenwert *m*. **2.** nu'merisch, zahlenmäßig: **~ superiority**.
nu·mer·ol·o·gy [₁nju:mə'rɒlədʒɪ; *Am.* -'rɑ-; *a.* ₁nu:-] *s* Zahlenmystik *f*.
nu·mer·ous ['nju:mərəs; *Am. a.* 'nu:-] *adj* (*adv* **~ly**) zahlreich: **a ~ assembly**; **~ly attended** stark besucht; **~ people** zahlreiche *od.* (sehr) viele Leute. '**nu·mer·ous·ness** *s* große Zahl, Menge *f*, Stärke *f*.
Nu·mid·i·an [nju:'mɪdɪən; *Am. a.* nu:-] **I** *adj* **1.** nu'midisch. **II** *s* **2.** Nu'midier(in). **3.** *ling.* Nu'midisch *n*, das Numidische.
nu·mis·mat·ic [₁nju:mɪz'mætɪk; *Am. a.* ₁nu:-] *adj* numis'matisch, Münz(en)... ₁**nu·mis'mat·ics** *s pl* (*als sg konstruiert*) Numis'matik *f*, Münzkunde *f*. **nu'mis·ma·tist** [-'mɪzmətɪst], **nu₁mis·ma'tol·o·gist** [-'tɒlədʒɪst; *Am.* -'tɑ-] *s* Numis'matiker(in): a) Münzkenner(in), b) Münzsammler(in). **nu₁mis·ma'tol·o·gy** [-dʒɪ] → **numismatics**.
num·ma·ry ['nʌmərɪ] *adj* Münz(en)...
'**num·mu·lar** [-jʊlə(r)] *adj* **1.** Münz(en)... **2.** *med.* münzenartig.
num·skull ['nʌmskʌl] *s* Dummkopf *m*, ,Trottel' *m*.
nun [nʌn] *s* **1.** *relig.* Nonne *f*. **2.** Einsiedlerin *f*. **3.** *orn.* a) *Br.* Blaumeise *f*, b) Schleiertaube *f*, c) → **nunbird**. '**~bird** *s orn.* (*ein*) Faulvogel *m*. **~ buoy** *s mar.* Spitztonne *f*, -boje *f*.
Nunc Di·mit·tis [₁nʌŋkdɪ'mɪtɪs] (*Lat.*) *s* **1.** *relig.* Nunc Di'mittis *n*, Hymne *f* Si'meons (*Lukas 2, 29-32*). **2.** *fig.* Verabschiedung *f*; Erlaubnis *f*, sich zu entfernen; Abschied *m*.
nun·ci·a·ture ['nʌnsɪət∫ə(r); *Am. a.* -₁t∫ʊr; -₁tʊr] *s R.C.* Nuntia'tur *f*. **nun·ci·o** ['nʌnʃɪəʊ; -sɪəʊ] *pl* **-os** *s R.C.* Nuntius *m*.
nun·cu·pa·tion [₁nʌŋkjʊ'peɪʃn] *s* Abgabe *f* e-r mündlichen Erklärung, mündliche testamen'tarische Verfügung. '**nun·cu·pa·tive** *adj jur.* mündlich: **~ will** mündliches Testament, bes. *mil.* Not-, *mar.* Seetestament *n*.
'**nun·hood** *s* **1.** Nonnentum *n*. **2.** *collect.* Nonnen *pl*. '**nun·like** *adj* nonnenhaft.
nun·ner·y ['nʌnərɪ] *s* Nonnenkloster *n*.
nup·tial ['nʌpʃl; -t∫əl] **I** *adj* hochzeitlich, Hochzeit(s)..., Ehe..., Braut...: **~ bed** Brautbett *n*; **~ ceremony** Trauungsfeierlichkeit *f*; **~ flight** Hochzeitsflug *m* (*der Bienen*); **~ plumage** *orn.* Sommerhochzeitskleid *n*. **II** *s meist pl* Hochzeit *f*.
nup·ti·al·i·ty [₁nʌpʃɪ'ælətɪ] *s* Zahl *f* der Eheschließungen.
nurse [nɜːs; *Am.* nɜrs] **I** *s* **1.** *meist* **wet ~** (Säug)Amme *f*. **2.** a. **dry ~** Säuglingsschwester *f*. **3.** Krankenschwester *f*, -pfleger(in). **4.** a) Stillen *n*, Stillzeit *f*, b) Pflege: **in ~** in Pflege; **to put out to ~** *Kinder* in Pflege geben. **5.** *fig.* Nährerin *f*, Nährmutter *f*. **6.** *zo.* Arbeiterin *f*, Arbeitsbiene *f*. **7.** *agr.* Strauch *od.* Baum, der e-e junge Pflanze schützt. **8.** *zo.* Amme *f* (*ungeschlechtlicher Organismus*).

II *v/t* **9.** a) *ein Kind* säugen, nähren, stillen, *e-m Kind* die Brust geben, b) *ein Kind* in den Armen wiegen. **10.** *ein Kind* auf-, großziehen. **11.** *Kranke* pflegen. **12.** a) *e-e Krankheit* 'auskuˌrieren: **to ~ one's cold**, b) *etwas* schonen: **to ~ one's voice**. **13.** *das Knie, den Nacken etc* schützend (*mit verschlungenen Händen*) um'fassen. **14.** *fig. Gefühle etc* a) hegen, nähren, b) entfachen. **15.** *fig.* nähren, fördern. **16.** *fig.* streicheln, hätscheln. **17.** sparsam *od.* schonend 'umgehen mit (*Geld etc*): **to ~ a glass of wine** sich an e-m Glas Wein ,festhalten'. **18.** sich eifrig kümmern um, sich *etwas*, *a. pol. den Wahlkreis* ,warmhalten': **to ~ one's constituency**. **19.** *sport den Ball* am Fuß ,halten'.
III *v/i* **20.** säugen, stillen. **21.** die Brust nehmen (*Säugling*). **22.** als (Kranken-) Pfleger(in) tätig sein.
nurse| cell *s biol.* Nähr-, Saftzelle *f*. **~ child** *s irr* Pflege-, Ziehkind *n*. **~ crop** *s agr.* 'Untersaat *f*. **~ frog** *s zo.* Geburtshelferkröte *f*.
'**nurse·ling** → **nursling**.
'**nurse·maid** *s* Kindermädchen *n*.
nurs·er·y ['nɜːsərɪ; *Am.* 'nɜr-] *s* **1.** Kinderzimmer *n*. **2.** Kindertagesstätte *f*. **3.** Pflanz-, Baumschule *f*, Schonung *f*. **4.** Fischpflege *f*, Streckteich *m*. **5.** *fig.* Pflanzstätte *f*, Schule *f*. **6.** *a. ~* **stakes** *sport* (Pferde)Rennen *n* für Zweijährige. **~ gov·ern·ess** *s* Kinderfräulein *n*. '**~-maid** *s* Kindermädchen *n*: **to play ~ to s.o.** Krankenschwester bei j-m spielen (*j-n trösten etc*). '**~-man** [-mən] *s irr* Pflanzenzüchter *m*, Pflanz-, Kunst-, Handelsgärtner *m*. **~ plant** *s agr.* Setzling *m*. **~ rhyme** *s* Kinderlied *n*, -reim *m*, -vers *m*. **~ school** *s* Kindergarten *m* (*für Kinder unter 5 Jahren*). **~ slope** *s* Skisport: ,Idi'otenhügel' *m*, Anfängerhügel *m*. **~ tale** *s* Ammenmärchen *n*.
nurs·ing ['nɜːsɪŋ; *Am.* 'nɜr-] **I** *s* **1.** Säugen *n*, Stillen *n*. **2.** a. **sick ~** Krankenpflege *f*. **II** *adj* **3.** Nähr..., Pflege..., Kranken... **~ ben·e·fit** *s* Stillgeld *n*. **~ bot·tle** *s bes. Am.* (Säuglings-, Saug)Flasche *f*. **~ fa·ther** *s* Pflegevater *m*. **~ fee** *s med.* Pflegekosten *pl*. **~ home** *s* **1.** *bes. Br.* a) Pri'vatklinik *f*, b) pri'vate Entbindungsklinik. **2.** Pflegeheim *n*. **~ moth·er** *s* **1.** stillende Mutter. **2.** Pflegemutter *f*. **~ pe·ri·od** *s* Stillzeit *f*. **~ staff** *s* 'Pflegeperso₁nal *n*. **~ treat·ment** *s* Pflege(behandlung) *f*.
nurs·ling ['nɜːslɪŋ; *Am.* 'nɜrs-] *s* **1.** Säugling *m*. **2.** Pflegling *m*. **3.** *fig.* Liebling *m*, Hätschelkind *n*. **4.** *fig.* Schützling *m*.
nur·ture ['nɜːt∫ə; *Am.* 'nɜrt∫ər] **I** *v/t* **1.** (er)nähren. **2.** auf-, erziehen. **3.** *fig. Gefühle etc* hegen. **II** *s* **4.** Nahrung *f*. **5.** Pflege *f*, Erziehung *f*.
nut [nʌt] **I** *s* **1.** *bot.* Nuß *f*. **2.** *tech.* a) (Schrauben)Mutter *f*: **the ~s and bolts** *colloq.* die praktischen Grundlagen, die grundlegenden Fakten, b) Triebel *m*, c) Radnabenmutter *f*, d) Türschloßnuß *f*. **3.** *mus.* a) Frosch *m* (*am Bogen*), b) Saitensattel *m*. **4.** *pl econ.* Nußkohle *f*. **5.** *fig.* a) schwierige Sache: **a hard ~ to crack** ,e-e harte Nuß', b) Kern *m* (*e-s Problems etc*). **6.** *colloq.* a) ,Birne' *f* (*Kopf*): **to be (go) off one's ~** verrückt sein (werden), b) Dandy *m*, Geck *m*, c) *contp.* ,Heini' *m*, Kerl *m*, d) komischer Kauz, ,Spinner' *m*, e) Idi'ot *m*: **to be ~s** verrückt *od.* ,bekloppt' sein, *a.* verrückt sein (**on** nach), ,wild' *od.* ,scharf' sein (**on** auf *acc*); **to drive ~s** verrückt machen; **to go ~s** überschnappen; **~s! du bist wohl verrückt!**; **~s (to you)!** rutsch mir den Buckel runter!, du ,kannst mich mal'!; **he is ~s about her** er ist in sie ,total verschossen'; **to do one's ~(s)** *Br. sl.* a)

alles versuchen *od.* tun, b) ‚auf hundert sein' (*wütend sein*), c) ‚hochgehen' (*wütend werden*). **7.** *pl vulg.* ‚Eier' *pl* (*Hoden*). **8.** *colloq.* not for ~s überhaupt nicht; he can't play for ~s er spielt miserabel. **II** *v/i* **9.** Nüsse pflücken.

nu·ta·tion [njuːˈteɪʃn; *Am. a.* nuː-] *s* **1.** (*med.* krankhaftes) Nicken. **2.** *astr. bot. phys. tech.* Nutati¹on *f.*

nut| bolt *s tech.* **1.** Mutterbolzen *m.* **2.** Bolzen *m od.* Schraube *f* mit Mutter. **'~·brown** *adj* nußbraun. **~ but·ter** *s* Nußbutter *f.* **'~·case** *s sl.* Verrückte(r *m*) *f,* ‚Spinner(in)'. **'~ˌcrack·er** *s* **1.** *a. pl* Nußknacker *m.* **2.** *orn.* a) Nußknacker *m,* Tannenhäher *m,* b) → nuthatch. **'~·gall** *s* Gallapfel *m*: **~ ink** Gallustinte *f.* **'~·hatch** *s orn.* (*ein*) Kleiber *m, bes.* Spechtmeise *f.* **'~·house** *s bes. Br. sl.* ‚Klapsmühle' *f* (*Nervenheilanstalt*). **~ i·ron** *s tech.* Gewindeeisen *n.*

nut·meg [ˈnʌtmeg] *s bot.* **1.** Musˈkatnuß *f.* **2.** → nutmeg tree. **~ but·ter** *s* Musˈkatbutter *f.* **N~ State** *s Am.* (*Beiname für*) Conˈnecticut *n* (*USA*). **~ tree** *s bot.* Echter Musˈkatnußbaum.

nut| oil *s* Nußöl *n.* **'~ˌpeck·er** → nuthatch. **~ pine** *s bot.* **1.** Pinie *f.* **2.** e-e Kiefer mit eßbarem Samen.

nu·tri·a [ˈnjuːtrɪə; *Am. a.* ˈnuː-] *s* **1.** *zo.* Biberratte *f,* Nutria *f.* **2.** Nutriafell *n.*

nu·tri·ent [ˈnjuːtrɪənt; *Am. a.* ˈnuː-] **I** *adj* **1.** nährend, nahrhaft. **2.** Ernährungs..., Nähr...: **~ base** *biol.* Nährsubstrat *n;* **~ medium** *biol.* Nährsubstanz *f;* **~ solution** *biol.* Nährlösung *f.* **II** *s* **3.** Nährstoff *m.* **4.** *biol.* Baustoff *m.*

nu·tri·ment [ˈnjuːtrɪmənt; *Am. a.* ˈnuː-] *s* Nahrung *f,* Nährstoff *m* (*a. fig.*).

nu·tri·tion [njuːˈtrɪʃn; *Am. a.* nuː-] *s* **1.** Ernährung *f.* **2.** Nahrung *f:* **~ cycle** Nahrungskreislauf *m.* **nuˈtri·tion·al** *adj* Ernährungs...: **~ deficiency** *med.* Mangelernährung *f;* **~ disorder** *med.* Ernährungsstörung *f.* **nuˈtri·tion·ist** *s* Ernährungswissenschaftler *m,* Diäˈtetiker *m.*

nu·tri·tious [njuːˈtrɪʃəs; *Am. a.* nuː-] *adj* (*adv* ~ly) nährend, nahrhaft. **nuˈtri·tious·ness** *s* Nahrhaftigkeit *f.*

nu·tri·tive [ˈnjuːtrətɪv; *Am. a.* ˈnuː-] *adj* (*adv* ~ly) **1.** nährend, nahrhaft: **~ value** Nährwert *m.* **2.** Ernährungs..., ernährend: **~ medium** Nährboden *m;* **~ tract** Ernährungsbahn *f.* **ˈnu·tri·tive·ness** *s* Nahrhaftigkeit *f.*

nuts [nʌts] *interj* → nut 6.

ˌnuts-and-ˈbolts *adj* **1.** praxisbezogen, praktisch. **2.** grundlegend, fundamenˈtal.

ˈnut·shell *s* **1.** *bot.* Nußschale *f.* **2.** *fig.* winziges Ding: **in a ~** in knapper Form, in aller Kürze; **to put it in a ~** (*Redew.*) um es ganz kurz zs.-zufassen, mit ˈeinem Wort.

nut·ter [ˈnʌtə] *s Br. colloq.* Verrückte(r *m*) *f,* ‚Spinner(in)'.

nut tree *s bot.* **1.** (Wal)Nußbaum *m.* **2.** Haselnußstrauch *m.*

nut·ty [ˈnʌtɪ] *adj* **1.** voller Nüsse. **2.** nußartig, Nuß... **3.** schmackhaft, piˈkant. **4.** *colloq.* verrückt (**on** nach).

nux vom·i·ca [ˌnʌksˈvɒmɪkə; *Am.* -ˈvɑ-] *s* **1.** *pharm.* Brechnuß *f.* **2.** *bot.* Brechnußbaum *m.*

nuz·zle [ˈnʌzl] **I** *v/t* **1.** den Boden mit der Schnauze aufwühlen (*Schwein*). **2.** mit der Schnauze *od.* der Nase *od.* dem Kopf reiben (**an** *dat*): **to ~ o.s.** → 6. **3.** e-m Schwein *etc* e-n Ring durch die Nase ziehen. **4.** ein Kind liebkosen, hätscheln. **II** *v/i* **5.** mit der Schnauze im Boden wühlen, stöbern (**in** in *dat;* **for** nach). **6.** a) den Kopf drücken (**at an** *acc;* **against** gegen), b) sich (an)schmiegen *od.* kuscheln (**to an** *acc*).

nyc·ta·lo·pi·a [ˌnɪktəˈləʊpɪə] *s med.* Nyktaloˈpie *f:* a) Nachtblindheit *f,* b) Tagblindheit *f.*

nyc·ti·trop·ic [ˌnɪktɪˈtrɒpɪk; *Am.* -ˈtrɑ-] *adj bot.* nyktiˈtropisch: **~ movement** Schlafbewegung *f.*

ny·lon [ˈnaɪlɒn; *Am.* -ˌlɑn] *s* **1.** Nylon *n.* **2.** *pl, a.* **~ stockings** Nylons *pl,* Nylonstrümpfe *pl.*

nymph [nɪmf] *s* **1.** *antiq.* Nymphe *f.* **2.** Nymphe *f:* a) *poet.* schönes Mädchen, b) *iro.* ‚leichtes Mädchen'. **3.** *zo.* a) Puppe *f,* b) Nymphe *f* (*Insektenlarve mit unvollständiger Verwandlung*).

nym·pha [ˈnɪmfə] *pl* **-phae** [-fiː] *s* **1.** *zo.* → nymph 3 b. **2.** *pl anat.* kleine Schamlippen *pl.*

nym·phae·a·ceous [ˌnɪmfɪˈeɪʃəs] *adj bot.* zu den See- *od.* Wasserrosen gehörig.

nym·phe·an [ˈnɪmfɪən; nɪmˈfiːən] *adj* Nymphen...

nymph·et [nɪmˈfet; ˈnɪmfɪt] *s* ‚Nymphchen' *n* (*frühreifes Mädchen*).

ˈnymph·ish *adj* nymphenhaft.

nym·pho [ˈnɪmfəʊ] *pl* **-phos** *s colloq. für* **nymphomaniac II.**

nym·pho·lep·sy [ˈnɪmfəˌlepsɪ] *s psych.* **1.** Verzückung *f.* **2.** krankhafter Drang nach etwas Unerreichbarem.

nym·pho·ma·ni·a [ˌnɪmfəʊˈmeɪnɪə] *s psych.* Nymphomaˈnie *f,* Mannstollheit *f.* **ˌnym·pho·ma·ni·ac** [-nɪæk] **I** *adj* nymphoˈman, mannstoll. **II** *s* Nymphoˈmanin *f,* mannstolles Weib.

nys·tag·mus [nɪˈstægməs] *s med.* Nyˈstagmus *m,* Augenzittern *n.*

O

O¹, o [əʊ] **I** pl **O's, Os, Oes, o's, os, oes** [əʊz] s **1.** O, o n (Buchstabe). **2.** O Null f (Ziffer, a. teleph.). **3.** O O n, O-förmiger Gegenstand. **II** adj **4.** fünfzehnt(er, e, es).

O², o [əʊ] interj (in direkter Anrede u. von e-m Komma gefolgt, ist die Schreibung Oh, oh) o(h)!, ah!, ach!

O' [əʊ; ə] Ir. (Präfix bei Eigennamen) Enkel m od. Abkömmling m von: O'Neill, O'Brian.

o' [ə] abbr. für die Präpositionen **of** u. **on**: two ~clock zwei Uhr; twice ~ Sundays obs. zweimal am Sonntag.

oaf [əʊf] pl **oafs**, selten **oaves** [əʊvz] s **1.** Dummkopf m, ‚Hornochse' m, ‚Esel' m. **2.** Lümmel m, Flegel m. **'oaf·ish** adj **1.** einfältig, dumm. **2.** lümmel-, flegelhaft. **'oaf·ish·ness** s **1.** Einfältigkeit f, Dummheit f. **2.** Lümmel-, Flegelhaftigkeit f.

oak [əʊk] **I** s **1.** bot. Eiche f, Eichbaum m: barren ~ Schwarzeiche; → heart 4. **2.** poet. Eichenlaub n. **3.** Eichenholz n. **4.** univ. Br. äußere Tür (e-r Doppeltür in Colleges in Oxford u. Cambridge): to sport one's ~ nicht zu sprechen sein. **5. the O~s** sport berühmtes Stutenrennen in Epsom. **II** adj **6.** eichen, Eichen... ~ **ap·ple** s bot. Gallapfel m. ~ **bark** s bot. Eichen-, Lohrinde f. ~ **beau·ty** s zo. Eichenspanner m.

oak·en ['əʊkən] adj **1.** bes. poet. Eichen... **2.** → oak 6.

oak|fern s bot. Eichenfarn m. ~ **gall** s bot. Gallapfel m. **'~-leaf clus·ter** s mil. bes. Am. Eichenlaub n (an Orden).

oak·let ['əʊklɪt], **'oak·ling** [-lɪŋ] s bot. junge od. kleine Eiche.

oa·kum ['əʊkəm] s **1.** Werg n: to pick ~ a) Werg zupfen, b) colloq. ‚Tüten kleben', ‚Knast schieben' (im Gefängnis sitzen). **2.** mar. Kal'faterwerg n.

'oak·wood s **1.** Eichenholz n. **2.** Eichenwald(ung f) m.

oar [ɔː(r); Am. a. əʊr] **I** v/t **1.** rudern: to ~ one's way dahinrudern, -gleiten. **II** v/i **2.** rudern. **III** s **3.** mar. sport Ruder n (a. zo.), Riemen m. **4.** bes. sport Ruderer m: **a good** ~. **5.** Brauerei: Krücke f. Besondere Redewendungen: to boat the ~s die Riemen einziehen; to be chained to the ~s schwer schuften müssen; not to have both ~s in the water bes. Am. colloq. ‚nicht alle Tassen im Schrank haben'; to lie on one's (od. the) ~s a) die Riemen glatt legen, b) fig. die Hände in den Schoß legen; to put (od. shove, stick) one's ~ in colloq. sich einmischen, ‚s-n Senf dazugeben'; to rest (up)on one's ~s fig. ausspannen; to ship the ~s die Riemen klarmachen; ship your ~s! die Ruder einlegen!

oared [ɔː(r)d; Am. a. əʊrd] adj **1.** mit Rudern (versehen), Ruder... **2.** in Zssgn ...ruderig.

'oar₁lock s mar. Am. Ruder-, Riemendolle f.

oars·man ['ɔː(r)zmən; Am. a. 'əʊrz-] s irr bes. sport Ruderer m. **'oars·man·ship** s Ruderkunst f.

'oars₁wom·an s irr bes. sport Ruderin f.

o·a·sis [əʊ'eɪsɪs] pl **-ses** [-siːz] s O'ase f (a. fig.): an ~ in the desert fig. a) e-e willkommene Abwechslung, b) ein kleiner Lichtblick.

oast [əʊst] s Brauerei: a) Darrofen m, b) a. ~ **house** Darre f.

oat [əʊt] s **1.** meist pl bot. Hafer m: he feels his ~s colloq. a) ihn sticht der Hafer, b) er ist groß in Form; to sow one's (wild) ~s sich die Hörner abstoßen; to be off one's ~s colloq. keinen Appetit haben; to get one's ~s sl. ‚bumsen' (Geschlechtsverkehr haben). **2.** poet. Pfeife f (aus e-m Haferhalm). **'~-cake** s Haferkuchen m.

oat·en ['əʊtn] adj **1.** aus Haferhalmen. **2.** Hafer(mehl)...

oat|flakes s pl Haferflocken pl. ~ **grass** s bot. Wilder Hafer.

oath [əʊθ; pl əʊðz] s **1.** Eid m, Schwur m: ~ **of allegiance** a) Treueid, b) mil. Fahneneid; ~ **of disclosure** jur. Offenbarungseid; ~ **of office** Amts-, Diensteid. **2.** Fluch m, Verwünschung f. Besondere Redewendungen: to bind by ~ eidlich verpflichten; on ~, upon ~ unter Eid, eidlich; upon my ~! das kann ich beschwören!; to administer (od. tender) an ~ to s.o., to give s.o. the ~, to put s.o. to (od. on) his ~ j-m den Eid abnehmen, j-n schwören lassen; to swear (od. take) an ~ e-n Eid leisten od. ablegen, schwören (on, to auf acc); in lieu of an ~ an Eides Statt; under ~ unter Eid, eidlich verpflichtet; to be on ~ unter Eid stehen.

'oat·meal s **1.** Hafermehl n, -grütze f. **2.** Haferschleim m.

oaves [əʊvz] pl von oaf.

O·ba·di·ah [ˌəʊbə'daɪə] npr u. s Bibl. (das Buch) O'badja m od. Ab'dias m.

ob·bli·ga·to [ˌɒblɪ'gɑːtəʊ; Am. ˌab-] mus. **I** adj **1.** mus. pflicht, hauptstimmig. **II** pl **-tos** s **2.** obli'gate od. selbständige Begleitstimme. **3.** fig. Be'gleitmu₁sik f.

ob·con·ic [ɒb'kɒnɪk; Am. ab'kɑ-] adj biol. verkehrt kegelförmig. **ob·cor·date** [ɒb-'kɔː(r)deɪt; Am. ab-] adj verkehrt herzförmig.

ob·du·ra·cy ['ɒbdjʊrəsɪ; Am. 'abdə-; -djə-; ab'dʊ-] s **1.** Verstocktheit f, Halsstarrigkeit f. **2.** Hartherzigkeit f. **ob·du·rate** [-rət] adj (adv ~ly) **1.** verstockt, halsstarrig. **2.** hartherzig. **ob·du·rate·ness** → obduracy.

o·be·ah ['əʊbɪə] s **1.** Obikult m (Zauberkult, bes. der westindischen Neger). **2.** colloq. Obi m, Fetisch m.

o·be·di·ence [ə'biːdjəns; -ɪəns; Am. a. əʊ'b-] s **1.** Gehorsam m (to gegen). **2.** fig. Abhängigkeit f (to von): in ~ to s.o. auf Verlangen von j-m; in ~ to in Übereinstimmung mit, gemäß (dat). **3.** Herrschaft f, Autori'tät f. **4.** relig. a) Obedi'enz f, Gehorsam(spflicht f) m, b) Obrigkeitssphäre f.

o·be·di·ent [ə'biːdjənt; -ɪənt; Am. a. əʊ'b-] adj (adv ~ly) **1.** gehorsam (to dat): to be ~ folgsam sein, folgen (to dat). **2.** unter'würfig, ergeben (to dat): Your ~ servant hochachtungsvoll (Amtsstil). **3.** fig. abhängig (to von).

o·bei·sance [əʊ'beɪsəns; Am. a. -'biːs-] s **1.** Verbeugung f: to make one's ~ to s.o. obs. sich vor j-m verbeugen. **2.** Ehrerbietung f, Huldigung f: to do (od. make od. pay) ~ to s.o. j-m huldigen. **o'bei·sant** adj huldigend, unter'würfig.

ob·e·li ['ɒbɪlaɪ; Am. 'ɑb-] pl von obelus. **ob·e·lisk** ['ɒbəlɪsk; Am. 'ɑb-] s **1.** Obe'lisk m, Spitzsäule f. **2.** print. a) → obelus 1, b) Kreuz n, Verweisungszeichen n (für Randbemerkungen etc).

ob·e·lize ['ɒbəlaɪz; Am. 'ɑb-] v/t print. mit e-m Obe'lisk versehen, als fragwürdig kennzeichnen.

ob·e·lus ['ɒbɪləs; Am. 'ɑb-] pl **-li** [-laɪ] s print. **1.** Obe'lisk m (Zeichen für fragwürdige Stellen). **2.** → obelisk 2 b.

o·bese [əʊ'biːs] adj **1.** fett(leibig), korpu'lent. **2.** fig. fett, dick: an ~ **wallet** e-e dicke Brieftasche. **o'bese·ness, o'bes·i·ty** s Fettleibigkeit f, Korpu'lenz f.

o·bey [ə'beɪ; əʊ-] **I** v/t **1.** j-m (a. fig. dem Steuer etc) gehorchen, folgen. **2.** Folge leisten (dat), befolgen (acc): to ~ an order. **II** v/i **3.** gehorchen, folgen (dat).

ob·fus·cate ['ɒbfʌskeɪt; Am. 'ɑbfə₁skeɪt; ab'fʌs-] v/t **1.** verdunkeln, verfinstern, trüben (a. fig.). **2.** fig. j-s Urteil etc trüben, verwirren. **3.** fig. die Sinne benebeln. **ˌob·fus'ca·tion** s **1.** Verdunkelung f, Trübung f. **2.** fig. Verwirrung f. **3.** fig. Benebelung f.

o·bi¹ ['əʊbɪ] → obeah.

o·bi² ['əʊbɪ] s Obi (kunstvoller Gürtel zum japanischen Kimono).

o·bit ['ɒbɪt; 'əʊbɪt; 'əʊbət] s **1.** relig. a) Gottesdienst m bei der 'Wiederkehr des Todestages, b) Seelenmesse f. **2.** Nachruf m (in der Zeitung). **3.** obs. a) Tod m, b) Trauerfeierlichkeit f.

o·bit·u·ar·y [ə'bɪtjʊərɪ; Am. -tʃə₁werɪ] **I** s **1.** Todesanzeige f. **2.** Nachruf m. **3.** R.C. Nekro'logion n. **II** adj **4.** Toten..., Todes...: ~ **notice** → 1.

ob·ject¹ [əb'dʒekt] **I** v/t **1.** fig. einwenden, vorbringen (to gegen). **2.** vorhalten, -werfen (to, against dat). **II** v/i **3.** Einwendungen machen, Einspruch erheben, prote'stieren (to, against gegen): I ~ ich erhebe Einspruch. **4.** etwas einwenden, etwas da'gegen haben: to ~ to s.th. et'was beanstanden, etwas gegen e-e Sache

object – obscure

(einzuwenden) haben; **do you ~ to my smoking?** haben Sie etwas dagegen, wenn ich rauche?; **if you don't ~** wenn Sie nichts dagegen haben.
ob·ject² ['ɒbdʒɪkt; *Am.* 'ab-] *s* **1.** Ob'jekt *n* (*a. art*), Gegenstand *m* (*a. fig. des Denkens, des Mitleids etc*), Ding *n*: **a round ~**; **the ~ of his study** ~ **of invention** Erfindungsgegenstand; **money is no ~** Geld spielt keine Rolle; **salary no ~** Gehalt Nebensache. **2.** *iro.* komische *od.* scheußliche Per'son *od.* Sache: **what an ~ you are!** wie sehen Sie denn aus!; **a pretty ~ it looked es sah** "schön" aus. **3.** Ziel *n*, Zweck *m*, Absicht *f*: **with the ~ of doing s.th.** mit der Absicht, etwas zu tun; **to make it one's ~ to do s.th.** es sich zum Ziel setzen, etwas zu tun; **there is no ~ in doing that** es hat keinen Zweck *od.* Sinn, das zu tun. **4.** *ling.* a) Ob'jekt *n*: → **direct 18**, b) von e-r Präpositi'on abhängiges Wort. **5.** *philos.* Nicht-Ich *n*, Ob'jekt *n*.
'ob·ject| ball *s* Billard: Zielball *m*. **~ clause** *s ling.* Ob'jektsatz *m*. **~ drawing** *bes. tech.* Zeichnen *n* nach Vorlagen *od.* Mo'dellen. **'~-,find·er** *s phot.* (Objek'tiv)Sucher *m*. **~ glass** *s opt.* Objek'tiv(linse *f*) *n*.
ob·jec·ti·fi·ca·tion [əbˌdʒektɪfɪ'keɪʃn] *s philos.* Objekti'vierung *f*. **ob·jec·ti·fy** [ɒb'dʒektɪfaɪ; *Am.* ab-] *v/t* objekti'vieren.
ob·jec·tion [əb'dʒekʃn] *s* **1.** a) Einwendung *f*, -spruch *m*, -wand *m* (*alle a. jur.*), Einwurf *m*, Bedenken *n* (**to** gegen), b) Abneigung *f*, 'Widerwille *m* (**against** gegen): **I have no ~ to him** ich habe nichts gegen ihn, ich habe an ihm nichts auszusetzen; **to make** (*od.* **raise**) **an ~ to s.th.** gegen etwas e-n Einwand erheben; he raised no ~ to my going there er hatte nichts dagegen (einzuwenden), daß ich dorthin ging *od.* gehe; **to take ~ to s.th.** gegen etwas Protest erheben *od.* protestieren. **2.** Reklamati'on *f*, Beanstandung *f*. **ob'jec·tion·a·ble** *adj* (*adv* **objectionably**) **1.** nicht einwandfrei: a) zu beanstanden(d), abzulehnen(d), b) anrüchig. **2.** unerwünscht. **3.** unangenehm (**to** *dat od.* für). **4.** anstößig.
ob·jec·tive [əb'dʒektɪv; *Am. a.* ab-] **I** *adj* (*adv* **~ly**) **1.** *philos.* objek'tiv, kon'kret, gegenständlich: **~ method** induktive Methode. **2.** objek'tiv, sachlich, 'unper‚sönlich, vorurteilslos. **3.** *ling.* Objekts...: **~ case** *o* **6**; **~ genitive** objektiver Genitiv; **~ verb** transitives Verb. **4.** Ziel...: **~ point** *mil.* Operations-, Angriffsziel *n*. **II** *s* **5.** *opt.* Objek'tiv(linse *f*) *n*. **6.** *ling.* Ob'jektskasus *m*. **7.** (*bes. mil.* Kampf-, Angriffs)Ziel *n*. **ob'jec·tive·ness** → **objectivity**. **ob·jec'tiv·ism** *s philos. art* Objekti'vismus *m*. **ob·jec'tiv·i·ty** [‚ɒbdʒek'tɪvɪtɪ; *Am.* ab-] *s* Objektivi'tät *f*. **ob'jec·tiv·ize** → **objectify**.
'ob·ject|lan·guage *s ling.* Ob'jektsprache *f*. **~ lens** *s opt.* Objek'tiv(linse *f*) *n*.
'ob·ject·less *adj* gegenstands-, zweck-, ziellos.
'ob·ject les·son *s* **1.** *ped. u. fig.* 'Anschauungs‚unterricht *m*. **2.** *fig.* Schulbeispiel *n*. **3.** *fig.* Denkzettel *m*.
ob·jec·tor [əb'dʒektə(r)] *s* **1.** Gegner(in) (**to** *gen*), Oppo'nent(in). **2.** Prote'stierende(r *m*) *f*: → **conscientious objector**.
'ob·ject|plate, ~ slide *s tech.* Ob'jektträger *m* (*am Mikroskop etc*). **~ pro·gram(me)** *s Computer:* Ob'jekt-, 'Zielpro‚gramm *n*. **~ stage** *s tech.* Ob'jekttisch *m*. **~ teach·ing** *s* 'Anschauungs‚unterricht *m*.
ob·jet d'art *pl* **ob·jets d'art** [‚ɒbʒeɪ'dɑː(r); ɔbʒɛdar] (*Fr.*) *s* (*oft* kleiner) Kunstgegenstand.
ob·jet trou·vé *pl* **ob·jets trou·vés** ['ɒbʒeɪˌtruː'veɪ; ɔbʒɛtruve] (*Fr.*) *s art* Ob'jet *n* trou'vé (*ohne jede Veränderung in e-m Kunstwerk präsentierter Gebrauchsgegenstand*).
ob·jur·gate ['ɒbdʒɜːgeɪt; *Am.* 'abdʒər-] *v/t* tadeln, schelten. **‚ob·jur'ga·tion** *s* Tadel *m*, Schelte(n *n*) *f*. **ob·jur·ga·to·ry** [ɒb'dʒɜːgətərɪ; *Am.* əb'dʒɜrgəˌtɔːrɪ; -ˌtɔː-] *adj* tadelnd, scheltend.
ob·late¹ ['ɒbleɪt; *Am.* ab'leɪt; 'abˌl-] *adj math. phys.* (*an den Polen*) abgeflacht, abgeplattet, sphäro'id.
ob·late² ['ɒbleɪt; *Am.* 'ab-] *s R.C.* Ob'lat(in) (*Laienbruder od. -schwester*).
ob·la·tion [əʊ'bleɪʃn; ɔ'b-] *s* **1.** *relig.* Opferung *f*, Darbringung *f* (*bes. von Brot u. Wein*). **2.** *relig.* Opfer(gabe *f*) *n*. **3.** Gabe *f*.
ob·li·gate ['ɒblɪgeɪt; *Am.* 'ab-] **I** *v/t a. jur.* j-*n* verpflichten, binden (**to do** zu tun). **II** *adj* [*a.* -gət] *biol.* Zwangs...
ob·li·ga·tion [ˌɒblɪ'geɪʃn; *Am.* ˌab-] *s* **1.** Verpflichten *n*, Verpflichtung *f*. **2.** Verpflichtung *f*, Verbindlichkeit *f*, Obliegenheit *f*, Pflicht *f*: **of ~** obligatorisch; **days of ~** *relig.* strenge Fasttage; **to be under an ~ to s.o.** j-*m* (zu Dank) verpflichtet sein; **to place an ~ on s.o. to do s.th.** j-*n* (dazu) verpflichten, etwas zu tun; **to feel an ~ to do s.th.** sich verpflichtet fühlen, etwas zu tun. **3.** *econ.* a) Schuldverpflichtung *f*, -verschreibung *f*, Obligati'on *f*, b) Verpflichtung *f*, Verbindlichkeit *f*: **financial ~**, **to pay** Zahlungsverpflichtung; **joint ~** Gesamtverbindlichkeit; **~ to buy** Kaufzwang *m*; **~ to disclose** Anzeigepflicht *f*; **no ~, without ~** unverbindlich, freibleibend.
ob·li·ga·to → **obbligato**.
ob·lig·a·to·ry [ə'blɪgətərɪ; *Am.* -ˌtɔːrɪ; -ˌtɔː-; ə'b-] *adj* (*adv* **obligatorily**) verpflichtend, bindend, (rechts)verbindlich, obliga'torisch (**on, upon** für), Zwangs..., Pflicht...: **~ agreement** bindende Abmachung; **~ investment** *econ.* Pflichteinlage *f*.
o·blige [ə'blaɪdʒ] **I** *v/i* **1.** (**with**) *colloq.* ein Lied etc vortragen, zum besten geben: **to ~ with a song**. **2.** erwünscht sein: **an early reply will ~** um baldige Antwort wird gebeten. **II** *v/t* **3.** nötigen, zwingen: **I was ~d to do** ich sah mich *od.* war genötigt *od.* gezwungen zu tun, ich mußte tun. **4.** *fig.* a) verpflichten, b) *j-n* zu Dank verpflichten: **much ~d** sehr verbunden!, danke bestens!; **I am ~d to you for it** ich bin Ihnen dafür sehr verbunden, b) ich habe es Ihnen zu verdanken; **will you ~ me by doing this?** wären Sie so freundlich, das zu tun? **5.** *j-m* gefällig sein, e-n Gefallen tun, *j-n* erfreuen (**with a song** mit e-m Lied): **to ~ you** Ihnen zu Gefallen; **anything to ~ you!** selbstverständlich, wenn ich Ihnen damit e-n Gefallen erweise!; **(will you) ~ me by leaving the room!** würden Sie gefälligst das Zimmer verlassen! **6.** *jur. j-n durch Eid etc* binden (**to an** *acc*): **to ~ o.s.** sich verpflichten.
ob·li·gee [ˌɒblɪ'dʒiː; *Am.* ˌab-] *s econ. jur.* Forderungsberechtigte(r *m*) *f*, (Obligati'ons)Gläubiger(in).
o·blig·ing [ə'blaɪdʒɪŋ] *adj* (*adv* **~ly**) verbindlich, gefällig, zu'vor-, entgegenkommend. **o'blig·ing·ness** *s* Gefälligkeit *f*, Zu'vorkommenheit *f*.
ob·li·gor [ˌɒblɪ'gɔː(r); *Am.* ˌab-] *s econ. jur.* (Obligati'ons)Schuldner(in).
o·blique [ə'bliːk; *Am.* əʊ'b-; -'blaɪk] *adj* (*adv* **~ly**) **1.** *bes. math.* schief, schiefwink(e)lig, schräg: **~ angle** *math.* schiefer Winkel; **at an ~ angle to** in spitzen Winkel zu; **~ fire** *mil.* Steil-, Schrägfeuer *n*; **~ photograph** *mil. phot.* Schrägaufnahme *f*; **~ stroke** Schrägstrich *m*; **~ triangle** *math.* schiefwink(e)liges Dreieck. **2.** 'indi‚rekt, versteckt, verblümt: **~ accusation**; **~ glance** Seitenblick *m*. **3.** unaufrichtig, falsch. **4.** *ling.* abhängig, 'indi‚rekt: **~ case** Beugefall *m*, Kasus *m* obliquus; **~ speech** indirekte Rede. **o'blique·ness** → **obliquity**.
o·bliq·ui·ty [ə'blɪkwətɪ; *Am. bes.* əʊ'b-] *s* **1.** Schiefe *f* (*a. astr.*), schiefe Lage *od.* Richtung, Schrägheit *f*. **2.** *fig.* Schiefheit *f*, Verirrung *f*: **moral ~** Unredlichkeit *f*; **~ of conduct** abwegiges Verhalten; **~ of judg(e)ment** Schiefe *f* des Urteils.
o·blit·er·ate [ə'blɪtəreɪt; *Am. a.* əʊ'b-] *v/t* **1.** auslöschen, tilgen (*beide a. fig.*), *Schrift a.* ausstreichen, wegra‚dieren, löschen (**from** aus). **2.** Briefmarken entwerten. **3.** *fig.* a) verwischen, unkenntlich machen, b) zerstören, vernichten. **4.** *med.* oblite'rieren, veröden. **o‚blit·er'a·tion** *s* **1.** 'Verwischung *f*, Auslöschung *f*. **2.** *fig.* Vernichtung *f*, Vertilgung *f*, Zerstörung *f*. **3.** Verwischtsein *n*, Undeutlichkeit *f*. **4.** *med.* Verödung *f*.
o·bliv·i·on [ə'blɪvɪən; *Am. a.* əʊ'b-; ə'b-] *s* **1.** Vergessenheit *f*: **to commit** (*od.* **consign**) **to ~** der Vergessenheit über'lassen; **to fall** (*od.* **sink**) **into ~** in Vergessenheit geraten. **2.** Vergessen *n*, Vergeßlichkeit *f*. **3.** *jur. pol.* Straferlaß *m*: (**Act of**) **O~** *hist.* Amnestie *f*.
o·bliv·i·ous [ə'blɪvɪəs; *Am.* əʊ'b-; ə'b-] *adj* (*adv* **~ly**) vergeßlich: **to be ~ of s.th., to be ~ to s.th.** etwas vergessen (haben); **to be ~ to s.th.** blind sein gegen etwas, etwas nicht beachten. **o'bliv·i·ous·ness** *s* Vergeßlichkeit *f*.
ob·long ['ɒblɒŋ; *Am.* 'ab-] **I** *adj* **1.** länglich: **~ hole** *tech.* Langloch *n*. **2.** *math.* rechteckig. **II** *s* **3.** *math.* Rechteck *n*.
ob·lo·quy ['ɒblәkwɪ; *Am.* 'ab-] *s* **1.** Verleumdung *f*, Schmähung *f*: **to cast ~ upon s.o.** *j-m* Schlechtes nachsagen; **to fall into ~** in Verruf kommen. **2.** Schmach *f*.
ob·nox·ious [əb'nɒkʃəs; *Am.* -'nak-; *a.* ab'n-] *adj* (*adv* **~ly**) **1.** anstößig, anrüchig, verhaßt, ab'scheulich. **2.** (**to**) unbeliebt (**bei**), verhaßt, unangenehm (*dat*). **3.** *selten* unter'worfen, preisgegeben, ausgesetzt (**to** *dat*). **4.** *obs.* strafwürdig. **ob'nox·ious·ness** *s* **1.** Anstößigkeit *f*, Anrüchigkeit *f*. **2.** Verhaßtheit *f*.
o·boe ['əʊbəʊ] *s* **1.** *mus.* O'boe *f*. **2.** *meist* **O~** *mil.* 'Hobo-Sy‚stem *n*, Ra'darsy‚stem *n* für blinden Bombenabwurf. **'o·bo·ist** *s* Obo'ist(in).
ob·ol ['ɒbɒl; *Am.* 'abəl; 'əʊ-] *s antiq.* Obolus *m* (*altgriechische Münze*).
ob·o·vate [ɒb'əʊveɪt; *Am.* ab-] *adj bot.* verkehrt eirund, obo'val.
ob·scene [əb'siːn; *Am. a.* ab-] *adj* (*adv* **~ly**) **1.** unzüchtig (*a. jur.*), unanständig, zotig, ob'szön: **~ libel** *jur.* Veröffentlichung *f* unzüchtiger Schriften; **~ talker** Zotenreißer *m*. **2.** widerlich, ab'scheulich. **ob·scen·i·ty** [əb'senɪtɪ; *Am. a.* ab-] *s* **1.** Unanständigkeit *f*, Zote *f*, Obszöni'tät *f*: **obscenities** Obszönitäten, Zoten. **2.** Widerlichkeit *f*.
ob·scur·ant [ɒb'skjʊərənt; *Am.* ab-] *s* Bildungsfeind *m*, Dunkelmann *m*.
ob·scur·ant·ism [ˌɒbskjʊə'ræntɪzəm; *Am.* ˌab-; *a.* ab'skjʊrənˌtɪzəm] *s* Obskuran'tismus *m*, Kul'turfeindlichkeit *f*, Bildungshaß *m*. **ob·scur·ant·ist** [ˌɒbskjʊə'ræntɪst; *Am.* ˌab-; *a.* ab'skjʊrəntɪst] **I** *s* → **obscurant**. **II** *adj* → **ob·scu·rant·ic**.
ob·scu·ra·tion [ˌɒbskjʊə'reɪʃn; *Am.* ˌab-] *s* **1.** Verdunkelung *f* (*a. astr. u. fig.*). **2.** *med.* Verschattung *f*.
ob·scure [əb'skjʊə(r); *Am. a.* ab-] **I** *adj* **1.** dunkel, finster, düster, trübe. **2.** unscharf (*Bild*), matt (*Farbe*). **3.** *poet.* nächtlich, Nacht... **4.** *fig.* dunkel: a) unklar: **~ words** dunkle Worte, **~ motives** un'durchsichtige Motive, b) undeutlich,

an ~ feeling. **5.** *fig.* ob'skur, unbekannt, unbedeutend: an ~ writer; an ~ disease e-e unbekannte Krankheit. **6.** schwach: ~ pulse; ~ voice. **7.** *fig.* einsam, verborgen: to live an ~ life. **8.** *fig.* unauffällig. **II** *s* **9.** → obscurity. **III** *v/t* **10.** verdunkeln, verfinstern, trüben. **11.** *fig.* verkleinern, in den Schatten stellen. **12.** *fig.* unverständlich *od.* undeutlich machen. **13.** verbergen (**to** *dat*). **14.** *ling.* Vokal, Laut abschwächen. **ob'scure·ly** *adv fig.* dunkel, auf unklare *od.* geheimnisvolle Weise.

ob·scu·ri·ty [əbˈskjʊərətɪ; *Am. a.* ɑb-] *s* **1.** Dunkelheit *f* (*a. fig.*). **2.** *fig.* Unklarheit *f*, Undeutlichkeit *f*, Unverständlichkeit *f*. **3.** *fig.* (*das*) Unbedeutende, Unbekanntheit *f*, Obskuri'tät *f*, Niedrigkeit *f* (*der Herkunft*): **to retire into ~** sich vom öffentlichen *od.* gesellschaftlichen Leben *etc* zurückziehen; **to be lost in ~** vergessen sein. **4.** ob'skure *od.* dunkle Per'son *od.* Sache. **5.** *paint.* dunkler Fleck.

ob·se·crate [ˈɒbsɪkreɪt; *Am.* ˈɑb-] *v/t obs.* j-n flehentlich bitten, *etwas* erflehen. **ˌob·seˈcra·tion** *s* flehentliche Bitte.

ob·se·qui·al [ɒbˈsiːkwɪəl; *Am.* əb-; ɑb-] *adj* Begräbnis...

ob·se·quies [ˈɒbsɪkwɪz; *Am.* ˈɑb-] *s pl* Trauerfeierlichkeit(en *pl*) *f*.

ob·se·qui·ous [əbˈsiːkwɪəs; *Am. a.* ɑb-] *adj* (*adv* ~**ly**) unter'würfig (**to** gegen), ser'vil, kriecherisch. **obˈse·qui·ous·ness** *s* Unter'würfigkeit *f*, Servili'tät *f*.

ob·serv·a·ble [əbˈzɜːvns; *Am.* ˈzɜːr-] *adj* (*adv* **observably**) **1.** bemerkbar, wahrnehmbar, merklich. **2.** beachtens-, bemerkenswert. **3.** zu beachten(d).

ob·serv·ance [əbˈzɜːvns; *Am.* -ˈzɜːr-] *s* **1.** Befolgung *f*, Beachtung *f*, Einhaltung *f*: **~ of rules**. **2.** Heilighaltung *f*, Feiern *n*: **~ of the Sabbath**. **3.** 'Herkommen *n*, Brauch *m*, Sitte *f*. **4.** Regel *f*, Vorschrift *f*. **5.** *relig.* Ordensregel *f*, Obser'vanz *f*. **6.** *obs.* Beobachtung *f*, Sorgsamkeit *f*. **7.** *Br. obs.* Ehrerbietung *f*. **obˈser·van·cy** *selten für* observance.

ob·ser·vant [əbˈzɜːvnt; *Am.* -ˈzɜːr-] *adj* (*adv* ~**ly**) **1.** beachtend, befolgend (*of acc*): **to be ~ of forms** sehr auf Formen halten. **2.** aufmerksam, achtsam: **to be ~ of** achten auf (*acc*).

ob·ser·va·tion [ˌɒbzə(r)ˈveɪʃn; *Am.* ˌɑb-] **I** *s* **1.** (*a. wissenschaftliche*) Beobachtung, Über'wachung *f*, Wahrnehmung *f*: **to keep s.o. under ~** j-n beobachten (lassen); **to fall under s.o.'s ~** von j-m bemerkt *od.* wahrgenommen werden; **series** (*od.* **sequence**) **of ~s** *scient.* Beobachtungsreihe *f*; **to take an ~** *mar.* das Besteck nehmen. **2.** Bemerkung *f*: **final ~** Schlußbemerkung. **3.** Beobachtungsgabe *f*, -vermögen *n*. **4.** *selten für* observance 1. **II** *adj* **5.** Beobachtungs..., Aussichts... **ˌob·serˈva·tion·al** [-ʃənl] *adj* (*adv* ~**ly**) **1.** Beobachtungs... **2.** beobachtend, auf Beobachtung(en) gegründet.

ob·ser·va·tion| bal·loon *s aer.* **1.** Be'obachtungsballˌlon *m*. **2.** 'Fesselbalˌlon *m*. **~ car, ~ coach** *s rail. etc* Aussichtswagen *m*. **~ deck** *s mar.* Peildeck *n*. **~ port** *s* **1.** *tech.* Guckloch *n*, Kon'trollfenster *n*. **2.** *mil.* Sehklappe *f*. **~ post** *s bes. mil.* Beobachtungsstelle *f*, -stand *m*, -posten *m*. **~ tow·er** *s* Beobachtungswarte *f*, Aussichtsturm *m*.

ob·ser·va·to·ry [əbˈzɜːvətrɪ; *Am.* əb-ˈzɜːrvəˌtɔːriː; -ˌtoː-] *s* Observa'torium *n*: a) (Wetter)Warte *f*, b) *astr.* Sternwarte *f*.

ob·serve [əbˈzɜːv; *Am.* əbˈzɜːrv] **I** *v/t* **1.** beobachten: a) über'wachen, b) betrachten, verfolgen, stu'dieren, c) (be-)merken, wahrnehmen, sehen, d) *surv.* messen: **to ~ an angle**. **3.** *mar.* peilen. **4.** *fig.* beobachten: a) e-e Vorschrift *etc* einhalten, befolgen, beachten: **to ~ a rule**, b) e-n Brauch *etc* (ein)halten, üben, Feste *etc* feiern, begehen: **to ~ a custom**; **to ~ the Sabbath**; **to ~ silence** Stillschweigen beobachten *od.* bewahren. **5.** bemerken, sagen, äußern. **II** *v/i* **6.** aufmerksam sein. **7.** Beobachtungen machen. **8.** Bemerkungen machen, sich äußern (**on, upon** über *acc*). **obˈserv·er** *s* **1.** Beobachter(in) (*a. pol.*), Zuschauer(in). **2.** Befolger(in): **he is an ~ of the Sabbath** er hält den Sonntag heilig. **3.** *aer.* a) Beobachter *m* (*im Flugzeug*), b) *Flugmeldedienst*: Luftspäher *m*. **obˈserv·ing** *adj* ~**ly** *adv* observant.

ob·sess [əbˈses] *v/t* j-n quälen, heimsuchen, verfolgen: **~ed by** (*od.* **with**) **an idea** besessen von e-r Idee; **like an ~ed (man)** wie ein Besessener; **an ~ed angler** ein passionierter Angler.

ob·ses·sion [əbˈseʃn; *Am. a.* ɑb-] *s* Besessenheit *f*, fixe I'dee, Verranntheit *f*, *psych.* Zwangsvorstellung *f*, Obsessi'on *f*. **obˈses·sive** [-sɪv] *adj psych.* zwanghaft, Zwangs...: **~ neurosis**.

ob·sid·i·an [ɒbˈsɪdɪən; *Am.* əb-] *s min.* Obsidi'an *m*.

ob·so·lesce [ˌɒbsəʊˈles; *Am.* ˌɑbsəˈles] *v/i* veralten. **ˌob·soˈles·cence** *s* Veralten *n*: **planned ~** *econ. tech.* künstliche Veralterung (*von Gütern*). **ˌob·soˈles·cent** *adj* **1.** veraltend. **2.** *biol.* rudimen'tär, verkümmernd.

ob·so·lete [ˈɒbsəliːt; *Am.* ˈɑbsə-; ˌɑbsəˈl-] *adj* (*adv* ~**ly**) **1.** veraltet, über'holt, 'unmoˌdern: **~ equipment**; **an ~ theory**. **2.** a) abgenutzt, verbraucht, b) verwischt. **3.** *biol.* a) zu'rückgeblieben, rudimen'tär, b) fehlend. **ˈob·soˈlete·ness** *s* **1.** Über'holtheit *f*, (*das*) Veraltete. **2.** Abgenutztheit *f*. **3.** *biol.* unvollkommene Entwicklung. **ˈob·soˈlet·ism** *s* **1.** (*etwas*) Veraltetes, *bes.* veraltetes Wort *od.* veraltete Redewendung. **2.** → obsoleteness.

ob·sta·cle [ˈɒbstəkl; *Am.* ˈɑbstɪkəl] *s* Hindernis *n* (*to a. fig.*): **to put ~s in s.o.'s way** *fig.* j-m Hindernisse in den Weg legen; **~ course** *mil.* Hindernisbahn *f*; **~ race** *sport* Hindernisrennen *n*.

ob·stet·ric [ɒbˈstetrɪk; *Am.* əb-; ɑb-], **obˈstet·ri·cal** [-kl] *adj med.* Geburts(hilfe)..., Geburtshelfer..., geburtshilflich, Entbindungs...: **obstetric forceps** Entbindungszange *f*; **obstetrical toad** *zo.* Geburtshelferkröte *f*; **obstetric ward** Entbindungsstation *f*. **ob·steˈtri·cian** [ˌɒbsteˈtrɪʃn; *Am.* ˌɑbstə-] *s med.* Geburtshelfer *m*. **obˈstet·rics** [ɒbˈstetrɪks; *Am.* əb-; ɑb-] *s pl* (*a. als sg konstruiert*) Geburtshilfe *f*.

ob·sti·na·cy [ˈɒbstɪnəsɪ; *Am.* ˈɑb-] *s* **1.** Hartnäckigkeit *f*, Halsstarrigkeit *f*, Eigensinn *m*. **2.** *fig.* Hartnäckigkeit *f*. **ob·sti·nate** [ˈɒbstənət; *Am.* ˈɑb-] *adj* (*adv* ~**ly**). **1.** hartnäckig, halsstarrig, eigensinnig. **2.** *fig.* hartnäckig: **~ disease**; **~ resistance**. **ˈob·sti·nate·ness** → obstinacy.

ob·sti·pa·tion [ˌɒbstɪˈpeɪʃn; *Am.* ˌɑb-] → constipation.

ob·strep·er·ous [əbˈstrepərəs; *Am. a.* ɑb-] *adj* (*adv* ~**ly**) **1.** ungebärdig, 'widerspenstig: **an ~ child**. **2.** lärmend, geräuschvoll, turbu'lent. **obˈstrep·er·ous·ness** *s* **1.** Toben *n*, Lärm(en *n*) *m*. **2.** 'Widerspenstigkeit *f*.

ob·struct [əbˈstrʌkt; *Am. a.* ɑb-] **I** *v/t* **1.** *Straße, Durchgang etc* blo'ckieren, versperren, verstopfen, *Kanal, Röhre, a. med. Arterie* verstopfen. **2.** *Aussicht etc* versperren, die Sicht versperren auf (*acc*): **to ~ s.o.'s view** j-m die Sicht nehmen. **3.** *Straßenverkehr, fig. Fortschritt, Entwicklung etc* (be)hindern, hemmen, aufhalten, zum Erliegen bringen, *Gesetzesvorlage etc* blo'ckieren, sich e-m *Plan etc* in den Weg stellen. **4.** *sport Gegenspieler* behindern, sperren, *jur. Amtsperson* behindern (**in** *dat* bei): **to ~ a policeman in the execution of his duty** e-n Polizisten an der Ausübung s-r Pflicht hindern. **II** *v/i* **5.** *pol.* Obstrukti'on treiben.

ob·struc·tion [əbˈstrʌkʃn; *Am. a.* ɑb-] *s* **1.** Blocˈkierung *f*, Versperrung *f*, Verstopfung *f* (*a. med.*). **2.** Behinderung *f*, Hemmung *f*: **~ of justice** *jur.* Verdunk(e)lung *f*. **3.** Hindernis *n* (**to** für). **4.** *pol.* Obstrukti'on *f*: **policy of ~** → obstructionism; **to practice ~** Obstruktion treiben. **5.** *sport* Sperren *n*. **obˈstruc·tion·ism** [-ʃənɪzəm] *s pol.* Obstruktio'nspoˌlitik *f*. **obˈstruc·tion·ist** *pol.* **I** *s* Obstrukti'onspoˌlitiker *m*; j-d, der ständig Obstrukti'on treibt. **II** *adj* Obstruktions...

ob·struc·tive [əbˈstrʌktɪv; *Am. a.* ɑb-] **I** *adj* (*adv* ~**ly**) **1.** blocˈkierend, versperrend, verstopfend. **2.** hinderlich, hemmend (**of**, **to** für): **to be ~ of s.th.** etwas behindern. **3.** *pol.* Obstruktions... **II** *s* **4.** → obstructionist I. **5.** Hindernis *n*, Hemmnis *n*.

ob·stru·ent [ˈɒbstrʊənt; *Am.* ˈɑbstrə-wənt; ˈɑbs-] *adj u. s bes. med.* verstopfend(es Mittel).

ob·tain [əbˈteɪn; *Am. a.* ɑb-] **I** *v/t* **1.** erlangen, erhalten, bekommen, erwerben, sich verschaffen: **to ~ a passport**; **to ~ by flattery** sich erschmeicheln; **to ~ s.th. by false pretences** (*Am.* **pretenses**) *jur.* sich etwas erschleichen; **to ~ legal force** Rechtskraft erlangen; **details can be ~ed from** Näheres ist zu erfahren bei. **2.** *s-n Willen, s-e Wünsche etc* 'durchsetzen. **3.** erreichen. **4.** *econ. Preis* erzielen. **II** *v/i* **5.** (vor)herrschen, bestehen, üblich sein: **the custom ~s** es besteht die Sitte, es ist üblich. **6.** in Geltung sein, Geltung haben, in Kraft sein. **7.** *obs.* siegen, Erfolg haben. **obˈtain·a·ble** *adj* **1.** erreichbar, erlangbar. **2.** *bes. econ.* erhältlich, zu erhalten(d) (**at** bei): **~ on order** auf Bestellung erhältlich.

ob·trude [əbˈtruːd; *Am. a.* ɑb-] **I** *v/t* aufdrängen, -nötigen, -zwingen (**upon, on** *dat*): **to ~ one's opinion (up)on s.o.** j-m s-e Ansicht aufzwingen; **to ~ o.s. (up)on** → II. **II** *v/i* sich aufdrängen (**upon, on** *dat*). **obˈtrud·er** *s* Auf-, Zudringliche(*r m*) *f*.

ob·trun·cate [ɒbˈtrʌŋkeɪt; *Am. a.* ɑb-] *v/t* köpfen.

ob·tru·sion [əbˈtruːʒn; *Am. a.* ɑb-] *s* **1.** Aufdrängen *n*, Aufnötigung *f*: **the ~ of one's opinion (up)on others** wenn man s-e Ansicht anderen aufzwingen will. **2.** Aufdringlichkeit *f*. **obˈtru·sive** [-sɪv] *adj* (*adv* ~**ly**). **1.** auf-, zudringlich (*Person*). **2.** aufdringlich, auffällig, unangenehm auffallend (*Sache*). **obˈtru·sive·ness** *s* Aufdringlichkeit *f*.

ob·tu·rate [ˈɒbtjʊəreɪt; *Am.* ˈɑbtə-; -tjə-] *v/t* **1.** ver-, zustopfen, verschließen. **2.** *tech.* (ab)dichten, lidern. **ˌob·tuˈra·tion** *s* **1.** Verstopfung *f*, Verschließung *f*. **2.** *tech.* (Ab)Dichtung *f*, Liderung *f*. **ˈob·tuˌra·tor** [-tə(r)] *s* **1.** Schließˌvorrichtung *f*, Verschluß *m*. **2.** *tech.* (Ab)Dichtung(smittel *n*) *f*. **3.** *med.* Obtu'rator *m*.

ob·tuse [əbˈtjuːs; *Am. a.* ɑb-; -ˈtuːs] *adj* (*adv* ~**ly**) **1.** stumpf, abgestumpft. **2.** *math.* a) stumpf: **~ angle**, b) stumpfwink(e)lig: **~ triangle**. **3.** begriffsstutzig, beschränkt. **4.** *dumpf*: **~ sound**; **~ pain**. **ob·ˌtuse-ˈan·gled** *adj* stumpfwink(e)lig. **obˈtuse·ness** *s* **1.** Stumpfheit *f*. **2.** Begriffsstutzigkeit *f*, Beschränktheit *f*.

OB van [ˌəʊˈbiː] *s Rundfunk, TV*: Über'tragungswagen *m* (*aus* **outside broadcast**).

ob·verse [ˈɒbvɜːs; *Am.* ˈɑbˌvɜrs; *a.* ɒbˈv-] **I** *s* **1.** Bild-, Vorderseite *f*, Aˈvers *m*: ~ **of a coin. 2.** Vorderseite *f*. **3.** Gegenstück *n*, *(die)* andere Seite, Kehrseite *f*. **4.** *Logik:* ˈumgekehrter Schluß. **II** *adj* [*Am. bes.* ɒbˈvɜrs] **5.** Vorder..., dem Betrachter zugekehrt. **6.** entsprechend. **7.** *bot.* nach der Spitze zu breiter werdend. **obˈverse·ly** *adv* ˈumgekehrt.

ob·vert [ɒbˈvɜːt; *Am.* ɑbˈvɜrt] *v/t Logik:* ˈumkehren.

ob·vi·ate [ˈɒbvɪeɪt; *Am.* ˈɑb-] *v/t* **1.** e-r *Sache* begegnen, zuˈvorkommen, vorbeugen, *etwas* verhindern, verhüten, abwenden. **2.** beseitigen. **3.** erübrigen, ˈüberflüssig machen. **ˌob·viˈa·tion** *s* **1.** Vorbeugen *n*, Verhütung *f*. **2.** Beseitigung *f*. **3.** Erübrigung *f*.

ob·vi·os·i·ty [ˌɒbvɪˈɒsətɪ; *Am.* ˌɑbvɪˈɑ-] *s* Binsenwahrheit *f*, -weisheit *f*.

ob·vi·ous [ˈɒbvɪəs; *Am.* ˈɑb-] *adj* (*adv* ~**ly**) **1.** offensichtlich, augenfällig, klar, deutlich, naheliegend, einleuchtend, *iro.* ˈdurchsichtig: **to be** ~ (**to the eye**) in die Augen springen, einleuchten; **to make** ~ deutlich machen; **it is** ~ **that** es liegt auf der Hand, daß; **it was the** ~ **thing to do** es war das Nächstliegende; **it should have been** ~ **to him that** es hätte ihm klar sein müssen, daß; **he was the** ~ **choice** kein anderer kam, dafür in Frage; **to labo(u)r** (*od.* **stress**) **the** ~ **c** e-e Binsenwahrheit aussprechen. **2.** auffällig: **the dress was somewhat** ~. **ˈob·vi·ous·ness** *s* Offensichtlichkeit *f*, Augenfälligkeit *f*, Deutlichkeit *f*.

oc·a·ri·na [ˌɒkəˈriːnə; *Am.* ˌɑk-] *s mus.* Okaˈrina *f* (*Blasinstrument*).

Ocˈcamˈs raˈzor → Ockham's razor.

oc·ca·sion [əˈkeɪʒn] **I** *s* **1.** (günstige) Gelegenheit, günstiger Augenblick: **to take** ~ **to do s.th.** die Gelegenheit ergreifen, etwas zu tun. **2.** (**of**) Gelegenheit *f* (*gen*), Möglichkeit *f* (*gen*). **3.** (besondere) Gelegenheit, Anlaß *m*: **on this** ~ bei dieser Gelegenheit; **on the** ~ **of** anläßlich, bei Gelegenheit (*gen*); **on** ~ a) bei Gelegenheit, gelegentlich, b) wenn nötig; **for the** ~ für diese besondere Gelegenheit, eigens zu diesem Anlaß *od.* Zweck. **4.** (*bes. festliches*) Ereignis: **a great** ~; **to celebrate the** ~ a) das Ereignis feiern, b) (*Redew.*) zur Feier des Tages; **to rise to the** ~ sich der Lage gewachsen zeigen; → **mark**¹ 32. **5.** Anlaß *m*, Anstoß *m*: **to give** ~ **to s.th.**, **to be the** ~ **of s.th.** etwas veranlassen, den Anstoß geben zu etwas, etwas hervorrufen. **6.** (**for**) Grund *m* (zu), Ursache *f* (*gen*), Veranlassung *f* (zu): **there is no** ~ **to be afraid** es besteht kein Grund zur Besorgnis. **7.** *pl obs.* Geschäfte *pl*, Angelegenheiten *pl*: **to go about one's** ~**s** s-n Geschäften nachgehen. **II** *v/t* **8.** veranlassen, verursachen, bewirken: **to** ~ **s.o. s.th.**, **to** ~ **s.th. to s.o.** j-m etwas verursachen; **this** ~**ed him to go** dies veranlaßte ihn zu gehen.

oc·ca·sion·al [əˈkeɪʒnl] *adj* (*adv* → **casionally**) **1.** gelegentlich, Gelegenheits...: ~ **fits** gelegentliche Anfälle; ~ **labo(u)r** Gelegenheitsarbeit *f*; ~ **poem** Gelegenheitsgedicht *n*; ~ **strollers** vereinzelte Spaziergänger; ~ **writer** Gelegenheitsschriftsteller *m*; **to pay s.o. the** ~ **visit** j-n hin u. wieder besuchen. **2.** für (die) besondere(n) ˈUmstände: ~ **table** Beistelltisch *m*. **3.** zufällig. **4.** veranlassend: ~ **cause** Anlaß *m*.

oc·ca·sion·al·ly [əˈkeɪʒnəlɪ] *adv* gelegentlich, hin u. wieder.

Oc·ci·dent [ˈɒksɪdənt; *Am.* ˈɑk-; *a.* -ˌdent] *s* **1.** Okzident *m*, Westen *m*, Abendland *n*. **2.** o~ Westen *m*. **ˌOc·ciˈden·tal** [-ˈdentl] **I** *adj* **1.** abendländisch, westlich. **2.** o~ westlich. **II** *s* **3.** Abendländer(in). **ˌOc·ciˈden·tal·ism** *s* abendländische Kulˈtur. **ˌOc·ciˈden·tal·ize** *v/t* verwestlichen.

oc·cip·i·ta [ɒkˈsɪpɪtə; *Am.* ɑk-] *pl von* occiput.

oc·cip·i·tal [ɒkˈsɪpɪtl; *Am.* ɑk-] *anat. zo.* **I** *adj* okziˈpital, Hinterhaupt(s)...: ~ **bone** → II. **II** *s* ˈHinterhauptsbein *n*.

oc·ci·put [ˈɒksɪpʌt; *Am.* ˈɑk-] *pl* **ocˈcip·i·ta** [-ˈsɪpɪtə] *s anat. zo.* ˈHinterkopf *m*.

oc·clude [ɒˈkluːd; *Am.* ə-; ɑ-] **I** *v/t* **1.** verstopfen, verschließen. **2.** a) einschließen, b) ausschließen, c) abschließen (**from** von). **3.** *chem.* okkluˈdieren, absorˈbieren, binden. **4.** ~**d front** → occlusion 4 c. **II** *v/i* **5.** *med.* schließen (*untere u. obere Zähne*).

oc·clu·sion [ɒˈkluːʒn; *Am.* ə-] *s* **1.** Verstopfung *f*, Verschließung *f*. **2.** Verschluß *m*. **3.** a) Einschließung *f*, b) Ausschließung *f*, c) Abschließung *f*. **4.** Okklusiˈon *f*: a) Biß *m*, (norˈmale) Schlußˈbißstellung (*der Zähne*): **abnormal** ~ Bißanomalie *f*, b) *chem.* Absorptiˈon *f*, c) *meteor.* Zs.-treffen *n* von Kalt- u. Warmfront. **ocˈclu·sive** [-sɪv] *adj* **1.** verschließend, Verschluß... **2.** *med.* Okklusiv...

oc·cult [ɒˈkʌlt; *Am.* ə-; ɑ-] **I** *adj* [*Am. a.* ˈɑkˌʌlt] **1.** okˈkult: a) geheimnisvoll, verborgen (*a. med.*), b) magisch, ˈübersinnlich, c) geheim, Geheim...: ~ **sciences** okkulte Wissenschaften. **2.** *scient. hist.* geheim. **II** *s* **3. the** ~ das Okˈkulte. **III** *v/t* **4.** verbergen, verdecken, *astr.* verfinstern. **IV** *v/i* **5.** verdeckt werden. **ocˈcult·ism** [ɒˈkʌltɪzəm; *Am.* ˈɑkˌʌl-; əˈkʌl-] *s* Okkulˈtismus *m*. **ocˈcult·ist** [ˈɒkəltɪst; *Am.* ˈɑkˌʌl-; əˈkʌl-] **I** *s* Okkulˈtist(in). **II** *adj* okkulˈtistisch.

oc·cu·pan·cy [ˈɒkjʊpənsɪ; *Am.* ˈɑk-] *s* **1.** Besitzergreifung *f* (*a. jur.*), Bezug *m* (*e-r Wohnung etc*). **2.** Innehaben *n*, Besitz *m*: **during his** ~ **of the post** solange er die Stelle innehat. **3.** Inˈanspruchnahme *f* (*von Raum etc*). **ˈoc·cu·pant** *s* **1.** *bes. jur.* Besitzergreifer(in). **2.** Besitzer(in), Inhaber(in). **3.** Bewohner(in), Insasse *m*, Inˈsassin *f*: **the** ~**s of the house** die Bewohner des Hauses; **the** ~**s of the car** die Insassen des Wagens.

oc·cu·pa·tion [ˌɒkjʊˈpeɪʃn; *Am.* ˌɑk-] *s* **1.** Besitz *m*, Innehaben *n*. **2.** Besitznahme *f*, -ergreifung *f*. **3.** *mil. pol.* Besetzung *f*, Besatzung *f*, Okkupatiˈon *f*: **army of** ~ Besatzungsarmee *f*. **4.** Beschäftigung *f*: **without** ~ beschäftigungslos. **5.** Beruf *m*, Gewerbe *n*: **by** ~ von Beruf; **chief** ~ Hauptberuf; **employed in an** ~ berufstätig; **in** (*od.* **as a**) **regular** ~ hauptberuflich. **II** *adj* **6.** *mil. pol.* Besatzungs...: ~ **troops**.

oc·cu·pa·tion·al [ˌɒkjʊˈpeɪʃənl; *Am.* ˌɑkjə-] *adj* **1.** beruflich, Berufs... **2.** Beschäftigungs...: ~ **ac·ci·dent** *s* Arbeitsunfall *m*. ~ **dis·ease** *s* Berufskrankheit *f*. ~ **group** *s econ.* Berufsgruppe *f*. ~ **haz·ard** *s* Berufsrisiko *n*. ~ **med·i·cine** *s* ˈArbeitsmediˌzin *f*. ~ **psy·chol·o·gy** *s* ˈArbeitspsycholoˌgie *f*. ~ **ther·a·pist** *s med.* Beˈschäftigungstheraˌpeut(in). ~ **ther·a·py** *s med.* Beˈschäftigungstheraˌpie *f*. ~ **train·ing** *s econ.* Fachausbildung *f*.

oc·cu·pa·tion bridge *s private Verbindungsbrücke zwischen Grundstücken, die durch e-e Straße etc getrennt sind.* **O~ Day** *s* **1.** *Jahrestag der Landung amer. Truppen in Puerto Rico am 25. Juli 1898.* **2.** *Jahrestag der Besetzung Manilas durch amer. Truppen am 13. August 1898.*

oc·cu·pi·er [ˈɒkjʊpaɪə(r); *Am.* ˈɑk-] *s* **1.** Besitzergreifer(in). **2.** Besitzer, (nutzender) Inhaber. **3.** *Br.* Pächter(in).

oc·cu·py [ˈɒkjʊpaɪ; *Am.* ˈɑk-] *v/t* **1.** Land etc in Besitz nehmen, Besitz ergreifen von. **2.** *mil.* besetzen. **3.** besitzen, innehaben. **4.** *fig. ein Amt etc* bekleiden, innehaben: **to** ~ **the chair** den Vorsitz führen. **5.** bewohnen. **6.** *Raum* einnehmen: **to** ~ **too much space. 7.** *Zeit* in Anspruch nehmen: **it occupied all my time. 8.** j-n beschäftigen, anstellen: **to** ~ **o.s.** sich beschäftigen *od.* befassen (**with** mit); **to be occupied with** (*od.* **in**) **doing s.th.** damit beschäftigt *od.* befaßt sein, etwas zu tun. **9.** *fig. j-s Geist* beschäftigen.

oc·cur [əˈkɜː(r); *Am.* əˈkɜr] *v/i* **1.** sich ereignen, vorfallen, vorkommen, eintreten, geschehen: **demonstrations** ~**red** es kam zu Demonstrationen. **2.** vorkommen, sich finden: **it** ~**s in Shakespeare** es kommt bei Shakespeare vor, es begegnet einem bei Shakespeare; **black sheep** ~ **in all families** schwarze Schafe gibt es in jeder Familie. **3.** zustoßen (**to** *dat*). **4.** einfallen *od.* in den Sinn kommen (**to s.o.** j-m): **it** ~**red to me that** mir fiel ein *od.* mir kam der Gedanke, daß; **it has never** ~**red to me** darauf bin ich noch nie gekommen. **5.** begegnen, vorkommen, pasˈsieren (**to s.o.** j-m): **this has never** ~**red to me.** **ocˈcur·rence** [əˈkʌrəns; *Am.* əˈkɜrəns] *s* **1.** Vorkommen *n*, Auftreten *n*: **to be of frequent** ~ häufig vorkommen. **2.** Ereignis *n*, Vorfall *m*, Vorkommnis *n*.

o·cean [ˈəʊʃn] *s* **1.** Ozean *m*, Meer *n*: ~ **chart** Seekarte *f*; ~ **climate** Meeres-, Seeklima *n*; ~ **disposal** *Am.*, ~ **dumping** Verklappung *f*; ~ **lane** Schiffahrtsroute *f*; ~ **liner** Ozean-, *bes.* Passagierdampfer *m*; ~ **traffic** Seeverkehr *m*; ~ **yacht** Hochseejacht *f*. **2.** *fig.* Meer *n*, riesige Fläche: **an** ~ **of flowers** ein Meer von Blumenmeer. **3.** *colloq.* e-e Unmenge (**of** von): ~**s of beer** Bier in Strömen.

o·cean·ar·i·um [ˌəʊʃəˈneərɪəm] *pl* **-i·ums** *od.* **-i·a** [-ɪə] *s* Ozeaˈnarium *n* (*großes Meerwasseraquarium*).

o·cean| bill of lad·ing *s econ.* Konˈnosseˌment *n*, Seefrachtbrief *m*. **ˈ~-ˌgo·ing** *adj* hochseetüchtig, Hochsee...: ~ **steamer** Hochseedampfer *m*. **~ green** *s* Meergrün *n*. **~ grey·hound** *s* schnellfahrendes Schiff, Schnelldampfer *m*.

O·ce·an·i·an [ˌəʊʃɪˈeɪnjən; -ɪən; *Am. a.* -ˈæn-] **I** *adj* ozeˈanisch (*von Ozeanien*). **II** *s* Ozeˈanier(in).

o·ce·an·ic [ˌəʊʃɪˈænɪk] **I** *adj* **1.** ozeˈanisch, Ozean..., Meer(es)...: ~ **fauna** Meeresfauna *f*. **2.** *fig.* riesig, gewaltig, gewaltig. **3.** O~ → Oceanian I. **II** *s pl* (*meist als sg konstruiert*) **4.** Meereskunde *f*.

O·ce·a·nid [əʊˈsɪənɪd] *pl* **-nids** *od.* **-an·i·des** [ˌəʊʃɪˈænɪdiːz] *s antiq.* Ozeaˈnide *f*, Meeresnymphe *f*.

o·ce·a·nog·ra·pher [ˌəʊʃjəˈnɒgrəfə(r); *Am.* -ʃəˈnɑ-] *s* Ozeanoˈgraph *m*, Meeresforscher *m*.

o·ce·a·no·graph·ic [ˌəʊʃjənəʊˈgræfɪk; *Am.* -ʃənə-g-] *adj* ozeanoˈgraphisch. **ˌo·ce·aˈnog·ra·phy** [-ˈnɒgrəfɪ; *Am.* -ˈnɑ-] *s* Ozeanograˈphie *f*, Meereskunde *f*.

o·ce·a·no·log·ic [ˌəʊʃjənəʊˈlɒdʒɪk; *Am.* -ʃənə-ˈlɑ-] *adj* ozeanoˈlogisch. **ˌo·ce·aˈnol·o·gist** [-ˈnɒlədʒɪst; *Am.* -ˈnɑ-] *s* Ozeanoˈloge *m*, Meeresforscher *m*. **ˌo·ce·aˈnol·o·gy** [-dʒɪ] *s* Ozeanoloˈgie *f*, Meereskunde *f*.

o·cel·lar [əʊˈselə(r)] *adj zo.* Punktaugen... **oc·el·la·tion** [ˌɒsɪˈleɪʃn; *Am.* ˌəʊsə-] *s zo.* augenförmige Zeichnung.

o·cel·lus [əʊˈseləs] *pl* **-li** [-laɪ] *s zo.* **1.** Oˈzelle *f*, Punktauge *n*. **2.** Faˈcette *f*. **3.** Augenfleck *m*.

o·ce·lot [ˈəʊsɪlɒt; *Am.* -ˌlɑt; *a.* ˈɑ-] *s zo.* Ozelot *m*.

o·cher, *bes. Br.* **o·chre** [ˈəʊkə(r)] **I** *s* **1.** *min.* Ocker *m*, *n*: **antimonial** ~, antimony ~ Spießglanz-, Antimonocker; **blue** (*od.* **iron**) ~ Eisenocker; **brown** ~, **spruce** ~ brauner Eisenocker. **2.** Ockerfarbe *f, bes.* Ockergelb *n*. **II** *adj* **3.** ockerfarben, ockergelb. **III** *v/t* **4.** mit Ocker färben.

o·cher·ous ['əʊkərəs], *bes. Br.* **o·chre·ous** ['əʊkrɪəs] *adj* **1.** Ocker... **2.** ockerhaltig. **3.** ockerartig. **4.** ockerfarben.

och·loc·ra·cy [ɒk'lɒkrəsɪ; *Am.* ak'lak-] *s* Ochlokra'tie *f*, Pöbelherrschaft *f*.

och·lo·pho·bi·a [ˌɒklə'fəʊbjə; -bɪə; *Am.* ˌak-] *s med.* krankhafte Furcht vor Menschenmassen.

o·chra·ceous [əʊ'kreɪʃəs] → ocherous.

o·chre, o·chre·ous *bes. Br. für* ocher, ocherous.

o·chroid ['əʊkrɔɪd] *adj* ockergelb.

o·chrous ['əʊkrəs] → ocherous.

Ock·ham's ra·zor ['ɒkəmz; *Am.* 'ak-] *s:* **to apply** ~ sich auf das Wesentliche beschränken.

o'clock [ə'klɒk; *Am.* ə'klak] Uhr (*bei Zeitangaben*): **four** ~ vier Uhr.

oc·re·a ['ɒkrɪə; *Am.* 'ak-; -'əʊ-] *pl* **-re·ae** [-riː] *s* **1.** *bot.* Ochrea *f*, Röhrenblatt *n*. **2.** *zo.* Hülle *f*, Scheide *f*.

oc·ta·chord ['ɒktəkɔː(r)d; *Am.* 'ak-] *s mus.* **1.** achtsaitiges Instru'ment. **2.** 'Achttonˌsystem *n*.

oc·tad ['ɒktæd; *Am.* 'ak-] *s* **1.** Achtzahl *f*, Achtergruppe *f*. **2.** *chem.* achtwertiges Ele'ment *od.* A'tom *od.* Radi'kal.

oc·ta·gon ['ɒktəgən; *Am.* 'aktəˌgan] **I** *s math.* Achteck *n*. **II** *adj* → octagonal.

oc·tag·o·nal [ɒk'tægənl; *Am.* ak-] *adj* **1.** achteckig, -seitig, -kantig. **2.** Achtkant...

oc·ta·he·dral [ˌɒktə'hedrəl; *Am.* ˌaktə'hiːdrəl] *adj math. min.* okta'edrisch, achtflächig. **ˌoc·ta'he·dron** [-drən] *pl* **-drons** *od.* **-dra** [-drə] *s math. min.* Okta'eder *n*, Achtflach *n*, Achtflächner *m*.

oc·tal| base ['ɒktəl; *Am.* 'ak-] *s electr.* Ok'talsockel *m*. ~ **dig·it** *s Computer:* Ok'talziffer *f*. ~ **no·ta·tion** *s Computer:* Ok'talschreibweise *f*.

oc·tam·er·ous [ɒk'tæmərəs; *Am.* ak-] *adj* **1.** achtteilig. **2.** *bot.* achtzählig. **oc'tam·e·ter** [-mɪtə(r)] *metr.* **I** *adj* achtfüßig. **II** *s* achtfüßiger Vers.

oc·tane ['ɒkteɪn; *Am.* 'ak-] *s chem.* Ok'tan *n*. ~ **num·ber, ~ rat·ing** *s chem. tech.* Ok'tanzahl *f* (*des Kraftstoffs*).

oc·tan·gle ['ɒkˌtæŋgl; *Am.* 'ak-] *s math.* Achteck *n*. **oc'tan·gu·lar** [-'tæŋgjʊlə(r)] *adj* achteckig.

oc·tant ['ɒktənt; *Am.* 'ak-] *s* **1.** *math.* Ok'tant *m* (*achter Teil des Kreises od. der Kugel*): ~ **of a circle** Achtelkreis *m*. **2.** *math.* ('Raum)Ok'tant *m*. **3.** *mar.* Ok'tant *m* (*Winkelmeßinstrument*). **4.** *astr.* Ok'tilschein *m*.

oc·ta·va·lent [ˌɒktə'veɪlənt; *Am.* ˌak-] *adj chem.* achtwertig.

oc·tave ['ɒktɪv; *Am.* 'ak-; -ˌteɪv] **I** *s* **1.** *electr. mus. phys.* Ok'tave *f*. **2.** Achtergruppe *f*, Satz *m* von acht Dingen. **3.** (*der, die, das*) Achte (*e-r Reihe*). **4.** *metr.* Ok'tave *f* (*achtzeiliger Versatz*). **5.** [-teɪv; *Am. a.* -tɪv] *relig.* Ok'tave *f* (*der 8. Tag bzw. die Woche nach e-m Festtag*). **6.** *fenc.* Ok'tave *f*. **II** *adj* **7.** aus acht Stück *etc* bestehend. **8.** achtzeilig (*Strophe*). **9.** *mus.* Oktav..., e-e Ok'tave höher klingend. ~ **cou·pler** *s mus.* Ok'tavkoppel *f* (*an Orgel u. Cembalo*). ~ **flute** *s mus.* **1.** Pikkoloflöte *f*. **2.** Ok'tavflöte *f* (*Orgelregister*).

oc·ta·vo [ɒk'teɪvəʊ; *Am.* ak-; -'tɑː-] *print.* **I** *pl* **-vos** *s* **1.** Ok'tav(for)mat *n*: **large** ~ Großoktav. **2.** Ok'tavband *m*. **II** *adj* **3.** Oktav...: ~ **volume** → 2.

oc·ten·ni·al [ɒk'tenjəl; -nɪəl; *Am.* ak-] *adj* **1.** achtjährlich. **2.** achtjährig.

oc·tet(te) [ɒk'tet; *Am.* ak-] *s* **1.** *mus.* Ok'tett *n*. **2.** *metr.* a) achtzeilige Strophe, b) Ok'tett *n* (*e-s Sonetts*). **3.** *phys.* Ok'tett *n*. **4.** Achtergruppe *f*, Satz *m* von acht Dingen.

oc·til·lion [ɒk'tɪljən; *Am.* ak-] *s math.* **1.** *Br.* Oktilli'on *f* (10^{48}). **2.** *Am.* Quadrilli'arde *f* (10^{27}).

Oc·to·ber [ɒk'təʊbə(r); *Am.* ak-] *s* Ok'tober *m*: **in** ~ im Oktober. ~ **Rev·o·lu·tion** *s hist.* (bolsche'wistische) Ok'toberrevoluti,on (*1917*).

oc·tode ['ɒktəʊd; *Am.* 'ak-] *s electr.* Ok'tode *f*, Achtpolröhre *f*.

oc·to·dec·i·mo [ˌɒktəʊ'desɪməʊ; *Am.* ˌaktə'd-] *print.* **I** *pl* **-mos** *s* **1.** Okto'dez (-forˌmat) *n*. **2.** Okto'dezband *m*. **II** *adj* **3.** Oktodez...: ~ **volume** → 2.

oc·to·ge·nar·i·an [ˌɒktəʊdʒɪ'neərɪən; *Am.* ˌaktədʒə-], **oc·tog·e·nar·y** [ɒk'tɒdʒənərɪ; *Am.* ak'tɑdʒəˌneri-] **I** *adj* a) achtzigjährig, b) in den Achtzigern. **II** *s* Achtzigjährige(r *m*) *f*, Achtziger(in) (*a. Person in den Achtzigern*).

oc·to·na·ri·an [ˌɒktəʊ'neərɪən; *Am.* ˌaktə'n-] *metr.* **I** *adj* achtfüßig. **II** *s* Okto'nar *m*.

oc·to·nar·y ['ɒktənərɪ; *Am.* 'aktəˌneri-] **I** *adj* **1.** Acht(er)... **2.** mit der Zahl acht als Grundlage, auf 8 aufgebaut, Achter... **II** *s* **3.** → octave 2. **4.** *metr.* Achtzeiler *m*.

oc·to·pi ['ɒktəpaɪ; *Am.* 'ak-] *pl von* octopus.

oc·to·pod ['ɒktəpɒd; *Am.* 'aktəˌpad] *s zo.* Okto'pode *m*, Krake *m*.

oc·to·pus ['ɒktəpəs; *Am.* 'ak-] *pl* **-pus·es** *od.* **-pi** [-paɪ] *od.* **oc'top·o·des** [-'tɒpədiːz; -'tɑ-] *s* **1.** *zo.* Krake *m*, 'Seeˌpolyp *m*. **2.** → octopod. **3.** *fig.* Po'lyp *m*.

oc·to·roon [ˌɒktə'ruːn; *Am.* ˌak-] *s* Mischling *m* mit e-m Achtel Negerblut.

oc·to·syl·lab·ic [ˌɒktəʊsɪ'læbɪk; *Am.* ˌaktəsə-] **I** *adj* achtsilbig. **II** *s* achtsilbiger Vers, Achtsilb(l)er *m*. **oc·to·syl·la·ble** ['ɒktəʊˌsɪləbl; *Am.* ˌaktəˌs-; ˌaktə's-] *s* **1.** achtsilbiges Wort. **2.** → octosyllabic II.

oc·troi ['ɒktrwɑː; *Am.* ˌaktrə'wɑː] *s hist.* **1.** städtische Steuer, Stadtzoll *m*. **2.** städtische Steuerbehörde.

oc·tu·ple ['ɒktjʊpl; *Am.* 'ak-; *a.* -ˌtuː-] **I** *adj* **1.** achtfach. **II** *s* **2.** (*das*) Achtfache. **III** *v/t* **3.** verachtfachen. **4.** achtmal so groß *od.* so viel sein wie. **IV** *v/i* **5.** sich verachtfachen.

oc·tu·plet ['ɒktjʊplɪt; *Am.* ak'tʌ-] *s* **1.** Achtergruppe *f*. **2.** *mus.* Ok'tole *f*.

oc·tu·pli·cate ['ɒktjuː'plɪkeɪt; *Am.* ak-; *a.* -ˌtuː-] **I** *v/t* **1.** verachtfachen. **2.** ein Dokument achtfach ausfertigen. **II** *adj* [-kət] **3.** achtfach. **III** *s* [-kət] **4.** achtfache Ausfertigung: **in** ~. **5.** *e-s von 8* (*gleichen*) *Dingen:* ~**s** 8 Exemplare.

oc·u·lar ['ɒkjʊlə(r); *Am.* 'ak-] **I** *adj* **1.** Augen...: ~ **movement**; ~ **witness** Augenzeuge *m*. **2.** augenähnlich. **3.** sichtbar, augenfällig: ~ **proof** sichtbarer Beweis. **II** *s* **4.** *phys.* Oku'lar *n*. **'oc·u·lar·ly** *adv* **1.** augenscheinlich. **2.** durch Augenschein, mit eigenen Augen.

oc·u·list ['ɒkjʊlɪst; *Am.* 'ak-] *s* Augenarzt *m*.

oculo- [ˌɒkjʊləʊ; *Am.* ak-] *Wortelement mit der Bedeutung* Augen...

od [ɒd; *Am.* ad] *s hist.* Od *n* (*hypothetische Naturkraft*).

OD [ˌəʊ'diː] *sl.* **I** *s* 'Überdosis *f* (*Rauschgift*): **to take an** ~. **II** *v/i pret u. pp* **OD'd** *od.* **ODed** [-'diːd] an e-r 'Überdosis sterben.

o·da·lisk, meist o·da·lisque ['əʊdəlɪsk] *s* Oda'liske *f* (*weiße Haremssklavin*).

odd [ɒd; *Am.* ad] **I** *adj* (*adv* → **oddly**) **1.** sonderbar, seltsam, merkwürdig, komisch, eigenartig: **an** ~ **fish** (*od.* **fellow**) ein sonderbarer Kauz; **the** ~ **thing about it is that** das Merkwürdige daran ist, daß. **2.** (*nach Zahlen etc*) und etliche, (und) einige *od.* etwas (dar'über): **50** ~ über 50, einige 50; **300** ~ **pages** einige 300 Seiten, etwas über 300 Seiten; **fifty thousand** ~ etwas über 50 000; **fifty thousand** ~ zwischen 50 000 u. 60 000; ~ **lot** *econ.* a) gebrochener Börsenschluß (*z. B. weniger als 100 Aktien*), b) *Am.* geringe Menge, kleiner Effektenabschnitt. **3.** (*bei Geldsummen etc*) und etwas: **it cost five pounds** ~ es kostete etwas über 5 Pfund; **three dollars and some** ~ **cents** 3 Dollar u. noch ein paar Cents. **4.** (*noch*) übrig, 'überzählig, restlich. **5.** ungerade: ~ **number**; ~ **and even** gerade u. ungerade; ~ **years** Jahre mit ungerader Jahreszahl. **6.** (*bei Zweiteilung*) (als Rest) übrigbleibend: **the** ~ **man** der Mann mit der entscheidenden Stimme (*bei Stimmengleichheit*) (→ 9); ~ **man out** a) Ausscheiden *n* (*durch Abzählen*), b) *fig.* Überzählige(r) *m*, c) *fig.* fünftes Rad am Wagen. **7.** Einzel..., einzeln: **an** ~ **shoe** ein einzelner Schuh. **8.** ausgefallen (*Kleidergröße etc*). **9.** gelegentlich, Gelegenheits...: ~ **jobs** Gelegenheitsarbeiten, gelegentliche kleine Arbeiten; **at** ~ **times** (*od.* **moments**) dann und wann, zwischendurch, gelegentlich; ~ **man** Gelegenheitsarbeiter *m* (→ 6). **II** *s* **10.** (*das*) Seltsame, (*das*) Sonderbare. **11.** *Golf:* a) *Br.* Vorgabeschlag *m*, b) 'überzähliger Schlag: **to have played the** ~ e-n Schlag mehr gebraucht haben als der Gegner. **12.** → **odds**.

'odd|·ball *bes. Am. colloq.* **I** *s* sonderbarer Kauz. **II** *adj* sonderbar, kauzig, verschroben. ~**-come-'short** *s* **1.** 'Überbleibsel *n*, (*bes. Stoff*)Rest *m*. **2.** *pl* Restchen *pl*, Abfälle *pl*. **3.** *colloq.* ˌKnirps' *m*. ~**-come-'short·ly** *s:* **one of these odd-come-shortlies** dieser Tage einmal, bald einmal. **O.~ Fel·lows,** **'O.~ˌfel·lows** *s pl* ein geheimer Wohltätigkeitsorden.

'odd·ish *adj* etwas seltsam.

'odd·i·ty *s* **1.** a) → odd 10, b) Merkwürdigkeit *f*, Wunderlichkeit *f*, Eigenartigkeit *f*. **2.** seltsamer Kauz, Origi'nal *n*. **3.** seltsame *od.* kuri'ose Sache.

ˌodd|-'job·man *s irr*, **ˌ~-'job·ber** *s* Gelegenheitsarbeiter *m, bes. im Haus:* ˌMädchen *n* für alles'. **'~-ˌlook·ing** *adj* eigenartig aussehend.

'odd·ly *adv* **1.** seltsam (*etc*; → odd 1). **2.** auf seltsame Weise. **3.** *a.* ~ **enough** seltsamerweise.

'odd·ment *s* **1.** Rest(chen *n*) *m*, 'Überbleibsel *n*. **2.** *pl* Reste *pl*, Abfälle *pl*, Krimskrams *m*. **3.** (*übriggebliebenes*) Einzelstück. **odd·ments count·er** *s* Wühl-, ˌGrabbeltisch' *m* (*in Kaufhäusern etc*).

'odd·ness *s* **1.** Ungeradheit *f* (*e-r Zahl*). **2.** → oddity 1 *u.* 3.

ˌodd|-'num·bered *adj* ungeradzahlig. **'~-ˌpin·nate** *adj bot.* unpaarig gefiedert.

odds [ɒdz; *Am.* adz] *s pl* (*häufig als sg konstruiert*) **1.** Ungleichheit *f*, Verschiedenheit *f*: **to make** ~ **even** die Ungleichheit(en) beseitigen. **2.** *colloq.* 'Unterschied *m*: **what's the** ~? was macht es (schon) aus?; **it is** (*od.* **makes**) **no** ~ es spielt keine Rolle; **what** ~ **is it to him?** was geht es ihn an? **3.** Vorteil *m*, Überlegenheit *f*, 'Übermacht *f*: **the** ~ **are in our favo(u)r, the** ~ **lie on our side** der Vorteil liegt auf unserer Seite; **the** ~ **are against us** wir sind im Nachteil; **against long** ~ gegen große Übermacht, mit wenig Aussicht auf Erfolg; **by (long** *od.* **all)** ~ bei weitem, in jeder Hinsicht.

4. Vorgabe *f* (*im Spiel*): **to give s.o. ~** j-m e-e Vorgabe geben; **that won't make any ~** das bringt nichts. **5.** ungleiche Wette: **to lay (the) ~ of three to one** drei gegen eins wetten; **to lay (the) long ~** den größeren Einsatz machen; **to take the ~** e-e ungleiche Wette eingehen. **6.** (Gewinn)Chancen *pl*: **the ~ are 5 to 1** die Chancen stehen 5 gegen 1; **the ~ are** (*od.* **it is ~**) **that he will come** es ist sehr wahrscheinlich, daß er kommen wird; **the ~ are on him** er hat die besten Chancen, alles spricht für ihn; **the ~ are against him** er hat kaum e-e Chance, s-e Aussichten sind gering. **7.** Uneinigkeit *f* (*bes. in den Wendungen*): **at ~ with** im Streit mit, uneins mit; **to set at ~** uneinig machen, gegeneinander hetzen. **8.** Kleinigkeiten *pl*, einzelne Stücke *pl*, Reste *pl*: **~ and ends** a) allerlei Kleinigkeiten, Krimskrams *m*, b) Reste, Restchen, Abfälle; **~ and sods** *Br.* a) Krimskrams *m*, b) ,Hansel(n)' (*Leute*). ~·'on **I** *adj* (sehr) aussichtsreich: **~ candidate**; **~ horse**; **to start ~** als hoher *od.* klarer Favorit starten; **it's ~ that** es sieht ganz so aus, als ob; es ist so gut wie sicher, daß; **~ certainty** sichere Sache; **he is an ~ certainty** er hat die größten Chancen, sein Sieg steht so gut wie fest. **II** *s* gute Chance.
ode [əʊd] *s* Ode *f*: **Horatian ~.**
O·din [ˈəʊdɪn] *npr myth.* Odin *m.*
o·di·ous [ˈəʊdjəs; -ɪəs] *adj* (*adv* **~ly**) **1.** verhaßt, hassenswert, abˈscheulich. **2.** widerlich, ekelhaft. **ˈo·di·ous·ness** *s* **1.** Verhaßtheit *f*, Abˈscheulichkeit *f*. **2.** Widerlichkeit *f*, Ekelhaftigkeit *f*.
o·di·um [ˈəʊdjəm; -ɪəm] *s* **1.** Verhaßtheit *f*, äußerste Unbeliebtheit. **2.** Odium *n*, Makel *m*, Schimpf *m*. **3.** Haß *m*, Abscheu *m.*
o·dom·e·ter [əʊˈdɒmɪtə(r); *Am.* -ˈdɑ-] *s* **1.** Hodoˈmeter *n*, Wegmesser *m*. **2.** *mot.* Meilenzähler *m.*
o·don·tal·gi·a [ˌɒdɒnˈtældʒɪə; *Am.* ˌəʊ-ˌdɑn-] *s med.* Odontalˈgie *f*, Zahnschmerz *m.* **ˌo·donˈti·a·sis** [-ˈtaɪəsɪs] *s* Zahnen *n.*
oˈdon·tic *adj* Zahn...: **~ nerve.**
o·don·to·blast [ɒˈdɒntəblæst; -blæst; *Am.* əʊˈdɑntəˌblæst] *s physiol.* Zahnbeinbildner *m.*
o·don·to·log·i·cal [ˌɒdɒntəˈlɒdʒɪkl; *Am.* əʊˌdɑntəˈlɑ-] *adj* odontoˈlogisch.
o·don·tol·o·gy [ˌɒdɒnˈtɒlədʒɪ; *Am.* əʊ-ˌdɑnˈtɑl-] *s* Odontoloˈgie *f*: a) *Lehre von den Zähnen*, b) Zahnheilkunde *f.*
o·dor, *bes. Br.* **o·dour** [ˈəʊdə(r)] *s* **1.** Geruch *m*. **2.** Duft *m*, Wohlgeruch *m*. **3.** *fig.* Geruch *m*, Ruf *m*: **the ~ of sanctity** der Geruch der Heiligkeit; **to be in good** (**bad, ill**) **~ with s.o.** bei j-m in gutem (schlechtem) Rufe stehen, bei j-m gut (schlecht) angeschrieben sein. **4.** *fig.* Geruch *m*, Anhauch *m* (**of** von).
o·dor·ant [ˈəʊdərənt], **ˌo·dorˈif·er·ous** [-ˈrɪfərəs] *adj* **1.** wohlriechend, duftend. **2.** *allg.* riechend, e-n Geruch ausströmend.
o·dor·less, *bes. Br.* **o·dour·less** [ˈəʊ-də(r)lɪs] *adj* geruchlos. **ˈo·dor·ous** *adj* odorant. **ˈo·dor·ous·ness** *s* Wohlgeruch *m*, Duft *m.*
o·dour, o·dour·less *bes. Br. für* **odor, odorless.**
Od·ys·se·an [ˌɒdɪˈsiːən; *Am.* ˌɑdəˈs-] *adj* Odysˈsee..., odysˈseisch. **Od·ys·sey** [ˈɒdɪsɪ; *Am.* ˈɑd-] *s* Odysˈsee *f* (*a. fig. Irrfahrt*).
oec·o·log·i·cal, **oec·col·o·gist**, **oe·col·o·gy** *→* **ecologic**, *etc.*
oec·u·men·i·cal, *etc* *→* **ecumenical**, *etc.*
oe·de·ma, oe·dem·a·tous, oe·dem·a·tose *bes. Br. für* **edema**, *etc.*

oe·di·pal [ˈiːdɪpəl; *Am. a.* ˈedə-] *adj psych.* ödiˈpal, Ödipus...
Oe·di·pus com·plex [ˈiːdɪpəs; *Am. a.* ˈedə-] *s psych.* ˈÖdipusˌkomplex *m.*
oeil-de-boeuf *pl* **oeils-de-boeuf** [œjdəbœf] (*Fr.*) *s arch.* Rundfenster *n.*
oe·no·log·i·cal [ˌiːnəˈlɒdʒɪkl; *Am.* -ˈlɑ-] *adj* önoˈlogisch. **oe·nol·o·gist**; **oe·nol·o·gy** *s* Önoloˈge *m.* **oeˈnol·o·gy** *s* Önoloˈgie *f*, Wein(bau)kunde *f.*
oˈer [ˈəʊə(r)] *poet. od. dial. für* **over.**
oer·sted [ˈɜːstɛd; *Am.* ˈɜːr-] *s phys.* Oersted *n* (*Einheit der magnetischen Erregung*).
oe·soph·a·ge·al [iːˌsɒfəˈdʒiːəl; *Am.* ɪˌsɑ-] *adj anat.* Speiseröhren..., Schlund...: **~ orifice** Magenmund *m.* **oe·soph·a·gus** [iːˈsɒfəgəs; *Am.* ɪˈsɑ-] *pl* **-gi** [-gaɪ] *od.* **-gus·es** *s anat.* Speiseröhre *f.*
oes·tri·ol [ˈiːstrɪɒl; ˈes-; *Am.* ˈestraɪˌɔːl; eˈstraɪ-] *s biol. chem.* Östriˈol *n.*
oes·tro·gen [ˈiːstrəʊdʒən; *Am.* ˈestrə-] *s biol. chem.* Östroˈgen *n* (*weibliches Sexualhormon*).
oes·trone [ˈiːstrəʊn; *Am.* ˈes-] *s biol. chem.* Öˈstron *n*, Folˈlikelhorˌmon *n.*
oes·trous [ˈiːstrəs; *Am.* ˈes-] *adj biol.* östrisch, öˈstral, Brunst...: **~ cycle** östrischer *od.* östraler Zyklus.
oeu·vre [œvr(ə)] (*Fr.*) *s* Œuvre *n*, (Lebens)Werk *n.*
of [ɒv; *Am.* əv; əv] *prep* **1.** *allg.* von. **2.** *zur Bezeichnung des Genitivs*: **the tail ~ the dog** der Schwanz des Hundes; **the tail ~ a dog** der Hundeschwanz; **the folly ~ his action** die Dummheit s-r Handlung. **3.** *Ort*: bei: **the Battle ~ Hastings. 4.** *Entfernung, Trennung, Befreiung*: a) von: **south ~ London** südlich von London; **within ten miles ~ London** im Umkreis von 10 Meilen um London; **to cure (rid) ~ s.th.** von etwas heilen (befreien), b) (*gen*) **robbed ~ his purse** s-r Börse beraubt, c) um: **to cheat s.o. ~ s.th. 5.** *Herkunft*: von, aus: **~ good family** aus e-r guten Familie; **Mr. X ~ London** Mr. X aus London. **6.** *Teil*: von *od. gen*: **the best ~ my friends**; **a friend ~ mine** ein Freund von mir, e-r m-r Freunde; **that red nose ~ his** s-e rote Nase. **7.** *Eigenschaft*: von, mit: **a man ~ courage** ein mutiger Mann, ein Mann mit Mut; **a man ~ no importance** ein unbedeutender Mensch; **a fool ~ a man** ein (ausgemachter) Narr. **8.** *Stoff*: aus, von: **a dress ~ silk** ein Kleid aus *od.* von Seide, ein Seidenkleid; (**made**) **~ steel** aus Stahl (hergestellt), stählern, Stahl... **9.** *Urheberschaft, Art u. Weise*: von: **the works ~ Byron**; **it was clever ~ him**; **~ o.s.** von selbst, von sich aus; **beloved ~ all** von allen geliebt. **10.** *Ursache, Grund*: a) von, an (*dat*): **to die ~ cancer** an Krebs sterben, b) aus: **~ charity**, c) vor (*dat*): → **afraid**, d) auf (*acc*): **proud ~**, e) über (*acc*): **ashamed ~**, f) nach: **to smell ~. 11.** *Beziehung*: ˈhinsichtlich (*gen*): **to be quick ~ eye** scharfe Augen haben; **nimble ~ foot** leichtfüßig; **it is true ~ every case** das trifft in jedem Fall zu. **12.** *Thema*: a) von, über (*acc*): **to speak ~ s.th.**, b) an (*acc*): **to think ~ s.th. 13.** *Apposition, im Deutschen nicht ausgedrückt*: a) **the city ~ London** die Stadt London; **the month ~ April** der Monat April, b) *Maß*: **a piece ~ meat** ein Stück Fleisch. **14.** *Genitivus objectivus*: a) zu: **the love ~ God**, b) vor (*dat*): **the fear ~ God** die Furcht vor Gott, die Gottesfurcht, c) bei: **an audience ~ the king** e-e Audienz beim König. **15.** *Zeit*: a) an (*dat*), in (*dat*): **~ an evening** e-s Abends; **~ late years** in den letzten Jahren, b) von: **your letter ~ March 3rd** Ihr Schreiben vom 3. März, c) *Am. colloq.*

vor (*bei Zeitangaben*): **ten minutes ~ three.**
off [ɒf] **I** *adv* **1.** (*meist in Verbindung mit Verben*) fort, weg, daˈvon: **to be ~** a) weg *od.* fort sein, b) (weg)gehen, sich davonmachen, (ab)fahren, c) weg müssen; **be ~!**, **~ you go!**, **~ with you!** fort mit dir!, pack dich!, weg!; **where are you ~ to?** wo gehst du hin? **2.** ab(-brechen, -kühlen, -rutschen, -schneiden *etc*), herˈunter(...), los(...): **the apple is ~** der Apfel ist ab; **to dash ~** losrennen; **to have one's shoes ~** s-e *od.* die Schuhe ausgezogen haben; **~ with your hat!** herunter mit dem Hut! **3.** weg, entfernt: **3 miles ~. 4.** *Zeitpunkt*: von jetzt an, hin: **Christmas is a week ~** bis Weihnachten ist es e-e Woche; **~ and on** a) ab u. zu, hin u. wieder, b) ab u. an, mit (kurzen) Unterbrechungen. **5.** abgezogen, ab(züglich). **6.** *tech.* aus (-geschaltet), abgeschaltet, abgestellt (*Maschine, Radio etc*), abˈgesperrt (*Gas etc*), zu (*Hahn etc*): **~! aus! 7.** *fig.* aus, vorˈbei, abgebrochen, gelöst (*Verlobung*): **the bet is ~** die Wette gilt nicht mehr; **the whole thing is ~** die ganze Sache ist ,abgeblasen' *od.* ,ins Wasser gefallen'. **8.** aus(gegangen), ,alle', (aus-) verkauft, nicht mehr vorrätig: **oranges are ~. 9.** frei (*von Arbeit*): **to take a day ~** sich e-n Tag frei nehmen. **10.** ganz, zu Ende: **~** *die Verbindungen mit den verschiedenen Verben.* **11.** *econ.* flau: **the market is ~. 12.** nicht mehr frisch, (leicht) verdorben (*Nahrungsmittel*): **the milk is ~** die Milch ,hat e-n Stich'. **13.** *sport* nicht in Form. **14.** *bes. Am.* im Irrtum: **you are ~ on that point** ,da bist du auf dem Holzweg'. **15.** *meist a little ~ colloq.* ,nicht ganz bei Trost'. **16.** *mar.* vom Lande *etc* ab. **17.** **well** (**badly**) **~** gut (schlecht) d(a)ran *od.* gestellt *od.* situiert; **how are you ~ for ...?** wie sieht es bei dir mit ... aus?

II *prep* **18.** weg von, fort von, von (... weg *od.* ab *od.* herˈunter): **to climb ~ the horse** vom Pferd (herunter)steigen; **to take s.th. ~ the table** etwas vom Tisch (weg)nehmen; **he drove them ~ the seas** er vertrieb sie von den Weltmeeren; **to eat ~ a plate** von e-m Teller essen; **to cut a slice ~ the loaf** e-e Scheibe vom Laib abschneiden; **to take 5 percent** (*Br.* **per cent**) **~ the price** 5 Prozent vom Preis abziehen. **19.** weg von, entfernt von, abseits von (*od. gen*), von ... ab: **~ the street**; **a street ~ Piccadilly** e-e Seitenstraße von Piccadilly; **~ the point** nicht zur Sache gehörig; **~ one's balance** aus dem Gleichgewicht; **~ form** *bes. sport* nicht in Form; **to sing ~ the note** falsch singen. **20.** frei von: **~ duty** nicht im Dienst, dienstfrei. **21.** a) sich enthaltend (*gen*), b) ,kuˈriert' von: **to be ~ smoking** nicht (mehr) rauchen; → **drug 2. 22.** *mar.* auf der Höhe von *Trafalgar etc*, vor der Küste *etc*: **three miles ~ shore. 23.** von: → **dine 1.**

III *adj* **24.** (weiter) entfernt. **25.** Seiten..., Neben...: **~ street. 26.** *fig.* Neben..., sekunˈdär, nebensächlich. **27.** recht(er, e, es) (*von Tieren, Fuhrwerken etc*): **the ~ hind leg** das rechte Hinterbein; **the ~ horse** das Handpferd. **28.** *Kricket*: abseitig (*rechts vom Schlagmann*). **29.** *mar.* weiter von der Küste entfernt, seewärts gelegen. **30.** ab(-), los(gegangen), weg: **the button is ~** der Knopf ist ab. **31.** (arbeits-, dienst)frei: **an ~ day** ein freier Tag (→ 32). **32.** schlecht: **an ~ day** ein schlechter Tag (*an dem alles mißlingt*) (→ 31); **this is an ~ day for me** heute geht mir alles schief; **an ~ year for fruit** ein schlechtes Obstjahr. **33.** *bes. econ.*

flau, still, tot: ~ **season. 34.** *bes. econ.* minderwertig, von schlechter Quali'tät: ~ **shade** Fehlfarbe *f.* **35.** abweichend von, nicht entsprechend (*dat*): **to be ~ size** vom Maß abweichen. **36.** unwohl: **I am feeling rather ~ today** 'ich bin heute nicht ganz auf der Höhe'. **37.** *fig.* schwach, entfernt: → **chance 3**.
IV *v/t* **38.** *colloq. etwas* 'abblasen'. **39.** *Am. sl.* 'umlegen', 'umbringen.
V *v/i* **40.** sich da'vonmachen: **to ~ it** *colloq.* 'sich verdrücken'.
VI *interj* **41.** fort!, weg!, raus!: **hands ~!** Hände weg! **42.** her'unter!, ab!: **hats ~!** herunter mit dem Hut!, Hut ab!
VII *s* **43. from the ~** *Br.* von Anfang an.
of·fal ['ɒfl; *Am. a.* 'ɑfəl] *s* **1.** Abfall *m.* **2.** (*als sg od. pl konstruiert*) a) Fleischabfall *m* (*bes. Gedärme*), b) Inne'reien *pl.* **3.** Müllerei: Abfall *m, bes.* Kleie *f.* **4.** billige *od.* minderwertige Fische *pl.* **5.** Aas *n.* **6.** *fig.* a) Schund *m,* b) Abschaum *m.*
ˌ**off-'bal·ance** *adj u. adv* aus dem Gleichgewicht, *fig. a.* nicht ausgewogen: **to catch s.o. ~** *fig.* j-n überrumpeln. **'~-beat I** *s mus.* **1.** Auftakt *m,* unbetonter Taktteil. **2.** *Jazz:* Off-Beat *m,* gegen den Grundschlag gesetzte Ak'zente *pl.* **II** *adj* **3.** *colloq.* ausgefallen, extrava-'gant: **~ advertising**; **~ colo(u)rs. '~--book fund** *s* Geheimfonds *m.* **'~-cast I** *adj* verworfen, abgetan. **II** *s* = **castoff I.** ˌ**~-'cen·ter,** *bes. Br.* ˌ**~-'cen·tre** *adj* **1.** verrutscht, nicht genau ausgerichtet. **2.** *tech.* außermittig, ex'zentrisch, Exzenter... **3.** *fig.* ex'zentrisch, ausgefallen. ˌ**~-'col·o(u)r** *adj* **1.** a) farblich abweichend, b) nicht lupenrein (*Edelstein*). **2.** nicht (ganz) in Ordnung (*a. unpäßlich*). **3.** zweideutig, schlüpfrig, nicht sa'lonfähig: **~ jokes. '~-cut** *s meist pl* Rest *m:* **~s from a factory** Fabrikreste.
of·fence, *Am.* **of·fense** [ə'fens] *s* **1.** *allg.* Vergehen *n,* Verstoß *m* (**against** gegen). **2.** *jur.* a) **criminal** (*od.* **punishable**) **~** Straftat *f,* strafbare Handlung, De'likt *n:* **this is not a penal ~** nicht strafbar, b) a. **lesser** (*od.* **minor**) **~** Über'tretung *f.* **3.** Anstoß *m,* Ärgernis *n,* Kränkung *f,* Beleidigung *f:* **to give ~** Anstoß *od.* Ärgernis erregen (**to bei**); **to take ~ (at)** Anstoß nehmen (**an** *dat*), beleidigt *od.* gekränkt sein (**durch, über** *acc*), (*etwas*) übelnehmen: **he is quick** (*od.* **swift**) **to take ~** er ist schnell beleidigt; **no ~ (meant** *od.* **intended)** nichts für ungut!, es war nicht bös gemeint!; **no ~ (taken)** (ist) schon gut!; **an ~ against good taste** e-e Beleidigung des guten Geschmacks; **this is an ~ to the eye** das beleidigt das Auge. **4.** Angriff *m,* Aggressi'on *s:* **arms of ~** Angriffswaffen; **~ is the best defence** Angriff ist die beste Verteidigung. **5.** *bes.* **rock of ~** *Bibl.* Stein *m* des Anstoßes. **of·fence·less,** *Am.* **of·fense·less** *adj* harmlos.
of·fend [ə'fend] **I** *v/t* **1.** verletzen, beleidigen, kränken, *j-m* zu nahe treten: **to be ~ed at** (*od.* **by**) **s.th.** sich durch etwas beleidigt fühlen; **to be ~ed with** (*od.* **by**) **s.o.** sich durch j-n beleidigt fühlen; **to ~ s.o.'s delicacy** j-s Zartgefühl verletzen; **it ~s his sense of hono(u)r** es verletzt sein Ehrgefühl; **it ~s the eye (ear)** es beleidigt das Auge (Ohr). **2.** *Bibl.* j-m etwas beleidigt das Anstoßes sein: **if thy right eye ~ thee** wenn dich dein rechtes Auge ärgert. **3.** *obs.* a) sündigen gegen, b) sich vergehen an (*dat*). **II** *v/i* **4.** verletzen, beleidigen, kränken. **5.** Anstoß erregen. **6.** (**against**) sündigen (**an** *dat,* gegen), sich vergehen (**an** *dat*), verstoßen (gegen). **of'fend·ed·ly** [-ɪdlɪ] *adv* verletzt, beleidigt, *bes.* in beleidigtem Ton. **of'fend·er** *s* **1.** Übel-, Misse'täter(in). **2.** *jur.* Straffällige(r *m*) *f:* **first ~** nicht Vorbestrafte(r *m*) *f,* Ersttäter(in); **habitual** (*od.* **persistent**) **~** Gewohnheitsverbrecher *m;* **second ~** Vorbestrafte(r *m*) *f.* **of'fend-ing** *adj* **1.** verletzend, beleidigend, kränkend. **2.** anstößig.
of·fense, of·fense·less *Am. für* **offence, offenceless.**
of·fen·sive [ə'fensɪv] **I** *adj* (*adv* **~ly**) **1.** beleidigend, anstößig, anstoß- *od.* ärgerniserregend, ungehörig: **~ words**; **they got ~** sie wurden ausfallend. **2.** unangenehm, übel, widerwärtig, ekelhaft: **an ~ smell**; **~ mood** üble Laune. **3.** angreifend, offen'siv: **~ war** Angriffs-, Offensivkrieg *m;* **~ reconnaissance** *mil.* bewaffnete Aufklärung; **~ weapons** *mil.* Angriffswaffen; **~ play** *sport* Angriffs-, Offensivspiel *n.* **II** *s* **4.** Offen'sive *f:* a) Angriff *m:* **to take the ~** die Offensive ergreifen, zum Angriff übergehen; **the ~ is the safest defence** (*Am.* **defense**) Angriff ist die beste Verteidigung, b) *fig.* Kam'pagne *f,* Bewegung *f:* **peace ~. of-'fen·sive·ness** *s* **1.** (*das*) Beleidigende, Anstößigkeit *f.* **2.** *fig.* Widerwärtigkeit *f.*
of·fer ['ɒfə(r); *Am. a.* 'ɑf-] **I** *v/t* **1.** anbieten: **to ~ s.o. a cigarette**; **to ~ battle to** e-e Schlacht anbieten (*dat*), sich *dem* Feind zur Schlacht stellen; **to ~ violence** gewalttätig werden (**to** gegenüber); → **insult 2, resistance 1. 2.** a) *econ.* e-e Ware anbieten, offe'rieren: **to ~ for sale** zum Verkauf anbieten; **~ed price** (*Börse*) Briefkurs *m,* b) *econ.* e-n Preis, e-e Summe bieten, c) *Preis, Belohnung* aussetzen. **3.** vorbringen, äußern: **to ~ an opinion** *a.* sich äußern; **he ~ed no apology** er brachte keine Entschuldigung vor. **4.** (dar)bieten: **the search ~ed some difficulties** die Suche bot einige Schwierigkeiten; **no opportunity ~ed itself** es bot sich keine Gelegenheit; **this window ~s a fine view** von diesem Fenster hat man e-e schöne Aussicht. **5.** sich bereit erklären, sich erbötig machen (**to do** zu tun). **6.** Anstalten machen (*od.* sich anschicken) (**to do** zu tun): **he did not ~ to defend himself** er machte keine Anstalten, sich zu wehren. **7.** *ped.* (als Prüfungsfach) wählen. **8.** *oft* **~ up** a) *ein Opfer, Gebet, Geschenk* darbringen, b) *Tiere etc* opfern (**to** *dat*).
II *v/i* **9.** sich (dar)bieten: **no opportunity ~ed** es ergab sich keine Gelegenheit. **10.** *relig.* opfern.
III *s* **11.** *allg.* Angebot *n,* Anerbieten *n:* **~ of assistance** Unterstützungsangebot *n;* **she's had an ~ (of marriage)** sie hat e-n (Heirats)Antrag bekommen. **12.** *econ.* a) (An)Gebot *n,* Of'fert(e *f*) *n:* **an ~ for sale** ein Verkaufsangebot; **on ~** zu verkaufen, verkäuflich; **£200 or near ~** Verhandlungsbasis, b) *Börse:* Brief. **13.** Vorbringen *n:* **~ of a suggestion. 14.** Vorschlag *m.* **15.** *obs.* Versuch *m,* Anstalten *pl.*
¹**of·fer·er** *s* **1.** Anbietende(r *m*) *f.* **2.** *relig.* Opfernde(r *m*) *f.* ¹**of·fer·ing** *s* **1.** *relig.* a) Opfern *n,* Opferung *f,* Darbringung *f,* b) (*dargebrachtes*) Opfer: **bloody (bloodless) ~** (un)blutiges Opfer. **2.** *bes. relig.* Spende *f,* Gabe *f.* **3.** → **offer 11.**
of·fer·to·ry ['ɒfə(r)tərɪ; *Am.* ˌ-tɔː-; *a.* 'ɑf-] *s relig.* **1.** *meist* O~ Offer'torium *n:* a) *R.C.* Opferung *f* (*von Brot u. Wein*), b) Opfergebet *n od.* -gesang *m.* **2.** Kol'lekte *f,* Geldsammlung *f.* **3.** Opfer(geld) *n.*
ˌ**off-'face** *adj* stirnfrei (*Damenhut*). **'~--fla·vo(u)r** *s* Geschmacksabweichung *f,* (unerwünschter) Beigeschmack. **'~--grade** *adj* von minderer Quali'tät, von niederer Sorte, Ausfall... ˌ**~'hand I** *adv* **1.** aus dem Stegreif *od.* Kopf, auf Anhieb, (so) ohne weiteres: **I could not say ~. II** *adj* **2.** unvorbereitet, improvi'siert, Stegreif...: **an ~ speech. 3.** lässig (*Art etc*), 'hingeworfen (*Bemerkung*): **to be ~ about s.th.** a) über etwas hinweggehen, b) etwas leichtnehmen. **4.** freihändig: **~ shooting** stehend freihändiges Schießen. ˌ**~'hand·ed** (*adv* **~ly**) → **offhand II.** ˌ**~'hand·ed·ness** *s* Lässigkeit *f.*
of·fice ['ɒfɪs; *Am. a.* 'ɑfəs] *s* **1.** Bü'ro *n,* Dienststelle *f,* Kanz'lei *f,* Kon'tor *n,* Amt *n,* Geschäfts-, Amtszimmer *n od.* -gebäude *n:* **lawyer's ~** (Rechts)Anwaltskanzlei, -büro. **2.** Behörde *f,* Amt *n,* Dienststelle *f:* **the ~ of the Court** *jur.* die Geschäftsstelle des Gerichts. **3.** *meist* O~ Mini'sterium *n,* (Ministeri'al)Amt *n* (*bes. in Großbritannien*): **Foreign O~** *Br.* Außenministerium *f;* **O~ of Education** Unterrichtsbehörde *f* (*in USA*). **4.** *bes. econ.* Zweigstelle *f,* Fili'ale *f:* **our Liverpool ~. 5.** *econ.* (*bes.* Versicherungs)Gesellschaft *f.* **6.** (*bes.* öffentliches *od.* staatliches) Amt, Posten *m:* **to enter upon an ~** ein Amt antreten; **to be in ~** a) im Amt sein, b) an der Macht sein (*Regierung*); **to hold an ~** ein Amt bekleiden *od.* innehaben; **to leave** (*od.* **resign**) **one's ~** zurücktreten, sein Amt niederlegen; **to take ~** sein Amt antreten *od.* übernehmen. **7.** Funkti'on *f* (*a. e-r Sache*), Aufgabe *f,* Pflicht *f:* **it is my ~ to advise him** es ist m-e Aufgabe, ihn zu beraten. **8.** Dienst *m,* Gefälligkeit *f:* **to do s.o. a good (bad) ~** j-m e-n guten (schlechten) Dienst erweisen; **~ good offices. 9.** Ehrendienst *m,* Ehre *f:* **to perform the last ~s** *to e-m Toten* die letzte Ehre erweisen. **10.** *relig.* a) Gottesdienstordnung *f,* Litur'gie *f,* b) Gottesdienst *m:* **O~ of Baptism** Taufgottesdienst. **11.** *a.* **divine ~** *relig.* Bre'vier *n:* **to say ~** das Brevier beten. **12.** *relig.* a) Abend- *od.* Morgengebet *n* (*in der anglikanischen Kirche*), b) In'troitus *m,* c) Messe *f.* **13.** *pl bes. Br.* Wirtschaftsteil *m,* -raum *m od.* -räume *pl od.* -gebäude *n od. of:* **the ~s of an estate. 14.** *colloq.* Ab'ort *m,* Klo *n.* **15.** *sl.* Tip *m:* **to give s.o. the ~** j-m e-n Tip geben; **to take the ~** e-n Tip befolgen.
of·fice | ac·tion *s* (Prüfungs)Bescheid *m* (*des Patentamtes*). **'~-bear·er** *s* Amtsinhaber(in). **~ block** *s* Bü'rogebäude *n,* -haus *n.* **~ build·ing** *s* Bü'rogebäude *n,* -haus *n.* **~ clerk** *s* Bü'roangestellte(r *m*) *f,* Handlungsgehilfe *m.* **~ cli·mate** *s* Betriebsklima *n.* **~ com·plex** *s* Bü'rokomˌplex *m,* -block *m.* **~ e·quip·ment** *s* Bü'roeinrichtung *f.* **~ girl** *s* Bürogehilfin *f.* **'~-hold·er** *s* Amtsinhaber(in), (Staats)Beamte(r) *m.* **~ hours** *s pl* Dienststunden *pl,* Geschäftszeit *f.* **~ hunt·er** *s* Postenjäger *m.* **~ job** *s* Bü'roposten *m.*
of·fi·cer ['ɒfɪsə(r); *Am. a.* 'ɑf-] **I** *s* **1.** *bes. mil.* Offi'zier *m:* **~ of the day** Offizier vom (Tages)Dienst; **~ of the guard** Offizier vom Ortsdienst (OvO); **first ~** (*Handelsmarine*) erster Offizier; **~ cadet** Fähnrich *m,* Offiziersanwärter *m.* **2.** Poli'zist *m,* Poli'zeibeamte(r) *m:* **O~!** Herr Wachtmeister! **3.** Beamte(r) *m,* Beamtin *f,* Funktio'när(in), Amtsträger(in) (*im öffentlichen od. privaten Dienst*): **O~ of the Household** Haushofmeister *m* (*am englischen Hof*); **O~ of Health** *Br.* Beamter des Gesundheitsdienstes; **~ of state** Minister *m.* **4.** Vorstandsmitglied *n* (*e-s Klubs, e-r Gesellschaft etc*). **II** *v/t* **5.** *mil.* a) mit Offi'zieren versehen, Offiziere stellen (*dat*), b) e-e Einheit *etc* als Offi'zier

Officers' Training Corps – oil bag

befehligen (*meist pass*): **to be ~ed by** befehligt werden von. **6.** *fig.* leiten, führen.
Of·fi·cers' Train·ing Corps *s mil. Br.* Offi'ziersausbildungskorps *n* (*für Angehörige des Mannschaftsstands*).
of·fice| seek·er *s bes. Am.* **1.** Stellensuchende(r *m*) *f.* **2.** Postenjäger(in).
sup·plies *s pl* Bü'robedarf *m.* **~ tow·er** *s* Bü'rohochhaus *n.*
of·fi·cial [ə'fɪʃl] **I** *adj* (*adv* ~**ly**) **1.** offizi'ell, amtlich, Amts-..., Dienst-..., dienstlich, behördlich: **~ act** Amtshandlung *f*; **~ business** mail Dienstsache *f*; **~ call** *teleph.* Dienstgespräch *n*; **~ car** Dienstwagen *m*; **~ duties** Amts-, Dienstpflichten; **~ family** *Am.* (*Journalistensprache*) Kabinett *n* des Präsidenten der USA; **~ language** Amtssprache *f*; **~ oath** Amts-, Diensteid *m*; **~ powers** *pl* Amtsgewalt *f*, -vollmacht *f*; **~ residence** Amtssitz *m*; **~ secrecy** Amtsverschwiegenheit *f*; **~ secret** Amts-, Dienstgeheimnis *n*; **~ trip** Dienstreise *f*; **~ use** Dienstgebrauch *m*; → **channel** 2. **2.** offizi'ell, amtlich (bestätigt *od.* autori'siert): **an ~ report; is this ~?** ist das amtlich? **3.** offizi'ell, amtlich (bevollmächtigt): **an ~ representative. 4.** offizi'ell, for'mell, förmlich: **an ~ dinner** ein offizielles Essen; **~ manner** förmliches Benehmen. **5.** *pharm.* offizi'nell. **II** *s* **6.** Beamte(r *m*, Beamtin *f*: **minor** (**senior, higher**) **~** unterer (mittlerer, höherer) Beamter. **7.** (Ge'werkschafts)Funktio,när(in). **8.** *of* → **principal** *relig.* Offizi'al *m* (*als Richter fungierender Vertreter des Bischofs*). **of·fi·cial·dom** *s* **1.** Beamtenstand *m*, -tum *n*, (*die*) Beamten *pl.* **2.** → **officialism** 2.
of,fi·cial'ese [-ʃə'liːz] *s* Amtsdeutsch *n*, Behördensprache *f.* **of·fi·cial·ism** *s* **1.** 'Amtsme,thoden *pl*, behördliches Sy'stem. **2.** Para'graphenreite,rei *f*, Bürokra'tie *f*, Amtsschimmel *m*. **3.** → **officialdom** 1. **of,fi·ci·al·i·ty** [-ʃɪ'ælətɪ] *s* **1.** offizi'eller *od.* amtlicher Cha'rakter. **2.** *Kirchenrecht:* Offizia'lat *n*: a) bischöfliche Gerichtsbehörde, b) Amt e-s Offizials. **of·fi·cial·ize** *v/t* **1.** amtlich machen, amtlichen Cha'rakter geben (*dat*). **2.** reglemen'tieren.
of·fi·ci·ant [ə'fɪʃɪənt] *s* am'tierender Geistlicher.
of·fi·ci·a·ry [ə'fɪʃɪərɪ; *Am.* -,erɪ:] *adj* amtlich, offizi'ell.
of·fi·ci·ate [ə'fɪʃɪeɪt] *v/i* **1.** am'tieren, fun'gieren (**as** als): **to ~ as president. 2.** den Gottesdienst leiten: **to ~ at a marriage** e-e Trauung vornehmen.
of·fic·i·nal [,ɒfɪ'saɪnl; ɒ'fɪsɪnl; *Am. a.* ,ɑfə's-; ə'fɪ-] *pharm.* **I** *adj* **1.** offizi'nell, amtlich anerkannt *od.* zugelassen (*Heilmittel*). **2.** Arznei..., Heil...: **~ drug** → 4 a; **~ herb** → 4 b; **~ plant** → 4 c. **II** *s* **3.** offizi'nelles Heilmittel. **4.** a) Arz'neidroge *f*, b) Heilkraut *n*, c) Heilpflanze *f*.
of·fi·cious [ə'fɪʃəs] *adj* (*adv* ~**ly**) **1.** aufdringlich, über'trieben dienstfrei'g. **2.** offizi'ös, halbamtlich: **an ~ statement. 3.** *obs.* gefällig. **of·fi·cious·ness** *s* Aufdringlichkeit *f*, über'triebener Diensteifer.
of·fing ['ɒfɪŋ; *Am. a.* 'ɑf-] *s mar.* Räumte *f*, Seeraum *m*, offene See (*wo kein Lotse benötigt wird*): **to be in the ~** a) auf offener See sein, b) *fig.* (nahe) bevorstehen, sich abzeichnen, in Sicht sein; **to get the ~** die offene See gewinnen; **to hold out in the ~** See halten; **to keep a good ~ from** the coast von der Küste gut freihalten.
off·ish ['ɒfɪʃ] *adj colloq.* reser'viert, unnahbar, kühl, ,steif. **'off·ish·ness** *s colloq.* Reser'viertheit *f*, Unnahbarkeit *f*, ablehnende Haltung.

off-|-'key *adj mus.* falsch. **'~-let** *s tech.* Abzugsrohr *n*. **'~,li·cence** *s Br.* **1.** 'Schankkonzessi,on *f* über die Straße. **2.** Wein- u. Spiritu'osenhandlung *f*. **'~-line** *adj Computer:* rechnerunabhängig: **~ processing** Off-line-Verarbeitung *f*. **,~'load** *v/t fig.* abladen (**on** auf *j-n*). **'~-peak** *adj* abfallend, unter der Spitze liegend, außerhalb der Spitzen(belastungs)zeit: **~ hours** verkehrsschwache Stunden; **~ load** *electr.* Belastungstal *n*; **~ tariff** Nacht(strom)tarif *m*. **~ po·si·tion** *s tech.* Ausschalt-, Nullstellung *f*. **'~-print I** *s* Sonder(ab)druck *m*, Sepa'rat(ab)druck *m* (**from** aus). **II** *v/t* e-n Sonder(ab)druck anfertigen von. **'~-,put·ting** *adj Br. colloq.* a) unangenehm, störend, b) 'unsym,pathisch (*Person, Wesen*). **'~-sale I** *s* Verkauf *m* von Wein u. Spiritu'osen über die Straße. **II** *adj* nur zum Verkauf von Wein u. Spiritu'osen über die Straße berechtigt. **'~-scape** *s* 'Hintergrund *m*. **'~,scour·ing** *s oft pl* **1.** Kehricht *m, n*, Schmutz *m*. **2.** *bes. fig.* Abschaum *m*: **the ~s of humanity.**
off·set ['ɒfset] **I** *s* **1.** Ausgleich *m*, Kompensati'on *f*: **as an ~** zum Ausgleich, als Ausgleich (**to** für). **2.** *econ.* Verrechnung *f*: **~ account** Verrechnungskonto *n*. **3.** Aufbruch *m* (*Reise etc*). **4.** *bot.* a) Ableger *m*, b) kurzer Ausläufer. **5.** **~ offshoot** 2 u. 3. **6.** *print.* a) Offsetdruck *m*, b) Abziehen *n*, Abliegen *n* (*bes. noch feuchten Druckes*), c) *Lithographie:* Abzug *m*, Pa'trize *f*. **7.** a) *tech.* Kröpfung *f*, b) *Bergbau:* kurze Sohle, kurzer Querschlag, c) *electr.* (Ab)Zweigleitung *f*. **8.** *surv.* Ordi'nate *f*. **9.** (*Mauer- etc*)Absatz *m*. **10.** *geol.* gangartiger Fortsatz (*von Intrusivkörpern*). **II** *adj* **11.** *print.* Offset...: **~ press** Offsetpresse *f*. **12.** *tech.* versetzt: **~ carrier** *TV* versetzter Träger. **III** *v/t irr* **13.** ausgleichen, aufwiegen, wettmachen: **the gains ~ the losses. 14.** *econ. bes. Am.* a) auf-, verrechnen, b) ausgleichen, kompen'sieren. **15.** *print.* im Offsetverfahren drucken. **16.** *tech.* Rohr, Stange etc kröpfen. **17.** *arch.* e-e Mauer etc absetzen. **IV** *v/i* **18.** (scharf) abbiegen. **~ bulb** *s bot.* Brutzwiebel *f*. **~ li·thog·ra·phy** → **photo-offset I. ~ sheet** *s print.* 'Durchschußbogen *m*.
'off|·shoot *s* **1.** *bot.* Sprößling *m*, Ausläufer *m*, Ableger *m* (*a. fig.*). **2.** Abzweigung *f* (*e-s Flusses, e-r Straße etc*), Ausläufer *m* (*e-s Gebirges*). **3.** *fig.* Seitenzweig *m*, -linie *f* (*e-s Stammbaums etc*). **~ 'shore I** *adv* **1.** von der Küste ab *od.* her. **2.** in einer Entfernung von der Küste. **II** *adj* **3.** küstennah: **~ fishing; ~ drill·ing** Off-shore-Bohrung *f*. **4.** ablandig: **~ breeze** Landwind *m*. **5.** Auslands..., im Ausland (getätigt *od.* stattfindend): **~ or·der** *Am.* Off-shore-Auftrag *m*; **~ pur·chase** *Am.* Off-shore-Kauf *m*. **,~'side I** *s* **1.** *sport* 'Abseits(stellung *f*, -positi,on *f*) *n*. **2.** *mot.* Fahrerseite *f*: **~ door** Fahrertür *f*. **II** *adj u. adv* **3.** *sport* abseits: **to be ~ position** Abseitsstellung *f*, -position *f*; **~ rule** Abseitsregel *f*; **~ trap** Abseitsfalle *f*. **'~size** *s tech.* Maßabweichung *f*. **'~spring** *s* **1.** Nachkommen(schaft *f*) *pl*. **2.** *pl* offspring Ab-, Nachkömmling *m*, Nachkomme *m*, Kind *n*, Sprößling *m*. **3.** *fig.* Ergebnis *n*, Frucht *f*, Resul'tat *n*. **,~'stage** *adj u. adv* hinter der Bühne, hinter den Ku'lissen (*a. fig.*). **'~-street** *adj* in Nebenstraßen: **~ parking. '~-take** *s* **1.** *econ.* a) Abzug *m*, b) Abnahme *f*, Einkauf *m*. **2.** *tech.* Abzug(srohr *n*) *m*. **,~-the-'face** → **off-face. ,~-the-'job** *adj* ('arbeits)theo,retisch: **~ study** Arbeitsstudie *f*. **2.** entlassen, arbeitslos. **~-the-'peg** *adj bes. Br.*, **,~-the-'rack**

adj von der Stange, Konfektions...: **~ suit. ,~-the-'rec·ord** *adj* nicht für die Öffentlichkeit bestimmt, 'inoffizi,ell. **,~-the-'road** *adj mot.* Gelände...: **~ op·er·a·tion** Geländefahrt *f*. **,~-the-'shelf** *adj* Standard...: **~ ac·ces·so·ries. ,~-the-'shoul·der** *adj* trägerlos, schulterfrei: **~ dress. ,~-the-'wall** *Am. sl.* **I** *adj* ungewöhnlich, ,komisch': **~ ques·tions. II** *adv* ,irre': **funny. ,~-'type** *adj* untypisch, abweichend. **,~-'white** *adj* gebrochen weiß. **~ year** *s* **1.** schlechtes Jahr. **2.** *pol. Am.* Jahr, in dem keine Wahlen auf nationaler Ebene, *bes.* keine Präsidentschaftswahlen stattfinden.
oft [ɒft] *adv obs. od. poet.* oft: **many a time and ~** oft; (*nicht obs. in Zssgn wie*) **~-told** oft erzählt; **~-recurring** oft wiederkehrend.
of·ten ['ɒfn; 'ɒftən] **I** *adv* oft(mals), häufig: **~ and ~, as ~ as not, ever so ~** sehr oft; **more ~ than not** meistens. **II** *adj obs.* häufig. **'~-times,** *a.* **'oft-times** *adv obs. od. poet.* oft(mals).
og·am → **ogham.**
o·gee ['əʊdʒiː] *s* **1.** S-Kurve *f*, S-förmige Linie. **2.** *arch.* a) Kar'nies *n*, Glockenleiste *f*, b) *a.* **~ arch** Eselsrücken *m* (*Bogenform*).
og·ham ['ɒgəm; *Am.* 'ɒʊəm; 'ɑgəm] *s* **1.** Og(h)am(schrift *f*) *n* (*altirische Schrift*). **2.** Og(h)aminschrift *f*.
o·give ['əʊdʒaɪv] *s* **1.** *arch.* a) diago'nale Gratrippe (*e-s gotischen Gewölbes*), b) Spitzbogen *m*. **2.** *mil.* Geschoßkopf *m*: **false ~** Geschoßhaube *f*. **3.** *Statistik:* Häufigkeitsverteilungskurve *f*.
o·gle ['əʊgl] **I** *v/t* **1.** liebäugeln mit, *j-m* ,Augen machen'. **2.** beäugen, ,anlinsen'. **II** *v/i* **3. ~ at** liebäugeln mit, *j-m* ,Augen machen'. **III** *s* **4.** verliebter *od.* liebäugelnder Blick.
o·gre ['əʊgə(r)] *s* **1.** Oger *m*, (menschenfressendes) Ungeheuer, *bes.* Riese *m* (*im Märchen*). **2.** Scheusal *n*, Ungeheuer *n*, Unmensch *m*. **'o·gre·ish** [-gərɪʃ] *adj* mörderisch, schrecklich. **'o·gress** [-grɪs] *s* Menschenfresserin *f*, Riesin *f* (*im Märchen*). **'o·grish** [-grɪʃ] → **ogreish.**
oh [əʊ] **I** *interj* oh! **II** *s* Oh *n*.
oh·dee [əʊ'diː] *v/i sl.* an e-r Überdosis (*Rauschgift*) sterben.
O·hi·o·an [əʊ'haɪəwən] **I** *adj* Ohio..., aus O'hio. **II** *s* Einwohner(in) von O'hio.
ohm [əʊm] *s electr.* Ohm *n* (*Einheit des elektrischen Widerstands*). **'ohm·age** *s* Ohmzahl *f*. **'ohm·ic** *adj* ohmsch(er, e, es), Ohmsch(er, e, es): **~ resistance** Ohmscher Widerstand. **ohm·me·ter** ['əʊm,miːtə(r)] *s electr.* Ohmmeter *n*. **Ohm's Law** [əʊmz] *s phys.* Ohmsches Gesetz.
o·ho, o(h) ho [əʊ'həʊ] *interj* **1.** (überrascht) o'ho! **2.** (frohlockend) ah!, a'ha!
-oid [ɔɪd] Wortelement mit der Bedeutung ähnlich: **spheroid** Sphäroid *n*.
oil [ɔɪl] *s* **1.** Öl *n*: **to pour ~ on the fire** (*od.* **flames**) *fig.* Öl ins Feuer gießen; **to pour ~ on the waters** (*od.* **on troubled waters**) *fig.* Öl auf die Wogen gießen *od.* schütten, die Gemüter beruhigen; **to smell of ~** *fig.* mehr Fleiß als Geist *od.* Talent verraten; **to strike ~** a) Erdöl finden, auf Öl stoßen, b) *colloq.* Glück *od.* Erfolg haben, a. finanziell gut werden; **~ and vinegar** (wie) Feuer u. Wasser; → **midnight** II. **2.** *meist pl* Ölfarbe *f*: **to paint in ~s** in Öl malen. **3.** *meist pl* Ölgemälde *n*. **4.** *meist pl* Ölzeug *n*, -haut *f*. **II** *v/t* **5.** *tech.* (ein)ölen, einfetten, schmieren: **to ~ one's tongue** *fig.* schmeicheln; **to ~ the wheels** *fig.* für e-n reibungslosen Ablauf sorgen; → **palm**¹ I.
oil| bag *s* **1.** *zo.* Fettdrüse *f*. **2.** Ölpreß-

beutel *m*. ~ **bath** *s tech*. Ölbad *n*: ~ lubrication Tauchschmierung *f*. '~-ˌ**bear·ing** *adj geol*. ölhaltig, ölführend. '~-ˌ**berg** *s* **1.** *mar*. Riesentanker *m*. **2.** Ölteppich *m*. ~ **box** *s tech*. Schmierbüchse *f*. ~ **brake** *s mot*. Öldruckbremse *f*. '~-**break switch** *s electr*. Öl(trenn)schalter *m*. ~ **burn·er** *s tech*. Ölbrenner *m*. '~-ˌ**burn·ing** *adj* Öl...(-*lampe etc*). ~ **cake** *s* Ölkuchen *m*. '~-**can** Ölkanne *f*, Ölkännchen *n*. ~ **change** *s mot*. Ölwechsel *m*: **to do an** ~ e-n Ölwechsel machen. '~-**cloth** *s* **1.** Wachstuch *n*, -leinwand *f*. **2.** → oilskin. ~ **col·o(u)r** *s* Ölfarbe *f*. ~ **cri·sis** *s irr econ*. Ölkrise *f*. '~-**cup** *s tech*. Öler *m*, Schmierbüchse *f*. ~ **der·rick** *s* Derrick *m* (*Öl-Bohrturm*). ~ **dip·stick** *s mot*. Ölmeßstab *m*. ~ **drum** *s* Ölfaß *n*.

oiled [ɔɪld] *adj* **1.** (ein)geölt: → **wheel** 1. **2.** *bes*. **well** ~ *colloq*. (ziemlich) ˌangeˈsäuselt'.

oil·er [ˈɔɪlə(r)] *s* **1.** *mar. tech*. Öler *m*, Schmierer *m* (*Person od*. *Vorrichtung*). **2.** *tech*. Öl-, Schmierkanne *f*. **3.** *pl Am. colloq. für* oilskin 2. **4.** Ölquelle *f*. **5.** *mar*. (Öl)Tanker *m*.

oil|**feed·er** *s tech*. **1.** Selbstschmierer *m*, -öler *m*. **2.** *mot*. Spritzkännchen *n*. '~-**field** *s* Ölfeld *n*. ~ **fill·er tube** *s tech*. Öleinfüllstutzen *m*. ~ **fil·ter** *s tech*. Ölfilter *m, n*. '~-**fired** *adj* ölbetrieben, Öl...: ~ **central heating** Ölzentralheizung *f*. ~ **fu·el** *s* **1.** Heiz-, Brennöl *n*. **2.** Treiböl *n*, Öltreibstoff *m*. ~ **gage** → oil gauge. ~ **gas** *s* Ölgas *n*. ~ **gauge** *s tech*. Ölstandsanzeiger *m*. ~ **gland** *s orn*. Öl-, Bürzeldrüse *f*.

oil·i·ness [ˈɔɪlɪnɪs] *s* **1.** ölige Beschaffenheit, Fettigkeit *f*, Schmierfähigkeit *f*. **2.** *fig*. Glattheit *f*, aalglattes Wesen. **3.** *fig*. salbungsvolles *od*. schmeichlerisches Wesen.

oil| **lamp** *s* Öl-, Peˈtroleumlampe *f*. ~ **lev·el** *s mot*. Ölstand *m*. '~-**man** [-mən] *s irr* **1.** Unterˈnehmer *m* in der Ölbranche. **2.** Ölhändler *m*. **3.** Arbeiter *m* in e-r 'Ölfaˌbrik. **4.** Öler *m*, Schmierer *m*. ~ **meal** *s* gemahlener Ölkuchen. ~ **mill** *s* Ölmühle *f*. ~ **nut** *s bot*. **1.** *allg*. Ölnuß *f*. **2.** Fettnuß *f*. **3.** *Am*. Butternuß *f*. ~ **paint** *s* Ölfarbe *f*. ~ **paint·ing** *s* **1.** Ölmaleˈrei *f*. **2.** Ölgemälde *n*: **she's no** ~ *colloq*. sie ist keine strahlende Schönheit. **3.** *tech*. Ölanstrich *m*. ~ **palm** *s bot*. Ölpalme *f*. ~ **pan** *s mot*. Ölwanne *f*. '~-**pa·per** *s* 'Ölpaˌpier *n*. '~-**pro**ˌ**duc·ing coun·try** *s* Ölförderland *n*. '~-**proof** *adj bes. tech*. ölbeständig, öldicht, 'ölˌunˌdurchlässig. ~ **pump** *s tech*. Ölpumpe *f*. ~ **re·fin·ing** *s* **1.** Ölraffiˈnierung *f*. **2.** *a*. ~ **plant** 'Ölraffineˌrie *f*. ~ **res·er·voir** *s* Ölvorkommen *n*, ölführende Schicht. ~ **rig** *s* (Öl)Bohrinsel *f*. ~ **ring** *s tech*. Öldichtungsring *m*, Schmierring *m*: ~ **bearing** Ringschmierlager *n*. ~ **seal** *s tech*. **1.** Öldichtung *f*. **2.** *a*. ~ **ring** Simmerring *m*. '~-**sealed** *adj* öldicht. ~ **sheik(h)** *s* Ölscheich *m*. '~-**skin** *s* **1.** Öltuch *n*, Ölleinwand *f*. **2.** *pl* Ölzeug *n*, Ölkleidung *f*. ~ **slick** *s* **1.** *tech*. Ölschlick *m*. **2.** Ölteppich *m* (*auf der Wasseroberfläche etc*). ~ **spring** *s tech*. (natürliche) Ölquelle. '~-**stock** *s relig*. Am'pulle *f* (*Chrisma-Gefäß*). '~-**stone** *s tech*. Ölstein *m*. ~ **stove** *s* Ölofen *m*. ~ **sump** *s mot*. Ölwanne *f*. ~ **switch** *s tech*. Ölschalter *m*. ~ **tank·er** *s mar*. (Öl)Tanker *m*. '~-**tight** *adj tech*. öldicht. ~ **tree** *s bot*. **1.** Wunderbaum *m*. **2.** → oil palm. ~ **var·nish** *s* Öllack *m*. ~ **well** *s* Ölquelle *f*.

oil·y [ˈɔɪlɪ] *adj* **1.** ölig, ölhaltig, Öl... **2.** fettig, schmierig, schmutzig. **3.** *fig*. glatt(züngig), aalglatt, schmeichlerisch. **4.** salbungsvoll, ölig.

oint·ment [ˈɔɪntmənt] *s pharm*. Salbe *f*.

Oir·each·tas [ˈerəkθəs; ˈerəx-] *s Ir*. **1.** gesetzgebende Körperschaft von Eire. **2.** *jährliches Fest zur Pflege der irischen Sprache in Irland*.

o·jo [ˈoxo] (*Span*.) *s* (*Südwesten der USA*) **1.** *a*. ~ **caliente** heiße Quelle. **2.** (*Art*) Oˈase *f*.

O.K., OK, o·kay [ˌəʊˈkeɪ] *colloq*. **I** *adj* **1.** richtig, gut, genehmigt, in Ordnung. **2.** ˌprimaˈ, erstklassig: **he is** ~ er ist ˌin Ordnungˈ *od*. ˌrichtigˈ. **II** *interj* **3.** gemacht!, einverstanden!, schön!, gut!, in Ordnung!, O. K.!, o. k.! **III** *v/t* **4.** genehmigen, billigen, e-r *Sache* zustimmen. **IV** *s* **5.** Zustimmung *f*, Genehmigung *f*: **to give one's** ~ zustimmen.

oke [əʊk] → O.K. I.

o·key-doke [ˈəʊkɪdəʊk; *Am*. ˌəʊkɪˈdəʊk], ˌ**o·key-'do·key** [-ˈdəʊkɪ] → O.K.

o·kie [ˈəʊkiː] *s Am*. **1.** *landwirtschaftlicher Wanderarbeiter, ursprünglich aus Oklahoma*. **2.** *sl*. (*Spitzname für e-n*) *Bewohner von Oklaˈhoma*.

o·kra [ˈəʊkrə] *s* **1.** *bot*. Eßbarer Eibisch, Rosenpappel *f*, Gumbo *m*. **2.** → gumbo 1.

old [əʊld] **I** *adj comp* **old·er** [ˈəʊldə(r)], *a*. **eld·er** [ˈeldə(r)], *sup* **old·est** [ˈəʊldɪst], *a*. **eld·est** [ˈeldɪst] **1.** alt, betagt: **to grow** ~ alt werden; **you're only as** ~ **as you feel** man ist nur so alt, wie man sich fühlt; ~ **moon** abnehmender Mond; ~ **people's home** Alters-, Altenheim *n*; ~ **hill** 1, **young** 1. **2.** *zehn Jahre etc* alt: **ten years** ~; **a ten-year-**~ **boy** ein zehnjähriger Junge; **five-year-**~**s** Fünfjährige *pl*. **3.** alt(ˈhergebracht): ~ **tradition**; **an** ~ **name** ein altbekannter Name. **4.** vergangen, früher, alt: **to call up** ~ **memories** alte Erinnerungen wachrufen; **the** ~ **country** die *od*. s-e alte Heimat; **the** ~ **year** das alte *od*. vergangene Jahr; **the good** ~ **times** die gute alte Zeit; O~ **London** Alt-London *n*. **5.** alt (-bekannt, -bewährt): **an** ~ **friend**; → **old boy, old master**, *etc*. **6.** alt, abgenutzt, verbraucht: ~ **equipment**; ~ **clothes** alte *od*. (ab)getragene Kleider. **7.** alt(modisch), *fig*. ˌverkalktˈ: ~ **fog(e)y** *sl*. alter Knacker. **8.** alt(erfahren), gewiegt, gewitz(ig)t: ~ **bachelor** eingefleischter Junggeselle; **he is** ~ **in crime** (*folly*) er ist ein abgefeimter Verbrecher (unverbesserlicher Tor); ~ **offender** alter Sünder; → **hand** 12. **9.** alt, ältlich, altklug: **an** ~ **face**; **he has an** ~ **head on young shoulders** er ist gescheit für sein Alter. **10.** *colloq*. (guter) alter, lieber: ~ **chap**; **nice** ~ **boy** ˌnetter alter Knabeˈ; ~ **bean**, ~ **boy**, ~ **fellow**, ~ **fruit**, ~ **thing**, ~ **top** *Br. sl*. ˌaltes Hausˈ, ˌalter Schwedeˈ, ˌalter Knabeˈ; ~ **lady** a) ˌalte Dameˈ (*Mutter*), b) *a*. ~ **woman** ˌalte *f* (*Ehefrau*), c) → **old man**. **11.** *colloq*. (verstärkend) **to have a fine** ~ **time** sich köstlich amüsieren; **a jolly** ~ **row** ein ˌMordskrachˈ; **any** ~ **thing** irgend etwas (*gleichgültig was*); **I can use any** ~ **thing** ich hab' für alles Verwendung; **come any** ~ **time** komm, wann es dir gerade paßt; **any** ~ **how** a) ganz egal wie, b) achtlos. **II** *s* **12.** **the** ~ *pl* die Alten *pl*. **13.** *adjektivisch od. adverbial*: **of** ~ *a*) ehedem, vor alters, b) von jeher; **from of** ~ seit altersher; **times of** ~ alte Zeiten.

old| **age** *s* (hohes) Alter: **in one's** ~ s-e alten Tage. ~-**age** *adj* Alt..., Alters...: ~ **insurance** Altersversicherung *f*; ~ **pension** (*Am. a*. **benefit**) (Alters)Rente *f*, Pension *f*, Ruhegeld *n*; ~ **pensioner** (Alters)Rentner(in), Pensionär(in), Ruhegeldempfänger(in). O~ **Bai·ley** [ˈbeɪlɪ] *s* Old Bailey (*oberster Strafgerichtshof Großbritanniens*). ~ **boy** *s* **1.** *Br*. ehemaliger Schüler, Ehemalige(r) *m*: ~ **network** *colloq*. Bevorzugung von ehemaligen Mitschülern *od*. Kommilitonen bei der Vergabe von Posten etc. **2.** *colloq*. ˌalter Jungeˈ. O~ **Cath·o·lic I** *s* ˈAltkathoˌlik(in). **II** *adj* ˈaltkaˌtholisch. ˌ~-ˈ**clothes·man** [-mæn] *s irr* Altkleiderhändler *m*. O~ **Do·min·ion** *s* (*Beiname für*) Virˈginia *f*.

old·en [ˈəʊldən] *Br. obs. od. poet*. **I** *adj* alt: **in** ~ **days** (*od*. **times**) in alten Zeiten. **II** *v/t u. v/i* alt machen (werden).

Old Eng·lish *s ling*. Altenglisch *n*, das Altenglische (*etwa 450–1150*).

ˌ**old-es**ˈ**tab·lished** *adj* alteingesessen (*Firma etc*), alt (*Brauch etc*).

old·e-world·e [ˌəʊldɪˈwɜːldɪ; *Am*. -ˈwɜr-] *adj* **1.** *auf* alt gemacht *od*. ˌgetrimmtˈ. **2.** → old-world.

'**old**|ˌ**fan·gled** *adj contp*. altmodisch. ˌ~-ˈ**fash·ioned I** *adj* **1.** altmodisch: ~ **ideas**; **an** ~ **butler** ein Butler der alten Schule. **2.** altklug (*Kind*). **3.** *Br. colloq*. mißˈbilligend (*Blick*): **she gave him an** ~ **look** sie sah ihn mißbilligend an, sie warf ihm e-n mißbilligenden Blick zu. **II** *s* **4.** *Am*. (ein) Cocktail *m*. ˌ~-ˈ**fo·g(e)y·ish** *adj* altmodisch, verknöchertˈ, verkalktˈ. ~ **girl** *s* **1.** *Br*. ehemalige Schülerin. **2.** *colloq*. ˌaltes Mädchenˈ. O~ **Glo·ry** *s* (*Beiname für*) das Sternenbanner (*Flagge der USA*). ~ **gold** *s* Altgold *n* (*Farbton*). O~ **Guard** *s* **1.** *hist*. die kaiserliche Garde in Frankreich (*begründet von Napoleon I.*). **2.** ˌalte Gardeˈ a) *Am*. der ultrakonservative Flügel der Republikaner, b) *allg*. streng konservative Gruppe. ~ **hat** *s colloq*. ˌein alter Hutˈ: **that's** ~! *a*. das hat so'n Bart! O~ **Hick·o·ry** *s* (*Spitzname für*) Andrew Jackson (*Präsident der USA von 1829–37*). O~ **High Ger·man** *s ling*. Althochdeutsch *n*, das Althochdeutsche. O~ **Ice·lan·dic** *s ling*. Altisländisch *n*, das Altisländische.

old·ie [ˈəʊldɪ] *s colloq*. **1.** Oldie *m* (*alter Schlager*). **2.** ˌalte Kaˈmellenˈ *pl*, alter Witz.

old·ish [ˈəʊldɪʃ] *adj* ältlich.

Old| **La·dy of Thread·nee·dle Street** [ˌθredˈniːdl] *s* (*Spitzname für die*) Bank von England. ~ **Lat·in** *s ling*. ˈAltlaˌtein *n*, das Altlaˌteinische. ~ **Light** *s bes. relig*. Konservaˈtive(r *m*) *f*. '**old**|-**line** *adj* **1.** der alten Schule angehörend, konservaˈtiv. **2.** altˈhergebracht, traditioˈnell. **3.** e-r alten Linie entstammend. ~ **maid** *s* **1.** alte Jungfer. **2.** *colloq*. altjüngferliche Perˈson. **3.** *ein Kartenspiel*. **4.** *bot*. Rosenrotes Singrün. ˌ~-'**maid·ish** *adj* altjüngferlich. ~ **man** *s irr* **1.** *colloq*. a) ˌAlte(r)ˈ *m* (*Vater, Ehemann*): **my** ~ mein alter Herr (*Vater*), b) ˌ(der) Alteˈ (*der Chef od. mar. der Kapitän*), c) ˌAlter!ˈ, ˌalter Jungeˈ! (*vertrauliche Anrede*). **2.** alter Mann, Greis *m*. **3.** **the** ~ *relig*. der Alte Adam. **4.** *Austral. colloq*. ausgewachsenes männliches Känguruh. **5.** *orn*. Regenkuckuck *m*. O~ **Man Riv·er** *s* (*Beiname für*) der Missisˈsippi. ~ **man's head** *s bot*. Greisenhaupt *n* (*Kaktus*). ~ **mas·ter** *s paint*. alter Meister (*Künstler od. Gemälde*). O~ **Nick** *s* Nick¹ 2. O~ **Norse** *s ling*. **1.** Altnorwegisch *n*, das Altnorwegische. **2.** → Old Icelandic. O~ **Pre·tend·er** *s hist*. der Alte Prätenˈdent (*Jakob Eduard, Sohn Jakobs II. von England*). '~-**rose** *adj* altrosa. O~ **Sax·on** *s ling*. Altsächsisch *n*, das Altsächsische. ~ **school** *s fig*. alte Schule: **a gentleman of the** ~ ein Herr der alten Schule. '~-**school** *adj* nach der alten Schule, altmodisch. ~ **school tie** → school tie.

old·ster [ˈəʊldstə(r)] *s* **1.** *colloq*. ˌalter

old style – omniscient

Knabe', alter Herr: **the ~s** *sport* die alten Herren, die Senioren. **2.** *mar. Br. (schon 4 Jahre dienender)* 'Seeka,dett. **3.** *colloq.* ,alter Hase'.
old¦ style *s* **1.** Zeitrechnung *f* nach dem Juli'anischen Ka'lender (*in England bis 1752*). **2.** *print.* Mediä'val(schrift) *f.* **O~ Tes·ta·ment** *s Bibl.* (*das*) Alte Testa'ment. '**~-time** *adj* aus alter Zeit, alt: **the ~ sailing ships.** ,**~-'tim·er** *s colloq.* **1.** → **oldster** 1 *u.* 3. **2.** altmodische Per'son *od.* Sache. **~ wives' tale** *s* Alt-'weibergeschichte *f,* Ammenmärchen *f.* ,**~-'wom·an·ish** *adj* alt'weiberhaft. **O~ World** *s* **1.** (*die*) Alte Welt (*Europa, Asien u. Afrika*). **2.** (*die*) östliche Hemi-'sphäre. ,**~-'world** *adj* **1.** altertümlich, anheimelnd, malerisch (*Städtchen etc*). **2.** altertümlich, alt (*Inschrift etc*). **3.** alt, an'tik (*Einrichtung etc*). **4.** altmodisch, über'holt, 'unmo,dern.
o·le·ag·i·nous [,ǝʊlɪ'ædʒɪnǝs] *adj* **1.** öl-artig, ölig, Öl... **2.** ölhaltig.
o·le·an·der [,ǝʊlɪ'ændǝ(r); *Am. a.* 'ǝʊ-lɪ,æ-] *s bot.* Oleander *m.*
o·le·as·ter [,ǝʊlɪ'æstǝ(r); *Am. a.* 'ǝʊlɪ,æ-] *s bot.* **1.** Schmalblättrige Ölweide. **2.** Ole-'aster *m,* Wilder Ölbaum.
o·le·ate ['ǝʊlɪeɪt] *s chem.* ölsaures Salz, Olei'nat *n*: **~ of potash** ölsaures Kali.
o·le·fi·ant ['ǝʊlɪfaɪǝnt; ǝʊ'li:fɪǝnt] *adj chem.* ölbildend: **~ gas.**
o·le·ic [ǝʊ'li:ɪk] *adj chem.* Ölsäure...: **~ amide**; **~ acid** Ölsäure *f.*
o·le·if·er·ous [,ǝʊlɪ'ɪfǝrǝs] *adj bot.* öl-haltig.
o·le·in ['ǝʊlɪn] *s chem.* **1.** Ole'in *n,* Ela'in *n.* **2.** *flüssiger Bestandteil e-s Fettes.* **3.** handelsübliche Ölsäure.
oleo- [ǝʊlɪǝʊ] *Wortelement mit der Bedeutung Öl...*
o·le·o ['ǝʊlɪǝʊ] *pl* **-os** *colloq.* für oleomargarine.
o·le·o·graph ['ǝʊlɪǝʊgrɑːf; *Am.* -,græf] *s* Öldruck *m* (*Bild*). **o·le·og·ra·phy** [,ǝʊ-lɪ'ɒgrǝfɪ; *Am.* -'ɑg-] *s tech.* Öldruck(verfahren *n*) *m.*
,**o·le·o'mar·ga·rin(e)** *s bes. Am.* Marga'rine *f.*
o·le·om·e·ter [,ǝʊlɪ'ɒmɪtǝ(r); *Am.* -'ɑm-] *s* Ölmesser *m,* Ölwaage *f.*
,**o·le·o'res·in** *s chem.* Oleore'sin *n,* Fettharz *n,* Terpen'tin *n.*
o·le·o strut *s aer.* Ölfederbein *n,* hy-'draulischer Stoßdämpfer.
ol·er·a·ceous [,ɒlǝ'reɪʃǝs; *Am.* ,ɑl-] *adj* Gemüse...: **~ plants.**
O lev·el ['ǝʊ,levl] *s Br.* **1.** *ped.* (*etwa*) mittlere Reife: **he has three ~s** er hat die mittlere Reife in drei Fächern gemacht. **2.** *colloq. euphem.* O'ralverkehr *m.*
ol·fac·tion [ɒl'fækʃn; *Am.* ɑl-] *s* **1.** Geruchssinn *m.* **2.** Riechen *n.* **ol'fac·to·ry** *adj* Geruchs...: **~ nerves**; **~ tubercle** Riechwulst *m.*
o·lib·a·num [ɒ'lɪbǝnǝm; *Am.* ǝʊ-] *s* Weihrauch *m,* Oli'banum *n.*
ol·id ['ɒlɪd; *Am.* 'ɑlǝd] *adj* übelriechend.
ol·i·garch ['ɒlɪgɑː(r)k; *Am.* 'ɑlǝ-] *s* Olig-'arch *m* (*Mitglied e-r Oligarchie*). ,**ol·i-'gar·chic** *adj* oli'garchisch. '**ol·i-gar·chy** *s* Oligar'chie *f.*
ol·i·gist ['ɒlɪdʒɪst; *Am.* 'ɑlǝ-] *s min.* Häma'tit *m.*
Ol·i·go·cene ['ɒlɪgǝʊsiːn; *Am.* ,ɑlɪgǝʊ-,siːn] *geol.* **I** *adj* oligo'zän. **II** *s* Oligo'zän *n* (*drittälteste Stufe des Tertiärs*).
ol·i·gop·o·ly [,ɒlɪ'gɒpǝlɪ; *Am.* ,ɑlǝ'gɑ-] *s econ.* Oligo'pol *n* (*Marktbeherrschung durch einige wenige Großunternehmen*).
ol·i·gop·so·ny [,ɒlɪ'gɒpsǝnɪ; *Am.* ,ɑlǝ-'gɑ-] *s econ.* Oligop'son *n* (*Vorhandensein nur weniger Nachfrager auf dem Markt*).
ol·i·go·troph·ic [,ɒlɪgǝʊ'trɒfɪk; *Am.* ,ɑlɪgǝʊ'trɑːfɪk] *adj biol.* oligo'troph, nährstoffarm (*Böden, Gewässer*).
o·li·o ['ǝʊlɪǝʊ] *pl* **-os** *s* **1.** *gastr.* a) Ra'gout *n,* b) → **olla¹ 2. 2.** *fig.* Gemisch *n,* Mischmasch *m.* **3.** *mus.* Potpourri *n.* **4.** Sammelband *m.*
ol·ive ['ɒlɪv; *Am.* 'ɑl-] **I** *s* **1.** *a.* **~ tree** *bot.* O'live *f,* Ölbaum *m*: **Mount of O~s** *Bibl.* Ölberg *m.* **2.** O'live *f* (*Frucht*): **~ oil** Olivenöl *n.* **3.** Ölzweig *m.* **4.** O'livgrün *n.* **5.** o'livenförmiger Gegenstand (*z. B. Knopf*). **6.** *anat.* O'live *f,* O'livkörper *m* (*im Gehirn*). **7.** *orn. Br.* Austernfischer *m.* **8.** Fleischröllchen *n,* kleine Rou'lade. **II** *adj* **9.** o'livenartig, Oliven... **10.** o'livgrau, -grün.
ol·ive¦ branch *s* Ölzweig *m*: a) *Symbol des Friedens*, b) *fig.* Friedenszeichen *n*: **to hold out the ~** s-n Versöhnungswillen bekunden. '**~-,col·o(u)red** *adj* o'liv(en)farben, o'liv(grün). **~ drab** *s* **1.** O'livgrün *n.* **2.** *Am.* o'livgrünes Uni-'formtuch. **~ green** *s* O'livgrün *n.*
ol·i·ver ['ɒlɪvǝ(r); *Am.* 'ɑlǝ-] *s tech.* Tritthammer *m.*
ol·i·vine [,ɒlɪ'viːn; *Am.* 'ɑlǝ,viːn] *s min.* **1.** → **chrysolite. 2.** grüner Gra'nat. ,**ol-i'vin·ic** [-'vɪnɪk] *adj* Olivin...
ol·la¹ ['ɒlǝ; *Am.* 'ɑlǝ] *s* **1.** irdener Topf, Krug *m.* **2.** Olla po'drida *f* (*stark gewürztes Eintopfgericht aus Fleisch u. Gemüse*).
ol·la² ['ɒlǝ] *s Br. Ind.* zum Schreiben hergerichtetes *od.* beschriebenes Palmblatt.
ol·la po·dri·da [,ɒlɒpɒ'driːdǝ; *Am.* ,ɑlǝ-pǝ-] *s* **1.** → **olla¹ 2. 2.** → **olio** 1 *a u.* 2.
ol·o·gy ['ɒlǝdʒɪ; *Am.* 'ɑl-] *s humor.* **1.** Wissenschaftszweig *m.* **2.** Wissensgebiet *n.*
ol·y·cook, u. ol·y·kock ['ɒlǝ,kʊk] *s Am. dial.* (*ein*) Schmalzgebäck *n.*
O·lym·pi·ad [ǝʊ'lɪmpɪæd; ǝ'l-] *s* **1.** *antiq.* Olympi'ade *f* (*Zeitraum von 4 Jahren zwischen zwei Olympischen Spielen*). **2.** O'lympische Feier. **3.** Olympi'ade *f,* O'lympische Spiele *pl.* **4.** (*Schach- etc*)Olympi'ade *f.*
O·lym·pi·an [ǝʊ'lɪmpɪǝn; ǝ'l-] **I** *adj* **1.** *antiq.* o'lympisch. **2.** *fig.* a) himmlisch, b) erhaben, maje'stätisch. **3.** → **Olympic** I. **II** *s* **4.** *antiq.* O'lympier *m* (*griechische Gottheit*). **5.** *bes. Am.* O'lympia,teilnehmer(in) *m*(*f*). **O·lym·pic** I *adj* o'lympisch, Olympia...: **~ Games** → II; **Summer** (**Winter**) **~ Games** Olympische Sommer-(Winter)spiele; **~ champion** Olympiasieger(in). **II** *s pl* O'lympische Spiele *pl.*
O·lym·pus [ǝʊ'lɪmpǝs; ǝ'l-] *I npr antiq.* O'lymp *m* (*Sitz der griechischen Götter*). **II** *s fig.* O'lymp *m,* Himmel *m.*
O·ma·ha ['ǝʊmǝhɑː; *Am. a.* -,hɔː] *s* 'Omahaindi,aner *m.*
o·ma·sum [ǝʊ'meɪsǝm] *pl* **-sa** [-sǝ] *s* O'masus *m,* Blättermagen *m* (*der Wiederkäuer*).
om·ber, *bes. Br.* **om·bre** ['ɒmbǝ(r); *Am.* 'ɑm-] *s* L'hombre *n* (*altes Kartenspiel*).
om·buds·man ['ɒmbʊdzmǝn; *Am.* 'ɑm-] *s irr* **1.** *pol.* Ombudsmann *m* (*Beauftragter des Parlaments für Beschwerden von Staatsbürgern*). **2.** Beschwerdestelle *f,* Schiedsrichter *m.*
o·me·ga [ǝʊ'miːgǝ; *Am.* ǝʊ'megǝ; -'miː-] *s* **1.** Omega *n* (*langes O u. griechischer Buchstabe*). **2.** *fig.* Ende *n.*
om·e·let(**te**) ['ɒmlɪt; *Am.* 'ɑm-] *s* Ome-'lett *n*: **you cannot make an ~ without breaking eggs** *fig.* wo gehobelt wird, (da) fallen Späne.
o·men ['ǝʊmen; *bes. Am.* -mǝn] *I s* Omen *n,* Vorzeichen *n* (**for** für): **ill ~** böses Omen. **II** *v/t* deuten auf (*acc*), ahnen lassen, prophe'zeien, (ver)künden. '**o-mened** *adj* verheißend; → **ill-omened**.
o·men·ta [ǝʊ'mentǝ] *pl von* **omentum.**
o·men·tal [ǝʊ'mentl] *adj anat.* Netz...
o·men·tum [ǝʊ'mentǝm] *pl* **-ta** [-tǝ] *s anat.* O'mentum *n,* (Darm)Netz *n.*
o·mi·cron [ǝʊ'maɪkrǝn; *Am.* ǝ,mǝkrɑn] *s* Omikron *n* (*kurzes O u. griechischer Buchstabe*).
om·i·nous ['ɒmɪnǝs; *Am.* -am-] *adj* (*adv* **~ly**) unheilvoll, verhängnisvoll, omi'nös, drohend, bedenklich: **that's ~** das läßt nichts Gutes ahnen. '**om·i·nous·ness** *s* (*bes.* üble) Vorbedeutung, (*das*) Omi-'nöse.
o·mis·si·ble [ǝʊ'mɪsɪbl] *adj* auszulassen(d), auslaßbar.
o·mis·sion [ǝ'mɪʃn; ǝʊ-] *s* **1.** Aus-, Weglassung *f.* **2.** Unter'lassung *f,* Versäumnis *n*: **sin of ~** Unterlassungssünde *f.* **3.** Über'gehung *f.* **o·mis·sive** [ǝʊ'mɪ-sɪv] *adj* **1.** aus-, weglassend, Unterlassungs... **2.** nachlässig.
o·mit [ǝ'mɪt; ǝʊ-] *v/t* **1.** aus-, weglassen (**from** aus): **to ~ a dividend** *econ.* e-e Dividende ausfallen lassen. **2.** unter'lassen, versäumen: **to ~ doing** (*od.* **to do**) **s.th.** (es) versäumen *od.* vergessen, etwas zu tun.
om·ma·te·um [,ɒmǝ'tiːǝm; *Am.* ,ɑm-] *pl* **-te·a** [-'tiːǝ] *s zo.* Fa'cettenauge *n* (*von Insekten u. Gliederfüßern*). ,**om·ma-'tid·i·um** [-'tɪdɪǝm] *pl* **-i·a** [-ɪǝ] *s* Omma'tidium *n,* Augenkeil *m* (*im Facettenauge*).
om·mat·o·phore ['ɒmætǝfɔː; *Am.* ǝ'mætǝˌfǝʊǝr] *s zo.* Augenstiel *m* (*der Schnecken*).
omni- [ɒmnɪ; *Am.* ɑmnɪ] *Wortelement mit der Bedeutung All..., all...*
,**om·ni'bear·ing** *adj electr.* Allrichtungs...: **~ navigation system** Polarkoordinatennavigation *f*; **~ indicator** automatischer Azimutanzeiger; **~ selector** Kurswähler *m.*
om·ni·bus ['ɒmnɪbǝs; *Am.* 'ɑm-] **I** *s* **1.** *mot.* Omnibus *m,* (Auto)Bus *m.* **2.** *a.* **~ book** Sammelband *m,* Antholo'gie *f,* (Gedicht- *etc*)Sammlung *f.* **3.** → **omnibus box. II** *adj* **4.** Sammel..., Gesamt..., Haupt..., Rahmen... **~ ac·count** *s econ.* Sammelkonto *n.* **~ bar** *s electr.* Sammelschiene *f.* **~ bill** *s parl.* (Vorlage *f* zu e-m) Mantelgesetz *n.* **~ box** *s thea.* Pro'szeniumsloge *f.* **~ clause** *s econ.* Sammelklausel *f.*
,**om·ni'com·pe·tent** *adj* auf allen Gebieten kompe'tent.
,**om·ni·di'rec·tion·al** *adj electr.* rundstrahlend: **~ aerial** (*bes. Am.* **antenna**) Rundstrahlantenne *f*; **~ microphone** Allrichtungsmikrophon *n*; **~ range** → omnirange.
,**om·ni'fac·et·ed** *adj* alle A'spekte e-s Pro'blems betrachtend, ein Problem von allen Seiten betrachtend: **an ~ study.**
om·ni·far·i·ous [,ɒmnɪ'feǝrɪǝs; *Am.* ,ɑm-] *adj* von aller(lei) Art, vielseitig, mannigfaltig. ,**om·ni'far·i·ous·ness** *s* Mannigfaltigkeit *f.*
om·nif·ic [ɒm'nɪfɪk; *Am.* ɑm-] *adj* all-schaffend.
om·nip·o·tence [ɒm'nɪpǝtǝns; *Am.* ɑm-] *s* **1.** Allmacht *f.* **2.** *meist* **O~** (*der*) All'mächtige (*Gott*). **om'nip·o·tent** I *adj* (*adv* **~ly**) all'mächtig, allgewaltig. **II** *s* **the O~** → **omnipotence** 2.
,**om·ni'pres·ence** *s* All'gegenwart *f.* ,**om·ni'pres·ent** *adj* all'gegenwärtig, über'all (befindlich *od.* zu finden[d]).
'**om·ni·range** *s aer.* Drehfunkfeuer *n.*
om·nis·ci·ence [ɒm'nɪsɪǝns; *Am.* ɑm'nɪ-ʃǝns] *s* **1.** All'wissenheit *f.* **2.** um'fassendes *od.* enzyklo'pädisches Wissen. **om-'nis·ci·ent** I *adj* (*adv* **~ly**) all'wissend. **II** *s* **the O~** der All'wissende (*Gott*).

om·ni'ton·al *adj mus.* panto'nal (*wie die Zwölftonmusik*).
om·ni·um ['ɒmnɪəm; *Am.* 'ɑm-] *s econ. Br.* Omnium *n*, Gesamtwert *m* (*e-r fundierten öffentlichen Anleihe*). ~-'**gath·er·um** [-'gæðərəm] *s* **1.** Sammel'surium *n*. **2.** gemischte *od.* bunte Gesellschaft.
om·niv·o·ra [ɒm'nɪvərə; *Am.* ɑm-] *s pl zo.* Allesfresser *pl*, Omni'voren *pl*. '**om·ni·vore** [-nɪvɔː(r); *Am. a.* -ˌvəʊər] *s* Allesfresser *m*, Omni'vor *m.* **om'niv·o·rous** *adj* **1.** alles fressend, omni'vor. **2.** *fig.* alles verschlingend.
o·moph·a·gous [əʊ'mɒfəgəs; *Am.* -'mɑ-] *adj* rohes Fleisch essend.
o·mo·plate ['əʊməpleɪt] *s anat.* Schulterblatt *n*.
om·pha·li ['ɒmfəlaɪ; *Am.* 'ɑm-] *pl von* omphalos.
om·phal·ic [ɒm'fælɪk; *Am.* ɑm-] *adj anat.* Nabel...
om·pha·lo·cele ['ɒmfələʊsiːl; *Am.* 'ɑm-] *s med.* Nabel(ring)bruch *m.* '**om·pha·loid** [-lɔɪd] *adj bot.* nabelartig.
om·pha·los ['ɒmfəlɒs; *Am.* 'ɑmfəˌlɑs] *pl* -**li** [-laɪ] *s* **1.** *anat.* Nabel *m.* **2.** *antiq.* Schildbuckel *m.* **3.** *fig.* Nabel *m.*
om·pha·lo·skep·sis [ˌɒmfələʊ'skepsɪs; *Am.* ˌɑm-] *s* Omphalosko'pie *f*, Nabelschau *f* (*zur mystischen Versenkung*).
on [ɒn; *Am. a.* ɑn] **I** *prep* **1.** *meist* auf (*dat od. acc*) (*siehe die mit on verbundenen Wörter*). **2.** (*getragen von*) auf (*dat*), in (*dat*): **the scar ~ the face** die Narbe im Gesicht; **a ring ~ one's finger** ein Ring am Finger; **have you a match ~ you?** haben Sie ein Streichholz bei sich? **3.** (*festgemacht od. sehr nahe*) an (*dat*): **the dog is ~ the chain**; **~ the Thames**; **~ the wall**. **4.** (*Richtung, Ziel*) auf (*acc*) ... (hin), an (*acc*), zu: **a blow ~ the chin** ein Schlag ans Kinn; **to drop s.th. ~ the floor** etwas auf den Fußboden zu Boden fallen lassen; **to hang s.th. ~ a peg** etwas an e-n Haken hängen. **5.** *fig.* (*auf der Grundlage von*) auf (*acc*) ... (hin): **based ~ facts** auf Tatsachen gegründet; **to live ~ air** von (der) Luft leben; **money to marry ~** Geld, um daraufhin zu heiraten; **a scholar ~ a foundation** ein Stipendiat (e-r Stiftung); **to borrow ~ jewels** sich auf Schmuck(stücke) Geld borgen; **a duty ~ silk** (ein) Zoll auf Seide; **interest ~ one's capital** Zinsen auf sein Kapital. **6.** (*aufeinander folgend*) auf (*acc*), nach: **loss ~ loss** Verlust auf *od.* über Verlust, ein Verlust nach dem andern. **7.** (*gehörig*) zu, (*beschäftigt*) bei, in (*dat*), an (*dat*): **to be ~ a committee** (**the jury**, **the general staff**) zu e-m Ausschuß (zu den Geschworenen, zum Generalstab) gehören; **to be ~ the "Daily Mail"** bei der „Daily Mail" (beschäftigt) sein. **8.** (*Zustand*) in (*dat*), auf (*dat*), zu: **to put s.o. ~ doing s.th.** j-n zu etwas anstellen; **to be ~ s.th.** etwas (*ein Medikament etc*) (ständig) nehmen. **9.** (*gerichtet*) auf (*acc*): **an attack ~ s.o.** *od.* **s.th.**; **a joke ~ me** ein Spaß auf m-e Kosten; **to shut** (**open**) **the door ~ s.o.** j-m die Tür verschließen (öffnen); **the strain tells severely ~ him** die Anstrengung nimmt ihn sichtlich mit; **this is ~ me** *colloq.* das geht auf m-e Rechnung, das zahle ich; **to have nothing ~ s.o.** *colloq.* a) j-m nichts voraus haben, b) j-m nichts anhaben können; **to have s.th. ~ s.o.** *colloq.* e-e Handhabe gegen j-n haben, etwas Belastendes über j-n wissen. **10.** (*Thema*) über (*acc*): **agreement** (**lecture**, **opinion**) **~ s.th.**; **to talk ~ a subject**. **11.** (*Zeitpunkt*) an (*dat*): **~ Sunday**; **~ the 1st of April** (*od.* **~ April 1st**); **~ the next day**; **~ or before April 1st** bis (spätestens) zum 1. April; **~ being asked** als ich *etc* (danach) gefragt wurde.
II *adv* **12.** (*a.* in *Zssgn mit Verben*) (dar)'auf(-legen, -schrauben *etc*): **to place** (**screw**, *etc*) **~**. **13.** *bes. Kleidung*: a) an(-haben, -ziehen): **to have** (**put**) **a coat ~**, b) auf: **to keep one's hat ~**. **14.** (*a.* in *Zssgn mit Verben*) weiter(-gehen, -sprechen *etc*): **to talk** (**walk**, *etc*) **~**; **and so ~** und so weiter; **~ and ~** immer weiter; **~ and off** a) ab und zu, b) ab und an, mit Unterbrechungen; **from that day ~** von dem Tage an; **~ with the show!** weiter im Programm!; **~ to ...** auf (*acc*) ... (hinauf *od.* hinaus).
III *adj pred* **15.** to be **~** a) im Gange sein (*Spiel etc*), vor sich gehen: **what's ~?** was ist los?; **what's ~ in London?** was ist in London los?, was tut sich in London?; **have you anything ~ tomorrow?** haben Sie morgen etwas vor?; **that's not ~!** das ist nicht 'drin'!, b) an sein (*Licht, Radio, Wasser etc*), an-, eingeschaltet sein, laufen, auf sein (*Hahn*): **~ — off** *tech.* An — Aus; **the light is ~** das Licht brennt *od.* ist an(geschaltet); **the brakes are ~** die Bremsen sind angezogen, c) *thea.* gegeben werden (*Stück*), laufen (*Film*), *Rundfunk, TV:* gesendet werden (*Programm*), d) d(a)ran (*an der Reihe*) sein, e) (mit) dabeisein, mitmachen. **16.** to be **~** to *colloq.* etwas 'spitzgekriegt' haben, über j-n *od.* etwas im Bilde sein. **17.** to be a bit **~** *colloq.* e-n Schwips haben. **18.** he's always **~** at me *colloq.* er bearbeitet mich ständig, er liegt mir dauernd in den Ohren (**about** wegen).
on·a·ger ['ɒnəgə; *Am.* 'ɑnɪdʒər] *pl* -**gri** [-graɪ], -**gers** *s* **1.** *zo.* Onager *m*, Persischer Halbesel. **2.** *hist.* Onager *m*, 'Wurfma,schine *f*.
o·nan·ism ['əʊnənɪzəm] *s med. psych.* **1.** Coitus *m* inter'ruptus. **2.** Ona'nie *f*, Selbstbefriedigung *f.* **o·nan·ist** *s* **1.** j-d, der den Coitus interruptus praktiziert. **2.** Ona'nist *m*.
'**on·board** *adj aer.* bordeigen, an Bord befindlich: **~ computer**; **~ food service** Bordverpflegung *f*.
ˌ**on-'cam·er·a** *adj u. adv Film, TV:* vor der Kamera.
once [wʌns] **I** *adv* **1.** einmal: **~ and again**, **~ or twice** ein paarmal, einige Male, ab u. zu; **~ again**, **~ more** noch einmal; **~ a day** einmal täglich; **~ in a while** (*od.* **way**) von Zeit zu Zeit, hin u. wieder, dann u. wann; **~** (**and**) **for all** ein für allemal, zum ersten u. (zum) letzten Mal; **~ bit twice shy** gebranntes Kind scheut das Feuer; **~ moon** **1.** **2.** je(mals), überhaupt (*in bedingenden od. verneinenden Sätzen*): **if ~ he should suspect** wenn er jemals mißtrauisch werden sollte; **not ~** nicht ein *od.* kein einziges Mal, nie(mals). **3.** (*früher od.* später) einmal, einst: **~** (**upon a time**) **there was** es war einmal (*Märchenanfang*); **a ~-famous doctrine** e-e einst(mals) berühmte Lehre.
II *s* **4.** (*das*) 'eine *od.* einzige Mal: **every ~ in a while** von Zeit zu Zeit; **for ~**, **this** (*od.* **that**) **~** dieses 'eine Mal, (für) diesmal (*ausnahmsweise*); **~ is no custom** einmal ist keinmal. **5.** at **~** auf einmal, zu'gleich, gleichzeitig: **don't all speak at ~!** *a. iro.* redet nicht alle auf einmal *od.* durcheinander!; **at ~ a soldier and a poet** Soldat u. Dichter zugleich. **6.** at **~** so'gleich, so'fort, schnellstens: **all at ~** plötzlich, mit 'einem Male, schlagartig.
III *conj* **7.** so'bald *od.* wenn ... (einmal), wenn nur *od.* erst: **~ that is accomplished, all will be well** wenn das erst (einmal) geschafft ist, ist alles gut; **~ he hesitates** sobald er zögert.
IV *adj* **8.** *selten* einstig, ehemalig: **my ~ master**.
'**once-,o·ver** *s colloq.* **1.** rascher abschätzender Blick, kurze Musterung, flüchtige Über'prüfung: **to give ~** (*s.o. od. s.th.*) **the** (*od. a*) **~** j-n mit 'einem Blick abschätzen, j-n *od.* etwas (rasch) mal ansehen, *ein Buch etc* (flüchtig) durchsehen. **2.** to give s.o. the (*od. a*) **~** j-n ,in die Mache nehmen' (*verprügeln*).
on·cer ['wʌnsə(r)] *s* **1.** *colloq.* j-d, der etwas nur einmal tut. **2.** *Br. sl.* Ein'pfundschein *m*.
on·co·gen·ic [ˌɒŋkəʊ'dʒenɪk; *Am.* ˌɑŋ-] *adj med.* onko'gen, bösartige Geschwülste erzeugend.
on·col·o·gy [ɒŋ'kɒlədʒɪ; *Am.* ɑŋ'kɑl-; *a.* ɑn-] *s* Onkolo'gie *f*, Geschwulstlehre *f*.
on·com·ing ['ɒnˌkʌmɪŋ; *Am.* 'ɑn-] **I** *adj* **1.** (her'an)nahend, entgegenkommend: **~ car**; **~ traffic** Gegenverkehr *m*. **2.** *fig.* kommend: **the ~ generation**; **the ~ year**; **an ~ visit** ein bevorstehender Besuch. **II** *s* **3.** Nahen *n*, Her'ankommen *n*: **the ~ of spring**.
'**on-cost** *econ. Br.* **I** *s* **1.** Gemein-, 'Regiekosten *pl.* **II** *adj* **2.** Gemeinkosten verursachend. **3.** nach Zeit bezahlt: **~ mine worker**.
on·cot·o·my [ɒŋ'kɒtəmɪ; *Am.* ɑŋ'kɑt-; *a.* ɑn-] *s med.* Onkoto'mie *f*, Eröffnen *n* e-s Tumors.
on dit *pl* **on dits** [õdi] (*Fr.*) *s* On'dit *n*, Gerücht *n*.
on·do·graph ['ɒndəʊgrɑːf; *Am.* 'ɑndəˌgræf] *s electr. phys.* Ondo'graph *m*, Wellenschreiber *m*.
one [wʌn] **I** *adj* **1.** ein, eine, ein: **~ apple** 'ein Apfel; **~ hundred** (ein)hundert; **~ man in ten** einer von zehn; **~ or two** ein oder zwei, ein paar. **2.** (*emphatisch*) ein, eine, ein, ein einziger, eine einzige, ein einziges: **all were of ~ mind** sie waren alle 'einer Meinung; **to be made ~** ehelich verbunden werden; **for ~ thing** zunächst einmal; **no ~ man could do it** allein könnte das niemand schaffen; **his ~ thought** sein einziger Gedanke; **the ~ way to do it** die einzige Möglichkeit(, es zu tun); **my ~ and only hope** m-e einzige Hoffnung; **the ~ and only Mr. X** der unvergleichliche *od.* einzigartige Mr. X. **3.** all **~** *nur pred* alles eins, ein u. das'selbe: **it is all ~ to me** es ist mir (ganz) egal; **it's ~ fine job** es ist e-e einmalig schöne Arbeit. **4.** ein gewisser, eine gewisse, ein, eine, ein: **~ day** eines Tages (*in Zukunft od. Vergangenheit*); **~ of these days** irgendwann (ein)mal; **~ John Smith** ein gewisser John Smith.
II *s* **5.** Eins *f*, eins: **~ is half of two** eins ist die Hälfte von zwei; **a Roman ~** e-e römische Eins; **~ and a half** ein(und)einhalb, anderthalb; **I bet ten to ~** (**that**) ich wette zehn zu eins(, daß); **at ~ o'clock** um ein Uhr; **~ ten** ein Uhr zehn, zehn nach eins; **in the year ~** Anno dazumal; **to be ~ up on s.o.** j-m (um e-e Nasenlänge) voraus sein; **~ number one**. **6.** (*der, die*) einzelne, (*das*) einzelne (*Stück*): **the all and the ~** die Gesamtheit u. der einzelne; **~ by ~**, **~ after another**, **~ after the other** einer nach dem andern; **~ with another** eins zum anderen gerechnet; **by ~s and twos** einzeln *od.* zu zweien *od.* dreien; **~ for example** zum Beispiel. **7.** Einheit *f*: **to be at ~ with s.o.** mit j-m 'einer Meinung *od.* einig sein; **all in ~** all u. alle gemeinsam, b) alles in 'einem. **8.** Ein(s)er *m*, *bes.* Ein'dollarnote *f*.
III *pron* **9.** ein(er), eine, ein(es), jemand: **like ~ dead** wie ein Toter; **~ of the poets** einer der Dichter; **~ who** einer, der; **the ~ who** der(jenige), der *od.*

welcher; ~ **so cautious** j-d, der so vorsichtig ist, ein so vorsichtiger Mann; **to help ~ another** einander *od.* sich gegenseitig helfen; **have you heard the ~ about ...?** kennen Sie den (*Witz*) schon von ...? **10.** (*Stützwort, meist unübersetzt*): **a sly ~** ein ganz Schlauer; **the little ~s** die Kleinen (*Kinder*); **that ~** der, die, das da (*od.* dort); **a red pencil and a blue ~** ein roter Bleistift u. ein blauer; **the portraits are fine ~s** die Porträts sind gut; **the picture is a realistic ~** das Bild ist realistisch; → **anyone, each I, many 1. 11.** man: **~ knows. 12. ~'s** sein, seine, sein: **to break ~'s leg** sich das Bein brechen; **to lose ~'s way** sich verirren. **13.** *colloq.* a) 'ein anständiges Ding' (*hervorragende Sache, bes. tüchtiger Schlag*), b) 'Ka'none' *f*, Könner *m*: **~ in the eye** *fig.* ein ordentlicher Schlag, ein Denkzettel; **that's a good ~!** nicht schlecht!; **you are a ~!** du bist mir vielleicht einer!; → **land 17.**

'**one|-act play** *s thea.* Einakter *m.* ~-'**armed** *adj* einarmig; ~ **bandit** *colloq.* ,einarmiger Bandit' (*Spielautomat*). ~-'**cir·cuit set** *s electr.* Einkreiser *m* (*Empfänger*). '~-**crop ag·ri·cul·ture,** '~-**crop sys·tem** *s agr.* 'Monokul,tur *f.* ~-'**cyl·in·der** *adj tech.* 'einzy,lindrig, Einzylinder... ~-'**dig·it** *adj math.* einstellig (*Zahl*): **~ adder** (*Computer*) Halbaddierer *m.* ~-'**eyed** *adj* einäugig. ~-'**fold** [-fəʊld] **I** *adj* **1.** *a. adv* einzeln, einfach. **2.** *fig.* treuherzig, na'iv. **II** *s* **3.** (*das*) Einfache. ~-'**hand·ed** *adj* **1.** einhändig, mit (nur) 'einer Hand. **2.** mit (nur) 'einer Hand zu bedienen(d). ~-'**horse** *adj* **1.** einspännig. **2.** *colloq.* armselig, klein: **this ~ town** dieses ,Nest' *od.* ,Kaff'. ~-'**i·de·aed,** ~-'**i·de·a'd** *adj* von nur 'einem Gedanken beherrscht, mono'man.

o·nei·ric [əʊˈnaɪərɪk] *adj* Traum...: **~ image** Traumbild *n.* **o,nei·ro'crit·ic** [-roˈkrɪtɪk] *s* Traumdeuter(in). **o,nei·ro'crit·i·cal** *adj* traumdeutend, traumdeuterisch. **o'nei·ro·man·cy** [-mænsɪ] *s* Traumdeutung *f.*

'**one|-knob tun·ing** *s electr.* Einknopfabstimmung *f*, -bedienung *f.* ~-'**lane** *adj* einspurig (*Fahrbahn*). ~-'**leg·ged** [-ˈlegd; -ˈlegd] *adj* **1.** einbeinig. **2.** *fig.* unzulänglich, einseitig. '~-**line busi·ness** *s econ.* Fachgeschäft *n.* ~-'**man** *adj* Einmann...: **~ band** Einmannkapelle *f;* **~ bus** Einmannbus *m;* **~ business** *Br. econ.* Einmannbetrieb *m;* **~ dog** Hund, der nur 'einer Person gehorcht; **~ play** *thea.* Einpersonenstück *n;* **~ show** a) One-man-Show *f*, b) Ausstellung *f* der Werke 'eines Künstlers. ~-'**mas·ter** *s mar.* Einmaster *m.*

one·ness [ˈwʌnnɪs] *s* **1.** Einheit *f.* **2.** Gleichheit *f*, Identi'tät *f.* **3.** Einigkeit *f*, Übereinstimmung *f*, Einklang *m.* **4.** Einzigartigkeit *f.*

'**one|-night stand** *s* **1.** *thea.* einmaliges Gastspiel. **2.** *colloq.* a) einmalige Angelegenheit, 'einmaliges Gastspiel' (*sexuelles Abenteuer*), b) Mädchen *n etc* für 'eine Nacht. '~-**off** *Br.* **I** *adj* a) einmalig: **a ~ affair**, b) zum einmaligen Gebrauch (bestimmt). **II** *s* a) etwas Einmaliges, b) zum einmaligen Gebrauch bestimmter Gegenstand. ~-'**one** *adj math. u. Logik:* **1.** 'umkehrbar eindeutig (gerichtet). **2.** → **one-to-one.** ~-'**par·ent child** *s irr* Kind, das mit nur 'einem Elternteil aufwächst. ~-'**par·ty** *adj pol.* Einparteien...: **~ system.** ~-'**per·son** *adj* Einpersonen...: **~ household.** ~-'**piece** *adj* **1.** einteilig: **~ bathing suit. 2.** *tech.* aus 'einem Stück: **~ wheel** Vollrad *n.* ~-'**place** *adj* einstellig, ein-

glied(e)rig. '~-**price shop** *s* Einheitspreisladen *m.*

on·er [ˈwʌnə] *s Br. colloq.* **1.** ,Ka'none' *f*, Könner *m* (at in *dat*). **2.** ,Pfund' *n* (*wuchtiger Schlag*).

on·er·ous [ˈɒnərəs; ˈəʊ-; *Am.* ˈɑn-] *adj* (*adv* ~ly) lästig, drückend, beschwerlich (to für): **~ act** *jur.* Auflage *f;* **~ property** *econ.* belastete Vermögensteile *pl.* '**on·er·ous·ness** *s* Beschwerlichkeit *f*, Last *f.*

one'self *pron* **1.** *reflex* sich (selbst *od.* selber): **by ~** aus eigener Kraft, von selbst; **to cut ~** sich schneiden. **2.** (*emphatisch*) (sich) selbst *od.* selber: **the greatest victory is to conquer ~** der größte Sieg ist der Sieg über sich selbst. **3.** *meist* **one's self** man (selbst *od.* selber): **how different others are from ~** wie verschieden andere von einem selbst sind.

'**one-shot** *bes. Am. für* **one-off. ~ cam·er·a** *s phot.* **1.** Einbelichtungskamera *f.* **2.** Drei'farben-, Technico'lorkamera *f.* ,**one-**'**sid·ed** *adj* (*adv* ~ly) einseitig (*a. fig.*). ~-'**sid·ed·ness** *s* Einseitigkeit *f.* '~-**star** *adj* Ein-Sterne-...: **~ general; ~ restaurant.** ~-'**term(ed)** *adj math.* eingliedrig (*Ausdruck*). '~-**time I** *adj* einstmalig, ehemalig. **II** *adv* einstmals, ehemals. ~-**to-'one** *adj math. u. Logik:* iso'morph (*einander in verschiedenen Systemen entsprechend*). '~-**track** *adj* **1.** *rail.* eingleisig. **2.** *fig.* einseitig, 'verbohrt': **you have a ~ mind** du hast (doch) immer nur dasselbe im Kopf. '~-,**trip con·tain·er** *s econ. Am.* Einwegbehälter *m.* '~-**two** *s Fußball:* Doppelpaß *m.* ~-'**up** *v/t j-m* (um e-e Nasenlänge) vor'aus sein. ~-'**up·man·ship** *s humor.* die Kunst, dem anderen immer (um e-e Nasenlänge) vor'aus zu sein. '~-**val·ued** *adj math.* einwertig. '~-**way** *adj* **1.** Einweg(-)..., einbahnig, Einbahn...: **~ cock** *tech.* Einweghahn *m;* **~ glass panel** Spionglasscheibe *f;* **~ street** Einbahnstraße *f;* **~ switch** *tech.* Einwegschalter *m;* **~ ticket** *Am.* a) einfache Fahrkarte, b) *aer.* einfaches Ticket; **~ traffic** Einbahnverkehr *m.* **2.** einseitig: **~ agreement.**

'**on·fall** *s* **1.** Angriff *m*, 'Überfall *m.* **2.** *bes. Scot.* Eintritt *m*, Einbruch *m* (*der Nacht etc*).

'**on,go·ing I** *adj* laufend (*Projekte etc*). **II** *s pl* Vorgänge *pl*, Tun *n* u. Treiben *n.*

on·ion [ˈʌnjən] *s* **1.** *bot.* Zwiebel *f:* **to know one's ~s** *colloq.* sein Geschäft verstehen, etwas können. **2.** *sl.* ,Kürbis' *m*, Kopf *m:* **off one's ~** (total) verrückt *od.* übergeschnappt. **3.** *aer.* 'Leuchtra,kete *f.* ~ **dome** *s arch.* Zwiebelkuppel *f* (*e-r Kirche*). '~-**skin** *s* **1.** Zwiebelschale *f.* **2.** 'Florpost(pa,pier *n*) *f.*

'**on-line** *adj Computer:* rechnerabhängig: **~ processing** On-line-Verarbeitung *f.*

'**on,look·er** *s* Zuschauer(in) (at bei). '**on,look·ing** *adj* zuschauend.

on·ly [ˈəʊnlɪ] **I** *adj* **1.** einzig(er, e, es), al'leinig: **the ~ son** der einzige Sohn; **he's an ~ child** er ist ein Einzelkind; **~ begotten II, one 2. 2.** einzigartig. **II** *adv* **3.** nur, bloß: **not ~ ... but (also)** nicht nur ..., sondern auch; **if ~** a) wenn nur, b) wenn auch nur. **4.** *erst:* **~ yesterday** erst gestern, gestern noch; **~ just** eben erst, gerade, kaum. **III** *conj* **5.** je'doch, nur (daß). **6.** **~ that** nur das, außer wenn. **~ bill** *s econ.* Sola-, Eigenwechsel *m.*

,**on-**'**off switch** *s electr.* Ein-Aus-Schalter *m.*

on·o·ma·si·ol·o·gy [ɒnəˌmeɪsɪˈɒlədʒɪ; *Am.* ˌɑnəˌmeɪsɪˈɑl-] *s ling.* **1.** Onomasiolo'gie *f*, Bezeichnungslehre *f.* **2.** → **onomastic II.**

on·o·mas·tic [ɒnəˈmæstɪk; *Am.* ˌɑnə-] **I** *adj* **1.** *ling.* ono'mastisch. **2.** *jur.* von der Handschrift der Urkunde abweichend (*Unterschrift*). **II** *s pl* (*als sg konstruiert*) **3.** Ono'mastik *f*, Namenkunde *f.*

on·o·mat·o·poe·ia [ɒnəˌmætəʊˈpiːə; *Am.* ˌɑnəˌmætə-] *s ling.* Onomatopö'ie *f*, Laut-, Schallnachahmung *f*, Lautmale'rei *f.* **on·o·mat·o'poe·ic, on·o·mat·o·po'et·ic** [-pəʊˈetɪk] *adj* onomatopo'etisch, laut-, schallnachahmend, lautmalerisch.

on|po·si·tion *s tech.* Einschaltstellung *f.* '~-**rush** *s* Ansturm *m* (*a. fig.*). '~-**sale** *adj* zum Verkauf *od.* Ausschank von Wein u. Spiritu'osen berechtigt. '~-**set** *s* **1.** *mil.* Angriff *m*, Sturm *m*, At'tacke *f.* **2.** Anfang *m*, Beginn *m*, Einbruch *m* (*des Winters etc*), Einsetzen *n*: **at the first ~** gleich beim ersten Anlauf. **3.** *med.* Ausbruch *m* (*e-r Krankheit*). '~,**set·ter** *s Bergbau:* Anschläger *m.* '~-**shore** *adj u. adv* **1.** *landwärts:* **~ wind** auflandiger Wind. **2.** a) in Küstennähe, b) an Land, an der Küste. **3.** *econ.* Inlands...: **~ purchases.** ~-'**side** *adj u. adv sport* nicht abseits: **to be ~** nicht abseits stehen, nicht im Abseits stehen. '~-**slaught** *s* (heftiger) Angriff *od.* Ansturm (*a. fig.*): **to make an ~ on s.o.** *fig.* j-n attackieren. ,**on-the-**'**job** *adj* praktisch: **~ training.** ~-**spot** *adj* an Ort u. Stelle: **our ~ reporter** unser Reporter vor Ort; **~ examination** a) Untersuchung *f* am Tatort, *a.* Unfallaufnahme *f*, b) Lokaltermin *m.*

'**on·to** *prep* **1.** auf (*acc*): **~ the floor. 2.** to be ~ s.th. hinter etwas gekommen sein, etwas ,spitzgekriegt' haben; **he's ~ you** er ist dir auf die Schliche gekommen, er hat dich durchschaut.

on·to·gen·e·sis [ɒntəʊˈdʒenɪsɪs; *Am.* ˌɑntə-] *s biol.* Ontoge'nese *f.* ,**on·to·ge'net·ic** [-dʒɪˈnetɪk] *adj* ontoge'netisch. **on·tog·e·ny** [ɒnˈtɒdʒənɪ; *Am.* ɑn-] *s* **1.** → **ontogenesis. 2.** Keimesentwicklung *f.*

on·to·log·i·cal [ɒntəˈlɒdʒɪkl; *Am.* ˌɑntə-] *adj* (*adv* ~ly) *philos.* onto'logisch: **~ argument** ontologischer Gottesbeweis. **on·tol·o·gy** [ɒnˈtɒlədʒɪ; *Am.* ɑnˈtɑ-] *s* Ontolo'gie *f.*

o·nus [ˈəʊnəs] (*Lat.*) *s* **1.** *fig.* Last *f*, Bürde *f*, Verpflichtung *f.* **2.** (**of**) Verantwortung *f* (für), Schuld *f* (an *dat*). **3.** *a.* **~ of proof** *jur.* Beweislast *f:* **the ~ rests with him** die Beweislast trifft ihn. **~ pro·ban·di** [prəʊˈbændɪ] (*Lat.*) → **onus 3.**

on·ward [ˈɒnwə(r)d; *Am.* ˈɑn-] **I** *adv* **1.** vorwärts, weiter: **from the tenth century ~** vom 10. Jahrhundert an. **2.** weiter vorn: **it lies farther ~** es liegt noch ein Stück weiter. **II** *adj* **3.** vorwärtsgerichtet, vorwärts-, fortschreitend: **an ~ course** (ein) Kurs nach vorn (*a. fig.*). '**on·wards** → **onward I.**

on·y·cha [ˈɒnɪkə; *Am.* ˈɑ-] *s Bibl.* Balsam *m.*

on·yx [ˈɒnɪks; *Am.* ˈɑ-] *s* **1.** *min.* Onyx *m.* **2.** *med.* Nagelgeschwür *n* der Hornhaut, Onyx *m.*

o·o·blast [ˈəʊəblɑːst; *Am.* -ˌblæst] *s biol.* Eikeim *m.* **o·o·cyst** [ˈəʊəsɪst] *s* Oo'zyste *f.* **o·o·cyte** [ˈəʊəsaɪt] *s* Oo'zyte *f*, unreife Eizelle.

oo·dles [ˈuːdlz] *s pl colloq.* Unmengen *pl*, Haufen *m:* **he has ~ of money** er hat Geld wie Heu; **~ of time** jede Menge *od.* massenhaft Zeit.

oof [uːf] *s Br. sl.* ,Kies' *m* (*Geld*).

o·og·a·mous [əʊˈɒɡəməs; *Am.* -ˈɑɡ-] *adj biol.* oo'gam (*mit unbeweglichen weiblichen Gameten*): **~ reproduction** Oogamie *f.*

o·o·gen·e·sis [ˌəʊəˈdʒenɪsɪs] *s* Ooge'nese *f*, Ovoge'nese *f*, Eientwicklung *f.*

o·o·ki·ne·sis [ˌəʊəkaɪˈniːsɪs] *s biol.* Eireifung *f.*

o·o·lite ['əʊəlaɪt] s geol. **1.** Oo'lith m, Rogenstein m. **2.** O~ Dogger m (e-e Juraformation). ˌo·o'lit·ic [-'lɪtɪk] adj Oolith...
oo·mi·ak → umiak.
oomph [ʊmf] s sl. **1.** Pep m, Schwung m. **2.** Sex(-Ap'peal) m: **to have ~** ,sexy' sein.
o·oph·o·ron [əʊ'ɒfərən; Am. əʊ'ɑfəˌrɑn] s anat. Eierstock m.
oops [ʊps; u:ps] interj hoppla!
o·o·sperm ['əʊəspɜːm; Am. -ˌspɜrm] s biol. befruchtetes Ei od. befruchtete Eizelle, Zy'gote f.
ooze [u:z] **I** v/i **1.** sickern: **to ~ in (through)** einsickern (durchsickern), eindringen (durchdringen) (a. Licht, Geräusche etc); **to ~ away** a) versickern, b) fig. dahinschwinden; **his courage ~d away** sein Mut schwand; **to ~ out** a) aussickern, b) entweichen (Luft, Gas), c) fig. 'durchsickern; **the secret ~d out** das Geheimnis sickerte durch. **2. ~ with** → 3 u. 4. **II** v/t **3.** oft **~ out** ausströmen, (aus)schwitzen, triefen von. **4.** fig. a) ausstrahlen, voll Optimismus etc sein: **oozing optimism (good cheer, etc)**, b) iro. triefen von: **oozing charm** (sarcasm, etc). **III** s **5.** Sickern n. **6.** Saft m, Flüssigkeit f. **7.** tech. Lohbrühe f: **~ leather** lohgares Leder. **8.** a) Schlick m, Mudd m, b) Mo'rast m, Schlamm(boden) m.
ooz·y ['u:zɪ] adj (adv oozily) **1.** schlammig, schlick(er)ig: **~ bank** mar. Muddbank f; **~ bottom** mar. Schlickgrund m. **2.** schleimig. **3.** feucht.
o·pac·i·ty [əʊ'pæsətɪ] s **1.** 'Unˌdurchsichtigkeit f, Opazi'tät f. **2.** Dunkelheit f (a. fig.). **3.** fig. a) Unverständlichkeit f, b) Verständnislosigkeit f, Beschränktheit f. **4.** phys. ('Licht)ˌUnˌdurchlässigkeit f, Absorpti'onsvermögen n. **5.** med. Trübung f: **~ of the lens**. **6.** tech. Deckfähigkeit f (von Farben).
o·pal ['əʊpl] s min. O'pal m: **~ blue** Opalblau n; **~ glass** Opal-, Milchglas n; **~ lamp** Opallampe f. **o·pal'esce** [-pə'les] v/i opali'sieren, bunt schillern. **ˌo·pal'es·cence** s Opali'sieren n, Schillern n, Farbenspiel n. **o·pal'es·cent**, **ˌo·pal·'esque** [-'lesk] adj opali'sierend, schillernd. **o·pal·ine I** adj ['əʊpəlaɪn; -ˌli:n] o'palartig, Opal... **II** s ['əʊpəli:n] O'palglas n. **'o·pal·ize** v/i u. v/t opali'sieren od. schillern (lassen).
o·paque [əʊ'peɪk] **I** adj **1.** ˌunˌdurchsichtig, nicht 'durchscheinend, o'pak: **~ col·o(u)r** Deckfarbe f; **~ projector** Am. Episkop m (Projektor für undurchsichtige Bilder). **2.** 'unˌdurchlässig (a für Strahlen): **~ to infrared (rays)** infrarotundurchlässig; **~ meal** med. Kontrastmahlzeit f (vor der Röntgenaufnahme); **~ rubber** Bleigummi n. **3.** dunkel, glanzlos, trüb. **4.** fig. a) unklar, dunkel, unverständlich, b) unverständig, dumm. **II** s **5.** Dunkel n, (etwas) Dunkles. **6.** phot. a) Abdecklack m, b) (nor'maler) Abzug (Ggs. Dia). **o'paque·ness** → opacity.
op|art [ɒp; Am. ɑp] s art Op-art f. **~ art·ist** s Op-Artist m, Vertreter m der Op-art.
o·pen ['əʊpən] **I** s **1. the ~** a) das offene Land, b) die offene (od. hohe) See, c) der freie Himmel: **in the ~** im Freien, unter freiem Himmel, Bergbau: über Tag. **2. the ~** die Öffentlichkeit: **to bring into the ~** an die Öffentlichkeit bringen; **to come into the ~** fig. a) sich zeigen, hervorkommen, b) sich erklären, offen reden, Farbe bekennen, c) (**with s.th.** mit etwas) an die Öffentlichkeit treten; **to draw s.o. into the ~** j-n hervorlocken, j-n aus s-m Versteck locken. **3.** offenes Turˌnier etc (für Amateure u. Berufsspieler).

II adj (adv ~ly) **4.** allg. offen: **~ book** (bottle, window, etc); **~ chain** chem. offene Kette; **~ prison** jur. offenes Gefängnis; **~ town** mil. offene Stadt; **the door is ~** die Tür ist od. steht offen, die Tür ist geöffnet od. auf; **to keep one's eyes ~** fig. die Augen offenhalten; **with ~ eyes** mit offenen Augen (a. fig.); → **arm¹** Bes. Redew., **book 1**, **bowel 1** b, **door** Bes. Redew., **order 5**, **punctuation 1**. **5.** med. offen: **~ wound**; **~ tuberculosis**. **6.** offen, frei, zugänglich: **~ country** offenes Gelände; **~ field** freies Feld; **~ sea** offenes Meer, hohe See; **~ spaces** öffentliche Plätze (Parkanlagen etc). **7.** frei, bloß, offen: **an ~ car** ein offener Wagen; **~ motor** electr. offener od. ungeschützter Motor; **~ lay open**. **8.** offen, eisfrei: **~ harbo(u)r**; **~ water**; **~ weather**; **~ winter** frostfreier Winter; **~ visibility** mar. klare Sicht. **9.** geöffnet, offen, pred a. auf: **the shop (theatre, etc) is ~**. **10.** fig. offen (to für), öffentlich, (jedem) zugänglich: **~ tournament** → 3; **~ competition** freier Wettbewerb; **~ market** econ. offener od. freier Markt; **~ position** freie od. offene (Arbeits)Stelle; **~ sale** öffentliche Versteigerung; **~ session** öffentliche Sitzung; **~ for subscription** econ. zur Zeichnung aufgelegt; **~ to the traffic** für den Verkehr freigegeben; **in ~ court** jur. in öffentlicher Sitzung od. Verhandlung. **11.** fig. zugänglich, aufgeschlossen (**to** für od. dat): **to be ~ to conviction (to an offer)** mit sich reden (handeln) lassen; → **mind 2**. **12.** fig. ausgesetzt, unter'worfen (**to** der Kritik etc): **to ~ to question** anfechtbar; **to temptation** anfällig gegen die Versuchung; **to lay o.s. ~ to criticism** sich der Kritik aussetzen; **to leave o.s. wide ~ to s.o.** sich j-m gegenüber e-e (große) Blöße geben; **that is ~ to argument** darüber läßt sich streiten; **to be ~ to different interpretations** verschiedene Deutungen zulassen. **13.** offen(kundig), unverhüllt: **~ contempt**; **an ~ secret** ein offenes Geheimnis. **14.** offen, freimütig: **an ~ character**; **~ letter** offener Brief; **I will be ~ with you** ich will ganz offen mit Ihnen reden. **15.** freigebig: **with an ~ hand**; **to keep ~ house** ein offenes Haus führen, gastfrei sein. **16.** unentschieden, offen: **~ claim (fight, question, verdict)**. **17.** fig. frei (ohne Verbote): **~ pattern** jur. freigegebenes Muster; **~ season** Jagd-, Fischzeit f (Ggs. Schonzeit); **~ town** Am. ,großzügige' Stadt (mit lockeren Bestimmungen bezüglich Glücksspiel, Prostitution etc). **18.** frei (Zeit): **to keep a day ~** sich e-n Tag freihalten. **19.** lückenhaft (Gebiß etc): **~ population** geringe Bevölkerungsdichte. **20.** durch'brochen (Gewebe, Handarbeit): **~ texture**; **~ work**. **21.** econ. laufend (Konto, Kredit, Rechnung): **~ account**; **~ check** (Br. cheque) Barscheck m. **22.** ling. offen (Silbe, Vokal): **~ consonant** Reibelaut m. **23.** mus. a) weit (Lage, Satz), b) leer (Saite etc): **~ harmony** weiter Satz; **~ note** Grundton m (e-r Saite etc). **24.** print. licht: **~ matter** weitdurchschossener Satz; **~ type** Konturschrift f.

III v/t **25.** allg. öffnen, aufmachen, die Augen, ein Buch a. aufschlagen: **to ~ the circuit** electr. den Stromkreis ausschalten od. unterbrechen; **to ~ one's mouth** fig. ,den Mund aufmachen'; → **bowel 1** b, **door** Bes. Redew., **eye 1**. **26.** eröffnen (**an account** econ. ein Konto; **a business** econ. ein Geschäft; **a credit** econ. e-n Kredit od. ein Akkreditiv; **the debate** die Debatte; **fire** mil. das Feuer [**at**, **on** auf acc]; **a prospect** e-e Aussicht): **to ~ the case** jur. die Verhandlung (durch Vortrag des eigenen Standpunkts) eröffnen; **to ~ new markets** econ. neue Märkte erschließen; **to ~ negotiations** Verhandlungen anknüpfen, in Verhandlungen eintreten; **to ~ a road to the traffic** e-e Straße dem Verkehr übergeben; **to ~ diplomatic relations** pol. diplomatische Beziehungen aufnehmen. **27.** aufschneiden, -stechen, öffnen (a. med.): **to ~ an abscess**. **28.** Gefühle, Gedanken enthüllen, s-e Absichten entdecken od. kundtun: **to ~ o.s. to s.o.** sich j-m mitteilen; → **heart** Bes. Redew. **29.** jur. in der Schwebe lassen: **to ~ a judg(e)ment** beschließen, e-e nochmalige Verhandlung über e-e bereits gefällte Entscheidung zuzulassen. **30.** bes. mar. (ein bisher verdecktes Objekt) in Sicht bekommen.

IV v/i **31.** sich öffnen od. auftun, aufgehen (Tür etc). **32.** (**to**) fig. sich (dem Auge, Geist etc) erschließen od. zeigen od. auftun. **33.** führen, gehen (Tür, Fenster) (**onto** auf acc [... hin'aus]): **a door that ~ed onto a garden**. **34.** fig. a) anfangen, beginnen (Börse, Schule etc), b) öffnen, aufmachen (Laden, Büro etc), c) (e-n Brief, s-e Rede) beginnen: **he ~ed with a compliment**. **35.** a) allg. öffnen, b) das Buch aufschlagen: **let us ~ at page 50**. **36.** mar. in Sicht kommen.

Verbindungen mit Adverbien:

o·pen| out I v/t **1.** ausbreiten, Stadtplan etc ausein'anderfalten. **II** v/i **2.** sich ausbreiten od. ausdehnen od. ausweiten, sich erweitern. **3.** aufgehen, sich öffnen (Blumen). **4.** mot. ,aufdrehen', Gas geben. **5.** ,auftauen', mitteilsam werden. **~ up I** v/t **1.** aufmachen, aufschließen. **2.** erschließen: **to ~ new markets (opportunities, etc)**. **3.** sport die Verteidigung aufreißen. **II** v/i **4.** aufmachen, aufschließen. **5.** mil. das Feuer eröffnen (**at**, **on** auf acc). **6.** fig. a) ,loslegen' (**with** mit Worten, Schlägen etc), b) ,auftauen', mitteilsam werden. **7.** sich zeigen, sich auftun (Möglichkeiten etc). **8.** sport an Farbe gewinnen (Spiel).

ˌo·pen|-'ac·cess li·brar·y s Br. 'Freihandbiblio,thek f. **~ ac·count** s econ. **1.** laufendes Konto. **2.** (noch) offenstehende Rechnung. **~-'air** adj Freiluft..., Freilicht...: **~ swimming pool** Freibad n; **~ meeting** Versammlung f im Freien od. unter freiem Himmel; **~ theatre** (Am. **theater**) Freilichttheater n; **~ festival** Open-air-Festival n. **~-and-'shut** adj simpel, ganz einfach, sonnenklar. **~-'armed** adj warm, herzlich (Empfang). **'~-book ex·am·i·na·tion** s ped. Prüfung f, bei der Nachschlagewerke benutzt werden dürfen. **'~-cast** adj bes. Br. über Tag: **~ mining** Tagebau m. **'~--ˌcir·cuit** adj electr. Arbeitsstrom...: **~ operation** Arbeitsstrom-Betrieb m; **~ voltage** Leerlaufspannung f; **~ television** öffentliches (Ggs. z.B. innerbetriebliches) Fernsehen. **'~-cut** s bes. Am. → opencast. **'~-date I** s **1.** Abpackdatum n. **2.** Haltbarkeitsdatum n. **II** v/t **3.** mit e-m Abpack- od. Haltbarkeitsdatum versehen. **~ day** s Tag m der offenen Tür. **'~-door** adj frei zugänglich: **~ policy** (Handels)Politik f der offenen Tür. **'~-end** adj **1.** econ. nicht begrenzter Zahl von auszugebenden Anteilen (Investmentgesellschaft). **2.** electr. (am Ende) offen, leerlaufend. **3. ~ wrench** tech. Gabelschlüssel m. **'~-'end·ed** adj **1.** → open-end. **2.** a) mit unbegrenzter Laufzeit: **~ contract**, b) zeitlich unbegrenzt: **~ discussion** Open-end-Diskussion f. **3.** ausbaufähig: **~ programme**.

o·pen·er ['əʊpnə(r)] s **1.** (Büchsen- etc)

open-eyed – operator

Öffner m (Gerät). **2.** *Baumwollspinnerei:* Öffner m, (Reiß)Wolf m. **3.** Eröffnende(r m) f (e-s Spiels etc). **4.** *bes. Am.* a) *sport* Eröffnungsspiel n, b) Eröffnungsnummer f (e-r Show etc).

ˌo·pen|-ˈeyed *adj* **1.** mit großen Augen, staunend. **2.** *fig.* wachsam, mit offenen Augen. **~-ˈfaced** *adj* **1.** mit offenem Gesichtsausdruck. **2.** ohne Sprungdeckel (*Uhr*). **~-ˈhand·ed** *adj* (*adv* **~ly**) freigebig. **~-ˈhand·ed·ness** s Freigebigkeit f. **ˈ~-heart** *adj med.* am offenen Herzen: **~ surgery** Offenherzchirurgie f. **~-ˈheart·ed** *adj* (*adv* **~ly**) offen(herzig), aufrichtig. **~-ˈheart·ed·ness** s Offenheit f, Offenherzigkeit f, Aufrichtigkeit f. **ˈ~-hearth** *adj tech.* Siemens-Martin-... **~ hous·ing** s *Am.* Verbot n rassischer *od.* religiöser Diskriminierung bei Verkauf *od.* Vermietung von Häusern *etc.*

o·pen·ing [ˈəʊpnɪŋ] **I** s **1.** (*das*) Öffnen, Eröffnung f. **2.** Öffnung f, Erweiterung f, Lücke f, Loch n, Bresche f, Spalt m. **3.** Durchfahrt f, Durchlaß m. **4.** a. *tech.* (Spann)Weite f. **5.** freie Stelle. **6.** *Am.* (Wald)Lichtung f. **7.** *fig.* Eröffnung f (e-s Akkreditivs, e-s Kontos, e-s Testaments, e-s Unternehmens *etc*): **~ of a letter of credit (of an account, of a last will, of an enterprise**, *etc*); **~ of diplomatic relations** *pol.* Aufnahme f diplomatischer Beziehungen. **8.** *tech.* Inbetriebnahme f, a. (feierliche) Einweihung: **~ of a bridge. 9.** *fig.* Erschließung f: **~ of new markets. 10.** Eröffnung f (*des Kampfes etc*; *a. beim Schach*), Beginn m, einleitender Teil (*a. jur.*). **11.** *thea.* Eröffnungsvorstellung f. **12.** Gelegenheit f, (*econ.* Absatz)Möglichkeit f. **II** *adj* **13.** Öffnungs...: **~ time; ~ time is at** ... das Geschäft *etc* ist ab ... geöffnet. **14.** Eröffnungs...: **~ ceremony; ~ speech; ~ gun** *fig.* (of) Startschuß m (zu), Eröffnung f (*gen*); **~ night** *thea.* Eröffnungsvorstellung f; **~ price** *econ.* Eröffnungskurs m.

ˈo·pen|-ˌmar·ket *adj econ.* Freimarkt...: **~ paper** marktgängiges *od.* im Freiverkehr gehandeltes Wertpapier; **~ policy** Offenmarktpolitik f. **~-ˈmind·ed** *adj* (*adv* **~ly**) aufgeschlossen, vorurteilslos. **~-ˈmind·ed·ness** s Aufgeschlossenheit f. **~-ˈmouthed** *adj* **1.** mit offenem Mund, *weitS. a.* gaffend (*vor Erstaunen*). **2.** *fig.* gierig. **~-ˈnecked** *adj* mit offenem Kragen (*Hemd etc*). **~-ˈplan** *adj*: **~ office** Großraumbüro n; **~ schoolroom** *Br.* Unterrichtssaal m (*für mehrere Klassen*). **~ poˈli·cy** s *econ.* offene (Versicherungs)Police, Pauˈschalpoˌlice f. **~ ˈpri·ma·ry** s *pol. Am.* Aufstellung von Wahlkandidaten, an der sich alle Wähler ohne Angabe der Parteizugehörigkeit beteiligen können. **~ ˈsand·wich** s belegtes Brot. **~ ˈschol·ar·ship** s *ped. Br.* offenes Stipendium (*um das sich jeder bewerben kann*). **~ ˈshop** s *econ.* Betrieb, der auch Nichtgewerkschaftsmitglieder beschäftigt. **~ ˈsight** s *mil.* offenes Visier. **~ ˈskies** s pl *pol.* gegenseitige Luftinspektion. **~-ˌstack ˈli·brar·y** = **open-shelf library**. **~-ˈtop** *adj mot. Am.* offen, ohne Verdeck. **O**˜ **U·ni·ˈver·si·ty** s *Br.* Fern(seh)universität f (*deren Kurse a. ohne erforderten Schulabschluß belegt werden können*). **~ ˈwar·fare** s *mil.* Bewegungskrieg m. **ˈ~-work** s Durchbrucharbeit f. **~-ˈwork(ed)** *adj* durchˈbrochen (*gearbeitet*). **~ ˈwork·ing** s Tagebau m.

op·er·a¹ [ˈɒpərə; *Am.* ˈɑ-] **I** s **1.** *mus.* Oper f. **2.** Opernhaus n, Oper f. **II** *adj* **3.** Opern...: **~ composer**

op·er·a² [ˈɒpərə; *Am.* ˈəʊ-; ˈɑ-] pl von **opus**.

op·er·a·ble [ˈɒpərəbl; *Am.* ˈɑ-] *adj* **1.** durchführbar. **2.** *tech.* betriebsfähig. **3.** *med.* opeˈrierbar, opeˈrabel.

o·pé·ra bouffe pl **-ra(s) bouffes** [ˌɒpərəˈbuːf; *Am.* ˌɑ-; ɒpərəbuf] (*Fr.*) s *mus.* Opera f buffa, komische Oper.

op·er·a cloak s Abendmantel m.

o·pé·ra co·mique pl **-ra(s) -miques** [ˌɒpərəkɒˈmiːk; *Am.* ˌɑpərəˈkɑ-; ɔperakɔˈmik] (*Fr.*) s *mus.* Opéra f coˈmique.

op·er·a| glass(·es pl) s Opernglas n. **~ hat** s Klappzylinder m, Chapeau m claque. **~ house** → **opera 2.**

op·er·and [ˈɒpərənd; *Am.* ˌɑpəˈrænd] s *Computer:* Opeˈrand m, Rechengröße f.

op·er·ant [ˈɒpərənt; *Am.* ˈɑ-] *adj* **1.** wirksam. **2.** *psych.* opeˈrant, nicht reizgebunden: **~ conditioning** operante Konditionierung.

op·er·a pump s *Am.* (glatter) Pumps.

op·er·ate [ˈɒpəreɪt; *Am.* ˈɑ-] **I** v/i **1.** *bes. tech.* arbeiten, in Betrieb *od.* Tätigkeit sein, funktioˈnieren, laufen (*Maschine etc*), ansprechen (*Relais*): **to ~ on batteries** von Batterien betrieben werden; **to ~ at a deficit** *econ.* mit Verlust arbeiten. **2.** wirksam werden *od.* sein, (ein)wirken (**on, upon** auf *acc*), hinwirken (**for** auf *acc*): **to ~ to the prejudice of** s.o. zum Nachteil (*j-n*) gereichen. **3.** *med.* opeˈrieren ([up]on s.o. j-n): **to be ~d on for appendicitis** am Blinddarm operiert werden. **4.** *econ.* spekuˈlieren: **to ~ for a fall (rise)** auf Baisse (Hausse) spekuˈlieren. **5.** *mil.* opeˈrieren, straˈtegische Bewegungen durchˈführen. **II** v/t **6.** bewirken, verursachen, schaffen, (mit sich) bringen. **7.** *tech.* e-e Maschine laufen lassen, bedienen, *ein Gerät* handhaben, *e-n Schalter, e-e Bremse etc* betätigen, *e-n Arbeitsvorgang* steuern, reguˈlieren, *ein Auto etc* lenken, fahren: **safe to ~** betriebssicher. **8.** ein Unternehmen *od.* Geschäft betreiben, führen, etwas ausˈführen.

op·er·at·ic [ˌɒpəˈrætɪk; *Am.* ˌɑ-] *adj* (*adv* **~ally**) opernhaft (a. fig. *contp.*), Opern...: **~ composer** Opernkomponist m; **~ singer** Opernsänger(in).

ˈop·er·at·ing *adj* **1.** *bes. tech.* in Betrieb befindlich, Betriebs..., Arbeits...: **~ characteristic** Laufeigenschaft f; **~ circuit** Arbeitsstromkreis m; **~ conditions** (*od.* **data**) Betriebsdaten; **~ instructions** Bedienungsanleitung f, Betriebsanweisung f; **~ lever** Betätigungshebel m; **~ speed** Betriebsdrehzahl f, Ansprechgeschwindigkeit f (e-s Relais) (→ 2); **~ time** Schaltzeit f (e-s Relais) (→ 2); **~ voltage** Betriebsspannung f. **2.** *econ.* Betriebs..., betrieblich: **~ assets** Vermögenswerte f pl; **~ company** *Am.* a) Betriebsgesellschaft f (*Ggs.* **holding company**), b) Transportunternehmen n; **~ costs** (*od.* **expenses**) Betriebs-, Geschäftsunkosten; **~ efficiency** betriebliche Leistungsfähigkeit; **~ loss** Betriebsverlust m; **~ profit** Betriebsgewinn m; **~ speed** Arbeitsgeschwindigkeit f (→ 1); **~ statement** Gewinn- u. Verlustrechnung f, Betriebsbilanz f. **3.** *med.* opeˈrierend, Operations...: **~ room** *Am.*, **~ theatre** *Br.* Operationssaal m; **~ surgeon** → **operator 6**; **~ table** Operationstisch m.

op·er·a·tion [ˌɒpəˈreɪʃn; *Am.* ˌɑ-] s **1.** Wirken n, Wirkung f (**on** auf *acc*). **2.** *bes. jur.* (Rechts)Wirksamkeit f, Geltung f: **by ~ of law** kraft Gesetzes; **to come into ~** wirksam werden, in Kraft treten; **to be in ~** in Kraft *od.* wirksam sein. **3.** *tech.* Betrieb m, Tätigkeit f, Lauf m (*e-r Maschine etc*): **in ~** in Betrieb; **to put** (*od.* **set**) **in (out of) ~** in (außer) Betrieb setzen; **ready for ~** betriebsfähig. **4.** *bes. tech.* a) Wirkungs-, Arbeitsweise f, b) Arbeits(vor)gang m, Verfahren n, (Arbeits)Proˌzeß m: **~ of thinking** *fig.* Denkvorgang, -prozeß; **chemical ~** chemischer Prozeß; **~s research** *econ.* Unternehmensforschung f; **~s scheduling** Arbeitsvorbereitung f, zeitliche Arbeitsplanung. **5.** *tech.* Inbeˈtriebsetzung f, Handhabung f, Bedienung f (e-r Maschine etc), Betätigung f (e-r Bremse, e-s Schalters etc). **6.** Arbeit f: **~ building** Bauarbeiten. **7.** *econ.* a) Betrieb m: **continuous ~** durchgehender (Tag- u. Nacht)Betrieb; **in ~** in Betrieb, b) Unterˈnehmen n, -tätigkeit f, Betrieb m: **commercial ~**, c) Geschäft n: **trading ~** Tauschgeschäft, d) *Börse:* Transaktiˈon f: **forward ~s** Termingeschäfte. **8.** *math.* Operatiˈon f, Ausführung f (e-r Rechenvorschrift). **9.** *med.* Operatiˈon f, (chirˈurgischer) Eingriff: **~ for appendicitis** Blinddarmoperation; **~ on** (*od.* **to**) **the neck** Halsoperation; **to perform an ~ (on** s.o.) (an j-m) e-n (chirurgischen) Eingriff vornehmen; **major (minor) ~** a) größere (kleinere *od.* harmlose) Operation, b) *colloq.* große Sache, „schwere Geburt" (Kleinigkeit f). **10.** *mil.* Operatiˈon f, Einsatz m, Unterˈnehmung f, (Angriffs)Unterˌnehmen n: **airborne** (*bes. Am.* **airlanded**) **~** Luftlandeunternehmen; **base of ~s** Operationsbasis f; **theater** (*bes. Br.* **theatre**) **of ~s** Einsatz-, Operationsgebiet n, Kriegsschauplatz m.

op·er·aˈtion·al [ˌɒpəˈreɪʃənl; *Am.* ˌɑ-] *adj* **1.** *tech.* a) Funktions..., Betriebs..., Arbeits...: **~ electrode** Arbeitselektrode f, b) betriebsbereit. **2.** *econ.* betrieblich, Betriebs...: **~ research** Unternehmensforschung f. **3.** *mil.* Einsatz..., Operations..., einsatzfähig: **~ aircraft** Einsatzflugzeug n; **~ area** Einsatzgebiet n; **~ fatigue** Kriegsneurose f; **~ height** Einsatzflughöhe f. **4.** *mar.* klar, fahrbereit.

op·er·aˈtion·al·ism [ˌɒpəˈreɪʃnəlɪzəm; *Am.* ˌɑ-] s Operationaˈlismus m. **op·er·aˌtion·alˈist·ic** *adj* operationaˈlistisch.

op·er·a·tive [ˈɒpərətɪv; ˈɒpəreɪ-; *Am.* ˈɑ-] **I** *adj* **1.** wirkend, treibend: **an ~ cause**; **the ~ date** das maßgebliche Datum; **the ~ point** der springende Punkt; **the ~ word** das Wort, auf das es ankommt, *jur. a.* das rechtsbegründende Wort. **2.** wirksam: **an ~ dose**; **to become ~** in Kraft treten, (rechts)wirksam werden; **to be ~** in Kraft *od.* wirksam sein. **3.** praktisch: **the ~ part of the work. 4.** *econ. tech.* Arbeits..., Betriebs..., betrieblich, betriebsfähig: **~ condition** betriebsfähiger Zustand; **~ position** Arbeitslage f. **5.** *med.* operaˈtiv, chirˈurgisch, Operations...: **~ treatment** operative Behandlung; **~ dentistry** Zahn- u. Kieferchirurgie f. **6.** arbeitend, tätig, beschäftigt. **II** s **7.** Werktätige(r) m, *bes.* a) Facharbeiter m, b) angelernter Arbeiter c) Handwerker m, d) Meˈchaniker m. **8.** *Am.* Priˈvatdetekˌtiv m.

op·er·a·tize [ˈɒpərətaɪz; *Am.* ˈɑ-] v/t e-e Oper machen aus.

op·er·a·tor [ˈɒpəreɪtə(r); *Am.* ˈɑ-] s **1.** (*der, die*) Wirkende. **2.** *tech.* Beˈdienungsmann m, -perˌson f, Arbeiter(in), (Kran- *etc*)Führer m: **crane ~**; **engine ~** Maschinist m; **~'s license** *Am.* Führerschein m. **3.** a) Telegraˈfist(in), b) Teleˈfoˌnist(in), Fräulein n (vom Amt): **~-connected call** handvermitteltes Gespräch. **4.** a) Filmvorführer m, b) Kameramann m. **5.** *econ.* a) Unterˈnehmer m, b) **market ~** (*Börse*) (berufsmäßiger) Spekuˈlant: **~ for a fall** Baissespekulant m; **~ for a rise** Haussespekulant m. **6.** *med.* Operaˈteur m, opeˈrierender Arzt.

opercular – opster

7. *math. u. Logik*: Ope'rator *m*. 8. *Computer*: Ope'rator *m*: **logical ~** Boolescher Operator. 9. **a smooth** (*od.* **clever**) **~** *colloq.* ein raffinierter Kerl.
o·per·cu·lar [əʊˈpɜːkjʊlə(r); *Am.* -ˈpɜr-] *adj* 1. *bot. zo.* Deckel... 2. *ichth.* Kiemendeckel... **oˈper·cu·lum** [-ləm] *pl* **-la** [-lə] *s* 1. *bot.* Deckel *m*. 2. a) *zo.* Deckel *m*, Oˈperculum *n* (*der Schnecken*), b) *ichth.* Kiemendeckel *m* (*der Fische*).
o·pe·re ci·ta·to [ˌɒpəriːsaɪˈteɪtəʊ; *Am.* -reɪ-; *a.* -kəˈtɑː-] (*Lat.*) *adv* am angegebenen Ort, in dem ziˈtierten Werk (*abbr.* **op. cit.**).
op·er·et·ta [ˌɒpəˈretə; *Am.* ˌɑp-] *s* Opeˈrette *f*. **ˌop·erˈet·tist** *s* Opeˈrettenkomponist *m*.
op·er·on [ˈɒpərɒn; *Am.* ˈɑpəˌrɑn] *s Genetik*: Operon *n* (*Einheit der Genregulation*).
o·phid·i·an [ɒˈfɪdɪən; *Am.* əʊ-] **I** *adj* schlangenartig, Schlangen... **II** *s* Schlange *f*.
oph·i·ol·a·try [ˌɒfɪˈɒlətrɪ; *Am.* ˌɑfɪˈɑl-] *s* Ophiolaˈtrie *f*, Schlangenanbetung *f*, -kult *m*. **ˌoph·iˈol·o·gy** [-dʒɪ] *s* Schlangenkunde *f*.
oph·ite [ˈəʊfaɪt; *Am. a.* ˈɑf-] *s min.* Oˈphit *m*.
oph·thal·mi·a [ɒfˈθælmɪə; *Am.* ɑf-] *s med.* Augenentzündung *f*, Ophthalˈmie *f*.
ophˈthal·mic *adj* ophˈthalmisch, Augen...: **~ hospital** Augenklinik *f*. **ˌoph·thalˈmi·tis** [-ˈmaɪtɪs] → **ophthalmia**.
oph·thal·mol·o·gist [ˌɒfθælˈmɒlədʒɪst; *Am.* ˌɑfˌθæl ma-] *s* Augenarzt *m*, Ophthalmoˈloge *m*. **ˌoph·thalˈmol·o·gy** [-dʒɪ] *s* Augenheilkunde *f*, Ophthalmoloˈgie *f*.
oph·thal·mo·scope [ɒfˈθælməskəʊp; *Am.* ɑf-] *s med.* Ophthalˈmoˌskop *n*, Augenspiegel *m*. **ˌoph·thalˈmos·co·py** [-ˈmɒskəpɪ; *Am.* -ˈmɑs-] *s med.* Ophthalmoskoˈpie *f*, Ausspiegelung *f* des ˈAugenˌhintergrundes. **ophˌthal·moˈtoˈnom·e·ter** [-mətəʊˈnɒmɪtə(r); *Am.* -ˈnɑ-] *s* (Augen)Druckmesser *m*.
o·pi·ate [ˈəʊpɪət; -eɪt] *pharm.* **I** *s* 1. Opiˈat *n*, ˈOpiumˌpräpaˌrat *n*. 2. Schlafmittel *n*. 3. Beruhigungs-, Betäubungsmittel *n* (*a. fig.*): **~ for the people** *fig.* Opium *n* fürs Volk. **II** *adj* 4. opiumhaltig. 5. einschläfernd. 6. beruhigend, betäubend (*a. fig.*).
o·pine [əʊˈpaɪn] *v/t* daˈfürhalten, meinen.
o·pin·ion [əˈpɪnjən] *s* 1. Meinung *f*, Ansicht *f*, Stellungnahme *f*: **in my ~** m-s Erachtens, nach m-r Meinung *od.* Ansicht; **to be of the ~ that** der Meinung sein, daß; **that is a matter of ~** das ist Ansichtssache; **to ask s.o.'s ~** j-n nach s-r Meinung fragen; **I am entirely of your ~** ich bin (voll u.) ganz Ihrer Meinung. 2. *meist* **public ~** die öffentliche Meinung: **~-forming** meinungsbildend; **~ leader** Meinungsbildner *m*; **~ poll** Meinungsbefragung *f*, -umfrage *f*; **~ research** Meinungsforschung *f*; **~ scale** Meinungs-, Einstellungsskala *f*. 3. Meinung *f*: **to form an ~ of s.o.** sich e-e Meinung von j-m bilden; **to have a high** (**low** *od.* **poor**) **~ of** e-e (keine) hohe Meinung haben von; **she has no ~ of Frenchmen** sie hält nichts *od.* nicht viel von (den) Franzosen. 4. (schriftliches) Gutachten (**on** über *acc*): **to render an ~** ein Gutachten abgeben; **counsel's ~** Rechtsgutachten; **expert ~** Sachverständigengutachten; **medical ~** das Gutachten des medizinischen Sachverständigen. 5. *meist pl* Überˈzeugung *f*: **to act up to one's ~s**, **to have the courage of one's ~(s)** zu s-r Überzeugung stehen, nach s-r Überzeugung handeln. 6. *jur.* Urteilsbegründung *f*.
o·pin·ion·aire [əˌpɪnjəˈneə(r)] *s bes. Am.* Fragebogen *m* für Meinungsforschung. **oˈpin·ion·at·ed** [-neɪtɪd], **oˈpin·ion·a·tive** [-nətɪv; *Am.* -ˌneɪ-] *adj* (*adv* **~ly**) 1. starr-, eigensinnig, eigenwillig, dogˈmatisch. 2. schulmeisterlich, überˈheblich.
op·iˈsom·e·ter [ˌɒpɪˈsɒmɪtə(r); *Am.* ˌɑpɪˈsɑm-] *s* Kurvenmesser *m*.
o·pis·tho·branch [əˈpɪsθəbræŋk], **oˌpis·thoˈbran·chi·ate** [-kɪeɪt; -kɪɪt] *s zo.* ˈHinterkiemer *m* (*Schnecke*).
o·pi·um [ˈəʊpjəm; -ɪəm] *s* Opium *n*: **~ den** Opiumhöhle *f*; **~ eater** Opiumesser *m*; **~ habit** *od.* **~ opiumism** 1 ; **~ poppy** *bot.* Schlafmohn *m*; **O~ War** *hist.* Opiumkrieg *m*. **ˈo·pi·um·ism** *s med.* 1. Opiumsucht *f*, Morphiˈnismus *m*. 2. (chronische) Opiumvergiftung.
o·pos·sum [əˈpɒsəm; *Am.* əˈpɑ-] *s* 1. *zo.* Nordamer. Oˈpossum *n*, (Virˈginische) Beutelratte. 2. *zo. a*) **ursine ~** bärenartiger Beutelmarder, *b*) **vulpine ~** Fuchskusu *m*, Austral. Oˈpossum *n*. 3. *a*) Oˈpossum(fell) *n*, *b*) Oˈpossum(pelz) *m*.
op·pi·dan [ˈɒpɪdən; *Am.* ˈɑ-] **I** *adj* städtisch, Stadt... **II** *s* Städter(in).
op·pi·late [ˈɒpɪleɪt; *Am.* ˈɑ-] *v/t bes. med.* verstopfen.
op·po [ˈɒpəʊ; *Am.* ˈɑ-] *pl* **-pos** *s colloq.* (ˈAmts)Kolˌlege *m* (*e-s Ministers etc*).
op·po·nen·cy [əˈpəʊnənsɪ] *s* Gegnerschaft *f*. **opˈpo·nent I** *adj* 1. → **opposing** 1. 2. entgegenstehend, -gesetzt (**to** *dat*), gegnerisch. **II** *s* 3. Gegner(in) (*a. jur. sport*), ˈWidersacher(in), Gegenspieler(in) (*a. sport*), Oppoˈnent(in).
op·por·tune [ˈɒpətjuːn; *Am.* ˌɑpərˈtjuːn; -ˈtuːn] *adj* 1. günstig, passend, angebracht, zweckmäßig, gelegen, opporˈtun. 2. rechtzeitig. **opˈpor·tune·ly** *adv* 1. → **opportune**. 2. im richtigen Augenblick. **opˈpor·tune·ness** *s* 1. Zweckmäßigkeit *f*. 2. Rechtzeitigkeit *f*.
op·por·tun·ism [ˈɒpətjuːnɪzəm; *Am.* ˌɑpərˈtjuː-; -ˈtuː-] *s* 1. Opportuˈnismus *m*. 2. *sport* ˈAbstauberqualiˌtäten *pl*. **opˈpor·tun·ist** [ˈɒpətjuːnɪst; *Am.* ˌɑpərˈtjuː-; -ˈtuː-] **I** *s* 1. Opportuˈnist(in). 2. *sport* Abstauber(in). **II** *adj* 3. opportuˈnistisch. 4. *sport* Abstauber...: **~ goal**.
op·por·tu·ni·ty [ˌɒpəˈtjuːnətɪ; *Am.* ˌɑpərˈtjuː-; -ˈtuː-] *s* (günstige) Gelegenheit, Möglichkeit *f* (**of doing**, **to do** zu tun; **for s.th.** für *od.* zu etwas): **to afford** (*od.* **give**) **s.o. an ~** j-m (die) Gelegenheit bieten *od.* geben; **to miss** (*od.* **lose**) **the ~** die Gelegenheit verpassen; **to seize** (*od.* **take**) **an ~** e-e Gelegenheit ergreifen (*od.* nutzen); **to seize the ~** die Gelegenheit beim Schopf ergreifen; **at the first** (*od.* **earliest**) **~** bei der erstbesten Gelegenheit; **at your earliest ~** so bald wie möglich; **~ makes the thief** Gelegenheit macht Diebe. **~ cost** *s econ.* Opportuniˈtätskosten *pl*.
op·pose [əˈpəʊz] *v/t* 1. (vergleichend) gegenˈüberstellen. 2. entgegensetzen, -stellen (**to** *dat*). 3. *j-m od. e-r Sache* entgegentreten *od.* -arbeiten, sich widerˈsetzen (*dat*), angehen gegen, bekämpfen, oppoˈnieren gegen. 4. *jur. Am.* gegen *e-e* Patentanmeldung Einspruch erheben. 5. *e-r Sache* entgegenstehen, hemmen (*acc*). **opˈposed** *adj* 1. entgegengesetzt (**to** *dat*) (*a. math.*), gegensätzlich, grundverschieden, unvereinbar. 2. (**to**) abgeneigt, feind (*dat*), feindlich (gegen): **to be ~ to** *j-m od. e-r Sache* feindlich *od.* ablehnend gegenüberstehen, gegen *j-n od. etwas* sein. 3. *tech.* Gegen...: **~ ions** Gegenionen; **~ piston engine** Gegenkolben-, Boxermotor *m*. **opˈpos·er** *s* 1. → **opponent** 3. 2. *jur.* Am. *j-d*, der gegen die Erteilung *e-s* Patents *od.* Gebrauchsmusters Einspruch erhebt. **opˈpos·ing** *adj* 1. gegenˈüberliegend, -stehend. 2. (sich) widerˈsetzend, oppoˈnierend, gegnerisch. 3. → **opposed** 1. 4. *a. phys. tech.* entgegenwirkend, Gegen...: **~ force** *phys.* Gegenkraft *f*.
op·po·site [ˈɒpəzɪt; *Am.* ˈɑ-] **I** *adj* (*adv* **~ly**) 1. gegenˈüberliegend, -stehend (**to** *dat*), Gegen...: **~ angle** Gegen-, Scheitelwinkel *m*; **~ edge** Gegenkante *f*; **two sides and the angle ~ to the third** zwei Seiten u. der eingeschlossene Winkel. 2. ˈumgekehrt, entgegengesetzt: **~ directions**; **~ signs** *math.* entgegengesetzte Vorzeichen; **in ~ phase** *tech.* gegenphasig; **of ~ sign** *math.* ungleichnamig; **~ pistons** gegenläufige Kolben; **~ polarity** *electr.* Gegenpolung *f*. 3. gegensätzlich, entgegengesetzt, gegenteilig, (grund)verschieden, ander(er, e, es): **the ~ sex** das andere Geschlecht; **words of ~ meaning** Wörter mit entgegengesetzter Bedeutung. 4. gegnerisch, Gegen...: **~ number** *a*) (Amts)Kollege *m* (*e-s Ministers etc*), *b*) Pendant *n*, Gegenstück *n* (*Person u. Sache*); **~ side**, **~ team** *sport* Gegenpartei *f*, gegnerische Mannschaft. 5. *bot.* gegenständig (*Blätter*). **II** *s* 6. Gegenteil *n* (*a. math.*), Gegensatz *m*: **the very ~ of** das genaue Gegenteil von (*od. gen*); **quite the ~!** ganz im Gegenteil! **III** *adv* 7. gegenˈüber. **IV** *prep* 8. gegenˈüber (*dat*): **~ the house**; **to play ~ X** (*sport, Film etc*) (der, die) Gegenspieler(in) von X sein. 9. gegenˈüber (*dat*), im Vergleich zu.
op·po·si·tion [ˌɒpəˈzɪʃn; *Am.* ˌɑ-] *s* 1. ˈWiderstand *m* (**to** gegen): **to offer a determined ~** entschlossen(en) Widerstand leisten (**to** gegen *od. dat*); **to meet with** (*od.* **to face**) **stiff ~** auf heftigen Widerstand stoßen. 2. Gegensatz *m*, ˈWiderspruch *m*: **to act in ~ to** zuwiderhandeln (*dat*); **to be in ~ to** in Gegensatz stehen zu. 3. *Logik*: Gegensatz *m*. 4. Oppositiˈon *a*) *pol.* Oppositiˈonsparˌtei(en *pl*) *f*: **to be in ~** in der Opposition sein, *b*) *astr.* Gegenstellung *f*. 5. Gegenˈüberstellung *f*. 6. (das) Gegenˈüberstehen *od.* -liegen. 7. *tech.* Gegenläufigkeit *f*. 8. *jur. a*) ˈWiderspruch *m*, *b*) *Am.* Einspruch *m* (**to** gegen *e-e* Patentanmeldung). **ˌop·poˈsi·tion·al** *adj* 1. *pol.* oppositioˈnell, Oppositions... 2. gegensätzlich, Widerstands... **ˌop·poˈsi·tion·ist** *s* Oppositioˈnelle(r *m*) *f*. **II** *adj* → **oppositional**.
op·press [əˈpres] *v/t* 1. seelisch bedrücken. 2. unterˈdrücken, niederdrücken, tyranniˈsieren, schikaˈnieren. 3. *fig.* lasten auf (*dat*): **he felt ~ed with** (*od.* **by**) **the heat** die Hitze lastete schwer auf ihm. **opˈpres·sion** *s* 1. Unterˈdrückung *f*, Tyranniˈsierung *f*. 2. *a*) *a. jur.* Schiˈkane(n *pl*) *f*, *b*) *jur.* ˈMißbrauch *m* der Amtsgewalt. 3. Druck *m*, Bedrängnis *f*, Not *f*. 4. (seelische) Bedrücktheit. 5. *med.* Beklemmung *f*. **opˈpres·sive** [-sɪv] *adj* (*adv* **~ly**) 1. seelisch bedrückend: **~ sorrow**; **~ thoughts**. 2. drückend: **~ taxes**. 3. tyˈrannisch, hart, grausam. 4. *jur.* schikaˈnös. 5. (drückend) schwül, drückend. **opˈpres·sive·ness** *s* 1. Druck *m*. 2. Schwere *f*, Schwüle *f*. **opˈpres·sor** [-sə(r)] *s* Bedrücker *m*, Unterˈdrücker *m*, Tyˈrann *m*.
op·pro·bri·ous [əˈprəʊbrɪəs] *adj* (*adv* **~ly**) 1. schmähend, Schmäh...: **~ language** Schmährede *f*. 2. schmählich, schändlich, inˈfam, gemein: **~ conduct**. **opˈpro·bri·um** [-əm] *s* Schmach *f*, Schande *f* (**to** für). 2. Schmähung(en *pl*) *f*.
op·pugn [əˈpjuːn; *Am.* ə-; ɑ-] *v/t* anfechten, bestreiten.
op·ster [ˈɒpstə(r)] *Am. sl.* → **op artist**.

opt [ɒpt; *Am.* apt] *v/i* **1.** wählen (between zwischen *dat*), sich entscheiden (to do zu tun, in favo[u]r of, for für): to ~ out a) sich dagegen entscheiden, b) ‚abspringen', zurücktreten (of von), c) ‚aussteigen' (of aus *der Gesellschaft etc*). **2.** *pol.* op'tieren (sich *für e-e bestimmte Staatsangehörigkeit entscheiden*).
'op·tant *s pol.* Op'tant *m.* **'op·ta·tive** ['ɒptətɪv; *Am.* 'ɑp-] **I** *adj* **1.** Wunsch... **2.** *ling.* opta'tivisch: ~ **mood** → **3. II** *s* **3.** *ling.* Optativ *m*, Wunschform *f.*
op·tic ['ɒptɪk; *Am.* 'ɑp-] **I** *adj* (*adv* ~**ally**) **1.** Augen..., Seh..., Gesichts...: ~ **angle** Seh-, Gesichts(feld)winkel *m*; ~ **axis** → **optical axis**; ~ **light filter** *TV* Graufilter *m*, *n*, -scheibe *f*; ~ **nerve** Sehnerv *m*; ~ **surgery** Augenchirurgie *f*; ~ **thalamus** Sehhügel *m* (*im Gehirn*). **2.** → **optical. II** *s* **3.** *meist pl humor.* Auge *n*. **4.** *pl* (*als sg konstruiert*) *phys.* Optik *f*, Lichtlehre *f.*
op·ti·cal ['ɒptɪkl; *Am.* 'ɑp-] *adj* (*adv* ~**ly**) *anat. phys.* optisch: ~ **bench** optische Bank; ~ **character reader** (*Computer*) optischer Klarschriftleser; ~ **character recognition** (*Computer*) optische Zeichenerkennung; ~ **density** optische Dichte; ~ **fiber** (*bes. Br.* **fibre**) → **glass fiber**; ~ **flat** (*od.* **plane**) optische Ebene; ~ **glass** optisches Glas; ~ **illusion** optische Täuschung; ~ **microscope** Lichtmikroskop *n*; ~ **sound** Lichtton *m*; ~ **sound recorder** Gerät *n* zur optischen Schallaufzeichnung. ~ **art** → **op art.** ~ **ax·is** *s irr phys.* **1.** optische Achse. **2.** Sehachse *f.*
op·ti·cian [ɒp'tɪʃn; *Am.* ɑp-] *s* Optiker *m.*
op·ti·ma ['ɒptɪmə; *Am.* 'ɑp-] *pl von* **optimum I.**
op·ti·mal ['ɒptɪml; *Am.* 'ɑp-] → **optimum II.**
op·ti·mism ['ɒptɪmɪzəm; *Am.* 'ɑp-] *s* Opti'mismus *m.* **'op·ti·mist** *s* Opti'mist (-in). ₁**op·ti'mis·tic** *adj*; ₁**op·ti'mis·ti·cal** *adj* (*adv* ~**ly**) opti'mistisch, zuversichtlich. **'op·ti·mize** *v/i* (ein) Opti'mist sein. **II** *v/t econ. tech.* opti'mieren.
op·ti·mum ['ɒptɪməm; *Am.* 'ɑp-] **I** *pl* **-ma** [-mə] *s* Optimum *n*, günstigster Fall, Bestfall *m*, Bestwert *m*, günstigste Bedingungen *pl.* **II** *adj* opti'mal, günstigst(er, e, es), bestmöglich, Best...
op·tion ['ɒpʃn; *Am.* 'ɑp-] *s* **1.** Wahlfreiheit *f*, freie Wahl *od.* Entscheidung, Entscheidungsfreiheit *f*: ~ **of a fine** Recht *n*, e-e Geldstrafe (*an Stelle der Haft*) zu wählen; **local** ~ Recht *n* unterer Instanzen, den Verkauf von Wein u. Spirituosen zu verbieten. **2.** Wahl *f*: **at one's** ~ nach Wahl; **to make one's** ~ s-e Wahl treffen; **to leave** (*od.* **keep**) **one's** ~**s open** sich alle Möglichkeiten offenlassen. **3.** Alterna'tive *f*, gebotene Möglichkeit: **none of the** ~**s is satisfactory**; I had no ~ but to ich mußte, ich hatte keine andere Wahl als, mir blieb nichts anderes übrig als. **4.** *econ.* Opti'on *f*, Vorkaufs-, Opti'onsrecht *n*: **call** ~ a) Kaufoption, b) (*Börse*) Vorpräm(iengeschäft *n*) *f*; **put** ~ a) Verkaufsoption, b) (*Börse*) Rückprämie(ngeschäft *n*) *f*; ~ **rate** Prämiensatz *m*; **to take up** (**abandon**) **an** ~ ein Optionsrecht (nicht) ausüben; → **buyer 1, seller 1. 5.** *Versicherung:* Opti'on *f* (*Wahlmöglichkeit des Versicherungsnehmers in bezug auf die Form der Versicherungsleistung*). **'op·tion·al** [-ʃənl] *adj* (*adv* ~**ly**) **1.** freigestellt, wahlfrei, freiwillig, fakulta'tiv, nach Wahl: ~ **bonds** *Am.* kündbare Obligationen; ~ **insurance** fakultative Versicherung; ~ **studies** fakultative Studien(fächer); ~ **subject** *ped.* Wahlfach *n*. **2.** *econ.* Options...: ~ **clause**, ~ **bargain** Prämiengeschäft *n.*

op·tom·e·ter [ɒp'tɒmɪtə(r); *Am.* ɑp'tɑ-] *s med.* Opto'meter *n*, Sehweitemesser *m.* **op'tom·e·trist** [-trɪst] *s* Opto'metriker *m.* **op'tom·e·try** [-trɪ] *s* **1.** Optome'trie *f*, Sehkraft-, Sehweitemessung *f.* **2.** Sehprüfung *f*, 'Augenunter₁suchung *f.*
op·to·phone ['ɒptəfəʊn; *Am.* 'ɑp-] *s* **1.** Opto'phon *n* (*Leseapparat für Blinde, der Buchstaben mit Hilfe der Selenzelle in Töne umsetzt*). **2.** *electr.* Lichtsprechgerät *n.*
op·u·lence ['ɒpjʊləns; *Am.* 'ɑp-] *s* (großer) Reichtum, ('Über)Fülle *f*, 'Überfluß *m*, Opu'lenz *f*: **to live in** ~ im Überfluß leben. **'op·u·lent** *adj* (*adv* ~**ly**) **1.** wohlhabend, (sehr) reich (*a. fig.*). **2.** üppig, opu'lent: ~ **meal. 3.** *bot.* blütenreich, farbenprächtig.
o·pus ['əʊpəs] *pl* **op·e·ra** ['ɒpərə; *Am.* 'əʊ-] (*Lat.*) *s* (*einzelnes*) Werk, Opus *n*: ~ **number** *mus.* Opusnummer *f*; → **magnum opus. o·pus·cule** [ɒ'pʌskju:l; *Am.* əʊ-] *s* kleines (lite'rarisches *od.* musi'kalisches) Werk.
or¹ [ɔ:(r)] *conj* **1.** oder: **in a day** ~ **two** in ein bis zwei Tagen; ~ **so I believe** glaube ich zumindest. **2.** ~ **else** oder, sonst, andernfalls: → **else 3. 3.** (*nach neg*) noch, und kein, und auch nicht.
or² [ɔ:(r)] *obs. od. poet.* **I** *conj* ehe (daß), bevor: ~ **ever**, ~ **e'er**, ~ **ere** bevor, ehe (daß). **II** *prep* vor.
or³ [ɔ:(r)] *s her.* Gold *n*, Gelb *n.*
o·ra ['ɔ:rə; *Am. a.* 'əʊrə] *s hist.* alte englische Rechnungsmünze.
or·ach, or·ache ['ɒrɪtʃ; *Am. a.* 'ɑ-] *s bot.* Melde *f.*
or·a·cle ['ɒrəkl; *Am. a.* 'ɑ-] **I** *s* **1.** *antiq.* O'rakel *n*: **the** ~ **of Apollo at Delphi; to work the** ~ *Br. colloq.* die Sache ‚(hin)drehen'. **2.** O'rakel(spruch *m*): a) o'rakelhafter Ausspruch, b) Weissagung *f.* **3.** *meist pl relig.* Wort *n* Gottes, Bibel *f.* **4.** *relig.* (*das*) Aller'heiligste (*im jüdischen Tempel*). **5.** *fig.* weiser Mann, Pro'phet *m*, unfehlbare Autori'tät. **II** *v/t u. v/i* **6.** o'rakeln. **o·rac·u·lar** [ɒ'rækjʊlə(r); *Am. a.* ə'r-] *adj* **1.** o'rakelhaft (*a. fig.* dunkel, rätselhaft), Orakel... **2.** weise (*Person*). **o₁rac·u'lar·i·ty** [-'lærətɪ] *s* O'rakelhaftigkeit *f.*
o·ral ['ɔ:rəl; *Am. a.* 'əʊ-; 'ɑ-] **I** *adj* (*adv* ~**ly**) **1.** mündlich: ~ **contract;** ~ **examination;** ~ **interpretation** Interpretation *f* durch Vortrag (*von Werken der Literatur*). **2.** *anat.* o'ral (*a. ling.* Laut), Mund...: ~ **cavity** Mundhöhle *f*; ~ **intercourse** Oralverkehr *m*; **for** ~ **use** zum innerlichen Gebrauch; ~ **vaccine** Schluckimpfstoff *m.* **3.** *psych.* o'ral, Oral...: ~ **eroticism,** ~ **erotism** Oralerotik *f*; ~ **stage** orale Phase. **II** *s* **4.** *ped. colloq.* mündliche Prüfung, (*das*) Mündliche.
o·rang ['ɔ:rəŋ; *Am.* ə'ræŋ] → **orangoutang.**
or·ange¹ ['ɒrɪndʒ; *Am. a.* 'ɑr-] **I** *s* **1.** *a.* **sweet** ~ *bot.* O'range *f*, Apfel'sine *f*: **bitter** ~ Pomeranze *f*; **to squeeze** (*od.* **suck**) **the** ~ **dry** *colloq.* ihn *od.* sie *od.* es ausquetschen *od.* -saugen wie e-e Zitrone; **sucked** ~ *sl.* ‚trübe Tasse'. **2.** O'range(nbaum *m*) *f.* **3.** O'range *n* (*Farbe*). **II** *adj* **4.** Orangen... **5.** o'range(nfarben).
Or·ange² ['ɒrɪndʒ; *Am. a.* 'ɑr-] **I** *npr hist.* O'ranien *n*: **Prince of** ~ Prinz von Oranien (*bes. Wilhelm III. von England*). **II** *adj* o'ranisch.
or·ange·ade [₁ɒrɪndʒ'eɪd; *Am. a.* ₁ɑr-] *s* Oran'geade *f* (*Getränk*).
or·ange blos·som *s* O'rangenblüte *f* (*a.* Staatsblume *von Florida*). **'~-₁col·o(u)red** *adj* o'rangenfarben). ~ **grove** *s* O'rangenplan₁tage *f.*
Or·ange·ism ['ɒrɪndʒɪzəm; *Am. a.*

s hist. Oran'gismus *m* (*politischer Protestantismus in Nordirland*).
or·ange│lead [led] *s tech.* O'rangemennige *f*, Bleisafran *m.* ~ **mad·der** *s* 'Krapp-O₁range *n* (*Farbe*). **'O~-man** [-mən] *s irr hist.* Oran'gist *m* (*Mitglied des* Orange Order). **O~·men's Day** [-mənz] *s* der 12. Juli (*nordirischer Gedenktag, an dem man der Schlachten an der Boyne, 1. 7. 1690, u. bei Aughrim, 12. 7. 1691, gedenkt*). **O~ Or·der** *s hist.* 1795 mit dem Ziel gegründeter Geheimbund, die Vormachtstellung des Protestantismus in Nordirland aufrechtzuerhalten. ~ **peel** *s* **1.** O'rangen-, Apfel'sinenschale *f*: **candied** ~ Orangeat *n.* **2.** *a.* ~ **effect** O'rangenschalenstruk₁tur *f* (*Lackierung*).
or·an·ge·ry ['ɒrɪndʒərɪ; *Am. a.* 'ɑr-] *s* Orange'rie *f.*
or·ange stick *s* Mani'küretäbchen *n.*
o·rang·ou·tang [ɔː'ræŋˌtæŋ], **o₁rang·u'tan** [-'tæn] *s zo.* 'Orang-'Utan *m.*
o·rate [ɔː'reɪt] *v/i* **1.** e-e Rede halten (to vor *dat*). **2.** *humor. u. contp.* (lange) Reden halten *od.* ‚schwingen', reden. **o'ra·tion** *s* **1.** (offizi'elle *od.* feierliche) Rede. **2.** *ling.* Rede *f*: **direct** ~ direkte Rede; **indirect** (*od.* **oblique**) ~ indirekte Rede. **or·a·tor** ['ɒrətə(r); *Am. a.* 'ɑ-] *s* **1.** Redner *m*: **Public O~** Sprecher *m.* Vertreter *m* der Universität (*Oxford u. Cambridge*). **2.** *jur. Am.* Kläger *m* (*in* **equity**-*Prozessen*).
or·a·tor·i·cal [₁ɒrə'tɒrɪkl; *Am. a.* ₁ɑrə-'tɑr-] *adj* (*adv* ~**ly**) rednerisch, Redner..., ora'torisch, rhe'torisch, Rede...
or·a·to·ri·o [₁ɒrə'tɔːrɪəʊ; *Am.* ⸗'təʊ-; *a.* ₁ɑr-] *pl* **-ri·os** *s mus.* Ora'torium *n.*
or·a·to·ry¹ ['ɒrətərɪ; *Am.* ₁təʊrɪː; ₁tɔː-; *a.* 'ɑ-] *s* Redekunst *f*, Beredsamkeit *f*, Rhe'torik *f.*
or·a·to·ry² ['ɒrətərɪ; *Am.* ₁təʊrɪː; ₁tɔː-; *a.* 'ɑ-] *s relig.* **1.** Ka'pelle *f*, Andachtsraum *m.* **2.** **O~** *R.C. hist.* Ora'torium *n* (*Name verschiedener Kongregationen von Weltgeistlichen ohne Klostergelübde*).
orb [ɔː(r)b] **I** *s* **1.** Kugel *f*, Ball *m.* **2.** *poet.* Gestirn *n*, Himmelskörper *m.* **3.** *obs.* Erde *f* (Planet). **4.** *poet.* a) Augapfel *m*, b) Auge *n.* **5.** *hist.* Reichsapfel *m.* **6.** *poet.* a) Kreis *m*, b) Ring *m*, c) Rad *n*, d) Scheibe *f.* **7.** *fig.* Welt *f*, (organi'siertes) Ganzes. **8.** *astr.* Einflußgebiet *n* (*e-s Planeten etc*). **II** *v/t* **9.** zu e-m Kreis *od.* e-r Kugel formen. **10.** *poet.* um'ringen. **III** *v/i* **11.** *selten* a) sich im Kreis bewegen. b) sich runden. **orbed** [ɔː(r)bd] *adj* rund, kreis-, kugelförmig.
or·bic·u·lar [ɔː(r)'bɪkjʊlə(r)] *adj* **1.** kugelförmig. **2.** rund, kreis-, scheibenförmig. **3.** ringförmig, Ring...
or·bic·u·late [ɔː(r)'bɪkjʊlət] *adj* kreisförmig, (fast) rund.
or·bit ['ɔː(r)bɪt] **I** *s* **1.** (*astr.* Kreis-, 'Umlauf-, *phys.* Elek'tronen)Bahn *f*: **to get** (**put**) **into** ~ in e-e Umlaufbahn gelangen (bringen). **2.** *fig.* a) Bereich *m*, Wirkungskreis *m*, b) *pol.* (Macht)Bereich *m*, Einflußsphäre *f*: **the Russian** ~. **3.** *aer.* Wartekreis *m.* **4.** *anat. zo.* a) Augenhöhle *f*, b) Auge *n.* **5.** *orn.* Augen(lider)haut *f.* **II** *v/t* **6.** *die Erde etc* um'kreisen. **7.** Satelliten *etc* auf e-e 'Umlaufbahn bringen. **III** *v/i* **8.** die Erde *etc* um'kreisen, sich auf e-r 'Umlaufbahn bewegen. **9.** *aer.* (*vor dem Landen über dem Flugplatz*) kreisen.
or·bit·al ['ɔː(r)bɪtl] **I** *adj* **1.** *anat. zo.* orbi'tal, Augenhöhlen...: ~ **cavity** Augenhöhle *f.* **2.** *astr. phys.* Bahn...: ~ **electron** Bahnelektron *n*; ~ **velocity** Umlaufgeschwindigkeit *f.* **II** *s* **3.** *chem. phys.* Orbi'tal *n*, *m.* **4.** *Br.* Ringstraße *f* (*um e-e Stadt*).
orc [ɔː(r)k] *s* **1.** → **grampus. 2.** (Meeres-)

Ungeheuer *n.* **'or·ca** [-kə] → **killer whale.**
Or·ca·di·an [ɔː(r)'keɪdjən; -dɪən] **I** *adj* Orkney... **II** *s* Bewohner(in) der Orkney-Inseln.
or·chard ['ɔː(r)tʃə(r)d] *s* a) Obstgarten *m*, b) 'Obstplan,tage *f*. **'or·chard·ing** *s* **1.** Obstbau *m*. **2.** *collect. Am.* 'Obstkul,turen *pl*. **'or·chard·ist** *s, a*. **'or·chard·man** [-mən] *s irr* Obstzüchter *m*, Obstgärtner *m*.
or·ches·tic [ɔː(r)'kestɪk] **I** *adj* or'chestisch, Tanz... **II** *s pl* Or'chestik *f (höhere Tanzkunst)*.
or·ches·tra ['ɔː(r)kɪstrə] *s* **1.** *mus.* Or-'chester *n*. **2.** *thea.* a) *a.* ~ **pit** Or'chester (-raum *m*, -graben *m*) *n*, b) ~ **stall** Orchestersessel *m*. **3.** *antiq.* Or'chestra *f*.
or·ches·tral [ɔː(r)'kestrəl] *adj mus.* **1.** Orchester...: ~ **concert. 2.** orche-'stral.
or·ches·trate ['ɔː(r)kɪstreɪt] *v/t* **1.** *a. v/i mus.* orche'strieren, instrumen'tieren. **2.** *fig. Am.* Gedanken *etc* ordnen, Geschichte *etc* aufbauen. **3.** *fig. Am.* Kampagne *etc* insze'nieren.
or·ches·tra·tion [,ɔː(r)ke'streɪʃn] *s mus.* Orche'strierung *f*, Instrumentati'on *f*.
or·ches·tri·na [,ɔː(r)kɪ'striːnə], **or·ches·tri·on** [ɔː(r)'kestrɪən] *s mus.* Or-'chestrion *n (automatische Orgel)*.
or·chid ['ɔː(r)kɪd] *s bot.* Orchi'dee *f*. **or·chi'da·ceous** [-'deɪʃəs] *adj bot.* Orchideen... **'or·chid·ist** *s* Orchi'deenzüchter(in). **or·chid·ol·o·gy** [-'dɒlədʒɪ; *Am.* -'dɑ-] *s bot.* Orchi'deenkunde *f*.
or·chis ['ɔː(r)kɪs] *s bot.* Orchi'dee *f, bes.* Knabenkraut *n*.
or·chi·tis [ɔː(r)'kaɪtɪs] *s med.* Or'chitis *f*, Hodenentzündung *f*.
OR cir·cuit *s Computer*: ODER-Schaltung *f*.
or·dain [ɔː(r)'deɪn] *v/t* **1.** *relig.* ordi'nieren, *(zum Priester)* weihen. **2.** bestimmen, fügen *(Gott, Schicksal)*. **3.** anordnen, verfügen.
or·deal [ɔː(r)'diːl] *s* **1.** *hist.* Gottesurteil *n*: ~ **by battle** Gottesurteil durch Zweikampf; ~ **by fire** Feuerprobe *f*; ~ **by water** Wasserprobe *f*. **2.** *fig.* Zerreiß-, Feuerprobe *f*, schwere Prüfung. **3.** *fig.* Qual *f*, Nervenprobe *f*, Mar'tyrium *n*, Tor'tur *f*.
or·der ['ɔː(r)də(r)] **I** *s* **1.** Ordnung *f*, geordneter Zustand: **love of** ~ Ordnungsliebe *f*; **to keep** ~ Ordnung halten, die Ordnung wahren; → *Bes. Redew.* **2.** (öffentliche) Ordnung: ~ **was restored** die Ordnung wurde wiederhergestellt. **3.** Ordnung *f (a. biol. Kategorie)*, Sy'stem *n (a. bot.)*: **social** ~ Sozialordnung; **the old** ~ **was upset** die alte Ordnung wurde umgestoßen. **4.** (An)Ordnung *f*, Reihenfolge *f*: **in alphabetical** ~; ~ **of priority** Dringlichkeitsstufe *f*; ~ **of merit** *(od.* precedence*)* Rangordnung. **5.** Ordnung *f*, Aufstellung *f*: **in close (open)** ~ *mil.* in geschlossener (geöffneter) Ordnung; ~ **of battle** a) *mil.* Schlachtordnung, Gefechtsaufstellung, b) *mar.* Gefechtsformation *f*. **6.** *mil.* vorschriftsmäßige Uni'form u. Ausrüstung: → **marching I. 7.** *parl. etc* (Geschäfts)Ordnung *f*: **a call to** ~ ein Ordnungsruf; **to call to** ~ zur Ordnung rufen; **to rise to (a point of)** ~ zur Geschäftsordnung sprechen; **to rule** s.o. **out of** ~ j-m das Wort entziehen; **O**~! **O**~! zur Ordnung!; ~ **of the day,** ~ **of business** Tagesordnung (→ 10); **to be the** ~ **of the day** *fig.* an der Tagesordnung sein; **to pass to the** ~ **of the day** zur Tagesordnung übergehen. **8.** Zustand *m*: **in bad** ~ nicht in Ordnung, in schlechtem Zustand; **in good** ~ in Ordnung, in gutem Zustand. **9.** *ling.*

(Satz)Stellung *f*, Wortfolge *f*. **10.** *oft pl* Befehl *m (a. beim Computer)*, Instrukti'on *f*, Anordnung *f*: **O**~ **in Council** *pol. Br.* Kabinettsbefehl; **to give** ~s *(od.* **an** ~ *od.* **the** ~) **for** s.th. **to be done** *(od.* that s.th. [should] be done) Befehl geben, etwas zu tun *od.* daß etwas getan werde; ~ **of the day** *mil.* Tagesbefehl (→ 7); → **marching I. 11.** Verfügung *f*, Befehl *m*, Auftrag *m*: ~ **to pay** Zahlungsbefehl, -anweisung *f*; ~ **of remittance** Überweisungsauftrag *m*. **12.** *jur.* (Gerichts)Beschluß *m*, Verfügung *f*, Befehl *m*: **release** ~ Freilassungsbeschluß *f*. **13.** Art *f*, Klasse *f*, Grad *m*, Rang *m*: **of a high** ~ von hohem Rang; **of quite another** ~ von ganz anderer Art. **14.** *math.* Ordnung *f*, Grad *m*: **equation of the first** ~ Gleichung *f* ersten Grades. **15.** (Größen-)Ordnung *f*: **of** *(od.* **in) the** ~ **of** in der Größenordnung von. **16.** Klasse *f*, (Gesellschafts)Schicht *f*: **the military** ~ der Soldatenstand. **17.** a) Orden *m (Gemeinschaft von Personen)*, b) (geistlicher) Orden: **the Franciscan O**~ der Franziskanerorden, c) *a*. ~ **of knighthood** *hist.* (Ritter)Orden *m*. **18.** Orden *m*: **Knight of the O**~ **of the Garter** Ritter *m* des Hosenbandordens. **19.** Ordenszeichen *n*: → **bath**[2] **7, order of merit 1. 20.** *relig.* a) Weihe(stufe) *f*: **major** ~**s** höhere Weihen, b) *pl, meist* **holy** ~**s** (heilige) Weihen *pl*, Priesterweihe *f*: **to take (holy)** ~**s** die heiligen Weihen empfangen, in den geistlichen Stand treten; **to be in (holy)** ~**s** dem geistlichen Stand angehören. **21.** *relig.* Ordnung *f (der Messe etc)*: ~ **of confession** Beichtordnung. **22.** Ordnung *f*, Chor *m (der Engel)*: **O**~ **of the Seraphim. 23.** *arch.* (Säulen-)Ordnung *f*: **Doric** ~ dorische Säulenordnung. **24.** *arch.* Stil *m*. **25.** *econ.* Bestellung *f (a.* Ware*)*, Auftrag *m (for für)*: **to give** *(od.* **place) an** ~ e-n Auftrag erteilen, e-e Bestellung aufgeben *od.* machen; **to make to** ~ a) auf Bestellung anfertigen, b) nach Maß anfertigen; **shoes made to** ~ Maßschuhe; **a large** *(od.* tall*)* ~ *colloq.* e-e (arge) Zumutung, (zu)viel verlangt. **26.** a) Bestellung *f (im Restaurant)*: **last** ~**s, please** Polizeistunde!, b) *colloq.* Porti'on *f*. **27.** *econ.* Order *f (Zahlungsauftrag)*: **to pay to** s.o.'**s** ~ an j-s Order zahlen; **pay to the** ~ **of** *(Wechselindossament)* für mich an *(acc)*; **payable to** ~ zahlbar an Order; **own** ~ eigene Order; **check** *(Br.* cheque*)* **to** ~ Orderscheck *m*. **28.** *bes. Br.* Einlaßschein *m, bes.* Freikarte *f*.
Besondere Redewendungen:
at the ~ *mil.* Gewehr bei Fuß; **by** ~ a) befehls- *od.* auftragsgemäß, b) im Auftrag *(abbr.* i. A.; *vor der Unterschrift)*; **by** *(od.* **on)** ~ **of** a) auf Befehl von *(od. gen)*, b) im Auftrag von *(od. gen)*, c) *econ.* auf Order von *(od. gen)*; **in** ~ a) in Ordnung *(a. fig. gut, richtig)*, b) der Reihe nach, in der richtigen Reihenfolge, c) in Übereinstimmung mit der Geschäftsordnung, zulässig, a) angebracht; **in** ~ **to** um zu; **in** ~ **that** damit; **in short** ~ *Am. colloq.* sofort, unverzüglich; **to keep in** ~ in Ordnung halten, instand halten; **to put in** ~ in Ordnung bringen; **to set in** ~ ordnen; **in running** ~ betriebsfähig; **on** ~ *econ.* a) auf *od.* bei Bestellung, b) bestellt, in Auftrag; **on the** ~ **of** a) nach Art von *(od. gen)*, b) *econ.* auf Bestellung von *(od. gen)*, c) auf Befehl von *(od. gen)*; **out of** ~ nicht in Ordnung: a) in Unordnung, b) defekt, c) *med.* gestört, d) im Widerspruch zur Geschäftsordnung, unzulässig; **I know I am out of** ~ **in saying** ich weiß, es ist unangebracht, wenn ich sage; **till further** ~**s** bis auf weiteres; **to** ~

a) befehlsgemäß, b) auftragsgemäß, c) → 25, d) → 27; **to be under** ~**s to do** s.th. Befehl *od.* Order haben, etwas zu tun.
II *v/t* **29.** j-m *od.* e-e Sache anordnen, *etwas* anordnen: **he** ~**ed the bridge to be built** er befahl, die Brücke zu bauen; **he** ~**ed him to come** er befahl ihm zu kommen, er ließ ihn kommen. **30.** *j-n* schicken, beordern **(to** nach**): to** ~ s.o. **home** j-n nach Hause schicken; **to** ~ s.o. **out of one's house** j-n aus s-m Haus weisen; **to** ~ s.o. **off the field** *sport* j-n vom Platz stellen. **31.** *med.* j-m etwas verordnen: **he** ~**ed him quinine; to** ~ s.o. **to (stay in) bed** j-m Bettruhe verordnen. **32.** bestellen: **he** ~**ed 5 books;** I ~**ed a glass of beer. 33.** regeln, leiten, führen. **34.** *mil.* das Gewehr bei Fuß stellen: ~ **arms!** Gewehr ab! **35.** ordnen: **to** ~ **one's affairs** s-e Angelegenheiten in Ordnung bringen, sein Haus bestellen.
III *v/i* **36.** befehlen, Befehle geben. **37.** Aufträge erteilen, Bestellungen machen.
Verbindungen mit Adverbien:
or·der| a·bout, ~ **a·round** *v/t* her-'umkomman,dieren. ~ **a·way** *v/t* **1.** weg-, fortschicken. **2.** abführen lassen. ~ **back** *v/t* zu'rückbeordern. ~ **in** *v/t* her'einkommen lassen. ~ **off** *v/t sport* vom Platz stellen. ~ **out** *v/t* **1.** hin'ausschicken, -beordern. **2.** hin'ausweisen. **3.** Militär, Polizei aufbieten.

or·der| bill *s econ.* Orderwechsel *m*. ~ **bill of lad·ing** *s econ. mar.* 'Orderkonnosse,ment *n*. ~ **book** *s* **1.** *econ.* a) Bestell-, Auftragsbuch *n*, b) *fig.* Auftragsbestand *m*. **2.** *parl. Br.* Liste *f* der angemeldeten Anträge. **3.** *mar. mil.* Pa'rolebuch *n*. ~ **check,** *Br.* ~ **cheque** *s econ.* Orderscheck *m*. ~ **form** *s econ.* Bestellschein *m*. ~ **in·stru·ment** *s econ.* 'Orderpa,pier *n*.
'or·der·less → **disorderly I.**
or·der·li·ness ['ɔː(r)də(r)lɪnɪs] *s* **1.** Ordnung *f*, Regelmäßigkeit *f*. **2.** Ordentlichkeit *f*.
'or·der·ly I *adj* **1.** ordentlich, (wohl)geordnet. **2.** geordnet, plan-, regelmäßig, me'thodisch. **3.** *fig.* ruhig, gesittet, friedlich: **an** ~ **citizen. 4.** *mar. mil.* a) im *od.* vom Dienst, diensthabend, -tuend, b) Ordonnanz...: **on** ~ **duty** auf Ordonnanz. **II** *adv* **5.** ordnungsgemäß, planmäßig. **III** *s* **6.** *mil.* a) Ordon'nanz *f*, b) Sani'täts,unteroffi,zier *m*, Krankenträger *m*, Sani'täter *m*, c) Offi'ziers'bursche *m*. **7.** Krankenpfleger *m*. ~ **book** *s mil.* Befehls-, Pa'rolebuch *n*. ~ **of·fi·cer** *s mil.* **1.** Ordon'nanzoffi,zier *m*. **2.** Offi'zier *m* vom Dienst. ~ **room** *s mil.* Geschäftszimmer *n*, Schreibstube *f*.

or·der| num·ber *s econ.* Bestellnummer *f*. ~ **of mer·it** *s* **1.** Verdienstorden *m*. **2. Order of Merit** *Br.* Verdienstorden *m (für militärische, wissenschaftliche, künstlerische u. berufliche Verdienste verliehen)*. **O**~ **of the Brit·ish Em·pire** *s* Orden *m* des Brit. Reiches *(brit. Verdienstorden)*. **O**~ **of the Gar·ter** *s* Hosenbandorden *m (der höchste brit. Orden)*. ~ **pad** *s* Bestell(schein)block *m*. ~ **pa·per** *s* **1.** 'Sitzungspro,gramm *n*, (schriftliche) Tagesordnung. **2.** *econ.* 'Orderpa,pier *n*. ~ **po·si·tion** *s econ.* Auftragslage *f*. ~ **slip** *s* Bestellzettel *m*.
or·di·nal ['ɔː(r)dɪnl; *Am. a.* 'ɔːrdnəl] **I** *adj* **1.** *math.* Ordnungs..., Ordinal...: ~ **number** → 3. **2.** *bot.* Ordnungs... **II** *s* **3.** *math.* Ordi'nal-, Ordnungszahl *f*. **4.** *relig.* a) Ordi'nale *n (Regelbuch für die Ordinierung anglikanischer Geistlicher)*, b) *oft* **O**~ Ordi'narium *n (Ritualbuch od.* Gottesdienstordnung*)*.
or·di·nance ['ɔː(r)dɪnəns; -dn-] *s* **1.** (amtliche) Verordnung, Verfügung *f*, Erlaß *m*.

ordinand – orientation course

2. *relig.* a) (*festgesetzter*) Brauch, Ritus *m*, b) Sakra'ment *n*.
or·di·nand [ˌɔː(r)dɪˈnænd] *s relig.* Ordi'nandus *m*.
or·di·nar·i·ly [ˈɔːdnrəlɪ; *Am.* ˌɔːrdnˈer-] *adv* **1.** nor'malerweise, gewöhnlich. **2.** wie gewöhnlich, wie üblich.
or·di·nar·y [ˈɔː(r)dnrɪ; *Am.* ˌeriː] **I** *adj* (*adv* → **ordinarily**) **1.** üblich, gewöhnlich, nor'mal: **in ~ speech** im landläufigen Sinne, im allgemeinen Sprachgebrauch. **2.** gewöhnlich, all'täglich, Durchschnitts..., mittelmäßig: **an ~ face** ein Alltagsgesicht. **3.** *a. jur.* ordentlich, ständig: **~ court** ordentliches Gericht; **~ member** ordentliches Mitglied. **II** *s* **4.** (*das*) Übliche, (*das*) Nor'male: **education above the ~** überdurchschnittliche *od.* außergewöhnliche Bildung; **out of the ~** ungewöhnlich; **nothing out of the ~** nichts Ungewöhnliches. **5. in ~** offentlich, von Amts wegen: **judge in ~** ordentlicher Richter; **physician in ~** (**of a king**) Leibarzt *m* (e-s Königs). **6.** *relig.* Ordi'narium *n*, Gottesdienst-, bes. Meßordnung *f*. **7.** *a.* **O~** *relig.* Ordi'narius *m* (*Bischof od. Erzbischof mit ordentlicher Jurisdiktionsgewalt*). **8.** *jur.* a) ordentlicher Richter, b) **O~**, **Lord O~** (*in Schottland*) e-r der 5 Richter des **Court of Session** (→ **session** 3 a), *die das* **Outer House** *bilden*, c) *Am.* Nachlaßrichter *m*. **9.** *her.* einfaches Heroldsstück. **10.** *hist. Am.* Hochrad *n* (*frühe Form des Fahrrads*). **11.** *Br. obs.* a) Alltags-, Hausmannskost *f*, b) Tagesgericht *n* (*in Wirtshäusern etc*). **12.** *Br. obs.* Wirtshaus *n*, Gaststätte *f*. **~ cred·i·tor** *s econ.* gewöhnlicher *od.* nicht bevorrechtigter Gläubiger. **O~ lev·el** → **O level 1**. **~ life in·sur·ance** *s econ.* Großlebensversicherung *f*. **~ sea·man** *s irr mar.* 'Leichtmaˌtrose *m*. **~ share** *s econ. bes. Br.* Stammaktie *f*.
or·di·nate [ˈɔː(r)dnət; *Am. a.* ˌeɪt] *s math.* Ordi'nate *f*.
or·di·na·tion [ˌɔː(r)dɪˈneɪʃn] *s* **1.** *relig.* Priesterweihe *f*, Ordinati'on *f*. **2.** Bestimmung *f*, Ratschluß *m* (*Gottes etc*).
ord·nance [ˈɔː(r)dnəns] *s mil.* **1.** Artille'rie *f*, Geschütze *pl*: **a piece of ~** ein Geschütz *n*. **2.** 'Feldzeugmateriˌal *n*. **3.** Feldzeugwesen *n*: **Royal Army O~ Corps** Feldzeugkorps *n* des brit. Heeres. **~ da·tum** *s surv.* mittlere Höhe über Nor'malnull. **O~ De·part·ment** *s mil. Am.* Zeug-, Waffenamt *n*. **~ de·pot** *s mil.* 'Feldzeug-, *bes.* Artille'rie(ˌausrüstungs)deˌpot *n*. **~ map** *s mil.* **1.** Gene'ralstabskarte *f*. **2.** *Br.* Meßtischblatt *n*. **~ of·fi·cer** *s* **1.** *mar. Am.* Artille'rieoffiˌzier *m*. **2.** Offi'zier *m* der Feldzeugtruppe. **3.** 'Waffenoffiˌzier *m*. **~ park** *s mil.* **1.** Artille'rieausrüstungs-, Geschützpark *m*. **2.** Feldzeugpark *m*. **~ ser·geant** *s mil.* 'Waffen-, Ge'räte(unteroffiˌzier *m*. **O~ Sur·vey** *s Br.* amtliche Landesvermessung: **~ map** a) Meßtischblatt *n*, b) (1:100000) Generalstabskarte *f*. **~ tech·ni·cian** *s mil.* Feuerwerker *m*.
Or·do·vi·cian [ˌɔː(r)dəʊˈvɪʃɪən; *Am.* -ʃən] *geol.* **I** *s* Ordo'vizium *n* (*untere Abteilung des Silurs*). **II** *adj* ordo'vizisch.
or·dure [ˈɔː(r)djʊə; *Am.* ˈɔːrdʒər] *s* Kot *m*, Schmutz *m*, Unflat *m* (*a. fig.*).
ore [ɔː(r)] *s min.* Erz *n*. **'~-ˌbear·ing** *adj geol.* erzführend, -haltig.
o·rec·tic [ɒˈrektɪk; *Am.* əʊˈr-] *adj ped.* o'rektisch.
o·reg·a·no [ɒrɪˈɡɑːnəʊ; *bes. Am.* əˈreɡənəʊ] *s* O'rigano *n*, O'regano *n*.
Or·e·go·ni·an [ˌɒrɪˈɡəʊnjən; -ɪən; *Am. a.* ˌa-] **I** *s* Bewohner(in) von Oregon. **II** *adj* aus Oregon, Oregon...

ore|ˌham·mer *s* Erzhammer *m*, Poch-schlegel *m*. **~ hearth** *s tech.* Schmelzherd *m*. **~ mill** *s* Erzmühle *f*. **~ sieve** *s* Erzsieb *m*, 'Überhebsieb *n*. **~ smelt·ing** *s* (Kupfer)Rohschmelzen *n*. **~ wash·ing** *s* Erzschlämmen *n*.
orf(e) [ɔː(r)f] *s ichth.* (Gold)Orfe *f*.
org [ɔː(r)ɡ] *colloq. für* **organization**.
or·gan [ˈɔː(r)ɡən] *s* **1.** *allg.* Or'gan *n*: a) *anat. Körperwerkzeug*: **~ of sense** Sinnesorgan; **~ of sight** Sehorgan; **~s of speech** Sprechwerkzeuge, b) Werkzeug *n*, Instru'ment *n*, Hilfsmittel *n*, Sprachrohr *n* (*Zeitschrift*): **party ~** Parteiorgan, c) Stimme *f*: **his loud ~** sein lautes Organ; **influential ~s of public opinion** maßgebliche Stimmen der Öffentlichkeit. **2.** *mus.* a) ~ **pipe** Orgel *f*: **theater** (*bes. Br.* **theatre**) **~** Kinoorgel *f*; → **great organ**, b) Werk *n* (*e-r Orgel*), c) *Am.* American **~** (*ein*) Har'monium *n*, d) → **barrel organ**, e) *obs. od. Bibl.* (Muˈsik-, *bes.* 'BlasInstruˌment *n*.
or·ga·na [ˈɔː(r)ɡənə] *pl von* **organon**.
or·gan| bel·lows *s pl mus.* Orgelbalg *m*, Blasebalg *m* e-r Orgel. **~ blow·er** *s mus.* **1.** Bälgetreter *m* (*der Orgel*). **2.** e'lektrisch betriebenes Windwerk (*an der Orgel*).
or·gan·die, *bes. Am.* **or·gan·dy** [ˈɔː(r)ɡəndɪ] *s* Or'gandy *m* (*feines Baumwollgewebe*).
'or·ganˌgrind·er *s* Drehorgelspieler *m*, Leierkastenmann *m*.
or·gan·ic [ɔː(r)ˈɡænɪk] *adj* (*adv* **~ally**) *allg.* or'ganisch (*a. fig. u. philos.*): **~ act** (*od. law*) *jur. pol.* Grundgesetz *n*; **~ analysis** *chem.* Elementaranalyse *f*; **~ chemistry** organische Chemie; **~ disease** organische Krankheit; **~ electricity** tierische Elektrizität; **~ growth** organisches Wachstum; **an ~ whole** ein organisches Ganzes.
or·gan·i·cism [ɔː(r)ˈɡænɪsɪzəm] *s biol. sociol.* Organi'zismus *m*.
or·gan·ism [ˈɔː(r)ɡənɪzəm] *s biol. u. fig.* Orga'nismus *m*. **or·gan·is·mal** [-ɡəˈnɪzməl], **or·gan·is·mic** *adj* orga'nismisch.
or·gan·ist [ˈɔː(r)ɡənɪst] *s mus.* Orga'nist(in).
or·gan·i·za·tion [ˌɔː(r)ɡənaɪˈzeɪʃn; *Am.* -nəˈz-] *s* **1.** Organisati'on *f*: a) Organi'sierung *f*, Bildung *f*, Gründung *f*, b) (or'ganischer *od.* syste'matischer) Aufbau, (Aus)Gestaltung *f*, Gliederung *f*, Anordnung *f*, c) Zs.-schluß *m*, Verband *m*, Gesellschaft *f*, Körperschaft *f*: (**administrative**) **~** Verwaltungsapparat *m*; (**party**) **~** *pol.* (Partei)Organisation. **2.** Orga'nismus *m*, organi'siertes Ganzes, Sy'stem *n*. **or·gan·iˈza·tion·al** *adj* organisa'torisch, Organisations...
or·gan·i·za·tion| chart *s* Organisati'onsplan *m*. **~ man** *s irr* **1.** (guter) Organi'sator, Organisati'onstaˌlent *n*. **2.** j-d, der zuviel Wert auf Organisati'on legt.
or·gan·ize [ˈɔː(r)ɡənaɪz] **I** *v/t* **1.** organi'sieren: a) einrichten, aufbauen, b) gründen, ins Leben rufen, schaffen, c) veranstalten, *Sportveranstaltung a.* ausrichten: **~d tour** Gesellschaftsreise *f*, d) gestalten, anordnen. **2.** *a.* in e-n Sy'stem bringen: **to ~ facts**; **~d crime** das organisierte Verbrechen; **I must get (myself) ~d** ich muß Ordnung in mein Leben bringen; **she is very ~d** (*od.* **a very ~d person**) sie hat alles gut im Griff. **3.** (gewerkschaftlich) organi'sieren: **~d labo(u)r**. **II** *v/i* **4.** sich (gewerkschaftlich) organi'sieren. **'or·gan·iz·er** *s* Organi'sator *m*, *sport etc a.* Veranstalter *m*, *sport a.* Ausrichter *m*. **'or·gan·iz·ing** *adj* **1.** Organisations...: **~ committee**. **2. ~ principle** Ordnungsprinzip *n*.

or·gan| loft *s mus.* Orgelchor *m*. **~ meat** *s Schlächterei:* Inneˈreien *pl*.
or·gan·o·gen·e·sis [ˌɔː(r)ɡənəʊˈdʒenɪsɪs; *Am. a.* ɔːrˌɡænəʊ-] *s biol.* Organoge'nese *f*, Pro'zeß *m* der Or'ganbildung.
or·gan·og·ra·phy [ˌɔː(r)ɡəˈnɒɡrəfɪ; *Am.* -ˈnɑɡ-] *s* Organogra'phie *f*: a) *biol. med.* Beschreibung *f* der Or'gane, b) *bot.* Erforschung *f* der 'Pflanzenorˌgane.
or·gan·ol·o·gy [ˌɔː(r)ɡəˈnɒlədʒɪ; *Am.* -ˈnɑl-] *s* Organolo'gie *f*, Lehre *f* von den Or'ganen.
or·gan·o·me·tal·lic [ˌɔː(r)ˌɡænəʊmɪˈtælɪk] *adj chem.* 'metallorˌganisch.
or·ga·non [ˈɔː(r)ɡənɒn; *Am.* -ˌnɑn] *pl* **-na** [-nə] *od.* **-nons** *s philos.* Organon *n* (*Denkwerkzeug od. Denkfähigkeit, a. Logik*).
or·ga·nop·a·thy [ˌɔː(r)ɡəˈnɒpəθɪ; *Am.* -ˈnɑp-] *s med.* Or'ganerkrankung *f*, or'ganisches Leiden.
or·ga·no·ther·a·py [ˌɔː(r)ɡənəʊˈθerəpɪ; *Am. a.* ɔːrˌɡænə-] *s med.* Organothera'pie *f*.
'or·gan|-ˌpi·an·o *s mus.* Melopi'ano *n*. **~ pipe** *s mus.* Orgelpfeife *f*. **~ screen** *s arch.* Orgellettner *m*. **~ stop** *s mus.* 'Orgelreˌgister *n*, -zug *m*.
or·gan·zine [ˈɔː(r)ɡənzɪn] *s* Organ'sin (-seide *f*) *m*, *n*.
or·gasm [ˈɔː(r)ɡæzəm] *s* **1.** *med.* Or'gasmus *m*, Höhepunkt *m* (*der geschlechtlichen Erregung*). **2.** *selten* heftige Erregung. **or'gas·tic** *adj* or'gastisch.
or·gy [ˈɔː(r)dʒɪ] *s* Orgie *f* (*a. fig.*).
o·ri·el [ˈɔːrɪəl; *Am. a.* ˈəʊ-] *s arch.* **1.** Chörlein *n*, Erker *m*. **2.** *a.* **~ window** Erkerfenster *n*.
o·ri·ent [ˈɔːrɪənt; *Am. a.* ˈəʊ-; -ˌent] **I** *s* **1.** Osten *m*: a) östliche Länder *pl*, b) *poet.* Sonnenaufgang *m*, östliche Himmelsgegend. **2. the O~** *geogr.* der Orient, das Morgenland. **3.** a) Perle *f* von hohem Glanz, b) Wasser *n* (*e-r Perle*). **II** *adj* **4.** aufgehend: **the ~ sun. 5.** *obs.* → **oriental 1. 6.** orien'talisch, von hohem Glanz (*Perlen, Edelsteine*). **7.** glänzend. **III** *v/t* [ˈɔːrɪent; *Am. a.* ˈəʊ-] **8.** e-e Kirche *etc* osten. **9.** orten, die Lage *od.* die Richtung bestimmen von (*od. gen*). **10.** a) *chem. phys.* orien'tieren, b) *tech.* ausrichten, einstellen. **11.** e-e Landkarte einnorden. **12.** *fig.* geistig (aus)richten, orien'tieren (**to** nach): **to ~ o.s.** sich orientieren (**by** an *dat*, nach); **psychology-~ed research** psychologisch ausgerichtete Forschung. **13.** neue Mitarbeiter *etc* einführen. **IV** *v/i* **14. (by)** sich orien'tieren (**an** *dat*, nach), sich (aus-)richten (nach).
o·ri·en·tal [ɔːrɪˈentl; *Am. a.* ˌəʊ-] **I** *adj* **1.** *meist* **O~** orien'talisch, morgenländisch, östlich: **O~ carpet** (*od.* **rug**) Orient-, Perserteppich *m*; **~ sore** *med.* Orientbeule *f*; **~ stitch** (*Stickerei*) enger Fischgrätenstich; **O~ studies** Orientali'stik *f*. **2.** *bes. arch.* östlich. **II** *s* **3.** Orien'tale *m*, Orien'talin *f*.
o·ri·en·tal·ism, *oft* **O~** [ˌɔːrɪˈentəlɪzəm; *Am.* ˌəʊ-] *s* **1.** Orienta'lismus *m*: a) orien'talisches Wesen, b) orien'talische Spracheigenheit. **2.** *paint. hist.* Ori'entmaleˌrei *f*. **ˌo·ri·en·ˈtal·ist**, *oft* **O~** *s* Orienta'list(in).
O·ri·en·tal·ize, *a.* **o~** [ɔːrɪˈentəlaɪz; *Am.* ˌəʊ-] *v/t u. v/i* (sich) orientali'sieren.
o·ri·en·tate [ˈɔːrɪenteɪt; *Am. a.* ˌəʊ-] → **orient III u. IV**.
o·ri·en·ta·tion [ˌɔːrɪenˈteɪʃn; *Am. a.* ˌəʊ-] *s* **1.** Ostung *f* (*e-r Kirche*). **2.** Anlage *f*, Richtung *f*. **3.** Orien'tierung *f* (*a. chem.*), Ortung *f*, Richtungs-, Lagebestimmung *f*, Ausrichtung *f* (*a. fig.*). **4.** Orien'tierung *f*, (Sich)Zuˈrechtfinden *n* (*bes. fig.*). **5.** Orien'tierungssinn *m*. **6.** Einführung *f*. **~ course** *s*

Einführungslehrgang *m.* ~ **talk** *s* Einführungsgespräch *n.*

o·ri·en·teer [ˌɔːrɪenˈtɪə(r); *Am. a.* ˌoʊ-] *s sport* Orien'tierungsläufer(in). ˌo·ri·en-ˈteer·ing *s* Orien'tierungslauf *m.*

or·i·fice [ˈɒrɪfɪs; *Am. a.* ˈɑr-] *s* Öffnung *f* (*a. anat. tech.*), Mündung *f*: **body** ~ Körperöffnung; **aortic** ~ Aortenostium *n.*

or·i·flamme [ˈɒrɪflæm; *Am. a.* ˈɑr-] *s* **1.** *hist.* Oriflamme *f* (*Kriegsfahne der Könige von Frankreich*). **2.** Banner *n*, Fahne *f*. **3.** *fig.* Faˈnal *n.*

o·ri·ga·mi [ˌɒrɪˈɡɑːmɪ] *s* Oriˈgami *n*, Paˈpierfaltkunst *f.*

or·i·gan [ˈɒrɪɡən] *s bot.* (*bes.* Roter) Dost, Wilder Majoran.

or·i·gin [ˈɒrɪdʒɪn; *Am. a.* ˈɑr-] *s* **1.** Ursprung *m*: a) Quelle *f* (*e-s Flusses*), b) Abstammung *f*, 'Herkunft *f*: **a word of Latin** ~ ein Wort lateinischen Ursprungs; **a man of Spanish** ~ ein Mann spanischer Herkunft; **country of** ~ *econ.* Ursprungsland *n*; **certificate of** ~ *econ.* Ursprungszeugnis *n*; **indication of** ~ *econ.* Ursprungsbezeichnung *f*, c) Anfang *m*, Entstehung *f*: **the** ~ **of species** der Ursprung der Arten; **the date of** ~ das Entstehungsdatum. **2.** *math.* Koordiˈnatennullpunkt *m*, -ursprung *m.*

o·rig·i·nal [əˈrɪdʒənl] **I** *adj* (*adv* → **originally**) **1.** origiˈnal, Original..., Ur..., ursprünglich, echt: **the** ~ **picture** das Originalbild; **the** ~ **text** der Ur- *od.* Originaltext. **2.** erst(er, e, es), ursprünglich, Ur...: ~ **bill** *econ. Am.* Primawechsel *m*; ~ **capital** *econ.* Gründungskapital *n*; ~ **copy** Erstausfertigung *f*; **the** ~ **inventor** der ursprüngliche Erfinder; ~ **jurisdiction** *jur.* erstinstanzliche Zuständigkeit; ~ **share** *econ. bes. Br.* Stammaktie *f*; → **sin** 1. **3.** origiˈnell, neu: **an** ~ **idea. 4.** selbständig, unabhängig: **an** ~ **thinker**; ~ **research. 5.** schöpferisch, ursprünglich: ~ **genius** Originalgenie *n*, Schöpfergeist *m*. **6.** ureigen, urwüchsig, Ur...: ~ **behavio(u)r** urwüchsiges Benehmen; ~ **nature** Urnatur *f*. **7.** geboren: **an** ~ **thief.** **II** *s* **8.** Origiˈnal *n*: a) Urbild *n*, Urstück *n*, b) Urfassung *f*, Urtext *m*: **in the** ~ im Original, im Urtext, *a.* in der Ursprache, *jur.* urschriftlich. **9.** Origiˈnal *n* (*exzentrischer Mensch*). **10.** *bot. zo.* Stammform *f.*

o·rig·i·nal·i·ty [əˌrɪdʒəˈnælətɪ] *s* **1.** Originaliˈtät *f*: a) Ursprünglichkeit *f*, Echtheit *f*, b) Eigentümlichkeit *f*, Eigenart *f*, origiˈneller Chaˈrakter, c) Neuheit *f*. **2.** Unabhängigkeit *f*, Selbständigkeit *f*. **3.** (*das*) Schöpferische.

o·rig·i·nal·ly [əˈrɪdʒənəlɪ] *adv* **1.** ursprünglich, zuˈerst. **2.** hauptsächlich, eigentlich. **3.** von Anfang an, schon immer. **4.** origiˈnell.

o·rig·i·nate [əˈrɪdʒəneɪt] **I** *v/i* **1.** (**from**) entstehen, entspringen (aus), s-n Ursprung *od.* s-e Ursache haben (in *dat*), 'herstammen (von *od.* aus), ausgehen (von). **2.** ausgehen (**with, from** von *j-m*). **3.** *Am.* ausgehen (**in** von) (*Zug etc*). **II** *v/t* **4.** herˈvorbringen, verursachen, erzeugen, schaffen, ins Leben rufen. **5.** den Anfang machen mit, den Grund legen zu. **oˌrig·iˈna·tion** *s* **1.** Herˈvorbringung *f*, Erzeugung *f*, (Er)Schaffung *f*. **2.** → **origin** 1 b *u. c.* **oˈrig·i·na·tive** *adj* erschaffend, schöpferisch. **oˈrig·i·na·tor** [-tə(r)] *s* Urheber(in), Begründer(-in), Schöpfer(in).

o·ri·ole [ˈɔːrɪəʊl; *Am. a.* ˌoʊ-] *s orn.* Piˈrol *m*, Goldamsel *f.*

or·i·son [ˈɒrɪzən; *Am. a.* -sən; *a.* ˈɑ-] *s poet.* Gebet *n.*

orle [ɔː(r)l] *s her.* Innenbord *m.*

or·lop [ˈɔː(r)lɒp; *Am. a.* -ˌlɑp] *s mar.* Plattform-, Raum-, Orlopdeck *n.*

or·mer [ˈɔː(r)mə(r)] *s zo.* Seeohr *n.*

or·mo·lu [ˈɔː(r)məʊluː] *s* Ormulu *m*: a) Malergold *n*, b) Goldbronze *f.*

or·na·ment I *s* [ˈɔː(r)nəmənt] **1.** Ornaˈment *n*, Verzierung *f* (*a. mus.*), Schmuck *m*: **by way of** ~ zur *od.* als Verzierung. **2.** *fig.* Zier(de) *f* (**to** für *od. gen*): **he was an** ~ **to the club. 3.** *collect.* Ornaˈmente *pl*, Ornaˈmente *f*, Verzierungen *pl*, schmückendes Beiwerk: **rich in** ~ reich verziert. **4.** *oft pl relig.* Kirchengerät *n*. **II** *v/t* [-ment] **5.** verzieren, schmücken. ˌor·naˈmen·tal [-ˈmentl] *adj* (*adv* ~**ly**) ornamenˈtal, schmückend, dekoraˈtiv, Zier...: ~ **castings** Kunstguß *m*; ~ **plants** Zierpflanzen; ~ **type** Zierschrift *f*. ˌor·na·menˈta·tion *s* Ornamenˈtierung *f*, Ausschmückung *f*, Verzierung *f*. ˈor·na·ment·ist *s* Dekoraˈteur *m*, *bes.* Dekratiˈonsmaler *m.*

or·nate [ɔː(r)ˈneɪt] *adj* (*adv* ~**ly**) **1.** reichverziert *od.* -geschmückt. **2.** überˈladen (*Stil etc*). **3.** blumig (*Sprache*).

or·ner·y [ˈɔː(r)nərɪ] *adj colloq. od. dial.* **1.** → **ordinary. 2.** *bes. Am.* ˌekelhaft', übellaunig. **3.** *bes. Am.* störrisch, unfolgsam.

or·nis [ˈɔː(r)nɪs] *s* Vogelwelt *f.*

or·ni·tho·log·ic [ˌɔː(r)nɪθəˈlɒdʒɪk; *Am.* -ˈlɑ-] *adj*; ˌor·ni·thoˈlog·i·cal [-kl] *adj* (*adv* ~**ly**) ornithoˈlogisch. ˌor·niˈthol·o·gist [-ˈθɒlədʒɪst; *Am.* -ˈθɑ-] *s* Ornithoˈloge *m*. ˌor·niˈthol·o·gy [-dʒɪ] *s* Ornitholoˈgie *f*, Vogelkunde *f.*

or·ni·tho·man·cy [ˈɔː(r)nɪθəʊˌmænsɪ] *s* Ornithomanˈtie *f*, 'Vogelwahrsageˌrei *f.*

or·ni·thop·ter [ˈɔː(r)nɪθɒptə(r); *Am.* -ˌθɑp-] *a. aer.* Schwingenflügler *m.*

or·ni·tho·rhyn·chus [ˌɔː(r)nɪθəʊˈrɪŋkəs] *s orn.* Schnabeltier *n.*

or·ni·tho·sis [ˌɔː(r)nɪˈθəʊsɪs] *s vet.* Orniˈthose *f*, Papaˈgeienkrankheit *f.*

o·rog·ra·phy [ɒˈrɒɡrəfɪ; *Am.* -ˈrɑɡ-] *s* Orograˈphie *f*, Beschreibung *f* (des Reˈliefs) der Erdoberfläche.

o·rol·o·gy [ɒˈrɒlədʒɪ; *Am.* -ˈrɑ-] *s* Oroloˈgie *f*, Gebirgskunde *f.*

o·rom·e·ter [ɒˈrɒmɪtə(r); *Am.* -ˈrɑ-] *s meteor.* 'Höhenbaroˌmeter *m.*

o·ro·pha·ryn·ge·al [ˌɒrəʊˌfærɪnˈdʒɪəl; *Am. a.* ˌɔːroʊ-] *adj med.* Mundrachen...

o·ro·tund [ˈɒrəʊtʌnd; *Am. a.* ˈɑ-; ˌoʊ-] *adj* **1.** volltönend: ~ **voice. 2.** bomˈbastisch, pomˈpös: ~ **style.**

or·phan [ˈɔː(r)fən] **I** *s* (Voll)Waise *f*, Waisenkind *n*: ~**'s home** Waisenhaus *n*. **II** *adj* Waisen..., verwaist: **an** ~ **child** → 1. **III** *v/t* zur Waise machen: **to be** ~**ed** zur Waise werden, verwaisen; ~**ed** verwaist. **or·phan·age** [ˈɔː(r)fənɪdʒ] *s* **1.** Waisenhaus *n*. **2.** Verwaistheit *f*. ˈor·phan·hood *s* **1.** → **orphanage** 2. ˈor·phan·ize → **orphan** III.

Or·phe·an [ɔːˈfiːən; *Am.* ˌɔːrfɪən] *adj* **1.** → Orphic 1. **2.** verzaubernd, bannend, wundersam: ~ **music.**

Or·phic [ˈɔː(r)fɪk] *adj* **1.** *antiq.* orphisch. **2.** *a.* o~ mystisch, geheimnisvoll. **3.** → Orphean 2.

or·phrey [ˈɔː(r)frɪ] *s* **1.** (Gold)Borte *f*. **2.** *hist.* Goldstickeˈrei *f.*

or·rer·y [ˈɒrərɪ; *Am. a.* ˈɑ-] *s astr.* Plaˈnetarium *n.*

or·ris¹ [ˈɒrɪs; *Am. a.* ˈɑ-] *s bot.* **1.** Florenˈtiner Schwertlilie *f*. **2.** *a.* ~**root** Veilchenwurzel *f.*

or·ris² [ˈɒrɪs; *Am. a.* ˈɑ-] *s* **1.** Gold-, Silberborte *f od.* -spitze *f*. **2.** Gold-, Silberstickeˈrei *f.*

ortho- [ˈɔː(r)θəʊ] *Wortelement mit den Bedeutungen*: a) recht, korrekt, richtig, b) (senk)recht, c) gerade *od.* chem. orˈtho..., e) phys. ortho... (*parallelen Spin bezeichnend*).

ˌor·tho·chroˈmat·ic *adj* (*adv* ~**ally**) *phot.* orthochroˈmatisch, farb(wert)richtig.

or·tho·clase [ˈɔː(r)θəʊkleɪs; -kleɪz] *s min.* Orthoˈklas *m.*

ˌor·tho·diˈag·o·nal *math.* **I** *s a.* ~ **axis** Orthoachse *f*, 'Orthodiagoˌnale *f*. **II** *adj* 'orthodiagoˌnal.

or·tho·don·ti·a [ˌɔː(r)θəʊˈdɒntɪə; *Am.* -ˈdɑntʃə] *s*; ˌor·thoˈdon·tics [-tɪks] *s pl* (*als sg od. pl konstruiert*) *med.* Orthodonˈtie *f*, 'Kieferorthopäˌdie *f.*

or·tho·dox [ˈɔː(r)θədɒks; *Am.* -ˌdɑks] *adj* (*adv* ~**ly**) **1.** *relig.* orthoˈdox: a) streng-, rechtgläubig, b) O~ 'griechisch-orthoˌdox: O~ Church griechisch-orthodoxe Kirche, c) *Am.* die Dreiˈfaltigkeitslehre vertretend. **2.** *allg.* orthoˈdox: ~ **opinion. 3.** *fig.* anerkannt, konventioˈnell, üblich. **4.** ~ **sleep** *psych.* orthodoxer Schlaf. **ˈor·tho·dox·y** s Orthodoˈxie *f*: a) *relig.* Recht-, Strenggläubigkeit *f*, b) *allg.* orthoˈdoxes Denken, c) orthoˈdoxer *od.* konventioˈneller Chaˈrakter.

or·tho·ep·y [ˈɔː(r)θəʊepɪ; *Am.* -θəˌwepiː] *s ling.* Orthoeˈpie *f*: a) *Lehre von der richtigen Aussprache*, b) *richtige Aussprache.*

ˌor·thoˈgen·e·sis *s* Orthogeˈnese *f*: a) *biol.* geradlinige Stammesentwicklung, b) *sociol. Lehre von der Gleichförmigkeit sozialer Entwicklung in jeder Kulturepoche.*

or·thog·o·nal [ɔː(r)ˈθɒɡənl; *Am.* -ˈθɑɡ-] *adj math.* orthogoˈnal, rechtwink(e)lig: ~ **projection** → orthographic projection.

ˌor·thoˈgraph·ic *adj*; ˌor·thoˈgraph·i·cal *adj* (*adv* ~**ly**) **1.** orthoˈgraphisch, Rechtschreib(ungs)... **2.** *math.* rechtwink(e)lig, orthogoˈnal.

or·tho·graph·ic pro·jec·tion *s math.* Orthogoˈnalprojektiˌon *f*, orthoˈgraphische Projektiˈon *f.*

or·thog·ra·phy [ɔː(r)ˈθɒɡrəfɪ; *Am.* -ˈθɑɡ-] *s* **1.** Orthograˈphie *f*, Rechtschreibung *f*. **2.** *tech.* richtig projiˈzierte Zeichnung.

or·tho·p(a)e·dic [ˌɔː(r)θəʊˈpiːdɪk] *adj med.* orthoˈpädisch. ˌor·thoˈp(a)e·dics *s pl* (*oft als sg konstruiert*) *med.* Orthopäˈdie *f*. ˌor·thoˈp(a)e·dist *s* Orthoˈpäde *m*. ˈor·tho·p(a)e·dy → orthop(a)edics.

ˌor·thoˈpsy·chi·a·try *s* vorbeugende Psychiaˈtrie.

or·thop·ter [ɔː(r)ˈθɒptə(r); *Am.* -ˈθɑp-] *s* **1.** *aer.* → ornithopter. **2.** *zo.* → orthopteron. **orˈthop·ter·on** [-rɒn; *Am.* -rɑn] *s* Geradflügler *m.*

or·thop·tic [ɔː(r)ˈθɒptɪk; *Am.* -ˈθɑp-] **I** *adj* **1.** *med.* norˈmalsichtig, Normalsicht...: ~ **exercises** mechanische Sehübungen. **II** *s* **2.** *mil.* Okuˈlar-Lochscheibe *f*. **3.** *pl* (*als sg konstruiert*) *med.* Orthˈoptik *f* (*Behandlung des Schielens durch Augenmuskeltraining*).

ˌor·thoˈpyr·a·mid *s math.* Orthopyraˈmide *f.*

or·tho·scope [ˈɔː(r)θəʊskəʊp] *s med. hist.* Orthoˈskop *n*. ˌor·thoˈscop·ic [-ˈskɒp-ɪk; *Am.* -ˈska-] *adj* orthoˈskopisch, tiefenrichtig, verzeichnungs-, verzerrungsfrei.

ˈor·tho·tone *adj ling.* den Eigenton bewahrend, nicht enˈklitisch (*Wort*).

or·to·lan [ˈɔː(r)tələn] *s orn.* Ortoˈlan *m*, Gartenammer *f.*

Os·can [ˈɒskən; *Am.* ˈɑs-] **I** *s* **1.** Osker(in) (*Angehörige(r) der ältesten samnitischen Bevölkerung Kampaniens*). **2.** *ling.* Oskisch *n*, das Oskische. **II** *adj* **3.** oskisch.

Os·car¹ [ˈɒskə; *Am.* ˈɑskər] *s* Oscar *m* (*alljährlich in den USA verliehener Filmpreis in Form e-r Statuette*).

os·car² [ˈɒskə; *Am.* ˈɑskər] *s Austral. sl.* ˌKrötenˈ *pl* (*Geld*).

os·cil·late [ˈɒsɪleɪt; Am. ˈɑ-] **I** v/i **1.** bes. math. phys. oszilˈlieren, schwingen, pendeln, viˈbrieren. **2.** fig. (hin u. her) schwanken. **3.** electr. a) ˈhochfreˌquente Schwingungen ausführen od. erzeugen, b) unbeabsichtigt od. wild schwingen. **II** v/t **4.** in Schwingungen versetzen. **ˈos·cil·lat·ing** adj **1.** oszilˈlierend, schwingend, pendelnd, viˈbrierend: ~ **axle** mot. Schwingachse f; ~ **beacon** aer. Pendelfeuer n; ~ **circuit** electr. Schwingkreis m; ~ **current** electr. oszillierender Strom, Schwingstrom m; ~ **mirror** Schwing-, Kippspiegel m; ~ **universe theory** geol. Oszillationstheorie f. **2.** fig. schwankend, unschlüssig.
os·cil·la·tion [ˌɒsɪˈleɪʃn; Am. ˌɑ-] s **1.** bes. math. phys. Oszillatiˈon f, Schwingung f, Pendelbewegung f, Schwankung f. **2.** fig. Schwanken n, Unschlüssigkeit f. **3.** electr. a) (einzelner) Ladungswechsel, b) Stoßspannung f, Imˈpuls m, c) Periˈode f, volle Schwingung. **ˈos·cil·la·tor** [-tə(r)] s **1.** electr. Oszilˈlator m. **2.** fig. Schwankende(r m) f.
os·cil·la·to·ry [ˈɒsɪlətərɪ; Am. ˈɒsələˌtɔːri:; -ˌtoː-] → oscillating 1.
os·cil·lo·gram [əˈsɪlə͜ʊɡræm; Am. əˈsɪlə-] s electr. phys. Oszilloˈgramm n. **os·cil·lo·graph** [-ɡrɑːf; Am. -ˌɡræf] s Oszilloˈgraph m: ~ **tube** → oscilloscope.
os·cil·lo·scope [əˈsɪlə͜ʊskə͜ʊp; Am. əˈsɪlə-] s electr. phys. Oszilloˈskop n, Kaˈthodenstrahlröhre f.
os·cu·lant [ˈɒskjʊlənt; Am. ˈɑs-] adj **1.** sich berührend, gemeinsame Chaˈrakterzüge aufweisend. **2.** zo. enganhaftend. **3.** biol. ein Zwischenglied (zwischen zwei Gruppen) bildend. **os·cu·lar** adj **1.** math. oskuˈlar (e-e Berührung höherer Ordnung betreffend). **2.** Kuß...
os·cu·late [ˈɒskjʊleɪt; Am. ˈɑs-] v/t u. v/i **1.** bes. humor. (sich) küssen. **2.** math. oskuˈlieren, e-e Oskulatiˈon bilden.
ˈos·cu·lat·ing| **cir·cle** s math. Oskulatiˈons-, Schmiegungskreis m. ~ **curve** s oskuˈlierende Kurve. ~ **plane** s Schmiegungsebene f.
os·cu·la·tion [ˌɒskjʊˈleɪʃn; Am. ˌɑs-] s **1.** obs. a) Kuß m, b) Küssen n. **2.** math. Oskulatiˈon f, Berührung f zweier Kurven: **point of** ~ Berührungspunkt m.
os·cu·la·to·ry [ˈɒskjʊlətərɪ; Am. ˈɒskjələˌtɔːri:; -ˌtoː-] adj **1.** küssend, Kuß... **2.** math. oskuˈlierend, Oskulations...
o·sier [ˈə͜ʊʒə(r)] s **1.** bot. Korbweide f: ~ **bed** Weidenpflanzung f. **2.** Weidenrute f: ~ **basket** Weidenkorb m; ~ **furniture** Korbmöbel pl.
Os·man·li [ɒzˈmænlɪ; Am. ɑz-] **I** s **1.** Osmanˈli m, Osˈmane m. **2.** a. ~ **Turkish** ling. Osˈmanisch n, das Osmanische. **II** adj **3.** osˈmanisch.
os·mic [ˈɒzmɪk; Am. ˈɑz-] adj chem. Osmium...
os·mi·um [ˈɒzmɪəm; Am. ˈɑz-] s chem. Osmium n.
os·mo·sis [ɒzˈmə͜ʊsɪs; Am. ɑz-] s phys. Osˈmose f. **os·mot·ic** [-ˈmɒtɪk; Am. -ˈmɑ-] adj (adv ~**ally**) osˈmotisch.
os·mund [ˈɒzmənd; Am. ˈɑz-] s bot. Rispenfarn m.
Os·na·burg, o~ [ˈɒznəbɜːɡ; Am. ˈɑznəˌbɜːrɡ] s Osnaˈbrücker Leinwand f.
os·prey [ˈɒsprɪ; Am. ˈɑs-] s **1.** orn. Fischadler m. **2.** Reiherfeder f.
os·se·in [ˈɒsɪɪn; Am. ˈɑ-] s biol. chem. Osseˈin n, Knochenleim m.
os·se·ous [ˈɒsɪəs; Am. ˈɑ-] adj knöchern, Knochen...
os·si·cle [ˈɒsɪkl; Am. ˈɑ-] s anat. Knöchelchen n.
os·sif·er·ous [ɒˈsɪfərəs; Am. ɑˈs-] adj (bes. fosˈsile) Knochen enthaltend.
os·si·fi·ca·tion [ˌɒsɪfɪˈkeɪʃn; Am. ˌɑ-] s med. Verknöcherung f. **ˈos·si·fied** [-faɪd] adj med. verknöchert (a. fig.), ossifiˈziert.
os·si·frage [ˈɒsɪfrɪdʒ; Am. ˈɑ-] s orn. obs. **1.** → osprey. **2.** → lammergeier.
os·si·fy [ˈɒsɪfaɪ; Am. ˈɑ-] **I** v/t **1.** ossifiˈzieren, verknöchern (lassen). **2.** fig. verknöchern, überˈtrieben konventioˈnell machen. **II** v/i **3.** ossifiˈzieren, verknöchern. **4.** fig. verknöchern, in Konventiˈonen erstarren.
os·su·a·ry [ˈɒsjʊərɪ; Am. ˈɑʃəˌweri:] s Osˈsarium n: a) Beinhaus n, b) Geburne f (in der Antike).
os·te·al [ˈɒstɪəl; Am. ˈɑs-] → osseous.
os·te·i·tis [ˌɒstɪˈaɪtɪs; Am. ˌɑs-] s med. Osteˈitis f, Knochenentzündung f.
os·ten·si·ble [ɒˈstensəbl; Am. ɑˈs-] adj (adv **ostensibly**) **1.** scheinbar. **2.** an-, vorgeblich. **3.** vorgeschoben: ~ **partner** Strohmann m. **os·ten·sive** adj (adv ~**ly**) **1.** ostenˈsiv: a) (auf)zeigend, anschaulich machend, darlegend, b) fig. herˈausfordernd, prahlerisch. **2.** → ostensible. **osˈten·so·ry** s relig. Monˈstranz f.
os·ten·ta·tion [ˌɒstenˈteɪʃn; Am. ˌɑs-] s **1.** (protzige) Zurˈschaustellung. **2.** Protzeˈrei f, Prahleˈrei f. **3.** Gepränge n, Prachtentfaltung f. **ˌos·tenˈta·tious** adj (adv ~**ly**) **1.** großtuerisch, prahlerisch, protzend: **to be** ~ **about s.th.** etwas protzig zur Schau stellen, mit etwas protzen. **2.** (bewußt) herˈausfordernd, ostentaˈtiv, betont, demonstraˈtiv. **3.** prunkhaft, prächtig.
osteo- [ɒstɪə͜ʊ; Am. ɑs-] Wortelement mit der Bedeutung Knochen...
ˌos·te·o·arˈthri·tis s med. Osteoarˈthritis f, Knochen- u. Gelenkentzündung f.
os·te·o·blast [ˈɒstɪə͜ʊblæst; Am. ˈɑstɪə-] s physiol. Osteoˈblast m, Knochenbildner m.
os·te·oc·la·sis [ˌɒstɪˈɒkləsɪs; Am. ˌɑstɪˈɑk-] s med. **1.** Osteoklaˈsie f, (chirˈurgische) ˈKnochenfrakˌtur. **2.** Knochengewebsstörung f. **ˈos·te·oˌclast** [Am. ˌɑs-] s Osteoˈklast m: a) Instrument zum Zerbrechen von Knochen, b) Knochen resorbierende Riesenzelle.
ˌos·te·oˈgen·e·sis s Osteogeˈnese f, Knochenbildung f. **ˌos·te·o·geˈnet·ic**, **ˌos·te·oˈgen·ic** [-ˈdʒenɪk], **os·te·og·e·nous** [ɒstɪˈɒdʒənəs; Am. ˌɑstɪˈɑdʒə-] adj osteoˈgen, knochenbildend. **ˌos·te·oˈog·e·ny** → osteogenesis.
os·te·ol·o·gist [ˌɒstɪˈɒlədʒɪst; Am. ˌɑstɪˈɑlə-] s Osteoˈloge m. **ˌos·te·ˈol·o·gy** s Osteoloˈgie f, Knochenlehre f.
os·te·o·ma [ˌɒstɪˈə͜ʊmə; Am. ˌɑs-] pl **-mas** od. **-ma·ta** [-mətə] s med. Osteˈom n, gutartige Knochengeschwulst f. **ˌos·te·o·maˈla·ci·a** [-məˈleɪʃɪə] s med. Knochenerweichung f.
ˌos·te·oˌmy·eˈli·tis s med. Osteomyeˈlitis f, Knochenmarkentzündung f.
os·te·o·path [ˈɒstɪəpæθ; Am. ˈɑs-] s Osteoˈpath m. **ˌos·te·ˈop·a·thy** [-ˈɒpəθɪ; Am. -ˈɑpə-] s med. Chiroˈpraktik f.
os·te·o·plas·tic [ˌɒstɪəˈplæstɪk; Am. ˌɑs-] adj **1.** physiol. osteoˈplastisch, knochenbildend. **2.** med. knochenplastisch. **ˈos·te·oˌplas·ty** [-ˌplæstɪ] s Knochenplastik f.
os·te·o·po·ro·sis [ˌɒstɪə͜ʊpəˈrə͜ʊsɪs; Am. ˌɑstɪə͜ʊpəˈ-] s med. Osteopoˈrose f, Knochengewebeschwund m.
os·te·o·tome [ˈɒstɪətə͜ʊm; Am. ˈɑs-] s med. Osteoˈtom n, Knochenmeißel m.
os·te·ot·o·my [ˌɒstɪˈɒtəmɪ; Am. ˌɑstɪˈɑ-] s Osteotoˈmie f, Knochenzerschneidung f.
os·ti·a·ry [ˈɒstɪərɪ; Am. ˈɒstɪˌeri:] s relig. **1.** R.C. Ostiˈarius m (Inhaber der niedersten der 4 niederen Weihen). **2.** Pförtner m.
ost·ler [ˈɒslə; Am. ˈɑslər] s hist. Stallknecht m.

os·tra·cism [ˈɒstrəsɪzəm; Am. ˈɑs-] s **1.** antiq. Scherbengericht n. **2.** fig. a) Verbannung f, b) Achtung f. **ˈos·tra·cize** v/t **1.** antiq. (durch das Scherbengericht) verbannen. **2.** fig. a) verbannen, b) ächten, (aus der Gesellschaft) ausstoßen, verfemen.
os·tra·cod [ˈɒstrəkɒd; Am. ˈɑstrəˌkɑd] s zo. Muschelkrebs m.
os·tre·i·cul·ture [ˈɒstrɪɪˌkʌltʃə(r); Am. ˈɑs-] s Austernzucht f.
os·trich [ˈɒstrɪtʃ; Am. ˈɑs-] **I** s orn. Strauß m: **to behave like an** ~ den Kopf in den Sand stecken; **to have the digestion of an** ~ e-n Magen wie ein Pferd haben. **II** adj Strauß(en)...: ~ **feather** (od. **plume**) Straußenfeder f. ~ **fern** s bot. Straußfarn m. ~ **pol·i·cy** s fig. VogelˈˈStrauß-Poliˌtik f.
Os·tro·goth [ˈɒstrə͜ʊɡɒθ; Am. ˈɑstrəˌɡɑθ] s Ostgote m. **ˌOs·troˈgoth·ic** adj ostgotisch.
Os·ty·ak [ˈɒstɪæk; Am. ˈɑs-] s **1.** Ostˈjake m, Ostˈjakin f (finnisch-ugrisches Volk). **2.** ling. Ostˈjakisch n, das Ostjakische.
o·tal·gi·a [ə͜uˈtældʒɪə; -dʒə] s med. Otalˈgie f, Ohrenschmerz m.
o·ta·ry [ˈə͜utərɪ] s zo. Ohrenrobbe f.
oth·er [ˈʌðə(r)] **I** adj **1.** ander(e, es): ~ **people think otherwise** andere Leute denken anders; **there is no** ~ **place to go to** man kann sonst nirgends hingehen; ~ **things being equal** bei sonst gleichen Bedingungen; **the** ~ **side** jur. die Gegenseite. **2.** (vor s im pl) andere, übrige: **the** ~ **guests. 3.** ander(er, e, es), weiter(er, e, es), sonstig(er, e, es): **many** ~ **things; one** ~ **person** e-e weitere Person, (noch) j-d anders; **the** ~ **two** die anderen beiden, die beiden anderen; **any** ~ **questions?** sonst noch Fragen? **4.** anders (than als): **I would not have him** ~ **than he is** ich möchte ihn nicht anders haben, als er ist; **no person** ~ **than yourself** niemand außer dir. **5.** (**from, than**) anders (als), verschieden (von): **far** ~ **from ours** ganz anders als der unsere. **6.** zweit(er, e, es) (obs. außer in): **every** ~ **year** jedes zweite Jahr, alle zwei Jahre; **every** ~ **day** jeden zweiten Tag. **7.** vorˈhergehend (obs. außer in): **the** ~ **day** neulich, kürzlich; **the** ~ **night** neulich abend. **II** pron **8.** ander(er, e, es): **the** ~ der od. die od. das andere; **each** ~, **one an**~ einander; **I say** ~ **s say others;** **the two** ~**s** die beiden anderen; **of all** ~**s** vor allen anderen; **no** (od. **none**) ~ **than** kein anderer als; **someone or** ~ irgendwer, irgend jemand; **some day** (od. **time**) **or** ~ **e-s Tages**, irgendeinmal; **some way or** ~ irgendwie, auf irgendeine Weise; **some singer or** ~ irgend so ein Sänger. **III** adv **9.** anders (than als): **you can't get there** ~ **than by car** man kommt nur mit dem Wagen (dort)hin.
ˌoth·er·diˈrect·ed adj konforˈmistisch, fremdbestimmt.
oth·er·ness [ˈʌðə(r)nɪs] s Anderssein n, Verschiedenheit f.
ˈoth·erˌwhere adv poet. **1.** anderswo. **2.** ˈanderswoˌhin, woˈandershin.
oth·er·wise [ˈʌðə(r)waɪz] **I** adv **1.** (a. conj) sonst, andernfalls: ~ **you will not get it. 2.** sonst, im übrigen: **stupid but** ~ **harmless**; **this** ~ **excellent dictionary. 3.** anderweitig: occupied; **unless you are** ~ **engaged** wenn du nichts anderes vorhast. **4.** anders (than als): **we think** ~; **was** ~ **than as adults, genauso wie; X.,** ~ (**called**) **Y. X.,** auch Y. genannt; **X. alias Y. 5.** (nach or od. and zum Ausdruck des Gegenteils): **the advantages or** ~ **of s.th.** die Vor- oder Nachteile e-r Sache; **berries edible and** ~

eßbare und nichteßbare Beeren. **II** *adj* **6.** sonstig: his ~ rudeness s-e sonstige Grobheit; his political enemies, his ~ friends s-e politischen Gegner, sonst aber s-e Freunde. **7.** anders: can it be ~ than beautiful?; rather tall than ~ eher groß als klein.

oth·er│world *s* Jenseits *n*. **ˈ~·world** *adj* jenseitig. **ˌ~ˈworld·li·ness** *s* **1.** Jenseitigkeit *f*. **2.** Jenseitsgerichtetheit *f*. **3.** *fig.* Weltfremdheit *f*. **ˌ~ˈworld·ly** *adj* **1.** jenseitig, unirdisch, Jenseits... **2.** auf das Jenseits gerichtet. **3.** *fig.* weltfremd.

o·tic [ˈəʊtɪk] *adj anat.* Ohr...

o·ti·ose [ˈəʊʃɪəʊs] *adj* **1.** müßig, träg(e), untätig. **2.** müßig, zwecklos. **ˌo·ti·os·i·ty** [-ˈɒsɪtɪ; *Am.* -ˈa-] *s* **1.** Muße *f*, Müßiggang *m*. **2.** Zwecklosigkeit *f*.

o·ti·tis [əʊˈtaɪtɪs] *s med*. Oˈtitis *f*, Ohr(en)entzündung *f*: ~ media Mittelohrentzündung.

o·to·lar·yn·gol·o·gist [ˌəʊtəʊˌlærɪŋˈɡɒlədʒɪst; *Am.* -ˈɡɑ-] *s med.* Hals-Nasen-Ohren-Arzt *m*. **ˈo·toˌlar·ynˈgol·o·gy** *s* Hals-, Nasen- u. Ohrenheilkunde *f*.

o·tol·o·gist [əʊˈtɒlədʒɪst; *Am.* -ˈtɑ-] *s med.* Otoˈloge *m*, Facharzt *m* für Ohrenleiden. **oˈtol·o·gy** *s* Otoloˈgie *f*, Ohrenheilkunde *f*.

o·to·rhi·no·lar·yn·gol·o·gist [ˌəʊtəʊˌraɪnəʊˌlærɪŋˈɡɒlədʒɪst; *Am.* -ˈɡɑ-] → otolaryngologist. **ˈo·toˌrhi·noˌlar·ynˈgol·o·gy** → otolaryngology.

o·to·scope [ˈəʊtəskəʊp] *s med.* Otoˈskop *n*, Ohr(en)spiegel *m*.

ot·ta·va ri·ma [əʊˌtɑːvəˈriːmə] *s metr.* Ottaveˈrime *pl*, Stanze *f*, Okˈtave *f* (*Strophe aus 8 fünfhebigen jambischen Versen mit dem Reimschema ababacc*).

ot·ter [ˈɒtə; *Am.* ˈɑtər] *s* **1.** *pl* **-ters,** *bes. collect.* **-ter** *zo.* Otter *m*. **2.** Otterfell *n*, -pelz *m*. **3.** *zo.* Larve *f* des Hopfenspinners. **4.** (*ein*) Fischfanggerät *n*. **5.** → paravane. **ˈ~·hound** *s hunt.* Otterhund *m*.

Ot·to en·gine [ˈɒtəʊ; *Am.* ˈɑtəʊ] *s mot.* Ottomotor *m*.

Ot·to·man [ˈɒtəmən; *Am.* ˈɑtə-] **I** *adj* **1.** osˈmanisch, türkisch. **II** *pl* **-mans** *s* **2.** Osˈmane *m*, Türke *m*. **3.** **o.** Otto-ˈmane *f*: a) Art Sofa, b) Polsterhocker *m*. **4. o.** Ottoˈman *m* (*Gewebe*).

ou·bli·ette [ˌuːblɪˈet] *s* Oubliˈette *f*, (Burg)Verlies *n*.

ouch[1] [aʊtʃ] *interj* autsch!, au!

ouch[2] [aʊtʃ] *s hist.* Spange *f*.

ought[1] [ɔːt] **I** *v/aux* (*nur pres u. pret; mit folgendem inf mit* **to,** *obs. od. poet. a. ohne* **to**) ich, er, sie, es sollte, *du* solltest, *ihr* solltet, *wir, sie, Sie* sollten: **he ~ to do it** er sollte es (eigentlich) tun; **he ~ (not) to have seen it** er hätte es (nicht) sehen sollen; **you ~ to have known better** du hättest es besser wissen sollen *od.* müssen. **II** *s* Soll *n*, (moˈralische) Pflicht.

ought[2] [ɔːt] *s* Null *f*.

ought[3] → aught II.

Oui·ja (board) [ˈwiːdʒɑː; -dʒə] *s* Alphaˈbettafel *f* (*für spiritistische Sitzungen*).

ounce[1] [aʊns] *s* **1.** Unze *f* (*als Handelsgewicht = 28,35 g; als Troygewicht = 31,1 g; abbr.* **oz.,** *im pl* **ozs.**): **by the ~** nach (dem) Gewicht. **2.** → fluid ounce. **3.** *hist.* Unze *f* (*Maß u. Gewicht sehr verschiedenen Wertes*). **4.** *fig.* Körnchen *n*, Funken *m, ein bißchen*: **an ~ of common sense** ein Funken gesunden Menschenverstandes; **not an ~ of truth** nicht ein Körnchen Wahrheit; **an ~ of practice is worth a pound of theory** Probieren geht über Studieren.

ounce[2] [aʊns] *s zo.* **1.** Irbis *m*, ˈSchneeleoˌpard *m*. **2.** *poet.* Luchs *m*.

our [ˈaʊə(r)] *poss adj* unser: **~ books; O~ Father** *relig.* das Vaterunser; → lady 7.

ours [ˈaʊə(r)z] *poss pron* (*ohne folgendes s od. pred*) **1.** (*der, die, das*) uns(e)re: I like ~ better mir gefällt das unsere besser; **a friend of ~** ein Freund von uns, e-r von unseren Freunden; **this world of ~** diese unsere Welt; **that house of ~** unser Haus; **Smith of ~** *Br.* Smith von unserem Regiment *etc*; **~ is a small group** unsere Gruppe ist klein. **2.** unser, (*der, die, das*) uns(e)re: **it is ~** es gehört uns, es ist unser; **it became ~** es wurde unser, es gelangte in unseren Besitz.

our·self [ˌaʊə(r)ˈself] *pron* (*sg von* **ourselves,** *beim Pluralis Majestatis gebraucht*) **1.** (selbst). **2.** (höchst)selbst: **We O~** Wir höchstselbst.

our·selves [ˌaʊə(r)ˈselvz] *pron* **1.** *reflex* uns (selbst): **we blame ~** wir geben uns (selbst) die Schuld. **2.** (*verstärkend*) selbst: **we ~ will go there, we will go there ~; let us do it ~** machen wir es selbst. **3.** uns (selbst): **good for the others, not for ~.**

ou·sel → ouzel.

oust [aʊst] *v/t* **1.** vertreiben, entfernen, verdrängen, hinˈauswerfen (**from** aus): **to ~ s.o. from office** j-n aus s-m Amt entfernen *etc*, j-n s-s Amtes entheben; **to ~ from the market** *econ.* vom Markt verdrängen; **to ~ from the lead** *sport* von der Spitze verdrängen. **2.** *etwas* verdrängen. **3.** *jur.* j-n enteignen, um den Besitz bringen. **4.** berauben (**of** *gen*). **ˈoust·er** *s* **1.** a) Entfernung *f* (aus dem Amt), (Amts)Enthebung *f*, b) *allg.* Hinˈauswurf *m*. **2.** *jur.* a) Enteignung *f*, b) Besitzentziehung *f*.

out [aʊt] **I** *adv* **1.** (a. *in Verbindung mit Verben*) a) hinˈaus(-*gehen, -werfen etc*): **go ~!** geh hinaus!, b) herˈaus(-*kommen, -schauen etc*): **come ~!** komm heraus!, c) aus(-*brechen, -pumpen, -sterben etc*): **to die ~,** d) aus(-*probieren, -rüsten etc*): **to fit ~** ausstatten; **voyage ~** Ausreise *f*; **way ~** Ausgang *m*; **on the way ~** beim Hinausgehen; **to have a tooth ~** sich e-n Zahn ziehen lassen; **to insure ~ and home** *econ.* hin u. zurück versichern; **~ with him!** hinaus *od.* ‚raus' mit ihm!; **~ with it!** heraus damit! (→ 10); **that's ~!** das kommt nicht in Frage!; **to have it ~ with s.o.** *fig.* die Sache mit j-m ausfechten; **~ of →** 42. **2.** außen, draußen, fort: **he is ~** er ist draußen; **~ and about** (wieder) auf den Beinen; **he is away ~ in Canada** er ist (draußen) in Kanada; **he has been ~ for a walk** er ist auf e-m Spaziergang gemacht. **3.** nicht zu Hause, ausgegangen: **to be ~ on business** geschäftlich unterwegs *od.* verreist sein; **an evening ~** ein Ausgeh-Abend; **we had an evening ~** wir sind am Abend ausgegangen. **4.** von der Arbeit abwesend: **to be ~ on account of illness** wegen Krankheit der Arbeit fernbleiben; **a day ~** ein freier Tag. **5.** im *od.* in den Streik, ausständig (*Arbeiter*): **to be ~** streiken; **to go ~** in den Streik treten. **6.** a) ins Freie, b) draußen, im Freien, c) *mar.* draußen, auf See, d) *mil.* im Felde. **7.** als Hausangestellte beschäftigt. **8.** ‚raus', (*aus dem Gefängnis etc*) entlassen: **~ on bail** gegen Bürgschaft auf freiem Fuß. **9.** herˈaus, veröffentlicht, an der *od.* an die Öffentlichkeit: (just) ~ (soeben) erschienen (*Buch*); **it came ~ in June** es kam im Juni heraus, es erschien im Juni; **the girl is not yet ~** das Mädchen ist noch nicht in die Gesellschaft eingeführt (worden). **10.** herˈaus, ans Licht, zum Vorschein, entdeckt, -hüllt, -faltet: **the chickens are ~** die Küken sind ausgeschlüpft; **the flowers are ~** a) die Blumen sind heraus *od.* blühen, b) die Blüten sind entfaltet; **the secret is ~** das Geheimnis ist enthüllt *od.* gelüftet (worden); **~ with it!** heraus damit!, heraus mit der Sprache! (→ 1). **11. ~ for** auf e-e Sache aus, auf die Jagd *od.* Suche nach e-r Sache: **~ for prey** auf Raub aus; **to be ~ for s.th.** sich für etwas einsetzen *od.* erklären. **12. to be ~ to do s.th.** darauf aus sein *od.* darauf abzielen, etwas zu tun. **14.** weit u. breit, in der Welt (*bes. zur Verstärkung des sup*): **the best thing ~; ~ and away** bei weitem. **15.** *sport* aus, draußen: a) nicht (mehr) im Spiel, b) im Aus, außerhalb des Spielfelds. **16.** *Boxen:* ausgezählt, kˈo., kampfunfähig: **~ on one's feet** a) stehend k.o., b) *fig.* ‚schwer angeschlagen', ,erledigt'. **17.** *pol.* draußen, ‚raus', nicht (mehr) im Amt, nicht (mehr) am Ruder: **the Democrats are ~. 18.** aus der Mode: **boogie woogie is ~. 19.** aus, vorˈüber, vorˈbei, zu Ende: **school is ~** *Am.* die Schule ist aus; **before the week is ~** vor Ende der Woche. **20.** aus, erloschen: **the fire is ~; the lights are ~. 21.** aus(gegangen), verbraucht, ‚alle': **the potatoes are ~. 22.** aus der Übung: **my fingers are ~. 23.** zu Ende, bis zum Ende, ganz: → **hear** 3, **sit out** 1; **tired ~** vollständig erschöpft; **~ and ~** durch u. durch, ganz u. gar. **24.** nicht an der richtigen Stelle *od.* im richtigen Zustand, *z.B.* a) verrenkt (*Arm etc*), b) geistesgestört, verrückt, von Sinnen, c) über die Ufer getreten (*Fluß*). **25.** löch(e)rig, zerrissen, ˈdurchgescheuert: → **elbow** 1. **26.** ärmer um: **to be ~ $10** ‚~. **27.** a) verpachtet, vermietet, b) verliehen, ausgeliehen (*Geld, a. Buch*): **land ~ at rent** verpachtetes Land; **~ at interest** auf Zinsen ausgeliehen (*Geld*). **28.** unrichtig, im Irrtum (befangen): **his calculations are ~** s-e Berechnungen stimmen nicht; **to be (far) ~** sich (gewaltig) irren, ,(ganz) auf dem Holzweg sein'. **29.** entzweit, ,verkracht': **to be ~ with s.o. 30.** verärgert, ärgerlich. **31.** in ärmlichen Verhältnissen: **to be down and ~** herunterkommen sein. **32.** laut: **to laugh ~ laut** (heraus)lachen; **speak ~!** a) sprich lauter!, b) heraus damit!

II *adj* **33.** Außen...: **~ edge; ~ islands** entlegene *od.* abgelegene Inseln. **34.** *Kricket:* nicht schlagend: **the ~ side** → 48. **35.** *sport* Auswärts...: **~ match. 36.** *pol.* nicht (mehr) im Amt *od.* am Ruder (befindlich): **~ party** Oppositionspartei *f*. **37.** abgehend: **~ train. 38.** ˈübernorˌmal, Über...: → outsize.

III *prep* **39.** (herˈaus *od.* herˈvor) aus (*obs. außer* **from**): **from ~ the house** aus dem Haus heraus. **40.** aus, herˈaus *od.* hinˈaus aus *od.* zu: **~ the window** zum Fenster hinaus, aus dem Fenster. **41.** *Am. colloq.* a) hinˈaus, b) draußen an (*dat*) *od.* in (*dat*): **to drive ~ Main Street** die Hauptstraße (entlang) hinausfahren; **to live ~ Main Street** (weiter) draußen an der Hauptstraße wohnen. **42. ~ of** a) aus (... herˈaus): **~ of the bottle** (house, *etc*), b) zu ... hinˈaus: **~ of the window** (house, *etc*), c) aus, von: **two ~ of three Americans** zwei von drei Amerikanern, d) außerhalb, außer *Reichweite, Sicht etc*: **~ of reach,** e) außer *Atem, Übung etc*: **~ of breath** (practice, *etc*); **to be ~ of s.th.** etwas nicht (mehr) haben; **we are ~ of oil** uns ist das Öl ausgegangen, f) aus *der Mode, Richtung etc*: **~ of fashion; ~ of drawing** verzeichnet; **to be ~ of it** *colloq.* ,weg vom Fenster sein'; → **alignment** 2, **focus** 1, **question** 4, g) außerhalb (*gen od.* von): **five miles ~ of Oxford; to be ~ of it** *fig.* nicht dabeisein (dürfen); **to feel ~ of it** sich ausgeschlossen fühlen; → **door** *Bes. Redew.*, h) um *etwas* betrügen: **to cheat**

outachieve – outlaw

s.o. ~ of s.th., i) von, aus: **to get s.th. ~ of s.o.** etwas von j-m bekommen; **he got more (pleasure) ~ of it** er hatte mehr davon, j) ('hergestellt) aus: **made ~ of paper,** k) *fig.* aus *Bosheit, Furcht, Mitleid etc*: **~ of spite** (*fear, pity, etc*), l) *zo.* abstammend von, aus (*e-r Stute etc*). **IV** *interj* 43. hin'aus!, ,raus!': **~ with** → 1 *u.* 10. 44. **~ (up)on** *obs.* pfui *od.* Schande über (*acc*): **~ upon you!** **V** *s* 45. *Am.* Außenseite *f*: → in 32. 46. *bes. Am.* Ausweg *m* (*a. fig.*). 47. *Tennis etc*: Ausball *m*. 48. **the ~s** (*Kricket etc*) die Mannschaft, die nicht am Schlagen ist. 49. **the ~s** *pol.* die Opposition, die nicht re'gierende Par'tei. 50. *pl Br.* Ausgaben *pl*, ausgegebene Beträge *pl*. 51. *pl Am.* Streit *m*: **at ~s** (*od.* **on the ~s**) **with** im Streit mit, auf gespanntem Fuße mit. 52. *Am. colloq.* a) schlechte *etc* Leistung: **a poor ~,** b) Schönheitsfehler *m*. 53. *print.* Auslassung *f*, ,Leiche' *f*. 54. *pl econ. Am.* ausgegangene Bestände *pl od.* Waren *pl*. 55. *Br. dial. od. Am. colloq.* Ausflug *m*. **VI** *v/t* 56. hin'auswerfen, verjagen. 57. *sport* a) ausschalten, elimi'nieren (*in e-m Turnier*), b) *Kricket*: den Schläger ,aus' machen. 58. *Br. sl.* a) k.'o. schlagen, b) 'umbringen, ,kaltmachen'. 59. *Tennis etc*: den Ball ins Aus schlagen. **VII** *v/i* 60. ans Licht *od.* zum Vorschein kommen: → **blood 4, murder** 1. 61. *colloq.* her'ausrücken (**with** mit *Geld, e-r Geschichte etc*). 62. *Tennis etc*: den Ball ins Aus schlagen.

,out·a'chieve *v/t* j-n über'treffen. ~'act *v/t thea. etc* ,an die Wand spielen'.

out·age ['aʊtɪdʒ] *s* 1. fehlende *od.* verlorene Menge (*z. B.* aus *e-m Behälter*), Schwund *m*. 2. *tech.* Ausfall *m*, Versagen *n*.

,out·|-and-'out **I** *adv* durch u. durch, ganz u. gar, völlig, abso'lut. **II** *adj* abso'lut, ausgesprochen, Erz...: **an ~ villain** ein Erzschurke. ~-and-'out·er *s sl.* 1. Hundert'fünfzigpro,zentige(r *m*) *f*, Radi'kale(r *m*) *f*. 2. (*etwas*) 'Hundertpro,zentiges *od.* ganz Typisches (*s-r Art*). ~·a'sight *adj u. interj colloq.* ,toll', ,super'. '~·back *Austral.* **I** *s* **the ~** das Hinterland, *der* (*bes.* austral.) Busch. **II** *adj u. adv* im *od.* in den *od.* aus dem Busch: **~ life** das Leben im Busch. ~·'bal·ance *v/t* 'über,wiegen, -'treffen. ~'bid *v/t irr* (*bei Auktionen, Kartenspielen*) über'bieten (*a. fig.*). '~·board *mar.* **I** *adj* 1. Außenbord...: **~ motor.** 2. *Am.* außenbords. **III** *s* 3. Außenbordmotor *m*. 4. Außenborder *m* (*Boot*). '~·bound *adj mar.* a) auslaufend, b) auf der Ausreise befindlich: **~ cargo** (*od.* **freight**) Hin-, Ausgangsfracht *f*. ~'box *v/t* (*im Boxen*) schlagen, ausboxen. ~·'brave *v/t* 1. trotzen *od.* Trotz bieten (*dat*), 2. an Tapferkeit *od.* Kühnheit *od.* Glanz über'treffen. '~·break *s.* 1. *allg.* Ausbruch *m*: **~ of an epidemic; at the ~ of war** bei Kriegsausbruch; **~ of anger** Zornausbruch *m*. 2. Aufruhr *m*: ~·'bred *adj biol.* aus der Kreuzung entfernt verwandter *od.* nicht zuchtverwandter Indi'viduen ge'züchtet. ~·'build·ing *s* Nebengebäude *n*. ~·burst **I** *s* ['-bɜːst; *Am.* '-,bɜːrst] Ausbruch *m* (*a. fig.*): (**emotional**) **~** Gefühlsausbruch. **II** *v/i* [,-'bɜːst; *Am.* ,-'bɜːrst] *fig.* ausbrechen (**into** *in acc*). '~·cast **I** *adj* 1. verstoßen, verbannt, (*von der Gesellschaft*) ausgestoßen. 2. a) verfemt, verächtlich, b) weggetan. **II** *s* 3. Ausgestoßene(r *m*) *f*. 4. (*etwas*) Verfemtes. 5. Abfall *m*, Ausschuß *m*. ~·caste **I** *adj.* (*Am.* '-,kæst] *s* **I** *s* a) aus der Kaste Ausgestoßene(r *m*) *f*, b) Kastenlose(r) *f* (*bes. in Indien*). **II** *adj*

a) kastenlos, b) (*aus der Kaste*) ausgestoßen. **III** *v/t* (*aus der Kaste*) ausstoßen. ~·'class *v/t* j-m *od.* e-r Sache weit über'legen sein, *j-n od. etwas* weit über'treffen, *sport* a. *j-n* deklas'sieren. '~·clear·ance *s mar.* 'Auskla,rieren *n* (*aus e-m Hafen*). '~·clear·ing *s econ. Br.* Gesamtbetrag *m* der Wechsel- u. Scheckforderungen e-r Bank an das Clearinghaus. '~·college *adj* außerhalb des College wohnend, ex'tern (*Student*). '~·come *s* 1. Ergebnis *n*, Resul'tat *n*, Folge *f*, Pro'dukt *n*: **what was the ~ of the talks?** was ist bei den Gesprächen herausgekommen? 2. Schluß(folgerung *f*) *m*. ~·crop **I** *s* ['-krɒp; *Am.* '-,krɑp] 1. *geol.* a) Zu'tageliegen *n*, Anstehen *n*, b) Ausgehendes *n*, Ausbiß *m*, Zu'tagetreten *n*. **II** *v/i* [,-'krɒp; *Am.* ,-'krɑp] 3. *geol.* zu'tage liegen *od.* treten, ausbeißen, anstehen. 4. *fig.* zu'tage treten. '~·cross·ing *s biol.* Kreuzen *n* von nicht mitein'ander verwandten Tieren *od.* Pflanzen innerhalb der'selben Abart *od.* Rasse. '~·cry *s* 1. Aufschrei *m*, Schrei *m* der Entrüstung. 2. *econ.* a) Versteigerung *f*, b) Ausrufen *n*. ~·'dare *v/t* 1. Trotz bieten *od.* trotzen (*dat*). 2. mehr wagen als (*j-d*). ~·'dat·ed *adj* über'holt, veraltet. ~·'dis·tance *v/t* 1. (weit) über'holen *od.* hinter sich lassen (*a. fig.*). 2. *fig.* über'flügeln. ~·'do *v/t irr* 1. über'treffen, ausstechen, es (*j-m*) zu'vortun: **to ~ o.s.** sich selbst übertreffen; **he is not to be outdone in efficiency** er ist an Tüchtigkeit nicht zu übertreffen. 2. schlagen, besiegen. '~·door *adj* Außen..., außerhalb des Hauses, im Freien (befindlich *od.* sich ereignend), draußen: **~ advertising** Außen-, Straßenreklame *f*; **~ aerial** (*bes. Am.* **antenna**) Außen-, Frei-, Hochantenne *f*; **~ dress** Straßenkleid *n*; **~ exercise** Bewegung *f* im Freien; **~ games** Spiele für draußen; **~ garments** Straßenkleidung *f*; **~ performance** *thea.* Freilichtaufführung *f*; **~ season** *bes. sport* Freiluftsaison *f*; **~ shot** *phot.* Außenaufnahme *f*. ~·'doors **I** *adv* 1. draußen, im Freien. 2. ins Freie. **II** *s* **the great ~** die freie Natur, Gottes freie Natur. ~·'drink *v/t irr* ,unter den Tisch trinken', mehr vertragen als (*j-d*).

out·er ['aʊtə(r)] **I** *adj* 1. Außen...: **~ city** *Am.* Außenbezirke *pl* (*e-r Stadt*); **~ cover** *aer.* Außenhülle *f*; **~ diameter** Außendurchmesser *m*; **~ garments** Oberbekleidung *f*, Überkleidung *f*; **~ harbo(u)r** *mar.* Außen-, Vorhafen *m*; **the ~ man** die äußere Erscheinung, das Äußere; **~ office** Vorzimmer *n*; **~ skin** Oberhaut *f*, Epidermis *f*; **~ space** Weltraum *m*; **~ surface** Außenfläche *f*, -seite *f*, Ober'fläche *f*; **~ world** Außenwelt *f*. 2. äußerst(er, e, es), fernst(er, e, es). **II** *s* 3. *Bogenschießen*: äußerer Ring (*der Scheibe*). 4. *sport Austral.* 'unüber,dachte (Zuschauer)Ränge *pl*: **on the ~** *fig.* vernachlässigt. ~·'most [-moʊst] *adj* äußerst(er, e, es). ~ **parts**, ~ **voic·es** *s pl mus.* Ober- u. 'Unterstimme *f* (*Sopran u. Baß*). '~·wear *s* Oberbekleidung *f*, 'Überkleidung *f*.

,out·'face *v/t* 1. Trotz bieten *od.* trotzen (*dat*), mutig *od.* gefaßt begegnen (*dat*): **to ~ a situation** e-r Lage Herr werden. 2. j-n mit e-m Blick *od.* mit Blicken aus der Fassung *od.* zum Schweigen bringen. '~·fall *s* Mündung *f* (*e-s Flusses etc*), Austrittsöffnung *f* (*e-s Rohrs etc*). '~·field *s* 1. *Baseball u. Kricket*: a) Außenfeld *n*, b) Außenfeldspieler *pl*. 2. weitabliegende Felder *pl* (*e-r Farm*). '~·field·er *s* Außenfeldspieler(in). ~·'fight *v/t irr* niederkämpfen, schlagen. '~,fight·er *s*

sport Di'stanzboxer *m*. '~·fit **I** *s* 1. Ausrüstung *f*, Ausstattung *f* (*für e-e Reise etc*), *tech. a.* Gerät(e *pl*) *n*, Werkzeug(e *pl*) *n*, Uten'silien *pl*: **travel(l)ing ~** Reiseausrüstung *f*; **cooking ~** Küchengeräte, Kochutensilien; **puncture ~** *mot.* Reifenflickzeug *n*; **the whole ~** *colloq.* der ganze Krempel. 2. *colloq.* a) ,Verein' *m*, ,Laden' *m*, Gesellschaft *f*, Gruppe *f* (*von Personen*), b) *mil.* ,Haufen' *m*, Einheit *f*, c) (Arbeits)Gruppe *f*, d) Gruppe *f*, Organisati'on *f*. **II** *v/t* 3. ausrüsten *od.* ausstatten (**with** mit). '~·fit·ter *s* 1. Herrenausstatter *m*. 2. 'Ausrüstungsliefe,rant *m*. 3. Fachhändler *m*: **electrical ~** Elektrohändler *m*. ~·'flank *v/t* 1. *mil.* die Flanke (*des Feindes*) um'fassen, um'gehen (*a. fig.*): **~ing attack** Umfassungsangriff *m*. 2. *fig.* über'listen. '~·flow *s* Ausfluß *m* (*a. med.*): **~ of gold** *econ.* Goldabfluß *m*. ~·'fly *v/t irr* weiter *od.* schneller fliegen als. ~·'foot *v/t* 1. schneller fahren als (*Boot*). 2. ein besserer Läufer, Tänzer *etc* sein als (*j-d*). ~·'fox *v/t* über'listen. ~·'gen·er·al *pret u. pp* -aled, *bes. Br.* -alled 1. ein besserer Stra'tege *od.* Taktiker sein als (*j-d*). 2. → **outmaneuver**. ~·'go *v/t irr* [,-'ɡəʊ] 1. *fig.* über'treffen. **II** *s* ['-,ɡəʊ] *pl* **-goes** 2. *econ.* (Gesamt)Ausgabe *pl*, (Geld)Auslagen *pl*. 3. Ausströmen *n*, -bruch *m*, -fluß *m*. ~·'go·ing **I** *adj* 1. weg-, fortgehend. 2. abtretend, ausscheidend: **~ partner** *econ.* ausscheidender Gesellschafter; **the ~ president** der aus dem Amt scheidende Präsident. 3. *mar. rail. etc, a. electr. teleph.* abgehend: **~ trains** (**boats**); **~ call** (*od.* **message**); **~ circuit** *electr.* abgehende Leitung, Ausgangsleitung *f*; **~ traffic** *aer.* Abgangsverkehr *m*; **~ mail** Postausgang *m*. 4. zu'rückgehend (*Flut*): **the ~ tide**. 5. *psych.* aus sich her'ausgehend, mitteilsam, extraver'tiert. **II** *s* 6. Ausgehen *n*, Ausgang *m*. 7. *meist pl bes. Br.* (Geld-)Ausgaben *pl*. 8. Ab-, Ausfluß *m*. ~ **group** *s sociol.* Outgroup *f* (*Gruppe, der man sich nicht zugehörig fühlt u. von der man sich distanziert*). ~·'grow *v/t irr* 1. größer werden als, schneller wachsen als, hin'auswachsen über (*acc*). 2. j-m über den Kopf wachsen. 3. her'auswachsen aus (*Kleidern*). 4. *fig.* e-e Gewohnheit (mit der Zeit) ablegen, her'auswachsen aus, entwachsen (*dat*): **to ~ childish habits**. '~·growth *s* 1. na'türliche Entwicklung *od.* Folge, Ergebnis *n*. 2. Nebenerscheinung *f*. 3. Her'aus-, Her'vorwachsen *n*. 4. *med.* Auswuchs *m*. ~·'guard *s mil.* Vorposten *m*, vorgeschobener Posten, Feldwache *f*. ~·'guess *v/t* j-s Absichten durch'schauen *od.* zu'vorkommen. ~·'gun *v/t colloq.* ,ausstechen', über'treffen. '~·gush *s* 1. Ausfluß *m*. 2. *fig.* Ausbruch *m*, Erguß *m*. ~·'Her·od [-'herəd] *v/t*: **to ~ Herod** noch schlimmer wüten als Herodes. '~·house *s* 1. Nebengebäude *n*. 2. *bes. Am.* 'Außenab,ort *m*.

out·ing ['aʊtɪŋ] *s* 1. Ausflug *m*: **to go for an ~** e-n Ausflug machen; **works ~, company ~** Betriebsausflug. 2. *sport bes. Am.* a) Spiel *n*, b) Kampf *m*. **~ flan·nel** *s Am.* leichter 'Baumwollfla,nell.

,out·|'jock·ey → outmaneuver. ~·'jump *v/t* besser *od.* höher *od.* weiter springen als. '~·land·er *s* 1. *bes. poet.* Ausländer(in), Fremde(r *m*) *f*. 2. *S.Afr.* → **uitlander**. ~·'land·ish *adj* (*adv* -ly) 1. fremdartig, seltsam, ex'otisch, ausgefallen. 2. a) 'unkulti,viert, b) rückständig. 3. abgelegen. 4. *bes. poet.* ausländisch. ~·'last *v/t* über'dauern, -'leben.

'out·law **I** *s* 1. *jur. hist.* Geächtete(r *m*), Vogelfreie(r) *m*. 2. Ban'dit *m*, Verbrecher *m.* **3.** *Am.* bösartiges Pferd. **II** *v/t* **4.** *jur. hist.* ächten, für vogelfrei erklären. **5.** *jur. Am.* für verjährt erklären: ~ed **claim** verjährter Anspruch. **6.** verbieten, für ungesetzlich erklären. **7.** *Krieg etc* ächten, verfemen. **III** *adj* **8.** ungesetzlich, gesetzeswidrig: ~ **strike**. ˈout·lawˌry [-rɪ] *s* **1.** *jur. hist.* a) Acht *f* (u. Bann *m*), b) Ächtung *f*. **2.** Verbot *n*. **3.** *jur.* Geˈsetzesmißˌachtung *f*. **4.** Verbrechertum *n*. **5.** *jur. Am.* Ausschluß *m* (*e-r Klage etc wegen Verjährung etc*). **6.** Ächtung *f*, Verfemung *f*.

outˈlay I *v/t irr* [-ˈleɪ] Geld auslegen, -geben (on für). **II** *s* [ˈ-leɪ] (Geld)Auslage(n *pl*) *f*, Ausgabe(n *pl*) *f*: **initial** ~ Anschaffungskosten *pl*. ~ˈlet [ˈaʊtlet] *s* **1.** Auslaß *m*, Austritt *m*, Abzug *m*, Abzugs-, Abflußöffnung *f*, ˈDurchlaß *m*. **2.** *mot.* Abluftstutzen *m*. **3.** *electr.* a) a. ~ **box** Anschluß(punkt) *m*, Steckdose *f*, b) *weit S.* Stromverbraucher *m*. **4.** *Radio*: ˈSendestatiˌon *f*. **5.** *fig.* Venˈtil *n*, Betätigungsfeld *n*: **to find an** ~ **for one's emotions** s-n Gefühlen Luft machen können; **to seek an** ~ **for one's creative instincts** ein Betätigungsfeld für s-n Schöpfungstrieb suchen. **6.** *econ.* a) Absatzmarkt *m*, -möglichkeit *f*, -gebiet *n*, b) Einzelhandelsgeschäft *n*, Verkaufsstelle *f*. ˈ~ˌli·er [-ˌlaɪə(r)] *s* **1.** j-d, der *od.* etwas, was sich außerhalb befindet. **2.** Auswärtige(r *m*) *f*, Pendler(in). **3.** *geol.* Ausleger *m*. ˈ~ˈline **I** *s* **1.** a) ˈUmriß(linie *f*) *m*, b) *meist pl* ˈUmrisse *pl*, Konˈturen *pl*, Silhouˈette *f*: **the** ~**s of trees were still visible**. **2.** a) Konturzeichnung *f*, b) ˈUmriß-, Konˈturlinie *f*: **in** ~ a) in Konturzeichnung, b) im Grundriß. **3.** Entwurf *m*, Skizze *f*. **4.** (*of*) (*allgemeiner*) ˈUmriß (*von*) *od.* ˈÜberblick (über *acc*): **in rough** ~ in groben Zügen. **5.** Abriß *m*, Auszug *m*, Grundzüge *pl*: **an** ~ **of history** ein Abriß der Geschichte. **6.** *print.* Konˈturschrift *f*. **II** *v/t* **7.** umˈreißen, entwerfen, skizˈzieren, *fig.* a. in ˈUmrissen darlegen, e-n ˈÜberblick geben über (*acc*), in groben Zügen darstellen: **he** ~**d his plan to them**. **8.** *die* ˈUmrisse *od.* Konˈturen zeigen von: ~**d** (**against**) scharf abgehoben (von), sich (als Silhouette) abzeichnend (gegen) *od.* abhebend (von). ~ˈlive *v/t* überˈleben: a) länger leben als j-d, b) *etwas* überˈdauern, c) *etwas* überˈstehen, hinˈwegkommen über (*acc*). ˈ~ˌlook *s* **1.** (Aus)Blick *m*, (Aus)Sicht *f*. **2.** (*a.* Welt)Anschauung *f*, Auffassung *f*, Ansicht(en *pl*) *f*, Einstellung *f*, Standpunkt *m*, *pol. a.* Zielsetzung *f*: **his** ~ (**up**)**on life** s-e Lebensanschauung *od.* -auffassung *od.* -einstellung. **3.** (Zukunfts)Aussicht(en *pl*) *f*: **the political** ~; **further** ~ *meteor.* weitere Aussichten. **4.** Ausguck *m*, Ausschau *f*, Warte *f*: **on the** ~ **for** *fig.* auf der Suche nach, Ausschau haltend nach. **5.** Wacht *f*, Wache *f*. ˈ~ˌly·ing *adj* **1.** außerhalb *od.* abseits gelegen, abgelegen, entlegen, Außen...: ~ **district** Außenbezirk *m*. **2.** auswärtig. **3.** *fig.* am Rande liegend, nebensächlich. ~ˈman *v/t* **1.** → **outnumber**. **2.** männlicher sein als. ~ˌmaˈneu·ver, *bes. Br.* ~ˌmaˈnoeu·vre *v/t* ˈausmanöˌvrieren (*a. fig.* überˈlisten). ~ˈmarch *v/t* schneller marˈschieren als. ˈ~ˌmar·riage → **exogamy**. ~ˈmatch *v/t* überˈtreffen, überˈflügeln, (aus dem Felde) schlagen. ~ˈmode *v/t* aus der Mode bringen, verdrängen. ~ˈmod·ed *adj* ˈunmoˌdern, veraltet, überˈholt. ~ˈmost [-məʊst] *adj* äußerst(er, e, es) (*a. fig.*). **out·ness** [ˈaʊtnɪs] *s philos.* Sein *n* außerhalb des Wahrnehmenden. ˌoutˈnum·ber *v/t* an Zahl *od.* zahlenmäßig überˈtreffen, j-m an Zahl *od.* zahlenmäßig überˈlegen sein: **to be** ~**ed in der Minderheit sein**.

ˌout-ofˈ-ˈbal·ance *adj tech.* unausgeglichen, exˈzentrisch: ~ **force** Unwuchtkraft *f*; ~ **load** *electr.* unsymmetrische Belastung, Schieflast *f*. ~ˈbod·y ex·pe·ri·ence *s Parapsychologie*: außerkörperliches Erlebnis. ~ˈbounds *adj*: ~ **park** (**to**) Park *m*, dessen Betreten (für, *dat*); ~ **area** Sperrgebiet *n*, -bezirk *m*. ~ˈcourt *adj* außergerichtlich: ~ **settlement**. ~ˈdate *adj* veraltet, ˈunmoˌdern. ~ˈdoor → **outdoor**. ~ˈdoors → **outdoors I**. ~ˈfo·cus *adj* **1.** außerhalb des Brennpunkts gelegen (*a. fig.*). **2.** *phot.* unscharf. ~ˈplace *adj* unangebracht, deplaˈziert. ~ˈpock·et *adj* bar bezahlt: ~ **expenses** Barauslagen. ~ˈprint **I** *adj* vergriffen. **II** *s* vergriffener Titel. ~ˈround *adj tech.* unrund. ~ˈschool *adj* außerschulisch: ~ **activities**. ~ˈthe-ˈway *adj* **1.** abgelegen. **2.** ungewöhnlich, ausgefallen. ~ˈtown *adj* auswärtig (*a. econ.*): ~ **bank**; ~ **bill** Distanzwechsel *m*. ~ˈturn *adj* unangebracht, taktlos, vorlaut. ~ˈwork **I** *adj* arbeitslos: ~ **pay** Arbeitslosenunterstützung *f*. **II** *s* Arbeitslose(r *m*) *f*.

ˌoutˈpace *v/t* überˈholen, j-n hinter sich lassen. ˈ~ˌpa·tient *s med.* ambuˈlanter Patiˈent: ~**s' department** Ambulanz *f*; ~ **treatment** ambulante Behandlung; **to receive** ~ **treatment** ambulant behandelt werden. ~ˈper·form *v/t* besser arbeiten als, mehr leisten als, überˈtreffen. ˈ~ˌpick·et *s mil.* vorgeschobener Posten. ~ˈplay *v/t sport* j-m spielerisch überˈlegen sein, besser spielen als. ~ˈpoint *v/t* **1.** a) *bes. sport* mehr Punkte erzielen *od.* bekommen als, b) *sport* auspunkten, nach Punkten besiegen *od.* schlagen, Punktsieger werden über (*acc*). **2.** → **outdo**. **3.** *mar.* dichter am Wind segeln als. ˈ~ˌport *s* **1.** *mar.* Außen-, Vorhafen *m*. **2.** Exˈport-, Ausreisehafen *m*. ˈ~ˌpost *s* **1.** *mil.* a) Vor-, Außenposten *m*, vorgeschobener Posten, b) Stützpunkt *m* (*a. fig.*). **2.** *fig.* a) Vorposten *m*, b) Grenze *f*. **3.** entlegene Zweigstelle *etc*. ~ˈpour **I** *s* [ˈ-pɔː(r); *Am. a.* ˌ-pəʊər] **1.** Herˈvorströmen *n*, Guß *m*, Strom *m*, Ausbruch *m*, Erguß *m*. **II** *v/t* [ˌ-ˈpɔː(r); *Am. a.* ˌ-pəʊər] **4.** ausschütten, ausgießen. ~ˈpour·ing *s* (*bes.* Gefühls)Erguß *m*. ˈ~ˌput **I** *s* **1.** Output *m*: a) *econ. tech.* Arbeitsertrag *m*, -leistung *f*, b) *econ.* Ausstoß *m*, Ertrag *m*, Produktiˈon *f*, c) *Bergbau*: Förderung *f*, Fördermenge *f*, d) *electr.* Ausgangsleistung *f*, e) *electr.* Ausgang *m* (*an Geräten*), f) *Computer*: (Daten)Ausgabe *f*. **II** *adj* **2.** *tech.* Leistungs...: ~ **capacity** Leistungsfähigkeit *f*, e-r Maschine *a.* Stückleistung *f*; ~ **device** (*Computer*) Ausgabegerät *n*. **3.** *econ.* Ausgangs... **out·rage** [ˈaʊtreɪdʒ] **I** *s* **1.** Frevel(tat *f*) *m*, Greuel(tat *f*) *m*, Ausschreitung *f*, Verbrechen *n*. **2.** *bes. fig.* (**on**, **upon**) Gewalttat *f*, Frevel *m* (*an dat*), Ungeheuerlichkeit *f* (*an dat*), Vergewaltigung *f* (*gen*), Attenˈtat *n* (*auf acc*): **an** ~ **upon decency** e-e grobe Verletzung des Anstands; **an** ~ **upon justice** e-e Vergewaltigung der Gerechtigkeit. **3.** Schande *f*, Schmach *f*. **4.** *a.* **sense of** ~ Emˈpörung *f*, Entrüstung *f* (**at** über *acc*). **II** *v/t* **5.** sich vergehen an (*dat*), Gewalt antun (*dat*), vergewaltigen (*a. fig.*). **6.** Gefühle, den Anstand *etc* mit Füßen treten, gröblich verletzen *od.* beleidigen: **to** ~ **s.o.'s feelings**. **7.** mißˈhandeln. **8.** verschandeln. **9.** j-n schokˈkieren, emˈpören. **outˈra·geous** [-dʒəs] *adj* (*adv* ~**ly**) **1.** frevelhaft, abˈscheulich, verbrecherisch: **an** ~ **deed**. **2.** schändlich, emˈpörend, unerhört: ~ **behavio**(**u**)**r**; ~ **prices** unerhörte *od.* unverschämte Preise; **an** ~ **assertion** e-e ungeheuerliche Behauptung. **3.** abˈscheulich, gräßlich: ~ **weather**. **outˈra·geous·ness** *s* **1.** Frevelhaftigkeit *f*, (*das*) Abˈscheuliche. **2.** Schändlichkeit *f*, Unerhörtheit *f*, Unverschämtheit *f*, Ungeheuerlichkeit *f*.

ˌoutˈrange *v/t* **1.** *mil.* e-e größere Reichweite haben als. **2.** *fig.* hinˈausreichen über (*acc*). **3.** *fig.* überˈtreffen, überˈsteigen. ~ˈrank *v/t* **1.** im Rang *od.* rangmäßig höher stehen als. **2.** wichtiger sein als, Vorrang haben vor (*dat*).

ou·tré [ˈuːtreɪ; *Am.* uːˈtreɪ] *adj* ausgefallen, überˈspannt, extravaˈgant.

ˌoutˈreach *v/t* **1.** *Boxen*: j-m an Reichweite überˈlegen sein. **2.** → **outrange 2** u. **3.** ~ˈride **I** *v/t irr* [ˌ-ˈraɪd] **1.** a) besser *od.* schneller reiten als, j-m daˈvonreiten, b) besser *od.* schneller Fahr- *od.* Motorrad fahren als, j-m daˈvonfahren. **2.** *mar.* e-n Sturm ausreiten, überˈstehen (*a. fig.*). **II** *s* [*Am.* ˈ-ˌraɪd] **3.** *metr.* unbetonte freie Silbe(n *pl*). ˈ~ˌrid·er *s* **1.** Vorreiter *m*. **2.** Mitglied *n* e-r motoriˈsierten Poliˈzeiesˌkorte. ˈ~ˌrig·ger *s* **1.** *mar.* Ausleger *m* (*a. tech.* e-s *Krans etc*). **2.** *Rudern*: Ausleger *m*. **3.** Auslegerboot *n*. **4.** *mil.* (Laˈfetten)Holm *m*: ~ (**type**) **gun mount** Kreuzlafette *f*. ~ˈright **I** *adj* [ˈ-raɪt] **1.** völlig, gänzlich, toˈtal: **an** ~ **loss** ein totaler Verlust; **an** ~ **lie** e-e glatte Lüge. **2.** vorbehaltlos, offen, ausgesprochen: ~ **acceptance** vorbehaltlose Annahme; **an** ~ **refusal** e-e glatte Weigerung. **3.** diˈrekt: **an** ~ **course**; **his** ~ **manner** s-e direkte Art. **II** *adv* [ˌ-ˈraɪt] **4.** gänzlich, völlig, toˈtal, ganz u. gar, ausgesprochen. **5.** vorbehaltlos, ohne Vorbehalt, ganz: **to refuse** ~ glatt *od.* rundweg ablehnen; **to sell** ~ ganz *od.* fest verkaufen. ~ˈri·val *v/t* überˈtreffen, überˈbieten (**in** an *od.* in *dat*), ausstechen. ~ˈrun *v/t irr* [ˌ-ˈrʌn] **1.** schneller laufen als, j-m daˈvonlaufen. **2.** *fig.* überˈtreffen, überˈsteigen, hinˈausgehen über (*acc*): **his imagination** ~**s the facts** s-e Phantasie geht mit ihm durch. **3.** j-m *od.* e-r Sache entrinnen. **II** *s* [ˈ-rʌn] **4.** *Skisport*: Auslauf *m*. ˈ~ˌrun·ner *s* **1.** (Vor)Läufer *m* (Bediener). **2.** Leithund *m* (bei Hundeschlitten). ~ˈsail *v/t mar.* (beim Segeln) überˈholen, tot-, ausgegeln. ~ˈsell *v/t irr* **1.** a) mehr verkaufen als, b) ein besserer Verkäufer sein als. **2.** a) sich besser verkaufen als, b) *obs.* e-n höheren Preis erzielen als.

out·sert [ˈaʊtsɜːt; *Am.* ˌ-ˈsɜrt] *s print.* Beischaltblatt *n od.* -blätter *pl*.

ˈout·set *s* **1.** Anfang *m*, Beginn *m*: **at the** ~ **am** Anfang; **from the** ~ gleich von Anfang an. **2.** Aufbruch *m* (*zu e-r Reise*). **3.** → **outsert**. **4.** *mar.* zuˈrückgehender Gezeitenstrom. ~ˈshine *v/t irr* überˈstrahlen, *fig. a.* in den Schatten stellen. ~ˈshoot *v/t irr* **1.** besser schießen als. **2.** *fig.* hinˈausschießen über (*acc*). **out·side** [ˌaʊtˈsaɪd] **I** *s* **1.** Außenseite *f*, (*das*) Äußere: **from the** ~ von außen; **to judge s.th. from the** ~ etwas als Außenstehender beurteilen; **on the** ~ **of** a) an der Außenseite (*gen*), b) jenseits (*gen*). **2.** *fig.* (*das*) Äußere, (äußere) Erscheinung, Oberfläche *f*, (*das*) Vordergründige. **3.** Außenwelt *f*. **4.** *colloq.* (*das*) Äußerste, äußerste Grenze: **at the** (**very**) ~ (aller)höchstens, äußerstenfalls. **5.** Straßenseite *f* (*e-s Radwegs etc*). **6.** *sport* Außenstürmer *m*: ~ **right** Rechtsaußen *m*. **7.** *pl* Außenblätter *pl* (*e-s Rieses*).

II *adj* **8.** äußer(er, e, es), Außen..., an der Außenseite befindlich, von außen

kommend: ~ **aerial** (*bes. Am.* **antenna**) Außenantenne *f*; ~ **broadcast** (*Rundfunk, TV*) Außenübertragung *f*; ~ **diameter** äußerer Durchmesser, Außendurchmesser *m*; ~ **influences** äußere Einflüsse; ~ **interference** Einmischung *f* von außen; ~ **lane** *sport* Außenbahn *f*; ~ **lavatory** Außentoilette *f*; ~ **loop** *aer.* Looping *m* vorwärts; ~ **pressure** Druck *m* von außen (*a. fig.*); ~ **seat** Außensitz *m*; ~ **track** *sport* Außenbahn *f* (*äußerer Teil der Bahn*). **9.** im Freien getan: ~ **work**. **10.** außenstehend, ex'tern: ~ **broker** *econ.* freier Makler; ~ **capital** *econ.* Fremdkapital *n*; ~ **help** fremde Hilfe; ~ **market** *econ.* Freiverkehr *m*; an ~ **opinion** die Meinung e-s Außenstehenden; an ~ **person** ein Außenstehender. **11.** äußerst: an ~ **estimate**; to quote the ~ **prices** die äußersten Preise angeben. **12.** außerberuflich, *univ.* 'außeraka,demisch: ~ **activities**. **13.** ~ **chance** a) kleine *od.* geringe Chance, b) *sport* Außenseiterchance *f*.
III *adv* **14.** draußen, außerhalb: **he is somewhere ~**; **he's ~ again** *colloq.* er ist wieder auf freiem Fuß; ~ **of** a) außerhalb (*gen*), b) *Am. colloq.* außer, ausgenommen. **15.** her'aus, hin'aus: **come ~!** komm heraus!; ~ **(with you)!** ,raus! (mit dir)! **16.** (von) außen, an der Außenseite: **painted red ~**.
IV *prep* **17.** außerhalb, jenseits (*gen*) (*a. fig.*): ~ **the garden**; **it is ~ his own experience** es liegt außerhalb s-r eigenen Erfahrung. **18.** außer: **no one knows ~ you and me**.
out·sid·er [ˌaʊtˈsaɪdə(r)] *s* **1.** Außenseiter(in): a) Außenstehende(r *m*) *f*), b) Eigenbrötler(in), c) Außenseiter(in) der Gesellschaft, d) Nichtfachmann *m*, Laie *m*, e) *sport* Wettkampfteilnehmer(in) *mit geringen Siegeschancen*. **2.** *econ.* freier Makler (*an der Börse*).
ˌ**out**ˈ**sit** *v/t irr* länger sitzen (bleiben) als. '**~size** *I s* 'Übergröße *f* (*a. Kleidungsstück*): ~ **department** Abteilung *f* für Übergrößen. **II** *adj* 'übergroß, 'überdimensio,nal. '**~sized** → **outsize** II. '**~skirts** *s pl* nähere Um'gebung (*e-r Stadt etc*), Stadtrand *m*, *a. fig.* Rand (-gebiet *n*) *m*, Periphe'rie *f* (*e-s Themas, Faches etc*). ~**sleep** *v/t irr* verschlafen (*a. fig.*). ~**smart** *v/t colloq.* → **outwit**. '**~sole** *s* Lauf-, Außensohle *f* (*e-s Schuhs*). ~**span** *v/t* S.Afr. Tiere ausspannen. ~**speak** *v/t irr* ein besserer Redner sein als (*j-d*). ~**speed** *v/t* schneller sein als. ~**spend** *v/t irr* mehr ausgeben als: **to ~ one's income** über s-e Verhältnisse leben. '**~spo·ken** *adj* (*adv* ~**ly**) **1.** offen(herzig), freimütig: **to be ~** kein Blatt vor den Mund nehmen; **she was very ~ about it** sie äußerte sich sehr offen darüber. **2.** unverblümt, ungeschminkt: ~ **criticism**; a ~ **novel** realistischer Roman. ~**spo·ken·ness** *s* **1.** Offenheit *f*, Freimut *m*, Freimütigkeit *f*. **2.** Unverblümtheit *f*. ~**stand·ing** *I adj* [ˌ~ˈstændɪŋ] (*adv* ~**ly**) **1.** *bes. fig.* her'vorragend (**for** durch, **wegen** *gen*): ~ **achievement** (**player, quality,** *etc*); **an ~ personality** eine prominente Persönlichkeit. **2.** *bes. econ.* unerledigt, rückständig, ausstehend (*Forderung etc*): ~ **debts** → 4; ~ **interest** unbezahlte (Aktiv)Zinsen *pl*. **3.** *econ.* ausgegeben: ~ **capital stock**. **II** *s* [ˈ~ˌstændɪŋ] **4.** *pl econ.* unbeglichene Rechnungen *pl*, ausstehende Gelder *pl*, Forderungen *pl*. ~**stare** *v/t* mit e-m Blick *od.* mit Blicken aus der Fassung *od.* zum Schweigen bringen. '**~sta·tion** *s* 'Außensta,ti̯on *f*. ~**stay** *v/t* länger bleiben als: → **welcome** 2. ~**step** *v/t* über'schreiten

(*a. fig.*): **to ~ the truth** übertreiben. ~**stretch** *v/t* **1.** ausstrecken. **2.** hin'ausreichen über (*acc*). **3.** (aus)strecken, (aus)dehnen. ~**strip** *v/t* **1.** über'holen, hinter sich lassen (*a. fig.*). **2.** *fig.* über'treffen, -'flügeln, (aus dem Feld) schlagen: **to ~ all expectations** alle Erwartungen übertreffen. ~**talk** *v/t* **1.** in Grund u. Boden reden. **2.** (mit Worten) ,über'fahren'. ~**tell** *v/t irr* mehr aussagen *od.* aussagekräftiger sein als. ~**think** *v/t irr* **1.** *j-m* geistig über'legen sein. **2.** schneller ,schalten' als (*j-d*). **~-to-'out** *adj* von 'einem Ende zum andern (gemessen). '**~tray** *s* Post'ausgangskorb *m*. ~**turn** *s econ.* **1.** Ertrag *m*. **2.** Ausstoß *m*, Produkti'on *f*. **3.** Ausfall *m*: ~ **sample** Ausfallmuster *m*. ~**val·ue** *v/t* wertvoller sein als (*a. fig.*). ~**vie** *pres p* -'**vy·ing** *v/t* über'treffen, -'bieten. ~**vote** *v/t j-n* über'stimmen, *e-e Gesetzesvorlage etc* zu Fall bringen: **to be ~d** e-e Abstimmungsniederlage erleiden.
out·ward [ˈaʊtwə(r)d] *I adj* **1.** äußer(er, e, es), äußere, Außen...: **the ~ events** das äußer(lich)e *od.* vordergründige Geschehen; **to ~ seeming** dem Anschein nach. **2.** *a. med. u. fig. contp.* äußerlich: (mere) ~ **beauty**; **for ~ application** *med.* zur äußerlichen Anwendung; **the ~ man** a) *relig.* der äußerliche Mensch, b) *humor.* der äußere Adam. **3.** nach (dr)außen gerichtet *od.* führend, Aus(wärts)..., Hin...: ~ **angle** *math.* Außenwinkel *m*; ~ **cargo**, ~ **freight** *mar.* ausgehende Ladung, Hinfracht *f*; ~ **journey** Aus-, Hinreise *f*; ~ **room** Außenzimmer *n*; ~ **trade** *econ.* Ausfuhrhandel *m*. **II** *s* **4.** (*das*) Äußere. **5.** materi'elle Welt. **III** *adv* **6.** (nach) auswärts, nach außen: **to clear ~** *mar.* ausklarieren; **to travel ~ via X.** über X. ausreisen; → **bound**². **7.** → **outwardly**. '**out·ward·ly** *adv* **1.** äußerlich. **2.** nach außen (hin), auswärts. **3.** außen, an der Oberfläche. '**out·ward·ness** *s* **1.** äußere Form. **2.** Außenlage *f*. **3.** Äußerlichkeit *f*. '**out·wards** → **outward** III.
'**out·wash** *s geol.* Sander *m*. ~**wear** *v/t irr* **1.** abnutzen. **2.** *fig.* erschöpfen, aufreiben. **3.** über'dauern, haltbarer *od.* dauerhafter sein als. ~**weigh** *v/t* **1.** mehr wiegen *od.* schwerer sein als. **2.** *fig.* a) über'wiegen, gewichtiger sein als, b) *e-e Sache* aufwiegen. ~**wit** *v/t* über'listen, ,reinlegen', schlauer sein als. '**~work** *s* **1.** *mil.* Außenwerk *n*. **2.** *fig.* Bollwerk *n*. **3.** Außenarbeit *f*. **4.** Heimarbeit *f*. '**~work·er** *s* **1.** Außenarbeiter(in). **2.** Heimarbeiter(in). '**~worn** *adj* **1.** abgetragen, abgenutzt. **2.** über'holt: ~ **ideas**. **3.** veraltet. **4.** erschöpft. ~**write** *v/t irr* **1.** in e-n besseren Stil schreiben als (*j-d*). **2.** s-n Zorn *etc* durch Schreiben 'abrea,gieren.
ou·zel [ˈuːzl] *s orn.* Amsel *f*, (Schwarz-)Drossel *f*.
o·va [ˈəʊvə] *pl von* **ovum**.
o·val [ˈəʊvl] *I adj* (*adv* ~**ly**) **1.** o'val, eirund, eiförmig. **II** *s* **2.** O'val *n*: **the O- Br.** das Kennington-Oval (*Kricketplatz*). **3.** *colloq.* ˌ**Ei**' *n* (*eiförmiger Lederball*).
ov·al·bu·min [ˌəʊvælˈbjuːmɪn; *Am.* ˌɑːvælˈbjuː-] *s biol. chem.* Ovalbu'min *n*, Hühnereiweiß *n*.
o·var·i·an [əʊˈveərɪən] *adj* **1.** *anat.* Eierstock... **2.** *bot.* Fruchtknoten...
o·var·i·ec·to·my [ˌəʊˌveərɪˈektəmɪ] *s med.* Ovar(i)ekto'mie *f*, Eierstockentfernung *f*. **o·**ˌ**var·i·**ˈ**ot·o·my** [-ˈɒtəmɪ; *Am.* -ˈɑː-] *s med.* Ovarioto'mie *f*, Eierstockspaltung *f*. **o·va·ri·tis** [ˌəʊvəˈraɪtɪs] *s med.* Eierstockentzündung *f*.
o·va·ry [ˈəʊvərɪ] *s* **1.** *anat.* Eierstock *m*. **2.** *bot.* Fruchtknoten *m*.

o·vate [ˈəʊveɪt] *adj* eiförmig.
o·va·tion [əʊˈveɪʃn] *s* Ovati'on *f*, begeisterte Huldigung, Beifallssturm *m*: **to give s.o. a standing ~** *j-m* stehend e-e Ovation bereiten.
ov·en [ˈʌvn] *s* **1.** Backofen *m*, -röhre *f*. **2.** Heißluft-, *bes.* Trockenkammer *f*. **3.** *tech.* (kleiner) Ofen (*zum Rösten, Schmelzen etc*). **4.** 'Heißluft-Sterili̯sierappa,rat *m*. ~ **cloth** *s* Topflappen *m*. ~ **coke** *s tech.* Ofenkoks *m*. '**~-dry** *adj tech.* ofentrocken. ~ **glove** *s* Topfhandschuh *m*. '**~-read·y** *adj* bratfertig. '**~-to-**ˈ**ta·ble ware,** '**~ware** *s* feuerfestes Geschirr.
o·ver [ˈəʊvə(r)] **I** *prep* **1.** (*Grundbedeutung*) über (*dat od. acc*). **2.** (*Lage*) über (*dat*): **the lamp ~ his head**; **a letter ~ his own signature** ein von ihm selbst unterzeichneter Brief. **3.** (*Richtung, Bewegung*) über (*acc*), über (*acc*) ... hin, über (*acc*) ... (hin)'weg: **to jump ~ the fence**; **the bridge ~ the Danube** die Brücke über die Donau; **he escaped ~ the border** er entkam über die Grenze; ~ **the ears** bis über die Ohren; **he will get ~ it** *fig.* er wird darüber hinwegkommen. **4.** durch: ~ **the air**. **5.** über (*dat*), jenseits (*gen*), auf der anderen Seite von (*od. gen*): ~ **the sea** in Übersee, jenseits des Meeres; ~ **the street** über der Straße, auf der anderen (Straßen)Seite; ~ **the way** gegenüber. **6.** über (*dat*), bei: **he fell asleep ~ his work** er schlief über s-r Arbeit ein; ~ **a cup of tea** bei e-r Tasse Tee. **7.** über (*acc*), wegen (*gen od. dat*): **to worry ~ s.th.** **8.** (*Herrschaft, Autorität, Rang*) über (*dat od. acc*): **to be ~ s.o.** über *j-m* stehen; **to reign ~ a kingdom** über ein Königreich herrschen; **he set him ~ the others** er setzte ihn über die anderen. **9.** vor (*dat*): **preference ~ the others** Vorzug vor den andern. **10.** über (*acc*), mehr als: ~ **a mile**; ~ **10 dollars**; ~ **a week** über e-e Woche, länger als e-e Woche; ~ **and above** zusätzlich zu, außer (→ 26). **11.** über (*acc*), während (*gen*): ~ **the weekend**; ~ **many years** viele Jahre hindurch. **12.** durch: **he went ~ his notes** er ging s-e Notizen durch.
II *adv* **13.** hin'über, dar'über: **he jumped ~**. **14.** hin' (*to zu*): **he ran ~ to his mother**. **15.** *fig.* über, zur anderen Seite *od.* Par'tei: **they went ~ to the enemy** sie liefen zum Feind über. **16.** her'über: **come ~!** **17.** drüben: ~ **by the tree** drüben beim Baum; ~ **in Canada** (drüben) in Kanada; ~ **there** a) da drüben, b) *Am. colloq.* (drüben) in Europa; ~ **against** gegenüber (*dat*) (*a. fig. im Gegensatz zu*). **18.** (genau) dar'über: **the bird is directly ~**. **19.** über (*acc*) ... dar'über (...), über'... (-decken *etc*): **to paint s.th. ~** etwas übermalen. **20.** (*meist in Verbindung mit Verben*) a) über'...(-geben *etc*): **to hand s.th. ~**, b) über'...(-kochen *etc*): **to boil ~**. **21.** (*oft in Verbindung mit Verben*) a) 'um...(-fallen, -werfen *etc*): **to fall (throw) ~**, b) her'um...(-drehen *etc*): **to turn ~**; **see ~!** siehe umstehend! **22.** 'durch(weg), von Anfang bis (zum) Ende: **one foot ~** ein Fuß im Durchmesser; **covered (all) ~ with red spots** ganz *od.* über u. über mit roten Flecken bedeckt; **the world ~** a) in der ganzen Welt, b) durch die ganze Welt. **23.** (gründlich) über'...(-legen, -denken *etc*): **to think s.th. ~**. **24.** nochmals, wieder: (**all**) ~ **again** nochmal, (ganz) von vorn; ~ **and ~ again** immer (u. immer) wieder; **to do s.th. ~** etwas nochmals tun; **ten times ~** zehnmal hintereinander. **25.** 'übermäßig, allzu, 'über...: ~**economical** allzu sparsam. **26.** dar-

'über, mehr: **children of ten years and ~** Kinder von 10 Jahren u. darüber; **10 ounces and ~** 10 Unzen u. mehr; **~ and above** außerdem, obendrein, über dies (→ 10). **27.** übrig, über: **to have s.th. ~** etwas übrig haben. **28.** (*zeitlich, im Deutschen oft unübersetzt*) a) ständig, b) länger: **we stayed ~ till Monday** wir blieben bis Montag. **29.** zu Ende, vor'über, vor'bei: **the lesson is ~**; **~! Over!**, Ende! (*Ende e-r Teildurchsage*); **~ and out!** Over and out! (*Ende des Gesamtgesprächs*); **all ~** ganz vorbei; **all ~ with** erledigt, vorüber; **it's all ~ with him** es ist aus u. vorbei mit ihm, er ist endgültig ‚erledigt'; **all ~ and done with** total erledigt. **III** *adj* **30.** ober(er, e, es), Ober... **31.** äußer(er, e, es), Außen... **32.** Über... **33.** 'überzählig, 'überschüssig, übrig. **IV** *s* **34.** 'Überschuß *m*: **~ of exports** Exportüberschuß. **35.** *Kricket*: Over *n* (*Spieleinheit, bestehend aus 6 Würfen*).

ˌo·verˈa·bun·dant *adj* (*adv* ~ly) 'überˈreich(lich), 'überˈmäßig. ~aˈchieve *v/i* mehr leisten als erwartet, (*in e-r Prüfung*) besser abschneiden als erwartet. ~aˈchiev·er *s* j-d, der mehr leistet *od.* besser abschneidet als erwartet. ~ˈact *thea. etc* **I** *v/t* e-e Rolle überˈziehen, überˈtreiben, überˈtrieben spielen. **II** *v/i* überˈtreiben (*a. fig.*). ~ˈac·tive *adj* 'überˈmäßig tätig *od.* geschäftig *od.* akˈtiv.

o·ver·age¹ [ˈəʊvərɪdʒ] *s econ.* (*bes.* 'Waren)ˌÜberschuß *m*.

o·ver·age² [ˌəʊvə(r)ˈeɪdʒ] *adj* **1.** *bes. ped.* älter als der 'Durchschnitt. **2.** zu alt.

o·ver·all **I** *adj* [ˈəʊvərɔːl] **1.** gesamt, Gesamt...: **~ efficiency** *tech.* Gesamtnutzeffekt *m*; **~ length** Gesamtlänge *f*; **~ title** Sammeltitel *m* (*e-r Reihe*). **2.** to'tal, glo'bal. **II** *adv* [ˌəʊvərˈɔːl] **3.** allgemein, insgesamt. **III** *s* [ˈəʊvərɔːl] **4.** *pl* Arbeits-, Monˈteur-, Kombinatiˈonsanzug *m*, Overall *m*. **5.** *Br.* a) Kittelschürze *f*, Hauskleid *n*, b) Kittel *m*: **doctor's ~** Arztkittel. **6.** *pl obs.* 'Überzieh-, 'Arbeitshose *f*. ~amˈbi·tious *adj* (*adv* ~ly) überˈtrieben *od.* allzu ehrgeizig. ~ˈand-ˈun·der **I** *adj* doppelˈläufig (*Gewehr, Flinte*). **II** *s* Zwilling *m*. ~ˈanx·ious *adj* (*adv* ~ly) **1.** 'überängstlich. **2.** 'überbegierig: **to be ~ to do s.th.** sich ‚überˈschlagen', um etwas zu tun; **not to be (exactly) ~ to do s.th.** nicht (unbedingt) scharf darauf sein, etwas zu tun. ~ˈarch *v/t* überˈwölben, -ˈspannen. ~ˈarm *adj Baseball, Kricket etc*: mit 'durchgestrecktem Arm über die Schulter ausgeführt (*Wurf etc*). ~ˈarm stroke *s* Schwimmen: Hand-über-'Hand-Stoß *m*. ~ˈawe *v/t* **1.** tief beeindrucken. **2.** einschüchtern. ~ˈbal·ance **I** *v/t* **1.** *a. fig.* überˈwiegen, das 'Übergewicht haben über (*acc*). **2.** aus dem Gleichgewicht bringen, 'umstoßen, 'umkippen. **II** *v/i* **3.** 'um-, 'überkippen, das 'Übergewicht bekommen, das Gleichgewicht verlieren. **III** *s* **4.** 'Übergewicht *n*.

ˌo·verˈbear *v/t irr* **1.** niederdrücken, zu Boden drücken. **2.** *Widerstand etc* überˈwinden. **3.** *fig.* schwerer wiegen als. **4.** tyranniˈsieren, unterˈjochen. ˌo·verˈbear·ance *s* Anmaßung *f*, herrisches Wesen, Arroˈganz *f*. ˌo·verˈbear·ing *adj* (*adv* ~ly) **1.** anmaßend, arroˈgant, hochfahrend, herrisch. **2.** von überˈragender Bedeutung.

o·ver·bid [ˌ-ˈbɪd] **I** *v/t irr* **1.** *econ.* a) überˈbieten, mehr bieten als, b) zu viel bieten für. **2.** *Bridge*: a) überˈreizen, b) zu hoch reizen (*m-em Blatt*). **II** *v/i* **3.** *econ.* zuˈviel bieten. **4.** *econ.* mehr bieten, ein höheres Angebot machen. **III** *s* [ˈ-bɪd] **5.** *econ.* a) Mehrgebot *n*, b) 'Überangebot

n. ~ˈbite *s* Zahnmedizin: 'Überbiß *m*. ~ˈblouse *s* Kasackbluse *f*. ~ˈblown *adj* **1.** verblühend, am Verblühen. **2.** *mus.* überˈblasen (*Ton*). **3.** *metall.* 'überˈgar: **~ steel**. **4.** geschwollen, hochtrabend, schwülstig (*Ausdrucksweise etc*). ~ˈboard *adv mar.* über Bord: **man ~!** Mann über Bord!; **to fall ~** über Bord gehen; **to throw ~** über Bord werfen (*a. fig.*). ~ˈbook *v/t* Flug, Hotel *etc* überˈbuchen. ~ˈbrim *v/i u. v/t* überˈfließen (lassen). ~ˈbuild *v/t irr* **1.** überˈbauen, bebauen. **2.** zu dicht bebauen. **3.** zu groß *od.* zu prächtig (er)bauen: **to ~ o.s.** sich ‚verbauen'. ~ˈbur·den *v/t* überˈlasten, -ˈlasten (*a. fig.*). ~ˈbus·y *adj* **1.** zu sehr beschäftigt. **2.** 'übergeschäftig. ~ˈbuy *irr* **I** *v/t* **1.** zuˈviel (ein)kaufen von. **2.** teurer (ein)kaufen als (*j-d*): **to ~ s.o. 3.** etwas zu teuer einkaufen. **II** *v/i* **4.** zu teuer *od.* über Bedarf (ein)kaufen. ~ˈcall *s* Kartenspiel: 'überˈbieten. ~caˈpac·i·ty *s econ.* 'Überkapaziˈtät *f*. ~ˈcap·i·tal·ize *v/t econ.* **1.** e-n zu hohen Nennwert für das 'Stammkapiˌtal (*e-s Unternehmens*) angeben: **to ~ a firm**. **2.** das Kapiˈtal überˈschätzen von. **3.** 'überkapitaliˌsieren. ~ˈcast [ˈəʊvə(r)kɑːst; *Am.* ˌ-ˈkæst] **1.** bewölkt, bedeckt: **~ sky**. **2.** trüb(e), düster (*a. fig.*). **3.** überˈwendlich (genäht): **~ stitch** Schlingstich *m*. **4.** *geol.* überˈkippt, liegend (*tektonische Falte*). **II** *v/t* überˈziehen, bedecken, *a. fig.* umˈwölken, verdunkeln, trüben. **6.** [*Am.* ˌ-ˈkæst] (um-)ˈsäumen, umˈstechen. **III** *v/i* **7.** sich beˈwölken, sich beziehen, sich überˈziehen (*Himmel*). ~ˈcau·tious *adj* überˈvorsichtig, 'überˈvorsichtig. ~ˈcau·tious·ness *s* überˈtriebene Vorsicht. ~ˌcer·ti·fiˈca·tion *s econ.* Bestätigung *f* e-s Überˈziehungsschecks. ~ˈcharge **I** *v/t* **1.** j-m zu'viel berechnen *od.* abverˈlangen. **2.** e-n Betrag zuˈviel verlangen: **he ~d two pounds**. **3.** *etwas* zu hoch berechnen. **4.** 'überlasten, *electr. tech. a.* überˈladen (*a. fig.*). **II** *v/i* **5.** zu'viel verlangen (**for** für). **III** *s* [*Am.* ˌ-ˈtʃɑːdʒ] **6.** zu hohe Berechnung. **7.** *econ.* a) 'Überpreis *m*, b) Überˈforderung *f*, -ˈteuerung *f*, c) Mehrbetrag *m*, Aufschlag *m*: **~ for arrears** Säumniszuschlag *m*. **8.** *electr. tech.* Überˈladung *f* (*a. fig.*). ~ˈcloud **I** *v/t* **1.** → overcast 5. **II** *v/i* **2.** → overcast 7. **3.** *fig.* sich umˈwölken, sich trüben. ~ˈcloy *v/t* überˈladen, -ˈsättigen (*a. fig.*). ~ˈcoat *s* Mantel *m*. ~ˈcome **I** *v/t irr* überˈwältigen, -ˈwinden, -ˈmannen, bezwingen (*alle a. fig.*): **to ~ dangers** Gefahren bestehen; **to ~ an obstacle** ein Hindernis nehmen; **to ~ s.o.'s opposition** j-s Widerstand überˈwinden; **he was ~ with** (*od. by*) **emotion** er wurde von s-n Gefühlen überˈmannt. **II** *v/i* siegreich sein, siegen. ~ˈcom·penˌsate *v/t bes. psych.* Komˈplexe *etc* 'überkompenˌsieren. ~ˌcom·penˈsa·tion *s bes. psych.* 'Überkompenˌsation *f*. ~ˈcom·pound *v/t electr.* 'überkompounˌdieren. ~ˈcon·fi·dent *adj* (*adv* ~ly) **1.** überˈtrieben selbstbewußt. **2.** allzu vertrauend (**of** auf *acc*). **3.** zu opti'mistisch: **to be ~ of victory** zu siegessicher sein. ~ˈcon·fi·dence *s* **1.** überˈsteigertes Selbstvertrauen *od.* -bewußtsein. **2.** zu großes Vertrauen (**in** auf *acc*). **3.** zu großer Optiˈmismus. ~ˈcrit·i·cal *adj* überˈkritisch, allzu kritisch (**of** *gegen*). ~ˈcrop *v/t agr.* Raubbau treiben mit, zuˈgrunde wirtschaften. ~ˈcrow *v/t* **1.** triumˈphieren über (*acc*). **2.** überˈtreffen. ~ˈcrowd *v/t* überˈfüllen (*bes. mit Menschen*): **~ed profession** überlaufe-

ner Beruf; **~ed region** Ballungsgebiet *n*. ~ˈcrust *v/t* überˈkrusten. ~ˈcur·rent *s electr.* 'Überstrom *m*. ~ˈcut·ting *s* Überˈschneiden *n* (*von Schallplattenrillen*). ~ˈdel·i·ca·cy *s* **1.** 'übergroße Zartheit *od.* Empfindlichkeit. **2.** überˈtriebenes Fein- *od.* Zartgefühl. ~deˈvel·op *v/t bes. phot.* 'überentwickeln. ~disˈcharge *electr.* **I** *s* 'überˈmäßige Entladung (*e-r Batterie*), 'Überbelastung *f*. **II** *v/t* 'überˈmäßig entladen, 'überbelasten. ~ˈdo *v/t irr* **1.** überˈtreiben, zu weit treiben. **2.** *fig.* zu weit gehen mit *od.* in (*dat*), *etwas* zu arg treiben, 'überbeanspruchen, überˈfordern: **to ~ it** (*od.* **things**) a) zu weit gehen, b) des Guten zuviel tun. **3.** zu stark *od.* zu lange kochen *od.* braten: **overdone** *a.* übergar. ~ˈdose **I** *s* [ˈ-dəʊs] **1.** 'Überdosis *f*, zu starke Dosis. **2.** *fig.* Zu'viel *n* (**of** an *dat*). **II** *v/t* [ˌ-ˈdəʊs] **3.** *j-m* e-e zu starke Dosis geben: **to be ~d on s.th.** *fig.* mit etwas übersättigt sein. **4.** *etwas* 'überdoˌsieren. **III** *v/i* **5.** a) e-e 'Überdosis *od.* 'Überdosen (*Rauschgift*) nehmen, b) an e-r 'Überdosis sterben. **6.** **~ on** *fig.* Gefühle *etc* 'überbetonen, überˈtreiben. ~ˈdraft *s* **1.** *tech.* Oberzug *m*. **2.** *econ.* a) (Konto-)Überˌziehung *f*, b) Überˈziehung *f*, überˈzogener Betrag: **to have an ~ of £100** sein Konto um £ 100 überzogen haben, c) Rückbuchung *f* e-s überˈzogenen Betrags (*durch die Bank*). ~ˈdram·a·tize *v/t fig.* 'überdramatiˌsieren. ~ˈdraught *bes. Br. für* overdraft 1. ~ˈdraw **I** *v/t irr* **1.** *econ.* ein Konto überˈziehen: **I'm ~n** ich habe mein Konto überzogen, mein Konto ist überzogen. **2.** e-n Bogen überˈspannen. **3.** *fig.* übertrieben, *Forderungen etc* überˈziehen, *thea. etc Personen* überˈzeichnen. **II** *v/i* **4.** *econ.* sein Konto überˈziehen. ~ˈdress *v/t u. v/i* (sich) zu vornehm anziehen. ~ˈdrive **I** *v/t irr* [ˌ-ˈdraɪv] **1.** abschinden, hetzen. **2.** zu weit treiben, überˈtreiben. **3.** *electr.* e-e Röhre überˈsteuern. **4.** *a.* **~ the headlamps** *mot.* bei Dunkelheit zu schnell fahren. **II** *s* [ˈ-draɪv] **5.** *tech.* Overdrive *m*, Schongang *m*. ~ˈdue *adj* **1.** *a. econ. mar. rail. etc* 'überˈfällig: **she's ~** sie müßte schon längst hier sein!; **the train is ~** der Zug hat Verspätung; **an ~ bill** *econ.* ein überˈfälliger Wechsel. **2.** *a.* **long ~** *fig.* längst fällig. **3.** *fig.* 'überˈmäßig. ~ˈea·ger *adj* 'übereifrig. ~ˈea·ger·ness *s* Übereifer *m*. ~ˈeat *v/i (v/t: ~ o.s.)* sich überˈessen. ~ˈem·pha·sis *s* 'Überbetonung *f*: **to put an ~ on** → overemphaˌsize. ~ˈem·pha·size *v/t* 'überbetonen, zu großen Nachdruck legen auf (*acc*). ~ˈem·ploy·ment *s econ.* 'Überbeschäftigung *f*. ~ˈes·ti·mate **I** *v/t* [ˌ-ˈestɪmeɪt] überˈschätzen, überˈbewerten. **II** *s* [ˌ-ˈestɪmət] Überˈschätzung *f*, 'Überbewertung *f*. ~ˌes·tiˈma·tion → overestimate **II**. ~ˈex·cite *v/t* **1.** zu sehr aufregen. **2.** überˈreizen. **3.** *electr.* überˈerregen. ~ˈex·ert *v/t* (**o.s.** sich) überˈanstrengen. ~exˈer·tion *s* Überˈanstrengung *f*. ~ˈex·ploit *v/t* Raubbau treiben mit. ~ˌex·ploiˈta·tion *s* Raubbau *m* (**of** an *dat*). ~exˈpose *v/t phot.* 'überbelichten. ~exˈpo·sure *s phot.* 'Überbelichtung *f*. ~exˈtend *v/t*: **to ~ o.s.** (fiˈnancially, *etc*) sich (finanziell *etc*) überˈnehmen. ~ˈfall **1.** *mar.* a) *pl* überˈbrechende Seen *pl* (*an Klippen etc*), b) Abfall *m* (*im Boden e-s Gewässers*). **2.** *tech.* 'Überfall *m*, -lauf *m* (*e-r Schleuse etc*). ~faˈtigue **I** *v/t* überˈmüden, überˈanstrengen. **II** *s* Überˈmüdung *f*, Überˈanstrengung *f*. ~ˈfault *s geol.* 'widersinnige Verwerfung. ~ˈfeed *v/t irr* über'füttern, 'übererˈnähren. ~ˈfeed·ing *s* 'Überˈfütterung *f*, 'Überer-

overflight – overproportion

nährung f. ⁓**flight** s aer. Über'fliegen n.
o·ver|·flow [ˌ-'fləʊ] **I** v/i **1.** 'überlaufen, -fließen, -strömen (*Flüssigkeit, Gefäß etc*), sich ergießen (**into** in *acc*). **2.** 'überquellen (**with** von): *a room ⁓ing with people*; *an ⁓ing harvest* e-e überreiche Ernte. **3.** fig. 'überquellen, -strömen, -fließen (**with** von): *a heart ⁓ing with gratitude*. **4.** im 'Überfluß vor'handen sein. **II** v/t **5.** über'fluten, -'schwemmen. **6.** hin'wegfluten über (*acc*), laufen od. fließen über (*acc*): *to ⁓ the brim*. **7.** zum 'Überlaufen bringen. **8.** nicht mehr Platz finden in (*dat*): *the crowd ⁓ed the room*. **III** s ['-fləʊ] **9.** Über'schwemmung f, 'Überfließen n. **10.** 'Überschuß m, 'überfließende Menge: *⁓ of population* Bevölkerungsüberschuß m; *⁓ meeting* Parallelversammlung f (*nicht mehr Platz findender Personen*). **11.** tech. a) a. electr. 'Überlauf m, b) a. ⁓ **pipe** 'Überlaufrohr n, c) a. ⁓ **basin** 'Überlaufbas,sin n: ⁓ **drain** Überlaufkanal m; ⁓ **valve** Überlaufventil n. **12.** metr. Enjambement n, Versbrechung f. ⁓**'flow·ing I** adj **1.** 'überfließend, -laufend, -strömend. **2.** fig. 'überquellend, -strömend: ⁓ **heart** (*kindness*, *etc*). **3.** fig. 'überreich. **II** s **4.** 'Überfließen n, -strömen n: **full to ⁓** voll zum Überlaufen, *weitS.* zum Platzen voll.
ˌ**o·ver|'fly** v/t irr über'fliegen. ⁓**fold** geol. **I** s ['-fəʊld] über'kippte Falte. **II** v/t [ˌ-'fəʊld] über'kippen. ⁓**fond** adj: **to be ⁓ of doing s.th.** etwas nur zu gern tun. '⁓**freight** s econ. **1.** 'Überfracht f. **2.** rail. Ladung f ohne Frachtbrief od. Frachtliste. ⁓**ful'fil(l)** v/t econ. ein Soll 'übererfüllen. ⁓**ful'fil(l)·ment** s econ. 'Übererfüllung f. '⁓**gar·ment** s Oberbekleidung f. '⁓**gear** s tech. Über'setzungsgetriebe n (*Ggs. Untersetzungsgetriebe*). ⁓**glaze** ['-gleɪz] (*Keramik*) **I** s 'Übergla,sur f, zweite Gla'sur. **II** adj Überglasur... **III** v/t [ˌ-'gleɪz] gla'sieren. '⁓**ground** adj über der Erde (befindlich), oberirdisch. ⁓**grow** irr **I** v/t **1.** über'wachsen, -'wuchern. **2.** hin'auswachsen über (*acc*), zu groß werden für. **II** v/i **3.** zu groß werden. ⁓**grown** [ˌ-'grəʊn; attr. '-grəʊn] adj **1.** über'wachsen, -'wuchert. **2.** 'übergroß. ⁓**growth** s **1.** Über'wucherung f. **2.** 'übermäßiges Wachstum. '⁓**hand I** adj u. adv **1.** *Schlag etc* von oben (kommend od. ausgeführt): ⁓ **blow**. **2.** über'hand, mit der Handfläche nach unten: ⁓ **stroke** (*bes. Tennis*) Überhandschlag m; ⁓ **service** Hochaufschlag m. **3.** ⁓ **stroke** (*Schwimmen*) Hand-über-Hand-Stoß m. **4.** *Kricket etc*: → **overarm**. **5.** *Näherei*: über'wendlich: ⁓ **stitch**. **II** s **6.** *bes. Tennis*: 'Überhandschlag m. **II** v/t u. v/i **7.** über'wendlich nähen. ⁓**hang** [ˌ-'hæŋ] **I** v/t irr **1.** hängen über (*dat*). **2.** her'vorstehen od. -ragen od. 'überhängen über (*acc*). **3.** (*drohend*) schweben über (*dat*), drohen (*dat*). **II** v/i **4.** 'überhängen, -'kragen (*a. arch.*). **III** s ['-hæŋ] **5.** 'Überhang m (*a. arch. mar.*), tech. a. Auslandung f. **6.** aer. 'Überhang m, vorstehendes Tragflächenende. ⁓**'hap·py** adj 'überglücklich. '⁓**haste** s 'Übereile f. ⁓**'hast·y** adj über'eilt, voreilig. ⁓**haul** [ˌ-'hɔːl] v/t **1.** *e-e Maschine etc* über'holen, (gründlich) 'überprüfen (*a. fig.*) u. in'standsetzen. **2.** mar. *Tau, Taljen etc* über'holen. **II** s ['-hɔːl] **3.** (Gene'ral-) Überholung f, gründliche Über'prüfung (*a. fig.*).
o·ver·head I adv [ˌ-'hed] **1.** (dr)oben: *the stars ⁓* die Sterne droben; *there is an artist living ⁓* oben od. (im Stockwerk) darüber wohnt ein Künstler; **works ⁓!** Vorsicht, Dacharbeiten! **2.** tech. (a. von) oben: *the material enters and leaves ⁓*. **II** adj ['-hed] **3.** oberirdisch, Frei-..., Hoch-...: ⁓ **aerial** (*bes. Am. antenna*) electr. Hochantenne f; ⁓ **cable** electr. Freileitungs-, Luftkabel n; ⁓ **line** electr. Frei-, Oberleitung f; ⁓ **projector** Arbeitsprojektor m, Tageslichtschreiber m; ⁓ **railway** bes. Br. Hochbahn f; ⁓ **tank** Hochbehälter m. **4.** mot. a) obengesteuert: ⁓ **valve**; ⁓**-valve engine** Br. kopfgesteuerter Motor, b) obenliegend: ⁓ **camshaft**. **5.** allgemein, Gesamt-..., Pauschal-...: ⁓ **cost**, **expenses** → **7**; ⁓ **price** econ. Pauschalpreis m. **6.** sport Überkopf...: ⁓ **stroke** → **8**; ⁓ **kick** (*Fußball*) (Fall)Rückzieher m. **III** s ['-hed] **7.** econ. Br. meist pl allgemeine Unkosten pl, laufende Geschäftskosten. **8.** bes. Tennis: Über'kopfball m.
ˌ**o·ver|'hear** v/t irr ein Gespräch etc (zufällig) belauschen, (mit'an)hören, 'aufschnappen'. ⁓**'heat I** v/t Motor über'hitzen, Raum über'heizen: *to ⁓ o.s.* → **II**; ⁓**ed** überhitzt (*a. fig.*), überheizt. **II** v/i tech. heißlaufen. ⁓**'house** adj Dach... (*-antenne etc*). ⁓**'hung** I pret u. pp von **overhang**. **II** adj [attr. a. '-hʌŋ] **1.** 'überhängend. **2.** (von oben) her'abhängend, tech. fliegend (angeordnet), freitragend: ⁓ **door** hängende Schiebetür. ⁓**in'dulge I** v/t **1.** zu nachsichtig behandeln, j-m zu'viel 'durchgehen lassen. **2.** *e-r Leidenschaft etc* übermäßig frönen. **II** v/i **3.** des Guten zu'viel tun: **to ⁓ in** sich all'zusehr ergehen in (*dat*). **4.** zu sehr zusprechen (**in** *dat*). ⁓**in'dul·gence** s **1.** allzugroße Nachsicht. **2.** übermäßiger Genuß. ⁓**in'dul·gent** adj allzu nachsichtig. ⁓**in'sur·ance** s econ. 'Überversicherung f. ⁓**in'sure** v/t u. v/i (sich) 'überversichern. ⁓**'is·sue** econ. **I** s Mehrausgabe f, 'Übermissi,on f. **II** v/t zu'viel Aktien etc ausgeben. ⁓**'joyed** [ˌ-'dʒɔɪd] adj außer sich vor Freude, 'überglücklich (**at, by** über acc). '⁓**kill** s **1.** mil. Overkill n (*Fähigkeit e-s Staates, mit e-m vorhandenen [bes. Atom]Waffenpotential mehr Gegner vernichten zu können, als tatsächlich vorhanden sind*). **2.** fig. 'Übermaß n, Zu'viel n (**of** an dat). ⁓**'knee** adj über die Knie reichend: ⁓ **boots** Kniestiefel. ⁓**'lad·en** adj über'laden (a. fig.), überlastet (a. electr.), 'überbelastet. ⁓**land** adv [ˌ-'lænd] '-lænd] über Land, auf dem Landweg, zu Lande. **II** adj ['-lænd] Überland...: ⁓ **route** Landweg m; ⁓ **transport** Überland-, Fernverkehr m. ⁓**lap** [ˌ-'læp] **I** v/t **1.** übergreifen auf (*acc*) od. in (*acc*), sich überschneiden, teilweise zs.-fallen mit. **2.** hin'ausgehen über (*acc*). **3.** tech. über'lappen. **4.** Film: über'blenden. **II** v/i **5.** sich ein'ander über'schneiden, teilweise zs.-fallen, sich teilweise decken, auf- od. inein'ander 'übergreifen. **6.** tech. über'lappen, 'übergreifen. **III** s ['-læp] **7.** 'Übergreifen n, Über'schneidung f. **8.** Über'schneidung f. **9.** tech. a) Über'lappung f, b) a. geol. phys. Über'lagerung f. Planpause f.
ˌ**o·ver|'lay¹** pret von **overlie**.
o·ver·lay² [v/t irr [ˌ-'leɪ] **1.** dar'überlegen od. -breiten, oben'auf legen. **2.** bedecken, über'ziehen, belegen: **overlaid with gold** mit Gold überzogen. **3.** print. zu·richten. **II** s ['-leɪ] **4.** Bedeckung f. **5.** print. 'Überzug m: **an ⁓ of gold** e-e Goldauflage. **6.** print. a) Auflegemaske f, b) Zurichtung f, c) Zurichtebogen m. **7.** Planpause f.
ˌ**o·ver|'leaf** adv 'umstehend, 'umseitig: **see ⁓** siehe umseitig. ⁓**'leap** v/t irr **1.** springen über (*acc*), über'springen (*a. fig.*). **2.** sein Ziel über'springen, hin'ausspringen über (*acc*). ⁓**'lie** v/t irr **1.** liegen

auf od. über (*dat*). **2.** geol. über'lagern. ⁓**load I** v/t [ˌ-'ləʊd] über'laden, -'lasten (*a. electr.*), 'überbelasten. **II** s ['-ləʊd] Über'ladung f, -lastung f (*a. electr.*), 'Überbelastung f: ⁓ **capacity** electr. Überlastbarkeit f; ⁓ **circuit breaker** Maximalausschalter m. ⁓**'long** adj u. adv 'überlang, zu lang. ⁓**'look I** v/t [ˌ-'lʊk] **1.** über'sehen: *to ⁓ a word*. **2.** fig. (geflissentlich) über'sehen, hin'wegsehen über (*acc*), nicht beachten, igno'rieren: **let us ⁓ her mistake**. **3.** (von oben) über'blicken. **4.** über'blicken, Aussicht gewähren auf (*acc*). **5.** über'wachen, beaufsichtigen. **6.** (*bes. prüfend od. lesend*) 'durchsehen. **II** s ['-lʊk] **7.** Am. Aussichtspunkt m. ⁓**'lord** s **1.** Oberherr m. **2.** fig. ('unum,schränkter) Herrscher. '⁓**lord·ship** s **1.** Oberherrschaft f. **2.** fig. ('unum,schränkte) Herrschaft.
o·ver·ly ['əʊvə(r)lɪ] adv 'übermäßig, allzu('sehr): **he was not ⁓ enthusiastic** s-e Begeisterung hielt sich in Grenzen.
ˌ**o·ver|'ly·ing** adj **1.** dar'überliegend. **2.** geol. 'übergelagert (*Schicht*). ⁓**man I** s irr ['-mæn] **1.** Aufseher m, Vorarbeiter m. **2.** Schiedsrichter m. **3.** Bergbau: Steiger m. **4.** philos. 'Übermensch m. **II** v/t [ˌ-'mæn] **5.** *ein Schiff etc* zu stark bemannen: ⁓**ned** a) zu stark bemannt, b) (personell) überbesetzt. '⁓**man·tel** s Ka'minaufsatz m. ⁓**'man·y** adj (all)zu viele. '⁓**mark** v/t sport 'überbewerten. ⁓**'mas·ter** v/t über'wältigen, -'mannen, bezwingen. ⁓**'much I** adj allzu'viel. **II** adv allzu('sehr, -'viel), 'übermäßig. ⁓**'nice** adj 'überfein: ⁓ **distinctions**. ⁓**'night I** adv [ˌ-'naɪt] über Nacht, die Nacht über, während der Nacht: **he became famous ⁓** er wurde über Nacht berühmt. **II** adj [ˌ-'naɪt; '-naɪt] Nacht..., Übernachtungs...: ⁓ **bag** Reisetasche f; ⁓ **case** Handkoffer m; ⁓ **guests** Übernachtungsgäste; ⁓ **lodging** Nachtquartier n; ⁓ **stop** (*od. stay*) Übernachtung f. ⁓**'nour·ished** adj 'überernährt. '⁓**nour·ish·ment**, ⁓**nu'tri·tion** s 'Überernährung f. ⁓**'oc·cu·pied** adj 'überbelegt (*Haus etc*). ⁓**'pass I** v/t od. -**'past 1.** über'queren. **2.** fig. übertreffen, -'steigen. **II** s ['-pɑːs; Am. '-pæs] **3.** (*Straßen-, 'Eisenbahn)Über,führung f*. ⁓**'pay** v/t irr **1.** zu teuer bezahlen, über'zahlen. **2.** *j-n* 'überbezahlen. **3.** über'reichlich belohnen. ⁓**'pay·ment** s 'Überbezahlung f. ⁓**'peo·pled** adj über'völkert. ⁓**per'suade** v/t über'reden. ⁓**'play I** v/t **1.** → **overact I**. **2.** **to ⁓ one's hand** fig. sich überreizen od. 'übernehmen, zu hoch reizen. '⁓**plus I** s 'Überschuß m (**of** an dat). **II** adj über'schüssig. ⁓**'pop·u·late** v/t über'völkern. ⁓**pop·u'la·tion** s **1.** Über'völkerung f. **2.** 'Überbevölkerung f. ⁓**'pow·er** v/t a. fig. über'wältigen, -'mannen, bezwingen: ⁓**ing** fig. überwältigend. ⁓**'pres·sure** [ˌ-'preʃə; Am. '-ˌpreʃər] s **1.** Über'bürdung f, -'anstrengung f. **2.** tech. 'Überdruck m: ⁓ **valve** Überdruck- od. Sicherheitsventil n. ⁓**'price** v/t econ. etwas über'teuert anbieten. ⁓**print I** v/t [ˌ-'prɪnt] **1.** print. a) über'drucken, b) zu große Auflage drucken von. **2.** phot. 'überko,pieren. **II** s ['-prɪnt] **3.** print. a) 'Über-, Aufdruck m, b) 'Überschuß m an gedruckten Exem'plaren. **4.** a) Aufdruck m (*auf Briefmarken*), b) Briefmarke f mit Aufdruck. ⁓**pro'duce** v/t econ. 'überprodu,zieren. ⁓**pro'duc·tion** s econ. 'Überprodukti,on f: **agricultural ⁓** Überproduktion landwirtschaftlicher Güter. ⁓**'proof** adj 'überpro,zentig (*Spirituosen*). ⁓**pro'por·tion I** s 'Überproporti,on f,

'Übergröße f. **II** v/t 'überproportio̱nieren. ~**pro'tect** v/t Kind zu sehr behüten. ~**pro'tec·tive** adj 'überfürsorglich (Eltern). ~**'proud** adj 'überstolz (of auf acc; to inf zu inf). ~**'rate** v/t **1.** über'schätzen, 'überbewerten (a. sport). **2.** econ. zu hoch veranschlagen. ~**'reach** **I** v/t **1.** über'ragen (a. fig.). **2.** fig. hin'ausschießen über (acc), zu weit gehen für: **to ~ one's purpose** fig. über sein Ziel hinausschießen; **to ~ o.s.** sich übernehmen. **3.** über'vorteilen, -'listen. **II** v/i **4.** fig. zu weit gehen. ~**re'act** v/i überrea̱gieren, über'trieben rea'gieren (to auf acc). ~**re'ac·tion** s 'Überreakti̱on f, über'triebene Reakti'on (to auf acc). ~**'ride** v/t irr **1.** reiten durch od. über (acc). **2.** j-n niederreiten. **3.** ein Pferd über'anstrengen. **4.** fig. hin'weggehen od. sich hin'wegsetzen über (acc). **5.** fig. 'umstoßen, aufheben, nichtig machen: **to ~ a veto** ein Veto umstoßen. **6.** fig. den Vorrang haben vor (dat). **7.** bes. med. sich schieben über (acc). ~**'rid·er** s mot. Br. Stoßstangenhorn n. ~**'rid·ing** adj über'wiegend, hauptsächlich: **~ claim** jur. vorrangiger Anspruch; **~ importance** von übe̱rragender Bedeutung. ~**'ripe** adj 'überreif. ~**'roll bar** s mot. 'Überrollbügel m. ~**'rule** v/t **1.** verwerfen, ablehnen, zu'rückweisen: **to ~ a proposal. 2.** j-n über'stimmen. **3.** ein Urteil 'umstoßen, aufheben. **4.** fig. die Oberhand gewinnen über (acc). ~**'rul·ing** adj beherrschend, 'übermächtig.

o·ver|run **I** v/t irr [‚-'rʌn] **1.** a) Land etc über'fluten, -'schwemmen (a. fig.), b) mil. einfallen in (acc), 'herfallen über (acc), über'rollen (a. fig.). **2.** über'laufen: **to be ~ with** überlaufen sein od. wimmeln von. **3.** über'wuchern. **4.** fig. rasch um sich greifen in (dat). **5.** print. 'umbrechen. **6.** rail. Signal über'fahren. **7.** **to ~ the allotted time** (bes. Rundfunk, TV) überziehen (by um). **II** v/i **8.** bes. Rundfunk, TV über'ziehen (by um). **III** s ['-rʌn] **9.** Über'flutung f etc; → **I** u. **II**. **10.** bes. Rundfunk, TV Über'ziehung f (**of** um). ~**'run·ning** adj tech. Freilauf..., Überlauf...: **~ clutch; ~ brake** Auflaufbremse f (des Anhängers). ~**'scru·pu·lous** adj allzu gewissenhaft, 'übergenau. ~**'seas,** a. ~**'sea** **I** adv nach od. in 'Übersee. **II** adj 'überseeisch, Übersee... ‚**o·ver'see** v/t irr beaufsichtigen, über'wachen. '**o·ver‚se·er** s **1.** Aufseher m, In'spektor m. **2.** Vorarbeiter m. **3.** Bergbau: Steiger m. **4.** meist **~ of the poor** Br. hist. Armenpfleger m. ‚**o·ver'sell** v/t irr **1.** econ. Ware über die Lieferungsfähigkeit hin'aus verkaufen. **2.** econ. durch betont aggres'sive Me'thoden verkaufen. **3.** fig. über'trieben anpreisen, ‚hochjubeln'. ~**'sen·si·tive** adj 'überempfindlich (**to** gegen). ~**'set** **I** v/t irr **1.** a) 'umwerfen, 'umstürzen, 'umkippen, b) fig. durchein'anderbringen. **2.** (gesundheitlich od. geistig) zerrütten. **II** v/i **3.** 'umstürzen. ~**'sew** ['-səʊ; ‚-'səʊ] v/t irr über'wendlich nähen. ~**'sexed** adj **1.** sexbesessen: **to be ~** unersättlich sein. **2.** mannstoll, nympho'manisch. ~**'shad·ow** v/t **1.** fig. in den Schatten stellen, (bes. an Bedeutung) über'ragen. **2.** bes. fig. über'schatten, e-n Schatten werfen auf (acc), verdüstern, trüben. ~**'shoe** s 'Überschuh m. ~**'shoot** v/t irr hin'ausschießen über (ein Ziel) (a. fig.): → **mark¹** 13. ~**'shot** adj **1.** tech. oberschlächtig. **2.** med. mit vorstehendem Oberkiefer. ~**'side** ['-saɪd; ‚-'saɪd] mar. **I** adv über Schiffsseite. **II** adj Überbord...: **~ delivery** Überbord-Auslieferung f. ~**'sight** s **1.** Versehen n: **by** (od. **through an**) **~** aus Versehen. **2.** Aufsicht f. ~**‚sim·pli·fi'ca·tion** s (zu) grobe Vereinfachung, Vergröberung f. ~**'sim·pli·fy** v/t (zu) grob vereinfachen, vergröbern. ~**'size** **I** adj [‚-'saɪz] 'übergroß, überdimensio'nal. **II** s ['-saɪz] 'Übergröße f (a. Gegenstand). ~**'sized** ['-saɪzd; ‚-'saɪzd] oversize I. ~**'slaugh** ['-slɔː] **I** v/t **1.** Br. mil. 'abkommandieren. **2.** (‚-'slɔː] Am. (bes. bei der Beförderung) über'gehen. **II** s **3.** Br. mil. Dienstbefreiung f zwecks Abordnung zu e-m höheren Kom'mando. ~**'sleep** irr **I** v/t **1.** e-n Zeitpunkt verschlafen. **2.** **~ o.s.** → **3. II** v/i **3.** (sich) verschlafen. '**~·sleeve** s Ärmelschoner m. '**~·soul** s philos. 'Überseele f. ~**'speed** v/t irr den Motor über'drehen. ~**'spend** irr **I** v/i **1.** zu'viel ausgeben, sich 'übermäßig verausgaben. **II** v/t **2.** mehr ausgeben als, e-e bestimmte Ausgabensumme über'schreiten: **to ~ one's income** → **3. 3.** **~ o.s.** über s-e Verhältnisse leben. ~**'spill** s (Bevölkerungs-)'Überschuß m: **~ town** Entlastungsstadt f. ~**'spread** v/t irr **1.** über'ziehen, sich ausbreiten über (acc). **2.** über'ziehen, bedecken (with mit). **3.** dar'überbreiten. ~**'staffed** adj (perso'nell) 'übersetzt. ~**'state** v/t über'treiben, über'trieben darstellen: **to ~ one's case** in s-n Behauptungen zu weit gehen, zu stark auftragen. ~**'state·ment** s Über'treibung f, über'triebene Darstellung. ~**'stay** v/t länger bleiben als, e-e Zeit über'schreiten, Urlaub über'ziehen: **to ~ one's time** über s-e Zeit hinaus bleiben; → **welcome** **2.** ~**'steer** v/i mot. über'steuern (Auto). ~**'step** v/t über'schreiten (a. fig.): → **mark¹** 13. ~**'stock** **I** v/t **1.** 'überreichlich eindecken. **2.** econ. 'überbeliefern, den Markt über'schwemmen: **to ~ o.s.** → **4. 3.** in zu großen Mengen auf Lager halten. **II** v/i **4.** sich zu reichlich eindecken. ~**'strain** v/t [‚-'streɪn] über'anstrengen, 'überbeanspruchen, 'überstrapa̱zieren (a. fig.): **to ~ o.s.** sich übernehmen; **~ one's conscience** über'triebene Skrupel haben. **II** s [a. '-streɪn] Über'anstrengung f. ~**'stretch** v/t über'dehnen, 'überspannen. ~**'stride** v/t irr **1.** über'schreiten (a. fig.). **2.** mit gespreizten Beinen stehen über (dat). ~**'strung** adj **1.** [‚-'strʌŋ] über'reizt (Nerven od. Person). **2.** ['-strʌŋ] mus. kreuzsaitig (Klavier). ~**sub'scribe** v/t **1.** econ. e-e Anleihe über'zeichnen. **2. the play was ~d** es konnten bei weitem nicht alle Kartenwünsche berücksichtigt werden. ~**sub'scrip·tion** s econ. Über'zeichnung f. ~**'sub·tle** adj **1.** 'überfein. **2.** 'überschlau, allzu raffi'niert. ~**'sup·ply** s **1.** (**of**) 'überreichliche Versorgung (mit), zu großer Vorrat (an dat). **2.** 'Überangebot n (to an dat). **o·vert** ['əʊvɜːt; Am. əʊ'vɜːrt] adj (adv **~ly**) **1.** offen(kundig): **~ act** offenkundige Handlung; **~ hostility** offene od. unverhohlene Feindschaft; **~ market** → econ. offener Markt. **2.** her. geöffnet. ‚**o·ver'take** irr **I** v/t **1.** einholen (a. fig.). **2.** bes. Br. über'holen, -'fahren, -'laschen, -'fallen: **to be ~n by darkness** von der Dunkelheit überrascht werden. **4.** Versäumtes nach-, aufholen. **II** v/i **5.** bes. Br. über'holen: **do not ~** Überholen verboten. ~**'task** → **overtax** 3. ~**'tax** v/t **1.** zu hoch besteuern, 'übersteuern. **2.** zu hoch fordern, 'überbeanspruchen, zu hohe Anforderungen stellen an (acc), Geduld etc über'strapa̱zieren: **to ~ one's strength** sich (kräftemäßig) übernehmen. **tax'a·tion** s 'Übersteuerung f etc; →

overtax. **~-the-'count·er** adj **1.** econ. freihändig (Effektenverkauf), freihändig verkauft (Wertpapiere): **~ market** Freiverkehrsmarkt m; **~ sale** Freihandverkauf m. **2.** re'zeptfrei (Medikament). ~**'throw** **I** v/t irr [‚-'θrəʊ] **1.** a. fig. e-e Regierung etc ('um)stürzen. **2.** niederwerfen, besiegen, schlagen. **3.** niederreißen, vernichten. **4.** den Geist zerrütten. **II** s [-θrəʊ] **5.** ('Um)Sturz m, Niederlage f (e-r Regierung etc). **6.** 'Untergang m, Vernichtung f. ~**'time** ['-taɪm] **I** s **1.** econ. a) 'Überstunden pl: **to be on** (od. **do**) **~** Überstunden machen, b) 'Überstundenlohn m, Mehrarbeitszuschlag m. **2.** allg. zusätzliche (Arbeits)Zeit. **3.** sport Am. Verlängerung f: **the game went into ~** das Spiel ging in die Verlängerung. **II** adv **4.** über die Zeit (hin'aus): **to work ~** a) Überstunden machen, b) fig. sich ranhalten; **the game went ~** sport Am. das Spiel ging in die Verlängerung. **III** adj **5.** econ. Überstunden..., Mehrarbeits...: **~ pay** → 1 b. **IV** v/t [‚-'taɪm] **6.** phot. 'überbelichten. ~**'tire** v/t über'müden. '**~·tone** s **1.** mus. Oberton m. **2.** fig. a) 'Unterton m, b) pl Neben-, Zwischentöne pl, Beigeschmack m: **it had ~s of** es schwang darin etwas von ... mit. ~**'top** v/t **1.** über'ragen (a. fig.). **2.** sich hin'wegsetzen über (acc). ~**'trade** v/i econ. über die eigenen (Zahlungs- od. Verkaufs)Möglichkeiten hin'aus Handel treiben. ~**'train** sport **I** v/i zu'viel od. zu hart trai'nieren. **II** v/t 'übertrai̱nieren. ~**'trump** ['-trʌmp; ‚-'trʌmp] v/t u. v/i über'trumpfen.

o·ver·ture ['əʊvə(r)tjʊə(r); bes. Am. -tʃʊə(r)] s **1.** mus. Ouver'türe f (**to** zu). **2.** fig. Einleitung f, Vorspiel n. **3.** (for'meller Heirats-, Friedens)Antrag, Vorschlag m, Angebot n: **peace ~s** pl Friedensangebot. **4.** pl Annäherungsversuche pl (**to** bei).

o·ver'turn **I** v/t **1.** ('um)stürzen (a. fig.), 'umstoßen (a. jur. Urteil etc), 'umkippen. **2.** vernichten, zu'grunde richten. **II** v/i **3.** 'umkippen, 'umschlagen, 'umstürzen, kentern. **III** s ['-tɜːn; Am. -‚tɜːrn] **4.** ('Um)Sturz m. ~**-'un·der** → **over-and-under**. ~**'use** **I** v/t zu häufig gebrauchen. **II** s zu häufiger Gebrauch. ~**'val·ue** v/t zu hoch einschätzen, 'überbewerten. '**~·view** s fig. bes. Am. 'Überblick m: **to take an ~ of** sich e-n Überblick verschaffen über (acc). ~**'ween·ing** adj **1.** anmaßend, arro'gant, eingebildet, über'heblich. **2.** maßlos. ~**'weigh** v/t **1.** schwerer sein als. **2.** niederdrücken (a. fig.). ~**'weight** **I** s ['-weɪt] 'Übergewicht n (a. fig.). **II** adj [‚-'weɪt] 'übergewichtig (Mensch), mit 'Über-. od. Mehrgewicht: **~ luggage** (Am. **baggage**) Übergepäck n. ~**'whelm** v/t **1.** bes. fig. über'wältigen, -'mannen: **~ed by emotion. 2.** bes. fig. über'schütten, -'häufen: **to ~ s.o. with questions. 3.** erdrücken. **4.** (unter sich) begraben. ~**'whelm·ing** adj (adv **~ly**) bes. fig. über'wältigend. ~**'wind** [‚-'waɪnd] v/t irr zu stark aufziehen, über'drehen: **to ~ one's watch**. ~**'win·ter** v/i über'wintern (**in, at** in dat). ~**'work** [‚-'wɜːk; Am. -‚wɜːrk] **I** v/t a. irr **1.** über'anstrengen, mit Arbeit über'lasten, 'überstrapa̱zieren (a. fig.): **~ed** sport über'lastet (Hintermannschaft etc); **to ~ o.s.** → **2. II** v/i **2.** sich über'arbeiten. **III** s **3.** 'Arbeitsüber‚lastung f. **4.** Über'arbeitung f. **5.** ['-wɜːk; Am. -‚wɜːrk] Mehrarbeit f. ~**'wrought** adj **1.** über'arbeitet, erschöpft. **2.** über'reizt. **3.** über'laden, gekünstelt (Stil etc). ~**'zeal·ous** adj (adv **~ly**) 'übereifrig. **O·vid·i·an** [ɒ'vɪdɪən; əʊ-; Am. ɑ'v-] adj o'vidisch, des O'vid.

o·vi·duct ['əʊvɪdʌkt] s anat. Eileiter m, Oviduktm. **o·vi·form** ['əʊvɪfɔː(r)m] adj eiförmig.

o·vine ['əʊvaɪn] adj zo. **1.** Schaf(s)... **2.** schafartig.

o·vip·a·rous [əʊ'vɪpərəs] adj (adv ~ly) zo. ovi'par, eierlegend. **o·vi·pos·it** [ˌəʊvɪ'pɒzɪt; Am. -'pɑ-] v/i Eier ablegen. **ˌo·vi·po'si·tion** [-pə'zɪʃn] s Eiablage f. **ˌo·vi'pos·i·tor** [-'pɒzɪtə(r); Am. -'pɑ-] s Ovi'positor m, Legeröhre f (der Insekten u. Fische).

o·vi·sac ['əʊvɪsæk] s zo. Eiersack m.

o·vo·gen·e·sis [ˌəʊvəʊ'dʒenɪsɪs] s med. zo. Eibildung f.

o·void ['əʊvɔɪd] adj u. s eiförmig(er Körper).

o·vo·vi·vip·a·rous [ˌəʊvəʊvɪ'vɪpərəs; bes. Am. -vaɪ'vɪ-] adj zo. ovovivi'par (Eier mit voll entwickelten Embryonen ablegend).

o·vu·lar ['əʊvjʊlə(r)], a. **'o·vu·lar·y** [-lərɪ; Am. -ˌlerɪ:] adj biol. ovu'lär, Ovular..., Ei... **o·vu·la·tion** [ˌəʊvjʊ'leɪʃn; ˌɒvʊ-, ˌɑv-] s Ovulati'on f, Eisprung m. **o·vule** ['əʊvjuːl; Am. a. 'ɑv-] s **1.** biol. Ovulum n, Ei n. **2.** bot. Samenanlage f. **o·vum** ['əʊvəm] pl **o·va** ['əʊvə] s biol. Ovum n, Ei(zelle f) n.

owe [əʊ] **I** v/t **1.** schulden, schuldig sein (s.th. to s.o., s.o. s.th. j-m etwas): to ~ s.o. money (respect, an explanation, etc); you ~ that to yourself (to your reputation) das bist du dir (d-m Namen) schuldig; → grudge 5. **2.** bei j-m Schulden haben (for für): he ~s not any man er schuldet niemandem etwas. **3.** etwas verdanken, zu verdanken haben (dat), j-m Dank schulden für: to this circumstance we ~ our lives diesem Umstand verdanken wir unser Leben; I ~ him much ich habe ihm viel zu verdanken. **4.** obs. besitzen. **II** v/i **5.** Schulden haben: how much does he ~? wieviel Schulden hat er?; he still ~s for his house er zahlt noch immer an sein Haus ab. **6.** die Bezahlung schuldig sein (for für).

ow·el·ty ['əʊəltɪ] s jur. Gleichheit f, Ausgleichsschuld f: ~ of exchange Wertausgleich m bei Grundstückstausch.

ow·ing ['əʊɪŋ] adj **1.** geschuldet: the amount ~ der unbezahlte Betrag; to be ~ zu zahlen sein, noch offenstehen; to have ~ ausstehen haben. **2.** ~ to in'folge (gen), wegen (gen), dank (dat): ~ to his efforts; to be ~ to zurückzuführen sein auf (acc), zuzuschreiben sein (dat).

owl [aʊl] s **1.** orn. Eule f: a wise old ~ iro. ein kluges Kerlchen. **2.** a. ~ pigeon orn. e-e Haustaubenrasse. **3.** fig. a) → night owl 2, b) ‚alte Eule' (dumme od. feierliche od. langweilige Person).

owl·et ['aʊlɪt] s **1.** orn. junge Eule, Eulchen n. **2.** orn. kleine Eule, bes. Steinkauz m. **3.** a. ~ moth zo. Eule f (Nachtfalter).

'owl·ish adj (adv ~ly) eulenhaft (Aussehen etc).

own [əʊn] **I** v/t **1.** besitzen: he ~s a car; ~ed by his uncle im Besitz s-s Onkels. **2.** als eigen anerkennen, die Urheberschaft od. den Besitz (gen) zugeben. **3.** zugeben, (ein)gestehen, einräumen: to ~ o.s. defeated sich geschlagen bekennen. **II** v/i **4.** sich bekennen (to zu): to ~ to s.th. → **3. 5.** ~ up zugeben: to ~ up to doing s.th. zugeben od. gestehen, etwas getan zu haben. **III** adj **6.** eigen: my ~ garden; my ~ country mein Vaterland; she saw it with her ~ eyes sie sah es mit eigenen Augen; my ~ self ich selbst. **7.** eigen(artig), besonder(er, e, es): it has a value all its ~ es hat e-n ganz besonderen od. eigenen Wert. **8.** selbst: I cook my ~ breakfast ich mache mir das Frühstück selbst; name your ~ day setze den Tag selbst fest. **9.** (bes. im Vokativ) (innig) geliebt, einzig: my ~ child!; my ~! mein Schatz! **10.** (absolut gebraucht) a) Eigen n, Eigentum n, b) Angehörige pl: it is my ~ es ist mein eigen, es gehört mir; may I have it for my ~? darf ich es haben od. behalten? **11.** (ohne Possessivum gebraucht) selten leiblich, nahe blutsverwandt: an ~ brother ein leiblicher Bruder.

Besondere Redewendungen:

let me have my ~ gebt mir, was mir zukommt; to come into one's ~ a) s-n rechtmäßigen Besitz erlangen; das erlangen, was e-m zusteht, b) zur Geltung kommen, c) (wieder) zu s-m Recht kommen; she has a car of her ~ sie hat ein eigenes Auto; he has a way of his ~ er hat e-e eigene Art; on one's ~ colloq. a) selbständig, unabhängig, b) von sich aus, aus eigenem Antrieb, c) ohne fremde Hilfe, d) auf eigene Verantwortung; to be left on one's ~ colloq. sich selbst überlassen sein; → get back 2, hold[2] 21.

-owned [əʊnd] adj in Zssgn gehörig, gehörend (dat), in j-s Besitz: state-~ in Staatsbesitz (befindlich), Staats..., staatlich, staatseigen.

'own·er s **1.** a. absolute ~ jur. Eigentümer(in). **2.** allg. Eigentümer(in), Besitzer(in), Inhaber(in): ~-driver j-d, der sein eigenes Auto fährt; ~-occupation Eigennutzung f (von Eigentumswohnung od. Haus); ~-occupied eigengenutzt; ~-occupied house Eigenheim n; ~-occupier Eigenheimbesitzer m; at ~'s risk econ. auf eigene Gefahr.

'own·er·less adj herrenlos: ~ dogs.

'own·er·ship s **1.** jur. Eigentum(srecht) n. **2.** weitS. a) Besitzerschaft f, b) Besitz m.

ox [ɒks; Am. ɑks] pl **'ox·en** [-ən] s **1.** Ochse m. **2.** (Haus)Rind n.

ox·a·late ['ɒksəleɪt; -lɪt; Am. 'ɑk-] s chem. Oxa'lat n.

ox·al·ic [ɒk'sælɪk; Am. ɑk-] adj chem. Oxal..., o'xalsauer: ~ acid Oxal-, Kleesäure f.

ox·a·lis ['ɒksəlɪs; Am. ɑk'sæ-] s bot. Sauerklee m.

ox·am·ic ac·id [ɒk'sæmɪk; Am. ɑk-] s chem. Oxa'mid-, Oxa'minsäure f.

'ox·bane s bot. Rindsgift n. **'~-blood (red)** s Ochsenblut(farbe f) n. **'~-bow** [-bəʊ] s **1.** Halsbogen m (des Ochsenjochs). **2.** a. ~ lake → cutoff 2.

Ox·bridge ['ɒksbrɪdʒ; Am. 'ɑks-] s (die Universi'täten) Oxford u. Cambridge pl.

'ox·cart s Ochsenkarren m.

ox·en ['ɒksən; Am. 'ɑks-] pl von ox.

ox·er ['ɒksə; Am. 'ɑksər] s Springreiten: Oxer m.

'ox·eye s **1.** Ochsenauge n (a. Fenster). **2.** bot. a) a. white ~ Marge'rite f, b) a. yellow ~ Gelbe Wucherblume, c) Ochsen-, Rindsauge n, d) Am. Sonnenauge n. **3.** orn. Am. a) Kiebitz-Regenpfeifer m, b) dial. (bes. Kohl)Meise f.

Ox·ford ['ɒksfə(r)d; Am. 'ɑks-] **I** npr **1.** Oxford n (englische Universitätsstadt). **II** s **2.** → Oxford Down. **3.** a. o~ (Schnür)Halbschuh m. **4.** a. O~ Oxford n (ein (Hemden)Stoff aus Baumwolle od. Kunstseide). **~ ac·cent** s Oxforder Ak'zent m. **~ bags** s pl Br. sehr weite Hose. **~ blue** s Oxforder Blau n (ein Dunkelblau mit violettem Ton). **~ clay** s geol. Oxfordton m. **~ Down** s zo. Oxford(shire)schaf n. **~ Eng·lish** s Oxford-Englisch n. **~ frame** s Br. Bilderrahmen mit sich an den Ecken kreuzenden u. etwas vorstehenden Leisten. **~ Group (move·ment)** → Buchmanism. **~ man** s irr Student (od. Absol'vent) der Universi'tät Oxford. **~ mix·ture** s Oxford n (ein Herrenanzugstoff). **~ move·ment** s relig. Oxfordbewegung f. **~ shoe**, Am. a. **~ tie** → Oxford 3.

'ox·hide s **1.** Ochsenhaut f. **2.** Rindsleder n. **3.** agr. Hufe f (Landmaß).

ox·id ['ɒksɪd; Am. 'ɑk-] → oxide.

ox·i·dant ['ɒksɪdənt; Am. 'ɑksə-] s chem. Oxydati'onsmittel n. **ox·i·dase** [-deɪs] s biol. chem. Oxy'dase f (Enzym).

ox·i·date ['ɒksɪdeɪt; Am. 'ɑksə-] → oxidize. **ˌox·i'da·tion** s chem. Oxydati'on f, Oxy'dierung f.

ox·ide ['ɒksaɪd; Am. 'ɑk-] s chem. O'xyd n.

ox·i·diz·a·ble ['ɒksɪdaɪzəbl; Am. 'ɑk-] adj chem. oxy'dierbar.

ox·i·dize ['ɒksɪdaɪz; Am. 'ɑk-] chem. **I** v/t **1.** oxy'dieren: a) mit Sauerstoff verbinden, b) dehy'drieren, c) e-m Atom od. Ion Elek'tronen entziehen. **2.** metall. passi'vieren (mit e-r dünnen Oxydschicht überziehen). **II** v/i **3.** oxy'dieren. **'ox·i·diz·er** s chem. Oxydati'onsmittel n.

'ox·lip s bot. Hohe Schlüsselblume.

Ox·o·ni·an [ɒk'səʊnjən; -nɪən; Am. ɑk-] **I** adj **1.** von od. aus Oxford. **II** s **2.** Stu'dent(in) an der od. Absol'vent(in) der Universi'tät Oxford. **3.** Einwohner (-in) von Oxford.

'ox·ˌpeck·er s orn. Rhi'nozerosvogel m.

'ox·tail s Ochsenschwanz m: ~ soup.

'ox·weld v/t tech. auto'gen schweißen.

oxy- [ɒksɪ; Am. ɑksɪ] Wortelement mit den Bedeutungen: a) Sauerstoff..., b) scharf, sauer.

ˌox·y·a'cet·y·lene adj chem. tech. Sauerstoff-Azetylen...: ~ blowpipe Sauerstoff-Azetylen-Gebläse n; ~ burner (od. torch) Schneidbrenner m; ~ welding Autogenschweißen n.

ˌox·y'ac·id s chem. **1.** → oxygen acid. **2.** Oxysäure f.

ox·y·car·pous [ˌɒksɪ'kɑː(r)pəs; Am. ˌɑk-] adj bot. spitzfrüchtig.

ox·y·gen ['ɒksɪdʒən; Am. 'ɑk-] s chem. Sauerstoff m: ~ apparatus Atemgerät n; ~ debt (Sportmedizin) Sauerstoffschuld f; ~ mask med. Sauerstoffmaske f; ~ tent med. Sauerstoffzelt n.

ˌox·y·gen-a'cet·y·lene cut·ting s tech. Autogenschneiden n. **~ weld·ing** s Auto'genschweißen n.

ox·y·gen ac·id s chem. Sauerstoffsäure f. **ox·y·gen·ant**, **ox·y·gen·ate** [ɒk'sɪdʒəneɪt; Am. 'ɑksɪdʒəˌneɪt] v/t **1.** oxy'dieren, mit Sauerstoff verbinden od. behandeln. **2.** mit Sauerstoff anreichern od. sättigen.

ˌox·y'gen·er·a·tor s Sauerstofferzeuger m, ~gerät n.

ˌox·y·gen-'hy·dro·gen weld·ing s tech. Knallgasschweißen n.

ox·yg·e·nous [ɒk'sɪdʒənəs; Am. ɑk-] adj chem. **1.** Sauerstoff..., sauerstoffhaltig. **2.** oxy'dierend.

ˌox·y,h(a)e·mo'glo·bin s biol. chem. Oxyhämoglo'bin n. **ˌox·y'hy·drate** s chem. Hydro'xyd n. **ˌox·y'hy·dro·gen** chem. tech. **I** adj Hydrooxygen..., Knallgas... **II** s a. ~ gas Knallgas n.

ox·y·mel ['ɒksɪmel; Am. 'ɑksə-] s pharm. hist. Oxymel n, Sauerhonig m.

ox·y·mo·ron [ˌɒksɪ'mɔːrɒn; Am. ˌɑksɪ-'məʊərˌɑn] pl **-mo·ra** [-rə] s O'xymoron n (rhetorische Figur der Verbindung zweier sich widersprechender Begriffe).

ox·y·tone ['ɒksɪtəʊn; Am. 'ɑk-] ling. **I** s O'xytonon n (ein Wort mit Hochton auf der Endsilbe). **II** adj oxyto'niert, endsilbenbetont.

o·yer ['ɔɪə(r)] s jur. **1.** hist. gerichtliche Unter'suchung. **2.** → oyer and termi·ner. **~ and ter·mi·ner** ['tɜːmɪnə(r); Am. 'tɜr-] s jur. **1.** hist. gerichtliche Unter'suchung u. Entscheidung. **2.** hist. Br. meist commission (od. writ) of ~ königliche Ermächtigung an die Richter der

Assisengerichte, Gericht zu halten. **3.** *Am. Bezeichnung einiger höherer Gerichtshöfe für Strafsachen.*

o·yez, *a.* **o·yes** [əʊˈjes; *Am. bes.* əʊˈjeɪ] *interj* hört (zu)! *(meist dreimal geäußerter Ruf der Gerichtsdiener, Herolde etc).*

oys·ter [ˈɔɪstə(r)] **I** *s* **1.** *zo.* Auster *f*: ~s on the shell frische Austern; he thinks the world is his ~ *fig.* er meint, er kann alles haben; that's just his ~ *fig.* das ist genau sein Fall. **2.** *austernförmiges Stück Fleisch in der Höhlung des Beckenknochens von Geflügel.* **3.** *colloq.* ‚zugeknöpfter' Mensch. **II** *adj* **4.** Austern...: ~ knife; ~ tongs. ~ **bank** → oyster bed. ~ **bar** *s* ˈAusternbü͵fett *n* (*in Restaurants etc*). ~ **bay** *s Am.* ˈAusternrestau͵rant *n*. ~ **bed** *s* Austernbank *f*. ~ **catch·er** *s orn.* Austernfischer *m*. ~ **crack·er** *s Am.* gesalzener Keks, der zu Austerngerichten gereicht wird. ˈ~-͵**cul·tur·ist** *s* Austernzüchter *m*. ~ **dredge** *s* Austernschaber *m*. ~ **farm** *s* Austernpark *m*.

ˈ**oys·ter·ing** *s* **1.** Austernfischeˈrei *f.* **2.** *Möbelherstellung:* a) Austernmuster *n*, b) Zs.-passung *f* der Musterung (*bei Schranktüren etc*).

o·zo·ce·rite [əʊˈzəʊsərɪt; *Am.* ͵əʊzəʊˈsɪə͵raɪt], **o·zo·ke·rite** [-kə-; *Am.* -ˈkɪər-] *s min.* Ozokeˈrit *m*, Erdwachs *n*.

o·zo·na·tion [͵əʊzəʊˈneɪʃn] → ozonization.

o·zone [ˈəʊzəʊn] *s* **1.** *chem.* Oˈzon *n*. **2.** *colloq.* Oˈzon *m*, reine, frische Luft. **3.** *fig.* belebender Einfluß.

o·zon·er [ˈəʊ͵zəʊnər] *s Am. sl.* Autokino *n*.

o·zon·ic [əʊˈzɒnɪk; *Am.* -ˈzəʊ-; -ˈzɑ-] *adj* **1.** oˈzonisch, Ozon... **2.** oˈzonhaltig.

o·zo·nif·er·ous [͵əʊzəʊˈnɪfərəs] *adj* **1.** oˈzonhaltig. **2.** oˈzonerzeugend.

o·zo·ni·za·tion [͵əʊzəʊnaɪˈzeɪʃn; *Am.* -nəˈz-] *s chem.* Ozoniˈsierung *f.* ˈ**o·zo·nize I** *v/t* ozoniˈsieren: a) in Oˈzon verwandeln, b) mit Oˈzon behandeln. **II** *v/i* sich in Oˈzon verwandeln. ˈ**o·zo·niz·er** *s* Ozoniˈsator *m*.

o·zo·nom·e·ter [͵əʊzəʊˈnɒmɪtə(r); *Am.* -ˈnɑ-] *s chem. phys.* Ozonoˈmeter *n*, Oˈzonmesser *m*.

P

P,p [piː] **I** *pl* **P's, Ps, p's, ps** [piːz] *s* **1.** P, p *n* (*Buchstabe*): **to mind one's p's and q's** ‚schwer aufpassen' (was man tut *od.* sagt). **2.** P P *n*, P-förmiger Gegenstand. **II** *adj* **3.** sechzehnte(r, e, es). **4.** P-..., P-förmig.
pa [paː] *s colloq.* Pa'pa *m*, Vati *m*.
pab·u·lum ['pæbjʊləm] *s selten* Nahrung *f* (*a. fig.*): **mental ~**.
pace¹ [peɪs] **I** *s* **1.** (Marsch)Geschwindigkeit *f*, Tempo *n* (*a. sport; a. fig.* e-r *Handlung etc*): **to go** (*od.* **hit**) **the ~** a) ein scharfes Tempo anschlagen, b) *fig.* flott leben; **to set the ~** das Tempo angeben (*a. fig.*), *sport* das Tempo machen; **to stand** (*od.* **stay**) **the ~** Schritt halten, mithalten (*a. fig.*); **at a great ~** in schnellem Tempo. **2.** Schritt *m* (*a. fig.*): **~ for ~** Schritt für Schritt; **to keep ~ with** Schritt halten *od.* mitkommen mit (*a. fig.*); **to keep ~ with the times** mit der Zeit gehen. **3.** Schritt *m* (*als Maß*): **geometrical** (*od.* **great**) **~** Doppelschritt (*5 Fuß = 1,524 m*); **military ~** Militärschritt. **4.** Gang(art *f*) *m*, Schritt *m*: **ordinary ~** *mil.* Marschschritt; **quick ~** *mil.* Geschwindschritt. **5.** Gangart *f* (*bes. des Pferdes*): **to put a horse through its ~s** ein Pferd alle Gangarten machen lassen; **to put s.o. through his ~s** *fig.* j-n auf Herz u. Nieren prüfen. **6.** Paßgang *m* (*des Pferdes*). **II** *v/t* **7.** *sport* Schrittmacherdienste sein für, j-m Schrittmacherdienste leisten: **to ~ s.o. 8.** *fig.* a) das Tempo (*gen*) bestimmen, b) Schritt halten mit, c) vor-'angehen (*dat*). **9.** *a.* **~ out** (*od.* **off**) **~**, ausschreiten. **10.** *ein Zimmer etc* durch-'schreiten, -'messen: **to ~ the room. 11.** a) *e-m Pferd etc* bestimmte Gangarten beibringen, b) *ein Pferd* im Paßgang gehen lassen. **III** *v/i* **12.** (ein'her-)schreiten. **13. ~ around** (*od.* **about**) hin u. her laufen: **to ~ up and down** auf u. ab gehen. **14.** im Paßgang gehen (*Pferd*).
pa·ce² ['peɪsɪ] (*Lat.*) *prep* ohne j-m nahetreten zu wollen: **~ Mr. Brown.**
paced [peɪst] *adj* **1.** mit (*bestimmter*) Gangart, *langsam etc* gehend, schreitend: **slow-~. 2.** *sport* mit Schrittmacher gefahren *od.* gelaufen: **~ rider** (*Radsport*) Steher *m*; **~ race** (*Radsport*) Steherrennen *n*.
pace| lap *s Motorsport*: Aufwärmrunde *f*. **'~,mak·er** *s* **1.** *sport* Schrittmacher *m* (*a. fig.*). **2.** *med.* (Herz)Schrittmacher *m*. **'~,mak·ing** *s sport* Schrittmacherdienste *pl* (*a. fig.*): **to do the ~ for s.o.** j-m Schrittmacherdienste leisten.
pac·er ['peɪsə(r)] *s* **1.** → pacemaker 1. **2.** Paßgänger *m* (*Pferd*).
'pace|**,set·ter** → pacemaker 1. **'~,set·ting** → pacemaking.
pa·cha → pasha.

pa·chi·si [pə'tʃiːzɪ] *s* ein dem Backgammon ähnliches Spiel.
pach·y·derm ['pækɪdɜːm; *Am.* -ˌdɜrm] *s zo.* Dickhäuter *m*. **ˌpach·y'der·ma·tous** [-mətəs], **ˌpach·y'der·mous** *adj* **1.** *zo.* dickhäutig. **2.** *fig.* ‚dickhäutig', ‚dickfellig'. **3.** *bot.* dickwandig.
pa·cif·ic [pə'sɪfɪk] **I** *adj* (*adv* **~ally**) **1.** friedlich, friedfertig, friedliebend. **2.** versöhnlich, Friedens...: **~ policy. 3.** ruhig, friedlich. **4.** P**~** pa'zifisch, Pazifisch: **the P~ islands** die Pazifischen Inseln. **II** *s* **5. the P~ (Ocean)** der Pa'zifik, der Pa'zifische *od.* Stille *od.* Große Ozean.
pac·i·fi·ca·tion [ˌpæsɪfɪ'keɪʃn] *s* **1.** Befriedung *f*. **2.** Beruhigung *f*, Besänftigung *f*, Beschwichtigung *f*. **3.** Aussöhnung *f*.
pa·cif·i·ca·to·ry [pə'sɪfɪkətərɪ; *Am.* -ˌtɔːrɪ, -ˌtoʊ-] *adj* versöhnlich, friedlich.
Pa·cif·ic| O·cean → pacific 5. **~ (stand·ard) time** *s* Pa'zifik-Nor'malzeit *f*. **~ States** *s pl* Pa'zifikstaaten *pl* (*Washington, Oregon, Kalifornien*).
pac·i·fi·er ['pæsɪfaɪə(r)] *s* **1.** Friedensstifter(in). **2.** (*etwas*) Beruhigendes, *a.* Beruhigungsmittel *n*. **3.** *Am.* (*für Kleinkinder*) a) Schnuller *m*, b) Beißring *m*.
pac·i·fism ['pæsɪfɪzəm] *s* Pazi'fismus *m*. **'pac·i·fist I** *s* Pazi'fist(in). **II** *adj* pazi'fistisch.
pac·i·fy ['pæsɪfaɪ] *v/t* **1.** *ein Land* befrieden. **2.** beruhigen, besänftigen, beschwichtigen. **3.** aussöhnen. **4.** versöhnlich stimmen.
pack [pæk] **I** *s* **1.** Pack(en) *m*, Ballen *m*, Bündel *n*. **2.** *Am.* Packung *f*, Schachtel *f* (*Zigaretten*), Päckchen *n*, Pa'ket *n*. **3.** *mil.* a) Tor'nister *m*, b) Rückentrage *f* (*für Kabelrollen etc*), c) Fallschirmpackhülle *f*. **4.** *a.* **~ of films** *phot.* Filmpack *m*. **5.** *a.* **~ of cards** Spiel *n* Karten. **6.** *a.* **power ~** *electr.* Netzteil *n*. **7.** Pack *n* (*englisches Gewicht für Mehl, Wolle od. Garne*). **8.** (Schub *m*) Kon'serven *pl*. **9.** Verpakkung(sweise) *f*, Konser'vierung(smeˌthode) *f*. **10.** Menge *f*, Haufen *m*: **a ~ of lies** ein Haufen Lügen, ein Sack voll Lügen; **a ~ of nonsense** lauter Unsinn. **11.** Pack *n*, Bande *f*: **a ~ of thieves** e-e Räuberbande. **12.** Meute *f*, Koppel *f* (*von Hunden*). **13.** Rudel *n* (*von Wölfen etc; a. mil. von U-Booten etc*). **14.** *Rugby*: Stürmer *pl*, Sturm *m*. **15.** Packeis *n*. **16.** *med. u. Kosmetik*: Packung *f*: **face ~**.
II *v/t* **17.** *oft* **~ up** ein-, zs.-, ab-, verpacken. **18.** a) zs.-pressen, b) *Tabak* stopfen. **19.** zs.-pferchen, *meist* **~ in** hin-'einpferchen (**at** in *acc*): → sardine. **20.** vollstopfen, *meist* **~ out** *Stadion, Konzertsaal etc* bis auf den letzten Platz füllen: **a ~ed house** *thea.* ein ausverkauftes Haus; **~ed with** voll von, voll(er) *Autos etc.* **21.** (voll)packen: **to ~ the trunks** die Koffer packen; **I am ~ed** ich habe ge-

packt. **22.** *die Geschworenenbank*, *e-n Ausschuß etc* mit s-n (eigenen) Leuten besetzen. **23.** konser'vieren, *bes.* eindosen. **24.** *tech.* (ab)dichten. **25.** bepacken, beladen. **26.** *Am. e-e Last etc* tragen. **27.** *Am. colloq.* (bei sich) tragen: **to ~ a gun**; **to ~ a hard punch** *colloq.* a) (*Boxen*) e-n harten Schlag haben, b) *fig.* e-e scharfe Klinge führen. **28.** *Am. colloq.* enthalten: **the book ~s a wealth of information. 29.** *meist* **~ off** (rasch) fortschicken, (eilig) wegbringen, fortjagen: **he ~ed his children off to bed** er verfrachtete s-e Kinder ins Bett; **to ~ s.o. back** j-n zurückschicken. **30.** *meist* **~ up** (*od.* **in**) *colloq.* aufhören *od.* Schluß machen mit, ‚aufstecken': **~ it in!** hör endlich auf (damit)! **31.** *med.* einpacken.
III *v/i* **32.** *oft* **~ up** (zs.-)packen: **to ~ up (and go home)** *fig. colloq.* ‚einpacken' (*es aufgeben*). **33.** sich *gut etc* verpacken *od.* konser'vieren lassen: **to ~ well. 34.** a) sich zs.-drängen *od.* zs.-scharen, b) sich drängen (**into** in *acc*). **35.** fest werden, sich fest zs.-ballen, backen: **wet snow ~s easily. 36.** *meist* **~ off**, ‚sich packen', sich da'vonmachen: **to send s.o. ~ing** j-n fortjagen. **37.** a) *meist* **~ up**, **~ in** aufhören, Feierabend machen, b) *meist* **~ up**, **~ in** es ‚aufstecken', c) **~ up** ‚absterben', ‚verrecken' (*Motor*): **the engine ~ed up on me** mir ist der Motor abgestorben.
pack·age ['pækɪdʒ] **I** *s* **1.** Pa'ket *n*, Pack *m*, Ballen *m*, Frachtstück *n*. **2.** Packung *f*: **a ~ of spaghetti. 3.** Verpackung *f*: a) Verpacken *n*, b) Packma'te·ri·al *n*. **4.** *tech.* (betriebsfertige) Baueinheit, (Geräte-) Baugruppe *f*. **5.** a) *bes. Am.* (als Ganzes *od.* im Block verkauftes) (¹Fernseh- *etc*) Pro¦gramm *n*, b) *econ. pol.* Pa'ket *n* (*a. fig.*), *pol. a.* Junktim *n*. **6.** *Computer*: Pa'ket *n*, Kom¦plex *m* (*von Programmen etc*). **7.** *Am. sl.* 'Vorstrafen¦register *n*. **II** *v/t* **8.** (ver-, ab)packen, pake'tieren. **9.** *fig.* a) zs.-stellen, b) verbinden, vereinigen (**with** mit), c) en bloc anbieten *od.* verkaufen: **~d tour = package tour. ~ car** *s rail.* ¹Stückgutwa¦gon *m*. **~ deal** *s* **1.** Kopplungsgeschäft *n*. **2.** *pol.* Junktim *n*. **3.** Pau¦schalarrange¦ment *n*. **~ in·sert** *s pharm.* Packungsbeilage *f*. **~ store** *s Am.* Wein- u. Spiritu'osenhandlung *f*. **~ tour** *s* Pau'schalreise *f*.
'pack·ag·ing I *s* (Einzel)Verpackung *f*. **II** *adj* Verpackungs...: **~ machine**; **~ line** Packstraße *f* (*in e-r Fabrik*).
pack| an·i·mal *s* Pack-, Last-, Tragtier *n*. **'~,cloth** *s* Packtuch *n*, -leinwand *f*. **~ drill** *s mil.* 'Strafexer¦zieren *n* in voller Marschausrüstung.
pack·er ['pækə(r)] *s* **1.** (Ver)Packer(in). **2.** *econ.* a) Ab-, Verpacker *m*, Großhändler *m*: **tea ~**, b) *Am.* Kon'serven¦hersteller *m*: **meat ~. s. 3.** Ver'packungsma¦schine *f*. **4.** *tech.* Stampfgerät *n*.

pack·et ['pækɪt] **I** s **1.** a) kleines Pa'ket, Päckchen n: a ~ of cigarettes e-e Schachtel od. Packung Zigaretten, b) Computer: 'Datenpa,ket n. **2.** to sell s.o. a ~ colloq. j-n ,anschmieren' od. hinters Licht führen. **3.** mar. Postschiff n, Pa'ketboot n. **4.** Br. sl. Haufen m Geld: a nice ~ e-e ,hübsche Stange Geld'; to make a ~ ein ,Schweinegeld' verdienen; to cost a ~ ein ,Heidengeld' kosten. **5.** to catch (od. get, cop, stop) a ~ Br. sl. a) e-e (Kugel) ,verpaßt bekommen', b) in ,Schwulitäten' kommen, c) ,sein Fett (ab)kriegen'. **II** v/t **6.** (zu e-m Pa'ket) verpacken, pake'tieren. ~ **boat,** ~ **ship** → packet 3. ~ **switch·ing** s Computer: Pa'ketvermittlung f.
'**pack·horse** s **1.** Pack-, Lastpferd n. **2.** fig. Last-, Packesel m: **I'm not your** ~**!** ich bin doch nicht dein Lastesel! '~-**house** s econ. **1.** Lagerhaus n. **2.** Am. Abpackbetrieb m. ~ **ice** s Packeis n.
'**pack·ing** s **1.** Packen n: **to do one's** ~ packen. **2.** Verpacken n. **3.** Verpackung f: **in original** ~ in Originalverpackung. **4.** Konser'vierung f. **5.** tech. a) (Ab)Dichtung f, Packung f, b) Dichtung f, c) 'Dichtungsmateri,al n, d) 'Füllmateri,al n, Füllung f. **6.** Computer: Verdichtung f (von Informationen). **7.** Zs-ballen n. ~ **box** s **1.** Packkiste f. **2.** tech. Stopfbüchse f. ~ **case** s Packkiste f. ~ **den·si·ty** s Computer: (Informati'ons-, Packungs)Dichte f. ~ **de·part·ment** s Packe'rei f (e-r Firma). ~ **house** → packhouse. ~ **nee·dle** f ~ Packnadel f. ~ **pa·per** s 'Packpa,pier n. ~ **press** s tech. Bündel-, Packpresse f. ~ **ring** s tech. Dichtungsring m, Man'schette f. ~ **sheet** s **1.** (großes Stück) Packleinwand f. **2.** med. Einschlagtuch n.
'**pack|·man** [-mən] s irr Hau'sierer m. ~ **rat** s zo. Packratte f. '~**sack** s Am. Rucksack m, Tor'nister m. '~**sad·dle** s Pack-, Saumsattel m. '~**thread** → pack twine. ~ **train** s 'Tragtierko,lonne f. ~ **twine** s Packzwirn m.
pact [pækt] s Pakt m, Vertrag m: **to make a** ~ **with** s.o. mit j-m ein Pakt schließen.
pad¹ [pæd] **I** s **1.** Polster n, (Stoß)Kissen n, Wulst m, Bausch m: **electrically heated** ~ Heizkissen n. **2.** sport (Knieetc)Schützer m, Schutzpolster n. **3.** Reit-, Sitzkissen n. **4.** allg. 'Unterlage f, b) tech. Kon'sole f (für Hilfsgeräte). **5.** ('Löschpa,pier-, Schreib-, Brief)Block m: writing ~. **6.** a. ink ~ Stempelkissen n. **7.** zo. (Fuß)Ballen m. **8.** hunt. Pfote f (des Fuchses, Hasen etc). **9.** aer. a) Rampe f zum Warmlaufenlassen der Ma'schinen, b) Start- od. Aufsetzfläche f (der Startbahn), c) Hubschrauber-Start- u. Landeplatz m. **10.** Abschußrampe f (für Raketen). **11.** kleine Fläche. **12.** electr. Dämpfungsglied n. **13.** sl. a) Bett n, b) Schlafzimmer n, c) ,Bude' f (Wohnung od. Zimmer). **14.** Am. sl. a) (an ein Racket gezahlte) ,Schutzgelder' pl, b) (an Polizisten gezahlte) ,Schmiergelder' pl: **to be on the** ~ Schmiergelder kassieren. **II** v/t **15.** a. ~ **out** (aus)polstern, ausstopfen, wat'tieren: ~**ded cell** Gummizelle f (in e-r Heilanstalt). **16.** oft ~ **out** e-e Rede etc ,aufblähen'. **17.** Papierblätter zu e-m Block zs.-kleben.
pad² [pæd] **I** s **1.** (leises) Tappen, Trotten n. **2.** obs. od. dial. da'hintrottendes Pferd. **3.** bes. Br. dial. Straße f, Weg m: **gentleman** (od. **knight, squire**) **of the** ~ Straßenräuber m. **II** v/t **4.** ~ **it,** to ~ **the hoof** bes. Br. sl. ,auf Schusters Rappen' (zu Fuß) reisen. **III** v/i **5.** a. ~ **along** (da'hin)trotten, (-)latschen. **6.** (leise) tappen. **7.** wandern: **to** ~ **around the country** durchs Land wandern.

pad·der ['pædə(r)] s electr. 'Padding-(Reihen)-Konden,sator m.
'**pad·ding** s **1.** (Aus)Polstern n, Wat'tieren n. **2.** Polsterung f, Wat'tierung f. **3.** 'Polstermateri,al n, (Polster)Füllung f. **4.** fig. überflüssiges Beiwerk, leeres Füllwerk, (Zeilen)Füllsel pl. ~ **ca·pac·i·tor** → padder.
pad·dle¹ ['pædl] **I** s **1.** Paddel n: **single-bladed** ~ Stechpaddel. **2.** mar. a) Schaufel f (e-s Flußdampfers), b) Paddel n (e-s Flußdampfers), c) → **paddle steam·er. 3.** tech. a) Schaufel f (e-s unterschlächtigen Wasserrades), b) Schütz n, Falltor n (an Schleusen). **4.** agr. schmaler Spaten (zum Reinigen der Pflugschar). **5.** Waschbleuel m, -schlegel m. **6.** tech. Kratze f, Rührstange f. **7.** zo. Flosse f (e-s Wals etc). **8.** Tischtennisschläger m. **II** v/i **9.** paddeln (a. schwimmen). **III** v/t **10.** paddeln: → **canoe** 2. **11.** Wäsche bleuen. **12.** tech. (mit e-r Rührstange) rühren. **13.** Am. colloq. j-m ,den Hintern versohlen'.
pad·dle² ['pædl] v/i **1.** (im Wasser etc) (her'um)planschen. **2.** watscheln.
pad·dle| board s (Rad)Schaufel f. ~ **box** s mar. Radkasten m. '~**foot** s irr mil. Am. sl. **1.** ,Landser' m, Infante'rist m. **2.** aer. ,Heini' m vom 'Bodenperso,nal.
'**pad·dler** s Paddler(in).
pad·dle steam·er s mar. Raddampfer m. ~ **ten·nis** s Art Tennisspiel mit Holzschlägern u. Schaumgummiball. ~ **wheel** s mar., a. tech. Schaufelrad n.
'**pad·dling pool** s Planschbecken n.
pad·dock¹ ['pædək] s **1.** (bes. Pferde-)Koppel f. **2.** Pferderennsport: Sattelplatz m. **3.** Motorsport: Fahrerlager n.
pad·dock² ['pædək] s zo. obs. od. Br. dial. **1.** Frosch m. **2.** Kröte f.
Pad·dy¹ ['pædɪ] s Paddy m, (Spitzname für) Ire m, Irländer m.
pad·dy² ['pædɪ] s **1.** Reis m, bes. Reis m auf dem Halm. **2.** econ. Paddy m, ungeschälter Reis. **3.** a. ~ **field** Reisfeld n.
pad·dy³ s Br. colloq. ,Koller' m, Wutanfall m: **she's in one of her paddies** sie hat wieder mal e-n Koller.
pad·dy⁴ ['pædɪ] s Patschhand f.
pad·dy| wag·on s Am. colloq. ,grüne Minna' (Polizeigefangenenwagen). '~**whack** s colloq. **1.** Br. → **paddy³. 2.** a) ,Haue' f, Schläge pl, b) Klatsch m, Klaps m.
pad·lock ['pædlɒk; Am. -,lɑk] **I** s **1.** Vorhängeschloß n. **II** v/t **2.** ein Vorhängeschloß anbringen an (dat), mit e-m Vorhängeschloß verschließen. **3.** Am. Theater etc behördlich schließen.
pa·dre ['pɑːdrɪ; Am. a. -reɪ] s **1.** Pater m, Vater m (Priester). **2.** mar. mil. colloq. Ka'plan m, Geistliche(r) m.
pae·an ['piːən] s **1.** antiq. Pä'an m. **2.** allg. Freuden-, Lobgesang m. **3.** fig. 'überschwengliches Lob: **the film received a** ~ **from the critics** der Film wurde von der Kritik begeistert aufgenommen.
paed·er·ast, etc → **pederast,** etc.
pae·di·at·ric, etc bes. Br. für **pediatric,** etc.
pae·do·gen·e·sis, etc bes. Br. für **pedogenesis,** etc.
pae·do·log·i·cal, etc bes. Br. für **pedological¹,** etc.
pae·do·phile, etc bes. Br. für **pedophile,** etc.
pa·gan ['peɪgən] **I** s Heide m, Heidin f (a. fig.). **II** adj heidnisch. '**pa·gan·dom** s Heidentum n: a) collect. (die) Heiden pl, b) heidnisches Wesen. '**pa·gan·ism** s **1.** → pagandom. **2.** Gottlosigkeit f. '**pa·gan·ize** v/t u. v/i heidnisch machen (werden).
page¹ [peɪdʒ] **I** s **1.** Seite f: **the article is**

on ~ **22** der Artikel steht auf Seite 22. **2.** fig. Chronik f, Bericht m, Buch n. **3.** fig. Blatt n: **a glorious** ~ **in Roman history** ein Ruhmesblatt in der römischen Geschichte. **4.** print. Schriftseite f, (ganzseitige) Ko'lumne: ~ **(tele)printer** tel. Blattschreiber m. **II** v/t **5.** → paginate. **III** v/i **6.** ~ **through** Buch etc 'durchblättern.
page² [peɪdʒ] **I** s **1.** hist. Page m, Edelknabe m. **2.** Page m, junger (engS. Ho'tel)Diener. **II** v/t **3.** j-n (per Lautsprecher od. durch e-n Pagen) ausrufen lassen. **4.** mit j-m über e-n Funkrufempfänger Kon'takt aufnehmen, j-n ,anpiepsen'.
pag·eant ['pædʒənt] s **1.** a) (bes. hi'storischer) 'Umzug, Festzug m, b) (hi'storisches) Festspiel. **2.** Prunk m, Gepränge n, Pomp m. **3.** fig. a) (prächtiges, wechselvolles) Bild, b) contp. leerer Prunk, c) contp. hohler Schein. '**pag·eant·ry** [-trɪ] → pageant 2 u. 3.
'**page·boy** s **1.** → page² 2. **2.** Pagenschnitt m, engS. Innenrolle f (Damenfrisur).
pag·er ['peɪdʒə(r)] s Funkrufempfänger m, ,Piepser' m.
'**page,turn·er** s colloq. spannendes Buch.
pag·i·nal ['pædʒɪnl] adj Seiten...: a ~ **reprint** ein seitenweiser Nachdruck. '**pag·i·nate** [-neɪt] v/t pagi'nieren. ,**pag·i'na·tion,** a. **pagi·ni·za·tion** s Pagi'nierung f, 'Seitennume,rierung f.
pa·go·da [pəˈgəʊdə] s Pa'gode f: a) Tempel m in China etc, b) alte ostindische Goldmünze. ~ **tree** s bot. So'phore f.
pah [pɑː] interj **1.** pfui! **2.** contp. pah!
paid [peɪd] **I** pret u. pp von **pay¹. II** adj bezahlt: ~ **check;** ~ **official;** ~ **vacation; fully** ~ voll eingezahlt od. einbezahlt; ~ **for** bezahlt, vergütet; ~ **in** → **paid-in;** ~ **up** → **paid-up; to put** ~ **to** Br. colloq. ein Ende machen (dat), Hoffnungen etc zunichte machen; **that puts** ~ **to his dirty tricks** damit ist es Schluß od. hat es sich mit s-n gemeinen Tricks. ~-'**in** adj **1.** econ. (voll) eingezahlt: ~ **capital** Einlagekapital n; ~ **surplus** Reservekapital, das aus dem Verkauf von Aktien stammt. **2.** → paid-up 2. ~-'**up** adj **1.** → paid-in 1: ~ **insurance** voll eingezahlte Versicherung(sprämie). **2. fully** ~ **member** Mitglied n ohne Beitragsrückstände, weitS. u. fig. vollwertiges Mitglied; ~ **membership** zahlende Mitglieder pl. **3.** getilgt, bezahlt: ~ **debts.**
pail [peɪl] s Eimer m, Kübel m. '**pail·ful** [-fʊl] s (ein) Eimer(voll) m: **by** ~**s** eimerweise; **a** ~ **of water** ein Eimer (voll) Wasser.
pail·lasse ['pælɪæs; bes. Am. pælˈjæs] s Strohsack m, ('Stroh)Ma,tratze f.
pail·lette [pælˈlet; pælˈjet] s Pail'lette f, Flitterblättchen n.
pain [peɪn] **I** s **1.** Schmerz(en pl) m: **to be in (great)** ~ (große) Schmerzen haben; **I have a** ~ **in my stomach** mir tut mein Magen weh; **he (it) is** (od. **gives) me a** ~ **(in the neck)** colloq. er (es) geht mir auf die Nerven, er (es) nervt mich. **2.** Schmerz(en pl) m, Leid n, Kummer m: **to give** (od. **cause) s.o.** ~ j-m Kummer machen. **3.** pl Mühe f, Bemühungen pl: **to be at** ~**s,** **to take** ~**s** sich Mühe geben, sich bemühen, sich anstrengen; **to go to great** ~**s** sich große Mühe geben; **to spare no** ~**s** keine Mühe scheuen; **all he got for his** ~**s** der (ganze) Dank (für s-e Mühe). **4.** pl med. (Geburts)Wehen pl. **5.** Strafe f (obs. außer in): **(up)on (od. un·der)** ~ **of** unter Androhung von (od. gen), bei Strafe von; **on** (od. **under**) ~ **of death** bei Todesstrafe. **II** v/t **6.** j-n schmerzen, j-m Schmerzen bereiten, j-m weh tun, fig. a. j-n schmerzlich berühren, j-n peinigen.

pained – paleethnology

7. *colloq.* ,fuchsen', ärgern. **pained** *adj* 1. gequält, schmerzlich (*Gesichtsausdruck etc*). 2. peinlich (*Schweigen etc*).
'**pain·ful** *adj* 1. schmerzend, schmerzhaft: ~ **point** *med.* (Nerven)Druckpunkt *m.* 2. a) schmerzlich, quälend, b) peinlich: **to produce a ~ impression** peinlich wirken. 3. mühsam, beschwerlich.
'**pain·ful·ly** *adv* 1. → **painful.** 2. peinlich, über¦trieben: **she is ~ particular** sie nimmt alles peinlich *od.* übertrieben genau. 3. in peinlicher Weise. '**pain·ful·ness** *s* 1. Schmerzhaftigkeit *f.* 2. Schmerzlichkeit *f.* 3. Peinlichkeit *f.* 4. Beschwerlichkeit *f.*
'**pain¦kill·er,** *a.* '**pain¦kill·ing drug** *s med. pharm.* schmerzstillendes Mittel, Schmerzmittel *n.*
'**pain·less** *adj* (*adv* **~ly**) 1. schmerzlos. 2. *fig. colloq.* leicht, einfach (*Methode etc*).
'**pains¦tak·ing I** *adj* sorgfältig, gewissenhaft. **II** *s* Sorgfalt *f*, Gewissenhaftigkeit *f.*
paint [peɪnt] **I** *v/t* 1. *ein Bild* malen: **to ~ s.o.'s portrait** j-n malen. 2. anmalen, bemalen. 3. (an)streichen, tünchen, *ein Auto etc* lac¦kieren: **to ~ out** übermalen; **to ~ o.s. into a corner** *fig.* sich in e-e aussweglose Situation manövrieren; → **lily** 1. 4. *fig.* (aus)malen, schildern. 5. *fig.* darstellen, malen: **to ~ black** schwarzmalen; **to ~ the town red** *colloq.* ,auf den Putz hauen', ,(schwer) einen draufmachen'; → **black** 6. 6. *med.* e-e *Salbe etc* auftragen, *den Hals*, e-e *Wunde* (aus)pinseln: **to ~ with iodine** jodieren. 7. schminken: **to ~ one's face** → 10. **II** *v/i* 8. malen. 9. streichen. 10. sich schminken, sich ,anmalen'. **III** *s* 11. (Anstrich)Farbe *f*, Tünche *f*, (*Auto-etc*)Lack *m.* 12. *a.* **coat of ~** (Farb)Anstrich *m*: (**as**) **fresh as ~** *colloq.* frisch u. munter; **wet ~!** frisch gestrichen! 13. Farbe *f* (*in fester Form*), (Tusch)Farbe *f.* 14. Make-¦up *n*, Schminke *f.* 15. *med. pharm.* Tink¦tur *f.* 16. *Am.* Scheck(e) *m* (*Pferd*). '**~box** *s* 1. Farb(en)-, Malkasten *m.* 2. Schminkdose *f.* '**~brush** *s* (Maler-, Tusch)Pinsel *m.*
paint·ed [ˈpeɪntɪd] *adj* 1. gemalt, bemalt, gestrichen, lac¦kiert. 2. *bes. bot. zo.* bunt, scheckig. 3. *fig.* gefärbt, verfälscht. **~ bun·ting** *s orn.* 1. Papstfink *m.* 2. Bunte Spornammer. **~ cup** *s bot.* 1. Scharlachrote Kastil¦lea. 2. Kastil¦lea *f* (*Emblem von Wyoming, USA*). **~ la·dy** *s zo.* Distelfalter *m.* 2. *bot.* Rote Wucherblume. **~ wom·an** *s irr* ,Flittchen' *n.*
paint·er[1] [ˈpeɪntə(r)] *s* 1. (Kunst)Maler (-in): **~ to the Marquis of X.** Hofmaler des Marquis von X. 2. Maler *m*, Anstreicher *m*: **~'s colic** *med.* Bleikolik *f*; **~'s shop** a) Malerwerkstatt *f*, b) (Auto- *etc*) Lackiererei *f.* 3. (¦Auto- *etc*)Lac¦kierer *m.*
paint·er[2] [ˈpeɪntə(r)] *s mar.* Fang-, Vorleine *f*: **to cut the ~** a) die Fangleine kappen, b) *fig.* alle Brücken hinter sich abbrechen.
paint·er[3] [ˈpeɪntə(r)] → **cougar.**
paint·ing [ˈpeɪntɪŋ] *s* 1. Malen *n*, Male¦rei *f.* **~ in oil** Ölmalerei *f.* **~ on glass** Glasmalerei *f.* 2. Gemälde *n*, Bild *n.* 3. a) Malerarbeit(en *pl*) *f*, b) (Farb)Anstrich *m*, Bemalung *f*, c) Lac¦kieren *n.* 4. Schminken *n.*
paint¦ re·fresh·er *s tech.* 'Neuglanzpoli¦tur *f.* **~ re·mov·er** *s tech.* (Farben-)Abbeizmittel *n.*
paint¦ress [ˈpeɪntrɪs] *s* Malerin *f.*
'**paint¦spray·ing pis·tol** *s tech.* (¦Anstreich)Spritzpi¦stole *f.* '**~work** *s* 1. painting 3. Lack *m* (*e-s Autos etc*).
pair [peə(r)] **I** *s* 1. Paar *n*: **a ~ of boots** (**eyes, legs,** *etc*): **they arrived, etc, in pairs** paarweise; **I've got only one ~ of hands** *colloq.* ich hab' (schließlich) nur zwei Hände, ich kann nicht mehr als arbeiten. 2. *etwas Zweiteiliges, meist unübersetzt*: **a ~ of bellows** (**compasses, scales, scissors, spectacles**) ein Blasebalg (ein Zirkel, e-e Waage, e-e Schere, e-e Brille); **a ~ of trousers** ein Paar Hosen, e-e Hose. 3. Paar *n*, Pärchen *n* (*Mann u. Frau, zo.* Männchen *u.* Weibchen): **~ skating** Eiskunstlauf: Paarlauf(en) *n*) *m.* 4. *pol.* a) zwei Mitglieder verschiedener Parteien, die ein Abkommen getroffen haben, bei bestimmten Entscheidungen sich der Stimme zu enthalten *od.* der Sitzung fernzubleiben, b) dieses Abkommen, c) *e-r dieser Partner.* 5. Partner *m*, Gegenstück *n*, (der, die, das) andere *od.* zweite (*von e-m Paar*): **where is the ~ to this shoe?** 6. (Zweier-)Gespann *n*: **a ~ of horses,** *a.* **a ~-horse** *od.* **a ~** ein (Zweier)Gespann; **carriage and ~** Zweispänner *m.* 7. Rudern: Zweier *m* (*Mannschaft*): → **coxed, pair-oar.** 8. *a. kinematic ~ tech.* Ele¦mentenpaar *n*: **sliding ~** Prismen-, Ebenenpaar. 9. Kartenspiel: ein Paar *n*, Pärchen *n* (*zwei gleichwertige Karten*), b) Paar *n* (*zwei Spieler, die als Partner spielen*). 10. Bergbau: Kame¦radschaft *f* (*Arbeitsgruppe*). 11. **~ of stairs** (*od.* **steps**) *Br.* Treppe *f*: **two ~ front** (Raum *m od.* Mieter *m*) im zweiten Stock nach vorn hinaus.
II *v/t* 12. *a.* **~ off** paarweise anordnen: **to ~ off** a) in Zweiergruppen einteilen, b) *colloq.* verheiraten (**with** mit). 13. *Tiere* paaren (**with** mit).
III *v/i* 14. zs.-passen, ein schönes Paar bilden. 15. sich verbinden, sich vereinigen (**with s.o.** mit j-m). 16. sich paaren (*Tiere*). 17. *a.* **~ off** *pol.* (*mit e-m Mitglied e-r anderen Partei*) ein Abkommen treffen (→ 4). 18. **~ off** a) Paare bilden, b) paarweise weggehen, c) *colloq.* sich verheiraten (**with** mit).
paired [peə(r)d] *adj* gepaart, paarig, paarweise: → **associate** 17.
'**pair·ing** *s* 1. *biol. zo.* Paarung *f*: **~ of chromosomes** Chromosomenpaarung; **~ season, ~ time** Paarungszeit *f.* 2. *sport* Paarung *f.*
'**pair-oar** *s Rudern:* Zweier *m* (*Boot*).
pais [peɪ] *s*: **trial in** (*od.* **by**) **~** *jur.* Verhandlung *f* vor e-m *od.* durch ein Schwurgericht.
pa·ja·ma *Am. für* **pyjama.**
pa·ja·mas *Am. für* **pyjamas.**
Pak·i [ˈpækɪ] *s Br. sl.* (*bes. ein in Großbritannien ansässiger*) Paki¦stani *m.*
Pak·i·stan·i [ˌpɑːkɪˈstɑːnɪ; *Am. bes.* ˌpækɪˈstænɪ] **I** *adj* paki¦stanisch. **II** *s* Paki¦stani *m*, Paki¦staner(in).
pal [pæl] *colloq.* **I** *s* ,Kumpel' *m*, ,Spezi' *m*, Freund *m*, Kame¦rad *m*, Kum¦pan *m.* **II** *v/i meist* **~ up** sich anfreunden (**with s.o.** mit j-m).
pal·ace [ˈpælɪs] *s* 1. Schloß *n*, Pa¦last *m*, Pa¦lais *n.* 2. (*stattliches Gebäude*): **~ of justice** Justizpalast. 3. Pa¦last *m* (*großes Vergnügungslokal, Kino etc*). **~ car** *s rail. Am.* Sa¦lonwagen *m.* **~ guard** *s* 1. Pa¦lastwache *f.* 2. *fig. contp.* Clique *f* um e-n Re¦gierungschef *etc*, Kama¦rilla *f.* **~ rev·o·lu·tion** *s pol.* Pa¦lastrevolu¦ti, on *f.*
pal·a·din [ˈpælədɪn] *s* 1. *hist. u. fig.* Pala¦din *m.* 2. (*fahrender*) Ritter.
palaeo- *bes. Br. für* **paleo-.**
pa·lae·o·an·throp·ic, *etc* → **paleoanthropic,** *etc.*
Pa·lae·o·gae·a [ˌpælɪəʊˈdʒiːə; *Am. bes.* ˌpeɪ-] *s Biogeographie:* Alte Welt (*Europa, Asien u. Afrika*).
pa·lae·og·ra·pher → **paleographer.**
pal·a·fitte [ˈpæləfɪt] *s* Pfahlbau *m.*
pal·a·ma [ˈpæləmə] *s orn.* Schwimmhaut *f.*
pal·an·quin, *a.* **pal·an·keen** [ˌpælənˈkiːn] *s* Palan¦kin *m* (*ostindische Sänfte*).
pal·at·a·ble [ˈpælətəbl] *adj* (*adv* **palatably**) wohlschmeckend, schmackhaft (*a. fig.*): **to make s.th. ~ to s.o.**
pal·a·tal [ˈpælətl] **I** *adj* 1. Gaumen... 2. *ling.* a) mouil¦liert, erweicht (*Konsonant*; *mit* Nebenartikulation *e-s* [j]), b) pala¦tal (*am harten Gaumen gebildet*): **~ vowel.** **II** *s* 3. *anat.* Gaumenknochen *m.* 4. *ling.* Pala¦tal *m*, Vordergaumenlaut *m.* '**pal·a·tal·ize** [-təlaɪz] *v/t* e-n *Laut* palatali¦sieren.
pal·ate [ˈpælət] *s* 1. *anat.* Gaumen *m*, Pa¦latum *n*: **bony** (*od.* **hard**) **~** harter Gaumen, Vordergaumen; **cleft ~** *med.* Wolfsrachen *m*; **soft ~** weicher Gaumen, Gaumensegel *n.* 2. *fig.* (**for**) Gaumen *m* (für), Geschmack *m* (an *dat*): **to have no ~ for s.th.** keinen Sinn für etwas haben.
pa·la·tial [pəˈleɪʃl] *adj* pa¦lastartig, Pa¦last..., Schloß..., Luxus...: **~ hotel** Luxushotel *n.*
pa·lat·i·nate [pəˈlætɪnət] **I** *s* 1. *hist.* Pfalzgrafschaft *f.* 2. **the P~** die (Rhein-)Pfalz. **II** *adj* 3. **P~** Pfälzer(...), pfälzisch: **P~ wine.**
pal·a·tine[1] [ˈpælətaɪn] *adj* 1. *hist.* Pfalz...: **count ~** Pfalzgraf *m*; **county ~** Pfalzgrafschaft *f*; **County P~** *Br.* (*das Gebiet der ehemaligen Pfalzgrafschaft* Lancashire *u.* Cheshire. 2. pfalzgräflich. 3. **P~** → **palatinate** 3. **II** *s* 4. Pfalzgraf *m.* 5. **P~** Pfälzer(in) (*Einwohner der Rheinpfalz*). 6. **P~, P~ Hill** Pala¦tin(ischer Hügel) *m* (*in Rom*).
pal·a·tine[2] [ˈpælətaɪn] *anat.* **I** *adj* Gaumen...: **~ arch** Gaumendach *n*, -gewölbe *n*; **~ tonsil** Gaumen(-, Hals)Mandel *f.* **II** *s* Gaumenbein *n.*
palato- [ˈpælətəʊ] *Wortelement mit der Bedeutung* Gaumen...
pa·lav·er [pəˈlɑːvə(r); *Am. a.* ˈlæ-] **I** *s* 1. Pa¦laver *n* (*Unterhandlung zwischen od. mit afrikanischen Eingeborenen*). 2. Unter¦handlung *f*, ¦redung *f*, Konfe¦renz *f.* 3. *contp.* ,Pa¦laver' *n*, Geschwätz *n.* 4. *colloq.* ,Wirbel' *m*, ,The¦ater' *n.* **II** *v/i* 5. unter¦handeln. 6. *colloq.* ,pa¦lavern', ,quasseln'. **III** *v/t* 7. a) j-m schmeicheln, b) j-n beschwatzen (**into** zu).
pale[1] [peɪl] **I** *s* 1. *a. her.* Pfahl *m.* 2. *bes. fig.* um¦grenzter Raum, Bereich *m*, (enge) Grenzen *pl*, Schranken *pl*: **beyond the ~** *fig.* jenseits der Grenzen des Erlaubten; **within the ~ of the Church** im Schoß der Kirche. 3. *hist.* Gebiet *n*, Gau *m*: **the (English** *od.* **Irish) P~** *der einst englischer Gerichtsbarkeit unterstehende östliche Teil Irlands*; **the English P~** *das ehemals englische Gebiet um Calais.* **II** *v/t* 4. *a.* **~ in** a) einpfählen, -zäunen, b) *fig.* um¦schließen, einschließen. 5. *hist.* pfählen.
pale[2] [peɪl] **I** *adj* (*adv* **~ly**) 1. blaß, bleich, fahl: **to turn ~** → 3; **~ with fright** bleich vor Schreck, schreckensbleich; (**as**) **~ as ashes** (**clay, death**) aschfahl (kreidebleich, totenbleich, -blaß). 2. hell, blaß, matt (*Farben*): **~ ale** helles Bier; **~ green** Blaß-, Zartgrün *n*; **~ pink** (Blaß)Rosa *n*; **a ~ imitation** *fig.* ein Abklatsch. **II** *v/i* 3. blaß *od.* bleich werden, erbleichen, erblassen (*at bei*). 4. *fig.* verblassen (**before, beside, by the side of** neben *dat*). **III** *v/t* 5. bleich machen, erbleichen lassen.
pale[3] [peɪl] → **palea.**
pa·le·a [ˈpeɪlɪə] *pl* **-le·ae** [-liː] *s bot.* 1. Spreublättchen *n.* 2. Vorspelze *f.*
Pa·le·arc·tic [ˌpælɪˈɑː(r)ktɪk; *Am. bes.* ˌpeɪ-] (*Biogeographie*) **I** *adj* palä¦arktisch, altarktisch. **II** *s* palä¦arktische Regi¦on.
pa·le·eth·nol·o·gy [ˌpælɪ-; *Am. bes.* ˌpeɪlɪ-] *s* Paläethnolo¦gie *f* (*völkerkundliche Auswertung vorgeschichtlicher Funde*).

paleface - palpate

'pale·face s Bleichgesicht n (Ggs. Indianer).
'pale·ness s Blässe f.
paleo- [pæliəʊ; Am. bes. peɪ-], vor Vokalen a. pale- [pæli; Am. bes. peɪ-] Wortelement mit der Bedeutung alt..., ur..., Ur...
ˌpa·le·o·an'throp·ic [-ænˈθrɒpɪk; Am. -ˈθrɑ-] adj Urmenschen...
ˌpa·le·o'bot·a·ny s bot. Paläobo'tanik f (Wissenschaft von den fossilen Pflanzen).
Pa·le·o·cene [ˈpæliəʊsiːn; Am. bes. ˈpeɪ-] geol. I s Paleo'zän n (älteste Abteilung des Tertiärs). II adj paleo'zän.
ˈpa·le·o·cliˈma·tol·o·gy s Paläoklimatolo'gie f (Wissenschaft von den Klimaten der Erdgeschichte).
Pa·le·o·gene [ˈpæliəʊdʒiːn; Am. bes. ˈpeɪ-] s Paläo'gen n, ˈAlttertiˌär n. II adj paläo'gen.
ˌpa·le·o·ge'og·ra·phy s Paläogeogra-'phie f (Wissenschaft von der Gestaltung der Erdoberfläche in früheren Zeiten).
pa·le·og·ra·pher [ˌpælɪˈɒɡrəfə(r); Am. bes. ˌpeɪlɪˈɑ-] s Paläo'graph m (Handschriftenkundler). ˌpa·le·o'graph·ic [-əʊˈɡræfɪk] adj paläo'graphisch. ˌpa·le'og·ra·phist → paleographer. ˌpa·le'og·ra·phy s 1. alte Schriftarten pl, alte Schriftdenkmäler pl od. Texte pl. 2. Paläogra'phie f (Handschriftenkunde).
pa·le·o·lith [ˈpælɪəʊlɪθ; Am. bes. ˈpeɪ-] s Paläo'lith m (Werkzeug der Altsteinzeit). ˌpa·le·o'lith·ic I adj meist P~ paläo'lithisch, altsteinzeitlich. II P~ Paläo'lithikum n, ältere Steinzeit, Altsteinzeit f.
ˈpa·le,on·to'log·i·cal adj paläonto'logisch. ˌpa·le·on'tol·o·gist [-ˈtɒlədʒɪst; Am. -ˈtɑ-] s Paläonto'loge m. ˌpa·le·on-'tol·o·gy s Paläontolo'gie f, Versteinerungskunde f.
ˌPa·le·o'trop·i·cal I adj paläo'tropisch. II s paläo'tropische Regi,on, Paläo'tropis f.
Pa·le·o·zo·ic [ˌpælɪəʊˈzəʊɪk; Am. bes. ˌpeɪ-] geol. I adj paläo'zoisch: ~ era → II. II s Paläo'zoikum n, Erdaltertum n.
ˌpa·le·o·zo'ol·o·gy s Paläozoolo'gie f (Wissenschaft von den fossilen Tieren).
Pal·es·tin·i·an [ˌpælɪˈstɪnɪən] I adj palästi'nensisch. II s Palästi'nenser(in).
pal·e·tot [ˈpæltəʊ; Am. a. ˈpæləˌtəʊ] s Paletot m (dreiviertellanger Damen- od. Herrenmantel).
pal·ette [ˈpælət] s 1. Pa'lette f: a) paint. Malerscheibe f, b) fig. Farbenskala f. 2. tech. Brustplatte f (an Drillbohrer). 3. mil. hist. Achselgrubenplatte f (der Rüstung). ~ knife s irr paint. Streichmesser n, Spachtel m, f.
pal·frey [ˈpɔːlfrɪ] s Zelter m, (Damen)Reitpferd n.
Pa·li [ˈpɑːlɪ] s Pali n (mittelindische Schriftsprache, in der ein Teil der buddhistischen Literatur abgefaßt ist).
pal·i·mo·ny [ˈpælɪmənɪ;] s Am. sl. Unterhaltszahlungen od. Abfindung an den Partner, mit dem man zs.-gelebt hat.
pal·imp·sest [ˈpælɪmpsest; Am. a. pəˈlɪmp-] s Palim'psest m, n (doppelt beschriebenes Pergament): double ~ zweimal neu beschriebenes Blatt.
pal·in·drome [ˈpælɪndrəʊm] s Palin'drom n (e-e Lautreihe, die, vor- u. rückwärts gelesen, denselben Sinn ergibt, z. B. Otto). ˌpal·in'drom·ic [-ˈdrɒmɪk; Am. -ˈdrəʊ-] adj (adv ~ally) palin'dromisch.
pal·ing [ˈpeɪlɪŋ] s 1. Um'pfählung f, Pfahlzaun m, Sta'ket n, Lattenzaun m, Pfahlwerk n. 2. Holzpfähle pl, Pfahlholz n. 3. (Zaun)Pfahl m. ~ board s tech. Br. Schalbrett n.
pal·in·gen·e·sis [ˌpælɪnˈdʒenɪsɪs] s Palinge'nese f: a) relig. ˈWiedergeburt f, b) biol. Wiederholung f stammesgeschichtlicher Vorstufen während der Keimesentwicklung.

pal·i·node [ˈpælɪnəʊd] s Palino'die f (Gedicht, das die Aussage e-s früheren widerruft).
pal·i·sade [ˌpælɪˈseɪd] I s 1. Pali'sade f, Pfahlsperre f, Zaun m. 2. Schanz-, Pali'sadenpfahl m. 3. meist pl Am. Reihe f steiler Klippen, Steilufer n. II v/t 4. mit Pfählen od. e-r Pali'sade um-'geben.
pal·i·san·der [ˌpælɪˈsændə(r)] s Pali'sander(holz n) m.
pal·ish [ˈpeɪlɪʃ] adj bläßlich.
pall[1] [pɔːl] s 1. Bahr-, Sarg-, Leichentuch n. 2. fig. Mantel m, Hülle f, Decke f: ~ of smoke a) Dunst-, Rauchglocke f, b) Rauchwolke f. 3. relig. a) → pallium 2, b) Palla f, Kelchdecke f, c) Al'tartuch n, bes. Meß-, Hostientuch n. 4. obs. Mantel m. 5. her. Gabel(kreuz n) f.
pall[2] [pɔːl] I v/i 1. ~ (up)on a) jeden Reiz verlieren für, b) j-n kaltlassen, langweilen, anöden. 2. schal od. fad(e) od. langweilig werden, s-n Reiz verlieren. II v/t 3. a. fig. über'sättigen, den Appetit etc verderben.
pal·la·di·a [pəˈleɪdɪə] pl von palladium.
Pal·la·di·an[1] [pəˈleɪdjən; -dɪən] adj 1. die Pallas A'thene betreffend. 2. fig. a) gelehrt, b) weise, klug.
Pal·la·di·an[2] [pəˈleɪdjən; -dɪən; Am. a. -ˈlɑːdɪən] adj arch. palladi'anisch (den Stil des A. Palladio, gestorben 1580, betreffend).
pal·la·di·um[1] [pəˈleɪdjəm; -dɪəm] pl -di·a [-dɪə] s 1. P~ antiq. Pal'ladium n (Statue der Pallas Athene). 2. fig. Hort m, Schutz m.
pal·la·di·um[2] [pəˈleɪdjəm; -dɪəm] s chem. Pal'ladium n (Element).
'pall,bear·er s Sargträger m.
pal·let[1] [ˈpælɪt] s (Stroh)Lager n, Strohsack m, Pritsche f, Am. a. (Schlaf)Decke f (auf dem Fußboden).
pal·let[2] [ˈpælɪt] s 1. Töpferei: a) Streichmesser n, b) Dreh-, Töpferscheibe f. 2. paint. Pa'lette f. 3. Trockenbrett n (für Keramik, Ziegel etc). 4. Pa'lette f (für Gabelstapler etc). 5. tech. Klaue f (e-r Sperrklinke). 6. a. ~ of escapement Hemmung f (Uhr). 7. Orgel: a) (ˈKegel)Ven,til n, b) Sperrklappe f. 8. Buchbinderei: Vergoldestempel m.
'pal·let·ize v/t 1. palet'tieren: a) auf e-e Pa'lette packen, b) mittels Pa'lette verstauen od. befördern. 2. ein Lagerhaus etc auf Gabelstaplerbetrieb 'umstellen.
'pal·let truck s Gabelstapler m.
pal·li·a [ˈpælɪə] pl von pallium.
pal·li·asse [ˈpælɪæs; bes. Am. pælˈjæs] bes. Br. für paillasse.
pal·li·ate [ˈpælɪeɪt] v/t 1. med. lindern: to ~ a pain (disease, etc). 2. fig. bemänteln, beschönigen: to ~ a mistake. ˌpal·li'a·tion s 1. med. Linderung f. 2. fig. Bemäntelung f, Beschönigung f. ˈpal·li·a·tive [-ɪətɪv; Am. -eɪtɪv] I adj 1. med. lindernd, pallia'tiv. 2. fig. bemäntelnd, beschönigend. II s 3. med. pharm. Pallia'tiv n, Linderungsmittel n. ˈpal·li·a·to·ry [ˈpælɪd; Am. -əˌtɔːrɪ; -ˌtəʊ-] adj palliative I.
pal·lid [ˈpælɪd] adj (adv ~ly) blaß (a. fig.), bleich, farblos (a. bot. u. zo.): a ~ face; a ~ performance e-e schwache Leistung. ˈpal·lid·ness, a. pal·lid·i·ty [pəˈlɪdətɪ] s.
pal·li·um [ˈpælɪəm] pl -li·a [-lɪə], -li·ums s 1. antiq. Pallium n, Philo'sophenmantel m. 2. R.C. Pallium n (Schulterband der Erzbischöfe). 3. relig. Al'tartuch n, Palla f. 4. anat. (Ge)Hirnmantel m. 5. zo. Mantel m (der Weichtiere).
pall-mall [ˌpælˈmæl; ˌpelˈmel; Am. a. ˌpɔːlˈmɔːl] s 1. hist. a) Mailspiel n (Art Krocket), b) Mailbahn f. 2. P~ M~ be-

rühmte Londoner Straße, Zentrum des Klublebens.
pal·lor [ˈpælə(r)] s Blässe f.
pal·ly [ˈpælɪ] adj colloq. befreundet (with mit): they're very ~ sie sind dicke Freunde.
palm[1] [pɑːm; Am. a. pɑːlm] I s 1. (innere) Handfläche, Handteller m, hohle Hand: to grease (od. oil) s.o.'s ~ colloq. j-n ˌschmieren, j-n bestechen; to have an itching (od. itchy) ~ e-e ˌoffene Hand' haben (bestechlich sein); to hold (od. have) s.o. in the ~ of one's hand j-n völlig in der Hand od. in s-r Gewalt haben. 2. Innenhand(fläche) f (des Handschuhs). 3. zo. Vorderfußsohle f (von Affen, Bären). 4. Handbreit f (Längenmaß). 5. mar. a) (Ruder)Blatt n, b) Ankerflunke f, -flügel m. 6. hunt. Schaufel f (vom Elch u. Damhirsch). II v/t 7. (mit der flachen Hand) betasten, streicheln. 8. a) (in der Hand) verschwinden lassen, pal'mieren, b) colloq. ˌklauen', verschwinden lassen. 9. colloq. to ~ s.th. off as etwas ˌan den Mann bringen' als; to ~ s.th. off (up)on s.o. j-m etwas ˌandrehen' od. ˌaufhängen'; to ~ s.o. off with s.th. a) j-m etwas ˌandrehen' od. ˌaufhängen', b) j-n mit etwas ˌabspeisen'; to ~ o.s. off as sich ausgeben als. 10. ~ out Ball abklatschen (Tormann): ~ed-out shot Abklatscher m.
palm[2] [pɑːm; Am. a. pɑːlm] s 1. bot. Palme f. 2. Palmwedel m, -zweig m. 3. fig. Siegespalme f, Krone f, Sieg m: the ~ of martyrdom die Krone des Märtyrertums; to bear (od. win) the ~ den Sieg davontragen od. erringen; to yield the ~ (to s.o.) sich (j-m) geschlagen geben.
pal·mar [ˈpælmə(r)] adj anat. pal'mar, Handflächen-, Handteller-.
pal·mate [ˈpælmɪt; bes. Am. -meɪt] adj, ˈpal·mat·ed [-meɪtɪd] adj 1. bot. handförmig (gefingert od. geteilt): palmately veined hand-, strahlennervig. 2. zo. schwimmfüßig. 3. zo. handförmig: ~ antler → palm[1] 6.
palm but·ter → palm oil 1.
pal·mette [pælˈmet; ˈpælmet] s arch. Pal'mette f (palmblattartige Verzierung).
pal·met·to [pælˈmetəʊ] pl -to(e)s s bot. a) (e-e) Kohlpalme, b) Fächerpalme f, c) a. blue ~ Stachelrutenpalme f, d) Pal'mito m, Zwergpalme f. P~ State s Am. (Beiname für) ˈSüd-Karoˌlina n.
palm| grease s colloq. ˌSchmiergelder' pl. ~ hon·ey s Palmhonig m.
pal·mi·ped [ˈpælmɪped], ˈpal·miˌpede [-piːd] orn. I adj schwimmfüßig. II s Schwimmfüßer m.
palm·ist [ˈpɑːmɪst; Am. a. ˈpɑːlm-] s Handleser(in). ˈpalm·is·try [-trɪ] s Chiroman'tie f, Handlesekunst f.
palm| kale s sugar Stengel-, Palmkohl m. ~ oil s 1. Palmbutter, -öl n. 2. → palm grease. ~ sug·ar s Palmzucker m. P~ Sun·day s relig. Palm'sonntag m. ~ tree s Palme f, Palmbaum m. ~ wine s Palmwein m.
palm·y [ˈpɑːmɪ; Am. a. ˈpɑːlmɪ] adj 1. Palmen tragend, palmenreich: ~ shore. 2. fig. blühend, glorreich, glücklich: ~ days Glanz-, Blütezeit f. 3. palmenartig.
pa·loo·ka [pəˈluːkə] s Am. sl. 1. Boxen: ˌNiete' f, ˌFlasche' f. 2. ˌHornochse' m, Dummkopf m.
palp [pælp] s zo. Palpe f, (Mund)Taster m, Fühler m.
pal·pa·bil·i·ty [ˌpælpəˈbɪlətɪ] s 1. Fühl-, Greif-, Tastbarkeit f. 2. fig. Augenfälligkeit f, Deutlichkeit f. 3. fig. Handgreiflichkeit f, Offensichtlichkeit f. ˈpal·pa·ble adj (adv palpably) 1. fühl-, greif-, tastbar. 2. fig. augenfällig, deutlich. 3. fig. handgreiflich, offensichtlich: a ~ lie.
pal·pate [ˈpælpeɪt] v/t befühlen, be-, ab-

palpation – panel discussion

tasten (*a. med.*). **pal'pa-tion** *s* Be-, Abtasten *n* (*a. med.*).

pal-pe-bra ['pælpɪbrə] *pl* **-brae** [-briː] *s anat.* Augenlid *n*: **lower ~** Unterlid; **upper ~** Oberlid.

pal-pi-tant ['pælpɪtənt] *adj* klopfend, pochend. **'pal-pi-tate** [-teɪt] *v/i* 1. klopfen, pochen: **my heart ~s.** 2. (er)zittern, (er)beben (**with** vor). ˌ**pal-pi'ta-tion** *s* Klopfen *n*, (heftiges) Schlagen: **~ (of the heart)** *med.* Herzklopfen *n*.

pals-grave ['pɔːlzɡreɪv] *s hist.* Pfalzgraf *m.* **'pals-graˌvine** [-ɡrəˌviːn] *s* Pfalzgräfin *f.*

pal-sied ['pɔːlzɪd] *adj* 1. gelähmt. 2. zitt(e)rig, wack(e)lig.

pal-stave ['pɔːlsteɪv] *s hist.* (Bronze)Kelt *m.*

pal-sy ['pɔːlzɪ] **I** *s* 1. *med.* Lähmung *f*: **Bell's ~** Fazialislähmung; **cerebral ~** Gehirnlähmung; **painter's ~** Bleilähmung; **wasting ~** progressive Muskelatrophie; **shaking ~** Schüttellähmung; → **writer** 1. 2. *fig.* lähmender Einfluß, Lähmung *f*, Ohnmacht *f*. **II** *v/t* 3. lähmen (*a. fig.*).

pal-sy-wal-sy [ˌpælzɪˈwælzɪ] *adj colloq.* → **pally**.

pal-ter ['pɔːltə(r)] *v/i* 1. (**with** s.o.) gemein handeln (an j-m), sein Spiel treiben (mit j-m). 2. schachern, feilschen (**about** s.th. um etwas).

pal-tri-ness ['pɔːltrɪnɪs] *s* Armseligkeit *f*, Wertlosigkeit *f*, Schäbigkeit *f*. **pal-try** ['pɔːltrɪ] *adj* (*adv* **paltrily**) 1. armselig, karg: **a ~ sum.** 2. wert-, nutzlos: **~ rags.** 3. jämmerlich, dürftig, fadenscheinig: **a ~ excuse.** 4. schäbig, schofel, gemein: **a ~ fellow**; **a ~ lie** e-e gemeine Lüge; **a ~ two pounds** lumpige zwei Pfund.

pa-lu-dal [pəˈljuːdl; ˈpæljʊdl; *Am.* pəˈluːdl] *adj* 1. sumpfig, Sumpf... 2. *med.* Malaria...

pa-lu-di-cole [pəˈljuːdɪkəʊl; *Am.* -ˈluː-], **pal-u-dic-o-lous** [ˌpæljʊˈdɪkələs] *adj* Sümpfe bewohnend, Sumpf... **pal-u-di-nal** [ˈpæljʊˌdaɪnl; pəˈljuːdɪnl; *Am.* -ˈluː-], **'pal-u-dine** [-dɪn; -daɪn], **pa-lu-di-nous** [pəˈljuːdɪnəs; *Am.* -ˈluː-] *adj* sumpfig.

pam-pas [ˈpæmpəz; -pəs] *s pl* Pampas *pl* (*südamer. Grasebene*). **~ cat** *s zo.* Pampaskatze *f*. **~ deer** *s zo.* Pampashirsch *m*. **~ grass** *s bot.* Pampasgras *n*.

pam-per [ˈpæmpə(r)] *v/t* 1. verwöhnen, verzärteln, (ver)hätscheln. 2. *fig.* s-n Stolz etc nähren, ˈhätscheln'. 3. e-m Gelüst etc frönen.

pam-pe-ro [pæmˈpeərəʊ; paːm-] *pl* **-ros** *s* Pamˈpero *m*, Pampaswind *m*.

pam-phlet [ˈpæmflɪt] *s* 1. Broˈschüre *f*, Druckschrift *f*, Heft *n*. 2. Flugblatt *n*, -schrift *f*. 3. (kurze, kritische) Abhandlung, Aufsatz *m*. ˌ**pam-phlet'eer** [-ˈtɪə(r)] *s* Verfasser *m* von Flugschriften etc.

Pan[1] [pæn] *npr antiq.* Pan *m* (*Gott*).

pan[2] [pæn] **I** *s* 1. Pfanne *f*, Tiegel *m*: → **frying pan.** 2. *tech.* Pfanne *f*, Tiegel *m*, Becken *n*, Mulde *f*, Trog *m*, Schale *f*, (*bes. Br. a.* Kloˈsett)Schüssel *f*. 3. Schale *f* (*e-r Waage*). 4. Mulde *f* (*im Erdboden*). 5. *oft* **~ grinder** *tech.* Kollergang *m*. 6. *tech.* a) Rührwäsche *f* (*zur Aufbereitung von Goldsand*), b) Setzkasten *m*. 7. *tech.* Türangelpfanne *f*. 8. *mil. hist.* Pfanne *f* (*e-s Vorderladers*): → **flash** 2. 9. a) Wasserloch *n*, b) Salzteich *m*, c) künstliches Salz(wasser)loch *n* (*zur Gewinnung von Siedesalz*). 10. *anat.* a) Hirnschale *f*, b) Kniescheibe *f*. 11. (treibende) Eisscholle. 12. *sl.* ˈFresseˈ *f*, ˈViˈsageˈ *f* (*Gesicht*). 13. *colloq.* ˈVerrißˈ *m*, vernichtende Kriˈtik: **to have s.o. on the ~** j-n ˌfertigmachenˈ. **II** *v/t* 14. *oft* **~ out**, (*bes. Br. a.*) Goldsand (aus)waschen, Gold auswaschen. 15. *Salz* durch Sieden gewinnen. 16. *colloq.* ˌverreißenˈ, vernichtend kriˈtiˈsieren. **III** *v/i* 17. **~ out** a) ergiebig sein (*an Gold*), b) *colloq.* sich bezahlt machen, ˌklappenˈ: **to ~ out well** ˌhinhauenˈ, ˌeinschlagenˈ.

pan[3] [pæn] **I** *v/t* 1. *die Filmkamera* schwenken, fahren. **II** *v/i* 2. panoraˈmieren, die (Film)Kamera fahren *od.* schwenken. 3. schwenken (*Kamera*). **III** *s* 4. *Film*: Schwenk *m*. 5. *phot.* panchroˈmatischer Film.

pan[4] [pæn] *s arch.* 1. Fach *n*. 2. Wandplatte *f*.

pan[5] [pæn; *Am.* paːn] *s* 1. *bot.* Betelpfefferblatt *n*. 2. Betel *m* (*Reiz- u. Genußmittel*).

pan- [pæn] *Wortelement mit der Bedeutung* all..., ganz..., gesamt...

pan-a-ce-a [ˌpænəˈsɪə; -ˈnɑːʃ] *s* Allˈheilmittel *n*, *fig. a.* Paˈtentreˌzept *n*. ˌ**pan-a'ce-an** *adj* allˈheilend.

pa-nache [pəˈnæʃ; -ˈnɑːʃ] *s* 1. Helm-, Federbusch *m*. 2. *fig.* Großtueˈrei *f*.

pa-na-da [pəˈnɑːdə] *s gastr.* Paˈnade *f*.

Pan-ˈAf-ri-can *adj* panafriˈkanisch.

pan-a-ma [ˈpænəmɑː; ˌpænəˈmɑː; *a.* -ˌmɔː], **'P~ hat** *s* Panamahut *m*.

Pan-A'mer-i-can *adj* panameriˈkanisch: **~ Congress**; **~ Day** Panamer. Tag *m* (*14. April; Gedenktag der Gründung der Panamer. Union*); **~ Union** *hist.* Panamer. Union *f* (*Organisation der 21 amer. Republiken*) (ˈdünne Ziˈgarre.)

pan-a-tel-(l)a [ˌpænəˈtelə] *s* lange,⌋ **'pan-cake I** *s* 1. Pfann-, Eierkuchen *m*. 2. Leder *n* minderer Qualiˈtät (*aus Resten hergestellt*). 3. a) **a. ~ ice** Scheibeneis *n*, b) (dünne) Eisscholle. 4. *a.* **~ landing** *aer.* Landung, bei der das Flugzeug vor dem Aufsetzen ˈdurchsackt. 5. *a.* **~ make-up** festes ˈPuder-Make-ˌup. **II** *v/i u. v/t* 6. *aer.* bei der Landung ˈdurchsacken (lassen). **III** *adj* 7. **~ Day** *colloq.* Fastnachtsdienstag *m*. 8. flach, Flach...: **~ coil** Flachspule *f*.

Pan-chen La-ma [ˈpɑːntʃən] *s relig.* Pantschen-Lama *m*.

pan-chro-mat-ic [ˌpænkrəʊˈmætɪk] *adj mus. phot.* panchroˈmatisch: **~ film**; **~ filter** *phot.* Panfilter *m*, *n*. **pan'chroma-tism** [-ˈkrəʊmətɪzəm] *s* Panchromaˈsie *f*.

pan-crat-ic [pænˈkrætɪk] *adj* 1. *antiq.* (pan)kratisch. 2. athˈletisch. 3. *fig.* vollˈkommen. 4. *phys.* mit veränderlicher Vergrößerungskraft (*Objektiv*).

pan-cre-as [ˈpæŋkrɪəs] *s anat.* Bauchspeicheldrüse *f*, Pankreas *m*. **~ ˈpty-a-lin** [ˈtaɪəlɪn] *s physiol.* Ptyaˈlin *n*.

pan-cre-at-ic [ˌpæŋkrɪˈætɪk] *adj physiol.* Bauchspeicheldrüsen...: **~ juice** Pankreasaft *m*, Bauchspeichel *m*. **'pan-cre-a-tin** [-krɪətɪn] *s pharm. physiol.* Pankreaˈlin *n*.

pan-da [ˈpændə] *s zo.* 1. *a.* **lesser ~** Panda *m*, Katzenbär *m*. 2. *a.* **giant ~** Riesenpanda *m*. **P~ car** *s Br.* (Funk)Streifenwagen *m*. **P~ ˈcross-ing** *s Br.* Fußgängerˌüberweg *m* mit Druckampel.

Pan-de-an [pænˈdiːən; *Am.* ˈpændɪən] *adj* (*den Gott*) Pan *betreffend*: **~ pipe(s)** Panflöte *f*.

pan-de-mi-an [pænˈdiːmɪən] → **pandemic** 3. **pan'dem-ic** [-ˈdemɪk] **I** *adj* 1. *med.* panˈdemisch, sich weit ausbreitend. 2. *fig.* allgemein. 3. sinnlich (*Liebe*). **II** *s* 4. *med.* Pandeˈmie *f*.

pan-de-mo-ni-um [ˌpændɪˈməʊnjəm; -nɪəm] *s* 1. *meist* **P~** Pandäˈmonium *n* (*Aufenthaltsort der Dämonen*). 2. Hölle *f*. 3. *fig.* a) Inˈferno *n*, Hölle *f*, b) Höllenlärm *m*, Tuˈmult *m*.

pan-der [ˈpændə(r)] **I** *s* 1. a) Kuppler(in), b) Zuhälter *m*. 2. *fig.* j-d, der aus den Schwächen u. Lastern anderer Kapiˈtal schlägt. **II** *v/t* 3. verkuppeln. **III** *v/i* 4. kuppeln. 5. (**to**) (*e-m Laster etc*) Vorschub leisten, (*e-e Leidenschaft etc*) nähren, stärken: **to ~ to s.o.'s ambition** j-s Ehrgeiz anstacheln. **'pan-der-er** → **pander** 1.

Pan-do-ra[1] [pænˈdɔːrə; *Am. a.* -ˈdəʊrə] *npr antiq.* Panˈdora *f*: **~'s box** die Büchse der Pandora.

pan-do-ra[2] [pænˈdɔːrə; *Am. a.* -ˈdəʊrə], **'pan-dore** [-dɔː(r); *Am. bes.* -ˌdəʊər] *s mus. hist.* Panˈdora *f* (*Laute*).

pan-dow-dy [pænˈdaʊdɪ] *s Am.* (*ein*) Apfelauflauf *m*.

pan-dy [ˈpændɪ] *s ped. sl.* ˌTatzeˈ *f* (*Schlag auf die Hand*).

pane [peɪn] **I** *s* 1. (Fenster)Scheibe *f*: **window ~**. 2. (rechteckige) Fläche, Feld *n*, Fach *n*, Platte *f*, Tafel *f*, (Tür)Füllung *f*, Kasˈsette *f* (*e-r Decke*): **a ~ of glass** e-e Tafel Glas. 3. ebene Seitenfläche, *bes.* Finne *f* (*des Hammers*), Faˈcette *f* (*e-s Edelsteins*), Kante *f* (*e-r Schraubenmutter*). **II** *v/t* 4. Scheiben einsetzen in (*acc*), Fenster verglasen. **paned** *adj* 1. aus verschiedenfarbigen Streifen zs.-gesetzt (*Kleid*). 2. mit (...) Scheiben (versehen). 3. *in Zssgn* ...seitig: **a six-~ nut** e-e Sechskantmutter.

pan-e-gyr-ic [ˌpænɪˈdʒɪrɪk] **I** *s* (**on, upon**) Lobrede *f*, Lobeshymne *f* (auf *acc*), Lobpreisung *f* (*gen*), Lobschrift *f* (*über acc*). **II** *adj* → **panegyrical.** ˌ**pan-e-ˈgyr-i-cal** [*adv* **-ly**] lobredend, -preisend, Lob- u. Preis... ˌ**pan-e'gyr-ist** *s* Paneˈgyriker *m*, Lobredner *m*. **'pan-e-gy-ˌrize** [-dʒɪraɪz] *v/t* (lob)preisen, verherrlichen, ˌin den Himmel hebenˈ.

pan-el [ˈpænl] **I** *s* 1. *arch.* Paˈneel *n*, (vertiefte) Feld, Fach *n*, (*Tür*)Füllung *f*, Verkleidung *f*, (*Wand*)Täfelung *f*. 2. *arch.* ˈFensterquaˌdrat *n*. 3. Tafel *f* (*Holz*), Platte *f* (*Blech etc*). 4. *paint.* Holztafel *f*, Gemälde *n* auf Holz. 5. *electr. tech.* a) Brett *n*, Instruˈmenten-, Armaˈturenbrett *n*, b) Schalttafel(feld *n*) *f*, Feld *n*, c) Radio *etc*: Feld *n*, Einschub *m*, d) Frontplatte *f* (*e-s Instruments*): **~-type meter** Einbauinstrument *n*; **~ view** Vorderansicht *f* (*e-s Instruments*). 6. *phot.* schmales hohes Forˈmat, Bild *n* im ˈHochforˌmat. 7. (farbiger) Einsatzstreifen (*am Kleid*). 8. *aer.* a) *mil.* Flieger-, Siˈgnaltuch *n*, b) Hüllenbahn *f* (*am Luftschiff*), c) Stoffbahn *f* (*am Fallschirm*), d) Streifen *m* der Bespannung (*vom Flugzeugflügel*), Verkleidung(sblech *n*) *f*. 9. (ˈBau)Abˌteilung *f*, (-)Abschnitt *m*. 10. *Bergbau*: a) (Abbau)Feld *n*, b) Haufen *m* zubereiteter Erze. 11. *Buchbinderei*: Titelfeld *n*. 12. Blatt *n* Pergaˈment. 13. *jur.* a) Liste *f* der Geschworenen, b) (*die*) Geschworenen *pl*, c) *Scot.* Angeklagte(r *m*) *f*: **in** (*od.* **on**) **the ~** *Scot.* angeklagt. 14. (ˈUnter)Ausschuß *m*, Forum *n*, Gremium *n*, Kommissiˈon *f*, Kammer *f*. 15. a) (*die*) Diskussiˈonsteilnehmer *pl*, b) **~ panel discussion.** 16. Markt-, Meinungsforschung: Befragtengruppe *f*, Testgruppe *f*. 17. *econ.* (fortlaufende) Reihe von ˈWerbeillustratiˌonen. 18. Buchserie *f*, *z.B.* Triloˈgie *f*. 19. *Br. hist.* a) Liste *f* der Kassenärzte, b) (Verzeichnis *n* der) ˈKassenpatiˌenten *pl*. **II** *v/t pret u. pp* **-eled**, *bes. Br.* **-elled** 20. täfeln, paneeˈlieren, in Felder einteilen. 21. (als Scheiben) einsetzen. 22. *ein Kleid* mit Einsatzstreifen verzieren. 23. *jur.* a) in die Geschworenenliste eintragen, b) *Scot.* anklagen.

ˈpan-elˌ **beat-er** *s* Autospengler *m*. **~ board** *s* 1. Füllbrett *n*, Wand- *od.* Parˈkettafel *f*. 2. *electr.* Schaltbrett *n*, -tafel *f*. **~ dis-cus-sion** *s* ˈPodiumsdiskussiˌon *f*,

-gespräch *n* (*über ein festgesetztes Thema mit ausgewählten Teilnehmern*). **~ game** *s TV etc* Ratespiel *n*, 'Quiz(pro,gramm) *n* (*mit ausgewählten Teilnehmern*). **~ heater** *s* Flächenheizkörper *m*.
pan·el·ing, *bes. Br.* **pan·el·ling** ['pænlɪŋ] *s* Täfelung *f*, Verkleidung *f*.
pan·el·ist, *bes. Br.* **pan·el·list** ['pænlɪst] *s* **1.** Diskussi'onsteilnehmer(in), -redner(in). **2.** *TV etc* Teilnehmer(in) an e-m 'Quizpro,gramm.
pan·el|mount·ing *s tech.* Pa'neelmon-,tage *f*. **~ pin** *s* Stift *m*. **~ ra·di·a·tor** → panel heater. **~ saw** *s* Laubsäge *f*. **~ sys·tem** *s* 'Listensy,stem *n* (*für die Auswahl von Delegierten etc*). **~ truck** *s Am.* Lieferwagen *m*. **~ wall** *s arch.* Füll-, Verbindungswand *f*. **'~work** *s* Tafel-, Fachwerk *n*.
pang [pæŋ] *s* **1.** stechender Schmerz, Stich *m* (*a. fig.*), Stechen *n*: **death ~s** Todesqualen; **~s of hunger** nagender Hunger; **~s of love** Liebesschmerz *m*; **~ of conscience**, **~s of remorse** Gewissensbisse.
,**Pan-'Ger·man** *hist.* **I** *adj* panger'manisch, all-, großdeutsch. **II** *s* Pangerma'nist *m*. ,**Pan-'Ger·man·ism** *s* Pangerma'nismus *m*.
pan·gram ['pæŋgræm] *s* Satz, in dem alle Buchstaben des Alphabets vorkommen.
pan·han·dle ['pæn,hændl] **I** *s* **1.** Pfannenstiel *m*. **2.** *Am.* schmaler Fortsatz (*bes. e-s Staatsgebiets*): **P~ State** (*Beiname für*) West Virginia *n*. **II** *v/t u. v/i* **3.** *Am. sl.* (*j-n an-, etwas er*)betteln, (*etwas*) ,schnorren'. '**pan,han·dler** *s Am. sl.* Bettler *m*, 'Schnorrer' *m*.
pan·ic[1] ['pænɪk] *s bot.* (*e-e*) (Kolben-) Hirse.
pan·ic[2] ['pænɪk] **I** *adj* **1.** panisch: **~ fear**; **~ haste** wilde *od.* blinde Hast; **~ braking** *mot.* scharfes Bremsen; **~ buying** Angstkäufe *pl*; **to be at ~ stations** ,rotieren'. **2.** *Not...*: **~ button**; **to push the ~ button** *fig. colloq.* panisch reagieren. **II** *s* **3.** Panik *f*, panischer Schrecken: **to be in (get into) a ~** in Panik sein (geraten). **4.** *Börse*: Börsenpanik *f*, Kurssturz *m*. **5.** *Am. sl.* etwas zum Totlachen. **III** *v/t pret u. pp* '**pan·icked 6.** in Panik *od.* panischen Schrecken versetzen, eine Panik auslösen unter (*dat*). **7.** *Am. sl.* das Publikum 'hinreißen. **IV** *v/i* **8.** von panischem Schrecken erfaßt *od.* ergriffen werden, in Panik geraten: **don't ~!** *colloq.* nur keine Aufregung *od.* Panik! **9.** sich zu e-r Kurzschlußhandlung 'hinreißen lassen, ,durchdrehen'.
pan·ic grass → panic[1].
pan·ick·y ['pænɪkɪ] *adj colloq.* **1.** 'überängstlich, -ner,vös. **2.** in Panik.
pan·i·cle ['pænɪkl] *s bot.* Rispe *f*.
'**pan·ic|mon·ger** *s* Bange-, Panikmacher(in). '**~proof** *adj econ.* krisensicher. **~ re·ac·tion** *s* Kurzschlußhandlung *f*. '**~strick·en**, '**~struck** *adj* von panischem Schrecken erfaßt *od.* ergriffen. **~ switch** *s aer.* Bedienungsknopf *m* für e-n Schleudersitz.
pan·jan·drum [pæn'dʒændrəm] *s humor.* Wichtigtuer *m*.
pan·lo·gism ['pænlədʒɪzm] *s philos.* Panlo'gismus *m* (*Lehre von der logischen Struktur des Universums*).
pan·mix·i·a [pæn'mɪksɪə] *s biol.* Panmi'xie *f* (*Mischung durch zufallsbedingte Paarung*).
pan·nage ['pænɪdʒ] *s Br.* **1.** *jur.* Mastrecht *n*, -geld *n*. **2.** Eichel-, Buchenmast *f* (*der Schweine*).
panne [pæn] *s* Panne *m*, Glanzsamt *m*.
pan·nier ['pænɪə(r); -njə(r)] *s* **1.** (Trag-) Korb *m*: **a pair of ~s** e-e Satteltasche (*am Fahr-, Motorrad*). **2.** *hist.* a) Reifrock *m*, b) Reifrockgestell *n*.
pan·ni·kin ['pænɪkɪn] *s* **1.** Pfännchen *n*. **2.** kleines Trinkgefäß aus Me'tall.
pan·ning ['pænɪŋ] *s Film*: Panora'mierung *f*, (Kamera)Schwenkung *f*: **~ shot** Schwenk *m*.
pan·o·plied ['pænəplɪd] *adj* **1.** vollständig gerüstet (*a. fig.*). **2.** (prächtig) geschmückt. '**pan·o·ply** [-plɪ] *s* **1.** vollständige Rüstung. **2.** *fig.* a) (prächtige) Aufmachung, b) prächtige Um'rahmung, Schmuck *m*. **3.** *fig.* Schutz (-wall) *m*.
pan·op·ti·con [pæn'ɒptɪkən; *Am.* pæ'nɒptəkɑn] *s* **1.** pan'optisches Sy'stem (*Gefängnisanlage*). **2.** Pan'optikum *n*.
pan·o·ra·ma [,pænə'rɑːmə; *Am.* a. -'ræmə] *s* **1.** Pano'rama *n*, Rundblick *m*. **2.** a) *paint.* Rundgemälde *n*, b) vor'beiziehender Bildstreifen. **3.** a) *Film*: Schwenk *m*, b) *phot.* Pano'rama-, Rundblickaufnahme *f*: **~ head** Schwenkkopf *m*; **~ lens** Weitwinkelobjektiv *n*. **4.** dauernd wechselndes Bild. **5.** *fig.* Folge *f* von Bildern (*vor dem geistigen Auge*). **6.** *fig.* vollständiger 'Überblick (**of** über *acc*). **~ ra·dar** *s aer.* 'Rund(um)suchgerät *n*. **~ wind·shield** *s mot. Am.* Pano'rama-, Rundsichtscheibe *f*.
pan·o·ram·ic [,pænə'ræmɪk] *adj* (*adv* **~ally**) pano'ramisch, Rundblick...: **~ camera** *phot.* Panoramakamera *f*; **~ photograph** → panorama 3b; **~ re·ception** *electr.* Panoramaempfang *m*; **~ screen** (*Film*) Panoramaleinwand *f*; **~ sight** *mil.* Rundblick-, Panoramafernrohr *n*; **~ view** → panorama 6.
'**Pan·pipe** *s oft pl mus.* Panflöte *f*.
,**Pan'slav·ism** *s hist.* Pansla'wismus *m*.
pan·sy ['pænzɪ] *s* **1.** *bot.* Stiefmütterchen *n*. **2.** a) **~ boy** *colloq.* a) ,Bubi' *m* (*Weichling*), b) ,Homo' *m*, ,Schwule(r)' *m* (*Homosexueller*).
pant[1] [pænt] **I** *v/i* **1.** keuchen (*a. fig. Zug etc*), japsen, schnaufen: **to ~ for breath** nach Luft schnappen. **2.** keuchen(d rennen). **3.** *fig.* lechzen, dürsten, gieren (**for** *od.* **after** nach). **II** *v/t* **4.** **~ out** Worte (her'vor)keuchen, japsen. **III** *s* **5.** Keuchen *n*, Japsen *n*, Schnaufen *n*.
pant[2] [pænt] *bes. Am.* **I** *adj* Hosen...: **~ leg. II** *s* Hosenbein *n*.
pan·ta·let(te)s [,pæntə'lets] *s pl* (*a.* **pair of ~**) *bes. Am.* **1.** *hist.* Biedermeierhosen *pl* (*für Damen*). **2.** Schlüpfer *m* mit langem Bein.
pan·ta·loon [,pæntə'luːn] *s* **1.** *thea.* Hans'wurst *m*, dummer August. **2.** *pl* a) **pair of ~s** *hist.* Panta'lons *pl* (*Herrenhose*).
'**pant·dress** *s bes. Am.* Kleid *n* mit Hosenrock.
pan·tech·ni·con [pæn'teknɪkən] *s Br.* **1.** Möbellager *n*. **2.** Möbelwagen *m*.
pan·the·ism ['pænθiɪzəm] *s philos.* Panthe'ismus *m* (*Lehre, in der Gott u. die Welt identisch sind*). '**pan·the·ist** *s* Panthe'ist(in). **II** *adj* panthe'istisch. ,**pan·the·'is·tic** *adj*, ,**pan·the·'is·ti·cal** *adj* (*adv* **~ly**) → pantheist II.
pan·the·on ['pænθɪən; *Am.* -θiːɑn] *s* **1.** *antiq.* Pantheon *n* (*Tempel*). **2.** Pantheon *n*, Ehrentempel *m*. **3.** Pantheon *n* (*Gesamtheit der Gottheiten*).
pan·ther ['pænθə(r)] *pl* **-thers**, *bes. collect.* **-ther** *s zo.* Panther *m*: a) Leo'pard *m*, b) *a.* **American ~** Puma *m*, c) Jaguar *m*. '**pan·ther·ess** *s zo.* Pantherweibchen *n*.
pan·ties ['pæntɪz] *s pl*, **a pair of ~** **1.** Kinderhös·chen *n*. **2.** (Damen)Slip *m*, (-)Schlüpfer *m*. [hose *f*.]
pan·ti·hose ['pæntɪhəʊz] *s* Strumpf-
pan·tile ['pæntaɪl] *s* Dachziegel *m*, -pfanne *f*.
pan·ti·soc·ra·cy [,pæntɪ'sɒkrəsɪ; *Am.* -'sɑk-] *s* Gemeinschaft, Gruppe *etc*, in der alle gleich sind.
pan·to ['pæntəʊ] *pl* **-tos** *Br. colloq. für* pantomime 2–5.
pan·to·graph ['pæntəʊgrɑːf; *bes. Am.* -təgræf] *s* **1.** *electr.* Scherenstromabnehmer *m*. **2.** *tech.* Storchschnabel *m*, Panto'graph *m* (*Zeichengerät*).
pan·to·mime ['pæntəmaɪm] **I** *s* **1.** *antiq.* Panto'mimus *m*. **2.** *thea.* Panto'mime *f* (*stummes Spiel*). **3.** *Br.* (Laien)Spiel *n*, englisches Weihnachtsspiel. **4.** Mienen-, Gebärdenspiel *n*. **5.** *bes. Br. colloq.* ,The'ater' *n*. **II** *v/t* **6.** durch Gebärden ausdrücken, panto'mimisch darstellen, mimen. **III** *v/i* **7.** sich durch Gebärden ausdrücken. ,**pan·to·'mim·ic** [-'mɪmɪk] *adj* (*adv* **~ally**) panto'mimisch.
pan·try ['pæntrɪ] *s* **1.** Speise-, Vorratskammer *f*, Speiseschrank *m*. **2.** Anrichteraum *m* (*für kalte Speisen*). '**~man** [-mən] *s irr* im Anrichteraum Beschäftigte(r) *m*.
pants [pænts] *s pl* **1.** *a.* **pair of ~** *bes. Am.* lange (Herren)Hose: **kick in the ~** *colloq.* a) Tritt *m* in den ,Hintern', b) *fig.* ,Zi'garre' *f*, ,Rüffel' *m*, c) *fig.* Rückschlag *m*; **to catch s.o. with his ~ down** *colloq.* j-n überrumpeln; **by the seat of one's ~** *colloq.* über den Daumen gepeilt; **in long (short) ~** *colloq.* (noch nicht) erwachsen; **to bore (scare) the ~ off s.o.** *colloq.* j-n ,zu Tode' langweilen (erschrecken); **to talk the ~ off s.o.** *colloq.* j-m ,ein Loch *od.* Löcher in den Bauch reden'; → **wear**[1] 1. **2.** *a.* **pair of ~** *Br.* 'Herren,unterhose *f*. **3.** *aer. colloq.* Fahrwerkverkleidung *f* in Stromlinienform.
'**pant|skirt** *s bes. Am.* Hosenrock *m*. '**~suit** *s bes. Am.* Hosenanzug *m*.
pan·ty| gir·dle ['pæntɪ] *s* Miederhöschen *n*. **~ hose** → pantihose. '**~,waist** *s Am.* **1.** (*Art*) Hemdhös·chen *n*. **2.** *sl.* ,halbe Porti'on', Weichling *m*.
pan·zer ['pæntzə(r); 'pænzə(r)] *mil.* **I** *adj* Panzer...: **~ division. II** *s pl colloq.* Panzer(verbände) *pl*.
pap[1] [pæp] *s* **1.** *anat.* obs. *od. dial.* Brustwarze *f*. **2.** *meist pl* Kegel(berg) *m*.
pap[2] [pæp] *s* **1.** Brei *m*, Papp *m*, Mus *n*. **2.** a) Gefasel *n*, b) seichte Unter'haltungslek,türe. **3.** *pol. Am. colloq.* Protekti'on *f*.
pa·pa·cy ['peɪpəsɪ] *s* **1.** päpstliches Amt, päpstliche Würde. **2.** P~ Papsttum *n*. **3.** Pontifi'kat *n*, Amtszeit *f* e-s Papstes: **during the ~ of ...** unter Papst ...
pa·pal ['peɪpl] *adj* (*adv* **~ly**) **1.** päpstlich. **2.** römisch-ka'tholisch.
pa·pal·ism ['peɪpəlɪzəm] *s* Papsttum *n*. '**pa·pal·ist** *s* Pa'pist(in), Anhänger(in) des Papsttums. '**pa·pal·ize** *I v/t* päpstlich machen, zum römisch-ka'tholischen Glauben bekehren. **II** *v/i* päpstlich (gesinnt) werden.
Pa·pal States *s pl hist.* Kirchenstaat *m*.
pa·pav·er·a·ceous [pəpeɪvə'reɪʃəs; *Am.* -,pæ-] *adj bot.* zu den Mohngewächsen gehörig. **pa'pav·er·ine** [-riːn; -rɪn] *s chem.* Papave'rin *n* (*Alkaloid des Opiums*).
pa·paw[1] ['pəpɔː] *s bes. Br. für* papaya.
pa·paw[2] ['pɑːpɔː; 'pɔːpɔː] *s bot. Am.* a) (*ein*) Papau *m*, (*ein*) Papaw(baum) *m*, b) (*eßbare*) Papaufrucht.
pa·pa·ya [pə'paɪə] *s bot.* **1.** Pa'paya *f*, Me'lonenbaum *m*. **2.** Pa'payafrucht *f*.
pa·per ['peɪpə(r)] **I** *s* **1.** *tech.* a) Pa'pier *n*, Pappe *f*, c) Ta'pete *f*, **2.** *fig.* Pa'pier *n* (*als Schreibmaterial*): **does not blush** Papier ist geduldig; **~ on ~** *fig.* auf dem Papier: a) theoretisch, b) noch im Planungsstadium; **it**, *etc*, **is not worth the ~ it is written on** es ist schade um das

paperback – paradoxical

Papier, das dafür verschwendet wurde; → **commit** 2. **3.** Blatt *n* Pa'pier. **4.** *pl* a) (Perso'nal-, 'Ausweis)Pa,piere *pl*, Be-'glaubigungs-, Legitimati'onspa,piere *pl*, b) Urkunden *pl*, Doku'mente *pl*: (ship's) ~s Schiffspapiere; officer's ~s Offizierspatent *n*; **to send in one's** ~s s-n Abschied nehmen, Vortrag *m*, Vorlesung *f*, Refe-Schriftstücke *pl*, Akten *pl*, (*amtliche*) 'Unterlagen *pl*: **to move for** ~s *bes. parl.* die Vorlage der Unterlagen (*e-s Falles*) beantragen. **5.** *econ.* a) ('Wert)Pa,pier *n*, b) Wechsel *m*: **best** ~s erstklassige Wechsel; ~ **credit** Wechselkredit *m*, c) Pa'piergeld *n*: **convertible** ~ (*in Gold*) einlösbares Papiergeld; ~ **currency** Papier(geld)währung *f*. **6.** a) schriftliche Prüfung, b) Prüfungsarbeit *f*. **7.** Aufsatz *m*, (wissenschaftliche) Abhandlung, Vortrag *m*, Vorlesung *f*, Refe-'rat *n*, Pa'pier *n* (**on** über *acc*): **to read a** e-n Vortrag halten, referieren. **8.** Zeitung *f*, Blatt *n*: **to be in the** ~s in der Zeitung stehen. **9.** Brief *m*, Heft *n*, Büchlein *n* (*mit Nadeln etc*). **10.** *thea. colloq.* Freikarte(ninhaber *m od. pl*) *f*.
II *adj* **11.** aus Pa'pier *od.* Pappe (gemacht), pa'pieren, Papier..., Papp...: ~ **cup** Pappbecher *m*. **12.** pa'pierähnlich, (hauch)dünn: ~ **walls**. **13.** nur auf dem Pa'pier vor'handen: ~ **city**.
III *v/t* **14.** in Pa'pier einwickeln. **15.** mit Pa'pier ausschlagen. **16.** tape'zieren: **to** ~ **a room**. **17.** mit Pa'pier versehen. **18.** *oft* ~ **up** Buchbinderei: das 'Vorsatzpa,pier einkleben in (*acc*). **19.** mit 'Sandpa,pier po'lieren. **20.** ~ **over** über'kleben, *fig.* Differenzen *etc* (notdürftig) über'tünchen. **21.** *thea. colloq.* das Haus durch Verteilung von Freikarten füllen.

'**pa·per**'**back I** *s* Paperback *n*, Taschenbuch *n*: **in** ~ als Taschenbuch. **II** *adj* bro'schiert, Taschenbuch...: ~ **edition**. **III** *v/t bes. Br.* als Taschenbuch her'ausbringen. '~-**backed** → paperback II. ~ **bag** *s* (Pa'pier)Tüte *f*. ~ **battle** *s* ,Pa'pierkrieg‘ *m*. '~-**board I** *s* Pappe *f*, Papp(en)deckel *m*. **II** *adj* Papp(en)deckel..., Papp...: ~ **stock** Graupappe *f*. '~-**bound** → paperback II. '~-**boy** *s* Zeitungsjunge *m*. ~ **chase** *s* Schnitzeljagd *f*. ~ **clip** *s* Bü'ro-, Heftklammer *f*. ~ **coal** *s* Blätter-, Pa'pierkohle *f* (*schlechte Braunkohle*). ~ **cut·ter** *s tech.* **1.** Pa'pier-,schneidema,schine *f*. **2.** → **paper knife**. ~ **ex·er·cise** *s mil.* Planspiel *n*. ~ **fasten·er** *s* Heftklammer *f*. ~ **gold** *s econ.* Sonderziehungsrechte *pl* (beim Internatio'nalen Währungsfonds). ~ **handker·chief** *s* Pa'piertaschentuch *n*. '~,**hang·er** *s* **1.** Tape'zierer *m*. **2.** *Am. sl.* Scheckbetrüger(in). '~,**hang·ing** *s* **1.** Tape'zieren *n*. **2.** *pl obs.* Ta'pete(n *pl*) *f*. ~ **knife** *s irr* **1.** *tech.* Pa'piermesser *n*, (Falz)Bein *n*. **2.** Brieföffner *m*. ~ **mill** *s* Pa'pierfa,brik *f*, -mühle *f*. ~ **mon·ey** *s* Pa'piergeld *n*, Banknoten *pl*. ~ **nap·kin** *s* Pa'pierservi,ette *f*. ~ **nau·ti·lus** *s ichth.* Pa'pierboot *n*, -nautilus *m* (*Tintenfisch*). ~ **of·fice** *s hist.* 'Staatsar,chiv *n*. ~ **prof·it** *s econ.* rechnerischer Gewinn. ~ **stain·er** *s* Ta'petenmaler *m*, -macher *m*. ~ **tape** *s Computer*: Lochstreifen *m*. '~-**thin** *adj* hauchdünn (*a. fig. Mehrheit etc*). ~ **ti·ger** *s fig.* Pa'piertiger *m*, (*Person a.*) Gummilöwe *m*. ~ **war**(**·fare**) *s* **1.** Pressekrieg *m*, -fehde *f*, Federkrieg *m*. **2.** ,Pa'pierkrieg‘ *m*. '~-**weight I** *s* **1.** Briefbeschwerer *m*. **2.** *sport* Pa'piergewicht(ler *m*) *n*. **II** *adj* **3.** *sport* Papiergewichts... '~-**work** *s* Schreibarbeit(en *pl*) *f*.
'**pa·per·y** ['peɪpərɪ] *adj* pa'pierähnlich, -dünn.
pa·pier-mâ·ché [,pæpjeɪ'mæʃeɪ; *Am.* ,peɪpərmə'ʃeɪ] **I** *s* Papi,erma'ché *n*, 'Pappma,ché *n*. **II** *adj* Papiermaché..., Pappmaché...

pa·pil·i·o·na·ceous [pəˌpɪlɪə'neɪʃəs] *adj bot.* schmetterlingsblütig.
pa·pil·la [pə'pɪlə] *pl* -**lae** [-liː] *s* **1.** *anat. bot.* Pa'pille *f*, Wärzchen *n*. **2.** *anat.* Ge-'schmackspa,pille *f*.
pap·il·lar·y [pə'pɪlərɪ; *Am.* 'pæpəˌlerɪː], *a.* **pap·il·lose** ['pæpɪləʊs] *adj anat. bot.* **1.** warzenartig, -förmig, papil'lär. **2.** mit Pa'pillen (versehen), warzig.
pa·pism ['peɪpɪzəm] → **papistry**. '**pa·pist I** *s contp.* Pa'pist(in), ,Ka'thole‘ *m*. **II** *adj* → **papistic**. **pa·pis·tic** [pə-'pɪstɪk] *adj*; **pa·pis·ti·cal** *adj* (*adv* ~**ly**) **1.** päpstlich. **2.** *contp.* pa'pistisch. **pa·pistry** ['peɪpɪstrɪ] *s contp.* Pa'pismus *m*.
pa(**p**)**·poose** [pə'puːs] *s* **1.** Indi'anerbaby *n*. **2.** *Am. humor.* kleines Kind, ,Balg‘ *m*, *n*.
pap·pus ['pæpəs] *pl* '**pap·pi** [-aɪ] *s* **1.** *bot.* a) Haarkrone *f*, b) Federkelch *m*. **2.** Flaum *m*.
pap·py¹ ['pæpɪ] *adj* breiig, pappig.
pap·py² ['pæpɪː] *s Am. colloq.* Pa'pa *m*, Vati *m*.
pa·pri·ka ['pæprɪkə; *bes. Am.* pæ'priːkə] *s* Paprika *m* (*Pflanze od. Gewürz*).
Pap| test, ~ **smear** [pæp] *s med.* Abstrich *m*.
Pap·u·an ['pɑːpʊən; 'pæpjʊən; *Am.* 'pæpjəwən] **I** *adj* **1.** papu'anisch. **II** *s* **2.** Papua *m*, Papuaneger(in). **3.** *ling.* Papuasprache *f*, das Papua.
pap·u·lar ['pæpjʊlə(r)] *adj anat.* papu-'lös, knötchenförmig. '**pap·ule** [-pjuːl] *s* Papel *f*, (Haut)Bläs-chen *n*, Knötchen *n*.
pa·py·rus [pə'paɪərəs] *pl* -**ri** [-raɪ] *s* **1.** *bot.* Pa'pyrus(staude *f*) *m*. **2.** *antiq.* Pa'pyrus(rolle *f od.* -text *m*) *m*.
par [pɑː(r)] **I** *s* **1.** *econ.* Nennwert *m*, Pari *n*: **at** ~ zum Nennwert, al pari; **above** (**below**) ~ über (unter) pari *od.* dem Nennwert (→ 4); **issue** ~ Emissionskurs *m*; **nominal** (*od.* **face**) ~ Nennbetrag *m*, Nominalwert *m* (*e-r Aktie*); (**commercial**) ~ **of exchange** Wechselpari(tät *f*), Parikurs *m*. **2.** Ebenbürtigkeit *f*: **to be on a** ~ **with** gleich *od.* ebenbürtig *od.* gewachsen sein (*dat*), entsprechen (*dat*); **to put on a** ~ **with** gleichstellen mit. **3.** nor'maler Zustand: **above** ~ in bester Form *od.* Verfassung; **to be up to** (**below**) ~ *colloq.* (gesundheitlich etc) (nicht) auf der Höhe sein; **on a** ~ *Br.* im Durchschnitt. **4.** *Golf*: Par *n*, festgesetzte Schlagzahl: **above** (**below**) ~ über (unter) Par; **that's** ~ **for the course** *colloq.* das ist ganz normal. **II** *adj* **5.** *econ.* pari, (dem Nennwert) gleich: ~ **clearance** *Am.* Clearing *n* zum Pariwert; ~ **rate of exchange** Wechsel-, Währungsparität *f*; ~ **value** Pari-, Nennwert *m*. **6.** nor'mal, 'durchschnittlich: ~ **line** (**of stock**) *econ.* Aktienmittelwert *m*.
pa·ra¹ ['pærə] *s colloq.* **1.** *mil.* Fallschirmjäger *m*. **2.** *print.* Absatz *m*.
pa·ra² ['pɑːrə] *pl* -**ras**, -**ra** *s* Para *m*: a) türkische Münze (¹/₄₀ Piaster), b) jugoslawische Münzeinheit (¹/₁₀₀ Dinar).
para-¹ ['pærə] *Wortelement mit den Bedeutungen* **1.** neben, über ... hinaus. **2.** falsch. **3.** ähnlich. **4.** *chem.* a) neben, ähnlich, b) *gewisse Benzolderivate u. Verbindungen ähnlicher Struktur bezeichnend*. **5.** *med.* a) fehlerhaft, gestört, b) ergänzend, c) umgebend.
para-² ['pærə] *Wortelement mit den Bedeutungen* a) Schutz..., b) Fallschirm...
par·a·ble ['pærəbl] *s* Pa'rabel *f*, (*a. Bibl.*) Gleichnis *n*: **to speak in** ~s in Gleichnissen sprechen.
pa·rab·o·la [pə'ræbələ] *s math.* Pa'rabel *f*: (*a.* **pair of**) ~ **compasses** Parabelzirkel *m*.
par·a·bol·ic [ˌpærə'bɒlɪk; *Am.* -'bɑ-] *adj*

(*adv* ~**ally**) **1.** → **parabolical**. **2.** *math.* para'bolisch, Parabel...: ~ **arc**. **3.** *tech.* pa'rabelförmig, para'bolisch: ~ **mirror** Parabolspiegel *m*. ˌ**par·a**'**bol·i·cal** *adj* (*adv* ~**ly**) para'bolisch, gleichnishaft.
pa·rab·o·list [pə'ræbəlɪst] *s* Pa'rabeldichter *m*, -erzähler *m*. **pa**'**rab·o·lize** *v/t* **1.** durch e-e Pa'rabel *od.* Parabeln ausdrücken. **2.** *tech.* para'bolisch machen.
pa·rab·o·loid [pə'ræbəlɔɪd] *s math.* Para'bolo,id *n*. ˌ**pa**ˌ**rab·o**'**loi·dal** *adj* para'bolo'id.
'**par·a·brake** *s aer.* Bremsfallschirm *m*.
ˌ**par·a**'**cen·tric** *adj math.* para'zentrisch.
par·a·chute ['pærəʃuːt] **I** *s* **1.** *aer.* Fallschirm *m*: ~ **jump** Fallschirmabsprung *m*; ~ **jumper** Fallschirmspringer(in). **2.** *bot.* Schirmflieger *m*. **3.** *zo.* Flug-, Fallschirm-, Flatterhaut *f*, Pa'tagium *n*. **4.** *e-e of.* Halte- *od.* Sicherheitsvorrichtung, *z. B.* Fangvorrichtung *f* (*für e-n Aufzug od. Förderkorb*). **II** *v/t* **5.** mit dem Fallschirm absetzen *od.* abwerfen. **III** *v/i* **6.** mit dem Fallschirm abspringen. **7.** (wie) mit e-m Fallschirm schweben. ~ **boat** *s aer.* Einmann-Gummiboot *n* (*im Fallschirmgepäck*). ~ **flare** *s mil.* Leuchtfallschirm *m*. ~ **mine** *s mil.* Fallschirmmine *f*. ~ **troops** *s pl mil.* Fallschirmtruppen *pl*.
'**par·a·chut·ist** *s aer.* **1.** Fallschirmspringer(in). **2.** *mil.* Fallschirmjäger *m*.
Par·a·clete ['pærəkliːt] *s relig.* Para'klet *m* (*der Heilige Geist*).
par·ac·me [pæ'rækmɪ] *s biol.* all'mählicher Niedergang, Entartung *f*.
par·a·cros·tic [ˌpærə'krɒstɪk; *Am.* -'krɑ-] *s metr.* Para'krostichon *n*.
pa·rade [pə'reɪd] **I** *s* **1.** (Zur)Schaustellen *n*, Vorführung *f*, Pa'rade *f*: **to make** (**a**) ~ **of** → 7 *u.* 8. **2.** *mil.* a) Pa'rade *f* (*Truppenschau od. Vorbeimarsch*) (**before** vor *dat*): **to be on** ~ e-e Parade abhalten, b) Ap'pell *m*: ~ **rest**! Rührt euch!, c) *a.* ~ **ground** *mil.* Pa'rade-, Exer-'zierplatz *m*. **3.** (Auf-, Vor'bei)Marsch *m*, ('Um)Zug *m*. **4.** *bes. Br.* ('Strand)Promenade *f*. **5.** *fenc.* Pa'rade *f*. **II** *v/t* **6.** zur Schau stellen, vorführen. **7.** *fig.* zur Schau tragen, prunken *od.* protzen *od.* sich brüsten mit. **8.** 'auf- *od.* vor'beimar,schieren *od.* para'dieren lassen. **9.** *e-e Straße* ent'langstol,zieren, auf u. ab mar'schieren. **III** *v/i* **10.** prome'nieren, sich zur Schau stellen, stol'zieren. **11.** *mil.* para'dieren, (in Pa'radeformati,on) (vor-'bei)mar,schieren. **12.** a) e-n 'Umzug veranstalten, durch die Straßen ziehen, b) vor'beiziehen.
par·a·digm ['pærədaɪm; *Am. a.* -ˌdɪm] *s* Para'digma *n*: a) Beispiel *n*, Muster *n*, b) *ling.* 'durchflek,tiertes Musterwort. ˌ**par·a·dig**'**mat·ic** [-dɪɡ'mætɪk] *adj* (*adv* ~**ally**) paradig'matisch (*a. fig.*).
ˌ**par·a·di**'**sa·ic**, *Am.* -ˌdaɪ's-], ˌ**par·a·di**'**sa·i·cal** [-kl] *adj* para'diesisch.
par·a·dise ['pærədaɪs] *s* **1.** (*Bibl.* **P.**~) Para'dies *n*: a) Garten *m* Eden, b) Himmel *m*, c) *fig.* (siebenter) Himmel: **an earthly** ~ ein Paradies auf Erden; **holiday** (*bes. Am.* **vacation**) ~ Urlaubsparadies; **bird of** ~ *orn.* Paradiesvogel *m*; ~ **fool's paradise**. **2.** (*orientalischer*) Lustgarten. ~ **ap·ple** *s bot.* Para'diesapfel *m*. ~ **fish** *s* Para'diesfisch *m*.
par·a·dis·i·ac [ˌpærə'dɪsɪæk], ˌ**par·a**'**di·si·a·cal** [-dɪ'saɪəkl; *Am. a.* -ˌdaɪ-] *adj* para'diesisch (*a. fig.*).
par·a·dos ['pærədɒs; *Am.* -ˌdɑs; -ˌdəʊs] *s mil.* Rückenwehr *f*.
par·a·dox ['pærədɒks; *Am.* -ˌdɑks] *s* Pa-'radoxon *n*, Para'dox *n*. ˌ**par·a**'**dox·i-**

cal *adj* (*adv* ~ly) para'dox: ~ **sleep** *psych.* REM-Schlaf *m*, paradoxer Schlaf. **'par·a,dox·i'cal·i·ty** [-sɪ'kælətɪ] *s* Parado'xie *f.* **'par·a·dox·ist** *s* Freund(in) para'doxer Ausdrucksweise. **'par·a·dox·y** *s* Parado'xie *f.*

'par·a·drop → airdrop.

par·af·fin [ˈpærəfɪn], **'par·af·fine** [-fiːn; *Am. a.* -fɪn] **I** *s* **1.** Paraf'fin *n*: **liquid** ~ Paraffinöl *n*; **solid** ~ Erdwachs *n*; ~ **wax** Paraffin (*für Kerzen*). **2.** *a.* ~ **oil** *Br.* Paraf'fin(öl) *n*: a) Leucht-, Brenn-, Heizöl *n*, b) Schmieröl *n*. **II** *v/t* **3.** mit Paraf'fin behandeln, paraffi'nieren.

par·a·go·ge [,pærəˈgəʊdʒɪ; *Am. a.* ˈpærəˌg-] *s* *ling.* Para'goge *f* (*Endverlängerung e-s Worts, z. B.* **among-st**).

par·a·gon [ˈpærəgən; *Am. a.* -ˌgɑn] **I** *s* **1.** Muster *n*, Vorbild *n*: ~ **of virtue** Muster *od.* (*iro.*) Ausbund *m* an Tugend. **2.** 'hundertka,rätiger Soli'tär (*fehlerloser Diamant*). **3.** *print.* Text *f* (*Schriftgrad*). **II** *v/t* **4.** *obs. od. poet.* vergleichen (**with** mit).

par·a·graph [ˈpærəgrɑːf; *bes. Am.* -græf] **I** *s* **1.** *print.* a) Absatz *m*, Abschnitt *m*, Para'graph *m*, b) (*ein p-ähnliches*) Verweis- *od.* Absatzzeichen. **2.** kurzer ('Zeitungs)Ar,tikel. **II** *v/t* **3.** in Absätze einteilen. **4.** e-n (kurzen 'Zeitungs)Ar,tikel schreiben über (*acc.*). **'par·a·graph·er** *s* **1.** Verfasser(in) kurzer 'Zeitungsar,tikel. **2.** 'Leitar,tikler *m* (*e-r Zeitung*).

par·a·graph·i·a [,pærəˈgrɑːfɪə; *Am.* -ˈgræ-] *s* *med.* Paragra'phie *f* (*Störung des Schreibvermögens*).

Par·a·guay·an [,pærəˈgwaɪən; -ˈgweɪən] **I** *adj* para'guayisch. **II** *s* Para'guayer (-in).

par·a·keet [ˈpærəkiːt] *s* *orn.* Sittich *m*.

par·a·kite [ˈpærəkaɪt] *s* **1.** *aer.* Fallschirmdrachen *m*. **2.** Drachen *m* (*mit Registriergeräten für wissenschaftliche Beobachtungen*).

par·al·de·hyde [pəˈrældɪhaɪd] *s* *chem.* Paralde'hyd *n*.

ˌpar·a·linˈguis·tic *ling.* **I** *adj* paralin'guistisch. **II** *s pl* (*meist als sg konstruiert*) Paralin'guistik *f.*

par·a·lip·sis [,pærəˈlɪpsɪs] *pl* **-ses** [-siːz] *s* *ling.* Para'lipse *f* (*rhetorische Figur, durch die man das betont, was man angeblich übergehen will, z. B.* ‚*ganz zu schweigen von'*).

par·al·lac·tic [,pærəˈlæktɪk] *adj* (*adv* ~ally) *astr. phys.* paral'laktisch: ~ **motion** paral'laktische Verschiebung. **'par·al·lax** [-læks] *s* Paral'laxe *f.*

par·al·lel [ˈpærəlel] **I** *adj* **1.** *math. mus. tech.* paral'lel (**with, to** zu, mit): ~ **bars** (*Turnen*) Barren *m*; **at the ~ bars** am Barren; ~ **computer** Simultanrechenanlage *f*, -rechner *m*; ~ **cousins** Kinder zweier Brüder *od.* zweier Schwestern; ~ **connection** → 6; ~ **slalom** (*Skisport*) Parallelslalom *m*; ~ **stroke** *milling tech.* Zeilenfräsen *n*; ~ **turn** (*Skisport*) Parallelschwung *m*; **to run** ~ **to** parallel verlaufen zu. **2.** *fig.* paral'lel, gleich(gerichtet, -laufend): ~ **case** Parallelfall *m*; ~ **research work on ~ lines** Forschungsarbeit *f* in der gleichen Richtung; ~ **passage** gleichlautende Stelle, Parallele *f* (*in e-m Text*). **II** *s* **3.** *math. u. fig.* Paral'lele *f*: **to draw a ~ to** e-e Parallele ziehen zu; **to draw a ~ between** *fig.* e-e Parallele ziehen zwischen, (miteinander) vergleichen; **in ~ with** parallel zu. **4.** *math.* Paralleli'tät *f* (*a. fig.* Gleichheit). **5.** *a.* ~ **of latitude** *geogr.* Breitenkreis *m*. **6.** *electr.* Paral'lel-, Nebenein'anderschaltung *f*: **in ~ parallel(-), nebeneinander(geschaltet). 7.** Gegenstück *n*, Entsprechung *f*: **to have no ~** nicht seinesgleichen haben, einzigartig sein; **without ~** ohnegleichen.

8. *mil.* Paral'lele *f*, Quergraben *m*. **9.** *print.* (*aus 2 senkrechten Strichen bestehendes*) Verweiszeichen. **III** *v/t pret u. pp* **-leled**, *bes. Br.* **-lelled 10.** (**with**) gegen'überstellen (*dat*), vergleichen (mit). **11.** anpassen, angleichen (**with, to** *dat*). **12.** gleichkommen *od.* entsprechen (*dat*). **13.** etwas Gleiches *od.* Entsprechendes finden zu (*e-r Sache pl. j-m*). **14.** *bes. Am. colloq.* paral'lel (ver)laufen zu, laufen neben (*dat*). **15.** *electr.* paral'lelschalten.

par·al·lel·e·pi·ped [,pærəleˈlepɪped; ˈpærəˌleləˈpaɪped; *Am. a.* -ˈpɪpəd] *s* *math.* Paral'lelflach *n*, Paral,lelepi'ped *n*.

'par·al·lel·ism *s* **1.** *math.* Paralle'lismus *m*, Paralleli'tät *f* (*a. fig.*). **2.** *philos.* (psycho'physischer) Paralle'lismus. **3.** *ling.* Paralle'lismus *m* (*formale u. inhaltliche Übereinstimmung zwischen aufeinanderfolgenden Teilstücken od. Versen*).

par·al·lel·o·gram [,pærəˈleləʊgræm; *bes. Am.* -ˈlelə-] *s* *math.* Parallelo'gramm *n*: ~ **linkage system** *tech.* Parallelogrammgestänge *n*; ~ **of forces** *phys.* Kräfteparallelogramm.

pa·ral·o·gism [pəˈrælədʒɪzəm] *s* *philos.* Paralo'gismus *m*, Trugschluß *m*. **pa'ral·o·gize** *v/i* falsche Schlüsse ziehen.

par·a·lyse *bes. Br. für* paralyze.

pa·ral·y·sis [pəˈrælɪsɪs] *pl* **-ses** [-siːz] *s* **1.** *med.* Para'lyse *f*, Lähmung *f*: → **general paralysis**. **2.** *fig.* Lähmung *f*: a) Lahmlegung *f*, b) Da'niederliegen *n*, c) Ohnmacht *f*. **par·a·lyt·ic** [,pærəˈlɪtɪk] **I** *adj* (*adv* ~ally) **1.** *med.* para'lytisch: a) Lähmungs..., lähmend, b) gelähmt (*a. fig.*). **2.** *Br. colloq.* ‚sternhagel'voll' (*sehr betrunken*). **II** *s* **3.** *med.* Para'lytiker(in), Gelähmte(r *m*) *f*. **'par·a·lyz·ant** [-laɪzənt] *s* *med.* Lähmungsmittel *n* (*z. B.* Curare). **ˌpar·a·ly'za·tion** [-laɪˈzeɪʃn; *Am.* -lɪˈz-] *s* **1.** *med.* Lähmung *f* (*a. fig.*). **2.** *fig.* Lahmlegung *f*. **'par·a·lyze**, *bes. Br.* **'par·a·lyse** *v/t* **1.** *med.* paraly'sieren, lähmen. **2.** *fig.* a) den Verkehr etc lähmen, lahmlegen, zum Erliegen bringen, b) Anstrengungen etc zu'nichte machen, c) j-n entnerven, zermürben.

ˌpar·a·mag'net·ic *adj* *phys.* parama'gnetisch. **ˌpar·a'mag·net·ism** *s* Paramagne'tismus *m*.

'par·a,med·ic *s* *Am.* **1.** Arzt, der sich über abgelegenen Gegenden mit dem Fallschirm absetzen läßt. **2.** a) ärztlicher Assi'stent (*der Spritzen verabreicht, Röntgenaufnahmen macht etc*), b) Sani'täter *m* (*z. B. im Notarztwagen*).

pa·ram·e·ter [pəˈræmɪtə(r)] *s* *math.* a) Pa'rameter *m* (*a. min.*), b) Hilfs-, Nebenveränderliche *f*.

par·a·met·ric¹ [,pærəˈmetrɪk] *adj* *math.* para'metrisch, Parameter...

par·a·me·tric² [,pærəˈmiːtrɪk; -ˈmet-] *adj* *anat.* para'metrisch, zum Beckenzellgewebe gehörig.

ˌpar·a'mil·i·tar·y *adj* 'paramili,tärisch.

par·a·mount [ˈpærəmaʊnt] **I** *adj* **1.** höher stehend (**to** als), oberst(er, e, es), 'übergeordnet, höchst(er, e, es): **lord** ~ *hist.* oberster (Lehns)Herr. **2.** *fig.* an erster Stelle *od.* an der Spitze stehend, größt(er, e, es), 'überragend, ausschlaggebend: **of ~ importance** von (aller)größter Bedeutung. **II** *s* **3.** (oberster) Herrscher.

par·a·mour [ˈpærəmʊə(r)] *s* *obs.* Buhle *m u. f*, Geliebte(r *m*) *f*, Mä'tresse *f*.

par·a·noi·a [,pærəˈnɔɪə] *s* *med. psych.* Para'noia *f*. **par·a'noi·ac** [-æk] **I** *adj* para'noisch. **II** *s* Para'noiker(in). **'par·a·noid** *adj* parano'id.

ˌpar·a'nor·mal *adj* Parapsychologie: paranor'mal, 'übersinnlich.

'par·a,op·erˈa·tion *s* *mil.* 'Fallschirm-, 'Luft,landeunter,nehmen *n*.

par·a·pet [ˈpærəpɪt; -pet] *s* **1.** *mil.* Brustwehr *f*, Wall *m*. **2.** *arch.* (Brücken)Geländer *n*, (Bal'kon-, Fenster)Brüstung *f*. **'par·a·pet·ed** *adj* mit e-r Brustwehr *etc* (versehen).

par·aph [ˈpærəf; *Am. a.* pəˈræf] *s* Pa'raphe *f*, ('Unterschrifts)Schnörkel *m*.

'par·a·phase *adj* *electr.*: ~ **amplifier** Paraphasenverstärker *m*; ~ **coupling** Gegentaktschaltung *f* mit Phasenumkehr.

par·a·pher·na·li·a [,pærəfəˈneɪljə; *Am. a.* -fər-] *s pl* **1.** per'sönlicher Besitz, „Siebensachen' *pl.* **2.** (*als sg konstruiert*) Zubehör *n, m*, Ausrüstung *f*, Uten'silien *pl*, ‚Drum u. Dran' *n*. **3.** *jur.* Parapher'nalgut *n* (*der Ehefrau*).

par·a·phrase [ˈpærəfreɪz] **I** *s* **1.** *bes. ped.* Interpretati'on *f*, freie 'Wiedergabe (*e-s Textes*). **2.** Para'phrase *f* (*a. mus.*), Um'schreibung *f*. **II** *v/t u. v/i* **3.** paraphra'sieren (*a. mus.*), interpre'tieren, (*e-n Text*) frei 'wiedergeben. **4.** um'schreiben.

par·a·phras·tic [,pærəˈfræstɪk] *adj* (*adv* ~ally) para'phrastisch, um'schreibend.

ˌpar·a'phys·ics *s pl* (*meist als sg konstruiert*) Paraphy'sik *f*.

par·a·ple·gi·a [,pærəˈpliːdʒə; *Am. a.* -dʒɪə] *s* *med.* Paraple'gie *f*, doppelseitige Lähmung. **ˌpar·a'ple·gic** *adj* para'plegisch.

ˌpar·a'psy·chic *adj*; **ˌpar·a'psy·chi·cal** *adj* (*adv* ~ly) para'psychisch, 'übersinnlich.

'par·a,psy·cho'log·i·cal *adj* parapsycho'logisch. **ˌpar·a·psy'chol·o·gist** *s* Parapsycho'loge *m*, Parapsycho'login *f*. **ˌpar·a·psy'chol·o·gy** *s* Parapsycholo'gie *f*.

par·a·quet [ˈpærəket] → parakeet.

pa·rá rub·ber [pəˈrɑː; ˈpɑːrə] *s* Parakautschuk *m*, -gummi *m, n*.

par·a·sab·o·teur [ˈpærəˌsæbəˈtɜː; *Am.* -ˈtɜːr; -ˈtjʊər] *s* *mil.* mit Fallschirm (hinter den feindlichen Linien) abgesprungener A'gent. **ˌpar·a'scend·ing** [-ˈsendɪŋ] *s* Fallschirmsport *m*, -springen *n*.

par·a·se·le·ne [,pærəsɪˈliːniː] *pl* **-nae** [-niː; *Am. a.* -ˌnaɪ] *s* *astr.* Nebenmond *m*.

par·a·sit·al [ˈpærəsaɪtl; ˌpærəˈs-] *adj* para'sitisch (*a. fig.*).

par·a·site [ˈpærəsaɪt] **I** *s* **1.** *biol. u. fig.* Schma'rotzer *m*, Para'sit *m*: **external** ~ Außenparasit *m*. **2.** *fig.* Schmeichler *m*, Speichellecker *m*. **3.** *ling.* para'sitischer Laut. **II** *adj* **4.** *tech.* → parasitic 4.

par·a·sit·ic [,pærəˈsɪtɪk] *adj* (*adv* ~ally) **1.** *biol.* para'sitisch (*a. ling.*), schma'rotzend, *fig. a.* schma'rotzerhaft. **2.** *med.* para'sitisch, parasi'tär. **3.** *fig.* schmeichlerisch. **4.** *electr. tech.* schädlich, störend, parasi'tär: ~ **current** Fremdstrom *m*; ~ **drag** *aer.* schädlicher (Luft)Widerstand; ~ **loss** Kriechverlust *m*; ~ **oscillation** Streu-, Störschwingung *f*; ~ **suppressor** Schwingschutzwiderstand *m*. **5.** *ling.* para'sitisch. **ˌpar·a'sit·i·cal** *adj* (*adv* ~ly) → parasitic 1–3.

par·a·sit·i·cide [,pærəˈsɪtɪsaɪd] *adj u. s* para'sitentötend(es Mittel). **'par·a·sit·ism** [-saɪtɪzəm] *s* Parasi'tismus *m* (*a. med.*), Schma'rotzertum *n* (*a. fig.*).

par·a·sol [ˈpærəsɒl; *Am. a.* -ˌsɑl] *s* (Damen)Sonnenschirm *m*, Para'sol *m*.

'par·a·suit *s* 'Fallschirmkombinati̦on *f*.

par·a·syn·e·sis [,pærəˈsɪnɪsɪs] *s* *ling.* 'volksetymo̦logische 'Ummodelung (*e-s* [*Fremd*]*Worts*).

par·a·tac·tic *adj* (*adv* ~ally) *ling.* para'taktisch, nebenordnend. **ˌpar·a'tax·is** *s* Para'taxe *f*, Nebenordnung *f* (*von Sätzen od. Satzgliedern*).

par·a'thy·roid (gland) *s anat.* Nebenschilddrüse *f.*

par·a'ton·ic *adj biol.* 1. wachstumshemmend. 2. *bot.* para'tonisch *(sich auf Umweltreize hin bewegend).*

'par·a·troop *mil.* I *adj* Fallschirmjäger..., Luftlande... II *s pl* Fallschirmtruppen *pl.* **'par·a,troop·er** *s* Fallschirmjäger *m.*

par·a'ty·phoid (fe·ver) *s med.* Paratyphus *m.*

par·a·vane ['pærəveɪn] *s mar. mil.* Minenabweiser *m*, Ottergerät *n.*

par·a·vion [paravjõ] *(Fr.) adv* mit Luftpost.

par·boil ['pɑ:(r)bɔɪl] *v/t* 1. halbgar kochen, ankochen. 2. *fig.* über'hitzen.

par·buck·le ['pɑ:(r)bʌkl] I *s* 1. Schrot-Tau *n (zum Ab- u. Aufladen von Fässern).* 2. Doppelschlinge *f (um ein Faß etc).* II *v/t* 3. schroten.

par·cel ['pɑ:(r)sl] I *s* 1. Bündel *n.* 2. Pa'ket *n*, Päckchen *n*: ~ **of shares** Aktienpaket; ~ **room** Handgepäckaufbewahrung *f*; **to do up in ~s** einpacken. 3. *pl* Stückgüter *pl.* 4. *econ.* Posten *m*, Par'tie *f (Ware)* in ~s in kleinen Posten, stück-, packweise. 5. *contp.* Haufe(n) *m.* 6. *a.* ~ **of land** Par'zelle *f.* II *v/t pret u. pp* **-celed,** *bes. Br.* **-celled** 7. *meist* ~ **out** auf-, aus-, abteilen, *Land* parzel'lieren. 8. *a.* ~ **up** einpacken, (ver)packen. 9. *mar.* Tau (be-)schmarten. III *adj u. adv* 10. halb, teilweise: **~-gilt** teilvergoldet. ~ **bomb** *s* Pa'ketbombe *f.* ~ **de·liv·er·y** *s* 1. Pa'ketausgabe *f.* 2. Pa'ketzustellung *f.* ~ **of·fice** *s* Gepäckannahmestelle *f*, -abfertigung *f.* ~ **post** *s* Pa'ketpost *f.*

par·ce·nar·y ['pɑ:(r)sɪnərɪ; *Am.* -,erɪ:] *s jur.* Mitbesitz *m (durch Erbschaft).* **'par·ce·ner** *s* Miterbe *m.*

parch [pɑ:(r)tʃ] I *v/t* 1. rösten, dörren. 2. ausdörren, -trocknen, (ver)sengen: **to be ~ed (with thirst)** am Verdursten sein. II *v/i* 3. ausdörren, -trocknen. 4. rösten, schmoren. **'parch·ing** *adj* sengend: ~ heat.

parch·ment ['pɑ:(r)tʃmənt] *s* 1. Perga'ment *n.* 2. *a.* **vegetable** ~ Perga'mentpa,pier *n.* 3. Perga'ment(urkunde *f*) *n*, Urkunde *f.*

par·close ['pɑ:(r)kləʊz] *s* Gitter *n (um Altar od. Grabmal).*

pard [pɑ:rd], **'pard·ner** [-nər] *s Am. colloq.* Partner *m*, ‚Kumpel' *m.*

par·don ['pɑ:(r)dn] I *v/t* 1. *j-m od. e-e Sache* verzeihen, *j-n od. etwas* entschuldigen: ~ **me** Verzeihung!, Entschuldigung!, entschuldigen Sie *od.* verzeihen Sie bitte!; ~ **me for interrupting you** verzeihen *od.* entschuldigen Sie, wenn ich Sie unterbreche! 2. *e-e* Schuld vergeben. 3. *j-m* das Leben schenken, *j-m* die Strafe erlassen, *j-n* begnadigen. II *s* 4. Verzeihung *f*: **a thousand ~s** ich bitte (Sie) tausendmal um Entschuldigung; **to beg** *(od.* **ask) s.o.'s** ~ *j-n* um Verzeihung *od.* Entschuldigung bitten; **I beg your** ~ a) entschuldigen Sie *od.* verzeihen Sie bitte!, Verzeihung!, Entschuldigung!, b) *colloq. a.* ~? wie sagten Sie (doch eben)?, wie bitte?, c) erlauben Sie mal!, ich muß doch sehr bitten! 5. Vergebung *f* (for *gen*). 6. Begnadigung *f*, Straferlaß *m*, Amne'stie *f*: → **general pardon.** 7. Par'don *m*, Gnade *f.* 8. *R.C.* Ablaß *m.* **'par·don·a·ble** *adj (adv* pardonably) verzeihlich *(Fehler),* läßlich *(Sünde).* **'par·don·er** *s R.C. hist.* Ablaßprediger *m*, *contp.* Ablaßkrämer *m.*

pare [peə(r)] *v/t* 1. schälen: **to ~ apples**; **to ~ off** (ab)schälen *(a. tech.).* 2. (be-)schneiden, stutzen *(a. fig.)*: **to ~ one's nails** sich die (Finger)Nägel schneiden; → **claw** 1. 3. ~ **down** a) abnagen (to bis auf *acc),* b) *fig.* beschneiden, einschränken.

par·e·gor·ic [,pærə'gɒrɪk; *Am. a.* -'gɑ-; -'gɔʊ-] *adj u. s med. pharm.* schmerzstillend(es Mittel).

par·en·ceph·a·lon [,pæren'sefələn; -lɒn; *Am.* -ɪn'sefə,lɑn] *s anat.* Kleinhirn *n.*

pa·ren·chy·ma [pə'reŋkɪmə] *s* 1. Paren'chym *n*: a) *biol. bot.* Grundgewebe *n*, b) *anat.* Or'gangewebe *n.* 2. *med.* Tumorgewebe *n.*

par·ent ['peərənt; *Am.* 'pær-; 'per-] I *s* 1. *pl* Eltern *pl*: **~-teacher association** *ped.* Elternbeirat *m*; **~-teacher meeting** *ped.* Elternabend *m.* 2. *bes. jur.* Elternteil *m*: a) Vater *m*, b) Mutter *f.* 3. Vorfahr *m*, Stammvater *m*: **our first ~s, Adam and Eve** unsere Voreltern, Adam u. Eva. 4. *biol.* Elter *n*, *m.* 5. *fig.* a) Urheber *m*, b) Ursprung *m*, Ursache *f*: **idleness is the ~ of vice** Müßiggang ist aller Laster Anfang. 6. *econ.* ‚Mutter' *f (Muttergesellschaft).* II *adj* 7. *biol.* Stamm..., Mutter...: ~ **cell** Mutterzelle *f.* 8. ursprünglich, Ur...: ~ **form** Urform *f.* 9. *fig.* Mutter..., Stamm...: ~ **atom** *phys.* Ausgangsatom *n*; ~ **company** *econ.* Stammhaus *n*, Muttergesellschaft *f*; ~ **frequencies** Primärfrequenzen; ~ **lattice** *phys.* Hauptgitter *n*; ~ **material** a) Urstoff *m*, b) *geol.* Mutter-, Ausgangsgestein *n*; ~ **organization** Dachorganisation *f*; ~ **patent** *jur.* Stammpatent *n*; ~ **rock** *geol.* Mutter-, Ausgangsgestein *n*; ~ **ship** *mar. mil.* Mutterschiff *n*; ~ **unit** *mil.* Stammtruppenteil *m.* **'par·ent·age** *s* 1. Abkunft *f*, Abstammung *f*, Fa'milie *f*: **of noble ~**; **of unknown ~** unbekannter Herkunft. 2. Elternschaft *f.* 3. *fig.* Ursprung *m.*

pa·ren·tal [pə'rentl] *adj (adv* **-ly)** elterlich, Eltern...: ~ **authority** *(od.* **power)** *jur.* elterliche Gewalt.

pa·ren·the·sis [pə'renθɪsɪs] *pl* **-the·ses** [-siːz] *s ling.* Paren'these *f*, Einschaltung *f*: **by way of** ~ beiläufig. 2. *meist pl* (runde) Klammer(n *pl*): **to put in parentheses** einklammern. 3. Zwischenspiel *n*, Epi'sode *f.* **pa'ren·the·size** *v/t* 1. *Worte* einschalten, -flechten. 2. *print.* einklammern. 3. *e-e Rede* mit eingeschalteten Erklärungen spicken. **par·en·thet·ic** [,pærən'θetɪk] *adj*; **,par·en'thet·i·cal** *adj (adv* **-ly)** 1. paren'thetisch: a) eingeschaltet, b) beiläufig. 2. Klammer..., eingeklammert. 3. zu Pa'renthesen neigend.

'par·ent·hood *s* Elternschaft *f.* **'par·ent·less** *adj* elternlos.

par·er ['peərə(r)] *s* Schälmesser *n*, Schäler *m.*

pa·re·sis [pə'riːsɪs; 'pærɪsɪs] *s med.* 1. Pa'rese *f*, unvollständige Lähmung. 2. *oft* **general** ~ progres'sive Para'lyse.

pa·ret·ic [pə'retɪk] *med.* I *adj* pa'retisch, Parese... II *s* an Pa'rese Leidende(r *m*) *f.*

par·get ['pɑ:(r)dʒɪt] I *s* 1. Gips(stein) *m.* 2. Verputz *m*, Bewurf *m.* 3. Stuck *m.* II *v/t pret u. pp* **-get·ed,** *bes. Br.* **-get·ted** 4. verputzen. 5. mit Stuck verzieren. **'par·get·(t)ing** *s* Stuckarbeit(en *pl*) *f*, Stuck(verzierung *f*) *m.*

par·he·li·a [pɑː(r)'hiːljə] *pl von* **parhelion.**

par·he·li·a·cal [,pɑː(r)hiː'laɪəkl] *adj astr.* par'helisch, Nebensonnen...

par·he·li·on [pɑː(r)'hiːljən] *pl* **-li·a** [-ljə] *s* Nebensonne *f*, Par'helion *n.*

pa·ri·ah ['pærɪə; *bes. Am.* pə'raɪə] *s* Paria *m (a. fig.* Ausgestoßener). ~ **dog** *s* Pariahund *m.*

Pa·ri·an ['peərɪən; *Am.* 'pær-; 'per-] I *adj* 1. parisch: ~ **marble.** 2. *tech.* Parian... II *s* 3. *tech.* Pari'an *n*, ‚Elfenbeinpor,zel,lan *n.*

pa·ri·e·tal [pə'raɪɪtl] I *adj* 1. *bes. anat.* parie'tal: a) *a. biol. bot.* wandständig, Wand...: ~ **cell** Wandzelle *f*, b) seitlich, c) Scheitel(bein)...: ~ **lobe** Scheitellappen *m (des Gehirns).* 2. *ped. Am.* in'tern, Haus...: ~ **board** *Aufsichtsrat es College.* II *s* 3. *a.* ~ **bone** *anat.* Scheitelbein *n.*

par·i·mu·tu·el [,pærɪ'mjuːtʃʊəl; *Am.* -tʃəwəl; -tʃəl] *adj*: ~ **machine** (Pferdesport) *bes. Am.* Totalisator *m.*

par·ing ['peərɪŋ] *s* 1. Schälen *n.* 2. (Be-)Schneiden *n*, Stutzen *n (a. fig.).* 3. *pl* a) Schalen *pl*: **potato ~s,** b) *tech.* Späne *pl*, Schabsel *pl*, Schnitzel *pl.* ~ **chis·el** *s tech.* Ball(en)eisen *n.* ~ **gouge** *s tech.* Hohlbeitel *m.* ~ **knife** *s irr tech.* 1. Schälmesser *n (für Obst etc).* 2. Beschneidmesser *n.*

pa·ri pas·su [,pærɪ'pæsuː; ,pɑ:rɪ'pɑː-] *(Lat.) adv jur.* gleichrangig, -berechtigt.

par·i·pin·nate [,pærɪ'pɪnɪt; *bes. Am.* -neɪt] *adj bot.* paarig gefiedert.

Par·is ['pærɪs] *adj* Pa'riser. ~ **blue** *s* Pa'riser *od.* Ber'liner Blau *n.* ~ **dai·sy** *s bot.* 'Strauchmarge,rite *f.* ~ **green** *s* Pa'riser *od.* Schweinfurter Grün *n.*

par·ish ['pærɪʃ] I *s* 1. *relig.* a) Kirchspiel *n*, Pfarrbezirk *m*, b) *a. collect.* Gemeinde *f.* 2. *a.* **civil** ~, **poor-law** ~ *pol. bes. Br.* (po'litische) Gemeinde: **to go** *(od.* **be) on the** ~ *hist.* der Gemeinde zur Last fallen, von der Gemeinde unterhalten werden. 3. *pol. Am. (Louisiana)* Kreis *m.* II *adj* 4. Kirchen..., Pfarr...: ~ **church** Pfarrkirche *f*; ~ **clerk** Küster *m*; ~ **house** Pfarrhaus *n*; ~ **register** Kirchenbuch *n*, -register *n.* 5. *pol.* Gemeinde...: ~ **council** Gemeinderat *m.* 6. *contp.* Dorf...: **~-pump politics** Kirchturmpolitik *f.* **pa·rish·ion·er** [pə'rɪʃənə(r)] *s* Gemeinde(mit)glied *n.*

Pa·ri·sian [pə'rɪʒən; *Am.* pə'rɪʒən] I *s* Pa'riser(in). II *adj* Pa'riser.

Par·is white *s* Pa'riser Weiß *n*, Schlämmkreide *f.*

par·i·syl·lab·ic [,pærɪsɪ'læbɪk] *ling.* I *adj* parisyl'labisch, gleichsilbig. II *s* Pari'syllabum *n.*

par·i·ty ['pærətɪ] *s* 1. Gleichheit *f*: ~ **of pay** Lohngleichheit. 2. *econ.* a) Pari'tät *f*, b) 'Umrechnungskurs *m*: **at the** ~ **of** zum Umrechnungskurs von; ~ **clause** Pari-tätsklausel *f*; ~ **price** Parikurs *m.* 3. *bes. relig.* Pari'tät *f*, gleichberechtigte Stellung.

park [pɑ:(r)k] I *s* 1. Park *m*, (Park)Anlagen *pl.* 2. Na'turschutzgebiet *n*, Park *m*: **national** ~ Nationalpark. 3. *jur. Br.* (königlicher) Wildpark. 4. *bes. mil.* (Fahrzeug-, Geschütz-, Sani'täts- etc)Park *m.* 5. *Am.* Parkplatz *m.* 6. a) *Am.* (Sport-)Platz *m*, b) **the** ~ *Br. colloq.* der Fußballplatz. II *v/t* 7. *mot.* parken, abstellen: a **~ed car** ein parkendes Fahrzeug; **he's ~ed over there** er parkt dort drüben; **to** ~ **o.s.** *colloq.* sich ‚hinhocken', sich ‚pflanzen'. 8. *colloq.* abstellen, lassen: **to** ~ **one's bag at the station**; **to** ~ **one's children with the neighbo(u)rs** die Kinder bei den Nachbarn lassen. III *v/i* 9. parken: **a place to** ~ ein Parkplatz. 10. einparken.

par·ka ['pɑ:(r)kə] *s* Parka *m*, *f.*

par·kin ['pɑ:(r)kɪn] *s (Art)* Pfefferkuchen *m.*

park·ing ['pɑ:(r)kɪŋ] *s* 1. Parken *n*: **no** ~ Parkverbot *n*, Parken verboten; ~ **was very difficult** es war sehr schwierig, e-n Parkplatz zu finden. 2. Parkplätze *pl*, Parkflächen *f*: **there is ample** ~ **available** es stehen genügend Parkplätze zur Verfügung. ~ **brake** *s mot.* Feststellbremse *f.* ~ **disc** *s* Parkscheibe *f.* ~ **fee** *s* Parkgebühr *f.* ~ **ga·rage** *s* Park(hoch)haus *n.* ~ **light** *s* Standlicht *n*, Parkleuchte *f*, Parklicht *n.* ~ **lot** *s Am.* Parkplatz *m.* ~ **me·ter** *s tech.* Park(zeit)uhr *f.* ~ **or·bit** *s Raumfahrt:* Parkbahn *f.* ~

place s Parkplatz m, Parklücke f. ~ **space** s 1. → **parking place**. 2. Abstellfläche f. ~ **tick·et** s Strafzettel m (wegen falschen Parkens).
Par·kin·son's│dis·ease ['pɑː(r)kɪnsnz] s med. Parkinsonsche Krankheit, Schüttellähmung f. ~ **law** s humor. Parkinsonsches Gesetz.
'**park‖keep·er** s Parkwächter m. '**~land** s Parklandschaft f. '**~way** s Am. 1. Promeˈnade f, Alˈlee f. 2. landschaftlich reizvoll gelegene Autostraße, die nur für Touristenverkehr bestimmt ist.
park·y¹ ['pɑːkɪ] adj Br. colloq. kühl, frisch (Luft etc).
park·y² ['pɑːkɪ] s Br. colloq. Parkwächter m.
par·lance ['pɑː(r)ləns] s Ausdrucksweise f, Sprache f: **in common** ~ einfach od. verständlich ausgedrückt, auf gut deutsch; **in legal** ~ in der Rechtssprache, juristisch ausgedrückt; **in modern** ~ im modernen Sprachgebrauch.
par·lay ['pɑːr;leɪ; -liː] Am. **I** v/t 1. Wett-, Spielgewinn wieder einsetzen. **2.** fig. aus j-m od. e-r Sache ˌKapiˈtal schlagenˈ. **3.** fig. erweitern, ausbauen (**into** zu). **II** v/i 4. e-n od. den Spielgewinn wieder einsetzen. **III** s 5. erneuter Einsatz e-s Gewinns. **6.** fig. Erweiterung f, Ausbau m.
par·ley ['pɑː(r)lɪ] **I** s 1. Gespräch n, Unterˈredung f, Verhandlung f, Konfeˈrenz f. **2.** bes. mil. (Waffenstillstands)Verhandlung(en pl) f, Unterˈhandlungen pl: **to beat** (od. **sound**) **a** ~ hist. Schamade schlagen (zum Zeichen der Waffenstreckung). **II** v/i 3. sich besprechen (**with** mit). **4.** bes. mil. ver-, unterˈhandeln (**with** mit): **to** ~ **with the rebels. III** v/t 5. bes. humor. parˈlieren: **to** ~ **French**.
par·ley·voo [ˌpɑː(r)lɪˈvuː] colloq. oft humor. **I** s 1. Franˈzösisch n. **2.** ˈFranˌzose m. **II** v/i 3. franˈzösisch parˈlieren.
par·lia·ment ['pɑː(r)ləmənt] s 1. Parlaˈment n, Volksvertretung f. **2.** meist P~ das (Brit.) Parlaˈment: **to enter** (od. **get into** od. **go into**) **P~** ins Parlament gewählt werden; **Houses of P~** Parlament(sgebäude n); **Member of P~** Mitglied n des Unterhauses, Abgeordnete(r m) f; → act 3. **P~ Act** s Br. hist. der die Macht des Oberhauses stark einschränkende Parlamentsbeschluß von 1911.
par·lia·men·tar·i·an [ˌpɑː(r)ləmənˈteərɪən] pol. **I** s 1. (erfahrener) Parlamenˈtarier. **2.** P~ hist. Anhänger m des englischen Parlaˈments (im Bürgerkrieg). **3.** Am. Verhandlungs-, Sitzungsleiter m. **II** adj → **parliamentary**. **par·lia·menˈtar·i·an·ism, ˌpar·liaˈmen·ta·rism** [-ˈmentərɪzəm] s parlamenˈtarisches Syˈstem, Parlamentaˈrismus m.
ˌpar·liaˈmen·ta·ry [-tərɪ] adj 1. parlamenˈtarisch, Parlaments...: ~ **debate**; P~ **Commissioner** Br. → ombudsman 1; ~ **group** (od. **party**) Frakˈtion f; ~ **party leader** Fraktionsvorsitzende(r) m. **2.** parlamenˈtarisch reˈgiert, demoˈkratisch: ~ **state**.
par·lor, bes. Br. **par·lour** ['pɑː(r)lə(r)] **I** s 1. obs. Wohnzimmer n. **2.** obs. Besuchszimmer n, Saˈlon m. **3.** Empfangs-, Sprechzimmer n (a. im Kloster). **4.** Klub-, Gesellschaftszimmer n (e-s Hotels). **5.** Am. Geschäftsraum m, (Schönheitsetc)Saˈlon m: **beauty** ~; **ice-cream** ~ Eisdiele f. **II** adj 6. obs. Wohnzimmer...: ~ **furniture**. **7.** fig. Saˈlon...: ~ **radical** (od. **red**) pol. Salonbolschewist m. ~ **car** s rail. Am. Saˈlonwagen m. ~ **game** s Gesellschaftsspiel n. '**~maid** s Stuben-, Hausmädchen n.
par·lour, etc bes. Br. für **parlor**, etc.
par·lous ['pɑː(r)ləs] obs. **I** adj 1. preˈkär (Lage etc). **2.** gerissen, schlau. **II** adv 3. arg, ˌschrecklichˈ.
pa·ro·chi·al [pəˈrəʊkjəl; -ɪəl] adj (adv ~**ly**) **1.** parochiˈal, Pfarr..., Kirchen..., Gemeinde...: ~ **church council** Kirchenvorstand m; ~ **school** Am. kirchliche Privatschule. **2.** fig. beschränkt, eng(stirnig): ~ **politics** Kirchturmpolitik f. **paˈro·chi·al·ism** s fig. Beschränktheit f.
par·o·dist ['pærədɪst] s Paroˈdist(in).
par·o·dy ['pærədɪ] **I** s 1. Paroˈdie f (**of** auf acc). **2.** Paroˈdierung f. **3.** fig. Abklatsch m (**of** gen). **II** v/t 4. paroˈdieren.
pa·roe·mi·a [pəˈriːmɪə] s ling. Paröˈmie f, Sprichwort n.
pa·rol [pəˈrəʊl; Am. a. ˈpærəl] **I** s bes. jur. mündliche Erklärung: **by** ~ mündlich, auf mündliche Vereinbarung, durch mündliche Erklärung. **II** adj jur. a) (bloß) mündlich, b) unbeglaubigt, ungesiegelt: ~ **contract** formloser (mündlicher od. schriftlicher) Vertrag; ~ **evidence** Zeugenbeweis m.
pa·role [pəˈrəʊl] **I** s 1. jur. a) bedingte Haftentlassung od. bedingte Strafaussetzung (bei weiterer Polizeiaufsicht), b) Hafturlaub m: ~ **board** Kommission f für (bedingte) Haftentlassungen; **he is out on** ~ a) er wurde bedingt entlassen, s-e Strafe wurde bedingt ausgesetzt, b) er hat Hafturlaub; **to put s.o. on** ~ → 4. **2.** a. ~ **of hono(u)r** bes. mil. Ehrenwort n, Wort n: **on** ~ auf Ehrenwort. **3.** mil. Paˈrole f, Kennwort n. **II** v/t 4. **to** ~ **s.o.** jur. a) j-n bedingt entlassen, j-s Strafe bedingt aussetzen, b) j-m Hafturlaub gewähren.
pa·rol·ee [pəroʊˈliː; Am. a. pəˈroʊˌliː; ˌpærəˈliː] s jur. a) bedingt Haftentlassene(r m) f, b) j-d auf Hafturlaub.
par·o·nym ['pærənɪm] s ling. 1. Paroˈnym n, Wortableitung f. **2.** ˈLehnüberˌsetzung f. **pa·ron·y·mous** [pəˈrɒnɪməs; Am. -ˈrɑːnə-] adj 1. (stamm)verwandt (Wort). **2.** ˈlehnüberˌsetzt (Wort). **paˈron·y·my** [-mɪ] s Paronyˈmie f, Wortableitung f.
par·o·quet ['pærəket] → **parakeet**.
pa·rot·id [pəˈrɒtɪd; Am. -ˈrɑː-] anat. **I** adj vor dem Ohr liegend, Parotis...: ~ **gland** → II. **II** s Ohrspeicheldrüse f. **pa·rotiˈdi·tis** [-ˈdaɪtɪs], **par·o·ti·tis** [ˌpærəʊˈtaɪtɪs] s Paroˈtitis f, Ziegenpeter m, Mumps m.
par·ox·ysm ['pærɒksɪzəm] s 1. med. Paroˈxysmus m, Krampf m, Anfall m: ~ **of laughing** Lachkrampf, -anfall. **2.** oft pl fig. (heftiger Gefühls)Ausbruch, Anfall m: ~**s of rage** Wutanfall. **3.** fig. Höhepunkt m, Krise f. **parˈox·ys·mal** [-ˈsɪzməl] adj krampfartig.
par·ox·y·tone ['pærɒksɪtəʊn; Am. pærˈɑːk-] s ling. Paroˈxytonon n (auf der vorletzten Silbe betontes Wort).
par·quet I v/t ['pɑːkeɪ; Am. pɑːrˈkeɪ] 1. parketˈtieren, mit Parˈkett auslegen. **II** s ['pɑːkeɪ; Am. a. pɑːrˈkeɪ] **2.** Parˈkett(fußboden m) n. **3.** thea. bes. Am. Parˈkett n. **parˈquet·ry** ['pɑː(r)kɪtrɪ] s Parˈkett(arbeit f) n.
parr [pɑː(r)] pl **parrs**, bes. collect. **parr** s ichth. junger Lachs.
par·ri·cid·al [ˌpærɪˈsaɪdl] adj vater-, muttermörderisch. '**par·ri·cide** s 1. Vater-, Muttermörder(in). **2.** Vater-, Muttermord m.
par·rot ['pærət] **I** s 1. orn. Papaˈgei m: ~'s **perch** Papageienschaukel f (Foltermethode). **2.** fig. ˌPapaˈgei m, Nachschwätzer(in). **II** v/t 3. (wie ein Papaˈgei) nachplappern. ~ **cry** s nachgeplappertes Geschwätz. ~ **dis·ease** s med. Papageienkrankheit f. '~**fash·ion** adv: **to learn s.th.** ~ etwas mechanisch od. stur lernen; **to repeat s.th.** ~ etwas (wie ein Papagei) nachplappern. ~ **fe·ver** → **parrot disease**. ~ **fish** s ichth. 1. Papaˈgeifisch m. **2.** (ein) Lippfisch m.
par·ry ['pærɪ] **I** v/t Schlag, Stoß paˈrieren, abwehren: **to** ~ **a question** e-e Frage parieren. **II** v/i paˈrieren (a. fig.). **III** s fenc. Paˈrade f, Abwehr f.
parse [pɑː(r)z; Am. a. pɑːrs] v/t ling. e-n Satz gramˈmatisch zergliedern, e-n Satzteil analyˈsieren, ein Wort grammatisch defiˈnieren.
par·sec ['pɑː(r)sek] s astr. Parˈsek n, Sternweite f (3,26 Lichtjahre).
Par·see ['pɑːsiː; ˌpɑːr,siː] s relig. Parse m (Anhänger der altpersischen Religion Zoroasters).
par·si·mo·ni·ous [ˌpɑː(r)sɪˈməʊnjəs; -nɪəs] adj (adv ~**ly**) **1.** sparsam, geizig, knauserig (**of** mit). **2.** armselig, kärglich. ˌ**par·si·moˈni·ous·ness** → **parsimony**. '**par·si·mo·ny** ['pɑː(r)sɪmənɪ; Am. -ˌməʊnɪ:] s Sparsamkeit f, Geiz m, Knauseˈrei f.
pars·ley ['pɑː(r)slɪ] s bot. Peterˈsilie f.
pars·nip ['pɑː(r)snɪp] s bot. Pastinak m, Pastiˈnake f: **fine words butter no** ~**s** mit Worten allein ist nicht geholfen.
par·son ['pɑː(r)sn] s 1. Pastor m, Pfarrer m. **2.** colloq. contp. ˌPfaffeˈ m: ~'s **nose** Bürzel m (e-r Gans etc). '**par·son·age** s Pfarrhaus n, Pfarˈrei f.
part [pɑː(r)t] **I** s 1. (Bestand)Teil m, n, Stück n: **to be** ~ **and parcel of s.th.** e-n wesentlichen Bestandteil von etwas bilden; ~ **of speech** ling. Wortart f; **in** ~ teilweise, zum Teil, auszugsweise, in gewissem Grade; ~ **of the year** (nur) während e-s Teils des Jahres; **for the best** ~ **of the year** fast das ganze Jahr (hindurch), die meiste Zeit im Jahr; **that is** (**a**) ~ **of my life** das gehört zu m-m Dasein; **payment in** ~ Abschlagszahlung f. **2.** phys. (An)Teil m: ~ **by volume** (**weight**) Raumanteil (Gewichtsanteil); **three** ~**s of water** drei Teile Wasser. **3.** math. Bruchteil m: **three** ~**s** drei Viertel. **4.** tech. (Bau-, Einzel)Teil n: ~**s list** Ersatzteil-, Stückliste f. **5.** Anteil m: **to take** ~ (**in**) teilnehmen od. sich beteiligen (an dat), mitmachen (bei); **to have a** ~ **in s.th.** an etwas teilhaben; **to have neither** ~ **nor lot in s.th.** nichts das geringste mit e-r Sache zu tun haben; **he wanted no** ~ **of the proposal** er wollte von dem Vorschlag nichts wissen. **6.** (Körper)Teil m, n, Glied n: **soft** ~ Weichteil, **the** (**privy**) ~**s** die Scham- od. Geschlechtsteile. **7.** Buchhandel: Lieferung f: **the book appears in** ~**s** das Werk erscheint in Lieferungen. **8.** fig. Teil m, n, Seite f: **the most** ~ die Mehrheit, das meiste (von etwas); **for my** ~ ich für mein(en) Teil; **for the most** ~ in den meisten Fällen, meistenteils, größtenteils; **on the** ~ **of** von seiten, seitens (gen); **to take s.th. in bad** (**good**)~ etwas (nicht) übelnehmen. **9.** Seite f, Parˈtei f: **he took my** ~ er ergriff m-e Partei. **10.** Pflicht f: **to do one's** ~ das Seinige od. s-e Schuldigkeit tun. **11.** thea. u. fig. Rolle f: **to act** (od. fig. **play**) **a** ~ e-e Rolle spielen (**in** bei); **the Government's** ~ **in the strike** die Rolle, die die Regierung bei dem Streik spielte. **12.** mus. (Sing- od. Instruˈmenˈtal)Stimme f, Parˈtie f: **to sing in** ~**s** mehrstimmig singen; **for** (od. **in** od. **of**) **several** ~**s** mehrstimmig. **13.** pl (geistige) Fähigkeiten pl, Taˈlent n: **he is a man of** (**many**) ~**s** er ist ein fähiger Kopf, er ist vielseitig begabt. **14.** Gegend f, Teil m (e-s Landes, der Erde): **in these** ~**s** hier(zulande); **in foreign** ~**s** im Ausland. **15.** Am. (Haar)Scheitel m.

II *v/t* **16.** a) (ab-, ein-, zer)teilen: → **company** 1, b) *Vorhang* aufziehen. **17.** a. *Feinde od. Freunde* trennen: **he's not easily ~ed from his money** er trennt sich nur ungern von s-m Geld. **18.** *Metalle* scheiden. **19.** *das Haar* scheiteln.

III *v/i* **20.** a) sich lösen, abgehen (*Knopf etc*), aufgehen (*Naht etc*), sich öffnen (*Vorhang*). **21.** *mar.* brechen (*Ankerkette od. Tau*): **to ~ from the anchor** den Anker verlieren. **22.** auseinˈandergehen, sich trennen: **to ~ friends** in Freundschaft auseinandergehen. **23. ~ with** *etwas* aufgeben, sich von *j-m od. etwas* trennen: **to ~ with money** Geld ‚herausrücken' *od.* ‚lockermachen'. **24.** *euphem.* verscheiden, sterben.

IV *adj* **25.** Teil...: **~ damage** Teilschaden *m*; **~ delivery** *econ.* Teillieferung *f.*

V *adv* **26.** teilweise, zum Teil: **made ~ of iron, ~ of wood** teils aus Eisen, teils aus Holz (bestehend); **~ truth** zum Teil wahr; **~done** zum Teil erledigt; **~-finished** halbfertig.

parˈtake [pɑː(r)ˈteɪk; *Am. a.* pər-] *I v/i irr* **1.** teilnehmen, -haben (**in** *an dat*). **2. ~ of** *etwas* (an sich) haben (von): **his manner ~s of insolence** in s-m Benehmen ist Unverschämtes in s-m Benehmen. **3. ~ of** mitessen, *j-s Mahlzeit* teilen. **4. ~ of** essen, einnehmen, zu sich nehmen: **she partook of her solitary meals.** *II v/t* **5.** *obs.* teilen, teilhaben an (*dat*).

parˈterre [pɑː(r)ˈteə(r)] *s* **1.** franˈzösischer Garten. **2.** *thea. bes. Am.* zweites Parˈkett, Parˈterre.

part| **exˈchange** *s*: **to take s.th. in ~** etwas in Zahlung nehmen. '**~-fiˌnance** *v/t* ˈteilfinanˌzieren.

par·the·no·genˈe·sis [ˌpɑː(r)θənəʊˈdʒenɪsɪs] *s* Parthenoˈgenese *f*: a) *bot.* Jungfernfrüchtigkeit *f*, b) *zo.* Jungferzeugung *f*, c) *relig.* Jungfrauengeburt *f.* ˌ**par·the·no·geˈnet·ic** [-dʒɪˈnetɪk] *adj* parthenogeˈnetisch.

Par·thi·an [ˈpɑː(r)θɪən; -ɪən] *adj* parthisch: **~ shot** *fig.* letzte boshafte Bemerkung (*beim Abschied*).

par·tial [ˈpɑː(r)ʃl] *I adj* (*adv* → **partially**) **1.** teilweise, partiˈell, Teil...: **~ acceptance** *econ.* Teilakzept *n*; **~ amount** Teilbetrag *m*; **~ delivery** *econ.* Teillieferung *f*; **~ eclipse** *astr.* partielle Finsternis *f*; **~ fraction** *math.* Partialbruch *m*; **~ payment** Teilzahlung *f*; **~ product** *math.* Teilprodukt *n*; **~ view** Teilansicht *f.* **2.** parˈteiisch, eingenommen (**to** für), einseitig: **to be ~ to s.th.** *colloq.* e-e Schwäche (*od.* besondere Vorliebe) haben für etwas. *II s* **3.** *mus. phys.* Teilton *m*: **upper ~** Oberton *m.* ˌ**par·ti·ˈal·i·ty** [-ʃɪˈælətɪ; *Am. a.* -ˈʃæl-] *s* **1.** Parteilichkeit *f*, Voreingenommenheit *f.* **2.** Vorliebe *f*, Schwäche *f* (**for** für). ˈ**par·tial·ly** [-ʃəlɪ] *adv* teilweise, zum Teil.

par·ti·ble [ˈpɑː(r)təbl] *adj* teil-, trennbar.

par·tic·i·pant [pɑː(r)ˈtɪsɪpənt; *Am. a.* pər-] *I adj* teilnehmend, Teilnehmer..., (mit)beteiligt. *II s* Teilnehmer(in) (**in** *an dat*).

par·tic·i·pate [pɑː(r)ˈtɪsɪpeɪt; *Am. a.* pər-] *I v/t* **1.** teilen, gemeinsam haben (**with** *mit*). *II v/i* **2.** (**in**) teilnehmen *od.* sich beteiligen (**an** *dat*), mitmachen (bei). **3.** beteiligt sein (**in** *an dat*): **to ~ in s.th. with s.o.** etwas mit j-m teilen *od.* gemeinsam haben. **4.** am Gewinn beteiligt sein. **5. ~ of** etwas (an sich) haben (von). **parˈtic·i·pat·ing** *adj* **1.** *econ.* gewinnberechtigt, mit Gewinnbeteiligung: **~ insurance policy** Gewinnbeteiligungsrechte *pl*; **~ share** dividendenberechtigte Aktie. **2.** → **participant** I. **parˌtic·i·ˈpa·tion** *s* **1.** Teilnahme *f*, Beteiligung *f*, Mitwirkung *f*: **~ show** Rundfunk- *od.* Fernsehanstaltung *f* mit Beteiligung des Publikums. **2.** *econ.* Teilhaberschaft *f*, (Gewinn)Beteiligung *f*: **~ in the profits**; **~s** Anteile. **parˈtic·i·pa·tor** [-tə(r)] *s* Teilnehmer(in) (**in** *an dat*).

par·ti·cip·i·al [ˌpɑː(r)tɪˈsɪpɪəl] *adj* (*adv* **~ly**) *ling.* partizipiˈal: **~ adjective.** ˈ**par·ti·ci·ple** [-sɪpl] *s ling.* Partiˈzip *n*, Mittelwort *n.*

par·ti·cle [ˈpɑː(r)tɪkl] *s* **1.** Teilchen *n*, Stückchen *n.* **2.** *fig.* Fünkchen *n*, Spur *f*: **not a ~ of truth in it** nicht ein wahres Wort daran. **3.** *phys.* Parˈtikel *f*, (Masse-, Stoff)Teilchen *n*: **~ accelerator** Teilchenbeschleuniger *m.* **4.** *ling.* Parˈtikel *f.* **5.** *R.C.* (kleine) Hostie für die Gläubigen (*bei der Kommunion*). **~ phys·i·cist** ˈHochenerˌgiephysiker *m.* **~ phys·ics** *pl* (*meist als sg konstruiert*) ˈHochenerˌgie-, Elemenˈtarteilchenˌphysik *f.*

ˈ**par·ti·ˌcol·o(u)red** *adj* bunt, vielfarbig.

par·tic·u·lar [pə(r)ˈtɪkjʊlə(r)] *I adj* (*adv* → **particularly**) **1.** besonder(er, e, es), einzeln, speziˈell, Sonder...: **for no ~ reason** aus keinem besonderen Grund; **this ~ case** dieser spezielle Fall. **2.** indiviˈduˈell, ausgeprägt, ureigen. **3.** ins einzelne gehend, ˈumständlich, ausführlich. **4.** peinlich, genau, eigen: **to be ~ in** (*od.* **about**) **s.th.** es sehr genau mit etwas nehmen, Wert legen auf (*acc*). **5.** heikel, wählerisch (**in**, **about**, **as to** *in dat*): **not too ~** *iro.* nicht gerade wählerisch (*in s-n Methoden etc*). **6.** eigentümlich, seltsam, sonderbar, merkwürdig. **7.** *philos.* begrenzt. **8.** *jur.* a) den Besitzer nur beschränkt gehörig, b) nur beschränkten Besitz genießend: **~ tenant.** *II s* **9.** a) Einzelheit *f*, einzelner Punkt, besonderer ˈUmstand, b) pl nähere ˈUmstände *pl od.* Angaben *pl*, (*das*) Nähere: **in ~** insbesondere; **to enter into ~s** sich auf Einzelheiten einlassen; **further ~s from** Näheres (zu erfahren) bei. **10.** *pl* Persoˈnalien *pl*, Angaben *pl* (*zur Person*). **11.** *colloq.* Speziaˈliˈtät *f*: **a London ~** e-e Londoner Speziaˈlität, etwas für London Typisches. **~ avˈer·age** *jur. mar.* besondere Havaˈrie.

parˈtic·u·lar·ism *s* Partikulaˈrismus *m*: a) Sonderbestrebungen *pl*, b) *pol.* Kleinstaateˈrei *f*, c) *relig.* Lehre *f* von der Gnadenwahl. **parˌtic·u·larˈi·ty** [pə(r)ˌtɪkjʊˈlærətɪ] *s* **1.** Besonderheit *f*, Eigentümlichkeit *f.* **2.** besonderer ˈUmstand, Einzelheit *f.* **3.** Ausführlichkeit *f.* **4.** Genauigkeit *f*, Eigenheit *f*, Peinlichkeit *f.* **parˌtic·u·lar·iˈza·tion** [-ləraɪˈzeɪʃn; *Am.* -rəˈz-] *s* Detailˈlierung *f*, Spezifiˈzierung *f.* **parˈtic·u·lar·ize** *I v/t* **1.** spezifiˈzieren, einzeln anführen, ausführlich angeben. **2.** eingehend darstellen. **3.** ˈumständlich anführen. *II v/i* **4.** auf Einzelheiten eingehen, ins einzelne gehen. **parˈtic·u·lar·ly** *adv* **1.** besonders, im besonderen: **not ~** nicht sonderlich. **2.** ungewöhnlich, auf besondere Weise. **3.** ausdrücklich.

ˈ**part·ing** *I adj* **1.** Trennungs..., Abschieds...: **~ gift**; **~ kiss**; **~ breath** letzter Atemzug. **2.** trennend, abteilend, Trenn...: **~ tool** *tech.* Trennwerkzeug *n*, Einstichstahl *m*; **~ wall** Trennwand *f.* *II s* **3.** Abschied *m*, Scheiden *n*, Trennung *f.* **4.** *euphem.* Tod *m.* **5.** a) Trennlinie *f*, b) Gabelung *f*, c) (Haar)Scheitel *m*: **~ of the ways** Weggabelung *f*, *fig.* Scheideweg *m*: **after the ~ of the ways** nachdem sich ihre *etc* Wege getrennt hatten. **6.** *chem. phys.* Scheidung *f*: **~ silver** Scheidesilber *n.* **7.** *Gießerei*: a) **~ sand** Streusand *m*,

b) **~ line** Teilfuge *f* (*e-r Gußform*). **8.** *geol.* Trennschicht *f.* **9.** *mar.* Bruch *m*, Reißen *n.* **~ cup** *s* **1.** zweihenk(e)liger Trinkkrug. **2.** Abschiedstrunk *m.* **~ shot** *s fig.* letzte boshafte Bemerkung (*beim Abschied*).

par·ti·san[1] [ˌpɑː(r)tɪˈzæn; *Am.* ˈpɑː(r)təzən] *I s* **1.** Parˈteigänger(in), Anhänger(in), Unterˈstützer(in): **~ of peace** Friedenskämpfer(in). **2.** *mil.* a) Führer *m* e-s Freikorps, b) Freischärler *m*, Partiˈsan *m.* *II adj* **3.** parˈteigängerisch, Partei...: **~ spirit** Parteigeist *m.* **4.** parˈteiisch. **5.** *mil.* Partisanen..., Freikorps...: **~ warfare** Partisanenkrieg *m.*

par·ti·san[2] [ˈpɑː(r)tɪzæn; *Am.* ˈpɑː(r)təzən] *s mil. hist.* Partiˈsane *f* (*Stoßwaffe*). **par·ti·sanˈship** [ˌpɑː(r)tɪˈzænʃɪp; *Am.* ˈpɑː(r)təzənˌʃɪp] *s* **1.** *pol.* Parˈteigängertum *n.* **2.** parˈteiische Haltung. **3.** *fig.* Parˈteiˌ-Vetternwirtschaft *f.*

parˈtite [ˈpɑː(r)taɪt] *adj* **1.** geteilt (*a. bot.*). **2.** *in Zssgn* ...teilig: **bipartite.**

parˈti·tion [pɑː(r)ˈtɪʃn] *I s* **1.** (Ver-, Auf-)Teilung *f*: **the first ~ of Poland** die erste Teilung Polens. **2.** *jur.* (ˈErb)Auseinˌandersetzung *f.* **3.** Trennung *f*, Absonderung *f.* **4.** Scheide-, Querwand *f*, Fach *n* (*im Schrank etc*): **~ wall** Trennwand; **wall of ~** *fig.* Trennungslinie *f.* **5.** *arch.* (Bretter)Verschlag *m.* *II v/t* **6.** (ver-, auf)teilen. **7.** *jur.* e-e Erbschaft auseinˈandersetzen. **8. ~ off** abteilen, abtrennen.

parˈti·tive [ˈpɑː(r)tɪtɪv] *I adj* **1.** teilend, Teil... **2.** *ling.* partiˈtiv: **~ genitive.** *II s* **3.** *ling.* Partiˈtivum *n.*

par·ti·zan → **partisan**[1] *u.* [2].

ˈ**part·ly** *adv* zum Teil, teilweise, teils: **~...**, **~...** teils ..., teils ...

part·ner [ˈpɑː(r)tnə(r)] *I s* **1.** *allg.* (*a. sport., a. Tanz*)Partner(in): **~ swapping** Partnertausch *m.* **2.** *econ.* Gesellschafter *m*, (Geschäfts)Teilhaber *m*, Sozius *m*, Kompagnon *m*: **general** (*od.* **ordinary**) **~** Komplementär *m*, unbeschränkt haftender Gesellschafter; **limited** (*Am.* **special**) **~** Kommanditist *m*; **senior ~** Seniorpartner *m*, Hauptteilhaber *m*; **sleeping** (*od.* **dormant**, *Am.* **silent**) **~** stiller Teilhaber mit unbeschränkter Haftung. **3.** Lebenskameˌrad(in), -gefährte *m*, -gefährtin *f*, Gatte *m*, Gattin *f.* **4.** *pl mar.* Fischung *f* (*e-s Mastes*). *II v/t* **5.** vereinigen, zs.-bringen. **6.** sich zs.-tun *od.* assoziˈieren *od.* vereinigen mit (*j-m*): **to be ~ed with s.o.** j-n zum Partner haben. ˈ**part·ner·ship** *s* **1.** Teilhaberschaft *f*, Partnerschaft *f*, Mitbeteiligung *f* (**in** *an dat*): **sleeping** (*od.* **dormant**, *Am.* **silent**) **~** *econ.* stille Teilhaberschaft mit voller Haftung; **to go into ~ with s.o.** sich zs.-tun mit. **2.** *econ.* a) Perˈsonen-, Persoˈnalgesellschaft *f*, b) *a.* **general** (*od.* **ordinary**) **~** offene Handelsgesellschaft; **limited** (*Am.* **special**) **~** Kommanditgesellschaft; **deed of ~** 3; **to enter into a ~ with s.o.** → **partner** 6. **3.** Gesellschaftsvertrag *m.* **4.** *fig.* Zs.-arbeit *f*, Zs.-wirken *n.*

part| **ˈown·er** *s* **1.** Miteigentümer(in). **2.** *mar.* Mitreeder *m.* **~ payˈment** *s* Teil-, Abschlagszahlung *f*: **in ~** auf *od.* in Raten.

par·tridge [ˈpɑː(r)trɪdʒ] *pl* ˈ**par·tridg·es**, *collect. a.* ˈ**par·tridge** *s orn.* **1.** Rebhuhn *n.* **2.** Steinhuhn *n*, *bes.* Rothuhn *n.* **3.** *Am.* (ein) Waldhuhn *n.*

part| **ˈsing·ing** *s mus.* mehrstimmiger Gesang. **~ ˈsong** *s mus.* mehrstimmiges Lied. ˈ**~-time** *I adj* Teilzeit..., Halbtags...(*-beschäftigung etc*): **~ job** Teilzeitbeschäftigung *f*; **~ worker** → **part-timer.** *II adv* halbtags: **to work ~.** ˌ**~-**

-'tim·er *s* Teilzeitbeschäftigte(r *m*) *f*, Halbtagskraft *f*.
par·tu·ri·ent [pɑ:(r)tjʊərɪənt; *Am. a.* -ˈtʊr-] *adj* **1.** a) gebärend, kreißend, b) Gebär..., Geburts...: ~ **pangs** Geburtswehen. **2.** *fig. (mit e-r Idee)* schwanger. **par·tuˈri·fa·cient** [-ˈfeɪʃnt] *med.* **I** *adj* wehenanregend. **II** *s* Wehenmittel *n*. **ˌpar·tuˈri·tion** *s* Gebären *n*.
part| work *s print.* Lieferungswerk *n*, -ausgabe *f*. ~ **writ·ing** *s mus.* polyˈphoner Satz.
par·ty [ˈpɑ:(r)tɪ] **I** *s* **1.** Parˈtei *f*: **political** ~ politische Partei; **within the** ~ innerparteilich, parteiintern, Partei...(-*disziplin etc*). **2.** Trupp *m*: a) *mil.* Abˈteilung *f*, Komˈmando *n*, b) (Arbeits)Gruppe *f*, c) (*Rettungs- etc*)Mannschaft *f*: **my** ~ *bes. Am. sl.* m-e Leute. **3.** Parˈtie *f*, Gesellschaft *f*: **hunting** ~; **a** ~ **of mountaineers** e-e Gruppe von Bergsteigern; **we were a** ~ **of three** wir waren zu dritt; **to make one of the** ~ sich anschließen, mitmachen, dabeisein. **4.** Einladung *f*, Gesellschaft *f*, Party *f*: **to give a** ~; **at a** ~ auf e-r Gesellschaft *od.* Party; **the** ~ **is over!** *fig.* die schönen Tage sind vorüber!; **it's your** ~! *Am. sl.* das ist dein Bier! **5.** *jur.* (*Prozeß- etc*)Parˈtei *f*: **contracting** ~, ~ **to a contract** Vertragspartei, Kontrahent(in); **a third** ~ ein Dritter. **6.** Teilnehmer(in) (*a. teleph.*), Beteiligte(r *m*) *f*: **to be a** ~ **to s.th.** an e-r Sache beteiligt sein, etwas mitmachen, mit etwas zu tun haben; **parties interested** *econ.* Interessenten; **the parties concerned** die Beteiligten. **7.** *sl.* „Kunde' *m*, ˌKnülch' *m*, Indiˈviduum *n*. **8.** *sport* Aufgebot *n*: **provisional** ~ vorläufiges Aufgebot. **II** *adj* **9.** Partei...: ~ **discipline**; ~ **spirit**; ~ **card** Parteibuch *n*; ~ **headquarters** Parteizentrale *f*. **10.** Party...: ~ **girl** Partygirl *n*, -mädchen *n*. **11.** *her.* in gleiche Teile geteilt.
par·ty| line *s* **1.** *teleph.* Gemeinschaftsanschluß *m*. **2.** *jur.* Grenze *f* zwischen benachbarten Grundstücken. **3.** *pol.* Parˈteilinie *f*, -direkˌtiven *pl*: **to follow the** ~ linientreu sein; **voting was on** ~**s** bei der Abstimmung herrschte Fraktionszwang. ~ **lin·er** *s pol.* linientreues Parˈteimitglied. ~ **man** *s irr pol.* Parˈteimann *m*, -gänger *m*. ~ **per fess** *adj her.* waagerecht geteilt. ~ **per pale** *adj her.* der Länge nach geteilt. ~ **piece** → **party trick**. ~ **pol·i·tics** *s pl sg konstruiert*) Parˈteipoliˌtik *f*. ~ **slo·gan** *s pol.* Parˈteipaˌrole *f*. ~ **tick·et** *s* **1.** Gruppenfahrkarte *f*. **2.** *pol. Am.* (Kandiˈdaten)Liste *f* e-r Parˈtei. **3.** *bes. sport* Kabiˈnettstückchen *n*: **he went through one of his** ~**s** er zeigte eines s-r Kabinettstückchen. ~ **wall** *s arch.* **1.** gemeinsame Wand *od.* Mauer. **2.** Brandmauer *f*. ~ **wire** → **party line** 1.
par·ve·nu [ˈpɑ:(r)vənju:; *Am. a.* -ˌnu:] **I** *s* Emˈporkömmling *m*, Parveˈnü *m*. **II** *adj* parveˈnühaft. [Kirche.\
par·vis [ˈpɑ:(r)vɪs] *s arch.* Vorhof *m* e-r]
pas [pɑ:] *pl* **pas** [pɑ:z] *s* **1.** *obs.* Vortritt *m*: **to give the** ~ **to s.o.** j-m den Vortritt geben *od.* lassen. **2.** Pas *m*, Tanzschritt *m*.
pas·cal [ˈpæskəl] *s phys.* Pasˈcal *n* (*Einheit des Drucks*).
Pasch [pɑ:sk; *bes. Am.* pæsk], *a.* **ˈPascha** [-kə] *s relig. obs.* Passah *n*, Osterfest *n* (*der Juden*).
ˈpas·chal *relig.* **I** *adj* **1.** Oster..., Passah...: ~ **lamb** a) Osterlamm *n*, b) *her.* weißes schreitendes Lamm, das ein silbernes Banner mit rotem Kreuz trägt. **II** *s* **2.** Osterkerze *f*. **3.** Ostermahl *n*. ~ **flow·er** → **pasqueflower**.
pas de deux [pɑdədø] (*Fr.*) *pl* **pas de deux** *s* Ballett: Pas de ˈdeux *m*.

pa·sha [ˈpɑ:ʃə; ˈpæʃə; pəˈʃɑ:] *s hist.* Pascha *m*.
pa·so do·ble [ˌpæsəʊˈdəʊbleɪ] *s mus.* Paso doble *m*.
ˈpasqueˌflow·er [ˈpɑ:sk-; *bes. Am.* ˈpæsk-] *s bot.* Küchenschelle *f*.
pas·quin·ade [ˌpæskwɪˈneɪd] *s* Pasˈquill *n*, (anoˈnyme) Schmähschrift.
pass[1] [pɑ:s; *Am.* pæs] *s* **1.** (Eng)Paß *m*, Zugang *m*, ˈDurchgang *m*, -fahrt *f*: **to hold the** ~ die Stellung halten (*a. fig.*); **to sell the** ~ die Stellung *od.* alles verraten. **2.** Joch *n*, (Berg)Sattel *m*. **3.** schiffbarer Kaˈnal. **4.** Fischgang *m* (*an Schleusen*).
pass[2] [pɑ:s; *Am.* pæs] **I** *v/t* **1.** *etwas* passˈieren, vorˈbei-, vorˈübergehen, -fahren, -fließen, -kommen, -reiten, -ziehen an (*dat*): **we** ~**ed the post office**. **2.** vorˈbeifahren an (*dat*), überˈholen (*a. mot.*): **we** ~**ed his car**. **3.** *fig.* überˈgehen, -ˈspringen, keine Noˈtiz nehmen von. **4.** *econ.* eine Dividende ausfallen lassen. **5.** e-e Schranke, ein Hindernis passˈieren: **to** ~ **the gate**. **6.** durch-, überˈschreiten, durchˈqueren, -ˈreiten, -ˈreisen, -ˈziehen, passˈieren: **to** ~ **a river** e-n Fluß überqueren. **7.** durchˈschneiden (*Linie*). **8.** a) ein Examen bestehen, b) e-n Prüfling bestehen lassen. *od.* durchˈkommen lassen, c) *etwas* ˈdurchgehen lassen. **9.** hinˈausgehen über (*acc*), überˈsteigen, -ˈschreiten, -ˈtreffen (*alle a. fig.*): **it** ~**es my comprehension** es geht über m-n Verstand *od.* Horizont: **just** ~**ing seventeen** gerade erst siebzehn Jahre alt. **10.** (*durch etwas*) hinˈdurchleiten, -führen (*a. tech.*), *a.* die Hand gleiten lassen: **to** ~ **a wire through a hole**; **he** ~**ed his hand over his forehead** er fuhr sich mit der Hand über die Stirn. **11.** *durch ein Sieb* passˈieren, ˈdurchseihen. **12.** vorˈbei-, ˈdurchlassen, passˈieren lassen. **13.** *Zeit* ver-, zuˈbringen: **to** ~ **the time reading** sich die Zeit mit Lesen vertreiben. **14.** *e-n Gegenstand* reichen, geben, (*a. jur. Falschgeld*) weitergeben, *Geld* in ˈUmlauf setzen *od.* bringen: ~ **me the salt, please** reichen Sie mir bitte das Salz; → **buck**[1] 9, **hat** *Bes. Redew.* **15.** überˈsenden, *a. ein Funkspruch* beˈfördern. **16.** *sport den Ball* abspielen, -geben, passen (**to** zu). **17.** *jur.* Eigentum, e-n Rechtstitel überˈtragen, letztwillig zukommen lassen. **18.** e-n Vorschlag ˈdurchbringen, -setzen, *ein Gesetz* verabschieden, e-e *Resolution* annehmen. **19.** *abgeben*, überˈtragen: **to** ~ **the chair** den Vorsitz abgeben (**to s.o.** an j-n). **20.** rechtskräftig machen. **21.** (als gültig) anerkennen, gelten lassen, genehmigen. **22.** *e-e Meinung* äußern, aussprechen (**on, upon** über *acc*), *e-e Bemerkung* fallenlassen *od.* machen, *ein Kompliment* machen: **to** ~ **criticism on** Kritik üben an (*dat*). **23.** *ein Urteil* abgeben, fällen, *jur. a.* (aus)sprechen. **24.** *med.* a) *Eiter, Nierensteine etc* ausscheiden: **to** ~ **a kidney stone**, b) *den Darm* entleeren, c) *Wasser* lassen. **25.** *ein Türschloß* öffnen.
II *v/i* **1.** sich (fort)bewegen, (*von e-m Ort zu e-m andern*) gehen, reiten, fahren, ziehen *etc*. **27.** vorˈbei-, vorˈübergehen, -fahren, -ziehen *etc* (**by** an *dat*): **do not** ~ **mot.** Überholen verboten. **28.** ˈdurchgehen, passˈieren (**through** durch): **it just** ~**ed through my mind** *fig.* es ging mir durch den Kopf. **29.** *in andere* Hände ˈübertragen, überˈtragen werden (**to** auf *acc*), kommen, geraten, fallen (**to** an *acc*): **it** ~**es to the heirs** es geht auf die Erben über, es fällt an die Erben. **30.** *unter j-s Aufsicht* kommen, geraten. **31.** ˈübergehen: **to** ~ **from a solid (in)to a liquid state** vom festen in den flüssigen Zustand übergehen. **32.** vergehen,

vorˈübergehen (*Zeit etc, a. Schmerz etc*); verstreichen (*Zeit*): **the pain will** ~ der Schmerz wird vergehen; **fashions** ~ Moden kommen u. gehen. **33.** *euphem.* verscheiden, sterben. **34.** sich zutragen, sich abspielen, vor sich gehen, passˈieren: **it came to** ~ **that** *bes. Bibl.* es begab sich *od.* es geschah, daß; **to bring s.th. to** ~ etwas bewirken. **35.** herˈumgereicht werden, von Hand zu Hand gehen, im ˈUmlauf sein: **the hat** ~**ed round** der Hut ging herum; **harsh words** ~**ed between them** es fielen harte Worte bei ihrer Auseinandersetzung. **36.** (**for, as**) gelten (für, als), gehalten werden (für), angesehen werden (für): **this** ~**es for gold** das soll angeblich Gold sein. **37.** ˈdurchkommen: a) *das Hindernis etc* bewältigen, b) (die Prüfung) bestehen. **38.** a) anˈhingehen, leidlich sein, b) ˈdurchgehen, unbeanstandet bleiben, geduldet werden: **let that** ~ reden wir nicht mehr davon. **39.** *parl. etc* ˈdurchgehen, bewilligt *od.* zum Gesetz erhoben werden, Rechtskraft erlangen. **40.** angenommen werden, gelten, (als gültig) anerkannt werden. **41.** gangbar sein, Geltung finden (*Grundsätze, Ideen*). **42.** *jur.* gefällt werden, ergehen (*Urteil, Entscheidung*). **43.** *med.* abgehen, abgeführt *od.* ausgeschieden werden. **44.** *sport* (den Ball) abspielen *od.* abgeben *od.* passen (**to** zu). **45.** *Kartenspiel:* passen: **I** ~! *a. fig.* ich passe!; **I** ~ **on that!** *fig.* da muß ich passen! **46.** *fenc.* ausfallen.
III *s* **47.** (Reise)Paß *m*, (Persoˈnal)Ausweis *m*. **48.** a) Pasˈsier-, Erlaubnisschein *m*, b) *bes.* **free** ~ (Dauer)Freikarte *f*, *rail. etc* (Dauer)Freifahrkarte *f*, -schein *m*. **49.** *mil.* a) Urlaubsschein *m*, b) Kurzurlaub *m*: **on** ~ auf (Kurz)Urlaub. **50.** *ped. univ.* a) bestandenes Exˈamen, b) (gutes) ˈDurchkommen, *Br.* (Prüfungs)Note *f*, Zeugnis *n*, d) *Br.* einfacher Grad (*unterster akademischer Grad*). **51.** Genehmigung *f*, *tech. a.* Abnahme *f*. **52.** kritische Lage: **things have come to such a** ~ die Dinge haben sich derart zugespitzt; **to be at a desperate** ~ hoffnungslos sein; **a pretty** ~, ˌe-e schöne Geschichte'. **53.** Handbewegung *f*, (Zauber)Trick *m*. **54.** Bestreichung *f*, Strich *m* (*beim Hypnotisieren etc*). **55.** Maltechnis: Strich *m*. **56.** *Baseball:* Recht *n* auf freien Lauf zum ersten Mal nach vier Bällen. **57.** *sport* Paß *m*, (Ball)Abgabe *f*, Vorlage *f*, Zuspiel *n*: ~ **back** a) Rückpaß *m*, b) Rückgabe *f* (*zum Tormann*). **58.** *Kartenspiel:* Passen *n*. **59.** *fenc.* Ausfall *m*, Stoß *m*. **60.** *colloq.* Annäherungsversuch *m*, Zudringlichkeit *f*: **to make a** ~ **at** e-r Frau gegenüber zudringlich werden. **61.** *tech.* ˈDurchlauf *m*, -gang *m*, Arbeitsgang *m*. **62.** *electr.* Paß *m* (*frequenzabhängiger Vierpol*).
Verbindungen mit Präpositionen:
pass| be·yond *v/i* hinˈausgehen über (*acc*) (*a. fig.*). ~ **by** *v/i* **1.** vorˈüber- *od.* vorˈbeigehen an (*dat*), passˈieren. **2.** unter dem Namen ... bekannt sein. ~ **for** → **pass**[2] 36. ~ **in·to I** *v/t* **1.** *etwas* einführen in (*acc*). **2.** (hinˈein)gehen *etc* in (*acc*): **to** ~ **history** in die Geschichte eingehen. **3.** ˈübergehen in (*acc*): **to** ~ **law** (zum) Gesetz werden, Rechtskraft erlangen. ~ **on** *v/t* **1.** j-m etwas ˈunterschieben, ˌandrehen'. **2.** *ein Urteil* fällen *od.* sprechen über (*acc*). ~ **o·ver** *v/i* ˈübergehen, igno'rieren. ~ **through I** *v/t* **1.** durch ... führen *od.* leiten *od.* stecken. **2.** durch ... schleusen. **II** *v/i* **3.** durchˈfahren, -ˈqueren, -ˈreisen, -ˈschreiten *etc*, durch ... gehen *etc*, durchˈfließen. **4.** durch ... führen (*Draht, Tunnel etc*). **5.** durchˈbohren. **6.** ˈdurchmachen, erleben. **7.** *Seiten etc* überˈfliegen. ~ **up·on** → **pass on**.

passable - past

Verbindungen mit Adverbien:
pass| a·long v/i: ~, please bitte durchgehen! (*im Bus*). ~ **a·way I** v/t **1.** *Zeit* ver-, zubringen: **to ~ the time reading** sich die Zeit mit Lesen vertreiben. **II** v/i **2.** vor¦über-, vor¦beigehen, vergehen (*Zeit, Schmerz etc*). **3.** *euphem*. verscheiden, sterben. ~ **by I** v/i **1.** vor¦übergehen: **s.o. passing by** ein Passant. **2.** → **pass away 2. II** v/t **3.** vor¦über-, vor¦beigehen an (*dat*) (*a. fig.*): **life has passed her by. 4.** a) *etwas od. j-n* über¦gehen (**in silence** stillschweigend), b) *j-n* ,schneiden'. ~ **down I** v/t (**to**) *Tradition etc* weitergeben (*dat od. an acc*), *Bräuche etc* über¦liefern (*dat*). **II** v/i ~ **pass along.** ~ **in** v/t **1.** einlassen. **2.** einreichen, einhändigen: → **check 12.** ~ **off I** v/t **1.** *j-n od. etwas* ausgeben (**for**, **as** für, als). **II** v/i **2.** gut etc vor¦beikommen, vor¦übergehen, von¦statten gehen, verlaufen. **3.** vergehen (*Schmerz etc*). **4.** ¦durchgehen (**as** als). ~ **on I** v/t **1.** a) weiterleiten, -geben, -reichen (**to** *dat od. an acc*), befördern, b) ¦durch-, weitersagen, c) *Krankheit etc* über¦tragen, *Erbfaktor etc* weitergeben. **2.** *econ*. abwälzen (**to** auf *acc*): **to ~ wage increases. II** v/i **3.** weitergehen, ¦übergehen (**to** zu). **5.** → **pass away 3.** ~ **out I** v/i **1.** hin¦ausgehen, -fließen. **2.** *colloq*. ohnmächtig werden, ,umkippen'. **II** v/t **3.** *Getränke etc* spen¦dieren, *Proben etc* ver-, austeilen. ~ **o·ver I** v/t **1.** hin¦übergehen, über¦queren. **2.** hin¦überführen (**to** zu). **3.** ¦überleiten (**to** zu). **4.** → **pass by 3. II** v/t **5.** über¦tragen (**to** *dat*): → **baby 1. 6.** *etwas* aus-, weglassen. **7.** *j-n* über¦gehen. **8.** sich *e-e Chance etc* entgehen lassen, *e-e Chance etc* verpassen. ~ **through** v/i **1.** hin¦durchgehen, -reisen *etc*: **to be passing through** auf der Durchreise sein. ~ **up** v/t *colloq*. **1.** → **pass over 8. 2.** *j-n* igno¦rieren, ,schneiden'.
'pass·a·ble *adj* (*adv* **passably**) **1.** pas¦sierbar: ~ **roads. 2.** ¦umlauffähig: ~ **counterfeit money. 3.** pas¦sabel, leidlich.
pas·sade [pæ¦seɪd] *s Reiten*: Pas¦sade *f*.
pas·sage¹ [ˈpæsɪdʒ] *s* **1.** Her¦aus-, Vor¦über-, ¦Durchziehen *n*, ¦Durchgang *m*, -reise *f*, -fahrt *f*, -fließen *n*: **no ~!** kein Durchgang!, keine Durchfahrt!: ~ **bird of passage. 2.** Pas¦sage *f*, ¦Durch-, Verbindungsgang *m*. **3.** a) Furt *f*, b) Ka¦nal *m*. **4.** *bes. Br*. Gang *m*, Korridor *m*. **5.** (*See-, Flug*)Reise *f*, (*Über-*)Fahrt *f*, Flug *m*: **to book a ~** e-e Schiffskarte lösen (**to** nach); **to work one's ~** s-e Überfahrt abarbeiten. **6.** *tech*. ¦Durchtritt *m*, -laß *m*. **7.** Vergehen *n*, -streichen *n*, Ablauf *m*: **the ~ of time. 8.** *parl*. ¦Durchgehen *n*, -kommen *n*, Annahme *f*, ¦In¦krafttreten *n* (*e-s Gesetzes*). **9.** *econ*. (¦Waren)Tran¦sit *m*, ¦Durchgang *m*. **10.** *pl* Beziehungen *pl*, Ausein¦andersetzung *f*, (*geistiger*) Austausch. **11.** Wortwechsel *m*. **12.** (Text)Stelle *f*, Passus *m* (*in e-m Buch etc*). **13.** *mus*. Pas¦sage *f*, Lauf *m*. **14.** *a. fig*. ¦Übergang *m*, ¦Übertritt *m* (**from ... to**, **into** von ... in *acc*, zu). **15.** a) *physiol*. (*Darm*)Entleerung *f*, Stuhlgang *m*, b) *anat*. (*Gehör- etc*)Gang *m*, (*Harn- etc*)Weg(e *pl*) *m*: **auditory ~**; **urinary ~. 16.** ¦Übertragung *f*, ¦Übergang *m*.
pas·sage² [ˈpæsɪdʒ] (*Reiten*) **I** v/i seitwärts gehen. **II** v/t *das Pferd* pas¦sieren lassen. **III** s Pas¦sage *f*.
pas·sage| at arms *s* **1.** Waffengang *m*. **2.** *fig*. Wortgefecht *n*, ¦Redendu¦ell *n*, ,Schlagabtausch' *m*. ~ **bed** *s geol*. ¦Übergangsschicht *f*. ~ **boat** *s mar*. Fährboot *n*. **¦~way** *s* ¦Durchgang *m*, Korridor *m*, Pas¦sage *f*.

pas·sant [ˈpæsənt] *adj her*. schreitend.
'pass·band *s electr*. ¦Durchlaßbereich *m*: ~ **amplifier** Bandpaßverstärker *m*; ~ **attenuation** Durchlaß-, Lochdämpfung *f*. **¦~book** *s* **1.** Kontobuch *n*, a. Sparbuch *n*. **2.** Buch *n* über kredi¦tierte Waren. ~ **check** *s Am*. Pas¦sierschein *m*. ~ **degree** → **pass²** 50 *d*.
pas·sé *m*, **pas·sée** *f* [ˈpæseɪ; ¦pæ-; *Am*. pæˈseɪ; pɑˈseɪ] (*Fr*.) *adj* pas¦sé: a) vergangen, b) veraltet, über¦holt, c) verblüht: **a passée belle** e-e verblühte Schönheit.
pas·sel [ˈpæsəl] *s bes. Am. colloq*. Gruppe *f*, Reihe *f*.
passe·ment [ˈpæsmənt] *s* Tresse *f*, Borte *f*. **passe·men·te·rie** [-¦mentri] *s* Posa¦menten *pl*.
pas·sen·ger [ˈpæsɪndʒə(r)] **I** *s* **1.** Passa¦gier *m*, Fahr-, Fluggast *m*, Reisende(r *m*) *f*, (*Auto- etc*)Insasse *m*: ~ **cabin** *aer*. Fluggastraum *m*. **2.** *colloq*. a) ,Schma¦rotzer' *m*, ¦unprodu¦ktives *od*. unnützes Mitglied (*e-r Gruppe*), b) Drückeberger *m*, c) *sport* ,Flasche' *f*, ,Ausfall' *m*. **II** *adj* **3.** Passagier...: ~ **boat**; ~ **list**. ~ **car** *s* **1.** *rail. Am*. Per¦sonenwagen *m*. **2.** Per¦sonen(kraft)wagen *m*, Pk¦w *m*. ~ **lift** *s Br*. Per¦sonenaufzug *m*. ~ **mile** *s* Passa¦giermeile *f* (*Rechnungseinheit bei Beförderungskosten*). ~ **pi·geon** *s orn*. Wandertaube *f*. ~ **plane** *s aer*. Passa¦gierflugzeug *n*. ~ **ter·mi·nal** *s aer*. Abfertigungsgebäude *n* (*e-s Flughafens*). ~ **traf·fic** *s* Per¦sonenverkehr *m*. ~ **train** *s* Per¦sonenzug *m*.
passe-par·tout [ˈpæspɑːtuː; *Am*. ¦pæspərˈtuː; ¦pɑspɑrtuː] (*Fr*.) *s* **1.** Hauptschlüssel *m*. **2.** Passepar¦tout *n* (*Bildumrandung aus leichter Pappe*).
¦pass·er-¦by *pl* **¦pass·ers-¦by** *s* Vor¦bei-, Vor¦übergehende(r *m*) *f*, Pas¦sant (-in).
pas·ser·i·form [ˈpæsərɪfɔː(r)m; *Am. a*. pəˈserəf-] *adj orn*. sperlingartig. **'pas·ser·ine** [-raɪn] **I** *adj* zu den Sperlingsvögeln gehörig. **II** *s* Sperlingsvogel *m*.
pass ex·am·i·na·tion *s univ. Br*. unterstes Universi¦täts-¦Abschluß¦examen.
pas·si·bil·i·ty [¦pæsɪˈbɪlətɪ] *s* Empfindungsvermögen *n*. **'pas·si·ble** *adj* (*adv* **passibly**) empfindungsfähig.
pas·sim [ˈpæsɪm] (*Lat*.) *adv* passim, hie(r) u. da, an verschiedenen Orten *od*. Stellen (*in Büchern*).
pas·sim·e·ter [pəˈsɪmətər] *s Am*. vom Schalter aus betätigtes Drehkreuz in U-Bahnhöfen.
pass·ing [ˈpɑːsɪŋ; *Am*. ˈpæs-] **I** *adj* **1.** vor¦bei-, vor¦über-, ¦durchgehend: ~ **axle** *tech*. durchgehende Achse; ~ **con·tact** *electr*. Wischkontakt *m*. **2.** vor¦übergehend, flüchtig, vergänglich. **3.** flüchtig, beiläufig, oberflächlich. **4.** *ped*. befriedigend: **a ~ grade** *Am*. die Note „befriedigend". **II** *adv* **5.** *obs*. ¦überaus, sehr. **III** *s* **6.** Vor¦bei-, ¦Durch-, Hin¦übergehen *n*: **in ~** im Vorbeigehen, *fig*. beiläufig, nebenbei. **7.** Überholen *n*: **no ~!** *mot*. Überholverbot! **8.** Da¦hinschwinden *n*. **9.** *euphem*. Verscheiden *n*, Ableben *n*. **10.** ¦Übergang *m*: ~ **of title** *jur*. Eigentumsübertragung *f*. **11.** *pol*. Annahme *f*, ¦Durchgehen *n* (*e-s Gesetzes*). ~ **beam** *s mot*. Abblendlicht *n*. ~ **bell** *s* Totenglocke *f*. ~ **lane** *s mot*. Überholspur *f*. ~ **note** *s mus*. ¦Durchgangston *m*. ~ **place** *s mot*. Ausweichstelle *f*. **~·shot, ~·stroke** *s Tennis*: Pas¦sierschlag *m*. ~ **tone** *s Am*. → **passing note**. ~ **zone** *s* Staffellauf: Wechselzone *f*.
pas·sion [ˈpæʃn] **I** *s* **1.** Leidenschaft *f*, heftige Gemütsbewegung *od*. -erregung *f*, leidenschaftlicher (Gefühls)Ausbruch: **she broke into a ~ of tears** sie brach in heftiges Weinen aus; → **heat 4. 2.** Wut *f*,

Zorn *m*: **to fly into a ~** e-n Wutanfall bekommen. **3.** Leidenschaft *f*, heftige Liebe *od*. Neigung, heißes (e¦rotisches) Verlangen. **4.** Leidenschaft *f*: a) heißer Wunsch, b) Passi¦on *f*, Vorliebe *f* (**for** für): **it became a ~ with him** es ist ihm zur Leidenschaft geworden, er tut es leidenschaftlich gern(e), c) Liebhabe¦rei *f*, Passi¦on *f*: **fishing is his ~**, d) große Liebe (*Person*). **5.** P~ *relig*. a) Passi¦on *f* (*a. mus. paint. u. fig.*), Leiden *n* Christi, b) Passi¦on(sgeschichte) *f*, Leidensgeschichte *f*, c) *obs*. Mar¦tyrium *n*. **II** *v/t* **6.** mit Leidenschaft erfüllen.
pas·sion·al [ˈpæʃənl] *s* Passio¦nal *n* (*Sammlung von Märtyrergeschichten*). **'pas·sion·ate** [-nət] *adj* (*adv* **~ly**) **1.** leidenschaftlich (*a. fig.*). **2.** heftig, hitzig, jähzornig. **'pas·sion·ate·ness** *s* Leidenschaftlichkeit *f*. **'pas·sion¦flow·er** *s bot*. Passi¦onsblume *f*. **~ fruit** *s bot*. Passi¦onsfrucht *f*. **'pas·sion·less** *adj* (*adv* **~ly**) leidenschaftslos.
Pas·sion|play *s relig*. Passi¦onsspiel *n*. ~ **Sun·day** *s* Passi¦onssonntag *m*. ~ **Week** *s* **1.** Karwoche *f*. **2.** Woche *f* zwischen Passi¦onssonntag u. Palm¦sonntag.
pas·si·vate [ˈpæsɪveɪt] *v/t chem. tech*. passi¦vieren.
pas·sive [ˈpæsɪv] **I** *adj* (*adv* **~ly**) **1.** *ling*. pas¦sivisch, passiv; ~ **noun** passivisches Substantiv (*z. B.* **employee**); ~ **verb** passiv konstruiertes Verb; ~ **voice** Passiv *n*, Leideform *f*. **2.** *allg., a. electr. med. sport* passiv: ~ **obedience** blinder Gehorsam; ~ **resistance** passiver Widerstand; ~ **satellite** (*Raumforschung*) Passivsatellit *m*; ~ **smoking** passives Rauchen; ~ **vocabulary** passiver Wortschatz. **3.** *econ*. untätig, nicht zinstragend, passiv: ~ **debt** unverzinsliche Schuld; ~ **trade** Passivhandel *m*. **4.** *chem*. träge, ¦indiffe¦rent. **II** *s* **5.** *ling*. Passiv *n*, Leideform *f*. **'pas·sive·ness, pas'siv·i·ty** *s* Passivi¦tät *f*, Teilnahmslosigkeit *f*, ¦Widerstandslosigkeit *f*.
'pass·key *s* **1.** Hauptschlüssel *m*. **2.** Drücker *m*. **3.** Nachschlüssel *m*.
'pass·man *s irr ped. Br*. Student, der sich auf den **pass degree** vorbereitet.
pass·om·e·ter [pæˈsɒmɪtə(r); *Am*. -ˈsɑ-] *s tech*. Schrittmesser *m*.
Pass·o·ver [*Br*. ˈpɑːsˌəʊvə(r); *Am*. ˈpæs-] *s* **1.** *relig*. Passah *n*, jüdisches Osterfest. **2.** p~ Osteropfer *n*, -lamm *n*.
pass·port [ˈpɑːspɔːt; *Am*. ˈpæsˌpɔʊərt; -¦pɔːrt] *s* **1.** (Reise)Paß *m*: ~ **control** (*od*. **inspection**) Paßkontrolle *f*; ~ (**size**) **photograph** Paßbild *n*. **2.** *econ*. Pas¦sierschein *m* (*zur zollfreien Ein- u. Ausfuhr*). **3.** *fig*. Weg *m*, Schlüssel *m* (**to** zu).
pass| shoot·ing *s Am*. Jagd *f* auf ziehende Vögel (*bes. Wildenten*) über feststehende Strecken. **¦~way** *s* ¦Durchgang *m*, Engpaß *m*. **¦~word** *s* Pa¦role *f*, Losung *f*, Kennwort *n*.
past [pɑːst; *Am*. pæst] **I** *adj* **1.** vergangen, verflossen, ehemalig, *pred* vor¦über: **those days are ~** die(se) Zeiten sind vorüber; **for some time ~** seit einiger Zeit; **that's (all) ~ history** *colloq*. das gehört der Vergangenheit an, das ist Schnee von gestern. **2.** *ling*. Vergangenheits...: ~ **participle** Partizip *n* Perfekt, Mittelwort *n* der Vergangenheit; ~ **perfect** Plusquamperfekt *n*, Vorvergangenheit *f*; ~ **tense** Vergangenheit *f*, Präteritum *n*. **3.** vorig(er, e, es), früher(er, e, es), ehemalig(er, e, es): **the ~ president. II** *s* **4.** Vergangenheit *f*. **5.** (*persönliche, oft dunkle*) Vergangenheit, Vorleben *n*: **a woman with a ~** e-e Frau mit Vergangenheit. **6.** *ling*. Vergangenheit(sform) *f*.

III *adv* **7.** da'hin, vor'bei, vor'über: **to run ~** vorbeilaufen. **IV** *prep* **8.** (*Zeit*) nach, über (*acc*): **half ~ seven** halb acht; **she is ~ forty** sie ist über vierzig. **9.** an ... (*dat*) vor'bei *od.* vor'über: **he ran ~ the house. 10.** über ... (*acc*) hin'aus: **they are ~ caring** sie kümmert das alles nicht mehr; **I would not put it ~ him** *colloq.* das traue ich ihm glatt *od.* ohne weiteres zu; **I would not put it ~ him to forget it** *colloq.* er ist imstande u. vergißt es; **to be ~ it** *colloq.* zu alt sein (dafür); **to be getting ~ it** *colloq.* allmählich alt werden.
pas·ta ['pæstə; *bes. Am.* 'pɑːstə] *s* Teigwaren *pl.*
ˌpast·'due *adj bes. econ.* 'überfällig: **~ bill**; **~ interest** Verzugszinsen *pl.*
paste [peɪst] *I s* **1.** Teig *m*, (*Batterie-, Fisch-, Zahn- etc*)Paste *f*, breiige Masse, Brei *m*: **~ solder** *tech.* Lötpaste. **2.** Kleister *m*, Klebstoff *m*, Papp *m*. **3.** *tech.* Glasmasse *f*. **4.** *min.* (Ton)Masse *f*. **5.** a) Paste *f* (*zur Diamantenherstellung*), b) Simili *n*, *m*, künstlicher Edelstein. **6.** *tech.* (*Ton-, Gips- etc*)Brei *m* (*in der Porzellan- u. Steingutherstellung*). **II** *v/t* **7.** (fest-, zs.-) kleben, kleistern, pappen. **8.** bekleben (**with** mit). **9.** *meist* **~ up** a) auf-, ankleben (**on** auf, **an** *acc*), einkleben (**in** in *acc*), b) verkleistern (*Loch*), c) *print.* e-n 'Klebeˌumbruch machen von. **10.** *electr. tech.* Akkuplatten pa'stieren. **11.** *sl.* ('durch-) hauen: **he ~d him one** er ˌklebte' ihm eine. '**~·board** *I s* **1.** Pappe *f*, Papp(en)deckel *m*, Kar'ton *m*. **2.** *sl.* a) Vi'sitenkarte *f*, b) Spielkarte *f*, c) Eintrittskarte *f*. **3.** *Am.* Nudelbrett *n*. **II** *adj* **4.** Papp(en)..., Karton..., aus Pappe. **5.** *fig.* unecht, wertlos, kitschig. '**~·down** *s Buchbinderei:* Vorsatz *m*, Vorsatzblatt *n*. **~ job** *s contp.* zs.-gestoppeltes Machwerk.
pas·tel [pæ'stel; 'pæstel; *Br. attr.* 'pæstl] *I s* **1.** *bot.* Färberwaid *m*. **2.** Waidblau *n* (*Farbe*). **3.** Pa'stellstift *m*. **4.** Pa'stellmaleˌrei *f*. **5.** Pa'stell(zeichnung *f*) *n*. **6.** Pa'stellfarbe *f*, -ton *m*. **II** *adj* **7.** Pastell...: **a ~ drawing. 8.** Pastell..., pa'stellfarbig, zart, duftig (*Farbe*). **pas·tel·(l)ist** [pæ'stelɪst; *Br. a.* 'pæstəlɪst] *s* Pa'stellmaler(in).
past·er ['peɪstər] *s Am.* Aufklebzettel *m*, 'Klebstreifen *m*, -paˌpier *n*.
pas·tern ['pæstərn; *Am.* -tərn] *s zo.* Fessel *f* (*vom Pferd*): **~ joint** Fesselgelenk *n*.
'**paste-up** *s print.* 'Klebeˌumbruch *m*.
pas·teur·i·za·tion [ˌpæstərəɪ'zeɪʃn; *Am.* -rəˈz-; *a.* -tʃərəˈz-] *s chem.* Pasteuri'sierung *f*. '**pas·teur·ize** *v/t* pasteurisieren, keimfrei machen.
pas·tic·cio [pæ'stɪtʃəʊ] *pl* **-cios, -ci** [-tʃi] → **pastiche**.
pas·tiche [pæ'stiːʃ] *s* **1.** Pa'stiche *m*, Pa'sticcio *n*: a) *paint.* im Stil e-s anderen Malers angefertigtes Bild, b) *mus.* aus Stücken verschiedener Komponisten zs.-gesetzte Oper. **2.** *fig.* Mischmasch *m*.
pas·tille ['pæstəl; *bes. Am.* pæs'tiːl] *s* **1.** Räucherkerzchen *n*. **2.** *pharm.* Pa'stille *f*.
pas·time ['pɑːstaɪm; *Am.* 'pæs-] *s* Zeitvertreib *m*, Freizeitbeschäftigung *f*: **reading is his favo(u)rite ~; as a ~** zum Zeitvertreib.
past·i·ness ['peɪstɪnɪs] *s* **1.** breiiger Zustand, breiiges *od.* teigiges Aussehen. **2.** *fig.* ˌkäsiges' Aussehen.
past·ing ['peɪstɪŋ] *s* **1.** Kleistern *n*, Kleben *n*. **2.** Klebstoff *m*. **3.** *sl.* ˌDresche' *f*, (*Tracht f*) Prügel *pl*.
past mas·ter *s* Altmeister *m*, wahrer Meister *od.* Künstler (im s-m Fach), großer Könner: **to be a ~ in** (*od.* **of**) nicht zu übertreffen sein in (*dat*).
pas·tor ['pɑːstə; *Am.* 'pæstər] *s* Pfarrer *m*, Pastor *m*, Seelsorger *m*. '**pas·to·ral I** *adj* **1.** Schäfer..., Hirten..., i'dyllisch,

ländlich. **2.** *relig.* pasto'ral, seelsorgerisch: **~ responsibility; ~ letter** → 6 a; **~ staff** Bischofs-, Krummstab *m*. **II** *s* **3.** Schäfer-, Hirtengedicht *n*, I'dylle *f*. **4.** *bes. paint.* ländliche Szene. **5.** *mus.* a) Schäferspiel *n*, b) ländliche Kan'tate, c) Pasto'rale *n*, *f*. **6.** *relig.* a) Hirtenbrief *m* (*e-s Bischofs*), b) *pl*, *a.* **P~ Epistles** Pasto'ralbriefe *pl* (*des Apostels Paulus*).
pas·to·ra·le [ˌpæstəˈrɑːlɪ; *Am. bes.* -'rɑːl; -'ræl] *pl* **-ra·li** [-'rɑːli:] *od.* -'ra·les [-lɪz] *s mus.* Pasto'rale *n*, *f*.
pas·tor·ate [*Br.* 'pɑːstərət; *Am.* 'pæs-] *s* **1.** Pasto'rat *n*, Pfarr-, Seelsorgeramt *n*. **2.** *collect.* (*die*) Geistlichen *pl*, Geistlichkeit *f*. **3.** *Am.* Pfarrhaus *n*.
pas·try ['peɪstrɪ] *s* **1.** a) *collect.* Kon'ditorwaren *pl*, Feingebäck *n*, b) Kuchen *m*, Torte *f*. **2.** (Kuchen-, Torten)Teig *m*. **~ cook** *s*, '**~·man** [-mən] *s irr* Kon'ditor *m*. **~ fork** *s* Kuchengabel *f*.
pas·tur·age ['pɑːstjʊrɪdʒ; *Am.* 'pæstʃər-] *s* **1.** Weiden *n* (*von Vieh*). **2.** Weidegras *n*, Grasfutter *n*. **3.** Weide(land *n*) *f*. **4.** Bienenzucht *f* u. -fütterung *f*.
pas·ture ['pɑːstʃə; *Am.* 'pæstʃər] *I s* **1.** Weideland *n*: **to seek greener ~s** *fig.* sich nach besseren Möglichkeiten umsehen; **to retire to ~** abtreten (**in den Ruhestand treten**). **2.** → **pasturage** 2. **II** *adj* **3.** Weide... **III** *v/i* **4.** grasen, weiden. **IV** *v/t* **5.** weiden, auf die Weide treiben. **6.** *Land* als Weideland verwenden. **7.** abweiden.
past·y¹ ['peɪstɪ] *adj* **1.** breiig, teigig, kleist(e)rig. **2.** bläßlich, ˌkäsig'.
past·y² ['pæstɪ; *Br. a.* 'pɑːstɪ] *s* ('Fleisch-) Paˌstete *f*.
pat¹ [pæt] *I s* **1.** *Br.* (*leichter*) Schlag, Klaps *m*: **~ on the back** *fig.* Schulterklopfen *n*, Lob *n*, Anerkennung *f*, Glückwunsch *m*; **he gave himself a ~ on the back** er gratulierte sich (selbst) dazu. **2.** (*Butter*)Klümpchen *n*. **3.** Getrappel *n*, Tapsen *n*, Patschen *n*: **the ~ of bare feet on the floor. 4.** *mus.* 'Negertanzmeloˌdie *f*. **II** *adj* **5.** a) pa'rat, bereit: **to have s.th. ~**, b) fließend: **to know s.th. off ~**, **to have it down ~** *colloq.* ˌetwas (wie) am Schnürchen können', c) passend, treffend: **~ answer** schlagfertige Antwort; **~ solution** Patentlösung *f*, d) (allzu) glatt, gekonnt: **~ style. 6.** fest, unbeweglich: **to stand ~** festbleiben, sich nicht beirren lassen. **7.** gerade recht, rechtzeitig, günstig. **III** *adv* **8.** im rechten Augenblick, wie gerufen. **IV** *v/t* **9.** *Br.* klopfen, tätscheln, e-n Klaps geben (*dat*): **to ~ s.o. on the back** j-m (anerkennend) auf die Schulter klopfen, *fig.* j-n beglückwünschen. **10. ~ down** *Haare etc* andrücken, *Erde etc* festklopfen: **to ~ s.o. down for weapons** j-n nach Waffen abklopfen. **V** *v/i* **11.** tapsen, tappen, patschen. **12.** klatschen, klopfen (**on** an, auf *acc*).
Pat² [pæt] *s* Ire *m*, Irländer *m* (*Spitzname*).
'**pat-a-cake** *s* backe, backe Kuchen (*Kinderspiel*).
pa·ta·gi·um [pəˈteɪdʒɪəm] *pl* **-gi·a** [-ə] *s* Flughaut *f* (*der Fledermäuse*), Windfang *m* (*von Vögeln*).
'**pat-ball** *s sport contp.* ˌlahmes' Kricket *od.* Tennis.
patch [pætʃ] *I s* **1.** Fleck *m*, Flicken *m*, Stück *n* Stoff *etc*, Lappen *m*: **that's not a ~ on** *colloq.* das ist gar nicht zu vergleichen mit *od.* gar nichts gegen. **2.** *mil. etc* Tuchabzeichen *n*. **3.** Schönheitspflästerchen *n*. **4.** *med.* a) (Heft)Pflaster *n*, b) Augenbinde *f*, -klappe *f*. **5.** Fleck *m*, Stück *n* Land *od.* Rasen, Stelle *f*: **a ~ of beans** ein mit Bohnen bepflanztes Stückchen Land. **6.** Stelle *f*, Abschnitt *m* (*in e-m Buch*). **7.** *zo. etc* (Farb)Fleck *m*. **8.** a) Stück(chen) *n*, Brocken *m*: **~ of fog**

Nebelschwaden *m*, b) *pl* Bruchstücke *pl*, (*etwas*) Zs.-gestoppeltes: **in ~es** stellenweise; **to strike** (*od.* **hit, be in**) **a bad ~** e-e ˌPechsträhne' *od.* kein Glück *od.* e-n ˌschwarzen Tag haben. **9.** *Computer:* Di'rektkorrekˌtur *f*. **II** *v/t* **10.** flicken, (e-n) Flicken einsetzen in (*acc*), ausbessern. **11.** mit Flecken *od.* Stellen versehen: **a hillside ~ed with grass** ein stellenweise mit Gras bewachsener Hügel. **12. ~ up** *bes. fig.* a) *Auto, Verletzten etc* ˌzs.-flikken', *Ehe etc* ˌkitten', b) *Buch etc* zs.-stoppeln, c) *Streit etc* beilegen, d) *Differenzen etc* über'tünchen, beschönigen. **13.** *electr.* a) (ein)stöpseln, b) zs.-schalten. '**~·board** *s Computer:* Schalt-, Steckbrett *n*, Schaltplatte *f*. **~ card** *s Computer:* Änderungs-, Korrek'turkarte *f*. '**~·cord** *s electr.* Steckschnur *f*. **~ kit** *s* Flickzeug *n*.
pat·chou·li ['pætʃʊlɪ; *Am. a.* pəˈtʃuːlɪ] *s* Patschuli *n* (*Pflanze od. Parfüm*).
patch| **pock·et** *s* aufgesetzte Tasche. **~ test** *s med.* Einreib-, Tuberku'linprobe *f*. '**~·word** *s ling.* Flickwort *n*. '**~·work I** *s* **1.** *fig. contp.* Flickwerk *n*. **2.** Patchwork *n*. **3.** *fig.* Mischmasch *m*. **II** *adj* **4.** flickenartig, Flicken..., zs.-gestückelt, Patchwork...: **~ quilt. 5.** *fig.* zs.-gestoppelt.
'**patch·y** *adj* (*adv* **patchily**) **1.** voller Flicken. **2.** *fig.* zs.-gestoppelt. **3.** fleckig. **4.** *fig.* uneinheitlich, ungleich-, unregelmäßig.
'**pat-ˌdown search** *s Am.* Abklopfen *n*, 'Leibesvisitatiˌon *f*.
pate [peɪt] *s colloq.* ˌBirne' *f*, Schädel *m*: **bald ~**, 'Platte' *f* (*Glatze*).
pâte [pɑːt] (*Fr.*) *s tech.* (Porzel'lan)Paste *f*.
pâ·té ['pæteɪ; *Am.* pɑːˈteɪ; pæ-; peɪt] (*Fr.*) *s gastr.* Pa'stete *f*.
-pated [peɪtɪd] *in Zssgn* ...köpfig.
pâ·té de foie gras [pɑːte də fwa grɑ] (*Fr.*) *s gastr.* 'Gänseleberpaˌstete *f*.
pa·tel·la [pəˈtelə] *pl* **-lae** [-liː] (*Lat.*) *s anat.* Pa'tella *f*, Kniescheibe *f*.
pat·en ['pætən] *s relig.* Pa'tene *f*, Hostienteller *m*.
pa·ten·cy ['peɪtənsɪ] *s* **1.** Offenkundigkeit *f*. **2.** *med.* Offensein *n*, 'Durchgängigkeit *f* (*e-s Ganges, Kanals etc*).
pat·ent ['peɪtənt; *bes. Am.* 'pæ-] **I** *adj* (*adv* **~ly**) **1.** offen: **letters ~** → 7 *u.* 8. **2.** ['peɪtənt] offen(kundig): **to be ~ auf** der Hand liegen; **to become ~ from** klar hervorgehen aus (*dat*). **3.** mit offizi'ellen Privi'legien ausgestattet. **4.** paten'tiert, gesetzlich geschützt: **~ article** Markenartikel *m*; **~ fuel** Preßkohlen *pl*. **5.** Patent...: **~ agent** (*Am.* **attorney**) Patentanwalt *m*; **~ application** Patentanmeldung *f*; **~ claim** Patentanspruch *m*; **~ law** (*objektives*) Patentrecht; **P~ Office** Patentamt *n*; **~ right** (*subjektives*) Patentrecht; **~ roll** *Br.* Patentregister *n*; **~ specification** Patentbeschreibung *f*, -schrift *f*. **6.** *Br. colloq.* ˌpa'tent', (äußerst) praktisch: **~ methods. II** *s* **7.** Pa'tent *n*, Privi'leg *n*, Freibrief *m*, Bestallung *f*. **8.** Pa'tent *n* (*für e-e Erfindung*) (**on** auf *acc*), Pa'tenturkunde *f*: **~ of addition** Zusatzpatent; **to take out a ~ for ~**, **applied for, ~ pending** (zum) Patent angemeldet. **9.** *Br. colloq.* ˌSpezi'alreˌzept' *n* (**for** für, gegen). **III** *v/t* **10.** paten'tieren, gesetzlich schützen, ein Pa'tent erteilen auf (*acc*). **11.** etwas paten'tieren lassen. **12.** *tech.* paten'tieren, glühen. '**pat·ent·a·ble** *adj* pa'tentfähig. ˌ**pat·ent'ee** [-'tiː] *s* Pa'tentinhaber(in).
pat·ent| **leath·er** *s tech.* Lack-, Glanzleder *n*. **~ shoes** Lackschuhe. **~ log** *s mar.* Pa'tentlog *n*. **~ med·i·cine** *s pharm.* (re'zeptfreie) 'Markenmediˌzin.
pa·ter ['peɪtə(r)] *s ped. colloq.* ˌalter Herr' (*Vater*). ˌ**pa·ter·fa'mil·i·as** [-fəˈmɪlɪ-

paternal – pattypan

æs; *Am.* -əs] *pl* **pa·tres fa'mil·i·as** [ˌpeɪtriːz-; ˌpɑːtreɪz-] *s* Fa'milienoberhaupt *n*, -vater *m*.
pa·ter·nal [pə'tɜːnl; *Am.* -'tɜr-] *adj (adv* ~ly) **1.** väterlich. **2.** von der *od.* auf der Seite des Vaters: ~ **grandfather** Großvater *m* väterlicherseits. **pa'ter·nal·ism** *s bes. pol.* Paterna'lismus *m*, Bevormundung *f* (durch den Staat). **pa'ter·nal·ist, pa,ter·nal'is·tic** *adj bes. pol.* paterna'listisch, bevormundend.
pa·ter·ni·ty [pə'tɜːnətɪ; *Am.* -'tɜr-] *s* **1.** Vaterschaft *f* (*a. fig.*): **to declare** ~ *jur.* die Vaterschaft feststellen; ~ **suit** *jur.* Vaterschaftsprozeß *m*; ~ **test** *jur. med.* (Blutgruppen)Test *m* zur Feststellung der Vaterschaft. **2.** *fig.* Urheberschaft *f*.
pa·ter·nos·ter [ˌpætə'nɒstə; *Am.* -'nɑːstər; ˌpɑːtər'nɑː-] **I** *s* **1.** *relig.* Pater'noster *n*, Vater'unser *n*. **2.** *R.C.* a) Vater'unserperle *f*, b) *obs.* Pater'nosterschnur *f* (*Rosenkranz*). **3.** *arch.* Perlstab *m*. **4.** *a.* ~ **line** Angelschnur *f* mit Haken in Zwischenräumen u. kugelförmigen Senkern. **5.** Zauberspruch *m*: **black** ~ Anrufung *f* der bösen Geister. **6.** *tech.* Pater'noster (-aufzug) *m*. **II** *adj* **7.** *tech.* Paternoster...
path [pɑːθ; *Am.* pæθ], *pl* **paths** [-ðz; *Am. a.* -θs] *s* **1.** (Fuß)Pfad *m*, (-)Weg *m*. **2.** *fig.* Pfad *m*, Weg *m*, Bahn *f*: **to stand in s.o.'s** ~ j-m im Weg stehen; → **cross** 27, **tread** 11. **3.** *phys. tech.* Bahn *f*. ~ **of current** Stromweg *m*; ~ **of discharge** *electr.* Entladungsstrecke *f*; ~ **of electrons** Elektronenbahn. **4.** *astr.* Bahn *f*.
Pa·than [pə'tɑːn] *s* Pasch'tun *m*.
pa·thet·ic [pə'θetɪk] **I** *adj (adv* ~ally) **1.** *obs.* pa'thetisch, über'trieben gefühlvoll. **2.** bemitleidenswert, mitleidregend: **a** ~ **sight** ein Bild des Jammers. **3. the** ~ **fallacy** die Vermenschlichung der Natur (*in der Literatur etc*). **4.** *Br.* kläglich (*Versuch etc*), erbärmlich, mise'rabel (*Leistung etc*): **to be** ~ zu nichts zu gebrauchen sein. **II** *s* **5.** *pl* Mitleid heischendes Verhalten.
'**path·find·er** *s* **1.** Forschungs-, Entdeckungsreisende(r) *m*. **2.** *aer. mil.* Pfadfinder *m* (*Flugzeug*). **3.** *fig.* Bahnbrecher *m*, Wegbereiter *m*.
path·ic ['pæθɪk] *s* **1.** Leidtragende(r *m*) *f*, Opfer *n*. **2.** Lustknabe *m*.
'**path·less** *adj* pfad-, weglos.
path·o·gen ['pæθədʒen] *s med.* Krankheitserreger *m*.
path·o·gen·e·sis [ˌpæθə'dʒenɪsɪs] *s med.* Pathoge'nese *f* (*Entstehung e-r Krankheit*). ˌ**path·o·ge'net·ic** [-dʒɪ'netɪk], ˌ**path·o'gen·ic, pa·thog·e·nous** [pə'θɒdʒɪnəs; *Am.* -'θɑː-] *adj* patho'gen, krankheitserregend. **pa'thog·e·ny** → **pathogenesis**.
pa·thog·no·my [pə'θɒgnəmɪ; *Am.* -'θɑː-] *s med.* Patho'gnomik *f*, -'gnostik *f*, Sym'ptomenlehre *f*.
path·o·log·i·cal [ˌpæθə'lɒdʒɪkl; *Am.* -'lɑː-] *adj (adv* ~ly) *med.* patho'logisch: a) krankhaft, b) die Krankheitslehre betreffend. **pa·thol·o·gist** [pə'θɒlədʒɪst; *Am.* -'θɑː-] *s med.* Patho'loge *m*. **pa'thol·o·gy** [-dʒɪ] *s* **1.** Patholo'gie *f*, Krankheitslehre *f*. **2.** patho'logischer Befund.
pa·thos ['peɪθɒs; *Am.* -θɑːs] *s* **1.** *obs.* Pathos *n*, Ge'fühls,überschwang *m*. **2.** (*das*) Mitleiderregende. **3.** Mitleid *n*.
'**path·way** → **path** 1 *u.* 2.
pa·tience ['peɪʃns] *s* **1.** Geduld *f*: Ausdauer *f*, Nachsicht *f*, Langmut *f*: **to lose one's** ~ die Geduld verlieren; **to be out of** ~ **with** s.o. j-n nicht mehr ertragen können; **to have no** ~ **with** s.o. nichts übrig haben für j-n; **to try s.o.'s** ~ j-s Geduld auf die Probe stellen. **2.** *bot.* Gartenampfer *m*. **3.** *bes. Br.* Pati'ence *f* (*Kartenspiel*).

pa·tient ['peɪʃnt] **I** *adj (adv* ~ly) **1.** geduldig: a) ausdauernd, beharrlich: ~ **efforts; to be** ~ **of s.th.** etwas (geduldig) ertragen, b) nachsichtig: **to be** ~ **with** a. Geduld haben mit. **2.** zulassend, gestattend: ~ **of two interpretations**. **II** *s* **3.** Pati'ent(in), Kranke(r *m*) *f*. **4.** *jur. Br.* Geistesgestörte(r *m*) *f* (*in e-r Heil- u. Pflegeanstalt*). **5.** *obs.* Leidtragende(r *m*) *f*, Opfer *n*. '**pa·tient·hood** *s* Krankenstand *m*, Kranksein *n*: **during his** ~ **at the hospital** während s-s Krankenhausaufenthalts.
pat·i·na ['pætɪnə; *Am. a.* pə'tiːnə] *s* **1.** Patina *f* (*a. fig.*), Edelrost *m*. **2.** Altersfärbung *f*. '**pat·i·nate** [-neɪt] **I** *v/t* pati'nieren. **II** *v/i* Patina ansetzen (*a. fig.*).
'**pat·i·nous** *adj* pati'niert.
pa·ti·o ['pætɪəʊ] *pl* **-os** *s* **1.** *arch.* Patio *m*, Innenhof *m*. **2.** Ve'randa *f*, Ter'rasse *f*.
pa·tois ['pætwɑː; patwɑ] (*Fr.*) *s* Pa'tois *n*.
pa·tri·al ['peɪtrɪəl] *s jur. Br.* j-d, der durch Abstammung, langjährigen Wohnsitz *od.* Ehe Anrecht auf brit. Staatsbürgerschaft hat.
pa·tri·arch ['peɪtrɪɑː(r)k] *s* **1.** *relig.* Patri'arch *m*: a) *Bibl.* Erzvater *m*, b) Oberbischof *m*. **2.** *fig.* ehrwürdiger alter Mann. **3.** *fig.* Stammesoberhaupt *n*. ˌ**pa·tri'ar·chal** [-'ɑː(r)kl] *adj* patriar'chalisch (*a. fig.* ehrwürdig). '**pa·tri·arch·ate** [-kɪt; -keɪt] *s* Patriar'chat *n*. '**pa·tri·arch·y** *s* Patriar'chat *n*, patriar'chalische Re'gierungsform.
pa·tri·cian [pə'trɪʃn] **I** *adj* **1.** pa'trizisch, Patrizier... **2.** *fig.* aristo'kratisch. **II** *s* **3.** Pa'trizier(in).
pat·ri·cid·al [ˌpætrɪ'saɪdl] *adj* vatermörderisch. '**pat·ri·cide** *s* **1.** Vatermord *m*. **2.** Vatermörder(in).
pat·ri·mo·ni·al [ˌpætrɪ'məʊnɪəl; -jəl] *adj* **1.** Patri'monium *n*, Erbvermögen *n*, väterliches Erbteil. **2.** Vermögen *n* (*a. fig.*). **3.** Kirchengut *n*.
pa·tri·ot ['pætrɪət; *bes. Am.* 'peɪ-] *s* Patri'ot(in). ˌ**pa·tri·o'teer** *s contp.* Hur'rapatri,ot(in). ˌ**pa·tri'ot·ic** [-'ɒtɪk; *Am.* -'ɑːtɪk] *adj (adv* ~ally) patri'otisch. '**pa·tri·ot·ism** *s* Patrio'tismus *m*, Vaterlandsliebe *f*.
pa·tris·tic [pə'trɪstɪk] *adj relig.* pa'tristisch, die Kirchenväter betreffend.
pa·trol [pə'trəʊl] **I** *v/i* **1.** patrouil'lieren (*Soldaten*), *aer.* Pa'trouille fliegen, auf Streife sein (*Polizisten*), s-e Runde machen (*Wachmann*). **2.** *mil.* auf Spähdienst sein. **II** *v/t* **3.** abpatrouil,lieren, *aer.* Strecke abfliegen, auf Streife sein in (*dat*), s-e Runde machen in (*dat*). **III** *s* **4.** Pa'trouille *f*, Streife *f*, Runde *f*: **on** ~ auf Patrouille, auf Streife. **5.** a) *mil.* Pa'trouille *f*, Späh-, Stoßtrupp *m*, b) (Poli'zei)Streife *f*: ~ **activity** Spähtrupptätigkeit *f*; ~ **car** (Funk)Streifenwagen *m*, *mil.* (Panzer)Spähwagen *m*; ~ **vessel** *mar.* Küstenwachboot *n*; ~ **wagon** *Am.* (Poli'zei)Gefangenenwagen *m*. **6.** ~ **mission** *aer.* Pa'trouillen-, Streifenflug *m*. **pa'trol·man** [-mæn; -mən] *s irr* **1.** *bes. Am.* Poli'zeistreife *f*, Poli'zist *m* auf Streife. **2.** *Br.* motori'sierter Pannenhelfer (*e-s Automobilklubs*).
pa·tron ['peɪtrən] *s* **1.** Pa'tron *m*, Schutz-, Schirmherr *m*, Mä'zen *m*: ~ **of the fine arts** Förderer *m* der schönen Künste. **3.** *relig.* a) 'Kirchenpa,tron *m*, b) → **patron saint**. **4.** a) (Stamm)Kunde *m*, b) Stammgast *m*, (ständiger) Besucher *m* (*a. thea.*).
pa·tron·age ['pætrənɪdʒ; *Am. a.* 'peɪ-] *s* **1.** Schirmherrschaft *f*: **under the** ~ **of**. **2.** Gönnerschaft *f*, Mäze'natentum *n*, Förderung *f*. **3.** *jur.* Patro'natsrecht *n*. **4.** Kundschaft *f*. **5.** gönnerhaftes *od.* her'ablassendes Benehmen. **6.** *Am.* Recht *n* der Ämterbesetzung.

pa·tron·ess ['peɪtrənɪs] *s* **1.** Pa'tronin *f*, Schutz-, Schirmherrin *f*. **2.** Gönnerin *f*, Förderin *f*. **3.** *relig.* Schutzheilige *f*.
pa·tron·ize ['pætrənaɪz; *Am. a.* 'peɪ-] *v/t* **1.** beschirmen, beschützen. **2.** fördern, unter'stützen. **3.** (Stamm)Kunde *od.* Stammgast sein bei, *ein Theater etc* regelmäßig besuchen. **4.** gönnerhaft *od.* her'ablassend behandeln. '**pa·tron·iz·er** *s* **1.** Förderer *m*, Gönner *m*. **2.** regelmäßiger Besucher, Stammkunde *m*. '**pa·tron·iz·ing** *adj (adv* ~ly) gönnerhaft, her'ablassend: ~ **air** Gönnermiene *f*.
pa·tron saint *s relig.* Schutzheilige(r *m*) *f*.
pat·ro·nym·ic [ˌpætrə'nɪmɪk] *ling.* **I** *adj* patro'nymisch (*e-n von den Vorfahren abgeleiteten Namen tragend od. betreffend*): ~ **name** → **II**. **II** *s* Patro'nymikum *n*.
pat·sy ['pætsɪ] *s Am. sl.* **1.** Zielscheibe *f* des Spotts. **2.** Sündenbock *m*. **3.** gutgläubiger Trottel: **I'm not your** ~! ich lass' mich doch von dir nicht verschaukeln!
pat·té(e) ['pæteɪ; -ti; *Am.* pæ'teɪ] *adj her.* mit verbreiterten Enden: **cross** ~ Schaufelkreuz *n*.
pat·ten ['pætn] *s* **1.** Holzschuh *m*. **2.** Stelzschuh *m*. **3.** *arch.* Säulenfuß *m*.
pat·ter¹ ['pætə(r)] **I** *v/i* **1.** schwatzen, plappern. **2.** (e-n) Jar'gon sprechen. **3.** a) das Gebet *etc* „her'unterleiern", b) *thea.* den Text „her,unterrasseln". **II** *v/t* **4.** plappern, schwatzen. **5.** e-n Text „herunterrasseln", *ein Gebet etc* „her'unterleiern". **III** *s* **6.** Geplapper *n*. **7.** 'Fachjar,gon *m*, (Soziologen- *etc*)Chi'nesisch *n*: **thieves'** ~ Gaunersprache *f*. **8.** *thea.* a) ˌRe'volverschnauze' *f* (*e-s Komikers*), b) ~ **song** humorvolles Lied *etc*, dessen Text „heruntergerasselt" wird.
pat·ter² ['pætə(r)] **I** *v/i* **1.** prasseln (*Regen etc*). **2.** trappeln (*Füße*). **II** *s* **3.** Prasseln *n* (*des Regens etc*). **4.** (Fuß)Getrappel *n*. **5.** Klappern *n*, Schlagen *n*.
pat·tern ['pætə(r)n] **I** *s* **1.** (a. Schnitt-, Strick)Muster *n*, Vorlage *f*, Mo'dell *n*. **2.** *econ.* Muster *n*: a) (Waren)Probe *f*, Musterstück *n*, b) Des'sin *n*, Mo'tiv *n* (*von Stoffen*): **by** ~ **post** mail als Muster ohne Wert. **3.** *fig.* Muster *n*, Vorbild *n*, Beispiel *n*: **on the** ~ **of** nach dem Muster von (*od. gen*). **4.** *Am.* Stoff *m* zu e-m Kleid *etc*. **5.** 'Probemo,dell *n* (*e-r Münze*). **6.** *tech.* a) Scha'blone *f*, b) 'Gußmo,dell *n*, c) Lehre *f*. **7.** *(a. oszillo'graphisches)* Bild, (*a. Eisblumen*)Muster *n*. **8.** (Schuß-, Treffer)Bild *n*: ~ **of a gun**. **9.** Eiskunstlauf Zeichnung *f*. **10.** (*a. künstlerische*) Gestaltung, Anlage *f*, Struk'tur *f*, Kompositi'on *f*, Schema *n*, Gesamtbild *n*, Muster *n*, (gefügte) Form: **the** ~ **of a novel** die Anlage *od.* der Aufbau e-s Romans. **11.** Verhaltensweise *f*, (Denk- *etc*)Gewohnheiten *pl*: **thinking** ~s; **behavio(u)r** ~ Verhaltensmuster *n*. **12.** *meist pl* Gesetzmäßigkeit(en *pl*) *f*: **historical** ~s. **II** *v/t* **13.** (nach)bilden, gestalten, formen (**after** nach): **to** ~ **one's conduct on** s.o. sich (in s-m Benehmen) ein Beispiel an j-m nehmen. **14.** mit Muster(n) verzieren, mustern. **15.** nachahmen. **III** *v/i* **16.** ein Muster bilden. **IV** *adj* **17.** Muster..., vorbildlich. **18.** typisch.
pat·tern bomb·ing *s aer. mil.* (Bomben)Flächenwurf *m*, Bombenteppich(e *pl*) *m*. ~ **book** *s econ.* Musterbuch *n*. ~ **mak·er** *s tech.* Mo'dellmacher *m*. ~ **mak·ing** *s tech.* Mo'dellanfertigung *f*. ~ **paint·ing** *s tech. mil.* Tarnanstrich *m*.
pat·ty ['pætɪ] *s* **1.** Pa'stetchen *n*: ~ **shell** ungefüllte Blätterteigpastete. **2.** vorgeformte Porti'on Rinderhack (*für Hamburger etc*). '~**pan** kleine Pa'steten- *od.* Kuchenform.

patz·er ['pɑ:tsər] s Am. sl. dilet'tantischer Schachspieler.
pau·ci·ty ['pɔ:sətɪ] s geringe Zahl od. Menge.
Paul [pɔ:l] npr Paul m: ~ **Pry** Naseweis m.
Paul·ine ['pɔ:laɪn] adj relig. pau'linisch.
'Paul·in·ism [-lɪnɪzəm] s relig. Pauli'nismus m, pau'linische Theolo'gie.
paunch [pɔ:ntʃ; Am. a. pɑ:ntʃ] s **1.** (dicker) Bauch, Wanst m. **2.** zo. Pansen m (der Wiederkäuer). **3.** mar. Stoßmatte f.
'paunch·y adj dickbäuchig.
pau·per ['pɔ:pə(r)] I s **1.** Arme(r m) f: ~'s **grave** Armengrab n. **2.** Am. Unter'stützungsempfänger(in). **3.** jur. Am. a) unter Armenrecht Klagende(r m) f, b) Beklagte(r m) f, der od. die das Armenrecht genießt. **II** adj **4.** Armen... **'pau·per·ism** s **1.** Verarmung f, (dauernde od. Massen)Armut. **2.** collect. die Armen pl.
'pau·per·ize v/t arm machen, an den Bettelstab bringen.
pause [pɔ:z] I s **1.** Pause f, Unter'brechung f, Innehalten n: **to make a** ~ → 6; **a** ~ **to take breath** e-e Atempause; ~ **for effect** Kunstpause. **2.** Zögern n: **it gives one** ~ es gibt einem zu denken, es stimmt einen nachdenklich. **3.** print. Gedankenstrich m; ~ **dots** Auslassungspunkte. **4.** mus. Fer'mate f: → **general pause**. **5.** Absatz m, Zä'sur f. **II** v/i **6.** e-e Pause machen od. einlegen, pau'sieren, innehalten: **to** ~ **for effect** e-e Kunstpause machen. **7.** zögern. **8.** aushalten, verweilen (**on, upon** bei): **to** ~ **upon a word; to** ~ **upon a note** (od. **tone**) mus. e-n Ton aushalten. ~ **switch** s tech. Pausentaste f (e-s Kassettenrecorders).
pa·van(e) ['pævæn, Am. pə'væn; pə'vɑ:n] s mus. Pa'vane f (Tanz).
pave [peɪv] v/t e-e Straße pflastern, den Boden belegen (with mit): **to** ~ **the way for** fig. den Weg ebnen für; ~**d runway** aer. befestigte Start- u. Landebahn; **the way to Hell is** ~**d with good intentions** der Weg zur Hölle ist mit guten Vorsätzen gepflastert. **'pave·ment** s **1.** (Straßen)Pflaster n. **2.** Br. Bürgersteig m, Trot'toir n: ~ **artist** Pflasterma·ler m; ~ **café** Straßencafé n; ~ **pounder** colloq. ,Bordsteinschwalbe' f, Strichmädchen n. **3.** Am. Fahrbahn f. **4.** Pflasterung f, Fußboden(belag) m. **'pav·er** s **1.** Pflasterer m. **2.** Fliesen-, Plattenleger m. **3.** Pflasterstein m, Fußbodenplatte f. **4.** mil. 'Straßenbe₁tonmischer m.
pa·vil·ion [pə'vɪljən] I s **1.** (großes) Zelt. **2.** Zeltdach n. **3.** arch. Pavillon m, Gartenhäus·chen n. **4.** arch. Seitenflügel m, Anbau m. **5.** econ. (Messe)Pavillon m. **6.** sport Br. Sportplatzgebäude n. **II** v/t **7.** mit Zelten versehen od. bedecken. ~ **chi·nois** [ʃi:'nwɑ:] s mil. mus. Schellenbaum m.
pav·ing ['peɪvɪŋ] s **1.** Pflastern n, (Be-)Pflasterung f. **2.** Straßenpflaster n, -decke f. **3.** (Fuß)Bodenbelag m. ~ **bee·tle** s tech. Pflaster-, Handramme f. ~ **stone** s Pflasterstein m. ~ **tile** s Fliese f.
pav·ior, bes. Br. **pav·iour** ['peɪvjə(r)] s Pflasterer m.
pav·is(e) ['pævɪs] s mil. hist. Pa'vese f (großer Schild).
paw [pɔ:] I s **1.** Pfote f, Tatze f. **2.** colloq. a) ,Pfote' f (Hand): ~**s off!** Pfoten weg!, b) ,Klaue' f (Handschrift). **II** v/t **3.** (mit dem Vorderfuß od. der Pfote) scharren in (dat). **4.** colloq. ,betatschen': a) derb anfassen, ungeschickt anfassen, b) tätscheln, ,begrabschen': **to** ~ **the air** (wild) in der Luft herumfuchteln. **III** v/i **5.** scharren, stampfen. **6.** a. ~ **about** (od. **around**) colloq. ,(her'um)fummeln'.
pawk·y ['pɔ:kɪ] adj bes. Scot. trocken (Humor).

pawl [pɔ:l] s **1.** tech. Sperrhaken m, -klinke f, Klaue f. **2.** mar. Pall n.
pawn¹ [pɔ:n; Am. a. pɑ:n] I s **1.** Pfand (-gegenstand m, -sache f) n, 'Unterpfand n (a. fig.), jur. u. fig. a. Faustpfand n: **in** (od. **at**) ~ verpfändet, versetzt; **to put in** ~ → **2. II** v/t **2.** verpfänden (a. fig.), versetzen. **3.** econ. Wertpapiere lombar'dieren.
pawn² [pɔ:n; Am. a. pɑ:n] s **1.** Schachspiel: Bauer m. **2.** fig. (bloße) 'Schachfi₁gur.
'pawn₁bro·ker s Pfandleiher m.
'pawn₁bro·king s Pfandleihgeschäft n.
pawn·ee [₁pɔ:'ni:] s jur. Pfandinhaber m, -nehmer m. **'pawn·er, 'pawn·or** [-nə(r)] s Pfandschuldner m.
'pawn₁shop s Leihhaus n, Pfandhaus n, -leihe f. ~ **tick·et** s Pfandschein m.
pax [pæks] I s **1.** relig. Pax f, Kuß-, Paxtafel f. **2.** Friedenskuß m. **II** interj **3.** ped. Br. colloq. Friede!
pay¹ [peɪ] I s **1.** Bezahlung f. **2.** (Arbeits-)Lohn m, Löhnung f, Gehalt n, Bezahlung f, Besoldung f, Sold m (a. fig.), mil. (Wehr)Sold m: **in the** ~ **of s.o.** bei j-m beschäftigt, in j-s Sold (bes. contp.); → **full pay. 3.** fig. Belohnung f, Lohn m. **4. he is good** ~ colloq. er ist ein guter Zahler. **5.** min. Am. ertragreiches Erz.
II v/t pret u. pp **paid**, obs. **payed 6.** etwas (ab-, aus)zahlen, entrichten, abführen, e-e Rechnung (be)zahlen, begleichen, e-e Hypothek ablösen, e-n Wechsel einlösen: **to** ~ **into** einzahlen auf (ein Konto); **to** ~ **one's way** a) ohne Verlust arbeiten, b) s-n Verbindlichkeiten nachkommen, c) auskommen (mit dem, was man hat). **7.** j-n bezahlen: **they paid the waiter; let me** ~ **you for the book** laß mich dir das Buch bezahlen; **I cannot** ~ **him for his loyalty** ich kann ihm s-e Treue nicht (be)lohnen. **8.** fig. (be)lohnen, vergelten (**for** für): **to** ~ **home** heimzahlen. **9.** Aufmerksamkeit schenken, e-n Besuch abstatten, Ehre erweisen, ein Kompliment machen (etc, siehe die Verbindungen mit den verschiedenen Substantiven). **10.** entschädigen (**for** für). **11.** sich lohnen für (j-n), j-m nützen, j-m etwas einbringen.
III v/i **12.** zahlen, Zahlung leisten (**for** für): **to** ~ **for** etwas bezahlen (a. fig. büßen), die Kosten tragen für; **he had to** ~ **dearly for it** fig. er mußte es bitter büßen, es kam ihn teuer zu stehen; **to** ~ **by check** (Br. **cheque**) per Scheck zahlen; **to** ~ **cash** (**in**) bar bezahlen. **13.** sich lohnen, sich ren'tieren, sich bezahlt machen: **crime doesn't** ~.
Verbindungen mit Adverbien:
pay| back → **repay**; → **coin 1.** ~ **down** v/t **1.** bar bezahlen. **2.** e-e Anzahlung machen von. ~ **in** v/t **1.** (a. v/i) einzahlen. **2.** → **pay up 2.** ~ **off** I v/t **1.** j-n auszahlen, Seeleute abmustern. **2.** a) etwas ab(e)zahlen, tilgen, abtragen, b) Gläubiger befriedigen. **3. to** ~ **s.o.'s meanness, to pay s.o. off for his meanness** bes. Am. j-m s-e Gemeinheit heimzahlen. **4.** e-e Schnur etc ausgeben, laufen lassen. **5.** mar. leewärts steuern. **6.** colloq. j-m Bestechungs- od. ,Schmier'-gelder zahlen. **II** v/i **7.** colloq. für **pay¹ 13.** ~ **out** v/t **1.** auszahlen. **2.** colloq. → **pay off 3.** pret. u. pp **payed** mar. Tau, Kette etc (aus)stecken, auslegen, abrollen. ~ **up** I v/t **1.** j-n od. etwas voll od. so'fort bezahlen. **2.** econ. Anteile, Versicherungsprämie etc voll einzahlen: → **paid-up. 3.** e-e Schuld etc tilgen, abbezahlen. **II** v/i **4.** zahlen: **to make s.o.** ~ j-n zur Kasse bitten'.
pay² [peɪ] pret u. pp **payed**, selten **paid** v/t mar. auspichen, teeren.

pay·a·ble ['peɪəbl] adj **1.** zu zahlen(d), (ein)zahlbar, schuldig, fällig: **to make a check** (Br. **cheque**) ~ **to s.o.** e-n Scheck auf j-n ausstellen. **2.** econ. ren'tabel, lohnend, gewinnbringend.
₁pay|-as-you-'earn s Br. Lohnsteuerabzug m. **₁~-as-you-'see tel·e·vi·sion** s Münzfernsehen n. **'~·back** s **1.** Rückzahlung f, (-)Erstattung f. **2.** a. ~ **period** Tilgungszeit f. ~ **bed** s Pri'vatbett n (in e-r Klinik). **~ book** s mil. Soldbuch n. **'~·box** s Br. Kassenhäuschen n. ~ **brack·et** s Lohn-, Gehaltsgruppe f. ~ **check** s Am. Lohn-, Gehaltsscheck m. ~ **claim** s Lohn-, Gehaltsforderung f. ~ **clerk** s **1.** Lohnauszahler m. **2.** mar. mil. Am. Rechnungsführer m. '~·**day** s **1.** Zahltag m. **2.** Terminbörse f: **Br. Abrechnungstag m. ~ desk** s econ. Kasse f (im Kaufhaus). ~ **dif·fer·en·tial** s Lohngefälle n. ~ **dirt** s **1.** geol. erzreiches Erdreich. **2.** fig. Am. a) Geld n, Gewinn m, b) Erfolg m, c) Nutzen m, Gewinn m: **to strike** (od. **hit**) ~ Erfolg haben.
pay·ee [peɪ'i:] s **1.** Zahlungsempfänger (-in). **2.** Wechselnehmer(in), Remit'tent (-in).
pay en·ve·lope s Am. Lohntüte f.
pay·er ['peɪə(r)] s **1.** (Aus-, Be)Zahlende(r m) f, Zahler(in). **2.** (Wechsel)Bezogene(r m) f, Tras'sat(in).
'pay·ing I adj lohnend, einträglich, lukra'tiv, ren'tabel: **not** ~ unrentabel. **II** s Zahlung f: ~ **back** Rückzahlung; ~ **in** Einzahlung; ~ **off** Abzahlung, Abtragung f; ~ **out** Auszahlung, Abführung f. ~ **guest** s zahlender Gast (in e-m Privathaus). ₁~-**'in slip** s Einzahlungsschein m.
'pay₁load s econ. **1.** Nutzlast f (e-s Flugzeugs etc): ~ **capacity** Ladefähigkeit f. **2.** mil. Sprengladung f (in Gefechtskopf e-s Geschosses). **3.** econ. Am. Lohnanteil m, (die) Löhne pl (e-s Unternehmens). **'~·mas·ter** s **1.** mil. Zahlmeister m: ~ **general** a) mil. Generalzahlmeister m, b) Br. Generalzahlmeister m des englischen Schatzamtes. **2.** colloq. ,Brötchengeber' (Arbeitgeber).
'pay·ment s **1.** (Be-, Ein-, Aus)Zahlung f, Entrichtung f, Abtragung f (von Schulden), Einlösung f (e-s Wechsels): ~ **in cash** Barzahlung; ~ **in kind** Sachleistung f; ~ **of duty** Verzollung f; **on** ~ (**of**) nach Eingang (gen), gegen Zahlung (von od. gen); **to accept in** ~ in Zahlung nehmen. **2.** gezahlte Summe, Bezahlung f. **3.** → **pay¹ 2. 4.** fig. Lohn m, Belohnung f.
pay·nim ['peɪnɪm] s obs. Heide m, Heidin f, bes. Mohamme'daner(in).
'pay·off s colloq. **1.** (Lohn-, Gewinn-) Auszahlung f. **2.** Abzahlung f, Tilgung f. **3.** Verteilung f (e-r Beute etc). **4.** fig. Abrechnung f, Rache f. **5.** fig. Höhepunkt m, Clou m, (e-s Witzes a.) Pointe f. **6.** colloq. Bestechungs-, 'Schmier'gelder pl. ~ **of·fice** s **1.** Zahlstelle f. **2.** 'Lohnbü₁ro n.
pay·o·la [peɪ'əʊlə] s sl. **1.** Bestechung f. **2.** (bes. an e-n Discjockey od. e-e Rundfunkanstalt gezahlte) Bestechungs- od. ,Schmier'gelder pl.
pay| pack·et s Br. Lohntüte f. ~ **phone** colloq. für **pay telephone**. ~ **pol·i·cy** s 'Lohnpoli₁tik f. '~·**roll** s Lohnliste f: **to have** (od. **keep**) **s.o. on the** ~ j-n (bei sich) beschäftigen; **he is no longer on our** ~ er arbeitet nicht mehr für od. bei uns; **to be off the** ~ entlassen od. arbeitslos sein; **the firm has a huge** ~ die Firma hat enorm hohe Lohnkosten. '~·**roll tax** s Am. Lohnsummensteuer f. ~ **round** s Lohnrunde f. ~ **sheet** → **payroll**. ~ **slip** s Lohn-, Gehaltsstreifen m. ~ **sta·tion** s Am. Münz-

pay telephone – pecker

fernsprecher *m*. **~ tel·e·phone** *s* Münzfernsprecher *m*. **~ tel·e·vi·sion** *s* Münzfernsehen *n*.
pea [pi:] **I** *s* **1.** *bot*. Erbse *f*: they are as like as two ~s (in a pod) sie gleichen sich wie ein Ei dem anderen. **2.** *bot*. Ackererbse *f*. **3.** kleines Kohlen- *od*. Erzstück. **II** *adj* **4.** erbsengroß, -förmig: ~ **coal** Erbskohle *f*.
peace [pi:s] **I** *s* **1.** Friede(n) *m*: at ~ im Frieden, im Friedenszustand; the two countries are at ~ zwischen den beiden Ländern herrscht Frieden; to make ~ Frieden schließen (with mit). **2.** *a*. **King's** (*od*. **Queen's**) ~, **public** ~ *jur*. Landfrieden *m*, öffentliche Sicherheit, öffentliche Ruhe u. Ordnung: breach of the ~ Friedensbruch *m*, öffentliche Ruhestörung; to keep the ~ die öffentliche Sicherheit wahren; → **disturb** 1. **3.** *fig*. Friede(n) *m*, (innere) Ruhe: ~ of mind Seelenfrieden *m*; to hold one's ~ sich ruhig verhalten, den Mund halten; to leave in ~ in Ruhe *od*. Frieden lassen; to live in ~ and quiet in Ruhe u. Frieden leben; to be at ~ *euphem*. in Frieden ruhen (*tot sein*). **4.** Versöhnung *f*, Eintracht *f*: to make one's ~ with s.o. sich mit j-m aus- *od*. versöhnen; to make (one's) ~ with o.s. mit sich selbst ins reine kommen. **II** *interj* **5.** pst!, still!, sei(d) ruhig! **III** *adj* **6.** Friedens...: ~ **conference**; ~ **initiative**; ~ **movement**; ~ **offensive**; ~ **offer**; ~ **symbol**; ~ **treaty**.
peace·a·ble ['pi:səbl] *adj* (*adv* peaceably) **1.** friedlich, friedfertig, friedliebend. **2.** ruhig, friedlich (*Diskussion etc*).
'**peace·a·ble·ness** *s* Friedlichkeit *f*, Friedfertigkeit *f*.
peace feel·er *s meist pl* Friedensfühler *m*: to put out ~s Friedensfühler ausstrecken.
'**peace·ful** *adj* (*adv* ~ly) friedlich: the demonstration passed off ~ly die Demonstration verlief ohne Zwischenfälle.
'**peace·ful·ness** *s* Friedlichkeit *f*.
'**peace**|**keep·er** *s* Friedenswächter *m*. '**~keep·ing I** *s* Friedenssicherung *f*. **II** *adj* Friedens...: ~ **force** Friedenstruppe *f*. '**~lov·ing** *adj* friedliebend. '**~mak·er** *s* Friedensstifter(in).
peace·nik ['pi:snɪk] *s Am. sl*. **1.** Kriegsgegner(in). **2.** Teilnehmer(in) an Anti'kriegsdemonstrati,onen.
'**peace**|**of·fer·ing** *s* **1.** *relig*. Sühneopfer *n*. **2.** a) Versöhnungsgeschenk *n*, b) versöhnliche Geste. **~ of·fi·cer** *s* Sicherheitsbeamte(r) *m*, 'Schutzpoli,zist *m*. **~ pipe** *s* Friedenspfeife *f*: to smoke the ~. **~ re·search** *s* Friedensforschung *f*. **~ sign** *s* **1.** Friedenszeichen *n*: to give the ~ das Friedenszeichen machen. **2.** 'Friedenssym,bol *n*. '**~time I** *s* Friedenszeiten *pl*: in ~ im Frieden. **II** *adj* in Friedenszeiten, Friedens...
peach¹ [pi:tʃ] *s* **1.** *bot*. a) Pfirsich *m*, b) Pfirsichbaum *m*. **2.** *Am. für* peach brandy. **3.** Pfirsichfarbe *f*. **4.** *sl*. 'prima' *od*. 'klasse' Per'son *od*. Sache: a ~ of a fellow ein 'Prachtkerl'; a ~ of a girl ein süßes *od*. bildhübsches Mädchen.
peach² [pi:tʃ] *v/i* **1.** ~ **against** (*od*. **on**) *sl. e-n* Komplizen ,verpfeifen', *e-n* Schulkameraden verpetzen.
'**peach**|**blos·som I** *s* Pfirsichblütenfarbe *f*. **II** *adj* pfirsichblütenfarbig. '**~blow** *s* **1.** purpurne *od*. rosarote Gla'sur. **2.** Purpur *m*, Rosarot *n* (*Farbe*). **~ bran·dy** *s* 'Pfirsichli,kör *m*.
peach·er·i·no [ˌpi:tʃə'ri:nəʊ] *pl* **-nos** *Am. sl. für* peach¹ 4.
'**pea·chick** *s orn*. junger Pfau.
'**peach·y** *adj* **1.** pfirsichartig, -weich. **2.** *sl*. 'prima', 'klasse', 'toll'.

'**pea·coat** → pea jacket.
pea·cock ['pi:kɒk; *Am*. -ˌkɑk] **I** *s* **1.** *orn*. Pfau *m*. **2.** *fig*. (eitler) Pfau *od*. ,Fatzke'. **II** *v/t* **3.** ~ it, ~ o.s. ,angeben', ,sich dicktun'. **III** *v/i* **4.** sich aufblähen, wie ein Pfau ein'herstol,zieren. **~ blue** *s* Pfauenblau *n* (*Farbe*). **~ but·ter·fly** *s zo*. Tagpfauenauge *n*.
'**pea·cock·ish** *adj* stolz, aufgeblasen, ,affig'.
'**pea**|**cod** *s bot. dial*. Erbsenschote *f*, -hülse *f*. '**~fowl** *s orn*. Pfau *m*. **~ green** *s* Erbsen-, Maigrün *n* (*Farbe*). '**~hen** *s orn*. Pfauhenne *f*. **~ jack·et** *s mar*. Ko'lani *m*.
peak¹ [pi:k] **I** *s* **1.** Spitze *f*. **2.** a) Bergspitze *f*, b) Horn *n*, spitzer Berg. **3.** *fig*. Gipfel *m*, Höhepunkt *m*: at the ~ of happiness auf dem Gipfel des Glücks; to be at a ~ a) e-e Blüte erleben, b) ,in' sein; to bring a team to its ~ *sport* e-e Mannschaft in Höchstform bringen. **4.** *math. phys*. Höchst-, Scheitelwert *m*, Scheitel(punkt) *m*. **5.** (*Leistungs- etc*)Spitze *f*, Höchststand *m*: ~ of oscillation Schwingungsmaximum *n*; to reach the ~ *tech*. den Höchststand erreichen. **6.** Hauptbelastung *f*, Stoßzeit *f* (*e-s* Elektrizitäts-, Gas- *od*. Verkehrsnetzes). **7.** *econ*. Maxi'mal-, Höchstpreis *m*. **8.** Mützenschild *m*, -schirm *m*. **9.** *mar*. Piek *f* (*engerer Teil des Schiffsraums an den Enden des Schiffs*). **II** *adj* **10.** Spitzen..., Maximal..., Höchst..., Haupt...: **current** *electr*. Spitzenstrom *m*; ~ **factor** *s* Elektrizitätsfaktor *m*; ~ **(traffic) hours** Hauptverkehrszeit *f*, Stoßzeit *f*; ~ **load** Spitzen-, Maximalbelastung *f* (*a. electr*.); ~ **season** Hochsaison *f*, -konjunktur *f*; ~ **time** a) Hochkonjunktur *f*, b) Stoßzeit *f*, Hauptverkehrszeit *f*; ~ **value** Scheitelwert *m*. **III** *v/t* **11.** den Höchststand erreichen.
peak² [pi:k] *v/i* **1.** abmagern, kränkeln. **2.** spitz aussehen.
peaked [pi:kt] *adj* **1.** spitz(ig). **2.** *fig*. ,spitz', kränklich aussehend.
'**peak·ing** *s* **1.** *phys. etc* Spitzenwertbildung *f*. **2.** TV Entzerrung *f*. **3.** *electr*. Anheben *n* des Si'gnals.
'**peak·y** *adj* **1.** gebirgig, gipf(e)lig. **2.** spitz(ig). **3.** → peaked 2.
peal [pi:l] **I** *s* **1.** (Glocken)Läuten *n*. **2.** Glockenspiel *n*. **3.** (*Donner*)Schlag *m*, Dröhnen *n*, Getöse *n*: ~s of laughter schallendes Gelächter. **II** *v/i* **4.** läuten. **5.** erschallen, dröhnen, schmettern. **III** *v/t* **6.** erschallen lassen.
'**pea·nut I** *s* **1.** *bot*. Erdnuß *f*. **2.** *Am. sl*. a) Wicht *m*, ,halbe Porti'on' *m*, b) kleines Würstchen (*unbedeutender Mensch*), c) *pl* ,kleine Fische' *pl*, lächerliche Summe *etc*. **II** *adj* **3.** *Am. sl*. klein, unbedeutend, lächerlich: a ~ **politician**. **~ but·ter** *s* Erdnußbutter *f*. **~ oil** *s* Erdnußöl *n*. **~ tube** *s electr. Am*. Kleinströhre *f*.
pear [peə(r)] *s* **1.** *bot*. a) Birne *f*, b) a. ~ **tree** Birnbaum *m*. **2.** Birne *f*, birnenförmiger Gegenstand.
pearl [pɜ:l; *Am*. pɜrl] **I** *s* **1.** Perle *f* (*a. fig*.): to cast ~s before swine Perlen vor die Säue werfen. **2.** Perl'mutt(er *f*) *n*. **3.** *pharm*. Perle *f*, Kügelchen *n*. **4.** *print*. Perl(schrift) *f*, -druck *m*. **II** *v/i* **5.** Perlen bilden, perlen, tropfen. **6.** nach Perlen suchen. **III** *adj* **7.** Perl(en)..., Perlmutt(er)... **8.** *gepprt*, perlenförmig. **~ ash** *s chem*. Perlasche *f*. **~ bar·ley** *s* Perlgraupen *pl*. **~ div·er** *s* Perlentaucher *m*.
pearled *adj* **1.** mit Perlen besetzt. **2.** perlfarbig.
pearl|**fish·er** *s* Perlenfischer *m*. **~ gray** (*bes. Br*. **grey**) *s* Perl-, Blaßgrau *n* (*Farbe*). **~ stitch** *s* Stickerei: Perlstich *m*. **~ white** *s* Perl-, Schminkweiß *n*.

'**pearl·y** *adj* **1.** Perl(en)..., perlenartig, perl'mutt(er)artig. **2.** perlenfarbig. **II** *s* **3.** *Br*. a) *pl* Perl'mutt(er)knöpfe *pl*, b) *pl* mit Perl'mutt(er)knöpfen besetzte Kleidungsstücke *pl*, c) Londoner Straßenhändler(in), *der*/*die* bei festlichen Gelegenheiten mit Perlmutt(er)knöpfen besetzte Kleidungsstücke trägt. **~ gates** *s pl* **1.** P~ G~ *Bibl*. (*die*) zwölf Himmelstüren *pl*. **2.** *Br. sl*. ,Beißerchen' *pl* (*Zähne*). **~ king**, ~ **queen** *s* pearly 3 c.
pear·main ['pɜmeɪn; 'peə-; *Am*. 'peərˌm-] *s* Par'mäne *f* (*Apfelsorte*).
pear|**push** *s electr*. Schnurschalter *m* mit Druckknopf. **~ quince** *s bot*. Echte Quitte, Birnenquitte *f*. '**~shaped** *adj* birnenförmig.
peas·ant ['peznt] **I** *s* **1.** Kleinbauer *m*: P~s' **Revolt** Bauernaufstand *m* (*bes. der in England, 1381*); P~s' **War** Bauernkrieg *m* (*in Deutschland, 1524–25*). **2.** *fig. colloq*. ,Bauer' *m*. **II** *adj* **3.** kleinbäuerlich, Kleinbauern...: ~ **woman** Kleinbäuerin *f*. '**peas·ant·ry** [-trɪ] *s* **1.** Kleinbauernstand *m*. **2.** *collect*. (*die*) Kleinbauern *pl*.
pease [pi:z] *s pl obs. od. bes. Br. dial*. Erbsen *pl*. **~ pud·ding** *s* Erbs(en)brei *m*.
'**pea**|**-shoot** *v/t u*. *v/i irr* mit *e-m* Blasrohr schießen. '**~shoot·er** *s* **1.** Blas-, Pusterohr *n*. **2.** *Am*. Kata'pult *n, m*. **3.** *sl*. (kleine) Pi'stole. **~ soup** *s* **1.** Erbs(en)suppe *f*. **2.** ~ peasouper 1. '**~soup·er** *s colloq*. **1.** ,Waschküche' *f* (*dicker, gelber Nebel*). **2.** *Canad*. 'Frankoka,nadier(in). '**~'soup·y** *adj colloq*. dicht u. gelb (*Nebel*).
peat [pi:t] *s* **1.** Torf *m*: to cut (*od*. dig) ~ Torf stechen; ~ **bath** *med*. Moorbad *n*; ~ **coal** Torfkohle *f*, Lignit *m*; ~ **gas** Torfgas *n*; ~ **moss** Torfmoos *n*. **2.** Torfstück *n*, -sode *f*. '**peat·er·y** [-ərɪ] *s* Torfmoor *f*. '**peat·y** *adj* torfig.
peb·ble ['pebl] **I** *s* **1.** Kiesel(stein) *m*: you are not the only ~ on the beach *colloq*. man (*od*. ich) kann auch ohne dich auskommen; there are plenty of other ~s on the beach (*od*. shore) *colloq*. es gibt noch mehr Jungen *od*. Mädchen auf der Welt. **2.** A'chat *m*. **3.** 'Bergkri,stall *m*. **4.** *phys*. Linse *f* aus 'Bergkri,stall. **II** *v/t* **5.** mit Kies bestreuen, kiese(l)n. **6.** *tech*. Leder krispeln. '**peb·bled** *adj* gekiest, kieselig.
peb·ble|**dash** *s tech*. Rauh-, Edelputz *m*. '**~dashed** *adj* mit Rauh- *od*. Edelputz (versehen). **~ leath·er** *s tech*. gekrispeltes Leder.
pe·can [pɪ'kæn; *Am. a*. -'kɑ:n] *s bot*. **1.** Pe'canobaum *m*. **2.** *a*. ~ **nut** Pe'kannuß *f*.
pec·ca·dil·lo [ˌpekə'dɪləʊ] *pl* **-los** *u*. **-loes** *s* **1.** kleine Sünde. **2.** geringfügiges Vergehen, Kava'liersde,likt *n*.
pec·can·cy ['pekənsɪ] *s* Sündhaftigkeit *f*. '**pec·cant** *adj* **1.** sündig, böse, verderbt. **2.** *med*. krankhaft, faul.
pec·ca·vi [pe'kɑ:vi:] *s* Schuldbekenntnis *n*: to cry ~ sich schuldig bekennen.
peck¹ [pek] *s* **1.** Peck *n*, Viertelscheffel *m* (*Trockenmaß: Br*. 9,1, *Am*. 8,8 Liter). **2.** *fig*. Menge *f*, Haufe(n) *m*.
peck² [pek] **I** *v/t* **1.** (*mit dem Schnabel od. e-m Werkzeug*) (auf)picken, (-)hacken. **2.** *a*. ~ **out** ein Loch picken. **3.** Körner *etc* aufpicken. **4.** *colloq*. j-m *e-n* flüchtigen Kuß geben. **II** *v/i* **5.** (**at**) hacken, picken (nach), einhacken (auf *acc*): to ~ at s.o. *fig*. auf j-m ,herumhacken', an j-m herumnörgeln; to ~ at one's food (lustlos) im Essen herumstochern. **6.** *colloq*. ,futtern', essen. **III** *s* **7.** to give s.o. a ~ *colloq*. j-m *e-n* flüchtigen Kuß geben. **8.** (aufgehacktes) Loch. **9.** *colloq*. ,Futter' *n*, Essen *n*. **10.** *colloq*. flüchtiger Kuß.
peck·er ['pekə(r)] *s* **1.** Picke *f*, Hacke *f*. **2.** *tech*. Abfühlnadel *f*. **3.** *sl*. a) ,Zinken' *m* (*Nase*), b) *Am*. ,Schwanz' *m* (*Penis*). **4.** *sl*.

guter Mut: **to keep one's ~ up** die Ohren steifhalten.
peck·ing or·der ['pekɪŋ] *s orn. u. fig.* Hackordnung *f.*
'**peck·ish** *adj colloq.* **1.** *bes. Br.* hungrig. **2.** *Am.* nörglerisch, reizbar.
peck or·der → pecking order.
Peck's bad boy [peks] *s Am.* En'fant n ter'rible *n.*
Peck·sniff·i·an [pek'snɪfɪən] *adj* scheinheilig, heuchlerisch *(nach Pecksniff in „Martin Chuzzlewit" von Dickens).*
pec·ten ['pektən] *s zo.* **1.** *orn.* Kammhaut *f.* **2.** Kammuschel *f.* **3.** kammartiger Körperanhang.
pec·tic ['pektɪk] *adj chem.* Pektin...
'**pec·tin** [-tɪn] *s* Pek'tin *n.*
pec·tin·e·al [pek'tɪnɪəl] *adj anat.* **1.** Schambein... **2.** Kammuskel...
pec·to·ral ['pektərəl] **I** *adj* **1.** Brust... **2.** *anat. med.* Brust..., pekto'ral. **II** *s* **3.** Brustplatte *f (der Rüstung).* **4.** *R.C.* Pekto'rale *n*, Brustkreuz *n (des Bischofs).* **5.** *pharm.* Brust-, Hustenmittel *n.* **6.** *anat.* Brustmuskel *m.* **7.** *a.* **~ fin** *ichth.* Brustflosse *f.*
pec·u·late ['pekjʊleɪt] **I** *v/i* öffentliche Gelder *etc* unter'schlagen, Unter'schlagungen begehen. **II** *v/t* veruntreuen, unter'schlagen. ˌ**pec·u'la·tion** *s* Unter'schlagung *f*, Veruntreuung *f.* '**pec·u·la·tor** [-tə(r)] *s* Veruntreuer *m.*
pe·cul·iar [pɪ'kju:ljə(r)] **I** *adj (adv* **peculiarly) 1.** eigen(tümlich) **(to** *dat)*: **~ institution** *Am. hist.* Sklaverei *f.* **2.** eigen (-artig), seltsam, ab'sonderlich, ˌko'misch'. **3.** besonder(er, e, es): **~ people** *relig.* a) *(das)* auserwählte Volk, b) *e-e* englische Sekte. **II** *s* **4.** ausschließliches Eigentum. **5.** Kirche, die nicht der Gerichtsbarkeit des Bischofs unter'steht.
pe·cu·li·ar·i·ty [pɪˌkju:lɪ'ærətɪ] *s* **1.** Eigenheit *f*, Eigentümlichkeit *f*, Besonderheit *f.* **2.** Seltsamkeit *f*, Eigenartigkeit *f.* **pe'cul·iar·ly** *adv* **1.** eigentümlich, -artig. **2.** eigenartigerweise.
pe·cu·ni·ar·y [pɪ'kju:njərɪ; *Am.* -nɪˌerɪ] *adj* geldlich, Geld..., pekuni'är: **~ advantage** Vermögensvorteil *m*; **~ aid** finanzielle Unterstützung.
ped·a·gog·ic [ˌpedə'gɒdʒɪk; *Am.* -¹gɑ-; -¹goʊ-] *adj*; ˌ**ped·a'gog·i·cal** [-kl] *adj (adv* **-ly)** päda'gogisch, erzieherisch. ˌ**ped·a'gog·ics** *s pl (als sg konstruiert)* Päda'gogik *f.* '**ped·a·gogue** [-gɒg; *Am.* -ˌgɑg] *s* **1.** Päda'goge *m*, Erzieher *m.* **2.** *fig.* Pe'dant *m*, Schulmeister *m.* '**ped·a·go·gy** [-gɒdʒɪ; -goʊgɪ; *Am.* -ˌgɑʊdʒɪ-; -ˌgɑ-] *s* Päda'gogik *f.*
ped·al ['pedl] **I** *s* **1.** Pe'dal *n (am Klavier, Fahrrad etc)*, Fußhebel *m*, Tretkurbel *f.* **2.** *a.* **~ note** *mus.* a) Pe'dalton *m*, b) Orgelton *m.* **II** *v/i pret u. pp* **-aled,** *bes. Br.* **-alled 3.** *mus. tech.* das Pe'dal treten. **4.** ˌstrampeln', radfahren. **III** *adj* **5.** Pedal-, Fuß...: **~ bin** Treteimer *m*; **~ board** *mus.* Pedalklaviatur *f*; **~ boat** Tretboot *n*; **~ brake** Fußbremse *f*; **~ car** Tretauto *n*; **~ control** Fußschaltung *f*, *aer.* Pedalsteuerung *f*; **~-operated pump** Fußpumpe *f*; **~ point** *mus.* a) lange Pedalnote, b) Orgelpunkt *m*; **~ pushers** *Am.* dreiviertellange (Sport)Hose *(für Mädchen)*; **~ switch** Fußschalter *m.*
ped·a·lo ['pedələʊ] *pl* **-los, -loes** *s* Tretboot *n.*
ped·ant ['pedənt] *s* Pe'dant(in), Kleinigkeitskrämer(in). **pe·dan·tic** [pɪ'dæntɪk] *adj (adv* **-ally)** pe'dantisch.
ped·ant·ry [pedntrɪ] *s* Pedante'rie *f.*
ped·dle ['pedl] **I** *v/i* **1.** hau'sieren gehen. **2.** *fig.* sich mit Kleinigkeiten abgeben, tändeln **(with** mit). **II** *v/t* **3.** hau'sieren gehen mit *(a. fig.)*: **to ~ new ideas. 4. to ~ drugs** mit Drogen *od.* Rauschgift han-
deln. '**ped·dler,** *bes. Br.* '**ped·lar** [-lə(r)] *s* **1.** Hau'sierer *m.* **2.** Drogen-, Rauschgifthändler *m.* '**ped·dling I** *adj* **1.** unbedeutend, nichtig, wertlos. **2.** kleinlich. **II** *s* **3.** Hau'sierhandel *m*, Hau'sieren *n.* **4.** Drogenhandel *m.*
ped·er·ast ['pedəræst] *s* Päde'rast *m.* ˌ**ped·er'as·tic** *adj* päde'rastisch. '**ped·er·as·ty** *s* Päderas'stie *f*, Knabenliebe *f.*
ped·es·tal ['pedɪstl] *s* **1.** *arch.* Piede'stal *n*, Sockel *m*, Posta'ment *n*, Säulenfuß *m*: **to place** *(od.* **put, set) s.o. on a ~** *fig.* j-n aufs Podest erheben; **to knock s.o. off his ~** *fig.* j-n von s-m Sockel stoßen. **2.** *tech.* a) 'Untergestell *n*, Sockel *m*, b) (Lager)Bock *m*: **~ ashtray** Standascher *m.*
pe·des·tri·an [pɪ'destrɪən] **I** *adj* **1.** zu Fuß, Fuß... **2.** Fußgänger...: **~ crossing** *Br.* Fußgängerüberweg *m*; **~ island** *(od.* **refuge)** Verkehrs-, Fußgängerinsel *f*; **~ precinct** Fußgängerzone *f.* **3.** Spazier... **4.** *fig.* pro'saisch, trocken, langweilig: **a ~ style. II** *s* **5.** Fußgänger(in). **pe'des·tri·an·ize** *v/t* in e-e Fußgängerzone 'umwandeln.
pe·di·a·tric [ˌpi:dɪ'ætrɪk] *adj med. Am.* pädi'atrisch, Kinderheilkunde... ˌ**pe·di·a'tri·cian** [-di:ə'trɪʃən] *s Am.* Kinderarzt *m*, -ärztin *f.* ˌ**pe·di'at·rics** *s pl Am.* *(als sg konstruiert)* Kinderheilkunde *f*, Pädia'trie *f.* ˌ**pe·di'at·rist** → pediatrician. ˌ**ped·i'at·ry** → pediatrics.
ped·i·cel ['pedɪsel] *s* **1.** *bot.* Blütenstiel, -stengel *m.* **2.** *zo.* Stiel *m.*
ped·i·cle ['pedɪkl] *s* **1.** *bot.* Blütenstengel *m.* **2.** *med.* Stiel *m (e-s Tumors).*
pe·dic·u·lar [pɪ'dɪkjʊlə(r)], **pe'dic·u·lous** *adj* lausig, verlaust.
ped·i·cure ['pedɪˌkjʊə(r)] *s* Pedi'küre *f*: a) Fußpflege *f*, b) Fußpflegerin *f.*
ped·i·gree ['pedɪgri:] *s* **1.** Stammbaum *m (a. zo. u. fig.)*, Ahnentafel *f.* **2.** Ab-, 'Herkunft *f.* **3.** lange Ahnenreihe. **II** *adj* **4.** mit e-m Stammbaum, reinrassig, Zucht...: **~ horse** Zuchtstamm *m*, -rasse *f.* '**ped·i·greed** → pedigree 4.
ped·i·ment ['pedɪmənt] *s* **1.** *arch.* a) Giebel(feld *n*) *m*, b) Ziergiebel *m.* **2.** *geogr.* Pedi'ment *n.* ˌ**ped·i'men·tal** [-'mentl], '**ped·i·ment·ed** [-men-] *adj* Giebel..., Pediment...
ped·lar *bes. Br. für* peddler.
pe·do·gen·e·sis [ˌpi:dəʊ'dʒenɪsɪs] *s biol. Am.* Pädoge'nese *f*, Fortpflanzung *f* im Larvenstadium. ˌ**pe·do·ge'net·ic** [-dʒɪ'netɪk] *adj* pädoge'netisch.
ped·o·log·i·cal[1] [ˌpedə'lɒdʒɪkl; *Am.* -¹lɑ-] *adj Am.* pädo'logisch.
ped·o·log·i·cal[2] [ˌpi:də'lɒdʒɪkl; *Am.* ˌpedə¹lɑ-] *adj* pedo'logisch, bodenkundlich.
pe·dol·o·gist[1] [pɪ'dɒlədʒɪst; *Am.* pi:'dɑ-] *s Am.* Pädo'loge *m.*
pe·dol·o·gist[2] [pɪ'dɒlədʒɪst; *Am.* -¹dɑ-; *a.* pe-] *s* Pedo'loge *m*, Bodenkundler *m.*
pe·dol·o·gy[1] [pɪ'dɒlədʒɪ; *Am.* pi:'dɑ-] *s Am.* Pädolo'gie *f*, Lehre *f* vom Kinde.
pe·dol·o·gy[2] [pɪ'dɒlədʒɪ; *Am.* -¹dɑ-; *a.* pe-] *s* Pedolo'gie *f*, Bodenkunde *f.*
pe·dom·e·ter [pɪ'dɒmɪtə(r); *Am.* -¹dɑ-] *s* Pedo'meter *n*, Schrittzähler *m.*
pe·do·phile ['pi:dəʊfaɪl] *med. psych. Am.* **I** *adj* pädo'phil. **II** *s* Pädo'phile(r) *m.* ˌ**pe·do'phil·i·a** [-¹fɪlɪə] *s Am.* Pädophi'lie *f (sexuelle Zuneigung Erwachsener zu Kindern).* ˌ**pe·do'phil·i·ac** [-¹fɪlɪæk] → pedophile.
pe·dun·cle [pɪ'dʌŋkl] *s* **1.** *bot.* Blütenstandstiel *m*, Blütenzweig *m.* **2.** *zo.* Stiel *m*, *anat.* Schaft *m.* **3.** *anat.* Zirbel-, Hirnstiel *m.* **pe'dun·cled** *adj* gestielt. **pe'dun·cu·lar** [-kjʊlə(r)] *adj* **1.** *bot.* Blütenstandstiel... **2.** *zo.* Stiel... **3.** *anat.* Stiel..., gestielt.
pee[1] [pi:] *s* P, p *n (Buchstabe).*

pee[2] [pi:] *sl.* **I** *v/i* **1.** ˌpissen', ˌpinkeln'. **II** *s* **2.** ˌPisse' *f.* **3. to have (to go for) a ~** ˌpinkeln' (gehen).
peek[1] [pi:k] *v/i* **1.** gucken, spähen **(into** in *acc).* **2. ~ out** vorgucken *(a. fig.).* **3. ~ at** e-n Blick werfen auf *(acc).* **II** *s* **4.** flüchtiger *od.* heimlicher Blick.
peek[2] [pi:k] *s* Piepsen *n.*
peek·a·boo ['pi:kəˌbu:] *bes. Am.* **I** *s* ˌGuck-Guck-Spiel' *n*, Versteckspiel *n.* **II** *adj* a) mit Lochsticke'rei (versehen): **~ blouse,** b) ˌdurchsichtig: **~ negligee.**
peel[1] [pi:l] **I** *v/t* **1.** e-e Frucht, Kartoffeln, Bäume schälen: **to ~ (off)** abschälen, ab-, entrinden, *Folie*, *Tapete etc* abziehen, ablösen; **~ed barley** Graupen *pl*; **keep your eyes ~ed!** *colloq.* halt die Augen offen! **2.** *a.* **~ off** *Kleider* abstreifen, ausziehen. **II** *v/i* **3.** *a.* **~ off** sich abschälen, abblättern, abbröckeln, (ab)schilfern. **4.** *colloq.* ˌsich entblättern' *(sich ausziehen).* **5.** **~ off** *aer. mil. (aus e-m Verband)* ausscheren. **6.** **~ out** *mot. Am. sl.* e-n Kava'lierstart machen *od.* 'hinlegen. **III** *s* **7.** Schale *f*, Rinde *f*, Haut *f.*
peel[2] [pi:l] *s tech.* **1.** Backschaufel *f*, Brotschieber *m.* **2.** *print.* Aufhängekreuz *n.* **3.** *Papierherstellung:* Rieshänge *f.*
peel[3] [pi:l] *s* Wehrturm *m.*
peel·er[1] ['pi:lə(r)] *s* **1.** (Kartoffel- *etc*) Schäler *m (Gerät u. Person):* **potato ~. 2.** *bes. Am. sl.* Stripperin *f.*
peel·er[2] ['pi:lə(r)] *s Br. sl. obs.* ˌPo'lyp' *m*, Poli'zist *m.*
'**peel·ing** *s* **1.** Schälen *n.* **2.** *(abgeschälte)* Schale, Rinde *f*, Haut *f*: **potato ~s** Kartoffelschalen.
peen [pi:n] *tech.* **I** *s* Finne *f*, Hammerbahn *f.* **II** *v/t* mit der Finne bearbeiten.
peep[1] [pi:p] *v/i* **1.** piep(s)en *(Vogel, a. Kind etc)*: **he never dared ~ again** er wagte nie wieder ˌpiep' zu sagen. **II** *s* **2.** Piep(s)en *n.* **3.** *sl.* ˌPiepser' *m (Ton).*
peep[2] [pi:p] **I** *v/i* **1.** gucken, lugen, neugierig *od.* verstohlen blicken **(into** in *acc).* **2.** **~ out** her'vorgucken, -schauen, -lugen *(a. fig.* sich zeigen, zum Vorschein kommen). **3.** **~ at** e-n Blick werfen auf *(acc).* **4.** neugieriger *od.* verstohlener Blick: **to have** *(od.* **take) a ~ (at)** → 1 *u.* 3. **5.** Blick *m* **(of in** *acc)*, ('Durch)Sicht *f.* **6. at ~ of day** bei Tagesanbruch.
peep·er[1] ['pi:pə(r)] *s* **1.** ˌPiepmatz' *m (Vogel).* **2.** *zo. Am.* Zirpfrosch *m.*
peep·er[2] ['pi:pə(r)] *s* **1.** Spitzel *m*, ˌSchnüffler' *m.* **2.** *meist pl colloq.* ˌGucker' *m (Auge).*
'**peep·hole** *s* Guckloch *n*, Sehspalt *m.*
Peep·ing Tom [ˌpi:pɪŋ'tɒm; *Am.* -¹tɑm] *s* ˌSpanner' *m (Voyeur).*
peep|show *s* **1.** Guckkasten *m.* **2.** Peep-Show *f.* **~ sight** *s mil. tech.* 'Lochvi,sier *n.* '**~·stone** *s Am.* die Zauberbrille, mit der Joseph Smith das ˌBuch Mormon' entziffert haben will. '**~-toe** *adj* zehenfrei *(Schuh etc).*
peer[1] [pɪə(r)] *v/i* **1.** gucken, spähen, schauen, starren **(into** in *acc)*: **to ~ at** (sich) j-n *od.* etwas genau ansehen *od.* begucken, j-n *od.* etwas anstarren. **2.** *poet.* sich zeigen, erscheinen, zum Vorschein kommen. **3.** her'vorgucken, -lugen.
peer[2] [pɪə(r)] **I** *s* **1.** Gleiche(r *m*) *f*, Ebenbürtige(r *m*) *f*, Gleichrangige(r *m*) *f*: **without a ~** ohnegleichen, unvergleichlich; **he associates with his ~s** er gesellt sich zu seinesgleichen; **in song he has no ~** im Singen kommt ihm keiner gleich; **to be the ~(s) of** den Vergleich aushalten mit; **~ group** *psych. sociol.* Peer-group *f (Bezugsgruppe e-s Individuums, die aus Personen gleichen Alters, gleicher od. ähnlicher Interessenlage u. ähnlicher sozialer Herkunft besteht u. es in bezug auf Handeln u. Urteilen stark be-

einflußt). **2.** Angehörige(r) *m* des (*brit.*) Hochadels: ~ **of the realm** *Br.* Peer *m* (*Mitglied des Oberhauses*); **spiritual** (**temporal**) ~ geistlicher (weltlicher) Peer. **II** *v/t* **3.** gleichkommen (*dat*).
peer·age ['pɪərɪdʒ] *s* **1.** Peerage *f*: a) Peerswürde *f*, b) Hochadel *m*, *collect. a.* (*die*) Peers *pl*: **he was raised to the** ~ er wurde in den (*höheren*) Adelsstand erhoben. **2.** 'Adelska,lender *m*. **'peer·ess** *s* Peereß *f*: a) Gemahlin *f* e-s Peers, b) hohe Adlige (*die selbst den Titel trägt*): ~ **in her own right** Peereß im eigenen Recht. **'peer·less** *adj* (*adv* ~**ly**) unvergleichlich, einzig(artig), beispiellos. **'peer·less·ness** *s* Unvergleichlichkeit *f*.
peeve [pi:v] *v/t colloq.* (ver)ärgern.
peeved *adj colloq.* verärgert, ärgerlich (**about**, **at** über *acc*), ,eingeschnappt'.
'pee·vish *adj* (*adv* ~**ly**) grämlich, mürrisch, gereizt, übellaunig, verdrießlich.
'pee·vish·ness *s* Verdrießlichkeit *f*.
pee·wee ['pi:wi:] *Am.* **I** *s* **1.** (*etwas*) Winziges. **2.** Cowboystiefel *m* mit niederem Schaft. **II** *adj* **3.** winzig.
peg [peg] **I** *s* **1.** a) (Holz-, *surv.* Absteck)Pflock *m*, b) (Holz)Nagel *m*, (Holz-, Schuh)Stift *m*, c) *tech.* Dübel *m*, Zapfen *m*, d) *tech.* Keil *m*, Splint *m*, e) *tech.* Knagge *f*, Mitnehmer *m*, f) *teleph.* Stöpsel *m*, g) *mount.* (Kletter)Haken *m*: **to take s.o. down a** ~ (**or two**) *colloq.* j-m e-n Dämpfer aufsetzen; **to come down a** ~ *colloq.* ,zurückstecken'; **a round** ~ **in a square hole, a square** ~ **in a round hole** ein Mensch am falschen Platz. **2.** Kleiderhaken *m*: **off the** ~ von der Stange (*Anzug*). **3.** (Wäsche)Klammer *f*. **4.** (Zelt)Hering *m*. **5.** *mus.* Wirbel *m* (*an Saiteninstrumenten*). **6.** *fig.* ,Aufhänger' *m* (*im Journalismus etc*): **a good** ~ **on which to hang a story** od. **one's claims on** ein Vorwand für s-e Ansprüche. **7.** *Br.* Gläs·chen *n* (*Alkohol*), *bes.* Whisky *m* mit Soda. **8.** *colloq.* a) **peg leg**, b) *humor.* ,Stampfer' *m* (*Bein*). **II** *v/t* **9.** *a.* ~ **down** mit e-m Pflock *od.* mit Pflöcken befestigen, anpflocken. **10.** *tech.* (an-, ver)dübeln. **11.** *meist* ~ **out** *surv.* Land abstecken: **to** ~ **out one's claim** *fig.* s-e Ansprüche geltend machen. **12.** *a.* ~ **down** Preise *etc* festlegen (at *auf acc*), stützen: ~**ged price** Stützkurs *m*. **13.** *Wäsche* (fest)klammern. **14.** *colloq.* ,schmeißen' (at nach): **to** ~ **stones at** s.o. **15. to** ~ **s.o. down to s.th.** *colloq.* j-n auf etwas ,festnageln'. **III** *v/i* **16.** *meist* ~ **away**, ~ **along** *colloq.* a) dranbleiben (**at** an *e-r Arbeit*), b) schuften. **17.** *colloq.* ,sausen', ,rasen'. **18.** ~ **out** *colloq.* a) ,zs.-klappen' (*e-n Schwächeanfall erleiden*), b) ,den Löffel weglegen' (*sterben*).
Peg·a·sus ['pegəsəs] *pl* ~**si** [-saɪ] *s* **1.** Pegasus *m*, Flügelroß *n* der Musen. **2.** *astr.* Pegasus *m* (*Sternbild*).
'peg·board *s* **1.** Spielbrett *n*. **2.** Aufhängeplatte *f* (*für Ausstellungsstücke, Werkzeuge etc*). **3.** *electr.* Stecktafel *f*. **'~-box** *s mus.* Wirbelkasten *m*. **~ leg** *s* (*colloq.* Mensch *m* mit e-m) Holzbein *n*. **~ switch** *s electr.* 'Umschalter *m*. **~ top** *s* **1.** Kreisel *m*. **2.** *pl* Ka'rottenhose *f*. **'~-top** *adj* über den Hüften weit u. unten eng.
peign·oir ['peɪnwɑː; *Am.* peɪn'wɑːr; pen-] *s* Morgenrock *m*, Négli'gé *n*.
pe·jo·ra·tive ['pi:dʒərətɪv; pɪ'dʒɒrətɪv; *Am.* a. -'dʒɔr-; 'pedʒəˌreɪ-] **I** *adj* (*adv* ~**ly**) abschätzig, her'absetzend, pejora'tiv. **II** *s ling.* abschätziges Wort, Pejora'tivum *n*.
peke [pi:k] *colloq. für* Pekingese 2.
Pe·kin [ˌpi:'kɪn], **,Pe'kin duck**, **Pe·kin·ese** [ˌpi:kɪ'ni:z] → Peking, Peking duck, Pekingese.

Pe·king [ˌpi:'kɪŋ], *a.* ~ **duck** *s orn.* Peking-Ente *f*.
Pe·king·ese [ˌpi:kɪŋ'i:z] *pl* ~**ese** *s* **1.** Bewohner(in) von Peking. **2.** Peki'nese *m* (*Hund*).
Pe·king man [ˌpi:'kɪŋ] *s* Pekingmensch *m*.
pe·koe ['pi:kəʊ] *s* Pekoe(tee) *m*.
pel·age ['pelɪdʒ] *s zo.* Körperbedeckung *f* der Säugetiere.
pe·la·gi·an¹ [pe'leɪdʒɪən] **I** *adj* 'hochmaˌrin, oze'anisch, pe'lagisch, See... **II** *s* Seebewohner *m* (*Tier*).
Pe·la·gi·an² [pe'leɪdʒɪən] *relig.* **I** *s* Pelagi'aner *m*. **II** *adj* pelagi'anisch.
pel·ar·gon·ic [ˌpelə(r)'gɒnɪk; *Am.* -'gɑ-, -'gɔ-] *adj chem.* Pelargon... **,pel·ar-'go·ni·um** [-'gəʊnjəm; -ɪəm] *s bot.* Pelar'gonie *f*.
pel·er·ine ['pelərɪn; *Am.* -rən; ˌpelə'riːn] *s* Pele'rine *f* (*Umhang*).
pelf [pelf] *s contp.* (schnöder) Mammon, Geld *n*.
pel·ham ['peləm] *s* Pelham *m* (*Zaumzeug aus Kandare u. beweglichem Trensenmundstück*).
pel·i·can ['pelɪkən] *s orn.* Pelikan *m*: ~ **in her piety** *fig.* Pelikan, der sich die Brust aufreißt, um s-e Jungen mit s-m Blut zu füttern (*Sinnbild Christi od. der Nächstenliebe*). ~ **cross·ing** *s* 'Ampelˌübergang *m*. **P~ State** *s Am.* (*Beiname für*) Louisi'ana *n*.
pe·lisse [pe'li:s] *s* (*langer*) Damen- *od.* Herrenmantel (*mit Pelzbesatz*).
pel·la·gra [pe'leɪgrə; -'læg-] *s med.* Pellagra *n* (*e-e Vitaminmangelkrankheit*).
pel·let ['pelɪt] *s* **1.** Kügelchen *n*. **2.** *pharm.* Kügelchen *n*, Pille *f*, 'Mikrodraˌgée *n*. **3.** Schrotkorn *n* (*Munition*). **4.** Kugelverzierung *f*. **~ mo(u)ld·ing** *arch.* Kugelfries *m*. **5.** *orn.* Gewölle *n*.
pel·li·cle ['pelɪkl] *s* Häutchen *n*, Mem'bran *f*. **pel'lic·u·lar** [-'lɪkjʊlə(r)] *adj* häutchenförmig, mem'branartig.
pel·li·to·ry ['pelɪtərɪ; *Am.* -ˌtɔːrɪ; -ˌtoː-] *s bot.* **1.** Mauerkraut *n*. **2.** Mutterkraut *n*. **3.** Speichelwurz *f*. **4.** Schafgarbe *f*.
pell-mell [ˌpel'mel] **I** *adv* **1.** (wild) durchein'ander, ,wie Kraut u. Rüben'. **2.** 'unterschiedslos. **3.** Hals über Kopf, blindlings. **II** *adj* **4.** verworren, kunterbunt. **5.** hastig, über'eilt. **III** *s* **6.** Durchein'ander *n*, Wirrwarr *m*.
pel·lu·cid [pe'lju:sɪd; -'lu:-; *Am.* pə'lu:-] *adj* 'durchsichtig, klar (*a. fig.*).
pel·met ['pelmɪt] *s* **1.** Blend-, Vorhangleiste *f*. **2.** Querbehang *m* (*der die Gardinenstange verdeckt*).
pelt¹ [pelt] *s* **1.** Fell *n*, (rohe) Haut, (Tier-)Pelz *m*. **2.** *humor.* ,Fell' *n*, Haut *f* (*des Menschen*).
pelt² [pelt] **I** *v/t* **1.** j-n (*mit Steinen etc*) bewerfen, werfen nach j-m, (*a. fig. mit Fragen etc*) bombar'dieren: **to** ~ **s.o. with questions**. **2.** j-n verprügeln, j-m das Fell gerben. **II** *v/i* **3.** mit Steinen *etc* werfen (**at** nach). **4.** *a.* ~ **down** (nieder)prasseln (*Regen etc*): ~**ing rain** Platzregen *m*; **it was** ~**ing with rain** es goß in Strömen. **5.** stürmen, stürzen. **III** *s* **6.** Schlag *m*, Wurf *m*. **7.** Prasseln *n*, Klatschen *n* (*von Regen, Schlägen*). **8.** Eile *f*: (**at**) **full** ~ mit voller Geschwindigkeit, mit ,Karacho'.
pel·tate ['pelteɪt] *adj bot.* **1.** mit dem Stengel in der Mitte (angewachsen). **2.** schildförmig (*Blatt*).
Pel·ti·er ef·fect ['peltɪeɪ] *s phys.* Pelti'er-Ef,fekt *m*. **~ el·e·ment** *s electr.* Pelti'er-Ele,ment *n*.
pelt·ry ['peltrɪ] *s* **1.** Rauch-, Pelzwaren *pl*. **2.** Fell *n*, Haut *f*.
pelt wool *s tech.* Sterblingswolle *f*.
pel·vic ['pelvɪk] *adj anat.* Becken...: ~ **arch**, ~ **girdle** Beckengürtel *m*; ~ **cavity** Beckenhöhle *f*; ~ **fin** *ichth.* Bauchflosse *f*;

~ **presentation** *med.* Becken(end)lage *f*.
pel·vis ['pelvɪs] *pl* -**ves** [-viːz] *s anat.* Becken *n*, Pelvis *f*.
pem·mi·can ['pemɪkən] *s* **1.** Pemmikan *m* (*gepreßtes Dörrfleisch*). **2.** gepreßte Mischung von Trockenobst. **3.** *fig.* Zs.-fassung *f*.
pen¹ [pen] **I** *s* **1.** Gehege *n*, Pferch *m*, (Schaf)Hürde *f*, Verschlag *m* (*für Geflügel etc*), Hühnerstall *m*. **2.** Laufstall *m* (*für Kleinkinder*). **3.** (Stau)Damm *m*. **4.** *Am. sl.* ,Kittchen' *n* (*Gefängnis*). **5.** *mar. mil.* U-Boot-Bunker *m*. **II** *v/t pret u. pp* **penned** *od.* **pent 6.** *a.* ~ **in**, ~ **up** a) einpferchen, -schließen, b) *fig.* j-s Akti'onsradius *etc* einengen: **to feel** ~**ned in** sich eingeengt fühlen.
pen² [pen] **I** *s* **1.** a) (Schreib)Feder *f*, b) Federhalter *m*, c) Füller *m*, d) Kugelschreiber *m*: **to take** ~ **in hand**, **to take up one's** ~ zur Feder greifen; **to set** ~ **to paper** die Feder ansetzen; ~ **and ink** Schreibzeug *n*; ~ **friend**, ~ **pal** Brieffreund(in); ~ **friendship** Brieffreundschaft *f*; **the** ~ **is mightier than the sword** die Feder ist mächtiger als das Schwert. **2.** *fig.* Feder *f*, Stil *m*: **he has a sharp** ~ **or** e-e spitze Feder. **3.** *fig.* a) Schriftstelle'rei *f*, b) Schriftsteller(in). **II** *v/t* **4.** (auf-, nieder)schreiben. **5.** ab-, verfassen.
pen³ [pen] *s orn.* weiblicher Schwan.
pe·nal ['piːnl] *adj* (*adv* ~**ly**) **1.** Straf...: ~ **code** Strafgesetzbuch *n*; ~ **colony** (*od.* **settlement**) Sträflingskolonie *f*; ~ **duty** Strafzoll *m*; ~ **institution** Straf(vollzugs)anstalt *f*, Justizvollzugsanstalt *f*; ~ **law** Strafrecht *n*; ~ **reform** Strafrechtsreform *f*; ~ **servitude** *Br. hist.* Zuchthaus(strafe *f*) *n*; ~ **sum** Vertrags-, Konventionalstrafe *f*. **2.** strafbar, sträflich: ~ **act** strafbare Handlung. **pe·nal·i'za·tion** [-nəlaɪ'zeɪʃn; *Am.* -lə'z-] *s* Bestrafung *f*. **'pe·nal·ize** *v/t* **1.** bestrafen, mit e-r Strafe belegen. **2.** ,bestrafen', belasten, benachteiligen. **3.** *etwas* unter Strafe stellen.
pen·al·ty ['penltɪ] *s* **1.** (gesetzliche) Strafe: **on** (*od.* **under**) ~ **or** pain of; **on** ~ **of death** bei Todesstrafe; **the extreme** ~ die Todesstrafe; **penalties** Strafbestimmungen; **to pay** (*od.* **bear**) **the** ~ **of s.th.** etwas büßen. **2.** (Geld-, *a.* Vertrags)Strafe *f*, Buße *f*: ~ **envelope** *Am.* Umschlag frei durch Ablösung, frankierter Dienstumschlag. **3.** *fig.* Nachteil *m*: **the** ~ **of fame** der Fluch des Ruhms. **4.** *sport* a) Strafe *f*, b) Strafpunkt *m*, c) (*Fußball*) Elf'meter *m*, d) (*Hockey*) Sieben'meter *m*, e) (*Eishockey*) Penalty *m*. ~ **a·re·a** *s Fußball*: Strafraum *m*. ~ **box** *s* **1.** → **penalty area**. **2.** *Eishockey*: Strafbank *f*: **to be in the** ~ auf der Strafbank sitzen. ~ **cor·ner** *s Hockey*: Strafecke *f*. ~ **goal** *s Fußball*: Elf'metertor *n*. ~ **kick** *s* **1.** *Fußball*: Elf'meter *m*. **2.** *Rugby*: Strafritt *m*. ~ **kick mark** *s Fußball*: Strafstoßmarke *f*. ~ **kill·er** *s* **1.** *Fußball*: Elf'metertöter *m*. **2.** *Eishockey*: Penaltykiller *m* (*Spieler, der immer bei zahlenmäßiger Unterlegenheit eingesetzt wird*). ~ **rate** *s econ. Am.* Zulage *f* (*für Überstunden etc*). ~ **shot** *s. Eishockey*: Strafschuß *m*. **2.** *Golf*: Strafschlag *m*. **3.** *Basketball*: *Am.* Freiwurf *m*. ~ **spot** *s* **1.** *Fußball*: Elf'meterpunkt *m*. **2.** *Hockey*: Sieben'meterpunkt *m*. ~ **stroke** *s Hockey*: Strafschlag *m*.
pen·ance ['penəns] *s* **1.** *relig.* Buße *f*, Reue *f*: **to do** ~ (**for s.th.**) a) (für etwas) Buße tun, b) *fig.* (etwas) büßen. **2.** *relig.* *oft* P~ (Sakra'ment *n* der) Buße *f* *od.* Beichte *f*. **3.** *fig.* Strafe *f*: **it's a** ~ **for** ... das ist die Strafe für ...
,pen-and-'ink **I** *adj* Feder..., Schreiber..., Schriftsteller...: ~ **drawing** Feder-

zeichnung *f*; ~ **man** Schriftsteller *m*. **II** *s* Federzeichnung *f*.
pe·na·tes [pe'nɑːteɪz; *bes. Am.* pə'neɪtiːz] *s pl antiq.* Pe'naten *pl*, Hausgötter *pl*.
pence [pens] *pl von* penny.
pen·chant ['pɑ̃ːʃɑ̃ː; *Am.* 'pentʃənt] *s* (**for**) Neigung *f*, Hang *m* (zu), Vorliebe *f* (für).
pen·cil ['pensl] **I** *s* **1.** (Blei-, Zeichen-, Farb)Stift *m*: **red ~** Rotstift; **in ~** mit Bleistift. **2.** a) *obs.* (Maler)Pinsel *m*, b) *fig.* Mal-, Zeichenkunst *f*, c) *fig.* Stil *m* (*e-s Zeichners*), d) *rhet.* Griffel *m*, Stift *m*. **3.** *med. tech.* Kosmetik: Stift *m*. **4.** *zo.* Büschel *n*. **5.** *math. phys.* (Strahlen)Büschel *n*, Büschel *n*: **~ of light** Lichtbündel, **~ of planes** Ebenenbüschel; **~ beam** Schmalbündel, bleistiftförmiges Strahlenbündel. **II** *v/t pret u. pp* **-ciled**, *bes. Br.* **-cilled 6.** zeichnen, entwerfen. **7.** mit e-m Bleistift aufschreiben *od.* anzeichnen *od.* anstreichen. **8.** mit e-m Stift behandeln, *die Augenbrauen etc* nachziehen. **'pen·ciled,** *bes. Br.* **'pen·cilled** *adj* **1.** fein gezeichnet *od.* gestrichelt. **2.** mit Bleistift gezeichnet *od.* geschrieben *od.* angestrichen. **3.** büschelig (*a. phys.*). **4.** *math. phys.* gebündelt (*Strahlen etc*).
pen·cil| push·er *s humor.* „Bü'rohengst" *m*. **~ sharp·en·er** *s* (Bleistift)Spitzer *m*.
'pen·craft *s* **1.** Schreibkunst *f*. **2.** a) Schriftstelle'rei *f*, Schriftstellerhandwerk *n*, b) schriftstellerisches Können.
pend [pend] *v/t* e-e Entscheidung etc in der Schwebe lassen.
pen·dant ['pendənt] **I** *s* **1.** (Ohr- etc) Gehänge *n*, Anhänger *m* (*e-r Halskette etc*). **2.** Behang *m* (*z. B. an Kronleuchtern*). **3.** a. **~ lamp** Hängeleuchte *f*, -lampe *f*. **4.** a. **~ bow** Bügel *m*, Gehänge *n* (*e-r Uhr*). **5.** *fig.* Anhang *m* (*e-s Buches etc*), Anhängsel *n*. **6.** [a. 'pɑ̃ːdɑ̃ː] Pen'dant *n*, Seiten-, Gegenstück *n* (**to** zu). **7.** *mar.* → **pennant 1. 8.** *arch.* her'abhängender Schlußstein. **II** *adj* **9.** → **pendent** I: **~ cord** *electr.* Hängeschnur *f*; **~ switch** Schnurschalter *m*.
pen·den·cy ['pendənsɪ] *s bes. jur.* Schweben *n*, Anhängigkeit *f*: **during the ~ of a suit** → pendente lite.
pen·dent ['pendənt] **I** *adj* **1.** (her'ab-) hängend, Hänge... **2.** 'überhängend. **3.** *fig. jur.* → **pending 3. 4.** *ling.* unvollständig. **II** *s* → pendant I.
pen·den·te li·te [pen,dentɪ'laɪtɪ] (*Lat.*) *adv jur.* bei schwebenden Verfahren, während der Anhängigkeit des Verfahrens.
pen·den·tive [pen'dentɪv] *s arch.* **1.** Hänge-, Strebebogen *m*. **2.** Penden'tif *n* (*Gewölbezwickel*).
pend·ing ['pendɪŋ] **I** *adj* **1.** hängend. **2.** bevorstehend, *a.* drohend. **3.** *fig. bes. jur.* schwebend, anhängig, (noch) unentschieden: **cases ~ before the Court** (vor dem Gericht) anhängige Sachen. **4.** anstehend: **matters ~**. **II** *prep* **5.** a) während, b) bis zu: **~ further information** bis weitere Auskünfte vorliegen.
pen·du·late ['pendjʊleɪt; *Am.* -dʒə-; -də-] *v/i* **1.** pendeln. **2.** *fig.* fluktu'ieren, schwanken. **,pen·du'la·tion** *s* **1.** Pendeln *n*. **2.** *fig.* Schwanken *n*. **'pen·du·line** [-laɪn; *Am. a.* -lɪn] *adj u. s orn.* Hängenester bauend(er Vogel).
pen·du·lous ['pendjʊləs; *Am.* -dʒə-; -də-] *adj* (her'ab)hängend, pendelnd: **~ abdomen** Hängebauch *m*; **~ breasts** *pl* Hängebusen *m*; **~ motion** Pendelbewegung *f*.
pen·du·lum ['pendjʊləm; *Am.* -dʒə-; -də-] **I** *s* **1.** *math. phys.* Pendel *n*. **2.** *tech.* a) Pendel *n*, Perpen'dikel *n*, *m* (*e-r Uhr*), b) Schwunggewicht *n*. **3.** *fig.* Pendelbewegung *f*, Pendel *n*, wechselnde Stimmung *od.* Haltung: **the ~ of public opinion**. **II** *adj* **4.** Pendel...: **~ clock** (**contact, saw, weight,** *etc*); **~ wheel** Unruh *f*.
pen·e·tra·bil·i·ty [,penɪtrə'bɪlətɪ] *s* Durch'dringbarkeit *f*, -'dringlichkeit *f*.
'pen·e·tra·ble *adj* (*adv* **penetrably**) durch'dringlich, erfaßbar, erreichbar.
pen·e·tra·li·a [,penɪ'treɪljə; -lɪə] *s pl* **1.** (*das*) Innerste, (*das*) Aller'heiligste. **2.** *fig.* Geheimnisse *pl*, in'time Dinge *pl*.
pen·e·trate ['penɪtreɪt] **I** *v/t* **1.** durch'dringen, eindringen in (*acc*), durch'bohren, -'schlagen, (*a. mil. taktisch*) durch'stoßen, dringen durch: **to ~ a woman** e-e Frau penetrieren. **2.** *aer. mil.* einfliegen, eindringen in (*acc*). **3.** *fig. a.*) (*seelisch*) durch'dringen, erfüllen, ergreifen, b) (*geistig*) eindringen in (*acc*), erforschen, ergründen, durch'schauen: **to ~ s.o.'s disguise** j-n durchschauen. **II** *v/i* **4.** (**into, to**) eindringen (in *acc*), 'durchdringen (zu): **to ~ into a secret** *fig.* ein Geheimnis ergründen. **5.** 'durch-, vordringen, sich e-n Weg bahnen (**to** bis zu, zu). **6. the idea has ~d** *fig.* „der Groschen ist gefallen". **'pen·e·trat·ing** *adj* (*adv* **~ly**) **1.** *allg.* 'durchdringend: **~ glance** (**shriek, wind**); **~ intellect** scharfer Verstand; **~ odo(u)r** penetranter Geruch; **~ power** → **penetration 2.** scharfsinnig. **3.** durch'bohrend (*a. fig. Blick*). **'pen·e·trat·ing·ness** *s* **1.** Eindringlichkeit *f*. **2.** Scharfsinn *m*.
pen·e·tra·tion [,penɪ'treɪʃn] *s* **1.** Ein-, 'Durchdringen *n*, Durch'bohren *n*, -'stoßen *n*, *mil.* 'Durch-, Einbruch *m*, *aer.* Einflug *m*, Pene'trierung *f* (*e-r Frau*). **2.** Eindringungsvermögen *n*, 'Durchschlagskraft *f*, Tiefenwirkung *f*. **3.** *opt. phys.* Schärfe *f*, Auflösungsvermögen *n*. **4.** *fig.* Ergründung *f*. **5.** *fig.* Durch'dringung *f*, Ein-, Vordringen *n*, Einflußnahme *f*: **peaceful ~ of a country** friedliche Durchdringung e-s Landes. **6.** *fig.* Scharfsinn *m*, scharfer Verstand.
pen·e·tra·tive ['penɪtrətɪv; *bes. Am.* -treɪtɪv] *adj* (*adv* **~ly**) **1.** 'durchdringend, Eindringungs...: **~ effect** Eindringungstiefe *f* (*e-s Geschosses*). **2.** → **penetrating. 3.** eindringlich.
pen feath·er *s orn.* Schwungfeder *f*.
pen·guin ['peŋgwɪn; *Am. a.* 'pen-] *s* **1.** *orn.* Pinguin *m*. **2.** *aer.* Übungsflugzeug *n*. **~ suit** *s colloq.* Raumanzug *m*.
'pen·hold·er *s* Federhalter *m*. **~ grip** *s* Tischtennis: Penholdergriff *m*.
pe·ni·al ['piːnɪəl] *adj anat.* Penis...
pen·i·cil·late [,penɪ'sɪlɪt; -leɪt] *adj bot. zo.* **1.** pinselförmig. **2.** streifig.
pen·i·cil·lin [,penɪ'sɪlɪn] *s med.* Peni-cil'lin *n*.
pe·nile ['piːnaɪl] *adj anat.* Penis...
pen·in·su·la [pɪ'nɪnsjʊlə; *Am.* -sələ; -tʃələ] *s* Halbinsel *f*: **the (Iberian) P~** die Pyrenäenhalbinsel. **pen'in·su·lar I** *adj* **1.** Halbinsel..., peninsu'lar(isch): **the P~ War** der Peninsular-, Halbinselkrieg (*Napoleons gegen die Spanier; 1808–14*); **the P~ campaign** *Am.* McClellands Feldzug *m* gegen Richmond im amer. Bürgerkrieg (*1862*); **the P~ State** *Am.* (der Staat) Florida *n*. **2.** halbinselförmig. **II** *s* **3.** Bewohner(in) e-r Halbinsel.
pe·nis ['piːnɪs] *pl* **-nis·es, -nes** [-niːz] *s anat.* Penis *m*, männliches Glied. **~ en·vy** *s psych.* Penisneid *m*.
pen·i·tence ['penɪtəns] *s* Buße *f*: a) *relig.* Bußfertigkeit *f*, b) Reue *f*, Zerknirschung *f*. **'pen·i·tent I** *adj* (*adv* **~ly**) **1.** a) *relig.* bußfertig, b) reuig, zerknirscht. **II** *s* **2.** *relig.* Bußfertige(r *m*) *f*, Büßer(in). **3.** *R.C.* Beichtkind *n*, Pöni'tent(in). **,pen·i-'ten·tial** [-'tenʃl] **I** *adj* (*adv* **~ly**) **1.** → **penitent 1. 2.** *relig.* als Buße auferlegt, Buß...: **~ psalm** Bußpsalm *m*. **II** *s* **3.** a. **~ book** *R.C.* Buß-, Pöni'tenzbuch *n*.
pen·i·ten·tia·ry [,penɪ'tenʃərɪ] **I** *s* **1.** *relig.* Pönitenti'ar *m*, Bußpriester *m*, Beichtvater *m*. **2.** *relig.* (päpstliches) Bußgericht: **Grand P~** Kardinal, der dem päpstlichen Bußgericht vorsteht. **3.** *Am.* (Staats)Gefängnis *n*. **4.** *Br. hist.* Besserungsanstalt *f* für Prostitu'ierte. **II** *adj* **5.** *relig.* Buß...: **~ priest**; **~ pilgrim** Bußpilger *m*. **6. ~ crime** *Am.* Verbrechen, auf das e-e Gefängnisstrafe steht.
'pen|·knife *s irr* Feder-, Taschenmesser *n*. **'~·man** [-mən] *s irr* **1.** Schreiber *m*. **2.** Schönschreiber *m*, Kalli'graph *m*. **3.** Mann *m* der Feder, Lite'rat *m*. **'~·man·ship** *s* **1.** Schreibkunst *f*, Kalligra'phie *f*. **2.** Stil *m*. **3.** a) schriftstellerisches Können, Kunst *f* des Schreibens, b) schriftstellerische Leistung. **~ name** *s* Schriftstellername *m*, Pseudo'nym *n*.
pen·nant ['penənt] *s* **1.** *mar.* Wimpel *m*, Stander *m*, kleine Flagge. **2.** (Lanzen-) Fähnchen *n*. **3.** *sport Am.* Siegeswimpel *m*. **4.** *mus. Am.* Fähnchen *n*.
pen·ni·form ['penɪfɔː(r)m] *adj* federförmig.
pen·ni·less ['penɪlɪs] *adj* ohne e-n Pfennig (Geld), mittellos, arm: **to be ~** keinen Pfennig Geld haben.
pen·non ['penən] *s* **1.** *bes. mil.* Fähnlein *n*, Wimpel *m* (*a. mar.*), Lanzenfähnchen *n*. **2.** Fittich *m*, Schwinge *f*.
Penn·syl·va·ni·a Dutch [,pensɪl'veɪnjə; -nɪə] *s* **1.** *collect.* Pennsyl'vanisch-Deutsche *pl*, in Pennsyl'vania lebende 'Deutschameri,kaner *pl*. **2.** *ling.* Pennsyl'vanisch-Deutsch *n*.
,Penn·syl'va·ni·an *adj* pennsyl'vanisch. **II** *s* Pennsyl'vanier(in).
pen·ny ['penɪ] *pl* **-nies** *od. collect.* **pence** [pens] *s* **1. a. new ~** *Br.* Penny *m* ($1/100$ *Pfund*): **in pennies** in (einzelnen) Kupfermünzen; **in for a ~, in for a pound** wer A sagt, muß auch B sagen; **to spend a ~** *Br. euphem.* ,mal verschwinden'; **take care of the pence, and the pounds will take care of themselves** wer den Pfennig nicht ehrt, ist des Talers nicht wert; **the ~ dropped** *bes. Br. humor.* „der Groschen ist gefallen"; **they are two** (*od.* **ten**) **a ~** *Br. colloq.* a) sie sind spottbillig, man bekommt sie hegeworfen, b) es gibt sie wie Sand am Meer. **2.** *fig.* Pfennig *m*, Heller *m*, Kleinigkeit *f*: **he hasn't a ~ to bless himself with** er hat keinen roten Heller; **a ~ for your thoughts** ich gäb' was dafür, wenn ich wüßte, woran Sie jetzt denken. **3.** *fig.* Geld *n*: **a pretty** (*od.* **tidy**) **~** *colloq.* ein hübsches Sümmchen, e-e Stange Geld; → **honest 3. 4.** *Am.* Cent(stück *n*) *m*.
,pen·ny-a-'lin·er *s selten* (schlechtbezahlter) Zeitungsschreiber, Schreiberling *m*, Zeilenschinder *m*. **~ an·te** *s Am.* **1.** Pokerspiel *n*, bei dem der (erste) Einsatz e-n Cent beträgt. **2.** *fig.* ,kleine Fische' *pl* (*unbedeutende Sache*). **~ ar·cade** *s* Spielsa,lon *m*. **P~ Black** *s Philatelie:* (die) schwarze Queen Vic'toria. **~ dread·ful** *pl* **-fuls** *s Br. colloq.* **1.** 'Groschen-, 'Schauerro,man *m*. **2.** ,Re'volverblatt' *n*. **~ far·thing** *s hist. Br.* Hochrad *n* (frühe Form des Fahrrads). **'~-pinch** *v/t colloq.* j-n (mit Geld) knapp-, kurzhalten. **'~-pinch·er** *s colloq.* Knicker(in), Pfennigfuchser(in). **'~-pinch·ing** *s colloq.* Knicke'rei *f*, Pfennigfuchse'rei *f*. **~ roy·al** *s bot.* Poleiminze *f*, Flohkraut *n*. **'~-weight** *s* (englisches) Pennygewicht ($1/20$ Unze =

penny-wise – percaline

1,555 g). ~-'**wise** *adj* am falschen Ende sparsam: ~ **and pound-foolish** im Kleinen sparsam, im Großen verschwenderisch. '~**wort** *s bot.* **1.** Nabelkraut *n.* **2.** Wassernabel *m.* **3.** *(e-e)* Sib'thorpie. **4.** Zymbelkraut *n.* ~**worth** ['penə; 'peniwəθ; *Am.* 'peni:,wɜrθ] *s* **1.** was man für e-n Penny kaufen kann: a ~ **of sweets** für e-n Penny Bonbons. **2.** *(bes. guter)* Kauf: **a good** ~ sehr preisgünstig. **3. not a ~ of sense** nicht für fünf Pfennig Verstand.
pe·no·log·ic [ˌpiːnəˈlɒdʒɪk; *Am.* -ˈlɑ-] *adj;* ˌ**pe·no'log·i·cal** [-kl] *adj (adv* ~**ly)** krimi'nalkundlich, bes. 'Strafvollzugs...
pe'nol·o·gy [-ˈnɒlədʒɪ; *Am.* -ˈnɑ-] *s* Krimi'nalstrafkunde *f, bes.* 'Strafvoll,zugslehre *f.*
'**pen,push·er** *s colloq.* **1.** ‚Bü'rohengst' *m.* **2.** Schreiberling *m.*
pen·sile ['pensaɪl] *adj* (her'ab)hängend, Hänge...
pen·sion[1] ['penʃn] *I s* **1.** Rente *f,* Pensi'on *f,* Ruhegeld *n:* **to be (to go) on (a) ~ in Rente** *od.* Pension sein (gehen); ~ **fund** Pensionskasse *f;* ~ **plan** *(od.* **scheme)** (Alters)Versorgungsplan *m.* **2.** Jahr-, Kostgeld *n.* **II** *v/t* **3.** ~ **off** a) *j-n* pensio'nieren, in den Ruhestand versetzen, b) *fig.* Maschine *etc* 'ausran,gieren.
pen·sion[2] [ˈpãːnsjɔ̃ː; *Am.* pɑːnsˈjəʊn] *s* **1.** Pensi'on *f,* Fremdenheim *n.* **2.** Pensi'on *f,* 'Unterkunft u. Verpflegung: **full ~** Vollpension.
pen·sion·a·ble ['penʃənəbl] *adj* pensi'onsfähig, -berechtigt: **of ~ age** im Renten- *od.* Pensionsalter.
pen·sion·ar·y ['penʃənərɪ; *Am.* -ˌnerɪː] *I adj* **1.** Pensions... **2.** pensio'niert, im Ruhestand. **II** *s* **3.** *selten für* pensioner 1. **4.** *contp.* Mietling *m.*
pen·sion·er ['penʃənə(r)] *s* **1.** Rentner(in), Pensio'när(in), Ruhegeldempfänger(in). **2.** *Br.* Stu'dent *(in Cambridge),* der für Kost u. Wohnung im College bezahlt.
pen·sive ['pensɪv] *adj (adv* ~**ly) 1.** nachdenklich, sinnend, gedankenvoll. **2.** ernst, tiefsinnig. '**pen·sive·ness** *s* **1.** Nachdenklichkeit *f.* **2.** Tiefsinn *m.*
'**pen·stock** *s tech.* **1.** Schützenwehr *n,* Stauanlage *f.* **2.** *Am.* Mühlgraben *m.* **3.** *Am.* Rohrzuleitung *f,* Druckrohr *n.*
pent [pent] *adj* eingeschlossen, -gepfercht: → **pent-up.**
pen·ta·ba·sic [ˌpentəˈbeɪsɪk] *adj chem.* fünfbasisch: ~ **acid.**
pen·ta·cle ['pentəkl] → **pentagram.**
pen·tad ['pentæd] *s* **1.** Fünfergruppe *f.* **2.** *chem.* fünfwertiges Ele'ment *od.* Radi'kal. **3.** Pen'tade *f,* Zeitraum *m* von fünf Jahren.
pen·ta·gon ['pentəgən; *Am.* -ˌgɒn] *s* **1.** *math.* Fünfeck *n.* **2. the P~** *Am.* das Pentagon: a) *das Gebäude des amer. Verteidigungsministeriums,* b) *das amer. Verteidigungsministerium.* **pen'tag·o·nal** [-ˈtægənl] *adj math.* fünfeckig.
pen·ta·gram ['pentəgræm] *s* Penta'gramm *n,* Drudenfuß *m.*
pen·ta·he·dral [ˌpentəˈhiːdrəl] *adj math.* fünfflächig. ˌ**pen·ta'he·dron** [-drɒn; *bes. Am.* -drən] *pl* -**drons** *od.* -**dra** [-drə] *s* Penta'eder *n.*
pen·tam·e·ter [penˈtæmɪtə(r)] *s metr.* Pen'tameter *m.*
pen·tane ['penteɪn] *s chem.* Pen'tan *n.*
pen·ta·syl·lab·ic [ˌpentəsɪˈlæbɪk] *adj metr.* fünfsilbig.
Pen·ta·teuch ['pentətjuːk; *Am. a.* -ˌtuːk] *s Bibl.* Penta'teuch *m (die 5 Bücher Mose).*
pen·tath·lete [penˈtæθliːt] *s sport* Fünfkämpfer(in). **pen'tath·lon** [-lɒn; *Am.* -ˌlɑn] *s* Fünfkampf *m.*
pen·ta·tom·ic [ˌpentəˈtɒmɪk; *Am.* -ˈtɑ-] *adj chem.* **1.** 'fünfa,tomig. **2.** fünfwertig.
pen·ta·ton·ic [ˌpentəˈtɒnɪk; *Am.* -ˈtɑ-] *adj mus.* penta'tonisch *(fünftönig):* ~ **scale.**
pen·ta·va·lence [ˌpentəˈveɪləns], ˌ**pen·ta'va·len·cy** *s chem.* Fünfwertigkeit *f.* ˌ**pen·ta'va·lent** *adj chem.* fünfwertig.
Pen·te·cost ['pentɪkɒst; *Am.* -ˌkɑst] *s relig.* **1.** Pfingsten *n od. pl,* Pfingstfest *n.* **2.** jüdisches Erntefest. ˌ**Pen·te'cos·tal** *adj* pfingstlich, Pfingst...
pent·house ['penthaʊs] *s arch.* **1.** Wetter-, Vor-, Schutzdach *n.* **2.** Penthouse *n,* Penthaus *n,* 'Dachter,rassenwohnung *f.* **3.** Anbau *m,* Nebengebäude *n.*
pen·tode ['pentəʊd] *s electr.* Pent'ode *f,* Fünfpolröhre *f.*
pen·ste·mon [penˈstemən; *bes. Am.* -ˌstiː-] *s bot.* Bartfaden *m.*
ˌ**pent-'up** *adj* **1.** eingepfercht. **2.** *fig.* angestaut: ~ **feelings;** ~ **demand** *Am.* Nachholbedarf *m.*
pe·nult [peˈnʌlt; *Am.* ˈpiːnʌlt] *s ling. metr.* vorletzte Silbe. **pe·nul·ti·mate** [peˈnʌltɪmət; *Am.* pɪ-] *I adj* vorletzt(er, e, es): ~ **stage** Vorstufe *f (e-s Senders).* **II** *s* ~ **penult.**
pe·num·bra [pɪˈnʌmbrə] *pl* -**brae** [-briː] *od.* -**bras** *s* **1.** *phys.* Halbschatten *m (a. fig.).* **2.** *astr.* Pen'umbra *f.* **3.** *paint.* 'Übergang *m* von hell zu dunkel. **pe'num·bral** *adj* halbdunkel, Halbschatten...
pe·nu·ri·ous [pɪˈnjʊərɪəs; *Am. a.* -ˈnɔr-] *adj (adv* ~**ly) 1.** karg. **2.** arm. **3.** geizig, knauserig. **pen·u·ry** ['penjʊrɪ] *s* **1.** Armut *f,* Not *f.* **2.** Knappheit *f,* Mangel *m (of an dat).*
pe·on ['piːən] *s* **1.** *[Br. bes.* pjuːn] Sol'dat *m od.* Poli'zist *m od.* Bote *m (in Indien u. Ceylon).* **2.** Pe'on *m:* a) Tagelöhner *m (in Südamerika),* b) *(durch Geldschulden)* zu Dienst verpflichteter Arbeiter *(Mexiko).* **3.** *Am.* zu Arbeit her'angezogener Sträfling. '**pe·on·age,** '**pe·on·ism** *s* **1.** Dienstbarkeit *f,* Leibeigenschaft *f.* **2.** *Am.* Peo'nage *f,* Sy'stem *n* der Verdingung von Sträflingen an Unter'nehmer.
pe·o·ny ['pɪənɪ] *s bot.* Pfingstrose *f.*
peo·ple ['piːpl] *I s* **1.** *collect.* (*als pl* kon'struiert) die Menschen *pl,* die Leute *pl:* **English** ~ (die) Engländer; **London** ~ die Londoner (Bevölkerung); **literary** ~ Literaten; **country** ~ Landleute, -bevölkerung *f;* **town** ~ Städter *pl;* **a great many** ~ sehr viele Leute; **some** ~ manche (Leute); **I don't like to keep ~ waiting** ich lasse die Leute nicht gern warten. **2.** *man:* ~ **say** man sagt. **3.** Leute *pl,* Per'sonen *pl:* **there were ten ~ present; he of all ~** ausgerechnet er. **4.** *(mit Possessivpronomen) colloq.* Leute *pl,* Fa'milie *f,* Angehörige(n) *pl:* **my ~**. **5.** Leute *pl (Untergeordnete):* **he treated his ~ well.** **6. the ~** a) (*a. als sg* konstruiert) das *(gemeine)* Volk, die Masse (des Volkes), b) die Bürger *pl od.* Wähler *pl,* die Bevölkerung: **the P~'s Party** *Am. hist.* die Volkspartei *(1891 gegründete Partei der* Pop'ulists); ~**'s front** Volksfront *f;* ~**'s man** Mann *m* des Volkes; ~**'s democracy** Volksdemokratie *f;* ~**'s republic** Volksrepublik *f.* **7.** *pl* **peoples** Volk *n,* Nati'on *f:* **the ~s of Europe; the chosen ~** das auserwählte Volk. **8.** *fig.* Volk *n:* **the bee ~** das Bienenvolk.
II *v/t* **9.** besiedeln, bevölkern (**with** mit).
pep [pep] *colloq.* **I** *s* E'lan *m,* Schwung *m,* ‚Schmiß' *m,* Pep *m:* ~ **pill** Aufputschpille *f;* ~ **talk** Anfeuerung *f,* aufmunternde Worte. **II** *v/t meist* ~ **up** a) *j-n* ‚aufmöbeln', in Schwung bringen, b) *j-n* anfeuern, c) *etwas* in Schwung bringen, Leben bringen in *(acc),* *e-e* Ge'schichte *etc* ‚pfeffern', würzen.
pep·per ['pepə(r)] *I s* **1.** a) Pfeffer *m (Gewürz):* **black (white)** ~, b) Paprikaschote *f.* **2.** *bot.* Pfefferstrauch *m, bes.* a) Spanischer Pfeffer, b) Roter Pfeffer, Ca'yennepfeffer *m,* c) Paprika *m.* **3.** pfefferähnliches, scharfes Gewürz *(z. B.* Ingwer): ~ **cake** Gewürz-, Pfefferkuchen *m.* **4.** *fig.* ‚Pfeffer' *m, (etwas)* Beißendes *od.* Scharfes. **II** *v/t* **5.** pfeffern. **6.** *allg.* würzen. **7.** *fig.* bestreuen, sprenkeln, über'säen. **8.** *fig. e-e* Rede, den Stil *etc* würzen, ‚pfeffern'. **9.** ‚bepfeffern' *(a. fig.), (mit Fragen etc)* bombar'dieren. **10.** verprügeln. ˌ~-**and-'salt** *I adj* **1.** pfeffer-und-salzfarben, graugetüpfelt *od.* -gesprenkelt *(Stoff).* **2.** ‚graume,liert *(Haar).* **II** *s* **3.** a) Pfeffer u. Salz *n (Stoff),* b) Anzug *m* in Pfeffer u. Salz. **4.** Pfeffer-und-Salz-Farbe *f od.* -Muster *n.* '~**box,** ~**cast·er** *s* Pfefferstreuer *m.* '~**corn** *s* **1.** Pfefferkorn *n:* **white** ~**s** weißer Pfeffer. **2.** *a.* ~ **rent** nomi'neller Pachtzins. ~ **mill** Pfeffermühle *f.*
pep·per·mint ['pepə(r)mɪnt] *s* **1.** *bot.* Pfefferminze *f.* **2.** *a.* ~ **oil** Pfefferminzöl *n.* **3.** *a.* ~ **drop (od. lozenge)** 'Pfefferminzpa,stille *f,* -plätzchen *n,* -bon,bon *m, n.* ~ **cam·phor** *s chem.* Men'thol *n.*
pep·per pot *s* **1.** Pfefferstreuer *m.* **2.** *westindisches, stark gewürztes Gericht.* **3.** *a.* **Philadelphia** ~ *Am.* stark gepfefferte Suppe mit Kaldaunen. **4.** *fig.* Hitzkopf *m.*
pep·per·y ['pepərɪ] *adj* **1.** pfefferig, pfefferartig, scharf, beißend. **2.** *fig.* jähzornig, hitzig. **3.** *fig.* ‚gepfeffert', scharf, beißend: ~ **style.**
pep·py ['pepɪ] *adj colloq.* ‚schmissig', schwungvoll, forsch.
pep·sin ['pepsɪn] *s chem.* Pep'sin *n.*
pep·tic ['peptɪk] *med.* **I** *adj* **1.** Verdau'ungs...: ~ **gland** Magendrüse *f;* ~ **ulcer** Magengeschwür *n.* **2.** verdauungsfördernd, peptisch: ~ **sauce.** **3.** *e-e* gute Verdauung habend. **II** *s* **4.** *pl humor.* Ver'dauungsor,gane *pl.*
pep·ti·za·tion [ˌpeptaɪˈzeɪʃn; *Am.* -təˈz-] *s chem.* Pepti'sierung *f (Überführung in kolloide Lösungen).*
pep·tone ['peptəʊn] *s physiol.* Pep'ton *n.* ˌ**pep·to·ni'za·tion** [-tənaɪˈzeɪʃn; *Am.* -nəˈz-] *s* Peptonisati'on *f.*
per [pɜː; *Am.* pɜr; pər] *prep* **1.** per, durch: ~ **bearer** durch Überbringer; ~ **post** durch die Post, auf dem Postwege; ~ **rail** per Bahn. **2.** pro, für: ~ **annum** pro Jahr, jährlich; ~ **capita** pro Kopf *od.* Person; ~ **capita income** Pro-Kopf-Einkommen *n;* ~ **capita quota** Kopfquote *f;* ~ **cent** pro *od.* vom Hundert (→ **percent**); ~ **mille** pro Tausend, pro mille; ~ **second** in der *od.* pro Sekunde; → **per contra,** **per diem.** **3.** *a.* **as** ~ *econ.* a) laut, gemäß, b) nach dem Stande vom *(1. Januar etc):* → **usual I.**
per·ac·id [pɜːˈræsɪd] *s chem.* Persäure *f.*
per·ad·ven·ture [ˌpɜrədˈventʃə(r); ˈpɜrədv-] **I** *adv* **1.** *obs.* viel'leicht, zufällig. **II** *s* **2.** Zufall *m.* **3.** Zweifel *m.*
per·am·bu·late [pəˈræmbjʊleɪt] **I** *v/t* **1.** durch'wandern, -'reisen, -'ziehen. **2.** bereisen, besichtigen. **3.** die Grenzen *(e-s Gebiets)* abschreiten. **II** *v/i* **4.** um'herwandern. **per,am·bu'la·tion** *s* **1.** Durch'wandern *n.* **2.** Bereisen *n,* Besichtigung(sreise) *f.* **3.** Grenzbestimmung *f* durch Begehen. **4.** *jur.* Besichtigungs-, Gerichtssprengel *m.* **per'am·bu·la·tor** [-tə(r)] *s* **1.** *bes. Br.* Kinderwagen *m.* **2.** (Durch)'Wanderer *m.* **3.** *tech.* Wegmesser *m,* Meßrad *n.*
per·cale [pə(r)ˈkeɪl; *Am. a.* ˌpɜrkˈ-] *s* Per'kal *m (ein Baumwollgewebe).* **per·ca·line** ['pɜːkəliːn; *Am.* ˌpɑrkəˈl-] *s* Perka'lin *n.*

per·ceiv·a·ble [pə(r)'siːvəbl] *adj* (*adv* **perceivably**) **1.** wahrnehmbar, merklich, spürbar. **2.** verständlich. **per·'ceive** *v/t* **1.** wahrnehmen, empfinden, (be)merken, spüren. **2.** verstehen, erkennen, begreifen.

per·cent, *Br.* **per cent** [pə(r)'sent] **I** *adj* **1.** ...prozentig: **a four ~ share**. **I** *s* **2.** Pro'zent *n* (%): **~ by volume** Volumen-, Raumprozent. **3.** *pl* 'Wertpa₁piere *pl* mit feststehendem Zinssatz: **three per cents** dreiprozentige Wertpapiere.

per·cent·age [pə(r)'sentɪdʒ] **I** *s* **1.** Pro'zentsatz *m*: a) *math.* Hundertsatz *m*, b) *allg.* Anteil *m*, Teil *m* (**of an** *dat*). **2.** Pro'zentgehalt *m*: **~ by weight** Gewichtsprozent *n*. **3.** *econ.* Pro'zente *pl.* **4.** Gewinnanteil *m*, Provisi'on *f*, Tanti'eme *f*, Pro'zente *pl.* **5.** *fig.* (statistische) Wahr'scheinlichkeit. **II** *adj* **6.** Prozentual...: **~ increase. per·'cen·tal** → **percentile I. per·'cen·tile** [-taɪl] **I** *adj* in Pro'zenten (ausgedrückt), Prozent..., prozentu'al. **II** *s math. phys.* statistischer Wert, der durch n % e-r großen Reihe von Messungen nicht, dagegen von 100-n % erreicht wird.

per·cept ['pɜːsept; *Am.* 'pɜr-] *s philos.* wahrgenommener Gegenstand.

per·cep·ti·bil·i·ty [pə(r)₁septə'bɪlətɪ] *s* Wahrnehmbarkeit *f*. **per·'cep·ti·ble** *adj* (*adv* **perceptibly**) wahrnehmbar, merklich.

per·cep·tion [pə(r)'sepʃn] *s* **1.** (sinnliche *od.* geistige) Wahrnehmung, Empfindung *f*: **~ of light** Lichtempfindung. **2.** Wahrnehmungsvermögen *n.* **3.** Auffassung(sgabe) *f.* **4.** Vorstellung *f*, Begriff *m*, Erkenntnis *f*. **per·'cep·tion·al** [-ʃənl] *adj* Wahrnehmungs... **per·'cep·tive** [-tɪv] *adj* **1.** wahrnehmend, Wahrnehmungs... **2.** auffassungsfähig, scharfsichtig. **per·cep·tiv·i·ty** [₁pɜːsep'tɪvətɪ; *Am.* ₁pɜr-], **per·'cep·tive·ness** → **perception 2.**

per·cep·tu·al [pə(r)'septjʊəl; *Am.* -tʃəwəl; -tʃəl] *adj philos.* Wahrnehmungs...

perch[1] [pɜːtʃ; *Am.* pɜrtʃ] *pl* **'perch·es** [-ɪz] *od. collect.* **perch** *s ichth.* Flußbarsch *m*.

perch[2] [pɜːtʃ; *Am.* pɜrtʃ] **I** *s* **1.** (Sitz-) Stange *f* (für *Vögel*), Hühnerstange *f*. **2.** *fig.* 'Thron' *m*, hoher (sicherer) Sitz: **to knock s.o. off his ~** *colloq.* j-n von s-m Sockel herunterstoßen, j-n von s-m hohen Roß herunterholen; **to hop the ~** *sl.* ‚abkratzen' (*sterben*); **come off your ~!** *colloq.* komm herunter von d-m hohen Roß! **3.** *surv.* Meßstange *f*. **4.** Rute *f* (Längenmaß = 16¹/₂ feet = 5,029 m). **5.** *a.* **square ~** Flächenmaß von 30¹/₄ square yards. **6.** *mar.* Pricke *f*, Stangenseezeichen *n.* **7.** Lang-, Lenkbaum *m* (e-s Wagens). **II** *v/i* **8.** (**on**) sich setzen *od.* niederlassen (auf *acc*), sitzen (auf *dat*) (*Vögel*). **9.** *fig.* hoch sitzen, ‚thronen'. **III** *v/t* **10.** (*auf etwas Hohes*) setzen: **to ~ o.s.** sich setzen; **to be ~ed** sitzen.

per·chance [pə'tʃɑːns; *Am.* pər'tʃæns] *adv poet.* viel'leicht, zufällig.

perch·er ['pɜːtʃə; *Am.* 'pɜrtʃər] *s orn.* Sitzfüßer *m*, -vogel *m*.

Per·che·ron ['pɜːʃəron; *Am.* 'pɜrtʃə₁rɑn] *s* Perche'ron(pferd *n*) *m*.

per·chlo·rate [pə(r)'kloːreɪt; *Am.* -'kloʊə-; -rət] *s chem.* 'überchlorsaures Salz, Perchlo'rat *n*. **per·'chlo·ric** *adj* 'überchlorig: **~ acid** Über- *od.* Perchlorsäure *f*. **per·'chlo·ride** [-raɪd] *s* Perchlo'rid *n*.

per·chlo·ri·nate [pə(r)'kloːrɪneɪt; *Am.* a. -'kloʊrə-] *v/t chem.* perchlo'rieren.

per·chro·mate [pə(r)'krəʊmeɪt] *s chem.* Perchro'mat *n* (überchromsaures Salz). **per·'chro·mic** *adj* Perchrom...

per·cip·i·ence [pə(r)'sɪpɪəns] *s* **1.** Wahrnehmung *f.* **2.** Wahrnehmungsvermögen *n.* **per·'cip·i·ent I** *adj* (*adv* **~ly**) **1.** wahrnehmend, Wahrnehmungs... **2.** scharfsichtig. **II** *s* **3.** Wahrnehmer(in).

per·co·late ['pɜːkəleɪt; *Am.* 'pɜr-] **I** *v/t* **1.** *Kaffee etc* filtern, fil'trieren, 'durchseihen, 'durchsickern lassen. **2.** ('durch-) sickern durch (*a. fig.*). **II** *v/i* **3.** 'durchsintern, -sickern, -laufen, versickern: **percolating tank** Sickertank *m.* **4.** gefiltert werden. **5.** *fig.* 'durchsickern, bekanntwerden. **6.** *fig.* eindringen (**into** in *acc*). **III** *s* **7.** Perko'lat *n*, Fil'trat *n.* **₁per·co·'la·tion** *s* **1.** 'Durchseihung *f*, Filtrati'on *f.* **2.** *fig.* 'Durchsickern *n*, Eindringen *n.* **'per·co·la·tor** [-tə(r)] *s* **1.** Fil'trierappa₁rat *m*, Perko'lator *m*. **2.** 'Kaffeema₁schine *f*.

per con·tra [₁pɜː'kontrɑː; *Am.* ₁pɜr'kɑn-; pər'k-] (*Lat.*) *adv* **1.** *econ.* auf der Gegenseite (*der Bilanz*), als Gegenforderung *od.* -leistung. **2.** im Gegenteil, 'umgekehrt.

per·cuss [pə(r)'kʌs] *v/t med.* perku'tieren, abklopfen.

per·cus·sion [pə(r)'kʌʃn] **I** *s* **1.** Schlag *m*, Stoß *m*, Erschütterung *f*. **2.** *fig.* Wirkung *f*: **to have ~** nicht ohne Wirkung bleiben. **3.** *med.* a) Perkussi'on *f*, Abklopfen *n*, b) 'Klopfmas₁sage *f.* **4.** *mus.* collect. 'Schlaginstru₁mente *pl*, -zeug *n.* **II** *adj* **5.** Schlag..., Stoß...: **~ cap** Zündhütchen *n*; **~ drill** *tech.* Schlag-, Stoßbohrer *m*; **~ fuse** *mil.* Aufschlagzünder *m*; **~ instrument** *mus.* Schlaginstrument *n*; **~ wave** Stoßwelle *f*; **~ welding** *tech.* Schlag-, Stoßschweißen *n.* **III** *v/t* **6.** *med.* a) perku'tieren, abklopfen, b) durch Beklopfen mas'sieren. **per·'cus·sion·ist** [-ʃənɪst] *s mus.* Schlagzeuger *m*. **per·'cus·sive** [-sɪv] *adj* **1.** schlagend, Schlag..., Stoß...: **~ drill** *tech.* Schlag-, Stoßbohrer *m*; **~ welding** *tech.* Schlag-, Stoßschweißen *n.* **2.** *fig.* heftig, wirkungsvoll.

per·cu·ta·ne·ous [₁pɜːkjuː'teɪnjəs; -nɪəs; *Am.* ₁pɜr-] *adj med.* perku'tan, durch die Haut hin'durch(gehend).

per di·em [₁pɜː'daɪem; -'diːem; *Am.* ₁pɜr-; pər-] **I** *adv u. adj* **1.** täglich, pro Tag: **~ rate** Tagessatz *m*. **2.** tagweise (festgelegt *od.* bezahlt): **~ assignment**. **II** *s* **3.** Tagegeld *n.*

per·di·tion [pə(r)'dɪʃn] *s* **1.** *obs.* Verderben *n*, Vernichtung *f.* **2.** ewige Verdammnis. **3.** Hölle *f*.

per·du(e) [pɜː'djuː; *Am.* pɜr'duː] *adj im* 'Hinterhalt, auf der Lauer, versteckt: **to lie ~**.

per·dur·a·ble [pə(r)'djʊərəbl; *Am.* a. -'dʊr-] *adj* **1.** dauernd, immerwährend. **2.** dauerhaft, unverwüstlich.

per·e·gri·nate ['perɪɡrɪneɪt] **I** *v/i* wandern, um'herreisen. **II** *v/t* 'durch'wandern, bereisen. **₁per·e·gri·'na·tion** *s* **1.** Wandern *n*, Wanderschaft *f.* **2.** Wanderung *f*, Reise *f.* **3.** *fig.* weitschweifige Behandlung (e-s *Themas*) *od.* Rede.

per·e·grine ['perɪɡrɪn; -ɡriːn] *s a.* **~ falcon** *orn.* Wanderfalke *m*.

per·emp·to·ri·ness [pə'remptərɪnɪs] *s* **1.** Entschiedenheit *f*, Bestimmtheit *f*. **2.** gebieterische Art, herrisches Wesen. **3.** Endgültigkeit *f*. **per·'emp·to·ry** [-tərɪ] *adj* (*adv* **peremptorily**) **1.** entscheidend, bestimmt. **2.** entscheidend, endgültig. **3.** bestimmt, zwingend, defini'tiv: **~ command.** **4.** herrisch, gebieterisch. **5.** *jur.* absprechend: **~ exception**, **~ plea** Einrede, die gegen das Klagerecht selbst gerichtet ist. **6.** *colloq.* plötzlich.

per·en·ni·al [pə'renjəl; -nɪəl] **I** *adj* (*adv* **~ly**) **1.** das Jahr *od.* Jahre hin'durch dauernd, beständig: **~ river** dauernd wasserführender Fluß. **2.** immerwährend, anhaltend. **3.** *bot.* peren'nierend, über'dauernd, winterhart. **II** *s* **4.** *bot.* peren'nierende Pflanze: **hardy ~** *fig.* ewiges Problem.

per·fect ['pɜːfɪkt; *Am.* 'pɜr-] **I** *adj* (*adv* → **perfectly**) **1.** voll'kommen, voll'endet, fehler-, tadel-, makellos, ide'al, per'fekt: **a ~ crime** ein perfektes Verbrechen; **to make ~** vervoll'kommnen. **2.** per'fekt, gründlich ausgebildet (**in** in *dat*). **3.** gänzlich, vollständig, genau: **a ~ circle** ein vollkommener Kreis; **~ strangers** wildfremde Leute. **4.** *colloq.* rein, ‚kom'plett': **~ nonsense**; **a ~ fool** ein kompletter *od.* ausgemachter Narr. **5.** *ling.* voll'endet: **~ participle** Partizip *n* Perfekt, Mittelwort *n* der Vergangenheit; **~ tense** Perfekt *n.* **6.** *mus.* voll'kommen: **~ interval** reines Intervall; **~ pitch** absolutes Gehör. **7.** *math.* ganz: **~ number** ganze Zahl. **II** *s* **8.** Perfekt *n*. **III** *v/t* [pə(r)'fekt] **9.** zur Voll'endung bringen, vervollkommnen, perfektio'nieren. **10.** vervollständigen. **11.** j-n vervoll'kommnen: **to ~ o.s. in** sich vervollkommnen in (*dat*). **per·'fect·i·ble** *adj* vervollkommnungsfähig, perfektio'nierbar.

per·fec·tion [pə(r)'fekʃn] *s* **1.** Vervollkommnung *f*, Voll'endung *f*. **2.** Voll'kommenheit *f*, Perfekti'on *f*: **to bring to ~** vervoll'kommnen. **3.** Voll'endung *f*, Gipfel *m*, Krone *f*: **to ~** vollkommen, meisterlich. **4.** Vor'trefflichkeit *f*, Makel-, Fehlerlosigkeit *f*. **5.** *pl* Fertigkeiten *pl*. **per·'fec·tion·ism** *s philos. u. fig.* Perfektio'nismus *m*. **per·'fec·tion·ist I** *s* **1.** *philos.* Perfektio'nist(in). **2.** j-d, der (*bei jeder Arbeit*) nach Voll'kommenheit strebt, Perfektio'nist(in). **II** *adj* **3.** perfektio'nistisch.

'per·fect·ly *adv* **1.** 'vollkommen, fehlerlos, gänzlich, völlig. **2.** *colloq.* ganz, absoʹlut, gerade'zu: **~ wonderful** einfach wunderbar.

per·fer·vid [pɜː'fɜːvɪd; *Am.* pər'fɜr-; ₁pɜr-] *adj fig.* glühend, heiß, inbrünstig.

per·fid·i·ous [pə(r)'fɪdɪəs; *Am. a.* -'fiː-] *adj* (*adv* **~ly**) treulos, verräterisch, falsch, 'hinterlistig, heimtückisch, per'fid. **per·'fid·i·ous·ness**, **per·fi·dy** ['pɜːfɪdɪ; *Am.* 'pɜr-] *s* Treulosigkeit *f*, Falschheit *f*, (Heim)Tücke *f*, Perfi'die *f*, Verrat *m*.

per·fo·rate I *v/t* ['pɜːfəreɪt; *Am.* 'pɜr-] **1.** durch'bohren, -'löchern, lochen, perfo'rieren: **~d disk** *tech.* (Kreis)Lochscheibe *f*; **~d plate** *tech.* Siebblech *n*; **~d stamps** codiertes Briefmarken; **~d tape** *bes. Am.* Lochstreifen *m*. **II** *adj* [-rɪt; *Am. a.* -₁reɪt] **2.** durch'bohrt, -'löchert, gelocht, perfo'riert, gezähnt. **3.** *her.* durch'brochen. **₁per·fo·'ra·tion** *s* **1.** Durch'bohrung *f*, -'löcherung *f*, Lochung *f*, Perforati'on *f*: **~ of the stomach** *med.* Magendurchbruch *m*, -perforation. **2.** Perfo'rierung *f*, (kleine) Löcher *pl*, Zähnung *f*. **'per·fo·ra·tor** [-tə(r)] *s* **1.** Locher *m* (*Person u. Instrument*). **2.** *tech.* Perfo'riermaschine *f*.

per·force [pə(r)'fɔː(r)s; *Am. a.* -'fəʊərs] *adv* notgedrungen, gezwungener'maßen, wohl oder übel.

per·form [pə(r)'fɔː(r)m] **I** *v/t* **1.** *e-e* Arbeit, *e-n* Dienst etc leisten, verrichten, machen, tun, 'durch-, ausführen, voll'bringen, *e-e* Pflicht, *e-n* Vertrag erfüllen, *e-r* Verpflichtung nachkommen, *e-e* Operation 'durchführen (**on** bei). **2.** voll'ziehen: **he ~ed the ceremony**. **3.** *ein Theaterstück, Konzert etc* geben, aufführen, spielen, *e-e* Rolle spielen, darstellen, *e-n* Trick etc vorführen, zeigen. **4.** (*auf e-m Instrument*) spielen, vortragen. **II** *v/i* **5.** s-e Aufgabe erfüllen, etwas tun *od.* leisten *od.* ausführen: **to ~ well** a) *bes. sport* e-e gute Leistung bringen, b) *ped.* gut abschneiden, **she ~ed well**

performable – periton(a)eum

perform·a·ble *adj* aus-, aufführbar.
colloq. sie war gut (*im Bett*); **he couldn't ~** *colloq.* ‚er konnte nicht'. **6.** *tech.* funktio'nieren, arbeiten (*Maschine etc*): this car ~s better leistet mehr. **7.** *jur.* s-n Verpflichtungen *etc* nachkommen: **failure to ~** Nichterfüllung *f*. **8.** *thea. etc* e-e Vorstellung geben, auftreten, spielen: **to ~ on the piano** Klavier spielen, etwas auf dem Klavier vortragen; **to ~ on television** im Fernsehen auftreten. **9.** Kunststücke machen (*Tier*). **per'form·a·ble** *adj* aus-, aufführbar.

per·form·ance [pə(r)'fɔ:(r)məns] *s* **1.** Verrichtung *f*, 'Durch-, Ausführung *f*, Leistung *f* (*a. sport*), Erfüllung *f* (*e-r Pflicht, e-s Versprechens*): **in the ~ of his duty** in Ausübung s-r Pflicht; **~-oriented** leistungsorientiert; **~ principle** *sociol.* Leistungsprinzip *n*; **~ test** *ped. psych.* Leistungsprüfung *f*. **2.** *jur.* Leistung *f*, (Vertrags)Erfüllung *f*: **~ in kind** Sachleistung. **3.** Voll'ziehung *f*. **4.** *mus. thea.* a) Aufführung *f*, Vorstellung *f*, Vortrag *m*, b) Darstellung(skunst) *f*, Vortrag(skunst *f*) *m*, Spiel *n*. **5.** (*literarische*) Leistung *od.* Arbeit. **6.** *tech.* a) (Arbeits)Leistung *f* (*e-r Maschine etc*), b) Arbeitsweise *f*, Betrieb *m*: **~ characteristic** (Leistungs)Kennwert *m*; **~ chart** Leistungsdiagramm *f*; **~ data** Leistungswerte; **~ standard** Gütenorm *f*. **7.** *econ.* a) (*gute etc*) Leistung (z. B. Produkt e-s Unternehmens), b) Güte *f*, Quali'tät *f* (*e-s Produkts*). **8.** *ling.* Perfor'manz *f*. **9.** *colloq.* schlechtes Benehmen: **what a ~!** der *etc* hat sich vielleicht aufgeführt!

per'form·er *s* **1.** Ausführende(r *m*) *f*, Voll'bringer(in). **2.** Schauspieler(in), Darsteller(in), Künstler(in), Musiker (-in), Vortragende(r *m*) *f*, Tänzer(in). **per'form·ing** *adj* **1.** Aufführungs...: **~ rights. 2.** dres'siert: **~ seal. 3.** darstellend: **the ~ arts.**

per·fume I *v/t* [pə(r)'fju:m] **1.** durch'duften, mit Duft erfüllen, parfü'mieren (*a. fig.*): **the flowers ~d the whole room** der Duft der Blumen erfüllte den ganzen Raum. **II** *s* ['pɜ:fju:m; *Am.* 'pər-] **2.** Duft *m*, Wohlgeruch *m*. **3.** Par'füm *n*, Duftstoff *m*. **4.** *fig.* Aura *f*, Atmo'sphäre *f*. **per'fum·er** *s* Parfüme'riehändler *m od.* -hersteller *m*, Parfü'meur *m*. **per'fum·er·y** [-əri] *s* **1.** Parfüme'rie(n *pl*) *f*. **2.** Par'füm, herstellung *f*. **3.** Par'fümfa, brik *f*. **4.** Parfüme'rie(geschäft *n*) *f*.

per·func·to·ri·ness [pə(r)'fʌŋktərinis] *s* Oberflächlichkeit *f*, Flüchtigkeit *f*. **per'func·to·ry** *adj* (*adv* perfunctorily) **1.** oberflächlich, nachlässig, flüchtig. **2.** me'chanisch. **3.** nichtssagend.

per·go·la ['pɜ:gələ; *Am.* 'pɜr-, pər'goulə] *s* Pergola *f*, Laube *f*, über'wachsener Laubengang.

per·haps [pə(r)'hæps; præps] **I** *adv* vielleicht, etwa, möglicherweise. **II** *s* Viel'leicht *n*: **the great P~** das große Fragezeichen (*Fortleben nach dem Tod*).

pe·ri ['piəri] *s myth.* Peri *m*, *f*, Elf *m*, Elfe *f*, Fee *f* (*Persien*).

peri- [peri] Wortelement mit den Bedeutungen a) um ... herum, rund um, b) *bes. med.* umgebend, c) nahe bei.

per·i·anth ['periænθ] *s bot.* Peri'anth(ium) *n*, Blütenhülle *f*.

per·i·blast ['periblæst; *Am.* -,blæst] *s biol.* Zellplasma *n* (*außerhalb des Kerns*).

per·i·car·di·tis [,perikɑː(r)'daitis] *s med.* Herzbeutelentzündung *f*, Perikar'ditis *f*. **per·i·car·di·um** [-djəm; -iəm] *pl* **-di·a** [-djə; -iə] *s anat.* **1.** Herzbeutel *m*, Peri'kard(ium) *n*. **2.** Herzfell *n*.

per·i·carp ['perikɑ:(r)p] *s bot.* Peri'karp *n*, Fruchthülle *f*.

per·i·clase ['perikleis] *s min.* Peri'klas *m*.
Per·i·cle·an [,peri'kli:ən] *adj antiq.* peri'kleisch.

per·i·cra·ni·um [,peri'kreinjəm] *pl* **-ni·a** *s anat.* (Hirn)Schädelhaut *f*, Peri'kranium *n*.

per·i·gee ['peridʒi:] *s astr.* Erdnähe *f*, Peri'gäum *n*.

per·i·glot·tis *s anat.* Zungen(schleim)haut *f*.

per·i·gon ['perigɔn] *s math.* Vollwinkel *m*.

per·i·he·li·on [-'hi:ljən] *pl* **-li·a** [-ə] *s astr.* Peri'hel(ium) *n*, Sonnennähe *f*.

per·il ['peril] **I** *s* Gefahr *f*, Risiko *n* (*a. econ.*): **to be in ~ of one's life** in Lebensgefahr sein *od.* schweben; **at one's ~** auf eigene Gefahr *od.* eigenes Risiko; **at the ~ of** auf die Gefahr hin, daß. **II** *v/t* gefährden.

per·il·ous ['periləs] *adj* (*adv* **-ly**) gefährlich, gefahrvoll.

pe·rim·e·ter [pə'rimitə(r)] *s* **1.** Peripherie *f*: a) *math.* 'Umkreis *m*, b) *allg.* Rand *m*, äußere Um'grenzungslinie: **~ defence** (*Am.* **defense**) *mil.* Rundumverteidigung *f*; **~ position** *mil.* Randstellung *f*. **2.** *med. phys.* Peri'meter *n* (*Instrument zur Bestimmung des Gesichtsfeldes*). **pe'rim·e·try** [-tri] *s med. phys.* Perime'trie *f*, Gesichtsfeldmessung *f*.

per·i·ne·um [,peri'ni:əm] *pl* **-ne·a** [-ə] *s anat.* Peri'neum *n*, Damm *m*.

per·i·neu·ri·um [,peri'njuəriəm; *Am.* a. -'nur-] *pl* **-ri·a** [-ə] *s anat.* Peri'neurium *n*, Nervenscheide *f*.

pe·ri·od ['piəriəd] **I** *s* **1.** Peri'ode *f*, Zyklus *m*, regelmäßige 'Wiederkehr. **2.** Peri'ode *f*, Zeit(dauer *f*, -raum *m*, -spanne *f*) *f*, Frist *f*: **~ of appeal** Berufungsfrist; **~ of exposure** *phot.* Belichtungszeit; **~ of incubation** *med.* Inkubationszeit; **~ of office** Amtsdauer *f*; **the Reformation ~** die Reformationszeit; **for a ~** für einige Zeit; **for a ~ of** für die Dauer von; **~ of validity** Gültigkeitsdauer *f*. **3.** a) Zeit (-alter *n*) *f*: **glacial ~** *geol.* Eiszeit, b) (das) gegenwärtige Zeitalter, (*die*) Gegenwart: **the fashion of the ~** die augenblickliche Mode; **a girl of the ~** ein modernes Mädchen. **4.** *astr.* 'Umlaufzeit *f*. **5.** *ped.* a) 'Unterrichtsstunde *f*, b) (Dauer *f* e-r) Vorlesung *f*. **6.** *sport* Spielabschnitt *m*, *z. B. Eishockey*: Drittel *n*. **7.** *electr. phys.* Peri'ode *f*, Schwingdauer *f*. **8.** *math.* Peri'ode *f* (*wiederkehrende Gruppe von Ziffern im Dezimalbruch*). **9.** *mus.* (*bes.* 'Achttakt)Peri,ode *f*. **10.** a) **monthly ~** *physiol.* Peri'ode *f* (*der Frau*): → **miss**[2] **1. 11.** (Sprech)Pause *f*, Absatz *m*. **12.** *ling.* a) *bes. Am.* Punkt *m*, b) Gliedersatz *m*, Satzgefüge *n*, c) *allg.* wohlgefügter Satz. **II** *adj* **13.** a) zeitgeschichtlich, -genössisch, hi'storisch, Zeit...: **~ play** ein Zeitstück *n*; **~ furniture** Stilmöbel *pl*; **~ house** Haus *n* im Zeitstil; **~ dress** historisches Kostüm.

pe·ri·od·ic[1] [,piəri'ɔdik; *Am.* -'ɑ-] *adj* (*adv* **~ally**) **1.** peri'odisch, Kreis..., regelmäßig 'wiederkehrend: → **periodic law**, *etc*. **2.** *ling.* wohlgefügt, rhe'torisch (*Satz*).

per·i·od·ic[2] [,pɜ:rai'ɔdik; *Am.* -'ɑ-] *adj chem.* perjod-, 'überjodsauer.

pe·ri·od·i·cal [,piəri'ɔdikl; *Am.* -'ɑ-] **I** *adj* (*adv* **~ly**) **1.** → **periodic**[1]. **2.** regelmäßig erscheinend. **3.** Zeitschriften... **II** *s* **4.** Zeitschrift *f*.

pe·ri·o·dic·i·ty [,piəriə'disəti] *s* **1.** Periodizi'tät *f* (*a. med.*). **2.** *chem.* Stellung *f* e-s Ele'ments im peri'odischen Sy'stem. **3.** *electr. phys.* Fre'quenz *f*.

pe·ri·od·ic law [,piəri'ɔdik; *Am.* -'ɑ-] *s chem.* Gesetz *n* der Periodizi'tät der Eigenschaften bei den chemischen Ele'menten. **~ sys·tem** *s* peri'odisches Sy'stem der Ele'mente. **~ ta·ble** *s* Ta'belle *f* des peri'odischen Sy'stems.

per·i·os·te·um [,peri'ɔstiəm; *Am.* -'ɑs-] *pl* **-te·a** [-ə] *s anat.* Knochenhaut *f*.
per·i·os'ti·tis [-'staitis] *s med.* Perio'stitis *f*, Knochenhautentzündung *f*.

per·i·ot·ic [,peri'outik] *anat. zo.* **I** *adj* peri'otisch, das innere Ohr um'gebend. **II** *s* Peri'oticum *n*.

per·i·pa·tet·ic [,peripə'tetik] **I** *adj* (*adv* **~ally**) **1.** (um'her)wandernd, Wander... **2.** **P~** *philos.* peripa'tetisch, aristo'telisch. **3.** *ped. bes. Br.* an mehreren Schulen unter'richtend. **II** *s* **4.** **P~** *philos.* Peripa'tetiker *m*. **5.** *humor.* Wanderer *m*.

pe·ri·pe·ti·a, **per·i·pe·ti·a** [-'taiə] *s thea.* Peripe'tie *f*, (*fig.* plötzlicher) 'Umschwung.

pe·riph·er·al [pə'rifərəl] *adj* (*adv* **~ly**) **1.** a. *fig.* peri'pherisch, an der Periphe'rie (befindlich), Rand...: **a ~ figure** *fig.* e-e Randfigur. **2.** *phys. tech.* peri'pherisch, Umfangs...: **~ velocity. 3.** *anat. zo.* peri'pher. **4.** **~ device** (*od.* **unit**) → **II** *s* **5.** *Computer*: peri'pheres Gerät, Peripherie,gerät *n*, peri'phere Einheit. **pe'riph·er·y** [-əri] *s* Periphe'rie *f*, *fig. a.* Rand *m*, Grenze *f*.

pe·riph·ra·sis [pə'rifrəsis] *pl* **-ses** [-si:z] *s* Um'schreibung *f*, Peri'phrase *f*. **,per·i·phras·tic** [-'fræstik] *adj* (*adv* **~ally**) um'schreibend, peri'phrastisch.

per·i·scope ['periskəup] *s* **1.** *tech.* Peri'skop *n*, Sehrohr *n* (*bes. e-s Unterseeboots od. Panzers*). **2.** *mil.* Beobachtungsspiegel *m*. **,per·i·scop·ic** [-'skɔpik; *Am.* -'skɑ-] *adj* **1.** *phys.* peri'skopisch, kon'kav(o)-kon'vex. **2.** peri'skopähnlich. **3.** Rundsicht...

per·ish ['periʃ] **I** *v/i* **1.** 'umkommen, zu'grunde gehen, sterben (**by**, **of** durch, an *dat*; **with** vor *dat*), 'untergehen, (*tödlich*) verunglücken: **to ~ by cold** erfrieren; **to ~ by drowning** ertrinken; **we nearly ~ed with fright** wir kamen vor Schrecken fast um; **~ the thought!** Gott bewahre *od.* behüte! **2.** brüchig werden, verschleißen (*Material*), verderben, schlecht werden (*Lebensmittel*). **II** *v/t* **3.** *meist pass* zu'grunde richten, vernichten: **to be ~ed with** *colloq.* (fast) um'kommen vor (*Hunger, Kälte etc*); **~ed** *colloq.* halbtot vor Hunger *od.* Kälte. **4.** *Material* brüchig machen, verschleißen, *Lebensmittel* verderben. **'per·ish·a·ble** **I** *adj* leichtverderblich: **~ goods. II** *s pl* leichtverderbliche Waren *pl*.

per·ish·er ['periʃə(r)] *s bes. Br. sl.* Lump *m*, ‚Mistkerl' *m*. **'per·ish·ing** *adj* (*adv* **~ly**) **1.** vernichtend, tödlich (*a. fig.*). **2.** *Br. colloq.* ‚saukalt'. **3.** *colloq.* verdammt. **II** *adv* **4.** *colloq.* a) verflixt, verteufelt, scheußlich: **~ cold**, b) verdammt, äußerst.

pe·ris·sad [pə'risæd] *s chem.* Ele'ment *n* von ungerader Wertigkeit.

pe·ris·so·dac·tyl(e) [pə,risou'dæktil] *zo.* **I** *adj* unpaarzehig. **II** *s* unpaarzehiges Huftier.

per·i·sta·lith [,peristə'liθ] *s hist.* Reihe *f* von aufrecht stehenden, e-n Grabhügel um'gebenden Steinen.

per·i·stal·sis [,peri'stælsis; *Am.* -'stɑ:l-; -'stɑl-] *pl* **-ses** [-si:z] *s physiol.* Peri'staltik *f*, peri'staltische Bewegung (*des Darms*). **,per·i·stal·tic** [-tik] *adj* (*adv* **~ally**) *electr. physiol.* peri'staltisch.

per·i·style ['peristail] *s arch.* Peri'styl *n*, Säulengang *m*.

per·i·to·n(a)e·al [,peritəu'ni:əl] *adj anat.* peritone'al, Bauchfell...: **~ cavity** Bauchhöhle *f*. **per·i·to·n(a)e·um** [-əm] *pl* **-ne·a** [-ə] *s anat.* Perito'neum *n*, Bauchfell *n*.

per·i·to·ni·tis [ˌperɪtəʊˈnaɪtɪs] *s med.* Peritoˈnitis *f*, Bauchfellentzündung *f*.
per·i·wig [ˈperɪwɪɡ] *hist.* **I** *s* Peˈrücke *f*. **II** *v/t j-m e-e* Peˈrücke aufsetzen.
per·i·win·kle¹ [ˈperɪˌwɪŋkl] *s bot.* Immergrün *n*.
per·i·win·kle² [ˈperɪˌwɪŋkl] *s zo.* (eßbare) Strandschnecke.
per·jure [ˈpɜːdʒə; *Am.* ˈpɜrdʒər] *v/t:* ~ **o.s.** a) e-n Meineid leisten, meineidig werden, b) eidbrüchig werden; ~**d** meineidig, eidbrüchig. **ˈper·ju·ry** *s* Meineid *m*: **to commit** ~ e-n Meineid leisten.
perk¹ [pɜːk; *Am.* pɜrk] **I** *v/i* **1.** sich aufrichten, (lebhaft) den Kopf recken. **2.** den Kopf *od.* die Nase hochtragen, selbstbewußt *od.* forsch *od.* überˈheblich *od.* dreist auftreten. **3.** ~ **up** a) sich erholen, wieder in Form kommen, b) (wieder) munter werden, c) *Austral. sl.* ˌkotzenˈ (*brechen*). **II** *v/t* **4.** *den Kopf* recken, *die Ohren* spitzen: **to** ~ **(up)** one's ears. **5.** *meist* ~ **up** schmücken, (auf)putzen: **to** ~ **o.s. (up)** sich schönmachen. **6.** ~ **up** *j-n* ˌaufmöbelnˈ, munter machen. **III** *adj* **7.** → **perky**.
perk² [pɜːk] *s meist pl Br. colloq.* für **perquisite** 1.
perk³ [pɜːk; *Am.* pɜrk] *colloq.* **I** *v/t Kaffee* filtern. **II** *v/i* ˈdurchlaufen.
perk·i·ness [ˈpɜːkɪnɪs; *Am.* ˈpɜr-] *s* **1.** Lebhaftigkeit *f*. **2.** Keckheit *f*, forsche Art.
ˈperk·y *adj* (*adv* **perkily**) **1.** munter, lebhaft. **2.** flott, forsch, keck, selbstbewußt, dreist, ˌnaßforschˈ.
perle [pɜːl; *Am.* pɜrl] *s pharm.* Gelaˈtinekapsel *f*, Perle *f*.
perm¹ [pɜːm; *Am.* pɜrm] *s elektromagnetische Maßeinheit* (= 1 *Maxwell/Amperewindung*).
perm² [pɜːm; *Am.* pɜrm] *colloq.* **I** *s* Dauerwelle *f* (*abbr. für* **permanent wave**): **to give s.o. a** ~ j-m e-e Dauerwelle machen. **II** *v/t* Dauerwellen machen in (*acc*): **to** ~ **s.o.'s hair** j-m e-e Dauerwelle machen. **III** *v/i*: **my hair doesn't** ~ **very well** Dauerwellen halten bei mir nicht sehr gut.
per·ma·nence [ˈpɜːmənəns; *Am.* ˈpɜr-] *s* Permaˈnenz *f* (*a. phys.*), Beständigkeit *f*, Dauerhaftigkeit *f*. **ˈper·ma·nen·cy** *s* **1.** → **permanence**: **it has no** ~ es ist nicht von Dauer. **2.** (*etwas*) Dauerhaftes *od.* Bleibendes. **3.** Lebens-, Dauerstellung *f*, feste Anstellung. **ˈper·ma·nent** [-nənt] **I** *adj* (*adv* **~ly**) **1.** permaˈnent, (fort)dauernd, fortwährend, anhaltend, bleibend, ständig (*Ausschuß, Bauten, Personal, Wohnsitz etc*), dauerhaft, Dauer...: ~ **assets** *econ.* feste Anlagen, Anlagevermögen *n*; ~ **call** *teleph.* Dauerbelegung *f*; ~ **condition** Dauerzustand *m*; **P~ Court of Arbitration** Ständiger Schiedsgerichtshof (*in Den Haag*); ~ **deformation** bleibende Verformung; ~ **echo** (*Radar*) Festzeichen *n*; ~ **effect** Dauerwirkung *f*; ~ **magnet** *phys.* Permanentmagnet *m*; ~ **memory** permanenter Speicher (*im Computer*); ~ **position** → **permanency** 3; ~**press** bügelfrei, formbeständig; ~ **secretary** *pol. Br.* ständiger (*fachlicher*) Staatssekretär; ~ **situation** → **permanency** 3; ~ **solution** Dauerlösung *f*; ~ **wave** Dauerwelle *f*; ~ **white** *chem.* Permanent-, Barytweiß *n*; ~ **way** *rail. Br.* Bahnkörper *m*, Oberbau *m*. **2.** *mil.* ortsfest: ~ **emplacement**. **II** *s* **3.** → **permanency** 2. **4.** *Am.* Dauerwelle *f*.
per·man·ga·nate [pɜːˈmæŋɡəneɪt; *Am.* pər-; ˌpɜr-] *s chem.* Permangaˈnat *n*: ~ **of potash, potassium** ~ Kaliumpermanganat. **per·man·gan·ic** [ˌpɜːmæŋˈɡæ-

nɪk; *Am.* ˌpɜr-] *adj* Übermangan...: ~ **acid**.
per·me·a·bil·i·ty [ˌpɜːmjəˈbɪlətɪ; *Am.* ˌpɜrmɪə-] *s* ˈDurchlässigkeit *f*, Durchˈdringbarkeit *f*, *bes. phys.* Permeabiliˈtät *f*: ~ **to gas(es)** *phys.* Gasdurchlässigkeit.
ˈper·me·a·ble *adj* (*adv* **permeably**) durchˈdringbar, ˈdurchlässig, *bes. phys.* permeˈabel (**to** für).
per·me·ance [ˈpɜːmjəns; *Am.* ˈpɜrmɪ-] *s* **1.** Durchˈdringung *f*. **2.** *phys.* maˈgnetischer Leitwert. **ˈper·me·ant** *adj* ˈdurchdringend.
per·me·ate [ˈpɜːmɪeɪt; *Am.* ˈpɜr-] **I** *v/t* durchˈdringen. **II** *v/i* dringen (**into** in *acc*), sich verbreiten (**among** unter *dat*), ˈdurchsickern (**through** durch). **ˌper·meˈa·tion** *s* Eindringen *n*, Durchˈdringung *f*.
Per·mi·an [ˈpɜːmɪən; *Am.* ˈpɜr-] *geol.* **I** *adj* permisch: ~ **formation** Permformation *f*; ~ **limestone** Zechsteinkalk *m*. **II** *s* Perm *n*, ˈPermformatiˌon *f*, Dyas *f*.
per·mis·si·ble [pə(r)ˈmɪsəbl] **I** *adj* (*adv* **permissibly**) zulässig, statthaft, erlaubt: ~ **deviation** (*od.* **variation**) *tech.* Toleranz(bereich *m*) *f*, zulässige Abweichung; ~ **expenses** *econ.* abzugsfähige Unkosten. **II** *s tech. Am.* zulässiger (Wetter)Sprengstoff.
per·mis·sion [pə(r)ˈmɪʃn] *s* Erlaubnis *f*, Genehmigung *f*, Zulassung *f*: **with** (*od.* **by) the** ~ **of s.o.** mit j-s Erlaubnis; **with your** ~ wenn Sie gestatten; **by special** ~ mit besonderer Erlaubnis; **to ask s.o. for** ~, **to ask s.o.'s** ~ j-n um Erlaubnis bitten; ~ **to land** *aer.* Landeerlaubnis.
per·mis·sive [pə(r)ˈmɪsɪv] *adj* (*adv* **~ly**) **1.** zulässig, erlaubt. **2.** toleˈrant, libeˈral. **3.** (sexuˈell) freizügig: ~ **society** tabufreie Gesellschaft. **4.** *jur.* fakultaˈtiv.
per·mis·sive·ness *s* **1.** Zulässigkeit *f*. **2.** Toleˈranz *f*. **3.** (sexuˈelle) Freizügigkeit.
per·mit¹ [pə(r)ˈmɪt] **I** *v/t* **1.** erlauben, gestatten, zulassen, dulden: **will you** ~ **me to say** gestatten Sie mir zu bemerken; **to** ~ **o.s. s.th.** sich etwas erlauben *od.* gönnen. **II** *v/i* **2.** (es) erlauben, (es) gestatten: **if circumstances** ~ wenn es die Umstände erlauben; **weather (time)** ~**ting** wenn es das Wetter (die Zeit) erlaubt. **3.** ~ **of** *etwas* zulassen: **the rule** ~**s of no exception**. **III** *s* [ˈpɜːmɪt; *Am.* ˈpɜr-; pərˈmɪt] **4.** Genehmigung *f*, Liˈzenz *f*, Zulassung *f*, Erlaubnis-, Zulassungsschein *m*, -karte *f* (**to** für). **5.** *econ.* Einfuhrerlaubnis *f*. **6.** Aus-, Einreiseerlaubnis *f*. **7.** Pasˈsierschein *m*: ~ **of transit** *econ.* Transitschein. **8.** Ausweis *m*. [pano *m*.]
per·mit² [ˈpɜːmɪt] *s ichth. Am.* Pom-
per·mit·tiv·i·ty [ˌpɜːmɪˈtɪvətɪ; *Am.* ˌpɜr-] *s electr.* Dielektriziˈtätskonˌstante *f*.
per·mu·ta·tion [ˌpɜːmjuˈteɪʃn; *Am.* ˌpɜrmjʊ-] *s* **1.** Vertauschung *f*, Versetzung *f*: ~ **lock** Vexierschloß *n*. **2.** *math.* Permutatiˈon *f*. **per·mute** [pə(r)ˈmjuːt] *v/t bes. math.* permuˈtieren, vertauschen.
pern [pɜːn; *Am.* pɜrn] *s orn.* Wespenbussard *m*.
per·ni·cious [pə(r)ˈnɪʃəs] *adj* (*adv* **~ly**) **1.** verderblich, schädlich (**to** für). **2.** *med.* bösartig, perniziˈös: ~ **an(a)emia** perniziöse Anämie. **perˈni·cious·ness** *s* **1.** Schädlichkeit *f*. **2.** Bösartigkeit *f*.
per·nick·et·i·ness [pə(r)ˈnɪkətɪnɪs] *s colloq.* Pingeligkeit *f*, Kleinlichkeit *f*, Pedateˈrie *f*. **perˈnick·et·(y)**, *a.* **perˈnick·it·y** *adj colloq.* **1.** ˌpingeligˈ, heikel, kleinlich, wählerisch, ˌpedantisch (**about** mit). **2.** ˌkitz(eˈligˈ, heikel (*Sache*).
per·o·rate [ˈperəreɪt] *v/i* **1.** *iro.* e-e langatmige Rede halten. **2.** e-e Rede abschließen. **ˌper·oˈra·tion** *s* (zs.-fassender) Redeschluß.

per·ox·ide [pəˈrɒksaɪd; *Am.* -ˈrɑk-] **I** *s chem.* **1.** ˈSuperoˌxyd *n*: ~ **of sodium** Natriumsuperoxyd. **2.** *weitS.* ˈWasserstoffˌsuperoˌxyd *n*: ~ **blonde** *colloq.* ˌWasserstoffblondine *f*. **II** *v/t* **3.** *Haar* mit ˈWasserstoffˌsuperoˌxyd bleichen. **perˈox·i·dize** [-ˈrɒksɪdaɪz; *Am.* -ˈrɑk-] *v/t u. v/i* peroxyˈdieren.
per·pend¹ [pə(r)ˈpend] *obs. od. humor.* **I** *v/t* erwägen. **II** *v/i* nachdenken.
per·pend² [ˈpɜːpend; *Am.* ˈpɜr-] *s a.* ˈstone *arch.* Vollbinder *m*.
per·pen·dic·u·lar [ˌpɜːpənˈdɪkjʊlə(r); *Am.* ˌpɜr-] **I** *adj* (*adv* **~ly**) **1.** senk-, lotrecht (**to** zu). **2.** rechtwink(e)lig (**to auf** *dat*). **3.** *Bergbau*: seiger. **4.** steil, abschüssig. **5.** aufrecht (*a. fig.*). **6.** **P~** *arch.* perpendikuˈlar, spätgotisch: **P~ style** Perpendikularstil *m*, englische Spätgotik. **II** *s* **7.** (Einfalls)Lot *n*, Senkrechte *f*: **out of (the)** ~ schief, nicht senkrecht; **to raise (let fall, drop) a** ~ **on a line** ein Lot errichten (fällen). **8.** *tech.* (Senk)Lot *n*, Senkwaage *f*. **9.** aufrechte Stellung *od.* Haltung (*a. fig.*). **10.** *fig. mar. tech.* Perpenˈdikel *pl*, Lote *pl*: **length between** ~**s** Gesamtschiffslänge *f*. **ˈper·penˌdic·uˈlar·i·ty** [-ˈlærətɪ] *s* Senkrechtstehen *n*, senkrechte Richtung *od.* Haltung.
per·pe·trate [ˈpɜːpɪtreɪt; *Am.* ˈpɜr-] *v/t* **1.** *ein Verbrechen etc* begehen, verüben. **2.** *humor.* ˌverbrechenˈ: **to** ~ **a book**. **ˌper·peˈtra·tion** *s* Begehung *f*, Verübung *f*. **ˈper·pe·tra·tor** [-tə(r)] *s* Täter *m*.
per·pet·u·al [pə(r)ˈpetʃʊəl; *Am.* pərˈpetʃəwəl; -tʃəl] *adj* (*adv* **~ly**) **1.** fort-, immerwährend, unaufhörlich, (be)ständig, andauernd, ewig: ~ **calendar** ewiger Kalender; ~ **check** Dauerschach *n*; ~ **inventory** *econ.* permanente *od.* laufende Inventur; ~ **motion** nicht beständige Bewegung; ~ **motion machine** Perpetuum mobile *n*; ~ **offence** (*Am.* **offense**) *jur.* Dauerverbrechen *n*; ~ **snow** ewiger Schnee, Firn *m*. **2.** lebenslänglich, unabsetzbar: ~ **chairman**. **3.** *econ. jur.* unablösbar, unkündbar: ~ **lease**. **4.** *bot.* a) perenˈnierend, b) immerblühend.
per·pet·u·ate [pə(r)ˈpetʃʊeɪt; *Am.* pərˈpetʃəˌweɪt] *v/t* immerwährend erhalten *od.* fortsetzen, fortbestehen lassen, verewigen: **to** ~ **evidence** *jur.* Beweise sichern.
perˌpet·uˈa·tion *s* Fortdauer *f*, endlose Fortsetzung, Verewigung *f*.
per·pe·tu·i·ty [ˌpɜːpɪˈtjuːətɪ; *Am.* ˌpɜr-; *a.* -ˈtuː-] *s* **1.** (stete) Fortdauer, unaufhörliches Bestehen, Unaufhörlichkeit *f*, Ewigkeit *f*: **in** (*od.* **to** *od.* **for**) ~ auf ewig. **2.** *jur.* unbegrenzte Dauer. **3.** *jur.* Unveräußerlichkeit(sverfügung) *f*. **4.** *econ.* ewige *od.* lebenslängliche (Jahres)Rente. **5.** *econ.* Anzahl der Jahre, in denen die einfachen Zinsen die Höhe des Kapitals erreichen.
per·plex [pə(r)ˈpleks] *v/t* **1.** *j-n* verwirren, verblüffen, bestürzt *od.* verlegen machen. **2.** *etwas* verwirren, kompliˈzieren.
perˈplexed *adj* **1.** verwirrt, verblüfft, bestürzt, verdutzt (*Person*). **2.** verworren, verwickelt (*Sache*). **perˈplex·i·ty** *s* **1.** Verwirrung *f*, Bestürzung *f*, Verlegenheit *f*. **2.** Verwick(e)lung *f*, Verworrenheit *f*.
per·qui·site [ˈpɜːkwɪzɪt; *Am.* ˈpɜr-] *s* **1.** *meist pl bes. Br.* a) Nebeneinkünfte *pl*, -verdienst *m*, b) Vergünstigung *f*. **2.** Vergütung *f*. **3.** Trinkgeld *n*, Sondervergütung *f*. **4.** perˈsönliches Vorrecht.
per·qui·si·tion [ˌpɜːkwɪˈzɪʃn; *Am.* ˌpɜr-] *s* (gründliche) Durchˈsuchung. **perˈquis·i·tor** [pə(r)ˈkwɪzɪtə(r)] *s jur.* erster Erwerber. [Freitreppe *f*.]
per·ron [ˈperən; *Am. a.* peˈrəʊn] *s arch.*
per·ry [ˈperɪ] *s* Birnenmost *m*.

perse [pɜːs; *Am.* pɜrs] **I** *adj* graublau. **II** *s* Graublau *n*.
per se [ˌpɜːˈseɪ; *Am.* ˌpɜr-] (*Lat.*) *adv* als solch(er, e, es), an sich.
per·se·cute [ˈpɜːsɪkjuːt; *Am.* ˈpɜr-] *v/t* **1.** *pol. relig.* verfolgen. **2.** a) plagen, belästigen, b) drangsa'lieren, schika'nieren, peinigen. ˌper·seˈcu·tion *s* **1.** (*bes. politische od. religiöse*) Verfolgung: **mania** (*od.* **delusion**) **of ~** *psych.* Verfolgungswahn *m*; **to have a ~ complex** an Verfolgungswahn leiden. **2.** a) Plage *f*, Belästigung *f*, b) Drangsa'lierung *f*, Schi'kane(n *pl*) *f*. ˌper·seˈcu·tion·al [-ʃənl] *adj* Verfolgungs...: **~ mania** *psych.* Verfolgungswahn *m*. ˈper·se·cu·tor [-tə(r)] *s* **1.** Verfolger(in). **2.** Peiniger(in).
per·se·i·ty [ˈpɜːˈseɪətɪ; *Am.* ˌpɜr-; *a.* -ˈsiː-] *s philos.* Durch-sich-'selbst-Sein *n*, Persei'tät *f*.
Per·seus [ˈpɜːsjuːs; *Am.* ˈpɜrˌsuːs; -sɪəs] *npr antiq. u. s astr.* Perseus *m*.
per·se·ver·ance [ˌpɜːsɪˈvɪərəns; *Am.* ˌpɜr-] *s* **1.** Beharrlichkeit *f*, Ausdauer *f*. **2.** *a. final* **~**, **~ of the saints** (*Kalvinismus*) Beharren *n* in der Gnade. ˌper·seˈver·ant *adj* beharrlich, ausdauernd.
per·sev·er·ate [pə(r)ˈsevəreɪt] *v/i* **1.** *psych.* perseve'rieren, ständig 'wiederkehren (*Gedanken etc*). **2.** immer 'wiederkehren (*Melodie, Motiv*). **perˌsev·erˈa·tion** *s psych.* Perseverati'on *f*: a) *Tendenz seelischer Erlebnisse u. Inhalte, im Bewußtsein zu verharren,* b) *krankhaftes Verweilen bei einu. demselben Denkinhalt*.
per·se·vere [ˌpɜːsɪˈvɪə(r); *Am.* ˌpɜr-] *v/i* **1.** (**in**) beharren (auf *dat*, bei), ausharren (bei), fortfahren (mit), festhalten (an *dat*): **to ~ in doing s.th.** (unbeirrt) mit etwas fortfahren. **2.** auf s-m Standpunkt beharren. ˌper·seˈver·ing *adj* (*adv* **~ly**) beharrlich, standhaft.
Per·sian [ˈpɜːʃən; *Am.* ˈpɜrʒən] **I** *adj* **1.** persisch. **II** *s* **2.** Perser(in). **3.** *ling.* Persisch *n*, das Persische. **~ blinds** *s pl* Jalou'sien *pl*. **~ car·pet** *s* Perser(teppich) *m*. **~ cat** *s zo*. Perserkatze *f*.
per·si·ennes [ˌpɜːsɪˈenz; *Am.* ˌpɜrzɪ-] *s pl* Jalou'sien *pl*.
per·si·flage [ˌpɜːsɪˈflɑːʒ; *Am.* ˈpɜrsɪˌflɑːʒ; ˈper-] *s* Persi'flage *f*, (*feine*) Verspottung.
per·sim·mon [pɜːˈsɪmən; *Am.* pər-] *s bot.* Persi'mone *f*: a) *Dattelpflaumenbaum m*, b) *Dattel-, Kakipflaume f*.
per·sist [pə(r)ˈsɪst] *v/i* **1.** (**in**) verharren (auf *dat*, bei), (fest) bleiben (bei), hartnäckig bestehen (auf *dat*), beharren (auf *dat*, bei): **he ~ed in doing so** er fuhr (unbeirrt) damit fort; **he ~s in saying** er bleibt bei s-r Behauptung, er behauptet ,steif u. fest'. **2.** weiterarbeiten (**with** an *dat*). **3.** fortdauern, fort-, weiterbestehen, anhalten. **perˈsist·ence**, **perˈsist·en·cy** *s* **1.** Beharren *n* (**in** auf *dat*, bei), Beharrlichkeit *f*, Fortdauer *f*. **2.** Hartnäckigkeit *f*, Ausdauer *f*, beharrliche Versuche *pl*, hartnäckiges Fortfahren (**in** in *dat*). **3.** *phys.* Beharrung(szustand *m*) *f*, Nachwirkung *f*, Wirkungsdauer *f*: **~ of force** Erhaltung *f* der Kraft; **~ of motion** Beharrungsvermögen *n*; **~ (of vision)** *opt.* Augenträgheit *f*. **4.** *TV* Nachleuchtdauer *f*. **perˈsist·ent** *adj* (*adv* **~ly**) **1.** beharrlich, ausdauernd, nachhaltig, hartnäckig: **~ efforts**. **2.** anhaltend (*Nachfrage, Regen etc*): **~ thief** Gewohnheitsdieb(in); **~ unemployment** Dauerarbeitslosigkeit *f*. **3.** *chem.* a) schwerflüchtig: **~ gas**, b) *mil.* seßhaft: **~ (chemical warfare) agent** seßhafter Kampfstoff. **4.** *bot. zo.* ausdauernd.
per·son [ˈpɜːsn; *Am.* ˈpɜrsn] *s* **1.** Per'son *f* (*a. contp.*), (Einzel)Wesen *n*, Indi'viduum *n*: **in ~** in (eigener) Person, persönlich; **juristic** (**natural**) **~** *jur.* juristische (natürliche) Person; **no ~** niemand; **third ~** a) *jur.* (*ein*) Dritter, b) *ling.* dritte Person, c) *relig.* dritte göttliche Person, (*der*) Heilige Geist. **2.** (*das*) Äußere, Körper *m*, Leib *m*: **to carry s.th. on** (*od.* **about**) **one's ~** etwas bei sich tragen; **search of the ~** Leibsvisitation *f*. **3.** → **persona** 1.
per·so·na [pɜːˈsəʊnə; *Am.* pər-] *gen od. pl* **-nae** [-niː] (*Lat.*) *s* **1.** a) *thea.* Per'son *f*, Cha'rakter *m*, Rolle *f*, b) Fi'gur *f*, Gestalt *f* (*in der Literatur*): → **dramatis personae**. **2.** Per'sönlichkeit *f*: **~ (non) grata** *bes. pol.* Persona (non) grata, (nicht) genehme Person.
per·son·a·ble [ˈpɜːsnəbl; *Am.* ˈpɜrs-] *adj* a) sym'pathisch (*bes. Mann*), b) von sym'pathischem *od.* angenehmem Äußeren.
per·son·age [ˈpɜːsnɪdʒ; *Am.* ˈpɜrs-] *s* **1.** (hohe *od.* bedeutende) Per'sönlichkeit. **2.** → **persona** 1. **3.** *bes. contp.* Per'son *f*.
per·son·al [ˈpɜːsnl; *Am.* ˈpɜrsnəl] **I** *adj* (*adv* **~ly**) **1.** per'sönlich, Personen..., Per'sonal...: **~ account** *econ.* Privatkonto *n*; **~ call** *teleph.* Voranmeldung(sgespräch *n*) *f* (→ 2); **~ column** Per'sönliches *n* (*in der Zeitung*); **~ credit** Personalkredit *m*; **~ damage** (*od.* **injury**) Körperbeschädigung *f*; Personenschaden *m*; **~ data** Personalien; **~ equation** persönliche Gleichung; **~ file** Personalakte *f*; **~ income** Privateinkommen *n*; **~ liberty** persönliche Freiheit; **~ record** Personalakte *f*; **~ status** Personen-, Familienstand *m*; **~ tax** Personal-, Personensteuer *f*; **~ union** *econ. pol.* Personalunion *f*. **2.** per'sönlich, pri'vat, vertraulich: **~ letter**; **~ call** *teleph.* Privatgespräch *n* (→ 1); **~ life** Privatleben *n*; **~ matter** Privatsache *f*; **~ opinion** persönliche Meinung. **3.** äußer(er, e, es), körperlich: **~ charms** *pl* (persönliche) Ausstrahlung; **~ hygiene** Körperpflege *f*. **4.** per'sönlich, anzüglich: **~ remarks**; **to become ~** anzüglich *od.* persönlich werden. **5.** *philos. relig.* per'sönlich: **a ~ God**. **6.** *jur.* per'sönlich, beweglich: **~ estate** (*od.* **property**) → **personalty** 7. **7.** *ling.* per'sönlich: **~ pronoun** → 9. **II** *s pl* **8.** *Am.* Per'sönliches *n* (*in der Zeitung*). **9.** *ling.* per'sönliches Fürwort, Perso'nalpro,nomen *n*.
per·so·na·li·a [ˌpɜːsəˈneɪljə; *Am.* ˌpɜr-] *s pl* **1.** Per'sönliches *n* (*biographische Notizen, Anekdoten*). **2.** Pri'vatsachen *pl*.
per·son·al·ism [ˈpɜːsnəlɪzəm; *Am.* ˈpɜrs-] *s philos. psych.* Persona'lismus *m*.
per·son·al·i·ty [ˌpɜːsəˈnælətɪ; *Am.* ˌpɜr-] *s* **1.** Per'sönlichkeit *f*, Per'son *f*: **~ cult** *pol.* Personenkult *m*. **2.** → **personage** 1. **3.** Per'sönlichkeit *f* (*a. psych.*), Cha'rakter *m*, Mentali'tät *f*: **~ development** *psych.* Persönlichkeitsentwicklung *f*; **~ disorder** *psych.* Persönlichkeitsstörung *f*; **~ inventory** *psych.* Persönlichkeitsfragebogen *m*; **~ structure** *psych.* Persönlichkeitsstruktur *f*; **~ test** *psych.* Persönlichkeitstest *m*; **~ type** *psych.* Persönlichkeitstyp *m*. **4.** (ausgeprägte) Individuali'tät, per'sönliche Ausstrahlung, Per'sönlichkeit *f*. **5.** *pl* Per'sönliches *n*, Anzüglichkeiten *pl*, anzügliche *od.* per'sönliche Bemerkungen *pl*. **6.** *jur.* Per'sönlichkeit *f*.
per·son·al·ize [ˈpɜːsnəlaɪz; *Am.* ˈpɜrs-] *v/t* **1.** personifi'zieren. **2.** verkörpern. **3.** e-r Sache e-e per'sönliche Note verleihen.
per·son·al·ty [ˈpɜːsnltɪ; *Am.* ˈpɜrsnəl-] *s jur.* bewegliches Vermögen.
per·son·ate [ˈpɜːsəneɪt; *Am.* ˈpɜr-] *v/t* **1.** vor-, darstellen. **2.** personifi'zieren, verkörpern, nachmachen, nachahmen. **3.** *jur.* sich (fälschlich) ausgeben für *od.* als. **II** *v/i* **4.** *thea.* e-e Rolle spielen. ˌper·sonˈa·tion *s* **1.** Vor-, Darstellung *f*. **2.** Personifikati'on *f*, Verkörperung *f*. **3.** Nachahmung *f*. **4.** *jur.* fälschliches Sich'ausgeben (*für e-n anderen*).

per·son·hood [ˈpɜːsnhʊd; *Am.* ˈpɜr-] *s* Per'sönlichkeit *f* (*a. psych.*).
per·son·i·fi·ca·tion [pɜːˌsɒnɪfɪˈkeɪʃn; *Am.* pərˌsɑn-] *s* **1.** Personifikati'on *f*, Verkörperung *f*. **2.** Vermenschlichung *f* (*der Natur etc in der Sprache*). **perˈson·i·fy** [-faɪ] *v/t* **1.** personifi'zieren, verkörpern, versinnbildlichen: **to be avarice personified** der Geiz in Person sein. **2.** vermenschlichen.
per·son·nel [ˌpɜːsəˈnel; *Am.* ˌpɜr-] **I** *s* **1.** a) Perso'nal *n*, Belegschaft *f* (*e-s Betriebs etc*), b) *mil.* Mannschaften *pl*, *bes. mar.* Besatzung *f* (*e-s Schiffs etc*): **~ bomb** *mil.* Bombe *f* für lebende Ziele; **~ carrier** Mannschafts(transport)wagen *m*. **2.** *econ.* Perso'nalab,teilung *f*. **II** *adj* **3.** Personal...: **~ department** → 2; **~ files** Personalakten *pl*; **~-intensive** personalintensiv; **~ manager** Personalchef *m*.
ˌper·son-to-ˈper·son call *s teleph.* Voranmeldung(sgespräch *n*) *f*.
per·spec·tive [pə(r)ˈspektɪv] **I** *s* **1.** *math. paint. etc* Perspek'tive *f*: **in** (**true**) **~** in richtiger Perspektive, perspektivisch (richtig) (→ 3). **2.** perspek'tivische Zeichnung. **3.** Perspek'tive *f*: a) Aussicht *f*, Ausblick *m* (*beide a. fig.*), 'Durchblick *m*, b) *fig.* Blick *m* für die Dinge in richtigem Verhältnis: **he has no ~** er sieht die Dinge nicht im richtigen Verhältnis (zu'einander); **in ~** in Aussicht, *weitS.* im richtigen Verhältnis; **to put s.th. into ~** etwas in die richtige Perspektive rücken. **II** *adj* **4.** perspek'tivisch: **~ drawing**; **~ formula** *chem.* Spiegelbild-Isomerie *f*.
Per·spec·tiv·ism [pə(r)ˈspektɪvɪzəm] *s philos.* Perspekti'vismus *m*.
per·spec·to·graph [pə(r)ˈspektəgrɑːf; *bes. Am.* -græf] *s tech.* Perspekto'graph *m* (*Zeicheninstrument*).
per·spex [ˈpɜːspeks] (*TM*) *s chem. Br.* Sicherheits-, Plexiglas *n*.
per·spi·ca·cious [ˌpɜːspɪˈkeɪʃəs; *Am.* ˌpɜr-] *adj* (*adv* **~ly**) **1.** scharfsinnig. **2.** 'durchdringend: **~ intellect**. **ˌper·spiˈcac·i·ty** [-ˈkæsətɪ] *s* Scharfblick *m*, -sinn *m*.
per·spi·cu·i·ty [ˌpɜːspɪˈkjuːətɪ; *Am.* ˌpɜr-] *s* Deutlichkeit *f*, Klarheit *f*, Verständlichkeit *f*. **per·spic·u·ous** [pə(r)ˈspɪkjʊəs; *Am.* -jəwəs] *adj* (*adv* **~ly**) deutlich, klar, (leicht)verständlich.
per·spi·ra·tion [ˌpɜːspəˈreɪʃn; *Am.* ˌpɜr-] *s* **1.** Ausdünsten *n*, Ausdünstung *f*, Schwitzen *n*, Transpi'rieren *n*. **2.** Schweiß *m*. **per·spir·a·to·ry** [pə(r)ˈspaɪərətərɪ; *Am.* -ˌtɔːrɪ; -ˌtoʊ-] *adj* Transpirations..., Schweiß...: **~ gland** *anat.* Schweißdrüse *f*. **perˈspire** [pə(r)ˈspaɪə(r)] **I** *v/i* schwitzen, transpi'rieren. **II** *v/t* ausschwitzen.
per·suad·a·ble [pə(r)ˈsweɪdəbl] *adj* zu über'reden(d).
per·suade [pə(r)ˈsweɪd] *v/t* **1.** j-n über'reden, bereden, bewegen (**to do**, **into doing** zu tun): **to ~ s.o. out of s.th.** j-m etwas ausreden. **2.** *j-n* über'zeugen (**of** von; **that** daß): **he ~d himself** a) er hat sich überzeugt, b) er hat sich eingeredet *od.* eingebildet. **perˈsuad·er** *s* **1.** Über'reder *m*: → **hidden** 1. **2.** *colloq.* ,Über'redungsmittel' *n* (*a. Knüppel, Pistole etc*).
perˈsua·si·ble [-səbl] → **persuadable**.
per·sua·sion [pə(r)ˈsweɪʒn] *s* **1.** Über'redung *f*. **2.** *a.* **power of ~** Über'redungsgabe *f*, -kunst *f*, Über'zeugungskraft *f*. **3.** Über'zeugung *f*, (fester) Glaube, (feste) Meinung: **he is of the ~** er ist der Überzeugung *od.* Meinung. **4.** *relig.* Glaube *m*, Glaubensrichtung *f*: **politicians of all ~s** Politiker aller Richtungen. **5.** *colloq. humor.* a) Art *f*, Sorte *f*, b) Geschlecht *n*: **female ~**. **perˈsua·sive** [-sɪv] **I** *adj* (*adv* **~ly**) **1.** a) über'redend, b) über'zeugend: **~ power** →

persuasiveness – petrolic

persuasion 2. **II** s 2. jur. über'zeugender Beweisgrund. 3. Über'redungsmittel n. **per·sua·sive·ness** s 1. über'zeugende Art. 2. → persuasion 2.
per·sul·fate, bes. Br. **per·sul·phate** [pɜːˈsʌlfeɪt; Am. ˌpɜr-] s chem. 'Per-, 'Übersul,phat n.
pert [pɜːt; Am. pɜrt] adj (adv ~ly) keck (a. fig. Hut etc), naseweis, vorlaut, frech.
per·tain [pɜːˈteɪn; Am. pɜr-] v/i 1. gehören (to dat od. zu). 2. (to) betreffen (acc), sich beziehen (auf acc): ~ing to betreffend (acc).
per·ti·na·cious [ˌpɜːtɪˈneɪʃəs; Am. ˌpɜr-] adj (adv ~ly) 1. hartnäckig, zäh. 2. beharrlich, standhaft. **ˌper·tiˈnac·i·ty** [-ˈnæsətɪ] s 1. Hartnäckigkeit f, Zähigkeit f. 2. Beharrlichkeit f, Standhaftigkeit f.
per·ti·nence [ˈpɜːtɪnəns; Am. ˈpɜr-], a. **ˈper·ti·nen·cy** [-sɪ] s 1. Angemessenheit f. 2. Sachdienlichkeit f, Zweckmäßigkeit f, Rele'vanz f. **ˈper·ti·nent** adj (adv ~ly) 1. angemessen, passend, richtig. 2. zur Sache gehörig, einschlägig, rele-'vant, sach-, zweckdienlich: **to be ~ to** Bezug haben od. sich beziehen auf (acc).
pert·ness [ˈpɜːtnɪs; Am. ˈpɜrt-] s Keckheit f, schnippisches Wesen, vorlaute Art.
per·turb [pəˈtɜːb; Am. pərˈtɜrb] v/t beunruhigen, stören (a. astr.), verwirren, ängstigen. **per·tur·ba·tion** [ˌpɜːtəˈ(r)-ˈbeɪʃn; Am. ˌpɜr-] s 1. Beunruhigung f, Störung f, Unruhe f, Bestürzung f, Verwirrung f. 2. astr. Perturbati'on f.
per·tus·sal [pə(r)ˈtʌsl] adj med. keuchhustenähnlich. **perˈtus·sis** [-sɪs] s Keuchhusten m.
pe·ruke [pəˈruːk] s hist. Pe'rücke f.
pe·rus·al [pəˈruːzl] s sorgfältiges 'Durchlesen, 'Durchsicht f, Prüfung f: **for** ~ zur Einsicht. **peˈruse** [-z] v/t 1. (sorgfältig) 'durchlesen. 2. allg. ('durch)lesen, weitS. 'durchgehen, prüfen.
Pe·ru·vi·an [pəˈruːvjən; -ɪən] **I** adj peru'anisch. **II** s Peru'aner(in). ~ **bark** s pharm. Chinarinde f.
per·vade [pə(r)ˈveɪd] v/t a. fig. durch'dringen, -'ziehen, erfüllen. **perˈva·sion** [-ʒn] s Durch'dringung f (a. fig.). **perˈva·sive** [-sɪv] adj (adv ~ly) 1. 'durchdringend. 2. fig. 'überall vor'handen, vor-, beherrschend.
per·verse [pəˈvɜːs; Am. pərˈvɜrs; ˈpɜrv-] adj (adv ~ly) 1. verkehrt, falsch, Fehl... 2. verderbt, schlecht, böse. 3. verdreht, wunderlich. 4. launisch, zänkisch. 5. verstockt, ,bockbeinig'. 6. psych. perˈvers, 'widernaˌtürlich. **perˈverse·ness** s perversity. **perˈver·sion** [-ʃn; Am. a. -ʒn] s 1. Verdrehung f, 'Umkehrung f, Entstellung f: ~ **of justice** jur. Rechtsbeugung f; ~ **of history** Geschichtsklitterung f. 2. bes. relig. Verirrung f, Abkehr f (vom Guten etc). 3. psych. Perversi'on f. 4. math. 'Umkehrung f (e-r Figur). **perˈver·si·ty** s 1. Verkehrtheit f. 2. Verdrehtheit f, Wunderlichkeit f. 3. Eigensinn m, Halsstarrigkeit f. 4. Verderbtheit f. 5. psych. 'Widernaˌtürlichkeit f, Perversi'tät f. **perˈver·sive** adj verderblich (**of** für).
per·vert I v/t [pəˈvɜːt; Am. pərˈvɜrt] 1. verdrehen, verkehren, entstellen, fälschen, perverˈtieren (a. psych.): **to ~ the course of justice** jur. das Recht beugen. 2. j-n verderben, verführen. **II** s [ˈpɜːvɜːt; Am. ˈpɜrvˌvɜrt] 3. bes. relig. Abtrünnige(r m) f. 4. a. **sex(ual)** ~ psych. perˈverser Mensch. **perˈvert·ed** → perverse 1–3. **perˈvert·er** s 1. Verdreher(in). 2. Verführer(in).
per·vi·ous [ˈpɜːvjəs; Am. ˈpɜrvɪəs] adj (adv ~ly) 1. 'durchlässig (a. phys. tech.), durch'dringbar (**to** für): ~ **to light** lichtdurchlässig. 2. fig. (**to**) zugänglich (für), offen (dat). 3. tech. undicht. **ˈper·vi·ous·ness** s 'Durchlässigkeit f.
pe·se·ta [pəˈseɪtə] s Pe'seta f (spanische Münze u. Währungseinheit).
pes·ky [ˈpeskɪ] Am. colloq. **I** adj (adv peskily) ,verteufelt', ,verdammt', (Problem etc a.) vertrackt. **II** adv ,verdammt', sehr.
pe·so [ˈpeɪsəʊ; Am. a. ˈpe-] pl **-sos** s Peso m (Silbermünze u. Währungseinheit süd- u. mittelamer. Staaten u. der Philippinen).
pes·sa·ry [ˈpesərɪ] s med. Pes'sar n: a) (Gebär)Muttterring m, b) Muttermundverschluß zur Empfängnisverhütung.
pes·si·mism [ˈpesɪmɪzəm] s Pessi'mismus m, Schwarzseheˈrei f. **ˈpes·si·mist I** s Pessi'mist(in), Schwarzseher(in). **II** adj, a. **ˌpes·siˈmis·tic** adj (adv ~ally) pessi'mistisch: **to be pessimistic about s.th.** für etwas schwarzsehen.
pest [pest] s 1. Pest f, a. fig. Seuche f, Plage f: ~ **hole** Seuchenherd m; **the** ~ **of corruption** fig. die Seuche der Korruption. 2. fig. a) ,Ekel' n, ,Nervensäge' f, lästiger Mensch, b) lästige Sache, Plage f. 3. a. **insect** ~ biol. Schädling m: ~ **control** Schädlingsbekämpfung f.
pes·ter [ˈpestə(r)] v/t j-n belästigen, quälen, plagen, nerven, j-m auf die Nerven gehen: **to ~ s.o. for s.th.** j-m wegen etwas keine Ruhe lassen; **to ~ s.o. to do s.th.** j-n drängeln, etwas zu tun; **to ~ s.o. into doing s.th.** j-n so lange quälen, bis er etwas tut; **to ~ the life out of s.o.** colloq. a) j-m hart zusetzen, b) j-n (mit Bitten, Fragen etc) bis aufs Blut peinigen.
pes·ti·cid·al [ˌpestɪˈsaɪdl] adj schädlingsbekämpfend. **ˈpes·ti·cide** s chem. Pestiˈzid n, Schädlingsbekämpfungsmittel n.
pes·tif·er·ous [peˈstɪfərəs] → pestilent.
pes·ti·lence [ˈpestɪləns] s Seuche f, Pest f, Pesti'lenz f (a. fig.). **ˈpes·ti·lent** adj (adv ~ly) 1. pestbringend, verpestend, ansteckend. 2. verderblich, schädlich. 3. oft humor. pestartig, pestilenziˈalisch, ,ekelhaft', abˈscheulich. **ˌpes·tiˈlen·tial** [-lenʃl] adj (adv ~ly) → pestilent.
pes·tle [ˈpesl; -tl] **I** s 1. Mörserkeule f, Stößel m. 2. chem. Pi'still n. **II** v/t 3. zerstoßen, -stampfen.
pes·tol·o·gist [peˈstɒlədʒɪst; Am. -ˈstɑ-] s Sachverständige(r) m für Schädlingsbekämpfung.
pet¹ [pet] **I** s 1. Heimtier n. 2. gehätscheltes Tier od. Kind, Liebling m, ,Schatz' m, ,Schätzchen' n: **the teacher's** ~ der Liebling des Lehrers. **II** adj 3. Lieblings...: ~ **dog** Schoßhund m; ~ **form** Koseform f; ~ **mistake (theory)** Lieblingsfehler m (-theorie f); ~ **name** Kosename m; ~ **abomination** 3, **aversion** 3, **hate** 6. 4. Tier...: ~ **food**, ~ **shop** Tierhandlung f, Zoogeschäft n. **III** v/t 5. (ver)hätscheln. 6. streicheln, liebkosen. **IV** v/i 7. colloq. Petting machen.
pet² [pet] s Verdruß m, schlechte Laune: **in a** ~ verärgert, schlecht gelaunt.
pet·al [ˈpetl] s bot. Blumenblatt n.
pe·tard [peˈtɑːd; pɪ-] s 1. mil. hist. Pe'tarde f, Sprengbüchse f: → **hoist²** II. 2. Schwärmer m (Feuerwerkskörper).
Pe·ter¹ [ˈpiːtə(r)] npr Peter m, Petrus m: **(the Epistles of)** ~ Bibl. die Petrusbriefe pl; ~'**s pence** R.C. Peterspfennig m; **to rob** ~ **to pay Paul** ein Loch stopfen u. ein anderes aufreißen.
pe·ter² [ˈpiːtə(r)] v/i ~ **out** versickern (Bach etc), allˈmählich zu Ende gehen (Vorräte etc), versanden (Unterhaltung etc), sich verlieren (Erinnerung etc), sich totlaufen (Verhandlungen etc), sport verflachen (Spiel etc).
pe·ter³ [ˈpiːtə(r)] s sl. 1. a) Geldschrank m, b) Ladenkasse f, c) 'Geldkasˌsette f. 2. Gefängniszelle f. 3. jur. Zeugenstand m.
pe·ter⁴ [ˈpiːtə(r)] s sl. ,Zipfel' m (Penis).
ˈpe·terˌman [-mən] s irr sl. ,Schränker' m, Geldschrankknacker m.
pet·i·o·lar [ˈpetɪəʊlə(r)] adj bot. Blattstiel... **ˈpet·i·o·late** [-leɪt], a. **ˈpet·i·o·lat·ed** adj bot. med. gestielt. **ˈpet·i·ole** [-əʊl] s bot. Blattstiel m.
pet·it [ˈpetɪ] → petty 1.
pe·tite [pəˈtiːt] adj zierlich (Frau).
pet·it four [ˌpetɪˈfɔː(r); Am. a. -ˈfʊər; pətɪfur] pl **pet·its fours** [ˌpetɪˈfɔː(r)z; Am. a. -ˈfʊərz; pətɪfur] (Fr.) s Petits fours pl (feines Kleinbackwerk).
pe·ti·tion [pɪˈtɪʃn] **I** s 1. Bitte f, Bittschrift f, Petiti'on f, Eingabe f (a. Patentrecht), Gesuch n, jur. (schriftlicher) Antrag: **P.~ of Right** Br. hist. Bittschrift um Herstellung des Rechts (1628); **to file a ~ for divorce** jur. e-e Scheidungsklage einreichen; ~ **for clemency** (od. **mercy, pardon**) jur. Gnadengesuch; ~ **in lunacy** jur. Antrag auf Entmündigung; → **bankruptcy** 1. **II** v/t 2. j-n bitten, ersuchen, schriftlich einkommen bei. 3. bitten um, nachsuchen um. **III** v/i 4. (**for**) bitten, nach-, ansuchen, einkommen (um), (e-n) Antrag stellen (auf acc): **to ~ for divorce** die Scheidungsklage einreichen. **peˈti·tion·er** s Antragsteller(in): a) Bitt-, Gesuchsteller(in), Pe'tent(in), b) jur. (Scheidungs)Kläger (-in).
Pe·trar·chan son·net [ˈpetrɑːkən; bes. Am. pɪˈtrɑː(r)-; peˈt-] s Pe'trarkisches Soˈnett.
pet·rel [ˈpetrəl; Am. a. ˈpiː-] s orn. Sturmvogel m.
pet·ri·fac·tion [ˌpetrɪˈfækʃn] s 1. Versteinerung f (Vorgang) (a. fig.). 2. Versteinerung f (Ergebnis), Petre'fakt n.
pet·ri·fy [ˈpetrɪfaɪ] **I** v/t 1. versteinern. 2. fig. versteinern: a) verhärten, b) erstarren lassen (**with** vor Schreck etc): **petrified with horror** vor Schreck wie versteinert, starr od. wie gelähmt vor Schreck. **II** v/i 3. a. fig. sich versteinern, zu Stein werden. [Petrus...]
Pe·trine [ˈpiːtraɪn] adj relig. pe'trinisch.∫
pet·ro·chem·i·cal [ˌpetrəʊˈkemɪkl] **I** adj petro'chemisch. **II** s petro'chemisches Pro'dukt. **ˌpet·roˈchem·is·try** s Petroche'mie f.
pet·ro·dol·lar [ˈpetrəʊˌdɒlə; Am. -ˌdɑlər] s econ. Petrodollar m.
pet·ro·glyph [ˈpetrəglɪf] s Petro'glyphe f, Felszeichnung f.
pe·trog·ra·pher [pɪˈtrɒgrəfə(r); Am. -ˈtrɑ-] s Petro'graph m, Gesteinskundler m. **peˈtrog·ra·phy** [-fɪ] s Petrograˈphie f, beschreibende Gesteinskunde.
pet·rol [ˈpetrəl] Br. **I** s mot. Ben'zin n, Kraft-, Treibstoff m: ~ **bomb** Moloto̊wcocktail m; ~ **cap** Tankdeckel m; ~ **coupon** Benzingutschein m; ~ **engine** Benzin-, Vergasermotor m; ~ **ga(u)ge** Kraftstoffanzeige f, Benzinuhr f; ~ **level** Benzinstand m; ~ **pipe** Kraftstoff-, Benzinleitung f; ~ **pump** Kraftstoff-, Benzinpumpe f, weitS. Tank-, Zapfsäule f; ~ **station** Tankstelle f. **II** v/t auftanken.
pet·ro·la·tum [ˌpetrəˈleɪtəm] s 1. chem. Vase'lin n, Vase'line f, Petro'latum n. 2. pharm. Paraf'finöl n.
pe·tro·le·um [pɪˈtrəʊljəm; -ɪəm] s chem. Pe'troleum n, Erd-, Mine'ralöl n: ~ **burner** Petroleumbrenner m. ~ **ether** s chem. Pe'troläther m. ~ **jel·ly** s petro·latum 1. ~ **re·fin·er·y** s chem. 'Erdölraffineˌrie f.
pe·trol·ic [pɪˈtrɒlɪk; Am. -ˈtrɑ-] adj chem.

petrology – phase

Petrol..., pe'trolsauer: ~ **acid** Petrolsäure *f*.
pe·trol·o·gy [pɪ'trɒlədʒɪ; *Am.* -'trɑ-] *s min.* Petrolo'gie *f*, Gesteinskunde *f*.
pet·rous ['petrəs; 'piː-] *adj* **1.** steinhart, felsig. **2.** *anat.* pe'trös, Felsenbein...
pet·ti·coat ['petɪkəʊt] *I s* **1. a)** Petticoat *m* (*versteifter Taillenunterrock*), **b)** 'Unterrock *m*: **she is a Cromwell in ~s** sie ist ein weiblicher Cromwell. **2.** *fig. meist humor.* Frauenzimmer *n*, ‚Weibsbild'. **3.** Kinderröckchen *n*. **4.** *Bogenschießen:* Raum außerhalb der als Treffer geltenden Ringe auf der Zielscheibe. **5.** *electr.* **a)** *a.* ~ **insulator** 'Glockeniso₁lator *m*, *b)* Iso'lierglocke *f*. **II** *adj* **6.** Weiber...: ~ **government** Weiberregiment *n*. **7.** *tech.* Glocken...
pet·ti·fog ['petɪfɒg; *Am. a.* -ˌfɑg] **I** *v/i* **1.** den 'Winkeladvo₁katen spielen. **2.** Kniffe *od.* Schi'kanen anwenden. **II** *v/t* **3.** etwas durch Sophisterei, Ausflüchte etc verschleppen, ausweichen (*dat*). '**pet·ti·fog·ger** *s* **1.** 'Winkeladvo₁kat *m*, Rechtsverdreher *m*, Rabu'list *m*. **2.** Haarspalter *m*. '**pet·ti·fog·ger·y** [-ərɪ] *s* Rabu'listik *f*, Anwendung *f* von Schlichen *od.* Schi'kanen. '**pet·ti·fog·ging I** *adj* **1.** rechtsverdrehend, rabu'listisch, schika'nös. **2.** lumpig, gemein. **II** *s* **3.** Rabu'listik *f*, Rechtskniffe *pl*, Haarspalte'rei *f*.
pet·ti·ness ['petɪnɪs] *s* **1.** Geringfügigkeit *f*. **2.** Kleinlichkeit *f*.
pet·ting ['petɪŋ] *s colloq.* Petting *n*.
pet·tish ['petɪʃ] *adj* (*adv* ~**ly**) empfindlich, reizbar, mürrisch. '**pet·tish·ness** *s* Verdrießlichkeit *f*, Gereiztheit *f*.
pet·ti·toes ['petɪtəʊz] *s pl gastr.* Schweinsfüße *pl*.
pet·to ['petəʊ] *s*: **in ~** in petto, Im geheimen; **to have s.th. in ~** etwas in petto *od.* ‚auf Lager' haben.
pet·ty ['petɪ] *adj* (*pettily*) **1.** unbedeutend, geringfügig, klein, Klein..., Bagatell...: ~ **cash** *econ.* **a)** geringfügige Beträge, **b)** kleine Kasse, Hand-, Portokasse *f*; ~ **prince** Duodezfürst *m*; ~ **offence** (*bes. Am.* **offense**) (leichtes) Vergehen, Bagatelldelikt *n*; ~ **wares**, ~ **goods** *econ.* Kurzwaren. **2.** engstirnig, kleinlich. ~ **av·er·age** *s jur. mar.* kleine Hava'rie. ~ **bour·geois** *s* Kleinbürger *m*. ~ '**bour·geois** *adj* kleinbürgerlich. ~ **bour·geoi·sie** *s* Kleinbürgertum *n*. ~ **ju·ry** *s jur.* Urteilsjury *f*. ~ **lar·ce·ny** *s jur. Am.* kleiner Diebstahl. ~ **of·fi·cer** *s mar. mil.* Maat *m* (*Unteroffizier*). ~ **sessions** *s pl jur. Br.* → **magistrates' court** (*magistrate* 1).
pet·u·lance ['petjʊləns; *Am.* -tʃə-] *s* Verdrießlichkeit *f*, Gereiztheit *f*. '**pet·u·lant** *adj* (*adv* ~**ly**) verdrießlich, gereizt, ungeduldig.
pe·tu·ni·a [pɪ'tjuːnjə; *Am. a.* -'tuːnjə] *s* **1.** *bot.* Pe'tunie *f*. **2.** Vio'lett *n* (*Farbe*).
pe·tun·(t)se, *a.* **pe·tun·tze** [pɪ'tʌntsɪ; -'tɒn-] *s* Pe'tuntse *f* (*feiner Ton*).
pew [pjuː] *s* **1.** (Kirchen)Bank *f*, Bankreihe *f*, Kirchenstuhl *m*: **family ~** Familienstuhl *m*. **2.** *Br. colloq.* Sitz *m*, Platz *m*: **to take a ~** sich ‚platzen'. '**pew·age** *s* **1.** Kirchengestühl *n*. **2.** Gebühr(en *pl*) *f* für e-n Kirchenstuhl.
pe·wit ['piːwɪt; *Am. a.* 'pjuːət] *s orn.* **1.** Kiebitz *m*. **2.** Lachmöwe *f*.
pew·ter ['pjuːtə(r)] *I s* **1.** Hartzinn *n*, brit. Schüsselzinn *n*. **2.** *collect.* Zinngeschirr *n*. **3.** Zinnkrug *m*, -gefäß *n*. **4.** *bes. sport Br. sl.* Po'kal *m*. **II** *adj* **5.** (Hart-) Zinn..., zinnern. '**pew·ter·er** *s* Zinngießer *m*.
pe·yo·te [pei'əʊtɪ], **pe·yo·tl** [-tl] *s* **1.** → **mescal** 1. **2.** → **mescaline**.
phae·ton ['feɪtn], *Am. a.* **pha·e·ton** ['feɪətn] *s* Phaeton *m*: **a)** *leichter vierrädriger Zweispänner*, **b)** *mot. obs.* Tourenwagen *m*.

phag·o·cyte ['fægəʊsaɪt] *s biol. med.* Phago'zyt *m*, Freßzelle *f*.
phal·ange ['fælændʒ; *Am.* 'feɪl-; fə'lændʒ] *s* **1.** → **phalanx** 3. **2.** *bot.* Staubfädenbündel *n*. **3.** *zo.* Tarsenglied *n*.
pha·lan·ges [fæ'lændʒiːz] *pl von* **phalanx**.
pha·lanx ['fælæŋks; *Am.* 'feɪ-] *pl* **-lanx·es** *od.* **-lan·ges** [fæ'lændʒiːz] *s* **1.** *antiq. mil.* Phalanx *f*, geschlossene Schlachtreihe. **2.** *fig.* Phalanx *f*, geschlossene Front: **in ~** geschlossen, einmütig. **3.** *anat.* Phalanx *f*, Finger-, Zehenglied *n*. **4.** → **phalange** 2. '**pha·lanxed** *adj* e-e Phalanx bildend, geschlossen.
phal·a·rope ['fælərəʊp] *s orn.* Wassertreter *m*: **red ~** Thorshühnchen *n*.
phal·li ['fælaɪ] *pl von* **phallus**.
phal·lic ['fælɪk] *adj* phallisch: ~ **cult** Phalluskult *m*; ~ **stage** *psych.* phallische Phase; ~ **symbol** Phallussymbol *n*. '**phal·li·cism** [-sɪzəm], '**phal·lism** *s* Phalluskult *m*.
phal·lo·crat ['fæləʊkræt] *s* männlicher Chauvi'nist.
phal·lus ['fæləs] *pl* **-li** [-laɪ] *s* Phallus *m*.
phan·er·o·gam ['fænərəʊgæm] *s bot.* Phanero'game *f*, Blütenpflanze *f*, Samenpflanze *f*.
phan·o·tron ['fænətrɒn; *Am.* -naˌtrɑn] *s electr.* Phano'tron *n*, ungesteuerte Gleichrichterröhre.
phan·tasm ['fæntæzəm] *s* **1.** Phan'tom *n*, Trugbild *n*, Wahngebilde *n*, Hirngespinst *n*. **2.** (Geister)Erscheinung *f*.
phan·tas·ma·go·ri·a [ˌfæntæzmə'gɒrɪə; *Am.* fænˌtæzmə'gɔːrɪə] *s* **1.** Phantasmago'rie *f*, Gaukelbild *n*, Truggebilde *n*, Blendwerk *n*. **2.** *fig.* bunter Wechsel. **phan·tas·ma·go·ri·al** [ˌfæntæzmə'gɒrɪəl; *Am.* -'gɔː-], **phan·tas·ma·gor·ic** [ˌfæntæzmə'gɒrɪk; *Am.* -'gɑ-] *adj* phantasma'gorisch, traumhaft, gespensterhaft, trügerisch.
phan·tas·mal [fæn'tæzml] *adj* (*adv* ~**ly**) **1.** Phantasie..., halluzina'torisch, eingebildet. **2.** gespenster-, geisterhaft. **3.** illu'sorisch, unwirklich, trügerisch.
phan·ta·sy → **fantasy**.
phan·tom ['fæntəm] *I s* **1.** Phan'tom *n*: **a)** Erscheinung *f*, Gespenst *n*, Geist *m*, **b)** Wahngebilde *n*, Trugbild *n*, Hirngespinst *n*, **c)** *fig.* Alptraum *m*, Schreckgespenst *n*: ~ **of war**. **2.** *fig.* Schatten *m*, Schein *m*: ~ **of authority** Scheinautorität *f*; ~ **of a king** Schattenkönig *m*. **3.** *med.* Phan'tom *n*, ana'tomisches Mo'dell. **II** *adj* **4.** Geister..., Gespenster..., gespenstisch. **5.** scheinbar, illu'sorisch, eingebildet: ~ **pregnancy** Scheinschwangerschaft *f*. **6.** fik'tiv, falsch. **III** *v/t* **7.** *electr.* zum Phan'tom- *od.* Viererkreis schalten. ~ **cir·cuit** *s electr.* Phan'tom-, Viererkreis *m*, Duplexleitung *f*. ~ **(limb) pain** *s med. psych.* Phan'tomschmerz *m*. ~ **ship** *s* Geisterschiff *n*. ~ **tu·mo(u)r** *s med.* Scheingeschwulst *f*. ~ **view** *s tech.* 'Durchsichtszeichnung *f*.
Phar·aon·ic [feə'rɒnɪk; *Am.* ˌfærə'ɒn·ic] [ˌfereɪ'ɑ-; ˌfæ-] *adj* phara'onisch.
phare [feə] *s* Leuchtturm *m*.
phar·i·sa·ic [ˌfærɪ'seɪɪk] *adj*; **phar·i·'sa·i·cal** [-kl] *adj* (*adv* ~**ly**) phari'säisch, selbstgerecht, scheinheilig, heuchlerisch. '**phar·i·sa·ism** [-seɪɪzəm] *s* **1.** Phari'säertum *n*, Scheinheiligkeit *f*. **2.** **P**~ *relig.* phari'säische Lehre. '**Phar·i·see** [-siː] *s* **1.** *relig.* Phari'säer *m*. **2. p~** *fig.* Phari'säer(in), Selbstgerechte(r *m*) *f*, Scheinheilige(r *m*) *f*, Heuchler(in). '**phar·i·see·ism** → **pharisaism**.
phar·ma·ceu·tic [ˌfɑːmə'sjuːtɪk; *Am.* ˌfɑːrmə'suː-] *adj*; ˌ**phar·ma·'ceu·ti·cal** [-kl] *adj* ~**ly** pharma'zeutisch, arz'neikundlich, Apotheker...: ~ **chemist** pharmazeutischer Chemiker. ˌ**phar·ma'ceu·tics** *s pl* (*als sg konstruiert*) Pharma'zeutik *f*, Pharma'zie *f*, Arz'neimittelkunde *f*. '**phar·ma·cist** [-məsɪst], *a.* ˌ**phar·ma'ceu·tist** *s* Pharma'zeut *m*: **a)** Apo'theker *m*, **b)** pharma'zeutischer Chemiker.
phar·ma·co·dy·nam·ics [ˌfɑː(r)məˌkəʊdaɪ'næmɪks] *s pl* (*als sg konstruiert*) *med. pharm.* Pharmakody'namik *f*.
phar·ma·cog·no·sy [ˌfɑː(r)mə'kɒgnəsɪ; *Am.* -'kɑg-] *s med. pharm.* Pharmakogno'sie *f*, Drogenkunde *f*.
phar·ma·co·log·i·cal [ˌfɑː(r)məkə'lɒdʒɪkl; *Am.* -'lɑ-] *adj* pharmako'logisch. ˌ**phar·ma'col·o·gist** [-kɒlədʒɪst; *Am.* -'kɑl-] *s* Pharmako'loge *m*. ˌ**phar·ma'col·o·gy** *s* Pharmakolo'gie *f*, Arz'neimittellehre *f*. ˌ**phar·ma·co'poe·ia** [-kə'piːə] *s med.* **1.** Pharmako'pöe *f*, amtliche Arz'neimittelliste, Arz'neibuch *n*. **2.** Bestand *m od.* Vorrat *m* an Arz'neimitteln.
phar·ma·cy ['fɑː(r)məsɪ] *s* **1.** → **pharmaceutics**. **2.** Apo'theke *f*.
pha·ros ['feərɒs; *Am.* 'færəs] *s* **1.** Leuchtturm *m*. **2.** Leuchtfeuer *n*.
pha·ryn·ge·al [ˌfærɪn'dʒiːəl; *Am. a.* fə'rɪndʒɪəl], *a.* **pha·ryn·gal** [fə'rɪŋgl] *adj* **1.** *anat.* Schlund..., Rachen...: ~ **bone** Schlundknochen *m*; ~ **tonsil** Rachenmandel *f*. **2.** *ling.* Rachen...: ~ **sound**.
pha·ryn·ges [fə'rɪndʒiːz] *pl von* **pharynx**.
phar·yn·gi·tis [ˌfærɪn'dʒaɪtɪs] *s med.* Pharyn'gitis *f*, 'Rachenkaˌtarrh *m*.
pha·ryn·go·log·i·cal [ˌfærɪŋgəʊ'lɒdʒɪkl; *Am.* fəˌrɪŋgə'lɑ-] *adj med.* pharyngo'logisch. ˌ**phar·yn·go'lo·gy** [ˌfærɪŋ'gɒlədʒɪ; *Am.* -'gɑ-] *s* Pharyngolo'gie *f*. **pha·ˌryn·go'na·sal** [-'neɪzl] *adj* Rachen u. Nase betreffend, Nasen-Rachen-...
pha·ryn·go·scope [fə'rɪŋgəskəʊp] *s med.* Pharyngo'skop *n*, Schlundspiegel *m*.
phar·ynx ['færɪŋks] *pl* **pha·ryn·ges** [fə'rɪndʒiːz] *od.* '**phar·ynx·es** *s anat.* Pharynx *m*, Schlund *m*, Rachen(höhle *f*) *m*.
phase [feɪz] **I** *s* **1.** Phase *f*: ~**s of the moon** *astr.* Mondphasen; ~ **advancer** *electr.* Phasenverschieber *m*; ~**-corrected** *electr.* phasenkorrigiert; **in ~ (out of ~)** *electr. phys.* phasengleich (phasenverschoben); ~ **lag (lead)** *electr. phys.* Phasennacheilung *f* (-voreilung *f*); ~ **opposition** *electr. math. phys.* Gegenphasigkeit *f*; ~ **rule** *chem. phys.* (Gibbssche) Phasenregel *f*; ~ **shift(ing)** *electr. phys.* Phasenverschiebung *f*; ~ **voltage** Phasenspannung *f*; **gas (liquid, solid) ~** (*Thermodynamik*) Gasphase *f* (flüssige, feste Phase); **three~ current** Dreiphasen(wechsel)strom *m*, Drehstrom *m*. **2.** (Entwicklungs)Stufe *f*, Stadium *n*, Phase *f*: **final ~** Endphase, -stadium; ~ **line** *mil.* (Angriffs)Zwischenziel *n*. **3.** A'spekt *m*, Seite *f*, Gesichtspunkt *m*: **the ~s of a question**. **4.** *mil.* (Front)Abschnitt *m*. **II** *v/t* **5.** *electr. phys.* in Phase bringen. **6.** aufein'ander abstimmen, *Maschinen etc* gleichschalten, synchroni'sieren. **7.** stufenweise 'durchführen. **8.** (nach den Erfordernissen) stufenweise planen, staffeln. **9.** ~ **down** einstellen, beenden, abschließen. **10.** ~ **in** stufenweise einführen *od.* eingliedern. **11.** ~ **out a)** die Herstellung von *etwas* stufenweise einstellen, all'mählich aus dem Verkehr ziehen, auslaufen lassen, **b)** stufenweise zum Abschluß bringen *od.* abwickeln. **III** *v/i*

12. ~ in stufenweise eingeführt od. eingegliedert werden. **13.** ~ out a) stufenweise aufhören, b) sich stufenweise zu-ˈrückziehen (of aus).
ˈphase|-down s Einstellung f, Beendigung f, Abschluß m. ˈ~-out s schritt- od. stufenweiser Rückzug.
phas·ic [ˈfeɪzɪk] adj phasisch, Phasen...
pha·si·tron [ˈfeɪzɪtrɒn; Am. -ˌtrɑn] s electr. ˈPhasenmoduˌlatorröhre f.
pheas·ant [ˈfeznt] s orn. Faˈsan m. ˈpheasˈantˈry [-trɪ] s Fasaneˈrie f.
ˈpheasˈantˈs-eye s bot. **1.** Aˈdonisröschen n. **2.** a. ~ pink Federnelke f.
phe·nan·threne [fɪˈnænθriːn] s chem. Phenanˈthren n.
phene [fiːn], phe·nene [ˈfiːniːn] s chem. Benˈzol n.
phe·nic [ˈfiːnɪk; ˈfenɪk] adj chem. karˈbolsauer, Karbol...: ~ acid → phenol.
phe·nix Am. für phoenix.
phe·no·bar·bi·tone [ˌfiːnəʊˈbɑː(r)bɪtəʊn] s chem. pharm. Phenobarbiˈtal n, Lumiˈnal n (TM).
phe·nol [ˈfiːnɒl; Am. a. -ˌnəʊl] s chem. Pheˈnol n, Karˈbolsäure f. phe·no·late [ˈfiːnəleɪt] s Phenoˈlat n. phe·no·lic [fɪˈnɒlɪk; Am. -ˈnəʊ-; -ˈnɑ-] **I** adj Phenol..., phenoˈplastisch: ~ resin → II. **II** s Pheˈnolharz n.
phe·nol·o·gy [fɪˈnɒlədʒɪ; Am. -ˈnɑl-] s Phänoloˈgie f (Wissenschaft von den jahreszeitlich bedingten Erscheinungsformen bei Tier u. Pflanze).
phe·nol·phtha·lein [ˌfiːnɒlˈfθæliːn; Am. ˌfiːnɪlˈθæliən] s chem. Phenolphthaleˈin n.
phe·nom·e·na [fəˈnɒmɪnə; Am. fɪˈnɑm-] pl von phenomenon. phe·nom·e·nal [-mɪnl] adj (adv ~ly) phänomeˈnal: a) philos. Erscheinungs...: ~ world, b) fig. unglaublich, ˌphanˈtastisch'. phe·ˈnom·e·nalˈism s philos. Phänomenaˈlismus m. pheˈnomˈeˈnalˈist **I** s Phänomenaˈlist m. **II** adj phänomenaˈlistisch.
phe·nom·e·nol·o·gy [fəˌnɒmɪˈnɒlədʒɪ; Am. fɪˌnɑməˈnɑl-] s philos. Phänomenoloˈgie f.
phe·nom·e·non [fəˈnɒmɪnən; Am. fɪˈnɑmɪnən; -ˌnɒn] pl -na [-nə] s **1.** a. philos. phys. Phänoˈmen n, Erscheinung f. **2.** pl -nons fig. Phänoˈmen n: a) (ein) wahres Wunder (Sache od. Person), b) a. infant ~ Wunderkind n.
phe·no·plast [ˈfiːnəʊplæst] → phenolic II. ˈphe·noˈplasˈtic → phenolic I.
phe·no·type [ˈfiːnəʊtaɪp] s biol. Phänoˈtyp(us) m, (umweltbedingtes) Erscheinungsbild n. ˌphe·noˈtyp·ic [-ˈtɪpɪk] adj phänoˈtypisch.
phe·nyl [ˈfenɪl; ˈfiːnɪl; Br. a. ˈfiːnaɪl] s Pheˈnyl n (einwertige Atomgruppe C₆H₅).
phen·yl·ene [ˈfenɪliːn] s Pheˈnylˈen n (zweiwertige Atomgruppe C₆H₄). phe·nyl·ic [fɪˈnɪlɪk] adj Phenyl..., karˈbolsauer, pheˈnolisch: ~ acid → phenol.
phe·on [ˈfiːɒn; Am. -ˌɑn] s her. Pfeilspitze f.
phew [fjuː; pfjuː] interj puh!
phi [faɪ] s Phi n (griechischer Buchstabe).
phi·al [ˈfaɪəl] s Phiˈole f, (bes. Arzˈnei-)Fläschchen n.
Phi Be·ta Kap·pa [ˌfaɪˌbeɪtəˈkæpə] s univ. Am. a) studentische Vereinigung hervorragender Akademiker, b) ein Mitglied dieser Vereinigung.
Phil·a·del·phi·a law·yer [ˌfɪləˈdelfjə] s Am. gerissener Juˈrist od. Anwalt.
phi·lan·der [fɪˈlændə(r)] v/i tändeln, schäkern, den Frauen nachlaufen. phi·ˈlanˈderˈer s Schürzenjäger m, Schwerenöter m.
phil·an·thrope [ˈfɪlənθrəʊp] → philanthropist I.
phil·an·throp·ic [ˌfɪlənˈθrɒpɪk; Am. -ˈθrɑ-] adj; phil·an·throp·i·cal [-kl] adj (adv ~ly) philanˈthropisch, menschenfreundlich, menschlich. phi·lan·thro·pism [fɪˈlænθrəpɪzəm] s Philanˈthroˈpie f, Menschenliebe f. phi·lan·thro·pist **I** s Philanˈthrop m, Menschenfreund m. **II** adj → philanthropic. phiˈlan·thro·py s Philanˈthroˈpie f, Menschenliebe f, Menschlichkeit f.
phil·a·tel·ic [ˌfɪləˈtelɪk] adj Briefmarken..., philateˈlistisch. phi·lat·e·list [fɪˈlætəlɪst] **I** s Philateˈlist m: a) Briefmarkensammler m, b) Briefmarkenkundler m. **II** adj → philatelic. phiˈlatˈeˈly s Philateˈlie f: a) Briefmarkensammeln n, b) Briefmarkenkunde f.
Phi·le·mon [fɪˈliːmɒn; faɪ-; Am. -mən] npr u. s Bibl. (Brief m des Paulus an) Phiˈlemon m.
phil·har·mon·ic [ˌfɪlɑː(r)ˈmɒnɪk; ˌfɪlə(r)-; Am. -ˈmɑnɪk] adj philharˈmonisch: ~ concert; ~ orchestra; ~ society Philharmonie f.
Phi·lip·pi·ans [fɪˈlɪpɪənz] s pl (als sg konstruiert) Bibl. (Brief m des Paulus an die) Phiˈlipper, Phiˈlipperbrief m.
phi·lip·pic [fɪˈlɪpɪk] s Phiˈlippika f, Strafpredigt f.
phil·ip·pi·na [ˌfɪlˈpiːnə] s **1.** Vielˈliebchen n (Spiel). **2.** Vielˈliebchengeschenk n.
Phil·ip·pine [ˈfɪlɪpiːn] adj **1.** philipˈpinisch, Philippinen... **2.** Filipino...
Phil·is·tine [ˈfɪlɪstaɪn; Am. -ˌstiːn] **I** s **1.** Bibl. Phiˈlister m. **2.** fig. Phiˈlister m, Spießbürger m, Spießer m, Baˈnause m. **II** adj **3.** fig. phiˈlisterhaft, spießbürgerlich, baˈnausisch. ˈphil·is·tin·ism [-stɪnɪzəm] s Phiˈlistertum n, Phiˈlisteˈrei f, Spießbürgertum n, Baˈnausentum n.
Philˈlips curve [ˈfɪlɪps] s Statistik: Phillips-Kurve f (graphische Darstellung des Verhältnisses von Inflation u. Arbeitslosigkeit).
phil·o·den·dron [ˌfɪləˈdendrən] pl -drons od. -dra [-drə] s bot. Philoˈdendron m, n.
phi·log·y·ny [fɪˈlɒdʒɪnɪ; Am. -ˈlɑ-] s Philogyˈnie f, Frauenliebe f.
phi·lol·o·ger [fɪˈlɒlədʒə(r); Am. -ˈlɑ-] → philologist.
phil·o·log·i·cal [ˌfɪləˈlɒdʒɪkl; Am. -ˈlɑ-] adj (adv ~ly) **1.** philoˈlogisch. **2.** sprachwissenschaftlich. phiˈlolˈoˈgist [-ˈlɒlədʒɪst; Am. -ˈlɑ-] s **1.** Philoˈloge m, Philoˈlogin f. **2.** Sprachwissenschaftler(in), Linguˈist(in). phiˈlolˈoˈgy s **1.** Philoloˈgie f, Literaˈtur- u. Sprachwissenschaft f. **2.** Sprachwissenschaft f, Linguˈistik f.
phil·o·mel [ˈfɪləmel], ˌphil·oˈme·la [-əʊˈmiːlə] s poet. Philoˈmele f, Nachtigall f.
phil·o·poe·na [ˌfɪləˈpiːnə] → philippina.
phi·los·o·pher [fɪˈlɒsəfə(r); Am. -ˈlɑs-] s **1.** Philoˈsoph m: moral ~ Moralphiloˈsoph; natural ~ Naturphiloˈsoph; ~ˈs stone Stein m der Weisen. **2.** fig. Philoˈsoph m, Lebenskünstler m.
phil·o·soph·ic [ˌfɪləˈsɒfɪk; Am. -ˈsɑf-] adj; ˌphil·oˈsophˈi·cal [-kl] adj (adv ~ly) philoˈsophisch (a. fig. weise, gleichmütig): ~ analysis analytische Philosophie. phi·los·o·phist [fɪˈlɒsəfɪst; Am. -ˈlɑs-] s contp. Soˈphist m, Philosoˈphaster m. phi·los·o·phize **I** v/t philoˈsophisch behandeln, philosoˈphieren über (acc). **II** v/i philosoˈphieren (about, on über acc).
phi·los·o·phy [fɪˈlɒsəfɪ; Am. -ˈlɑs-] s **1.** Philosoˈphie f: moral ~ Moralphilosoˈphie; natural ~ Naturphilosoˈphie; ~ of history Geschichtsphilosoˈphie. **2.** a. ~ of life (ˈLebens)Philosoˌphie f, Welt-, Lebensanschauung f. **3.** fig. Gleichmut m, (philoˈsophische) Gelassenheit. **4.** Am. Iˈdee f, ˈDenkmoˌdell n.
phil·ter, bes. Br. phil·tre [ˈfɪltə(r)] s **1.** Liebestrank m. **2.** Zaubertrank m.
phi·mo·sis [faɪˈməʊsɪs; Am. a. fəˈm-] s med. Phiˈmose f, Vorhautverengung f.
phiz [fɪz], a. phiz·og [ˈfɪzɒg; Am. -ˌɑg] s sl. ˈViˈsageˈ f, Gesicht n.
phle·bi·tis [flɪˈbaɪtɪs] s med. Phleˈbitis f, Venenentzündung f.
phle·bot·o·my [flɪˈbɒtəmɪ; Am. -ˈbɑ-] s med. Phlebotoˈmie f, Veneneröffnung f.
phlegm [flem] s **1.** physiol. Phlegma n, Schleim m. **2.** fig. Phlegma n, (stumpfe) Gleichgültigkeit, (geistige) Trägheit.
phleg·mat·ic [flegˈmætɪk] adj (adv ~ally) **1.** physiol. zo. a) phlegˈmatisch, schleimhaltig, -blütig, b) schleimerzeugend. **2.** phlegˈmatisch, gleichgültig, träge, stumpf.
phleg·mon [ˈflegmɒn; Am. -ˌmɑn] s med. Phlegˈmone f, Zellgewebsentzündung f.
phlo·em [ˈfləʊem] s bot. Phloˈem n, Siebteil m (der Leitbündel).
phlo·gis·tic [flɒˈdʒɪstɪk; Am. flɑʊ-] adj med. entzündlich. phloˈgisˈton [-tən] s chem. hist. Phlogiston n (hypothetischer Stoff, der bei der Verbrennung entweicht).
phlox [flɒks; Am. flɑks] s bot. Phlox m, f, Flammenblume f.
pho·bi·a [ˈfəʊbjə; -bɪə] s psych. Phoˈbie f, krankhafte Angst (about vor).
pho·co·me·li·a [ˌfəʊkəʊˈmiːljə; -ɪə] s med. Phokomeˈlie f, ˈGliedmaßenˌmißbildung f.
Phoe·be [ˈfiːbɪ] **I** npr antiq. Phöbe f. **II** s poet. Mond m.
Phoe·bus [ˈfiːbəs] **I** npr antiq. Phöbus m. **II** s poet. Phöbus m, Sonne f.
Phoe·ni·cian [fɪˈnɪʃɪən; Am. -ˈnɪʃən] **I** s **1.** Phöˈnizier(in). **2.** ling. Phöˈnikisch n, das Phönikische. **II** adj **3.** phöˈnikisch.
phoe·nix [ˈfiːnɪks] s **1.** Phönix m (sagenhafter Wundervogel). **2.** fig. (wahres) Wunder (Person od. Sache). **3.** fig. Phönix m (aus der Asche) (etwas Wiedererstandenes). **4.** P~ gen -ni·cis [ˈfiːnɪsɪs; ˈfiːnɪsiːz] astr. Phönix m (Sternbild).
phon [fɒn; Am. fɑn] s phys. Phon n (Maßeinheit der Lautstärke): ~ scala Phon-Skala f.
pho·nate [ˈfəʊneɪt; Am. ˈfəʊˌn-] v/i phoˈnieren, Laute bilden. phoˈna·tion s Lautbildung f.
phone¹ [fəʊn] s ling. (Einzel)Laut m.
phone² [fəʊn] s, v/t u. v/i colloq. für telephone: to give s.o. a ~, to ~ s.o. up j-n anrufen.
ˈphone-in s Rundfunk, TV: Sendung f mit teleˈfonischer Zuhörer- od. Zuschauerbeteiligung, (Rundfunk a.) Hörer-, Funksprechstunde f: ~ request program(me) Telefonwunschkonzert n.
pho·neme [ˈfəʊniːm] s **1.** ling. Phoˈnem n (bedeutungsunterscheidende Lautkategorie e-r Sprache). **2.** → phone¹. phoˈne·mic [fəʊ-; fə-] adj **1.** Phonem... **2.** phoneˈmatisch, bedeutungsuntersˌcheidend. phoˈne·mics [fəʊ-; fə-] s pl (als sg konstruiert) Phoˈnemik f.
pho·net·ic [fəʊˈnetɪk; fə-] adj (adv ~ally) phoˈnetisch, lautlich: ~ alphabet a) phonetisches Alphabet, b) mil. teleph. etc Buchstabieralphabet n; ~ character Lautzeichen n; ~ spelling, ~ transcription Lautschrift f; ~ value Lautwert m. pho·ne·ti·cian [ˌfəʊnɪˈtɪʃn] s Phoˈnetiker(in). phoˈnetˈiˈcism [fəʊˈnetɪsɪzəm; fə-] s lautschriftliche ˈWiedergabe. phoˈnetˈiˈcist s Phoˈnetiker(in). phoˈnetˈiˈcize v/t phoˈnetisch darstellen. phoˈnetˈics s pl (meist als sg konstruiert) **1.** Phoˈnetik f, Laut(bildungs)-

phoney – photophone

lehre f. 2. ˈLautsyˌstem n (e-r Sprache).
phoˈney → phony.
phonˑic [ˈfɒnɪk; ˈfɔ-; Am. ˈfɑnɪk] adj 1. lautlich, aˈkustisch. 2. phoˈnetisch. 3. tech. phonisch. **phonˑics** s pl (als sg konstruiert) 1. ped. Lauˈtierkurs m. 2. → phonetics.
ˌphoˑnoˈcarˑdiˑoˌgram [ˌfəʊnə-] s med. ˈTonkardioˌgramm n, Herztonaufzeichnung f.
phoˑnoˈdeik [ˈfəʊnədaɪk] s tech. Schallwellenaufzeichner m.
phoˑnoˑgenˑic [ˌfəʊnəˈdʒenɪk] adj 1. zu klanglicher ˈWiedergabe geeignet: ~ scores. 2. mit guter Aˈkustik: ~ hall.
phoˑnoˑgram [ˈfəʊnəɡræm] s 1. Lautzeichen n. 2. tech. Phonoˈgramm n, (Schall)Aufzeichnung f, Schallplatte f. 3. teleph. zugesprochenes Teleˈgramm.
ˈphoˑnoˑgraph [-ɡrɑːf; bes. Am. -ɡræf] s 1. tech. hist. Phonoˈgraph m, ˈSprechmaˌschine f. 2. Am. Plattenspieler m, Grammoˈphon n: ~ **record** Schallplatte f. 3. ling. Lautzeichen n. ˌphoˑnoˈgraphˑic [-ˈɡræfɪk] adj (adv ~ally) phoˈnoˈgraphisch. **phoˑnogˑraˑphy** [fəʊˈnɒɡrəfɪ; fəˈn-; Am. -ˈnɑɡ-] s 1. Kurzschrift f auf phoˈnetischer Grundlage, bes. Pitmans Stenograˈphie. 2. ling. phoˈnetische (Recht)Schreibung.
phoˑnolˑoˑgy [fəʊˈnɒlədʒɪ; fəˈn-; Am. -ˈnɑl-] s ling. Phonoloˈgie f, Lautlehre f.
phoˑnomˑeˑter [fəʊˈnɒmɪtə(r); fəˈn-; Am. -ˈnɑm-] s phys. Phonoˈmeter n, Schall(stärke)messer m. **phoˈnomˑeˑtry** [-trɪ] s Phonomeˈtrie f, Schall(stärke)messung f.
phoˑnon [ˈfəʊnɒn; Am. -ˌnɑn] s phys. Phonon n, Schallquant n.
phoˑnus boˑloˑnus [ˌfəʊnəsbəˈləʊnəs] s Am. humor. 1. Humbug m, Mumpitz m. 2. Gauneˈrei f.
phoˑny [ˈfəʊnɪ] sl. I adj 1. falsch: a) gefälscht (Paß, Geld etc), b) unecht (Schmuck, Gefühle etc), c) erfunden (Geschichte etc), ˈfaul' (Sache, Entschuldigung etc), d) verlogen (Moral etc): there's s.th. ~ about it an der Geschichte ist etwas faul; ~ **war** hist. ˈSitzkrieg' m (an der Westfront 1939–40). II s 2. Schwindler(in), ˈSchauspieler(in)', Heuchler(in): he's a ~ er ist nicht ˌecht'. 3. Fälschung f, Schwindel m, ˌfauler Zauber'.
phooˑey [ˈfuːɪ] interj Am. pfui!, Schande!
phorˑmiˑum [ˈfɔː(r)mɪəm] s bot. Neuˈseeländischer Flachs.
phosˑgene [ˈfɒzdʒiːn; Am. ˈfɑz-] s chem. Phosˈgen n, ˈKohlensäurechloˌrid n.
phosˑphate [ˈfɒsfeɪt; Am. ˈfɑs-] s chem. 1. Phosˈphat n: ~ **of lime** phosphorsaurer Kalk. 2. agr. Phosˈphat(düngemittel) n. **phosˈphatˑed** adj phosˈphathaltig. **phosˈphatˑic** [-ˈfætɪk] adj phosˈphathaltig.
phosˑphaˑtize [ˈfɒsfətaɪz; Am. ˈfɑs-] v/t tech. 1. Seide phosphaˈtieren. 2. metall. phosphaˈtieren, parkeriˈsieren. 3. in ein Phosˈphat verwandeln.
phosˑphene [ˈfɒsfiːn; Am. ˈfɑs-] s med. Phosˈphen n, Lichterscheinung f im Auge.
phosˑphide [ˈfɒsfaɪd; Am. ˈfɑs-] s chem. Phosˈphid n. **phosˑphine** [ˈfɒsfiːn; Am. ˈfɑs-] s chem. 1. Phosˈphin n, Phosphorwasserstoff m. 2. Deriˈvat n des Phosphorwasserstoffs. 3. Akriˈdin-Gelb n (synthetischer Farbstoff). **phosˑphite** [-faɪt] s chem. Phosˈphit n. 2. min. ˈPhosphorˌmeˌtall n.
phosˑphor [ˈfɒsfə; Am. ˈfɑsfər; -ˌfɔːr] I s → phosphorus. II adj Phosphor...: ~ **bronze**. **phosˑphoˑrate** [-fəreɪt] v/t chem. 1. phosphoriˈsieren. 2. phosphoˈreszierend machen.
phosˑphoˑresce [ˌfɒsfəˈres; Am. ˈfɑs-] v/i phosphoreˈszieren, (nach)leuchten.

phosˑphoˈresˑcence s 1. chem. phys. Chemolumiˈneszenz f. 2. phys. Phosphoˈreszenz f, Nachleuchten n, Phosphoˈresˈzieren n. **phosˑphoˈresˑcent** adj phosphoˈreszierend.
phosˑphoˑri [ˈfɒsfəraɪ; Am. ˈfɑs-] pl von phosphorus.
phosˑphorˑic [fɒsˈfɒrɪk; Am. fɑsˈfɔːrɪk; -ˈfɑr-] adj phosphorig, phosphorsauer, -haltig, Phosphor...: ~ **acid** Phosphorsäure f.
phosˑphoˑrize [ˈfɒsfəraɪz; Am. ˈfɑs-] → phosphorate.
phosˑphoˑrous [ˈfɒsfərəs; Am. ˈfɑs-] adj chem. phosphorig(sauer): ~ **acid** phosphorige Säure.
phosˑphoˑrus [ˈfɒsfərəs; Am. ˈfɑs-] pl **-ri** [-raɪ] s 1. chem. Phosphor m. 2. phys. (ˈLeucht)Phosˈphore f, Leuchtmasse f, -stoff m. 3. P~ astr. poet. Phosˈphoros m, Morgenstern m.
phosˑphuˑretˑ(t)ed [ˈfɒsfjʊretɪd; Am. ˈfɑs-] adj chem. mit (einwertigem) Phosphor verbunden.
phot [fɒt; bes. Am. fəʊt] s phys. Phot n (Einheit der spezifischen Lichtausstrahlung).
phoˑtic [ˈfəʊtɪk] adj 1. Licht... 2. zo. Licht ausstrahlend. 3. biol. lichtabhängig, photisch: ~ **zone** photische Region (des Meeres).
phoˑto [ˈfəʊtəʊ] colloq. I pl **-tos** s Foto n, Bild n: ~ **album** Fotoalbum n; ~ **safari** Fotosafari f. II v/t u. v/i fotograˈfieren, ˈknipsen'.
photo- [ˈfəʊtəʊ] Wortelement mit den Bedeutungen a) Licht..., b) Fotografie..., fotografisch.
ˌphoˑtoˑacˈtinˑic adj phys. photoakˈtinisch (strahlend).
ˌphoˑtoˑbiˈolˑoˑgy s Photobioloˈgie f.
ˌphoˑtoˈbiˑotˑic adj biol. lichtbedürftig.
ˈphoˑtoˑcall s Br. ˈFototerˌmin m.
ˈphoˑtoˑcell s electr. Photozelle f, photoeˈlektrische Zelle.
ˌphoˑtoˈchemˑiˑcal adj chem. photoˈchemisch. ˌphoˑtoˈchemˑisˑtry s Photocheˈmie f.
ˈphoˑtoˈchroˑmy [-ˌkrəʊmɪ] s hist. ˈFarbfotograˌfie f.
ˌphoˑtoˑcomˈpose v/t print. im Fotosatz ˈherstellen. ˌphoˑtoˑcomˈposˑing maˌchine, a. ˌphoˑtoˈcomˈposˑer s ˈFotoˌsetzmaˌschine f. ˈphoˑtoˌcomˑpoˈsiˑtion s Fotosatz m.
ˈphoˑtoˌconˑducˈtivˑiˑty s phys. photoeˈlektrische Leitfähigkeit.
ˈphoˑtoˌcopˑiˑer s phot. Fotokoˈpiergerät n. ˈphoˑtoˌcopˑy I v/t u. v/i fotokoˈpieren, ablichten. II s Fotokoˈpie f, Ablichtung f.
ˈphoˑtoˌcurˑrent s phys. ˈPhoto(emisˌsiˌons)strom m. ˈphoˑtoˑdisˌinˑteˈgraˑtion s Atomphysik: ˈKernˌphotoefˌfekt m, Lichtzerfall m. ˈphoˑtoˑdisˌsoˑciˈaˑtion s chem. Phoˈtoˈlyse f.
ˈphoˑtoˑdraˑma s Filmdrama n.
ˌphoˑtoˑeˈlecˑtric adj, ˌphoˑtoˑeˈlecˑtriˑcal adj (adv ~ly) phys. photoeˈlektrisch, ˈlichteˌlektrisch: ~ **barrier** electr. Lichtschranke f; ~ **cell** → photocell.
ˌphoˑtoˑeˈlecˑtron s phys. Photoelektron n.
ˌphoˑtoˑeˈlecˑtroˑtype s tech. photoeˈlektrisches Drucknegativ.
ˌphoˑtoˑeˈmisˑsion s phys. Photoemisˌsiˌon f, photoˈelekˌtron engraˌving s print. Lichtdruck(verfahren n) m, ˈPhotograˌvüre f.
phoˑtoˑfinˑish s sport 1. Fotofinish n (Finish, dessen Sieger nur durch Zielfotografie ermittelt werden kann). 2. äußerst knappe Entscheidung. ˈPhoˑtoˈfit **(picˈture)** (TM) s Phanˈtombild n (aus verschiedenen Fotos zs.-gesetzt). ˈphoˑ-

toˈflash (lamp) s Blitzlicht(birne f) n. ˈphoˑtoˈflood (lamp) s Foto-, Heimlampe f.
ˌphoˑtoˈgelˑaˑtin adj phot. print. Lichtdruck... ~ **proˑcess** s ˈPhotogelaˌtineverfahren n, Photoˈtyˈpie f.
phoˑtoˑgen [ˈfəʊtəʊdʒen] s 1. chem. Phoˈtoˈgen n, ˈBraunkohlenbenˌzin n. 2. biol. a) ˈLeuchtorgaˌnismus m, b) Leuchtstoff m (e-s Leuchtorganismus). ˈphoˑtoˈgene [-dʒiːn] s 1. med. Nachbild n. 2. → photogen 1.
phoˑtoˈgenˑic [ˌfəʊtəʊˈdʒenɪk] adj 1. fotoˈgen, bildwirksam. 2. biol. lichterzeugend, Leucht...: ~ **bacteria** Leuchtbakterien.
phoˑtoˑgramˑmeˑtry [ˌfəʊtəʊˈɡræmɪtrɪ] s Photogrammeˈtrie f, Meßbildverfahren n.
phoˑtoˑgraph [ˈfəʊtəɡrɑːf; bes. Am. -ɡræf] I s Fotograˈfie f, (Licht)Bild n, Aufnahme f: **to take a ~ of** → II. II v/t fotograˈfieren, aufnehmen, e-e Aufnahme machen von (od. gen). III v/i fotograˈfieren, fotografiert werden: **he does not ~ well** er läßt sich schlecht fotografieren, er wird nicht gut auf Bildern. **phoˑtogˑraˑpher** [fəˈtɒɡrəfə(r); Am. -ˈtɑɡ-] s Fotoˈgraf(in). ˌphoˑtoˈgraphˑic [-ˈɡræfɪk] adj (adv ~ally) 1. fotograˈfisch, Bild...: ~ **library** Bildarchiv n; ~ **memory** fotografisches Gedächtnis; ~ **safari** Fotosafari f; ~ **sound** Lichtton m; ~ **sound recorder** optischer Tonschreiber. 2. fig. fotoˈgrafisch genau. **phoˑtogˑraˑphy** [fəˈtɒɡrəfɪ; Am. -ˈtɑɡ-] s Fotograˈfie f, Lichtbildkunst f.
ˌphoˑtoˑgraˈvure s print. ˈPhotograˌvüre f (→ heliogravure).
ˌphoˑtoˈjourˑnalˑism s ˈBildjournaˌlismus m. ˌphoˑtoˈjourˑnalˑist s ˈBildjournaˌlist(in).
ˌphoˑtoˈlithˑo pl **-os** s abbr. für photolithograph I, photolithoprint, etc. ˌphoˑtoˈlithˑoˑgraph print. I s Photolithograˈfie f (Bild). II v/t photolithograˈphieren. ˌphoˑtoˑliˈthogˑraˑphy s Photolithograˈphie f, Lichtsteindruck m. ˌphoˑtoˈlithˑoˈprint s Photolithograˈphie f (Bild).
phoˑtolˑyˑsis [fəʊˈtɒlɪsɪs; Am. -ˈtɑl-] s chem. Photoˈlyse f.
ˈphoˑtoˑmap s 1. photogramˈmetrische Karte, Luftbildkarte f. 2. astr. fotoˈgrafische Sternkarte.
ˌphoˑtoˑmeˈchanˑiˑcal adj print. photomeˈchanisch.
phoˑtomˑeˑter [fəʊˈtɒmɪtə(r); Am. -ˈtɑm-] s phys. Photoˈmeter n, Lichtstärkemesser m. **phoˈtomˑeˑtry** s Photomeˈtrie f, Lichtstärkemessung f.
ˌphoˑtoˈmiˑcroˑgraph s Mikrofotograˈfie f (Bild). ˌphoˑtoˌmiˑcroˈgraphˑic adj mikrofotoˈgrafisch. ˌphoˑtoˑmiˈcrogˑraˑphy s Mikrofotograˈfie f.
ˌphoˑtoˈmonˑtage s ˈFotomonˌtage f.
ˌphoˑtoˈmuˑral s phot. Riesenvergrößerung f (als Wandschmuck), a. ˈFotoˌtaˌpete f.
phoˑton [ˈfəʊtɒn; Am. -ˌtɑn] s Photon n: a) phys. Lichtquant n, b) opt. Troland n (Einheit der Beleuchtungsstärke auf der Netzhaut).
ˌphoˑtoˈneuˑtron s phys. Photoneuˌtron n.
ˈphoˑtoˈnovˑel s ˈFotoroˌman m.
ˌphoˑtoˈoffˈset print. I s fotoˈgrafischer Offsetdruck. II v/t irr abziehen.
phoˑto opˑporˈtuˑniˑty Am. → photocall.
ˌphoˑtoˈphoˈbiˑa s med. Photophoˈbie f, Lichtscheu f.
phoˑtoˑphone [ˈfəʊtəfəʊn] s tech. Pho-

photoplay - piano

to'phon *n* (*mit Photozelle arbeitende Form des Telefons*).
'pho·to·play *s* Filmdrama *n*, verfilmtes Buch *od.* Stück. 'pho·to·print *s print.* foto'grafischer Druck *od.* Abzug, Lichtdruckätzung *f.* 'pho·to˛pro·cess *s print.* photome'chanisches Druckverfahren. ˛pho·to'ra·di·o·gram *s tech.* Funkbild *n.* ˛pho·to're·al·ism *s art* 'Fotorea˛lismus *m.*
˛pho·to·re'con·nais·sance *s aer. mil.* Bildaufklärung *f.*
˛pho·to'sen·si·tive *adj* lichtempfindlich. ˛pho·to'sen·si·tize *v/t* lichtempfindlich machen.
'pho·to·set, *etc* → photocompose, *etc.*
'pho·to˛sphere *s* Photosphäre *f*, Lichtkreis *m* (*bes. der Sonne*).
pho·to·stat ['fəʊtəʊstæt] *phot.* I *s* 1. Fotoko'pie *f*, Ablichtung *f.* 2. P.~ (*TM*) Photo'stat *m* (*Fotokopiergerät*). II *v/t u. v/i* 3. fotoko'pieren, ablichten. ˛pho·to'stat·ic *adj* Kopier..., Ablichtungs...: ~ copy → photostat 1.
˛pho·to'syn·the·sis *s biol. chem.* Photosyn'these *f*.
˛pho·to'tel·e·graph *s* 1. 'Bildtele˛graf *m.* 2. 'Bildtele˛gramm *n.*
˛pho·to'tel·e·scope *s astr.* 'Phototele˛skop *n.*
˛pho·to'ther·a·py *s med.* Photothera'pie *f*, Lichtheilverfahren *n.*
˛pho·to'tro·pism *s bot.* Phototro'pismus *m* (→ heliotropism).
'pho·to·tube *s phys.* Photoröhre *f*, Vakuum-Photozelle *f*.
'pho·to·type *print.* I *s* Lichtdruck(bild *n*, -platte *f*) *m*, Phototy'pie *f*. II *v/t* im Lichtdruckverfahren vervielfältigen.
˛pho·to'type˛set, *etc* → photocompose, *etc.*
phrase [freɪz] I *s* 1. (Rede)Wendung *f*, Redensart *f*, (idio'matischer) Ausdruck: ~ book a) Sammlung *f* von Redewendungen, b) Sprachführer *m*; ~ of civility Höflichkeitsfloskel *f*; as the ~ goes wie man so schön sagt; he can turn a noble ~ er ist ein Meister im Formulieren. 2. Phrase *f*, Schlagwort *n*: ~monger Phrasendrescher *m.* 3. *ling.* a) Wortverbindung *f*, b) kurzer Satz. 4. *Phonetik:* Sprechtakt *m.* 5. *mus.* Phrase *f*, Satz *m.* II *v/t* 6. ausdrücken, formu'lieren. III *v/i* 7. *mus.* phra'sieren.
phra·se·o·gram ['freɪzɪəˌgræm] *s* Stenographie: Satz-, Wortgruppenkürzel *n.*
'phra·se·o˛graph [-grɑːf] *bes. Am.* -˛græf] *s* Kürzelsatz *m*, -gruppe *f*.
phra·se·o·log·i·cal [ˌfreɪzɪə'lɒdʒɪkl; *Am.* -ˈlɑ-] *adj* (*adv* ~ly) 1. phraseo'logisch. 2. phrasenhaft. ˛phra·se'ol·o·gist [-ˈɒlədʒɪst; *Am.* -ˈɑl-] *s* 1. *ling.* Phraseo'loge *m.* 2. Phrasendrechsler *m.* 3. Phrasendrescher *m.* ˛phra·se'ol·o·gy *s* 1. Phraseolo'gie *f*: a) Stil *m*, Ausdrucksweise *f*, b) Sammlung *f* von Redewendungen. 2. *iro.* Sprachregelung *f*.
phre·net·ic *obs. für* frenetic.
phren·ic ['frenɪk] *anat.* I *adj* phrenisch, Zwerchfell... II *s* Zwerchfell *n.*
phren·o·log·i·cal [ˌfrenə'lɒdʒɪkl; *Am.* -ˈlɑ-] *adj* (*adv* ~ly) phreno'logisch. phre'nol·o·gist [-ˈnɒlədʒɪst; *Am.* -ˈnɑl-] *s* Phreno'loge *m.* phre'nol·o·gy *s* Phrenolo'gie *f*, Schädellehre *f*.
Phryg·i·an ['frɪdʒɪən; *Am. a.* -dʒən] I *s* 1. Phryger(in). 2. *ling.* Phrygisch *n*, das Phrygische. II *adj* 3. *ling. mus.* phrygisch.
phthal·ate ['θæleɪt; 'fθæl-] *s chem.* Phthal'lat *n.* phthal·e·in ['θæliːn; 'fθæl-] *s* Phthale'in(farbstoff *m*) *n.* phthal·ic ['θælɪk; 'fθælɪk] *adj* Phthal...: ~ acid.
phthis·ic ['θaɪsɪk; 'fθaɪ-; *Am.* 'tɪzɪk] *adj*; 'phthis·i·cal [-kl] *adj* (*adv* ~ly) *med.* tuberku'lös, schwindsüchtig, phthisisch.

phthi·sis ['θaɪsɪs; 'fθaɪ-; *Am. bes.* 'taɪ-; 'tɪ-] *s* Tuberku'lose *f*, Schwindsucht *f*.
phut [fʌt] I *interj* fft! (*lautmalend*). II *adv*: to go ~ *colloq.* a) ,kaputtgehen' (*a. fig. Ehe etc*), b) *fig.* ,platzen' (*Plan etc*).
phy·col·o·gy [faɪ'kɒlədʒɪ; *Am.* -ˈkɑ-] *s* Phykolo'gie *f*, Algenkunde *f*.
phy·la ['faɪlə] *pl von* phylon *u.* phylum.
phy·lac·ter·y [fɪ'læktərɪ] *s* 1. *relig.* Phylak'terion *n*, Gebetsriemen *m* (*der Juden*). 2. Re'liquienkästchen *n.* 3. *fig.* frommes Getue.
phy·let·ic [faɪ'letɪk] *adj biol.* phy'letisch, rassisch, Stammes...
phyl·lo·pod ['fɪləʊpɒd; *Am.* -ləˌpɑd] *zo.* I *adj* Blattfüßer... II *s* Blattfüßer *m.*
phyl·lo·tax·y ['fɪləʊˌtæksɪ], *a.* ˛phyl·lo'tax·is [-sɪs] *s* Blattstellung *f*.
phyl·lox·e·ra [ˌfɪlɒk'sɪərə; *Am.* -ˌɑk-] *pl* -rae [-riː] *s zo.* Reblaus *f*.
phy·lo·gen·e·sis [ˌfaɪləʊ'dʒenɪsɪs] → phylogeny. ˛phy·lo·ge'net·ic [-dʒɪ'netɪk] *adj* (*adv* ~ally) phyloge'netisch, stammesgeschichtlich. phy'log·e·ny [-ˈlɒdʒənɪ; *Am.* -ˈlɑ-] *s* Phyloge'nese *f*, Stammesgeschichte *f*.
phy·lon ['faɪlɒn; *Am.* -lən] *pl* -la [-lə] *s biol.* Stamm *m.*
phy·lum ['faɪləm] *pl* -la [-lə] *s* 1. *biol.* 'Unterab˛teilung *f*, Ordnung *f* (*des Tier- od. Pflanzenreichs*). 2. → phylon. 3. *ling.* Sprachstamm *m.*
phys·ic ['fɪzɪk] I *s* 1. *selten* Arz'nei(mittel *n*) *f*, Medi'zin *f*, *bes.* Abführmittel *n.* 2. *obs.* Heilkunde *f*. 3. *obs. für* physics. II *v/t pret u. pp* 'phys·icked [-ɪkt] 4. *obs.* ärztlich behandeln. 5. *obs.* a) j-m ein Abführmittel geben, b) abführend wirken bei (*j-m*). 6. *obs.* heilen, ku'rieren (*a. fig.*). 7. *tech.* geschmolzenes Metall frischen, reinigen.
phys·i·cal ['fɪzɪkl] I *adj* (*adv* → physically) 1. physisch, körperlich: ~ condition Gesundheitszustand *m* (→ 2); ~ culture Körperkultur *f*; ~ education *ped.* Leibeserziehung *f*; ~ examination ärztliche Untersuchung, *mil.* Musterung *f*; ~ fitness a) körperliche Tauglichkeit, b) Fitness *f*; ~ force physische Gewalt; ~ handicap Körperbehinderung *f*; ~ inventory *econ.* Bestandsaufnahme *f*; ~ jerks *Br. colloq.* Gymnastik *f*; ~ possession *jur.* tatsächlicher *od.* physischer Besitz; ~ stock *econ.* Lagerbestand *m*; ~ strength Körperkraft *f*; ~ training *ped.* Leibeserziehung *f*. 2. physi'kalisch: ~ chemistry; ~ anthropology biologische Anthropologie; ~ condition Aggregatzustand *m* (→ 1); ~ geography physikalische Geographie, Physiogeographie *f*; ~ medicine, ~ therapy → physiotherapy. 3. na'turwissenschaftlich. 4. na'turgesetzlich, physisch: ~ impossibility *colloq.* völlige Unmöglichkeit. 5. na'türlich. 6. sinnlich, fleischlich. 7. materi'ell. II 8. ärztliche Unter'suchung, *mil.* Musterung *f*. 'phys·i·cal·ly *adv* → physical: ~ handicapped *med.* körperbehindert; ~ impossible *colloq.* völlig unmöglich.
phys·i·cal sci·ence *s* 1. Phy'sik *f*. 2. na'turwissenschaftliches Fach. 3. Na'turwissenschaften *pl.*
phy·si·cian [fɪ'zɪʃn] *s* Arzt *m* (*a. fig.*).
phys·i·cism ['fɪzɪsɪzəm] *s philos.* Materia'lismus *m.*
phys·i·cist ['fɪzɪsɪst] *s* 1. Physiker *m.* 2. Na'turforscher *m.* 3. *philos.* Materia'list *m.*
˛phys·i·co'chem·i·cal [ˌfɪzɪkəʊ-] *adj* (*adv* ~ly) physiko'chemisch.
phys·ics ['fɪzɪks] *s pl* (*meist als sg konstruiert*) Phy'sik *f*.
phys·i·oc·ra·cy [ˌfɪzɪ'ɒkrəsɪ; *Am.* -ˈɑk-] *s*

1. Physiokra'tie *f*, Na'turherrschaft *f*. 2. → physiocratism.
phys·i·oc·ra·tism [ˌfɪzɪ'ɒkrətɪzəm; *Am.* -ˈɑk-] *s hist.* Physiokra'tismus *m* (*Lehre, nach der Boden- u. Landwirtschaft die alleinigen Reichtumsquellen sind*).
phys·i·og·e·ny [ˌfɪzɪ'ɒdʒənɪ; *Am.* -ˈɑ-] *s biol.* Entstehung *f u.* Entwicklung *f* der 'Lebensfunkti˛onen.
phys·i·og·nom·ic [ˌfɪzɪə'nɒmɪk; *Am.* -ˈnɑm-; -ˈgnɑm-] *adj*; ˛phys·i·og'nom·i·cal [-kl] *adj* (*adv* ~ly) physio'gnomisch. ˛phys·i'og·no·mist [-ˈɒnəmɪst; *Am.* -ˈɑn-; -ˈɑgn-] *s* Physio'gnom(iker) *m.* ˛phys·i'og·no·my *s* 1. Physiogno'mie *f*: a) Gesichtsausdruck *m*, -züge *pl*, b) *fig.* äußere Erscheinung, Struk'tur *f*. 2. *sl.* Gesicht *n.* 3. Physio'gnomik *f* (*Deutung der Wesensart aus der leiblichen Erscheinung*).
phys·i·og·ra·phy [ˌfɪzɪ'ɒgrəfɪ; *Am.* -ˈɑg-] *s* 1. physi'kalische Geogra'phie, Physiogeogra'phie *f*. 2. Geomorpholo'gie *f*. 3. Na'turbeschreibung *f*.
phys·i·o·log·ic [ˌfɪzɪə'lɒdʒɪk; *Am.* -ˈlɑ-] *adj*; ˛phys·i·o'log·i·cal [-kl] *adj* (*adv* ~ly) physio'logisch: ~ psychology. ˛phys·i'ol·o·gist [-ˈɒlədʒɪst; *Am.* -ˈɑl-] *s med.* Physio'loge *m.* ˛phys·i'ol·o·gy *s* Physiolo'gie *f*.
˛phys·i·o'ther·a·pist [ˌfɪzɪəʊ-] *s med.* physi'kalischer Thera'peut, Fachmann *m* in physikalischer Thera'pie, *weitS.* 'Heilgym˛nastiker(in). ˛phys·i·o'ther·a·py *s* Physiothera'pie *f*, physi'kalische Thera'pie, 'Heilgym˛nastik *f*.
phy·sique [fɪ'ziːk] *s* Körper(bau) *m*, Körperbeschaffenheit *f*, Konstituti'on *f*, Sta'tur *f*.
phy·to·gen·e·sis [ˌfaɪtəʊ'dʒenɪsɪs] *s bot.* Pflanzenentstehungslehre *f*. phy·to·gen·ic [ˌfaɪtəʊ'dʒenɪk], phy'tog·e·nous [-ˈtɒdʒɪnəs; *Am.* -ˈtɑ-] *adj* phyto'gen, pflanzlichen Ursprungs. phy'tog·e·ny → phytogenesis.
˛phy·to·ge'og·ra·phy *s* Phytogeogra'phie *f*, Standortlehre *f*.
phy·tog·ra·phy [faɪ'tɒgrəfɪ; *Am.* -ˈtɑg-] *s* Pflanzenbeschreibung *f*.
phy·to·lite ['faɪtəlaɪt], 'phy·to·lith [-lɪθ] *s geol.* Phyto'lith *m* (*Sedimentgestein, das ausschließlich od. größtenteils aus Pflanzenresten entstanden ist*).
phy·to·log·i·cal [ˌfaɪtə'lɒdʒɪkl; *Am.* -ˈlɑ-] *adj bot.* phyto'logisch. phy'tol·o·gy [-ˈtɒlədʒɪ; *Am.* -ˈtɑl-] *s* Phytolo'gie *f*, Pflanzenkunde *f*.
phy·to·pa·thol·o·gy [ˌfaɪtəʊpə'θɒlədʒɪ; *Am.* -ˈθɑl-] *s* Phytopatholo'gie *f*.
phy·tot·o·my [faɪ'tɒtəmɪ; *Am.* -ˈtɑt-] *s bot.* Phytoto'mie *f*, 'Pflanzenana˛to˛mie *f*.
phy·to·zo·ic plant [ˌfaɪtə'zəʊɪk] *s biol.* Tierpflanze *f*.
pi[1] [paɪ] *s* 1. Pi *n* (*griechischer Buchstabe*). 2. *math.* π *n*, (die Zahl) Pi *n* (*Verhältnis des Kreisumfanges zum Durchmesser*).
pi[2] [paɪ] *adj bes. Br. sl.* fromm.
pi[3] → pie[4].
PI [ˌpiː'aɪ] *s phys.* (*abbr. von* performance index) effek'tiver Paral'lel˛widerstand: ~controller PI-Regler *m.*
pi·affe ['pɪæf; pjæf] (*Dressurreiten*) I *v/i* piaf'fieren. II *s* Pi'affe *f*.
pi·a ma·ter ['paɪəˌmeɪtə(r); *Am. a.* 'piːəˌmɑːtər] *s anat.* Pia Mater *f*, weiche Hirnhaut.
pi·a·nette [pɪə'net] *s mus.* Pia'nette *f* (*niedriges Kleinklavier*). pi·a'ni·no [-ˈniːnəʊ] *pl* -nos *s mus.* Pia'nino *n*, kleines Kla'vier. pi·a'nis·si·mo [-ˈnɪsɪməʊ; *Am.* piːəˈnɪ-] *mus.* I *adj u. adv* pia'nissimo, sehr leise. II *pl* -mos *s* Pia'nissimo *n.* pi·a·nist ['pɪənɪst; pɪ'ænɪst] *s* Pia'nist(in).
pi·an·o[1] [pɪ'ænəʊ; pɪ'ɑː-] *pl* -os *s mus.*

Kla'vier *n*: **at the ~** am Klavier; **on the ~** auf dem Klavier; **~ accordion** Akkordeon *n*; **~ stool** Klavierstuhl *m*, -hocker *m*; **~ wire** *tech*. Stahldraht *m*.

pi·a·no² ['pjɑːnəʊ; pfɑː-] *mus*. **I** *pl* **-nos** *s* Pi'ano *n* (*leises Spiel*): **~ pedal** Pianopedal *n*, linkes Pedal. **II** *adj u. adv* pi'ano, leise.

pi·an·o·for·te [ˌpjænəʊ'fɔː(r)tɪ; *Am. a.* piːˈænəˌfəʊərt] *s mus*. Piano'forte *n*, Kla'vier *n*.

pi·a·no·la [pɪə'nəʊlə] *s* **1.** P~ (*TM*) *mus*. Pia'nola *n* (*Klavierspielapparat*). **2.** *sl.* a) *Kartenspiel*: ‚Bombenkarte' *f*, b) ‚Kinderspiel' *n*, kinderleichte Sache.

pi·an·o play·er *s* **1.** Kla'vierspieler(in). **2.** → **pianola** 1.

pi·as·sa·va [ˌpiːə'sɑːvə], *a*. **ˌpi·as'sa·ba** [-bə] *s* **1.** *a*. **~ fiber**, *bes. Br.* **~ fibre** Pias'save(faser) *f*. **2.** *bot*. Pias'sava-Palme *f*.

pi·as·ter, pi·as·tre [pɪ'æstə(r)] *s* Pi'aster *m*: a) *Währungseinheit Ägyptens, des Libanons u. der Türkei*, b) *hist*. Bezeichnung der spanischen Pesostücke.

pi·az·za [pɪ'ætsə; pɪ'ɑːtsə] *s* **1.** Pi'azza *f*, öffentlicher Platz. **2.** [piːˈæzə; -'ɑːzə] *Am*. (große) Ve'randa.

pi·broch ['piːbrɒk; *Am*. -ˌbrɑːk] *s mus*. schottische 'Dudelsackvariati̯onen *pl*.

pic [pɪk] *pl* **pics** *od*. **pix** [pɪks] *s colloq*. **1.** Foto *n*. **2.** (Spiel)Film *m*. **3.** *pl* Kino *n*.

pi·ca¹ ['paɪkə] *s print*. Cicero *f*, Pica *f* (*Schriftgrad*).

pi·ca² ['paɪkə] *s med. psych*. Pika'zismus *m* (*abnormes Verlangen nach ausgefallenen Speisen, bes. bei Schwangeren, od. nach ungenießbaren Stoffen, bes. bei Geisteskranken*).

pic·a·dor ['pɪkədɔː(r)] *s Stierkampf*: Pi-

pic·a·mar ['pɪkəmɑː(r)] *s chem*. Pika-'mar *n*, Teerbitter *n*.

pic·a·resque [ˌpɪkə'resk] *adj* pika'resk, pi'karisch: **~ novel** Schelmenroman *m*.

pic·a·roon [ˌpɪkə'ruːn] **I** *s* **1.** Gauner *m*. **2.** Abenteurer *m*. **3.** Pi'rat *m*. **II** *v/i* **4.** seeräubern.

pic·a·yune [ˌpɪkɪ'juːn, -ˈjuːn] *Am*. **I** *s* **1.** Fünfcentstück *n*. **2.** *meist fig*. Pfennig *m*, Groschen *m*. **3.** *fig*. Lap'palie *f*, Kleinigkeit *f*. **4.** *fig*. ‚Null' *f*, unbedeutender Mensch. **II** *adj* → **picayunish**. **ˌpic·a'yun·ish** *adj Am. colloq*. **1.** unbedeutend, klein, schäbig. **2.** engstirnig, kleinlich.

pic·ca·lil·li ['pɪkəlɪlɪ] *s* scharfgewürztes Essiggemüse, Pickles *pl*.

pic·ca·nin·ny → **pickaninny**.

pic·co·lo ['pɪkələʊ] **I** *pl* **-los** *s mus*. Pikkoloflöte *f*. **II** *adj klein*: **~ flute** Pikkoloflöte *f*; **~ piano** Kleinklavier *n*. **'pic·co·lo·ist** *s* 'Pikkoloflö̱tist *m*.

pick¹ [pɪk] **I** *s* **1.** *tech. a*) Spitz-, Kreuzhacke *f*, Picke *f*, Pickel *m*, b) *Bergbau*: (Keil)Haue *f*. **2.** Hacken *n*, Schlag *m*. **3.** Auswahl *f*, Wahl *f*: **take your ~** suchen Sie sich etwas aus, Sie haben die Wahl; **he was our ~** unsere Wahl fiel auf ihn. **4.** Auslese *f*, (*der, die, das*) Beste: **the ~ of the basket** (*od.* **bunch**) das (Aller)Beste, das Beste vom Besten. **5.** *print*. Spieß *m* (*mitdruckendes Ausschlußstück*). **6.** *agr. econ*. Ernte (*die gepflückt wird*). **7.** *mus*. → **plectrum**.

II *v/t* **8.** aufhacken, -picken. **9.** *ein Loch* hacken: → **hole** 1. **10.** *Körner* aufpicken. **11.** auflesen, sammeln. **12.** *Blumen, Obst* pflücken. **13.** *Beeren* abzupfen. **14.** *Gemüse* verlesen, säubern. **15.** *Hühner* rupfen. **16.** *Wolle* zupfen. **17.** *Knochen* abnagen: → **bone¹** 1. **18.** *metall*. scheiden, (aus)klauben: **to ~ ore**. **19.** (mit den Fingernägeln) abkratzen: **to ~ a scab**. **20.** bohren *od*. stochern in (*dat*): **to ~ one's nose** in der Nase bohren, ‚popeln'; **to ~ one's teeth** in den Zähnen (herum)stochern. **21.** *colloq*. lustlos essen, her'umstochern in (*dat*). **22.** *ein Türschloß* (mit e-m Dietrich *etc*) öffnen, ‚knacken': **to ~ a lock**; **to ~ s.o.'s pocket** j-m die Tasche ‚ausräumen'; → **brain** 2. **23.** *e-n Streit* vom Zaun brechen: **to ~ a quarrel with s.o.** mit j-m anbändeln od. Streit suchen. **24.** *fig*. (sorgfältig) auswählen, aussuchen: **you've ~ed the wrong time** du hast dir die falsche Zeit ausgesucht; **to ~ one's way** (*od.* **steps**) sich e-n *od*. s-n Weg suchen *od*. bahnen, *fig*. sich durchlavieren; **to ~ a winner** *fig*. das Große Los ziehen; **to ~ one's words** s-e Worte (sorgfältig) wählen. **25.** ausfasern, zerpflücken, zerreißen (*a. fig*.): → **piece** 2. **26.** *mus. Am. Saiten* zupfen, *Banjo etc* spielen.

III *v/i* **27.** hacken, picke(l)n. **28.** lustlos essen, im Essen her'umstochern. **29.** sorgfältig wählen: **to ~ and choose** a) wählerisch sein, b) sich bei der Auswahl Zeit lassen. **30.** *a*. **~ and steal** ‚klauen', stehlen.

Verbindungen mit Präpositionen:

pick at *v/i* **1.** **to ~ one's food** im Essen herumstochern. **2.** a) her'ummäkeln *od*. -nörgeln an (*dat*), b) her'umhacken auf (*j-m*). **~ on** *v/i* **1.** → **pick at** 2. **2.** j-n (für etwas Unangenehmes) aussuchen: **why ~ me?** warum ausgerechnet ich?

Verbindungen mit Adverbien:

pick off *v/t* **1.** (ab)pflücken, abreißen, abrupfen. **2.** (einzeln) abschießen, ‚wegputzen'. **~ out** *v/t* **1.** (sich) *etwas* auswählen. **2.** ausmachen, erkennen. **3.** *fig*. den Sinn *etc* her'ausbekommen *od*. -finden, ‚her'auskriegen'. **4.** (schnell) her'ausfinden: **to ~ the thief from** (**among**) **a group**. **5.** sich *e-e Melodie* (*auf dem Klavier etc*) zs.-suchen. **6.** mit e-r anderen *Farbe* absetzen, durch 'Farbkon̩trast her'vorheben. **7.** *fig*. her'vorheben. **~ o·ver** *v/t* (gründlich) 'durchsehen, -gehen, auslesen. **~ up** *v/t* **1.** den Boden aufhacken. **2.** a) aufheben, -nehmen, -lesen, in die Hand nehmen, packen, ergreifen, b) aufpicken (*Vogel*): → **gauntlet¹** 2. **3.** *colloq*. aufnehmen: **the train stops to ~ passengers**; b) abholen: **I'll pick you up at your house**. **4.** *colloq*. ‚auflesen': a) *ein Mädchen* ‚aufgabeln', ‚aufreißen', b) *j-n* aus dem Wasser ziehen, c) sich *e-e Krankheit etc* holen. **5.** *colloq*. *j-n* aufgreifen, ‚hochnehmen' (*verhaften*). **6.** *e-e Spur* aufnehmen: **to ~ a trail**. **7.** *Strickmaschen* aufnehmen. **8.** *e-n Rundfunksender* bekommen, ‚(rein)kriegen'. **9.** *e-e Sendung* empfangen, (ab)hören, *e-n Funkspruch etc* auffangen. **10.** in Sicht bekommen. **11.** in den Scheinwerfer bekommen. **12.** ergattern, erstehen, ‚aufgabeln': **to ~ an old painting in a village**; **to ~ a few dollars** sich (mit Gelegenheitsarbeiten *etc*) ein paar Dollar verdienen. **13.** ‚mitbekommen', ‚mitkriegen', zufällig erfahren *od*. hören, ‚aufschnappen': **to ~ a slang expression**; **to ~ a knowledge of French** ein bißchen Französisch lernen. **14.** *Mut, Kraft etc* 'wiedererlangen: **to ~ courage** Mut fassen. **15.** gewinnen, einheimsen: **to ~ profit** Profit machen; **to ~ victories** *bes. sport* (ständig) Siege ernten *od*. einheimsen. **16.** gewinnen *od*. zunehmen an Macht, Stärke *etc*: **to ~ speed** → 24. **17. to pick o.s. up** sich ‚hochrappeln': a) aufstehen, b) (wieder) hochkommen, sich erholen. **18.** *e-e Erzählung etc* wieder'aufnehmen. **19.** *colloq*. ‚mitgehen lassen', stehlen. **20.** *Am. colloq*. *e-e Rechnung* über'nehmen (u. bezahlen): **to ~ a bill**. **21.** *sport e-n Spieler* aufs Korn nehmen. **II** *v/i* **22.** *fig*. wieder auf die Beine kommen, *a. econ*. sich (wieder) erholen. **23.** Bekanntschaft schließen, sich anfreunden (**with** mit). **24.** Geschwindigkeit aufnehmen, schneller werden, auf Touren *od*. in Fahrt kommen. **25.** *fig*. stärker werden.

pick² [pɪk] **I** *v/t Weberei*: Schützen werfen. **II** *s* a) Schützenschlag *m* (*Bewegung des Weberschiffchens*), b) Schuß *m* (*einzelner Querfaden*).

pick·a·back ['pɪkəbæk] **I** *adj u. adv* huckepack: **to carry s.o.** ~. **II** *s*: **to give s.o. a ~** j-n huckepack tragen. **~ plane** *s aer*. Huckepackflugzeug *n*.

pick·a·nin·ny ['pɪkənɪnɪ; ˌpɪkə'n-] *s* kleines (*bes. Neger*)Kind.

'pick·ax(e) *tech*. **I** *s* (Breit- *od*. Spitz-) Hacke *f*, Pickel *m*. **II** *v/t* aufhacken. **III** *v/i* hacken, pickeln.

picked [pɪkt] *adj* (besonders) ausgewählt, ausgesucht, auserlesen: **~ troops** *mil*. Kerntruppen.

pick·er·el ['pɪkərəl] *pl* **-els** *od. bes. collect*. **-el** *s ichth*. (*Br*.) junger Hecht.

pick·et ['pɪkɪt] **I** *s* **1.** Pflock *m*. **2.** Zaunlatte *f*, Pfahl *m*: **~ fence** Lattenzaun *m*. **3.** Weidepflock *m*. **4.** Streikposten *m*: **~ line** Streikpostenkette *f*. **5.** *mil*. a) *a*. **outlying ~** Vorposten *m*, Feldwache *f*, b) *a*. **inlying ~** 'Vorpostenre̩serve *f*. **6.** *mil. hist*. Pfahlstehen *n* (*als Strafe*). **II** *v/t* **7.** einpflöcken. **8.** mit Pfählen befestigen. **9.** *ein Pferd* anpflocken. **10.** a) Streikposten aufstellen vor (*dat*), durch Streikposten bloc'kieren, mit Streikposten besetzen, b) (als Streikposten) anhalten *od*. belästigen. **11.** *mil*. a) (durch Vorposten) sichern, b) als Feldwache ausstellen. **III** *v/i* **12.** Streikposten stehen. **'~·boat** *s* **1.** *mil*. Vorposten-, Wachboot *n*. **2.** Pa'trouillenboot *n* (*der Hafenpolizei*).

'pick·et·er *s* Streikposten *m*.

pick ham·mer *s tech*. **1.** Spitzhaue *f*, -hammer *m*. **2.** Brechhammer *m*.

pick·ing ['pɪkɪŋ] *s* **1.** Auflesen *n*, Sammeln *n*: **it's there for the ~** *fig*. es liegt auf der Straße, man braucht nur zuzugreifen. **2.** Pflücken *n*: **to ~ one's own** ~ selbstgepflückt. **3.** *pl* Nachlese *f*, 'Überbleibsel *pl*, Reste *pl*. **4.** *pl, a*. **~s and stealings** a) unehrlich erworbene Nebeneinkünfte, unehrlicher Gewinn, b) (Diebes)Beute *f*, Fang *m*. **5.** *pl* Pro'fit *m*.

pick·le ['pɪkl] **I** *s* **1.** Essig-, Gewürzgurke *f*, saure Gurke. **2.** *meist pl* Pickles *pl*, Eingepökelte(s) *n*: **~ mixed pickles**. **3.** Essigsoße *f* (*zum Einlegen*), saure Würztunke, Essigbrühe *f*. **4.** (Salz)Lake *f*, Pökel *m*. **5.** *metall*. Beize *f*. **6.** *meist sad, sorry, nice ~ colloq*. ‚Patsche' *f*, mißliche Lage: **I was in a nice ~** ich saß ganz schön in der Patsche. **7.** *colloq*. ‚Balg' *m*, ‚Früchtchen' *n*, Gör *n* (*freches Kind*). **II** *v/t* **8.** in Essig einlegen, mari'nieren: **~d cucumber** → 1. **9.** einlegen, (ein)pökeln. **10.** *tech*. Metall (ab)beizen, Bleche deka'pieren: **pickling agent** Abbeizmittel *n*. **11.** *agr*. Saatgut beizen. **'pick·led** *adj* gepökelt, eingelegt, Essig..., Salz...: **~ herring** Salzhering *m*. **2.** *colloq*. ‚blau', betrunken.

'pick·lock *s* **1.** Einbrecher *m*. **2.** Dietrich *m*. **'~-me-up** *s colloq*. **1.** Stärkung *f, bes*. Schnäps·chen *n*. **2.** *fig*. Stärkung *f*. **'~-ˌoff** *adj tech. Am*. abnehmbar. **'~·ˌpock·et** *f s* Taschendieb *m*. **II** *v/t*: **to be ~ed** von Taschendieben bestohlen werden. **'~·thank** *s obs*. Schmeichler *m*.

'pick·up *s* **1.** *colloq*. zufällige Bekanntschaft, Straßen-, Reisebekanntschaft *f*, b) ‚Flittchen' *n* (*Dirne*), c) ‚Anhalter' *m*. **2.** *sl*. a) Verhaftung *f*, b) Verhaftete(r *m*) *f*. **3.** *sl*. *für* **pick-me-up**. **4.** kleiner Lieferwagen. **5.** *mot*. Beschleunigung(svermögen n) f, 'Anzugsmo¡ment n. **6.** Radio, TV a) 'Aufnahme- u. Über¦tragungs-appara¡tur f, b) Aufnahme f (von Veranstaltungen außerhalb des Sendehauses). **7.** electr. Tonabnehmer m, Pick-up m: ~ **arm** Tonarm m; ~ **cartridge** Tonabnehmerkopf m. **8.** electr. Schalldose f. **9.** Geber m (am Meßgerät): ~ **element** Aufnahmeorgan n. **10.** TV a) Abtasten n, Aufnahme f, b) Abtastgerät n. **11.** electr. Ansprechen n (e-s Relais): ~ **voltage** Ansprechspannung f. **12.** colloq. (etwas) zufällig Aufgelesenes, Fund m. **13.** colloq. (etwas) Improvi¹siertes: ~ (**dinner**) improvisierte Mahlzeit. **14.** agr. tech. Aufnehmer m, Greifer m (Zusatzgerät am Mähdrescher): ~ **baler** Aufnehmerpresse f. **15.** econ. Erholung f, ('Wieder)Belebung f: ~ (**in prices**) Anziehen n der Preise.

Pick·wick·i·an [pɪk'wɪkɪən] adj meist humor. Pickwicksch (nach Samuel Pickwick in den „Pickwick Papers" von Dickens): **a word used in a ~ sense** ein nicht wörtlich zu nehmender Ausdruck.

pick·y ['pɪkɪ] adj heikel, mäkelig.

pic·nic ['pɪknɪk] **I** s **1.** a) Picknick n, Mahlzeit f im Freien, b) Ausflug m (mit Picknick): **to go on** (od. **for**) **a** ~ ein Picknick machen; ~ **hamper** Picknickkorb m. **2.** colloq. a) Vergnügen n, b) Kinderspiel n: **it's no** ~ (**doing s.th.**) es ist kein Honiglecken(, etwas zu tun). **3.** tech. Am. Standardgröße für Konservenbüchsen. **4.** a. ~ **ham** (od. **shoulder**) gastr. Am. Schweinsschulter f. **5.** bes. Austral. colloq. unangenehmes Erlebnis. **II** v/i pret u. pp 'pic·nicked **6.** ein Picknick etc machen, picknicken. 'pic·nick·er s Teilnehmer(in) an e-m Picknick. 'pic·nick·y adj colloq. picknickartig, improvi¹siert.

pico- [pi:kəʊ] Wortelement mit der Bedeutung ein Billionstel: ~**farad** Pikofarad n.

pi·cot ['pi:kəʊ; pi:'kəʊ] s Pi¹cot m (Zierschlinge an Spitzen etc).

pic·quet → picket. [säure f.)

pic·ric ac·id ['pɪkrɪk] s chem. Pi¹krin-)

Pict [pɪkt] s hist. Pikte m (Kelte in Nordschottland). 'Pict·ish adj piktisch.

pic·to·gram ['pɪktəʊɡræm] s Pikto-¹gramm n.

pic·to·graph ['pɪktəʊɡrɑːf; bes. Am. -ɡræf] s **1.** Pikto¹gramm n. **2.** Bilderschriftzeichen n, Ideo¹gramm n. **3.** pikto-¹graphische Inschrift. **pic'tog·ra·phy** [-'tɒɡrəfɪ; Am. -¹tɑː-] s Piktogra¹phie f, Bilderschrift f.

pic·to·ri·al [pɪk'tɔːrɪəl; Am. a. -¹təʊ-] **I** adj (adv ~**ly**) **1.** malerisch, Maler...: ~ **advertising** Bildwerbung f; ~ **representation** bildliche Darstellung. **3.** fig. malerisch, bildhaft. **II** s **4.** Illu¹strierte f (Zeitung). **5.** mail Bildermarke f.

pic·ture ['pɪktʃə(r)] **I** s **1.** Bild n (a. TV): **he isn't in the** ~ auf dem Bild. **2.** Abbildung f, Illustrati¹on f. **3.** Bild n, Gemälde n: **to sit for one's** ~ sich malen lassen. **4.** (geistiges) Bild, Vorstellung f: **to form a** ~ **of s.th.** sich von etwas ein Bild machen. **5.** colloq. Bild n, Verkörperung f: **he looks the very** ~ **of health** er sieht aus wie das blühende Leben; **to look the** ~ **of misery** ein Bild des Jammers bieten. **6.** Ebenbild n: **the child is the** ~ **of his father. 7.** fig. anschauliche Darstellung, Schilderung, Bild n, (Sitten)Gemälde n (in Worten): **Gibbon's** ~ **of ancient Rome. 8.** colloq. bildschöne Sache od. Per¹son: **she is a perfect** ~ sie ist bildschön; **the hat is a** ~ der Hut ist ein ‚Gedicht'. **9.** colloq. Blickfeld n: **to be in the** ~ a) sichtbar sein, e-e Rolle spielen, b) im Bilde (informiert) sein; **to**

come into the ~ in Erscheinung treten; **to drop out of the** ~ (von der Bildfläche) verschwinden; **to put s.o. in the** ~ j-n ins Bild setzen; **to keep s.o. in the** ~ j-n auf dem laufenden halten; **out of the** ~ a) nicht von Interesse, ohne Belang, b) ‚weg vom Fenster'. **10.** phot. Aufnahme f, Bild n: ~ **of the family** Familienbild. **11.** a) Film m, b) pl bes. Br. Kino n: **to go to the** ~**s** ins Kino gehen, c) pl bes. Br. Film m (Filmwelt). **12.** a. clinical ~ med. klinisches Bild, Krankheitsbild n, Befund m: **blood** ~ Blutbild n.

II v/t **13.** abbilden, darstellen, malen. **14.** fig. anschaulich schildern, beschreiben, (in Worten) ausmalen. **15.** a. ~ **to oneself** fig. sich ein Bild machen von, sich etwas ausmalen od. vorstellen. **16.** erkennen lassen, spiegeln, zeigen.

III adj **17.** Bilder...: ~ **frame** Bilderrahmen m. **18.** Film...: ~ **play** Filmdrama n.

'pic·ture¦ book s **1.** Bilderbuch n. **2.** Bildband m. ~ **card** s Kartenspiel: Bildkarte f, Bild n. ~ **com·po·si·tion** s art 'Bildkompositi¡on f.

'pic·ture·dom s Filmwelt f.

'pic·ture¦·drome s Br. obs. 'Filmpa¡last m. ~ **ed·i·tor** s 'Bildredak¡teur(in). **~ fre·quen·cy** s TV 'Bildfre¡quenz f. ~ **gal·ler·y** s 'Bilder-, Ge¹mäldega¡le¡rie f. '~¦go·er s Br. obs. (bes. häufiger) Kinobesucher. ~ **hat** s breitkrempiger (federgeschmückter, schwarzer) Damenhut. ~ **house** s Br. obs. Lichtspielhaus n. ~ **li·brar·y** s 'Filmpa¡last m. **¦·phone** colloq. für picture telephone. ~ **post·card** s Ansichtskarte f. ~ **puz·zle** s Vexierbild n. **2.** Bilderrätsel n. ~ **qual·i·ty** s TV 'Bildquali¡tät f. ~ **show** s **1.** Film(vorführung f) m. **2.** Gemäldeausstellung f.

pic·tur·esque [ˌpɪktʃəˈresk] **I** adj (adv ~**ly**). **1.** a. fig. malerisch, pitto¹resk. **2.** fig. bildhaft, anschaulich (Sprache). **II** s **3.** (das) Malerische. **¦pic·tur'esque·ness** s (das) Malerische.

'pic·ture¦ tel·e·graph s 'Bildtele¡graf m. **~ te·leg·ra·phy** s 'Bildtelegra¡fie f. ~ **tel·e·phone** s 'Bildtele¡fon n. ~ **the·a·tre** s Br. obs. 'Filmthe¡ater n. ~ **trans·mis·sion** s electr. 'Bildüber¡tragung f, Bildfunk m. ~ **trans·mit·ter** s electr. 'Bild(über¦tragungs)sender m. ~ **tube** s TV Bildröhre f. ~ **win·dow** s Pano-¹ramafenster n. ~ **writ·ing** s Bilderschrift f.

pic·tur·ize ['pɪktʃəraɪz] v/t **1.** Am. verfilmen. **2.** mit Bildern ausstatten, bebildern. **3.** bildlich darstellen.

pic·ul ['pɪkəl] pl '**pic·ul** od. '**pic·uls** s econ. Pikul m, n (ostasiatisches Handelsgewicht; reichlich 60 kg).

pid·dle ['pɪdl] **I** v/i **1.** a. ~ **about** (od. **around**) tändeln, (s-e Zeit ver)trödeln. **2.** colloq. ‚Pi¹pi' machen, ‚pinkeln'. **II** v/t **3.** ~ **away** s-e Zeit verträdeln. **III** s **4.** colloq. ‚Pi¹pi' n. '**pid·dler** s Trödler (-in). '**pid·dling** [-dlɪŋ] adj unbedeutend, belanglos, ‚lumpig'.

pidg·in ['pɪdʒɪn] s **1.** Br. colloq. obs. Angelegenheit f, Sache f: **that is your** ~. **2.** Mischsprache f, contp. Kauderwelsch n. ~ **Eng·lish** s Pidgin-Englisch n (Verkehrssprache zwischen Europäern u. Eingeborenen, bes. Ostasiaten).

pie¹ [paɪ] s **1.** orn. obs. od. dial. Elster f. **2.** zo. Schecke m, f, geschecktes Tier.

pie² [paɪ] s **1.** (Fleisch- etc)Pa¹stete f, Pie f: → **finger** I, **humble** I. **2.** Torte f, (gefüllter) Kuchen: **cream** ~ Sahnetorte; ~ **in the sky** a) Luftschlösser pl, b) leere Versprechungen pl; **to promise s.o.** ~ **in the sky** j-m ‚das Blaue vom Himmel (herunter) versprechen', j-m den Him-

mel auf Erden versprechen. **3.** colloq. a) ‚Kinderspiel' n: **it's as easy as** ~ es ist kinderleicht, b) (e-e) feine Sache, (ein) ‚gefundenes Fressen', c) ‚Kuchen' m: **a share in** (od. **a slice of**) **the** ~ ein Stück vom Kuchen. **4.** pol. Am. sl. a) Protekti¹on f, b) Bestechung f: ~ **counter** ‚Futterkrippe' f.

pie³ [paɪ] **I** s **1.** print. Zwiebelfisch(e pl) m. **2.** fig. Wirrwarr m, Durchein¹ander n. **II** v/t **3.** print. den Satz zs.-werfen. **4.** fig. durchein¹anderwerfen.

pie⁴ [paɪ] s kleine indische Münze.

pie⁵ [paɪ] s relig. hist. vor der Reformation in England benutztes liturgisches Regelbuch.

pie·bald ['paɪbɔːld] **I** adj **1.** scheckig, gescheckt, bunt: ~ **horse** Scheck(e) m. **2.** fig. contp. buntscheckig. **II** s **3.** scheckiges Tier, bes. Scheck(e) m (Pferd).

piece [piːs] **I** s **1.** Stück n: **all of a** ~ aus ¹einem Guß; **to be all of a** ~ **with** a) (ganz) genau passen zu, b) (ganz) typisch sein für; **twenty pounds a** ~ das Stück; **a** ~ **of land** ein Stück Land, ein Grundstück; ~ **by** ~ Stück für Stück; **by the** ~ a) stückweise verkaufen, b) im (Stück)Akkord arbeiten od. bezahlt werden; ~ **of cake** colloq. ‚Kinderspiel' n, Kleinigkeit f. **2.** (Bruch)Stück n: **in** ~**s** in Stücke(n), entzwei, ‚kaputt', in Scherben; **to break** (od. **fall**) **to** ~**s** zerbrechen, entzweigehen; **to go to** ~**s** a) in Stücke gehen (a. fig.), b) fig. zs.-brechen (Person); **to pull** (od. **pick, tear**) **to** ~**s** a) in Stücke reißen, b) fig. e-e Äußerung etc zerpflücken; **pick up the** ~**s!** humor. nun steh schon wieder auf! **3.** Teil m, n (e-r Maschine etc): **to take to** ~**s** auseinandernehmen, zerlegen. **4.** Beispiel n, Fall m: **a** ~ **of advice** ein Rat (-schlag); **a** ~ **of folly** e-e Dummheit; **a** ~ **of good luck** ein glücklicher Zufall; → **mind** 4, **news** 1. **5.** zur Bezeichnung der (handels)üblichen Mengeneinheit: a) Stück n (Einzelteil): **a** ~ **of furniture** ein Möbelstück; **a** ~ **of money** ein Geldstück; **a** ~ **of silver** ein Silberstück, e-e Silbermünze, b) Ballen m: **a** ~ **of cotton cloth** ein Ballen Baumwollstoff, c) Rolle f: **a** ~ **of wallpaper** e-e Rolle Tapete, d) Stückfaß n, Stück n, Faß n: **a** ~ **of wine. 6.** Teil m, n (e-s Services etc): **two-**~ **set** zweiteiliger Satz. **7.** mil. Geschütz n, Stück n. **8.** (Geld)Stück n, Münze f: ~ **of eight** hist. Peso m. **9.** a. ~ **of work** Stück n Arbeit, Werkstück n: **he's a nasty** ~ **of work** colloq. er ist ein ‚übler Kunde'. **10.** (Kunst)Werk n: a) paint. Stück n, Gemälde n, b) kleines (literarisches) Werk, c) (Bühnen)Stück n, d) (Mu¹sik-)Stück n: **to say one's** ~ colloq. sagen, was man auf dem Herzen hat. **11.** contp. od. humor. Ex¹emplar n: **he is a** ~ **of a philosopher** er ist ein kleiner Philo¹soph. **12.** sl. a) **a nice** ~ ein ‚sexy Zahn', b) ‚Nummer' f (Geschlechtsverkehr): **to have a** ~ e-e Nummer machen od. schieben; → **arse** 4. **13.** ('Spiel)Fi¦gur f, bes. Schachspiel: Fi¹gur f, Offi¹zier m: **minor** ~**s** leichtere Figuren (Läufer u. Springer), b) Brettspiel: Stein m. **14.** colloq. a) Weilchen n, b) kleines Stück, Stück n Wegs.

II v/t **15.** a. ~ **up** (zs.-)flicken, ausbessern, zs.-stückeln. **16.** a. ~ **out** vervollständigen, ergänzen. **17.** a. ~ **out** ein Stück od. Stücke ansetzen an (acc) od. einsetzen in (acc). **18.** a. ~ **out** vergrößern, verlängern, ‚strecken' (a. fig.). **19.** oft ~ **together** a. fig. zs.-setzen, zs.-stückeln.

piece cost s econ. Stückkosten pl.

pièce de ré·sis·tance [pjɛs də rezistɑ̃s] (Fr.) s **1.** Hauptgericht n (e-r Mahlzeit). **2.** Krönung f, Höhepunkt m (e-r Veranstaltung etc), Glanz-, Schmuckstück n (e-r Sammlung etc).

piece goods – pile

piece| goods *s pl* Meter-, Schnittware *f*. '~**-meal I** *adv* **1.** stückweise, Stück für Stück, all'mählich. **2.** in Stücke: **to tear s.th. ~**. **II** *adj* **3.** stückchenweise, all'mählich: ~ **tactics** Salamitaktik *f*. **4.** 'unsyste-‚matisch: ~ **approach**. ~ **rate** s Ak'kord-satz *m*. ~ **wag·es** *s pl* Ak'kord-, Stücklohn *m*. '~**work** *s* Ak'kordarbeit *f*: **to do ~ im Akkord arbeiten.** '~**work·er** *s* Ak'kordarbeiter(in).
pie chart *s Statistik*: 'Kreisdia‚gramm *n*.
'**pie-crust** *s* leere *od*. ungefüllte Pa'stete, Pa'stetenkruste *f*.
pied [paɪd] *adj* **1.** *bes. zo.* gescheckt, bunt(scheckig), Scheck..., Bunt... **2.** bunt-gekleidet: **P~ Piper (of Hamelin)** (*der*) Rattenfänger von Hameln; ~ **piper** *fig.* Rattenfänger *m*.
pied-à-terre *pl* **pieds-à-terre** [‚pjeɪtɑː'teə(r)] *s* (kleine) Zweitwohnung.
pied·mont ['piːdmənt; *Am.* -‚mɑnt] *s geol.* Piedmontfläche *f* (*Fläche am Fuß e-s Gebirges*).
pie-dog → **pye-dog**.
'**pie|-‚eat·er** [-] *s Austral. colloq.* ‚Null' *f* (*unbedeutender Mensch*). ‚~**-'eyed** *adj sl.* ‚blau' (*betrunken*). '~**-‚fling·ing** *s* Tortenschlacht *f*. ~**-in-the-'sky** *adj* 'unrea‚listisch (*Vorstellung*), unerfüllbar (*Versprechen*). '~**-man** [-mən] *s irr obs.* Pa'stetenverkäufer *m*. '~**-plant** *s bot. Am.* Rha'barber *m*.
pier [pɪə(r)] *s* **1.** Pier *m, mar. a. f* (*Landungsbrücke*). **2.** Landungssteg *m*. **3.** Mole *f*, Hafendamm *m*. **4.** Kai *m*. **5.** (Brücken- *od.* Tor- *od.* Stütz)Pfeiler *m*. **6.** Mauerstück zwischen Fenstern. '**pier-age** *s* Kaigeld *n*.
pierce [pɪə(r)s] **I** *v/t* **1.** durch'bohren, -'dringen, -'stoßen, -'stechen. **2.** *fig.* durch'dringen: **a cry ~d the air** ein Schrei zerriß die Stille; **the cold ~d him to the bone** die Kälte drang ihm bis ins Mark. **3.** *tech.* durch'löchern, lochen, perfo'rieren. **4.** *bes. mil.* a) durch'stoßen, -'brechen b) eindringen *od.* -brechen in (*acc*): **to ~ the enemy's lines**. **5.** *fig.* durch'schauen, ergründen, eindringen in (*acc*): **to ~ the mystery. 6.** *fig. j-n, j-s Herz od. Gefühle* tief bewegen, verwunden. **II** *v/i* **7.** (ein)dringen (**into** *in acc*), dringen (**through** *durch*). '**pierc·er** *s tech.* Bohrer *m*, Locher *m*. '**pierc·ing** *adj* (*adv* -**ly**) durchdringend, scharf, schneidend, stechend: ~ **cold** schneidende Kälte; ~ **eyes** stechende Augen, durchdringender Blick; ~ **pain** stechender Schmerz; ~ **shriek** durchdringender *od*. gellender Schrei.
pier| glass *s* Pfeilerspiegel *m*. '~**-head** *s* Molenkopf *m*.
Pi·er·rot ['pɪərəʊ] *s* **1.** Pier'rot *m* (*Lustspielfigur*). **2.** *fig.* Hans'wurst *m*.
pier ta·ble *s* Pfeiler-, Spiegeltisch *m*.
pi·e·tà [‚pɪe'tɑː; *Am.* ‚piːe'tɑː] *s* Pie'tà *f*.
pi·e·tism ['paɪətɪzəm] *s relig.* **1. P~** *hist.* Pie'tismus *m*. **2.** → **piety**. **3.** *contp.* Fröm-me'lei *f*. '**pi·e·tist I** *s* **1. P~** *hist.* Pie'tist (-in). **2.** frommer Mensch. **3.** *contp.* Frömmler(in). **II** *adj* → **pietistic**. ‚**pi-e'tis·tic** *adj* **1. P~** *hist.* pie'tistisch. **2.** fromm. **3.** *contp.* frömmelnd.
pi·e·ty ['paɪətɪ] *s* **1.** Frömmigkeit *f*. **2.** (**to**) Pie'tät *f* (gegen'über), Ehrfurcht *f* (vor *dat*).
pi‚e·zo·e'lec·tric [paɪ‚iːzəʊ-; *Am.* piː‚eɪzəʊ-] *adj phys.* pi‚ezoe‚lektrisch: ~ **effect** Piezoeffekt *m*.
pi·e·zom·e·ter [‚paɪɪ'zɒmɪtə; *Am.* ‚piːə-'zɑmətər] *s phys.* Piezo'meter *n*, Druckmesser *m*.
pif·fle ['pɪfl] *colloq.* **I** *v/i* **1.** ‚quatschen', ‚Blech' *od*. Unsinn reden. **2.** ‚Quatsch' machen. **II** *s* **3.** Unsinn *m*, ‚Quatsch' *m*, ‚Blech' *n*: **to talk ~**. ~ **1.** '**pif·fler** [-flə(r)]

s colloq. ‚Quatschkopf' *m*. '**pif·fling** *adj colloq.* albern.
pig [pɪg] **I** *pl* **pigs** *od. bes. collect.* **pig** *s* **1.** Schwein *n, bes.* Ferkel *n*: **sow in ~** trächtiges Mutterschwein; **sucking ~** Spanferkel; **to buy a ~ in a poke** *fig.* die Katze im Sack kaufen; **to carry ~s to market** *fig.* Geschäfte machen wollen; **~s might fly** *iro.* ‚man hat schon Pferde kotzen sehen'; **please the ~s** *humor.* wenn alles klappt; **in a ~'s eye** (*od.* **ear**)! *sl.* ‚Quatsch!', ‚von wegen!' **2.** *colloq. contp.* ‚Schwein' *n*: a) ‚Freßsack' *m*, b) ‚Ferkel' *n*, ‚Sau' *f*, ‚Schweinigel' *m* (*unanständiger od. schmutziger Mensch*): **to make a ~ of o.s.** ‚fressen' *od.* ‚saufen' (wie ein Schwein). **3.** *colloq. contp.* a) Ekel *n*, ‚Brechmittel' *n*, b) Dickschädel *m*, sturer Kerl, c) gieriger Kerl, Ego'ist(in). **4.** *sl.* a) ‚Bulle' *m* (*Polizist*), b) *Am.* ‚Nutte' *f* (*Prostituierte*). **5.** *tech.* a) Massel *f*, (Roh-eisen)Barren *m*, b) Roheisen *n*, c) Block *m*, Mulde *f* (*bes. Blei*). **6.** *chem.* Schwein-chen *n* (*zum Trennen der Fraktionen beim Destillieren*). **7.** *rail.* Am. *sl.* Lok *f*. **II** *v/i* **8.** frischen, ferkeln (*Junge werfen*). **9.** → **11 b**. **III** *v/t* **10.** Ferkel werfen. **11.** a) zs.-pferchen, b) ~ **it** *colloq.* ‚aufein'anderhocken', eng zs.-hausen. '~**-boat** *s mar. Am. sl.* U-Boot *n*.
pi·geon[1] ['pɪdʒɪn] **I** *s* **1.** *pl* **-geons** *od. bes. collect.* **-geon** Taube *f*: → **milk 6**. **2.** *sl.* ‚Gimpel' *m*: **to pluck a ~** e-n Dummen ‚übers Ohr hauen'. **3.** → **clay pigeon**. **4.** *Am. sl.* ‚(dufte) Puppe', (nettes) Mädel. **5.** *colloq.* Sache *f*, Angelegenheit *f*: **that's not my ~** a) das ist nicht mein ‚Bier', b) das ist nicht mein Fall (*es gefällt mir nicht*). **II** *v/t* **6.** *sl. j-n* beim Spiel betrugen, ‚bemogeln' (**of** *s.th.* um etwas), ‚rupfen'.
pi·geon[2] → **pidgin**.
pi·geon| breast *s med.* Hühnerbrust *f*. '~**-‚breast·ed** *adj* hühnerbrüstig. '~**-gram** *s* Brieftaubennachricht *f*. '~**-hole I** *s* **1.** (Ablege-, Schub)Fach *n* (*im Schreibtisch etc*). **2.** Taubenloch *n*. **3.** *fig.* ‚Ka'buff' *n* (*enger, kleiner Raum*). **II** *v/t* **4.** in Fächer einteilen, mit Fächern versehen. **5.** in ein Schubfach legen, einordnen, *Akten* ablegen. **6.** *fig.* a) bei'seite legen, zu'rückstellen: **to ~ a report**, b) zu den Akten legen, c) ‚auf die lange Bank schieben', die Erledigung (*e-r Sache*) verschleppen, *e-n Plan etc* ‚auf Eis legen'. **7.** *fig. j-n od. etwas* abstempeln, (ein)ordnen, klassifi'zieren. '~**-‚heart·ed** *adj* furchtsam, feige. ~ **house** → **pigeonry**. '~**-‚liv·ered** → **pigeon-hearted**. ~ **post** *s* Brieftaubenpost *f*.
pi·geon·ry ['pɪdʒɪnrɪ] *s* Taubenhaus *n*, -schlag *m*.
'**pi·geon-toed** *adj*: **to walk ~** ‚über den großen Onkel' gehen.
'**pig-eyed** *adj* schweinsäugig.
pig·ger·y ['pɪgərɪ] *s* **1.** Schweinezucht *f*. **2.** Schweinestall *m*, *fig. contp. a.* Saustall *m*. **3.** Schweine(herde *f*) *pl*.
pig·gie → **piggy**.
pig·gish ['pɪgɪʃ] *adj* **1.** schweinisch, unflätig. **2.** gierig, gefräßig. **3.** dickköpfig, ‚stur'. **4.** dreckig, schmutzig.
pig·gy ['pɪgɪ] **I** *s* **1.** Kindersprache: Schweinchen *n*, Ferkel(chen) *n*. **II** *adj* **2.** Schweins...(-augen etc). **3.** → **piggish 2**. '~**-back I** *adj* → **pickaback**. **II** *v/t Am. fig.* anhängen (**on, onto** *an acc*). **III** *v/i Am. fig.* sich anhängen (**on, onto** *an acc*). ~ **bank** *s* Sparschwein(chen) *n*.
‚**pig'head·ed** *adj* dickköpfig, ‚stur', (bor'niert u.) eigensinnig. ‚~**'head·ed·ness** *s* Dickköpfigkeit *f*, ‚Sturheit' *f*. ~ **i·ron** *s tech.* Massel-, Roheisen *n*. ~ **Lat·in** *s* Kindergeheimsprache, die durch systematische Wortveränderungen gebil-

det wird. ~ **lead** [led] *s tech.* Blockblei *n*.
pig·let ['pɪglɪt], '**pig·ling** [-lɪŋ] *s* (Span-) Ferkel *n*, Schweinchen *n*.
'**pig·man** [-mən] *s irr* Schweinehirt *m*. '~**-meat** *s Br.* a) Schweinefleisch *n*, b) Schinken *m*, c) Speck *m*.
pig·ment ['pɪgmənt] **I** *s* **1.** *a. biol.* Pig'ment *n*. **2.** Farbe *f*, Farbstoff *m*, -körper *m*. **II** *v/t u. v/i* **3.** (sich) pigmen'tieren, (sich) färben. '**pig·men·tar·y** [-tərɪ; *Am.* -‚terɪ], *a.* **pig'men·tal** [-'mentl] *adj* Pigment... ‚**pig·men'ta·tion** *s* **1.** *biol.* Pigmentati'on *f*, Färbung *f*. **2.** *med.* Pigmen'tierung *f*.
pig·my → **pygmy**.
pig·no·rate ['pɪgnəreɪt] *v/t* **1.** verpfänden. **2.** als Pfand nehmen.
'**pig|·nut** *s bot.* **1.** 'Erdka‚stanie *f*. **2.** *Am.* Schweins-Hickory *f*. '~**-pen** → **pigsty**.
pig's ear *s Br. sl.* **1.** Cockney: Bier *n*. **2.** **to make a ~ of s.th.** etwas ‚vermasseln'.
'**pig|·skin I** *s* **1.** Schweinehaut *f*. **2.** Schweinsleder *n*. **3.** *Am. colloq.* a) Sattel *m*, b) ‚Leder' *n* (*Ball*). **II** *adj* **4.** schweinsledern. '~**-‚stick·er** *s* **1.** Wildschweinjäger *m*. **2.** *sl.* Schweineschlächter *m*. **3.** a) Sauspieß *m*, Saufeder *f*, b) Hirschfänger *m*, c) Schlachtmesser *n*. '~**-‚stick·ing** *s* **1.** Wildschweinjagd *f* (*mit Saufeder*), Sauhatz *f*. **2.** Schweineschlachten *n*. '~**-sty** *s* Schweinestall *m*, *fig. contp. a.* Saustall *m*. '~**-swill** *s* **1.** Schweinefutter *n*. **2.** *fig. contp.* ‚Spülwasser' *n* (*dünner Kaffee etc*). '~**-tail** *s* **1.** aufgerollter (Kau)Tabak. **2.** (Haar-) Zopf *m*. '~**-wash** → **pigswill**. '~**-weed** *s bot.* **1.** Gänsefuß *m*. **2.** Fuchsschwanz *m*.
pi-jaw ['paɪdʒɔː] *s Br. sl.* Mo'ralpredigt *f*.
pike[1] [paɪk] *pl* **pikes** *od. bes. collect.* **pike** *s ichth.* Hecht *m*.
pike[2] [paɪk] *s mil. hist.* Pike *f*, (Lang-) Spieß *m*. **II** *v/t* durch'bohren, (auf-) spießen.
pike[3] [paɪk] *s* (*a.* Speer- *etc*)Spitze *f*, Stachel *m*.
pike[4] [paɪk] *s* **1.** Schlagbaum *m* (*Mautstraße*). **2.** Maut *f*, Straßenbenutzungsgebühr *f*. **3.** Mautstraße *f*, gebührenpflichtige Straße.
pike[5] [paɪk] *s Br. dial.* Bergspitze *f*.
pike[6] [paɪk] *v/i*: **to ~ off** *sl.* ‚abhauen'.
pike[7] [paɪk] *s* Wasserspringen, Turnen: Hechtsprung *m*.
pike·let ['paɪklɪt] *s Br. dial.* (dünnes, rundes) Teegebäck.
'**pike·man** [-mən] *s irr* **1.** *mil. hist.* Pike'nier *m*. **2.** *Bergbau*: Hauer *m*. **3.** Mauteinnehmer *m*.
pike pole *s Am.* **1.** Einreißhaken *m* (*der Feuerwehr*). **2.** Hakenstange *f* (*der Flößer*).
pik·er ['paɪkə(r)] *s sl.* **1.** *Am.* vorsichtiger Spieler. **2.** *Am.* Geizhals *m*. **3.** *Am.* Waisenknabe *m* (**compared to** *gegen*). **4.** *Austral.* Faulenzer *m*, Drückeberger *m*.
'**pike·staff** *pl* **-staves** *s mil. hist.* Pikenschaft *m*: **as plain as a ~** *fig.* sonnenklar.
pi·laf(f) ['pɪlæf; *Am.* pɪ'lɑːf] → **pilau**.
pi·las·ter [pɪ'læstə(r); *Am. bes.* 'paɪ‚læstər] *s arch.* Pi'laster *m*, (viereckiger) Stützpfeiler.
pi·lau [pɪ'laʊ], **pi·law** [pɪ'lɔː] *s* Pi'lau *m* (*orientalisches Reisgericht*).
pilch [pɪltʃ] *s* dreieckige Fla'nellwindel (*über der Mullwindel*).
pil·chard ['pɪltʃəd] *s ichth.* **1.** Pilchard *m*. **2.** (Kali'fornische) Sar'dine.
pilch·er ['pɪltʃə(r)] → **pilch**.
pile[1] [paɪl] **I** *s* **1.** Haufen *m*: **a ~ of stones**. **2.** Stapel *m*, Stoß *m* (*a.* **of books**); ‚Haufen' *m*; **a ~ of arms** *e-e* Gewehrpyramide; **a ~ of wood** ein Holzstoß. **3.** *a.* **funeral ~** Scheiterhaufen *m*. **4.** a) großes Gebäude, b) Ge-'bäudekom‚plex *m*. **5.** *colloq.* ‚Haufen' *m*: **a ~ of work**. **6.** *colloq.* ‚Haufen' *m*

od. „Masse' *f* (Geld): **to make a** (*od.* **one's**) ~ e-e Menge Geld machen, ein Vermögen verdienen, sich ‚gesundstoßen'; **to make a ~ of money** e-e Stange Geld verdienen; **he has ~s of money** er hat Geld wie Heu. **7.** *electr.* (gal'vanische, vol'taische) Säule: **galvanic (voltaic) ~;** **thermo-electrical ~** Thermosäule. **8.** *a.* **atomic ~** (A'tom-)Meiler *m*, ('Kern)Re͵aktor *m*. **9.** *metall.* 'Schweiß(eisen)pa͵ket *n*. **II** *v/t* **10.** *a.* **~ up** (*od.* **on**) (an-, auf-)häufen, (auf)stapeln, aufschichten: → **arm²** *Bes. Redew.* **11.** aufspeichern (*a. fig.*). **12.** ‚schaufeln', laden (on auf *acc*): **to ~ the food on one's plate. 13.** über'häufen, -'laden (*a. fig.*): **to ~ a table with food. 14.** *colloq.* aufhäufen: **to ~ it on** dick auftragen; **to ~ on the pressure** für Druck sorgen (*a. sport*); → **agony** 1. **15. ~ up** *colloq.* a) *mar.* das Schiff auflaufen lassen, b) *sein Auto* ‚ka'puttfahren', c) mit *dem Flugzeug* ‚Bruch machen'. **III** *v/i* **16.** *meist* **~ up** sich (auf- *od.* an)häufen, sich ansammeln, sich stapeln (*a. fig.*). **17. ~ up** *colloq.* a) *mar.* auflaufen, stranden, b) *mot.* auf-ein'ander auffahren, c) *aer.* ‚Bruch machen'. **18.** *colloq.* sich drängen *od.* zwängen: **to ~ out (of)** (sich) herausdrängen (aus); **to ~ into** a) (sich) (hinein)drängen in (*acc*), b) sich stürzen auf (*Gegner etc*), c) sich hermachen über (*sein Essen etc*).

pile² [paɪl] **I** *s* **1.** *tech.* (*a. her.*) Spitz)Pfahl *m*. **2.** (Stütz)Pfahl *m*, (Eisen- *etc*)Pfeiler *m*: ~ **pier** Pfahljoch *n*; → **plank Spund-** pfahl. **3.** *antiq. hist.* Wurfspieß *m*. **II** *v/t* **4.** ver-, unter'pfählen, durch Pfähle verstärken *od.* stützen. **5.** Pfähle (hin'ein-)treiben *od.* (ein)rammen in (*acc*).

pile³ [paɪl] **I** *s* **1.** Flaum *m*. **2.** Wolle *f*, Pelz *m*, Haar *n* (*des Fells*). **3.** Weberei: a) Samt *m*, Ve'lours *m*, Felbel *m*, b) Flor *m*, Pol *m* (*samtartige Oberfläche*): **~ weaving** Samtweberei *f*. **II** *adj* **4.** ...fach gewebt: **a three-~ carpet.**

pile⁴ [paɪl] *sg von* **piles.**

pi·le·ate ['paɪlɪeɪt; -lɪət; 'pɪl-] *adj* **1.** *bot.* behutet. **2.** *orn.* Schopf..., Hauben...

pile bridge *s tech.* (Pfahl)Jochbrücke *f*. **~ driv·er** *s tech.* **1.** (Pfahl)Ramme *f*. **2.** Rammklotz *m*, Bär *m*. **3.** *fig. colloq.* ‚Mordsschlag' *m*. **~ dwell·ing** *s* Pfahlbau *m*.

piles [paɪlz] *s pl med.* Hämorrho'iden *pl*: **bleeding ~** Hämorrhoidalblutung *f*.

'**pile-up** *s mot. colloq.* 'Massenkarambo͵lage *f*.

pil·fer ['pɪlfə(r)] *v/t u. v/i* ‚klauen', sti'bitzen, stehlen. '**pil·fer·age** *s* geringfügiger Diebstahl, Diebe'rei *f*. '**pil·fer·er** *s* Dieb(in).

pil·grim ['pɪlgrɪm] *s* **1.** Pilger(in), Wallfahrer(in). **2.** *fig.* (Erden)Pilger *m*, Wanderer *m*. **3.** **P~** *hist.* Pilgervater *m*: **the P~ Fathers** die Pilgerväter (*1620 nach New England ausgewanderte englische Puritaner*). **4.** erster (An)Siedler. **5. the P~ of Great Britain** (*od.* **of the U.S.**) *die Gesellschaften zur Förderung der anglo-amer. Freundschaft.* '**pil·grim·age** *s* **1.** Pilger-, Wallfahrt *f* (*a. fig.*): **church** Wallfahrtskirche *f*; **place of ~** Wallfahrtsort *m*. **2.** *fig.* a) irdische Pilgerfahrt, Erdenleben *n*, b) (lange) Wanderschaft *od.* Reise. **II** *v/i* **3.** pilgern, wallfahr(t)en.

pi·lif·er·ous [paɪˈlɪfərəs] *adj bot. zo.* behaart. **pil·i·form** [ˈpaɪlɪfɔː(r)m; 'pɪl-] *adj bot.* haarförmig, -artig.

pill [pɪl] **I** *s* **1.** Pille *f* (*a. fig.*): **a bitter ~ to swallow** *fig.* e-e bittere Pille; **to gild** (*od.* **sugar** *od.* **sweeten**) **the ~** die bittere Pille versüßen; **to swallow the ~** a) die (bittere) Pille schlucken, b) in den sauren Apfel beißen. **2.** *sl.* ‚Brechmittel' *n*, ‚Ekel' *n* (*Person*). **3.** *sport sl.* (Golf- *etc*)Ball *m*: **a**

game of ~s *Br.* e-e Partie Billard. **4.** *mil. sl. od. humor.* ‚blaue Bohne' (*Gewehrkugel*), ‚Ei' *n*, ‚Koffer' *m* (*Granate, Bombe*). **5.** *sl.* ‚Stäbchen' *n* (*Zigarette*). **6. the ~** *med. pharm. colloq.* die (Anti'baby)Pille: **to be** (*od.* **go**) **on the ~** die Pille nehmen. **7.** *pl vulg.* ‚Eier' *pl* (*Hoden*). **II** *v/t* **8.** *sl. j-n* (*bei e-r Wahl*) ablehnen, 'durchfallen lassen: **he was ~ed** er fiel durch.

pil·lage ['pɪlɪdʒ] **I** *v/t* **1.** (aus)plündern. **2.** rauben, erbeuten. **II** *v/i* **3.** plündern. **III** *s* **4.** Plünderung *f*, Plündern *n*. **5.** Beute *f*. '**pil·lag·er** *s* Plünderer *m*.

pil·lar ['pɪlə(r)] **I** *s* **1.** Pfeiler *m*, Ständer *m*: **to run from ~ to post** *fig.* von Pontius zu Pilatus laufen. **2.** *arch.* Säule *f*. **3.** (Rauch-, Wasser- *etc*)Säule *f*: **a ~ of smoke. 4.** *fig.* Säule *f*, Stütze *f*: **the ~s of society;** **the ~s of wisdom** die Säulen der Weisheit; **he was a ~ of strength** er stand da wie ein Fels in der Brandung. **5.** *bes. tech.* Sockel *m*, Stütze *f*, Sup'port *m*. **6.** Bergbau: (Abbau)Pfeiler *m*: **~ of coal** Kohlenpfeiler. **7.** *Reitsport:* Ständer *m*. **II** *v/t* **8.** mit Pfeilern *od.* Säulen versehen *od.* stützen *od.* schmücken. **~ box** *s Br.* Briefkasten *m* (*in Säulenform*): **~ red** Knallrot *n*. '**pil·lared** ['pɪlə(r)d] *adj* **1.** mit Säulen *od.* Pfeilern (versehen). **2.** säulenförmig.

'**pill·box** *s* **1.** Pillenschachtel *f*. **2.** *mil. sl.* Bunker *m*. **3.** *a.* **~ hat** Pillbox *f* (*kleiner, runder Damenhut*). '**~·head** *sl.* Ta'blettensüchtige(r) *m f*.

pil·lion ['pɪljən] **I** *s* **1.** leichter (Damen-) Sattel. **2.** Sattelkissen *n* (*für e-e zweite Person*). **3.** *a.* **~ seat** *mot.* Soziussitz *m*: **~ rider** Soziusfahrer *m*. **II** *adv* **4. to ride ~** auf dem Soziussitz (mit)fahren.

pil·li·winks ['pɪlɪwɪŋks] *s pl* (*a. als* ‚konstruiert') *hist.* Daumenschrauben *pl*.

pil·lo·ry ['pɪlərɪ] **I** *s* **1.** Pranger *m* (*a. fig.*): **to be in the ~** am Pranger stehen. **II** *v/t* **2.** an den Pranger stellen. **3.** *fig.* anprangern.

pil·low ['pɪləʊ] **I** *s* **1.** (Kopf)Kissen *n*, Polster *n*: **to take counsel of one's ~** die Sache (noch einmal) beschlafen. **2.** Klöppelkissen *n*. **3.** (Zapfen)Lager *n*, Pfanne *f*. **II** *v/t* **4.** auf (ein) (Kopf)Kissen legen *od.* betten. **5. ~ up** hoch betten, mit (Kopf)Kissen stützen. **6.** als Kissen dienen für. **~ block** *s tech.* Lagerblock *m*, Pfanne *f*. '**~·case** *s* (Kopf)Kissenbezug *m*. **~ fight** *s* **1.** Kissenschlacht *f*. **2.** *fig.* Scheingefecht *n*. **~ lace** *s* Klöppel-, Kissenspitzen *pl*. **~ sham** *s bes. Am.* Kissendecke *f*. **~ slip** → **pillowcase. ~ talk** *s* Bettgeflüster *n*.

'**pill·wort** *s bot.* Pillenkraut *n*.

pi·lose ['paɪləʊs] *adj bot. zo.* behaart.

pi·lot ['paɪlət] **I** *s* **1.** *mar.* Lotse *m*: **licensed ~** seeamtlich befähigter Lotse. **2.** *aer.* Pi'lot *m*: a) Flugzeugführer *m*, b) Bal'lonführer *m*: **~ instructor** Fluglehrer *m*; **second ~** Kopilot; **~'s licence** (*Am.* **license**) Flug-, Pilotenschein *m*. **3.** *bes. fig.* a) Führer *m*, Leiter *m*, Wegweiser *m*, b) Berater *m*: **to drop the ~** den Berater in die Wüste schicken. **4.** *rail. Am.* Schienenräumer *m*. **5.** *tech.* a) Be'tätigungsele͵ment *n*, Kraftglied *n*, b) Führungszapfen *m*. **6.** → **pilot wire. 7.** a) *Rundfunk, TV* Pi'lotsendung *f*, b) *TV* Pi'lotfilm *m*. **II** *v/t* **8.** *mar.* lotsen (*a. mot.*), *fig.* a. führen, leiten: **to ~ through** durchlotsen (*a. fig.*); **to ~ a bill through Congress** e-n Gesetzentwurf durch den Kongreß bringen. **9.** *aer.* steuern, lenken, fliegen. **III** *adj* **10.** Versuchs..., Probe...: **~ experiment** Vorversuch *m*; **~ film** *TV* Pilotfilm *m*; **~ model** Versuchsmodell *n*; **~ scheme** Versuchs-, Pilotprojekt *n*; **~ study** Pilot-, Leitstudie *f*. **11.** Hilfs...: **~ parachute** → **pilot chute. 12.** *tech.*

Steuer..., Kontroll..., Leit... '**pi·lot·age** *s* **1.** *mar.* Lotsen(dienste *pl*) *n*: **certificate of ~** Lotsenpatent *n*; **compulsory ~** Lotsenzwang *m*. **2.** Lotsengebühr *f*, -geld *n*. **3.** *aer.* a) Fliege'rei *f*, b) 'Bodennavigati͵on *f*. **4.** *fig.* Leitung *f*.

pi·lot| bal·loon *s aer.* Pi'lotbal͵lon *m*. **~ beam** *s tech.* Leitstrahl *m*. **~ bis·cuit** *s* Schiffszwieback *m*. **~ boat** *s mar.* Lotsenboot *n*. **~ burn·er** *s tech.* Zündbrenner *m*. **~ ca·ble** *s electr.* Leitkabel *n*. **~ cell** *s electr.* Prüfzelle *f*. **~ chute** *s aer.* Hilfs-, Ausziehfallschirm *m*. **~ cloth** *s* dunkelblauer Fries (*für Marinekleidung*). **~·en·gine** *s rail.* 'Leerfahrtlokomo͵tive *f*. **~ fish** *s ichth.* **1.** Lotsen-, Pi'lotfisch *m*. **2.** *Am.* Silberfelchen *m*. **~ flag** *s mar.* Lotsenflagge *f*. **~ flame** *s tech.* Zündflamme *f*. '**~·house** *s mar.* Brücken-, Ruderhaus *n* (*der gedeckte Teil der Kommandobrücke*). **~ lamp** *a. tech.* Si'gnallampe *f*, Kon'trollampe *f*.

pi·lot·less ['paɪlətlɪs] *adj* führerlos, unbemannt: **a ~ plane.**

pi·lot| light *s* **1.** → **pilot burner. 2.** → **pilot lamp. 3.** Zündflamme *f* (*e-s Gasboilers etc*). **~ mo·tor** *s electr.* Kleinstmotor *m*. **~ nut** *s tech.* Führungsmutter *f*. **~ of·fi·cer** *s aer. mil.* Fliegerleutnant *m*. **~ plant** *s* **1.** Versuchs-, Pi'lotanlage *f*. **2.** Musterbetrieb *m*. **~ train** *s rail.* Vor-, Leerzug *m*. **~ train·ee** *s aer.* Flug'schüler(in). **~ valve** *s tech.* 'Steuerven͵til *n*. **~ wire** *s electr.* **1.** Steuerleitung *f*. **2.** Meßader *f*. **3.** Hilfsleiter *m*. **4.** (Kabel-)Prüfdraht *n*.

pi·lous ['paɪləs] → **pilose.**

pil·u·lar ['pɪljʊlə(r)] *adj pharm.* pillenartig, Pillen...

pil·ule ['pɪljuːl] *s pharm.* kleine Pille.

pil·y¹ ['paɪlɪ] *adj* haarig, wollig.

pil·y² ['paɪlɪ] *adj her.* durch Spitzpfähle abgeteilt.

pim·e·lode ['pɪmələʊd] *s ichth. Br.* Schlankwels *m*.

pi·men·to [pɪ'mentəʊ] *pl* **-tos** *bot. bes. Br.* **1.** Pi'ment *m, n*, Nelkenpfeffer *m*. **2.** Pi'mentbaum *m*.

pimp¹ [pɪmp] **I** *s* a) Kuppler *m*, b) Zuhälter *m*. **II** *v/i* a) sich als Kuppler betätigen, b) von Zuhälte'rei leben: **to ~ for s.o.** j-s Zuhälter sein.

pimp² [pɪmp] *sl. bes. Austral.* **I** *s* Spitzel *m*, Infor'mant(in). **II** *v/i* **~ on** *j-n* denun'zieren.

pim·per·nel ['pɪmpə(r)nel] *s bot.* Pimper'nell *m*.

pimp·er·y ['pɪmpərɪ] *s* Zuhälte'rei *f*.

pim·ple ['pɪmpl] *med.* **I** *s* Pustel *f*, Pickel *m*. **II** *v/i* pick(e)lig werden. '**pim·pled,** '**pim·ply** *adj* pick(e)lig.

pin [pɪn] **I** *s* **1.** (Steck)Nadel *f*: **~s and needles** ‚Kribbeln' *n* (*in eingeschlafenen Gliedern*); **to sit on ~s and needles** ‚wie auf Kohlen sitzen', ‚kribbelig' sein; **for two ~s I'd hit him** *colloq.* ‚dem hau' ich jetzt bald eine runter!'; → **care** 8, **neat¹** 1. **2.** (Schmuck-, Haar-, Hut)Nadel *f*. **3.** (Ansteck)Nadel *f*, Abzeichen *n*. **4.** *Am. dial.* nadelförmige (Berg)Spitze. **5.** *tech.* Pflock *m*, Dübel *m*, Bolzen *m*, Zapfen *m*, Stift *m*, Pinne *f*: **~ with thread** Gewindezapfen *m*; **~ split → Splint** *m*; **~ base** *electr.* Stiftsockel *m*; **~ bearing** Nadel-, Stiftlager *n*; **~ drill** Zapfenbohrer *m*. **6.** *tech.* Dorn *m*. **7.** *tech.* Achsnagel *m* (*e-s Wagens*). **8.** *mil. tech.* (Auf-, Vor-)Räumer *m* (*e-s Gewehrs*). **9.** *electr.* (Iso'lator)Stütze *f*. **10.** *mar.* Pinne *f*: **~ of a compass** Kompaßpinne *od.* -spitze *f*. **11.** *a.* **drawing ~** Reißnagel *m*, -zwecke *f*. **12.** *a.* **clothes~** *bes. Am.* Wäscheklammer *f*. **13.** *a.* **rolling ~** Nudelholz *n*. **14.** *pl colloq.* ‚Gestell' *n* (*Beine*): **that knocked him off his ~s** das hat ihn ‚umgeschmis-

pinaceous – pinpoint

sen'. **15.** *mus.* Wirbel *m* (*an Saiteninstrumenten*). **16.** *Golf:* Flaggenstock *m.* **17.** a) *Kegeln:* Kegel *m,* b) *Bowling:* Pin *m.* **18.** *Schach:* Fesselung *f.*
II *v/t* **19.** *a.* ~ **up (to, on)** heften, stecken (an *acc*), festmachen, befestigen (an *dat*): **to ~ a rose on a dress; to ~ up** hoch-, aufstecken; **to ~ the blame on s.o.** j-m die Schuld in die Schuhe schieben; **to ~ a murder on s.o.** *colloq.* j-m e-n Mord 'anhängen'; **to ~ one's hopes on** s-e (ganze) Hoffnung setzen auf (*acc*), bauen auf (*acc*); → **faith** 1. **20.** pressen, drücken (**against,** to gegen, an *acc*), festhalten: **to ~ s.o.'s ears back** *colloq.* a) j-n verprügeln, b) j-n 'herunterputzen', j-n anschnauzen. **21.** *a.* ~ **down** a) zu Boden pressen, b) *fig.* j-n 'festnageln' (**to** auf *e-e Aussage, ein Versprechen etc*), c) *mil.* Feindkräfte fesseln (*a. Schach*), d) etwas genau bestimmen *od.* defi'nieren. **22.** *tech.* verbolzen.
pi·na·ceous [paɪˈneɪʃəs] *adj bot.* zu den Kieferngewächsen gehörig.
pin·a·fore [ˈpɪnəfɔː(r); *Am. a.* -ˌfəʊər] *s* **1.** Schürze *f.* **2.** Kittel *m.* ~ **dress** *s Br.* Trägerkleid *n,* -rock *m.*
pi·nas·ter [paɪˈnæstə(r)] *s bot.* Strandföhre *f.*
'**pin·ball** *s* Flippern *n:* **to play ~** flippern. ~ **ma·chine** *s* Flipper *m.*
pin|bit *s tech.* Bohrspitze *f.* ~ **bolt** *s tech.* Federbolzen *m.*
pince-nez *pl* **pince-nez** [ˈpæ̃snɛɪ; *Am.* pænˈsneɪ] *s* Kneifer *m.*
pin·cer [ˈpɪnsə(r)] *adj* Zangen...: ~ **movement** *mil.* Zangenbewegung *f.*
pin·cers [ˈpɪnsəz] *pl* **1.** [ˈpɪntʃərz] *tech.* (Kneif-, Beiß)Zange *f:* **a pair of ~** e-e Kneifzange. **2.** *mil.* Zange *f,* zangenförmige Um'fassung (*des Gegners*). **3.** *med. print.* Pin'zette *f.* **4.** *zo.* a) Krebsschere *f,* b) Schwanzzange *f.*
pinch [pɪntʃ] **I** *v/t* **1.** zwicken, kneifen, quetschen, (ein)klemmen: **to ~ one's fingers in the door** sich die Finger in der Tür klemmen; **to ~ off** abzwicken, abkneifen; **to ~ s.o.'s arm** j-n in den Arm zwicken. **2.** drücken (*Schuh etc*). **3.** beengen, einengen, hin'einzwängen. **4.** *fig.* (be)drücken, beengen, beschränken: **to be ~ed for time** wenig Zeit haben; **to be ~ed** in Bedrängnis sein, Not leiden, knapp sein (**for, in, of** an *dat*); **to be ~ed for money** 'knapp bei Kasse sein'; **~ed circumstances** beschränkte Verhältnisse. **5.** *fig.* beißen (*bes. Kälte*), plagen, quälen (*Durst, Hunger etc*): **to be ~ed with cold** durchgefroren sein; **to be ~ed with hunger** ausgehungert sein; **a ~ed face** ein schmales *od.* spitzes *od.* abgehärmtes Gesicht. **6.** *sl.* a) etwas 'klemmen', 'klauen' (*stehlen*), b) j-n 'schnappen' (*verhaften*).
II *v/i* **7.** drücken (*Schuh, a. fig. Not etc*), kneifen, zwicken: **~ing want** drückende Not; → **shoe** *Bes. Redew.* **8.** *fig.* quälen (*Durst etc*). **9.** *a.* ~ **and scrape** (*od.* **save**) knausern, darben, sich nichts gönnen. **10.** *sl.* 'klauen' (*stehlen*).
III *s* **11.** Kneifen *n,* Zwicken *n,* Quetschen *n:* **to give s.o. a ~** j-n kneifen *od.* zwicken. **12.** *fig.* Druck *m,* Qual *f,* Notlage *f:* **the ~ of hunger** der quälende Hunger; **at** (*od.* **on,** *Am. meist* **in**) **a ~** im Notfall, zur Not, notfalls; **if it comes to the ~** wenn es zum Äußersten kommt. **13.** Prise *f* (*Salz, Tabak etc*): → **salt**[1] 1. **14.** Quentchen *n:* **a ~ of butter**. **15.** *sl.* Festnahme *f,* Verhaftung *f.*
pinch·beck [ˈpɪntʃbek] **I** *s* **1.** Tombak *m,* Talmi *n* (*a. fig.*). **II** *adj* **2.** Talmi... (*a. fig.*). **3.** unecht, nachgemacht.
'**pinch·cock** *s chem.* Quetschhahn *m.*

pin cher·ry *s bot. Amer.* Weichselkirsche *f.*
'**pinch|-ˌhit** *v/i irr Baseball u. fig. Am.* einspringen (**for** s.o. für j-n). ~ **hit·ter** *s sport u. fig. Am.* Ersatz(mann) *m.*
'**pinchˌpen·ny I** *adj* knaus(e)rig, knick(e)rig. **II** *s* Knauser(in), Knicker (-in).
'**pinˌcush·ion** *s* Nadelkissen *n.*
Pin·dar·ic [pɪnˈdærɪk] **I** *adj* **1.** pin'darisch, Pindar...: ~ **ode** → **2. II** *s metr.* **2.** pin'darische Ode. **3.** *meist pl* pin'darisches Versmaß.
pine[1] [paɪn] *s* **1.** *bot.* Kiefer *f,* Föhre *f,* Pinie *f:* **Austrian ~** Schwarzkiefer; **Brazilian ~** (*e-e*) Schirmtanne. **2.** Kiefernholz *n.* **3.** *colloq.* Ananas *f.*
pine[2] [paɪn] *v/i* **1.** sich (sehr) sehnen, schmachten (**after, for** nach). **2.** *meist* ~ **away** verschmachten, vor Gram vergehen. **3.** sich grämen *od.* abhärmen (**at** über *acc*).
pin·e·al bod·y (*od.* **gland**) [ˈpɪnɪəl; *Am. a.* ˈpaɪ-] *s anat.* Zirbeldrüse *f.*
pine·ap·ple [ˈpaɪnˌæpl] *s* **1.** *bot.* Ananas *f.* **2.** *sl.* a) (kleinere) Dyna'mitbombe, b) 'Handgraˌnate *f.*
pine|bar·rens *s pl* Hügelketten, die mit Georgia-Kiefern bewachsen sind (*im Süden der USA*). ~ **beau·ty** *s zo.* (*e-e*) Eule (*Nachtfalter*). ~ **cone** *s bot.* Kiefernzapfen *m* (*Wahrzeichen des Staates Maine der USA*). ~ **mar·ten** *s zo.* Baummarder *m.* ~ **nee·dle** *s bot.* Kiefernnadel *f.* ~ **oil** *s* Kiefernnadelöl *n.*
pin·er·y [ˈpaɪnərɪ] *s* **1.** Treibhaus *n* für Ananas. **2.** Kiefernpflanzung *f.*
pine| squir·rel *s zo. Amer.* Eichhörnchen *n.* ~ **tar** *s* Kienteer *m.* ~ **tree** → **pine**[1] 1. **P~ Tree State** *s Am.* (*Beiname für*) Maine *n.*
pi·ne·tum [paɪˈniːtəm] *pl* **-ta** [-tə] *s* Pi'netum *n* (*Baumschule für Kiefern etc*), Nadelholzschonung *f.*
'**pin|ˌfeath·er** *s orn.* Stoppelfeder *f.* '~**ˌfold** *s* **1.** Schafhürde *f.* **2.** Pfandstall *m* für verirrtes Vieh.
ping [pɪŋ] **I** *v/i* **1.** pfeifen, zischen (*Kugel*), schwirren (*Mücke etc*). **2.** *mot.* klingeln. **II** *s* **3.** Peng *n.* **4.** Pfeifen *n,* Schwirren *n.* **5.** *mot.* Klingeln *n.*
ping-pong [ˈpɪŋpɒŋ; *Am. a.* -ˌpɑŋ] *s* Pingpong *n* (*Tischtennis*).
pin·guid [ˈpɪŋɡwɪd] *adj* **1.** fettig, ölig. **2.** fett, ergiebig: ~ **soil**.
pin·guin [ˈpɪŋɡwɪn] *s bot.* Pinguin-Ananas *f.*
'**pin|·head** *s* **1.** (Steck)Nadelkopf *m.* **2.** *fig.* Kleinigkeit *f.* **3.** *colloq.* Dummkopf *m.* ~**ˌhead·ed** *adj colloq.* dumm, 'doof'. '~**ˌhead sight** *s* Perl- *od.* Rundkorn *n* (*des Gewehrvisiers*). '~**ˌhold·er** *s* Blumenigel *m.* ~**hole** *s* **1.** Nadelloch *n.* **2.** *opt. phot.* Nadelstich *m:* ~ **camera** Lochkamera *f;* ~ **diaphragm** Lochblende *f.*
pi·nic [ˈpaɪnɪk; ˈpɪn-] *adj chem.* Fichtenharz... ~ **ac·id** *s* Pi'ninsäure *f.*
pin·ion[1] [ˈpɪnjən] *s tech.* **1.** Ritzel *n,* Antriebs(kegel)rad *n:* ~ **gear** Getriebezahnrad *n;* ~ **drive** Ritzelantrieb *m;* ~ **shaft** Ritzelwelle *f.* **2.** Kammwalze *f.*
pin·ion[2] [ˈpɪnjən] **I** *s* **1.** *orn.* a) Flügelspitze *f,* b) *a.* ~ **feather** (Schwung)Feder *f.* **2.** *poet.* Schwinge *f,* Fittich *m,* Flügel *m.* **II** *v/t* **3.** die Flügel stutzen (*dat*) (*a. fig.*). **4.** j-m die Hände fesseln (*a. fig.*). **5.** fesseln (**to** an *acc*).
pink[1] [pɪŋk] **I** *s* **1.** *bot.* Nelke *f:* **plumed** (*od.* **feathered** *od.* **garden**) ~ Federnelke. **2.** Blaßrot *n,* Rosa *n.* **3.** *bes. Br.* a) Scharlachrot *n,* b) (scharlach)roter Jagdrock, c) Rotrock *m* (*Teilnehmer e-r Fuchsjagd*). **4.** *oft* **P~** *pol. Am. colloq.* 'rot *od.* kommu'nistisch angehauchter' *m*) *f,* 'Saˈlonbolscheˌwist(in)'. **5.** *fig.* Muster (-beispiel) *n,* Gipfel *m,* Krone *f,* höchster Grad: **the ~ of fashion** die allerneueste Mode; **in the ~ of health** bei bester Gesundheit; **the ~ of perfection** die höchste Vollendung; **the ~ of politeness** der Gipfel der Höflichkeit; **he is the ~ of politeness** er ist die Höflichkeit in Person; **to be in the ~** (**of condition**) in 'Hochform' sein. **II** *adj* **6.** rosa(farben), blaßrot, rötlich: **to see ~ elephants** *humor.* weiße Mäuse sehen; ~ **slip** *Am. colloq.* 'blauer Brief' (*Kündigungsschreiben*). **7.** *oft* **P~** *pol. colloq.* 'rot *od.* kommu'nistisch angehaucht', 'rötlich'.
pink[2] [pɪŋk] *s paint.* gelbe *od.* grünlichgelbe Lack- *od.* La'surfarbe.
pink[3] [pɪŋk] *v/t* **1.** *a.* ~ **out** auszacken, (kunstvoll) ausschneiden. **2.** durch'bohren, -'stechen. **3.** mit e-m Lochmuster verzieren.
pink[4] [pɪŋk] *s mar.* Pinke *f:* a) dreimastiger Küstensegler, b) *ein* Fischerboot.
pink[5] [pɪŋk] *v/i* klopfen (*Motor*).
'**pink-eye** *s* **1.** *med. vet.* ansteckende Bindehautentzündung. **2.** *vet.* (*Art*) Influ'enza *f* (*der Pferde*).
pink·ie[1] [ˈpɪŋkɪ] *s Scot. u. Am.* (*der*) kleine Finger.
pink·ie[2] [ˈpɪŋkiː] *s mar. Amer.* schonergetakeltes Fischereifahrzeug.
pink·ing [ˈpɪŋkɪŋ] *s tech.* Klopfen *n* (*des Motors*). ~ **shears** *s pl* Zickzackschere *f.*
pink·ish [ˈpɪŋkɪʃ] *adj* rötlich (*a. pol. colloq.*), blaßrosa.
pink·ness [ˈpɪŋknɪs] *s* Rosa(rot) *n.*
pink·o [ˈpɪŋkəʊ] *pl* **-os, -oes** *s Am. colloq.* → **pink**[1] 4.
'**pink-ˌslip** *v/t Am. colloq.* j-m den 'blauen Brief' schicken (*j-m kündigen*).
Pink·ster [ˈpɪŋkstər] *Am. dial.* **I** *s* Pfingsten *n od. pl.* **II** *adj* Pfingst...
pink tea *s Am. colloq.* **1.** steife (Tee-) Gesellschaft. **2.** 'steife' *od.* 'hochfeine' Angelegenheit.
pink·y[1] [ˈpɪŋkɪ] *s* **1.** → **pinkie**[1] *u.* [2]. **2.** → **pink**[4].
pink·y[2] [ˈpɪŋkɪ] *adj* rötlich, rosa.
pin mon·ey *s* **1.** Taschengeld *n* (*der Hausfrau*). **2.** selbstverdientes Taschengeld (*der Hausfrau*).
pin·na [ˈpɪnə] *pl* **-nas** *s* **1.** *anat.* Ohrmuschel *f.* **2.** *zo.* a) Feder *f,* Flügel *m,* b) Flosse *f.* **3.** *bot.* Fieder(blatt *n*) *f.*
pin·nace [ˈpɪnɪs] *s mar.* Pi'nasse *f.*
pin·na·cle [ˈpɪnəkl] **I** *s* **1.** *arch.* a) Fi'ale *f,* Spitzturm *m,* b) Zinne *f.* **2.** (Fels-, Berg-) Spitze *f,* Gipfel *m.* **3.** *fig.* Gipfel *m,* Spitze *f,* Höhepunkt *m:* **on the ~ of fame** auf dem Gipfel des Ruhms. **II** *v/t* **4.** *arch.* mit Zinnen *etc* versehen. **5.** erhöhen. **6.** den Gipfel bilden von, krönen (*a. fig.*).
pin·nate [ˈpɪnɪt; -neɪt] *adj bot. orn.* gefiedert.
pin·ner [ˈpɪnə(r)] *s* **1.** Schürze *f.* **2.** *meist pl hist.* Flügelhaube *f.*
pin·ni·grade [ˈpɪnɪɡreɪd], '**pin·ni·ped** [-ped] *zo.* **I** *adj* flossen-, schwimmfüßig. **II** *s* Flossen-, Schwimmfüßer *m.*
pin·nule [ˈpɪnjuː] *s* **1.** Federchen *n.* **2.** *zo.* a) sechsstrahlige Kalknadel (*bei Schwämmen*), b) Seitenast *m* (*e-s Haarsternarmes*). **3.** *zo.* Flössel *n.* **4.** *bot.* Fiederblättchen *n.* **5.** Vi'sier *n* (*e-s Astrolabiums etc*).
pin·ny [ˈpɪnɪ] *colloq. für* **pinafore.**
pi·noch·le, pi·noc·le [ˈpiːnʌkl] *s* Bi'nokel *n* (*Kartenspiel*).
pi·no·le [pɪˈnəʊlɪ] *s Am.* aus gerösteten Pinolekörnern gemahlenes Mehl.
'**pin|·point I** *s* **1.** Nadelspitze *f.* **2.** winziger Punkt. **3.** Winzigkeit *f.* **4.** *mil.* a) (*strategischer etc*) Punkt, b) Punktziel *n.* **II** *v/t* **5.** *mil.* a) *das Ziel* (haar)genau

pinprick – pirate

festlegen *od.* bestimmen *od.* bombar-'dieren *od.* treffen, b) einzeln bombar-'dieren *od.* 'wegputzen'. **6.** *fig.* genau festlegen *od.* bestimmen. **7.** *fig.* klar her-'vortreten lassen, ein Schlaglicht werfen auf (*acc*). **III** *adj* **8.** *mil.* (haar)genau, Punkt...: ~ **attack** Punktzielangriff *m*; ~ **bombing** Bombenpunktwurf *m*, gezielter Bombenwurf; ~ **target** Punktziel *n*. **9.** *fig.* genau, detail'liert: ~ **planning**. **10.** ~ **strike** *econ.* Schwerpunktstreik *m*.
'~**prick** **I** *s* **1.** Nadelstich *m* (*a. fig.*): **policy of** ~**s** Politik *f* der Nadelstiche. **2.** *fig.* Stiche'lei *f*, spitze Bemerkung. **II** *v/t* **3.** *j-m* Nadelstiche versetzen, *j-m* mit Stichelreden zusetzen. '~-**striped** *adj* mit Nadelstreifen: **a ~ suit**.
pint [paɪnt] *s* **1.** Pint *n*, etwa halber Liter (*Br.* 0,568 *l, Am.* 0,473 *l*). **2.** *Br. colloq.* Halbe *m, f, n* (Bier): **he's gone out for a ~** er ist ein Bier trinken gegangen.
pin·ta ['paɪntə] *s Br. colloq.* ungefähr ein halber Liter Milch *od.* Bier.
pin ta·ble ~ pinball machine.
pin·ta·do [pɪn'tɑːdəʊ] *pl* -**dos** *s* **1.** *a.* ~ **petrel** *orn.* Kaptaube *f*. **2.** *orn.* Perlhuhn *n*. **3.** *ichth.* Spanische Ma'krele.
'**pin·tail** *pl* -**tails**, *bes. collect.* -**tail** *s orn.* Spießente *f*.
pin·tle ['pɪntl] *s* **1.** *tech.* (Dreh)Bolzen *m*, Zapfen *m*. **2.** *mot.* (Einspritz)Düsennadel *f*.
pin·to ['pɪntəʊ] *Am.* **I** *pl* -**tos** *s* **1.** Scheck(e) *m*, Schecke *f* (*Pferd*). **2.** *a.* ~ **bean** *bot.* gefleckte Feldbohne. **II** *adj* **3.** scheckig, gescheckt.
'**pint-size(d)** *adj colloq.* winzig: ~ **company** Zwergfirma *f*.
'**pin**|-**up** **I** *s* **1.** *a.* ~ **girl** Pin-'up-Girl *n*. **2.** Pin-'up-Foto *n* (*a. e-s Mannes*). **II** *adj* **3.** *Am.* Wand...: ~ **lamp**. '~-**wheel** *s* **1.** *Am.* Windrädchen *n* (*Kinderspielzeug*). **2.** Feuerrad *n* (*Feuerwerkskörper*).
Pinx·ter → Pinkster.
pin·y ['paɪnɪ] *adj* **1.** mit Kiefern bewachsen. **2.** Kiefern...
pi·o·let [pjəʊ'leɪ; ˌpɪə-] *s* Eispickel *m* (*der Bergsteiger*).
pi·on ['paɪɒn; *Am.* -ˌɑn] *s phys.* Pion *n* (*Elementarteilchen*).
pi·o·neer [ˌpaɪə'nɪə(r)] **I** *s* **1.** *mil.* Pio'nier (-sol₁dat) *m*. **2.** *fig.* Pio'nier *m* (*Erschließer von Neuland etc*), Vorkämpfer *m*, Bahnbrecher *m*, Wegbereiter *m*, Vorreiter *m*: **a ~ in cancer research** ein Pionier in (*der*) der Krebsforschung. **II** *v/i* **3.** Pio'nier sein (*a. fig.*). **4.** *fig.* den Weg bahnen *od.* ebnen, bahnbrechende Arbeit leisten. **III** *v/t* **5.** den Weg bahnen *od.* bereiten für (*a. fig.*). **6.** *fig.* bahnbrechende Arbeit leisten für. **7.** als erste(r) her'ausbringen *od.* schaffen, ein|führen: **to ~ a new model**. **8.** führen, lenken. **IV** *adj* **9.** Pionier...: ~ **work**. **10.** *fig.* bahnbrechend, wegbereitend, Versuchs..., erst(er, e, es): ~ **model** Erstmodell *n*. **11.** *Am. hist.* Siedler..., Grenzer...
pi·ous ['paɪəs] *adj* (*adv* -**ly**) **1.** fromm (*a. iro.*), gottesfürchtig: ~ **fraud** *fig.* frommer Betrug; ~ **literature** fromme Literatur; ~ **hope** *fig.* frommer Wunsch. **2.** andächtig (*a. fig.*): **a ~ hush**. **3.** *colloq.* lobenswert: **a ~ effort** ein gutgemeinter Versuch. **4.** *obs.* fromm, brav (*Kind*).
pip¹ [pɪp] **I** *s* **1.** *vet.* Pips *m* (*Geflügelkrankheit*). **2.** *Br. colloq.* ˌmieseˈ Laune: **to give s.o. the ~** → **3. II** *v/t* **3.** *Br. colloq. j-m* auf die Nerven gehen, *j-n* nerven.
pip² [pɪp] *s* **1.** *bes. Br.* Auge *n* (*auf Spielkarten*), Punkt *m* (*auf Würfeln etc*). **2.** (Obst)Kern *m*. **3.** *bot.* a) Einzelfrucht *f* (*der Ananas*), b) Einzelblüte *f*. **4.** *mil. bes. Br. colloq.* Stern *m* (*Schulterabzeichen der Offiziere*). **5.** *Radar*: Blip *m*, Bildspur *f*. **6.** *Br.* (kurzer, hoher) Ton (*e-s Pau-*

sen- *od.* Zeitzeichens). **7.** *teleph. etc Br.* ˌPaulaˈ, **P** *n*: **five o'clock ~ emma** (*p.m.*) fünf Uhr nachmittags.
pip³ [pɪp] *Br. colloq.* **I** *v/t* **1.** a) 'durchfallen lassen (*bei e-r Prüfung etc*), b) durchfallen bei. **2.** *fig. j-n* knapp besiegen *od.* schlagen: **to ~ s.o. at the post** a) *sport j-n* im Ziel abfangen, b) *fig. j-m* um Haaresbreite zuvorkommen. **3.** ˌabknallenˈ, erˈschießen. **4.** *j-n* ächten *od.* auf die schwarze Liste setzen. **II** *v/i* **5.** *a.* ~ **out** ˌabkratzenˈ (*sterben*).
pipe [paɪp] **I** *s* **1.** *tech.* a) Rohr *n*, Röhre *f*, b) (Rohr)Leitung *f*. **2.** *a.* **flexible ~** *tech.* Schlauch *m*. **3.** a) Pfeife *f* Tabak (*Menge*), b) *a.* **tobacco ~** (Tabaks)Pfeife *f*: ~ **of peace** Friedenspfeife *f*; **put that in your ~ and smoke it!** *colloq.* ob dir das nun paßt oder nicht! **4.** *mus.* a) Pfeife *f*, (einfache) Flöte *f*, b) *a.* **organ ~** Orgelpfeife *f*, c) *meist pl* Dudelsack *m*, d) ('Holz)Blasinstru₁ment *n*. **5.** *mar.* Bootsmannspfeife *f*. **6.** Pfeifen *n* (*e-s Vogels*), Piep(s)en *n*. **7.** Stimme *f*. **8.** *colloq.* a) Luftröhre *f*: **to clear one's ~** sich räuspern, b) *meist pl* Stimmband *n*. **9.** *bot.* hohler (Pflanzen)Stengel *m*. **10.** *geol.* Schlot *m*. **11.** *metall.* Lunker *m*. **12.** *Bergbau*: (Wetter)Lutte *f*. **13.** *econ.* Pipe *f* (*meist 105 Gallonen*), längliches Öl- *od.* Weinfaß. **14.** Glasbläserpfeife *f*. **15.** *Br. hist.* Rolle *f*: ~ **roll** Schatzkammerabrechnung *f*. **16.** *sl.* a) ˌkleine Fischeˈ *pl*, ˌKinderspielˈ *n*, b) todsichere Sache, c) → **pipe dream**. **II** *v/t* **17.** (durch ein Rohr *od.* Rohre *od.* e-e Rohrleitung) (weiter)leiten. **18.** *weitS.* (*durch ein Kabel etc*) leiten, *weitS.* beˈfördern, pumpen, schleusen, *a.* **~ Radio**sendung *etc* über'tragen: ~**d music** *contp.* Musik *f* aus dem Lautsprecher, Musikberies(e)lung *f*. **19.** Rohre *od.* Röhren *od.* e-e Rohrleitung legen in (*acc*). **20.** pfeifen, flöten, auf e-r Pfeife *od.* Flöte (vor-)spielen *od.* blasen: **to ~ a song** ein Lied anstimmen. **21.** *mar.* die Mannschaft zs.-pfeifen: **to ~ side** Seite pfeifen (*zur Begrüßung hoher Vorgesetzter*). **22.** piep(s)en, quieken. **23.** e-e Torte *etc* spritzen, mit feinem Guß verzieren. **24.** Kleider paspe'lieren, mit Biesen besetzen. **25.** *bot.* absenken. **26.** **to ~ one's eye** *Br. sl.* ˌflennenˈ (*weinen*). **27.** *sl.* a) betrachten, b) bemerken. **III** *v/i* **28.** pfeifen (*a.* Wind, Kugel *etc*), auf e-r Pfeife *od.* Flöte blasen, flöten. **29.** a) pfeifen, piep(s)en (*Vogel etc*), b) piepsen, piepsend sprechen *od.* singen, c) zirpen: **to ~ down** *colloq.* ˌdie Luft anhaltenˈ, ˌden Mund haltenˈ; **to ~ up** a) ˌloslegenˈ (*Sänger, Band etc*), b) ˌden Mund aufmachenˈ, losreden.
pipe|**bend** *s tech.* Rohrknie *n*. ~ **bowl** *s* Pfeifenkopf *m*. ~ **burst** *s* Rohrbruch *m*. ~**clamp** → pipe clip. '~**clay** **I** *s* **1.** *min.* Pfeifen-, Töpferton *m*. **II** *v/t* **2.** mit Pfeifenton weißen. **3.** *fig.* Konten *etc* in Ordnung bringen. ~**clean·er** *s* Pfeifenreiniger *m*. ~ **clip** *s tech.* Rohrschelle *f*. ~ **dream** *s colloq.* Luftschloß *n*, Hirngespinst *n*. '~**fish** *s ichth.* Seenadel *f*. ~ **fit·ter** *s* Rohrleger *m*. '~**lay·er** *s* Rohrleger *m*. '~**line** **I** *s* **1.** Pipeline *f*, (*für Erdöl, Erdgas etc*) Pipeline *f*: **in the ~** *fig.* in Vorbereitung (*Pläne etc*), im Kommen (*Entwicklung etc*), ˌim Anrollenˈ (*Aktion etc*); **to have in the ~** *fig.* zu erwarten haben, rechnen können mit. **2.** *fig.* (geheimer) ˌDrahtˈ, (geheime) Informati'ons)Quelle *f*. **3.** (*Versorgungs- etc*)Sy'stem *n*: **equipment ~**. **II** *v/t* **4.** in Pipelines transpor'tieren. **5.** e-e Pipeline *od.* Pipelines verlegen in (*acc*). ~ **ma·jor** *s mil. mus.* Führer *m* e-r 'Dudelsack-ka₁pelle. ~ **or·gan** *s mus.* Orgel *f*.

pip·er ['paɪpə(r)] *s* **1.** Pfeifer *m*: a) Dudelsackpfeifer *m*, b) Flötenspieler *m*: **to pay the ~** *fig.* die Zeche bezahlen, *weitS.* der Dumme sein; **he who pays the ~ calls the tune** wer bezahlt, darf auch bestimmen. **2.** ˌLungenpfeiferˈ *m* (*engbrüstiges Pferd*). **3.** *zo.* a) Knurrhahn *m*, b) Halbschnabel *m*. **4.** junger Vogel, *bes.* junge Taube. **5.** *Br.* Lockhund *m* (*bei der Entenjagd*).
pipe|**rack** *s* Pfeifenständer *m*. ~ **stem** *s* Pfeifenstiel *m*. '~**stone** *s min.* (*Art*) roter Tonstein, Pfeifenstein *m*. ~ **stop·per** *s* Pfeifenstopfer *m*. ~ **tool** *s* Pfeifenbesteck *n*.
pi·pette, *a.* **pi·pet** [pɪ'pet; *Am.* paɪ-] *s chem.* Pi'pette *f* (*Stechheber*).
pipe|**vine** *s bot.* Pfeifenwinde *f*. '~**work** *s* **1.** *mus.* Pfeifenwerk *n* (*der Orgel*). **2.** Röhrenwerk *n*, Röhren *pl*. ~ **wrench** *s tech.* Rohrzange *f*.
pip·ing ['paɪpɪŋ] **I** *s* **1.** *tech.* Rohrleitung *f*, -netz *n*, Röhrenwerk *n*. **2.** *tech.* Rohrverlegung *f*. **3.** *metall.* a) Lunker *m*, b) Lunkerbildung *f*. **4.** 'Dudelsack- *od.* 'Flötenmu₁sik *f*. **5.** Pfiff *m*. **6.** Pfeifen *n*, Piep(s)en *n*. **7.** Schnurbesatz *m*, Paspel *f* (*an Uniformen*), Biese *f*. **8.** *gastr.* feiner (Zucker)Guß, (Kuchen)Verzierung *f*. **II** *adj* **9.** pfeifend, schrill. **10.** *obs.* friedlich, i'dyllisch: **in the ~ time(s) of peace** in tiefsten Friedenszeiten. **III** *adv* **11.** zischend: ~ **hot** kochend heiß.
pip·is·trelle [ˌpɪpɪ'strel] *s zo.* Zwergfledermaus *f*.
pip·it ['pɪpɪt] *s orn.* (*bes.* Wasser)Pieper *m*.
pip·kin ['pɪpkɪn] *s* irdenes Töpfchen.
pip·pin ['pɪpɪn] *s* **1.** Pippinapfel *m*. **2.** *sl.* a) ˌtolle Sacheˈ, b) ˌtoller Kerlˈ.
'**pip·squeak** *s colloq. contp.* ˌWürstchenˈ *n* (*Person*).
pip·y ['paɪpɪ] *adj* **1.** röhrenartig, -förmig. **2.** piep(s)end.
pi·quan·cy ['piːkənsɪ; *Am. a.* 'pɪkwənsɪ] *s* **1.** Pi'kantheit *f*, (*das*) Pi'kante, Pikante'rie *f*. **2.** pi'kantes Gericht, Delika'tesse *f*. '**pi·quant** *adj* (*adv* -**ly**) pi'kant (*Soße, a. fig.* Witz *etc*), würzig, prickelnd (*a. fig.*).
pique¹ [piːk] **I** *v/t* **1.** (auf)reizen, sticheln, ärgern, kränken, verstimmen, *j-s* Stolz *etc* verletzen: **to be ~d** pikiert sein, verärgert sein (**at** über *acc*). **2.** Neugier *etc* reizen, wecken. **3.** ~ **o.s.** (**on, upon**) sich etwas einbilden (auf *acc*), sich brüsten (mit). **II** *s* **4.** Groll *m*. **5.** Gereiztheit *f*, Verstimmung *f*, Ärger *m*, Gekränktheit *f*: **in a (fit of) ~** verärgert.
pique² [piːk] (*Pikettspiel*) **I** *s* Dreißiger *m*. **II** *v/i* dreißig Punkte gewinnen. **III** *v/t j-m* dreißig Punkte abgewinnen.
pi·qué ['piːkeɪ; *Am. a.* pɪ'keɪ] *s* Pi'kee *m* (*Gewebe*).
pi·quet¹ [pɪ'ket; 'pɪkeɪ] *s* Pi'kett *n* (*Kartenspiel*).
pi·quet² ['pɪkɪt] → picket.
pi·ra·cy ['paɪərəsɪ] *s* **1.** Seeräube'rei *f*, Pirate'rie *f*. **2.** *a*) *allg.* Plagi'at *n*, b) Raubdruck *m*, unerlaubter Nachdruck, Copyright-Verletzung *f*, c) Raubpressung *f* (*e-r Schallplatte*). **3.** Pa'tentverletzung *f*.
pi·ra·gua [pɪ'rɑːgwə; -'ræg-] *s mar.* **1.** Pi'ragua *f* (*Einbaum*). **2.** zweimastiges flaches Segelboot.
pi·rate ['paɪərət] **I** *s* **1.** Pi'rat *m*, Seeräuber *m*. **2.** Pi'raten-, Seeräuberschiff *n*. **3.** *a*) *allg.* Plagi'ator *m*, b) Raubdrucker *m*, c) Raubpresser *m*. **4.** *j-d*, der sich e-r Pa'tentverletzung schuldig macht. **5.** *j-d*, der e-n Pi'ratensender betreibt. **II** *adj* **6.** Piraten...: ~ **ship**. **7.** Raub...: ~ **record** Raubpressung *f*, -platte *f*; ~ **edition** Raubdruck *m*. **8.** Schwarz...: ~ **listener**; ~ (**radio**) **station** Piraten-,

piratical – pitch-and-toss

Schwarzsender *m*. **III** *v/t* **9.** kapern, (aus)plündern (*a. weit S.*). **10.** plagi'ieren, unerlaubt nachdrucken *od.* nachpressen: ~d **edition** Raubdruck *m*; ~d **record** Raubplatte *f*, -pressung *f*. **IV** *v/i* **11.** Seeräube'rei (be)treiben. **12.** plündern. **pi·rat·i·cal** [paɪ'rætɪkl] *adj* (*adv* ~ly) **1.** seeräuberisch, Seeräuber..., Piraten... **2.** Raub...: ~ **edition** Raubdruck *m*. **3.** *fig.* pi'ratenhaft.
pi·rogue [pɪ'rəʊɡ; *Am. bes.* 'piːˌr-] → **piragua** 1.
pir·ou·ette [ˌpɪrʊ'et; *Am.* -rə'wet] **I** *s* Pirou'ette *f*. **II** *v/i* pirouet'tieren, e-e Pirou'ette ausführen.
pis·ca·ry ['pɪskərɪ] *s* **1.** *a.* **common of** ~ Fische'reiberechtigung *f* (*in fremden Gewässern*). **2.** Fischgründe *pl*, Fanggebiet *n*, -platz *m*. ˌ**pis·ca'to·ri·al** [-'tɔːrɪəl; *Am. a.* -'toʊ-], **pis·ca·to·ry** [-tərɪ; *Am.* -ˌtɔːrɪ; -ˌtoʊ-] *adj* Fischerei..., Fischer...
Pis·ces ['pɪsiːz; 'paɪ-] *s pl* (*als sg konstruiert*) *astr.* Fische *pl* (*Sternbild u. Tierkreiszeichen*): **to be** (**a**) ~ Fisch sein.
pis·ci·cul·ture ['pɪsɪkʌltʃə(r); *Am. a.* 'paɪsəˌk-] *s* Fischzucht *f*. ˌ**pis·ci'cul·tur·ist** *s* Fischzüchter *m*.
pis·ci·na [pɪ'siːnə; -'saɪ-] *pl* **-nae** [-niː], **-nas** *s* **1.** *antiq.* Pis'cina *f*: a) Fischteich *m*, b) Schwimm-, Wasserbecken *n*. **2.** *relig. hist.* Pis'cina *f* a) Taufbecken *n*, b) Wasserablauf *m* (*am Altar*). **pis·cine I** *s* ['pɪsiːn; *Am.* pə'siːn] Schwimmbecken *n*, -bad *n*. **II** *adj* ['pɪsaɪn; *Am. a.* 'paɪˌsiːn] Fisch... **pis·civ·o·rous** [pɪ'sɪvərəs] *adj* fischfressend.
pi·sé [piː'zeɪ] *s arch.* **1.** Pi'see *m*, Stampfmasse *f*. **2.** Pi'seebau *m*.
pish [pɪʃ; pʃ] *interj* **1.** pfui!, puh! **2.** pah!, ˌQuatsch!'
pi·shogue [pɪ'ʃəʊɡ] *s Ir.* Hexe'rei *f*.
pi·si·form ['pɪsɪfɔː(r)m; *bes. Am.* 'paɪ-] **I** *adj* erbsenförmig, Erbsen... **II** *s a.* ~ **bone** *anat.* Erbsenbein *n*.
piss [pɪs] *vulg.* **I** *v/i* **1.** ˌpissen', ˌschiffen' (*urinieren*): **to** ~ **on s.th.** *fig.* auf etwas ˌscheißen'. **2.** ~ **off** (*meist als imp*) *bes. Br.* ˌsich verpissen' (*verschwinden*). **3.** ~ **about** (*od.* **around**) a) her'umblödeln, b) her'umgammeln. **4.** *impers* ˌschütten' (*stark regnen*). **II** *v/t* **5.** ˌanpissen', ˌbepissen', ˌpissen' *od.* ˌschiffen' in (*acc*): **to** ~ **the bed**. **6.** ~ **o.s.** sich (halb) totlachen, sich vor Lachen in die Hosen machen. **7.** ~ **off** *j-n* ˌankotzen' (*Arbeit etc*): **to be** ~**ed off** ˌstocksauer' sein; **to be** ~**ed off with** ˌdie Schnauze voll haben' von. **III** *s* **8.** ˌPisse' *f*, ˌSchiffe' *f*: **to take the** ~ **out of s.o.** *j-n* ˌverarschen' (*veralbern*). **9.** ˌPissen' *n*, ˌSchiffen' *n*: **to have** (**to go for**) **a** ~ ˌpissen' *od.* ˌschiffen' (gehen). **10.** *Austral.* Bier *n*. **pissed** [pɪst] *adj vulg.* **1.** *Br.* ˌblau' (*betrunken*): (**as**) ~ **as a newt**, ~ **out of one's head** (*od.* **mind**) ˌsternhagelvoll'. **2.** *Am.* ˌstocksauer' (*wütend*).
pis·ta·chi·o [pɪ'stɑːʃɪəʊ; -'stæʃ-] *pl* **-os** *s* **1.** *bot.* Pi'stazie *f* (*Baum u. Frucht*). **2.** *a.* ~ **green** Pi'staziengrün *n*.
piste [piːst] *s* **1.** *Skisport:* Piste *f*. **2.** *fenc.* Planche *f*.
pis·til ['pɪstɪl] *s bot.* Pi'still *n*, Stempel *m*, Griffel *m*. **'pis·til·late** [-lət; -leɪt] *adj* mit Stempel(n) (versehen), weiblich (*Blüte*).
pis·tol ['pɪstl] **I** *s* Pi'stole *f*: **to hold a** ~ **to s.o.'s head** *fig. j-m* die Pistole auf die Brust setzen. **II** *v/t pret u. pp* **-toled**, *bes. Br.* **-tolled** mit e-r Pi'stole erschießen.
pis·tole [pɪ'stəʊl] *s* Pi'stole *f* (*alte Goldmünze*).
pis·tol | **grip** *s tech.* Pi'stolengriff *m*. ~ **point** *s* **at** ~ mit vorgehaltener Pistole *od.* Waffe, mit Waffengewalt. ~ **shot** *s* **1.** Pi'stolenschuß *m*. **2.** *Am.* Pi'stolenschütze *m*. '~-ˌ**whip** *v/t Am. j-n* mit e-r Pi'stole schlagen.
pis·ton ['pɪstən] *s* **1.** *tech.* Kolben *m*. **2.** *a.* ~ **valve** *mus.* Pi'ston *n*, ('Gleit)Ven,til *n* (*bei Blasinstrumenten*). **3.** *a.* ~ **knob** *mus.* Kombinati'onsknopf *m* (*der Orgel*). ~ **dis·place·ment** *s* Kolbenverdrängung *f*, Hubraum *m*. ~ **drill** *s* 'Kolbenˌbohrmaˌschine *f*. ~ **en·gine** *s* Kolbenmotor *m*. ~ **pump** *s* Kolbenpumpe *f*. ~ **ring** *s* Kolbenring *m*. ~ **rod** *s* Kolben-, Pleuelstange *f*. ~ **stroke** *s* Kolbenhub *m*. ~ **valve** *s* **1.** 'Kolbenvenˌtil *n*. **2.** → **piston** 2.
pit¹ [pɪt] **I** *s* **1.** Grube *f* (*a. anat.*), Loch *n*, Vertiefung *f*: **inspection** ~ *mot. tech.* Schmiergrube; **refuse** ~ Müllgrube; ~ **of the stomach** *anat.* Magengrube. **2.** Fallgrube *f*, Falle *f*: **to dig a** ~ **for s.o.** *fig. j-m* e-e Falle stellen. **3.** Abgrund *m* (*a. fig.*): **the** ~ *Am. sl.* ˌdas Letzte'. **4.** *a.* **bottomless** ~, ~ **of hell** (Abgrund *m* der) Hölle *f*, Höllenschlund *m*. **5.** *Bergbau:* a) (*bes.* Kohlen)Grube *f*, Zeche *f*, b) (*bes.* Kohlen)Schacht *m*: ~ **bottom** Füllort *n* (*im Schacht*). **6.** *med.* (Pocken-, Blattern-) Narbe *f*. **7.** *metall.* (Korrosi'ons)Narbe *f*. **8.** *tech.* a) (Arbeits-, Wartungs)Grube *f*, b) (*Gießerei:* Damm-grube *f*, c) (Kies- *etc*)Grube *f*: **gravel** ~, d) Abstichherd *m*, Schlackengrube *f*. **9.** *mil.* a) Schützenloch *n*, (Werfer-)Grube *f*, c) Anzeigerdeckung *f* (*beim Schießstand*). **10.** *thea. bes. Br.* a) (*erstes*) Par'kett: ~ **stalls** zweites Parkett, Parterre *n*, b) → **orchestra** 2 a. **11.** *Am. Börse* f, Maklerstand *m* (*der Produktenbörse*): **grain** ~ Getreidebörse. **12.** Kampfplatz *m* (*bes. für Hahnenkämpfe*). **13.** *meist pl Motorsport:* Box *f*: ~ **road** Boxenstraße *f*; ~ **stop** Boxenstopp *m*. **14.** *agr.* (Rüben- *etc*)Miete *f*. **15.** *Leichtathletik:* Sprunggrube *f*. **16.** *bot.* Tüpfel *m* (*dünne Stelle in e-r Zellwand*). **17.** *Br. sl.* a) Bett *n*, b) Schlafzimmer *n*. **II** *v/t* **18.** Gruben *od.* Löcher *od.* Vertiefungen bilden in (*dat*) *od.* graben in (*acc*), *metall.* (*durch Korrosion*) an-, zerfressen. **19.** mit Narben bedecken: ~**ted with smallpox** pockennarbig. **20.** *agr.* Rüben *etc* einmieten. **21.** (**against**) a) (*feindlich*) gegen'überstellen (*dat*), (als Gegner) aufstellen (gegen), b) *j-n* ausspielen (gegen), c) *s-e* Kraft *etc* messen (mit) *od.* aufbieten (gegen), *ein Argument etc* ins Feld führen (gegen). **III** *v/i* **22.** Löcher *od.* Vertiefungen bilden, sich aushöhlen. **23.** (pocken-, blatter)narbig werden. **24.** sich festfressen (*Kolben*). **25.** *med.* (*auf Fingerdruck*) e-e Druckstelle hinter'lassen.
pit² [pɪt] *bes. Am.* **I** *s* (Obst)Stein *m*, Kern *m*. **II** *v/t* entsteinen, -kernen.
pit·a·pat ['pɪtəˌpæt] **I** *adv* ticktack, klippklapp: **his heart went** ~ sein Herz klopfte heftig. **II** *s* Getrappel *n*.
pitch¹ [pɪtʃ] **I** *s* **1.** *min.* Pech *n*: → **min·eral pitch**. **2.** *bot.* (rohes Terpen'tin-)Harz. **II** *v/t* **3.** (ver)pechen, (-)pichen: ~**ed thread** Pechdraht *m*.
pitch² [pɪtʃ] **I** *v/t* **1.** das Zelt, das Lager, e-n Verkaufsstand *etc* aufschlagen, -stellen, *e-n Leiter etc* anlegen, *das Lager etc* errichten, *e-n Pfosten etc* einrammen, -schlagen, befestigen: **to** ~ **wickets** (*Kricket*) Dreistäbe einschlagen. **3.** (*gezielt*) werfen, schleudern: **to** ~ **a spear**; **to** ~ **a coin** e-e Münze hochwerfen (*zum Knobeln etc*). **4.** Heu *etc* (auf)laden, (-)gabeln. **5.** in Schlachtordnung aufstellen: ~**ed battle** regelrechte *od.* offene (Feld-)Schlacht. **6.** (*der Höhe od. dem Wert etc nach*) festsetzen, -legen: **to** ~ **one's expectations too high** *s*-e Erwartungen zu hoch schrauben, zuviel erwarten; **to** ~ **one's hopes too high** *s*-e Hoffnungen zu hoch stecken. **7.** *fig.* e-e Rede *etc* abstimmen (**on** auf *acc*), (*auf bestimmte Weise*) ausdrücken. **8.** *mus.* a) *ein Instrument* (*auf e-e bestimmte Tonhöhe*) stimmen, b) *ein Lied etc* (*in bestimmter Tonhöhe*) anstimmen *od.* singen *od.* spielen, die Tonhöhe festsetzen *od.* anschlagen für (*ein Lied etc*): **to** ~ **the voice high** hoch anstimmen *od.* singen; **his voice was well** ~**ed** er hatte e-e gute Stimmlage. **9.** a) *Baseball:* den Ball (*dem Schläger zu*)werfen, b) *Kricket:* den Ball (gegen das Mal) werfen, c) *Golf:* den Ball pitchen. **10.** *fig.* den Sinn *etc* richten (**toward** auf *acc*). **11.** e-e Straße (be-) schottern, (mit unbehauenen Steinen) pflastern, *e-e Böschung* (mit unbehauenen Steinen) verpacken. **12.** *Kartenspiel:* e-e Farbe durch Ausspielen zum Trumpf machen, *die Trumpffarbe* durch Ausspielen festlegen. **13.** *Ware* a) zum Verkauf anbieten, ausstellen, feilhalten, b) anpreisen. **14.** *sl.* e-e Geschichte *etc* ˌauftischen': **to** ~ **a yarn** *fig.* ˌein Garn spinnen'.
II *v/i* **15.** (*bes. kopfüber*) ('hin)stürzen, 'hinschlagen. **16.** aufschlagen, -prallen (*Ball etc*). **17.** taumeln. **18.** *mar.* stampfen (*Schiff*). **19.** werfen. **20.** a) *Baseball:* den Ball dem Schläger zuspielen, b) *Baseball:* als Werfer spielen, werfen, c) *Golf:* pitchen, e-n Pitch schlagen *od.* spielen. **21.** sich neigen (*Dach etc*). **22.** a) ein Zelt *od.* Lager aufschlagen, (sich) lagern, b) e-n (Verkaufs)Stand aufschlagen. **23.** (**on, upon**) sich entscheiden (für), verfallen (auf *acc*). **24.** ~ **in** *colloq.* a) sich (*tüchtig*) ins Zeug legen, loslegen, sich ranmachen, b) tüchtig zulangen (*essen*), c) (**with** mit) mit anpacken. **25.** ~ **into** *colloq.* a) losgehen auf *j-n*, 'herfallen über *j-n* (*a. mit Worten etc*), b) 'herfallen über *das Essen*, c) sich (mit Schwung) an *die* Arbeit machen. **26.** *colloq.* a) *allg.* sport spielen, b) *fig.* kämpfen.
III *s* **27.** Wurf *m* (*a. sport*): **to queer s.o.'s** ~ *colloq. j-m* ˌdie Tour vermasseln', *j-m* e-n Strich durch die Rechnung machen; **what's the** ~? *Am. sl.* was ist los?; **I get the** ~ *Am. sl.* ich kapiere. **28.** *mar.* Stampfen *n*. **29.** Neigung *f*, Gefälle *n* (*e-s Daches etc*). **30.** Höhe *f*. **31.** *mus.* Tonhöhe *f*: ~ **level** Ton- *od.* Stimmlage *f*; ~ **name** absoluter Notenname; ~ **number** Schwingungszahl *f* (*e-s Tones*). **32.** *mus.* a) (*tatsächliche*, *absolute*) Stimmung (*e-s Instruments*), b) richtige Tonhöhe (*in der Ausführung*): **above** (**below**) ~ zu hoch (tief); **to sing true to** ~ tonrein singen. **33.** *a.* **standard** ~ *mus.* Nor'malton(höhe *f*) *m*, Kammerton *m*: → **concert pitch**. **34.** *a.* **sense of** ~ *mus.* Tonbewußtsein *n*: **to have absolute** (*od.* **perfect**) ~ das absolute Gehör haben. **35.** Grad *m*, Stufe *f*, Höhe *f* (*a. fig.*): ~ **of an arch** Bogenhöhe *f*; **to fly a high** ~ hoch fliegen. **36.** *fig.* äußerster (höchster *od.* tiefster) Punkt, höchster Grad, Gipfel *m*: **to the highest** ~ aufs äußerste. **37.** *bes. Br.* Stand *m* (*e-s Straßenhändlers etc*). **38.** *econ. Br.* (Waren)Angebot *n*. **39.** *sl.* a) Anpreisung *f*, b) Verkaufsgespräch *n*, c) Werbeanzeige *f*. **40.** *sl.* ˌPlatte' *f*, ˌMasche' *f*, Geschwätz *n*. **41.** *sport* a) *allg.* Spielfeld *n*, b) *Kricket:* (Mittel)Feld *n*, c) *Kricket:* Aufprall *m*, d) *Golf:* Pitch (shot) *m* (*kurzer Annäherungsschlag zur Fahne*). **42.** *tech.* a) Teilung *f* (*e-s Gewindes, Zahnrads etc*), b) *aer.* (Blatt)Steigung *f* (*e-r Luftschraube*), c) Schränkung *f* (*e-r Säge*). **43.** a) Lochabstand *m* (*beim Film*), b) Rillenabstand *m* (*der Schallplatte*).
pitch| **ac·cent** *s ling.* musi'kalischer ('Ton)Akˌzent. ˌ~**-and-'toss** *s* Kopf *m*

oder Wappen *n* (*Spiel*). ~ **an·gle** *s* Steigungswinkel *m*. ~**'black** *adj* pechschwarz. '~**blende** [-blend] *s min*. (U'ran)Pechblende *f*. ~ **cir·cle** *s tech*. Teilkreis *m* (*e-s Zahnrads*). ~ **coal** *s* Pechkohle *f*. ~**'dark** *adj* pechschwarz, stockdunkel (*Nacht*).
pitch·er[1] ['pɪtʃə(r)] *s* **1.** *Baseball*: Werfer *m*. **2.** *bes. Br.* Straßenhändler *m*. **3.** Pflasterstein *m*. **4.** *Golf*: Pitcher *m* (*Eisenschläger Nr. 7*).
pitch·er[2] ['pɪtʃə(r)] *s* (irdener) Krug (*mit Henkel*): **the ~ goes to the well once too often** der Krug geht so lange zum Brunnen, bis er bricht.
'**pitch·fork I** *s* **1.** *agr*. Heu-, Mistgabel *f*: **to rain ~s** ,schütten' (*stark regnen*). **II** *v/t* **2.** mit e-r Heu- *od*. Mistgabel werfen, gabeln. **3.** *fig.* drängen, ,schubsen' (**into** in *acc*): **to ~ troops into a battle** Truppen in die Schlacht werfen.
pitch·ing ['pɪtʃɪŋ] *s* **1.** Werfen *n*, Schleudern *n*. **2.** Aufstellen *n*, Errichten *n* (*e-s Zeltes etc*). **3.** *econ.* Ausstellung *f* (*von Waren*). **4.** *Straßenbau*: Pflasterung *f*. **5.** *Wasserbau*: Steinpackung *f*. **6.** *mar.* Stampfen *n* (*e-s Schiffs*). ~ **mo·ment** *s tech.* 'Kippmo₁ment *n*. ~ **nib·lick** *s Golf*: Pitching-Niblick *m* (*Eisenschläger Nr. 8*). ~ **wedge** *s Golf*: Pitching-Wedge *m* (*Schläger für kurze Annäherungsschläge*).
pitch| **line** *s tech.* Teilungslinie *f*. ~**man** [-mən] *s irr Am. colloq.* **1.** Straßenhändler *m*. **2.** ,Werbefritze' *m*, Anpreiser *m*. ~ **pine** *s bot.* Amer. Pechkiefer *f*. ~ **pipe** *s mus.* Stimmpfeife *f*. ~ **point** *s tech.* Berührungspunkt *m* auf dem Teilkreis. ~ **shot** → pitch[2] 4 d. '~**stone** *s geol.* Pechstein *m*.
pitch·y ['pɪtʃɪ] *adj* **1.** teerig, voll(er) Pech *od.* Teer. **2.** pech-, teerartig. **3.** pechschwarz (*a. fig.*).
pit| **clo·sure** *s* Zechenstillegung *f*. ~ **coal** *s* Steinkohle *f*. ~ **dis·as·ter** *s* Grubenunglück *n*.
pit·e·ous ['pɪtɪəs] *adj* (*adv* ~**ly**) mitleiderregend, herzzerreißend, *a. contp.* erbärmlich, jämmerlich, kläglich.
'**pit·fall** *s* Falle *f* (*a. fig.*), (Fall)Grube *f*, *fig.* Fallstrick *m*.
pit fire *s* Grubenbrand *m*.
pith [pɪθ] **I** *s* **1.** *bot.* Mark *n*. **2.** (Rücken-, Knochen)Mark *n*. **3.** *a.* ~ **and marrow** *fig.* Mark *n*, Kern *m*, 'Quintes₁senz *f*. **4.** *fig.* Kraft *f*, Präˈgnanz *f*, Eindringlichkeit *f*. **5.** *fig.* Gewicht *n*, Bedeutung *f*. **II** *v/t* **6.** *ein Tier durch Durchˈbohren des Rückenmarks töten*. **7.** *bot.* das Mark entfernen aus (*e-r Pflanze*). ~**ball** *s phys.* Ho'lundermarkkügelchen *n*. ~ **electroscope** Holundermarkelektroskop *n*.
'**pit·head** *s* (*Bergbau*) **1.** Füllort *m*, Schachtöffnung *f*. **2.** Fördergerüst *n*. ~ **work** *s* Arbeit *f* über Tage.
pith·e·can·thro·pus [₁pɪθɪkænˈθrəʊpəs; -ˈkænθrəpəs] *s* Pithekˈanthropus *m*, Javamensch *m*.
pith·e·coid ['pɪθɪkɔɪd; pɪˈθiːkɔɪd] *adj* pitheko'id, affenähnlich.
pith| **hel·met**, *a.* ~ **hat** *s* Tropenhelm *m*.
pith·i·ness ['pɪθɪnɪs] *s* **1.** (das) Markige *n*, Markigkeit *f*. **2.** *fig.* Kernigkeit *f*, Präˈgnanz *f*, Kraft *f*. '**pith·less** *adj* **1.** marklos. **2.** *fig.* kraftlos, schwach.
pith pa·per *s* 'Reispa₁pier *n*.
pith·y ['pɪθɪ] *adj* (*adv* **pithily**) **1.** markig, markartig. **2.** voller Mark. **3.** *fig.* markig, kernig, präˈgnant, kraftvoll: **a ~ saying** ein Kernspruch.
pit·i·a·ble ['pɪtɪəbl] *adj* (*adv* **pitiably**) **1.** bemitleidens-, bedauernswert, mitleiderregend, *a. contp.* erbärmlich, elend, jämmerlich, kläglich. **2.** *fig. contp.* armselig, dürftig.
pit·i·ful ['pɪtɪfʊl] *adj* **1.** *obs.* mitleidig, mitleid(s)voll. **2.** → pitiable. '**pit·i·ful·ness** *s* **1.** *obs.* Mitleid *n*. **2.** Erbärmlichkeit *f*, Jämmerlichkeit *f*.
pit·i·less ['pɪtɪlɪs] *adj* (*adv* ~**ly**) unbarmherzig, mitleid(s)-, erbarmungslos. '**pit·i·less·ness** *s* Unbarmherzigkeit *f*.
'**pit·man** [-mən] *s* **1.** *irr* Bergmann *m*, Knappe *m*, Kumpel *m*, Grubenarbeiter *m*. **2.** *pl* -**mans** *tech. Am.* → **connecting rod**.
pi·tom·e·ter [pɪ'tɒmɪtə; *Am.* -'tɑmətər] *s tech.* Pito'meter *n* (*Gerät zur Messung der Strömungsgeschwindigkeit*).
pi·ton ['piːtɔ̃ː; -tɒn; *Am.* -₁tɑn] *s* (Kletter)Haken *m* (*der Bergsteiger*).
₁**Pi·tot-'stat·ic tube** [₁piːtəʊ-] *s phys.* **1.** statisches Pi'totrohr, Drucksonde *f*. **2.** → Pitot tube. **Pi·tot tube** *s phys.* Piˈtotrohr *n* (*Staudruckmesser*).
pit·pan ['pɪt₁pæn] *s mar. Am.* (Art) flaches Flußboot.
pit| **po·ny** *s Br.* Grubenpony *n*. ~ **prop** *s Bergbau*: (Gruben)Stempel *m*, (-)Holz *n*. ~ **saw** *s tech.* Schrotsäge *f*.
pit·tance ['pɪtəns] *s* **1.** Hungerlohn *m*, ,paar Pfennige' *pl*. **2.** (kleines) bißchen, Häppchen *n*: **the small ~ of learning** das kümmerliche Wissen.
'**pit·ter-₁pat·ter I** *adv* tripptrapp, klippklapp: **his heart went ~** sein Herz klopfte heftig. **II** *s* Tripptrapp *n*, Trippeln *n*, Plätschern *n* (*von Regen etc*).
pit·ti·cite ['pɪtɪsaɪt] *s min.* Eisenpecherz *n*.
pit·ting ['pɪtɪŋ] *s* **1.** *a*) (Aus)Graben *n*, Aushöhlen *n*, *b*) Grübchenbildung *f*. **2.** *metall.* Körnung *f*, Lochfraß *m*, 'Grübchenkorrosi₁on *f*, Angefressensein *n* (*der inneren Kesselfläche*). **3.** *collect.* Narben *pl*, Grübchen *pl*, Löcher *pl*. **4.** *Bergbau*: Schachtbau *m*.
pit·tos·po·rum [pɪ'tɒspərəm; *Am.* -'tɑs-] *s bot.* Klebsame *m*.
pi·tu·i·tar·y [pɪ'tjʊɪtərɪ; *Am.* pə'tjuːə-₁terɪː; -'tuː-] *adj physiol.* pituiˈtär, schleimabsondernd, Schleim...: ~ **extract** Hypoˈphysenpräparat *n*. ~ **bod·y**, ~ **gland** *s anat.* Hypoˈphyse *f*, Hirnanhang(sdrüse *f*) *m*.
pi·tu·i·trin [pɪ'tjʊɪtrɪn; *Am.* pə'tjuːə-; -'tuːə-] *s physiol.* Pituiˈtrin(präpa₁rat) *n*.
pit·y ['pɪtɪ] **I** *s* **1.** Mitleid *n*, Erbarmen *n*, (mitleidiges) Bedauern, Mitgefühl *n*: **to feel ~ for**, **to have** (*od.* **take**) ~ **on** Mitleid haben mit; **for ~'s sake!** um Himmels willen! **2.** traurige Tatsache, Jammer *m*: **it is a (great) ~** es ist (sehr) schade; **what a ~!** wie schade!; **more's the ~!** um so schlimmer!; **it is a thousand pities** es ist jammerschade; **the ~ of it is that** es ist nur schade *od.* ein Jammer, daß; der (einzige) Nachteil (dabei) ist, daß. **II** *v/t* **3.** bemitleiden, bedauern, Mitleid haben mit: **I ~ you** du tust mir leid (*a. iro.*). '**pit·y·ing** *adj* (*adv* ~**ly**) mitleid(s)voll, mitleidig.
pit·y·ri·a·sis [₁pɪtɪ'raɪəsɪs] *s med.* Pityˈriasis *f*, Schuppenkrankheit *f*.
piv·ot ['pɪvət] **I** *s* **1.** *tech. a*) (Dreh)Punkt *m*, *b*) (Dreh)Zapfen *m*, *c*) Stift *m*, *d*) Spindel *f*, *e*) Achse *f* (*e-r Waage etc*): **to turn on a ~** sich um e-n Zapfen drehen. **2.** (Tür)Angel *f*. **3.** *mil.* innerer Flügelmann, Schwenkungspunkt *m*. **4.** *fig. a*) Dreh-, Angelpunkt *m*, *b*) Mittelpunkt *m*, *c*) 'Schlüsselfi₁gur *f*, *Fußball*: 'Schaltstati₁on *f* (*Spieler*). **5.** *Basketball*: Sternschritt *m*. **II** *v/t* **6.** *tech. a*) mit e-m Zapfen *etc* versehen, *b*) drehbar lagern, *c*) (ein-) schwenken, drehen: **to ~ up** (*a. fig.*); ~**ed** → 11; ~**ed lever** Schwenkhebel *m*. **III** *v/i* **7.** sich (wie) um e-e Achse *etc* drehen. **8.** *meist fig.* sich drehen (**upon**, **on** um). **9.** *mil.* schwenken. **10.** *Basketball*: e-n Sternschritt ausführen. **IV** *adj* **11.** *tech.* Zapfen..., auf Zapfen gelagert, Schwenk..., schwenkbar. **12.** → pivotal.
piv·ot·al ['pɪvətl] *adj* (*adv* ~**ly**) **1.** Zapfen..., Angel...: ~ **point** Angelpunkt *m* (*a. fig.*). **2.** *fig.* zenˈtral, Kardinal..., Haupt..., Schlüssel...: ~ **question** zentrale Frage; ~ **man** → pivot 4 c; ~ **position** Schlüsselposition *f*.
piv·ot| **bear·ing** *s tech.* Schwenk-, Zapfenlager *n*. ~ **bolt** *s mil. tech.* Drehbolzen *m*. ~ **bridge** *s tech.* Drehbrücke *f*. ~ **gun** *s mil.* Pi'votgeschütz *n*. ~ **man** *s irr* → pivot 4 c. '~**mount·ed** *adj tech.* schwenkbar. ~ **pin** *s tech.* Kipp-, Lagerzapfen *m*. ~ **sus·pen·sion** *s tech.* Spitzenaufhängung *f*. ~ **tooth** *s irr med.* Stiftzahn *m*.
pix[1] → pyx.
pix[2] [pɪks] *pl von* pic.
pix·el ['pɪksl] *s TV* 'Bildele₁ment *n*, Bild-, Rasterpunkt *m*.
pix·ie → pixy.
pix·i·lat·ed ['pɪksɪleɪtɪd] *adj bes. Am. colloq.* **1.** ,verdreht', ,nicht ganz richtig', leicht verrückt. **2.** schrullig, verschroben. **3.** schelmisch. **4.** ,blau' (*betrunken*).
pix·y ['pɪksɪ] *s* Fee *f*, Elf *m*, Elfe *f*, Kobold *m*. ~ **stool** *s Br.* (Gift)Pilz *m*.
pi·zazz → pizzazz.
piz·za ['piːtsə] *s gastr.* Pizza *f*.
piz·zazz [pə'zæz] *s Am. sl.* **1.** ,Schmiß' *m*, Pep *m*. **2.** ,Knalligkeit' *f*, Protz *m*.
piz·ze·ri·a [₁piːtsə'riːə] *s* Pizzeˈria *f*.
piz·zi·ca·to [₁pɪtsɪ'kɑːtsəʊ] *mus.* **I** *adj u. adv* pizzi'cato, gezupft. **II** *pl* -**'ca·ti** [-tɪ] *od.* -'**ca·tos** *s* Pizzi'cato *n*.
piz·zle ['pɪzl] *s* **1.** *zo.* Fiesel *m* (*Ochsenpenis*). **2.** Ochsenziemer *m*.
plac·a·bil·i·ty [₁plækə'bɪlətɪ; ₁pleɪk-] → placableness. '**plac·a·ble** *adj* (*adv* placably) versöhnlich, nachgiebig. '**plac·a·ble·ness** *s* Versöhnlichkeit *f*.
plac·ard ['plækɑː(r)d; *Am. a.* -kərd] **I** *s* **1.** *a*) Pla'kat *n*, *b*) Transpa'rent *n*. **II** *v/t* **2.** mit Pla'katen bekleben. **3.** *a*) durch Pla'kate bekanntmachen, anschlagen, *b*) Pla'katwerbung machen für.
pla·cate [plə'keɪt; *Am.* 'pleɪk₁eɪt; 'plæk-] *v/t* beschwichtigen, besänftigen, versöhnlich stimmen. **pla·ca·to·ry** [plə-'keɪtərɪ; *Am.* 'pleɪkə₁tɔːriː; -₁toʊ-; 'plæk-] *adj* beschwichtigend, versöhnlich, Versöhnungs...
place [pleɪs] **I** *s* **1.** Ort *m*, Stelle *f*, Platz *m*: **from ~ to ~** von Ort zu Ort; **in all ~s** überall; **in ~s** stellenweise; **to take ~** stattfinden. **2.** (*mit adj*) Stelle *f*: **a wet ~ on the floor**. **3.** (*eingenommene*) Stelle: **to take s.o.'s ~** j-s Stelle einnehmen, j-n vertreten; **to take the ~ of** ersetzen; **in ~ of** an Stelle von (*od. gen*); **if I were in your ~** I would sich an Ihrer Stelle würde; **put yourself in my ~!** versetzen Sie sich (doch einmal) in m-e Lage! **4.** Platz *m* (*Raum*): **to give ~ (to)** Platz machen (für *od. dat*) (*a. fig.*), nachgeben (*dat*). **5.** (*richtiger od. ordnungsgemäßer*) Platz: **to find one's ~** sich zurechtfinden; **in (out of) ~** (nicht) am (richtigen) Platz; **this remark was out of ~** diese Bemerkung war deplaciert *od.* unangebracht; **this is no ~ for** das *od.* hier ist nicht der (geeignete) Ort für. **6.** Ort *m*, Stätte *f*: ~ **of amusement** Vergnügungsstätte; ~ **of birth** Geburtsort; ~ **of employment** Arbeitsplatz *m*, -stelle *f*, -stätte; ~ **of interest** Sehenswürdigkeit *f*; ~ **of worship** Kultstätte, b) Gotteshaus *n*; **to go ~s** *Am. a*) ausgehen, (verschiedene) Vergnügungsstätten aufsuchen, *b*) sich die Sehenswürdigkeiten (*e-s Ortes*) ansehen, *c*) es weit bringen (im Leben). **7.** *econ.* Ort *m*, Platz *m*, Sitz *m*: ~ **of**

place bet – plan

business Geschäftssitz; ~ of delivery Erfüllungsort; ~ of payment Zahlungsort; from this ~ ab hier; in (od. of) your ~ dort. **8.** Wohnsitz m, Haus n, Wohnung f: at his ~ bei ihm (zu Hause). **9.** Wohnort m, Ort(schaft f) m: his native ~ sein Heimatort; in this ~ hier. **10.** Gegend f: of this ~ hiesig. **11.** Welt f. **12.** thea. Ort m (der Handlung). **13.** colloq. Lo'kal n. **14.** mar. Platz m, Hafen m: ~ for tran(s)shipment Umschlagplatz; ~ of call Anlaufhafen. **15.** mil. fester Platz, Festung f. **16.** Raum m (Ggs. Zeit). **17.** Stelle f (in e-m Buch): to lose one's ~ a) die Stelle verblättern, b) die Zeile verlieren. **18.** math. (Dezi'mal)Stelle f: of many ~s vielstellig; ~ value Stellenwert m. **19.** Platz m, Stelle f (in e-r Reihenfolge): in the first ~ a) an erster Stelle, erstens, zuerst, als erst(er, e, es), b) in erster Linie, c) überhaupt (erst), d) ursprünglich; why did you do it in the first ~? warum haben Sie es überhaupt getan?; you should have omitted it in the first ~ Sie hätten es von vornherein bleibenlassen sollen; in the last ~ an letzter Stelle, zuletzt, als letzt(er, e, es), schließlich. **20.** sport Platz m: in third ~ auf dem dritten Platz. **21.** (Sitz)Platz m, Sitz m: take your ~s! nehmen Sie Ihre Plätze ein! **22.** a) (An)Stellung f, (Arbeits)Stelle f, Posten m: out of ~ stellenlos, b) a. university ~ Studienplatz m. **23.** Amt n: a) Dienst m: in ~ im Amt (Minister etc), im Staatsdienst, b) fig. Aufgabe f, Pflicht f: it is not my ~ to do this es ist nicht m-s Amtes, dies zu tun. **24.** (soziale) Stellung, Stand m, Rang m: to keep s.o. in his ~ j-n in s-n Schranken od. Grenzen halten; to know one's ~ wissen, wohin man gehört; to put s.o. in his ~ j-n in s-e Schranken weisen. **25.** fig. Grund m: there's no ~ for doubt hier ist kein Raum für Zweifel, es besteht kein Grund zu zweifeln.
II v/t **26.** stellen, setzen, legen (a. fig.): to ~ a call ein (Telefon)Gespräch anmelden; to ~ a coffin e-n Sarg aufbahren; to ~ in order zurechtstellen, ordnen; to ~ on record aufzeichnen, (schriftlich) festhalten; he ~d a ring on her finger er steckte ihr e-n Ring an den Finger; (siehe die Verbindungen mit den entsprechenden Substantiven). **27.** Posten etc aufstellen: to ~ o.s. sich aufstellen od. postieren. **28.** j-n ,'unterbringen' (identifizieren): I can't ~ him ich weiß nicht, wo ich ihn unterbringen od. ,hintun' soll. **29.** j-n, a. e-e Waise etc ,'unterbringen', j-m Arbeit od. e-e (An)Stellung verschaffen. **30.** j-n ein-, anstellen. **31.** j-n ernennen od. in ein Amt einsetzen. **32.** (der Lage nach) näher bestimmen. **33.** econ. a) e-e Anleihe, Kapital 'unterbringen, b) (with) Aufträge erteilen (dat), vergeben (an acc), e-e Bestellung aufgeben (bei), c) e-n Vertrag, e-e Versicherung abschließen: to ~ a contract; to ~ an issue e-e Emission unterbringen od. placieren. **34.** Ware absetzen. **35.** sport pla'cieren: to be ~d sich placieren, placiert sein, unter den ersten drei sein. **36.** sport a) den Ball pla'cieren, b) Rugby: ein Tor mit e-m Platztritt schießen. **37.** electr. schalten: to ~ in parallel parallel schalten.
place bet s Pferdesport: Platzwette f.
pla·ce·bo [plə'siːbəʊ] pl **-bos** od. **-boes** s **1.** [Am. plɑːˈt[eɪbəʊ] R.C. Vesperhymnus für die Toten. **2.** med. pharm. Pla'cebo n, 'Scheinarz,nei f, 'Leer-, 'Blindpräpa,rat n. **3.** fig. Beruhigungspille f. ~ **ef·fect** s med. Pla'ceboef,fekt m.
place| brick s tech. Weichbrand m, Kreuzstein m. ~ **card** s Platz-, Tischkarte f. ~ **hunt·er** s Postenjäger m. ~

hunt·ing s Postenjäge'rei f. ~ **kick** s **1.** Fußball: Stoß m auf den ruhenden Ball. **2.** Rugby: Platztritt m. '~**man** [-mən] s irr bes. Br. contp. ,Pöstcheninhaber', ,'Futterkrippenpo,litiker' m. ~ **mat** s Set n, m, Platzdeckchen n.
place·ment ['pleɪsmənt] s **1.** ('Hin-, Auf)Stellen n, Setzen n, Legen n. **2.** a) Einstellung f (e-s Arbeitnehmers), b) Vermittlung f (e-s Arbeitsplatzes), c) Einsatz m (e-s Arbeitnehmers). **3.** Stellung f, Lage f. **4.** Anordnung f. **5.** econ. Anlage f, 'Unterbringung f (e-r Anleihe, von Kapital etc), Pla'cieren n (von Geldern), Erteilung f, Vergabe f (von Aufträgen). **6.** 'Unterbringung f (e-r Waise etc). **7.** ped. Am. Einstufung f: ~ **test** Einstufungs-, Aufnahmeprüfung f. **8.** sport a) Pla'cieren n (des Balles), b) a. ~ **shot** (Tennis) ,tödlich' pla'cierter Ball.
place name s Ortsname m.
pla·cen·ta [plə'sentə] pl **-tae** [-tiː], **-tas** s **1.** physiol. Pla'zenta f, Mutter-, Fruchtkuchen m, Nachgeburt f. **2.** bot. Samenleiste f. **pla'cen·tal** adj **1.** physiol. plazen'tar, Mutterkuchen... **2.** bot. Samenträger...
plac·er ['plæsə(r)] s min. **1.** bes. Am. (Gold- etc)Seife f. **2.** seifengold- od. erzseifenhaltige Stelle. ~ **gold** s Seifen-, Waschgold n. ~ **min·ing** s bes. Am. Goldwaschen n.
place set·ting s Gedeck n.
pla·cet ['pleɪset] (Lat.) s Plazet n, Zustimmung f, Ja-Stimme f, Ja n.
plac·id ['plæsɪd] adj (adv **-ly**) **1.** ruhig, friedlich. **2.** mild, sanft. **3.** gelassen, (seelen)ruhig, ,gemütlich'. **4.** selbstgefällig. **pla·cid·i·ty** [plæ'sɪdətɪ] s Milde f, Gelassenheit f, (Seelen)Ruhe f.
plack·et ['plækɪt] s **1.** a. ~ **hole** Schlitz m (an e-m Kleid). **2.** Tasche f bes. in e-m Frauenrock. **3.** obs. a) 'Unterrock m, b) fig. ,Frauenzimmer' n.
plac·oid ['plækɔɪd] ichth. **I** adj **1.** plattenförmig (Schuppen). **2.** mit Plako'idschuppen (Fisch). **II** s **3.** Plako'idschupper m (Fisch).
pla·gal ['pleɪɡəl] adj mus. hist. pla'gal.
pla·gia·rism ['pleɪdʒərɪzəm; Am. -dʒə-] s Plagi'at n, Diebstahl m geistigen Eigentums. '**pla·gia·rist** s Plagi'ator m. '**pla·gia·rize** I v/t plagi'ieren. II v/i ein Plagi'at begehen, plagi'ieren, abschreiben. '**pla·gia·ry** [-ərɪ; Am. a. -dʒɪˌerɪ] s obs. **1.** → plagiarism. **2.** → plagiarist.
pla·gi·o·trop·ic [ˌpleɪdʒɪəʊ'trɒpɪk; Am. -dʒə'trəʊ-; -'trɑ-] adj bot. plagio'trop, seitwärts wachsend.
plague [pleɪɡ] **I** s **1.** med. Seuche f, Pest f: pneumonic ~ Lungenpest; ~ **boil** Pestbeule f; to avoid like the ~ wie die Pest meiden. **2.** bes. fig. Plage f, Heimsuchung f, Geißel f: the ten ~s Bibl. die Zehn Plagen; a ~ on it! hol's der Teufel! **3.** colloq. a) Plage f, b) Quälgeist m, ,Nervensäge' f (Mensch). **II** v/t **4.** plagen, quälen. **5.** colloq. belästigen. '**plague·some** adj colloq. verflixt'.
plague spot s a. fig. Pestbeule f.
pla·guy ['pleɪɡɪ] adj u. adv colloq. ,verflixt', ,verteufelt'.
plaice [pleɪs] pl **plaice** s ichth. Gemeine Scholle, Goldbutt m.
plaid [plæd] **I** s (schottisches) Plaid (buntkarierter Wollstoff). **II** adj 'buntka,riert. '**plaid·ed** adj **1.** Plaid... **2.** → plaid II.
plain¹ [pleɪn] **I** adj (adv **~ly**) **1.** einfach, gewöhnlich, schlicht: ~ **aerial** (bes. Am. antenna) electr. Einfachantenne f; ~ **clothes** pl Zivil(kleidung f) n; in ~ **clothes** in Zivil; ~ **cooking** gutbürgerliche Küche; ~ **fare** Hausmannskost f; ~

living schlichte od. einfache Lebensweise; ~ **paper** unlin(i)iertes Papier; ~ **postcard** gewöhnliche Postkarte; ~ **scale** natürlicher Maßstab. **2.** schlicht, schmucklos, kahl (Zimmer etc), ungemustert, einfarbig (Stoff), 'unkolo,riert (Fotos etc), glatt (Spitzen etc): ~ **knitting** Rechts-, Glattstrickerei f; ~ **sewing** Weißnäherei f. **3.** unscheinbar, farb-, reizlos, wenig anziehend: a ~ **girl** ein reizloses Mädchen. **4.** klar (u. deutlich), unmißverständlich, offen: ~ **talk**; in ~ **terms** rundheraus (gesagt); the ~ **truth** die nackte Wahrheit. **5.** klar, offensichtlich, offenbar, -kundig, deutlich, leichtverständlich: (as) ~ as ~ can be sonnenklar; in ~ **language** a) ohne Umschweife, klipp u. klar, b) tel. etc im Klartext, offen, unverschlüsselt; to make s.th. ~ to s.o. a) j-m etwas klarmachen, b) j-m etwas klar zu verstehen geben. **6.** unverdünnt, pur (alkoholisches Getränk). **7.** ausgesprochen, rein, bar: ~ **nonsense**; ~ **folly** heller Wahnsinn; a ~ **agnostic** ein Agnostiker, wie er im Buche steht. **8.** offen (u. ehrlich): ~ **dealing** Redlichkeit f; to be ~ **with s.o.** j-m gegenüber offen sein. **9.** mittelmäßig, unbedeutend, Durchschnitts... **10.** metall. 'unle,giert: ~ **steel**. **11.** bes. Am. eben, flach, a. tech. glatt: ~ **country** flaches Land; ~ **bearing** Gleitlager n; ~ **fit** Schlittpassung f; ~ **roll** Glattwalze f.
II adv **12.** klar, deutlich, 'unum,wunden. **13.** offen (u. ehrlich). **14.** völlig: ~ **wrong**. **III** s **15.** Ebene f, Flachland n. **16.** the P~s Am. die Prä'rien pl.
plain² [pleɪn] v/i obs. od. poet. (weh)klagen.
plain| chart s mar. Plankarte f, gleichgradige Seekarte. ~ **choc·o·late** s zartbittere Schoko'lade. '~-**clothes man** irr Poli'zist m od. Krimi'nalbe,amte(r) m in Zi'vil.
'**plain·ness** s **1.** Einfachheit f, Schlichtheit f. **2.** Deutlichkeit f, Klarheit f. **3.** Offenheit f, Ehrlichkeit f. **4.** Ebenheit f. **5.** Unansehnlichkeit f, Reizlosigkeit f.
plain| peo·ple, a. **P~ Peo·ple** s pl Am. Bezeichnung für verschiedene Sektierer, die e-n einfachen Lebensstil haben.
'**plains·man** [-mən] s irr Am. Prä'riebewohner m.
'**plain**|**·song** s mus. **1.** (alter einstimmiger, nicht rhythmisierter, bes. Gregorianischer) Kirchen-, Cho'ralgesang, Cantus m planus. **2.** (bes. Gregori'anische) Cho'ralmelo,die. **3.** Cantus m firmus. ~ **speak·ing** s Aufrichtigkeit f, Offenheit f. ~-'**spo·ken** adj offen, freimütig: to be ~ a. geradeheraus sein; sagen, was man denkt.
plaint [pleɪnt] s **1.** Beschwerde f, Klage f. **2.** obs. od. poet. (Weh)Klage f. **3.** jur. Klage(schrift) f.
plain·tiff ['pleɪntɪf] s jur. (Zi'vil)Kläger m (-in): ~ **party** klägerische Partei. **plain·tive** ['pleɪntɪv] adj (adv **~ly**) traurig, klagend, wehmütig, Klage...: ~ **song**; ~ **voice** wehleidige Stimme.
plait [plæt; Am. a. pleɪt] **I** s **1.** Zopf m. **2.** (Haar-, Stroh)Geflecht n. **3.** Falte f. **II** v/t **4.** Haar, Matte etc flechten. **5.** verflechten. **6.** falten.
plan [plæn] **I** s **1.** (Spiel-, Wirtschafts-, Arbeits)Plan m, Entwurf m, Pro'jekt n, Vorhaben n: ~ **of action** Schlachtplan m (a. fig.); according to ~ planmäßig; if all goes according to ~ nach Plan; to make ~s (for the future) (Zukunfts)Pläne schmieden; to remain below ~ das Planziel nicht erreichen. **2.** Plan m, Absicht f. **3.** Verfahren n, Me'thode f. **4.** (Zahlungs)Plan m, Zahlungsmodus m. **5.** (Lage-, Stadt)Plan m: **general**

Übersichtsplan; ~ **position indicator** *aer.* Sternschreiber *m*, PPI-Sichtgerät *n.* **6.** Grundriß *m*: ~ **view** Draufsicht *f*; **in ~ form** im Grundriß. **7.** *tech.* (Maß)Zeichnung *f*, Riß *m*: **to lay out a ~** e-n Plan aufreißen. **8.** Verti'kalebene *f (beim perspektivischen Zeichnen).* **II** *v/t* **9.** planen, entwerfen, e-n Plan ausarbeiten *od.* entwerfen für *od.* zu: **to ~ s.th. ahead** etwas vorausplanen; **~ned economy** Planwirtschaft *f*; **~ned parenthood** Familienplanung *f*; **~ promotion** Regelbeförderung *f*; **~ned retreat** planmäßiger Rückzug; **~ning board** Planungsamt *n*; **~ning engineer** Arbeitsvorbereiter *m.* **10.** planen, beabsichtigen: **to ~ a visit.** **11.** graphisch darstellen. **III** *v/i* **12.** planen, Pläne machen: **to ~ ahead** vorausplanen.
pla·nar ['pleɪnə(r)] *adj phys.* pla'nar: **~ diode** planparallele Diode; **~ process** *(Halbleitertechnologie)* Planartechnik *f.*
pla·nar·i·an [plə'neərɪən] *s zo.* Süßwasser-Plattwurm *m*, Pla'narie *f.*
planch [plɑːnʃ; *Am.* plæntʃ] *s* **1.** (Me'tall *etc*)Platte *f.* **2.** *dial.* a) Planke *f*, b) Fußboden *m.* **plan'chette** [-ʃet] → **Ouija (board).**
Planck('s) con·stant [plæŋk(s)] *s phys.* Planckʃche Kon'stante.
plane¹ [pleɪn] *s bot.* Pla'tane *f.*
plane² [pleɪn] **I** *adj* **1.** flach, eben. **2.** *tech.* plan, Plan...: **~ mirror** Planspiegel *m.* **3.** *math.* eben: **~ figure**; **~ curve** einfach gekrümmte Kurve; **~ polarization** lineare Polarisation. **II** *s* **4.** Ebene *f*, (ebene) Fläche: **~ of projection** *math.* Rißebene; **~ of reference** *bes. math.* Bezugsebene; **~ of refraction** *phys.* Brechungsebene; **on the upward ~** *fig.* im Anstieg, ansteigend. **5.** *fig.* (a. Bewußtseins)Ebene *f*, (Wertigkeits)Stufe *f*, Ni'veau *n*, Bereich *m*: **on the same ~ as** auf dem gleichen Niveau wie. **6.** *Bergbau:* Förderstrecke *f.* **7.** *tech.* Hobel *m.* **III** *v/t* **8.** (ein)ebnen, glätten, pla'nieren, *tech. a.* schlichten, *Bleche* abrichten. **9.** *tech.* hobeln: **to ~ away** (*od.* **off**) Kanten *etc* abglatthobeln; **to ~ down** Brett *etc* abhobeln. **10.** *print.* bestoßen.
plane³ [pleɪn] *aer.* **I** *s* **1.** Flugzeug *n*: **by ~** auf dem Luftweg, mit dem Flugzeug. **2.** Tragfläche *f*: **main ~ unit** Tragwerk *n*; **elevating** (**depressing**) **~** Höhen-(Flächen)steuer *n.* **II** *v/i* **3.** gleiten, segeln. **4.** fliegen.
plane an·gle *s math.* Flächenwinkel *m.* **~ chart** *s mar.* Plankarte *f (gleichgradige Seekarte).* **~ ge·om·e·try** *s math.* Planime'trie *f.*
plan·er ['pleɪnə(r)] *s tech.* **1.** 'Hobel (-ma‚schine *f*) *m.* **2.** *print.* Klopfholz *n.* **3.** Streichbrett *n (der Former).*
plane sail·ing *s mar.* Plansegeln *n.*
plan·et¹ ['plænɪt] *s astr.* Pla'net *m*: **the inferior** (**superior**) **~s** die inneren (äußeren) Planeten; **minor ~s** Asteroiden; **primary ~** Hauptplanet; **secondary ~** Planetenmond *m.*
plan·et² ['plænɪt], **pla·ne·ta** [plə'niːtə] *pl* **-tae** [-tiː] *s R.C.* Pla'neta *f*, Kasel *f.*
plane ta·ble *s tech.* Meßtisch *m*: **~ map** Meßtischblatt *n.*
plan·e·tar·i·um [ˌplænɪ'teərɪəm] *pl* **-i·ums, -i·a** [-ə] *s astr.* Plane'tarium *n.*
'plan·e·tar·y [-tərɪ; *Am.* ‚terɪː] *adj* **1.** *astr.* plane'tarisch, Planeten...: **~ nebula** planetarischer Nebel. **2.** *fig.* umʃherirrend, unstet. **3.** a) irdisch, weltlich, b) glo'bal, weltweit. **4.** *tech.* Planeten...: **~ gear**, **~ gears**, **~ gearing** Planeten-, Umlaufgetriebe *n*; **~ wheel** Umlaufrad *n.*
plan·e·tes·i·mal [ˌplænɪ'tesɪməl] *s astr.* kleiner mete'orähnlicher Körper.

plan·et·oid ['plænɪtɔɪd] *s astr.* Planeto'id *m*, Astero'id *m.*
plan·e·to·log·i·cal [ˌplænɪtə'lɒdʒɪkl; *Am.* ‚plænətl'ɑ-] *adj astr.* planeto'logisch. **‚plan·e'tol·o·gist** [-'tɒlədʒɪst; *Am.* -ʃtɑ-] *s* Planeto'loge *m.* **‚plan·e'tol·o·gy** *s* Planetolo'gie *f.*
plan·gen·cy ['plændʒənsɪ] *s* **1.** lautes Anschlagen, Schallen *n.* **2.** Tonfülle *f*, -stärke *f.* **'plan·gent** *adj* **1.** schallend. **2.** getragen *(Melodie etc).*
pla·ni·dor·sate [ˌplænɪ'dɔː(r)seɪt; *Am. a.* ‚pleɪ-] *adj zo.* mit flachem Rücken.
plan·i·fi·ca·tion [ˌplænɪfɪ'keɪʃn] *s bes. Am.* syste'matische Planung. **'plan·i·fy** [-faɪ] *v/t bes. Am.* syste'matisch planen.
pla·nim·e·ter [plæ'nɪmɪtə(r); *Am.* pleɪ-; plə-] *s tech.* Plani'meter *n*, Flächenmesser *m.* **pla'nim·e·try** [-trɪ] → **plane geometry.**
plan·ing ['pleɪnɪŋ] *s* **1.** Hobeln *n.* **2.** Pla'nieren *n.* **~ bench** *s tech.* Hobelbank *f.* **~ ma·chine** *s tech.* 'Hobel-, 'Schlichtma‚schine *f.*
plan·ish ['plænɪʃ] *v/t tech.* **1.** glätten, (ab)schlichten, pla'nieren. **2.** *Holz* glatthobeln. **3.** *Metall* glatthämmern, ausbeulen: **~ing hammer** Schlichthammer *m.* **4.** po'lieren.
plan·i·sphere ['plænɪˌsfɪə(r); *Am. a.* ‚pleɪ-] *s astr.* **1.** Plani'glob(ium) *n*, -sphäre *f (ebene Darstellung e-r Halbkugel).* **2.** Plani'sphäre *f (altes astronomisches Gerät).*
plank [plæŋk] **I** *s* **1.** (a. Schiffs)Planke *f*, Bohle *f*, (Fußboden)Diele *f*, Brett *n*: **~ flooring** Bohlenbelag *m*; **to walk the ~** *mar. hist.* über e-e Schiffsplanke ins Meer getrieben werden, ertränkt werden; **to make s.o. walk the ~** *fig.* j-n ‚abschießen'. **2.** *fig.* Halt *m*, Stütze *f.* **3.** *pol. bes. Am.* (Pro'gramm)Punkt *m (e-s Parteiprogramms).* **4.** *Bergbau:* Schwarte *f.* **II** *v/t* **5.** mit Planken *etc* belegen, beplanken, dielen. **6.** *tech.* verschalen, *Bergbau:* verzimmern. **7.** e-e Speise (meist garniert) auf e-m Brett ser'vieren. **8.** **~ down** a) ‚hinknallen', unsanft absetzen, b) Geld ‚hinlegen', ‚blechen', (bar) auf den Tisch legen. **~ bed** *s* (Holz)Pritsche *f (im Gefängnis etc).*
plank·ing ['plæŋkɪŋ] *s* **1.** Beplanken *n*, Verschalen *n.* **2.** *collect.* Planken *pl.* **3.** Beplankung *f*, (Holz)Verschalung *f*, (Bretter)Verkleidung *f*, Bohlenbelag *m.*
plank·ton ['plæŋktən] *s zo.* Plankton *n.* **plank'ton·ic** [-'tɒnɪk; *Am.* -'tɑn-] *adj* plank'tonisch.
'plan·less *adj* planlos.
plan·ner ['plænə(r)] *s* Planer(in). **'plan·ning** *s* Planen *n*, Planung *f*: **~ stage** Planungsstadium *n*; **~ permission** *Br.* Baugenehmigung *f.*
pla·no-con·cave [ˌpleɪnəʊ'kɒnkeɪv; *Am.* -'kɑn-] *adj phys.* 'plankon‚kav *(Linse).* **‚pla·no'con·vex** [-'kɒnveks; *Am.* -'kɑn-] *adj phys.* 'plankon‚vex *(Linse).*
pla·no·graph ['pleɪnəgrɑːf; *bes. Am.* -græf] **I** *s* Flachdruck *m.* **II** *v/t* im Flachdruck 'herstellen.
pla·nom·e·ter [plæ'nɒmɪtə(r); *Am.* -'nɑ-] *s tech.* Plano'meter *n*, Richtplatte *f.*
plant [plɑːnt; *Am.* plænt] **I** *s* **1.** *bot.* Pflanze *f*, Gewächs *n*: **~ animal** → **zoophyte.** **2.** *bot.* Setzling *m*, Steckling *m.* **3.** Wachsen *n*: **in ~** im Wachstum befindlich; **to miss ~** nicht aufgehen *od.* keimen. **4.** (Betriebs-, Fa'brik)Anlage *f*, Werk *n*, Fa'brik *f*, Betrieb *m*: **~ engineer** Betriebsingenieur *m*; **~ manager** Betriebsleiter *m.* **5.** 'Maschinenanlage *f*, Aggre'gat *n*, Appara'tur *f*: **electric ~** elektrische Anlage. **6.** Betriebseinrichtung *f*, (Be'triebs)Materi‚al *n*, Inven'tar *n*, Gerätschaften *pl*: **~ equipment** Werksaus-

rüstung *f.* **7.** *Regeltechnik:* Regelstrecke *f.* **8.** *Am.* (Schul-, Krankenhaus- *etc*)Anlage(n *pl*) *f.* **9.** Bergbau: (Schacht-, Gruben)Anlage *f.* **10.** *sl.* a) (etwas) Eingeschmuggeltes (z. B. falsches Beweisstück), (a. Poli'zei)Falle *f*, Schwindel *m*, b) (Poli'zei)Spitzel *m*, (eingeschleuster) Ge'heimaˌgent.
II *v/t* **11.** (ein-, an)pflanzen: **to ~ out** aus-, um-, verpflanzen. **12.** Land a) bepflanzen *(a. fig.)*, b) besiedeln, koloni'sieren: **to ~ a river with fish** Fische in e-n Fluß setzen. **13.** e-n Garten *etc* anlegen. **14.** e-e Kolonie *etc* gründen. **15.** e-e Fischbrut aussetzen, Austern verpflanzen. **16.** *bes. fig.* Ideen (ein)pflanzen, einimpfen, Wurzeln schlagen lassen. **17.** (o.s. sich) aufpflanzen, (auf)stellen, j-n po'stieren. **18.** *fig.* Faust, den Fuß setzen, ‚pflanzen': **he ~ed his dagger in her back** er stieß ihr den Dolch in den Rücken. **19.** *sl.* e-n Schlag ‚landen', ‚verpassen', versetzen, e-n Schuß setzen, ‚knallen'. **20.** *sl.* Spitzel *etc* einschleusen. **21.** *sl.* etwas Belastendes *od.* Irreführendes (ein)schmuggeln, ‚depo'nieren': **to ~ s.th. on s.o.** j-m etwas ‚unterschieben'. **22.** j-n im Stich lassen.
plan·tain¹ ['plæntɪn] *s bot.* Wegerich *m.*
plan·tain² ['plæntɪn] *s bot.* **1.** Pi'sang *m*, Para'diesfeige *f.* **2.** Ba'nane *f (Frucht):* **~ eater** *(od.* **cutter**) *orn.* Bananenfresser *m.*
plan·tar ['plæntə(r)] *adj anat.* plan'tar, Fußsohlen...
plan·ta·tion [plæn'teɪʃn] *s* **1.** Pflanzung *f*, Plan'tage *f.* **2.** (Wald)Schonung *f.* **3.** *fig.* Gründung *f.* **4.** Besied(e)lung *f.* **5.** *hist.* Ansiedlung *f.*
plant·er ['plɑːntə; *Am.* 'plæntər] *s* **1.** Pflanzer *m*, Plan'tagenbesitzer *m.* **2.** *hist.* (bes. erster) Siedler *od.* Kolo'nist. **3.** *fig.* Gründer *m.* **4.** *agr.* 'Pflanzmaˌschine *f.* **5.** 'Übertopf *m.*
plan·ti·grade ['plæntɪgreɪd] *zo.* **I** *adj* auf den Fußsohlen gehend. **II** *s* Sohlengänger *m (Mensch, Bär etc).*
plant·let ['plɑːntlɪt; *Am.* 'plænt-] *s* Pflänzchen *n.*
plant louse *s irr zo.* Blattlaus *f.*
planx·ty ['plæŋkstɪ] *s* irische Harfenweise.
plaque [plɑːk; *bes. Am.* plæk] *s* **1.** (Schmuck)Platte *f.* **2. a. commemorative ~** Gedenktafel *f.* **3.** A'graffe *f*, (Ordens)Schnalle *f*, Spange *f.* **4.** *med. zo.* Fleck *m.* **5.** *Zahnmedizin:* Zahnbelag *m.*
pla·quette [plæ'ket] *s* Pla'kette *f*, kleine (Reli'ef)Platte.
plash¹ [plæʃ] *v/t u. v/i* (Zweige) zu e-r Hecke verflechten.
plash² [plæʃ] **I** *v/i* **1.** platschen, plätschern: **~!** platsch! **2.** im Wasser planschen. **II** *v/t* **3.** platschen *od.* klatschen auf (*acc*). **4.** bespritzen, besprengen. **III** *s* **5.** Platschen *n*, Plätschern *n*, Spritzen *n.* **6.** Pfütze *f.*
plash·y ['plæʃɪ] *adj* **1.** plätschernd, klatschend, spritzend. **2.** sumpfig, matschig, -feucht, voller Pfützen.
plasm ['plæzəm] → **plasma.**
plas·ma ['plæzmə] *s* **1.** *biol.* (Milch-, Blut-, Muskel)Plasma *n*: **dried ~** Trokkenplasma. **2.** *biol.* Proto'plasma *n.* **3.** *min.* Plasma *n*, grüner Chalce'don. **4.** *phys.* Plasma *n (leuchtendes Gasgemisch, das bei der Ionisation entsteht):* **~ jet** Plasmastrom *m*; **~ physicist** Plasmaphysiker *m*; **~ physics** Plasmaphysik *f*; **~ torch** *tech.* Plasmabrenner *m.* **plas-'mat·ic** [-'mætɪk], **'plas·mic** *adj biol.* (proto)plasmatisch, Plasma...
plas·mo·cyte ['plæzməsaɪt] *s physiol.* Plasmazelle *f.*
plas·mol·y·sis [plæz'mɒlɪsɪs; *Am.*

plasmosome - plausible

-ˈmɑl-] *s biol.* Plasmoˈlyse *f*, Zellschrumpfung *f*.
plas·mo·some [ˈplæzməsəʊm] *s biol.* Mikroˈsom *n*, Zellkern *m*.
plas·ter [ˈplɑːstə; *Am.* ˈplæstər] **I** *s* **1.** *med.* (Heft-, Senf)Pflaster *n.* **2.** *a.* **~ of Paris** *med.* Gips *m*: **a leg in ~** ein Gipsbein. **3.** *a.* **~ of Paris** a) (gebrannter) Gips, b) Stuck *m*, (feiner) Gipsmörtel. **4.** *arch.* Mörtel *m*, (Ver)Putz *m*, Bewurf *m*, Tünche *f*. **II** *v/t* **5.** vergipsen, verputzen, tünchen: **to ~ over** (*od.* **up**) übertünchen (*a. fig.*). **6.** dick auftragen, (mit e-r Schicht) bedecken. **7.** *med.* bepflastern, ein Pflaster legen auf (*acc*). **8.** *fig.* ein Pflästerchen legen auf (*acc*), *e-n Schmerz etc* lindern. **9.** a) mit Plakaten etc bekleben, ‚bepflastern', b) *ein Plakat etc* kleben (**on, to** an *od.* auf *acc*). **10.** *colloq.* mit Bomben, Steinen etc ‚bepflastern'. **11.** *fig.* überˈhäufen, überˈschütten: **to ~ s.o. with praise**. **12. ~ down** *colloq.* sich *das Haar* anklatschen. **13.** *sport colloq.* ‚überˈfahren' (*hoch besiegen*). **~ band·age** *s med.* Gipsbinde *f*. **ˈ~board** *s tech.* Fasergipsplatte *f*. **~ cast** *s* **1.** Gipsabdruck *m*, -abguß *m*. **2.** *med.* Gipsverband *m*.
plas·tered [ˈplɑːstə(r)d; *Am.* ˈplæs-] *adj colloq.* ‚blau' (*betrunken*): **to get ~** sich vollaufen lassen.
plas·ter·er [ˈplɑːstərə; *Am.* ˈplæstərər] *s* Stukkaˈteur *m*, Stuck-, Gipsarbeiter *m*.
ˈplas·ter·ing *s* **1.** (Ver)Putz *m*, Bewurf *m*. **2.** Stuck *m*. **3.** Stuckarbeit *f*, Stukkaˈtur *f*. **4.** Gipsen *n*.
plas·ter saint *s fig.* Heilige(r *m*) *f*.
plas·tic [ˈplæstɪk] **I** *adj* (*adv* **~ally**) **1.** plastisch, bildend: **~ art** bildende Kunst, Plastik *f*. **2.** formgebend, gestaltend. **3.** (ver)formbar, modelˈlier-, knetbar, plastisch: **~ clay** plastischer *od.* bildfähiger Ton. **4.** *tech.* Kunststoff..., Plastik...: **~ bag** Plastiktüte *f*, Plastikbeutel *m*; **~ bullet** Plastikgeschoß *n*; (synthetic) **~ material** → 10; **~ money** Kreditkarten. **5.** *med.* plastisch: **~ operation**; → **plastic surgery**. **6.** *biol.* plastisch. **7.** *fig.* bildungsfähig, prägbar, formbar: **the ~ mind of youth**. **8.** *fig.* plastisch, anschaulich. **9. ~ bomb** *mil.* Plastikbombe *f*. **II** *s* **10.** *tech.* a) Kunst-, Plastikstoff *m*: **~-coated** kunststoffbeschichtet, b) (Kunstharz)Preßstoff *m*.
plas·ti·cat·ed [ˈplæstɪkeɪtɪd] *adj bes. fig.* künstlich.
plas·ti·cine [ˈplæstɪsiːn] *s* Plastiˈlin *n*, Knetmasse *f*.
plas·tic·i·ty [plæˈstɪsətɪ] *s* Plastiziˈtät *f*: a) *tech.* (Ver)Formbarkeit *f*, b) *fig.* Bildhaftigkeit *f*, Anschaulichkeit *f*, plastische Gestaltung.
plas·ti·cize [ˈplæstɪsaɪz] *v/t tech.* plastifiˈzieren, plastisch machen. **ˈplas·ti·ciz·er** *s* Weichmacher *m*.
plas·tics [ˈplæstɪks] **I** *s pl* **1.** Kunststoffe *pl.* **2.** (*als sg konstruiert*) → **plastic surgery**. **II** *adj* **3.** Kunststoff..., Plastik...: **~ industry** Kunststoffindustrie *f*.
ˈplas·tic| sur·geon *s med.* Facharzt *m* für plastische Chirurˈgie. **~ sur·ger·y** *s med.* plastische Chirurˈgie.
plas·tron [ˈplæstrən] *s* **1.** Plaˈstron *m*, *n*: a) *mil. hist.* Brustplatte *f*, b) *fenc.* Brustpolster *n*. **2.** Plaˈstron *m*, *n*: a) breiter Seidenschlips, b) Brustlatz *m* (*an Frauentrachten*). **3.** *zo.* Plaˈstron *m*, *n*, Bauchpanzer *m* (*der Schildkröten*).
plat¹ [plæt] *Am.* → **plot** 7.
plat² [plæt] → **plait**.
plat·an [ˈplætən] → **plane¹**.
plat·band [ˈplætbænd] *s* **1.** *Gartenbau:* Raˈbatte *f*, Einfassungsbeet *n*. **2.** *arch.* Streifen *m*, Borte *f*, Kranzleiste *f*.
plate [pleɪt] **I** *s* **1.** Teller *m*: **a ~ of soup** ein Teller Suppe; **to have a lot on one's ~**

fig. colloq. viel am Hals haben; **to hand** (*od.* **give**) **s.o. s.th. on a ~** *fig. colloq.* j-m etwas ‚auf e-m Tablett servieren'. **2.** *Am.* Gedeck *n* für e-e Perˈson. **3.** Platte *f*: **a ~ of fish** *gastr.* e-e Fischplatte. **4.** (Kolˈlekten)Teller *m*. **5.** (Namens-, Firmen-, Tür-) Schild *n*, Tafel *f*. **6.** (Bild)Tafel *f* (*Buchillustration*). **7.** (fotoˈgrafische) Platte. **8.** *bes. tech.* a) (Glas-, Meˈtall)Platte *f*, b) Plattenglas *n*. **9.** *electr. tech.* a) Anˈode *f* (*e-r Elektronenröhre etc*): **~ voltage** Anodenspannung *f*, b) Platte *f*, Elekˈtrode *f* (*e-s Akkumulators*). **10.** *tech.* a) Scheibe *f*, Laˈmelle *f* (*e-r Kupplung etc*): **finger ~** Wählscheibe *f*, b) Deckel *m*. **11.** *print.* (Druck-, Stereoˈtyp)Platte *f*. **12.** *tech.* Plattenabdruck *m*: **etched ~** Radierung *f*. **13.** *art* a) (Stahl-, Kupfer)Stich *m*, b) Holzschnitt *m*. **14.** *tech.* a) (Grob)Blech *n*, b) Blechtafel *f*. **15.** *tech.* Meˈtallauflage *f*, Verkleidung *f* (*mit Metallplatten*). **4.** Platˈtieren *n*, Versilbern *f*. **16.** platˈtierte Ware. **17.** (Gold-, Silber-, Tafel)Besteck *n*. **18.** *German* ~ Neusilber *n*. **19.** *dental* a) (Gebiß-, Gaumen)Platte *f*, b) *weitS.* (künstliches) Gebiß. **20.** *Baseball:* Heimmal *n*. **21.** *sport* a) Poˈkal *m* (*bes. bei Pferderennen*), b) Poˈkalrennen *n*. **22.** *her.* silberner Kreis, Silberpfennig *m*. **23. ~s** *pl* (*of meat*) *Br. sl.* Plattfüße *pl*.
II *v/t tech.* **24.** mit Platten belegen, panzern. **25.** platˈtieren, duˈblieren, (mit Meˈtall) überˈziehen. **26.** *Papier* kaˈlandern, satiˈnieren. **27.** *print.* a) stereoˈtypieren, b) Druckplatten ˈherstellen von.
plate ar·mo(u)r *s* **1.** *hist.* Plattenpanzer *m*. **2.** *mar. tech.* Plattenpanzer(ung *f*) *m*.
pla·teau [ˈplætəʊ; plæˈtəʊ] *pl* **-teaux**, **-teaus** [-təʊz] *s* **1.** Plaˈteau *n*, Hochebene *f*. **2.** a) zeitweiliger Zustand der Stabiliˈtät in e-r Aufwärtsentwicklung, b) *fig.* flache Stelle in e-r (*bes. Intelligenz*)Kurve. **3.** Tafelaufsatz *m*. **4.** Plaˈkette *f*. **5.** flacher Damenhut.
plate| bas·ket *s Br.* Besteckkorb *m*. **~ cir·cuit** *s electr.* Anˈodenkreis *m*.
plat·ed [ˈpleɪtɪd] *adj* **1.** mit (Meˈtall)Platten belegt, gepanzert. **2.** *tech.* platˈtiert, meˈtallüberˌzogen, versilbert, vergoldet, duˈbliert. **3.** *Textilwesen:* platˈtiert: **~ fabric**.
ˈplate|-ful [-fʊl] *pl* **-fuls** *s* ein Teller(voll) *m*. **~ glass** *s* Tafel-, Spiegelglas *n*. **ˈ~glass** *adj*: **~ universities** nach 1950 gegründete britische Universitäten. **ˈ~hold·er** *s phot.* (ˈPlatten)Kasˌsette *f*. **~ i·ron** *s tech.* Eisenblech *n*, Walzeisen *n*. **ˈ~lay·er** *s rail. Br.* Streckenarbeiter *m*. **ˈ~ma·chine** *s* **1.** *tech.* Dreh-, Töpferscheibe *f* (*mit Maschinenantrieb*). **2.** *phys.* ˈScheibenelektriˌsierˌmaˌschine *f*. **~ mark** *s* hallmark.
plat·en [ˈplætən] *s print.* **1.** Platte *f*, (Druck)Tiegel *m*: **~ press** Tiegeldruckpresse *f*. **2.** (ˈSchreibmaˌschinen)Walze *f*. **3.** ˈDruckzyˌlinder *m* (*der Rotationsmaschine*).
plate| pa·per *s tech.* ˈKupferdruckpaˌpier *n*. **~ pow·der** *s* Putzpulver *n* (*für Tafelsilber*). **~ press** *s print.* Tiegeldruckpresse *f*. **~ print·ing** *s print.* **1.** Kupferdruck *m*. **2.** Plattendruck *m* (*für Textilien*).
plat·er [ˈpleɪtə(r)] *s sport* minderwertiger Rennpferd.
plate| rack *s* Geschirrständer *m*. **~ shears** *s pl tech.* Blechschere *f*. **~ spring** *s tech.* Blattfeder *f*. **~ tec·ton·ics** *s* (*meist als sg konstruiert*) *geol.* ˈPlattentekˌtonik *f*.
plat·form [ˈplætfɔː(r)m] *s* **1.** Plattform *f*, (ˈRedner)Triˌbüne *f*, Podium *n*. **2.** *fig.* öffentliches Forum (*Diskussion*). **3.** a) (*bes.* parˈteipoˌlitische) Grundsätze *pl*, b) *pol.* Parˈteiproˌgramm *n*, Plattform *f*, c) *bes. Am.* programˈmatische Wahler-

klärung. **4.** *tech.* Rampe *f*, (Lauf-, Steuer)Bühne *f*: **~ lifting** (*od.* **raising**) ~ Hebebühne. **5.** *rail.* a) Bahnsteig *m*, b) *Am.* Plattform *f* (*am Waggonende*), Perˈron *m* (*Br. bes. am Bus etc*). **6.** a) Treppenabsatz *m*, b) Absatz *m* (*an e-r Felswand*). **7.** Terˈrasse *f*. **8.** *geol.* a) Hochebene *f*, b) Terˈrasse *f*. **9.** a) *a.* ~ **sole** Plaˈteauˌsohle *f*, b) *pl* ~ **shoes** Schuhe *pl* mit Plateauˌsohle. **10.** ˈRaumstatiˌon *f*. **~ car** *bes. Am.* → **flatcar**. **~ crane** *s tech.* Laufkran *m*.
plat·form·ing [ˈplætfɔː(r)mɪŋ] *s tech.* ein Benzinveredelungsprozeß mittels Plaˈtinkatalysator.
ˈplat·form| scale *s tech.* Brückenwaage *f*. **~ spring** *s tech.* (*e-e*) Wagenfeder. **~ tick·et** *s* Bahnsteigkarte *f*.
plat·ing [ˈpleɪtɪŋ] *s* **1.** Panzerung *f*. **2.** Panzerplatten *pl*. **3.** *tech.* Beplattung *f*, Meˈtallauflage *f*, Verkleidung *f* (*mit Metallplatten*). **4.** Platˈtieren *n*, Versilberung *f*.
plat·i·nif·er·ous [ˌplætɪˈnɪfərəs] *adj* platinhaltig.
plat·i·nize [ˈplætɪnaɪz] *v/t* **1.** *tech.* platiˈnieren, mit Platin überˈziehen. **2.** *chem.* mit Platin verbinden.
plat·i·noid [ˈplætɪnɔɪd] *chem.* **I** *adj* **1.** platinartig. **II** *s* **2.** ˈPlatinmeˌtall *n*. **3.** Platinoˈid *n* (*Legierung*).
plat·i·no·type [ˈplætɪnəʊtaɪp] *s phot.* Platindruck(verfahren *n*) *m*.
plat·i·nous [ˈplætɪnəs] *adj chem.* platinhaltig (*mit zweiwertigem Platin*): **~ chloride** Platinchlorür *n*.
plat·i·num [ˈplætɪnəm] *s chem.* Platin *n*: **~ hair** platinblondes Haar. **~ black** *chem.* Platinschwarz *n*. **~ blonde** *colloq.* Platinblonde *f*, platinblonde Frau. **~ point** *s electr.* ˈPlatinspitze *f*, -konˌtakt *m*.
plat·i·tude [ˈplætɪtjuːd; *Am. a.* -ˌtuːd] *s fig.* Plattheit *f*, Gemeinplatz *m*, Platiˈtüde *f*. **ˌplat·iˈtu·di·nar·i·an** [-dɪˈneərɪən] **I** *s* Phrasendrescher(in), Schwätzer(in). **II** *adj* → **platitudinous**. **ˌplat·iˈtu·di·nize** *v/i* sich in Phrasen *od.* Gemeinplätzen ergehen. **ˌplat·iˈtu·di·nous** *adj* (*adv* **~ly**) platt, seicht, phrasenhaft.
Pla·ton·ic [pləˈtɒnɪk; *Am.* -ˈtɑn-] **I** *s* **1.** Plaˈtoniker *m*. **II** *adj* **3.** Plaˈtonisch, Plato... **4.** *oft* **p~** plaˈtonisch, rein geistig: **~ love** platonische Liebe. **~ bod·ies** *s pl math.* plaˈtonische Körper *pl* (*die 5 regulären Polyeder*). **~ year** *s astr.* plaˈtonisches Jahr (*etwa 26 000 Jahre*), Weltjahr *n*.
Pla·to·nism [ˈpleɪtəʊnɪzəm; -tən-] *s* Plaˈtonismus *m*, plaˈtonische Philosoˈphie. **ˈPla·to·nist** *s* Plaˈtoniker *m*.
pla·toon [pləˈtuːn] *s* **1.** *mil.* Zug *m*: **in ~s, by ~s** zugweise. **2.** Poliˈzeiaufgebot *n*. **3.** *mil. hist.* Peloˈton *n*.
plat·ter [ˈplætə(r)] *s* **1.** (Serˈvier)Platte *f*, (*großer, meist* Holz)Teller *m*: **to hand** (*od.* **give**) **s.o. s.th. on a ~** *fig. colloq.* j-m etwas ‚auf e-m Tablett servieren'. **2.** *Am. sl.* (Schall)Platte *f*.
plat·y·ceph·a·lous [ˌplætɪˈsefələs] *adj anat.* flach-, breitköpfig.
plat·y·hel·minth [ˌplætɪˈhelmɪnθ] *s zo.* Plattwurm *m*.
plat·y·pus [ˈplætɪpəs] *pl* **-pus·es** *s zo.* Schnabeltier *n*.
plat·y·r(r)hine [ˈplætɪraɪn] *zo.* **I** *adj* breitnasig. **II** *s* Breitnase *f* (*Affe*).
plau·dit [ˈplɔːdɪt] *s meist pl* Beifall *m* (*a. fig.*), Apˈplaus *m*.
plau·si·bil·i·ty [ˌplɔːzəˈbɪlətɪ] *s* **1.** Glaubwürdigkeit *f*, Wahrˈscheinlichkeit *f*. **2.** einnehmendes Wesen. **plau·si·ble** [ˈplɔːzəbl] *adj* (*adv* **plausibly**) **1.** glaubhaft, einleuchtend, (durchˈaus) möglich, plauˈsibel: **a ~ story**. **2.** einnehmend, gewinnend (*Wesen*). **3.** vertrauenerweckend, glaubwürdig, überˈzeugend.

4. geeignet, möglich. 5. geschickt: a ~ liar.

play [pleɪ] **I** s **1.** (Glücks-, Wett-, Unter-ˈhaltungs)Spiel n (a. sport). **2.** Spiel(en) n: **to be at** ~ a) spielen, b) Kartenspiel: am Ausspielen sein, c) Schach: am Zug sein; **it is your** ~ Sie sind am Spiel; **in** (**out of**) ~ sport (noch) im Spiel (im Aus) (Ball); **to hold in** ~ fig. beschäftigen. **3.** Spiel(weise f) n: **that was pretty** ~ das war gut (gespielt); **fair** ~ **faires Spiel, a. fig.** Fairneß f, Fair play n, Anständigkeit f; → **foul play. 4.** fig. Spiel n, Spieleˈrei f: **a** ~ **of words** ein Spiel mit Worten; **a** ~ (**up**)**on words** ein Wortspiel. **5.** Kurzweil f, Vergnügen n, Zeitvertreib m. **6.** Scherz m, Spaß m: **in** ~ im Scherz. **7.** a) Schauspiel n, (Theˈater-, Bühnen)Stück n, b) Vorstellung f: **at the** ~ im Theater; **to go to the** ~ ins Theater gehen; **as good as a** ~ äußerst amüsant od. interessant. **8.** mus. Spiel n, Vortrag m. **9.** (Liebes)Spiel(e pl) n, (erotisches) Spiel: **sexual** ~. **10.** fig. Spiel n (von Licht auf Wasser etc): ~ **of colo(u)rs (muscles)** Farben-(Muskel)spiel. **11.** (flinke) Handhabung (meist in Zssgn): → **swordplay**. **12.** Tätigkeit f, Bewegung f, Gang m: **to bring** (od. **put**) **into** ~ in Gang bringen, b) ins Spiel zur Anwendung bringen; **to come into** ~ ins Spiel kommen; **to make** ~ a) Wirkung haben, b) s-n Zweck erfüllen; **to make** ~ **with** zur Geltung bringen, sich brüsten mit; **to make great** ~ **of s.th.** viel Aufheben(s) (od. Wesens) von etwas machen; **in full** ~ in vollem Gange; **lively** ~ **of fantasy** lebhafte Phantasie. **13.** a) tech. Spiel n: **half an inch of** ~, b) a. fig. Bewegungsfreiheit f, Spielraum m: **full** ~ **of the mind** freie Entfaltung des Geistes; **to allow** (od. **give**) **full** (od. **free**) ~ **to e-r Sache, s-r Phantasie etc** freien Lauf lassen. **14.** Am. sl. „Maˈnöver" n, Trick m, Schachzug m: **to make a** ~ **for** sich bemühen um, es abgesehen haben auf (acc). **15.** Am. sl. a) Beachtung f, b) Publiziˈtät f, Propaˈganda f.

II v/i **16.** a) spielen (a. mus. sport thea. u. fig.) (**for** um Geld etc), b) mitspielen (a. fig. mitmachen): **to** ~ **at Ball, Karten etc** spielen, fig. sich nur so nebenbei mit etwas beschäftigen; **to** ~ **at business** ein bißchen in Geschäften machen; **to** ~ **at keeping shop** Kaufmann spielen; **to** ~ **for time** a) Zeit zu gewinnen suchen, b) sport auf Zeit spielen; **to** ~ **to win** auf Sieg spielen; **what do you think you are** ~**ing at?** was soll denn das?; **to** ~ (**up**)**on** a) mus. auf e-m Instrument spielen, b) mit Worten spielen, c) fig. j-s Schwächen (geschickt) ausnutzen; **to** ~ **with** spielen mit (a. fig. e-m Gedanken, j-s Gefühlen etc; a. engS. herumfingern an); **to** ~ **up to** a) j-n unterstützen, b) j-m schöntun; **to** ~ **safe** kein Risiko eingehen, ‚auf Nummer Sicher gehen'; **he will not** ~ **again this season** sport er fällt für den Rest der Saison aus; → **fair¹ 19, false II, gallery** 3 a. **17.** a) Kartenspiel: ausspielen, b) Schach: am Zug sein, ziehen: **white to** ~ Weiß zieht od. ist am Zuge. **18.** a) ‚herˈumspielen', sich amüˈsieren, b) Unsinn treiben, c) scherzen. **19.** a) sich tummeln, b) flattern, gaukeln, c) spielen (Lächeln, Licht etc) (**on** auf dat), d) schillern (Farbe), e) in Betrieb sein (Springbrunnen). **20.** a) schießen, b) spritzen, c) strahlen, streichen: **to** ~ **on** gerichtet sein auf (acc), besprengen (Schlauch, Wasserstrahl), anstrahlen, absuchen, bestreichen (Scheinwerfer). **21.** tech. a) Spiel(raum) haben, b) sich bewegen (Kolben etc). **22.** **to be** ~**ing well** sport gut bespielbar sein (Platz).

III v/t **23.** Karten, Tennis etc, a. mus. thea. Rolle od. Stück, a. fig. spielen, sport Spiel austragen: **to** ~ (**s.th. on**) **the piano** (etwas auf dem) Klavier spielen; **to** ~ **shop** (**pirates**) Kaufmann (Piraten) spielen; **to** ~ **both ends against the middle** fig. vorsichtig lavieren, raffiniert vorgehen; **to** ~ **it safe** a) kein Risiko eingehen, ‚auf Nummer Sicher geh', b) (Redew.) um (ganz) sicher zu gehen; **to** ~ **it differently** es anders handhaben od. machen; **to** ~ **it low down** sl. ein gemeines Spiel treiben (**on** mit j-m); **to** ~ **the races** bei (Pferde)Rennen wetten; ~**ed out** fig. a) ‚erledigt', ‚fertig', erschöpft, b) verbraucht (Talent etc), ‚abgetakelt' (Schauspieler etc), c) abgedroschen (Witz), überstrapaziert (These etc); (siehe die Verbindungen mit den entsprechenden Substantiven). **24.** sport a) antreten od. spielen gegen, b) e-n Spieler aufstellen, in die Mannschaft (auf)nehmen. **25.** a) e-e Karte ausspielen (a. fig.), b) e-e Schachfigur ziehen. **26.** spielen od. Vorstellungen geben in (dat): **to** ~ **the larger cities**. **27.** ein Geschütz, e-n Scheinwerfer, e-n Licht- od. Wasserstrahl etc richten (**on** auf acc): **to** ~ **a hose on s.th.** etwas besprengen; **to** ~ **colo(u)red lights on s.th.** etwas bunt anstrahlen.

Verbindungen mit Präpositionen:

play|at → play 16. ~ (**up·**)**on** v/i **1.** → play 16, 19, 20, 27. **2.** wirken auf (acc). ~ **up to** → play 16.

Verbindungen mit Adverbien:

play| aˈbout → play around. ~ **aˈlong I** v/i ‚mitziehen', mitmachen: **to** ~ **with** sich arrangieren mit. **II** v/t ein falsches Spiel treiben mit. ~ **aˈround** v/i **1.** ‚herˈumspielen', sich amüˈsieren. **2.** sich abgeben (**with** mit). ~ **aˈway I** v/t **1.** verspielen: **to** ~ **a fortune. 2.** fig. Zeit etc vergeuden. **II** v/i **3.** draufˈlosspielen. ~ **back** v/t **1.** ein Tonband abspielen: **to** ~ **play s.th. back to s.o.** j-m etwas vorspielen. **2.** sport Ball zuˈrückspielen (**to** zu). ~ **down** v/t bagatelliˈsieren, ‚herˈunterspielen'. ~ **in** v/t das neue Jahr etc musiˈkalisch begrüßen. ~ **off I** v/t **1.** a) ein Spiel beenden, b) sport ein Entscheidungsspiel austragen um e-e Meisterschaft etc. **2.** fig. j-n ausspielen (**against** gegen). **II** v/i **3.** ein Entscheidungsspiel austragen. ~ **on** v/i sport weiterspielen: **the referee ordered them to** ~. ~ **out** v/t **1.** thea. Szene etc darstellen: **to be played out** sich abspielen (Romanze etc). **2.** Spiel beenden: **to** ~ **time** sport über die Zeit kommen. **3.** Vorräte etc erschöpfen: **played out** → **play 23. 4.** das alte Jahr etc musiˈkalisch verabschieden. ~ **up I** v/i **1.** lauter spielen. **2.** sport colloq. ‚aufdrehen' (das Tempo steigern etc): ~! Tempo! **3.** Br. colloq. ‚verrückt spielen', Schwierigkeiten machen (Auto, Bein etc). **4.** ~ **to** → play 16. **II** v/t **5.** aufbauschen, ‚hochspielen'. **to play s.o. up** Br. colloq. a) j-n ‚auf die Palme bringen' (wütend machen), b) j-m Schwierigkeiten machen (Bein etc).

pla·ya [ˈplaɪə] s geol. Am. Playa f, Salztonebene f.

play·a·ble [ˈpleɪəbl] adj **1.** spielbar. **2.** thea. bühnenreif, -gerecht. **3.** sport bespielbar (Platz etc).

ˈplay|-act v/i contp. ‚schauspielern', ‚so tun als ob'. ~**ˈac·tor** s meist contp. Schauspieler m. ~**ˈback** s **1.** ˈWiedergabe f, Abspielen n: ~ **head** Wiedergabe-, Tonabnehmerkopf m. **2.** a. ~ **machine** ˈWiedergabegerät n. **3.** TV etc: Playback n: **she did not sing live, it was a** ~ sie hat Playback gesungen. ~**bill** s **1.** Theaˈterplaˌkat n. **2.** Am. Proˈgramm(heft) n. ~**book** s **1.** thea. Textbuch n. **2.** sport Lehrbuch n. ~**box** s bes. Br. Spielzeugkasten m, -schachtel f. ~**boy** s Playboy m. ~**clothes** s pl Am. Sport- od. Freizeitkleidung f. ~**day** s schulfreier Tag.

play·er [ˈpleɪə(r)] s **1.** sport, a. mus. Spieler(in). **2.** (Glücks)Spieler m. **3.** Schauspieler(in). **4.** sport Br. Berufsspieler m. ~ **pi·an·o** s mus. meˈchanisches Klaˈvier.

ˈplay·felˌlow s playmate.

play·ful [ˈpleɪfʊl] adj (adv ~**ly**) **1.** spielerisch. **2.** verspielt: **a** ~ **kitten**. **3.** ausgelassen, munter, schelmisch, neckisch: **to be in a** ~ **mood** zu Späßen aufgelegt sein. **ˈplay·fulˌness** s **1.** Munterkeit f, Ausgelassenheit f. **2.** Verspieltheit f.

ˈplay|girl s Playgirl n. ~**ˌgo·er** s Theˈaterbesucher(in). ~**ground** s **1.** Spiel-, Tummelplatz m (a. fig.). **2.** Schulhof m. ~ **group** → playschool. ~**house** s **1.** thea. Schauspielhaus n. **2.** a) Spielhütte f, b) Spielhaus n.

play·ing card [ˈpleɪɪŋ] s Spielkarte f. ~ **field** s Sport-, Spielplatz m.

play·let [ˈpleɪlɪt] s kurzes Schauspiel.

ˈplay|ˌmak·er s sport Spielmacher(in). ~**mate** s **1.** ˈSpielkameˌrad(in). **2.** Gespiele m, Gespielin f. ~**off** s sport Entscheidungsspiel n. ~**pen** s Laufgitter n, -stall m. ~**pit** s Sandkasten m. ~ **read·ing** s thea. szenische Lesung. ~**room** s thea. Spielzimmer n. ~**school** s Spielgruppe f.

play·some [ˈpleɪsəm] → playful.

ˈplay|suit s Spielhös-chen n. ~**thing** s Spielzeug n (fig. a. Person). ~**time** s **1.** Freizeit f, Zeit f zum Spielen. **2.** ped. große Pause.

ˈplay·wright s Draˈmatiker m, Bühnenautor m, -schriftsteller m, -dichter m.

pla·za [ˈplɑːzə; ˈplæzə] s **1.** öffentlicher Platz, Marktplatz m (in Städten). **2.** bes. Am. Einkaufszentrum n.

plea [pliː] s **1.** Vorwand m, Ausrede f: **on** (od. **under**) **the** ~ **of** (od. **that**) unter dem Vorwand (gen) od. daß. **2.** jur. a) Verteidigung f, b) Einlassung f des Angeklagten: ~ **of guilty** Schuldgeständnis n. **3.** jur. Einspruch m, (Rechts)Einwand m, Einrede f: **to enter** (od. **put in**) **a** ~ e-e Einrede erheben; **to make a** ~ Einspruch erheben; ~ **in bar, peremptory** ~ Am. peremptorische Einrede, Antrag m auf Sachabweisung; ~ **for annulment** Nichtigkeitsklage f; ~ **of abatement** Am. Antrag m auf Prozeßabweisung; ~ **of the crown** Br. Strafklage f. **4.** fig. (**for**) a) (dringende) Bitte, Gesuch n (um), b) Befürwortung f (gen).

plea bar·gain·ing s jur. inoffizielle Absprache, nach der ein Angeklagter durch Schuldbekenntnis dem Gericht Prozeßzeit erspart u. dafür e-e milde Strafe zugesichert bekommt.

plead [pliːd] **I** v/i pret u. pp **ˈplead·ed** [-ɪd] od. **plead** [pled], bes. Scot. u. Am. **pled** [pled] **1.** jur. a) pläˈdieren (**for** für; a. fig.), e-n od. den Fall (vor Gericht) vertreten, b) e-n od. den Fall erörtern, Beweisgründe vorbringen (**for** für; **against** gegen), c) sich zu s-r Verteidigung äußern: **to** ~ (**not**) **guilty** sich (nicht) schuldig bekennen (**to** gen); **to** ~ **guilty to doing s.th.** sich schuldig bekennen, etwas getan zu haben. **2.** flehentlich od. inständig bitten (**for** um; **with s.o.** j-n). **3.** sich einsetzen od. verwenden (**with** bei; **for** für). **4.** einwenden od. geltend machen (that daß): **his youth** ~**s for him** s-e Jugend spricht für ihn. **II** v/t **5.** jur. u. fig. als Verteidigung od. Entschuldigung anführen, sich berufen auf (acc), etwas vorschützen: **to** ~ **ignoˈrance**. **6.** jur. erörtern. **7.** e-e Sache vertreten, verteidigen, sich einsetzen für: **to** ~ **s.o.'s cause**. **8.** jur. (als Beweisgrund) vorbringen, anführen. **ˈplead-**

pleader – pleurocarpous

a·ble *adj jur.* **1.** rechtsgültig, rechtlich vertretbar, triftig. **2.** zu erörtern(d). **¹plead·er** *s* **1.** *jur. u. fig.* Anwalt *m*, Sachwalter *m.* **2.** *fig.* Fürsprecher *m.* **¹plead·ing I** *s* **1.** *jur.* a) Plädo'yer *n*, b) Plä'dieren *n*, Führen *n* e-r Rechtssache, c) Par'teivorbringen *n*, d) *pl* (gerichtliche) Verhandlungen *pl.* **2.** *pl jur. bes. Br.* vorbereitende Schriftsätze *pl*, Vorverhandlung *f.* **3.** Eintreten *n* (for für), Fürsprache *f.* **4.** Bitten *n* (for um). **II** *adj* (*adv* ~ly) **5.** flehend, bittend, inständig.
pleas·ance ['plezəns] *s obs. od. poet.* **1.** Lustgarten *m.* **2.** Wonne *f*, Vergnügen *n.*
pleas·ant ['pleznt] *adj* (*adv* ~ly) **1.** angenehm (*a. Arbeit, Geruch, Geschmack, Leben, Nachricht, Traum*), erfreulich, wohltuend (*Nachricht etc*), vergnüglich: a ~ breeze e-e angenehme *od.* wohltuende Brise; ~ to the taste angenehm im Geschmack. **2.** freundlich (*Wetter, Person, Zimmer*): please look ~! bitte recht freundlich! **3.** angenehm, liebenswürdig, freundlich: a ~ person; ~ manners; to make o.s. ~ to nett zu j-m sein. **4.** vergnügt, lustig, heiter. **¹pleas·ant·ness** *s* **1.** (*das*) Angenehme *od.* Erfreuliche. **2.** Freundlichkeit *f*, Liebenswürdigkeit *f.* **3.** Heiterkeit *f* (*a. fig.*). **¹pleas·ant·ry** [-trɪ] *s* **1.** Heiterkeit *f*, Lustigkeit *f.* **2.** Scherz *m*, Witz *m.* **3.** (*scherzhafte*) Hänse'lei. **4.** Höflichkeit *f*: they exchanged pleasantries.
please [pli:z] **I** *v/t* **1.** j-m gefallen *od.* angenehm sein *od.* zusagen, j-n erfreuen: it ~s me, I am ~d with it es gefällt mir; I shall (*od.* will) be ~d es wäre mir ein Vergnügen; I am only too ~d to do it ich tue es mit dem größten Vergnügen; to be ~d with a) befriedigt sein von, b) Vergnügen haben an (*dat*), c) Gefallen finden an (*dat*); to be ~d at erfreut sein über (*acc*); he was (as) ~d as Punch *colloq.* ‚er freute sich wie ein Schneekönig', ‚er strahlte wie ein Honigkuchenpferd'; to be ~d to say sich freuen, sagen zu können; I am ~d to hear ich freue mich *od.* es freut mich zu hören. **2.** befriedigen, zu'friedenstellen: I am ~d with you ich bin mit Ihnen zufrieden; to ~ o.s. tun (u. lassen), was man will; ~ yourself a) tun bedienen Sie sich, b) (ganz) wie Sie wünschen; only to ~ you nur Ihnen zuliebe; there is no pleasing him man kann es ihm einfach nicht recht machen; ~ hard 3. **3.** *a. iro.* geruhen, belieben (to do zu tun): take as many as you ~ nehmen Sie so viele *od.* wie viele Sie wünden *od.* für richtig halten; ~ God so Gott will. **II** *v/i* **4.** a) gefallen, angenehm sein, Anklang finden, b) zu'friedenstellen, befriedigen, anxious to ~ (sehr) beflissen *od.* eifrig. **5.** wollen, für gut befinden: as you ~ wie Sie wünschen; go where you ~! gehen Sie, wohin Sie Lust haben!
Besondere Redewendungen:
~ bitte; (yes,) ~ a) (ja), bitte, b) (oh ja), gerne; pretty ~! bitte, bitte!; ~ come here komm bitte her; if you ~ a) *a. iro.* wenn ich bitten darf, wenn es Ihnen recht ist, b) *iro.* gefälligst, c) man stelle sich vor!, denken Sie mal!

pleas·ing ['pli:zɪŋ] *adj* (*adv* ~ly) angenehm, wohltuend, gefällig: ~ design gefällige *od.* ansprechende Form.
pleas·ur·a·ble ['pleʒərəbl; *Am. a.* 'pleɪ-] *adj* (*adv* **pleasurably**) angenehm, wohltuend, vergnüglich, ergötzlich.
pleas·ure ['pleʒə(r); *Am. a.* 'pleɪ-] **I** *s* **1.** Vergnügen *n*, Freude *f*: it's a ~! es ist mir ein Vergnügen!; with ~! mit Vergnügen!; for ~ zum Vergnügen; we had the ~ of meeting him wir hatten das Vergnügen, ihn kennenzulernen; may I have the ~? darf ich bitten?; to give s.o. ~ j-m Vergnügen *od.* Freude bereiten, j-m Spaß machen; to take ~ in (*od.* at) Vergnügen *od.* Freude finden an (*dat*); he takes (a) ~ in contradicting es macht ihm Spaß zu widersprechen; to take one's ~ sich vergnügen; my ~ gern geschehen. **2.** (sinnlicher) Genuß, (Sinnen)Lust *f*: a man of ~ ein Genußmensch; a lady of ~ e-e ‚Gunstgewerblerin'. **3.** Gefallen *n*, Gefälligkeit *f*: to do s.o. a ~ j-m e-n Gefallen tun, j-m e-e Gefälligkeit erweisen. **4.** Belieben *n*, Gutdünken *n*, Ermessen *n*: at ~ nach Belieben; at the Court's ~ nach dem Ermessen des Gerichts; what is your ~? womit kann ich dienen?; it is our ~ wir beliehen *od.* geruhen (*Formel vor Beschlüssen hoher Würdenträger*); during Her (His) Majesty's ~ *Br.* auf unbestimmte Zeit (*Haftstrafe*); they will not consult his ~ sie werden nicht fragen, was ihm genehm ist; to make known one's ~ s-n Willen kundtun. **5.** (*sexueller*) Genuß, Befriedigung *f*: he took his ~ of her er hat sich mit ihr vergnügt. **II** *v/t* **6.** j-m Freude machen *od.* bereiten. **7.** j-m (*sexuellen*) Genuß verschaffen, j-n befriedigen. **III** *v/i* **8.** sich erfreuen *od.* vergnügen, Freude haben (in an *dat*). **9.** *colloq.* ‚bummeln', sich vergnügen. **IV** *adj* **10.** Vergnügungs...
pleas·ure| boat *s* Vergnügungs-, Ausflugsdampfer *m.* ~ **ground** *s* **1.** (Park-) Anlage(n *pl*) *f.* **2.** Vergnügungspark *m.* '~-₁lov·ing *adj* lebenslustig. '~-₁pain *s psych.* Lust-Unlust *f.* ~ **prin·ci·ple** *s psych.* 'Lustprin₁zip.n. '~-₁seek·er *s* Vergnügungssüchtige(r *m*) *f.* '~-₁seek·ing *adj* vergnügungssüchtig. ~ **trip** *s* Vergnügungsreise *f.*
pleat [pli:t] **I** *s* (*Rock- etc*)Falte *f*, Bügelfalte *f.* **II** *v/t* falten, fälteln, plis'sieren: ~ed skirt Plissee-, Faltenrock *m.*
pleb [pleb] *colloq. für* **plebeian** (*q.v.*).
pleb·by ['plebɪ] *adj Br. colloq.* primi'tiv (*Person etc*).
plebe [pli:b] *s Am. colloq.* Student der untersten Klasse in West Point *od.* der Marineakademie in Annapolis.
ple·be·ian [plɪ'bi:ən] **I** *adj* **1.** ple'bejisch. **II** *s* **2.** Ple'bejer(in). **3.** *contp.* Pro'let *m.* **ple·be·ian·ism** *s* Ple'bejertum *n*, ple'bejische Art. **ple·be·ian·ize** *v/t* ple'bejisch machen.
pleb·is·ci·ta·ry [plə'bɪsɪtərɪ; *Am.* -teri:; ₁plebə'saɪtərɪ] *adj* Volksabstimmungs...
pleb·i·scite ['plebɪsɪt; -saɪt] *s* Plebis'zit *n*, Volksabstimmung *f*, -entscheid *m.*
plec·trum ['plektrəm] *pl* **-trums, -tra** [-trə] *s mus.* Plektron *n.*
pled [pled] *bes. Scot. u. Am.* pret u. pp *von* **plead.**
pledge [pledʒ] **I** *s* **1.** a) (Faust-, 'Unter-)Pfand *n*, Pfandgegenstand *m*, b) Verpfändung *f*, c) Bürgschaft *f*, Sicherheit *f*, d) *hist.* Bürge *m*, Geisel *f*, *m*: in ~ of als Pfand für, *fig.* als Beweis für, als Zeichen (*gen*); to hold in ~ als Pfand halten; to put in ~ verpfänden; to take out of ~ ein Pfand auslösen. **2.** Versprechen *n*, feste Zusage, Gelübde, Gelöbnis *n*: to take (*od.* sign) the ~ den Alkohol abschwören. **3.** he told me that under (the) ~ of secrecy unter dem Siegel der Verschwiegenheit. **4.** *a.* ~ **of love** *fig.* Pfand *n* der Liebe (*Kind*). **5.** Zutrinken *n*, Toast *m.* **6.** *bes. univ. Am.* a) Versprechen *n*, e-r Verbindung *od.* e-m (Geheim)Bund beizutreten, b) Anwärter(in) auf solche Mitgliedschaft. **II** *v/t* **7.** verpfänden (s.th. to s.o. j-m etwas), ein Pfand bestellen für, e-e Sicherheit leisten für, als Sicherheit *od.* zum Pfand geben: to ~ one's word *od.* sein Wort verpfänden; ~d article

Pfandobjekt *n*; ~d **merchandise** sicherungsübereignete Ware(n); ~d **securities** lombardierte Effekten. **8.** j-n verpflichten (to zu, *auf acc*): to ~ o.s. geloben, sich verpflichten. **9.** j-m zutrinken, auf j-s Wohl trinken. **¹pledge·a·ble** *adj* verpfändbar. **pledg·ee** [pleˈdʒi:] *s* Pfandnehmer(in), -inhaber (-in), -gläubiger(in). **pledg·or** [pleˈdʒɔ:(r); *Am. a.* 'pledʒər] *s jur.*, **¹pledg·er** *s* Pfandgeber(in), -schuldner(in).
pledg·et ['pledʒɪt] *s med.* (Watte)Bausch *m*, Tupfer *m.*
pledg·or → **pledgeor.**
Ple·iad ['plaɪəd; *Am.* 'pli:əd] *pl* **'Ple·ia·des** [-di:z] *s astr. u. fig.* Siebengestirn *n.*
Pleis·to·cene ['plaɪstəʊsi:n; -stəs-] *geol.* **I** *s* Pleisto'zän *n*, Di'luvium *n.* **II** *adj* Pleistozän...
ple·na·ry ['pli:nərɪ; 'plen-] *adj* (*adv* **plenarily**) **1.** voll(ständig), Voll..., Plenar...: ~ **session** (*od.* **sitting**) Plenarsitzung *f.* **2.** voll(kommen), uneingeschränkt: ~ **indulgence** *R.C.* vollkommener Ablaß; ~ **powers** (*od.* **authority**) unbeschränkte Vollmacht, Generalvollmacht *f.*
plen·i·po·ten·ti·a·ry [₁plenɪpəʊ'tenʃərɪ; *Am.* -pə'tentʃəri:; -tʃeri:] **I** *s* **1.** (Gene'ral)Bevollmächtigte(r) *m*, bevollmächtigter Gesandter *od.* Mi'nister. **II** *adj* **2.** bevollmächtigt, uneingeschränkte Vollmacht besitzend. **3.** abso'lut, unbeschränkt.
plen·i·tude ['plenɪtju:d; *Am. a.* ₁tu:d] *s* **1.** → **plenty** 1. **2.** Vollkommenheit *f.*
plen·te·ous ['plentjəs; -ɪəs] *adj* (*adv* ~ly) *meist poet.* **1.** reich(lich). **2.** ergiebig, fruchtbar (in, of an *dat*). **¹plen·te·ous·ness** → **plenty** 1.
plen·ti·ful ['plentɪfʊl] *adj* (*adv* ~ly) **1.** reich(lich), im 'Überfluß (vor'handen). **2.** fruchtbar, ergiebig. **¹plen·ti·ful·ness** → **plenty** 1.
plen·ty ['plentɪ] **I** *s* **1.** Fülle *f*, 'Überfluß *m*, Menge *f*, Reichtum *m* (of an *dat*): to have ~ of s.th. mit etwas reichlich versehen sein, etwas in Hülle u. Fülle haben; in ~ im Überfluß; ~ of money (time) e-e *od.* sehr bequ. viel *od.* massenhaft Geld (Zeit); ~ of times sehr oft; ~ horn 6. **II** *adj* **2.** *Am.* reichlich. **3.** *Am. Scot. od. dial.* viel(e), massenhaft, jede Menge. **III** *adv* **4.** *colloq.* wirklich, bei weitem: ~ **good enough**. **5.** *colloq. Am.* ‚mächtig', ‚ganz schön': he was ~ mad.
ple·num ['pli:nəm; *Am. a.* 'ple-] *pl* **-nums** *s* **1.** Plenum *n*, Vollversammlung *f.* **2.** *phys.* a) (vollkommen) ausgefüllter Raum, b) mit kompri'mierter Luft gefüllter Raum: ~ **chamber** Luftkammer *f.*
ple·o·nasm ['pli:ə(u)næzəm] *s ling.* Pleo'nasmus *m.* ₁**ple·o'nas·tic** [-'næstɪk] *adj* (*adv* ~ally) pleo'nastisch.
ple·ro·ma [plɪˈrəʊmə] *s* **1.** Pleˈroma *n*: a) *philos. relig.* Fülle *f* der göttlichen Kraft, b) *Gnostizismus*: Fülle *f* der ide'alen Welt. **2.** → **plerome.**
ple·rome ['plɪərəʊm] *s bot.* Ple'rom *n*, Füllgewebe *n.*
ples·sor ['plesə(r)] → **plexor.**
pleth·o·ra ['pleθərə] *s* **1.** *med.* Ple'thora *f*, Blutandrang *m.* **2.** *fig.* 'Überfülle *f*, -maß *n*, Zu'viel *n* (of an *dat*). **ple'thor·ic** [-'θɒrɪk; *Am.* -'θɔ:r-] *adj* (*adv* ~ally) **1.** *med.* ple'thorisch. **2.** *fig.* 'übervoll, über'laden.
pleu·ra ['plʊərə] *pl* **-rae** [-ri:] *s anat. zo.* Brust-, Rippenfell *n*, Pleura *f.* **¹pleu·ral** *adj* Brustfell..., Rippenfell...
pleu·ri·sy ['plʊərəsɪ] *s med.* Pleu'ritis *f*, Brustfell-, Rippenfellentzündung *f.* ₁**pleu'rit·ic** [-'rɪtɪk] *adj* pleu'ritisch. ₁**pleu'ri·tis** [-'raɪtɪs] → **pleurisy.**
pleu·ro·car·pous [₁plʊərəʊˈkɑː(r)pəs] *adj bot.* pleuro'karp, seitenfrüchtig.

pleu·ro·cele ['plʊərəʊsiːl] *s med.* Rippenfellhernie *f.*
pleu·ro·pneu·mo·ni·a [ˌplʊərəʊnjuˈməʊnjə; *Am. a.* -nʊˈm-] *s* **1.** *med.* Lungen- u. Brustfellentzündung *f.* **2.** *vet.* Lungen- u. Brustseuche *f.*
plex·or ['pleksə(r)] *s med.* Perkussionshammer *m.*
plex·us ['pleksəs] *pl* **-us·es** *s* **1.** *anat.* Plexus *m,* (Nerven)Geflecht *n.* **2.** *fig.* Flechtwerk *n,* Netz *n,* Komˈplex *m.*
pli·a·bil·i·ty [ˌplaɪəˈbɪlətɪ] *s* Biegsamkeit *f,* Geschmeidigkeit *f* (*a. fig.*). **ˈpli·a·ble** *adj* (*adv* **pliably**) **1.** biegsam, geschmeidig (*a. fig.*). **2.** *fig.* nachgiebig, fügsam, gefügig, leicht zu beeinflussen(d).
pli·an·cy ['plaɪənsɪ] → **pliability**. **ˈpli·ant** *adj* (*adv* **~ly**) → **pliable**.
pli·ca ['plaɪkə] *pl* **-cae** [-siː] *s* **1.** *a.* ~ **polonica** *med.* Weichselzopf *m.* **2.** *anat.* (Haut)Falte *f.* **ˈpli·cate** [-keɪt], **ˈpli·cat·ed** [-tɪd] *adj bot. geol. zo.* faltig, fächerförmig. **pli·caˈtion** [plaɪ-], **plic·a·ture** ['plɪkətʃə(r); *Am. a.* 'plaɪk-] *s* **1.** Falten(bildung *f*) *n.* **2.** Falte *f* (*a. geol.*).
pli·ers ['plaɪə(r)z] *s pl* (*a. als sg konstruiert*) *tech.* (Draht-, Kneif)Zange *f*: **a pair of ~** e-e Zange.
plight[1] [plaɪt] *s* (unerfreulicher, bedauernswerter) Zustand, mißliche Lage, Not-, Zwangslage *f,* Miˈsere *f.*
plight[2] [plaɪt] *bes. poet.* **I** *v/t* **1.** *sein Wort, s-e Ehre* verpfänden, *Treue* geloben: **to ~ one's faith** Treue schwören (**to** *dat*); **~ed troth** gelobte Treue. **2.** (*o.s.* sich) verloben, *s-e Tochter* versprechen (**to** *dat*). **II** *s* **3.** *obs.* Gelöbnis *n,* feierliches Versprechen. **4.** *a.* ~ **of faith** Eheversprechen *n,* Verlobung *f.*
Plim·soll (line *od.* **mark)** ['plɪmsəl] *s mar.* (gesetzliche) Höchstlademarke.
plim·solls ['plɪmsəlz] *s pl Br.* Turnschuhe *pl.*
plinth [plɪnθ] *s arch.* **1.** Plinthe *f,* Säulenplatte *f.* **2.** Sockel *m.* **3.** Fußleiste *f* e-r Wand.
Pli·o·cene ['plaɪəʊsiːn; -əs-] *geol.* **I** *s* Plioˈzän *n.* **II** *adj* Pliozän...
plis·sé ['pliːseɪ; 'plɪs-; *Am.* plɪˈseɪ] **I** *s* Plisˈsee *n.* **II** *adj* plisˈsiert.
plod [plɒd; *Am.* plɑd] **I** *v/i* **1.** *a.* ~ **along,** **on** sich daˈhinschleppen, (einˈher)stapfen. **2.** ~ **away** *fig.* sich abmühen *od.* abplagen *od.* ˌabplacken' (**at** mit), ˌschuften'. **II** *v/t* **3. to ~ one's way** → **1**. **III** *s* **4.** schleppender *od.* schwerfälliger Gang. **5.** Stapfen *n.* **6.** ˌPlackeˈrei' *f,* ˌSchufteˈrei' *f.* **ˈplod·der** *s* **1.** *fig.* ˌArbeitstier' *n.* **2.** *tech.* Strangpresse *f.* **ˈplod·ding I** *adj* (*adv* **~ly**) **1.** schwerfällig (gehend), stapfend. **2.** angestrengt, unverdrossen (arbeitend). **3.** *fig.* schwerfällig, langweilig, ˌstur'. **II** *s* **4.** ˌPlackeˈrei' *f,* ˌSchufteˈrei' *f.*
plonk[1] [plɒŋk; *Am. a.* plɑŋk] **I** *v/t* **1.** *a.* ~ **down** *etwas* ˌ(ˈhin)schmeißen', (-)knallen: **to ~ o.s. into a chair** sich in e-n Sessel schmeißen. **2.** *Saite(ninstrument*) zupfen, zupfen auf (*dat*). **II** *v/i* **3.** *a.* ~ **down** knallen (**on** auf *acc*). **III** *s* **4.** hartes Geräusch, Knall *m.* **IV** *adv* **5.** hart, knallend. **6.** (haar)genau: **~ in the middle. V** *interj* **7.** peng!
plonk[2] [plɒŋk] *s Br. u. Austral. colloq.* billiger (u. Austral. schlechter) Wein.
plonk·o ['plɒŋkəʊ] *pl* **-os** *s Austral. sl.* Weinsäufer(in).
plop [plɒp; *Am.* plɑp] **I** *v/i* plumpsen, (*bes. ins Wasser*) platschen: **to ~ into a chair** sich in e-n Sessel plumpsen lassen. **II** *v/t* plumpsen *od.* platschen lassen: **to ~ the tray on the table** das Tablett auf den Tisch knallen. **III** *s* Plumps(en *n*) *m,* Platsch(en *n*) *m.* **IV** *adv* mit e-m Plumps *od.* Platsch, plumpsend, platschend. **V** *interj* plumps!, platsch!

plo·sion ['pləʊʒn] *s ling.* Verschluß (-sprengung *f*) *m.* **ˈplo·sive** [-sɪv] **I** *adj* Verschluß... **II** *s* Verschlußlaut *m.*
plot [plɒt; *Am.* plɑt] **I** *s* **1.** Stück(chen) *n* (Land), Parˈzelle *f,* Grundstück *n*: **vegetable ~** Gemüseecke *f* (*im Garten*). **2.** *bes. Am.* (Lage-, Bau)Plan *m,* (Grund)Riß *m,* Diaˈgramm *n,* graphische Darstellung. **3.** *mil.* a) Artillerie: Zielort *m,* b) *Radar*: Standort *m.* **4.** (geheimer) Plan, Komˈplott *n,* Anschlag *m,* Verschwörung *f,* Inˈtrige *f*: **to lay a ~** ein Komplott schmieden. **5.** Handlung *f,* Fabel *f* (*e-s Romans, Dramas etc*), *a.* Inˈtrige *f,* Verwick(e)lung *f* (*e-r Komödie*): → **thicken** 10. **II** *v/t* **6.** e-n Plan anfertigen von (*od. gen*), *etwas* planen, entwerfen. **7.** *e-e Position etc* in e-n Plan einzeichnen. **8.** *a. tech.* aufzeichnen, regiˈstrieren, schreiben (*Gerät*): **~ted fire** *mil.* Planfeuer *n*; **to ~ a curve** e-e Kurve graphisch darstellen *od.* bestimmen *od.* auswerten, e-e Kennlinie aufnehmen. **9.** *aer. mar.* den Kurs abstecken, ermitteln. **10.** *Luftbilder* auswerten. **11.** trasˈsieren, abstecken: **to ~ out a line**. **12.** *a.* ~ **out** *Land* parzelˈlieren. **13.** *e-e Verschwörung* planen, aushecken, *e-e Meuterei* anzetteln. **14.** *e-e Romanhandlung etc* entwickeln, ersinnen. **III** *v/i* **15.** (**against**) Ränke *pl.* ein Komplott schmieden, intriˈgieren, sich verschwören (gegen), an e-m Anschlag verüben (auf *acc*).
ˈplot·less *adj thea.* handlungsarm, ohne rechten Aufbau.
plot·ter ['plɒtə; *Am.* 'plɑtər] *s* **1.** Planzeichner(in). **2.** *aer. mil.* Auswerter. **3.** *Computer*: Plotter *m,* Kurvenschreiber *m,* -zeichner *m.* **4.** Anstifter(in). **5.** Ränkeschmied *m,* Intriˈgant(in), Verschwörer(in).
plot·ting ['plɒtɪŋ; *Am.* 'plɑ-] *s* **1.** Planzeichnen *n.* **2.** *aer. mil.* Auswertung *f.* **3.** *tech.* Aufzeichnung *f,* Regiˈstrierung *f.* **4.** *Radar*: Mitkoppeln *n.* **5.** Ränkeschmieden *n,* Intriˈgieren *n.* **~ board** *s* **1.** *mil.* Auswertetisch *m.* **2.** *mar.* Koppeltisch *m.* **3.** *Computer*: Funktiˈonstisch *m.* **~ ˈpa·per** *s math. tech.* ˈZeichenpaˌpier *n* (*für graphische Darstellungen*), Milliˈmeterpaˌpier *n.*
plough, *bes. Am.* **plow** [plaʊ] **I** *s* **1.** *agr.* Pflug *m*: **to put** (*od.* **set**) **one's hand to the ~** *fig.* Hand ans Werk legen. **2. P~** *astr.* (*der*) Große Bär *od.* Wagen. **3.** *Tischlerei*: Falzhobel *m.* **4.** *Buchbinderei*: Beschneidhobel *m.* **5.** *electr.* Stromabnehmer *m* (*für e-e* ˈunterirdische Stromschiene). **6.** → **pluck** 5. **II** *v/t* **7.** (ˈum)pflügen: **to ~ back** a) ein-, unterpflügen, b) *fig.* e-n Gewinn wieder in das Geschäft stecken; **to ~ under** unterpflügen (*a. fig.*); **to ~ a lonely furrow** *fig.* (ganz) allein auf weiter Flur stehen; **~ sand** 2. **8.** *fig.* a) *das Wasser etc* (durch)furchen, *Wellen* pflügen, b) *das Gesicht* (zer)furchen, c) sich e-n Weg bahnen: **to ~ one's way**. **9.** *bes. Br. sl. e-n Prüfling* ˌdurchrasseln' *od.* ˌdurchfallen' lassen: **to get ~ed** → 13. **III** *v/i* **10.** pflügen, ackern. **11.** sich (ˈum)pflügen (lassen). **12.** *fig.* sich (mühsam) e-n Weg bahnen: **to ~ through a book** *colloq.* ein Buch durchackern; **to ~ ahead** unverdrossen weitermachen, stetig vorankommen. **13.** *bes. Br. sl.* (in e-r Prüfung) ˌdurchrasseln' *od.* ˌdurchfallen'. **ˈ~·boy** *s* **1.** Gespannführer *m.* **2.** Bauernjunge *m.* **~ ˈhorse** *s* Ackerpferd *n.* **ˈ~·land** *s* Ackerland *n.* **ˈ~·man** [-mən] *s irr* Pflüger *m*: **~'s lunch** Imbiß *m* aus Brot, Käse *etc.* **~ plane** *s tech.* Nuthobel *m.* **~ press** *s Buchbinderei*: Beschneidpresse *f.* **ˈ~·share** *s agr.* Pflugschar *f.* **ˈ~·tail** *s agr.* Pflugsterz *m.*
plov·er ['plʌvə(r); *Am. a.* 'pləʊ-] *s orn.* **1.** (*ein*) Regenpfeifer *m.* **2.** Gelbschenkelwasserläufer *m.* **3.** Kiebitz *m.*
plow, *etc bes. Am. für* **plough,** *etc.*
ploy[1] [plɔɪ] *s bes. Scot.* **1.** Beschäftigung *f.* **2.** Zeitvertreib *m.*
ploy[2] [plɔɪ] *s* **1.** (Kriegs)List *f* (*a. fig.*). **2.** *fig.* ˌMasche' *f,* ˌTour' *f,* Trick *m.*
pluck [plʌk] **I** *s* **1.** Rupfen *n,* Zupfen *n,* Zerren *n,* Reißen *n.* **2.** Ruck *m,* Zug *m.* **3.** Geschlinge *n,* Inneˈreien *pl* (*der Schlachttiere*). **4.** *fig.* Schneid *m,* Mut *m,* ˌMumm' *m.* **5.** *bes. Br. sl.* ˌDurchrasseln' *n,* ˌDurchfallen' *n* (*in e-r Prüfung*). **II** *v/t* **6.** *Obst, Blumen etc* pflücken, abreißen. **7.** *Federn, Haar, Unkraut etc* ausreißen, auszupfen, *Geflügel* rupfen: → **crow**[1] 1. **8.** zupfen, ziehen, zerren, reißen: **to ~ s.o. by the sleeve** j-n am Ärmel zupfen; → **courage.** **9.** *Wolle* verlesen. **10.** *mus. Saiten* zupfen. **11.** *colloq.* j-n ˌrupfen', ˌausnehmen', prellen. **12.** *bes. Br. sl. e-n Prüfling* ˌdurchrasseln' *od.* ˌdurchfallen' lassen: **to get ~ed** durchrasseln, durchfallen. **III** *v/i* **13.** (**at**) zupfen, ziehen, zerren, reißen (*an dat*), schnappen, greifen (nach). **plucked** *adj* **1.** gerupft, gepflückt. **2.** → **instrument** *mus.* Zupfinstrument *n.* **3.** → **plucky** 1. **ˈpluck·i·ness** → **pluck** 4. **ˈpluck·y** *adj* (*adv* **pluckily**) **1.** mutig, schneidig, forsch. **2.** *phot. sl.* scharf, klar.
plug [plʌg] **I** *s* **1.** Pflock *m,* Stöpsel *m,* Dübel *m,* Zapfen *m,* (Faß)Spund *m.* **2.** *med.* (Blut-, Watte- *etc*)Pfropf(en) *m.* **3.** (Zahn)Plombe *f.* **4.** *electr.* Stecker *m,* Stöpsel *m*: **~ and socket** Steck(er)verˌbindung *f*; **~-ended cord** Stöpselschnur *f*; **to pull the ~** a) *med.* aktive Sterbehilfe leisten, b) *fig.* die Sache *etc* sterben lassen. **5.** *mot.* (Zünd)Kerze *f.* **6.** Hyˈdrant *m.* **7.** Verschlußschraube *f,* (Hahn-, Venˈtil-)Küken *n.* **8.** (Kloˈsett)Spülvorrichtung *f.* **9.** Priem *m* (*Stück Kautabak*). **10.** *colloq.* a) Empfehlung *f,* Tip *m,* Hinweis *m,* b) *Rundfunk, TV, Zeitung*: Werbung *f.* **11.** *econ. sl.* ˌLadenhüter' *m.* **12.** *Am. sl.* alter Klepper. **13.** *Am. sl.* falsches Geldstück. **14.** *sl.* a) ˌblaue Bohne', Kugel *f,* b) Schuß *m.* **15.** *sl.* a) (Faust)Schlag *m*: **to take a ~ at** → 22 a, b) *Am.* (*das*) Boxen, (*der*) Boxsport. **16.** → **plugger** 3. **17.** → **plug hat.** **II** *v/t* **18.** *a.* ~ **up** zu-, verstopfen, zupfropfen, zustöpseln, *ein Faß* verspunden: **to ~ up a hole** 19. *e-n Zahn* plomˈbieren. **20.** *a.* ~ **in** *electr.* ein Gerät einstecken, einstöpseln, (*durch Steckkontakt*) anschließen. **21.** *colloq.* (ständig) Werbung machen für, herˈausstreichen. **22.** *sl.* a) j-m ˌein Ding (*e-n Schlag od. e-e Kugel*) verpassen', *Hasen etc* ˌabknallen' (*erschießen*). **III** *v/i* **23.** *a.* ~ **up** verstopfen (*Rohr etc*). **24.** *a.* ~ **away** (**at**) *colloq.* ˌsich abplacken' (mit), ˌschuften' (an *dat*). **25.** ~ **for** *colloq.* Werbung machen für.
ˈplugˌboard *s electr.* Schalttafel *f.* **~ box** *s* ˈSteckˌdose *f,* -konˌtakt *m.* **~ fuse** *s* Stöpselsicherung *f.*
plug·ger ['plʌgə(r)] *s* **1.** *med.* Stopfer *m* (*zum Zahnfüllen*). **2.** *colloq.* a) Reˈklamemacher *m,* b) begeisterter Anhänger, Fan *m.* **3.** *Am. sl.* ˌArbeitstier' *n,* ˌsturer' Arbeiter *od.* Büffler.
plug| **hat** *s Am. sl.* ˌAngströhre' *f,* Zyˈlinder(hut) *m.* **ˈ~·hole** *s* Verschluß-, Spundloch *n.* **ˈ~-in** *adj tech.* (Auf-) Steck..., Einsteck..., einschiebbar: **~ unit** Steckeinheit *f,* Einschub *m.*
plug·o·la [plʌˈgəʊlə] *s Am. sl.* **1.** *an Rundfunksprecher für Schleichwerbung gezahlte Bestechungs-* od. ˌSchmierˈgelder *pl.* **2.** einseitige Berichterstattung.
plug| **switch** *s electr.* Steck-, Stöpselschalter *m.* **ˈ~-ˌug·ly** **I** *s Am. sl.* ˌSchläger' *m,* Rowdy *m.* **II** *adj colloq.* abgrundhäßlich. **~ valve** *s tech.* ˈKegelvenˌtil *n.* **~

plug wrench – plutodemocracy

weld s tech. Lochschweißung f. ~ **wrench** s tech. (Zünd)Kerzenschlüssel m.
plum [plʌm] s 1. Pflaume f, Zwetsch(g)e f: **dried ~** Backpflaume. 2. → **plum tree** 1. 3. bot. Baum od. Frucht mehrerer pflaumenartiger Gewächse, z. B. Dattelpflaume f. 4. Ro'sine f (im Pudding u. Backwerk): **~ cake** Rosinenkuchen m. 5. fig. ˌRo'sine' f (das Beste, a. aus e-m Buch). 6. a. **~ job** colloq. ruhiger, gutbezahlter Posten. 7. Am. sl. Belohnung f(für Unter-ˌstützung bei der Wahl etc). 8. Am. sl. ‚plötzlicher Reichtum', unverhoffter Gewinn, econ. ˈSonderdiviˌdende f. 9. Br. obs. sl. £ 100000. 10. Pflaumenblau n.
plum·age [ˈpluːmɪdʒ] s orn. Gefieder n. ˈ**plum·aged** adj gefiedert.
plumb [plʌm] I s 1. Bleigewicht n. 2. tech. (Blei)Lot n, Senkblei n: **out of ~**, **off ~** aus dem Lot, nicht (mehr) senkrecht. 3. mar. (Echo)Lot n. II adj 4. lot-, senkrecht. 5. bes. Am. colloq. völlig, glatt, rein: **this is ~ nonsense**. III adv 6. lot-, senkrecht. 7. fig. (haar)genau: **~ in the middle**. 8. bes. Am. colloq. ‚komˈplett', ‚toˈtal': **~ crazy**. IV v/t 9. lotrecht machen. 10. mar. die Meerestiefe (ab-, aus)loten, sonˈdieren. 11. fig. sonˈdieren, erforschen, ergründen. 12. tech. (mit Blei) verlöten, verbleien. 13. Wasser- od. Gasleitungen legen in (e-m Haus). V v/i 14. colloq. klempnern.
plum·ba·go [plʌmˈbeɪɡəʊ] s 1. min. a) Graˈphit m, Reißblei n, b) Bleiglanz m. 2. bot. Bleiwurz f.
plumb bob → plumb 2.
plum·be·ous [ˈplʌmbɪəs] adj 1. bleiern, bleiartig. 2. bleifarben. 3. Keramik: mit Blei glaˈsiert.
plumb·er [ˈplʌmə(r)] s 1. Klempner m, Installaˈteur m, Rohrleger m. 2. Bleiarbeiter m. ˈ**plumb·er·y** s 1. Klempnerwerkstatt f. 2. → plumbing 1.
plum·bic [ˈplʌmbɪk] adj chem. Blei...: **~ chloride** Bleitetrachlorid n. **plumˈbif·er·ous** [-ˈbɪfərəs] adj bleihaltig.
plumb·ing [ˈplʌmɪŋ] s 1. Klempner-, Rohrleger-, Installaˈteurarbeit f. 2. a) Rohr-, Wasser-, Gasleitung f, b) saniˈtäre Installatiˈon: **to have a look at the ~** colloq. euphem. ‚austreten', ‚mal verschwinden'. 3. Blei(gießer)arbeit f. 4. arch. mar. Ausloten n.
plum·bism [ˈplʌmbɪzəm] s med. Bleivergiftung f.
plumb·less [ˈplʌmlɪs] adj unermeßlich (tief), bodenlos (a. fig.).
plumbǀ line s 1. Senkschnur f, -blei n. 2. → **plumb rule**. ˈ**~-line** v/t 1. arch., a. mar. ausloten. 2. fig. sonˈdieren.
plumbo- [plʌmbəʊ] chem. min. Wortelement mit der Bedeutung Blei...: **plumbosolvent** bleizersetzend.
plum·bous [ˈplʌmbəs] adj 1. bleihaltig. 2. chem. Blei...: **~ sulfate** Bleisulfat n.
plumb rule s tech. Lot-, Senkwaage f.
plume [pluːm] I s 1. große Feder: **~ of an ostrich** Straußenfeder; **to adorn o.s. with borrowed ~s** fig. sich mit fremden Federn schmücken. 2. (Hut-, Schmuck-) Feder f. 3. Feder-, Helmbusch m. 4. poet. a) Feder f, b) Federkleid n, Gefieder n. 5. Siegesfeder f (im Turnier): **to win the ~** den Sieg davontragen (a. fig.). 6. fig. federähnliches Gebilde: a) a. **~ of cloud** Federwolke f, b) a. **~ of smoke** Rauchfahne f. II v/t 7. mit Federn schmücken. 8. orn. das Gefieder putzen. 9. **~ o.s. (up)on** sich brüsten mit, sich etwas einbilden auf (acc).
plumed [pluːmd] adj 1. gefiedert. 2. mit Federn geschmückt: **~ hat** Federhut m.
ˈ**plume·less** adj federlos, ungefiedert.
plum·met [ˈplʌmɪt] I s 1. (Blei)Lot n,

Senkblei n. 2. tech. Senkwaage f. 3. (Blei)Senker m (zum Fischen). II v/i 4. (herˈab)stürzen (Flugzeug etc). 5. fig. stürzen (Preise, Kurse etc), absacken (Blutdruck etc, a. Person).
plum·my [ˈplʌmɪ] adj 1. pflaumenartig, Pflaumen... 2. reich an Pflaumen od. Roˈsinen. 3. colloq. ‚prima', ‚toll', bes. ruhig u. gutbezahlt (Posten). 4. volltönend, soˈnor: **~ voice**.
plu·mose [ˈpluːməʊs] adj 1. orn. gefiedert. 2. bot. zo. federartig.
plump¹ [plʌmp] I adj 1. prall, drall, mollig, ‚pummelig', rundlich. 2. dick, feist, pausbackig: **~ cheeks** Pausbacken. 3. fleischig (Ente etc). II v/t 4. oft **~ up**, **~ out** a) prall od. fett machen, b) Kissen etc aufschütteln. III v/i 5. oft **~ up**, **~ out** (Fett) ansetzen, rundlich werden.
plump² [plʌmp] I v/i 1. a. **~ down** (ˈhin)plumpsen, fallen, sich (in e-n Sessel etc) fallen lassen. 2. pol. kumuˈlieren: **to ~ for** a) e-m Wahlkandidaten s-e Stimme ungeteilt geben, b) j-n rückhaltlos unterstützen, c) sich ohne zu zögern entscheiden für, sofort nehmen od. wählen. II v/t 3. a. **~ down** plumpsen lassen. 4. colloq. herˈausplatzen mit (s-r Meinung etc), unverblümt od. geradeherˈaus sagen. 5. Am. sl. loben, herˈausstreichen. III s 6. Plumps(en n) m. IV adv 7. plumpsend, mit e-m Plumps: **to fall ~ into the water**. 8. colloq. unverblümt, geradeherˈaus. V adj (adv **~ly**) 9. plump (Lüge etc). 10. deutlich, glatt (Ablehnung etc).
plumpˈer¹ [ˈplʌmpə(r)] s Bausch m.
plumpˈer² [ˈplʌmpə(r)] s 1. Plumps m. 2. pol. ungeteilte (Wahl)Stimme. 3. plumpe od. ‚dicke' Lüge.
ˈ**plumpˈness** s 1. Drall-, Prallheit f, Rundlichkeit f, Pausbackigkeit f. 2. Plumpheit f. 3. colloq. Offenheit f.
plumǀ pud·ding s Br. Plumpudding m. **~ tree** s 1. bot. Pflaumen-, Zwetsch(g)enbaum m. 2. Am. sl. (politische etc) Beziehungen pl: **to shake the ~** s-e Beziehungen spielen lassen.
plu·mule [ˈpluːmjuːl] s 1. orn. Flaumfeder f. 2. bot. Plumula f, Sproßknospe f (des Keimlings).
plum·y [ˈpluːmɪ] → plumose.
plun·der [ˈplʌndə(r)] I v/t 1. plündern: **to ~ a town**. 2. Waren rauben, stehlen. 3. j-n ausplündern. II v/i 4. plündern, räubern. III s 5. Plünderung f, Plündeˈrei f, Diebstahl m. 6. Beute f, Raub m (a. fig. Gewinn etc). 7. Am. colloq. Plunder m, Kram m, Siebensachen pl. ˈ**plun·der·age** s jur. 1. Plünderung f. 2. Unterˈschlagen n (von Waren auf Schiffen). 3. Plündergut n. ˈ**plun·der·er** s Plünderer m.
plunge [plʌndʒ] I v/t 1. (ein)tauchen (in, **into** in acc) (a. fig.): **to ~ the room in darkness** fig. das Zimmer in Dunkel tauchen od. hüllen. 2. e-e Waffe stoßen (**into s.o.'s heart** j-m ins Herz). 3. **~ into** fig. a) j-n in Schulden etc stürzen: **to ~ into debts**; b) e-e Nation in e-n Krieg stürzen od. treiben: **to ~ a nation into war**. II v/i 4. (ein)tauchen (in, into in acc). 5. stürzen, stürmen: **to ~ into the room**. 6. fig. sich stürzen (**into** in Schulden, e-e Tätigkeit etc). 7. mar. stampfen (Schiff). 8. sich nach vorn werfen (Pferd etc). 9. (ab)stürzen, steil abfallen (Klippe etc). 10. stürzen (Preise, Kurse etc). 11. sl. etwas risˈkieren, alles auf ˈeine Karte setzen. III s 12. (Ein)Tauchen n. 13. Schwimmen: (Kopf)Sprung m: **to take the ~** fig. es wagen, den Sprung od. den entscheidenden Schritt wagen. 14. Sturz m, (a. Vorwärts)Stürzen n. 15. Sprung-, Tauchbecken n. **~ bath** s Voll-, Tauchbad n. **~ batˌter·y** s electr. ˈTauchbatteˌrie f.

plungˈer [ˈplʌndʒə(r)] s 1. Taucher m. 2. a. **~ piston** tech. Tauchkolben m: **~ pump** Plungerpumpe f. 3. tech. Stempel m, Stößel m. 4. electr. (Tauch)Kern m, Tauchbolzen m: **~ coil**, **~ solenoid** Tauchkernspule f. 5. electr. Tauchspule f. 6. mot. Venˈtilkolben m. 7. mil. Schlagbolzen m. 8. sl. Hasarˈdeur m, (waghalsiger) Spieler, wilder Spekuˈlant.
plungˈingǀ batˈter·y [ˈplʌndʒɪŋ] → plunge battery. **~ fire** s mil. Steil-, Senkfeuer n. **~ ˈneckˈline** s tiefer Ausschnitt.
plunk [plʌŋk] → plonk¹.
pluˈper·fect [ˌpluːˈpɜːfɪkt; Am. -ˈpɜr-] s a. **~ tense** ling. Plusquamperfekt n, Vorvergangenheit f.
plu·ral [ˈplʊərəl] I adj (adv **~ly**) 1. mehrfach, aus mehreren bestehend: **~ executive** Am. Vorstand(skollegium n) m: **~ marriage** Mehrehe f; **~ scattering** phys. Mehrfachstreuung f; **~ society** sociol. pluralistische Gesellschaft; **~ voting** pol. Mehrstimmenwahlrecht n. 2. ling. Pluˈral..., Mehrzahl..., im Plural, in der Mehrzahl, pluˈralisch: **~ number** → 3. II s 3. ling. Plural m, Mehrzahl f. ˈ**plu·ral·ism** s 1. Vielheit f, Vielfalt f, Vielzahl f. 2. a) Besitz m mehrerer Ämter, b) Pluraˈlität f. 3. philos. sociol. Pluraˈlismus m. ˈ**plu·ral·ist** I adj philos. sociol. pluraˈlistisch. II s philos. Pluraˈlist(in). ˌ**pluralˈist·ic** adj → pluralist 1.
plu·ral·i·ty [ˌplʊəˈrælətɪ] s 1. Mehrheit f, ˈÜber-, Mehrzahl f. 2. Vielzahl f, große Anzahl od. Menge. 3. sociol. pluraˈlistische Strukˈtur. 4. pol. (Am. bes. relaˈtive) Stimmenmehrheit. 5. a. **~ of benefices** relig. Besitz m mehrerer Pfründen od. Ämter. ˈ**plu·ral·ize** I v/t ling. 1. in den Plural setzen. 2. als od. im Plural gebrauchen, im Plural ausdrücken. II v/i 3. relig. mehrere Pfründen od. Ämter innehaben.
plu·ri·ax·i·al [ˌplʊərɪˈæksɪəl] adj bes. bot. mehrachsig. ˌ**plu·riˈlin·gual** [-ˈlɪŋɡwəl] adj ling. mehrsprachig.
plu·rip·a·ra [plʊəˈrɪpərə] pl **-rae** [-riː], **-ras** s 1. med. Pluˈripara f (Frau, die mehrmals geboren hat). 2. zo. Tier, das mehrere Junge gleichzeitig wirft.
plus [plʌs] I prep 1. plus, und. 2. bes. econ. zuˈzüglich (gen): **a sum ~ interest** ein Betrag zuˈzüglich (der) Zinsen. 3. colloq. mit: **~ a coat**. II adj 4. Plus..., a. extra, Extra...: **~ pressure** tech. Atmosphärenüberdruck m (abbr. atü); **~ sign** a) math. Pluszeichen n, b) fig. gutes Zeichen; **~ or minus 5%** plus-minus 5%; **~ factor** fig. Pluspunkt m. 5. electr. math. positiv, Plus...: **~ quantity** positive Größe. III s 6. Plus(zeichen) n. 7. Plus n, Mehr n, ˈÜberschuß m. 8. fig. Plus(punkt m) n. **~ fours** s pl (weite) Knickerbocker- od. Golfhose.
plush [plʌʃ] I s 1. Plüsch m. II adj 2. Plüsch... 3. colloq. (stink)vornehm, feuˈdal, Nobel...: **a ~ restaurant**.
plush·y [ˈplʌʃɪ] adj 1. plüschartig. 2. → plush 3.
plus-(s)age [ˈplʌsɪdʒ] s Am. Mehrbetrag m, ˈÜberschuß m.
plu·tar·chy [ˈpluːtɑː(r)kɪ] → plutocracy.
plute [pluːt] Am. sl. abbr. für plutocrat.
Plu·to [ˈpluːtəʊ] npr 1. myth. Pluto m (Gott). 2. astr. Pluto m (Planet).
plu·toc·ra·cy [pluːˈtɒkrəsɪ; Am. -ˈtɑk-] s 1. Plutokraˈtie f, Geldherrschaft f. 2. collect. ˈGeldaristokraˌtie f, Plutoˈkraten pl. **plu·to·crat** [ˈpluːtəʊkræt] s Plutoˈkrat m, Kapitaˈlist m. ˌ**plu·toˈcratˈic** adj (adv **~ally**) plutoˈkratisch.
ˌ**plu·to·deˈmoc·ra·cy** s ˈPlutodemokraˌtie f.

plu·ton ['plu:tɒn; *Am.* -ˌtɑn] *s geol.* Plu-ˈton *m.*

Plu·to·ni·an [plu:ˈtəʊnjən; -ɪən] *adj myth.* pluˈtonisch, Pluto... **plu'ton·ic** [-ˈtɒnɪk; *Am.* -ˈtɑ-] *adj geol.* pluˈtonisch: ~ action vulkanische Tätigkeit; ~ rocks plutonische Gesteine; ~ theory Plutonismus *m.*

plu·to·ni·um [plu:ˈtəʊnjəm; -ɪəm] *s chem.* Plu'tonium *n:* ~ breeder (*Atomphysik*) Plutonium-Brutreaktor *m.*

plu·to·o·my [plu:ˈtɒnəmɪ; *Am.* -ˈtɑn-] *s* Volkswirtschaftslehre *f.*

plu·vi·al ['plu:vjəl; -ɪəl] *adj* **1.** regnerisch, regenreich, Regen... **2.** *geol.* durch Regen verursacht.

plu·vi·om·e·ter [ˌplu:vɪˈɒmɪtə(r); *Am.* -ˈɑm-] *s meteor.* Pluvioˈmeter *n*, Regenmesser *m.*

ply[1] [plaɪ] **I** *v/t* **1.** *Arbeitsgerät* handhaben, hanˈtieren *od.* ˈumgehen mit: to ~ a needle. **2.** *ein Gewerbe* betreiben, ausüben: to ~ one's trade s-m Gewerbe nachgehen (*Prostituierte*). **3. (with)** bearbeiten (mit) (*a. fig.*), *fig. j-m* (mit *Fragen etc*) zusetzen, *j-n* (mit *etwas*) überˈhäufen: to ~ the horses with a whip (dauernd) mit der Peitsche auf die Pferde einschlagen; to ~ s.o. with a drink *j-n* zum Trinken nötigen. **4.** in Gang halten, (ständig) versehen (with mit): to ~ a fire with fresh fuel. **5.** *e-e Strecke* regelmäßig befahren, verkehren auf (*dat*): the ferryboat plies the river. **II** *v/i* **6.** verkehren, ˈhin- u. ˈherfahren, pendeln (between zwischen). **7.** *mar.* laˈvieren, aufkreuzen. **8.** *bes. Br.* auf Beschäftigung warten, s-n Stand(platz) haben: a taxi driver ~ing for hire ein auf Kunden wartender Taxifahrer.

ply[2] [plaɪ] **I** *s* **1.** Falte *f.* **2.** (Garn)Strähne *f.* **3.** (Stoff-, Sperrholz- *etc*)Lage *f*, Schicht *f:* three-~ a) dreifach (*Garn etc*), b) dreifach gewebt (*Teppich*). **4.** *fig.* Hang *m*, Neigung *f:* to take a (*od.* one's) ~ e-e Richtung einnehmen. **II** *v/t* **5.** biegen, falten. **6.** *Garn etc* fachen, in Strähnen legen.

'ply·wood *s* Sperr-, Furˈnierholz *n.*

pneu·ma [ˈnju:mə; *Am. a.* ˈnu:mə] *s* Pneuma *n:* a) *philos.* ätherische Substanz, die als Lebensprinzip angesehen wurde, b) *relig.* Heiliger Geist.

pneu·mat·ic [nju:ˈmætɪk; *Am. a.* nʊˈm-] **I** *adj* (*adv* ~ally) **1.** *bes. phys. tech.* pneuˈmatisch, Luft..., *tech.* Druck(luft)..., Preßluft...: ~ tool Preßluftwerkzeug *n.* **2.** *zo.* lufthaltig: ~ bones Luftknochen. **3.** *philos. relig.* pneuˈmatisch. **4.** *colloq.* ˌkurvenˈreich' (*Mädchen*). **II** *s* **5.** *mot.* pneumatic tire. **6.** Fahrzeug *n* mit Luftbereifung. ~ **ac·tion** *s mus.* pneuˈmatische Trakˈtur (*der Orgel*). ~ brake *s tech.* pneuˈmatische Bremse, Druckluftbremse *f.* ~ **dis·patch** *s* Rohrpost *f.* ~ drill *s tech.* Preßluftbohrer *m.* ~ **el·e·va·tor** *s Am.* pneuˈmatischer Aufzug. ~ float *s* Floßsack *m.* ~ gun *s mil.* Preßluftgeschütz *n.* ~ **ham·mer** *s tech.* Preßlufthammer *m.* [*phys.* Pneuˈmatik *f*.]

pneu·mat·ics *s pl* (*als sg konstruiert*) **pneu·mat·ic switch** *s tech.* Druckluftschalter *m.* ~ tire (*bes. Br.* tyre) *s tech.* Luftreifen *m*, *pl a.* Luftbereifung *f.* ~ tube *s tech.* pneuˈmatische Röhre, *weitS.* Rohrpost *f.*

pneumato- [ˈnju:mətəʊ-; *Am. a.* nu:-] Wortelement mit den Bedeutungen a) Luft..., b) Atem...

ˈpneu·ma·to·cyst *s orn. zo.* Luftsack *m.*

pneu·ma·tol·o·gy [ˌnju:məˈtɒlədʒɪ; *Am.* -ˈtɑ-; *a.* ˌnu:-] *s* **1.** *relig.* Pneumatoloˈgie *f:* a) Lehre *f* von den Engeln u. Däˈmonen, b) Lehre *f* vom Heiligen Geist. **2.** *obs.* → **pneumatics**.

pneu·ma·to·sis [ˌnju:məˈtəʊsɪs; *Am. a.* ˌnu:-] *s med.* Pneumaˈtose *f*, Bildung *f* von Gas- *od.* Luftzysten.

ˈpneu·ma·toˌther·aˈpeu·tics *s pl* (*als sg konstruiert*), **ˌpneu·ma·toˈther·a·py** *s* Pneumatotheraˈpie *f*, pneuˈmatische Theraˈpie.

pneu·mec·to·my [nju:ˈmektəmɪ; *Am. a.* nu:-] *s med.* Pneumektoˈmie *f*, Lungenresektiˌon *f.*

pneu·mo·dy·nam·ics [ˌnju:məʊdaɪˈnæmɪks; *Am. a.* ˌnu:-] *s med.* Pneumodyˈnamik *f.*

pneu·mo·nec·to·my [ˌnju:məʊˈnektəmɪ; *Am. a.* ˌnu:-] *s med.* Pneumonektoˈmie *f:* a) operaˈtive Entfernung e-s Lungenflügels, b) ˈLungenresektiˌon *f.*

pneu·mo·ni·a [nju:ˈməʊnjə; *Am. a.* nʊˈm-] *s med.* Lungenentzündung *f*, Pneumoˈnie *f:* bronchial ~ Bronchopneumonie *f*, double ~ doppelseitige Lungenentzündung. **pneuˈmon·ic** [-ˈmɒnɪk; *Am.* -ˈmɑn-; *a.* nʊˈm-] *adj* pneuˈmonisch, die Lunge *od.* Lungenentzündung betreffend.

po [pəʊ] *pl* **pos** *s Br. colloq.* (Nacht)Topf *m.*

po·a [ˈpəʊə] *s bot.* Rispengras *n.*

poach[1] [pəʊtʃ] **I** *v/t* **1.** *den Boden* zertrampeln, aufwühlen. **2.** (zu e-m Brei) anrühren. **3.** wildern, unerlaubt jagen *od.* fangen. **4.** räubern, stehlen. **5.** *Arbeitskräfte* abwerben. **6.** *Tennis, Badminton:* (*dem Doppelpartner zugedachte*) Bälle wegnehmen. **7.** *Papier* bleichen. **II** *v/i* **8.** weich *od.* ˌmatschigˈ *od.* zertrampelt werden (*Boden*). **9. (on)** a) unbefugt eindringen (in *acc*), b) *fig.* übergreifen (auf *acc*): → **preserve** 8. **10.** wildern.

poach[2] [pəʊtʃ] *v/t Eier* poˈchieren: ~ed egg pochiertes *od.* verlorenes Ei.

poach·er[1] [ˈpəʊtʃə(r)] *s* **1.** Wilderer *m*, Wilddieb *m.* **2.** *sl.* ˌFreibeuterˈ *m.* **3.** *Papierfabrikation:* Bleichholländer *m.*

poach·er[2] [ˈpəʊtʃə(r)] *s* Poˈchierpfanne *f.*

poach·ing [ˈpəʊtʃɪŋ] *s* Wildern *n*, Wildeˈrei *f.*

poach·y [ˈpəʊtʃɪ] *adj* sumpfig.

po·chard [ˈpəʊtʃə(r)d] *pl* **-chards**, *bes. collect.* **-chard** *s orn.* Tafelente *f.*

po·chette [pɒˈʃet; *Am.* pəʊ-] *s* **1.** Handtäschchen *n.* **2.** *Philatelie:* Klemmtasche *f.*

pock [pɒk; *Am.* pak] *s med.* **1.** Pocke *f*, Blatter *f*, (Pocken)Pustel *f.* **2.** Pockennarbe *f.*

pock·et [ˈpɒkɪt; *Am.* ˈpa-] **I** *s* **1.** (Hosen*etc*)Tasche *f:* to have s.o. in one's ~ *fig.* j-n ˌin der Tascheˈ *od.* Gewalt haben; to put s.o. in one's ~ *fig.* j-n ˌin die Tasche steckenˈ, mit j-m fertig werden; to put one's pride in one's ~ s-n Stolz überwinden. **2.** a) Geldbeutel *m* (*a. fig.*), b) *fig.* (Geld)Mittel *pl*, Fiˈnanzen *pl:* out of one's ~ aus der eigenen Tasche; to put one's hand in one's ~ tief in die Tasche greifen; to be in ~ gut bei Kasse sein: to be 5 dollars in (out of) ~ 5 Dollar profitiert (verloren) haben; he will suffer in his ~ *fig.* es wird ihm an den Geldbeutel gehen; to suit all ~s für jeden Geldbeutel; → **line**[2] 4. **3.** Sack *m*, Beutel *m.* **4.** *Br.* Sack *m* (*Hopfen, Wolle etc*, *als Maß* = 168 lb.). **5.** *anat. zo.* Tasche *f.* **6.** *geol.* Einschluß *m.* **7.** *Bergbau:* Erz-, *bes.* Goldnest *n.* **8.** *Billard:* Tasche *f*, Loch *n.* **9.** *Verpackungstechnik:* Tasche *f* (*e-s Transportbandes*). **10.** ~ air ˌLuftloch *n*, Fallbö *f.* **11.** *mil.* Kessel *m:* ~ of resistance Widerstandsnest *n.* **12.** *sport* ungünstige Positiˈon (*e-s eingeschlossenen Läufers etc*). **13.** (vereinzelte) Gruppe *od.* (vereinzelter) Gebietsteil *m:* ~ of unemployment Gebiet *n* mit hoher Arbeitslosigkeit.
II *adj* **14.** Taschen...: ~ lamp (*od.* torch) Taschenlampe *f;* ~ lighter Taschenfeuerzeug *n;* ~ size Taschenformat *n.* **15.** finanziˈell, Geld... **16.** gekürzt, Kurz...: ~ lecture. **17.** vereinzelt.
III *v/t* **18.** in die Tasche stecken, einstecken (*beide a. fig.* einheimsen). **19.** *fig.* an sich reißen. **20.** *fig.* a) *e-e Kränkung etc* einstecken, ˈhinnehmen, b) *Gefühle* unterˈdrücken, hinˈunterschlucken: to ~ one's pride s-n Stolz überwinden. **21.** *die Billardkugel* einlochen. **22.** *pol. Am. e-e Gesetzesvorlage* nicht unterˈschreiben, sein Veto einlegen gegen (*Präsident, Gouverneur*). **23.** *mil.* den Gegner einkesseln. **24.** *sport* Läufer *etc* einschließen.

ˈpock·etˌbook *s* **1.** Taschen-, Noˈtizbuch *n.* **2.** a) Brieftasche *f*, b) *Am.* Geldbeutel *m* (*beide a. fig.*): the average ~ der Durchschnittsgeldbeutel, das Normaleinkommen; this is beyond my ~ das kann ich mir nicht leisten. **3.** *Am.* Handtasche *f.* **4.** Taschenbuch *n:* ~ edition Taschenausgabe *f.* ~ **bil·liards** *s pl* (*meist als sg konstruiert*) Poolbillard *n.* ~ **bor·ough** *s Br. hist.* winziger Wahlflecken (*durch e-n einzigen Grundbesitzer vertreten*). ~ **cal·cu·la·tor** *s* Taschenrechner *m.* ~ **e·di·tion** *s* Taschenausgabe *f* (*e-s Buchs*).

ˈpock·et·ful [-fʊl] *s e-e* Tasche(voll): a ~ of money e-e Tasche voll Geld.

pock·et|ˈhand·ker·chief *s* Taschentuch *n.* ~ˈhand·ker·chief *adj* ˌim ˈWestentaschenforˌmat: a ~ garden. ~ˈknife *s irr* Taschenmesser *n.*

ˈpock·et·less *adj* taschenlos.

pock·et|ˈmon·ey *s* Taschengeld *n.* ~ mouse *s irr zo.* Taschenspringmaus *f.* ~ piece *s* Glücksmünze *f*, -pfennig *m.* ~ **pis·tol** *s* **1.** ˈTaschenpiˌstole *f.* **2.** *humor.* ˌFlachmann' *m* (*kleine, flache Schnapsflasche*). **ˈ~-size(d)** *adj* **1.** im ˈTaschenforˌmat. **2.** *fig.* ˌim ˈWestentaschenforˌmat': a ~ garden. ~ **ve·to** *s pol. Am.* Zuˈrückhalten *n od.* Verzögerung *f* e-s Gesetzentwurfs (*durch den Präsidenten od. e-n Gouverneur*).

ˈpock·mark **I** *s* Pockennarbe *f.* **II** *v/t* (*fig.* wie) mit Pockennarben bedecken, *fig.* verschandeln.

pock·y [ˈpɒkɪ; *Am.* ˈpɑ-] *adj* pockig, pockennarbig.

po·co·cu·ran·te [ˌpəʊkəʊkjʊəˈræntɪ; *Am. a.* -kʊˈr-] *adj u. s* gleichgültig(er Mensch).

pod[1] [pɒd; *Am.* pɑd] *s zo.* Herde *f* (*Wale, Robben*), Schwarm *m* (*Vögel*).

pod[2] [pɒd; *Am.* pɑd] **I** *s* **1.** *bot.* Hülse *f*, Schale *f*, Schote *f.* **2.** *bes. zo.* (Schutz-)Hülle *f*, *a.* Koˈkon *m* (*der Seidenraupe*), Beutel *m* (*des Moschustiers*). **3.** *a.* net Ringnetz *n* (*zum Aalfang*). **4.** *aer.* Behälter *m.* **5.** *sl.* ˌWampeˈ *f*, ˌWanstˈ *m*, dicker Bauch: in ~ ˌdick' (*schwanger*). **II** *v/i* **6.** Hülsen ansetzen. **7.** ~ up *sl. ˌ*e-n dicken Bauch kriegenˈ (*schwanger sein*). **III** *v/t* **8.** *Erbsen etc* aushülsen.

po·dag·ra [pəʊˈdægrə; pəˈd-] *s med.* Poˈdagra *n:* a) Fußgicht *f*, b) Gicht *f* der großen Zehe.

pod|ˈau·ger *s tech.* Hohlbohrer *m.* ~**bit** *s* Schneide *f* e-s Hohlbohrers.

podg·i·ness [ˈpɒdʒɪnɪs; *Am.* ˈpɑ-] *s* Unterˈsetztheit *f.* **ˈpodg·y** *adj* unterˈsetzt, klein u. dick, dicklich: ~ fingers Wurstfinger.

po·di·a·trist [pəˈdaɪətrɪst; pəʊ-] *s Am.* Fußpfleger(in). **poˈdi·a·try** [-trɪ] *s Am.* Fußpflege *f*, Pediˈküre *f.*

po·di·um [ˈpəʊdjəm] *pl* **-di·a** [-dɪə] *s* **1.** *arch.* Podium *n* (*a. mus.* des Dirigenten), Poˈdest *n*, *m.* **2.** *arch. antiq.* a) erhöhte Sitzreihe (*im Amphitheater*), b) Podiumsockel *m* (*e-s Tempels*). **3.** ˈdurchgehende Bank (*rund um e-n Raum*). **4.** *zo.* (Saug-)Fuß *m.*

pod pep·per *s bot.* Schotenpfeffer *m*, Paprika *m*.
Po·dunk ['pəʊˌdʌŋk] *s Am.* ‚Krähwinkel' *n (typische Kleinstadt).*
po·em ['pəʊɪm] *s* **1.** Gedicht *n*, Dichtung *f.* **2.** *fig.* ‚Gedicht' *n (etwas Schönes).*
po·e·sy ['pəʊɪzɪ] *s obs.* **1.** Poe'sie *f*, Dichtkunst *f.* **2.** Dichtung *f*, Gedicht *n.*
po·et ['pəʊɪt] *s* Dichter *m*, Po'et *m*: **P~s' Corner** a) Dichterwinkel *m (Ehrenplatz der in der Westminsterabtei beigesetzten Dichter),* b) *humor.* literarische Ecke *(in der Zeitung);* → **poet laureate. po·et·as·ter** [ˌpəʊɪˈtæstə(r); *Am.* 'pəʊətˌæ-] *s* Poe'taster *m*, Dichterling *m.* **'po·et·ess** *s* Dichterin *f*, Po'etin *f.*
po·et·ic [pəʊˈetɪk] **I** *adj (adv* **~ally)** po'etisch: a) dichterisch, b) in Gedicht- *od.* Versform, c) ro'mantisch, stimmungsvoll: **~ justice** *fig.* ausgleichende Gerechtigkeit; **~ licence** *(Am.* **license)** dichterische Freiheit. **II** *s meist pl (als sg konstruiert)* Po'etik *f*, Lehre *f* von der Dichtkunst. **po·et·i·cal** *adj (adv* **~ly)** → **poetic I.**
po·et·i·cize [pəʊˈetɪsaɪz], **po·et·ize** ['pəʊɪtaɪz] **I** *v/i* **1.** dichten. **II** *v/t* **2.** dichterisch gestalten, in Verse bringen. **3.** (im Gedicht) besingen.
po·et lau·re·ate *pl* **po·ets lau·re·ate** *(Lat.) s* Po'eta *m* laure'atus: a) Dichterfürst *m*, b) *Br.* Hofdichter *m*, c) *in einigen Staaten der USA e-m Dichter verliehener Ehrentitel.*
po·et·ry ['pəʊɪtrɪ] *s* **1.** Poe'sie *f*, Dichtkunst *f.* **2.** Dichtung *f*, *collect.* Dichtungen *pl*, Gedichte *pl*: **dramatic ~** dramatische Dichtung. **3.** Poe'sie *f (Ggs. Prosa);* **prose ~** dichterische Prosa. **4.** Poe'sie *f*: a) dichterisches Gefühl: **he has much ~,** b) *fig.* Ro'mantik *f*, Stimmung *f.*
po-faced [ˌpəʊˈfeɪst] *adj Br. colloq.* streng, mit verkniffenem Gesicht.
pog·a·mog·gan [ˌpɒgəˈmɒgən; *Am.* ˌpɑgəˈmɑ-] *s* keulenartige Waffe der nordamer. Indianer.
pog·gy ['pɒgɪ; *Am.* 'pɑgɪ; *pl* **-gies,** *bes. collect.* **-gy** *s zo.* kleiner Wal.
po·grom ['pɒgrəm; *Am.* 'pəʊ-; pəˈgrɑm] *s* Po'grom *m*, *n*, *(bes.* Juden)Verfolgung *f.*
poi [pɔɪ; 'pəʊɪ] *s* Poi *m (in Hawaii; Brei aus vergorenen Tarowurzeln).*
poign·an·cy ['pɔɪnənsɪ; 'pɔɪnj-] *s* **1.** Schärfe *f (von Gerüchen etc),* 'durchdringender Geschmack *od.* Geruch. **2.** *fig.* Schärfe *f*, Bitterkeit *f*, Heftigkeit *f.* **3.** Schmerzlichkeit *f.* **'poign·ant** *adj (adv* **~ly) 1.** scharf, beißend *(Geruch, Geschmack):* **~ perfume** aufdringliches Parfüm. **2.** pi'kant *(a. fig.).* **3.** *fig.* bitter, quälend: **~ hunger** quälender Hunger; **~ regret** bittere Reue. **4.** *fig.* brennend *(Interesse).* **5.** *fig.* ergreifend: **a ~ scene. 6.** *fig.* beißend, bissig, scharf: **~ wit. 7.** *fig.* treffend, prä'gnant, genau: **~ observation. 8.** scharf, 'durchdringend: **a ~ look.**
poi·ki·lit·ic [ˌpɔɪkɪˈlɪtɪk] *adj geol.* **1.** bunt, gefleckt. **2.** Buntsandstein...
poi·ki·lo·ther·mal [ˌpɔɪkɪləʊˈθɜːml; *Am.* -ˈθɜrməl], *a.* **ˌpoi·ki·lo·ˈther·mic** [-mɪk] *adj zo.* **1.** wechselwarm, poikilo'therm. **2.** kaltblütig.
poin·set·ti·a [pɔɪnˈsetɪə] *s bot.* Weihnachtsstern *m.*
point [pɔɪnt] **I** *s* **1.** *(Nadel-, Messer-, Schwert-, Bleistift- etc)*Spitze *f*: **not to put too fine a ~ upon s.th.** etwas nicht gerade gewählt ausdrücken; **at the ~ of the pistol** mit vorgehaltener Pistole *od.* Waffe; **at the ~ of the sword** *fig.* unter Zwang, mit Gewalt. **2.** *obs.* Dolch *m*, Schwert *n.* **3.** *tech.* spitzes Instru'ment, *bes.* a) Stecheisen *n*, b) Grabstichel *m*, Griffel *m*, c) Ra'dier-, Ätznadel *f*, d) Ahle *f.* **4.** *geogr.* a) Landspitze *f*, b) Bergspitze *f.* **5.** *hunt.* (Geweih)Ende *n*, Sprosse *f.* **6.** *pl* Gliedmaßen *pl (bes. von Pferden).* **7.** *a.* **full ~** *ling.* Punkt *m (am Satzende).* **8.** *print.* a) Punk'tur *f*, b) (typo'graphischer) Punkt (= 0,376 mm), c) Punkt *m (Blindenschrift).* **9.** *math.* (geome'trischer) Punkt: **~ of intersection** Schnittpunkt. **10.** *math.* (Dezi'mal)Punkt *m*, Komma *n*: **(nought) ~ three** *(in Ziffern:* 0·3 *od.* 0.3 *od.* .3) null Komma drei (0,3); **9 ~s** *fig.* 90%, fast das Ganze; **possession is nine ~s of the law,** sei im Besitze, und du wohnst im Recht'. **11.** *a.* **~ of the compass** Kompaßstrich *m.* **12.** Punkt *m*: a) bestimmte Stelle, b) *phys.* Grad *m (e-r Skala),* Stufe *f (a. tech. e-s Schalters):* **4 ~s below zero** 4 Grad unter Null; **~ of action** *(od.* **application)** Angriffspunkt (der Kraft); **~ of contact** Berührungspunkt; **~ of impact** mil. Aufschlag-, Auftreffpunkt; **~ of no return** *aer.* Gefahrenmitte *f*, Umkehrgrenzpunkt *m*, b) *fig.* Punkt, von dem es kein Zurück mehr gibt; **up to a ~** *fig.* bis zu e-m gewissen Grad; → **boiling point, freezing** 1, *etc.* **13.** *geogr.* Himmelsrichtung *f.* **14.** Punkt *m*, Stelle *f*, Ort *m*: **~ of destination** Bestimmungsort; **~ of entry** *econ.* Eingangshafen *m*; **~ of lubrication** *tech.* Schmierstelle *f*, Schmiernippel *m.* **15.** Anschluß-, Verbindungspunkt *m*, *bes.* a) *electr.* Kon'takt(punkt) *m*, b) *electr. Br.* 'Steckkonˌtakt *m.* **16.** Grenz-, Höhe-, Gipfelpunkt *m*, Grenze *f*: **~ of culmination** Kulminations-, Höhepunkt; **frankness to the ~ of insult** *fig.* Offenheit, die schon an Beleidigung grenzt; **it gave a ~ to their day** das setzte ihrem Tag ein Glanzlicht auf. **17.** a) *a.* **~ of time** Zeitpunkt *m*, Augenblick *m*, b) kritischer Punkt, entscheidendes Stadium: **when it came to the ~** als es so weit war, als es darauf ankam; **at this ~** in diesem Augenblick, *weitS.* an dieser Stelle, hier *(in e-r Rede etc);* **at the ~ of death** im Sterben, im Augenblick des Todes; **to be (up)on the ~ of doing s.th.** im Begriff sein, etwas zu tun; **at that ~ in time** *Am.* damals; **at this ~ in time** *Am.* jetzt. **18.** Punkt *m (e-r Tagesordnung etc),* (Einzel-, Teil)Frage *f*: **a case in ~** ein einschlägiger Fall, ein (typisches) Beispiel; **at all ~s** in allen Punkten, in jeder Hinsicht; **to differ on several ~s** in etlichen Punkten nicht übereinstimmen; **a ~ of interest** e-e interessante Einzelheit; **~ of order** (Punkt der) Tagesordnung *f*, a. Verfahrensfrage *f*; **on a ~ of order!** ich möchte zur Tagesordnung sprechen!; → **order** 7. **19.** entscheidender *od.* springender Punkt, Kernpunkt *m*, -frage *f*: **to come (speak) to the ~** zur Sache kommen (sprechen); **beside the ~** a) nicht zur Sache gehörig, abwegig, b) unwichtig, unerheblich; **to the ~** zur Sache (gehörig), sachdienlich, sachlich, (zu)treffend, exakt; **to make a ~** ein Argument anbringen, e-e Ansicht durchsetzen; **to make a ~ of s.th.** a) Wert *od.* Gewicht auf etwas legen, auf e-r Sache bestehen, b) sich etwas zum Prinzip machen; **that is the ~** das ist die Frage *od.* der springende Punkt; **the ~ is that** die Sache ist die, daß; **that's the ~ I wanted to make** darauf wollte ich hinaus; **you have a ~ there** es ist etwas dran an dem, was Sie sagen; **I take your ~** ich verstehe, was Sie meinen. **20.** Pointe *f (e-s Witzes etc).* **21.** *a.* **~ of view** Stand-, Gesichtspunkt *m*, Ansicht *f*: **from a political ~ of view** vom politischen Standpunkt aus (gesehen), politisch gesehen; **to make s.th. a ~ of hono(u)r** etwas als Ehrensache betrachten; **it's a ~ of hono(u)r to him** das ist Ehrensache für ihn; **in ~ of** hinsichtlich *(gen);* **in ~ of fact** tatsächlich; → **miss**[2] 1, **press** 13, **stretch** 11. **22.** Ziel *n*, Zweck *m*, Absicht *f*: **to carry** *(od.* **make) one's ~** sich *od.* s-e Ansicht durchsetzen, sein Ziel erreichen; **what's your ~ in doing that?** was bezweckst du damit?; **there is no ~ in going** es hat keinen Zweck *od.* es ist sinnlos hinzugehen. **23.** Nachdruck *m*: **to give ~ to one's words** s-n Worten Gewicht *od.* Nachdruck verleihen. **24.** her'vorstechende Eigenschaft, (Cha'rakter)Zug *m*, Vorzug *m*: **a noble ~ in her** ein edler Zug an ihr; **strong ~** starke Seite, Stärke *f*; **weak ~** wunder Punkt, schwache Seite; **it has its ~s** es hat so s-e Vorzüge. **25.** *Tierzucht:* besonderes Rassenmerkmal. **26.** Punkt *m (e-s Bewertungs- od. Rationierungssystems):* **~ rationing** Punktrationierung *f.* **27.** *econ.* Börsensprache: Punkt *m*, Point *m*, Einheit *f (bei Kursschwankungen).* **28.** *sport* Punkt *m*: **to win (lose) on ~s** nach Punkten gewinnen (verlieren); **~s win** Punktsieg *m*, Sieg *m* nach Punkten; **winner on ~s** Punktsieger *m*; **to beat s.o. on ~s** j-n nach Punkten schlagen; **to give ~s to s.o.** a) j-m vorgeben, b) *fig.* j-m überlegen sein; **to be ~s better than s.o.** j-m hoch überlegen sein. **29.** *sport* a) *Kricket: Platz rechts vom Schläger,* b) (Zwischen)point *n (im)* Crosslauf *m.* **30.** *Boxen:* ‚Punkt' *m*, Kinnspitze *f.* **31.** *Würfel-, Kartenspiel:* Auge *n*, Punkt *m.* **32.** *Handarbeit:* a) Näh-, Nadelspitze *f (Ggs.* Klöppelspitze), b) Handarbeitsspitze *f*, c) → **point lace,** d) Stickstich *m.* **33.** *mus.* a) Stac'catopunkt *m*, b) Wiederholungszeichen *n*, c) charakte'ristisches Mo'tiv, d) Imitati'onsmo,tiv *n*, e) (Themen)Einsatz *m.* **34.** *mil.* a) Spitze *f (e-r Vorhut),* b) Ende *n (e-r Nachhut).* **35.** *hunt.* Stehen *n (des Hundes):* **to make** *(od.* **come to) a ~** (vor)stehen *(vor dem Wild).* **36.** *rail.* a) Weiche *f*, b) *Br.* Weichenschiene *f.* **37.** *her.* Feld *n (e-s Wappens).* **38. potatoes and ~** *sl.* Kar'toffeln *m* mit ohne was dazu.

II *v/t* **39.** (an-, zu)spitzen: **to ~ a pencil. 40.** *fig.* poin'tieren, betonen: **to ~ one's words. 41.** *e-e Waffe etc* richten (**at** auf *acc*): **to ~ one's finger at s.o.** a) (mit dem Finger) auf j-n deuten *od.* zeigen, b) *a.* **to ~ a** *(od.* **the) finger at s.o.** *fig.* mit Fingern *od.* dem Finger auf j-n zeigen; **to ~ (up)on** *n s-e Augen, Gedanken etc* richten auf *(acc);* **to ~ to** den Kurs, die Aufmerksamkeit lenken auf *(acc),* j-n bringen auf *(acc).* **42. ~ out** a) zeigen, b) *fig.* 'hinweisen *od.* aufmerksam machen auf *(acc),* betonen, c) *fig.* aufzeigen *(a. Fehler),* klarmachen, d) *fig.* ausführen, darlegen. **43.** *a.* **~ up** *fig.* betonen, unter'streichen: **to ~ one's remarks with illustrations. 44.** *math.* Dezimalstellen durch e-n Punkt *od.* ein Komma trennen: **to ~ off places** Stellen abstreichen. **45. ~ up** *a) arch.* verfugen, b) *tech. e-e* Fuge glattstreichen. **46.** *hunt.* vorher. e-m Wild vorstehen.

III *v/i* **47.** (mit dem Finger) deuten, weisen (**at, to** auf *acc*). **48. ~ to** nach e-r Richtung weisen *od.* liegen *(Haus).* **49. ~ to** a) 'hinweisen, -deuten auf *(acc):* **everything ~s to his guilt,** b) ab-, 'hinzielen auf *(acc).* **50.** *mar.* hart am Wind segeln. **51.** *hunt.* vorstehen *(Jagdhund).* **52.** *med.* reifen *(Abszeß etc).*

ˌpoint|-'blank I *adv* **1.** schnurgerade, di'rekt. **2.** *fig.* 'rundherˌaus, klipp u. klar, schlankweg: **to tell s.o. s.th. ~. II** *adj* **3.** schnurgerade. **4.** *mil.* a) ra'sant: **~ trajectory,** b) Kernschuß...: **~ range** Kernschuß(weite *f*) *m*; **at ~ range** aus kürzester Entfernung; **~ shot** Kernschuß

m, (*Artillerie*) Fleckschuß *m*. **5.** *fig.* unverblümt, offen, glatt: **a ~ refusal** e-e glatte Abfuhr. **~ con·tact** *s electr.* 'Spitzenkon_|takt *m*. **~ dis·charge** *s electr.* Spitzenentladung *f*. **~ du·ty** *s bes. Br.* Postendienst *m* (*e-s Verkehrspolizisten*).
pointe [pɔɪnt] *s* (Stellung *f* auf der) Fußspitze *f* (*beim Ballett*).
point·ed ['pɔɪntɪd] *adj* (*adv* ~**ly**) **1.** spitz(ig). **2.** spitz (zulaufend), zugespitzt: **~ arch** Spitzbogen *m*; **~ file** Spitzfeile *f*; **~ roof** (*gotisches*) Spitzdach; **~ style** gotischer Stil, Spitzbogenstil *m*. **3.** *fig.* scharf, poin'tiert (*Stil, Bemerkung*), anzüglich. **4.** *fig.* treffend, deutlich. **~ fox** *s* unechter Silberfuchs.
'**point·ed·ness** *s* **1.** Spitzigkeit *f*, Schärfe *f*. **2.** *fig.* Schärfe *f*, Anzüglichkeit *f*, Spitze *f*. **3.** *fig.* Deutlichkeit *f*, (*das*) Treffende.
point·er ['pɔɪntə(r)] *s* **1.** *mil. bes. Am.* 'Richtschütze *m*, -kano_|nier *m*. **2.** Zeiger *m* (*e-r Uhr od. e-s Meßgeräts*). **3.** Zeigestock *m*. **4.** Ra'dier-, Ätznadel *f*. **5.** *hunt.* a) Vorsteh-, Hühnerhund *m*, b) *in Zssgn* ...ender *m*: **twelve-~** Zwölfender. **6.** (guter) Tip, Fingerzeig *m*: **to give s.o. a ~**.
poin·til·lism ['pwæntɪ_|jɪzəm; 'pɔɪntɪlɪ-] *s paint.* Pointil'lismus *m*, Punktmale'rei *f*.
'**poin·til·list** *s* Pointil'list *m*.
point lace *s* **1.** genähte Spitze(n *pl*), Bändchenspitze *f*. **2.** Bändchenarbeit *f*.
'**point·less** *adj* (*adv* ~**ly**) **1.** ohne Spitze, stumpf. **2.** *a. sport* punktlos. **3.** *fig.* sinn-, zwecklos. **4.** witzlos, ohne Pointe (*Witz*). **5.** nichtssagend.
point| **po·lice·man** *s irr* Ver'kehrsschutzmann *m*, -poli_|zist *m*. '**~s·man** [-mən] *s irr Br.* **1.** → **point policeman**. **2.** *rail.* Weichensteller *m*. **~ source** *s phys.* Punktquelle *f*, punktförmige (Licht)Quelle. **~ sys·tem** *s* **1.** 'Punktsy_|stem *n* (*zur Leistungsbewertung*; *a. sport*). **2.** *print.* 'Punktsy_|stem *n* (*Einteilung der Schriftgröße nach Punkten*). **3.** Punktschrift *f* (*für Blinde*). **~-to-**'**point** *I s Pferdesport:* Geländejagdrennen *n*. *II adj:* **~ (radio) communication** Funkverkehr *m* zwischen zwei festen Punkten; **~ race** → *I*.
point·y-head ['pɔɪntɪ_|hed] *s Am. colloq.* meist contp. „Eierkopf" *m* (*Intellektueller*).
poise [pɔɪz] *I s* **1.** Gleichgewicht *n*. **2.** Schwebe(zustand *m*) *f*. **3.** (Körper-, Kopf)Haltung *f*. **4.** *fig.* a) (innere) Ausgeglichenheit, Gelassenheit *f*, b) sicheres Auftreten, Sicherheit *f*, Haltung *f*. **5.** *fig.* Schwebe *f*, Unentschiedenheit *f*: **to hang at ~** sich in der Schwebe befinden. **6.** Gewicht *n* (*der Schnellwaage od. der Uhr*). *II v/t* **7.** a) ins Gleichgewicht bringen, b) im Gleichgewicht halten, c) etwas balan'cieren: **to be ~d** a) im Gleichgewicht sein, b) *fig.* schweben: **the sick man is ~d between life and death**; **to be ~d for action** *mil.* angriffsbereit stehen. **8.** **den Kopf, e-e Waffe etc** halten. *III v/i* **9.** (in der Luft) schweben.
poi·son ['pɔɪzn] *I s* **1.** Gift *n* (*a. fig.*): **meat is ~ for you**; **the ~ of hatred**; **what is your ~?** *colloq.* was wollen Sie trinken? *II v/t* **2.** (o.s. sich) vergiften, *e-m Getränk etc* Gift beimischen. **3.** *med.* infi'zieren: **to ~ one's hand** sich die Hand infizieren. **4.** *phys.* die Wirkung zerstören von (*od. gen*). **5.** *fig.* Atmosphäre *etc* vergiften: **to ~ s.o.'s mind against s.o.** j-n gegen j-n aufhetzen. *III adj* **6.** Gift...: **~ cabinet** Giftschrank *m*. '**poi·son·er** *s* **1.** Giftmörder(in), -mischer(in). **2.** *fig.* „Giftspritze" *f*.
poi·son| **fang** *s zo.* Giftzahn *m*. **~ fish** *s ichth.* Gift-, Stachelrochen *m*. **~ gas** *s mil.* Giftgas *n*, Kampfstoff *m*. **~ gland** *s zo.* Giftdrüse *f*.

poi·son·ing ['pɔɪznɪŋ] *s* **1.** Vergiftung *f*. **2.** Giftmord *m*.
poi·son| **i·vy** *s bot.* Giftsumach *m*. **~ nut** *s bot.* Brechnuß *f*.
poi·son·ous ['pɔɪznəs] *adj* (*adv* ~**ly**) **1.** giftig, Gift... **2.** *fig.* a) zersetzend, verderblich, b) giftig, bösartig: **a ~ tongue** e-e giftige Zunge. **3.** *colloq.* „ekelhaft".
poi·son| **pen** *s* Schreiber(in) verleumderischer *od.* ob'szöner ano'nymer Briefe. '**~-pen let·ter** *s* verleumderischer *od.* ob'szöner ano'nymer Brief.
Pois·son| **dis·tri·bu·tion** ['pwa:sən; *Am.* pwa:'sɔʊn] *s Wahrscheinlichkeitsrechnung:* Pois'son-Verteilung *f*. **~'s ra·ti·o** *s phys. tech.* Kontrakti'onskoeffi_|zi_|ent *m*.
poi·trel ['pɔɪtrəl] *s mil. hist.* Brustharnisch *m* (*der Pferde*).
poke¹ [pəʊk] *I v/t* **1.** a) stoßen, puffen, knuffen: **to ~ s.o. in the ribs** j-m e-n Rippenstoß geben; **to ~ s.o. in the eye** j-m ein Auge ausstoßen *od.* ausschlagen, b) *colloq.* j-m e-n (Faust)Schlag versetzen. **2. ein Loch stoßen (in** *in acc*): **to ~ a hole in the wallpaper**. **3.** *a.* **~ up** das Feuer schüren. **4. den Kopf vorstrecken**: → **nose** Bes. Redew. **5. to ~ fun at s.o.** sich über j-n lustig machen. *II v/i* **6.** stoßen, stechen (**at** nach), stochern (**in** in *dat*). **7.** suchen, tasten: **to ~ about** (*od.* **around**) **for** (herum)suchen *od.* (-)tappen nach. **8.** *a.* **~ about** (*od.* **around**) (her'um)stöbern, (-)wühlen. **9.** *fig.* a) *a.* **~ and pry** (her'um)schnüffeln, (-)spio_|nieren, b) sich einmischen (**into** in *fremde Angelegenheiten*). **10.** *Kricket:* langsam u. vorsichtig schlagen. **11. ~ about** (*od.* **around**) *colloq.* (her'um)trödeln, bummeln. *III s* **12.** a) (Rippen)Stoß *m*, Puff *m*, Knuff *m*, b) *colloq.* (Faust)Schlag *m*. **13.** *Am.* → **slowpoke**.
poke² [pəʊk] *s obs. od. dial.* Beutel, kleiner Sack: → **pig** 1.
'**poke**|**ber·ry** *s bot.* Kermesbeere *f*. **~ bon·net** *s* Kiepenhut *m*, Schute *f*.
pok·er¹ ['pəʊkə(r)] *s* Feuer-, Schürhaken *m*: **to walk (as) stiff as a ~** e-n (Lade-) Stock verschluckt haben", steif wie ein Stock gehen.
pok·er² ['pəʊkə(r)] *s* Poker(spiel) *n*.
pok·er| **face** *s* Pokergesicht *n*, Pokerface *n* (*undurchdringliches, unbewegtes Gesicht; a. Person*). '**~-faced** *adj* mit unbewegtem Gesicht.
pok·er work *s* Brandmale'rei *f*.
pok·y¹ ['pəʊkɪ] *adj* **1.** eng, winzig: **~ room**; **a ~ (little) place** ein „Nest" *od.* „Kaff". **2.** 'unele_|gant, 'unmo_|dern: **~ dress**. **3.** langweilig. **4.** „lahm", phleg'matisch.
pok·y² ['pəʊkɪ] *s Am. sl.* „Kittchen" *n*.
Po·lack ['pəʊlæk; *Am.* -_|lak] *s* **1.** *obs.* Pole *m*. **2.** *contp.* „Po'lack(e)" *m* (*Pole*).
po·lar ['pəʊlə(r)] *I adj* **1.** po'lar, Polar...: **~ air** *meteor.* Polarluft *f*, polare Kaltluft; **~ angle** *astr. math.* Polarwinkel *m*; **~ lights** *astr.* Polarlicht *n*; **~ night** Polarnacht *f*; **~ projection** (*Kartographie*) Polarprojektion *f*; **~ regions** *pl* Polargebiet *n*; **P~ Sea** Polar-, Eismeer *n*; **~ star** Polarstern *n*. **2.** *math. phys.* po'lar: **~ line** → 5. **3.** *fig.* po'lar, genau entgegengesetzt (wirkend). **4.** *fig.* zen'tral, bestimmend: **a ~ principle**. *II s* **5.** *aer. math.* Po'lare *f*. **~ ax·is** *s astr. math.* Polachse *f*. **~ bear** *s zo.* Eisbär *m*. **~ bod·y**, **~ cell** *s biol.* Polkörperchen *n* (*der Zelle*). **~ cir·cle** *s geogr.* Po'larkreis *m*. **~ co·or·di·nates** *s pl math.* Po'larkoordi_|naten(sy_|stem *n*) *pl*. **~ curve** *s math.* Po'larkurve *f*. **~ dis·tance** *s astr. math.* 'Poldi_|stanz *f*. **~ e·qua·tion** *s math.* Gleichung *f* in Po'larkoordi_|naten. **~ fox** *s zo.* Po'lar-,

Blaufuchs *m*. **~ front** *s meteor.* Po'larfront *f*.
po·lar·im·e·ter [_|pəʊlə'rɪmɪtə(r)] *s phys.* Polari'meter *n*.
po·lar·i·scope [pəʊ'lærɪskəʊp] *s phys.* Polari'skop *n*.
po·lar·i·ty [pəʊ'lærətɪ] *s phys.* Polari'tät *f* (*a. fig.* Gegensätzlichkeit). **po·lar·i·za·tion** [_|pəʊlərai'zeɪʃn; *Am.* -rə'z-] *s* **1.** *electr. phys.* Polarisati'on *f* (*a. fig.* Spaltung). **2.** *fig.* Ausrichtung *f* (**towards** auf *acc*). '**po·lar·ize** *I v/t* **1.** *electr. phys.* polari'sieren: **~d relay** polarisiertes *od.* gepoltes Relais. **2.** *fig.* polari'sieren, spalten (**into** in *zwei Lager etc*). **3.** *fig.* ausrichten (**towards** auf *acc*): **to be ~d towards profit** gewinnorientiert sein. *II v/i* **4.** *fig.* sich polari'sieren, sich spalten (**into** in *acc*). '**po·lar·iz·er** *s phys.* Polari'sator *m*.
po·lar·og·ra·phy [_|pəʊlə'rɒgrəfɪ; *Am.* -_|'rɑg-] *s* Polarogra'phie *f* (*elektrochemische Analysenmethode*).
Po·lar·oid ['pəʊlərɔɪd] (TM) *s* Polaro'id *n* (*Licht polarisierendes Material*): **~ camera**.
pol·der ['pɒldə; *Am.* 'pəʊldər; 'pɑl-] *s* Polder *m* (*eingedeichtes Marschland*).
pole¹ [pəʊl] *I s* **1.** Pfosten *m*, Pfahl *m*. **2.** (Bohnen-, Zelt- etc)Stange *f*, (*Leichtathletik: a.* Sprung)Stab *m*: **to be up the ~** *colloq.* a) „in der Tinte sitzen", b) e-e Stinkwut haben, c) e-n „Klaps" haben, verrückt sein. **3.** (Leitungs)Mast *m*. **4.** (Wagen)Deichsel *f*. **5.** *mar. a*) Flaggenmast *m*, b) Staken *m*, c) Winterbramstänge *f*: **under (bare) ~s** vor Topp u. Takel. **6.** a) Rute *f* (*Längenmaß* = 5,029 *m*), b) Qua'dratrute *f* (*Flächenmaß* = 25,293 *qm*). *II v/t* **7. ein Boot** staken. **8. Bohnen etc** stängen.
pole² [pəʊl] *s* **1.** *astr. geogr.* (Erd-, Himmels)Pol *m*: **celestial ~** Himmelspol; **from ~ to ~** durch die ganze Welt. **2.** *math.* Pol *m*: a) Endpunkt *m* der Achse durch Kreis *od.* Kugel, b) fester Punkt, auf den andere Punkte Bezug haben. **3.** *electr. phys.* Pol *m*: **like ~s** gleiche *od.* gleichnamige Pole; **unlike** (**opposite**) **~s** ungleiche (entgegengesetzte) Pole. **4.** *biol.* Pol *m* (*in gedachter Achse, bes. in der Eizelle bei der Reifeteilung*). **5.** *med.* Pol *m* (*der Nervenzelle*). **6. they are ~s apart** (*od.* **asunder**) *fig.* zwischen ihnen liegen Welten, sie trennen Welten.
Pole³ [pəʊl] *s* Pole *m*, Polin *f*.
'**pole**|**·ax(e)** *s* **1.** *hist.* Streitaxt *f*. **2.** *mar.* a) *hist.* Enterbeil *n*, b) Kappbeil *n*. **3.** Schlächterbeil *n*. *II v/t* **4. ein Tier** (mit dem Beil) schlachten, mit der Axt erschlagen: **he feels like poleaxed** „er fühlt sich wie erschlagen". **~ bean** *s bot.* Stangenbohne *f*. '**~·cat** *s zo.* **1.** Iltis *m*. **2.** *Am.* Skunk *m*. **~ chang·er** *s electr.* Polwechsler *m*. **~ chang·ing** *s electr.* Polwechsel *m*, 'Umpolen *n*. **~ charge** *s mil.* gestreckte Ladung. **~ jump**, *etc* → **pole vault**, *etc*.
po·lem·ic [pɒ'lemɪk; *bes. Am.* pə'l-] *I adj* (*adv* ~**ally**) **1.** po'lemisch, Streit... *II s* **2.** Po'lemiker(in). **3.** Po'lemik *f*, Ausein'andersetzung *f*, Fehde *f*. **po·lem·i·cal** *adj* (*adv* ~**ly**) = **polemic**. **po·lem·i·cist** [-sɪst] *s* Po'lemiker *m*. **po·lem·ics** *s pl* (*als sg konstruiert*) **1.** Po'lemik *f*, Pole'mi_|sieren *n*. **2.** *relig.* po'lemische Theolo'gie. **pol·e·mist** ['pɒlɪmɪst; *Am.* 'pɑ-; pə'lem-] *s* Po'lemiker *m*.
po·lem·o·log·i·cal [_|pɒləmə'lɒdʒɪkl; *Am.* -_|lɑ-] *adj* polemo'logisch. **po·le·mol·o·gy** [_|pɒlɪ'mɒlədʒɪ; *Am.* _|pəʊlə-'mɑ-] *s* Polemolo'gie *f*, Kon'flikt-, Kriegsforschung *f*.
pole| **po·si·tion** *s* **1.** *Motorsport:* 'Pole-

pole star - poll man

-po͵sition *f* (*vorderste Startposition des Trainingsschnellsten*). **2.** *fig.* führende Stellung. **~ star** *s* **1.** *astr.* Po'larstern *m*. **2.** *fig.* Leitstern *m*. **~ vault** *s Leichtathletik*: Stabhochsprung *m*. **'~vault** *v/i* stabhochspringen. **~ vault·er** *s* Stabhochspringer *m*.
po·lice [pə'li:s] **I** *s* **1.** Poli'zei(behörde, -verwaltung) *f*. **2.** Poli'zei(truppe, -mannschaft) *f*. **3.** *collect.* (*als pl konstruiert*) Poli'zei *f*, Poli'zisten *pl*: **there are many ~ in this town** es gibt viel Polizei in dieser Stadt; **five ~** fünf Polizisten; **to help the ~ with their inquiries** *bes. Br. euphem.* vorläufig festgenommen sein. **4.** *bes. mil. Am.* Ordnungsdienst *m*: **kitchen ~** Küchendienst. **II** *v/t* **5.** (poli'zeilich) über'wachen. **6.** *ein Land etc* unter (Poli'zei)Gewalt halten. **7.** *fig.* über'wachen, kontrol'lieren. **8.** *mil. Am.* in Ordnung bringen *od.* halten, säubern. **III** *adj* **9.** Polizei..., poli'zeilich. **~ blot·ter** *s Am.* Dienstbuch *n* (*e-r Polizeistation*). **~ ca·det** *s* Poli'zeischüler *m*. **~ con·sta·ble** *s Br.* Poli'zist *m*, Wachtmeister *m*. **~ court = magistrates' court** (**magistrate** 1). **~ dog** *s* **1.** Poli'zeihund *m*. **2.** (deutscher) Schäferhund. **~ force** *s* Poli'zei(truppe) *f*. **~ head·quar·ters** *s pl* (*oft als sg konstruiert*) Poli'zeiprä͵sidium *n*.
po·lice͵man [-mən] *s irr* **1.** Poli'zist *m*, Schutzmann *m*. **2.** *zo.* Sol'dat *m* (*Ameise*). **~ of·fense** *s jur. Am.* Über'tretung *f*. **~ of·fi·cer** *s* Poli'zeibe͵amte(r) *m*, Poli'zist *m*. **~ pow·er** *s* **1.** Poli'zeigewalt *f*. **2.** *Am. Staatsgewalt zum Schutz der Öffentlichkeit gegen Übergriffe von Einzelpersonen*. **~ pro·tec·tion** *s* Poli'zeischutz *m*. **~ rec·ord** *s jur.* 'Strafre͵gister *n*: **to have a ~** vorbestraft sein. **~ state** *s* Poli'zeistaat *m*. **~ sta·tion** *s* Poli'zeiwache *f*, -re͵vier *n*. **~ van** *s* Gefangenenwagen *m* (*der Polizei*).
po'lice͵wom·an *s irr* Poli'zistin *f*.
pol·i·clin·ic [͵pɒlɪ'klɪnɪk; *Am.* ͵pɑlə-] *s* Poliklinik *f*, Ambu'lanz *f* (*e-s Krankenhauses*).
pol·i·cy¹ ['pɒləsɪ; *Am.* 'pɑl-] *s* **1.** Verfahren(sweise *f*) *n*, Taktik *f*, Poli'tik *f*: **marketing ~** *econ.* Absatzpolitik (*e-r Firma*); **the best ~ would be (to go)** das beste *od.* klügste wäre (zu gehen); **it is our ~** es ist unser Grundsatz, wir haben es uns zur Regel gemacht; → **honesty** 1. **2.** Poli'tik *f* (*Wege u. Ziele der Staatsführung*), po'litische Linie *f*: **~ adviser** po'litischer Berater. **3. public ~** *jur.* Rechtsordnung *f*: **against public ~** sittenwidrig. **4.** Klugheit *f*, Zweckmäßigkeit *f*: **the ~ of this act is doubtful** es fragt sich, ob dieses Vorgehen klug ist. **5.** Erfahrung *f*, (Welt)Klugheit *f*. **6.** Schlauheit *f*, Gerissenheit *f*. **7.** *obs.* a) Re'gime *n*, Staatswesen *n*, b) Staatswissenschaft *f*. **8.** *Scot.* Park(anlagen *pl*) *m* (*e-s Landhauses*).
pol·i·cy² ['pɒləsɪ; *Am.* 'pɑl-] *s* **1.** (Ver-'sicherungs)Po͵lice *f*, Versicherungsschein *m*: **~ broker** Versicherungsagent *m*; **~ holder** Versicherungsnehmer(in), Policeninhaber(in). **2.** *Am.* Zahlenlotto *n*.
pol·i·gar ['pɒlɪgɑ(r); *Am.* 'pɑlə-] *s Br. Ind.* Poligar *m* (*südindischer Stammeshäuptling*).
po·li·o ['pəʊlɪəʊ] *s colloq.* **1.** *med.* Polio *f*. **2.** Polio-Fall *m*, 'Polio-Pati͵ent(in).
po·li·o·my·e·li·tis [͵pəʊlɪəʊmaɪə'laɪtɪs] *s med.* Poliomye'litis *f*, spi'nale Kinderlähmung.
pol·ish¹ ['pɒlɪʃ; *Am.* 'pɑ-] **I** *v/t* **1.** po'lieren, glätten. **2.** *Schuhe* putzen, wichsen. **3.** *tech.* (ab-, glanz)schleifen, (ab)schmirgeln. **4.** *fig.* abschleifen, (aus)feilen, verfeinern, verschönern: **to ~ off** *colloq.* a) *Gegner* 'abservieren' (*besiegen od. tö-*

ten), b) *e-e Arbeit* 'wegschaffen' (*schnell erledigen*), c) *Essen* 'wegputzen', 'verdrücken'; **to ~ up** aufpolieren (*a. fig. Wissen auffrischen*). **II** *v/i* **5.** glatt *od.* glänzend werden, sich po'lieren lassen. **III** *s* **6.** Poli'tur *f*, (Hoch)Glanz *m*, Glätte *f*. **7.** Po'lieren *n*: **to give s.th. a ~** etwas polieren. **8.** Po'lier-, Glanzmittel *n*, Poli'tur *f*: a) Schuhcreme *f*, b) 'Möbelpoli͵tur *f*, c) Po'lierpaste *f*, d) *tech.* Po'liersand *m*, e) Bohnerwachs *n*. **9.** *fig.* 'Schliff' *m*, feine Sitten *pl*: **he lacks ~** er hat keinen Schliff. **10.** *fig.* Glanz *m*, Voll'kommenheit *f*.
Pol·ish² ['pəʊlɪʃ] **I** *adj* **1.** polnisch. **II** *s* **2.** *ling.* Polnisch *n*, das Polnische. **3.** *orn.* Po'lacke *m* (*Haushuhnrasse*).
pol·ished ['pɒlɪʃt; *Am.* 'pɑ-] *adj* **1.** po'liert, glatt, glänzend: **highly ~** spiegelblank (*Fußboden*). **2.** *fig.* geschliffen: a) höflich, b) gebildet, fein, ele'gant, c) bril'lant. **'pol·ish·er** *s* **1.** Po'lierer *m*, Schleifer *m*. **2.** *tech.* a) Po'lierfeile *f*, -stahl *m*, -scheibe *f*, -bürste *f*, b) Po'liermaschine *f*. **3.** → **polish**¹ 8. **'pol·ish·ing I** *s* Po'lieren *n*, Glätten *n*, Schleifen *n*. **II** *adj* Polier..., Putz...: **~ file** Polierfeile *f*; **~ powder** Polier-, Schleifpulver *n*; **~ wax** Bohnerwachs *n*.
Pol·it·bu·ro ['pɒlɪt͵bjʊərəʊ; *Am.* 'pɑ-; -'pəʊ-] *s pol.* Po'litbü͵ro *n*.
po·lite [pə'laɪt] *adj* (*adv* ~ly) **1.** höflich, artig (**to** gegen). **2.** kulti'viert, gebildet, fein: **~ arts** schöne Künste; **~ letters** schöne Literatur, Belletristik *f*; **~ society** feine Gesellschaft. **po'lite·ness** *s* Höflichkeit *f*, Artigkeit *f*.
pol·i·tesse [͵pɒlɪ'tes; *Am. a.* ͵pɑ-] *s* (ausgesuchte) Höflichkeit, Artigkeit *f*.
pol·i·tic ['pɒlɪtɪk; *Am.* 'pɑl-] *adj* (*adv* ~ally) **1.** diplo'matisch, staatsklug. **2.** *fig.* a) diplo'matisch, (welt)klug, b) schlau, berechnend, po'litisch. **3.** *obs.* po'litisch, staatlich: → **body** 7.
po·lit·i·cal [pə'lɪtɪkl] *adj* (*adv* ~ly) **1.** po'litisch, staatskundig, -männisch. **2.** (*par*)po'litisch: **a ~ campaign; a ~ issue** (*od.* **factor**) ein Politikum. **3.** po'litisch (tätig) (*Partei etc*). **4.** staatlich, Staats..., Regierungs...: **~ system** Regierungssystem *n*. **5.** staatsbürgerlich: **~ freedom**; **~ rights**. **~ e·con·o·mist** *s* Volkswirtschaftler(in). **~ e·con·o·my** *s* Volkswirtschaft *f*. **~ ge·og·ra·phy** *s* po'litische Geogra'phie. **~ sci·ence** *s* Politikwissenschaft *f*, Politolo'gie *f*. **~ sci·en·tist** *s* Poli'tikwissenschaftler *m*, Politolo'loge *m*.
pol·i·ti·cian [͵pɒlɪ'tɪʃn; *Am.* ͵pɑlə-] *s* **1.** Po'litiker *m*. **2.** a) (Par'tei)Po͵litiker *m* (*a. contp.*), b) *bes. Am.* po'litischer Opportu'nist. **po·lit·i·cize** [pə'lɪtɪsaɪz] **I** *v/i* politi'sieren: a) über Poli'tik disku'tieren, b) sich po'litisch betätigen. **II** *v/t* politi'sieren: a) zu po'litischer Akti'vität bringen, b) unter po'litischen Gesichtspunkten behandeln. **pol·i·tick** ['pɒlɪtɪk; *Am.* 'pɑlə-] *v/i* politi'zieren I.
po·lit·i·co [pə'lɪtɪkəʊ] *pl* **-cos** *od.* **-coes** *s Am. colloq. für* **politician** 2.
politico- [pə͵lɪtɪkəʊ] *Wortelement mit der Bedeutung* politisch-...: **~-economical** a) wirtschaftspolitisch, b) volkswirtschaftlich; **~-scientific** a) politisch-wissenschaftlich, b) staatswissenschaftlich.
pol·i·tics ['pɒlɪtɪks; *Am.* ͵pɑlə-] *s pl* (*oft als sg konstruiert*) **1.** Poli'tik *f*, Staatskunst *f*, -führung *f*. **2. → political science**. **3.** (Par'tei-, 'Staats)Poli͵tik *f*: **~ in der Politik**; **to talk ~** politisieren. **4.** (par'tei)po͵litisches Leben: **to go into ~** in die Politik gehen. **5.** (*als pl konstruiert*) po'litische Über'zeugung *od.* Einstellung: **what are his ~?** wie ist er politisch eingestellt? **6.** *fig.* (Inter'essen)Poli͵tik *f*: **college ~**. **7.** *bes. Am.* po'litische Ma-

chenschaften *pl*: **to play ~** Winkelzüge machen, manipulieren.
pol·i·ty ['pɒlətɪ; *Am.* 'pɑ-] *s* **1.** Re'gierungsform *f*, Verfassung *f*, po'litische Ordnung. **2.** Staats-, Gemeinwesen *n*, Staat *m*.
pol·ka ['pɒlkə; *bes. Am.* 'pəʊl-] **I** *s* **1.** *mus.* Polka *f*. **2.** (*e-e*) Damen(strick)jacke *f*. **II** *v/i* **3.** Polka tanzen. **~ dot** [*Am.* 'pəʊkə] *s* Punktmuster *n* (*auf Textilien*).
poll¹ [pəʊl] **I** *s* **1.** *bes. humor. od. dial.* ('Hinter)Kopf *m*, Schädel *m*. **2.** breites, flaches Ende (*des Hammers etc*). **3.** ('Ein-zel)Per͵son *f*. **4.** *pol.* Wahl *f*, Stimmabgabe *f*, Abstimmung *f*: **heavy (poor) ~** starke (geringe) Wahlbeteiligung. **5.** Stimm(en)zählung *f*. **6.** a) Wählerliste *f*, b) Stimmenzahl *f*. **7.** Wahlergebnis *n*, Stimmenzahl *f*. **8.** *meist pl* 'Wahllo͵kal *n*: **to go to the ~s** zur Wahl(urne) gehen. **9.** (Ergebnis *n* e-r) ('Meinungs)Umfrage *f*. **II** *v/t* **10.** *Haar etc* stutzen, *ein Tier, Haare etc* scheren. **11.** *e-n Baum* kappen, *e-e Pflanze* köpfen, *e-m Rind* die Hörner stutzen. **12.** *jur. e-e Urkunde* gleichmäßig (*ohne Indentation*) zuschneiden. **13.** in *e-e* Wähler- *od.* Steuerliste eintragen. **14.** *Wahlstimmen* erhalten, *auf sich* vereinigen (*Wahlkandidat*), b) abgeben (*Wähler*). **15.** *die Bevölkerung* befragen: **to ~ the country**. **III** *v/i* **16.** wählen, (ab)stimmen, s-e Stimme abgeben: **to ~ for** stimmen für.
poll² [pɒl] *s Br.* (*Universität Cambridge*) **1.** the P~ *collect.* Studenten, die sich nur *auf den* **poll degree** vorbereiten. **2.** *a.* **~ examination** (leichteres) Bakkalau-re'atsex͵amen: **~ degree** durch Bestehen dieses Examens erlangter Grad.
poll³ [pəʊl] **I** *adj* hornlos. **~ cattle**. **II** *s* hornloses Rind.
poll·a·ble ['pəʊləbl] *adj* wählbar.
pol·lack ['pɒlək; *Am.* 'pɑ-] *pl* **-lacks**, *bes. collect.* **-lack** *s ichth.* Pollack *m* (*Schellfisch*). [*Ma'jonäse*.)
pol·lan ['pɒlən; *Am.* 'pɑ-] *s ichth.* Irische ͵
pol·lard ['pɒləd; *Am.* 'pɑlərd] **I** *s* **1.** gekappter Baum. **2.** *zo.* a) hornloses Tier, b) Hirsch, der sein Geweih abgeworfen hat, Kahlhirsch *m*. **3.** (Weizen-)Kleie *f*. **II** *v/t* **4.** *e-n Baum etc* kappen.
'poll·book ['pəʊl-] *s* Wählerliste *f*.
poll·ee [pəʊ'li:] *s bes. Am.* Befragte(r *m*) *f*.
pol·len ['pɒlən; *Am.* 'pɑ-] *s bot.* Pollen *m*, Blütenstaub *m*. **II** *v/t* mit Blütenstaub bedecken, bestäuben. **~ brush** *s zo.* Pollenbürste *f* (*der Bienen*). **~ ca·tarrh** *s med.* Heuschnupfen *m*. **~ cell** *s bot.* Pollenzelle *f*. **~ sac** *s bot.* Pollensack *m*. **~ tube** *s bot.* Pollenschlauch *m*.
poll e·vil [pəʊl] *s vet.* Kopfgeschwulst *f* (*bei Pferden*).
pol·lex ['pɒleks; *Am.* 'pɑ-] *pl* **-li·ces** [-lɪsi:z] *s anat.* Daumen *m*.
pol·li·nate ['pɒlɪneɪt; *Am.* 'pɑ-] *v/t bot.* bestäuben, mit Blütenstaub befruchten. **͵pol·li'na·tion** *s* **1.** Ausstreuen *n* des Blütenstaubes. **2.** Bestäubung *f*.
poll·ing ['pəʊlɪŋ] **I** *s* **1.** Wählen *n*, Wahl *f*: **heavy (poor) ~** starke (geringe) Wahlbeteiligung. **II** *adj* **2.** wählend. **3.** Wahl...: **~ book** Wählerliste *f*; **~ booth** Wahlkabine *f*, -zelle *f*; **~ clerk** Wahlprotokollführer *m*; **~ district** Wahlbezirk *m*; **~ place** *Am.*, **~ station** *bes. Br.* Wahllokal *n*.
pol·lin·ic [pɒ'lɪnɪk] *adj bot.* Blütenstaub... **pol·li·nif·er·ous** [͵pɒlɪ'nɪfərəs; *Am.* ͵pɑlə-] *adj bot.* **1.** Blütenstaub erzeugend. **2.** pollentragend.
pol·li·wog ['pɒlɪwɒg; *Am.* 'pɑlɪ͵wɑg] *s zo. Br. dial. od. Am.* Kaulquappe *f*.
poll man [pɒl] *s irr* (*Universität Cambridge*) Kandi'dat *m* für den **poll degree** (→ **poll**² 2).

pol·lock *bes. Br. für* pollack.
pol·loi [pɒˈlɔɪ] → hoi polloi 1.
poll| par·rot [pɒl; *Am. a.* pɑl] *s* 1. zahmer Papa'gei. 2. *fig.* Papa'gei *m (j-d, der alles nachplappert).* '~‚par·rot *v/t u. v/i* (nach)plappern.
poll·ster [ˈpəʊlstə(r)] *s* Meinungsforscher *m*, Inter'viewer *m*.
poll tax [pəʊl] *s* Kopfsteuer *f*.
pol·lu·tant [pəˈluːtənt] *s* Schadstoff *m*.
pol·lute [pəˈluːt] *v/t* 1. *a. fig.* beflecken, besudeln, beschmutzen. 2. *fig.* in den Schmutz ziehen. 3. *Wasser etc* verunreinigen, verschmutzen. 4. *relig.* entweihen. 5. *(moralisch)* verderben. **pol'lut·er** *s* 'Umweltverschmutzer *m*. **pol'lu·tion** *s* 1. Befleckung *f*, Verunreinigung *f (a. fig.).* 2. (Luft-, Wasser-, 'Umwelt)Verschmutzung *f*: ~ **control** Umweltschutz *m*. 3. *fig.* Entweihung *f*, Schändung *f*. 4. *physiol.* Polluti'on *f*, (unwillkürlicher) Samenerguß.
pol·ly·wog → polliwog.
po·lo [ˈpəʊləʊ] *s* 1. *sport* Polo *n*: ~ **coat** Kamelhaarmantel *m*; ~ **shirt** Polohemd *n*; ~ **stick** Polostock *m*. 2. → water polo. 3. *a.* ~ **neck** a) Rollkragen *m*, b) 'Rollkragenpull₁over *m*. '**po·lo·ist** *s sport* Polospieler(in).
pol·o·naise [‚pɒləˈneɪz; *Am.* ‚pɑ-; ‚pəʊ-] *s mus.* Polo'naise *f, a.* Polo'näse *f.*
po·lo·ni·um [pəˈləʊnjəm; -ɪəm] *s chem.* Po'lonium *n (Radiumelement).*
po·lo·ny [pəˈləʊnɪ] *s Br.* grobe Zerve'latwurst.
pol·ter·geist [ˈpɒltəgaɪst; *Am.* ˈpəʊltər₁g-] *s* Polter-, Klopfgeist *m*.
pol·troon [pɒlˈtruːn; *Am.* pɑl-] *s* Feigling *m*. **pol'troon·er·y** [-ərɪ] *s* Feigheit *f*.
poly- [pɒlɪ; *Am.* pɑ-] Wortelement mit der Bedeutung viel, mehr: **polyangular** *bes. math.* vieleckig, Vielecks...; **polyanthous** *bot.* vielblütig; **polyaxial** mehr-, vielachsig; **polydimensional** mehrdimensional.
pol·y [ˈpɒlɪ; *Am.* ˈpɑlɪː] *s colloq. für* polytechnic II.
‚**pol·y'ac·id** *s chem.* Polysäure *f*.
pol·y·ad [ˈpɒlɪæd; *Am.* ˈpɑ-] *adj u. s chem.* vielwertig(es Ele'ment).
‚**pol·y'am·id(e)** *s chem.* Polya'mid *n*.
‚**pol·y'an·drous** [-ˈændrəs] *adj* poly'andrisch: a) *bot.* vielmännig, b) *zo.* mit mehreren Männchen, c) *sociol.* mit mehreren Männern in ehelicher Gemeinschaft lebend. '**pol·y'an·dry** [-ændrɪ] *s* Polyan'drie *f*, Vielmänne'rei *f*.
‚**pol·y'an·thus** [-ˈænθəs] *s bot.* 1. Hohe Schlüsselblume. 2. Taˈzette *f*.
‚**pol·y'car·pic** [-ˈkɑː(r)pɪk], ‚**pol·y'car·pous** [-pəs] *adj bot.* poly'karp(isch): a) mit vielen Fruchtblättern, b) ausdauernd *(wiederholt fruchtend u. blühend).*
‚**pol·y'cen·trism** [-ˈsentrɪzəm] *s* pol. Polyzen'trismus *m (Machtbereich, in dem die Vorherrschaft von mehreren Zentren ausgeht).*
‚**pol·y·chro'mat·ic** *adj (adv* ~ally) viel-, mehrfarbig, poly'chrom: ~ **process** *phot.* Kohledruck *m*.
'**pol·y·chrome I** *adj* 1. viel-, mehr-, buntfarbig, bunt: ~ **printing** Bunt-, Mehrfarbendruck *m*. 2. bunt(bemalt). **II** *s* 3. a) vielfarbiger *(bes.* Kunst)Gegenstand, b) buntbemalte Plastik. 4. Vielfarbigkeit *f*.
‚**pol·y'clin·ic** *s* allgemeines Krankenhaus.
'**pol·y₁cot·y·le·don** *s bot.* Pflanze *f* mit mehr als zwei Keimblättern.
‚**pol·y'crot·ic** [-ˈkrɒtɪk; *Am.* -ˈkrɑ-] *adj med.* poly'krot *(Puls).*
‚**pol·y'es·ter** *s chem.* Poly'ester *m*. ‚**pol·y'e·ther** *s* Poly'äther *m*. ‚**pol·y'eth·y·lene** *s* Polyäthy'len *n*.
‚**pol·y'gam·ic** [-ˈgæmɪk] → polyga-

mous. **po·lyg·a·mist** [pəˈlɪgəmɪst] *s* Polyga'mist(in). **po'lyg·a·mous** *adj* 1. poly'gam. 2. *bot.* poly'gamisch. **po'lyg·a·my** *s* Polyga'mie *f (a. zo.),* Vielehe *f*, Vielweibe'rei *f*.
‚**pol·y'gen·e·sis** *s* Polyge'nese *f, a. biol.* Poly'genesis *f (Ursprung aus verschiedenen Quellen).* ‚**pol·y·geˈnet·ic** *adj (adv* ~ally) 1. polyge'netisch, aus verschiedenen Quellen *od.* Zeiten stammend. 2. *biol.* a) die Poly'genesis betreffend, b) von verschiedenartigen Zellen abstammend.
‚**pol·y'gen·ic** *adj* 1. polyge'netisch, verschiedener 'Herkunft. 2. *biol.* poly'gen, von mehreren Genen abhängig. 3. *chem.* mehrere Wertigkeiten habend.
po·lyg·e·nism [pəˈlɪdʒənɪzəm] *s* Lehre *f* von der Abstammung der Menschenrassen von verschiedenen Stammeltern.
po'lyg·e·ny *s bes. biol.* 1. → polygenism. 2. *Genetik:* Polyge'nie *f (Ausbildung e-s Merkmals durch viele verschieden wirkende Gene).*
pol·y·glot [ˈpɒlɪglɒt; *Am.* ˈpɑlɪ₁glɑt] **I** *adj* 1. poly'glott, vielsprachig. **II** *s* 2. Poly'glotte *f (Buch, bes. Bibel, in mehreren Sprachen).* 3. Poly'glotte(r *m) f*, vielsprachiger Mensch. 4. Sprachengemisch *n*, *contp.* Sprachengewirr *n*.
pol·y·gon [ˈpɒlɪgɒn; *Am.* ˈpɑlɪ₁gɑn] *s math.* a) Poly'gon *n*, Vieleck *n*, b) Polygo'nalzahl *f*: ~ **of forces** *phys. tech.* Kräftepolygon; ~ **connection** *electr.* Vieleckschaltung *f*.
po·lyg·o·nal [pɒˈlɪgənl; *Am.* pəˈl-] *adj* polygo'nal, vieleckig.
'**pol·y·graph** [-grɑːf; *bes. Am.* -græf] **I** *s* Poly'graph *m, bes.* 'Lügende₁tektor *m*. **II** *v/t* e-m 'Lügende₁tektortest unter'ziehen.
po·lyg·y·ny [pəˈlɪdʒɪnɪ] *s* Polygy'nie *f*: a) Vielweibe'rei *f*, b) *bot.* Vielweibigkeit *f (Blüte mit vielen Stempeln),* c) *zo.* Zs.-leben *n* mit mehreren Weibchen.
‚**pol·y'he·dral** [-ˈhedrəl; *bes. Am.* -ˈhiː-], ‚**pol·y'he·dric** [-drɪk] *adj* 1. *math.* poly'edrisch, vielflächig, Polyeder... 2. vielförmig. ‚**pol·y'he·dron** [-drən] *pl* **-drons, -dra** [-drə] *s* Poly'eder *n*, Vielflach *n*.
'**pol·y·math** [-mæθ] *s* Univer'salgelehrte(r) *m*.
'**pol·y·me·li·a** [-ˈmiːljə; -lɪə] *s med. zo.* Polyme'lie *f*, Vor'handensein *n* 'überzähliger Gliedmaßen.
pol·y·mer [ˈpɒlɪmə; *Am.* ˈpɑləmər] *s chem.* Poly'mer(e) *n*, poly'merer Körper. ‚**pol·y'mer·ic** [-ˈmerɪk] *adj* poly'mer.
po·lym·er·ism [pəˈlɪmərɪzəm] *s* Polyme'rie *f.* **po·lym·er·iˈza·tion** [pə₁lɪməraɪˈzeɪʃn; *Am.* -rə'z-] *s chem.* Polymerisati'on *f*. '**pol·y·mer·ize** *chem.* **I** *v/t* polymeri'sieren. **II** *v/i* poly'mere Körper bilden.
‚**pol·y·mo'lec·u·lar** *adj chem.* 'polymoleku₁lar, 'hochmoleku₁lar.
'**pol·y·morph** *s chem.* poly'morpher Körper. 2. *biol.* vielgestaltige Art. ‚**pol·y'mor·phic** *adj* poly'morph, vielgestaltig. ‚**pol·y'mor·phism** *s* Polymor'phismus *m*, Polymor'phie *f*, Vielgestaltigkeit *f*. ‚**pol·y'mor·phous** → polymorphic.
Pol·y·ne·sian [‚pɒlɪˈniːzjən; *Am.* ‚pɑləˈniːʒən] **I** *adj* poly'nesisch. **II** *s* 2. Poly'nesier(in). 3. *ling.* Poly'nesisch *n*, das Polynesische.
‚**pol·y·neu'ri·tis** *s med.* Polyneu'ritis *f*.
po·lyn·i·a [pəˈlɪnɪə; *Am.* ‚pɑ:lənˈjɑ:] *s geogr.* eisfreie Stelle *(im Fluß od. Meer).*
‚**pol·y'nom·i·al** [-ˈnəʊmjəl; -ɪəl] **I** *adj* 1. *math.* poly'nomisch, vielglied(e)rig. 2. *bot. zo.* vielnamig. **II** *s* 3. *math.* Poly'nom *n*.
‚**pol·y'nu·cle·ar** *adj med.* polynukle'är, vielkernig *(Zellen etc).*
pol·yp(e) [ˈpɒlɪp; *Am.* ˈpɑləp] *s* 1. *zo.*

Po'lyp *m (festsitzende Form der Hohltiere).* 2. *med.* Po'lyp *m (Wucherung).*
'**pol·y·phase** *adj bes. electr.* mehr-, verschiedenphasig, Mehrphasen...: ~ **current** Mehrphasen-, Drehstrom *m*.
‚**pol·y'phon·ic** [‚pɒlɪˈfɒnɪk; *Am.* ‚pɑləˈfɑ-] *adj* 1. vielstimmig, mehrtönig. 2. *mus.* poly'phon, *bes.* kontra'punktisch. 3. *ling.* pho'netisch mehrdeutig. **po·lyph·o·nist** [ˈpɒlɪfəʊnɪst; *Am.* pəˈlɪfənɪst] *s mus.* Poly'phoniker *m*, Kontra'punktiker *m*.
po·lyph·o·ny [pəˈlɪfənɪ] *s* 1. Viel-, Mehrtönigkeit *f*, Vielklang *m*. 2. *mus.* Polypho'nie *f*, Kontra'punktik *f*. 3. *ling.* lautliche Mehrdeutigkeit *(e-s Schriftzeichens).*
'**pol·y·pod** [-pɒd; *Am.* -₁pɑd] **I** *adj* mit vielen Beinen *od.* Füßen. **II** *s zo.* Vielfüßer *m*.
pol·yp·tych [ˈpɒlɪptɪk; *Am.* ˈpɑl-; pəˈlɪptɪk] *s* Po'lyptychon *n (mehrteilige, zs.-klappbare Tafel, bes.* Altar mit mehr als 3 Flügeln).
pol·y·pus [ˈpɒlɪpəs; *Am.* ˈpɑl-] *pl* **-pi** [-paɪ] → polyp(e) 2.
'**pol·y·style** *adj arch.* vielsäulig.
‚**pol·y'sty·rene** [-ˈstaɪriːn] *s chem.* Poly'styˈrol *n, bes.* Styro'por *n (TM).*
‚**pol·y'syl·lab·ic** *adj (adv* ~ally) *ling.* mehr-, vielsilbig. ‚**pol·y'syl·la·bism** *s* 1. Vielsilbigkeit *f*. 2. Verwendung *f od.* Bildung *f* vielsilbiger Wörter. '**pol·y₁syl·la·ble** *s* vielsilbiges Wort.
‚**pol·y'syn·the·sis** *s ling.* Polysyn'these *f (Zs.-fassung mehrerer Satzteile zu e-m einzigen Wort).* ‚**pol·y·syn'thet·ic** *adj*; ‚**pol·y·syn'thet·i·cal** *adj (adv* ~ly) polysyn'thetisch: ~ **languages**.
‚**pol·y'tech·nic** [-ˈteknɪk] **I** *adj* poly'technisch. **II** *s a.* ~ **school** Poly'technikum *n*, poly'technische Schule.
'**pol·y·the·ism** *s* Polythe'ismus *m*, Vielgötte'rei *f*. '**pol·y·the·ist** *s* Polythe'ist(in). ‚**pol·y·the'is·tic** *adj*; ‚**pol·y·the'is·ti·cal** *adj (adv* ~ly) polythe'istisch.
'**pol·y·thene** [-θiːn] *s chem.* Polyäthy'len *n (Kunststoff).*
‚**pol·y·to'nal·i·ty** *s mus.* Polytonali'tät *f*.
‚**pol·y'trop·ic** [-ˈtrɒpɪk; *Am.* -ˈtrɑ-] *adj biol. math. med.* poly'trop(isch).
‚**pol·y'va·lence** *s biol. chem.* Polyva'lenz *f*, Mehrwertigkeit *f*. ‚**pol·y'va·lent** *adj* polyva'lent, mehrwertig.
pol·y·ver·si·ty [‚pɒːlɪˈvɜrsətɪ] *s Am.* 'Mammuluniversi₁tät *f*.
‚**pol·y'vi·nyl** *adj chem.* polymeri'sierte Vi'nylverbindungen betreffend, Polyvinyl...: ~ **chlorid(e)** Polyvinylchlorid *n*.
‚**pol·y'zo·on** [-ˈzəʊɒn; *Am.* -₁ɑn] *pl* **-'zo·a** [-ə] *s* Moostierchen *n*.
pom[1] [pɒm; *Am.* pɑm] *colloq. für* Pomeranian 3.
pom[2] [pɒm] → pommy.
pom·ace [ˈpʌmɪs] *s* 1. (Apfel)Fruchtmasse *f*, (-)Trester *pl*. 2. Brei *m*, zerstampfte Masse. ~ **fly** *s zo.* Obstfliege *f*.
po·made [pəˈmɑːd; *Am.* pəʊˈmeɪd] **I** *s* ('Haar)Po₁made *f*. **II** *v/t* pomadi'sieren, mit Po'made einreiben.
po·man·der [pəʊˈmændə(r); *Am.* ˈpəʊm-] *s hist.* Par'füm-, Ambrakugel *f*.
po·ma·tum [pəʊˈmeɪtəm; -ˈmɑː-] → pomade I.
pome [pəʊm] *s* 1. *bot.* Apfel-, Kernfrucht *f*. 2. *hist.* Reichsapfel *m*. 3. *R.C.* mit heißem Wasser gefüllte Metallkugel zum Wärmen der Hände.
pom·e·gran·ate [ˈpɒmɪ₁grænɪt; *Am.* ˈpɑm-] *s bot.* 1. *a.* ~ **tree** Gra'natapfelbaum *m*. 2. *a.* ~ **apple** Gra'natapfel *m*.
pom·e·lo [ˈpɒmɪləʊ; *Am.* ˈpɑm-] *pl* **-los** *s bot. bes. Am.* Grapefruit *f*, Pampel'muse *f*.

Pomeranian – poorly

Pom·er·a·ni·an [ˌpɒməˈreɪnjən; -ɪən; Am. ˌpɑ-] **I** adj **1.** pommer(i)sch. **II** s **2.** Pommer(in). **3.** a. ~ dog Spitz m.
pom·fret [ˈpɒmfrɪt; Am. a. ˈpɑm-] s ichth. **1.** ˈBrachsenmaˌkrele f. **2.** Butterfisch m. ~ **cake** s Br. Laˈkritzenplätzchen n.
po·mi·cul·ture [ˈpɒmɪkʌltʃə(r); Am. ˈpoʊ-] s Obstbaumzucht f.
pom·mel [ˈpʌml] **I** s [Br. bes. ˈpɒml; Am. a. ˈpɑməl] **1.** (Degen-, Sattel-, Turm-) Knopf m, Knauf m. **2.** Gerberei: Krispelholz n. **3.** Turnen: (Pferd)Pausche f: ~ **horse** Seitpferd n. **II** v/t pret u. pp **-meled**, bes. Br. **-melled 4.** (mit den Fäusten) eintrommeln auf (acc). **5.** Gerberei: krispeln.
pom·my [ˈpɒmɪ] s sl. brit. Einwanderer m (in Auˈstralien od. Neuˈseeland).
po·mol·o·gy [pɒˈmɒlədʒɪ; Am. poʊˈmɑ-] s Pomoloˈgie f, Obst(bau)kunde f.
pomp [pɒmp; Am. pɑmp] s Pomp m, Prunk m, Gepränge n, (a. eitle od. leere) Pracht.
Pom·pe·ian [pɒmˈpiːən; Am. pɑmˈpeɪ-] **I** adj pomˈpejisch, pompeˈjanisch: ~ **red** pompejanisch-, ziegelrot. **II** s Pompeˈjaner(in).
pom-pom [ˈpɒmpɒm; Am. ˈpɑmˌpɑm] s mil. Pompom n (automatisches Schnellfeuergeschütz).
pom·pon [ˈpɔ̃ːmpɔ̃ːŋ; ˈpɒmpɒn; Am. ˈpɑmˌpɑn] s Pomˈpon m, (ballförmige) Quaste.
pom·pos·i·ty [pɒmˈpɒsətɪ; Am. pɑmˈpɑs-] s **1.** Prunk m, Pomp m. **2.** Wichtigtueˈrei f, Aufgeblasenheit f. **3.** Schwülstigkeit f, Bomˈbast m (im Ausdruck).
ˈpomp·ous adj (adv ~ly) **1.** pomˈpös, prunkvoll. **2.** wichtigtuerisch, aufgeblasen. **3.** bomˈbastisch, schwülstig (Sprache).
ˈpon [pɒn; Am. pɑn] poet. abbr. für **upon**.
ponce [pɒns] Br. sl. **I** s **1.** Zuhälter m. **2.** ˈSchwule(r)ˈ m, ˈHomoˈ m (Homosexueller). **II** v/i **3.** von Zuhälteˈrei leben: **to ~ for s.o.** j-s Zuhälter sein. **4.** ~ **about** (od. **around**) herˈumtänzeln.
pon·ceau [pɒnˈsoʊ; Am. pɑn-] s **1.** bot. Klatschmohn m. **2.** Ponˈceau n: a) Hochrot n, b) chem. scharlachroter Farbstoff.
pon·cho [ˈpɒntʃoʊ; Am. ˈpɑn-] pl **-chos** s **1.** Poncho m (ärmelloser Umhang der südamer. Indianer). **2.** ˈRegenˌumhang m.
ponc·ing [ˈpɒnsɪŋ] s Br. sl. Zuhälteˈrei f.
ˈponc·y adj Br. sl. **1.** ˈschwulˈ (homosexuell). **2.** ˌtuntigˈ (Getue), tänzelnd (Gang).
pond [pɒnd; Am. pɑnd] **I** s **1.** (Br. bes. künstlicher) Teich, Weiher m, Tümpel m: **horse ~** Pferdeschwemme f. **2.** ~ **herring** pond. **II** v/t **3.** Wasser (in e-m Teich) sammeln, e-n Bach (zu e-m Teich) stauen. **III** v/i **4.** e-n Teich od. Tümpel bilden.
pond ap·ple s bot. Alliˈgatorapfel m.
pon·der [ˈpɒndə; Am. ˈpɑndər] **I** v/i nachdenken, -sinnen, (nach)grübeln (**on, upon, over** über acc): **to ~ over s.th.** etwas überlegen. **II** v/t erwägen, überˈlegen, nachdenken über (acc): **to ~ one's words** s-e Worte abwägen. ˌ**ponderˌa·bil·i·ty** s Wägbarkeit f. ˈ**ponder·a·ble** adj wägbar, ab-, erˈwägbar. ˈ**pon·der·ing** adj (adv ~ly) nachdenklich, grüblerisch: ~ **silence** nachdenkliches Schweigen.
pon·der·os·i·ty [ˌpɒndəˈrɒsətɪ; Am. ˌpɑndəˈrɑs-] s **1.** Gewicht n, Schwere f, Gewichtigkeit f. **2.** fig. Schwerfälligkeit f.
ˈpon·der·ous [ˈpɒndərəs; Am. ˈpɑn-] adj (adv ~ly) **1.** schwer, massig, gewichtig. **2.** fig. schwerfällig, plump: **a ~ style**. **3.** fig. langweilig. ˈ**pon·der·ous·ness** → ponderosity.
pond lil·y → water lily.

pone¹ [poʊn] s a. ~ **bread** Am. Maisbrot n.
po·ne² [ˈpoʊnɪ; poʊn] s (Kartenspiel) **1.** Vorhand f. **2.** Spieler, der abhebt.
pong¹ [pɒŋ; Am. a. pɑŋ] **I** s dumpfer Klang. **II** v/i dröhnen.
pong² [pɒŋ] Br. sl. **I** s Gestank m. **II** v/i stinken.
pong³ [pɒŋ; Am. pɑŋ] v/i thea. bes. Br. sl. improviˈsieren.
pon·gee [pɒnˈdʒiː; Am. pɑn-; ˈpɑnˌdʒiː] s Ponˈgé m, Japanseide f.
pon·iard [ˈpɒnjəd; Am. ˈpɑnjərd] **I** s Dolch m. **II** v/t erdolchen, erstechen.
pon·tage [ˈpɒntɪdʒ; Am. ˈpɑn-] s bes. hist. Brückenzoll m.
pon·tiff [ˈpɒntɪf; Am. ˈpɑn-] s **1.** antiq. Pontifex m, Oberpriester m. **2.** Hohepriester m. **3.** R.C. Papst m.
pon·tif·i·cal [pɒnˈtɪfɪkl; Am. pɑnˈt-] **I** adj (adv ~ly) **1.** antiq. (ober)priesterlich. **2.** R.C. pontifiˈkal: a) bischöflich: **P~ College** Bischofskollegium n; **P~ Mass** Pontifikalamt n, b) bes. päpstlich. **3.** hohepriesterlich. **4.** fig. a) feierlich, würdevoll, b) dogˈmatisch, päpstlich, überˈheblich. **II** s **5.** Pontifiˈkale n (Zeremonienbuch der Bischöfe). **6.** pl → **pontificalia**.
pon·tif·i·ca·li·a [ˌpɒntɪfɪˈkeɪljə; -ɪə; Am. pɑnˌtɪfəˈkeɪ-] (Lat.) s pl Pontifiˈkalien pl (bischöfliche od. päpstliche Amtstracht u. Insignien).
pon·tif·i·cate [pɒnˈtɪfɪkeɪt; Am. pɑn-] **I** v/i **1.** als (Hoher)ˈPriester od. Bischof. in päpstlicher Würde amˈtieren. **2.** R.C. ein Pontifiˈkalamt halten. **3.** fig. a) sich päpstlich gebärden, sich für unˈfehlbar halten, b) sich dogˈmatisch auslassen (**on** über acc). **II** s [Br. bes. -kɪt, Am. a. -kət] **4.** antiq. u. R.C. Pontifiˈkat n, m.
pon·ti·fy [ˈpɒntɪfaɪ; Am. ˈpɑn-] → **pontificate 3**.
pon·toon¹ [pɒnˈtuːn; Am. pɑn-] **I** s **1.** Ponˈton m, Brückenkahn m: ~ **bridge** Ponton-, Schiffsbrücke f; ~ **train** Brückenkolonne f. **2.** mar. Kielleichter m, Prahm m. **3.** aer. Schwimmer m (e-s Wasserflugzeugs). **II** v/t **4.** e-n Fluß mit Ponˈtons od. e-r Ponˈtonbrücke überˈqueren.
pon·toon² [pɒnˈtuːn; Am. pɑn-] s Br. Siebzehnundˈvier n (Kartenglücksspiel).
po·ny [ˈpoʊnɪ] **I** s **1.** Pony n: a) kleines Pferd, Am. a. Mustang m, (halb)wildes Pferd. **2.** pl sl. Rennpferde pl: **to bet on the ponies**. **3.** Br. sl. £25. **4.** ped. Am. sl. a) ˈEselsbrückeˈ f, ˈKlatscheˈ f (Übersetzungshilfe), b) Spickzettel m. **5.** a) kleines (Schnaps- etc)Glas, b) Gläsˈchen n (Schnaps etc). **6.** Am. (etwas) ˌim ˈWestentaschenforˌmatˈ, Miniatur…, bes. a) thea. sl. ˌBalˈlettratteˈ f, b) Kleinauto n, c) (Buch n od. Zeitschrift f in) Miniaˈturausgabe f: ~ **edition**. **II** v/t Am. sl. **7.** e-e Übersetzung mit Hilfe e-r ˈKlatscheˈ anfertigen. **8.** ~ **up** e-e Rechnung etc ˌberappenˈ, ˌblechenˈ, bezahlen. ~ **car** s Am. Mittelklassewagen m. ~ **en·gine** s Am. kleine Ranˈgierlokomoˌtive. ~ **ex·press** s erster Schnellpostdienst im Westen der USA (1860–61). ~ **mo·tor** s electr. Anwurfs-, Hilfsmotor m. ~ **tail** s Pferdeschwanz m (Frisur). ~ **trek·king** s Ponyreiten n (bes. organisierte Gruppenausritte).
pooch [puːtʃ] s sl. ˌKöterˈ m.
poo·dle [ˈpuːdl] **I** s zo. Pudel m. **II** v/t e-n Hund im Pudelschnitt scheren.
poof [puːf] s Br. sl. ˌSchwule(r)ˈ m, ˌHomoˈ m (Homosexueller).
pooh [puː; pʊ] interj contp. pah!
Pooh-Bah [ˌpuːˈbɑː; Am. ˌpuːˈbɑː] s humor. j-d, der viele Ämter innehat: a) ˌBonzeˈ m, b) Wichtigtuer m (nach e-r Gestalt aus „Mikado" von Gilbert u. Sullivan).
pooh-pooh [ˌpuːˈpuː] **I** v/t geringschätzig behandeln, etwas als unwichtig abtun, die Nase rümpfen od. geringschätzig hinˈweggehen über (acc). **II** v/i die Nase rümpfen, geringschätzig tun.
poo·ja(h) → **puja**.
pool¹ [puːl] **I** s **1.** Pfuhl m, Teich m, Weiher m, Tümpel m. **2.** Pfütze f, Lache f: ~ **of blood** Blutlache. **3.** a) (Schwimm)Becken n, Basˈsin n, b) → **swimming pool**. **4.** a) tiefe, unbewegte Stelle e-s Flusses, b) **the P~** Teil der Themse unterhalb der London Bridge. **5.** geol. peˈtroleumhaltige Geˈsteinsparˌtie. **6.** med. Blutansammlung f (durch Kreislaufstörung). **7.** Schweißtechnik: Schmelzbad n: ~ **cathode** flüssige Kathode. **II** v/t **8.** Gestein untermiˈnieren.
pool² [puːl] **I** s **1.** Kartenspiel: a) Gesamteinsatz m, b) (Spiel)Kasse f. **2.** meist pl (Fußball- etc)Toto n, m: **he must have won on the ~s** der muß im Lotto gewonnen haben. **3.** Billard: a) Br. Poulesˈpiel n, b) Am. Poolbillard n. **4.** fenc. Ausscheidungsrunde f. **5.** econ. a) Pool m, Karˈtell n, Ring m, Interˈessengemeinschaft f, -verband m, b) Am. a) **working** -meinschaft f, c) (Preis- etc)Abkommen n, d) gemeinsamer Fonds, gemeinsame Kasse. **6.** ~ pl **of players** sport a) (Spieler-) Kader m, b) Aufgebot n. **II** v/t **7.** a) Geld, Kapital, a. Unternehmen zs.-legen: **to ~ funds** zs.-schießen, b) den Gewinn unterein ander verteilen, c) das Geschäftsrisiko verteilen. **8.** fig. Kräfte etc vereinen. **9.** e-r Interˈessengemeinschaft unterˈwerfen: **the traffic was ~ed**. **III** v/i **10.** ein Karˈtell bilden.
ˈ**poolˌroom** s Am. **1.** Billardzimmer n. **2.** ˈSpielsaˌlon m. **3.** Wettannahmestelle f. ~ **ta·ble** s Am. Billardtisch m.
poop¹ [puːp] mar. **I** s **1.** Heck n: ~ **lantern** Hecklicht n. **2.** a. ~ **deck** (erhöhtes) Achterdeck: ~ **cabin** Kajüte f unter dem Achterdeck. **3.** obs. (Achter)Hütte f. **II** v/t **4.** das Schiff von hinten treffen: **to be ~ed** e-e Sturzsee von hinten bekommen.
poop² [puːp] **I** v/i **1.** donnern (Geschütz). **2.** tuten, hupen. **3.** vulg. ˌpupenˈ, ˌe-n fahren lassenˈ. **4.** ~ **out** bes. sport Am. sl. ˌaussteigenˈ (aufgeben). **II** v/t **5.** Am. sl. j-n ˌschlauchenˈ (erschöpfen): **~ed** (**out**) ˌgeschlauchtˈ, ˌfertigˈ.
poop³ [puːp] s sl. Einfaltspinsel m, Trottel m.
poor [pʊə(r); Am. a. poʊər] **I** adj (adv → **poorly II**) **1.** arm, mittellos, (unterˈstützungs)bedürftig: ~ **person** jur. Arme(r m) f; **P~ Persons Certificate** jur. Armenrechtszeugnis n. **2.** arm, ohne ˈGeldreˌserven, ˈschlechtfunˌdiert (Staat, Verein etc). **3.** arm(selig), ärmlich, dürftig, kümmerlich: **a ~ breakfast**; **a ~ life**; ~ **dresses** ärmliche Kleidung. **4.** mager (Boden, Erz, Vieh etc), schlecht, unergiebig (Boden, Ernte etc): ~ **soil**. **5.** fig. arm (**in** an dat), schlecht, mangelhaft, schwach (Gesundheit, Leistung, Spieler, Sicht, Verständigung etc): ~ **consolation** schwacher Trost; **he's a ~ eater** er ist ein schlechter Esser; **a ~ lookout** schlechte Aussichten; **a ~ night** e-e schlechte Nacht; ~ **in spirit** Bibl. arm im Geiste, geistlich arm. **6.** contp. jämmerlich, traurig: **a ~ creature**. **7.** colloq. arm, bedauerns-, bemitleidenswert (oft humor.): ~ **me!** ich Ärmste(r)!; **my ~ mother** m-e arme (oft verstorbene) Mutter; **in my ~ opinion** iro. nach m-r unmaßgeblichen Meinung nach; → **opinion 3**. **II** s **8. the ~** die Armen pl.
poorˈbox s hist. Armen-, Almosenbüchse f. ˈ**~ˌhouse** s hist. Armenhaus n. ~ **law** s jur. hist. Armengesetz(gebung f) n, öffentliches Fürsorgerecht.
ˈ**poor·ly I** adj **1.** bes. colloq. kränklich, unpäßlich: **he looks ~** er sieht schlecht

aus. **II** *adv* **2.** arm(selig), dürftig: **he is ~ off** es geht ihm schlecht. **3.** *fig.* schlecht, schwach, dürftig, mangelhaft: **~ gifted** schwachbegabt; **to think ~ of** nicht viel halten von.

ˌpoor-man's-ˈcabˈbage *s bot.* Winterkresse *f*.

ˈpoorˈness *s* **1.** Armut *f*, Mangel *m*, Armseligkeit *f*, Ärmlichkeit *f*, Dürftigkeit *f*. **2.** *agr.* Magerkeit *f (des Bodens), a. min.* Unergiebigkeit *f*.

poor| **rate** *s hist.* Armensteuer *f*. **~ relief** *s hist.* Armenfürsorge *f*, -pflege *f*. ˌ**~-ˈspirˈitˈed** *adj* **1.** feig(e). **2.** mutlos, verzagt.

poort [puə(r)t; *Am. a.* pəʊərt] *s* enger Paß *(in Südafrika)*.

poove [puːv] *s Br. sl.* ‚Schwule(r)‘ *m*, ‚Homo‘ *m (Homosexueller)*. ˈ**poovˈy** *adj Br. sl.* ‚schwul‘.

pop¹ [pɒp; *Am.* pɑp] **I** *v/i* **1.** knallen, losgehen *(Flaschenkork, Feuerwerk etc)*. **2.** aufplatzen, aufspringen *(Kastanien, Mais)*. **3.** *colloq.* ‚ballern‘, schießen (**at** auf *acc*). **4.** ‚flitzen‘, huschen, plötzlich auftauchen: **to ~ along** entlanghuschen, -flitzen; **to ~ in** ‚hereinplatzen‘, auf e-n Sprung vorbeikommen *(Besuch)*; **to ~ off** *colloq.* a) ‚abhauen‘, ,sich aus dem Staub machen‘, plötzlich verschwinden, b) einnicken, einschlafen, c) ‚abkratzen‘ *(sterben)*, d) ‚das Maul aufreißen‘, loslegen; **to ~ off at s.o.** *colloq.* j-m ‚ein paar Freundlichkeiten sagen‘; **to ~ up** (plötzlich) auftauchen *(a. fig. Schwierigkeit etc)*. **5.** *a.* **~ out** herˈaustreten, aus den Höhlen treten *(Augen)*: **his eyes were almost ~ping out** ihm gingen die Augen über. **II** *v/t* **6.** a) knallen *od.* platzen lassen: **to ~ corn** *Am.* Mais rösten, b) *Br.* mit Druckknöpfen befestigen. **7.** *colloq.* a) *das Gewehr etc* abfeuern, (ab)schießen: **to ~ off rabbits**. **8.** schnell (weg)stecken *od.* wohin tun: **to ~ one's head in the door** (plötzlich) den Kopf zur Tür hereinstecken; **to ~ away** schnell wegstecken; **to ~ on** den Hut aufstülpen; **to ~ out** a) hinausstecken, b) *das Licht* auslöschen; **to ~ pills** sl. pillensüchtig sein. **9.** her'ausplatzen mit *(e-r Frage etc)*: **to ~ the question** *colloq.* e-r Frau e-n Heiratsantrag machen. **10.** *Br. sl. (im Leihhaus)* versetzen: **to ~ one's watch**. **III** *s* **11.** Knall *m*, Puff *m*. **12.** *colloq.* Schuß *m*: **to take a ~ at** a) ‚ballern‘ auf *(acc)*, b) *fig.* es versuchen mit. **13.** *Am.* ‚Schießˈeisen‘ *n*, Piˈstole *f*. **14.** *colloq.* ‚Limoˈ *f (Limonade)*. **15. in ~** *Br. sl.* versetzt, im Leihhaus.
IV *interj* **16.** puff!, paff! **17.** husch!, zack!
V *adv* **18.** a) mit e-m Knall, b) plötzlich: **to go ~** knallen, platzen.

pop² [pɒp; *Am.* pɑp] **I** *s* **1.** *a.* **~ music** a) ˈSchlagermuˌsik *f*, b) ˈPop(muˌsik *f*) *m*. **II** *adj* **2.** volkstümlich, für alle: **~ concert**. **3.** Schlager...: **~ singer**; **~ song** Schlager *m*. **4.** Pop...: **~ concert**; **~ festival**; **~ group**; **~ singer**.

pop³ [pɒp; *Am.* pɑp] *s colloq.* **1.** Paˈpa *m*, Vati *m*. **2.** ‚Opa‘ *m*.

pop⁴ [pɒp] → popsicle.

pop| **art** *s* Pop-art *f*. **~ artˈist** *s* Vertreter(in) der Pop-art.

ˈ**popˌcorn** *s* Popcorn *n*, Puffmais *m*.

pope¹ [pəʊp] *s* **1.** *meist* **P~** *R.C.* Papst *m*: **~'s nose** *pan. Am. colloq.* Bürzel *m (e-r Gans etc)*. **2.** *fig.* Papst *m*, Autoriˈtät *f*.

pope² [pəʊp] *s relig.* Pope *m (Priester)*.

pope³ [pəʊp] *s ichth.* Kaulbarsch *m*.

ˈ**popeˌdom** [ˈpəʊpdəm] *s* Papsttum *n*.

popˈerˈy [ˈpəʊpərɪ] *s contp.* Papisteˈrei *f*, Pfaffentum *n*.

ˈ**popˌeyed** *adj colloq.* glotzäugig, mit herˈausquellenden Augen: **to be ~**, ‚Stielaugen machen‘ (**with** vor *dat*). ˈ**~-ˌeyes** *s pl colloq.* Glotzaugen *pl*. ˈ**~-ˌgun** *s* Kindergewehr *n*, Knallbüchse *f (a. fig. schlechtes Gewehr)*.

popˈinˈjay [ˈpɒpɪndʒeɪ; *Am.* ˈpɑp-] *s* **1.** *fig. obs.* ‚Fatzke‘ *m*, Geck *m*, Laffe *m*. **2.** *obs. u. her.* Papaˈgei *m*.

popˈish [ˈpəʊpɪʃ] *adj (adv* **~ly**) *contp.* paˈpistisch.

popˈlar [ˈpɒplə; *Am.* ˈpɑplər] *s bot.* Pappel *f*.

popˈlin [ˈpɒplɪn; *Am.* ˈpɑp-] *s* Popeˈlin *m*, Popeˈline *f (Stoff)*.

popˈlitˈeˈal [pɒpˈlɪtɪəl; ˌpɒplɪˈtiːəl; *Am.* ˌpɑplɪt-] *adj anat.* Kniekehlen...: **~ artery** Ende *n* der Oberschenkelarterie; **~ nerve** Ende *n* des Ischiasnervs.

popˈoˈver [ˈpɒpˌəʊvər] *s Am. rasch ausgebackenes, stark aufgehendes Backwerk*.

popˈpa [ˈpɒpə; *Am.* ˈpɑpə] → **pop³**.

popˈper [ˈpɒpə] *s Br.* Druckknopf *m*.

popˈpet [ˈpɒpɪt; *Am.* ˈpɑ-] *s* **1.** *obs. od. dial.* Püppchen *n (a. als Kosewort)*. **2.** *tech.* a) *a.* **~head** Docke *f (e-r Drehbank)*, b) *a.* **~ valve** ˈSchnüffelˌventil *n*. **3.** *mar.* Schlittenständer *m*.

popˈping [ˈpɒpɪŋ; *Am.* ˈpɑ-] *adj* lebhaft, leˈbendig. **~ crease** *s* Kricket: Schlagmallinie *f*.

popˈpy [ˈpɒpɪ; *Am.* ˈpɑpɪ] *s* **1.** *bot.* Mohn (-blume) *f*. **2.** Mohnsaft *m*. **3.** *a.* **~ red** Mohnrot *n*. **4.** *sl.* ‚Quatsch‘ *m*, dummes Zeug. **P~ Day** *s Br. colloq.* Volkstrauertag *m (Sonntag vor od. nach dem 11. November)*. ˈ**~ˌhead** *s bot.* Mohnkapsel *f (a. arch.)*. ˈ**~ˌoil** *s* Mohnöl *n*. **~ seed** *s* Mohn(samen) *m*. ˈ**~ˌseed cake** *s* Mohnkuchen *m*.

pops [pɒps; *Am.* pɑps] *s colloq.* → **pop³**.

ˈ**popˌshop** *s Br. sl.* Leih-, Pfandhaus *n*.

popˈsiˈcle [ˈpɒpˌsɪkəl] *(TM) s Am.* Eis *n* am Stiel.

popˈster [ˈpɒpstər] *s Am. sl. für* pop artist.

popˈsy [ˈpɒpsɪ; *Am.* ˈpɑpsɪː] *s colloq.* **1.** ‚Puppe‘ *(Mädchen)*. **2.** ‚Mädchen‘ *(Freundin)*. **3.** Schatz *m*.

popˈuˈlace [ˈpɒpjʊləs; *Am.* ˈpɑp-] *s* **1.** Pöbel *m*, *(das)* (gemeine) Volk, *(der)* große Haufen, *(die)* Masse(n *pl*) *f*.

popˈuˈlar [ˈpɒpjʊlə; *Am.* ˈpɑpjələr] *adj (adv* → **popularly**) **1.** Volks..., öffentlich: **~ election** allgemeine Wahl; **~ front** *pol.* Volksfront *f*; **~ government** Volksherrschaft *f*; **the ~ voice** die Stimme des Volkes. **2.** allgemein, weitverbreitet: **~ discontent**; **a ~ error**. **3.** popuˈlär, (allgemein) beliebt (**with** bei): **to make o.s. ~ with** sich bei j-m beliebt machen; **to be ~ with** bei j-m gut angeschrieben sein; **the ~ hero** der Held des Tages. **4.** a) popuˈlär, volkstümlich, b) (all)gemeinˈod. leichtverˈständlich, c) Populär...: **~ etymology** *ling.* Volksetymologie *f*; **~ magazine** populäre Zeitschrift; **~ music** volkstümliche Musik; **~ science** Populärwissenschaft *f*; **~ writer** Volksschriftsteller(in). **5.** volkstümlich, (für jeden) erschwinglich, Volks...: **~ edition** Volksausgabe *f*; **~ prices** volkstümliche Preise.

popˈuˈlarˈiˈty [ˌpɒpjʊˈlærətɪ; *Am.* ˌpɑpjəˈl-] *s* Populariˈtät *f*, Volkstümlichkeit *f*, Beliebtheit *f* (**with** bei; **among** unter *dat*). ˌ**popˈuˈlarˈiˈzaˈtion** [-ləraɪˈzeɪʃn; *Am.* -rəˈz-] *s* **1.** allgemeine Verbreitung, **2.** Populariˈsierung *f*, Darstellung *f* in leichtverständlicher Form. ˈ**popˈuˈlarˈize** [-ləraɪz] *v/t* **1.** popuˈlär machen, (beim Volk) einführen. **2.** populariˈsieren, volkstümlich *od.* (all)gemeinverständlich darstellen.

ˈ**popˈuˈlarˈly** *adv* **1.** vom ganzen Volk, allgemein: **~ understood**. **2.** popuˈlär, volkstümlich, (all)gemeinverständlich. **3.** im Volksmund, landläufig.

popˈuˈlate [ˈpɒpjʊleɪt; *Am.* ˈpɑp-] *v/t* **1.** bevölkern, besiedeln. **2.** *meist pass* bewohnen.

popˈuˈlaˈtion [ˌpɒpjʊˈleɪʃn; *Am.* ˌpɑp-] *s* **1.** Bevölkerung *f*, Einwohnerschaft *f*. **2.** Bevölkerungs-, Einwohnerzahl *f*. **3.** *(bes. staˈtistische)* Gesamtzahl *f*, *(Fahrzeug-, Schweine-, Wild-etc)*Bestand *m (e-s Landes)*: **car ~**; **swine ~**. **4.** *biol. collect.* Populatiˈon *f*: a) *in der Natur begrenzte, kreuzungsfähige Individuenmenge*, b) Bewohner *pl*, (Art)Bestand *m (e-s bestimmten Lebensraums)*. **~ counter** *s tech.* Gesamtheitszähler *m (Qualitätskontrolle)*. **~ denˈsiˈty** *s* Bevölkerungsdichte *f*. **~ exˈploˈsion** *s* Beˈvölkerungsexploˌsiˌon *f*. **~ geˈnetˈics** *s pl (als sg konstruiert)* Populatiˈons-, Huˈmangeˌnetik *f*. **~ paˈramˈeˈter** *s sociol.* staˈtistische Hilfs- *od.* Querschnittzahl.

Popˈuˈlism [ˈpɒpjʊlɪzəm; *Am.* ˈpɑp-] *s pol.* **1.** *Am. hist.* Prinˈzipien *pl* der People's Party. **2.** Popuˈlismus *m*. ˈ**Popˈuˈlist** *s pol.* **1.** *Am. hist.* Anhänger(in) des Populism, Mitglied *n* der People's Party. **2.** Popuˈlist(in).

popˈuˈlous [ˈpɒpjʊləs; *Am.* ˈpɑp-] *adj (adv* **~ly**) dichtbesiedelt, -bevölkert. ˈ**popˈuˈlousˈness** *s* dichte Besied(e)lung, Bevölkerungsdichte *f*.

ˈ**pop-up** *adj* autoˈmatisch *(Toaster)*.

pop valve *s tech.* ˈSicherheitsˌventil *n*.

pop wine *s Am.* süßer, aromatiˈsierter Wein.   [ringshai *m*.]

porˈbeaˈgle [ˈpɔːˌbiːɡl] *s ichth.* Heringshai *m*.

porˈceˈlain [ˈpɔː(r)səlɪn; *Am. a.* ˈpəʊr-] **I** *s* Porzelˈlan *n*. **II** *adj* Porzellan... **~ ceˈment** *s* Porzelˈlankitt *m*. **~ clay** *s min.* Porzelˈlanerde *f*, Kaoˈlin *m*, *n*. **~ enˈamˈel** *s* (Porzelˈlan)Eˌmail *n*. ˈ**porˈceˈlainˌize** *v/t* zu Porzelˈlan brennen.

porˈceˈlain jasˈper *s min.* Porzelˈlanjaspis *m*, Porzellaˈnit *m*.

porch [pɔː(r)tʃ; *Am. a.* pəʊrtʃ] *s* **1.** Porˈtal *n*, überˈdachte Vorhalle, Vorbau *m*. **2.** *bes. Am.* Veˈranda *f*: **~ climber** *sl.* ‚Klettermaxe‘ *m*, Einsteigdieb *m*. **3. the P~** *antiq.* die Stoa.

porˈcine [ˈpɔː(r)saɪn] *adj* **1.** *zo.* zur Faˈmilie der Schweine gehörig. **2.** schweineartig. **3.** *fig.* schweineisch.

porˈcuˈpine [ˈpɔː(r)kjʊpaɪn] *s* **1.** *zo.* Stachelschwein *n*. **2.** Spinnerei: Igel *m*, Nadel-, Kammwalze *f*.

pore¹ [pɔː(r); *Am. a.* pəʊr] *v/i* **1.** (**over**) *(etwas)* eifrig stuˈdieren, vertieft sein (in *acc*), brüten (über *dat*): **to ~ over one's books** über s-n Büchern hocken. **2.** (nach)grübeln (**on**, **upon** über *acc*).

pore² [pɔː(r); *Am. a.* pəʊr] *s biol. etc* Pore *f*: **he was sweating at every ~** der Schweiß brach ihm aus allen Poren.

porge [pɔː(r)dʒ] *v/t* ein Schlachttier *(nach jüdischem Ritus)* koscher machen.

porˈgy [ˈpɔː(r)dʒɪ] *pl* **-gies**, *bes. collect.* **-gy** *s ichth.* **1.** *meist* **red ~** *Amer.* Goldbrassen *m*. **2.** *(ein)* Rotbrassen *m*.

poˈrifˈerˈous [pɔːˈrɪfərəs] *adj* **1.** porig, mit Poren (versehen). **2.** *zo.* Poriferen...

poˈrism [ˈpɔːrɪzəm] *s math.* **1.** Poˈrisma *n (Problem, das mehrere Lösungen hat)*. **2.** gefolgerter Satz.

pork [pɔː(r)k; *Am. a.* pəʊrk] *s* **1.** Schweinefleisch *n*. **2.** *Am. colloq.* von der Regierung *aus politischen Gründen* gewährte *(finanzielle)* Begünstigung *od.* Stellung. **~ barˈrel** *s Am. colloq. (politisch berechnete)* Geldzuwendung *(der Regierung)*. ˈ**~ˌburgˈer** *s Am.* (Brötchen *n od.* Sandwich *m* mit gebratenem) Schweinehack *n*. **~ butchˈer** *s* Schweineschlächter *m*. **~ chop** *s* ˈSchweinekoteˌlett *n*. **~ cutˈlet** *s* Schweineschnitzel *n*.

ˈ**porkˈer** *s* Mastschwein *n*, -ferkel *n*.

porkling – poser

'pork·ling [-lɪŋ] *s* Ferkel *n*.
pork pie *s* 'Schweinefleischpaˌstete *f*.
'pork·pie (hat) *s* 1. *Br.* runder, flacher Damenhut (*mit hochstehender Krempe*). 2. flacher Herren(filz)hut.
'pork·y¹ *adj* 1. fett(ig). 2. nach Schweinefleisch: ~ **smell.** 3. *colloq.* fett, dick.
'pork·y² *s Am. colloq.* Stachelschwein *n*.
porn [pɔː(r)n] → porno.
por·no ['pɔː(r)nəʊ] *sl.* **I** *pl* **-nos** *s* 1. ‚Porno' *m* (*Pornographie*): **hard** ~ harter Porno; **soft** ~ Softporno. 2. Porno (-film) *m*. 3. Verfasser *m* pornoˈgraphischer Schriften. **II** *adj* 4. Porno...: ~ **film;** ~ **shop** Pornoshop *m*, -laden *m*.
por·nog·ra·pher [pɔː'nɒɡrəfə; *Am.* pɔːr-ˈnɑːɡrəfər] *s* Pornoˈgraph *m*, Verfasser *m* pornoˈgraphischer Schriften. **por·noˈgraph·ic** [-nəˈɡræfɪk] *adj* (*adv* **-ally**) pornoˈgraphisch. **por'nog·ra·phy** *s* 1. *collect.* Pornograˈphie *f*. 2. pornoˈgraphische Darstellung: ~ **of violence** nackte Darstellung brutaler Gewalt.
porn·y ['pɔː(r)nɪ] *adj sl.* pornoˈgraphisch, Porno...
po·ros·i·ty [pɔːˈrɒsɪtɪ; *Am.* pəˈrɑs-] *s* 1. Porosiˈtät *f*, ('Luft-, 'Wasser)Durchlässigkeit *f*. 2. Pore *f*, poˈröse Stelle.
po·rous ['pɔːrəs; *Am. a.* 'pəʊrəs] *adj* poˈrös.
por·phy·rite ['pɔː(r)fɪraɪt] *s min.* Porphyˈrit *m*. ˌ**por·phyˈrit·ic** [-ˈrɪtɪk] *adj* porphyrartig, -haltig.
por·phy·ry ['pɔː(r)fɪrɪ] *s geol.* Porphyr *m*.
por·poise ['pɔː(r)pəs] **I** *pl* **-pois·es,** *bes. collect.* **-poise** *s ichth.* 1. Tümmler *m*, Meerschwein *n*. 2. Schnabelfisch *m*. 3. Delˈphin *m*. **II** *v/i* 4. *aer.* wellenförmig landen *od.* aufsteigen.
por·rect [pəˈrekt] **I** *v/t* 1. ausstrecken. 2. *jur. relig.* darreichen, über'reichen. **II** *adj* 3. *bot. zo.* ausgestreckt. **por·rec·tion** *s jur. relig.* Darreichung *f*.
por·ridge ['pɒrɪdʒ; *Am. a.* 'pɑːr-] *s* 1. Porridge *m*, *n*, Haferbrei *m*, -grütze *f*: **to do (one's)** ~ *Br. sl.* ,Knast schieben' (*e-e Gefängnisstrafe verbüßen*). 2. (dicker) Brei, Grütze *f*: **pease** ~ Erbs(en)brei; **to keep one's breath to cool one's** ~ den Mund halten.
por·ri·go [pəˈraɪɡəʊ] *s med.* (Kopf-) Grind *m*.
por·rin·ger ['pɒrɪndʒə(r); *Am. a.* 'pɑːr-] *s* Suppennapf *m*.
port¹ [pɔː(r)t; *Am. a.* pəʊrt] *s* 1. *aer. mar.* (See-, Flug)Hafen *m*: **free** ~ Freihafen; **inner** ~ Binnenhafen; **naval** ~ Kriegshafen; ~ **admiral** Hafenadmiral *m* (*e-s Kriegshafens*); ~ **of call** *a) mar.* Anlaufhafen, *b) aer.* Anflughafen; ~ **of delivery** (*od.* **discharge**) Löschhafen, -platz *m*; ~ **of departure** *a) mar.* Abgangshafen, *b) aer.* Abflughafen; ~ **of destination** *a) mar.* Bestimmungshafen, *b) aer.* Zielflughafen; ~ **of distress** Nothafen; ~ **of entry** *a) mar.* Einlaufhafen (→ 3); ~ **of registry** Heimathafen; ~ **of tran(s)shipment** Umschlaghafen; **to call** (*od.* **touch**) **at a** ~ *a) mar.* e-n Hafen anlaufen, *b) aer.* e-n Flughafen anfliegen; **to clear a** ~ aus e-m Hafen auslaufen; **any** ~ **in a storm** *fig.* in der Not frißt der Teufel Fliegen. 2. Hafenstadt *f*. 3. *econ. bes. Am.* 'Grenz-, 'Zollkonˌtrollstelle *f*: ~ **of entry** Einfuhr(zoll)stelle (→ 1). 4. *fig.* (sicherer) Hafen, Ziel *n*.
port² [pɔː(r)t; *Am. a.* pəʊrt] *aer. mar.* **I** *s* Backbord *n*: **on the** ~ **bow!** *mar.* Backbord achteraus!; **on the** ~ **quarter!** *mar.* Backbord voraus!; **to cast to** ~ *mar.* nach Backbord fallen. **II** *adj* Backbord... **III** *adv* *a*) nach Backbord, *b*) backbord(s). **IV** *v/t u. v/i* nach Backbord halten.
port³ [pɔː(r)t; *Am. a.* pəʊrt] *s* 1. *bes. Scot.* Tor *n*, Pforte *f*: **city** ~ Stadttor.

2. *mar.* *a*) (Lade)Luke *f*, (-)Pforte *f*, *b*) (Pfort)Deckel *m*, (-)Luke *f*, *c*) Bullauge *n*, *d*) Schießloch *n*: **anchor** ~ Ankerpforte. 3. *mil.* Schießscharte *f* (*a. am Panzer*). 4. *tech.* (Auslaß-, Einlaß)Öffnung *f*, Abzug *m*.
port⁴ [pɔː(r)t; *Am. a.* pəʊrt] *s* Portwein *m*.
port⁵ [pɔː(r)t; *Am. a.* pəʊrt] **I** *v/t* 1. *obs.* tragen. 2. → **arm²** *Bes. Redew.* **II** *s* 3. *obs.* (äußere) Haltung.
port·a·ble ['pɔː(r)təbl; *Am. a.* 'pəʊrt-] **I** *adj* 1. tragbar: ~ **radio (set)** *a*) → 3a, *b*) *mil.* Tornisterfunkgerät *n*; ~ **record player** → 3c; ~ **tape recorder** → 3d; ~ **television set** → 3b; ~ **typewriter** → 4. 2. transpor'tabel, (orts)beweglich: ~ **aerial** (*bes. Am.* **antenna**) ortsveränderliche Antenne; ~ **derrick** fahrbarer Kran; ~ **fire extinguisher** Handfeuerlöscher *m*; ~ **railway** (*Am.* **railroad**) Feldbahn *f*; ~ **searchlight** Handscheinwerfer *m*. **II** *s* 3. *a*) Kofferradio *n*, *b*) Portable *n*, tragbares Fernsehgerät, *c*) Phonokoffer *m*, *d*) Kofferton̆bandgerät *n*. 4. 'Reiseˌschreibmaˌschine *f*. ~ **en·gine** *s tech.* Lokomoˈbile *f*. ~ **fire·arm** *s mil.* Handfeuerwaffe *f*.
por·tage ['pɔː(r)tɪdʒ; *Am. a.* 'pəʊrt-] **I** *s* 1. (*bes.* 'TrageˌTrans)port *m*. 2. *econ.* Fracht *f*, Rollgeld *n*, Träger-, Zustellgebühr *f*. 3. *mar.* *a*) Por'tage *f*, Tragepfad *m*, *b*) Tragen *n* (*von Kähnen etc*) über e-e Porˈtage. **II** *v/t* 4. e-n Kahn *etc* über e-e Por'tage tragen.
por·tal¹ ['pɔː(r)tl; *Am. a.* 'pəʊrtl] *s* 1. *arch.* Por'tal *n*, (Haupt)Eingang *m*, Tor *n*: ~ **crane** *tech.* Portalkran *m*. 2. *fig. u. poet.* Pforte *f*, Tor *n*: ~ **of heaven** Himmelspforte, -tor.
por·tal² ['pɔː(r)tl; *Am. a.* 'pəʊrtl] *anat.* **I** *adj* Pfort(ader)... **II** *s* Pfortader *f*.
ˌ**por·tal-to-'por·tal pay** *s econ.* Arbeitslohn, berechnet für die Zeit vom Betreten der Fabrik *etc* bis zu ihrem Verlassen. ~ **vein** *s anat.* Pfortader *f*.
por·ta·men·to [ˌpɔː(r)təˈmentəʊ; *Am. a.* ˌpəʊrtə-] *pl* **-ti** [-tiː] *s mus.* Portaˈment(o) *n*.
por·ta·tive ['pɔː(r)tətɪv; *Am. a.* 'pəʊrtə-] **I** *adj phys.* tragfähig: ~ **force** Tragkraft *f*. **II** *s a*. ~ **organ** *mus.* Portaˈtiv *n*.
ˌ**port'cray·on** *s* Zeichenstift, Bleistifthalter *m*. ~**'cul·lis** [-ˈkʌlɪs] *s* 1. *mil. hist.* Fallgitter *n*. 2. *her.* Gitter *n*.
porte-co·chere [ˌpɔː(r)tkəʊˈʃeə; *Am.* -kəʊˈʃeər; *a.* ˌpəʊrt-] *s* 1. Wagenauffahrt *f*. 2. *Am.* Schutzdach *n* (*vor Hauseingängen*).
por·tend [pɔː(r)ˈtend; *Am. a.* pəʊr-] *v/t* (vor)bedeuten, ankündigen, anzeigen.
por·tent ['pɔː(r)tent; *Am. a.* 'pəʊr-] *s* 1. Vorbedeutung *f*. 2. (*bes.* schlimmes) (Vor-, An)Zeichen, (*bes.* böses) Omen. 3. Wunder *n* (*Sache od. Person*). **por'ten·tous** [-təs] *adj* (*adv* **-ly**) 1. omi'nös, verhängnis-, unheilvoll. 2. ungeheuer, gewaltig, wunderbar, *a. humor.* unheimlich. **por'ten·tous·ness** *s* 1. (*das*) Omi'nöse. 2. (*das*) Gewaltige *od.* Wunderbare.
por·ter¹ ['pɔː(r)tə(r); *Am. a.* 'pəʊr-] *s a*) Pförtner *m*, *b*) *bes. Br.* Porti'er *m*.
por·ter² ['pɔː(r)tə(r); *Am. a.* 'pəʊr-] *s* 1. (Gepäck)Träger *m*, Dienstmann *m*. 2. *rail. Am.* (Saˈlon- *od.* Schlafwagen-) Schaffner(in).
por·ter³ ['pɔː(r)tə(r); *Am. a.* 'pəʊr-] *s* Porter(bier *n*) *m*.
'**por·ter·age** *s* 1. Tragen *n* (*von Gepäckstücken*). 2. Trägerlohn *m*.
'**por·ter·house** *s* 1. *obs.* Bier-, Speisehaus *n*. 2. *a.* ~ **steak** *gastr.* Porterhousesteak *n*.
'**port**ˌ**fire** *s mil.* langsam brennender Zünder, Zeitzündschnur *f*. ~**ˈfo·li·o** *pl* **-os** *s* 1. *a*) Aktentasche *f*, Mappe *f*, *b*) Porteˈfeuille *n* (*für Staatsdokumente*). 2. *fig.* (Mi'nister)Porteˌfeuille *n*: **without** ~ ohne Geschäftsbereich. 3. *econ.* ('Wechsel)Porteˌfeuille *n*. ~**ˈhole** *s* 1. *mar. a*) (Pfort)Deckel *m*, (-)Luke *f*, *b*) Bullauge *n*. 2. *tech.* → **port³** 4.
por·ti·co ['pɔː(r)tɪkəʊ; *Am. a.* 'pəʊrt-] *pl* **-cos** *s arch.* Säulengang *m*.
por·tion ['pɔː(r)ʃn; *Am. a.* 'pəʊrʃən] **I** *s* 1. (An)Teil *m* (**of** an *dat*). 2. Portiˈon *f* (*Essen*). 3. Teil *m*, *n*, Stück *n* (*e-s Buches, e-s Gebiets, e-r Strecke etc*). 4. Menge *f*, Quantum *n*. 5. *jur. a*) Mitgift *f*, Aussteuer *f*, *b*) Erbteil *n*: **legal** ~ Pflichtteil *m*. 6. *fig.* Los *n*, Schicksal *n*. **II** *v/t* 7. aufteilen: **to** ~ **out** aus-, verteilen (**among** unter *acc*). 8. zuteilen. 9. *e-e* Tochter ausstatten, aussteuern. 10. *ein* Schicksal zu'teil werden lassen. '**por·tion·ist** *s* 1. *relig.* Besitzer *m* e-r Teilpfründe. 2. Stipendi'at *m* am Merton College (*Oxford*).
port·li·ness ['pɔː(r)tlɪnɪs; *Am. a.* 'pəʊrt-] *s* 1. *obs.* Stattlichkeit *f*, würdiges Aussehen. 2. Wohlbeleibtheit *f*, Korpuˈlenz *f*.
'**port·ly** *adj* 1. *obs.* stattlich, würdevoll, gemessen. 2. wohlbeleibt, korpuˈlent.
port·man·teau [pɔː(r)tˈmæntəʊ; *Am. a.* pəʊrt-] *pl* **-teaus, -teaux** [-təʊz] *s* 1. *bes. Br.* Handkoffer *m*. 2. *obs.* Mantelsack *m*. 3. *meist* ~ **word** *ling.* Kurzwort *n* (*z. B.* **smog** *aus* **smoke** *u.* **fog**).
por·trait ['pɔː(r)trɪt; -treɪt; *Am. a.* 'pəʊr-] *s* 1. *a*) Por'trät *n*, Bild(nis) *n*, *b*) *phot.* Por'trät(aufnahme *f*) *n*: ~ **lens** *phot.* Porträtlinse *f*; **to take s.o.'s** ~ j-n porträtieren, ein Porträt von j-m machen; ~ **bust** Porträtbüste *f*. 2. *fig.* Bild *n*, (lebenswahre) Darstellung, Schilderung *f*. '**por·trait·ist** *s* Porträˈtist(in), Porˈträtmaler(in), -fotoˌgraf(in).
por·trai·ture ['pɔː(r)trɪtʃə(r); *Am. a.* -ˌtʃʊər; 'pəʊr-] *s* 1. → **portrait** 1 *u.* 2. 2. *a*) Por'trätmaleˌrei *f*, *b*) *phot.* Porˈträtfotograˌfie *f*.
por·tray [pɔː(r)ˈtreɪ; *Am. a.* pəʊr-] *v/t* 1. porträˈtieren, (ab)malen. 2. *fig.* schildern, (leˈbendig) darstellen. **por'tray·al** *s* 1. Porträˈtieren *n*. 2. Por'trät *n*. 3. *fig.* Schilderung *f*, Darstellung *f*. **por'tray·er** *s* 1. (Por'trät)Maler(in). 2. *fig.* Schilderer *m*.
'**port**ˌ**reeve** [ˈpɔː(r)triːv] *s Br.* 1. *hist.* Bürgermeister *m*. 2. Stadtamtmann *m*.
port ˈ**risk in·sur·ance** *s econ. mar.* Hafenrisiko-Versicherung *f*. ~ **side** *s mar.* Backbord(seite *f*) *n*. ~ **tax·es** *s pl mar.* Hafengebühren *pl*.
Por·tu·guese [ˌpɔː(r)tjʊˈɡiːz; *Am.* ˌpɔːrtʃə-; ˌpəʊrtʃə-] **I** *pl* **-guese** *s* 1. Portuˈgiese *m*, Portuˈgiesin *f*. 2. *ling.* Portuˈgiesisch *n*, das Portugiesische. **II** *adj* 3. portuˈgiesisch.
port wine *s* Portwein *m*.
pose¹ [pəʊz] **I** *v/t* 1. auf-, 'hinstellen, e-e Pose einnehmen lassen: **to** ~ **a model for a photograph.** 2. *a*) *ein* Problem, *e-e* Frage aufwerfen, *b*) *e-e* Bedrohung *etc* darstellen. 3. *e-e* Behauptung aufstellen, *e-n* Anspruch erheben. 4. (**as**) 'hinstellen (als), ausgeben (für, als). **II** *v/i* 5. sich in Posiˈtur setzen (*od.* werfen). 6. *a*) *paint.* Moˈdell stehen *od.* sitzen, *b*) sich fotograˈfieren lassen, *c*) als 'Maler- *od.* 'Fotomoˌdell arbeiten. 7. poˈsieren, e-e Pose einnehmen. 8. auftreten, sich ausgeben (**as** als). **III** *s* 9. Pose *f* (*a. fig.*), Posiˈtur *f*, Haltung *f*, Stellung *f*.
pose² [pəʊz] *v/t durch Fragen* verwirren, in Verlegenheit bringen.
pos·er¹ ['pəʊzə(r)] → **poseur.**
pos·er² ['pəʊzə(r)] *s* knifflige Frage, ‚harte Nuß'.

po·seur [pəʊˈzɜː; *Am.* -ˈzɜr] *s* Poˈseur *m*, ‚Schauspieler' *m*.
posh [pɒʃ; *Am.* paʃ] *s sl.* ‚piekfein', ‚feuˈdal', ‚todschick', eleˈgant.
pos·it [ˈpɒzɪt; *Am.* ˈpazət] *philos.* **I** *v/t* postuˈlieren. **II** *s* Postuˈlat *n*.
po·si·tion [pəˈzɪʃn] **I** *s* **1. a)** Positiˈon *f* (*a. astr.*), Lage *f*, Stand(ort) *m*: **geographical** ~ geographische Lage; ~ **of the sun** Sonnenstand *m*; **in** (**out of**) ~ (nicht) in der richtigen Lage, **b)** *bes. sport* Position *f*, Platz *m*: **to be in third** ~ in dritter Position *od.* auf dem dritten Platz liegen. **2.** *aer. mar.* Positiˈon *f*, *mar. a.* Besteck *n*: ~ **lights a)** *aer. mar.* Positionslichter, **b)** *mot.* Begrenzungslichter. **3.** (körperliche) Lage, Stellung *f*: **horizontal** ~; **upright** ~ aufrechte (Körper)Haltung. **4.** *med.* **a)** (anaˈtomische *od.* richtige) Lage (*e-s Organs od. Gliedes*), **b)** (Kinds-) Lage *f* (*im Mutterleib*). **5.** *tech.* (Schalt*etc*)Stellung *f*: ~ **of rest** Ruhelage *f*, -stellung. **6.** *mil.* (Verteidigungs)Stellung *f*: ~ **warfare** Stellungskrieg *m*. **7.** *mus.* Lage *f* (*von Akkordtönen*): **first** (*od.* **root**) ~ Grundstellung *f*, -lage; **close** (**open**) ~ enge (weite) Lage. **8.** *mus.* **a)** Lage *f* (*bestimmtes Gebiet des Griffbretts bei Saiteninstrumenten*), **b)** Zugstellung *f* (*bei der Posaune*). **9.** *Computer*: (Wert)Stelle *f*. **10.** Positiˈon *f*, Situatiˈon *f*, Lage *f*: **to put** (*od.* **place**) **s.o. in an awkward** ~; **to be in a** ~ **to do s.th.** in der Lage sein, etwas zu tun. **11.** (Sach)Lage *f*, Stand *m* (*der Dinge*): **financial** ~ Finanzlage *f*, Vermögensverhältnisse *pl*; **legal** ~ Rechtslage. **12.** soziˈale Stellung, gesellschaftlicher Rang: **people of** ~ Leute von Rang. **13.** Positiˈon *f*, Stellung *f*, Amt *n*, Posten *m*: **to hold a** (**responsible**) ~ e-e (verantwortliche) Stelle innehaben. **14.** *fig.* (Ein)Stellung *f*, Standpunkt *m*, Haltung *f*: **to define one's** ~ s-n Standpunkt darlegen; **to take up a** ~ **on a question** zu e-r Frage Stellung nehmen. **15.** *math. philos.* (Grund-, Lehr)Satz *m*, Behauptung *f*.
II *v/t* **16.** in die richtige Lage *od.* Stellung bringen, an den rechten Platz stellen, aufstellen, *tech. a.* (ein)stellen, anbringen. **17.** Polizisten *etc* poˈstieren.
po·si·tion·al [pəˈzɪʃənl] *adj* Positions..., Stellungs..., Lage...: ~ **notation** (*Computer*) Stellenschreibweise *f*; ~ **play** *sport* Stellungsspiel *n*; ~ **warfare** Stellungskrieg *m*.
po·si·tion | find·er *s* **1.** *mil.* Richtvorrichtung *f*. **2. a)** *aer. mar. tech.* Ortungsgerät *n*, **b)** *electr.* Funkortungsgerät *n*. ~ **paˈper** *s pol.* ˈGrundsatzpaˌpier *n*.
pos·i·tive [ˈpɒzətɪv; *Am.* ˈpaz-] **I** *adj* (*adv* ~**ly**) **1.** bestimmt, ausdrücklich (*Befehl etc*), definiˈtiv, fest (*Angebot, Versprechen etc*), unbedingt: ~ **order**; ~ **offer**; ~ **law** *jur.* positives Recht. **2.** sicher, eindeutig, feststehend, ˈunumˌstößlich: **a** ~ **proof**; ~ **facts**. **3.** positiv, tatsächlich, auf Tatsachen beruhend: ~ **fraud** *jur.* (vorsätzlicher) Betrug. **4.** konˈkret, wirklich. **5.** positiv, bejahend, zustimmend: **a** ~ **answer**; **to be** ~ e-e positive Lebenseinstellung haben. **6.** überˈzeugt, (absoˈlut) sicher: **to be** ~ **about s.th.** e-r Sache (absolut) sicher sein, etwas felsenfest glauben *od.* behaupten; **to feel** ~ **that** sicher sein, daß. **7.** selbstbewußt, hartnäckig, rechthaberisch. **8.** *philos.* positiv: **a)** ohne Skepsis, **b)** emˈpirisch, **c)** nur wissenschaftlich Beweisbares gelten lassend: ~ **philosophy** ≡ **positivism**. **9.** positiv, positive Eigenschaften besitzend. **10.** ausgesprochen, absoˈlut: **a** ~ **fool** ein ausgemachter *od.* kompletter Narr. **11.** *math.* positiv (*größer als Null*): ~ **sign** positives Vorzeichen, Pluszeichen

n. **12.** *biol. electr. phot. phys.* positiv: ~ **electricity**; ~ **electrode** Anode *f*; ~ **electron** → **positron**; ~ **feedback** Mitkopplung *f*, positive Rückkopplung; ~ **plate** Plusplatte *f*; ~ **pole** Pluspol *m*, *electr.* Anode *f*. **13.** *tech.* zwangsläufig, Zwangs...: ~ **drive**. **14.** *med.* (reaktiˈons-) positiv: **a** ~ **test**. **15.** *ling.* im Positiv stehend: ~ **degree** Positiv *m*. **II** *s* **16.** Positivum *n*, (*etwas*) Positives, positive Eigenschaft. **17.** *phot.* Positiv *n*. **18.** *ling.* Positiv *m*. **ˈpos·i·tive·ness** *s* **1.** Bestimmtheit *f*, Wirklichkeit *f*, Gewißheit *f*. **2.** *fig.* Hartnäckigkeit *f*.
pos·i·tiv·ism [ˈpɒzɪtɪvɪzəm; *Am.* ˈpazə-] *s philos.* Positiˈvismus *m*. **ˈpos·i·tiv·ist** **I** *s* Positiˈvist(in). **II** *adj* → **positivistic**. ˌpos·i·tivˈis·tic *adj* (*adv* ~**ally**) positiˈvistisch.
pos·i·tron [ˈpɒzɪtrɒn; *Am.* ˈpazəˌtran] *s phys.* Positron *n*, positives Elektron.
po·sol·o·gy [pəˈsɒlədʒɪ; *Am.* -ˈsal-] *s med.* Posoloˈgie *f*, Doˈsierungslehre *f*.
pos·se [ˈpɒsɪ; *Am.* ˈpasiː] *s* **1.** *meist* ~ **comitatus** *m*. Aufgebot *n* (*e-s Sheriffs*). **2.** (Poliˈzei- *etc*)Aufgebot *n*. **3.** *allg.* Haufen *m*, Schar *f*.
pos·sess [pəˈzes] *v/t* **1.** *allg., a. fig.* Eigenschaften, Mut, Kenntnisse *etc* besitzen, haben. **2.** im Besitz haben, (inne)haben: → **possessed** 1. **3. a.** *weitS.* e-e Sprache *etc* beherrschen, Gewalt haben über (*acc*): **to** ~ **one's soul in patience** sich in Geduld fassen. **4.** *fig.* (*geistig*) beherrschen, erfüllen (**with** mit). **5.** *j-n* in den Besitz bringen *od.* zum Besitzer machen (**of**, **with** von *od. gen*): **to be** ~**ed of s.th.** etwas besitzen; **to** ~ **o.s. of s.th.** etwas in Besitz nehmen, sich e-r Sache bemächtigen.
pos·sessed [pəˈzest] *adj* **1.** im Besitz (**of** *gen od.* von). **2.** besessen, wahnsinnig, toll: ~ **with** (*od.* **by**) **the devil** (**an idea**) vom Teufel (von e-r Idee) besessen; **like a man** ~ wie ein Besessener, wie verrückt, wie toll. **3.** beherrscht, ruhig. **4.** *ling.* mit e-m Genitiv verbunden (*Substantiv*).
pos·ses·sion [pəˈzeʃn] *s* **1.** (*abstrakter*) Besitz (*a. jur.*): **actual** ~ tatsächlicher *od.* unmittelbarer Besitz; **in the** ~ **of** im Besitz von (*od. gen*); **in** ~ **of s.th.** im Besitz e-r Sache; **to put in** ~ **a)** in den Besitz einweisen, **b)** *j-n* versehen (**of** mit); **to take** ~ **of** Besitz ergreifen von, in Besitz nehmen; → **adverse** 5, **naked** 9. **2.** Besitz(tum *n*), Habe *f*. **3.** *pl* Besitzungen *pl*, Liegenschaften *pl*: **foreign** ~**s** auswärtige Besitzungen. **4.** *fig.* Besessenheit *f*. **5.** *fig.* Herrschaft, Erfülltsein *n* (**by** *von e-r Idee etc*). **6.** beherrschende Leidenschaft, Wahn *m*. **7.** *meist* **self-Fassung** *f*, (Selbst)Beherrschung *f*.
pos·ses·sive [pəˈzesɪv] **I** *adj* (*adv* ~**ly**) **1.** Besitz... besitzergiebig, -betonend: ~ **instinct** Besitztrieb *m*, -streben *n*. **3.** besitzergreifend: ~ **mother**; ~ **wife** *a.* krankhaft eifersüchtige (Ehe)Frau; ~ **love** selbstsüchtige *od.* tyrannische Liebe. **4.** *ling.* possesˈsiv, besitzanzeigend: ~ **adjective** attributives Possessivpronomen; ~ **pronoun** substantivisches Possessivpronomen; ~ **case** → 5 b. **II** *s* **5.** *ling.* **a)** Posses(siv)pronomen *n*, besitzanzeigendes Fürwort, **b)** Genitiv *m*, zweiter Fall.
posˈses·sive·ness *s* **1.** Besitzgier *f*. **2.** selbstsüchtige *od.* tyˈrannische Art *od.* Liebe.
pos·ses·sor [pəˈzesə(r)] *s* Besitzer(in), Inhaber(in). **posˈses·so·ry** [-ərɪ] *adj* Besitz...: ~ **action** Besitz(schutz)klage *f*; ~ **right** Besitzrecht *n*.
pos·set [ˈpɒsɪt; *Am.* ˈpasət] *s* Getränk aus heißer Milch mit Bier *od.* Wein u. Gewürzen.
pos·si·bil·i·ty [ˌpɒsəˈbɪlətɪ; *Am.* ˌpasə-] *s*

1. Möglichkeit *f* (**of** zu, für): **there is no** ~ **of doing s.th.** es besteht keine Möglichkeit, etwas zu tun; **there is no** ~ **of his coming** es besteht keine Möglichkeit, daß er kommt; **there is still a** ~ **that** es besteht nach wie vor die Möglichkeit, daß. **2.** Möglichkeit *f*; *j-d*, der *od.* etwas, was in Frage kommt: **to be a** ~ in Bereich des Möglichen liegen. **3.** *pl* **a)** Möglichkeiten *pl*, (Zukunfts)Aussichten *pl*, **b)** (Entwicklungs)Möglichkeiten *pl*, (-)Fähigkeiten *pl*.
pos·si·ble [ˈpɒsəbl; *Am.* ˈpasəbəl] **I** *adj* **1.** möglich (**with** bei; **to** *dat*; **for** für): **this is** ~ **with him** das ist bei ihm möglich; **highest** ~ größtmöglich; **least** ~ geringstmöglich. **2.** eventuˈell, etwaig, denkbar. **3.** *colloq.* annehmbar, pasˈsabel, erträglich, leidlich. **II** *s* **4. the** ~ das (Menschen)Mögliche, das Beste: **he did his** ~ er tat, was er konnte. **5.** *sport* (*die*) höchste Punktzahl. **6.** in Frage kommender Kandiˈdat *od.* Gewinner *od.* Konkurˈrent *od. sport* Spieler (*in e-r Mannschaft*).
ˈpos·si·bly [-blɪ] *adv* **1.** möglicherˈweise, vielˈleicht. **2.** (irgend) möglich: **if I** ~ **can** wenn ich irgend kann; **I cannot** ~ **do this** ich kann das unmöglich *od.* auf keinen Fall tun; **how can I** ~ **do it?** wie kann ich es nur *od.* bloß machen?
pos·sum [ˈpɒsəm; *Am.* ˈpas-] *s colloq. abbr. für* **opossum**: **to play** ~ sich nicht rühren, sich tot- *od.* krank *od.* schlafend *od.* dumm stellen.
post¹ [pəʊst] **I** *s* **1.** Pfahl *m*, (*a.* Tür-, Tor)Pfosten *m*, Ständer *m*, (*Telegrafenetc*)Stange *f*, (-)Mast *m*, Säule *f*: → **deaf** 1. **2.** Anschlagsäule *f*. **3.** *sport* (Start- *od.* Ziel)Pfosten *m*, Start- (*od.* Ziel)linie *f*: **to be beaten at the** ~ kurz vor dem *od.* im Ziel abgefangen werden. **4.** *Bergbau*: **a)** Streckenpfeiler *m*, **b)** Vertiˈkalschichtf *f* aus Kohle *od.* Sandstein. **II** *v/t* **5.** *a.* ~ **up** ein Plakat *etc* anschlagen, ankleben. **6.** e-e Mauer mit Plaˈkaten *etc.* Zetteln bekleben. **7.** *etwas* (*durch Aushang od.* in e-r Liste) bekanntgeben. **8.** öffentlich anprangern. **9.** *aer. mar.* ein Flugzeug *etc* (*als vermißt od.* ˈüberfällig) melden: **to** ~ **an airliner as missing** (**as overdue**). **10.** *Am.* (*durch Verbotstafeln*) vor unbefugtem Zutritt schützen: ~**ed property** Besitz, zu dem der Zutritt verboten ist.
post² [pəʊst] **I** *s* **1.** *mil.* **a)** Posten *m*, Standort *m*, Stellung *f*: **advanced** ~ vorgeschobener Posten, **b)** Standort *m*, Garniˈson *f*: **P**~ **Exchange** (*abbr.* **PX**) *Am.* Einkaufsstelle *f*; ~ **headquarters** *pl* (*oft als sg konstruiert*) Standortkommandantur *f*, **c)** Standort-, Statioˈnierungstruppe *f*, **d)** (Wach)Posten *m*. **2.** *mil. Br.* (ˈHorn-)Siˌgnal *n*: **first** ~ Wecken *n*; **last** ~ Zapfenstreich *m*. **3.** Posten *m*, Platz *m*, Stand (-platz) *m*: **to remain at one's** ~ auf s-m Posten bleiben; → **first-aid**. **4.** Posten *m*, (An)Stellung *f*, Stelle *f*, Amt *n*: ~ **of a secretary** Stelle als Sekretär(in). **5.** Handelsniederlassung *f*. **6.** *econ.* Makler-, Börsenstand *m*. **II** *v/t* **7.** Polizisten *etc* aufstellen, poˈstieren. **8.** *bes. Br.* Beamten *etc* versetzen, *mil. Offizier etc* ˈabkommanˌdieren (**to** nach): **he has been** ~**ed away** er ist abkommandiert worden.
post³ [pəʊst] **I** *s* **1.** *bes. Br.* Post *f*: **a)** *als Institution*, **b)** *Br.* Postamt *n*, **c)** *Br.* Post-, Briefkasten *m*: **by** ~ mit der *od.* per Post. **2.** *bes. Br.* Post *f*: **a)** Postzustellung *f*, **b)** Postsendungen *pl*, -sachen *pl*, **c)** Nachricht *f*: **today's** ~ die heutige Post; → **general post**. **3.** *hist.* **a)** Postkutsche *f*, **b)** ˈPoststatiˌon *f*, **c)** Eilbote *m*, Kuˈrier *m*. **4.** *bes. Br.* ˈBriefpaˌpier *n* (*Format* 16″ × 20″). **II** *v/i* **5.** *hist.* mit der Post(kutsche) reisen. **6.** (daˈhin)eilen. **III** *v/t* **7.** *Br.* zur Post geben, aufgeben, in den Briefkasten

post- – pot

werfen *od.* stecken, mit der Post (zu)senden. **8.** *a.* ~ **up** *colloq. j-n* infor'mieren, unter'richten: **to keep s.o. ~ed** *j-n* auf dem laufenden halten; **well ~ed** gut unterrichtet. **9.** *econ.* eintragen, verbuchen, *ein Konto* (ins Hauptbuch) über'tragen: **to ~ up** *das Hauptbuch* nachtragen, *die Bücher* in Ordnung bringen.
post- [pəʊst] *Wortelement mit der Bedeutung* nach, hinter; Nach...
post·age ['pəʊstɪdʒ] *s a.* ~ **charges** *pl* Porto *n*, Postgebühr *f*, -spesen *pl*: additional ~, extra ~ Nachgebühr, Strafporto; ~ **free**, ~ **paid** portofrei, franko; **what is the ~ for a letter to ...?** wieviel kostet ein Brief nach ...? '**~-due** *s* Nachgebühr *f*, Strafporto *n*. **~ me·ter** *s Am.* Fran'kierma,schine *f*. **~ stamp** *s* Briefmarke *f*, Postwertzeichen *n*.
post·al ['pəʊstəl] **I** *adj* po'stalisch, Post...: ~ **card** → **II**; ~ **cash order** Postnachnahme *f*; ~ **code** → postcode; ~ **delivery zone** *Am.* Postzustellzone *f*; ~ **district** Postzustellbezirk *m*; ~ **meter** *Am.* Frankiermaschine *f*; ~ **money order** Postanweisung *f*; ~ **order** *Br.* Postanweisung *f* (*für kleine Beträge*); ~ **shopping** Versandhandel *m*; ~ **vote** *pol. Br.* Briefwahl *f*; ~ **voter** *pol. Br.* Briefwähler(in); → **universal 6. II** *s Am.* Postkarte *f*.
'**post**|·**bag** *s* **1.** Postsack *m*, -beutel *m*. **2.** Leser-, Hörer-, Zuschauerpost *f* (*anläßlich e-s bestimmten Ereignisses*). '**~-box** *s bes. Br.* Briefkasten *m*. '**~-card** *s* **1.** Postkarte *f*. **2.** Ansichtskarte *f*. ~ **chaise** *s hist.* Postkutsche *f*. '**~-code** *s Br.* Postleitzahl *f*.
ˌ**post**'**date** *v/t* **1.** *e-n Brief etc* vor'ausda,tieren. **2.** nachtraglich *od.* später da-ˈtieren.
ˌ**post·di**'**lu·vi·al** *adj* **1.** *geol.* 'postdilu,vi,al, nacheiszeitlich. **2.** → postdiluvian.
ˌ**post·di**'**lu·vi·an** *adj* nachsintflutlich.
ˌ**post**'**doc·tor·al** *adj* nach der Promoti'on.
'**post**ˌ**en·try** *s* **1.** *econ.* nachträgliche (Ver)Buchung. **2.** *econ.* nachträgliche Zollerklärung. **3.** *sport* Nachnennung *f*.
post·er ['pəʊstə(r)] *s* **1.** *ec.* ~ **sticker** Pla'katankleber *m*. **2.** Pla'kat *n*: ~ **paint** (*od.* colo[u]r) Plakatfarbe *f*; ~ **stamp** (*od.* seal) *mil. Am.* Wohlfahrtsmarke *f*. **3.** Poster *m*, *n*.
poste res·tante [ˌpəʊstˈrestɑːnt; *Am.* -resˈtɑːnt] **I** *adv* postlagernd. **II** *s* Aufbewahrungs- u. Ausgabestelle *f* für postlagernde Sendungen.
pos·te·ri·or [pɒˈstɪərɪə; *Am.* pəʊˈstɪrɪər; paˈst-] **I** *adj* (*adv* ~**ly**) **1.** a) später (to als), b) hinter: **to be ~ to** zeitlich *od.* örtlich kommen nach, folgen auf (*acc*). **2.** *anat. bot.* hinter(er, e, es), Hinter... **II** *s* **3.** *oft* '**Hinterteil** *n*, (*der*) Hintern. **pos**ˌ**te·ri**-'**or·i·ty** [-ˈrɒtɪ; *Am. a.* -ˈɑr-] *s* späteres Ein- *od.* Auftreten.
pos·ter·i·ty [pɒˈsterətɪ; *Am.* pɑ-] *s* **1.** Nachkommen(schaft *f*) *pl.* **2.** Nachwelt *f*.
pos·tern ['pəʊstən; *Am.* -tərn; *a.* 'pas-] *s a.* ~ **door**, ~ **gate** 'Hinter-, Neben-, Seitentür *f*.
postero- [pɒstərəʊ; *Am.* pas-] *Wortelement mit der Bedeutung* hinten: **posterolateral** hinten (u.) seitlich liegend.
ˌ**post**-'**free** *adj u. adv bes. Br.* portofrei, franko.
post'**grad·u·ate I** *adj* nach dem ersten aka'demischen Grad: ~ **studies**; ~ **student** → **II. II** *s j-d*, der nach dem ersten aka'demischen Grad 'weiterstu,diert.
ˌ**post**'**haste** *adv* eiligst, schnellstens, Hals über Kopf.
post|**horn** *s hist.* Posthorn *n*. **~ horse** *s hist.* Postpferd *n*. '**~-house** *s hist.* Posthalte'rei *f*, 'Poststati,on *f*.

post·hu·mous ['pɒstjʊməs; *Am.* 'pastʃəməs] *adj* (*adv* ~**ly**) post'hum, po'stum: a) *nach des Vaters Tod geboren*: ~ **son**, b) nachgelassen, hinter'lassen: ~ **volume of poems**, c) nach dem Tod fortdauernd: ~ **fame** Nachruhm *m*, d) nachträglich: ~ **conferment of a medal**.
ˌ**post**'**hyp**ˈ**not·ic** *adj* 'posthypˌnotisch: ~ **suggestion**.
pos·tiche [pɒˈstiːʃ] **I** *adj* **1.** nachgemacht, künstlich. **2.** *arch.* nachträglich hin'zugefügt (*Ornament etc*). **II** *s* **3.** Nachahmung *f*. **4.** (hin'zugefügter) Zierat. **5.** a) Pe'rücke *f*, b) Haar(ersatz)teil *n*, c) künstliche Locke.
post·ie ['pəʊstɪ] *s Austral. colloq.* Briefträger *m*, Postbote *m*.
pos·til ['pɒstɪl; *Am.* -pɑs-] *s relig.* Po'stille *f*, Predigtbuch *n*, -sammlung *f*.
ˌ**post·im**ˈ**pres·sion·ism** *s paint.* 'Nachimpressioˌnismus *m*.
post·ing ['pəʊstɪŋ] *s* Versetzung *f* (*e-s Beamten etc*), *mil.* 'Abkommanˌdierung *f*.
post·li·min·i·um [ˌpəʊstlɪˈmɪnɪəm], *a.* **post**'**li·min·i·ny** [-ˈlɪmɪnɪ] *s jur.* Postli'minium *n* (*Wiederherstellung des früheren Rechtszustandes*).
'**post·lude** [-luːd] *s* **1.** *mus.* Post'ludium *n*, Nachspiel *n*. **2.** *fig.* a) Schlußphase *f*, b) Epi'log *m*.
'**post**|·**man** [-mən] *s irr bes. Br.* Briefträger *m*, Postbote *m*: **to ~'s job between** *fig.* als „Briefträger" fungieren zwischen (*dat*). '**~-mark I** *s* Poststempel *m*: → **date**[2] **4. II** *v/t Briefe etc* (ab-) stempeln.
'**post**ˌ**mas·ter** *s* **1.** Postamtsvorsteher *m*, Postmeister *m*. **2.** *univ.* (**Merton College, Oxford**) Stipendi'at *m*. **P~ Gen·er·al** *pl* **P~s Gen·cr·al** *s* 'Postmiˌnister *m*.
ˌ**post·me**'**rid·i·an** *adj* Nachmittags...
post me·rid·i·em [ˌpəʊstməˈrɪdɪəm] (*Lat.*) *adv* (*abbr.* p.m.) nachmittags: **3 p.m.** 3 Uhr nachmittags, 15 Uhr; **10 p.m.** 10 Uhr abends, 22 Uhr.
ˌ**post·mil**ˈ**len·ni·al·ism** *s relig.* Lehre *f* von der 'Wiederkehr Christi nach tausend Jahren.
'**post**ˌ**mis·tress** *s* Postamtsvorsteherin *f*, Postmeisterin *f*.
post-'**mor·tem** [-ˈmɔː(r)tem; -təm] *jur. med.* **I** *adj* **1.** Leichen..., nach dem Tode (eintretend *od.* stattfindend). **II** *adv* **2.** nach dem Tode. **III** *s* **3.** *a.* ~ **examination** Leichenöffnung *f*, Autop'sie *f*, Obdukti'on *f*: **to hold a ~** e-e Obduktion durchführen. **4.** *fig.* Ma'növerkri,tik *f*, nachträgliche Diskussi'on *od.* Ana'lyse: **to hold a ~ on s.th.** etwas nachträglich analysieren.
post'**na·tal** *adj* postna'tal, nach der Geburt (stattfindend). ˌ**post**'**nup·tial** *adj* nach der Hochzeit (stattfindend).
post oak *s bot.* Pfahleiche *f*.
ˌ**post-**'**o·bit (bond)** *s econ.* nach dem Tode e-r dritten Per'son fälliger Schuldschein.
post of·fice *s* **1.** Post(amt *n*) *f*: **the P~ O~** die Post (*Institution*); **P~ O~ Department** *Am.* Postministerium *n*; ~ **General Post Office**. **2.** *Am.* ein Gesellschaftsspiel.
'**post-**ˌ**of·fice**| **box** (*abbr.* P.O.B.) Post-(schließ)fach *n*. **~ en·gi·neer** *s* Fernmeldetechniker *m*. **~ guide** *s* Postbuch *n* (*mit Angaben über Bestimmungen, Tarife etc*). **~ or·der** *s* Postanweisung *f*. **~ sav·ings bank** *s* Postsparkasse *f*.
ˌ**post**'**op·er·a·tive** *adj med.* postoperaˈtiv: ~ **complications** nachträgliche Komplikationen.
ˌ**post**'**paid** *adj u. adv* freigemacht, fran-ˈkiert.
ˌ**post**'**pal·a·tal** *adj* postpala'tal: a) *anat.* hinter dem Gaumen liegend, b) *Phonetik*:

zwischen Zunge u. hinterem Gaumenteil gebildet.
post'**pone** [ˌpəʊstˈpəʊn] **I** *v/t* **1.** verschieben, auf-, hin'ausschieben. **2.** *j-n od. etwas* 'unterordnen (**to** *dat*), hint'ansetzen. **3.** *ling.* das Verb etc nachstellen. **II** *v/i* **4.** *med.* verspätet ein- *od.* auftreten.
ˌ**post**'**pone·ment** *s* **1.** Verschiebung *f*, Aufschub *m*. **2.** *tech.* Verzögerung *f*, Nachstellung *f* (*a. ling.*).
ˌ**post**'**po·si·tion** *s* **1.** Nachstellung *f*, -setzung *f*. **2.** *ling.* a) Nachstellung *f*, b) Postpositi'on *f*, nachgestelltes (Verhältnis)Wort. ˌ**post**'**pos·i·tive** *adj ling.* nachgestellt.
ˌ**post**'**pran·di·al** *adj* nach dem Essen, nach Tisch: ~ **speech** Tischrede *f*; ~ **walk** Verdauungsspaziergang *m*.
ˌ**post·re**'**cord** *v/t Film*: 'nachsynchroni-ˌsieren.
'**post**'**script** *s* **1.** Post'skriptum *n* (*zu e-m Brief*), Nachschrift *f*. **2.** Nachtrag *m* (*zu e-m Buch*). **3.** Nachbemerkung *f* (*zu e-r Rede etc*).
ˌ**post**'**syn·chro·nize** *v/t Film, TV*: 'nachsynchroniˌsieren.
post town *s* Postort *m*.
ˌ**post**'**treat·ment** *adj med.* nach der Behandlung (erfolgend *od.* stattfindend): ~ **examination** Nachuntersuchung *f*.
pos·tu·lant ['pɒstjʊlənt; *Am.* 'pastʃə-] *s* **1.** Antragsteller(in). **2.** *R.C.* Postu'lant (-in) (*Ordenskandidat[in] in der Probezeit*).
'**pos·tu·late** [-leɪt] **I** *v/t* **1.** fordern, verlangen. **2.** postu'lieren, (als gegeben) vor'aussetzen. **3.** *relig. j-n* postu'lieren, vorbehaltlich der Zustimmung e-r höheren In'stanz ernennen. **II** *v/i* **4.** verlangen (**for** *nach*). **III** *s* [-lət] **5.** Postu'lat *n*, Vor'aussetzung *f*, (Grund)Bedingung *f*.
ˌ**pos·tu**'**la·tion** *s* **1.** Gesuch *n*, Forderung *f*. **2.** *Logik*: Postu'lat *n*, unentbehrliche Annahme.
pos·tur·al ['pɒstʃərəl; *Am.* 'pas-] *adj* Haltungs...: ~ **exercises**.
pos·ture [ˈpɒstʃə(r); *Am.* 'pas-] **I** *s* **1.** (Körper)Haltung *f*, Stellung *f*. **2.** *a. paint. thea.* Pose *f*, Posi'tur *f*. **3.** *fig.* Haltung *f* (**on** *in dat, zu*). **4.** Lage *f* (*a. fig.*). **II** *v/t* **5.** *e-e bestimmte* Haltung *od.* Stellung geben (*dat*), aufstellen. **III** *v/i* **6.** sich in Posi'tur setzen (*od.* werfen). **7.** po'sieren, *a. fig.* e-e Pose einnehmen. **8.** *fig.* sich ausgeben, auftreten (**as** als). '**pos·tur·er** *s* **1.** Schlangenmensch *m* (*Artist*). **2.** Po-ˈseur *m*.
ˌ**post·vo**'**cal·ic** *adj ling.* postvo'kal, nach e-m Vo'kal (stehend).
ˌ**post**'**war** *adj* Nachkriegs...
'**post**ˌ**wom·an** *s irr bes. Br.* Briefträgerin *f*, Postbotin *f*.
po·sy ['pəʊzɪ] *s* **1.** Sträußchen *n*. **2.** *obs.* Motto *n*, Denkspruch *m* (*im Ring etc*).
pot[1] [pɒt; *Am.* pɑt] **I** *s* **1.** (*Blumen-, Koch-, Nacht- etc*)Topf *m*: **to set** (*od.* put) **a child on the ~** ein Kind aufs ‚Töpfchen' setzen; **the ~ calls the kettle black** ein Esel schilt den andern Langohr; **big ~** *sl.* ‚großes Tier'; **to go to ~** *sl.* a) ‚vor die Hunde gehen', ‚auf den Hund kommen' (*Person*), b) ‚kaputtgehen' (*Sache*), c) ‚ins Wasser fallen' (*Pläne, Vorhaben etc*); **to keep the ~ boiling** a) sich über Wasser halten, b) die Sache in Schwung halten; **a ~ of money** ‚ein Heidengeld'; **he has ~s of money** *sl.* er hat Geld wie Heu. **2.** a) Kanne *f*, b) Bierkanne *f*, Bierkrug *m*, c) Kännchen *n*, Porti'on *f* (*Tee etc*). **3.** *tech.* Tiegel *m*, Gefäß *n*: ~ **annealing** Kastenglühen *n*; ~ **galvanization** Feuerverzinkung *f*. **4.** *sport sl.* Po'kal *m*. **5.** (Spiel)Einsatz *m*. **6.** *Fischfang*: a) (*e-e*) Reuse *f*, b) Hummerkorb *m*, -falle *f*. **7.** → **pot shot**. **8.** *sl.* ‚Pot' *n*: a) ‚Hasch' *n* (*Haschisch*), b) ‚Grass' *n* (*Marihuana*).

pot – pounce

II v/t **9.** a) in e-n Topf tun, *Pflanzen* eintopfen: ~ted flower Topfblume *f*, b) (in e-m Topf) kochen. **10.** *Fleisch* einlegen, einmachen: ~ted meat Fleischkonserven *pl*; ~ted ham Büchsenschinken *m*. **11.** *colloq*. ein Kind aufs ‚Töpfchen' setzen. **12.** *hunt. Wild* ‚abknallen', (*unsportlich*) schießen. **13.** *colloq*. einheimsen, erbeuten. **14.** den Billardball einlochen. **15.** *e-e Keramik* 'herstellen. **16.** *fig. colloq*. a) *Stoff* konden'sieren, mundgerecht machen, b) *Musik etc* aufzeichnen, ‚konser'vieren'. **III** v/i **17.** *colloq*. ‚(los)ballern', schießen (**at** auf *acc*).
pot² [pɒt; *Am*. pɑt] *s colloq. für* **potentiometer**.
po·ta·ble ['pəʊtəbl] **I** *adj* trinkbar, Trink... **II** *s* Getränk *n*.
po·tage [pɒ'tɑːʒ] *s* (dicke) Suppe.
pot ale *s* Schlempe *f* (*Brennereirückstand*).
po·tam·ic [pə'tæmɪk] *adj* po'tamisch.
po·ta·mol·o·gy [ˌpɒtə'mɒlədʒɪ; *Am*. ˌpɑtə'mɑ-] *s* Potamolo'gie *f* (*Erforschung von Flüssen*).
pot·ash ['pɒtæʃ; *Am*. 'pɑtˌæʃ] *s chem*. **1.** Pottasche *f*, 'Kaliumkarbo₁nat *n*: bicarbonate of ~ doppeltkohlensaures Kali; ~ fertilizer Kalidünger *m*; ~ mine Kalibergwerk *n*. **2.** *a*. caustic~ Ätzkali *n*. **3.** 'Kaliumo₁xyd *n*. **4.** Kalium *n* (*nur in gewissen Ausdrücken*): ~ lye Kalilauge *f*; ~ salts Kalisalze.
po·tas·sic [pə'tæsɪk] *adj chem*. Kalium..., Kali...
po·tas·si·um [pə'tæsjəm; -ɪəm] *s chem*. Kalium *n*. ~ **car·bon·ate** *s* 'Kaliumkarbo₁nat *n*, Pottasche *f*. ~ **chlo·rate** *s* 'Kaliumchlo₁rat *n*. ~ **cy·a·nide** *s* 'Kaliumcya₁nid *n*, Zyan'kali *n*. ~ **hy·drox·ide** *s* 'Kaliumhydro₁xyd *n*, Ätzkali *n*. ~ **ni·trate** *s* 'Kaliumni₁trat *n*.
po·ta·tion [pəʊ'teɪʃn] *s* **1.** Trinken *n*. **2.** *meist pl* a) Zechen *n*, b) Zeche'rei *f*. **3.** (*bes*. alko'holisches) Getränk. **4.** Schluck *m*, Zug *m*.
po·ta·to [pə'teɪtəʊ] *pl* **-toes** *s* Kar'toffel *f*: **to drop like a hot** ~ *fig*. j-n *od*. etwas wie e-e heiße Kartoffel fallenlassen; **hot** ~ *colloq*. ‚heißes Eisen'. ~ **bee·tle** *s* zo. Kar'toffelkäfer *m*. ~ **blight** → potato disease. ~ **bug** *bes. Am*. → potato beetle. ~ **chips** *s pl* **1.** *Br*. Pommes 'frites *pl*. **2.** *Am*. Kar'toffelchips *pl*. ~ **crisps** *s pl Br*. Kar'toffelchips *pl*. ~ **dis·ease** *s* Kar'toffelkrankheit *f*, -fäule *f*. ~ **mash·er** *s* Kar'toffelstampfer *m*. ~ **rot** *s* potato disease. ~ **trap** *sl*. ‚Klappe' *f*, ‚Maul'.
pot|**bar·ley** *s* Graupen *pl*. '~-**bel·lied** *adj* **1.** schmerbäuchig. **2.** mit aufgetriebenem Bauch. '~-**bel·ly** *s* **1.** Schmerbauch *m*. **2.** aufgetriebener Bauch. **3.** *Am*. Ka'nonenofen *m*. '~-**boil·er** *s colloq*. rein kommerzi'ell ausgerichtete (künstlerische) Arbeit. '~-**bound** *adj* in e-m zu kleinen Topf (*Pflanze*). '~-**boy** *s obs*. Bier-, Schankkellner *m*. ~ **cheese** *Am*. → cottage cheese. ~ **com·pan·ion** *s obs*. 'Zechkum₁pan *m*.
po·teen [pɒ'tiːn; -'tʃiːn; *Am*. pə-] *s* schwarzgebrannter Whisky (*in Irland*).
po·ten·cy ['pəʊtənsɪ], *a*. **po·tence** *s* **1.** Stärke *f*, Macht *f* (*a. fig. Einfluß*). **2.** a) Wirksamkeit *f*, Kraft *f*, b) Stärke *f*, (*berauschende, giftige, chemische etc*) Wirkung, c) Po'tenz *f* (*Grad der Verdünnung*). **3.** *physiol*. Po'tenz *f*: a) Zeugungsfähigkeit *f*, b) Fähigkeit e-s Mannes, den Geschlechtsakt zu vollziehen.
po·tent¹ ['pəʊtənt] *adj* (*adv* ~ly) **1.** mächtig, stark. **2.** einflußreich. **3.** wirksam, 'durchschlagend. **4.** zwingend, über'zeugend: ~ **arguments**. **5.** stark: a ~ **drug**; a ~ **drink**. **6.** *physiol*. po'tent: a) zeugungsfähig, b) fähig, den Geschlechtsakt zu

vollziehen. **7.** (geistig) po'tent, schöpferisch. **8.** po'tent, fi'nanzstark.
po·tent² ['pəʊtənt] *adj her*. mit krückenförmigen Enden: **cross** ~ Krückenkreuz *n*.
po·ten·tate ['pəʊtənteɪt] *s* Poten'tat *m*, Machthaber *m*, Herrscher *m*.
po·ten·tial [pəʊ'tenʃl; pə't-] **I** *adj* (*adv* → **potentially**) **1.** möglich, eventu'ell, potenti'ell, la'tent (*vor*'handen): ~ **market** *econ*. potentieller Markt; ~ **murderer** potentieller Mörder. **2.** *ling*. Möglichkeits...: ~ **mode**, ~ **mood** → **4**. **3.** *phys*. potenti'ell, gebunden: ~ **energy** potentielle Energie, Energie *f* der Lage. **II** *s* **4.** *ling*. Potenti'alis *m*, Möglichkeitsform *f*. **5.** *a) phys*. Potenti'al *n* (*a. electr*.), b) *electr*. Spannung *f*. **6.** (*Industrie-, Kriegs-, Menschen- etc*) Potenti'al *n*, Re'serven *pl*. **7.** Leistungsfähigkeit *f*, Kraftvorrat *m*. ~ **dif·fer·ence** *s math. phys*. Potenti'aldiffe₁renz *f*, *electr*. 'Spannungs₁unterschied *m*. ~ **e·qua·tion** *s math*. Potenti'algleichung *f*. ~ **flow** *s phys*. Potenti'alströmung *f*. ~ **func·tion** *s math*. Potenti'alfunkti₁on *f*.
po·ten·ti·al·i·ty [pəʊˌtenʃɪ'ælətɪ; pəˌt-] *s* **1.** Potentiali'tät *f*, (Entwicklungs)Möglichkeit *f*. **2.** Wirkungsvermögen *n*, innere *od*. la'tente Kraft. **po'ten·tial·ly** [-ʃəlɪ] *adv* möglicherweise, potenti'ell.
po·ten·ti·ate [pəʊ'tenʃɪeɪt; pə't-] *v/t* **1.** wirksam(er) machen. **2.** *pharm*. die Wirkung *e-r Droge* (durch Zusatz e-r zweiten Droge) verstärken.
po·ten·til·la [ˌpəʊtən'tɪlə] *s bot*. Fingerkraut *n*.
po·ten·ti·om·e·ter [pəʊˌtenʃɪ'ɒmɪtə; *Am*. pəˌtenʃɪ'ɑmətər] *s electr*. **1.** Potentio'meter *n*. **2.** *Radio*: Spannungsteiler *m*.
'**pot**|**head** *s sl*. ‚Hascher' *m* (*Haschischraucher*). **~her** ['pɒðə; *Am*. 'pɑðər] **I** *s* **1.** Tu'mult *m*, Aufruhr *m*, Lärm *m*. **2.** *colloq*. Aufregung *f*, ‚The'ater' *n*: **to be in a ~ about s.th.** e-n großen Wirbel um etwas machen. **3.** Rauch-, Staubwolke *f*, Stickluft *f*. **II** *v/t* **4.** verwirren, aufregen. **III** *v/i* **5.** sich aufregen.
'**pot**|**·herb** *s* Küchenkraut *n*. '~-**hole** **I** *s* **1.** ('unterirdische) Höhle. **2.** *geol*. a) Strudelloch *n*, b) Gletschertopf *m*, Strudelkessel *m*. **3.** *mot*. Schlagloch *n*. **II** *v/i* **4.** *Br*. als Hobby Höhlen erforschen. '~-**hol·er** *s Br*. Hobbyhöhlenforscher *m*. '~-**hook** *s* **1.** Topf-, Kesselhaken *m*. **2.** a) Schnörkel *m* (*bes. beim Schreibenlernen geübt*): ~**s and hangers** Schnörkel u. Schlingen, b) *pl* Gekritzel *n*. '~-**house** *s obs*. Wirtshaus *n*. ~-**hunt·er** *s* **1.** Aasjäger *m*, unweidmännischer Jäger. **2.** *sport colloq*. Tro'phäenjäger *m*. **3.** Ama'teurarchäo₁loge *m*.
po·tion ['pəʊʃn] *s* (Arz'nei-, Gift-, Zauber)Trank *m*.
pot|**·latch**, a. **pot·lach(e)** ['pɒtlætʃ; *Am*. 'pɑtˌl-] *s* **1.** *bei nordamer. Indianern*: a) feierliche Geschenkverteilung (*anläßlich des Potlach*), b) *a*. P~ Potlach *m* (*von Häuptlingsanwärtern veranstaltetes Winterfest*). **2.** *Am. colloq*. (wilde) Party. '**pot**|**·luck** *s*: **to take a ~ at** *mit* dem *vor*liebnehmen, was es gerade (zu essen) gibt, b) sich aufs Geratewohl entscheiden, c) es aufs Geratewohl probieren. '~-**man** [-mən] *s irr* → **potboy**. ~ **met·al** *s* Schmelzfarbglas *n*. '~-**pie** *bes. Am*. **1.** (-e) 'Fleischpa₁stete *f*. **2.** 'Kalbs- *od*. Ge'flügelfrikas₁see *n* mit Klößen. ~ **plant** *s* Topfpflanze *f*.
pot·pour·ri [ˌpəʊ'pʊrɪ; *bes. Am*. -pʊ'riː] *pl* **-ris** *s* Potpourri *n*: a) Riech-, Duftopf *m*, b) *mus*. Potpourri *n* aus verschiedener Musikstücke, c) *fig*. Kunterbunt *n*, Aller'lei *n*.
pot|**roast** *s* Schmorfleisch *n*. '~-**sherd** *s*

Archäologie: (Topf)Scherbe *f*. ~ **shot** *s* **1.** unweidmännischer Schuß. **2.** Nahschuß *m*, 'hinterhältiger Schuß. **3.** (wahllos *od*. aufs Gerate'wohl abgegebener) Schuß: **to take ~s at** ‚knallen' auf (*acc*). **4.** *fig*. Seitenhieb *m*: **to take a ~ at s.o.** j-m e-n Seitenhieb versetzen.
pot·tage ['pɒtɪdʒ; *Am*. 'pɑt-] *s obs*. dicke Gemüsesuppe (mit Fleisch).
pot·ted ['pɒtəd] *adj Am. sl*. ‚blau', betrunken.
pot·ter¹ ['pɒtə; *Am*. 'pɑtər] *s* Töpfer(in): ~'s clay (*od*. earth) Töpferton *m*; ~'s lathe Töpferscheibentisch *m*; ~'s wheel Töpferscheibe *f*.
pot·ter² ['pɒtə; *Am*. 'pɑtər] **I** *v/i* oft ~ **about** (*od*. **around**) **1.** her'umwerkeln, -han₁tieren: **she's ~ing about (in) the house**. **2.** her'umtrödeln. **3.** her'umpfuschen (**at** an *dat*). **4.** (her'um)stöbern (**Hund**). **II** *v/t* **5.** ~ **away** *Zeit* vertrödeln.
pot·ter's field *s Am*. Friedhof für Arme *u*. Nichtidentifizierte.
pot·ter·y ['pɒtərɪ; *Am*. 'pɑ-] *s* **1.** Töpfer-, Tonware(n *pl*) *f*, Steingut *n*, Ke'ramik *f*. **2.** Töpfe'rei *f*, Töpferwerkstatt *f*: **the Potteries** Zentrum der keramischen Industrie in Nord-Staffordshire. **3.** Töpfe'rei *f*, Ke'ramik(₁herstellung) *f*.
pot·ting shed ['pɒtɪŋ; *Am*. 'pɑ-] *s* (Geräte- *etc*)Schuppen *m*.
pot·tle ['pɒtl; *Am*. 'pɑtl] *s* Obstkörbchen *n*.
Pott's dis·ease [pɒts; *Am*. pɑts] *s med*. Pottsche Krankheit, 'Wirbeltuberku₁lose *f*.
pot·ty¹ ['pɒtɪ; *Am*. 'pɑtɪ] *adj bes. Br. colloq*. **1.** verrückt (**about** nach). **2.** klein, unbedeutend: **a ~ (little) place** ein ‚Nest' *od*. ‚Kaff'.
pot·ty² ['pɒtɪ; *Am*. 'pɑtɪ] *s* ‚Töpfchen' *n*. '~-**trained** *adj* sauber (*Kind*).
'**pot|-**,**val·iant** *adj* vom Trinken mutig: **he is** ~ er hat sich Mut angetrunken. '~-**,val·o(u)r** *s* angetrunkener Mut.
pouch [paʊtʃ] **I** *s* **1.** (Geld-, Tabaks- *etc*)Beutel *m*, (Leder-, Trag-, *a*. Post-) Tasche *f*, (kleiner) Sack. **2.** *mil*. a) Pa'tronentasche *f*, b) *hist*. Pulverbeutel *m*. **3.** (Verpackungs)Beutel *m* (*aus Zellophan etc*). **4.** *pol. Am*. Ku'riersack *m*, -tasche *f*. **5.** *anat*. (Tränen)Sack *m*. **6.** *zo*. a) Beutel *m* (*der Beuteltiere*), b) Kehlhautsack *m* (*des Pelikans*), c) Backentasche *f* (*der Taschenratten etc*). **7.** *bot*. Sack *m*, Beutel *m*. **II** *v/t* **8.** in e-n Beutel *etc* tun *od*. stecken. **9.** *fig*. einstecken, in die Tasche stecken. **10.** beuteln, bauschen. **III** *v/i* **11.** sich bauschen. **12.** sackartig fallen (*Kleid*). **pouched** [-tʃt] *adj zo*. Beutel...: ~ **frog**; ~ **rat** Beutel-, Taschenratte *f*.
pouf(fe) [puːf] *s* **1.** a) Haarrolle *f*, -knoten *m*, b) Einlage *f*, Polster *n* (*zum Ausfüllen e-s Haarknotens*). **2.** Puff *m*, (rundes) Sitzpolster. **3.** Tur'nüre *f* (*Gesäßpolster unter Damenkleidern*). **4.** *Br. sl*. → **poove**.
pou·lard(e) ['puːlɑːd; *Am*. pʊ'lɑːrd] *s* Pou'larde *f*.
poulp(e) [puːlp] → **octopus**.
poult [pəʊlt] *s orn*. a) junger Truthahn, b) junges Huhn, c) junger Fa'san. '**poult·er·er** *s* Geflügelhändler *m*.
poul·tice ['pəʊltɪs] *med*. **I** *s* 'Brei₁umschlag *m*, -packung *f*. **II** *v/t* e-n 'Brei₁umschlag auflegen auf (*acc*), e-e Packung legen um.
poul·try ['pəʊltrɪ] *s* (Haus)Geflügel *n*, Federvieh *n*. ~ **farm** Geflügelfarm *f*. '~-**man** [-mən] *s irr* Geflügelzüchter *m* *od*. -händler *m*.
pounce¹ [paʊns] **I** *v/i* **1.** *a. fig*. a) (**at**) sich stürzen auf (*acc*), 'herfallen (über *acc*), b) her'abstoßen (**on, upon** auf *acc*) (*Raubvogel*). **2.** (plötzlich) stürzen: **to ~**

pounce - power circuit

into a room. 3. *fig.* (**on, upon**) sich stürzen (auf *e-n Fehler, e-e Gelegenheit etc*). 4. *fig.* zuschlagen, (plötzlich) loslegen. **II** *s* 5. *orn.* Fang *m,* Klaue *f* (*e-s Raubvogels*). 6. a) Satz *m,* Sprung *m,* b) Her'abstoßen *n* (*e-s Raubvogels*): **on the ~** sprungbereit.
pounce² [paʊns] **I** *s* 1. Glättpulver *n, bes.* Bimssteinpulver *n.* 2. Pauspulver *n, bes.* Holzkohlepulver *n* (*zum Durchpausen perforierter Muster*). 3. 'durchgepaustes (bes. Stick)Muster. **II** *v/t* 4. (mit Bimssteinpulver *etc*) abreiben, glätten. 5. (mit Pauspulver) 'durchpausen.
pounce| box *s* 1. Streusandbüchse *f.* 2. Pauspulverbüchse *f.* **~ pa·per** *s* 'Pauspa₁pier *n.*
poun·cet (box) ['paʊnsɪt] *s* 1. *poet.* Par'füm-, Riechdös-chen *n.* 2. → **pounce box.**
pound¹ [paʊnd] **I** *v/t* 1. (zer)stoßen, (-)stampfen, zermalmen: **to ~ sugar to powder** Zucker zu Pulver zerstoßen; **to ~ the ear** *Am. sl.* ,pennen', schlafen. 2. trommeln *od.* hämmern auf (*acc*) *od.* an (*acc*) *od.* gegen, mit den Fäusten bearbeiten, schlagen: **to ~ the piano auf dem Klavier** (herum)hämmern; **to ~ sense into s.o.** j-m Vernunft einhämmern. 3. (fest)stampfen, rammen. 4. *meist* **~ out** a) glatthämmern, b) *e-e Melodie* her'unterhämmern (*auf dem Klavier*). **II** *v/i* 5. hämmern (*a. Herz*), trommeln, schlagen: **to ~ on** (*od.* **at**) **a door.** 6. *fig.* **~ along** stampfen, wuchtig (ein'her)gehen. 7. stampfen (*Maschine etc*). 8. **~ (away) at** *mil.* unter schwerem (Dauer)Beschuß nehmen. **III** *s* 9. schwerer Stoß *od.* Schlag. 10. Stampfen *n.*
pound² [paʊnd] *pl* **pounds,** *collect.* **pound** *s* 1. Pfund *n* (*Gewichtseinheit; abbr. lb.*): a) **avoirdupois ~,** a. **avoirdupois =** *16 ounces = 453,39 g*: **a ~ of cherries** ein Pfund Kirschen; **to get** (*od.* **have**) **one's ~ of flesh** *fig.* das bekommen, was einem zusteht, b) **troy ~,** *a.* **~ troy =** *12 ounces = 373,2418 g.* 2. **~ sterling** (*Zeichen:* £ *vor der Zahl od. l. nach der Zahl*) Pfund *n* (Sterling) (*Währungseinheit in Großbritannien*): **5 ~s** (£5 *od.* 5 l.) 5 Pfund (Sterling); **to pay 5 p. in the 5%** Zinsen zahlen; **to pay twenty shillings in the ~** *fig. obs.* voll bezahlen. 3. *andere Währungseinheiten:* Pfund *n*: a) **(Egyptian) ~** Ä'gyptisches Pfund (= *100 Piaster*), b) **(Syrian) ~** Syrisches Pfund (= *100 Piaster*), c) **(Israeli) ~** Isra'elisches Pfund (*alte Währungseinheit in Israel*).
pound³ [paʊnd] **I** *s* 1. a) Tierheim *n,* b) Abstellplatz *m* für (poli'zeilich) abgeschleppte Fahrzeuge. 2. *obs.* Hürde *f* für verlaufenes Vieh. 3. (Vieh-, *bes.* Schaf-) Hürde *f,* Pferch *m.* 4. *hunt.* Hürdenfalle *f.* 5. Fischfalle *f.* **II** *v/t* 6. *oft* **~ up** einsperren, -pferchen.
pound·age ['paʊndɪdʒ] *s* 1. Anteil *m od.* Gebühr *f* pro Pfund (*Sterling*). 2. Bezahlung *f* pro Pfund (*Gewicht*). 3. Gewicht *n* in Pfund.
pound·al ['paʊndəl] *s phys.* alte englische Maßeinheit der Kraft (*etwa = 0,002 PS od. = 0,144 mkg/sec*). [tekuchen.]
pound cake *s Am.* reichhaltiger Früch-⌐
-pound·er *s in Zssgn* ...pfünder *m.*
'pound-'fool·ish *adj* unfähig, mit großen Summen *etc.* Pro'blemen 'umzugehen: → **penny-wise.**
pound·ing ['paʊndɪŋ] *s* 1. *mil.* schwerer (Dauer)Beschuß *m*: **to take a ~** schwer bombardiert werden. 2. *sport colloq.* ,schwere Schlappe': **they took a ~** sie mußten e-e schwere Niederlage einstecken.
pour [pɔː(r); *Am. a.* paʊr] **I** *s* 1. Strömen *n.* 2. (Regen)Guß *m.* 3. *metall.* Einguß *m.*

II *v/t* 4. gießen, schütten (**from, out of** aus; **into, in** in *acc;* **on, upon** auf *acc*). 5. *a.* **~ forth, ~ out** a) ausgießen, (aus-)strömen lassen, b) *fig. sein Herz* ausschütten, *sein Leid* klagen *od.* ausbreiten: **to ~ out one's heart** (*woe*), c) *s-n Spott etc* ausgießen (**on** über *acc*), d) *Flüche etc* aus-, her'vorstoßen: **to be ~ed** fließen (**into** *acc*); **the river ~s itself into the lake** der Fluß ergießt sich in den See; **to ~ out drinks** Getränke eingießen, einschenken; **to ~ off** abgießen; **to ~ it on** *colloq.* ,schwer rangehen', *mot.* Vollgas geben. **III** *v/i* 6. strömen, rinnen (**into** *acc;* **from** aus): **to ~ down** (her)niederhinunterströmen; **it ~s with rain** es gießt in Strömen; **it never rains but it ~s** *fig.* es kommt immer gleich knüppeldick, *engS.* ein Unglück kommt selten allein. 7. **~ forth** sich ergießen, (aus)strömen (**from** aus). 8. *fig.* strömen (*Menschenmenge etc*): **to ~ in** hereinströmen (*a. fig. Aufträge, Briefe etc*). 9. *tech.* (*in die Form*) gießen: **to ~ from the bottom** (**top**) steigend (fallend) gießen. **'pour·a·ble** *adj tech.* vergießbar: **~ compound** Gußmasse *f.* [*s* Trinkgeld *n.*]
pour·boire ['pʊəbwɑː; *Am.* pʊərb'wɑːr]⌐
pour·ing ['pɔːrɪŋ; *Am. a.* 'pʊr-] **I** *adj* 1. strömend: **~ rain.** 2. *tech.* Gieß..., Guß...: **~ gate** Gießtrichter *m.* **II** *adv* 3. triefend: **~ wet. III** *s* 4. *metall.* (Ver-) Gießen *n.*
pour·par·ler [₁pʊə(r)'pɑːleɪ; *Am.* -pɑː-'leɪ] *s* Pourpar'ler *n,* vorbereitendes Gespräch.
pour point *s phys.* Fließpunkt *m.*
pour·point ['pʊə(r)pɔɪnt] *s hist.* Wams *n.*
pour test *s chem. tech.* Stockpunktbestimmung *f.*
pout¹ [paʊt] **I** *v/i* 1. die Lippen spitzen *od.* aufwerfen. 2. a) e-e Schnute *od.* e-n Flunsch ziehen, b) *fig.* schmollen. 3. vorstehen (*Lippen*). **II** *v/t* 4. *die Lippen, den Mund* (schmollend) aufwerfen, (*a. zum Kuß*) spitzen. 5. *etwas* schmollen(d sagen). **III** *s* 6. Schnute *f,* Flunsch *m,* Schmollmund *m.* 7. Schmollen *n*: **to have the ~s** schmollen, im Schmollwinkel sitzen.
pout² [paʊt] *pl* **pouts,** *bes. collect.* **pout** *s* (*ein*) Schellfisch *m.*
pout·er ['paʊtə(r)] *s* 1. *a.* **~ pigeon** *orn.* Kropftaube *f.* 2. → **pout².**
pov·er·ty ['pɒvə(r)tɪ; *Am.* 'pɑ-] *s* 1. Armut *f,* Not *f,* Mangel *m* (**of, in** an *dat*): **to live in ~** in Armut leben; **~ in vitamins** Vitaminmangel. 2. *fig.* Armut *f,* Dürftigkeit *f,* Armseligkeit *f:* **~ of ideas** Ideen-, Gedankenarmut. 3. Unergiebigkeit *f* (*des Bodens etc*). **~ line** *s sociol.* Armutsgrenze *f.* **'~-₁strick·en** *adj* 1. in Armut lebend, notleidend, verarmt. 2. *fig.* arm (-selig). **~ wage** *s* Hungerlohn *m.*
pow·der ['paʊdə(r)] **I** *s* 1. a) (Schieß-, Back- *etc*)Pulver *n* (*a. pharm.*): **black ~, miner's ~** Schwarz-, Sprengpulver; **not to be worth ~ and shot** *colloq.* ,keinen Schuß Pulver wert sein'; **the smell of ~** Kriegserfahrung *f;* **keep your ~ dry!** ,halt dein Pulver trocken'!, sei auf der Hut!; **to take a ~** *Am. sl.* ,türmen' (*flüchten*), b) → **powder snow.** 2. (Gesichts-*etc*)Puder *m*: **face ~.** *fig. colloq.* a) ,Dyna'mit' *m,* Zündstoff *m,* b) Schwung *m,* ,Mumm' *m.* **II** *v/t* 4. pulveri'sieren: **~ed milk** Trockenmilch *f;* **~ed sugar** Puderzucker *m.* 5. (be-, über)'pudern, einpudern: **to ~ one's nose** a) sich die Nase pudern, b) *euphem.* ,mal kurz verschwinden'. 6. (mit) *od.* bestäuben, bestreuen. **6** (mit *a*) bestäuben, bestreuen, b) über'säen. **III** *v/i* 7. zu Pulver werden, (in Staub) zerfallen. **~ blue** *s* Taubenblau *n,* Pulverblau *n* (*Farbe*). **~ box** *s* Puderdose *f.* **~ burn** *s med.* 'Pulverimprägnati,on *f* (*in die Haut*).

~ down *s zo.* Puderdune *f.* **~ flask, ~ horn** *s mil. hist.* Pulverflasche *f,* -horn *n.* **~ keg** *s* Pulverfäßchen *n,* Pulverfaß *n* (*bes. Am. a. fig.*): **to sit on a ~.** **~ met·al·₁lur·gy** *s tech.* 'Sintermetallur₁gie *f.* **~ mill** *s* 'Pulvermühle *f,* -fa₁brik *f.* **~ mon·key** *s* 1. *mar. hist.* Pulverjunge (*der das Pulver aus der Munitionskammer holte*). 2. Sprengstoffverwalter *m* (*in Steinbrüchen etc*). **~ post** *s* Holzzersetzung *f.* **~ puff** *s* Puderquaste *f.* **'~-₁puff** *adj Am. colloq.* Frauen..., Damen...: **~ soccer.** **~ room** *s* 1. 'Damentoi₁lette *f.* 2. Badezimmer *n.* **~ snow** *s* Pulverschnee *m.*
'pow·der·y *adj* 1. pulverig, Pulver...: **~ snow** Pulverschnee *m.* 2. staubig, bestäubt. 3. (leicht) zerreibbar.
pow·er ['paʊə(r)] **I** *s* 1. Kraft *f,* Stärke *f,* Macht *f,* Vermögen *n*: **it was out of** (*od.* **not in**) **his ~ to** es stand nicht in s-r Macht, zu; **more ~ to you** (*od.* **to your elbow**)! *colloq.* viel Erfolg!, nur (immer) zu!; **to do all in one's ~** alles tun, was in s-r Macht steht; **it is beyond my ~s** es übersteigt m-e Kraft. 2. (*a. physische*) Kraft, Ener'gie *f.* 3. Wucht *f,* Gewalt *f,* Kraft *f.* 4. *meist pl* a) (hypnotische *etc*) Kräfte *pl,* b) (geistige) Fähigkeiten *pl,* Ta'lent *n.* 5. Macht *f,* Gewalt *f,* Autori'tät *f,* Herrschaft *f* (**over** über *acc*): **absolute ~** unbeschränkte Macht; **to be in ~** an der Macht *od.* ,am Ruder' sein; **to be in s.o.'s ~** in j-s Gewalt sein; **to come into ~** an die Macht kommen, zur Macht gelangen; **to have s.o. in one's ~** j-n in seiner Gewalt haben; **to have (no) ~ over s.o.** (keinen) Einfluß auf j-n haben. 6. *jur.* (Handlungs-, Vertretungs)Vollmacht *f,* Befugnis *f*: **to have full ~** Vollmacht haben; **~ of testation** Testierfähigkeit *f;* **~ of attorney** 7. *pol.* Gewalt *f* (*als Staatsfunktion*): **legislative ~.** 8. *pol.* (Macht)Befugnis *f,* (Amts)Gewalt *f.* 9. *oft pl pol.* Macht *f,* Staat *m*: **great ~s** 'Großmächte. 10. *oft pl* Machtfaktor *m,* einflußreiche Stelle *od.* Per'son: **the ~s that be** die maßgeblichen (Regierungs-)Stellen; **~ behind the throne** graue Eminenz. 11. *meist pl* höhere Macht: **the heavenly ~s** die himmlischen Mächte. 12. P.~s *pl relig.* Mächte *pl* (*6. Ordnung der Engel*). 13. *colloq.* Masse *f,* große Zahl: **a ~ of people**; **it did him a ~ of good** es hat ihm ,unwahrscheinlich' gutgetan. 14. *math.* Po'tenz *f*: **~ series** Potenzreihe *f;* **to raise to the third ~** in die dritte Potenz erheben. 15. *electr. phys.* Kraft *f,* Leistung *f,* Ener'gie *f*: **~ per unit surface** (*od.* **area**) Flächenleistung. 16. *electr.* (Stark)Strom *m*: **~ demand** Energiebedarf *m;* **~ economy** Energiewirtschaft *f.* 17. *Rundfunk, TV:* Sendestärke *f.* 18. *tech.* a) me'chanische Kraft, Antriebskraft *f,* b) → **horsepower**: **~-assisted Servo...**(-*lenkung etc*); **~-propelled** kraftbetrieben, Kraft...; **~ on** a) mit laufendem Motor, b) (mit) Vollgas; **~ off** mit abgestelltem Motor, im Leerlauf; **under one's own ~** mit eigener Kraft, *fig. a.* unter eigener Regie. 19. *opt.* Vergrößerungskraft *f,* (Brenn)Stärke *f* (*e-r Linse*).

II *v/t* 20. *tech.* mit (mechanischer *etc*) Kraft betreiben, antreiben, (*mit Motor*) ausrüsten: **rocket-~ed** raketengetrieben. **III** *v/i* 21. *tech.* mit Motorkraft fahren.
pow·er|am·pli·fi·er *s* 1. *Radio*: Kraft-, Endverstärker *m.* 2. *Film*: Hauptverstärker *m.* **~ base** *s pol.* Machtbasis *f.* **'~-₁boat** *s* Motor-, Rennboot *n.* **~ brake** *s mot.* Servobremse *f.* **~ bro·ker** *s Am.* 1. Drahtzieher *m.* 2. Zünglen an der Waage. **~ ca·ble** *s electr.* Starkstromkabel *n.* **~ cir·cuit** *s electr.* Starkstrom-, Kraft-

stromkreis *m*. ~ **con·sump·tion** *s electr*. Strom-, Ener'gieverbrauch *m*. ~ **cur·rent** *s electr*. Stark-, Kraftstrom *m*. **~cut** *s electr*. 1. Stromsperre *f*. 2. Strom-, Netzausfall *m*. ~ **dive** *s aer*. Vollgassturzflug *m*. '**~dive** *v/i aer*. e-n Sturzflug ohne Motordrоßlung ausführen. ~ **drill** *s tech*. e'lektrische 'Bohrma,schine. ~ **drive** *s tech*. Kraftantrieb *m*. '~-,**driv·en** *adj tech*. kraftbetrieben, Kraft..., Motor... ~ **en·gi·neer·ing** *s electr*. Starkstromtechnik *f*. ~ **fac·tor** *s electr. phys*. Leistungsfaktor *m* (*cos A*). ~ **fail·ure** *s electr*. Strom-, Netzausfall *m*. ~ **feed** *s tech*. Kraftvorschub *m*.
pow·er·ful ['pauə(r)fʊl] **I** *adj* (*adv* ~ly) 1. mächtig, stark, gewaltig, kräftig: **a ~ blow** (**body**, **man**, *etc*); ~ **engine** starker Motor; ~ **lens** *opt*. starke Linse; ~ **solvent** starkes Lösungsmittel. 2. 'durchschlagend, wirkungsvoll: ~ **arguments**. 3. *fig*. wuchtig: ~ **style**; ~ **plot** packende Handlung. 4. *colloq*. ,massig', gewaltig: **a ~ lot of money** ,e-e Masse Geld'. **II** *adv* 5. *Am. dial. od. colloq*. ,mächtig', sehr.
pow·er| **gas** *s* Treibgas *n*. ~ **gen·er·ation** *s electr*. Stromerzeugung *f*. ~ **glid·er** *s aer*. Motorsegler *m*. '**~house** *s* 1. *electr. tech*. a) → **power station**, b) Ma'schinenhaus *n*. 2. *Am. sl.* a) *pol*. Machtgruppe *f*, b) *sport* ,Bombenmannschaft' (*s sport u. weit S*. ,Ka'none' *f* (*Könner*), d) bärenstarker Kerl, e) ,Wucht' *f*, ,tolle' Per'son *od*. Sache. 3. *sl*. dy'namischer Kerl, Ener'giebündel *n*. '~-,**hun·gry** *adj* machthungrig, -gierig. ~ **lathe** *s tech*. Hochleistungsdrehbank *f*. '**pow·er·less** *adj* (*adv* ~ly) kraft-, machtlos, ohnmächtig, hilflos. '**pow·er·lessness** *s* Kraft-, Machtlosigkeit *f*, Ohnmacht *f*, Hilflosigkeit *f*.
pow·er|**lift·ing** *s sport* Kraftdreikampf *m*. ~ **line** *s electr*. 1. Starkstromleitung *f*. 2. 'Überlandleitung *f*. ~ **loom** *s tech*. me'chanischer Webstuhl. ~ **loss** *s electr. phys*. 1. Leistungs-, Ener'gieverlust *m*. 2. Verlustleistung *f*. '**~loss fac·tor** *s electr. phys*. Verlustfaktor *m*. ~ **loudspeak·er** *s* Groß(flächen)lautsprecher *m*. ~ **mow·er** *s* Motorrasenmäher *m*. '~-,**op·er·at·ed** *adj tech*. kraftbetätigt, -betrieben. ~ **brake** *mot*. Servobremse *f*. ~ **out·put** *s electr. tech*. Ausgangs-, Nennleistung *f*, Leistungsabgabe *f*. ~ **pack** *s electr*. Netzteil *n*. ~ **plant** *s* 1. → power station 2. Ma'schinensatz *m*, Aggre'gat *n*, Triebwerk(anlage *f*) *n*. ~ **play** *s sport* Powerplay *n*. ~ **point** *s electr. Br*. Steckdose *f*. ~ **pol·i·tics** *s pl* (*als sg konstruiert*) 'Machtpoli,tik *f*. ~ **re·ac·tor** *s* Atomphysik: 'Leistungsre,aktor *m*. ~ **shar·ing** *s* Teilhabe *f* an der Macht. ~ **shov·el** *s tech*. Löffelbagger *m*. ~ **sta·tion** *s electr*. Elektrizi'täts-, Kraftwerk *n*: **long-distance** ~ Überlandzentrale *f*. ~ **steer·ing** *s mot*. Servolenkung *f*. ~ **stroke** *s tech*. Arbeitshub *m*, -takt *m*. ~ **struc·ture** *s bes. Am*. 1. 'Machtstruk,tur *f*. 2. 'Machte,lite *f* (*innerhalb e-r Institution*). ~ **strug·gle** *s pol*. Machtkampf *m*. ~ **sup·ply** *s electr*. 1. Ener'gieversorgung *f*, Netz(anschluß *m*) *n*. 2. ~ **pack** (*od*. **unit**) Netzteil *n*. ~ **transform·er** *s electr*. 1. 'Netztransfor,mator *m*, ,Netztrafo' *m*. 2. 'Leistungstransfor,mator *m*. ~ **trans·mis·sion** *s tech*. 'Leistungs-, 'Kraftüber,tragung *f*. ~ **tube** *s electr. Am*. (Groß)Leistungsröhre *f*. ~ **u·nit** *s* 1. → power station. 2. → power plant 2. ~ **valve** *Br. für* power tube.
pow·wow ['pauwau] **I** *s* 1. a) indi'anische Feste *pl*, b) Ratsversammlung *f*, c) indi'anischer Medi'zinmann *m*, d) Beschwörung *f* (*zur Abwehr von Krankheiten*). 2. *Am. colloq*. a) lärmende Versammlung, b) po'litische Versammlung, c) Konfe'renz *f*, Besprechung *f*, Beratung *f*, d) Geschwätz *n*, Pa'laver *n*. **II** *v/i* 3. (*bei Indianern*) Krankheiten beschwören. 4. *Am. colloq*. a) e-e Versammlung *etc* abhalten, b) debat'tieren.
pox [pɒks; *Am*. paks] *med*. **I** *s* 1. a) Pocken *pl*, Blattern *pl*, b) *allg*. Pusteln *pl*. 2. *colloq*. ,Syph' *f* (*Syphilis*): **to give s.o. the ~** → 3. **II** *v/t* 3. *colloq*. j-m ,e-e Syph anhängen'.
P.P. fac·tor, PP fac·tor *s* (*abbr. für* pellagra-preventive factor) *biol. chem*. PP-Faktor *m*, Anti'pellagra-Vita,min *n*.
praam [prɑːm] → pram[1].
prac·ti·ca·bil·i·ty [,præktɪkə'bɪlətɪ] *s* 1. 'Durch-, Ausführbarkeit *f*. 2. Anwendbarkeit *f*, Brauchbarkeit *f*. 3. Pas'sierbarkeit *f*. '**prac·ti·ca·ble** *adj* (*adv* practicably) 1. 'durch-, ausführbar, möglich. 2. anwendbar, verwendbar, brauchbar. 3. pas'sierbar (*Straße etc*). 4. *thea*. prakti'kabel (*Dekoration*). '**prac·ti·ca·bleness** → practicability.
prac·ti·cal ['præktɪkl] *adj* (*adv* → practically) 1. praktisch, angewandt (*Ggs. theoretisch*): ~ **agriculture** praktische Landwirtschaft; ~ **chemistry** angewandte Chemie; ~ **knowledge** praktisches Wissen, praktische Kenntnisse *pl*. 2. praktisch: **a ~ question**; **the ~ application of a rule** die praktische Anwendung e-r Regel. 3. praktisch, zweckmäßig, nützlich, brauchbar: **a ~ method**; **a ~ suggestion**. 4. praktisch, in der Praxis tätig, ausübend: **a ~ man** in der Praxis. 5. praktisch: a) praktisch denkend *od*. veranlagt (*Person*), b) aufs Praktische gerichtet (*Denken*). 6. praktisch, faktisch, tatsächlich: **he is a ~ atheist** er ist praktisch ein Atheist; **he has ~ control of** er hat praktisch die Kontrolle über (*acc*). 7. sachlich. 8. praktisch ausgebildet (*nicht staatlich geprüft*): ~ **nurse**. 9. handgreiflich, grob: ~ **joke** Streich *m*; **to play a ~ joke on s.o.** j-m e-n Streich spielen; ~ **joker** Witzbold *m*. 10. *thea*. → practicable 4. ,**prac·ti·cal·i·ty** [-'kælətɪ] *s* (*das*) Praktische: a) praktisches Wesen, b) praktische Anwendbarkeit.
prac·ti·cal·ly ['præktɪklɪ] *adv* praktisch, so gut wie: **he knows ~ nothing**. **prac·ti·cal·ness** ['præktɪklnɪs] → practicality.
prac·tice ['præktɪs] **I** *s* 1. Brauch *m*, Gewohnheit *f*, Praxis *f*, übliches Verfahren: **to make a ~ of s.th.** sich etwas zur Gewohnheit machen; **it is common ~** es ist allgemein üblich. 2. Übung *f* (*a. mil. u. mus.*): ~ **makes perfect** Übung macht den Meister; **to be in** (**out of**) ~ in (aus) der Übung sein; **to keep in ~** in der Übung bleiben. ~ **Motorsport** *etc*: Training *n*. 3. Praxis *f* (*Ggs. Theorie*): **in ~** in der Praxis; **to put in(to) ~** in die Praxis *od*. Tat umsetzen; ~-**orient(at)ed** praxisorientiert. 4. (*Arzt- etc*)Praxis *f*: **he has a large ~**; **to be in ~** praktizieren, e-e Praxis haben. 5. a) Handlungsweise *f*, Praktik *f*, b) *oft pl contp*. (*unsaubere*) Praktiken *pl*, Machenschaften *pl*, Schliche *pl*, (*verwerfliches*) Treiben. 6. *jur*. Verfahren(sregeln *pl*) *n*, for'melles Recht. 7. *tech*. Verfahren *n*, Technik *f*: **welding ~** Schweißtechnik. 8. *math*. welsche *od*. itali'enische Praktik (*e-e Rechnungsart*). **II** *adj* 9. Übungs...: ~ **alarm** Probealarm *m*; ~ **alert** *mil*. Übungsalarm; ~ **ammunition** Übungsmunition *f*; ~ **cartridge** Exerzierpatrone *f*; ~ **flight** *aer*. Übungsflug *m*; ~ **run** *mot*. Trainingsfahrt *f*.
III *v/t bes. Br*. '**prac·tise** [-tɪs] 10. üben, (gewohnheitsmäßig) tun *od*. (be)treiben: **to ~ politeness** Höflichkeit üben; ~ **what you preach** übe selbst, was du predigst. 11. *als Beruf* ausüben, tätig sein als *od*. in (*dat*), *ein Geschäft etc* betreiben, *als Arzt od. Anwalt* prakti'zieren: **to ~ medicine** (law). 12. (ein)üben, sich üben in (*dat*), *mus*. etwas *auf e-m Instrument* üben: **to ~ dancing** sich im Tanzen üben; **to ~ a piece of music** ein Musikstück (ein)üben. 13. j-n üben, schulen, ausbilden. 14. verüben: **to ~ a fraud on s.o.** j-n arglistig täuschen.
IV *v/i* 15. handeln, tun, verfahren. 16. prakti'zieren (*als Arzt, Jurist*): **practicing** (*bes. Br*. **practising**) **Catholic** praktizierender Katholik. 17. (sich) üben: **to ~ on the piano** (sich auf dem) Klavier üben. 18. ~ (**up**)**on** a) *j-n* ,bearbeiten', b) *j-s* Schwächen *etc* ausnützen, sich *zu* 'nutze machen, miß'brauchen.
prac·ticed, *bes. Br*. **prac·tised** ['præktɪst] *adj* geübt (**in** in *dat*) (*Person, a. Auge, Hand*).
prac·tise *bes. Br. für* practice III *u*. IV. **prac·tised** *bes. Br. für* practiced.
prac·ti·tion·er [præk'tɪʃnə(r)] *s* Praktiker *m*: **general ~** (*od*. **medical ~**) praktischer Arzt; **legal ~** Rechtsanwalt *m*.
prae·ci·pe ['priːsɪpɪ; *Am. a*. 'pres-] *s jur*. gerichtlicher Befehl, etwas zu tun *od*. den Grund des Unterlassens anzugeben.
prae·di·al ['priːdɪəl] *adj jur*. prädi'al, Prädial... (*ein unbewegliches Gut betreffend*).
prae·pos·tor [,priːˈpɒstə(r); *Am*. -ˈpɑ-] *s* Klassenführer *m* (*Schüler mit Disziplinargewalt an bestimmten englischen* Public Schools).
prae·tor ['priːtə(r)] *s antiq*. Prätor *m*. **prae·to·ri·al** [-ˈtɔːrɪəl; *Am. a*. -ˈtoʊ-] → praetorian I. **prae·to·ri·an** **I** *adj* 1. prä'torisch (*e-n Prätor betreffend*); 2. *oft* **P~** prätori'anisch: **P~ cohort**. **II** *s* 3. Prätori'aner *m*.
prag·mat·ic [prægˈmætɪk] **I** *adj* (*adv* ~ally) 1. *philos. pol*. prag'matisch: ~ **sanction** → 6. 2. prag'matisch: a) belehrend, lehrhaft, b) praktisch (denkend), sachlich, nüchtern. 3. geschäftig, eifrig, tätig. 4. a) übereifrig, auf-, zudringlich, b) starrsinnig, rechthaberisch, von sich eingenommen. **II** *s* 5. → pragmatist 3 *u*. 4. 6. *hist*. prag'matische Sankti'on, Grundgesetz *n*. **prag·mat·i·cal** *adj* (*adv* ~ly) → pragmatic I.
prag·ma·tism ['prægmətɪzəm] *s* 1. 'Übereifer *m*, Auf-, Zudringlichkeit *f*. 2. rechthaberisches Wesen, Eigensinn *m*. 3. *philos*. Pragma'tismus *m*. 4. nüchterne, praktische Betrachtungs- *od*. Handlungsweise, Sachlichkeit *f*. '**prag·ma·tist** *s* 1. *philos*. Prag'matiker *m*, Anhänger *m* des Pragma'tismus. 2. praktischer *od*. nüchterner Mensch. 3. auf- *od*. zudringliche Per'son. 4. Übereifrige(r *m*) *f*. '**prag·ma·tize** *v/t* 1. *als* re'al darstellen. 2. vernunftmäßig erklären, rationali'sieren.
prai·rie ['preərɪ] *s* 1. Grasebene *f*, Steppe *f*. 2. Prä'rie *f* (*in Nordamerika*). 3. *Am*. grasbewachsene (Wald)Lichtung. ~ **dog** *s zo*. Prä'riehund *m*. ~ **fox** *s zo*. Kittfuchs *m*. ~ **hare** *s zo. Am*. Weißschwanz-Eselhase *m*. ~ **oys·ter** *s* Prä'rieauster *f* (*scharf gewürztes Mixgetränk aus Eigelb u. Weinbrand*). **P~ Prov·inc·es** *s pl* Beiname der westkanadischen Provinzen Manitoba, Saskatchewan *u*. Alberta. ~ **schoon·er** *s Am*. Planwagen *m* (*der frühen Siedler*). **P~ State** *s Am*. 1. (*Beiname der Staaten*) Illinois *n u*. North Da'kota *n*. 2. **p~ s~** Prä'riestaat *m*. ~ **wolf** *s irr* Prä'riewolf *m*, Co'yote *m*.

praise [preɪz] **I** v/t **1.** loben, rühmen, preisen: → **sky** 2, **term** 2. **2.** bes. Gott (lob)preisen, loben. **II** s **3.** Lob n: **to damn with faint ~** auf die sanfte Art ‚zerreißen'; **to be loud in one's ~ of** laute Loblieder singen auf (acc); **to sing s.o.'s ~** j-s Lob singen; **in ~ of s.o., in s.o.'s ~** zu j-s Lob; **above** (od. **beyond) ~** über alles Lob erhaben. **4.** Lobpreisung f.
'praise·wor·thi·ness s Löblichkeit f, lobenswerte Eigenschaft. **'praise·wor·thy** adj lobenswert, löblich.
Pra·krit ['prɑːkrɪt] s ling. Prakrit n (alte mittelindische Dialekte).
pra·line ['prɑːliːn] s Pra'line f mit Nußfüllung.
pram¹ [prɑːm; Am. a. præm] s mar. Prahm m, Leichter m.
pram² [præm] s bes. Br. colloq. (abbr. für perambulator) Kinderwagen m.
prance [prɑːns; Am. præns] **I** v/i **1.** a) sich bäumen, steigen, b) tänzeln (Pferd). **2.** fig. (ein'her)stol,zieren, para'dieren. **3.** a. **~ about** (od. **around**) colloq. her'umhüpfen, -tanzen. **II** v/t **4.** das Pferd steigen od. tänzeln lassen. **III** s **5.** Tänzeln n. **6.** Stol'zieren n, Para'dieren n. **7.** colloq. Her'umhüpfen n, -tanzen n. **'pranc·er** s tänzelndes Pferd.
pran·di·al ['prændɪəl] adj Essens..., Tisch...
prang [præŋ] bes. Br. colloq. **I** s **1.** aer. Bruchlandung f. **2.** mot. schwerer Unfall. **3.** aer. mil. Luftangriff m. **4.** fig. (große) Leistung. **II** v/t **5.** aer. ‚Bruch machen mit'. **6.** Auto zu Schrott fahren. **7.** aer. mil. Stadt etc zs.-bomben.
prank¹ [præŋk] s **1.** Streich m, Possen m, Ulk m, Jux m: **to play a ~ on s.o.** j-m e-n Streich spielen. **2.** Ka'priole f, Faxe f (e-r Maschine etc).
prank² [præŋk] **I** v/t meist **~ out** (od. **up**) her'ausputzen, schmücken. **II** v/i prunken, prangen.
'prank·ish adj zu Streichen aufgelegt.
'prank·ster ['præŋkstə(r)] s Witzbold m.
p'raps [præps] colloq. für **perhaps**.
prase [preɪz] s min. Prasem m (lauchgrüner Quarz).
prat [præt] sl. **I** s **1.** Hintern m, 'Hinterteil n. **2.** Br. Trottel m. **II** v/t **3. ~ away** mit dem Hintern wegschubsen.
prate [preɪt] **I** v/i faseln, schwafeln. **II** v/t etwas da'herfaseln od. -schwafeln. **III** s Gefasel n, Geschwafel n. **'prat·er** s Fas(e)ler m, Schwaf(e)ler m.
'prat·fall s sl. **1.** Sturz m auf den Hintern: **he had a ~** er setzte sich auf den Hintern. **2.** fig. ‚Bauchlandung' f: **he had a ~** er machte e-e Bauchlandung, er hat sich blamiert.
pra·ties ['preɪtɪz] s pl Ir. colloq. Kartoffeln pl.
prat·in·cole ['prætɪŋkəʊl; Am. a. 'preɪ-] s orn. Brachschwalbe f.
prat·ing ['preɪtɪŋ] **I** adj (adv **~ly**) faselnd, schwafelnd. **II** s → **prate** III.
pra·tique ['prætiːk; bes. Am. præˈtiːk] s mar. Praktika f, Verkehrserlaubnis f (zwischen Schiff u. Hafen nach Vorzeigen des Gesundheitspasses): **to admit ~** j-m Verkehrserlaubnis erteilen.
prat·tle ['prætl] **I** v/i plappern. **II** v/t etwas da'herplappern. **'prat·tler** s Plappermaul n.
prav·i·ty ['prævətɪ] s obs. Verderbtheit f.
prawn [prɔːn; Am. a. prɑːn] **I** s ichth. Gar'nele f. **II** v/i Gar'nelen fangen.
prax·is ['præksɪs] s **1.** Praxis f, Ausübung f. **2.** Brauch m, Gewohnheit f.
pray [preɪ] **I** v/t **1.** j-n inständig bitten, anflehen (**for** um): **~, consider!** obs. bitte bedenken Sie doch! **2.** Gott anflehen, flehen zu. **3.** etwas inständig erbitten, flehen. **4.** ein Gebet beten. **II** v/i **5.** (**for**)

bitten, ersuchen (um), beantragen (acc). **6.** relig. beten (**to** zu): **he is past ~ing for** a) er ist unheilbar krank, b) fig. bei ihm ist Hopfen u. Malz verloren.
prayer¹ [preə(r)] s **1.** Gebet n: **to put up a ~ to God** ein Gebet an Gott richten od. zu Gott emporsenden; **to say one's ~(s)** beten, s-e Gebete verrichten; **he doesn't have a ~** Am. sl. er hat nicht die geringste Chance. **2.** oft pl Andacht f: **evening ~** Abendandacht. **3.** inständige Bitte, Flehen n. **4.** Gesuch n, Ersuchen n, jur. a. Antrag m, Klagebegehren n.
pray·er² ['preɪə(r)] s Beter(in), Betende(r m) f.
prayer|bead s R.C. Rosenkranzperle f. **~ book** s **1.** Gebetbuch n. **2. P~ B~** → **Book of Common Prayer**.
prayer·ful ['preə(r)fʊl] adj (adv **~ly**) **1.** fromm, andächtig. **2.** inständig.
prayer| mat → **prayer rug**. **~ meet·ing** s Gebetsversammlung f. **~ rug** s Gebetsteppich m. **~ shawl** s Gebetsmantel m. **~ wheel** s Gebetsmühle f.
pray·ing|in·sect, ~man·tis ['preɪɪŋ] s zo. Gottesanbeterin f.
pre- [priː; prɪ] Wortelement mit den Bedeutungen: a) (zeitlich) vor, vorher, früher als, b) (räumlich) vor, davor.
preach [priːtʃ] **I** v/i **1.** (**to**) predigen (zu od. vor e-r Gemeinde etc), e-e Predigt halten (**dat** od. **to ~ to the converted** fig. offene Türen einrennen. **2.** fig. ‚predigen': **to ~ at s.o.** j-m e-e (Moral)Predigt halten. **II** v/t **3.** etwas predigen: **to ~ the gospel** das Evangelium predigen od. verkündigen; **to ~ a sermon** e-e Predigt halten. **4.** etwas predigen, lehren, ermahnen zu (etwas): **to ~ charity** Nächstenliebe predigen. **5. ~ down** predigen gegen, 'herziehen über (acc). **6. ~ up** predigen für, (in Predigten) loben od. (an)preisen. **III** s **7.** colloq. Predigt f, Ser'mon m. **'preach·er** s **1.** Prediger(in). **2. P~** Bibl. Ko'helet m, (der) Prediger Salomo (Buch des Alten Testaments). **'preach·i·fy** [-ɪfaɪ] v/i colloq. sal'badern, (bes. Mo'ral) predigen.
'preach·ing s **1.** Predigen n. **2.** Predigt f. **3.** Lehre f. **4.** contp. Salbade'rei f.
'preach·ment s contp. Sal'badern n, Ser'mon m, (langweilige) Mo'ralpredigt.
'preach·y adj (adv **preachily**) colloq. sal'badernd, morali'sierend.
pre·ad·o·les·cent adj Voradoleszenz...
pre·am·ble [priːˈæmbl; Am. a. ˈpriːˌæm-] **I** s **1.** Prä'ambel f (a. jur.), Einleitung f (**to** zu). **2.** Kopf m (e-s Funkspruchs etc). **3.** Oberbegriff m (e-r Patentschrift). **4.** fig. Einleitung f, Vorspiel n, Auftakt m (**to** zu). **II** v/i **5.** e-e Prä'ambel verfassen, mit e-r Einleitung beginnen. **III** v/t **6.** präambu'lieren, e-e Prä'ambel verfassen zu.
pre'amp s colloq. für **preamplifier**.
pre·am·pli·fi·er s electr. Vorverstärker m.
pre·an·nounce v/t vorher anzeigen od. ankündigen. **pre·an·nounce·ment** s Vorankündigung f, Voranzeige f.
pre·ar·range v/t **1.** vorher abmachen od. anordnen od. bestimmen. **2.** (planmäßig) vorbereiten. **pre·ar·range·ment** s **1.** vor'herige Bestimmung od. Abmachung. **2.** Vorbereitung f.
pre·au·di·ence s jur. Br. das Recht (e-s Anwalts), zuerst zu sprechen od. zu plä'dieren.
preb·end ['prebənd] s **1.** Prä'bende f, Pfründe f. **2.** → **prebendary**. **pre·ben·dal** [prɪˈbendl] adj **1.** Pfründen... **2.** e-e Pfründe innehabend. **'preb·en·dar·y** [-dərɪ; Am. -ˌderiː] s Präben'dar m, Pfründner m.
pre·cal·cu·late v/t vor'ausberechnen.

Pre-ˈCam·bri·an geol. **I** adj prä'kambrisch. **II** s Prä'kambrium n.
pre·car·i·ous [prɪˈkeərɪəs] adj (adv **~ly**) **1.** pre'kär, unsicher, bedenklich: **a ~ situation**; **~ state of health** bedenklicher Gesundheitszustand. **2.** gefährlich, ris'kant. **3.** anfechtbar, fragwürdig: **a ~ assumption**. **4.** jur. 'widerruflich, aufkündbar, auf 'Widerruf (eingeräumt od. zugeteilt). **preˈcar·i·ous·ness** s **1.** Unsicherheit f. **2.** Gefährlichkeit f. **3.** Fragwürdigkeit f.
preˈcast v/t irr Betonteile etc 'vorfabri,zieren.
prec·a·to·ry ['prekətərɪ; Am. -ˌtɔːriː; -ˌtoʊ-] adj e-e Bitte enthaltend, Bitt...: **~ words** (in Testamenten) als Bitte (nicht als Auftrag) formuliert; **~ trust** (testamentarische) Bitte, die als bindend gilt.
pre·cau·tion [prɪˈkɔːʃn] s **1.** Vorkehrung f, Vorsichtsmaßregel f, -maßnahme f: **to take ~s** Vorsichtsmaßregeln od. Vorsorge treffen; **as a ~** vorsichtshalber, vorsorglich. **2.** Vorsicht f. **preˈcau·tion·ar·y** [-ʃnərɪ; Am. -ʃəˌneriː] adj **1.** vorbeugend, Vorsichts...: **~ measure** → **precaution** 1. **2.** Warn(ungs)...: **~ signal** Warnsignal n.
pre·cede [priːˈsiːd; prɪ-] **I** v/t **1.** a. fig. (a. zeitlich) vor'aus-, vor'angehen (dat): **the words that ~ this paragraph**; **the years preceding his death** die Jahre vor s-m Tod. **2.** den Vorrang od. Vortritt od. Vorzug haben vor (dat), vorgehen (dat), ran'gieren vor (dat). **3.** (**by, with s.th.**) (durch etwas) einleiten, (e-r Sache etwas) vor'ausschicken: **he ~d his measures by an explanation**. **II** v/i **4.** vor'an-, vor'ausgehen. **5.** den Vorrang od. Vortritt haben.
prec·e·dence [ˈpresɪdəns; prɪˈsiːdəns; Am. ˈpresɪ-] s **1.** Vor'an-, Vor'hergehen n, Priori'tät f: **to have the ~ of s.th.** e-r Sache (zeitlich) vorausgehen. **2.** Vorrang m, Vorzug m, Vortritt m, Vorrecht n: **to take ~ of** (od. **over**) → **precede** 2. **3.** a. **order of ~** Rangordnung f. **ˈprec·e·den·cy** [-sɪ] → **precedence**.
prec·e·dent¹ ['presɪdənt] s jur. Präze'denzfall m (a. fig.), Präju'diz n: **without ~** ohne Beispiel, noch nie dagewesen; **to set a ~** e-n Präzedenzfall schaffen; **to take s.th. as a ~** etwas als Präzedenzfall betrachten.
prec·e·dent² [prɪˈsiːdənt; ˈpresɪ-] adj (adv **~ly**) vor'hergehend, vor'aus-, vor'angehend: **condition ~** a) Vorbedingung f, b) aufschiebende Bedingung.
prec·e·dent·ed ['presɪdəntɪd] adj e-n Präze'denzfall habend, schon einmal dagewesen.
pre·ced·ing [priːˈsiːdɪŋ; prɪ-] adj vor'hergehend: **~ endorser** econ. Vorder-, Vormann m (beim Wechsel); **the days ~ the election** die Tage vor der Wahl.
pre·cen·sor [priːˈsensə(r)] v/t e-r 'Vorzen,sur unter'werfen.
pre·cen·tor [priːˈsentə(r); prɪ-] s mus. Prä'zentor m, Kantor m, Vorsänger m.
pre·cept ['priːsept] s **1.** (a. göttliches) Gebot. **2.** Regel f, Richtschnur f. **3.** Vorschrift f. **4.** Lehre f, Unter'weisung f. **5.** jur. a) Gerichtsbefehl m, b) (schriftliche gerichtliche) Weisung od. Anordnung, c) Einziehungs- od. Zahlungsbefehl m, d) Vorladung f. **pre·cep·tive** [prɪˈseptɪv] adj **1.** befehlend, verordnend. **2.** lehrhaft, di'daktisch. **preˈcep·tor** [-tə(r)] s Lehrer m.
pre·cer·e·bral [priːˈserɪbrəl] adj anat. Vorderhirn...
pre·ces·sion [prɪˈseʃn] s Präzessi'on f: a) tech. die Bewegung des Kreisels infolge e-s äußeren Drehmoments, b) **a. ~ of the equinoxes** astr. Vorrücken der Tagundnachtgleichen.

pre-ˈChris·tian adj vorchristlich.

pre·cinct ['pri:sɪŋkt] *s* **1.** eingefriedeter Bezirk (*Br. bes. um e-e Kirche*): **cathedral ~s** Domfreiheit *f.* **2.** *Am.* Bezirk *m, bes.* a) (Poli¦zei)Re¦vier *n,* b) Wahlbezirk *m,* **-kreis** *m:* **~ captain** (*od.* **leader**) Wahlkreisleiter *m* (*e-r Partei*). **3.** *pl* Um¦gebung *f,* Bereich *m.* **4.** *pl fig.* Bereich *m,* Grenzen *pl:* **within the ~s of** innerhalb der Grenzen von (*od. gen*), innerhalb (*gen*).

pre·ci·os·i·ty [ˌpreʃɪ'ɒsətɪ; *Am.* -'ɑs-] *s* Preziosi'tät *f,* Geziertheit *f,* Affek'tiertheit *f.*

pre·cious ['preʃəs] **I** *adj* (*adv* **~ly**) **1.** *a. fig.* kostbar, wertvoll: **~ memories. 2.** edel (*Steine etc*): **~ metals** Edelmetalle. **3.** *iro.* schön, nett, fein: **a ~ mess** e-e schöne Schweinerei. **4.** *colloq.* ¸schön', beträchtlich: **a ~ lot better than** bei weitem besser als. **5.** *fig.* prezi'ös, über¦feinert, affek'tiert, geziert: **~ style. II** *adv* **6.** *colloq.* reichlich, ¸herzlich': **~ little. III** *s* **7.** Schatz *m,* Liebling *m.* **'pre·cious·ness** *s* **1.** Köstlichkeit *f,* Kostbarkeit *f.* **2.** → **preciosity.**

prec·i·pice ['presɪpɪs] *s* **1.** (jäher) Abgrund. **2.** *fig.* a) Abgrund *m:* **to stand on the edge of a ~,** b) Klippe *f.*

pre·cip·i·ta·ble [prɪ'sɪpɪtəbl] *adj chem.* abscheidbar, niederschlagbar, fällbar.

pre·cip·i·tan·cy [prɪ'sɪpɪtənsɪ], *a.* **pre·'cip·i·tance** *s* **1.** Eile *f:* **with the utmost ~** in größter Eile. **2.** Hast *f,* Über¦eilung *f,* -stürzung *f.*

pre·cip·i·tant [prɪ'sɪpɪtənt] **I** *adj* (*adv* **~ly**) **1.** (steil) abstürzend, jäh. **2.** *fig.* hastig, eilig, jäh. **3.** *fig.* über¦eilt, -¦stürzt, voreilig. **4.** *chem.* sich als Niederschlag absetzend. **II** *s* **5.** *chem.* Fällungsmittel *n.*

pre·cip·i·tate [prɪ'sɪpɪteɪt] **I** *v/t* **1.** hin¦abwerfen, -stürzen (*a. fig.*). **2.** *fig.* her¦aufbeschwören, (plötzlich) her¦beiführen, beschleunigen: **to ~ a crisis. 3.** *j-n* (hin¦ein)stürzen (**into** in *acc*): **to ~ a country into war. 4.** *chem.* (aus)fällen, niederschlagen. **II** *v/i* **5.** *chem. u. meteor.* sich niederschlagen. **III** *adj* [-tət] (*adv* **~ly**) **6.** jäh(lings) hin¦abstürzend, steil abfallend: **~ labo(u)r** *med.* Sturzgeburt *f.* **7.** *fig.* über¦stürzt, -¦eilt, voreilig. **8.** eilig, hastig. **9.** jäh, plötzlich. **IV** *s* [-teɪt; -tət] **10.** *chem.* 'Fällpro¦dukt *n,* Niederschlag *m.* **pre·'cip·i·tate·ness** *s* Über¦stürzung *f.*

pre·cip·i·ta·tion [prɪˌsɪpɪ'teɪʃn] *s* **1.** jäher Sturz, (Her¦ab-, Hin¦unter)Stürzen *n.* **2.** *fig.* Über¦stürzung *f,* -¦eilung *f,* (ungestüme) Eile, Hast *f.* **3.** *chem.* Fällung *f,* Niederschlagen *n.* **4.** *meteor.* (atmo¦sphärischer) Niederschlag: **~ activity** Niederschlagstätigkeit *f.* **5.** *Spiritismus:* Materialisati'on *f (von Geistern).* **pre·'cip·i·ta·tor** [-tə(r)] *s chem. phys.* a) → **precipitant 5,** b) 'Ausfällappa¦rat *m.*

pre·cip·i·tous [prɪ'sɪpɪtəs] *adj* (*adv* **~ly**) **1.** jäh, steil (abfallend), abschüssig. **2.** *fig.* über¦stürzt, -¦eilt, voreilig.

pré·cis ['preɪsiː; *Am. a.* ˌpreɪ'siː] **I** *pl* **pré·cis** [-iːz] *s* (kurze) 'Übersicht, Zs.-fassung *f.* **II** *v/t* kurz zs.-fassen.

pre·cise [prɪ'saɪs] *adj* **1.** prä'zis(e), genau, klar: **a ~ answer. 2.** prä'zis(e), ex'akt, (peinlich) genau, kor'rekt, *contp.* pe¦dantisch. **3.** genau, richtig: **the ~ moment; ~ amount. 4.** 'übergenau, pe¦dantisch, steif, streng. **5.** *relig. hist.* puri¦tanisch. **pre'cise·ly** *adv* **1.** → **precise. 2.** gerade, genau, ausgerechnet. **3.** (*als Antwort*) genau (das meinte ich!). **pre'cise·ness** *s* **1.** Pedante'rie *f,* (über¦triebene) Genauigkeit. **2.** (ängstliche) Gewissenhaftigkeit. **3.** Strenge *f* (*bes. in religiösen Dingen*).

pre·ci·sian [prɪ'sɪʒn] *s* **1.** Rigo'rist(in), Pe¦dant(in). **2.** *relig. hist.* Puri'taner(in).

pre·ci·sion [prɪ'sɪʒn] **I** *s* Genauigkeit *f,* Ex'aktheit *f* (*a. tech.*), *tech. a.* Genauigkeitsgrad *m:* **arm of ~** *mil.* Präzisionswaffe *f.* **II** *adj tech.* Präzisions..., Fein...: **~ adjustment** a) Feineinstellung *f,* b) *Artillerie:* genaues Einschießen, **~ balance** Präzisions-, Feinwaage *f;* **~ bombing** gezielter Bombenwurf, Punktzielbombenwurf *m;* **~ instrument** Präzisionsinstrument *n,* feinmechanisches Instrument; **~ mechanics** Feinmechanik *f;* **~ tool** Präzisionswerkzeug *n.* **pre'ci·sion·ist** *s* **1.** Pe¦dant(in), ¦Übergenaue(r *m*) *f.* **2.** Pu¦rist(in), Sprachreiniger(in).

pre'ci·sion-made *adj tech.* Präzisions...

ˌpre'clin·i·cal *adj med.* vorklinisch.

pre·clude [prɪ'kluːd] *v/t* **1.** ausschließen (**from** von). **2.** *etwas* verhindern, ausschalten, -schließen, *e-r Sache* vorbeugen *od.* zu¦vorkommen, *Einwände etc* vor¦wegnehmen. **3.** *j-n* hindern (**from** an *dat*; **from doing** zu tun).

pre·clu·sion [prɪ'kluːʒn] *s* **1.** Ausschließung *f,* Ausschluß *m* (**from** von). **2.** Verhinderung *f.* **pre·'clu·sive** [-sɪv] *adj* (*adv* **~ly**) (**of** *acc*) a) ausschließend, b) (ver)hindernd: **to be ~ of s.th.** etwas ausschließen *od.* verhindern.

pre·co·cial [prɪ'kəʊʃl] *adj orn.* frühentwickelt: **~ birds** Nestflüchter.

pre·co·cious [prɪ'kəʊʃəs] *adj* (*adv* **~ly**) **1.** frühreif, vor-, frühzeitig (entwickelt). **2.** *fig.* frühreif, altklug: **a ~ child. 3.** *bot.* a) vor den Blättern erscheinend (*Blüte*), b) frühblühend *od.* früh Frucht tragend. **pre·'co·cious·ness, pre·'coc·i·ty** [-'kɒsətɪ; *Am.* -'kɑ-] *s* **1.** Frühreife *f,* -zeitigkeit *f.* **2.** *fig.* (*geistige*) Frühreife, Altklugheit *f.*

ˌpre·cog'ni·tion *s* **1.** *Parapsychologie:* Präkogniti'on *f* (*Vorauswissen zukünftiger Vorgänge*). **2.** *jur. Scot.* 'Voruntersuchung *f.*

ˌpre·con'ceive *v/t* (sich) vorher ausdenken, sich vorher vorstellen: **~d opinion** → **preconception.** **ˌpre·con'cep·tion** *s* vorgefaßte Meinung, *a.* Vorurteil *n.*

ˌpre·con·cert [ˌpriːkən'sɜːt; *Am.* -'sɜrt] *v/t* vorher verabreden *od.* vereinbaren: **~ed** verabredet, *contp.* abgekartet.

ˌpre·con'demn *v/t* im voraus *od.* vorschnell verurteilen *od.* verdammen.

ˌpre·con'di·tion I *s* **1.** Vorbedingung *f,* Vor¦aussetzung *f:* **on ~ that** unter der Voraussetzung, daß. **II** *v/t* **2.** *Material etc* vorbehandeln. **3.** a) *j-n* (entsprechend) vorbereiten *od.* einstimmen, b) *j-n* in die entsprechende Stimmung versetzen.

pre·co·ni·za·tion [ˌpriːkənaɪ'zeɪʃn; *Am.* -nə'z-] *s R.C.* Präkonisati'on *f.* **'pre·co·nize** *v/t* **1.** öffentlich verkündigen. **2.** *R.C.* e-n Bischof prä¦konisieren, die Ernennung feierlich verkünden.

pre'con·scious *psych.* **I** *adj* vorbewußt. **II** *s* the **~** das Vorbewußte.

pre'con·tract *s jur.* Vorvertrag *m.*

pre'cook *v/t* vorkochen.

pre'cool *v/t* vorkühlen.

pre·cor·di·al [prɪ'kɔːdjəl; *Am.* -'kɔːrdʒəl] *adj anat.* präkordi'al, epi¦gastrisch: **~ anxiety** *med.* Präkordialangst *f,* Angstgefühl *n.*

pre·cur·sor [ˌpriː'kɜːsə; *Am.* -'kɜrsər] *s* **1.** Vorläufer *m:* **the ~ of modern science. 2.** a) Vorbote *m:* **the ~ of spring,** b) (erstes) Anzeichen: **the ~ of a cold. 3.** (Amts)Vorgänger(in). **pre'cur·so·ry** [-sərɪ] *adj* **1.** vor¦her-, vor¦ausgehend. **2.** einleitend, vorbereitend.

pre·da·ceous, *bes. Br.* **pre·da·cious** [prɪ'deɪʃəs] *adj zo.* räuberisch: **~ animal** Raubtier *n;* **~ instinct** Raub(tier)-instinkt *m.*

ˌpre'date *v/t* **1.** zu'rückda¦tieren, ein früheres Datum setzen auf (*acc*). **2.** (*zeitlich*) vor¦an-, vor¦ausgehen (*dat*).

pre·da·tion [prɪ'deɪʃn] *s* **1.** *selten* Plünderung *f,* Raub *m.* **2.** *Ökologie:* räuberisches Verhalten (*von Tieren etc*): **~ pressure** predatorischer Druck.

pred·a·tor ['predətə(r)] *s* **1.** raubgieriger Mensch. **2.** *biol.* räuberisches (Lebe)Wesen. **'pred·a·to·ry** [-tərɪ; *Am.* -ˌtɔːrɪ:; -ˌtɔː-] *adj* (*adv* **predatorily**) räuberisch, Raub...: **~ animal** Raubtier *n;* **~ bird** Raubvogel *m;* **~ excursion** Raubzug *m;* **~ war** Raubkrieg *m.*

ˌpre·de'cease I *v/t* früher sterben als (*j-d*), sterben vor (*j-m*): **to ~ s.o. II** *v/i* früher sterben: **~d parent** *jur.* vorverstorbener Elternteil. **III** *s* vorzeitiger *od.* vorher erfolgter Tod.

pre·de·ces·sor ['priːdɪsesə(r); ˌpriːdɪ's-] *s* **1.** Vorgänger(in): **~ in office** Amtsvorgänger(in). **2.** Vorfahr *m.*

ˌpre·de'fine *v/t* vorher abgrenzen *od.* bestimmen.

pre·del·la [prɪ'delə] *pl* **-le** [-liː; -leɪ] *s* Pre¦della *f:* a) Sockel *m* e-s Al'tarschreins *od.* -aufsatzes, b) Bild *n* auf e-m Al'taraufsatz.

pre·des·ti·nar·i·an [priːˌdestɪ'neərɪən] *relig.* **I** *s* Anhänger(in) der Prädestinati'onslehre. **II** *adj* die Prädestinati'onslehre betreffend. **pre·des·ti'nar·i·an·ism** *s* Prädestinati'onslehre.

pre·des·ti·nate [ˌpriː'destɪneɪt] **I** *v/t relig. u. weitS.* prädesti'nieren, aus(er)wählen, ausersehen, (vor¦her)bestimmen (**to** für, zu). **II** *adj* [-nət; -neɪt] prädesti'niert, auserwählt, vor¦herbestimmt. **pre·ˌdes·ti'na·tion** *s* **1.** Vor¦herbestimmung *f.* **2.** *relig.* Prädestinati'on *f,* Auserwählung *f* (*durch Gott*), Gnadenwahl *f.* **ˌpre'des·tine** [-tɪn] → **predestinate I.**

ˌpre·de'ter·mi·nate *adj* vor¦ausbestimmt. **'pre·deˌter·mi'na·tion** *s* **1.** *relig.* Vor¦herbestimmung *f.* **2.** vor¦heriger Beschluß, vor¦herige Bestimmung. **3.** vorgefaßter Entschluß.

ˌpre·de'ter·mine *v/t* **1.** vorher festsetzen *od.* bestimmen: **to ~ s.o. to s.th.** *j-n* für etwas vorbestimmen. **2.** *tech.* vor¦herbestimmen, vor¦ausberechnen. **3.** *relig.* vor¦herbestimmen. **ˌpre·de'ter·min·ism** *s philos.* Prädetermi'nismus *m.*

pre·di·al ['priːdjəl] *adj* praedial.

pred·i·ca·ble ['predɪkəbl] **I** *adj* aussagbar, *j-m* beilegbar *od.* zuzuschreiben(d). **II** *s pl philos.* Prädika'bilien *pl,* Aussageweisen *pl,* Allge¦meinbegriffe *pl.*

pre·dic·a·ment [prɪ'dɪkəmənt] *s* **1.** *philos.* a) Prädika'ment *n,* Grundform *f* der Aussage, Katego'rie *f (des Aristoteles),* b) Ordnung *f,* Klasse *f,* Katego'rie *f.* **2.** mißliche Lage, Zwangslage *f.*

pred·i·cant ['predɪkənt] *adj relig.* predigend, Prediger...

pred·i·cate I *v/t* ['predɪkeɪt] **1.** behaupten, aussagen. **2.** *philos.* prädi'zieren, aussagen. **3.** gründen, ba'sieren (**on, upon** auf *dat*): **to be ~d on** beruhen *od.* basieren auf (*dat*), etwas voraussetzen. **II** *s* [-kət] **4.** *philos.* Aussage *f.* **5.** *ling.* Prädi'kat *n,* Satzaussage *f.* **III** *adj* [-kət] **6.** *ling.* Prädi'kat(s)..., prädika'tiv: **~ adjective** prädikatives Adjektiv; **~ noun** (*od.* **nominative**) Prädikatsnomen *n.* **7.** **~ calculus** (*Logik*) Prädikatenkalkül *n.*

pred·i·ca·tion [ˌpredɪ'keɪʃn] *s* Aussage *f* (*a. ling. im Prädikat*), Behauptung *f.*

pre·dic·a·tive [prɪ'dɪkətɪv; *Am.* 'predɪkətɪv; -ˌkeɪ-] *adj* (*adv* **~ly**) **1.** aussagend, Aussage... **2.** *ling.* prädika'tiv: **~ adjective.**

pred·i·ca·to·ry ['predɪkətərɪ; *Am.*

predict – preignition

-kəˌtəʊriː; -ˌtɔː-] *adj* **1.** predigend, Prediger... **2.** gepredigt.
pre·dict [prɪˈdɪkt] *v/t* vor'her-, vor'aus-, weissagen, prophe'zeien: ~ed firing *mil.* Feuer(n) *n* mit Vorhalten. **pre'dict·a·ble** *adj* vor'aussagbar, vor'herzusagen(d), kalku'lierbar: **he's quite ~** bei ihm weiß man genau, wie er reagiert; er ist leicht auszumachen. **pre'dict·a·bly** *adv* a) wie vor'herzusehen war, b) man kann jetzt schon sagen, daß.
pre·dic·tion [prɪˈdɪkʃn] *s* Vor'her-, Vor'aussage *f*, Weissagung *f*, Prophe'zeiung *f.* **pre'dic·tive** [-tɪv] *adj* vor'her-, weissagend, prophe'zeiend (**of** *acc*). **pre'dic·tor** [-tə(r)] *s* **1.** Pro'phet (-in). **2.** *aer. tech.* Kom'mandogerät *n.*
ˌ**pre·di'gest** *v/t* **1.** (künstlich) vorverdauen. **2.** *fig.* a) *Lehrstoff etc* ˈvorkauen', b) *Stoff etc* verdaulicher machen, leichtfaßlich darstellen.
pre·di·lec·tion [ˌpriːdɪˈlekʃn; *Am. a.* ˌpredəˈl-] *s* Vorliebe *f* (**for** für).
ˌ**pre·dis'pose** *v/t* **1.** *j-n* (im voraus) geneigt *od.* empfänglich machen (**to** für): **to ~ s.o. in favo(u)r of s.o.** (**s.th.**) j-n für j-n (etwas) einnehmen. **2.** *bes. med.* prädispo'nieren, empfänglich *od.* anfällig machen (**to** für). ˈ**preˌdisˌpoˈsiˌtion** *s* (**to**) Ver'anlagung *f*, Neigung *f* (zu), Empfänglichkeit *f*, Anfälligkeit *f* (für) *(alle a. med.)*.
pre·dom·i·nance, *a.* **pre'dom·i·nan·cy** *s* **1.** Vorherrschaft *f*, Vormacht(stellung) *f.* **2.** *fig.* Vorherrschen *n*, 'Übergewicht *n* (**in** in *dat*; **over** über *acc*). **3.** Über'legenheit *f.* **pre'dom·i·nant** *adj* (*adv* ~**ly**) **1.** vorherrschend, über'wiegend, vorwiegend: **to be ~** vorherrschen, überwiegen, vorwiegen. **2.** über'legen.
pre·dom·i·nate *v/i* **1.** vorherrschen, über'wiegen, vorwiegen. **2.** *(zahlenmäßig, geistig, körperlich etc)* über'legen sein. **3.** die Oberhand *od.* das 'Übergewicht haben (**over** über *acc*). **4.** herrschen, die Herrschaft haben (**over** über *acc*). **pre'dom·i·nat·ing** = **predominant.**
ˌ**pre-e'lec·tion I** *s obs.* Vorwahl *f*, Auswahl *f* im voraus. **II** *adj* vor der Wahl (gegeben *od.* stattgefunden): **~ pledge** Wahlversprechen *n.*
pree·mie [ˈpriːmɪ] *s bes. Am. sl.* Frühgeburt *f* (*Kind*).
ˌ**pre-'em·i·nence** *s* **1.** Her'vorragen *n*, Über'legenheit *f* (**above, over** über *acc*). **2.** Vorrang *m*, Vorzug *m* (**over** vor *dat*). **3.** her'vorragende Stellung. ˌ**pre-'em·i·nent** *adj* (*adv* ~**ly**) her'vorragend, über'ragend: **to be ~** hervorstechen, sich hervortun (**in** in *dat*; **among** unter *dat*).
ˌ**pre-'em·pha·sis** *s Radio*: Vorverzerrung *f.*
ˌ**pre-'empt I** *v/t* **1.** Land durch Vorkaufsrecht erwerben. **2.** *Am. hist.* sich durch Bewirtschaftung die Vorkaufsrecht (*von Staatsland*) sichern. **3.** *Platz etc* (im voraus) mit Beschlag belegen. **4.** zu'vorkommen (*dat*), Forderung *etc* unter'laufen. **5.** *bes. Am.* Rundfunk-, Fernsehprogramm verschieben. **II** *v/i* **6.** Land durch Vorkaufsrecht erwerben. **7.** *Bridge, Whist*: zwingend ansagen. ˌ**pre-'emp·tion** *s* Vorkauf(srecht *n*) *m.* ˌ**pre-'emp·tive** *adj* **1.** Vorkaufs...: **~ price;** *~* **right. 2. ~ bid** (*Bridge, Whist*) Ansage, die (*durch ihre Höhe*) weitere Ansagen ausschließt. **3.** *mil.* Präventiv...: **~ war;** **~ strike** Präventivschlag *m.* ˌ**pre-'emp·tor** *s* Vorkaufsberechtigte(r *m*) *f.*
preen [priːn] *v/t* **1.** *das Gefieder etc* putzen: **to ~ o.s.** sich putzen *(a. Person)*. **2.** ˈherrichten, zu'richten: **to ~ one's hair. 3. ~ o.s.** sich etwas einbilden (**on** auf *acc*).

ˌ**pre-en'gage** *v/t* **1.** im voraus (vertraglich, *bes.* zur Ehe) verpflichten. **2.** im voraus in Anspruch nehmen. **3.** *econ.* vorbestellen. ˌ**pre-en'gage·ment** *s* vorher eingegangene Verpflichtung, frühere Verbindlichkeit.
ˌ**pre-'Eng·lish** *ling.* **I** *s* **1.** Vorenglisch *n* (*hypothetische altgermanische Mundart, aus der sich das Englische entwickelte*). **2.** die in Britannien vor der angelsächsischen Periode gesprochene Sprache. **II** *adj* **3.** vorenglisch.
ˌ**pre-ex'ist** *v/i* vorher vor'handen sein *od.* exi'stieren. ˌ**pre-ex'ist·ence** *s bes. relig.* früheres Dasein *od.* Leben, Präexi'stenz *f.* ˌ**pre-ex'ist·ent** *adj* vorher exi'stierend *od.* vor'handen.
pre·fab [ˈpriːfæb] *colloq.* **I** *adj abbr. für* **prefabricated. II** *s* Fertighaus *n.*
ˌ**pre'fab·ri·cate** *v/t* ˈvorfabriˌzieren, (*genormte*) Fertigteile ˈherstellen für (*Häuser etc*). ˌ**pre'fab·ri·cat·ed** *adj* vorgefertigt, zs.-setzbar, Fertig...: **~ house** Fertighaus *n.* ˈ**preˌfab·ri·caˈtion** *s* Vorfertigung *f.*
pref·ace [ˈprefɪs] **I** *s* **1.** Vorwort *n*, Vorrede *f*, Einleitung *f*, Geleitwort *n* (**to** zu). **2.** *fig.* Einleitung *f*, Vorspiel *n* (**to** zu). **3.** *meist* P~ *R.C.* Präfati'on *f*, Lob- u. Dankgebet *n.* **II** *v/t* **4.** *e-e Rede etc* einleiten (*a. fig.*), ein Vorwort *etc* schreiben *zu e-m Buch etc.* **5.** die Einleitung sein zu.
pref·a·to·ry [ˈprefətərɪ; *Am.* -ˌtɔːrɪ; -ˌtəʊ-] *adj* (*adv* **prefatorily**) einleitend, Einleitungs...
pre·fect [ˈpriːfekt] *s* Prä'fekt *m:* a) (*im alten Rom*) Statthalter *m*, Befehlshaber *m*, b) (*in Frankreich*) leitender Re'gierungsbeamter: **~ of police** Polizeipräsident *m* (*von Paris*), c) *R.C.* Vorsteher *m* (*e-s Jesuitenkollegs etc*), d) *ped. bes. Br.* Aufsichts-, Vertrauensschüler *m.* **pre'fec·to·ri·al** [-ˈtɔːrɪəl; *Am. a.* -ˈtəʊ-] *adj* Präfekten..., Aufsichts... ˈ**pre·fect·ship** *s* Amt *n* e-s Prä'fekten (*an englischen Schulen*).
pre·fec·ture [ˈpriːfekˌtjʊə; *Am.* -ˌfekˌtʃəɹ] *s* Prä'fekˈtur *f.*
pre·fer [prɪˈfɜː; *Am.* -ˈfɜr] *v/t* **1.** (es) vorziehen, bevorzugen, lieber haben *od.* mögen *od.* sehen *od.* tun: **I ~ to go today** ich gehe lieber heute; **he ~red to die rather than pay** er wäre lieber gestorben, als daß er gezahlt hätte; **to ~ wine to beer** Wein (*dem*) Bier vorziehen; **I should ~ you not to go** mir wäre es lieber, wenn Sie nicht gingen. **2.** befördern (**to** [**the rank of**] zum). **3.** *jur.* Gläubiger bevorstigen, *a. e-e Forderung* bevorzugt befriedigen. **4.** *ein Gesuch, jur. e-e Klage* einreichen (**to** bei; **against** gegen): **to ~ a petition** (**a charge**); **to ~ claims against s.o.** Ansprüche gegen j-n erheben. **pref·er·a·ble** [ˈprefərəbl] *adj* **1.** (**to**) vorzuziehen(d) (*dat*), vor'züglicher *od.* besser (als). **2.** wünschenswert. ˈ**pref·er·a·bly** [-blɪ] *adv* vorzugsweise, lieber, besser, möglichst.
pref·er·ence [ˈprefərəns] *s* **1.** Bevorzugung *f*, Vorzug *m* (**above, before, over, to** vor *dat*). **2.** Vorliebe *f* (**for** für): **by ~** mit (besonderer) Vorliebe, lieber. **3.** Wahl *f:* **of s.o.'s ~** nach (j-s) Wahl. **4.** *econ. jur.* Vor(zugs)recht *n*, Priori'tät(srecht *n*) *f*, Bevorrechtigung *f:* **~ as to dividends** Dividendenbevorrechtigung; **~ bond** Prioritätsobligation *f;* **~ dividend** Vorzugsdividende *f;* **~ share** *Br.* Vorzugsaktie *f.* **5.** *econ. a.* Vorzug *m*, Vergünstigung *f*, ˈVorzugs-, ˈMeistbegünstigungsˌtaˌrif *m* (*Br. bes. zwischen Mutterland u. Commonwealth*). **6.** *econ. jur.* bevorzugte Befriedigung (*a. im Konkurs*): **fraudulent ~** Gläubigerbegünstigung *f.*

pref·er·en·tial [ˌprefəˈrenʃl] *adj* (*adv →* **preferentially**) **1.** Vorzugs..., bevorzugt: **~ treatment. 2.** *econ. jur.* Vorzugs..., bevorrechtigt: **~ claim;** **~ creditor** bevorrechtigter Gläubiger; **~ duty** Vorzugszoll *m;* **~ share** *Br.* Vorzugsaktie *f;* **~ tariff** Vorzugstarif *m.* ˌ**pref·er'en·tial·ism** [-ʃəlɪzəm] *s econ.* Präfe'renzˌsystem *n* (*handelspolitische Verbindung von Ländern durch Vorzugszölle etc*). ˌ**pref·er'en·tial·ly** *adv* vorzugsweise.
pref·er'en·tial shop *s econ. Am.* Betrieb *m*, in dem Gewerkschaftsmitglieder (*bes. bei der Anstellung*) bevorzugt werden. **~ vot·ing** *s pol.* ˈVorzugsˌwahlˌsyˌstem *n* (*bei dem der Wähler 2 od. mehr Kandidaten für ein Amt wählt, wodurch e-e Majoritätsentscheidung bei e-m einzigen Wahlgang ermöglicht wird*).
pre·fer·ment [prɪˈfɜːmənt; *Am.* -ˈfɜr-] *s* **1.** Beförderung *f*, Ernennung *f* (**to** zu). **2.** höheres Amt, Ehrenamt *n* (*bes. relig.*). **3.** *jur.* Einreichung *f* (*e-r Klage*).
pre'ferred [prɪˈfɜːd; *Am.* -ˈfɜrd] *adj* bevorzugt, Vorzugs..., *econ. a.* bevorrechtigt: **~ creditor** bevorrechtigter Gläubiger; **~ dividend** *Am.* Vorzugsdividende *f;* **~ stock** *Am.* Vorzugsaktie *f.*
ˈ**preˌfig·uˈra·tion** *s* **1.** Vor-, Urbild *n.* **2.** vor'herige *od.* vorbildhafte Darstellung. **3.** *fig.* Vorgriff *m* (**of** auf *acc*).
ˈ**pre'fig·ure** *v/t* **1.** vorbilden, vorbildhaft darstellen. **2.** vorher bildlich darstellen, sich vorher ausmalen. **3.** andeuten, ahnen lassen.
pre·fix *v/t* [priːˈfɪks; ˈpriːfɪks] **1.** vor'anstellen, vor'ausgehen lassen (**to** *dat*). **II** *s* [ˈpriːfɪks] **3.** *ling.* Prä'fix *n*, Vorsilbe *f.* **4.** (*dem Namen*) vor'angestellter Titel. **5.** *a.* **call~** *teleph.* Vorwahl *f*, Vorwählnummer *f.*
ˌ**pre·for'ma·tion** *s biol.* Präformati'on *f*, Vor'herbildung *f* im Keim. ˌ**pre'form·a·tive I** *adj* **1.** vor'herbildend. **2.** *ling.* vor'an-, vorgestellt, Präfix... **II** *s* **3.** *ling.* vorgesetzte Par'tikel (*im Hebräischen etc*).
preg [preɡ] *adj colloq.* schwanger.
ˌ**pre'gen·i·tal** *adj psych.* prägeniˈtal (*sexuelle Entwicklungsphase*).
preg·gers [ˈpreɡə(r)z] *adj bes. Br. colloq.* schwanger.
ˌ**pre'gla·cial** *adj geol.* präglaziˈal, voreiszeitlich.
preg·na·ble [ˈpreɡnəbl] *adj* einnehmbar (*Stadt etc*).
preg·nan·cy [ˈpreɡnənsɪ] *s* **1.** a) Schwangerschaft *f* (*der Frau*), b) Trächtigkeit *f* (*bei Tieren*): **~ test** Schwangerschaftstest *m.* **2.** Fruchtbarkeit *f* (*des Bodens*). **3.** *fig.* Fruchtbarkeit *f*, Schöpferkraft *f*, Gedankenfülle *f*, Iˈdeenreichtum *m.* **4.** *fig.* Bedeutungsgehalt *m*, -schwere *f*, tiefer Sinn.
preg·nant [ˈpreɡnənt] *adj* (*adv* ~**ly**) **1.** a) schwanger, in anderen ˈUmständen (*Frau*): **to be six months ~** im 6. Monat schwanger sein, b) trächtig (*Tier*), c) *hunt.* beschlagen (*Edelwild*). **2.** *fig.* fruchtbar, reich (**in** an *dat*). **3.** *fig.* iˈdeen-, einfallsˌ, geistreich. **4.** *fig.* bedeutungsvoll, schwerwiegend, gewichtig: **~ with meaning** bedeutungsschwer.
ˈ**pre'heat** *v/t tech.* vorwärmen, *mot.* vorglühen, *Bratröhre* vorheizen.
pre·hen·sile [prɪˈhensaɪl; *Am. a.* -səl] *adj zo.* zum Greifen geeignet, Greif...: **~ organ** Greif-, Haftorgan *n.*
ˌ**pre·his'tor·ic** *adj;* ˌ**pre·his'tor·i·cal** *adj* (*adv* ~**ly**) ˈprähiˌstorisch, vorgeschichtlich. ˌ**pre'his·to·ry** *s* **1.** Ur-, Vorgeschichte *f.* **2.** *fig.* Vorgeschichte *f.*
ˌ**pre·ig'ni·tion** *s mot.* Frühzündung *f.*

ˌpre·in'car·nate *adj relig.* vor der Menschwerdung exiˈstierend (*Christus*).
ˌpreˈjudge *v/t* im voraus *od.* vorschnell be- *od.* verurteilen.
prej·u·dice [ˈpredʒʊdɪs; -dʒə-] **I** *s* **1.** Vorurteil *n*, Voreingenommenheit *f*, vorgefaßte Meinung, *jur.* Befangenheit *f*. **2.** *a. jur.* Nachteil *m*, Schaden *m*: to the ~ of zum Nachteil (*gen*); without ~ ohne Verbindlichkeit; without ~ to ohne Schaden für, unbeschadet (*gen*). **II** *v/t* **3.** *j-n* mit e-m Vorurteil erfüllen, (günstig *od.* ungünstig) beeinflussen, *j-n* einnehmen (in favoˈu]r of für; against gegen). **4.** *a. jur.* beeinträchtigen, benachteiligen, *j-m od.* e-r Sache schaden, e-r Sache Abbruch tun. ˈprej·u·diced [-st] *adj* **1.** (vor)eingenommen (against gegen [-ˈüber]; in favoˈu]r of für). **2.** *jur.* befangen. **3.** vorgefaßt (*Meinung*). ˌprej·uˈdi·cial [-ˈdɪʃl] *adj (adv* ~ly) nachteilig, schädlich (to für): to be ~ to a) *j-m* schaden, b) e-r Sache abträglich sein.
prel·a·cy [ˈpreləsɪ] *s relig.* **1.** Prälaˈtur *f*: a) Präˈlatenwürde *f*, b) Amtsbereich *m* e-s Präˈlaten. **2.** *collect.* Präˈlaten(stand *m*, -tum *n*) *pl.* ˈprel·ate [-lɪt] *s* Präˈlat *m*: domestic ~ *R.C.* (päpstlicher) Hausprälat.
preˈlaw *adj univ. Am.* in die Rechtswissenschaft einführend, auf das Rechtsstudium vorbereitend: ~ course Kurs, der auf das Rechtsstudium vorbereitet; ~ student Student(in), der/die e-n ~ course besucht.
preˈlect [prɪˈlekt] *v/i* lesen, e-e Vorlesung *od.* Vorlesungen halten (on, upon über *acc*; to vor *dat*). preˈlec·tion [-kʃn] *s* Vorlesung *f*, Vortrag *m*. preˈlec·tor [-tə(r); -tə(r)] *s bes. Br.* (Universiˈtäts-) Lektor *m*, Doˈzent *m*.
preˈlim [ˈpriːlɪm; prɪˈlɪm] *colloq.* **1.** *abbr. für* preliminary examination. **2.** *pl* print. Titeˈlei *f*, Titelbogen *m*.
preˈlim·i·nar·i·ly [prɪˈlɪmɪnərəlɪ; *Am.* prɪˌlɪməˈnerəliː] *adv* **1.** einleitend, als Einleitung, zuˈvor. **2.** vorläufig. **3.** ~ to vor (*dat*).
preˈlim·i·nar·y [prɪˈlɪmɪnərɪ; *Am.* -ˌnerɪ:] **I** *adj* **1.** einleitend, vorbereitend, vorˈausgehend, Vor...: ~ discussion Vorbesprechung *f*; ~ matter print. Titelei *f*, Titelbogen *m*; ~ measures vorbereitende Maßnahmen; ~ remarks Vorbemerkungen; ~ round *sport* Vorrunde *f*; ~ work Vorarbeit *f*; ~ to vor (*dat*); to be ~ to s.th. e-r Sache vorausgehen. **2.** vorläufig, Vor...; ~ dressing *med.* Notverband *m*. **II** *s* **3.** *meist pl* Einleitung *f*, Vorbereitung(en *pl*) *f*, vorbereitende Maßnahmen *pl*, Prälimiˈnarien *pl* (*a. jur. pol.* e-s Vertrages), *jur. eccl.* Vorverhandlungen *pl*. **4.** → preliminary examination. ~ ex·am·i·na·tion *s univ.* **1.** Aufnahmeprüfung *f*. **2.** a) Vorprüfung *f*, b) *med.* Physikum *n*.
preˈload *s tech.* Vorspannung *f*, Vorbelastung *f*.
prel·ude [ˈpreljuːd; *Am. a.* ˈpreɪˌluːd] **I** *s* **1.** Vorspiel *n*, Einleitung *f* (*beide a. fig.*), *fig.* Auftakt *m* (to zu). **2.** *mus.* Präˈludium *n*. **II** *v/t* **3.** *mus.* a) (mit e-m Präˈludium) einleiten, b) als Präˈludium spielen. **4.** *bes. fig.* einleiten, das Vorspiel *od.* der Auftakt sein zu. **III** *v/i* **5.** *mus.* a) präluˈdieren, ein Präˈludium spielen, b) als Vorspiel dienen (to für, zu). **6.** *fig.* das Vorspiel *od.* die Einleitung bilden (to zu).
preˈlu·sive [prɪˈljuːsɪv; *Am. a.* -ˈluː-] *adj* **1.** *mus. u. fig.* einleitend. **2.** *fig.* warnend.
ˌpreˈmar·i·tal *adj* vorehelich.
ˌpre·maˈter·ni·ty *adj med.* vor der Entbindung, für werdende Mütter: ~ medical care Mutterschaftsvorsorgeuntersuchung *f*.
pre·ma·ture [ˌpreməˈtjʊə(r); -ˈtʃʊə(r); ˌpriːmə-; *Am. a.* -ˈtʊər] *adj (adv* ~ly) **1.** früh-, vorzeitig, verfrüht: ~ birth Frühgeburt *f*; ~ child Frühgeburt *f*; ~ death frühzeitiger Tod; ~ ignition *mot.* Frühzündung *f*. **2.** *fig.* voreilig, -schnell, überˈeilt: a ~ decision. **3.** frühreif. ˌpre·maˈture·ness, ˌpre·maˈtur·i·ty *s* **1.** Frühreife *f*. **2.** Früh-, Vorzeitigkeit *f*. **3.** Voreiligkeit *f*, Überˈeiltheit *f*.
pre·maxˈil·lar·y [prɪːˈmæksɪlərɪ; *Am.* -ˈmæksəˌlerɪː] *anat.* **I** *adj* prämaxilˈlar, Zwischenkiefer(knochen)... **II** *s* Zwischenkiefer(knochen) *m*.
preˈmed [ˌpriːˈmed] *adj, s colloq. abbr. für* a) premedical, b) premedication, c) premedical student.
ˌpreˈmed·ic *colloq. abbr. für* premedical student. ˌpreˈmed·i·cal *adj univ. Am.* in die Mediˈzin einführend, auf das Mediˈzinstudium vorbereitend: ~ course Kurs, der auf das Medizinstudium vorbereitet; ~ student Student(in), der/die e-n ~ course besucht. ˌpreˌmed·iˈca·tion *s med.* Vorbehandlung *f* (*vor e-r Operation*).
ˌpre·me·di·e·val *adj* vormittelalterlich.
ˌpreˈmed·i·tate *v/t. u. v/i* vorher überˈlegen: ~d murder vorsätzlicher Mord. ˌpreˈmed·i·tat·ed·ly [-ɪdlɪ] *adv* mit Vorbedacht, vorsätzlich. preˌmed·iˈta·tion *s* Vorbedacht *m*, Vorsatz *m*.
pre·mie → preemie.
pre·mier [ˈpremjə; *Am.* prɪˈmjɪər; ˈpriːmiːər] **I** *adj* **1.** rangältest(er, e, es). **2.** vornehmst(er, e, es), oberst(er, e, es), Haupt... **3.** erst(er, e, es), frühest(er, e, es). **II** *s* **4.** Premiˈer(miˌnister) *m*, Miˈnisterpräsiˌdent *m*.
pre·mière [ˈpremɪeə; *Am.* prɪˈmjeər; prɪˈmɪər] *thea.* **I** *s* **1.** Premiˈere *f*, Ur-, Erstaufführung *f*. **2.** a) erste Darstellerin (e-s Ensembles), b) a. ~ danseuse Primaballeˈrina *f*. **II** *v/t* **3.** ur-, erstaufführen.
ˈpre·mier·ship *s* Amt *n od.* Würde *f* des Premiˈermiˌnisters.
ˈpre·milˈle·nar·i·an *adj relig.* **1.** vor dem Milˈlennium *od.* Tausendjährigen Reich. **2.** die Lehre von der ˈWiederkunft Christi vor dem Milˈlennium betreffend.
pre·mise¹ [prɪˈmaɪz; *Am. bes.* ˈpremɪs] *v/t* **1.** vorˈausschicken, vorher erwähnen. **2.** *philos.* postuˈlieren.
prem·ise² [ˈpremɪs] *s* **1.** *philos.* Präˈmisse *f*, Vorˈaussetzung *f*, Vordersatz *m* (e-s Schlusses): major (minor) ~ Ober-(Unter)satz *m*. **2.** *jur.* a) *pl* (*das*) Obenerwähnte (in Urkunden), b) obenerwähntes Grundstück *od.* Haus *etc*: in the ~s im Vorstehenden; in these ~s in Hinsicht auf das eben Erwähnte. **3.** *pl* a) Grundstück *n*, Haus *n* nebst Zubehör *n* (Nebengebäude, Grund u. Boden), c) Loˈkal *n*, Räumlichkeiten *pl*: on the ~s an Ort u. Stelle, auf dem Grundstück, im Hause *od.* Lokal; business ~s a) Fabrik-, Werksgelände *n*, b) Geschäftsräume; licensed ~ Schanklokal.
pre·mi·um [ˈpriːmjəm; -mɪəm] *s* **1.** (Leistungs- *etc*)Prämie *f*, Bonus *m*, Belohnung *f*, Preis *m*, Zugabe *f*: ~ (savings) bonds *econ. Br.* zinslose Staatsobligationen, die an e-r wöchentlichen Ziehung teilnehmen; ~ offers *pl econ.* Verkauf *m* mit Zugaben; ~ system *econ.* Prämienlohnsystem *n*; to put (*od.* place) a ~ on im Preis aussetzen für. **2.** (Versicherungs)Prämie *f*; ~ of insurance; ~ reserve Prämienreserve *f*, Deckungskapiˈtal *n*; free of ~ prämienfrei. **3.** *econ.* Aufgeld *n*, Agio *n*: at a ~ a) über pari, b) *fig.* hoch im Kurs (stehend), sehr gefragt; to sell at a ~ a) (*v/i*) über pari stehen, b) (*v/t*) mit Gewinn verkaufen; to put (*od.* place) at a ~ *fig.* großen Wert legen auf (*acc*). **4.** Lehrgeld *n* (e-s Lehrlings), ˈAusbildungshonoˌrar *n*. **5.** Börse: Prämie *f*, Reuegeld *n* (bei Termingeschäften). **6.** *a.* ~ gasoline *mot. Am.* ˈSuper(benˌzin) *n*.
ˌpreˈmo·lar *s anat.* Prämoˈlar *m*, Vorbackenzahn *m*.
ˌpre·moˈni·tion *s* **1.** (Vor)Warnung *f*. **2.** (Vor)Ahnung *f*, (Vor)Gefühl *n*. preˈmon·i·to·ry *adj* warnend: ~ symptom *med.* Frühsymptom *n*.
ˌpreˈmo·tion *s relig.* erster Antrieb (des Weltlaufs durch Gottes Willen).
ˌpreˈna·tal *med.* **I** *adj* vor der Geburt, vorgeburtlich, pränaˈtal: ~ care Mutterschaftsvorsorge *f*; ~ clinic Schwangerenberatungsstelle *f*; ~ examination Mutterschaftsvorsorgeuntersuchung *f*; ~ exercises Schwangerschaftsgymnastik *f*. **II** *s colloq.* ˈMutterschaftsvorsorgeunterˌsuchung *f*.
pren·tice [ˈprentɪs] **I** *s obs. für* apprentice. **II** *adj* Lehr(lings)..., Anfänger...: in my ~ years *fig.* in m-n Lehrjahren.
ˌpreˈnup·tial *adj* vorehelich.
ˌpreˈoc·cu·pan·cy *s* **1.** a) frühere Besitznahme, b) Recht *n* der früheren Besitznahme. **2.** (in) Beschäftigtsein *n* (mit), Vertieftsein *n* (in *acc*), Konzentratiˈon *f* (auf *acc*).
preˌoc·cuˈpa·tion *s* **1.** vorˈherige Besitznahme. **2.** (with) Beschäftigtsein *n* (mit), Vertieftsein *n* (in *acc*), Konzentratiˈon *f* (auf *acc*). **3.** Zerstreutheit *f*. **4.** Hauptbeschäftigung *f*, -tätigkeit *f*.
ˌpreˈoc·cu·pied *adj* **1.** (with) in Anspruch genommen (von), (anderweitig) beschäftigt (mit). **2.** vertieft (with in *acc*), gedankenverloren, geistesabwesend. ˌpreˈoc·cu·py *v/t* **1.** vorher *od.* vor anderen in Besitz nehmen. **2.** *j-n* (völlig) in Anspruch nehmen, *j-s* Gedanken *od. j-n* ausschließlich beschäftigen, erfüllen.
ˌpreˈor·dain *v/t* vorˈherbestimmen: he was ~ed to succeed (*od.* to success) sein Erfolg war ihm vorherbestimmt.
ˌpreˈor·dain·ment, ˈpreˌor·diˈna·tion *s* Vorˈherbestimmung *f*.
prep [prep] *sl.* (*Schülersprache*) **I** *s* **1.** a) → preparatory school, b) *Am.* Schüler(in) e-r preparatory school. **2.** *Br. abbr. für* preparation 10. **II** *adj* **3.** *abbr. für* preparatory **I**: ~ school → preparatory school. **III** *v/i* **4.** *Am.* sich vorbereiten (for *auf acc*): to ~ for college. **IV** *v/t* **5.** *Am.* vorbereiten.
ˌpreˈpack, ˌpreˈpack·age *v/t* abpacken: prepacked fruit.
ˌpreˈpaid *adj* vorˈausbezahlt, mail franˈkiert, (porto)frei.
ˌpreˈpal·a·tal *adj* **1.** *anat.* vor dem Gaumen (liegend). **2.** *ling.* am vorderen Teil des (harten) Gaumens gebildet.
prep·a·ra·tion [ˌprepəˈreɪʃn] *s* **1.** Vorbereitung *f* (for für): in ~ for als Vorbereitung auf (*acc*); to make ~s Vorbereitungen *od.* Anstalten treffen; ~s for war, warlike ~s Kriegsvorbereitungen; artillery ~ *mil.* Artillerievorbereitung, Vorbereitungsfeuer *n*. **2.** Bereitschaft *f*, Vorbereitetsein *n*. **3.** ˈHerstellung *f*, (Zu-)Bereitung *f* (*von Tee, Speisen etc*). **4.** *Bergbau:* Aufbereitung *f*: ~ of ores. **5.** Vorbehandlung *f*, Präpaˈrieren *n*, Imprägˈnieren *n* (*von Holz etc*). **6.** *pharm.* Präpaˈrat *n*, Arzˈnei(mittel *n*) *f*: pharmaceutical ~s. **7.** *biol. med.* (mikroˈskopisches Unterˈsuchungs)Präpaˌrat *n*. **8.** Abfassung *f* (e-r Urkunde), Ausfüllen *n* (e-s Formulars). **9.** *relig.* Vorbereitung(sgottesdienst *m*) *f*. **10.** *ped. Br.* Vorbereiˈ

preparative – presence

tung *f*: a) (Anfertigung *f* der) Hausaufgaben *pl*, b) Vorbereitungsstunde *f*: to do one's ~ Hausaufgaben machen; supervised ~ Hausaufgabenüberwachung *f*. **11.** *mus.* a) (Disso'nanz)Vorbereitung *f*, b) 'Einleitung(sfi₁gur) *f*. **pre·par·a·tive** [prɪˈpærətɪv] **I** *adj* → **preparatory I. II** *s* Vorbereitung *f* (for für, auf *acc*), vorbereitende Maßnahme (to zu). **preˈpar·a·tive·ly** *adv* als Vorbereitung (to zu, für, auf *acc*). **pre·par·a·tor** [ˈprepəreɪtə; *Am.* prɪˈpærətər] *s* **1.** Vorbereiter(in). **2.** Präpa'rator *m*.
pre·par·a·to·ry [prɪˈpærətərɪ; *Am.* -ˌtɔːriː; -ˌtɔː-] **I** *adj* (*adv* **preparatorily**) **1.** vorbereitend, als Vorbereitung dienend: to be ~ to als Vorbereitung dienen für *od.* zu *od.* auf (*acc*); ~ to a) im Hinblick auf (*acc*), b) vor (*dat*); ~ **to my journey** vor m-r Reise; ~ **to doing s.th.** bevor *od.* ehe man etwas tut. **2.** *bes. ped.* Vor(bereitungs)... **II** *s* **3.** → **preparative** II. **4.** *Br.* → **preparatory school.** ~ **school** *s* Vor(bereitungs)schule *f*: a) *Am. auf ein* **College** *vorbereitende* (*Privat*)*Schule*, b) *Br. auf e-e* **Public School** *vorbereitende Schule*.
pre·pare [prɪˈpeə(r)] **I** *v/t* **1.** (vor-, zu-) bereiten, zuˈrecht-, fertigmachen, ('her-)richten: to ~ (the) **dinner** das Essen zubereiten; to ~ **s.th. for eating** etwas tischfertig zubereiten; to ~ **a festival** ein Fest vorbereiten. **2.** (aus)rüsten, bereitstellen: to ~ **an expedition** e-e Expedition ausrüsten. **3.** *j-n* (*seelisch*) vorbereiten (to do zu; for auf *acc*): to ~ o.s. to do s.th. sich anschicken, etwas zu tun; to ~ o.s. for s.th. sich auf etwas gefaßt machen; to ~ s.o. for bad news j-n auf e-e schlechte Nachricht vorbereiten. **4.** *e-e* Rede, Schularbeiten, *e-n Schüler etc* vorbereiten: to ~ **a speech**; to ~ **one's lessons** sich für den Unterricht vorbereiten. **5.** anfertigen, ausarbeiten, *e-n Plan* entwerfen, *ein Schriftstück* abfassen. **6.** *chem. tech.* a) anfertigen, 'herstellen, b) präpa'rieren, zurichten. **7.** Kohle aufbereiten. **8.** *chem.* darstellen. **9.** *mus.* a) *e-e Dissonanz* vorbereiten, b) *e-n Triller etc* einleiten. **II** *v/i* **10.** (for) sich vorbereiten (auf *acc*), sich anschicken *od.* rüsten (zu), Vorbereitungen *od.* Anstalten treffen (für): to ~ **for war** (sich) zum Krieg rüsten; to ~ ...! *mil.* Fertig zum ...! **11.** sich gefaßt machen (for auf *acc*). **preˈpared** *adj* **1.** vorbereitet, bereit, fertig. **2.** zubereitet, 'hergestellt. **3.** präpa'riert, imprä'gniert. **4.** *fig.* bereit, gewillt, willens: to be ~ to do s.th. **5.** (for) vorbereitet (auf *acc*), gefaßt (auf *acc*), gerüstet (für). **6.** *mus.* vorbereitet (*Dissonanz*). **preˈpar·ed·ly** [-ˈpeə(r)dlɪ; *Am. bes.* -rɪd-] *adv*. **preˈpar·ed·ness** [-ˈpeə(r)dnɪs; *Am. bes.* -rɪd-] *s* **1.** Bereitschaft *f*. **2.** Vorbereitetsein *n* (for auf *acc*).
ˌ**pre·paˈren·tal** *adj* für zukünftige Eltern: ~ **teaching**.
ˌ**preˈpa·tent** *adj med.* (noch) la'tent: ~ **period** Latenzzeit *f*.
preˈpay *v/t irr* vor'ausbezahlen, *e-n Brief* ein'frankieren, freimachen. ˌ**preˈpay·a·ble** *adj* im voraus zahlbar *od.* zu (be)zahlen(d). ˌ**preˈpay·ment** *s* Vor'aus(be)zahlung *f*, Fran'kierung *f* (*von Briefen*).
pre·pense [prɪˈpens] *adj jur.* vorsätzlich, vorbedacht: → **malice** 5. **preˈpense·ly** *adv* vorsätzlich.
pre·pon·der·ance [prɪˈpɒndərəns; *Am.* -ˈpɑn-], *a.* **preˈpon·der·an·cy** [-sɪ] *s* **1.** (Übergewicht *n* (*a. fig.* over über *acc*). **2.** *fig.* Überwiegen *n* (*an Zahl*) (over über *acc*), überˈwiegende Zahl. **pre-**

ˈ**pon·der·ant** *adj* (*adv* **~ly**) vorwiegend, überˈwiegend, entscheidend.
pre·pon·der·ate [prɪˈpɒndəreɪt; *Am.* -ˈpɑn-] *v/i* **1.** *fig.* vorherrschen, -wiegen, überˈwiegen: to ~ **over** (an Zahl) übersteigen, überlegen sein (*dat*). **2.** sich neigen (*Waage*, *a. fig.*).
prep·o·si·tion [ˌprepəˈzɪʃn] *s ling.* Präpositi'on *f*, Verhältniswort *n*. ˌ**prep·o-ˈsi·tion·al** [-ʃnl] *adj* (*adv* **~ly**) präpositio'nal: ~ **object** präpositionales Objekt. **pre·pos·i·tive** [prɪˈpɒzɪtɪv; *Am.* -ˈpɑz-] *adj ling.* vor'angesetzt, -stehend, Präfix...
ˌ**pre·posˈsess** *v/t j-n, j-s Geist* einnehmen: **~ed** voreingenommen; to be **~ed in favo(u)r of** eingenommen *od.* beeindruckt sein von. ˌ**pre·posˈsess·ing** *adj* (*adv* **~ly**) einnehmend, gewinnend, anziehend, sym'pathisch. ˌ**pre·posˈses·sion** *s* **1.** Voreingenommenheit *f* (**in favo[u]r of** für), vorgefaßte (günstige) Meinung (**for** von). **2.** Vorurteil *n*.
pre·pos·ter·ous [prɪˈpɒstərəs; *Am.* -ˈpɑs-] *adj* (*adv* **~ly**) **1.** ab'surd, un-, 'widersinnig, 'widerna₁türlich, verdreht. **2.** lächerlich, lachhaft, gro'tesk. **preˈpos·ter·ous·ness** *s* **1.** Unsinnigkeit *f*. **2.** Lächerlichkeit *f*.
preˈpo·tence, preˈpo·ten·cy *s* **1.** Vorherrschaft *f*, 'Übermacht *f*, Überˈlegenheit *f*. **2.** *biol.* stärkere Fortpflanzungs- *od.* Vererbungskraft. **preˈpo·tent** *adj* (*adv* **~ly**) **1.** vorherrschend, (an Kraft) überˈlegen, 2. ('über)mächtig. **3.** *biol.* sich stärker fortpflanzend *od.* vererbend.
prep pie [ˈprepɪ] *s ped. Am. sl.* Schüler(in) e-r **preparatory school**.
ˌ**preˈpref·er·ence** *adj econ. Br.* vor den Vorzugsaktien ran'gierend: ~ **shares**.
pre·print I *s* [ˈpriːprɪnt] **1.** Vorabdruck *m* (*e-s Buches etc*). **2.** Teilausgabe *f* (*e-s Gesamtwerks*). **II** *v/t* [ˌpriːˈprɪnt] **3.** vor-'abdrucken, im voraus veröffentlichen.
ˌ**preˈpro·gram**, *Br.* **~ ˌpreˈpro-gramme** *v/t* 'vorpro₁gram₁mieren.
ˌ**preˈpu·ber·tal** *adj psych.* 'vorpuber-₁tär. ˌ**preˈpu·ber·ty** *s* 'Vorpuber₁tät *f*.
ˌ**preˈpub·liˈca·tion** *s* Vorabdruck *m*.
pre·puce [ˈpriːpjuːs] *s anat.* Vorhaut *f*.
Pre-Raph·a·el·ite [ˌpriːˈræfəlaɪt; *bes. Am.* -ˈreɪfɪə-] **I** *adj* präraffae'litisch: ~ **Brotherhood** (*1848 gegründete*) Präraffaelitische Bruderschaft (*Gruppe von Malern, die in den Vorläufern Raffaels ihr Vorbild sahen*). **II** *s* Präraffae'lit *m*. ˌ**Pre-ˈRaph·a·el·it·ism** [-laɪtɪzəm] *s* Stil *m od.* Grundsätze *pl* der Präraffae'liten.
ˌ**preˈre·cord·ed** *adj* **1.** vorher aufgenommen: ~ **broadcast** Aufnahme *f*, Aufzeichnung *f*. **2.** bespielt (*Tonband etc*): ~ **tape**.
ˌ**preˈreq·ui·site I** *adj* vor'auszusetzen(d), erforderlich (**for, to** für). **II** *s* Vorbedingung *f*, ('Grund)Vor₁aussetzung *f* (**for, to** für).
pre·rog·a·tive [prɪˈrɒgətɪv; *Am.* -ˈrɑg-] **I** *s* Präroga'tiv(e *f*) *n*, Privi'leg(ium) *n*, Vorrecht *n*: **royal** ~ Hoheitsrecht *n*; ~ **of mercy** Begnadigungsrecht *n*. **II** *adj* bevorrechtigt: ~ **right** Vorrecht *n*. ~ **court** *s jur. Br. hist. u. Am.* Nachlaßgericht *n*.
pres·age [ˈpresɪdʒ] **I** *v/t* [*a.* prɪˈseɪdʒ] **1.** *meist* Böses ahnen. **2.** (vorher) anzeigen *od.* ankündigen, 'hindeuten auf (*acc*). **3.** weissagen, prophe'zeien. **II** *s* **4.** Omen *n*, Warn(ungs)-, Vor-, Anzeichen *n*. **5.** (Vor)Ahnung *f*, Vorgefühl *n*. **6.** Vordeutung *f*: **of evil** ~.
pres·by·o·pi·a [ˌprezbɪˈoʊpjə; -pɪə] *s* Presbyo'pie *f*, Alters(weit)sichtigkeit *f*. ˌ**pres·byˈop·ic** [-ˈɒpɪk; *Am.* -ˈoʊ-; -ˈɑ-] *adj* alters(weit)sichtig.
pres·by·ter [ˈprezbɪtə(r); *Am. a.* ˈpres-] *s relig.* **1.** (Kirchen)Älteste(r) *m*. **2.** (Hilfs-)

Geistliche(r) *m*, (-)Priester *m* (*in Episkopalkirchen*). **presˈbyt·er·al** → **presbyterial. presˈbyt·er·ate** [-rət, -reɪt] *s* **1.** Amt *n* e-s Kirchenältesten. **2.** → **presbytery** 1.
pres·by·te·ri·al [ˌprezbɪˈtɪərɪəl; *Am. a.* ˌpres-] *adj* presbyteri'al, Presbyterial..., von Kirchenältesten ausgehend *od.* geleitet. ˌ**Pres·by·te·ri·an I** *adj* presbyteri'anisch: ~ **Church**. **II** *s* Presbyteri'aner(in). ˌ**Pres·by·te·ri·an·ism** *s* Presbyteri'anertum *n*, -lehre *f*.
pres·by·ter·y [ˈprezbɪtərɪ; *Am.* -ˌteri-; ˈpres-] *s* **1.** Presby'terium *n*: a) *collect. hist.* (die) Kirchenältesten *pl*, b) Art Kreissynode in Presbyterianerkirchen, c) Chor (-raum) *m* (*Altarplatz*). **2.** Sprengel *m*, Pfarrbezirk *m*. **3.** *R.C.* Pfarrhaus *n*.
pre·school *ped.* **I** *adj* [ˌpriːˈskuːl] vorschulisch, vor dem schulpflichtigen Alter: ~ **age** vorschulpflichtiges Alter; ~ **child** noch nicht schulpflichtiges Kind. **II** *s* [ˈpriːskuːl] (*kindergartenähnliche*) Vorschule.
pre·sci·ence [ˈpresɪəns; ˈpreʃɪ-; *Am. a.* ˈpriːʃɪ-; -sɪ-] *s* Vorˈherwissen *n*, Vor'aussicht *f*. ˈ**pre·sci·ent** *adj* (*adv* **~ly**) vor'herwissend, -sehend (**of** *acc*).
ˈ**pre·sci·enˈtif·ic** *adj* vorwissenschaftlich.
pre·scind [prɪˈsɪnd] **I** *v/t fig.* (**from**) absondern, (ab)trennen (von), ausklammern (aus). **II** *v/i* absehen, Abstand nehmen (**from** von).
ˌ**preˈscore** *v/t* Film: 'vorsynchroni₁sieren.
pre·scribe [prɪˈskraɪb] **I** *v/t* **1.** vorschreiben (**s.th. to s.o.** j-m etwas), *etwas* anordnen: (**as**) **~d** (wie) vorgeschrieben, vorschriftsmäßig. **2.** *med.* verschreiben, verordnen (**s.th. for s.o.** j-m etwas; **for s.th.** gegen etwas). **II** *v/i* **3.** Vorschriften machen, Anordnungen treffen. **4.** a) etwas verschreiben *od.* verordnen (**to, for** *dat*), b) *ein Re'zept* ausstellen (**for s.o.** j-m): **to ~ for s.o.** *allg.* j-n ärztlich behandeln. **5.** *jur.* a) verjähren, b) Verjährung *od. a.* Ersitzung geltend machen (**to, for** für, auf *acc*).
pre·script [ˈpriːskrɪpt] *s* Vorschrift *f*, Anordnung *f*.
pre·scrip·tion [prɪˈskrɪpʃn] *s* **1.** Vorschrift *f*, Verordnung *f*. **2.** *med.* a) Re'zept *n*, b) verordnete Medi'zin: **to take one's** ~ s-e Arznei einnehmen; **available only on** ~ rezeptpflichtig; ~ **charge** Rezeptgebühr *f*; ~ **drug** rezeptpflichtiges Medikament; ~ **form** Rezept *n* (*Formular*); ~ **glasses** *pl* ärztlich verordnete *pl*. vom Arzt verschriebene Brille; ~ **pad** Rezeptblock *m*. **3.** *jur.* a) **(negative)** ~ (Verlust *m* e-s Rechtes durch) Verjährung *f*, b) **(positive)** ~ Ersitzung *f*.
pre·scrip·tive [prɪˈskrɪptɪv] *adj* (*adv* **~ly**) **1.** verordnend, vorschreibend, präˈskrip'tiv (*a. ling.*): ~ **grammar**. **2.** *jur.* a) ersessen: ~ **right**, b) Verjährungs...: ~ **period**; ~ **debt** verjährte Schuld. **3.** ('alt)hergebracht.
ˌ**preˈse·lect** *v/t* vorher (aus)wählen. ˌ**pre·seˈlec·tion** *s* **1.** *tech.* Vorwahl *f* (*a. teleph.*), Voreinstellung *f*. **2.** *Radio*: 'Vorselekti₁on *f*. ˌ**preˈse·lec·tive** *adj mot. tech.* Vorwähler...: ~ **transmission** *mot.* Vorwählergetriebe *n*. ˌ**preˈse·lec·tor** *s* **1.** *mot. tech. teleph.* Vorwähler *m*: ~ **gear** *mot.* Vorwählergetriebe *n*. **2.** *a.* ~ **stage** (*Radio*) HF-Eingangsstufe *f*.
ˌ**preˈsem·i·nal** *adj biol.* vor der Befruchtung, noch nicht befruchtet (*Ei*).
pres·ence [ˈprezns] *s* **1.** a) Gegenwart *f*, Anwesenheit *f*, Prä'senz *f*: **in the** ~ **of**, **in s.o.'s** ~ in Gegenwart *od.* in Anwesenheit *od.* im Beisein von (*od. gen*); **in the** ~ **of witnesses** vor Zeugen; ~ **of mind** Gei-

stesgegenwart *f*; → **save¹** 9, b) *mil. pol.* mili'tärische Prä'senz. **2.** (unmittelbare) Nähe, Vor'handensein *n*: **to bring s.o. into the ~ of the king** j-n vor den König bringen; **to be admitted into the ~** (zur Audienz) vorgelassen werden; **action of ~** *chem.* Kontaktwirkung *f*; **in the ~ of danger** angesichts der Gefahr. **3.** *bes. Br.* hohe Per'sönlichkeit(en *pl*). **4.** a) *(das)* Äußere, Aussehen *n*, (stattliche) Erscheinung, b) Auftreten *n*, Haltung *f*, c) (per-'sönliche) Ausstrahlung (*e-s Schauspielers etc*), d) *(das)* Eindrucksvolle, Wirksamkeit *f*. **5.** Anwesenheit *f* e-s unsichtbaren Geistes: **to feel a ~. ~cham·ber, ~ room** *s bes. Br.* Audi'enz-, Empfangssaal *m*.
,**pre·se·nile** *adj med.* präse'nil. ,**pre·se-'nil·i·ty** *s* Präsenili'tät *f*, vorzeitiges Altern.
pres·ent¹ ['preznt] **I** *adj (adv* → **presently) 1.** (räumlich) gegenwärtig, anwesend **(in a place** an e-m Ort; **at** bei *e-r Feier etc*), vor'handen *(a. chem. etc)*: **were you ~?** warst du da(bei)?; **those ~, ~ company** die Anwesenden; **to be ~ at** teilnehmen an *(dat)*, e-r Sache beiwohnen, bei *(e-m Fest etc)* zugegen sein; **~!** *(bei Namensaufruf)* hier! **2.** (zeitlich) gegenwärtig, augenblicklich, jetzig, momen'tan: **the ~ time** *(od.* **day) die Gegenwart; the ~ Parliament** das gegenwärtige Parlament; **~ value** Gegenwarts-, *econ.* Tageswert *m*. **3.** heutig *(bes. Tag)*, laufend *(bes. Jahr, Monat)*. **4.** *fig.* **(to)** gegenwärtig *od.* vor Augen *(dat)*, le'bendig **(in** *dat)*: **it is ~ to my mind** es ist mir gegenwärtig. **5.** vorliegend: **the ~ case; the ~ document; the ~ writer** der Schreiber *od.* Verfasser (dieser Zeilen). **6.** *ling.* prä'sentisch, im Präsens *od.* in der Gegenwart (stehend *od.* gebraucht): **~ participle** Partizip *n* Präsens, Mittelwort *n* der Gegenwart; **~ perfect** Perfekt *n*, zweite Vergangenheit; **~ tense** Präsens *n*, Gegenwart *f*. **II** *s* **7.** Gegenwart *f*: **at ~** im Augenblick, augenblicklich, gegenwärtig, jetzt, momentan; **for the ~** vorläufig, für den Augenblick, einstweilen. **8.** *ling.* (Verb *n* im) Präsens *n*, (Zeitwort *n* in der) Gegenwart *f*. **9.** *pl jur.* (vorliegendes) Schriftstück *od.* Doku'ment: **by these ~s** hiermit, hierdurch; **know all men by these ~s** hiermit jedermann kund u. zu wissen.

pre·sent² [prɪ'zent] **I** *v/t* **1.** *j-n* beschenken, *(mit e-m Preis etc)* bedenken: **to ~ s.o. with s.th.** j-m etwas schenken *od.* verehren; **to be ~ed with a prize** e-n Preis (überreicht) bekommen. **2.** darbieten, (über)'reichen, *etwas* schenken: **to ~ s.th. to s.o.** j-m etwas schenken; **to ~ a message** *od.* **e** Botschaft überbringen; **to ~ one's compliments to s.o.** sich j-m empfehlen. **3.** *j-n* vorstellen **(to s.o.** j-m), einführen **(at** bei): **to ~ o.s.** a) sich vorstellen, b) sich einfinden, erscheinen, sich melden **(for** zu), c) *fig.* sich bieten *(Möglichkeit etc)*. **4.** bei Hof vorstellen *od.* einführen: **to be ~ed. 5.** bieten: **to ~ difficulties; to ~ a problem** ein Problem darstellen; **to ~ an appearance (of)** erscheinen (als); **to ~ a smiling face** ein lächelndes Gesicht zeigen. **6.** *econ. e-n Wechsel, Scheck* (zur Zahlung) vorlegen, präsen'tieren: **to ~ a bill for acceptance** e-n Wechsel zum Akzept vorlegen. **7.** *ein Gesuch, e-e Klage* einreichen, vorlegen, unter'breiten. **8.** *e-e Bitte, Klage, ein Argument etc* vorbringen, *e-n Gedanken, Wunsch* äußern, unter'breiten: **to ~ a case** e-n Fall vortragen *od.* vor Gericht vertreten. **9.** *jur.* a) *Klage od. Anzeige* erstatten gegen, *ein Vergehen* anzeigen. **10.** *ein Theaterstück, e-n Film etc* dar-

bieten, geben, zeigen, *a. e-e Sendung* bringen, *e-e Sendung* mode'rieren. **11.** *e-e Rolle* spielen, verkörpern. **12.** *fig.* vergegenwärtigen, vor Augen führen, schildern, darstellen. **13.** *j-n (für ein Amt)* vorschlagen. **14.** *mil.* a) *das Gewehr* präsen'tieren, b) *e-e Waffe* in Anschlag bringen, anlegen, richten **(at auf** *acc*): **~ arm²** *Bes. Redew.* **II** *s* **15.** *mil.* a) Präsen'tiergriff *m*, b) (Gewehr)Anschlagm: **at the ~** in Präsentierhaltung; **~ arms** Präsentierstellung *f*.
pres·ent³ ['preznt] *s* Geschenk *n*, Prä-'sent *n*, Gabe *f*: **to make s.o. a ~ of s.th., to make a ~ of s.th. to s.o.** j-m etwas zum Geschenk machen *od.* schenken.
pre·sent·a·ble [prɪ'zentəbl] *adj (adv* **presentably) 1.** präsen'tabel, sich sehen *od.* zum Anbieten geeignet. **2.** annehmbar: **in ~ form. 3.** ,präsen'tabel' (*Erscheinung*), anständig angezogen. **4.** ansehnlich, stattlich. **5.** darstellbar, auszudrücken(d).
pres·en·ta·tion [,prezən'teɪʃn; *Am. a.* ,pri:-] *s* **1.** Schenkung *f*, (feierliche) Über-'reichung *od.* 'Übergabe: **~ copy** Widmungs-, Freiexemplar *n*. **2.** Gabe *f*, Geschenk *s* **~ case** Geschenketui *n* (*für Uhr etc*). **3.** Vorstellung *f* (*e-r Person*), Einführung *f*. **4.** Vorstellung *f*, Erscheinen *n*. **5.** Darstellung *f*, Schilderung *f*, Behandlung *f*: **~ of a problem. 6.** *med.* Demonstrati'on *f* (*im Kolleg*). **7.** *thea.* Film: Darbietung *f*, Vor-, Aufführung *f*, Rundfunk, TV: Moderati'on *f* (*e-r Sendung*). **8.** (Zur)'Schaustellung *f*. **9.** *econ.* (Waren)Aufmachung *f*, Ausstattung *f*. **10.** Einreichung *f* (*e-s Gesuchs*), Vorlage *f*, Eingabe *f*. **11.** *econ.* (Wechsel)Vorlage *f*: **(up)on ~** gegen Vorlage; **payable on ~** zahlbar bei Sicht; **to mature (up)on ~** bei Sicht fällig werden. **12.** a) Vorschlag(srecht *n*) *m*, b) Ernennung *f (relig. Br.* bes. für ein geistliches Amt). **13.** *med.* (Kinds)Lage *f* (*im Uterus*): **~ of the f(o)etus. 14.** *philos. psych.* a) Wahrnehmung *f*, b) Vorstellung *f*. **15.** P**~** *relig.* a) **P~ of the Virgin Mary** Darstellung *f* Ma'riä (*21. November*), b) **P~ of Christ in the Temple** Darstellung *f* Christi im Tempel, Ma'riä Lichtmeß *f* (*2. Februar*).
,**pres·ent-'day** *adj* heutig, gegenwärtig, jetzig, mo'dern.
pres·en·tee [,prezən'ti:] *s* **1.** *bes. relig.* (*für ein geistliches Amt*) Vorgeschlagene(r) *m*. **2.** *j-d*, dem etwas präsentiert *od.* vorgelegt wird.
pre·sent·er [prɪ'zentə(r)] *s* **1.** *econ.* Über'bringer *m* (*e-s Schecks*). **2.** Rundfunk, TV: *Br.* Mode'rator *m*.
pre·sen·tient [prɪ'senʃənt; -ʃənt] *adj* im voraus fühlend, ahnend **(of** *acc*).
pre·sen·ti·ment [prɪ'zentɪmənt] *s* (Vor)Gefühl *n*, (meist böse Vor)Ahnung.
pre·sen·tive [prɪ'zentɪv] *adj bes. ling.* anschaulich, begrifflich (*Wort*).
pres·ent·ly ['prezntlɪ] *adv* **1.** in Kürze, bald. **2.** gleich *od.* bald dar'auf. **3.** *Am.* jetzt, gegenwärtig, momen'tan, derzeit. **4.** *obs.* sofort.
pre·sent·ment [prɪ'zentmənt] *s* **1.** Darstellung *f*, 'Wiedergabe *f*, Bild *n*. **2.** *thea. etc* Darstellung *f*, -bietung *f*, Aufführung *f*. **3.** Einreichung *f*, Vorlage *f*. **4.** *econ.* (Wechsel- *etc*)Vorlage *f*. **5.** *jur.* Anklage *f od. a.* Unter'suchung *f* von Amts wegen, *bes.* von der Anklagejury verfaßte Anklageschrift. **6.** *relig.* Klage *f* beim visi-'tierenden Bischof *od.* Archidia'kon. **7.** *philos. psych.* Vorstellung *f*.
pre·serv·a·ble [prɪ'zɜ:vəbl; *Am.* -'zɜr-] *adj* erhaltbar, zu erhalten(d), konser-'vierbar.
pres·er·va·tion [,prezə(r)'veɪʃn] *s* **1.** Bewahrung *f*, (Er)Rettung *f*, Schutz *m*

(**from** vor *dat*): **~ of natural beauty** Naturschutz *m*. **2.** Erhaltung *f* (*a. fig.*), Konser'vierung *f*: **in good ~** gut erhalten; **~ of area** *math.* Flächentreue *f*; **~ of evidence** *jur.* Beweis-, Spurensicherung *f*. **3.** Einmachen *n*, -kochen *n*, Konser-'vierung *f* (*von Früchten etc*).
pre·serv·a·tive [prɪ'zɜ:vətɪv; *Am.* -ʲzɜr-] **I** *adj* **1.** schützend, bewahrend, Schutz... **2.** erhaltend, konser'vierend. **II** *s* **3.** Konser'vierungsmittel *n* (*a. tech.*).
pre·serve [prɪ'zɜ:v; *Am.* -ʲzɜrv] **I** *v/t* **1.** bewahren, behüten, (er)retten, (be-)schützen **(from** vor *dat*). **2.** erhalten, vor dem Verderb schützen: **well ~d** gut erhalten. **3.** aufbewahren, -heben. **4.** konser'vieren (*a. tech.*), *Obst etc* einkochen, -machen, -legen: **~d meat** Büchsenfleisch *n*, *collect.* Fleischkonserven *pl*. **5.** *hunt. bes. Br.* Wild, Fische hegen. **6.** *fig. e-e Haltung, Ruhe, Andenken etc* (be)wahren. **II** *s* **7.** *meist pl (das)* Eingemachte, Kon'serve(n *pl*) *f*. **8.** *oft pl* a) *hunt. bes. Br.* (Wild)Reser,vat *n*, Wildpark *m*, (Jagd-, Fisch)Gehege *n*, b) *fig.* Gehege *n*, Reich *n*: **to break into** (*od.* **to poach on) s.o.'s ~s** j-m ins Gehege kommen. **pre·'serv·er** *s* **1.** Bewahrer(in), (Aufrecht)Erhalter(in), (Er)Retter(in). **2.** → **preservative 3. 3.** *bes. Br.* Heger *m*, Wildhüter *m*.
,**pre·'set** *v/t irr tech.* voreinstellen.
,**pre·'sex·u·al** *adj med.* vor dem geschlechtsreifen Alter.
,**pre·'shrink** *v/t irr e-n Stoff* sanfori'sieren, einlaufen lassen, krumpfen.
pre·side [prɪ'zaɪd] *v/i* **1.** die Aufsicht *od.* den Vorsitz haben *od.* führen **(at** bei; **over** über *acc*), präsi'dieren: **to ~ over** (*od.* **at) a meeting** e-e Versammlung leiten. **2.** *mus. u. fig.* führen. **3.** *fig.* herrschen: **to ~ over** beherrschen. **4. ~ over** *fig.* etwas mit ansehen müssen.
pres·i·den·cy ['prezɪdənsɪ] *s* **1.** Präsidium *n*, Vorsitz *m*, (Ober)Aufsicht *f*. **2.** *oft* P**~** Präsi'dentschaft *f*, Präsi'dentenamt *n* (*bes. in USA*). **3.** Amtszeit *f od.* -bereich *m* (*e-s Präsidenten*). **4.** *relig.* a) lo'kale Mor'monenbehörde, b) **First P~** (*die aus dem Propheten u. zwei Beiräten bestehende*) oberste Mor'monenbehörde. **5.** *oft* P**~** *Br. hist.* Präsi'dentschaft *f* (*e-e der ehemaligen brit.-indischen Provinzen Bengalen, Bombay u. Madras*).
pres·i·dent ['prezɪdənt] *s* **1.** Präsi'dent (-in), Vorsitzende(r *m*) *f*, Vorsteher(in), Vorstand *m* (*e-r Körperschaft*), *a.* (Gene-'ral)Di,rektor *m*. **2.** *oft* P**~** Präsi'dent *m* (*Staatsoberhaupt e-r Republik*). **3.** *Br.* Präsi'dent *m* (*e-s* Board), Mi'nister *m*: **P~ of the Board of Trade** Handelsminister. **4.** *univ. bes. Am.* Rektor *m*. **5.** *relig.* Oberhaupt *n* (*der Mormonenkirche*).
,**pres·i·dent-e'lect** *s* (*der*) gewählte Präsi'dent (*vor Amtsantritt*).
pres·i·den·tial [,prezɪ'denʃl] *adj (adv* **-ly) 1.** Präsidenten..., Präsidentschafts-...: **~ address** Ansprache *f* des Präsidenten *od.* Vorsitzenden; **~ chair** *fig.* Präsidentenstuhl *m od.* -amt *n*; **~ election** Präsidentenwahl *f*; **~ message** *Am.* Botschaft *f* des Präsidenten an den Kongreß; **~ system** Präsidialsystem *n*; **~ term** Amtsperiode *f* des Präsidenten; **~ year** *Am. colloq.* Jahr *n* der Präsidentenwahl. **2.** den Vorsitz *od.* die (Ober)Aufsicht führend, vorsitzend. **~ pri·ma·ry** *s pol. Am.* Vorwahl *f* zur Nomi'nierung des Präsi'dentschaftskandi,daten (*innerhalb e-r Partei*).
pre·sid·i·ar·y [prɪ'sɪdɪərɪ; *Am.* ˌprɪ]eri:] *adj hist.* Besatzungs..., Garnison(s)...
pre·sid·i·o [prɪ'sɪdɪəʊ] *pl* **-os** *s* fester Platz, Garni'son *f*.
¹**pre·soak** *s* Einweichmittel *n*.

press [pres] I v/t **1.** (zs.-)pressen, (-)drücken: to ~ s.o.'s hand j-m die Hand drücken. **2.** drücken auf (acc): **to ~ the button** auf den Knopf drücken. **3.** niederdrücken, drücken auf (acc). **4.** Saft, e-e Frucht etc (aus)pressen, (-)quetschen. **5.** bes. tech. a. Schallplatten pressen. **6.** Kleider plätten, bügeln. **7.** (zs.-, vorwärts-, weg- etc)drängen, (-)treiben: **to ~ on** weiterdrängen, -treiben. **8.** mil. (hart) bedrängen. **9.** j-n bedrängen: a) in die Enge treiben, Druck ausüben auf (acc): **to ~ s.o. for money** von j-m Geld erpressen, b) j-n bestürmen, j-m zusetzen: **to ~ s.o. to do s.th.**; **to ~ s.o. for s.th.** j-n dringend um etwas bitten; **to be ~ed for money** in Geldverlegenheit sein; **to be ~ed for time** unter Zeitdruck stehen, es eilig haben; → **hard** 24. **10.** j-n, ein Tier drängen, antreiben, hetzen: **to ~ a horse**. **11.** mar. mil. hist. zwangsausheben, zum Kriegsdienst pressen, Matrosen a. schang'haien. **12.** ([up]on j-m) etwas aufdrängen, -nötigen. **13.** Nachdruck legen auf (acc): **to ~ one's point** auf die Erfüllung s-r Forderung od. Meinung nachdrücklich bestehen; **to ~ home** a) e-e Forderung etc durchsetzen, b) e-n Angriff energisch durchführen, c) e-n Vorteil ausnutzen. **II** v/i **14.** pressen, drücken, fig. Druck ausüben. **15.** plätten, bügeln. **16.** drängen, pres'sieren: **time ~es** die Zeit drängt. **17.** (for) dringen od. drängen (auf acc), fordern (acc): **to ~ for money**. **18.** (sich) drängen (to zu, nach): **to ~ forward** (sich) vordrängen; **to ~ in (up-)on** s.o. auf j-n eindringen, fig. auf j-n einstürmen (Probleme etc); **to ~ on** vorwärtsdrängen, weitereilen; **to ~ ahead** (od. **forward, on**) fig. weitermachen (**with** mit). **III** s **19.** tech. (a. Frucht- etc)Presse f. **20.** print. (Drucker)Presse f. **21.** print. a) Drucke'rei(raum m) f, b) Drucke'rei (-anstalt) f, c) Drucke'rei(wesen n) f, d) Druck m, Drucken n: **to correct the ~** Korrektur lesen; **to go to (the) ~** in Druck gehen, gedruckt werden; **to send to (the) ~** in Druck geben; **in the ~** im Druck (befindlich); **coming from the ~** neu erschienen (bes. Buch); **ready for the ~** druckfertig. **22. the ~** die Presse (das Zeitungswesen, a. collect. die Zeitungen od. die Presseleute). **23.** 'Presse(kommen,tar m, -kri,tik f) f: **to have a good (bad) ~** e-e gute (schlechte) Presse haben. **24.** Spanner m (für Skier od. Tennisschläger). **25.** (Bücher-, Kleider-, bes. Wäsche-)Schrank m. **26.** a) Drücken n, Pressen n, b) Plätten n, Bügeln n: **to give s.th. a ~** etwas drücken od. pressen od. bügeln. **27.** Andrang m, Gedränge n, Menschenmenge f. **28.** fig. a) Druck m, Hast f, b) Dringlichkeit f, Drang m (der Geschäfte): **the ~ of business**. **29. ~ of sail, ~ of canvas** mar. a) (Segel)Preß m (Druck sämtlicher gesetzter Segel), b) Prangen n (Beisetzen sämtlicher Segel): **to carry a ~ of sail** Segel pressen; **under a ~ of canvas** mit vollen Segeln. **30.** mar. mil. hist. Zwangsaushebung f.
press| a·gen·cy s 'Presseagen,tur f, 'Nachrichtenbü,ro n. **~ a·gent** s 'Presse-a,gent m. **~ as·so·ci·a·tion** s Am. Presseverband (der den Zeitungen Nachrichten übermittelt). **~ at·ta·ché** s 'Presseatta,ché m. **~ bar·on** s Pressezar m. '**~board** s Preßspan m. **~ box** s 'Pressetri,büne f. **~ bu·reau** s → **press agency**. **~ but·ton** s electr. (Druck)Knopf m. **~ cam·paign** s 'Pressekam,pagne f, -feldzug m. **~ card** s Presseausweis m. **~ cen·ter** (bes. Br. **cen·tre**) s 'Pressezentrum n. **~ clip·ping** s bes. Am. Zeitungsausschnitt m. **~ con·fer·ence** s 'Presse-konfe,renz f. **~ cop·y** s **1.** (mit der Kopierpresse gemachter) 'Durchschlag. **2.** Rezensi'onsexem,plar n. **~ cor·rec·tor** s print. Kor'rektor m, Korrek'torin f. **P-Coun·cil** s Br. Presserat m. **~ cut·ting** bes. Br. für **press clipping**.
pressed [prest] adj gepreßt, Preß...
press·er ['presə(r)] s **1.** Presser(in): a) Glasindustrie, keramische Industrie: Formenpresser(in), b) Tuchpresser(in). **2.** print. Drucker m. **3.** Bügler(in). **4.** tech. Preßvorrichtung f. **5.** print. etc Druckwalze f.
press|fil·ter s tech. Druck-, Preßfilter n, m. '**~-forge** v/t tech. preßschmieden. **~ gal·ler·y** s 'Pressetri,büne f (bes. im Parlament). **~ gang** s mar. hist. 'Preßpa,trouille f. '**~-gang** v/t: **to ~ s.o. into doing s.th.** j-n drängen, etwas zu tun.
pres·sie ['prezɪ] s Austral. colloq. Geschenk n.
'**press·ing I** adj (adv **~ly**) **1.** pressend, drückend. **2.** fig. a) (be)drückend: **~ need**, b) dringend, dringlich: **~ danger** drohende Gefahr. **II** s **3.** (Aus)Pressen n. **4.** tech. a) Stanzen n, b) Papierfabrikation: Sati'nieren n, Glätten n. **5.** tech. Preßling m. **6.** Schallplattenfabrikation: a) Preßplatte f, b) Pressung f, c) Auflage f. **~ roll·er** s tech. **1.** Spinnerei: Druck-, Lederwalze f. **2.** Papierfabrikation: a) Sati'nierwalze f, b) pl Sati'nierwalzwerk n.
press| key s electr. Drucktaste f. **~ kit** s Pressemappe f. **~ lord** s Pressezar m. '**~-man** [-mæn; -mən] s irr **1.** (Buch-)Drucker m. **2.** bes. Br. Zeitungsmann m, Pressevertreter m, Journa'list m, Re'porter m. '**~-mark** s Signa'tur f, Biblio-'theksnummer f (e-s Buches). **II** v/t u. v/i si'gnieren. **~ of·fice** s Presseamt n, -stelle f. **~ of·fi·cer** s 'Pressechef m, -refe,rent m.
pres·sor ['presə]; -sɔː(r)] adj med. blutdruckerhöhend.
'**press|-pack** v/t mittels e-r Presse packen. **~ pho·tog·ra·pher** s 'Pressefoto,graf(in). **~ proof** s print. letzte Korrek'tur, Ma'schinenrevisi,on f. **~ re·lease** s Pressemitteilung f, -verlautbarung f. '**~-room** s print. Drucke'rei(raum m) f, Ma'schinensaal m. '**~-show** v/t irr Fernsehtext etc der Presse vor'ab vorführen. **~ spokes·man** s irr Pressesprecher m. **~ stud** s bes. Br. Druckknopf m. '**~-to-'talk but·ton** (od. **switch**) s electr. Sprechtaste f. '**~-up** s sport Br. Liegestütz m: **to do a ~** e-n Liegestütz machen.
pres·sur·al ['preʃərəl] adj Druck...
pres·sure ['preʃə(r)] **I** s **1.** Drücken n, Pressen n, Druck m: → **blood pressure**. **2.** phys. tech. Druck m: **~ per unit area** Flächendruck; **low~** Niederdruck (→ 3); **~ boiler (lever, pump, valve)** Druckkessel m (-hebel m, -pumpe f, -ventil n); **to work at high ~** mit Hochdruck arbeiten (a. fig.); **~ of axle** mot. tech. Achsdruck. **3.** meteor. (Luft)Druck m: **high (low) ~** Hoch-(Tief)druck. **4.** fig. Druck m, Last f: **~ of taxation** Steuerlast; **the ~ of business** der Drang od. Druck der Geschäfte. **5.** fig. (mo'ralischer) Druck, Zwang m: **to bring ~ to bear upon s.o.** auf j-n Druck ausüben; **to put (od. place) ~ (up)on s.o.** j-n unter Druck setzen. **6.** Bedrängnis f, Not f, Drangsal f: **financial ~**; **~ of conscience** Gewissensnot. **II** v/t **7.** a) → **pressurize** 1, 2, b) → **pressure-cook**. **8.** unter Druck setzen (a. fig.). **9.** fig. j-n treiben od. zwingen (**into doing** dazu, etwas zu tun).
pres·sure| al·ti·tude s meteor. baro'metrische Höhe. **~ cab·in** s aer. 'Druck-(,ausgleichs)ka,bine f. '**~-cook** v/t u. v/i im Schnellkochtopf kochen. **~ cook·er** s Schnellkochtopf m. **~ e·qual·i·za·tion** s Druckausgleich m. **~ ga(u)ge** s tech. Druckmesser m, Mano'meter n. **~ gra·di·ent** s meteor. (atmosphärischer) 'Druckgradi,ent, spe'zifisches Druckgefälle f. **~ greas·ing** s tech. Hochdruckschmierung f. **~ group** s pol. Inter'essengruppe f. **~ head** s **1.** phys. Staudruck(messer) m, Druckhöhe f. **2.** tech. Förderhöhe f (e-r Pumpe). **~ lu·bri·ca·tion** s tech. 'Druck(,umlauf)schmierung f. **~ pipe** s tech. Druckrohr n, -leitung f. **~ point** s pressure spot. '**~-proof** adj aer. druckfest (Flugzeugkabine). '**~-,sen·si·tive** adj med. etc druckempfindlich. **~ spot** s med. Druckpunkt m, druckempfindlicher Punkt. **~ suit** s aer. Druckanzug m. **~ tank** s tech. Druckbehälter m. **~ tube** s tech. Druckmeß-, Staurohr n. **~ wave** s phys. Druckwelle f. **~ weld·ing** s tech. Preßschweißen n.
pres·sur·ize ['preʃəraɪz] v/t **1.** unter 'Überdruck halten, bes. aer. druckfest machen: **~d cabin** → **pressure cabin**. **2.** chem. tech. unter Druck setzen, (durch Druckluftzufuhr) belüften: **~d water reactor** Druckwasserreaktor m. **3.** fig. bes. Br. j-n unter Druck setzen. '**pres·sur,iz·er** s '**press·work** s print. **1.** Druck(arbeit f) m. **2.** Druckerzeugnis n.
pres·ti·dig·i·ta·tion ['prestɪ,dɪdʒɪ-'teɪʃn] s **1.** Fingerfertigkeit f. **2.** Taschenspielerkunst f. ,**pres·ti'dig·i·ta·tor** [-tə(r)] s Taschenspieler m (a. fig.).
pres·tige [pre'stiːʒ; Am. a. -'stɪdʒ] s Pre'stige n, Geltung f, Ansehen n: **~ hotel** Renommierhotel n.
pres·tig·ious [pre'stɪdʒəs] adj berühmt, renom'miert (Schule, Autor etc).
pres·tis·si·mo [pre'stɪsɪməʊ] mus. **I** adv pre'stissimo, äußerst schnell. **II** pl **-mos** s Pre'stissimo n.
prest mon·ey s Br. hist. Handgeld n (für Rekruten).
pres·to ['prestəʊ] **I** adv **1.** mus. presto, (sehr) schnell. **2.** schnell, geschwind: **hey ~**(**, pass**)! (Zauberformel) Hokuspokus (Fidibus)!, Simsalabim! **II** adj **3.** blitzschnell. **III** pl **-tos** s **4.** mus. Presto n.
,**pre'stressed** adj tech. vorgespannt: **~ concrete** Spannbeton m.
pre·sum·a·ble [prɪ'zjuːməbl; bes. Am. -'zuːm-] adj (adv **presumably**) vermutlich, mußmaßlich, wahr'scheinlich.
pre·sume [prɪ'zjuːm; bes. Am. -'zuːm] **I** v/t **1.** annehmen, vermuten, schließen (**from** aus), vor'aussetzen. **2.** jur. (mangels Gegenbeweises) als wahr annehmen: **~d dead** verschollen. **3.** sich etwas erlauben od. her'ausnehmen, sich erdreisten od. anmaßen, (es) wagen (**to do** zu tun). **4.** vermuten, mutmaßen: **I ~ (wie)** ich vermute, vermutlich. **II** v/i **5.** anmaßend sein: **ignorance ~s where knowledge is timid** Unwissenheit ist dreist, wo Klugheit zögert. **6.** (**on, upon**) ausnutzen od. miß'brauchen (acc): **they ~d too much on his generosity**. **pre-'sum·ed·ly** [-mɪdlɪ] adv mutmaßlich, vermutlich. **pre'sum·ing** adj (adv **~ly**) vermessen, anmaßend.
pre·sump·tion [prɪ'zʌmpʃn; -'zʌmʃn] s **1.** Vermutung f, Annahme f, Mutmaßung f. **2.** jur. Vermutung f, Präsumti'on f: **~ of death** Todesvermutung, Verschollenheit f; **~ of a fact** Tatsachenvermutung; **~ of law** Rechtsvermutung, gesetzliche Vermutung (der Wahrheit bis zum Beweis des Gegenteils). **3.** Wahr'scheinlichkeit f, (Grund m zu der) Annahme f: **the ~ is**

presumptive – prexy

that he will come es ist anzunehmen, daß er kommt; **there is a strong ~ of his death** es ist mit Sicherheit anzunehmen, daß er tot ist. **4.** Vermessenheit *f*, Anmaßung *f*. **5.** Dünkel *m*.
pre·sump·tive [prɪˈzʌmptɪv; -ˈzʌmtɪv] *adj (adv ~ly)* vermutlich, mutmaßlich, präsumˈtiv: **~ evidence** *jur.* Indizienbeweis *m*; **~ proof** Wahrscheinlichkeitsbeweis *m*; **~ title** *jur.* präsumtives Eigentum; → **heir**.
pre·sump·tu·ous [prɪˈzʌmptjʊəs; -ˈzʌmt-; *Am.* -tʃəwəs] *adj (adv ~ly)* **1.** anmaßend, vermessen, dreist. **2.** eingebildet, dünkelhaft, überˈheblich. **preˈsump·tu·ous·ness** → presumption 3.
ˌpre·supˈpose *v/t* vorˈaussetzen: a) im voraus annehmen (*Person*), b) zur Vorˈaussetzung haben (*Sache*). ˌpre·sup·poˈsi·tion *s* Vorˈaussetzung *f*.
ˌpreˈtax *adj econ.* vor Abzug der Steuern, *a.* Brutto...: **~ income**.
ˌpreˈteen *adj u. s bes. Am.* (Kind *n*) im Alter zwischen 10 u. 12.
pre·tence, *Am.* **pre·tense** [prɪˈtens; *Am. a.* ˈpriː-t-] *s* **1.** Anspruch *m*: **to make no ~** to keinen Anspruch erheben auf (*acc*). **2.** Vortäuschung *f*, Vorwand *m*, Scheingrund *m*: → **false pretences**. **3.** *fig.* Anschein *m*, Maske *f*, Verstellung *f*: **to make a ~ of order** den Anschein von Ordnung erwecken; **to abandon the ~** die Maske fallen lassen; **to make ~ of doing s.th.** sich den Anschein geben, als tue man etwas; **she made ~ of being asleep** sie stellte sich schlafend. **4.** → pretentiousness 2.
pre·tend [prɪˈtend] **I** *v/t* **1.** vorgeben, -täuschen, -schützen, heucheln, sich stellen, so tun als ob: **to ~ to be sick** vorgeben, krank zu sein; krank spielen. **2.** sich erdreisten, sich anmaßen. **3.** behaupten. **4.** wagen, sich erlauben. **II** *v/i* **5.** sich verstellen, heucheln, so tun als ob: **he is only ~ing** er tut nur so. **6.** Anspruch erheben (**to** auf *acc*): **to ~ to the throne**. **preˈtend·ed** *adj (adv ~ly)* vorgetäuscht, an-, vorgeblich. **preˈtend·er** *s* **1.** Beanspruchende(r *m*) *f*, Bewerber(in). **2.** j-d, der Ansprüche stellt (**to** auf *acc*). **3.** *a.* **~ to the throne** (ˈThron-)Prätenˈdent *m*, Thronbewerber *m*. **4.** Heuchler(in).
pre·tense *Am. für* pretence.
pre·ten·sion [prɪˈtenʃn] *s* **1.** Anspruch *m* (**to** auf *acc*): **of great ~s** anspruchsvoll; **of no ~s** anspruchslos. **2.** *meist pl* Absichten *pl*, Ambitiˈonen *pl*. **3.** → pretentiousness.
pre·ten·tious [prɪˈtenʃəs] *adj (adv ~ly)* **1.** anmaßend. **2.** prätentiˈös, anspruchsvoll, ˌhochgestochen'. **3.** protzig, snoˈbistisch, ehrgeizig, ambitiˈös. **preˈten·tious·ness** *s* **1.** Anmaßung *f*, Dünkel *m*. **2.** (*das*) Prätentiˈöse *od.* Anspruchsvolle, ˌhochgestochene' Art.
pre·ter·hu·man [ˌpriːtə(r)ˈhjuːmən] *adj* ˈüberˈmenschlich.
pret·er·it, *bes. Br.* **pret·er·ite** [ˈpretərɪt] *ling.* **I** *adj* Vergangenheits...: **~ tense** → II. **II** *s* Präˈteritum *n*, (erste) Vergangenheit, (Verb *n* im) Imperfekt *n*.
ˌpret·er·ite-ˈpres·ent *bes. Br. für* preterit-present.
pre·ter·i·tive [prɪˈterɪtɪv] *adj ling.* **1.** nur im Präˈteritum gebräuchlich. **2.** → preterit I.
pret·er·i·to-pre·sen·tial [priːˌterɪtəʊprɪˈzenʃl] → preterit-present I.
ˌpret·er·it-ˈpres·ent *ling.* **I** *adj* präˈterito-präˌsentisch: **~ tense** als Präsens gebrauchtes Präteritum; **~ verbs** Präteritopräsentia. **II** *s* Präˈteritopräsens *n*.
pre·ter·nat·u·ral [ˌpriːtə(r)ˈnætʃrəl] *adj (adv ~ly)* **1.** ˈunnaˌtürlich, abˈnorm, außergewöhnlich. **2.** ˈübernaˌtürlich. ˌpreterˈsen·su·al *adj* ˈübersinnlich.
pre·text [ˈpriːtekst] **I** *s* Vorwand *m*, Ausrede *f*, Ausflucht *f*: **under** (*od.* **upon** *od.* **on**) **the ~ of** unter dem Vorwand (*gen*). **II** *v/t* vorschützen: **to ~ sickness**.
ˌpre-ˈti·tles se·quence *s Film, TV:* Vorspannszene *f*, einleitende Szene.
ˌpreˈton·ic *adj ling.* vortonig, vor dem Haupton liegend.
ˌpreˈtreat *v/t* vorbehandeln. ˌpreˈtreat·ment *s* Vorbehandlung *f*.
ˈpreˌtri·al *jur.* **I** *s* Vorverhandlung *f*. **II** *adj* vor der (Haupt)Verhandlung, Untersuchungs...: **~ detention** *Am.* Untersuchungshaft *f*.
pret·ti·fy [ˈprɪtɪfaɪ] *v/t* oft *iro.* verschönern, hübsch machen.
pret·ti·ly [ˈprɪtɪlɪ] *adv* **1.** hübsch, nett. **2.** *Kindersprache:* artig, brav.
pret·ti·ness [ˈprɪtɪnɪs] *s* **1.** Hübschheit *f*, Nettigkeit *f*, Niedlichkeit *f*. **2.** Anmut *f*. **3.** Geziertheit *f* (*bes. im Ausdruck*). **4.** (*etwas*) Hübsches.
pret·ty [ˈprɪtɪ] **I** *adj (adv* → **prettily**) **1.** hübsch, nett, niedlich: (**as**) **~ as a picture** bildˈhübsch. **2.** anmutig. **3.** bezaubernd, charˈmant. **4.** *a. iro.* schön, fein, sauber: **a ~ stroke**; **a ~ mess!** e-e schöne Geschichte! **5.** *colloq.* ˌ(ganz) schön, ˌhübsch', beträchtlich: **a ~ way off** ein ganz schönes Stück weg von hier. **6.** geziert, affekˈtiert. **7.** geschickt. **8.** treffend. **II** *adv* **5.** a) ganz, ziemlich, b) einigermaßen, leidlich: **~ cold** ˌganz schön' kalt; **~ good** recht gut, nicht schlecht; **~ near** nahe daran, ziemlich nahe; **~ close to perfection** nahezu vollkommen; **this is ~ much** (*od.* **well**) **the same** das ist (so) ziemlich *od.* fast dasselbe; **to sit ~** *colloq.* (finanziell *etc*) gut dastehen. **III** *s* **10.** Hübsche *f*, hübsches Mädchen. **11.** hübsche Sache. **12.** *pl* schöne Sachen *pl od.* Kleider *pl, bes.* a) Schmuck(sachen *pl*) *m*, b) *Am.* Krimskrams *m*. **13.** *Golf: colloq.* für **fair green**. **IV** *v/t* **14.** **~ up** etwas hübsch machen, verschönern, Theaterstück *etc* ˌaufpoˌlieren'. **ˈpret·ty·ism** *s* Geziertheit *f*, Affekˈtiertheit *f*.
ˈpret·tyˌ-ˈpret·ty *colloq.* **I** *pl* **ˈ~-ˌpretties** *s meist pl* **1.** → pretty 12 b. **2.** Nippsachen *pl*. **II** *adj* **3.** (allzu) niedlich.
pret·zel [ˈpretsəl] *s* (Salz)Brezel *f*.
pre·vail [prɪˈveɪl] *v/i* **1.** vorherrschen, ˈüberˈwiegen, (weit) verbreitet sein: **dark hair ~s among Italians**; **silence ~ed** es herrschte Schweigen. **2.** a) (*a. jur.*) obsiegen, die Oberhand *od.* das ˈÜberˈgewicht gewinnen *od.* haben (**over** über *acc*), b) *fig.* ˈüberˈwiegen, den Ausschlag geben, maß- *od.* ausschlaggebend sein. **3.** ˈüberˈhandnehmen. **4.** sich Geltung verschaffen, sich ˈdurchsetzen *od.* behaupten (**against** gegen). **5.** **~** (**up**)**on s.o. to do s.th.** j-n dazu bewegen *od.* bringen, etwas zu tun; **he could not be ~ed upon** er war nicht dazu zu bewegen; **to ~** (**up**)**on o.s.** es über sich *od.* übers Herz bringen.
preˈvail·ing *adj (adv ~ly)* **1.** die Oberhand habend, ˈüberˈlegen: **the ~ party** *jur.* die obsiegende Partei. **2.** (vor)herrschend, allgemein (geltend *od.* gültig), maßgebend: **the ~ opinion** die herrschende Meinung; **under the ~ circumstances** unter den obwaltenden Umständen; **~ tone** *bes. econ.* Grundstimmung *f*.
prev·a·lence [ˈprevələns] *s* **1.** Vorˈherrschen *n*, ˈÜberˈwiegen *n*, weite Verˈbreitung. **2.** ˈÜberˈhandnehmen *n*. **ˈprev·a·lent** *adj (adv ~ly)* **1.** (vor)herrschend, häufig, weitˈverbreitet: **to be ~** herrschen, verbreitet sein, grassieren (*Krankheit etc*). **2.** → prevailing 1.

pre·var·i·cate [prɪˈværɪkeɪt] *v/i* **1.** Ausˈflüchte machen, die Wahrheit verdrehen, schwindeln. **2.** wider Pflicht u. Gewissen handeln. **3.** *jur.* a) im Vergehen verˈheimlichen *od.* verdunkeln, b) *obs.* Parˈteiverrat begehen (*Anwalt*). **preˌvar·iˈca·tion** *s* **1.** Ausflucht *f*, Tatsachenverdrehung *f*, Winkelzug *m*. **2.** *obs. jur.* Anwaltstreubruch *m*, Parˈteiverrat *m*. **preˈvar·iˌca·tor** [-tə(r)] *s* Ausˈflüchtemacher(in), Schwindler(in), Wortverdreher(in).
pre·ve·ni·ent [prɪˈviːnjənt] *adj* vorˈher-, vorˈangehend.
pre·vent [prɪˈvent] *v/t* **1.** verhindern, -hüten, e-r Sache vorbeugen *od.* zuˈvorkommen. **2.** (**from**) j-n hindern (an *dat*), ab-, fernhalten (von): **to ~ s.o. from coming** j-n am Kommen hindern, j-n vom Kommen abhalten. **3.** *obs. od. Bibl.* j-m (schützend) vorˈangehen, mit j-m sein: **God's grace ~s us**. **preˈvent·a·ble** *adj* verhütbar, abwendbar. **preˈvent·a·tive** → preventive. **preˈvent·er** *s* **1.** Verhüter(in). **2.** Vorbeugungs-, Schutzmaßnahme *f*, -mittel *n*. **3.** *mar.* ˌPriˈwenter' *m*, Sicherungstau *n*.
pre·vent·i·ble → preventable.
pre·ven·tion [prɪˈvenʃn] *s* **1.** Verhinderung *f*, Verhütung *f*: **~ of accidents** Unfallverhütung. **2.** *bes. med.* Vorbeugung *f*, Prophyˈlaxe *f*: **~ is better than cure** Vorbeugen ist besser als Heilen.
pre·ven·tive [prɪˈventɪv] **I** *adj (adv ~ly)* **1.** verhütend, *bes. jur. med.* vorbeugend, prävenˈtiv, Vorbeugungs..., Schutz..., *med.* prophyˈlaktisch: **~ arrest** Schutzhaft *f*; **~ detention** a) *Br.* Sicherungsverwahrung *f*, b) *Am.* Vorbeugungs-, Vorbeugehaft *f*; **~ inoculation** Schutzimpfung *f*; **~ measure** → 3; **~ medicine** Präventivmedizin *f*; **P~ Service** *Br.* Küstenschutzdienst *m*; **~ treatment** Präventivbehandlung *f*; **~ war** Präventivkrieg *m*. **II** *s* **2.** Vorbeugungs-, Schutzmittel *n*, *med. a.* Prävenˈtivmittel *n*. **3.** Schutz-, Vorsichtsmaßnahme *f*.
ˈpre·view I *s* **1.** *Film:* a) Voraufˈführung *f*, b) (Proˈgramm)Vorschau *f*. **2.** Vorbesichtigung *f* (*e-r Ausstellung etc*), *paint.* Vernisˈsage *f*. **3.** Vorbesprechung *f* (*e-s Buches*). **4.** Rundfunk, TV: Probe *f*. **5.** *allg.* Vor(ˈaus)schau *f* (**of** auf *acc*). **II** *v/t* **6.** vorher sehen *od.* zeigen *od.* vorführen. **7.** e-e Vor(ˈaus)schau geben auf (*acc*).
pre·vi·ous [ˈpriːvjəs; -vɪəs] **I** *adj* **1.** vorˈher-, vorˈausgehend, Vor...: **~ action** *jur.* Vorausklage *f*; **he has had no ~ convictions** er ist nicht vorbestraft; **~ endorser**, **~ holder** *econ.* Vor(der)mann *m*; **~ examination** *univ.* Vorexamen *n* (*erste Prüfung für den Grad e-s B.A.*; *in Cambridge*); **~ knowledge** Vorkenntnisse; **~ owner** Vorbesitzer(in); **~ question** *parl.* Vorfrage *f*, ob ohne weitere Debatte abgestimmt werden soll; **to move the ~ question** Übergang zur Tagesordnung beantragen; **~ year** Vorjahr *n*; **without ~ notice** ohne vorherige Ankündigung. **2.** *meist* **too ~** *colloq.* verfrüht, voreilig. **II** *adv* **3.** **~ to** bevor, vor (*dat*). **ˈpre·vi·ous·ly** *adv* vorher, zuˈvor, früher: **~ convicted** *jur.* vorbestraft; **~ owned** aus zweiter Hand. [sicht *f*.)
ˌpreˈvi·sion *s* Vorˈhersehen *n*, Vorˈaus-)
ˌpre·voˈca·tion·al *adj* vorberuflich: **~ training** Berufsschulausbildung *f*.
pre·vue → preview.
pre·war [ˌpriːˈwɔː(r)] *adj* Vorkriegs...: **~ prices**.
prex·y [ˈpreksɪː], *a.* **prex** [preks] *s univ. Am. sl.* ˌRex' *m* (*Präsident od. Rektor e-s College*).

prey [preɪ] **I** s **1.** zo. u. fig. Raub m, Beute f, Opfer n: fish of ~ Raubfisch m; → beast 2, bird of prey; to fall a ~ to j-m od. e-r Sache zum Opfer fallen, die Beute (gen) werden; to fall a ~ to circumstances ein Opfer der Verhältnisse werden; to fall a ~ to doubts von Zweifeln befallen werden. **II** v/i **2.** auf Raub od. Beute ausgehen. **3.** (on, upon) a) zo. Jagd machen (auf acc), erbeuten, fressen (acc), b) fig. berauben, ausplündern (acc), c) fig. ausbeuten, -saugen (acc), d) nagen, zehren (an dat): it ~ed upon his mind (od. upon him) es ließ ihm keine Ruhe, der Gedanke quälte od. verfolgte ihn.
prez·zie → pressie.
pri·ap·ic [praɪˈæpɪk] adj phallisch.
pri·a·pism [ˈpraɪəpɪzəm] s med. Pria'pismus m, schmerzhafte 'Dauererekti͵on.
price [praɪs] **I** s **1.** econ. a) (Kauf)Preis m, Kosten pl, Börse: Kurs(wert) m: adjustable (od. graduated) ~ Staffelpreis; asked ~ a) geforderter Preis, b) Börse: Briefkurs; bid (od. offered) ~ a) gebotener Preis, b) Börse: Geldkurs; share (bes. Am. stock) ~ (Börse) Aktienkurs; ~ of issue, issue ~ Zeichnungs-, Emissionspreis; ~ per unit Stückpreis; to secure (od. get) a good ~ e-n guten Preis erzielen; to operate at a low ~ mit niedrigen Preisen arbeiten; every man has his ~ fig. jeder hat s-n Preis; beyond (od. without) ~ von unschätzbarem Wert, unbezahlbar; at a ~ für entsprechendes Geld, ‚wenn man das nötige Kleingeld hat'; at a (od. the) ~ of zum Preis von. **2.** (Kopf)Preis m: to set a ~ on s.o.'s head e-n Preis auf j-s Kopf aussetzen. **3.** Lohn m, Belohnung f, Preis m. **4.** fig. Preis m, Opfer n: at a (heavy) ~ um e-n hohen Preis, unter schweren Opfern; (not) at any ~ um jeden (keinen) Preis; that is too high a ~ to pay for freedom das ist ein zu hoher Preis für die Freiheit. **5.** (Wett-, Gewinn-) Chance(n pl) f: what ~ ...? sl. a) welche Chancen hat ...?, b) was nützt ...?, c) wie steht es mit ...? **II** v/t **6.** econ. a) den Preis festsetzen für, b) auszeichnen: to ~ goods; to ~ o.s. out of the market durch überhöhte Preise nicht mehr konkurrenzfähig sein; ~ priced. **7.** bewerten: to ~ s.th. high (low) e-r Sache großen (geringen od. wenig) Wert beimessen. **8.** colloq. nach dem Preis (e-r Ware) fragen.
price ͵a·gree·ment s Preisvereinbarung f, -absprache f. **~ bat·tle** s Preiskrieg m. **~ ceil·ing** s Preisgrenze f, Höchstpreis m. **ˈ~-͵con·scious** adj preisbewußt. **~ con·trol** s 'Preiskon͵trolle f, -über͵wachung f, -bindung f. **ˈ~-con͵trolled** adj preisgebunden. **~ cur·rent** pl **pric·es cur·rent** s oft pl Preisliste f. **~ cut** s Preissenkung f. **~ cut·ting** s Preisdrücke'rei f.
priced [praɪst] adj **1.** mit Preisangabe (versehen). **2.** in Zssgn zu ... Preisen: low-~ niedrig im Preis, billig, Niedrigpreis...
price ͵dis·crim·i·na·tion s 'Preisdiskrimi͵nierung f. **͵~-ˈearn·ings ra·ti·o** s Kurs-Gewinn-Verhältnis n (bei Aktien). **~ fix·ing** s bes. Am. **1.** Preisvereinbarung f, -absprache f. **2.** 'Preiskon͵trolle f, -über͵wachung f, -bindung f. **3.** Preisbindung f der zweiten Hand. **~ in·dex** s Preisindex m.
ˈprice·less adj (adv ~ly) **1.** von unschätzbarem Wert, unbezahlbar. **2.** fig. colloq. zu komisch, zum Schreien: you look ~ in those trousers!
price ͵lev·el s 'Preisni͵veau n. **~ lim·it** s (Preis)Limit n, Preisgrenze f. **~ list** s **1.** Preisliste f. **2.** Börse: Kurszettel m. **ˈ~ -main͵tained** adj preisgebunden. **~ ͵main·te·nance** s Preisbindung f der zweiten Hand. **~ mar·gin** s Preisspanne f. **~ pol·i·cy** s 'Preispoli͵tik f. **~ range** s **1.** Preisskala f. **2.** 'Preisklasse f, -kategorie f (e-s Hotels etc). **~ ring** s 'Preiskar͵tell n. **~ rise** s Preiserhöhung f. **~ sta·bil·i·ty** s 'Preisstabili͵tät f. **~ sup·port** s Am. Preisstützung f. **~ tag, ~ tick·et** s Preisschild n. **~ war** s Preiskrieg m.
price·y [ˈpraɪsɪ] adj colloq. teuer.
prick [prɪk] **I** s **1.** (In'sekten-, Nadeletc)Stich m. **2.** Stich m, Stechen n, stechender Schmerz: ~s of conscience fig. Gewissensbisse. **3.** spitzer Gegenstand. **4.** tech. Stichel m, Pfriem(en) m, Ahle f. **5.** Dorn m, Stachel m (a. fig.). **6.** obs. Stachelstock m: to kick against the ~s Bibl. wider den Stachel löcken. **7.** (Hasen)Fährte f. **8.** vulg. a) „Schwanz" (Penis), b) a. stupid ~ ‚Arschloch' (Person).
II v/t **9.** (ein-, 'durch)stechen, ‚pieken': to ~ one's finger sich in den Finger stechen; his conscience ~ed him fig. sein Gewissen plagte ihn, er hatte Gewissensbisse; his misdemeano(u)r ~ed his conscience bereitete ihm Gewissensbisse. **10.** obs. anstacheln, anspornen, antreiben. **11.** punk'tieren, lochen. **12.** a. ~ out ein Muster ausstechen. **13.** oft ~ off a) den Kurs, e-e Entfernung etc (auf der Karte) abstecken, mar. pricken, b) (mit dem Stechzirkel) abstecken. **14.** ~ up one's ears die Ohren spitzen (a. fig.). **15.** agr. Pflanzen pi'kieren: to ~ out od. off) ein-(aus)pflanzen. **16.** prickeln auf od. in (dat).
III v/i **17.** stechen (a. schmerzen). **18.** ~ up sich aufrichten (Ohren). **19.** obs. od. hist. a) (dem Pferd) die Sporen geben, b) sprengen, jagen.
ˈprick-eared adj **1.** zo. spitzohrig. **2.** mit auffallenden Ohren.
prick·er [ˈprɪkə(r)] s **1.** tech. Stecheisen n, bes. a) Pfriem(en) m, Ahle f, b) Lederfabrikation: Locheisen n. **2.** metall. Schieß-, Räumnadel f. **3.** hist. leichter Reiter. **4.** Am. Stachel m, Dorn m.
prick·et [ˈprɪkɪt] s **1.** (Kerzenhalter m mit) Dorn m. **2.** zo. bes. Br. Spießer m, Spießbock m.
prick·ing [ˈprɪkɪŋ] s Stechen n (Schmerz): ~s of conscience Gewissensbisse.
prick·le [ˈprɪkl] **I** s **1.** Stachel m, Dorn m. **2.** Prickeln n, Kribbeln n (der Haut). **II** v/t **3.** stechen, lochen. **4.** prickeln od. kribbeln auf (der Haut). **III** v/i **5.** prickeln, kribbeln, jucken. **~ˈback** s ichth. Stichling m. **~ cell** s anat. Stachelzelle f (der Oberhaut).
prick·ly [ˈprɪklɪ] adj **1.** stach(e)lig, dornig. **2.** stechend, prickelnd. **3.** fig. reizbar. **4.** fig. kompli'ziert, verzwickt. **~ ash** s bot. Gelbholzbaum m. **~ heat** s med. Frieselausschlag m (Miliaria). **~ pear** s bot. Feigenkaktus m (u. dessen Frucht), indische Feige.
pric·y → pricey.
pride [praɪd] **I** s **1.** Stolz m, Hochmut m: ~ goes before a fall Hochmut kommt vor dem Fall. **2.** Stolz m, Selbstgefühl n: civic ~ Bürgerstolz; ~ of place a) Ehrenplatz m, b) fig. Vorrang m, c) contp. Standesdünkel m; to take ~ of place fig. den Vorrang haben, die erste Stelle einnehmen; to take (a) ~ in stolz sein auf (acc). **3.** Stolz m (Gegenstand des Stolzes): he is the ~ of his family. **4.** Höhe f, Blüte f: in the ~ of his years in s-n besten Jahren; in the ~ of manhood im besten Mannesalter; in the ~ of the season in der besten Jahreszeit. **5.** obs. od. rhet. Pracht f, Zierde f, Schmuck m. **6.** Schar f, Rudel n (bes. von Löwen). **7.** in his ~ her. radschlagend (Pfau). **8.** obs. a) Vollkraft f, b) 'Übermut m, c) bes. zo. Brunst f. **II** v/t **9.** ~ o.s. (on, upon) stolz sein (auf acc), sich rühmen (gen), sich brüsten (mit), sich etwas einbilden (auf acc).
prie-dieu [ˈpriːdjɜː] s Betpult n, Betschemel m.
pri·er [ˈpraɪə(r)] s neugierige Per'son.
priest [priːst] s **1.** allg. Priester m. **2.** relig. Geistliche(r) m: a) anglikanische Kirche: Pfarrer m: ~ vicar Br. niederer Geistlicher an Kathedralen, b) R.C. Priester m, Pfarrer m. **3.** Br. kleiner Hammer (zum Töten gefangener Fische; bes. in Irland). **ˈ~craft** s contp. Pfaffenlist f.
priest·ess [ˈpriːstɪs] s Priesterin f.
ˈpriest·hood s **1.** Priesteramt n, -würde f: to enter the ~ Priester werden. **2.** collect. Priesterschaft f, Geistlichkeit f.
ˈpriest·ly adj priesterlich, Priester...
ˈpriest-͵rid·den adj unter Priester- od. contp. Pfaffenherrschaft (stehend), kleri'ka'listisch.
ˈpriest's-hood s bot. Aronstab m.
prig[1] [prɪg] s **1.** (selbstgefälliger) Pe'dant. **2.** von sich od. s-r (geistigen) Über'legenheit über'zeugter Mensch, selbstgefälliger od. eingebildeter Mensch. **3.** Tugendbold m.
prig[2] [prɪg] bes. Br. sl. **I** v/t ‚klauen'. **II** s ‚Langfinger' m (Dieb).
prig·ger·y [ˈprɪgərɪ] s **1.** Pedante'rie f. **2.** Einbildung f, Dünkel m. **3.** tugendhaftes Getue.
prig·gish [ˈprɪgɪʃ] adj (adv ~ly) **1.** selbstgefällig, affek'tiert, eingebildet, besserwisserisch. **2.** pe'dantisch. **3.** tugendhaft. **ˈprig·gish·ness**, **prig·gism** [ˈprɪgɪzəm] → priggery.
prill [prɪl] s **1.** min. Scheide-, Stufferz n. **2.** metall. Me'tallklumpen m, (Me'tall-)König m.
pril·lion [ˈprɪljən] s Bergbau: Schlackenzinn n.
prim [prɪm] **I** adj (adv ~ly) **1.** (pe'dantisch) sauber, ordentlich. **2.** steif, for'mell. **3.** affek'tiert, gekünstelt. **4.** spröde, geziert, zimperlich, ‚etepe'tete', gouver'nantenhaft. **5.** → priggish. **II** v/t **6.** den Mund, das Gesicht affek'tiert verziehen.
pri·ma[1] [ˈpraɪmə] (Lat.) s print. **1.** Prime f (erste Kolumne od. Seite e-s Druckbogens). **2.** erstes Wort (auf e-r neuen Seite).
pri·ma bal·le·ri·na [ˈpriːmə] pl **pri·ma bal·le·ri·nas** s Primaballe'rina f.
pri·ma·cy [ˈpraɪməsɪ] s **1.** Pri'mat m, n, Vorrang m. **2.** relig. Pri'mat m, n: a) Würde od. Sprengel e-s Primas, b) Vorrangstellung od. Gerichtsbarkeit des Papstes.
pri·ma don·na [͵priːməˈdɒnə; Am. -ˈdɑːnə] pl **pri·ma don·nas** s Prima'donna f (a. fig.). **͵pri·ma'don·na·ish** adj prima'donnenhaft.
pri·mae·val → primeval.
pri·ma fa·ci·e [͵praɪməˈfeɪʃiː] (Lat.) adj u. adv **1.** auf den ersten Blick, dem Anschein nach: ~ case jur. Fall m, bei dem der Tatbestand einfach liegt; ~ evidence a) glaubhafter Beweis, b) Beweis m des ersten Anscheins.
pri·mal [ˈpraɪml] adj (adv ~ly) **1.** erst(er, e, es), frühest(er, e, es), ursprünglich: ~ scream Urschrei m. **2.** wichtigst(er, e, es), Haupt...
pri·ma·ri·ly [ˈpraɪmərəlɪ; bes. Am. praɪˈmerəlɪ] adv **1.** zu'erst, ursprünglich, anfänglich. **2.** in erster Linie, vor allem, pri'mär.
pri·ma·ry [ˈpraɪmərɪ; Am. a. -͵merɪ] **I** adj **1.** erst(er, e, es), ursprünglich, anfänglich, Erst..., Anfangs..., Ur...: ~ infection med. Ersteranstec̣kung f; ~

primate – princedom

instinct Urinstinkt *m*; ~ **matter** Urstoff *m*, Urmaterie *f*; ~ **rocks** Urgestein *n*, Urgebirge *n*; ~ **tumo(u)r** Primärtumor *m* (*bes. des Krebses*). **2.** pri'mär, hauptsächlich, wichtigst(er, e, es), Haupt...: ~ **accent** (*od.* **stress**) *ling.* Hauptakzent *m*; ~ **concern** Hauptsorge *f*; ~ **evidence** *jur.* a) gesetzliches Beweismittel, b) Beweis *m* des ersten Anscheins; ~ **group** *sociol.* Primärgruppe *f*; ~ **liability** *jur.* unmittelbare Haftung; ~ **literature** Primärliteratur *f*; ~ **quality** Haupteigenschaft *f*; ~ **road** Straße *f* erster Ordnung; **of** ~ **importance** von höchster Wichtigkeit. **3.** grundlegend, elemen'tar, Grund...: ~ **education** a) *Am.* Grundschul-, *Br.* Volksschul(aus)bildung *f*, b) *Am.* Grundschul-, *Br.* Volksschulwesen *n*; ~ **school** a) *Br.* Volksschule *f*, b) *Am.* Grundschule *f*; ~ **industry** Grundstoffindustrie *f*; ~ **component** Grund-, Hauptbestandteil *m*; ~ **meaning** Ur-, Grundbedeutung *f*; ~ **product** a) *econ.* Grundstoff *m*, b) Urprodukt *n*. **4.** *geol.* a) paläo'zoisch, b) zu'erst *od.* ursprünglich entstanden: ~ **ore**. **5.** *chem.* a) pri'mär, sauer, b) Primär... **6.** *ling.* a) pri'mär (*aus e-r unabgeleiteten Form*) abgeleitet (*Ableitung*), b) zu e-r Hauptzeit gehörig, *bes.* auf Präsens *od.* Fu'tur bezüglich.
II *s* **7.** (der, die, das) Erste *od.* Wichtigste, Hauptsache *f*. **8.** a. ~ **colo(u)r** Pri'mär-, Grundfarbe *f*. **9.** *zo.* a) a. ~ **quill** (*od.* **feather**) *orn.* Haupt-, Schwungfeder *f* erster Reihe, b) a. ~ **wing** Vorderflügel *m* (*von Insekten*). **10.** *electr.* a) a. ~ **circuit** Pri'mär(strom)kreis *m*, b) a. ~ **winding** Pri'märwicklung *f*. **11.** a. ~ **planet** *astr.* 'Hauptpla‚net *m*. **12.** *pol. Am.* a) a. ~ **election** Vorwahl *f* (zur Aufstellung von 'Wahlkandi‚daten), b) a. ~ **meeting** Versammlung *f* zur Nomi'nierung der 'Wahlkandi‚daten.
pri·mate *s* **1.** ['praɪmət; -meɪt] *relig. Br.* Primas *m*: P~ **of England** Titel des Erzbischofs von York; P~ **of All England** Titel des Erzbischofs von Canterbury. **2.** ['praɪmeɪt] *zo.* Pri'mat *m*, Herrentier *n*.
pri·ma·tes [praɪˈmeɪtiːz] *s pl zo.* Pri'maten *pl*, Herrentiere *pl*.
pri·ma·tial [praɪˈmeɪʃl] *adj* (erz)bischöflich: ~ **rank** Rang *m* e-s Primas.
pri·ma·tol·o·gy [‚praɪməˈtɒlədʒɪ; *Am.* -'tɑ-] *s zo.* Primatolo'gie *f* (*Erforschung der Herrentiere*).
prime [praɪm] **I** *adj* (*adv* ~**ly**) **1.** erst(er, e, es), wichtigst(er, e, es), wesentlichst(er, e, es), Haupt...: ~ **reason** Hauptgrund *m*; **of** ~ **importance** von höchster Wichtigkeit. **2.** erstklassig, vor'züglich, „prima": ~ **investment**; ~ **quality**; ~ **bill** vorzüglicher Wechsel. **3.** pri'mär, grundlegend. **4.** erst(er, e, es), Erst..., Ur...: ~ **father** Urvater *m*. **5.** *math.* a) unteilbar: ~ **factor** Primfaktor *m*; ~ **number** Primzahl *f*; ~ **power** Primzahlpotenz *f*, b) a. ~ **to each other** teilerfremd, ohne gemeinsamen Teiler: 31 **is** ~ **to 63** 31 ist teilerfremd zu 63.
II *s* **6.** Anfang *m*, Beginn *m*: ~ **of the day** (**year**) Tagesanbruch *m* (Frühling *m*). **7.** *fig.* Blüte(zeit) *f*: **in the** ~ **of youth** (**life**) in der Blüte der Jugend (des Lebens); **in his** ~ in der Blüte s-r Jahre, im besten (Mannes)Alter; **in the** ~ **of his career** auf dem Höhepunkt s-r Laufbahn. **8.** (*das*) Beste, höchste Voll'kommenheit. **9.** *econ.* Primasorte *f*, auserlesene Quali'tät. **10.** P~ *relig.* Prim *f*, erste Gebetsstunde *od.* zweite ka'nonische Stunde. **11.** *math.* a) Primzahl *f*, b) Primfaktor *m*, c) Strich *m*, (Zeichen für) 'Bogenmi‚nute *f* ['] : **x** = (**x'**) x Strich (x'). **12.** *mus.* a) a. ~ **interval** 'Prim(inter‚vall

n) *f*, b) a. ~ **tone** Prim(ton *m*) *f*. **13.** *fenc.* Prim *f*.
III *v/t* **14.** vorbereiten. **15.** *mil. e-e Waffe* laden, *Bomben, Munition* scharf machen: ~**d** schuß-, zündfertig. **16.** *paint. tech.* grun'dieren. **17.** *tech. e-e Pumpe* anlassen, angießen: **to** ~ **the pump** *econ.* die Wirtschaft ankurbeln. **18.** *mot.* a) *Kraftstoff* vorpumpen, b) Anlaßkraftstoff einspritzen in (*e-n Motor*). **19.** *electr.* vorspannen. **20.** mit Strichindex versehen. **21.** *fig.* instru'ieren, vorbereiten, infor'mieren, ‚präpa'rieren'. **22.** *sl.* *j-n* ‚besoffen' machen: ~**d** ‚besoffen'.
prime| con·duc·tor *s electr.* Hauptleiter *m*. ~ **cost** *s econ.* **1.** Selbstkosten (-preis *m*) *pl*, Gestehungskosten *pl*. **2.** Einkaufspreis *m*, Anschaffungskosten *pl*. ~ **me·rid·i·an** *s astr. geogr.* 'Null-, 'Anfangsmeridi‚an *m*. ~ **min·is·ter** *s* Premi'erminister *m*, Mi'nisterpräsi‚dent *m*. ~ **mov·er** *s* **1.** *phys.* Pri'märkraft *f*, bewegende Kraft. **2.** *tech.* a) 'Antriebsma‚schine *f*, b) 'Zugma‚schine *f* (*Sattelschlepper etc*), (*a. mil.* Geschütz)Schlepper *m*, Triebwagen *m* (*e-r Straßenbahn*). **3.** *fig.* Triebfeder *f*, treibende Kraft. **4.** *philos.* a) primus motor *m*, b) P~ M~ Gott *m*, höhere Macht.
prim·er[1] ['praɪmə(r)] *s* **1.** *mil. tech.* Zündhütchen *n*, -hütchen *n*, -pille *f*, Sprengkapsel *f*. **2.** *mil.* Zündbolzen *m* (*am Gewehr*). **3.** *Bergbau*: Zünddraht *m*. **4.** *bes. mot.* Einspritzvorrichtung *f*: ~ **pump** Anlaßeinspritzpumpe *f*; ~ **valve** Anlaßventil *n*. **5.** *tech.* Grun'dier-, Spachtelmasse *f*.
prim·er[2] ['praɪmə(r); *bes. Am.* 'prɪmə(r)] *s* **1.** a) Fibel *f*, Ab'c-Buch *n*, b) Elemen'tarbuch *n*, (Anfangs)Lehrbuch *n*, c) *fig.* Leitfaden *m*. **2.** ['praɪmə(r)] *print.* Bezeichnung für Schriftgrößen: **great** ~ a) (*etwa*) Doppelborgis(schrift) *f* (*18 Punkt*), b) (*etwa*) Tertia(schrift) *f* (*16 Punkt*); **long** ~ Korpus(schrift) *f* (*10 Punkt*).
prime rate *s econ. Am.* Vorzugszins *m* für erstklassige Kre'ditnehmer, *a.* Eckzins *m*.
pri·me·ro [prɪˈmeərəʊ; -'mɪə-] *s obs.* Primenspiel *n* (*Kartenglücksspiel*).
prime time *s TV* Haupteinschaltzeit *f*.
pri·me·val [praɪˈmiːvl] *adj* (*adv* ~**ly**) uranfänglich, urzeitlich, Ur...: ~ **forest** Urwald *m*; ~ **times** Urzeiten *pl*.
prim·ing ['praɪmɪŋ] *s* **1.** *mil. tech.* Zündsatz *m*, -masse *f*, Zündung *f*. **2.** *mot.* Einspritzen *n* von Anlaßkraftstoff. **3.** *tech.* a) Grun'dierung *f*, Grun'dieren *n*: ~ **coat** Grundieranstrich *m*; ~ **colo(u)r** Grundierfarbe *f*, b) ~ **material** Spachtelmasse *f*. **4.** a. ~ **of the tide** verfrühtes Eintreten der Flut. **5.** *fig.* Vorbereitung *f*, Instrukti'on *f*. ~ **charge** *s mil. tech.* Zünd-, Initi'alladung *f*. **2.** *mil.* Auflagung *f* (*bei Pioniersprengmitteln*). ~ **nee·dle** *s mil.* Zündnadel *f*, -bolzen *m*.
pri·mip·a·ra [praɪˈmɪpərə] *pl* **-rae** [-ri:], **-ras** *s med.* Pri'mipara *f*, Erstgebärende *f*. **pri'mip·a·rous** *adj* erstmalig gebärend: ~ **woman** → primipara.
prim·i·tive ['prɪmɪtɪv] **I** *adj* (*adv* ~**ly**) **1.** erst(er, e, es), ursprünglich, Ur...: P~ **Church** *relig.* Urkirche *f*; ~ **races** Ur-, Naturvölker; ~ **rocks** Urgestein *n*; P~ **Germanic** *ling.* Urgermanisch *n*. **2.** *allg.*, *a. contp.* primi'tiv (*Kultur, Mensch*; *a. fig. Denkweise, Konstruktion etc*): ~ **peasant**; ~ **tools**; ~ **ideas**; ~ **feelings**. **3.** altmodisch. **4.** *ling.* Stamm...: ~ **verb**. **5.** *math.* a) Grund..., Ausgangs...: ~ **figure**, b) primi'tiv: ~ **root**; ~ **group**. **6.** *biol.* a) primordi'al, b) primi'tiv, niedrig entwickelt, c) Ur...: ~ **brain** Urhirn *n*; ~ **segment** Ursegment *n*. **II** *s* **7.** (der, die, das) Primi'tive: **the** ~**s** die Primitiven

(*Naturvölker*). **8.** a) *contp.* primi'tiver Mensch, b) einfacher Mensch, Na'turbursche *m*. **9.** *art* a) primi'tiver *od.* na'iver Künstler, b) Frühmeister *m* (*e-r Kunstrichtung*), c) Früher Meister (*des späten Mittelalters od. der Frührenaissance, a. Bild*). **10.** *ling.* Stammwort *n*. ~ **col·o(u)r** *s* Grund-, Pri'märfarbe *f*.
prim·i·tiv·ism ['prɪmɪtɪvɪzəm] *s* **1.** Primitivi'tät *f*. **2.** *art* Primiti'vismus *m*.
prim·ness ['prɪmnɪs] *s* **1.** ('Über)Kor‚rektheit *f*, Förmlichkeit *f*, Steifheit *f*. **2.** Sprödigkeit *f*, Zimperlichkeit *f*.
pri·mo ['priːməʊ] **I** *pl* **-mos, -mi** [-mɪ] *s mus.* **1.** erste Stimme (*im Duett etc*). **2.** Primo *n*, Dis'kantpart *m*, ‚par‚tie *f* (*beim Vierhändigspielen*). **II** *adj* **3.** *mus.* erst(er, e, es). **III** *adv* **4.** zu'erst, erstens [1°].
pri·mo·gen·i·tal [‚praɪməʊˈdʒenɪtl], **pri·mo'gen·i·tar·y** *adj* Erstgeburts...; **pri·mo'gen·i·tor** [-tə(r)] *s* (Ur)Ahn *m*, Stammvater *m*, Vorfahr *m*. **pri·mo'gen·i·ture** [-tʃə(r); -‚tʃʊə(r)] *s* **1.** Erstgeburt *f*. **2.** *jur.* Primogeni'tur *f*, Erstgeburtsrecht *n*.
pri·mor·di·al [praɪˈmɔː(r)djəl; -ɪəl] *adj* (*adv* ~**ly**) **1.** primordi'al, ursprünglich, uranfänglich, Ur...: ~ **matter** Urstoff *m*. **2.** *biol.* a) primordi'al, im Ansatz vor'handen, Ur..., b) *Embryologie*: im Keime angelegt, Ur... c) Anfangs..., Jugend...: ~ **leaf** Jugendblatt *n*.
prim·rose ['prɪmrəʊz] **I** *s* **1.** *bot.* a) Primel *f*, Gelbe Schlüsselblume, Himmel(s)schlüssel *m*, b) *allg.* Primel *f*; ~ **evening** Nachtkerze *f*. **2.** *meist* ~ **yellow** Blaßgelb *n*. **II** *adj* **3.** a) primelartig, b) blaßgelb. **4.** sinnenfreudig: ~ **path** süßes Leben (mit bitterem Ausgang). **5.** P~ *Br.* zur P~ **League** gehörend: P~ **dame** (**knight**) Angehörige(r) *m* der P~ League. P~ **Day** *s Br.* Primeltag *m* (*19. April*; *Todestag Disraelis*). **P~ League** *s Br.* konservative Vereinigung, 1883 gegründet und nach der angeblichen Lieblingsblume Disraelis benannt.
prim·u·la ['prɪmjʊlə] *s bot.* Primel *f*.
pri·mum mo·bi·le [‚praɪmʊmˈməʊbɪ‚li:] (*Lat.*) **1.** *astr. hist.* äußerste der 10 Sphären des Universums. **2.** erster Beweggrund, Urkraft *f*. **3.** *fig.* Triebkraft *f*, -feder *f*.
pri·mus[1] ['praɪməs] **I** *adj* **1.** erster: ~ **inter pares** Primus inter pares, der Erste unter Gleichen. **2.** *bes. ped. Br.* der erste: **Smith** ~ Smith eins. **II** *s* **3.** *relig.* Primus *m*, präsi'dierender Bischof (*der schottischen Episkopalkirche*).
pri·mus[2] ['praɪməs], *a.* ~ **stove**, ~ **heat·er** *s* Primuskocher *m*.
prince [prɪns] *s* **1.** Fürst *m*, Landesherr *m*, Herrscher *m*. **2.** Prinz *m* (*Sohn od. männlicher Angehöriger e-s Herrscherhauses*): P~ **of Denmark**; ~ **of the blood** Prinz von (königlichem) Geblüt; **the** P~ **of Wales** der Prinz von Wales (*Titel des brit. Thronfolgers*); P~ **Imperial** Kronprinz (*e-s Kaiserreichs*); ~ **royal** Kronprinz; ~ **regent** Prinzregent *m*. **3.** Fürst *m* (*Adelstitel*), b) Prinz *m* (*Höflichkeitsanrede für e-n Herzog, Marquis od. Earl*): P~-**elector** *hist.* (*deutscher*) Kurfürst. **4.** *fig.* Fürst *m*, Herrscher *m*: P~ **of Darkness** Fürst der Finsternis, Höllenfürst (*der Satan*); P~ **of Peace** Friedensfürst (*Christus*); ~ **of the** (**Holy Roman**) **Church** Kirchenfürst (*Titel e-s Kardinals*). **5.** *fig.* König *m*, Erste(r) *m*: P~**s of the Apostles** Apostelfürsten (*Petrus u. Paulus*): ~ **of poets** Dichterfürst *m*; **merchant** ~ Kaufherr *m*. P~ **Al·bert** *s hist. Am.* Gehrock *m*. ~-**bish·op** *s hist.* Fürstbischof *m*. ~ **con·sort** *s* Prinzgemahl *m*.
'prince·dom *s* **1.** Fürstenamt *n*, -würde *f*. **2.** Fürstentum *n*.

princekin – prison camp

'**prince·kin** [-kɪn], '**prince·ling** [-lɪŋ] s contp. **1.** kleiner Prinz, Prinzchen n. **2.** Duo'dezfürst m.
'**prince·ly** adj a. fig. fürstlich, königlich: of ~ **birth**; a ~ **gift** ein fürstliches Geschenk.
prin·ceps ['prɪnseps] **I** pl **-ci·pes** [-sɪpi:z] s **1.** antiq. (römischer) Prinzeps, Staatslenker m. **2.** a. ~ **edition** print. Erst-, Origi'nalausgabe f. **II** adj **3.** Erst-..., Original-...
prin·cess [prɪn'ses; attr. u. Am. 'prɪnses] **I** s **1.** Prin'zessin f: ~ **royal** älteste Tochter e-s Herrschers. **2.** Fürstin f. **II** adj **3.** Damenmode: Prinzeß-...: ~ **dress**.
prin·ci·pal ['prɪnsəpl] **I** adj (adv → **principally**) **1.** erst(er, e, es), hauptsächlich, Haupt...: ~ **actor** a) thea. etc Hauptdarsteller m, b) Haupttäter m, c) fig. Hauptakteur m; ~ **axis** math. tech. Hauptachse f; ~ **boy** Darstellerin, die in e-r pantomime die männliche Hauptrolle spielt; ~ **clause** ling. Hauptsatz m; ~ **creditor** (**debtor**) econ. jur. Hauptgläubige(r) m (-schuldner m); ~ **matrix** math. Hauptdiagonale f; ~ **meridian** surv. Am. Meridianlinie f; ~ **office**, ~ **place of business** econ. Hauptgeschäftsstelle f, -niederlassung f; ~ **parts** a) Hauptteile, b) ling. Stammformen (e-s Verbs); ~ **plane** (**of symmetry**) math. Symmetrieebene f; ~ **point** math. Augenpunkt m; ~ **visual ray** phys. Sehstrahl m. **2.** a) ling. mus. Haupt..., Stamm...: ~ **chord** Stammakkord m, ~ **key** Haupttonart f, b) mus. erst(er, e, es), Solo...: ~ **horn**. **3.** econ. Kapital...: ~ **amount**. **II** s **4.** 'Haupt(per₁son f) n. **5.** ped. Di'rektor m, Direk'torin f, Rektor m, Rek'torin f, Schulleiter(in). **6.** Chef(in). **7.** a) Anführer(in), Rädelsführer(in), b) jur. Haupttäter(in), -schuldige(r) m: ~ **in the first degree** Haupttäter; ~ **in the second degree** Mittäter. **8.** jur. a) Vollmacht-, Auftraggeber(in), b) Man'dant (-in). **9.** Duel'lant m (Ggs. Sekundant). **10.** econ. ('Grund)Kapi₁tal n, Hauptsumme f: ~ **and interest** Kapital u. Zins(en). **11.** econ. (Besitz-, Nachlaß- etc)Masse f. **12.** mus. a) a. ~ **part** Hauptsatz m od. -stimme f, b) a. ~ **theme** Hauptthema n, a. Dux m, Führer m (in der Fuge), c) a. ~ **stop** Prinzi'pal n (Orgelregister), d) (Or'chester)So₁list(in). **13.** Ballett: So'list(in), Solotänzer(in). **14.** Hauptsache f. **15.** a. ~ **beam** Haupt-, Stützbalken f. **16.** art a) 'Hauptmo₁tiv n, b) Origi'nal n.
prin·ci·pal·i·ty [₁prɪnsɪ'pælətɪ] s **1.** Fürstentum n: **the P~ of Monaco**. **2.** Fürstin f, -herrschaft f. **3.** **the P~** Br. Wales n. **4.** pl relig. Fürsten pl (e-e der neun Rangstufen der Engel).
prin·ci·pal·ly ['prɪnsəplɪ] adv hauptsächlich, in der Hauptsache.
prin·cip·i·a [prɪn'sɪpɪə] (Lat.) s pl 'Grundprin₁zipien pl, Grundlagen pl.
prin·ci·ple ['prɪnsəpl] s **1.** Prin'zip n, Grundsatz m: **a man of ~s** ein Mann mit Grundsätzen; ~ **of efficiency** Leistungsprinzip. **2.** ('Grund)Prin₁zip n, (-)Regel f, Leitsatz m: ~ **of law** Rechtsgrundsatz m; **in** ~ im Prinzip, an sich; **on** ~ aus Prinzip, grundsätzlich; **on the** ~ **that** nach dem Grundsatz, daß. **3.** Grundwahrheit f, -begriff m, -lehre f, Prin'zip n: **the ~s of the Stoics**. **4.** scient. Prin'zip n, (Na'tur)Gesetz n, Satz m: ~ **of averages** Mittelwertsatz m; ~ **of causality** Kausalitätsprinzip; ~ **of least action** Prinzip der geringsten Wirkung; ~ **of relativity** Relativitätstheorie f, -lehre f (Einsteins); ~ **of sums** Summensatz f. **5.** Grund(lage f) m, Quelle f, Ursprung m, treibende Kraft. **6.** Grundzug m, Charakte'ristikum n. **7.** chem. Grundbestandteil m. '**prin·ci·pled** adj meist in Zssgn mit **hohen** etc Grundsätzen: **high-~**.
prink [prɪŋk] colloq. **I** v/i a. ~ **up** sich (her'aus)putzen, sich feinmachen. **II** v/t (her'aus)putzen: **to ~ o.s. (up)** → **I**.
print [prɪnt] **I** v/t **1.** drucken (lassen), in Druck geben: **to ~ in italics** kursiv drukken; **to ~ waste** makulieren. **2.** ein Buch etc verlegen, her'ausgeben. **3.** (ab)drukken: **~ed form** Vordruck m, Formular n; **~ed matter**, **~ed paper(s) mail** Drucksache(n pl) f; **~ed circuit** electr. gedruckte Schaltung. **4.** bedrucken: **~ed (wall)paper** bedruckte Tapete(n); **~ed goods** Druckstoffe. **5.** in Druckschrift schreiben: **to ~ one's name**; **~ed characters** Druckbuchstaben. **6.** e-n Stempel etc (auf)drücken (**on** dat), e-n Eindruck, e-e Spur hinter'lassen (**on** auf dat), ein Muster etc ab-, aufdrucken, drücken (in in acc). **7.** ~ **itself** sich einprägen (**on s.o.'s mind** j-m). **8.** ~ **out** a) a. ~ **off** phot. abziehen, ko'pieren, b) Computer: ausdrucken.
II v/i **9.** drucken: a) Bücher etc verlegen od. veröffentlichen, b) Abdrucke machen, c) Drucker sein. **10.** gedruckt werden, sich im Druck befinden: **the book is ~ing**. **11.** in Druckschrift schreiben. **12.** sich drucken (od. phot. sich abziehen) lassen: **to ~ badly** phot. schlechte Abzüge liefern.
III s **13.** print. Druck m: **in ~** a) im Druck (erschienen), b) vorrätig (Buch); **out of ~** vergriffen. **14.** print. Druck m (Schriftart): **in cold ~** fig. schwarz auf weiß. **15.** Druckschrift f, -buchstaben pl. **16.** Drucksache f, -schrift f, bes. Am. Zeitung f, Blatt n: **daily ~s** bes. Am. Tageszeitungen; **the ~s** pl bes. Am. die Presse; **to rush into ~** sich in die Öffentlichkeit flüchten; **to appear in ~** im Druck erscheinen. **17.** Aufdruck m. **18.** (Ab)Druck m (Bild, Holzschnitt): col'o(u)red ~ Farbdruck. **19.** print. a) (Stahl-, Kupfer)Stich m, Ra'dierung f, b) Holzschnitt m, c) Lithogra'phie f. **20.** 'Zeitungspa₁pier n. **21.** (etwas) Geformtes, Stück n (geformte) Butter. **22.** (Finger- etc)Abdruck m, Eindruck m, Spur f, Mal f (von Nägeln, Zähnen etc): ~ **of steps** Fußspuren od. -(s)tapfen; ~ **of a wheel** Radspur f; ~ **of a fox** Fuchsfährte f. **23.** Druckmuster n. **24.** bedruckter Kat'tun, Druckstoff m: ~ **dress** Kattunkleid n. **25.** phot. Abzug m, Ko'pie f. **26.** Lichtpause f. **27.** tech. a) Stempel m, Form f: ~ **cutter** Formenschneider m, b) Form f, Model m: **butter-~**, c) Gesenk n (zum Formen von Metall).
'**print·a·ble** adj **1.** druckfähig: **his answer was not ~** s-e Antwort war nicht druckreif. **2.** druckfertig, -reif (Manuskript).
'**print·er** s **1.** (Buch- etc)Drucker m: ~'s **devil** Setzerjunge m; ~'s **error** Druckfehler m; ~'s **flower** Vignette f; ~'s **ink** Druckerschwärze f; ~'s **mark** Druckerzeichen n; ~'s **pie** Zwiebelfisch m. **2.** Drucke'reibesitzer m. **3.** tech. 'Druck-, Ko'pierappa₁rat m, Drucker m (a. des Computers). **4.** → **printing telegraph**. '**print·er·y** s bes. Am. Drucke'rei f.
'**print·ing** s **1.** Drucken n. **2.** (Buch-)Druck m, Buchdruckerkunst f. **3.** (etwas) Gedrucktes, Drucksache f. **4.** Auflage (-ziffer) f. **5.** pl 'Druckpa₁pier n. **6.** Tuchdruck m. **7.** phot. Abziehen n, Ko'pieren n. ~ **block** s Druckform f, Kli'schee n. ~ **frame** s phot. Ko'pierrahmen m. ~**-'in** s phot. Hin'einko₁pieren n. ~ **ink** s Druckerschwärze f, -farbe f. ~ **machine** s tech. bes. Br. Schnellpresse f. ('Buch)Druckma₁schine f. ~ **of·fice** s (Buch)Drucke'rei f: **lithographic ~** lithographische Anstalt. '~**-out** adj phot. Kopier-...: ~ **paper**. ~ **pa·per** s **1.** 'Druckpa₁pier n. **2.** 'Lichtpauspa₁pier n. **3.** Ko'pierpa₁pier n. ~ **press** s Drukkerpresse f: ~ **type** Letter f, Type f. ~ **tel·e·graph** s 'Druckteleˌgraf m, -empfänger m. ~ **works** s pl (oft als sg konstruiert) → **printing office**.
print| jour·nal·ist s 'Zeitungsjourna₁list(in). '~**-line** s print. (Druck)Zeile f. '~**mak·er** s Graphiker(in). '~**-out** s Computer: Ausdruck m. ~ **run** s Auflage f. ~ **sell·er** s Graphikhändler m. ~ **shop** s **1.** Graphikhandlung f. **2.** Drukke'rei f.
pri·or¹ ['praɪə(r)] **I** adj **1.** (to) früher, älter (als), vor'ausgehend (dat): ~ **art** (Patentrecht) Stand m der Technik, Vorwegnahme f; ~ **patent** älteres Patent; ~ **holder** früherer Inhaber, Vorbesitzer m; ~ **redemption** econ. vorzeitige Tilgung; ~ **use** Vorbenutzung f; **conception is ~ to creation** die Idee geht der Gestaltung voraus; → **subject** 16. **2.** vordringlich, Vorzugs-...: ~ **right** (od. **claim**) Vorzugsrecht n; ~ **condition** erste Voraussetzung; ~ **preferred stock** econ. Am. Sondervorzugsaktien. **II** adv **3.** ~ **to** vor (dat) (zeitlich): ~ **to the war**.
pri·or² ['praɪə(r)] s relig. Prior m (Vorsteher e-s Klosters).
pri·or·ate ['praɪərət] s Prio'rat n: a) Amt n od. Amtszeit f e-s Priors, b) Klostergemeinschaft f, die e-m Prior untersteht.
'**pri·or·ess** [-rɪs] s Pri'orin f.
pri·or·i·tize [praɪ'ɒrətaɪz; Am. a. -'ɑr-] **I** v/t **1.** Priori'täten setzen bei. **2.** etwas vorrangig behandeln. **II** v/i **3.** Priori'täten setzen, Schwerpunkte bilden.
pri·or·i·ty [praɪ'ɒrətɪ; Am. a. -'ɑr-] s **1.** Priori'tät f (a. jur.), Vorrang m (e-s Anspruchs etc), Vorzug m (**over**, **to** vor dat): **to take ~ of** den Vorrang haben od. genießen vor (dat); **to set** (od. **establish**) **priorities** Prioritäten setzen, Schwerpunkte bilden. **2.** Dringlichkeit(sstufe) f: ~ **call** teleph. Vorrangsgespräch n; ~ **list** Dringlichkeitsliste f; **to be high on the ~ list** ganz oben auf der Dringlichkeitsliste stehen; ~ **rating** Dringlichkeitseinstufung f; **of first** (od. **top**) ~ von größter Dringlichkeit; **to give ~ treatment to** etwas vorrangig behandeln; **to give high ~ to** etwas besonders vordringlich behandeln; **to have high ~** dringend anstehen. **3.** vordringliche Sache: ~ **project** vordringliches Projekt. **4.** Priori'tät f, (zeitliches) Vor'hergehen: ~ **of birth** Erstgeburt f. **5.** mot. Vorfahrt(srecht n) f: ~ **road** Vorfahrtsstraße f; ~ **rule** Vorfahrtsregel f.
pri·o·ry ['praɪərɪ] s relig. Prio'rei f.
prise → **prize³**.
prism ['prɪzəm] s math. min. phys. Prisma n (a. fig.): ~ **binoculars** Prismen(fern)glas n; ~ **view finder** phot. Prismensucher m.
pris·mat·ic [prɪz'mætɪk] adj (adv **-ally**) **1.** pris'matisch, Prismen-...: ~ **colo(u)rs** Regenbogenfarben; ~ **spectrum** Brechungsspektrum n. **2.** min. ortho'rhombisch.
pris·ma·toid ['prɪzmətɔɪd] s math. Prismato'id n, Körperstumpf m.
pris·on ['prɪzn] s **1.** Gefängnis n (a. fig.), Strafanstalt f: ~ **psychosis** Haftpsychose f; **to put into ~**, **to send to ~** ins Gefängnis werfen od. ₁stecken'; **in ~** im Gefängnis. **2.** poet. od. fig. Kerker m. **3.** a. ~ **state** bes. Am. Staatsgefängnis n. **II** v/t **4.** poet. a) einkerkern, b) gefangenhalten. ~**-bird** s jailbird. ~ **breach**, ~ **breaking** s Ausbruch m aus dem Gefängnis. ~ **camp** s **1.** mil. (Kriegs)Gefangenenlager n

prisoner – probable

n. **2.** ‚offenes' Gefängnis (*für besserungsfähige Häftlinge*).
pris·on·er ['prɪznə(r)] *s* Gefangene(r *m*) *f* (*a. fig.*), Häftling *m*: ~ **of conscience** politischer Häftling; ~ **on remand** Untersuchungsgefangene(r *m*) *f*; ~ **of State, State** ~ Staatsgefangene(r), politischer Häftling; ~ **of war** Kriegsgefangene(r); **to hold** (*od.* **keep**) (**take**) **s.o.** ~ j-n gefangenhalten (-nehmen); **to give o.s. up as a** ~ sich gefangengeben; **he is a** ~ **to** *fig.* er ist gefesselt an (*acc*); **~'s base** Barlauf(spiel *n*) *m*.
pris·on| of·fi·cer *s* Strafvollzugsbeamte(r) *m*. **~ sen·tence** *s* Gefängnis-, Freiheitsstrafe *f*. **~ staff** *s* Voll|zugsbedienstete *pl*, -perso¦nal *n*.
pris·sy ['prɪsɪ] *adj colloq.* **1.** zimperlich, ‚etepe¦tete‘, gouver¦nantenhaft. **2.** kleinlich, pe¦dantisch.
pris·tine ['prɪstaɪn; *bes. Am.* -tiːn] *adj* **1.** a) ursprünglich, b) urtümlich, unverfälscht, unverdorben. **2.** ehemalig.
prith·ee ['prɪðɪ] *interj obs.* bitte.
pri·va·cy ['praɪvəsɪ; *bes. Am.* 'praɪ-] *s* **1.** Zu¦rückgezogenheit *f*, Ungestörtheit *f*, Abgeschiedenheit *f*, Einsamkeit *f*, Al¦leinsein *n*, Ruhe *f*: **to disturb s.o.'s** ~ j-n stören; **he lived in absolute** ~ er lebte völlig zurückgezogen. **2.** a) Pri¦vatleben *n*, b) *jur.* In¦tim-, Pri¦vatsphäre *f*: **invasion of** ~ Eingriff *m* in die Privatsphäre; **right of** ~ Persönlichkeitsrecht *n*. **3.** Heimlichkeit *f*, Geheimhaltung *f*: **to talk to s.o. in** ~ mit j-m unter vier Augen sprechen; **in strict** ~ streng vertraulich.
pri·vate ['praɪvɪt] **I** *adj* (*adv* → **privately**) **1.** pri¦vat, Privat..., eigen(er, e, es), Eigen..., per¦sönlich: ~ **account** Privatkonto *n*; ~ **affair** (*od.* **concern**) Privatsache *f*, -angelegenheit *f*; ~ **bill** *pol.* Antrag *m* e-s Abgeordneten; ~ **citizen** Privatmann *m*; ~ **consumption** Eigenverbrauch *m*; ~ **gentleman** Privatier *m*; ~ **law** *jur.* Privatrecht *n*; ~ **liability** persönliche Haftung; ~ **life** Privatleben *n*; ~ **patient** *med. Br.* Privatpatient(in); ~ **person** Privatperson *f*; ~ **property** Privateigentum *n*, -besitz *m*; ~ **secretary** Privatsekretär(in); ~ **treatment** *med. Br.* Behandlung *f* als Privatpatient(in). **2.** pri¦vat, nicht öffentlich: **to sell by** ~ **bargain** (*od.* **contract**) unter der Hand verkaufen; **at** ~ **sale** unter der Hand (verkauft *etc*); ~ **beach** eigener Strand (*e-s Hotels*); ~ (**limited**) **company** *econ. Br.* Gesellschaft *f* mit beschränkter Haftung; ~ **corporation** a) *jur.* privatrechtliche Körperschaft, b) *econ. Am.* Gesellschaft *f* mit beschränkter Haftung; ~ **eye** *bes. Am. colloq.*, ~ **investigator** (*od.* **detective**) Privatdetektiv *m*; ~ **firm** Einzelfirma *f*; ~ **industry** Privatindustrie *f*, -wirtschaft *f*; ~ **lessons** Privatunterricht *m*; ~ **road** Privatweg *m*; ~ **school** Privatschule *f*; ~ **theater** (*bes. Br.* **theatre**) Liebhabertheater *n*; ~ **view** → **preview** 2; → **nuisance** 3. **3.** al¦lein, zu¦rückgezogen, für sich allein, ungestört, einsam (*Person od. Ort*): **to wish to be** ~ **alone** Wunsch haben, allein zu sein; ~ **prayer** stilles Gebet. **4.** pri¦vat, der Öffentlichkeit nicht bekannt, nicht für die Öffentlichkeit bestimmt: ~ **reasons** a) private Gründe, b) Hintergründe. **5.** geheim, heimlich: **to keep s.th.** ~ etwas geheimhalten *od.* vertraulich behandeln; ~ **negotiations** geheime Verhandlungen; ~ **parts** → 12. **6.** vertraulich: ~ **information; this is for your** ~ **ear** dies sage ich Ihnen ganz im Vertrauen; **to be** ~ **to s.th.** in etwas eingeweiht sein, über etwas Bescheid wissen. **7.** nicht amtlich *od.* öffentlich, außeramtlich (*Angelegenheit*). **8.** nichtbeamtet: ~ **member** *parl.* nichtbeamtetes Parlamentsmitglied. **9.** *jur.* außergerichtlich: ~ **arrangement** gütlicher Vergleich. **10.** *mil.* ohne Dienstgrad: ~ **soldier** → 11. **II** *s* **11.** *mil.* gewöhnlicher *od.* gemeiner Sol¦dat: ~ **1st class** *Am.* Obergefreite(r) *m*. **12.** *pl* Geschlechtsteile *pl*. **13. in** ~ a) im Pri¦vatleben, pri¦vat(im), b) insgeheim, c) unter vier Augen (*sprechen*).
pri·va·teer [ˌpraɪvə'tɪə(r)] **I** *s* **1.** Freibeuter *m*, Kaperschiff *n*. **2.** Kapi¦tän *m* e-s Kaperschiffes. **3.** *pl* Mannschaft *f* e-s Kaperschiffes. **II** *v/i* **4.** Kape¦rei treiben.
'pri·vate·ly *adv* **1.** pri¦vat, als Pri¦vatper¦son: ~ **owned** in Privatbesitz; **to settle s.th.** ~ etwas privat *od.* intern regeln. **2.** per¦sönlich, vertraulich. **3.** heimlich, insgeheim.
pri·va·tion [praɪ'veɪʃn] *s* **1.** Wegnahme *f*, Beraubung *f*, Entziehung *f*. **2.** Not *f*, Entbehrung *f*.
priv·a·tive ['prɪvətɪv] **I** *adj* (*adv* ~**ly**) **1.** entziehend, beraubend. **2.** *bes. ling.* *philos.* priva¦tiv, verneinend, negativ. **II** *s* **3.** *ling.* a) Ver¦neinungspar¦tikel *f*, b) priva¦tiver Ausdruck.
pri·vat·ize ['praɪvətaɪz] *v/t* staatlichen Betrieb *etc* privati¦sieren.
priv·et ['prɪvɪt] *s bot.* Li¦guster *m*.
priv·i·lege ['prɪvɪlɪdʒ] **I** *s* **1.** Privi¦leg *n*, Sonder-, Vorrecht *n*, Vergünstigung *f*: **breach of** ~ a) Übertretung *f* der Machtbefugnis, b) *parl.* Vergehen *n* gegen die Vorrechte des Parlaments; ~ **of Parliament** Immunität *f* (e-s Abgeordneten); ~ **from arrest** *jur.* persönliche Immunität; ~ **of self-defence** (*Am.* **-defense**) *jur.* (Recht *n* der) Notwehr *f*; **with kitchen** **-s** mit Küchenbenutzung; ~ **tax** *econ.* Konzessionssteuer *f*; **Committee of P~s** *jur.* Ausschuß *m* zur Untersuchung von Rechtsübergriffen (*gegenüber dem Parlament*); **bill of** ~ *Br.* Antrag *m* e-s Peers auf Aburteilung durch seinesgleichen. **2.** *fig.* (besonderer) Vorzug: **to have the** ~ **of being admitted** den Vorzug haben, zugelassen zu werden; **it is a** ~ **to converse with him** es ist e-e besondere Ehre, mit ihm sprechen zu dürfen. **3.** *Am.* (verbürgtes *od.* verfassungsmäßiges) Recht, Grundrecht *n*: **this is his** ~ das ist sein gutes Recht; **it is my** ~ **to ...** es steht mir frei zu ... **4.** *Börse:* Prämien- *od.* Stellgeschäft *n*: ~ **broker** *Am.* Prämienmakler *m*. **II** *v/t* **5.** privile¦gieren, bevorrechtigen, bevorzugen, j-*m* das Vorrecht einräumen (**to** zu): **to be** ~**d to do** die Ehre *od.* den Vorzug haben zu tun. **6.** ausnehmen, befreien (**from** von).
'priv·i·leged *adj* privile¦giert, bevorrechtigt: **the** ~ **classes** die privilegierten Stände; ~ **communication** *jur.* vertrauliche Mitteilung; ~ **creditor** bevorrechtigter Gläubiger; ~ **debt** bevorrechtigte (Schuld)Forderung; ~ **motion** *pol.* Dringlichkeitsantrag *m*.
priv·i·ly ['prɪvɪlɪ] *adv obs.* insgeheim.
priv·i·ty ['prɪvətɪ] *s* **1.** *jur.* a) (Inter¦essen)Gemeinschaft *f*, b) Beteiligung *f*: ~ **in estate** gemeinsames Eigentum, *a.* Erbengemeinschaft. **2.** *jur.* Rechtsbeziehung *f*. **3.** *jur.* Rechtsnachfolge *f*. **4.** (*bes.* vertrauliches) Mitwissen, Mitwisserschaft *f*: **with his** ~ **and consent** mit s-m Wissen u. Einverständnis.
priv·y ['prɪvɪ] **I** *adj* (*adv* → **privily**) **1.** a) eingeweiht (**to** in *acc*), b) verständigt: **many persons were** ~ **to it** viele waren darin eingeweiht, viele wußten darum; **he was made** ~ **to it** er wurde (mit) ins Vertrauen gezogen. **2.** *jur.* (mit)beteiligt (**to** an *dat*). **3.** *meist poet.* heimlich, geheim: ~ **parts** Scham-, Geschlechtsteile *pl*; ~ **stairs** *pl* Hintertreppe *f*. **II** *s* **4.** *jur.* Beteiligte(r *m*) *f*, ¦Mitinteres¦sent(in) (**to** an *dat*). **5.** (*bes.* ¦Außen)Ab¦ort *m*, Abtritt *m*. **~ coun·cil** *s meist* **P~ C~** *Br.* (Geheimer) Staats-, Kronrat: **Judicial Committee of the P~ C~** Justizausschuß *m* des Staatsrats (*höchste Berufungsinstanz für die Dominions*). **P~ Coun·cil·lor** *s Br.* Geheimer (Staats-)Rat (*Person*). **~ purse** *s* **1.** königliche Pri¦vatscha¦tulle. **2.** (Keeper of the) **P~ P~** *Br.* Inten¦dant *m* der Zi¦villiste. **~ seal** *s Br.* **1.** Geheimsiegel *n*, (*das*) Kleine Siegel. **2.** → **Lord Privy Seal**.
prize¹ [praɪz] **I** *s* **1.** (Sieger)Preis *m* (*a. fig.*), Prämie *f*, Auszeichnung *f*: **school** ~ Schulpreis; **the ~s of a profession** die höchsten Stellungen in e-m Beruf. **2.** (*a.* Lotte¦rie)Gewinn *m*: **the first** ~ das Große Los. **3.** Lohn *m*, Belohnung *f*. **4.** (*der, die, das*) Beste. **II** *adj* **5.** preisgekrönt, prämi¦iert. **6.** Preis...: ~ **medal**. **7.** erstklassig. **8.** *contp.* Riesen...: ~ **idiot**. **III** *v/t* **9.** (hoch)schätzen, würdigen: **to** ~ **s.th. more than** etwas höher (ein)schätzen als.
prize² [praɪz] **I** *s* (Kriegs)Beute *f*, Fang *m* (*a. fig.*), *bes. jur. mar.* Prise *f* (*aufgebrachtes Schiff*), Seebeute *f*: **to make** ~ **of** → II. **II** *v/t mar.* aufbringen, kapern.
prize³ [praɪz] *v/t bes. Br.* **I** *v/t* **1.** (auf)stemmen: **to** ~ **open** (mit e-m Hebel) aufbrechen; **to** ~ **up** hochwuchten *od.* -stemmen. **2. to** ~ **a secret out of s.o.** j-m ein Geheimnis entreißen. **II** *s* **3.** Hebelwirkung *f*, -kraft *f*. **4.** Hebel *m*.
prize| com·pe·ti·tion *s* Preisausschreiben *n*. **~ court** *s mar.* Prisengericht *n*. **~ crew** *s mar.* ¦Prisenkom¦mando *n*. **~ fight** *s obs.* Preisboxkampf *m*. **~ fight·er** *s obs.* Preis-, Berufsboxer *m*. **~ giv·ing** *s ped. Br.* Verteilung *f* der Schulpreise. **~ list** *s* Gewinnliste *f*. **'~·man** [-mən] *s irr bes. univ.* Preisträger *m*, Gewinner *m* e-s Preises. **~ mon·ey** *s* **1.** *mar.* Prisengeld(er *pl*) *n*. **2.** Geldpreis *m*. **~ ring** *s obs.* **1.** Boxen: a) Ring *m*, b) *weitS.* (*das*) Berufsboxen. **2.** Berufsboxer *pl* u. deren Anhänger *pl*. **~ win·ner** *s* Preisträger(in). **'~-ˌwin·ning** *adj* preisgekrönt, prämi¦iert.
pro- [prəʊ-] Wortelement mit den Bedeutungen a) (eintretend) für, pro..., ...freundlich: ~-**German**, b) stellvertretend, Vize..., Pro..., c) vor (*räumlich u. zeitlich*).
pro¹ [prəʊ] **I** *pl* **pros** *s* **1.** Ja-Stimme *f*, Stimme *f* da¦für. **2.** Für *n*, Pro *n*: **the ~s and cons** das Für u. Wider, das Pro u. Kontra. **3.** *colloq.* Befürworter(in). **II** *adv* **4.** (da)für.
pro² [prəʊ] (*Lat.*) *prep* für, pro, per: ~ **hac vice** (nur) für dieses ¦eine Mal; ~ **tanto** soweit, bis dahin; → **pro forma, pro rata**.
pro³ [prəʊ] *colloq.* **I** *s* **1.** *sport* ‚Profi' *m* (*a. fig.*): **to turn** ~ ins Profilager überwechseln. **2.** *Br.* ‚Nutte' *f* (*Prostituierte*). **II** *adj* **3.** *sport* Profi...: ~**-'am** [-'æm] *adj sport colloq.* für ‚Profis' u. Ama¦teure, offen: ~ **tournament**.
prob·a·bil·ism ['prɒbəbɪlɪzm; *Am.* 'prɑ-] *s philos. relig.* Probabi¦lismus *m*.
prob·a·bil·i·ty [ˌprɒbə'bɪlətɪ; *Am.* ˌprɑ-] *s* **1.** Wahr¦scheinlichkeit *f* (*a. math.*): **in all** ~ aller Wahrscheinlichkeit nach, höchstwahrscheinlich; **theory of** ~, ~ **calculus** *math.* Wahrscheinlichkeitsrechnung *f*; **the** ~ **is that** es ist zu erwarten *od.* anzunehmen, daß. **2.** → **probable** 5.
prob·a·ble ['prɒbəbl; *Am.* 'prɑ-] **I** *adj* (*adv* **probably**) **1.** wahr¦scheinlich, vermutlich, mutmaßlich: ~ **cause** *jur.* hinreichender (Tat)Verdacht. **2.** wahr¦scheinlich, glaubhaft, glaubwürdig, einleuchtend. **II** *s* **3.** wahr¦scheinlicher

proband - proconsulate

Kandi'dat *od.* (*sport*) Teilnehmer. **4.** *mil.* wahr'scheinlicher Abschuß. **5.** (*etwas*) Wahr'scheinliches, Wahr'scheinlichkeit *f*.
pro·band ['prəʊbænd] *s* Genealogie: Pro'band *m*.
pro·bang ['prəʊbæŋ] *s med.* Schlundsonde *f*.
pro·bate ['prəʊbeɪt; *Br. a.* -bɪt] *jur.* **I** *s* **1.** gerichtliche (*bes.* Testa'ments)Bestätigung. **2.** Testa'mentseröffnung *f*. **3.** Abschrift *f* e-s gerichtlich bestätigten Testa'ments. **II** *v/t* **4.** *Am.* ein Testament a) bestätigen, b) eröffnen u. als rechtswirksam bestätigen lassen. ~ **court** *s* Nachlaßgericht *n*, (*in USA a.* zuständig *in Sachen der freiwilligen Gerichtsbarkeit, bes. als*) Vormundschaftsgericht *n*. ~ **dis·pute** *s* Erbstreitigkeit *f*. ~ **du·ty** *s* Erbschaftssteuer *f*.
pro·ba·tion [prə'beɪʃn; *Am.* prəʊ-] *s* **1.** (*bes.* Eignungs)Prüfung *f*, Probe *f*. **2.** Probezeit *f*: **on** ~ auf Probe; **year of** ~ Probejahr *n*. **3.** *jur.* a) Bewährungsfrist *f*, b) bedingte Freilassung: **to put** (*od.* **place**) **s.o. on** ~ j-m Bewährungsfrist zubilligen, b) j-n unter Zubilligung e-r Bewährungsfrist freilassen; ~ **officer** Bewährungshelfer(in). **4.** *relig.* Novizi'at *n*. **pro'ba·tion·ar·y** [-ʃnərɪ; *Am.* -ʃəˌnerɪ], *a.* **pro'ba·tion·al** *adj* **1.** Probe... **2.** *jur.* a) bedingt freigelassen, b) Bewährungs...: ~ **period** Bewährungsfrist *f*.
pro'ba·tion·er *s* **1.** 'Probekandi,dat (-in), Angestellte(r *m*) *f* auf Probe, *z. B.* Lernschwester *f*. **2.** *fig.* Neuling *m*. **3.** *relig.* No'vize *m*, *f*. **4.** *jur.* a) j-d, dessen Strafe zur Bewährung ausgesetzt ist, b) auf Bewährung bedingt Strafentlassene(r *m*) *f*.
pro·ba·tive ['prəʊbətɪv] *adj* als Beweis dienend (**of** für): **to be** ~ **of** beweisen; ~ **facts** *jur.* beweiserhebliche Tatsachen; ~ **force** Beweiskraft *f*.
probe [prəʊb] **I** *v/t* **1.** *med.* son'dieren (*a. fig.*). **2.** *fig.* eindringen in (*acc*), erforschen, (gründlich) unter'suchen, a. j-n aushorchen. **II** *v/i* **3.** (forschend) eindringen (**into** in *acc*): **to** ~ **into the subconscious mind; to** ~ **deep into a matter** e-r Angelegenheit auf den Grund gehen. **III** *s* **4.** *med.* Sonde *f*: ~ **scissors** Wundsonde *f*. **5.** *tech.* Sonde *f*, Tastkopf *m*. **6.** (Mond- *etc*)Sonde *f*, 'Ver'suchsra,kete *f*, 'Forschungssatel,lit *m*: **lunar** ~; **space** ~ Raumsonde. **7.** *fig.* Son'dierung *f*. **8.** *fig. bes. Am.* Unter'suchung *f*.
prob·i·ty ['prəʊbətɪ] *s* Rechtschaffenheit *f*, Redlichkeit *f*.
prob·lem ['prɒbləm; *Am.* 'prɑ-] **I** *s* **1.** Pro'blem *n*, proble'matische *od.* schwierige Aufgabe *od.* Frage, Schwierigkeit *f*: **this poses a** ~ **for me** das stellt mich vor ein Problem; **we are facing a** ~ wir sehen uns vor ein Problem gestellt. **2.** *math.* Aufgabe *f*, Pro'blem *n* (*a. philos.* Schach *etc*): **to set** ~ a e-e Aufgabe stellen. **3.** *fig.* Rätsel *n*: **it is a** ~ **to me** es ist mir unverständlich *od.* ein Rätsel. **II** *adj* **4.** proble'matisch: ~ **child** Problemkind *n*; ~ **drama** Problemdrama *n*; ~ **drinker** *euphem.* Alkoholiker(in); ~ **novel** Problemroman *m*; ~**-orient(at)ed** problemorientiert; ~ **play** Problemstück *n*.
prob·lem·at·ic [ˌprɒbləˈmætɪk; *Am.* ˌprɑ-] *adj*, **prob·lem·at·i·cal** [-kl] *adj* (*adv* -**ly**) **1.** proble'matisch, zweifelhaft. **2.** fragwürdig, dunkel *od.* origin.
pro·bos·cis [prəʊˈbɒsɪs; *Am.* prəˈbɑ-] *pl* **-cis·es** [-sɪsɪz] *s* **1.** *zo.* a) (Ele'fanten-*etc*)Rüssel *m*, b) (In'sekten-, Stech-)Rüssel *m*. **2.** *fig.* humor. „Rüssel" *m* (Nase). ~ **mon·key** *s zo.* Nasenaffe *m*.
pro·caine ['prəʊkeɪn] *s chem.* Proka'in *n*.
pro·cam·bi·um [prəʊˈkæmbɪəm] *s bot.*

Pro'cambium *n* (Bildungsgewebe der Leitbündel).
pro·ce·dur·al [prəˈsiːdʒərəl] *adj* **1.** *jur.* prozessu'al, verfahrensrechtlich: ~ **law** Verfahrensrecht *n*. **2.** Verfahrens...: ~ **motion** *parl.* Antrag *m* zur Geschäftsordnung.
pro·ce·dure [prəˈsiːdʒə(r)] *s* **1.** *allg.* Verfahren *n* (*a. tech.*), Vorgehen *n*. **2.** *jur.* (*bes.* pro'zeßrechtliches) Verfahren: **rules of** ~ Verfahrensvorschriften, Verfahrensbestimmungen. **3.** Handlungsweise *f*, Verhalten *n*, (eingeschlagener) Weg.
pro·ceed **I** *v/i* [prəˈsiːd; prəʊ-] **1.** weitergehen, -fahren *etc*, sich begeben (**to** nach). **2.** *fig.* weitergehen (*Handlung etc*), fortschreiten: **the play will now** ~ das Spiel geht jetzt weiter. **3.** vor sich gehen, von'statten gehen. **4.** vor(wärts)gehen, vorrücken, *fig. a.* Fortschritte machen, vor'ankommen. **5.** fortfahren, weitermachen (**with, in** mit, in *s-r Rede etc*): **to** ~ **with one's work** s-e Arbeit fortsetzen; **to** ~ **on one's journey** s-e Reise fortsetzen, weiterreisen. **6.** fortfahren (zu sprechen): **he** ~**ed to say** er fuhr (in s-r Rede) fort, dann sagte er. **7.** (*bes. nach e-m Plan*) vorgehen, verfahren: **to** ~ **with** s.th. etwas durchführen *od.* in Angriff nehmen; **to** ~ **on the assumption that** davon ausgehen, daß. **8.** schreiten *od.* 'übergehen (**to** zu), sich machen (**to an** *acc*), sich anschicken (**to do** zu tun): **to** ~ **to attack** zum Angriff übergehen; **to** ~ **to business** an die Arbeit gehen, anfangen, beginnen; **to** ~ **to the election** zur Wahl schreiten; **to** ~ **to another subject** das Thema wechseln. **9.** (**from**) ausgehen, 'herrühren, kommen (von) (*Geräusch, Hoffnung, Resultat, Krankheit etc*), (*e-r Hoffnung etc*) entspringen. **10.** *jur.* (gerichtlich) vorgehen, e-n Pro'zeß anstrengen, prozes'sieren (**against** gegen). **11.** *Br.* promo'vieren (**to** zum), e-n aka'demischen Grad erlangen: **he** ~**ed to** (**the degree of**) **M.A.** er erlangte den Grad e-s Magisters. **II** *s* ['prəʊsiːd] → **proceeds**.
pro·ceed·ing *s* **1.** a) Vorgehen *n*, Verfahren *n*, b) Maßnahme *f*, Handlung *f*. **2.** *pl jur.* Verfahren *n*, (Gerichts)Verhandlung(en *pl*) *f*: **to institute** (*od.* **take**) ~**s against** ein Verfahren einleiten *od.* gerichtlich vorgehen gegen. **3.** *pl* (Tätigkeits-, Sitzungs)Berichte *pl*, (*jur.* Pro'zeß)Akten *pl*.
pro·ceeds ['prəʊsiːdz] *s pl* **1.** Erlös *m* (**from a sale** aus e-m Verkauf), Ertrag *m*, Gewinn *m*. **2.** Einnahmen *pl*.
pro·cess[1] ['prəʊses; *Am.* 'prɑ-] **I** *s* **1.** *a. tech.* Verfahren *n*, Pro'zeß *m*: ~ **of manufacture** a) Herstellungsverfahren, b) Herstellungsprozeß, ~**vorgang** *m*, Werdegang *m*; **in** ~ **of construction** im Bau (befindlich); ~ **annealing** *metall.* Zwischenglühung *f*; ~ **average** mittlere Fertigungsgüte; ~ **automation** Prozeß-Automatisierung *f*; ~ **chart** *econ.* Arbeitsablaufdiagramm *n*; ~ **control** (*Computer*) Prozeßsteuerung *f*; ~ **engineering** Verfahrenstechnik *f*; ~ **steam** *tech.* Betriebsdampf *m*; ~ **variable** (*Verfahrenstechnik*) Prozeßvariable *f*; ~ **water** *tech.* Betriebswasser *n*. **2.** Vorgang *m*, Verlauf *m*, Pro'zeß *m* (*a. phys.*): ~ **of combustion** Verbrennungsvorgang; **mental** ~ Denkprozeß. **3.** Fortgang *m*. **4.** Fortgang *m*, -schreiten *n*, (Ver)Lauf *m* (*der Zeit*): **in** ~ **of time** im Laufe der Zeit; **to be in** ~ im Gange sein, sich abwickeln; **in** ~ **of** im Verlauf von (*od. gen*); **the machine was damaged in the** ~ dabei wurde die Maschine beschädigt. **5.** *chem.* a) ~ **1** u. **2**: **butter** ~ Prozeßbutter *f* (*entranzte Butter*), b) Reakti'onsfolge *f*. **6.** *print.* photome'chanisches Reprodukti'onsverfahren: ~ **printing** Drei- *od.* Vierfarbendruck *m*. **7.** *phot.* Überein'anderkopieren *n*. **8.** *jur.* a) Zustellung(en *pl*) *f*, *bes.* Vorladung *f*, b) Rechtsgang *m*, (Gerichts)Verfahren *n*: **due** ~ **of law** ordentliches Verfahren, rechtliches Gehör. **9.** *anat.* Fortsatz *m*. **10.** *bot.* Auswuchs *m*. **11.** *fig.* Vorsprung *m*. **12.** *math.* Auflösungsverfahren *n* (*e-r Aufgabe*). **II** *v/t* **13.** bearbeiten, behandeln, e-m Verfahren unter'werfen. **14.** verarbeiten, *Lebensmittel* haltbar machen, *Milch etc* sterili'sieren, (chemisch) behandeln, *Stoff* imprä'gnieren: **to** ~ **into** verarbeiten zu; **to** ~ **information** Daten verarbeiten; ~(**ed**) **cheese** Schmelzkäse *m*. **15.** *jur.* a) vorladen, b) gerichtlich belangen. **16.** *phot.* (photome'chanisch) reprodu'zieren *od.* vervielfältigen. **17.** *fig. Am.* a) j-n 'durchschleusen', abfertigen, b) *j-s* Fall *etc* bearbeiten.
pro·cess[2] ['prəʊses] *v/i bes. Br.* **1.** in e-r Prozessi'on (mit)gehen. **2.** ziehen.
pro·cess art *s* Prozeßkunst *f* (*in deren Mittelpunkt die Vermittlung künstlerischer Prozesse steht*).
pro·cess·ing ['prəʊsesɪŋ; *Am. a.* 'prɑ-] *s* **1.** *tech.* Veredelung *f*: ~ **industry** weiterverarbeitende Industrie. **2.** *tech.* Verarbeitung *f*: ~ **program(me)** (*Computer*) Verarbeitungsprogramm *n*; ~ **unit** (*Computer*) Recheneinheit *f*. **3.** *bes. fig. Am.* Bearbeitung *f*.
pro·ces·sion [prəˈseʃn] **I** *s* **1.** Prozessi'on *f*, (feierlicher) (Auf-, 'Um)Zug: **to go in** ~ → **5**; **funeral** ~ Leichenzug. **2.** Reihe *f*, Reihenfolge *f*. **3.** *a.* ~ **of the Holy Spirit** *relig.* Ausströmen *n* des Heiligen Geistes. **4.** Rennsport: müdes Rennen. **II** *v/i* **5.** e-e Prozessi'on *etc* abhalten, in e-r Prozession gehen. **III** *v/t* **6.** in (e-r Prozession) ziehen durch. **pro'ces·sion·al** [-ʃənl] **I** *s relig.* a) Prozessi'onsbuch *n*, b) Prozessi'onshymne *f*. **II** *adj* Prozessions...
pro·ces·sion·ar·y [-ʃnərɪ; *Am.* -ʃəˌnerɪ] **I** *s* **1.** → **processional I**. **II** *adj* **2.** → **processional II**. **3.** *zo.* Prozessions..., Wander...: ~ **caterpillar**.
pro·ces·sor ['prəʊsesə(r); *Am. a.* 'prɑ-] *s* **1.** *tech.* a) Verarbeiter *m*, b) 'Hersteller *m*. **2.** *fig. Am.* (Sach)Bearbeiter *m*. **3.** *Computer*: Pro'zessor *m*, Zen'traleinheit *f*. **4.** *art* Vertreter(in) der Pro'zeßkunst.
pro·claim [prəˈkleɪm; prəʊ-] *v/t* **1.** pro'kla'mieren, (öffentlich) verkünd(ig)en, kundgeben: **to** ~ **war** den Krieg erklären; **to** ~ **s.o. a traitor** j-n zum Verräter erklären; **to** ~ **s.o. king** j-n zum König ausrufen. **2.** erweisen als, kennzeichnen: **the dress** ~**s the man** Kleider machen Leute. **3.** a) den Ausnahmezustand verhängen über (*ein Gebiet etc*), b) unter Quaran'täne stellen. **4.** in die Acht erklären. **5.** *e-e Versammlung etc* verbieten.
proc·la·ma·tion [ˌprɒkləˈmeɪʃn; *Am.* ˌprɑ-] *s* **1.** Proklamati'on *f* (**to an** *acc*), (öffentliche *od.* feierliche) Verkündigung *od.* Bekanntmachung, Aufruf *m*: ~ **of martial law** Verhängung *f* des Standrechts. **2.** Erklärung *f*, Ausrufung *f* (*zum König etc*). **3.** Verhängung *f od.* Erklärung *f* des Ausnahmezustandes *od.* des Bannes. **pro·clam·a·to·ry** [prəˈklæmətərɪ; *Am.* -ˌtɔːrɪ; -ˌtəʊ-; -ˌtɒ-] *adj* verkündend, prokla'mierend.
pro·clit·ic [prəʊˈklɪtɪk] *ling.* **I** *adj* pro'klitisch. **II** *s* pro'klitisches Wort.
pro·cliv·i·ty [prəˈklɪvətɪ; prəʊ-] *s* Neigung *f*, Hang *m* (**to**, **towards** zu).
pro·con·sul [ˌprəʊˈkɒnsəl; *Am.* -ˈkɑn-] *s* **1.** *antiq.* (römischer) Pro'konsul, Statthalter *m* (*e-r Provinz*). **2.** Statthalter *m* (*e-r Kolonie etc*). **pro'con·su·late**

[-ˈkɒnsjʊlət; Am. -ˈkɑnsələt] s Prokonsulat n, Statthalterschaft f.
pro·cras·ti·nate [prəʊˈkræstɪneɪt] **I** v/i zaudern, zögern. **II** v/t hinˈausʒögern, verschleppen. **pro͵cras·tiˈna·tion** s Verzögerung f, Verschleppung f. **proˈcras·ti·na·tor** [-tə(r)] s **1.** Zauderer m, Zögerer m. **2.** Verschlepper m.
pro·cre·ant [ˈprəʊkrɪənt] adj (er)zeugend, erschaffend. **ˈpro·cre·ate** [-eɪt] v/t **1.** a. fig. (er)zeugen, herˈvorbringen: to ~ offspring; to ~ one's kind sich fortpflanzen. **2.** fig. ins Leben rufen. ͵**pro·creˈa·tion** s (Er)Zeugung f, Herˈvorbringen n (a. fig.), Fortpflanzung f. **ˈpro·cre·a·tive** adj **1.** zeugungsfähig, Zeugungs...: ~ **capacity** Zeugungsfähigkeit f. **2.** fruchtbar. **ˈpro·cre·a·tor** [-tə(r)] s Erzeuger m.
Pro·crus·te·an [prəʊˈkrʌstɪən] adj **1.** Prokrustes...: ~ **bed** Prokrustesbett n (a. fig.). **2.** fig. gewaltsam, Zwangs...
proc·to·cele [ˈprɒktəʊsiːl; Am. ˈpraktəs-] s med. Proktoˈzele f, Mastdarmvorfall m.
proc·tol·o·gy [prɒkˈtɒlədʒɪ; Am. prakˈtɑ-] s med. Proktoloˈgie f (Lehre von den Funktionen u. Erkrankungen des Mastdarms u. des Afters).
proc·tor [ˈprɒktə; Am. ˈpraktər] **I** s **1.** univ. a) Br. Disziplinarbeamte(r) m, b) Aufsichtführende(r) m (bes. bei Prüfungen). **2.** jur. Anwalt m (vor geistlichen u. Seerechtsgerichten). **3.** a. **Kingˈs** (od. **Queenˈs**) ~ jur. Br. Beamter der Family Division, der verpflichtet ist, bei vermuteter Kollusion der Parteien in das Verfahren einzugreifen. **II** v/t **4.** a) beaufsichtigen, b) die Aufsicht führen bei (e-r Prüfung).
proc·to·scope [ˈprɒktəskəʊp; Am. ˈpra-] s med. Rektoˈskop n, Mastdarmspiegel m. **procˈtot·o·my** [-ˈtɒtəmɪ; Am. -ˈtɑ-] s Mastdarmeinschnitt m, Proktotoˈmie f.
pro·cur·a·ble [prəˈkjʊərəbl] adj beschaffbar, erhältlich, zu beschaffen(d): easily ~.
proc·u·ra·tion [͵prɒkjʊəˈreɪʃn; Am. ͵prakjəˈr-] s **1.** → procurement 1 u. 3. **2.** (Stell)Vertretung f. **3.** Bevollmächtigung f. **4.** econ. jur. Proˈkura f, Vollmacht f: **to give ~** Prokura od. Vollmacht erteilen; **by ~** per Prokura; **joint ~** Gesamthandlungsvollmacht; **single** (od. **sole**) ~ Einzelprokura. **5.** a. ~ **fee**, ~ **money** econ. Makler-, Vermittlungsgebühr f. **6.** jur. → procuring 2.
proc·u·ra·tor [ˈprɒkjʊəreɪtə(r); Am. ˈprakjə-] s jur. **1.** Anwalt m: **P~ General** Br. Königlicher Anwalt des Schatzamtes; ~ **fiscal** Scot. Staatsanwalt. **2.** Sachwalter m, Bevollmächtigte(r) m.
pro·cure [prəˈkjʊə(r)] **I** v/t **1.** (sich) beˈod. verschaffen, (sich) besorgen: **to ~ s.th. for s.o.** (od. **s.o. s.th.**) j-m etwas beschaffen etc; **to ~ evidence** Beweise liefern od. beibringen. **2.** erwerben, erlangen: **to ~ wealth**. **3.** Mädchen verkuppeln, ͵besorgen‘ (**for s.o.** j-m). **4.** bewirken, veranlassen, herˈbeiführen, bewerkstelligen: **to ~ s.o.** to commit a crime j-n zu e-r Straftat anstiften. **II** v/i **5.** a) kuppeln, b) Zuhälteˈrei treiben.
proˈcure·ment s **1.** Besorgung f, Beschaffung f: ~ **of capital** Kapitalbeschaffung. **2.** Erwerbung f: ~ **of a patent**. **3.** Vermittlung f. **4.** Veranlassung f, Bewerkstelligung f. **5.** Beschaffer(in), Vermittler(in). **2.** a) Kuppler m, b) Zuhälter m. **proˈcur·ess** [-rɪs] s Kupplerin f. **proˈcur·ing** s **1.** → procurement 2. a) Kuppeˈlei f, b) Zuhälteˈrei f.
prod¹ [prɒd; Am. prɑd] **I** v/t **1.** stechen, stoßen, ͵piken‘. **2.** fig. anstacheln, anspornen, antreiben (**into** zu): **to ~ s.o.ˈs**

memory j-s Gedächtnis (energisch) nachhelfen. **II** s **3.** Stich m, Stechen n, Stoß m (a. fig.). **4.** fig. Ansporn m. **5.** spitzes Werkzeug, bes. Ahle f. **6.** Stachelstock m.
Prod² [prɒd] s Ir. contp. ͵Evanˈgele‘ m (Protestant).
pro·de·li·sion [͵prəʊdɪˈlɪʒn; Am. ͵prɑd-] s ling. Weglassen n des ˈAnfangsvoͺkals (z. B. in Iˈm für I am).
prod·i·gal [ˈprɒdɪɡl; Am. ˈprɑd-] **I** adj (adv ~**ly**) **1.** verschwenderisch (**of** mit): **to be ~ of** prodigalize; **the ~ son** Bibl. der verlorene Sohn. **II** s **2.** Verschwender(in) (a. jur.). **3.** reuiger Sünder. ͵**prodˈi·gal·i·ty** [-ˈɡælətɪ] s **1.** Verschwendung(ssucht) f. **2.** Üppigkeit f, (verschwenderische) Fülle (**of** an dat). **ˈprod·i·gal·ize** [-ɡəlaɪz] v/t verschwenden, verschwenderisch ˈumgehen mit: **to ~ oneˈs money**.
pro·di·gious [prəˈdɪdʒəs] adj (adv ~**ly**) **1.** erstaunlich, wunderbar, großartig: **heˈs got a ~ memory** er hat ein ͵sagenhaftes‘ Gedächtnis. **2.** gewaltig, ungeheuer.
prod·i·gy [ˈprɒdɪdʒɪ; Am. ˈprɑ-] s **1.** Wunder n (meist Sache od. Person) (**of** gen. an dat): **a ~ of learning** ein Wunder der od. an Gelehrsamkeit; **the prodigies of the human race** die Wunder(werke) der Menschen. **2.** meist **child** (od. **infant**) ~ Wunderkind n: **musical ~** musikalisches Wunder(kind). **3.** contp. Ausgeburt f, Monstrum n.
prod·ro·mal [ˈprɒdrəməl; bes. Am. prəʊˈdrəʊməl] adj med. (e-m Krankheitsausbruch etc) vorˈausgehend, prodroˈmal. **pro·drome** [ˈprəʊdrəʊm] s med. Proˈdrom n, Prodroˈmalsym͵ptom n.
pro·duce [prəˈdjuːs; Am. a. -ˈduːs] **I** v/t **1.** allg. erzeugen: a) Kinder, Werke etc herˈvorbringen, Waren etc schaffen, machen, b) fig. herˈvorrufen, -bringen, bewirken, zeitigen, schaffen, e-e Wirkung erzielen: **to ~ an effect; to ~ a smile** ein Lächeln hervorrufen. **2.** Waren etc produˈzieren, erzeugen, ˈherstellen, fertigen, ein Buch herˈausbringen od. verfassen, Erz, Kohle etc gewinnen, fördern. **3.** bot. Früchte etc herˈvorbringen. **4.** econ. e-n Gewinn etc (ein)bringen, (-)tragen, abwerfen, erzielen: **capital ~s interest** Kapital trägt od. bringt Zinsen. **5.** herˈaus-, herˈvorziehen, -holen (**from** aus der Tasche etc). **6.** s-n Ausweis etc (vor)zeigen, vorlegen. **7.** Zeugen, Beweis etc beibringen: **to ~ evidence (witnesses)**. **8.** Gründe vorbringen, anführen, aufwarten mit. **9.** e-n Film produˈzieren, herˈausbringen, ein Theaterstück, Hörod. Fernsehspiel a) aufˈführen, b) ˈeinstuͺdieren, inszeˈnieren, thea., Rundfunk: Br. Reˈgie führen bei: **to ~ o.s.** fig. sich in Szene produˈzieren. **10.** e-n Schauspieler herˈausbringen. **11.** math. e-e Linie verlängern. **II** v/i **12.** produˈzieren. **13.** bot. (Früchte) tragen. **14.** econ. Gewinn(e) abwerfen. **III** s **prod·uce** [ˈprɒdjuːs; Am. ˈprɑduːs] (nur sg) **15.** (bes. ˈBoden-, ˈLandes)Proͺdukte pl, (Naˈtur)Erzeugnis(se pl) n: ~ **exchange** Produktenbörse f; ~ **market** Waren-, Produktenmarkt m. **16.** Ertrag m, Gewinn m. **17.** tech. (Erz-) Ausbeute f. **18.** tech. Leistung f, Ausstoß m: **daily ~**.
pro·duc·er [prəˈdjuːsə(r); Am. a. -ˈduː-] s **1.** Erzeuger(in), ˈHersteller(in) (beide a. econ.): ~ **country** econ. Erzeugerland n. **2.** econ. Produˈzent m, Fabriˈkant m: ~**(ˈs) goods** Produktionsgüter. **3.** a) Film: Produˈzent m, Produktiˈonsleiter m, b) thea., Rundfunk: Br. Regisˈseur m, Spielleiter m. **4.** tech. Geneˈrator m: ~ **gas** Generatorgas n. **proˈduc·i·ble** adj **1.** erzeugbar, ˈherstellbar, produˈzierbar,

2. ˈvorzuzeigen(d), beizubringen(d), aufweisbar. **proˈduc·ing** adj Produktions..., Herstellungs...
prod·uct [ˈprɒdʌkt; Am. ˈprɑdəkt] s **1.** Proˈdukt n, Erzeugnis n (a. econ. tech.): **intermediate ~** Zwischenprodukt; ~ **engineering** Fertigungstechnik f; ~ **liability** Am. Produzentenhaftung f; ~ **line** a) Herstellungsprogramm n, b) Erzeugnisgruppe f; ~ **patent** Stoffpatent n. **2.** chem. math. Proˈdukt n. **3.** fig. (a. ˈGeistes)Proͺdukt n, Ergebnis n, Resulˈtat n, Frucht f, Werk n. **4.** fig. Proˈdukt n (Person): **he was the ~ of his time**.
pro·duc·tion [prəˈdʌkʃn] s **1.** (z. B. Kälte-, Strom)Erzeugung f, (z. B. Rauch)Bildung f: ~ **of current (smoke)**. **2.** econ. Produktiˈon f, ˈHerstellung f, Fertigung f: ~ **planning** Fertigungsplanung f; **to be in ~** serienmäßig hergestellt werden; **to be in good ~** genügend hergestellt werden; **to go into ~** a) die Produktion aufnehmen (Fabrik), b) in Produktion gehen (Ware). **3.** a) chem. min. Proˈdukt n: Gewinnung f: ~ **of gold**, b) Bergbau: Förderleistung f. **4.** (Arbeits)Erzeugnis n, (a. Naˈtur)Proͺdukt n, Fabriˈkat n. **5.** fig. (meist liteˈrarisches) Proˈdukt, Ergebnis n, Werk n, Schöpfung f, Frucht f. **6.** Herˈvorbringen n, Entstehung f. **7.** Vorlegung f, -zeigung f, -lage f (e-s Dokuments etc), Beibringung f (e-s Zeugen), Erbringen n (e-s Beweises), Vorführen n, Aufweisen n. **8.** Herˈvorholen n, -ziehen n. **9.** Verlängerung f (a. bot. math. zo.). **10.** thea. etc Aufˈführung f, Inszeˈnierung f: **to make a ~ (out) of s.th.** fig. colloq. viel Theater um etwas machen. **11.** a) Film, TV: Produktiˈon f, b) thea., Rundfunk: Br. Reˈgie f, Spielleitung f. **proˈduc·tion·al** [-ʃənl] adj Produktions...
pro·duc·tion͵ ca·pacˈi·ty s Produktiˈonskapaziͺtät f, Leistungsfähigkeit f. ~ **car** s mot. Serienwagen m. ~ **conˈtrol** s Produktiˈonsko͵ntrolle f. ~ **costs** s pl Gestehungskosten pl. ~ **diˈrec·tor** s Rundfunk, TV: Sendeleiter m. ~ **enˈgi·neer** s Beˈtriebsingeniͺeur m. ~ **goods** s pl econ. Produktiˈonsgüter pl. ~ **line** s tech. Fertigungsstraße f, Fließband n. ~ **man·ag·er** s econ. ˈHerstellungsleiter m. ~ **part** s Fertigungsteil m, n.
pro·duc·tive [prəˈdʌktɪv] adj (adv ~**ly**) **1.** herˈvorbringend, erzeugend, schaffend (**of** acc): **to be ~ of** erzeugen, führen zu. **2.** produkˈtiv, ergiebig, ertragreich, fruchtbar, renˈtabel: ~ **capital** econ. gewinnbringendes Kapital; ~ **labo(u)r** produktive (unmittelbar am Fabrikationsprozeß beteiligte) Arbeitskräfte pl. **3.** erˈzeugend, ˈherstellend, leistungsfähig: ~ **bed** (Bergbau) abbauwürdige Lagerstätte. **4.** fig. produkˈtiv, fruchtbar, schöpferisch: **a ~ writer**. **proˈduc·tive·ness**, **pro·duc·tiv·i·ty** [͵prɒdʌkˈtɪvətɪ; Am. ͵prɑ-; prə͵dʌkˈt-] s Produktiviˈtät f (a. fig.), Ergiebigkeit f, Ertragsfähigkeit f, Fruchtbarkeit f (a. fig.), Rentabiliˈtät f.
pro·em [ˈprəʊem] s Einleitung f (a. fig.), Vorrede f (to zu).
ˈpro-͵Eu·roˈpe·an I adj **1.** proeuroˈpäisch. **2.** die Zugehörigkeit Großbriˈtanniens zur Euroˈpäischen Gemeinschaft befürwortend. **II** s **3.** Proeuroˈpäer(in). **4.** Befürworter(in) der britischen Zugehörigkeit zur Euroˈpäischen Gemeinschaft.
prof [prɒf; Am. prɑf] s colloq. ͵Prof‘ m (Professor).
prof·a·na·tion [͵prɒfəˈneɪʃn; Am. ͵prɑ-; ͵prəʊ-] s Entweihung f, Profaˈnierung f.
pro·fane [prəˈfeɪn; Am. a. prəʊ-] **I** adj (adv ~**ly**) **1.** weltlich, proˈfan, nicht geistlich, ungeweiht: ~ **building** Profanbau m; ~ **history** Profangeschichte f; ~ **lit-**

profanity – prognosis

erature weltliche Literatur. **2.** (gottes-)lästerlich, gottlos, gemein. **3.** unheilig, heidnisch: ~ **rites**. **4.** uneingeweiht (**to** in *acc*), nicht zugelassen (**to** zu), außenstehend. **5.** gewöhnlich, pro'fan. **II** *v/t* **6.** entweihen, her'abwürdigen, profa'nieren, *e-n Feiertag etc* entheiligen. **pro-'fan·i·ty** [-'fænətɪ] *s* **1.** Gott-, Ruchlosigkeit *f*. **2.** Weltlichkeit *f*. **3.** a) Fluchen *n*, b) *pl* Flüche *pl*, Lästerungen *pl*.
pro·fess [prə'fes] *v/t* **1.** (*a.* öffentlich) erklären, *Interesse, Reue etc* bekunden, sich 'hinstellen *od.* bezeichnen (**to be als**): **to** ~ **o.s. a communist** sich zum Kommunismus bekennen. **2.** beteuern, versichern, *contp. a.* zur Schau tragen, heucheln. **3.** sich bekennen zu (*e-m Glauben etc*) *od.* als (*Christ etc*): **to** ~ **christianity**. **4.** eintreten für, *Grundsätze etc* vertreten: **to** ~ **principles**. **5.** (*als Beruf*) ausüben, betreiben: **to** ~ **surgery** (von Beruf) Chirurg sein. **6.** a) Fachmann sein in (*dat*), *ein Fachgebiet* beherrschen, b) sich als Fachmann ausgeben in (*dat*). **7.** *bes. Br.* Pro'fessor sein für, lehren: he ~es **chemistry**. **8.** *relig.* in e-n Orden aufnehmen. **pro'fessed** [-st] *adj* **1.** erklärt, ausgesprochen: **a ~ enemy of liberalism**; ~ **Christian** Bekenntnischrist(in). **2.** angeblich, vorgeblich, Schein... **3.** Berufs..., von Beruf, berufsmäßig. **4.** *relig.* in e-n Orden aufgenommen: ~ **monk** Profeß *m*. **pro'fess·ed·ly** [-sɪdlɪ; *Am. a.* -'festlɪ] *adv* **1.** angeblich. **2.** erklärtermaßen, nach eigener Angabe. **3.** offenkundig.
pro·fes·sion [prə'feʃn] *s* **1.** (*bes.* aka'demischer *od.* freier) Beruf, Stand *m*: **learned ~** gelehrter Beruf; **the military ~** der Soldatenberuf; **the ~s** die akademischen Berufe; **by ~** von Beruf; **the oldest ~ in the world** *euphem.* das älteste Gewerbe der Welt. **2. the ~** *collect.* der Beruf *od.* Stand, die (gesamten) Vertreter *pl od.* Angehörigen *pl* e-s Berufes *od.* Standes: **the medical ~** die Ärzteschaft, die Mediziner *pl*. **3.** (Glaubens)Bekenntnis *n*. **4.** Bekundung *f*, (*a.* falsche) Versicherung *od.* Behauptung, Erklärung *f*, Beteuerung *f*: ~ **of faith** Treuebekenntnis *n*; ~ **of friendship** Freundschaftsbeteuerung *f*. **5.** *relig.* Pro'feß *f*: a) (Ordens)Gelübde *n*, b) Ablegung *f* des (Ordens)Gelübdes.
pro·fes·sion·al [prə'feʃnl] **I** *adj* (*adv* ~**ly**) **1.** Berufs..., beruflich, Amts..., Standes...: ~ **association** Berufsgenossenschaft *f*; ~ **discretion** Schweigepflicht *f* (*des Arztes etc*); ~ **ethics** Berufsethos *n*; ~ **hono(u)r** Berufsehre *f*; ~ **jealousy** Brot-, Konkurrenzneid *m*; ~ **pride** Standesdünkel *m*; ~ **secrecy** Berufsgeheimnis *n*, Schweigepflicht *f*. **2.** Fach..., Berufs..., fachlich: ~ **school** Fach-, Berufsschule *f*; ~ **studies** Fachstudium *n*; **in a ~ way** berufsmäßig, professionell; ~ **man** Mann *m* vom Fach (→ 4). **3.** Berufs..., professio'nell (*a. sport*): ~ **player**; ~ **beauty** Bühnen- *od.* Filmschönheit *f*. **4.** freiberuflich, aka'demisch: ~ **man** Angehörige(r) *m* e-s freien Berufes, Akademiker *m*, Geistesarbeiter *m* (→ 2); **the ~ classes** die höheren Berufsstände. **5.** fachlich ausgebildet, gelernt: ~ **gardener**. **6.** unentwegt, *contp.* „Berufs...": ~ **patriot**. **7.** a) (**very**) ~ (ausgesprochen) gekonnt, b) *contp.* routi'niert: **his ~ smile**. **II** *s* **8.** *sport* Berufssportler(in) *od.* -spieler(in), „Profi" *m*: **to turn ~** ins Profilager überwechseln. **9.** Berufskünstler(in), Künstler(in) vom Fach. **10.** Fachmann *m*. **11.** Geistesarbeiter *m*. **12.** Prostitu'ierte *f*. **pro'fes·sion·al·ism** [-ʃnəlɪzəm] *s* **1.** Berufssportlertum *n*, -spielertum *n*, Professiona'lismus *m*, „Profitum" *n*.

2. Routi'niertheit *f*. **pro'fes·sion·al·ize I** *v/i* **1.** Berufssportler(in) *etc* werden. **2.** zum Beruf werden. **II** *v/t* **3.** berufsmäßig ausüben, zum Beruf machen.
pro·fes·sor [prə'fesə(r)] *s* **1.** Pro'fessor *m*, Profes'sorin *f*: → **adjunct** 5, **assistant** 2, **associate** 9, **full professor**. **2.** *Am.* Hochschullehrer *m*. **3.** Fachmann *m*, Lehrmeister *m* (*a. humor*.). **4.** *bes. Am. od. Scot.* (*a.* Glaubens)Bekenner *m*. **pro'fes·sor·ate** [-rɪt] *s* **1.** → **professorship**. **2.** *collect.* (die) Profes'soren *pl*, Profes'sorenschaft *f* (*e-r Universität etc*). **pro·fes·so·ri·al** [ˌprɒfɪ'sɔːrɪəl; *Am.* ˌproʊfə'soʊ-; -'prɑ-] *adj* (*adv* ~**ly**) professo'ral, profes'sorenhaft, e-s Pro'fessors, Professoren...: ~ **chair** Lehrstuhl *m*, Professur *f*; ~ **socialist** Kathedersozialist *m*. **pro·fes·so·ri·ate** [-rɪət] *s* **1.** → **professorate** 2. **2.** → **professorship**. **pro'fes·sor·ship** *s* Professur *f*, Lehrstuhl *m*: **to be appointed to a ~** e-n Lehrstuhl bekommen.
prof·fer ['prɒfə; *Am.* 'prɑfər] **I** *s selten* Anerbieten *n*, Angebot *n*. **II** *v/t* (an)bieten. **III** *v/i* sich erbieten *od.* anbieten (**to do** zu tun).
pro·fi·cien·cy [prə'fɪʃnsɪ] *s* (*nur sg*) (hohes) 'Leistungsni,veau, (gute) Leistungen *pl*, Können *n*, Tüchtigkeit *f*, Fertigkeit *f*. **pro'fi·cient I** *adj* (*adv* ~**ly**) tüchtig, geübt, bewandert, erfahren (**in, at** in *dat*). **II** *s obs.* Fachmann *m*, Meister *m*, Könner *m*.
pro·file ['prəʊfaɪl] **I** *s* **1.** Pro'fil *n*: a) Seitenansicht *f*, -bild *n*, b) 'Umriß (-linien *pl*) *m*, Kon'tur *f*: **in ~** im Profil; **to keep a low ~** *fig.* Zurückhaltung üben. **2.** *a. arch. tech.* Pro'fil *n*, Längsschnitt *m*, (*bes.* senkrechter) 'Durchschnitt, 'Querschnitt *m* (*a. fig.*). **4.** 'Kurzbio,graphie *f*, bio'graphische Skizze. **5.** (*historische etc*) Skizze. **6.** (*bes.* Per'sönlichkeits-, 'Leistungs)Dia,gramm *n*, Kurve *f*. **II** *v/t* **7.** im Pro'fil darstellen, profi'lieren. **8.** *tech.* im Quer- *od.* Längsschnitt zeichnen. **9.** *tech.* a) profi'lieren, fasso'nieren, b) ko'pierfräsen. **10.** *fig.* e-e 'Kurzbio,graphie schreiben über (*acc*). ~ **cut·ter** *s tech.* Fas'sonfräser *m*. ~ **drag** *s aer.* Pro'filwiderstand *m* (*der Tragfläche*). ~ **mill·ing** *s* Fas'son-, 'Umrißfräsen *n*.
pro·fil·er ['prəʊfaɪlə(r)], '**pro·fil·ing ma·chine** *s tech.* Ko'pier,fräsma,schine *f*.
prof·it ['prɒfɪt; *Am.* 'prɑ-] **I** *s* **1.** (*econ. oft pl*) Gewinn *m*, Pro'fit *m*: **to leave a ~** (e-n) Gewinn abwerfen; **to make a ~ on** (*od.* **out of**) **s.th.** aus etwas (e-n) Gewinn ziehen; **to sell at a ~** mit Gewinn verkaufen; ~ **and loss account** Gewinn- u. Verlustkonto *n*, Erfolgsrechnung *f*; ~ **sharing** Gewinnbeteiligung *f*. **2.** *oft pl* a) Ertrag *m*, Erlös *m*, b) Reinertrag *m*. **3.** *jur.* Nutzung *f*, Früchte *pl* (*aus Land*). **4.** (*a. geistiger*) Gewinn, Nutzen *m*, Vorteil *m*: **to turn s.th. to ~** aus etwas Nutzen ziehen; **to his ~** zu s-m Vorteil. **II** *v/i* **5.** (**by, from**) (e-n) Nutzen *od.* Gewinn ziehen (aus), profi'tieren (von): **to ~ by** sich etwas zunutze machen, *e-e Gelegenheit* ausnutzen. **6.** nutzen, nützen, vorteilhaft sein. **III** *v/t* **7.** *j-m* nützen *od.* nutzen, von Nutzen *od.* Vorteil sein für. ˌ**prof·it·a'bil·i·ty** *s* → **profitableness**. '**prof·it·a·ble** *adj* (*adv* **profitably**) **1.** gewinnbringend, einträglich, lohnend, ren'tabel: **to be ~** sich rentieren. **2.** vorteilhaft, nützlich (**to** für), nutzbringend. '**prof·it·a·ble·ness** *s* **1.** Einträglichkeit *f*, Rentabili'tät *f*. **2.** Nützlichkeit *f*.
prof·it·eer [ˌprɒfɪ'tɪə(r); *Am.* ˌprɑfə't-] **I** *s* Pro'fitmacher *m*, (Kriegs- *etc*)Gewinner *m*, „Schieber" *m*, Wucherer *m*. **II** *v/i* „Schieber-" *od.* Wuchergeschäfte machen, „schieben". ˌ**prof·it'eer·ing** *s*

„Schieber-", Wuchergeschäfte *pl*.
pro·fit·er·ole [prə'fɪtərəʊl] *s gastr.* (*Art*) Mohrenkopf *m*.
'**prof·it·less** *adj* **1.** nicht einträglich, ohne Gewinn, 'unren,tabel. **2.** nutzlos.
prof·li·ga·cy ['prɒflɪgəsɪ; *Am.* 'prɑf-] *s* **1.** Lasterhaftigkeit *f*, Verworfenheit *f*, Liederlichkeit *f*. **2.** Verschwendung(ssucht) *f*. '**prof·li·gate** [-gət] **I** *adj* (*adv* ~**ly**) **1.** lasterhaft, verworfen, liederlich, ausschweifend. **2.** verschwenderisch. **II** *s* **3.** lasterhafter Mensch, „Liederjan" *m*. **4.** Verschwender(in).
pro for·ma [ˌprəʊ'fɔː(r)mə] (*Lat.*) *adj u. adv* **1.** pro forma, (nur) der Form halber, zum Schein. **2.** *econ.* Proforma...: ~ **invoice**; ~ **bill** Proforma-, Gefälligkeitswechsel *m*.
pro·found [prə'faʊnd] **I** *adj* **1.** tief (*meist fig.*): ~ **bow** (**peace, sigh, sleep, etc**). **2.** tiefschürfend, -gründig, -sinnig, inhaltsschwer, scharfsinnig, gründlich, pro'fund: ~ **knowledge** profundes Wissen. **3.** *fig.* unergründlich, dunkel: ~ **poems**. **4.** *bes. fig.* tief, groß: ~ **indifference** vollkommene Gleichgültigkeit; ~ **interest** starkes Interesse; ~ **pain** heftiger *od.* großer Schmerz; ~ **respect** große *od.* größte Hochachtung. **II** *s* **5.** *poet.* Tiefe *f*, Abgrund *m*: **the ~** die Tiefe, das (tiefe) Meer. **pro'found·ly** *adv* **1.** tief (*etc*; → **profound** I). **2.** äußerst, höchst: ~ **glad**. **3.** völlig: ~ **deaf**. **pro'found·ness** → **profundity**.
pro·fun·di·ty [prə'fʌndətɪ] *s* **1.** (große) Tiefe, Abgrund *m* (*a. fig.*). **2.** Tiefgründigkeit *f*, Tiefsinnigkeit *f*. **3.** Scharfsinn *m*, durch'dringender Verstand. **4.** *pl* tiefgründige Pro'bleme *pl od.* Theo'rien *pl*. **5.** *oft pl* Weisheit *f*, pro'funder Ausspruch. **6.** Stärke *f*, hoher Grad (*der Erregung etc*).
pro·fuse [prə'fjuːs] *adj* (*adv* ~**ly**) **1.** ('über)reich (**of, in** an *dat*), 'überfließend, üppig, ausgiebig. **2.** (*oft* allzu) freigebig, großzügig, verschwenderisch (**of**, **in** mit): **to be ~ in one's thanks** überschwenglich danken; ~**ly illustrated** reich illustriert. **pro'fuse·ness, pro'fu·sion** [-'fjuːʒn] *s* **1.** ('Über)Fülle *f*, 'Überfluß *m* (**of** an *dat*): **in profusion** in Hülle u. Fülle. **2.** Verschwendung *f*, Luxus *m*, allzu große Freigebigkeit.
prog[1] [prɒg] *Br. colloq. für* **progressive** 8.
prog[2] [prɒg] *Br. colloq. für* **program**[1] I.
pro·gen·i·tive [prəʊ'dʒenɪtɪv] *adj* **1.** Zeugungs...: ~ **act**. zeugungsfähig. **pro'gen·i·tor** [-tə(r)] *s* **1.** Vorfahr *m*, Ahn *m*. **2.** *fig.* Vorläufer *m*. **pro'gen·i·tress** [-trɪs] *s* Ahne *f*.
pro·gen·i·ture [prəʊ'dʒenɪtʃə(r)] *s* **1.** Zeugung *f*. **2.** Nachkommenschaft *f*.
prog·e·ny ['prɒdʒənɪ; *Am.* 'prɑ-] *s* **1.** Nachkommenschaft *f* (*a. bot.*), Nachkommen *pl*, Kinder *pl*, *zo.* (die) Jungen *pl*, Brut *f*. **2.** *fig.* Frucht *f*, Pro'dukt *n*, Ergebnis *n*. **3.** *fig.* Anhänger *pl*, Jünger *pl*.
pro·ge·ri·a [prəʊ'dʒɪərɪə] *s med.* Proge'rie *f*, vorzeitige Vergreisung.
pro·ges·ter·one [prəʊ'dʒestərəʊn] *s biol.* Progeste'ron *n* (*Gelbkörperhormon*).
prog·nath·ic [prɒg'næθɪk; *Am.* prɑg-, -'neɪ-] → **prognathous**. '**prog·na·thism** [-nəθɪzəm] *s med.* a) Progna'thie *f*, Vorstehen *n* des Oberkiefers, b) Proge'nie *f*, Vorstehen *n* des 'Unterkiefers. **prog'na·thous** [prɒg'neɪθəs; 'prɒgnəθəs; *Am.* -æg-] *adj* a) pro'gnathisch, mit vorstehendem Oberkiefer, b) pro'genisch, mit vorstehendem 'Unterkiefer. '**prog·na·thy** [-nəθɪ] → **prognathism**.
prog·no·sis [prɒg'nəʊsɪs; *Am.* prɑg-] *pl* **-ses** [-siːz] *s bes. med.* Pro'gnose *f*, Vor'aus-, Vor'hersage *f*: **to make a ~ e-e**

Prognose stellen. **prog'nos·tic** [-'nɒstɪk; Am. -'nɑs-] **I** adj **1.** bes. med. pro'gnostisch. **2.** vor'her-, vor'aussagend (of acc): ~ **chart** Wetter(vorhersage)karte f. **3.** warnend, vorbedeutend. **II** s **4.** Vor'aus-, Vor'hersage f, Prophe'zeiung f. **5.** (An-, Vor)Zeichen n, bes. med. Pro'gnostikum n. **prog'nos·ti·cate** [-keɪt] v/t **1.** vor'her-, vor'aussagen, prognosti'zieren, prophe'zeien. **2.** anzeigen, ankündigen. **prog,nos·ti·ca·tion** s **1.** Vor'her-, Vor'aussage f, Pro'gnose f (a. med.). **2.** Prophe'zeiung f. **3.** Vorzeichen n. **prog'nos·ti·ca·tor** [-tə(r)] s Weissager(in).

pro·gram¹, bes. Br. **pro·gramme** ['prəʊgræm] **I** s **1.** ('Studien-, Par'tei- etc)Pro,gramm n, Plan m (a. fig.): **what is the ~ for today?** colloq. was steht heute auf dem Programm? **2.** thea. etc Pro'gramm n: a) Spielplan m, b) Pro'grammheft n, c) Darbietung f: ~ **music** Programmusik f; ~ **picture** Beifilm m. **3.** Rundfunk, TV: Pro'gramm n: a) Sendefolge f, b) Sendung f: ~ **director** Programmdirektor m; ~ **policy** Programmpolitik f; ~ **slot** Programmplatz m. **4.** Tanzkarte f. **5.** ('Schul- etc)Pro,spekt m. **II** v/t **6.** ein Pro'gramm aufstellen für. **7.** auf das Pro'gramm setzen, planen, ansetzen.

pro·gram², Br. a. **pro·gramme** ['prəʊgræm] (Computer) **I** s Pro'gramm n: ~**-controlled** programmgesteuert; ~ **exit** Ausgang m; ~ **library** Programmbibliothek f; ~ **sequence** Programmfolge f; ~ **step** Programmschritt m. **II** v/t program'mieren (a. fig.): ~**med instruction** ped. programmierter Unterricht.

pro·gram·ma·ble ['prəʊgræməbl; prəʊ'gr-] adj Computer: program'mierbar: ~ **calculator**; ~ **read only memory** programmierbarer Festwertspeicher.

,**pro·gram'mat·ic** [-grə'mætɪk] adj (adv ~**ally**) **1.** program'matisch. **2.** pro'grammu,sikartig. **pro·gramme** → program¹ u. ². '**pro·gram·mer** s Pro'gram'mierer m (e-s Computers). '**pro·gram·ming** **I** s **1.** Rundfunk, TV: Pro'grammgestaltung f. **2.** Computer: Pro'gram'mierung f. **II** adj **3.** ~ **language** (Computer) Programmier-, Computersprache f.

prog·ress I s ['prəʊgres; Am. 'prɑg-] (nur sg außer 8) **1.** fig. Fortschritt m, -schritte pl: **to make** ~ → 11; ~ **chart** Ist-Leistungskurve f; ~ **engineer** Entwicklungsingenieur m; ~ **report** Tätigkeits-, Zwischenbericht m. **2.** fig. fortschreitende Entwicklung: **in** ~ im Werden (begriffen) (→ 5). **3.** Fortschreiten n, Vorrücken n. **4.** mil. Vordringen n, -gehen n. **5.** Fortgang m, (Ver)Lauf m: **to be in** ~ im Gange sein; **in** ~ **of time** im Laufe der Zeit. **6.** Über'handnehmen n, 'Umsichgreifen n: **the disease made rapid** ~ die Krankheit griff schnell um sich. **7.** obs. Reise f, Fahrt f: "**The Pilgrim's P.**" „Die Pilgerreise" (Buch von J. Bunyan). **8.** meist hist. P~ Rundreise f (e-s Herrschers, Richters etc). **II** v/i **pro·gress** [prəʊ'gres; prə'g-] **9.** fortschreiten, weitergehen, s-n Fortgang nehmen. **10.** sich (fort-, weiter)entwickeln, gedeihen (**to** zu) (Vorhaben etc): **to** ~ **towards completion** s-r Vollendung entgegengehen. **11.** fig. Fortschritte machen, vor'an-, vorwärtskommen.

pro·gres·sion [prəʊ'greʃn] s **1.** Vorwärts-, Fortbewegung f, Verlauf m. **2.** Weiterentwicklung f. **3.** (Aufein'ander)Folge f. **4.** Progressi'on f: a) math. Reihe f, b) Staffelung f (e-r Steuer etc). **5.** mus. a) Se'quenz f (Motivversetzung), b) Fortschreitung f (Stimmbewegung).

pro'gres·sion·al [-ʃənl] adj **1.** fortschreitend. **2.** Fortschritts... **pro'gres·sion·ist** [-ʃnɪst], **prog·ress·ist** [prəʊ'gresɪst; Am. 'prɑgrəs-] s bes. pol. Fortschrittler m.

pro·gres·sive [prəʊ'gresɪv] **I** adj **1.** fortschrittlich (Person od. Sache), progres'siv (beide a. pol.): ~ **party** Fortschrittspartei f; ~ **jazz** progressiver Jazz. **2.** fortschreitend, fortlaufend, sich weiterentwickelnd, progres'siv: **a** ~ **step** fig. ein Schritt nach vorn; ~ **assembly** (od. **operations**) tech. fließende Fertigung, Fließbandmontage f; ~ **scanning** TV Zeile-für-Zeile-Abtastung f; ~ **wave** math. phys. fortschreitende Welle; ~ **whist** progressives Whist. **3.** vorwärtsgerichtet, (all'mählich) vorrückend: ~ **movement** Vorwärtsbewegung f. **4.** gestaffelt, progres'siv: ~ **tax** econ. Progressivsteuer f; ~ **total** Staffelsumme f. **5.** (fort)laufend: ~ **numbers**. **6.** a. med. zunehmend, fortschreitend, progres'siv: ~ **deterioration**; ~ **paralysis**. **7.** ling. progres'siv: ~ **assimilation** Anpassung an den vorangehenden Konsonanten; ~ **form** Verlaufsform f. **II** s **8.** a. pol. Progres'sive(r) m, Fortschrittler m.

pro'gres·sive·ly adv schritt-, stufenweise, nach u. nach, zunehmend, in zunehmendem Maße. **pro'gres·sive·ness** s Fortschrittlichkeit f. **pro'gres·siv·ism** s Grundsätze pl der Fortschritt'ler.

pro·hib·it [prə'hɪbɪt; prəʊ'h-] v/t **1.** verbieten, unter'sagen (**s.th.** etwas; **s.o. from doing** j-m etwas zu tun): ~**ed** verboten, unzulässig, ~**ed area** Sperrgebiet n. **2.** verhindern, unter'binden (**s.th.** being done daß etwas geschieht). **3.** hindern (**s.o. from doing s.th.** j-n daran, etwas zu tun). **pro·hi·bi·tion** [,prəʊɪ'bɪʃn] s **1.** Verbot n. **2.** (hist. Am. meist P~) Prohibiti'on f, Alkoholverbot n. **3.** → **writ¹** 1. ,**pro·hi'bi·tion·ist** s Prohibitio'nist m, Verfechter m des Alkoholverbots.

pro·hib·i·tive [prə'hɪbɪtɪv; prəʊ'h-] adj (adv ~**ly**) **1.** verbietend, unter'sagend. **2.** econ. Prohibitiv..., Schutz..., Sperr...: ~ **duty** (od. **tariff**) Prohibitivzoll m; ~ **system** Prohibitivzollsystem n; ~ **tax** Prohibitivsteuer f. **3.** unerschwinglich: ~ **prices**; ~ **cost** untragbare Kosten. **pro'hib·i·to·ry** [-tərɪ; Am. ,təʊrɪ:; ,tɔː-] → **prohibitive**.

pro·ject [prə'dʒekt] **I** v/t **1.** planen, entwerfen, projek'tieren. **2.** werfen, schleudern. **3.** Bild, Licht, Schatten etc werfen, proji'zieren. **4.** cinem. math. proji'zieren: ~**ing plane** Projektionsebene f. **5.** fig. proji'zieren: **to** ~ **o.s.** (od. **one's thoughts**) **into** sich (hinein)versetzen in (acc); ~ **one's feelings into** s-e Gefühle übertragen auf (acc). **6.** darlegen, aufzeigen, vermitteln. **7.** vorspringen lassen: ~**ed piers** arch. Vorlagen, Gurtbogen. **II** v/i **8.** vorspringen, -stehen, -ragen (**over** über acc): **to** ~ **into** hineinragen in (acc). **9.** Am. colloq. sich her'umtreiben. **III** s **proj·ect** ['prɒdʒekt; Am. 'prɑ-] **10.** Pro'jekt n, Plan m, (a. Bau-)Vorhaben n, Entwurf m: ~ **engineer** Projektingenieur m. **11.** ped. bes. Am. Pro'jekt n, Planaufgabe f (die den Schülern freie Gestaltungsmöglichkeit bietet).

pro·jec·tile [prəʊ'dʒektaɪl; Am. prə'dʒektəl] **I** s Pro'jektil n, Geschoß n, Pro'jek'til n. **2.** (Wurf)Geschoß n. **II** adj **3.** (an)treibend, Stoß..., Trieb...: ~ **force**. **4.** Wurf...: ~ **anchor** mar. Ankerrakete f.

pro·jec·tion [prəʊ'dʒekʃn] s **1.** Vorsprung m, vorspringender Teil od. Gegenstand. **2.** arch. etc Auskragung f, Ausladung f, 'Überhang m. **3.** Vorstehen n, (Her)'Vorspringen n, -ragen n. **4.** Fortsatz m.

5. Werfen n, Schleudern n, (Vorwärts-, Vor)Treiben n. **6.** Wurf m, Stoß m, Schub m. **7.** math. Projekti'on f: **upright** ~ Aufriß m. **8.** ('Karten)Projekti,on f. **9.** phot. Projekti'on f: a) Proji'zieren n (von Lichtbildern), b) Lichtbild n. **10.** Vorführen n (von Filmen): ~ **booth** (od. **room**) Vorführkabine f, -raum m; ~ **screen** Bild-, Projektionswand f, Bildschirm m. **11.** psych. Projekti'on f: a) Hin'ausverlegung f (von Empfindungen etc), Vergegenständlichen n (von Vorstellungen etc), b) Über'tragung f von Schuldgefühlen etc (auf andere). **12.** fig. 'Widerspieg(e)lung f. **13.** Planen n, Entwerfen n. **14.** Entwurf m. **15.** (Ein)Schätzung f, Zukunftsbild n (auf Grund der herrschenden Tendenz). **16.** Meinungsforschung, Statistik: Hochrechnung f. **pro'jec·tion·al** [-ʃənl] adj Projektions...

pro'jec·tion·ist [-ʃnɪst] s Filmvorführer m.

pro·jec·tive [prə'dʒektɪv] adj **1.** projek'tiv: ~ **geometry**; ~ **relation**. **2.** Projektions...: ~ **plane**. **3.** proji'zierend (a. psych.): ~ **test** psych. Projektionstest m (zur Erfassung der Gesamtpersönlichkeit).

pro·jec·tor [prə'dʒektə(r)] s **1.** Projekti'onsappa,rat m, (Licht)Bildwerfer m, Pro'jektor m. **2.** tech. Para'bolspiegel m, Scheinwerfer m. **3.** a) Planer m, b) contp. Pläneschmied m, Pro'jektemacher m, c) Schwindler m.

pro·jet ['prɒʒeɪ; Am. prəʊ'ʒeɪ] s **1.** → **project** 10. **2.** Völkerrecht: Vertragsskizze f.

pro·lapse med. **I** s ['prəʊlæps] Vorfall m, Pro'laps(us) m. **II** v/i [prəʊ'læps] vorfallen, prola'bieren. **pro'lap·sus** [-səs] → **prolapse** I.

pro·late ['prəʊleɪt] adj math. gestreckt, flach.

pro·la·tive [prəʊ'leɪtɪv] adj ling. prola'tiv (den Infinitiv erweiternd).

prole [prəʊl] s bes. Br. colloq. contp. Pro'let(in).

pro·le·gom·e·non [,prəʊlɪ'gɒmɪnən; Am. -lɪ'gɑm-] pl **-e·na** [-nə] s meist pl Vorbemerkungen pl, Einführung f (**to** zu).

pro·lep·sis [prəʊ'lepsɪs] pl **-ses** [-siːz] s Rhetorik: Pro'lepsis f: a) Vor'ausbeantwortung f (möglicher Einwände), b) Vorwegnahme s-s Satzgliedes, bes. des Subjekts e-s Gliedsatzes.

pro·le·tar·i·an [,prəʊlɪ'teərɪən] **I** adj prole'tarisch, Proletarier(in). ,**pro·le'tar·i·at(e)** [-rɪət] s **1.** Proletari'at n, Prole'tarier pl: → **dictatorship**. **2.** selten Proletari'at n (im alten Rom).

pro·li·cide ['prəʊlɪsaɪd] s Tötung f der Leibesfrucht, Abtreibung f.

pro·lif·er·ate [prəʊ'lɪfəreɪt; prə'l-] biol. **I** v/i **1.** wuchern, prolife'rieren. **2.** sich fortpflanzen (durch Zellteilung etc). **3.** sich stark vermehren od. ausbreiten. **II** v/t **4.** (in schneller Folge) her'vorbringen. **pro,lif·er'a·tion** s **1.** Proliferati'on f: a) (Gewebs)Wucherung f, b) bot. (Aus)Sprossung f. **2.** Prolife'rieren n, Wuchern n, (starke) Vermehrung od. Ausbreitung.

pro·lif·ic [prəʊ'lɪfɪk; prə'l-] adj (adv ~**ally**) **1.** (bes. biol. 'überaus) fruchtbar. **2.** fig. reich (**of, in** an dat). **3.** fig. fruchtbar, (sehr) produk'tiv: **a** ~ **writer**. **pro'lif·i·ca·cy** [-kəsɪ], **pro·li·fic·i·ty** [,prəʊlɪ'fɪsətɪ] s **1.** (große) Fruchtbarkeit. **2.** fig. Reichtum m (**of** an dat). **3.** fig. Produktivi'tät f.

pro·lix ['prəʊlɪks; prəʊ'lɪks] adj weitschweifig. **pro'lix·i·ty** s Weitschweifigkeit f.

pro·loc·u·tor [prəʊ'lɒkjʊtə(r); Am. -'lɑk-] s Wortführer m, Vorsitzende(r) m.

pro·log *bes. Am. für* **prologue**.
pro·log·ize [ˈprəʊlɒgaɪz; *Am. a.* -ˌlɑg-; -ləˌdʒ-] *bes. Am. für* **prologuize**.
pro·logue [ˈprəʊlɒg; *Am. a.* -ˌlɑg] **I** *s* **1.** *bes. thea.* Proˈlog *m*, Einleitung *f* (**to** zu). **2.** *fig.* Einleitung *f*, Vorspiel *n*, Auftakt *m* (**to** zu). **II** *v/t* **3.** mit e-m Proˈlog einleiten. **ˈpro·log·u·ize** *v/i* e-n Proˈlog verfassen *od.* sprechen.
pro·long [prəʊˈlɒŋ; prəˈl-] *v/t* **1.** verlängern, (aus)dehnen: ~ed anhaltend (*Applaus, Regen etc*), ausgedehnt, länger (*Zeitraum*); **for a ~ed period** längere Zeit. **2.** *econ.* e-n Wechsel *etc* prolonˈgieren.
pro·lon·ga·tion [ˌprəʊlɒŋˈgeɪʃn] *s* **1.** Verlängerung *f*, (Aus)Dehnung *f*. **2.** Prolonˈgierung *f* (*e-s Wechsels etc*), Fristverlängerung *f*, Aufschub *m*: ~ **business** (*Börse*) Prolongationsgeschäft *n*.
pro·lu·sion [prəʊˈluːʒn] *s* **1.** Einführung *f*, Vorwort *n* (**to** zu). **2.** kurze Abhandlung. **3.** Vorspiel *n* (**to** zu).
prom [prɒm; *Am.* prɑm] *s* **1.** *Am. colloq.* High-School-, College-Ball *m*. **2.** *bes. Br.* a) (ˈStrand)Promeˌnade *f*, b) → **promenade concert**.
pro me·mo·ri·a [ˌprəʊmɪˈmɔːrɪə; *Am. a.* -ˈmoʊ-] (*Lat.*) *pl* **pro me·mo·ri·a** *s pol.* Denkschrift *f*.
prom·e·nade [ˌprɒməˈnɑːd; *Am. ˌprɑ-; a.* -ˈneɪd] **I** *s* **1.** Promeˈnade *f*: a) Spaˈziergang *m*, -fahrt *f*, -ritt *m*, b) Spaˈzierweg *m*, Wandelhalle *f*, *bes. Br.* ˈStrandpromeˌnade *f*. **2.** feierlicher Einzug der (Ball-)Gäste, Poloˈnaise *f*. **3.** Promeˈnade *f* (*Tanzfigur*). **4.** → prom 1. **5.** → **promenade concert**. **II** *v/i* **6.** promeˈnieren, spaˈzierengehen, -fahren, -reiten. **III** *v/t* **7.** promeˈnieren *od.* (herˈum-)spaˌzieren in (*dat*) *od.* auf (*dat*). **8.** spaˈzierenführen, (umˈher)führen. ~ **concert** *s mus.* Konzert in ungezwungener Atmosphäre. ~ **deck** *s mar.* Promeˈnadendeck *n*.
ˌprom·eˈnad·er *s* Spaˈziergänger(in).
Pro·me·the·an [prəˈmiːθjən; -ɪən] **I** *adj* promeˈtheisch (*a. fig.*). **II** *s fig.* Proˈmetheus *m*. [Proˈmethium *n*.]
pro·me·thi·um [prəˈmiːθɪəm] *s chem.*]
prom·i·nence [ˈprɒmɪnəns; *Am.* ˈprɑmə-] *s* **1.** (Her)ˈVorragen *n*, -stehen *n*, -springen *n*. **2.** deutliche Sichtbarkeit, Auffälligkeit *f*. **3.** *fig.* Bedeutung *f*, Berühmtheit *f*: **to bring into** ~ a) berühmt machen, b) klar herausstellen, hervorheben; **to come into** ~ in den Vordergrund rücken, hervortreten; **to give** ~ **to s.th.** etwas hervorkehren. **4.** Vorsprung *m*, (Vor)Wölbung *f*, auffälliger Gegenstand, in die Augen fallende Stelle. **5.** *astr.* Protubeˈranz *f*. **ˈprom·i·nent** *adj (adv* ~**ly**) **1.** vorstehend, -springend: ~ **cheekbones** vorstehende Backenknochen; **the most** ~ **peak** der höchste Gipfel. **2.** marˈkant, auffallend, in die Augen fallend, herˈvorstechend (*Eigenschaft*). **3.** promiˈnent: a) führend (*Persönlichkeit*), herˈvorragend, b) berühmt.
prom·is·cu·i·ty [ˌprɒmɪˈskjuːətɪ; *Am.* ˌprɑməsˈk-] *s* **1.** Vermischt-, Verworrenheit *f*, Durcheinˈander *n*. **2.** Wahllosigkeit *f*. **3.** Promiskuiˈtät *f*, wahllose *u.* ungebundene Geschlechtsbeziehungen *pl*.
pro·mis·cu·ous [prəˈmɪskjʊəs; *Am.* -kjəwəs] *adj* **1.** gemischt, verworren, bunt (-gewürfelt). **2.** wahl-, ˈunterschiedslos: ~ **sexual relations** → **promiscuity**. **3.** gemeinsam (*beider Geschlechter*): ~ **bathing**. **4.** nicht festgelegt, ungebunden: **in a** ~ **sense** bald in diesem, bald in jenem Sinne. **5.** *colloq.* zufällig. **proˈmis·cu·ous·ly** *adv* **1.** (kunter)bunt durcheinˈander, in buntem Gemisch. **2.** wahllos.
prom·ise [ˈprɒmɪs; *Am.* ˈprɑ-] **I** *s* **1.** Versprechen *n*, Zusage *f* (**to s.o.** j-m gegenˈüber): **a** ~ **is a** ~ versprochen ist versprochen; ~ **of** (*od.* **to**) **help** Versprechen zu helfen; **conditional** (**absolute**) ~ (un)bedingtes Versprechen; ~ **to pay** Zahlungsversprechen; **to break** (**keep**) **one's** ~ sein Versprechen brechen (halten); **to make a** ~ ein Versprechen geben; **breach of** ~ Bruch *m* des Eheversprechens; **Land of P-** → **Promised Land**. **2.** *fig.* Hoffnung *f*, Aussicht *f* (**of auf** *acc*, **zu** *inf*), Erwartung *f*: **a youth of** (**great**) ~ ein vielversprechender *od.* hoffnungsvoller junger Mann; **to show some** ~ gewisse Ansätze zeigen. **II** *v/t* **3.** versprechen, zusagen, in Aussicht stellen (**s.o. s.th.**, **s.th. to s.o.** j-m etwas): **I** ~ **you** a) das kann ich Ihnen versichern, b) ich warne Sie; **to be** ~**d** (in die Ehe) versprochen sein. **4.** *fig.* versprechen, erwarten *od.* hoffen lassen, ankündigen: **to** ~ **o.s. s.th.** sich etwas versprechen *od.* erhoffen. **III** *v/i* **5.** versprechen, zusagen, ein Versprechen geben, Versprechungen machen. **6.** *fig.* Hoffnungen erwecken: **he** ~**s well** er läßt sich gut an; **the weather** ~**s fine** das Wetter verspricht gut zu werden.
Prom·ised Land [ˈprɒmɪst; *Am.* ˈprɑ-] *s Bibl. u. fig.* (das) Gelobte Land, Land *n* der Verheißung.
prom·is·ee [ˌprɒmɪˈsiː; *Am.* ˌprɑ-] *s jur.* Versprechensempfänger(in), Berechtigte(r *m*) *f*.
ˈprom·is·ing *adj* (*adv* ~**ly**) **1.** versprechend. **2.** *fig.* vielversprechend, hoffnungs-, verheißungsvoll, aussichtsreich, günstig.
prom·i·sor [ˈprɒmɪsɔː; ˌprɒmɪˈsɔː; *Am.* ˈprɑməˈsɔːr] *s jur.* Versprechensgeber(-in), Verpflichtete(r *m*) *f*.
prom·is·so·ry [ˈprɒmɪsərɪ; *Am.* ˈprɑməˌsɔːrɪ; -ˌsoʊ-] *adj* versprechend: **to be** ~ **of s.th.** etwas versprechen. ~ **note** *s econ. jur.* Proˈmesse *f*, Schuldschein *m*, Eigen-, Solawechsel *m*.
pro·mo [ˈprəʊməʊ] *bes. Am. colloq.* **I** *adj* Werbe..., Reklame...: ~ **leaflet**. **II** *pl* **-mos** *s* Rundfunk, TV: (Werbe)Spot *m*, Zeitung *etc*: Anzeige *f*.
prom·on·to·ry [ˈprɒməntrɪ; *Am.* ˈprɑmənˌtɔːrɪ; -ˌtoʊ-] *s* **1.** Vorgebirge *n*. **2.** *anat.* vorspringender (Körper)Teil.
pro·mote [prəˈməʊt] *v/t* **1.** fördern, unterˈstützen. **2.** *contp.* Vorschub leisten (*dat*), fördern, verschlimmern. **3.** befördern: **to be** ~**d** a) befördert werden, avancieren, b) *sport* aufsteigen (**to in** *acc*); **he was** ~**d** (**to be**) **colonel**, **he was** ~**d to the rank of colonel** er wurde zum Oberst befördert. **4.** *Schach:* e-n Bauern verwandeln. **5.** *pol.* e-n Gesetzesantrag a) unterˈstützen, b) einbringen. **6.** *econ.* e-e Gesellschaft gründen. **7.** *econ.* a) den Verkauf (durch Werbung) steigern *od.* fördern, b) werben für. **8.** *sport* e-n Boxkampf *etc* veranstalten. **9.** *jur.* ein Verfahren einleiten. **10.** *ped. Am.* e-n Schüler versetzen. **11.** *Am. sl.* ˌorganiˈsieren': **to** ~ **a bottle of wine**. **proˈmot·er** *s* **1.** Förderer *m*, Befürworter *m*. **2.** *econ.* Gründer *m*: ~**s' shares** Gründeraktien. **3.** *contp.* Anstifter(in). **4.** *Am.* Proˈmoter *m*, Veranstalter *m* (*e-s Boxkampfes etc*). **proˈmo·tion** *s* **1.** a) Beförderung *f*: ~ **list** Beförderungsliste *f*; **to get one's** ~ befördert werden, b) *sport* Aufstieg *m* (**to** *in acc*): **to gain** ~ aufsteigen. **2.** Förderung *f*, Begünstigung *f*, Befürwortung *f*: **export-** ~ *econ.* Exportförderung. **3.** *econ.* Gründung *f*. **4.** *econ.* a) Verkaufsförderung *f*, b) Werbung *f*: ~ **manager** Werbeleiter *m*. **5.** *Schach:* ˈUmwandlung *f* (*e-s Bauern in e-e Dame etc*). **proˈmo·tion·al** [-ʃənl] *adj* **1.** Beförderungs... **2.** fördernd. **3.** *econ.* Reklame..., Werbe...: ~ **campaign**; ~ **material**. **proˈmo·tive** *adj* fördernd, begünstigend (**of** *acc*).
prompt [prɒmpt; prɒmt; *Am.* prɑ-] **I** *adj* (*adv* ~**ly**) **1.** unverzüglich, prompt, soˈfortig, ˈumgehend: ~ **action**; **a** ~ **reply** e-e prompte *od.* umgehende Antwort; **assistance was** ~ (die) Hilfe ließ nicht auf sich warten. **2.** schnell, rasch, prompt. **3.** bereit(willig). **4.** *econ.* a) pünktlich, b) bar, c) soˈfort liefer- u. zahlbar: **for** ~ **cash** gegen sofortige Kasse. **II** *adv* **5.** pünktlich. **III** *v/t* **6.** j-n (an)treiben, bewegen, *a.* etwas veranlassen (**to** zu; **to do** zu tun). **7.** *Gedanken, Gefühle etc* eingeben, wecken. **8.** j-m das Stichwort geben, ein-, vorsagen, nachhelfen, einblasen. **9.** *thea.* j-m soufˈflieren. **IV** *v/i* **10.** soufˈflieren. **V** *s* **11.** *econ.* a) Ziel *n*, Zahlungsfrist *f*: **at a** ~ **of 2 months** gegen Zweimonatsziel, b) Kaufvertrag *m* mit Zahlungsziel. **12.** (erinnernde) Mahnung. **13.** *thea.* Soufˈflieren *n*. **ˈ~book** *s thea.* Soufˈflierbuch *n*. ~ **box** *s thea.* Soufˈfleurkasten *m*. **~cop·y** → **promptbook**.
ˈprompt·er *s* **1.** *thea.* Soufˈfleur *m*, Soufˈfleuse *f*. **2.** Vorsager(in), Einbläser(in). **3.** Anreger(in), Urheber(in). **4.** *contp.* Anstifter(in). **ˈprompt·ing** *s* **1.** Vorsagen *n*. **2.** *thea.* Soufˈflieren *n*. **3.** Eingebung *f* (*e-s Gefühls etc*), Stimme *f* (*des Herzens*).
promp·ti·tude [ˈprɒmptɪtjuːd; ˈprɒmtɪ-; *Am.* ˈprɑmp-; *a.* -ˌtuːd], **ˈprompt·ness** *s* **1.** Promptheit *f*, Schnelligkeit *f*. **2.** Bereitwilligkeit *f*. **3.** Pünktlichkeit *f*.
prompt note *s econ.* Verkaufsnota mit Angabe der zu zahlenden Summe u. der Zahlungsfrist. ~ **side** *s* (*Br.* rechte, *Am.* linke) Bühnenseite, auf der der Souffleur sitzt.
pro·mul·gate [ˈprɒmlgeɪt; *Am.* ˈprɑməlˌgeɪt; prəʊˈmʌl-] *v/t* **1.** ein Gesetz *etc* (öffentlich) bekanntmachen *od.* verˈkünd(ig)en: **to** ~ **a law**. **2.** *e-e Lehre etc* verbreiten: **to** ~ **a doctrine**. **ˌpro·mulˈga·tion** *s* **1.** (öffentliche) Bekanntmachung *od.* -gabe, Verˈkünd(ig)ung *f*, Veröffentlichung *f*. **2.** Verbreitung *f*. **ˈpro·mul·ga·tor** [-tə(r)] *s* **1.** Verkünd(ig)er *m*. **2.** Verbreiter *m*.
prone [prəʊn] *adj* (*adv* ~**ly**) **1.** (vornˈüber-)geneigt *od.* (-)gebeugt. **2.** *fig.* (**to**) neigend, veranlagt (**zu**), anfällig (**für**). **3.** auf dem Bauch *od.* mit dem Gesicht nach unten liegend, (flach) ˈhingestreckt (auf dem Bauch liegend): ~ **position** a) *a. sport* Bauchlage *f*, b) *mil. etc* Anschlag *m* liegend. **4.** *physiol.* mit nach unten gedrehter Handfläche. **5.** abschüssig. **ˈprone·ness** *s* (**to**) Neigung *f*, Hang *m* (zu), Anfälligkeit *f* (**für**).
prong [prɒŋ; *Am. a.* prɑŋ] **I** *s* **1.** Zinke *f* (*e-r Heugabel etc*), Zacke *f*, Spitze *f*, Dorn *m*. **2.** Geweihsprosse *f*: ~ **of antler** Geweihzacken *m*, -ende *n*. **3.** Horn *n*. **4.** (Heu-, Mist- *etc*)Gabel *f*, Forke *f*. **II** *v/t* **5.** mit e-r Gabel stechen *od.* heben. **6.** aufspießen. **ˈ~buck** *s zo.* **1.** Springbock *m*. **2.** → **pronghorn**.
pronged [prɒŋd; *Am. a.* prɑŋd] *adj* gezinkt, zackig.
prong|hoe *s agr.* Karst *m*. **ˈ~horn** *s a.* ~ **antelope** *zo.* ˈGabelantiˌlope *f*.
pro·nom·i·nal [prəʊˈnɒmɪnl; *Am.* -ˈnɑ-] *adj (adv* ~**ly**) *ling.* pronomiˈnal, Pronominal...
pro·noun [ˈprəʊnaʊn] *s ling.* Proˈnomen *n*, Fürwort *n*.
pro·nounce [prəˈnaʊns] **I** *v/t* **1.** *a. ling.* aussprechen: **pronouncing dictionary** Ausspracheworterbuch *n*. **2.** erklären für, bezeichnen als: **to** ~ **s.o. dead** j-n für tot erklären. **3.** *ein Urteil* aussprechen,

(feierlich) verkünden, *den Segen* erteilen: **to ~ sentence of death** das Todesurteil fällen, auf Todesstrafe erkennen. **4.** behaupten (**that** daß). **II** *v/i* **5.** Stellung nehmen, s-e Meinung äußern (**on** zu): **to ~ in favo(u)r of (against)** s.th. sich für (gegen) etwas aussprechen. **6.** e-e (*gute etc*) Aussprache haben: **to ~ well**. pro-'nounce·a·ble *adj* aussprechbar, auszusprechen(d). **pro'nounced** [-st] *adj* **1.** ausgesprochen, (scharf) ausgeprägt, deutlich (*Tendenz etc*). **2.** bestimmt, entschieden: **to have very ~ views**. pro-'nounced·ly [-stlɪ; -ɪdlɪ] *adv* ausgesprochen (*gut, schlecht etc*). pro-'nounce·ment *s* **1.** Äußerung *f*, Ausspruch *m.* **2.** (*a.* öffentliche) Erklärung, (*jur.* Urteils)Verkünd(ig)ung *f.* **3.** Entscheidung *f*.

pron·to ['prɒntəʊ; *Am.* 'prɑn-] *adv colloq.* ,fix', schnell, ,aber dalli'.

pro·nu·cle·us [prəʊ'nju:klɪəs; *Am. a.* -'nu:-] *pl* **-cle·i** [-klɪaɪ] *s biol.* Urzellkern *m*.

pro·nun·ci·a·men·to [prəˌnʌnsɪə'mentəʊ; *Am.* prəʊˌn-] *pl* **-tos** *od*. **-toes** *s* **1.** Aufruf *m*. **2.** (revolutio'näres) Manifest.

pro·nun·ci·a·tion [prəˌnʌnsɪ'eɪʃn] *s* Aussprache *f*: **~ difficulties** Ausspracheschwierigkeiten.

proof [pruːf] **I** *adj* **1.** fest (**against, to** gegen), 'un¦durchlässig, (*wasser- etc*) dicht, (*hitze*)beständig, (*kugel*)sicher. **2.** gefeit, gewappnet: **they are ~ against such weather** ein solches Wetter kann ihnen nichts anhaben. **3.** *a. fig.* unzugänglich: **~ against bribes** unbestechlich; **~ against entreaties** unerbittlich. **4.** Probe..., Prüf...: **~ load** Probebelastung *f*; **~ stress** Prüfspannung *f*. **5.** *chem.* probehaltig, nor'malstark (*alkoholische Flüssigkeit*). **6.** *Am.* Feingold *od.* -silber betreffend, das die Münzämter der USA als Standard benutzen. **II** *s* **7.** Beweis *m*, Nachweis *m*: **in ~ of ...** zum *od.* als Beweis (*gen*); **~ to the contrary** Gegenbeweis; **to give ~ of** etwas beweisen, unter Beweis stellen; **~ positive** eindeutiger Beweis. **8.** *jur.* Beweis(mittel *n od. pl*, -stück *n*) *m*, Beleg(e *pl*) *m.* **9.** *jur.* (schriftliche) (Beweis-, Zeugen)Aussage. **10.** Probe *f* (*a. math.*), (*a. tech.* Materi'al-) Prüfung *f*: **to put to (the) ~** auf die Probe stellen; **the ~ of the pudding is in the eating** Probieren geht über Studieren. **11.** *print.* a) Korrek'turfahne *f*, -bogen *m*, b) Probedruck *m*, -abzug *m* (*a. phot.*): **clean ~** Revisionsbogen; **foul ~** unkorrigierter Abzug; **to correct ~s, to read ~** Korrektur lesen. **12.** Münzkunde: Probeprägung *f.* **13.** Nor'malstärke *f* (*alkoholischer Getränke*). **14.** *mil.* Prüfstelle *f* (*für Waffen etc*). **III** *v/t* **15.** (*wasser- etc*)dicht *od.* (*hitze- etc*)beständig *od.* (*kugel- etc*)fest machen, imprä'gnieren. **16.** → proofread II.

proof|charge *s mil.* Versuchsladung *f*. **~¦mark** *s* Probestempel *m*, Stempelplatte *f* (*auf Gewehren*). **~ pa·per** *s* 'Abzieh-, Ko'pierpaˌpier *n*. **~ plane** *s electr.* Prüfplatte *f*. **~ press** *s print.* Abziehpresse *f*. '**~ read** *irr* **I** *v/i* Korrek'tur lesen. **II** *v/t* ein Buch *etc* Korrek'tur lesen. '**~ read·er** *s* Kor'rektor *m*. '**~ read·ing** *s* Korrek'turlesen *n*. **~ sheet** → proof 11. **~ spir·it** *s econ.* Nor'mal-, Probeweingeist *m*.

prop[1] [prɒp; *Am.* prɑp] **I** *s* **1.** Stütze *f* (*a. mar.*), (Stütz)Pfahl *m*. **2.** *fig.* Stütze *f*, Halt *m*: **~ word** *ling.* Stützwort *n.* **3.** *arch. tech.* Stempel *m*, Stützbalken *m*, Strebe *f*. **4.** *tech.* Drehpunkt *m* (*e-s Hebels*). **5.** *pl sl.* ,Stelzen' *pl* (*Beine*). **II** *v/t* **6.** stützen. **7.** *a.* **~ up** a) (ab)stützen, *tech. a.* absteifen, verstreben, *mot.* aufbocken, b) *sich, etwas* lehnen (**against** gegen), c) *fig.* Währung *etc* stützen.

prop[2] [prɒp; *Am.* prɑp] *s thea.* Requi'sit *n* (*a. fig.*).

prop[3] [prɒp; *Am.* prɑp] *s aer. colloq.* Pro'peller *m*: **~ plane** Propellermaschine *f*; **~ projet**.

pro·pae·deu·tic [ˌprəʊpiː'djuːtɪk; *Am. a.* -'duː-] **I** *adj* propä'deutisch, einführend (*wissenschaftlicher Kurs etc*). **II** *s* Propä'deutik *f*, Einführung *f* (**to** in *acc*).

ˌ**pro·pae'deu·ti·cal** → propaedeutic I.

prop·a·gan·da [ˌprɒpə'gændə; *Am.* ˌprɑ-; ˌprəʊ-] *s* **1.** *a. contp.* Propa'ganda *f*. **2.** *econ.* Werbung *f*, Re'klame *f*: **~ week** Werbewoche *f*. **3.** **P~,** *a.* **Congregation of P~** *R.C.* Propa'gandakongregatiˌon *f* (Kardinalskongregation, Zentrale für Weltmission).

prop·a·gan·dism [ˌprɒpə'gændɪzəm; *Am.* ˌprɑ-; ˌprəʊ-] *s* Propa'ganda *f*: a) propagan'distische Tätigkeit, b) Propa'gandawesen *n*. ˌ**prop·a'gan·dist** **I** *s* Propagan'dist(in): a) j-d, der Propa'ganda macht, b) *econ.* Werbefachmann *m*. **II** *adj* propagan'distisch. ˌ**prop·a·gan'dis·tic** *adj* (*adv* **~ally**) propagan'distisch. ˌ**prop·a'gan·dize** **I** *v/t* **1.** Propa'ganda machen für, propa'gieren. **2.** Propa'ganda machen in (*e-m Lande etc*). **3.** durch Propa'ganda be'einflussen. **II** *v/i* **4.** Propa'ganda machen.

prop·a·gate ['prɒpəgeɪt; *Am.* 'prɑ-] **I** *v/t* **1.** *biol., a. phys.* Ton, Bewegung, Licht fortpflanzen: **to ~ o.s., to be ~d →** 4. **2.** *e-e Lehre etc* verbreiten, *etwas* propa'gieren. **3.** *e-e Krankheit, Bewegung etc* über'tragen. **II** *v/i* **4.** sich fortpflanzen *od.* vermehren. **5.** sich aus-, verbreiten. ˌ**prop·a'ga·tion** *s* **1.** Fortpflanzung *f*, Vermehrung *f*. **2.** Ver-, Ausbreitung *f* (*e-r Lehre etc*). **3.** Fortpflanzung *f* (*e-r Bewegung etc*), Über'tragung *f* (*e-r Krankheit etc*): **~ time** Laufzeit *f* (*e-s elektronischen Signals etc*). '**prop·a·ga·tive** *adj* **1.** Fortpflanzungs..., (sich) fortpflanzend. **2.** ver-, ausbreitend. '**prop·a·ga·tor** [-tə(r)] *s* **1.** Fortpflanzer *m*. **2.** Verbreiter *m*, Propagan'dist *m*.

pro·pane ['prəʊpeɪn] *s chem.* Pro'pan *n*.

pro·par·ox·y·tone [ˌprəʊpər'ɒksɪtəʊn; *Am.* -'rɑk-] *s ling.* Proparo'xytonon *n* (*auf der drittletzten Silbe betontes Wort*).

pro·pel [prə'pel] *v/t* (an-, vorwärts)treiben (*a. tech. u. fig.*). **pro'pel·lant** **I** *s* **1.** *mil. tech.* Treibstoff *m*, -mittel *n*: **~ (charge)** Treibladung *f* (*e-r Rakete etc*); **~ cutoff** Brennschluß *m*. **2.** *mil.* Treibladung *f*. **3.** *fig.* → propellent 2. **II** *adj* → propellent I. **pro'pel·lent** **I** *adj* **1.** (an-, vorwärts)treibend: **~ gas** Treibgas *n*; **~ power** Antriebs-, Triebkraft *f*. **II** *s* **2.** *fig.* treibende Kraft. **3.** → propellant 1 *u.* 2.

pro·pel·ler [prə'pelə(r)] *s* **1.** Pro'peller *m*: a) Luftschraube *f*, b) Schiffsschraube *f*, c) *tech.* 'Antriebsgeˌrät *n*, -aggreˌgat *n*: **~-driven** mit (Luft)Schraubenantrieb. **2.** Schiff *n* mit Schraubenantrieb. **~ blade** *s* **1.** *aer.* Luftschraubenblatt *n*. **2.** *mar.* Schraubenflügel *m*. **~ disk** *s aer. mar.* Pro'peller-, Schraubenkreis *m*. **~ pitch** *s aer. mar.* Pro'pellersteigung *f*. **~ pump** *s tech.* Flügel-, Rotatiˈonspumpe *f*. **~ shaft** *s* **1.** *aer. mar.* Pro'pellerwelle *f*. **2.** *tech. Am.* Kar'danwelle *f*. **~ tur·bine** *s aer. mar.* Pro'peller-Turbotriebwerk *n*.

pro·pel·ling [prə'pelɪŋ] *adj* Antriebs..., Treib..., Trieb...: **~ charge** Treibladung *f*, -satz *m* (*e-r Rakete etc*); **~ nozzle** Schubdüse *f*; **~ pencil** *Br.* Drehbleistift *m*.

pro·pense [prə'pens; *Am.* prəʊ-] *adj obs.* neigend *od.* e-e Neigung habend (**to** zu).

pro·pen·si·ty [prə'pensətɪ] *s fig.* Hang *m*, Neigung *f* (**for, to** zu): **~ to consume** *econ.* Konsumneigung.

prop·er ['prɒpə; *Am.* 'prɑpər] **I** *adj* **1.** richtig, passend, geeignet, angebracht, angemessen, zweckmäßig, ordnungsgemäß: **~ adjustment** richtige Einstellung; **in ~ form** in gehörender *od.* angemessener Form; **in the ~ place** am rechten Platz; **in ~ time** rechtzeitig, termingerecht; **all in its ~ time** alles zu s-r Zeit; **do as you think (it) ~** tun Sie, was Sie für richtig halten. **2.** wirklich, echt, richtig (-gehend): **~ fraction** *math.* echter Bruch. **3.** anständig, schicklich, kor'rekt, einwandfrei (*Benehmen etc*): **it is ~** es (ge-)ziemt *od.* schickt sich; **~ people** anständige *od.* feine Leute. **4.** a) tugendhaft, b) zimperlich, ,etepe'tete'. **5.** eigentlich, eigen (**to** *dat*), besonder(er, e, es): **every animal has its ~ instincts**; **electricity ~ to vitreous bodies** Elektrizität, die Gegenständen aus Glas eigen ist. **6.** genau, ex'akt: **in the ~ meaning of the word** strenggenommen. **7.** (*meist nachgestellt*) eigentlich: **philosophy ~** die eigentliche Philosophie; **in the Middle East ~** im Mittleren Osten selbst; **round ~** *sport* (Pokal- *etc*)Hauptrunde *f*. **8.** gewöhnlich, nor'mal. **9.** maßgebend, zuständig: **the ~ authorities**. **10.** *bes. Br. colloq.* ,ordentlich', ,anständig', ,tüchtig', ,gehörig', ,gründlich', ,richtig': **a ~ licking** e-e gehörige Tracht Prügel. **11.** *colloq.* ausgesprochen, ,richtig': **he is a ~ rascal**. **12.** *ling.* **~** Eigen...: **~ name** (*od.* **noun**) Eigenname *m*, b) von e-m Eigennamen abgeleitet: **'Bostonian' is a ~ adjective**. **13.** *astr.* Eigen...: **~ motion**. **14.** *her.* in na'türlichen Farben: **an eagle ~**. **15.** *relig.* nur für besondere (Fest)Tage bestimmt (*Psalm etc*). **16.** eigen(er, e, es): **with my own ~ eyes**. **II** *adv* **17.** *dial. od. sl.* ,ordentlich', ,richtig(gehend)', sehr: **I am ~ glad**. **III** *s* **18.** *relig.* Of'fizium *n od.* Psalm *m etc* für ein besonderen (Fest-) Tag. '**prop·er·ly** *adv* richtig (*etc*; → proper I): **to behave ~** sich (anständig) benehmen; **~ speaking** eigentlich, strenggenommen.

prop·er·tied ['prɒpətɪd; *Am.* 'prɑpər-] *adj* besitzend, begütert: **the ~ classes** die besitzenden Schichten, *contp. a.* das Besitzbürgertum.

prop·er·ty ['prɒpə(r)tɪ; *Am.* 'prɑ-] *s* **1.** Eigentum *n*, Vermögen *n*, Besitztum *n*, Besitz *m*, (Hab *n* u.) Gut *n*: **law of ~** Sachenrecht *n*; **man of ~** begüterter Mann; **damage to ~** Sachschaden *m*; **common ~** Gemeingut *n*; **intellectual ~** geistiges Eigentum; **left ~** Hinterlassenschaft *f*, Nachlaß *m*; **lost ~** Fundsache *f*; **personal ~** → personalty; **~ industrial property, literary** 2. **2.** a) *a.* **landed** (*od.* **real**) **~** Grundbesitz *m*, -eigentum *n*, Landbesitz *m*, Liegenschaften *pl*, b) Grundstück *n*. **3.** *jur.* Eigentum(srecht) *n*: **beneficial ~** Nießbrauch *m*. **4.** *phys.* Eigenschaft *f*: **~ of material** Werkstoffeigenschaft *f*. **5.** Fähigkeit *f*, Vermögen *n*: **insulating ~** *electr.* Isolationsvermögen *f*; **sliding ~** *tech.* Gleitfähigkeit *f*. **6.** Eigenheit *f*, -art *f*, Merkmal *n* (*a. philos.*). **7.** *meist of a*) *thea.* Requi'sit(en *pl*) *n*, b) *TV Am.* De'kors *pl*. **~ as·sets** *s pl econ.* Vermögenswerte *pl*. **~ crime** *s pl econ.* Vermögensdelikte *pl*. **~ de·vel·op·er** *s* Bauträger *m*. '**~-ˌin·cre·ment tax** *s* Vermögenszuwachssteuer *f*. **~ in·sur·ance** *s econ.* Sachversicherung *f*. **~ lev·y** *s econ.* Vermögensabgabe *f*. **~ man** *s irr thea.* Requisi'teur *m*. **~ mar·ket** *s econ.* Grundstücks-, Immo'bilienmarkt *m*. **~ mas·ter** → property man. **~ room** *s thea.* Requi'sitenkam-

property tax – prosaism

mer f. ~ **tax** s econ. 1. Vermögenssteuer f. 2. Grundsteuer f.
pro·phase ['prəʊfeɪz] s biol. Prophase f (bei der Zellteilung).
proph·e·cy ['prɒfɪsɪ; Am. 'prɑ-] s Pro-phe'zeiung f (a. fig.), Weissagung f.
'**proph·e·sy** [-saɪ] a. fig. I v/t prophe-'zeien, weis-, vor'aussagen (s.th. for s.o. j-m etwas). II v/i Prophe'zeiungen machen.
proph·et ['prɒfɪt; Am. 'prɑ-] s 1. Pro'phet m (a. fig.): no ~ is accepted in his own country ein Prophet gilt nichts in s-m Vaterlande; the P-s Bibl. die Propheten (Schriften des Alten Testaments); the Major (Minor) P-s Bibl. die großen (kleinen) Propheten. 2. the P- der Pro'phet: a) Mohammed, Stifter des Islams, b) Joseph Smith, Gründer der Mormonen-Kirche. '**proph·et·ess** s Pro'phetin f.
pro·phet·ic [prə'fetɪk] adj; **pro·phet·i·cal** [-kl] adj (adv ~ly) pro'phetisch (a. fig.): to be prophetic of s.th. etwas prophezeien od. ankündigen.
pro·phy·lac·tic [ˌprɒfɪ'læktɪk; Am. ˌprəʊ-] I adj 1. bes. med. prophy'laktisch, vorbeugend, Vorbeugungs..., Schutz...: ~ station Am., ~ aid centre Br. Sanierungsstelle f. II s 2. med. Prophy'laktikum n, vorbeugendes Mittel. 3. vorbeugende Maßnahme. 4. bes. Am. Präserva-'tiv n. ˌ**pro·phy'lax·is** [-'læksɪs] s med. Prophy'laxe f, Präven'tivbehandlung f, Vorbeugung f.
pro·phyll ['prəʊfɪl] s bot. Vorblatt n.
pro·pine [prə'paɪn, Am. a. -'piːn] s Scot. od. obs. 1. Trinkgeld n. 2. Geschenk n.
pro·pin·qui·ty [prə'pɪŋkwətɪ] s 1. Nähe f. 2. nahe Verwandtschaft. 3. Ähnlichkeit f.
pro·pi·ti·ate [prə'pɪʃɪeɪt; Am. a. prəʊ-] v/t 1. versöhnen, besänftigen. 2. geneigt machen, günstig stimmen. **pro**ˌ**pi·ti'a·tion** s 1. Versöhnung f, Besänftigung f. 2. obs. (Sühn)Opfer n (bes. Christi), Sühne f. **pro'pi·ti·a·tor** [-tə(r)] s Versöhner m, Mittler m. **pro'pi·ti·a·to·ry** [-ʃɪətərɪ; Am. -ˌtɔːrɪ; -ˌtəʊ-] adj (adv propitiatorily) versöhnend, sühnend: ~ sacrifice Sühnopfer n.
pro·pi·tious [prə'pɪʃəs] adj (adv ~ly) (to) 1. günstig, vorteilhaft (für). 2. geneigt, gnädig, geneigt (dat). **pro'pi·tious·ness** s 1. Günstigkeit f, Vorteilhaftigkeit f. 2. Gunst f, Geneigtheit f.
'**prop·jet** s aer. 1. a. ~ engine Pro'pellertur ˌbine(n-Triebwerk n) f, Pro'peller-Düsentriebwerk n. 2. a. ~ plane Flugzeug n mit Pro'pellerturˌbine(n).
'**prop·man** [-mæn] s irr thea. Requisi-'teur m.
prop·o·lis ['prɒpəlɪs; Am. 'prɑ-] s Propolis f (Wabenbaustoff der Bienen).
pro·po·nent [prə'pəʊnənt] s 1. Vorschlagende(r m) f, Antragsteller(in). 2. jur. präsum'tiver Testa'mentserbe. 3. Befürworter(in), Verfechter(in).
pro·por·tion [prə'pɔː(r)ʃn; Am. a. -'pəʊr-] I s 1. Verhältnis n: in ~ as in dem Maß wie, je nachdem wie; in ~ to im Verhältnis zu; to be out of all ~ to in keinem Verhältnis stehen zu. 2. richtiges Verhältnis, Gleich-, Ebenmaß n. 3. (verhältnismäßiger) Anteil: in ~ anteilig. 4. chem. math. Proporti'on f, Verhältnis n: law of multiple ~s Gesetz n der multiplen Proportionen. 5. math. a) Verhältnisgleichung f, Proporti'on f, b) a. rule of ~ (Drei)Satz(rechnung f) m, Regelde'tri f, c) a. geometric ~ Verhältnisgleichheit f. 6. meist pl Ausmaß(e pl) n, Größe(nverhältnisse pl) f, Dimensi'onen pl. 7. mus. a) Schwingungsverhältnis n, b) Rhythmus m. 8. fig. a) Symme'trie f,

b) Harmo'nie f. II v/t 9. (to) in das richtige Verhältnis bringen (mit, zu), anpassen (dat). 10. verhältnis- od. anteilmäßig verteilen. 11. sym'metrisch od. har'monisch gestalten: well ~ed ebenmäßig, wohlgestaltet, -proportioniert. 12. proportio'nieren, bemessen, dimensio'nieren. **pro'por·tion·al** [-ʃənl] I adj (adv ~ly) 1. → proportionate I. 2. proportio'nal (a. math.), verhältnismäßig, Proportions...: ~ compasses (od. dividers) Reduktionszirkel m; ~ control(ler) tech. Proportional-Regler m, P-Regler m; ~ number Statistik: Verhältniszahl f; ~ representation pol. Verhältniswahl(system n) f. 3. anteil-, mengenmäßig: ~ distribution. 4. proportio'nal, im (gleichen) Verhältnis stehend (to mit, zu). 5. math. Proportionalitäts...: ~ calculus. II s 6. math. Proportio'nale f. **pro**ˌ**por·tion'al·i·ty** [-ʃə'nælətɪ] s 1. Verhältnismäßigkeit f, Proportionali-'tät f: ~ factor Verhältniszahl f. 2. Angemessenheit f.
pro·por·tion·ate I adj [prə'pɔː(r)ʃnət; Am. a. -'pəʊr-] (adv ~ly) (to) im richtigen Verhältnis (stehend) (zu), angemessen, entsprechend (dat), proportio'nal: ~ share econ. Verhältnisanteil m, anteilmäßige Befriedigung, Quote f. II v/t [-neɪt] angemessen machen, proportio-'nal zuteilen. **pro'por·tion·ment** s 1. verhältnismäßige (Ver)Teilung. 2. Abmessung f, Bemessung f.
pro·pos·al [prə'pəʊzl] s 1. Vorschlag m, a. econ. Angebot n, Antrag m: ~s of (od. for) peace Friedensangebote. 2. (Heirats)Antrag m: she had a ~ sie bekam e-n Heiratsantrag.
pro·pose [prə'pəʊz] I v/t 1. vorschlagen (s.th. to s.o. j-m etwas; s.o. for j-n für od. als): to ~ marriage e-n Heiratsantrag machen (to dat). 2. pol. a) als Kandi'daten) vorschlagen, aufstellen, b) unter'breiten, beantragen, e-e Resolution einbringen, ein Mißtrauensvotum stellen od. beantragen. 3. beabsichtigen, vorhaben, sich vornehmen, gedenken (to do zu tun): the ~d voyage die geplante Seereise. 4. ein Rätsel aufgeben, e-e Frage stellen. 5. e-n Trinkspruch od. Toast ausbringen auf (acc), trinken auf etwas od. auf j-s Wohl: ~ health 3. II v/i 6. planen: man ~s (but) God disposes der Mensch denkt, Gott lenkt. 7. e-n Heiratsantrag machen (to dat), anhalten (for um j-n od. j-s Hand). **pro'pos·er** s Antragsteller m.
prop·o·si·tion [ˌprɒpə'zɪʃn; Am. ˌprɑ-] I s 1. Vorschlag m, Antrag m: to make s.o. a ~ a) j-m e-n Vorschlag machen, b) j-m (e-m Mädchen etc) e-n unsittlichen Antrag machen. 2. (vorgeschlagener) Plan, Pro'jekt n, Vorhaben n. 3. econ. Angebot n. 4. Behauptung f. 5. colloq. ‚Sache' f: an easy ~ ‚kleine Fische', e-e Kleinigkeit; a tough ~ ‚e-e harte Nuß', ein schwieriger Fall; he is a tough ~ er ist ein harter Bursche, mit ihm ist nicht gut Kirschen essen. 6. colloq. Geschäft n, Unter'nehmen n. 7. Rhetorik: Protasis f, Vor-, Hauptsatz m. 8. Logik: Satz m, Behauptung f. 9. math. (Lehr)Satz m, Theo-'rem n. 10. Dichtkunst: Eingang m (in dem der Autor das Thema angibt). 11. obs. Darbringung f: altar of ~ Opferaltar m; loaves of ~ Bibl. Schaubrote. 12. j-m e-n Vorschlag machen, bes. e-m Mädchen etc e-n unsittlichen Antrag machen. ˌ**prop·o'si·tion·al** [-ʃənl] adj math. etc Satz...
pro·pound [prə'paʊnd] v/t 1. e-e Frage etc vorlegen, -tragen (to dat). 2. vorschlagen. 3. to ~ a will jur. Br. auf Anerkennung e-s Testa'ments klagen.

pro·pri·e·tar·y [prə'praɪətərɪ; Am. -ˌterɪ:] I adj 1. Eigentums..., Vermögens...: ~ right Eigentumsrecht n. 2. Eigentümer..., Besitzer..., Inhaber...: ~ company econ. a) Am. Holding-, Dachgesellschaft f, b) Br. Familiengesellschaft f. 3. besitzend, begütert: the ~ classes die besitzenden Schichten, contp. a. das Besitzbürgertum. 4. econ. gesetzlich geschützt (Arznei, Ware): ~ article Markenartikel m; ~ name Markenbezeichnung f. II s 5. Eigentümer m od. pl: the landed ~ die Grundbesitzer. 6. Eigentum n, Besitz m: landed ~ Grundbesitz. 7. jur. Eigentumsrecht n. 8. pharm. a) medi'zinischer 'Markenar ˌtikel, b) nicht re'zeptpflichtiges Medika'ment. 9. hist. Br. Gouver'neur m über e-e Kolo'nie (in den heutigen USA): ~ colony Kolonie, deren Verwaltung von der brit. Krone Privatpersonen übertragen wurde.
pro·pri·e·tor [prə'praɪətə(r)] s 1. Eigentümer m, Besitzer m, (Geschäfts)Inhaber m: sole ~ a) Alleininhaber m, b) econ. Am. Einzelkaufmann m. 2. Alleineigner m, Gesellschafter m. 3. → proprietary 9. **pro**ˌ**pri·e'to·ri·al** [-'tɔːrɪəl; Am. a. -'təʊ-] → proprietary 1 u. 2. **pro'pri·e·tor·ship** s 1. Eigentum(srecht n) n (in an dat). 2. Verlagsrecht n. 3. Bilanz: 'Eigenkapi ˌtal n. 4. sole ~ a) alleiniges Eigentumsrecht, b) econ. Am. Einzelunternehmen n. **pro'pri·e·tress** [-trɪs] s Eigentümerin f.
pro·pri·e·ty [prə'praɪətɪ] s 1. Schicklichkeit f, Anstand m. 2. pl Anstandsformen pl, -regeln pl, gute Sitten pl: it is not in keeping with the proprieties es schickt sich nicht. 3. a) Angemessenheit f, Richtigkeit f. 4. obs. a) Pri'vatbesitz m, b) Eigentumsrecht n.
props [prɒps; Am. prɑps] s pl (als sg konstruiert) thea. sl. Requisi'teur m.
pro·pul·sion [prə'pʌlʃn] s 1. tech. Antrieb m (a. fig.), Antriebskraft f: ~ nozzle Rückstoßdüse f. 2. Fortbewegung f. **pro'pul·sive** [-sɪv] adj (a. vorwärts-)treibend (a. fig.): ~ charge Treibsatz m; ~ force Triebkraft f; ~ jet Treibstrahl m; **pro'pul·sor** [-sə(r)] s tech. Treibmittel n, -satz m.
pro·pyl ['prəʊpɪl] s chem. Pro'pyl n.
prop·y·la ['prɒpɪlə; Am. 'prɑ-] pl von propylon.
ˌ**prop·y·lae·um** [ˌprɒpɪ'liːəm; Am. ˌprɑ-; ˌprəʊ-] pl -**lae·a** [-'liːə] s antiq. arch. 1. the Propylaea pl die Propy'läen pl (der Akropolis). 2. → propylon.
pro·pyl·ene ['prəʊpɪliːn] s chem. Propy-'len n.
prop·y·lon ['prɒpɪlɒn; Am. 'prɑpəˌlɑn] pl -**lons**, -**la** [-lə] s antiq. arch. Propylon n (Tempeleingang etc).
pro ra·ta [ˌprəʊ'rɑːtə; -'reɪtə] (Lat.) adj u. adv verhältnis-, anteilmäßig, anteilig, pro 'rate.
pro·rate bes. Am. I v/t [prəʊ'reɪt; 'prəʊreɪt] anteilmäßig ver- od. aufteilen. II s ['prəʊreɪt] anteilige Prämie, Anteil m. **pro'ra·tion** [-'reɪʃn] s bes. Am. 1. anteilmäßige Ver- od. Aufteilung. 2. Beschränkung f der produ'zierten Öl- od. Gasmenge auf e-n Bruchteil (der Er'zeugungskapaziˌtät).
pro·rec·tor [prəʊ'rektə(r)] s univ. Prorektor m.
pro·ro·ga·tion [ˌprəʊrəʊ'geɪʃn; -rəʊ'g-] s pol. Vertagung f. **pro·rogue** [prə'rəʊg] I v/t vertagen. II v/i sich vertagen, vertagt werden.
pro·sa·ic [prəʊ'zeɪɪk] adj (adv ~ally) 1. Prosa... 2. fig. pro'saisch, all'täglich, phanta'sielos, nüchtern, trocken. **pro-'sa·i·cism** [-sɪzəm], **pro·sa·ism** ['prəʊzeɪˌɪzəm] s Prosa'ismus m: a) pro-

'saischer Cha'rakter, b) pro'saischer Ausdruck *od.* Stil. **'pro·sa·ist** *s* Pro'saiker(in): a) Prosaschriftsteller(in), b) *fig.* nüchterner Mensch.

pro·sce·ni·um [prəʊˈsiːnjəm; -iəm] *pl* **-ni·a** [-njə; -niə], **-ni·ums** *s thea.* 1. Pro'szenium *n*, Vorderbühne *f*. 2. *antiq.* Bühne *f*. ~ **box** *s* Pro'szeniumsloge *f*.

pro·scribe [prəʊˈskraɪb] *v/t* 1. ächten, für vogelfrei erklären, proskri'bieren. 2. *meist fig.* verbannen. 3. *fig.* untersagen, verbieten. **pro'scrip·tion** [-ˈskrɪpʃn] *s* 1. Ächtung *f*, Acht *f*, Proskripti'on *f* (*meist hist.*). 2. Verbannung *f*. 3. *fig.* Verbot *n*, Beschränkung *f* (*von Rechten etc*). **pro'scrip·tive** [-tɪv] *adj* (*adv* ~ly) 1. ächtend, Ächtungs... 2. verbietend, Verbots...

prose [prəʊz] **I** *s* 1. Prosa *f*. 2. *fig.* Prosa *f*, Nüchternheit *f*, All'täglichkeit *f*. 3. *fig.* langweiliges *n*. all'tägliches Gerede. 4. *ped. bes. Br.* Über'setzung *f* (*in e-e Fremdsprache*). **II** *adj* 5. Prosa...: ~ **drama**; ~ **writer** Prosaschriftsteller(in). 6. *fig.* pro'saisch, all'täglich, nüchtern. **III** *v/t* 7. in Prosa schreiben. 8. langweilig erzählen.

pro·sec·tor [prəʊˈsektə(r)] *s med.* Pro'sektor *m*, patho'logischer Ana'tom.

pros·e·cute [ˈprɒsɪkjuːt; *Am.* ˈprɑːs-] **I** *v/t* 1. e-n Plan *etc* verfolgen, weiterführen: **to** ~ **an action** *jur.* e-n Prozeß führen *od.* betreiben. 2. ein Gewerbe, Studien *etc* betreiben. 3. *e-e Untersuchung* 'durchführen: **to** ~ **an investigation**. 4. untersuchen, erforschen: **to** ~ **a topic**. 5. *jur.* a) strafrechtlich verfolgen, b) gerichtlich verfolgen, belangen, anklagen (**for** wegen), c) *e-e Forderung etc* einklagen: **to** ~ **a claim**; **prosecuting attorney** (*Br.* **counsel**) Anklagevertreter *m*, Staatsanwalt *m*; **prosecuting witness** a) Nebenkläger(in), b) Belastungszeuge *m*, -zeugin *f*. **II** *v/i* 6. *jur.* gerichtlich vorgehen. 7. *jur.* als Kläger auftreten, die Anklage vertreten: **Mr. N. prosecuting said** Herr N., der Vertreter der Anklage, sagte.

pros·e·cu·tion [ˌprɒsɪˈkjuːʃn; *Am.* ˌprɑːs-] *s* 1. Verfolgung *f*, Fortsetzung *f*, 'Durchführung *f* (*e-s Planes etc*). 2. Betreiben *n* (*e-s Gewerbes, von Studien etc*). 3. *jur.* 'suchung *f*, Erforschung *f*: ~ **of research problems**. 4. *jur.* a) strafrechtliche Verfolgung, Strafverfolgung *f*, Anklage *f*, b) Einklagen *n* (*e-r Forderung etc*): **liable to** ~ strafbar; **Director of Public P.~s** Leiter *m* der Anklagebehörde. 5. **the** ~ *jur.* die Staatsanwaltschaft, die Anklage(behörde): ~ **witness** 1. **'pros·e·cu·tor** [-tə(r)] *s jur.* (An)Kläger *m*: **public** ~ Staatsanwalt *m*, öffentlicher Ankläger.

pros·e·lyte [ˈprɒsɪlaɪt; *Am.* ˈprɑːs-] **I** *s* 1. Prose'lyt(in), Neubekehrte(r *m*) *f* (*a. fig.*), Konver'tit(in). 2. *Bibl.* Prose'lyt(in), zum Judentum 'Übergetretene(r *m*) *f*. **II** *v/t* 3. bekehren, zu(m) Prose'lyten machen. 4. *fig.* gewinnen (**to** für). **III** *v/i* 5. Anhänger machen (*a. fig.*). **'pros·e·lyt·ism** [-lɪtɪzəm; *Am. a.* -laɪ-] *s* Prose'lytismus *m*: a) Bekehrungseifer *m*, *contp.* Prose'lytenmache'rei *f*, b) Prose'lytentum *n*. **'pros·e·lyt·ize** [-lɪtaɪz] → proselyte II *u*. III. **'pros·e·lyt·iz·er** *s* Prose'lytenmacher(in), Bekehrer(in).

pro·sem·i·nar [prəʊˈsemɪnɑː(r)] *s univ.* 'Pro-, 'Vorsemi,nar *n*.

'pros·en·ceˈphal·ic [ˈprɒs-; *Am.* ˈprɑːs-] *adj anat.* Vorderhirn... **ˌpros·enˈceph·a·lon** **-a·la** [-lə] *s* Prosen'zephalon *n*, Vorderhirn *n*.

pros·en·chy·ma [prɒsˈeŋkɪmə; *Am.* prɑːs-] *s bot.* Prosen'chym *n*, Fasergewebe *n*.

pros·er [ˈprəʊzə(r)] *s* langweiliger Erzähler.

pros·i·fy [ˈprəʊzɪfaɪ] **I** *v/t* pro'saisch machen, in Prosa ('um)schreiben. **II** *v/i* (in) Prosa schreiben.

pros·i·ness [ˈprəʊzɪnɪs] *s* 1. pro'saischer Cha'rakter, Nüchternheit *f*. 2. Langweiligkeit *f*, Weitschweifigkeit *f*.

pros·od·ic [prəˈsɒdɪk; *Am.* -ˈsɑd-] *adj*; **proˈsod·i·cal** [-kl] *adj* (*adv* ~ly) pros'odisch.

pros·o·dist [ˈprɒsədɪst; *Am.* ˈprɑːs-] *s* Proso'diekundige(r *m*) *f*. **'pros·o·dy** [-dɪ] *s* Proso'die *f* (*Silbenmessungslehre*).

pro·so·po·poe·ia [ˌprɒsəpəˈpiːə; *Am.* prɑːsəʊ-] *s Rhetorik*: Prosopopö'ie *f*: a) *Personifizierung lebloser Dinge*, b) *Einführung e-r abwesenden Person*.

pros·pect [ˈprɒspekt; *Am.* ˈprɑːs-] *s* 1. (Aus)Sicht *f*, (-)Blick *m* (**of** auf *acc*). 2. *fig.* Aussicht *f* (**of** auf *acc*; **of being** zu sein): **to be in** ~ in Aussicht stehen, zu erwarten sein; **to hold out a** ~ **of** in Aussicht stellen; **to have s.th. in** ~ etwas in Aussicht haben; **no** ~ **of success** keine Erfolgsaussichten; **there is a** ~ **that** es besteht Aussicht, daß; **at the** ~ **of** in Erwartung (*gen*). 3. Landschaft *f*. 4. *fig.* Vor('aus)schau *f od.* -blick *m*: **a** ~ **of future events**. 5. a) *econ. etc* Interes'sent *m*, Reflek'tant *m*, b) *econ.* möglicher *od.* potenti'eller Kunde *od.* Käufer, c) möglicher Kandi'dat. 6. *Bergbau*: a) (Erz*etc*)Anzeichen *n*, b) Schürfprobe *f*, c) Stelle *f* mit (Erz- *etc*)Anzeichen, d) Schürfstelle *f*, Lagerstätte *f*, e) Schürfbetrieb *m*. 7. *obs. fig.* 'Überblick *m* (**of** über *acc*): **on nearer** ~ bei näherer Betrachtung. **II** [*Br. meist* prəˈspekt] 8. ein Gebiet durchˈforschen, unterˈsuchen (**for** nach Gold *etc*): **to** ~ **a district** e-e Gegend auf das Vorhandensein von Lagerstätten untersuchen. 9. *min.* e-e Fundstelle *etc* versuchsweise erschürfen, auf Erz-, Goldhaltigkeit *etc* untersuchen. 10. *fig.* auf Erfolgsaussichten hin prüfen, unterˈsuchen. **III** *v/i* [*Br. meist* prəˈspekt] 11. *min.* suchen *od.* schürfen *od.* graben (**for** nach): **to** ~ **for oil** nach Öl bohren; ~**ing licence** (*Am.* **license**) Schürfrecht *n*. 12. *min.* sich (*gut, schlecht*) (zur Ausbeute) eignen. 13. *fig.* suchen, 'Um- *od.* Anschau halten (**for** nach).

pro·spec·tive [prəˈspektɪv] *adj* (*adv* ~ly) 1. (zu)künftig, angehend, vor'aussichtlich: ~ **buyer** Kaufinteressent *m*, potentieller Käufer; **the** ~ **professor** der angehende Professor; **he is my** ~ **son-in-law** er ist mein zukünftiger Schwiegersohn; ~ **mother** werdende Mutter. 2. *fig.* vor'ausschauend.

pros·pec·tor [prəˈspektə(r); *Am.* ˈprɑːspɪkˌp-] *s* Proˈspektor *m*, Schürfer *m*, Goldsucher *m*: **oil** ~ Ölsucher *m*.

pro·spec·tus [prəˈspektəs] *s* Proˈspekt *m*: a) Werbeschrift *f*, b) Ankündigung *f* (*e-s Buches etc*), c) *econ.* Subskripti'onsanzeige *f*, d) *Br.* 'Schul-, Universiˈtätsproˌspekt *m*.

pros·per [ˈprɒspə; *Am.* ˈprɑːspər] **I** *v/i* 1. Glück *od.* Erfolg haben (**in** bei), vorwärtskommen. 2. gedeihen (*a. bot.*), flo'rieren, blühen (*Unternehmen etc*): **a** ~**ing industry**. 3. glücken, von Erfolg begleitet sein: **his venture** ~**ed**. **II** *v/t* 4. begünstigen, *j-m* hold *od.* gewogen sein, *etwas* gelingen *od.* gedeihen lassen. 5. segnen, *j-m* gnädig sein (*Gott*). **prosˈper·i·ty** [-ˈsperətɪ] *s* 1. Wohlstand *m*, Gedeihen *n*, Glück *n*. 2. *econ.* Wohlstand *m*, Prosperiˈtät *f*, Blüte(zeit) *f*, Aufschwung *m*, Konjunkˈtur *f*: **peak** ~ Hochkonjunktur *f*; ~ **index** Wohlstandsindex *m*; ~ **phase** Konjunkturperiode *f*. 3. *pl selten* glückliche Zeiten *pl*. **'prosˈper·ous** *adj* (*adv* ~ly) 1. gedeihend, blühend, erfolgreich, glücklich: ~ **years** Jahre des Wohlstands. 2. wohlhabend. 3. günstig.

pros·tate [ˈprɒsteɪt; *Am.* ˈprɑːs-] *anat.* **I** *s a.* ~ **gland** Prostata *f*, Vorsteherdrüse *f*. **II** *adj* → prostatic.

pros·ta·tec·to·my [ˌprɒstəˈtektəmɪ; *Am.* ˌprɑːs-] *s med.* Prostatektoˈmie *f*, (teilweise) Entfernung der Vorsteherdrüse.

pros·tat·ic [prɒˈstætɪk; *Am.* prɑː-] *adj anat.* Prostata...: ~ **cancer**.

pros·ta·ti·tis [ˌprɒstəˈtaɪtɪs; *Am.* ˌprɑːs-] *s med.* Prostaˈtitis *f*, Prostataentzündung *f*.

pro·ster·num [prəʊˈstɜːnəm; *Am.* -ˈstɜr-] *s* Vorderbrust(schild *m*) *f* (*e-s Insekts*).

pros·the·sis [ˈprɒsθɪsɪs; prɒsˈθiː-; *Am.* ˈprɑːs-; prɑːsˈθ-] *pl* **-ses** [-siːz] *s* 1. *med.* Proˈthese *f*, künstliches Glied: **dental** ~ Zahnprothese. 2. *med.* Anfertigung *f* e-r Proˈthese. 3. *ling.* Prosˈthese *f* (*Vorsetzen e-s Buchstabens od. e-r Silbe vor ein Wort*).

pros·thet·ic [-ˈθetɪk] *adj* 1. *med.* proˈthetisch, Prothesen...: ~ **dentistry** → prosthodontia. 2. *ling.* prosˈthetisch, vorgesetzt (*Buchstabe od. Silbe*). **prosˈthet·ics** *s pl* (*a. als sg konstruiert*) *med.* Proˈthetik *f*, Glieder-, Zahnersatzkunde *f*. **pros·the·tist** [ˈprɒsθiː-; *Am.* ˈprɑːsθə-] *s* Proˈthetiker *m*.

pros·tho·don·ti·a [ˌprɒsθəʊˈdɒnʃɪə; -ʃə; *Am.* ˌprɑːsθəˈdɑnʃɪə; -tʃə] *s*, **prosˈthoˈdon·tics** [-tɪks] *s pl* (*a. als sg konstruiert*) *med.* zahnärztliche Proˈthetik, Zahnersatzkunde *f*. **prosˈthoˈdon·tist** [-tɪst] *s* 'Zahnproˌthetiker *m*.

pros·ti·tute [ˈprɒstɪtjuːt; *Am.* ˈprɑːs-; -ˌtuːt] **I** *s* 1. a) Prostituˈierte *f*, b) (male) ~ Strichjunge *m*. **II** *v/t* 2. prostituˈieren: **to** ~ **o.s.** sich prostituieren *od.* verkaufen (*a. fig.*). 3. *fig.* (für ehrlose Zwecke) 'hergeben, entwürdigen, *sein Talent etc* wegwerfen. **pros·ti'tu·tion** *s* 1. Prostitutiˈon *f*, gewerbsmäßige Unzucht. 2. *fig.* Entwürdigung *f*, Preisgabe *f*.

pros·trate I [ˈprɒstreɪt; *Am.* ˈprɑːstreɪt] *v/t* 1. zu Boden werfen *od.* strecken, niederwerfen: **to** ~ **o.s.** *fig.* sich in den Staub werfen, sich demütigen (**before** vor *dat*). 2. *fig.* unter'werfen, niederzwingen. 3. entkräften, erschöpfen. 4. *fig.* niederschmettern. **II** *adj* [ˈprɒstreɪt; *Am.* ˈprɑːs-] 5. 'hingestreckt. 6. *fig.* erschöpft (**with** vor *dat*). 7. *fig.* daˈniederliegend, kraftlos: **a** ~ **country** ein am Boden liegendes *od.* zugrunde gerichtetes Land; ~ **with grief** grambeugt. 7. *fig.* unter'worfen, 'würfig, demütig. 8. *fig.* fußfällig, im Staube liegend. 9. *bot. zo.* (nieder)liegend. **prosˈtra·tion** *s* 1. Niederwerfen *n*, -fallen *n*. 2. Fußfall *m* (*a. fig.*). 3. *fig.* Niederwerfung *f*, Unter'werfung *f*, Demütigung *f*. 4. *nervöse etc* Erschöpfung: **heat** ~ Hitzschlag *m*. 5. *fig.* Niedergeschlagenheit *f*.

pro·style [ˈprəʊstaɪl] *s antiq. arch.* Prostylos *m*, (Tempel)Bau *m* mit offener Säulenvorhalle.

pros·y [ˈprəʊzɪ] *adj* (*adv* **prosily**) 1. langweilig, weitschweifig. 2. nüchtern, pro'saisch.

pro·syl·lo·gism [prəʊˈsɪlədʒɪzəm] *s philos.* Prosyllo'gismus *m*, Einleitungs-, Vorschluß *m*.

pro·tag·o·nist [prəʊˈtæɡənɪst] *s* 1. *thea.* 'Hauptfiˌgur *f*, Held(in), Träger(in) der Handlung. 2. *fig.* Protagoˈnist(in): a) 'Hauptperˌson *f*, b) Vorkämpfer(in).

pro·ta·mine [ˈprəʊtəmiːn], *a.* **'pro·ta·min** [-mɪn] *s biol.* Protaˈmin *n*.

pro·ta·no·pi·a [ˌprəʊtəˈnəʊpɪə; -pɪə] *s med.* Protanoˈpie *f*, Rotblindheit *f*.

prot·a·sis ['prɒtəsɪs; *Am.* 'prɑt-] *pl* **-ses** [-siːz] *s* Protasis *f:* a) *ling.* Vordersatz *m*, (vorgestellter) Bedingungssatz, b) *antiq. thea.* Vorspiel *n*.

pro·te·an [prəʊ'tiːən; 'prəʊtɪən] *adj* **1.** P~ pro'teisch, Proteus... **2.** *fig.* pro'teisch, wandelhaft, vielgestaltig. **3.** *zo.* a'möbenartig: ~ **animalcule** Amöbe *f*.

pro·te·ase ['prəʊtɪeɪs] *s biol. chem.* Prote'ase *f*.

pro·tect [prə'tekt] *v/t* **1.** (be)schützen (**from** vor *dat*; **against** gegen): ~ed **area** Naturschutzgebiet *n*; ~ed **by copyright** urheberrechtlich geschützt; ~ed **by letters patent** patentrechtlich geschützt; ~ed **state** *pol.* Schutzstaat *m*; → **interest** 7. **2.** *econ.* e-n Industriezweig etc (durch Schutzzölle) schützen. **3.** *econ.* a) *e-n Wechsel* mit Laufzeit schützen, akzep'tieren, b) *e-n Sichtwechsel* einlösen, hono'rieren. **4.** *tech.* (ab)sichern, schützen, abschirmen: ~ed **switch** Schutzschalter *m*. **5.** schonen. **6.** *e-e Schachfigur* decken.

pro·tec·tion [prə'tekʃn] *s* **1.** Schutz *m*, Beschützung *f* (**from** vor *dat*), Sicherheit *f:* ~ **of interests** Interessenwahrung *f*. **2.** *econ. jur.* (Rechts)Schutz *m*: ~ **of industrial property** gewerblicher Rechtsschutz; **legal** ~ **of registered designs** Gebrauchsmusterschutz; ~ **against dismissal** Schutzzoll *m*. **4.** *econ.* 'Schutzzoll(poli,tik *f*, -sy,stem *n*) *m*. **5.** *econ.* Hono'rierung *f* (*e-s Wechsels*): **to find due** ~ honoriert werden; **to give** ~ **to a bill** e-n Wechsel honorieren. **6.** *jur. mar. Am.* Schutz-, Geleitbrief *m*. **7.** Protekti'on *f*, Gönnerschaft *f*. **8.** a) ,Protekti'on *f* (*Schutzgegen Verfolgung durch Polizei od. Gangster*), b) *a.* ~ **money** „Schutzgebühr" *f*. **9.** *tech.* Schutz *m*. **pro'tec·tion·ism** [-ʃənɪzəm] *s econ.* Protektio'nismus *m*: a) 'Schutzzollpoli,tik *f*, b) 'Schutzzollpoli,tik. **2.** Na'turschützer *m*. **II** *adj* **3.** protektio'nistisch, Schutzzoll...

pro·tec·tive [prə'tektɪv] *adj* (*adv* -**ly**) **1.** Schutz..., (be)schützend, schutzgewährend: ~ **coating** Schutzüberzug *m*, -anstrich *m*; ~ **coloration** *zo.* Schutzfärbung *f*; ~ **conveyance** *jur.* Sicherungsübereignung *f*; ~ **custody** Schutzhaft *f*; ~ **duty** (*od.* **tariff**) Schutzzoll *m*; ~ **goggles** Schutzbrille *f*. **2.** *econ.* Schutzzoll...: ~ **system**. **3.** fürsorglich, beschützerisch (**toward[s]** gegen'über).

pro·tec·tor [prə'tektə(r)] *s* **1.** Beschützer *m*, Schutz-, Schirmherr *m*, Gönner *m*. **2.** *tech. etc* Schutzvorrichtung *f*, -mittel *n*) *m*, Schützer *m*, Schoner *m*. **3.** *hist.* a) Pro'tektor *m*, Reichsverweser *m*, b) → **Lord Protector**. **pro'tec·tor·al** *adj* Protektor..., schutzherrlich. **pro'tec·tor·ate** [-rət] *s* Protekto'rat *n*: a) Schutzherrschaft *f*, b) Schutzgebiet *n*, c) Pro'tektorwürde *f*, d) P~ *hist.* Regierungszeit Oliver u. Richard Cromwells als **Lord Protector**. **pro'tec·to·ry** *s* (Kinder-) Fürsorgeheim *n*. **pro'tec·tress** *s* Beschützerin *f*, Schutz-, Schirmherrin *f*.

pro·té·gé ['prəʊteʒeɪ] *s* Schützling *m*, Günstling *m*, Prote'gé *m*.

pro·teid ['prəʊtiːd; -tiːɪd], **'pro·teide** [-taɪd; -tɪaɪd] *s biol. chem.* Prote'id *n*.

pro·te·i·form [prəʊ'tiːɪfɔː(r)m] → **protean**.

pro·tein ['prəʊtiːn; -tiːɪn] (*Biochemie*) **I** *s* Prote'in *n*, Eiweiß(körper *m od. pl*) *n*. **II** *adj* prote'inartig, -haltig, Protein...

pro tem·po·re [ˌprəʊ'tempərɪ] (*Lat.*), **pro tem** *adv* einstweilen, vorläufig.

pro·te·ol·y·sis [ˌprəʊtɪ'ɒlɪsɪs; *Am.* -'ɑlə-] *s biol. chem.* Proteo'lyse *f*, Eiweißabbau *m*.

Prot·er·o·zo·ic [ˌprɒtərəʊ'zəʊɪk; *Am.* ˌprɑtərəˈz-] *geol.* **I** *adj* protero'zoisch. **II** *s* Protero'zoikum *n*.

pro·test I *s* ['prəʊtest] **1.** Pro'test *m*, Einspruch *m*, Verwahrung *f*: **in** ~ aus Protest (**at, over** gegen); **to enter** (*od.* **lodge**) **a** ~ Protest erheben *od.* Verwahrung einlegen (**with** bei; **against** gegen); **under** ~ unter Protest; **without** ~ widerspruchslos; ~ **march** Protestmarsch *m*; ~ **meeting** Protestversammlung *f*. **2.** *econ. jur.* ('Wechsel)Pro,test *m*. **3.** *a.* **extended** ~, **ship's** ~ *jur. mar.* 'Seepro,test *m*, Verklarung *f*: **to extend** ~ Verklarung ablegen. **4.** *Br.* 'Minderheitspro,test *m* (*im Oberhaus, gegen e-n Antrag*). **II** *v/i* [prə'test] **5.** (**against** gegen) prote'stieren, Einspruch erheben, Verwahrung einlegen, sich verwahren. **6.** a) e-e (feierliche) Erklärung abgeben, b) die Wahrheit (*s-r Worte etc*) beteuern. **III** *v/t* [prə'test] **7.** prote'stieren *od.* Einspruch erheben *od.* Verwahrung einlegen gegen. **8.** *econ. jur.* e-*n Wechsel* prote'stieren: **to have a bill** ~ed e-n Wechsel zu Protest gehen lassen. **9.** beteuern (**s.th.** etwas; **that** daß): **to** ~ **one's loyalty**.

Prot·es·tant ['prɒtɪstənt; *Am.* 'prɑ-] *relig.* **I** *s* Prote'stant(in). **II** *adj* prote'stantisch. ~ **E·pis·co·pal Church** *s* die anglikanische Kirche in den USA. ~ **eth·ic** *s* Religionssoziologie: prote'stantische Ethik (*ethisch-religiöse Entstehungsgrundlage der kapitalistischen Wirtschaftsgesinnung*).

'Prot·es·tant·ism *s* Protestan'tismus *m*. **'Prot·es·tant·ize** *v/t u. v/i* prote'stantisch machen (werden), (sich) zum Protestan'tismus bekehren.

prot·es·ta·tion [ˌprəʊte'steɪʃn; *Am.* a. ˌprɑtəs't-] *s* **1.** Beteuerung *f*: ~**s of innocence** Unschuldsbeteuerungen. **2.** Pro'test *m* (**against** gegen).

pro·test·er [prə'testə(r)] *s* Prote'stierende(r *m*) *f*.

Pro·teus ['prəʊtjuːs; -tɪəs; *Am. a.* -tuːs] **I** *npr* **1.** *myth.* Proteus *m* (*Meergott*). **II** *s* **2.** *fig.* 'Proteus(na,tur *f*) *m*, wandlungsfähiger *od.* wetterwendischer Mensch. **3.** p~ *zo.* Olm *m*. **4.** p~ *zo.* Proteus *m* (*Bakteriengattung*).

pro·tha·la·mi·um [ˌprəʊθə'leɪmɪəm] *pl* **-mi·a** [-ɪə] *s* Hochzeitsgedicht *n*.

pro·thal·li·um [prəʊ'θælɪəm] *pl* **-li·a** [-ɪə] *s bot.* Pro'thallium *n*, Vorkeim *m*.

proth·e·sis ['prɒθɪsɪs; *Am.* 'prɑ-] → **prosthesis** *f*.

pro'tho·rax *s zo.* erster Brustring (*der Insekten*), Pro'thorax *m*.

pro·tist ['prəʊtɪst] *s biol.* Pro'tist *m*, Einzeller *m*. **pro'tis·ta** [-tə] *s pl* Pro'tisten *pl*, Einzeller *pl*.

pro·ti·um ['prəʊtjəm; -ɪəm; *Am. a.* -[ɪəm] *s chem.* Protium *n* (*leichtes Wasserstoffisotop*).

proto- [prəʊtəʊ; -tə] *Wortelement mit den Bedeutungen* a) erst(er, e, es), b) Urform von ..., Ur..., Proto...

pro·to·blast ['prəʊtəblæst] *s biol.* membranlose Zelle.

pro·to·col ['prəʊtəkɒl; *Am. a.* -ˌkɑl] **I** *s* **1.** (Ver'handlungs)Proto,koll *n*, Sitzungsbericht *m*: **to record in** ~ → 5. **2.** *pol.* Proto'koll *n*: a) diplomatische Eti'kette, b) Vorvertrag *m*, vorläufige Vereinbarungen *pl*. **3.** *pol.* Einleitungs- u. Schlußformeln *pl* (*e-r Urkunde etc*). **II** *v/i* **4.** das Proto'koll führen. **III** *v/t* **5.** protokol'lieren, zu Proto'koll nehmen. ~ **state·ment** *s scient.* Proto'kollsatz *m*.

ˌpro·to'fas·cist *adj pol.* faschisto'id.

pro·to·gen·ic [ˌprəʊtə'dʒenɪk] *adj geol.* pro'to|gen, pri'mär.

pro·to-Ger'man·ic *ling.* **I** *adj* 'urger-ˌmanisch. **II** *s* 'Urgerˌmanisch *n*, das Urgermanische.

ˌpro·to'his·to·ry *s* Urgeschichte *f*.

ˌpro·to'hu·man I *s* Urmensch *m*. **II** *adj* urmenschlich.

ˌpro·to'lan·guage *s* Ursprache *f*.

ˌpro·to·meˈtal·lic *adj chem. phys.* 'protome,tallisch.

pro·to·morph ['prəʊtəmɔː(r)f] *s biol.* Urform *f*. **ˌpro·to'mor·phic** *adj* pri'mär, primi'tiv, ursprünglich.

pro·ton ['prəʊtɒn; *Am.* -ˌtɑn] *s phys.* Proton *n* (*positiv geladenes Elementarteilchen*): ~ **number** Protonenzahl *f*; ~ **ray** Protonenstrahl *m*; ~ **synchrotron** Protonensynchrotron *n*.

pro·to·path·ic [ˌprəʊtə'pæθɪk] *adj physiol.* proto'pathisch.

pro·to·phyte ['prəʊtəfaɪt] *s bot.* Pro'tophyton *n*, Proto'phyte *f* (*einfachste einzellige Pflanze*).

pro·to·plasm ['prəʊtəʊplæzəm] *s biol.* **1.** Proto'plasma *n* (*Grundsubstanz der Zelle*). **2.** Urschleim *m*. **ˌpro·to'plas·mic** [-mɪk] *adj* protoplas'matisch. **'pro·to·plast** [-plæst] *s biol.* Proto'plast *m* (*Plasmakörper der Zelle*).

'pro·to·salt *s chem.* Me'tallsalz *n* (*der 1. Oxidationsstufe*).

ˌpro·to'troph·ic *adj biol.* auto'troph (*durch Photosynthese ernährbar*).

ˌpro·to'typ·al → **prototypical**.

'pro·to·type *s* Prototyp *m* (*a. biol.*): a) Urbild *n*, Urtyp *m*, Urform *f*, b) Urmuster *n*, c) *tech.* ('Richt)Mo,dell *n*, Ausgangsbautyp *m*. **ˌpro·to'typ·i·cal** *adj* proto'typisch, Ur...

pro·tox·ide [prəʊ'tɒksaɪd; *Am.* -ˈɑk-] *s chem.* Proto'xid *n* (*unterste Oxidationsstufe e-s Elements*): ~ **of iron** Eisen(II)-Oxid *n*.

pro·to·zo·a [ˌprəʊtəʊ'zəʊə] *s pl zo.* Proto'zoen *pl*, Einzeller *pl*, Urtiere *pl*. **ˌpro·to'zo·an** *zo.* **I** *adj* Protozoen... **II** *s* → **protozoon**. **ˌpro·to'zo·ic** *adj geol.* proto'zoisch. **ˌpro·to·zo'ol·o·gy** [-'ɒlədʒɪ; *Am.* -'ɑl-] *s zo.* Protozoolo'gie *f*. **ˌpro·to'zo·on** [-ən; -ɒn; *Am.* -ˌɑn] *pl* **-'zo·a** [-ə] *s zo.* Proto'zoon *n*, Urtierchen *n*, Einzeller *m*.

pro·tract [prə'trækt; *Am. a.* prəʊ-] *v/t* **1.** in die Länge ziehen, hin'ausziehen, -zögern, verschleppen: ~ed **illness** langwierige Krankheit; ~ed **defence** (*Am.* **defense**) *mil.* hinhaltende Verteidigung; ~ed **stay in hospital** längerer Krankenhausaufenthalt. **2.** *math.* mit e-m Winkelmesser *od.* maßstab(s)getreu zeichnen *od.* auftragen. **3.** *Krallen aus-*, vorstrecken. **pro'trac·tile** [-taɪl; *Am. a.* -təl] *adj zo.* aus-, vorstreckbar. **pro'trac·tion** *s* **1.** Hin'ausschieben *n*, 'Hinziehen *n*, Verschleppen *n*. **2.** *math.* maßstab(s)getreue *od.* winkeltreue Zeichnung. **3.** *zo.* (Her-) 'Vorstrecken *n*. **4.** *metr.* Silbendehnung *f*. **pro'trac·tor** [-tə(r)] *s* **1.** *math. surv.* Transpor'teur *m*, Gradbogen *m*, Winkelmesser *m*. **2.** *anat.* Vorzieh-, Streckmuskel *m*.

pro·trude [prə'truːd; *Am.* prəʊ-] **I** *v/i* her'aus-, (her)'vorstehen, -ragen, -treten: **protruding chin** vorspringendes Kinn. **II** *v/t* her'ausstrecken, (her)'vortreten lassen. **pro'tru·si·ble** [-səbl], **pro'tru·sile** [-saɪl; *Am. a.* -səl] *adj* vor-, ausstreckbar, verlängerungsfähig. **pro'tru·sion** [-ʒn] *s* **1.** Her'ausragen *n*, Her'vorstehen *n*, -treten *n*, Vorspringen *n*. **2.** Vorwölbung *f*, -sprung *m*, Ausbuchtung *f*, (her)'vorstehender Teil. **pro'tru·sive** *adj* vorstehend, her'vortretend.

pro·tu·ber·ance [prə'tjuːbərəns; *Am.* prəʊ-; *a.* -ˈtuː-] *s* **1.** (her)'vortretende Stelle, Vorsprung *m*. **2.** Auswuchs *m*,

Beule f, Höcker m, Protube¹ranz f. **3.** astr. Protube¹ranz f. **4.** (Her)¹Vortreten n, -stehen n. **pro·tu·ber·ant** adj (adv ~ly) (her)¹vorstehend, -tretend, -quellend.
proud [praʊd] **I** adj (adv ~ly) **1.** stolz (of auf acc; to inf zu inf): **that is nothing to be ~ of** darauf kann man sich wirklich nichts einbilden. **2.** dünkelhaft, hochmütig, eingebildet: **(as) ~ as a peacock** fig. stolz od. eitel wie ein Pfau. **3.** stolz (machend), mit Stolz erfüllend: **a ~ day** ein stolzer Tag (für uns etc). **4.** stolz, prächtig: **a ~ ship**. **5.** selbstbewußt. **6.** üppig od. wild (wachsend), wuchernd (a. med.): **~ flesh** med. ‚wildes Fleisch', Granulationsgewebe n. **7.** bes. Am. colloq. dial. sehr erfreut. **8.** poet. feurig (Pferd). **9.** obs. od. dial. a) geil, lüstern, b) zo. brunftig. **II** adv colloq. **10.** to do s.o. ~ a) j-m alle Ehre machen, b) j-n königlich bewirten; **to do o.s. ~** es sich gutgehen lassen.
prov·a·ble [¹pruːvəbl] adj (adv provably) nachweisbar, beweisbar.
prove [pruːv] **I** v/t pret u. pp **proved,** pp a. **¹prov·en 1.** er-, nach-, beweisen: **to ~ adultery** beweisen, daß Ehebruch vorliegt; **to ~ one's alibi** sein Alibi nachweisen; **to ~ one's case** beweisen, daß man recht hat; **to ~ by chemical tests** chemisch nachweisen. **2.** jur. ein Testament bestätigen (lassen). **3.** bekunden, unter Beweis stellen, zeigen. **4.** a. tech. prüfen, erproben, e-r (Materi¹al)Prüfung unter¹ziehen: **a ~d remedy** ein erprobtes od. bewährtes Mittel; **to ~ o.s.** a) sich bewähren, b) sich erweisen als; → **proving 1. 5.** math. die Probe machen auf (acc). **II** v/i **6.** sich her¹ausstellen od. erweisen als: **to ~ (to be) necessary**; **he will ~ (to be) the heir** es wird sich herausstellen, daß er der Erbe ist; **to ~ true (false)** a) sich als richtig (falsch) herausstellen, b) sich (nicht) bestätigen (Voraussage etc). **7.** sich bestätigen od. bewähren als. **8.** ausfallen, sich ergeben: **it will ~ otherwise** es wird anders kommen od. ausfallen. **9.** aufgehen (Teig).
prov·en [¹pruːvən] adj **1.** be-, erwiesen, nachgewiesen: **not ~** jur. Scot. Schuldbeweis nicht erbracht. **2.** bewährt, erprobt.
prov·e·nance [¹prɒvənəns; Am. ¹prɑːv-] s ¹Herkunft f, Ursprung m, Proveni¹enz f.
Prov·en·çal [ˌprɒvãːnˈsɑːl; Am. ˌprɑːvən-; ˌprɔv-] **I** s **1.** Proven¹zale m, Proven¹zalin f. **2.** ling. Proven¹zalisch n, das Provenzalische. **II** adj **3.** proven¹zalisch.
prov·en·der [¹prɒvəndə(r); Am. ¹prɑːv-] s **1.** agr. (Trocken)Futter n. **2.** colloq. humor. ‚Futter' n (Lebensmittel).
pro·ve·nience [prəˈviːnjəns] → **provenance**.
pro·ven·tric·u·lus [ˌprəʊvenˈtrɪkjʊləs] pl **-li** [-laɪ] s zo. **1.** Kaumagen m (der Insekten). **2.** Drüsenmagen m (der Vögel).
prov·erb [¹prɒvɜːb; Am. ¹prɑːvˌɜːrb] s **1.** Sprichwort n: **he is a ~ for shrewdness** fig. s-e Schlauheit ist sprichwörtlich od. (contp.) berüchtigt. **2. the (Book of) P~s** pl Bibl. die Sprüche pl (Salo¹monis). **pro·ver·bi·al** [prəˈvɜːbjəl; Am. -¹vɜːrbɪəl] adj (adv ~ly) sprichwörtlich (a. fig.).
pro·vide [prəˈvaɪd] **I** v/t **1.** versorgen, ausstatten, beliefern (**with** mit): **the car is ~d with a radio** der Wagen hat ein Radio od. ist mit e-m Radio ausgestattet; **~d with illustrations** illustriert, mit Illustrationen versehen. **2.** ver-, beschaffen, besorgen, liefern, zur Verfügung stellen, (bereit)stellen: **to ~ material**; **he ~s maintenance for them** er sorgt für ihren Unterhalt; **to ~ payment** econ. Deckung anschaffen, für Zahlung sorgen; **to ~ an opportunity** e-e Gelegenheit schaffen od. bieten. **3.** jur. a) vorsehen, -schreiben, bestimmen (a. Gesetz, Vertrag etc), b) den Vorbehalt machen (**that** daß): **providing (that)** → provided. **II** v/i **4.** Vorsorge od. Vorkehrungen od. (geeignete) Maßnahmen treffen, vorsorgen, sich sichern (**against** vor dat, **gegen**): **to ~ against** a) (sich) schützen vor (dat), b) etwas unmöglich machen, verhindern. **5.** sorgen: **to ~ for** a) sorgen für (j-n od. j-s Lebensunterhalt), b) Maßnahmen vorsehen, c) e-r Sache Rechnung tragen, Bedürfnisse befriedigen, d) Gelder etc bereitstellen. **6. unless otherwise ~d** jur. sofern nichts Gegenteiliges bestimmt ist.
pro·vid·ed [prəˈvaɪdɪd] conj a. **~ that 1.** vor¹ausgesetzt (daß); unter der Vor¹aussetzung od. Bedingung, daß. **2.** so¹fern, wenn (über¹haupt). **~ school** s Br. Gemeindeschule f.
prov·i·dence [¹prɒvɪdəns; Am. ¹prɑː-] s **1.** (göttliche) Vorsehung od. Fügung: **by divine ~** a) von Gottes Gnaden, b) durch göttliche Fügung. **2. P~** die Vorsehung, Gott m. **3.** Sparsamkeit f. **4.** Vorsorge f, (weise) Vor¹aussicht.
¹prov·i·dent adj (adv ~ly) **1.** vor¹ausblickend, vor-, fürsorglich: **God's ~ care** die göttliche Fürsorge; **~ bank** Sparkasse f; **~ fund** Unterstützungs-, Hilfskasse f; **~ society** Versicherungsverein m auf Gegenseitigkeit. **2.** haushälterisch, sparsam.
prov·i·den·tial [ˌprɒvɪˈdenʃl; Am. ˌprɑː-] adj **1.** durch die (göttliche) Vorsehung bestimmt od. bewirkt, schicksalhaft, göttlich. **2.** günstig, glücklich, gnädig (Geschick etc). **ˌprov·iˈden·tial·ly** [-ʃəlɪ] adv **1.** durch (göttliche) Fügung, schicksalhaft. **2.** glücklicher¹weise, durch die Gunst des Schicksals.
pro·vid·er [prəˈvaɪdə(r)] s **1.** Versorger(in), Ernährer m (der Familie): **good ~** colloq. treusorgende(r) Mutter (Vater). **2.** econ. Liefe¹rant m.
prov·ince [¹prɒvɪns; Am. ¹prɑː-] s **1.** Pro¹vinz f, (größer) (Verwaltungs)Bezirk. **2. the P~s** a) die Pro¹vinz (Ggs. Stadt), b) Am. colloq. Kanada n. **3.** Gebiet n, Land(strich n) m, Gegend f. **4.** relig. a) ¹Kirchenpro₁vinz f (erzbischöflicher Gerichtsbezirk), b) ¹Ordenspro₁vinz f. **5.** (größeres) (Wissens)Gebiet, Fach n: **this is quite another ~**. **6.** fig. Aufgabenbereich m, Wirkungskreis m, Amt n: **that is not within my ~** a) das schlägt nicht in mein Fach, b) es ist nicht m-s Amtes.
pro·vin·cial [prəˈvɪnʃl] **I** adj (adv ~ly) **1.** Provinz..., provinzi¹ell: **~ bank** Provinz-, Provinzialbank f; **~ town** Provinzstadt f. **2.** Provinz... (Ggs. städtisch), provinzi¹ell, kleinstädtisch, ländlich, pro¹vinzlerisch: **~ press** Provinzpresse f. **3.** fig. provinzi¹ell, engstirnig, beschränkt, spießbürgerlich. **4.** fig. pro¹vinzlerisch, ungebildet, ‚ungehobelt': **~ manners**. **II** s **5.** Pro¹vinzbewohner(in), j-d aus der Pro¹vinz. **6.** fig. contp. Pro¹vinzler(in). **7.** relig. (¹Ordens)Provinzi₁al m. **pro¹vin·cial·ism** [-ʃəlɪzəm] s **1.** Provinzia¹lismus m: a) provinzi¹elle Eigenart, b) mundartlicher Ausdruck, c) provinzi¹elle Beschränktheit, d) Kleingeiste¹rei f, Pro¹vinzlertum n, e) linkisches Benehmen m. Wesen. **pro₁vin·ci¹al·i·ty** [-ʃɪˈælətɪ] → **provincialism**. **pro¹vin·cial·ize** [-ʃəlaɪz] v/t provinzi¹ell machen, pro¹vinzlerischen Cha¹rakter geben (dat).
prov·ing [¹pruːvɪŋ] s **1.** Prüfen n, Erprobung f: **~ flight** Aufklärungsflug m (zur Umweltkontrolle); **~ ground** tech. Versuchsfeld n (a. fig.), -gelände n. **2. ~ of a will** jur. Eröffnung f u. Bestätigung f e-s Testa¹ments.
pro·vi·sion [prəˈvɪʒn] **I** s **1.** a) Vorkehrung f, Vorsorge f, (vorsorgliche) Maßnahme, b) Vor-, Einrichtung f: **to make ~** vorsorgen od. Vorkehrungen treffen (**for** für), sich schützen (**against** vor dat od. gegen). **2.** jur. Bestimmung f, Vorschrift f: **to come within the ~s of the law** unter die gesetzlichen Bestimmungen fallen. **3.** jur. Bedingung f, Vorbehalt m: **under usual ~s** unter üblichem Vorbehalt. **4.** Beschaffung f, Besorgung f, Bereitstellung f: **~ of funds** econ. Kapitalbeschaffung, Deckung f. **5.** pl (Lebensmittel)Vorräte pl, (-)Vorrat m (**of** an dat), Nahrungs-, Lebensmittel pl, Provi¹ant m: **~ dealer** (od. **merchant**) Lebensmittel-, Feinkosthändler m. **6.** oft pl Rückstellungen pl, -lagen pl, Re¹serven pl, (angelegter) Vorrat (**of** an dat). **7.** econ. a) Anschaffung f von Ri¹messen, Deckung f, b) Ri¹messe f. **II** v/t **8.** mit Lebensmitteln od. Provi¹ant versorgen, verprovian¹tieren.
pro·vi·sion·al [prəˈvɪʒənl] **I** adj **1.** provi¹visorisch, vorläufig, einstweilig, behelfsmäßig, Behelfs...: **~ agreement** vorläufige od. einstweilige Anordnung, Provisorium n; **~ law** Übergangsgesetz n; **~ patent** vorläufiges Patent; **~ receipt** Interimsquittung f; **~ regulations** Übergangsbestimmungen pl; **~ result** sport vorläufiges od. inoffizielles Endergebnis; **~ solution** Übergangslösung f. **II** s **2.** Provi¹sorium n (Briefmarke). **3. P~** pol. Ir. Mitglied n der provi¹sorischen irisch-republi¹kanischen Ar¹mee. **pro¹vi·sion·al·ly** [-ʒnəlɪ] adv provi¹sorisch, vorläufig, einstweilen, bis auf weiteres.
pro¹vi·sion·ar·y [-ʒnərɪ; Am. -ʒəˌneriː] → **provisional I**.
pro·vi·so [prəˈvaɪzəʊ] pl **-sos** s jur. Bedingung f, (Bedingungs)Klausel f, Vorbehalt m: **with the ~ that** unter der Bedingung od. mit der Maßgabe, daß; **to make it a ~ that** zur Bedingung machen, daß; **~ clause** Vorbehaltsklausel f.
pro·vi·sor [prəˈvaɪzə(r)] s **1.** R.C. Pro¹visor m (Inhaber e-r provisorischen Ernennung zu e-r Pfründe). **2. (Statue of) P~s** hist. Gesetz, das dem Papst das Recht auf Pfründenbesetzung nehmen soll.
pro·vi·so·ri·ly [prəˈvaɪzərəlɪ] adv **1.** bedingt, unter od. mit Vorbehalt. **2.** → **provisory 2**. **pro¹vi·so·ry** [-rɪ] adj **1.** bedingend, bedingt, vorbehaltlich. **2.** provi¹sorisch, vorläufig, einstweilig.
Pro·vo [¹prəʊvəʊ] pl **-vos** s colloq. für **provisional 3**.
prov·o·ca·tion [ˌprɒvəˈkeɪʃn; Am. ˌprɑː-] s **1.** Her¹ausforderung f, Provokati¹on f (a. jur.). **2.** Aufreizung f, (An)Reiz m, Erregung f, Provokati¹on f. **3.** Verärgerung f, (a. Grund m zum) Ärger m: **at the slightest ~** beim geringsten Anlaß. **pro·voc·a·tive** [prəˈvɒkətɪv; Am. -¹vɑːk-] **I** adj (adv ~ly) **1.** (a. sexuell) her¹ausfordernd, aufreizend (**of** zu), erregend, provo¹zierend (wirkend): **to be ~ of** → **provoke 2**; **~ test** med. Reizprobe f. **2.** fig. a) anregend, stimu¹lierend, b) reizvoll, interes¹sant, c) kühn, provo¹zierend: **a ~ novel**. **II** s **3.** Reiz(mittel n) m, Stimulans n, Antrieb m (**of**, **for** zu). **pro¹voc·a·tive·ness** her¹ausforderndes, aufreizendes Wesen.
pro·voke [prəˈvəʊk] v/t **1.** j-n reizen, erzürnen, ver¹ärgern, aufbringen, provo¹zieren: **to be ~d** aufgebracht sein. **2.** etwas her¹vorrufen, her¹aufbeschwören, provo¹zieren, ein Gefühl a. erregen. **3.** j-n (zum Handeln) bewegen, provo¹zieren, reizen, her¹ausfordern: **to ~ s.o.**

provoking - psychedelic

into doing s.th. (*od.* to do s.th.) a) j-n dazu bewegen, etwas zu tun, b) j-n so provozieren, daß er etwas tut; **to ~ s.o. into s.th.** j-n zu etwas provozieren. **pro-'vok·ing** *adj* (*adv* ~ly) 1. → provocative 1. 2. unerträglich, unaus'stehlich.

pro·vost¹ ['provəst; *Am.* 'prɑ-, 'prəʊ-ˌvəʊst] *s* 1. *hist.* Vorsteher *m.* 2. *univ.* Pro'vost *m*: a) *Br.* Rektor gewisser Colleges, b) *Am.* hoher Verwaltungsbeamter. 3. *colloq.* Propst *m.* 4. a. Lord P~ *Scot.* Bürgermeister *m.*

pro·vost² ['provəst; *Am.* 'prɑ-, 'prəʊ-ˌvəʊst] *s mil.* Offi'zier *m* der Mili'tärpoliˌzei, Pro'fos *m.*

pro·vost| mar·shal [prə'vəʊ; *Am.* 'prəʊvəʊ] *s mil.* Komman'deur *m* der Mili'tärpoliˌzei. **~ ser·geant** *s mil.* Feldwebel *m* der Mili'tärpoliˌzei.

prow¹ [praʊ] *s* 1. *mar.* Bug *m*, Schiffsschnabel *m.* 2. *aer.* Nase *f*, Bug *m* (*e-s Flugzeugs*). 3. *poet.* Kiel *m.*

prow² [praʊ] *adj obs.* tapfer, kühn.

prow·ess ['praʊɪs] *s* 1. Tapferkeit *f*, (Helden)Mut *m.* 2. Heldentat *f.* 3. über'ragendes Können, Tüchtigkeit *f.*

prowl [praʊl] **I** *v/i* a. ~ **about** (*od.* **around**) her'umschleichen, -streichen. **II** *v/t* durch'streifen, streichen durch. **III** *s* Her'umstreifen *n*: **to be on the ~** a) → I, b) auf Raub ausgehen (*Raubtier etc*), c) auf Streife sein (*Polizei*): **~ car** *Am.* (Funk)Streifenwagen *m*, d) *colloq.* auf Frauen- *od.* Männerfang sein. **'prowl·er** *s* Her'umtreiber *m*, (-)Lungerer *m.*

prox·i·mal ['prɒksɪml; *Am.* 'prɑksəml] *adj* (*adv* ~ly) *anat.* proxi'mal (*dem zentralen Teil es Gliedes, der Körpermitte zu gelegen*).

prox·i·mate ['prɒksɪmət; *Am.* 'prɑ-] *adj* (*adv* ~ly) 1. nächst(er, e, es), folgend(er, e, es), sich (unmittelbar) anschließend, unmittelbar: **~ cause** unmittelbare Ursache. 2. naheliegend. 3. kurz bevorstehend: **~ event.** 4. annähernd: **~ estimate** ungefähre Schätzung; **~ analysis** *chem.* quantitative Analyse; **~ principles** (*od.* **substances**) *chem.* ungefähre *od.* approximative Grundsubstanzen.

prox·i·me ac·ces·sit [ˌprɒksɪmɪæk'sesɪt; *Am.* ˌprɑ-] (*Lat.*) wörtlich: ˏer kam sehr naheʻ (*bei Wettkämpfen etc*): **he was (got a) ~** er war (wurde) Zweiter.

prox·im·i·ty [prɒk'sɪmətɪ; *Am.* prɑk-] *s* 1. Nähe *f*, Nachbarschaft *f*: **close ~** nächste *od.* unmittelbare Nähe; **~ fuse** (*bes. Am.* **fuze**) Annäherungszünder *m.* 2. a. ~ **of blood** Blutsverwandtschaft *f.*

prox·i·mo ['prɒksɪməʊ; *Am.* 'prɑk-] *adv* (*abbr.* **prox.**) (des) nächsten Monats: **on the 1st ~.**

prox·y ['prɒksɪ; *Am.* 'prɑk-] *s* 1. (Stell-) Vertretung *f*, (Handlungs)Vollmacht *f*: **by ~** in Vertretung, auf Grund e-r Vollmacht (→ 2); **marriage by ~** Ferntrauung *f.* 2. (Stell)Vertreter(in), Bevollmächtigte(r *m*) *f*: **by ~** durch e-n Bevollmächtigten (→ 1); **to stand ~ for s.o.** als Stellvertreter(in) fungieren für j-n. 3. Vollmacht(surkunde) *f.*

prude [pru:d] *s* prüder Mensch: **to be a ~** prüde sein.

pru·dence ['pru:dns] *s* 1. Klugheit *f*, Vernunft *f.* 2. 'Um-, Vorsicht *f*, Besonnenheit *f*, Über'legtheit *f*: **ordinary ~** *jur.* die im Verkehr erforderliche Sorgfalt. 3. Maß-, Haushalten *n.*

pru·dent ['pru:dnt] *adj* (*adv* ~ly *prudently*) 1. klug, vernünftig. 2. 'um-, vorsichtig, besonnen, über'legt.

pru·den·tial [prʊ'denʃl] **I** *adj* (*adv* ~ly) 1. → **prudent** 1 *u.* 2. (*a.* sach)verständig: **~ committee** *Am.* beratender Ausschuß. **II** *s* 3. *pl* wohlzuerwägende Dinge *pl.* 4. *pl* kluge Erwägungen *pl.*

pru·dent·ly ['pru:dntlɪ] *adv* kluger-, vernünftigerweise, wohlweislich.

prud·er·y ['pru:dərɪ] *s* Prüde'rie *f*, Sprödigkeit *f.*

prud·ish ['pru:dɪʃ] *adj* (*adv* ~ly) prüde, (*bes. Mädchen*) spröd(e). **'prud·ish·ness** → **prudery.**

prune¹ [pru:n] *s* 1. *bot.* Pflaume *f.* 2. Back-, Dörrpflaume *f.* 3. *fig.* 'Purpurkarˌmin *m.* 4. *sl.* ˏblöder Heiniʻ, ˏBlödmannʻ *m.* 5. **~s and prisms** affek'tierte Redeweise.

prune² [pru:n] *v/t* 1. Bäume etc ausputzen, beschneiden. 2. *a.* ~ **off**, ~ **away** wegschneiden, abhauen. 3. zu('recht)-stutzen, von 'Überflüssigem befreien, befreien (**of** von), säubern, *e-n Text etc* zs.-streichen, straffen. 4. *fig.* Bürokratie *etc* beschneiden, Ausgaben *etc* kürzen.

pru·nel·la¹ [prʊ'nelə] *s econ.* Pru'nell *m*, Lasting *m* (*ein Kammgarngewebe*).

pru·nel·la² [prʊ'nelə] *s med. obs.* Halsbräune *f.*

pru·nelle [prʊ'nel] *s* Prü'nelle *f* (*getrocknete, entsteinte Pflaume*).

pru·nel·lo [prʊ'neləʊ] *s* 1. → **prunelle.** 2. → **prunella¹.**

prun·ing ['pru:nɪŋ] *s* 1. Ausputzen *n*, Beschneiden *n* (*von Bäumen etc*). 2. *pl* Reisholz *n* (*beschnittener Bäume*). **~ hook** *s* Heckensichel *f.* **~ knife** *s irr* Baum-, Gartenmesser *n.* **~ shears** *s pl* Baumschere *f.*

prunt [prʌnt] *s* a) Glasschmuckperle *f* (*als Zierde für Vasen etc*), b) Werkzeug zu ihrer Anbringung.

pru·ri·ence ['prʊərɪəns], **'pru·ri·en·cy** [-sɪ] *s* 1. Geilheit *f*, Lüsternheit *f*, Laszivi'tät *f.* 2. Gier *f* (**for** nach), (Sinnen)Kitzel *m.* **'pru·ri·ent** *adj* (*adv* ~ly) geil, lüstern, las'ziv.

pru·rig·i·nous [prʊə'rɪdʒɪnəs] *adj med.* juckend. **pru'ri·go** [-'raɪgəʊ] *s* Pru'rigo *m*, *f*, juckender Hautausschlag. **pru·'ri·tus** [-'raɪtəs] *s* Pru'ritus *m*, (krankhaftes) Hautjucken.

Prus·sian ['prʌʃn] **I** *adj* preußisch. **II** *s* Preuße *m*, Preußin *f*. **~ blue** *s* Preußischblau *n.*

Prus·sian·ism ['prʌʃənɪzəm] *s* Preußentum *n*, preußisches Wesen. **'Prus·sian·ize** *v/t* preußisch machen.

prus·si·ate ['prʌʃɪət; *Am.* -sɪeɪt] *s chem.* Prussi'at *n.* **~ of i·ron** *s chem.* Ber'linerblau *n.* **~ of pot·ash** *s chem.* 'Kaliumferrozyaˌnid *n.*

prus·sic ac·id ['prʌsɪk] *s chem.* Blausäure *f*, Zy'anwasserstoff(säure *f*) *m.*

pry¹ [praɪ] **I** *v/i* (neugierig) spähen, neugierig gucken *od.* sein: **to ~ about** (*od.* **around**) herumschnüffeln; **to ~ into s.th.** a) etwas zu erforschen suchen, b) *contp.* s-e Nase in etwas stecken, sich in j-s Angelegenheiten mischen. **II** *s* neugierige Per'son.

pry² [praɪ] *bes. Am. für* **prize³.**

pry·er ['praɪə(r)] *s* neugierige Per'son.

'pry·ing *adj* (*adv* ~ly) neugierig, naseweis, (her'um)schnüffelnd.

psalm [sɑ:m; *Am. a.* sɑ:lm] *s* 1. Psalm *m.* 2. **the** (**Book of**) **P~s** *pl Bibl.* die Psalmen *pl.* **'~·book** *s* Psalmenbuch *n*, Psalter *m.*

'psalm·ist *s* Psal'mist *m*: **the P~** der Psalmist (*bes. David*).

psal·mod·ic [sæl'mɒdɪk; *Am.* -'mɑ-] *adj* psal'modisch. **psal·mo·dist** ['sælmədɪst; 'sɑ:m-; *Am. a.* 'sɑ:lm-] *s* 1. Psalmo'dist *m*, Psalmensänger *m.* 2. Psal'mist *m.* **'psal·mo·dize** *v/i* psalmo'dieren. **'psal·mo·dy** *s* 1. Psalmo'die *f*, Psalmensingen *n*, -gesang *m.* 2. *collect.* Psalmen *pl.*

Psal·ter ['sɔ:ltə(r)] *s* Psalter *m*, (Buch *n*

der) Psalmen *pl.* **psal'te·ri·um** [-'tɪərɪəm] *pl* **-ri·a** [-rɪə] *s zo.* Psalter *m*, Blättermagen *m* (*der Wiederkäuer*). **'psal·ter·y** [-tərɪ] *s mus. hist.* Psal'terium *n*, Psalter *m* (*Hackbrett*).

psam·mite ['sæmaɪt] *s geol.* Psam'mit *m*, Sandstein *m.*

pse·phol·o·gy [se'fɒlədʒɪ; *Am.* sɪ'fɑl-] *s* (wissenschaftliche) Ana'lyse von Wahlergebnissen *od.* Wahltrends.

pseud [sju:d; *bes. Am.* su:d] *colloq.* **I** *s* Angeber(in). **II** *adj* → **pseudo.**

pseu·do ['sju:dəʊ; *bes. Am.* 'su:-] *adj colloq.* falsch, unecht.

ˌpseu·do·carp ['sju:dəʊkɑ:(r)p; *Am.* 'su:-] *s bot.* Scheinfrucht *f.*

ˌpseu·do·clas·sic *adj* pseudoklassisch, klassi'zistisch. **ˌpseu·do·clas·si·cism** *s* Pseudoklassik *f*, Klassi'zismus *m.*

pseu·do·graph ['sju:dəʊgrɑ:f; *Am.* 'su:-dəʊˌgræf] *s* (lite'rarische) Fälschung, fälschlich zugeschriebenes Werk.

'pseu·do·morph *s min.* Pseudomor-'phose *f.*

pseu·do·nym ['sju:dənɪm; *bes. Am.* 'su:-] *s* Pseudo'nym *n*, Deckname *m.* **ˌpseu·do'nym·i·ty** *s* 1. Pseudonymi'tät *f*, Erscheinen *n* unter e-m Pseudo'nym. 2. Führen *n* e-s Pseudo'nyms. **pseu'don·y·mous** [-'dɒnɪməs; *Am.* -'dɑn-] *adj* (*adv* ~ly) pseudo'nym.

pseu·do·pod ['sju:dəʊpɒd; *Am.* 'su:dəˌpɑd], **ˌpseu·do'po·di·um** [-'pəʊdɪəm] *pl* **-di·a** [-dɪə] *s zo.* Pseudo'podium *n*, Scheinfüßchen *n.*

pshaw [pʃɔ:; ʃɔ:] **I** *interj* pah! **II** *s* Pah *n.* **III** *v/i* ˏpahʻ sagen. **IV** *v/t* ˏpahʻ sagen über (*acc*) *od.* zu, verächtlich abtun.

psi [psaɪ; *Am. a.* saɪ] *s* 1. Psi *n* (*griechischer Buchstabe*). 2. Psi *n* (*Symbol für Parapsychisches*): **~ phenomena** Psi'phänomene.

psi·lan·thro·py [saɪ'lænθrəpɪ] *s relig.* Psilanthro'pismus *m* (*Lehre, daß Christus nur ein Mensch war*).

psi·lo·sis [saɪ'ləʊsɪs] *s* 1. *med.* Psi'losis *f*, Haarausfall *m.* 2. → **sprue².** 3. *ling.* Psi'lose *f* (*Schwund des anlautenden h im Griechischen*).

psi par·ti·cle *s phys.* Psiteilchen *n.*

psit·ta·co·sis [ˌpsɪtə'kəʊsɪs; *bes. Am.* ˌsɪtk-] *s med.* Psitta'kose *f*, Papa'geienkrankheit *f.*

pso·as ['səʊəs] *s anat.* Psoas *m*, Lendenmuskel *m.*

pso·ra ['sɔ:rə; *Am.* 'səʊrə] *s med.* juckende Hautkrankheit, *bes.* a) → **scab** 1 *u.* 2, b) → **psoriasis.**

pso·ri·a·sis [sɒ'raɪəsɪs; *bes. Am.* sə'r-] *s med.* Pso'riasis *f*, Schuppenflechte *f.*

pso·ric ['sɔ:rɪk; *Am.* 'səʊ-] *adj med.* krätzig.

pso·ro·sis [sə'rəʊsɪs] *s bot.* Gummifluß *m* (*bei Citrus-Arten*).

psy- [saɪ] *mil. Am. Kurzform für* **psychological**: **~war** psychologische Kriegsführung.

psych [saɪk] *colloq.* **I** *v/t* 1. (psycho-) analy'sieren, psychoana'lytisch behandeln *od.* unter'suchen. 2. *meist* ~ **out** a) j-n, etwas durch'schauen, b) j-n psycho'logisch ˏfertigmachenʻ. 3. *meist* ~ **up** auf-, hochputschen. **II** *v/i* 4. *meist* ~ **out** ausflippen. 5. *meist* ~ **up** sich (innerlich) vorbereiten, sich einstimmen (**for** auf *acc*).

psy·chas·the·ni·a [ˌsaɪkæs'θi:nɪə; -nɪə] *s psych.* Psychasthe'nie *f* (*schwächliche seelische Veranlagung*).

Psy·che¹ ['saɪkɪ] *s* 1. *antiq.* Psyche *f* (*Personifikation der Seele*). 2. **p~** Psyche *f*: a) Seele *f*, b) Geist *m.* 3. **p~** *zo.* Sackträger *m* (*Schmetterling*).

psy·che² [saɪk] → **psych.**

psy·che·del·ic [ˌsaɪkɪ'delɪk] **I** *adj* 1. psyche'delisch, bewußtseinsverändernd;

psy·chi·at·ric [ˌsaɪkɪˈætrɪk] *adj;* **ˌpsy·chiˈat·ri·cal** [-kl] *adj (adv ~ly)* a) psychiˈatrisch, b) psychisch (*Störung etc*). **psyˈchi·a·trist** [-ˈkaɪətrɪst; səˈk-] *s med.* Psychiˈater *m.* **psyˈchi·a·try** [-trɪ] *s med.* Psychiaˈtrie *f.*

psy·chic [ˈsaɪkɪk] **I** *adj (adv ~ally)* 1. psychisch, seelisch(-geistig), Seelen...: ~ **determinism** psychischer Determinismus; ~ **energizer** *bes. Am.* Antidepressivum *n.* 2. ˈübersinnlich: ~ **forces**; ~ **phenomena** parapsychische Phänomene. 3. parapsychoˈlogisch: ~ **research** Para-Forschung *f.* 4. mediˈal (begabt *od.* veranlagt). **II** *s* 5. mediˈal begabter *od.* veranlagter Mensch, Medium *n.* 6. (*das*) Psychische. 7. *pl (als sg konstruiert)* a) Psychoˈlogie *f,* b) Parapsychoˈlogie *f.* **ˈpsy·chi·cal** [-kl] → **psychic I.**

psycho- [ˈsaɪkəʊ] *Wortelement mit den Bedeutungen* a) Seelen..., Geistes..., b) psychisch.

psy·cho [ˈsaɪkəʊ] **I** *pl* **-chos** *s colloq. für* **psychopath. II** *adj colloq. für* **psychopathic I.**

ˌpsy·choˈac·tive *adj med.* psychoˈtrop.

ˌpsy·cho·aˈnal·y·sis *f* Psychoanaˈlyse *f.*

ˌpsy·choˈan·a·lyst *s* Psychoanaˈlytiker *m.* ˌpsy·choˈan·a·lyze *v/t* psychoanalyˈsieren, psychoanaˈlytisch behandeln *od.* unterˈsuchen.

ˌpsy·cho·biˈol·o·gy *s psych.* Psychobioloˈgie *f.*

ˌpsy·choˈchem·i·cal *s med.* Psychoˈpharmakon *n.*

ˌpsy·choˈdra·ma *s psych.* Psychoˈdrama *n* (*psychotherapeutische Methode, die Patienten ihre Konfliktsituationen schauspielerisch darstellen zu lassen*).

ˌpsy·cho·dyˈnam·ics *s pl (als sg konstruiert) psych.* Psychodyˈnamik *f.*

ˌpsy·choˈgen·e·sis *s* 1. *med.* Psychogeˈnie *f* (*psychologisch bedingte Krankheit*). 2. *psych.* Psychogeˈnese *f.*

ˌpsy·choˈgen·ic *adj* psychoˈgen, seelisch bedingt.

psy·chog·no·sis [ˌsaɪˈkɒgnəsɪs; *Am.* ˌsaɪkəgˈnəʊsəs] *s* 1. Psychognoˈsie *f* (*Deuten u. Erkennen von Seelischem*). 2. Psychoˈgnostik *f* (*Menschenkenntnis auf Grund psychologischer Untersuchungen*).

psy·chog·o·ny [saɪˈkɒgənɪ; *Am.* -ˈkɑ-] → **psychogenesis 2.**

psy·cho·gram [ˈsaɪkəʊgræm; -kə-] *s* 1. Spiritismus: Mitteilung *f* e-s Geistes. 2. → **psychograph 1. ˈpsy·cho·graph** [-grɑːf; *bes. Am.* -græf] *s* 1. *psych.* Psychoˈgramm *n* (*graphische Darstellung von Fähigkeiten u. Eigenarten e-r Persönlichkeit*). 2. Spiritismus: Psychoˈgraph *m* (*Gerät zur Aufzeichnung der Mitteilungen von Geistern*).

ˌpsy·choˈhis·to·ry *s* Darstellung u. Deutung e-r historischen Persönlichkeit *od.* e-s historischen Ereignisses mit den Mitteln der Psychoanalyse.

ˌpsy·cho·kiˈne·sis *s* Parapsychologie: Psychokiˈnese *f.*

ˌpsy·cho·linˈguis·tics *s pl (meist als sg konstruiert) ling.* Psycholinˈguistik *f.*

psy·cho·log·ic [ˌsaɪkəˈlɒdʒɪk; *Am.* -ˈlɑ-] → **psychological.** ˌpsy·choˈlog·i·cal [-kl] *adj (adv ~ly)* psychoˈlogisch: **the ~ moment** der (psychologisch) richtige Augenblick; ~ **terror** Psychoterror *m;* ~ **warfare** a) psychologische Kriegführung, b) *fig.* Nervenkrieg *m.*

psy·chol·o·gism [saɪˈkɒlədʒɪzəm; *Am.* -ˈkɑ-] *s* Psycholoˈgismus *m* (*Überbewertung der Psychologie als Grundwissenschaft*).

psy·chol·o·gist [saɪˈkɒlədʒɪst; *Am.* -ˈkɑ-] *s* Psychoˈloge *m,* Psychoˈlogin *f.*

psy·chol·o·gize [saɪˈkɒlədʒaɪz; *Am.* -ˈkɑ-] *v/t* psychologiˈsieren, nach psychoˈlogischen Gesichtspunkten aufschlüsseln.

psy·chol·o·gy [saɪˈkɒlədʒɪ; *Am.* -ˈkɑ-] *s* 1. Psycholoˈgie *f* (*Wissenschaft*): **that might be good ~** das wäre vielleicht psychologisch richtig. 2. Psycholoˈgie *f,* Seelenleben *n,* Mentaliˈtät *f:* **the ~ of the juvenile.**

psy·chom·e·try [saɪˈkɒmɪtrɪ; *Am.* -ˈkɑməː-] *s* 1. *Parapsychologie:* Psychomeˈtrie *f.* 2. *psych.* Psychomeˈtrie *f,* (*zeitliche*) Messung geistiger Vorgänge.

ˌpsy·choˈmo·tor *adj physiol.* psychoˈmotorisch.

ˈpsy·choˌneu·ro·sis *s irr med. psych.* Psychoneuˈrose *f.*

psy·cho·path [ˈsaɪkəʊpæθ; -kə-] *s* Psychoˈpath(in). ˌpsy·choˈpath·ic **I** *adj* psychoˈpathisch. **II** *s* Psychoˈpath(in).

ˌpsy·cho·paˈthol·o·gy *s* Psychopatholoˈgie *f.*

psy·chop·a·thy [saɪˈkɒpəθɪ; *Am.* -ˈkɑ-] *s* Psychopaˈthie *f:* a) seelische Abnormiˈtät, b) seelisches Leiden.

ˌpsy·choˈphys·i·cal *adj* psychoˈphysisch, seelisch-leiblich. ˌpsy·choˈphys·ics *s pl (meist als sg konstruiert) psych.* Psychoˈphysik *f.*

ˌpsy·choˌphys·iˈol·o·gy *s* Psychophysioloˈgie *f.*

ˌpsy·choˈre·al·ism *s Literatur:* psychoˈlogischer Reaˈlismus.

ˌpsy·choˈsex·u·al *adj* psychosexuˈell.

psy·cho·sis [saɪˈkəʊsɪs] *pl* **-cho·ses** [-siːz] *s med.* Psyˈchose *f.*

ˌpsy·cho·soˈmat·ic *adj med.* psychosoˈmatisch. ˌpsy·cho·soˈmat·ics *s pl (als sg konstruiert) med.* Psychosoˈmatik *f.*

ˌpsy·choˈsur·ger·y *s med.* 1. Psychochirurˈgie *f* (*Gehirnchirurgie zur Behandlung von Geisteskrankheiten*). 2. *engS.* Leukotoˈmie *f.*

ˈpsy·choˌther·aˈpeu·tic *adj med.* psychotheraˈpeutisch. ˈpsy·choˌther·aˈpeu·tics *s pl (meist als sg konstruiert) med.* Psychotheraˈpeutik *f.* ˈpsy·choˈther·a·pist *s med.* Psychotheraˈpeut(in). ˌpsy·choˈther·a·py *s* Psychotheraˈpie *f.*

psy·chot·ic [saɪˈkɒtɪk; *Am.* -ˈkɑ-] *psych.* **I** *adj* psyˈchotisch. **II** *s* Psyˈchotiker(in).

psy·cho·trop·ic [ˌsaɪkəʊˈtrɒpɪk; *Am.* -kəˈtrɑ-] *adj med.* psychoˈtrop.

psy·chrom·e·ter [saɪˈkrɒmɪtə(r); *Am.* -ˈkrɑ-] *s phys.* Psychroˈmeter *n* (*Luftfeuchtigkeitsmesser*).

psy·chro·phil·ic [ˌsaɪkrəʊˈfɪlɪk] *adj biol.* psychroˈphil, kälteliebend.

psy·chro·phyte [ˈsaɪkrəʊfaɪt] *s bot.* Psychroˈphyt *m,* kälteliebende Pflanze.

ptar·mi·gan [ˈtɑː(r)mɪgən] *pl* **-gans,** *bes. collect.* **-gan** *s orn.* Schneehuhn *n.*

PT boat *s mar. Am.* Schnellboot *n.*

pter·i·dol·o·gy [ˌterɪˈdɒlədʒɪ; *Am.* -ˈdɑl-] *s bot.* Farnkunde *f.*

pter·o·dac·tyl [ˌterəʊˈdæktɪl; ˌterəˈd-] *s zo.* Pteroˈdaktylus *m,* Flugsaurier *m.*

pter·o·pod [ˈterəʊpɒd; *Am.* ˈterəˌpɑd] *s zo.* Flügelschnecke *f.*

pter·o·saur [ˈterəʊsɔː; *Am.* ˈterəˌsɔːr] → **pterodactyl.**

pte·ryg·i·um [təˈrɪdʒɪəm] *s anat.* Pteˈrygium *n,* Flügelfell *n* (*am Auge*).

pter·y·goid [ˈterɪgɔɪd] **I** *adj* 1. flügelförmig. 2. *anat.* Flügel... **II** *s* 3. *anat.* a) *a.* ~ **bone** Flügel-, Keilbein *n,* b) *a.* ~ **muscle** Flügelmuskel *m,* c) ˈFlügelarˌterie *f.*

ptis·an [ˈtɪzæn; ˈtɪzn] *s* 1. Ptiˈsane *f,* Gerstenschleim *m.* 2. (*schwacher*) Heiltrank.

Ptol·e·ma·ic [ˌtɒlɪˈmeɪɪk; *Am.* ˌtɑlə-] *adj* ptoleˈmäisch.

pto·maine [ˈtəʊmeɪn; təʊˈm-] *s chem.* Ptomaˈin *n* (*Leichengift*).

pto·sis [ˈtəʊsɪs] *s med.* Ptosis *f,* Augenlidlähmung *f.*

pty·a·lin [ˈtaɪəlɪn] *s biol. chem.* Ptyaˈlin *n* (*Speichelenzym*). **ˈpty·a·lism** *s med.* Speichelfluß *m.*

pub [pʌb] *colloq.* **I** *s* 1. *bes. Br.* Pub *n,* ˈKneipeˈ *f.* 2. *Austral.* Hoˈtel *n.* **II** *v/i* 3. **to go ~bing** *bes. Br.* a) in die Kneipe gehen, b) e-n Kneipenbummel machen. **ˈ~-crawl** *bes. Br. colloq.* **I** *s* Kneipenbummel *m,* ˈSauftourˈ *f.* **II** *v/i* e-n Kneipenbummel machen.

pu·ber·al [ˈpjuːbərəl], **pu·ber·tal** [ˈpjuːbə(r)tl] *adj* Pubertäts...

pu·ber·ty [ˈpjuːbə(r)tɪ] *s* Puberˈtät *f:* a) Geschlechtsreife *f,* b) *a.* **age of ~** Pubertätsalter *n.* ~ **vo·cal change** *s* Stimmbruch *m.*

pu·bes [ˈpjuːbiːz] *s anat.* a) Pubes *f,* Schamgegend *f,* b) Schamhaare *pl.*

pu·bes·cence [pjuːˈbesns] *s* 1. Geschlechtsreife *f.* 2. *bot. zo.* feine Behaarung, Flaumhaar *n.* **puˈbes·cent** *adj* 1. pubesˈzent, geschlechtsreif (*werdend*). 2. Pubertäts... 3. *bot. zo.* feinbehaart.

pu·bic [ˈpjuːbɪk] *adj anat.* Scham...: ~ **arch** Schambogen *m;* ~ **bone** Schambein *n;* ~ **hair** Schamhaare *pl;* ~ **symphysis** Schambeinfuge *f.*

pu·bis [ˈpjuːbɪs] *pl* **-bes** [-biːz] *s anat.* Schambein *n.*

pub·lic [ˈpʌblɪk] **I** *adj (adv* → **publicly)** 1. öffentlich (*stattfindend*): ~ **meeting;** ~ **proceedings;** ~ **protest;** ~ **notice** öffentliche Bekanntmachung, Aufgebot *n;* ~ **sale** öffentliche Versteigerung, Auktion *f;* **in the ~ eye** im Lichte der Öffentlichkeit. 2. öffentlich, allgemein bekannt: a ~ **character;** ~ **figure** Prominente(r *m*) *f,* Persönlichkeit *f* des öffentlichen Lebens; **to make ~** bekanntmachen, publik machen. 3. a) öffentlich: ~ **bath** (**credit, institution, morals, road, safety,** *etc*), b) Staats..., staatlich: ~ **agency** (**bond, education, loan, official, subsidy,** *etc*); **at the ~ expense** auf Kosten der Steuerzahlern, c) Volks...: ~ **library;** → **public health,** d) Gemeinde..., Stadt...: ~ **assistance** *Am.* Sozialhilfe *f;* ~ **charge** Sozialhilfeempfänger (-in); ~ **(limited) company** *econ. Br.* Aktiengesellschaft *f;* ~ **economy** Volkswirtschaft(slehre) *f;* ~ **enemy** Staatsfeind(in); ~ **gallery** Zuschauertribüne *f* (*bes. im Parlament*); ~ **holiday** staatlicher Feiertag; ~ **information** Unterrichtung *f* der Öffentlichkeit; ~ **law** a) öffentliches Recht, b) internationales Recht; ~ **spirit** Gemein-, Bürgersinn *m;* ~ **television** nichtkommerzielles Fernsehen; ~ **transport** a) öffentliches Verkehrswesen, b) öffentliche Verkehrsmittel *pl;* **to go ~** a) sich an die Öffentlichkeit wenden, b) *econ.* Publikumsgesellschaft werden, *a.* sich in e-e Aktiengesellschaft umwandeln; → **nuisance 3, policy**[1]**, prosecutor. 4.** natioˈnal: ~ **disaster. 5.** ˈinternatioˌnal. **6.** (*Oxford, Cambridge*) der gesamten Universiˈtät (*u. nicht nur e-s College etc*): **a ~ lecture. II** *s* **7.** Öffentlichkeit *f,* öffentlich. **8.** (*sg u. pl konstruiert*) (*die*) Öffentlichkeit, (*das*) Volk, (*die*) Leute *pl,* (*das*) Publikum, Kreise *pl,* Welt *f:* **to appear before the ~** an die Öffentlichkeit treten; **to exclude the ~** *jur.* die Öffentlichkeit ausschließen. **9.** Staat *m,* Natiˈon *f.*

ˈpub·licˌ ac·count·ant *s econ. Am.* Buch-, Wirtschaftsprüfer *m:* → **certified public accountant.** **ˌ~-adˈdress sys·tem** *s* Lautsprecheranlage *f.*

pub·li·can [ˈpʌblɪkən] *s* 1. *bes. Br.*

publication – puffery

(Gast)Wirt *m*. 2. *hist., bes. Bibl.* Zöllner *m*.
pub·li·ca·tion [ˌpʌblɪˈkeɪʃn] *s* 1. Bekanntmachung *f*, -gabe *f*. 2. Veröffentlichung *f*: a) Herˈausgabe *f* (*von Druckwerken*), b) Publikatiˈon *f*, Verlagswerk *n*, (Druck)Schrift *f*: monthly ~ Monatsschrift; new ~s Neuerscheinungen, neuerschienene Werke; ~ price Ladenpreis *m*.
pub·lic| con·ven·ience *s Br*. öffentliche Bedürfnisanstalt. ~ **cor·po·ra·tion** *s jur*. öffentlich-rechtliche Körperschaft. ~ **debt** *s econ. Am*. öffentliche Schuld, Staatsschuld. *f*. ~ **de·fend·er** *s jur. Am*. Pflichtverteidiger *m* (*für Unbemittelte*). ~ **do·main** *s jur. Am*. 1. ˈStaatslände‚reien *pl*. 2. öffentliches Eigentum: to be in the ~ nicht mehr (*durch Copyright od. Patent*) geschützt sein. ~ **funds** *s pl econ*. 1. öffentliche Mittel *od*. Gelder *pl*. 2. *Br*. funˈdierte Staatsschuld. ~ **health** *s*. 1. Volksgesundheit *f*, öffentliche Gesundheit. 2. öffentliches Gesundheitswesen. **P~ Health Ser·vice** *s* öffentlicher Gesundheitsdienst. ~ **house** → pub 1.
pub·li·cist [ˈpʌblɪsɪst] *s* 1. Publiˈzist *m*. 2. *jur*. Völkerrechtler *m*. 3. ˈWerbea‚gent *m*.
pub·lic·i·ty [pʌbˈlɪsətɪ] *s* 1. Publiziˈtät *f*, Öffentlichkeit *f* (*a. jur. des Verfahrens*): to give s.th. ~ etwas allgemein bekanntmachen, etwas publik machen; to avoid ~ öffentliches Aufsehen vermeiden. 2. *econ. u. allg.* Reˈklame *f*, Werbung *f*, Puˈblicity *f*. 3. Bekanntheit, Berühmtheit *f*: to seek ~ bekannt werden wollen. ~**a·gen·cy** ˈWerbeagen‚tur *f*. ~ **a·gent** *s* ˈWerbea‚gent *m*. ~ **cam·paign** *s* Werbefeldzug *m*. ~ **de·part·ment** *s econ*. ˈWerbeab‚teilung *f*. ~ **film** *s* Werbefilm *m*. ~ **man** *s irr* Werbefachmann *m*. ~ **man·ag·er** *s* Werbeleiter *m*.
pub·li·cize [ˈpʌblɪsaɪz] *v/t* 1. publiˈzieren, (öffentlich) bekanntmachen. 2. Reˈklame *od*. Werbung machen für, propaˈgieren.
pub·lic·ly [ˈpʌblɪklɪ] *adv* 1. öffentlich, in der Öffentlichkeit. 2. von der Öffentlichkeit, vom Volk. 3. für die Öffentlichkeit, für das Volk.
pub·lic| own·er·ship *s econ. Br*. Staatseigentum *n*. ~**-ˈpri·vate** *adj econ*. gemischtwirtschaftlich. ~ **re·la·tions** I *s pl* Public Reˈlations *pl*, Öffentlichkeitsarbeit *f*. II *adj* Pressˈ..., Werbeˈ..., Public-Relationsˈ... ~ **rev·e·nue** *s* Staatseinkünfte *pl*, -einnahmen *pl*. ~ **school** *s* 1. *Am*. staatliche Schule. 2. *Br*. Public School *f* (*höhere, reichdotierte Privatschule, meist mit Internat*). ~ **ser·vant** *s* 1. a) Staatsbeamte(r) *m*, b) Angestellte(r) *m* im öffentlichen Dienst. 2. *Am*. ˈEinzelper‚son *f od*. Körperschaft *f*, die der Öffentlichkeit Dienste leistet. ~ **ser·vice** *s* 1. Staatsdienst *m*, öffentlicher Dienst. 2. öffentliche Versorgung (*Gas, Elektrizität, Wasser etc*). ~**-ˈser·vice cor·po·ra·tion** *Am*. → public utility 1. ~**-ˈspir·it·ed** *adj* gemeinsinnig, soziˈal gesinnt. ~**-ˈspir·it·ed·ness** *s* Gemeinsinn *m*. ~ **u·til·i·ty** *s* 1. a. ~ **company** (*od*. corporation) öffentlicher Versorgungsbetrieb (*Gas-, Wasser-, Elektrizitätswerk etc*), *pl a*. Stadtwerke *pl*. 2. *pl econ*. Aktien *pl* öffentlicher Versorgungsbetriebe. ~ **works** *s pl* öffentliche (Bau)Arbeiten *pl*.
pub·lish [ˈpʌblɪʃ] I *v/t* 1. (offiziˈell) bekanntmachen, -geben, kundtun. 2. (forˈmell) verkündˈ(ig)en. 3. publiˈzieren, veröffentlichen. 4. *Bücher etc* verlegen, herˈausbringen: just ~ed (so)eben erschienen; ~ed by Methuen im Verlag *od*. bei Methuen erschienen; ~ed by the author im Selbstverlag, ~ed quarterly erscheint vierteljährlich. 5. *jur*. a) *e-e Beleidigung* (vor Dritten) äußern, verbreiten: to ~ an insult, b) *e-e Fälschung* in Verkehr bringen: to ~ a forgery. II *v/i* 6. erscheinen, herˈauskommen (*Buch etc*). ˈ**pub·lish·a·ble** *adj* 1. zu veröffentlich(d). 2. zur Veröffentlichung geeignet.
pub·lish·er [ˈpʌblɪʃə(r)] *s* 1. Verleger *m*, Herˈausgeber *m*. 2. *pl* Verlag *m*, Verlagsanstalt *f*, -haus *n*. 3. *bes. Am*. Zeitungsverleger *m*. 4. *jur*. Verbreiter(in) von Beleidigungen.
pub·lish·ing [ˈpʌblɪʃɪŋ] I *s* Verlagswesen *n*. II *adj* Verlagsˈ... ~ **busi·ness** *s* Verlagsgeschäft *n*, -buchhandel *m*. ~ **house** → publisher 2.
puce [pjuːs] I *adj* braunrot. II *s* Braunrot *n*.
puck [pʌk] *s* 1. Kobold *m*. 2. *fig*. Schelm *m*, Witzbold *m*. 3. *Eishockey*: Puck *m*, Scheibe *f*. 4. Andrückrolle *f* (*beim Tonbandgerät*).
puck·a → pukka.
puck·er [ˈpʌkə(r)] I *v/t oft* ~ **up** 1. runzeln, fälteln, Runzeln *od*. Falten bilden in (*dat*). 2. *den Mund, die Lippen* schürzen, spitzen, *a. die Stirn*, *e-n Stoff* kräuseln, *die Stirn runzeln, die Augen* zs.-kneifen. II *v/i* 3. sich kräuseln, sich zs.-ziehen, sich falten, Falten werfen, Runzeln bilden. 4. die Stirn runzeln. III *s* 5. Runzel *f*, Falte *f*. 6. Bausch *m*. 7. *fig. colloq*. Aufregung *f* (*about* über *acc, wegen*). ˈ**puck·er·y** [-ərɪ] *adj* 1. runz(e)lig, faltig. 2. leicht Falten bildend: ~ **cloth**.
puck·ish [ˈpʌkɪʃ] *adj* koboldhaft, mutwillig, boshaft.
puck·ster [ˈpʌkstə(r)] *s colloq*. Eishockeyspieler.
pud[1] [pʌd] *s* (*Kindersprache*) 1. (Patsch-)Händchen *n*. 2. Pfote *f*.
pud[2] [pʊd] *s* 1. *colloq. für* pudding 1, 2. 2. *vulg*. ˈSchwanzˈ *m* (*Penis*).
pud·den·ing [ˈpʊdənɪŋ; ˈpʊdnɪŋ] *s mar*. Tauwulst *m*.
pud·ding [ˈpʊdɪŋ] *s* 1. a) (feste) Süßspeise, Nachspeise *f*, -tisch *m*, b) Pudding *m*, c) (*Art*) ˈFleischpa‚stete *f*; → **proof** 10. 2. (*Art*) Wurst *f*: white ~ (*Art*) Preßsack *m*; black ~ Blutwurst. 3. *mar*. → puddening. ~ **club** *s*: to be in the ~ *colloq*. ein Kind ˈkriegenˈ. ~ **face** ˈVollmondgesichtˈ *n*. ~**-ˈfaced** *adj* mit e-m ˈVollmondgesichtˈ. ˈ**~·head** *s sl*. Dummkopf *m*, ˈSchafskopfˈ *m*. ~ **stone** *s min*. Puddingstein *m*.
pud·dle [ˈpʌdl] I *s* 1. Pfütze *f*, Lache *f*. 2. Lehmstrich *m*, -schlag *m*. 3. *colloq*. Durcheinˈander *n*, Wirrwarr *m*. 4. *fig*. Sumpf *m*. II *v/t* 5. mit Pfützen bedecken. 6. in Matsch verwandeln: a field ~d by cattle. 7. *Wasser* trüben (*a. fig.*). 8. *obs. fig*. verwirren. 9. *Lehm zu* Lehmstrich verarbeiten. 10. mit Lehm(strich) abdichten. 11. *metall*. puddeln, im Flammofen frischen: ~(d) steel Puddelstahl *m*. III *v/i* 12. *a*. ~ **about** (*od*. around) in Pfützen herˈumplanschen *od*. -waten. 13. *fig*. herˈumpfuschen (at an *dat*). ~ **ball** *s tech*. Luppe *f*. ~ **i·ron** *s tech*. Puddeleisen *n*. ~ **jump·er** *s* 1. *Am*. ˈKlapperkastenˈ *m* (*altes Fahrzeug*). 2. *aer. mil*. Aufklärungsflugzeug *n*. 3. Motorboot *n* mit Außenbordmotor.
pud·dler [ˈpʌdlə(r)] *s metall*. Puddler *m* (*Arbeiter od. Gerät*).
pud·dling [ˈpʌdlɪŋ] *s* 1. *metall*. Puddeln *n*, Puddelverfahren *n*. 2. *tech*. a) Lehm-, Tonschlag *m*, b) → puddle 2. ~ **fur·nace** *s tech*. Puddelofen *m*.
pu·den·cy [ˈpjuːdənsɪ] *s* Verschämtheit *f*.
pu·den·dal [pjuːˈdendl] *adj anat*. Scham...: ~ **cleft** Schamspalte *f*. **pu·ˈden·dum** [-dəm] *pl* -**da** [-də] *s* (*meist im pl gebraucht*) *anat*. (*bes*. weibliche) äußere Geschlechtsteile *pl*, (weibliche) Scham, Vulva *f*.
pu·dent [ˈpjuːdnt] *adj* verschämt.
pudge [pʌdʒ] *s bes. Am. colloq*. ˈStöpselˈ *m*, Dickerchen *n*. ˈ**pudg·y** *bes. Am. für* podgy.
pu·dic [ˈpjuːdɪk] → pudendal.
pueb·lo [ˈpʊeblə; ˈpwe-] *pl* -**los** *s* 1. Puˈeblo *m* (*Indianerdorf od. kleiner Ort*). 2. P~ Puˈeblo-Indi‚aner(in).
pu·er·ile [ˈpjʊəraɪl; *Am. a*. -rəl] *adj* (*adv* ~ly) 1. pueˈril, knabenhaft, kindlich. 2. *contp*. kindisch. ˈ**pu·er·il·ism** [-rɪlɪzəm] *s psych*. Pueriˈlismus *m* (*kindisches Verhalten von Erwachsenen*). **pu·er·il·i·ty** [-ˈrɪlətɪ] *s* 1. Pueriliˈtät *f*: a) kindliches Wesen, b) kindisches Wesen. 2. Kindeˈrei *f*.
pu·er·per·al [pjuːˈɜːpərəl; *Am*. -ˈɜːr-] *adj* Kindbett...: ~ **fever** (*od*. sepsis) Kindbettfieber *n*; ~ **psychosis** Kindbettpsychose *f*. ˌ**pu·erˈpe·ri·um** [-ə(r)ˈpɪərɪəm] *s med*. Puerˈperium *n*, Wochenbett *n*.
Puer·to Ri·can [ˌpwɜːtəʊˈriːkən; *Am*. ˌpɔːrtəˈ-; ˌpɜːrtə-] I *adj* portoriˈkanisch. II *s* Portoriˈkaner(in).
puff [pʌf] I *s* 1. a) kurzer Atemzug, ˈSchnauferˈ *m*, b) Atem *m*: out of ~ außer Atem. 2. leichter Windstoß, Hauch *m*. 3. Zug *m* (*beim Rauchen*): to have a ~ at e-n Zug machen an (*dat*). 4. Paffen *n* (*der Pfeife etc*). 5. leichter Knall. 6. (Rauch-, Dampf)Wölkchen *n*: ~ of smoke. 7. Schwellung *f*, Beule *f*. 8. a) marktschreierische Anpreisung, aufdringliche Reˈklame, ˈlobhudelnde Kriˈtik: ~ **is part of the trade** Klappern gehört zum Handwerk; **to give s.o. a ~** j-n ˌhochjubeln. 9. *sl*. ˈSchwule(r)ˈ *m*, ˈHomoˈ *m* (*Homosexueller*). 10. a) leichtes Backwerk, *bes*. Windbeutel *m*, b) *Am*. alkoholisches Mischgetränk. 11. Puderquaste *f*. 12. Bausch *m*, Puffe *f* (*an Kleidern*). 13. Steppdecke *f*. II *v/i* 14. paffen (at an e-r Zigarre etc). 15. Rauch- *od*. Dampfwölkchen ausstoßen. 16. blasen, pusten. 17. schnauben, schnaufen, keuchen, pusten: to ~ **and blow** keuchen u. schnaufen. 18. (daˈhin- *etc*)keuchen: the train ~ed out of the station der Zug dampfte aus dem Bahnhof. 19. *meist* ~ **out** (*od*. up) sich (auf)blähen. III *v/t* 20. blasen, pusten. 21. *e-e Zigarre etc* paffen. 22. (auf)blähen, aufblasen: ~ed **eyes** geschwollene Augen; ~ed **sleeve** Puffärmel *m*. 23. *meist* ~ **out** außer Atem bringen: ~ed außer Atem. 24. überˈtrieben loben. 25. marktschreierisch anpreisen. 26. pudern. 27. den Preis (*gen*) künstlich in die Höhe treiben (*auf Auktionen*).
Verbindungen mit Adverbien:
puff| a·way I *v/t* 1. wegblasen. II *v/i* 2. draufˈlospaffen. 3. abdampfen (*Zug*). ~ **out** I *v/t* 1. hinˈausblasen. 2. *e-e Kerze etc* ausblasen, -pusten. 3. → puff 22: ~ed out with pride *fig*. stolzgeschwellt. 4. *Worte* (herˈvor)keuchen. II *v/i* 5. hinˈausdampfen (*Zug*). 6. → puff 19. ~ **up** I *v/t* 1. aufblähen, -blasen. 2. *fig*. ˈaufgeblasenˈ machen: **puffed up with pride** stolzgeschwellt. II *v/i* 3. in Wölkchen hochsteigen. 4. hinˈaufkeuchen (*a. Zug*). 5. → puff 19.
puff| ad·der *s zo*. Puffotter *f*. ˈ**~·ball** *s bot*. 1. Bofist *m*. 2. *colloq*. Federkrone *f* (*des Löwenzahns*). ~ **box** *s* Puderdose *f*.
puff·er [ˈpʌfə(r)] *s* 1. Paffer *m*. 2. Marktschreier *m*. 3. Lobhudler *m*. 4. Preistreiber *m*, Scheinbieter *m* (*bei Auktionen*).
ˈ**puff·er·y** [-ərɪ] *s* 1. Lobhudeˈlei *f*. 2. marktschreierische Anpreisung.

puf·fin ['pʌfɪn] *s orn.* Lund *m.*
puff·i·ness ['pʌfɪnɪs] *s* **1.** Kurzatmigkeit *f.* **2.** Aufgeblähtheit *f*, Aufgeblasenheit *f* (*a. fig.*). **3.** (Auf)Gedunsenheit *f.* **4.** *fig.* Schwülstigkeit *f.*
puff·ing ['pʌfɪŋ] *s* **1.** Aufbauschung *f*, Aufblähung *f.* **2.** → puff 8 a. **3.** Scheinbieten *n* (*bei Auktionen*), Preistreibe'rei *f.*
puff| paste *s* Blätterteig *m.* **~ pas·try** *s* Blätterteiggebäck *n.* **'~-puff** *s Br.* (Kindersprache) **1.** Lokomo'tive *f.* **2.** Puffpuff *f* (*Zug*). **~ sleeve** *s* Puffärmel *m.*
puff·y ['pʌfɪ] *adj* (*adv* puffily) **1.** böig (*Wind*). **2.** kurzatmig, keuchend. **3.** aufgebläht, (an)geschwollen. **4.** bauschig, gebauscht. **5.** aufgedunsen, dick. **6.** *fig.* schwülstig, bom'bastisch. **7.** *fig.* aufgeblasen.
pug[1] [pʌg] *s* **1.** *a.* **~ dog** Mops *m.* **2.** *in Tierfabeln:* a) Fuchs *m*, b) *dial.* Lamm *n*, Hase *m*, Eichhörnchen *n.* **3.** *Br.* kleine Lokomo'tive.
pug[2] [pʌg] **I** *v/t* **1.** *Lehm etc* mischen u. kneten, schlagen. **2.** mit Lehmschlag *od.* Mörtel etc ausfüllen *od.* abdichten (*bes. zur Schalldämpfung*). **3.** mit Wasser knetbar machen. **II** *s* **4.** gekneteter *od.* geschlagener Lehm.
pug[3] [pʌg] *s sl.* Boxer *m.*
pu·gi·lism ['pju:dʒɪlɪzəm] *s* Boxen *n*, Faustkampf *m.* **'pu·gi·list** *s* (Berufs-) Boxer *m*, Faustkämpfer *m.* ˌ**pu·gi'listic** *adj* (*adv* ~ally) Box..., Boxer..., boxerisch.
'pug-mill *s tech.* Mischmühle *f.*
pug·na·cious [pʌg'neɪʃəs] *adj* (*adv* ~ly) **1.** kampflustig, kämpferisch. **2.** streitsüchtig. **pug'na·cious·ness**, **pug'nac·i·ty** [-'næsətɪ] *s* **1.** Kampf(es)lust *f.* **2.** Streitsucht *f.*
pug| nose *s* Stupsnase *f.* **'~-nosed** *adj* stupsnasig.
puis·ne ['pju:nɪ] **I** *adj jur.* **1.** jünger. **2.** rangjünger, 'untergeordnet: **~ judge** → 5. **3.** nachgeordnet. **II** *s* **4.** (*bes.* Rang-) Jüngere(r) *m.* **5.** *jur.* a) *Br.* einfacher Richter am High Court of Justice, b) *Am.* beisitzender Richter, Beisitzer *m.*
pu·is·sance ['pju:ɪsns; 'pwɪsns] *s* **1.** *poet.* Macht *f*, Gewalt *f.* **2.** *obs.* Kriegsmacht *f*, Heer *n.* **3.** ['pwi:sã:ns] *Springreiten:* Mächtigkeitsspringen *n.* **'pu·is·sant** *adj* (*adv* ~ly) *poet.* mächtig, gewaltig.
pu·ja ['pu:dʒɑ:] *s* **1.** *Hinduismus:* a) Anbetung *f*, b) religi'öses Fest. **2.** *meist pl Br. Ind. sl.* Gebete *pl.*
puke [pju:k] *sl.* **I** *v/i* **1.** ˌkotzen': **it makes me ~** es ist zum Kotzen. **II** *v/t* **2.** ˌauskotzen'. **III** *s* **3.** ˌKotze' *f.* **4.** *fig.* ˌBrechmittel' *n.*
puk·ka ['pʌkə] *adj bes. Br. Ind.* **1.** echt, wirklich: **~ sahib** ein wirklicher Herr. **2.** erstklassig, tadellos.
pul·chri·tude ['pʌlkrɪtju:d; *Am. a.* -ˌtu:d] *s poet.* Schönheit *f.* ˌ**pul·chri'tu·di·nous** [-dɪnəs] *adj poet.* (*körperlich*) schön.
pule [pju:l] *v/i* winseln, wimmern. **'pul·ing** *adj* **1.** winselnd, jammernd. **2.** wehleidig. **3.** kümmerlich.
Pu·litz·er prize ['pju:lɪtsə(r)] *s* Pulitzerpreis *m* (*jährlich verliehener amer. Preis für hervorragende Leistungen in Literatur od. Journalistik*).
pull [pʊl] **I** *s* **1.** Ziehen *n*, Zerren *n.* **2.** Zug *m*, Ruck *m*: **to give a strong ~ (at)** kräftig ziehen (*an dat*). **3.** *tech.* Zug(kraft *f*) *m.* **4.** Anziehungskraft *f* (*a. fig.*): **her charm has lost its ~** *fig.* ihr Charme zieht (*od.* greift) nicht mehr. **5.** *fig.* Zugkraft *f*, Werbewirksamkeit *f.* **6.** *electr.* Anzugskraft *f* (*e-s Relais*). **7.** Zug *m*, Schluck *m* (at aus). **8.** Zug(griff *m*, -leine *f*) *m*: **bell ~** Glockenzug. **9.** a) 'Ruderˌpar˛tie *f*, Bootsfahrt *f*, b) Ruderschlag *m*:

to go for a ~ e-e Ruderpartie machen. **10.** *Golf:* Pull *m* (*Schlag, bei dem der Ball an e-m Punkt landet, der in e-r der Schlaghand entgegengesetzten Richtung vom Ziel liegt*). **11.** Zügeln *n*, Verhalten *n* (*e-s Pferdes*). **12.** ermüdende Steigung. **13.** (long **~** große) Anstrengung, ˌSchlauch' *m*, *fig. a.* Durststrecke *f.* **14.** Vorteil *m* (**over**, **of** vor *dat*, gegenˈüber). **15.** *colloq.* (**with**) (*heimlicher*) Einfluß (auf *acc*), Beziehungen *pl* (zu): **he has some ~ with the Almighty** er hat e-n Draht zum lieben Gott. **16.** *print.* Fahne *f*, erster Abzug, Probeabzug *m.*
II *v/t* **17.** ziehen. **18.** zerren (an *dat*), zupfen (an *dat*): **to ~ s.o.'s ears**, **to ~ s.o. by the ears** j-n an den Ohren ziehen; **to ~ a muscle** sich *e-e* Muskelzerrung zuziehen; *siehe a.* die Verbindungen mit den entsprechenden Substantiven, z. B. face 2, leg Bes. Redew. **19.** reißen: **to ~ apart** a) auseinanderreißen, b) auseinandernehmen, c) *fig.* ˌverreißen'; → **piece** 2. **20.** *a.* **~ out** *e-e Pflanze* ausreißen. **21.** *a.* **~ out** *e-n Zahn* ziehen. **22.** *Blumen, Äpfel etc* pflücken. **23.** *Flachs* raufen, zupfen. **24.** a) *e-e Gans etc* rupfen, b) *Leder* enthaaren. **25.** *a.* **~ out** *e-e Bonbonmasse etc* (aus)ziehen. **26.** *Unterstützung, Kundschaft* gewinnen, sich sichern. **27.** *Golf:* den Ball pullen (→ 10). **28.** a) *das Pferd* zügeln, b) *ein Rennpferd* ˌpullen', verhalten. **29.** **to ~ one's punches** (*Boxen*) verhalten schlagen, *fig.* sich zurückhalten; **not to ~ one's punches** *fig.* vom Leder ziehen, kein Blatt vor den Mund nehmen. **30.** *mar.* rudern: **to ~ a boat**; **to ~ a good oar** gut rudern; → **weight** 3. **31.** Riemen haben: **the boat ~s 4 oars** das Boot führt 4 Riemen. **32.** *print.* Fahnen abziehen. **33.** *Am. sl. das Messer etc* ziehen: **to ~ a pistol on s.o.** j-n mit der Pistole bedrohen. **34.** *sl.* etwas ˌdrehen', ausführen: → **fast**[1] 1, **job**[1] 6. **35.** *sl.* etwas tun, hinter sich bringen, *Wache* ˌschieben'. **36.** *sl.* **~** *in Rang etc* betonen, ˌraushängen' (**on s.o.** j-m gegenˈüber). **37.** *a.* **~ in** *Zuschauer etc* anziehen, anlocken. **38.** *Am. sl.* a) *e-n Streik* ausrufen, b) *e-n Betrieb* durch Streik aufrufen: **to ~ a plant**. **39.** *sl.* a) → **pull in** 4, b) *e-e Razzia* machen in (*dat*), *e-e Spielhölle etc* ausheben.
III *v/i* **40.** ziehen (**at** an *dat*). **41.** zerren, reißen (**at** an *dat*). **42.** am Zügel reißen (*Pferd*). **43.** ziehen, saugen (**at** an *der Pfeife etc*). **44.** *e-n* Zug machen, trinken (**at** aus). **45.** sich vorwärtsbewegen *od.* -arbeiten, sich schieben: **to ~ up the hill**; **to ~ into the station** *rail.* (in den Bahnhof) einfahren; **to ~ to the kerb** (*bes. Am.* curb) an den Bordstein heranfahren. **46.** *Golf:* einen *Pull* schlagen (→ 10). **47.** *sl.* ˌziehen', Zugkraft haben (*Reklame etc*).
Verbindungen mit Adverbien:
pull| a·bout *v/t* herˈumzerren. **~ a·head** *v/i* vorˈbeiziehen (**of an** *dat*) (*Auto etc*) (*a. fig.*). **~ a·round** → **pull about**. **~ a·side** *v/t zur Seite schieben*: **the cloak of secrecy was pulled aside** *fig.* der Schleier des Geheimnisses wurde gelüftet. **~ a·way I** *v/t* **1.** wegziehen, wegreißen. **II** *v/i* **2.** anfahren (*Bus etc*). **3.** sich losreißen (**from** von). **4.** sich absetzen (**from** von), *sport a.* sich freimachen (**from** von). **~ back I** *v/t* **1.** zuˈrückziehen (*a. mil.*). **2.** *fig.* hemmen, aufhalten. **3.** *sport ein Tor etc* aufholen. **II** *v/i* **4.** *bes. mil.* sich zuˈrückziehen, *fig. a.* e-n Rückzieher machen: **to ~ from an offer** ein Angebot zurückziehen. **5.** *fig.* sich einschränken, kürzertreten. **~ down** *v/t* herˈunterziehen, -reißen: **to pull one's hat down over one's eyes** sich den Hut über die

Augen ziehen. **2.** *Gebäude etc* ab-, niederreißen. **3.** *fig.* a) ˌverreißen', b) herˈabsetzen. **4.** (*meist im pp*) a) schwächen, b) entmutigen. **5.** *Preise etc* drücken. **6.** *Am. sl. Lohn etc* ˌkasˈsieren', beziehen. **~ in I** *v/t* **1.** herˈeinziehen. **2.** einziehen: **to pull o.s. in** den Bauch einziehen; **~ horn** 2. **3.** *das Pferd* zügeln, paˈrieren. **4.** *bes. Br. sl. j-n* ˌhochnehmen', verhaften. **5.** *sl.* → **pull down** 6. **II** *v/i* **6.** anhalten, stehenbleiben. **7.** (at) ankommen (*in dat*, **an** *dat*), *bes.* einfahren (*Zug*) (in *acc*). **~ off I** *v/t* **1.** wegziehen, wegreißen. **2.** *den Hut* abnehmen (**to vor** *dat*), *die Schuhe etc* ausziehen: **to ~ one's clothes** sich die Kleider vom Leib reißen. **3.** *e-n Preis* gewinnen, *a. e-n Sieg* daˈvontragen. **4.** *colloq.* zuˈwege bringen, ˌschaffen', ˌschaukeln'. **5. to pull o.s. off** *vulg.* ˌwichsen', sich e-n runterholen' (*masturbieren*). **II** *v/i* **6.** sich in Bewegung setzen, abfahren (*Boot*). **~ on** *v/t ein Kleid etc* an-, ˈüberziehen. **~ out I** *v/t* **1.** a) herˈausziehen, *Buchseite etc a.* herˈaustrennen: → **chestnut** 1, **fire** 1, b) *Tisch etc* ausziehen. **2.** *aer. das Flugzeug* hochziehen, *aus dem Sturzflug* abfangen. **3.** dehnen. **4.** *fig.* in die Länge ziehen. **5.** *mil.* Truppen abziehen. **II** *v/i* **6.** abfahren (*Zug etc*): **to ~ of the station** den Bahnhof verlassen. **7.** ausscheren (*Fahrzeug*). **8.** *mil.* abziehen. **9.** *fig.* sich zuˈrückziehen, (*a. sport*) ˌaussteigen' (**of** aus). **~ o·ver** *v/t u. v/i* (s-n *Wagen*) an die *od.* zur Seite fahren. **~ round I** *v/t* **1.** herˈumdrehen. **2.** a) *j-n* wieder zu sich bringen, b) *j-n* wieder auf die Beine bringen (*Kognak etc*), c) *e-n Kranken* wieder ˌhinkriegen', ˌdurchbringen. **II** *v/i* **3.** a) wieder zu sich kommen, b) wieder auf die Beine kommen, c) ˈdurchkommen. **~ through** *v/t* **1.** ˈdurchziehen. **2.** *Gewehrlauf etc* reinigen. **3.** *e-n Kranken* wieder ˌhinkriegen', (*a. e-e Firma, e-n Prüfling*) ˈdurchbringen. **4.** etwas erfolgreich ˈdurchführen. **II** *v/i* **5.** ˈdurchkommen, (*a. Firma etc*) wieder auf die Beine kommen, sich erholen. **~ to·geth·er I** *v/t* **1.** pull o.s. **together**, *Partei etc* zuˈsammenschweißen. **II** *v/i* **3.** (gut) zs.-arbeiten, harmoˈnieren, an ˈeinem Strang ziehen. **~ un·der** *v/t* *Schwimmer* unter Wasser *od.* nach unten ziehen. **~ up I** *v/t* **1.** (her)ˈauf-, hochziehen, *mar. Flagge* hissen. **2.** *das Flugzeug* hochziehen. **3.** ausreißen. **4.** *das Pferd, Fahrzeug* anhalten. **5.** zuˈrückhalten, j-m Einhalt gebieten. **6.** *j-n* zur Rede stellen, *a.* ˈrechtweisen (**about**, **over** wegen). **II** *v/i* **7.** (an)halten. **8.** *fig.* bremsen. **9.** *sport* sich nach vorn schieben: **to ~ on s.o.** *j-m* gegenˈüber Boden gutmachen; **to ~ with** (*od.* **to**) **s.o.** *j-n* einholen. **10.** *aer.* abheben. **11.** *electr.* ansprechen (*Magnet*), anziehen (*Relais*).
'pull|-back *s* **1.** Hemmnis *n.* **2.** *bes. mil.* Rückzug *m.* **3.** *Am.* Reaktioˈnär *m.* **4.** *tech.* Rücksteller *m*: **~ spring** Rückholfeder *f.* **~ box** *s* Abschlußkasten *m.* **~ cord** *s* Zugleine *f*, -schnur *f.* **~ date** *s* Haltbarkeitsdatum *n* (*auf Lebensmittelpackungen*).
pulled| bread [pʊld] *s* gebähte Brotbrocken *pl.* **~ chick·en** *s* Hühnerfleisch *n* in weißer Soße. **~ figs** *s pl* getrocknete Tafelfeigen *pl.*
pull·er ['pʊlə(r)] *s* **1.** *tech.* Ausziehvorrichtung *f*, (Korken- *etc*)Zieher *m*: **~ air·screw** *aer.* Zugschraube *f.* **~ screw** *tech.* Abziehschraube *f.* **2.** Puller *m* (*Pferd, das am Zaum nach vorn reißt*). **3.** *econ. sl.* Zugpferd *n*, ˌSchlager' *m.* **'~-ˈin** *s Am. colloq.* Anreißer(in), Kundenfänger(in).
pul·let ['pʊlɪt] *s* Hühnchen *n.*

pulley – punch

pul·ley ['pʊlɪ] *tech.* **I** *s* **1.** Rolle *f* (*bes. e-s Flaschenzugs*): **rope** ~ Seilrolle; → **block** 11. **2.** Flasche *f* (*Verbindung mehrerer Rollen*). **3.** Flaschenzug *m*. **4.** *mar.* Talje *f*. **5.** (Transmissi'ons)Scheibe *f*: **belt** ~ Riemenscheibe. **II** *v/t* **6.** mittels Flaschenzug *od*. Rollen bewegen. ~ **block** *s tech.* (Roll)Kloben *m*. ~ **chain** *s tech.* Flaschenzugkette *f*. ~ **drive** *s tech.* Riemenscheibenantrieb *m*.
'**pull-ˌfas·ten·er** *s* Reißverschluß *m*.
'**pull-in** *s* **1.** *Br.* Rasthaus *n* (*bes. für Fernfahrer*). **2.** → drive-in 2.
Pull·man (car), p.~ ['pʊlmən] *pl* **-mans** *s rail.* Pullmanwagen *m* (*Salon- u. Schlafwagen*).
'**pull|-off** *I s* **1.** *aer.* Lösen *n* des Fallschirms (*beim Absprung*). **2.** (*leichter etc*) Abzug (*bei Schußwaffen*). **II** *adj* **3.** *tech.* Abzieh...: ~ **spring**. '~**-on I** *adj* Überzieh... **II** *s* Kleidungsstück *n* (*ohne Knöpfe etc*) zum 'Überziehen. '~**-out I** *s* **1.** a) Faltblatt *n* (*e-s Buches etc*) b) her'austrennbare Seite. **2.** *aer.* Hochziehen *n* (*aus dem Sturzflug*). **3.** *mil.* (Truppen)Abzug *m*. **II** *adj* **4.** ausziehbar: ~ **seat** Schiebesitz *m*. **5.** a) Falt...: ~ **map**, b) her'austrennbar. '~**ˌo·ver** *I s* Pull'over *m*. **II** *adj* Überzieh... ~ **sta·tion** *s* Feuermelder *m*. ~ **strap** *s* (Zug)Schlaufe *f*, (Stiefel)Strippe *f*. ~ **switch** *s electr.* Zugschalter *m*. '~**-through** *s tech.* Reinigungskette *f* (*für Schußwaffen*).
pul·lu·late ['pʌljʊleɪt] *v/i* **1.** (her'vor-)sprossen, knospen. **2.** Knospen treiben. **3.** keimen (*Samen*). **4.** *biol.* sich rasch vermehren. **5.** *fig.* wuchern, sich rasch ausbreiten, gras'sieren. **6.** *fig.* wimmeln (**with** von *dat*). ˌ**pul·luˈla·tion** *s* **1.** Sprossen *n*, Knospen *n*. Keimen *n*. **2.** *biol.* rasche Vermehrung. **4.** *fig.* Wucherung *f*.
'**pull-up** *s* **1.** *Br.* → pull-in 1. **2.** *sport* Klimmzug *m*: **to do a** ~ e-n Klimmzug machen. **3.** *aer.* (kurzes) Hochziehen (*des Flugzeugs*). **4.** hen u. zerren.
'**pul·ly-haul** ['pʊlɪ-] *v/i Br. colloq.* ziehen.
pul·mo·branˈchi·a [ˌpʌlməʊˈbræŋkɪə] *pl* **-chi·ae** [-kɪiː] *s zo.* Tra'cheen-, Fächerlunge *f*.
pul·mo·nar·y ['pʌlmənərɪ; *Am.* -ˌnerɪ:; *a.* 'pʊl-] *adj* Lungen...: ~ **disease**; ~ **artery** *anat.* Lungenschlagader *f*; ~ **circulation** *physiol.* Lungenkreislauf *m*, kleiner Blutkreislauf; ~ **infarct(ion)** *med.* Lungeninfarkt *m*.
pul·mo·nate ['pʌlmənət; -neɪt] *zo.* **I** *adj* Lungen..., mit Lungen (ausgestattet): ~ **mollusc** → II. **II** *s* Lungenschnecke *f*.
pul·mon·ic [pʌlˈmɒnɪk; *Am.* -ˈmɑn-; *a.* pʊlˈm-] *adj* Lungen...
pulp [pʌlp] **I** *s* **1.** Fruchtfleisch *n*: **orange** ~. **2.** *bot.* Stengelmark *n*. **3.** weicher *od.* fleischiger Teil. **4.** *a.* **dental** ~ *anat.* (Zahn)Pulpa *f*. **5.** Brei *m*, breiige Masse: **to reduce** (*od.* **crush**) **to (a)** ~ a) j-n zu Brei schlagen, b) *fig. a.* **to beat to a** ~ zu Brei schlagen; **to be reduced to a** ~ *fig.* ‚völlig am Boden zerstört sein'. **6.** *Papierherstellung*: a) Pulpe *f*, Pa'pierbrei *m*, *bes.* Ganzzeug *n*, b) Zellstoff *m*: ~ **factory** Holzschleiferei *f*. **7.** *Bergbau*: a) Schlich *n*, Wascherz *n*, b) Scheide-, Guterz *n* (*trocken aufbereitetes, zerkleinertes Erz*). **8.** Maische *f*, Schnitzel *pl* (*Zucker*). **9.** *bes. Am. colloq.* a) *a.* ~ **magazine** billige Zeitschrift, Schundblatt *n*, b) Schund *m*. **II** *v/t* **10.** in Brei verwandeln. **11.** Druckerzeugnisse einstampfen. **12.** Früchte entfleischen. **III** *v/i* **13.** breiig werden. '~**-board** *s* Zellstoffpappe *f*. ~ **cav·i·ty** *s anat.* Pulpahöhle *f*. ~ **en·gine** *s Papierherstellung*: (Ganzzeug)Holländer *m*.
'**pulp·er** *s* **1.** → pulp engine. **2.** *agr.* (Rüben)Breimühle *f*.

pulp·i·ness ['pʌlpɪnɪs] *s* **1.** Weichheit *f* u. Saftigkeit *f*. **2.** Fleischigkeit *f*. **3.** Schwammigkeit *f*. **4.** Matschigkeit *f*.
pul·pit ['pʊlpɪt] *s* **1.** Kanzel *f*: **in the** ~ auf der Kanzel; ~ **orator** Kanzelredner *m*. **2.** **the** ~ *collect.* a) die Unter'weisung in der Schrift, b) die Geistlichkeit. **3.** *fig.* Kanzel *f*, Plattform *f*. **4.** *tech.* Bedienungsstand *m*. ˌ**pulˈpitˌeer** [-ˈtɪə(r)] *oft contp.* **I** *s* Prediger *m*. **II** *v/i* predigen.
pulp·ous ['pʌlpəs] → pulpy.
'**pulp·wood** *s* Pa'pier-, Faserholz *n*.
pulp·y ['pʌlpɪ] *adj* (*adv* **pulpily**) **1.** weich u. saftig. **2.** fleischig. **3.** schwammig, quallig. **4.** breiig, matschig.
pul·que ['pʊlkɪ; -keɪ] *s* Pulque *m* (*gegorener Agavensaft*; *berauschendes mexikanisches Getränk*).
pul·sar ['pʌlsə; *bes. Am.* -sɑː(r)] *s astr.* Pul'sar *m* (*Quelle kosmischer Strahlungen*).
pul·sate [pʌlˈseɪt; *bes. Am.* ˈpʌlseɪt] *v/i* **1.** pul'sieren (*a. electr.*), (rhythmisch) pochen *od.* schlagen. **2.** vi'brieren. **3.** *fig.* pul'sieren.
pul·sa·tile [ˈpʌlsətaɪl; *Am. a.* -təl] *adj* **1.** pul'sierend. **2.** *mus.* Schlag...
pul·sat·ing [pʌlˈseɪtɪŋ; *bes. Am.* ˈpʌlseɪt-] *adj* **1.** pul'sierend (*a. electr. Strom etc*), stoßweise: ~ **current**; ~ **load** *electr.* stoßweise Belastung. **2.** *fig.* pul'sierend: ~ **rhythm** beschwingter Rhythmus; ~ **tunes** beschwingte Weisen. **3.** *fig.* aufregend, spannend.
pul·sa·tion [pʌlˈseɪʃn] *s* **1.** Pul'sieren *n* (*a. electr. u. fig.*), Pochen *n*, Schlagen *n*. **2.** Pulsschlag *m* (*a. fig.*). **3.** Vi'brieren *n*.
pul·sa·to·ry [ˈpʌlsətərɪ; *Am.* -ˌtɔːrɪ:; -ˌtoʊ-] → pulsating.
pulse¹ [pʌls] **I** *s* **1.** Puls(schlag) *m* (*a. fig.*): **rapid** ~, **quick** ~ schneller Puls; ~ **rate** *med.* Pulszahl *f*; **to feel** (*od.* **take**) **s.o.'s** ~ j-m den Puls fühlen (*a. fig. j-s Gesinnung, Meinung zu ergründen suchen*); **to keep one's finger on the** ~ **of** *fig.* die Hand am Puls (*gen*) haben. **2.** Pul'sieren *n* (*a. fig.*). **3.** *electr. phys.* Im'puls *m*, (Strom-)Stoß *m*: ~ **generator** Impulsgenerator *m*, -geber *m*; ~**-modulated** impuls-moduliert; ~ **shaping circuit** Impulsformerschaltung *f*; ~ **train** Impulsserie *f*. **4.** *fig.* Vitali'tät *f*, Schwung *m*. **II** *v/i* **5.** → **pulsate**. **III** *v/i* **6.** *electr.* im'pulsweise (aus)strahlen *od.* senden.
pulse² [pʌls] *s* Hülsenfrüchte *pl*.
'**pulse|-jet en·gine** *s aer.* intermit'tierendes Luftstrahltriebwerk, IL-Triebwerk *n*. ~ **ra·dar** *s electr.* Pulsradar *n*.
pul·sim·e·ter [pʌlˈsɪmɪtə(r)] *s med.* Pulsmesser *m*.
pul·som·e·ter [pʌlˈsɒmɪtə(r); *Am.* -ˈsɑm-] *s* **1.** → pulsimeter. **2.** Pulso'meter *n* (*kolbenlose Dampfdruckpumpe*).
pul·ver·a·ble [ˈpʌlvərəbl] → pulverizable.
pul·ver·iz·a·ble [ˈpʌlvəraɪzəbl] *adj* **1.** pulveri'sierbar. **2.** zerstäubbar. ˌ**pul·ver·iˈza·tion** [-aɪˈz-; *Am.* -əˈz-] *s* **1.** Pulveri'sierung *f*, (Feinst)Mahlung *f*. **2.** Zerstäubung *f* (*von Flüssigkeiten*). **3.** *fig.* Zermalmung *f*.
pul·ver·ize [ˈpʌlvəraɪz] **I** *v/t* **1.** pulveri'sieren, (*zu* Staub) zermahlen, -stoßen, -reiben. **2.** Flüssigkeit zerstäuben. **3.** *mil.* zermalmen, aufreiben, *sport* Gegner, *a.* Argumente ausein'andernehmen, Redner *etc* niedermachen. **II** *v/i* **4.** (in Staub) zerfallen, zu Staub werden. '**pul·ver·iz·er** *s* **1.** Zerkleinerer *m*, Pulveri'siermühle *f*, Mahlanlage *f*. **2.** *agr.* Krümelegge *f*. **3.** Zerstäuber *m*.
pul·ver·u·lent [pʌlˈverʊlənt] *adj* **1.** (fein)pulverig. **2.** (leicht) zerbröckelnd. **3.** staubig.

pu·ma [ˈpjuːmə; *Am. a.* ˈpuːmə] *s zo.* Puma *m*. **2.** Pumafell *n*.
pum·ice [ˈpʌmɪs] **I** *s a.* ~ **stone** Bimsstein *m*. **II** *v/t* mit Bimsstein abreiben *od.* glätten, (ab)bimsen.
pum·mel → pommel.
pump¹ [pʌmp] **I** *s* **1.** Pumpe *f*: (dispensing) ~ *mot.* Zapfsäule *f*. **2.** Pumpen (-stoß *m*) *n*. **3.** *colloq.* ‚Pumpe' *f* (*Herz*). **4.** *fig.* Ausfrager(in), ‚Ausholer(in)'. **II** *v/t* **5.** pumpen: **to** ~ **dry** aus-, leerpumpen; **to** ~ **out** auspumpen (*a. fig. erschöpfen*); **to** ~ **up** a) hochpumpen, b) *e-n Reifen etc* aufpumpen; **to** ~ **money into** *econ.* Geld in *etwas* hineinpumpen; **to** ~ **bullets into s.o.** j-n ‚mit Blei vollpumpen'; ~**ed storage station** Pumpspeicherwerk *n*. **6.** a) ‚aus'holen', ausfragen, b) Informationen her'ausholen (**out of** aus). **7.** → pump-handle. **8.** betätigen, *bes. Pedale* treten. **III** *v/i* **9.** pumpen (*a. fig. Herz etc*). **10.** (**for**) krampfhaft suchen *od.* forschen (nach), (*bes. Informationen*) zu erhalten suchen.
pump² [pʌmp] *s* **1.** Pumps *m* (*leichter Halbschuh*). **2.** *Br.* Turnschuh *m*.
pump at·tend·ant *s* Tankwart *m*.
pum·per·nick·el [ˈpʊmpə(r)nɪkl; ˈpʌm-] *s* Pumpernickel *m*.
pump|gun *s* (*Jagd*)Gewehr mit halbautomatischem Nachladeschloß. ~ **han·dle** *s* **1.** Pumpenschwengel *m*. **2.** *colloq.* ‚überschwenglicher Händedruck'. '~**-ˌhan·dle** *v/t colloq.* j-s Hand ‚überschwenglich schütteln.
pump·kin [ˈpʌmpkɪn; *Am. a.* ˈpʌŋkɪn] *s* **1.** *bot.* (*bes.* Garten)Kürbis *m*. **2.** *colloq.* Tolpatsch *m*. **3.** *meist* **some** ~**s** *Am. colloq.* ‚(ein) großes Tier'.
pump|ˌprim·ing *s econ.* Ankurbelung *f* der Wirtschaft. ~ **rod** *s tech.* Pumpenstange *f*. ~ **room** *s* **1.** Pumpenhaus *n*. **2.** Trinkhalle *f* (*in Kurbädern*). ~ **stor·age sta·tion** *s tech.* Pumpspeicherwerk *n*.
pun¹ [pʌn] **I** *s* Wortspiel *n* (**on** über *acc*, mit). **II** *v/i* Wortspiele *od.* ein Wortspiel machen (**on** über *acc*), witzeln.
pun² [pʌn] *v/t Br.* (fest)stampfen.
punch¹ [pʌntʃ] **I** *s* **1.** (Faust)Schlag *m*: **verbal** ~**es** *fig.* Seitenhiebe; **with one** ~ mit 'einem Schlag (*a. fig.*); → pull 29. **2.** Schlag(kraft *f*) *m*: → pack 28. **3.** *fig.* Schlagkraft *f*, Wucht *f*, Schwung *m*, Schmiß *m*. **4.** → punch line. **II** *v/t* **5.** (*mit der Faust*) schlagen, boxen, e-n Schlag versetzen (*dat*): **he's got a face I'd like to** ~ er hat ein (richtiges) Ohrfeigengesicht. **6.** (ein)hämmern auf (*acc*): **to** ~ **the typewriter**. **7.** *Am.* Rinder treiben.
punch² [pʌntʃ] *tech.* **I** *s* **1.** Stanzwerkzeug *n*, -stempel *m*, Lochstanze *f*, -eisen *n*, 'Durchschlag *m*. **2.** Lochzange *f*. **3.** (Pa'pier)Locher *m*. **4.** Prägestempel *m*. **5.** Pa'trize *f*. **6.** Lochung *f*, Stanzung *f*. **II** *v/t* **7.** a) durch'schlagen, lochen, b) Zahlen, Buchstaben punzen, stempeln, prägen, einschlagen, c) *a.* ~ **out** ausˌlochstanzen, d) (an)körnen. **8.** *e-e (Fahretc)Karte* lochen, knipsen, zwicken. **9.** *auf Lochkarten* aufnehmen: **to** ~ **data**; ~**ed card** Lochkarte *f*; ~**ed-card accounting department** Lochkartenabteilung *f*; ~**ed tape** Lochstreifen *m*. **10.** *die Kontroll*uhr stechen: **to** ~ **the time clock**. **11.** *e-n Nagel, Stift* treiben: **to** ~ **in** (*od.* **down**) eintreiben. **12.** durch'bohren. **13.** ~ **up** Geldbetrag eintippen.
punch³ [pʌntʃ] *s* (*Art*) Punsch *m* (*Getränk*).
Punch⁴ [pʌntʃ] *s* Punch *m*, Kasperle *n*, *m*, Hans'wurst *m*: ~**-and--Judy show** Kasperletheater *n*; → please 1.
punch⁵ [pʌntʃ] *s Br.* **1.** kurzbeiniges,

schweres Zugpferd. **2.** *dial.* ‚Stöpsel' *m* (*kleiner, dicker Mensch*).
ˈ**punch**|‧**ball** *s Boxen:* Punchingball *m*, (Mais)Birne *f.* **~board** *s* (*Art*) Lotteriebrett *n.* **~ bowl** *s* **1.** Punschbowle *f.* **2.** *geogr.* Schüssel *f.* **~ card** *s Am.* Lochkarte *f.* ‧**ˈdrunk** *adj* **1.** (von vielen Boxschlägen) blöde (geworden). **2.** *fig.* verwirrt, durcheinˈander.
punˑcheon[1] [ˈpʌntʃən] *s* **1.** (Holz-, Stütz)Pfosten *m.* **2.** *tech.* → **punch**[2] **1.**
punˑcheon[2] [ˈpʌntʃən] *s hist.* Puncheon *n* (*großes Faß, 324–540 l enthaltend*).
punchˑer [ˈpʌntʃə(r)] *s* **1.** Schläger *m,* (*Boxen a.*) Puncher *m.* **2.** *tech.* Locheisen *n,* Locher *m.* **3.** *Am. colloq.* Cowboy *m.*
ˈ**punchˑing**| **bag** *Am. für* **punching ball.** **~ ball** *s Boxen:* Punchingball *m,* (Mais)Birne *f.* **~ die** *s tech.* ˈStanzmaˌtrize *f.* **~ powˑer** *s Boxen:* Schlagkraft *f.* **~ press** → **punch press.**
punch|**laˑdle** *s* Punschlöffel *m.* **~ line** *s* ˈKnallefˌfekt *m,* Pointe *f.* **~ pliˑers** *s pl* Lochzange *f.* **~ press** *s tech.* Loch-, Stanzpresse *f.* **~-up** *s Br. colloq.* Schlägeˈrei *f,* Raufeˈrei *f.*
punchˑy[1] [ˈpʌntʃɪ] → **podgy.**
punchˑy[2] [ˈpʌntʃɪ] *adj colloq.* **1.** *fig.* flott, schwungvoll. **2.** → **punch-drunk.**
puncˑtate [ˈpʌŋkteɪt], ˈ**puncˑtatˑed** [-tɪd] *adj* **1.** punkˈtiert (*a. bot. zo.*). **2.** punktförmig. **3.** *med.* durch Pünktchen *od.* Tüpfelchen gekennzeichnet.
puncˑtaˑtion [pʌŋkˈteɪʃn] *s* **1.** Punkˈtierung *f.* **2.** Tüpfelung *f.* **3.** Punkt *m,* Tüpfel *m, n.* **4.** *jur.* Punktatiˈon *f* (*nichtbindende Vereinbarung*).
puncˑtilˑiˑo [pʌŋkˈtɪlɪəʊ] *pl* **-iˑos** *s* **1.** kleine Förmlichkeit, Punkt *m* (*der Etikette*), Feinheit *f* (*des Benehmens etc*). **2.** heikler Punkt. **3.** Förmlichkeit *f,* peˈdantische Genauigkeit: **~ of** hono(u)r Ehrenpunkt *m.* **puncˈtilˑiˑous** *adj* (*adv* **~ly**) **1.** peinlich genau, peˈdantisch. **2.** spitzfindig. **3.** (überˈtrieben) förmlich. **puncˈtilˑiˑousˑness** → punctilio 3.
puncˑtuˑal [ˈpʌŋktjʊəl; *Am.* -tʃəwəl] *adj* (*adv* **~ly**). **1.** pünktlich: **~ payment;** **~ to the minute** auf die Minute pünktlich; **to be ~ in doing s.th.** etwas pünktlich tun. **2.** *math.* punktförmig, Punkt...: **~ coordinate** Punktkoordinate *f.* ˌ**puncˑtuˈalˑiˑty** [-ˈælətɪ] *s* Pünktlichkeit *f.*
puncˑtuˑate [ˈpʌŋktjʊeɪt, -tʃʊ-; *Am.* -tʃəweɪt] **I** *v/t* **1.** interpunkˈtieren, Satzzeichen setzen in (*acc*). **2.** *fig.* (*with*) unterˈbrechen (durch, mit), durchˈsetzen (mit). **3.** unterˈstreichen, betonen. **II** *v/i* **4.** Satzzeichen setzen. ˌ**puncˑtuˈaˑtion** *s* **1.** Interpunktiˈon *f,* Zeichensetzung *f:* **close ~** strikte Zeichensetzung; **open ~** weniger strikte Zeichensetzung; **~ mark** Satzzeichen *n.* **2.** Voˈkal- u. Akzentsetzung *f* (*im Hebräischen*). **3.** Unterˈbrechung *f,* Durchˈsetzung *f.* **4.** Herˈvorhebung *f,* Unterˈstreichung *f.* ˈ**puncˑtuˑaˑtive** [-eɪtɪv] *adj* Interpunktions...
puncˑture [ˈpʌŋktʃə(r)] **I** *v/t* **1.** durchˈstechen, -ˈbohren. **2.** *mot.* ein Loch bekommen in (*dat od. acc*): **to ~ed the new tire** (*bes. Br.* tyre). **3.** *electr. e-e* Isolation ˈdurchschlagen. **4.** *med.* punkˈtieren. **II** *v/i* **5.** ein Loch bekommen, platzen (*Reifen*). **6.** *electr.* ˈdurchschlagen. **III** *s* **7.** (Ein)Stich *m,* (kleines) Loch. **8.** Reifenpanne *f:* **~ outfit** Flickzeug *n.* **9.** *electr.* ˈDurchschlag *m.* **10.** *med.* Punktiˈon *f,* Punkˈtur *f.* **~ neeˑdle** *s med.* Punktiˈonsnadel *f.* ˈ**~-proof** *adj* **1.** nagel-, pannensicher (*Reifen*). **2.** *electr.* ˈdurchschlagsicher. **~ strength** *s electr.* ˈDurchschlagfestigkeit *f.*
punˑdit [ˈpʌndɪt] *s* **1.** Pandit *m* (*brahmanischer Gelehrter*). **2.** *bes. humor.* a) ‚gelehrtes Haus', Gelehrte(r) *m,* b) weiser

Mann, großer Exˈperte. ˈ**punˑditˑry** [-rɪ] *s* (brahˈmanische) Gelehrsamkeit.
pung [pʌŋ] *s Am.* Kastenschlitten *m.*
punˑgenˑcy [ˈpʌndʒənsɪ] *s* Schärfe *f* (*a. fig.*). ˈ**punˑgent** *adj* (*adv* **~ly**) **1.** scharf (*im Geschmack*). **2.** stechend, beißend, ätzend (*Geruch etc*). **3.** *fig.* beißend, sarˈkastisch, scharf. **4.** *fig.* a) stechend (*Schmerz*), b) bitter (*Reue etc*). **5.** *fig.* prickelnd, piˈkant. **6.** *bes. bot.* stach(e)lig, spitzig.
Puˑnic [ˈpjuːnɪk] *adj* **1.** punisch. **2.** *fig.* verräterisch, treulos: **~ faith** punische Treue, Treulosigkeit *f.*
puˑniˑness [ˈpjuːnɪnɪs] *s* **1.** Schwächlichkeit *f.* **2.** Kleinheit *f.* **3.** Armseligkeit *f.*
punˑish [ˈpʌnɪʃ] *v/t* **1.** *j-n* (be)strafen (**for** für, wegen). **2.** *ein Vergehen etc* bestrafen, ahnden. **3.** *colloq.* a) *e-n Boxer, e-n Allgj-n* übel zurichten, b) arg ‚mitnehmen', ‚schlauchen', strapaˈzieren, ‚fertigmachen'. **4.** *colloq.* ‚reinhauen' in (*e-e Speise etc*). ˈ**punˑishˑaˑble** *adj* (*adv* **punishably**) strafbar: **murder is ~ by death** auf Mord steht die Todesstrafe. ˈ**punˑishˑing** *adj* hart, vernichtend (*Kritik etc*), mörderisch, zermürbend (*Rennen etc*). ˈ**punˑishˑment** *s* **1.** Bestrafung *f* (**by** durch). **2.** Strafe *f* (*a. jur.*): **for** (*od.* **as**) **a ~** als *od.* zur Strafe. **3.** *colloq.* a) grobe Behandlung, b) *Boxen:* ‚Prügel' *pl:* **to take a ~** *e-e* Menge ‚einstecken' müssen, *e-e* Straˈpaze *f,* ‚Schlauch' *m:* **to be subjected to heavy ~** arg mitgenommen *od.* strapaziert werden.
puˑniˑtive [ˈpjuːnətɪv] *adj* **1.** strafend, Straf...: **~ expedition;** **~ damages** *jur.* (zusätzliche) Buße (*über den Schadenersatz hinaus*); **~ justice** Strafjustiz *f;* **~ law** Strafgesetz *n.* **2.** exˈtrem hoch (*Steuern etc*). ˈ**puˑniˑtoˑry** [ˈpjuːnətərɪ; *Am.* -ˌtɔːrɪ:, -ˌtɔː-] → **punitive**.
Punˑjaˑbi [ˌpʌnˈdʒɑːbiː] *s* **1.** Bewohner(-in) des Pandschˈab. **2.** *ling.* Pandschˈabi *n* (*vorderindische Sprache*).
punk [pʌŋk] **I** *s* **1.** Zunderholz *n,* verfaultes Holz. **2.** a) Zunder *m,* b) Wundschwamm *m.* **3.** *sl.* a) Anfänger *m,* b) ‚Flasche' *f,* ‚Niete' *f,* c) ‚Knülch' *m,* ‚Heini' *m,* Kerl *m,* d) kleiner *od.* junger Gaˈnove, e) ‚Quatschkopf' *m,* ‚Blödmann' *m.* **4.** *obs.* a) Homosexuˈelle(r) *m,* b) Dirne *f.* **5.** *sl.* ‚Mist' *m:* a) Schund *m,* b) ‚Quatsch' *m.* **6.** Punk *m* (*Bewegung u. Anhänger*). **7.** *mus.* ~) Punk *m,* b) Punker *m.* **II** *adj* **8.** *sl.* miseˈrabel, elend, ‚billig'. **9.** Punk...(*in Zssgn*). **~ rock** *s mus.* Punkrock *m.* **~ rockˑer** *s mus.* Punkrocker *m.*
punˑnet [ˈpʌnɪt] *s* Körbchen *n,* Schale *f* (*als Verkaufsmenge für Erdbeeren etc*).
punˑster [ˈpʌnstə(r)] *s* j-d, der ständig Wortspiele macht.
punt[1] [pʌnt] **I** *s bes. Br.* **1.** Punt *n,* Stakkahn *m:* **~ gun** Entenflinte *f.* **II** *v/t* **2.** *ein Boot* staken. **3.** in *e-m* Punt befördern. **III** *v/i* **4.** im Punt fahren.
punt[2] [pʌnt] *(Rugby, American Football)* **I** *s* Falltritt *m.* **II** *v/t u. v/i* (den Ball) aus der Hand (ab)schlagen.
punt[3] [pʌnt] *v/i* **1.** *Kartenspiel:* gegen die Bank setzen. **2.** *colloq.* a) (auf ein Pferd) setzen, b) *allg.* wetten.
puntˑer[1] [ˈpʌntə(r)] *s* Puntfahrer(in); j-d, der ein Boot stakt.
puntˑer[2] [ˈpʌntə(r)] *s* **1.** ˈBörsenspekuˌlant *m.* **2.** a) Poinˈteur (*der gegen den Bankhalter spielt*), b) kleiner (berufsmäßiger) Spieler.
puˑny [ˈpjuːnɪ] *adj* (*adv* **punily**) **1.** schwächlich. **2.** klein, winzig. **3.** kümmerlich, armselig.
pup [pʌp] **I** *s* **1.** junger Hund: **in ~** trächtig (*Hündin*); **to sell s.o. a ~** *colloq.* j-m etwas andrehen'. **2.** a) junger Seehund, b) junger Otter. **3.** *oft* **young ~** *fig.* → **puppy 3. 4.** *Am. sl.* ‚Niete' *f* (*wertlose*

Kapitalanlage etc). **II** *v/t u. v/i* **5.** (Junge) werfen.
puˑpa [ˈpjuːpə] *pl* **-pae** [-piː], **-pas** *s zo.* Puppe *f.* ˈ**puˑpal** *adj zo.* Puppen...
puˑpate [ˈpjuːpeɪt] *v/i zo.* sich verpuppen. **puˈpaˑtion** *s zo.* Verpuppung *f.*
puˑpil[1] [ˈpjuːpl; -pɪl] *s* **1.** Schüler(in). **2.** *econ.* Praktiˈkant(in). **3.** *fig.* Schüler(in), Jünger(in). **4.** *jur.* Mündel *m, n* (*Junge unter 14, Mädchen unter 12*).
puˑpil[2] [ˈpjuːpl; -pɪl] *s anat.* Puˈpille *f.*
puˑpilˑ(l)age [ˈpjuːpɪlɪdʒ] *s* **1.** Schulzeit *f.* **2.** *jur.* Unmündigkeit *f.*
puˑpilˑ(l)ar [ˈpjuːpɪlə(r)], ˈ**puˑpiˑ(l)laˑry** [-lərɪ; *Am.* -ˌlerɪ:] *adj* **1.** *jur.* Mündel... **2.** *anat.* Pupillen...: **~ reflex** Pupillarreflex *m.*
Puˑpin coil [pjuːˈpiːn] *s electr.* Puˈpinspule *f.*
puˑpinˑize [pjuːˈpiːnaɪz] *v/t electr.* pupiniˈsieren.
puˑpipˑaˑrous [pjuːˈpɪpərəs] *adj zo.* puppengebärend.
pupˑpet [ˈpʌpɪt] *s a. fig.* Marioˈnette *f,* Puppe *f:* **~ government** Marionettenregierung *f;* **~ show** (*od.* **play**) Marionetten-, Puppenspiel *n;* **~ state** Marionettenstaat *m;* **~ valve** *tech.* Tellerventil *n.* ˌ**pupˑpetˈeer** *s* Puppenspieler(in). ˈ**pupˑpetˑry** [-trɪ] *s* **1.** Puppenspielkunst *f.* **2.** *obs. fig.* Mummenschanz *m.* **3.** *Literatur:* konstruˈierte (*blutlose*) Charakˈtere *pl.*
pupˑpy [ˈpʌpɪ] *s* **1.** junger Hund. **2.** (*das*) Junge (*verschiedener anderer Tiere*). **3.** *fig.* (junger) ‚Schnösel' *od.* Springinsfeld, eingebildeter ‚Fatzke'. **~ dog** *s* Kindersprache: junger Hund.
pupˑpyˑdom [ˈpʌpɪdəm] *s* **1.** Jugend-, Flegeljahre *pl.* **2.** Albernheit *f.*
pupˑpy fat *s colloq.* ‚Babyspeck' *m.* ˈ**pupˑpy-hood** → **puppydom.**
pupˑpy love → **calf love.**
pup tent *s* (*kleines*) Schutzzelt.
pur → **purr.**
purˑblind [ˈpɜːblaɪnd; *Am.* ˈpɜːrbl-] **I** *adj* **1.** *fig.* kurzsichtig, borˈniert, dumm. **2.** halbblind. **3.** *obs.* blind. **II** *v/t* **4.** *fig.* kurzsichtig machen, verblenden. ˈ**purˑblindˑness** *s* **1.** *fig.* Kurzsichtigkeit *f.* **2.** Halbblindheit *f.* **3.** *obs.* Blindheit *f.*
purˑchasˑaˑble [ˈpɜːtʃəsəbl; *Am.* ˈpɜːr-] *adj* käuflich (*a. fig.*).
purˑchase [ˈpɜːtʃəs; *Am.* ˈpɜːr-] **I** *v/t* **1.** kaufen, erstehen, (käuflich) erwerben. **2.** erkaufen, erringen (**with** mit, durch): **dearly ~d** teuer erkauft. **3.** *fig.* ‚kaufen' (*bestechen*). **4.** *jur.* erwerben (*außer durch Erbschaft*). **5.** *mar. tech.* a) hochwinden, -ziehen, b) (mit Hebelkraft) heben *od.* bewegen. **II** *s* **6.** (An-, Ein)Kauf *m:* **by ~** durch Kauf, käuflich; **to make a ~ of s.th.** etwas kaufen; **to make ~s** Einkäufe machen. **7.** ˈKauf(obˌjekt *n*) *m,* Anschaffung *f.* **8.** *Bilanz:* Wareneingänge *pl.* **9.** *jur.* Erwerbung *f* (*außer durch Erbschaft*). **10.** (Jahres)Ertrag *m:* **at ten years' ~** zum Zehnfachen des Jahresertrags; **his life is not worth a day's ~** er lebt keinen Tag mehr, er macht es nicht mehr lange. **11.** Hebevorrichtung *f,* *bes.* a) Flaschenzug *m,* b) *mar.* Talje *f.* **12.** Hebelkraft *f,* -wirkung *f.* **13.** guter Angriffs- *od.* Ansatzpunkt. **14.** *fig.* a) einflußreiche Posiˈtion, Machtstellung *f,* b) Machtmittel *n,* Handhabe *f.* **~ acˈcount** *s econ.* Wareneingangskonto *n.* **~ book,** **~ jourˑnal** *s econ.* Wareneingangsbuch *n.* **~ monˑey** *s* Kaufsumme *f:* **~ mortgage** *Am.* (Rest-)Kaufgeldhypothek *f.* **~ price** *s* Kaufpreis *m.*
ˈ**purˑchasˑer** *s* **1.** Käufer(in), *econ. a.* Abnehmer(in). **2.** *jur.* Erwerber *m* (*außer durch Erbschaft*). **3.** → **purchasing agent.**

pur·chase tax *s Br. hist.* Erwerbs-, Kaufsteuer *f.*
'pur·chas·ing| a·gent *s econ.* Einkäufer *m (e-r Firma).* **~ as·so·ci·a·tion** *s* Einkaufsgenossenschaft *f.* **~ de·part·ment** *s* Einkauf *m.* **~ pow·er** *s* Kaufkraft *f:* **excessive ~** Kaufkraftüberhang *m.*
pure [pjʊə(r)] *adj (adv → purely)* **1.** a) pur, unvermischt, rein: **~ silk**; **~ alcohol** reiner Alkohol; **~ gold** reines *od.* pures Gold; **~ white** reines Weiß, b) lupenrein *(Diamant).* **2.** rein, makellos: **~ Italian** reines Italienisch; **a ~ friendship** e-e reine Freundschaft. **3.** rein, sauber: **~ hands. 4.** *(moralisch)* rein: a) unschuldig, unbefleckt, b) unberührt, keusch: **a ~ girl**. **5.** rein, unverfälscht. **6.** *mus.* a) (ton)rein, b) obertonfrei. **7.** klar: **~ style. 8.** *biol.* a) reinrassig, -blütig, b) homozy'got, reinerbig: **~ line** reine Abstammungslinie. **9.** rein, theo'retisch: **~ science** reine Wissenschaft. **10.** rein *(Kunst).* **11.** pur, rein, völlig: **~ nonsense**; **laziness ~ and simple** reine Faulheit. **12.** fein, pur *(Zufall):* **by ~ accident** rein zufällig. **13.** rein *(Sprachlaut).*
'pure|·blood I *adj* **1.** → purebred I. **II** *s* **2.** → purebred II. **3.** *Am.* 'Vollblutin·di₁aner(in). '~**blood·ed** → purebred I. '~**bred I** *adj* reinrassig, rasserein. **II** *s* reinrassiges Tier. **~ cul·ture** *s biol.* 'Reinkul₁tur *f.*
pu·rée ['pjʊəreɪ; *Am.* pjʊ'reɪ] **I** *s* **1.** Pü'ree *n.* **2.** (Pü'ree)Suppe *f.* **II** *v/t* **3.** pü'rieren.
pure·ly ['pjʊə(r)lɪ] *adv* **1.** rein. **2.** rein, bloß, ganz: **~ accidental. 3.** ausschließlich. **'pure·ness** *s* Reinheit *f.*
pur·fle [pɜːfl; *Am.* 'pɜːrfəl] *v/t* **1.** *bes.* ein Kleid mit e-r Schmuckborte verzieren. **2.** *bes. arch.* (am Rand) mit Orna'menten verzieren.
pur·ga·tion [pɜːˈgeɪʃn; *Am.* ₁pɜːrˈɡ-] *s* **1.** *bes. relig. u. fig., a. jur. hist.* Reinigung *f.* **2.** *med.* Darmentleerung *f,* Entschlackung *f.* **'pur·ga·tive** [-gətɪv] **I** *adj (adv ~ly)* **1.** reinigend *(a. jur. hist.).* **2.** *med.* pur'gierend, abführend, Abführ...: **to have a ~ effect** abführend wirken. **II** *s* **3.** *pharm.* Abführmittel *n.* **pur·ga'to·ri·al** [-ˈtɔː·rɪəl; *Am. a.* ·ˈtoʊ-] *adj relig.* **1.** Reinigungs..., Sühne... **2.** Fegefeuer...
pur·ga·to·ry ['pɜːgətərɪ; -₁tɔː-] *s relig.* Fegefeuer *n, fig. a.* die Hölle.
purge [pɜːdʒ; *Am.* pɜːrdʒ] **I** *v/t* **1.** reinigen, säubern, befreien **(of, from** von). **2.** *fig.* j-n reinigen **(of, from** von), von Schuld *od.* Verdacht freisprechen: **to ~ o.s. of a suspicion** sich von e-m Verdacht reinigen. **3.** e-e Flüssigkeit klären, läutern. **4.** *med.* a) *bes.* den Darm entleeren, entschlacken, b) j-m (ein) Abführmittel geben. **5.** *ein Verbrechen* sühnen. **6.** *pol.* a) *e-e Partei etc* säubern, b) j-n (aus der Par'tei *etc)* ausschließen, c) j-n liqui'dieren (töten). **II** *v/i* **7.** sich läutern. **8.** *med.* a) abführen *(Medikament),* b) Stuhlgang haben. **III** *s* **9.** Reinigung *f,* Säuberung *f.* **10.** *med.* Abführung *f,* Entschlackung *f.* **11.** *pol.* 'Säuberung(sakti₁on) *f.* **12.** *pharm.* Abführmittel *n.* **purg'ee** [-ˈdʒiː] *s pol.* Opfer *n* e-r 'Säuberungs₁akti₁on.
pu·ri·fi·ca·tion [₁pjʊərɪfɪˈkeɪʃn] *s* **1.** Reinigung *f (a. relig.):* **P~ (of the Virgin Mary)** Mariä Lichtmeß *f,* Mariä Reinigung *(2. Februar).* **2.** *tech.* Reinigung *f (a. metall.),* Klärung *f,* (Ab)Läuterung *f, a.* Regene'rierung *f (von Altöl).* **~ plant** *s* Kläranlage *f.*
pu·ri·fi·ca·tor ['pjʊərɪfɪkeɪtə(r)] *s* **1.** Reiniger *m.* **2.** *relig.* Purifika'torium *n (Tuch zur Reinigung des Kelches).*
pu·ri·fi·ca·to·ry [*Br.* 'pjʊərɪfɪkətərɪ; *Am.* pjʊəˈrɪfɪkəˌtɔːrɪ; -ˌtoʊ-] *adj* reinigend, Reinigungs...
pu·ri·fi·er ['pjʊərɪfaɪə(r)] *s* **1.** Reiniger (-in). **2.** *tech.* a) Reinigungsmittel *n,* Reiniger *m,* b) 'Reinigungsappa₁rat *m.*
pu·ri·fy ['pjʊərɪfaɪ] **I** *v/t* **1.** *a. fig.* reinigen **(of, from** von). **2.** *tech.* reinigen, läutern, klären, aufbereiten, raffi'nieren: **~ing plant** Reinigungsanlage *f;* **purified steel** Frischstahl *m.* **II** *v/i* **3.** sich läutern.
Pu·rim ['pjʊərɪm] *s bes. Am.* ['pʊərɪm] *s* Pu'rimfest *n (jüdisches Freudenfest).*
pu·rin ['pjʊərɪn], **pu·rine** ['pjʊəriːn] *s chem.* Pu'rin *n.*
pur·ism ['pjʊərɪzəm] *s bes. ling. u. Kunst:* Pu'rismus *m.* **'pur·ist** *s* Pu'rist *m, bes.* Sprachreiniger *m.*
Pu·ri·tan ['pjʊərɪtən] **I** *s* **1.** *hist.* Puri'taner(in). **2.** *meist* p~ *fig.* Puri'taner(in), sehr sittenstrenger Mensch. **II** *adj* **3.** *hist.* puri'tanisch. **4.** *oft* p~ → **puritanical.** **₁pu·ri'tan·i·cal** [-ˈtænɪkl] *adj (adv ~ly)* puri'tanisch, (über'trieben) sittenstreng. **'Pu·ri·tan·ism** *s* **1.** *hist.* Purita'nismus *m.* **2.** *oft* p~ *fig.* Purita'nismus *m,* Sittenstrenge *f.*
pu·ri·ty ['pjʊərɪtɪ] *s* **1.** Reinheit *f.* **2.** Keuschheit *f.*
purl¹ [pɜːl; *Am.* pɜːrl] **I** *v/i* **1.** murmeln, plätschern *(Bach).* **2.** wirbeln, sich kräuseln. **II** *s* **3.** Murmeln *n,* Plätschern *n.*
purl² [pɜːl; *Am.* pɜːrl] **I** *v/t* **1.** → **purfle 1. 2.** (um)säumen, einfassen. **3.** *etwas* links stricken. **II** *v/i* **4.** links stricken. **III** *s* **5.** Gold- *od.* Silberdrahtlitze *f.* **6.** a) Zäckchen(borte *f) n,* b) Häkelkante *f,* c) Linksstricken *n.* **7.** *a.* **~ stitch** linke Masche.
purl³ [pɜːl; *Am.* pɜːrl] **I** *v/i* **1.** *oft* **~ round** her'umwirbeln. **2.** *colloq.* a) 'umkippen, b) kentern *(Boot),* c) vom Pferd stürzen **II** *v/t* **3.** *colloq.* a) 'umkippen, -werfen, b) *e-n Reiter* abwerfen. **III** *s colloq.* **4.** Stoß *m.* **5.** (schwerer) Sturz.
purl⁴ [pɜːl; *Am.* pɜːrl] *s hist.* **1.** Wermutbier *n.* **2.** gewürztes Warmbier mit Gin.
purl·er ['pɜːlə; *Am.* 'pɜːrlər] *s bes. Br. colloq.* schwerer Sturz: **to come a ~** länglang hinstürzen.
pur·lieu ['pɜːljuː; *Am.* 'pɜːrlu:; -juː] *s* **1.** *Br. hist.* aus e-m königlichen Forst ausgegliedertes, aber noch teilweise den Forstgesetzen unterworfenes Land. **2.** 'Umgegend *f,* Randbezirk(e *pl) m.* **3.** a) (Lebens)Bereich *m,* b) *fig.* Jagdgründe *pl.* **4.** *pl* Grenzen *pl:* **to keep within one's ~s. 5.** *obs.* schmutziges Viertel *(e-r Stadt).*
pur·lin(e) ['pɜːlɪn; *Am.* 'pɜːr-] *s arch.* Pfette *f.*
pur·loin [pɜːˈlɔɪn; *Am.* pɜːr-] *v/t* entwenden, *(a. v/i)* stehlen. **pur'loin·er** *s* Dieb *m.*
pur·ple ['pɜːpl; *Am.* 'pɜːrpəl] **I** *s* **1.** Purpur *m.* **2.** Purpur(kleid *n) m.* **3.** *fig.* Purpur *m (Herrscher- od. Kardinalswürde):* **to raise to the ~** zum Kardinal ernennen, *j-m* den Purpur verleihen. **II** *adj* **4.** purpurn, purpurrot, Purpur... **5.** *Stil:* a) brilˡlant, effektvoll, b) rheˡtorisch, bomˡbastisch: **~ passage, ~ patch** Glanzstelle *f (a. iro.),* *Austral. sl.* Glücks-, Erfolgssträhne *f.* **6.** *Am.* lästerlich: **~ language. III** *v/t a. v/i* **7.** (sich) purpurn färben. **~ em·per·or** *s zo.* Großer Schillerfalter. **P~ Heart** *s* **1.** *mil.* Verwundetenabzeichen *n.* **2.** p~ h~ *pharm. bes. Br. colloq. (herzförmige)* Ampheta'minta₁blette.
pur·plish ['pɜːplɪʃ; *Am.* 'pɜːr-], **'pur·ply** [-plɪ] *adj* purpurfarben, -farbig, -rot.
pur·port **I** *v/t* ['pɜːpət; pəˈpɔːt; *Am.* pərˈpɔːrt; -ˈpoʊrt] **1.** behaupten, vorgeben: **to ~ to be (to do)** angeblich sein (tun); **the letter ~s to be written by him** der Brief erweckt den Eindruck, als wäre er von ihm geschrieben; der Brief ist anscheinend von ihm geschrieben. **2.** besagen, be-inhalten, zum Inhalt haben, ausdrücken (wollen). **II** *s* ['pɜːpət; -pɔːt; *Am.* 'pɜːrpəːrt; -ˌpɔːrt] **3.** Tenor *m,* Sinn *m.*
pur·pose ['pɜːpəs; *Am.* 'pɜːr-] **I** *v/t* **1.** beabsichtigen, vorhaben, bezwecken (s.th. etwas; **doing** *od.* **to do** zu tun). **II** *s* **2.** Zweck *m:* **for this ~** zu diesem Zweck; **for what ~?** zu welchem Zweck?, wozu? **3.** (angestrebtes) Ziel. **4.** Absicht *f,* Vorhaben *n:* **honesty of ~** Ehrlichkeit *f* der Absicht(en); **novel with a ~, ~ novel** Tendenzroman *m.* **5.** *a.* **strength** *(od.* **sense) of ~** Entschlußkraft *f,* Zielbewußtheit *f,* Zielstrebigkeit *f:* **weak of ~** ohne Entschlußkraft. **6.** *(wesentliche)* Sache. **7.** Wirkung *f.*
Besondere Redewendungen:
for all practical ~s praktisch (genommen *od.* gesehen); **for the ~ of** a) zwecks, um zu, b) im Sinne *des Gesetzes etc*; **of set ~** absichtlich, *bes. jur.* vorsätzlich; **on ~** absichtlich; **to the ~** a) zur Sache (gehörig), sachlich, b) zweckdienlich; **to be to little ~** wenig Zweck haben; **to no ~** vergeblich, umsonst; **to turn s.th. to good ~** etwas gut anwenden *od.* nutzen; → **intent¹** 1.
₁pur·pose-ˈbuilt *adj bes. Br.* für e-n speziˡellen Zweck gebaut, speziell (gebaut), Zweck...
'pur·pose·ful [-fʊl] *adj (adv ~ly)* **1.** zielbewußt, entschlossen. **2.** zweckmäßig, -voll. **3.** absichtlich.
'pur·pose·less *adj (adv ~ly)* **1.** zwecklos. **2.** ziel-, planlos. **3.** unentschlossen.
'pur·pose·ly *adv* absichtlich, vorsätzlich.
pur·pos·ive ['pɜːpəsɪv; *Am.* 'pɜːr-] *adj (adv ~ly).* **1.** zweckmäßig, -voll, -dienlich. **2.** absichtlich, bewußt, *a.* gezielt. **3.** zielstrebig, -bewußt. **'pur·pos·iv·ism** *s* Zwecklehre *f.*
₁pur·pose-ˈtrained *adj* mit Speziˡalausbildung.
pur·pres·ture [pɜːˈprestʃə(r); *Am.* ₁pɜːr-] *s jur.* 'widerrechtliche Aneignung fremden Grundbesitzes.
pur·pu·ra ['pɜːpjʊrə; *Am.* 'pɜːr-; *a.* -pʊrə] *s med.* Purpura *f,* Blutfleckenkrankheit *f.*
pur·pu·ric [pɜːˈpjʊərɪk; *Am.* ₁pɜːr-] *adj* **1.** *med.* Purpura... **2.** *chem.* purpursauer: **~ acid** Purpursäure *f.*
purr [pɜː; *Am.* pɜːr] **I** *v/i* **1.** schnurren *(Katze etc).* **2.** *fig.* surren, summen *(Motor etc).* **3.** *fig.* vor Behagen schnurren. **II** *v/t* **4.** *etwas* ‚summen', ‚säuseln' *(sagen).* **III** *s* **5.** Schnurren *n.* **6.** *fig.* Surren *n,* Summen *n (des Motors etc).*
pur sang [₁pʊəˈsɑ̃ː] *adj* reinblütig, (wasch)echt: **a Conservative ~** ein waschechter Konservativer.
purse [pɜːs; *Am.* pɜːrs] **I** *s* **1.** a) Geldbeutel *m,* Börse *f,* Portemonˡnaie *n,* b) Brieftasche *f (a. fig.),* c) *Am.* (Damen)Handtasche *f:* **a light (long) ~** *fig.* ein magerer (voller) Geldbeutel; **public ~** Staatssäckel *m;* **one cannot make a silk ~ out of a sow's ear** aus e-m Kieselstein kann man keinen Diamanten schleifen; **that is beyond** *(od.* **not within) my ~** das übersteigt m-e Finanzen. **2.** Fonds *m:* **common ~** gemeinsame Kasse. **3.** Geldsammlung *f,* Geldgeschenk *n:* **to make up a ~ for** Geld sammeln für. **4.** *sport* a) Siegprämie *f,* b) *Boxen:* Börse *f.* **II** *v/t* **5.** *a.* **~ up** in Falten legen: **to ~ one's brow** die Stirn runzeln; **to ~ one's lips** die Lippen schürzen. **6.** *obs.* Geld einstecken. **III** *v/i* **7.** sich (in Falten) zs.-ziehen, sich runzeln.
~ bear·er *s* **1.** Schatzmeister *m.* **2.** *Br.* Großsiegelträger *(der dem Lordkanzler das Großsiegel voranträgt).* '~**proud** *adj* geldstolz.
purs·er ['pɜːsə; *Am.* 'pɜːrsər] *s mar.* Zahl-, Proviˡantmeister *m.*
'purse| seine *s Fischfang:* Beutelnetz *n.* **~**

silk s Kordo'nettseide f. **~ snatch·er** s Am. Handtaschenräuber m. **~ strings** s pl: **to hold** (od. **control**) **the ~** die Finanzen verwalten; **to tighten** (**loosen**) **the ~** den Geldhahn zudrehen (aufdrehen).

purs·lane ['pɜːslɪn; Am. 'pɜr-] s bot. Portulak(gewächs n) m.

pur·su·ance [pə(r)'sjuːəns; bes. Am. -'suː-] s Ausführung f, Verfolgung f, Verfolg m: **in ~ of** a) im Verfolg (gen), b) → **pursuant; in ~ of truth** auf der Suche nach (der) Wahrheit. **pur'su·ant** adj: **~ to** e-r Vorschrift etc gemäß od. entsprechend, laut e-m Befehl etc, gemäß Paragraph etc: **~ to Section 1.**

pur·sue [pə(r)'sjuː; bes. Am. -'suː] I v/t **1.** verfolgen, j-m nachsetzen, j-n jagen: **to ~ the enemy. 2.** e-n Zweck, ein Ziel, e-n Plan verfolgen. **3.** nach Glück etc streben, dem Vergnügen etc nachgehen. **4.** bes. fig. e-n Kurs, Weg einschlagen, folgen (dat). **5.** Studien, e-n Beruf etc betreiben, nachgehen (dat). **6.** weiterführen, fortsetzen, fortfahren in (dat). **7.** ein Thema etc weiterführen, vertiefen, 'weiterdiskutieren. **8.** jur. bes. Scot. anklagen. II v/i **9. ~ after** → 1. **10.** fortfahren (bes. im Sprechen), weitermachen. **pur'su·er** s **1.** Verfolger(in). **2.** jur. bes. Scot. (An-)Kläger(in).

pur·suit [pə(r)'sjuːt; bes. Am. -'suːt] s **1.** (of) Verfolgung f (gen), Jagd f (auf acc): **to be in ~ of** s.o. → **pursue** 1; **in hot ~ in** wilder Jagd. **2.** Streben n, Trachten n, Jagd f (**of** nach): **~ of gain** (od. **profit**) Gewinnstreben. **3.** Verfolgung f, Verfolg m, Betreibung f (e-s Plans etc). **4.** Beschäftigung f, Betätigung f, Beruf m. **5.** Ausübung f (e-s Gewerbes etc), Betreiben n (von Studien etc). **6.** pl Studien pl, Arbeiten pl, Geschäfte pl. **7.** Ziel n, Zweck m. **8.** Radsport: Verfolgung f. **~ in·ter·cep·tor** s aer. Zerstörer m. **~ plane** s Jagdflugzeug n, Jäger m. **~ race** s Radsport: Verfolgungsrennen n. **~ rid·er** s Radsport: Verfolgungsfahrer m.

pur·sui·vant ['pɜːsɪvənt; Am. 'pɜr-] s **1.** 'Unterherold m (niederste Heroldsklasse). **2.** poet. Begleiter m.

pur·sy[1] ['pɜːsɪ; Am. 'pɜr-] adj **1.** kurzatmig. **2.** obs. beleibt, korpu'lent. **3.** protzig.

pur·sy[2] ['pɜːsɪ; Am. 'pɜr-] adj zs.-gekniffen (Mund).

pu·ru·lence ['pjʊərʊləns], a. **'pu·ru·len·cy** [-sɪ] s med. **1.** Eitrigkeit f. **2.** Eiter m. **'pu·ru·lent** adj (adv **~ly**) med. eiternd, eit(e)rig: **~ discharge** Eiterfluß m; **~ matter** Eiter m.

pur·vey [pə(r)'veɪ] I v/t (**to**) bes. Lebensmittel liefern (an acc), (j-n) versorgen mit. II v/i (Lebensmittel) liefern (**for** an acc, **für**): **to ~ for** s.o. j-n beliefern, versorgen. **pur'vey·ance** s Lieferung f, Beschaffung f (bes. von Lebensmitteln). **pur'vey·or** [-ə(r)] s **1.** Liefe'rant m: **P~ to the Royal Household** Königlicher Hoflieferant. **2.** hist. Beamter, der Einkäufe etc für die Krone tätigte.

pur·view ['pɜːvjuː; Am. 'pɜrvjuː] s **1.** jur. verfügender Teil (e-s Gesetzes). **2.** (Anwendungs)Bereich m, Geltungsgebiet n (e-s Gesetzes etc). **3.** jur. Zuständigkeit(sbereich m) f: **that is within** (**outside**) **our ~** das fällt (nicht) in unseren Zuständigkeitsbereich. **4.** Wirkungskreis m, Tätigkeitsfeld n, Sphäre f, Gebiet n. **5.** Gesichtskreis m, Blickfeld n (a. fig.).

pus [pʌs] s Eiter m: **~ focus** Eiterherd m.

push [pʊʃ] I s **1.** Stoß m, Schubs m: **to give s.o. a ~** a) j-m e-n Stoß versetzen, b) mot. j-n anschieben; **to give s.o. the ~** Br. colloq. j-n 'rausschmeißen' (entlassen); **to get the ~** colloq. 'rausgeschmissen werden', 'fliegen' (entlassen werden); **when ~ comes to shove** Am. colloq. wenn es hart auf hart geht. **2.** arch. geol. tech. (horizon'taler) Druck, Schub m. **3.** Anstrengung f, Bemühung f: **to make a ~** sich mächtig anstrengen; **at the first ~** auf (den ersten) Anhieb. **4.** Vorstoß m (**for** auf acc) (a. fig.): **to make a ~. 5.** mil. ('Groß)Offen,sive f: **to make a ~** e-e Offensive starten. **6.** ('Werbe)Kam,pagne f. **7.** fig. Anstoß m, Antrieb m. **8.** Druck m, Drang m (der Verhältnisse). **9.** kritischer Augenblick. **10.** Notfall m: **at a ~** im Notfall; **to bring to the last ~** zum Äußersten od. auf die Spitze treiben; **when it came to the ~** als es darauf ankam. **11.** colloq. Schwung m, Ener'gie f, Tatkraft f, Draufgängertum n. **12.** Protekti'on f: **to get a job by ~. 13.** Menge f, Haufen m (von Menschen). **14.** sl. a) (exklu'sive) Clique, b) ,Verein' m, ,Bande' f.
II v/t **15.** stoßen, schieben, schubsen, drücken: **to ~ open** aufstoßen; **to ~ over** umstoßen, -umwerfen. **16.** drängen: **to ~ the enemy into the sea** den Feind ins Meer treiben; **to ~ one's way ahead** (**through**) sich vor-(durch)drängen. **17.** (an)treiben, drängen (**to** zu; **to do** zu tun): **to ~ s.o. for** j-n bedrängen wegen, j-m zusetzen wegen; **to ~ s.o. for payment bei** j-m auf Bezahlung drängen; **I am ~ed for time** ich bin in Zeitnot, ich komme in Gedränge; **to be ~ed for money** in Geldverlegenheit sein; **to ~ s.th. on s.o.** j-m etwas aufdrängen. **18.** a. **~ ahead** (od. **forward**. **on**) e-e Angelegenheit e'nergisch betreiben od. verfolgen, vor'antreiben; **to ~ s.th. too far** etwas zu weit treiben; **to ~ one's fortune** sein Glück erzwingen (wollen). **19.** a. **~ through** (od. **home**) etwas 'durchsetzen, -drücken, e-n Vorteil ausnutzen. **20.** Re'klame machen für, die Trommel rühren für. **21.** colloq. verkaufen, Rauschgift pushen. **22.** colloq. sich e-m Alter nähern: **he is ~ing seventy** er geht auf die Siebzig zu.
III v/i **23.** schieben, stoßen, schubsen. **24.** drücken, drängen: **to ~ by** (od. **past**) s.o. sich an j-m vorbeidrängen. **25.** a. **~ forward** (sich) vorwärtsdrängen, sich vor'ankämpfen. **26.** sich tüchtig ins Zeug legen. **27.** (rücksichtslos) vorwärtsstreben (nach höherer Stellung etc). **28. to ~ ahead** (od. **forward** od. **on**) **with** → 18.
Verbindungen mit Adverbien:
push| **a·bout** v/t her'umschubsen (a. fig. colloq. schikanieren). **~ a·long** v/i colloq. ,auf die Socken machen'. **~ a·round** → push about. **~ a·side** v/t **1.** zur Seite schieben, abdrängen. **2.** fig. an die Wand drängen. **~ back** v/t **1.** Demonstranten, mil. Feind zu'rückdrängen. **2.** Haar aus der Stirn streichen, zu'rückstreichen, Brille wieder hochschieben. **~ for·ward I** v/t **1.** → push 18. **2. to push o.s. forward** fig. sich in den Vordergrund drängen od. schieben. **II** v/t **3.** → push 28. **~ off I** v/t **1.** Waren abstoßen, losschlagen. **2.** das Boot abstoßen. **II** v/i **3.** mar. abstoßen (**from** von). **4.** colloq. ,abhauen', verschwinden: **~!** hau ab! **5. ~!** colloq. ,schieß los!' (erzähle). **6.** → **push along. ~ on** I v/i **1.** sich beeilen. **2.** → **push 28. II** v/t **3.** j-n antreiben. **4.** → **push 18. ~ out** v/t **1.** hin'ausschieben, -stoßen. **2.** vorschieben. **3.** Wurzeln, Zweige etc treiben. **II** v/i **4.** mar. in See stechen. **5.** hin'ausragen. **~ un·der** v/t: **I won't be pushed under!** ich lass' mich nicht unterkriegen! **~ up** v/t **1.** hoch-, hin'aufschieben, -stoßen. **2.** Preise etc hochtreiben.

'push|·ball s Pushball(spiel n) m. **~ bi·cy·cle** s Br., **~ bike** s Br. colloq. Fahrrad n (Ggs. Motorrad). **'~,but·ton** s tech. Druckknopf m, -taste f. **'~,but·ton** adj druckknopfgesteuert, Druckknopf...: **~ switch;** **~ control** Druckknopfsteuerung f; **~ telephone** Tastentele'fon n; **~ tuning** (Radio) Drucktasteneinstellung f; **~ warfare** automatische Kriegführung. **'~·cart** s **1.** (Hand)Karren m. **2.** Am. Einkaufswagen m. **'~·chair** s Br. Sportwagen m (für Kinder).

'push·er s **1.** tech. Schieber m. **2.** Schieber m (Kinderbesteck). **3.** 'Schub-, 'Hilfslokomo,tive f. **4.** a. **~ airplane** Flugzeug n mit Druckschraube. **5.** colloq. a) Streber m, Ehrgeizling m, b) Draufgänger m. **6.** colloq. Pusher m (Rauschgifthändler). **7.** Austral. Sportwagen m (für Kinder). **~ barge, ~ tug** s mar. Schubschiff n.

'push·ful [-fʊl] adj (adv **~ly**) e'nergisch, aggres'siv, draufgängerisch.

push·i·ness ['pʊʃɪnɪs] → **pushingness**. **'push·ing** adj (adv **~ly**) **1.** → **pushful**. **2.** streberisch. **3.** auf-, zudringlich. **'push·ing·ness** s **1.** aufdringliche Art, Aufdringlichkeit f. **2.** Strebertum n.

'push|-off s **1.** Abstoßen n (vom Ufer). **2.** colloq. Anfang m, Start m. **'~,o·ver** s colloq. **1.** leicht zu besiegender Gegner, sport a. 'Punktliefe,rant m. **2.** Gimpel m: **he is a ~ for that** darauf fällt er (immer) prompt herein. **3.** Kinderspiel n, Kleinigkeit f, ,kleine Fische' pl. **'~·pin** s Am. **1.** Pin-Nagel m, Bildernagel m. **2.** Nadelschieben n (Kinderspiel). **'~-'pull** adj electr. Gegentakt... **~ rod** s mot. Stößel-, Stoßstange f. **~ start** s Anschieben n. **'~-start** v/t Auto anschieben. **'~-to-'talk but·ton** s Funk: Sprechtaste f. **'~-up** s sport Am. Liegestütz m: **to do a ~** e-n Liegestütz machen.

'push·y → **pushing**.

pu·sil·la·nim·i·ty [,pjuːsɪlə'nɪmətɪ] s Kleinmut m, Kleinmütigkeit f, Verzagtheit f. **,pu·sil'lan·i·mous** [-'lænɪməs] adj kleinmütig, verzagt.

puss[1] [pʊs] s **1.** Mieze(kätzchen n) f, Katze f, Kätzchen n (alle a. fig. colloq. Mädchen): **P~ in Boots** gestiefelter Kater; **~ in the corner** Kämmerchenvermieten n (Spiel). **2.** Br. Häs·chen n.

puss[2] [pʊs] s sl. ,Fresse' f (Gesicht, a. Mund).

puss·l(e)y ['pʌslɪ:] s bot. Am. Kohlportulak m.

puss·y ['pʊsɪ] s **1.** → **puss**[1] 1. **2.** → **tipcat**. **3.** (etwas) Weiches u. Wolliges, bes. bot. (Weiden)Kätzchen n. **4.** vulg. a) ,Muschi' f, ,Möse' f (Vulva), b) ,Nummer' f (Geschlechtsverkehr): **to have some ~**, e-e Nummer machen od. schieben', ,bumsen'.

'puss·y|·cat s **1.** → **puss**[1] 1. **2.** → **pussy willow. '~·foot I** v/i **1.** (wie e-e Katze) schleichen. **2.** fig. colloq. leisetreten. **3.** fig. colloq. (**on**) sich nicht festlegen (auf acc), herumreden (um). **II** pl **-foots** s **4.** Schleicher m. **5.** fig. colloq. Leisetreter m. **6.** fig. colloq. j-d, der sich nicht festlegen will. **III** adj **7.** colloq. sich nicht festlegend, absichtlich unklar. **'~·foot·er** → **pussyfoot II. '~,foot·ing** adj colloq. **1.** leisetreterisch. **2.** → **pussyfoot III. ~ wil·low** s bot. Verschiedenfarbige Weide.

pus·tu·lar ['pʌstjʊlə(r); Am. bes. -tʃələr] adj med. **1.** pustelartig, Pustel... **2.** mit Pusteln bedeckt. **'pus·tu·late I** v/t u. v/i (-leit) pustu'lös machen (werden). **II** adj [-lət; -leit] pustu'lös, mit Pusteln bedeckt. **,pus·tu'la·tion** s Pustelbildung f.

pus·tule ['pʌstjuːl; *Am. bes.* -tʃuːl] *s* **1.** *med.* Pustel *f*, Eiterbläs·chen *n*. **2.** *bot. zo.* Warze *f*. **'pus·tu·lous** [-tjələs; *Am. bes.* -tʃələs] *adj med.* pustu'lös, pustelig.

put [pʊt] **I** *s* **1.** *bes. sport* Stoß *m*. **2.** *Börse:* Rückprämie *f (beim Prämiengeschäft)*: ~ **and call** Rück- u. Vorprämie, Stellagegeschäft *n*; ~ **of more** *Br.* Rückprämie mit Nachliefern.
II *adj* **3.** *colloq.* ruhig, an Ort u. Stelle, unbeweglich: **to stay** ~ a) sich nicht (vom Fleck) rühren, b) festbleiben (*a. fig.*).
III *v/t pret u. pp* **put 4.** legen, stellen, setzen, tun: ~ **it on the table** leg es auf den Tisch; **I shall** ~ **the matter before him** ich werde ihm die Sache vorlegen; ~ **the matter in(to) his hands** leg die Angelegenheit in s-e Hände; **I** ~ **him above his brother** ich stelle ihn über s-n Bruder; **to** ~ **s.o. on a job** j-n an e-e Arbeit setzen, j-n mit e-r Arbeit betrauen; → **a.** die Verbindungen mit den entsprechenden Substantiven. **5.** stecken (**in one's pocket** in die Tasche; **in prison** ins Gefängnis). **6.** *j-n* ins Bett, in e-e unangenehme Lage etc, etwas auf den Markt, in Ordnung etc bringen: **he** ~ **her across the river** er brachte *od.* beförderte sie über den Fluß; **to** ~ **the cow to the bull** die Kuh zum Stier bringen; **to** ~ **into shape** in (die richtige) Form bringen; **to** ~ **one's brain to it** sich darauf konzentrieren, die Sache in Angriff nehmen; **to** ~ **s.th. on paper** etwas zu Papier bringen; **to** ~ **s.o. right** in e-n Kaffee. → **mind** 2. **7.** *etwas* in Kraft, in Umlauf, in Gang etc, *j-n* in Besitz, ins Unrecht, über ein Land etc setzen: **to** ~ **o.s. in a good light** sich ins rechte Licht setzen; ~ **the case that** gesetzt den Fall, daß; → **action** 1 *u*. 2, **end** *Bes. Redew.*, **foot** 1, **place** 1, **trust** 1. **8.** ~ **o.s.** sich *in j-s Hände etc* begeben: **to** ~ **o.s. under s.o.'s care** sich in j-s Obhut begeben; ~ **yourself in(to) my hands** vertraue dich mir ganz an. **9.** unter'werfen, aussetzen (**to** *dat*): **I have** ~ **you through much** ich habe dir viel zugemutet; → **death** 1, **expense** *Bes. Redew.*, **inconvenience** 1, **question** 6, **shame** 2, **sword** 1, **test**[1] 2. **10.** ~ **out of** aus ... hin'ausstellen, verdrängen *od.* werfen aus, außer *Betrieb od. Gefecht etc* setzen: → **action** 13, **running** 2. **11.** *Land* bepflanzen (**into**, **under** mit): **land was** ~ **under potatoes. 12.** (to) setzen (*an acc*), (an)treiben *od.* drängen *od.* zwingen (zu): **to** ~ **s.o. to work** j-n an die Arbeit setzen, j-n arbeiten lassen; **to** ~ **to school** zur Schule schicken; **to** ~ **to trade** *j-n* ein Handwerk lernen lassen; **to** ~ **s.o. to a joiner** j-n bei e-m Schreiner in die Lehre geben; **to** ~ **the horse to** (*od.* **at**) **the fence** das Pferd zum Sprung über den Zaun antreiben; **to** ~ **s.o. to it** j-m zusetzen, j-n bedrängen; **to be hard** ~ **to it** arg bedrängt werden, in große Bedrängnis kommen; **they were hard** ~ **to it to find a house** sie taten sich schwer, ein Haus zu finden; **to** ~ **s.o. through a book** j-n zum Durchlesen e-s Buches zwingen; **to** ~ **s.o. through it** j-n auf Herz u. Nieren prüfen; → **blush** 4, **flight**[2], **pace**[1] 5. **13.** veranlassen, verlocken (**on**, **to** zu). **14.** *in Furcht*, *Wut etc* versetzen: **to** ~ **s.o. in fear of his life** j-m e-e Todesangst einjagen; → **countenance** 2, **ease** 2, **guard** 10, **mettle** 2, **temper** 4. **15.** über'setzen, -'tragen (**into French** ins Fran'zösische). **16.** (un)klar *etc* ausdrücken, klug ein*e* formu'lieren, in *Worte* fassen: **I cannot** ~ **it into words** ich kann es nicht in Worte fassen; **how shall I** ~ **it?** wie soll ich mich *od.* es ausdrücken?; ~ **another way** anders gesagt *od.* ausgedrückt, mit anderen Worten; → **mild** 1. **17.** schätzen (**at** auf *acc*): **I** ~ **his income at £1,200 a year. 18.** (**to**) verwenden (für), anwenden (zu): **to** ~ **s.th. to a good use** etwas gut verwenden. **19.** *e-e Entscheidung etc* gründen (**on** auf *acc*). **20.** *e-e Frage*, *e-n Antrag etc* stellen, vorlegen: **I** ~ **it to you** a) ich appelliere an Sie, ich wende mich an Sie, b) ich stelle es Ihnen anheim; **I** ~ **it to you that** *bes. jur.* ich halte Ihnen vor, daß; gebe ich Ihnen zu, daß; → **question** 1. **21.** *Geld* setzen, wetten (**on** auf *acc*). **22.** (**into**) *Geld* stecken (**in** *acc*), anlegen (**in** *dat*), inve'stieren (**in** *dat*): **he** ~ **money into houses. 23.** *e-e Steuer etc* erlegen, legen: **to** ~ **a tax on s.th.** etwas besteuern, e-e Steuer auf etwas legen. **24.** *die Schuld* zuschieben, geben (**on** *dat*): **they** ~ **the blame on him. 25.** *die Uhr* stellen. **26.** hin'zufügen, (hin'ein)tun, geben: ~ **sugar in(to) your coffee** tu Zucker in d-n Kaffee. **27.** *bes. sport die Kugel*, *den Stein* stoßen. **28.** schleudern, werfen. **29.** *e-e Waffe* stoßen, *e-e Kugel* schießen (**in**, **into** in *acc*). **30. to** ~ **one across s.o.** *colloq.* j-n ,drankriegen' *od.* ,anführen'.
IV *v/i* **31.** sich begeben, fahren, gehen, *bes.* eilen (**for** nach): **to** ~ **to land** an Land gehen; **to** ~ **to sea** in See stechen; **to** ~ **for home** *Am. colloq.* sich ,heim,trollen'. **32.** *mar.* segeln, steuern, fahren. **33.** *Am.* münden, sich ergießen, fließen (**into** *acc*): **the river** ~**s into a lake. 34.** ~ **upon** (*meist pass*) a) *j-m* zusetzen, *j-n* bedrängen, b) *j-n* ausnutzen, c) *j-n* betrügen, ,her'einlegen'.
Verbindungen mit Adverbien:

put│a·bout I *v/t* **1.** *mar.* den Kurs (*e-s Schiffs*) ändern. **2.** *ein Gerücht* verbreiten, in 'Umlauf setzen. **3.** *meist pass* a) beunruhigen, b) ärgern, c) aus der Fassung bringen, d) quälen. **4. to put it** (*od. o.s.*) **about** *Br. sl.* ,scharf' sein (*bes. Frau*). **II** *v/i* **5.** *mar.* den Kurs ändern. ~ **a·cross** *v/t* **1.** *j-n, Ware* 'übersetzen. **2.** *colloq.* etwas ,schaukeln', erfolgreich 'durchführen, Erfolg haben mit: **to put it across** Erfolg haben, ,es schaffen'. **3.** *e-e Idee etc* ,an den Mann bringen', ,verkaufen', ,ankommen mit', *etwas* 'durchsetzen (**to** bei): **to put o.s. across** ,ankommen' (**to** bei). ~ **a·side** *v/t* **1.** ~ **put away** 1 *u*. 3. **2.** *Ware* zu'rücklegen (*im Geschäft*). **3.** *Streit etc* begraben, vergessen. ~ **a·way** *v/t* **1.** weglegen, -stecken, -tun, bei'seite legen. **2.** auf-, wegräumen. **3.** *Geld* zu'rücklegen, ,auf die hohe Kante legen'. **4.** *ein Laster etc* ablegen. **5.** sich trennen von, *engS. a.* sich scheiden lassen von. **6.** *colloq. Speisen etc* ,verdrücken', *Getränke* ,runterstellen', ,schlucken': **he can** ~ **quite a lot der kann ganz schön was schlucken. 7.** *colloq. j-n* ,einsperren', in e-e Anstalt stecken. **8.** *colloq.* a) *j-n* ,beseitigen', ,aus dem Weg räumen' (*umbringen*), b) *Tier* einschläfern. **9.** *obs. od. Bibl. e-e Frau* verstoßen. **II** *v/i* **10.** *mar.* auslaufen (**for** nach). ~ **back I** *v/t* **1.** zu'rückstellen, -stellen, -tun. **2.** *die Uhr* zu'rückstellen, *den Zeiger* zu'rückdrehen. → **clock**[1] 1. **3.** *fig.* aufhalten, hemmen. **4.** *ped. e-n Schüler* zu'rückversetzen. **5.** verschieben (**two days um zwei Tage**). **II** *v/i* **6.** *bes. mar.* 'umkehren, zu'rückkehren (**to** nach, **in** *acc*). ~ **by** *v/t* **1.** ~ **put away** 1 *u*. 3. **2.** *e-r Frage etc* ausweichen. **3.** *fig.* bei'seite schieben, *j-n* über'gehen. ~ **down I** *v/t* **1.** a) 'hin-, niederlegen, -stellen, -setzen: → **foot** 1, b) *Messer etc* weglegen, -stecken. **2.** (*auf der Fahrt*) absetzen, aussteigen lassen. **3.** *ein Flugzeug* aufsetzen, landen. **4.** a) einkellern, b) *e-n Weinkeller* anlegen. **5.** *j-n* (*von e-m Posten*) absetzen. **6.** a) *j-n* ,ducken', demütigen, b) *j-n* her'absetzen, schlechtmachen. **7.** *Kritiker etc* zum Schweigen bringen. **8.** *e-n Aufstand* niederschlagen. **9.** *e-n Mißstand* beseitigen, ausmerzen. **10.** *Tier* einschläfern. **11.** *Br.* etwas aufgeben. **12.** (auf-, nieder)schreiben, schriftlich niederlegen. **13.** *econ.* anschreiben (**to** *dat*): **to put s.th. down to s.o.'s account** j-m etwas auf die Rechnung setzen. **14.** *parl.* a) *Preise* her'untersetzen, b) *Ausgaben* beschränken. **15.** *j-n* eintragen *od.* vormerken (**for** für): **to put o.s. down** sich eintragen. **16.** zuschreiben (**to** *dat*): **I put it down to his inexperience. 17.** schätzen (**at**, **for** auf *acc*). **18.** (**as**, **for**) *j-n* einschätzen (als), halten (für). **19.** *parl. Resolution etc* einbringen, vorlegen. **II** *v/i* **20.** *aer.* landen, aufsetzen. ~ **forth** *v/t* **1.** hin'auslegen, -stellen, -schieben, vorschieben, -stellen. **2.** *die Hand etc* ausstrecken. **3.** *Kräfte etc* entwickeln, *Kraft etc* aufbieten. **4.** *bot. Knospen etc* treiben. **5.** veröffentlichen. **6.** *e-e Frage etc* vorbringen. **7.** behaupten. ~ **for·ward** *v/t* **1.** vorschieben. **2.** *die Uhr* vorstellen, *den Zeiger* vorrücken. **3.** *fig.* in den Vordergrund schieben, zur Geltung bringen: **to put o.s. forward** a) sich hervortun, b) sich vordrängen. **4.** *fig.* vor'anbringen, weiterhelfen (*dat*). **5.** *e-e Meinung etc* vorbringen, etwas vorlegen, unter'breiten. **6.** *e-e Theorie* aufstellen, zur De'batte stellen. ~ **in I** *v/t* **1.** her'ein-, hin'einlegen, -stellen, -setzen, -stecken. **2.** hin'eintun, -geben, -schütten. **3.** einschieben, -schalten: **to** ~ **a word** e-e Bemerkung einwerfen *od.* anbringen; **to** ~ **an extra hour's work** e-e Stunde mehr arbeiten. **4.** *pol. Partei* an die Re'gierung bringen. **5.** *Zeit* verbringen. **6.** *bes. jur.* a) *ein Gesuch etc* einreichen, *ein Dokument* vorlegen, (*e-n*) *Antrag* stellen (**to** auf *acc*), b) *e-n Anspruch* erheben (**to**, **for** auf *acc*). **7.** *j-n* einstellen, anstellen: **to** ~ **as a butler** sich *j-m* melden (**for** für). **II** *v/i* **9.** *mar.* einlaufen (**at** in *dat*). **10.** einkehren (**at** in *dat*). **11.** sich bewerben, nachsuchen, bitten (**for** um): **he** ~ **for two days' leave** er bat um zwei Tage Urlaub; **to** ~ **for s.th.** etwas fordern, etwas verlangen. ~ **in·side** *v/t colloq. j-n* ,einsperren'. ~ **off I** *v/t* **1.** weglegen, -stellen, bei'seite legen *od.* stellen. **2.** *Kleider*, *a. fig. Zweifel etc* ablegen. **3.** *etwas* ver-, aufschieben, *Kauf etc* zu'rückstellen. **4.** *j-n* 'hinhalten, vertrösten, abspeisen (**with** mit). **5.** sich drükken vor (*dat*). **6.** *j-n* abbringen, *j-m* ab'raten (**from** von). **7.** *colloq. j-n* aus dem Kon'zept bringen: **that put me off** da ist mir alles vergangen. **8.** *colloq. j-n* abstoßen. **9. to put s.th. off** (**on** *od.* **on to** *j-n*) etwas ,andrehen'. **10.** *Passagiere* aussteigen lassen. **II** *v/i* **11.** *mar.* auslaufen. ~ **on** *v/t* **1.** *Kleider* anziehen, *den Hut*, *die Brille* aufsetzen. **2.** *Rouge* auflegen: → **face** 1. **3.** *Fett* ansetzen: → **weight** 3. **4.** *Gestalt* annehmen. **5.** vortäuschen, -spielen, heucheln: → **act** 8, **agony** 1, **air**[1] 9, **dog** *Bes. Redew.*; **to put it on** *colloq.* a) angeben, b) übertreiben, c) ,schwer draufschlagen' (*auf den Preis*), d) heucheln; **they are putting it on** sie tun nur so; **to put it on thick** *colloq.* ,dick auftragen'; **his modesty is all** ~ s-e Bescheidenheit ist nur Mache. **6.** *e-e Summe* aufschlagen (**on** auf den Preis). **7.** *die Uhr* vorstellen, *den Zeiger* vorrücken. **8.** an-, einschalten, *Gas etc* aufdrehen, *Dampf* anlassen, *das Tempo* beschleunigen. **9.** *Kraft*, *a. Arbeitskräfte*, *e-n Sonderzug etc* einsetzen. **10.** *e-e Schraube*, *die Bremse* anziehen. **11.** *thea. ein Stück* ansetzen, her'ausbringen. **12. to put s.o. on to** a) *j-m* e-n Tip geben für, j-n auf *e-e Idee* bringen, b) *teleph.* j-n mit *j-m* verbinden. **13.** *Schallplatte* auflegen, spielen: → **record** 20 a. ~ **out I** *v/t* **1.** hin'auslegen, -stellen *etc.* **2.** *die Hand, e-n Fühler* ausstrecken, *die Zunge* her'ausstrecken: → **feeler** 1. **3.** a) *e-e Notiz etc* aushängen, b) *Rundfunk, TV*: senden, bringen. **4.** *sport* a) zum Ausscheiden zwingen, ‚aus dem Rennen werfen', ausschalten, b) *Boxen*: k.o. schlagen. **5.** *ein Glied* ausverrenken. **6.** *Feuer, Licht* (aus)löschen, ausmachen. **7.** a) verwirren, aus der Fassung bringen, b) verstimmen, -ärgern: **to be ~ about s.th.**, c) *j-m* Ungelegenheiten bereiten, *j-n* stören. **8.** *Kraft etc* aufbieten. **9.** *Geld* ausleihen (**at interest** auf Zinsen), inve'stieren. **10.** *ein Boot* aussetzen. **11.** *Augen* ausstechen. **12.** *e-e Arbeit, a. ein Kind, Tier* außer Haus geben, *econ. etwas* in Auftrag geben: **to ~ out to service in Dienst** geben. **schicken**; → **grass Bes. Redew., nurse** 4. **13.** *Knospen etc* treiben. **II** *v/i* **14.** *mar.* auslaufen: **to ~ (to sea)** in See stechen. **15.** *Am. sl.* sich anstrengen. **16.** *Am. sl.* her'umhuren (*Frau*). ~ **o·ver I** *v/t* **1.** → **put across** 2 *u.* 3. **2.** *e-m Film etc* Erfolg sichern, popu'lär machen (*acc*): **to put o.s. over** sich durchsetzen, Anklang finden, ‚ankommen'; **to put it over** das Publikum gewinnen. **3. to put it over on** *j-n* ‚reinlegen'. **4.** *bes. jur. e-e Sache* aufschieben, vertagen. **II** *v/i* **5.** *mar.* hin'überfahren. ~ **through** *v/t* **1.** 'durch-, ausführen. **2.** *teleph.* j-n verbinden (**to** mit). **3.** weiterleiten (**to an** *acc*). ~ **to** *v/t* ein Pferd anspannen, *e-e Lokomotive* vorspannen. ~ **to·geth·er** *v/t* **1.** zs.-setzen, *a. ein Schriftwerk* zs.-stellen. **2.** konstru'ieren, bauen. **3.** zs.-zählen: **all ~ alle(s)** zusammen; → **two 2. 4.** zs.-stecken: → **head Bes. Redew.** ~ **up I** *v/t* **1.** hin'auflegen, -stellen. **2.** hochschieben, -heben, -ziehen: → **back¹** 1, **shutter** 1. **3.** *ein Bild, e-n Vorhang etc* aufhängen. **4.** *ein Plakat* anschlagen. **5.** *das Haar* hoch-, aufstecken. **6.** *den Schirm* aufspannen. **7.** aufstellen, errichten, erbauen: **to ~ a tent** ein Zelt aufschlagen. **8.** *colloq.* a) *etwas* ‚aushecken', b) *etwas* ‚(hin)drehen', fin'gieren. **9.** *ein Gebet* em'porsenden. **10.** *e-e Bitte etc* vorbringen. **11.** *e-n Gast* (bei sich) aufnehmen, 'unterbringen, beherbergen. **12.** weglegen, bei'seite legen. **13.** aufbewahren. **14.** ein-, verpacken (**in in** *acc. od. dat*), zs.-legen. **15.** *das Schwert* einstecken. **16.** konser'vieren, einkochen, -machen. **17.** *thea. ein Stück* aufführen. **18.** *ein gutes Spiel etc* zeigen, *e-n* (*harten etc*) *Kampf* liefern, Widerstand leisten: **to ~ a bluff** bluffen. **19.** (als Kandi'daten) aufstellen. **20.** *Auktion*: an-, ausbieten: **to ~ for sale** meistbietend verkaufen. **21.** *den Preis etc* hin'aufsetzen, erhöhen. **22.** *Wild* aufjagen. **23.** *das Aufgebot* verkünden. **24.** bezahlen. **25.** (ein)setzen (*bei der Wette etc*). **26.** *j-n* anstiften (**to s.th.** zu etwas; **to do** zu tun). **27.** ~ **to** a) *j-n* infor'mieren über (*acc*), b) *j-m* e-n Tip geben für. **II** *v/i* **28.** absteigen, einkehren, sich 'einquar,tieren (**at in** *dat, bei*). **29.** (**for**) sich aufstellen lassen, kandi'dieren (für), sich bewerben (um). **30.** (be)zahlen (**for** für). **31.** ~ **with** sich abfinden mit, sich gefallen lassen, ruhig 'hinnehmen: **I'm not going to ~ with it** das werde ich mir nicht gefallen lassen.

pu·ta·men [pjuːˈteɪmən; -mɪn] *pl* **-tam·i·na** [-ˈtæmɪnə] *s* **1.** *bot.* (Stein-) Kern *m* (*e-r Frucht*). **2.** *zo.* Schalenhaut *f* (*des Eies*).

pu·ta·tive [ˈpjuːtətɪv] *adj* (*adv* ~**ly**) **1.** vermeintlich. **2.** mutmaßlich. **3.** *jur.* puta'tiv: ~ **marriage** Putativehe *f* (*in Unkenntnis vorhandener Hindernisse in gutem Glauben geschlossen*).

'put-down [ˈpʊt-] *s* her'absetzende Bemerkung: **that was a ~** damit wollte er *etc* mich *etc* ‚fertigmachen'.

pute [pjuːt] *adj obs.* rein (*a. fig.*).

put·log [ˈpʌtlɒɡ; *Am. a.* ˈpʊt-; -ˌlɑɡ], *a.* **'put·lock** [-lɒk; *Am.* -ˌlɑk] *s* Rüstbalken *m*.

'put|-off [ˈpʊt-] *s* **1.** Ausflucht *f*, Ausrede *f*. **2.** Verschiebung *f*. **'~-on I** *adj* **1.** vorgetäuscht, -gespiegelt. **II** *s Am. sl.* **2.** Bluff *m*, Schwindel *m*. **3.** affek'tiertes Getue, Pose *f*.

put-put [ˈpʌtpʌt] **I** *s* **1.** Tuckern *n* (*e-s Motors etc*). **2.** kleiner Motor, kleine Ma'schine *etc*.

pu·tre·fa·cient [ˌpjuːtrɪˈfeɪʃnt] → putrefactive. **ˌpu·treˈfac·tion** [-ˈfækʃn] *s* **1.** Fäulnis *f*, Verwesung *f*. **2.** Faulen *n*. **3.** *fig.* Zersetzung *f*, Verfall *m*. **ˌpu·treˈfac·tive** [-ˈfæktɪv] **I** *adj* **1.** faulig, Fäulnis...: ~ **bacterium** Fäulnisbakterium *n*; ~ **fermentation** Fäulnisgärung *f*. **2.** fäulniserregend. **II** *s* **3.** Fäulniserreger *m*.

ˈpu·tre·fy [-faɪ] **I** *v/i* (ver)faulen, in Fäulnis übergehen, verwesen. **II** *v/t* zum (Ver)Faulen bringen.

pu·tres·cence [pjuːˈtresns] *s* **1.** (Ver-) Faulen *n*, Fäulnis *f*. **2.** Fauligkeit *f*. **puˈtres·cent** *adj* **1.** (ver)faulend, verwesend. **2.** faulig, Fäulnis...

pu·trid [ˈpjuːtrɪd] *adj* (*adv* ~**ly**) **1.** (ver-) faulend, verfault, verwest, faul. **2.** Fäulnis..., Faul...: ~ **fever** *med.* Faulfieber *n*. **3.** faulig, stinkend. **4.** *fig.* verderbt, kor'rupt. **5.** *fig.* verderblich. **6.** *fig.* scheußlich, ekelhaft. **7.** *sl.* ‚mise'rabel', ‚saumäßig'. **puˈtrid·i·ty, ˈpu·trid·ness** *s* **1.** Fäulnis *f*. **2.** *fig.* Verderbtheit *f*, Kor'ruptheit *f*. **3.** *fig.* Verderblichkeit *f*. **4.** *fig.* Scheußlichkeit *f*.

putsch [pʊtʃ] *s pol.* Putsch *m*, Staatsstreich *m*.

putt [pʌt] (*Golf*) **I** *v/t* Ball putten. **II** *v/i* putten, e-n Putt schlagen *od.* spielen. **III** *s* Putt *m*.

put·tee [ˈpʌtɪ; *Am. a.* pʌˈtiː] *s* 'Wickelga,masche *f*.

putt·er¹ [ˈpʌtə(r)] *s Golf*: Putter *m* (*Schläger u. Spieler*).

putt·er² [ˈpʌtər] *Am.* → **potter².**

putt·ing green [ˈpʌtɪŋ] *s Golf*: Putting green *n*: a) Grün *n* (*Teil des Golfplatzes innerhalb e-s Radius von 20 Yards vom Loch aus*), b) Rasenstück zum Üben des Puttens.

put·to [ˈpʊtəʊ] *pl* **-ti** [-tɪ] *s art* Putte *f*.

put·tock [ˈpʌtək] *s orn. Br. dial.* **1.** Gabelweihe *f*. **2.** Bussard *m*.

put·ty [ˈpʌtɪ] **I** *s* **1.** *tech.* Kitt *m*, Spachtel (-masse *f*) *m*: (**glaziers'**) ~ Glaserkitt; (**plasterers'**) ~ Kalkkitt; (**jewellers'**) ~ *tech.* Zinnasche *f*. **2.** *fig.* Wachs *n*: **he is ~ in her hands. 3.** Hellgrau *n*. **II** *v/t* **4.** *a.* ~ **up** *tech.* (ver)kitten. ~ **knife** *s irr tech.* Spachtelmesser *n*, Spachtel *m, f*. ~ **med·al** *s humor.* ‚Blechorden' *m*.

'put|-up [ˈpʊt-] *adj colloq.* abgekartet: **a ~ job** e-e abgekartete Sache. **'~-upˌon** *adj* miß'braucht, ausgenützt.

puz·zle [ˈpʌzl] **I** *s* **1.** Rätsel *n* (*a. fig.*). **2.** Puzzle(spiel) *n*, Geduldsspiel *n* (*beide a. fig.*), Ve'xier-, Zu'sammensetzspiel *n*. **3.** schwierige Sache, kniffliges Pro'blem, ‚harte Nuß'. **4.** Verwirrung *f*, Verlegenheit *f*: **to be in a ~** verwirrt sein. **II** *v/t* **5.** verwirren, vor ein Rätsel stellen, verdutzen, *j-n* zu denken geben, verwundern: **it ~s me** es ist mir ein Rätsel *od.* rätselhaft; **he was ~d what to do** er wußte nicht, was er tun sollte. **6.** *j-m* Kopfzerbrechen machen, *j-m* zu schaffen machen: **to ~ one's brains** (*od.* **head**) sich den Kopf zerbrechen. **7.** kompli'zieren, durchein'anderbringen, verwirren. **8.** ~ **out** *etwas* austüfteln, -knobeln, her'ausbekommen. **III** *v/i* **9.** verwirrt sein (**over, about** über *acc*). **10.** (**over**) sich den Kopf zerbrechen (über *dat*), her'umknobeln (**an** *dat*). **'puz·zle·dom** → **puzzlement.**

ˌpuz·zleˈhead·ed *adj* wirrköpfig, kon'fus. ~ **lock** *s* Ve'xier-, Buchstabenschloß *n*.

'puz·zle·ment *s* Verwirrung *f*.

'puz·zler → **puzzle** 1 *u.* 3.

'puz·zling *adj* (*adv* ~**ly**) **1.** rätselhaft. **2.** verwirrend.

py·ae·mi·a, py·ae·mic → **pyemia, pyemic.**

'pye-dog [ˈpaɪ-] *s Br. Ind.* streunender Hundebastard.

py·e·li·tis [ˌpaɪəˈlaɪtɪs] *s med.* Pye'litis *f*, Nierenbeckenentzündung *f*.

py·e·lo·gram [ˈpaɪələʊɡræm] *s med.* Pyelo'gramm *n* (*Röntgenbild des Nierenbeckens*). **ˌpy·eˈlog·ra·phy** [-ˈlɒɡrəfɪ; *Am.* -ˈlɑɡ-] *s* Pyelogra'phie *f* (*röntgenologische Darstellung des Nierenbeckens*).

ˌpy·e·loneˈphri·tis *s* Pyelone'phritis *f* (*gleichzeitige Entzündung des Nierenbeckens u. der Nieren*).

py·e·mi·a [paɪˈiːmjə; -ɪə] *s med.* Pyä'mie *f* (*Blutvergiftung mit Eitererregern*). **'py·e·mic** *adj* py'ämisch.

py·gal [ˈpaɪɡəl] *adj zo.* Steiß...

pyg·m(a)e·an [pɪɡˈmiːən] → **pygmy** II.

pyg·my [ˈpɪɡmɪ] **I** *s* **1.** **P~** Pyg'mäe *m*, Pyg'mäin *f* (*Zwergmensch*). **2.** *fig.* Zwerg *m*. **3.** (*etwas*) Winziges. **II** *adj* **4.** Pygmäen... **5.** zwergenhaft, winzig, Zwerg...

py·ja·ma [pəˈdʒɑːmə] *adj Br.* Schlafanzugs..., Pyjama...: ~ **top**; ~ **party** Pyjamaparty *f*.

py·ja·mas [pəˈdʒɑːməz] *s pl Br.* Schlafanzug *m*, Py'jama *m*.

pyk·nic [ˈpɪknɪk] **I** *adj* pyknisch, untersetzt, gedrungen u. zu Fettansatz neigend. **II** *s* Pykniker(in).

py·lon [ˈpaɪlən; *Am. a.* -ˌlɑn] *s* **1.** Py'lon *m*, Py'lone *f*: a) Eingangstor, bes. zum ägyptischen Tempel, b) Stütze e-r Hängebrücke, c) am Flugzeug angebrachter Träger für Lasten. **2.** selbsttragender Stahlmast, Hochspannungsmast *m*.

py·lo·rus [paɪˈlɔːrəs; *Am. a.* -ˈloʊ-] *s anat.* Py'lorus *m*, Pförtner *m* (*Magenausgang*).

py·or·rh(o)e·a [ˌpaɪəˈrɪə] *s med.* Pyor'rhö(e) *f*, Eiterfluß *m*.

pyr·a·mid [ˈpɪrəmɪd] **I** *s* **1.** *arch., a. math. etc* Pyra'mide *f* (*a. fig.*). **2.** *pl Br.* Billardspiel mit (*meist* 15) farbigen u. e-r weißen Kugel. **II** *v/i* **3.** pyra'midenförmig (aufgebaut *od.* angeordnet) sein. **4.** *econ. Gewinne aus e-r* (*noch nicht abgeschlossenen*) *Transaktion sofort zur Durchführung e-r weiteren größeren* (*u. so immer weiter*) *verwenden*. **III** *v/t* **5.** pyra'midenförmig aufbauen *od.* anordnen *od.* aufhäufen. **6.** *econ.* Gewinne zur Erzielung immer größerer Spekulati'onsgewinne verwenden.

py·ram·i·dal [pɪˈræmɪdl] *adj* **1.** Pyramiden... **2.** pyrami'dal (*a. fig. colloq.* gewaltig), pyra'midenartig, -förmig.

pyr·a·mid sell·ing *s econ.* Absatz *m* durch Verkauf von gestaffelten Verkaufsrechten an e-m Pro'dukt.

py·ran [ˈpaɪrən; *pəˈræn*] *s chem.* Py'ran *n*.

py·ra·nom·e·ter [ˌpaɪrəˈnɒmɪtə(r); ˌpɪ-; *Am.* -ˈnɑm-] *s phys.* Pyrano'meter *n* (*Gerät zur Messung der Sonnen- u. Himmelsstrahlung*).

py·rar·gy·rite [paɪˈrɑː(r)dʒɪraɪt] *s min.* Pyrargy'rit *m*.

py·ra·zole [ˈpaɪrəzɒl; *Am.* ˈpɪrə-; -ˌzoʊl] *s chem.* Pyra'zol *n*.

pyre ['paɪə(r)] *s* Scheiterhaufen *m*.
py·rene[1] ['paɪriːn] *s chem.* Py'ren *n*.
py·rene[2] ['paɪriːn] *s bot.* (einzelner) Kern (*e-r Beere etc*).
Pyr·e·ne·an [ˌpɪrə'niːən] *adj geogr.* pyre'näisch, Pyrenäen...
py·re·noid ['paɪrənɔɪd; paɪ'riː-] *s bot.* Pyreno'id *n*.
py·ret·ic [paɪ'retɪk] *adj med.* **1.** fieberhaft. **2.** Fieber... **pyr·e·to·gen·ic** [ˌpɪrɪtəʊ'dʒenɪk; ˌpaɪ-] *adj med.* fiebererzeugend. ˌ**pyr·e·to'ther·a·py** *s med.* 'Fiebertheraˌpie *f*.
py·rex·i·a [paɪ'reksɪə] *s med.* Pyre'xie *f*, Fieberzustand *m*.
pyr·he·li·om·e·ter [pəˌhiːlɪ'ɒmɪtə; *Am.* 'paɪərˌhiːliː'ɑmətər] *s phys.* Pyrhelio-'meter *n* (*Gerät zur Messung der direkten Sonnenstrahlung*).
pyr·i·dine ['pɪrɪdiːn] *s chem.* Pyri'din *n*.
pyr·i·dox·ine [ˌpɪrɪ'dɒksiːn; *Am.* -'dɑk-] *s Biochemie:* Pyrido'xin *n*.
pyr·i·form ['pɪrɪfɔː(r)m] *adj* birnenförmig.
py·rim·i·dine [paɪ'rɪmɪdiːn; pɪ'r-] *s chem.* Pyrimi'din *n*.
py·rite ['paɪraɪt] *s min.* Py'rit *m*, Schwefel-, Eisenkies *m*. **py·ri·tes** [paɪ'raɪtiːz; pə'r-] *s min.* Py'rit *m* (*allgemein für gewisse Sulfide*): **copper ~** Kupferkies *m*; **iron ~** → **pyrite**. **py'rit·ic** [-'rɪtɪk] *adj* py'ritisch.
pyro- [paɪrəʊ] *Wortelement mit der Bedeutung* Feuer..., Hochtemperatur..., Hitze...
ˌ**py·ro'cat·e·chol** [-'kætɪtʃɒl; -kɒl; *Am.* -ˌkɔʊl; -ˌkɔːl], *a.* ˌ**py·ro'cat·e·chin** [-tʃɪn; -kɪn] *s chem. phot.* Brenz-, Pyrocate'chin *n*.
ˌ**py·ro'cel·lu·lose** *s chem.* 'Nitrozelluˌlose *f*.
ˌ**py·ro'clas·tic** [-'klæstɪk] *adj geol.* pyro-'klastisch.
ˌ**py·ro·e'lec·tric** *adj* pyroe'lektrisch. '**py·roˌe·lec'tric·i·ty** *s phys.* Pyroelektrizi'tät *f*.
ˌ**py·ro'gal·late** [-'gæleɪt] *s chem.* Pyrogal'lat *n*. ˌ**py·ro'gal·lic ac·id** → **pyrogallol**. ˌ**py·ro'gal·lol** [-lɒl; *Am.* a. -ˌlɔʊl] *s chem. phot.* Pyrogal'lol *n*.
py·ro·gen ['paɪrəʊdʒen] *s med.* Pyro'gen *n*. ˌ**py·ro'gen·ic** [-'dʒenɪk], **py'rog·e·nous** [-'rɒdʒɪnəs; *Am.* -'rɑ-] *adj* **1. a)** wärmeerzeugend, **b)** durch Wärme erzeugt. **2.** *med.* **a)** fiebererzeugend, **b)** durch Fieber verursacht. **3.** *geol.* pyro'gen.
py·rog·ra·pher [paɪ'rɒgrəfə(r); *Am.* -'rɑg-] *s* Pyro'graph *m*. **py'rog·ra·phy** *s* Pyrogra'phie *f*, Brandmale'rei *f*.
py·rol·a·try [paɪ'rɒlətrɪ; *Am.* -'rɑl-] *s* Feueranbetung *f*.
ˌ**py·ro'lig·ne·ous** *adj chem.* holzsauer. **~ ac·id** *s* Holzessigsäure *f*. **~ al·co·hol, ~ spir·it** *s* Me'thylalkohol *m*.
ˌ**py·ro'lu·site** [-'luːsaɪt] *s min.* Pyrolu'sit *m*, Braunstein *m*.
py·rol·y·sis [paɪ'rɒlɪsɪs; *Am.* -'rɑl-] *s chem.* Pyro'lyse *f*, Zersetzung *f* durch Hitze. ˌ**py·ro'lyt·ic** [-'lɪtɪk] *adj* pyro'lytisch.
py·ro·man·cy ['paɪrəʊmænsɪ] *s hist.* Pyroman'tie *f*, Wahrsagung *f* aus dem (Opfer)Feuer.
py·ro·ma·ni·a [ˌpaɪrəʊ'meɪnɪə] *s* Pyroma'nie *f*, Brandstiftungstrieb *m*. ˌ**py·ro-'ma·ni·ac** [-æk] *s* Pyro'mane *m*, Pyro'manin *f*. ˌ**py·ro·ma'ni·a·cal** [-mə-'naɪəkl] *adj* pyro'manisch.
ˌ**py·ro·met·al·lur·gy** [ˌpaɪrəʊme'tælədʒɪ; *Am.* -'metlˌɜrdʒiː] *s tech.* Pyrometallur'gie *f*.
py·rom·e·ter [paɪ'rɒmɪtə(r); *Am.* -'rɑm-] *s phys.* Pyro'meter *n*, Hitzemesser *m*. **py'rom·e·try** [-trɪ] *s* Pyrome'trie *f*.
ˌ**py·ro'mor·phite** [-'mɔː(r)faɪt] *s min.* Pyromor'phit *m*, Grün-, Blau-, Buntbleierz *n*.
py·rone ['paɪrəʊn] *s chem.* Py'ron *m*.
py·rope ['paɪrəʊp] *s min.* Pyr'op *m*.
py·ro·phor·ic [ˌpaɪrəʊ'fɒrɪk; *Am.* a. -'fɔːr-] *adj chem.* pyro'phor, an der Luft sich selbst entzündend.
ˌ**py·ro'phos·phate** *s chem.* Pyrophos-'phat *n*.
ˌ**py·ro·phos'phor·ic ac·id** *s* Pyro-'phosphorsäure *f*.
ˌ**py·ro'phyl·lite** [-'fɪlaɪt] *s min.* Pyrophyl'lit *m*.
py·ro·sis [paɪ'rəʊsɪs] *s med.* Py'rosis *f*, Sodbrennen *n*.
ˌ**py·ro'tech·nic**, *a.* ˌ**py·ro'tech·ni·cal** *adj* **1.** pyro'technisch. **2.** Feuerwerks..., feuerwerkartig (*a. fig.*). **3.** *fig.* bril'lant. ˌ**py·ro'tech·nics** *s pl* (*meist als sg konstruiert*) **1.** Pyro'technik *f*, Feuerwerke'rei *f*. **2.** *fig.* Feuerwerk *n* (*von Witz etc*). ˌ**py·ro'tech·nist** *s* Pyro'techniker *m*, Feuerwerker *m*.
py·ro·tech·ny ['paɪrəʊˌteknɪ] → **pyrotechnics 1**.
py·rot·ic [paɪ'rɒtɪk; *Am.* -'rɑ-] *med.* **I** *adj* **1.** kaustisch, ätzend. **2.** brennend. **II** *s* **3.** Ätzmittel *n*.
py·rox·e·nite [paɪ'rɒksɪnaɪt; *Am.* -'rɑk-] *s geol.* Pyroxe'nit *m*.
py·rox·y·lin [paɪ'rɒksɪlɪn; *Am.* -'rɑk-] *s chem.* Kol'lodiumwolle *f*: **~ lacquer** Nitro(zellulose)lack *m*.
Pyr·rhic[1] ['pɪrɪk] *adj* Pyrrhus...: **~ victory** Pyrrhussieg *m*.
pyr·rhic[2] ['pɪrɪk] *metr.* **I** *s* Pyr'rhichius *m* (*aus zwei Kürzen bestehender Versfuß*). **II** *adj* pyrrhisch: **~ foot** → **I**.
py·rus ['paɪrəs] *s bot.* Birnbaum *m*.
py·ru·vic ac·id [paɪ'ruːvɪk] *s chem.* Brenztraubensäure *f*. **~ al·de·hyde** *s chem.* He'thyl-Glyoˌxal *n*.
Py·thag·o·re·an [paɪˌθægə'rɪən; *Am.* a. pəˌθæ-] **I** *adj* pythago'reisch: **~ proposition, ~ theorem** *math.* pythagoreischer Lehrsatz. **II** *s philos.* Pythago'reer *m*.
Pyth·i·an ['pɪθɪən] **I** *adj* **1.** *antiq.* py'thisch: **~ games** Pythische Spiele, Pythien. **2.** *fig.* rasend, ek'statisch. **II** *s* **3. the ~ a)** der pythische Gott (*Apollo*), **b)** die Pythia.
py·thon ['paɪθn; *Am.* a. -ˌθɑn] *s* **1.** *zo.* Python *m*, Pythonschlange *f*: **Indian ~** Tigerschlange; **rock ~** Felsenschlange. **2.** *zo. allg.* Riesenschlange *f*. **3.** P*antiq.* Python *m* (*ein von Apollo getöteter Drache*).
py·tho·ness ['paɪθənes; *Am.* -nəs] *s* **1.** *antiq.* Pythia *f*, pythische Priesterin. **2.** *fig.* **a)** Pythia *f*, Wahrsagerin *f*, **b)** Zauberin *f*.
py·u·ri·a [paɪ'jʊərɪə] *s med.* Pyu'rie *f*, Eiterharnen *n*.
pyx [pɪks] **I** *s* **1.** *R.C.* Pyxis *f*: **a)** Hostienbehälter *m*, **b)** *hist.* Zi'borium *n*. **2.** *a.* **chest** Büchse *in der königlichen brit. Münze, in der Musterstücke der geprägten Münzen zur Prüfung* (trial of the ~) *hinterlegt werden*. **II** *v/t* **3.** *e-e Münze* **a)** in der **pyx** hinterlegen, **b)** auf Gewicht u. Feinheit prüfen.

Q

Q, q [kju:] **I** *pl* **Q's, Qs, q's, qs** [kju:z] *s* **1.** Q, q *n* (*Buchstabe*). **2.** Q Q *n*, Q-förmiger Gegenstand. **II** *adj* **3.** siebzehnt(er, e, es). **4.** Q Q-..., Q-förmig.
'Q-boat *s* U-Boot-Falle *f.*
Q fe·ver *s med.* Q-Fieber *n*, Queensland-Fieber *n.*
'Q-ship → Q-boat.
qua [kweɪ; *Am.* kwa:] (*Lat.*) *adv* (*in der Eigenschaft*) als: ~ **friend.**
qua·bird ['kwa:bɜːd; *Am.* -ˌbɜrd] *s orn.* Nachtreiher *m.*
quack¹ [kwæk] **I** *v/i* **1.** quaken. **2.** *fig.* schnattern, schwatzen. **II** *s* **3.** Quaken *n* (*der Ente*). **4.** *fig.* Geschwätz *n.*
quack² [kwæk] **I** *s* **1.** *a.* ~ **doctor** Quacksalber *m*, Kurpfuscher *m.* **2.** Scharlatan *m.* **3.** Marktschreier *m.* **II** *adj* **4.** Quacksalber..., quacksalberisch. **5.** marktschreierisch. **6.** Schwindel... **III** *v/i* **7.** quacksalbern. **8.** marktschreierisch auftreten. **IV** *v/t* **9.** her'umpfuschen an (*dat*). **10.** marktschreierisch anpreisen.
quack·er·y ['kwækərɪ] *s* **1.** Quacksalbe'rei *f*, Kurpfusche'rei *f.* **2.** Scharlata-ne'rie *f.* **3.** marktschreierisches Auftreten.
quack grass *s bot.* Ackerquecke *f.*
quack·sal·ver ['kwækˌsælvə(r)] *obs.* → quack² I.
quad¹ [kwɒd; *Am.* kwad] *colloq. für* quadrangle 2 a, quadrat, quadruplet.
quad² [kwɒd; *Am.* 'kwad] *electr.* **I** *s* Adervierer *m*, Viererkabel *n.* **II** *v/t* zum Vierer verseilen: **~ded cable** → I.
quad³ [kwɒd; *Am.* kwad] → quod.
quad·ra·ble ['kwɒdrəbl; *Am.* 'kwad-] *adj math.* qua'drierbar.
quad·ra·ge·nar·i·an [ˌkwɒdrədʒɪˈneərɪən; *Am.* ˌkwad-] **I** *adj* a) vierzigjährig, b) in den Vierzigern. **II** *s* Vierziger(in) (*a. Person in den Vierzigern*), Vierzigjährige(r *m*) *f.*
Quad·ra·ges·i·ma [ˌkwɒdrəˈdʒesɪmə; *Am.* ˌkwad-; *a.* -ˈdʒeɪsə-] *s a.* ~ **Sunday** (Sonntag *m*) Quadra'gesima *f* (*1. Fastensonntag*). **ˌquad·raˈges·i·mal** [-ml; *Am.* -məl] *adj* Fasten...
quad·ran·gle ['kwɒdræŋgl; *Am.* 'kwadˌr-] *s* **1.** *math. u. weitS.* Viereck *n.* **2.** a) von Gebäuden um'schlossener viereckiger Hof (*bes. der Oxforder Colleges*), b) viereckiger Ge'bäudekomˌplex. **3.** *Am.* Landkartenviereck *n.* **quadˈran·gu·lar** [-gjʊlə(r)] *adj* viereckig.
quad·rant ['kwɒdrənt; *Am.* 'kwad-] *s* **1.** *math.* Qua'drant *m*: a) *Viertelkreis*, b) *Viertel des Kreisumfangs*, c) *Viertelebene zwischen den Achsen e-s ebenen Koordinatensystems*, d) *Viertelkugel*. **2.** *astr. mar.* Qua'drant *m* (*Instrument*). **3.** *tech.* Qua'drant *m* (*viertelkreisförmiger Teil*). **quadˈran·tal** [-ˈdræntl] *adj* **1.** Quadranten... **2.** viertelkreisförmig.

quad·ra·phon·ic [ˌkwɒdrəˈfɒnɪk; *Am.* ˌkwadrəˈfa-] *adj mus. phys.* quadroˈphonisch. **ˌquad·raˈphon·ics** *s pl* (*als sg konstruiert*) Quadropho'nie *f.* **quadˈraph·o·ny** [kwɒˈdræfənɪ; *Am.* kwa-] → quadraphonics.
quad·rat ['kwɒdrət; *Am.* 'kwadrət; -ˌreɪt] *s print.* Qua'drat *n*, Geviert *n*, großer Ausschluß: **~s** Quadraten; **em** ~ Geviert; **en** ~ Halbgeviert.
quad·rate ['kwɒdrət; -reɪt; *Am.* 'kwad-] **I** *adj* **1.** (annähernd) qua'dratisch. **2.** *anat.* Quadrat..., Viereck...: ~ **bone** → **3. II** *s* **3.** *anat.* Qua'drat-, Viereckbein *n.* **III** *v/t* [kwɒˈdreɪt; *Am.* 'kwadˌr-] **4.** (**with, to**) in Über'einstimmung bringen (**mit**), anpassen (**an** *acc*). **IV** *v/i* **5.** über'einstimmen.
quad·rat·ic [kwɒˈdrætɪk; *Am.* kwa-] **I** *adj* (*adv* **~ally**) **1.** qua'dratisch (*in der Form*). **2.** *math.* qua'dratisch, zweiten Grades: ~ **equation**; ~ **curve** Kurve *f* zweiter Ordnung. **II** *s* **3.** *math.* qua'dratische Gleichung. **4.** *pl* (*als sg konstruiert*) *math.* Lehre *f* von den qua'dratischen Gleichungen.
quad·ra·ture ['kwɒdrətʃə(r); *Am.* 'kwad-; *a.* -ˌtʃʊər] *s* **1.** *math.* Quadra'tur *f* (*of the circle des Kreises*). **2.** *astr.* Quadra'tur *f* (*Stellung von 2 Himmelskörpern, wenn sie 90° voneinander entfernt sind*). **3.** *electr.* (Phasen)Verschiebung *f* um 90°: ~ **circuit** Phasenschieberkreis *m*; ~ **component** Blindkomponente *f.*
quad·ren·ni·al [kwɒˈdrenjəl; *Am.* kwaˈdrenɪəl] **I** *adj* (*adv* **~ly**) **1.** vierjährig, vier Jahre dauernd *od.* um'fassend. **2.** vierjährlich ('wiederkehrend), alle vier Jahre stattfindend. **II** *s* **3.** Zeitraum *m* von vier Jahren. **4.** vierter Jahrestag.
quad·ren·ni·um [kwɒˈdrenɪəm; *Am.* kwa-] *pl* **-ni·ums, -ni·a** [-nɪə] *s* Zeitraum *m* von vier Jahren.
quadri- [kwɒdrɪ; *Am.* kwadrə] *Wortelement mit der Bedeutung* vier.
ˌquad·ri·cenˈten·ni·al [-l] *adj* vierhundertjährig. **II** *s* vierhundertster Jahrestag, Vierhundert'jahrfeier *f.*
quadˈri·ga [kwɒˈdraɪgə; *Am.* kwa-] *pl* **-gas, -gae** [-dʒi:; *Am.* -ˌgaɪ] *s* Quaˈdriga *f*, Viergespann *n.*
ˌquad·riˈlat·er·al **I** *adj* vierseitig. **II** *s math.* Vierseit *n*, Viereck *n.*
ˌquad·riˈlin·gual *adj* viersprachig.
qua·drille [kwəˈdrɪl; *Am. a.* kwa-] *s* Quaˈdrille *f* (*Tanz od. Musik dazu*).
quad·ril·lion [kwɒˈdrɪljən; *Am.* kwa-] *s math.* **1.** *Br.* Quadrilli'on *f* (10^{24}). **2.** *Am.* Billi'arde *f* (10^{15}).
ˌquad·riˈnom·i·al [-ˈnəʊmjəl; -ɪəl] *adj u. s math.* vierglied(e)rig(es Poly'nom).
ˌquad·riˈpar·tite *adj* **1.** vierteilig. **2.** Vierer..., Viermächte..., zwischen vier Partnern abgeschlossen *etc*: ~ **pact** Vie-

rerpakt *m.* **3.** vierfach ausgefertigt (*Urkunde*).
quad·ri·reme ['kwɒdrɪriːm; *Am.* 'kwad-] *s mar. hist.* Quadri'reme *f*, Vierruderer *m.*
ˌquad·riˈsyl·lab·ic *adj* viersilbig. **ˌquad·riˈsyl·la·ble** *s* viersilbiges Wort.
ˌquad·riˈva·lent *adj chem.* vierwertig.
quad·riv·i·um [kwɒˈdrɪvɪəm; *Am.* kwa-] *s univ. hist.* Qua'drivium *n* (*der höhere Teil der Freien Künste: Arithmetik, Geometrie, Musik, Astronomie*).
quad·roon [kwɒˈdruːn; *Am.* kwa-] *s* Viertelneger(in), Terze'ron(in).
quad·ro·phon·ic, *etc* → quadraphonic, *etc.*
quad·ru·ped ['kwɒdrʊped; *Am.* 'kwad-] *zo.* **I** *adj* vierfüßig. **II** *s* Vierfüß(l)er *m.* **quad·ru·pe·dal** [kwɒˈdruːpɪdl; ˌkwɒdrʊˈpedl; *Am.* ˌkwaˈd-; ˌkwadrəˈp-] *adj zo.* **1.** vierfüßig. **2.** Vierfüß(l)er...
quad·ru·ple ['kwɒdrʊpl; kwɒˈdruːpl; *Am.* kwaˈd-; 'kwad-] **I** *adj* **1.** vierfach. **2.** Vierer...: **Q~ Alliance** *hist.* Quadrupelallianz *f*; ~ **machine gun** *mil.* Vierlings-MG *n*; ~ **thread** *tech.* viergängiges Gewinde. **II** *s* **3.** (*das*) Vierfache. **III** *v/t* **4.** vervierfachen. **5.** viermal so groß *od.* so viel sein wie. **IV** *v/i* **6.** sich vervierfachen.
quad·ru·plet ['kwɒdrʊplɪt; *Am.* kwaˈdrʌplət; -ˈdruː-p-] *s* **1.** Vierling *m* (*Kind*): **~s** Vierlinge. **2.** Vierergruppe *f.* **3.** *mus.* Quar'tole *f.*
quad·ru·plex ['kwɒdrʊpleks; *Am.* 'kwa-] *adj* **1.** vierfach. **2.** *electr.* Quadruplex..., Vierfach...: ~ **system** Vierfachbetrieb *m*, Doppelgegensprechen *n.*
quad·ru·pli·cate [kwɒˈdruːplɪkeɪt; *Am.* kwa-] **I** *v/t* **1.** vervierfachen. **2.** *ein Dokument* vierfach ausfertigen. **II** *adj* [-kət] **3.** vierfach. **III** *s* [-kət] **4.** vierfache Ausfertigung: **in ~. 5.** *e-s von 4* (*gleichen*) *Dingen*: **~s** 4 Exemplare.
quae·re ['kwɪərɪ] (*Lat.*) **I** *v/imp* **1.** suche!, frage!, siehe! **2.** es fragt sich. **II** *s* **3.** Frage *f.*
quaff [kwɑːf; *Am. a.* kwæf] **I** *v/i* **1.** zechen. **II** *v/t* **2.** trinken. **3.** in großen Zügen (aus)trinken, schlürfen: **to ~ off** *ein Getränk* hinunterstürzen.
quag [kwæg; *Am. a.* kwɒg] → quagmire. **'quag·gy** *adj* **1.** sumpfig, moˈrastig. **2.** schwammig, weich. **'quagmire** [-maɪə(r)] *s* **1.** Mo'rast *m*, Moor (-boden *m*) *n*, Sumpf(land *n*) *m.* **2.** *fig.* ˈKlemmeˈ *f*: **to be caught in a ~** in der Patsche sitzen.
qua·hog, *a.* **qua·haug** ['kwɑːhɒg; *Am.* 'kɔʊhɔːg; -ˌhag] *s zo. Am.* Venusmuschel *f.*
quaich, quaigh [kweɪx] *s Scot.* kleiner, flacher Becher.

quail¹ [kweɪl] *pl* **quails**, *bes. collect.* **quail** *s* **1.** *orn.* Wachtel *f.* **2.** *ped. Am. sl.* ‚Ische' *f (Mädchen, Mitschülerin).*
quail² [kweɪl] *v/i* **1.** verzagen, den Mut verlieren. **2.** (vor Angst) zittern (**before** vor *dat*; **at** bei *e-m Gedanken etc*).
quaint [kweɪnt] *adj (adv ~ly)* **1.** wunderlich, drollig, kuri'os. **2.** malerisch, anheimelnd (*bes. altmodisch*). **3.** seltsam, merkwürdig. **'quaint·ness** *s* **1.** Wunderlichkeit *f.* **2.** malerisches *od.* anheimelndes (*bes.* altmodisches) Aussehen. **3.** Seltsamkeit *f.*
quake [kweɪk] **I** *v/i* **1.** zittern, beben (*Erde etc, Person*: **with** vor *dat*). **II** *s* **2.** Zittern *n*, Beben *n*. **3.** *colloq.* Erdbeben *n*.
Quak·er ['kweɪkə(r)] *s* **1.** *relig.* Quäker *m (Mitglied der* **Society of Friends**); **~ City** Quäkerstadt *f (Spitzname von Philadelphia)*; **~(s') meeting** *fig.* schweigsame Versammlung. **2.** *a.* **~ gun** *Am.* Ge'schützat͵trappe *f.* **3.** **q~,** *a.* **q~·bird** *orn.* schwarzer Albatros. **'Quak·er·dom** [-dəm] *s* **1.** Quäkertum *n*. **2.** *collect.* die Quäker *pl.* **'Quak·er·ess** [-rɪs] *s* Quäkerin *f.* **'Quak·er·ism** *s* Quäkertum *n.*
'quak·ing grass *s bot.* (*ein*) Zittergras *n*.
'quak·y *adj (adv* quakily) **1.** zitternd, bebend. **2.** ängstlich.
qual·i·fi·ca·tion [͵kwɒlɪfɪ'keɪʃn; *Am.* ͵kwɑ-] *s* **1.** Qualifikati'on *f*, Befähigung *f*, Eignung *f* (**for** für, zu): **~ test** Eignungsprüfung *f*; **to have the necessary ~s** den Anforderungen entsprechen. **2.** Vorbedingung *f*, (notwendige) Vor'aussetzung (**of, for** für). **3.** Befähigungsnachweis *m*. **4.** Modifikati'on *f*, Einschränkung *f*: **without any ~** ohne jede Einschränkung. **5.** Bezeichnung *f*, Klassifi'zierung *f.* **6.** *ling.* nähere Bestimmung. **7.** *econ.* 'Mindestaktienkapi͵tal *n* (*e-s Aufsichtsratsmitglieds*). **'qual·i·fi·ca·to·ry** [-kətərɪ; *Am.* -kə͵tɔːrɪ; -͵tɔː-] *adj* **1.** einschränkend. **2.** qualifi'zierend, befähigend. **'qual·i·fied** [-faɪd] *adj* **1.** qualifi'ziert, geeignet, befähigt (**for** für). **2.** befähigt, berechtigt: **~ for a post** anstellungsberechtigt; **~ voter** Wahlberechtigte(r *m*) *f.* **3.** eingeschränkt, bedingt, modifi'ziert: **~ acceptance** *econ.* eingeschränktes Akzept (*e-s Wechsels*), Annahme *f* unter Vorbehalt; **in a ~ sense** mit Einschränkungen. **'qual·i·fi·er** [-faɪə(r)] *s* **1.** *bes. sport* j-d, der sich qualifi'ziert (hat). **2.** *ling.* näher bestimmendes Wort. **'qual·i·fy** [-faɪ] **I** *v/t* **1.** qualifi'zieren, befähigen, geeignet machen (**for** für; **for being, to be** zu sein): **to ~ o.s.** für die Eignung erwerben für *od.* zu. **2.** (*behördlich*) autori'sieren. **3.** berechtigen (**for** zu). **4.** bezeichnen, charakteri'sieren (**as** als). **5.** modifi'zieren, einschränken. **6.** abschwächen, mildern: **to ~ a remark. 7.** Getränke *etc* vermischen, *bes.* verdünnen. **8.** *ling.* modifi'zieren, näher bestimmen. **II** *v/i* **9.** sich qualifi'zieren, sich eignen, sich als geeignet *od.* tauglich erweisen, die Eignung nachweisen *od.* besitzen, in Frage kommen (**for** für, zu; **as** als): **~ing examination** Eignungsprüfung *f.* **10.** *sport* sich qualifi'zieren (**for** für): **~ing round** Ausscheidungsrunde *f*; **~ing standard** Qualifikationsnorm *f.* **11.** die nötigen Fähigkeiten erwerben. **12.** die (ju'ristischen) Vorbedingungen erfüllen, *bes. Am.* den Eid ablegen.
qua·lim·e·ter [kwə'lɪmɪtə(r)] *s phys.* Quali'meter *n*, Röntgenstrahlen(härte)messer *m.*
qual·i·ta·tive ['kwɒlɪtətɪv; *Am.* 'kwɑlə-͵teɪ-] *adj (adv ~ly)* qualita'tiv: **~ analysis** (*od.* **test**) *chem.* qualitative Analyse.
qual·i·ty ['kwɒlətɪ; *Am.* 'kwɑ-] *s* **1.** Eigenschaft *f*: (**good**) **~** gute Eigenschaft; **in the ~ of** (in der Eigenschaft) als. **2.** Beschaffenheit *f*, (Eigen)Art *f*, Na'tur *f*. **3.** *bes. econ.* a) Quali'tät *f*: **in ~** qualitativ; **~ of life** *sociol.* Lebensqualität, b) (gute) Quali'tät, Güte *f*: **~ control** Qualitätskontrolle *f*; **~ factor** Gütefaktor *m*; **~ goods** Qualitätswaren *f*, Güte(sorte) *f*, Klasse *f.* **4.** Erstklassigkeit *f*, Klasse *f.* **5.** Ta'lent *n*, Fähigkeit *f*: **qualities of leadership** Führungsqualitäten. **6.** Vornehmheit *f*, vornehmer Stand: **person of ~** Standesperson *f*; **the people of ~** die vornehme Welt. **7.** *ling. mus.* Klangfarbe *f.* **8.** *philos.* Quali'tät *f.*
qualm [kwɑːm; *Am. a.* kwɑːlm] *s* **1.** Übelkeit(sgefühl *n*) *f*, Schwäche(anfall *m*) *f.* **2.** *fig.* Skrupel *m*, Bedenken *pl*, Zweifel *pl*: **~s of conscience** Gewissensbisse; **to feel** (*od.* **have**) **no ~s about doing s.th.** keine Skrupel haben, etwas zu tun. **3.** *fig.* Anwandlung *f*, Anfall *m*: **~ of homesickness. 'qualm·ish** *adj (adv ~ly)* **1.** unwohl. **2.** Übelkeits...: **~ feelings. 3.** Übelkeit erregend.
quan·da·ry ['kwɒndərɪ; *Am.* 'kwɑn-] *s* Verlegenheit *f*, Schwierigkeit *f*, verzwickte Lage: **to be in a ~** sich in e-m Dilemma befinden, ‚in e-r Klemme sein'; **he was in a ~ about what to do** er wußte nicht, was er tun sollte.
quan·go ['kwæŋɡəʊ] *pl* **-gos** *s Br.* unabhängige Re'gierungsstelle.
quant [kwɒnt] *Br.* **I** *s* Stakstange mit e-r Scheibe nahe dem unteren Ende (*um das Einsinken im Schlamm zu verhindern*). **II** *v/t u. v/i* mit e-m **quant** staken.
quan·ta ['kwɒntə; *Am.* 'kwɑntə] *pl von* **quantum.**
quan·tic ['kwɒntɪk; *Am.* 'kwɑn-] *s math.* ganze, rationale, homogene, algebraische Funktion von zwei *od.* mehr Veränderlichen.
quan·ti·fi·a·ble ['kwɒntɪfaɪəbl; *Am.* 'kwɑn-] *adj* quantita'tiv bestimmbar, meßbar. ͵**quan·ti·fi·ca·tion** [-fɪ'keɪʃn] *s* **1.** Messung *f*, Quanti'tätsbestimmung *f.* **2.** *philos.* Quantifi'zierung *f.* **'quan·ti·fy** [-faɪ] *v/t* **1.** messen, quantita'tiv bestimmen. **2.** *philos.* quantifi'zieren.
quan·ti·ta·tive ['kwɒntɪtətɪv; *Am.* 'kwɑntə͵teɪ-] *adj (adv ~ly)* quantita'tiv, mengenmäßig, Mengen...: **~ analysis** *chem.* quantitative Analyse; **~ ratio** Mengenverhältnis *n.* **'quan·ti·tive** [-tətɪv] → **quantitative.**
quan·ti·ty ['kwɒntətɪ; *Am.* 'kwɑn-] *s* **1.** Quanti'tät *f* (*Ggs.* Qualität), Menge *f*, Größe *f.* **2.** (*bestimmte*) Menge, Quantum *n*: **a small ~ of beer; ~ of heat** *phys.* Wärmemenge; **a ~ of cigars** e-e Anzahl Zigarren; **~ theory** *econ.* Quantitätstheorie *f.* **3.** große Menge: **in ~, in (large) quantities** in großer Menge, in großen Mengen; **~ discount** *econ.* Mengenrabatt *m*; **~ production** *econ.* Massenerzeugung *f*, Reihen-, Serienfertigung *f*; **~ purchase** Großeinkauf *m.* **4.** *math.* Größe *f*: **negligible ~** a) unwesentliche Größe, Quantité *f* négligeable, b) *fig.* völlig unwichtige Person *etc*; **numerical ~** Zahlengröße; **unknown ~** unbekannte Größe (*a. fig.*). **5.** *philos.* Quanti'tät *f.* **6.** *mus.* (Ton)Dauer *f*, Länge *f.* **7.** *metr.* Quanti'tät *f*, (Silben-)Zeitmaß *n.* **8.** *ling.* Quanti'tät *f*, Lautdauer *f.* **9.** *pl Br. Maße, Kosten etc e-s Bauvorhabens*: **bill of quantities** Massenberechnung *f*, Baukostenvoranschlag *m*; **~ surveyor** Kalkulator *m.*
quan·ti·za·tion [͵kwɒntaɪ'zeɪʃn; *Am.* ͵kwɑntə-] *s math. phys.* Quantelung *f*: **~ noise** (*Radio etc*) Quantisierungsgeräusch *n.* **'quan·tize** [-taɪz] *v/t* **1.** *phys.* quanteln. **2.** *Computer*: quanti'sieren (*in gleiche Stufen unterteilen*). **'quan·tiz·er** *s Computer*: Ana'log-Digi'tal-'Umsetzer *m.*
quan·tom·e·ter [kwɒn'tɒmɪtə(r); *Am.* kwɑn'tɑm-] *s phys.* Qanti'meter (*das die Energie e-r Strahlung in Abhängigkeit von der Wellenlänge bestimmt*).
quan·tum ['kwɒntəm; *Am.* 'kwɑn-] **I** *pl* **-ta** [-tə] *s* **1.** Quantum *n*, Menge *f.* **2.** (An)Teil *m.* **3.** *phys.* Quant *n*: **~ of action** Wirkungsquant. **II** *adj* **4.** bedeutsam. **~ e·lec·tron·ics** *s pl (als sg konstruiert)* 'Quantene͵lek,tronik *f.* **~ field the·o·ry** *s phys.* 'Quantenfeld͵theo͵rie *f.* **~ jump** *s* **1.** *phys.* Quantensprung *m.* **2.** *fig.* entscheidender Schritt nach vorn, (endgültiger) 'Durchbruch. **~ me·chan·ics** *s pl (als sg konstruiert) phys.* 'Quantenme͵chanik *f.* **~ or·bit, ~ path** *s phys.* Quantenbahn *f.* **~ phys·ics** *s pl (meist als sg konstruiert) phys.* 'Quantenphy͵sik *f.* **~ the·o·ry** *s phys.* 'Quantentheo͵rie *f.*
quar·an·tine ['kwɒrəntiːn; *Am. a.* 'kwɑr-] **I** *s* **1.** Quaran'täne *f (Isolierung von Krankheitsverdächtigen)*: **in ~** unter Quarantäne (stehend); **to put in ~** 5; **~ flag** *mar.* Quarantäneflagge *f.* **2.** a) Quaran'tänestati͵on *f*, b) Quaran'tänehafen *m*, c) Infekti'ons(kranken)haus *n.* **3.** *fig.* Iso'lierung *f.* **4.** a) Zeitraum *m* von 40 Tagen (*a. jur.* in welchem e-e Witwe von den Erben ungestört im Haus ihres verstorbenen Gatten weiterwohnen darf), b) *jur.* (*das*) Recht der Witwe auf solchen ungestörten Weiterbesitz. **II** *v/t* **5.** unter Quaran'täne stellen. **6.** *fig.* e-e Nation (*politisch u. wirtschaftlich*) völlig iso'lieren.
quark [kwɑː(r)k] *s phys.* Quark *n* (*hypothetisches Elementarteilchen*).
quar·rel¹ ['kwɒrəl; *Am. a.* 'kwɑ-] **I** *s* **1.** Streit *m*, Zank *m*, Hader *m* (**with** mit; **between** zwischen *dat*): → **pick¹** 23. **2.** Beschwerde *f*, Beanstandung *f*: **to have no ~ with** (*od.* **against**) keinen Grund zur Klage haben über (*j-n od. etwas*), nichts auszusetzen haben an (*j-m od. e-r Sache*). **II** *v/i pret u. pp* **'quar·reled,** *bes. Br.* **-relled 3.** (sich) streiten, (sich) zanken (**with** mit; **for** wegen; **about, over** über *acc*). **4.** sich entzweien. **5.** hadern (**with one's lot** mit s-m Schicksal). **6.** etwas auszusetzen haben (**with** an *dat*): → **bread** *Bes. Redew.*
quar·rel² ['kwɒrəl; *Am. a.* 'kwɑ-] *s* **1.** *obs. od. dial.* kleines viereckiges Stück, *bes.* kleine viereckige Fensterscheibe (*in Gitterfenstern*). **2.** 'Glaserdia͵mant *m.* **3.** Steinmetzmeißel *m.*
'quar·rel·er, *bes. Br.* **'quar·rel·ler** [-lə(r)] *s* Zänker(in), Streitsüchtige(r *m*) *f*, ‚Streithammel'. **'quar·rel·some** [-səm] *adj* zänkisch, zank-, streitsüchtig. **'quar·rel·some·ness** *s* Zank-, Streitsucht *f.*
quar·ri·er ['kwɒrɪə(r); *Am. a.* 'kwɑ-] *s* Steinbrecher *m*, -hauer *m.*
quar·ry¹ ['kwɒrɪ; *Am. a.* 'kwɑ-] **I** *s* **1.** Steinbruch *m.* **2.** offene Grube, Halde *f.* **3.** *fig.* Fundgrube *f*, Quelle *f.* **II** *v/t* **4.** Gestein abbauen, brechen. **5.** *fig.* her'ausholen, ausgraben, zs.-tragen, (mühsam) erarbeiten: **to ~ for** stöbern *od.* graben nach. **III** *v/i* **6.** im Steinbruch arbeiten. **7.** Gestein abbauen. **8.** *fig.* wühlen *od.* graben (**in** in *dat*).
quar·ry² ['kwɒrɪ; *Am. a.* 'kwɑ-] *s* **1.** *hunt.* verfolgtes Wild, Jagdbeute *f.* **2.** *fig.* Wild *n*, Beute *f*, Opfer *n.*
quar·ry³ ['kwɒrɪ; *Am. a.* 'kwɑ-] *s* **1.** rautenförmiges *od.* qua'dratisches Fach (*e-r Fensterscheibe*). **2.** Quaderstein *m.* **3.** *a.* **~ tile** 'ungla͵sierte Kachel.
'quar·ry-faced *adj* rauhflächig (*Mauerwerk*). **'~·man** [-mən] *s irr* → **quarrier.** **'~·stone** *s* Bruchstein *m.*

quart¹ [kɑ:(r)t] *s* **1.** *fenc.* Quart *f.* **2.** *Pikett:* Quart *f (Sequenz von 4 Karten gleicher Farbe).* **3.** *mus.* Quart(e) *f.*
quart² [kwɔ:(r)t] *s* **1.** Quart *n (Maß):* British *(od.* Imperial*)* ~ = 1,1361 *(Trocken- u. Flüssigkeitsmaß);* US dry ~ = 1,11 *(Trockenmaß),* US liquid ~ 0,946 l *(Flüssigkeitsmaß);* to put a ~ into a pint pot *fig.* das Unmögliche versuchen. **2.** Quartkrug *m.*
quar·tan [ˈkwɔ:(r)tn] *med.* **I** *adj* viertägig, alle vier Tage auftretend: ~ fever → II. **II** *s* Quar'tan-, Vier'tagefieber *n.*
quarte [kɑ:(r)t] *s fenc.* Quart *f.*
quar·ter [ˈkwɔ:(r)tə(r)] **I** *s* **1.** Viertel *n,* vierter Teil: ~ of a century Vierteljahrhundert *n;* for a ~ (of) the price zum Viertel des Preises; not a ~ as good as nicht annähernd so gut wie. **2.** *Am. od. Canad.* Vierteldollar *m* (= 25 Cents). **3.** *a.* ~ of an hour Viertelstunde *f:* a ~ to six (ein) Viertel vor sechs, drei Viertel sechs; a ~ past six (ein) Viertel nach sechs, Viertel sieben. **4.** *a.* ~ of the year Vierteljahr *n,* Quar'tal *n.* **5.** *astr.* (Mond)Viertel *n.* **6.** *bes. Scot. od. Am.* ('Studien)Quar₁tal *n,* Viertel *n* des Schuljahres. **7.** *sport* (Spiel)Viertel *n.* **8.** → quarterback. **9.** Viertelpfund *n (0,113 kg).* **10.** Viertelmeile *f:* he won the ~ *sport* er gewann die Viertelmeile. **11.** Quarter *n:* a) = 28 lb. = 12,7 kg, *Am.* 25 lb. = 11,34 kg *(Handelsgewicht),* b) Br. = 2,91 hl *(Hohlmaß).* **12.** *mar.* a) Kardi'nalpunkt *m,* Haupthimmelsrichtung *f (des Kompasses),* b) Viertelstrich *m (des Kompasses = 2° 49').* **13.** (Himmels-, Wind)Richtung *f:* what ~ is the wind in? woher *od.* von welcher Seite weht der Wind? *(a. fig.).* **14.** Gegend *f,* Teil *m (e-s Landes etc):* from all ~s von überall(her), aus allen (Himmels)Richtungen; in this ~ hierzulande, in dieser Gegend; → close quarters. **15.** Stelle *f,* Seite *f,* Quelle *f:* higher ~ höhere Stellen; in the highest ~s an höchster Stelle; in the proper ~ bei der zuständigen Stelle; in Government ~s in Regierungskreisen; from official ~s von amtlicher Seite; → informed 1. **16.** (Stadt)Viertel *n,* (-)Bezirk *m:* poor ~ Armenviertel; residential ~ Wohnbezirk. **17.** *meist pl mil.* Quar'tier *n,* ('Truppen)₁Unterkunft *f;* to be confined to ~s Stubenarrest haben; to take up one's ~s sein Quartier aufschlagen. **18.** *meist pl* Quar'tier *n,* 'Unterkunft *f,* Wohnung *f,* Lo'gis *n:* to have free ~s umsonst wohnen, freie Wohnung haben. **19.** *bes. mil.* Pardon *m,* Schonung *f:* to find (give) no ~ keinen Pardon finden (geben); to call *(od.* cry) for ~ um Gnade flehen; to give fair ~ Nachsicht üben. **20.** *(bes.* 'Hinter)Viertel *n (e-s Schlachttiers),* Kruppe *f (e-s Pferdes).* **21.** Seitenteil *m, n,* Fersenleder *n (am Schuh).* **22.** *mar.* Achterschiff *n.* **23.** *mar.* Posten *m:* to beat to ~s die Mannschaft auf ihre Posten rufen. **24.** *mar.* Raharm *m.* **25.** *her.* Quar'tier *n,* (Wappen)Feld *n.* **26.** *arch. tech.* Stollenholz *n,* Vierpaß *m.*
II *v/t* **27.** etwas in vier Teile teilen, vierteln. **28.** aufteilen, zerstückeln. **29.** *j-n* verteilen. **30.** *j-n* beherbergen. **31.** *mil.* 'einquar₁tieren (on, upon bei), Truppen 'unterbringen: ~ed in barracks kaserniert; to be ~ed at *(od.* in) in Garnison liegen in *(dat);* to ~ o.s. upon s.o. *fig.* sich bei j-m einquartieren. **32.** *e-e* Gegend durch'streifen, -'stöbern *(Jagdhunde).* **33.** *her.* Wappenbild vierteilen.
III *v/i* **34.** wohnen, leben. **35.** 'einquar₁tiert sein, Quar'tier haben (at in *dat,* bei). **36.** um'herstreifen *(Jagdhunde).*
quar·ter·age [ˈkwɔ:(r)tərɪdʒ] *s* Quar'talsgehalt *n,* Viertel'jahreszahlung *f.*

ˈquar·ter|back I *s* **1.** American Football: wichtigster Spieler der 'Angriffsformati₁on. **II** *v/t* **2.** American Football: die Angriffsreihe diri'gieren. **3.** *Am. fig.* e-e Sache leiten, diri'gieren. ~ **bend** *s tech.* rechtwink(e)liger (Rohr)Krümmer. ~ **bill** *s mar.* **1.** A'larm-, Gefechtsrolle *f.* **2.** Rollenbuch *n.* ~ **bind·ing** *s* Buchbinderei: Halbfranz(band *m*) *n.* ~ **cir·cle** *s math.* **1.** Viertelkreis *m.* **2.** *tech.* Abrundung *f.* ~ **day** *s* Quar'talstag *m (für fällige Zahlungen: in England* 25. 3., 24. 6., 29. 9., 25. 12., *in USA:* 1. 1., 1. 4., 1. 7., 1. 10.). ~ **deck** *s mar.* **1.** Achterdeck *n.* **2.** *collect.* Offi'ziere *pl.* ~ **ea·gle** *s e-e amer.* Goldmünze (§ 2,50). ~ **face** *s paint.* verlorenes Pro'fil. ~**fi·nal** *sport* **I** *s* **1.** *meist pl* Viertelˈfiˌnalspiel *n.* **2.** 'Viertelfi₁nalspiel *n.* **II** *adj* **3.** Viertelfinal...: ~ **round** Viertelfinale *n.* ~**fi·nal·ist** *s sport* 'Viertelfina₁list(in). ~ **gun·ner** *s mar.* Geschützführer *m.* ~ **horse** *s Am.* Pferd *n* mit guten Reiteigenschaften. ~ **hour** *s* Viertelstunde *f.*
quar·ter·ing [ˈkwɔ:(r)tərɪŋ] **I** *adj* **1.** *mar.* a) mit Backstagswind segelnd, b) Backstags...: ~ **wind**. **2.** *tech.* e-n rechten Winkel bildend. **II** *s* **3.** *mar.* Segeln *n* mit Backstagswind. **4.** Vierteilen *n,* Aufteilen *n.* **5.** *mil.* 'Einquar₁tierung *f.* **6.** *astr.* Mondphasenwechsel *m.* **7.** *tech.* rechtwink(e)lige Verbindung.
ˈquar·ter·light *s mot. Br.* Ausstellfenster *n.*
quar·ter·ly [ˈkwɔ:(r)tərlɪ] **I** *adj* **1.** Viertel... **2.** vierteljährlich, Vierteljahres-, Quartals... **II** *adv* **3.** in *od.* nach Vierteln. **4.** vierteljährlich, quar'talsweise. **5.** *her.* geviertelweise. **III** *s* **6.** Viertel'jahresschrift *f.*
ˈquar·ter|₁mas·ter *s* **1.** *mil.* Quar'tiermeister *m.* **2.** *mar.* Quartermeister *m:* a) Steuerer *m (Handelsmarine),* b) Steuermannsmaat *m (Kriegsmarine).* '~**mas·ter gen·er·al**, **Q~₁mas·ter-'Gen·er·al** *pl* '~**₁mas·ter gen·er·als** *s mil.* Gene₁ralquar'tiermeister *m.* ~ **mile** *s sport* Viertelmeile *f (402,34 m).* ~ **mil·er** *s sport* Viertelmeilenläufer *m.* '~**-mile race** *s sport* Viertelmeilenlauf *m.*
quar·tern [ˈkwɔ:(r)tə(r)n] *s bes. Br.* **1.** Viertel *n,* vierter Teil *(e-s Maßes od. Gewichtes):* a) Viertelpinte *f,* b) Viertel *n* e-s englischen Pfundes. **2.** *a.* ~ **loaf** vierpfündiges Brot.
ˈquar·ter|ˌnote *s mus. bes. Am.* Viertelnote *f.* '~**pace** *s* 'Viertelspo₁dest *n (e-r Treppe).* '~**phase** *adj electr.* zweiphasig, Zweiphasen... ~ **point** *s mar.* Viertel(kompaß)strich *m.* ~ **round** *s arch.* Viertelstab *m.* '~**saw** *v/t irr tech.* den Stamm (in vier gleiche Teile *od.* ganz) aufsägen. ~ **sec·tion** *s surv. Am.* qua'dratisches Stück Land *(160 acres).* ~ **ses·sions** *s pl jur.* **1.** *Br. hist.* Krimi'nalgericht *n (mit vierteljährlichen Sitzungen, a.* Berufungsinstanz für Zivilsachen). **2.** *Am.* (in einigen Staaten der USA) *ein ähnliches Gericht für leichtere Strafsachen.* '~**staff** *pl* '~**staves** *s hist.* Bauernspieß *m (Bauernwaffe).* ~ **step** *s mus.* Vierteltonschritt *m.* ~ **tone** *s mus.* **1.** 'Vierteltoninter₁vall *n.* **2.** Vierteltonton *m.* ~ **wave** *s Radio:* Viertelwelle *f.* '~**-wave plate** *s phys.* Polarisati'onsfilter *n, m.*
quar·tet, *Br. a.* **quar·tette** [kwɔ:(r)ˈtet] *s* **1.** *mus.* Quar'tett *n.* **2.** *humor.* Quar'tett *n (4 Personen).* **3.** Vierergruppe *f,* Satz *m* von 4 Dingen.
quar·tic [ˈkwɔ:(r)tɪk] *math.* **I** *adj* Gleichung vierten Grades. **II** *s* alge'braische Funkti'on vierten Grades.
quar·tile [ˈkwɔ:(r)taɪl] *s* **1.** *astr.* Quadra'tur *f,* Geviertschein *m.* **2.** *Statistik:*

Quar'til *n,* Viertelswert *m.* ~ **de·vi·a·tion** *s math.* Quar'tilsabstand *m.*
quar·to [ˈkwɔ:(r)təʊ] *pl* **-tos** *print.* **I** *s* 'Quartfor₁mat *n (9¹/₂ × 12¹/₂ Zoll).* **II** *adj* im 'Quartfor₁mat, Quart...
quartz [kwɔ:(r)ts] *s min.* Quarz *m:* ~ **clock,** ~ **watch** Quarzuhr *f;* ~ **crystal** *a)* Quarzkristall *m,* b) *Radio:* Schwingkristall *m;* ~ **(glass)** *tech.* Quarz-, Kieselglas *n;* ~(-**iodine**) **lamp** a) Quarz(glas)lampe *f,* b) Quarzlampe *f (künstliche Höhensonne).*
quartz·if·er·ous [kwɔ:(r)ˈtsɪfərəs] *adj min.* quarzig, quarzhaltig, Quarz...
quartz·ite [ˈkwɔ:(r)tsaɪt] *s geol.* Quar'zit *m.*
quartz·ose [ˈkwɔ:(r)tsəʊs] *adj min.* quarzig, quarzhaltig, Quarz...
qua·sar [ˈkweɪzɑ:(r)] *s astr.* Qua'sar *m.*
quash¹ [kwɒʃ; *Am. a.* kwɑʃ] *v/t jur.* **1.** *e-e* Verfügung aufheben, annul'lieren, verwerfen. **2.** *e-e* Klage abweisen. **3.** *das* Verfahren niederschlagen.
quash² [kwɒʃ; *Am. a.* kwɑʃ] *v/t* **1.** zermalmen, zerstören. **2.** bezwingen, unter'drücken.
qua·si [ˈkweɪzaɪ; ˈkwɑ:zɪ] **I** *adj* e-m ... gleichend *od.* ähnlich, Quasi...: ~ **con·tract** *jur.* vertragsähnliches Verhältnis; a ~ **war** ein kriegsähnlicher Zustand. **II** *adv* (meist mit Bindestrich) quasi, gewissermaßen, sozusagen, gleichsam, ähnlich, Quasi..., Schein...: to ~-**deify** gleichsam vergöttern; ~-**judicial** quasigerichtlich; ~-**official** halbamtlich, offiziös; ~-**public** halböffentlich, mit öffentlich-rechtlichen Befugnissen; ~--**stellar object** *astr.* quasistellares Objekt.
qua·ter·cen·te·nar·y [₁kwætəsenˈti:nərɪ; *Am.* ₁kwɑ:tərsenˈtenərɪ;; -'ti:-] *s* vierhundertster Jahrestag, Vierhundert'jahrfeier *f.*
qua·ter·na·ry [kwəˈtɜ:nərɪ; *Am.* ˈkwɑ:tərˌneri:] *adj* **1.** aus vier bestehend: ~ **number** Quaternärzahl *f (Zahl mit der Basis 4).* **2.** Q~ *geol.* Quartär... **3.** *chem.* quarter'när, vierbindig. **II** *s* **4.** Gruppe *f* von 4 Dingen. **5.** Vier *f (Zahl).* **6.** *geol.* Quar'tär(peri₁ode *f*) *n.*
qua·ter·ni·on [kwəˈtɜ:njən; -nɪən; *Am.* -ˈtɜr-; *a.* kwɑ:-] *s* **1.** Qua'ternio *f,* Vierergruppe *f.* **2.** *math.* Quaterni'on *f (die allgemeine komplexe Zahl),* b) *pl* Rechnen *n* mit 'hyperkom₁plexen Zahlen.
qua·tor·zain [kəˈtɔ:(r)zeɪn; ˈkætə(r)-] *s* 14zeiliges Gedicht, dem Sonett ähnlich.
quat·rain [ˈkwɒtreɪn; *Am.* ˈkwɑt-] *s metr.* Qua'train *n, m,* Vierzeiler *m.*
qua·tre [ˈkætrə; *Am.* ˈkætər] *s* Vier *f (Spielkarte, Würfel etc).*
quat·re·foil [ˈkætrəfɔɪl; *Am. a.* ˈkætər-] *s* **1.** *arch.* Vierblatt *n,* -paß *m.* **2.** *bot.* vierblätt(e)riges (Klee)Blatt.
quat·tro·cen·to [₁kwætrəʊˈtʃentəʊ; *Am.* ₁kwɑ:-] *s* Quattroˈcento *n (italienischer Kunststil des 15. Jhs., Frührenaissance).*
qua·ver [ˈkweɪvə(r)] **I** *v/i* **1.** zittern, vi'brieren. **2.** *mus.* tremo'lieren, zittern *(beide a. weitS. beim Sprechen),* trillern. **II** *v/t meist* ~ **out 3.** etwas tremo'lierend *od.* mit über'triebenem Vi'brato singen. **4.** etwas mit zitternder Stimme sagen *od.* stammeln. **III** *s mus.* **5.** Triller *m,* Tremolo *n.* **6.** *Br.* Achtelnote *f:* ~ **rest** Achtelpause *f.* '**qua·ver·ing,** '**qua·ver·y** *adj* zitternd, tremo'lierend.
quay [ki:; *Am. a.* keɪ] *s mar.* Kai *m (Schiffslandeplatz):* **on the** ~ am Kai.
'**quay·age** *s* **1.** *econ.* Kaigeld *n,* Kaigebühr *f.* **2.** *collect.* Kaianlagen *pl.*
quean [kwi:n; *Am. a.* kweɪn] *s obs.* **1.** Weibsbild *n,* „Schlampe" *f.* **2.** Dirne *f,* Hure *f.*

quea·si·ness ['kwi:zɪnɪs] *s* **1.** Übelkeit *f.* **2.** ('Über)Empfindlichkeit *f.* **'quea·sy** *adj* (*adv* **queasily**) **1.** zur Übelkeit neigend. **2.** ('über)empfindlich (*Magen etc*). **3.** Übelkeit *od.* Ekel erregend. **4.** unwohl: I feel ~ mir ist übel *od.* schlecht *od.* ,komisch im Magen'. **5.** mäk(e)lig, heikel (*im Essen etc*). **6.** zart, über'trieben sen-'sibel: ~ **conscience**. **7.** bedenklich, zweifelhaft: I am ~ about (*od.* at) mir ist nicht wohl bei. **8.** unangenehm berührt.
queen [kwi:n] I *s* **1.** Königin *f*, Herrscherin *f* (*beide a. fig.*): Q~ Anne is dead! ,so'n Bart!'; Q~ *of* grace *relig.* Gnadenmutter *f*; → **English 3, evidence 2, heart 9, proctor 3;** → **King's Bench Division, King's Counsel, King's speech. 2.** *fig.* Königin *f*, Schönste *f*: Q~ of (the) May Maikönigin; the ~ of watering places die Perle der Badeorte. **3.** *Am. colloq.* ,Prachtweib' *n*, ,tolle Frau'. **4.** *colloq.* ,Schwule(r)' *m*, ,Homo' *m* (*Homosexueller*). **5.** *zo.* Königin *f*: a) ~ **bee** Bienenkönigin, b) *a.* ~ **wasp** Wespenkönigin, c) *a.* ~ **ant** Ameisenkönigin. **6.** *Schach u. Kartenspiel*: ~ 's gambit Damengambit *n*; ~'s pawn Damenbauer *m*; ~ of hearts Herzdame. II *v/i* **7.** *meist* ~ it die große Dame spielen: to ~ it over s.o. j-n von oben herab behandeln. **8.** *Schach*: in e-e Dame verwandelt werden (*Bauer*). III *v/t* **9.** zur Königin machen. **10.** e-n Bienenstock beweisen. **11.** *Schach*: e-n Bauer (in e-e Dame) verwandeln. **Q~ Anne (style)** *s* Queen-Anne-Stil *m* (*bes. Bau- u. Möbelstil zur Zeit der Königin Anna: frühes 18. Jh.*). **'~·cake** *s* kleiner Ro'sinenkuchen. ~ **dow·a·ger** *s* Königinwitwe *f*.
'queen·hood *s* Rang *m* e-r Königin.
'queen·ing *s bot. Br.* Re'nette *f* (*Apfelsorte*).
'queen·like, 'queen·ly *adj u. adv* königlich, maje'stätisch, wie e-r Königin.
queen| moth·er *s* Königinmutter *f.* ~ **post** *s arch.* doppelte Hängesäule. ~ **re·gent** *s* re'gierende Königin.
queen's| met·al *s tech.* Weißmetall *n.* ~ **ware** (*ein*) gelbes Steingut. **~ yel·low** *s* **1.** Zi'tronengelb *n.* **2.** *min.* gelbes schwefelsaures Quecksilbero,xyd.
queer [kwɪə(r)] I *adj* (*adv* ~ly) **1.** seltsam, sonderbar, eigenartig, kuri'os, wunderlich, ,komisch': ~ **fellow** (*od.* **fish**) komischer Kauz. **2.** *colloq.* fragwürdig, verdächtig, anrüchig, ,faul', ,komisch': a ~ **business**; to be in Q~ **street** a) auf dem trockenen sitzen, b) ,in der Tinte' sitzen, in ,Schwulitäten' (geraten) sein. **3.** *colloq.* unwohl, ,schwummerig': to feel ~ sich ,komisch' fühlen. **4.** *a.* ~ in the head *colloq.* ein bißchen verrückt, ,nicht ganz bei Trost'. **5.** *colloq.* ,schwul' (*homosexuell*). **6.** *colloq.* gefälscht, falsch. **7.** *Am. colloq.* scharf, wild, versessen (for, about auf *acc*). II *v/t* **8.** *colloq.* ,vermasseln', verderben: → **pitch²** 27. **9.** *colloq.* in ein schlechtes *od.* falsches Licht setzen (with bei). III *s* **10.** *colloq.* ,Schwule(r)' *m*, ,Homo' *m* (*Homosexueller*). **11.** *colloq.* ,Blüte' *f* (*Falschgeld*). **'queer·ness** *s* **1.** Seltsamkeit *f*, Wunderlichkeit *f.* **2.** (*das*) Seltsame.
quell [kwel] *v/t poet.* **1.** e-n Aufstand *etc*, *a.* Gefühle unter'drücken, ersticken. **2.** unter'werfen, bezwingen. **3.** Gefühle beschwichtigen, Furcht nehmen.
quench [kwentʃ] *v/t* **1.** a) *Flammen, Feuer etc* (aus)löschen, b) *den Durst* löschen, c) *ein Verlangen* stillen, d) *e-e Hoffnung* zu'nichte machen. **2.** *fig.* → **quell** 1. **3.** *Asche, Koks etc* (ab)löschen. **4.** *metall.* abschrecken: ~ing and tempering (Stahl)Vergütung *f*; ~ing bath Ab-

schreckbad *n.* **5.** *electr. Funken, Lichtbogen* löschen. **~ed spark gap** Löschfunkenstrecke *f*; ~ing **choke** Löschdrossel *f.* **6.** *electr. Schwingungen* abdämpfen, löschen: ~ing **frequency** Pendelfrequenz *f*. **7.** *fig.* j-m den Mund stopfen. **'quench·er** *s colloq.* Schluck *m.* **'quench·less** *adj* unstillbar.
que·nelle [kə'nel] *s gastr.* (Fleisch-, Fisch)Klößchen *n.*
quer·cine ['kwɜ:saɪn, -sɪn; *Am.* 'kwɜr-] *adj bot.* **1.** Eich(en)... **2.** eichenähnlich.
que·rist ['kwɪərɪst; *Am. a.* 'kweə-], *a.* **'que·rent** [-rənt] *s* Fragesteller(in).
quern [kwɜ:n; *Am.* kwɜrn] *s* **1.** Hand-(getreide)mühle *f.* **2.** Handpfeffermühle *f.*
quer·u·lous ['kwerʊləs] *adj* (*adv* ~ly) **1.** quengelig, nörg(e)lig, nörgelnd, verdrossen. **2.** jammernd. **'quer·u·lous·ness** *s* **1.** Verdrossenheit *f.* **2.** Jammern *n.*
que·ry ['kwɪərɪ; *Am. a.* 'kweə-] I *s* **1.** Frage *f*, Erkundigung *f.* **2.** *econ.* Rückfrage *f*: ~ (*abbr.* **qu.**), was the money ever paid? *f*, wurde das Geld jemals bezahlt? **3.** (an)zweifelnde *od.* unangenehme Frage. **4.** Zweifel *m.* **5.** *print.* (*anzweifelndes*) Fragezeichen. II *v/t* **6.** fragen. **7.** etwas in Zweifel ziehen, in Frage stellen, beanstanden. **8.** mit (e-m) Fragezeichen versehen. **9.** j-n (be-, aus-) fragen. **10.** *tech.* abfragen.
quest [kwest] I *s* **1.** Suche *f*, Streben *n*, Trachten *n* (for, of nach): in ~ of auf der Suche nach. **2.** *a. knightly* ~, *a.* ~ of the Holy Grail Suche *f* nach dem Heiligen Gral. **3.** *obs.* Unter'suchung *f*, Nachforschung(*en pl*) *f.* II *v/i* **4.** suchen (for, after nach). **5.** *hunt.* Wild suchen (*Jagdhunde*). III *v/t* **6.** suchen *od.* streben *od.* trachten nach.
ques·tion ['kwestʃən] I *s* **1.** Frage *f* (*a. ling.*): to beg the ~ a) von e-r falschen Voraussetzung ausgehen, b) die Sache von vornherein als erwiesen ansehen; to put a ~ to s.o., to ask s.o. a ~ j-m e-e Frage stellen; the ~ does not arise die Frage ist belanglos; → **pop¹** 9. **2.** Frage *f*, Pro'blem *n*, Thema *n*, (Streit)Punkt *m*: the Negro Q~ die Negerfrage; ~s of the day Tagesfragen; ~ of fact *jur.* Tatfrage *f*; ~ of law *jur.* Rechtsfrage; the point in ~ die fragliche *od.* vorliegende *od.* zur Debatte stehende Sache; to come into ~ in Frage kommen, wichtig werden; there is no ~ of s.th. (*od.* of doing) es ist nicht die Rede von etwas (*od.* davon, daß *etwas* getan wird); ~! *parl.* zur Sache! **3.** Frage *f*, Sache *f*, Angelegenheit *f*: only a ~ of time nur e-e Frage der Zeit. **4.** Frage *f*, Zweifel *m*: to call in ~ → 8; there is no ~ but (*od.* that) es steht außer Frage, daß; out of ~ außer Frage; that is out of the ~ das kommt nicht in Frage. **5.** *parl.* Anfrage *f*: to put to the ~ zur Abstimmung e-r Sache schreiten (→ 6). **6.** *jur.* Vernehmung *f*, Unter'suchung *f*: to put to the ~ *hist.* j-n foltern (→ 5). II *v/t* **7.** j-n (aus-, be)fragen, *jur.* vernehmen, -hören. **8.** etwas an-, bezweifeln, in Zweifel ziehen. **'ques·tion·a·ble** *adj* (*adv* questionably) **1.** fraglich, zweifelhaft, ungewiß. **2.** bedenklich, fragwürdig. **3.** anrüchig. **'ques·tion·a·ry** [-ʃənərɪ; *Am.* -ʃə,nerɪ] → **questionnaire. 'ques·tion·er** *s* Fragesteller(in). **'ques·tion·ing** I *adj* (*adv* ~ly) fragend (*a. Blick, Stimme*). II *s* Befragung *f*, *jur.* Vernehmung *f.* **'ques·tion·less** *adj* **1.** fraglos, zweifellos, blind: ~ **obedience.** **2.** unzweifelhaft.
ques·tion| mark *s* Fragezeichen *n.* ~ **mas·ter** *s Br.* Quizmaster *m.*
ques·tion·naire [,kwestɪə'neə(r); *bes. Am.* -stʃə-] *s* Fragebogen *m.*

ques·tion| pe·ri·od *s parl. Am.* Fragestunde *f.* ~ **time** *s parl. Br.* Fragestunde *f.*
quet·zal ['kwetsl; *Am.* ket'sɑ:l; -'sæl] *s* **1.** *orn.* Quet'zal *m.* **2.** Quet'zal *m* (*Münzeinheit in Guatemala*).
queue [kju:] I *s* **1.** (Haar)Zopf *m.* **2.** *bes. Br.* Schlange *f*, Reihe *f* (*vor Geschäften etc*), *fig.* Warteliste *f*: to stand (*od.* wait) in a ~ Schlange stehen; → jump 27. II *v/i* **3.** *meist* ~ up *bes. Br.* e-e Schlange bilden, Schlange stehen, sich anstellen (for nach). III *v/t* **4.** Haare zu e-m Zopf flechten. **'~-jump·er** *s bes. Br.* a) j-d, der sich vordrängelt *od.* aus der Reihe tanzt, b) *mot.* Ko'lonnenspringer *m.*
quib·ble ['kwɪbl] I *s* **1.** Spitzfindigkeit *f*, Wortklaube'rei *f*, Haarspalte'rei *f*, Ausflucht *f*, Kniff *m.* **2.** Krittelei *f.* **3.** *obs.* Wortspiel *n.* II *v/i* **4.** her'umreden, Ausflüchte machen. **5.** spitzfindig sein, Haarspalte'rei betreiben. **6.** (her'um)kritteln. **'quib·bler** *s* **1.** Wortklauber(-in), -verdreher(in). **2.** Krittler(in). **'quib·bling** *adj* (*adv* ~ly) **1.** spitzfindig, haarspalterisch, wortklauberisch. **2.** krittelig.
quick [kwɪk] I *adj* (*adv* ~ly) **1.** schnell, rasch, prompt, so'fortig, 'umgehend: ~ **answer (service)** prompte Antwort (Bedienung); ~ **returns** *econ.* schneller Umsatz; he is ~ to make friends er schließt schnell Freundschaft; → **offence** 3. **2.** schnell, flink, geschwind, rasch: be ~! mach schnell!, beeil(e) dich!; to be ~ about s.th. sich mit etwas beeilen; a ~ one *bes. Br. colloq.* ein Gläschen auf die Schnelle. **3.** (geistig) wach, aufgeweckt, schlagfertig, ,fix': ~ **wit** Schlagfertigkeit *f*; → **uptake** 1. **4.** schnell, ,fix' (*prompt handelnd*). **5.** hitzig, aufbrausend: a ~ **temper.** **6.** scharf (*Auge etc*): a ~ **ear** ein feines Gehör. **7.** *obs.* scharf: ~ **pain (smell, taste).** **8.** lose, treibend (*Sand etc*). **9.** aus lebenden Pflanzen bestehend: a ~ **hedge** e-e lebende Hecke. **10.** *obs.* lebend, le'bendig. **11.** lebhaft (*a. econ.*). **12.** *meist* ~ **with child** *obs.* hochschwanger. **13.** *econ.* flüssig, li'quid (*Anlagen, Aktiva*): ~ **assets.** **14.** *Bergbau*: erzhaltig, ergiebig. II *s* **15.** the ~ *obs.* die Lebenden *pl*: the ~ and the dead. **16.** *bot. Br.* heckenbildende Pflanze(*n pl*). **17.** empfindliches *od.* lebendes Fleisch (*bes. unter den Nägeln*). **18.** *fig.* Mark *n*: to the ~ a) bis ins Fleisch, b) *fig.* bis ins Mark, c) *fig.* durch u. durch; to cut s.o. to the ~ j-n tief verletzen; **a Tory** to ~ ein Tory durch u. durch *od.* bis auf die Knochen; to paint s.o. to the ~ j-n malen, wie er leibt u. lebt. **19.** *Am.* Quecksilber *n.* III *adv* **20.** geschwind, schnell, so'fort. **'~ ac·tion** *adj tech.* Schnell... ~ **ash** *s tech.* Flugasche *f.* **'~·beam** *s bot.* Vogelbeerbaum *m*, Eberesche *f.* **'~-break** *adj electr.* Schnell..., Moment...: ~ **switch** Momentschalter *m*; ~ **fuse** Hochleistungssicherung *f.* **'~-change** *adj* **1.** ~ **artist** *thea.* Verwandlungskünstler(in). **2.** ~ **tool part** *tech.* rasch auswechselbares Werkzeugteil. **'~-dry·ing** *adj* schnelltrocknend (*Lack etc*).
quick·en ['kwɪkən] I *v/t* **1.** beschleunigen. **2.** (wieder) le'bendig machen, 'wiederbeleben. **3.** an-, erregen, beleben, stimu'lieren, beflügeln: to ~ **the imagi·nation.** **4.** beleben, j-m neuen Auftrieb geben. II *v/i* **5.** sich beschleunigen (*Puls, Schritte etc*). **6.** belebt *od.* gekräftigt werden. **7.** (wieder) le'bendig werden. **8.** sich bewegen (*Fetus*).
quick| fire *s mil.* Schnellfeuer *n.* **'~-fire** *adj* **1.** a. **quick-firing** *mil.* Schnellfeuer... **2.** (blitz)schnell (*Fragen etc*). **~-for·got·ten** *adj* schnell vergessen. **'~-freeze** I *v/t irr* einfrieren, tiefkühlen.

quick freezing – quintuplet

II *s* → quick freezing. ~ **freez·ing** *s tech.* (Schnell)Tiefkühl-, Gefrierverfahren *n*. '~,**fro·zen** *adj tech.* tiefgekühlt, Tiefkühl..., Gefrier... ~ **grass** *s bot.* Gemeine Quecke.
quick·ie ['kwɪkɪ] *s colloq.* 1. (*etwas*) ‚Hingehauenes', ‚fixe Sache', ‚auf die Schnelle' gemachte Sache, *z. B.* billiger, improvi'sierter Film, rasch geschriebenes Buch *etc.* 2. ‚kurze Sache', (*etwas*) Kurzdauerndes, *z. B.* kurzer Werbefilm, 'Kurzpro_ıgramm *n etc.* 3. *bes. Am.* Gläschen *n* auf die Schnelle.
'**quick**ı·**lime** *s chem.* gebrannter ungelöschter Kalk, Ätzkalk *m*. ~ı'**lunch** *s Am.* Schnellgaststätte *f*. ~ **march** *s mil.* a) Eilmarsch *m*, b) → quick time 2. '~**match** *s* (Schnell)Zündschnur *f*. ~ **mo·tion** *s tech.* Schnellgang *m*. ı~-'**mo·tion cam·er·a** *s phot.* Zeitraffer (-kamera *f*) *m*.
'**quick·ness** *s* 1. Schnelligkeit *f*. 2. (geistige) Wachheit, Aufgewecktheit *f*, rasche Auffassungsgabe, Schlagfertigkeit *f*. 3. Schärfe *f* (*der Beobachtung etc.*): ~ **of sight** (gutes) Sehvermögen, scharfe Augen. 4. Lebhaftigkeit *f*, Le'bendigkeit *f*. 5. Hitzigkeit *f*: ~ **of temper**. 6. Über'eiltheit *f*.
'**quick**ı·**sand** *s geol.* Schwimm-, Flott-, Treibsand *m*. '~**set** *bot. bes. Br.* **I** *adj* 1. aus lebenden Pflanzen bestehend (*Hecke*). **II** *s* 2. heckenbildende Pflanze, *bes.* Weißdorn *m*. 3. lebende Hecke. 4. Setzling *m*. ~-'**set·ting** *adj tech.* schnell abbindend (*Zement*). '~ı**sil·ver I** *s chem.* Quecksilber *n* (*a. fig.*). **II** *adj fig.* quecksilb(e)rig, lebhaft: **a** ~ **temper**. **III** *v/t* e-*n* Spiegel mit 'Zinnamal_ıgam über'ziehen. '~**step I** *s* 1. *mil.* Schnellschritt *m*. 2. *mus.* Geschwindmarsch *m*. 3. *mus.* Quickstep *m* (*schneller Foxtrott*). **II** *v/i* 4. Quickstep tanzen. ı~-'**tempered** *adj* hitzig, aufbrausend. '~**thorn** *s bot.* Hage-, Weißdorn *m*. ~ **time** *s mil.* 1. schnelles Marschtempo. 2. *exerziermäßiges Marschtempo von* a) *Br.* 128 Schritt (*zu je 33 inches*) *pro Minute*, b) *Am.* 120 Schritt (*zu je 30 inches*). 3. Gleichschritt *m*: ~ **march!** im Gleichschritt, marsch! ~ **trick** *s Bridge:* sicherer Stich. ı~-'**wit·ted** *adj* (geistig) wach, aufgeweckt, schlagfertig (*a. Antwort*), ‚fix'.
quid[1] [kwɪd] *s* 1. Priem *m*, Stück *n* 'Kau_ıtabak. 2. 'wiedergekäutes Futter.
quid[2] [kwɪd] *pl* **quid** *s Br. sl.* Pfund *n* (Sterling).
quid·di·ty ['kwɪdətɪ] *s* 1. Es'senz *f*, Wesen *n*. 2. feiner 'Unterschied, Feinheit *f*. 3. Spitzfindigkeit *f*.
quid·dle ['kwɪdl] *v/i Am.* die Zeit verschwatzen *od.* vertrödeln.
quid·nunc ['kwɪdnʌŋk] *s* Neuigkeitskrämer *m*, Klatschtante *f*.
quid pro quo [ˌkwɪdprəʊ'kwəʊ] *pl* **quid pro quos** (*Lat.*) *s* Gegenleistung *f*, Vergütung *f*.
qui·es·cence [kwaɪ'esns; *Am. a.* kwi:-], *a.* **qui'es·cen·cy** [-sɪ] *s* Ruhe *f*, Stille *f*. **qui'es·cent** *adj* (*adv* ~**ly**) 1. ruhig, bewegungslos: ~ **anode current** *electr.* Anodenruhestrom *m*; ~ **state** Ruhezustand *m*. 2. ruhig, still. 3. *ling.* stumm (*Buchstabe*).
qui·et ['kwaɪət] **I** *adj* (*adv* ~**ly**) 1. ruhig, still (*a. fig. Person etc.*). 2. ruhig, leise, geräuschlos (*a. tech.*), *tech.* geräuschfrei: ~ **run** *tech.* ruhiger Gang; **be** ~! sei still *od.* ruhig!; ~, **please!** ich bitte um Ruhe!; Ruhe, bitte!; **to keep** ~ a) sich ruhig verhalten, still sein, b) den Mund halten. 3. ruhig, friedlich, behaglich, beschaulich: **a** ~ **life**; **a** ~ **evening** ein ruhiger *od.* geruhsamer Abend; ~ **conscience** ruhiges

Gewissen; → **enjoyment** 2. 4. bewegungslos, still: ~ **waters**. 5. *fig.* versteckt, geheim, heimlich, leise: **a** ~ **resentment** ein heimlicher Groll; **to keep s.th.** ~ etwas geheimhalten *od.* für sich behalten. 6. ruhig, unauffällig: ~ **colo(u)rs** ruhige *od.* gedämpfte Farben. 7. *econ.* ruhig, still, flau: ~ **business**; ~ **season**. **II** *s* 8. Ruhe *f*. 9. Ruhe *f*, Stille *f*: **on the** ~ ‚klammheimlich'; ‚heimlich, still u. leise'. 10. Ruhe *f*, Friede(n) *m*. **III** *v/t* 11. beruhigen, zur Ruhe bringen. 12. beruhigen, besänftigen. 13. zum Schweigen bringen. **IV** *v/i* 14. *meist* ~ **down** ruhig *od.* still werden, sich beruhigen. '**qui·et·en** → quiet III *u.* IV.
qui·et·ism ['kwaɪɪtɪzəm; -aɪə-] *s* 1. *relig.* Quie'tismus *m*. 2. (Gemüts)Ruhe *f*. '**qui·et·ist** *s relig.* Quie'tist(in).
qui·et·ness ['kwaɪətnɪs] *s* 1. Geräuschlosigkeit *f*. 2. → quietude.
qui·e·tude ['kwaɪɪtjuːd; -aɪə-; *Am. a.* -ıtuːd] *s* 1. Stille *f*, Ruhe *f*. 2. *fig.* Friede(n) *m*. 3. (Gemüts)Ruhe *f*.
qui·e·tus [kwaɪ'iːtəs] *s* 1. Ende *n*, Tod *m*. 2. Todes-, Gnadenstoß *m*: **to give s.o. his** ~ j-m den Gnadenstoß geben, j-m den Garaus machen; **to give the** ~ **to a rumo(u)r** ein Gerücht endgültig zum Verstummen bringen. 3. (restlose) Tilgung (*e-r Schuld*). 4. *jur.* a) *Br.* Endquittung *f*, b) *Am.* Entlastung *f* (*des Nachlaßverwalters*).
quiff [kwɪf] *s Br.* (Stirn)Locke *f*, Tolle *f*.
quill [kwɪl] *s* 1. *a.* ~ **feather** *orn.* (Schwung-, Schwanz)Feder *f*. 2. *orn.* Spule *f* (*unbefiederter Teil des Federkiels*). 3. *a.* ~ **pen** Federkiel *m*. 4. *zo.* Stachel *m* (*des Igels od. Stachelschweins*). 5. *mus.* a) Plektrum *n*, b) *pl hist.* Panflöte *f*. 6. Schwimmer *m* (*der Angel*). 7. Zimtstange *f*. 8. *tech.* a) Hohlwelle *f*, b) (Weber)Spule *f*. **II** *v/t* 9. kräuseln, rund fälteln. 10. den Faden aufspulen. ~ **bit** *s tech.* Hohlbohrer *m*. ~ **cov·erts** *s pl orn.* Deckfedern *pl*. ~ **driv·er** *s contp.* Federfuchser *m*.
quilt [kwɪlt] **I** *s* 1. Steppdecke *f*. 2. gesteppte (Bett)Decke. **II** *v/t* 3. steppen, 'durchnähen. 4. einnähen. 5. *wat'*tieren, (aus)polstern. 6. *oft* ~ **together** *fig.* ein Buch *etc* zs.-stoppeln. '**quilt·ing** *s* 1. 'Durchnähen *n*, Steppen *m*: ~ **seam** Steppnaht *f*. 2. Füllung *f*, 'Füllmateri_ıal *n*, Wat'tierung *f*: ~ **cotton** Polsterwatte *f*. 3. gesteppte Arbeit. 4. Pi'kee *n* (*Gewebe*).
quim [kwɪm] *s Br. vulg.* ‚Fotze' *f*, ‚Möse' *f* (*Scheide*).
quin [kwɪn] *Br. colloq. für* quintuplet 2.
qui·na ['kwaɪnə; *bes. Am.* 'kiːnə] *s bot.* 1. China-, Fieberrinde *f*. 2. Chi'nin *n*.
qui·na·ry ['kwaɪnərɪ; *Am. a.* 'kwɪ-] *adj* aus fünf bestehend, Fünf(er)...
qui·nate[1] ['kwaɪneɪt; *Am. a.* 'kwɪ-] *s chem.* chinasaures Salz.
qui·nate[2] ['kwaɪneɪt] *adj bot.* fünffingerig (*Blatt*).
quince [kwɪns] *s bot.* Quitte *f*.
quin·cen·te·nar·y [ˌkwɪnsen'tiːnərɪ; *Am.* -sen'tenərɪ; -'sentnˌerɪː] → **quin**gentenary.
quin·dec·a·gon [kwɪn'dekəɡɒn; *Am.* -ˌɡɑn] *s math.* Fünfzehneck *n*.
quin·gen·te·nar·y [ˌkwɪndʒen'tiːnərɪ; *bes. Am.* -'teː-] **I** *adj* fünfhundertjährig. **II** *s* fünfhundertster Jahrestag, Fünfhundert'jahrfeier *f*.
quin·i·a ['kwɪnɪə] → quinine.
quin·ic ac·id ['kwɪnɪk] *s chem.* Chinasäure *f*.
qui·nine [kwɪ'niːn; *Am.* 'kwaɪˌnaɪn] *s chem. pharm.* Chi'nin *n*.
quin·in·ism [kwɪ'niːnɪzəm; *Am.* 'kwaɪnaɪˌnɪzəm], *a.* **qui·nism** ['kwaɪnɪzəm] *s med.* Chi'ninvergiftung *f*.

quin·oid ['kwɪnɔɪd] *s chem.* Chi'nonverbindung *f*.
qui·none [kwɪ'nəʊn; 'kwɪnəʊn] *s chem.* 1. Chi'non *n*. 2. → quinoid.
quin·o·noid ['kwɪnənɔɪd; kwɪ'nəʊ-] *adj chem.* Chinon...
quin·qua·ge·nar·i·an [ˌkwɪŋkwədʒɪ'neərɪən] **I** *adj* a) fünfzigjährig, b) in den Fünfzigern. **II** *s* Fünfzigjährige(r *m*) *f*, Fünfziger(in) (*a. Person in den Fünfzigern*). **quin·quag·e·nar·y** [kwɪŋ'kwædʒənərɪ; *Am.* kwɪnˌkwɑˈdʒəˌnerɪː] *s* fünfzigster Jahrestag.
Quin·qua·ges·i·ma, *a.* ~ **Sun·day** [ˌkwɪŋkwə'dʒesɪmə; *Am. a.* -'dʒeɪzəmə] *s* (Sonntag *m*) Quinqua'gesima *f* (*Sonntag vor Fastnacht*).
quinque- [kwɪŋkwɪ; *Am.* kwɪn-] *Worteelement mit der Bedeutung fünf...*
ˌ**quin·que'cos·tate** *adj bot. zo.* fünfrippig. ˌ**quin·que'dig·i·tate** *adj* fünffingerig, -zehig.
quin·quen·ni·ad [kwɪŋ'kwenɪəd; *Am.* -ˌæd] → quinquennium. **quin'quen·ni·al I** *adj* 1. fünfjährig, fünf Jahre dauernd *od.* um'fassend. 2. fünfjährlich ('wiederkehrend), alle fünf Jahre stattfindend. **II** *s* 3. Zeitraum *m* von fünf Jahren. 4. fünfter Jahrestag. **quin'quen·ni·um** [-nɪəm] *pl* **-ni·a** [-nɪə] *s* Zeitraum *m* von fünf Jahren.
ˌ**quin·que'par·tite** *adj* 1. fünfteilig. 2. Fünfer-, Fünfmächte..., zwischen fünf Partnern abgeschlossen *etc*: ~ **pact** Fünferpakt *m*. 3. fünffach ausgefertigt (*Urkunde*).
quin·que·reme ['kwɪŋkwɪriːm] *s mar. hist.* Fünfruderer *m*.
ˌ**quin·que'va·lent** [-'veɪlənt] *adj chem.* fünfwertig.
quin·qui·na [kwɪŋ'kwaɪnə; *bes. Am.* kɪn'kiːnə] → **quina**.
ˌ**quin·qui'va·lent** → quinquevalent.
quin·sy ['kwɪnzɪ] *s med.* Hals-, Mandelentzündung *f*.
quint[1] [kɪnt; kwɪnt] *s* Pikett: Quinte *f* (*Sequenz von 5 Karten gleicher Farbe*).
quint[2] [kwɪnt] *mus.* Quint(e) *f*.
quint[3] [kwɪnt] *Am. colloq. für* quintuplet 2.
quin·tain ['kwɪntɪn] *s hist.* 1. Stechpuppe *f*, (Holz)Pfosten *m* mit 'Holzfiˌgur (*für ritterliche Übungen mit der Lanze*). 2. Quin'tanrennen *n*.
quin·tal ['kwɪntl; *Am. a.* 'kæntl] *s* Doppelzentner *m*.
quin·tan [kwɪntn] *med.* **I** *adj* fünftägig, alle fünf Tage auftretend: ~ **fever** → **II**. **II** *s* Fünftagefieber *n*.
quinte [kænt; kẽt] (*Fr.*) *s fenc.* Quint *f*.
quin·tes·sence [kwɪn'tesns] *s* 1. *chem.* 'Quintes_ısenz *f* (*a. philos. u. fig.*). 2. Kern *m*, Inbegriff *m*. 3. a) Urtyp *m*, b) klassisches Beispiel (of für, von), c) (höchste) Voll'kommenheit. **quin·tes·sen·tial** [ˌkwɪntɪ'senʃl; *Am.* -tˌəl] *adj* (*adv* ~**ly**) wesentlich, typisch, reinst(er, e, es).
quin·tet, *Br. a.* **quin·tette** [kwɪn'tet] *s* 1. *mus.* Quin'tett *n*. 2. *humor.* Quin'tett *n* (5 *Personen*). 3. Fünfergruppe *f*, Satz *m* von 5 Dingen. 4. *sport* Fünf *f* (*Basketballmannschaft*).
quin·tic ['kwɪntɪk] *math.* **I** *adj* Gleichung fünften Grades. **II** *s* alge'braische Funkti'on fünften Grades.
quin·tile ['kwɪntaɪl] *s astr.* Quin'til-, Gefünftschein *m*.
quin·til·lion [kwɪn'tɪljən] *s* 1. *Br.* Quintilli'on *f* (10^{30}). 2. *Am.* Trilli'on *f* (10^{18}).
quin·tu·ple ['kwɪntjʊpl; *Am.* kwɪn'tjuːpəl; *a.* -'tuː-; -'tʌ-] **I** *adj* 1. fünffach. **II** *s* 2. (*das*) Fünffache. **III** *v/t* 3. verfünffachen. 4. fünfmal so groß *od.* so viel sein wie. **IV** *v/i* 5. sich verfünffachen.
quin·tu·plet ['kwɪntjʊplɪt; *Am.* kwɪn-

ˈtʌplət] s **1.** Fünfergruppe f. **2.** Fünfling m (Kind): ~s Fünflinge. **3.** mus. Quinˈtole f.
quinˈtu·pli·cate [-ˈtjuːplɪkɪt; Am. a. -ˈtuː-] **I** adj **1.** fünffach. **II** s **2.** fünffache Ausfertigung: **in** ~. **3.** e-s von 5 (gleichen) Dingen: ~s 5 Exemplare. **III** v/t [-keɪt] **4.** verfünffachen. **5.** ein Dokument fünffach ausfertigen.
quip [kwɪp] **I** s **1.** witziger Einfall, geistreiche Bemerkung, Bonˈmot n. **2.** Seitenhieb m, Sticheˈlei f. **II** v/i **3.** witzeln, spötteln. **ˈquip·ster** [-stə(r)] s Spötter(-in), Stichler(in).
qui·pu [ˈkiːpuː] s Quipu n (Knotenschrift der Altperuaner).
quire[1] [ˈkwaɪə(r)] s **1.** print. Buch n (24 Bogen). **2.** Buchbinderei: Lage f.
quire[2] [ˈkwaɪə(r)] obs. für **choir**.
Quir·i·nal [ˈkwɪrɪnəl] **I** npr Quiriˈnal m (e-r der 7 Hügel Roms). **II** s Quiriˈnal m: a) italienischer Königspalast auf dem Quirinal, b) fig. die italienische Regierung.
quirk [kwɜːk; Am. kwɜrk] s **1.** → **quip** 1, 2. **2.** Eigenart f, seltsame Angewohnheit: **by a ~ of fate** durch e-n verrückten Zufall, wie das Schicksal (od. Leben) so spielt. **3.** Zucken n (des Mundes etc). **4.** Kniff m, Trick m, Finte f. **5.** Schnörkel m. **6.** arch. Hohlkehle f. **ˈquirk·y** adj **1.** gerissen (Anwalt etc). **2.** eigenartig, schrullig (Ansichten etc).
quirt [kwɜːt; Am. kwɜrt] s geflochtene Reitpeitsche.
quis·ling [ˈkwɪzlɪŋ] s pol. contp. Quisling m, Kollaboraˈteur m.
quit [kwɪt] **I** v/t pret u. pp **ˈquit·ted**, bes. Am. **quit 1.** verzichten auf (acc), e-e Stellung kündigen, aufgeben, den Dienst quitˈtieren, sich vom Geschäft zuˈrückziehen. **2.** colloq. aufhören mit: **to ~ work** aufhören zu arbeiten; **~ grumbling!** hör auf zu murren! **3.** verlassen: **he ~(ted) Paris**; **she ~(ted) him in anger. 4.** e-e Schuld etc bezahlen, tilgen. **5.** meist ~ **o.s.** sich benehmen: ~ **you like men!** benehmt euch wie Männer! **6.** obs. befreien. **7. ~ o.s. (of)** a) sich frei machen od. befreien (von), b) fig. sich entledigen (gen). **8.** poet. vergelten: **to ~ love with hate**; **death ~s all scores** der Tod macht alles gleich. **II** v/i **9.** aufhören. **10.** weggehen. **11.** ausziehen: → **notice** 4. **12.** kündigen. **III** adj pred **13.** frei: **to go ~** frei ausgehen; **to be ~ for** davonkommen mit. **14.** frei, befreit, los (of von): ~ **of charges** econ. nach Abzug der Kosten, spesenfrei.
quitch (grass) [kwɪtʃ] s bot. Gemeine Quecke.
ˈquit·claim s jur. **1.** Verzicht(leistung f) m (auf Rechte). **2.** ~ **deed** a) Grundstückskaufvertrag m, b) Am. Abtretungsurkunde f (beide: ohne Haftung für Rechts- od. Sachmängel).
quite [kwaɪt] adv **1.** ganz, völlig, vollständig: ~ **alone** ganz allein; ~ **another** ein ganz anderer; ~ **wrong** völlig falsch; ~ **the reverse** genau das Gegenteil. **2.** wirklich, tatsächlich, ziemlich: ~ **a disappointment** e-e ziemliche Ent-

täuschung; ~ **good** recht gut; ~ **a few** ziemlich viele; ~ **a gentleman** wirklich ein feiner Mann. **3.** colloq. ganz, durchˈaus, sehr: ~ **nice** ganz od. recht nett; **not ~ proper** nicht ganz angebracht; **that is ~ the thing** a) das ist genau od. ganz das Richtige, b) das ist die (neueste) Mode; **he isn't ~** er ist nicht (so) ganz gesellschaftsfähig; ~ **(so)!** ganz recht.
quit rent s jur. hist. Miet-, Pachtzins (der den Mieter von anderweitigen Leistungen befreite).
quits [kwɪts] adj quitt: **to be (get) ~ with s.o.** mit j-m quitt sein (werden) (a. fig.); **to cry ~** aufgeben, genug haben; **let's call it ~** lassen wir's gut sein; → **double** 11.
quit·tance [ˈkwɪtəns] s **1.** Vergeltung f, Entgelt n. **2.** Erledigung f (e-r Schuld od. Verpflichtung). **3.** poet. od. obs. Befreiung f. **4.** econ. Quittung f.
quit·ter [ˈkwɪtə(r)] s colloq. Drückeberger m, Feigling m.
quit·tor [ˈkwɪtə(r)] s vet. Steingallen pl.
quiv·er[1] [ˈkwɪvə(r)] **I** v/i **1.** beben, zittern (with vor dat). **II** v/t **2.** (er)zittern lassen. **3.** die Flügel flatternd schlagen (Lerche). **III** s **4.** Beben n, Zittern n: **in a ~ of excitement** fig. zitternd vor Aufregung.
quiv·er[2] [ˈkwɪvə(r)] s Köcher m: **to have an arrow left in one's ~** noch ein Eisen im Feuer haben.
ˈquiv·er·ful [-ful] s (ein) Köchervoll m: **a ~ of children** e-e ganze Schar Kinder.
qui vive [ˌkiːˈviːv] s: **to be on the ~** auf dem Quivive od. auf der Hut sein.
quix·ot·ic [kwɪkˈsɒtɪk; Am. -ˈsɑ-] adj (adv ~**ally**) donquiˈchottisch, weltfremd-, -ideaˈlistisch, schwärmerisch, närrisch.
quix·ot·ism [ˈkwɪksətɪzəm], **ˈquix·ot·ry** [-trɪ] s Donquichotteˈrie f.
quiz [kwɪz] **I** v/t **1.** Am. j-n prüfen, abfragen. **2.** ausfragen, ins (Kreuz)Verhör nehmen. **3.** obs. bes. Br. aufziehen, hänseln. **4.** obs. (spöttisch) anstarren, fiˈxieren: ~**zing glass** Lorgnon n. **II** pl **ˈquiz·zes** s **5.** bes. Am. Prüfung f, Klassenarbeit f. **6.** a) Rundfunk, TV Quiz n: ~ **game** Ratespiel n, Quiz n; ~ **program(me)**, **show** Quizsendung f, b) Denksportaufgabe f. **7.** obs. Spottvogel m, Spötter m. **8.** obs. Foppeˈrei f, Ulk m. **9.** obs. komischer Kauz. **ˈ~·mas·ter** s Quizmaster m.
quiz·zee [kwɪˈziː] s Teilnehmer(in) an e-m Quiz.
quiz·zi·cal [ˈkwɪzɪkl] adj (adv ~**ly**) **1.** seltsam, komisch. **2.** spöttisch: **a ~ look**.
quod [kwɒd] s Br. sl. ‚Loch‘ n, ‚Kittchen‘ n, Gefängnis n: **to be in ~** ‚sitzen‘.
quod·li·bet [ˈkwɒdlɪbet; Am. ˈkwɑd-] s mus. Quodlibet n, (Lieder)Potpourri n.
quod vi·de [ˌkwɒdˈvaɪdiː; -ˈvɪdeɪ; Am. ˌkwɑd-] (Lat.) adv (abbr. **q.v.**) siehe dort.
quoin [kɔɪn; kwɔɪn] **I** s **1.** arch. a) (vorspringende) Ecke (e-s Hauses), b) Eck-, Keilstein m. **2.** print. Schließkeil m. **3.** mar. Staukeil m. **II** v/t **4.** print. die Druckform schließen. **5.** tech. verkeilen.

6. arch. e-e Ecke mit Keilsteinen versehen.
quoit [kɔɪt; kwɔɪt; Am. a. kweɪt] s **1.** Wurfring m. **2.** pl (als sg konstruiert) Wurfringspiel n.
quon·dam [ˈkwɒndæm; Am. ˈkwɑn-] adj ehemalig, früher(er, e, es): ~ **friends**.
Quon·set hut [ˈkwɒnsɪt; Am. ˈkwɑn-] s bes. Am. (e-e) Nissenhütte.
quo·rum [ˈkwɔːrəm; Am. a. ˈkwoʊ-] s **1.** beschlußfähige Anzahl od. Mitgliederzahl: **to be** (od. **constitute**) **a ~** beschlußfähig sein. **2.** jur. handlungsfähige Besetzung e-s Gerichts. **3.** jur. hist. a) Br. collect. (die) Friedensrichter pl, b) Auswahl von Friedensrichtern, die an Gerichtssitzungen teilnehmen durften. **4.** relig. Am. Vereinigung von Priestern gleichen Ranges bei den Mormonen.
quo·ta [ˈkwəʊtə] s **1.** bes. econ. Quote f, (Verhältnis)Anteil m. **2.** econ. (ˈEinfuhretc)Kontinˌgent n, Quote f, (Liefer- etc) Soll n: ~ **goods** kontingentierte Waren; ~ **restrictions** Kontingentierung f; ~ **system** Zuteilungssystem n. **3.** jur. Konˈkursdiviˌdendenquote f. **4.** Am. Einwanderungsquote f. ~ **a·gent** s econ. Kontinˈgentträger m.
quot·a·ble [ˈkwəʊtəbl] adj ziˈtierbar.
quo·ta·tion [kwəʊˈteɪʃn] s **1.** Ziˈtat n, Anführung f, Herˈanziehung f (a. jur.): **familiar ~s** geflügelte Worte; ~ **sampling** econ. statistische gelenkte Teilauslese. **2.** Beleg(stelle f) m. **3.** econ. (ˈBörsen-, ˈKurs)Noˌtierung f: **final ~** Schlußnotierung. **4.** econ. Preis(angabe f) m. **5.** print. Steg m. ~ **marks** s pl Anführungszeichen pl, ‚Gänsefüßchen‘ pl: **to put** (od. **place**) **in ~** in Anführungszeichen setzen.
quote [kwəʊt] **I** v/t **1.** ziˈtieren (**from** aus), (a. als Beweis) anführen, weitS. a. Bezug nehmen auf (acc), sich auf ein Dokument etc berufen, e-e Quelle, e-n Fall herˈanziehen. **2.** econ. e-n Preis aufgeben, ansetzen, berechnen. **3.** Börse: noˈtieren: **to be ~d at** (od. **with**) notieren od. im Kurs stehen mit. **4.** in Anführungszeichen setzen. **II** v/i **5.** ziˈtieren (**from** aus): ~: ... ich zitiere: ..., Zitat: ... **III** s colloq. **6.** Ziˈtat n. **7.** pl ‚Gänsefüßchen‘ pl, Anführungszeichen pl: **to put** (od. **place**) **in ~s** in Gänsefüßchen setzen.
quoth [kwəʊθ] obs. (vorangestellt) ich, er, sie, es sprach, sagte.
quoth·a [ˈkwəʊθə] interj obs. contp. wahrlich!, fürˈwahr!
quo·tid·i·an [kwɒˈtɪdɪən; bes. Am. kwəʊ-] **I** adj **1.** täglich: ~ **fever** → **3**. **2.** allˈtäglich, gewöhnlich. **II** s **3.** med. Quotidiˈanfieber n.
quo·tient [ˈkwəʊʃnt] s math. Quotiˈent m.
quo war·ran·to [ˌkwəʊwɒˈræntəʊ; -wəˈrɑːn-] pl **-tos** s jur. **1.** hist. königlicher Brief, der e-n Amtsusurpator zwang, die Berechtigung für die Ausübung s-s Amts od. Privilegs nachzuweisen. **2.** ähnlicher Brief, der ein Verfahren wegen Amtsanmaßung einleitet. **3.** Verfahren n wegen Amtsanmaßung.

R

R, r [ɑː(r)] **I** *pl* **R's, Rs, r's, rs** [ɑː(r)z] *s* **1.** R, r *n* (*Buchstabe*): **the three Rs** Lesen *n*, Schreiben *n* u. Rechnen *n* (*reading*, [w]*riting*, [a]*rithmetic*). **2.** R R *n*, R-förmiger Gegenstand. **II** *adj* **3.** achtzehnt(er, e, es). **4.** R R-..., R-förmig.
rab·bet ['ræbɪt] *tech.* **I** *s* a) Fuge *f*, Falz *m*, Nut *f*, b) Falzverbindung *f*. **II** *v/t* falzen, (zs.-)fugen. ~ **joint** *s tech.* Falzverbindung *f*, Fuge *f* (aus Nut u. Feder). ~ **plane** *s tech.* Falzhobel *m*.
rab·bi ['ræbaɪ] *s* **1.** Rabbi *m*: a) *hist.* jüdischer Schriftgelehrter, b) (*als Anrede*) Herr *m*, Meister *m*. **2.** *relig.* Rab'biner *m*.
rab·bin ['ræbɪn] → rabbi 1 a.
rab·bin·ate ['ræbɪnɪt] *s* **1.** Rabbi'nat *n* (*Amt od. Würde e-s Rabbiners*). **2.** *collect.* Rab'biner *pl*.
rab·bin·ic [ræ'bɪnɪk] *adj*; **rab'bin·i·cal** *adj* (*adv* ~ly) rab'binisch.
rab·bit ['ræbɪt] *s* **1.** *zo.* Ka'ninchen *n*. **2.** *zo. Am. allg.* Hase *m*. **3.** → **Welsh rabbit**. **4.** *sport colloq.* a) *Br.* Anfänger(in), b) *Br.* ‚Flasche' *f*, c) ‚Hase' *m* (*Schrittmacher bei Rekordversuchen*). **II** *v/i* **5.** Ka'ninchen jagen: **to go** ~**ing** auf Kaninchenjagd gehen. **6.** *a.* ~ **away** (*od.* **on**) quasseln, ‚schwafeln' (*about* über *acc*, von). ~ **fever** *s vet.* Hasenpest *f*. ~ **hutch** *s* Ka'ninchenstall *m*. ~ **punch** *s Boxen:* (kurzer) Genickschlag. ~ **war·ren** → **warren** 1 u. 3.
rab·bit·y ['ræbɪtɪ] *adj* **1.** ka'ninchenartig, Kaninchen... **2.** *fig.* ängstlich.
rab·ble¹ ['ræbl] *s* **1.** Mob *m*, Pöbelhaufen *m*. **2. the** ~ *contp.* der Pöbel; ~**-rousing** aufwieglerisch, demagogisch; ~**-rouser** Aufrührer *m*, Demagoge *m*.
rab·ble² ['ræbl] *tech.* **I** *s* Rührstange *f*, Kratze *f*, Krücke *f*. **II** *v/t* 'umrühren.
rab·bler ['ræblə(r)] → **rabble²** I.
Rab·e·lai·si·an [,ræbə'leɪzɪən] *adj* **1.** des Rabe'lais. **2.** im Stil des Rabe'lais (*grob--satirisch, geistvoll-frech, obszön*).
rab·ic ['ræbɪk] *adj med. vet.* tollwütig.
rab·id ['ræbɪd] *adj* (*adv* ~ly) **1.** wütend (*a. Haß etc*), rasend (*a. fig. Hunger etc*). **2.** fa'natisch, wild, rabi'at: **a** ~ **anti-Semite**. **3.** *med. vet.* tollwütig: **a** ~ **dog**.
ra·bid·i·ty [rə'bɪdətɪ], **'rab·id·ness** *s* **1.** Rasen *n*, Wut *f*. **2.** Fana'tismus *m*, Wildheit *f*.
ra·bies ['reɪbiːz] *s med. vet.* Tollwut *f*.
rac·coon [rə'kuːn; *bes. Am.* ræ-] *s* **1.** *pl* **rac'coons**, *bes. collect.* **rac'coon** *zo.* Waschbär *m*. **2.** Waschbär(pelz) *m*.
race¹ [reɪs] **I** *s* **1.** *sport* (Wett)Rennen *n*, (-)Lauf *m*: **motor** ~ Autorennen. **2.** *pl sport* Pferderennen *pl*: → **play** 23. **3.** *fig.* (for) Wettlauf *m*, Kampf *m* (um), Jagd *f* (nach): ~ **against time** Wettlauf mit der Zeit. **4.** Lauf *m* (*der Gestirne, des Lebens, der Zeit*): **his** ~ **is run** er hat die längste Zeit gelebt. **5.** a) starke Strömung, b) Stromschnelle *f*, c) Strom-, Flußbett *n*, d) Ka'nal *m*, Gerinne *n*. **6.** *tech.* a) Laufring *m* (*des Kugellagers*), (Gleit)Bahn *f*, b) *Weberei:* Schützenbahn *f*. **7.** → **slipstream** 1.
II *v/i* **8.** an e-m Rennen teilnehmen, bes. um die Wette laufen *od.* fahren (**with, against** mit). **9.** (*im Rennen*) laufen (**for** um). **10.** (da'hin)rasen, rennen: **to** ~ **about** (*od.* **around**) herumrasen, -rennen; **his mind was racing** *fig.* die Gedanken überschlugen sich in s-m Kopf. **11.** *tech.* 'durchdrehen (*Rad etc*).
III *v/t* **12.** um die Wette laufen *od.* fahren mit. **13.** *Pferde* rennen *od.* (in e-m Rennen) laufen lassen. **14.** *ein Fahrzeug* rasen lassen, rasen mit: **to** ~ **s.o. to hospital** mit j-m ins Krankenhaus rasen. **15.** ('durch)hetzen, (-)jagen, *Gesetze* 'durchpeitschen. **16.** *tech.* a) den Motor *etc* 'durchdrehen lassen (*ohne Belastung*), b) *den Motor* hochjagen: **to** ~ **up** e-n *Flugzeugmotor* abbremsen.
race² [reɪs] *s* **1.** Rasse *f*: **the white** ~. **2.** Rasse *f*: a) Rassenzugehörigkeit *f*, b) rassische Eigenart. **3.** Geschlecht *n*, Stamm *m*, Fa'milie *f*. **4.** Volk *n*, Nati'on *f*. **5.** Abstammung *f*: **of noble** ~ edler Abstammung, vornehmer Herkunft. **6.** *biol.* Rasse *f*, Gattung *f*, 'Unterart *f*. **7.** a) (Menschen)Schlag *m*, b) (*Menschen-etc*)Geschlecht *n*: **the human** ~. **8.** Rasse *f* (*des Weins etc*).
race³ [reɪs] *s* (Ingwer)Wurzel *f*.
race|boat *s sport* Rennboot *n*. ~ **card** *s Pferdesport:* Rennpro'gramm *n*. '~**·con·flict** *s* 'Rassenkon₁flikt *m*. '~**·course** *s Pferdesport:* Rennbahn *f*. '~**·go·er** *s* (*bes. häufiger*) Rennbahnbesucher. ~ **ha·tred** *s* Rassenhaß *m*. '~**·horse** *s* Rennpferd *n*.
ra·ceme [rə'siːm; *bes. Am.* reɪ-] *s bot.* Traube *f* (*Blütenstand*).
race meet·ing *s Pferdesport:* Rennveranstaltung *f*.
ra·ce·mic [rə'siːmɪk; *bes. Am.* reɪ-] *adj chem.* **1.** ra'cemisch. **2.** Trauben...: ~ **acid**.
rac·e·mose ['ræsɪməʊs] *adj* **1.** *bot.* a) traubig, b) e-e Traube tragend. **2.** *anat.* Trauben...
rac·er ['reɪsə(r)] *s* **1.** a) (Renn)Läufer(in), b) Rennfahrer(in). **2.** Rennpferd *n*. **3.** Rennrad *n*, -boot *n*, -wagen *m*.
race| re·la·tions *s pl* Beziehungen *pl* zwischen den Rassen. ~ **ri·ot** *s* 'Rassenkra₁wall *m*. ~ **su·i·cide** *s* Rassenselbstmord *m*. '~**·track** *s* **1.** *Automobilsport etc:* Rennstrecke *f*. **2.** *Pferdesport: bes. Am.* Rennbahn *f*. ~ **walk·ing** *s Leichtathletik:* Gehen *n*. '~**·way** *s* **1.** (Mühl-) Gerinne *n*. **2.** *tech.* Laufring *m*.
ra·chis ['reɪkɪs] *pl* **rach·i·des** ['reɪkɪdiːz; 'reɪ-] *s* **1.** *bot. zo.* Rhachis *f*, Spindel *f*. **2.** *anat.* Rückgrat *n*. **ra·chit·ic** [rə'kɪtɪk] *adj med.* ra'chitisch. **ra·chi·tis** [ræ'kaɪtɪs] *s med.* Ra'chitis *f*.
ra·cial ['reɪʃl] *adj* (*adv* ~ly) **1.** rassisch. **2.** Rassen...: ~ **conflict** (**discrimination, equality, hatred, integration, pride, prejudice, segregation**). **3.** völkisch. **'ra·cial·ism** *s* **1.** Rassenkult *m*. **2.** 'Rassenpoli₁tik *f*. **3.** Ras'sismus *m*. **'ra·cial·ist I** *s* Ras'sist(in). **II** *adj* ras'sistisch.
rac·i·ness ['reɪsɪnɪs] *s* **1.** Rassigkeit *f*, Rasse *f*. **2.** Urwüchsigkeit *f*. **3.** (*das*) Pi'kante, Würze *f*.
rac·ing ['reɪsɪŋ] **I** *s* **1.** (Wett)Rennen *n*. **2.** (Pferde)Rennsport *m*. **II** *adj* **3.** Renn...: ~ **boat** (**bicycle, car, saddle**); ~ **circuit** (*Automobilsport etc*) Rennstrecke *f*; ~ **cyclist** Radrennfahrer *m*; ~ **driver** Rennfahrer *m*; ~ **man** Pferdesport-Liebhaber *m*; ~ **stable** Rennstall *m* (*a. Radsport*); **the** ~ **world** die Rennwelt.
rac·ism ['reɪsɪzəm] → **racialism**. **'rac·ist** → **racialist**.
rack¹ [ræk] **I** *s* **1.** *agr.* Raufe *f*. **2.** Gestell *n*, (Gewehr-, Kleider-, Zeitungs- *etc*)Ständer *m*, (*Handtuch*)Halter *m*, (*Geschirr*)Brett *n*, *rail.* (Gepäck)Netz *n*, Gepäckträger *m* (*am Fahrrad*): → **bomb rack**. **3.** Re'gal *n*. **4.** (Streck- *od.* Stütz)Rahmen *m*. **5.** *tech.* Zahnstange *f*: ~ **(-and-pinion) gear** Zahnstangengetriebe *n*. **6.** *hist.* Folter(bank) *f*, Streckfolter *f*: **to put on the** ~ *bes. fig.* j-n auf die Folter spannen. **7.** *fig.* (Folter)Qualen *pl*, Qual *f*, Folter *f*. **II** *v/t* **8.** (aus)recken, strecken. **9.** auf die Folter spannen, foltern. **10.** *fig.* foltern, quälen, martern, peinigen: ~**ing pains** rasende Schmerzen; ~**ed with pain** schmerzgequält; → **brain** 2. **11.** a) *die Miete* (wucherisch) hochschrauben, b) → **rack-rent**. **12.** auf *od.* in ein Gestell *od.* Re'gal legen. **13.** ~ **up** e-m Pferd die Raufe füllen.
rack² [ræk] *s:* **to go to** ~ **and ruin** verfallen (*Gebäude, Person*), dem Ruin entgegentreiben (*Land, Wirtschaft*).
rack³ [ræk] *s* (schneller) Paßgang.
rack⁴ [ræk] **I** *s* fliegendes Gewölk, ziehende Wolkenmassen *pl*. **II** *v/i* (da'hin-) ziehen (*Wolken*).
rack⁵ [ræk] *v/t* **1.** *oft* ~ **off** *Wein etc* abziehen, abfüllen. **2.** *Bierfässer* füllen.
rack⁶ [ræk] → **arrack**.
rack car *s rail. Am.* Doppelstockwagen *m* (*für Autotransport*).
rack·et¹ ['rækɪt] *s* **1.** *sport* (Tennis- *etc*) Schläger *m*. **2.** *pl* (*als sg konstruiert*) Ra'kettspiel *n*. **3.** Schneeschuh *m*.
rack·et² ['rækɪt] **I** *s* **1.** Krach *m*, Ra'dau *m*, Spek'takel *m*, Lärm *m*. **2.** Wirbel *m*, Aufregung *f*. **3.** a) ‚tolle Party', rauschendes Fest, b) Vergnügungstaumel *m*, c) Rummel *m*, Trubel *m*, Betrieb *m* (*des Gesellschaftslebens*): **to go on the** ~ ‚auf den Putz hauen', ‚(herum)sumpfen'.

4. (harte) Nervenprobe, ‚Schlauch' *m*: **to stand the ~** *colloq.* a) die Sache durchstehen, b) die Folgen zu tragen haben, c) für die Kosten aufkommen, bezahlen. **5.** *sl.* a) Schwindel *m*, Gaune'rei *f*, ‚Schiebung' *f*, b) organi'sierte Erpressung, c) Racket *n*, Erpresserbande *f*, d) (einträgliches) Geschäft, ‚Masche' *f*, e) Beruf *m*, Branche *f*: **what's his ~?** was macht er beruflich? **II** *v/i* **6.** Krach machen, lärmen. **7.** *meist* ~ **about** (*od.* **around**) ‚(her'um)sumpfen'.

rack·et·eer [ˌrækə'tɪə(r)] **I** *s* **1.** Gangster *m*, Erpresser *m*. **2.** Geschäftemacher *m*, ‚Schieber' *m*. **II** *v/i* **3.** organi'sierte Erpressung betreiben. **4.** dunkle Geschäfte machen. ˌ**rack·et'eer·ing** *s* **1.** Gangstertum *n*, organi'sierte Erpressung. **2.** Geschäftemache'rei *f*.

rack·et press *s* Spanner *m* (*für Tennisschläger etc*).

rack·et·y ['rækɪtɪ] *adj* **1.** lärmend. **2.** turbu'lent. **3.** ausgelassen, ausschweifend.

rackǀjob·bing *s econ.* Rack-jobbing *n* (*Vertriebsform, bei der sich ein Hersteller beim Einzelhändler e-e Verkaufs- od. Ausstellungsfläche mietet, um sich das alleinige Belieferungsrecht für neue Produkte zu sichern*). ~ **punch** *s* Arrakpunsch *m*. ~ **rail** *s tech.* Zahnschiene *f*. ~ **rail·way**, *Am.* ~ **rail·road** *s* Zahnradbahn *f*. ~ **rent** *s* **1.** Wuchermiete *f*, wucherischen Pachtzins. **2.** *jur. Br.* höchstmögliche Jahresmiete *od.* -pacht. '~**-rent** *v/t* e-e Wuchermiete von *j-m od.* für etwas verlangen. ~ **wheel** *s tech.* Zahnrad *n*.

ra·con ['reɪkɒn; *Am.* ˌkɑn] *s aer. mar.* Antwort-Radarbake *f*.

rac·on·teur [ˌrækɒn'tɜː; *Am.* ˌrækɑn'tɜr] *s* (guter) Erzähler.

ra·coon → raccoon.

rac·quet → racket¹.

rac·y ['reɪsɪ] *adj* **1.** rassig (*a. fig.*): **a ~ horse** (**car, wine**, *etc*). **2.** kernig, unverbildet: ~ **of the soil** urwüchsig, bodenständig. **3.** pi'kant, würzig (*Geschmack etc; a. fig.*). **4.** lebendig, geistreich, ‚spritzig': **a ~ story**. **5.** schlüpfrig, gewagt: ~ **anecdotes**.

rad¹ [ræd] *colloq.* für **radical 9**.

rad² [ræd] *s phys.* (*aus* **r**adiation **a**bsorbed **d**ose) rad *n* (*Einheit der absorbierten Strahlendosis*).

ra·dar ['reɪdɑ(r)] **I** *s electr.* **1.** (*aus* **Ra**dio **D**etecting **a**nd **R**anging) Radar *n*, Funkmeßtechnik *f*, -ortung *f*. **2. a ~ set** Radargerät *n*. **II** *adj* **3.** Radar...: ~**-assisted** mit Radarhilfe; ~ **astronomy** *astr.* Radarastronomie *f*; ~ **beacon** → **racon**; ~ **control** Radarkontrolle *f*; ~ **display** Radarschirmbild *n*; ~ **jamming** Radarstörung *f*; ~ **screen** Radarschirm *m*; ~ **timing** Radarmessung (*en pl*) *f*; ~ (**speed**) **trap** Radarfalle *f*. '~**-man** [-mən] *s irr electr.* Bediener *m* e-s Radargerätes.

ra·dar·scope ['reɪdɑː(r)skəʊp] *s electr.* Radar-Sichtgerät *n*.

rad·dle ['rædl] **I** *s* **1.** *min.* Rötel *m*. **II** *v/t* **2.** mit Rötel kennzeichnen. **3. to ~ one's face** *bes. Br.* Rouge auflegen.

ra·di·ac ['reɪdɪæk] *s* (*aus* **Ra**dioactivity **D**etection **a**nd **C**omputation) Anzeige *f* u. Berechnung *f* von Radioaktivi'tät. ~ **do·sim·e·ter** *s phys.* Strahlungsmesser *m*.

ra·di·al ['reɪdjəl; -ɪəl] **I** *adj* (*adv* ~**ly**) **1.** radi'al, Radial...: a) Strahlen..., strahlig (angeordnet), b) den Radius betreffend. **2.** *anat.* Speichen... **3.** *bot. zo.* radi'är: ~**ly symmetrical** radiär-, radialsymmetrisch. **II** *s* **4.** *anat.* a) → **radial artery**, b) → **radial nerve**. **5.** *mot.* ~ **radial-ply tire**. ~ **ar·ter·y** *s anat.* Speichenschlagader *f*. ~ **bear·ing** *s tech.*

Querlager *n*. ~ **drill** *s tech.* Radi'albohrmaˌschine *f*. ~ **en·gine** *s tech.* Sternmotor *m*. '~**-flow tur·bine** *s tech.* Radi'alturˌbine *f*.

ra·di·al·ize ['reɪdɪəlaɪz] *v/t* strahlenförmig anordnen.

ra·di·al nerve *s anat.* Radi'al-, Speichennerv *m*. '~**-ply tire** (*bes. Br.* **tyre**) *s mot.* Gürtelreifen *m*. ~ **route** *s* Ausfallstraße *f*. ~ **tire** → **radial-ply tire**.

ra·di·an ['reɪdjən; -ɪən] *s math.* Einheitswinkel *m*: ~ **measure** Bogenmaß *n*.

ra·di·ance ['reɪdjəns; -ɪəns], *a.* '**ra·di·an·cy** [-sɪ] *s* **1.** Strahlen *n*, strahlender Glanz (*a. fig.*). **2.** → **radiation**.

ra·di·ant ['reɪdjənt; -ɪənt] **I** *adj* (*adv* ~**ly**) **1.** strahlend (*a. fig.* **with** vor *dat*, von): ~ **beauty; the ~ bride; a ~ smile; ~ with joy** freudestrahlend; **to be ~ with health** vor Gesundheit strotzen. **2.** *phys.* Strahlungs...: ~ **energy**; ~ **flux** Strahlungsfluß *m*; ~ **heating** *tech.* Strahlungs-, Flächenheizung *f*; ~ **intensity** Strahlungsintensität *f*; ~ **point** → **4**. **3.** strahlenförmig angeordnet. **II** *s* **4.** *phys.* a) Strahl(ungs)punkt *m*, b) Lichtquelle *f*. **5.** *astr.* Radi'ant *m*. **6.** *math.* Richtstrahl *m*.

ra·di·ate ['reɪdɪeɪt] **I** *v/i* **1.** ausstrahlen (**from** von). *a. fig.*). **2.** strahlenförmig ausgehen (**from** von). **3.** strahlen, Strahlen aussenden. **4.** *a. fig.* strahlen, leuchten. **II** *v/t* **5.** Licht, Wärme etc ausstrahlen. **6.** *fig.* Liebe etc ausstrahlen, -strömen: **to ~ love; to ~ health** vor Gesundheit strotzen. **7.** *Rundfunk, TV*: ausstrahlen, senden. **III** *adj* [*a*. -dɪɪt] **8.** radi'al, Strahl(en)... '**ra·di·at·ed** *adj* **1.** → **radiate III**. **2.** *phys.* ausgestrahlt, Strahlungs...

ra·di·a·tion [ˌreɪdɪ'eɪʃn] *s* **1.** *phys.* Strahlung *f*: ~ **belt** Strahlungsgürtel *m*; **cosmic ~** Höhenstrahlung *f*; ~ **detection team** *mil.* Strahlenspürtrupp *m*; ~ **dose** Strahlendosis *f*; ~ **injuries** Strahlenschäden; ~ **protection** Strahlenschutz *m*; ~ **sickness** *med.* Strahlenkrankheit *f*. **2.** *fig.* Ausstrahlung *f* (*a. Rundfunk, TV*): **spiritual ~**; ~ **of pain**. **3.** *a.* ~ **therapy** *med.* Strahlenbehandlung *f*, Bestrahlung *f*.

ra·di·a·tive ['reɪdɪətɪv; *bes. Am.* ˌeɪtɪv] *adj* Strahlungs...

ra·di·a·tor ['reɪdɪeɪtə(r)] *s* **1.** *tech.* a) Heizkörper *m*, b) *mot. etc* Kühler *m*, c) Strahler *m*. **2.** radioak'tive Sub'stanz. ~ **coil** *s tech.* Kühlschlange *f*. ~ **core** *s mot.* Kühlerblock *m*. ~ **grid**, ~ **grill(e)** *s tech.* **1.** 'Kühlerlaˌmellen *pl*. **2.** Kühlerschutzgitter *n*. ~ **mas·cot** *s mot.* 'Kühlerfiˌgur *f*.

rad·i·cal ['rædɪkl] **I** *adj* (*adv* ~ **radically**) **1.** (*pol. oft* **R~**) Radi'kal..., radi'kal: ~ **politician**; ~ **cure** Radi'kal-, Roßkur *f*; **to undergo a ~ change** sich von Grund auf ändern. **2.** radi'kal, drastisch, ex'trem: ~ **measures**. **3.** a) fundamen'tal, grundlegend, Grund...: ~ **difference**, b) eingewurzelt, ursprünglich: **the ~ evil** das Grund- *od.* Erbübel. **4.** *bot. math.* Wurzel...: ~ **hairs**; ~ **axis** *math.* Potenzlinie *f*; ~ **expression** *math.* Wurzelausdruck *m*; ~ **plane** *math.* Potenzebene *f*; ~ **sign** *math.* Wurzelzeichen *n*. **5.** *ling.* Wurzel..., Stamm...: ~ **word**. **6.** *bot.* grundständig: ~ **leaves**. **7.** *mus.* Grund(ton)...: ~ **bass** Grundbaß *m*; ~ **cadence** Grundkadenz *f*. **8.** *chem.* Radikal...: ~ **chain** (**reaction**) Radikalkette *f*. **II** *s* **9.** *a.* **R~** *pol.* Radi'kale(r) *m f*. **10.** *math.* a) Wurzel *f*, b) Wurzelzeichen *n*. **11.** *mus.* Grundton *m* (*e-s Akkords*). **12.** *ling.* Wurzel(buchstabe) *m*. **13.** *chem.* Radi'kal *n*. **14.** *fig.* Basis *f*, Grundlage *f*.

rad·i·cal·ism ['rædɪkəlɪzəm] *s bes. pol.* Radika'lismus *m*.

rad·i·cal·ize ['rædɪkəlaɪz] **I** *v/t* radi-

kali'sieren. **II** *v/i* sich radikali'sieren, radi'kal werden.

rad·i·cal·ly ['rædɪkəlɪ] *adv* **1.** radi'kal, von Grund auf, grundlegend. **2.** ursprünglich.

ra·di·ces ['reɪdɪsiːz] *pl von* **radix**.

rad·i·cle ['rædɪkl] *s* **1.** *bot.* a) Keimwurzel *f*, b) Würzelchen *n*. **2.** (Gefäß-, Nerven)Wurzel *f*. **3.** *chem.* Radi'kal *n*.

ra·di·i ['reɪdɪaɪ] *pl von* **radius**.

ra·di·o ['reɪdɪəʊ] **I** *pl* **-os 1.** Radio *n*, Funk *m*, Funkbetrieb *m*. **2.** Rundfunk *m*, Radio *n*: **on** (*od.* **over**) **the ~** im Rundfunk. **3.** 'Radio- *od.* 'Rundfunkappaˌrat *m*, -gerät *n*, Rundfunkempfänger *m*. **4.** 'Radiosender *m*, -staˌtion *f*. **5.** Rundfunkgesellschaft *f*. **6.** 'Radioinduˌstrie *f*. **7.** *colloq.* Funkspruch *m*. **II** *v/t* **8.** (drahtlos) senden, funken, 'durchgeben. **9.** *j-m* e-e Funkmeldung 'durchgeben. **10.** *med.* a) röntgen, durch'leuchten, b) mit Röntgenstrahlen *od.* Radium behandeln. **III** *v/i* **11.** funken: **to ~ for help** per Funk um Hilfe bitten.

radio- [reɪdɪəʊ] *Wortelement mit den Bedeutungen* **1.** a) drahtlos, Funk..., b) Radio..., Rundfunk..., c) funkgesteuert. **2.** a) Radium..., b) radioaktiv. **3.** (*bes.* Röntgen)Strahlungs... **4.** radial, Radius... **5.** *anat.* Speichen...

ˌ**ra·di·o'ac·ti·vate** *v/t phys.* radioak'tiv machen.

ˌ**ra·di·o'ac·tive** *adj* radioak'tiv: **~ series** (*od.* **chain**) *phys.* Zerfallsreihe *f*; **~ waste** Atommüll *m*. ˌ**ra·di·o·ac'tiv·i·ty** *s* Radioaktivi'tät *f*.

ra·di·oǀ **ad·ver·tis·ing** *s* Werbefunk *m*, Rundfunkwerbung *f*. ~ **am·a·teur** *s* 'Funkamaˌteur *m*. ~ **as·tron·o·my** *s* 'Radioastronoˌmie *f*. ~**au'tog·ra·phy** *s phys.* 'Strahlungsfotograˌfie *f*. ~ **bal·loon** *s meteor.* Bal'lon-, Radiosonde *f*. ~ **bea·con** *s tech.* Funkbake *f*, -feuer *n*. ~ **beam** *s electr.* **1.** (Funk)Leitstrahl *m*. **2.** *Radio*: Richtstrahl *m*. ~ **bear·ing** *s tech.* **1.** Funkpeilung *f*. **2.** Peilwinkel *m*. ~**bi'ol·o·gy** *s biol.* 'Strahlungsbioloˌgie *f*. ~ **car** *s Am.* Funk(streifen)wagen *m*. ~**'car·bon** *s chem. phys.* C¹⁴ (*radioaktives Isotop des Kohlenstoffs*): ~ **dating** Radiokarbonmethode *f*, C-14-Methode *f* (*zur Altersbestimmung organischer Reste*). ~**'car·pal** *adj anat.* Radiokarpal... ~**'chem·is·try** *s* 'Radio-, 'Strahlencheˌmie *f*. ~ **com·mer·cials** *s pl* Werbefunk *m*, Rundfunkwerbung *f*. ~ **com·mu·ni·ca·tion** *s* Funkverbindung *f*, -verkehr *m*. ~ **com·pass** *s aer. mar.* Radio-, Funkkompaß *m*. ~ **con·tact** *s* 'Funkkonˌtakt *m*. ~ **con·trol** *s electr.* Funk(fern)steuerung *f*. ~**'con·trol** *v/t* fernsteuern. ~ **di·rec·tion find·er** *s electr.* Funkpeilgerät *n*. ~ **dra·ma** *s* Hörspiel *n*. ~**e'col·o·gy** *s biol.* 'Radioökoloˌgie *f*. ~**'el·e·ment** *s phys.* radioak'tives Ele'ment. ~ **en·gi·neer·ing** *s* Funktechnik *f*. ~ **fre·quen·cy** *s electr.* 'Hochfreˌquenz *f*. ~**'gal·ax·y** *s astr.* 'Radiogalaˌxie *f*.

ra·di·o·gen·ic [ˌreɪdɪəʊ'dʒenɪk] *adj* (*adv* ~**ally**) *chem. phys.* radio'gen.

ra·di·o·gram ['reɪdɪəʊɡræm] *s* **1.** 'Funkmeldung *f*, -teleˌgramm *n*. **2.** → **radiograph I**. **3.** *Br.* Mu'siktruhe *f*.

ra·di·o·graph ['reɪdɪəʊɡrɑːf; *bes. Am.* -ɡræf] *med.* **I** *s* Radio'gramm *n*, bes. Röntgenaufnahme *f*, -bild *n*: **sectional ~** Röntgenschnitt *m*. **II** *v/t* ein Radio'gramm *etc* machen von. ˌ**ra·di'og·ra·phy** [-'ɒɡrəfɪ; *Am.* -'ɑɡ-] *s* Röntgenografie *f*: **~ mass** *s* Röntgenreihenuntersuchung *f*.

ra·di·oǀ **in·ter·fer·om·e·ter** *s astr.* 'Radiointerfeˌrometer *n*, -teleˌskop *n*. ~**i·so·tope** *s chem. phys.* 'Radioisoˌtop *n*.

ra·di·o·lar·i·an [ˌreɪdɪəʊˈleərɪən] *s zo.* Strahlentierchen *n.*
ra·di·o|link *s electr.* Richtfunkstrecke *f.* ~**lo'ca·tion** *s electr.* (ˈnichtnavigaˌtorische) Funkortung.
ra·di·o·log·i·cal [ˌreɪdɪəʊˈlɒdʒɪkl; *Am.* -dɪəˈlɑ-] *adj med.* radioˈlogisch, Röntgen... **ˌra·di'ol·o·gist** [-ˈɒlədʒɪst; *Am.* -ˈɑlə-] *s* Radioˈloge *m,* Röntgenoˈloge *m.*
ˌra·di'ol·o·gy [-dʒɪ] *s* Strahlen-, Röntgenkunde *f,* Radioloˈgie *f.*
ˌra·di·oˈlu·cent *adj* (teilweise) ˈstrahlen|durchlässig. ~**luˈmiˈnesˈcence** *s phys.* ˈRadiolumineˌszenz *f.*
ra·di·ol·y·sis [ˌreɪdɪˈɒlɪsɪs; *Am.* -ˈɑlə-] *s chem.* Radioˈlyse *f.*
ra·di·o|mark·er *s aer.* Marˈkierungs-, Funkbake *f,* Anflugbake *f.* ~**mes·sage** *s* Funkmeldung *f,* -spruch *m.*
ra·di·om·e·ter [ˌreɪdɪˈɒmɪtə(r); *Am.* -ˈɑmə-] *s phys.* Radioˈmeter *n,* Strahlungsmesser *m.* **ˌra·di'om·e·try** [-trɪ] *s* Radiomeˈtrie *f.*
ˌra·di·oˈnu·clide *s phys.* ˈRadionuˌklid *n.* ~ **op·er·a** *s mus.* Funkoper *f.* ~ **op·er·a·tor** *s (aer.* Bord)Funker *m.* ~ **ˌpag·er** → pager.
ra·di·oˈpaque [ˌreɪdɪəʊˈpeɪk] *adj* ˈstrahlen|unˌdurchlässig: ~ **material** *med.* (Röntgen)Kontrastmittel *n.*
ra·di·o pa'trol car *s Am.* Funkstreife(nwagen *m*) *f.*
ra·di·o·phone [ˈreɪdɪəʊfəʊn] *s* 1. *phys.* Radioˈphon *n.* 2. → **radiotelephone** I.
ra·di·o|pho·no·graph *s Am.* Muˈsiktruhe *f.* ~**pho·to·graph** *s tech.* Funkbild *n,* ˈBildteleˌgramm *n.* ~**phoˈtog·ra·phy** *s* Bildfunk *m.* ~ **play** *s* Hörspiel *n.* ~**proˈtec·tion** *s* Strahlenschutz *m.* ~**proˈtec·tive** *adj* Strahlenschutz... ~ **range** *s* 1. *electr.* Funkbereich *m.* 2. *aer.* (Vier)Funkfeuer *n.*
ra·di·oˈscop·ic [ˌreɪdɪəʊˈskɒpɪk; *Am.* -ˈska-] *adj med.* röntgenoˈskopisch: ~ **screen** Durchleuchtungsschirm *m.* **ˌra·di'os·co·py** [-ˈɒskəpɪ; *Am.* -ˈɑs-] *s med.* Radioskoˈpie *f,* ˈRöntgenunterˌsuchung *f.*
ˌra·di·oˈsen·si·tive *adj med.* strahlenempfindlich. ~ **set** *s* 1. ~ **radio** 3. 2. Funkgerät *n.* ~**sonde** *s meteor.* Radiosonde *f.* ~ **source** *s astr.* Radioquelle *f.* ~ **spec·trum** *s phys.* Strahlungsspektrum *n.* ~ **sta·tion** *s electr.* (Radio-, Rundfunk)Sender *m,* (ˈRund-)Funkstatiˌon *f.* ~ **stron·ti·um** *s chem. phys.* Strontium 90 *n.* ~ **tax·i** *s* Funktaxi *n.* ~**tel·e·gram** *s electr.* ˈFunkteleˌgramm *n.* ~**tel·e·graph** I *v/t* ˈfunkteleˌgrafisch überˈmitteln, funken. II *V/i* ein ˈFunkteleˌgramm senden. ~**teˈleg·ra·phy** *s* ˈFunktelegraˌfie *f,* drahtlose Telegraˈfie. ~**teˈlem·e·try** *s electr.* ˈRadiotelemeˌtrie *f.* ~**ˈtel·e·phone** *electr.* I *s* ˈFunkteleˌfon *n,* -fernsprecher *m.* II *v/t* ˈfunkteleˌfonisch überˈmitteln. III *v/i* ˈfunkteleˌfonisch anrufen. ~**teˈleph·o·ny** *s* drahtlose Telefoˈnie, ˈFunktelefoˌnie *f.* ~ **tel·e·scope** *s astr.* ˈRadioteleˌskop *n.* ~**tel·e·type** *s* ˈFunkfernschreiber *m.* ~**therˈa·peu·tics** *s pl (oft als sg konstruiert),* ~**therˈa·py** *s* ˈStrahlen-, ˈRöntgentheraˌpie *f.* ~**ˈthermics** [-ˈθɜːmɪks; *Am.* -ˈθɜːr-] *s pl (oft als sg konstruiert) phys.* Radioˈthermik *f.* ~**ˌther·my** [-ˌθɜːmɪ; *Am.* -ˌθɜːr-] *s med.* 1. Wärmestrahlenbehandlung *f.* 2. Kurzwellenbehandlung *f.* ~ **traf·fic** *s* Funkverkehr *m.* ~ **trans·mit·ter** *s electr.* 1. (Rundfunk)Sender *m.* 2. (Funk)Sender *m.* ~ **truck** *s Am.* Funk-, Überˈtragungswagen *m.* ~ **tube** *s Am.,* ~ **valve** *s Br.* Elekˈtronen-, Radioröhre *f.* ~ **van** *s bes. Br.* Funk-, Überˈtragungswagen *m.* ~ **war·fare** *s* Funkkrieg *m.*
rad·ish [ˈrædɪʃ] *s bot.* 1. a. **large ~**

Rettich *m.* 2. *a.* **red ~** Raˈdies-chen *n.*
ra·di·um [ˈreɪdjəm; -ɪəm] *s chem.* Radium *n:* ~ **emanation** → radon; ~ **implant** *med.* Radiumeinlage *f.*
ra·di·us [ˈreɪdjəs; -ɪəs] *pl* **-di·i** [-dɪaɪ] *od.* **-di·us·es** *s* 1. Radius *m,* Halbmesser *m:* ~ **of curvature** Krümmungshalbmesser; ~ **of turn** *mot.* Wenderadius. 2. *tech.* a) Arm *m (e-s* Sextanten), b) (Rad)Speiche *f.* 3. *anat.* Speiche(nknochen *m*) *f.* 4. ˈUmkreis *m:* **within a ~ of** in e-m Umkreis von. 5. (Wirkungs-, Einfluß)Bereich *m,* Wirkungskreis *m:* ~ **(of action)** Aktionsradius *m, mot.* Fahrbereich; **flying ~** *aer.* Flugradius *m.* 6. *tech.* Auslenkung *f,* Hub *m,* Exzentriziˈtät *f.* 7. *bot.* a) Strahl *m (bes.* e-r Dolde), b) Strahl- *od.* Zungenblüte *f.*
ra·dix [ˈreɪdɪks] *pl* **ra·di·ces** [-dɪsiːz] *s* 1. *math.* Basis *f,* Grundzahl *f:* ~ **point** *(Computer)* Radixpunkt *m.* 2. *bot., a. ling.* Wurzel *f.*
ra·dome [ˈreɪdəʊm] *s* 1. *aer.* Radarkuppel *f.* 2. *electr.* Wetterschutz(haube *f*) *m.*
ra·don [ˈreɪdɒn; *Am.* -ˌdɑn] *s chem.* Raˈdon *n.*
raf·fi·a [ˈræfɪə] *s* 1. Raffiabast *m.* 2. *meist* ~ **palm** Bambuspalme *f.*
raf·fin·ate [ˈræfɪneɪt] *s* Raffiˈnat *n.*
raff·ish [ˈræfɪʃ] *adj (adv* ~**ly**) 1. liederlich. 2. ˌunkonventioˈnell. 3. pöbelhaft, ordiˈnär.
raf·fle [ˈræfl] I *s* Tombola *f,* Verlosung *f.* II *v/t oft* ~ **off** etwas in e-r Tombola verlosen. III *v/i* losen **(for** um).
raft [rɑːft; *Am.* ræft] I *s* 1. a) Floß *n,* b) *mar.* Rettungsfloß *n.* 2. *Am.* a) zs.-gebundene (Baum)Stämme *pl,* b) Ansammlung *f* von Treibholz u. Gerümpel *(auf e-m* Fluß), c) *colloq.* Unmenge *f,* ˈHaufen *m,* ˈLatte *f:* **a ~ of questions.** II *v/t* 3. flößen. 4. zu e-m Floß zs.-binden. 5. mit e-m Floß befahren. III *v/i* 6. flößen. 7. auf e-m Floß fahren.
raft·er[1] [ˈrɑːftə; *Am.* ˈræftər] *s* Flößer *m.*
raft·er[2] [ˈrɑːftə; *Am.* ˈræftər] *tech.* I *s* (Dach)Sparren *m,* (schräger) Dachbalken. II *v/t* mit Sparren(werk) versehen.
rafts·man [ˈrɑːftsmən; *Am.* ˈræfts-] *s irr* Flößer *m.*
rag[1] [ræg] *s* 1. Fetzen *m,* Lumpen *m,* Lappen *m:* **in ~s** a) in Fetzen *(Stoff etc),* b) zerlumpt *(Person);* ~**s of cloud** *fig.* Wolkenfetzen; **every ~ of sail** *mar.* alle verfügbaren Segel; **not a ~ of evidence** nicht den geringsten Beweis; **to chew the ~** a) ˌquatschen, plaudern, b) ˌmekkern, murren; **to cook to ~s** (total) zerkochen; **to tear to ~s** *fig.* ˌ(in der Luft) zerreißen; **it is a red ~ to him** *fig.* es ist für ihn ein rotes Tuch. 2. *meist in Zssgn (Wasch- etc*)Lappen *m, (Wisch- etc*)Tuch *n,* (Putz)Lumpen *m.* 3. *pl* Papierindustrie: Hadern *pl,* Lumpen *pl.* 4. *sl.* ˌFetzen *m,* ˈFummel *m (Kleid):* → glad[1] 2. 5. *contp. od. humor.* a) ˌFetzen *m (Taschentuch, Vorhang etc),* b) ˈLappen *m (Geldschein).* 6. *contp.* Käse-, Wurstblatt *n (Zeitung).* 7. *Am. colloq.* a) ˌWrack, ˌLeiche *f (erˈschöpfte* Person), b) *contp.* ˌWaschlappen *m (Schwächling).* 8. → ragtag 1. 9. *mus. colloq.* → ragtime I. II *v/t* 10. *mus. sl.* ˌverjazzen.
rag[2] [ræg] *s* 1. rohe Schieferplatte. 2. *Br.* rohgeschiefertes Gestein.
rag[3] [ræg] *colloq.* I *v/t* 1. ˌanschnauzen. 2. *j-n* aufziehen, verspotten **(about, for** wegen). 3. *j-m* e-n Schabernack spielen. 4. *j-n* ˌpiesacken, *j-m* übel mitspielen. II *v/i* 5. *bes. Br.* Krach *od.* Raˈdau machen. III *s* 6. *bes. Br.* Krach *m,* Raˈdau *m.* 7. *bes. Br.* Schabernack *m,* (Stuˈdenten)Ulk *m,* Jux *m:* **for** *(od.* **as) a ~** aus Jux. 8. *univ. Br.* karnevalisˈtischer Studentenumzug zu wohltätigen Zwecken.

rag·a·muf·fin [ˈrægəˌmʌfɪn] *s* 1. zerlumpter Kerl. 2. Gassenkind *n.*
ˌrag-and-ˈbone man *s irr bes. Br.* Lumpensammler *m.* ~ **ba·by** ~ rag doll. ~**bag** *s* 1. Lumpensack *m:* **out of the ~** *fig.* aus der ˌKlamottenˌkiste. 2. *fig.* Sammelsurium *n.* ~ **bolt** *s tech.* Steinschraube *f.* ~ **doll** *s* Stoffpuppe *f.*
rage [reɪdʒ] I *s* 1. Wut(anfall *m*) *f,* Raseˈrei *f,* Zorn *m,* Rage *f:* **to be in a ~** vor Wut schäumen, toben; **to fly into a ~** in Wut geraten. 2. Wüten *n,* Toben *n,* Rasen *n (der Elemente, der Leidenschaft etc).* 3. Sucht *f,* Maˈnie *f,* Gier *f* **(for** nach). 4. Begeisterung *f,* Taumel *m,* Rausch *m,* Ekˈstase *f.* 5. große Mode: **it is (all) the ~** es ist jetzt die große Mode *od.* der ˌletzte Schrei, alles ist wild darauf. II *v/i* 6. wüten *(a. Krankheit, Sturm),* toben *(a. Meer, Sturm),* rasen: **to ~ against** *(od.* **at)** s.th. gegen etwas wettern.
rag fair *s* Trödelmarkt *m.*
rag·ged [ˈrægɪd] *adj (adv* ~**ly**) 1. zerlumpt, abgerissen *(Person, Kleidung):* **to ride s.o. ~** *Am. sl.* j-n ˌfertigmachen. 2. struppig, zottig *(Fell),* strubb(e)lig *(Haare).* 3. ausgefranst, zerfetzt: **a ~ wound.** 4. zackig, gezackt, schartig, zerklüftet: **on the ~ edge** *fig.* am Rande des Abgrunds, am Ende. 5. holp(e)rig: ~ **rhymes.** 6. zs.-hanglos: ~ **speech.** 7. verwildert: **a ~ garden.** 8. roh, unfertig, mangel-, fehlerhaft: **a ~ piece of work, a ~ performance** e-e dilettantische Vorstellung. 9. rauh: ~ **voice.**
rag·ged·y [ˈrægɪdɪ] *adj bes. Am. colloq.* ziemlich zerlumpt *etc.*
rag·gle-tag·gle [ˈrægl̩tægl̩] *adj* ungepflegt *(Person).*
rag·lan [ˈræglən] *s* Raglan *m (Sport- od.* Wettermantel mit Raglanärmeln).
ˈrag·man [-mæn] *s irr* Lumpensammler *m.*
ra·gout [ˈrægʊː; *Am.* ræˈguː] *s gastr.* Raˈgout *n.*
rag|ˈpa·per *s* Papierindustrie: ˈHadernpaˌpier *n.* ~**ˌpick·er** *s* Lumpensammler(in). ~**stone** *s geol.* Kieselsandstein *m.* ~**tag** I *s* 1. *contp.* Pöbel *m,* Gesindel *n:* ~ **and bobtail** Krethi u. Plethi, Hinz u. Kunz. 2. *Am. colloq.* Kunterbunt *n,* bunt zs.-gewürfelter Haufen. II *adj* 3. bunt zs.-gewürfelt. ~**ˈtime** *mus.* I *s* Ragtime *m (Jazzstil).* II *adj* Ragtime... ~ **trade** *s colloq. sl.* Beˈkleidungsinduˌstrie *f,* Kleiderbranche *f.* ~**weed** *s bot.* 1. *Br.* für ragwort. 2. *Am* Ambrosiapflanze *f.* ~**wort** *s bot. (ein)* Kreuzkraut *n, bes.* Jakobs(kreuz)kraut *n.*
rah [rɑː] *bes. Am.* für hurrah. **ˈrah-rah** *bes. Am.* für hurrah III *u.* IV.
raid [reɪd] I *s* 1. (feindlicher *od.* räuberischer) Ein- *od.* ˈÜberfall, Streifzug *m,* (plötzlicher) Angriff **(on, upon** auf *acc).* 2. a) *mil.* ˈStoßtruppunterˌnehmen *n,* b) *mar.* Kaperfahrt *f,* c) *aer.* (Bomben-, Luft)Angriff *m.* 3. a) (An)Sturm *m* **(on, upon** auf *acc),* b) *sport* Vorstoß *m.* 4. (Poliˈzei)Razzia *f* **(on, upon** in *dat).* 5. *econ.* Druck *m* auf die Preise. II *v/t* 6. überˈfallen, e-n ˈÜberfall machen auf *(acc),* angreifen *(a. aer.).* 7. einfallen in *(acc).* 8. stürmen, plündern. 9. e-e Razzia machen in *(dat).* 10. **to ~ the market** *econ.* den Markt drücken. III *v/i* 11. e-n ˈÜberfall machen **(on, upon** auf *acc),* einfallen **(into** in *acc):* ~**ing party** *mil.* Stoßtrupp *m;* ~**ing aircraft** angreifende Flugzeuge. 12. e-e Razzia machen *(Polizei).* **ˈraid·er** *s* 1. Angreifer(in). 2. Plünderer *m.* 3. *mil.* ˈNahkampfspeziaˌlist *m (der US-Marineinfanterie).*
rail[1] [reɪl] I *s* 1. *tech.* Schiene *f,* Riegel *m.* 2. Geländer *n.* 3. *a.* **main ~** *mar.* Reling *f.* 4. a) Schiene *f,* b) *pl* Gleis *n,* c) (Eisen)-

rail - rake

Bahn *f*: **by ~ mit der Bahn; off the ~s** *fig.* aus dem Geleise, durcheinander, *weitS.* auf dem Holzweg; *colloq.* verrückt (*Person*); **to run off** (*od.* **leave, jump**) **the ~s** aus den Schienen springen, entgleisen; **on the ~s** *fig.* in Schwung (*Sache*), auf dem rechten Weg (*Person*). **5.** *pl econ.* Eisenbahnaktien *pl.* **II** *v/t* **6.** *a.* **~ in** mit e-m Geländer um'geben: **to ~ off** durch ein Geländer ab)trennen. **7.** *bes. Br.* mit der (Eisen)Bahn befördern.
rail² [reɪl] *s orn.* Ralle *f*: **common** (*od.* **water**) **~** Wasserralle *f.*
rail³ [reɪl] *v/i* schimpfen, ,'herziehen' (**at, against** über *acc*): **to ~ at fate** mit dem Schicksal hadern.
rail| bus *s* Schienenbus *m.* **'~car** Triebwagen *m.* [maul *n.*\
rail·er ['reɪlə(r)] *s* Lästerer *m*, Läster-⌡
'rail·head *s* **1.** *rail.* End-, Kopfbahnhof *m.* **2.** *mil.* Ausladebahnhof *m.* **3.** *rail.* a) Schienenkopf *m*, b) im Bau befindliches Ende (*e-r neuen Strecke*).
rail·ing¹ ['reɪlɪŋ] *s* **1.** *rail.* Schienen *pl.* **2.** Geländer *n*, Gitter *n*, Barri'ere *f.* **3.** *mar.* Reling *f.*
rail·ing² ['reɪlɪŋ] *s* Geschimpfe *n.*
rail jour·ney *s* Bahnreise *f.*
rail·ler·y ['reɪlərɪ] *s* Necke'rei *f*, Stiche'lei *f*, gutmütiger Spott.
rail·road ['reɪlrəʊd] **I** *s Am.* **1.** Eisenbahn *f*: a) Eisenbahnlinie *f*, b) *als Einrichtung od. Unternehmen.* **2.** *a.* **~ company** Eisenbahn(gesellschaft) *f.* **3.** *pl* Eisenbahnaktien *pl.* **II** *adj* **4.** *Am.* Eisenbahn...: **~ accident; ~ bridge; ~ junction** (Eisen)Bahn-Knotenpunkt *m*; **~ sickness** *vet.* Eisenbahnkrankheit *f*, -fieber *n*; **~ station** Bahnhof *m*; **~ strike** *econ.* Eisenbahnerstreik *m.* **III** *v/t* **5.** *Am.* mit der (Eisen)Bahn befördern. **6.** *Am.* Eisenbahnen bauen in (*dat*): **to ~ a country.** **7.** *Gesetzesvorlage etc* 'durchpeitschen: **to ~ s.o. into doing s.th.** *colloq.* j-n zwingen, etwas zu tun (*ohne ihm Zeit zum Überlegen zu geben*). **8.** *bes. Am. sl.* j-n ,'absertvieren', ,sich j-n vom Hals schaffen', (*durch falsche Beschuldigungen*) ,reinhängen'. **~car** *s Am.* 'Eisenbahnwagen *m*, -wag͵gon *m.*
'rail͵road·er *s Am.* Eisenbahner *m.*
'rail͵road man *s irr Am.* Eisenbahner *m.*
rail| strike *s econ.* Eisenbahnerstreik *m.* **~ train** *s metall.* Walzenstraße *f.*
rail·way ['reɪlweɪ] **I** *s* **1.** *bes. Br. für* railroad 1-3. **2.** Lo'kalbahn *f.* **II** *adj* **3.** *bes. Br. für* railroad 4. **~·car·riage** *s Br.* Per'sonenwagen *m.* **~ guard** *s Br.* Zugbegleiter *m.* **~ guide** *s Br.* Kursbuch *n.* '**~·man** [-mən] *s irr Br.* Eisenbahner *m.*
rai·ment ['reɪmənt] *s poet.* Kleidung *f*, Gewand *n.*
rain [reɪn] **I** *s* **1.** Regen *m* (*a. fig.*): **come or shine** a) bei jedem Wetter, b) *fig.* unter allen Umständen; **to be as right as ~** *colloq.* a) kerngesund sein, b) keine einzige Schramme abbekommen haben (*bei e-m Unfall etc*); **a ~ of blows** ein Hagel von Schlägen; **a ~ of sparks** ein Funkenregen; **~ pour** 6. **2.** *pl* Regenfälle *pl*, -güsse *pl*: **heavy ~s; the ~s; the R~s** die Regenzeit (*in den Tropen*). **3.** Regen(-wetter *n*) *m*: **we had nothing but ~ all day.** **4.** *the R~s* *mar.* die Regenzone (*des Atlantiks*). **II** *v/i* **5.** *impers* regnen: **it ~ed all night**; → **pour** 6. **6.** es regnen lassen, Regen (her'ab)senden: **the sky ~s.** **7.** *fig.* regnen: **tears ~ed down her cheeks** Tränen strömten über ihre Wangen; **blows ~ed down** (**up**)**on him** Schläge prasselten auf ihn nieder. **III** *v/t* **8.** Tropfen *etc* niedersenden, regnen: → **cat** *Bes. Redew.*, **pitchfork** 1; **it has ~ed itself out** es hat sich ausgeregnet. **9.** *fig.* (nieder)regnen *od.* (-)hageln lassen: **to ~ blows** (**up**)**on s.o.** j-n mit Schlägen eindecken; **to ~ favo**(**u**)**rs** (**abuse**) (**up**)**on s.o.** j-n mit Gefälligkeiten (Beschimpfungen) überschütten; **it ~ed gifts** es regnete *od.* hagelte Geschenke. **10. to be ~ed off** (*Am.* **out**) (*Veranstaltung*) a) wegen Regens abgebrochen werden, b) wegen Regens abgesagt werden; **the game was ~ed off** das Spiel fiel im wahrsten Sinne des Wortes ins Wasser. '**~·band** *s meteor.* Regenlinie *f*, -bande *f.* '**~·bird** *s orn.* **1.** Regenkuckuck *m.* **2.** Regenvogel *m.* **3.** Koal *m.* **4.** *Br. dial.* Grünspecht *m.*
rain·bow ['reɪnbəʊ] *s* **1.** Regenbogen *m* (*a. fig.*): **in all the colo**(**u**)**rs of the ~** in allen Regenbogenfarben; **to chase** (*od.* **follow**) **a ~** *fig.* e-m Trugbild nachjagen. **2.** *a.* **white ~** weißer Regenbogen, Nebelbogen *m.* **3.** *orn.* (*ein*) Kolibri *m.* **~ trout** *s ichth.* 'Regenbogenfo͵relle *f.*
rain| check *s Am.* Einlaßkarte *f* für die Neuansetzung *e-r* wegen Regens abgebrochenen (Sport)Veranstaltung: **to take a ~ on an invitation** *fig.* sich e-e Einladung für später ,gutschreiben' lassen; **may I take a ~ on it?** darf ich darauf später einmal zurückkommen? '**~·coat** *s* Regenmantel *m.* **~ doc·tor** *s* Regenmacher *m* (*bei primitiven Völkern*). '**~·drop** *s* Regentropfen *m.* '**~·fall** *s* **1.** Regen(schauer) *m.* **2.** *meteor.* Niederschlagsmenge *f.* **~ for·est** *s* Regenwald *m.* **~ ga**(**u**)**ge** *s meteor.* Regenmesser *m.* **~ glass** *s* Baro'meter *n.*
rain·i·ness ['reɪnɪnɪs] *s* **1.** Regenneigung *f.* **2.** Regenwetter *n.*
'rain͵mak·er → **rain doctor.** '**~·proof I** *adj* 'regen-, 'wasser͵un͵durchlässig, (*Stoff a.*) imprä'gniert. **II** *s* Regenmantel *m.* **III** *v/t* 'regen- *od.* 'wasser͵un͵durchlässig machen, *Stoff a.* imprä'gnieren. **~ show·er** *s* Regenschauer *m.* '**~͵sod·den** *adj* aufgeweicht (*Boden*). '**~·storm** *s* heftiger Regen. '**~·tight** → **rainproof I.** '**~·wa·ter** *s* Regenwasser *n*: **~ pipe** *Br.* Fallrohr *n* (*der Dachrinne*). '**~·wear** *s* Regenbekleidung *f.*
rain·y ['reɪnɪ] *adj* (*adv* **rainily**) **1.** regnerisch, verregnet, Regen...: **~ weather**; **~ season** Regenzeit *f*; **to save up for a ~ day** e-n Notgroschen zurücklegen, für Zeiten der Not vorsorgen, für schlechte Zeiten zurücklegen. **2.** regenbringend, Regen...: **~ clouds.** **3.** regenreich: **~ region.**
raise [reɪz] **I** *v/t* **1.** *oft* **~ up** (in die Höhe) heben, auf-, empor-, hoch-, erheben, *mit e-m Kran etc* hochwinden, -ziehen, *den Vorhang etc* hochziehen: **to ~ one's eyes** die Augen erheben, aufblicken; **to ~ one's** (*od.* **a**) **glass to s.o.** das Glas auf j-n erheben; **to ~ one's hat to s.o.** den Hut ziehen (**to s.o.** vor j-m; *a. fig.*) *od.* lüften; → **elbow** 1, **eyebrow, power** 14. **2.** *aufrichten:* **to ~ a fallen man**; **to ~ a ladder** e-e Leiter aufstellen. **3.** (auf-)wecken: **to ~ from the dead** von den Toten (auf)erwecken. **4.** *e-n Geist* beschwören, zi'tieren: → **Cain, hell** 1, *etc.* **5.** a) her'vorrufen: **to ~ a storm of indignation** (**a smile**, *etc*); **to ~ a laugh** Gelächter ernten, b) (er)wecken: **to ~ expectations**; **to ~ s.o.'s hopes** in j-m Hoffnung erwecken; **to ~ a suspicion** Verdacht erregen, c) aufkommen lassen: **to ~ a rumo**(**u**)**r**, *etc* etwas zur Sprache bringen: **to ~ a point.** **9.** a) *e-n Anspruch* erheben, geltend machen, *e-e Forderung* stellen: **to ~ a claim**, b) *Einspruch* erheben, *e-n Einwand* geltend machen, vorbringen: **to ~ an objection**, c) *jur. Klage* erheben: **to ~ an action** (**with bei**). **10.** *Kohle etc* fördern. **11.** a) *Tiere* züchten, b) *Pflanzen* ziehen, anbauen. **12.** a) *e-e Familie* gründen, b) *Kinder* auf-, großziehen. **13.** *ein Haus etc* errichten, erstellen, (er)bauen, *e-n Damm* aufschütten. **14.** a) *s-e Stimme* erheben (**against** gegen): **voices have been ~d** es sind Stimmen laut geworden, b) *ein Geschrei* erheben. **15. to ~ one's voice** die Stimme erheben, lauter sprechen. **16.** *ein Lied* anstimmen. **17.** (*im Rang*) erheben: **to ~ to the throne** auf den Thron erheben. **18.** *sozial etc* heben. **19.** beleben, anfeuern, anregen: **to ~ s.o.'s spirits**; **to ~ the morale** die Moral heben. **20.** verstärken, -größern, -mehren: **to ~ s.o.'s fame** j-s Ruhm vermehren. **21.** erhöhen, steigern, hin'aufsetzen: **to ~ the speed** (**temperature, bet**). **22.** erhöhen, hin'aufsetzen: **to ~ the wages** (**price, value**); → **sight** 9. **23.** *den Preis od.* *Wert* erhöhen von (*od. gen*). **24.** a) j-n aufwiegeln (**against** gegen), b) *e-n Aufruhr etc* anstiften, anzetteln: **to ~ a mutiny.** **25.** *Steuern* erheben: **to ~ taxes.** **26.** *e-e Anleihe, e-e Hypothek, e-n Kredit* aufnehmen, *Kapital* beschaffen. **27.** *Geld* sammeln, zs.-bringen, beschaffen. **28.** *ein Heer* aufstellen: **to ~ an army.** **29.** *Farbe beim Färben* aufhellen. **30.** *Teig, Brot* gehen lassen, *treiben:* **~d pastry** Hefegebäck *n.* **31.** *Tuch* (auf)rauhen. **32.** *bes. Am.* *e-n Scheck etc* durch Eintragung *e-r* höheren Summe fälschen. **33.** a) *e-e Belagerung, Blockade,* *a. ein Verbot etc* aufheben, b) die Aufhebung (*e-r Belagerung*) erzwingen. **34.** *mar.* sichten: **to ~ land.** **35.** (*im Sprechfunk*) ,reinkriegen'.
II *v/i* **36.** *Poker etc:* den Einsatz erhöhen.
III *s* **37.** Erhöhung *f.* **38.** *Am.* Steigung *f* (*e-r Straße etc*). **39.** *bes. Am.* Lohn- *od.* Gehaltserhöhung *f.*
raised [reɪzd] *adj* **1.** erhöht: **~ beach** *geol.* gehobene Strandlinie. **2.** gesteigert. **3.** erhaben: **~ embroidery** Hochstickerei *f*; **~ letters** erhabene Buchstaben. **4.** getrieben, gehämmert. **5.** Hefe...: **~ cake.**
rais·er ['reɪzə(r)] *s* **1. morale ~** *mil. sport* Maßnahme *f* zur Hebung der Kampfmoral. **2.** Errichter(in), Erbauer(in). **3.** Gründer(in). **4.** Züchter(in).
rai·sin ['reɪzn] *s* **1.** Ro'sine *f.* **2.** Dunkellila *n.*
rai·son| d'ê·tat [͵reɪzɔ:nder'tɑː; *Am.* -͵zoʊn-] *s* 'Staatsrä͵son *f.* **~ d'ê·tre** [-'deɪtrə; -'detrə] *s* Daseinsberechtigung *f*, -zweck *m.*
rait [reɪt] → **ret.**
raj [rɑːdʒ] *s Br. Ind.* Herrschaft *f.*
ra·ja(**h**) ['rɑːdʒə] *s* Radscha *m* (*indischer od. malaiischer Fürst*).
rake¹ [reɪk] **I** *s* **1.** Rechen *m* (*a. des Croupiers etc*), Harke *f*: (**as**) **thin as a ~** spindeldürr (*Person*). **2.** *tech.* a) Krücke *f*, Rührstange *f*, b) Kratze *f*, c) Schürhaken *m.* **II** *v/t* **3.** (glatt)rechen, (-)harken: **to ~ together** zs.-rechen, -harken. **4.** a) (aus-ein'ander)kratzen, (-)scharren, b) auskratzen. **5.** **~ rake in.** **6.** durch'stöbern (**for** nach): **to ~ one's memory** sein Gedächtnis durchforsten. **7.** *mil.* (mit Feuer) bestreichen, ,beharken'. **8.** (mit den Augen) absuchen, über'blicken. **III** *v/i* **9.** rechen, harken. **10.** *a.* **~ about** (*od.* **[a]round**) her'umstöbern, (-)suchen (**in** *in dat*; **among** unter *dat*; **for, after** nach): **to ~ through s.th.** etwas durchsuchen. **11.** kratzen, scharren.

Verbindungen mit Adverbien:
rake in v/t *colloq.* Geld ‚kas'sieren': **to rake it in, to ~ the shekels** das Geld nur so scheffeln. **~ out** v/t **1.** Asche etc her'auskratzen. **2.** auskundschaften. **~ o·ver** v/t: **to ~ old ashes** alte Geschichten wieder aufrühren *od.* aufwärmen. **~ up** v/t **1.** zs.-rechen, -harken. **2.** *Leute* auftreiben, *Geld a.* zs.-kratzen. **3.** *alte Geschichten etc* wieder aufrühren *od.* aufwärmen.
rake² [reɪk] s Rou'é m, (vornehmer) Lebemann.
rake³ [reɪk] **I** v/i **1.** Neigung haben. **2.** *mar.* a) 'überhängen (*Steven*), b) Fall haben, nach hinten geneigt sein (*Mast, Schornstein*). **II** v/t **3.** (nach rückwärts) neigen: **~d chair** Stuhl m mit geneigter Lehne. **III** s **4.** Neigung(swinkel m) f: **at a ~ of** bei e-r Neigung von. **5.** *mar.* a) 'Überhängen n, b) Fall m (*des Mastes od. Schornsteins*). **6.** *aer.* Abschrägung f der Tragflächenspitze. **7.** *tech.* Schnitt-, Schneid(e)winkel m: **~ angle** Spanwinkel.
'rake|-off s *colloq.* (Gewinn)Anteil m. **'~-round** s: **to have a ~ in s.th.** in etwas herumstöbern od. (-)suchen. **'~-through** s: **to give s.th. a ~** etwas durchsuchen od. -stöbern.
rak·ing ['reɪkɪŋ] adj geneigt, schief.
rak·ish¹ ['reɪkɪʃ] adj ausschweifend, liederlich, wüst.
rak·ish² ['reɪkɪʃ] adj **1.** *mar. mot.* schnittig (gebaut). **2.** *fig.* flott, verwegen, keck.
rale, râle [rɑːl; *Am. a.* ræl] s *med.* Rasselgeräusch n (*der Lunge*).
ral·ly¹ ['rælɪ] **I** v/t **1.** *Truppen etc* (wieder) sammeln *od.* ordnen. **2.** vereinigen, scharen (**round, to** um). **3.** *j-n* aufrütteln, -muntern. **4.** *econ.* 'wiederbeleben, *Preise* festigen. **5.** *s-e Kräfte etc* sammeln, zs.-nehmen. **II** v/i **6.** sich (wieder) sammeln. **7.** sich scharen (**round, to** um). **8.** sich anschließen (**to** *dat od.* an acc). **9.** *a.* **~ round** neue Kräfte sammeln, sich zs.-reißen. **10.** sich erholen (*a. econ.*). **11.** *sport* sich (wieder) ‚fangen'. **12.** *Tennis etc:* sich in e-m Ballwechsel ausführen, b) sich einschlagen. **III** s **13.** Sammeln n. **14.** Treffen n, Tagung f, Kundgebung f, (Massen)Versammlung f. **15.** Erholung f (*a. econ. der Preise, des Marktes*). **16.** *Tennis etc:* Ballwechsel m. **17.** Rallye f.
ral·ly² ['rælɪ] v/t hänseln.
'ral·ly·cross s *Automobilsport:* Rallye-Cross m.
ral·lye ['rælɪ] → rally¹ 17.
ral·ly·ing ['rælɪɪŋ] adj Sammel...: **~ cry** Parole f, Schlagwort n; **~ point** Sammelpunkt m, -platz m.
'ral·ly·man [-mən] s irr *Automobilsport:* Rallyefahrer m.
ram [ræm] **I** s **1.** *zo.* Widder m, Schafbock m. **2.** **R~** *astr.* Widder m. **3.** *mil. hist.* Sturmbock m. **4.** *tech.* a) Ramme f, Fallhammer m, b) Rammbock m, -bär m, c) hy'draulischer Widder m, d) Druck-, Preßkolben m, e) Tauschkolben m. **5.** *mar.* a) Ramme f, Rammsporn m. **II** v/t **6.** *Erde etc* festrammen, -stampfen. **7.** *a.* **~ down** (*od.* **in**) einrammen. **8.** (hin'ein)stopfen: **to ~ s.th. into a trunk. 9.** rammen: **to ~ a ship; to ~ s.th. through** *Am. fig.* e-e Sache ‚durchboxen' *od.* ‚durchdrücken'; **→ throat 1. 10.** *a.* **~ up** a) vollstopfen, b) verstopfen, -rammeln. **11.** *fig.* einpauken, -trichtern: **to ~ s.th. into s.o.** j-m etwas einbleuen. **12.** schmettern, ‚knallen' (**against, at** gegen).
ra·mark ['reɪmɑː(r)k] s Radar(sende)bake f.
ram·ble ['ræmbl] **I** v/i **1.** um'herwandern, -streifen, ‚bummeln'. **2.** a) sich schlängeln *od.* winden (*Pfad, Fluß etc*), b) sich 'hinziehen (*Wald etc*). **3.** *bot.* wuchern, üppig ranken. **4.** *fig.* (vom Thema) abschweifen, drauf'losreden. **5.** im Fieber reden, 'unzu,sammenhängend reden. **6.** *fig.* ‚her'umschnuppern' (*in Studienfächern etc*). **II** s **7.** Wanderung f, Streifzug m (*a. fig.*), ‚Bummel' m. **'ram·bler** s **1.** Wanderer m, Wand(r)erin f. **2.** *a.* **~ rose** *bot.* Kletterrose f. **'ram·bling I** adj (adv **~ly**) **1.** um'herwandernd, -streifend, ‚bummelnd': **~ club** Wanderverein m. **2.** *bot.* üppig rankend, wuchernd. **3.** *arch.* weitläufig, verschachtelt: **a ~ mansion. 4.** *fig.* (vom Thema) abschweifend, weitschweifig, 'unzu,sammenhängend. **II** s **5.** Wandern n, Um'herstreifen n.
ram·bunc·tious [ræm'bʌŋkʃəs] adj (adv **~ly**) *colloq.* **1.** laut, lärmend. **2.** wild, 'übermütig.
ram·e·kin, a. ram·e·quin ['ræmkɪn; -mɪ-] s **1.** *meist pl* Käseauflauf m. **2.** Auflaufform f.
ram·ie ['ræmɪ; *Am. a.* 'reɪ-] s **1.** *bot.* Ra'mie f. **2.** Ra'miefaser f.
ram·i·fi·ca·tion [,ræmɪfɪ'keɪʃn] s **1.** Verzweigung f, -ästelung f (*a. fig.*): **the ~s of an organization; the ~s of an artery** die Verästelungen e-r Arterie. **2.** *fig.* 'indi,rekte Folge, *pl a.* Weiterungen *pl.* **3.** Zweig m (*a. fig.*), Sproß m. **'ram·i·form** [-fɔː(r)m] adj zweigförmig. **'ram·i·fy I** v/t **1.** verzweigen (*a. fig.*). **II** v/i **2.** *a. fig.* sich verzweigen *od.* verästeln: **to ~ into** übergreifen auf (acc). **3.** *fig.* a) sich kompli'zieren, b) Weiterungen (zur Folge) haben.
ram·jet, ram·jet en·gine ['ræmdʒet] s *tech.* Staustrahltriebwerk n: **ramjet propulsion** Staudüsenantrieb m.
ram·mer ['ræmə(r)] s **1.** *tech.* a) (Hand-)Ramme f, b) Stampfer m, c) *Töpferei:* Erdschlegel m, d) Klopfhammer m. **2.** *mil. hist.* a) Ansetzer m (*bei Kanonen*), b) Ladestock m.
ra·mose ['reɪməʊs] adj verzweigt.
ramp¹ [ræmp] **I** s **1.** Rampe f, geneigte Fläche. **2.** (schräge) Auffahrt. **3.** (Lade-)Rampe f. **4.** Krümmling m (*am Treppengeländer*). **5.** *arch.* Rampe f, Abdachung f. **6.** *Festungsbau:* Rampe f (*Auffahrt auf den Wall*). **7.** *aer.* (fahrbare) Treppe. **II** v/i **8.** a) sich (drohend) aufrichten, b) zum Sprung ansetzen (*Tier*). **9.** *a.* **~ and rage** toben, wüten, rasen. **10.** *bot.* klettern, wuchern. **11.** *arch.* ansteigen (*Mauer*). **III** v/t **12.** *arch.* mit e-r Rampe versehen.
ramp² [ræmp] s *Br. sl.* Betrug m.
ram·page [ræm'peɪdʒ] **I** s (Her'um)Toben n, Wüten n: **to go** (*od.* **be**) **on the ~ → II. II** v/i *a.* **~ about** (*od.* **around**) her'umtoben, wüten (*a. fig.*). **ram'pa·geous** [-dʒəs] adj (adv **~ly**) wild, wütend.
ramp·an·cy ['ræmpənsɪ] s **1.** 'Überhandnehmen n, 'Umsichgreifen n, Gras'sieren n. **2.** *fig.* wilde Ausgelassenheit, Wildheit f. **'ramp·ant** adj (adv **~ly**) **1.** wild, zügellos, ausgelassen. **2.** über'handnehmend: **to be ~** um sich greifen, grassieren. **3.** üppig, wuchernd (*Pflanzen*). **4.** (drohend) aufgerichtet, sprungbereit (*Tier*). **5.** *her.* aufsteigend: **a lion ~**.
ram·part ['ræmpɑː(r)t] **I** s **1.** *mil.* a) (Festungs)Wall m, b) Brustwehr f. **2.** Schutzwall m (*a. fig.*). **II** v/t **3.** mit e-m Wall um'geben.
ram·pi·on ['ræmpjən; -ɪən] s *bot.* Ra'punzelglockenblume f.
ram·rod ['ræmrɒd; *Am.* -rɑd] s **1.** *mil. hist.* Ladestock m: **to walk** (**as**) **stiff as a ~** ‚e-n Ladestock verschluckt haben', steif wie ein Stock gehen. **2.** *fig.* strenger Mensch, harter Vorgesetzter.
ram·shack·le ['ræm,ʃækl] adj **1.** baufällig, wack(e)lig. **2.** klapp(e)rig (*Fahrzeug*). **3.** *fig.* ‚windig', mise'rabel.
ram·son ['ræmsn] s **1.** *bot.* Bärenlauch m. **2.** *meist pl* Bärenlauchzwiebel f.
ran¹ [ræn] *pret von* run.
ran² [ræn] s Docke f Bindfaden.
rance [ræns] s *min.* blau- u. weißgeäderter roter Marmor aus Belgien.
ranch [rɑːntʃ; *Am.* ræntʃ] *bes. Am.* **I** s **1.** Ranch f, Viehfarm f, -wirtschaft f. **2.** *allg.* (a. Hühner-, Pelztier- etc)Farm f. **II** v/i **3.** Viehzucht treiben. **4.** auf e-r Ranch arbeiten. **III** v/t **5.** Rinder etc züchten. **'ranch·er** s *bes. Am.* **1.** Rancher m, Viehzüchter m. **2.** Farmer m. **3.** Rancharbeiter m. **4.** (*Pelztier- etc*) Züchter m.
ran·cid ['rænsɪd] adj **1.** ranzig (*Butter etc*). **2.** *fig.* widerlich. **ran'cid·i·ty** [-ətɪ], **'ran·cid·ness** s Ranzigkeit f.
ran·cor, *bes. Br.* **ran·cour** ['ræŋkə(r)] s Erbitterung f, Groll m, Haß m: **to feel ~ against s.o.** e-n Groll auf j-n haben. **'ran·cor·ous** adj (adv **~ly**) erbittert, boshaft, haßerfüllt, giftig, voller Groll.
rand¹ [rænd] s **1.** *tech.* Lederstreifen m zur Begradigung des (Schuh)Absatzes. **2.** Höhenzug m, Bergkette f. **3.** *obs. od. dial.* Rand m, Grenze f.
Rand² [rænd] s *econ.* Rand n (*südafrikanische Währungseinheit*).
ran·dem ['rændəm] s Randem m (*zweiräd[e]riger Wagen mit 3 voreinandergespannten Pferden*).
ran·dom ['rændəm] **I** adj wahllos, ziellos, zufällig, willkürlich, Zufalls...: **~ error** *math.* Zufallsfehler m; **~ mating** *biol.* Zufallspaarung f; **~ motion** *phys.* unkontrollierbare Bewegung; **~ number** (*Computer*) beliebige Zahl, Zufallszahl f; **~ sample** (*Statistik*) Zufallsstichprobe f; **~ sampling** (*Statistik*) Zufallsstichprobenerhebung f; **~ shot** Schuß m ins Blaue; **~-access memory** (*Computer*) Speicher m mit wahlfreiem Zugriff. **II** s: **at ~** aufs Gerate'wohl, auf gut Glück, blindlings; **to talk at ~** ins Blaue hineinreden, (wild) drauf'losreden.
ran·dom·i·za·tion [,rændəmaɪ'zeɪʃn; *Am.* -mə'z-] s *Statistik etc:* Randomi'sierung f. **'ran·dom·ize** v/t randomi'sieren (*e-e zufällige Auswahl treffen aus*).
rand·y ['rændɪ] adj **1.** *bes. Scot.* ungehobelt, laut. **2.** *colloq.* ‚scharf', geil.
ra·nee [rɑː'niː] s Rani f (*indische Fürstin*).
rang [ræŋ] *pret von* ring.
range [reɪndʒ] **I** s **1.** Reihe f, Kette f: **a ~ of trees** e-e Baumreihe. **2.** (Berg)Kette f: **mountain ~**. **3.** (Koch-, Küchen)Herd m: **kitchen ~**. **4.** Schießstand m, -platz m: **shooting ~**. **5.** Entfernung f (*zum Ziel*), Abstand m: **at a ~ of** aus *od.* in e-r Entfernung von; **at close ~** aus nächster Nähe; **to find the ~** *mil.* sich einschießen; **to take the ~** die Entfernung schätzen. **6.** *bes. mil.* Reich-, Trag-, Schußweite f, *mar.* Laufstrecke f (*e-s Torpedos*): **out of** (**within**) **~** außer (in) Schuß- *od.* Reichweite; **→ long-range. 7.** Ausdehnung f, 'Umfang m, Skala f: **a narrow ~ of choice** e-e kleine Auswahl; **the ~ of his experience** die Spannweite s-r Erfahrung. **8.** *econ.* Kollekti'on f: **a wide ~ (of goods)** e-e große Auswahl, ein großes Angebot. **9.** *fig.* Bereich m, Spielraum m, Grenzen pl, *a. tech. etc* (z. B. Hör-, Meß-, Skalen)Bereich m, *Radar:* Auffaßbereich m, *Radio:* (Fre'quenz-, Wellen)Bereich m, Senderreichweite f: **~ (of action)** Aktionsbereich m, -radius m, *aer.* Flugbereich m; **~ (of activities)** Betä-

tigungsfeld *n*, Aktionsbereich; ~ **of application** Anwendungsbereich; ~ **of atom** *phys.* Atombezirk *m*; ~ **of prices** Preislage *f*, -klasse *f*; ~ **of reception** (*Funk*) Empfangsbereich; ~ **of uses** Verwendungsbereich, Anwendungsmöglichkeiten *pl*; **boiling** ~ Siedebereich; **within** ~ **of vision** in Sichtweite. **10.** *bot. zo.* Verbreitung(sgebiet *n*) *f*. **11.** *Statistik*: Streuungs-, Toleˈranzbreite *f*, Bereich *m*. **12.** *mus.* a) Ton-, Stimmlage *f*, b) ˈTonod. ˈStimmˌumfang *m*. **13.** Richtung *f*, Lage *f*. **14.** *bes. fig.* Bereich *m*, Gebiet *n*, Raum *m*; ~ **of knowledge** Wissensbereich; ~ **of thought** Ideenkreis *m*. **15.** *bes. Am.* Weideland *n*: ~ **cattle** Freilandvieh *n*. **16.** (ausgedehnte) Fläche. **17.** (soziˈale) Klasse *od.* Schicht. **18.** Streifzug *m*, Ausflug *m*.
II *v/t* **19.** (in Reihen) aufstellen *od.* anordnen, aufreihen. **20.** einreihen, -ordnen: **to ~ o.s. on the side of** (*od.* **with**) **s.o.** sich auf j-s Seite stellen, zu j-m halten. **21.** (systeˈmatisch) ordnen. **22.** einordnen, -teilen, klassifiˈzieren. **23.** *print. Br.* Typen ausgleichen, zurichten. **24.** durchˈstreifen, -ˈwandern: **to ~ the fields**. **25.** *mar.* längs der Küste fahren. **26.** die Augen schweifen lassen (**over** über *acc*). **27.** *bes. Am.* das Vieh frei weiden lassen. **28.** *Teleskop etc* einstellen. **29.** *Ballistik*: a) die Flugbahn bestimmen für, b) *das Geschütz etc* richten, c) e-e Reichweite haben von, tragen.
III *v/i* **30.** e-e Reihe *od.* Linie bilden, in e-r Reihe *od.* Linie stehen (**with** mit). **31.** sich erstrecken (**over** über *acc*) (*a. fig.*). **32.** auf ˈeiner Linie *od.* Ebene liegen (**with** mit). **33.** sich (in e-r Reihe) aufstellen. **34.** ranˈgieren (**among** unter *dat*), im gleichen Rang stehen (**with** mit), zählen, gehören (**with** zu). **35.** streifen, schweifen, wandern (*a. Augen, Blicke*): **as far as the eye could ~** so weit das Auge reichte. **36.** *bot. zo.* verbreitet sein, vorkommen. **37.** schwanken, variˈieren, sich bewegen (**from** ... **to** ..., **between** ... **and** ... zwischen ... und ...). **38.** ~ **in** *mil.* sich einschießen (**on** auf *acc*) (*Geschütz*). **39.** die Entfernung messen.
rangeˈ an·gle *s aer. mil.* Vorhalte-, Wurfwinkel *m* (*e-r Bombe*). ~ **find·er** *s mil. phot.* Entfernungsmesser *m*. ~ **pole** → **ranging pole**.
rang·er [ˈreɪndʒə(r)] *s* **1.** *bes. Am.* Ranger *m* (uniformierter Wächter e-s Nationalparks). **2.** *Br.* Aufseher *m* e-s königlichen Forsts *od.* Parks (*Titel*). **3.** *Am.* Ranger *m* (Angehöriger e-r (berittenen) Schutztruppe in einigen Bundesstaaten). **4.** meist R~ *mil. Am.* Ranger *m* (Angehöriger e-r Kommandotruppe). **5.** *a.* **guide** *Br.* Ranger *f* (Pfadfinderin über 16 Jahre).
range rod → **ranging rod**.
rang·ette [reɪnˈdʒet] *s* (Gas- *od.* Eˈlektro)Kocher *m*.
rang·ingˈ **pole,** ~ **rod** [ˈreɪndʒɪŋ] *s Landvermessung*: Meßlatte *f*.
rang·y [ˈreɪndʒɪ] *adj* **1.** a) schlaksig, langgliedˈerig, b) schlank, geschmeidig. **2.** weit(räumig). **3.** gebirgig.
ra·ni → **ranee**.
rank¹ [ræŋk] **I** *s* **1.** (soziale) Klasse, (Gesellschafts)Schicht *f*. **2.** Rang *m*, Stand *m*, (soziˈale) Stellung, Würde *f*: **a man of ~** ein Mann von Stand; **pride of ~** Standesbewußtsein *n*; **of second** ~ zweitrangig; **to take the ~ of** den Vorrang haben vor (*dat*); **to be on a ~ with** mit j-m gleichrangig sein; **to take high** ~ e-n hohen Rang einnehmen; ~ **and fashion** die vornehme Welt. **3.** *mil. etc* Rang *m*, Dienstgrad *m*. **4.** *pl mil.* (ˈUnterofˌfiˌziere *pl* u.) Mannschaften *pl*: ~ **and file** der Mannschaftsstand (→ **5**); **to rise**

from the ~s aus dem Mannschaftsstand hervorgehen, von der Pike auf dienen (*a. fig.*). **5.** *a.* ~ **and file** (*der*) große Haufen: **the ~ of workers** die große Masse *od.* das Heer der Arbeiter; **the ~ and file of a party** die Basis e-r Partei; ~**-and-file member** einfaches Mitglied. **6.** Aufstellung *f*: **to form into ~s** sich formieren *od.* ordnen. **7.** *mil.* Glied *n*, Linie *f*: **to break ~s** a) wegtreten, b) in Verwirrung geraten; **to close the ~s** first den Reihen schließen; **to fall in ~s** antreten; **to join the ~s** in das Heer eintreten; **to quit the ~s** a) aus den Glied treten, b) desertieren. **8.** Reihe *f*, Linie *f*, Kette *f*: → **cab rank**. **9.** *Schach*: waag(e)rechte Reihe.
II *v/t* **10.** in e-r Reihe *od.* in Reihen aufstellen. **11.** (ein)ordnen, einreihen. **12.** *e-e Truppe etc* antreten lassen *od.* aufstellen, forˈmieren. **13.** einstufen, rechnen, zählen (**with**, **among** zu): **I** ~ **him above Shaw** ich stelle ihn über Shaw. **14.** *Am.* e-n höheren Rang einnehmen als.
III *v/i* **15.** e-e Reihe *od.* Reihen bilden, sich forˈmieren *od.* ordnen. **16.** e-n Rang *od.* e-e Stelle einnehmen: **to ~ equally** gleichrangig sein; **to ~ first** den ersten Rang einnehmen; **to ~ high** a) e-n hohen Rang einnehmen, b) e-n hohen Stellenwert haben; ~**ing officer** *Am.* rangältester Offiˈzier. **17.** gehören, zählen (**among**, **with** zu), ranˈgieren (**above** über *dat*; **next to** hinter *dat*, gleich nach): **to ~** as gelten als; **he ~s next to the president** er kommt gleich nach dem Präsiˈdenten. **18.** *bes. mil.* (in geschlossener Formatiˈon) marˈschieren: **to ~ off** abmarschieren. **19.** *econ. jur.* bevorrechtigt sein (*Gläubiger etc*).
rank² [ræŋk] *adj* (*adv* ~ly) **1.** a) üppig, geil, wuchernd (*Pflanzen*), b) üppig bewachsen, verwildert (*Garten etc*). **2.** fruchtbar, fett: ~ **soil**. **3.** stinkend, übelriechend, ranzig. **4.** widerlich, scharf: ~ **smell** (*od.* **taste**). **5.** rein, völlig: ~ **outsider** krasser Außenseiter; **a ~ beginner** ein blutiger Anfänger; ~ **nonsense** blühender Unsinn. **6.** ekelhaft, ˈwiderwärtig. **7.** unanständig, schmutzig, derb: ~ **language**.
ˌ**rank-and-ˈfil·er** *s Am.* einfaches Mitglied; j-d, der der Basis (*e-r Partei etc*) angehört.
rank·er [ˈræŋkə(r)] *s mil.* a) (einfacher) Solˈdat, b) aus dem Mannschaftsstand herˈvorgegangener Offiˈzier.
ran·kle [ˈræŋkl] **I** *v/i* **1.** *obs.* eitern, schwären. **2.** *fig.* gären: **to ~ in s.o.'s mind** in j-m gären, an j-m nagen *od.* fressen. **II** *v/t* **3.** *obs.* zum Eitern *od.* Schwären bringen. **4.** *fig.* gären in (*dat*), nagen *od.* fressen an (*dat*).
ran·sack [ˈrænsæk] *v/t* **1.** durchˈwühlen, -ˈstöbern. **2.** plündern, ausrauben.
ran·som [ˈrænsəm] **I** *s* **1.** Los-, Freikauf *m*, Auslösung *f*. **2.** Lösegeld *n*: **a king's ~** e-e Riesensumme; **to hold to ~** j-n bis zur Zahlung e-s Lösegelds gefangenhalten, b) *fig.* j-n erpressen. **3.** *relig.* Erlösung *f*. **II** *v/t* **4.** los-, freikaufen, auslösen. **5.** Lösegeld verlangen für *od.* von. **6.** *relig.* erlösen.
rant [rænt] **I** *v/i* **1.** toben, lärmen. **2.** schwadroˈnieren, Phrasen dreschen. **3.** *obs.* geifern (**at**, **against** über *acc*). **II** *v/t* **4.** paˈthetisch vortragen. **III** *s* **5.** Schwulst *m*, Phrasendrescheˈrei *f*.
ˈ**rant·er** *s* **1.** lauter *od.* paˈthetischer Redner. **2.** Schwadroˈneur *m*, Großsprecher *m*. **3.** R~ *relig. hist.* a) Angehöriger e-r antinomistischen Sekte unter Cromwell, b) Angehöriger e-r 1807-10 entstandenen methodistischen Bewegung.
ra·nun·cu·lus [rəˈnʌŋkjʊləs; *Am.* -kjə-]

pl **-lus·es, -li** [-laɪ] *s bot.* Raˈnunkel *f*, Hahnenfuß *m*.
rap¹ [ræp] **I** *v/t* **1.** klopfen *od.* pochen an *od.* auf (*acc*): **to ~ s.o.'s fingers**, **to ~ s.o. over the knuckles** j-m auf die Finger klopfen (*a. fig.*). **2.** (hart) schlagen. **3.** *Am. colloq.* a) j-m ,e-e dicke Ziˈgarre verpassen' (*scharf tadeln*), b) j-n, etwas scharf kritiˈsieren. **4.** *Am. sl.* a) e-n (Mein)Eid leisten auf (*acc*), b) j-n ,schnappen', verhaften, c) j-n ,verdonnern' (**to** zu e-r *Strafe*). **5.** ~ **out** *a*) *Spiritismus*: durch Klopfen mitteilen, b) herˈauspoltern, e-n Befehl etc ,bellen': **to ~ out an order**. **II** *v/i* **6.** klopfen, pochen, schlagen (**at**, **on** an *acc*): **to ~ on wood** (**for good luck**) auf Holz klopfen. **7.** *Am. colloq.* a) schwatzen, plaudern, b) diskuˈtieren. **III** *s* **8.** Klopfen *n*, Pochen *n*: **to give s.o. a ~ over the knuckles** j-m auf die Finger klopfen (*a. fig.*). **9.** (harter) Schlag. **10.** *Am. colloq.* a) scharfe Kriˈtik *f* (**at** an *dat*), b) ,dicke Ziˈgarre' (*scharfer Tadel*): **he got a ~** er bekam e-e dicke Zigarre (verpaßt). **11.** *bes. Am. sl.* a) Schuld *f*, b) Anklage *f*, c) Strafe *f*: **to beat the ~** sich rauswinden; **to take the ~** (zu e-r Strafe) verdonnert werden, *fig.* die Sache ,ausbaden' müssen. **12.** *Am. colloq.* a) Schwatz *m*, Plaudeˈrei *f*: **to have a ~** schwatzen, plaudern, b) Diskussiˈon *f*: **to have a ~** diskuˈtieren.
rap² [ræp] *s* Heller *m*, Deut *m*: **I don't care a ~** (**for it**) das ist mir ganz egal; **it is not worth a ~** es ist keinen Pfifferling wert.
ra·pa·cious [rəˈpeɪʃəs] *adj* (*adv* ~ly) **1.** habgierig. **2.** raubgierig, räuberisch. **3.** Raub...: ~ **animal**; ~ **bird**. **raˈpa·cious·ness, ra·pac·i·ty** [rəˈpæsətɪ] *s* **1.** Habgier *f*. **2.** Raubgier *f*.
rape¹ [reɪp] *s* **1.** Vergewaltigung *f* (*a. fig.*), *jur.* Notzucht *f*: ~ **and murder** Lustmord *m*; **statutory ~** *jur. Am.* Geschlechtsverkehr *m* mit e-m Mädchen, das noch nicht im einwilligungsfähigen Alter (*in der Regel noch nicht 18*) ist. **2.** *poet. u. obs.* Entführung *f*, Raub *m*: **the ~ of the Sabine women** der Raub der Sabinerinnen. **II** *v/t* **3.** vergewaltigen, *jur.* notzüchtigen. **4.** *obs.* etwas rauben. **5.** *obs. e-e Stadt etc* plündern.
rape² [reɪp] *s Br.* (Verwaltungs)Bezirk *m* in Sussex.
rape³ [reɪp] *s bot.* Raps *m*.
rape⁴ [reɪp] *s* **1.** Trester *pl*, Treber *pl*. **2.** *Essigherstellung*: Standfaß *n*.
rapeˈ oil *s* Rüb-, Rapsöl *n*. ˈ~**seed** *s* Rübsamen *m*; ~ **oil** → **rape oil**. ~ **wine** *s* Tresterwein *m*.
rap group *s Am. colloq.* Diskussiˈonsgruppe *f*.
Raph·a·el·esque [ˌræfeɪəˈlesk; *Am.* ˌræfiə-; -reɪ-] *adj* raffaˈelisch.
ra·phe [ˈreɪfiː] *pl* **-phae** [-fiː] *s bot. med.* Raphe *f*, Naht *f*.
ra·phi·a → **raffia**.
rap·id [ˈræpɪd] **I** *adj* (*adv* ~ly) **1.** schnell, rasch, rapid(e), schnell...: ~ **eye movement sleep** *psych.* REM-Schlaf *m*; ~ **fire** *mil.* Schnellfeuer *n*; **a ~ river** ein reißender Fluß; ~ **storage** (*Computer*) Schnellspeicher *m*; ~ **transit** *Am.* Schnellnahverkehr *m*. **2.** jäh, steil (*Hang*). **3.** *phot.* a) lichtstark (*Objektiv*), b) hochempfindlich (*Film*). **II** *s* **4.** meist *pl* Stromschnelle *f*. ~**-ˈfire** *adj* **1.** *mil.* Schnellfeuer...: ~ **gun**. **2.** *fig.* (blitz-)schnell.
ra·pid·i·ty [rəˈpɪdətɪ] *s* Schnelligkeit *f*, Geschwindigkeit *f*.
ra·pi·er [ˈreɪpjə(r); -pɪə(r)] *s fenc.* Raˈpier *n*: ~ **thrust** a) Stoß *m* mit dem Rapier, b) *fig.* sarkastische Bemerkung *od.* Antwort.

rap·ine ['ræpaɪn; -pɪn] *s* Raub *m*, Plünderung *f*.
rap·ist ['reɪpɪst] *s* Vergewaltiger *m*: ~-killer Lustmörder *m*.
rap·pa·ree [ˌræpəˈriː] *s hist.* irischer Bandit *od.* Freibeuter (*bes. im 17. Jh.*).
rap·pee [ræˈpiː; *Am.* ræˈpeɪ] *s* Rap'pee *m* (*grober Schnupftabak*).
rap·per ['ræpə(r)] *s* (*bes.* Tür)Klopfer *m*.
rap·port [ræˈpɔː(r); *Am. a.* ræˈpəʊər] *s* **1.** (to zu) (per'sönliche) Beziehung, Verhältnis *n*, Verbindung *f*: **to be in** (*od.* **en**) ~ **with** a) mit *j-m* in Verbindung stehen, b) gut harmonieren mit. **2.** *psych.* Rap'port *m*, psychischer Kon'takt.
rap·por·teur [ˌræpɔːˈtɜː; *Am.* -ˌpɔːrˈtɜːr] *s pol.* Berichterstatter *m*.
rap·proche·ment [ræˈprɒʃmɑ̃ː; *Am.* ˌræpˌrəʊʃˈmɑ̃ː] *s bes. pol.* (Wieder)'Annäherung *f*.
rap·scal·lion [ræpˈskæljən] *s obs.* Ha'lunke *m*.
rap|ses·sion *s Am. colloq.* 'Gruppendiskussiˌon *f*. ~ **sheet** *s Am. sl.* 'Strafreˌgister *n*: **to have a** ~ vorbestraft sein.
rapt [ræpt] *adj* (*adv* ~**ly**) **1.** versunken, verloren (**in** *in acc*): ~ **in thought**. **2.** 'hingerissen, entzückt (**with, by** von). **3.** verzückt: a ~ **smile**. **4.** *bes. fig.* entrückt. **5.** gespannt (**upon** auf *acc*): **with** ~ **attention**.
rap·tor ['ræptə(r)] *s* Raubvogel *m*.
rap·to·ri·al [ræpˈtɔːrɪəl; *Am. a.* -ˈtoʊ-] *zo.* **I** *adj* **1.** räuberisch, Raub...: ~ **birds** Raubvögel. **2.** Greif...: ~ **claw** Greiffuß *m*, Fang *m* (*e-s Raubvogels*). **II** *s* **3.** Raubvogel *m*.
rap·ture ['ræptʃə(r)] *s* **1.** Entzücken *n*, Verzückung *f*, Begeisterung *f*: **to be in** ~**s** hingerissen *od.* verzückt sein; **to go** (*od.* **fall**) **into** ~**s** in Verzückung geraten; ~ **of the deep** (*od.* **depth**) Tiefenrausch *m* (*e-s Tauchers*). **2.** *meist pl* Ausbruch *m* des Entzückens, Begeisterungstaumel *m*, Ek'stase *f*. **3.** Entrückung *f*. **4.** Anfall *m*: **in a** ~ **of forgetfulness**. **'rap·tured** *adj* verzückt, 'hingerissen. **'rap·tur·ous** *adj* **1.** → **raptured**. **2.** stürmisch, begeistert: ~ **applause**.
ra·ra a·vis [ˌrɑːrəˈævɪs; *Am.* ˌrærəˈeɪvɪs] *pl* **ra·rae a·ves** [ˌrɑːriːˈævɪz; *Am.* ˌrɑːrˌɑːˈweɪs] (*Lat.*) *s* ‚seltener Vogel', Seltenheit *f*.
rare¹ [reə(r)] *adj* (*adv* ~**ly**) **1.** selten, rar: a ~ **book** ein seltenes Buch; **this is** ~ **for s.o. to do** das wird nur selten getan; **it is** ~ **for him to come** er kommt (nur) selten. **2.** *bes. phys.* a) dünn (*Luft etc*), b) locker, po'rös (*Materie*), c) schwach (*Strahlung etc*): ~ **earth** *chem.* seltene Erde; ~ **gas** Edelgas *n*. **3.** *fig.* selten, außergewöhnlich: **of a** ~ **charm**. **4.** *colloq.* ‚toll', ‚mächtig': ~ **fun** ‚Mordsspaß' *m*; ~ **and hungry** ‚wahnsinnig' hungrig.
rare² [reə(r)] *adj* blutig (*Steak*).
rare·bit ['reəbɪt] → **Welsh rabbit**.
rar·ee show ['reərɪ] *s* **1.** Guckkasten *m*. **2.** billige ('Zirkus)Attraktiˌon (*auf der Straße*). **3.** *fig.* Schauspiel *n*.
rar·e·fac·tion [ˌreərɪˈfækʃn] *s phys.* Verdünnung *f*. **'rar·e·ˈfac·tive** [-tɪv] *adj* verdünnend, Verdünnungs... **'rar·e·fy** [-faɪ] **I** *v/t* **1.** verdünnen. **2.** *fig.* verfeinern, -geistigen. **II** *v/i* **3.** sich verdünnen.
'rare·ness → **rarity**.
'rare·ˌripe *bot. Am.* **I** *adj* frühreif(end). **II** *s* frühe Sorte.
'rar·ing *adj*: **to be** ~ **to do s.th.** *colloq.* (ganz) ‚wild' *od.* ‚scharf' darauf sein, etwas zu tun.
rar·i·ty ['reərətɪ] *s* **1.** Seltenheit *f*: a) *seltenes Vorkommen*, b) Rari'tät *f*. **2.** Vor'trefflichkeit *f*. **3.** Verdünnung *f* (*bes. von Gas*).

ras·cal ['rɑːskəl; *Am.* 'ræs-] **I** *s* **1.** Schuft *m*, Schurke *m*, Ha'lunke *m*. **2.** *humor.* a) *oft old* ~ (alter) Gauner, b) Schlingel *m*, Frechdachs *m* (*Kind*). **II** *adj* **3.** → **rascally**. **ras·calˈi·ty** [-ˈskælətɪ] *s* Schurke'rei *f*, Gemeinheit *f*. **'ras·cal·ly** *adj u. adv* **1.** schurkisch, gemein, niederträchtig. **2.** erbärmlich.
rase → **raze**.
rash¹ [ræʃ] *adj* (*adv* ~**ly**) **1.** hastig, übereilt, 'überˌstürzt, vorschnell: a ~ **decision**; **to do s.th.** ~ e-e Dummheit begehen. **2.** unbesonnen, unvorsichtig.
rash² [ræʃ] *s* **1.** *med.* (Haut)Ausschlag *m*: **to come out in a** ~ e-n Ausschlag bekommen. **2.** *fig.* Flut *f*: a ~ **of complaints**.
rash·er ['ræʃə(r)] *s* Speckschnitte *f*.
rash·ness ['ræʃnɪs] *s* **1.** Hast *f*, Über'eiltheit *f*, -'stürztheit *f*. **2.** Unbesonnenheit *f*, Unvorsichtigkeit *f*.
ra·so·ri·al [rəˈsɔːrɪəl; *Am. a.* -ˈzəʊ-] *adj zo.* **1.** scharrend. **2.** Hühner...
rasp [rɑːsp; *Am.* ræsp] **I** *v/t* **1.** raspeln, feilen, schaben, (ab)kratzen. **2.** zerkratzen. **3.** *fig.* Gefühle etc verletzen, *das Ohr* beleidigen, *die Nerven* reizen. **4.** krächzen(d sagen). **II** *v/i* **5.** raspeln, feilen, schaben. **6.** a) kratzen (*Sache*), b) schnarren (*Stimme*), c) ratschen (*Maschine*). **III** *s* **7.** *tech.* Raspel *f*, Grobfeile *f*. **8.** Reibeisen *n*.
ras·pa·to·ry ['rɑːspətərɪ; *Am.* 'ræspəˌtɔːrɪ] *s med.* Knochenschaber *m*.
rasp·ber·ry ['rɑːzbərɪ; *Am.* 'ræzˌberɪ] *s* **1.** *bot.* Himbeere *f*: ~ **vinegar** Himbeersirup *m*, -saft *m*. **2.** a. ~ **cane** *bot.* Himbeerstrauch *m*. **3.** Himbeerrot *n*. **4.** *sl.* verächtliches Schnauben: **to blow** (*od.* **give**) a ~ verächtlich schnauben.
'rasp·er *s* **1.** → **rasp** 7 *u.* 8. **2.** Jagdreiten: hoher, schwer zu nehmender Zaun. **'rasp·ing** *adj* (*adv* ~**ly**) **1.** a) kratzend, b) krächzend, rauh: ~ **voice**; ~ **sound** Kratzen *n*; Krächzen *n*. **2.** *fig.* unangenehm. **3.** *Jagdreiten*: schwer zu nehmen(d) (*Zaun etc*). **II** *s* **4.** Raspeln *n*. **5.** *meist pl* Raspelspan *m*. **6.** *pl* Semmelbrösel *pl*. **'rasp·y** *adj* **1.** → **rasping** 1 *u.* 2. **2.** reizbar, gereizt.
ras·ter ['ræstə(r)] *s opt. TV* Raster *m*.
rat [ræt] **I** *s* **1.** *zo.* Ratte *f*: **to smell a** ~ *fig.* Lunte *od.* ,den Braten' riechen, Unrat wittern; ~**s!** *colloq.* Quatsch!; → **drown** 3. **2.** *pol. colloq.* 'Überläufer *m*. **3.** a) *allg. colloq.* Verräter *m*, b) *bes. Am. colloq.* Infor'mant *m*, (Poli'zei)Spitzel *m*, c) *sl.* ‚Scheißkerl' *m*, ‚Schwein' *n*. **4.** *colloq.* Streikbrecher *m*. **5.** *Am. colloq.* Haarpolster *m*. **II** *v/i* **6.** *pol. colloq.* 'überlaufen, s-e Par'tei im Stich lassen. **7.** *colloq.* Verrat begehen: **to** ~ **on** a) *j-n* im Stich lassen *od.* verraten, b) *s-e Kumpane* ‚verpfeifen', c) *e-e Aussage etc* widerrufen, d) aus *e-m Projekt etc* ‚aussteigen'. **8.** Ratten jagen *od.* fangen.
ra·ta ['rɑːtə; *Am.* 'rɑːtə] *s* **1.** *bot.* Ratabaum *m*. **2.** Rataholz *n*.
rat·a·bil·i·ty [ˌreɪtəˈbɪlətɪ] *s* **1.** (Ab-) Schätzbarkeit *f*. **2.** Verhältnismäßigkeit *f*. **3.** *Br.* Kommu'nalsteuerpflicht *f*. **'rat·a·ble** *adj* (*adv* **ratably**) **1.** (ab)schätzbar, bewertbar. **2.** anteilmäßig, proportio'nal. **3.** *Br.* kommu'nalsteuerpflichtig: ~ **value** Einheitswert *m*.
rat·a·fi·a [ˌrætəˈfiːə], *a.* **ˌrat·aˈfee** [-ˈfiː] *s* **1.** Ra'tafia *m* (*Fruchtlikör*). **2.** *a.* ~ **biscuit** 'Mandelmaˌkrone *f*.
rat·al ['reɪtl] **I** *s* Kommu'nalsteuersatz *m*. **II** *adj* Steuer...
ra·tan → **rattan**.
rat·a·plan [ˌrætəˈplæn; *Am.* ˌrætəˈplæn] *s* **1.** Trommelwirbel *m*. **2.** *fig.* a) (Huf)Getrappel *n*, b) Knattern *n*.

rat-a-tat [ˌrætəˈtæt; *Am.* ˈrætəˌtæt] → **rat-tat**.
'rat|bag *s bes. Austral. sl.* ‚Scheißkerl' *m*. **~-bite disˌease**, **~-bite feˌver** *s med.* Rattenbißfieber *n*. **~ˌcatch·er** *s* **1.** Rattenfänger *m*. **2.** *bes. Br. sl.* nicht weidgerechte Jagdkleidung.
ratch·et ['rætʃɪt] *s tech.* **1.** Schaltrad *n*. **2.** Sperrklinke *f*. **3.** Ratsche *f*. **4.** → **ratchet wheel**. ~ **brace** *s tech.* Ratsche *f*, Bohrknarre *f*. ~ **couˌpling** *s tech.* Sperrklinkenkupplung *f*. ~ **drill** → **ratchet brace**. ~ **wheel** *s tech.* Sperrrad *n*.
rate¹ [reɪt] **I** *s* **1.** (Verhältnis)Ziffer *f*, Quote *f*, Rate *f*: ~ **of growth** (**inflation**) *econ.* Wachstums-(Inflations)rate; ~ **of increase** *econ.* Zuwachsrate; ~ **of increase in the cost of living** Teuerungsrate; **at the** ~ **of** im Verhältnis von (→ 2 *u.* 6). **2.** (*Steuer- etc*)Satz *m*, Kurs *m*, Ta'rif *m*: ~ **of exchange** *econ.* a) Umrechnungs-, Wechselkurs, b) Börsenkurs; ~ **of interest** Zinssatz, -fuß *m*; ~ **of issue** Ausgabekurs; ~ **of the day** Tageskurs; **railroad** (*bes. Br.* **railway**) ~**s** Eisenbahntarif; (**insurance**) ~ Prämiensatz; **at the** ~ **of** zum Satze von (→ 1 *u.* 6). **3.** (festgesetzter) Preis, Betrag *m*, Taxe *f*: **at a cheap** (**high**) ~ zu e-m niedrigen (hohen) Preis; **at that** ~ unter diesen Umständen; **at any** ~ a) auf jeden Fall, unter allen Umständen, b) wenigstens, mindestens. **4.** (*Post-, Strom- etc*)Gebühr *f*, Porto *n*, (*Gas-, Strom*)Preis *m*, (*Wasser*)Geld *n*. **5.** *Br.* Kommu'nalsteuer *f*, Gemeindeabgabe *f*: ~**s and taxes** Kommunal- u. Staatssteuern. **6.** (rela'tive) Geschwindigkeit (*a. phys. tech.*), Tempo *n*: ~ **of energy** *phys.* Energiemenge *f* pro Zeiteinheit; ~ **of flow** *tech.* Durchflußgeschwindigkeit *od.* -menge *f*; ~ **of an engine** Motorleistung *f*; **at the** ~ **of** mit e-r Geschwindigkeit von (→ 1 *u.* 2). **7.** Grad *m*, (Aus)Maß *n*: **at a fearful** ~ in erschreckendem Ausmaß. **8.** Klasse *f*, Rang *m*, Grad *m*: **first-rate**, *etc*. **9.** *mar.* a) (Schiffs)Klasse *f*, b) Dienstgrad *m* (*e-s Matrosen*). **10.** Gang *m od.* Abweichung *f* (*e-r Uhr*).
II *v/t* **11.** (ab-, ein)schätzen, ta'xieren (**at** auf *acc*), bewerten, einstufen. **12.** *j-n* einschätzen, beurteilen: **to** ~ **s.o. high** *j-n* hoch einschätzen. **13.** betrachten als, halten für: **he is** ~**d a rich man** er gilt als reicher Mann. **14.** rechnen, zählen (**among** zu): **I** ~ **him among my friends**. **15.** *e-n Preis etc* bemessen, ansetzen, *Kosten* veranschlagen: **to** ~ **up** höher einstufen *od.* versichern. **16.** *Br.* a) (zur Kommu'nalsteuer) veranlagen, b) besteuern. **17.** *mar.* a) *ein Schiff* klassen, b) *e-n Seemann* einstufen. **18.** *e-e Uhr* regu'lieren. **19.** *etwas* wert sein, verdienen.
III *v/i* **20.** angesehen werden, gelten (**as** als): **to** ~ **high** (**low**) (**with**) hoch (niedrig) ,im Kurs stehen' (bei), viel (wenig) gelten (bei); **to** ~ **above** (**below**) (*einkommensmäßig etc*) rangieren *od.* stehen über (*dat*) (unter *dat*). **21.** zählen (**among** zu).
rate² [reɪt] **I** *v/t* heftig ausschelten (**about, for** wegen). **II** *v/i* heftig schimpfen (**at** auf *acc*).
rate³ [reɪt] → **ret**.
rate·a·bil·i·ty, *etc* → **ratability**, *etc*.
rat·ed ['reɪtɪd] *adj* **1.** *Br.* kommu'nalsteuerpflichtig. **2.** *tech.* Nenn...: ~ **output**, ~ **power** Nennleistung *f*.
ra·tel ['reɪtl; *Am.* 'rɑːtl; 'reɪtl] *s zo.* Ratel *m*, Honigdachs *m*.
'rateˌpay·er *s Br.* Kommu'nalsteuerzahler(in). **'~ˌpay·ing** *adj Br.* steuerzahlend.

rat·er ['reɪtə(r)] *s mar. in Zssgn:* **first-~** Schiff *n* höchster Klasse.
'**rat**|**fink** *s Am. sl.* 'Scheißkerl' *m*, 'Schweinehund' *m.* '**~fuck·ing** *s pol. Am. vulg.* 'Rufmord(kam₁pagne *f*) *m.*
rath[1] [rɑːθ] *s hist. Ir.* 1. befestigter Wohnsitz e-s Häuptlings. 2. Hügelfestung *f.*
rath[2] [rɑːθ; *Am.* ræθ], *a.* **rathe** [reɪð] *adj poet. od. dial.* 1. rasch, heftig. 2. früh(zeitig), verfrüht (*bes. Pflanzen*).
rath·er ['rɑːðə(r); *Am. bes.* 'ræ-] **I** *adv* 1. ziemlich, recht, fast, etwas: **~ a success** ein ziemlicher Erfolg; **I would ~ think** ich würde denken. 2. lieber, eher: **~ good than bad** eher gut als schlecht; **green ~ than blue** mehr *od.* eher grün als blau; **from reason ~ than from love** eher *od.* mehr aus Vernunftgründen als aus Liebe; **I would ~ not (do it)** ich möchte es lieber *od.* eigentlich nicht (tun); **I would** (*od.* had) **much ~ (not)** go ich möchte viel lieber (nicht) gehen. 3. (*or* ~ *oder*) vielmehr, eigentlich: **her dream or, ~, her idol** ihr Traum oder, besser gesagt, ihr Idol; **the contrary is ~ to be supposed** vielmehr ist das Gegenteil anzunehmen; **the ~ that** um so mehr, da. **II** *interj* 4. *bes. Br. colloq.* (ja) freilich!, aller'dings!, 'und ob'!
rat·i·cide ['rætɪsaɪd] *s* Rattenvertilgungsmittel *n*, -gift *n.*
rat·i·fi·ca·tion [₁rætɪfɪ'keɪʃn] *s* 1. Bestätigung *f*, (*nachträgliche*) Genehmigung. 2. *pol.* Ratifi'zierung *f*: **~ of a treaty.**
'**rat·i·fy** [-faɪ] *v/t* 1. bestätigen, genehmigen, gutheißen. 2. *pol.* ratifi'zieren.
rat·ing[1] ['reɪtɪŋ] *s* 1. (Ab)Schätzung *f*, Beurteilung *f*, Bewertung *f*. 2. *mar.* a) Dienstgrad *m* (*e-s Matrosen*), b) *Br.* (einfacher) Ma'trose, c) *pl Br.* Leute *pl* e-s bestimmten Dienstgrads. 3. *mil. Am.* Rang *m* e-s Spezia'listen: **the ~ of a radarman.** 4. *econ.* Kre'ditwürdigkeit *f*. 5. *Br.* a) (Kommu'nalsteuer)Veranlagung *f*, b) Steuersatz *m*. 6. a) (Leistungs)Beurteilung *f*, b) Ni'veau *n*, (Leistungs- *etc*) Stand *m*, c) *ped. Am.* (Zeugnis)Note *f*, d) *fig.* Stellenwert *m*, e) *Rundfunk, TV*: Einschaltquote *f*: **~s battle** Kampf *m* um die Einschaltquoten. 7. *tech.* (Nenn)Leistung *f*, Betriebsdaten *pl* (*e-r Maschine etc*): **~ plate** Leistungsschild *n*. 8. Ta-'rif *m.*
rat·ing[2] ['reɪtɪŋ] *s* heftige Schelte.
ra·ti·o ['reɪʃɪəʊ; *Am. a.* -ʃəʊ] *pl* **-os** *s* 1. *math. etc* Ver'hältnis *n*: **in the ~ of four to three**; **~ of distribution** Verteilerschlüssel *m*; **to be in the inverse ~ a**) im umgekehrten Verhältnis stehen, b) *math.* umgekehrt proportional sein. 2. *math.* Quoti'ent *m*. 3. *econ.* Wertverhältnis *n* zwischen Gold u. Silber. 4. *tech.* Über'setzungsverhältnis *n* (*e-s Getriebes*).
ra·ti·oc·i·nate [₁rætɪ'ɒsɪneɪt; *Am.* -'ɑːs-] *v/i* logisch denken, vernünftig urteilen.
₁**ra·ti·oc·i·na·tion** [-'neɪʃn] *s* 1. logisches Denken. 2. logischer Gedankengang. ₁**ra·ti·oc·i·na·tive** [-nətɪv; *Am.* -₁neɪtɪv] *adj* logisch: **~ faculties** *pl* logisches Denkvermögen.
ra·tion ['ræʃn; *Am. a.* 'reɪ-] **I** *s* 1. Rati'on *f*, Zuteilung *f*: **~ book** *Br.* Lebensmittelkarten *pl*; **~ card** Lebensmittelkarte *f*; **off the ~** markenfrei; **to be put on ~s auf** Rationen gesetzt werden; **to put s.o. on short ~s** j-n auf halbe Ration setzen; **you've had your ~ of television for today** du hast für heute genug ferngesehen. 2. *mar. mil.* 'Tagesrati₁on *f*, Verpflegungssatz *m*: **strength** Verpflegungsstärke *f*. 3. *pl* Lebensmittel *pl*, Verpflegung *f*. **II** *v/t* 4. ratio'nieren (**to** auf *acc*), (zwangs-) bewirtschaften: **to ~ s.o.** j-n auf Rationen setzen. 5. *a.* **~ out** (in Ra-

ti'onen) zuteilen. 6. verpflegen: **to ~ an army.**
ra·tion·al ['ræʃənl] **I** *adj* (*adv* **~ly**) 1. vernünftig: a) vernunftmäßig, ratio-'nal, b) vernunftbegabt, c) verständig, d) von der Vernunft ausgehend. 2. zweckmäßig, ratio'nell, praktisch: **~ dress** → 5. 3. *math.* ratio'nal: **~ fraction**; **~ number**; **~ horizon** *astr.* wahrer Horizont. **II** *s* 4. (*das*) Ratio'nale *od.* Vernünftige. 5. *pl hist.* zweckmäßige Kleidung, *bes.* Knickerbockers *pl* für Frauen.
ra·tion·ale [₁ræʃə'nɑːl; *Am.* -'næl] *s* 1. logische Grundlage, 'Grundprin₁zip *n*. 2. vernunftmäßige Erklärung.
ra·tion·al·ism ['ræʃnəlɪzəm] *s* Rationa-'lismus *m* (*Geisteshaltung, die das vernunftbestimmte Denken als einzige Erkenntnisquelle ansieht*). '**ra·tion·al·ist** *s* Rationa'list *m*. **II** *adj* → **rationalistic**. ₁**ra·tion·al'is·tic** *adj* (*adv* **~ally**) rationa-'listisch.
ra·tion·al·i·ty [₁ræʃə'nælətɪ] *s* 1. Vernünftigkeit *f*, Vernunft *f*. 2. Vernunft *f*, Denkvermögen *n*. 3. Rationa'lismus *m*.
ra·tion·al·i·za·tion [₁ræʃnəlaɪ'zeɪʃn; *Am.* -lə'z-] *s* 1. a) Rationali'sieren *n*, 'Unterordnung *f* unter die Vernunft, b) → **rationale** 2. *econ.* Rationali'sierung *f*. '**ra·tion·al·ize** *v/t* 1. ratio'nal erklären. 2. der Vernunft 'unterordnen: **to ~ away** als vernunftwidrig ablehnen. 3. *econ.* rationali'sieren: **to ~ jobs out of existence** Arbeitsplätze wegrationalisieren. 4. *math.* in e-e rationale Gleichung 'umrechnen. **II** *v/i* 5. ratio'nell verfahren. 6. rationa'listisch denken.
'**ra·tion·ing** *s* Ratio'nierung *f*, (Lebensmittel)Bewirtschaftung *f*.
rat·line, *a.* **rat·lin** ['rætlɪn], '**rat·ling** [-lɪŋ] *s mar.* Webeleine *f*.
RA·TO, ra·to ['reɪtəʊ] *s aer.* Ra'ketenstart *m*, Start *m* mit Ra'ketenhilfe (*aus* **r**ocket-**a**ssisted **t**ake-**o**ff).
ra·toon [ræ'tuːn] **I** *s* (Zuckerrohr)Schößling *m*. **II** *v/i* Schößlinge treiben.
rat race *s colloq.* 1. 'Hetzjagd' *f* (*des Lebens*). 2. harter (Konkur'renz)Kampf. 3. Teufelskreis *m*.
'**rats·bane** *s* Rattengift *n*.
'**rat-tail** *I s* 1. Rattenschwanz *m*. 2. *fig.* a) wenig behaarter Pferdeschwanz, b) Pferd *n* mit wenig behaartem Schwanz. **II** *adj* 3. rattenschwänzig: **~ spoon** Löffel mit schleifenförmigem nach hinten gebogenem Griff. [rattail 2b.)
'**rat-tailed** *adj* → **rattail** 3: **~ horse →**
rat·tan [rə'tæn; ræ-] *s* 1. *a.* **~ palm** *bot.* Schilfpalme *f*, Rotang *m*. 2. spanisches Rohr. 3. Rohrstock *m.*
rat-tat [₁ræt'tæt], *a.* **rat-tat-tat** [₁rætə'tæt] **I** *s* Rattern *n*, Knattern *n*, Geknatter *n*. **II** *v/i* rattern, knattern.
rat·ter ['rætə(r)] *s* Rattenfänger *m* (*bes. Hund od. Katze*).
rat·tle ['rætl] **I** *v/i* 1. rattern, klappern, rasseln, klirren: **to ~ at the door** an der Tür rütteln; **to ~ off** losrattern, davonjagen; **to ~ away** *v/t (od.* **on**) **the typewriter** auf der Schreibmaschine hämmern. 2. a) röcheln, b) rasseln (*Atem*). 3. *a.* **~ on** (drauf'los)plappern, (pausenlos) 'quasseln' (**about** *über acc*). **II** *v/t* 4. rasseln mit *od.* an e-r Kette *etc*, mit Geschirr *etc* klappern, an *der* Tür *etc* rütteln. 5. **~ off** *e-e* Rede *etc* 'her₁unterrasseln'. 6. *colloq.* aus der Fassung bringen, ner'vös machen, durchein'anderbringen: **don't get ~d!** nur nicht nervös werden!. 7. **~ up** *j-n* aufrütteln. **III** *s* 8. Rasseln *n*, Gerassel *n*, Rattern *n*, Klappern *n*, Geklapper *n*. 9. Rassel *f*, (Kinder)Klapper *f*, Schnarre *f*. 10. Klapper *f*, Rassel *f* (*der Klapperschlange*). 11. Röcheln *n*. 12. Lärm *m*, Krach *m*, Trubel *m*.

13. *bot.* a) **red ~** Sumpfläusekraut *n*, b) *a.* **yellow ~** Klappertopf *m*. 14. Geplapper *n*, Geschwätz *n*. 15. Schwätzer(in).
'**rat·tle**|**-box** *s* 1. Rassel *f*, Klapper *f*. 2. *bot.* a) Gemeines Leimkraut, b) → **rattle** 13 a. '**~brain** *s* Wirr-, Hohlkopf *m*, Schwätzer(in). '**~brained** *adj* wirr-, hohlköpfig. '**~pate**, '**~₁pat·ed** → **rattlebrain(ed)**.
rat·tler ['rætlə(r)] *s* 1. *j-d, der od. etwas, was rasselt od. klappert, bes. sl.* a) Klapperkasten *m* (*Fahrzeug*), b) (ratternder) Güterschnellzug, c) *allg.* (Eisenbahn-) Zug *m*. 2. *Br. colloq.* a) 'Mordskerl' *m*, b) 'Mordsding' *n*. 3. → **rattlebrain**. 4. a) *colloq. für* **rattlesnake**, b) → **rattle** 10.
'**rat·tle**|**snake** *s zo.* Klapperschlange *f*. '**~trap** *colloq.* 1. Klapperkasten *m* (*Fahrzeug etc*). 2. *meist pl* (Trödel)Kram *m*. **II** *adj* 3. klapp(e)rig.
'**rat·tling**[1] ['rætlɪŋ] *adj* 1. rasselnd, ratternd. 2. lebhaft: **a ~ breeze**. 3. *colloq.* schnell: **at a ~ pace** in tollem Tempo. 4. *colloq.* prächtig, toll. **II** *adv* 5. *colloq.* äußerst: **~ good** prächtig, phantastisch.
rat·tling[2] ['rætlɪŋ] → **ratline**.
'**rat·trap** *s* 1. Rattenfalle *f*. 2. *fig.* Mausefalle *f*. 3. *Am. colloq.* 'Hundehütte' *f*, 'miese Bude'.
rat·ty ['rætɪ] *adj* 1. rattenverseucht. 2. rattenartig, Ratten... 3. *sl.* (*Haar*) a) strähnig, b) fettig. 4. *sl.* gereizt, bissig. 5. *Am. sl.* a) schäbig, verlottert, b) niederträchtig.
rau·ci·ty ['rɔːsətɪ] → **raucousness**.
'**rau·cous** [-kəs] *adj* (*adv* **~ly**) rauh, heiser. '**rau·cous·ness** *s* Rauheit *f*, Heiserkeit *f*.
raugh·ty ['rɔːtɪ] *Br. für* **rorty**.
raunch [rɔːntʃ; rɑːntʃ] *s bes. Am. colloq.* 1. vergammelter Zustand. 2. Geilheit *f*. 3. Unanständigkeit *f*, Zotigkeit *f*. '**raunch·y** *adj* 1. vergammelt. 2. geil. 3. unanständig, zotig.
rauque [rɔːk] *Br. selten für* **raucous**.
rav·age ['rævɪdʒ] **I** *s* 1. Verwüstung *f*, Verheerung *f*. 2. *pl* verheerende (Aus-) Wirkungen *pl*: **the ~s of time** der Zahn der Zeit. **II** *v/t* 3. a) verwüsten, -heeren, b) plündern. 4. *fig.* verwüsten: **a face ~d by grief** ein gramzerfurchtes Gesicht. **III** *v/i* 5. Verheerungen anrichten. '**rav·ag·er** *s* Verwüster(in).
rave[1] [reɪv] **I** *v/i* 1. a) phanta'sieren, irrereden, b) rasen, toben (*a. fig. Sturm etc*): **to ~ against** (*od.* **at**) **s.th.** gegen etwas wettern. 2. *colloq.* schwärmen (**about, over** von). 3. *Br. sl.* ausgelassen feiern. **II** *v/t* 4. im De'lirium von sich geben, wirr 'her₁vorstoßen. **III** *s* 5. über-'wältigende *od.* betäubende Pracht: **a ~ of colo(u)r** ein Rausch *od.* Traum von Farben. 6. *colloq.* (**about, over**) Schwärme'rei *f* (über *acc*, von), 'überschwengliches Lob (für), begeisterte Worte *pl* (für): **to be in a ~ about** (*od.* **over**) **s.th.** von etwas schwärmen; **~ review** 'Bombenkritik' *f*. 7. → **rave-up**. 8. *Br. sl.* Mode *f*: **the latest ~** der 'letzte Schrei'.
rave[2] [reɪv] *s mot.* Seitenbrett *n* an der Ladefläche.
rav·el ['rævl] **I** *v/t pret u. pp* **-eled**, *bes. Br.* **-elled** 1. *a.* **~ out** ausfasern, auf-dröseln, -trennen, entwirren (*a. fig.*). 2. verwirren, -wickeln (*a. fig.*). 3. *fig.* kompli'zieren. **II** *v/i* 4. *oft* **~ out** a) sich auftrennen *od.* auflösen, ausfasern (*Gewebe etc*), b) *fig.* sich entwirren, sich (auf)klären. **III** *s* 5. Verwirrung *f*, Verwicklung *f*. 6. (loser) Faden, loses Ende.
rave·lin ['rævlɪn] *s mil.* Vorschanze *f*.
ra·ven[1] ['reɪvn] **I** *s* 1. *orn.* (Kolk)Rabe *m*. 2. **R~** *astr.* Rabe *m* (*Sternbild*). **II** *adj* 3. (kohl)rabenschwarz.
rav·en[2] ['rævn] **I** *v/i* 1. rauben, plün-

dern: **to ~ after prey** auf Beute ausgehen. **2.** gierig (fr)essen. **3.** Heißhunger haben. **4.** lechzen (**for** nach). **II** *v/t* **5.** (gierig) verschlingen.
rav·en·ing ['rævnɪŋ] *adj* (raub)gierig, wild. **rav·en·ous** ['rævənəs] *adj* (*adv* ~**ly**) **1.** ausgehungert, heißhungrig (*beide a. fig.*). **2.** gierig (**for** *auf acc*): **~ for power** machtgierig, -hungrig; **~ hunger** Bärenhunger *m*. **3.** gefräßig. **4.** raubgierig (*Tier*).
'**rave-up** *s Br. sl.* ,tolle Fete', ,tolle' Party.
rav·in ['rævɪn] *s bes. poet.* **1.** Raub(en *n*) *m*: **beast of ~** Raubtier *n*. **2.** (Raub)Gier *f.* **3.** Raub *m*, Beute *f.*
ra·vine [rə'viːn] *s* (Berg)Schlucht *f*, Klamm *f*, Hohlweg *m.*
rav·ing ['reɪvɪŋ] **I** *adj* (*adv* ~**ly**) **1.** tobend, rasend: **~ madness** Tollwut *f.* **2.** phanta'sierend, deli'rierend: **to be ~** → **rave**¹ **1. 3.** *colloq.* ,toll', phan'tastisch: **a ~ beauty** e-e hinreißende Schönheit. **II** *s* **4.** *meist pl* a) irres Gerede, Rase'rei *f*, b) Fieberwahn *m*, De'lirien *pl.*
rav·i·o·li [ˌrævɪ'oʊlɪ] *s pl* Ravi'oli *pl.*
rav·ish ['rævɪʃ] *v/t* **1.** entzücken, 'hinreißen. **2.** *fig.* j-n hin'weg-, fortraffen. **3.** *obs.* e-e Frau a) vergewaltigen, schänden, b) entführen. '**rav·ish·er** *s* **1.** Schänder *m*. **2.** Entführer *m*. '**rav·ish·ing** *adj* (*adv* ~**ly**) 'hinreißend, entzückend. '**rav·ish·ment** *s* **1.** Entzücken *n*. **2.** *obs.* Entführung *f*. **3.** *obs.* Schändung *f*.
raw [rɔː] **I** *adj* **1.** roh. **2.** a) roh, ungekocht, b) ungeklärt (*Abwässer*). **3.** *econ. tech.* roh, Roh..., unbearbeitet, *z.B.* a) ungebrannt: **~ clay**, b) ungegerbt: **~ leather**, c) ungewalkt: **~ cloth**, d) ungesponnen: **~ wool**, e) unvermischt, unverdünnt: **~ spirits**; **~ fibre** (*Am.* **fiber**) Rohfaser *f*; **~ material** Rohmaterial *n*, -stoff *m* (*a. fig.*); **~ oil** Rohöl *n*; **~ silk** Rohseide *f.* **4.** *phot.* unbelichtet: **~ stock** Rohfilm(e *pl*) *m.* **5.** noch nicht ausgewertet, unaufbereitet, roh: **~ data**; **~ statistics**; **~ draft** Rohentwurf *m*. **6.** *Am.* 'unkulti,viert, unbebaut: **~ land**. **7.** *Am.* roh, primi'tiv: **a ~ hut**. **8.** a) wund(gerieben): **~ skin**, b) offen: **~ wound**. **9.** roh, grob: a) geschmacklos: **a ~ picture**, b) *sl.* ungehobelt, wüst. **10.** unerfahren, ,grün', neu: **~ recruits**; **a ~ beginner** ein blutiger Anfänger. **11.** unwirtlich, rauh, naßkalt: **~ climate**; **~ weather**. **12.** *Am.* (funkel)nagelneu. **13.** *Am.* (pudel)nackt. **14.** *colloq.* gemein, unfair: **he gave him a ~ deal** er hat ihm übel mitgespielt. **II** *s* **15.** wund(gerieben)e Stelle. **16.** *fig.* wunder Punkt: **to touch s.o. on the ~** j-n an s-r empfindlichen Stelle *od.* j-n empfindlich treffen. **17.** *econ.* a) Rohstoff *m*, -ware *f*, b) *meist pl* Rohzucker *m*. **18. in the ~** a) im Natur- *od.* Rohzustand, b) nackt; **life in the ~** das Leben, hart u. grausam wie es ist.
ˌ**raw**|'**boned** *adj* hager, (grob)knochig. '**~-hide** *s* **1.** Rohhaut *f*, Rohleder *n*. **2.** Peitsche *f.* [winsonde *f.*]
'**raw·in·sonde** ['reɪwɪn-] *s meteor.* Ra-⌡
'**raw·ness** *s* **1.** Rohzustand *m*. **2.** Unerfahrenheit *f*. **3.** Wundsein *n*, Empfindlichkeit *f*. **4.** Rauheit *f* (*des Wetters*).
ray¹ [reɪ] **I** *s* **1.** (Licht)Strahl *m*. **2.** *fig.* (*Hoffnungs- etc*)Strahl *m*, (-)Schimmer *m*, Spur *f*: **not a ~ of hope** kein Fünkchen Hoffnung. **3.** strahlenförmiger Streifen. **4.** *math. phys.* Strahl *m*: **~ treatment** *med.* Strahlenbehandlung *f*, Bestrahlung *f.* **5.** *zo.* a) *ichth.* (Flossen)Strahl *m*, b) Radius *m* (*des Seesterns etc*). **6.** *bot.* a) Strahlenblüte *f*, b) gestielte Blüte (*e-r Dolde*), c) Markstrahl *m*. **II** *v/i* **7.** Strahlen aussenden. **8.** sich strahlenförmig ausbreiten. **III** *v/t* **9.** *a.* **~ out**, **~ forth** ausstrahlen. **10.** an-, bestrahlen. **11.** a) *med. phys.* bestrahlen, b) *med. colloq.* röntgen.
ray² [reɪ] *s ichth.* Rochen *m*.
rayed [reɪd] *adj* **1.** strahlenförmig. **2.** *in Zssgn* ...strahlig.
ray| **fil·ter** *s phot.* Farbfilter *m*, *n*. **~ flow·er** *s bot.* Strahlenblüte *f*. **~ fun·gus** *s irr biol.* Strahlenpilz *m*. **~ gun** *s* 'Strahlenpiˌstole *f*.
'**ray·less** *adj* **1.** strahlenlos. **2.** lichtlos, dunkel.
Ray·naud's Phe·nom·e·non ['reɪnəʊz] *s med.* Ray'naud-Krankheit *f*.
ray·on ['reɪɒn; *Am.* -ɑn] *tech.* **I** *s* **1.** Kunstseide *f*: **~ staple** Zellwolle *f*. **2.** 'Kunstseidenproˌdukt *n*. **II** *adj* **3.** kunstseiden, Kunstseiden...
raze [reɪz] *v/t* **1.** *e-e Festung etc* schleifen, *ein Gebäude* niederreißen, *e-e Stadt* 'vollkommen zerstören: **to ~ s.th. to the ground** etwas dem Erdboden gleichmachen. **2.** *fig.* ausmerzen, -löschen, tilgen. **3.** *obs.* ritzen, kratzen, streifen. **4.** *obs.* auskratzen, 'ausraˌdieren.
ra·zee [reɪ'ziː] **I** *s mar. hist.* ra'siertes *od.* um ein Deck verkleinertes Schiff. **II** *v/t* **2.** *mar. hist.* ein Schiff ra'sieren. **3.** *fig.* beschneiden.
ra·zor ['reɪzə(r)] **I** *s* **1.** *Am. a.* **straight ~** Ra'siermesser *n*: **~ blade** Rasierklinge *f*; **(as) sharp as a ~**'s **edge** messerscharf (*a. fig.*); **to be on a ~'s edge** auf des Messers Schneide stehen. **2.** *a.* **safety ~** Ra'sierappaˌrat *m*: **electric ~** Elektrorasierer *m*. **II** *v/t* **3.** *obs.* '~-**back I** *s* **1.** *zo.* **whale** *ichth.* Finnwal *m*. **2.** *Am.* spitzrückiges, halbwildes Schwein. **3.** scharfe Kante, Grat *m*. **II** *adj* **4.** scharfkantig, spitzrückig, mit scharfem Kamm. ˌ**~**'**backed** → **razorback II**. **~ cut** *s* Messerschnitt *m*. '**~-cut** *v/t irr* Haar mit dem Messer schneiden. '**~-edge** *s* **1.** (messer)scharfer Rand. **2.** *fig.* kritische Lage: **to be on a ~** auf des Messers Schneide stehen. **3.** *a. Br. colloq.* ,Verriß' *m* (*vernichtende Kritik*) (**on** *gen*): **to do a ~ on** ,verreißen'. ˌ**~**-'**sharp** *adj* messerscharf (*a. fig. Verstand*). **~ strop** *s* Streichriemen *m*. ˌ**~**-'**thin** *adj* hauchdünn (*a. fig. Mehrheit etc*).
razz [ræz] *Am. sl.* **I** *v/t* hänseln, aufziehen (**over** wegen). **II** *s* → **raspberry** 4.
raz·(z)a·ma·taz(z) [ˌræzəmə'tæz] → **razzle(-dazzle)**.
raz·zi·a ['rætsɪə] *s hist.* Raubzug *m*.
raz·zle(-daz·zle) ['ræzl(ˌdæzl); *Am.* ˌræzəl('dæzəl)] *s sl.* **1.** ,Rummel' *m.* **2.** *Am.* a) ,Kuddelmuddel' *m*, *n*, b) ,Wirbel' *m*, Tam'tam *n*. **3.** ,Saufe'rei' *f*: **to go on the ~** ,auf den Putz hauen'.
'**r-ˌcol·o(u)red** *adj ling.* mit r-Färbung (*von Vokalen mit nachfolgendem r, bes. im amer. Englisch*).
re¹ [reɪ] *s mus.* **1.** re *n* (Solmisationssilbe). **2.** D *n* (*bes. im französisch-italienischen System*).
re² [riː; *Am.* reɪ] (*Lat.*) *prep* **1.** *jur.* in Sachen: **~ John Adams**. **2.** a) *econ.* bezüglich, betrifft, betreffs, b) *colloq.* ,betreffs', was ... anbelangt.
re- *Vorsilbe mit den Bedeutungen* **1.** [riː] wieder, noch einmal, neu: **reprint**, **rebirth**. **2.** [rɪ] zurück, wider: **revert**.
'**re** [(r)] *colloq. abbr. für* **are**¹.
re·ab·sorb [ˌriːəb'sɔː(r)b] *v/t* resor'bieren, ˌ**re·ab**'**sorp·tion** [-'sɔː(r)pʃn] *s* Resorpti'on *f*.
reach [riːtʃ] **I** *v/t* **1.** ('hin-, 'her)reichen, über'reichen, geben (**s.th. to s.o.** j-m etwas). **2.** *j-m e-n Schlag* versetzen. **3.** ('her)langen, nehmen: **to ~ s.th. down** etwas herunterlangen *od.* -nehmen; **to ~ s.th. up** etwas hinaufreichen *od.* -langen. **4.** *oft* **~ out**, **~ forth** *die Hand etc* reichen, ausstrecken, *Zweige etc* ausbreiten, -strecken. **5.** reichen *od.* sich erstrecken *od.* gehen bis an (*acc*) *od.* zu: **his land ~es the hills**; **the water ~ed his knees** das Wasser ging ihm bis an die Knie. **6.** *e-e Zahl etc* erreichen, sich belaufen auf (*acc*): **he ~ed a great age** er erreichte ein hohes Alter. **7.** erreichen, erzielen, gelangen zu: **to ~ an understanding**; **to ~ no conclusion** zu keinem Schluß kommen. **8.** *e-n Ort* erreichen, eintreffen *od.* ankommen in *od.* an (*dat*): **to ~ London**; **to ~ home** nach Hause gelangen; **to ~ s.o.'s ear** j-m zu Ohren kommen. **9.** *das Ziel etc* erreichen (*z.B. Geschoß, Teleskop, a. Stimme*): **her voice ~ed the audience**. **10.** *fig.* (ein-)wirken auf (*acc*), beeinflussen, j-n durch Argumente, Werbung etc ansprechen *od.* gewinnen. **11.** *obs. od. poet.* verstehen, begreifen.
II *v/i* **12.** (mit der Hand) reichen *od.* greifen *od.* langen (**to** bis zu). **13.** *a.* **~ out** langen, greifen (**after**, **for**, **at** nach) (*beide a. fig.*): **to ~ out for a medal**. **14.** reichen, sich erstrecken *od.* ausdehnen (**to** bis [zu]): **as far as the eye can ~** soweit das Auge reicht. **15.** sich belaufen (**to** *auf acc*). **16.** *mar.* mit Backstagbrise segeln.
III *s* **17.** Griff *m*: **to make a ~ for s.th.** nach etwas greifen *od.* langen. **18.** Reich-, Tragweite *f* (*e-s Geschosses*, *e-r Waffe*, *a. der Stimme etc*): **above** (*od.* **beyond** *od.* **out of**) **s.o.'s ~** außer j-s Reichweite, für j-n unerreichbar *od.* erschwinglich; **within ~** erreichbar; **within s.o.'s ~** in j-s Reichweite, für j-n erreichbar *od.* erschwinglich; **within easy ~ of the station** vom Bahnhof aus leicht zu erreichen. **19.** Ausdehnung *f*, Bereich *m*, 'Umfang *m*, Spannweite *f*: **to have a wide ~** e-n weiten Spielraum haben, sich weit erstrecken. **20.** ausgedehnte Fläche: **a ~ of woodland** ein ausgedehntes Waldgebiet. **21.** *fig.* Weite *f*, (geistige) Leistungsfähigkeit *od.* Fassungskraft *f*, (geistiger) Hori'zont *m*. **22.** Einflußsphäre *f*, -bereich *m*: **it is not within my ~es** steht nicht in m-r Macht. **23.** a) Ka'nalabschnitt *m* (*zwischen zwei Schleusen*), b) (über'schaubare) Flußstrecke *f*. **24.** *tech.* Kupplungsdeichsel *f*. **25.** *Am. od. obs.* Vorgebirge *n*, Landzunge *f*. **26.** *Boxen:* Reichweite *f*.
reach·a·ble ['riːtʃəbl] *adj* erreichbar.
'**reach-meˌdown** *s Br. colloq.* **I** *adj* **1.** Konfektions..., ,von der Stange'. **2.** abgelegt (*Kleidung*). **II** *s* **3.** *meist pl* Konfekti'onsanzug *m*, Kleid *n* ,von der Stange', *pl* Konfekti'onskleidung *f*. **4.** *meist pl* abgelegtes Kleidungsstück: **his big brother's ~s** die Sachen, aus denen sein großer Bruder herausgewachsen ist.
re·act [rɪ'ækt; riː-] **I** *v/i* **1.** rea'gieren, ein-, zu'rückwirken, Rückwirkungen haben (**upon**, **on** *auf acc*): **to ~ on each other** sich gegenseitig beeinflussen. **2.** (**to**) rea'gieren (auf *acc*), (*etwas*) aufnehmen, sich verhalten (auf *e-e Sache* hin, bei): **he ~ed sharply** er reagierte heftig. **3.** rea'gieren, antworten, eingehen, ansprechen (**to** auf *acc*). **4.** entgegenwirken, wider'streben (**against** *dat*). **5.** (*zu e-m früheren Zustand etc*) zu'rückgehen, -kehren. **6.** *chem.* rea'gieren, e-e Reakti'on bewirken. **7.** *mil.* e-n Gegenschlag führen. **II** *v/t* **8.** *chem.* zur Reakti'on bringen. [führen.]
re-act [ˌriː'ækt] *v/t thea. etc* wieder'auf-⌡
re·act·ance [rɪ'æktəns; riː-] *s electr.* Reak'tanz *f*, Blindˌwiderstand *m*.
re·ac·tion [rɪ'ækʃn; riː-] *s* **1.** (**to**) Reakti'on *f* (auf *acc*), Verhalten *n* (auf *e-e Sache* hin, bei), Stellungnahme *f* (zu). **2.** *pol.* Reakti'on *f* (*a. als Bewegung*),

reactionary – real

Rückschritt(lertum *n*) *m*. **3.** Reakti¹on *f* (**from, against** gegen), Rück-, Gegenwirkung *f* ([**up**]**on** auf *acc*). **4.** *econ*. rückläufige Bewegung, (Kurs-, Preis- *etc*)Rückgang *m*. **5.** *mil*. Gegenstoß *m*, -schlag *m*. **6.** *med*. Reakti¹on *f*: a) Rückwirkung *f*, b) Probe *f*. **7.** *chem*. Reakti¹on *f*, ¹Umwandlung *f*. **8.** *phys*. a) Reakti¹on *f*, Rückwirkung *f*, b) ¹Kernreakti¸on *f*. **9.** *electr*. Rückwirkung *f*, -kopp(e)lung *f*: ~ **capacitor** Rückkopplungskondensator *m*. **re'ac·tion·ar·y** [-ʃnərɪ; *Am*. -ʃəˌnerɪ-] **I** *adj bes. pol*. reaktio¹när, rückschrittlich. **II** *s pol*. Reaktio¹när(in).
re·ac·tion cou·pling *s electr*. Rückkopp(e)lung *f*.
re·ac·tion en·gine *s tech*. Reakti¹ons-, Rückstoßmotor *m*.
re'ac·tion·ist → reactionary.
re·ac·tion time *s psych*. Reakti¹onszeit *f*.
re·ac·ti·vate [rɪ'æktɪveɪt; ˌriː-] *v/t* reakti¹vieren.
re·ac·tive [rɪ'æktɪv; riː-] *adj* (*adv* ~**ly**) **1.** reak¹tiv, rück-, gegenwirkend. **2.** empfänglich (**to** für), Reaktions... **3.** → reactionary I. **4.** *electr*. Blind... (-strom, -last, -leistung *etc*): ~ **coil** Drosselspule *f*.
re·ac·tor [rɪ'æktə(r); riː-] *s* **1.** *chem*. a) Reakti¹onsmittel *n*, b) Reakti¹onsgefäß *n*. **2.** *biol. med*. (*der, die, das*) positiv Rea¹gierende. **3.** *phys*. (¹Kern)Re¸aktor *m*: ~ **blanket** Reaktorbrutmantel *m*; ~ **park** Nuklearpark *m*; ~ **shell** Reaktorhülle *f*. **4.** *electr*. Drossel(spule) *f*.
read¹ [riːd] **I** *s* **1.** *bes. Br*. a) Lesen *n*: **can I have a ~ in your paper?** kann ich mal in d-e Zeitung schauen?, b) Lesepause *f*, c) Lek¹türe *f*: **it is a good ~** es liest sich gut. **II** *v/t pret u. pp* **read** [red] **2.** a) *allg*. lesen: **for 'Jean' ~ 'John'** statt „Jean" lies „John"; **we can take it as ~** that wir können davon ausgehen, daß, b) *a*. ~ **out** vorlesen (**s.th. to s.o.** j-m etwas), c) *Rede etc* ablesen, d) *Vorlesung, Vortrag* halten: **to ~ back** *Stenogramm etc* noch einmal vorlesen (**to s.o.** j-m); **to ~ s.th. into** etwas in e-n *Text* hineinlesen; **to ~ off** (sich) etwas durchlesen (→ 11); **to ~ out** j-n ausstoßen (**of** aus e-r *Partei etc*) (→ 11); **to ~ over** a) *a*. ~ **through** (sich) etwas durchlesen, b) (*formell*) vor-, verlesen (*Notar etc*); **to ~ up** a) sich in etwas einlesen *od*. -arbeiten, b) etwas nachlesen. **3.** *Funkverkehr*: verstehen: **do you ~ me?** a) können Sie mich verstehen?, b) *fig*. haben Sie mich verstanden? **4.** *parl. e-e Vorlage* lesen: **the bill was ~ for the third time** die Gesetzesvorlage wurde in dritter Lesung behandelt. **5.** *e-e Kurzschrift etc* lesen (können): **he ~s** (*od.* **can ~**) **hieroglyphs**; **he ~s** (*od.* **can ~**) **the clock** er kann die Uhr; **to ~ music** Noten lesen. **6.** *e-n Traum etc* deuten: → **fortune** 3. **7.** *ein Rätsel* lösen: **to ~ a riddle**. **8.** *j-s Charakter etc* durch¹schauen: **to ~ s.o. like a book** in j-m lesen wie in e-m Buch; **to ~ s.o.'s face** in j-s Gesicht lesen; → **thought** 1. **9.** auslegen, auffassen, deuten, verstehen: **how do you ~ this sentence?** **10.** a) (an-)zeigen: **the thermometer ~s 20°**, b) *a*. ~ **off** *Instrumentand etc* ablesen (→ 2). **11.** *Computer*: lesen, abfühlen: **to ~ in** einlesen, -geben; **to ~ out** auslesen, -geben (→ 2). **12.** *bes. Br*. stu¹dieren, hören: → **law¹ 5. III** *v/i* **13.** lesen: **he has no time to ~** er hat keine Zeit zum Zesen; **I have ~ about it** ich habe davon gelesen. **14.** (*von*) lesen: **to ~ of** hören (von *aus*). **15.** e-e (Vor)Lesung *od*. e-n Vortrag halten. **16.** (**for**) *bes. Br*. sich vorbereiten (auf *e-e Prüfung etc*), (etwas) stu¹dieren: → **bar** 19; **to ~ up on** sich in

etwas einlesen *od*. -arbeiten. **17.** sich *gut etc* lesen (lassen): **this book ~s well**; **it ~s like a translation** es liest sich *od*. klingt wie e-e Übersetzung. **18.** lauten, heißen: **the passage ~s as follows**.
read² [red] **I** *pret u. pp von* **read¹**. **II** *adj* **1.** gelesen: **the most-~ book** das meistgelesene Buch. **2.** → **well-read**.
read·a·bil·i·ty [ˌriːdə'bɪlətɪ] *s* **1.** Lesbarkeit *f*. **2.** Leserlichkeit *f*. '**read·a·ble** *adj* (*adv* **readably**) lesbar: a) lesenswert, b) leserlich. '**read·a·ble·ness** → readability.
re·ad·dress [ˌriːə'dres] *v/t* **1.** ¹umadreˌsieren. **2.** ~ **o.s.** sich nochmals wenden (**to** an *acc*).
read·er ['riːdə(r)] *s* **1.** Leser(in): ~**s' letters** Leserbriefe. **2.** *bes. relig*. Vorleser(in). **3.** (Verlags)Lektor *m*, (Ver¹lags-)Lek¸torin *f*. **4.** *print*. Kor¹rektor *m*. **5.** *univ. Br*. (*etwa*) planmäßiger außerordentlicher Pro¹fessor. **6.** *Am*. Korrek¹turgehilfe *m*. **7.** *Am*. Auswerter *m* (*von Fachzeitschriften etc*). **8.** (*Strom- etc*)Ableser(in). **9.** *Computer*: Lesegerät *n*, Leser *m*. **10.** a) *ped*. Lesebuch *n*, b) Antholo¹gie *f*: **a G. B. Shaw ~**. '**read·er·ship** *s* **1.** *bes. relig*. Vorleseramt *n*. **2.** *univ. bes. Br*. Do¹zentenstelle *f*. **3.** *collect*. Leser(kreis *m*) *pl*.
read·i·ly ['redɪlɪ] *adv* **1.** so¹gleich, prompt. **2.** bereitwillig, gern. **3.** leicht, ohne weiteres.
read·i·ness ['redɪnɪs] *s* **1.** Bereitschaft *f*: ~ **for war** Kriegsbereitschaft; **in ~** bereit, in Bereitschaft; **to place in ~** bereitstellen. **2.** Schnelligkeit *f*, Raschheit *f*, Promptheit *f*: ~ **of mind**, ~ **of wit** a) Geistesgegenwart *f*, b) schnelle Auffassungsgabe. **3.** Fertigkeit *f*, Leichtigkeit *f*. Gewandtheit *f*: ~ **of tongue** Zungenfertigkeit. **4.** Bereitwilligkeit *f*: ~ **to help others** Hilfsbereitschaft *f*.
read·ing ['riːdɪŋ] **I** *s* **1.** Lesen *n*. **2.** Bücherstudium *n*. **3.** (Vor)Lesung *f*, Vortrag *m*: **to give ~s** Lesungen halten. **4.** Belesenheit *f*: **a man of vast** (*od*. **wide**) ~ ein sehr belesener Mann. **5.** Lek¹türe *f*, Lesestoff *m*: **this book makes good ~** dieses Buch liest sich gut. **6.** Lesart *f*, Versi¹on *f*. **7.** Deutung *f*, Auslegung *f*, Auffassung *f*: **my ~ of the law is that** ich verstehe das Gesetz so, daß. **8.** *parl*. Lesung *f* (*e-r Vorlage*). **9.** *tech*. Ablesung *f*, Anzeige *f*, (Baro¹meter- *etc*)Stand *m*. **II** *adj* **10.** Lese...
read·ing desk *s* Lesepult *n*. ~ **glass** *s* Vergrößerungsglas *n*, Lupe *f*. ~ **glass·es** *s pl* Lesebrille *f*. ~ **head** *s Computer*: Lesekopf *m*. ~ **mat·ter** *s* **1.** redaktio¹neller Teil (*e-r Zeitung*). **2.** Lesestoff *m*. ~ **no·tice** *s econ*. Werbetext *m od*. Anzeige *f* im redaktio¹nellen Teil e-r Zeitung (*im Druck angeglichen*). ~ **pub·lic** *s* Leserschaft *f*, Leser *pl*. ~ **room** *s* Lesezimmer *n*, -saal *m*.
re·ad·just [ˌriːə'dʒʌst] **I** *v/t* **1.** wieder¹anpassen. **2.** wieder in Ordnung bringen. **3.** *econ*. sa¹nieren. **4.** *pol*. neu orien¹tieren. **5.** *tech*. nachstellen, -richten, -regeln, korri¹gieren. **II** *v/i* **6.** sich wieder¹anpassen. ˌ**re·ad'just·ment** *s* **1.** Wieder¹anpassung *f*. **2.** Neuordnung *f*, Reorganisati¹on *f*, *econ*. a. (wirtschaftliche) Sa¹nierung *f*.
re·ad·mis·sion [ˌriːəd'mɪʃn] *s* Wieder¹zulassung *f* (**to** zu). ˌ**re·ad'mit** [-'mɪt] *v/t* wieder¹zulassen. ˌ**re·ad'mit·tance** → readmission.
ˌ**read-'on·ly mem·o·ry** [ˌriːd-] *s Computer*: Festspeicher *m*. '**~out** *s Computer*: Ausgabe *f* von lesbaren Worten: ~ **pulse** Abfrage-, Leseimpuls *m*. '**~-through** *s thea. etc* Leseprobe *f*. '**~-write head** *s Computer*: Lese-Schreibkopf *m*, Schreib-Lesekopf *m*.

read·y ['redɪ] **I** *adj* (*adv* → **readily**) **1.** bereit, fertig (**for s.th.** zu etwas; **to do** zu tun): ~ **for action** *mil*. einsatzbereit; ~ **for service** (*od*. **operation**) *tech*. betriebsfertig; ~ **for use** gebrauchsfertig; ~ **for sea** *mar*. seeklar; ~ **for take-off** *aer*. startbereit, -klar; ~ **to move into** bezugsfertig (*Haus etc*); **to be ~ with s.th.** etwas bereithaben *od*. -halten; **to get ~** (sich) bereit- *od*. fertigmachen; **get ~ to hear some unpleasant things!** *Am. colloq*. machen Sie sich auf einige unangenehme Dinge gefaßt!; **Are you ~? Go!** *sport* Fertig–los!; **have our bill ~** machen Sie unsere Rechnung fertig (*im Hotel*). **2.** bereit, geneigt (**for s.th.** zu etwas; **to do** zu tun): ~ **for death** zum Sterben bereit. **3.** schnell, rasch, prompt: **a ~ consent**; **to find a ~ market** (*od*. **sale**) *econ*. raschen Absatz finden, gut gehen. **4.** a) schlagfertig, prompt (*Antwort etc*): **a ~ reply**, ~ **wit** Schlagfertigkeit *f*, b) geschickt, gewandt: **a ~ pen** e-e gewandte Feder. **5.** schnell bereit *od*. bei der Hand: **he is too ~ to criticize others**. **6.** im Begriff, nahe dar¹an, drauf u. dran (**to do** zu tun): → **drop** 21 a. **7.** *econ*. verfügbar, greifbar (*Vermögenswerte*), bar (*Geld*): **for ~ cash** gegen sofortige Kasse; ~ **money** Bargeld *n*; ~ **money business** Bar-, Kassageschäft *n*. **8.** bequem, leicht: ~ **to** (*od*. **at**) **hand** handlich, leicht zu handhaben. **II** *v/t* **9.** *bes. Am*. (**o.s. sich**) bereit- *od*. fertigmachen. **III** *s* **10.** *meist* **the ~** *colloq*. Bargeld *n*. **11. at the ~** *mil*. schußbereit, -fertig. **IV** *adv* **12.** (*fast nur in comp u. sup*) → **readily**. **13.** fertig: **~-built houses** Fertighäuser; **~-packed** abgepackt.
ˌ**read·y-'made I** *adj* **1.** Konfektions..., ¸von der Stange': ~ **clothes** Konfekti¸on(skleidung) *f*; ~ **shop** Konfektionshaus *n*, -geschäft *n*. **2.** gebrauchsfertig, Fertig... **3.** *fig*. Patent...: ~ **solution**. **4.** *fig*. schabloni¹siert, ¸fertig', ¸vorgekaut': ~ **answers**. **II** *s* **5.** Konfekti¹onsarˌtikel *m*. **6.** *art* Ready-made *n* (*alltäglicher Gegenstand, der als Kunstwerk ausgestellt wird*). ˌ**~-'mix** *adj u. s* koch- *od*. backfertig(e Mischung), Instant(suppe *f etc*). ~ **reck·on·er** *s* ¹Re¸chenta¸belle *f*. ˌ**~-to-'serve** *adj* tischfertig (*Speise*). ˌ**~-to-'wear** → ready-made I u. 5. ˌ**~-'wit·ted** *adj* intelli¹gent, aufgeweckt, ¸fix', schlagfertig.

re·af·firm [ˌriːə'fɜːm; *Am*. -'fɜːrm] *v/t* nochmals versichern. ˌ**re·af·fir'ma·tion** [ˌriːæf ə(r)'meɪʃn] *s* erneute Versicherung.
re·af·for·est [ˌriːə'fɒrɪst; *Am. a*. -'fɔːr-] *v/t* wieder¹aufforsten. '**re·af¸for·est'a·tion** *s* Wieder¹aufforstung *f*.
re·a·gen·cy [riː'eɪdʒənsɪ] *s* Gegen-, Rückwirkung *f*.
re·a·gent [riː'eɪdʒənt] *s* **1.** *chem. phys*. Rea¹gens *n*, *pl* Rea¹genzien *pl*. **2.** *fig*. Gegenkraft *f*, -wirkung *f*. **3.** *psych*. 'Test-, Ver¹suchsperˌson *f*.
re·al¹ [rɪəl; 'riːəl] **I** *adj* (*adv* → **really**) **1.** re¹al, tatsächlich, wirklich, wahr, ei¹gentlich, richtig: **taken from ~ life** aus dem Leben gegriffen; **the R~ Presence** *relig*. die Realpräsenz (*wirkliche Gegenwart Christi im Altarsakrament*): **the ~ thing** *colloq*. das (einzig) Wahre. **2.** echt, rein: ~ **silk**; ~ **feelings** echte *od*. aufrichtige Gefühle; **he is a ~ man** er ist ein echter *od*. wahrer Mann. **3.** *philos*. re¹al: a) wirklich, b) abso¹lut, unabhängig vom Bewußtsein (exi¹stierend). **4.** *jur*. a) dinglich, b) unbeweglich, Grund...: ~ **account** *econ*. Sach(wert)konto *n*; ~ **action** dingliche Klage; ~ **assets** unbewegliches Vermögen, Immobilien; ~ **capital** *econ*. Sachkapital *n*; ~ **estate** (*od*. **prop-**

erty) Grundeigentum n, -besitz m, Landbesitz m, Liegenschaften pl; ~**estate agent** (od. **broker**) Am. Grundstücksmakler m; ~ **growth** econ. reales Wachstum; ~ **stock** econ. Ist-Bestand m; ~ **wage** econ. Reallohn m. **5.** electr. re'ell, ohmsch, Wirk...: ~ **power** Wirkleistung f. **6.** math. phys. re'ell: ~ **image**; ~ **number**. **II 7. the** ~ philos. a) das Re'ale od. Wirkliche, b) die Reali'tät, die Wirklichkeit. **8. for** ~ colloq. wirklich, ‚richtig', ‚echt', im Ernst, tatsächlich. **III** adv **9.** bes. Am. colloq. sehr, äußerst, ‚richtig'.
re·al² [re'ɑ:l] pl **-als, -a·les** [-'ɑ:leɪs] s Re'al m (ehemalige spanische Silbermünze).
re·al·ism ['rɪəlɪzəm] s Rea'lismus m (a. art u. philos.), Tatsachen-, Wirklichkeitssinn m, Sachlichkeit f. '**re·al·ist I** s Rea'list(in) (a. philos. art), Tatsachenmensch m. **II** adj → realistic. ,**re·al'is·tic** adj (adv ~**ally**) rea'listisch (a. philos. art), wirklichkeitsnah, -getreu, sachlich.
re·al·i·ty [rɪ'ælətɪ] s **1.** Reali'tät f, Wirklichkeit f (beide a. philos.): **to make s.th.** a ~ etwas verwirklichen; **in** ~ in Wirklichkeit, tatsächlich; **to become a** ~ wahr werden (Traum etc); **to bring s.o. back to** ~ j-n auf den Boden der Tatsachen zurückholen. **2.** Wirklichkeits-, Na'turtreue f. **3.** Tatsache f, Gegebenheit f.
re·al·iz·a·ble ['rɪəlaɪzəbl] adj (adv **realizably**) reali'sierbar: a) zu verwirklichen(d), aus-, 'durchführbar, b) econ. verwertbar, kapitali'sierbar, verkäuflich.
re·al·i·za·tion [,rɪəlaɪ'zeɪʃn; Am. -lə'z-] s **1.** Reali'sierung f, Verwirklichung f, Aus-, 'Durchführung f: **the** ~ **of a project. 2.** Vergegen'wärtigung f, Erkenntnis f. **3.** econ. a) Reali'sierung f, Verwertung f, Veräußerung f, b) Liquidati'on f, Glattstellung f: ~ **account** Liquidationskonto n, c) Erzielung f (e-s Gewinns).
re·al·ize ['rɪəlaɪz] **I** v/t **1.** (klar) erkennen, sich klarmachen, sich im klaren sein über (acc), begreifen, einsehen: **he** ~**d that** er sah ein, daß; es kam ihm zum Bewußtsein, daß; ‚es wurde ihm klar, daß. **2.** verwirklichen, reali'sieren, aus-, 'durchführen: **to** ~ **a project**; **to** ~ **a plan. 3.** sich vergegen'wärtigen, sich (lebhaft) vorstellen: **he could** ~ **the scene. 4.** econ. a) reali'sieren, verwerten, veräußern, zu Geld machen, flüssigmachen, b) e-n Gewinn od. e-n Preis erzielen, e-e Summe einbringen: **how much did you** ~ **on ...?** wieviel hast du für ... bekommen?
re·al·lo·cate [,ri:'æləʊkeɪt] v/t neu verteilen od. zuteilen. '**re**‚**al·lo'ca·tion** s Neuverteilung f.
re·al·ly ['rɪəlɪ] adv **1.** wirklich, tatsächlich, eigentlich: ~? wirklich?; **not** ~! nicht möglich! **2.** (rügend) ~! ich muß schon sagen! **3. you must** ~ **come** Sie müssen unbedingt kommen.
realm [relm] s **1.** Königreich n. **2.** fig. Reich n: **the** ~ **of dreams. 3.** Bereich m, (Fach)Gebiet n: **in the** ~ **of physics** im Bereich od. auf dem Gebiet der Physik.
re·al·po·li·tik [re'ɑːlpoliˌtiːk] (Ger.) s Re'alpolitik f.
real| time s Computer: Echtzeit f. '~**-'time** adj Computer: Echtzeit...
re·al·tor ['riːəltər; -ˌtɔːr] (TM) s Am. Grundstücks-, Immo'bilienmakler m (der Mitglied der National Association of Realtors ist).
re·al·ty ['rɪəltɪ] s Grundeigentum n, -besitz m, Landbesitz m, Liegenschaften pl.
ream¹ [riːm] s Papierhandel: Ries n (480 Bogen): **printer's** ~, **long** ~ 516 Bogen

Druckpapier; ~**s (and** ~**s) of** fig. zahllose, große Mengen (von).
ream² [riːm] v/t tech. **1.** erweitern. **2.** oft ~ **out** a) e-e Bohrung (auf-, aus)räumen, b) das Kaliber ausbohren, c) nachbohren.
ream³ [riːm] s obs. od. dial. Rahm m (auf Milch), Schaum m (auf Bier etc).
ream·er ['riːmə(r)] s **1.** tech. Reib-, Räumahle f. **2.** Am. Fruchtpresse f.
re·an·i·mate [,riː'ænɪmeɪt] v/t **1.** 'wiederbeleben. **2.** fig. neu beleben. '**re**‚**an·i'ma·tion** s **1.** 'Wiederbelebung f. **2.** fig. Neubelebung f.
reap [riːp] **I** v/t **1.** Getreide etc schneiden, mähen, ernten. **2.** ein Feld mähen, abernten. **3.** fig. ernten: → **wind¹ 1. II** v/i **4.** mähen, ernten: **he** ~**s where he has not sown** fig. er erntet, wo er nicht gesät hat. '**reap·er** s **1.** Schnitter(in), Mäher(in): **the Grim R**~ fig. der Sensenmann, der Schnitter Tod. **2.** (Ge'treide-)Mähma‚schine f: ~**-binder** Mähbinder m.
re·ap·pear [ˌriːə'pɪə(r)] v/i wieder erscheinen. ‚**re·ap'pear·ance** s 'Wiedererscheinen n.
re·ap·pli·ca·tion [ˈriːˌæplɪˈkeɪʃn] s **1.** wieder'holte od. erneute Anwendung. **2.** erneutes Gesuch. **re·ap·ply** [ˌriːə'plaɪ] **I** v/t **1.** wieder od. nochmals anwenden. **II** v/i **2.** wieder Anwendung finden. **3. (for)** (etwas) wieder'holt od. erneut beantragen, sich erneut bewerben (um).
re·ap·point [ˌriːə'pɔɪnt] v/t 'wiederernennen, wieder'einsetzen, -'anstellen. ‚**re·ap'point·ment** s 'Wiederernennung f, Wieder'anstellung f.
re·ap·prais·al [ˌriːə'preɪzl] s Neubewertung f, Neubeurteilung f.
rear¹ [rɪə(r)] **I** s **1.** 'Hinter-, Rückseite f: **at** (Am. **in**) **the** ~ **of the house** hinter dem Haus; **in the** ~ **of the house** hinten im Haus. **2.** 'Hintergrund m: **in the** ~ **of** im Hintergrund (gen). **3.** mar. mot. Heck n. **4.** mar. mil. Nachhut f: **to bring up the** ~ die Nachhut bilden; **to take the enemy in the** ~ den Feind im Rücken fassen. **5.** colloq. ‚Hintern' m (Gesäß). **6.** Br. colloq. ‚Lokus' m (Abort). **II** adj **7.** hinter(er, e, es), Hinter..., Rück...: ~ **axle** tech. Hinterachse f; ~ **exit** Hinterausgang m. **8.** mar. mot. Heck...: ~ **engine** Heckmotor m; ~ **window** Heckscheibe f; ~ **wiper** mot. Heckscheibenwischer m. **9.** mil. rückwärtig.
rear² [rɪə(r)] **I** v/t **1.** ein Kind auf-, großziehen, Tiere züchten, Pflanzen ziehen, anbauen. **2.** arch. errichten, (er)bauen: **to** ~ **a cathedral. 3.** aufrichten, -stellen: **to** ~ **a ladder. 4.** (er)heben: **to** ~ **one's head (voice). II** v/i **5.** a. ~ **up** sich aufbäumen (Pferd). **6.** oft ~ **up** (auf-, hoch)ragen.
rear| ad·mi·ral s mar. 'Konteradmi‚ral m. ~ **arch** s arch. innerer Bogen (e-r Fenster- od. Türöffnung). ~ **drive** s mot. Heckantrieb m. ~ **end** s **1.** hinter(st)er Teil m, Ende n. **2.** colloq. ‚Hintern' m (Gesäß). '~**-end col·li·sion** s mot. Auffahrunfall m. ‚~**-'en·gined** adj mit Heckmotor. ~ **guard** s mar. mil. Nachhut f: ~ **action** a) Nachhutgefecht n (a. fig.), b) fig. Verzögerungstaktik f, pl fig. Rückzugsgefecht n. ~ **gun·ner** s aer. mil. Heckschütze m. ~ **lamp**, ~ **light** s mot. etc Br. Rück-, Schlußlicht n.
re·arm [ˌriː'ɑːm] mil. **I** v/t **1.** 'wiederbewaffnen. **2.** neu bewaffnen od. ausrüsten. **II** v/i **3.** wieder'aufrüsten. **re-'ar·ma·ment** s mil. **1.** Ausrüstung f mit neuen Waffen. **2.** Wieder'aufrüstung f, 'Wiederbewaffnung f.
rear·most ['rɪə(r)məʊst] adj hinterst(er, es), letzt(er, e, es).

re·ar·range [ˌriːə'reɪndʒ] v/t **1.** neu ordnen, 'umordnen, ändern. **2.** 'umschreiben, -wandeln. **3.** chem. 'umlagern. ‚**re·ar'range·ment** s **1.** 'Um-, Neuordnung f, Änderung f, Neugestaltung f. **2.** math. 'Umschreibung f, -wandlung f. **3.** chem. 'Umlagerung f: **intermolecular** ~.
rear| sight s mil. Kimme f. ~ **sus·pen·sion** s tech. rückwärtige Aufhängung, bes. 'Hinterradaufhängung f. ~ **vault** s arch. innere (Fenster- od. Tür)Wölbung. ~ **view** s Rückansicht f. '~**-view mir·ror**, '~**-**‚**vi·sion mir·ror** s mot. etc Rückspiegel m.
rear·ward ['rɪə(r)wə(r)d] **I** adj **1.** hinter(er, e, es), letzt(er, e, es), rückwärtig. **2.** Rück(wärts)... **II** adv **3.** nach hinten, rückwärts, zu'rück. **III** s → **rear¹** 1–3. '**rear·wards** → rearward II.
rea·son ['riːzn] **I** s **1.** (Beweg)Grund m (**of, for** gen od. für), Ursache f (**for** gen), Anlaß m (**for** gen, zu, für): **to have** ~ **to do s.th.** Grund od. Veranlassung haben, etwas zu tun; **I have my** ~**s for saying this** ich sage das nicht von ungefähr; **the** ~ **why** (der Grund) weshalb; **for the same** ~ aus dem gleichen Grund od. Anlaß; **for** ~**s of health** aus Gesundheitsgründen; **he did this for** ~**s best known to himself** aus unerfindlichen Gründen; **by** ~ **of** wegen, infolge (gen); **with** ~ aus gutem Grund, mit Recht; **not without** ~ nicht ohne Grund, nicht umsonst; **there is (no)** ~ **to suppose** es besteht (kein) Grund zu der Annahme; **there is every** ~ **to believe** alles spricht dafür (**that** daß). **2.** Begründung f, Rechtfertigung f: **woman's** ~ weibliche Logik; ~ **of state** Staatsräson f. **3.** (ohne art) Vernunft f, Verstand m: **to lose one's** ~ den Verstand verlieren; **to listen to** ~ Vernunft annehmen; **it stands to** ~ es leuchtet ein, es ist (doch wohl) klar. **4.** (ohne art) Vernunft f, Einsicht f, Rä'son f: **to bring s.o. to** ~ j-n zur Vernunft od. Räson bringen; **in (all)** ~ a) mit Maß u. Ziel, vernünftig, b) mit Recht; **there is** ~ **in what you say** was du sagst, hat Hand u. Fuß. **5.** philos. (ohne art) Vernunft f (Ggs. Verstand): **Law of R**~ Vernunftrecht n; → **age** 4. **6.** Logik: Prä'misse f.
II v/i **7.** logisch denken, vernünftig urteilen. **8. (with)** vernünftig reden (mit), (j-m) gut zureden, (j-n) zu über'zeugen suchen: **he is not to be** ~**ed with** er läßt nicht mit sich reden.
III v/t **9.** schließen, folgern **(from** aus). **10.** oft ~ **out** (logisch) durch'denken: ~**ed** wohldurchdacht. **11.** zu dem Schluß kommen **(that** daß). **12.** ergründen **(what was; why** war'um). **13.** (vernünftig) erörtern: **to** ~ **away** etwas wegdiskutieren. **14.** j-n durch Argu'mente über'zeugen: **to** ~ **s.o. into (out of) s.th.** j-m etwas ein-(aus)reden. **15.** begründen. **16.** logisch formu'lieren.
rea·son·a·ble ['riːznəbl] adj (adv → **reasonably**) **1.** vernünftig: a) vernunftgemäß: **a** ~ **theory**, b) verständig, einsichtig (Person): **he is** ~ er läßt mit sich reden, c) vernunftbegabt: **a** ~ **being**, d) angemessen, annehmbar, tragbar, zumutbar (Bedingung, Frist, Preis etc), billig (Forderung): ~ **doubt** berechtigter Zweifel m; ~ **care and diligence** jur. die im Verkehr erforderliche Sorgfalt. **2.** colloq. billig: **strawberries are now** ~. '**rea·son·a·ble·ness** s **1.** Vernünftigkeit f, Verständigkeit f. **2.** Angemessenheit f, Zumutbarkeit f, Billigkeit f. '**rea·son·a·bly** [-blɪ] adv **1.** vernünftig. **2.** vernünftiger-, billigerweise. **3.** ziemlich, leidlich, einigermaßen: ~ **good**.

rea·son·er ['riːznə(r)] s logischer Geist od. Kopf (Person).

rea·son·ing ['riːznɪŋ] **I** s **1.** Denken n, Folgern n, Urteilen n. **2.** a. line of ~ Gedankengang m. **3.** Argumentati'on f, Beweisführung f. **4.** Schluß(folgerung f) m, Schlüsse pl. **5.** Argu'ment n, Beweis m. **II** adj **6.** Denk...: ~ power Denkfähigkeit f, Urteilskraft f.

re·as·sem·blage [ˌriːəˈsemblɪdʒ] s 'Wiederversammlung f. **ˌre·asˈsem·ble** [-bl] v/i **1.** (v/i sich) wieder versammeln. **2.** tech. wieder zs.-bauen.

re·as·sert [ˌriːəˈsɜːt; Am. -ˈsɜrt] v/t **1.** erneut feststellen. **2.** wieder geltend machen.

re·as·sess [ˌriːəˈses] v/t **1.** nochmals od. neu (ab)schätzen, fig. a. neu beurteilen. **2.** neu veranlagen. **ˌre·asˈsess·ment** s **1.** neuerliche (Ab)Schätzung f. **2.** Neuveranlagung f. **3.** fig. neue Beurteilung.

re·as·sign [ˌriːəˈsaɪn] v/t **1.** wieder zuweisen od. zuteilen. **2.** j-n wieder ernennen. **3.** econ. jur. zuˈrückze̱dieren. **ˌre·asˈsign·ment** s **1.** erneute Zuweisung od. Zuteilung. **2.** econ. jur. 'Rückübertragung f.

re·as·sume [ˌriːəˈsjuːm; bes. Am. -ˈsuːm] → resume.

re·as·sur·ance [ˌriːəˈʃʊərəns] s **1.** Beruhigung f. **2.** nochmalige od. erneute Versicherung. **3.** econ. → reinsurance. **3.** Anpriff abweisen, zu'rückschlagen. **ˌre·asˈsure** v/t **1.** j-n beruhigen. **2.** et was nochmals versichern od. beteuern. **3.** econ. → reinsure. **ˌre·asˈsur·ing** adj (adv ~ly) beruhigend.

Re·au·mur, Ré·au·mur [ˈreɪəmjʊə; Am. ˌreɪəʊˈmjʊər] adj phys. Reaumur...: 60° → (od. R.) 60° Reaumur od. R.

reave[1] [riːv] pret u. pp **reaved** [riːvd] od. **reft** [reft] obs. od. poet. **I** v/t **1.** j-n berauben (of gen). **2.** etwas rauben, entreißen (from dat). **II** v/i **3.** rauben, plündern.

reave[2] [riːv] pret u. pp **reaved** [riːvd] od. **reft** [reft] v/t u. v/i obs. od. dial. zerreißen, -brechen.

reav·er [ˈriːvə(r)] s obs. od. poet. Räuber m.

re·bap·tism [ˌriːˈbæptɪzəm] s 'Wiedertaufe f. **re·bap·tize** [ˌriːbæpˈtaɪz] v/t **1.** 'wiedertaufen. **2.** 'umtaufen.

re·bate[1] [ˈriːbeɪt] **I** s **1.** Re'batt m, (Preis-)Nachlaß m, Ermäßigung f, Abzug m. **2.** Zu'rückzahlung f, (Rück)Vergütung f: a ~ of taxes. **II** v/t **3.** selten abstumpfen. **4.** selten vermindern, abschwächen. **5.** obs. od. Am. a) e-n Betrag abziehen, als Ra'batt gewähren, b) den Preis etc ermäßigen, c) j-m e-n Ra'batt etc gewähren.

re·bate[2] [ˈræbɪt; Am. a. ˈriːˌbeɪt] → rabbet.

reb·el [rebl] **I** s **1.** Re'bell(in), Em'pörer (-in) (beide a. fig.), Aufrührer(in). **2.** Am. hist. Anhänger m der Südstaaten (im amer. Bürgerkrieg). **II** adj **3.** re'bellisch, aufrührerisch. **4.** Rebellen... **III** v/i [rɪˈbel] **5.** rebel'lieren, sich em'pören od. auflehnen (against gegen). **reb·el·dom** [ˈrebldəm] s **1.** Aufruhrgebiet n. **2.** Re'bellentum n.

re·bel·lion [rɪˈbeljən] s **1.** Rebelli'on f, Aufruhr m, Em'pörung f (against, to gegen): the R~ hist. der amer. Bürgerkrieg (1861-65); → Great Rebellion, rise 14. **2.** Auflehnung f.

re·bel·lious [rɪˈbeljəs] adj (adv ~ly) **1.** re'bellisch: a) aufständisch, aufrührerisch, b) fig. aufsässig, 'widerspenstig (a. Sache). **2.** hartnäckig (Krankheit). **reˈbel·lious·ness** s **1.** re'bellisches Wesen. **2.** fig. Aufsässigkeit f.

re·bind [ˌriːˈbaɪnd] v/t irr ein Buch neu (ein)binden.

re·birth [ˌriːˈbɜːθ; Am. -ˈbɜrθ] s 'Wiedergeburt f (a. fig.).

re·bore [ˌriːˈbɔː(r)] v/t tech. **1.** das Bohrloch nachbohren. **2.** den Motorzylinder ausschleifen.

re·born [ˌriːˈbɔː(r)n] adj 'wiedergeboren, neugeboren (a. fig.).

re·bound[1] [rɪˈbaʊnd] **I** v/i **1.** zu'rück-, abprallen (from von). **2.** fig. zu'rückfallen (upon auf acc). **3.** fig. sich (wieder) erholen. **II** v/t **4.** zu'rückprallen lassen. **5.** den Ton zu'rückwerfen. **III** s [ˈriːbaʊnd] **6.** Zu'rückprallen n. **7.** Rückprall m. **8.** sport a) Abpraller m, b) Basketball: Rebound m. **9.** 'Widerhall m. **10.** fig. Reakti'on f (auf e-n Enttäuschung etc): on the ~ a) als Reaktion (from auf acc), b) in e-r Krise (befindlich); to take s.o. on (od. at) the ~ j-s Enttäuschung od. seelische Lage ausnutzen.

re·bound[2] [ˌriːˈbaʊnd] adj neugebunden (Buch).

re·broad·cast [ˌriːˈbrɔːdkɑːst; Am. -ˌkæst] (irr broadcast) **I** v/t **1.** e-e Sendung wieder'holen. **2.** durch Reˈlais(statiˌonen) über'tragen: ~(ing) station Ballsender m. **I** s **3.** Wieder'holung(ssendung f) **4.** Reˈlaisüber̩tragung f.

re·buff [rɪˈbʌf] **I** s **1.** (schroffe) Abweisung, Abfuhr f: to meet with (od. suffer) a ~ (from s.o.) (bei j-m) ,abblitzen'. **II** v/t **2.** abweisen, ,abblitzen' lassen. **3.** Angriff abweisen, zu'rückschlagen.

re·build [ˌriːˈbɪld] v/t irr **1.** wieder aufbauen. **2.** 'umbauen. **3.** fig. wieder'herstellen, -'aufbauen.

re·buke [rɪˈbjuːk] **I** v/t **1.** j-n (scharf) tadeln, rügen, rüffeln, zu'rechtweisen. **2.** etwas (scharf) tadeln, rügen. **II** s **3.** Rüge f, (scharfer) Tadel, Verweis m, Rüffel m. **reˈbuke·ful** adj (adv ~ly) rügend, tadelnd, vorwurfsvoll.

re·bus [ˈriːbəs] s **1.** Rebus m, n, Bilderrätsel n. **2.** her. redendes Wappen.

re·but [rɪˈbʌt] **I** v/t (durch Beweise) wider'legen od. entkräften (a. jur.). **II** v/i jur. auf die Triˈplik antworten. **reˈbut·tal** s bes. jur. Widerˈlegung f. **reˈbut·ter** s jur. Quadruˈplik f.

rec [rek] colloq. abbr. für **recreation** (ground).

re·cal·ci·trance [rɪˈkælsɪtrəns], **reˈcal·ci·tran·cy** [-sɪ] s 'Widerspenstigkeit f. **reˈcal·ci·trant I** adj (adv ~ly) 'widerspenstig, aufsässig (to gegen'über). **II** s 'Widerspenstige(r m) f. **reˈcal·ci·trate** v/i widerˈsässig sein, sich sträuben (against, at gegen).

re·ca·lesce [ˌriːkəˈles] v/i metall. (beim Abkühlen) wieder'aufglühen. **ˌre·caˈles·cence** s metall. Rekaleˈszenz f.

re·call [rɪˈkɔːl] **I** v/t **1.** a) j-n zu'rückrufen, e-n Gesandten etc abberufen, b) defekte Autos etc (in die Werkstatt) zu'rückrufen. **2.** sich erinnern an (acc), sich ins Gedächtnis zu'rückrufen: to ~ the past. **3.** → remember an (acc): to ~ s.o. to his duty. **4.** (ins Gedächtnis) zu'rückrufen: to ~ s.th. to s.o. (od. s.o.'s mind) j-m etwas ins Gedächtnis zurückrufen, j-n an etwas erinnern. **5.** j-s Aufmerksamkeit etc erneut lenken (to auf acc). **6.** ein Versprechen etc zu'rücknehmen, widerˈrufen, rückgängig machen. **7.** econ. Kapital, e-n Kredit ein (auf)kündigen: until ~ed bis auf Widerruf. **8.** Gefühle etc wieder wachrufen. **9.** Computer: Daten aus dem Speicher abrufen. **10.** a) Zu'rückrufung f, Abberufung f (e-s Gesandten etc), b) Rückruf m (in die Werkstatt), **11.** 'Widerruf m, Zu'rücknahme f: **beyond** (od. **past**) ~ unwiderruflich, unabänderlich. **12.** econ. (Auf)Kündigung f. **13.** Gedächtnis n: **to have the gift** (od. power[s]) **of total ~** das absolute Gedächtnis haben. **14.** fig. Wachrufen n (von Erinnerungen etc). **15.** Marktforschung: a) Erinnerungsindex m, b) Erinnerungstest m. **16.** mil. Siˈgnal n zum Sammeln od. zur Rückkehr. **reˈcall·a·ble** adj 'widerruflich, widerˈrufbar.

re·cant [rɪˈkænt] **I** v/t e-e Behauptung etc (for'mell) zu'rücknehmen, (öffentlich) widerˈrufen. **II** v/i (öffentlich) 'rufen. **re·can·ta·tion** [ˌriːkænˈteɪʃn] s (öffentlicher) Wider'rufung.

re·cap[1] tech. Am. **I** v/t [ˌriːˈkæp] Autoreifen runderneuern. **II** s [ˈriːˌkæp] runderneuerter (Auto)Reifen.

re·cap[2] [ˈriːkæp] colloq. abbr. für **recapitulation**, **recapitulate**.

re·cap·i·tal·i·za·tion [ˈriːkæˌpɪtəlaɪˈzeɪʃn; Am. -ləˈz-] s econ. 'Neukapitaliˈsierung f.

re·ca·pit·u·late [ˌriːkəˈpɪtjʊleɪt; Am. -ˌpɪtʃə-] v/t u. v/i **1.** rekapituˈlieren, kurz zs.-fassen od. wieder'holen. **2.** biol. Vorfahrenmerkmale rekapituˈlieren. **3.** mus. Thema wieder'aufnehmen. **ˌre·caˌpit·uˈla·tion** [-ˈleɪʃn] s **1.** Rekapitulati'on f, kurze Wieder'holung od. Zs.-fassung. **2.** biol. Rekapitulati'on f (Wiederholung der Stammesentwicklung in der Keimesentwicklung): ~ **theory** Rekapitulationstheorie f. **3.** mus. Reˈprise f.

re·cap·tion [rɪˈkæpʃn] s jur. Wieder'wegnahme f (e-s widerrechtlich vorenthaltenen Besitzes).

re·cap·ture [ˌriːˈkæptʃə(r)] **I** v/t **1.** 'wiedererlangen. **2.** 'wiederergreifen. **3.** mil. zu'rückerobern. **4.** fig. e-e Stimmung etc wieder'einfangen. **II** s **5.** 'Wiedernahme f, -'erlangung f. **6.** 'Wiederergreifung f. **7.** mil. Zu'rückeroberung f. **8.** jur. Am. Enteignung f 'übermäßiger Gewinne durch den Staat.

re·cast [ˌriːˈkɑːst; Am. -ˈkæst] **I** v/t irr **1.** tech. 'umgießen. **2.** fig. ein Werk 'umarbeiten, -formen, neu-, 'umgestalten: **to ~ a novel** e-n Roman umarbeiten od. umschreiben. **3.** thea. ein Stück, e-e Rolle 'umbesetzen, neu besetzen. **4.** etwas (noch einmal) 'durchrechnen. **II** s [a. ˈriː-] **5.** tech. 'Umguß m. **6.** 'Umarbeitung f, -gestaltung f. **7.** thea. Neu-, 'Umbesetzung f.

rec·ce [ˈrekɪ], **rec·co** [ˈrekəʊ], **rec·cy** [ˈrekɪ] mil. sl. für **reconnaissance** 1.

re·cede [rɪˈsiːd] v/i **1.** zu'rücktreten, -gehen, -weichen: **receding fliehend** (Kinn, Stirn); **to ~ into the background** fig. in den Hintergrund treten. **2.** entˈverschwinden. **3.** (from) a) zu'rücktreten (von): **to ~ from an office** (a contract, etc), b) Abstand nehmen (von): **to ~ from a project**, c) aufgeben (acc): **to ~ from an opinion**. **4.** bes. econ. zu'rückgehen, im Wert fallen. **5.** pol. Am. die oppositioˈnelle Haltung im Kon'greß aufgeben.

re·ceipt [rɪˈsiːt] **I** s **1.** bes. econ. Empfangsbestätigung f, -bescheinigung f, Quittung f: **against** (od. **on**) ~ gegen Quittung; ~ **book** Quittungsbuch n (→ 4); ~ **stamp** Quittungsstempel(marke f) m. **2.** pl econ. Einnahmen pl, Eingänge pl. **3.** bes. econ. Empfang m, Erhalt m (von Briefes, e-r Sendung), Eingang m (von Waren): **on** ~ **of** bei od. nach Empfang od. Eingang (gen). **4.** obs. od. Am. dial. ('Koch)Reˌzept m (→ 1). **5.** ~ **of custom** Bibl. hist. Zollamt n. **II** v/t **6.** quitˈtieren. **reˈceipt·or** [-tə(r)] s bes. Am. Empfänger(in).

re·ceiv·a·ble [rɪˈsiːvəbl] **I** adj **1.** annehmbar, zulässig: **to be ~** als gesetzliches Zahlungsmittel gelten. **2.** econ. ausstehend: **bills ~, notes ~** Rimessen,

Wechselforderungen. **II** *s* **3.** *pl econ.* Außenstände *pl*, Forderungen *pl*.

re·ceive [rɪˈsiːv] **I** *v/t* **1.** erhalten, bekommen, empfangen: to ~ a letter (an order, a name, an impression, *etc*); to ~ attention Aufmerksamkeit finden *od.* auf sich ziehen; to ~ a wound e-e Wunde empfangen; to ~ stolen goods Hehlerei treiben. **2.** an-, entgegennehmen, in Empfang nehmen: to ~ s.o.'s confession j-m die Beichte abnehmen. **3.** *Geld etc* einnehmen, vereinnahmen. **4.** *Rundfunk, TV:* e-e Sendung empfangen. **5.** e-e Last *etc* tragen, e-r Last *etc* standhalten. **6.** fassen, aufnehmen: this hole is large enough to ~ three men. **7.** erleben, erfahren, erleiden: to ~ a refusal e-e Ablehnung erfahren, abgelehnt werden. **8.** e-n Armbruch *etc* da'vontragen: to ~ a broken arm. **9.** j-n bei sich aufnehmen. **10.** e-e Nachricht *etc* aufnehmen, rea'gieren auf (*acc*): how did he ~ this offer? **11.** e-n Besucher *etc* empfangen, begrüßen. **12.** j-n zulassen (**to**, **into** zu). **13.** j-n aufnehmen (**into** in e-e Gemeinschaft). **14.** (als gültig) anerkennen: to ~ a doctrine. **15.** *etwas* annehmen: to ~ s.th. as certain; to ~ s.th. as prophecy *etwas* als Prophezeiung auffassen. **II** *v/i* **16.** nehmen. **17.** (Besuch) empfangen. **18.** *bes. Br.* Hehleˈrei treiben. **19.** a) *protestantische Kirche:* das Abendmahl empfangen, b) *R.C.* kommuniˈzieren.

re·ceived [rɪˈsiːvd] *adj* **1.** erhalten, empfangen: ~ with thanks dankend erhalten. **2.** (allgemein *od.* als gültig) anerkannt: ~ opinion allgemeine Meinung; ~ pronunciation Standardaussprache *f*; ~ text authentischer Text. **3.** vorschriftsmäßig, korˈrekt.

re·ceiv·er [rɪˈsiːvə(r)] *s* **1.** Empfänger (-in). **2.** *tech.* a) *Funk:* Empfänger *m*, Empfangsgerät *n*, b) *teleph.* Hörer *m*: ~ cap Hörmuschel *f*. **3.** *jur.* a) *a.* official ~ gerichtlich eingesetzter Zwangs- *od.* Kon'kursverwalter, b) amtlich bestellter Liquiˈdator, c) Treuhänder *m*. **4.** *econ.* (*Zoll-, Steuer*)Einnehmer *m*. **5.** *a.* ~ of stolen goods Hehler(in). **6.** *tech.* (Auffang-, Sammel)Behälter *m*. **7.** Rezipiˈent *m*: a) *chem.* Sammelgefäß *n*, b) *phys.* Glocke *f* (*der Luftpumpe*). **8.** *Tennis etc:* Rückschläger *m*. **re'ceiv·er·ship** *s jur.* Zwangs-, Kon'kursverwaltung *f*.

re·ceiv·ing [rɪˈsiːvɪŋ] *s* **1.** Annahme *f*. **2.** *Funk:* Empfang *m*. **3.** *jur.* Hehleˈrei *f*. ~ end *s:* to be on the ~ of *colloq.* a) derjenige sein, der *etwas* ˈausbaden' muß, b) *etwas* ˈabkriegen', c) die Zielscheibe (*gen*) sein. ~ **hop·per** *s tech.* Schütttrumpf *m*. ~ **of·fice** *s* Annahmestelle *f*. ~ **or·der** *s jur.* Kon'kurseröffnungsbeschluß *m*. ~ **set** → receiver 2 a. ~ **sta·tion** *s Funk:* Empˈfangsstatiˌon *f*.

re·cen·cy [ˈriːsnsɪ] *f* Neuheit *f*.

re·cen·sion [rɪˈsenʃn] *s* **1.** Prüfung *f*, Revisiˈon *f*, ˈDurchsicht *f* (*e-s Textes etc*). **2.** reviˈdierter Text.

re·cent [ˈriːsnt] *adj* **1.** vor kurzem *od.* unlängst geschehen *od.* entstanden *etc*, der jüngsten Vergangenheit, neueren *od.* jüngeren Datums: ~ events noch nicht lange zurückliegende Ereignisse; the ~ events die jüngsten Ereignisse. **2.** neu (-entstanden), jung, frisch: of ~ date neueren *od.* jüngeren Datums; a ~ photo ein neueres Foto. **3.** neu, moˈdern. **4.** *a.* R~ *geol.* neu(zeitlich). **5.** kürzlich *od.* eben (an)gekommen: ~ from Paris frisch aus Paris. **ˈre·cent·ly** *adv* kürzlich, vor kurzem, unlängst, neulich: till ~ bis vor kurzem. **ˈre·cent·ness** ~ recency.

re·cept [ˈriːsept] *s psych.* Erfahrungsbegriff *m*, -bild *n*.

re·cep·ta·cle [rɪˈseptəkl] *s* **1.** Behälter *m*, Gefäß *n*. **2.** *bot.* Fruchtboden *m*. **3.** *electr.* Steckdose *f*. **4.** ˈUnterschlupf *m*, Aufenthaltsort *m*.

re·cep·ti·ble [rɪˈseptəbl] *adj selten* **1.** an-, aufnehmbar. **2.** aufnahmefähig, empfänglich (**of** für).

re·cep·tion [rɪˈsepʃn] *s* **1.** Empfang *m*, Annahme *f*: ~ desk Empfang *m*, Anmeldung *f*, Rezeption *f* (*im Hotel*). **2.** Zulassung *f*. **3.** Aufnahme *f*: his ~ into the Academy. **4.** (offiziˈeller) Empfang, *a.* enthusiastic ~ j-m e-n begeisterten Empfang bereiten; to hold a ~ e-n Empfang geben. **5.** *Rundfunk, TV:* Empfang *m*: ~ area Empfangsgebiet *n*; ~ interference Empfangsstörung *f*. **6.** *ped. Br.* a) Anfängerklasse *f*, b) *Klasse für Einwanderer mit geringen Englischkenntnissen.*

re·cep·tion·ist [rɪˈsepʃənɪst] *s* **1.** Empfangsdame *f od.* -chef *m*. **2.** *med.* Sprechstundenhilfe *f*.

re·cep·tion|or·der *s jur. bes. Br.* Einweisung(sschein *m*) *f* in e-e Nervenheilanstalt. ~ **room** *s* **1.** Empfangszimmer *n*. **2.** Wohnzimmer *n*. **3.** Gesellschaftszimmer *n* (*im Hotel etc*).

re·cep·tive [rɪˈseptɪv] *adj* (*adv* ~ly) **1.** aufnahmefähig, empfänglich (**of**, **to** für). **2.** rezepˈtiv (*nur aufnehmend*). **3.** *biol.* rezepˈtorisch, Empfängnis...: ~ spot Empfängnisfleck *m*. **re'cep·tive·ness**, **re·cep·tiv·i·ty** [ˌresepˈtɪvətɪ; *bes. Am.* ˌriː-] *s* Aufnahmefähigkeit *f*, Empfänglichkeit *f*. [*m* (*Sinnesorgan*).|

re·cep·tor [rɪˈseptə(r)] *s biol.* Reˈzeptor/

re·cess [rɪˈses; ˈriːses] **I** *s* **1.** (zeitweilige) Unter'brechung (*a. jur. der Verhandlung*), (*Am. a.* Schul)Pause *f*, *bes. Am. od. parl.* Ferien *pl*. **2.** Schlupfwinkel *m*. **3.** *arch.* (Wand)Vertiefung *f*, Nische *f*, Alˈkoven *m*. **4.** *tech.* Aussparung *f*, Einschnitt *m*. **5.** *pl fig.* (*das*) Innere, Tiefe(n *pl*) *f*: the ~es of the heart die geheimen Winkel des Herzens. **II** *v/t* **6.** in e-e Nische stellen, zuˈrücksetzen. **7.** vertiefen, e-e Nische machen in *e-e Wand etc*. **8.** *tech.* aussparen, einsenken: ~ed switch Unterputzschalter *m*. **III** *v/i* **9.** *Am.* ~ e-e Pause *od.* Ferien machen, die Verhandlung *od.* Sitzung unter'brechen, sich vertagen.

re·ces·sion [rɪˈseʃn] *s* **1.** Zuˈrücktreten *n*. **2.** → recess 3 *u.* 4. **3.** *relig.* Auszug *m* (*der Geistlichen etc nach dem Gottesdienst*). **4.** *econ.* Rezessiˌon *f*, (leichter) Konjunkˈturrückgang: period of ~ Rezessionsphase *f*. **re'ces·sion·al** [-ʃənl] **I** *adj* **1.** *relig.* Schluß...: ~ hymn → 4. **2.** (Parlaˈments)Ferien... **3.** *econ.* Rezessions... **II** *s* **4.** *relig.* ˈSchlußchoˌral *m*. **re'ces·sion·ar·y** [-ʃnərɪ; *Am.* -ʃəˌneriː] *adj econ.* Rezessions...

re·ces·sive [rɪˈsesɪv] *adj* **1.** zuˈrücktretend, -gehend. **2.** *biol.* rezesˈsiv. **3.** *ling.* rückläufig (*Akzent*).

re·charge [ˌriːˈtʃɑː(r)dʒ] *v/t* **1.** wieder (be)laden. **2.** *mil.* nachladen, b) von neuem angreifen. **3.** *electr.* e-e Batterie wiederˈauf-, nachladen.

re·check [ˌriːˈtʃek] *v/t* nachprüfen.

re·cher·ché [rəˈʃeəʃeɪ; *Am.* rəˌʃerˈʃeɪ] *adj* **1.** (sorgfältig) ausgesucht. **2.** gesucht, ausgefallen, preziˈös: a ~ expression. **3.** exquiˈsit, eleˈgant.

re·chris·ten [ˌriːˈkrɪsn] → rebaptize.

re·cid·i·vism [rɪˈsɪdɪvɪzəm] *s bes. jur.* Rückfall *m*, Rückfälligkeit *f*: high ~ hohe Rückfallquote. **re·cid·i·vist I** *s* Rückfällige(r *m*) *f*, Rückfalltäter(in). **II** *adj* rückfällig. **re·cid·i·vous** *adj* rückfällig.

rec·i·pe [ˈresɪpɪ] *s* **1.** (ˈKoch)Reˌzept *n*: ~ book Kochbuch *n*. **2.** *med. obs. u. fig.* Reˈzept *n* (**for** für).

re·cip·i·ence [rɪˈsɪpɪəns], *a.* **re'cip·i·en·cy** [-sɪ] *s* **1.** Aufnehmen *n*, -nahme *f*. **2.** Aufnahmefähigkeit *f*. **re'cip·i·ent I** *s* **1.** Empfänger(in): to be the ~ of s.th. *etwas* empfangen. **II** *adj* **2.** aufnehmend: ~ country Empfängerland *n*. **3.** empfänglich, aufnahmefähig (**of**, **to** für).

re·cip·ro·cal [rɪˈsɪprəkl] **I** *adj* (*adv* ~ly) **1.** wechsel-, gegenseitig: ~ affection; ~ insurance *econ.* Versicherung *f* auf Gegenseitigkeit; ~ relationship Wechselbeziehung *f*; ~ trade agreement Handelsvertrag *m* auf Gegenseitigkeit. **2.** entsprechend, Gegen...: ~ service Gegendienst *m*. **3.** (entsprechend) ˈumgekehrt: ~ ratio umgekehrtes Verhältnis; ~ly proportional umgekehrt proportional. **4.** *ling. math.* reziˈprok: ~ pronoun Reziprokpronomen *n*, wechselbezügliches Fürwort; ~ value → 6. **II** *s* **5.** Gegenstück *n*. **6.** *math.* Kehrwert *m*.

re·cip·ro·cate [rɪˈsɪprəkeɪt] **I** *v/t* **1.** Gefühle *etc* erwidern, vergelten. **2.** (gegenseitig) austauschen: to ~ courtesies. **3.** *tech.* ˈhin- u. ˈherbewegen. **II** *v/i* **4.** sich erkenntlich zeigen, sich revanˈchieren (**for** with; **with** mit): glad to ~ Gegendiensten gern bereit. **5.** in Wechselbeziehung stehen. **6.** sich entsprechen. **7.** *tech.* sich ˈhin- u. ˈherbewegen: reciprocating engine Kolbenmaschine *f*.

re·cip·ro·ca·tion [rɪˌsɪprəˈkeɪʃn] *s* **1.** Erwiderung *f*. **2.** Erkenntlichkeit *f*. **3.** Austausch *m*: ~ of courtesies. **4.** *tech.* Hinundˈherbewegung *f*.

rec·i·proc·i·ty [ˌresɪˈprɒsətɪ; *Am.* -ˈprɑ-] *s* **1.** Reziproziˈtät *f*, Gegen-, Wechselseitigkeit *f*, gegenseitige Beziehung. **2.** Austausch *m*, Zs.-arbeit *f*. **3.** *econ.* Gegenseitigkeit *f* (*in Handelsverträgen etc*): ~ clause Gegenseitigkeitsklausel *f*.

rec·i·tal [rɪˈsaɪtl] *s* **1.** a) Vortrag *m*, Vorlesung *f*, b) → recitation 1. **2.** *mus.* (Solo)Vortrag *m*, Kon'zert (*abend m*) *n*, (*Orgel- etc*)Kon'zert *n*: vocal ~, lieder Liederabend *m*. **3.** Schilderung *f*, Bericht *m*, Erzählung *f*. **4.** Aufzählung *f*: ~ of details. **5.** *a.* ~ of fact *jur.* Darstellung *f* des Sachverhalts.

rec·i·ta·tion [ˌresɪˈteɪʃn] *s* **1.** Auf-, ˈHersagen *n*, Reziˈtieren *n*. **2.** Vortrag *m*, Rezitatiˈon *f*. **3.** *ped. Am.* a) Abfragestunde *f*, b) reguˈläre ˈUnterrichtsstunde. **4.** Vortragsstück *n*.

rec·i·ta·tive [ˌresɪtəˈtiːv] *mus.* **I** *adj* reziˈtativartig, Rezitativ... **II** *s* Reziˈtativ *n*, (*bes. dramatischer*) Sprechgesang.

re·cite [rɪˈsaɪt] **I** *v/i* **1.** (auswendig) ˈhersagen, reziˈtieren, vortragen, deklaˈmieren: to ~ poems. **3.** *jur.* a) den Sachverhalt darstellen, b) anführen, ziˈtieren. **4.** aufzählen. **5.** erzählen: to ~ anecdotes. **II** *v/i* **6.** *ped. Am.* s-e Lektiˈon aufsagen. **7.** reziˈtieren, vortragen. **re'cit·er** *s* **1.** Reziˈtator *m*, Reziˈtaˌtorin *f*, Vortragskünstler(in). **2.** Vortragsbuch *n*.

reck [rek] *bes. poet.* **I** *v/i* **1.** sich Sorgen machen (**of**, **for** um). **2.** achten (**of** auf *acc*). **3.** zählen, von Bedeutung sein. **II** *v/t* **4.** sich kümmern *od.* sorgen um. **5.** j-n kümmern, angehen.

reck·less [ˈreklɪs] *adj* (*adv* ~ly) **1.** unbesorgt, unbekümmert (**of** um): to be ~ of danger sich um e-e Gefahr nicht kümmern. **2.** sorglos, leichtsinnig, -fertig, verwegen. **3.** a) rücksichtslos, b) *jur.* (bewußt) fahrlässig: ~ driving *Am.* grob fahrlässiges Fahren. **ˈreck·less·ness** *s* **1.** Unbesorgtheit *f*, Unbekümmertheit *f* (**of** um). **2.** Sorglosigkeit *f*, Leichtsinn *m*, -fertigkeit *f*, Verwegenheit *f*. **3.** Rücksichtslosigkeit *f*.

reck·on [ˈrekən] **I** *v/t* **1.** *a.* ~ up (be-, er)rechnen: to ~ a sum e-e Summe errechnen *od.* addieren; to ~ in ein-, mit-

rechnen. **2.** betrachten, ansehen (**as, for als**). **3.** halten für: I ~ **him (to be) wise**. **4.** rechnen, zählen (**among** zu). **5.** kalkulieren. **6.** meinen, der Meinung sein (**that** daß). **7.** I ~ (*in Parenthese*) glaube ich, schätze ich. **8.** *sl.* für gut halten: **I don't ~ his chances of success**. **II** *v/i* **9.** zählen, rechnen (**to ~ with** a) rechnen mit (*a. fig.*), b) abrechnen mit (*a. fig.*); **she is to be ~ed with** mit ihr muß man rechnen; **you'll have me to ~ with** du wirst es mit mir zu tun bekommen; **to ~ without** nicht rechnen mit; **I had ~ed without their coming** ich hatte nicht damit gerechnet, daß sie kommen würden; **to ~ (up)on** a) *fig.* zählen auf *j-n, j-s Hilfe etc,* b) rechnen mit (*a. fig.*); → **host²** **2. 10.** zählen, von Bedeutung sein. **reckon·er** ['reknə(r)] *s* **1.** Rechner(in). **2.** → **ready reckoner**.
reck·on·ing ['reknɪŋ] *s* **1.** Rechnen *n,* Zählen *n.* **2.** Berechnung *f:* **to be out of** (*od.* **out in**) **one's ~** sich verrechnet haben (*a. fig.*). **3.** *mar.* Gissung *f:* → **dead reckoning**. **4.** Abrechnung *f:* **day of ~** a) Tag *m* der Abrechnung, b) *relig.* (der) Jüngste Tag. **5.** *obs.* Rechnung *f:* **to pay one's ~**.
re·claim [rɪ'kleɪm] **I** *v/t* **1.** *Eigentum, Rechte etc* zu'rückfordern, zu'rückverlangen, rekla'mieren. **2.** *Land* urbar machen: **to ~ land from the sea** dem Meer Land abgewinnen. **3.** *Tiere* zähmen, abrichten. **4.** *ein Volk, Wilde* zivili'sieren. **5.** *fig. j-n* bekehren, bessern. **6.** *tech. aus Altmaterial* rückgewinnen, regene'rieren: **~ed rubber** Regeneratgummi *m, n.* **II** *v/i* **7.** prote'stieren, Einspruch erheben (**against** gegen). **8.** *jur. Scot.* Berufung einlegen. **III** *s* **9. beyond** (*od.* **past**) **~** unverbesserlich.
re-claim [ˌriː'kleɪm] *v/t* zu'rückverlangen, -fordern.
re·claim·a·ble [rɪ'kleɪməbl] *adj* (*adv* **reclaimably**) **1.** verbesserungsfähig. **2.** kul'turfähig (*Land*). **3.** *tech.* regene'rierfähig.
re'claim·ant *s bes. jur.* Beschwerdeführer(in).
rec·la·ma·tion [ˌrekləˈmeɪʃn] *s* **1.** Reklamati'on *f:* a) Rückforderung *f,* b) Beschwerde *f,* Einspruch *m.* **2.** *fig.* Bekehrung *f,* Besserung *f,* Heilung *f* (**from** von). **3.** Urbarmachung *f,* Neugewinnung *f* (*von Land*). **4.** *chem. tech.* Rückgewinnung *f.*
ré·clame [reɪ'klɑːm] *s* **1.** Re'klame *f.* **2.** → **showmanship** **3.**
re·cline [rɪ'klaɪn] **I** *v/i* **1.** sich (an-, zu'rück)lehnen (**on, upon** an *acc*): **reclining chair** Sessel *m* mit verstellbarer Rückenlehne. **2.** ruhen, liegen (**on, upon** an, **auf** *dat*): **~d** liegend. **3.** *fig.* sich verlassen (**upon** auf *acc*). **II** *v/t* **4.** (an-, zu'rück)lehnen (**on, upon** an *acc*). **5.** 'hinlegen (**on** auf *acc*).
re·cluse [rɪ'kluːs; *Am. a.* 'rekluːs] **I** *s* **1.** Einsiedler(in), Klausner(in). **II** *adj* **2.** einsam, abgeschieden (**from** von). **3.** einsiedlerisch, zu'rückgezogen: **a ~ life**. **re'cluse·ness** → **reclusion** 1. **re'clu·sion** [-ʒn] *s* Zu'rückgezogenheit *f,* Abgeschiedenheit *f* (**from** von). **re'clu·sive** *adj* → **recluse** II: **to live ~** ein zurückgezogenes Leben führen, zurückgezogen leben.
re·coat [ˌriː'kəʊt] *v/t* neu über'ziehen *od.* anstreichen.
rec·og·ni·tion [ˌrekəg'nɪʃn] *s* **1.** ('Wieder)Erkennen *n,* Erkennung *f:* **~ light** *aer.* Kennlicht *n;* **~ mark** *zo.* Kennzeichen *n;* **~ vocabulary** *ling.* passiver Wortschatz; **beyond** (*od.* **out of, past**) (**all**) **~** bis zur Unkenntlichkeit verstümmelt *etc;* **the town has changed be-**

yond (**all**) **~ die Stadt ist (überhaupt) nicht mehr wiederzuerkennen. 2. Erkenntnis** *f.* **3.** Anerkennung *f:* **in ~ of** als Anerkennung für, in Anerkennung (*gen*); **to win ~** sich durchsetzen, Anerkennung finden. **4.** *pol.* (*völkerrechtliche, formelle*) Anerkennung (*e-s Staates etc*). **5.** *Am.* Worterteilung *f.*
rec·og·niz·a·ble ['rekəgnaɪzəbl] *adj* ('wieder)erkennbar, kenntlich.
re·cog·ni·zance [rɪ'kɒgnɪzəns; -'kɒn-; *Am.* -'kɑː-] *s* **1.** *jur.* (*vor Gericht übernommene*) schriftliche Verpflichtung *od.* Anerkennung (*zur Verhandlung zu erscheinen etc*) (*od.* (Schuld)Anerkenntnis. **2.** *jur.* Sicherheitsleistung *f.* **3.** *obs.* a) → **recognition**, b) (Kenn-, Merk)Zeichen *n.* **re'cog·ni·zant** *adj:* **to be ~ of** anerkennen.
rec·og·nize ['rekəgnaɪz] **I** *v/t* **1.** ('wieder)erkennen (**by** an *dat*). **2.** etwas (klar) erkennen. **3.** *j-n, e-e Schuld etc, a. pol. e-e Regierung etc* anerkennen (**as** als). **4.** lobend anerkennen: **to ~ services**. **5.** zugeben, einsehen (**that** daß): **to ~ defeat** sich geschlagen geben. **6.** *j-n auf der Straße* grüßen. **7.** No'tiz nehmen von. **8.** *Am. j-m* das Wort erteilen. **II** *v/i* **9.** *jur.* sich vor Gericht schriftlich verpflichten (**in** zu). **'rec·og·niz·ed·ly** [-zɪdlɪ] *adv* anerkanntermaßen.
re·coil *v/i* [rɪ'kɔɪl] **1.** zu'rückprallen. **2.** *mil.* zu'rückstoßen (*Gewehr, Rohr etc*). **3.** zu'rückschrecken, -schaudern, -fahren, -weichen (**from** vor *dat*). **4.** *fig.* zu'rückgehen, -weichen (**before** vor *dat*). **II** *s* [*a.* 'riːkɔɪl] **6.** Zu'rückschrecken *n.* **7.** Rückprall *m:* → **atom** *phys.* Rückstoßatom *n.* **8.** *mil.* a) Rückstoß *m* (*e-s Gewehrs*), b) (Rohr)Rücklauf *m* (*e-s Geschützes*): **~ brake** Rücklaufbremse *f;* **~ cylinder** Bremszylinder *m.* **9.** Rückwirkung *f,* Reakti'on *f.* **'re·coil·less** *mil.* rückstoßfrei.
re·coin [ˌriː'kɔɪn] *v/t* wieder prägen, 'umprägen. **ˌre'coin·age** *s* Neu-, 'Umprägung *f.*
rec·ol·lect [ˌrekə'lekt] **I** *v/t* **1.** sich erinnern (*gen*) *od.* an (*acc*), sich besinnen auf (*acc*), sich ins Gedächtnis zu'rückrufen: **to ~ doing s.th.** sich daran erinnern, etwas getan zu haben. **2.** ~ **o.s.** *bes. relig.* sich versenken: **~ed** a) beschaulich, b) gesammelt, ruhig, gefaßt. **II** *v/i* **3.** sich erinnern: **as far as I ~** soweit ich mich erinnere.
re-col·lect [ˌriː·kə'lekt] *v/t* wieder sammeln: **to ~ o.s.** *fig.* a) sich (wieder) sammeln, b) sich fassen; **to ~ one's courage** wieder Mut fassen.
rec·ol·lec·tion [ˌrekə'lekʃn] *s* **1.** Erinnerung(svermögen *n*) *f,* Gedächtnis *n:* **it is in my ~** that ich erinnere mich, daß; **it is within my ~** es ist mir in Erinnerung *od.* erinnerlich; **to the best of my ~** soweit *od.* soviel ich mich erinnere. **2.** Erinnerung *f* (**of** an *acc*): **to bring ~s to s.o.'s mind** bei *j-m* Erinnerungen wachrufen. **3.** *bes. relig.* (innere) Sammlung.
rec·ol·lec·tive [ˌrekə'lektɪv] *adj* (*adv* **~ly**) **1.** Erinnerungs... **2.** erinnerungsfähig. **3.** gesammelt, ruhig.
re·com·mence [ˌriːkə'mens] **I** *v/i* von neuem *od.* wieder anfangen, wieder beginnen. **II** *v/t* etwas erneut beginnen, wieder aufnehmen, erneuern. **ˌre·com-'mence·ment** *s* 'Wieder-, Neubeginn *m.*
rec·om·mend [ˌrekə'mend] *v/t* **1.** empfehlen, vorschlagen: **to ~ s.th. to s.o.** *j-m* etwas empfehlen; **to ~ s.o. for a post** *j-n* für e-n Posten empfehlen; **the hotel is ~ed for its good food** das Hotel empfiehlt sich durch s-e gute Küche; **trav·el(l)ing by air has much to ~ it** das

Reisen per Flugzeug hat viel für sich; **I ~ buying this dictionary** ich schlage vor, dieses Wörterbuch zu kaufen. **2.** *j-m* raten, empfehlen: **I ~ you to wait**. **3.** empfehlen: **his manners ~ him** s-e Manieren sprechen für ihn. **4.** *obs.* (an-)empfehlen, anvertrauen: **to ~ one's soul to God**. **ˌrec·om'mend·a·ble** *adj* empfehlenswert, zu empfehlen(d), ratsam.
rec·om·men·da·tion [ˌrekəmən'deɪʃn] *s* Empfehlung *f:* a) Fürsprache *f:* **on** (*od.* **upon**) **the ~ of** auf Empfehlung von (*od. gen*), b) Vorschlag *m,* c) *a.* **letter of ~** Empfehlungsschreiben *n,* d) empfehlende Eigenschaft. **ˈrec·om'mend·a·to·ry** [-dətərɪ; *Am.* -dəˌtɔːrɪ; -ˌtoː-] *adj* **1.** empfehlend, Empfehlungs...: **~ letter**. **2.** als Empfehlung dienend.
re·com·mis·sion [ˌriːkə'mɪʃn] *v/t* **1.** wieder beauftragen, wieder'anstellen. **2.** *mil.* Offizier reakti'vieren. **3.** *mar. Schiff* wieder in Dienst stellen.
re·com·mit [ˌriːkə'mɪt] *v/t* **1.** wieder anvertrauen *od.* über'geben. **2.** *parl. e-e Vorlage* (an e-n Ausschuß) zu'rückverweisen. **3.** *jur.* a) *j-n* wieder dem Gericht über'antworten: **to ~ s.o. to the court**, b) *j-n* wieder in e-e Nervenheilanstalt, ins Gefängnis etc einweisen. **4.** ein Verbrechen etc wieder begehen. **ˌre·com'mit·ment, ˌre·com'mit·tal** *s* **1.** *jur.* er'neute Über'antwortung *od.* Einweisung. **2.** *parl.* Zu'rückverweisung *f* (an e-n Ausschuß)
rec·om·pense ['rekəmpens] **I** *v/t* **1.** *j-n* belohnen, entschädigen (**for** für). **2.** etwas vergelten, (be)lohnen (**to s.o.** *j-m*). **3.** etwas erstatten, ersetzen, wieder'gutmachen. **II** *s* **4.** Entschädigung *f,* Ersatz *m.* **5.** Vergeltung *f,* Lohn *m* (*beide a. weit S.* *Strafe*), Belohnung *f.*
re·com·pose [ˌriːkəm'pəʊz] *v/t* **1.** wieder zs.-setzen. **2.** neu (an)ordnen, 'umgestalten, -grup'pieren. **3.** wieder in Ordnung bringen. **4.** *fig.* wieder beruhigen. **5.** *print.* neu setzen. **ˈre·com·po'si·tion** [-kɒmpə'zɪʃn; *Am.* -ˌkɑːm-] *s* **1.** Wiederzu'sammenstellung *f.* **2.** 'Umbildung *f,* 'Umgrup,pierung *f,* Neuordnung *f.* **3.** Neubearbeitung *f.* **4.** *print.* Neusatz *m.*
rec·on·cil·a·ble ['rekənsaɪləbl] *adj* (*adv* **reconcilably**) **1.** versöhnbar. **2.** vereinbar (**with** mit).
rec·on·cile ['rekənsaɪl] *v/t* **1.** *j-n* ver'aussöhnen (**to, with** mit): **to ~ o.s. to, to become ~d to** *fig.* sich versöhnen *od.* abfinden *od.* befreunden mit, sich in **sein Schicksal etc** fügen; **to ~ o.s. to doing s.th.** sich mit dem Gedanken befreunden, etwas zu tun. **2.** *e-n Streit etc* beilegen, schlichten. **3.** in Einklang bringen (**with, to** mit). **'rec·on·cile·ment** → **reconciliation**. **ˌrec·on·cil·i·a·tion** [-sɪlɪ'eɪʃn] *s* **1.** Ver-, Aussöhnung *f* (**to, with** mit). **2.** Schlichtung *f.* **3.** Ausgleich(ung *f*) *m,* Einklang *m* (**between** zwischen, **unter** *dat*). **4.** *relig.* 'Wiederheiligung *f* (*entweihter Orte*). **ˌrec·on'cil·i·a·to·ry** [-sɪlɪətərɪ; *Am.* -əˌtɔːrɪ; -ˌtoː-] *adj* versöhnlich, Versöhnungs...
rec·on·dite [rɪ'kɒndaɪt; 'rekən-; *Am.* rɪ'kɑːn-] *adj* (*adv* **~ly**) **1.** tief(gründig), ab'strus, dunkel: **a ~ book**. **2.** ob'skur: **a ~ author**. **3.** *obs.* versteckt.
re·con·di·tion [ˌriːkən'dɪʃn] *v/t* **1.** *Motor etc* wieder in'stand setzen, (gene'ral-)über'holen. **2.** *Gewohnheiten etc* ändern.
re·con·nais·sance, *a.* re·con·nois·sance [rɪ'kɒnɪsəns; *Am.* rɪ'kɑːnəzəns] *s* **1.** *mil.* a) Erkundung *f* (*des Geländes*), Aufklärung *f* (*gegen den Feind*): **~ in force** gewaltsame Erkundung *od.* Aufklärung, b) *a.* **~ party** (*od.* **patrol**) Spähtrupp *m;* **~ (car)** Spähwagen *m;* **~ flight**

aer. Aufklärungsflug *m*; ~ **plane** *aer.* Aufklärungsflugzeug *n*, Aufklärer *m.* **2.** *allg.* Erkundung *f*, *a. tech.* Unter-ˈsuchung *f*, Erforschung *f*, *geol. a.* Rekognosˈzierung *f* (*e-s Geländes*).

rec·on·noi·ter, *bes. Br.* **rec·on·noi·tre** [ˌrekəˈnɔɪtə(r); *Am. a.* ˌriː-] **I** *v/t* **1.** *mil.* das Gelände *etc* erkunden, *feindliche Stellungen etc* aufklären, auskundschaften, den Feind beobachten. **2.** *geol.* ein Gebiet rekognosˈzieren. **II** *v/i* **3.** aufklären, rekognosˈzieren. **III** *s* **4.** → **reconnaissance.**

re·con·quer [ˌriːˈkɒŋkə(r); *Am.* -ˈkɑn-] *v/t* **1** ˈwieder-, zuˈrückerobern. ˌre'**conquest** [-kwest] *s* ˈWieder-, Zuˈrückeroberung *f.*

re·con·sid·er [ˌriːkənˈsɪdə(r)] *v/t* **1.** von neuem erwägen, nochmals überˈlegen *od.* -ˈdenken, nachprüfen. **2.** *jur. pol.* e-n Antrag *etc* nochmals behandeln. **ˈre·con·sid·erˈa·tion** *s* nochmalige Überˈlegung *od.* Erwägung *od.* Prüfung.

re·con·stit·u·ent [ˌriːkənˈstɪtjʊənt; *Am.* -tʃən-] **I** *s med.* Stärkungs-, Kräftigungsmittel *n*, Roborans *n*. **II** *adj bes. med.* stärkend, kräftigend.

re·con·sti·tute [ˌriːˈkɒnstɪtjuːt; *Am.* -ˈkɑnstəˌtjuːt; *a.* -ˌtuːt] *v/t* **1.** wiederˈeinsetzen. **2.** wiederˈherstellen, rekonstruˈieren. **3.** *Trockensubstanzen* in Wasser auflösen: ~d **milk** (in Wasser) gelöste Trockenmilch. **4.** neu bilden, ˈumorgaˌniˌsieren.

re·con·struct [ˌriːkənˈstrʌkt] *v/t* **1.** wieder aufbauen, wieder ˈherstellen. **2.** ˈumbauen (*a. tech.* neu konstruˈieren). **3.** rekonstruˈieren: **to** ~ **a crime. 4.** *econ.* Wirtschaft, Unternehmen wiederˈaufbauen, saˈnieren. **5.** *fig. Am. j-n* bekehren. ˌre·con'**struc·tion** *s* **1.** Wiederˈaufbau *m*, -ˈherstellung *f.* **2.** a) ˈUmbau *m* (*a. tech.*), ˈUmformung *f*, b) *tech.* ˈNeukonstruktiˌon *f* (*Vorgang u. Ergebnis*), c) Reˈform *f.* **3.** Rekonstruktiˈon *f* (*e-s Verbrechens etc*). **4.** *econ.* Saˈnierung *f*, Wiederˈaufbau *m.* **5. R**~ *hist. Am.* Rekonstruktiˈon *f* (*Neuordnung der politischen Verhältnisse in den amer. Südstaaten nach dem Sezessionskrieg*). ˌre·con'**structive** *adj* wiederˈaufbauend, Wiederaufbau...: ~ **surgery** *med.* Wiederherstellungschirurgie *f.*

re·con·vene [ˌriːkənˈviːn] **I** *v/i* **1.** wieder zs.-kommen *od.* -treten. **II** *v/t* **2.** wieder sammeln. **3.** *ein Konzil etc* wieder einberufen.

re·con·ver·sion [ˌriːkənˈvɜːʃn; *Am.* -ˈvɜrʒən] *s* **1.** (ˈRück)Umwandlung *f.* **2.** ˈUmstellung *f* (*bes. e-s Betriebs auf* ˈFriedensproduktiˌon *etc*). **3.** *relig.* ˈWiederbekehrung *f.* ˌre·conˈ**vert** **I** *v/t* **1.** zuˈrückverwandeln, wieder verwandeln (**into** *in acc*). **2.** *e-e Industrie*, *e-n Betrieb* wieder auf ˈFriedensproduktiˌon ˈumstellen. **3.** *tech.* a) *e-e Maschine etc* wieder ˈumstellen, b) *metall.* nachblasen (*im Konverter etc*). **4.** *relig.* wieder bekehren. **II** *v/i* **5.** sich zuˈrückverwandeln (**into** *in acc*), b) sich wieder ˈumstellen.

re·cord [rɪˈkɔː(r)d] **I** *v/t* **1.** schriftlich niederlegen, aufzeichnen, -schreiben: **to** ~ **one's thoughts. 2.** eintragen *od.* regiˈstrieren (lassen), erfassen, aufnehmen: ~ed **delivery** mail *Br.* Zustellung *f* gegen Empfangsbestätigung. **3.** *jur.* beurkunden, protokolˈlieren, zu Protoˈkoll *od.* zu den Akten nehmen. **4.** *fig.* aufzeichnen, festhalten, (der Nachwelt) überˈliefern. **5.** *tech. a.* ˈMeßwerte regiˈstrieren, aufzeichnen (*a. Gerät*), b) *Computer*: Daten aufzeichnen, regiˈstrieren. **6.** (auf Tonband, Schallplatte *etc*, *a.* fotoˈgrafisch) aufnehmen *od.* festhalten, e-e Aufnahme machen von (*od. gen*), *Sen-*

dung mitschneiden: ~ed **broadcast** (*Rundfunk*, *TV*) Aufzeichnung *f.* **7.** *obs.* *ein Lied* singen (*Vogel*). **8.** *s-e* Stimme abgeben. **9.** *obs.* bezeugen.

II *v/i* **10.** aufzeichnen (*etc* → I). **11.** a) Aufnahmen machen, b) sich *gut etc* aufnehmen lassen: **her voice** ~**s beautifully.**

III *s* **rec·ord** [ˈrekɔː(r)d; *Am. bes.* ˈrekərd] **12.** Aufzeichnung *f*, Niederschrift *f*: **on** ~ a) (geschichtlich *etc*) verzeichnet *od.* nachgewiesen, schriftlich belegt, b) → **15**, c) *das beste etc aller Zeiten, bisher*; **off the** ~ inoffiziell, nicht für die Öffentlichkeit bestimmt; **on the** ~ offiziell; **matter of** ~ verbürgte Tatsache; **he hasn't gone on** ~ **as showing much initiative** er hat sich bis jetzt nicht gerade durch viel Initiative hervorgetan; (**just**) **to put the** ~ **straight!** (nur um das einmal klarzustellen!; **just for the** ~! (nur) um das einmal festzuhalten! **13.** (schriftlicher) Bericht. **14.** *a. jur.* Urkunde *f*, Dokuˈment *n*, ˈUnterlage *f.* **15.** *jur.* a) Protoˈkoll *n*, Niederschrift *f*, b) (Gerichts)Akte *f*, Aktenstück *n*: **on** ~ (Gerichts)Akte *f*, Aktenstück *n*: **on** ~ aktenkundig, in den Akten; **on the** ~ **of the case** nach Aktenlage; **to go on** ~ *fig.* sich erklären *od.* festlegen; **to place on** ~ aktenkundig machen, protokollieren; **court of** ~ ordentliches Gericht; ~ **office** Archiv *n.* **16.** a) Reˈgister *n*, Liste *f*, Verzeichnis *n*, b) ˈStrafreˌgister *n*, *weitS.* ˈVorstrafen(reˌgister *n*) *pl* (*e-r Person*): **to have a** ~ vorbestraft sein; **to keep a** ~ (**of**) Buch führen (über *acc*). **17.** *a. tech.* Regiˈstrierung *f*, Aufzeichnung *f.* **18.** a) Ruf *m*, Leumund *m*, Vergangenheit *f*: **a bad** ~ ein schlechter Ruf *od.* Leumund, b) *gute etc* Leistung(en *pl*) (*in der Vergangenheit*): **to have a brilliant** ~ **as an executive** hervorragende Leistungen als Geschäftsleiter vorweisen können, auf e-e glänzende Karriere als Geschäftsleiter zurückblicken können. **19.** *fig.* Urkunde *f*, Zeugnis *n*: **to be a** ~ **of s.th.** etwas bezeugen. **20.** a) (Schall)Platte *f*: **to make a** ~ e-e Platte aufnehmen; **put another** ~ **on!** *colloq.* leg 'ne andere Platte auf!, b) (Band-*etc*)Aufnahme *f*, Aufzeichnung *f*, Mitschnitt *m.* **21.** *sport, a. weitS.* Reˈkord *m*, Best-, Höchstleistung *f.*

IV *adj* **rec·ord** [ˈrekɔː(r)d; *Am. bes.* ˈrekərd] **22.** *sport etc* Rekord...: ~ **attendance**; ~ **prices**; ~ **high** (**low**) *econ.* Rekordhoch *n* (Rekordtief *n*) (*e-r Währung etc*); ~ **holder** Rekordhalter(in), -inhaber(in); ~ **performance** *allg.* Spitzenleistung *f*; **in** ~ **time** in Rekordzeit. **23.** (Schall)Platten...: ~ **changer** Plattenwechsler *m*; ~ **library** a) Plattensammlung *f*, -archiv *n*, b) Plattenverleih *m*; ~ **player** Plattenspieler *m*; ~ **producer** Plattenproduzent *m.*

re·cord·a·ble [rɪˈkɔː(r)dəbl] *adj* **1.** für e-e Aufnahme geeignet: ~ **music. 2.** regiˈstrierbar. **3.** wert, (*in e-r Aufnahme etc*) festgehalten zu werden.

ˈrec·ord-ˌbreak·ing → **record** 22.

rec·ord·er [rɪˈkɔː(r)də(r)] *s* **1.** a) Regiˈstrator *m*, b) Archiˈvar *m*, c) Schrift-, Protoˈkollführer *m*, d) Chroˈnist *m.* **2.** *jur.* a) *Br.* nebenamtlicher Richter auf Zeit (*bes. in e-m* **crown court**), b) *Am.* Strafrichter *m* (*in einigen Städten*). **3.** *electr.* Aufnahmegerät *n*: a) Regiˈstrierappaˌrat *m*, Bild-, Kurven-, Selbstschreiber *m*: ~ **chart** (*od.* **tape**) Registrierstreifen *m*, b) ˈWiedergabegerät *n*: → **cassette recorder, tape recorder, video** (**cassette**) **recorder. 4.** Blockflöte *f.* **reˈcord·ing I** *s* **1.** Aufzeichnung *f*, Regiˈstrierung *f* (*beide a. tech. u. Computer*), Eintragung *f.* **2.** Protokolˈlierung

f. **3.** *electr.* Rundfunk *etc*: Aufzeichnung *f*, Mitschnitt *m.* **II** *adj* **4.** aufzeichnend, regiˈstrierend: ~ **angel** Engel, der die guten u. bösen Taten des Menschen aufzeichnet; ~ **clerk** Protokoll-, Schriftführer *m*; ~ **head** a) Tonkopf *m* (*e-s Tonbandgeräts*), b) Schreibkopf *m* (*e-s Computers*); ~ **instrument** schreibendes *od.* registrierendes Meßgerät; ~ **studio** Aufnahmestudio *n*; ~ **thermometer** Temperaturschreiber *m*; ~ **van** Aufnahmewagen *m.* **5.** (Schall)Platten...: ~ **contract** Plattenvertrag *m.*

re·count [rɪˈkaʊnt] *v/t* **1.** (im einzelnen) erzählen, eingehend berichten. **2.** aufzählen.

re·count [ˌriːˈkaʊnt] **I** *v/t bes. Wahlstimmen* nachzählen. **II** *s* [*bes.* ˈriːkaʊnt] nochmalige Zählung.

re·coup [rɪˈkuːp] *v/t* **1.** *etwas* ˈwiedergewinnen, *e-n Verlust etc* wiederˈeinbringen. **2.** *j-n* entschädigen, schadlos halten (**for** für): **to** ~ **o.s.** sich schadlos halten. **3.** *econ. jur.* einbehalten, abziehen. **reˈcoup·ment** *s* **1.** Wiederˈeinbringung *f*, ˈWiedergewinnung *f.* **2.** Entschädigung *f*, Schadloshaltung *f.* **3.** *econ. jur.* Zuˈrückbehaltung(srecht *n*) *f.*

re·course [rɪˈkɔː(r)s; *Am. a.* ˈriːkəʊərs] *s* **1.** Zuflucht *f* (**to** zu): **to have** ~ **to** (s-e) Zuflucht nehmen zu; **to have** ~ **to foul means** zu unredlichen Mitteln greifen; **to have** ~ **to a book** ein Buch konsultieren, in e-m Buch nachsehen. **2.** *econ. jur.* Reˈgreß *m*; Reˈkurs *m*; Ersatz-, Rückanspruch *m*: **with** (**without**) ~ mit (ohne) Rückgriff; **liable to** ~ regreßpflichtig; **right of** ~ Regreß-, Rückgriffsrecht *n.*

re·cov·er [rɪˈkʌvə(r)] *v/t* **1.** *a. fig.* den Appetit, das Bewußtsein, die Fassung, *s-e* Stimme *etc*) ˈwiedererlangen, -finden, *etwas* ˈwiederbekommen, zuˈrückerlangen, -erhalten, -bekommen, -gewinnen: **to** ~ **one's breath** wieder zu Atem kommen; **to** ~ **one's legs** wieder auf die Beine kommen; **to** ~ **land from the sea** dem Meer Land abgewinnen. **2.** *obs.* a) *j-n* heilen (**from** von), b) sich erholen von, verwinden: **to** ~ **o.s.** → 11 *u.* 12; **to be** ~ed **from** wiederhergestellt sein von *e-r Krankheit.* **3.** *Verluste etc* wiederˈgutmachen, wiedereinbringen, wettmachen, ersetzen, *Zeit* wiederˈaufholen. **4.** ˈwieder-, zuˈrückerobern. **5.** ˈwiederentdecken: **to** ~ **a trail. 6.** *jur.* a) *Schulden etc* ein-, beitreiben, b) *Eigentum* wieder in Besitz nehmen, b) *ein Urteil* erwirken (**against** gegen): **to** ~ **damages for** Schadenersatz erhalten für. **7.** *ein Fahrzeug*, *Schiff*, *e-e Raumkapsel etc* bergen, *ein Fahrzeug a.* abschleppen. **8.** *tech.* aus *Abfallprodukten etc* regeneˈrieren, rückgewinnen. **9.** *jur.* retten, befreien, erlösen (**from** aus, von). **10.** *fenc. mil.* die Waffe in (die) Ausgangsstellung bringen. **II** *v/i* **11.** genesen, wieder gesund werden: **he** ~ed **slowly. 12.** sich erholen (**from**, *of* von; *a. econ.*), *fig. a.* s-e Fassung ˈwiederfinden, sich (wieder) fangen *od.* fassen: **to be** ~**ing** *med.* auf dem Weg der Besserung sein. **13.** das Bewußtsein ˈwiedererlangen, wieder zu sich kommen. **14.** *jur.* a) Recht bekommen, b) entschädigt werden, sich schadlos halten: **to** ~ **in one's** (**law**)**suit** s-n Prozeß gewinnen, obsiegen. **15.** *sport* in die Ausgangsstellung zuˈrückgehen. **III** *s* **16.** → **recovery** 9 a.

re·cov·er [ˌriːˈkʌvə(r)] *v/t* wieder bedecken, *bes. e-n Schirm*, *Sessel etc* neu beziehen.

re·cov·er·a·ble [rɪˈkʌvərəbl] *adj* **1.** ˈwiedererlangbar. **2.** wiederˈgutzumachen(d). **3.** *jur.* ein-, beitreibbar (*Schuld*). **4.** wiederˈherstellbar. **5.** *tech.* regeneˈrierbar.

re·cov·er·y [rɪˈkʌvərɪ] s **1.** (Zu)ˈRück-, ˈWiedererlangung f, -gewinnung f: **past** (*od.* **beyond**) ~ unwiederbringlich (verloren) (→ 7). **2.** *jur.* a) Ein-, Beitreibung f (*e-r Forderung etc*), b) *meist* ~ **of damages** (Erlangung f von) Schadenersatz m. **3.** *tech.* Rückgewinnung f. **4.** ˈWiederentdeckung f (*e-r Spur etc*). **5.** *mar. etc* Bergung f, Rettung f: ~ **vehicle** *mot.* Bergungsfahrzeug n. **6.** *fig.* Rettung f, Bekehrung f (*e-s Sünders etc*). **7.** Genesung f, Gesundung f, Erholung f (*a. econ.*), (*gesundheitliche*) Wiederˈherstellung: **to be past** (*od.* **beyond**) ~ unheilbar krank sein, hoffnungslos danieder-liegen (→ 1); **to make a quick ~ (from)** sich schnell erholen (von); ~ **time** *electr.* Erholzeit f (*e-s Transistors etc*), Umschaltzeit f (*e-r Diode etc*); ~ **room** *med.* Wachstation f; → **speedy. 8.** *fig.* Sichˈ Fangen n, Zuˈrückgewinnung f der Fassung. **9.** *sport* a) *fenc. etc* Zuˈrückgehen n in die Ausgangsstellung, b) *Golf:* Bunkerschlag m.

rec·re·an·cy [ˈrekrɪənsɪ] s *obs.* **1.** Feigheit f. **2.** Abtrünnigkeit f, Falschheit f. **ˈrec·re·ant** *obs.* **I** *adj* (*adv* ~**ly**) **1.** feig(e), mutlos. **2.** abtrünnig, treulos. **II** *s* **3.** Feigling m, Memme f. **4.** Abtrünnige(r m) f, Verräter(in).

rec·re·ate [ˈrekrɪeɪt] **I** *v/t* **1.** erquicken, erfrischen, j-m Erholung *od.* Entspannung gewähren. **2.** erheitern, unterˈhalten, ablenken. **3.** ~ **o.s.** a) ausspannen, sich erholen, b) sich erfrischen, c) sich ergötzen *od.* unterˈhalten: **to ~ o.s. with games** sich bei Sport u. Spiel entspannen. **II** *v/i* → **3.**

re-cre·ate [ˌriːkrɪˈeɪt] *v/t* neu (er)schaffen, ˈwiedererschaffen.

rec·re·a·tion [ˌrekrɪˈeɪʃn] s **1.** Erholung f, Aus-, Entspannung f, Erfrischung f: ~ **area** Erholungsgebiet n. **2.** Unterˈhaltung f, Belustigung f. **3.** Spiel n, Sport m: ~ **ground** Spiel-, Sportplatz m. **4.** *ped.* Pause f. **ˌrec·reˈa·tion·al** *adj* Erholungs..., Entspannungs..., der Erholung dienend, *Ort etc* der Erholung, Freizeit...: ~ **activities** *pl* Freizeitgestaltung f; ~ **facilities** Erholungseinrichtungen f; ~ **reading** Entspannungslektüre f; ~ **value** Freizeitwert m. **ˈrec·re·a·tive** *adj* **1.** erholsam, entspannend, erfrischend. **2.** unterˈhaltend, amüˈsant.

re·crim·i·nate [rɪˈkrɪmɪneɪt] *v/i u. v/t* Gegenbeschuldigungen vorbringen (gegen). **reˌcrim·iˈna·tion** s Gegenbeschuldigung f. **reˈcrim·i·na·tive** [-nətɪv; *Am.* -ˌneɪtɪv], **reˈcrim·i·na·to·ry** [-nətərɪ; *Am.* -nəˌtɔːrɪ; -ˌtəʊ-] *adj* e-e Gegenbeschuldigung darstellend *od.* enthaltend.

re·cru·desce [ˌriːkruːˈdes] *v/i* **1.** wieder aufbrechen (*Wunde*). **2.** sich wieder verschlimmern (*Zustand*). **3.** *fig.* a) wiederˈaufbrechen *od.* ˈaufflackern (*latentes Übel etc*), b) wiederˈaufleben. **ˌre·cruˈdes·cence** s **1.** Wiederˈaufbrechen n (*e-r Wunde etc*). **2.** neuerliche Verschlimmerung, Rückfall m. **3.** *fig.* a) Wiederˈausbrechen n (*e-s Übels*), b) Wiederˈaufleben n. **ˌre·cruˈdes·cent** *adj* wiederˈaufbrechend *etc.*

re·cruit [rɪˈkruːt] **I** s **1.** *mil.* a) Reˈkrut m, b) (*seit 1948*) niedrigster Dienstrang in der US-Armee. **2.** neues Mitglied (**to gen**). **3.** Anfänger(in), Neuling m. **4.** *obs.* a) Verstärkung f (*a. mil.*), b) Zuwachs m. **II** *v/t* **5.** *mil.* rekruˈtieren: a) *Rekruten* ausheben, einziehen, b) anwerben, c) *e-e Einheit* ergänzen, verstärken, *a.* aufstellen: **to ~ a regiment; to be ~ed from** sich rekrutieren aus, *fig. a.* sich zs.-setzen *od.* ergänzen aus. **6.** *Leute* herˈanziehen, rekruˈtieren: **to ~ labo(u)r.**

7. *den Vorrat etc* wieder auffüllen *od.* auffrischen, ergänzen. **8.** (wieder) versorgen (**with** mit). **9.** (**o.s.** sich) stärken, erquicken. **10.** *j-n, j-s Gesundheit* wiederˈherstellen. **III** *v/i* **11.** *mil.* Reˈkruten ausheben *od.* anwerben. **12.** sich erholen, neue Kräfte sammeln. **reˈcruit·al** s Erholung f, Wiederˈherstellung f. **reˈcruit·ing** *mil.* **I** s **1.** Rekruˈtierung f, Ausheben n, (An)Werben n: ~ **and replacement (administration)** Wehrersatzverwaltung f. **2.** persoˈnelle Ergänzung (*e-r Einheit etc*). **II** *adj* **3.** Werbe..., Rekrutierungs...: ~ **office** Ersatzdienst-, Rekrutierungsstelle f; ~ **officer** Werbeoffizier m. **reˈcruit·ment** s **1.** Verstärkung f, Auffrischung f. **2.** *mil.* Rekruˈtierung f, Stärkung f, Erholung f.

rec·ta [ˈrektə] *pl von* **rectum.**

rec·tal [ˈrektl] *adj* (*adv* ~**ly**) *anat.* rekˈtal: ~ **syringe** Klistierspritze f.

rec·tan·gle [ˈrekˌtæŋgl] s *math.* Rechteck n.

rec·tan·gu·lar [rekˈtæŋɡjʊlə(r)] *adj math.* a) rechteckig, b) rechtwink(e)lig: ~ **coordinates** rechtwink(e)lige Koordinaten; ~ **hyperbola** gleichseitige Hyperbel.

rec·ti·fi·a·ble [ˈrektɪfaɪəbl] *adj* **1.** zu berichtigen(d), korriˈgierbar: **a ~ error. 2.** *chem. math. tech.* rektifiˈzierbar. **3.** *electr.* gleichrichtbar. **ˌrec·ti·fiˈca·tion** [-fɪˈkeɪʃn] s **1.** Berichtigung f, Korrekˈtur f, Richtigstellung f. **2.** *tech.* Korrekˈtur f, (Null)Eichung f, richtige Einstellung (*e-s Instruments etc*). **3.** Beseitigung f, Behebung f (*e-s Übels etc*). **4.** *chem. math.* Rektifikatiˈon f. **5.** *electr.* Gleichrichtung f. **6.** *phot.* Entzerrung f. **ˈrec·ti·fi·er** [-faɪə(r)] s **1.** Berichtiger m. **2.** *chem. tech.* Rektifiˈzierappaˌrat m. **3.** *electr.* Gleichrichter m. **4.** *phot.* Entzerrungsgerät n.

rec·ti·fy [ˈrektɪfaɪ] *v/t* **1.** berichtigen, korriˈgieren, richtigstellen. **2.** rektifiˈzieren: a) *chem.* destilˈlieren: **to ~ spirit**, b) *math.* die Länge berechnen (*gen*): **to ~ an arc (a curve). 3.** *electr.* gleichrichten. **4.** *Übel etc* beseitigen, beheben.

rec·ti·lin·e·ar [ˌrektɪˈlɪnɪə(r)], *a.* **ˌrec·tiˈlin·e·al** [-əl] *adj* (*adv* ~**ly**) geradlinig.

rec·ti·tude [ˈrektɪtjuːd; *Am. a.* -ˌtuːd] s (*charakterliche*) Geradheit, Redlichkeit f, Rechtschaffenheit f, Aufrichtigkeit f, Korˈrektheit f.

rec·to [ˈrektəʊ] *pl* **-tos** s *print.* a) Rekto n, Vorderseite f *e-s* Blatts, b) rechte Seite *e-s* Buchs, c) Vorderseite f *e-r* Buchdecke *od.* *e-s* ˈSchutzumschlags.

rec·tor [ˈrektə(r)] s **1.** *relig.* Pfarrer m: a) *anglikanische Kirche:* Inhaber der Pfarre, der im Vollgenuß der Pfründe steht, b) *allg. geistliches Oberhaupt der Kirchengemeinde.* **2.** *univ.* Rektor m (*bes. in Deutschland*). **3.** *Scot.* a) (ˈSchul)Diˌrektor m, b) *meist* Lord R~ ehrenamtlicher Präsident of the **university court** an Universitäten. **ˈrec·tor·ate** [-rət] s **1.** Rektoˈrat n (*Amt od. Amtszeit e-s Rektors*). **2.** *relig.* a) Pfarrstelle f, b) Amt n *od.* Amtszeit f *e-s* Pfarrers. **recˈto·ri·al** [-ˈtɔːrɪəl] *adj* **1.** *relig.* Pfarr... **2.** *univ.* Rektorats... **ˈrec·tor·ship** s rectorate. **ˈrec·to·ry** [-tərɪ] s Pfarˈrei f, Pfarre f: a) Pfarrhaus n, b) *Br.* Pfarrstelle f, c) Kirchspiel n.

rec·tot·o·my [rekˈtɒtəmɪ; *Am.* -ˈtɑt-] s *med.* Mastdarmschnitt m, Rektotoˈmie f.

rec·trix [ˈrektrɪks] *pl* **-tri·ces** [-trɪsiːz; rekˈtraɪsiːz] s *orn.* Schwanzfeder f.

rec·tum [ˈrektəm] *pl* **-tums, -ta** [-tə] s *anat.* Mastdarm m, Rektum n.

re·cum·ben·cy [rɪˈkʌmbənsɪ] s **1.** liegende Stellung, Liegen n. **2.** *fig.* Ruhe (-lage, -stellung) f. **reˈcum·bent** *adj*

(*adv* ~**ly**) **1.** (sich zuˈrück)lehnend, liegend, *a. fig.* ruhend. **2.** *fig.* untätig. **3.** *bot. zo.* (zuˈrück-, an)liegend: ~ **hairs.**

re·cu·per·ate [rɪˈkjuːpəreɪt; *Am. a.* -ˈkuː-] **I** *v/i* **1.** sich erholen (*a. fig.*). **II** *v/t* **2.** *Gesundheit etc* ˈwiedererlangen. **3.** *Verluste etc* wiederˈgutmachen, wettmachen. **reˌcu·perˈa·tion** s Erholung f (*a. fig.*). **reˈcu·per·a·tive** [-rətɪv; *Am.* -ˌreɪtɪv] *adj* **1.** stärkend, kräftigend. **2.** Erholungs...: ~ **capacity** Erholungsfähigkeit f. **reˈcu·per·a·tor** [-reɪtə(r)] s *tech.* **1.** Rekupeˈrator m, Wärmeaustauscher m (*in Feuerungsanlagen*). **2.** Vorholer m: ~ **spring** Vorholfeder f.

re·cur [rɪˈkɜː; *Am.* rɪˈkɜːr] *v/i* **1.** ˈwiederkehren, sich wiederˈholen, wiederˈauftreten (*Problem, Symptom etc*): ~**ring disease** wiederkehrende Krankheit. **2.** *fig.* (*in Gedanken, im Gespräch*) zuˈrückkommen (**to** auf *acc*). **3.** *fig.* ˈwiederkehren (*Gedanken*). **4.** *fig.* zuˈrückgreifen (**to** auf *acc*). **5.** *math.* (periˈodisch) ˈwiederkehren: ~**ring curve**; ~**ring decimal** periodische Dezimalzahl; ~**ring continued fraction** (unendlicher) periodischer (Dezimal)Bruch. **reˈcur·rence** [rɪˈkʌrəns; *Am.* a. -ˈkɜːr-] s **1.** ˈWiederkehr f, Wiederˈauftreten n, -tauchen n (*e-s Problems etc*). **2.** Zuˈrückgreifen n (**to** auf *acc*). **3.** *fig.* Zuˈrückkommen n (*im Gespräch etc*) (**to** auf *acc*). **4.** *math.* Rekursiˈon f. **reˈcur·rent** *adj* (*adv* ~**ly**) **1.** ˈwiederkehrend, sich wiederˈholend. **2.** periˈodisch auftretend *od.* ˈwiederkehrend: ~ **fever** *med.* Rückfallfieber n. **3.** *anat. bot.* rückläufig. **4.** *math.* periˈodisch.

re·cur·sion [rɪˈkɜːʃn; *Am.* rɪˈkɜːrʒən] s *math.* Rekursiˈon f: ~ **formula** Rekursionsformel f. **reˈcur·sive** [-sɪv] *adj* rekurˈsiv: ~ **function.**

re·cur·vate [rɪˈkɜːvɪt; *Am.* rɪˈkɜːrveɪt] *adj* zuˈrückgebogen.

re·cu·san·cy [ˈrekjʊzənsɪ; rɪˈkjuː-] s **1.** *relig. hist.* Rekuˈsantentum n (*Ablehnung der anglikanischen Kirche*). **2.** Aufsässigkeit f. **rec·u·sant I** *adj* **1.** *relig. hist.* disˈsenˈtierend, die angliˈkanische Kirche ablehnend. **2.** aufsässig. **II** s **3.** *relig. hist.* Rekuˈsant(in).

re·cy·cle [ˌriːˈsaɪkl] *v/t* **1.** *tech.* Abfälle ˈwiederverwerten, -verwenden. **2.** *econ. Kapital* zuˈrückfließen lassen, zuˈrückschleusen. **ˌreˈcy·cling** s Reˈcycling n: a) *tech.* ˈWiederverwertung f, -verwendung f: ~ **center** *Am.* Sammelstelle f für Leergut; ~ **plant** Müllverwertungs- u. Sortieranlage f, b) *econ.* Rückschleusung f.

red [red] **I** *adj* **1.** rot: **the lights are ~** die Ampel steht auf Rot; → **paint** 5, **rag**[1] 1. **2.** rot, gerötet: ~ **with fury** rot vor Wut, zornrot. **3.** rot(glühend). **4.** rot(haarig). **5.** *zo.* rot, *bes.* fuchsfarben, kaˈstanienbraun. **6.** rot(häutig). **7.** blutbefleckt: **with ~ hands. 8.** *fig.* blutig: **a ~ battle. 9.** *oft* R~ *pol.* rot (*kommunistisch, sozialistisch etc*): R~ **Army** Rote Armee. **10.** *Br.* britisch (*die auf brit. Landkarten gewöhnlich rot markierten brit. Gebiete betreffend*).

II s **11.** Rot n (*rote Farbe, roter Farbstoff*): **to see** ~ *fig.* ˌrotseheˈn (*wütend werden*); **at** ~ bei Rot; **the lights are at ~** die Ampel steht auf Rot. **12.** Rot n (*rote Kleidung*): **dressed in ~** rot *od.* in Rot gekleidet. **13.** Rot n, Rouge n (*beim Roulettespiel etc*). **14. the ~** (*Billard*) der rote Ball. **15.** (*der*) Rote, Rothaut f (*Indianer*). **16.** *oft* R~ *pol.* Rote(r m) f (*Kommunistˈin], Sozialist[in] etc*). **17.** *econ.* a) (*für die Buchung von Defiziten gebrauchte*) rote Tinte, b) **the** ~ die Schulden- *od.* Debetseite (*e-s Kontos*), c) *fig.* Verlust m, Defizit n, Schulden *pl*: **to be in the** ~ in den roten

redact - redolence

Zahlen sein; **to be out of the ~** aus den roten Zahlen (heraus)sein.
re·dact [rɪˈdækt] v/t **1.** rediˈgieren, herˈausgeben. **2.** *e-e Erklärung etc* abfassen.
reˈdac·tion s **1.** Redaktiˈon f, Herˈausgeber pl. **2.** (Ab)Fassung f. **3.** Neubearbeitung f. **reˈdac·tor** [-tə(r)] s **1.** Herˈausgeber m. **2.** Verfasser m.
red¦ ad·mi·ral s zo. Admiˈral m (*Schmetterling*). ~ **al·gae** s pl bot. Rotalgen pl.
re·dan [rɪˈdæn] s mil. Reˈdan m, Flèche f, Pfeilschanze f.
red¦ ant s zo. Rote Waldameise. ~ **ash** s bot. Roteshe f. ˈ~-ˌ**bait·er** s Am. sl. Kommuˈnistenhasser(in). ˈ~-ˌ**bait·ing** s Am. sl. Kesseltreiben n gegen Kommuˈnisten, Kommuˈnistenhetze f. ~ **bark** s rote Chinarinde. ~ **blind·ness** s med. Rotblindheit f. ˌ~-ˈ**blood·ed** adj fig. a) eˈnergisch, viˈtal, akˈtiv, lebenssprühend: a ~ **man,** b) blutvoll, lebendig, spannend: a ~ **story. R~ Books** 1. Br. ˈAdelskaˌlender m. **2.** pol. Rotbuch n. ˈ~-ˈ**breast** s **1.** orn. Rotkehlchen n. **2.** ~ **red-breasted bream.** ˈ~-ˌ**breast·ed bream** s ichth. Sonnenfisch m. ˈ~-**brick u·ni·ver·si·ty** s Br. neuzeitliche (*später als Oxford u. Cambridge gegründete*) Universiˈtät. ˈ~-**bud** s bot. Judasbaum m. ~ **cab·bage** s bot. Rotkohl m, Rot-, Blaukraut n. ˈ~-**cap** s **1.** ˌRotkäppchen' n: a) Br. sl. Miliˈtärpoliˌzist m, b) Am. (Bahnhofs-) Gepäckträger m. **2.** orn. Stieglitz m, Distelfink m. ~ **card** s Fußball: rote Karte: **to be shown the** ~ die rote Karte (gezeigt) bekommen. ~ **car·pet** s (*bei Empfängen ausgerollter*) roter Teppich: **to give s.o. a ~ reception** (*od.* **treatment**) j-n mit ˌgroßem Bahnhof' empfangen. ~ **cent** s Am. colloq. roter Heller: **not to have a ~; not worth a ~. ~ clo·ver** s bot. Rotklee m. ˈ~-**coat** s hist. Rotrock m (*brit. Soldat*). ~ **cor·al** s zo. ˈEdelkoˌralle f. **R~ Cres·cent** s Roter Halbmond (*islamische Rotkreuzorganisation*). ~ **cross** s **1. R~ C~** Rotes Kreuz: a) *internationale Sanitätsdienstorganisation*, b) *ihr Abzeichen*. **2.** rotes Kreuz: a) Genfer Kreuz n, b) Georgskreuz n (*Wahrzeichen Englands*). **3. R~ C~** hist. a) Kreuzritter pl, b) (*das von den Kreuzfahrern vertretene*) Christentum.
redd [red] v/t Am. od. Scot. **1.** oft ~ **up** aufräumen, in Ordnung bringen. **2.** fig. e-e Sache bereinigen.
red deer s zo. **1.** Edel-, Rothirsch m. **2.** Virˈginiahirsch m im Sommerkleid.
red·den [ˈredn] **I** v/t röten, rot färben. **II** v/i rot werden: a) sich röten, b) erröten (at *über* acc; with *vor* dat).
red·den·dum [rəˈdendəm] pl **-da** [-də] s jur. Vorbehaltsklausel f.
red·dish [ˈredɪʃ] adj rötlich.
red·dle [ˈredl] → **raddle**.
rede [ri:d] poet. od. dial. **I** v/t **1.** j-m raten (to do zu tun). **2.** e-n Traum deuten, ein Rätsel lösen. **II** s **3.** Rat m. **4.** Plan m. **5.** Geschichte f. **6.** Lösung f (*e-s Rätsels*), Deutung f (*e-s Traums*).
re·dec·o·rate [ˌriːˈdekəreɪt] v/t ein Zimmer etc a) neu streichen, b) neu tapeˈzieren.
re·deem [rɪˈdiːm] v/t **1.** e-e Hypothek abzahlen, ablösen, amortiˈsieren, tilgen: **to ~ a mortgage. 2.** zuˈrückkaufen. **3.** econ. ein Staatspapier auslosen. **4.** ein Pfand etc einlösen: **to ~ a pawned watch. 5.** Gefangene etc los-, freikaufen. **6.** ein Versprechen erfüllen, einlösen, e-r Verpflichtung nachkommen. **7.** e-n Fehler etc wiederˈgutmachen, e-e Sünde abbüßen. **8.** e-e schlechte Eigenschaft aufwiegen, wettmachen, versöhnen mit: **~ing feature** ein versöhnender Zug. **9.** ausgleichendes Moment. **9.** *s-e Ehre, Rechte* ˈwiedererlangen, wiederˈherstellen: **to ~ one's hono(u)r. 10.** bewahren (from *vor* dat). **11.** (er)retten. **12.** befreien (from von). **13.** bes. relig. erlösen (from von). **reˈdeem·a·ble** adj (adv reˈdeemably) **1.** a) abzahlbar, ablösbar, tilgbar, b) abzuzahlen(d), zu tilgen(d): ~ **bonds** kündbare Obligationen; ~ **loan** Tilgungsdarlehen n. **2.** zuˈrückkaufbar. **3.** econ. auslosbar (*Staatspapier*). **4.** einlösbar (*Pfand etc, a. Versprechen etc*). **5.** wiederˈgutzumachen(d) (*Fehler*), abzubüßen(d) (*Sünde*). **6.** ˈwiedererlangbar, wiederˈherstellbar: ~ **rights. 7.** bes. relig. erlösbar. **reˈdeem·er** s **1.** Einlöser(in) (*e-s Pfandes etc*). **2.** (Er)Retter(in), Befreier(in): **the R~** relig. der Erlöser, der Heiland.
re·de·liv·er [ˌriːdɪˈlɪvə(r)] v/t **1.** j-n wieder befreien (from, out of aus, von). **2.** etwas zuˈrückgeben. **3.** wieder aushändigen *od.* ausliefern, rückliefern.
re·demp·tion [rɪˈdempʃn] s **1.** Abzahlung f, Ablösung f, Tilgung f, Amortisatiˈon f (*e-r Schuld etc*): ~ **fund** Am. Tilgungsfonds m; ~ **loan** Ablösungsanleihe f, Tilgungsanleihe f; ~ **reserve** Tilgungsrücklage f; ~ **value** Rückkaufs-, Tilgungswert m. **2.** Rückkauf m. **3.** Einkauf m (*Erwerb e-s Privilegs etc durch Kauf*). **4.** econ. a) Einlösbarkeit f (*von Banknoten*), b) Auslosung f (*von Staatspapieren*). **5.** Einlösung f (*e-s Pfandes etc*). **6.** Los-, Freikauf m (*e-r Geisel etc*). **7.** Einlösung f (*e-s Versprechens etc*). **8.** Wiederˈgutmachung f (*e-s Fehlers*), Abbüßung f (*e-r Sünde*). **9.** a) Wettmachen n (*e-s Nachteils*), Ausgleich m (für), Versöhnung f (*of mit e-m schlechten Zug*), b) versöhnender Zug. **10.** ˈWiedererlangung f, Wiederˈherstellung f (*e-s Rechts etc*). **11.** Bewahrung f, (Er)Rettung f, Befreiung f (from von): **past ~, beyond ~** hoffnungslos *od.* rettungslos (verloren). **12.** relig. Erlösung f: **in the year of our ~** 1648 im Jahre des Heils 1648.
re·demp·tive [rɪˈdemptɪv] adj relig. erlösend, Erlösungs-...
Red En·sign s Flagge der brit. Handelsmarine.
re·de·ploy [ˌriːdɪˈplɔɪ] v/t **1.** bes. mil. ˈumgrupˌpieren. **2.** mil., a. econ. verlegen. ˌ**re·deˈploy·ment** s **1.** mil. ˈUmgrupˌpierung f (*a. sport etc*), (Truppen)Verschiebung f. **2.** mil., a. econ. Verlegung f.
re·de·pos·it [ˌriːdɪˈpɒzɪt; Am. -ˈpɑ-] **I** v/t **1.** wieder depoˈnieren. **2.** Geld wieder einzahlen. **II** s **3.** neuerliche Depoˈnierung. **4.** Wiederˈeinzahlung f.
re·de·sign [ˌriːdɪˈzaɪn] v/t **1.** ˈumgestalten. **2.** ˈumkonstruˌieren, ˈumbauen.
re·de·vel·op [ˌriːdɪˈveləp] v/t **1.** neu entˈwickeln. **2.** phot. nachentwickeln. **3.** Gebäude, Stadtteil etc saˈnieren. ˌ**re·deˈvel·op·ment** s **1.** Neuentwicklung f. **2.** phot. Nachentwicklung f. **3.** Saˈnierung f: ~ **area** Sanierungsgebiet n.
ˈ**red-ˌeye** s Am. sl. ˌFusel' m (*billiger Whisky*). ˌ~-ˈ**eyed** adj **1.** zo. rotäugig (bes. Vogel). **2.** mit geröteten (bes. rotgeweinten) Augen. ˌ~-ˈ**faced** adj mit rotem Kopf. ~ **fir** s bot. mehrere amer. Tannen, bes. a) Prachttanne f, b) Douglastanne f. ~ **flag** s **1.** rote Fahne (*als Symbol der Revolution od. des Marxismus*). **2.** rote Siˈgnal- *od.* Warnflagge. ~ **fox** s zo. Rotfuchs m. ~ **gi·ant** s astr. roter Riese. ~ **grouse** s orn. Schottisches Moor- *od.* Schneehuhn. ~ **gum** s **1.** bot. a) (*ein*) austral. Eukaˈlyptus(baum) m, bes. Roteneukaˌlyptus m, b) Amer. Amberbaum m. **2.** a) Eukaˈlyptusholz n, b) Amberbaumholz n. **3.** getrockneter Eukaˈlyptussaft. ˌ~-ˈ**hand·ed** adj: **to catch s.o.** ~ j-n auf frischer Tat ertappen. ~ **hat** s a) Kardiˈnalshut m, b) (*Spitzname für*) Kardiˈnal m. ˈ~-**head** s Rothaarige(r m) f, ˌRotschopf' m. ˌ~-ˈ**head·ed** adj **1.** rothaarig. **2.** zo. rotköpfig. ~ **heat** s Rotglut f. ~ **her·ring** s **1.** Bückling m. **2.** fig. a) ˈAblenkungsmaˌnöver n, Finte f, b) falsche Spur *od.* Fährte: **to draw a ~ across the path** (*od.* **trail**) ein Ablenkungsmanöver durchführen, (*zur Irreführung*) e-e falsche Spur zurücklassen.
red·hi·bi·tion [ˌredhɪˈbɪʃn] s jur. Wandlung f (beim Kauf). **redˈhib·i·to·ry** [-bɪtərɪ; Am. -bəˌtɔːriː; -ˌtəʊ-] adj Wandlungs...: ~ **action** Wandlungsklage f; ~ **defect** Fehler m der Sache beim Kauf.
ˌ**red-**ˈ**hot** adj **1.** rotglühend. **2.** glühend heiß. **3.** fig. ˈüberschwenglich: ~ **enthusiasm. 4.** fig. hitzig, jähzornig. **5.** fig. allerneuest(er, e, es), brandaktˈuell: ~ **news. R~ In·di·an** s (bes. nordamer.) Indiˈaner(in).
red·in·gote [ˈredɪŋɡəʊt] s hist. Redinˈgote f (*langer Überrock od. Damenmantel*).
red ink s **1.** rote Tinte. **2.** fig. → red 17: **to go into ~** in die roten Zahlen geraten.
red·in·te·grate [reˈdɪntɪɡreɪt] v/t **1.** wiederˈherstellen. **2.** erneuern. **redˌin·teˈgra·tion** s **1.** Wiederˈherstellung f. **2.** Erneuerung f.
re·di·rect [ˌriːdɪˈrekt] **I** v/t **1.** e-n Brief etc ˈumadresˌsieren *od.* nachsenden. **2.** Verkehr ˈumleiten. **3.** s-n Gedanken etc e-e neue Richtung geben, s-e Einstellung etc neu ausrichten (**toward[s]** auf acc). **II** adj **4.** ~ **examination** jur. Am. abermalige Vernehmung e-s Zeugen (*durch die ihn nennende Partei*) nach dem Kreuzverhör. ˌ**re·diˈrec·tion** s **1.** ˈUmadresˌsierung f, Nachsendung f. **2.** ˈUmleitung f. **3.** Neuausrichtung f.
red i·ron ore s min. Roteisenstein m.
re·dis·count [ˌriːˈdɪskaʊnt] econ. **I** v/t **1.** rediskonˈtieren. **II** s **2.** Rediskonˈtierung f (*e-s Wechsels etc*). **3.** Redisˈkont m: ~ **rate** Am. Diskontsatz m. **4.** rediskonˈtierter Wechsel.
re·dis·cov·er [ˌriːdɪsˈkʌvə(r)] v/t ˈwiederentdecken. ˌ**re·disˈcov·er·y** s ˈWiederentdeckung f.
re·dis·trib·ute [ˌriːdɪˈstrɪbjuːt] v/t **1.** neu verteilen, ˈumverteilen. **2.** wieder verteilen. ˈ**reˌdis·triˈbu·tion** [-ˈbjuːʃn] s Neu-, ˈUmverteilung f.
ˌ**red-**ˈ**lat·tice** adj **1.** hist. Wirtshaus... **2.** obs. ordiˈnär. ~ **lead** [led] s chem. Mennige f. ~ **lead ore** [led] s min. Rotbleierz n. ˌ~-ˈ**let·ter day** s Freuden-, Glückstag m, denkwürdiger Tag. ~ **light** s **1.** rotes Licht (*als Warnsignal etc*). **2.** Rotlicht n: **to go through the ~s** bei Rot über die Kreuzung fahren *od.* gehen. **3.** fig. ˈWarnsiˌgnal n: **to see the ~** die Gefahr erkennen. ˌ~-ˈ**light dis·trict** s Bordellviertel n. ˌ~ˈ**lin·ing** s Am. die Praktik einiger Geldinstitute u. Versicherungen, den Bewohnern alter od. heruntergekommener Stadtteile (*aus Risikogründen*) Kredite, Hypotheken u. Versicherungsschutz zu verweigern. ~ **man** s irr Rothaut f, Indiˈaner m. ~ **ma·ple** s bot. Am. Rot-Ahorn m. ~ **meat** s rotes Fleisch (*vom Rind u. Schaf*).
red·ness [ˈrednɪs] s **1.** Röte f. **2.** Rötung f.
re·do [ˌriːˈduː] v/t irr **1.** nochmals tun *od.* machen. **2.** nochmals richten etc: **to ~ one's hair** sich nochmals frisieren. **3.** → redecorate.
red oak s bot. **1.** Roteiche f. **2.** Färbereiche f. **3.** Texas-Eiche f. **4.** Roteichenholz n.
red·o·lence [ˈredəʊləns; -də-] s **1.** Duft m, Wohlgeruch m. **2.** fig. Erinnerung f.

'red·o·lent *adj* **1.** duftend (**of**, **with** nach). **2. to be ~ of** (*od.* **with**) *fig.* etwas atmen, stark erinnern an (*acc*): **~ of mystery** geheimnisumwittert.

re·dou·ble [riːˈdʌbl] *I v/t* **1.** verdoppeln: **to ~ one's efforts. 2.** *Bridge:* dem Gegner Reˈkontra geben. *II v/i* **3.** sich verdoppeln. **4.** *Bridge:* Reˈkontra geben. *III s* **5.** *Bridge:* Reˈkontra *n*.

re·doubt [rɪˈdaʊt] *s* **1.** *mil. hist.* Reˈdoute *f.* **2.** *mil. hist.* Schanze *f.* **3.** *fig.* Bollwerk *n*.

reˈdoubt·a·ble *adj* (*adv* **redoubtably**) *rhet. od. iro.* **1.** furchtbar, schrecklich. **2.** gewaltig, reˈspekteinflößend.

re·dound [rɪˈdaʊnd] *v/i* **1.** ausschlagen *od.* gereichen (**to** zu *j-s Ehre, Vorteil etc*): **it will ~ to your advantage. 2.** zuˈteil werden *od.* zufallen *od.* erwachsen (**to**, **unto** *dat*; **from** aus). **3.** zuˈrückfallen, -wirken (**upon** auf *acc*).

red|ˈpen·cil *s* Rotstift *m*. **~-ˈpen·cil** *v/t* **1.** *e-n* Fehler *etc* anstreichen. **2.** mit dem Rotstift über *e-n* Text gehen, korriˈgieren. **~ ˈpep·per** *s bot.* **1.** → **cayenne (pepper). 2.** Roter Paprika, rote Paprikaschote.

ˈre·draft [ˌriːˈdrɑːft; *Am.* -ˈdræft] *I s* **1.** neuer Entwurf. **2.** *econ.* Rück-, Riˈkambiowechsel *m*. *II v/t* **3.** redraw I.

ˌre·ˈdraw [riːˈdrɔː] *I v/t irr* neu entwerfen. *II v/i econ.* zuˈrücktrasˌsieren (**on**, **upon** auf *acc*).

re·dress [rɪˈdres] *I v/t* **1.** ein Unrecht wiederˈgutmachen, *e-n* Schaden beheben: **to ~ a wrong. 2.** Mißstände abschaffen, abstellen, beseitigen, *e-r* Sache, *e-m* Übel *etc* abhelfen. **3.** das Gleichgewicht *etc* wiederˈherstellen (*a. fig.*): **to ~ the balance. 4.** *das Flugzeug* wieder aufrichten. **5.** *j-n* entschädigen. *II s* [*Am. a.* ˈriːdres] **6.** Wiederˈgutmachung *f* (*e-s Unrechts, Fehlers etc*), Abhilfe *f* (*a. jur.*): **legal ~** Rechtshilfe *f*; **to obtain ~ from s.o.** gegen *j-n* Regreß nehmen. **7.** Abschaffung *f*, Beseitigung *f*, Abstellung *f* (**von** *Mißständen*). **8.** Entschädigung *f* (**for** für).

ˌre·ˈdress [ˌriːˈdres] *I v/t* **1.** wieder anziehen *od.* ankleiden. **2.** von neuem zurichten. **3.** *e-e* Wunde neu verbinden. *II v/i* **4.** sich wieder anziehen.

red| ˈrib·bon *s* rotes Band (*des Bath-Ordens*). **R~ Rose** *s hist.* Rote Rose: a) das Haus Lancaster, b) sein Wahrzeichen. **~ ˈsan·dal·wood**, **~ ˈsan·ders** *s bot.* rotes Sandelholz. **R~ Sea** *s* Rotes Meer. **~ shift** *s astr. phys.* Rotverschiebung *f*. **~-ˈshort** *adj* rotbrüchig (*Eisen*). **ˈ~-skin** *s* Rothaut *f* (*Indianer*). **~ snow** *s* blutiger *od.* roter Schnee (*gefärbt durch e-e Blutalge*). **~ ˈspi·der** *s zo.* Blattspinnmilbe *f*, Rote Spinne. **ˈ~-start** *orn.* Rotschwänzchen *n*. **~ tape** *s fig.* ˌAmtsˈschimmel *m*, Bürokraˈtismus *m*, ˌPaˈpierkrieg *m*. **ˌ~-ˈtape** *adj* büroˈkratisch. **ˌ~-ˈtap·ism** *s* Bürokraˈtismus *m*. **ˌ~-ˈtap·ist** *s* Büroˈkrat(in).

re·duce [rɪˈdjuːs; *Am. a.* rɪˈduːs] *I v/t* **1.** herˈabsetzen, vermindern, -ringern, -kleinern, reduˈzieren (**by** um; **to** auf *acc*): **~d scale** verkleinerter Maßstab; **on a ~d scale** in verkleinertem Maßstab; **to ~ speed** langsamer fahren. **2.** *Preise* herˈabsetzen (*a. Waren*), ermäßigen (**from ... to** von ... auf *acc*): **to sell at ~d prices** zu herabgesetzten Preisen verkaufen; **at a ~d fare** zu ermäßigtem Fahrpreis. **3.** *im Rang, Wert etc* herˈabsetzen, -mindern, erniedrigen. **4.** *a.* **~ to the ranks** *mil.* degraˈdieren: **~ to the rank of** zum ... degradieren. **5.** schwächen, erschöpfen. **6.** (*finanziell*) einengen: → **circumstance** 3. **7.** (**to**) verwandeln (**in** *acc*, **zu**), machen (**zu**): **to ~ kernels** Kerne zermahlen *od.* zerstampfen *od.* zerkleinern; **to ~ to a heap of rubble** in e-n Schutthaufen verwandeln; **~d to a skeleton** zum Skelett abgemagert; **his anxiety ~d him to a nervous wreck** machte aus ihm ein Nervenbündel; → **pulp** 5. **8.** bringen (**to** zu, in *acc*): **to ~ to a system** in ein System bringen; **to ~ to rules** in Regeln fassen; **to ~ to order** in Ordnung bringen; **to ~ to writing** schriftlich niederlegen; **to ~ theories into practice** Theorien in die Praxis umsetzen. **9.** zuˈrückführen, reduˈzieren (**to** auf *acc*): **to ~ to absurdity** ad absurdum führen. **10.** zerlegen (**to** in *acc*). **11.** einteilen (**to** in *acc*). **12.** anpassen (**to** *dat od.* an *acc*). **13.** *chem. math.* reduˈzieren: **to ~ an equation** *e-e* Gleichung auflösen; **to ~ a fraction** *e-n* Bruch reduzieren *od.* kürzen; → **denominator** 1. **14.** *metall.* (aus)schmelzen (**from** aus). **15.** zwingen (**to do** zu tun), *zur Verzweiflung etc* bringen: **to ~ to despair**; **to ~ to obedience** zum Gehorsam zwingen; **to ~ to s.o. to poverty** (*od.* **beggary**) *j-n* an den Bettelstab bringen; **to ~ to silence** zum Schweigen bringen; **he was ~d to sell(ing) his house** er war gezwungen, sein Haus zu verkaufen; **~d to tears** zu Tränen gerührt. **16.** unterˈwerfen, besiegen, erobern. **17.** beschränken (**to** auf *acc*). **18.** *Farben etc* verdünnen. **19.** *phot. ein Negativ etc* abschwächen. **20.** *Beobachtungen* reduˈzieren (*auswerten*). **21.** *biol. e-e Zelle* reduzieren. **22.** *med.* einrenken, (wieder) einrichten. **23. to ~ one's weight (by five pounds)** (fünf Pfund) abnehmen.
II v/i **24.** (*an Gewicht*) abnehmen, *e-e* Abmagerungskur machen. **25.** *biol.* sich unter Chromoˈsomen-Redukti̩on teilen.

reˈduc·er *s* **1.** Verminderer *m*, Herˈabsetzer *m*. **2.** *chem.* Reduktiˈonsmittel *n*. **3.** *phot.* a) Abschwächer *m*, b) Entwickler *m*. **4.** *pharm.* Schlankheitsmittel *n*. **5.** *tech.* a) Rohrziermaˌschine, b) Reduˈzierstück *n*, c) → **reducing gear**, d) → **reducing valve**. **6.** *tech.* Verdünner *m*.

reˈduc·i·ble [rɪˈdjuːsəbl; *Am. a.* -ˈduː-] *adj* **1.** reduˈzierbar: **to ~ zuˈrückführbar to** auf (*acc*): **to be ~ to** sich reduzieren *od.* zurückführen lassen auf (*acc*); **to be ~ to a simpler form** sich vereinfachen lassen, b) *chem. math.* reduˈzibel, c) herˈabsetzbar. **2.** verwandelbar (**to**, **into** in *acc*).

reˈduc·ing|a·gent *s chem.* Reduktiˈonsmittel *n*. **~ ˈcou·pling** *s tech.* Reduktiˈons(verbindungs)stück *n*. **~ ˈdi·et** *s* Abmagerungskur *f*. **~ ˈgear** *s tech.* Unterˈsetzungsgetriebe *n*. **~ glass** *s* Verkleinerungsglas *n*. **~ press** *s tech.* Reduˈzierpresse *f*. **~ valve** *s tech.* Reduˈzierventil *n*.

re·duc·tase [rɪˈdʌkteɪz, -teɪs] *s med.* Reduˈktase *f* (*Enzym*).

re·duc·tion [rɪˈdʌkʃn] *s* **1.** Herˈabsetzung *f*, Verminderung *f*, -ringerung *f*, -kleinerung *f*, Reduˈzierung *f* (**by** um; **to** (*od.* **of**) *acc*): **~ in size** Verkleinerung; **~ in** (*od.* **of**) **prices** Preisherabsetzung, -ermäßigung *f*; **~ in** (*od.* **of**) **wages** Lohnkürzung *f*; **~ of staff** Personalabbau *m*; **~ of tariffs** Abbau *m* der Zölle. **2.** *econ.* Ermäßigung *f*, (Preis)Nachlaß *m*, Abzug *m*, Raˈbatt *m*. **3.** Verminderung *f*, Rückgang *m*. **4.** Verwandlung *f* (**into**, **to** in *acc*). **5.** Zuˈrückführung *f*, Reduˈzierung *f* (**to** auf *acc*). **6.** Zerlegung *f* (**to** in *acc*). **7.** *chem.* Reduktiˈon *f*. **8.** *math.* Reduktiˈon *f*, Kürzung *f* (*e-s Bruches*), Vereinfachung *f* (*e-s Ausdrucks*), Auflösung *f* (*von Gleichungen*). **9.** *Computer etc*: Reduktiˈon *f* (*Auswertung*). **10.** *metall.* (Aus)Schmelzung *f*. **11.** Unterˈwerfung *f* (**to** unter *acc*). **12.** Bezwingung *f*, *mil.* Niederkämpfung *f*. **13.** *phot.* Abschwächung *f* (*von Negativen*). **14.** *biol.* Reduktiˈon(steilung) *f*. **15.** *med.* Einrenkung *f*. **16.** verkleinerte Reproduktiˈon (*e-s Bildes etc*). **17.** *mus.* Auszug *m*: **piano ~**. **~ ˌcom·pass·es** *s pl* Reduktiˈonszirkel *m*. **~ diˈvi·sion** *s* reduction 14. **~ gear** *s tech.* Reduktiˈons-, Unterˈsetzungsgetriebe *n*. **~ ˌra·ti·o** *s tech.* Unterˈsetzungsverhältnis *n*.

reˈduc·tive [rɪˈdʌktɪv] *I adj* (*adv* **~ly**) **1.** vermindernd (**of** *acc*). **2.** *chem. math.* reduˈzierend (**of** *acc*). *II s* **3.** *chem.* Reduktiˈonsmittel *n*.

re·dun·dan·cy [rɪˈdʌndənsɪ], *a.* **re·ˈdun·dance** *s* **1.** ˈÜberfluß *m*, -fülle *f*, -maß *n*. **2.** ˈÜberflüssigkeit *f*, *econ. a.* ˌÜberflüssigwerden *n* (*von Arbeitskräften wegen Arbeitsmangel*): **dismissal for ~** Freistellung *f*, -setzung *f*; **~ ˈpay(ment)** Entlassungsabfindung *f*. **3.** Redunˈdanz *f*: a) ˈÜberladenheit *f* (*des Stils*), bes. Weitschweifigkeit *f*, b) unnötige Wiederˈholung(en *pl*). **4.** *Computer:* Redunˈdanz *f* (*Teile, die nicht zur eigentlichen Information gehören*).

re·ˈdun·dant [rɪˈdʌndənt] *adj* (*adv* **~ly**) **1.** überreichlich, -mäßig. **2.** a) überschüssig (*Kapital etc*), b) überflüssig (*a. econ.*): **~ workers** überflüssig gewordene Arbeitskräfte; **to make ~** freistellen, -setzen. **3.** üppig. **4.** überquellend, -fließend (**of**, **with** von). **5.** redunˈdant: a) überˈladen (*Stil etc*), bes. weitschweifig, b) pleoˈnastisch. **~ verb** *s ling.* Zeitwort *n* mit mehr als ˈeiner Form (*für e-e Zeit*).

re·du·pli·cate [rɪˈdjuːplɪkeɪt; *Am. a.* -ˈduː-] *v/t* **1.** verdoppeln. **2.** wiederˈholen. **3.** *ling.* redupliˈzieren. **re·ˌdu·pli·ˈca·tion** *s* **1.** Verdopp(e)lung *f*. **2.** Wiederˈholung *f*. **3.** *ling.* a) Reduplikatiˈon *f*, b) Reduplikatiˈonsform *f*. **re·ˈdu·pli·ca·tive** [rɪˈdjuːplɪkətɪv; *Am. a.* -ˌkeɪtɪv; -ˈduː-] *adj* **1.** verdoppelnd. **2.** wiederˈholend. **3.** *ling.* redupliˈzierend.

ˈred·ware *s* **1.** *bot.* Fingertang *m*. **2.** rote Töpferware. **~ ˈwa·ter** *s* **1.** (*bes. durch Eisenverbindungen*) rotes Wasser. **2.** (*durch Dinoflagellaten*) rotes Meerwasser. **3.** *med.*, *bes. vet.* Blutharnen *n*. **~ ˈwood** *s bot.* **1.** Redwood *n*, Rotholz *n*. **2.** rotholzˌliefernder Baum, bes. a) ˈEibenˌquoie *f*, b) Roter Sandholzbaum.

re·dye [ˌriːˈdaɪ] *pres p* -ˈdye·ing *v/t* **1.** nachfärben. **2.** ˈumfärben.

ree [riː] → reeve³.

re-ech·o [ˌriːˈekəʊ] *I v/i* **1.** ˈwiderhallen (**with** von). *II v/t* **2.** ˈwiderhallen lassen. **3.** echoen, wiederˈholen.

reed [riːd] *I s* **1.** *bot.* Schilf(gras) *n*, bes. a) Schilfrohr *n*, Ried(gras) *n*, b) Schalˈmeien-, Pfahlrohr *n*. **2.** (*einzelnes*) (Schilf)Rohr: **broken ~** *fig.* schwankes Rohr. **3.** *collect.* a) Schilf *n*, Röhricht *n*, b) Schilf(rohr) *n* (*als Material*). **4.** *Br.* (Dachdecker)Stroh *n*. **5.** *poet.* Pfeil *m*. **6.** *mus.* a) Rohr-, Hirtenflöte *f*, b) (Rohr-) Blatt *n*, c) → **reed stop**, d) *a.* ˈinstrument ˈRohrblatt-, ˈZungeninstruˌment *n*: **the ~s** die Rohrblattinstrumente (*e-s Orchesters*), e) Zunge *f* (*der Zungeninstruˌmente*). **7.** *arch.* Rundstab *m*. **8.** *electr. tech.* Zunge *f*, ˈZungenkonˌtakt *m*. **9.** *tech.* Weberkamm *m*, Blatt *n*. *II v/t* **10.** *das Dach* mit Schilf(rohr) decken. **11.** *arch.* mit Rundstäben verzieren. **12.** *mus.* mit *e-m* Rohrblatt versehen. **ˈ~ˌbird** *s orn. Am.* Reisstärling *m*. **ˈ~ˌbuck**[*pl* **-bucks**, *bes. collect.* **-buck**] *s zo.* Riedbock *m*. **~ ˈbun·ting** *s orn.* Rohrammer *f*.

re-ed·it [ˌriːˈedɪt] *v/t Bücher etc* neu herˈausgeben. **re-e·di·tion** [ˌriːɪˈdɪʃn] *s* Neuausgabe *f*.

ˈreed·ling [ˈriːdlɪŋ] *s orn.* Schilf-, Bartmeise *f*.

reed| mace *s bot. Br.* (*bes.* Breitblättriger) Rohrkolben. ~**or·gan** s mus. Harmonium n. ~ **pipe** s mus. Zungenpfeife f (bes. der Orgel). ~ **stop** s mus. Zungenstimme f (der Orgel). ~ **switch** s electr. Zungenschalter m. ~ **thrush** s orn. Drosselrohrsänger m.

re·ed·u·cate [ˌriːˈedjʊkeɪt; Am. -dʒə-] v/t umerziehen, umschulen. **ˈreˌed·uˈca·tion** s Umerziehung f, Umschulung f: ~ **camp** pol. Umerziehungslager n.

reed voice s mus. Zungenstimme f (der Orgel). ~ **war·bler** s orn. (bes. Teich-)Rohrsänger m.

reed·y [ˈriːdɪ] adj 1. schilfig, schilfbedeckt, -reich. 2. bes. poet. Rohr... 3. lang u. schlank. 4. dünn, schwach (Arme etc). 5. schrill (Stimme).

reef¹ [riːf] s 1. geol. Riff n. 2. Bergbau: a) Flöz n, b) Ader f, c) (bes. goldführender Quarz)Gang.

reef² [riːf] mar. I s 1. Reff n: to take (in) a ~ a) ein Segel reffen, b) fig. ,bremsen', ,kürzertreten'. II v/t 2. Segel reffen. 3. Stenge, Bugspriet verkürzen.

reef·er [ˈriːfə(r)] s 1. mar. a) Reffer m, b) sl. ˈSeekaˌdett m, c) a. reefing jacket Ma'trosenjacke f, d) Am. sl. Kühlschiff n. 2. Am. sl. a) mot. rail. Kühlwagen m, b) Kühlschrank m. 3. sl. (selbstgedrehte) Marihu'anaziga,rette.

reef knot s mar. Kreuzknoten m.

reek [riːk] I s 1. Gestank m, (üble) Ausdünstung, (bes. starker u. schlechter) Geruch: ~ **of blood** Blutgeruch. 2. schlechte, bes. muffige Luft. 3. Dampf m, Dunst m, (Zigarren- etc)Qualm m. 4. Scot. od. poet. Rauch m. II v/i 5. stinken, (stark u. schlecht) riechen (**of**, **with** nach). 6. dampfen, rauchen (**with** von). 7. (of, with) fig. stark riechen (nach), geschwängert od. durchˈdrungen od. voll sein (von). III v/t 8. Rauch, Dampf etc ausströmen (a. fig.). **ˈreek·y** adj 1. stinkig, stinkend. 2. dampfend, Dämpfe od. Dünste ausströmend. 3. rauchig.

reel¹ [riːl] I s 1. Haspel f, (Garn- etc)Winde f: off the ~ a) in ˈeinem Zug, hintereinander weg, b) aus dem Handgelenk, sofort. 2. (Garn-, Kabel-, Papier-, Schlauch- etc)Rolle f, (Bandmaß-, Farbband-, Film-, Garn-, Tonband- etc)Spule f: ~ **seat belt** mot. Automatikgurt m. 3. Rolle f (zum Aufwinden der Angelschnur). 4. Film: a) Film(streifen) m, b) (Film)Akt m. II v/t 5. ~ **up** aufspulen, -wickeln, -rollen, auf e-e Spule od. Rolle wickeln. 6. meist ~ **in**, ~ **up** einholen: to ~ **off** a) abspulen, abspulen, b) fig. ,herˈunterrasseln': **to ~ off a story**.

reel² [riːl] I v/i 1. sich (schnell) drehen, wirbeln: **my head ~s** mir dreht sich alles, mir ist schwindlig; **the room ~ed before his eyes** das Zimmer drehte sich vor s-n Augen. 2. wanken, taumeln: to ~ **back** zurücktaumeln. 3. ins Wanken geraten (Truppen etc). II v/t 4. schnell (herˈum)wirbeln. III v/i 5. Wirbel(n n) m, Drehen n. 6. Taumeln n, Wanken n. 7. fig. Taumel m, Wirbel m.

reel³ [riːl] I s Reel m (schottischer Volkstanz). II v/i (e-n) Reel tanzen.

re-eˈlect [ˌriːɪˈlekt] v/t ˈwiederwählen. **ˌre-eˈlec·tion** s ˈWiederwahl f.

re-eˈli·gi·ble [ˌriːˈelɪdʒəbl] adj ˈwiederˌwählbar.

re-emˈbark [ˌriːemˈbɑː(r)k] v/t u. v/i mar. (sich) wieder einschiffen. **re-emˌbarˈka·tion** [ˈriːˌembɑː(r)ˈkeɪʃn] s mar. Wiederˈeinschiffung f.

re-eˈmerge [ˌriːɪˈmɜːdʒ; Am. -ˈmɜːrdʒ] v/i 1. wieder auftauchen. 2. wieder ˈauftreten. **ˌre-eˈmer·gence** s Wiederˈauftauchen n, fig. a. Wiederˈauftreten n.

re-enˈact [ˌriːɪnˈækt] v/t 1. neu verordnen, wieder in Kraft setzen. 2. thea. neu inszeˈnieren. 3. wiederˈholen, e-n Tathergang (für die Polizei) demonˈstrieren od. rekonstruˈieren. **ˌre-enˈact·ment** s 1. Wiederˈinkraftsetzung f. 2. thea. ˈNeuinszeˌnierung f.

re-enˈgage [ˌriːɪnˈɡeɪdʒ] v/t j-n wieder an- od. einstellen.

re-enˈlist [ˌriːɪnˈlɪst] v/t u. v/i mil. (sich) weiter- od. ˈwiederverˌpflichten, (nur v/i) kapituˈlieren: ~ed **man** Kapitulant m. **ˌre-enˈlist·ment** s mar. mil. Wiederˈanwerbung f, Weiterverpflichtung f.

re-enˈter [ˌriːˈentə(r)] I v/t 1. wieder betreten, wieder eintreten in (acc). 2. wieder eintragen (in e-e Liste etc). 3. fig. wieder ˈeintreten in (acc): **to ~ s.o.'s service**. 4. tech. a) Sekundärfarben auftragen (beim Kattundruck), b) Kupferplatten nachstechen. II v/i 5. wieder eintreten (**into** in acc). 6. fig. wieder ˈeintreten: **to ~ into one's rights** jur. wieder in s-e Rechte eintreten. **ˌre-enˈter·ing** adj math. einspringend: ~ **angle**.

re-enˈtrant [ˌriːˈentrənt] I adj → re-entering. II s einspringender Winkel. **reˈen·try** [-trɪ] s 1. Wiederˈeintreten n, -eintritt m (a. jur. in den Besitz, z. Raumfahrt: in die ˈErdatmoˌsphäre). 2. a. ~ **card** (Bridge, Whist) Führungsstich m.

re-esˈtab·lish [ˌriːɪˈstæblɪʃ] v/t 1. Ordnung etc wiederˈherstellen. 2. wiederˈeinführen, neu gründen.

reeve¹ [riːv] s Br. 1. hist. Vogt m, Statthalter m (Vertreter der Krone). 2. Gemeindevorsteher m (a. in Kanada). 3. obs. Aufseher m.

reeve² [riːv] v/t pret u. pp **reeved** od. **rove** [rəʊv] 1. mar. a) das Tauende (ein)scheren, b) das Tau ziehen (**around** um; **through** durch etc). 2. sich (vorsichtig) hinˈdurchwinden durch: **the ship ~d the shoals**.

reeve³ [riːv] s orn. Kampfschnepfe f.

re-exˈam·iˈna·tion [ˌriːɪɡˌzæmɪˈneɪʃn] s 1. Nachprüfung f, Wiederˈholungsprüfung f. 2. jur. a) nochmalige (Zeugen-)Vernehmung (durch den Anwalt der Partei, die den Zeugen benannt hat), b) nochmalige Unterˈsuchung. **ˌre-exˈam·ine** v/t 1. nochmals prüfen. 2. jur. a) e-n Zeugen nochmals vernehmen, b) e-n Fall nochmals unterˈsuchen.

re-exˈchange [ˌriːɪksˈtʃeɪndʒ] s 1. Rücktausch m. 2. econ. a) Rück-, Gegenwechsel m, b) Rückwechselkosten pl.

re-exˈport econ. I v/t [ˌriːɪkˈspɔː(r)t] 1. importierte Waren wiederˈausführen. II s [ˌriːˈekspɔː(r)t] 2. → re-exportation. 3. wieder ˈausgeführte Ware. **ˈre-ˌex·porˈta·tion** s Wiederˈausfuhr f.

ref [ref] s sport colloq. a) ˌSchiriˈ m (Schiedsrichter), b) Boxen: Ringrichter m.

re-face [ˌriːˈfeɪs] v/t arch. mit e-r neuen Fasˈsade versehen.

re-fashˈion [ˌriːˈfæʃn] v/t ˈumgestalten, ˈummodeln.

reˈfec·tion [rɪˈfekʃn] s 1. Erfrischung f, Stärkung f. 2. Imbiß m.

reˈfec·to·ry [rɪˈfektərɪ] s 1. Refekˈtorium n (Speiseraum in Klöstern etc). 2. univ. etc Mensa f.

reˈfer [rɪˈfɜː; Am. rɪˈfɜːr] I v/t 1. verweisen, ˈhinweisen (**to** auf acc): **this mark ~s the reader to a footnote**. 2. j-n (bes. um Auskunft, Referenzen etc) verweisen (**to** an j-n). 3. (**to**) (zur Entscheidung etc) überˈgeben (dat), überˈweisen (an acc): **to ~ a bill to a committee** parl. e-e Vorlage an e-n Ausschuß überweisen; **to ~ a patient to a specialist** e-n Patienten an e-n Facharzt überweisen; **to ~ back** jur. e-e Rechtssache zurückverweisen (**to** an die Unterinstanz); ~ **to drawer** (abbr. R.D.) econ. an Aussteller zurück. 4. (**to**) zuschreiben (dat), zuˈrückführen (auf acc): **to ~ superstition to ignorance**. 5. (**to** e-r Klasse etc) zuordnen, zuweisen. 6. e-e Bemerkung etc, a. e-n Wert beziehen (**to** auf acc): ~**red to 100 degrees centigrade** bezogen auf 100° C. II v/i 7. (**to**) verweisen, ˈhinweisen, sich beziehen, Bezug nehmen (auf acc), betreffen (acc): **this footnote ~s to a later entry**; **to ~ to s.th. briefly** e-e Sache streifen od. kurz erwähnen; ~**ring to my letter** Bezug nehmend od. mit Bezug auf mein Schreiben; **the point ~red to** der erwähnte od. betreffende Punkt. 8. Bezug nehmen, sich beziehen od. berufen (**to** s.o. auf j-n): **you may ~ to me** in your applications. 9. (**to**) sich wenden (an acc), (a. weitS. die Uhr, ein Buch etc) befragen, konsulˈtieren.

ref·er·a·ble [rɪˈfɜːrəbl; Am. -ˈfɜːr-; bes. ˈrefərəbl] adj (**to**) 1. zuzuschreiben(d) (dat). 2. zuzuordnen(d) (dat). 3. sich beziehend (auf acc), bezüglich (gen).

ref·er·ee [ˌrefəˈriː] I s 1. a) bes. jur. sport Schiedsrichter m, 'Unparˌteiische(r) m, b) Boxen: Ringrichter m, c) jur. Sachverständige(r) m, Bearbeiter m, Refeˈrent m, d) jur. beauftragter Richter. 2. parl. Refeˈrent m, Berichterstatter m. 3. Br. Refeˈrenz f (Auskunftgeber): **to act as a ~ for s.o.** j-m als Referenz dienen. II v/t 4. a) bes. jur. sport als Schiedsrichter fungˈieren bei, b) sport Kampf leiten, Spiel a. pfeifen. III v/i 5. a) bes. jur. sport als Schiedsrichter fungˈieren, sport a. pfeifen, b) Boxen: als Ringrichter fungˈieren.

ref·er·ence [ˈrefrəns; Am. a. ˈrefərns] I s 1. Verweis(ung f) m, ˈHinweis m (**to** auf acc): (**list of**) ~**s** a) Liste f der Verweise, b) Quellenangabe f, Literaturverzeichnis n; **mark of** ~ a 2 u. a. 4. 2. a) Verweiszeichen n, b) Verweisstelle f, c) Beleg m, ˈUnterlage f. 3. Bezugnahme f (**to** auf acc): **in** (od. **with**) ~ **to** bezüglich (gen); **to have** ~ **to** sich beziehen auf (acc); **terms of** ~ Richtlinien f. 4. a. ~ **number** Akten-, Geschäftszeichen n. 5. (**to**) Anspielung f (auf acc), Erwähnung f (gen): **to make** ~ **to s.th.** etwas erwähnen, auf etwas anspielen. 6. (**to**) Zs.-hang m (mit), Beziehung f (zu): **to have no** ~ **to** nichts zu tun haben mit; **with** ~ **to him** was ihn betrifft. 7. Berücksichtigung f (**to** gen): **without** ~ **to**. 8. (**to**) Nachschlagen n, -sehen n (**in** dat), Befragen n, Konsulˈtieren n (gen): **book** (od. **work**) **of** ~ Nachschlagewerk n; ~ **library** a) Nachschlagebibliothek f, b) (öffentliche) Handbibliothek f; **for future** ~ zur späteren Verwendung. 9. (**to**) Befragung f (gen), Rückfrage f (bei): **without** ~ **to a higher authority**. 10. jur. Überˈweisung f (e-r Sache) (**to an** ein Schiedsgericht etc). 11. Zuständigkeit(sbereich m) f: **outside our** ~. 12. a) Refeˈrenz(en pl) f, Empfehlung(en pl) f: **for** ~ **please apply to** um Referenzen wenden Sie sich bitte an (acc); **may I use your name as a** ~? darf ich mich auf Sie berufen?, b) allg. Zeugnis n: **he had excellent** ~**s**, c) Refeˈrenz f (Auskunftgeber): **to give** ~**s** Referenzen angeben; **to act as** ~ **for s.o.** j-m als Referenz dienen. II v/t 13. Verweise anbringen in e-m Buch. III adj 14. bes. tech. Bezugs...: ~ **frequency**; ~ **line** a) math. Bezugslinie f, b) Radar: Basislinie f; ~ **value** Bezugs-, Richtwert m. 15. psych. Bezugs...: ~ **group**.

ref·er·enˈda·ry [ˌrefəˈrendərɪ] s jur. hist. a) Beisitzer m (e-r Kommission), b) Überˈprüfer der an den König gerichteten Bittschriften.

ref·er·enˈdum [ˌrefəˈrendəm] pl

referential – refresh

-dums, -da [-də] *s pol.* Refe'rendum *n*, Volksentscheid *m*, -befragung *f*, -begehren *n*: **to hold a ~** ein Referendum durchführen *od.* abhalten.
ref·er·en·tial [ˌrefə'renʃl; *Am.* -tʃəl] *adj* **1.** sich beziehend (**to** auf *acc*). **2.** Verweisungs...: **~ mark** Verweiszeichen *n*.
re·fill [ˌriːˈfɪl] **I** *v/t* **1.** wieder füllen, nach-, auffüllen. **II** *v/i* **2.** sich wieder füllen. **III** *s* ['riːfɪl] **3.** Nachfüllung *f*, bes. a) *pharm. etc* Ersatzpackung *f*, b) (*Bleistift-, Kugelschreiber*)Mine *f*, c) Einlage *f* (*in e-m Ringbuch*). **4. would you like a ~?** *colloq.* darf ich nachschenken? **IV** *adj* → **refillable.** ˌre'fill·a·ble *adj* nachfüllbar, Nachfüll...
re·fi·nance [ˌriːfaɪˈnæns] *v/t econ.* **1.** neu finan'zieren. **2.** refinan'zieren.
re·fine [rɪˈfaɪn] **I** *v/t* **1.** *chem. tech.* raffi'nieren, läutern, veredeln, *bes.* a) *Eisen* frischen, b) *Metall* feinen, c) *Stahl* gar machen, d) *Glas* läutern, e) *Petroleum, Zucker* raffi'nieren. **2.** *fig.* verbessern, verfeinern, kulti'vieren, weiterentwickeln: **to ~ one's style** s-n Stil verfeinern. **3.** *fig.* läutern, vergeistigen. **II** *v/i* **4.** sich läutern. **5.** sich verfeinern *od.* verbessern. **6.** klügeln, (her'um)tüfteln (**on, upon** an *dat*). **7. ~ upon** weiterentwickeln, verbessern. **re'fined** *adj* **1.** *chem. tech.* geläutert, raffi'niert, Fein...: **~ copper** Garkupfer *n*; **~ iron** Raffinier-, Paketstahl *m*; **~ lead** Raffinat-, Weichblei *n*; **~ silver** Brand-, Blicksilber *n*; **~ steel** Edelstahl *m*; **~ sugar** Feinzucker *m*, Raffinade *f*. **2.** *fig.* gebildet, vornehm, fein, kulti'viert: **~ manners. 3.** *fig.* geläutert, vergeistigt. **4.** *fig.* raffi'niert, sub'til, verfeinert. **5.** ('über)fein, (-)genau. **re'fined·ly** [-ɪdlɪ] *adv zu* refined. **re'fine·ment** *s* **1.** Feinheit *f*, Vornehmheit *f*, gebildetes Wesen, Kulti'viertheit *f*. **2.** Verfeinerung *f*: a) Weiterentwicklung *f*, b) Vervollkommnung *f*. **3.** Feinheit *f* (*der Sprache etc*). **4.** Raffi'nesse *f* (*des Geschmacks etc*). **5.** Klüge'lei *f*, Spitzfindigkeit *f*. **6.** → **refining** 1. **re'fin·er** *s* **1.** *tech.* a) (Eisen)Frischer *m*, b) Raffi'neur *m*, (Zucker)Sieder *m*, c) (Silber-)Abtreiber *m*. **2.** Verfeinerer *m*. **3.** Klügler(in), Haarspalter(in). **re'fin·er·y** [-nərɪ] *s tech.* **1.** (Öl-, Zucker- etc)Raffine'rie *f*. **2.** (Eisen-, Frisch)Hütte *f*. **re'fin·ing** *s* **1.** *chem. tech.* Raffi'nierung *f*, Läuterung *f*, Veredelung *f*, *bes.* a) Frischen *n* (*des Eisens*), b) Feinen *n* (*des Metalls*), c) Läutern *n* (*des Glases*), d) Raffi'nieren *n* (*des Zuckers*): **~ process** Veredelungsverfahren *n*; **~ furnace** Frisch-, Feinofen *m*. **2.** *fig.* Verfeinerung *f*, Kulti'vierung *f*, Verbesserung *f*, Weiterentwicklung *f*. **3.** *fig.* Läuterung *f*, Vergeistigung *f*.
re·fit [ˌriːˈfɪt] **I** *v/t* **1.** wieder in'stand setzen, ausbessern. **2.** neu ausrüsten *od.* ausstatten. **II** *v/i* **3.** wieder in'stand gesetzt werden, repa'riert *od.* über'holt werden. **4.** sich neu ausrüsten. **III** *s* [*a.* 'riːfɪt] **5.** Wiederin'standsetzung *f*, Ausbesserung *f*. **6.** Neuausrüstung *f*. ˌre'fit·ment → refit III.
re·fla·tion [riːˈfleɪʃn] *s econ.* Reflati'on *f* (*Wirtschaftsbelebung durch Geldschöpfung u. Exportförderung*).
re·flect [rɪˈflekt] **I** *v/t* **1.** *Strahlen, Wellen etc* reflek'tieren, zu'rückwerfen, -strahlen: **~ed wave** reflektierte Welle, Echowelle *f*; **to be ~ed** in sich spiegeln in (*dat*); **to shine with ~ed light** *fig.* sich im Ruhm e-s anderen sonnen. **2.** *ein Bild etc* reflek'tieren, ('wider)spiegeln: **~ing microscope** Spiegelmikroskop *n*; **~ing telescope** Spiegelteleskop *n*. **3.** *fig.* ('wider)spiegeln, zeigen: **it ~s the ideas of the century; to be ~ed in** a) sich (wi-

der)spiegeln in (*dat*), b) s-n Niederschlag finden in (*dat*); **our prices ~ your commission** unsere Preise enthalten Ihre Provision. **4.** einbringen (**on** *dat*): **to ~ credit on s.o.** j-m Ehre machen. **5.** dar'über nachdenken, über'legen (**that** daß; **how** wie). **6.** zu'rückbiegen. **II** *v/i* **7.** reflek'tieren. **8.** (**on, upon**) nachdenken *od.* -sinnen (über *acc*), über'legen (*acc*). **9. ~ (up)on** a) sich abfällig äußern über (*acc*), b) ein schlechtes Licht werfen auf (*acc*), c) (*etwas*) (ungünstig) beeinflussen, sich auswirken auf (*acc*).
re·flec·tion [rɪˈflekʃn] *s* **1.** *phys.* Reflexi'on *f*, Reflek'tierung *f*, Zu'rückwerfung *f*, -strahlung *f*: **plane of ~** Reflexionsebene *f*. **2.** ('Wider)Spiegelung *f* (*a. fig.*), Re'flex *m*, 'Widerschein *m*: **a faint ~ of** *fig.* ein schwacher Abglanz (**gen**). **3.** Spiegelbild *n*. **4.** *fig.* Auswirkung *f*, Einfluß *m*. **5.** Über'legung *f*, Erwägung *f*: **on ~** nach einigem Nachdenken, wenn ich (*etc*) es mir recht überlege; **to cause ~** nachdenklich stimmen. **6.** Reflexi'on *f*: a) Betrachtung *f*, b) (tiefer) Gedanke *od.* Ausspruch: **~s on love** Reflexionen *od.* Betrachtungen *od.* Gedanken über die Liebe. **7.** abfällige Bemerkung (**on** über *acc*). **8.** Anwurf *m*, Anschuldigung *f*: **to cast ~s upon** ein schlechtes Licht setzen; **to be a ~ on s.th.** ein schlechtes Licht auf e-e Sache werfen. **9.** *bes. anat. zo.* a) Zu'rückbiegung *f*, b) zu'rückgebogener Teil. **10.** *physiol.* Re'flex *m*.
re·flec·tive [rɪˈflektɪv] *adj* (*adv* ~ly) **1.** reflek'tierend, zu'rückwerfend, -strahlend. **2.** ('wider)spiegelnd. **3.** nachdenklich, besinnlich. **4.** gedanklich.
re·flec·tor [rɪˈflektə(r)] *s* **1.** *phys.* Re'flektor *m* (*a. e-r Antenne*). **2.** a) Spiegel *m*, b) Rückstrahler *m*, Katzenauge *n* (*an Fahrzeugen*), c) Scheinwerfer *m*. **3.** Re'flektor *m*, 'Spiegeltele‚skop *n*.
re·flex ['riːfleks] **I** *s* **1.** *physiol.* Re'flex *m*: **~ movement** Reflexbewegung *f*; **~ response** Reflexwirkung *f*, Reaktion *f* auf e-n Reiz. **2.** ('Licht)Re‚flex *m*, 'Widerschein *m* (**from** von). **3.** *fig.* Abglanz *m* (**of** *gen*). **4.** Spiegelbild *n* (*a. fig.*): **~ camera** *phot.* Spiegelreflexkamera *f*; **to be a ~ of** *fig.* etwas widerspiegeln. **5.** *electr.* Re'flexempfänger *m*. **II** *adj* **6.** *physiol.* Reflex... **7.** Rück..., Gegen... **8.** introspek'tiv, reflek'tierend (*Gedanken*). **9.** reflek'tiert, zu'rückgeworfen (*Licht etc*). **10.** zu'rückgebogen. **11.** *math.* einspringend: **~ angle.** **12.** *electr.* Reflex...: **~ flexed** [rɪˈflekst] → reflex 10. **re'flex·i·ble** *adj* reflek'tierbar.
re·flex·ion *Br. für* reflection.
re·flex·ive [rɪˈfleksɪv] **I** *adj* (*adv* ~ly) **1.** *ling.* refle'xiv, rückbezüglich, Reflexiv...: **~ pronoun** → 4 a; **~ verb** → 4 b. **2.** → **reflective. 3.** → **reflex** 8. **II** *s* **4.** *ling.* a) Reflexivpro‚nomen *n*, rückbezügliches Fürwort, b) refle'xives Verb, rückbezügliches Zeitwort, c) refle'xive Form.
re·float [ˌriːˈfləʊt] *mar.* **I** *v/t* ein Schiff wieder flottmachen. **II** *v/i* wieder flott werden.
ref·lu·ence ['reflʊəns] → **reflux** 1. **'ref·lu·ent** *adj* zu'rückfließend, -flutend.
re·flux ['riːflʌks] *s* **1.** Zu'rückfließen *n*, -fluten *n*: → **flux** 4. **2.** *econ.* (Kapital- etc) Rückfluß *m*.
re·for·est [ˌriːˈfɒrɪst; *Am. a.* -'fɑː-] → **reafforest**.
re·form [rɪˈfɔːm] **I** *s* **1.** *pol. etc* Re'form *f*, Verbesserung *f*. **2.** Besserung *f*: **~ school** *Br. hist. od. Am.* Besserungsanstalt *f*. **II** *v/t* **3.** refor'mieren, verbessern. **4.** j-n bessern. **5.** beseitigen: **to ~ an abuse. 6.** *jur. Am.* e-e Urkunde berichtigen. **III** *v/i* **7.** sich bessern.

re-form [ˌriːˈfɔː(r)m] **I** *v/t* 'umformen, 'umgestalten, 'umbilden. **II** *v/i* sich 'umformen.
ref·or·ma·tion [ˌrefə(r)ˈmeɪʃn] *s* **1.** Refor'mierung *f*. **2.** Besserung *f* (*des Lebenswandels etc*). **3. the R~** *relig.* die Reformati'on. **4.** *jur. Am.* Berichtigung *f* (*e-r Urkunde*).
re-for·ma·tion [ˌriːfɔː(r)ˈmeɪʃn] *s* 'Umformung *f*, 'Umbildung *f*, 'Um-, Neugestaltung *f*.
ref·or·ma·tion·al [ˌrefə(r)ˈmeɪʃənl; *Am. a.* -ʃnəl] *adj* **1.** Reform..., Reformierungs... **2. R~** *relig.* Reformations...
re·form·a·tive [rɪˈfɔː(r)mətɪv] → **reformational**.
re-form·a·tive [ˌriːˈfɔː(r)mətɪv] *adj* neubildend, -gestaltend, Um-, Neugestaltungs...
re·form·a·to·ry [rɪˈfɔː(r)mətərɪ; *Am.* -ˌtɔːrɪ; -ˌtɔː-] **I** *adj* **1.** Besserungs...: **~ measures** Besserungsmaßnahmen. **2.** Reform... **II** *s* **3.** *Br. hist. od. Am.* Besserungsanstalt *f*.
re·formed [rɪˈfɔː(r)md] *adj* **1.** verbessert. **2.** gebessert, bekehrt: **~ drunkard** geheilter Trinker. **3. R~** *relig.* refor'miert.
re·form·er [rɪˈfɔː(r)mə(r)] *s* **1.** (*bes. kirchlicher*) Refor'mator *m*. **2.** *pol.* Re'former(in), Refor'mist(in).
re·form·ist [rɪˈfɔː(r)mɪst] *s* **1.** *relig.* Refor'mierte(r *m*) *f*. **2.** → **reformer**.
re·found[1] [ˌriːˈfaʊnd] *v/t* wieder gründen, neu gründen.
re·found[2] [ˌriːˈfaʊnd] *v/t tech.* neu gießen, 'umgießen, 'umschmelzen.
re·fract [rɪˈfrækt] *v/t* **1.** *phys.* Strahlen, Wellen brechen: **~ed light** gebrochenes Licht. **2.** *chem.* Salpeter analy'sieren. **re'fract·ing** *adj phys.* (strahlen)brechend, Brechungs..., Refraktions...: **~ angle** Brechungswinkel *m*; **~ telescope** Refraktor *m*.
re·frac·tion [rɪˈfrækʃn] *s* **1.** *phys.* (Licht-, Strahlen)Brechung *f*, Refrakti'on *f*. **2.** *opt.* Refrakti'onsvermögen *n*. **re'frac·tion·al** [-ʃənl] → **refractive**.
re·frac·tive [rɪˈfræktɪv] *adj phys.* Brechungs..., Refraktions...: **~ index**; **~ power** → **refractivity**. **re·frac·tiv·i·ty** [ˌriːfrækˈtɪvətɪ] *s phys.* Brechungsvermögen *n*.
re·frac·tom·e·ter [ˌriːfrækˈtɒmɪtə(r); *Am.* -ˈtɑː-] *s phys.* Refrakto'meter *n*.
re·frac·tor [rɪˈfræktə(r)] *s phys.* **1.** brechendes Medium. **2.** Re'fraktor *m* (*Teleskop*).
re·frac·to·ri·ness [rɪˈfræktərɪnɪs] *s* **1.** Eigensinn *m*, Störrigkeit *f*. **2.** 'Widerstandskraft *f*, *bes.* a) *chem.* Strengflüssigkeit *f*, b) *tech.* Feuerfestigkeit *f*. **3.** *med.* a) 'Widerstandsfähigkeit *f*, b) Hartnäckigkeit *f* (*e-r Krankheit*).
re·frac·to·ry [rɪˈfræktərɪ] **I** *adj* (*adv* refractorily) **1.** eigensinnig, störrisch. **2.** *chem.* strengflüssig. **3.** *tech.* feuerfest, -beständig: **~ clay** Schamotte(ton *m*) *f*. **4.** *med.* a) 'widerstandsfähig, b) hartnäckig (*Krankheit*), c) unempfindlich (*gegen Reiz etc*). **II** *s* **5.** *chem. tech.* a) feuerfestes Materi'al, Scha'motte *f*, b) *pl* Scha'mottesteine *pl*.
re·frain[1] [rɪˈfreɪn] **I** *v/i* (**from**) Abstand nehmen (von), absehen (von), sich enthalten (*gen*), unter'lassen (*acc*): **to ~ from doing s.th.** etwas unterlassen; es unterlassen, etwas zu tun. **II** *v/t obs.* a) *Gefühle etc* unter'drücken, zügeln, b) **~ o.s.** sich beherrschen.
re·frain[2] [rɪˈfreɪn] *s* Re'frain *m*, Kehrreim *m*.
re·fran·gi·ble [rɪˈfrændʒɪbl] *adj phys.* brechbar: **~ rays**.
re·fresh [rɪˈfreʃ] **I** *v/t* **1.** (o.s. sich) er'frischen, erquicken (*a. fig.*). **2.** auffri-

schen, erneuern: to ~ one's memory sein Gedächtnis auffrischen. 3. a) *e-e Batterie* auffüllen, -laden, b) *e-n Vorrat* erneuern. 4. (ab)kühlen. II *v/i* 5. erfrischen. 6. sich erfrischen, e-e Erfrischung *od.* Stärkung zu sich nehmen. 7. frische Vorräte fassen (*Schiff etc*).
re¦'fresh·er *s* 1. Erfrischung *f.* 2. *colloq.* ,Gläs-chen' *n.* 3. Mahnung *f.* 4. Auffrischung *f:* ~ **course** Auffrischungskurs *m,* -lehrgang *m.* 5. *jur. Br.* 'Nachschuß(hono,rar *n*) *m* (*e-s Anwalts*).
re¦'fresh·ing *adj* (*adv* ~ly) erfrischend (*a. fig.*).
re·fresh·ment [rɪˈfreʃmənt] *s* Erfrischung *f* (*a. Getränk etc*). ~ **room** *s* ('Bahnhofs)Bü,fett *n.*
re·frig·er·ant [rɪˈfrɪdʒərənt] I *adj* 1. *bes. med.* kühlend, Kühl...: ~ **drink** Kühltrank *m.* II *s* 2. *med.* kühlendes Mittel, Kühltrank *m,* Re'frigerans *n.* 3. *tech.* Kühlmittel *n.*
re·frig·er·ate [rɪˈfrɪdʒəreɪt] I *v/t tech.* kühlen, *Nahrungsmittel* tiefkühlen: ~d **cargo** *mar.* Kühlraumladung *f.* II *v/i* sich (ab)kühlen.
re¦'frig·er·at·ing¦ cham·ber *s tech.* Kühlraum *m.* ~ **en·gine,**~ **ma·chine** *s tech.* 'Kälte-, 'Kühlma,schine *f.* ~ **plant** *s tech.* Gefrieranlage *f,* Kühlwerk *n.*
re·frig·er·a·tion [rɪˌfrɪdʒəˈreɪʃn] *s* 1. a) Kühlung *f,* Kälteerzeugung *f,* b) Kältetechnik *f:* ~ **ton** Kühltonne *f* (*Einheit im Kühltransport*). 2. *med.* (Ab)Kühlung *f.*
re·frig·er·a·tor [rɪˈfrɪdʒəreɪtə(r)] *s tech.* 1. Kühlschrank *m,* -raum *m,* -kammer *f,* -anlage *f:* ~ **van** (*Am. car*) *rail.* Kühlwagen *m;* ~ **van** (*od.* **lorry,** *Am.* **truck**) *mot.* Kühlwagen *m;* ~ **vessel** *mar.* Kühlschiff *n.* 2. 'Kältema,schine *f.* 3. Konden-'sator *m* (*e-s Kühlsystems*). 4. Kühler *m,* Kühlschlange *f.*
re·frig·er·a·to·ry [rɪˈfrɪdʒərətərɪ; *Am.* -ˌtəʊrɪ; -ˌtɔː-] I *s* 1. 'Kühlkonden,sator *m* (*e-r Kälteanlage*). 2. Kühlraum *m.* II *adj* 3. kälteerzeugend, Kühl...
re·frin·gent [rɪˈfrɪndʒənt] → refractive.
reft [reft] *pret u. pp von* reave¹ *u.* ².
re·fu·el [ˌriːˈfjʊəl] *v/t u. v/i aer. mot.* (auf-) tanken, ˌre¦'fu·el·(l)ing *s* (Auf-, Nach-) Tanken *n:* ~ **point** *aer.* Lufttank-Position *f;* ~ **stop** *aer.* Zwischenlandung *f* zum Auftanken.
ref·uge [ˈrefjuːdʒ] I *s* 1. Zuflucht *f* (*a. fig. Ausweg, a. Person, Gott*), Schutz *m* (**from** vor), A'syl *n:* **to seek** (**find** *od.* **take**) ~ Zuflucht suchen (finden) (**from** vor *dat*); **to take** ~ **in s.th.** *fig.* (s-e) Zuflucht zu etwas nehmen; **to take** ~ **in lying** sich in Lügen flüchten; **to seek** ~ **in flight** sein Heil in der Flucht suchen; **city of** ~ *Bibl.* Freistatt *f.* 2. Zufluchtsstätte *f,* -ort *m.* 3. *a.* ~ **hut** *mount.* Schutzhütte *f.* 4. *Br.* Verkehrsinsel *f.* II *v/t* 5. *obs. j-m* Zuflucht gewähren. III *v/i* 6. *obs.* Schutz suchen. **ref·u·gee** [ˌrefjʊˈdʒiː] I *s* Flüchtling *m.* II *adj* Flüchtlings...: ~ **camp;** ~ **government** Exilregierung *f.*
re·fu·gi·um [rɪˈfjuːdʒɪəm] *pl* -gi·a [-dʒɪə] *s bot. zo.* Refugi'algebiet *n.*
re·ful·gence [rɪˈfʌldʒəns; *Am. a.* -ˈfʊl-] *s* Glanz *m,* Leuchten *n.* re·ful·gent *adj* (*adv* ~ly) glänzend, strahlend (*a. fig.*).
re·fund¹ [ˌriːˈfʌnd] I *v/t* 1. *Geld* zu'rückzahlen, -erstatten, *e-n Verlust, Auslagen* ersetzen, (zu)'rückvergüten. 2. *j-m* Rückzahlung leisten, *j-m s-e Auslagen* ersetzen. II *v/i* 3. Rückzahlung leisten. III *s* [ˈriːfʌnd] 4. (Zu)'Rückzahlung *f,* -erstattung *f,* Rückvergütung *f.*
re·fund² [ˌriːˈfʌnd] *v/t econ. e-e Anleihe etc* neu fun'dieren.
re¦'fund·ment → refund¹ 4.
re·fur·bish [ˌriːˈfɜːbɪʃ; *Am.* -ˈfɜr-] *v/t* 1. 'aufpo,lieren (*a. fig.*): **to** ~ **one's** **image; to** ~ **one's French** sein Französisch auffrischen. 2. → refurnish.
re·fur·nish [ˌriːˈfɜːnɪʃ; *Am.* -ˈfɜr-] *v/t* wieder *od.* neu ausstatten *od.* mö'blieren.
re·fus·al [rɪˈfjuːzl] *s* 1. Ablehnung *f,* Zu-'rückweisung *f* (*e-s Angebots etc*): ~ **of acceptance** Annahmeverweigerung *f.* 2. Verweigerung *f* (*e-r Bitte, e-s Befehls etc; a. Reitsport*). 3. abschlägige Antwort: **he will take no** ~ er läßt sich nicht abweisen. 4. Weigerung *f* (**to do s.th.** etwas zu tun). 5. Abweisung *f* (*e-s Freiers*), Ablehnung *f* (*e-s Heiratsantrags*), ,Korb' *m.* 6. *Meinungsforschung:* Antwortverweigerung *f.* 7. *econ.* Vorkaufsrecht *n,* Vorhand *f:* **first** ~ **of** erstes Anrecht auf (*acc*). 8. *Kartenspiel:* Nichtbedienen *n.*
re·fuse¹ [rɪˈfjuːz] I *v/t* 1. *ein Angebot, ein Amt, e-n Freier, Kandidaten etc* ablehnen, *ein Angebot a.* ausschlagen, *etwas od. j-n* zu'rückweisen, *j-n* abweisen, *j-m e-r Bitte* abschlagen; **to** ~ **an order** e-n Befehl verweigern; **to** ~ **a chance** von e-r Gelegenheit keinen Gebrauch machen; **to** ~ **s.o. permission** *j-m* die Erlaubnis verweigern. 2. sich weigern, es ablehnen (**to do** zu tun): **he** ~**d to believe it** er wollte es einfach nicht glauben; **he** ~**d to be bullied** er ließ sich nicht einschüchtern; **it** ~**d to work** es wollte nicht funktionieren *od.* gehen, es ,streikte'. 3. *den Gehorsam etc* verweigern: **to** ~ **control** sich der Kontrolle entziehen. 4. *das Hindernis* verweigern (*Pferd*). 5. *Kartenspiel:* Farbe nicht bedienen: **to** ~ **suit.** II *v/i* 6. ablehnen. 7. sich weigern, es ablehnen. 8. ablehnen, absagen: **he was invited but he** ~**d.** 9. verweigern (*Pferd*). 10. *Kartenspiel:* nicht bedienen.
ref·use² [ˈrefjuːs] *s* 1. Abfall *m,* Abfälle *pl,* Müll *m.* 2. *fig.* Auswurf *m,* -schuß *m.* II *adj* 3. Abfall..., Müll...: ~ **bin** Mülltonne *f;* ~ **collection** Müllabfuhr *f;* ~ **collector** Müllmann *m;* ~ **dump** Müllabladeplatz *m,* -deponie *f.* 4. wertlos.
ref·u·ta·ble [ˈrefjʊtəbl; rɪˈfjuː-] *adj* (*adv* **refutably**) wider'legbar. ref·u·ta·tion [ˌrefjʊˈteɪʃn] *s* Wider'legung *f.* re·fute [rɪˈfjuːt] *v/t* wider'legen.
re·gain [rɪˈɡeɪn] I *v/t* 1. zu'rück-, 'wiedergewinnen, *a. das Bewußtsein* 'wiedererlangen: **to** ~ **one's feet** wieder auf die Beine kommen. 2. 'wiedergewinnen, wieder erreichen: **to** ~ **the shore.** 3. *sport s-e Form* 'wiederfinden. II *s* 4. 'Wiedergewinnung *f.*
re·gal¹ [ˈriːɡl] *adj* (*adv* ~ly) 1. königlich, Königs... 2. *fig.* königlich, fürstlich, prächtig.
re·gal² [ˈriːɡl] *s mus.* Re'gal *n* (*kleine tragbare Orgel*).
re·gale [rɪˈɡeɪl] I *v/t* 1. erfreuen, ergötzen. 2. fürstlich bewirten. 3. ~ **o.s.** (**on**) sich laben, sich gütlich tun (**an** *dat*). II *v/i* 4. → 3. III *s* 5. *obs.* a) erlesenes Mahl, Schmaus *m,* b) Leckerbissen *m,* c) Genuß *m.*
re·ga·li·a [rɪˈɡeɪlɪə] *s pl* 1. *hist.* Re'galien *pl,* königliche In'signien *pl.* 2. königliche In'signien *pl.* 3. (*Amts- od. Ordens-*) In'signien *pl.* 4. Aufmachung *f:* **Sunday** ~ Sonntagsstaat *m.*
re·gal·ism [ˈriːɡəlɪzəm] *s hist. Br.* Pri-'mat *m des Königs* (*bes. in geistlichen Dingen*).
re·gal·i·ty [rɪˈɡælətɪ] *s* 1. Königswürde *f.* 2. Königsherrschaft *f,* Souveräni'tät *f.* 3. Re'gal *n,* königliches Hoheitsrecht *n.* 4. Königreich *n.* 5. *hist. Scot.* a) von der Krone verliehene Gerichtsbarkeit, b) Gerichtsbezirk *m* e-s mit königlicher Gerichtshoheit betrauten Lords.
re·gard [rɪˈɡɑː(r)d] I *v/t* 1. (aufmerksam) betrachten, ansehen. 2. ~ **as** betrachten als, halten für: **to be** ~**ed as** betrachtet werden als, gelten als. 3. *fig.* betrachten (**with** mit *Abscheu etc*): **he** ~**ed him with horror; I** ~ **him kindly** ich bringe ihm freundschaftliche Gefühle entgegen. 4. beachten, Beachtung schenken (*dat*). 5. berücksichtigen, respek'tieren. 6. achten, (hoch)schätzen. 7. betreffen, angehen: **it does not** ~ **me; as** ~**s was** ... betrifft.
II *s* 8. Blick *m.* 9. 'Hinsicht *f* (**to auf** *acc*): **in this** ~ in dieser Hinsicht; **in** ~ **to** (*od.* **of**), **with** ~ **to** im Hinblick auf (*acc*); **to have** ~ **to** a) sich beziehen auf (*acc*), b) in Betracht ziehen (*acc*), c) → 10. 10. (**to, for**) Rücksicht(nahme) *f* (auf *acc*), Beachtung *f* (*gen*): ~ **must be paid** (*od.* **had**) **to his words** s-n Worten muß man Beachtung schenken; **to pay no** ~ **to, to** auf etwas nicht achten; **without** ~ **to** (*od.* **for**) ohne Rücksicht auf (*acc*); **to have no** ~ **for s.o.'s feelings** auf *j-s* Gefühle keine Rücksicht nehmen; **with due** ~ **to** (*od.* **for**) **his age** unter gebührender Berücksichtigung s-s Alters. 11. (Hoch-)Achtung *f* (**for** vor *dat*). 12. *pl* (*bes. in Briefen*) Grüße *pl,* Empfehlungen *pl:* **with kind** ~**s to** mit herzlichen Grüßen an (*acc*); **give him my** (**best**) ~**s** grüße ihn (herzlich) von mir.
re¦'gard·ful *adj* (*adv* ~ly) 1. achtsam, aufmerksam (**of** auf *acc*): **to be** ~ **of** → regard 4. 2. rücksichtsvoll (**of** gegen): **to be** ~ **of** → regard 5.
re¦'gard·ing *prep* bezüglich, 'hinsichtlich (*gen*), betreffend (*acc*).
re¦'gard·less I *adj* (*adv* ~ly) 1. ~ **of** ungeachtet (*gen*), ohne Rücksicht auf (*acc*), unbekümmert um, trotz (*gen od. dat*). 2. unbekümmert, rücksichts-, bedenken-, achtlos. II *adv* 3. *colloq.* unbekümmert, bedenkenlos, ,ohne Rücksicht auf Verluste': **he went there** ~ er ging trotzdem *od.* dennoch hin.
re·gat·ta [rɪˈɡætə] *s sport* Re'gatta *f.*
re·ge·late [ˈriːdʒəleɪt] *v/i phys.* wieder gefrieren. ˌre·ge'la·tion *s* Regelati'on *f,* 'Wiedergefrieren *n.*
re·gen·cy [ˈriːdʒənsɪ] I *s* 1. Re'gentschaft *f* (*Amt, Gebiet, Zeit*). 2. R~ *hist.* Regentschaft(szeit) *f,* bes. a) Ré'gence *f* (*in Frankreich, des Herzogs Philipp von Orleans 1715–23*), b) *in England* (*1811–20*) *von Georg, Prinz von Wales* (*später Georg IV.*). II *adj* 3. Regentschafts...
re·gen·er·ate [rɪˈdʒenəreɪt] I *v/t* 1. regene'rieren (*a. biol. phys. tech.*): a) neu schaffen, 'umgestalten, b) wieder erzeugen, c) erneuern, neu *od.* wieder bilden, d) neu beleben: **to be** ~**d** *relig.* wiedergeboren werden; **to** ~ **heat** *tech.* Wärme zurückgewinnen *od.* regenerieren. 2. bessern, refor'mieren. 3. *electr.* rückkoppeln. II *v/i* 4. sich erneuern, neu aufleben. 5. sich regene'rieren, sich erneuern, sich neu *od.* wieder bilden, nachwachsen (*Organ*). 6. sich bessern, sich refor'mieren. III *adj* [-rət] 7. ge-, verbessert, refor'miert. 8. erneuert, regene-'riert. 9. *relig.* wiedergeboren.
re·gen·er·a·tion [rɪˌdʒenəˈreɪʃn] *s* 1. Regenerati'on *f:* a) Refor'mierung *f,* Besserung *f,* b) Neuschaffung *f,* 'Umgestaltung *f,* c) 'Wieder'herstellung *f,* Erneuerung *f,* d) Neubelebung *f,* e) *relig.* 'Wiedergeburt *f.* 2. *biol.* Regenerati'on *f,* Erneuerung *f* (*verlorengegangener Teile*). 3. *electr.* Rückkopp(e)lung *f.* 4. *tech.* Regene'rierung *f,* 'Wiedergewinnung *f.*
re¦'gen·er·a·tive [-rətɪv; *Am.* -ˌreɪtɪv] *adj* (*adv* ~ly) 1. (ver)bessernd, Reformierungs... 2. neuschaffend, Umgestaltungs... 3. (sich) erneuernd, Erneuerungs..., Verjüngungs... 4. 'wieder- *od.* neubelebend. 5. *electr.* Rückkopp(e)-

lungs... **6.** *tech.* Regenerativ... **7.** *biol.* Regenerations...: ~ **capacity** Regenerationsvermögen *n.*

re·gen·er·a·tor [rɪ'dʒenəreɪtə(r)] *s* **1.** Erneuerer *m.* **2.** *tech.* Rege'nerator *m.*

re·gen·e·sis [ˌriː'dʒenɪsɪs] *s* 'Wiedergeburt *f,* Erneuerung *f.*

re·gent ['riːdʒənt] **I** *s* **1.** Re'gent(in), Reichsverweser(in). **2.** *univ.* a) *hist.* (in Oxford u. Cambridge) Disputati'onsleiter *m,* b) *Scot. hist.* Studienleiter *m,* c) *Am.* Mitglied *n* des Verwaltungsrats. **II** *adj* **3.** (dem Substantiv nachgestellt) die Re'gentschaft innehabend: → **queen regent, prince** 2. **'re·gent·ship** *s* Re'gentschaft *f.*

reg·gae ['regeɪ] *s mus.* Reggae *m.*

reg·i·cid·al [ˌredʒɪ'saɪdl] *adj* königsmörderisch. **'reg·i·cide** *s* **1.** Königsmörder *m.* **2. the** ~s *pl* die Königsmörder *pl* (bes. die an der Verurteilung u. Hinrichtung Karls I. von England Beteiligten). **3.** Königsmord *m.*

ré·gie [reɪ'ʒiː] *s* Re'gie *f,* 'Staatsmono,pol *n.*

re·gime, a. **ré·gime** [reɪ'ʒiːm] *s* **1.** *pol.* Re'gime *n,* Re'gierungsform *f,* (Re'gierungs)Sy,stem *n.* **2.** (vor)herrschendes Sy'stem *n;* ~ *jur.* eheliches Güterrecht. **3.** → **regimen** 1.

reg·i·men ['redʒɪmen] *s* **1.** *med.* geregelte *od.* gesunde Lebensweise, bes. Di'ät *f:* **to follow a strict** ~ streng Diät halten. **2.** Re'gierung *f,* Herrschaft *f.* **3.** *ling.* Rekti'on *f.*

reg·i·ment I *s* ['redʒɪmənt] **1.** *mil.* Regi'ment *n.* **2.** *fig.* große Zahl, Schar *f.* **II** *v/t* [-ment] **3.** *mil.* a) zu Regi'mentern for'mieren, b) ein Regi'ment bilden aus, c) regimen'tieren, e-m Regi'ment zuteilen. **4.** *fig.* a) 'eingrup,pieren, einordnen, b) organi'sieren, c) unter (*bes.* staatliche) Aufsicht stellen. **5.** *fig.* reglemen'tieren, kontrol'lieren, gängeln, bevormunden. ˌreg·i'men·tal [-mentl] *adj mil.* Regiments...: ~ **aid post** Truppenverband(s)platz *m;* ~ **combat team** Kampfgruppe *f;* ~ **hospital** Feldlazarett *n;* ~ **officer** *Br.* Truppenoffizier *m.* ˌreg·i'men·tal·ly *adv mil.* regi'mentsweise. ˌreg·i'men·tals *s pl mil.* (Regi'ments-, Traditi'ons-)Uni,form *f.*

ˌreg·i·men'ta·tion [ˌredʒɪmen'teɪʃn] *s* **1.** Organi'sierung *f,* Einteilung *f* (in Gruppen). **2.** *fig.* Reglemen'tierung *f,* (behördliche) Kon'trolle, Bevormundung *f.*

Re·gi·na [rɪ'dʒaɪnə] (*Lat.*) *s jur. Br.* (die) Königin (offizieller Titel der Königin von England), *weitS.* a. die Krone, der Staat: **Elizabeth** ~ Königin Elisabeth.

re·gion ['riːdʒən] *s* **1.** *allg.* Gebiet *n,* Bereich *m,* Gegend *f,* Regi'on *f:* **spectral** ~ *phys.* Spektralbereich *m;* ~ **of high (low) pressure** *meteor.* Hoch-(Tief)druckgebiet; **a present in the** ~ **of £50** ein Geschenk im Wert von ungefähr 50 Pfund. **2.** Gebiet *n,* Gegend *f,* Landstrich *m.* **3.** *bot. geogr. zo.* Regi'on *f,* Gebiet *n:* **tropical** ~**s** Tropengebiete. **4.** (Luft-, Meeres)Schicht *f,* Sphäre *f.* **5.** *fig.* Regi'on *f,* Reich *n* (*des Universums etc*): **the upper (lower)** ~**s** die höheren Regionen (die Unterwelt). **6.** *med.* (Körper)Gegend *f:* **cardiac** ~ Herzgegend. **7.** (Verwaltungs)Bezirk *m.*

re·gion·al ['riːdʒənl] *adj* (*adv* ~**ly**) **1.** regio'nal, gebiets-, strichweise, örtlich (begrenzt). *a. med.* lo'kal, örtlich: ~ **an(a)esthesia** *med.* örtliche Betäubung, Lokalanästhesie *f;* ~ **diagnosis** *med.* Herddiagnose *f.* **2.** Regional..., Bezirks..., Orts...: ~ **station** (*Radio*) Regionalsender *m.* **'re·gion·al·ism** *s* **1.** Regiona'lismus *m,* Lo'kalpatrio,tismus *m.* **2.** Heimatkunst *f,* -dichtung *f.*

3. *ling.* nur regio'nal gebrauchter Ausdruck.

reg·is·ter¹ ['redʒɪstə(r)] **I** *s* **1.** Re'gister *n* (*a. Computer*), Eintragungsbuch *n,* Verzeichnis *n,* ('Wähler- *etc*)Liste *f:* ~ **of births, deaths and marriages** Personenstandsregister; ~ **of companies** Handelsregister; ~ **of patents** Patentrolle *f;* ~ **of taxes** Hebeliste *f;* **unpaid** ~ *econ.* Verzeichnis nichteingelöster Schecks; ~ **office** a) Registratur *f,* b) Br. Standesamt *n;* (ship's) ~ *mar.* a) Registerbrief *m,* b) Schiffsregister *n;* → **ton²,** **tonnage** 1. **2.** Regi'strierung *f:* a) Eintrag *m,* b) Eintragung *f.* **3.** a) Re'gister *n,* (Inhalts)Verzeichnis *n,* Index *m,* b) Buchzeichen *n.* **4.** *tech.* a) Regi'striervorrichtung *f,* Zählwerk *n:* → **cash register,** b) Regu'liervorrichtung *f,* Schieber *m,* Ven'til *n,* Klappe *f.* **5.** *mus.* a) ('Orgel-)Re,gister *n,* b) Stimm-, Tonlage *f,* c) 'Stimm,umfang *m.* **6.** *print.* Re'gister *n:* **to be in** ~ Register halten. **7.** *ling.* Sprach-, Stilebene *f.*
II *v/t* **8.** regi'strieren, eintragen *od.* -schreiben (lassen), anmelden (**for school** zur Schule), *weitS.* (amtlich) erfassen, (*a. fig.* e-n Erfolg *etc*) verzeichnen, -buchen: **to** ~ **o.s.** *pol.* sich in die (Wahl-)Liste eintragen; **to** ~ **a company** *econ.* e-e Gesellschaft (handelsgerichtlich) eintragen. **9.** *jur.* a) ein Warenzeichen anmelden, b) *e-n* Artikel gesetzlich schützen. **10.** *mail* einschreiben (lassen): **to** ~ **a letter.** **11.** *Br.* Gepäck aufgeben. **12.** *tech.* Meßwerte registrieren, anzeigen, verzeichnen. **13.** e-e Empfindung zeigen, ausdrücken: **to** ~ **surprise.** **14.** *print.* Gedrucktes in das Re'gister bringen. **15.** *mil.* das Geschütz einschießen.
III *v/i* **16.** a) sich (in das Fremdenbuch, in die Wählerliste *etc*) eintragen (lassen), b) *univ. etc* sich einschreiben (**for** für). **17.** sich (an)melden (**at, with** bei *der Polizei etc*). **18.** *print.* Re'gister halten. **19.** **it didn't** ~ **with me** *colloq.* ich habe es nicht registriert *od.* zur Kenntnis genommen. **20.** *tech.* a) sich decken, genau zu- *od.* aufein'ander passen, b) einrasten. **21.** *mil.* sich einschießen. **22.** *mus.* regi'strieren.

reg·is·ter² ['redʒɪstər] *s:* ~ **of wills** *jur. Am.* Urkundsbeamte(r) *m* des Nachlaßgerichts.

reg·is·tered ['redʒɪstə(r)d] *adj* **1.** *allg.* regi'striert, eingetragen. **2.** *econ. jur.* a) (handelsgerichtlich) eingetragen: ~ **company** (place of business, trademark, *etc*), b) gesetzlich geschützt: ~ **design** (*od.* **pattern**) Gebrauchsmuster *n.* **3.** *econ.* regi'striert, Namens...: ~ **bonds** Namensschuldverschreibungen; ~ **capital** autorisiertes (Aktien)Kapital; ~ **share,** *bes. Am.* ~ **stock** Namensaktie *f.* **4.** *mail* eingeschrieben, Einschreibe...: ~ **letter;** R~! Einschreiben! **5.** amtlich zugelassen (*Fahrzeug*): ~ **doctor** approbierter Arzt; ~ **nurse** *Am.* (staatlich) geprüfte Krankenschwester. **6.** *Tierzucht:* Zuchtbuch...

reg·is·trar [ˌredʒɪ'strɑː; *Am.* 'redʒɪˌstrɑːr] *s* **1.** *Br.* Standesbeamte(r) *m:* R~ **General** oberster Standesbeamter; ~**'s office** a) Registratur *f,* b) *Br.* Standesamt *n.* **2.** Regi'strator *m,* Archi'var *m,* Urkundsbeamte(r) *m:* ~ **in bankruptcy** *jur. Br.* Konkursrichter *m.* **3.** *univ.* a) *Br.* höchster *Verwaltungsbeamter,* b) *Am.* Regi'strator *m.* **4.** *med. Br.* Krankenhausarzt *m.*

reg·is·trar·y ['redʒɪstrərɪ] *s Br.* höchster *Verwaltungsbeamter der Universität Cambridge.*

reg·is·tra·tion [ˌredʒɪ'streɪʃn] *s* **1.** (*bes.* standesamtliche, poli'zeiliche, 'Wahl- *etc*)Regi,strierung *f,* Erfassung *f,* Eintra-

gung *f* (*a. econ.* e-r Gesellschaft, e-s Warenzeichens), *mot.* Zulassung *f* (e-s Fahrzeugs). **2.** (poli'zeiliche, Ho'tel-, Schul- *etc*)Anmeldung, Einschreibung *f:* **compulsory** ~ (An)Meldepflicht *f;* ~ **certificate** Zulassung(spapier *n*) *f;* ~ **form** (An)Meldeformular *n.* **3.** Kreis *m od.* Zahl *f* der Erfaßten, (*das*) Regi'strierte *od.* Erfaßte. **4.** *mail* Einschreibung *f.* **5.** *a.* ~ **of luggage** *bes. Br.* (Gepäck)Aufgabe *f:* ~ **window** Gepäckschalter *m.* **6.** *mus.* Regi'strierung *f* (*bei der Orgel*). ~ **card** **1.** Anmeldeschein *m.* **2.** Perso'nalkarte *f.* ~ **fee** *s* **1.** *econ.* a) Eintragungs-, Anmeldegebühr *f,* b) 'Umschreibungsgebühr *f.* **2.** *mail* Einschreibe(ge)bühr *f.* ~ **of·fice** *s* Meldestelle *f,* Einwohnermeldeamt *n.*

reg·is·try ['redʒɪstrɪ] *s* **1.** Regi'strierung *f* (*a. mar.* e-s Schiffs): → **port of registry.** **2.** Re'gister *n,* Verzeichnis *n.* **3.** *a.* ~ **office** a) Registra'tur *f,* b) *Br.* Standesamt *n.* **4.** 'Stellenvermittlungsbü,ro *n.*

re·gi·us ['riːdʒəs; -iəs] (*Lat.*) *adj* königlich: R~ **professor** *Br.* königlicher Professor (*durch königliches Patent ernannt*).

reg·let ['reglɪt] *s* **1.** *arch.* Leistchen *n.* **2.** *print.* a) Re'glette *f,* Steg *m,* b) ('Zeilen-),Durchschuß *m.*

reg·nal ['regnəl] *adj* Regierungs...: ~ **year;** ~ **day** Jahrestag *m* des Regierungsantritts. **'reg·nant** *adj* **1.** (*nachgestellt*) re'gierend: **prince** ~. **2.** *fig.* (vor)herrschend.

re·gorge [riː'gɔː(r)dʒ] **I** *v/t* **1.** wieder'ausspeien. **2.** zu'rückwerfen. **II** *v/i* **3.** zu'rückgeworfen *od.* ausgespien werden. **4.** zu'rückfließen.

re·grade [ˌriː'greɪd] *v/t* neu einstufen.

re·grant [ˌriː'grɑːnt; *Am.* -'grænt] **I** *v/t* 'wiederverleihen, von neuem bewilligen. **II** *s* 'Wiederverleihung *f,* erneute Bewilligung.

re·grate [rɪ'greɪt] *v/t* **1.** (zum Wiederverkauf) aufkaufen. **2.** weiter-, 'wiederverkaufen. **re'grat·er** *s* **1.** 'Wiederverkäufer *m,* Zwischenhändler *m.* **2.** *Br.* Aufkäufer *m.*

re·gress I *v/i* [rɪ'gres] **1.** sich rückwärts bewegen. **2.** sich rückläufig entwickeln (*Gesellschaft*). **3.** *biol. psych.* sich zu'rückbilden *od.* -entwickeln. **II** *s* ['riːgres] **4.** Rückwärtsbewegung *f.* **5.** rückläufige Entwicklung.

re·gres·sion [rɪ'greʃn] *s* **1.** → **regress** II. **2.** *biol.* Rückbildung *f,* -entwicklung *f,* Regressi'on *f.* **3.** *psych.* Regressi'on *f.* **4.** *math.* a) Regressi'on *f,* Beziehung *f,* b) Rückkehr *f* (e-r Kurve).

re·gres·sive [rɪ'gresɪv] *adj* (*adv* ~**ly**) **1.** zu'rückgehend, rückläufig. **2.** rückwirkend: ~ **accent;** ~ **taxation.** **3.** *biol.* re'gres,siv, sich zu'rückbildend *od.* -entwickelnd.

re·gret [rɪ'gret] **I** *v/t* **1.** beklagen, trauern um, j-m *od.* e-r Sache nachtrauern: **to** ~ **one's vanished years.** **2.** bedauern, bereuen: **to** ~ **(one's) doing s.th.** es bedauern *od.* bereuen, etwas getan zu haben. **3.** etwas bedauern: **it is to be** ~**ted** es ist bedauerlich; **I** ~ **to say** ich muß leider sagen. **II** *s* **4.** Schmerz *m,* Trauer *f* (**for** um). **5.** Bedauern *n,* Reue *f:* **to have no** ~**(s)** keine Reue empfinden. **6.** Bedauern *n* (**at** über *acc*): (**much** *od.* **greatly**) **to my** ~ (sehr) zu m-m Bedauern, leider. **re'gret·ful** *adj* (*adv* ~**ly**) bedauernd, reuevoll, kummervoll. **re·'gret·ta·ble** *adj* **1.** bedauerlich. **2.** bedauernswert, zu bedauern(d). **re'gret·ta·bly** [-blɪ] *adv* bedauerlicherweise, leider.

re·grind [ˌriː'graɪnd] *v/t irr tech.* nachschleifen.

re·group [ˌriː'gruːp] *v/t u. v/i* (sich) 'um-

grup|pieren, neu grup|pieren, *econ.* Ka-pital '*umschichten.*
regs [regz] *s pl bes. Am. colloq.* für **regu-lation** 2 b-d.
reg·u·la·ble ['regjʊləbl] *adj* regu'lier-, einstellbar.
reg·u·lar ['regjʊlə(r)] **I** *adj* (*adv* ~**ly**) **1.** (zeitlich) regelmäßig, *rail. etc a.* fahrplanmäßig: ~ **customer** a) Stammkunde *m*, -kundin *f*, b) Stammgast *m*; ~ **voter** *pol.* Stammwähler *m*; **at** ~ **intervals** regelmäßig, in regelmäßigen Abständen. **2.** regelmäßig (*in Form od. Anordnung*), ebenmäßig: ~ **features**; ~ **teeth**. **3.** regu'lär, nor'mal, gewohnt: ~ **business** normaler Geschäftsverkehr, laufende Geschäfte; ~ **gasoline** *mot. Am.* Normalbenzin *n*; ~ **lot** (*Börse*) Normaleinheit *f*; ~**ly employed** fest angestellt, in ungekündigter Stellung. **4.** stetig, regel-, gleichmäßig: ~ **breathing**. **5.** regelmäßig, geregelt, geordnet: **a** ~ **life**; ~ **habits** e-e geordnete Lebensweise. **6.** genau, pünktlich. **7.** *bes. jur. pol.* richtig, vorschriftsmäßig, formgerecht: ~ **session** ordentliche Sitzung. **8.** a) geprüft: **a** ~ **physician** ein approbierter Arzt, b) ,richtig', gelernt: **a** ~ **cook**. **9.** richtig, recht, ordentlich: **he has no** ~ **profession**. **10.** *colloq.* ,echt', ,richtig (-gehend)': **a** ~ **rascal**; **a** ~ **guy** *Am.* ein Pfundskerl. **11.** *math.* regelmäßig: ~ **triangle**. **12.** *ling.* regelmäßig (*Wortform*). **13.** *mil.* a) regu'lär (*Truppe*): ~ **army**, b) ak'tiv, Berufs...: ~ **soldier**. **14.** *sport* Stamm...: ~ **player**; **to make the** ~ **team** *bes. Am.* sich e-n Stammplatz (in der Mannschaft) erobern. **15.** *relig.* Ordens...: ~ **clergy**. **16.** *pol. Am.* Partei(leitungs)...
II *s* **17.** Ordensgeistliche(r) *m*. **18.** *mil.* a) ak'tiver Sol'dat, Be'rufssol,dat *m*, b) *pl* regu'läre Truppe(n *pl*). **19.** *pol. Am.* treuer Par'teianhänger. **20.** *colloq.* a) Stammkunde *m*, -kundin *f*, b) Stammgast *m*. **21.** *sport colloq.* Stammspieler(in).
III *adv* **22.** regelmäßig. **23.** ,richtig (-gehend)', ,gehörig', ,tüchtig'.
reg·u·lar·i·ty [,regjʊ'lærətɪ] *s* **1.** Regelmäßigkeit *f*. **2.** Ordnung *f*, Richtigkeit *f*.
reg·u·lar·i·za·tion [,regjʊlərai'zeɪʃn; *Am.* -rə'z-] *s* (*a.* gesetzliche) Regelung. '**reg·u·lar·ize** *v/t* **1.** e-r Regel unterwerfen. **2.** vereinheitlichen. **3.** (gesetzlich) regeln.
reg·u·late ['regjʊleɪt] *v/t* **1.** regeln, lenken, ordnen: **to** ~ **the traffic** den Verkehr regeln. **2.** *jur.* (gesetzlich) regeln. **3.** *physiol. tech. etc* regu'lieren, regeln: **to** ~ **the speed** (*digestion, etc*). **4.** *tech. e-e Maschine, Uhr etc* (ein)stellen. **5.** anpassen (**according to an** *acc*). '**reg·u·lat-ing** *adj* **1.** regu'lierend, regelnd. **2.** *tech.* Regulier..., (Ein)Stell...: ~ **resistance** *electr.* Regelwiderstand *m*; ~ **screw** Stellschraube *f*; ~ **unit** Stellglied *n*.
reg·u·la·tion [,regjʊ'leɪʃn] *s* **1.** Regelung *f*, Regu'lierung *f* (*beide a. physiol. u. tech.*), *tech.* Einstellung *f*. **2.** a) (Ausführungs)Verordnung *f*, Verfügung *f*, b) pl 'Durchführungsbestimmungen *pl*, c) *pl* Satzung(en *pl*) *f*, Sta'tuten *pl*, d) *pl* (Dienst-, Betriebs)Vorschrift *f*: **works** ~**s** Betriebsordnung *f*; **traffic** ~**s** Verkehrsvorschriften; **according to** ~**s** nach Vorschrift, vorschriftsmäßig. **II** *adj* **3.** vorgeschrieben, vorschriftsmäßig: **of (the)** ~ **size**. **4.** *bes. mil.* vorschriftsmäßig, Dienst...: ~ **cap** Dienstmütze *f*. **5.** üblich, gebräuchlich. **reg·u·la·tive** ['regjʊlətɪv; *Am.* -,leɪtɪv] *adj* regula'tiv (*a. philos.*), regelnd, regu'lierend.
reg·u·la·tor ['regjʊleɪtə(r)] *s* **1.** *electr.* Regler *m*. **2.** *tech.* Regu'lator *m*:

a) (Gang)Regler *m* (*e-r Uhr*), b) (*e-e*) Wanduhr. **3.** *tech.* Regu'lier-, Stellvorrichtung *f*: ~ **valve** Reglerventil *n*. **4.** *chem.* Regu'lator *m*. '**reg·u·la·to·ry** [-lətərɪ; *Am.* -lə,tɔːrɪ-; -,tɔː-] *adj* Durch-, Ausführungs...: ~ **provisions**. → **statute** 1.
reg·u·line ['regjʊlaɪn; -lɪn] *adj chem.* regu'linisch: ~ **metal** kompaktes Metall.
reg·u·lo ['regjʊləʊ] *pl* **-los** *s Br.* Stufe *f* (*e-s Gasherdes*): **on** ~ **3** auf Stufe 3.
reg·u·lus ['regjʊləs] *pl* **-lus·es, -li** [-laɪ] *s* **1.** *R*~ *astr.* Regulus *m* (*Stern im Löwen*). **2.** *tech.* Regulus *m*: a) (Me'tall-)König *m*, b) Speise *f* (*flüssiges Gußmetall*). **3.** *math.* Regulus *m*. **4.** *orn.* Goldhähnchen *n*.
re·gur·gi·tate [rɪ'gɜːdʒɪteɪt; *Am.* -'gɜːr-] **I** *v/i* **1.** zu'rückfließen. **II** *v/t* **2.** zu'rückfließen lassen. **3.** wieder ausspeien. **4.** *Essen* erbrechen. **re,gur·gi'ta·tion** *s bes. med.* a) Rückfluß *m* (*bes. vom Blut*), b) Rückstauung *f*.
re·hab [,riː'hæb] *Am. colloq.* für a) rehabilitate, b) rehabilitation.
re·ha·bil·i·tate [,riːə'bɪlɪteɪt; ,riːhə-] *v/t* **1.** rehabili'tieren: a) wieder|einsetzen (**in** *in acc*), b) *j*-s *Ruf* wieder|herstellen, c) *e-n Versehrten* wieder ins Berufsleben eingliedern. **2.** *e-n Strafentlassenen* resoziali'sieren. **3.** etwas od. *j-n* wieder|herstellen. **4.** *e-n Betrieb, Altbauten etc* sa'nieren. '**re·ha,bil·i'ta·tion** *s* **1.** Rehabilitati'on *f*, Rehabili'tierung *f*: a) Wieder|einsetzung *f* (*in frühere Rechte*), b) Ehrenrettung *f*, c) **a. vocational** ~ Wieder|eingliederung *f* ins Berufsleben: ~ **center** (*bes. Br.* centre) Rehabilitationszentrum *n*. **2. a. social** ~ Resoziali'sierung *f*. **3.** Sa'nierung *f*: **industrial** ~ wirtschaftlicher Wiederaufbau.
re·han·dle [,riː'hændl] *v/t ein Thema* neu bearbeiten, etwas 'umarbeiten.
re·hash *fig.* **I** *s* ['riːhæʃ] **1.** (etwas) Aufgewärmtes, Wieder'holung *f*, Aufguß *m*. **2.** Wieder|aufwärmen *n*. **II** *v/t* [,riː'hæʃ] **3.** (wieder) aufwärmen, 'wiederkäuen.
re·hear [,riː'hɪə(r)] *v/t irr* **1.** erneut anhören, **2.** *jur.* neu verhandeln. ,**re'hear-ing** *s jur.* erneute Verhandlung.
re·hears·al [rɪ'hɜːsl; *Am.* rɪ'hɜːrsəl] *s* **1.** *mus. thea., a. fig.* Probe *f*: **to be in** ~ einstudiert werden; **first** ~ Leseprobe *f*; **full** ~ Gesamtprobe *f*; **to take the** ~**s** die Proben leiten. **2.** 'Einstu,dierung *f*. **3.** Wieder'holung *f*. **4.** Aufzählung *f*, Lita'nei *f*: **a** ~ **of grievances**. **5.** Aufsagen *n*, Vortrag *m*. **re'hearse I** *v/t* **1.** *mus. thea.* proben (*a. fig.*), *e-e Rolle, ein Stück etc* 'einstu,dieren. **2.** *j-n* einüben. **3.** wieder'holen. **4.** aufzählen. **5.** aufsagen, vortragen. **6.** erzählen, berichten. **7.** Möglichkeiten etc 'durchspielen. **II** *v/i* **8.** Proben abhalten, proben.
re·heat *v/t* [,riː'hiːt] *Suppe etc* aufwärmen. **II** *s* ['riːhiːt] *aer. bes. Br.* Nachbrennen *n*.
re·house [,riː'haʊz] *v/t* (wieder *od.* in e-r neuen Wohnung) 'unterbringen, (neuen) Wohnraum (be)schaffen für.
re·i·fi·ca·tion [,riːɪfɪ'keɪʃn; *Am. a.* ,reɪə-] *s* Reifikati'on *f*, Vergegenständlichung *f*, Konkreti'sierung *f*. '**re·i·fy** [-faɪ] *v/t* rei'fizieren, vergegenständlichen, konkreti'sieren.
reign [reɪn] **I** *s* **1.** Re'gierung(szeit) *f*: **in** (*od.* **under**) **the** ~ **of** unter der Regierung (*gen*). **2.** Herrschaft *f* (*a. fig. der Mode etc*): ~ **of law** Rechtsstaatlichkeit *f*; ~ **of terror** Schreckensherrschaft *f*. **II** *v/i* **3.** re'gieren, herrschen (**over** über *acc*): **the** ~**ing beauty** die schönste (u. einflußreichste) Frau (*ihrer Zeit*); **the** ~**ing world champion** *sport* der amtierende Weltmeister. **4.** *fig.* herrschen: **silence**

~**ed** es herrschte Schweigen. **5.** vorherrschen, über'wiegen.
re·im·burs·a·ble [,riːɪm'bɜːsəbl; *Am.* -'bɜːr-] *adj* rückzahlbar. ,**re·im'burse** *v/t* **1.** *econ. j-n* entschädigen (**for** für): **you will be** ~**d for your expenses** wir werden Ihnen Ihre Auslagen (zurück-) erstatten; **to** ~ **o.s.** sich schadlos halten (**for** für). **2.** etwas zu'rückzahlen, *Auslagen* erstatten, vergüten, *Kosten* decken. ,**re·im'burse·ment** *s econ.* **1.** ('Wieder)Erstattung *f*, (Rück)Vergütung *f*, (Kosten)Deckung *f*: ~ **credit** Rembourskredit *m*. **2.** Entschädigung *f*.
re·im·port *econ.* **I** *v/t* [,riːɪm'pɔː(r)t] **1.** wieder|einführen. **II** *s* ['riːɪm,pɔː(r)t] **2.** → reimportation. **3.** *pl* wieder|eingeführte Waren *pl*. ,**re·im·por'ta·tion** *s* 'Wiedereinfuhr *f*.
re·im·pres·sion [,riːɪm'preʃn] *s print.* Neu-, Nachdruck *m*.
rein [reɪn] **I** *s* **1.** *oft pl* Zügel *m*, *meist pl* (*a. fig.*): **to draw** ~ (an)halten, *fig.* bremsen; **to give a horse the** ~(**s**) die Zügel locker lassen; **to give free** ~ **to** *s-r Phantasie* freien Lauf lassen *od.* die Zügel schießen lassen; **to keep a tight** ~ **on** *s.o. fig. j-n* fest an die Kandare nehmen; **with a loose** ~ mit sanfter Zügelführung, *fig.* mit sanfter Hand; **to take** (*od.* **assume**) **the** ~**s of government** die Zügel (der Regierung) in die Hand nehmen. **II** *v/t* **2.** *das Pferd* aufzäumen. **3.** (mit dem Zügel) lenken: **to** ~ **back** (*od.* **in** *od.* **up**) a) verhalten, b) anhalten. **4.** *fig.* lenken. **5.** *fig.* zügeln, im Zaum halten: **to** ~ **one's tongue**. **III** *v/i* **6.** ~ **back**, ~ **in**, ~ **up** a) verhalten, b) anhalten.
re·in·car·nate I *v/t* [,riːɪn'kɑːneɪt; ,riːɪn'kɑː(r)-] *j-m* wieder fleischliche Gestalt geben: **to be** ~**d** wiedergeboren werden. **II** *adj* [,riːɪn'kɑː(r)nɪt] 'wiedergeboren. ,**re·in·car'na·tion** *s* Reinkarnati'on *f*: a) (Glaube *m* an die) Seelenwanderung, b) 'Wiederverleiblichung *f*, -geburt *f*.
rein·deer ['reɪn,dɪə(r)] *pl* **-deers**, *bes. collect.* **-deer** *s zo.* Ren *n*, Rentier *n*.
re·in·force [,riːɪn'fɔː(r)s] *v/t* **1.** *mil. u. weitS.* verstärken. **2.** *fig.* a) *s-e Gesundheit* kräftigen, b) *s-e Worte* bekräftigen, c) *e-n Eindruck* verstärken, d) *e-n Beweis* unter'mauern, e) **it** ~**d my determination** es bestärkte mich in m-m Entschluß. **3.** *tech. a.* allg. verstärken, b) Beton ar'mieren: ~**d concrete** Eisen-, Stahlbeton *m*. **II** *s* **4.** *tech.* (Materi'al)Verstärkung *f*. **5.** *mil.* Rohrverstärkung *f*. ,**re·in'force·ment** *s* **1.** Verstärkung *f* (*a. tech.*), *tech.* Ar'mierung *f* (*von Beton*). **2.** *pl mil.* Verstärkung *f*. **3.** *fig.* Bekräftigung *f*, Unter'mauerung *f*.
reins [reɪnz] *s pl* **1.** *obs.* a) Nieren *pl*, b) Lenden *pl*. **2.** *Bibl.* Nieren *pl* (*Herz, Seele*).
reins·man ['reɪnzmən] *s irr Am.* Lenker *m* (*e-s Gespanns*), *bes.* erfahrener Jockey *od.* Trabrennfahrer.
re·in·stall [,riːɪn'stɔːl] *v/t j-n* wieder|einsetzen (**in** *in acc*), *entlassenen Arbeiter etc* wieder|einstellen. ,**re·in'stal(l)·ment** *s* Wieder|einsetzung *f*, -einstellung *f*.
re·in·state [,riːɪn'steɪt] *v/t* **1.** *j-n* wieder|einsetzen (**in** *in acc*). **2.** etwas (wieder) in|stand setzen. **3.** *j-n od.* etwas wieder|'herstellen, *e-e Versicherung etc* wieder|'aufleben lassen. ,**re·in'state·ment** *s* **1.** Wieder|einsetzung *f*. **2.** Wieder|herstellung *f*.
re·in·sur·ance [,riːɪn'ʃʊərəns] *s econ.* Rückversicherung *f*. ,**re·in'sure** *v/t* **1.** rückversichern. **2.** nachversichern.
re·in·te·grate [,riːˈɪntɪgreɪt] *v/t* **1.** wiedervereinigen. **2.** wieder aufnehmen *od.* eingliedern (**into** *in acc*). **3.** wieder|her-

reintegration - release

stellen. ˌre·in·teˈgra·tion s 1. ˈWiedervereinigung f. 2. Wiederˈaufnahme f, -ˈeingliederung f. 3. Wiederˈherstellung f.

re·in·vest [ˌriːɪnˈvest] v/t 1. econ. wieder anlegen: to ~ a profit. 2. j-n wiederˈeinsetzen (in in acc), wieder bekleiden (with mit). ˌre·inˈves·ti·ture [-tɪtʃə(r)] s Wiederˈeinsetzung f (in ein Amt od. in Rechte), Wiederˈeinweisung f (in Besitz). ˌre·inˈvest·ment s econ. Neu-, ˈWiederanlage f.

re·is·sue [ˌriːˈɪʃuː] I s 1. print. Neuauflage f (in veränderter Aufmachung). 2. Neuausgabe f (von Banknoten, Briefmarken etc): ~ patent Abänderungspatent n. II v/t 3. neu auflegen. 4. neu ausgeben.

re·it·er·ate [riːˈɪtəreɪt] v/t (ständig) wiederˈholen. re·itˈer·a·tion s Wiederˈholung f. reˈit·er·a·tive [-rətɪv; Am. -ˌreɪ-] I adj (adv ~ly) 1. (ständig) wiederˈholend. II s ling. 2. (Re)Iteraˈtivum n. 3. dupliˈziertes Wort.

re·ject I v/t [rɪˈdʒekt] 1. j-n od. etwas ab-, zuˈrückweisen, e-e Bitte abschlagen, etwas verwerfen: to ~ a counsel e-n Rat verschmähen od. nicht annehmen; to ~ food Nahrung od. die Nahrungsaufnahme verweigern; to be ~ed a) pol. od. thea. ˌdurchfallen', b) ˌe-n Korb bekommen' (Freier). 2. (als wertlos od. unbrauchbar) ausscheiden, tech. a. ausstoßen. 3. med. a) Essen wieder von sich geben (Magen), b) verpflanztes Organ etc abstoßen. II s [ˈriːdʒekt] 4. mil. Untauglich(r) m, Ausgemusterte(r) m. 5. ˈAusschußˌartikel m: ~s pl Ausschuß m. reˈject·a·ble adj 1. ablehnbar. 2. abzulehnen(d). re·jecˈta·men·ta [-təˈmentə] s pl 1. Abfälle pl. 2. a) Anschwemmungen pl (des Meeres), b) Strandgut n. 3. physiol. Exkreˈmente pl. reˈjec·tion s 1. Ablehnung f, Zuˈrückweisung f, Verwerfung f. 2. econ. a) Abnahmeverweigerung f, b) → reject 5: ~ number Schlechtzahl f (bei Gütekontrolle). 3. pl Exkreˈmente pl. 4. med. Abstoßung f. reˈjec·tor [-tə(r)] s a. ~ circuit electr. Sperrkreis m.

re·joice [rɪˈdʒɔɪs] I v/i 1. (hoch)erfreut sein, frohˈlocken (at, over über acc). 2. ~ in sich e-r Sache erfreuen (etwas besitzen). II v/t 3. erfreuen: to be ~d sich freuen (at, over über acc; to hear, etc zu hören etc). reˈjoic·ing I s 1. Freude f, Frohˈlocken n (at, over über acc). 2. oft pl (Freuden)Fest n, Lustbarkeit(en) pl f. II adj (adv ~ly) 3. erfreut, froh (at, over über acc).

re·join¹ [ˌriːˈdʒɔɪn] I v/t 1. sich wieder anschließen (dat) od. an (acc), wieder eintreten in (acc): to ~ a party. 2. wieder zuˈrückkehren zu, sich wieder gesellen zu, j-n ˈwiedertreffen. 3. ˈwiedervereinigen, wieder zs.-fügen (to, with mit). II v/i 4. sich wieder vereinigen. 5. sich wieder zs.-fügen.

re·join² [rɪˈdʒɔɪn] v/t 1. erwidern. 2. (a. v/i) jur. dupliˈzieren.

re·join·der [rɪˈdʒɔɪndə(r)] s 1. jur. Duˈplik f. 2. Erwiderung f.

re·ju·ve·nate [rɪˈdʒuːvɪneɪt] v/t u. v/i (sich) verjüngen (a. geol.). re·ˌju·ve·naˈtion s Verjüngung f, ~ treatment med. Verjüngungskur f. reˈju·ve·na·tor [-tə(r)] s Verjüngungsmittel n. re·ju·ve·nesce [ˌriːdʒuːvɪˈnes] v/i u. v/i bes. biol. (sich) verjüngen. ˌre·ju·veˈnes·cence s (a. biol. Zell)Verjüngung f. ˌre·ju·veˈnes·cent adj 1. sich verjüngend. 2. verjüngend. reˈju·ve·nize [rɪ-] v/t verjüngen.

re·kin·dle [ˌriːˈkɪndl] I v/t 1. wieder anˈzünden. 2. fig. a) j-s Zorn etc wieder entfachen, b) etwas neu beleben, c) ˈHoffnung ˈwiedererwecken. II v/i 3. sich wieder entzünden. 4. fig. wieder entbrennen, wiederˈaufleben.

re·lapse [rɪˈlæps] I v/i 1. zuˈrückfallen, wieder fallen (into in acc): to ~ into stupor. 2. wieder verfallen (into in acc): to ~ into barbarism. 3. rückfällig werden. 4. med. e-n Rückfall erleiden. II s [a. ˈriːlæps] 5. med. Rückfall m: to have a ~ e-n Rückfall erleiden.

reˈlaps·ing fe·ver s med. Rückfallfieber n.

re·late [rɪˈleɪt] I v/t 1. berichten, erzählen (to s.o. j-m). 2. in Verbindung od. Zs.-hang bringen, verbinden (to, with mit). II v/i 3. sich beziehen (to auf acc): relating to in bezug od. mit Bezug auf (acc), bezüglich (gen), betreffend (acc). 4. (to, with) in Beziehung od. Verbindung stehen (zu, mit), gehören (zu), verwandt sein (mit): to ~ to s.o. as sich j-m gegenüber verhalten wie zu. reˈlat·ed adj 1. verwandt (to, with mit) (a. fig.): ~ sciences; → blood 4, marriage 1. 2. verbunden, -knüpft (to mit). reˈlat·ed·ness s Verwandtschaft f.

re·la·tion [rɪˈleɪʃn] s 1. Bericht m, Erzählung f. 2. Beziehung f, (a. Vertrags-, Vertrauens- etc)Verhältnis n: confidential ~. 3. (kausaler etc) Zs.-hang. 4. pl Beziehungen pl: business ~s Geschäftsbeziehungen; to enter into ~s with s.o. mit j-m in Beziehungen od. Verbindung treten; → human 1, public relations. 5. Bezug m, Beziehung f: in ~ to in bezug od. im Hinblick auf (acc); to bear no ~ to a) (gar) nichts zu tun haben mit, b) in keinem Verhältnis stehen zu; to have ~ to sich beziehen auf (acc). 6. a) Verwandte(r m) f: what ~ is he to you? wie ist er mit dir verwandt?, b) Verwandtschaft f (a. fig.). 7. math. Relatiˈon f. 8. Rückbeziehung f: to have ~ to April 1st rückwirkend vom 1. April gelten. 9. jur. Anzeige f (beim Staatsanwalt). reˈla·tion·al [-ʃənl] adj 1. verwandtschaftlich, Verwandtschafts... 2. Beziehungs..., Bezugs...: ~ words ling. Beziehungswörter. reˈla·tion·ship s 1. Beziehung f, (a. jur. Rechts)Verhältnis n s (to zu). 2. Verwandtschaft f (a. fig.) (to mit): a) Verwandtschaftsverhältnis n: degree of ~ Verwandtschaftsgrad m, b) (die) Verwandten pl. 3. (Liebes)Verhältnis n.

rel·a·ti·val [ˌreləˈtaɪvl] adj ling. relaˈtivisch.

rel·a·tive [ˈrelətɪv] I adj (adv ~ly) 1. relaˈtiv, verhältnismäßig, Verhältnis...: ~ address (Computer) relative Adresse; ~ atomic mass chem. phys. relative Atommasse; in ~ ease verhältnismäßig od. relaˈtiv wohlhabend; ~ humidity relative (Luft)Feuchtigkeit; ~ majority relative Mehrheit; ~ number math. Verhältniszahl f; ~ proportions Mengen- od. Größenverhältnis n. 2. bezüglich, sich beziehend (to auf acc): ~ value math. Bezugswert m; ~ to bezüglich, hinsichtlich (gen), betreffend (acc); ~ evidence einschlägiger Beweis. 3. ling. Relativ..., bezüglich: ~ clause 10 a; ~ pronoun → 10 b. 4. (to) abhängig (von), bedingt (durch): price is ~ to demand. 5. gegenseitig, entsprechend, jeweilig. 6. mus. paralˈlel: ~ key Parallelˈtonart f. 7. relig. ˈindiˌrekt: ~ worship Bilderdienst m. II s 8. Verwandte(r m) f. 9. chem. verwandtes Deriˈvat. 10. ling. a) Relaˈtiv-, Bezugswortsatz m, b) Relaˈtivproˌnomen n, bezügliches Fürwort. 11. the ~ das Relaˈtive. ˈrel·a·tive·ness s Relativiˈtät f.

rel·a·tiv·ism [ˈrelətɪvɪzəm] s philos. Relatiˈvismus m. ˈrel·a·tiv·ist I s Relatiˈvist(in). II adj relatiˈvistisch.

rel·a·tiv·i·ty [ˌreləˈtɪvətɪ] s 1. Relativiˈtät f: theory of ~, ~ theory phys. (Einsteins) Relativitätstheorie f. 2. (to) Abhängigkeit f (von), Bedingtheit f (durch).

rel·a·tiv·ize [ˈrelətɪvaɪz] v/t relatiˈvieren.

re·la·tor [rɪˈleɪtə(r)] s 1. Erzähler(in). 2. jur. Anzeigerstatter(in) (beim Staatsanwalt).

re·lax [rɪˈlæks] I v/t 1. entspannen: to ~ one's face (muscles, a spring). 2. lockern (a. fig.): to ~ one's grip; to ~ discipline (a rule, etc). 3. fig. nachlassen in (dat): to ~ one's efforts; to ~ one's pace sein Tempo herabsetzen. 4. verweichlichen: ~ed by prosperity. 5. ~ the bowels med. abführend wirken. II v/i 6. sich entspannen (Muskeln etc; a. Geist, Person), ausspannen, sich erholen (Person), es sich bequem od. gemütlich machen, s-e Nervosiˈtät ablegen: ~! a) mach es dir gemütlich!, b) reg dich ab!; ~ed entspannt, gelöst; ~ed atmosphere zwanglose Atmosphäre. 7. sich lockern (Griff, Seil etc; a. fig. Disziplin etc). 8. nachlassen (in in dat): he ~ed in his efforts; attention ~ed die Aufmerksamkeit ließ nach. 9. med. erschlaffen. 10. freundlicher werden. re·lax·a·tion [ˌriːlækˈseɪʃn] I s 1. Entspannung f. 2. fig. Aus-, Entspannung f, Erholung f. 3. Lockerung f (a. fig.). 4. Nachlassen n. 5. med. Erschlaffung f. II adj 6. electr. phys. Kipp...: ~ circuit; ~ generator; ~ oscillation Kippschwingung f; ~ oscillator Sägezahn-, Kippgenerator m. reˈlax·ing adj 1. Erholungs... 2. erholsam.

re·lay [ˈriːleɪ] I s 1. electr. Reˈlais n: ~ broadcast Ballsendung f; ~ station Relaisstation f, Zwischensender m; ~ switch Schaltschütz n. 2. tech. Hilfs-, Servomotor m. 3. mil. etc Ablösung(smannschaft) f, neue Schicht (von Arbeitern): ~ attack mil. rollender Angriff; in ~s mil. in rollendem Einsatz; to work in (od. by) ~s Schicht arbeiten. 4. hunt. frische Meute (Hunde). 5. Ersatzpferde pl, frisches Gespann. 6. Reˈlais n (Pferdewechsel, Umspannort). 7. sport a) ~ race Staffel(lauf m) f, Schwimmen etc: Staffel(wettbewerb m) f, b) ~ team Staffel f. II v/t [Br. bes. rɪˈleɪ] 8. allg. weitergeben. 9. ablösen. 10. electr. mit od. durch Reˈlais(statiˌonen) steuern od. überˈtragen.

re·lay [ˌriːˈleɪ] v/t irr neu (ver)legen.

re·lease [rɪˈliːs] I v/t 1. entlassen (from aus), freilassen, auf freien Fuß setzen. 2. (from a) befreien, erlösen (from a. fig.): to ~ from pain j-n von s-n Schmerzen erlösen od. befreien, b) entbinden (von od. gen): to ~ s.o. from an obligation; to ~ s.o. from a contract j-n aus e-m Vertrag entlassen. 3. a) freigeben: to ~ blocked assets; to ~ an article for publication; to ~ a film e-n Film (zur Aufführung) freigeben; to ~ a body for burial e-e Leiche zur Bestattung freigeben, b) e-e Schallplatte herˈausbringen. 4. jur. ein Recht, Eigentum aufgeben od. überˈtragen: to ~ a mortgage e-e Hypothek löschen. 5. chem. phys. freisetzen. 6. tech. a) auslösen (a. phot.), b) ausschalten: to ~ bombs Bomben (ab)werfen od. ausklinken; to ~ the clutch mot. auskuppeln; to ~ gas Gas abblasen; to ~ the pedal das Pedal loslassen. II s 7. (Haft)Entlassung f, Freilassung f (from aus). 8. Befreiung f, Erlösung f (from von). 9. (from) Entlassung f (aus e-m Vertrag etc), Entbindung f (von e-r Pflicht, Schuld etc). 10. Freigabe f: ~ of a book; first ~ (Film) Uraufführung f; ~ print (Film) Verleihkopie f; to be on general ~ überall zu sehen sein (Film); ~ of energy Freiwerden n von Energie. 11. jur. a) Verzicht(leistung f od. -urkunde f) m, b) (ˈRechtsˌ)Über·tragung f: ~ of mortgage Hypo-

thekenlöschung *f*, c) Quittung *f*. **12.** *tech.* a) Auslöser *m (a. phot.)*, b) Auslösung *f*: ~ **of bombs** *mil.* Bombenabwurf *m*; ~ **button** Auslösetaste *f*; ~ **buzzer** elektrischer Türöffner; ~ **cord** *aer.* Reißleine *f (am Fallschirm)*. **13.** Mitteilung *f*, Verlautbarung *f*.
re-lease [͵riːˈliːs] *v/t* **1.** wieder vermieten *od.* verpachten. **2.** wieder mieten *od.* pachten.
re·leas·er [rɪˈliːsə(r)] *s* **1.** *phot.* Auslöser *m*. **2.** Befreier *m*, Erlöser *m*. **reˈleas·ing** *adj* **1.** befreiend: ~ **tricks** Befreiungsgriffe. **2.** *tech.* Auslöse...
rel·e·gate [ˈrelɪgeɪt] *v/t* **1.** releˈgieren, verbannen **(out of** aus). **2.** verweisen, verbannen **(to in** *acc*): **to ~ details to the footnotes**. **3. (to)** verweisen (in *acc*), zuschreiben (*dat*): **to ~ to the sphere of legend (realm of superstition)** in das Reich der Fabel (Reich des Aberglaubens) verweisen. **4.** verweisen, degraˈdieren: **he was ~d to fourth place** *sport* er wurde auf den 4. Platz verwiesen; **the club was ~d** *sport* der Verein mußte absteigen *od.* stieg ab (**to** in *acc*). **5.** etwas (zur Entscheidung) überˈweisen (**to an** *acc*). **6.** *j-n* verweisen (**to an** *acc*). ͵**rel·e·ˈga·tion** *s* **1.** Verbannung *f* (**out of** aus). **2.** Überˈweisung *f* (**to an** *acc*). **3.** Verweisung *f* (**to an** *acc*). **4.** *sport* Abstieg *m* (**to** in *acc*): **to be in danger of ~** in Abstiegsgefahr schweben.
re·lent [rɪˈlent] *v/i* **1.** weich *od.* nachgiebig werden, sich erweichen lassen, nachgeben. **2.** nachlassen (*Wind*, *Schmerz etc*). **3.** sich bessern (*Wetter*). **reˈlent·ing** *adj* (*adv* **~ly**) **1.** mitleidig, nachgiebig. **reˈlent·less** *adj* (*adv* **~ly**) **1.** unbarmherzig, schonungslos, hart. **2.** anhaltend (*Wind*, *Schmerz etc*). **reˈlent·less·ness** *s* Unbarmherzigkeit *f*, Unnachgiebigkeit *f*.
rel·e·vance [ˈreləvəns], **ˈrel·e·van·cy** [-sɪ] *s* Releˈvanz *f*, (*a. jur.* Beweis)Erheblichkeit *f*, Bedeutung *f* (**to** für). **ˈrel·e·vant** *adj* (*adv* **~ly**) **1.** anwendbar (**to** auf *acc*), einschlägig, zweck-, sachdienlich: **to be ~** sich beziehen auf (*acc*). **2.** releˈvant, belangvoll, (*jur.* beweisrechts)erheblich, von Belang (**to** für).
re·li·a·bil·i·ty [rɪ͵laɪəˈbɪlətɪ] *s* Zuverlässigkeit *f* (*a. tech.* Betriebssicherheit), Verˈläßlichkeit *f*: ~ **test** *tech.* Zuverlässigkeitsprüfung *f*. **reˈli·a·ble** *adj* (*adv* **reˈliably**) **1.** zuverlässig (*a. tech.* betriebssicher), verˈläßlich: **to be reliably informed that** aus zuverlässiger Quelle wissen, daß. **2.** glaubwürdig: **a ~ witness**. **3.** vertrauenswürdig, seriˈös, reˈell: **a ~ firm**. **4.** soˈlid: **a ~ pair of shoes** ein Paar feste Schuhe.
re·li·ance [rɪˈlaɪəns] *s* **1.** Vertrauen *n*: **to have ~ (up)on** vertrauen auf (*acc*); **to place (full) ~ on** (*od.* **in**) **s.o.** (volles) Vertrauen in *j-n* setzen, sich (voll) auf *j-n* verlassen; **in ~ on** bauend auf (*acc*). **2.** Stütze *f*, Hilfe *f*. **reˈli·ant** *adj* (*adv* **~ly**) **1.** vertrauensvoll: **to be ~ on** vertrauen auf (*acc*), sich verlassen auf (*acc*). **2.** zuversichtlich.
rel·ic [ˈrelɪk] *s* **1.** Reˈlikt *n*, (ˈÜber)Rest *m*, ˈÜberbleibsel *n* (*a. contp.*). **2.** *fig.* Andenken *n* (**of** an *acc*): **~s of the past** Zeugen der Vergangenheit, Altertümer. **3.** *meist pl relig.* Reˈliquie *f*. **4.** *pl poet.* (sterbliche) ˈÜberreste *pl*, Gebeine *pl*.
rel·ict [ˈrelɪkt] *I s* **1.** *biol.* Reˈlikt *n* (*Restvorkommen*). **2.** *obs.* Witwe *f*. **II** *adj* **3.** *biol.* reˈlikt.
re·lief¹ [rɪˈliːf] *s* **1.** Erleichterung *f* (*a. med.*): **to give** (*od.* **bring**) **some ~** *med.* Erleichterung bringen; **to my great ~** zu m-r großen Erleichterung; **it was a ~ to me when** ich war erleichtert, als; → **sigh** 5. **2.** Wohltat *f* (**to the eye** für das

Auge). **3.** Entspannung *f*, Abwechslung *f*, angenehme Unterˈbrechung. **4.** Trost *m*. **5.** Entlastung *f*: **tax ~** Steuerbegünstigung *f*, -erleichterung *f*. **6.** Abhilfe *f*. **7.** a) Unterˈstützung *f*, Hilfe *f*, b) *Am.* Soziˈalhilfe *f*: **to be on ~** Sozialhilfe beziehen; ~ **fund** Unterstützungs-, Hilfsfonds *m*; ~ **works** öffentliche Bauvorhaben zur Beˈkämpfung der Arbeitslosigkeit. **8.** *mil.* a) Entsatz *m*, Entlastung *f*: ~ **attack** Entlastungsangriff *m*, b) *a. allg.* Ablösung *f*: ~ **driver** *mot.* Beifahrer *m*; ~ **road** Entlastungsstraße *f*; ~ **train** Entlastungszug *m*; ~ **valve** Überdruckventil *n*. **9.** Vertretung *f*, Aushilfe *f*: ~ **secretary** Aushilfssekretärin *f*. **10.** *jur.* a) Rechtshilfe *f*, b) Rechtsbehelf *m*: **the ~ sought** das Klagebegehren. **11.** *jur. hist.* Lehngeld *n*, -ware *f*.
re·lief² [rɪˈliːf] *s* **1.** Reliˈef *n (a. geogr.)*, erhabene Arbeit: **to stand out in (bold) ~** plastisch *od.* scharf hervortreten (*a. fig.*); **to bring out the facts in full ~** *fig.* die Tatsachen deutlich herausarbeiten; **to set into vivid ~** *fig.* etwas plastisch schildern; **to throw into ~** (deutlich) hervortreten lassen (*a. fig.*); **to be in ~ against** sich (deutlich) abheben gegen; ~ **map** Reliˈef-, Höhenkarte *f*. **2.** *print.* Reliˈefdruck *m*.
re·lieve [rɪˈliːv] *I v/t* **1.** Schmerzen etc, *a. das Gewissen* erleichtern, *Not*, *Qual* lindern: **to ~ pain** (**one's conscience**, *etc*); **to ~ one's feelings** s-n Gefühlen Luft machen; **to ~ o.s.** (*od.* **nature**) sich erleichtern, s-e Notdurft verrichten. **2.** *j-n* entlasten: **to ~ s.o. from** (*od.* **of**) *j-m* ein schweres Gepäckstück, *e-e Arbeit etc* abnehmen, *j-n* von *e-r Pflicht etc* entbinden, *j-n* e-r Verantwortung *etc* entheben, *j-n* von *etwas* befreien; **to ~ s.o.'s mind of all doubt** *j-m* jeden Zweifel nehmen; **to ~ s.o. of s.th.** *humor. j-n* um etwas ‚erleichtern', *j-m* etwas stehlen. **3.** *j-n* erleichtern, beruhigen. **4.** *Bedürftige* unterˈstützen. **5.** *mil.* a) *e-n belagerten Platz* entsetzen, b) *e-e Kampftruppe* entlasten, c) *e-n Posten*, *e-e Einheit*, *a. allg.* ablösen. **6.** *e-r Sache* abhelfen. **7.** *j-m* Recht verschaffen. **8.** etwas *Eintöniges* heben, Abwechslung bringen in (*acc*). **9.** *tech.* a) entlasten (*a. arch.*), *e-e Feder* entspannen, b) ˈhinterdrehen. **10.** ab-, herˈvorheben. **II** *v/i* **11.** sich abheben (**against** gegen; **from** von).
reˈliev·ing arch *s arch.* Stütz-, Entlastungsbogen *m*.
re·lie·vo [rɪˈliːvəʊ] *pl* **-vos** *s* Reliˈef (-arbeit *f*) *n*.
re·li·gion [rɪˈlɪdʒən] *s* **1.** Religiˈon *f*, Glaube *m*: **to get ~** *colloq.* fromm werden. **2.** Religiosiˈtät *f*, Frömmigkeit *f*. **3.** *fig.* a) Ehrensache *f*, Herzenspflicht *f*, heiliger Grundsatz, b) *iro.* Fetisch *m*, Religiˈon *f*: **to make a ~ of s.th.** etwas zur Religion erheben. **4.** moˈnastisches Leben: **to be in ~** e-m Orden angehören; **to enter into ~** e-n Orden eintreten; **her name in ~** ihr Klostername. **reˈligion·er** *s* **1.** Mitglied *n* e-s religiˈöser Ordens. **2.** → **religionist**. **reˈligionist** *s* **1.** frommer Mensch. **2.** religiˈöser Schwärmer *od.* Eiferer. **reˈli·gion·ize** **I** *v/t* fromm machen. **II** *v/i* sich fromm gebärden, frömmeln. **reˈli·gion·less** *adj* glaubens-, religiˈonslos. **reˈlig·i·ose** [-dʒəʊs] *adj* über'trieben religiˈös, biˈgott. **re͵lig·i·ˈos·i·ty** [-ˈɒsɪtɪ; *Am.* -əs-] *s* **1.** Religiosiˈtät *f*. **2.** religiˈöse Schwärmeˈrei, Frömmeˈlei *f*.
re·li·gious [rɪˈlɪdʒəs] **I** *adj* (*adv* **~ly**) **1.** religiˈös, Religions...: ~ **book**; ~ **instruction** *ped.* Religionsunterricht *m*; ~ **wars** Religionskriege. **2.** religiˈös, fromm. **3.** ordensgeistlich, Ordens...: ~

order geistlicher Orden. **4.** *fig.* äußerst gewissenhaft: **with ~ care** mit peinlicher Sorgfalt. **5.** *fig.* andächtig: ~ **silence**. **II** *s sg u. pl* **6.** a) Ordensmann *m od.* -frau *f*, Mönch *m od.* Nonne *f*, b) *pl* Ordensleute *pl*. **reˈli·gious·ness** *s* Religiosiˈtät *f*.
re·lin·quish [rɪˈlɪŋkwɪʃ] *v/t* **1.** *e-n Plan etc* aufgeben, *e-e Hoffnung a.* fahrenlassen, *e-e Idee a.* fallenlassen. **2. (to)** *e-n Besitz*, *ein Recht* abtreten (*dat od.* an *acc*), überˈlassen (*dat*), preisgeben (*dat*). **3.** loslassen, fahrenlassen: **to ~ one's hold on s.th.** etwas loslassen. **4.** verzichten auf (*acc*). **reˈlin·quish·ment** *s* **1.** Aufgabe *f*. **2.** Preisgabe *f*, Überˈlassung *f*. **3.** Verzicht *m* (**of** auf *acc*).
rel·i·quar·y [ˈrelɪkwərɪ; *Am.* -͵kweriː] *s* Reˈliquienschrein *m*.
re·liq·ui·ae [rɪˈlɪkwiiː; *Am. a.* -͵aɪ] (*Lat.*) *s pl bes. geol.* (orˈganische) ˈÜberreste *pl*.
rel·ish [ˈrelɪʃ] **I** *v/t* **1.** gern essen, sich schmecken lassen, (mit Appeˈtit) genießen: **I did not ~ the coffee** der Kaffee war nicht nach m-m Geschmack. **2.** *fig.* Geschmack *od.* Gefallen finden an (*dat*), (mit Behagen) genießen: **to ~ the beauties of a symphony**; **I do not much ~ the idea** ich bin nicht gerade begeistert von der Aussicht (**of doing** zu tun); **I did not ~** es sagte mir nicht zu; **not to ~ having to do s.th.** nicht davon begeistert sein, etwas tun zu müssen. **3.** *fig.* würzen, schmackhaft machen (**with** mit). **II** *v/i* **4. (of)** a) schmecken (nach), · b) *fig.* e-n Beigeschmack haben (von). **5.** schmecken, munden. **III** *s* **6.** (Wohl-) Geschmack *m*. **7.** *fig.* Reiz *m*: **to lose its ~**. **8. (for)** Sinn *m* (für), Geschmack *m*, Gefallen *n* (an *dat*): **with (great) ~** a) mit (großem) Appetit essen, b) mit (großem) Behagen *od.* Vergnügen, *bes. iro.* mit Wonne *tun*; **to have no ~ for** sich nichts machen aus *e-r Sache*. **9.** *a. fig.* Kostprobe *f*, b) Beigeschmack *m*, Anflug *m*, Hauch *m* (**of** von). **10.** a) Gewürz *n*, Würze *f* (*a. fig.*), b) Horsd'œuvre *n*, Appeˈtithappen *m*.
re·live [͵riːˈlɪv] *v/t* etwas noch einmal durchˈleben *od.* ˈdurchmachen.
re·load [͵riːˈləʊd] *v/t* **1.** *econ.* neu (be)laden, ˈumladen: **charges for ~ing** Umladegebühren. **2.** *e-e Waffe* neu laden.
re·lo·cate [͵riːləʊˈkeɪt; *Am. a.* -ˈləʊ͵k-] *v/t* **1.** *Familien etc* ˈumsiedeln. **2.** *Computer*: *Programm*, *Routine* verschieben. ͵**re·loˈca·tion** [-ˈkeɪʃn] *s* **1.** *jur. Scot.* ˈWiederverpachtung *f*. **2.** ˈUmsiedlung *f*, ˈUmzug *m*: ~ **allowance** Umzugsbeihilfe *f*. **4.** *Computer*: Verschiebung *f*.
re·lu·cent [rɪˈluːsnt] *adj obs.* leuchtend, strahlend.
re·luct [rɪˈlʌkt] *v/i obs.* **1.** sich auflehnen (**against** gegen; **at** gegen, bei). **2.** sich widerˈsetzen (**to** *dat*).
re·luc·tance [rɪˈlʌktəns] *s* **1.** Widerˈstreben *n*, Abneigung *f* (**to** gegen; **to do s.th.** etwas zu tun): **with ~ reluctantly**; **to show ~ to do s.th.** wenig Neigung zeigen, etwas zu tun. **2.** *phys.* Relukˈtanz *f*, maˈgnetischer ˈWiderstand. **reˈluc·tant** *adj* ˈwiderwillig, widerˈstrebend, zögernd: **to be ~ to do s.th.** sich sträuben, etwas zu tun; etwas nur ungern tun; **I am ~ to do** es widerstrebt mir, das zu tun; ich tue das nur ungern. **reˈluc·tant·ly** *adv* widerˈstrebend, ˈwiderwillig, ungern, schweren Herzens.
re·luc·tiv·i·ty [͵relʌkˈtɪvətɪ; *Am.* rɪ͵lʌk-] *s phys.* Reluktiviˈtät *f*, speˈzifischer maˈgnetischer ˈWiderstand.
re·lume [rɪˈljuːm; *bes. Am.* rɪˈluːm] *v/t obs.* **1.** wieder anzünden, neu entfachen (*a. fig.*). **2.** ˈwiedererhellen.
re·ly [rɪˈlaɪ] *v/i* **1.** ~ **(up)on** sich verlassen *od.* vertrauen *od.* bauen *od.* zählen auf

(*acc*): **I ~ upon you to do it** ich verlasse mich darauf, daß du es tust; **to have to ~ on s.o.** auf j-n angewiesen sein; **he can be relied upon** man kann sich auf ihn verlassen. **2. ~ (up)on** sich berufen *od.* stützen auf (*e-e Quelle, ein Buch etc*): **the author relies on earlier works** der Autor lehnt sich an frühere Werke an. **3. ~ (up)on** angewiesen sein auf (*acc*) (**for** 'hinsichtlich *gen*).
rem [rem] *s phys.* rem *n* (*absorbierte Strahlendosis von der biologischen Wirksamkeit e-s rad; aus* **r**oentgen **e**quivalent **m**an).
re·main [rɪ'meɪn] **I** *v/i* **1.** (übrig)bleiben (*a. fig.* **to s.o.** j-m). **2.** (zu'rück-, ver)bleiben, noch übrig *od.* vor'handen *od.* geblieben sein: **no other token of his art ~s** kein anderes Beispiel s-r Kunst ist erhalten *od.* (uns) geblieben; **only half of it ~s** nur die Hälfte davon ist noch übrig *od.* vorhanden; **nothing ~s (to him) but to confess** es bleibt (ihm) nichts weiter übrig, als ein Geständnis abzulegen; **little now ~s to be done** es bleibt nur noch wenig zu tun; **that ~s to be proved** das wäre (erst) noch zu beweisen; **that ~s to be seen** das bleibt abzuwarten. **3.** (*mit Prädikatsnomen*) bleiben: **he ~ed a bachelor** er blieb Junggeselle; **one thing ~s certain** eins ist gewiß; **she ~ed speechless** sie war sprachlos; **he ~ed standing** er blieb stehen. **4.** (*mit Adverbiale*) 'weiter(hin) sein, bleiben: **to ~ in existence** weiterbestehen; **to ~ in force** in Kraft bleiben; **he ~s in a critical condition** *med.* sein Zustand ist nach wie vor kritisch. **5.** (ver)weilen, bleiben (**am** Briefschluß): **I ~ yours faithfully** (*od.* **sincerely**) verbleibe ich Ihr. **6.** *math.* a) Rest *m* b) Restglied *n*.
II *s pl* **7.** *a. fig.* Reste *pl*, 'Überreste *pl*, -bleibsel *pl*. **8.** (die) Über'lebenden *pl*. **9.** *a. literary* **~s** hinter'lassene Werke *pl*, lite'rarischer Nachlaß. **10.** *a.* **mortal ~s** (die) sterblichen 'Überreste *pl*.
re·main·der [rɪ'meɪndə(r)] **I** *s* **1.** Rest *m*, (*das*) übrige. **2.** *econ.* a) Restbestand *m*, b) Restbetrag *m*. **3.** (*die*) übrigen *pl*, (*die*) anderen *pl*, (*die*) Übriggebliebenen *pl*. **4.** *tech.* Rückstand *m*. **5.** *pl* 'Überreste *pl*. **6.** *math.* a) Rest *m*, b) Restglied *n*. **7.** *jur.* a) Obereigentum *n*, b) beschränktes Eigentum, c) Nacherbenrecht *n*, d) Anwartschaft(srecht *n*) *f* (*auf Grundeigentum*): **contingent ~** bedingte Anwartschaft; **vested ~** unentziehbare Anwartschaft. **8.** *a. pl* Buchhandel: Restbestand *m*, Remit'tenden *pl*. **II** *v/t* **9.** Bücher (als Remit'tenden) (*billig*) abgeben, abstoßen. **re'main·der·man** [-mən] *s irr jur.* **1.** Nacherbe *m*. **2.** Anwärter *m*. **3.** Obereigentümer *m*.
re·main·ing [rɪ'meɪnɪŋ] *adj* übrig(geblieben), Rest..., verbleibend, restlich.
re·make I *v/t irr* [ˌriː'meɪk] wieder *od.* neu machen, neu schaffen. **II** *s* ['riːmeɪk] Re'make *n*, Neuverfilmung *f*.
re·mand [rɪ'mɑːnd; *Am.* -'mænd] *jur.* **I** *v/t* **1.** *a.* **~ in custody** in die 'Untersuchungshaft zu'rückschicken, b) *a.* **~ on bail** *Br.* gegen Kauti'on *od.* Sicherheitsleistung aus der Unter'suchungshaft entlassen. **2.** *bes. Am.* e-e Rechtssache (an die untere In'stanz) zu'rückverweisen. **II** *s* **3.** a) *a.* **~ in custody** Zu'rückschickung *f* in die Unter'suchungshaft, b) *a.* **period of ~** Unter'suchungshaft *f*, c) *a.* **on bail** *Br.* Entlassung *f* aus der Unter'suchungshaft gegen Kauti'on *od.* Sicherheitsleistung: **to appear on ~** aus der Untersuchungshaft vorgeführt werden; **to be on ~** in Untersuchungshaft sein; **prisoner on ~** Untersuchungsgefangene(r *m*) *f*; **~ centre** (*od.* **home**) *Br.* Untersuchungshaftanstalt *f* für Kinder u. Jugendliche; **~ jail** (*od.* **prison**) Untersuchungshaftanstalt *f*, -gefängnis *n*. **4.** *bes. Am.* Zu'rückverweisung *f* (*e-r Rechtssache*) (an die untere In'stanz).

rem·a·nence ['remənəns] *s phys.* Rema'nenz *f*. **'rem·a·nent** *adj phys.* rema'nent: **~ magnetism**.
rem·a·net ['remənet] (*Lat.*) *s* **1.** Rest *m*, Rückstand *m*. **2.** *jur.* Fall, dessen Erledigung verschoben *od.* ausgesetzt worden ist. **3.** *parl. Br.* unerledigte Gesetzesvorlage.
re·mark[1] [rɪ'mɑː(r)k] **I** *v/t* **1.** (be)merken, beobachten. **2.** bemerken, äußern, sagen (**that** daß). **II** *v/i* **3.** sich äußern, e-e Bemerkung *od.* Bemerkungen machen (**on**, **upon** über *acc*, zu). **III** *s* **4.** Bemerkung *f*, Äußerung *f*: **to make ~s to s.o. on s.th.** sich j-m gegenüber über etwas äußern. **5.** Kommen'tar *m*, Anmerkung *f*: **to give cause to ~** Aufsehen erregen; **without ~** kommentarlos; **worthy of ~** beachtenswert.
re·mark[2] → **remarque**.
re·mark·a·ble [rɪ'mɑː(r)kəbl] *adj* (*adv* **remarkably**) bemerkenswert: a) beachtlich (**for** wegen), b) ungewöhnlich, auffallend, außerordentlich: **with ~ skill**. **re'mark·a·ble·ness** *s* Ungewöhnlichkeit *f*.
re·marque [rɪ'mɑː(r)k] *s* **1.** Re'marque *f*, Re'mark *f* (*Probezeichnung am Rand der Kupferplatte*). **2.** Remarquedruck *m*.
re·mar·riage [ˌriː'mærɪdʒ] *s* 'Wiederverheiratung *f*. **ˌre'mar·ry** *v/i* wieder heiraten.
Rem·brandt·esque [ˌrembrænt'esk] *adj* im Stile Rembrandts (gemalt).
re·me·di·a·ble [rɪ'miːdjəbl; -dɪəbl] *adj* (*adv* **remediably**) heilbar, abstellbar: **this is ~** dem ist abzuhelfen. **re'me·di·al** *adj* (*adv* **-ly**) **1.** Abhilfe schaffend: **~ measure** Abhilfemaßnahme *f*. **2.** heilend, Heil...: **~ gymnast** Heil-, Krankengymnast *f*: **~ gymnastics** Heil-, Krankengymnastik *f*. **3.** *ped.* Förder...: **~ class** Förderklasse *f*; **~ teaching** Förderunterricht *m*.
rem·e·di·less ['remɪdɪlɪs] *adj* (*adv* **~ly**) unheilbar, nicht wieder' gutzumachen(d).
rem·e·dy ['remɪdɪ] **I** *s* **1.** *med.* (Heil-)Mittel *n*, Arz'nei(mittel *n*) *f* (**for**, **against** gegen). **2.** *fig.* (Gegen)Mittel *n* (**for**, **against** gegen), Abhilfe *f*: **beyond** (*od.* **past**) **~** nicht mehr zu beheben, hoffnungslos. **3.** *jur.* Rechtsmittel *n*, -behelf *m*. **4.** Münzwesen: Tole'ranz *f*. **5.** *ped. Br.* freier Nachmittag. **II** *v/t* **6.** e-n Schaden, Mangel beheben. **7.** e-n Mißstand abstellen, e-r Sache abhelfen, *etwas* in Ordnung bringen, korri'gieren. **8.** *med.* heilen.
re·mem·ber [rɪ'membə(r)] **I** *v/t* **1.** sich entsinnen (*gen*), sich besinnen auf (*acc*), sich erinnern an (*acc*): **to ~ doing s.th.** sich daran erinnern, etwas getan zu haben; **I ~ him as a young boy** ich habe ihn als kleinen Jungen in Erinnerung. **2.** sich merken, nicht vergessen, eingedenk sein (*gen*), denken an (*acc*), beherzigen: **~ what I tell you** denke daran. *od.* vergiß nicht, was ich dir sage; **to ~ s.th. against s.o.** j-m etwas nachtragen. **3.** (auswendig) können *od.* wissen. **4.** denken an j-n (*weil man ihm etwas schenken will etc*). **5.** j-n (*mit e-m Geschenk, in s-m Testament*) bedenken: **to ~ s.o. in one's will**. **6.** *j-s* (*im Gebet*) gedenken. **7.** *j-n* empfehlen, grüßen von: **please ~ me kindly to your wife** grüßen Sie bitte Ihre Gattin (von mir). **II** *v/i* **8.** sich erinnern *od.* entsinnen: **if I ~ right** wenn ich mich recht entsinne; **not that I ~** nicht, daß ich wüßte; **~!** wohlgemerkt.

re·mem·brance [rɪ'membrəns] *s* **1.** Erinnerung *f* (**of** an *acc*), Gedächtnis *n*: **to call s.th. to ~** sich (*dat*) etwas in die Erinnerung zurückrufen; **to have s.th. in ~** etwas in Erinnerung haben; **to have no ~ of s.th.** keine Erinnerung an etwas haben; **within my ~** soweit ich mich erinnere. **2.** Gedenken *n*, Andenken *n*, Erinnerung *f*: **~ service** Gedächtnisgottesdienst *m*; **in ~ of** zur Erinnerung *od.* zum Gedächtnis an (*acc*), im Gedenken an (*acc*), zu *j-s* Ehren; **R~ Sunday**, **R~ Day** Volkstrauertag *m* (*Sonntag vor od. nach dem 11. November*). **3.** Andenken *n* (*Sache*). **4.** *meist pl* (*aufgetragene*) Grüße *pl*, Empfehlungen *pl*: **give my kind ~s to all your family** herzliche Grüße an alle d-e Lieben. **re'mem·branc·er** *s* **1.** Queen's (King's) **R~** *Br.* a) Beamter des Supreme Court, b) *hist.* Beamter des Court of Exchequer. **2.** *meist* City **R~** *parl.* Vertreter *m* der Londoner City.
re·mi·grate [ˌriː'maɪgreɪt] *v/i* zu'rückwandern, -kehren. **ˌre·mi'gra·tion** *s* Rückwanderung *f*, Rückkehr *f*.
re·mil·i·ta·ri·za·tion [ˌriːˌmɪlɪtəraɪ'zeɪʃn; *Am.* -rə'z-] *s* Remilitari'sierung *f*. **ˌre'mil·i·ta·rize** *v/t* remilitari'sieren, wieder'aufrüsten.
re·mind [rɪ'maɪnd] *v/t* j-n erinnern (**of** an *acc*; **that** daß): **to ~ s.o. how** j-n daran erinnern, wie; **that ~s me** da(bei) fällt mir ein. **re'mind·er** *s* **1.** Mahnung *f*: **a gentle ~** ein (zarter) Wink. **2.** Erinnerung *f* (**of** an Vergangenes). **3.** Erinnerungs-, Gedächtnishilfe *f* (*Knoten im Taschentuch etc*). **re'mind·ful** *adj* **1.** erinnernd (**of** an *acc*). **2.** sich erinnernd (**of** *gen od.* an *acc*).
rem·i·nisce [ˌremɪ'nɪs] *v/i* in Erinnerungen schwelgen, sich in Erinnerungen ergehen. **ˌrem·i'nis·cence** *s* **1.** Erinnerung *f*, Reminis'zenz *f*, Anek'dote *f* (*aus s-m Leben*). **2.** *pl* (Lebens)Erinnerungen *pl*, Reminis'zenzen *pl*, Me'moiren *pl*. **3.** Anklang *m* (*an Bekanntes*): **a ~ of the Greek type in her face** etwas Griechisches in ihrem Gesicht. **ˌrem·i'nis·cent** *adj* (*adv* **~ly**) **1.** sich erinnernd (**of** an *acc*). **2.** Erinnerungs...: **~ talk** Austausch *m* von Erinnerungen. **3.** Erinnerungen wachrufend (**of** an *acc*), erinnerungsträchtig. **4.** in Erinnerungen schwelgend, in der Vergangenheit lebend. **ˌrem·i·nis'cen·tial** [-'senʃl] *adj* Erinnerungs...

re·mise[1] [rɪ'maɪz] *jur.* **I** *v/t* Ansprüche, Rechte *etc* aufgeben, abtreten, über'tragen. **II** *s* Aufgabe *f* (*e-s Anspruchs*), Rechtsverzicht *m*.
re·mise[2] [rə'miːz] *s* **1.** *obs.* a) Re'mise *f*, Wagenschuppen *m*, b) Mietkutsche *f*. **2.** *fenc.* Ri'messe *f*, Angriffsverlängerung *f*. **II** *v/i* **3.** *fenc.* e-e Ri'messe voll'führen.
re·miss [rɪ'mɪs] *adj* (nach)lässig, säumig, lax, träge: **to be ~ in one's duties** s-e Pflichten vernachlässigen.
re·mis·si·ble [rɪ'mɪsəbl] *adj* **1.** erläßlich, zu erlassen(d). **2.** verzeihlich, *R.C.* läßlich: **~ sins**.
re·mis·sion [rɪ'mɪʃn] *s* **1.** *a.* **~ of sin(s)** Vergebung *f* (der Sünden). **2.** Nachlassen *n*. **3.** *med.* Remissi'on *f* (*vorübergehendes Abklingen*). **4.** a) (*a. teilweiser*) Erlaß (*e-r Strafe, Schuld, Gebühr*), b) Nachlaß *m*, Ermäßigung *f*. **5.** *parl. hist. Br.* Begnadigung *f*.
re·miss·ness [rɪ'mɪsnɪs] *s* (Nach)Lässigkeit *f*, Trägheit *f*.
re·mit [rɪ'mɪt] **I** *v/t* **1.** vergeben: **to ~ sins**. **2.** (ganz *od.* teilweise) erlassen: **to ~ a sentence (debt)**. **3.** a) hin'aus-, verschieben (**till**, **to** bis; **to auf** *acc*), b) e-

Strafe aussetzen (**to**, till bis). **4.** a) nachlassen in (*dat*): **to ~ one's attention (efforts)**, b) s-n Zorn etc mäßigen, c) aufhören mit, einstellen, aufgeben: **~ a siege; to ~ one's work. 5.** *econ.* Geld *etc* über'weisen, -'senden. **6.** *bes. jur.* a) e-n Fall etc (*zur Entscheidung*) über'tragen, zuweisen (**to** j-m), b) → **remand 2**, c) j-n verweisen (**to** an *acc*). **7.** (*in früheren Zustand*) zu'rückführen, (*in frühere Rechte*) wieder'einsetzen, wieder setzen (**to**, **into** in *acc*). **II** *v/i* **8.** nachlassen, abklingen. **9.** *econ.* Zahlung leisten.

re·mit·tal [rɪˈmɪtl] → **remission**.

re·mit·tance [rɪˈmɪtəns] *s econ.* (Geld-, Wechsel)Sendung *f*, Über'weisung *f*, Ri'messe *f*: **~ account** Überweisungskonto *n*; **to take ~** remittieren, Deckung anschaffen. **~ man** *sir* j-d, der im fremden Land, bes. in den Kolonien, von Geldsendungen aus der Heimat lebt.

re·mit·tee [rɪˌmɪˈtiː] *s econ.* (Zahlungs-, Über'weisungs)Empfänger(in).

re·mit·tent [rɪˈmɪtənt] *bes. med.* **I** *adj* (vor'übergehend) nachlassend, abklingend, remit'tierend: **~ fever** → **II** *s* remit'tierendes Fieber.

re·mit·ter[1] [rɪˈmɪtə(r)] *s econ.* Geldsender *m*, Über'sender *m*.

re·mit·ter[2] [rɪˈmɪtə(r)] *s jur.* **1.** Heilung *f* e-s rechtshaften Rechtstitels (*durch e-n höheren Titel des Besitzers*). **2.** Über'weisung *f* (*e-s Falles*) (**to an** ein anderes Gericht). **3.** Wieder'einsetzung *f* (**to in** frühere Rechte *etc*).

rem·nant [ˈremnənt] **I** *s* **1.** *a. fig.* 'Überbleibsel *n*, (*'Über)Rest m, (kläglicher) Rest. **2.** *econ.* (Stoff)Rest *m*, *pl* Reste(*r*) *pl*: **~ sale** Resteverkauf *m*. **3.** *fig.* (letzter) Rest, Spur *f*. **4.** *phys.* Rest *m*, Re'siduum *n*. **II** *adj* **5.** übriggeblieben, restlich, Rest...

re·mod·el [ˌriːˈmɒdl; *Am.* -ˈmɑːdl] *v/t* 'umbilden, -bauen, -formen, -gestalten (*a. fig.*).

re·mold **I** *v/t* [ˌriːˈməʊld] **1.** neu formen, 'umformen, 'umgestalten (*a. fig.*). **2.** Reifen runderneuern. **II** *s* [ˈriːməʊld] **3.** runderneuerter Reifen.

re·mon·e·ti·za·tion [ˌriːˌmʌnɪtaɪˈzeɪʃn; *Am.* -təˈz-]; *a.* -ˌmɑ- *s* 'Wiederkurssetzung *f*. **re·mon·e·tize** [riːˈmʌnɪtaɪz; *Am. a.* -ˈmɑ-] *v/t* Silber etc wieder als gesetzliches Zahlungsmittel einführen.

re·mon·strance [rɪˈmɒnstrəns; *Am.* -ˈmɑn-] *s* **1.** (Gegen)Vorstellung *f*, Vorhaltung *f*, Einspruch *m*, Pro'test *m*. **2.** *hist.* Remon'stranz *f*, öffentliche Beschwerdeschrift: **Grand R~** *Memorandum des Unterhauses an den König* (1641). **re·mon·strant I** *adj* (*adv* **~ly**) **1.** selten prote'stierend. **II** *s* **2.** *Am.* *a. relig. hist.* Remon'strant(in) (*Mitglied e-r reformierten Sekte*). **3.** Einspruchserheber *m*. **re·mon·strate** [ˈremənstreɪt; *Am.* rɪˈmɑn-] **I** *v/i* **1.** Einwände erheben, prote'stieren (**against** gegen). **2. to ~ with s.o. about** (*od.* **on**) **s.th.** j-m wegen e-r Sache Vorhaltungen machen. **II** *v/t* **3.** einwenden, (da'gegen) vorbringen (**to** *od.* **with s.o.** j-m gegen'über; **that** daß). ˌre·mon·straˈtion *s* **remonstrance** 1. **re·mon·stra·tive** [rɪˈmɒnstrətɪv; *Am.* -ˈmɑn-] *adj* prote'stierend, Beschwerde..., Protest...

re·mon·tant [rɪˈmɒntənt; *Am.* -ˈmɑn-] *bot.* **I** *adj* remon'tant, nach der Hauptblüte noch einmal blühend. **II** *s* remon'tante Rose.

rem·o·ra [ˈremərə] *s ichth.* Schildfisch *m*.

re·morse [rɪˈmɔːs; *Am.* -ɔːrs] *s* **1.** Gewissensbisse *pl*, Reue *f*, Zerknirschung *f* (**at** über *acc*); **for** wegen): **to feel ~** Gewissensbisse haben, zerknirscht sein. **2.** Mitleid *n*: **without ~** unbarmherzig. **reˈmorse·ful** *adj* (*adv* **~ly**) reumütig, reuig, reuevoll (**for** über *acc*). **reˈmorse·ful·ness** *s* Reumütigkeit *f*. **reˈmorse·less** *adj* (*adv* **~ly**) unbarmherzig (*a. fig. Sturm etc*). **reˈmorse·less·ness** *s* Unbarmherzigkeit *f*.

re·mote [rɪˈməʊt] **I** *adj* (*adv* **~ly**) **1.** (*räumlich*) fern, (weit) entfernt (**from** von): **~ country. 2.** abgelegen, entlegen, versteckt: **a ~ village. 3.** (*zeitlich*) fern: **~ ages**; **~ future**; **~ antiquity** graue Vorzeit. **4.** *fig.* (weit) entfernt (**from** von): **an action ~ from his principles** e-e Handlungsweise, die mit s-n Prinzipien wenig gemein hat; **to be ~ from the truth** von der Wahrheit (weit) entfernt sein. **5.** entfernt, weitläufig (*Verwandter*): **~ relative. 6.** mittelbar, 'indi,rekt: **~ cause**; **~ damages** Folgeschäden. **7.** schwach, vage, entfernt: **a ~ possibility**; **a ~ resemblance**; **a ~ chance** e-e geringe Chance; **not the ~st idea** keine blasse Ahnung, nicht die leiseste Ahnung. **8.** kühl zurückhaltend, unnahbar, distan'ziert. **II** *s* **9.** *bes. Am. Rundfunk, TV:* 'Außenüber,tragung *f*.

re·mote con·trol *s tech.* **1.** Fernlenkung *f*, -steuerung *f*. **2.** Fernbedienung *f*: **cableless ~** drahtlose Fernbedienung. **reˌmote-conˈtrolled** *adj* **1.** ferngelenkt, -gesteuert. **2.** mit Fernbedienung. **reˈmote·ness** *s* **1.** Ferne *f*, Entlegenheit *f*. **2.** Entferntheit *f* (*a. fig.*). **3.** zu'rückhaltendes *od.* unnahbares Wesen.

re·mote sens·ing *s* Re'mote sensing *n* (*Forschungsrichtung, die unter Einsatz von Raumfahrzeugen, EDV-Anlagen etc beispielsweise die Erdoberfläche aus großer Entfernung untersucht*).

re·mou·lade [ˌreməˈleɪd; *Am.* ˌreɪməˈlɑːd] *s gastr.* Remou'lade *f*.

re·mould → **remold**.

re·mount [ˌriːˈmaʊnt] **I** *v/t* **1.** wieder besteigen: **to ~ a mountain. 2.** wieder aufsitzen auf (*das Pferd*). **3.** *mil.* a) Pferde beschaffen für, b) *hist.* j-m wieder aufs Pferd helfen. **4.** *tech.* a) e-e Maschine wieder aufstellen *od.* mon'tieren, b) e-e Karte etc neu aufziehen. **II** *v/i* **5.** a) wieder aufsteigen, b) wieder aufsitzen (*Reiter*). **6.** *fig.* zu'rückgehen (**to** auf *acc*): **to ~ to the Roman era**. **III** *s* [*bes.* ˈriːmaʊnt] **7.** frisches Reitpferd. **8.** *mil. hist.* Re'monte *f*.

re·mov·a·ble [rɪˈmuːvəbl] *adj* (*adv* re'movably) **1.** absetzbar: **~ by the mayor. 2.** *tech.* abnehmbar, auswechselbar: **~ parts**; **~ lining** ausknöpfbares Futter. **3.** entfernbar, wegschaffbar (*d*). **4.** behebbar: **~ faults**.

re·mov·al [rɪˈmuːvl] *s* **1.** Fort-, Wegschaffen *n*, Entfernen *n*, Beseitigung *f*, Abfuhr *f*, 'Abtrans,port *m*. **2.** (**to** an *acc*, nach) a) 'Umzug *m*, b) Verlegung *f*: **~ of business** Geschäftsverlegung; **~ man** *Br.* a) Spedi'teur *m*, b) (Möbel)Packer *m*; **~ van** *Br.* Möbelwagen *m*. **3.** a) Absetzung *f*, Entlassung *f* (**from** office aus dem Amt), (Amts)Enthebung *f*, b) (Straf)Versetzung *f*. **4.** *fig.* Beseitigung *f* (*e-s Fehlers etc, a. e-s Gegners*), Behebung *f*: **~ of a fault** (**difficulty**, *etc*). **5.** *meist* **~ of causes** *jur. Am.* Über'weisung *f* des Falles (**to an** ein anderes, *bes.* Bundesgericht). **6.** *med.* Entnahme *f* (*e-s Organs*) (*bei Verpflanzung*).

re·move [rɪˈmuːv] **I** *v/t* **1.** *allg.* (weg)nehmen, entfernen (**from** von, aus): **to ~ a book from the shelf**; **to ~ from the agenda** von der Tagesordnung absetzen; **to ~ all apprehension (doubt)** alle Befürchtungen (Zweifel) zerstreuen; **to ~ the cloth** (den Tisch) abdecken *od.* abräumen, *z.B. Kleidungsstück* ablegen, den *Hut* abnehmen. **3.** *tech.* ab-, 'abmon,tieren, ausbauen. **4.** wegräumen, -schaffen, -bringen, fortschaffen, 'abtrans,por,tieren: **to ~ furniture** (Wohnungs)Umzüge besorgen; **to ~ mountains** *fig.* Berge versetzen; **to ~ o.s.** sich entfernen; **to ~ a prisoner** e-n Gefangenen abführen (lassen); **to ~ by suction** *tech.* absaugen. **5.** Möbel 'umräumen, 'umstellen. **6.** *bes. fig.* aus dem Weg räumen, beseitigen: **to ~ an adversary** (**an obstacle**, *etc*). **7.** beseitigen, entfernen: **to ~ a stain (all traces). 8.** *fig.* beheben, beseitigen: **to ~ difficulties** (**the last doubts**, **the causes of poverty**). **9.** e-n Beamten absetzen, entlassen, s-s Amtes entheben. **10.** bringen, schaffen, verlegen (**to an** *acc*, nach): **he ~d his business to London** er verlegte sein Geschäft nach London. **11.** *med.* Organ (*zur Verpflanzung*) entnehmen. **II** *v/i* **12.** (aus-, 'um-, ver)ziehen (**to in** *acc*, nach). **13.** sich fortbegeben. **14.** sich *gut etc* entfernen lassen: **the lid ~s easily**. **III** *s* **15.** *bes. Br.* selten 'Umzug *m*. **16.** *ped. Br.* Klasse *f* für lernschwache Schüler. **17.** *Br.* nächster Gang (*beim Essen*). **18.** *fig.* Schritt *m*, Stufe *f*: **but one ~ from anarchy** nur (noch) e-n Schritt von der Anarchie entfernt. **19.** a) (Verwandtschafts)Grad *m*, b) Generati'on *f*. **20.** Entfernung *f*, Abstand *m*: **at a ~** *fig.* mit einigem Abstand; **to stay at a ~ from** *fig.* Abstand wahren zu.

re·moved *adj* **1.** (weit) entfernt (**from** von) (*a. fig.*). **2.** um 'eine Generation verschieden: **a first cousin once ~** mein Onkel *od.* Neffe *od.* m-e Tante *od.* Nichte zweiten Grades. **3.** *Br.* (**by**) gefolgt (von), anschließend (*Speise*): **boiled haddock ~ by hashed mutton**.

re·mov·er *s* **1.** Abbeizmittel *n*. **2.** (Flecken-, Nagellack- *etc*)Entferner *m*: **nail varnish ~. 3.** *Br.* a) Spedi'teur *m*, b) (Möbel)Packer *m*. **4.** *jur. Am.* Über'weisung *f* (*e-s Rechtsfalles*).

REM sleep *s* (*abbr. für* **rapid eye movement**) *psych.* REM-Schlaf *m*.

re·mu·ner·ate [rɪˈmjuːnəreɪt] *v/t* **1.** j-n entlohnen (**for** für). **2.** j-n entschädigen, belohnen (**for** für). **3.** etwas vergüten, ersetzen. **reˌmu·nerˈa·tion** *s* **1.** Entlohnung *f*. **2.** Entschädigung *f*, Belohnung *f*. **3.** Vergütung *f*. **reˈmu·ner·a·tive** [-rətɪv; *Am. a.* -reɪ-] *adj* (*adv* **~ly**) einträglich, lohnend, lukra'tiv, profi'tabel, ren'tabel.

Re·nais·sance [rəˈneɪsəns; *Am.* ˌrenəˈsɑːns] *s* **1.** (*die*) Renaissance (*des 15. u. 16. Jhs.*): **~ man** Renaissancemensch *m*. **2.** **r~** Renais'sance *f*, 'Wiedergeburt *f*, -erwachen *n*, Wieder'aufleben *n*.

re·nal [ˈriːnl] *adj med.* Nieren...: **~ pelvis** *anat.* Nierenbecken *n*.

re·name [ˌriːˈneɪm] *v/t* **1.** 'umbenennen. **2.** neu benennen.

re·nas·cence [rɪˈnæsns] *s* **1.** 'Wiedergeburt *f*, Erneuerung *f*. **2. R~** → **Renaissance** 1. **re·nas·cent** *adj* wieder'auflebend, 'wiedererwachend, neu.

ren·con·tre [renˈkɒntə(r); *Am.* -ˈkɑːn-], **ren·coun·ter** [-ˈkaʊntə(r)] *s obs.* **1.** *mil.* Zs.-stoß *m*, Treffen *n*, Schar'mützel *n*. **2.** a) Wortgefecht *n*, Du'ell *n*. **3.** (*zufälliges*) Zs.-treffen.

rend [rend] *pret u. pp* **rent** [rent] **I** *v/t* **1.** (zer)reißen: **to ~ apart** (*od.* **asunder** *od.* **to pieces**) zer-, entzweireißen, in Stücke reißen; **to ~ from s.o.** j-m entreißen; **to ~ one's hair** sich die Haare raufen; **shouts ~ the air** Schreie gellen durch *od.* zerreißen die Luft. **2.** spalten (*a. fig.*). **II** *v/i* **3.** (zer)reißen, bersten.

ren·der [ˈrendə(r)] **I** *v/t* **1.** berühmt, schwierig, sichtbar, (un)nötig *etc* machen,

rendering – repairman

to ~ s.o. famous; to ~ s.th. difficult (necessary, visible, etc); to ~ possible möglich machen, ermöglichen. 2. 'wiedergeben: a) über'setzen, -'tragen: to ~ a text into French, b) ausdrücken, formu'lieren. 4. a. ~ back zu'rückgeben, zu'rückerstatten (to dat). 5. meist ~ up a) her-'ausgeben, b) fig. 'hingeben, opfern: to ~ one's life, c) fig. vergelten (good for evil Böses mit Gutem). 6. über'geben: to ~ up a fortress (to dat); to ~ to the earth e-n Toten der Erde übergeben. 7. e-n Dienst, Hilfe, Schadenersatz leisten (to dat): for services ~ed für geleistete Dienste. 8. s-n Dank abstatten (to dat). 9. Ehre, Gehorsam erweisen (to dat): → homage 1. 10. Rechenschaft ablegen, geben (to dat; of über acc): to ~ an account of s.th. über etwas berichten od. Bericht erstatten od. Rechenschaft ablegen. 11. econ. Rechnung (vor)legen: to ~ (an) account; per account ~ed laut Rechnung. 12. e-n Gewinn abwerfen. 13. jur. das Urteil fällen (on über acc). 14. e-n Grund angeben. 15. tech. auslassen: to ~ fats. 16. arch. roh bewerfen, berappen. II v/i 17. to ~ to s.o. j-n entlohnen. III s 18. jur. hist. Gegenleistung f. 19. arch. Rohbewurf m.

ren·der·ing ['rendərɪŋ] s 1. 'Übergabe f: ~ of account econ. Rechnungslegung f. 2. 'Wiedergabe f: a) Über'tragung f, -'setzung f, b) (künstlerische) Interpretati'on, Gestaltung f, Ausführung f, Vortrag m. 3. a. ~ coat arch. Rohbewurf m.

ren·dez·vous ['rɒndɪvuː; Am. 'rɑːndɪˌvuː; -deɪ-] pl **-vous** [-vuːz] I s 1. Rendez'vous n, Verabredung f, Stelldichein n, b) Zs.-kunft f, Treffen n. 2. a) Treffpunkt m, b) mil. Sammelplatz m: ~ area Versammlungsraum m. II v/i pret u. pp **-voused** [-vuːd] 3. sich treffen. 4. sich versammeln. III v/t 5. bes. mil. versammeln, vereinigen.

ren·di·tion [ren'dɪʃn] s 1. → rendering 2. 2. Auslieferung f (e-s Gefangenen etc). 3. jur. Am. (Urteils)Fällung f, (-)Verkündung f.

ren·e·gade ['renɪgeɪd] I s Rene'gat(in), Abtrünnige(r m) f, 'Überläufer(in). II adj abtrünnig, verräterisch. III v/i abtrünnig werden. **ren·e·ga·tion** s Abfall m, Aposta'sie f.

re·nege [rɪ'niːg; rɪ'neɪg] I v/i 1. sein Wort brechen: to ~ on a promise ein Versprechen nicht (ein)halten; to ~ on a tradition e-r Tradition untreu werden, mit e-r Tradition brechen; to ~ on doing s.th. sich nicht an sein Versprechen halten, etwas zu tun. 2. Kartenspiel: nicht bedienen. II v/t 3. (ab-, ver)leugnen. III s 4. Kartenspiel: Nichtbedienen n.

re·ne·go·ti·ate [ˌriːnɪ'gəʊʃieɪt] I v/t 1. neu aushandeln. 2. Am. e-n Heereslieferungsvertrag modifi'zieren (zur Vermeidung übermäßiger Gewinne). II v/i 3. neu verhandeln.

re·negue → renege.

re·new [rɪ'njuː; Am. a. rɪ'nuː] I v/t 1. erneuern: to ~ an attack (a vow, etc); to ~ an acquaintance; to ~ the tires (bes. Br. tyres) die Reifen erneuern od. wechseln. 2. wieder'aufnehmen: to ~ a conversation (a correspondence); ~ed nochmalig, erneut; to ~ one's efforts erneute Anstrengungen machen. 3. 'wiederbeleben, regene'rieren (a. biol.). 4. 'wiederverlangen: to ~ one's strength (one's youth). 5. econ. a) e-n Vertrag etc ein Patent etc erneuern, verlängern, b) e-n Wechsel prolon'gieren. 6. a) erneuern, b) restau'rieren, reno'vieren. 7. ergänzen, (wieder)'auffüllen, ersetzen. 8. wieder'holen. II v/i 9. econ. a) (den Vertrag etc) verlängern, b) (den Wechsel) prolon'gieren. 10. neu beginnen. 11. sich erneuern. **re'new·a·ble** adj 1. erneuerbar, zu erneuern(d). 2. econ. a) verlängerungsfähig, b) prolon'gierbar (Wechsel). **re'new·al** s 1. Erneuerung f. 2. econ. a) Erneuerung f, Verlängerung f, b) Prolon'gierung f: ~ bill Prolongationswechsel m. 3. pl econ. Neuanschaffungskosten pl.

ren·i·form ['renɪfɔː(r)m; 'riː-] adj nierenförmig.

re·nig [rɪ'nɪg] Am. → renege.

re·nin [ˈriːnɪn] s physiol. Re'nin n (Protein der Niere).

ren·net¹ ['renɪt] s 1. zo. Lab n. 2. biol. chem. 'Lab(fer‚ment) n.

ren·net² ['renɪt] s bot. Br. Re'nette f (Apfelsorte).

re·nounce [rɪ'naʊns] I v/t 1. verzichten auf (acc): to ~ a claim. 2. aufgeben: to ~ a plan. 3. sich lossagen von j-m, j-n verstoßen. 4. verleugnen, dem Glauben etc abschwören, die Freundschaft aufsagen, e-n Vertrag etc kündigen. 5. entsagen (dat): to ~ the world. 6. etwas von sich weisen, ablehnen. 7. Kartenspiel: e-e Farbe nicht bedienen (können). II v/i 8. bes. jur. Verzicht leisten. 9. Kartenspiel: nicht bedienen (können). III s 10. Kartenspiel: Nichtbedienen n. **re'nounce·ment** → renunciation.

ren·o·vate ['renəʊveɪt] v/t 1. wieder'herstellen. 2. reno'vieren, restau'rieren. 3. erneuern. **ˌren·o'va·tion** s Reno'vierung f, Erneuerung f. **'ren·o·va·tor** [-tə(r)] s Erneuerer m.

re·nown [rɪ'naʊn] s rhet. Ruhm m, Berühmtheit f, hohes Ansehen, Ruf m: a man of (great od. high) ~ ein (hoch)berühmter Mann. **re'nowned** adj berühmt, namhaft.

rent¹ [rent] I s 1. a) (Wohnungs)Miete f, Mietzins m: ~-controlled mietgebunden, b) Pacht(geld n, -zins m) f: ~-free miet- od. pachtfrei; to let for ~ verpachten; to take at ~ pachten; for ~ bes. Am. zu vermieten od. -pachten (→ 2). 2. bes. Am. Leihgebühr f, Miete f: for ~ zu vermieten, zu verleihen (→ 1). 3. a. economic ~ econ. (Differenti'al-, Fruchtbarkeits)Rente f. II v/t 4. vermieten. 5. verpachten. 6. mieten. 7. pachten. 8. Miete od. Pacht verlangen von. 9. bes. Am. a) etwas verleihen, vermieten, b) sich etwas leihen od. mieten. III v/i 10. vermietet od. verpachtet werden (at zu).

rent² [rent] s 1. Riß m. 2. Spalt m, Spalte f. 3. fig. Spaltung f.

rent³ [rent] pret u. pp von rend.

rent·a·ble ['rentəbl] adj (ver)mietbar, (ver)pachtbar.

'rent-a-ˌcar (ser·vice) s bes. Am. Autoverleih m. **'~-a-ˌcrowd** s bes. Br. sl. bezahlte od. organi'sierte Demon'stranten, Kundgebungsteilnehmer pl etc.

rent·al ['rentl] econ. I s 1. Miet-, Pachtbetrag m, -satz m. 2. Miete f, Pacht (-summe) f. 3. (Brutto)Mietertrag m, Pachteinnahme(n pl) f. 4. Am. Mietgegenstand m. 5. → rent-roll 1. II adj 6. Miet..., Pacht...: ~ charge → 1; ~ value Miet..., Pachtwert m. 7. bes. Am. Leih...: ~ car Leih-, Mietwagen m; ~ fee Leihgebühr f; ~ library Leihbücherei f.

'rent-a-ˌmob s bes. Br. sl. bezahlte od. organi'sierte Kra'wallmacher pl.

rent charge pl **rents charge** s Grundrente f.

rent·er ['rentə(r)] s 1. Pächter m, Mieter m. 2. Verpächter m, -mieter m. 3. bes. Am. Verleiher m. 4. bes. Br. Filmverleih(er) m. **ˌrent-'free** adj mietfrei. **'~-roll** s 1. Zinsbuch n, Rentenverzeichnis n. 2. → rental 2 u. 3.

rent seck [sek] pl **rents seck** s Erbzins m (ohne Pfändungsrecht).

rent ser·vice s econ. jur. Br. Dienstrente f, (persönliche) Grunddienstbarkeit.

re·num·ber [ˌriː'nʌmbə(r)] v/t neu nume'rieren, 'umnume‚rieren.

re·nun·ci·a·tion [rɪˌnʌnsɪ'eɪʃn] s 1. (of) Verzicht m (auf acc), Aufgabe f (gen). 2. Entsagung f, Selbstverleugnung f. 3. Ablehnung f. 4. jur. Br. Ablehnung f (des Testamentsvollstreckerauftrags). **re'nun·ci·a·tive** [-ətɪv; Am. ‚-eɪ-] adj verzichtend, entsagungsvoll. **re'nun·ci·a·to·ry** [-ətərɪ; Am. -əˌtɔːriː; ‚-ˌtəʊ-] adj 1. Verzicht(s)... 2. → renunciative.

ren·voi, ren·voy [ren'vɔɪ] s jur. 1. Ausweisung f (aus e-m Staat). 2. Internationales Privatrecht: Über'weisung f (e-s Falles) an ein außenstehendes (nicht örtlich zuständiges) Gericht.

re·oc·cu·pa·tion [ˈriːˌɒkjʊ'peɪʃn; Am. ‚-ɑːk-] s (militärische) 'Wiederbesetzung f. **ˌre'oc·cu·py** [-paɪ] v/t 'wiederbesetzen.

re·o·pen [ˌriː'əʊpən] I v/t 1. 'wiedereröffnen. 2. wieder beginnen, wieder'aufnehmen. II v/i 3. sich wieder öffnen. 4. 'wiedereröffnen, wieder'aufmachen (Geschäft etc). 5. wieder beginnen.

re·or·der [ˌriː'ɔː(r)də(r)] I s 1. econ. Neu-, Nachbestellung f. II v/t 2. wieder ordnen, neu ordnen. 3. econ. nachbestellen (a. v/i).

re·or·gan·i·za·tion [ˌriːˌɔː(r)gənaɪ'zeɪʃn; Am. -nə'z-] s 1. Reorganisati'on f, 'Umbildung f, Neuordnung f, -gestaltung f. 2. econ. Sa'nierung f. **ˌre'or·gan·ize** v/t 1. reorgani'sieren, neu ordnen, 'umbilden, 'umgestalten, neu gestalten. 2. econ. sa'nieren.

re·o·ri·ent [ˌriː'ɔːrɪənt], **ˌre·o·ri·en·tate** [-teɪt] v/t neu orien'tieren, neu ausrichten.

rep¹ [rep] s Rips m (Stoff).

rep² [rep] s colloq. (Handels)Vertreter m.

rep³ [rep] s colloq. Wüstling m.

rep⁴ [rep] s Am. colloq. für reputation.

rep⁵ [rep] s colloq. für repertory theater.

rep⁶ [rep] s phys. rep n (Strahlungsmenge; aus roentgen equivalent physical).

re·pack [ˌriː'pæk] v/t 'umpacken.

re·paint [ˌriː'peɪnt] v/t 1. neu od. wieder malen. 2. über'malen. 3. neu (an)streichen.

re·pair¹ [rɪ'peə(r)] I v/t 1. repa'rieren, (wieder) in'stand setzen. 2. ausbessern. 3. wieder'herstellen: to ~ s.o.'s health. 4. wieder'gutmachen: to ~ a wrong. 5. re-e-n Verlust ersetzen, Schadenersatz leisten für: to ~ an injury. II s 6. Repara'tur f, In'standsetzung f, Ausbesserung f: beyond ~ nicht mehr zu reparieren, irreparabel; to make ~s Reparaturen vornehmen; in need of ~ reparaturbedürftig; to be under ~ in Reparatur sein, repariert werden; ~ kit, ~ outfit Reparaturwerkzeug n, Flickzeug n. 7. pl In'standsetzungsarbeiten pl, Repara'turen pl. 8. Wieder'herstellung f. 9. a. state of ~ (baulicher etc) Zustand: in good ~ in gutem Zustand; out of ~ a) betriebsunfähig, b) baufällig.

re·pair² [rɪ'peə(r)] I v/i 1. sich begeben (to nach e-m Ort, zu j-m). 2. oft od. in großer Zahl gehen. II s 3. Zufluchtsort m, (beliebter) Aufenthaltsort. 4. Treffpunkt m.

re·pair·a·ble [rɪ'peərəbl] adj 1. repa'raturbedürftig. 2. repa'rabel, zu repa'rieren(d). 3. → reparable.

re'pair·man [-mæn] s irr (Repara-

repair ship – repopulate

'tur)Me,chaniker *m*: **television ~** Fernsehtechniker *m*. **~ ship** *s mar.* Werkstattschiff *n*. **~ shop** *s* Repara'turwerkstatt *f*.
rep·a·ra·ble ['repərəbl] *adj* (*adv* **reparably**) **1.** repa'rabel, wieder'gutzumachen(d): **~ damage. 2.** ersetzbar: **~ loss**.
rep·a·ra·tion [,repə'reɪʃn] *s* **1.** Wieder'gutmachung *f*: **to make ~** Genugtuung leisten. **2.** Entschädigung *f*. **3.** *meist pl pol.* Wieder'gutmachungsleistung *f*, Reparati'onen *pl*: **~ payments** Reparationszahlungen. **4.** Wieder'herstellung *f*. **5.** *biol.* Regenerati'on *f*. **6.** Ausbesserung *f*.
re·par·a·tive [rɪ'pærətɪv], *a.* **re'par·a·to·ry** [-tərɪ; *Am.* ˌ-tɔʊrɪ;; ˌ-tɔː-] *adj* **1.** Heil... **2.** wieder'gutmachend. **3.** Entschädigungs...
rep·ar·tee [,repaː(r)'tiː] *I s* a) schlagfertige Antwort, b) *collect.* schlagfertige Antworten *pl*, c) Schlagfertigkeit *f*: **good at ~** schlagfertig. **II** *v/i* schlagfertige Antworten geben.
re·par·ti·tion [,riːpaː(r)'tɪʃn] *I s* **1.** Auf-, Verteilung *f*. **2.** Neuverteilung *f*. **II** *v/t* **3.** (neu) verteilen, aufteilen.
re·past [rɪ'paːst; *Am.* ˈ-pæst] *s* **1.** Mahl *n*. **2.** Mahlzeit *f*.
re·pa·tri·ate [riː'pætrɪeɪt; *Am. a.* -'peɪ-] **I** *v/t* repatri'ieren, (in die Heimat) zu'rückführen. **II** *s* [-ɪt; -eɪt] Repatri'ierte(r *m*) *f*, Heimkehrer(in). **ˌre·pa·tri'a·tion** *s* Repatri'ierung *f*, Rückführung *f*.
re·pay [riː'peɪ] *irr* **I** *v/t* **1.** Geld *etc* zu'rückzahlen, (-)erstatten: **to ~ s.o.'s expenses** j-m s-e Auslagen erstatten; **I'll ~ you some time** a) ich gebe dir das Geld irgendwann einmal zurück, b) *fig.* ich werde mich irgendwann einmal erkenntlich zeigen, c) *fig.* das zahle ich dir schon noch heim. **2.** *Besuch etc* erwidern: **to ~ a blow** zurückschlagen. **3.** a) (*positiv*) sich für etwas erkenntlich zeigen *od.* revan'chieren: **to ~ s.o.'s help, to ~ s.o. for his help** j-n für s-e Hilfe belohnen *od.* entschädigen, b) (*negativ*) etwas vergelten, lohnen (**with** mit): **to ~ s.o.'s help with ingratitude; to ~ s.o.'s meanness, to ~ s.o. for his meanness** j-m s-e Gemeinheit heimzahlen. **II** *v/i* **4.** das Geld *etc* zu'rückzahlen. **re'pay·a·ble** *adj* rückzahlbar, zu'rückzuzahlen(d). **re'pay·ment** *s* **1.** Rückzahlung *f*. **2.** Erwiderung *f* (*e-s Besuchs etc*). **3.** Vergeltung *f*.
re·peal [rɪ'piːl] **I** *v/t* **1.** ein Gesetz etc aufheben, außer Kraft setzen. **2.** wider'rufen. **II** *s* **3.** 'Widerruf *m*. **4.** Aufhebung *f* (*von Gesetzen etc*). **re'peal·a·ble** *adj* aufhebbar. **Re'peal·er** *s hist.* Gegner der Union mit Großbritannien (*in Irland*).
re·peat [rɪ'piːt] **I** *v/t* **1.** wieder'holen: **to ~ an attempt** (**an order, a year at school,** *etc*); **to ~ an experience** etwas nochmals durchmachen *od.* erleben; **to ~ an order for s.th.**) *econ.* (etwas) nachbestellen; **her language will** (*od.* **does**) **not bear ~ing** ihre (*gemeinen*) Ausdrücke lassen sich nicht wiederholen; **to ~ a pattern** ein Muster wiederholen *od.* wiederkehren lassen; **to ~ o.s. →** **4. 2.** wieder'holen: a) weitererzählen, b) nachsprechen (**s.th. after s.o.** j-m etwas). **3.** *ped.* aufsagen: **to ~ a poem**. **II** *v/i* **4.** sich wieder'holen. **5.** *Am.* (*bei e-r Wahl widerrechtlich*) mehr als 'eine Stimme abgeben. **6.** repe'tieren (*Uhr, a. Gewehr*). **7.** aufstoßen (**on s.o.** j-m) (*Speisen*). **III** *s* **8.** Wieder'holung *f* (*a.* J. *Rundfunk, TV*): **~ key** Wiederholtaste *f* (*am Tonbandgerät etc*); **~ performance** *thea.* Wiederholung *f*. **9.** (*etwas*) sich Wieder'holendes, Rap'port *m*. **10.** *mus.* a) 'Wiederholung *f*, b) Wieder'holungszeichen *n*. **11.** *oft* **~ order** *econ.* Nachbestellung *f*. **re'peat·ed** *adj* wieder'holt, mehrmalig, neuerlich. **re'peat·ed·ly** *adv* wieder'holt, mehrmals. **re'peat·er** *s* **1.** Wieder'holende(r *m*) *f*. **2.** Repe'tieruhr *f*. **3.** Repe'tier-, Mehrladegewehr *n*. **4.** *ped.* Repe'tent(in), Wieder'holer(in). **5.** *Am.* Wähler, der widerrechtlich mehrere Stimmen abgibt. **6.** *math.* peri'odische Dezi'malzahl. **7.** *jur.* Rückfällige(r *m*) *f*. **8.** *mar.* a) Tochterkompaß *m*, b) Wieder'holungswimpel *m* (*Signal*). **9.** *electr.* a) (Leitungs-) Verstärker *m*, b) Re'laisstelle *f*: **~ circuit** Verstärkerschaltung *f*; **~ station** Relaissender *m*. **re'peat·ing** *adj* wieder'holend: **~ decimal** → **repeater** 6; **~ rifle** → **repeater** 3; **~ watch** → **repeater** 2.
re·pe·chage ['repəʃaː; ˌrepə'ʃaːʒ] *s sport* Hoffnungslauf *m*.
re·pel [rɪ'pel] *v/t* **1.** den Feind *etc* zu'rückschlagen, -treiben. **2.** e-n Angriff *etc* abschlagen, abweisen, *a.* e-n Schlag *etc* abwehren. **3.** *fig.* a) ab-, zu'rückweisen, b) ab-, ausschlagen: **to ~ a request,** c) von sich weisen: **to ~ a suggestion,** d) verwerfen: **to ~ a dogma. 4.** zu'rückstoßen, -drängen. **5.** *phys.* abstoßen. **6.** *fig.* j-n abstoßen, anwidern. **re'pel·lent I** *adj* (*adv* **~ly**) **1.** (*wasser- etc*)abstoßend. **2.** *fig.* abstoßend, widerlich: **to be ~ to s.o.** auf j-n abstoßend wirken. **II** *s* **3.** *tech.* Impräˈgniermittel *n*. **4.** (*bes. Insekten*)Abwehrmittel *n*: **insect ~**.
re·pent[1] [rɪ'pent] **I** *v/i* (**of**) bereuen (*acc*), Reue empfinden (über *acc*). **II** *v/t* bereuen: **he ~s having done that** er bereut es, das getan zu haben.
re·pent[2] ['riːpənt] *adj bot. zo.* kriechend.
re·pent·ance [rɪ'pentəns] *s* Reue *f*. **re'pent·ant** *adj* (*adv* **~ly**) reuig (*of* über *acc*), reumütig, bußfertig: **to be ~ of s.th.** etwas bereuen.
re·peo·ple [ˌriː'piːpl] *v/t* wieder bevölkern (*a. mit Tieren*).
re·per·cus·sion [ˌriːpə(r)'kʌʃn] *s* **1.** *meist pl fig.* Rück-, Nach-, Auswirkungen *pl* (**on** auf *acc*). **2.** Rückstoß *m*, -prall *m*. **3.** *a. mus.* 'Widerhall *m*, Echo *n*. **ˌre·per'cus·sive** [-sɪv] *adj* **1.** 'widerhallend. **2.** *fig.* rückwirkend.
rep·er·toire ['repə(r)twaː(r)] *s thea.* Reper'toire *n* (*a. fig.*), Spielplan *m*.
rep·er·to·ry ['repə(r)tərɪ; *Am.* ˌ-tɔʊrɪ;; -tɔː-] *s* **1.** *thea.* a) → **repertoire,** b) → **repertory theater. 2.** → **repository 4. ~ com·pa·ny** *s thea. Br.* Reper'toirebühne *f* (*Unternehmen*). **~ the·a·tre,** *bes. Br.* **~ the·a·tre** *s* Reper'toirethe͵ater *n*, -bühne *f*.
rep·e·tend ['repɪtend] *s* **1.** *math.* Peri'ode *f* (*e-s Dezimalbruchs*). **2.** *mus.* Re'frain *m*.
ré·pé·ti·teur, re·pe·ti·teur [reɪˌpetɪ-'tɜː; *Am.* ˌreɪˌpeɪtə'tɜːr] *s mus.* Korrepe'titor *m*.
rep·e·ti·tion [ˌrepɪ'tɪʃn] *s* **1.** Wiederho-lung *f*; **~ work** *tech.* Reihenfertigung *f*. **2.** a) Auswendiglernen *n*, b) *ped.* (Stück *n* zum) Aufsagen *n*. **3.** Ko'pie *f*, Nachbildung *f*. **ˌrep·e'ti·tion·al** [-ʃənl], **ˌrep·e'ti·tion·a·ry** [-ʃənərɪ; *Am.* ˌ-neriː] *adj* sich wieder'holend. **ˌrep·e'ti·tious** *adj* (*adv* **~ly**) **1.** sich ständig wieder'holend. **2.** ewig gleichbleibend, mono'ton. **re·pet·i·tive** [rɪ'petətɪv] *adj* (*adv* **~ly**) **1.** sich wieder'holend, wieder'holt. **2.** → **repetitious**.
re·phrase [ˌriː'freɪz] *v/t* neu formu'lieren, 'umformu͵lieren.
re·pine [rɪ'paɪn] *v/i* murren, klagen, 'mißvergnügt sein (**at** über *acc*): **to ~ against one's fate** mit s-m Schicksal hadern. **re'pin·ing** *adj* (*adv* **~ly**) unzufrieden, murrend, mürrisch.
re·place [rɪ'pleɪs] *v/t* **1.** ersetzen (**by, with** durch), an die Stelle treten von (*od. gen*). **2.** a) j-n ersetzen *od.* ablösen, an die Stelle treten von (*od. gen*): **to be ~d by** abgelöst werden von, ersetzt werden durch, b) *j-n* vertreten. **3.** (zu)'rückerstatten, ersetzen: **to ~ a sum of money. 4.** wieder 'hinstellen, -legen, wieder an Ort u. Stelle bringen: **to ~ the receiver** *teleph.* (den Hörer) auflegen. **5.** *tech.* a) ersetzen, austauschen: **he had a hip ~d** *med.* ihm wurde ein künstliches Hüftgelenk eingesetzt, b) wieder einsetzen: **to ~ a part. 6.** *math.* vertauschen. **re'place·a·ble** *adj* zu ersetzen(d), ersetzbar, *tech. a.* austauschbar. **re'place·ment** *s* **1.** a) Ersetzen *n*, Austauschen *n*, b) Ersatz *m*: **~ costs** *econ.* Wiederbeschaffungskosten; **~ engine** *bes. mot.* Austauschmotor *m*; **~ parts** *tech.* Ersatzteile. **2.** *mil.* a) (*ausgebildeter*) Ersatzmann, b) Ersatz *m*, Auffüllung *f*, Verstärkung *f*: **~ unit** Ersatztruppenteil *m*. **3.** Vertretung *f*. **4.** *med.* Pro'these *f*.
re·plant [ˌriː'plaːnt; *Am.* -'plænt] *v/t* **1.** neu pflanzen. **2.** ver-, 'umpflanzen (*a. fig.*). **3.** neu bepflanzen.
re·play *sport* **I** *v/t* **1.** [ˌriː'pleɪ] das Spiel wieder'holen. **II** *s* ['riːpleɪ] **2.** Wieder'holungsspiel *n*. **3. ~ action** *TV* action replay.
re·plen·ish [rɪ'plenɪʃ] *v/t* **1.** (wieder) auffüllen, nachfüllen, *Vorräte* ergänzen (**with** mit). **2.** wieder füllen. **re'plen·ish·ment** *s* Auffüllung *f*, Ergänzung *f*: **~ ship** *mar. mil.* Versorgungsschiff *n*.
re·plete [rɪ'pliːt] *adj* **1.** (**with**) vollgepfropft (mit), (zum Platzen) voll (von). **2.** (**with**) (an)gefüllt, durch'tränkt, erfüllt (von), 'überreich (**an** *dat*). **re'ple·tion** *s* **1.** ('Über)Fülle *f*: **full to ~** bis zum Rande voll, zum Bersten gefüllt. **2.** Über'sättigung *f*, Völle *f*: **to eat to ~** sich vollessen.
re·plev·in [rɪ'plevɪn] *jur.* **I** *s* **1.** (Klage *f* auf) Her'ausgabe *f* gegen Sicherheitsleistung. **2.** einstweilige Verfügung (auf Her'ausgabe). **II** *v/t Am. für* **replevy I**.
re·plev·y [rɪ'plevɪ] *v/t* erstzogene *od.* gepfändete *Sachen* gegen Sicherheitsleistung zu'rückerlangen. **II** *s* → **replevin I**.
rep·li·ca ['replɪkə] *s* **1.** *art* Re'plik *f*, Origi'nalko͵pie *f*. **2.** Ko'pie *f*, Reproduk- ti'on *f*, Nachbildung *f*. **3.** *fig.* Ebenbild *n*.
rep·li·cate ['replɪkɪt] **I** *adj bes. bot.* zu'rückgeschlagen (*Blatt*). **II** *s mus.* Ok'tavverdopp(e)lung *f*.
rep·li·ca·tion [ˌreplɪ'keɪʃn] *s* **1.** Entgegnung *f*, Erwiderung *f*. **2.** 'Widerhall *m*, Echo *n*. **3.** *jur.* Re'plik *f* (*des Klägers auf die Antwort des Beklagten*). **4.** Reproduk- ti'on *f*, Ko'pie *f*, Nachbildung *f*.
re·ply [rɪ'plaɪ] **I** *v/i* **1.** antworten, erwidern (**to s.o.** j-m; **to s.th.** auf etwas) (*a. fig.*): **he replied to our letter** er beantwortete unser Schreiben; **the enemy replied to our fire** *mil.* der Feind erwiderte das Feuer. **2.** *jur.* repli'zieren. **II** *v/t* **3.** antworten, erwidern, entgegnen (**that** daß). **III** *s* **4.** Antwort *f*, Erwiderung *f*, Entgegnung *f*: **in ~ to** a) in Beantwortung (*gen*), b) auf (*acc*) hin, c) als Antwort *od.* Reaktion auf (*acc*); **~-paid telegram** Telegramm *n* mit bezahlter Rückantwort; **~ (postal) card** (Post)Karte *f* mit Antwortkarte; **to make a ~** **1.** ≈ **to say in ~** zur Antwort geben; **there is no ~ (from that number)** *teleph.* der Teilnehmer meldet sich nicht.
re·point [ˌriː'pɔɪnt] *v/t* neu verfugen.
re·pol·ish [ˌriː'pɒlɪʃ; *Am.* -'paː-] *v/t* 'aufpo͵lieren (*a. fig.*).
re·pop·u·late [ˌriː'pɒpjʊleɪt; *Am.* -'paː-] *v/t* wieder bevölkern.

report – reproachful

re·port [rɪ'pɔː(r)t; *Am. a.* rɪ'pəʊərt] **I** *s*
1. a) *allg.* Bericht *m* (**on** über *acc*), b) *econ.* (Geschäfts- *od.* Sitzungs- *od.* Verhandlungs)Bericht *m*: ~ **stage** Erörterungsstadium *n* (*e-r Vorlage*) (*vor der 3. Lesung*); **to give a** ~ Bericht erstatten; **month under** ~ Berichtsmonat *m*. **2.** Referat *n*, Vortrag *m*. **3.** (Presse)Bericht *m*, (-)Meldung *f*, Nachricht *f*. **4.** *ped. Br.* Zeugnis *n*. **5.** Anzeige *f* (*a. jur.*), Meldung *f* (*zur Bestrafung*). **6.** *mil.* Meldung *f*. **7.** *jur.* → **law report**. **8.** Gerücht *n*: **the** ~ **goes that**, ~ **has it that** es geht das Gerücht, daß. **9.** Ruf *m*: **to be of good** (**evil**) ~ in gutem (schlechtem) Rufe stehen; **through good and evil** ~ *Bibl.* in guten u. bösen Tagen. **10.** Knall *m*: ~ **of a gun**.
II *v/t* **11.** berichten (**to** *s.o.* j-m): **to** ~ **progress to s.o.** j-m über den Stand der Sache berichten; **to move to** ~ **progress** *parl. Br.* die Debatte unterbrechen. **12.** berichten über (*acc*), Bericht erstatten über (*acc*) (*beide a. in der Presse, im Rundfunk etc*), erzählen: **it is** ~**ed that** es heißt (, daß); **he is** ~**ed to be** ill es heißt, er sei krank; er soll krank sein; **he is** ~**ed as saying** er soll gesagt haben; ~**ed speech** *ling.* indirekte Rede. **13.** melden: **to** ~ **an accident** (**a discovery, results,** *etc*); **to** ~ **o.s.** sich melden (**to** bei); **to** ~ **a missing person** eine Vermißtenanzeige aufgeben. **14.** (**to**) j-n (*zur Bestrafung*) melden (*dat*), anzeigen (*bei* j-m) (**for** wegen). **15.** *parl.* (*Am. a.* ~ **out**) *e-e* Gesetzesvorlage (wieder) vorlegen (*Ausschuß*).
III *v/i* **16.** berichten, e-n Bericht geben *od.* erstatten *od.* vorlegen (**on, of** über *acc*), referieren (**on** über *acc*). **17.** als Berichterstatter arbeiten, schreiben (**for** für): **he** ~**s for the 'Times'**. **18.** Nachricht geben, sich melden. **19.** (**to**) sich melden, sich einfinden (bei), sich (*der Polizei etc*) stellen: **to** ~ **for duty** sich zum Dienst melden; **to** ~ **back to work** sich wieder zur Arbeit melden; **to** ~ **sick** sich krank melden. **20.** ~ **to** *Am.* (~ *disziplinarisch*) unterstehen, unter'stellt sein: **he** ~**s to the company secretary**.
re·port·a·ble [rɪ'pɔː(r)təbl; *Am.* -'pəʊr-] *adj* **1.** zu berichten(d), zur Berichterstattung geeignet. **2.** *med.* anzeige-, meldepflichtig: **a** ~ **disease**. **3.** steuerpflichtig (*Einkommen*). **re·port·age** [ˌrepɔː'tɑːʒ; *Am.* rɪ'pəʊrtɪdʒ; *a.* -'pɔːr-] *s* **1.** Repor'tage *f*. **2.** Zeitungsstil *m*.
re·port card *s ped. Am.* Zeugnis *n*.
re·port·ed·ly [rɪ'pɔː(r)tɪdlɪ; *Am.* -'pəʊr-] *adv* wie verlautet: **the president has** ~ **said** der Präsident soll gesagt haben. **re'port·er** *s* **1.** Re'porter *m*, (Presse)Berichterstatter *m*. **2.** *jur. etc* Berichterstatter *m*, Refe'rent *m*. **3.** Schrift-, Proto'kollführer *m*.
re·por·to·ri·al [ˌrɪpɔː'tɔːrɪəl; *Am.* ˌrepɔr'tɔː-; ˌriː-] *adj bes. Am.* **1.** Reporter... **2.** repor'tagehaft (*Stil etc*).
re·pose [rɪ'pəʊz] **I** *s* **1.** ruhen, schlafen (*beide a. fig.*). **2.** (sich) ausruhen. **3.** *fig.* beruhen (**on** auf *dat*). **4.** *fig.* (liebevoll) verweilen (**on** *Gedanken*). **5.** *fig.* vertrauen auf (*acc*). **II** *v/t* **6.** j-m Ruhe gewähren. **7.** (**o.s.** sich) zur Ruhe legen. **8.** ~ **on** legen *od.* betten auf (*acc*). **9.** ~ **in** *fig.* sein Vertrauen, s-e Hoffnung setzen auf *od.* in (*acc*). **10.** ~**d** (**on**) *pp* a) ruhend, liegend (*auf dat*), b) gebettet, gestützt (*auf acc*), c) ruhig, beherrscht, gelehnt (*auf acc*, gegen). **III** *s* **11.** Ruhe *f*: a) Ausruhen *n*, b) Schlaf *m*, c) Erholung *f*, d) Friede(n) *m*, Stille *f*, e) Stillstand *m*: **to seek (take)** ~ Ruhe suchen (finden); **in** ~ in Ruhe, untätig (*a. Vulkan*). **12.** (Gemüts)Ruhe *f*.

13. *art* Harmo'nie *f*. **re'pose·ful** *adj* (*adv* ~**ly**) ruhig, ruhevoll.
re·pos·i·to·ry [rɪ'pɒzɪtərɪ; *Am.* rɪ'pɑːzəˌtɔːrɪ, -ˌtoʊ-] *s* **1.** a) Behälter *m*, Gefäß *n*, b) Verwahrungsort *m*. **2.** (Waren)Lager *n*, Niederlage *f*. **3.** Mu'seum *n*. **4.** *fig.* Quelle *f*, Fundgrube *f* (**of** für). **5.** a) Leichenhalle *f*, b) Gruft *f*. **6.** *fig.* Vertraute(r *m*) *f*.
re·pos·sess [ˌriːpə'zes] *v/t* **1.** wieder in Besitz nehmen, 'wiedergewinnen, *fig. a.* zu'rückerobern. **2.** ~ **of** j-n wieder in den Besitz *e-r Sache* setzen. ˌ**re·pos'ses·sion** *s* Wiederinbe'sitznahme *f*, 'Wiedergewinnung *f*.
re·post → **riposte**.
re·pot [ˌriː'pɒt; *Am.* -'pɑːt] *v/t* Pflanze 'umtopfen.
re·pous·sé [rə'puːseɪ; *Am. a.* rəˌpuː'seɪ] *tech.* **I** *adj* getrieben (*Verzierung*). **II** *s* getriebene Arbeit.
repp → **rep**[1].
repped [rept] *adj* quergerippt.
rep·re·hend [ˌreprɪ'hend] *v/t* tadeln, rügen. ˌ**rep·re'hen·si·ble** *adj* (*adv* ~**rehensibly**) tadelnswert, verwerflich. ˌ**rep·re'hen·si·ble·ness** *s* (*das*) Tadelnswerte, (*das*) Verwerfliche. ˌ**rep·re'hen·sion** *s* Tadel *m*, Rüge *f*, Verweis *m*.
rep·re·sent [ˌreprɪ'zent] **I** *v/t* **1.** j-n *od.* j-s Sache, a. e-n Wahlbezirk etc vertreten: **to** ~ **s.o.'s interest**; **to be** ~**ed at** bei *e-r Sache* vertreten sein. **2.** e-n Staat, *e-e Firma etc* vertreten, repräsen'tieren. **3.** *thea.* a) *e-e Rolle* darstellen, verkörpern, b) *ein Stück* aufführen, geben. **4.** *fig.* (*symbolisch*) darstellen, verkörpern, bedeuten, repräsen'tieren, e-r *Sache* entsprechen. **5.** (*bildlich, graphisch*) darstellen, abbilden: **to** ~ **graphically**. **6.** 'hin-, darstellen (**as, to be** als), behaupten, (*a.* entschuldigend) vorbringen (**that** daß). **7.** darlegen, -stellen, schildern, vor Augen führen (**to s.o.** j-m): **to** ~ **to s.o. that** j-m vorhalten, daß. **8.** **to** ~ **o.s.** sich (*im Geiste*) vorstellen. **II** *v/i* **9.** prote'stieren (**against** gegen).
re·pre·sent [ˌriːprɪ'zent] *v/t* **1.** *etwas* wieder vorlegen. **2.** wieder vorführen. **3.** wieder *od.* neu darbieten.
rep·re·sen·ta·tion [ˌreprɪzen'teɪʃn] *s* **1.** *a. econ. jur. pol.* Vertretung *f*: ~ **proportional 2.** Repräsentati'on *f*. **3.** Verkörperung *f*. **4.** (*bildliche, graphische*) Darstellung, Bild *n*. **5.** Schilderung *f*, Darstellung *f* (*des Sachverhalts*): **false** ~**s** *jur.* falsche Angaben, Vorspiegelung *f* falscher Tatsachen; → **fraudulent**. **6.** *thea.* a) Aufführung *f* (*e-s Stücks*), b) Darstellung *f* (*e-r Rolle*). **7.** a) Pro'test *m*, b) *meist pl* Vorhaltung(en *pl*) *f*, *pl* Vorstellungen *pl* (*a. Völkerrecht*): **to make** ~**s to** Vorstellungen erheben bei, vorstellig werden bei. **8.** *jur.* Rechtsnachfolge *f*, *bes.* Nacherbenschaft *f*. **9.** Versicherungsrecht: Risikobeschreibung *f*. **10.** *pl jur.* Vertragsabsprachen *pl*. **11.** *philos.* Vorstellung *f*, Begriff *m*. ˌ**rep·re·sen'ta·tion·al** [-ʃənl] *adj* **1.** Vertretungs...: ~ **power**. **2.** *philos.* Vorstellungs..., begrifflich. **3.** gegenständlich: ~ **art**.
rep·re·sent·a·tive [ˌreprɪ'zentətɪv] **I** *s* **1.** (Stell)Vertreter(in), Beauftragte(r *m*) *f*, Repräsen'tant(in): **authorized** ~ Bevollmächtigte(r *m*) *f*; (**commercial**) ~ (Handels)Vertreter, (Handlungs)Reisende(r) *m*; **diplomatic** ~ diplomatischer Vertreter; **personal** ~ *jur.* Nachlaßverwalter *m*; **real** (*od.* **natural**) ~ *jur.* Erbe *m*, (Rechts)Nachfolger(in). **2.** *pol.* Abgeordnete(r *m*) *f*, (Volks)Vertreter(in). **3.** typischer Vertreter, Repräsen'tant *m*, Musterbeispiel *n* (**of** gen). **4.** *jur.* Ersatzerbe *m*. **II** *adj* (*adv* ~**ly**) **5.** (**of**) verkörpernd

(sym'bolisch) darstellend (*acc*), b) sym'bolisch (für): **to be** ~ **of s.th.** etwas verkörpern. **6.** darstellend (**of** *acc*): ~ **arts**. **7.** (**of**) vertretend (*acc*), stellvertretend (für): **in a** ~ **capacity** als Vertreter, stellvertretend. **8.** *bes. pol.* repräsenta'tiv: ~ **government** Repräsentativsystem *n*, parlamentarische Regierung. **9.** a) typisch, charakte'ristisch, kennzeichnend (**of** für), b) repräsenta'tiv: **a** ~ **selection** (*bes. Literatur*) e-e repräsentative Auswahl, (*Statistik*) ein repräsentativer Querschnitt; ~ **sample** *econ.* Durchschnittsmuster *n*. **10.** *philos.* Vorstellungs... **11.** *bot. zo.* (**of**) entsprechend (*dat*), ein Gegenstück bildend (zu). ˌ**rep·re'sent·a·tive·ness** *s* **1.** Sym'bolcha,rakter *m*, -kraft *f*. **2.** repräsenta'tiver Cha'rakter.
re·press [rɪ'pres] *v/t* **1.** unter'drücken, -'binden, *e-n Aufruhr* niederschlagen. **2.** *fig.* unter'drücken: **to** ~ **a desire** (**a curt reply, tears**). **3.** *fig.* zügeln, im Zaum halten. **4.** *psych.* verdrängen. **re'pres·sion** [-ʃn] *s* **1.** Unter'drückung *f*. **2.** *psych.* Verdrängung *f*. **re'pres·sive** [-sɪv] *adj* (*adv* ~**ly**) **1.** unter'drückend, repres'siv, Unterdrückungs... **2.** hemmend.
re·prieve [rɪ'priːv] **I** *v/t* **1.** *jur.* j-m Strafaufschub gewähren, j-s Urteilsvollstreckung aussetzen. **2.** *jur.* e-m Gefangenen Gnadenfrist gewähren (*a. fig.*), j-n begnadigen. **3.** *fig.* a) j-m e-e Atempause gönnen, b) (vor'übergehend) retten (**from** *vor dat*). **II** *s* **4.** *jur.* a) Begnadigung *f*, b) (Straf-, Voll'streckungs)Aufschub *m*. **5.** *fig.* a) Aufschub *m*, b) Gnadenfrist *f*, Atempause *f*. **6.** (vor'übergehende) Rettung.
rep·ri·mand ['reprɪmɑːnd; *Am.* -ˌmænd] **I** *s* Verweis *m*, Rüge *f*, Maßregelung *f* (**for** wegen, für). **II** *v/t* j-m e-n Verweis erteilen, j-n rügen *od.* maßregeln.
re·print **I** *v/t* [ˌriː'prɪnt] **1.** neu drucken *od.* auflegen, nachdrucken. **II** *s* ['riːprɪnt] **2.** a) Nachdruck *m*, 'Umdruck *m*, b) Neudruck *m*, Neuauflage *f*. **3.** Nachdruck *m* (*e-r Briefmarkenserie*).
re·pris·al [rɪ'praɪzl] *s* **1.** *a. pol.* Represˈsalie *f*, Vergeltungsmaßnahme *f*: **to make** ~**s (up)on** Repressalien ergreifen gegen; **in** (*od.* **as a, by way of**) ~ als Vergeltungsmaßnahme. **2.** *hist.* autori'sierte Kaperung: **to make** ~ (up)on sich schadlos halten an (*dat*); → **marque** 1.
re·prise [rɪ'priːz] *s* **1.** *meist pl jur.* Jahreszinsen *pl*. **2.** *mus.* a) Re'prise *f* (*Wiederkehr des Anfangs od. ersten Teils*), b) Wieder'aufnahme *f*, Wiederholung *f* (*e-s Themas od. Teils*).
re·pri·vat·i·za·tion [ˌriːˌpraɪvətaɪ'zeɪʃn; *Am.* -tə'z-] *s econ.* Reprivati'sierung *f*.
re·pro ['riːprəʊ] *pl* **-pros** *s colloq.* **1.** *print.* a) ˌRepro' *f* (*Reproduktion*), b) ˌReprovorlage' *f* (*Reproduktionsvorlage*). **2.** → **reproduction 6**.
re·proach [rɪ'prəʊtʃ] **I** *v/t* **1.** vorwerfen, -halten, zum Vorwurf machen (**s.o. with s.th.** j-m etwas). **2.** j-m (**o.s.** sich) Vorwürfe machen, j-n tadeln (**for** wegen). **3.** *etwas* tadeln, rügen. **4.** *fig.* ein Vorwurf sein für, diskredi'tieren. **II** *s* **5.** Vorwurf *m*, Tadel *m*: **above** (*od.* **beyond**) ~ über jeden Tadel erhaben, untadelig; **without fear and** ~ ohne Furcht u. Tadel; **a look of** ~ ein vorwurfsvoller Blick. **6.** Schande *f* (**to** für): **to bring** ~ (**up**)**on** *s.o.* j-m Schande *od.* wenig Ehre machen; **to live in** ~ **and ignominy** in Schimpf u. Schande leben. **7.** **R**~**es** *pl bes. R.C.* Impro'perien *pl* (*Teil der Karfreitagsliturgie*).
re'proach·ful *adj* (*adv* ~**ly**) vor-

wurfsvoll, tadelnd. re'proach·less → irreproachable.
rep·ro·bate ['reprəʊbeɪt] I adj 1. lasterhaft, (mo'ralisch) verkommen. 2. (von Gott) verworfen, verdammt. II s 3. a) verkommenes Sub'jekt, b) Schurke m, c) Taugenichts m: the ~ of his family das ,schwarze Schaf' der Familie. 4. Verlorene(r m) f, (von Gott) Verworfene(r m) f. III v/t 5. a) miß'billigen, verurteilen, b) verwerfen. 6. verdammen (Gott). ‚rep·ro'ba·tion s 1. 'Mißbilligung f, Verurteilung f. 2. relig. Reprobati'on f (Verworfensein).
re·pro·cess [‚riː'prəʊses; Am. a. -ˈprɑ-] v/t Kernbrennstoffe wieder'aufbereiten. re'pro·cess·ing plant s Wieder'aufbereitungsanlage f.
re·pro·duce [‚riːprə'djuːs; Am. a. -'duːs] I v/t 1. bes. biol. a) (a. fig.) ('wieder)erzeugen, (wieder) her'vorbringen, b) züchten, c) (o.s. sich) fortpflanzen: to be ~d by sich fortpflanzen durch. 2. biol. neu bilden, regene'rieren: to ~ a lost part. 3. wieder her'vorbringen: to ~ happiness Glück wiederbringen. 4. wieder'holen: to ~ an experiment. 5. phot. print. reprodu'zieren: a) ko'pieren, b) abdrucken, 'wiedergeben, c) vervielfältigen. 6. tech. reprodu'zieren: a) nachbilden, b) (akustisch od. optisch) 'wiedergeben. 7. (sich) vergegen'wärtigen, im Geiste noch einmal erleben: to ~ an experience. 8. ein Theaterstück neu insze'nieren, a. ein Buch neu her'ausbringen. II v/i 9. biol. sich fortpflanzen, sich vermehren. 10. (gut, schlecht etc) ausfallen (Abdruck etc). ‚re·pro'duc·er s 1. electr. a) 'Ton,wiedergabegerät n, b) Tonabnehmer m. 2. Computer: (Loch-) Kartendoppler m. ‚re·pro'duc·i·ble adj reprodu'zierbar.
re·pro·duc·tion [‚riːprə'dʌkʃn] s 1. allg. 'Wiedererzeugung f. 2. biol. Fortpflanzung f. 3. Reprodukti'on f: a) print. Nach-, Abdruck m, Vervielfältigung f, b) paint. phot. Ko'pie f. 4. tech. Reprodukti'on f: a) Nachbildung f: ~ furniture Stilmöbel pl, b) electr. (akustische od. optische) 'Wiedergabe. 5. ped. Nacherzählung f. ~ proof s print. Reprodukti'onsvorlage f, reprodukti'onsfähiger Abzug.
re·pro·duc·tive [‚riːprə'dʌktɪv] adj (adv ~ly) 1. sich vermehrend. 2. biol. Fortpflanzungs...: ~ organs; ~ selection natürliche Zuchtwahl. 3. biol. Regenerations... 4. electr. Wiedergabe...: ~ devices. 5. psych. reproduk'tiv, nachschöpferisch.
re·proof [rɪ'pruːf] s Tadel m, Rüge f, Verweis m: to speak in ~ of sich mißbilligend äußern über (acc); a glance of ~ ein tadelnder Blick.
re·pro proof → repro 1 b.
re·prov·al [rɪ'pruːvl] → reproof.
re·prove [rɪ'pruːv] v/t (for wegen) j-n od. etwas tadeln, rügen, etwas miß'billigen. re'prov·ing·ly adv miß'billigend, tadelnd.
reps [reps] → rep¹.
rep·tant ['reptənt] adj bot. zo. kriechend.
rep·tile ['reptaɪl; Am. a. -tl] I s 1. zo. Kriechtier n, Rep'til n. 2. fig. a) ‚Kriecher' m, b) gemeiner Mensch, c) (falsche) ‚Schlange'. II adj 3. kriechend, Kriech... 4. fig. a) kriecherisch, b) gemein, niederträchtig, tückisch.
rep·til·i·an [rep'tɪlɪən] I adj 1. zo. rep'tilienhaft, Reptil(ien)..., Kriechtier...: ~ age geol. Mesozoikum n. 2. fig. → reptile 4 b. II s → reptile I.
rep·ti·lif·er·ous [‚reptɪ'lɪfərəs] adj geol. (fos'sile) Rep'tilreste enthaltend. rep-

'til·i·form [-fɔː(r)m] adj zo. kriechtierartig.
re·pub·lic [rɪ'pʌblɪk] s pol. Repu'blik f: the ~ of letters fig. a) die Gelehrtenwelt, b) die literarische Welt. re'pub·li·can I adj 1. (pol. Am. R~) republi'kanisch. 2. orn. gesellig. II s 3. (pol. Am. R~) Republi'kaner m. re'pub·li·can·ism s 1. republi'kanische Staatsform. 2. Grundsätze pl der republi'kanischen Staatsverfassung. 3. a) R~ Grundsätze pl od. Poli'tik f (der Par'tei) der republi'kaner (in den USA), b) die Republi'kanische Par'tei. 4. republi'kanische Gesinnung. re'pub·li·can·ize v/t republikani'sieren: a) zur Repu'blik machen, b) republi'kanisch machen.
re·pub·li·ca·tion [‚riːpʌblɪ'keɪʃn] s 1. 'Wiederveröffentlichung f. 2. Neuauflage f (Vorgang u. Erzeugnis). ‚re'publish [-lɪʃ] v/t ein Buch, a. ein Gesetz etc neu veröffentlichen.
re·pu·di·ate [rɪ'pjuːdɪeɪt] I v/t 1. nicht anerkennen: to ~ authority; to ~ a public debt. 2. jur. e-n Vertrag für unverbindlich erklären. 3. zu'rückweisen: to ~ a gift. 4. ablehnen, nicht glauben: to ~ a doctrine. 5. als unberechtigt verwerfen, zu'rückweisen: to ~ a claim. 6. den Sohn, hist a. die Ehefrau verstoßen. 7. bestreiten, in Abrede stellen. II v/i 8. Staatsschulden nicht anerkennen. re‚pu·di'a·tion s 1. Nichtanerkennung f (bes. e-r Staatsschuld). 2. Ablehnung f, Zu'rückweisung f, Verwerfung f. 3. Verstoßung f (e-s Sohnes etc).
re·pugn [rɪ'pjuːn] selten I v/t 1. wider'stehen (dat). 2. j-n abstoßen, anwidern. II v/i 3. sich wider'setzen (against dat). re·pug·nance [rɪ'pʌgnəns], a. re'pug·nan·cy [-sɪ] s 1. Widerwille m, Abneigung f (to, against gegen). 2. Unvereinbarkeit f (of gen od. von; to, with mit), (innerer) 'Widerspruch (between zwischen dat). re'pug·nant adj (adv ~ly) 1. widerlich, 'widerwärtig, zu'wider(laufend), wider'strebend (to dat). 2. (to, with) wider'sprechend (dat), im 'Widerspruch stehend (zu), unvereinbar (mit). 3. bes. poet. 'widerspenstig.
re·pulse [rɪ'pʌls] I v/t 1. zu'rückschlagen, -werfen: to ~ the enemy. 2. abschlagen od. abweisen: to ~ an attack. 3. j-n abweisen: to ~ a suitor. 4. e-e Bitte abschlagen. II s 5. Abwehr f. 6. Abfuhr f, Zu'rückweisung f, Absage f: to meet with a ~ abgewiesen werden, ‚sich e-e Abfuhr holen'. 7. phys. Rückstoß m. re'pul·sion [-ʃn] s 1. phys. Abstoßung f, Rückstoß m 2. motor Repulsionsmotor m. 2. Abscheu m, f: to feel ~ for s.o. gegen j-n e-e heftige Abneigung haben od. empfinden, vor j-m Abscheu haben, gegen j-n Abscheu empfinden. re'pulsive [-sɪv] adj (adv ~ly) 1. phys. abstoßend, Repulsions... 2. abstoßend, 'widerwärtig. re'pul·sive·ness s 'Widerwärtigkeit f.
re·pur·chase [‚riː'pɜːtʃəs; Am. -'pɜr-] I v/t 'wieder-, zu'rückkaufen. II s econ. Rückkauf m.
rep·u·ta·bil·i·ty [‚repjʊtə'bɪlətɪ] s Achtbar-, Ehrbarkeit f. 'rep·u·ta·ble adj (adv reputably) 1. achtbar, geachtet, angesehen. 2. anständig (Beruf). 3. allgemein anerkannt (Ausdruck).
rep·u·ta·tion [‚repjʊ'teɪʃn] s 1. (guter) Ruf, Name m: a man of ~ ein Mann von Ruf od. Namen; to have a ~ to lose e-n Ruf zu verlieren haben. 2. Ruf m: good (bad) ~; to have the ~ of being in Rufe stehen, etwas zu sein; to have a ~ for bekannt sein für od. wegen; that got us a bad ~ das hat uns in Verruf gebracht.
re·pute [rɪ'pjuːt] I s 1. Ruf m, Leumund

m: by ~ wie es heißt; of ill ~ von schlechtem Ruf, übelbeleumundet, berüchtigt; house of ill ~ Bordell n. 2. (guter) Ruf od. Name, (hohes) Ansehen, (gutes) Renom'mee: a scientist of ~ ein Wissenschaftler von Ruf; to be held in high ~ hohes Ansehen genießen. II v/t 3. halten für: to be ~d (to be) gelten als, gehalten werden für. re'put·ed adj 1. angeblich: his ~ father; ~ manor Br. ehemaliges od. sogenanntes Rittergut. 2. ungeeicht, landesüblich (Maß): ~ pint. 3. bekannt, berühmt. re'put·ed·ly adv dem Vernehmen nach, angeblich, wie es heißt.
re·quest [rɪ'kwest] I s 1. Bitte f, Wunsch m, (a. formelles) An-, Ersuchen, Gesuch n: to make a ~ for s.th. um etwas bitten; ~ for payment econ. Zahlungsaufforderung f; ~ for extradition (Völkerrecht) Auslieferungsbegehren n, -antrag m; at (od. by) s.o.'s ~ auf j-s Ansuchen od. Bitte hin, auf j-s Veranlassung; by (od. on) ~ auf Wunsch; no flowers by ~ es wird gebeten, von Blumenspenden Abstand zu nehmen; ~ denied! (Antrag) abgelehnt! (a. humor.); (musical) ~ program(me) Wunschkonzert n; ~ button (Computer) Anruftaste f; ~ stop rail. etc Br. Bedarfshaltestelle f. 2. Nachfrage f: to be in (great) ~ a. econ. (sehr) gefragt od. begehrt sein; oil came into ~ econ. die Nachfrage nach Öl stieg. II v/t 3. bitten um, ersuchen um: it is ~ed es wird gebeten; to ~ permission um (die) Erlaubnis bitten; to ~ s.th. from s.o. j-n um etwas ersuchen. 4. j-n (höflich) bitten od. (a. amtlich) ersuchen (to do zu tun).
re·quick·en [‚riː'kwɪkən] v/t u. v/i zu neuem Leben erwecken (erwachen).
re·qui·em ['rekwɪəm] s R.C. Requiem n (a. mus.), Totenmesse f, -amt n.
re·quire [rɪ'kwaɪə(r)] I v/t 1. erfordern (Sache): the project ~s much time (work); to be ~d erforderlich sein; if ~d erforderlichenfalls, wenn nötig. 2. brauchen, nötig haben, e-r Sache bedürfen: to ~ medical care. 3. verlangen, fordern (of s.o. von j-m): a task which ~s to be done e-e Aufgabe, die erledigt werden muß. 4. (s.o. to do s.th.) (j-n) auffordern (etwas zu tun), (von j-m) verlangen (daß er etwas tue). ~d subject ped. Am. Pflichtfach n. 5. Br. wünschen. 6. zwingen, nötigen. II v/i 7. (es) verlangen: to do as the law ~s sich an das Gesetz halten. re'quire·ment s 1. (An-) Forderung f, Bedingung f, Vor'aussetzung f: to meet the ~s den Anforderungen entsprechen, die Bedingungen erfüllen; to place (od. impose) ~s on Anforderungen stellen an (acc); to be a ~ for erforderlich sein für. 2. Erfordernis n, Bedürfnis n, meist pl Bedarf m: to meet s.o.'s ~s of raw materials econ. j-s Rohstoffbedarf decken.
req·ui·site ['rekwɪzɪt] I adj 1. erforderlich, notwendig (to, for für). II s 2. Erfordernis n, Vor'aussetzung f (for für). 3. (Be'darfs-, Ge'brauchs)Ar,tikel m: office ~ Büroartikel m. 'req·ui·siteness s Notwendigkeit f. ‚req·ui'sition I s 1. Anforderung f (for an acc): ~ number Bestellnummer f. 2. (amtliche) Aufforderung (a. völkerrechtliches) Ersuchen: to make a ~ on s.o. od. for s.th. j-n um etwas ersuchen. 3. Erfordernis n, Vor'aussetzung f (for für). 4. Einsatz m, Beanspruchung f: to be in (constant) ~ (ständig) gebraucht od. beansprucht werden. 5. mil. a) Requisiti'on f, Beschlagnahme f, b) In'anspruchnahme f (von Sach- u. Dienstleistungen) (durch Besatzungs- od. Stationierungstruppen). II v/t 6. mil. requi'rieren, beschlagnahmen. 7. (an)fordern. 8. beanspruchen.

re·quit·al [rɪˈkwaɪtl] *s* **1.** Belohnung *f*, Lohn *m* (**for** für). **2.** Vergeltung *f* (**of** für). **3.** Vergütung *f* (**for** für). **re·quite** [rɪˈkwaɪt] *v/t* **1.** belohnen: **to ~ s.o.** (**for s.th.**). **2.** vergelten (**evil with good** Böses mit Gutem): **to ~ s.o. es j-m vergelten** *od.* heimzahlen. **3.** entschädigen für, aufwiegen (*Sache*).

re·ra·di·a·tion [ˌriːreɪdɪˈeɪʃn] *s* **1.** *phys.* Wiederˌausstrahlung *f*. **2.** *Radio*: a) (Osziˈllator)Störstrahlung *f*, b) Reˈlaissendung *f*.

re·read [ˌriːˈriːd] *v/t irr* wieder lesen, nochmals (ˈdurch)lesen.

re·re·cord [ˌriːrɪˈkɔː(r)d] *v/t* ein Tonband überˈspielen: **~ing room** Mischraum *m*.

rere·dos [ˈrɪədɒs; *Am.* ˈreraˌdɑs] *s arch.* **1.** Reˈtabel *n* (*verzierter Altaraufsatz*). **2.** *obs.* (*verzierte*) Kaˈminrückwand.

re·route [ˌriːˈruːt] *v/t* **1.** *electr.* neu verlegen. **2.** den Verkehr ˈumleiten.

re·run I [ˌriːˈrʌn] *v/t irr* **1.** *Film, Theaterstück etc* wieder aufführen. **2.** *Rundfunk, TV*: *Programm* wiederˈholen. **3.** *Computer*: *Programm* wiederˈholen. **4. to be ~** *sport* wiederˈholt werden (*Lauf*). **II** *s* [ˈbes. ˈriːrʌn] **5.** Reˈprise *f*, ˈWiederaufführung *f* (*e-s Films etc*). **6.** *Rundfunk, TV*: Wiederˈholung *f*. **7.** *Computer*: Wiederˈholung *f*. **8.** *sport* Wiederˈholungslauf *m*.

res [riːz; *Am. a.* reɪs] *pl* **res** (*Lat.*) *s jur.* Sache *f*: → **res gestae, res judicata, in re, in rem.**

re·sale [ˈriːseɪl] *s* ˈWieder-, Weiterverkauf *m*: **~ price** Wiederverkaufspreis *m*; **~ price maintenance** Preisbindung *f* der zweiten Hand; **~ value** Wiederverkaufswert *m*.

re·scind [rɪˈsɪnd] *v/t bes. jur.* **1.** *ein Gesetz, ein Urteil etc* aufheben, annulˈlieren. **2.** von *e-m Vertrag* zuˈrücktreten: **to ~ a contract**. **3.** *e-n Kauf etc* rückgängig machen. **reˈscind·a·ble** *adj* aufhebbar, anfechtbar.

re·scis·sion [rɪˈsɪʒn] *s bes. jur.* **1.** Aufhebung *f*, Annulˈlierung *f* (*e-s Gesetzes, Urteils etc*). **2.** Rücktritt *m* (**of** von *e-m Vertrag*). **3.** Rückgängigmachung *f* (*e-s Kaufs etc*).

re·score [ˌriːˈskɔː(r); *Am. a.* -ˈskoʊər] *v/t mus.* neu instrumenˈtieren, *bes.* ˈuminstrumenˌtieren.

re·script [ˈriːskrɪpt] *s R.C.* Reˈskript *n*.

res·cue [ˈreskjuː] **I** *v/t* **1.** (**from**) retten (aus), befreien (von), *bes. etwas* bergen (aus, vor *dat*): **~ from oblivion** der Vergessenheit entreißen. **2.** *jur. j-n* (gewaltsam) befreien. **3.** (gewaltsam) zuˈrückholen, wieder abjagen. **II** *s* **4.** Rettung *f*, Hilfe *f* (*a. fig.*), Bergung *f*: **to come to s.o.'s ~** j-m zur Hilfe kommen. **5.** (gewaltsame) Befreiung. **6.** *jur.* (gewaltsame) Wiederinbeˈsitznahme. **III** *adj* **7.** Rettungs..., Bergungs...: **~ breathing** Mund-zu-Mund-Beatmung *f*; **~ helicopter** Rettungshubschrauber *m*; **~ operations** Bergungs-, Rettungsarbeiten; **~ party**, **~ squad** Bergungs-, Rettungsmannschaft *f*; **~ vessel** *mar.* Bergungsfahrzeug *n*. **res·cu·er** [ˈreskjʊə(r)] *s* Befreier *m*, Retter *m*.

re·search [rɪˈsɜːtʃ; *Am.* rɪˈsɜːrtʃ; *a.* ˈriː-] **I** *s* **1.** *oft pl* Forschung(sarbeit) *f*, (wissenschaftliche) Unterˈsuchung (**on** über *acc*, auf dem Gebiet *gen*): **~ into s.th.** Erforschung *f* e-r Sache; **~ into accidents** Unfallforschung. **2.** (genaue) Unterˈsuchung, Nachforschung *f* (**after, for** nach). **II** *v/i* **3.** forschen, Forschungen anstellen, wissenschaftlich arbeiten (**on** über *acc*, auf dem Gebiet *gen*): **to ~ into s.th.** etwas untersuchen *od.* erforschen. **III** *v/t* **4.** unterˈsuchen, erforschen. **IV** *adj* **5.** Forschungs...: **~ engineer** (**laboratory, satellite, work**, *etc*); **~ assignment** (*od.* **commission**) Forschungsauftrag *m*; **~ library** wissenschaftliche (Leih)Bibliothek; **~ professor** *von der Vorlesung beurlaubter Professor mit Forschungsauftrag*; **~ team** Forscherteam *n*; **~ worker** Forscher(in). **reˈsearch·er** *s* Forscher(in).

re·seat [ˌriːˈsiːt] *v/t* **1.** *e-n Stuhl* mit e-m neuen Sitz versehen. **2.** *e-n Saal etc* neu bestuhlen. **3.** *j-n* ˈumsetzen. **4. ~ o.s.** sich wieder setzen: **when everybody was ~ed** als alle wieder Platz genommen hatten. **5.** e-n neuen Hosenboden einsetzen in (*acc*). **6.** *tech.* Ventile nachschleifen.

re·seau [ˈrezəʊ; *Am.* reɪˈzoʊ] *pl* **-seaux, -seaus** [-z] *s* **1.** *astr. phot.* Gitternetz *n*. **2.** *Nadelarbeit*: Reˈseau *n*, Netzgrund *m*.

re·sect [riːˈsekt] *v/t med.* reseˈzieren, herˈausschneiden. **reˈsec·tion** *s* Resektiˈon *f*.

re·se·da [ˈresɪdə; *Am.* rɪˈsedə] **I** *s* **1.** *bot.* Reˈseda *f*, Wau *m*. **2.** [*Am.* ˈreɪzəˌdɑː] Reˈsedagrün *n*. **II** *adj* [*Am.* ˈreɪzəˌdɑː] **3.** reˈsedagrün.

re·seize [ˌriːˈsiːz] *v/t* **1.** ˈwiedergreifen. **2.** wieder in Besitz nehmen. **3.** beschlagnahmen.

re·sell [ˌriːˈsel] *v/t irr* wieder verkaufen, weiterverkaufen. **ˌreˈsell·er** *s* ˈWiederverkäufer *m*.

re·sem·blance [rɪˈzembləns] *s* Ähnlichkeit *f* (**to** mit; **between** zwischen *dat*): **to bear** (*od.* **have**) **~ to** → **resemble 1**; **any ~ to actual persons is purely coincidental** jede Ähnlichkeit mit lebenden Personen wäre rein zufällig. **reˈsem·ble** *v/t* **1.** *j-m* *od.* e-r *Sache* ähnlich sein *od.* sehen, gleichen, ähneln, Ähnlichkeit haben mit. **2.** *obs.* vergleichen (**to** mit).

re·sent [rɪˈzent] *v/t* übelnehmen, verˈübeln, sich ärgern über (*acc*). **reˈsent·ful** *adj* (*adv* **~ly**) **1.** (**against, of**) aufgebracht (gegen), ärgerlich *od.* voller Groll (auf *acc*). **2.** übelnehmerisch, reizbar, empfindlich. **3.** böse, ärgerlich, grollend (*Worte etc*). **reˈsent·ment** *s* **1.** Ressentiˈment *n*, Groll *m* (**against, at** gegen). **2.** Verstimmung *f*, Unmut *m*, Unwille *m* (**of** über *acc*).

res·er·va·tion [ˌrezə(r)ˈveɪʃn] *s* **1.** *bes. Am.* a) Reserˈvierung *f*, Vorbestellung *f*: **to make a ~** ein Zimmer *etc* bestellen, b) Zusage *f* (*der Reservierung*), Vormerkung *f*. **2.** Reserˈvat *n*: a) Naˈturschutzgebiet *n*, b) *Am.* Indiˈanerreservatiˌon *f*. **3.** *a. econ. jur.* Vorbehalt *m*, b) Vorbehaltsklausel *f*: **with ~s** unter Vorbehalt; **without ~** vorbehaltlos, ohne Vorbehalt; **with ~ as to** vorbehaltlich (*gen*); **to have some ~s about s.th.** Bedenken hinsichtlich e-r Sache haben; → **mental**[2] **1. 4.** *a.* **central ~** *mot. Br.* Grünstreifen *m* (*zwischen zwei Fahrbahnen*). **5. to keep s.o. on the ~** *Am. colloq.* j-n bei der Stange halten.

re·serve [rɪˈzɜːv; *Am.* rɪˈzɜːrv] **I** *v/t* **1.** (sich) aufsparen *od.* aufbewahren, in Reˈserve halten, (zuˈrück)behalten. **2.** (sich) zuˈrückhalten mit, warten mit, *etwas ver-*, *aufschieben*: **comment is being ~d** es wird vorläufig noch kein Kommentar gegeben; **to ~ judg(e)ment** *jur.* die Urteilsverkündung aussetzen; **~ your judg(e)ment** *fig.* halte dich mit d-m Urteil zurück (till bis). **3.** a) *bes. Am.* reserˈvieren (lassen), belegen, vorbestellen, b) reserˈvieren: **these seats are ~d for old people**. **4.** *mil. j-n* zuˈrückstellen. **5.** *bes. jur.* a) vorbehalten (**to s.o.** j-m), b) sich vorbehalten *od.* ausbedingen: **to ~ the right to do** (*od.* **of doing**) **s.th.** sich das Recht vorbehalten, etwas zu tun; **all rights ~d** alle Rechte vorbehalten. **6. to be ~d to** (*od.* **for**) **s.o.** *fig.* j-m vorbehalten bleiben (**to do** zu tun). **II** *s* **7.** *allg.* Reˈserve *f* (*a. fig.*), Vorrat *m*: **~ air** *physiol.* Reserveluft *f*; **~ capacity** *electr. tech.* Reserveleistung *f*; **~ of energy** (*od.* **strength**) Kraftreserven *pl*; **~ food** *biol.* Nährstoffvorrat *m*; **in ~** in Reserve, im Rückhalt, vorrätig; **~ ration** *mil.* eiserne Ration; **~ seat** Notsitz *m*; **~ tank** Reservebehälter *m*, -tank *m*. **8.** Ersatz *m*: **~ depot** *mil.* Ersatzteillager *n*; **~ part** *tech.* Ersatzteil *n*. **9.** *econ.* Reˈserve *f*, Rücklage *f*, -stellung *f*: **~ account** Rückstellungskonto *n*; **actual ~, ~ maintained** Ist-Reserve; **~ currency** Leitwährung *f*; **~ fund** Reserve(-fonds *m*), Rücklage; **hidden** (*od.* **secret**) **~s** stille Reserven; **loss ~** Rücklage für laufende Risiken; **~ ratio** Deckungssatz *m*. **10.** *mil.* a) Reˈserve *f*, b) *pl* (*taktische*) Reˈserven *pl*: **~ (battle) position** Auffangstellung *f*; **~ officer** Reserveoffizier *m*. **11.** *sport* Reˈservespieler *m*, Ersatzmann, -spieler *m*. **12.** a) (ˈEingeborenen)Reserˌvat *n*, b) Schutzgebiet *n*: **~ game** geschützter Wildbestand. **13.** Vorbehalt *m* (*a. jur.*), Einschränkung *f*: **~ price** *Br.* Mindestpreis *m* (*bei Versteigerungen*); **with all ~** mit allem Vorbehalt; **without ~** ohne Vorbehalt(e), vorbehalt-, rückhaltlos. **14.** Zuˈrückhaltung *f*, zuˈrückhaltendes Wesen, Reˈserve *f*: **to exercise ~** Zurückhaltung üben; **sich reserviert verhalten; to receive the news with ~** die Nachricht mit Zurückhaltung aufnehmen; **to treat s.o. with ~** j-n reserviert behandeln. **15.** *Textildruck*: ˈVordruckreˌserve *f*, Deckpappe *f*.

re·served [rɪˈzɜːvd; *Am.* rɪˈzɜːrvd] *adj* **1.** zuˈrückhaltend, reserˈviert. **2.** reserˈviert, vorbehalten (**~ rights**). **3.** Reserve...: **~ list** *mar. Br.* Reserveliste *f*. **reˈserv·ed·ly** [-vɪdlɪ] *adv*. **reˈserv·ist** *s mil.* Reserˈvist *m*.

res·er·voir [ˈrezə(r)vwɑː(r)] *s* **1.** (ˈWasser)Reserˌvoir *n*: a) Wasserturm *m*, -speicher *m*, b) Stau-, Sammelbecken *n*, Basˈsin *n*, **2.** (*Benzin-*, *Öl- etc*)Behälter *m*. **3.** Speicher *m*, Lager *n*. **4.** *fig.* a) Reserˈvoir *n* (**of** an *dat*), b) Sammelbecken *n*.

re·set [ˌriːˈset] *v/t irr* **1.** *e-n Edelstein* neu fassen. **2.** *print.* neu setzen: **~ting of the type** Neusatz *m*. **3.** *Messer* neu abziehen. **4.** *tech.* a) (zuˈrück)stellen (**to** auf *acc*), b) nachstellen, -richten, c) *Computer* (zu)ˈrücksetzen, nullstellen: **~ switch** Rücksetzschalter *m*. **II** *s* [ˈriːset] **5.** *print.* Neusatz *m*.

re·set·tle [ˌriːˈsetl] *v/t* **1.** *Land* wieder *od.* neu besiedeln. **2.** a) *j-n* wieder anˈsiedeln, b) *j-n* ˈumsiedeln. **II** *v/i* **3.** sich wieder ansiedeln. **4.** sich wieder setzen *od.* legen *od.* beruhigen. **ˌreˈset·tle·ment** *s* **1.** Neubesiedlung *f*. **2.** a) Wiederˈansiedlung *f*, b) ˈUmsiedlung *f*.

res ges·tae [ˌriːzˈdʒestiː; *Am. a.* ˌreɪsˈgesˌtaɪ] (*Lat.*) *s jur.* Tatbestand *m*, (beweiserhebliche) Tatsachen *pl*.

re·shape [ˌriːˈʃeɪp] *v/t* neu formen, ˈumgestalten, -bilden.

re·ship [ˌriːˈʃɪp] **I** *v/t* **1.** *Güter* wieder verschiffen. **2.** ˈumladen. **II** *v/i* **3.** sich wieder anheuern lassen (*Seemann*). **ˌreˈship·ment** *s* **1.** ˈWiederverladung *f*, Weiterversand *m*. **2.** ˈUmladung *f*. **3.** Rückladung *f*, -fracht *f*.

re·shoot [ˌriːˈʃuːt] *v/t irr Film*: *Szene* nachdrehen.

re·shuf·fle [ˌriːˈʃʌfl] **I** *v/t* **1.** *Spielkarten* neu mischen. **2.** a) *bes. pol.* ˈumgrupˌpieren, ˈumbilden, b) *sport* *Mannschaft* ˈumbauen. **II** *s* **3.** a) ˈUmbildung *f*, ˈUmgrupˌpierung *f*, b) ˈUmbau *m*.

re·side [rɪˈzaɪd] *v/i* **1.** wohnen, ansässig sein, s-n (ständigen) Wohnsitz haben (**in, at** *in dat*). **2.** (**in**) *fig.* a) wohnen (in

dat), b) innewohnen (*dat*). **3. (with, in)** *fig.* liegen, ruhen (bei), zustehen (*dat*).
res·i·dence [ˈrezɪdəns] *s* **1.** Wohnsitz *m*, -ort *m*: **permanent** (*od.* **legal** *od.* **fixed**) ~ fester *od.* ständiger Wohnsitz; **to take up one's** ~ s-n Wohnsitz nehmen *od.* aufschlagen, sich niederlassen (**in**, **at in** *dat*). **2.** Sitz *m* (*e-r Behörde etc*). **3.** Aufenthalt *m*: **permit of** ~, ~ **permit** Aufenthaltserlaubnis *f*, -genehmigung *f*. **4.** (herrschaftliches) Wohnhaus, (Land-) Sitz *m*, Herrenhaus *n*. **5.** Wohnung *f*: **official** ~ a) Amtssitz *m*, b) Amtswohnung *f*. **6.** Wohnen *n*. **7.** Ortsansässigkeit *f*: ~ **is required** es besteht Residenzpflicht; **in** ~ am Amtsort ansässig (*Beamter*). ˈ**res·i·den·cy** *s* **1.** → **residence. 2.** Amtssitz *m*, Resiˈdenz *f*. **3.** Amtsbereich *m*. **4.** *med.* Am. Assiˈstenzzeit *f*. **5.** *hist.* Amtssitz *e-s brit. Residenten an e-m indischen Fürstenhof*. ˈ**res·i·dent I** *adj* **1.** ortsansässig, (ständig) wohnhaft: ~ **population** Wohnbevölkerung *f*. **2.** im (Schul- *od.* Kranken- *etc*)Haus wohnend: ~ **tutor** (surgeon). **3.** (**in**) *fig.* innewohnend (*dat*), liegend (bei): **a right** ~ **in the people** ein dem Volke zustehendes Recht. **4.** *zo.* seßhaft: ~ **birds** Standvögel. **II** *s* **5.** a) Ortsansässige(r *m*) *f*, Einwohner(in), b) Hoˈtelgast *m*: **for ~s only. 6.** *mot.* Anlieger *m*: ~**s only** Anliegerverkehr frei. **7.** *pol.* Resiˈdent *m*: a) *a.* **minister** ~ Miˈnisterresiˌdent *m*, b) *hist.* Vertreter der brit. Regierung, *bes. an e-m indischen Fürstenhof*. **8.** *med.* Am. Assiˈstenzarzt *m*. ˌ**res·iˈden·tial** [-ˈdenʃl; *Am.* -tʃəl] *adj* **1.** Wohn...: ~ **area** (*a.* vornehme) Wohngegend; ~ **estate** Wohngrundstück *n*; ~ **university** Internatsuniversität *f*. **2.** Wohnsitz...: ~ **allowance** Ortszulage *f*; ~ **qualifications** *pl* Wohnsitzerfordernis *f* (*für Wähler*). **3.** Residenz... ˌ**res·iˈden·ti·ar·y** [-ʃərɪ; *Am.* -tʃiːerɪ; -tʃərɪ] **I** *adj* **1.** wohnhaft, ansässig (**in**, **at in** *dat*). **2.** am Amtsort wohnend: **canon** ~ → **3. II** *s* **3.** an Resiˈdenzpflicht gebundener Kaˈnoniker *od.* Geistlicher.
re·sid·u·al [rɪˈzɪdjʊəl; *Am.* -dʒəwəl; -dʒəl] **I** *adj* **1.** *math.* zuˈrückbleibend, übrig: ~ **error** → **residuum 2**; ~ **quantity** Differenz *f*, Rest...; ~ **air** *phys.* Residualluft *f*; ~ **oils** Rückstandsöle; ~ **product** *chem. tech.* Nebenprodukt *n*; ~ **soil** *geol.* Eluvialboden *m*. **3.** *phys.* remaˈnent: ~ **magnetism. II** *s* **4.** *math.* a) Reˈsiduum *n*, b) Rest(wert) *m*, Diffeˈrenz *f*, c) Abweichung *f*, Variatiˈon *f*. **5.** Rückstand *m*, Rest *m*. **6.** *TV* Am. (*an Schauspieler od. Verfasser gezahltes*) Wiederˈholungshonoˌrar *m* (*bes. bei Werbespots*). **reˈsid·u·ar·y** [-djʊərɪ; *Am.* -dʒəˌwerɪ:] *adj* übrig(geblieben), restlich: ~ **estate** *jur.* Reinnachlaß *m*; ~ **legatee** Nachvermächtnisnehmer *m*.
res·i·due [ˈrezɪdjuː; *Am. a.* -ˌduː] *s* **1.** Rest *m*. **2.** *chem. tech.* Rest *m*, Reˈsiduum *n* (*beide a. math.*), Rückstand *m*. **3.** *chem.* Teil (*bes. anorganischer Bestandteil*) *e-s Moleküls, der beim Abbau übrigbleibt*. **4.** *jur.* Reinnachlaß *m*. **re·sid·u·ent** [rɪˈzɪdjʊənt; *Am.* -dʒəw-] *s chem.* ˈNebenproˌdukt *n*, Rückstand *m*. **reˈsid·u·um** [-əm] *pl* **-u·a** [-ə] *s* **1.** *bes. chem.* Rest *m*, Rückstand *m*. **2.** *math.* Reˈsiduum *n*, Rest(betrag) *m*. **3.** *fig. contp.* Hefe *f* (*des Volkes etc*).
re·sign [rɪˈzaɪn] **I** *v/t* **1.** aufgeben: **to** ~ **hope** (**property**, **a right**, *etc*). **2.** verzichten auf (*acc*): **to** ~ **a claim. 3.** *ein Amt* niederlegen: **to** ~ **an office. 4.** überˈlassen (**to** *dat*): **to** ~ **s.o. to his fate**; **to** ~ **a property to s.o. 5.** ~ **o.s.** sich ˈhingeben (**to** *dat*): **to** ~ **o.s. to meditation. 6.** ~ **o.s.** sich anvertrauen *od.* überˈlassen: **to** ~ **o.s. to s.o.'s guidance. 7.** ~ **o.s.** (**to**) sich ergeben *od.* fügen (**in** *acc*), sich abfinden *od.* versöhnen (**mit**): **to** ~ **o.s. to one's fate**; **to** ~ **o.s. to doing s.th.** sich damit abfinden, etwas tun zu müssen. **II** *v/i* **8.** → **7. 9.** a) zuˈrücktreten (**from** von e-m Amt), abdanken, b) austreten (**from** aus). **10.** verzichten.
re-sign [ˌriːˈsaɪn] *v/t* nochmals unterˈzeichnen.
res·ig·na·tion [ˌrezɪɡˈneɪʃn] *s* **1.** (**of**) Aufgabe *f* (*gen*), Verzicht *m* (auf *acc*). **2.** a) Rücktritt *m*, Abdankung *f*, b) Abschieds-, Amtsniederlegung *f*, c) Abschieds-, Rücktrittsgesuch *n*: **to send** (*od.* **hand**) **in** (*od.* **tender**) **one's** ~ s-n Rücktritt *od.* sein Abschiedsgesuch einreichen. **3.** Überˈlassung *f* (**to an** *acc*). **4.** Resignatiˈon *f*.
re·signed [rɪˈzaɪnd] *adj* **1.** a) resiˈgniert: **to look** ~, b) **to be** ~ **to s.th.** sich mit etwas abgefunden haben, sich in etwas fügen. **2.** verabschiedet, abgedankt, außer Dienst: ~ **major. reˈsign·ed·ly** [-nɪdlɪ] *adv* ergeben, resiˈgniert. **reˈsign·ed·ness** *s* Ergebenheit *f* (**to in** *acc*).
re·sile [rɪˈzaɪl] *v/i* **1.** zuˈrückschnellen, -federn. **2.** zuˈrücktreten (**from a contract** von e-m Vertrag). **re·sil·i·ence** [rɪˈzɪlɪəns; *Am.* -jənts], *a.* **reˈsil·i·en·cy** *s* **1.** Elastiziˈtät *f*: a) Rückfederung *f*, Spannkraft *f* (*a. fig.*), b) *fig.* Unverwüstlichkeit *f*. **2.** Zuˈrückschnellen *n*, -federn *n*. **reˈsil·i·ent** *adj* eˈlastisch: a) federnd, zuˈrückschnellend, b) *fig.* spannkräftig, unverwüstlich.
res·in [ˈrezɪn] **I** *s* **1.** Harz *n*. **2.** → **rosin 1**. **II** *v/t* **3.** *tech.* harzen, mit Harz behandeln. ˈ**res·in·ate** [-neɪt] **I** *s chem.* Resiˈnat *n*. **II** *v/t* mit Harz impräˈgnieren. ˌ**res·inˈif·er·ous** [-ˈnɪfərəs] *adj* harzhaltig. **re·sin·i·fi·ca·tion** [ˌrezɪnɪfɪˈkeɪʃn] *s* **1.** ˈHarzˌherstellung *f*. **2.** Verharzung *f*. **res·in·i·fy** [ˈrezɪnɪfaɪ] **I** *v/t* **1.** mit Harz behandeln. **2.** harzig *od.* zu Harz machen. **II** *v/i* **3.** harzig werden (*a. Öl*). ˌ**res·in·o·eˈlec·tric** [ˌrezɪnəʊ-] *adj electr. phys.* ˈharzeˌlektrisch, negativ eˈlektrisch.
res·in·ous [ˈrezɪnəs] *adj* **1.** harzig. **2.** Harz... **3.** → **resinoelectric**.
res·i·pis·cence [ˌresɪˈpɪsns] *s* **1.** Sinnesänderung *f*. **2.** Einsicht *f*.
re·sist [rɪˈzɪst] **I** *v/t* **1.** e-r Sache widerˈstehen *od.* standhalten: ~ **an attack** (**a temptation**, *etc*); **I cannot** ~ **doing it** ich kann nicht widerstehen, ich muß es einfach tun; **she could hardly** ~ **laughing** sie konnte sich kaum das Lachen verkneifen. **2.** ˈWiderstand leisten (*dat od.* gegen): ~**ing a public officer in the execution of his duty** *jur.* Widerstand *m* gegen die Staatsgewalt. **3.** sich widerˈsetzen (*dat*), sich wehren *od.* sträuben gegen. **4.** *tech.* beständig sein gegen: **to** ~ **acid** säurebeständig sein. **5.** ˈwiderstandsfähig sein gegen: **to** ~ **infection. 6.** aufhalten, auf-, abfangen: **to** ~ **a projectile**. **7.** sich erwehren *od.* enthalten (*gen*): **to** ~ **a smile**. **II** *v/i* **8.** ˈWiderstand leisten, sich widerˈsetzen. **III** *s* **9.** *tech.* Schutzpaste *f*, -lack *m*, Deckmittel *n*. **10.** *print.* Ätzgrund *m*. **11.** *phot.* Abdecklack *m*.
re·sist·ance [rɪˈzɪstəns] *s* **1.** ˈWiderstand *m* (**to** gegen): **in** ~ **to** aus Widerstand gegen; **to take the line of least** ~ den Weg des geringsten Widerstandes gehen; ~ **movement** → **5**; **to offer** ~ (**to**) Widerstand leisten (*dat*), sich widersetzen (*dat*) *od.* wehren (gegen). **2.** a) ˈWiderstandskraft *f* (*a. med.*): ~ **training** *sport* Ausdauertraining *n*, b) *bes. med.* Resiˈstenz *f*. **3.** *electr.* ˈWiderstand *m* (*a. Bauteil*): ~ **bridge** Widerstands(meß)brücke *f*; ~ **coil** Widerstandswicklung *f*, -spule *f*; ~ **welding** *tech.* Widerstandsschweißung *f*. **4.** *tech.* (*Biegungs-*, *Säure-*, *Stoß- etc*) Festigkeit *f*, (*Hitze-*, *Kälte- etc*) Beständigkeit *f*: ~ **to heat**, **heat** ~; ~ **to wear** Verschleißfestigkeit *f*. **5.** *oft* **the R**~ *pol.* die ˈWiderstandsbewegung, der ˈWiderstand. **reˈsist·ant I** *adj* (*adv* ~**ly**) **1.** ˈWiderstand leistend, widerˈstehend, -ˈstrebend. **2.** *tech.* ˈwiderstandsfähig, beständig (**to** gegen): ~ **to light** lichtecht. **II** *s* **3.** *tech.* → **resist 9**. **reˈsist·er** *s* (**passive** ~) j-d, der (passiven) ˈWiderstand leistet.
re·sist·i·ble [rɪˈzɪstəbl] *adj* (*adv* **resistibly**) **1.** zu widerˈstehen(d). **2.** ˈwiderstandsfähig. **reˈsis·tive** *adj* (*adv* ~**ly**) **1.** ˈwiderspenstig. **2.** ˈwiderstandsfähig. **3.** *tech.* Widerstands... ˌ**re·sisˈtiv·i·ty** [ˌriːzɪsˈtɪvətɪ] *s* **1.** (*phys.* speˈzifische) ˈWiderstandskraft *f*. **2.** *electr.* speˈzifischer ˈWiderstand. **reˈsist·less** *adj* (*adv* ~**ly**) *obs.* **1.** ˈunwiderˌstehlich. **2.** wehr-, ˈwiderstands-, hilflos. **reˈsis·tor** [-tə(r)] *s electr.* ˈWiderstand *m* (*als Bauteil*).
re-sit *ped. Br.* **I** *v/t irr* [ˌriːˈsɪt] *e-e Prüfung* wiederˈholen. **II** *s* [ˈriːsɪt] Wiederˈholungsprüfung *f*.
res ju·di·ca·ta [ˈriːzˌdʒuːdɪˈkɑːtə] (*Lat.*) *s jur.* rechtskräftig entschiedene Sache, *weitS.* (mateˈrielle) Rechtskraft.
re·sole [ˌriːˈsəʊl] *v/t* neu besohlen.
re·sol·u·ble [rɪˈzɒljʊbl; *Am.* -ˈzɑl-] *adj* (*adv* **resolubly**) **1.** lösbar: **a** ~ **problem**. **2.** auflösbar, zerlegbar (**into** in *acc*).
res·o·lute [ˈrezəluːt] *adj* (*adv* ~**ly**) **1.** entschieden, entschlossen, resoˈlut, beherzt. **2.** entschieden, bestimmt (*Antwort etc*). ˈ**res·o·lute·ness** *s* Entschlossenheit *f*, resoˈlute Art.
res·o·lu·tion [ˌrezəˈluːʃn] *s* **1.** *econ. parl.* Beschluß(fassung *f*) *m*, Resolutiˈon *f*, Entschließung *f*: **to move a** ~ e-e Resolution einbringen. **2.** Entschluß *m*, Vorsatz *m*: **to form** (*od.* **make**) **a** ~ e-n Entschluß fassen; **good** ~**s** gute Vorsätze. **3.** Entschlossenheit *f*, Entschiedenheit *f*, Entschlußkraft *f*. **4.** *a. chem. math. opt. phys.*, *a.* Metrik: Auflösung *f* (*a. mus. phot.*), Zerlegung *f* (**into** in *acc*): ~ **of a picture** a) *tech.* Rasterung *f* e-s Bildes, b) *TV* Bildauflösung. **5.** *Computer*, *Radar*: Auflösungsvermögen *n*. **6.** (Zu)ˈRückführung *f* (**into** in *acc*; **to** auf *acc*). **7.** *med.* a) Lösung *f* (*e-r Lungenentzündung etc*), b) Zerteilung *f* (*e-s Tumors*). **8.** *fig.* Lösung *f*: ~ **of a problem**; ~ **of a doubt** Behebung *f* e-s Zweifels.
re·sol·u·tive [rɪˈzɒljʊtɪv; *Am.* -ˈzɑljə-] *med.* **I** *adj* a) lösend, b) zerteilend. **II** *s* a) zerteilendes Mittel, b) Lösemittel *n*, (Re)ˈSolvens *n*.
re·solv·a·ble [rɪˈzɒlvəbl; *Am.* -ˈzɑl-] *adj* (auf)lösbar (**into** in *acc*).
re·solve [rɪˈzɒlv; *Am. a.* rɪˈzɑlv] **I** *v/t* **1.** *a. chem. math. mus. opt.* auflösen (**into** in *acc*): **to be** ~**d into** sich auflösen in (*acc*); ~**d into dust** in Staub verwandelt; **to be** ~**d into tears** in Tränen aufgelöst sein; **resolving power** *opt. phot.* Auflösungsvermögen *n*; → **committee 1. 2.** lösen: **to** ~ **a problem** (**a riddle**). **3.** Zweifel zerstreuen. **4.** a) sich entschließen, beschließen (**to do s.th.** etwas zu tun), b) entscheiden: **be it** ~**d** (*Formel*) wir haben die folgende Entschließung angenommen. **5.** analyˈsieren. **6.** *med.* a) *e-n Tumor* zerteilen *od.* erweichen, b) *e-e Lungenentzündung* lösen. **7.** *j-n* daˈzu bestimmen, bewegen (**on** *od.* **upon doing s.th.**, **to do s.th.** etwas zu tun). **II** *v/i* **8.** a) sich auflösen (**into** in *acc*; **to** zu), b) wieder werden (**into**, **to** zu): **the tumo(u)r** ~**s** *med.* die Geschwulst zerteilt

resolved – responsive

sich. **9. (on, upon)** (*etwas*) beschließen, sich (zu *etwas*) entschließen. **III** *s* **10.** Vorsatz *m*, Entschluß *m*. **11.** *Am.* → **resolution 1. 12.** *bes. poet.* Entschlossenheit *f*.
re·solved [rɪˈzɒlvd; *Am. a.* rɪˈzɑːlvd] *adj* (fest) entschlossen (**on s.th.** zu etwas, **to do s.th.** etwas zu tun). **reˈsolv·ed·ly** [-vɪdlɪ] *adv* entschlossen, entschieden.
re·sol·vent [rɪˈzɒlvənt; *Am.* -ˈzɑːl-] **I** *adj* **1.** *a. chem.* (auf)lösend. **2.** *med.* a) lösend, b) zerteilend. **II** *s* **3.** *bes. chem.* Lösungsmittel *n*. **4.** *med.* a) zerteilendes Mittel, b) Lösemittel *n*, (Re)ˈSolvens *n*. **5.** *math.* Resolˈvente *f*.
res·o·nance [ˈrezənəns] *s* **1.** *phys.* Resoˈnanz *f* (*a. med. mus.*), Nach-, ˈWiderhall *m*, Mitschwingen *n*: ~ **box** Resonanzkasten *m*. **2.** *Quantenmechanik*: Resoˈnanz *f*: ~ **neutron** Resonanzneutron *n*. **ˈres·o·nant** *adj* (*adv* ~**ly**) **1.** ~, nachhallend (**with** von). **2.** volltönend: ~ **voice**. **3.** *phys.* mitschwingend, resoˈnant, Resonanz...: ~ **circuit** *electr.* Resonanz-, Schwingkreis *m*; ~ **rise** Aufschaukeln *n*. **ˈres·o·nate** [-neɪt] **I** *v/i phys.* mitschwingen: **to** ~ einschwingen auf *e-e Wellenlänge*. **II** *v/t* auf Resoˈnanz bringen. **ˈres·o·na·tor** [-tə(r)] *s* **1.** *Akustik*: Resoˈnator *m*. **2.** *electr.* Resoˈnanzkreis *m*.
re·sorb [rɪˈsɔː(r)b; -ˈz-] *v/t* (wieder) aufsaugen, resorˈbieren. **reˈsorb·ence** *s* Resorptiˈon *f*, Aufsaugung *f*. **reˈsorb·ent** *adj* resorˈbierend, aufsaugend.
re·sorp·tion [rɪˈsɔː(r)pʃn; -ˈz-] *s* Resorptiˈon *f*, Aufsaugung *f*.
re·sort [rɪˈzɔː(r)t] **I** *v/i* **1.** (**to**) **a**) sich begeben zu *od.* nach, aufsuchen (*acc*), b) *e-n Ort* häufig besuchen. **2.** ~ **to** *fig.* s-e Zuflucht nehmen zu, greifen zu, zuˈrückgreifen auf (*acc*), Gebrauch machen von: **to** ~ **to force** Gewaltmaßnahmen ergreifen, Gewalt anwenden. **II** *s* **3.** (beliebter Aufenthalts-, Erholungs)Ort: **health** ~ Kurort; **seaside** ~ Seebad *n*; **summer** ~ Sommerurlaubsort *m*; **winter** ~ Wintersportort *m*. **4.** Zustrom *m* (von Besuchern): **a place of popular** ~ ein beliebter Treffpunkt. **5.** (Menschen-) Menge *f*. **6.** Zuflucht *f* (**to** zu), Mittel *n*: **to have** ~ **to** ~; **without** ~ **to force** ohne Gewaltanwendung; **in the last** ~, **as a last** ~ als letzter Ausweg.
re·sort [ˌriːˈsɔː(r)t] *v/t* neu sorˈtieren, ˈumsorˌtieren.
re·sound [rɪˈzaʊnd] **I** *v/i* **1.** (laut) erschallen, ˈwiderhallen (**with** von): **his name** ~**ed throughout** (*od.* **all over**) **the country** sein Name war in aller Munde. **2.** erschallen, ertönen (*Klang*, *a. fig.*). **II** *v/t* **3.** ˈwiderhallen lassen. **4.** *poet.* verkünden.
re·source [rɪˈsɔːs; -ˈz-; *Am.* ˈriːsəʊərs] *s* **1.** Hilfsquelle *f*, -mittel *n*. **2.** *pl* **a**) Naˈturreichtümer *pl*, Hilfsquellen *pl*, Bodenschätze *pl* (*e-s Landes*), **b**) (Geld)Mittel *pl*. **3.** *econ. Am.* Akˈtiva *pl*. **4.** Mittel *n*, Zuflucht *f*: **as a last** ~ als letztes Mittel, als letzter Ausweg; **to be left to one's own** ~**s** sich selbst überlassen bleiben; **without** ~ hoffnungs-, rettungslos. **5.** Unterˈhaltung *f*, Entˈspannung *f*, Erholung *f*. **6.** Findigkeit *f*, Wendigkeit *f*, Taˈlent *n*: **he is full of** ~ er weiß sich immer zu helfen. **reˈsource·ful** *adj* (*adv* ~**ly**) **1.** reich an Hilfsquellen. **2.** findig, wendig, erfinderisch, einfallsreich. **reˈsource·ful·ness** → **resource 6**.
re·spect [rɪˈspekt] **I** *s* **1.** Beziehung *f*, ˈHinsicht *f*: **in every** (**some**) ~ in jeder (in gewisser) Hinsicht; **in** ~ **of** (*od.* **to**), **with** ~ **to** (*od.* **of**) im Hinblick auf (*acc*), hinsichtlich, bezüglich, in Anbetracht (*alle gen*); **to have** ~ **to** sich beziehen auf (*acc*). **2.** (Hoch)Achtung *f*, Reˈspekt *m*: **to have** (*od.* **show**) ~ **for** Achtung *od.* Respekt haben vor (*dat*); **to be held in** ~ geachtet sein. **3. one's** ~**s** s-e Grüße *pl od.* Empfehlungen *pl*: **give him my** ~**s** grüßen Sie ihn von mir; **to pay one's** ~**s to s.o. a**) j-n bestens grüßen, **b**) j-m s-e Aufwartung machen. **4.** Rücksicht(nahme) *f*: **to have** (*od.* **to pay**) ~ **to s.th.** e-e Sache berücksichtigen; **without** ~ **of persons** ohne Ansehen der Person. **II** *v/t* **5.** (hoch)achten, schätzen, ehren. **6.** respekˈtieren, achten: **to** ~ **s.o.'s wishes**; **to** ~ **neutrality** die Neutralität respektieren; **to** ~ **o.s.** (etwas) auf sich halten. **7.** betreffen: **as** ~**s ... was ... betrifft** *od.* anbelangt.
re·spect·a·bil·i·ty [rɪˌspektəˈbɪlɪtɪ] *s* **1.** Ehrbarkeit *f*, Achtbarkeit *f*, Anständigkeit *f*, Soliˈdiˈtät *f*. **2.** Ansehen *n*. **3. a**) *pl* Reˈspektsperˌsonen *pl*, Honoratiˈoren *pl*, **b**) Reˈspektsperˌson *f*. **4.** *pl* Anstandsregeln *pl*, Etiˈkette *f*. **reˈspect·a·ble** *adj* (*adv* **respectably**) **1.** ansehnlich, beachtlich, respekˈtabel: **a** ~ **sum**. **2.** achtbar, ehrbar, ehrenhaft: ~ **motives**. **3.** anständig, soˈlide, seriˈös. **4.** angesehen, geachtet. **5.** schicklich, korˈrekt. **6.** gesellschaftsfähig (*Person, a. Kleidung*).
reˈspect·er [rɪˈspektə(r)] *s*: **to be no** ~ **of persons** ohne Ansehen der Person handeln, keine Unterschiede machen; **God is no** ~ **of persons** vor Gott sind alle gleich.
reˈspect·ful *adj* (*adv* ~**ly**) reˈspektvoll (*a. iro. Entfernung*), ehrerbietig, höflich: **Yours** ~**ly** (*als Briefschluß*) mit vorzüglicher Hochachtung. **reˈspect·ing** *prep* betreffs (*gen*), ˈhinsichtlich (*gen*), bezüglich (*gen*), über (*acc*).
re·spec·tive [rɪˈspektɪv] *adj* jeweilig (jedem einzelnen zukommend), verschieden, entsprechend: **each according to his** ~ **abilities** jeder nach s-n (jeweiligen) Fähigkeiten; **we went to our** ~ **places** wir gingen jeder an s-n Platz. **reˈspective·ly** *adv* (*nachgestellt*) **a**) respekˈtive, beziehungsweise, **b**) in dieser Reihenfolge.
re·spell [ˌriːˈspel] *v/t a. irr* **1.** *ling.* phoˈnetisch ˈumschreiben. **2.** (nochmals) buchstaˈbieren.
res·pir·a·ble [ˈrespɪrəbl; rɪˈspaɪrə-] *adj* **1.** atembar (*Luft*). **2.** atemfähig. **res·pi·ra·tion** [ˌrespɪˈreɪʃn] *s* Atmung *f*, Atmen *n*. **ˈres·pi·ra·tor** [-tə(r)] *s* **1.** *Br.* Gasmaske *f*. **2.** Atemfilter *m*. **3.** *med.* **a**) Atemgerät *n*, Respiˈrator *m*, **b**) Sauerstoffappaˌrat *m*. **re·spir·a·to·ry** [rɪˈspaɪərətərɪ; ˈrespɪrə-; *Am.* -ˌtɔːrɪ; -ˌtəʊ-] *adj biol. med.* Atmungs..., Atem...: ~ **cen·ter** (*bes. Br.* **centre**) Atmungszentrum *n*; ~ **disease** Erkrankung *f* der Atemwege; ~ **exchange** Gasaustausch *m*; ~ **tract** (*od.* **passages**) Atem-, Luftwege.
re·spire [rɪˈspaɪə(r)] **I** *v/i* **1.** atmen. **2.** *fig.* aufatmen. **II** *v/t* **3.** (ein)atmen. **4.** *poet.* atmen, ausströmen.
res·pi·rom·e·ter [ˌrespɪˈrɒmɪtə(r); *Am.* -ˈrɑː-] *s* **1.** Respiratiˈonsappaˌrat *m*. **2.** Atemgerät *n* (*e-s Taucheranzugs*).
res·pite [ˈrespaɪt; ˈrespɪt] **I** *s* **1.** Frist *f*, (Zahlungs)Aufschub *m*, Stundung *f*: **days of** ~ *econ.* Respekttage. **2.** *jur.* **a**) Aussetzung *f* des Vollˈzugs (*der Todesstrafe*), **b**) Strafaufschub *m*. **3.** (Atem-, Ruhe)Pause *f*: **without** (**a**) ~ unablässig, ohne Unterlaß. **II** *v/t* **4.** auf-, verschieben. **5.** *j-m* Aufschub gewähren, e-e Frist einräumen. **6.** *jur.* die Vollˈstreckung des Urteils an *j-m* aufschieben. **7.** *j-m* Erleichterung verschaffen, *Schmerzen etc* lindern.
re·splend·ence [rɪˈsplendəns], *a.* **re·ˈsplend·en·cy** [-sɪ] *s* Glanz *m* (*a. fig.* Pracht). **reˈsplend·ent** *adj* (*adv* ~**ly**) glänzend, strahlend, prächtig, prangend.
re·spond [rɪˈspɒnd; *Am.* rɪˈspɑːnd] **I** *v/i* **1.** antworten (**to** auf *acc*). **2.** *relig.* (im Wechselgesang) responˈdieren, antworten. **3.** *fig.* erwidern, antworten (**with** mit). **4.** (**to**) *fig.* ansprechen *od.* reaˈgieren (auf *acc*) (*Person od. Sache*), empfänglich sein (für), eingehen (auf *acc*) (*Person*): **to** ~ **to a call** e-m Ruf Folge leisten. **5.** *electr. tech.* reaˈgieren, ansprechen (*Magnet, Relais, Motor etc*) (**to** auf *acc*). **II** *s* **3.** *arch.* (ein)Wandpfeiler *m*. **7.** *relig. a.*) → **responsory b**) → **response 4**, **c**) *Gesang bei der Verlesung der Epistel*. **reˈspond·ence, a. reˈspond·en·cy** [-sɪ] *s* **1.** → **response 2 a**. **2.** Entsprechung *f*, ˈÜbereinstimmung *f*. **reˈspond·ent I** *adj* **1.** (**to**) **a**) antwortend (auf *acc*), **b**) reaˈgierend (auf *acc*), empfänglich (für). **2.** *jur.* beklagt. **II** *s* **3.** *jur.* **a**) (Scheidungs)Beklagte(r *m*) *f*, **b**) (Berufungs)Beklagte(r *m*) *f*. **reˈspond·er** *s a.* ~ **beacon** (*Radar*) Antwortbake *f*.
re·sponse [rɪˈspɒns; *Am.* rɪˈspɑːns] *s* **1.** Antwort *f*, Erwiderung *f*: **in** ~ **to** als Antwort auf (*acc*). **2.** *fig.* **a**) Reaktiˈon *f* (*a. biol. psych.*), Antwort *f*, ˈWiderhall *m* (*alle*: **to** auf *acc*): **to meet with a good** ~ (**starken**) Widerhall *od.* e-e gute Aufnahme finden; **he did not get any** ~ **to his suggestion** er hat mit s-m Vorschlag keine Resonanz gefunden. **3.** *electr. mot. tech.* Ansprechen *n*: ~ (**characteristic** *od.* **curve**) **a**) Ansprechcharakteristik *f*, **b**) Frequenzgang *m*, **c**) Filterkurve *f*; ~ (**to current**) (Strom)Übertragungsfaktor *m*; ~ **time** Ansprechzeit *f* (*e-s Relais etc*). **4.** *relig.* Antwort(strophe) *f*.
re·spons·er *s* responsor.
re·spon·si·bil·i·ty [rɪˌspɒnsəˈbɪlɪtɪ; *Am.* -ˌspɑːn-] *s* **1.** Verantwortlichkeit *f*. **2.** Verantwortung *f* (**for, of** für): **to take** (**the**) ~ **for** die Verantwortung übernehmen für; **to accept** (*od.* **assume**) ~ **for** (*im nachhinein*) die Verantwortung übernehmen für; **to claim** ~ **for** die Verantwortung übernehmen für (*e-n Terroranschlag etc*); **on one's own** ~ auf eigene Verantwortung; **a position of great** ~ e-e verantwortungsvolle Position. **3.** *jur.* **a**) Zurechnungsfähigkeit *f*, **b**) Haftbarkeit *f*: **to take no** ~ **for s.th.** für etwas nicht haften. **4. a**) Vertrauenswürdigkeit *f*, Verläßlichkeit *f*, **b**) *econ.* Zahlungsfähigkeit *f*. **5.** *oft pl* Verbindlichkeit *f*, Verpflichtung *f*. **reˈspon·si·ble** *adj* (*adv* **responsibly**) **1.** verantwortlich (**to** *dat*, **for** für): **to be** ~ **to s.o.** j-m unterstellt sein; **to be** ~ **to s.o. for s.th.** j-m (gegenüber) für etwas haften *od.* verantwortlich sein; ~ **partner** *econ.* persönlich haftender Gesellschafter. **2.** *jur.* **a**) zurechnungsfähig, **b**) geschäftsfähig, **c**) haftbar (**for** für). **3.** verantwortungsbewußt, zuverlässig, *econ.* soˈlide, zahlungsfähig. **4.** verantwortungsvoll: **a** ~ **position**; **used to** ~ **work** an selbständiges Arbeiten gewöhnt. **5.** (**for**) verantwortlich (für), schuld (an *dat*), die Ursache (von *od. dat*).
re·spon·sions [rɪˈspɒnʃnz] *s pl univ. Br.* (*Oxford*) erstes der 3 Examen für den akademischen Grad des **Bachelor of Arts**.
re·spon·sive [rɪˈspɒnsɪv; *Am.* -ˈspɑːn-] *adj* (*adv* ~**ly**) **1.** antwortend, als Antwort (**to** auf *acc*), Antwort... **2.** (**to**) (leicht) reaˈgierend *od.* ansprechend (auf *acc*), empfänglich *od.* aufgeschlossen (für): **to be** ~ **to a**) ansprechen *od.* reagieren auf (*acc*) (*a. electr. tech. etc*), **b**) eingehen auf (*j-n od. etwas*), **c**) *e-m Bedürfnis etc* ent-

gegenkommen. **3.** *tech.* eˈlastisch (*Motor*). **reˈspon·sive·ness** *s* **1.** Empfänglichkeit *f*, Verständnis *n* (**to** für). **2.** *tech.* Stabilisatiˈonsvermögen *n*.
re·spon·sor [rɪˈspɒnsə(r); *Am.* -ˈspɑn-] *s Radar*: Antwortgerät *n*.
re·spon·so·ry [rɪˈspɒnsərɪ; *Am.* -ˈspɑn-] *s relig.* Responˈsorium *n*, Wechselgesang *m*.
rest[1] [rest] **I** *s* **1.** (Nacht)Ruhe *f*: **to have a good night's ~** gut schlafen; **to go** (*od.* **retire**) **to ~** sich zur Ruhe begeben. **2.** Ruhe *f*, Rast *f*, Ruhepause *f*, Erholung *f*: **day of ~** Ruhetag *m*; **to give a ~ to** a) *j-n*, *ein Pferd etc* ausruhen lassen, b) *e-e Maschine etc* ruhen lassen, c) *colloq.* etwas auf sich beruhen lassen; **to take a ~** sich ausruhen. **3.** Ruhe *f* (*Untätigkeit*): **volcano at ~** untätiger Vulkan. **4.** Ruhe *f* (*Frieden*): **to be at ~** a) (aus)ruhen, b) beruhigt sein: **to put** (*od.* **set**) **s.o.'s mind at ~** a) j-n beruhigen, b) j-m die Befangenheit nehmen; **to set a matter at ~** e-e Sache (endgültig) erledigen. **5.** ewige *od.* letzte Ruhe: **to be at ~** ruhen (*Toter*); **to lay to ~** zur letzten Ruhe betten. **6.** *phys. tech.* Ruhe(lage) *f*: **~ mass** *phys.* Ruhemasse *f*; **~ contact** *electr.* Ruhekontakt *m*; **to be at ~** *tech.* sich in Ruhelage befinden. **7.** Ruheplatz *m* (*a. Grab*). **8.** Raststätte *f*. **9.** Herberge *f*, Heim *n*: **seaman's ~** Seemannsheim. **10.** Wohnstätte *f*, Aufenthalt *m*. **11.** a) *tech.* Auflage *f*, Stütze *f*, b) (Fuß)Raste *f*, c) (Arm)Lehne *f*, d) *sport* Ruhestellung *f*, e) *mil.* (Gewehr)Auflage *f*, f) (Nasen)Steg *m* (*e-r Brille*), g) *teleph.* Gabel *f*. **12.** *mus.* Pause *f*. **13.** *metr.* Zäˈsur *f*.
II *v/i* **14.** ruhen (*a. Toter*): **to ~ (up)on** a) ruhen auf (*dat*) (*a. Last, Blick etc*), b) *fig.* beruhen auf (*dat*), sich stützen *od.* sich gründen auf (*acc*), c) *fig.* sich verlassen auf (*acc*); **to let a matter ~** *fig.* e-e Sache auf sich beruhen lassen; **the matter cannot ~ there** damit kann es nicht sein Bewenden haben. **15.** (sich) ausruhen, rasten, e-e Pause einlegen: **to ~ from toil** von der Arbeit ausruhen; **he never ~ed until** er ruhte (u. rastete) nicht, bis; **to ~ up** *Am. colloq.* (sich) ausruhen, sich erholen; **~ing** *euphem.* ohne Engagement (*Schauspieler*). **16. ~ with** *fig.* bei j-m liegen, in j-s Händen liegen, von j-m abhängen: **the fault ~s with you** du die Schuld liegt bei Ihnen; **it ~s with you to propose terms** es bleibt Ihnen überlassen *od.* es liegt an Ihnen, Bedingungen vorzuschlagen. **17.** *agr.* brachliegen (*Ackerland*). **18.** (**against**) sich stützen *od.* lehnen (gegen), *tech.* anliegen (an *dat*). **19.** sich verlassen (**on** auf *acc*): **I ~ upon your promise. 20.** vertrauen (**in** auf *acc*): **to ~ in God. 21.** *jur. Am.* → **28**.
III *v/t* **22.** (aus)ruhen lassen: **to ~ o.s.** sich ausruhen. **23.** schonen: **to ~ one's eyes (voice). 24.** Frieden geben (*dat*): **God ~ his soul** Gott hab' ihn selig. **25.** (**on**) legen (auf *acc*), lagern (auf *dat*). **26.** lehnen, stützen (**against** gegen; **on** auf *acc*): **to ~ one's elbows on the table. 27.** *fig.* stützen, gründen (**on** auf *acc*). **28.** *jur.* **to ~ one's case** *Am.* den Beweisvortrag abschließen (*Prozeßpartei*). **29.** *Am. colloq.* den Hut, Mantel ablegen.
rest[2] [rest] **I** *s* **1.** Rest *m*: **~ nitrogen** *med.* Reststickstoff *m*. **2.** (*das*) übrige, (*die*) übrige; **and all the ~ of it** und alles übrige; **and the ~ of it** und dergleichen; **the ~ of it** das Weitere; **the ~ of us** wir übrigen; **for the ~** im übrigen. **3.** *econ. Br.* Reˈservefonds *m*. **4.** *econ. Br.* a) Bilanˈzierung *f*, b) Restsaldo *m*. **5.** *Tennis etc*: langer Ballwechsel. **II** *v/i*

6. *in e-m Zustand* bleiben, weiterhin sein: **the affair ~s a mystery** die Angelegenheit bleibt ein Geheimnis; → **assured** 1.
rest[3] [rest] *s mil. hist.* Rüsthaken *m* (*Widerlager für Turnierlanze*): **to lay** (*od.* **set**) **one's lance in ~** die Lanze einlegen.
res·tant [ˈrestənt] *adj bot.* ausdauernd.
re·start [ˌriːˈstɑː(r)t] **I** *v/t* **1.** wieder in Gang setzen. **II** *v/i* **2.** wieder starten. **3.** wieder beginnen. **III** *s* **4.** erneuter Start, Wiederanlauf *m*. **5.** Wiederbeginn *m*, Wiederinˈbetriebnahme *f*.
re·state [ˌriːˈsteɪt] *v/t* neu (u. besser) formuˈlieren. **ˌreˈstate·ment** *s* neue Darstellung *od.* Formuˈlierung.
res·tau·rant [ˈrestərɔ̃ː; *Am.* -rənt] *s* Restauˈrant *n*, Gaststätte *f*: **~ car** *rail. Br.* Speisewagen *m*.
res·tau·ra·teur [ˌrestərɑˈtɜː; *Am.* ˌrestərəˈtɜr] *s* Gastwirt *m*, Gastroˈnom *m*.
rest cure *s med.* Ruhe-, Liegekur *f*. **~ day** *s* Ruhetag *m*.
rest·ed [ˈrestɪd] *adj* ausgeruht, erholt.
ˈrest·ful *adj* (*adv* **~ly**) **1.** ruhig, friedlich. **2.** erholsam, gemütlich. **3.** bequem.
ˈrestˌhar·row *s bot.* Hauhechel *f*. **~ home** *s* **1.** Alten-, Altersheim *n*. **2.** Pflegeheim *n*. **~ house** *s* Rasthaus *n*.
ˈrest·ing place *s* **1.** Ruheplatz *m*. **2.** **~ last ~** (letzte) Ruhestätte, Grab *n*.
res·ti·tu·tion [ˌrestɪˈtjuːʃn; *Am. a.* -ˈtuː-] *s* **1.** Restitutiˈon *f*: a) (Zu)Rückerstattung *f*, b) Entschädigung *f*, c) Wiederˈgutmachung *f*, d) Wiederˈherstellung *f*: **final ~** *relig.* Wiederaufrichtung *f* der *Reiches Gottes*); **to make ~** Genugtuung *od.* Ersatz leisten (**of** für); **~ of conjugal rights** *jur. Br.* (Klage *f* auf) Wiederherstellung der ehelichen Rechte. **2.** *tech.* eˈlastische Rückstellung. **3.** *phot.* Entzerrung *f*.
res·tive [ˈrestɪv] *adj* (*adv* **~ly**) **1.** unruhig, nerˈvös. **2.** ruhe-, rastlos. **3.** störrisch, ˈwiderspenstig, bockig (*alle a. Pferd*), aufsässig. **ˈres·tive·ness** *s* **1.** (nerˈvöse) Unruhe. **2.** Ruhe-, Rastlosigkeit *f*. **3.** ˈWiderspenstigkeit *f*.
rest·less [ˈrestlɪs] *adj* (*adv* **~ly**) **1.** ruhe-, rastlos. **2.** nerˈvös, unruhig. **3.** schlaflos: **a ~ night. 4.** endlos: **~ change. ˈrest·less·ness** *s* **1.** Ruhe-, Rastlosigkeit *f*. **2.** Schlaflosigkeit *f*. **3.** (nerˈvöse) Unruhe.
re·stock [ˌriːˈstɒk; *Am.* -ˈstɑk] **I** *v/t* **1.** *econ.* a) *Lager* wieder auffüllen, b) *e-e Ware* wieder auf Lager nehmen. **2.** *Gewässer* wieder mit Fischen besetzen. **II** *v/i* **3.** neuen Vorrat einlagern.
re·stor·a·ble [rɪˈstɔːrəbl; *Am. a.* -ˈstoʊ-] *adj* wiederˈherstellbar.
res·to·ra·tion [ˌrestəˈreɪʃn] *s* **1.** Wiederˈherstellung *f*: **~ of peace (the monarchy**, *etc*); **~ of health**, **~ from sickness** gesundheitliche Wiederherstellung, Genesung *f*; **universal** (*od.* **final**) **~** *relig.* Wiederaufrichtung *f* (*des Reiches Gottes*). **2.** Restauˈrierung *f*: **~ of a cathedral (painting**, *etc*). **3.** *tech.* Inˈstandsetzung *f*. **4.** Rekonstruktiˈon *f* (*a. rekonstruˈierte Modell*). **5.** ˈRückerstattung *f*, -gabe *f*. **6.** Wiederˈeinsetzung *f* (**to** in *ein Amt, Rechte etc*). **7.** **the R~** *hist.* die Restauratiˈon (*bes. die Wiedereinsetzung der Stuarts in England, 1660*).
re·stor·a·tive [rɪˈstɒrətɪv; *Am. a.* -ˈstoʊr-] **I** *adj* (*adv* **~ly**) **1.** Wiederherstellungs..., stärkend. **II** *s* **3.** *med.* Stärkungsmittel *n*.
re·store [rɪˈstɔː(r); *Am. a.* rɪˈstoʊər] *v/t* **1.** *allg.* wiederˈherstellen: **to ~ an instituˈtion** (*s.o.*'s *health, order, etc*); **to ~ s.o. (to health)** j-n wiederherstellen. **2.** restauˈrieren: **to ~ a church (a painting). 3.** *tech.* instand setzen. **4.** rekonstruˈieren: **to ~ a fossile (a text). 5.** wiederˈeinsetzen (**to** in *ein Amt, Rechte etc*): **to ~**

a king (to the throne) e-n König wieder auf den Thron erheben; **to ~ s.o. to liberty** j-m die Freiheit wiedergeben; **to ~ s.o. to life** j-n ins Leben zurückrufen. **6.** zuˈrückerstatten, -bringen, -geben: **to ~ s.th. to its place** etwas an s-n Platz zurückbringen; **to ~ the receiver** *teleph.* (den Hörer) auflegen *od.* einhängen. **reˈstor·er** *s* **1.** Wiederˈhersteller(in). **2.** Restauˈrator *m*. **3.** Haarwuchsmittel *n*.
re·strain [rɪˈstreɪn] *v/t* **1.** zuˈrückhalten, hindern: **to ~ s.o. from doing s.th.** j-n davon abhalten, etwas zu tun; **~ing order** *jur.* Unterlassungsurteil *n*. **2.** a) in Schranken halten, Einhalt gebieten (*dat*), b) *ein Pferd etc, a. fig.* im Zaum halten, bändigen, zügeln. **3.** *Gefühle* unterˈdrücken, *s-e Neugier etc* bezähmen. **4.** a) einsperren, -schließen, b) e-n Geisteskranken in e-r Anstalt ˈunterbringen: **to ~ s.o. of his liberty** j-n s-r Freiheit berauben. **5.** *Macht etc* be-, einschränken. **6.** *econ.* Produktion *etc* drosseln. **reˈstrain·a·ble** *adj* zuˈrückzuhalten(d), bezähmbar. **reˈstrained** *adj* **1.** zuˈrückhaltend, beherrscht. **2.** maßvoll. **3.** verhalten, gedämpft. **reˈstrain·ed·ly** [-nɪdlɪ] *adv*.
re·strain·er [rɪˈstreɪnə(r)] *s phot.* Verzögerer *m* (*Chemikalie*).
re·straint [rɪˈstreɪnt] *s* **1.** Einschränkung *f*, Beschränkung(en *pl*) *f*, Zwang *m*: **~ of** (*od.* **upon**) **liberty** Beschränkung der Freiheit; **~ of prices** *econ.* econ. Embargo *n*; **~ of trade** *econ.* a) Beschränkung des Handels, b) Konkurˈrenzverbot *n*, Einschränkung des freien Wettbewerbs; **~ clause** Konkurˈrenzklausel *f*; **to lay ~ on s.o.** j-m Beschränkungen auferlegen; **without ~** frei, ungehemmt, offen. **2.** *jur.* Freiheitsbeschränkung *f*, Haft *f*: **to place s.o. under ~** j-n unter Aufsicht stellen, j-n in Gewahrsam nehmen; **under ~** entˈmündigt (*Geisteskranker*). **3.** a) Beherrschtheit *f*, Zuˈrückhaltung *f*: **call for ~** Maßhalteappell *m*, b) (künstlerische) Zucht.
re·strict [rɪˈstrɪkt] *v/t* a) einschränken, b) beschränken, begrenzen (**to** auf *acc*): **to be ~ed within narrow limits** eng begrenzt sein; **to be ~ed to doing** sich darauf beschränken müssen, etwas zu tun; **to ~ a road** *mot. Br.* Geschwindigkeitsbegrenzung *f* auf e-r Straße einführen. **reˈstrict·ed** *adj* **1.** eingeschränkt, beschränkt, begrenzt: **~ area** (*bes. Am. a.* militärisches) Sperrgebiet, *mot. Br.* (Verkehrs)Zone *f* mit Geschwindigkeitsbegrenzung, *aer. Br.* Gebiet *n* mit Flugbeschränkungen; **~ district** Gebiet *n* mit bestimmten Baubeschränkungen. **2.** *Am.* der Geheimhaltung unterˈliegend: **~ data; ~!** Nur für den Dienstgebrauch!
reˈstric·tion [-kʃn] *s* Ein-, Beschränkung *f* (**of** von *od. gen*): **~s on imports** Einfuhrbeschränkung; **~ of space** räumliche Beschränktheit; **with some ~s** mit gewissen Einschränkungen; **without ~s** uneingeschränkt. **reˈstric·tive** **I** *adj* (*adv* **~ly**) be-, einschränkend (**of** *acc*); **~ clause** a) *ling.* einschränkender Relativsatz, b) *econ.* einschränkende Bestimmung; **~ endorsement** *econ.* beschränktes Giro. **II** *s ling.* Einschränkung *f*.
rest room *s Am.* Toiˈlette *f* (*e-s Hotels etc*).
re·struc·ture [ˌriːˈstrʌktʃə(r)] *v/t* ˈumstruktuˌrieren.
re·style [ˌriːˈstaɪl] *v/t* ˈumarbeiten, ˈumgestalten.
re·sult [rɪˈzʌlt] **I** *s* **1.** a. *math.* Ergebnis *n*, Resulˈtat *n*: **without ~** ergebnislos; **the ~ was 1–0 to our team** *sport* das Ergebnis

resultant - retiral

war 1:0 für unser Team. **2.** (gutes) Ergebnis, Erfolg *m*: **to get ~s from a new treatment** mit e-r neuen Behandlung Erfolge erzielen. **3.** Folge *f*, Aus-, Nachwirkung *f*: **as a ~** a) die Folge war, daß, b) folglich. **II** *v/i* **4.** sich ergeben, resul'tieren (**from** aus): **to ~ in** enden mit, hinauslaufen auf (*acc*), zur Folge haben (*acc*), zeitigen (*acc*); **~ing** → **resultant** 3. **5.** (*logisch*) folgen (**from** aus). **re'sultant I** *s* **1.** *math. phys.* Resul'tante *f*. **2.** (End)Ergebnis *n*. **II** *adj* **3.** sich ergebend, (da'bei *od.* dar'aus) entstehend, resul'tierend (**from** aus).

re·sume [rɪ'zjuːm; *bes. Am.* rɪ'zuːm] **I** *v/t* **1.** wieder'aufnehmen, wieder anfangen, fortsetzen, -führen: **to ~ (one's) work**; **he ~d painting** er begann wieder zu malen, er malte wieder. **2.** 'wiedererlangen: **to ~ liberty**. **3.** wieder einnehmen: **to ~ one's seat**. **4.** wieder annehmen: **to ~ one's maiden name**. **5.** wieder über'nehmen: **to ~ an office (the command)**. **6.** resü'mieren, zs.-fassen. **II** *v/i* **7.** s-e Tätigkeit wieder'aufnehmen. **8.** weitermachen, (*a. in s-r Rede*) fortfahren. **9.** wieder beginnen.

ré·su·mé ['rezjuːmeɪ; *Am.* 'rezəmeɪ] *s* **1.** Resü'mee *n*, Zs.-fassung *f*. **2.** (kurzer) Lebenslauf.

re·sump·tion [rɪ'zʌmpʃn] *s* **1.** a) Zu'rücknahme *f*, *a.* Wiederbe'sitznahme *f*, b) *econ.* Li'zenzentzug *m*. **2.** *jur.* Zu'rücknahme *f* e-s von der brit. Krone verliehenen Grundbesitzes. **3.** Wieder'aufnahme *f* (*e-r Tätigkeit*). **4.** 'Wiedererlangung *f*: **~ of power**. **5.** *econ.* (Wieder'aufnahme *f* der) Barzahlungen *pl.* **re'sump·tive** [-tɪv] *adj* (*adv* **~ly**) **1.** resü'mierend, zs.-fassend. **2.** wieder'holend.

re·sur·face [ˌriː'sɜːfɪs; *Am.* -'sɜːr-] **I** *v/t tech.* die Oberfläche (*gen*) neu bearbeiten, die Straßendecke erneuern von (*od.* gen). **II** *v/i* wieder auftauchen (*U-Boot*).

re·surge [rɪ'sɜːdʒ; *Am.* rɪ'sɜːrdʒ] *v/i* **1.** *bes. humor.* wieder auferstehen. **2.** sich wieder erheben. **3.** *fig.* 'wiederaufkommen. **re'sur·gence** *s* **1.** Wieder'aufleben *n*, -em'porkommen *n*, -'aufstieg *m*. **2.** 'Wiedererweckung *f*. **re'sur·gent** *adj* wieder'auflebend, wiedererwachend.

res·ur·rect [ˌrezə'rekt] **I** *v/t* **1.** wieder'aufleben lassen: **to ~ an ancient custom**. **2.** *e-e Leiche* ausgraben. **3.** *colloq.* wieder zum Leben erwecken. **II** *v/i* **4.** auferstehen. **ˌres·ur'rec·tion** *s* **1.** (*relig.* **R~** *die*) Auferstehung. **2.** Wieder'aufleben *n*, 'Wiedererwachen *n*. **3.** Leichenraub *m*. **ˌres·ur'rec·tion·al** *adj* Auferstehungs... **ˌres·ur'rec·tion·ism** *s* Leichenraub *m*. **ˌres·ur'rec·tion·ist** *s* **1.** 'Wiedererwecker *m*. **2.** j-d, der an die Auferstehung glaubt. **3.** Leichenräuber *m*.

re·sus·ci·tate [rɪ'sʌsɪteɪt] **I** *v/t* **1.** 'wiederbeleben (*a. fig.*). **2.** *fig.* wieder'aufleben lassen. **II** *v/i* **3.** das Bewußtsein 'wiedererlangen. **4.** *fig.* wieder'aufleben. **reˌsus·ci'ta·tion** *s* **1.** 'Wiederbelebung *f* (*a. fig.* Erneuerung): **attempts at ~** Wiederbelebungsversuche. **2.** *relig.* Auferstehung *f*. **re'sus·ci·ta·tive** [-tətɪv; *Am.* -ˌteɪtɪv] *adj* 'wiederbelebend, Wiederbelebungs... **re'sus·ci·ta·tor** [-tə(r)] *s* **1.** 'Wiedererwecker *m*. **2.** 'Wiederbelebungs-, Sauerstoffgerät *n*.

ret [ret] **I** *v/t Flachs etc* rösten, rötten: **to be ~ed**. **II** *v/i* verfaulen.

re·ta·ble [rɪ'teɪbl; *Am.* 'riːt-; 'retəbəl] *s relig.* Re'tabel *n*, Al'taraufsatz *m*.

re·tail¹ ['riːteɪl] *econ.* **I** *s* Klein-, Einzelhandel *m*, Kleinverkauf *m*, De'tailgeschäft *n*: **by** (*Am.* **at**) **~** → III. **II** *adj* Einzel-, Kleinhandels..., Detail...: **~**

bookseller Sortimentsbuchhändler *m*, Sortimenter *m*; **~ business** Einzelhandels-, Detailgeschäft *n*; **~ ceiling price** Verbraucherhöchstpreis *m*; **~ dealer** Einzel-, Kleinhändler *m*; **~ price** Einzelhandels-, Ladenpreis *m*; **~ store** *Am.* Ladengeschäft *n* (*e-s Konzerns etc*); **~ trade** → I. **III** *adv* im Einzelhandel, einzeln, im kleinen, en de'tail: **to sell (buy)** ~. **IV** *v/t* [riː'teɪl; *Am.* 'riː-] *Waren* im kleinen *od.* en de'tail verkaufen. **V** *v/i* [riː'teɪl; *Am.* 'riː-] im kleinen *od.* en de'tail verkauft werden (*Waren*): **it ~s at 50 cents** es kostet im Einzelhandel 50 Cent.

re·tail² [riː'teɪl] *v/t* weitererzählen, verbreiten, ,her'umtratschen'.

re·tail·er [riː'teɪlə(r); *Am.* 'riː-] *s* **1.** *econ.* a) Einzel-, Kleinhändler *m*, b) 'Wiederverkäufer *m*. **2.** Verbreiter(in), Erzähler(in): **~ of gossip** ,Klatschmaul *n*, -tante'*f*.

re·tain [rɪ'teɪn] *v/t* **1.** zu'rück(be)halten, einbehalten. **2.** *e-e Eigenschaft, e-n Posten etc* behalten: **to ~ one's position**; **this cloth ~s its colo(u)r** dieser Stoff ist farbecht. **3.** beibehalten: **to ~ a custom**. **4.** bewahrt haben: **rivers and hills ~ their Celtic names**. **5.** halten (**to** an *dat*; **in** in *dat*): **to ~ s.o. in one's service**. **6.** *j-n* in s-n Diensten halten: **to ~ a lawyer** *jur.* sich e-n Anwalt halten *od.* nehmen; **~ing fee** → **retainer** 3 b. **7.** (im Gedächtnis) behalten, sich merken: **to ~ in one's mind** (*od.* **memory**). **8.** *tech.* halten, sichern, stützen, *Wasser* stauen. **9.** *mil. Feindkräfte* binden.

re·tained ob·ject [rɪ'teɪnd] *s ling. in der Passivkonstruktion beibehaltenes Objekt des entsprechenden Aktivsatzes* (*z. B.* **the picture** *in* **I was shown the picture** *aus* **they showed me the picture**).

re·tain·er [rɪ'teɪnə(r)] *s* **1.** *hist.* Gefolgsmann *m*. **2.** *old ~ colloq.* altes Fak'totum. **3.** *jur.* a) Verpflichtung *f* (*e-s Anwalts etc*), b) (Hono'rar)Vorschuß *m* (*an e-n Anwalt*), c) *a.* **general ~** Pau'schalhono,rar *n*, d) Pro'zeßvollmacht *f*. **4.** *tech.* a) Befestigungsteil *n*, b) Laufrille *f* (*im Rollenlager*), c) Käfig *m* (*im Kugellager*), d) Haltebügel *m* (*bei Blattfedern*).

re·tain·ing [rɪ'teɪnɪŋ] *adj electr. tech.* Halte...: **~ circuit** (**clip**, **current**, *etc*). ~ **ring** Spreng- *od.* Überwurfring *m*; **~ wall** Stütz- *od.* Staumauer *f*.

re·take I *v/t irr* [ˌriː'teɪk] **1.** wieder (an-, ein-, zu'rück)nehmen. **2.** *mil.* wieder einnehmen, zu'rückerobern. **3.** *Film*: *e-e Szene etc* nochmals drehen. **4.** *sport* Freistoß *etc* wieder'holen. **II** *s* ['riːteɪk] **5.** *Film*: Wieder'holungsaufnahme *f*, Retake *n*.

re·tal·i·ate [rɪ'tælɪeɪt] **I** *v/t* **1.** Vergeltung üben, sich rächen (**[up]on** *od.* **against** s.o. an j-m; **for** s.th. für etwas), zu'rückschlagen. **2.** *sport*, *a.* in e-r Diskussion *etc* kontern (**with** mit). **II** *v/t* **3.** (**[up]on** *od.* **against** s.o.) sich für *etwas* rächen (an j-m), (j-m *etwas*) vergelten *od.* heimzahlen. **reˌtal·i'a·tion** *s* Vergeltung *f*: **in ~** als Vergeltung(smaßnahme); **~ raid** *mil.* Vergeltungsangriff *m*. **re'tal·i·a·to·ry** [-ətərɪ; *Am.* -jə,tɔːrɪ; -ˌtɔː-] *adj* Vergeltungs...: **~ duty** *econ.* Kampfzoll *m*.

re·tard [rɪ'tɑː(r)d] *v/t* **1.** verlangsamen, 'hinziehen, aufhalten, hemmen. **2.** *phys.* retar'dieren, verzögern, *Elektronen* bremsen: **to be ~ed** nacheilen. **3.** *biol.* retar'dieren. **4.** *j-s Entwicklung* hemmen: (**mentally**) **~ed** *psych.* (geistig) zurückgeblieben. **5.** *mot. die Zündung* nachstellen: **~ed ignition** a) verzögerte Zündung, b) Spätzündung *f*. **II** *v/i* **6.** sich verzögern, zu'rückbleiben. **7.** *phys.* nacheilen. **8.** ['riːtɑː(r)d] *Am. sl.* Idi'ot *m*. **re'tard·ant** *s chem.* Verzögerungs-

mittel *n*. **re'tard·ate** [-deɪt] *s psych.* zu'rückgebliebener Mensch. **re·tar·da·tion** [ˌriːtɑː(r)'deɪʃn] *s* **1.** Verzögerung *f* (*a. phys.*), Verlangsamung *f*, Verspätung *f*. **2.** *biol. math. phys.* Retardati'on *f*, *phys. a.* (Elektronen)Bremsung *f*. **3.** *psych.* a) Entwicklungshemmung *f*, Zu'rückbleiben *n*, b) 'Unterentwicktheit *f*. **4.** *mus.* a) Verlangsamung *f*, b) aufwärtsgehender Vorhalt. **re'tard·a·tive** [rɪ'tɑː(r)dətɪv], **re'tard·a·to·ry** [-tərɪ; *Am.* -ˌtɔːrɪ; -ˌtɔː-] *adj* **1.** verlangsamend, hemmend. **2.** *phys.* retar'dierend, verzögernd.

re·tar·get [ˌriː'tɑː(r)gɪt] *v/t* **1.** *Raumfahrzeug etc* 'umdiri,gieren. **2.** *Warenangebot etc* neu ausrichten.

retch [retʃ; *Br. a.* riːtʃ] **I** *v/i* **1.** würgen (*beim Erbrechen*). **2.** sich erbrechen. **II** *s* **3.** Würgen *n*. **4.** Erbrechen *n*.

re·tell [ˌriː'tel] *v/t irr* [ˌriː'tel] nacherzählen, nochmals erzählen, wieder'holen. **2.** *e-e Nachricht* weitergeben.

re·ten·tion [rɪ'tenʃn] *s* **1.** Zu'rückhalten *n*: (**right of**) **~** *jur.* Zurückhaltungsrecht *n*. **2.** Einbehaltung *f*. **3.** Beibehaltung *f*: **~ of a custom**; **colo(u)r ~** Farbechtheit *f*. **4.** Bewahrung *f*. **5.** *med.* (Harn- *etc*)Verhaltung *f*: **~ of urine**. **6.** (Fest)Halten *n*, Halt *m*: **~ pin** *tech.* Arretierstift *m*. **7.** Merken *n*, Behalten *n*, Merkfähigkeit *f*. **re'ten·tive** [-tɪv] *adj* (*adv* **~ly**) **1.** mit e-m guten Gedächtnis: **a ~ person**. **2.** **~ memory** (*od.* **mind**) gutes Gedächtnis. **3.** (zu'rück)haltend (**of** *acc*). **4.** erhaltend, bewahrend: **to be ~ of s.th.** etwas bewahren. **5.** a) (fest)haltend, b) *med.* Halte... **6.** Wasser speichernd.

re·think I *v/t irr* [ˌriː'θɪŋk] *etwas* nochmals über'denken. **II** *s* ['riːθɪŋk]: **to have a ~ about** *colloq.* → I.

re·ti·ar·y ['riːʃɪərɪ; *Am.* 'riːʃɪˌerɪ] **I** *adj* Netz...: **~ spider** → II. **II** *s zo.* Netzspinne *f*.

ret·i·cence ['retɪsəns] *s* **1.** Verschwiegenheit *f*, Schweigsamkeit *f*. **2.** Zu'rückhaltung *f*. **'ret·i·cent** *adj* (*adv* **~ly**) **1.** verschwiegen (**on**, **about** über *acc*), schweigsam. **2.** zu'rückhaltend.

ret·i·cle ['retɪkl] *s opt.* Fadenkreuz *n*.

re·tic·u·lar [rɪ'tɪkjʊlə(r)] *adj* (*adv* **~ly**) *bes. med. tech.* netzartig, -förmig, retiku'lär, Netz... **re'tic·u·late I** *adj* [-lət; -leɪt] (*adv* **~ly**) netzartig, -förmig: a) *zo.* genetzt (*netzartig gemustert*), b) *bot.* netzartig geädert. **II** *v/t* [-leɪt] netzförmig mustern *od.* ädern *od.* anlegen. **III** *v/i* sich verästeln. **re'tic·u·lat·ed** *adj* → **reticular**: **~ glass** Faden-, Filigranglas *n*. **reˌtic·u'la·tion** *s* Netzwerk *n*.

ret·i·cule ['retɪkjuːl] *s* **1.** → **reticle**. **2.** *obs.* Ridi'kül *n*, Ret·i'kül *m*, *n* (*Handtasche od.* Handarbeitsbeutel).

re·tic·u·lum [rɪ'tɪkjʊləm] *pl* **-la** [-lə] *s* **1.** *zo.* Netzmagen *m* (*der Wiederkäuer*). **2.** *bes. anat.* Netz(werk) *n*, Geflecht *n*. **3.** *biol.* netzförmige 'Plasmastruk,tur. **4.** *physiol.* a) retiku'lierte Mem'bran, b) retiku'läres Endo'thelgewebe.

re·ti·form ['riːtɪfɔː(r)m; 're-] *adj* netzförmig.

ret·i·na ['retɪnə] *pl* **-nas**, **-nae** [-niː] *s anat.* Retina *f*, Netzhaut *f* (*des Auges*). **'ret·i·nal** *adj* Netzhaut... **ˌret·i'ni·tis** [-'naɪtɪs] *s med.* Netzhautentzündung *f*, Reti'nitis *f*.

ret·i·no·scope ['retɪnəskəʊp] *s med.* → **skiascope**. **ˌret·i'nos·co·py** [-'nɒskəpɪ; *Am.* -'nɑs-] → **skiascopy**.

ret·i·nue ['retɪnjuː; *Am.* 'retn,juː; -ˌuː] *s* Gefolge *n*.

re·tir·al [rɪ'taɪərəl] *s* **1.** Ausscheiden *n* (*aus e-m Amt etc*), (Sich-)Zu'rückziehen *n*. **2.** *econ.* Einlösung *f* (*e-s Wechsels*). **3.** Rückzug *m*.

re·tire [rɪˈtaɪə(r)] **I** v/i **1.** allg. sich zu-ˈrückziehen (a. mil.): to ~ into o.s. fig. sich verschließen; to ~ (to rest) sich zur Ruhe begeben. **2.** a. ~ from business sich vom Geschäft zurückziehen, sich zur Ruhe setzen. **3.** a. ~ on a pension in Pensiˈon od. Rente gehen, sich pensioˈnieren lassen, in den Ruhestand treten. **4.** ab-, zuˈrücktreten. **5.** fig. zuˈrücktreten (Hintergrund, Ufer etc). **6.** sport (bes. verletzt) aufgeben. **II** v/t **7.** zuˈrückziehen: to ~ an army (a needle). **8.** Zahlungsmittel aus dem Verkehr ziehen. **9.** Wechsel einlösen. **10.** in den Ruhestand versetzen, verabschieden, pensioˈnieren. **11.** j-n entlassen. **12.** Kricket etc: j-n ‚aus' machen. **III** s **13.** mil. Zuˈrückziehen n: to sound the ~ a) das Signal zum Rückzug geben, b) den Zapfenstreich blasen. **re·tired** [rɪˈtaɪə(r)d] adj (adv ~ly) **1.** pensioˈniert, in Ruhestand (lebend), außer Dienst, a.D.: **general** General a.D. od. außer Dienst. **2.** im Ruhestand lebend: a ~ **merchant**. **3.** zuˈrückgezogen, einsam: ~ **life**. **4.** abgelegen, einsam: a ~ valley. **5.** Pensions...: ~ **pay** Ruhegeld n; to be placed on the ~ list mil. den Abschied erhalten. **re·tire·ment** [rɪˈtaɪə(r)mənt] s **1.** (Sich-)Zuˈrückziehen n. **2.** Ausscheiden n, Aus-, Rücktritt m. **3.** Ruhestand m: to go into ~ sich zur Ruhe setzen; ~ **age** Renten-, Pensionsalter n; ~ **home** Alters-, Ruhesitz m; ~ **pay** Ruhegeld n; ~ **pension** (Alters)Rente f, Pension f, Ruhegeld n; ~ **pensioner** (Alters)Rentner(in), Pensioˈnär(in), Ruhegeldempfänger(in). **4.** j-s Zuˈrückgezogenheit f. **5.** Abgeschiedenheit f. **6.** Zuflucht(sort m) f. **7.** mil. (planmäßige) Absetzbewegung, Rückzug m. **8.** econ. Einziehung f: ~s Abgänge. **9.** sport (bes. verletzungsbedingte) Aufgabe. **re·tir·ing** [rɪˈtaɪərɪŋ] adj (adv ~ly) **1.** zuˈrückhaltend, bescheiden. **2.** unauffällig, deˈzent: ~ **colo(u)r**. **3.** Ruhestands..., Pensions..., Renten...: ~ **age** Renten-, Pensionsalter n; ~ **pension** (Alters)Rente f, Pension f, Ruhegeld n. **re·tool** [ˌriːˈtuːl] v/t **1.** e-e Fabrik mit neuen Maˈschinen ausrüsten. **2.** bes. Am. → reorganize 1. **re·tort**[1] [rɪˈtɔː(r)t] **I** v/t **1.** vergelten, sich rächen: to ~ **a wrong**. **2.** e-e Beleidigung etc zuˈrückgeben (on s.o. j-m): to ~ **an insult**. **3.** erwidern (with mit). **4.** (darˈauf) antworten od. erwidern sagen. **II** v/i **5.** (scharf od. treffend) erwidern, entgegnen, es zuˈrückgeben (upon s.o. j-m). **III** v/t **6.** scharfe od. treffende) Entgegnung, (schlagfertige) Antwort. **7.** Erwiderung f. **re·tort**[2] [rɪˈtɔː(r)t]; Am. a. ˈriː,t-] s Reˈtorte f: a) chem. Destilˈlierkolben m, b) tech. (ein) Ofen: ~ **furnace** Muffelofen m. **re·tor·tion** [rɪˈtɔː(r)ʃn] s **1.** (Sich)Umˈwenden n, Zuˈrückbiegen n, -beugen n. **2.** Völkerrecht: Retorsiˈon f (Vergeltungsmaßnahme). **re·touch** [ˌriːˈtʌtʃ] **I** v/t **1.** bes. phot. retuˈschieren. **2.** bes. tech. nacharbeiten, überˈarbeiten. **3.** Haare nachfärben, -tönen. **II** s **4.** phot. Reˈtusche f. **5.** Überˈarbeitung f. **6.** Nachfärben n, -tönung f (von Haar). **re·trace** [rɪˈtreɪs] **I** v/t **1.** (a. fig. s-n Stammbaum etc) zuˈrückverfolgen: to ~ **one's family line**; to ~ **one's steps** a) (denselben Weg) zurückgehen, b) die Sache rückgängig machen. **2.** rekonstruˈieren, im Geiste noch einmal durchˈleben. **3.** noch einmal sorgfältig betrachten. **II** s **4.** fig. Rücklauf m. **re-trace** [ˌriːˈtreɪs] v/t **1.** Umrisse etc nachziehen. **2.** nochmals zeichnen.

re·tract [rɪˈtrækt] **I** v/t **1.** e-e Behauptung etc zuˈrücknehmen. **2.** (a. jur. e-e Aussage) widerˈrufen. **3.** zuˈrückziehen (a. fig.): to ~ **an accusation (an offer)**. **4.** Fühler, Krallen etc, a. aer. das Fahrgestell einziehen. **II** v/i **5.** zuˈrücktreten (from von): to ~ **from a resolve** e-n Entschluß rückgängig machen. **6.** widerˈrufen, es zuˈrücknehmen. **7.** sich zuˈrückziehen. **8.** tech. zo. einziehbar sein. **re·tract·a·ble** adj **1.** einziehbar: ~ **landing gear**. **2.** zuˈrückziehbar. **3.** zuˈrücknehmbar, zu widerˈrufen(d). **re·trac·ta·tion** [ˌriːtrækˈteɪʃn] → retraction 1. **re·trac·tile** [-taɪl; Am. a. -tl] adj **1.** einziehbar. **2.** a. anat. zuˈrückziehbar. **re·trac·tion** s **1.** Zuˈrücknahme f, ˈWiderruf m. **2.** Zuˈrück-, Einziehen n. **3.** med. zo. Retraktiˈon f. **re·trac·tor** [-tə(r)] s **1.** anat. Retraktiˈonsmuskel m. **2.** med. Reˈtraktor m, Wundhaken m. **re·train** [ˌriːˈtreɪn] **I** v/t ˈumschulen. **II** v/i ˈumschulen, sich umschulen lassen. **reˈtrain·ing** s a. **vocational** ~ ˈUmschulung f. **re·tral** [ˈriːtrəl] adj **1.** rückwärtig, hinter(er, e, es). **2.** Rückwärts... **re·trans·late** [ˌriːtrænsˈleɪt] v/t (zu-)ˈrückübersetzen. **re·transˈla·tion** s ˈRückübersetzung f. **re-tread** tech. **I** v/t [ˌriːˈtred] Reifen runderneuern. **II** s [ˈriːtred] runderneuerter Reifen. **re·treat** [rɪˈtriːt] **I** s **1.** bes. mil. Rückzug m: to **beat a** ~ fig. das Feld räumen, klein beigeben; to **sound the** ~ (od. a) ~ zum Rückzug blasen; **there was no** ~ fig. es gab kein Zurück. **2.** Sichzuˈrückziehen n: ~ **from public life**. **3.** Schlupfwinkel m, stiller Ort, Zufluchtsort m. **4.** Heim n, Anstalt f (für Trinker etc). **5.** Zuˈrückgezogenheit f, Abgeschiedenheit f. **6.** relig. a) Freizeit f, b) R.C. Exerˈzitien pl, Einkehrtage pl. **7.** mil. a) ˈRückzugssiˌgnal n, b) ˈFahnenapˌpell m (am Abend), Zapfenstreich m. **8.** aer. Rückstellung f od. Neigung f (gegen die Querachse). **II** v/i **9.** sich zuˈrückziehen (a. mil.), sich entfernen: to ~ **within o.s.** sich in sich selbst zurückziehen, sich verschließen. **10.** zuˈrückweichen: ~ing **chin (forehead)** fliehendes Kinn (fliehende Stirn). **11.** aer. (zu)ˈrückstellen. **III** v/t **12.** bes. e-e Schachfigur zuˈrückziehen. **re-treat** [ˌriːˈtriːt] v/t a. tech. erneut behandeln. **re·trench** [rɪˈtrentʃ] **I** v/t **1.** Ausgaben etc einschränken, a. Personal abbauen. **2.** beschneiden, kürzen: to ~ **a budget**. **3.** a) e-e Textstelle streichen, b) ein Buch zs.-streichen, kürzen. **4.** e-e Festung mit inneren Verschanzungen versehen. **II** v/i **5.** sich einschränken, Sparmaßnahmen ˈdurchführen, sparen. **reˈtrench·ment** s **1.** Einschränkung f. **2.** Beschränkung f (Gehalts- etc)Kürzung f: ~ **of salary**. **3.** (Kosten-, Personal)Abbau m: ~ **of employees**. **4.** Sparmaßnahme f. **5.** Streichung f, Kürzung f. **6.** Festungsbau: a) Innenwerk n, b) Verschanzung f. **re·tri·al** [ˌriːˈtraɪəl] s **1.** nochmalige Prüfung. **2.** jur. Wiederˈaufnahmeverfahren n. **ret·ri·bu·tion** [ˌretrɪˈbjuːʃn] s Vergeltung f: a) Strafe f, b) Lohn m. **re·trib·u·tive** [rɪˈtrɪbjʊtɪv] adj (adv ~ly) Vergeltungs..., vergeltend, strafend: ~ **justice** ausgleichende Gerechtigkeit. **re·triev·a·ble** [rɪˈtriːvəbl] adj (adv reˈtrievably) **1.** ˈwiederzugewinnen(d). **2.** wiederˈgutzumachen(d). **3.** wettzumachen(d). **reˈtriev·al** [-vl] s **1.** ˈWiedergewinnung f, -erlangung f. **2.** ˈWiederˈherstellung f. **3.** Wiederˈgutmachung f.

4. → retrieve 15. **5.** Computer: Wiederˈauffinden n (von Informationen): ~ **system** Retrievalsystem n. **re·trieve** [rɪˈtriːv] **I** v/t **1.** hunt. apporˈtieren. **2.** ˈwiederfinden, -bekommen. **3.** ˈwiedergewinnen, -erlangen: to ~ **freedom**. **4.** wiederˈgutmachen: to ~ **an error**. **5.** wettmachen: to ~ **a loss**. **6.** etwas herˈausholen, -fischen (from aus). **7.** fig. etwas herˈausfinden. **8.** retten (from aus). **9.** der Vergessenheit entˈreißen. **10.** (sich) ins Gedächtnis zuˈrückrufen. **11.** Tennis etc: e-n schwierigen Ball zuˈrückschlagen. **12.** Computer: Information wiederˈauffinden. **II** v/i **13.** hunt. apporˈtieren. **III** s **14. beyond** (od. past) ~ unwiederbringlich dahin. **15.** Tennis etc: Rückschlag m e-s schwierigen Balles. **reˈtriev·er** s **1.** Reˈtriever m (englischer Apportierhund). **2.** allg. Apporˈtierhund m. **ret·ro** [ˈretrəʊ] pl **-ros** s colloq. für retrorocket. **ret·ro·act** [ˌretrəʊˈækt] v/i **1.** zuˈrückwirken. **2.** entgegengesetzt wirken. **ˈret·roˈac·tion** s **1.** jur. rückwirkende Kraft. **2.** Rückwirkung f. **ˈret·roˈac·tive** adj (adv ~ly) **1.** jur. rückwirkend: **with** ~ **effect from** rückwirkend ab. **2.** zuˈrückwirkend. **ret·ro·cede** [ˌretrəʊˈsiːd] **I** v/i bes. med. a) zuˈrückgehen, b) nach innen schlagen (Ausschlag). **II** v/t bes. med. wiederˈabtreten (to an acc). **ˌret·roˈced·ent** adj **1.** astr. → retrograde 1. **2.** med. a) zuˈrückgehend, b) nach innen schlagend (Ausschlag). **ˌret·roˈces·sion** [-ˈseʃn] s **1.** a) Zuˈrückgehen n (a. med.), b) med. Nachˈinnenschlagen n. **2.** bes. jur. ˈWieder-, Rückabtretung f. **ˌret·roˈces·sive** [-sɪv] → retrocedent. **ret·ro·choir** [ˈretrəʊˌkwaɪə(r)] s arch. Retroˈchorus m (Raum hinter dem Hochaltar). **ret·ro·fit** [ˌretrəʊˈfɪt] **I** v/t **1.** nachträglich ausstatten (**with** mit **modernen Einrichtungen**). **2.** Gebäude etc moderniˈsieren. **II** s **3.** nachträgliche Ausstattung. **4.** Moderniˈsierung f. **ret·ro·flect·ed** [ˌretrəʊˈflektɪd] → retroflex II. **ret·ro·flec·tion** → retroflexion. **ˈret·roˈflex** **I** v/t u. v/i **1.** (sich) nach hinten biegen. **2.** ling. retroflekˈtiert. **II** adj **3.** zuˈrückgebogen. **4.** ling. retroflekˈtiert. **ˈret·roˈflexed** → retroflex II. **ˈret·roˈflex·ion** s Zuˈrückkrümmung f, med. Retroflexiˈon f. **ret·ro·gra·da·tion** [ˌretrəʊgrəˈdeɪʃn; Am. a. -greɪ-] s **1.** → retrogression 1. **2.** Zuˈrückgehen n. **3.** Rück-, Niedergang m. **ret·ro·grade** [ˈretrəʊɡreɪd] **I** adj **1.** astr. med. co. rückläufig: ~ **motion** a) astr. Rückläufigkeit f (e-s Planeten), b) zo. Krebs(gang) m. **2.** a) zuˈrückgehend, rückgängig, -läufig, b) Rückwärts...: ~ **movement** Rückwärtsbewegung f, fig. rückläufige Bewegung (der Börsenkurse etc). **3.** rückschrittlich: ~ **ideas**; ~ **step** Rückschritt m. **4.** Rückwärts..., ˈhinhaltend: ~ **action**. **5.** ˈumgekehrt: ~ **order**. **II** adv **6.** (nach) rückwärts, zuˈrück. **III** v/i **7.** zuˈrückläufig sein, b) zuˈrückgehen (a. mil. u. fig.). **8.** rückwärts schreiten. **9.** bes. biol. entarten. **IV** s **10.** Degeneˈrierte(r m) f. **11.** → retrogression. **ret·ro·gress** [ˌretrəʊˈgres] v/i zuˈrückgehen (a. fig.). **ˌret·roˈgres·sion** [-ʃn] s **1.** astr. rückläufige Bewegung. **2.** bes. biol. a) Rückentwicklung f, b) Degeneratiˈon f. **3.** Rückschritt m. **4.** Rückgang m. **5.** mus. Krebs m. **ˌret·roˈgres·sive** [-sɪv] adj (adv ~ly) **1.** bes. biol. rückschreitend: ~ **metamorphosis** biol.

retrorocket – revelation

Rückbildung *f*. **2.** nach rückwärts gerichtet. **3.** *fig.* a) rückschrittlich, b) zu̯rückgehend.
ˈret·roˌrock·et [ˈretrəʊ-] *s Raumfahrt:* ˈBremsraˌkete *f*.
ret·ro·spect [ˈretrəʊspekt] *s* Rückblick *m*, -schau *f* (of, on auf *acc*): in (the) ~ rückschauend, im Rückblick. ˌret·roˈspec·tion [-kʃn] *s* **1.** Erinnerung *f*. **2.** → retrospect. **3.** Zu̯rückblicken *n*, -schauen *n*. ˌret·roˈspec·tive *adj* (*adv* ~ly) **1.** (zu)ˈrückblickend, -schauend, retrospekˈtiv. **2.** nach rückwärts *od.* hinten (gerichtet). **3.** *jur.* rückwirkend.
ret·rous·sé [rəˈtruːseɪ; *Am. a.* rəˌtruːˈseɪ] *adj* nach oben gebogen: ~ nose Stupsnase *f*.
ˌret·roˈver·sion [ˌretrəʊ-] *s* **1.** a) Rückwendung *f*, b) Rückschau *f*. **2.** *med.* Retroversiˈon *f*, Rückwärtsneigung *f* (*des Uterus*). **3.** *ling.* ˈRücküberˌsetzung *f*. **4.** *fig.* ˈUmkehr *f*, Rückfall *m*. ˌret·roˈvert·ed *adj med.* rückwärts geneigt (*Uterus*).
re·try [ˌriːˈtraɪ] *v/t jur.* **1.** e-n Prozeß erneut verhandeln. **2.** neu verhandeln gegen *j-n*.
ret·si·na [retˈsiːnə] *s* Retˈsina *m* (*geharzter griechischer Weißwein*).
ret·ter·y [ˈretərɪ] *s tech.* (Flachs)Rösteˌrei *f*.
re·turn [rɪˈtɜːn; *Am.* rɪˈtɜːrn] **I** *v/i* **1.** zuˈrückkehren, -kommen (to zu, nach), ˈwiederkommen, -kehren (*a. fig.*), *fig.* wiederˈauftreten (*Krankheit etc*): to ~ to *fig.* a) auf ein Thema zurückkommen: to ~ to a subject, b) auf ein Vorhaben zurückkommen: to ~ to a project, c) in e-e Gewohnheit etc zurückfallen, zurückkehren zu: to ~ to one's old habits, d) in e-n Zustand zurückkehren, zu Staub etc werden: to ~ to dust; to ~ to health wieder gesund werden; normal life was ~ing to the capital in der Hauptstadt kehrte wieder das normale Leben ein. **2.** zuˈrückfallen (to an *acc*) (*Besitz*). **3.** erwidern, antworten.
II *v/t* **4.** erwidern: to ~ greetings (a kindness, s.o.'s love, a salute, a visit); to ~ fire *mil.* das Feuer erwidern; to ~ thanks a) danken, b) (dem Herrn) danken (*das Tischgebet sprechen*). **5.** vergelten: to ~ like for like Gleiches mit Gleichem vergelten. **6.** zuˈrückgeben (*dat*): to ~ a look e-n Blick erwidern. **7.** *Geld* zuˈrückzahlen, -erstatten, -geben. **8.** zuˈrückschicken, -senden: ~ed letter unzustellbarer Brief. **9.** wieder (an s-n Platz) zuˈrückstellen, -bringen, -tun: to ~ a book to its shelf. **10.** einbringen, (er)bringen, *Gewinn* abwerfen, *Zinsen* tragen: to ~ interest (a profit); to ~ a result ein Ergebnis haben *od.* zeitigen. **11.** *Bericht* erstatten. **12.** *jur.* a) (Vollˈzugs)Bericht erstatten über (*acc*), b) e-n Gerichtsbefehl mit (Vollˈzugsbericht) rückvorlegen (to *dat*). **13.** *jur.* a) den Schuldspruch fällen *od.* aussprechen (*Geschworene*): to ~ the verdict, b) *j-n* schuldig *etc* sprechen: to be ~ed guilty schuldig gesprochen werden. **14.** *ein Votum* abgeben. **15.** (*amtlich*) erklären für *od.* als, *j-n* arbeitsunfähig *etc* schreiben: to ~ s.o. unfit for work. **16.** (*bes.* zur Steuerveranlagung) erklären, angeben (at mit): he ~ed his income at £5,000. **17.** (*amtlich*) melden. **18.** *amtliche Liste* vorlegen *od.* veröffentlichen: to ~ a list of jurors. **19.** *pol. Br.* a) *das Wahlergebnis* melden, b) *j-n* als Abgeordneten wählen (to Parliament ins Parlaˈment). **20.** umwenden, ˈumkehren. **21.** *Tennis etc:* Ball zuˈrückschlagen, -geben, retourˈnieren. **22.** *Echo, Strahlen* zuˈrückwerfen. **23.** *econ.* e-n Scheck zuˈrückweisen.
24. *bes. tech.* zuˈrückführen, -leiten. **25.** *arch.* ˈwiederkehren lassen: a) vorspringen lassen, b) zuˈrücksetzen.
26. *Kartenspiel: Farbe* nachspielen.
III *s* **27.** Rückkehr *f*, -kunft *f*, ˈWiederkehr *f* (*a. fig.*): by ~ (of post) *Br.* postwendend, umgehend; on my ~ bei m-r Rückkehr; (I wish you) many happy ~s of the day herzlichen Glückwunsch zum Geburtstag. **28.** Wiederˈauftreten *n*: ~ of cold weather Kälterückfall *m*. **29.** *bes. Br.* a) Rückfahrkarte *f*, b) *aer.* Rückflugticket *n*. **30.** Rück-, Herˈausgabe *f*: on sale or ~ *econ.* in Kommission. **31.** *oft pl* Rückgut *n* (*a. Ware*). ~s a) Rückgut *n*, b) (*Buchhandel*) Remittenden. **32.** zuˈrückgewiesene *od.* zuˈrückgesandte Sache. **33.** *econ.* Rückzahlung *f*, -erstattung *f*: ~ (of premium) (*Versicherung*) Ristorno *n*, Prämienrückzahlung. **34.** Entgelt *n*, Gegenleistung *f*, Vergütung *f*, Entschädigung *f*: in ~ dagegen, dafür; in ~ for (als Gegenleistung) für; without ~ unentgeltlich. **35.** *oft pl econ.* a) ˈUmsatz *m*: quick ~s rascher Umsatz, b) Ertrag *m*, Einnahme *f*, Gewinn *m*, Verzinsung *f*: customs ~s Zollerträge; to yield (od. bring) a ~ Nutzen abwerfen, sich rentieren. **36.** Erwiderung *f* (*a. fig.* e-s *Grußes, der Liebe,* e-s *Schlages etc*): ~ of thanks a) Dank *m*, Danksagung *f*, b) Tischgebet *n*. **37.** (*amtlicher*) Bericht, (staˈtistischer) Ausweis, Aufstellung *f*: annual ~ Jahresbericht, -ausweis; bank ~ Bankausweis; official ~s amtliche Ziffern. **38.** (*Steuer etc*)Erklärung *f*: income tax ~. **39.** Meinungsforschung: a) ˈUmfrageergebnis *n*, b) Antwortenrücklauf *m*. **40.** *jur.* a) Rückvorlage *f* (e-s *Vollstreckungsbefehls etc*) (mit Vollˈzugsbericht), b) Vollˈzugsbericht *m* (*des Gerichtsvollziehers etc*), c) Stellungnahme *f*. **41.** *jur.* → return day. **42.** *pol.* a) Wahlergebnis *n*, b) *Br.* Einzug *m* (to Parliament ins Parlaˈment), Wahl *f* (*e-s Abgeordneten*). **43.** Zuˈrückholen *n*, -bringen *n*. **44.** *tech.* a) Rückführung *f*, -leitung *f*, b) Rücklauf *m*, -kehr *f*, c) *electr.* Rückleitung *f*. **45.** Biegung *f*, Krümmung *f*. **46.** *arch.* a) ˈWiederkehr *f*, b) vorspringender *od.* zuˈrückgesetzter Teil, c) (Seiten)Flügel *m*, Kröpfung *f*. **47.** *Tennis etc:* Rückschlag *m*, Reˈturn *m*. **48.** *sport* Rückspiel *n*. **49.** *Kartenspiel:* Nachspielen *n* (e-r *Farbe*). **50.** *pl Br.* (ein) heller, leichter Feinschnitt(tabak).
IV *adj* **51.** Rück...: ~ cable *electr.* Rückleitung(skabel *n*) *f*; ~ cargo *econ.* Rückfracht *f*, -ladung *f*; ~ circuit *electr.* Rücklaufschaltung *f*; ~ copies (*Buchhandel*) Remittenden; ~ current *electr.* Rückstrom *m*; ~ game *sport* Rückspiel *n*; ~ journey Rückreise *f*; ~ by mail *Am.* postwendend, umgehend; ~ match *sport* Rückspiel *n*; ~ postage Rückporto *n*; ~ pulley *tech.* Umlenkrolle *f*; ~ spring Rückholfeder *f*; ~ ticket *bes. Br.* a) Rückfahrkarte *f*, b) *aer.* Rückflugticket *n*; ~ valve *tech.* Rückschlagventil *n*; ~ visit Gegenbesuch *m*; ~ wire *electr.* Rückleiter *m*. **52.** zuˈrückgebogen: ~ bend a) *tech.* U-Röhre *f*, b) Haarnadelkurve *f* (e-r *Straße*).
reˈturn·a·ble *adj* **1.** *jur. etc* wieder zuzustellen(d), (mit Bericht) einzuzustellen(d). **2.** zuˈrückzugeben(d). **3.** *econ.* rückzahlbar.
reˈturn day *s jur.* Verˈhandlungsterˌmin *m*.
reˈturn·ing board *s pol. Am.* Wahlausschuß *m*. ~ of·fi·cer *s pol. Br.* Wahlleiter *m*.
re·u·ni·fi·ca·tion [ˌriːjuːnɪfɪˈkeɪʃn] *s pol.* ˈWiedervereinigung *f*. ˈre·uˈni·fy [-faɪ] *v/t* ˈwiedervereinigen.

re·un·ion [ˌriːˈjuːnjən] *s* **1.** *a. med. phys. pol.* ˈWiedervereinigung *f*. **2.** *fig.* Versöhnung *f*. **3.** Treffen *n*, Zs.-kunft *f*, ˈWiedersehen(sfeier *f*) *n*: family ~ Familientreffen *n*.
Re·un·ion·ism [ˌriːˈjuːnjənɪzəm] *s auf* Wiedervereinigung mit der römisch-katholischen Kirche gerichtete Bewegung in der englischen Staatskirche.
re·u·nite [ˌriːjuːˈnaɪt] **I** *v/t Familie etc* wieder vereinigen. **II** *v/i* sich wieder vereinigen.
re-up [ˌriːˈʌp] *v/i mil. Am. sl.* sich weiterˌod. ˈwiederverpflichten.
re·us·a·ble [ˌriːˈjuːsəbl] *adj* ˈwiederverwendbar. re·use **I** *v/t* [ˌriːˈjuːz] ˈwiederverwenden. **II** *s* [-ˈjuːs] ˈWiederverwendung *f*.
rev [rev] *mot. colloq.* **I** *s* **1.** Umˈdrehung *f*: ~s per minute Umdrehungen pro Minute, Dreh-, Tourenzahl *f*; ~ counter Drehzahlmesser *m*, Tourenzähler *m*. **II** *v/t* **2.** *meist* ~ up *Motor* ˈhochjagen', auf Touren bringen. **3.** ~ down *Motor* herˈuntertouren, drosseln. **III** *v/i* **4.** *mot.* ~ up a) auf Touren kommen (*Motor*), b) aufdrehen, den Motor ˈhochjagen' *od.* auf Touren bringen.
re·vac·ci·nate [ˌriːˈvæksɪneɪt] *v/t med.* ˈwieder-, nachimpfen.
re·val·or·i·za·tion [ˌriːvælərɪˈzeɪʃn; *Am.* -rəˈz-] *s econ.* (Geld)Aufwertung *f*.
reˈval·or·ize *v/t* aufwerten.
re·val·u·ate [ˌriːˈvæljʊeɪt; *Am.* -jəˌweɪt] *v/t econ. bes. Am.* **1.** neu bewerten *od.* einschätzen. **2.** ~ (upward) *Währung* aufwerten. ˈreˌval·uˈa·tion *s* **1.** Neubewertung *f*, Neueinschätzung *f*. **2.** Aufwertung *f*.
re·val·ue [ˌriːˈvæljuː] *v/t econ.* **1.** neu bewerten *od.* einschätzen. **2.** ~ (upward) *Währung* aufwerten.
re·vamp [ˌriːˈvæmp] *v/t colloq. Haus etc* ˌaufmöbeln', *Theaterstück etc* ˌaufpoˈlieren', *Firma etc* ˌauf Vordermann bringen'.
re·vanch·ism [rɪˈvæntʃɪzəm; *Am.* -ˈvɑːn-] *s pol.* Revanˈchismus *m*. reˈvanch·ist **I** *adj* revanˈchistisch. **II** *s* Revanˈchist *m*.
re·veal [rɪˈviːl] **I** *v/t* **1.** *relig. u. fig.* offenˈbaren (to *dat*): ~ed religion Offenbarungsreligion *f*. **2.** a) enthüllen, zeigen (*a. fig.* erkennen lassen) (to *dat*): to ~ s.o. as (*od.* to be) s.th. *j-n* als etwas erscheinen lassen, b) zeigen, sehen lassen (*Kleid etc*): her dress ~s nearly everything *a.* ihr Kleid ist sehr offenherzig. **3.** *fig.* ein Geheimnis etc enthüllen, aufdecken, verˈraten (to *dat*): to ~ a secret. **II** *s* **4.** *tech.* a) (innere) Laibung (e-r *Tür etc*), b) Einˈfassung *f*, c) (Fenster)Rahmen *m* (*e-s Autos*). reˈveal·a·ble *adj* enthüllbar, mitteilbar. reˈveal·ing *adj* (*adv* ~ly) **1.** enthüllend, aufschlußreich. **2.** offenherzig (*Kleid etc*).
re·veil·le [rɪˈvælɪ; *Am.* ˈrevəli] *s mil.* (Siˈgnal *n* zum) Wecken *n*.
rev·el [ˈrevl] **I** *v/i pret u. pp* -eled, *bes. Br.* -elled **1.** (lärmend) feiern, ausgelassen sein. **2.** (in) *fig.* a) schwelgen (in *dat*): to ~ in doing s.th. sein größtes Vergnügen daran haben, etwas zu tun; etwas mit wahrem Vergnügen tun; to ~ in one's freedom s-e Freiheit in vollen Zügen genießen, b) sich weiden *od.* ergötzen (an *dat*): to ~ in s.o.'s misfortune. **II** *s* **3.** *oft pl* → revelry.
rev·e·la·tion [ˌrevəˈleɪʃn] *s* **1.** Enthüllung *f*, Offenˈbarung *f*: it was a ~ to me das hat mir die Augen geöffnet; it was a ~ to me when ..., gingen mir plötzlich die Augen auf; what a ~! ach so ist das! **2.** *relig.* (göttliche) Offenˈbarung: the

revelational – reviewer

R~(s), The R~ of St. John (the Divine) *Bibl.* die (Geheime) Offenbarung des Johannes, die Offenbarung. **3.** *colloq.* (e-e) ,Offen¹barung' (*etwas Ausgezeichnetes*) (to s.o. j-m *od.* für j-n). ˌre·ve¹la·tion·al [-ʃənl] *adj* Offenbarungs...

rev·el·er, *bes. Br.* rev·el·ler [¹revlə(r)] *s* **1.** Feiernde(r *m*) *f.* **2.** ,Nachtschwärmer (-in)'.

rev·el·ry [¹revlrɪ] *s* **1.** lärmende Festlichkeit. **2.** Jubel *m*, Trubel *m*.

rev·e·nant [¹revənənt] *s* **1.** (*nach langer Abwesenheit*) Zu¹rückgekehrte(r *m*) *f.* **2.** Geist *m* (*e-s Verstorbenen*).

re·ven·di·ca·tion [rɪˌvendɪˈkeɪʃn] *s* **1.** *jur.* a) dingliche Klage, b) Klage *f* auf Her¹ausgabe (*e-s noch unbezahlten Kaufobjekts*). **2.** Zu¹rückgewinnung *f.*

re·venge [rɪˈvendʒ] **I** *v/t* **1.** *etwas, a.* j-n rächen. **2.** to be ~d (on s.o. for s.th.), to o.s. (on s.o. for s.th.) sich (an j-m für etwas) rächen. **II** *s* **3.** Rache *f*: out of ~ aus Rache; in (*od.* out of) ~ (for) als Rache (für); to get (*od.* take) one's ~ sich rächen, Rache nehmen (→ 4); to take one's ~ on s.o. (for s.th.) sich an j-m (für etwas) rächen; to have (*od.* get) one's ~ (on s.o.) for s.th. sich (an j-m) für etwas rächen. **4.** *bes. sport, Spiel:* Re¹vanche *f*: to give s.o. his ~ j-m Revanche geben; to get (*od.* take) one's ~ sich revanchieren, Revanche nehmen (→ 3). **5.** Rachsucht *f*, Rachgier *f.* re·ˈvenge·ful *adj* (*adv* ~ly) rachsüchtig: ~ thoughts Rachegedanken. re·ˈvenge·ful·ness → revenge 5. re·ˈveng·er *s* Rächer(in).

rev·e·nue [¹revənjuː; *Am. a.* -ˌnuː] *s econ.* **1.** Staatseinkünfte *pl*, -einnahmen *pl*: → inland 1, internal revenue. **2.** a) Fi¹nanzverwaltung *f*, b) Fiskus *m*: ~ board (*od.* office) Finanzamt *n*; ~ defraud. **3.** *pl* Einnahmen *pl*, Einkünfte *pl.* **4.** Kapi¹talrente *f*, Einkommen *n*, Rente *f.* **5.** Ertrag *m*, Nutzung *f.* **6.** Einkommensquelle *f.* ~ **cut·ter** *s mar.* Zollkutter *m.* ~ **du·ty** *s* Fi¹nanzzoll *m.* ~ **ex·pen·di·ture** *s econ.* Kapi¹talaufwand *m* zum Ersatz verbrauchter Waren. ~ **in·ves·ti·ga·tor** *s* Steuerfahnder *m.* ~ **man** *irr*, ~ **of·fi·cer** *s* Zollbeamte(r) *m.*

¹rev·eˌnu·er *s Am. colloq.* **1.** Zollbeamte(r) *m.* **2.** *mar.* Zollkutter *m.*

rev·e·nue | stamp *s econ.* Bande¹role *f*, Steuermarke *f.* ~ **tar·iff** *s* Fi¹nanzzoll *m.*

re·ver·ber·ant [rɪˈvɜːbərənt; *Am.* -¹vɜr-] *adj poet. u. phys.* nach-, ¹widerhallend: ~ sound level (*Akustik*) Nachhallpegel *m.* re·ˈver·ber·ate [-reɪt] **I** *v/i* **1.** *phys.* a) zu¹rückstrahlen, b) *Akustik*: nach-, ¹widerhallen. **II** *v/t* **2.** *phys.* zu¹rückwerfen: to ~ heat (light, sound, *etc*). **3.** *metall.* reverbe¹rieren. re·ˌver·berˈa·tion *s* **1.** ¹Wider-, Nachhall *m*: ~ time (*Akustik*) Nachhallzeit *f.* **2.** a) Zu¹rückwerfen *n*, -strahlen *n*, b) Rückstrahlung *f.* **3.** *metall.* Reverbe¹rieren *n.* re·ˈver·ber·a·tor [-tə(r)] *s tech.* **1.** Re¹flektor *m.* **2.** Scheinwerfer *m.* re·ˈver·ber·a·to·ry [-rətərɪ; *Am.* -rəˌtɔːrɪ; -ˌtoː-] **I** *adj* **1.** *tech.* Reverberier-, zu¹rückgeworfen. **II** *s* **3.** *a.* ~ **furnace** *metall.* Flammofen *m.*

re·vere [rɪˈvɪə(r)] *v/t* (ver)ehren.

rev·er·ence [¹revərəns] **I** *s* **1.** Verehrung *f* (for für *od. gen*): to hold (*od.* have) in (great) ~ (hoch) verehren; to pay ~ to s.o. j-m Verehrung zollen. **2.** Ehrfurcht *f* (for vor *dat*). **3.** Ehrerbietung *f.* **4.** *obs.* Reve¹renz *f*: a) Verbeugung *f*, b) Knicks *m.* **5.** Your (His) R~ *dial. od. humor.* Euer (Seine) Ehrwürden. **II** *v/t* **6.** (ver)ehren. ¹rev·er·end **I** *adj* **1.** ehrwürdig. **2.** R~ *relig.* ehr-, hochwürdig (*im Titel der englischen Geistlichen*): Very R~ (*im Titel e-s Dekans*); Right R~ (*Bischof*); Most R~ (*Erzbischof*); R~ Mother Mutter *f* Oberin. **II** *s* **3.** Geistliche(r) *m.*

rev·er·ent [¹revərənt] *adj* (*adv* ~ly), ˌrev·er¹en·tial [-¹renʃl] *adj* (*adv* ~ly) ehrfürchtig, ehrfurchtsvoll, ehrerbietig.

rev·er·ie [¹revərɪ] *s* **1.** (Tag)Träume¹rei *f*: to fall into a ~ ins Träumen kommen; to be lost in ~ sich in Träumereien verlieren. **2.** *mus.* Träume¹rei *f* (*Titel*).

re·vers [rɪˈvɪə(r); rɪˈveə(r)] *pl* reˈvers [-z] *s* Revers *n, m* (*am Mantel etc*).

re·ver·sal [rɪˈvɜːsl; *Am.* rɪˈvɜrsəl] *s* **1.** ¹Umkehr(ung) *f*, ¹Umschwung *m*, ¹Umschlag *m*: ~ of opinion Meinungsumschwung. **2.** *jur.* (Urteils)Aufhebung *f*, ¹Umstoßung *f.* **3.** *econ.* Stor¹nierung *f.* **4.** *opt. phot.* ¹Umkehrung *f*: ~ finder Umkehrsucher *m*; ~ film Umkehrfilm *m*; ~ process Umkehrentwicklung *f.* **5.** *tech.* ¹Umsteuerung *f.* **6.** *electr.* (¹Strom)Umkehr *f*: ~ of polarity Umpolung *f.*

re·verse [rɪˈvɜːs; *Am.* rɪˈvɜrs] **I** *adj* (*adv* ~ly) **1.** ¹umgekehrt, verkehrt, entgegengesetzt (to *dat*): ~-charge call *teleph. Br.* R-Gespräch *n*; ~ commuting Pendeln *n* von der Wohnung in der Innenstadt zum Arbeitsplatz an der Peripherie; ~ current *electr.* Gegen-, Sperrstrom *m*; ~ discrimination Diskriminierung *f* e-r Mehrheitsgruppe; ~ flying *aer.* Rückenflug *m*; in ~ order in umgekehrter Reihenfolge; ~ power *electr.* Rückleistung *f*; ~ rotation *tech.* Gegendrehung *f*; ~ side a) Rück-, Kehrseite *f*, b) linke (Stoff)Seite. **2.** rückläufig, Rückwärts...: ~ curve *rail.* S-Kurve *f*; ~ gear → 8; ~ lever *tech.* Umsteuerungshebel *m*; ~ motion *tech.* a) Rückwärtsgang *m*, b) Rückwärtsbewegung *f*, c) Rücklauf *m.* **3.** Rücken...: ~ fire *mil.* Rückenfeuer *n.* **II** *s* **4.** Gegenteil *n*, (*das*) ¹Umgekehrte: the case is quite the ~ der Fall liegt gerade umgekehrt; she was the ~ of polite sie war alles andere als höflich. **5.** Rückschlag *m*: ~ of fortune Schicksalsschlag *m.* **6.** *mil.* Niederlage *f*, Schlappe *f.* **7.** a) Rückseite *f*, b) *bes. fig.* Kehrseite *f*: ~ of a coin Rückseite *m* e-r Münze; on the ~ umstehend; to take in ~ *mil.* den Feind im Rücken packen; ~ of a medal. **8.** *mot.* Rückwärtsgang *m*: to put the car into ~, to change into ~ den Rückwärtsgang einlegen. **9.** *tech.* ¹Umsteuerung *f.* **III** *v/t* **10.** ¹umkehren (*a. electr. math. phot.; a. fig.*), ¹umwenden: to ~ the order of things die Weltordnung auf den Kopf stellen; to ~ the charge(s) *teleph. Br.* ein R-Gespräch führen; ~d-charge call *teleph. Br.* R-Gespräch *n.* **11.** *fig. s-e Politik (ganz)* ¹umstellen, *s-e Meinung etc* (völlig) ändern *od.* revi¹dieren: to ~ one's policy (opinion). **12.** *jur. ein Urteil* ¹umstoßen, aufheben. **13.** *tech.* im Rückwärtsgang *od.* rückwärts fahren (lassen): to ~ one's car out of the garage rückwärts aus der Garage fahren. **14.** *electr.* a) ~ the polarity ¹umpolen, b) *ein Relais* ¹umlegen. **15.** *econ.* stor¹nieren. **IV** *v/i* **16.** (*beim Walzer*) ¹linksher¹umtanzen. **17.** rückwärts fahren *od.* laufen: to ~ into the garage rückwärts in die Garage fahren. re·ˈvers·er *s electr.* ¹Umkehr-, Wendeschalter *m.*

re·vers·i·bil·i·ty [rɪˌvɜːsəˈbɪlətɪ; *Am.* -ˌvɜr-] *s* ¹Umkehrbarkeit *f*, Reversibili¹tät *f.* re·ˈvers·i·ble **I** *adj* (*adv* reversibly) **1.** *a. chem. math. phys.* ¹umkehrbar, rever¹sibel: ~ film *phot.* Umkehrfilm *m.* **2.** rever¹sibel: a) doppelseitig, wendbar: ~ cloth, b) doppelseitig tragbar: ~ coat → 5 b. **3.** *tech.* ¹umsteuerbar. **4.** *jur.* ¹umstoßbar. **II** *s* **5.** a) doppelseitig tragbares Kleidungsstück, b) Wendemantel *m.*

re·ˈvers·ing *adj phys. tech.* Umkehr..., Umsteuerungs...: ~ gear *tech.* a) Umsteuerung *f*, b) Wendegetriebe *n*, c) Rückwärtsgang *m*; ~ light *mot.* Rückfahrscheinwerfer *m* *electr.* Wendepol *m*; ~ switch → reverser.

re·ver·sion [rɪˈvɜːʃn; *Am.* rɪˈvɜrʒən; -ʃən] *s* **1.** a) *math.* ¹Umkehrung *f.* **2.** *jur.* a) Heim-, Rückfall *m*, b) a. right of ~ Heimfallsrecht *n*: estate in ~ mit e-m Heimfallsrecht belastetes Vermögen. **3.** *jur.* a) Anwartschaft *f* (of auf *acc*), b) Anwartschaftsrente *f.* **4.** *econ.* Versicherungssumme *f* (*e-r Lebensversicherung im Todesfall*). **5.** *biol.* a) Rückartung *f*, b) Ata¹vismus *m.* **6.** *electr.* ¹Umpolung *f.* **7.** *electr. tech.* ¹Umsteuerung *f.* re·ˈver·sion·al [-ʃənl] → reversionary. re·ˈver·sion·ar·y [-ʃnərɪ; *Am.* -ʒəˌneri; -ʃə-] *adj* **1.** *jur.* anwartschaftlich, Anwartschafts...: ~ annuity Rente *f* auf den Überlebensfall; ~ heir Nacherbe *m.* **2.** *biol.* ata¹vistisch. re·ˈver·sion·er *s jur.* **1.** Anwärter(in). **2.** Inhaber(in) e-s Heimfallsrechts. **3.** Nacherbe *m.*

re·vert [rɪˈvɜːt; *Am.* rɪˈvɜrt] *v/i* **1.** zu¹rückkehren (to zu *s-m Glauben etc*): he ~ed to type *fig.* der ,alte Adam' ist bei ihm wieder durchgebrochen. **2.** zu¹rückkommen (to auf *acc*): to ~ to a letter (a topic). **3.** wieder zu¹rückfallen (to in *acc*): to ~ to barbarism. **4.** *jur.* zu¹rück-, heimfallen (to s.o. an j-n). **5.** *biol.* zu¹rückschlagen (to zu). **II** *v/t* **6.** den Blick (zu¹rück)wenden. **III** *s* **7.** *relig.* ¹Wiederbekehrte(r *m*) *f.* re·ˈvert·i·ble *adj jur.* heimfällig.

re·vet [rɪˈvet] *v/t tech.* mit Mauerwerk *etc* verkleiden, füttern. re·ˈvet·ment *s* **1.** *tech.* Befestigung *f*, Verkleidung *f*, Futtermauer *f* (*e-s Ufers etc*). **2.** *mil.* a) Splitterschutzwand *f*, b) *aer.* Schutz-, Splitterboxe *f.*

re·view [rɪˈvjuː] **I** *s* **1.** (Buch)Besprechung *f*, Kri¹tik *f*, Rezensi¹on *f*: ~ copy Rezensionsexemplar *n.* **2.** Rundschau *f* (*kritische*) Zeitschrift. **3.** Nachprüfung *f*, (Über)¹Prüfung *f*, Revisi¹on *f*: court of ~ *jur.* Rechtsmittelgericht *n*; to be under ~ überprüft werden. **4.** *mil.* Pa¹rade *f*, Truppenschau *f*: naval ~ *mar.* Flottenparade *f*; ~ order a) Paradeanzug *m* u. -ordnung *f*, b) *fig.* Gala *f*, ,voller Wichs'; to pass in ~ a) mustern, b) (vorbei)defilieren (lassen) (→ 5). **5.** Rückblick *m*, -schau *f* (of auf *acc*): to pass in ~ a) Rückschau halten auf (*acc*), b) (*im Geiste*) Revue passieren lassen (→ 4). **6.** *ped.* Wiederholung *f*, Repetiti¹on *f* (*e-r Lektion*). **7.** Bericht *m*, ¹Übersicht *f*, -blick *m* (of über *acc*): market ~ *econ.* Markt-, Börsenbericht *m*; month under ~ Berichtsmonat *m.* **8.** ¹Durchsicht *f.* **9.** *thea.* → revue. **II** *v/t* **10.** (über)¹prüfen, nachprüfen, e-r Revisi¹on unter¹ziehen: to ~ a case *jur.* e-n Prozeß im Wege der Revision überprüfen; in ~ing our books *econ.* bei Durchsicht unserer Bücher. **11.** *ped.* wiederholen, repe¹tieren. **12.** *mil.* besichtigen, inspi¹zieren, mustern: to ~ troops. **13.** *fig.* zu¹rückblicken auf (*acc*): to ~ one's life. **14.** *fig.* über¹blicken, -¹schauen: to ~ the situation. **15.** e-n ¹Überblick geben über (*acc*). **16.** besprechen, rezen¹sieren: to ~ a book.

re·ˈview·a·ble *adj* **1.** zu besprechen(d). **2.** ¹über¹prüfbar. **3.** *jur.* im Wege der Berufung *od.* Revisi¹on anfechtbar. re·ˈview·al → review 1, 3, 7. re·ˈview·er *s* Kritiker(in), Rezen¹sent(in): ~'s copy Rezensionsexemplar *n.*

re·vile [rɪ'vaɪl] v/t u. v/i: **to ~ (at** od. **against) s.th.** etwas schmähen od. verunglimpfen. **re'vile·ment** s Schmähung f, Verunglimpfung f.
re·vin·di·cate [ˌriː'vɪndɪkeɪt] v/t bes. jur. zu'rückfordern (u. -nehmen).
re·vis·a·ble [rɪ'vaɪzəbl] adj zu über'prüfen(d), zu revi'dieren(d). **re'vis·al** s **1.** (Nach)Prüfung f. **2.** (nochmalige) 'Durchsicht. **3.** print. zweite Korrek'tur. **re'vise I** v/t **1.** revi'dieren: a) s-e Ansicht ändern, b) ein Buch etc über'arbeiten (u. verbessern): **~d edition** verbesserte Auflage; **R~d Version** verbesserte britische Bibelausgabe (1885); **R~d Standard Version** verbesserte amerikanische Bibelausgabe (1953), c) print. in zweiter Korrek'tur lesen. **2.** über'prüfen, (wieder) 'durchsehen. **3.** ped. Br. Stoff (bes. für e-e Prüfung) wieder'holen. **II** v/i **4.** ped. Br. (den Stoff) (bes. für e-e Prüfung) wieder'holen. **III** s **5.** a. **~ proof** print. Revisi'onsbogen m, Korrek'turabzug m. **6.** → revision. **re'vis·er** s **1.** print. Kor'rektor m. **2.** the **~s** pl die Bearbeiter pl der **Revised Version**.
re·vi·sion [rɪ'vɪʒn] s **1.** Revisi'on f: a) 'Durchsicht f, Über'prüfung f, b) Über'arbeitung f, c) Korrek'tur f. **2.** print. verbesserte Ausgabe od. Auflage. **3.** ped. Br. ('Stoff)Wieder‚holung f (bes. für e-e Prüfung). **re'vi·sion·ism** s pol. Revisio'nismus m. **re'vi·sion·ist I** s Revisio'nist m. **II** adj revisio'nistisch.
re·vis·it [ˌriː'vɪzɪt] v/t nochmals od. wieder besuchen.
re·vi·tal·ize [ˌriː'vaɪtəlaɪz] v/t neu beleben, 'wiederbeleben.
re·viv·al [rɪ'vaɪvl] s **1.** 'Wiederbelebung f (a. jur. von Rechten), econ. Sa'nierung f (e-s Unternehmens etc): **~ of rights (of a business); ~ of architecture, Gothic ~** Neugotik f; **R~ of Learning** od. **Letters** od. **Literature**) hist. (der) Humanismus. **2.** Wieder'aufgreifen n (e-s veralteten Wortes etc), thea. Wieder'aufnahme f (e-s vergessenen Stückes): **~ of an obsolete word (of a play)**. **3.** Wieder'aufleben n, -'aufblühen n, Erneuerung f. **4.** relig. (bes. USA) a) a. **~ of religion** (religi'öse) Erweckung, b) a. **~ meeting** Erweckungsversammlung f. **5.** jur. Wiederin'kraftreten n. **re'viv·al·ism** s **1.** (bes. USA) a) (religi'öse) Erweckungsbewegung, Evangelisati'on f, b) Erweckungseifer m. **2.** Neigung, Vergangenes wiederzubeleben. **re'viv·al·ist** s relig. (bes. USA) Erweckungsprediger m, Evange'list m.
re·vive [rɪ'vaɪv] **I** v/t **1.** 'wiederbeleben (a. jur. Rechte), econ. Unternehmen etc sa'nieren. **2.** wieder'aufleben lassen: **to ~ a claim** (custom, feeling, memory, quarrel, etc). **3.** e-n Vertrag erneuern. **4.** wieder'herstellen: **to ~ justice. 5.** wieder'aufgreifen: **to ~ a topic; to ~ an old play** ein altes Stück wieder auf die Bühne bringen od. wiederaufnehmen. **6.** wieder'einführen. **7.** erquicken. **8.** wieder in Kraft treten lassen. **9.** metall. frischen. **II** v/i **10.** wieder (zum Leben) erwachen. **11.** das Bewußtsein 'wiedererlangen. **12.** fig. 'wiedererwachen, wieder'aufleben (a. jur. Rechte): **hope ~d in her**. **13.** bes. econ. sich erholen. **14.** wieder'aufblühen. **15.** fig. wieder'aufkommen: **a practice ~s. 16.** jur. wieder in Kraft treten. **re'viv·er** s **1.** tech. Auffrischungs-, Reakti'vierungsmittel n. **2.** sl. (alko'holische) Stärkung.
re·viv·i·fi·ca·tion [riːˌvɪvɪfɪ'keɪʃn] s **1.** → revival 1 u. 3. **2.** chem. tech. a) erneute Akti'vierung (e-s Katalysators etc), b) Redukti'on f (e-s Metalles). **re'viv·i·fy** [-faɪ] **I** v/t **1.** 'wiederbeleben.

2. fig. wieder'aufleben lassen, neu beleben. **3.** chem. a) Reagenzien etc reinigen, b) Metalloxyd frischen. **II** v/i **4.** chem. (als Reagenz) wieder wirksam werden.
rev·i·vis·cence [ˌrevɪ'vɪsns; bes. Am. ˌriː-vaɪ-] s **1.** → revival 1 u. 3. **2.** Wieder'aufflackern n (a-r Krankheit etc). ˌrev·i-'vis·cent adj wieder'auflebend, wieder le'bendig (a. fig.).
re·vi·vor [rɪ'vaɪvə] s jur. Br. Wieder'aufnahmeverfahren n.
rev·o·ca·ble ['revəkəbl] adj (adv revocably) wider'ruflich. ˌrev·o'ca·tion [-'keɪʃn] s jur. Aufhebung f, 'Widerruf m: **~ of licence** Lizenzentzug m. **'rev·o·ca·to·ry** [-kətərɪ; Am. -kəˌtɔːrɪ; -ˌtoː-] adj bes. jur. wider'rufend, Widerrufungs...
re·voke [rɪ'vəʊk] **I** v/t **1.** wider'rufen, zu'rücknehmen, rückgängig machen, a. Haftbefehl etc aufheben. **II** v/i **2.** wider'rufen. **3.** Kartenspiel: nicht bedienen. **III** s **4.** Kartenspiel: Nichtbedienen n.
re·volt [rɪ'vəʊlt] **I** s **1.** Re'volte f, Aufruhr m, Aufstand m, Em'pörung f: **to break out in ~** sich erheben. **2.** (innere) Em'pörung, Abscheu m, f: **in ~** voller Em'pörung od. Abscheu. **II** v/i **3.** a. fig. revol'tieren, sich em'pören, sich auflehnen (**against** gegen), b) abfallen (**from** von). **4.** fig. em'pört sein (at über acc), 'Widerwillen empfinden (at bei, gegen), sich sträuben od. em'pören (**against, at, from** gegen). **III** v/t **5.** fig. em'pören, mit Abscheu erfüllen, abstoßen: **to be ~ed** → **4. re'volt·ed** adj **1.** aufständisch, revol'tierend. **2.** em'pört. **re'volt·er** s Re'bell(in), Aufständische(r m) f. **re'volt·ing** adj (adv **~ly**) **1.** em'pörend, abstoßend. **2.** colloq. scheußlich (Kleid etc), widerlich.
rev·o·lute ['revəluːt] adj bes. bot. zu'rückgerollt.
rev·o·lu·tion [ˌrevə'luːʃn] s **1.** 'Umwälzung f, Um'drehung f. **2.** astr. a) Kreislauf m (a. fig. des Jahres etc), b) Um'drehung f, c) 'Umlauf(zeit f) m. **3.** tech. a) 'Umlauf m, Rotati'on f (e-r Maschine etc), b) Um'drehung f: **~s per minute** Umdrehungen pro Minute, Dreh-, Tourenzahl f; **~ counter** Drehzahlmesser m, Tourenzähler m. **4.** fig. Revoluti'on f: a) 'Umwälzung f, 'Umschwung m, radi'kale (Ver)Änderung, b) pol. 'Umsturz m. ˌrev·o'lu·tion·ar·y [-ʃnərɪ; Am. -ʃəˌneri:] **I** adj revolutio'när: a) pol. Revolutions..., Umsturz..., b) 'umwälzend, e'pochemachend: **a ~ idea. II** s pol. u. fig. Revolutio'när(in). ˌrev·o'lu·tion·ist → **revolutionary**. ˌrev·o'lu·tion·ize v/t **1.** ein Volk etc aufwiegeln, in Aufruhr bringen. **2.** e-n Staat revolutio'nieren. **3.** fig. revolutio'nieren, von Grund auf 'umgestalten.
re·volv·a·ble [rɪ'vɒlvəbl; Am. a. -'vɑːl-] adj drehbar.
re·volve [rɪ'vɒlv; Am. rɪ'vɑːlv] **I** v/i **1.** bes. math. phys. tech. sich drehen, kreisen, ro'tieren (on, about an axis um e-e Achse; **round** um e-n Mittelpunkt, die Sonne etc). **2.** e-n Kreislauf bilden, (im Kreislauf) da'hinrollen (Jahreszeiten etc). **3.** fig. (im Kopf) her'umgehen: **an idea ~s in my mind** mir geht e-e Idee im Kopf herum. **4. ~ about** (od. **around**) fig. sich um j-n od. etwas drehen (Gedanken etc). **II** v/t **5.** drehen, ro'tieren lassen. **6.** fig. (hin u. her) über'legen, Gedanken, Pro'blem wälzen. **re'volv·er** s Re'volver m.
re'volv·ing adj **1.** a) sich drehend, kreisend, drehbar (**about, round** um), b) Dreh...: **~ case** drehbares (Bücher-) Regal; **~ chair** Drehstuhl m; **~ door** Drehtür f; **~ light** mar. Drehfeuer n; **~ pencil** Drehbleistift m; **~ restaurant** Drehrestaurant n; **~ shutter** Rolladen m; **~ stage** thea. Drehbühne f. **2.** fig. 'wiederkehrend, (im Kreislauf) da'hinrollend: **~ year. ~ cred·it** s econ. Re'volving-Kre‚dit m. **~ fund** s econ. 'Umlauffonds m.
re·vue [rɪ'vjuː] s **1.** thea. Re'vue f. **2.** sa'tirisches od. zeitkritisches Kaba'rett.
re·vul·sion [rɪ'vʌlʃn] s **1.** med. Ableitung f (z.B. von Schmerzen). **2.** fig. 'Umschwung m: **~ of opinion** Meinungsumschwung. **3.** fig. Abscheu m, f (**against** vor dat): **in ~** voller Abscheu. **re'vul·sive** [-sɪv] **I** adj (adv **~ly**) **1.** med. ableitend (Mittel). **2.** fig. abstoßend, widerlich. **II** s **3.** med. ableitendes Mittel.
re·ward [rɪ'wɔː(r)d] **I** s **1.** Entgelt n. **2.** Belohnung f, a. Finderlohn m: **as a ~** als od. zur Belohnung; **to offer a ~** e-e Belohnung aussetzen. **3.** Vergeltung f, (gerechter) Lohn. **II** v/t **4.** j-n od. etwas belohnen (a. fig.). **5.** fig. j-m vergelten (**for** s.th. etwas), j-n od. etwas bestrafen. **re'ward·ing** adj (adv **~ly**) lohnend: **a ~ pastime; a ~ book** ein lesenswertes Buch; **a ~ task** e-e lohnende od. dankbare Aufgabe; **to be ~** e-e lohnende od. dankbare Aufgabe sein. **re'ward·less** adj **1.** unbelohnt. **2.** nicht lohnend.
re·wind I v/t irr [ˌriː'waɪnd] **1.** Tonband, Film etc zu'rück)spulen, 'umspulen, Garn etc wieder aufwickeln od. -spulen, Uhr wieder aufziehen. **II** s [bes. 'riː-waɪnd]. **2.** (Zu)'Rückspulung f, 'Umspulung f. **3.** Rücklauf m (am Tonbandgerät etc): **~ button** Rücklauftaste f. **4.** 'Umspuler m (Gerät). ˌre'wind·er s **1.** phot. 'Umroller m. **2.** → **rewind 4**.
re·wire [ˌriː'waɪə(r)] v/t electr. neue Leitungen (ver)legen in (dat).
re·word [ˌriː'wɜːd; Am. -'wɜːrd] v/t neu od. anders formu'lieren, 'umformu‚lieren.
re·work [ˌriː'wɜːk; Am. -'wɜːrk] v/t **1.** ein Thema etc wieder verarbeiten. **2.** → **rewrite I**.
re·write I v/t irr [ˌriː'raɪt] **1.** nochmals od. neu schreiben. **2.** 'umschreiben. **3.** Am. Presseberichte redi'gieren, über'arbeiten. **II** s ['riː‚raɪt] **4.** Neufassung f. **5.** Am. redi'gierter (Zeitungs)Bericht: **~ man** Überarbeiter m.
Rex [reks] (Lat.) s jur. Br. (der) König (→ **Regina**).
reyn·ard ['renə(r)d; Am. a. 'reɪ-] s: **R~ the Fox** Reineke m Fuchs.
rhab·do·man·cer ['ræbdəʊmænsə(r)] s (Wünschel)Rutengänger m. **'rhab·do·man·cy** s Rhabdoman'tie f, (Wünschel)Rutengehen n. **'rhab·do·man·tist** [-tɪst] s (Wünschel)Rutengänger m.
Rhae·tian ['riːʃjən; -ʃɪən] **I** adj **1.** rätisch. **2.** 'rätoro‚manisch. **II** s **3.** Rätier(in). **4.** ling. 'Rätoro‚manisch n, das Rätoromanische.
Rhae·tic ['riːtɪk] geol. **I** s Rhät n (oberste Stufe des Keupers). **II** adj rhätisch.
ˌRhae·to-Ro'man·ic [ˌriːtəʊ-], a. ˌRhae·to-Ro'mance **I** adj 'rätoro‚manisch. **II** s ling. 'Rätoro‚manisch n, das Rätoromanische.
rhap·sode ['ræpsəʊd] s antiq. Rhap'sode m (wandernder Sänger). **rhap'sod·ic** [-'sɒdɪk; Am. -'sɑː-] adj, **rhap'sod·i·cal** adj (adv **~ly**) **1.** rhap'sodisch. **2.** fig. begeistert, 'überschwenglich, ek'statisch.
rhap·so·dist ['ræpsədɪst] s **1.** → **rhapsode**. **2.** Rezi'tator m. **3.** fig. Schwärmer(in). **'rhap·so·dize I** v/t **1.** rhap'sodenartig vortragen. **II** v/i **2.** Rhapso'dien vortragen. **3.** fig. schwärmen (**about, on, over** von).
rhap·so·dy ['ræpsədɪ] s **1.** Rhapso'die f (a. mus.). **2.** fig. schwärmerische od.

'überschwengliche Äußerung *od.* Rede, Schwärme'rei *f*, (Wort)Schwall *m*: **to go into rhapsodies about** (*od.* on, over) in Ekstase geraten über (*acc*).
Rhe·a [rɪə] **I** *npr* **1.** *myth.* Rhea *f (Mutter des Zeus).* **II** *s* **2.** r~ *zo.* Nandu *m*, Pampasstrauß *m*. **3.** *astr.* Rhea *f* (5. Saturnmond).
Rhe·mish ['riːmɪʃ] *adj* Reimser, aus Reims (stammend).
Rhen·ish ['riːnɪʃ; 'renɪʃ] *adj* rheinisch, Rhein...: ~ **wine** Rheinwein *m*.
rhe·o·base ['riːəubeɪs] *s electr. physiol.* Rheo'base *f.*
rhe·o·log·ic [ˌriːəu'lɒdʒɪk; *Am.* -'la-], ˌrhe·o'log·i·cal [-kl] *adj chem.* Fließ...: ~ **property** Fließvermögen *n*. **rhe·ol·o·gy** [rɪ'ɒlədʒɪ; *Am.* -'alə-] *s* Rheolo'gie *f*, Fließlehre *f*.
rhe·o·stat ['riːəustæt] *s electr.* Rheo'stat *m*, 'Regelˌwiderstand *m*. ˌrhe·o'stat·ic *adj* mit regelbarem 'Widerstand: ~ **braking** Widerstandsbremsung *f*; ~ **starter** Regelanlasser *m*.
rhe·o·trope ['riːəutrəup] *s electr.* Pol-, Stromwender *m*.
rhe·sus ['riːsəs] *s a.* ~ **monkey** *zo.* Rhesus(affe) *m*.
Rhe·sus fac·tor *s med.* Rhesusfaktor *m*, Rh-Faktor *m*.
rhet·o·ric ['retərɪk] *s* **1.** Rhe'torik *f*, Redekunst *f*, -stil *m*. **2.** *a)* Sti'listik *f*, *b)* (Schreib)Stil *m*, *c)* ef'fektvoller Stil. **3.** Rede-, Wortschwall *m*. **4.** Vokabu'lar *n*, (rhe'torisches) Reperto'ire. **5.** *fig.* (Sprach- *etc*)Gewalt *f*, Über'zeugungskraft *f*. **6.** *fig. contp.* Redensarten *pl*, leere Phrasen *pl*, Phrasendresche'rei *f*, Schönrede'rei *f*, Schwulst *m*. **7.** *ped. Am.* Stilübungen *pl.*
rhe·tor·i·cal [rɪ'tɒrɪkl; *Am. a.* -'ta-] **I** *adj* (*adv* ~**ly**) **1.** rhe'torisch, Redner... **2.** ef'fektvoll. **3.** *contp.* schönrednerisch, phrasenhaft, schwülstig. **II** *s* **4.** *pl ped. Am.* Rede-, Deklamati'onsübungen *pl*. ~ **ques·tion** *s* rhe'torische Frage.
rhet·o·ri·cian [ˌretə'rɪʃn] *s* **1.** Rhe'toriker *m*, Redekünstler *m*. **2.** *contp.* Schönredner *m*, Phrasendrescher *m*.
rheum [ruːm] *s med. Br. obs. od. Am.* **1.** Schnupfen *m*. **2.** wäßrige Flüssigkeit, Schleim *m*. **3.** *poet.* Tränen *pl*.
rheu·mat·ic [ruːˈmætɪk] *med.* **I** *adj* (*adv* ~**ally**) **1.** rheu'matisch: ~ **fever** (akuter) Gelenkrheumatismus. **II** *s* **2.** Rheu'matiker(in). **3.** *pl colloq.* Rheuma *n*, 'Gliederreißen *n*.
rheu·ma·tism ['ruːmətɪzəm] *s med.* Rheuma'tismus *m*, Rheuma *n*: **acute** (*od.* **articular**) ~ *a.* Gelenkrheumatismus.
rheu·ma·toid ['ruːmətɔɪd] *adj med.* **1.** rheumaartig. **2.** rheu'matisch. ~ **ar·thri·tis** *s med.* Ar'thritis *f* de'formans.
rheum·y ['ruːmɪ] *adj med.* **1.** katar'rhalisch. **2.** Schnupfen her'vorrufend, feucht (*Luft etc*). **3.** verschnupft.
Rh fac·tor [ɑːr'eɪtʃ] → **Rhesus factor**.
rhi·nal ['raɪnl] *adj med.* Nasen...: ~ **mirror**.
Rhine·land·er ['raɪnlændə(r)] *s* Rheinländer(in).
rhin·en·ceph·a·lon [ˌraɪnen'sefəlɒn; *Am.* -ˌlɑn] *pl* **-lons**, **-la** [-lə] *s anat.* Rhinen'zephalon *n*, Riechhirn *n*.
'**rhine·stone** *s min.* (imi'tierter) Rheinkiesel (*Bergkristall*).
Rhine wine *s* Rheinwein *m*.
rhi·ni·tis [raɪ'naɪtɪs] *s med.* Rhi'nitis *f*, Ka'tarrh *m*, Schnupfen *m*: **allergic** (*od.* **anaphylactic**) ~ Heuschnupfen; **chronic** ~ Stockschnupfen.
rhi·no[1] ['raɪnəu] *s sl.* ,Zaster' *m* (*Geld*).
rhi·no[2] ['raɪnəu] *pl* **-nos** *s* **1.** *colloq. für* **rhinoceros**. **2.** *a.* ~ **ferry** *mil. Am.* Pon'tonfähre *f*.
rhi·noc·er·os [raɪ'nɒsərəs; *Am.* -'na-] *pl* **-os·es**, *bes. collect.* **-os** *s zo.* Rhi'nozeros *n*, Nashorn *n.* ~ **horn·bill** *s orn.* Nashornvogel *m.*
rhi·no·la·li·a [ˌraɪnəu'leɪlɪə] *s med.* Näseln *n.*
rhi·no·log·i·cal [ˌraɪnə'lɒdʒɪkl; *Am.* -'la-] *adj med.* rhino'logisch. **rhi'nol·o·gist** [-'nɒlədʒɪst; *Am.* -'na-] *s med.* Rhino'loge *m*, Nasenfacharzt *m*, **rhi'nol·o·gy** [-dʒɪ] *s med.* Rhinolo'gie *f.*
rhi·no·phar·yn·gi·tis [ˌraɪnəuˌfærɪn'dʒaɪtɪs] *s med.* Rhinopharyn'gitis *f*, 'Nasen-'Rachen-Kaˌtarrh *m.*
rhi·no·plas·ty ['raɪnəuplæstɪ] *s med.* 'Nasenkorrekˌtur *f.*
rhi·no·scope ['raɪnəskəup] *s med.* Rhino'skop *n*, Nasenspiegel *m.* **rhi·nos·co·py** [raɪ'nɒskəpɪ; *Am.* -'nas-] *s* Rhinosko'pie *f*, Nasenspiegelung *f.*
rhiz- [raɪz] → **rhizo-**.
rhi·zan·thous [raɪ'zænθəs] *adj bot.* ri'zanth, wurzelblütig.
rhi·zo- [raɪzəu] *präf. zo.* Wortelement mit der Bedeutung Wurzel...
rhi·zome ['raɪzəum] *s bot.* Rhi'zom *n*, Wurzelstock *m.*
rhi·zoph·a·gous [raɪ'zɒfəgəs; *Am.* -'za-] *adj zo.* wurzelfressend.
rhi·zo·pod ['raɪzəupɒd; *Am.* -ˌpɑd] *s zo.* Rhizo'pode *m*, Wurzelfüßer *m.*
Rh-neg·a·tive [ˌɑːr'eɪtʃ 'negətɪv] *adj med.* rh-'negativ, rhesus'negativ.
rho [rəu] *s* Rho *n* (*griechischer Buchstabe*) (*a. math.*).
Rho·de·si·an [rəu'diːzjən; *Am.* -ʒən] **I** *adj* rho'desisch, Rhodesien... **II** *s* Rho'desier(in).
Rho·di·an ['rəudjən; -ɪən] **I** *adj* **1.** rhodisch, der Insel Rhodos. **II** *s* **2.** Rhodier(in). **3.** Johan'niterritter *m.*
rho·di·um[1] ['rəudjəm; -ɪəm] *s chem.* Rhodium *n.*
rho·di·um[2] ['rəudjəm; -ɪəm] *s a.* ~ **wood** *bot.* **1.** Ka'narisches Rosenholz. **2.** Rhodium-Holz *n.*
rho·do·cyte ['rəudəusaɪt] *s med.* rotes Blutkörperchen.
rho·do·den·dron [ˌrəudə'dendrən] *s bot.* Rhodo'dendron *m, a. n*, Alpenrose *f.*
rho·dop·sin [rəu'dɒpsɪn; *Am.* -'dɑp-] *s physiol.* Rhodop'sin *n*, Sehrot *n*, Sehpurpur *m.*
rhomb [rɒm; *Am.* rɑm] → **rhombus**.
rhom·bic ['rɒmbɪk; *Am.* 'rɑm-] *adj math.* rhombisch, rautenförmig: ~ **aerial** (*bes. Am.* **antenna**) *electr.* Rhombusantenne *f*; ~ **dodecahedron** Rhombendodekaeder *m.*
rhom·bo·he·dral [ˌrɒmbəu'hedrəl; *Am.* ˌrɑmbəu'-] *adj math. min.* rhombo'edrisch. ˌ**rhom·bo'he·dron** [-drən] *pl* **-'he·dra** [-drə], **-'he·drons** *s* Rhombo'eder *n.*
rhom·boid ['rɒmbɔɪd; *Am.* 'rɑm-] **I** *s* **1.** *math.* Rhombo'id *n*, Parallelo'gramm *n*. **II** *adj* **2.** rhomben-, rautenförmig: ~ **muscle** *anat.* Rautenmuskel *m*. **3.** *math.* rhombo'idisch.
rhom·bus ['rɒmbəs; *Am.* 'rɑm-] *pl* **-bus·es**, **-bi** [-baɪ] *s math.* Rhombus *m*, Raute *f.*
rho·pal·ic [rəu'pælɪk] *adj antiq. metr.* rho'palisch: ~ **verse** Keulenvers *m.*
rho·ta·cism ['rəutəsɪzəm] *s* Rhota'zismus *m*: *a)* Häufung *od.* zu starke Aussprache des *r*, *b)* schlechte *od.* falsche Aussprache des *r*, *c) ling.* lautgesetzliche Verwandlung (*insbesondere von ursprünglichem s oder l*) in *r*.
rhu·barb ['ruːbɑː(r)b] *s* **1.** *bot.* Rha'barber *m*: ~ **pill** *pharm.* Rhabarberpille *f*. **2.** *bes. Am. sl.* ,Krach' *m*, Streit *m*. **3.** *Am. sl.* gottverlassene Gegend. **4.** *thea.* ‚Rha'barber-Rha'barber' *n* (*Volksgemurmel*). '**rhu·barb·y** *adj* rha'barberartig, -ähnlich, Rhabarber...
rhumb [rʌm; rʌmb] *s* **1.** Kompaßstrich *m*. **2.** *a.* ~ **line** *mar. math. etc* Loxo'drome *f.*
rhum·ba → **rumba**.
rhyme [raɪm] **I** *s* **1.** *metr.* Reim *m*: **caudate ~**, **tail(ed) ~** Schweifreim; **double ~**, **female ~**, **feminine ~** weiblicher *od.* klingender Reim; **male ~**, **masculine ~** männlicher *od.* stumpfer Reim; **middle ~** Binnenreim; **rich ~** reicher Reim; **visual ~**, **eye ~**, **sight ~** Augenreim; ~ **scheme** Reimschema *n*. **2.** *sg od. pl a)* Vers *m*, *b)* Reim *m*, Gedicht *n*, Lied *n*. **3.** *fig.* Reim *m*, Sinn *m*: **neither ~ nor reason** weder Sinn noch Verstand; **without ~ or reason** ohne Sinn u. Zweck. **II** *v/i* **4.** reimen, Verse machen. **5.** sich reimen (**with** auf *acc*). **III** *v/t* **6.** reimen, in Reime bringen: ~**d** in Reimform; ~**d verse** Reimvers *m* (*Ggs.* Blankvers). **7.** ein Wort reimen lassen (**with** auf *acc*). '**rhyme·less** *adj* reimlos. '**rhym·er**, '**rhyme·ster** [-stə(r)] *s contp.* Reim(e)schmied *m*. '**rhym·ing** *s* Reimen *n*: ~ **dictionary** Reimwörterbuch *n*; ~ **slang** Slang, bei dem Wörter durch sich darauf reimende Wörter ersetzt werden.
rhythm ['rɪðəm] *s* **1.** *metr. mus. u. fig.* Rhythmus *m*, Takt *m*: **duple** (*od.* **two-part**) ~ Zweiertakt; **three-four** ~ Dreiviertaltakt; **dance** ~**s** Tanzrhythmen, beschwingte Weisen; **to have** (**a sense of**) ~ Rhythmus(gefühl) haben; ~ **band**, ~ **section** Rhythmus-, Schlagzeuggruppe *f*; ~ **method** *med.* Knaus-Ogino-Methode *f (Empfängnisverhütung)*. **2.** *metr.* Versmaß *n*, -form *f*: **dactylic ~**. **3.** *med.* Pulsschlag *m (a. fig.).* '**rhyth·mic** ['rɪðmɪk] *adj*; '**rhyth·mi·cal** *adj* (*adv* ~**ly**) rhythmisch: *a) metr. mus.* taktmäßig, in Rhythmen *od.* in Versform: ~ **prose** rhythmische Prosa, *b) fig.* takt-, regelmäßig ('wiederkehrend). '**rhyth·mics** *s pl* (*als sg konstruiert*) *metr. mus.* Rhythmik *f*: *a)* 'Rhythmuslehre *f*, -syˌstem *n*, *b)* rhythmischer Cha'rakter. '**rhythm·less** *adj* ohne Rhythmus, unrhythmisch.
rhy·zo·ton·ic [ˌraɪzəu'tɒnɪk; *Am.* -'ta-] *adj ling.* stammbetont.
ri·al ['raɪəl; *Am.* riːˈɔːl; -'ɑːl] *s* Ri'al *m* (*Münzeinheit im Iran etc*).
ri·al·to [rɪ'æltəu] *pl* **-tos** *s* **1.** *Am.* The'aterviertel *n*. **2.** Börse *f*, Markt *m.*
ri·ant ['raɪənt] *adj* heiter, lächelnd: ~ **landscape** heitere Landschaft.
rib [rɪb] **I** *s* **1.** *anat.* Rippe *f*: **to smite s.o. under the fifth ~** *Bibl.* j-n erstechen. **2.** *gastr. a)* Rippenstück *n*, *b)* Rippe(n)speer *m*, *n*. **3.** *humor.* ‚Ehehälfte' *f*. **4.** *bot.* (Blatt-)Rippe *f*, (-)Ader *f*. **5.** *zo.* Schaft *m (e-r Vogelfeder).* **6.** *tech.* Stab *m*, Stange *f*, (*a. Heiz- etc*)Rippe *f*. **7.** *arch. tech.* (Gewölbe)Rippe *f*, Strebe *f*. **8.** *mar. a)* (Schiffs-)Rippe *f*, Spant *n*, *b)* Spiere *f*. **9.** *Bergbau: a)* Sicherungspfeiler *m*, *b)* (Erz-)Trumm *n*. **10.** *mus.* Zarge *f (Seitenwand).* **11.** Rippe *f (im Stoff*; *a. beim Stricken*): ~ **stitch** (*Stricken*) linke Masche. **12.** (Berg-)Rippe *f*, Vorsprung *m*. **13.** rippenartige Erhöhung, Welle *f*. **II** *v/t* **14.** mit Rippen versehen. **15.** *Stoff etc* rippen, mit Rippen(muster) versehen. **16.** *agr.* halbpflügen. **17.** *colloq.* j-n ‚aufziehen', hänseln.
rib·ald ['rɪbəld] **I** *adj* **1.** frech, lästerlich. **2.** zotig, ob'szön, ‚saftig', derb. **II** *s* **3.** Spötter(in), Lästermaul *n*. **4.** Zotenreißer *m*. '**rib·ald·ry** [-rɪ] *s* ordi'näre Rede(n *pl*), Zoten(reiße'rei *f*) *pl*, ‚saftige' Späße *pl.*
rib·and ['rɪbənd] *s* (Zier)Band *n.*
rib·band ['rɪbənd; *Am. a.* 'rɪbˌbænd] *s*

ribbed – rider

mar. **1.** Führungsschwelle *f (der Holzschotten).* **2.** Sente *f (Innenverstärkung der Planken).*
ribbed [rɪbd] *adj* gerippt, geriffelt: ~ **cooler** *tech.* Rippenkühler *m*; ~ **glass** *tech.* Riffelglas *n*; ~ **vault** *arch.* Kreuzrippengewölbe *n*.
rib·bing [ˈrɪbɪŋ] *s* **1.** *arch. tech.* Rippen (-werk *n*) *pl.* **2.** Rippen(muster *n*) *pl.* **3.** *bot.* (Blatt)Rippen *pl.* **4.** *agr.* Halbpflügen *n*.
rib·bon [ˈrɪbən] **I** *s* **1.** Band *n*, Borte *f*: ~s Bandwaren. **2.** Ordensband *n*: → **blue ribbon** 1 a, **red ribbon**. **3.** (schmaler) Streifen *m*. **4.** Fetzen *m*: to tear to ~s in Fetzen reißen; in ~s a) in Fetzen, b) *fig.* ganz 'futsch'; a ~ of mist ein Nebelfetzen. **5.** Farbband *n (der Schreibmaschine etc).* **6.** *tech.* a) (a. Meˈtall)Band *n*, (-)Streifen *m*, b) (Holz)Leiste *f*. **7.** *pl* Zügel *pl*: to handle the ~s die Zügel in der Hand halten *(a. fig.).* **8.** Spinnerei: Strähn *m*, Strang *m*. **9.** *fig.* Band *n*: ~ road Serpentinenstraße *f*. **10.** *her.* Achtelsbinde *f*. **II** *v/t* **11.** mit Bändern schmücken, bebändern. **12.** streifen. **13.** in Streifen schneiden, in Fetzen reißen. **III** *v/i* **14.** sich (wie ein Band) daˈhinziehen *(Straße etc).*
rib·bon|brake → **band brake**. ~ **de·vel·op·ment** *s arch. Br.* Stadtrandsiedlung *f* entlang e-r Ausfallstraße.
rib·boned [ˈrɪbənd] *adj* **1.** mit Bändern geschmückt, bebändert. **2.** gebändert, gestreift.
rib·bon|jas·per *s min.* Bandjaspis *m*. ˈR~·man [-mən] *s irr* Mitglied *n* der Ribbon Society. ~ **mi·cro·phone** *s electr.* Bändchenmikroˌphon *n*. ~ **saw** *s* Bandsäge *f*. ~ **seal** *s zo.* Streifenseehund *m*. ~ **snake** *s zo.* Bandnatter *f*. R~ **So·ci·e·ty** *s* irischer katholischer Geheimbund in der 1. Hälfte des 19. Jhs. ~ **trans·mit·ter** → **ribbon microphone**.
rib cage *s anat.* Brustkorb *m*.
ri·bes [ˈraɪbiːz] *s sg u. pl bot.* Ribes *f*.
ri·bo·fla·vin [ˌraɪbəʊˈfleɪvɪn] *s med.* Riboflaˈvin *n (Vitamin B₂).*
ri·bo·nu·cle·ic ac·id [ˌraɪbəʊnjuːˈkliːɪk; *Am.* -nuːˈkliːɪk; -njɔ-; -ˈkleɪ-] *s chem.* Ribonukleˈinsäure *f*.
ˈ**rib**|**work** → **ribbing**. ˈ~**wort (plan·tain)** *s bot.* Spitzwegerich *m*.
Ri·car·di·an [rɪˈkɑː(r)dɪən] *econ.* **I** *adj* Riˈcardisch *(nach dem englischen Volkswirtschaftler David Ricardo; 1772 bis 1823):* ~ theory of rent Ricardische Grundrententheorie. **II** *s* Anhänger(in) Riˈcardos.
rice¹ [raɪs] **I** *s bot.* Reis *m*. **II** *v/t Am.* Kartoffeln *etc* ˈdurchpressen.
rice² [raɪs] *s obs. od. dial.* Reis *n*, (kleiner) Zweig.
ˈ**rice**|**bird** *s orn.* **1.** Reisvogel *m (Java).* **2.** *Am.* Reisstärling *m*. **3.** Reisammer *f (China).* ~ **bod·y** *s anat.* Reiskörper *m (im Gelenk).* ~ **flour** *s* Reismehl *n*. ~ **meal** *s* Reismehl *n*. ~ **pad·dy** *s* Reisfeld *n*. ~ **pa·per** *s* ˈReispaˌpier *n*. ~ **pud·ding** *s* Reisauflauf *m*.
ric·er [ˈraɪsər] *s Am.* Karˈtoffel-, Gemüsepresse *f*.
rice|rat *s zo. (e-e) amer.* Wasserratte *f*. ~ **wa·ter** *s* Reiswasser *n*. ~ **wee·vil** *s zo.* Reiskäfer *m*. ~ **wine** *s* Reiswein *m*.
rich [rɪtʃ] **I** *adj (adv* → **richly**) **1.** reich, wohlhabend, begütert. **2.** reich (in *od.* with *an dat),* reichhaltig: ~ in cattle viehreich, herdenreich; ~ in hydrogen wasserstoffreich; ~ in ideas ideenreich. **3.** schwer *(Stoff),* prächtig, kostbar *(Seide, Schmuck etc).* **4.** reichgeschmückt, -verziert: ~ **furniture**. **5.** reich(lich), ergiebig: ~ **harvest** reiche Ernte. **6.** fruchtbar: ~ **soil**. **7.** a) *geol.* (erz)reich,

erzhaltig, fündig *(Lagerstätte),* b) *min.* reich, fett *(Erz):* to strike it ~ auf Öl *etc* stoßen, *fig.* zu Geld kommen, *a.* das Große Los ziehen. **8.** *chem. tech.* schwer *(Gas etc), mot.* reich *(Gemisch):* ~ **oil** Schweröl *n*. **9.** schwer, nahrhaft, fett, kräftig: ~ **food**. **10.** schwer, stark: ~ **perfume**; ~ **wine**. **11.** kräftig, satt: ~ colo(u)r. **12.** a) voll, satt: ~ **tone**, b) voll(tönend), klangvoll: ~ **voice**. **13.** inhalts(reich), -voll. **14.** *colloq.* ˈköstlich': that's ~! *bes. iro.* das ist ja großartig! **15.** ˈsaftig' *(Ausdrucksweise).* **II** *adv* **16.** in *Zssgn* reich, prächtig: ~-**bound**; ~-**clad**. **III** *s* **17.** the ~ *collect.* die Reichen *pl*.
rich·es [ˈrɪtʃɪz] *s pl* Reichtum *m*, Reichtümer *pl*.
rich·ly [ˈrɪtʃlɪ] *adv* reich(lich), in reichem Maße: he ~ **deserved the punishment** er hat die Strafe mehr als verdient.
rich·ness [ˈrɪtʃnɪs] *s* **1.** Reichtum *m*, Reichhaltigkeit *f*, Fülle *f*. **2.** Pracht *f*, Glanz *m*. **3.** Ergiebigkeit *f*. **4.** Nahrhaftigkeit *f*. **5.** (Voll)Gehalt *m*, Schwere *f (des Weins etc).* **6.** Sattheit *f (von Farben).* **7.** *mus.* (Klang)Fülle *f*.
Rich·ter scale [ˈrɪçtər; *Am.* ˈrɪktər] *(Ger.) s* Richterskala *f (zur Messung von Erdbebenstärken).*
ric·in·o·le·ic [ˌrɪsɪnəʊˈliːɪk; *Am. a.* ˌraɪsnəʊ-] *adj chem.* Ricinol..., Rizinusöl...
rick¹ [rɪk] **I** *s* (Getreide-, Heu)Schober *m*. **II** *v/t* schobern.
rick² [rɪk] *bes. Br.* für **wrick**.
rick·ets [ˈrɪkɪts] *s pl (als sg konstruiert) med.* Raˈchitis *f*.
rick·et·y [ˈrɪkətɪ] *adj* **1.** *med.* raˈchitisch. **2.** schwach *(auf den Beinen),* gebrechlich, *umg.* wack(e)lig. **3.** wack(e)lig *(Möbel),* klapp(e)rig *(Auto etc).*
rick·ey [ˈrɪkɪ] *s* Cocktail aus Gin *od.* Wodka, Limonellensaft *u.* Soda.
rick·rack [ˈrɪkræk] *s* Näherei: Zackenlitzen(besatz *m*) *pl*.
rick·sha [ˈrɪkʃə; *Am.* -ʃɔː], **rick·shaw** *s* Rikscha *f*.
ric·o·chet [ˈrɪkəʃeɪ] **I** *s* **1.** Abprallen *n*. **2.** *mil.* a) Abprallen *n*, Rikoschetˈtieren *n*, b) a. ~ shot Querschläger *m*: ~ fire Abprallerschießen *n*. **II** *v/i pret u. pp* -**ed** *od.* -**ted** **3.** abprallen *(from* von): ~(t)ing bullet *mil.* Querschläger *m*.
rid¹ [rɪd] *pret u. pp* **rid**, *obs.* ˈ**rid·ded** *v/t* befreien, frei machen (of von): to get ~ of j-n *od.* etwas loswerden; to be ~ of j-n *od.* etwas haben.
rid² [rɪd] *obs. pret u. pp von* **ride** II.
rid·dance [ˈrɪdəns] *s* Befreiung *f*, Erˈlösung *f*: (he is a) good ~ a) man ist froh, wenn man ihn (wieder) los ist, b) da wären wir (Gott sei Dank) los.
rid·del [ˈrɪdl] *s relig.* Alˈtarvorhang *m*.
rid·den [ˈrɪdn] **I** *pp von* **ride** II. **II** *adj in Zssgn* geplagt, gepeinigt, besessen von: **fever-**~ fieberkrank; **pest-**~ von der Pest heimgesucht.
rid·dle¹ [ˈrɪdl] **I** *s* **1.** Rätsel *n (a. fig. Person od. Sache):* to ask s.o. a ~ j-m ein Rätsel aufgeben; to speak in ~s → 4; that's a complete ~ to me das ist mir völlig rätselhaft. **II** *v/t* **2.** entˈrätseln: ~ me! rate mal! **3.** *fig.* j-n vor ein Rätsel stellen. **III** *v/i* **4.** *fig.* in Rätseln sprechen.
rid·dle² [ˈrɪdl] **I** *s* **1.** grobes (Draht)Sieb, Schüttelsieb *n*, ˈDurchwurf *m*, Rätter *m*, *f*. **2.** *tech.* Drahtziehplatte *f*. **II** *v/t* **3.** (ˈdurch-, aus)sieben. **4.** *fig.* aussieben, sichten. **5.** durchˈsieben, (wie ein Sieb) durchˈlöchern: to ~ s.o. with bullets; ~d with holes völlig durchlöchert. **6.** *fig. ein Argument etc* zerpflücken. **7.** *fig.* mit Fragen bestürmen.
ride [raɪd] **I** *s* **1.** a) Fahrt *f (bes. auf e-m Zweirad od.* in e-m öffentlichen Verkehrsmittel): to steal a ~ schwarzfahren, b)

Ritt *m*: to go for a ~, to take a ~ ausreiten *od.* ausfahren; to give s.o. a ~ j-n *(im Auto etc)* mitnehmen; to take s.o. for a ~ *colloq.* a) j-n (im Auto entführen u.) umbringen, b) j-n reinlegen *(betrügen),* c) j-n ˈauf den Arm nehmen' *(veralbern).* **2.** Reitweg *m (bes. durch e-n Wald).* **3.** *mil.* Trupp *m* berittener Solˈdaten.
II *v/i pret* **rode** [rəʊd] *obs.* **rid** [rɪd], *pp* ˈ**rid·den** [ˈrɪdn] *obs.* **rid** 4. reiten: to ~ **again** *fig.* wieder dasein. **5.** *fig.* reiten, rittlings sitzen: to ~ on s.o.'s knee. **6.** fahren (on a bicycle auf e-m Fahrrad; in, *Am.* on a bus im Bus). **7.** sich fortbewegen, daˈhinziehen *(a. Mond, Wolke etc):* the moon is riding high der Mond steht hoch am Himmel. **8.** *(auf dem od. im Wasser)* treiben, schwimmen: he rode on the wave of popularity *fig.* er wurde von der Woge der Popularität getragen; she was riding on air *fig.* sie war selig *(vor Glück).* **9.** sich drehen *(on dat).* **10.** sich überˈlagern *(z. B. med. Knochenfragmente):* the rope ~s *mar.* das Tau läuft unklar. **11.** a) e-e (bestimmte) Gangart haben, laufen *(Pferd),* b) fahren, laufen *(Fahrzeug).* **12.** zum Reiten *(gut etc)* geeignet sein: the ground ~s well. **13.** ein Reitgewicht wiegen: he ~s 12 st. **14.** *colloq.* s-n Lauf nehmen: let it ~! ˌlaß die Karre laufen'!; he let the remark ~ er ließ die Bemerkung hingehen. **15.** he has a lot riding *bes. Am. colloq.* für ihn steht e-e Menge auf dem Spiel.
III *v/t* **16.** reiten: to ~ a horse; to ~ to death zu Tode reiten *(a. fig. e-e Theorie, e-n Witz etc);* to ~ a race an e-m Rennen teilnehmen. **17.** reiten *od.* rittlings sitzen auf *(dat).* **18.** reiten *od.* rittlings sitzen lassen: to ~ a child on one's knee; they rode him on their shoulders sie trugen ihn auf den Schultern. **19.** Fahr-, Motorrad fahren, lenken, fahren auf *(dat).* **20.** reiten *od.* schwimmen *od.* schweben *od.* rudern auf *(dat):* to ~ the waves auf den Wellen reiten. **21.** aufliegen *od.* ruhen auf *(dat).* **22.** a) unterˈjochen, tyranniˈsieren, beˈherrschen, b) heimsuchen, plagen, quälen, j-m hart zusetzen, c) *Am. colloq.* j-n reizen, hänseln: the devil ~s him ihn reitet der Teufel; → **ridden** II. **23.** ˈdurchˌreiten. **24.** *mar.* ein Schiff vor Anker liegen lassen. **25.** *ein Pferd beim Rennen* (ˈüber-mäßig) antreiben. **26.** *zo.* (zur Paarung) bespringen. **27.** → **ride out** 1.
Verbindungen mit Präpositionen:
ride|at *v/t* zureiten auf *(acc).* ~ **for** *v/t* zustreben *od.* entgegeneilen *(dat):* → **fall** 1. ~ **o·ver** *v/t* **1.** j-n überˈfahren. **2.** j-n tyranniˈsieren. **3.** j-n hochmütig behandeln. **4.** rücksichtslos über e-e Sache hinˈweggehen.
Verbindungen mit Adverbien:
ride|down *v/t* **1.** ein-, überˈholen. **2.** j-n niederreiten, b) überˈfahren. ~ **out I** *v/t e-n Sturm etc* gut *od.* heil überˈstehen *(a. fig.).* **II** *v/i* ausreiten. ~ **up** *v/i* hochrutschen *(Rock etc).*
ri·deau [rɪˈdəʊ] *s* Bodenwelle *f*, kleine Erˈhebung.
rid·er [ˈraɪdə(r)] *s* **1.** Reiter(in). **2.** a) Kunstreiter(in), b) Zureiter(in), c) Fahrer(in) *(bes. e-s Fahr- od. Motorrads).* **4.** Mitfahrer(in), Passaˈgier *m (im Zug etc).* **5.** Reiter *m*, Reiterchen *n (auf Karteikarten etc).* **6.** *tech.* Laufgewicht *n (der Waage).* **7.** *tech.* Reiter *m*, Brücke *f*. **8.** Oberteil *n*, Aufsatz *m*. **9.** a) Zusatz (-klausel *f*) *m*, b) Beiblatt *n*, c) (ˈWechsel-)Alˌlonge *f*, d) zusätzliche Empfehlung (to zu e-m Schuldspruch etc). **10.** Zusatz *m*, zusätzliche Bemerkung, Einschränkung *f*. **11.** *mar.* a) Binnenspant *n*, b) oberste

Lage (*e-r Ladungspartie*). **12.** *math.* a) Grundformelübung *f,* b) Zusatzaufgabe *f.* **13.** *Bergbau:* Salband *m.*
ridge [rɪdʒ] **I** *s* **1.** a) (Gebirgs)Kamm *m,* Grat *m,* Kammlinie *f,* b) Berg-, Hügelkette *f,* c) Wasserscheide *f.* **2.** (Dach)First *m.* **3.** Kamm *m* (*e-r Welle*). **4.** Rücken *m* (*der Nase, e-s Tieres etc*). **5.** *agr.* a) (Furchen)Rain *m,* Reihe *f,* b) erhöhtes Mistbeet. **6.** *tech.* Wulst *m,* Leiste *f.* **7.** *meteor.* schmaler Hochdruckkeil. **II** *v/t* **8.** (durch)furchen. **9.** mit e-m First etc versehen: **~d roof** Satteldach *n.* **III** *v/i* **10.** sich furchen. **'~pole** *s* **1.** *arch.* Firstbalken *m.* **2.** Firststange *f* (*e-s Zeltes*). **~ tent** *s* Hauszelt. **~ tile** *s tech.* Firstziegel *m.* **~tree** *s arch.* Firstbalken *m.* **'~way** *s* Kammlinien-, Gratweg *m.*
ridg·y ['rɪdʒɪ] *adj* **1.** grat- *od.* kammartig. **2.** zerfurcht.
rid·i·cule ['rɪdɪkjuːl] **I** *s* Verspottung *f,* Spott *m:* **to hold up to ~** → II; **to lay o.s. open to ~** sich der Lächerlichkeit preisgeben; **to turn (in)to ~** ins Lächerliche ziehen. **II** *v/t* lächerlich machen, verspotten.
ri·dic·u·lous [rɪ'dɪkjʊləs] *adj* (*adv* **~ly**) lächerlich. **ri'dic·u·lous·ness** *s* Lächerlichkeit *f.*
rid·ing ['raɪdɪŋ] **I** *s* **1.** a) Reiten *n,* b) Reitsport *m.* **2.** Fahren *n.* **3.** Reitweg *m* (*bes. durch Wald*). **II** *adj* **4.** Reit...: **~ boots** (*horse, school, whip, etc*); **~ breeches** Reithose *f;* **~ habit** Reitkleid *n.* **5.** Fahr...: **~ comfort** *mot.* Fahrkomfort *m.* **6.** *tech.* (*Bote etc*). **7.** *mar.* Anker...: **~ lamp** (*od.* **light**) Ankerlicht *n.*
ri·dot·to [rɪ'dɒtəʊ] *pl* **-tos** *s Br. hist.* Re'doute *f,* (Masken)Ball *m.*
Ries·ling ['riːzlɪŋ] *s* Riesling *m* (*Rebsorte u. Wein*).
rife [raɪf] *adj* **1.** weitverbreitet, häufig, vorherrschend: **to be ~** (vor)herrschen, grassieren; **to grow** (*od.* **wax**) **~** überhandnehmen. **2.** (**with**) voll (von), angefüllt (mit).
Riff[1] [rɪf] **I** *s* 'Rifka,byle *m* (*Bewohner des Er-Rif; Marokko*). **II** *adj* Rif...
riff[2] [rɪf] *s Jazz:* (*Art*) Osti'nato *m, n,* ständig wieder'holtes Mo'tiv.
rif·fle ['rɪfl] **I** *s* **1.** *tech.* Riefelung *f,* Rille *f.* **2.** *Am.* a) seichter Abschnitt (*e-s Flusses*), b) Stromschnelle *f.* **3.** *Am.* kleine Welle. **4.** Stechen *n* (*Mischen von Spielkarten*). **II** *v/t* **5.** *tech.* riffeln. **6.** 'durchblättern. **7.** Spielkarten stechen (*mischen*). **III** *v/i* **8. to ~ through s.th.** etwas durchblättern.
riff·raff ['rɪfræf] **I** *s* **1.** Pöbel *m,* Gesindel *n,* Pack *m.* **2.** Abfall *m,* Ausschuß *m.* **II** *adj* **3.** Ausschuß..., minderwertig, wertlos.
ri·fle[1] ['raɪfl] **I** *s* **1.** Gewehr *n* (*mit gezogenem Lauf*), Büchse *f.* **2.** Geschütz *n* mit gezogenem Rohr. **3.** *pl mil.* Schützen *pl.* **II** *v/t* **4.** e-n Gewehrlauf etc ziehen.
ri·fle[2] ['raɪfl] *v/t* **1.** (aus)plündern. **2.** rauben, stehlen. **3.** *Haus etc* durch'wühlen.
ri·fle|as·so·ci·a·tion *s* Schützenverein *m.* **R~ Bri·gade** *s mil.* 'Schützenbri,gade *f.* **~corps** *s* (freiwilliges) Schützenkorps. **~ green** *s Br.* Dunkelo,liv(grün) *n.* **~ gre·nade** *s* Ge'wehrgra,nate *f.* **'~man** [-mən] *s irr* **1.** *mil.* Schütze *m,* Jäger *m.* **2.** (guter) Schütze. **~ prac·tice** *s mil.* 'Schießübung *f.* **~ range** *s* **1.** Schießstand *m.* **2.** Schußweite *f:* **within ~** in Schußweite. **~sa·lute** *s mil.* Präsen'tiergriff *m.* **~shot** *s* **1.** Gewehrschuß *m.* **2.** → rifle range 2.
ri·fling ['raɪflɪŋ] *s* **1.** Ziehen *n* (*e-s Gewehrlaufs etc*). **2.** Züge *pl,* Drall *m.*
rift[1] [rɪft] **I** *s* **1.** Spalte *f,* Spalt *m,* Ritze *f.* **2.** Sprung *m,* Riß *m:* **a little ~ within the lute** *fig.* der Anfang vom Ende. **3.** *fig.* Riß *m,* Spaltung *f,* Entzweiung *f.* **II** *v/t*

4. (zer)spalten. **III** *v/i* **5.** sich spalten, Risse bekommen.
rift[2] [rɪft] *s Am.* **1.** seichter Abschnitt (*e-s Flusses*). **2.** Gischt *f.*
rift|saw *s tech.* Gattersäge *f.* **~ val·ley** *s geol.* Senkungsgraben *m.*
rift·y ['rɪftɪ] *adj* rissig.
rig[1] [rɪɡ] **I** *v/t* **1.** *bes. mar.* in Ordnung bringen, gebrauchsfertig machen. **2.** *mar.* a) *das Schiff* auftakeln, b) *das Segel* anschlagen. **3. ~ out, ~ up** a) ausrüsten, -statten, b) (*bes. mit*) 'ausstaf,fieren. **4.** *oft* **~ up** (behelfsmäßig) 'herrichten, zs.-bauen, -basteln, mon'tieren. **5.** *aer.* (auf)rüsten, mon'tieren. **II** *s* **6.** *mar.* a) Takelung *f,* b) Take'lage *f.* **7.** (behelfsmäßige) Vorrichtung. **8.** Ausrüstung *f,* Ausstattung *f.* **9.** *aer.* (Auf-)Rüstung *f.* **10.** *colloq.* Aufmachung *f,* -zug *m:* **in full ~** in voller Montur. **12.** *Am.* Fuhrwerk *n,* Gespann *n.* **13.** *Am.* Sattelschlepper *m.*
rig[2] [rɪɡ] **I** *v/t* **1.** *econ. bes. colloq.* manipu'lieren: **to ~ an election** (**the market**); **to ~ the prices** die Preise *od.* Kurse (künstlich) in die Höhe treiben. **2.** *bes. Br. sl. od. dial.* foppen. **II** *s* **3.** ('Schwindel)Ma,növer *m,* Schiebung *f.* **4.** *bes. Br. sl. od. dial.* a) Kniff *m,* Trick *m,* b) Possen *m,* Streich *m:* **to run a ~** etwas aushecken.
rig·ger[1] ['rɪɡə(r)] *s* **1.** *mar.* a) Rigger *m,* Takler *m,* b) *pl* Deckmannschaft *f,* c) in Zssgn Schiff *n* mit ... Takelung. **2.** *aer.* Mon'teur *m,* ('Rüst)Me,chaniker *m.* **3.** *electr.* Kabelleger *m.* **4.** Schutzgerüst *n.* **5.** *tech.* Schnur-, Riemenscheibe *f.*
rig·ger[2] ['rɪɡə(r)] *s econ.* Preis-, Kurstreiber *m.*
rig·ging ['rɪɡɪŋ] *s* **1.** *mar.* Take'lage *f,* Takelwerk *n.* **2.** *aer.* a) Verspannung *f,* b) Geleine *n* (*e-s Ballons*). **3.** → **rig**[1] 6 u. 11. **4.** *fig.* Manipu'lieren *n:* **~ election** Wahlmanipulation *f.*
rig·ging| line *s aer.* Fallschirm(fang)leine *f.* **~ loft** *s* **1.** *mar.* Takelboden *m.* **2.** *thea.* Schnürboden *m.*
right [raɪt] *adj* (*adv* **III** u. **rightly**) **1.** richtig, recht, angemessen: **it is only ~** es ist nicht mehr als recht u. billig; **he is ~ to do** (*od.* **in doing**) **so** er hat recht *od.* tut recht daran (, so zu handeln); **he does not do it the ~ way** er macht es nicht richtig; **the ~ thing** das Richtige; **to say the ~ thing** das rechte Wort finden; **to think it ~** es für richtig *od.* angebracht halten; **to know the ~ people** die richtigen Leute kennen, Beziehungen haben; → **all** Bes. Redew. **2.** richtig: a) kor'rekt, b) den Tatsachen entsprechend, wahr(-heitsgemäß): **the solution is ~** die Lösung stimmt *od.* ist richtig; **is your watch ~?** geht Ihre Uhr richtig?; **am I ~ for ...?** bin ich auf dem richtigen Weg nach ?; **to be ~** recht haben; **~, you are!** richtig!, jawohl!; **that's ~!** ganz recht!, richtig!, stimmt! **3.** richtig, geeignet: **he is the ~ man** er ist der Richtige; **the ~ man in the ~ place** der rechte Mann am rechten Platz; **Mr. (Miss) R~** *colloq.* der (die) Richtige (*als Ehepartner*). **4.** gesund: **he is all ~** a) es geht ihm gut, er fühlt sich wohl, b) ihm ist nichts passiert; **out of one's ~ mind, not ~ in one's** (*od.* **the**) **head** *colloq.* nicht richtig (im Kopf), nicht ganz bei Trost; **in one's ~ mind, quite ~ in one's** (*od.* **the**) **mind** bei klarem Verstand; → **rain** 1. **5.** richtig, in Ordnung: **to come ~** in Ordnung kommen; **to put** (*od.* **set**) **~** a) in Ordnung bringen, b) j-n (über den Irrtum) aufklären, c) e-n Irrtum richtigstellen, d) *j-n* gesund machen; **to put o.s. ~ with s.o.** sich vor j-m rechtfertigen, b) sich mit j-m gut stellen. **6.** recht(er, e, es), Rechts...: **~ arm** a) rechter Arm *m,* b) *fig.*

rechte Hand (*Vertrauensperson*); **~ side** a) rechte Seite, Oberseite *f* (*a. von Stoffen, Münzen etc*), b) *fig.* schöne(re) Seite; **on** (*od.* **to**) **the ~ side** rechts, rechter Hand; **on the ~ side of 50** noch nicht 50 (Jahre alt); **to stay on the ~ side of s.o.** es sich mit j-m nicht verderben. **7.** *obs.* rechtmäßig: **the ~ heir;** **~ cognac** echter Kognak. **8.** *math.* a) rechte Seite (*Winkel*), b) rechtwink(e)lig (*Dreieck*), c) gerade (*Linie*), d) senkrecht (*Figur*). **9.** *pol.* recht(er, e, es), rechtsgerichtet, Rechts...: **to be very ~** sehr weit rechts stehen. **10.** a) *colloq.* ‚richtig', ‚prima', ‚in Ordnung', b) *sl.* ‚gut dran', glücklich, in (bester) Form.
II *s* **11.** *bes. jur.* Recht *n:* **by ~s** von Rechts wegen, rechtmäßig, eigentlich; **in the ~** im Recht; **~ or wrong** Recht oder Unrecht; **to know ~ from wrong** Recht von Unrecht unterscheiden können; **to do s.o. ~** j-m Gerechtigkeit widerfahren lassen; **to give s.o. his ~s** j-m sein Recht geben *od.* lassen. **12.** *jur.* a) (*subjektives*) Recht, Anrecht *n,* (Rechts)Anspruch *m* (**to** auf *acc*), b) Berechtigung *f:* **~ of inheritance** Erbschaftsanspruch *m;* **~ of possession** Eigentumsrecht *n;* **~ of sale** Verkaufs-, Vertriebsrecht *n;* **~ to vote** Wahl-, Stimmrecht; **~s and duties** Rechte u. Pflichten; **all ~s reserved** alle Rechte vorbehalten; **by ~ of** kraft (*gen*), auf Grund (*gen*); **in ~ of his wife** a) im Namen s-r Frau, b) von seiten s-r Frau; **to stand on one's ~(s)** auf s-m Recht bestehen; **in one's own ~** a) aus eigenem Recht, b) selbständig, für sich allein, selbst; **countess in her own ~** Gräfin *f* aus eigenem Recht (*durch Erbrecht, nicht durch Ehe*); **to be within one's own ~s** das Recht auf s-r Seite haben; **~ of way** → **right-of-way; what ~ have they to do that?** mit welchem Recht tun sie das?; **equal ~s for women** die Gleichberechtigung der Frau. **13.** *econ.* a) (Ankaufs-, Vorkaufs)Recht *n,* Berechtigung *f,* b) *oft pl* Bezugsrecht *n* (*auf Aktien od. Obligationen*), c) Bezug(s)schein *m.* **14.** (*das*) Rechte *od.* Richtige: **to do the ~. 15.** *pl* (richtige) Ordnung: **to bring** (*od.* **put** *od.* **set**) **s.th. to ~s** etwas (wieder) in Ordnung bringen. **16.** *pl* wahrer Sachverhalt: **to know the ~s of a case. 17.** (*die*) Rechte, rechte Seite (*a. von Stoff*): **on** (*od.* **at** *od.*) **to**) **the ~** (**of**) zur Rechten (*gen*), rechts (von), auf der rechten Seite (von), rechter Hand (von); **on our ~** zu unserer Rechten, uns zur Rechten; **the second turning to** (*od.* **on**) **the ~** die zweite Querstraße rechts; **to keep to the ~** a) sich rechts halten, b) *mot.* rechts fahren. **18.** rechte Hand, Rechte *f.* **19.** *Boxen:* Rechte *f* (*Hand od. Schlag*). **20. the ~,** *a.* **the R~** *pol.* die Rechte. **21.** *pl hunt.* unterste Enden *pl* (*des Hirschgeweihs*).
III *adv* **22.** gerade(wegs), (schnur-)stracks, di'rekt, so'fort: **he went ~ into the room; ~ ahead, ~ on** geradeaus. **23.** völlig, ganz (u. gar), di'rekt: **to turn ~ round** sich ganz herumdrehen; **rotten ~ through** durch u. durch faul. **24.** genau, gerade, di'rekt: **~ in the middle. 25.** *a.* **~ away, ~ off** so'fort, (so)'gleich; **~ after dinner; ~ now** (*gerade*) jetzt, augenblicklich, im Moment. **26.** richtig, recht: **to act** (*od.* **do**) **~** richtig handeln; **to guess ~** richtig (er)raten; **if I get you ~** wenn ich Sie richtig verstehe. **27.** *obs.* recht, ganz: **to know ~ well** sehr wohl *od.* recht gut wissen. **28.** recht, richtig, gut: **nothing goes ~ with me** (bei) mir geht alles schief; **to turn out ~** gut ausgehen. **29.** rechts (**from** von; **to** nach), auf der rechten Seite, rechter Hand: **to turn ~** (sich) nach rechts wenden; **~ and left** a)

rightabout – ring 844

rechts u. links, b) *fig. a.* ~, **left and center** (*bes. Br.* **centre**) überall; ~ **about face!** *mil.* (ganze Abteilung,) kehrt! **30.** *dial. od. colloq.* ,richtig', ,ordentlich': **I was ~ glad. 31.** hoch, sehr (*in Titeln*): → **honorable** 5, **reverend** 2.
IV *v/t* **32.** (aus-, auf)richten, in die richtige Lage bringen: **to ~ the machine** *aer.* die Maschine abfangen; **the boat ~s herself** das Schiff richtet sich wieder auf. **33.** *e-n Fehler, Irrtum* berichtigen: **to ~ itself** a) sich wieder ausgleichen, b) (wieder) in Ordnung kommen. **34.** *ein Zimmer etc* (*her*)richten, in Ordnung bringen. **35.** *Unrecht, Schaden etc* wieder'gutmachen. **36.** a) *j-m* zu s-m Recht verhelfen, b) (o.s. sich) rehabili'tieren.
V *v/i* **37.** a) sich (wieder) aufrichten, b) in die richtige Lage kommen.
'**right·a·bout** *I s* Kehrtwendung *f*: **to send s.o. to the ~** *colloq.* j-m ,heimleuchten'. **II** *adj* Kehrt...: **~ face** (*od.* **turn**) *s* Kehrtwendung *f* (*a. fig.*), b) *mar.* Drehung *f* auf Gegenkurs. **III** *adv* rechts-'um, kehrt. ~-**and-'left** *I adj* **1.** rechts u. links (passend), Rechts-links-...
2. *hunt.* aus beiden Gewehrläufen: **~ shot** → 3 a. **II** *s* **3.** Du'blette *f*: a) *hunt.* Doppelschuß *m*, b) *Boxen*: Rechts-'Links-Schlag *m*. '~**an·gle(d)** *adj math.* rechtwink(e)lig. '~**bank** *aer.* **I** *v/i* e-e Rechtskurve machen od. drehen. **II** *v/t das Flugzeug* nach rechts wenden. **~ cen·ter**, *bes. Br.* **~ cen·tre** *s* **1.** rechte Mitte. **2.** *meist* R~ C~ *pol.* gemäßigte Rechte. '~-**down** *adj u. adv* ,regelrecht', ausgesprochen.
right·en ['raɪtn] *v/t* in Ordnung bringen.
right·eous ['raɪtʃəs] **I** *adj* (*adv* ~**ly**) **1.** rechtschaffen, *bes. relig.* gerecht. **2.** gerecht(fertigt), berechtigt: **~ indignation at** gerechter Zorn über (*acc*); **a ~ cause** e-e gerechte Sache. **3.** *contp.* selbstgerecht, tugendhaft. **II** *s* **4. the ~** *bes. relig.* die Gerechten *pl.* '**right·eous·ness** *s* Rechtschaffenheit *f*.
'**right·ful** *adj* (*adv* ~**ly**) **1.** rechtmäßig: **the ~ owner**; **his ~ property. 2.** gerecht, berechtigt: **a ~ cause** e-e gerechte Sache. '**right·ful·ness** *s* **1.** Rechtmäßigkeit *f*. **2.** Rechtlichkeit *f*.
'**right-hand** *adj* **1.** recht(er, e, es): **~ glove**; **~ bend** Rechtskurve *f*; **~ man** a) *bes. mil.* rechter Nebenmann, b) *fig.* rechte Hand (*Vertrauensperson*). **2.** rechtshändig, mit der rechten Hand (ausgeführt): **~ blow** (*Boxen*) Rechte *f*. **3.** *bes. tech.* rechtsgängig, -läufig, Rechts-...: **~ drive** Rechtssteuerung *f*; **~ engine** rechtsläufiger Motor; **~ motion** Rechtsgang *m*; **~ rotation** Rechtsdrehung *f*; **~ screw** rechtsgängige Schraube; **~ thread** Rechtsgewinde *n*; **~ twist** Rechtsdrall *m*. ~-'**hand·ed** *I adj* **1.** rechtshändig: **~ person** Rechtshänder (-in). **2.** → right-hand 2 u. 3. **II** *adv* **3.** mit der rechten Hand. ~-'**hand·er** *s* **1.** Rechtshänder(in). **2.** *Boxen*: Rechte *f*.
right·ism ['raɪtɪzəm] *s pol.* 'Rechtspoli,tik *f*, -orien,tierung *f*. '**right·ist** *pol.* **I** *s* **1.** 'Rechtspo,litiker(in), Rechtsstehende(r *m*) *f*, Konserva'tive(r *m*) *f*. **2.** Reaktio'när(in). **II** *adj* **3.** rechtsstehend, -gerichtet, Rechts..., konserva'tiv.
'**right-,lean·ing** *adj pol.* nach rechts ten'dierend.
right·ly ['raɪtlɪ] *adv* **1.** richtig. **2.** mit Recht. **3.** *colloq.* **I don't ~ know** ich weiß nicht genau; **I can't ~ say** ich kann nicht mit Sicherheit sagen.
,**right-'mind·ed** *adj* rechtschaffen.
'**right·ness** ['raɪtnɪs] *s* **1.** Richtigkeit *f*. **2.** Rechtmäßigkeit *f*. **3.** Angemessenheit *f*. **4.** Geradheit *f*.

'**right·o** [raɪt'əʊ] *interj bes. Br. colloq.* in Ordnung!, schön!, ja'wohl!
,**right-of-'way** *pl* ~**s-of-'way** *s* **1.** *Verkehr*: a) Vorfahrt(srecht *n*) *f*: → **yield** 5, b) Vorrang *m* (*e-r Straße etc*; *a. fig.*): **it's my ~** ich habe Vorfahrt. **2.** Wege-, 'Durchfahrtsrecht *n*. **3.** öffentlicher Weg. **4.** *Am.* zu öffentlichen Zwecken beanspruchtes (*z. B. Bahn*)Gelände.
right·oh → **righto**.
,**right-to-'lif·er** *s* Abtreibungsgegner (-in).
right·ward ['raɪtwə(r)d] **I** *adj* nach rechts, Rechts-... **II** *adv* nach rechts. '**right·wards** *adv* rightward II.
right whale *s zo.* Nordwal *m*. **~ wing** *s* **1.** *bes. mil. pol. sport* rechter Flügel. **2.** *sport* Rechts'außen *m*. '~-**wing** *adj pol.* dem rechten Flügel angehörend, Rechts...

rig·id ['rɪdʒɪd] *adj* (*adv* ~**ly**) **1.** starr, steif, unbiegsam. **2.** *bes. tech.* a) starr, unbeweglich, b) (stand-, form)fest, sta'bil: **~ suspension** starre Aufhängung; **~ frame** starrer Rahmen. **3.** *aer.* starr, Trag...: **~ airship** Starrluftschiff *n*; **~ helicopter** Tragschrauber *m*. **4.** *fig.* a) streng: **~ discipline** (**faith, rules**, *etc*), b) starr: **~ policy**; **~ principles**, c) genau, strikt: **~ control**, d) unbeugsam, streng, hart (**to** gegen). **5.** *relig.* streng(gläubig): **a ~ Catholic. 6.** *jur.* festverankert: **~ constitution. ri·gid·i·ty** *s* **1.** Starrheit *f*, Steifheit *f*, Starre *f*. **2.** Härte *f*. **3.** *tech.* a) Starrheit *f*, Unbeweglichkeit *f*, b) (Stand-, Form)Festigkeit *f*, c) Steifigkeit *f*, Steife *f*. **4.** *fig.* Strenge *f*, Härte *f*, Unnachgiebigkeit *f*.
rig·ma·role ['rɪɡmərəʊl] *s* **1.** (sinnloses) Geschwätz, Fase'lei *f*, Salbade'rei *f*: **to tell a long ~** lang u. breit erzählen. **2.** *iro.* Hokus'pokus *m*: **the ~ of research laboratories**.
rig·or[1], *bes. Br.* **rig·our** ['rɪɡə(r)] *s* **1.** Strenge *f*, Härte *f*. **2.** Härte(akt *m*) *f*. **3.** Härte *f*, Strenge *f* (*des Winters*), Rauheit *f* (*des Klimas*): **the ~s of the weather** die Unbilden der Witterung. **4.** Ex'aktheit *f*, Schärfe *f*. **5.** Steifheit *f*, Starrheit *f*.
rig·or[2] ['rɪɡə(r)] *s med.* **1.** Schüttel-, Fieberfrost *m*. **2.** Starre *f*: → **rigor mortis**.
rig·or·ism ['rɪɡərɪzəm] *s* **1.** 'übermäßige Härte *od.* Strenge. **2.** (peinliche) Genauigkeit (*im Stil*). **3.** Sitten-, Glaubensstrenge *f*. **4.** *philos.* Rigo'rismus *m* (*in der Ethik*). '**rig·or·ist** *I s* Rigo'rist *m*. **II** *adj* rigo'ristisch, streng.
ri·gor mor·tis [ˌraɪɡəˈmɔːtɪs; *Am.* ˌrɪɡərˈmɔːrtəs] *s med.* Leichenstarre *f*.
rig·or·ous ['rɪɡərəs] *adj* (*adv* ~**ly**) **1.** rigo-'ros, streng, hart: **~ measures. 2.** (peinlich) genau, ex'akt, strikt: **~ accuracy** peinliche Genauigkeit. **3.** a) streng, hart (*Winter*), b) rauh, unfreundlich (*Klima etc*).
rig·our *bes. Br. für* **rigor**[1].
'**rig-out** *Br.* → **rig**[1] 11.
Rigs·dag ['rɪɡzdɑːɡ] *s* Reichstag *m* (*dänisches Parlament*).
Rig-Ve·da [ˌrɪɡˈveɪdə] *s* Rig'weda *m* (*altindische Hymnensammlung*; *erster Teil der Veda*).
Riks·dag ['rɪksdɑːɡ] *s* Reichstag *m* (*schwedisches Parlament*).
rile [raɪl] *v/t* **1.** *colloq.* ärgern, reizen: **to be ~d** at aufgebracht sein über (*acc*). **2.** *Am. Wasser etc* aufwühlen.
ri·lie·vo [ˌrɪlɪˈeɪvəʊ] *pl* -**vi** [-viː] *s art* Reli'ef *n*.
rill[1] [rɪl] **I** *s* Bächlein *n*, Rinnsal *n*. **II** *v/i* rinnen, rieseln.
rill[2], **rille** [rɪl] *s astr.* Mondfurche *f*, -graben *m*.

rim [rɪm] **I** *s* **1.** Rand *m*: **~ of a bowl** (**coin, ocean**, *etc*); **~-fire** *mil.* Randfeuer...; **~land** *geogr.* Randlandgebiet(e *pl*) *n*. **2.** Rand *m*, Krempe *f*: a) *e-s Huts*, b) *mil. e-r Patronenhülse*. **3.** *tech.* a) Felge *f*: **~ brake** Felgenbremse *f*, b) (Rad-)Kranz *m*, Felgenband *n*, c) *Tischlerei*: Zarge *f*, d) *Spinnerei*: Aufwinder *m* (*der Mulemaschine*). **4.** (Brillen)Rand *m*, (-)Fassung *f*. **5.** *Am.* Arbeitsplatz *m* der ('Zeitungs)Korrek,toren. **II** *v/t* **6.** (ein-) fassen, um'randen, mit e-m Rand *etc* versehen. **7.** *tech. das Rad* (be)felgen. **8.** *sport* um den Rand des Lochs laufen (*Golfball*).
ri·ma ['raɪmə] *pl* -**mae** [-miː] (*Lat.*) *s anat. biol.* Ritze *f*, Spalt *m*. **~ glot·ti·dis** ['ɡlɒtɪdɪs; *Am.* 'ɡlɑt-] *s* Glottis *f*, Stimmritze *f*.
rime[1] [raɪm] *meist poet.* **I** *s* **1.** a. **~ frost** (Rauh)Reif *m*, Rauhfrost *m*. **2.** Kruste *f*. **II** *v/t* **3.** mit Reif bedecken, bereifen: ~**d** bereift.
rime[2] → **rhyme**.
rim·er ['raɪmə(r)] → **rhymer**.
'**rim·less** ['rɪmlɪs] *adj* randlos (*a. Brille*), ohne Rand.
rimmed [rɪmd] *adj* **1.** mit e-m Rand *od.* e-r Krempe (versehen): **gold-~ glasses** Brille *f* mit Goldrand *od.* -fassung, goldene Brille; **broad-~** breitrandig. **2.** *tech.* befelgt, mit Felgen (versehen) (*Rad*).
ri·mose [ˈraɪməʊs; *Am.* ˈraɪˌm-], '**rim·ous** [-məs] *adj bes. bot. zo.* rissig, zerklüftet.
'**rim,rock** *s geol.* (*westliche USA*) Randfelsen *m*. **~ saw** *s tech.* Kreissäge *f* mit getrenntem Zahnkranz.
rim·y ['raɪmɪ] *adj meist poet.* mit Reif bedeckt, bereift.
rind [raɪnd] **I** *s* **1.** *bot.* (Baum)Rinde *f*, Borke *f*. **2.** (Brot-, Käse)Rinde *f*, Kruste *f*. **3.** (Speck)Schwarte *f*. **4.** (Obst-, Gemüse)Schale *f*. **5.** *zo.* Haut *f* (*bes. von Walen*). **6.** Schale *f*, (*das*) Äußere. **II** *v/t* **7.** die Rinde *etc* entfernen von, (ab)schälen, *Bäume* entrinden.
rin·der·pest ['rɪndə(r)pest] *s vet.* Rinderpest *f*.
ring[1] [rɪŋ] **I** *s* **1.** *allg.* Ring *m* (*a. bot. chem. u. fig.*): **~s of smoke** Rauchringe *od.* -kringel; **~ of atoms** *phys.* Atomring; **~ of forts** Festungsgürtel *m*, -ring; **at the ~s** (*Turnen*) an den Ringen; **to form a ~ of** Kreis bilden (*Personen*); **to have** (**livid**) **~s round one's eyes** (dunkle) Ringe um die Augen haben; **to run ~s a)round s.o.** *fig.* ,j-n in die Tasche stecken'; → **Ring cycle. 2.** *tech.* a) Ring *m*, Glied *n* (*e-r Kette*), b) Öse *f*, Öhr *n*. **3.** *math.* Ring(fläche *f*) *m*. **4.** *astr.* Hof *m*. **5.** (Kräusel)Locke *f*. **6.** a) Ma'nege *f*, b) (Box)Ring *m*: **the ~** *weitS.* das (Berufs)Boxen, der Boxsport, *a. fig.* A'rena *f*, (*bes.* po'litisches) Kampffeld: **to be in the ~ for** kämpfen um. **7.** *Pferderennen*: a) Buchmacherplatz *m*, b) *collect.* (die) Buchmacher *pl.* **8.** *econ.* a) (Spekulati'ons-)Ring *m*, Aufkäufergruppe *f*, b) Ring *m*, Kar'tell *n*, Syndi'kat *n*. **9.** a) (Verbrecher-, Spio'nage- *etc*)Ring *m*, b) Clique *f*. **10.** *arch.* a) Bogenverzierung *f*, b) Riemchen *n* (*an Säulen*). **11.** Teller *m* (*am Skistock*).
II *v/t* **12.** *a. meist* **~ about** (*od.* **around, round**) um'ringen, um'geben, um'kreisen, einkreisen, b) *Vieh* um'reiten, zs.-treiben. **13.** e-n Ring bilden um. **14.** beringen, *e-m Tier* e-n Ring durch die Nase ziehen. **15.** in Ringe schneiden: **to ~ onions. 16.** *e-n Baum* ringeln. **17.** *hunt.* kreisen (*Falke etc*).
ring[2] [rɪŋ] **I** *s* **1.** Geläute *n*: a) Glockenklang *m*, -läuten *n*, b) Glockenspiel *n* (*e-r Kirche*). **2.** Läuten *n*, Klingeln *n* (*e-r Rufzei-*

chen). **3.** (Tele'fon)Anruf *m*: **to give s.o. a ~** j-n anrufen. **4.** Erklingen *n*, Ertönen *n*, Schall *m*. **5.** Klingen *n*, Klang *m* (*e-r Münze, der Stimme etc*): **the ~ of truth** *fig.* der Klang der Wahrheit, der echte Klang; **to have the ~ of truth (authenticity)** wahr (echt) klingen; **that has a familiar ~ to me** das kommt mir (irgendwie) bekannt vor; **to have a hollow ~** *fig.* a) hohl klingen (*Versprechen etc*), b) unglaubwürdig klingen (*Protest etc*). **II** *v/i pret* **rang** [ræŋ], *selten* **rung** [rʌŋ], *pp* **rung** [rʌŋ] **6.** läuten, klingen (*Glocke*), klingeln (*Glöckchen*): **the bell ~s** (*od.* **is ~ing**) es läutet; **to ~ at the door** klingeln, *fig.* um Einlaß bitten; **to ~ for s.o.** nach j-m klingeln. **7.** *oft* **~ out** erklingen, (er)schallen, (er)tönen (*a. Schuß*). **8.** klingen (*Münze etc*): **my ears ~** mir klingen die Ohren. **9.** *a.* **~ again** *fig.* 'widerhallen (**with** von), nachklingen; **his words rang true** s-e Worte klangen wahr *od.* echt; → **hollow** 10. **III** *v/t* **10.** e-e Glocke läuten: **to ~ the bell** a) klingeln, läuten, b) *fig.* → **bell**[1], **change** 19. **11.** *ein Instrument, fig.* j-s Lob erklingen *od.* erschallen lassen: **to ~ s.o.'s praises**. **12.** e-e Münze klingen lassen. **13.** → **ring up** 2.
Verbindungen mit Adverbien:
ring|a·round *v/i teleph. bes. Br.* her-'umtelefo¦nieren. **~ back** *v/t u. v/i teleph.* zu'rückrufen. **~ down** I *v/i thea.* das (Klingel)Zeichen zum Fallen des Vorhangs geben, den Vorhang niedergehen lassen. **II** *v/t* **~ the curtain** a) *thea.* → 1, b) *fig.* ein Ende bereiten (**on** dat), c) *fig.* e-n Schlußstrich ziehen (**on** *unter acc*). **~ in** I *v/t* **1.** *ein Fest* einläuten: **to ~ the new year**. **2.** *bes. Am. colloq.* j-n *od.* etwas einschmuggeln. **II** *v/i* **3.** *teleph. bes. Br.* sich tele'fonisch melden (**to** bei). **4.** *Am.* (*bei Arbeitsbeginn*) einstempeln. **~ off** *v/i bes. Br.* **1.** *teleph.* (den Hörer) auflegen, Schluß machen. **2.** *sl.* den Mund zumachen. **~ out** I *v/t* **1.** *ein Fest* ausläuten: **to ~ the old year**. **II** *v/i* **2.** → **ring²** 7. **3.** *Am.* (*bei Arbeitsende*) ausstempeln. **~ round** → **ring around**. **~ up** I *v/i* **1.** *thea.* das (Klingel)Zeichen zum Hochgehen des Vorhangs geben, den Vorhang hochgehen lassen. **II** *v/t* **2. to ~ the curtain** a) *thea.* → 1, b) *fig.* das (Start-) Zeichen geben (**on** zu). **3.** Preise (in die Kasse) eintippen. **4.** *Am.* a) Überschüsse *etc* verzeichnen, b) Triumphe *etc* feiern.

ring|ar·ma·ture *s electr.* Ringanker *m*. **'~-a¦round-a-'ros·y** *s* ,Ma'riechensaß-auf-einem-Stein' *n* (*Kinderspiel*). **'~ -bark** *v/t n-Baum* ringeln. **~ bind·er** *s* Ringbuch *n*. **'~ -bolt** *s tech.* Ringbolzen *m*. **~ boot** *s* Fesselschutz *m* (*für Pferde*). **~ cir·cuit** *s* Mikrowellentechnik: Ringkreis *m*. **~ com·pound** *s chem.* Ringverbindung *f*. **R~ cy·cle** *s mus.* Ring (-zyklus) *m*, Ring *m* des Nibelungen (*von Richard Wagner*). **~ de·fence**, *Am.* **~ de·fense** *s mil.* Flaksperrgürtel *m*. **'~-dove** *s orn.* **1.** Ringeltaube *f*. **2.** Lachtaube *f*.
ringed [rɪŋd] *adj* **1.** a) beringt (*Hand etc*), b) *fig.* verheiratet. **2.** *bot. zo.* Ringel...: **~ worm** → **ring plover**; **~ turtle dove** → **ringdove**. **3.** um'ringt, eingeschlossen. **4.** ringförmig.
ring·er¹ ['rɪŋə(r)] *s* a) *Wurfringspiel*: richtig geworfener Ring, b) *Hufeisenwerfen*: *Am.* richtig geworfenes Hufeisen, c) zählender Wurf, Treffer *m*.
ring·er² ['rɪŋə(r)] *s* **1.** Glöckner *m*. **2.** *teleph.* Rufstromgeber *m*. **3.** a) *Pferderennen*: vertauschtes Pferd, b) j-d, der sich in e-n Wettkampf etc einschmuggelt. **4.** *sl.* Doppelgänger(in), (genaues) Ebenbild *n*, ,Zwilling' *m* (**for** von): **to be a**

dead (*od.* **real**) **~ for s.o.** j-m aufs Haar gleichen.
ring| fence *s* Um'zäunung *f*. **~ fin·ger** *s* Ringfinger *m*.
ring·ing ['rɪŋɪŋ] I *s* **1.** (Glocken)Läuten *n*. **2.** Klingeln *n*. **3.** Klingen *n*: **he has a ~ in his ears** ihm klingen die Ohren. **4.** a) *TV* Bildverdopp(e)lung *f*, b) *Radio*: gedämpfte Schwingung. **II** *adj* (*adv* **~ly**) **5.** klingend, schallend, laut: **~ cheers** brausende Hochrufe; **~ laugh** schallendes Gelächter. **6.** *fig.* zündend: **a ~ appeal**. **7. ~ tone** *teleph. Br.* Freiton *m*, -zeichen *n*.
'ring¦lead·er *s* Rädelsführer *m*.
ring·let ['rɪŋlɪt] *s* **1.** Ringlein *n*. **2.** (Ringel)Löckchen *n*. **'ring·let·ed** *adj* lockig, gelockt.
ring| lu·bri·ca·tion *s tech.* Ringschmierung *f*. **~ mail** *s mil. hist.* Kettenpanzer *m*. **'~-man** [-mən] *s irr Pferderennen*: *Br.* Buchmacher *m*. **'~-mas·ter** *s* 'Zirkusdi¦rektor *m*. **'~-neck** *s orn.* für verschiedene Vögel mit farbigem Halsstreifen: a) → **ring plover**, b) → **ring-necked duck**, c) → **ring-necked pheasant**.
'ring-necked *adj bes. orn.* mit farbigem Halsstreifen. **~ duck** *s orn.* Amer. Kragenente *f*. **~ pheas·ant** *s orn.* 'Ringfa¦san *m*.
ring| net *s* **1.** Ringnetz *n* (*zum Lachsfang*). **2.** Schmetterlingsnetz *n*. **~ oil·er** *s tech.* Ringöler *m*. **~ ou·zel** *s orn.* Ringdrossel *f*. **~ par·a·keet**, **~ par·rot** *s orn.* Halsbandsittich *m*. **~ plov·er** *s orn.* Halsbandregenpfeifer *m*. **~ road** *s bes. Br.* **1.** Um'gehungsstraße *f* (*um e-e Stadt*). **2.** Ringstraße *f* (*um ein Stadtviertel*). **'~ -side** I *s*: **at the ~** (*Boxen*) am Ring. **II** *adj*: **~ seat** a) Ringplatz *m*, b) Manegenplatz *m*; **to have a ~ seat** *fig.* ein Ereignis *etc* aus nächster Nähe verfolgen (können). **~ snake** *s zo.* Ringelnatter *f*. **~ stand** *s chem.* Sta'tiv *n*.
ring·ster ['rɪŋstə(r)] *s bes. pol. Am. colloq.* Mitglied *n* e-s Ringes *od.* e-r Clique.
,ring|-the-'bull *s Br.* Ringwerfen *n* (*Spiel*). **~ thrush** *s orn.* Ringdrossel *f*. **'~-wall** *s* Ringmauer *f*. **'~-worm** *s med. vet.* Scherpilzflechte *f*: **crusted ~** (Kopf-) Grind *m*.
rink [rɪŋk] I *s* **1.** *a.* **skating ~** a) (*bes.* Kunst)Eisbahn *f*, b) Rollschuhbahn *f*. **2.** a) *Bowls*: Spielfeld *n*, b) *Curling*: Rink *m*, Bahn *f*. **3.** *Bowls, Curling*: Mannschaft *f*. **II** *v/i* **4.** Schlittschuh laufen. **5.** Rollschuh laufen.
rink·y·dink ['rɪŋkɪˌdɪŋk] *adj u. Am. colloq.* altmodisch(er Mensch).
rinse [rɪns] I *v/t* **1.** *oft* **~ out** (ab-, aus-, nach)spülen, ausschwenken. **2.** *Wäsche etc* spülen. **3.** *chem.* entseifen. **4.** *Haare* tönen. **II** *s* **5.** Spülung *f*: **to give s.th. a good ~** etwas gut (ab- *od.* aus)spülen. **6.** Spülmittel *n*. **7.** Tönung *f* (*für Haar*): **red ~**. **'rins·ing** *s* **1.** (Aus)Spülen *n*, Spülung *f*. **2.** *meist pl* a) Spülwasser *n*, Spülicht *n*, b) ('Über)Rest *m* (*a. fig.*).
ri·ot ['raɪət] I *s* **1.** *bes. jur.* Aufruhr *m*, Zs.rottung *f*: **R~ Act** *Br. hist.* Aufruhrakte *f* (1715); **to read the ~ act to s.o.** j-m die Leviten lesen, j-n ernstlich warnen; **~ call** *Am.* Hilfeersuchen *n* (*der Polizei bei Aufruhr*); **~ gun** Straßenkampfwaffe *f* (*Art Schrotgewehr*); **~ police**, **~ squad** Überfallkommando *n*, Bereitschaftspolizei *f*; **~ shield** Schutzschild *m* (*der Polizisten gegen Demonstranten etc*); **~ stick** Schlagstock *m*. **2.** Tu'mult *m*, Kra'wall *m*, Lärm *m*. **3.** *fig.* Aufruhr *m* (*der Gefühle*), Ausbruch *m* (*von Leidenschaften etc*). **4.** a) Zügellosigkeit *f*, Ausschweifung *f*, b) Schwelge'rei *f*, Orgie *f*,

c) *fig.* Orgie *f*: **~ of colo(u)r**; **to run (sich aus)toben** (*Person*), *bot.* wuchern (*Pflanze*), *hunt.* e-e falsche Fährte verfolgen (*Jagdhund*), *fig.* durchgehen (*Phantasie etc*); **he (it) is a ~** *colloq.* er (es) ist einfach ,toll', *meist* er (es) ist zum Schreien (komisch). **II** *v/i* **5.** a) an e-m Aufruhr teilnehmen, b) e-n Aufruhr anzetteln. **6.** randa'lieren, toben. **7.** in Saus u. Braus leben, schwelgen (*a. fig.*) (**in** in dat). **III** *v/t* **8. sein Leben** *etc* in Saus u. Braus zubringen. **'ri·ot·er** *s* **1.** Aufrührer *m*. **2.** Randa'lierer *m*, Kra'wallmacher *m*. **'ri·ot·ous** *adj* (*adv* **~ly**) **1.** aufrührerisch: **~ assembly** *jur.* Zs.-rottung *f*. **2.** tumul-tu'arisch, tobend, lärmend. **3.** ausgelassen, wild, toll. **4.** zügellos, ausschweifend, wild. **5.** üppig, ,wild': **~ colo(u)rs**.
rip¹ [rɪp] I *v/t* **1.** (zer)reißen, (-)schlitzen, *ein Kleid etc* zer-, auftrennen: **to ~ up** a) *a.* **to ~ open** aufreißen (*a. Straße etc*), aufschlitzen, -trennen, b) *mar.* ein altes Schiff abwracken, c) e-e alte Wunde wieder aufreißen (*a. fig.*). **2.** a) *meist* **~ out** (her)'ausrennen, -reißen (**of** aus), b) **~ off** los-, abtrennen, -reißen, *fig. sl.* etwas ,mitgehen lassen', *Bank etc* ausrauben, j-n ,ausnehmen', ,neppen'. **3. ~ out** e-n Fluch *etc* ausstoßen. **II** *v/i* **4.** reißen, (auf)platzen. **5.** *colloq.* sausen, rasen: **to let s.th. ~** e-r Sache freien Lauf lassen; **let her ~!** *mot.* ,drück auf die Tube!'; **to ~ into** *fig.* losgehen auf j-n. **6. to ~ out with an oath** e-n Fluch ausstoßen. **III** *s* **7.** Schlitz *m*, Riß *m*.
rip² [rɪp] *s mar.* Kabbelung *f*.
ri·par·i·an [raɪ'peərɪən; rɪ-] I *adj* **1.** Ufer...: **~ owner** → **3**. **II** *s* **2.** Uferwohner(in). **3.** *jur.* Uferanlieger *m*. **ri-'par·i·ous** *adj bot. zo.* am Ufer lebend, Ufer...
rip cord *s aer.* Reißleine *f*.
ripe [raɪp] I *adj* (*adv* **~ly**) **1.** reif: a) zeitig (*Getreide, Obst, Ernte*), b) ausgereift: **~ cheese**; **~ port**, c) voll entwickelt, her-'angereift: **a ~ girl**; **a ~ beauty** e-e reife Schönheit, d) *med.* operati'onsreif: **~ cataract**; **~ tumo(u)r**. **2.** schlachtreif: **~ cattle**. **3.** *hunt.* abschußreif: **~ game**. **4.** schlagreif: **~ woods**. **5.** *fig.* voll, blühend: **~ lips**. **6.** *fig.* reif, gereift: **at a ~ old age** in reifem Alter; **a ~ artist** ein vollendeter Künstler; **~ judg(e)ment** reifes Urteil; **a ~ plan** ein ausgereifter Plan. **7.** reif, voll'endet, *Bibl.* erfüllt: **time is ~** die Zeit ist reif (**for** für). **8.** fertig, bereit, reif (**for** für): **~ for development** baureif. **9.** *colloq.* deftig (*Witz etc*). **II** *v/t u. v/i bes. poet. für* **ripen**.
rip·en ['raɪpən] I *v/i* **1.** *a. fig.* reifen, reif werden. **2.** sich (voll) entwickeln, her-'anreifen (**into** zu). **II** *v/t* **3.** reifen lassen (*a. fig.*).
ripe·ness ['raɪpnɪs] *s* **1.** Reife *f*. **2.** *fig.* Reife *f*: a) Gereiftheit *f*, b) Voll'endung *f*.
'rip-off *s sl.* **1.** Diebstahl *m*. **2.** 'Raub (-,überfall) *m*. **3.** ,Nepp' *m*: **~ joint** Nepplokal *n*. **4.** ,Beschiß' *m*.
ri·poste [rɪ'post; *bes. Am.* rɪ'poʊst] I *s* **1.** *fenc.* Ri'poste *f*, Nachstoß *m*. **2.** *fig.* a) schlagfertige Erwiderung, b) scharfe Antwort. **II** *v/i* **3.** *fenc.* ripo'stieren, e-e Ri'poste ausführen. **4.** *fig.* (schlagfertig *od.* scharf) kontern.
rip·per ['rɪpə(r)] *s* **1.** Trennmesser *n*. **2.** *tech.* a) 'Trennma¦schine *f*, b) 'Aufreiß-ma¦schine *f* (*für Straßenpflaster etc*), → **ripsaw** I. **3.** *meist* **~ act**, **~ bill** *jur. Am. sl.* Gesetz, das Vollmacht zu einschneidenden (*Personal*)Veränderungen gibt. **4.** *sl.* a) 'Prachtexem¦plar *n*, b) Prachtkerl *m*. **5.** Mörder, der seine Opfer aufschlitzt.
rip·ping ['rɪpɪŋ] *adj* (*adv* **~ly**) **1.** spaltend, (auf)trennend, (-)schlitzend: **~ bar** Brechstange *f*; **~ chisel** Stemmeisen *n*,

Stechbeitel m. **2.** obs. bes. Br. sl. prächtig, ‚prima', ‚toll'.
rip·ple¹ ['rɪpl] **I** v/i **1.** (kleine) Wellen schlagen, sich kräuseln. **2.** (da'hin)plätschern (a. fig. Gespräch etc), (da'hin)rieseln, murmeln. **3.** (leicht) wogen (Ährenfeld): **to ~ in the wind. 4.** spielen (Muskeln). **II** v/t **5.** Wasser leicht bewegen od. aufrühren, kräuseln. **6.** in wellenartige od. wogende Bewegung versetzen. **III** s **7.** a) Kräuselung f (von Wasser, Sand), b) pl kleine Wellen pl, Kabbelung f, → **ripple mark; to cause a ~ (on the surface)** fig. a) für Aufsehen sorgen, b) Eindruck machen. **8.** Rieseln n, Plätschern n. **9.** electr. kleine Welle, Welligkeit f. **10.** fig. Da'hinplätschern n, (sanftes) Auf u. Ab, Welle f: **~ of conversation** munter dahinfließende Konversation; **~ of laughter** leises od. gedämpftes Lachen. **11.** Spiel n (der Muskeln). **IV** adj **12.** electr. pul'sierend, Brumm..., Welligkeits...: **~ voltage** Brummspannung f.
rip·ple² ['rɪpl] **I** s Riffelkamm m. **II** v/t Flachs riffeln.
rip·ple| cloth s Zibe'line f (angerauhter Wollstoff). **~ cur·rent** s electr. Brummstrom m. **~ mark** s geol. Rippelmarke f.
rip·ply ['rɪplɪ] adj **1.** wellig, gekräuselt. **2.** fig. murmelnd.
'rip|-roar·ing adj colloq. **1.** a) aufregend, b) ausgelassen. **2.** ‚toll', ‚e'norm'. **'~-sack** s zo. Grauwal m. **'~-saw I** s tech. Spaltsäge f. **II** v/t Holz mit dem Strich sägen. **'~-snort·er** s sl. a) ‚tolle Sache', b) ‚toller Kerl'. **'~-snort·ing** → riproaring. **'~-tide** s mar. **1.** Stromkabbelung f. **2.** Ripptide f.
Rip·u·ar·i·an [ˌrɪpjuˈɛərɪən; Am. -pjə-ˈwer-] hist. **I** adj ripu'arisch: **~ Frank** → II. **II** s ripu'arischer Franke.
rise [raɪz] **I** v/i pret **rose** [rəʊz] pp **ris·en** ['rɪzn] **1.** sich erheben, vom Bett, Boden, Tisch etc aufstehen: **to ~ from one's bed; he could not ~; ~ and shine!** raus aus den Federn! **2.** a) aufbrechen, b) die Sitzung schließen, sich vertagen. **3.** auf-, hoch-, em'porsteigen (Vogel, Rauch, Geruch etc; a. fig. Gedanke, Zorn etc): **the curtain ~s** thea. der Vorhang geht hoch; **her colo(u)r rose** a) die Röte stieg ihr ins Gesicht, b) ihre Wangen röteten sich (an der Luft etc); **to the surface** a) an die Oberfläche kommen (Fisch etc), auftauchen (U-Boot), b) fig. ans Tageslicht od. zum Vorschein kommen; **the fish are rising well** beißen gut; **his hair rose** die Haare standen ihm zu Berge od. sträubten sich ihm; **land ~s to view** mar. Land kommt in Sicht; **the spirits rose** die Stimmung hob sich; **the word rose to her lips** das Wort kam ihr auf die Lippen. **4.** relig. (von den Toten) auferstehen. **5.** em'porsteigen, dämmern, **morning ~s. 6.** astr. aufgehen: **the sun ~s. 7.** ansteigen, berg'an gehen: **the lane rose. 8.** (an)steigen: **the fever (price, river,** etc) **rose; the barometer** (od. **glass**) **has ~n** das Barometer ist gestiegen. **9.** dicht. em'porragen: **the tower ~s to a height of 80 yds** der Turm erreicht e-e Höhe von 80 Yds. **10.** steigen, sich bäumen (Pferd): **to ~ to a fence** zum Sprung über ein Hindernis ansetzen. **11.** aufgehen (Saat, a. Hefeteig). **12.** sich bilden: **blisters ~ on his skin. 13.** sich erheben, aufkommen (Wind, Sturm, Unruhe, Streit etc). **14.** a. **to ~ in rebellion** sich erheben od. em'pören, revol'tieren, aufstehen: **~ arm²** Bes. Redew.; **my stomach ~s against** this mein Magen sträubt sich dagegen, a. fig. es ekelt mich an. **15.** entstehen, -springen: **the river ~s from a spring in the mountains** der Fluß entspringt aus e-r Bergquelle. **16.** fig. sich erheben: a) erhaben sein (above über acc): **to ~ above petty jealousies,** b) sich em'porschwingen (Geist): **to ~ above mediocrity** über das Mittelmaß hinausragen; → **occasion 4. 17.** (beruflich od. gesellschaftlich) aufsteigen: **to ~ to a higher rank** aufsteigen, befördert werden; **to ~ in the world** vorwärtskommen, es zu etwas bringen. **18.** (an)wachsen, sich steigern: **the wind rose** der Wind nahm zu; **his courage rose** sein Mut wuchs. **19.** mus. etc (an)steigen, anschwellen (Ton), lauter werden (Stimme).
II v/t **20.** a) aufsteigen lassen, e-n Fisch an die Oberfläche bringen, b) aufsteigen sehen, a. mar. ein Schiff sichten.
III s **21.** (Auf-, Hoch)Steigen n, Aufstieg m, thea. Hochgehen n (des Vorhangs). **22.** astr. Aufgang m: **~ of the moon. 23.** relig. Auferstehung f (von den Toten). **24.** a) Auftauchen n, b) Steigen n (des Fisches): Schnappen n (nach dem Köder): **to get** (od. **take**) **a ~ out of s.o.** fig. j-n auf die Palme bringen'. **25.** fig. Aufstieg m: **his ~ to fame; the ~ and fall of nations; a young artist on the ~** ein aufstrebender junger Künstler. **26.** (An-) Steigen n: a) Anschwellen n: **the ~ of the flood** (**his voice,** etc), b) Anstieg m, Erhöhung f, Zunahme f: **the ~ in temperature** der Temperaturanstieg; **~ of** (the) **tide** mar. Tidenhub m; **~ and fall** Steigen u. Fallen, c) allg. (An)Wachsen n, Steigerung f. **27.** econ. a) (An)Steigen n, Anziehen n: **~ in prices** Preisanstieg m, b) Börse: Aufschwung m, Hausse f, c) bes. Br. Aufbesserung f, Lohn-, Gehaltserhöhung f: **in the** (od. **on the)** im Steigen begriffen (Preise, Kurse); **~ (of value)** Wertsteigerung f; **to buy for a ~** auf Hausse spekulieren. **28.** Zuwachs m, Zunahme f: **~ in population** Bevölkerungszuwachs, -zunahme. **29.** Ursprung m (e-r Quelle od. fig.), Entstehung f: **to take** (od. **have**) **it's ~** entspringen, entstehen, s-n Ursprung nehmen. **30.** fig. Anlaß m, Ursache f: **to give ~ to** a) verursachen, hervorrufen, b) Verdacht etc aufkommen lassen, Anlaß geben zu, erregen. **31.** a) Steigung f (e-s Geländes), b) Anhöhe f, Erhebung f. **32.** Höhe f: **the ~ of a tower.**
ris·en ['rɪzn] pp von rise.
ris·er ['raɪzə(r)] s **1. early ~** Frühaufsteher(in); **late ~** Langschläfer(in). **2.** Futterstufe f (e-r Treppe). **3.** Zwischenstück n. **4.** tech. Steigleitung f. **5.** Gießerei: a) Gußzapfen m, b) Steiger m.
ris·i·bil·i·ty [ˌrɪzɪˈbɪlətɪ] s **1.** oft pl Lachlust f. **2.** Gelächter n, Heiterkeit f. **'ris·i·ble** adj **1.** lachlustig. **2.** Lach...: **~ muscles. 3.** lachhaft.
ris·ing ['raɪzɪŋ] **I** adj **1.** (an-, auf-, em'por-, hoch)steigend (a. fig.): **~ cloud meteor.** Aufgleitwolke f; **~ diphthong** ling. steigender Diphthong; **~ floor** tech. Hebebühne f; **~ ground** a) (Boden)Erhebung f, Anhöhe f, b) arch. Auffahrt f; **~ gust** aer. Steigbö f; **~ main** → riser 4; **~ rhythm** metr. steigender Rhythmus; **~ vote** parl. Abstimmung f durch Sich-Erheben. **2.** fig. her'anwachsend, kommend: **the ~ generation. 3.** fig. aufstrebend: **a ~ lawyer. II** prep **4.** Am. a) **of** colloq. (etwas) mehr als, b) genau, gerade. **5.** (noch) nicht ganz, fast: **she is ~ 17. III** s **6.** Aufstehen n. **7.** (An-, Auf)Steigen n. **8.** a) Steigung f, b) Anhöhe f. **9.** (An)Steigen n, Anschwellen n (e-s Flusses etc). **10.** astr. Aufgehen n. **11.** Am. a) Hefe f, b) zum Aufgehen bestimmte Teigmenge. **12.** fig. Erhebung f, Aufstand m. **13.** Zunahme f, Erhöhung f, (An)Steigen n: **~ of prices** (temperature, etc). **14.** med. a) (An)Schwellung f, Geschwulst f, b) Ausschlag m, Pustel f. **15.** Aufbruch m (e-r Versammlung).
risk [rɪsk] **I** s **1.** Wagnis n, Gefahr f, Risiko n: **at all ~s** ohne Rücksicht auf Verluste; **at one's own ~** auf eigene Gefahr; **at the ~ of one's life** unter Lebensgefahr; **at the ~ of** (ger) auf die Gefahr hin zu (inf); **to be at ~** a) in Gefahr sein, b) auf dem Spiel stehen; **to put at ~** gefährden; **to run the ~ of doing s.th.** Gefahr laufen, etwas zu tun; **to run** (od. **take**) **a ~** ein Risiko eingehen od. auf sich nehmen; → **calculated 1, security risk. 2.** econ. a) Risiko n, (Verlust)Gefahr f, b) versichertes Wagnis (Ware od. Person), c) a. **amount at ~** Risikosumme f: **accident ~** Unfallrisiko; **fire ~, ~ of fire** Feuers-, Brandgefahr; **to be on ~** das Risiko tragen, haften; **~ capital** Risikokapital n; **~ money** a) Kaution f, b) Mankogeld n. **II** v/t **3.** ris'kieren, wagen: a) aufs Spiel setzen: **to ~ one's life,** b) sich getrauen: **to ~ the jump. 4.** e-n Verlust, e-e Verletzung etc ris'kieren, es ankommen lassen auf (acc). **'risk·ful** → risky **1. 'risk·i·ness** s Gewagtheit f, (das) Ris'kante. **'risk·less** adj **1.** gefahrlos. **2.** econ. risikolos. **'risk·y** adj (adv **riskily**) **1.** ris'kant, gewagt, gefährlich. **2.** → risqué.
ri·sot·to [rɪˈzɒtəʊ; -ˈsɒ-] s gastr. Ri'sotto m.
ris·qué ['riːskeɪ; Am. rɪˈskeɪ] adj gewagt, schlüpfrig: **a ~ story.**
Riss [rɪs] geol. **I** s Rißeiszeit f. **II** adj Riß...: **~ time** → I.
ris·sole ['rɪsəʊl; Am. a. rɪˈsəʊl] s gastr. Ris'sole f, Briso'lett n.
ri·tar·dan·do [ˌrɪtɑː(r)ˈdændəʊ; Am. -ˈdɑːn-] mus. **I** adj u. adv ritar'dando, langsamer werdend. **II** pl **-dos** s Ritar'dando n.
rite [raɪt] s **1.** relig. etc, a. iro. Ritus m, Zeremo'nie f, feierliche Handlung: **~s** Riten, Zeremoni'ell n, Ritual n; **funeral ~s** Totenfeier f, Leichenbegängnis n; **last ~s** Sterbesakramente. **2.** oft **R~** relig. Ritus m: a) Religi'onsform f, b) Litur'gie f. **3.** Gepflogenheit f, Brauch m.
rit·or·nel, rit·or·nelle [ˌrɪtɔː(r)ˈnel], **ˌrit·or·ˈnel·lo** [-ləʊ] pl **-los, -loes, -li** [-liː] s mus. hist. Ritor'nell n: a) Vor-, Zwischen- u. Nachspiel in Vokalwerken, b) Re'frain m.
rit·u·al ['rɪtʃʊəl; Am. 'rɪtʃəwəl] **I** s **1.** relig. etc, a. fig. Ritu'al n, Zeremoni'ell n. **2.** relig. a) Ritu'al n, Gottesdienstordnung f, b) Ritu'ale n, Ritu'albuch n. **II** adj (adv **-ly**) **3.** ritu'al, Ritual...: **~ murder** Ritualmord m. **4.** ritu'ell, feierlich: **~ dance. 'rit·u·al·ism** s relig. **1.** Befolgung f des Ritu'als. **2.** (über'triebenes) Festhalten an ritu'ellen Formen. **3.** Ritua'lismus m, Anglokatholi'zismus m. **4.** Ritenkunde f. **'rit·u·al·ist** s **1.** Ritenkenner(in). **2.** j-d, der am kirchlichen Brauchtum hängt. **3.** Ritua'list(in), Anglokatho'lik(in). **ˌrit·u·al·ˈis·tic** adj (adv **-ally**) relig. ritua'listisch, Ritual... **'rit·u·al·ize** v/t **1.** ein Ritu'al machen aus. **2.** e-m Ritu'al unter'werfen.
ritz·y ['rɪtsɪ] adj sl. **1.** ‚stinkvornehm', ‚feu'dal'. **2.** bes. Am. angeberisch.
riv·age ['rɪvɪdʒ; 'raɪ-] s **1.** obs. od. poet. Gestade n. **2.** jur. hist. Br. Flußzoll m.
ri·val ['raɪvl] **I** s **1.** Ri'vale m, Ri'valin f, Nebenbuhler(in), Konkur'rent(in): **to be ~s for** rivalisieren um; **to be a ~ of** fig. → 4; **without a ~** ohnegleichen, unerreicht. **II** adj **2.** rivali'sierend, konkur'rierend, wetteifernd, Konkurrenz...: **~ firm (newspaper,** etc); **~ team** sport gegnerische Mannschaft, Gegnermannschaft f. **III** v/t pret u. pp **-valed,** bes. Br.

-valled 3. rivali'sieren *od.* wetteifern *od.* konkur'rieren mit, *j-m* den Rang streitig machen. **4.** *fig.* gleichwertig sein *od.* gleichkommen (*dat*), es aufnehmen mit. '**ri·val·ry** [-rɪ] *s* **1.** Rivali'tät *f*. **2.** Wettstreit *m*, -bewerb *m*, Konkur-'renz(kampf *m*) *f*: **to enter into ~ with s.o.** mit *j-m* in Wettbewerb treten, *j-m* Konkurrenz machen. '**ri·val·ship** *s* Rivali'tät *f*.
rive [raɪv] *pret* **rived,** *pp* **rived** [raɪvd], **riv·en** ['rɪvən] **I** *v/t* **1.** (auf-, zer)spalten. **2.** zerreißen (*a. fig.*): **~n zerrissen** (*Herz etc*). **II** *v/i* **3.** sich spalten, zerreißen. **4.** *fig.* brechen (*Herz*).
riv·er ['rɪvə(r)] *s* **1.** Fluß *m*, Strom *m*: **the ~ Thames** die Themse; **Hudson R~** der Hudson; **down the ~** *Am.* colloq. auf-, **to sell s.o. down the ~** colloq. j-n verraten u. ,verkaufen'; **up the ~** a) stromauf (-wärts), b) *Am.* colloq. ins *od.* im ,Kittchen'. **2.** *fig.* Strom *m*, Flut *f*: **~ of tears**.
riv·er·ain ['rɪvəreɪn] **I** *adj* Ufer..., Fluß... **II** *s* Flußgegend *f*.
'**riv·er**|**bank** *s* Flußufer *n*. **~ ba·sin** *s* Flußbecken *n*. '**~bed** *s* Flußbett *n*. **~ dam** *s* **1.** Staudamm *m*, Talsperre *f*. **2.** Buhne *f*. **~ driv·er** *s Am.* Flößer *m*. '**~front** *s* (Fluß)Hafenviertel *n*. **~ god** *s* Flußgott *m*. '**~head** *s* (Fluß)Quelle *f*. **~ hog** *s zo.* Flußschwein *n*. **~ horse** *s zo.* Flußpferd *n*.
riv·er·ine ['rɪvəraɪn] *adj* am Fluß (gelegen *od.* wohnend), Fluß...
'**riv·er·man** [-mən] *s irr* **1.** *j-d*, der am Fluß arbeitet. **2.** → **river driver**. **~ nov·el** → **roman-fleuve**. **~ po·lice** *s* 'Strom-, 'Wasserpoli,zei *f*. **~ port** *s mar.* Binnen-, Flußhafen *m*. '**~side I** *s* Flußufer *n*: **by the ~** am Fluß. **II** *adj* am Ufer (gelegen), Ufer...: **a ~ villa**.
riv·et ['rɪvɪt] **I** *s* **1.** *tech.* Niet *m*: **~ joint** Nietverbindung *f*. **II** *v/t* **2.** *tech.* (ver)nieten: **to ~ on** annieten (**to an** *acc*). **3.** (to) befestigen, festmachen (an *dat*), (an)heften (an *acc*): **~ed hatred** *fig.* eingewurzelter Haß; **to stand ~ed to the ground** (*od.* **spot**) wie festgenagelt stehen(bleiben). **4.** a) den Blick, *j-s* Aufmerksamkeit *etc* heften, richten (**on** auf *acc*), b) *j-s Aufmerksamkeit*, *a. j-n* fesseln. '**riv·et·er** *s* Nieter *m*. 'Nietma,schine *f*.
'**riv·et·ing** *s tech.* **1.** Nietung *f*, Nietnaht *f*. **2.** (Ver)Nieten *n*: **~ hammer** Niethammer *m*; **~ machine** Nietmaschine *f*.
riv·ing| **knife** ['raɪvɪŋ] *s irr tech.* Spaltmesser *n*. **~ ma·chine** *s tech.* 'Spaltma,schine *f*. [chen *n*.]
riv·u·let ['rɪvjʊlɪt; *Am. a.* -və-] *s* Flüß-
roach[1] [rəʊtʃ] *pl* **-es** [-tʃɪz], *bes. collect.* **roach** *s ichth.* Plötze *f*, Rotauge *n*: **sound as a ~** kerngesund; '**~backed** katzenbuck(e)lig.
roach[2] [rəʊtʃ] **I** *s* **1.** *mar.* Gilling *f* (*am Segel*). **II** *v/t* **2.** *mar.* mit *e-r* Gilling versehen. **3.** *Am.* a) Haar *etc* bogenförmig schneiden *od.* hochkämmen, b) *Pferdemähne* stutzen.
roach[3] [rəʊtʃ] *s* **1.** → **cockroach. 2.** *sl.* Stummel *m e-r* 'Haschischzigarette.
road [rəʊd] **I** *s* **1.** (Land)Straße *f*: **by ~** a) zu Fuß, b) per Straße, *Straßenweg*, c) per Achse (*Fahrzeug*); **one for the ~** colloq. ,einen' (*Schnaps etc*) für unterwegs *od.* zum Abschied; **to take to the ~** Landstreicher werden; **it is a long ~ that has no turning** *fig.* alles muß sich einmal ändern. **2.** a) (Verkehrs)Weg *m*, Strecke *f*, b) Fahrbahn *f*, c) Wasserstraße *f*, d) *rail. Br.* Strecke *f*, e) *rail. Am.* Bahn *f*: **rule of the ~** Straßenverkehrsordnung *f*, *mar.* Seestraßenordnung *f*; **on the ~** auf (der Land)Straße, (*bes.* geschäftlich) unterwegs, auf Reisen, *thea.* auf Tournee; **to get a play on the ~** *thea.* mit *e-m* Stück auf Tournee gehen; **~ up!** (*Warnschild*) Straßenarbeiten!; **to hold the ~ well** *mot.* e-e gute Straßenlage haben; **to take** (*sl.* **to hit**) **the ~** sich auf den Weg machen, aufbrechen. **3.** *fig.* Weg *m*: **to be in s.o.'s ~** *j-m* im Weg stehen; **to get s.th. out of the ~** aus dem Weg räumen; **the ~ to ruin** (**to success**) der Weg ins Verderben (zum Erfolg). **4.** *meist pl mar.* Reede *f*. **5.** *Bergbau:* Förderstrecke *f*. **6.** *thea.* Gastspielgebiet *n*.
II *adj* **7.** Straßen...: **~ conditions** Straßenzustand *m*; **~ contractor** Fuhrunternehmer *m*; **~ haulage** Güterkraftverkehr *m*; **~ junction** Straßenknotenpunkt *m*, -einmündung *f*; **~ performance** *mot.* Fahreigenschaften *pl*; **~ sign** Straßenschild *n*, Wegweiser *m*.
III *v/t u. v/i* **8.** *hunt.* (*bes.* Flugwild) aufspüren.

,**road·a'bil·i·ty** *s* Fahreigenschaften *pl*, *engS.* Straßenlage *f* (*e-s Autos*). '**road·a·ble** *adj* zum 'Straßentrans,port geeignet: **~ aircraft** *aer.* Autoflugzeug *n*.
road| **ac·ci·dent** *s mot.* Verkehrsunfall *m.* **~ a·gent** *s hist. Am.* Straßen-, Postkutschenräuber *m*. '**~bed** *s* **1.** *rail.* Bahnkörper *m*. **2.** *tech.* Straßenbettung *f*. **~ block** *s* **1.** Straßensperre *f*. **2.** Verkehrshindernis *n*. **3.** *fig.* Hemmnis *n*, Hindernis *n*. **~ book** *s* Straßenatlas *m*. **~ game** *s sport Am.* Tour'nee- *od.* Auswärtsspiel *n*. **~ grad·er** *s tech.* Straßenhobel *m*, Pla'nierma,schine *f*. **~ hog** *s mot.* colloq. a) rücksichtsloser Fahrer, Verkehrsrowdy *m*, b) *j-d*, der die ganze Straße für sich braucht. '**~hold·ing** *s mot.* Straßenlage *f*. **~ hole** *s* Schlagloch *n*. '**~house** *s* Rasthaus *n*.
road·ie ['rəʊdɪ] *s colloq.* für **road manager**.
road| **ma·chine** → **road grader**. '**~man** [-mən] *s irr* **1.** Straßenarbeiter *m*. **2.** Straßenhändler *m*. **3.** Radsport: Straßenfahrer *m*. **~ man·ag·er** *s* Roadmanager *m*, Roadie *m* (*für die Bühnentechnik u. den Transport der benötigten Ausrüstung verantwortlicher Begleiter e-r Rockgruppe*). **~ map** *s* Straßen-, Autokarte *f*. **~ mark·ing** *s* 'Straßenmar,kierung *f*. **~ mend·er** → **roadman 1. ~ met·al** *s* Straßenbeschotterung *f*, -schotter *m*. **~ race** *s Radsport:* Straßenrennen *n*. **~ rid·er** *s Radsport:* Straßenfahrer(in). **~ roll·er** *s tech.* Straßenwalze *f*. **~ safe·ty** *s* Verkehrssicherheit *f*. **~ scrap·er** → **road grader**. **~ sense** *s mot.* instink'tiv richtiges Verkehrsverhalten. '**~side I** *s* Straßen-, Wegrand *n*: **by the ~** am Straßenrand. **II** *adj* an der (Land)Straße (gelegen), Straßen...: **~ inn**. '**~stead** *s mar.* Reede *f*.
road·ster ['rəʊdstə(r)] *s mot.* Roadster *m*, (offener) Sportzweisitzer. **2.** *Br.* (starkes) Tourenrad. **3.** Landstreicher *m*.
road| **sweep·er** *s Br.* Straßenkehrer *m*. **~ test** *s mot.* Probefahrt *f*: **to do a ~** e-e Probefahrt machen. '**~test** *v/t* ein Auto probefahren, e-e Probefahrt machen mit. **~ trac·tor** *s mot.* Sattelschlepper *m*. **~ us·er** *s* Verkehrsteilnehmer(in). **~ walk·ing** *s Leichtathletik:* Straßengehen *n*. '**~way** *s* **1.** Landstraße *f*, Fahrweg *m*. **2.** Straßen-, Fahrdamm *m*, Fahrbahn *f* (*a. e-r Brücke*). '**~work** *s sport* Lauftraining *n* (*e-s Boxers etc*). '**~,wor·thi·ness** *s mot.* Verkehrssicherheit *f* (*e-s Autos*). '**~,wor·thy** *adj* verkehrssicher.
roam [rəʊm] **I** *v/i* **1.** **~ about** (*od.* **around**) (um'her)streifen, (-)wandern: **to ~ about the world** in der Welt herumziehen. **2.** *fig.* schweifen (*Blicke*, *Gedanken etc*). **II** *v/t* **3.** *a. fig.* durch'streifen, -'wandern: **to ~ the seas** alle Meere befahren. **III** *s* **4.** Wandern *n*, Um'herstreifen *n*. '**roam·er** *s* **1.** Her'umtreiber(in). **2.** Wanderer *m*, Wand(r)erin *f*.
roar [rɔː(r); *Am. a.* rɔːr] **I** *v/i* **1.** brüllen: **to ~ at s.o.** *j-n* anbrüllen; **to ~ with pain** brüllen vor Schmerz. **2.** (*vor Begeisterung od. Freude*) brüllen (**at** über *acc*): **to ~** (**with laughter**) brüllen (vor Lachen). **3.** a) tosen, toben, brausen (*Wind, Meer*), b) (g)rollen, krachen (*Donner*), c) (er-)dröhnen, donnern (*Geschütz, Motor etc*), d) donnern, brausen (*Fahrzeug*), e) (er-)dröhnen, brausen (**with** von) (*Ort*). **4.** *vet.* keuchen (*Pferd*). **II** *v/t* **5.** *etwas* brüllen: **to ~ out** *s-e Freude etc* hinausbrüllen, -schreien; **to ~ s.o. down** *j-n* niederbrüllen. **III** *s* **6.** Brüllen *n*, Gebrüll *n* (*a. fig.*): **to set up a ~** ein Geschrei *od.* Gebrüll erheben; **to set the party in a ~** (**of laughter**) die Gesellschaft in schallendes Gelächter versetzen. **7.** a) Tosen *n*, Toben *n*, Brausen *n* (*des Meeres, Windes etc*), b) Krachen *n*, (G)Rollen *n* (*des Donners*), c) Donner *m* (*von Geschützen*), d) Lärm *m*, Dröhnen *n*, Donnern *n* (*von Motoren, Maschinen etc*), Getöse *n*. '**roar·er** *s* **1.** Schreihals *m*. **2.** *vet.* Lungenpfeifer *m* (*Pferd*). '**roar·ing I** *adj* (*adv* **-ly**). **1.** brüllend (*a. fig.* mit **with**). **2.** lärmend, laut. **3.** tosend (*etc*, → **roar** 3): → **forty** 3. **4.** *fig.* stürmisch, brausend: **~ applause**; **a ~ feast** ein rauschendes Fest. **5.** *colloq.* großartig, ,phan'tastisch', ,toll': **~ business** (*od.* **trade**) schwunghafter Handel; **in ~ health** kerngesund. **6.** *colloq.* fa'natisch: **a ~ Catholic**. **II** *adv* **7.** **~ drunk** *colloq.* ,sternhagelvoll'. **III** *s* → **roar** III.
roast [rəʊst] **I** *v/t* **1.** a) braten, rösten: **~ed apple** Bratapfel *m*, b) schmoren (*a. fig. in der Sonne etc*): **to be ~ed alive** bei lebendigem Leibe verbrannt werden *od.* *fig.* vor Hitze fast umkommen. **2.** *Kaffee, Mais etc* rösten. **3.** *metall.* rösten, abschwelen: **to ~ ore**. **4.** *colloq.* a) durch den Ka'kao ziehen', lächerlich machen, b) ,verreißen' (*vernichtend kritisieren*). **II** *v/i* **5.** rösten, braten, schmoren: **I am simply ~ing** ich komme vor Hitze fast um. **III** *s* **6.** Braten *m*: → **rule** 14. **7.** (Sorte *f*) Röstkaffee *m*. **8.** *colloq.* a) Verspottung *f*, b) ,Verriß' *m* (*vernichtende Kritik*). **9.** **steak** → *Am. colloq.* (gemeinsames) Steakbraten (*am offenen Feuer*). **IV** *adj* **10.** geröstet, gebraten, Röst...: **~ beef** Rost-, Rinderbraten *m*; **~ pork** Schweinebraten *m*. '**roast·er** *s* **1.** Röster *m*, 'Röstappa,rat *m*. **2.** *metall.* Röstofen. **3.** Kaffeetrommel *f*. **4.** a) Brathähnchen *n*, b) Spanferkel *n*, c) Bratapfel *m*. **5.** *colloq.* glühend- *od.* knallheißer Tag. '**roast·ing I** *adj* **1.** Röst..., Brat...: **~ charge** *tech.* Röstgut *n*; **~ jack** Bratenwender *m*; **~ pig** Ferkel *n* zum Braten; **~ oven** → **roaster** 2. **2.** *colloq.* glühend-, knallheiß (*Tag etc*). **II** *adv* **3.** **~ hot** *colloq.* glühend-, knallheiß. **III** *s* **4. to give s.o.** (**s.th.**) **a** (**real** *od.* **good**) **~** *colloq.* a) *j-n* (etwas) ,durch den Kakao ziehen', lächerlich machen, b) *j-n*, *etwas* ,verreißen' (*vernichtend kritisieren*).
rob [rɒb; *Am.* rɑb] **I** *v/t* **1.** a) *etwas* stehlen, rauben, b) *ein Haus etc* ausrauben, (aus-) plündern, c) *fig.* berauben (**of** *gen*). **2.** *j-n* berauben: **to ~ s.o. of s.th.** a) *j-n* e-r Sache berauben (*a. fig.*), b) *j-n* um etwas bringen, *j-m* etwas nehmen; **the shock ~bed him of** (**his**) **speech** der Schreck raubte ihm die Sprache; → **Peter**[1]. **II** *v/i* **3.** rauben, plündern.
rob·ber ['rɒbə; *Am.* 'rɑbər] *s* Räuber *m*. **~ bar·on** *s hist.* **1.** Raubritter *m*. **2.** *Am.* skrupelloser Kapita'list. **~ gull** *s orn.* Raubmöwe *f*.

rob·ber·y ['rɒbərɪ; *Am.* 'rɑ-] *s* **1.** *a. jur.* Raub *m*; ~ **with violence** *jur.* schwerer Raub. **2.** *fig.* Diebstahl *m*.
robe [rəʊb] **I** *s* **1.** (Amts)Robe *f*, Ta'lar *m* (*von Geistlichen, Juristen etc*): ~s Amtstracht *f*; **state** ~ Amtskleid *n*; **the gentlemen of the (long)** ~ die Juristen. **2.** Robe *f*: a) (wallendes) Gewand, b) Festgewand *n*, -kleid *n*, c) Abendkleid *n*, d) einteiliges Damenkleid, e) Bademantel *m*, langer Morgenrock: **master of the** ~s Oberkämmerer *m*; **coronation** ~s Krönungsornat *m*. **3.** Tragkleidchen *n* (*von Säuglingen*). **4.** *Am.* wärmende (Fell- *etc*)Decke. **II** *v/t* **5.** *j-n* (feierlich an)kleiden, *j-m* die Robe anlegen. **6.** *fig.* (ein)hüllen. **III** *v/i* **7.** die Robe *etc* anlegen, sich ankleiden.
robe-de-cham·bre *pl* **robes-de-cham·bre** [rɒbdəʃɑ̃br] (*Fr.*) *s* Morgenrock *m*, -kleid *n*.
rob·ert ['rɒbə(r)t; *Am.* 'rɑ-] → **herb Robert**.
rob·in ['rɒbɪn; *Am.* 'rɑ-] *s orn.* **1.** Rotkehlchen *n*. **2.** *Am.* Wanderdrossel *f*. **R- Good·fel·low** ['gʊdˌfeləʊ] *s* Hauskobold *m*, (*Art*) Heinzelmännchen *n*.
ro·bin·i·a [rəʊ'bɪnɪə] *s bot.* Ro'binie *f*, 'Scheinaˌkazie *f*.
rob·in red·breast → robin.
rob·o·rant ['rɒbərənt; *Am.* 'rɑ-; 'rəʊ-] **I** *adj* stärkend. **II** *s* Stärkungsmittel *n*, Roborans *n*.
ro·bot ['rəʊbɒt; *Am.* ˌbɑt] **I** *s* **1.** *tech.* Roboter *m* (*a. fig.*), Ma'schinenmensch *m*, Auto'mat *n*. **2.** → **robot bomb**. **II** *adj* **3.** auto'matisch: ~ **pilot** *aer.* Selbststeuergerät *n*. ~ **bomb** *s mil.* selbststeuerte Bombe (*z. B. V-Geschoß*).
ro·bot·ism *s* Robotertum *n*. **ro·bot·ize** *v/t* **1.** *tech.* mechani'sieren. **2.** *fig. j-n* zum Roboter machen. **ro·bot·ry** [-trɪ] *s* Robotertum *n*.
Rob Roy (ca·noe) [ˌrɒb'rɔɪ; *Am.* ˌrɑb-] *s* leichtes Kanu (*für 'eine Person, mit Doppelpaddel*).
ro·bur·ite ['rəʊbəraɪt] *s chem.* Robu'rit *m* (*Sprengstoff*).
ro·bust [rəʊ'bʌst] *adj* (*adv* -ly) **1.** ro'bust: a) kräftig, stark: ~ **body**; ~ **health** robuste Gesundheit, b) kraftstrotzend, gesund, kernig, unverwüstlich: ~ **man**. **2.** derb: a ~ **sense of humo(u)r**. **3.** *tech.* sta'bil, 'widerstandsˌfähig, ro'bust, unverwüstlich: ~ **material** (*furniture, etc*). **4.** schwer: a) hart: ~ **work**, b) kräftig: ~ **wine**. **ro'bus·tious** *adj* **1.** ro'bust. **2.** lärmend, laut. **3.** „wild', stürmisch. **ro'bust·ness** *s* Ro'bustheit *f*.
roc [rɒk; *Am.* rɑk] *s* **1.** *myth.* (Vogel *m*) Roch *m*. **2.** *mil.* ferngesteuerte Bombe mit eingebauter Fernsehkamera.
roch·et ['rɒtʃɪt; *Am.* rɑ-] *s relig.* Ro'chett *n* (*Chorhemd*).
rock¹ [rɒk; *Am.* rɑk] *s* **1.** Fels(en) *m*: **built** (*od.* **founded**) **on** ~ *bes. fig.* auf Fels gebaut; **firm** (*od.* **steady, solid**) **as a** ~ a) massiv, b) *fig.* verläßlich, zuverlässig; **to be between a** ~ **and a hard place** *Am.* zwischen Baum u. Borke sitzen *od.* stecken, in e-r Zwickmühle sein. **2.** *collect.* Felsen *pl*, Felsgestein *n*. **3.** *geol.* Gestein *n*, Felsart *f*: **effusive** ~ Ergußgestein; **secondary** ~ Flözgebirge *n*; **useless** ~ taubes Gestein. **4.** Klippe *f* (*a. fig.*): ~ **ahead!** *mar.* Klippe voraus!; **on the** ~s *fig. colloq.* a) ,pleite', bankrott, b) ,kaputt', in die Brüche gegangen (*Ehe etc*), c) mit Eiswürfeln, ,on the rocks' (*Whisky etc*). **5.** the **R-** Gi'braltar *n*: **R- English** Gibraltar-Englisch *n*; **R- Scorpion** (*Spitzname für*) Bewohner(in) von Gibraltar. **6.** *Am.* Stein *m*: **to throw** ~s. **7.** *fig.* Fels *m*, Zuflucht *f*, Schutz *m*: **the Lord is my** ~; **the** ~ **of ages** *fig.*

a) Christus, b) der christliche Glaube. **8.** *bes. Br.* Pfefferminzstange *f*. **9.** *sl.* a) Stein *m*, *bes.* Dia'mant *m*, b) *pl* ,Klunkern' *pl*. **10.** *Am. sl.* a) Geldstück *n*, Dollar *m*, b) *pl* ,Kies' *m* (*Geld*). **11.** → **rock salmon**. **12.** *pl vulg.* ,Eier' *pl* (*Hoden*).
rock² [rɒk; *Am.* rɑk] **I** *v/t* **1.** wiegen, schaukeln: **to** ~ **one's wings** *aer.* (mit den Tragflächen) wackeln. **2.** erschüttern, ins Wanken bringen (*beide a. fig.*), schütteln, rütteln: **to** ~ **the boat** *fig.* die Sache ins Wanken bringen *od.* gefährden. **3.** *ein Kind* (in den Schlaf) wiegen: **to** ~ **a child to sleep**; **to** ~ **in security** in Sicherheit wiegen. **4.** *Sand, Sieb etc* rütteln. **5.** *Gravierkunst:* die Oberfläche (*e-r Platte*) aufrauhen. **II** *v/i* **6.** (sich) schaukeln, sich wiegen. **7.** (sch)wanken, wackeln, taumeln (*a. fig.*). **8.** *Am. colloq.* ,ganz aus dem Häus-chen sein' (**with** vor *Überraschung etc*): **to** ~ **with laughter** sich vor Lachen biegen. **9.** *mus.* Rock'n' Roll tanzen. **10.** *mus.* rocken. **III** *s* **11.** → **rock 'n' roll**. **12.** *a.* ~ **music** 'Rock(muˌsik *f*) *m*: ~ **group** Rockgruppe *f*; ~ **singer** Rocksänger(in).
rock³ [rɒk; *Am.* rɑk] *s hist.* Spinnrocken *m*.
rock⁴ → **roc**.
rock and roll → **rock 'n' roll**. ˌ~**-and- -'roll** → **rock-'n'-roll**. ~ **bed** *s* Felsengrund *m*. ~ **bot·tom** *s colloq.* Tiefpunkt *m*: **his spirits reached** ~ s-e Stimmung sank auf den Nullpunkt; **his supplies touched** (*od.* **reached**) ~ s-e Vorräte waren (so gut wie) erschöpft; **that's** ~ das schlägt dem Faß den Boden aus. ˌ~**- -'bot·tom** *adj colloq.* aller'niedrigst(er, e, es), äußerst: ~ **prices**. ˌ~**-'bound** *adj* **1.** von Felsen um'schlossen, **2.** *fig.* eisern. ~ **cake** *s* hartgebackenes Plätzchen. ~ **can·dy** *s Am. für* **rock**¹ 8. ~ **climb·ing** *s* (Fels)Klettern *n*. ~ **cork** *s min.* 'Bergaˌsbest *m*, -kork *m*. ~ **cress** *s bot.* Gänsekresse *f*. ~ **crys·tal** *s min.* 'Bergkriˌstall *m*. ˌ~ **dove** *s orn.* Felsentaube *f*. ~ **draw·ings** *s pl* Felszeichnungen *pl*. ~ **drill** *s tech.* Steinbohrer *m*.
rock·er ['rɒkə; *Am.* 'rɑkər] *s* **1.** Kufe *f* (*e-r Wiege etc*): **off one's** ~ *sl.* ,übergeschnappt', verrückt. **2.** *Am.* Schaukelstuhl *m*. **3.** Schaukelpferd *n*. **4.** *tech.* a) Wippe *f*, b) Wiegemesser *n*, c) Schwing-, Kipphebel *m*, d) *electr.* Bürstenbrücke *f*. **5.** *min.* Wiege *f*, Schwingtrog *m* (*zur Goldwäsche*). **6.** *Eiskunstlauf:* Kehre *f*. **7.** *mar. bes. Am.* Boot *n* mit e-m Bogenkiel. **8.** *Br.* Rocker *m*. ~ **arm** *s tech.* Schwenkarm *m*, Kipphebel *m*. ~ **cam** *s tech.* Welldaumen *m*. ~ **switch** *s electr.* Wippschalter *m*, Wippe *f*.
rock·er·y ['rɒkərɪ; *Am.* 'rɑ-] *s* Steingarten *m*.
rock·et¹ ['rɒkɪt; *Am.* 'rɑ-] **I** *s* **1.** Ra'kete *f* (*Feuerwerkskörper*), 'Leuchtraˌkete *f* (*als Signal*). **2.** *a.* ~ **bomb** *s mil.* Ra'kete(ngeschoß *n*) *f*: **intermediate- -range** ~ Mittelstreckenrakete. **3.** *fig. colloq. bes. Br.* ,Anpfiff' *m*, ,Zi'garre' *f*: **to get a** ~ Zi'garre (verpaßt) bekommen; **to give s.o. a** ~ *j-m* e-e Zigarre verpassen. **II** *adj* **4.** Raketen...: ~ **aircraft**, ~**-driven aeroplane** (*bes. Am.* **airplane**) Raketenflugzeug *n*; ~**-assisted take-off** Raketenstart *m*; ~ **projectile** Raketengeschoß *n*. **III** *v/i* **5.** (wie e-e Ra'kete) hochschießen, hochschnellen (*Preise*). **7.** *hunt.* steil aufsteigen (*bes. Fasan*). **8.** *fig.* **he ~ed to stardom** über Nacht zum Star. **9.** *Am. colloq.* sausen, rasen. **IV** *v/t* **10.** *mil.* mit Ra'keten beschießen, unter Ra'ketenbeschuß nehmen. **11.** mit e-r Ra'kete befördern: **to** ~ **a satellite into orbit**.
rock·et² ['rɒkɪt; *Am.* 'rɑ-; *a.* ra'ket] *s bot.*

1. 'Nachtviˌole *f*. **2.** → **rocket salad**. **3.** Rauke *f*. **4.** *a.* ~ **cress** (Echtes) Barbarakraut.
rock·et¦ base *s* Ra'keten(abschuß)basis *f*. ˌ~ **bomb** *s mil.* Ra'ketenbombe *f*.
rock·et·eer [ˌrɒkɪ'tɪə(r); *Am.* ˌrɑ-], **'rock·et·er** *s* **1.** Ra'ketenkanoˌnier *m*. **2.** Ra'ketenpiˌlot *m*. **3.** Ra'ketenforscher *m*, -fachmann *m*.
rock·et¦ gun *s mil.* Ra'ketenwaffe *f*: a) Ra'ketengeschütz *n*, b) → **bazooka** 1. ~ **jet** *s aer.* Ra'ketentriebwerk *n*. ~ **launch·er** *s mil.* Ra'ketenwerfer *m* (*Waffe*). ˌ~**-launch·ing site** Ra'ketenabschußbasis *f*. ˌ~**-ˌpow·ered** *adj tech.* mit Ra'ketenantrieb. ~ **pro·jec·tor** *s mil.* (Ra'keten)Werfer *m*. ~ **pro·pul·sion** *s tech.* Ra'ketenantrieb *m*.
rock·et·ry ['rɒkɪtrɪ; *Am.* 'rɑ-] *s tech.* **1.** Ra'ketenforschung *f od.* -technik *f*. **2.** *collect.* Ra'keten *pl*.
rock·et sal·ad *s bot.* Senfkohl *m*.
'rock¦fall → **rockslide**. ~ **flour** *s min.* Bergmehl *n*. ~ **gar·den** *s* Steingarten *m*. ~ **goat** *s zo.* Steinbock *m*.
Rock·ies ['rɒkɪz; *Am.* 'rɑ-] *s pl colloq. für* **Rocky Mountains**.
'rock·i·ness *s* Felsigkeit *f*, felsige *od.* steinige Beschaffenheit.
'rock·ing¦ chair *s* Schaukelstuhl *m*. ~ **horse** *s* Schaukelpferd *n*. ~ **pier** *s tech.* schwingender Pfeiler. ~ **shaft** → rockshaft. ~ **turn** *s Eiskunstlauf:* Kehrtwendung *f*.
rock¦ leath·er → **rock cork**. ~ **lob·ster** *s zo.* Gemeine Lan'guste. ~ **lych·nis** *s bot.* Pechnelke *f*. ~ **mar·tin** *s orn.* Felsenschwalbe *f*. ~ **milk** *s min.* Bergmilch *f*. ~ **'n' roll** [ˌrɒkən'rəʊl; *Am.* ˌrɑ-] *s mus.* Rock 'n' Roll *m* (*Tanz*). ˌ~**-'n'-'roll** *v/i mus.* Rock 'n' Roll tanzen. ~ **oil** *s min. bes. Br.* Stein-, Erdöl *n*, Pe'troleum *n*, Naphtha *n*. ~ **pi·geon** *s orn.* Felsentaube *f*. ~ **plant** *s bot.* Felsen-, Alpen-, Steingartenpflanze *f*. ˌ~**-ribbed** *adj* **1.** felsdurch'zogen, felsig: **a** ~ **coast**. **2.** *fig. Am.* eisern. '~**rose** *s bot.* **1.** Cistrose *f*. **2.** Sonnenrös-chen *n*. ~ **sal·mon** *s ichth.* **1.** *Br.* Köhlerfisch *m*. **2.** *Am.* Amberfisch *m*. ~ **salt** *s min.* Steinsalz *n*. '~**shaft** *s tech.* schwingende Welle. '~**slide** *s geol.* Felssturz *m*, Steinschlag *m*. '~**wood** *s min.* 'Holzaˌsbest *m*. ~ **wool** *s chem. tech.* Stein-, Schlackenwolle *f*. '~**work** *s* **1.** Gesteinsmasse *f*. **2.** *arch.* Quaderwerk *n*. **3.** *Gartenbau:* a) Steingarten *m*, b) Grottenwerk *n*.
rock·y¹ ['rɒkɪ; *Am.* 'rɑ-] *adj* **1.** felsig. **2.** steinhart (*a. fig.*).
rock·y² ['rɒkɪ; *Am.* 'rɑ-] *adj* (*adv* **rockily**) *colloq.* wack(e)lig (*a. fig.*), schwankend: **to feel** ~ **on one's legs** nicht unsicher *od.* wacklig auf den Beinen fühlen.
ro·co·co [rəʊ'kəʊkəʊ] **I** *s* **1.** Rokoko *n*. **II** *adj* **2.** Rokoko... **3.** schnörk(e)lig, über'laden. **4.** veraltet, anti'quiert.
rod [rɒd; *Am.* rɑd] *s* **1.** Rute *f*, Reis *n*, Gerte *f*. **2.** *Bibl. fig.* Reis *n*: a) Abkomme *m*, b) Stamm *m*. **3.** (Zucht)Rute *f* (*a. fig.*): **to have a** ~ **in pickle for s.o.** mit *j-m* noch ein Hühnchen zu rupfen haben; **to kiss the** ~ sich unter die Rute beugen; **to make a** ~ **for one's own back** *fig.* sich die Rute selber flechten; **spare the** ~ **and spoil the child** wer die Rute spart, verzieht das Kind. **4.** a) Zepter *n*, b) (Amts)Stab *m*, c) *fig.* Amtsgewalt *f*, d) *fig.* Knute *f*, Tyran'nei *f*: **with a** ~ **of iron** mit eiserner Faust. **5.** (Holz)Stab *m*, Stock *m*. **6.** *tech.* a) Stab *m*, Stange *f* (*Metall, als Material*): ~s Rundeisen *n*, -stahl *m*, Walzdraht *m*, b) Stab *m* (*als Bauelement*), (Treib-, Zug-, Verbindungs- *etc*)Stange *f*: ~ **aerial** (*bes. Am.* **antenna**) *electr.* Stabantenne *f*; ~ **drive** Stangenantrieb

m. **7.** a) *a.* fishing~ Angelrute *f,* b) *colloq.* Angler *m.* **8.** Meßlatte *f,* -stab *m.* **9.** a) Rute *f* (*Längenmaß:* 5¹/₂ *yds*), b) Qua¦dratrute *f* (30¹/₄ *square yds*). **10.** Stäbchen *n* (*der Netzhaut*). **11.** *a.* ~(-shaped) bacterium *biol.* ¦Stäbchenbak¦terie *f.* **12.** *sl.* ‚Schwanz' *m* (*Penis*). **13.** *Am. sl.* a) ‚Schießeisen' *n*, ‚Ka¦none' *f* (*Pistole*), b) → hot rod 1.
rode¹ [rəʊd] *pret von* ride.
rode² [rəʊd] *s mar.* Ankerleine *f.*
ro·dent [ˈrəʊdənt] **I** *adj* **1.** *zo.* nagend, Nage...: ~ teeth Nagezähne. **2.** *med.* fressend: ~ ulcer. **II** *s* **3.** *zo.* Nagetier *n.*
ro·de·o [rəʊˈdeɪəʊ; ˈrəʊdɪəʊ] *pl* **-de·os** *s* Ro¦deo *m, n:* a) Zs.-treiben *n* von Vieh (*zum Kennzeichnen*), b) *Sammelplatz für diesen Zweck,* c) *Cowboy-Tur¦nier n,* d) ¦Motorrad-, ¦Autoro¦deo *m, n.*
ˈ**rod·like** *adj* stabförmig.
rod·o·mon·tade [ˌrɒdəmɒnˈteɪd; -ˈtɑːd; *Am.* ˌrɑ-, ˌrəʊ-] *poet.* **I** *s* Prahle¦rei *f,* Aufschneide¦rei *f.* **II** *adj* aufschneiderisch, prahlerisch.
rod·ster [ˈrɒdstə; *Am.* ˈrɑdstər] *s* Angler *m.*
roe¹ [rəʊ] *s* **1.** *ichth.* a) *a.* hard ~ Rogen *m,* Fischlaich *m:* ~ corn (*einzelnes*) Fischei, b) *a.* soft ~ Milch *f* (*der männlichen Fische*). **2.** Eier *pl* (*vom Hummer etc*). **3.** (Holz)Maserung *f.*
roe² [rəʊ] *pl* **roe,** *selten* **roes** *s zo.* **1.** Reh *n.* **2.** a) Ricke *f* (*weibliches Reh*), b) Hindin *f,* Hirschkuh *f.*
ˈ**roe**¦**buck** *s zo.* Rehbock *m.* ~ **deer** *s zo.* Reh *n.*
roent·gen [ˈrɒntjən; *Am.* ˈrɛntgən] *phys.* **I** *s* Röntgen *n* (*Maßeinheit*). **II** *adj meist* R~ Röntgen...: ~ diagnosis; ~ rays; ~ ray tube Röntgenröhre *f.* **III** *v/t* → roentgenize. ˈ**roent·gen·ize** *v/t med.* a) mit Röntgenstrahlen behandeln, bestrahlen, b) röntgen, durch¦leuchten.
roent·gen·o·gram [ˈrɒntˈgenəgræm; *Am.* ˈrɛntgənəˌgræm] *s med. phys.* Röntgenbild *n,* -aufnahme *f.* **roent·gen·o·graph** [-grɑːf; *Am.* -ˌgræf] **I** *s* → roentgenogram. **II** *v/t* ein Röntgenbild machen von.
roent·gen·og·ra·phy [ˌrɒntgəˈnɒgrəfɪ; *Am.* ˌrɛntgənˈɑ-] *s* ¦Röntgenfotogra¦fie *f* (*Verfahren*). ˌ**roent·gen·oˈlog·ic** [-nəˈlɒdʒɪk; *Am.* -ˈlɑ-] *adj,* ˌ**roent·gen·oˈlog·i·cal** *adj* (*adv* ~ly) röntgeno¦logisch, Röntgen... **roent·gen·ol·o·gist** [-nˈɒlədʒɪst; *Am.* -nˈɑ-] *s* Röntgeno¦loge *m.* **roent·gen·ol·o·gy** [-dʒɪ] *s* Röntgenolo¦gie *f.* ˈ**roent·gen·o·scope** [-nəskəʊp] *s med.* ¦Röntgen-, Durch¦leuchtungsappa¦rat *m.* ˌ**roent·genˈos·co·py** [-ˈɒskəpɪ; *Am.* -nˈɑs-] *s med.* ¦Röntgenunter¦suchung *f,* -durch¦leuchtung *f.* ˌ**roent·gen·oˈther·a·py** [-nəˈθerəpɪ] *s med.* ¦Röntgenthera¦pie *f.*
roe·stone [ˈrəʊstəʊn] *s min.* Rogenstein *m,* Oo¦lith *m.*
ro·ga·tion [rəʊˈgeɪʃn] *s relig.* a) (Für-)Bitte *f,* (¦Bitt)Lita¦nei *f,* b) *meist pl* ¦Bittgang *m,* -prozessi¦on *f.* R~ days *s pl relig.* Bittage *pl.* ~ ser·vice *s relig.* Bittgottesdienst *m.* R~ Sun·day *s relig.* (Sonntag *m*) Ro¦gate *m.* R~ week *s relig.* Bittwoche *f,* Himmelfahrtswoche *f.*
rog·a·to·ry [ˈrɒgətərɪ; *Am.* ˈrɑgəˌtɔːrɪ] *adj jur.* Untersuchungs...: ~ commission; letters ~ Amtshilfeersuchen *n.*
Rog·er¹, r~ [ˈrɒdʒə(r); *Am.* ˈrɑ-] *s* **1.** → Jolly Roger. **2.** ~ de Coverly *alter englischer Volkstanz.*
rog·er² [ˈrɒdʒə(r); *Am.* ˈrɑ-] **I** *interj* **1.** roger!, verstanden! **2.** *colloq.* in Ordnung! **II** *v/t* **3.** *sl.* ‚bumsen' (*schlafen mit*).
rogue [rəʊg] *s* **1.** Schurke *m,* Gauner *m,* Schelm *m:* ~s' gallery Verbrecheralbum *n;* ~'s march *mil. hist. Br.* Trommel-

wirbel *m* bei der Ausstoßung e-s Soldaten aus dem Regiment. **2.** *humor.* Schelm *m,* Schlingel *m,* Spitzbube *m,* Strolch *m.* **3.** *obs.* Vaga¦bund *m.* **4.** *bot.* a) aus der Art schlagende Pflanze, b) ¦Mißbildung *f.* **5.** *zo.* bösartiger Einzelgänger (*Elefant, Büffel etc*). **6.** a) bockendes Pferd, b) Ausreißer *m* (*Pferd*).
ro·guer·y [ˈrəʊgərɪ] *s* **1.** Schurke¦rei *f,* Gaune¦rei *f.* **2.** Schelmenstreich *m.*
ro·guish [ˈrəʊgɪʃ] *adj* (*adv* ~ly) **1.** schurkisch. **2.** schelmisch, schalkhaft, spitzbübisch. **3.** *bot.* entartet. ˈ**ro·guish·ness** *s* **1.** Schurkenhaftigkeit *f.* **2.** Schalkhaftigkeit *f.*
roil [rɔɪl] *v/t* **1.** *Wasser etc* aufwühlen. **2.** ärgern, reizen: to be ~ed at aufgebracht sein über (*acc*).
roist·er [ˈrɔɪstə(r)] *v/i* **1.** kra¦keelen, Ra¦dau machen. **2.** prahlen, aufschneiden. ˈ**roist·er·er** *s* **1.** Kra¦keeler *m.* **2.** Großmaul *n.* ˈ**roist·er·ous** *adj* **1.** lärmend, kra¦keelend. **2.** großmäulig.
role, rôle [rəʊl] *s thea. u. fig.* Rolle *f:* to play a ~ e-e Rolle spielen, e-e Funktion ausüben.
roll [rəʊl] **I** *s* **1.** *hist.* Schriftrolle *f,* Perga¦ment *n.* **2.** a) Urkunde *f,* b) *bes.* Namens-, Anwesenheits¦liste *f,* Verzeichnis *n,* c) *jur.* Anwaltsliste *f:* to call the ~ die (Namens- *od.* Anwesenheits)Liste verlesen, Appell (ab)halten; to strike off the ~s von der (Anwalts- *etc*)Liste streichen, e-m Arzt etc die Zulassung entziehen; ~ of hono(u)r Ehren-, *bes.* Gefallenenliste, -tafel *f.* **3.** the R~s das ¦Staatsar¦chiv (*Gebäude in London*). **4.** (Haar-, Kragen-, Papier- *etc*)Rolle *f:* ~ of butter Butterröllchen *n;* ~ of tobacco Rolle Kautabak. **5.** Brötchen *n,* Semmel *f.* **6.** (*bes.* ¦Fleisch)Rou¦lade *f.* **7.** *arch.* a) Wulst *m,* Rundleiste *f,* b) *antiq.* Vo¦lute *f.* **8.** Bodenwelle *f.* **9.** *tech.* Rolle *f,* Walze *f* (*bes. in Lagern*). **10.** Fließen *n,* Fluß *m* (*a. fig.*): the ~ of water; the ~ of verse. **11.** a) Brausen *n:* the ~ of the waves; the ~ of an organ, b) Rollen *n,* Grollen *n* (*des Donners*), c) (Trommel)Wirbel *m,* d) Dröhnen *n:* the ~ of his voice, e) *orn.* Rollen *n,* Triller(n *n*) *m:* the ~ of a canary. **12.** Wurf *m* (*beim Würfeln*). **13.** *mar.* Rollen *n,* Schlingern *n* (*von Schiffen*). **14.** wiegender Gang, Seemannsgang *m.* **15.** *sport* Rolle *f* (*a. beim Kunstflug*). **16.** *Am. sl.* a) zs.-gerolltes Geldscheinbündel, b) *fig.* (*e-e Masse*) Geld *n.*
II *v/i* **17.** rollen: to start ~ing ins Rollen kommen; tears were ~ing down her cheeks Tränen rollten *od.* liefen *od.* rannen über ihre Wangen; some heads will ~ *bes. fig.* einige Köpfe werden rollen: → ball¹ *Bes. Redew.* **18.** rollen, fahren (*Fahrzeug od. Fahrer*). **19.** *a.* ~ along (da¦hin)rollen, (-)strömen, sich (da¦hin)wälzen: ~ing waters Wassermassen. **20.** (da¦hin)ziehen: the clouds ~ along; time ~s on (*od.* by) die Zeit vergeht; the seasons ~ away die Jahreszeiten gehen dahin. **21.** sich wälzen (*a. fig.*): to be ~ing in money *colloq.* im Geld schwimmen. **22.** *sport, a. aer.* e-e Rolle machen. **23.** *mar.* rollen, schlingern (*Schiff*). **24.** wiegend gehen: ~ing gait → 14. **25.** rollen, sich verdrehen (*Augen*). **26.** a) grollen, rollen (*Donner*), b) dröhnen (*Stimme etc*), c) brausen (*Wasser, Orgel*), d) wirbeln (*Trommel*), e) trillern (*Vogel*). **27.** sich rollen *od.* wickeln *od.* drehen (lassen). **28.** *metall.* sich walzen lassen. **29.** *print.* sich (unter der Walze) verteilen (*Druckfarbe*).
III *v/t* **30.** *a.* ~ *ein Faß etc* rollen, b) (her¦um)wälzen, (-)drehen: to ~ a barrel (wheel, *etc*); to ~ one's eyes die

Augen rollen *od.* verdrehen; to ~ one's eyes at s.o. *colloq.* j-m (schöne) Augen machen; to ~ a problem round in one's mind *fig.* ‚ein Problem wälzen'. **31.** (da¦hin)rollen, fahren. **32.** *Wassermassen* wälzen (*Fluß*). **33.** (zs.-, auf-, ein)rollen, (-)wickeln: to ~ o.s. into one's blanket sich in die Decke ein¦wickeln. **34.** (durch Rollen) formen, machen: to ~ a snowball; to ~ a cigarette (sich) e-e Zigarette drehen; to ~ paste for pies Kuchenteig ausrollen. **35.** walzen: to ~ a lawn road, *etc*); to ~ metal Metall walzen *od.* strecken; ~ed into one *colloq.* alles in ¦einem, in ¦einer Person. **36.** *print.* a) *Papier* ka¦landern, glätten, b) *Druckfarbe* (mit e-r Walze) auftragen. **37.** rollen(d sprechen): to ~ one's r's. **38.** *die Trommel* wirbeln. **39.** *mar.* zum Rollen bringen: the waves ~ed the ship. **40.** den *Körper etc* beim Gehen wiegen. **41.** *Am. sl. e-n Betrunkenen* ‚ausnehmen', berauben.
Verbindungen mit Adverbien:
roll¦ **a·bout** *v/i colloq.* sich (vor Lachen) kugeln. ~ **a·long** *v/i* **1.** → roll 19. **2.** *sl.* ‚abdampfen', sich da¦vonmachen. ~ **back I** *v/t* **1.** *Teppich etc* zu¦rückrollen. **2.** *die Vergangenheit etc* zu¦rückbringen: to ~ the years das Rad der Zeit zurückdrehen. **3.** *econ. Am. Preise* (*auf staatliche Anordnung*) zu¦rückschrauben, senken. **4.** *mil.* Am. Feind zu¦rückwerfen. **II** *v/i* **5. the years rolled back** das Rad der Zeit drehte sich zurück. ~ **down** *v/t* **1.** *Ärmel* her¦unterkrempeln. **2.** *mot.* Fenster her¦unterkurbeln. ~ **in I** *v/i* **1.** ‚her¦einkommen', eintreffen (*Angebote, Geld etc*). **2.** *colloq.* ‚in die Klappe (ins Bett) gehen'. **3.** her¦einrollen, -fahren. **II** *v/t* **4.** *Geld etc* scheffeln. ~ **on** *v/i* vergehen, da¦hingehen (*Zeit etc*): ~, Saturday! *Br.* wenn es doch nur schon Samstag wäre! ~ **out I** *v/t* **1.** hin¦ausrollen, -fahren. **2.** *metall.* auswalzen, strecken. **3.** *Kuchenteig* ausrollen. **4.** a) ein Lied nach Schmettern, b) *Verse* dekla¦mieren. **II** *v/i* **5.** hin¦ausrollen, -fahren. **6.** *metall.* sich auswalzen lassen. **7.** *print.* → roll 29. ~ **o·ver** *v/t* **1.** hin¦umwälzen, -drehen. **2.** *econ. Am.* e-e fällig werdende Obligation durch Angebot e-s neuen Papiers derselben Art neu finanzieren. **II** *v/i* **3.** sich (*im Bett etc*) her¦umwälzen. ~ **up I** *v/i* **1.** (her)¦anrollen, (-)¦anfahren. **2.** sich ansammeln *od.* (an)häufen. **3.** *colloq.* a) vorfahren, b) ¦aufkreuzen, auftauchen, c) sich zs.-rollen: to ~ in bed. **II** *v/t* **4.** (her)¦anfahren. **5.** ansammeln: to ~ a fortune. **6.** aufrollen, -wickeln. **7.** *Ärmel* hoch-, aufkrempeln (*a. fig.*). **8.** *mot.* Fenster hochkurbeln. **9.** *mil.* gegnerische Front aufrollen.
roll·a·ble [ˈrəʊləbl] *adj* **1.** (auf)rollbar, wälzbar. **2.** *tech.* walzbar.
ˈ**roll**¦**a**¦**bout** *adj* fahrbar (*Tisch etc*). '~**a**¦**way** (**bed**) *s Am.* (fahrbares) Raumsparbett. '~**back** *s Am.* **1.** *mil.* Zu¦rückwerfen *n* (*des Feindes*). **2.** *econ.* Zu¦rückschrauben *n* (*von Preisen*). '~**bar** *s mot.* ¦Überrollbügel *m.* ~ **call** *s* **1.** Namensaufruf *m,* -verlesung *f.* **2.** *mil.* ¦Anwesenheitsap¦pell *m.* **3.** *a.* ~ vote *pol. Am.* namentliche Abstimmung. ~ **col·lar** *s* Rollkragen *m.*
rolled [rəʊld] *adj* **1.** gerollt, gewälzt, Roll...: ~ ham Rollschinken *m.* **2.** *tech.* gewalzt, Walz...: ~ iron, ~ plate; ~ wire. ~ **glass** *s* gezogenes Glas. ~ **gold** *s* Walzgold *n,* ¦Golddu¦blee *n.*
roll·er [ˈrəʊlə(r)] *s* **1.** *tech.* a) Walzwerkarbeiter *m,* b) Förderwagen *m,* Schlepper *m.* **2.** *tech.* (Gleit-, Lauf-, ¦Führungs)Rolle *f.* **3.** *tech.* Walze *f,* Zy¦linder *m,* Trommel *f,* Rolle *f.* **4.** *tech.* Schreibwalze *f* (*e-r Schreibmaschine*). **5.** *print.* Druckwalze *f.*

roller bandage – roof

6. *mus.* Walze *f (e-r Orgel etc)*. 7. Rollstab *m (zum Aufwickeln von Landkarten etc)*. 8. *med.* Rollbinde *f*. 9. *mar.* Roller *m*, schwerer Brecher, Sturzwelle *f*. 10. *orn.* a) Flug-, Tümmlertaube *f*, b) *(e-e)* Ra(c)ke: **common**~ Blaura(c)ke, c) Harzer Roller *m*. 11. *Am. sl.* ,Bulle' *m (Polizist)*. ~ **band·age** *s med.* Rollbinde *f*. ~ **bear·ing** *s tech.* Rollen-, Wälzlager *n*. ~ **blind** *s* Rolladen *m*, Rou'leau *n*. ~ **coast·er** *s* 1. Achterbahn *f*. 2. Achterbahnwagen *m*. ~ **hock·ey** *s sport* Rollhockey *n*. ~ **mill** *s tech.* 1. Mahl-, Quetschwerk *n*. 2. → **rolling mill**. ~ **skate** *s* Rollschuh *m*. ~ **-skate** *v/i* Rollschuh laufen. ~ **skat·ing** *s* Rollschuhlaufen *n*. ~ **tow·el** *s* Rollhandtuch *n*. **roll**| **film** *s phot.* Rollfilm *m*. '~**-front cab·i·net** *s* Rollschrank *m*.
rol·lick ['rɒlɪk; *Am.* 'rɑ-] *I v/i* 1. a) ausgelassen sein, b) her'umtollen. 2. das Leben genießen, schwelgen. II *s* 3. Ausgelassenheit *f*. '**rol·lick·ing** *adj* ausgelassen, übermütig.
roll·ing ['rəʊlɪŋ] *I s* 1. Rollen *n*. 2. Da'hinfließen *n*. 3. Rollen *n (des Donners)*. 4. Brausen *n (des Wassers etc)*. 5. *metall.* Walzen *n*, Strecken *n*. 6. *mar.* Schlingern *n*. II *adj* 7. rollend *(etc*; → roll II). 8. hügelig *(Landschaft, Gelände)*. ~ **ad·just·ment** *s econ. Am.* Rezessi'onswelle *f*. ~ **bar·rage** *s mil.* Feuerwalze *f*. ~ **cap·i·tal** *s econ.* Be'triebskapi,tal *n*. ~ **chair** *s* (Kranken)Rollstuhl *m*. ~ **fric·tion** *s phys.* rollende Reibung. ~ **hitch** *s mar.* Rollstek *m (Knoten)*. ~ **kitch·en** *s mil.* Feldküche *f*. ~ **mill** *s metall.* Walzwerk *n*. ~ **pin** *s* Well-, Nudelholz *n*. ~ **plant** → **rolling stock**. ~ **press** *s* 1. *print.* Walzenpresse *f*. 2. Sati'nierpresse *f (für Papier)*. ~ **stock** *s rail.* rollendes Materi'al, Betriebsmittel *pl*. ~ **stone** *s fig.* Wander-, Zugvogel *m*: **a ~ gathers no moss** ein unbeständiger Mensch bringt es zu nichts. ~ **ti·tle** *s Film:* Rolltitel *m*.
roll| **lathe** *s tech.* Walzendrehbank *f*. '~**-mop** *s gastr.* Rollmops *m*. '~**-neck I** *s* 1. Rollkragen *m*. 2. '**Rollkragenpulli**,over *m*. II *adj* 3. Rollkragen... '~**-necked** *adj* **rollneck** 3. '~**-on** *s* 1. E'lastikschlüpfer *m*. 2. Deorollstift *m*, Deoroller *m*. ~'**-off** *adj*: ~ **ship** Roll-on-roll-off-Schiff *n (Spezialschiff zum Transport beladener Lastwagen od. Anhänger)*. '~**-top desk** *s* Rollpult *n*. ~ **train** *s metall.* Walzenstrecke *f*.
ro·ly-po·ly [,rəʊlɪ'pəʊlɪ] *I s* 1. a. ~ **pudding** gerollter Pudding. 2. ,Pummelchen' *n (Person)*. 3. *Am.* Stehaufmännchen *n (Spielzeug)*. II *adj* 4. pummelig, mollig.
Rom [rɒm; *Am.* rɑm] *pl* '**Ro·ma** [-mə] *s* Zi'geuner *m*. [speicher *m*.
ROM [rɒm; *Am.* rɑm] *s Computer:* Festʃ
Ro·ma·ic [rəʊ'meɪɪk] *I adj* ro'maisch, neugriechisch. II *s ling.* Neugriechisch *n*, das Neugriechische.
ro·maine (let·tuce) [rəʊ'meɪn] *s bot. Am.* Römischer Lattich *od.* Sa'lat.
Ro·man¹ ['rəʊmən] *I adj* 1. römisch: ~ **calender**; ~ **law**; ~ **cement** *arch.* Wassermörtel *m*; ~ **holiday** *fig.* a) blutrünstiges Vergnügen, b) Vergnügen *n* auf Kosten anderer, c) Riesenskandal *m*, ,Kladderadatsch' *m*; ~ **nose** Römer-, Adlernase *f*; ~ **numeral** römische Ziffer; ~ **road** Römerstraße *f*. 2. *relig.* (römisch-) ka'tholisch. 3. *meist* r~ *print.* Antiqua... II *s* 4. Römer(in). 5. *meist* r~ a) An'tiquabuchstabe *m*, b) An'tiquaschrift *f*. 6. *relig.* Romanhänger(in), Katho'lik(in). 7. *ling.* La'tein *n*, das La'teinische.
ro·man² [rɒmɑ̃] *(Fr.) s hist.* ('Vers)Ro,man *m (epische Erzählung)*.
ro·man à clef [rɒmɑ̃akle] *pl* **ro·mans**

à clef [rɒmɑ̃akle] *(Fr.) s* 'Schlüsselro,man *m*.
Ro·man|**arch** *s arch.* ro'manischer Bogen. ~ **can·dle** *s* Leuchtkugel *f (Feuerwerk)*.
Ro·man Cath·o·lic *relig.* **I** *adj* (römisch-)ka'tholisch. II *s* Katho'lik(in). ~ **Church** *s* Römische *od.* (Römisch-) Ka'tholische Kirche.
ro·mance¹ [rəʊ'mæns; *Am. a.* 'rəʊ,mæns] **I** *s* 1. *hist.* 'Ritter-, 'Verso,roman *m:* **Arthurian** ~ Artusroman. 2. Ro'manze *f:* a) ro'mantische Erzählung, (romantischer) 'Abenteuer- *od.* 'Liebesro,man, b) *fig.* Liebeserlebnis *n*, -af,färe *f*, c) *mus.* lyrisches Lied *od.* Instrumentalstück. 3. *fig.* Märchen *n*, phan'tastische Geschichte, Phantaste'rei *f*. 4. Ro'mantik *f:* a) Zauber *m:* **the ~ of a summer night**, b) ro'mantische I'dee(n *pl*): **a girl full of ~**, c) Abenteuerlichkeit *f*. II *v/i* 5. Ro'manzen dichten. 6. *fig.* fabu'lieren, ,Ro'mane erzählen' (**about** über *acc*). 7. ins Schwärmen geraten (**over** über *dat*). 8. e-e Ro'manze haben (**with** mit).
Ro·mance² [rəʊ'mæns; *Am. a.* 'rəʊ,mæns] *bes. ling.* **I** *adj* ro'manisch: ~ **peoples** Romanen; ~ **philologist** Romanist(in). II *s* a) Ro'manisch *n*, b) *a.* ~ **languages** die ro'manischen Sprachen *pl*.
ro'manc·er *s* 1. Ro'manzendichter *m*, Verfasser *m* e-s ('Vers)Ro,mans. 2. *fig.* a) Phan'tast(in), Träumer(in), b) Aufschneider(in).
Rom·a·nes ['rɒmənes; *Am.* 'rɑ-; 'rəʊ-] *s* Romani *n*, Zi'geunersprache *f*.
Ro·man·esque [,rəʊmə'nesk] *I adj* 1. *arch. ling.* ro'manisch. 2. *ling.* proven'zalisch. 3. r~ ro'mantisch, phan'tastisch. II *s* 4. a. ~ **architecture** *(od.* **style)** ro'manischer (Bau)Stil, Ro'manik *f*. 5. *ling.* → **Romance²** II.
ro·man-fleuve [rɒmɑ̃flœv] *pl* **ro·mans-fleuves** [rɒmɑ̃flœv] *(Fr.) s* Fa'milien-, 'Zyklenro,man *m*.
Ro·ma·ni·an [ruː'meɪnjən; -nɪən; *Am. a.* rəʊ-] **I** *adj* ru'mänisch. II *s ling.* Ru'mänisch *n*, das Rumänische.
Ro·man·ic [rəʊ'mænɪk] *I adj* 1. *ling.* → **Romance²** I. 2. römisch *(Kulturform)*. II *s* → **Romance²** II.
Ro·man·ish ['rəʊmənɪʃ] *adj relig. contp.* römisch, pa'pistisch.
Ro·man·ism ['rəʊmənɪzəm] *s* 1. a) Roma'nismus *m*, (römisch-)ka'tholische Einstellung, b) Poli'tik *f od.* Gebräuche *pl* der römischen Kirche. 2. *antiq.* Römertum *n*.
Ro·man·ist ['rəʊmənɪst] *s* 1. *relig.* (Römisch-)Ka'tholische(r *m*) *f*. 2. *jur. ling.* Roma'nist(in).
Ro·man·ize ['rəʊmənaɪz] *v/t* 1. römisch machen. 2. romani'sieren, lati'nisieren. 3. *meist* r~ in *od.* mit An'tiquabuchstaben schreiben *od.* drucken. 4. *relig.* (römisch-)ka'tholisch machen. II *v/i* 5. sich der (römisch-)ka'tholischen Kirche anschließen.
Romano- [rəʊmeɪnəʊ] Wortelement mit der Bedeutung römisch (und): ~**-Byzantine** römisch-byzantinisch.
Ro·mans(c)h [rəʊ'mænʃ; *Am.* rəʊ'mɑːntʃ; -'mæntʃ] *ling.* **I** *s* 1. Ro'maunsch *n*, Ro'montsch *n*, (Grau)Bündnerisch *n*. 2. Rä'toromanisch *n*, das Rätoromanische. II *adj* 3. (grau)bündnerisch. 4. 'rätoro,manisch.
ro·man·tic [rəʊ'mæntɪk] *I adj (adv* ~**ally**) 1. *allg.* ro'mantisch: **the ~ movement** die Romantik betreffend: **the ~ movement** die Romantik; ro'manhaft, abenteuerlich; phan'tastisch *(a. iro)*: **a ~ tale**, c) gefühlsbetont, schwärmerisch: **a ~ girl**, d) phan'tastisch: ~ **ideas**, e) malerisch, voll Ro'mantik: **a ~ old town**, f) gefühlvoll: **a ~ scene**, g) geheimnisvoll, faszi'nierend: **he was a ~ figure**. II *s* 2. *art etc:* Ro'mantiker(in), Schwärmer(in). 4. *(das)* Ro'mantische. 5. *meist pl* ro'mantische I'deen *pl od.* Gefühle *pl*. **ro·man·ti·cism** [-sɪzəm] *s* 1. *art etc:* Ro'mantik *f*. 2. (Sinn *m* für) Ro'mantik *f*, ro'mantische Veranlagung. **ro'man·ti·cist** → **romantic** 2 *u.* 3. **ro'man·ti·cize** **I** *v/t* romanti'sieren: a) ro'mantisch gestalten, b) in ro'mantischem Licht sehen. II *v/i* schwärmen, ro'mantische I'deen haben.
Rom·a·ny ['rɒmənɪ; 'rɑː-; 'rəʊ-] **I** *s* 1. Zi'geuner *m*. 2. *collect.* (die) Zi'geuner *pl*. 3. Romani *n*, Zi'geunersprache *f*. II *adj* 4. Zigeuner...
Rome [rəʊm] **I** *npr* Rom *n:* ~ **was not built in a day** Rom ist nicht an *od.* in 'einem Tag erbaut worden; **when in ~ (do as the Romans do)** man sollte sich immer s-r Umgebung anpassen; **all roads lead to ~** alle Wege führen nach Rom. II *s fig.* Rom *n:* a) *antiq.* das Römerreich, b) *relig.* das Papsttum, die katholische Kirche, c) *pol.* die italienische Regierung.
Ro·me·o ['rəʊmɪəʊ] **I** *npr* Romeo *m*. II *pl* **-os** *s* Romeo *m*, feuriger Liebhaber.
Rom·ish ['rəʊmɪʃ] *adj meist contp.* römisch-(ka'tholisch).
romp [rɒmp; *Am. a.* rɑmp] **I** *v/i* 1. *a.* ~ **about** *(od.* **around)** her'umtollen, sich balgen: **to ~ through** *fig.* spielend durchkommen; **to ~ through an examination** e-e Prüfung ,mit links' bestehen. 2. ,rasen', ,(da'hin)flitzen': **to ~ away** ,davonreiten' *(Rennpferd etc)*; **to ~ in** *(od.* **home)** leicht *od.* spielend gewinnen. 3. *colloq.* ,pous'sieren', ,schmusen' (**with** mit). II *s* 4. *ausgelassenes* Wildfang *m*, Range *f*. 5. Tollen *n*, Toben *n*, Balge'rei *f:* **to have a ~** → 1. 6. *colloq.* ,Techtelmechtel' *n*, ,Geschmuse' *n*. 7. *sport* leichter *od.* mü'heloser Sieg. '**romp·ers** *s pl* (einteiliger) Spielanzug *(für Kleinkinder)*. '**romp·ing** *adj (adv* ~**ly**), '**romp·ish** *adj (adv* ~**ly**), '**romp·y** *adj* ausgelassen, wild.
ronde [rɒnd; *Am.* rɑnd] *s print.* Ronde *f*, Rundschrift *f*.
ron·deau ['rɒndəʊ; *Am.* 'rɑn-] *pl* **-deaux** [-dəʊz] *s metr.* Ron'deau *n*, Rundreim *m (meist 13- od. 10zeilige Strophe mit Kehrreim, der sich am Anfang, im Innern u. am Ende wiederholt)*.
ron·del ['rɒndl; *Am.* 'rɑndl] *s metr.* 1. vierzehnzeiliges Ron'deau. 2. → **rondeau**.
ron·do ['rɒndəʊ; *Am.* 'rɑn-] *pl* **-dos** *s mus.* Rondo *n*.
ron·dure ['rɒndjʊə; *Am.* 'rɑndʒər] *s* Rund *n*, Rundung *f*, Kreis *m*.
Ron·e·o ['rəʊnɪəʊ] *(TM) print.* Br. **I** *s* Roneo-Vervielfältiger *m*. II *v/t* (mit dem 'Roneo-Appa,rat) vervielfältigen.
rönt·gen, rönt·gen·ize → **roentgen, roentgenize**.
roo [ruː] *s Austral. colloq.* Känguruh *n*.
rood [ruːd] *s* 1. *relig.* a) Kreuz *n*, Krucifix *n (in Kirchen)*, b) *obs.* Kreuzesstamm *m* (Christi). 2. Viertelacre *m (Flächenmaß)*. 3. Rute *f (a) lokal verschieden = 7–8 yards*, b) → **rod** 9. ~ **al·tar** *s* Lettnerraltar *m*. ~ **arch** *s arch.* 1. Mittelbogen in e-m Lettner, auf dem das Kreuz angebracht ist. 2. Kreuznische *f (zwischen Kirchenschiff u. Chor)*. ~ **loft** *s arch.* Chorbühne *f*. ~ **screen** *s* Lettner *m*. ~ **spire**, ~ **stee·ple** *s* Vierungsturm *m (mit Spitze)*.
roof [ruːf] **I** *s* 1. *arch.* (Haus)Dach *n:* **a (no) ~ over one's head** *fig.* (k)ein Dach über dem Kopf; **under my ~** *fig.* unter m-m Dach, in m-m Haus; **to raise the ~**

fig. colloq. ,e-n Mordskrach schlagen'; **to go through the ~** *fig. colloq.* ,an die Decke gehen'. **2.** *mot.* Verdeck *n.* **3.** *fig.* (Blätter-, Zelt)Dach *n*: **~ of foliage**; **~ of a tent**; **~ of heaven** Himmelszelt *n*, -gewölbe *n*; **~ of the mouth** *anat.* Gaumen(dach *n*) *m*; **the ~ of the world** das Dach der Welt. **4.** *Bergbau*: Hangendes *n.* **II** *v/t* **5.** mit e-m Dach versehen, bedachen; **to ~ in** (*od.* **over**) überdachen; **flat-~ed** mit Flachdach. **6.** *fig.* bedecken, über'dachen. **'roof-age** → roofing I. **'roof-er** *s* Dachdecker *m.*
roof-gar-den *s* **1.** Dachgarten *m.* **2.** *Am.* 'Dachrestau,rant *n.*
'roof-ing I *s* **1.** Bedachen *n*, Dachdecken *n.* **2.** *tech.* Dachhaut *f.* **II** *adj* **3.** Dach...: **~ felt** Dachpappe *f.*
'roof-less *adj* **1.** ohne Dach, ungedeckt. **2.** *fig.* obdachlos.
roof| rack *s mot.* Dachgepäckträger *m.* **'~-tree** *s arch.* Firstbalken *m.* **2.** under my **~** *fig.* unter m-m Dach, in m-m Haus.
rook¹ [rʊk] **I** *s* **1.** *orn.* Saatkrähe *f.* **2.** *fig.* Gauner *m*, Bauernfänger *m.* **II** *v/t* **3.** *j-n* betrügen (**of** um).
rook² [rʊk] *s* Schach: Turm *m.*
'rook-er-y [ˈrʊkərɪ] *s* **1.** a) Krähenhorst *m*, b) 'Krähenkolo,nie *f.* **2.** *orn. zo.* Brutplatz *m.* **3.** *fig.* a) 'Massen-, 'Elendsquar,tier *n*, b) 'Mietska,serne *f.*
rook-ie, *a.* **rook-y** [ˈrʊkɪ] *s sl.* **1.** *mil.* Re'krut *m.* **2.** Neuling *m*, Anfänger *m.*
room [ruːm; rʊm] **I** *s* **1.** Raum *m*, Platz *m*: **to make ~ (for)** Platz machen (für *od. dat*) (*a. fig.*); **no ~ to swing a cat (in)**, **no ~ to turn in** scheußlich eng. **2.** Raum *m*, Zimmer *n*, Stube *f*: **in my ~** in *od.* auf m-m Zimmer; **~ heating** Raumheizung *f*; **~ temperature** (*a. normale*) Raum-, Zimmertemperatur. **3.** *pl* (Miet)Wohnung *f.* **4.** *fig.* (Spiel)Raum *m*, Gelegenheit *f*, Veranlassung *f*, Anlaß *m*: **~ for complaint** Anlaß zur Klage; **there is no ~ for hope** es besteht keine Hoffnung; **there is ~ for improvement** es ließe sich manches besser machen. **5.** Stelle *f*: **in s.o.'s ~** an j-s Stelle. **6.** *Bergbau*: Abbaustrecke *f.* **II** *v/i* **7.** *bes. Am.* wohnen, lo'gieren (**at** in *dat*; **with** bei). **III** *v/t* **8.** *bes. Am. j-n* (in e-m Zimmer *etc*) 'unterbringen. **roomed** [ruːmd; rʊmd] *adj in Zssgn* ...zimmerig: **double-~** zweizimmerig, Zweizimmer... **'room-er** *s bes. Am.* 'Untermieter(in).
room-ette [ruːˈmet; rʊmˈet] *s rail. Am.* 'Einbettab,teil *n.*
room-ful [ˈruːmfʊl; ˈrʊm-] *pl* **-fuls** *s*: **a ~ of people** ein Zimmer voll(er) Leute; **the whole ~** das ganze Zimmer.
'room-i-ness [ˈruːmɪnɪs; ˈrʊm-] *s* Geräumigkeit *f.*
'room-ing| house *s Am.* Fremdenheim *n*, Pensi'on *f.* **~-'in** *s med.* Rooming-'in *n* (*gemeinsame Unterbringung von Mutter u. Kind*).
'room|-mate *s* **1.** Zimmergenosse *m*, -genossin *f*, 'Stubenkame,rad(in). **2.** *euphem.* Lebensgefährte *m*, -gefährtin *f.* **~-'ser-vice** *s* Zimmerservice *m*: **to ring for ~** nach dem Zimmerkellner klingeln.
'room-y *adj* (*adv* **roomily**) **1.** geräumig. **2.** weit (*Kleidungsstück*).
roor-back [ˈrʊərbæk] *s Am.* po'litische Zwecklüge (*um j-n zu diffamieren*).
roost [ruːst] **I** *s* **1.** a) Schlafplatz *m*, -sitz *m* (*von Vögeln*), b) Hühnerstange *f*, c) Hühnerstall *m*: **at ~** auf dem Ast; **to come home to ~** *fig.* auf den Urheber zurückfallen; → **rule** 14. **2.** *fig.* Ruheplätzchen *n*, 'Unterkunft *f.* **II** *v/i* **3.** a) auf der Stange sitzen, b) sich zum Schlafen niederhocken (*Vögel*). **4.** *fig.* (*bes.* vor'übergehend) schlafen *od.* wohnen.
'roost-er *s* **1.** *orn. bes. Am.* (Haus)Hahn *m.* **2.** *Am. colloq.* ,(eitler) Gockel'.
root¹ [ruːt] **I** *s* **1.** *bot.* Wurzel *f* (*a. fig.*): **to destroy s.th. ~ and branch** etwas mit Stumpf u. Stiel ausrotten; **to pull out by the ~** mit der Wurzel ausreißen (*a. fig. ausrotten*); **to strike at the ~ of s.th.** *fig.* etwas an der Wurzel treffen; **to take (*od.* strike) ~** → 12; **to put down ~s** *fig.* seßhaft werden; **to pull up one's ~s** *fig.* alles aufgeben; **the ~s of a mountain** der Fuß e-s Berges. **2.** a) Wurzelgemüse *n* (*Möhre, rote Rübe etc*), b) ,Wurzel' *f* (*Wurzelstock, -knolle, Zwiebel etc*): **Dutch ~s** Blumenzwiebeln. **3.** *anat.* (Haar-, Nagel-, Zahn- *etc*)Wurzel *f*: **~ of the hair**, *etc*; **~ treatment** (*Zahnmedizin*) Wurzelbehandlung *f.* **4.** *fig.* a) Wurzel *f*, Quelle *f*, Ursache *f*: **the ~ of all evil** die Wurzel alles Bösen; **to get at the ~(s) of things** den Dingen auf den Grund gehen; **to have its ~ in**, **to take ~ from** → 13, b) Kern *m*: **the ~ of the matter**; **~ idea** Grundidee *f.* **5.** a) Stammvater *m*, b) *bes. Bibl.* Wurzel *f*, Reis *n*, Sproß *m*: **a ~ of Jesse**. **6.** *math.* a) Wurzel *f*: **extraction** Wurzelziehen *n*, b) eingesetzter *od.* gesuchter Wert (*e-r Gleichung*). **7.** *ling.* Stammwort *n*, Wurzel(wort *n*) *f.* **8.** *mus.* Grundton *m*: **~ position** Grundstellung *f*, -lage *f* (*e-s Akkords*). **9.** *astr. u. Zeitrechnung*: a) Ausgangspunkt *m* (*e-r Berechnung*), b) Ge'burtsa,spekt *m.* **10.** *tech.* Wurzel *f.* **11.** *Am. sl.* Fußtritt *m.*
II *v/i* **12.** Wurzeln schlagen, (ein)wurzeln (*beide a. fig.*), Wurzeln treiben. **13. ~ in** *fig.* wurzeln in (*dat*), s-n Ursprung haben in (*dat*).
III *v/t* **14.** tief einpflanzen, einwurzeln lassen: **fear ~ed him to the ground** (*od.* **spot**) *fig.* er stand vor Furcht wie angewurzelt. **15. ~ up**, **~ out**, **~ away** mit der Wurzel ausreißen *od. fig.* ausrotten.
root² [ruːt] **I** *v/i* **1.** (*mit der Schnauze*) wühlen (**for** nach) (*Schwein*). **2. ~ about** (*od.* **around**) *fig.* her'umwühlen (**among** in *dat*). **II** *v/t* **3.** den Boden auf-, 'umwühlen. **4. ~ out**, **~ up** ausgraben, aufstöbern (*a. fig.*), *fig.* her'vorzerren: **to ~ out a letter**; **to ~ s.o. out of bed** *j-n* aus dem Bett treiben.
root³ [ruːt] *v/i* (**for**) *bes. Am. colloq.* a) *sport* Stimmung machen (für *j-n od.* etwas), (*j-n*) (tatkräftig) unter'stützen.
root-age [ˈruːtɪdʒ] *s* **1.** Verwurzelung *f.* **2.** *fig.* Wurzeln *n pl*) *f.*
root|-and-'branch *adj* radi'kal, restlos. **~ beer** *s Am.* Limonade aus Kräuterod. Wurzelextrakten. **~ ca-nal** *s anat.* 'Zahn-, 'Wurzelka,nal *m.* **~ climb-er** *s bot.* Wurzelkletterer *m.* **~ crop** *s* Wurzelgemüse *n*, Knollenfrüchte *pl*, Rüben *pl.*
root-ed [ˈruːtɪd] *adj* (fest) eingewurzelt (*a. fig.*): **deeply ~** *fig.* tief verwurzelt; **to stand ~ to the ground** (*od.* **spot**) wie angewurzelt stehen(bleiben). **'root-ed-ly** *adv* von Grund auf, zu'tiefst. **'root-ed-ness** *s* Verwurzelung *f.*
'root-er *s bes. Am. colloq.* begeisterter Anhänger *m*, ,Fa'natiker' *m.*
roo-tle [ˈruːtl] → root².
'root-less *adj* **1.** wurzellos (*a. fig.*). **2.** *fig.* entwurzelt, ohne feste Bindung.
'root-let [ˈruːtlɪt] *s bot.* Würzelchen *n*, Wurzelfaser *f.*
'root|-mean-'square *s math.* qua'dratischer Mittelwert. **'~-stock** *s* **1.** *bot.* Wurzelstock *m.* **2.** Wurzelableger *m.* **3.** *fig.* Wurzel *f*, Ursprung *m.* **~ tu-ber-cle** *s bot.* Wurzelknöllchen *n.* **~ vole** *s zo.* Wühlmaus *f.*

root-y [ˈruːtɪ] *adj* **1.** wurz(e)lig. **2.** wurzelartig, Wurzel...
rope [rəʊp] **I** *s* **1.** Seil *n*, Strick *m*, Strang *m* (*a. zum Erhängen*): **the ~** *fig.* der Strick (*Tod durch den Strang*); **to be at the end of one's ~** mit s-m Latein am Ende sein; **to know the ~s** sich auskennen, ,den Bogen raushaben'; **to learn the ~s** sich einarbeiten; **to show s.o. the ~s** j-m die Kniffe beibringen, j-n anlernen. **2.** *mar.* (Tau)Ende *n*, Tau *n.* **3.** (Ar'tisten)Seil *n*: **on the high ~s** a) hochmütig, b) hochgestimmt. **4.** *mount.* a) (Kletter)Seil *n*, b) *a.* **~ team** Seilschaft *f*: **to put on the ~** sich anseilen; **to be on the ~** angeseilt sein. **5.** *Am.* Lasso *m*, *n.* **6.** *pl* Boxen: (Ring)Seile *pl*: **to be on the ~s** a) (angeschlagen) in den Seilen hängen, b) *fig.* am Ende (s-r Kräfte) *od.* ,fertig' sein; **to have s.o. on the ~s** j-n in die Enge getrieben haben. **7.** *fig.* Strang *m* (*Tabak etc*), Schnur *f* (*Zwiebeln, Perlen etc*): **~ of ova** *zo.* Eischnur *f*; **~ of pearls** Perlenschnur; **~ of sand** *fig.* Illusion *f*, trügerische Sicherheit. **8.** (langgezogener) Faden (*e-r Flüssigkeit*). **9.** *aer. mil.* Düppel *pl.* **10.** *fig.* Spielraum *m*, Handlungsfreiheit *f*: **to give s.o. plenty of ~** j-m viel Freiheit lassen.
II *v/t* **11.** *a.* **~ up** (mit e-m Seil *etc*) zs.-binden. **12.** festbinden. **13.** *meist* **~ in** (*od.* **off**) (durch ein Seil) absperren *od.* abgrenzen. **14.** *mount.* anseilen: **to ~ down** (**up**) *j-n* ab- (auf)seilen. **15.** *Am.* mit dem Lasso (ein)fangen. **16. ~ in** *colloq.* a) Wähler, Kunden *etc* ,fangen', ,an Land ziehen', b) sich *ein Mädchen etc* ,anlachen': **to ~ s.o. in on s.th.**, **to ~ s.o. into s.th.** j-n in etwas hineinziehen. **17.** *Am. sl.* j-n ,übers Ohr hauen', j-n ,reinlegen'.
III *v/i* **18.** Fäden ziehen (*dicke Flüssigkeit*). **19.** *meist* **~ up** *mount.* sich anseilen: **to ~ down** sich abseilen.
'rope|,danc-er *s* Seiltänzer(in). **'~-,danc-ing** *s* Seiltanzen *n.* **~ fer-ry** *s* Seilfähre *f.* **~ lad-der** *s* Strickleiter *f.* **2.** *mar.* Seefallreep *n.* **'~-,mak-er** *s tech.* Seiler *m.* **~ mo(u)ld-ing** *f arch.* Seilleiste *f.* **~ quoit** *s mar.* Seilring *m* (*zum Sport an Deck*). **~ rail-way** *s* ropeway.
rop-er-y [ˈrəʊpərɪ] *s* Seile'rei *f.*
'rope's| end *s mar.* Tauende *n.* **'~-end** *v/t* mit dem Tauende (ver)prügeln.
'rope| stitch *s* Stickerei: Stielstich *m.* **~ tow** *s* Skisport: Schlepplift *m.* **~ trick** *s* Seiltrick *m.* **'~-walk** *s tech.* Seiler-, Reeperbahn *f.* **'~-walk-er** → ropedancer. **'~-way** *s tech.* (Seil)Schwebebahn *f.*
'rop-ey → ropy 3.
'rope|yard *s* Seile'rei *f.* **~ yarn** *s* **1.** *tech.* Kabelgarn *n.* **2.** *fig.* Baga'telle *f.*
rop-i-ness [ˈrəʊpɪnɪs] *s* Dickflüssigkeit *f*, Klebrigkeit *f.* **'rop-y** *adj* (*adv* **ropily**) **1.** dickflüssig, klebrig, zäh(flüssig), fadenziehend: **to be ~** Fäden ziehen. **2.** kahmig: **~ wine**. **3.** *colloq.* a) mise'rabel, b) abgerissen, abgetragen (*Kleidungsstück*), c) fadenscheinig (*Ausrede etc*). **4.** sehnig.
roque [rəʊk] *s sport amer.* Form des Krocketspiels.
Roque-fort [ˈrɒkfɔː; *Am.* ˈrəʊkfərt] *s* Roquefort(käse) *m.*
ro-quet [ˈrəʊkɪ; *Am.* rəʊˈkeɪ] **I** *v/t u. v/i* Krocketspiel: (e-n anderen Ball) treffen. **II** *s* Treffen *n* e-s anderen Balls.
ror-qual [ˈrɔː(r)kwəl] *s a.* **common ~** *zo.* Finnwal *m.*
Ror-schach test [ˈrɔː(r)ʃɑːk] *s psych.* Rorschach-, Formdeutetest *m.*
ror-ty [ˈrɔːtɪ] *adj Br. sl.* fi'del, lustig.
ro-sace [ˈrəʊzeɪs] *s arch.* **1.** Ro'sette *f.* **2.** → rose window.
ro-sa-cean [rəʊˈzeɪʃn] *bot.* **I** *adj* → rosaceous 1 a. **II** *s* Rosa'zee *f*, Rosengewächs

n. **ro'sa·ceous** [-ʃəs] *adj* 1. *bot.* a) zu den Rosa'zeen gehörig, b) rosenblütig. 2. rosenartig, Rosen...
ro·sa·ri·a [rəʊˈzeərɪə] *pl von* **rosarium**.
ro·sar·i·an [rəʊˈzeərɪən] *s* 1. Rosenzüchter *m.* 2. *R.C.* Mitglied *n* e-r Rosenkranzbruderschaft.
ro·sar·i·um [rəʊˈzeərɪəm] (*Lat.*) *pl* **-i·ums, -i·a** [-ɪə] *s* Rosengarten *m.*
ro·sa·ry [ˈrəʊzərɪ] *s* 1. Rosenbeet *n*, -garten *m.* 2. *oft* R~ *R.C.* (a. *Buddhismus*) Rosenkranz *m* (*Gebetsschnur u. Gebete*): joyful (sorrowful, glorious) R~ freudenreicher (schmerzhafter, glorreicher) Rosenkranz; to say the R~ den Rosenkranz beten; Fraternity of the R~ Rosenkranzbruderschaft *f.*
rose[1] [rəʊz] **I** *s* 1. *bot.* Rose *f*: ~ of May Weiße Narzisse; ~ of Sharon a) *Bibl.* Sharon-Tulpe *f*, b) Großblumiges Johanniskraut; the ~ of *fig.* die Rose (*das schönste Mädchen*) von; to gather (life's) ~s die Rosen des Lebens pflücken, sein Leben genießen; it is not all ~s es ist nicht so rosig, wie es aussieht; under the ~ im Vertrauen; no ~ without a thorn *fig.* keine Rose ohne Dornen; → bed *Bes. Redew.* 2. *fig* Rose *f*, Rös-chen *n* (*Zierat*). 3. → rose window. 4. *geogr. mar. phys.* Wind-, Kompaßrose *f.* 5. *phys. tech.* Kreisskala *f.* 6. Brause *f* (*e-r Gießkanne etc*). 7. Ro'sette *f*, Rose *f* (*Edelsteinschliff od. so geschliffener Stein*). 8. *tech.* Ro'sette *f*, Man'schette *f.* 9. *zo.* Rose *f* (*Ansatzfläche des Geweihs*). 10. *her. hist. Br.* Rose *f* (*Wappenblume*): Wars of the R~s Rosenkriege; → Red Rose, White Rose 2. 11. → rose colo(u)r. **II** *adj* 12. Rosen... 13. rosenfarbig, rosa-, rosenrot.
rose[2] [rəʊz] *pret von* **rise**.
ro·sé [ˈrəʊzeɪ; *Am.* rəʊˈzeɪ] *s* Ro'sé *m* (*Wein*).
ro·se·ate [ˈrəʊzɪət; *Am. a.* -ˌeɪt] → **rose-colo(u)red**.
ˈrose|-bay *s bot.* 1. Ole'ander *m.* 2. *Am.* a) Große Alpenrose, b) Pontische Alpenrose. **~bud** *s* Rosenknospe *f* (*a. fig. Mädchen*): gather ye ~s while ye may pflücke die Rose, eh' sie verblüht. **~bug** → rose chafer 2. **~bush** *s bot.* Rosenstock *m*, -strauch *m.* **~chaf·er** *s zo.* 1. Rosenkäfer *m.* 2. *Am.* Rosenlaubkäfer *m.* **~cheeked** *adj* rotwangig, -backig. **~col·o(u)r** *s* Rosa-, Rosenrot *n*: life is not all ~ das Leben besteht nicht nur aus Annehmlichkeiten. **~col·o(u)red** *adj* 1. rosa-, rosenrot. 2. *fig.* rosa(rot), rosig, opti'mistisch: to see things through ~ spectacles (*od.* glasses) die Dinge durch e-e rosa(rote) Brille sehen. **~cut** *adj* mit Ro'settenschliff (*Stein*). **~di·a·mond** *s* 'Rosendia,mant *m.* **~fish** *s* Rotbarsch *m.* **~gall** *s bot.* Rosenapfel *m*, -schwamm *m.* **~gar·den** *s* Rosengarten *m.* **~grow·er** *s* Rosenzüchter *m.* **~hip** *s bot.* Hagebutte *f.*
rose·mar·y [ˈrəʊzmərɪ; *Am.* -ˌmerɪ] *s bot.* Rosmarin *m.* **~pine** *s bot.* (*USA*) 1. Sumpfkiefer *f.* 2. Weihrauchkiefer *f.* 3. Gelbkiefer *f.*
ro·se·o·la [rəʊˈziːələ; *Am. a.* ˌrəʊziːˈəʊlə] *s med.* 1. Rose'ole *f* (*Hautausschlag*). 2. → German measles.
rose|pink *s* 1. *tech.* a) Rosenlack(farbe *f*) *m*, b) rosa Farbstoff *m.* 2. *bot. Amer.* Tausend'güldenkraut *n.* **~pink** *adj* rosa(rot), rosenrot (*a. fig.*). **~quartz** *s min.* Rosenquarz *m.* **~rash** → roseola. **~red** *s* Rosenrot *n*, Rosa Rot(ton) *n.* **~red** *adj* rosenrot, rosa(rot).
ros·er·y → rosary 1.
ˈrose|-,tint·ed → rose-colo(u)red. **~tree** *s* Rosenstock *m*, -strauch *m.*
ro·sette [rəʊˈzet] *s* 1. Ro'sette *f*: a) (Zier-)

Rose *f*, b) 'Rosenorna,ment *n*, c) Bandschleife *f.* 2. *arch.* a) (ˈMauer)Roˌsette *f*, b) → rose window. 3. *bot.* (ˈBlattetc*)Ro,sette *f.* 4. → rose diamond. 5. *tech.* Pa'trone *f.* 6. *tech.* Ro'sette(nkupfer *n*) *f.* **roˈsetˑted** *adj* 1. mit Ro'setten geschmückt. 2. ro'settenförmig.
rose|wa·ter *s* 1. Rosenwasser *n.* 2. *fig.* a) Schmeiche'leien *pl*, b) Gefühlsduse'lei *f.* **ˈ~ˌwa·ter** *adj* 1. nach Rosenwasser duftend. 2. *fig.* a) ('über)fein, (-)zart, sanft, b) affek'tiert, c) süßlich, sentimen'tal. **~win·dow** *s arch.* (ˈFenster)Ro,sette *f*, (-)Rose *f.* **ˈ~wood** *s bot.* Rosenholz *n.*
Ro·si·cru·cian [ˌrəʊzɪˈkruːʃən; *Am.* -ʃən; *a.* ˌrɑzə-] **I** *s* Rosenkreuzer *m* (*Mitglied e-r Geheimgesellschaft*). **II** *adj* Rosenkreuzer...
ros·in [ˈrɒzɪn; *Am.* ˈrɑzn; ˈrɔzn] **I** *s* 1. *chem.* (Terpen'tin)Harz *n*, *bes.* Kolo'phonium *n*, Geigenharz *n.* 2. → resin 1. **II** *v/t* 3. mit Kolo'phonium einreiben.
ros·i·ness [ˈrəʊzɪnɪs] *s* (*das*) Rosige, rosiges Aussehen.
ross [rɒs; *Am. a.* rɑs] *bes. Am.* **I** *s* 1. Borke *f.* **II** *v/t* 2. Bäume abborken. 3. Borke abschälen.
ros·ter [ˈrɒstə(r); *Am. bes.* ˈrɑs-] *s* 1. *mar. mil.* Dienst- *od.* Namensliste *f.* 2. Dienstplan *m.* 3. Liste *f*, Verzeichnis *n.*
ros·tral [ˈrɒstrəl; *Am. bes.* ˈrɑs-] *adj* 1. *anat.* ro'stral, schnabelförmig. 2. *zo.* zur Kopfspitze gehörig. 3. *mar. hist.* Schiffsschnabel... **ros·trate** [ˈrɒstreɪt; *Am. bes.* ˈrɑs-], **ˈros·trat·ed** *adj bes. bot. zo.* geschnäbelt. 2. → rostral 3. **ros·trif·er·ous** [-ˈtrɪfərəs] *adj zo.* geschnäbelt. **ˈros·triˌform** [-fɔː(r)m] *adj zo.* schnabelförmig.
ros·trum [ˈrɒstrəm; *Am. bes.* ˈrɑs-] *pl* **-tra** [-trə], *selten* **-trums** *s* 1. a) Rednerpult *n*, Podium *n*, b) Kanzel *f*, c) *fig.* Plattform *f.* 2. *mar. antiq.* Schiffsschnabel *m.* 3. *anat. bot. zo.* Schnabel *m.* 4. *zo.* a) Kopfspitze *f*, b) Rüssel *m* (*von Insekten*).
ros·y [ˈrəʊzɪ] *adj* (*adv* **rosily**) 1. rosenrot, -farbig: ~ red Rosenrot *n.* 2. rosig, blühend: ~ cheeks. 3. *fig.* ~ rose-colo(u)red 2. 4. rosengeschmückt, Rosen...: **ˈ~ˌcol·o(u)red** → rose-colo(u)red.
rot [rɒt; *Am.* rɑt] **I** *v/i* 1. a. ~ away (ver)faulen, (-)modern (*a. fig. im Gefängnis*), verrotten, verwesen: to ~ off abfaulen. 2. a. ~ away *geol.* verwittern. 3. *fig.* (*a. moralisch*) verkommen, verrotten. 4. *agr.* an Fäule leiden. 5. *bes. Br. sl.* ˌquatschenˈ, ˌBlechˈ od. Unsinn reden. **II** *v/t* 6. (ver)faulen lassen. 7. *bot. vet.* mit Fäule anstecken. 8. *bes. Br. sl.* j-n ˌanplaumenˈ, ˌaufziehenˈ (*hänseln*). **III** *s* 9. a) Fäulnis *f*, Verwesung *f*, b) Fäule *f*, c) (*etwas*) Verfaultes: → dry rot. 10. a) *bot. vet.* Fäule *f*, b) *vet.* → liver rot. 11. *bes. Br. sl.* ˌQuatschˈ *m*, Blödsinn *m*, Unsinn *m*: to talk ~.
ro·ta [ˈrəʊtə] *s* 1. → roster. 2. *bes. Br.* a) Dienstturnus *m*, b) *a.* ~ system Turnusplan *m.* 3. *meist* R~ *R.C.* Rota *f* (*oberster Gerichtshof der Kirche*).
Ro·tar·i·an [rəʊˈteərɪən] **I** *s* Ro'tarier *m*, Mitglied *n* e-s Rotary-Clubs. **II** *adj* Rotary..., Rotarier...
ro·ta·ry [ˈrəʊtərɪ] **I** *adj* 1. ro'tierend, kreisend, sich drehend, 'umlaufend: ~ movement *od.* motion Umdrehung *f*, Drehbewegung *f.* 2. Rotations..., Dreh..., Kreis..., Umlauf...: ~ drier Drehregler *m*; ~ file Drehkartei *f*; ~ pump *tech.* Kreisel-, Umlaufpumpe *f*; ~ switch *electr.* Drehschalter *m*; ~ traffic Kreisverkehr *m*; ~-wing aircraft → rotorcraft. 3. *aer. tech.* Radial..., Stern-

motor... 4. *fig.* turnusmäßig. **II** *s* 5. *tech.* durch Rotation arbeitende Maschine, *bes.* a) → rotary engine, b) → rotary machine, c) → rotary press, d) *electr.* → rotary converter. 6. R~ → Rotary Club. 7. *Am.* Kreisverkehr *m.* **R~ Club** *s* Rotary-Club *m.* **~ con·dens·er** *s electr.* 'Drehkonden,sator *m.* **~ con·vert·er** *s electr.* 'Dreh,umformer *m.* **~ cur·rent** *s electr.* Drehstrom *m.* **~ en·gine** *s* 'Umlaufmotor *m.* **~ hoe** *s agr.* Hackfräse *f.* **R~ In·ter·na·tion·al** Weltvereinigung *f* der Rotary-Clubs. **~ in·ter·sec·tion** → rotary 7. **~ ma·chine** *s* 'Rotaˌtionsmaˌschine *f.* **~ pis·ton en·gine** *s mot.* Drehkolbenmotor *m.* **~ plough**, *bes. Am.* **~ plow** *s tech.* 1. a. rotary snow plough (*bes. Am.* plow) Schneefräse *f.* 2. *agr.* Bodenfräse *f.* **~ press** *s print.* Rotati'ons(druck)presse *f.* **~ shut·ter** *s Film:* 'Umlaufblende *f.* **~ till·er** *s* → rotary plough 2.
ro·tat·a·ble [rəʊˈteɪtəbl; *Am. bes.* ˈrəʊˌteɪ-] *adj* drehbar.
ro·tate[1] [rəʊˈteɪt; *Am.* ˈrəʊˌteɪt] **I** *v/i* 1. ro'tieren, kreisen, sich drehen, 'umlaufen. 2. der Reihe nach *od.* turnusmäßig wechseln: to ~ in office. **II** *v/t* 3. ro'tieren *od.* kreisen lassen. 4. *math.* (um e-e Achse) drehen, b) 'umklappen. 5. *Personal* turnusmäßig auswechseln. 6. *agr.* die Frucht wechseln.
ro·tate[2] [ˈrəʊteɪt] *adj bot. zo.* radförmig.
ro·tat·ing [rəʊˈteɪtɪŋ; *Am.* ˈrəʊˌteɪtɪŋ] *adj* → rotary 1: ~ field *electr. phys.* Drehfeld *n*, rotierendes Feld; **~-wing aircraft** → rotorcraft.
ro·ta·tion [rəʊˈteɪʃn] *s* 1. *math. phys. tech.* Rotati'on *f*, Um'drehung *f*, 'Umˌkreislauf *m*, Drehbewegung *f*: ~ of the earth Erdrotation, (tägliche) Erdumdrehung. 2. Wechsel *m*, Abwechslung *f*: in (*od.* by) ~ der Reihe nach, abwechselnd, im Turnus; ~ in office turnusmäßiger Wechsel im Amt. 3. *a.* ~ of crops *agr.* Fruchtwechsel *m.* **ro·ta·tion·al** [-ˈʃənl] *adj* 1. ~ rotary 1. 2. (ab)wechselnd. 3. im Turnus, turnusmäßig.
ro·ta·tive [ˈrəʊtətɪv; *Am.* ˌteɪ-] *adj* 1. → rotary 1. 2. abwechselnd, regelmäßig 'wiederkehrend.
ro·ta·tor [rəʊˈteɪtə; *Am.* ˈrəʊˌteɪtə(r)] *s* 1. *anat.* Ro'tator *m*, Dreh-, Rollmuskel *m.* 2. *tech.* a) ro'tierender Appa'rat *od.* Ma'schinenteil, b) *electr.* schnellaufender E'lektromotor (*bes. mit Außenläufer*). 3. *Quantentheorie:* Drillachse *f.*
ro·ta·to·ry [ˈrəʊtətərɪ; *Am.* -ˌtəʊrɪ, -ˌtɔː-] *adj* 1. → rotary 1. 2. *fig.* abwechselnd *od.* turnusmäßig (aufein'anderfolgend): ~ assemblies. 3. → muscle *anat.* → rotator 1.
rote [rəʊt] *s* Rou'tine *f*: **by** ~ a) rein mechanisch, durch bloße Übung, b) auswendig.
ˈrot·gut *s sl.* Fusel *m.*
ro·ti·fer [ˈrəʊtɪfə(r)] *s zo.* Rädertier (-chen) *n.*
ro·tis·ser·ie [rəʊˈtɪsərɪ] *s* Rotisse'rie *f*: a) Bratspieß *m*, b) Restaurant, in dem Grillgerichte vor den Augen des Gastes zubereitet werden.
ˌro·toˈgra·vure [ˌrəʊtəʊ-; *Am.* -tə-] *s print.* **I.** Zy'lindertiefdruck *m*, Kupfer(tief)druck *m.* 2. → roto section.
ro·tor [ˈrəʊtə(r)] *s* 1. *aer.* Drehflügel *m*, Tragschraube *f*, Rotor *m* (*des Hubschraubers*). 2. *electr.* Rotor *m*, Läufer *m*: ~ circuit Läuferkreis *m.* 3. *tech.* Rotor *m* (*Drehteil e-r Maschine*). 4. *mar.* (Flettner-)Rotor *m.* **~craft, ˈ~plane** *s aer.* Rotorflugzeug *n*, Drehflügelflugzeug *n.* **~ship** *s mar.* Rotorschiff *n.*
ro·to sec·tion [ˈrəʊtəʊ] *s Am.* Kupfertiefdruckbeilage *f* (*e-r Zeitung*).

rot·ten ['rɒtn; *Am.* 'rɑtn] *adj* (*adv* ~ly) **1.** verfault, faul: ~ **egg** faules Ei; ~ **to the core** a) vollkommen verfault, b) *fig.* durch u. durch korrupt. **2.** morsch, mürbe. **3.** brandig, stockig: ~ **wood. 4.** *med.* faul: ~ **teeth. 5.** *fig.* a) verderbt, kor'rupt, b) niederträchtig, gemein: **a ~ trick**; **something is ~ in the state of Denmark** (*Shakespeare*) etwas ist faul im Staate Dänemark. **6.** *sl.* ‚('hunds)mise‚rabel', ‚saumäßig': **a ~ book**; ~ **luck** Saupech *n*; ~ **weather** Sauwetter *n*; **to feel ~** sich ‚beschissen' fühlen. **7.** *vet.* mit der (Lungen)Fäule behaftet (*Schaf*). ~ **bor·oughs** *s pl pol. hist. Br.* a) Wahlkreise mit verlassenen Orten, b) Wahlkreise, deren Bevölkerung nur aus Anhängern u. Abhängigen e-s einzigen Grundbesitzers bestand.
'**rot·ten·ness** *s* **1.** Fäule *f*, Fäulnis *f*. **2.** Morschheit *f* (*von Holz etc*). **3.** *fig.* Verderbtheit *f*, Kor'ruptheit *f*.
'**rot·ter** *s obs. Br. sl.* ‚Schweinehund' *m*.
ro·tund [rəʊ'tʌnd] *adj* (*adv* ~ly) **1.** rund, kreisförmig. **2.** rundlich, dicklich: **a ~ man. 3.** *fig.* a) voll(tönend), klangvoll: ~ **voice**, b) pom'pös, hochtrabend, blumig: ~ **phrases. 4.** *fig.* abgerundet, ausgewogen: ~ **style**.
ro·tun·da [rəʊ'tʌndə] *s arch.* Ro'tunde *f*: a) Rundbau *m*, b) Rundhalle *f*.
ro·tun·date [rəʊ'tʌndɪt; *Am. a.* -‚deɪt] *adj bes. bot. zo.* abgerundet.
ro·tun·di·ty [rəʊ'tʌndətɪ] *s* **1.** Rundheit *f*. **2.** Rundlichkeit *f*. **3.** Rundung *f*, (*das*) Runde. **4.** *fig.* Abgerundetheit *f*, Ausgewogenheit *f* (*des Stils etc*).
rou·ble → **ruble**.
rou·é ['ru:eɪ; *Am.* ru'eɪ] *s* Rou'é *m*, (vornehmer) Lebemann.
rouge [ru:ʒ] **I** *s* **1.** Rouge *n*. **2.** *tech.* Po'lierrot *n*. **3.** *bes. her.* Rot *n*. **II** *adj* **4.** *her.* rot. **III** *v/i* **5.** Rouge auflegen, sich schminken. **IV** *v/t* **6.** (rot) schminken.
rouge roy·al mar·ble *s* rötliche belgische Marmorart.
rough [rʌf] **I** *adj* (*adv* → **roughly**) **1.** *allg.* rauh: ~ **cloth**; ~ **skin**; ~ **surface**; ~ **voice**. **2.** rauh, struppig: ~ **hair. 3.** holp(e)rig, uneben: ~ **ground**; ~ **road. 4.** rauh, unwirtlich, zerklüftet: **a ~ landscape. 5.** a) rauh: **a ~ wind**, b) stürmisch: ~ **weather**; **a ~ passage** e-e stürmische Überfahrt, *fig.* e-e schwierige Zeit; **to give s.o. a ~ passage** j-m arg zu schaffen machen; **he is in for a ~ passage** ihm steht einiges bevor; ~ **sea** *mar.* grobe See. **6.** *fig.* a) grob, roh: **a ~ man**; ~ **manners**, b) rauhbeinig, ungehobelt: **a ~ fellow**, c) heftig: **a ~ temper**, d) rücksichtslos, hart: ~ **play**; ~ **stuff** *colloq.* Gewalttätigkeit(en *pl*) *f*; → **roughhouse** I. **7.** rauh, barsch, schroff (*Person od. Redeweise*): **to have a ~ tongue** e-e rauhe Sprache sprechen, barsch sein; **to give s.o. the ~ side of one's tongue** j-m ‚den Marsch blasen'. **8.** *colloq.* a) rauh: ~ **treatment**; **a ~ welcome**, b) hart: **a ~ day** (life, *etc*), c) garstig, böse: **it was ~ es war e-e böse Sache**; **she had a ~ time es ist ihr ziemlich dreckig gegangen**; **to give s.o. a ~ time** j-n (ganz schön) rannehmen; **it was ~ on her** es war (ganz schön) hart für sie; **that's ~ luck for him** da hat er aber Pech (gehabt). **9.** roh, grob, unbearbeitet, im Rohzustand: ~ **food** grobe Kost; ~ **rice** unpolierter Reis; ~ **stone** a) unbehauener Stein, b) un(zu)geschliffener (Edel)Stein; ~ **style** grober *od.* ungeschliffener Stil; ~ **work** grobe Arbeit; → **rough diamond**, **rough-and-ready. 10.** Grob..., grobe Arbeit verrichtend (*Arbeiter, Werkzeug*): → **rough file. 11.** unfertig, Roh...: ~ **draft** Rohfassung *f*; ~ **sketch** Faustskizze *f*; **in a ~ state** im Rohzustand, unfertig; → **copy** 1. **12.** *fig.* grob: a) annähernd (richtig), ungefähr, b) flüchtig, im 'Überschlag: ~ **analysis** Rohanalyse *f*; **a ~ guess** e-e grobe Schätzung; ~ **calculation** Überschlag(srechnung *f*) *m*; ~ **size** *tech.* Rohmaß *n*; → **estimate** 5. **13.** *print.* unbeschnitten (*Buchrand*). **14.** primi'tiv, unbequem: ~ **accommodation. 15.** herb, sauer: ~ **wine. 16.** *pharm.* drastisch: ~ **remedies. 17.** *Br. sl.* schlecht: ~ **remedies**; a) ungenießbar, verdorben, b) ‚mies': **to feel ~**.
II *s* **18.** Rauheit *f*, Unebenheit *f*, (*das*) Rauhe *od.* Unebene: **over ~ and smooth** über Stock u. Stein; **to take the ~ with the smooth** *fig.* die Dinge nehmen, wie sie kommen; **the ~(s) and the smooth(s) of life** *fig.* das Auf u. Ab des Lebens; → **rough-and-tumble** II. **19.** Rohzustand *m*: **to work from the ~** aus dem Groben arbeiten; **in the ~** im Rohzustand; **to take s.o. in the ~** j-n nehmen, wie er ist. **20.** a) holp(e)riger Boden, b) Golf: Rough *n*. **21.** Rowdy *m*, ‚Ra'bauke' *m*.
III *adv* **22.** roh, rauh, hart: **to play ~**; → **cut up** 8. **23. to sleep ~** im Freien *od.* unter freiem Himmel übernachten.
IV *v/t* **24.** an-, aufrauhen. **25.** *oft* ~ **up** j-n mißhandeln, übel zurichten. **26.** *meist* ~ **out** *Material* roh *od.* grob bearbeiten, vorbearbeiten, *metall.* vorwalzen, e-e Linse, e-n Edelstein grob schleifen. **27.** *ein Pferd* zureiten. **28.** *e-n Pferdehuf* mit Stollen versehen. **29.** ~ **in**, ~ **out** entwerfen, skiz'zieren: **to ~ out a plan. 30.** ~ **up** *Haare, Gefieder* gegen den Strich streichen: **to ~ s.o. up the wrong way** *fig.* j-n reizen *od.* verstimmen. **31.** *sport* *e-n Gegner* hart ‚nehmen'.
V *v/i* **32.** *her.* rauh werden. **33.** *sport* (über'trieben) hart spielen. **34.** ~ **it** *colloq.* primi'tiv *od.* anspruchslos leben, ein spar'tanisches Leben führen.
rough·age ['rʌfɪdʒ] *s* **1.** *agr.* Rauhfutter *n*. **2.** grobe Nahrung. **3.** *biol.* Bal'laststoffe *pl*.
‚**rough|-and-'read·y** *adj* **1.** grob, roh, provi'sorisch, Not..., Behelfs...: **in a ~ manner** behelfsmäßig, mehr schlecht als recht; ~ **rule** Faustregel *f*. **2.** rauhbeinig. **3.** ~ **worker**. ~‚**-and-'tum·ble I** *adj* **1.** heftig, wild: **a ~ fight. II** *s* **2.** wildes Handgemenge, wüste Keile'rei. **3.** Wirren *pl* (*des Krieges, des Lebens etc*), Getümmel *n*. '~**cast I** *s* **1.** a) Rohguß *m*, b) *fig.* grober *od.* roher Entwurf, Rohfassung *f*. **2.** *arch.* Rauhputz *m*. **II** *adj* **3.** im Entwurf, unfertig. **4.** *arch.* roh verputzt. **III** *v/t irr* **5.** im Entwurf anfertigen, in groben Zügen entwerfen, skiz'zieren: **to ~ a story. 6.** *arch.* berappen. ~**coat** *s arch.* Roh- *od.* Rauhputz *m*. ~ **cut** *s* Rohschnitt *m* (*e-s Films*). ~**di·a·mond** *s* **1.** ‚Rohdia‚mant *m*: **he is a ~** *fig.* er hat e-e rauhe Schale. ~**draw** *v/t irr* in groben Zügen entwerfen, skiz'zieren. ~**dry I** *v/t* ['rʌfdraɪ] nur getrocknet: ~ **clothes** Trockenwäsche *f*. **II** *v/t a.* ['rʌf'draɪ] *Wäsche* nur trocknen (*ohne sie zu bügeln od. mangeln*).
rough·en ['rʌfn] **I** *v/i* rauh(er) werden. **II** *v/t a.* ~ **up** an-, aufrauhen.
rough| file *s tech.* Schruppfeile *f*. ~**-'han·dle** *v/t* grob *od.* bru'tal behandeln, maltrā'tieren. ~**'hew** *v/t a. irr tech.* **1.** roh behauen, grob bearbeiten. **2.** *fig.* in groben Zügen entwerfen *od.* gestalten. ~**'hewn** *adj* **1.** *tech.* roh behauen. **2.** *fig.* in groben Zügen gestaltet *od.* entworfen. **3.** *fig.* grobschlächtig, ungehobelt. '~**house** *sl.* **I** *s* **1.** a) Ra'dau *m*, b) wüste Keile'rei, Schläge'rei *f*. **II** *v/t* **2.** j-n ‚piesacken'. **3.** j-n mißhandeln, übel zurichten. **III** *v/i* **4.** Ra'dau machen, toben.
rough·ing| mill ['rʌfɪŋ] *s metall.* Vorwalzwerk *n*. ~ **tool** *s tech.* Schruppmeißel *m*.
rough·ly ['rʌflɪ] *adv* **1.** rauh, roh, grob. **2.** grob, ungefähr, annähernd: ~ **speaking** a) etwa, ungefähr, annähernd, b) ganz allgemein (gesagt).
‚**rough|-ma'chine** *v/t tech.* grob bearbeiten. ~**'neck** *s Am. sl.* **1.** ‚Rauhbein' *n*, Grobian *m*. **2.** Rowdy *m*, Schläger *m*. **3.** Ölbohrarbeiter *m*.
rough·ness ['rʌfnɪs] *s* **1.** Rauheit *f*, Unebenheit *f*. **2.** rauhe Stelle. **3.** *fig.* Roheit *f*, Grobheit *f*, Ungeschliffenheit *f*. **4.** Wildheit *f*, Heftigkeit *f*. **5.** Herbheit *f*.
‚**rough|-'plane** *v/t tech.* vorhobeln. '~**‚rid·er** *s* **1.** Zureiter *m* (*von Pferden*). **2.** verwegener Reiter. **3.** *mil. Am. hist.* a) 'irregu‚lärer Kavalle'rist, b) R~, *a.* **Rough Rider** Angehöriger e-s im spanisch-nordamerikanischen Krieg 1898 aufgestellten Kavallerie-Freiwilligenregiments. '~**shod** *adj* scharf beschlagen (*Pferd*): **to ride ~ over** rücksichtslos über j-n *od.* etwas hinweggehen. ~**'turn** *v/t tech.* Metall vorschleifen, schruppen. '~**-up** *s sl.* wüste Schläge'rei. ~**'wrought** *adj* grob be- *od.* gearbeitet.
rou·lade [ru:'lɑ:d] *s* **1.** *gastr.* Rou'lade *f*. **2.** *mus.* Rou'lade *f*, Pas'sage *f*, Lauf *m*.
rou·lette [ru:'let] *s* **1.** Rou'lett(e) *n*: **a) ~ wheel** Rou'lettschüssel *f*, b) Rou'lettspiel *n*. **2.** *tech.* Rollrädchen *n*. **3.** Lochlinie *f*, Perfo'rierung *f* (*zwischen Briefmarken*). **4.** *math.* Radlinie *f*.
Rou·man, Rou·ma·ni·an → **Ruman, Rumanian**.
Rou·mansh [ru:'mænʃ; *Am.* rəʊ'mɑ:ntʃ; -'mæntʃ] → **Romans(c)h**.
round [raʊnd] **I** *adj* (*adv* → **roundly**) **1.** *allg.* rund: a) kugelrund, b) kreisrund, c) zy'lindrisch: ~ **bar** Rundstab *m*, d) (ab)gerundet, e) e-n Kreis beschreibend: ~ **movement** kreisförmige Bewegung, f) bogenförmig: ~**arched** *arch.* rundbogig, Rundbogen..., g) rundlich, voll: ~ **arms**; ~ **cheeks. 2.** *ling.* gerundet: ~ **vowel. 3.** *fig.* rund, voll, ganz: **a ~ dozen. 4.** *math.* ganz (*ohne Bruch*): **in ~ numbers** in ganzen Zahlen, b) auf- *od.* abgerundet. **5.** rund, annähernd *od.* ungefähr (*richtig*): **a ~ guess** e-e ungefähre Schätzung. **6.** rund, beträchtlich: **a ~ sum. 7.** *fig.* abgerundet: ~ **style. 8.** voll(-tönend): ~ **voice. 9.** flott, scharf: **at a ~ pace. 10.** offen, unverblümt: **a ~ answer**; **a ~ lie** e-e freche Lüge. **11.** kräftig, derb, ‚saftig': **in ~ terms** unmißverständlich. **12.** weich, vollmundig (*Wein*).
II *s* **13.** Rund *n*, Kreis *m*, Ring *m*: **this earthly ~** das Erdenrund. **14.** (*etwas*) Rundes, Rund(teil *m*, *n*, -bau *m*) *n*. **15.** a) (runde) Stange, b) Querstange *f*, c) (Leiter)Sprosse *f*, d) *tech.* Rundstab *m*. **16.** Rundung *f*: **out of ~** *tech.* unrund. **17.** Bildhauerei: Rund-, Freiplastik *f* (*Ggs. Relief*): **in the ~** a) plastisch, b) *fig.* vollkommen. **18.** *a.* ~ **of beef** Rindskeule *f*. *Br.* Scheibe *f*, Schnitte *f* (*Brot etc*). **20.** Kreislauf *m*, Runde *f*: **the ~ of the seasons** der Kreislauf der Jahreszeiten; **the daily ~** der alltägliche Trott. **21.** a) (Dienst)Runde *f*, Rundgang *m* (*von Polizisten, Briefträgern etc*), b) *mil.* Rundgang *m*, Streifwache *f*, c) *pl mil. collect.* Streife *f*, d) *a.* ~ **ward** ~ *med.* Vi'site *f* (*im Krankenhaus*): **to go the** (*od.* **make one's**) **~s** s-e Runde *od.* s-n Rundgang machen. **22.** a) (*bes.* Besichtigungs-, Inspekti'ons)Rundgang *m*, -fahrt *f*, b) Rundreise *f*, Tour *f*. **23.** Reihe *f*, Folge *f* (**of** *von*): ~ **of pleas-**

ures. **24.** a) *Boxen, Golf etc:* Runde f: **first ~ to him!** die erste Runde geht an ihn!, *fig. humor. a.* eins zu null für ihn!, b) (*Verhandlungs- etc*)Runde f: **~ of negotiations. 25.** Runde f, Kreis m (*von Personen*): **to go** (*od.* **make**) **the ~** die Runde machen, kursieren (**of** bei, **in** *dat*) (*Gerücht, Witz etc*). **26.** Runde f, Lage f (*Bier etc*): → **stand 37. 27.** *mil.* a) Salve f, b) Schuß m: **20 ~s of cartridge** 20 Schuß Patronen; **he did not fire a single ~** er gab keinen einzigen Schuß ab. **28.** *fig.* (*Lach-, Beifalls*)Salve f: **~ of cheers; ~ after ~ of applause** nicht enden wollender Beifall. **29.** *mus.* a) Rundgesang m, Kanon m, b) Rundtanz m, Reigen m, c) Dreher m.

III *adv* **30.** *a.* **~ about** 'rund-, 'ringsˌher)um. **31.** 'rund(her)um, im ganzen 'Umkreis, 'überall, auf *od.* von *od.* nach allen Seiten: → **all** *Bes. Redew.* **32.** im 'Umfang, mit e-m Umfang von: **a tree 30 inches ~. 33.** 'runder,um: **~ and ~** immer rundherum; **the wheels go ~** die Räder drehen sich; **to hand s.th. ~** etwas herumreichen; **to look ~** um sich blicken; **to turn ~** sich umdrehen. **34.** außen her'um: **a long way ~** ein weiter *od.* großer Umweg. **35.** (*zeitlich*) her'an: **summer comes ~; winter comes ~ again** der Winter kehrt wieder. **36.** (*e-e Zeit*) lang *od.* hin'über, hin her'über: **all the year ~** das ganze Jahr lang *od.* hindurch; **the clock ~** rund um die Uhr, volle 24 Stunden. **37.** a) hin'über, b) her'über, her: **to ask s.o. ~** j-n her(über)bitten; **to order one's car ~** (den Wagen) vorfahren lassen; → **bring** (**get, etc**) **round**.

IV *prep* **38.** (*um*): **a tour ~ the world** e-e Reise um die Welt. **39.** um (... her'um): **to sail ~ the Cape; just ~ the corner** gleich um die Ecke. **40.** in *od.* auf (*dat*) ... her'um: **she chased us ~ all the shops** sie jagte uns durch alle Läden. **41.** um (... her'um), im 'Umkreis von (*od. gen*): **shells burst ~ him** um ihn herum platzten Granaten. **42.** um (... her'um): **to write a book ~ a story** aus e-r Geschichte ein (dickes) Buch machen; **to argue ~ and ~ a subject** um ein Thema herumreden. **43.** (*zeitlich*) durch, während (*gen*): **~ the clock** rund um die Uhr, volle 24 Stunden; **~ the day** den ganzen Tag lang.

V *v/t* **44.** rund machen, abrunden (*a. fig.*): → **rounded. 45.** um'kreisen. **46.** um'geben, um'schließen. **47.** a) *ein Kap etc* um'fahren, um'segeln, her'umfahren, *um e-e Ecke biegen od.* fahren *od.* gehen, b) *mot.* e-e Kurve ausfahren.

VI *v/i* **48.** rund werden, sich runden. **49.** *fig.* sich abrunden. **50.** a) die Runde machen (*Wache*), b) e-n 'Umweg machen. **51.** *mar.* drehen, wenden (*Schiff*). **52. ~ on** *colloq.* a) j-n ,anfahren', b) über j-n ,herfallen'.

Verbindungen mit Adverbien:

round| down *v/t Zahl etc* abrunden (**to** auf *acc*). **~ off** *v/t* **1.** Kante etc abrunden (*a. fig. Ausbildung etc*). **2.** *fig.* krönen, beschließen (**with** mit). **3.** *Zahl etc* auf- *od.* abrunden (**to** auf *acc*). **4.** *mar.* drehen: **to ~ the boat** anluven; **to round the boat off** abfallen. **~ out I** *v/t* **1.** *dem Getreide etc* Fülle geben. **2.** *Zahl etc* abrunden (**to** auf *acc*). **3.** *Geschichte etc* füllen, anreichern (**with** mit). **4.** *Ausbildung etc* abrunden (**with** mit, **durch**). **II** *v/i* **5.** voll werden (*Getreide etc*). **6.** rundlich werden (*Person*): **her figure is rounding out** ,sie geht ganz schön aus dem Leim'. **~ to** *v/i mar.* beidrehen. **~ up** *v/t* **1.** *Zahl etc* aufrunden (**to** auf *acc*). **2.** *mar. bes. das Tau* einholen. **3.** zs.-treiben: **to ~ cattle. 4.** *colloq.* a) e-e

Verbrecherbande ,ausheben': **to ~ gangsters**, b) *Leute etc* zs.-trommeln, ,auftreiben': **to ~ some reporters**, c) *etwas* ,auftreiben': **to ~ some cars**.

'round·a·bout I *adj* **1.** weitschweifig, 'umständlich: **~ explanations; what a ~ way of doing things!** wie kann man nur so umständlich sein! **2.** (*bes. Weg, Kurs, route*) Umweg m; **to take a ~ course** e-n Umweg machen; **in a ~ way** *fig.* auf Umwegen. **3.** rundlich, plump. **II** *s* **4.** 'Umweg m. **5.** *fig.* 'Umschweife *pl.* **6.** *Br.* Karus'sell n: **to lose on the swings what one makes on the ~s** *fig.* genauso weit wie am Anfang; **you make up on the swings what you lose on the ~s** *fig.* was man hier verliert, macht man dort wieder wett. **7.** *Br.* Kreisverkehr m.

round| an·gle *s math.* Vollwinkel m. **~ arch** *s arch.* (ro'manischer) Rundbogen. **~ dance** *s* **1.** Rundtanz m, Reigen m. **2.** Dreher m.

round·ed ['raʊndɪd] *adj* **1.** (ab)gerundet, rund, Rund...: **~ edge** abgerundete Kante; **~ number** *math.* ab- *od.* aufgerundete Zahl. **2.** gehäuft (*Teelöffel etc*) (*Maßangabe*). **3.** *fig.* abgerundet, voll'endet. **4.** *ling.* gerundet (gesprochen): → **vowel**.

roun·del ['raʊndl] *s* **1.** kleine, runde Scheibe. **2.** *arch.* a) rundes Feld *od.* Fenster, b) runde Nische. **3.** *art* Rundplastik f. **4.** Medail'lon n (*a. her.*). **5.** *mil. hist.* runde Platte an der Ritterrüstung. **6.** *metr.* a) → **rondel** 1, b) *brit.* Form des Rondeaus (9 Zeilen mit 2 Refrains). **7.** *mus. hist.* (ein) Rundtanz m.

roun·de·lay ['raʊndɪleɪ] *s* **1.** *mus.* a) (*ein*) Rundgesang m, b) (*ein*) Rundtanz m. **2.** (Vogel)Lied n.

'round·er *s* **1.** *tech.* Werkzeug *od.* Maschine zum Abrunden von Kanten *etc.* **2.** *Am. colloq.* a) liederlicher Kerl, b) Säufer m. **3.** *sport Br.* a) *pl* (*als sg konstruiert*) Rounders n, Rundball m (*Art Baseball*), b) ganzer 'Umlauf. **4.** 10-~ (*Boxen*) Zehnrundenkampf m.

ˌround|-'eyed *adj* mit großen Augen: **to stare at s.o. in ~ wonder** j-n mit großen, erstaunten Augen ansehen. **~ file** *s tech.* Rundfeile f. **~ game** *s* Gesellschaftsspiel, bei dem jeder für sich allein spielt. **~ hand** *s* Rundschrift f. **~ head** *s* **1.** *R~.* Rundkopf m (*Spitzname für Puritaner im 17. Jh.*). **2.** Rundkopf m: **~ screw** *tech.* Rundkopfschraube f. **'~ house** *s* **1.** *rail.* Loko'motivschuppen m. **2.** *mar. hist.* Achterhütte f. **3.** *hist.* Gefängnis n, Turm m. **4.** *Boxen: sl.* (wilder) Schwinger.

'round·ing I *adj* **1.** ein Rund bildend, rund(lich). **II** *s* **3.** (Ab)Rundung f (*a. ling.*): **~ off** Abrundung f.

'round·ish *adj* rundlich.

'round·ly *adv* **1.** rund, ungefähr. **2.** rundweg, 'rundˌaus, unverblümt. **3.** gründlich, gehörig, tüchtig.

'round·ness *s* **1.** Rundung f, (*das*) Runde. **2.** (*etwas*) Rundes. **3.** *fig.* (*das*) Abgerundete *od.* Voll'endete. **4.** Unverblümtheit f.

'round|-nose, '~-nosed *adj tech.* rund(-nasig), Rund...: **~ pliers** Rundzange f. **~ rob·in** *s* **1.** Petiti'on f, Denkschrift f (*bes. e-e mit im Kreis herum geschriebenen Unterschriften, um deren Reihenfolge zu verheimlichen*). **2.** *sport Am.* Turnier, bei dem jeder gegen jeden antritt. **~ shot** *s mil.* Ka'nonenkugel f. **ˌ~-'shoul·dered** *adj* mit Rundrücken.

'rounds·man ['raʊndzmən] *s irr* **1.** *Am.* Poli'zeiˌunterwachtmeister m. **2.** *Br.* Austräger m, Ausfahrer m: **milk ~** Milchmann m.

'round steak *s* direkt aus der Keule geschnittenes Beefsteak. **~ ta·ble** *s* **1.** runder Tisch. **2.** Tafelrunde f: **the R~ T~** a) der runde Marmortisch am Hof König Artus', b) die Tafelrunde (des Königs Artus). **~ a. round-table con·fer·ence** 'Round-'table-Konfeˌrenz f, Konfe'renz f am runden Tisch, b) Teilnehmer e-r solchen Konferenz, c) Beratungen e-r solchen Konferenz. **'~-the--clock** *adj* 24stündig, rund um die Uhr. **'~-top** *s mar.* Krähennest n. **~ tow·el** *s* Rollhandtuch n. **'~-trip** *adj* **~ ticket** *Am.* a) Rückfahrkarte f, b) *aer.* Rückflugticket n. **~ turn** *s mar.* Rundtörn m (*Knoten*): **to bring up with a ~** *fig.* jäh unterbrechen. **'~-up** *s* **1.** a) Zs.-treiben n (*von Vieh*), b) *collect. Am.* Zs.-treiber *pl* (*Männer u. Pferde*), c) zs.-getriebene Herde. **2.** *colloq.* a) Zs.-treiben n, Sammeln n, b) Razzia f, ,Aushebung' f (*von Verbrechern etc*), c) 'Übersicht f: **~ of the news** Nachrichtenüberblick m. **'~·worm** *s zo.* (ein) Fadenwurm m, *bes. med.* Spulwurm m.

roup¹ [ruːp] *Scot. od. Br. dial.* **I** *v/t* versteigern. **II** *s* Versteigerung f.

roup² [ruːp] *Am. a. Pips*] *s vet.* a) Darre f (*der Hühner*), b) Pips m.

rouse¹ [raʊz] **I** *v/t* **1.** *oft* **~ up** wachrütteln, (auf)wecken (**from, out of** aus). **2.** *Wild etc* aufstöbern, -jagen. **3.** *fig.* j-n auf-, wachrütteln (**from, out of** aus), ermuntern: **to ~ o.s.** sich aufraffen. **4.** *a.* **~ to anger** *fig.* j-n aufbringen, erzürnen. **5.** *fig. Gefühle etc* wachrufen, *Haß etc* entfachen, *Zorn* erregen. **6.** *tech.* Bier ('um)rühren. **7.** *mar.* steifhauen. **II** *v/i* **8.** *meist* **~ up** aufwachen (**from, out of** aus) (*a. fig.*). **9.** *fig.* wachsen (*Zorn etc*). **III** *s* **10.** *mil. bes. Br.* Wecken n, 'Weckˌsiˌgnal n.

rouse² [raʊz] *s Br. obs.* **1.** Trunk m. **2.** Toast m: **to give a ~ to** e-n Toast ausbringen auf (*acc*). **3.** Zechgelage n.

rouse³ [raʊz] *v/t* einsalzen.

'rous·er *s* **1.** (*der, die, das*) Erregende. **2.** *colloq.* a) Sensati'on f, b) ,tolles Ding'. **3.** *colloq.* faustdicke Lüge.

'rous·ing *adj* (*adv* **~ly**) **1.** *fig.* aufrüttelnd, zündend, schwungvoll, mitreißend: **a ~ speech. 2.** brausend, stürmisch: **~ cheers. 3.** *fig.* aufregend, spannend, ,wild': **a ~ campaign. 4.** *colloq.* ,toll', phan'tastisch, gewaltig, ungeheuer: **~ lie → rouser 3.**

roust·a·bout ['raʊstəˌbaʊt] *s Am.* **1.** a) Schauermann m, Werft-, Hafenarbeiter m, b) (*oft contp.*) Gelegenheitsarbeiter m. **2.** Handlanger m.

rout¹ [raʊt] **I** *s* **1.** Rotte f, (wilder) Haufen, Mob m. **2.** *jur.* Zs.-rottung f, Auflauf m. **3.** *obs.* (große) Abendgesellschaft. **4.** *bes. mil.* a) wilde Flucht, b) Schlappe f, Niederlage f: **to put to ~** → **5. II** *v/t* **5.** *mil.* in die Flucht schlagen.

rout² [raʊt] *v/t* **1.** → **root²** II. **2. ~ out** (**of**) j-n (*aus dem Bett od. e-m Versteck etc*) (her'aus)holen (**a.** ,jagen. **3.** vertreiben. **4.** *tech.* ausfräsen (*a. print.*), ausschweifen. **II** *v/i* → **root²** I.

route [ruːt; *mil. u. Am. auch* raʊt] **I** *s* **1.** (Reise-, Fahrt)Route f, (-)Weg m: **to go the ~** *fig.* bis zum Ende durchhalten; → **en route. 2.** a) (Bahn-, Bus- *etc*) Strecke f, b) *aer.* (Flug)Strecke f, Route f, c) (Verkehrs)Linie f, d) *mar.* Schiffahrtsweg m, e) (Fern)Straße f. **3.** *mil.* a) Marschroute f, b) *Br.* Marschbefehl m: **to get the ~** Marschbefehl erhalten; **~ march** *Br.* Übungsmarsch m, *Am.* Marsch mit Marscherleichterung; **step, march!** ohne Tritt(, marsch!). **4.** *fig.* Weg m (**to** zu). **5.** *tel.* Leitweg m.

6. *econ. Am.* Versand(art *f*) *m.* **II** *v/t* **7.** *mil.* in Marsch setzen: **to ~ troops. 8.** *Güter etc* befördern, *a. weitS.* leiten, diri'gieren (**via** über *acc*). **9.** die Route *od. tech.* den Arbeits- *od.* Werdegang festlegen von (*od. gen*). **10.** e-n Antrag *etc* (auf dem Dienstweg) weiterleiten. **11.** a) *electr.* legen, führen: **to ~ lines,** b) *tel.* leiten.
'rout·er plane *s tech.* Nut-, Grundhobel *m.*
rou·tine [ruːˈtiːn] **I** *s* **1.** a) (Geˈschäfts-, ˈAmts- *etc*)Rouˈtine *f,* b) übliche *od.* gleichbleibende Proze'dur, eingefahrenes Gleis, gewohnter Gang, c) me'chanische Arbeit, (ewiges) Einerlei, d) Rou'tinesache *f,* (reine) Formsache, e) *contp.* Scha'blone *f,* f) (alter) Trott: **to make a ~ of** *etwas* zur Regel werden lassen; **the daily ~** der Alltagstrott. **2.** *Am.* a) Varieté, Zirkus: Nummer *f,* b) *contp.* übliches Geschwätz, ,Masche' *f,* ,Platte' *f.* **3.** *Computer:* Rou'tine *f,* Pro'gramm *n.* **4.** *Tanz etc:* Schrittfolge *f.* **II** *adj* (*adv* ~**ly**) **5.** a) all'täglich, immer gleichbleibend, üblich, b) laufend, regel-, rou'tinemäßig: **~ check; ~ maintenance** laufende Wartung; **~ order** *mil.* Routine-, Dienstbefehl *m.* **6.** rou'tine-, gewohnheitsmäßig, me'chanisch, scha'blonenhaft, Routine...: **~ work.** rou'tin·ism *s* **1.** rou'tinemäßiges Arbeiten. **2.** (*das*) Routinemäßige, Rou'tine *f.* rou'tin·ist *s* Gewohnheitsmensch *m.* rou'tin·ize *v/t* e-r Rou'tine *etc* unter'werfen, *etwas* zur Routine machen, *j-n* an e-e Routine gewöhnen.
roux [ruː] *s gastr.* Einbrenne *f,* Mehlschwitze *f.*
rove¹ [rəʊv] **I** *v/i* **1.** *a.* **~ about** (*od.* **around**) (umˈher)streifen, (-)wandern, (-)schweifen: **to let the eye ~** *fig.* den Blick schweifen lassen. **2.** *colloq.* viele Weibergeschichten haben. **II** *v/t* **3.** durchˈstreifen, -ˈwandern. **III** *s* **4.** a) Wanderschaft *f,* b) (Umˈher)Wandern *n.*
rove² [rəʊv] **I** *v/t* **1.** *das Tau etc* anschlagen. **2.** *Wolle etc* ausfasern, e-n Strumpf *etc* aufˈräufeln. **3.** *tech.* vorspinnen. **II** *s* **4.** (Woll- *etc*)Strähne *f.* **5.** *tech.* → roving¹ 2.
rove³ [rəʊv] *pret u. pp von* reeve².
'rove·ˌler *s* 'Vorspinnmaˌschine *f.*
'rov·er² *s* **1.** Wanderer *m.* **2.** a) Seeräuber *m,* Piˈrat *m,* b) Piˈratenschiff *n.* **3.** *zo.* Wandertier *n.*
'rov·ing¹ *s tech.* **1.** Vorspinnen *n.* **2.** (grobes) Vorgespinst.
'rov·ing² *adj* **1.** umˈherziehend, -streifend: **~ life** Vagabundenleben *n.* **2.** *fig.* ausschweifend: **~ fancy; to have a ~ eye** gern ein Auge riskieren. **3.** *fig.* ,fliegend', beweglich: **~ police force** Einsatztruppe *f* der Polizei; **~ reporter** ,rasender' Reporter.
ˌrov·ing | comˈmis·sion *s* **1.** *jur.* (Art) ˈRechtshilfemanˌdat *n* mit örtlich unbeschränkter Zuständigkeit. **2.** *mar.* (Art) Einsatz-Rahmenbefehl *m,* ,freie Jagd'. **~ frame** *s tech.* ˈVorspinnmaˌschine *f.*
row¹ [raʊ] *colloq.* **I** *s* Krach *m:* a) *bes. Br.* Kraˈwall *m,* Spekˈtakel *m,* Raˈdau *m,* b) (lauter) Streit, c) Schlägeˈrei *f:* **to get into a ~** ,eins aufs Dach bekommen'; **to have a ~ with s.o.** ,Krach' mit j-m haben; **to kick up** (*od.* **make**) **a ~** a) ,Krach schlagen', b) Krawall machen; **what's the ~?** was ist denn los?; **family ~** Familienkrach. **II** *v/t bes. Br. j-n* ,zs.-stauchen'. **III** *v/i* (sich) lautstark streiten (**with** mit).
row² [rəʊ] *s* **1.** (*Häuser-, Sitz- etc*) Reihe *f:* **in ~s** in Reihen, reihenweise; **in a ~** *fig.* hinter-, nacheinander; **a hard** (*od.* **long**) **~ to hoe** *fig.* e-e schwere Aufgabe, e-e schwierige Sache. **2.** Straße *f:* **Rochester R~.** **3.** *tech.* Baufluchtˈ (-linie) *f.* **4.** *colloq.* Reihe *f,* Folge *f:* **a ~ of platitudes. ~ row³** [rəʊ] **I** *v/i* **1.** rudern. **2.** sich rudern (lassen): **the boat ~s easily. II** *v/t* **3.** *ein Rennen, Boot od. j-n* rudern: **to ~ down** *j-n* (beim Rudern) überholen; **to ~ over** *j-n* spielend überholen *od.* schlagen. **4.** rudern gegen, mit *j-m* (wett)rudern (**for** um). **III** *s* **5.** Rudern *n.* **6.** ˈRuderparˌtie *f:* **to go for a ~** rudern gehen.
row·an [ˈraʊən, ˈrəʊən] *s a.* **~ tree** *bot.* Eberesche *f.* **ˈ~ˌber·ry** *s bot.* Vogelbeere *f.*
ˈrow·boat [ˈrəʊbəʊt] *s Am.* Ruderboot *n.*
ˈrow-de-dow [ˌraʊdɪˈdaʊ] *s* Spekˈtakel *m,* Krach *m,* Raˈdau *m.*
ˈrow·di·ness [ˈraʊdɪnɪs] *s* Rowdytum *n,* rüpelhaftes Benehmen, Gewalttätigkeit *f.*
ˈrow·dy [ˈraʊdɪ] **I** *s* Rowdy *m,* ,Raˈdaubruder' *m,* Raufbold *m,* ,Schläger' *m,* ,Raˈbauke' *m.* **II** *adj* rüpel-, flegel-, rowdyhaft, gewalttätig. **ˈrow·dy·ish** → rowdy II. **ˈrow·dy·ism** *s* **1.** → rowdiness. **2.** Rüpeˈlei *f,* Gewalttätigkeit *f.*
row·el [ˈraʊəl] **I** *s* Spornrädchen *n.* **II** *v/t e-m Pferd* die Sporen geben.
row·en [ˈraʊən] *s agr.* Grummet *n.*
row·er [ˈraʊə(r)] *s* Ruderer *m.*
row house [rəʊ] *s Am.* Reihenhaus *n.*
ˈrow·ing [ˈrəʊɪŋ] **I** *s* Rudern *n,* Rudersport *m.* **II** *adj* **~ boat** *bes. Br.* Ruderboot *n;* **~ machine** Ruderapparat *m.*
row·lock [ˈrɒlək; *Am.* ˈrɑ-] *s mar.* Ruder-, Riemendolle *f.*
roy·al [ˈrɔɪəl] **I** *adj* (*adv* ~**ly**) **1.** königlich, Königs...: **His (Her) R~ Highness** Seine (Ihre) Königliche Hoheit; **~ prince** Prinz *m* von königlichem Geblüt; → prince 2, princess 1. **2.** fürstlich (*a. fig.*): **the ~ and ancient game** das Golfspiel; **a ~ beast** ein königliches Tier. **3.** *fig.* (*a. colloq.*) prächtig, herrlich, groß(artig): **in ~ spirits** (in) glänzender Laune. **4.** edel (*a. chem.*): **~ gases** Edelgase. **5.** *fig.* gewaltig, riesig: **~ dimensions;** → battle royal. **II** *s* **6.** *colloq.* Mitglied *n* des Königshauses: **the ~s** die königliche Familie. **7.** *mar.* a) Oberbramsegel *n,* b) Oberbram-, Roy'alstenge *f.* **8.** → a) royal antler, b) royal stag, c) royal flush, d) royal palm, e) royal paper.
ˌRoy·al | Aˈcad·e·my *s Br.* (die) Königliche Akadeˈmie der Künste. **~ Air Force** *s* Royal Air Force (Königlich) Brit. Luftwaffe. **r~ anˈte·lope** *s zo.* ˈZwergantiˌlope *f.* **r~ ˈantˌler** *s zo.* **1.** dritte Sprosse des Hirschgeweihs. **2.** Kapiˈtalhirschgeweih *n.* **r~ blue** *s* Königsblau *n* (Farbe). **r~ burgh** *s Scot.* korpoˈrierte Stadt. **r~ ˈcoach·man** *s irr* Königskutscher *m* (Angelfliege). **r~ colˈo·ny** *s* ˈKronkoloˌnie *f.* **~ En·giˈneers** *pl* (*das*) (Königlich) Brit. Pioˈnierkorps. **~ Exˈchange** *s* (*die*) Londoner Börse (Gebäude). **r~ flush** *s Poker:* Royal Flush *m* (*die obersten 5 Karten e-r Farbe*). **~ In·stiˈtu·tion** *s Br.* Gesellschaft zur Förderung und Verbreitung naturwissenschaftlicher Kenntnisse.
ˈroy·al·ism *s* **1.** Royaˈlismus *m,* Königstreue *f.* **2.** Monarˈchismus *m.* **ˈroy·al·ist** **I** *s* **1.** Royaˈlist(in), Königstreue(r *m*) *f.* **2.** *Am.* Unentwegte(r *m*) *f.* **II** *adj* **3.** royaˈlistisch, königstreu: **to be more ~ than the King** *fig.* päpstlicher als der Papst sein.
ˌRoy·al | Oak *s hist.* Königseiche *f* (*in der Charles II. sich nach s-r Niederlage 1651 verbarg*). **r~ ocˈta·vo** *s* Format *etwa* in der Größe $6^{1}/_{2} \times 10$ Zoll. **r~ palm** *s bot.* Königspalme *f.* **~ ˈpa·per** *s* Royˈalpaˌpier *n* (Schreibpapier vom Format 19×24 Zoll *od.* Druckbogen vom Format 20×25 Zoll). **~ ˈPsalm·ist** *s Bibl.* (der) königliche Psalmensänger (David). **r~ ˈpur·ple** *s* Purpur *m.* **r~ road** *s fig.* bequemer Weg: **~ to learning** (*etwa*) Nürnberger Trichter *m;* **there is no ~ to learning** ohne Fleiß kein Preis. **r~ sail** *s mar.* Oberbramsegel *n.* **~ Soˈci·e·ty** *s Br.* Königliche Akadeˈmie der Naˈturwissenschaften. **r~ speech** *s* Thronrede *f.* **r~ stag** *s hunt.* Kapiˈtalhirsch *m.* **r~ ˈti·ger** *s zo.* Königstiger *m.*
roy·al·ty [ˈrɔɪəltɪ] *s* **1.** *econ. jur.* (Autoren- *etc*)Tantiˌeme *f,* Gewinnanteil *m:* **to get a ~ on** e-e Tantieme erhalten auf (*acc*). **2.** *jur.* a) Liˈzenzgebühr *f,* b) Liˈzenz *f:* **~ fees** Patentgebühren; **subject to payment of royalties** lizenzpflichtig. **3.** *jur. hist.* Reˈgal *n,* (*königliches od. staatliches*) Priviˈleg: a) Schürfrecht *n,* b) Zehntrecht *n.* **4.** *jur. bes. hist.* Abgabe *f* an den Besitzer *od.* die Krone, Pachtgeld *n,* (*der*) Grundzehnte: **mining ~** Bergwerksabgabe *f.* **5.** Krongut *n.* **6.** Königtum *n:* a) Königreich *n,* b) Königswürde *f:* **insignia of ~** Kroninsignien. **7.** königliche Abkunft. **8.** a) fürstliche Perˈsönlichkeit, Mitglied *n* des *od.* e-s Königshauses, b) *collect. od. pl* Fürstlichkeiten *pl,* c) Königshaus *n,* königliche Faˈmilie. **9.** königliche Größe, Majeˈstät *f* (*a. fig.*). **10.** *fig.* Großzügigkeit *f.* **11.** monˈarchische Reˈgierung.
Roys·ton crow [ˈrɔɪstən] *s orn. Br.* Nebelkrähe *f.*
roz·zer [ˈrɒzə] *s Br. sl.* ,Bulle' *m* (Polizist).
rub [rʌb] **I** *s* **1.** (Ab)Reiben *n,* Abreibung *f,* Poˈlieren *n:* **to give s.th. a ~** a) etwas (ab)reiben, b) etwas polieren. **2.** *fig.* Schwierigkeit *f,* ,Haken' *m:* **there's the ~!** *colloq.* ,da liegt der Hase im Pfeffer'; **there's a ~ in it** *colloq.* die Sache hat e-n Haken. **3.** Unannehmlichkeit *f:* **the ~s of life. 4.** *fig.* Sticheˈlei *f.* **5.** rauhe *od.* aufgeriebene Stelle. **6.** *obs.* Unebenheit *f.* **7.** *Bowls:* Unebenheit *f,* Hindernis *n.* **II** *v/t* **8.** reiben: **to ~ one's hands** *a. fig.* sich die Hände reiben; **to ~ s.th. off s.th.** etwas von etwas (ab-, weg)reiben *od.* (-)wischen; **to ~ some of the shine off s.th.** *fig.* e-r Sache etwas von ihrem Glanz nehmen; **to ~ s.o.'s nose in s.th.** *fig. colloq.* j-m etwas ,unter die Nase reiben'; **to ~ shoulders with** *fig.* a) verkehren mit, sich einlassen mit, b) j-n zum Freund haben; → **rub up 3. 9.** reiben, streichen: **to ~ one's hand over mit** der Hand fahren über (*acc*). **10. to ~ oil into one's skin** sich (die Haut) mit Öl einreiben, sich einölen; **to ~ it into s.o. that** *fig. colloq.* es j-m unter die Nase reiben, daß. **11.** streifen, reiben an (*dat*). **12.** (*wund*) scheuern. **13.** a) scheuern, schaben, b) poˈlieren, c) wichsen, bohnern. **14.** *tech.* a) Nadeln streichen, b) (ab)schleifen, (ab)feilen: **to ~ with emery (pumice)** abschmirgeln (abbimsen). **15.** *print.* e-n Reliˈefdruck machen von, abklatschen. **16.** *hunt.* das Gehörn fegen (Rotwild *etc*). **III** *v/i* **17.** reiben, streifen (**against, upon, on** an *dat,* gegen). **18.** *fig.* sich schlagen (**through** durch).
Verbindungen mit Adverbien:
rub |aˈlong *v/i colloq.* **1.** sich (mühsam) ˈdurchschlagen. **2.** (**with** mit) a) es aushalten, b) gut auskommen: **to ~ (toˈgether)** a) es miteinander aushalten, b) gut miteinander auskommen. **~ aˈway** *v/t* **1.** wegreiben, wegwischen. **2.** *Lack etc* abscheuern. **3.** *Muskelverspannung etc* ˈwegmasˌsieren. **~ down** *v/t* **1.** abschmirgeln, abschleifen. **2.** trockenreiben (*a. Pferd*), (ab)frotˌtieren. **~ in** *v/t* einreiben mit. **2.** *to rub* (it) *in* that *fig. colloq.* ,darauf herumreiten', daß. **~ off I** *v/t*

rub-a-dub 1. ab-, wegreiben, ab-, wegwischen. II v/i 2. abgehen (*Lack etc*), sich abnutzen (*a. fig.*). 3. ~ **onto** (*od.* on to) *fig. colloq.* abfärben auf (*acc*). ~ **out** I v/t 1. 'ausradieren. 2. wegwischen, -reiben. 3. her'ausreiben. 4. *Am. sl.* ‚umlegen' (*töten*). II v/i 5. weggehen (*Fleck etc*). ~ **up** I v/t 1. ('auf)po,lieren. 2. *fig.* Kenntnisse *etc* auffrischen, 'aufpo,lieren. 3. *fig. colloq.* to rub s.o. up the right way j-n bei Laune halten; to know how to rub s.o. up the right way j-n (richtig) zu nehmen wissen; to rub s.o. up the wrong way a) j-n ‚verschnupfen' *od.* verstimmen, b) j-m ‚blöd kommen'; it rubs me up the wrong way es geht mir gegen den Strich. II v/i 4. ~ on → 2.

rub-a-dub ['rʌbədʌb] s ‚Ta'ramtamtam' n, Trommelwirbel m, -schlag m.

rub·ber¹ ['rʌbə(r)] I s 1. (Na'tur)Kautschuk m, Gummi m, n. 2. (Ra'dier)Gummi m. 3. *a.* ~ **band** Gummiring m, -band n, (Dichtungs)Gummi m. 4. *a.* ~ **tire** (*bes. Br.* tyre) Gummireifen m. 5. pl a) *Am.* ('Gummi)Überschuhe pl, b) *Br.* Turnschuhe pl. 6. a) Reiber m, b) Po'lierer m, c) Schleifer m. 7. Mas'seur m, Mas'seurin f, Mas'seuse f. 8. *sl.* ‚Gummi' m (*Kondom*). 9. Reibzeug n. 10. *fig.* Stiche'lei f. 11. Bohnerbürste f. 12. a) Frot'tier(hand)tuch n, b) Frot'tierhandschuh m. 13. a) Wischtuch n, b) Po'liertuch n, -kissen n, c) *Br.* Geschirrtuch n. 14. Reibfläche f (*e-r Streichholzschachtel*). 15. *tech.* Schleifstein m. 16. Buchbinderei: Rückeneisen n. 17. *tech.* a) Grobfeile f, b) Liegefeile f (*der Goldschmiede*). 18. *tech.* a) Farbläufer m, Reiber m, b) 'Anreima,schine f (*der Buchbinder*). 19. *electr.* Reibkissen n. 20. *tech.* 'Schmirgelpa,pier n. 21. *tech.* (weicher) Formziegel. 22. *Eishockey:* Puck m, Scheibe f. 23. *Baseball:* (Hartgummi-) Platte f. 24. → rubberneck I. II v/t 25. → rubberize. III v/i 26. → rubberneck III. IV adj 27. Gummi...; ~ **goods** *euphem.* Kondome; to have ~ **knees** *fig. colloq.* Gummibeine haben; ~ **solution** Gummilösung f.

rub·ber² ['rʌbə(r)] s Bridge, Whist: Robber m: a) Folge von (*meist drei*) Partien, b) ausschlaggebende (*meist dritte*) Partie.

rub·ber|**boat** s Schlauchboot n. ~ **cement** s *tech.* Gummilösung f. ~ **check** (*Br.* **cheque**) s *econ. colloq.* geplatzter Scheck. ~ **coat·ing** s Gum'mierung f. ~ **din·ghy** s Schlauchboot n. ~ **file** → rubber¹ 17.

rub·ber·ize ['rʌbəraɪz] v/t *tech.* mit Gummi imprä'gnieren *od.* über'ziehen, gum'mieren.

'rub·ber|**neck** *Am. colloq.* I s 1. Gaffer(in), Schaulustige(r m) f, Neugierige(r m) f. 2. Tou'rist(in) (*bes. auf Besichtigungsfahrt*). II adj 3. neugierig, schaulustig. III v/i 4. neugierig gaffen, ‚sich den Hals verrenken'. 5. die Sehenswürdigkeiten e-r Stadt *etc* betrachten. IV v/t 6. neugierig betrachten. ~ **plant** s *bot.* Kautschukpflanze f, *bes.* Gummibaum m. ~ **stamp** s 1. Gummistempel m. 2. *colloq.* a) (bloßer) Jasager, bloßes Werkzeug, b) Nachbeter m. 3. *Am.* a) Kli'schee n, (abgedroschene) Phrase, b) Scha'blone f, stereo'type Sache. ~-**'stamp** v/t 1. (ab)stempeln. 2. *colloq.* (rou'tinemäßig) genehmigen. ~ **tree** s *bot.* 1. Gummibaum m. 2. Kautschukbaum m.

'rub·ber·y adj 1. gummiartig, Gummi... 2. zäh, wie Gummi (*Fleisch*).

rub·bing ['rʌbɪŋ] s 1. *phys.* Frikti'on f, Reibung f. 2. *print.* Reiberdruck m. 3. *tech.* Abrieb m. ~ **cloth** s Wisch-, Scheuertuch n. ~ **con·tact** s *electr.* 'Schleifkon,takt m. ~ **var·nish** s *tech.* Schleiflack m. ~ **wax** s Bohnerwachs n.

rub·bish ['rʌbɪʃ] I s 1. Abfall m, Kehricht m, n, Müll m. 2. (Gesteins)Schutt m (*a. geol.*). 3. *colloq.* Schund m, Plunder m, Kitsch m. 4. *colloq.* ‚Quatsch' m, Blödsinn m: to talk ~. 5. Bergbau: (über Tage) Abraum m, (unter Tage) Gangmasse f. II v/t 6. *colloq.* verächtlich machen. 7. *colloq.* Unsitte *etc* ausrotten. ~ **bin** s *Br.* → dustbin. ~ **chute** s Müllschlucker m.

'rub·bish·y, *a.* **'rub·bish·ing** adj 1. *colloq.* Schund..., kitschig, wertlos. 2. schuttbedeckt.

rub·ble ['rʌbl] s 1. Bruchsteine pl, Schotter m. 2. Bruchstein m. 3. *geol.* (Stein-) Schutt m, Geschiebe n. 4. Feldstein- *od.* (rohes) Bruchsteinmauerwerk n. 5. loses Packeis. ~ **ma·son·ry** → rubble 4. **'~stone** → rubble 2. **'~work** → rubble 4.

'rub·down s: to have a ~ sich trockenreiben *od.* (ab)frottieren.

rube [ruːb] s *Am. sl.* (Bauern)Trottel m.

ru·be·fa·cient [ˌruːbɪ'feɪʃənt; *Am.* -ʃənt] *med.* I adj (*bes.* haut)rötend. II s (*bes.* haut)rötendes Mittel. ˌru·be'fac·tion [-'fækˌʃn] s med. Hautröte f, -rötung f. **'ru·be·fy** [-faɪ] v/t *bes. med.* rot färben, röten.

ru·bel·la [ruː'belə] s *med.* Röteln pl.

ru·be·o·la [ruː'biːələ; *Am.* ˌruːbɪ'əʊlə] s *med.* 1. Masern pl. 2. → rubella.

Ru·bi·con ['ruːbɪkən; *Am.* -ˌkɑn] *npr*: to pass (*od.* cross) the ~ *fig.* den Rubikon überschreiten.

ru·bi·cund ['ruːbɪkənd; *Am. a.* -kʌnd] *adj poet.* rötlich, rot, rosig. ˌru·bi'cun·di·ty [-'kʌndətɪ] s Röte f, rosiges Aussehen.

ru·bid·i·um [ruː'bɪdɪəm] s *chem.* Ru'bidium n.

ru·bi·fy → rubefy.

ru·big·i·nous [ruː'bɪdʒɪnəs] adj rostbraun.

ru·ble ['ruːbl] s Rubel m (*russische Münzeinheit*).

ru·bric ['ruːbrɪk] I s 1. *print.* Ru'brik f: a) (roter) Titelkopf *od.* -buchstabe, b) (besonderer) Abschnitt. 2. *relig.* Ru'brik f, li'turgische Anweisung. II adj 3. rot (gedruckt *etc*), rubri'ziert.

ru·bri·cate ['ruːbrɪkeɪt] v/t 1. rot bezeichnen: ~**d letters** *print.* Buchstaben in roter Schrift. 2. rubri'zieren: a) mit Ru'briken versehen, b) in Ru'briken anordnen. **'ru·bri·ca·tor** [-tə(r)] s Rubri'kator m, *bes. hist.* Initi'alenmaler m.

'rub·stone s Schleifstein m. **'~up** s: to give s.th. a ~ etwas (auf)polieren (*a. fig.*).

ru·by ['ruːbɪ] I s 1. *a.* true ~, Oriental ~ *min.* Ru'bin m. 2. (Wein-, Ru'bin)Rot n. 3. *fig.* Rotwein m. 4. *fig.* roter (Haut-) Pickel. 5. *Uhrmacherei:* Stein m. 6. *print. Br.* Pa'riser Schrift f (*Fünfeinhalbpunktschrift*). 7. *orn.* Ru'binkolibri m. II adj 8. (kar'min-, ru'bin)rot. ~ **cop·per (ore)** s *min.* Cu'prit m, Rotkupfererz n. ~ **port** s dunkelroter Portwein.

ruche [ruːʃ] s Rüsche f. **ruched** adj gerüscht, mit Rüschen besetzt. **'ruch·ing** s 1. *collect.* Rüschenbesatz m, Rüschen pl. 2. Rüschenstoff m.

ruck¹ [rʌk] s 1. *sport* (das) (Haupt)Feld. 2. the (common) ~ *fig.* die breite Masse: to rise out of the ~ sich über den Durchschnitt erheben.

ruck² [rʌk] I s Falte f. II v/t oft ~ **up** hochschieben, zerknittern. III v/i oft ~ **up** Falten werfen, hochrutschen.

ruck·sack ['rʌksæk; 'rʊk-] s Rucksack m.

ruck·us ['rʌkəs] → ruction.

ruc·tion ['rʌkʃn] s oft pl *colloq.* 1. Tohuwa'bohu n, wildes Durchein'ander. 2. Krach m, Kra'wall m, Streit m. 3. Schläge'rei f.

rudd [rʌd] s *ichth.* Rotfeder f.

rud·der ['rʌdə(r)] s 1. *mar. tech.* (Steuer-) Ruder n, Steuer n. 2. *aer.* Seitenruder n, -steuer n: ~ **controls** pl Seitensteuerung f; ~ **unit** Seitenleitwerk n. 3. *fig.* Richtschnur f. 4. *Brauerei:* Rührkelle f. **'~head** s *mar.* Ruderschaft f.

'rud·der·less adj 1. ohne Ruder. 2. *fig.* führer-, steuerlos.

'rud·der|**post** s *mar.* Rudersteven m. **'~stock** s *mar.* Ruderschaft m.

ru·di·ness ['ruːdɪnɪs] s Röte f.

rud·dle ['rʌdl] → raddle 1, 2.

rud·dock ['rʌdək] s *orn. dial.* Rotkehlchen n.

rud·dy ['rʌdɪ] I adj (*adv* ruddily) 1. rot, rötlich, gerötet. 2. frisch, gesund (*Gesichtsfarbe*), rotbackig. 3. *Br. colloq.* ‚verflixt', verdammt. II v/t 4. rot färben *od.* machen, röten.

rude [ruːd] adj (*adv* ~ly) 1. grob, unverschämt. 2. rüde, ungehobelt. 3. ungeschlacht, plump. 4. *allg.* primi'tiv: a) 'unzivili,siert, b) ungebildet, c) unwissend, d) kunstlos, e) behelfsmäßig. 5. wirr (*Masse*): ~ **chaos** chaotischer Urzustand. 6. unverarbeitet, Roh...: ~ **fare** Rohkost f; ~ **produce** Rohprodukt(e pl) n. 7. heftig, wild: ~ **storm**; ~ **passions**. 8. roh, derb, unsanft: → **awakening** 1. 9. rauh: ~ **climate**. 10. hart: a ~ **lot** (*time, work, etc*). 11. holp(e)rig: a ~ **lane**. 12. wild, rauh, zerklüftet: a ~ **landscape**. 13. a) ungefähr, grob: ~ **estimate**, b) flüchtig: a ~ **sketch**; ~ **observer** oberflächlicher Beobachter. 14. ro'bust, unverwüstlich (*Gesundheit*): to be in ~ **health** vor Gesundheit strotzen. **'rude·ness** s 1. Grobheit f, Unverschämtheit f: ~ **must be met with** ~ auf e-n groben Klotz gehört ein grober Keil. 2. Roheit f. 3. Heftigkeit f. 4. Primiti'vität f. 5. Unebenheit f (*des Weges*). 6. Rauheit f, Wildheit f.

ru·di·ment ['ruːdɪmənt] s 1. erster Anfang, Ansatz m, Grundlage f. 2. pl Anfangsgründe pl, Grundlagen pl, Rudi'mente pl: the ~**s of science**. 3. *biol.* Rudi'ment n. ˌru·di'men·tal [-'mentl] → rudimentary. ˌru·di'men·ta·ri·ness s rudimen'tärer Zustand. ˌru·di'men·ta·ry [-'tərɪ] adj (*adv* rudimentarily) 1. elemen'tar, Anfangs... 2. rudimen'tär (*a. biol.*).

rue¹ [ruː] s *bot.* Gartenraute f (*Sinnbild der Reue*).

rue² [ruː] I v/t 1. bereuen, bedauern, *ein Ereignis* verwünschen: **he will live to** ~**it** er wird es noch bereuen; **to** ~ **the day when** den Tag verwünschen, an dem. II s *obs. od. dial. od. Scot.* 1. Reue f. 2. *Br.* Gnadenkraut n. 3. Enttäuschung f. 4. Mitleid n.

'rue·ful adj (*adv* ~ly) 1. kläglich, jämmerlich: **the Knight of the R**~ **Countenance** der Ritter von der traurigen Gestalt (*Don Quichotte*). 2. wehmütig, trübselig. 3. reumütig. 4. *obs.* mitleidig. **'rue·ful·ness** s 1. Gram m, Traurigkeit f. 2. Jammer m.

ru·fes·cent [ruː'fesnt] adj rötlich.

ruff¹ [rʌf] s 1. Halskrause f (*a. orn. zo.*). 2. Man'schette f (*um Blumentöpfe etc*). 3. Rüsche f. 4. *orn.* a) Haustaube f mit Halskrause, b) Kampfläufer m.

ruff² [rʌf] s (Kartenspiel) Trumpfen n. II v/t u. v/i mit Trumpf stechen.

ruff³, **ruffe** [rʌf] s *ichth.* Kaulbarsch m.

ruf·fi·an ['rʌfɪən; -fjən] I s 1. Rüpel m, Grobian m. 2. Raufbold m, Schläger m. II adj 3. roh, bru'tal, gewalttätig. 4. wild. **'ruf·fi·an·ism** s Roheit f, Gewalttätigkeit f, Brutali'tät f. **'ruf·fi·an·ly** adj → ruffian II.

ruf·fle ['rʌfl] **I** v/t **1.** kräuseln: to ~ the waves; to ~ cloth. **2.** kraus ziehen: to ~ one's brow. **3.** s-e Federn, Haare sträuben: to ~ one's feathers sich aufplustern, fig. a. sich aufregen. **4.** zerzausen: to ~ s.o.'s hair. **5.** Papier etc zerknüllen, zerknittern. **6.** durcheinanderbringen, -werfen. **7.** j-n aus der Fassung bringen, aufregen, (ver)ärgern: to ~ s.o.'s temper j-n verstimmen. **8.** aufrauhen. **9.** schnell 'durchblättern: to ~ the pages. **10.** Karten mischen. **II** v/i **11.** sich kräuseln. **12.** die Ruhe verlieren. **13.** sich aufplustern, fig. a. sich aufspielen, anmaßend auftreten. **14.** zerknittert od. zerzaust werden, in Unordnung geraten. **III** s **15.** Kräuseln n. **16.** Rüsche f, Krause f. **17.** orn. Halskrause f. **18.** a) Störung f, b) Aufregung f, Verwirrung f: without ~ or excitement in aller Ruhe.
'**ruf·fler** s obs. Prahlhans m.
ru·fous ['ruːfəs] adj rötlich-, rotbraun.
rug [rʌg] s **1.** (kleiner) Teppich, (Ka'min-, Bett)Vorleger m, Brücke f: to pull the ~ (out) from under s.o. fig. j-m den Boden unter den Füßen wegziehen; to sweep (od. brush) s.th. under(neath) (od. beneath) the ~ fig. etwas unter den Teppich kehren. **2.** bes. Br. dicke, wollene (Reise- etc)Decke.
ru·ga ['ruːgə] pl '**ru·gae** [-dʒiː]; Am. a. ¬gaɪ] s anat. Falte f. '**ru·gate** [-gɪt; -geɪt] adj faltig.
rug·by (foot·ball) ['rʌgbɪ] s sport Rugby n.
rug·ged ['rʌgɪd] adj (adv → ruggedly) **1.** a) zerklüftet, rauh, wild: a ~ landscape, b) zackig, schroff: a ~ cliff, c) felsig: ~ mountain. **2.** zerfurcht (Gesicht etc), uneben (Boden etc), holp(e)rig (Weg etc), gefurcht (Stirn), runz(e)lig. **3.** rauh: ~ bark (cloth, etc). **4.** fig. rauh, grob, ruppig: a ~ game; ~ manners rauhe Sitten; ~ individualism krasser Individualismus; life is ~ das Leben ist hart. **5.** bes. Am. ro'bust, stark, sta'bil (alle a. tech.). '**rug·ged·ly** adv unsanft, heftig, ungestüm, grob. '**rug·ged·ness** s **1.** Schroff-, Wildheit f. **2.** Rauheit f, Derbheit f. **3.** Am. Ro'bustheit f.
rug·ger ['rʌgə] Br. colloq. für rugby (football).
ru·gose ['ruːgəʊs] adj bes. bot. runz(e)lig. **ruˈgos·i·ty** [-'gɒsətɪ; Am. -'gɑ-] s **1.** Runz(e)ligkeit f. **2.** Runzel f.
ru·in ['ruːɪn; 'ruː-] **I** s **1.** Ru'ine f (a. fig.): ~ marble Florentiner Marmor m. **2.** pl a) Ru'inen pl, Trümmer pl, b) Ru'ine f: a castle in ~s ein verfallenes Schloß, e-e Burgruine; to be (od. lie) in ~s in Trümmern liegen, fig. zunichte sein (Hoffnungen, Pläne); to lay in ~s zertrümmern, in Schutt u. Asche legen. **3.** Verfall m: to go to ~ verfallen, b) zugrunde gehen. **4.** (a. finanzieller) Ru'in od. Zs.-bruch, Verderben n, 'Untergang m: drinking will be the ~ of him das Trinken wird ihn (noch) zugrunde richten; to bring to ~ → **6**; the ~ of my hopes (plans) das Ende m-r Hoffnungen (Pläne). **II** v/t **5.** vernichten, zerstören. **6.** j-n, a. e-e Sache, j-s Gesundheit etc rui'nieren, zu'grunde richten, Hoffnungen, Pläne zu'nichte machen, Aussichten etc verderben, j-s Gesundheit zerrütten: to ~ one's eyes sich die Augen verderben; to ~ good English die englische Sprache verhunzen. **7.** verführen, entehren: to ~ a girl. **III** v/i **8.** bes. poet. krachend einstürzen, zerfallen.
ru·in·ate ['ruːɪneɪt; 'ruː-] v/t → ruin 5 u. 6. **ru·in·a·tion** s **1.** Zerstörung f, Vernichtung f. **2.** Ru'in m, Verderben n, 'Untergang m.
ru·ined ['ruːɪnd; 'ruː-] adj **1.** zer-, verfallen: a ~ castle ein verfallenes Schloß, e-e Burgruine. **2.** rui'niert, zu'grunde gerichtet, zerrüttet: I'm a ~ man! ich bin ruiniert!
ru·in·ous ['ruːɪnəs; 'ruː-] adj (adv ~ly) **1.** verderblich, rui'nös: to be ~ zum Ruin führen; ~ price a) ruinöser od. enormer Preis, b) Schleuderpreis m. **2.** zer-, verfallend, baufällig, ru'inenhaft. '**ru·in·ous·ness** s **1.** Verderblichkeit f. **2.** Baufälligkeit f.
rule [ruːl] **I** s **1.** Regel f, Nor'malfall m, (das) Übliche: as a ~ in der Regel, normalerweise; as is the ~ wie es allgemein üblich ist, wie gewöhnlich; to become the ~ zur Regel werden; to make it a ~ to do es sich zur Regel machen zu tun; my ~ is to, it is a ~ with me to ich habe es mir zur Regel gemacht zu; by all the ~s eigentlich; → exception 1. **2.** sport etc (Spiel)Regel f (a. fig.), Richtschnur f, Grundsatz m: against the ~s regelwidrig; ~s of action (od. conduct) Verhaltungsmaßregeln, Richtlinien; ~ of thumb Faustregel; by ~ of thumb über den Daumen (gepeilt); to serve as a ~ als Richtschnur od. Maßstab dienen. **3.** jur. a) Vorschrift f, (gesetzliche) Bestimmung, Norm f, b) (gerichtliche) Entscheidung, c) Rechtsgrundsatz m: by ~ according to ~ laut Vorschrift; to work to ~ Dienst nach Vorschrift tun (als Streikmittel); ~s of the air Luftverkehrsregeln; → road 2. **4.** pl (Geschäfts-, Gerichts- etc)Ordnung f: (standing) ~s of procedure a) Verfahrensordnung, b) Geschäftsordnung. **5.** a. standing ~ Satzung f: against the ~s satzungswidrig; the ~s (and bylaws) die Satzungen, die Statuten. **6.** econ. U'sance f, Handelsbrauch m. **7.** math. Regel f, Rechnungsart f: ~ of trial and error Regula f falsi; ~ of proportion, a. ~ of three Regeldetri f, Dreisatz m; ~ of sums Summenregel. **8.** relig. (Ordens)Regel f. **9.** Herrschaft f, Re'gierung f: during (od. under) the ~ of während (od. unter) der Regierung (gen); ~ of law Rechtsstaatlichkeit f. **10.** a) Line'al n, Maßstab m, b) a. folding ~ Zollstock m: ~ slide rule. **11.** tech. a) Richtscheit n, b) Winkel(eisen n, -maß n) m. **12.** print. a) (Messing)Linie f: ~ case Linienkasten m, b) Ko'lumnenmaß n (Satzspiegel), c) Br. Strich m: em ~ Gedankenstrich; en ~ Halbgeviert n. **13.** the R~s hist. a) Gebiet in der Nähe mancher Gefängnisse, in dem sich Gefangene gegen Kaution aufhalten konnten, b) Erlaubnis, in e-m solchen Bezirk zu leben.
II v/t **14.** ein Land etc, a. fig. ein Gefühl etc beherrschen, herrschen od. Gewalt haben über (acc), re'gieren: to ~ the roast (od. roost) fig. das Regiment od. Wort führen, Herr im Haus sein; to ~ o.s. sich beherrschen. **15.** lenken, leiten: to be ~d by sich leiten lassen von. **16.** fig. (vor)herrschen in (dat). **17.** anordnen, verfügen, bestimmen, entscheiden (that daß): to ~ out a) j-n od. etwas ausschließen (a. sport), b) etwas ablehnen; to ~ s.th. out of order etwas nicht zulassen od. für regelwidrig erklären; to ~ s.o. out of order j-n das Wort entziehen. **18.** a) Papier li'nieren, b) e-e Linie ziehen: to ~ s.th. off e-n Schlußstrich unter etwas ziehen; to ~ s.th. out etwas durchstreichen; ~d paper o) liniertes Papier, b) Weberei: Musterpapier n.
III v/i **19.** herrschen od. re'gieren (over über acc). **20.** entscheiden (in s.o.'s favo[u]r zu j-s Gunsten). **21.** econ. hoch etc stehen, liegen, no'tieren: to ~ high (low). **22.** vorherrschen. **23.** gelten, in Kraft sein (Recht etc).

'**rul·er** s **1.** Herrscher(in). **2.** Line'al n. **3.** Richtscheit n, -maß n. **4.** tech. Li'nierma,schine f.
'**rul·ing I** s **1.** jur. (gerichtliche od. richterliche) Entscheidung. **2.** Linie f, Linien pl. **3.** Herrschaft f. **II** adj **4.** herrschend: ~ coalition Regierungskoalition f. **5.** fig. (vor)herrschend. **6.** fig. maßgebend, grundlegend: ~ case. **7.** econ. bestehend, laufend: ~ price Tagespreis m. ~ pen s Reißfeder f.
rum[1] [rʌm] s **1.** Rum m. **2.** Am. Alkohol m.
rum[2] [rʌm] adj bes. Br. sl. **1.** ‚komisch' (eigenartig): a ~ customer ein gefährlicher Bursche; ~ go dumme Geschichte od. Sache (Vorkommnis); a ~ one (od. un) a) ‚ein komischer Vogel', b) ‚was Komisches'; a ~ start e-e ‚tolle' Überraschung. **2.** ulkig, drollig.
rum[3] [rʌm] → rummy[1].
Ru·ma·ni·an [ruːˈmeɪnjən; rʊ-; -nɪən], a. **Ru·man** ['ruːmən] **I** adj **1.** ru'mänisch. **II** s **2.** Ru'mäne m, Ru'mänin f. **3.** ling. Ru'mänisch n, das Rumänische.
Ru·mansh [ruːˈmænʃ; Am. ruːˈmɑːntʃ; -'mæntʃ] → Romans(c)h.
rum·ba ['rʌmbə; Am. a. 'rʊmbə; 'ruːmbə] s mus. Rumba f, m.
rum·ble[1] ['rʌmbl] **I** v/i **1.** poltern (a. Stimme), rattern (Gefährt, Zug etc), rumpeln, grollen, rollen (Donner), knurren (Magen). **II** v/t **2.** a. ~ out Worte herauspoltern. **3.** ein Lied grölen, brüllen. **4.** tech. in der Po'liertrommel bearbeiten. **III** s **5.** Poltern, Gepolter n, Rattern n, Dröhnen n, Rumpeln n, Grollen n, Rollen n (des Donners). **6.** fig. Grollen n, Unruhe f. **7.** Rumpelgeräusch n (des Schallplattentellers). **8.** tech. Po'liertrommel f. **9.** a) Bedientensitz m, b) Gepäckraum m, c) → rumble seat. **10.** Am. sl. Straßenkampf m (zwischen jugendlichen Banden).
rum·ble[2] ['rʌmbl] sl. **I** v/t **1.** j-n durch'schauen. **2.** etwas ,spitzkriegen' (durchschauen, entdecken). **3.** Am. j-n argwöhnisch machen. **II** s **4.** Am. a) Razzia f, b) Entlarvung f.
rum·ble seat s mot. Am. Not-, Klappsitz m. ~ '**tum·ble** s **1.** ,Rumpelkasten' m (Fahrzeug). **2.** Gerumpel n.
rum·bus·tious [rʌmˈbʌstɪəs; bes. Am. -tʃəs] adj (adv ~ly) colloq. **1.** laut, lärmend. **2.** wild.
rum·dum ['rʌm,dʌm] Am. sl. **I** adj **1.** (ganz) nor'mal. **2.** 'durchschnittlich. **II** s **3.** (ganz) nor'maler Mensch. **4.** 'durchschnittlicher Spieler etc.
ru·men ['ruːmen] pl **-mens**, **-mi·na** [-mɪnə] s zo. Pansen m.
ru·mi·nant ['ruːmɪnənt] **I** adj **1.** zo. 'wiederkäuend: ~ stomach Wiederkäuermagen m. **2.** fig. nachdenklich, grüblerisch. **II** s **3.** zo. 'Wiederkäuer m.
ru·mi·nate ['ruːmɪneɪt] **I** v/i **1.** 'wiederkäuen. **2.** fig. grübeln (about, on, over über acc, dat). **II** v/t **3.** 'wiederkäuen. **4.** fig. grübeln über (acc, dat). ˌ**ru·mi·**'**na·tion** s **1.** 'Wiederkäuen n. **2.** fig. Nachsinnen n, Grübeln n. '**ru·mi·na·tive** [-nətɪv; Am. -ˌneɪ-] adj (adv ~ly) nachdenklich, grüblerisch.
rum·mage ['rʌmɪdʒ] **I** v/t **1.** durch'stöbern, -'wühlen, wühlen od. kramen in (dat). **2.** a. ~ out, ~ up aus-, her'vorkramen. **II** v/i **3.** a. ~ about (od. around) (her'um)stöbern od. (-)wühlen od. (-)kramen (among, in in dat): to ~ through 1. **III** s **4.** a. ~ goods Ramsch m, Ausschuß(ware f) m, Restwaren pl. **5.** to have a ~. **6.** obs. od. Am. Wirrwarr m. ~ **sale** s Am. **1.** Ramschverkauf m. **2.** 'Wohltätigkeitsba,sar m.
rum·mer ['rʌmə(r)] s Römer m, ('Wein)Po,kal m.

rum·my[1] ['rʌmɪ] *s* Rommé *n* (*ein Kartenspiel*).
rum·my[2] ['rʌmɪ] *s Am. sl.* **1.** Säufer(in). **2.** a) Schnapsbrenner *m*, b) Schnapshändler *m*.
rum·my[3] ['rʌmɪ] → **rum**[2] 1.
rum·ness ['rʌmnɪs] *s* (*das*) „Komische" (*of an dat*).
ru·mor, *bes. Br.* **ru·mour** ['ruːmə(r)] **I** *s* **1.** a) Gerücht *n*, b) Gerede *n*: ~ has it, the ~ runs es geht das Gerücht; ~monger Gerüchtemacher(in). **2.** *obs.* Geräusch *n*, Lärm *m*. **II** *v/t* **3.** (*als Gerücht*) verbreiten (*meist pass*): it is ~ed that man sagt *od.* munkelt *od.* es geht das Gerücht, daß.
rump [rʌmp] *s* **1.** a) *zo.* Steiß *m*, 'Hinterteil *n*, -keulen *pl*, b) *orn.* Bürzel *m*: ~bone Steißbein *n*. **2.** *Schlächterei*: *bes. Br.* Schwanzstück *n*: ~ steak Rumpsteak *n*. **3.** Gesäß *n*, 'Hinterteil *n* (*des Menschen*). **4.** *fig.* kümmerlicher Rest, Rumpf *m*: R~ Parliament, the R~ *hist. Br.* das Rumpfparlament.
rum·ple ['rʌmpl] *v/t* **1.** zerknittern, -knüllen. **2.** *das Haar etc* zerwühlen.
rum·pus ['rʌmpəs] *s colloq.* **1.** Krach *m*, Spek'takel *m*, Kra'wall *m*. **2.** Trubel *m*, Tu'mult *m*. **3.** „Krach" *m*, Streit *m*: to have a ~ with s.o. sich mit j-m in die Haare geraten.
'**rum**|**run·ner** *s bes. Am. colloq.* Alkoholschmuggler *m.* '~**shop** *s Am.* Schnapsladen *m.*
run [rʌn] **I** *s* **1.** Lauf *m* (*a. sport u. fig.*): in the long ~ *fig.* auf die Dauer, am Ende, schließlich; in the short ~ fürs nächste; to be in the ~ *Am.* a) im Rennen liegen, b) *bei e-r Wahl etc* in Frage kommen *od.* kandidieren; to come down with a ~ schnell *od.* plötzlich fallen (*a. Barometer, Preise etc*); to go for (*od.* take) a ~ e-n Lauf machen. **2.** Laufen *n*, Rennen *n*: to be on the ~ a) (immer) auf den Beinen (*tätig*) sein, b) auf der Flucht sein; to have a ~ for one's money sich abhetzen müssen; to have s.o. on the ~ j-n herumhetzen *od.* -jagen. **3.** Laufschritt *m*: at (*od.* on) the ~ im Lauf(schritt), im Dauerlauf. **4.** Anlauf *m*: to take a ~ (e-n) Anlauf nehmen. **5.** *Kricket, Baseball*: (erfolgreicher) Lauf. **6.** *mar. mot.* Fahrt *f*. **7.** *oft* short ~ Spa'zierfahrt *f*. **8.** Abstecher *m*, Ausflug *m* (to nach). **9.** *Reiten*: schneller Ga'lopp. **10.** *hunt.* Hatz *f*. **11.** *aer. mil.* (Bomben)Zielanflug *m*. **12.** Zulauf *m*, *bes. econ.* Ansturm *m*, Run *m* (on auf *e-e Bank etc*), stürmische Nachfrage (on nach *e-r Ware*). **13.** (Laich)Wanderung *f* (*der Fische*). **14.** *mus.* Lauf *m*. **15.** *Am.* (kleiner) Wasserlauf. **16.** *bes. Am.* Laufmasche *f* (*im Strumpf etc*). **17.** (Ver)Lauf *m*, Fortgang *m*: the ~ of events; ~ of the play *sport* Spielverlauf *m*; to be against the ~ of the play *sport* den Spielverlauf auf den Kopf stellen. **18.** Verlauf *m*: the ~ of the hills. **19.** a) Ten'denz *f*, b) Mode *f*. **20.** (*a. sport* Erfolgs-, Treffer)Serie *f*, Folge *f*, Reihe *f*: a ~ of bad (good) luck e-e Pechsträhne (Glückssträhne). **21.** *Kartenspiel*: Se'quenz *f*. **22.** Auflage *f* (*e-r Zeitung etc*). **23.** *tech.* 'Herstellungsmaße *pl*, -größe *f*, (Rohr- *etc*)Länge *f*, (Betriebs)Zeit *f*, Ausstoß *m*: ~ of mine a) Fördererz *n*, b) Rohkohle *f*. **24.** *Bergbau*: Ader *f*. **25.** *tech.* a) 'Durchlauf *m* (*e-s Beschickungsguts*), b) Charge *f*, (Beschickungs)Menge *f*. **26.** *tech.* a) 'Arbeitsperi,ode *f*, Gang *m*, b) Bedienung *f* (*e-r Maschine etc*). **27.** *thea. Film*: Laufzeit *f*: the play had a ~ of 44 nights das Stück wurde 44mal hintereinander gegeben. **28.** (*a.* Amts)Dauer *f*, (-)Zeit *f*: ~ of office; ~ of validity Gültigkeitsdauer. **29.** a) Strecke *f*, b) *aer.* Rollstrecke *f*, c) *mar.* Etmal *n* (*vom Schiff in 24 Stunden zurückgelegte Strecke*). **30.** (of) *colloq.* a) freie Benutzung (*gen*), b) freier Zutritt (zu): he has the ~ of their house er geht in ihrem Hause ein u. aus. **31.** *bes. Br.* a) Weide *f*, Trift *f*, b) Auslauf *m*, (Hühner)Hof *m*. **32.** a) *hunt.* Wechsel *m*, (Wild)Bahn *f*, b) Maulwurfsgang *m*, Ka'ninchenröhre *f*. **33.** *sport* Bob-, Rodelbahn *f*. **34.** *tech.* a) Bahn *f*, b) Laufschiene *f*, -planke *f*. **35.** *tech.* Rinne *f*, Ka'nal *m*. **36.** *tech.* Mühl-, Mahlgang *m*. **37.** Art *f*, Sorte *f* (*a. econ.*). **38.** *meist* common ~, general ~, ordinary ~ 'Durchschnitt *m*, (*die*) breite Masse: the common ~ (of man) der Durchschnittsmensch; ~ of (the) mill Durchschnitts(ware *f*) *m*. **39.** a) Herde *f*, b) Schwarm *m* (*Fische*). **40.** *mar.* (Achter-, Vor)Piek *f*. **41.** Länge *f*, Ausdehnung *f*. **42.** the ~s *pl* (*als sg od. pl konstruiert*) *colloq.* „Dünnpfiff" *m* (*Durchfall*).
II *adj* **43.** geschmolzen: → butter 1. **44.** gegossen, geformt: ~ with lead mit Blei ausgegossen.
III *v/i pret* ran [ræn], *dial* run, *pp* run **45.** laufen, rennen, eilen, stürzen. **46.** da'vonlaufen, -rennen, Reiß'aus nehmen. **47.** *sport* a) (um die Wette) laufen, b) (an e-m Lauf *od.* Rennen) teilnehmen, c) als Zweiter *etc* einkommen: he ran second er wurde *od.* war Zweiter; → also I. **48.** (for) a) *pol.* kandi'dieren (für), b) *colloq.* sich bemühen (um): to ~ for election kandi'dieren, sich zur Wahl stellen. **49.** *fig.* laufen (Blick, Feuer, Finger, Schauer etc): his eyes ran over it sein Blick überflog es; to ~ back over the past Rückschau halten; this tune (idea) keeps ~ning through my head diese Melodie (Idee) geht mir nicht aus dem Kopf. **50.** fahren: to ~ into port; to ~ before the wind vor dem Winde segeln; → ashore. **51.** gleiten (*Schlitten etc*), ziehen, wandern (*Wolken etc*). **52.** zu den Laichplätzen ziehen, wandern (*Fische*). **53.** *rail. etc* verkehren, (*auf e-r Strecke*) fahren, ‚gehen'. **54.** fließen, strömen (*beide a. fig.*), rinnen: it ~s in the family *fig.* das liegt bei ihnen *etc* in der Familie; → blood 1 *u.* 4. **55.** lauten (*Schriftstück*): the letter ~s as follows. **56.** gehen (*Melodie*). **57.** vergehen, -streichen (*Zeit etc*). **58.** dauern: school ~s from 8–12; → running 15. **59.** laufen (*Theaterstück etc*), gegeben werden. **60.** verlaufen (*Straße etc, a. Vorgang*), sich erstrecken, gehen, führen (*Weg etc*): a fence ~s along the border; my talent (taste) does not ~ that way dafür habe ich keine Begabung (keinen Sinn). **61.** *tech.* laufen: a) gleiten: the rope ~s in a pulley, b) in Betrieb *od.* Gang sein, arbeiten (*Maschine, Motor etc*), gehen (*Uhr, Mechanismus etc*), funktio'nieren: to ~ hot (sich) heißlaufen. **62.** in Betrieb sein (*Hotel, Fabrik etc*). **63.** zer-, auslaufen (*Farbe*). **64.** triefen *od.* tropfen (with vor *Nässe etc*), fließen, laufen (*Nase*), laufen, tränen (*Augen*): to ~ with tears in Tränen schwimmen. **65.** (aus-) laufen (*Gefäß*): the jar ~s. **66.** schmelzen (*Metall etc*): ~ning ice tauendes Eis. **67.** *med.* laufen, eitern. **68.** *oft* ~ up a) wachsen, wuchern, b) klettern, ranken. **69.** fluten, wogen: a heavy sea was ~ning *mar.* es lief * od.* ging e-e schwere See. **70.** *bes. Am.* laufen, fallen (*Maschen*), Laufmaschen bekommen (*Strumpf etc*), aufgehen (*Naht*). **71.** *econ.* a) fällig werden (*Wechsel etc*). **72.** *jur.* gelten, in Kraft sein *od.* bleiben, laufen: the lease ~s for 7 years der Pachtvertrag läuft auf 7 Jahre; the period ~s die Frist läuft. **73.** *jur.* verbunden *od.* gekoppelt sein: the easement ~s with the land. **74.** (*mit adj*) werden, sein: to ~ dry a) versiegen (*Quelle*), b) austrocknen, c) keine Milch mehr geben (*Kuh*), d) *fig.* erschöpft sein, e) *fig.* sich ausgeschrieben haben (*Autor*); → high 25, low[1] 5, riot 4, short 5 *u.* 8, wild 17. **75.** *econ.* sich stellen, stehen auf (*dat*) (*Preis, Ware*). **76.** (*im Durchschnitt*) sein, klein *etc* ausfallen: to ~ small. **77.** geraten (*in e-n bestimmten Zustand*): to ~ into trouble.
IV *v/t* **78.** *e-n Weg etc* laufen, einschlagen, *e-e Strecke etc* durch'laufen (*a. fig.*), zu'rücklegen: to ~ its course *fig.* s-n Verlauf nehmen; things must ~ their course man muß den Dingen ihren Lauf lassen. **79.** fahren (*a. mar.*), *e-e Strecke* be-, durch'fahren: to ~ 22 knots *mar.* mit 22 Knoten fahren; to ~ one's car against a tree mit dem Wagen gegen e-n Baum fahren. **80.** *Rennen* austragen, laufen, in *Wettlauf* machen: to ~ races Wettrennen veranstalten. **81.** um die Wette laufen mit, laufen gegen. **82.** *fig.* sich messen mit: to ~ s.o. close dicht herankommen an j-n (*a. fig.*). **83.** *Pferd* a) treiben, hetzen, b) laufen lassen, (*für ein Rennen*) aufstellen. **84.** *pol.* j-n als Kandi'daten aufstellen (for für). **85.** *hunt.* jagen, *e-e Spur* verfolgen (*a. fig.*): to ~ to earth a) *hunt.* e-n Fuchs im Bau aufstöbern, bis in s-n Bau verfolgen, b) *fig.* j-n, *etwas* aufstöbern, ausfindig machen. **86.** Botengänge *od.* Besorgungen machen: to ~ errands; to ~ messages Botschaften überbringen. **87.** entfliehen (*dat*): to ~ the country außer Landes flüchten. **88.** pas'sieren: to ~ the guard ungesehen durch die Wache kommen; → blockade 1. **89.** *Vieh* a) treiben, b) weiden lassen. **90.** *mar. rail. etc* fahren *od.* verkehren lassen, *Sonderzug etc* einsetzen. **91.** befördern, transpor'tieren. **92.** schmuggeln: to ~ brandy. **93.** laufen *od.* gleiten lassen: he ran his fingers over the keys; to ~ one's comb through one's hair (sich) mit dem Kamm durchs Haar fahren. **94.** *tech.* laufen *od.* rollen *od.* gleiten lassen. **95.** *e-n Film* laufen lassen. **96.** *Am. e-e* Annonce veröffentlichen, bringen. **97.** *tech. e-e* Maschine *etc* laufen lassen, bedienen. **98.** *e-n Betrieb etc* verwalten, führen, leiten, *ein Geschäft, e-e* Fabrik *etc* betreiben: to ~ the household den Haushalt führen *od.* ‚schmeißen'; → show 15. **99.** hin'eingeraten (lassen) in (*acc*), *Schulden* machen: to ~ debts Schulden machen; to ~ a firm into debt e-e Firma in Schulden stürzen; to ~ the danger of (*ger*) Gefahr laufen zu (*inf*); → risk 1. **100.** geben, fließen, lassen, *Wasser etc* führen (*Leitung*): this faucet ~s hot water aus diesem Hahn kommt heißes Wasser. **101.** *Gold etc* (mit sich) führen (*Fluß*). **102.** *Fieber, Temperatur* haben: to ~ a high temperature. **103.** a) *Metall* schmelzen, b) verschmelzen, c) *Blei etc* gießen. **104.** stoßen, stechen: to ~ a splinter into one's finger sich e-n Splitter in den Finger reißen; to ~ one's head against (*od.* into) a brick wall *fig.* mit dem Kopf gegen die Wand rennen. **105.** *e-e* Linie, *e-n* Graben *etc* ziehen, *e-e* Straße *etc* anlegen, *e-e* Brücke schlagen. **106.** *Bergbau*: e-e Strecke treiben. **107.** *electr.* e-e Leitung verlegen, führen. **108.** einlaufen lassen: to ~ a bath. **109.** schieben, stechen, führen (through durch). **110.** (*bei Spielen*) e-e bestimmte Punktzahl *etc* hintereinan'der erzielen: to ~ fifteen auf fünfzehn (Punkte *etc*) kommen. **111.** *e-e Schleuse* öffnen: to ~ dry leerlaufen lassen. **112.** *e-e Naht etc* mit Vorderstich nähen, heften. **113.** j-n belangen (for wegen).

Verbindungen mit Präpositionen:
run| a·cross *v/i j-n* zufällig treffen, stoßen auf (*acc*). **~ af·ter** *v/i* hinter (*dat*) 'herlaufen *od.* -sein, *j-m, e-m Bus etc* nachlaufen (*alle a. fig.*): **he is greatly ~** er hat großen Zulauf; **I can't keep running after you all day!** *colloq.* ich bin doch nicht nur für dich da! **~ a·gainst I** *v/i* **1.** zs.-stoßen mit, laufen *od.* fahren gegen: **to ~ a rock. 2.** *pol.* kandi'dieren gegen. **3.** *fig.* a) gegen ... sein, ungünstig sein für, b) anrennen gegen. **II** *v/t* **4.** mit *dem Kopf etc* stoßen gegen, mit *dem Wagen etc* fahren gegen. **~ at** *v/i* losstürzen auf (*acc*), angreifen. **~ for** *v/i* **1.** auf (*acc*) zulaufen *od.* losrennen, laufen nach. **2. ~ it** Reiß'aus nehmen. **3.** → **life** *Bes. Redew.*, **run** 48. **~ in·to I** *v/i* **1.** (hin-'ein)laufen *od.* (-)rennen in (*acc*). **2.** *mar.* in *den Hafen* einlaufen. **3.** → **run against** 1. **4.** → **run across. 5.** geraten *od.* sich stürzen in (*acc*): **to ~ debt (trouble). 6.** werden *od.* sich entwickeln zu. **7.** sich belaufen auf (*acc*): **it runs into millions** das geht in die Millionen; **to ~ money** ins Geld laufen; → **edition** 3. **II** *v/t* **8.** *ein Messer etc* stoßen *od.* rennen in (*acc*). **9.** *etwas* stecken *od.* (ein)führen in (*acc*). **10.** stürzen in (*acc*): **to run s.o. into debt (trouble). ~ off I** *v/i* her'unterfahren *od.* -laufen von: → **rail**[1] 4. **II** *v/t*: → **foot** 1. **~ on I** *v/i* **1.** handeln von, sich drehen um, betreffen: **the conversation ran on politics. 2.** (fortwährend) denken an (*acc*), sich beschäftigen mit. **3.** mit *e-m Treibstoff* fahren: **to ~ petrol. 4.** → **run across. ~ o·ver I** *v/i* **1.** laufen *od.* gleiten über (*acc*). **2.** über'fliegen, 'durchgehen, -lesen. **3.** *to ~* **one's time** (*Rundfunk, TV etc*) über'ziehen. **II** *v/t* **4.** mit dem Auto etc über'fahren. **~ through** *v/i* **1.** → **run over** 2. **2.** kurz erzählen, streifen. **3.** 'durchmachen, -erleben. **4.** sich hin'durchziehen durch. **5.** *ein Vermögen* 'durchbringen. **6.** *thea.* Szene etc 'durchspielen. **~ to** *v/i* **1.** sich belaufen auf (*acc*). **2.** (aus)reichen für: **my money will not ~ that. 3.** sich entwickeln zu, neigen zu. **4.** her'vorbringen (*a. fig.*). **5.** allzusehr *Blätter etc* treiben (*Pflanze*): **to ~ leaves**; → **fat** 7, **seed** 1. **6.** *colloq.* sich *etwas* leisten. **~ up·on** *v/i* → **run on. ~ with** *v/i* über'einstimmen mit.
Verbindungen mit Adverbien:
run| a·bout → **run around. ~ a·long** *v/i* (da'hin)fahren, (-)laufen: **~!** *colloq.* ab mit dir!; **I have got to ~ now!** *colloq.* nun muß ich aber gehen! **~ a·round** *v/i* **1.** her'um-, um'herrennen: **to ~ in circles** *fig.* sich im Kreis bewegen *od.* drehen. **2.** sich her'umtreiben (**with** mit). **~ a·way** *v/i* (**from**) da'vonlaufen (vor *od. dat*), 'durchgehen (*dat*) (*a. Pferd, Auto etc*): **to ~ from home** von zu Hause ausreißen; **to ~ from difficulties** vor Schwierigkeiten davonlaufen; **to ~ from a subject** von e-m Thema abschweifen; **to ~ with** a) durchbrennen mit (*j-m od. etwas*), b) durchgehen mit (*j-m*) (*a. Phantasie, Temperament*), c) ,mitgehen' lassen (*stehlen*), d) *Geld etc* verschlingen, ins Geld gehen, e) *sport Satz etc* klar gewinnen, f) *fig.* sich verrennen in (*e-e Idee etc*); **don't ~ with the idea (notion) that** glauben Sie ja nicht, daß. **~ back I** *v/i* zu'rücklaufen: **to ~ over s.th.** *fig.* etwas noch einmal durchgehen. **II** *v/t Band, Film* (zu)'rückspulen. **~ down I** *v/i* **1.** her'ab-, hin'unterlaufen (*a. Tränen etc*). **2.** ablaufen (*Uhr*). **3.** ab'fließen (*Flut, Wasser etc*). **4.** sinken, abnehmen (*Zahl, Wert etc*). **5.** *fig.* her'unterkommen. **II** *v/t* **6.** anfahren, *mit dem Auto etc* über'fahren. **7.** *mar.* in den Grund bohren. **8.** *j-n* einholen. **9.** *das Wild, a. e-n Verbrecher* zur Strecke bringen. **10.** erschöpfen, *e-e Batterie* zu stark entladen: **to be ~** erschöpft *od.* abgespannt sein. **11.** ausfindig machen, aufstöbern. **12.** her'absetzen: a) *Qualität, Preis etc* mindern, b) *Belegschaft etc* abbauen, c) *fig.* schlechtmachen. **13.** her'unterwirtschaften: **to ~ a factory.** → **in I** *v/i* **1.** her'einlaufen: **to ~ to s.o.** *j-n* (kurz) besuchen. **2.** über'einstimmen (**with** mit). **3.** *print.* kürzer werden, einlaufen (*Manuskript*). **II** *v/t* **4.** hin'einlaufen lassen. **5.** hin'einstecken, -stechen. **6.** einfügen (*a. print.*). **7.** *colloq.* ,einbuchten', einsperren: **to ~ a thief. 8.** *tech.* *e-e Maschine* (sich) einlaufen lassen, *ein Auto etc* einfahren. **~ off I** *v/i* **1.** → **run away. 2.** ablaufen, abfließen. **3.** *econ.* ablaufen, fällig werden (*Wechsel etc*). **II** *v/t* **4.** *etwas* ,'hinhauen', schnell erledigen. **5.** *ein Gedicht etc* her'unterrasseln. **6.** ablaufen lassen. **7.** *print.* abdrucken, abziehen. **8.** *ein Rennen etc* a) starten, b) austragen. **9.** da'vonjagen. **~ on I** *v/i* **1.** weiterlaufen. **2.** weitergehen, fortlaufen, fortgesetzt werden (**to** bis). **3.** da'hingehen (*Jahre etc*). **4.** (*bes.* unaufhörlich) reden, (fort)plappern. **5.** (*in der Rede etc*) fortfahren. **6.** anwachsen (**into** zu). **7.** *print.* (ohne Absatz) fortlaufen. **II** *v/t* **8.** *print.* a) fortlaufend setzen, b) anhängen. **~ out I** *v/i* **1.** her'aus-, hin'auslaufen (*a. Flüssigkeit*): **to ~ of a port** *mar.* (aus e-m Hafen) auslaufen. **2.** (aus)laufen (*Gefäß*). **3.** ablaufen (*Zeit etc*), zu Ende gehen: **time is running out** die Zeit wird knapp. **4.** a) ausgehen, knapp werden (*Vorrat*), b) keinen Vorrat (mehr) haben (**of** an *dat*): **to have ~ of gasoline** (*Br.* **petrol**) kein Benzin mehr haben; **we have ~ of this article** dieser Artikel ist uns ausgegangen. **5.** sich verausgaben, erschöpft sein. **6.** her'vorstechen, her'ausragen. **7.** sich erstrecken. **8.** *print.* länger werden (*Text*). **9.** *das Spiel od.* den Kampf beenden (*auf bestimmte Weise*): **to ~ a winner** als Sieger hervorgehen. **10. ~ on s.o.** *colloq.* j-n im Stich lassen. **II** *v/t* **11.** *ein Rennen etc* zu Ende laufen, beenden, *etwas* voll-'enden. **12.** hin'ausjagen, -treiben. **13.** *ein Kabel etc* ausrollen. **14.** erschöpfen: **to run o.s. out** bis zur Erschöpfung laufen; **to be ~** a) (*vom Laufen*) ausgepumpt sein, b) ausverkauft sein. **~ o·ver I** *v/i* **1.** hin'überlaufen. **2.** 'überlaufen, -fließen. **3.** **~ with** strotzen vor (*Energie etc*). **II** *v/t* **4.** mit dem Auto etc über'fahren. **5.** a) *etwas* rasch 'durchnehmen, b) *etwas* schnell 'durchgehen *od.* -sehen, (rasch) über'fliegen. **~ through** *v/t* **1.** 'durch-'bohren, -'stoßen. **2.** *ein Wort* 'durchstreichen. **3.** *e-n Zug ohne Halt* 'durchfahren lassen. **4.** → **run over** 5. **~ up I** *v/i* **1.** her'auf-, hin'auflaufen, -fahren. **2.** *fig.* schnell anwachsen, hochschießen. **3.** anwachsen *od.* sich belaufen (**to** auf *acc*). **4.** zulaufen (**to** auf *acc*): **to ~ against a wall** *fig.* gegen e-e Wand anrennen. **5.** einlaufen, -gehen (*Kleidung beim Waschen*). **II** *v/t* **6.** anwachsen lassen, *e-e Rechnung* auflaufen lassen. **8.** *den Preis etc* in die Höhe treiben. **9.** *ein Haus etc* schnell hochziehen. **10.** *e-e Flagge etc* aufziehen, hissen. **11.** *tech.* den Motor hoch- *od.* warmlaufen lassen. **12.** *Kleidungsstück* ,zs.-hauen' (*schnell nähen*). **13.** *Zahlen* schnell zs.-zählen.

'**run·a·bout** *s* **1.** Her'umtreiber(in). **2.** (typisches) Stadtauto. **3.** leichtes Motorboot. **4.** Kleinkind *n*. **~ tick·et** *s rail. Br.* Netzkarte *f*.
run·a·gate ['rʌnəgeɪt] *s obs.* **1.** Ausreißer(in). **2.** → **runabout** 1. **3.** → **renegade** I.
'**run|-a·round** *s* **1.** *a. med. tech.* 'Umlauf *m*. **2.** Um'gehungsstraße *f*, -linie *f*. **3. to give s.o. the ~** *colloq.* a) j-n hinhalten, j-m ausweichen, b) j-n (*Ehemann, Freundin etc*) ,an der Nase herumführen'. **4.** *print.* (der) ein Kli'schee um'gebende Text. '**~·a·way I** *s* **1.** Ausreißer *m*, 'Durchgänger *m* (*a. Pferd*). **2.** *phys.* 'Durchgehen *n* (*e-s Atomreaktors*). **3.** *bes. sport* Kantersieg *m*. **II** *adj* **4.** 'durchgegangen, flüchtig, entwichen (*Häftling etc*): **~ car** Wagen, der sich ,selbständig' gemacht hat; **~ inflation** *econ.* galoppierende Inflation; **~ marriage** (*od.* **match**) Heirat *f* e-s durchgebrannten Liebespaares; **~ race** *sport* mühelos *od.* mit großem Vorsprung gewonnenes Rennen; **~ soldier** Deserteur *m*; **~ victory** (*od.* **win**) → 3. '**~·back** *s Tennis*: Auslauf *m* hinter der Grundlinie.
run·dle ['rʌndl] *s* **1.** Rolle *f*, Welle *f*. **2.** (Leiter)Sprosse *f*.
rund·let ['rʌndlɪt] *s obs.* **1.** Fäßchen *n*. **2.** *altes brit.* Flüssigkeitsmaß, *meist 18 Gallonen* (*Wein*).
'**run-down** *I adj* **1.** abgespannt, erschöpft, ,erledigt'. **2.** baufällig. **3.** abgelaufen (*Uhr*). **4.** *electr.* erschöpft, verbraucht (*Batterie*). **II** *s* **5.** (**on**) genaue 'Übersicht (über *acc*) od. Ana'lyse (*gen*).
rune [ruːn] *s* **1.** Rune *f*. **2.** Runenspruch *m*. **3.** *pl* Runendichtung *f*. **4.** Runenzauber *m*. **5.** *fig.* Rätsel *n*. **6.** *poet.* Gedicht *n*, Lied *n*. '**~·staff** *s* **1.** Runenstab *m*. **2.** altertümlicher 'Kerbka,lender.
rung[1] [rʌŋ] *pret u. pp von* **ring**[2].
rung[2] [rʌŋ] *s* **1.** (*bes.* Leiter)Sprosse *f*. **2.** *fig.* Sprosse *f*, Stufe *f*: **to start at the bottom ~ of the ladder** ganz unten *od.* ganz klein anfangen; → **top**[1] 20. **3.** Querleiste *f*. **4.** (Rad)Speiche *f*.
ru·nic ['ruːnɪk] **I** *adj* **1.** runisch, Runen... **II** *s* **2.** Runeninschrift *f*. **3.** *print.* Runenschrift *f*.
'**run-in** *s* **1.** *sport Br.* Einlauf *m*. **2.** *print.* Einschiebung *f*. **3.** *tech.* a) Einfahren *n* (*von Autos, Motoren etc*), b) Einlaufen *n* (*von Maschinen*). **4.** *Am. colloq.* ,Krach' *m*, Zs.-stoß *m*, Streit *m*: **to have a ~ with s.o.** Krach mit j-m haben. **~ groove** *s* Einlaufrille *f* (*auf Schallplatten*).
run·let[1] ['rʌnlɪt] *s* Rinnsal *n*.
run·let[2] ['rʌnlɪt] → **rundlet**.
run·na·ble ['rʌnəbl] *adj* jagdbar.
run·nel ['rʌnl] *s* **1.** Rinnsal *n*. **2.** Rinne *f*, Rinnstein *m*, Ka'nal *m*.
run·ner ['rʌnə(r)] *s* **1.** (*a.* Wett)Läufer (-in). **2.** Rennpferd *n*. **3.** Bote *m*: **bank ~** Bankbote. **4.** Laufbursche *m*. **5.** *Am. colloq.* Vertreter *m*, Handlungsreisende(r) *m*. **6.** Schmuggler *m*. **7.** *mil.* Meldegänger *m*, Melder *m*. **8.** *hist. Br.* Poli'zist *m*. **9.** *Am.* a) Pferd *n*, b) Maschi'nist *m*. **10.** Geschäftsführer *m*, Leiter *m*. **11.** *Am.* Laufmasche *f*. **12.** *econ. Am. colloq.* Verkaufsschlager *m*. **13.** Läufer *m* (*langer, schmaler Teppich*). **14.** Tischläufer *m* (*schmale Zierdecke*). **15.** (Schlitten-, Schlittschuh- etc)Kufe *f*. **16.** Schieber *m* (*am Schirm etc*). **17.** *tech.* Laufschiene *f*. **18.** *tech.* (*Turbinen- etc*)Laufrad *n*, Läufer *m*. **19.** *tech.* Kollerstein *m*. **20.** Spinnerei: Läufer *m*. **21.** Gießerei: Abstich-, Gießrinne *f*. **22.** *bot.* a) Ausläufer *m*, b) Ausläuferpflanze *f*, c) Kletterpflanze *f*. **23.** *bot.* Stangenbohne *f*. **24.** *orn.* Ralle *f*. **25.** *ichth.* Goldstöcker *m*. **26.** *print.* Zeilenzähler *m*, Margi'nalziffer *f*. **~ bean** *s bot. Br.* Stangenbohne *f*. '**~-up** *pl* '**~s-up** *s* Zweite(r *m*) *f*, *sport a.* Vizemeister(in) (**to** hinter *dat*).
run·ning ['rʌnɪŋ] **I** *s* **1.** Laufen *n*, Lauf *m* (*a. tech.*). **2.** (Wett)Laufen *n*, (-)Rennen *n*, Wettlauf *m* (*a. fig.*): **to be still in the ~** noch gut im Rennen liegen (*a. fig.*); **to be out of the ~** aus dem Rennen sein (*a.*

running account - rust

fig.); **to put s.o. out of the ~** j-n aus dem Rennen werfen (*a. fig.*); **to make the ~** a) das Tempo machen, b) *fig.* das Tempo angeben, c) *fig.* tonangebend sein; **to take (up) the ~** sich an die Spitze setzen (*a. fig.*). **3.** (Lauf)Kraft *f*: **to be still full of ~. 4.** Schmuggel *m*. **5.** Leitung *f*, Führung *f*. **6.** Überˈwachung *f*, Bedienung *f* (*e-r Maschine*). **7.** Durchˈbrechen *n*: **the ~ of a blockade. II** *adj* **8.** laufend (*a. tech.*), fahrend: **~ jump** Sprung *m* mit Anlauf. **9.** flüchtig: **a ~ glance. 10.** laufend (*andauernd, ständig*): **~ debts** (expenses, month). **11.** *econ.* laufend, offen: → **running account. 12.** fließend: **~ water. 13.** *med.* laufend, eiternd (*Wunde*). **14.** flüssig. **15.** aufeinˈanderfolgend: **for three days** ~ drei Tage hintereinander. **16.** (fort)laufend: **~ pattern. 17.** laufend, gleitend (*Seil etc*). **18.** linˈear gemessen: **per ~ meter** (*bes. Br.* **metre**) pro laufenden Meter. **19.** *bot.* a) rankend, b) kriechend. **20.** *mus.* laufend: **~ passages** Läufe.
runˑning| acˑcount *s econ.* **1.** laufende *od.* offene Rechnung. **2.** laufendes Konto, Kontokorˈrent *n*. **~ board** *s tech.* Tritt-, Laufbrett *n*. **~ comˑmenˑtarˑy** *s* **1.** laufender Kommenˈtar *m*. **2.** (ˈFunk)Reporˌtage *f*. **~ costs** *s pl* Betriebskosten *pl*, laufende Kosten *pl*. **~ fight** *s mar. mil.* a) Rückzugsgefecht *n*, b) laufendes Gefecht (*a. fig.*). **~ fire** *s mar. mil.* **1.** Trommelfeuer *n*. **2.** Lauffeuer *n*. **~ fit** *s tech.* Laufsitz *m*. **~ gear** *s tech.* Lauf-, Fahrwerk *n*. **~ hand** *s* Kurˈrentschrift *f*. **~ head(ˑline)** *s print.* (lebender) Koˈlumnentitel. **~ˑin** *s tech.* Einlaufen *n*. **~ knot** *s mar.* Laufknoten *m*. **~ light** *s mar.* Posiˈtionslampe *f*, Fahrlicht *n*. **~ mate** *s* **1.** *pol. Am.* a) ˈMitkandiˌdat *m*, b) Kandiˈdat *m* für die ˈVizepräsiˌdentschaft. **2.** *Pferderennen*: Schrittmacherpferd *n*. **3.** *Am. colloq.* ständiger Begleiter. **~ rigˑging** *s mar.* laufendes Gut. **~ shoe** *s sport* Laufschuh *m*. **~ shot** *s Film*: Fahraufnahme *f*. **~ speed** *s tech.* **1.** ˈUmlaufgeschwindigkeit *f*. **2.** Fahrgeschwindigkeit *f*. **~ start** *s sport* fliegender Start. **~ stitch** *s* Vorderstich *m*. **~ text** *s print.* fortlaufender Text. **~ tiˑtle** → **running head(line)**.
ˈrunˑoff *s* **1.** *sport* Entscheidungslauf *m*, -rennen *n*. **2.** *geol.* Abfluß *m*. **3.** *tech.* Abstich *m*. **~ priˑmaˑry** *s pol. Am.* Stichwahl *f*, endgültige Vorwahl (*e-r Partei e-s amer. Bundesstaates*). **~ vote** *s pol.* Stichwahl *f*.
ˌrunˑof(-the)-ˈmill *adj* ˈdurchschnittlich, mittelmäßig, Durchschnitts...
ˈrunˑon **I** *adj* **1.** *bes. print.* angehängt, fortlaufend gesetzt: **~ sentence** a) zs.-gesetzter Satz, b) Bandwurmsatz *m*. **2.** *metr.* mit Versbrechung. **II** *s* **3.** angehängtes Wort.
ˈrunˑout groove *s* Auslaufrille *f* (*auf der Schallplatte*).
ˈrunˑproof *adj bes. Am.* laufmaschensicher, maschenfest.
runt [rʌnt] *s* **1.** *zo.* a) Zwergrind *n*, -ochse *m*, b) *kleinstes Ferkel e-s Wurfs*. **2.** (*contp.* lächerlicher) Zwerg. **3.** *orn.* große, kräftige Haustaubenrasse.
ˈrunˑthrough *s* **1.** a) Überˈfliegen *n* (*e-s Briefs etc*), b) kurˈsorische Lekˈtüre (*e-s Buchs*), c) kurze Zs.-fassung: **to give s.th. a ~** etwas überfliegen. **2.** *thea.* schnelle Probe.
ˈrunˑup *s* **1.** *sport* Anlauf *m*. **2.** *aer. mil.* (Ziel)Anflug *m*. **3.** *aer.* kurzer Probelauf (*der Motoren vor dem Start*). **4. in the ~ to** *fig.* im Vorfeld (*gen*). ˈ**~ˑway** *s* **1.** *aer.* Start-, Lande-, Rollbahn *f*. **2.** *sport* Anlaufbahn *f*. **3.** *bes. Am.* Flußbett *n*. **~ hunt.** Wildpfad *m*, (Wild)Wechsel *m*: **~ watch-ing** Ansitzjagd *f*. **5.** Auslauf *m*, Hühnerhof *m*. **6.** Laufsteg *m*. **7.** *bes. Am.* Holzrutsche *f*.
ruˑpee [ruːˈpiː] *s* Rupie *f* (*Währungseinheit in Indien, Pakistan u. Sri Lanka*).
rupˑture [ˈrʌptʃə(r)] **I** *s* **1.** Bruch *m*, Riß *m* (*beide a. med.*): **~ of the follicle** *physiol.* Follikelsprung *m*; **~ of muscle** Muskelriß; **~ support** Bruchband *n* (*bei Hernie*). **2.** Brechen *n* (*a. tech.*), Zerplatzen *n*, -reißen *n*. **3.** *fig.* a) Bruch *m*: **to avoid an open ~**, b) Abbruch *m*: **diplomatic ~** Abbruch der diplomatischen Beziehungen. **II** *v/t* **4.** brechen (*a. fig.*), zersprengen, -reißen (*a. med.*): **to be ~d** → **7**; **~ duck** *mil. Am. colloq.* Adlerabzeichen *n*. **5.** *med.* j-m e-n (*Unterleibs*)Bruch zufügen: **to ~ o.s.** → **8**. **6.** *fig.* abbrechen. **III** *v/i* **7.** zerspringen, -reißen, e-n Riß bekommen, bersten. **8.** *med.* sich e-n Bruch heben.
ruˑral [ˈrʊərəl] *adj* (*adv* **~ly**) **1.** ländlich, Land...: → **exodus 2. 2.** landwirtschaftlich. **3.** ländlich, rustiˈkal, einfach. ˈ**ruˑralˑist**, *Am.* ˈ**ruˑralˑite** *s* **1.** Landbewohner(in). **2.** *j-d, der das Landleben dem Stadtleben vorzieht*. **ruˈralˑiˑty** [-ˈrælətɪ] *s* **1.** Ländlichkeit *f*, ländlicher Chaˈrakter. **2.** ländliche Szene *od.* Umˈgebung. ˈ**ruˑralˑize I** *v/t* **1.** e-n ländlichen Chaˈrakter geben (*dat*). **2.** auf das Landleben ˈumstellen. **II** *v/i* **3.** auf dem Lande leben. **4.** sich auf das Landleben ˈumstellen. **5.** ländlich werden, verbauern.
rurˑban [ˈrɜːbən; *Am.* ˈrɜr-; ˈrʊər-] *adj* Vorstadt...
Ruˑriˑtaˑniˑan [ˌrʊərɪˈteɪnjən; *Am.* ˌrʊrəˈteɪnɪən] *adj* (*nach e-m Phantasieland in e-m Roman von Anthony Hope*) **1.** abenteuerlich (*politische Verhältnisse etc*). **2.** abenteuerlich, räuberhaft, verwegen (*Aussehen*).
ruˑsa [ˈruːsə] *s zo.* Rusahirsch *m*.
ruse [ruːz; *Am. a.* ruːs] *s* List *f*, Trick *m*.
rush[1] [rʌʃ] **I** *v/i* **1.** stürmen, jagen, rasen, stürzen: **to ~ about** (*od.* **around**) herumhetzen, -hasten; **to ~ at s.o.** auf j-n losstürzen; **to ~ in** hereinstürzen, -stürmen; **to ~ into certain death** in den sicheren Tod rennen; **to ~ into extremes** *fig.* ins Extrem verfallen; **an idea ~ed into my mind** (*od.* **upon me**) ein Gedanke schoß mir durch den Kopf; **blood ~ed to her face** das Blut schoß ihr ins Gesicht; **to ~ through** a) hetzen *od.* hasten durch, b) *Buch etc* hastig lesen, c) *Mahlzeit* hastig essen, d) *Arbeit* hastig erledigen; → **conclusion 3. 2.** daˈhinbrausen, -fegen (*Wind*). **5.** *fig.* sich (*vorˈschnell*) stürzen (**into** *od.* **auf** *acc*): **to ~ into marriage** überstürzt heiraten; → **print 16. 4.** *American Football*: vorstoßen, ˈdurchbrechen.
II *v/t* **5.** (an)treiben, drängen, hetzen, jagen: **I refuse to be ~ed** ich lasse mich nicht drängen; **to ~ up prices** *econ.* die Preise in die Höhe treiben; **to be ~ed for time** *colloq.* unter Zeitdruck stehen; → **foot 1. 6.** schnell *od.* auf dem schnellsten Wege (ˈhin)bringen *od.* (-)schaffen: **to ~ s.o. to the hospital. 7.** *e-e Arbeit etc* hastig erledigen: **to ~ a bill (through)** *e-e Gesetzesvorlage* ˈdurchpeitschen. **8.** überˈstürzen, -ˈeilen. **9.** losstürmen auf (*acc*), angreifen, anrennen gegen (*a. sport*): **to ~ the goal. 10.** im Sturm nehmen (*a. fig.*), erstürmen. **11.** hinˈwegsetzen über (*ein Hindernis*). **12.** *American Football*: vorstoßen *od.* ˈdurchbrechen mit (*dem Ball*). **13.** *Am. sl.* mit Aufmerksamkeiten überˈhäufen, umˈwerben. **14.** *Br. colloq.* j-n „neppen" (£5 um 5 Pfund): **how much did they ~ you for it?** wieviel haben sie dir dafür abgeknöpft?
III *s* **15.** (Vorˈwärts)Stürmen *n*, Daˈhinschießen *n*, -jagen *n*. **16.** Brausen *n* (*des Windes*). **17.** Eile *f*: **at a ~**, **on the ~** *colloq.* in aller Eile, schnellstens; **with a ~** plötzlich. **18.** *mil.* a) Sturm *m*, b) Sprung *m*: **by ~es** sprungweise. **19.** *American Football*: a) Vorstoß *m*, ˈDurchbruch *m*, b) Stürmer *m*: → **rush line. 20.** *fig.* a) (An)Sturm *m* (**for** *auf acc*) (*a. econ.*), b) (Massen)Andrang *m*, c) *bes. econ.* stürmische Nachfrage (**on, for** nach): **to make a ~ for** losstürzen auf (*acc*). **21.** *med.* (Blut)Andrang *m*. **22.** *fig.* a) plötzlicher Ausbruch (*von Tränen etc*), b) plötzliche Anwandlung, Anfall *m*: **~ of pity. 23.** a) Drang *m* (*der Geschäfte*), ‚Hetze' *f*, b) Hochbetrieb *m*, -druck *m*, c) Überˈhäufung *f* (**of** mit *Arbeit etc*). **24.** *ped. Am.* (Wett)Kampf *m*. **25.** *pl Film*: ˈSchnellkoˌpie *f*.
IV *adj* **26.** eilig, dringend, Eil... **27.** geschäftig, Hochbetriebs...
rush[2] [rʌʃ] *s* **1.** *bot.* Binse *f*. **2.** *collect.* Binsen *pl*. **3.** *orn.* Binsenhuhn *n*. **4.** *fig.* Deut *m*: **not worth a ~** keinen ‚Pfifferling' wert; **I don't care a ~** es ist mir völlig ‚schnurz'. **II** *adj* **5.** Binsen...: **~-bottomed chair** Binsenstuhl *m*.
rush| basˑket *s* Binsenkorb *m*. **~ bearˑing** *s Br. hist.* Kirchweihfest *n* auf dem Lande. **~ canˑdle** *s* Binsenlicht *n*. **~ hour** *s* Hauptverkehrszeit *f*, Stoßzeit *f*. ˈ**~ˑhour** *adj*: **~ traffic** Stoßverkehr *m*. **~ job** *s* eilige Arbeit, dringende Sache. ˈ**~ˑlight** *s* **1.** → **rush candle. 2.** *fig. contp.* kleiner Geist (*Person*). **~ line** *s American Football*: Stürmerreihe *f*, Sturm *m*. **~ orˑder** *s econ.* Eilauftrag *m*. **rushˑy** [ˈrʌʃɪ] *adj* **1.** voller Binsen, binsenbestanden. **2.** mit Binsen bedeckt. **3.** Binsen...
rusk [rʌsk] *s* **1.** (Art) Zwieback *m*. **2.** Mürbegebäck *n*. **3.** *Am.* (Art) Semmelmehl *n*.
Russ [rʌs] *s sg u. pl u. adj obs. for* **Russian**.
rusˑsel cord [ˈrʌsl] *s Textil.* Wollrips *m*.
rusˑset [ˈrʌsɪt] *adj* **1.** a) rostbraun, b) rotgelb, c) rotgrau. **2.** *obs.* bäu(e)risch, grob. **3.** *obs.* schlicht, einfach. **II** *s* **4.** a) Rostbraun *n*, b) Rotgelb *n*, c) Rotgrau *n*. **5.** grobes handgewebtes Tuch. **6.** *rötlicher Winterapfel.* ˈ**rusˑsetˑy** → **russet 1**.
Rusˑsia leathˑer [ˈrʌʃə] *s* Juchten(leder *n*) *m*, *n*.
Rusˑsian [ˈrʌʃn] **I** *s* **1.** Russe *m*, Russin *f*. **2.** *ling.* Russisch *n*, das Russische. **II** *adj* **3.** russisch: **~ roulette** russisches Roulett(e); **~ salad** *gastr.* russischer Salat.
Rusˑsianˑism [ˈrʌʃnɪzəm] *s* **1.** Vorherrschen *n* russischer Iˈdeen. **2.** Neigung *f* zum Russischen. **3.** Rußlandfreundlichkeit *f*. ˈ**Rusˑsianˑize** *v/t* russifiˈzieren, russisch machen.
Rusˑsifiˑcaˑtion [ˌrʌsɪfɪˈkeɪʃn] *s* Russifiˈzierung *f*. ˈ**Rusˑsiˑfy** [-faɪ] → **Russianize**.
Rusˑsiˑak [ˈrʌsnɪæk] → **Ruthenian**.
Russo- [ˈrʌsəʊ; *Am. a.* rʌsə] *Wortelement mit der Bedeutung* a) russisch, b) russisch...
ˈ**Rusˑsoˑphile** [-faɪl] **I** *s* Russoˈphile *m*, Russenfreund *m*. **II** *adj* russoˈphil, russenfreundlich.
ˈ**Rusˑsoˑphobe** [-fəʊb] *s* Russoˈphobe *m*, Russenfeind *m*.
rust [rʌst] **I** *s* **1.** Rost *m*: **~-free** rostfrei; **to gather ~** Rost ansetzen. **2.** a) Rostfleck *m*, b) Moder-, Stockfleck *m*. **3.** Rostbraun *n*. **4.** *bot.* a) Rost *m*, Brand *m*, b) a. **~ fungus** Rostpilz *m*. **II** *v/i* **5.** (ein-, ver)rosten, rostig werden. **6.** *fig.* verkümmern (*Talent etc*), rosten (*Person*), einrosten (*Kenntnisse*). **7.** *bot.* brandig werden. **III** *v/t* **8.** verrosten lassen, rostig machen. **9.** stockfleckig machen. **10.** *fig. Talent etc*

verkümmern lassen. 11. *bot.* brandig machen.
rus·tic ['rʌstɪk] **I** *adj (adv* ~**ally**) **1.** ländlich, Land..., Bauern..., rusti'kal. **2.** einfach, schlicht: ~ **entertainment**. **3.** grob, bäu(e)risch, ungehobelt: ~ **manners**. **4.** roh (gearbeitet). **5.** *arch.* Rustika..., mit Bossenwerk verziert. **6.** *print.* unregelmäßig geformt, Rustika... **II** *s* **7.** (einfacher) Bauer. **8.** a) ‚Bauer' *m*, b) Pro'vinzler *m*. **rus·ti·cate** ['rʌstɪkeɪt] **I** *v/i* **1.** aufs Land gehen. **2.** auf dem Land leben *od.* wohnen. **3.** a) ein ländliches Leben führen, b) verbauern. **II** *v/t* **4.** aufs Land schicken. **5.** verländlichen. **6.** verbauern lassen. **7.** *univ. bes. Br.* rele'gieren, (zeitweilig) von der Universi'tät verweisen. **8.** *arch.* mit Bossenwerk verzieren. ‚**rus·ti'ca·tion** *s* **1.** Landaufenthalt *m*. **2.** Verbauerung *f*. **3.** *univ. bes. Br.* (zeitweise) Relegati'on. **4.** *arch.* Rustika *f*, Bossenwerk *n*. **rus·tic·i·ty** [rʌ'stɪsətɪ] *s* **1.** ländlicher *od.* rusti'kaler Cha'rakter. **2.** bäu(e)risches Wesen, ungehobelte Art. **3.** (ländliche) Einfachheit.
rus·tic|ware *s* hellbraune Terra'kotta. ~ **work** *s* **1.** *arch.* Bossenwerk *n*, Rustika *f*. **2.** roh gezimmerte Sommerhäuser, Gartenmöbel etc.
rust·i·ness ['rʌstɪnɪs] *s* **1.** Rostigkeit *f*. **2.** *fig.* Eingerostetsein *n*. **3.** Rauheit *f*, Heiserkeit *f*.

rus·tle ['rʌsl] **I** *v/i* **1.** rascheln (*Blätter etc*), rauschen, knistern (*Seide etc*). **2.** *bes. Am. colloq.* ‚mit *od.* unter Hochdruck' arbeiten, ‚wühlen'. **II** *v/t* **3.** rascheln lassen, rascheln mit *od.* in (*dat*). **4.** *a.* ~ **up** *bes. Am. colloq.* a) Geld, Hilfe etc ‚organi'sieren', auftreiben, b) *Essen* ‚zaubern'. **5.** *Am. sl. Vieh* stehlen. **III** *s* **6.** Rascheln *n*, Rauschen *n*, Knistern *n*. **7.** *bes. Am. colloq.* ‚Mordsanstrengung' *f*. '**rus·tler** *s bes. Am.* **1.** *colloq.* ‚Wühler' *m*. **2.** *sl.* Viehdieb *m*.
'**rust·less** *adj* rostfrei, nichtrostend: ~ **steel**.
'**rust·proof** *adj* rostbeständig, rostfrei, nichtrostend.
rust·y ['rʌstɪ] *adj (adv* **rustily**) **1.** rostig, verrostet: **to get** ~ (ver)rosten. **2.** *fig.* eingerostet (*Kenntnisse*), verkümmert (*Talent etc*). **3.** rostfarben. **4.** *bot.* vom Rost(pilz) befallen. **5.** abgetragen, schäbig: ~ **clothes**. **6.** heiser, rauh: **a** ~ **voice**.
rut[1] [rʌt] **I** *s* **1.** (Wagen-, Fahr)Spur *f*. **2.** Furche *f*. **3.** *fig.* (altes) Gleis, alter Trott: **to get into a** ~ in e-n Trott verfallen; **to be in a** ~ sich in ausgefahrenen Gleisen bewegen. **II** *v/t* **4.** furchen.
rut[2] [rʌt] *zo.* **I** *s* **1.** a) Brunft *f* (*des Hirsches*), b) *allg.* Brunst *f*. **2.** Brunft-, Brunstzeit *f*. **II** *v/i* **3.** brunften, brunsten. **III** *v/t* **4.** decken, bespringen.

ru·ta·ba·ga [‚ruːtə'beɪgə] *s Am. bot.* Schwedische Rübe, Gelbe Kohlrübe.
Ruth[1] [ruːθ] *s a.* **Book of R**~ *Bibl.* (das Buch) Ruth *f*.
ruth[2] [ruːθ] *s obs.* Mitleid *n*.
Ru·the·ni·an [ruː'θiːnjən; -nɪən] **I** *s* **1.** Ru'thene *m*, Ru'thenin *f*. **2.** *ling.* Ru'thenjsch *n*, das Ruthenische. **II** *adj* **3.** ru'thenisch.
ruth·er·ford ['rʌðə(r)fə(r)d] *s phys.* Rutherford *n* (*Maßeinheit der Strahlungswärme e-r radioaktiven Strahlungsquelle*).
ruth·less ['ruːθlɪs] *adj (adv* ~**ly**) **1.** unbarmherzig, grausam, hart. **2.** rücksichts-, skrupellos. '**ruth·less·ness** *s* **1.** Unbarmherzigkeit *f*. **2.** Rücksichts-, Skrupellosigkeit *f*.
rut·ting ['rʌtɪŋ] **I** *s* → **rut**[2] I. **II** *adj* Brunst..., Brunft...: ~ **time** (*od.* **season**) Brunft-, Brunstzeit *f*. '**rut·tish** *adj (adv* ~**ly**) **1.** *zo.* brunftig, brünstig. **2.** → **rutty**[2].
rut·ty[1] ['rʌtɪ] *adj* **1.** zerfurcht, voller Furchen. **2.** ausgefahren.
rut·ty[2] ['rʌtɪ] *adj* brünstig, geil.
rye [raɪ] *s* **1.** *bot.* Roggen *m*. **2.** *bes. Am.* (Glas *n*) Roggenwhisky *m*. **3.** *bes. Am.* Roggenbrot *n*. ~ **bread** *s* Roggenbrot *n*. ~ **flour** *s* Roggenmehl *n*. ~ **grass** *s bot.* Englisches Raigras. ~ **whis·ky** *s bes. Am.* Roggenwhisky *m*.
ry·ot ['raɪət] *s Br. Ind.* (indischer) Bauer *od.* Pächter.

S

S, s [es] **I** *pl* **S's, Ss, s's, ss** [ˈesɪz] *s* **1.** S, s *n* (*Buchstabe*). **2.** S S *n*, S-förmiger Gegenstand. **II** *adj* **3.** neunzehnt(er, e, es). **4.** S S-..., S-förmig: **S curve** S-Kurve *f*.
's¹ [z *nach Vokalen u. stimmhaften Konsonanten*; s *nach stimmlosen Konsonanten*] **1.** *colloq. für* **is**: **he's here. 2.** *colloq. für* **has**: **she's just come. 3.** *colloq. für* **does**: **what's he think about it?**
's² [z *nach Vokalen u. stimmhaften Konsonanten*; s *nach stimmlosen Konsonanten*; ɪz *nach Zischlauten*] *zur Bildung des Possessivs*: **the boy's mother**.
's³ [s] *colloq. für* **us**: **let's go!**
Sab·a·oth [ˈsæbeɪɒθ; ˈsæbeɪɒθ; *Am.* -ɑθ, -əʊθ] *s pl Bibl.* Zebaoth *pl*, Heerscharen *pl*: **the Lord of ~** der Herr Zebaoth, der Herr der Heerscharen.
sab·bat [ˈsæbət; -ət; *Am. a.* sæˈbɑː] → **Sabbath** 3.
Sab·ba·tar·i·an [ˌsæbəˈteərɪən] *relig.* **I** *s* **1.** Sabbaˈtarier(in), Sabbaˈtist(in) (*Mitglied e-r christlichen Sekte*). **2.** Sabbaˈtierer(in) (*j-d, der den Sabbat heiligt*). **3.** *j-d, der den Sonntag streng einhält.* **II** *adj* **4.** sabbaˈtarisch.
Sab·bath [ˈsæbəθ] *s* **1.** *relig.* Sabbat *m*: **to keep (break) the ~** den Sabbat heiligen (entheiligen). **2.** *relig.* Sonntag *m*, Ruhetag *m*: **~ of the tomb** *fig.* Grabesruhe *f*. **3.** *meist* **witches' ~** Hexensabbat *m*.
Sab·bat·ic [səˈbætɪk] *adj* (*adv* **~ally**) → **Sabbatical** I.
Sab·bat·i·cal [səˈbætɪkl] **I** *adj* (*adv* **~ly**) **1.** Sabbat... **2.** *meist* **s~** an jedem 7. Tag *od.* Monat *od.* Jahr *etc* ˈwiederkehrend: **~ leave** → **sabbatical year** 2. **II** *s* **~ sabbatical year** 2. **s~ year** *s* **1.** Sabbatjahr *n* (*der Juden*). **2.** *univ.* Ferienjahr *n* (*e-s Professors; meist alle 7 Jahre*), Studienurlaub *m*.
sa·ber, *bes. Br.* **sa·bre** [ˈseɪbə(r)] **I** *s* **1.** Säbel *m*: **to rattle the ~** *fig.* mit dem Säbel rasseln. **2.** *mil. hist.* Kavalleˈrist *m*. **II** *v/t* **3.** niedersäbeln. **4.** mit dem Säbel verwunden. **~ cut** *s* **1.** Säbelhieb *m*. **2.** Schmiß *m*. **~ rat·tler** *s fig.* Säbelraßler *m*. **~ rat·tling** *s fig.* Säbelrasseln *n*. **ˈ~-toothed ˈti·ger** *s zo.* Säbel(zahn)tiger *m*.
sa·bin [ˈsæbɪn; ˈseɪ-] *s Akustik:* Sabin *n* (*Einheit des Absorptionsvermögens*).
Sa·bine [ˈsæbaɪn; ˈseɪ-] **I** *adj* saˈbinisch. **II** *s* Saˈbiner(in).
sa·ble [ˈseɪbl] **I** *pl* **-bles,** *bes. collect.* **-ble** *s* **1.** *zo.* a) Zobel *m*, b) (*bes.* Fichten-) Marder *m*. **2.** Zobelfell *n*, -pelz *m*. **3.** *bes. her.* Schwarz *n*. **4.** *meist pl poet.* Trauer (-kleidung) *f*. **II** *adj* **5.** Zobel... **6.** *her.* schwarz. **7.** *poet.* schwarz, finster: **his ~ Majesty** der Fürst der Finsternis (*der Teufel*).
sa·bot [ˈsæbəʊ; *Am. a.* sæˈbəʊ] *s* **1.** Holzschuh *m*. **2.** *mil.* Geschoß- *od.* Führungsring *m*.

sab·o·tage [ˈsæbətɑːʒ] *bes. jur. mil.* **I** *s* Saboˈtage *f*: **act of ~** Sabotageakt *m*; **to commit ~** → III. **II** *v/t* saboˈtieren. **III** *v/i* Saboˈtage begehen *od.* treiben.
ˌsab·oˈteur [-ˈtɜː; *Am.* -ˈtɜːr] *s* Saboˈteur *m*.
sa·bra [ˈsɑːbrə] *s* Sabre *m* (*in Israel geborenes Kind jüdischer Einwanderer*).
sa·bre, *etc bes. Br. für* **saber,** *etc*.
sa·bre·tache [ˈsæbə(r)tæʃ; *Am. a.* ˈseɪ-] *s mil. hist.* Säbeltasche *f*.
sab·u·lous [ˈsæbjʊləs] *adj* Sand..., sandig, grießig: **~ urine** *med.* Harngrieß *m*.
sa·bur·ra [səˈbʌrə; *Am.* -ˈbɜːrə] *s med.* fuligiˈnöse Ablagerung, Saˈburra *f*.
sac [sæk] *s* **1.** *anat. bot. zo.* Sack *m*, Beutel *m*. **2.** → **sack¹** 5.
sac·cade [sæˈkɑːd] *s* Sacˈcade *f*: a) *Reiten:* ruckartiges Anhalten, b) *mus.* starker Bogendruck.
sac·cate [ˈsækət; *bes. Am.* -eɪt] *adj* **1.** sack-, beutelförmig. **2.** in e-m Sack *od.* Beutel befindlich.
sac·cha·rate [ˈsækəreɪt] *s chem.* Sacchaˈrat *n*. **ˈsac·cha·rat·ed** *adj* zucker-, sacchaˈrosehaltig.
sac·char·ic [səˈkærɪk] *adj chem.* Zukker...: **~ acid**.
sac·cha·rif·er·ous [ˌsækəˈrɪfərəs] *adj chem.* zuckerhaltig *od.* -erzeugend. **ˈsac·char·i·fy** [səˈkærɪfaɪ; sæ-] *v/t* **1.** verzuckern, saccharifiˈzieren. **2.** zuckern, süßen.
sac·cha·rim·e·ter [ˌsækəˈrɪmɪtə(r)] *s* Sacchariˈmeter *n*, Zucker(gehalt)messer *m*.
sac·cha·rin(e) [ˈsækərɪn] *s chem.* Sacchaˈrin *n*.
sac·cha·rine [ˈsækəraɪn; -riːn; *Am. bes.* -rən] *adj* **1.** Zucker..., Süßstoff... **2.** *fig.* honig-, zuckersüß: **a ~ smile.** **ˌsac·chaˈrin·ic** [-ˈrɪnɪk] *adj chem.* Zucker...
sac·cha·rin·ize [ˈsækərɪnaɪz] *v/t* **1.** mit Saccha'rin süßen. **2.** *fig.* versüßen.
sac·cha·roid [ˈsækərɔɪd] *chem. min.* **I** *adj* zuckerartig, körnig. **II** *s* zuckerartige Sub'stanz.
sac·cha·rom·e·ter [ˌsækəˈrɒmɪtə(r); *Am.* -ˈrɑːm-] *s* Sacchaˈrometer *n*, Zucker-(gehalt)messer *m*.
sac·cha·rose [ˈsækərəʊs; -rəʊz] *s chem.* Rohrzucker *m*, Sacchaˈrose *f*.
sac·ci·form [ˈsæksɪfɔː(r)m] *adj* sackartig, -förmig.
sac·cule [ˈsækjuːl] *s bes. anat.* Säckchen *n*.
sac·er·do·cy [ˈsæsə(r)dəʊsɪ; *Am. a.* ˈsæk-] *s* Priestertum *n*. **ˈsac·er·do·tage** [-tɪdʒ] *s bes. contp.* **1.** Pfaffentum *n*. **2.** Pfaffenstaat *m*. **3.** Pfaffenherrschaft *f*. **ˌsac·erˈdo·tal** *adj* (*adv* **~ly**) **1.** priesterlich, Priester... **2.** durch den Glauben an e-e von Gott berufene Priesterschaft gekennzeichnet. **ˌsac·erˈdo·tal·ism** *s* **1.** Priestertum *n*. **2.** *contp.* Pfaffentum *n*.

sa·chem [ˈseɪtʃəm] *s* **1.** Sachem *m* (*bei nordamer. Indianern*): a) (*a.* Bundes-) Häuptling *m*, b) Mitglied *n* des Rates (*des Irokesenbundes*). **2.** *Am. humor.* ‚großes Tier', *bes. pol.* ‚Parˈteiboß' *m*. **3.** *Am.* Vorstandsmitglied *n* (*der* **Tammany Society**).
sa·chet [ˈsæʃeɪ; *Am.* sæˈʃeɪ] *s* **1.** Duftkissen *n*. **2.** Schamponkissen *n*.
sack¹ [sæk] **I** *s* **1.** Sack *m*. **2.** *colloq.* Laufpaß *m*: **to get the ~** a) ‚fliegen', ‚an die Luft gesetzt (*entlassen*) werden', b) von e-m Mädchen ‚den Laufpaß bekommen'; **to give s.o. the ~** → 8. **3.** Sack (-voll) *m*. **4.** *Am.* (Verpackungs)Beutel *m*, (Paˈpier)Sack *m*, Tüte *f*. **5.** a) ˈUmhang *m*, b) (kurzer) loser Mantel, c) → **sack coat,** d) *hist.* Konˈtusche *f* (*loses Frauen- od. Kinderkleid des 18. Jhs.*), e) → **sack dress. 6.** *sl.* ‚Falle' *f*, ‚Klappe' *f* (*Bett*): **to hit the ~** ‚sich in die Falle *od.* Klappe hauen'. **II** *v/t* **7.** einsacken, in Säcke *od.* Beutel (ab)füllen. **8.** *colloq.* a) j-n ‚an die Luft setzen' (*entlassen*), b) e-m Liebhaber ‚den Laufpaß geben'. **III** *v/i* **9. ~ in** *sl.* ‚sich in die Falle *od.* Klappe hauen'.
sack² [sæk] **I** *v/t* e-e Stadt *etc* (aus)plündern. **II** *s* Plünderung *f*: **to put to ~** → I.
sack³ [sæk] *s obs.* heller Südwein, *bes.* Sherry *m*.
ˈsack·but [ˈsækbʌt] *s mus. hist.* **1.** Poˈsaune *f*. **2.** *Bibl.* (*Art*) Harfe *f*. **ˈ~·cloth** *s* Sackleinen *n*, -leinwand *f*: **to wear ~ and ashes** *fig.* in Sack u. Asche gehen (*Buße tun*). **~ coat** *s Am.* Sakko *m, n*. **~ dress** *s* Sackkleid *n*. **ˈ~·ful** [-fʊl] *s* Sack (-voll) *m*.
sack·ing [ˈsækɪŋ] → **sackcloth**.
sack rac·ing *s* Sackhüpfen *n*.
sacque → **sack¹** 5.
sa·cra [ˈseɪkrə; ˈsæk-] *pl von* **sacrum**.
sa·cral¹ [ˈseɪkrəl; *Am. a.* ˈsæk-] *adj relig.* saˈkral, Sakral...
sa·cral² [ˈseɪkrəl; *Am. a.* ˈsæk-] *anat.* **I** *adj* **1.** saˈkral, Sakral..., Kreuz(bein)... **II** *s* **2.** Kreuz(bein)-, Saˈkralwirbel *m*. **3.** Saˈkralnerv *m*.
sac·ra·ment [ˈsækrəmənt] *s* **1.** *relig.* Sakraˈment *n* (*Gnadenmittel*): **the S~, the ~ (of the altar), the Blessed (*od.* Holy) S~** das Altar(s)sakrament, (*protestantische Kirche*) das (heilige) Abendmahl, *R.C.* das heilige Sakrament, die heilige Kommunion; **the last ~s** die Sterbesakramente; **to administer (receive) the ~** das Abendmahl *od.* die Kommunion spenden (empfangen); **to take the ~** zum Abendmahl *od.* zur Kommunion gehen. **2.** Zeichen *n*, Symˈbol *n* (**of** für). **3.** feierlicher *od.* heiliger Eid. **4.** Myˈsterium *n*. **ˌsac·raˈmen·tal** [-ˈmentl] **I** *adj* (*adv* **~ly**) **1.** sakramenˈtal, Sakraments..., heilig: **~ acts; ~ wine** Meßwein *m*. **2.** *fig.* feierlich, heilig. **3.** symˈbolhaft. **II** *s* **4.** *R.C.* a) heiliger *od.* sakramenˈtaler

Ritus *od.* Gegenstand, b) *pl* Sakramen-'talien *pl.*
sa·crar·i·um [səˈkreərɪəm] *pl* **-i·a** [-rɪə] *s* **1.** *relig.* a) Chor *m*, (ˈHoch)Al₁tarstätte *f*, b) *R.C.* → **piscina** 2. **2.** *antiq.* Heiligtum *n.*
sa·cred [ˈseɪkrɪd] *adj* (*adv* ~ly) **1.** *relig.* heilig, geheiligt, geweiht (**to** *dat*). **2.** geweiht, gewidmet (**to** *dat*): **a place ~ to her memory** ein ihrem Andenken geweihter Ort; **~ to the memory of** (*auf Grabsteinen*) dem Gedenken von ... geweiht. **3.** *fig.* heilig: **~ duty; ~ right** geheiligtes Recht; **to hold s.th. ~** etwas heilighalten. **4.** kirchlich, geistlich, Kirchen...: **~ music; a ~ building** ein Sakralbau; **~ history** a) biblische Geschichte, b) Religionsgeschichte *f*; **~ poetry** geistliche Dichtung. **S~ College** *s R.C.* Heiliges Kolˈlegium, Kardiˈnalskol₁legium *n.* **~ cow** *s fig. colloq.* ˌheilige Kuh', (*der, die, das*) Unantastbare. [lige.
ˈ**sa·cred·ness** *s* Heiligkeit *f*, (*das*) Hei-
sac·ri·fice [ˈsækrɪfaɪs] **I** *s* [*Am. a.* -fəs] **1.** *relig.* a) Opfer *n*, Opferung *f*, b) Kreuzesopfer *n* (Jesu): **S~ of the Mass** Meßopfer. **2.** a) *relig. od. fig.* Opfer *n* (*das Geopferte*), b) *fig.* Opfer *n*, Aufopferung *f*, c) (**of**) Verzicht *m* (auf *acc*), Aufgabe *f* (*gen*): **to make ~s →** 8; **to make a ~ of s.th.** etwas opfern; **to make s.o. a ~** j-m ein Opfer bringen; **at some ~ of accuracy** unter einigem Verzicht auf Genauigkeit; **the great** (*od.* **last) ~** das höchste Opfer, *bes.* der Heldentod. **3.** *econ.* Verlust *m*, Einbuße *f*: **to sell at a ~ →** 6. **II** *v/t* **4.** *relig.* opfern (**to** *dat*). **5.** opfern (*a. Schach*), ˈhin-, aufgeben, verzichten auf (*acc*): **to ~ o.s.** sich (auf-)opfern; **to ~ one's life** sein Leben opfern *od.* hingeben. **6.** *econ.* mit Verlust verkaufen. **III** *v/i* **7.** *relig.* opfern. **8.** *fig.* Opfer bringen.
sac·ri·fi·cial [ˌsækrɪˈfɪʃl] *adj* (*adv* ~ly) **1.** *relig.* Opfer...: **~ knife; ~ lamb; ~ victim** Opfer *n.* 2. aufopferungsvoll.
sac·ri·lege [ˈsækrɪlɪdʒ] *s* Sakriˈleg *n*: a) Kirchen- *od.* Tempelschändung *f*, *bes.* Kirchenraub *m*, b) Entweihung *f*, Schändung *f*, c) *allg.* Frevel *m.* ˌ**sac·ri·leˈgious** [-ˈlɪdʒəs] *adj* (*adv* ~ly) sakriˈlegisch: a) kirchenschänderisch, b) entweihend, c) *allg.* frevlerisch.
sa·cring [ˈseɪkrɪŋ] *s* **1.** Weihung *f* (*der Hostie u. des Weins zur Messe*). **2.** Weihe *f* (*e-s Geistlichen*). **3.** Salbung *f* (*e-s Herrschers*).
sac·ris·tan [ˈsækrɪstən], *a.* **sac·rist** [ˈsækrɪst; ˈseɪk-] *s relig.* Sakriˈstan *m*, Mesner *m*, Küster *m.*
sac·ris·ty [ˈsækrɪstɪ] *s relig.* Sakriˈstei *f.*
sa·cro·lum·bar [ˌseɪkrəʊˈlʌmbə(r); ˌsæk-] *adj anat.* sakrolumˈbal.
sac·ro·sanct [ˈsækrəʊsæŋkt] *adj a. iro.* sakroˈsankt, hochheilig, unantastbar.
sa·crum [ˈseɪkrəm; ˈsæk-] *pl* **-cra** [-krə] *s anat.* Kreuzbein *n*, Sakrum *n.*
sad [sæd] *adj* (*adv* → **sadly**) **1.** (**at**) traurig (über *acc*), betrübt, niedergeschlagen (wegen *gen*): **a ~der and a wiser man** j-d, der durch Schaden klug geworden ist; *it is ~* **but true** traurig, aber wahr. **2.** melanˈcholisch, schwermütig: **~ memories; in ~ earnest** in bitterem Ernst. **3.** beklagenswert, traurig, tragisch: **a ~ accident**; **a ~ duty** e-e traurige Pflicht; **a ~ error** ein bedauerlicher Irrtum; **to say** bedauerlicherweise. **4.** arg, schlimm: **~ havoc; in a ~ state. 5.** *contp.* elend, ˌmiseˈrabel, jämmerlich, arg, ˌfurchtbar': **a ~ coward** ein elender Feigling; **a ~ dog** ein verkommenes Subjekt. **6.** dunkel, matt: **~ colo(u)r. 7.** teigig, klitschig: **~ bread.** ˈ**sad·den** [-dn] **I** *v/t* traurig machen *od.* stimmen, betrüben. **II** *v/i* traurig werden (**at** über *acc*).
sad·dle [ˈsædl] **I** *s* **1.** (*Pferde-, a. Fahrrad- etc*)Sattel *m*: **to be in the ~** im Sattel sitzen, *fig.* im Amt *od.* an der Macht sein; **to be firm in one's ~** *fig.* fest im Sattel sitzen; **to put the ~ on the wrong (right) horse** *fig.* die Schuld dem Falschen (Richtigen) zuschieben. **2.** Rücken *m* (*des Pferdes*). **3.** Rücken(stück *n*) *m* (*beim Schlachtvieh*): **~ of mutton** Hammelrücken. **4.** *orn.* Bürzel *m.* **5.** (Berg-)Sattel *m.* **6.** *tech.* a) Lagerschale *f* (*e-r Achse*), b) *Buchbinderei:* Buchrücken *m*, c) *Schuhmacherei:* Seitenkappen *pl*, d) Querholz *n*, e) Bettschlitten *m*, Supˈport *m* (*an Werkzeugmaschinen*), f) *electr.* Sattelstütze *f* (*an Leitungsmasten*), g) Türschwelle *f.* **II** *v/t* **7.** *das Pferd* satteln: **to ~ up** aufsatteln. **8.** *bes. fig.* a) belasten (**with** mit), b) *e-e Aufgabe etc* aufbürden, -laden, ˌhalsen (**on, upon** *dat*), c) *etwas* zur Last legen (**on, upon** *dat*): **to ~ s.o. with a responsibility**, **to ~ a responsibility upon s.o.** j-m e-e Verantwortung aufbürden *od.* -laden. **III** *v/i* **9.** satteln: **to ~ up** aufsatteln. **10.** aufˈsatteln.
ˈ**sad·dle|-back I** *s* **1.** Bergsattel *m.* **2.** *arch.* Satteldach *n.* **3.** *zo.* Tier mit sattelförmiger Rückenzeichnung, *bes.* a) Nebelkrähe *f*, b) männliche Sattelrobbe, c) Mantelmöwe *f.* **4.** hohlrückiges Pferd. **II** *adj* → **saddlebacked.** '~backed *adj* **1.** hohlrückig (*Pferd etc*). **2.** sattelförmig. **'~bag** *s* Satteltasche *f.* ~ **blan·ket** *s* Woilach *m.* ˈ**~·cloth** *s* Schaˈbracke *f*, Satteldecke *f.* ~ **horse** *s* Reitpferd *n.* ˈ**~·nose** *s* Sattelnase *f.*
ˈ**sad·dler** *s* **1.** Sattler *m.* **2.** → **saddle horse.**
sad·dle roof *s arch.* Satteldach *n.*
sad·dler·y [ˈsædlərɪ] *s* **1.** Sattleˈrei *f.* **2.** Sattelzeug *n.*
ˈ**sad·dle-sore** *adj*: **to be ~** a) sich wund gerieben haben, b) *Radsport:* Sitzbeschwerden haben.
Sad·du·ce·an [ˌsædjʊˈsiːən; *Am.* -dʒə-] **I** *adj* sadduˈzäisch. **II** *s* → **Sadducee.**
ˈ**Sad·du·cee** [-siː] *s* Sadduˈzäer *m.*
sad·ism [ˈseɪdɪzəm; ˈsæd-; *Am.* ˈsɑːd-] *s psych.* Saˈdismus *m.* ˈ**sad·ist** *s* Saˈdist(in). **sa·dis·tic** [səˈdɪstɪk] *adj* (*adv* ~ally) saˈdistisch.
sad·ly [ˈsædlɪ] *adv* **1.** traurig, betrübt. **2.** unglücklicher-, bedauerlicherweise, leider. **3.** arg, äußerst: **he will be ~ missed by all of us** er wird uns allen sehr fehlen, wir werden ihn alle schmerzlich vermissen.
sad·ness [ˈsædnɪs] *s* Traurigkeit *f.*
sa·do·mas·och·ism [ˌseɪdəʊˈmæsəkɪzəm; ˌsæd-] *s psych.* Sadomasoˈchismus *m.* ˈ**sa·do₁mas·och·is·tic** *adj* (*adv* ~ally) *adj* sadomasoˈchistisch.
sad sack *s Am. sl.* **1.** *mil.* ˌKompaˈnietrottel' *m.* ˌˈFlasche' *f*, Trottel *m.*
sa·fa·ri [səˈfɑːrɪ] *s* Saˈfari *f*: **on ~** auf Safari; **~ park** Safaripark *m.*
safe [seɪf] *adj* (*adv* → **safely**) **1.** sicher (**from** vor *dat*): **a place** ein sicherer Ort; **to keep s.th. ~** etwas sicher aufbewahren; **you are ~ with him** bei ihm bist du sicher aufgehoben; **better to be ~ than sorry** Vorsicht ist die ‚Mutter der Weisheit' *od.* der Porzellankiste'. **2.** sicher, unversehrt, außer Gefahr (*a. Patient*): **he has ~ly arrived** er ist gut angekommen; **he arrived ~ and sound** er kam heil u. gesund an. **3.** sicher, ungefährlich, gefahrlos: **~** (**to operate**) *tech.* betriebssicher; **~ current** maximal zulässiger Strom; **~ period** *physiol.* (*die*) unfruchtbaren Tage (*der Frau*); **~ stress** *tech.* zulässige Beanspruchung; **the rope is ~** das Seil hält; **is it ~ to go there?** kann man da ungefährdet *od.* gefahrlos hingehen?; **in ~ custody →** 7; (**as**) **~ as houses** *colloq.* absolut sicher; **it is ~ to say** man kann ruhig sagen; **it is ~ to assume** man kann ohne weiteres *od.* getrost annehmen; **to be on the ~ side** (*Redew.*) um ganz sicher zu gehen; → **play** 16 *u.* 23. **4.** vorsichtig: **a ~ estimate** (**policy**, *etc*). **5.** sicher, zuverlässig: **a ~ leader** (**method**, *etc*). **6.** sicher, vorˈaussichtlich: **a ~ winner**; **he is ~ to be there** er wird sicher dasein. **7.** in sicherem Gewahrsam (*a. Gangster etc*). **II** *s* **8.** Safe *m*, Treˈsor *m*, Geldschrank *m.* **9.** → **meat safe.**
ˈ**safe|₁blow·er**, ˈ**~·break·er** → **safecracker.** ~**·conˈduct** *s* **1.** Geleitbrief *m.* **2.** freies *od.* sicheres Geleit. ˈ**~·crack·er** *s* Geldschrankknacker *m.* ~ **de·pos·it** *s* Treˈsor(fach *n*) *m*, Safe *m.* ˈ**~·de·pos·it box** *s* Treˈsor(fach *n*) *m*, Safe *m.* ˈ**~·guard I** *s* **1.** Sicherung *f*: a) *allg.* Schutz *m* (**against** gegen, vor *dat*), b) Vorsichtsmaßnahme *f* (**against** gegen), c) Sicherheitsklausel *f*, d) *tech.* Schutzvorrichtung *f.* **2.** *obs.* a) Geleit-, Schutzbrief *m*, b) sicheres Geleit. **3.** Schutzwache *f.* **II** *v/t* **4.** schützen, sichern (**against** gegen, vor *dat*): **~ing duty** *econ.* Schutzzoll *m*; → **interest** 7. ~ **house** *s Br.* (*etwa*) konspiraˈtive Wohnung. ~**·ˈkeep·ing** *s* sicherer Gewahrsam, sichere Verwahrung: **it's in ~ with him** bei ihm ist es gut aufgehoben. ˈ**~·light** *s phot.* **1.** Dunkelkammerlampe *f.* **2.** Schutzfilter *m, n* (*von* 1).
ˈ**safe·ness** → **safety** 1-3.
safe·ty [ˈseɪftɪ] **I** *s* **1.** Sicherheit *f*: **to be in ~**; **to jump to ~** sich durch e-n Sprung in Sicherheit bringen. **2.** Sicherheit *f*, Gefahrlosigkeit *f*: **~** (**of operation**) *tech.* Betriebssicherheit; **~ in flight** *aer.* Flugsicherheit; **~ on the road** Verkehrssicherheit; **we cannot do it with ~** wir können es nicht ohne Gefahr tun; **there is ~ in numbers** zu mehreren ist man sicherer; **to play for ~** a) sichergehen (wollen), Risiken vermeiden, b) *sport* auf Sicherheit spielen; **~ first!** Sicherheit über alles!; **~ first scheme** Unfallverhütungsprogramm *n.* **3.** Sicherheit *f*, Zuverlässigkeit *f*, Verläßlichkeit *f* (*e-s Mechanismus, Verfahrens etc*). **4.** Sicherung *f*, Schutz *m* (**against** gegen, vor *dat*). **5.** Schutz-, Sicherheitsvorrichtung *f*, Sicherung *f.* **6.** Sicherung(sflügel *m*) *f* (*am Gewehr etc*): **at ~** gesichert. **7.** *American Football:* a) Sicherheits-Touchdown *n* (*durch e-n Spieler hinter s-r eigenen Torlinie*; *zählt 2 Punkte*), b) **a. ~ man** ‚Ausputzer' *m*, zuˈrückgezogener Verteidiger. **II** *adj* **8.** Sicherheits...: **~ chain; ~ de·vice →** 5.
safe·ty| **belt** *s* **1.** Sicherheitsgürtel *m.* **2.** *aer. mot. etc* Sicherheitsgurt *m*: **to wear a ~** angegurtet *od.* angeschnallt sein. ~ **bind·ing** *s* Sicherheitsbindung *f* (*am Ski*). ~ **bolt** *s tech.* **1.** Sicherheitsriegel *m.* **2.** Sicherungsbolzen *m* (*am Gewehr*). ~ **buoy** *s mar.* Rettungsboje *f.* ~ **catch** *s tech.* **1.** Sicherung *f* (*an Aufzügen etc*). **2.** Sicherheitsriegel *m.* **3.** Sicherungsflügel *m* (*am Gewehr etc*): **to release the ~** entsichern. ~ **clause** *s* Sicherheitsklausel *f.* ~ **cur·tain** *s thea.* eiserner Vorhang. ~ **fac·tor** *s tech.* Sicherheitsfaktor *m.* ~ **film** *s* Sicherheitsfilm *m*, nichtentzündlicher Film. ~ **fund** *s econ.* Sicherheitsfonds *m* (*bei Banken*). ~ **fuse** *s* **1.** *tech.* Sicherheitszünder *m*, -zündschnur *f.* **2.** *electr.* a) (Schmelz-)Sicherung *f*, b) Sicherheitsausschalter *m.* ~ **glass** *s tech.* Sicherheitsglas *n.* ~ **is·land** *s Am.* Verkehrsinsel *f.* ~ **lamp** *s Bergbau:* Gruben-, Sicherheitslampe *f.* ~

lock *s tech.* Sicherheitsschloß *n.* ~ **match** *s* Sicherheitszündholz *n.* ~ **meas·ure** *s* Sicherheitsmaßnahme *f,* -vorkehrung *f.* ~ **net** *s (a. fig. soziales)* (Sicherheits)Netz *n.* ~ **pin** *s* Sicherheitsnadel *f.* ~ **pro·vi·sions** *s pl* Sicherheitsvorkehrungen *pl.* ~ **ra·zor** *s* Ra'sierappa,rat *m.* ~ **rules** *s pl* Sicherheits-, Unfallverhütungsvorschriften *pl.* ~ **sheet** *s* Sprungtuch *n (der Feuerwehr).* ~ **stop** *s tech.* selbsttätige Hemmung. ~ **switch** *s electr.* Sicherheitsschalter *m.* ~ **valve** *s* 1. *tech.* 'Überdruck-, 'Sicherheitsven,til *n.* 2. *fig.* Ven'til *n* (for für): **to sit on the** ~ Unterdrückungspolitik betreiben. ~ **zone** *s Am.* Verkehrsinsel *f.*
saf·fi·an ['sæfɪən] *s* Saffian(leder *n*) *m.*
saf·flow·er ['sæflaʊə(r)] *s* 1. *bot.* Sa'flor *m,* Färberdistel *f.* 2. *pharm. tech.* getrocknete Sa'florblüten *pl:* ~ **oil** Saflöröl *n.* 3. Sa'florfarbstoff *m.*
saf·fron ['sæfrən] **I** *s* 1. *bot.* Echter Safran. 2. *pharm. u. gastr.* Safran *m.* 3. Safrangelb *n.* **II** *adj* 4. Safran... 5. safrangelb.
sag [sæg] **I** *v/i* 1. sich *(bes. in der Mitte)* senken, 'durch-, absacken, *bes. tech.* 'durchhängen *(Brücke, Leitung, Seil etc).* 2. abfallen, (her'ab)hängen: ~*ging* **shoulders** Hängeschultern. 3. sinken, fallen, absacken, nachlassen *(alle a. fig.), econ.* nachgeben *(Markt, Preise etc):* ~*ging* **spirits** sinkender Mut; **the novel** ~**s towards the end** der Roman fällt gegen Ende sehr ab. 4. zs.-sacken: **his face** ~**ged** sein Gesicht verfiel. 5. *mar. (meist* ~ **to leeward** nach Lee) (ab)treiben. 6. ver-, zerlaufen *(Lack, Farbe etc).* **II** *s* 7. 'Durch-, Absacken *n.* 8. Senkung *f.* 9. *tech.* 'Durchhang *m.* 10. *econ.* vor'übergehende Preisabschwächung. 11. Sinken *n,* Nachlassen *n (a. fig.).*
sa·ga ['sɑːgə] *s* 1. *(altnordische)* Saga. 2. Sage *f,* (Helden)Erzählung *f.* 3. *a.* ~ **novel** *fig.* Fa'milienro,man *m.*
sa·ga·cious [sə'geɪʃəs] *adj (adv* ~**ly**) scharfsinnig, klug *(a. Tier).* **sa'gac·i·ty** [-'gæsətɪ] *s* Scharfsinn *m,* Klugheit *f.*
sage¹ [seɪdʒ] **I** *s* Weise(r) *m:* **the Seven S~s of Greece; S~ of Chelsea** *Beiname von Thomas Carlyle;* **S~ of Concord** *Beiname von Ralph Waldo Emerson;* **S~ of Monticello** *Beiname von Thomas Jefferson.* **II** *adj (adv* ~**ly**) weise, klug, verständig.
sage² [seɪdʒ] *s bot.* Salbei *m, f:* ~ **tea.**
'**sage|·brush** *s bot. (ein)* nordamer. Beifuß *m.* ~ **green** *s* Salbeigrün *n.*
sag·gar, *a.* **sag·ger** ['sægə(r)] *s* Keramik: Muffel *f,* Brennkapsel *f.*
Sa·git·ta [sə'dʒɪtə] *s* 1. *[Br. bes.* sə'gɪtə] *astr.* Sa'gitta *f,* Pfeil *m (Sternbild).* 2. **s~** *zo.* Sa'gitta *f,* Pfeilwurm *m.* 3. **s~** *math.* Pfeilhöhe *f.* **sag·it·tal** ['sædʒɪtl] *adj* sa'git'tal *(bes. biol. med. phys.),* pfeilartig, Pfeil...
Sag·it·tar·i·us [,sædʒɪ'teərɪəs] *s astr.* Sagit'tarius *m,* Schütze *m (Sternbild u. Tierkreiszeichen):* **to be (a)** ~ Schütze sein. [förmig.]
sag·it·tate ['sædʒɪteɪt] *adj bes. bot.* pfeil-
sa·go ['seɪɡəʊ] *s* Sago *m.* ~ **palm** *s bot.* Sagopalme *f.*
Sa·ha·ra [sə'hɑːrə; *Am. bes.* sə'hærə] **I** *npr* Sahara *f.* **II** *s fig.* Wüste *f.*
sa·hib [sɑːb; 'sɑːhɪb; 'sɑːɪb] *s* 1. Sahib *m,* Herr *m.* 2. *fig.* feiner Herr, Gentleman *m.*
said [sed] **I** *pret u. pp von* say¹: **he is** ~ **to have been ill** er soll krank gewesen sein; es heißt, er sei krank gewesen. **II** *adj bes. jur.* vorerwähnt, besagt: ~ **witness.**
sai·ga ['saɪɡə] *s zo.* Saiga *f,* 'Steppenanti,lope *f.*
sail [seɪl] **I** *s* 1. *mar.* a) Segel *n,* b) *collect.*

Segel(werk *n*) *pl:* **to lower** *(od.* **strike)** ~ die Segel streichen *(a. fig.);* **to make** ~ a) die Segel (bei)setzen, b) mehr Segel beisetzen, c) *a.* **to set** ~ auslaufen **(for** nach); **to take in** ~ a) die Segel einholen, b) *fig.* ,zurückstecken'; **under** ~ unter Segel, auf der Fahrt; **under full** ~ mit vollen Segeln. 2. *mar.* (Segel)Schiff *n:* ~ **ho!** Schiff ho! *(in Sicht).* 3. *mar.* (Segel)Schiff *n:* **a fleet of 24** ~. 4. (Segel)Fahrt *f:* **to have a** ~ segeln (gehen). 5. *pl mar. (Spitzname für den)* Segelmacher. 6. a) Segel *n (e-s Windmühlenflügels),* b) Flügel *m (e-r Windmühle).* 7. *hunt. u. poet.* Flügel *m.* 8. *zo.* a) Segel *n (Rückenflosse der Seglerfische),* b) Ten'takel *m (e-s Nautilus).*
II *v/i* 9. *mar.* a) *allg.* mit e-m Schiff *od.* zu Schiff fahren *od.* reisen, b) fahren *(Schiff),* c) *bes. sport* segeln. 10. *mar.* a) auslaufen *(Schiff),* b) abfahren, absegeln **(from** von; **for** *od.* **to** nach): **ready to** ~ segelfertig, klar zum Auslaufen. 11. a) *a.* ~ **along** *fig.* da'hingleiten, -schweben, segeln *(Wolke, Vogel),* b) **to** ~ **through an examination** e-e Prüfung spielend schaffen. 12. *fig.* fliegen *(Luftschiff, Vogel).* 13. *fig. (bes. stolz)* schweben, rauschen, segeln, schreiten: **she** ~**ed down the corridor.** 14. ~ **in** *colloq.* a) ,rangehen', zupacken, b) sich *(in e-e Diskussion etc)* einschalten. 15. ~ **into** *colloq.* a) *j-n od. etwas* attac'kieren, 'herfallen über *(acc),* b) ,rangehen' an *(acc), etwas* tüchtig anpacken, c) sich *in e-e Diskussion etc* einschalten.
III *v/t* 16. *mar.* durch'segeln, befahren. 17. *mar.* a) *allg.* das *Schiff* steuern, b) *ein Segelboot* segeln. 18. *poet.* durch *die Luft* schweben.
sail·a·ble ['seɪləbl] *adj mar.* 1. schiffbar, befahrbar. 2. segelfertig.
'**sail|·boat** *s Am.* Segelboot *n.* '~**cloth** *s mar.* Segeltuch *n.*
'**sail·er** *s mar.* Segler *m (Schiff).*
'**sail·ing I** *s* 1. *mar.* (Segel)Schiffahrt *f,* Navigati'on *f:* **plain** ~ *(od.* **smooth)** ~ *fig.* ,klare *od.* glatte Sache'; **from now on it's all plain** ~ von jetzt an geht alles glatt (über die Bühne). 2. Segelsport *m,* Segeln *n.* 3. Abfahrt *f* (**for** nach). **II** *adj* 4. Segel... ~ **boat** *s bes. Br.* Segelboot *n.* ~ **mas·ter** *s mar.* Navi'gator *m.* ~ **or·ders** *s pl mar.* 1. Fahrtauftrag *m.* 2. Befehl *m* zum Auslaufen. ~ **school** *s sport* Segelschule *f.* ~ **ship,** ~ **ves·sel** *s* Segelschiff *n.* ~ **yacht** *s* Segeljacht *f.*
sail loft *s mar.* Segelmacherwerkstatt *f (an Bord).*
sail·or ['seɪlə(r)] *s* 1. Ma'trose *m,* Seemann *m:* ~ **collar** Matrosenkragen *m;* ~ **hat** → 3; ~ **suit** → 4; ~'**s-choice** *ichth.* Seemanns Bester *m;* ~'**s home** Seemannsheim *n;* ~'**s knot** Schifferknoten *m.* 2. *von Seereisenden:* **to be a good** ~ seefest sein; **to be a bad** ~ leicht seekrank werden. 3. Ma'trosenhut *m (für Kinder etc).* 4. Ma'trosenanzug *m.* '**sail·or·man** [-mæn] *s irr colloq. für* sailor 1.
'**sail|·plane I** *s* Segelflugzeug *n.* **II** *v/i* segelfliegen. ~ **yard** *s mar.* Segelstange *f,* Rah *f.*
sain [seɪn] *v/t obs. od. dial.* 1. bekreuzigen. 2. durch Gebet schützen (**from** *vor dat).* [sette *f.*)
sain·foin ['sænfɔɪn; 'seɪn-] *s bot.* Espar-
saint [seɪnt] **I** *s* 1. *(vor Eigennamen* S~, *meist abgekürzt St od.* S. [snt; sənt; *Am. a.* seɪnt], *pl* Sts *od.* SS. [seɪnts; sənts]) *relig. (a. fig. u. iro.)* Heilige(r) *m, f:* **St Peter** Sankt Petrus, der heilige Petrus; **patience of a** ~ Engelsgeduld *f;* **it is enough to provoke** *(od.* **to try the patience of) a** ~ es könnte sogar e-n Heiligen verrückt machen; **to lead the life of a** ~ → 5 a; **young** ~**s old sinners**

Jugend sollte sich austoben; ~ **on wheels** *iro. (ein)* ,ganz Heiliger'. 2. *relig.* Selige(r *m*) *f.* **II** *v/t* 3. heiligsprechen. 4. heiligen. **III** *v/i meist* ~ **it** 5. a) wie ein Heiliger leben, b) den Heiligen spielen.
Saint An·drew ['ændruː] *npr* der heilige An'dreas *(Apostel; Schutzheiliger Schottlands).* **St An·drew's cross** *s* An'dreaskreuz *n.* **Saint An·drew's Day** *s* An'dreastag *m (der 30. November).*
St An·tho·ny's fire ['æntənɪz; *Am.* -θə-] *s med.* a) Wundrose *f,* b) Gan'grän *n,* c) Ergo'tismus *m.*
St Bar·thol·o·mew [bɑː(r)'θɒləmjuː; *Am.* -'θɑl-] *npr* der heilige Bartho'läus: **the massacre of** ~ die Bartholomäusnacht *(in Paris am 24. August 1572).*
Saint Ber·nard (dog) ['bɜːnəd; *Am.* 'bɜrnərd] *s* Bernhar'diner *m (Hund).*
Saint Da·vid ['deɪvɪd] *npr* der heilige David *(Schutzheiliger von Wales).*
'**saint·ed** ['seɪntɪd] *adj* 1. *bes. relig.* heilig (-gesprochen). 2. heilig, fromm. 3. anbetungswürdig. 4. geheiligt, geweiht *(Ort).* 5. selig *(Verstorbene).*
St El·mo's fire ['elməʊz] *s meteor.* Elmsfeuer *n.*
Saint George [dʒɔː(r)dʒ] → George 1.
'**saint·hood** *s* 1. (Stand *m* der) Heiligkeit *f (a. iro.).* 2. *collect. (die)* Heiligen *pl.*
St James's ['dʒeɪmzɪz] *s a.* **the Court of** ~ *(od.* **St James)** *fig.* der britische Hof. ~ **Pal·ace** *s* ein Schloß in London *(von 1697 bis 1837 Residenz der brit. Könige).*
Saint John of Je·ru·sa·lem [dʒɒn; *Am.* dʒɑn] *s* Johan'niterorden *m.*
St-John's-wort [snt'dʒɒnzwɜːt; *Am.* sənt'dʒɑnz,wɜrt] *s bot.* Jo'hanniskraut *n.*
St Leg·er ['ledʒə(r)] *s* Saint Leger *n (e-e der wichtigsten Zuchtprüfungen für dreijährige Pferde).*
'**saint·like** ['seɪntlaɪk] → saintly.
'**saint·li·ness** ['seɪntlɪnɪs] *s* Heiligmäßigkeit *f,* Heiligkeit *f (a. iro.).*
St Luke's sum·mer [luːks] *s* Altweibersommer *m.*
'**saint·ly** ['seɪntlɪ] *adj* 1. heilig, fromm. 2. heiligmäßig: **a** ~ **life.**
St Mar·tin's sum·mer ['mɑː(r)tɪnz] *s* später Nachsommer *(im November).*
Saint Pat·rick ['pætrɪk] *npr* der heilige Patrick *(Schutzheiliger Irlands).* **Saint Pat·rick's Day** *s* Tag *m* des heiligen Patrick *(der 17. März).*
St Paul's [pɔːlz] *s* die 'Paulskathe,drale *(in London).*
St Pe·ter's Chair ['piːtə(r)z] *s fig.* der Stuhl Petri, der Heilige Stuhl. **St Pe·ter's (Church)** *s* die Peterskirche *(in Rom).*
Saint So·phi·a [səʊ'faɪə; sə'f-] *s* die Hagia So'phia.
St Ste·phen's ['stiːvnz] *s Br. fig.* das Parla'ment *(nach der St Stephen's Chapel in Westminster).*
Saint Val·en·tine's Day ['væləntaɪnz] *s* Valentinstag *m.*
Saint Vi·tus's dance ['vaɪtəsɪz] *s med.* Veitstanz *m.*
saith [seθ] *obs. od. poet. 3. sg pres von* say¹.
sake¹ [seɪk] *s:* **for the** ~ **of** um ... *(gen)* willen, *j-m* zu'liebe, wegen *(gen),* halber *(gen);* **for God's** *(heaven's)* ~ um Gottes (Himmels) willen; **for peace('s)** ~ um des lieben Friedens willen; **for his** ~ ihm zuliebe, seinetwegen; **for my own** ~ **as well as yours** um meinetwillen ebenso wie um deinetwillen; **for safety's** ~ sicherheitshalber; **for old times'** ~, **for old** ~**'s** ~ eingedenk alter Zeiten; **for appearances'** ~ um den Schein zu wahren; **for con·venience's** ~ der Einfachheit halber, aus Bequemlichkeitsgründen; **art for art's** ~ Kunst *f* als Selbstzweck, L'art pour l'art *n.*

sa·ke² ['sɑːkɪ] s Sake m, Reiswein m.
sa·ker ['seɪkə(r)] s orn. Würgfalke m.
sa·ki ['sɑːkɪ] s zo. Saki m, Schweifaffe m.
sal¹ [sæl] s chem. pharm. Salz n: ~ **am·mo·ni·ac** Salmiaksalz.
sal² [sɑːl] s **1.** bot. Sal-, Saulbaum m. **2.** Sal n, Saul m, Surreyn n (Holz von 1).
sa·laam [səˈlɑːm] **I** s Selam m, Salem m (orientalischer Gruß). **II** v/t u. v/i mit e-m Selam od. e-r tiefen Verbeugung (be-)grüßen.
sal·a·bil·i·ty, bes. Br. **sale·a·bil·i·ty** [ˌseɪləˈbɪlətɪ] s econ. **1.** Verkäuflichkeit f. **2.** econ. Marktfähigkeit f, Gangbarkeit f. **'sal·a·ble**, bes. Br. **'sale·a·ble** adj **1.** verkäuflich. **2.** econ. marktfähig, gängig.
sa·la·cious [səˈleɪʃəs] adj (adv ~ly) **1.** geil, wollüstig. **2.** obˈszön, zotig. **saˈla·cious·ness**, a. **saˈlac·i·ty** [-ˈlæsətɪ] s **1.** Geilheit f, Wollust f. **2.** Obszoniˈtät f.
sal·ad ['sæləd] s **1.** Saˈlat m. **2.** bot. Saˈlat (-gewächs n, -pflanze f) m, bes. Am. ˈGartenˌsalat m. **3.** fig. „Saˈlat" m (Durcheinander). ~ **days** s pl: in my ~ als ich noch jung u. unbekümmert war. ~ **dish** s Saˈlatschüssel f. ~ **draw·er** s Gemüseschale f (im Kühlschrank). ~ **dress·ing** s Saˈlatsoße f. ~ **oil** s Saˈlatöl n. ~ **serv·ers** s pl Saˈlatbesteck n.
sal·a·man·der ['sæləˌmændə(r)] s **1.** zo. Salaˈmander m. **2.** Salaˈmander m (Feuergeist). **3.** j-d, der große Hitze ertragen kann. **4.** a) rotglühendes (Schür)Eisen (zum Anzünden), b) tech. (Bau)Ofen zur Verhinderung des Einfrierens von Zement etc, c) glühende (Eisen)Schaufel, die über Gebäck gehalten wird, um es zu bräunen. **5.** metall. Ofensau f. **ˌsal·aˈman·drine** [-drɪn] adj salaˈmanderartig, Salamander...
sa·la·mi [səˈlɑːmɪ] s Saˈlami f. ~ **tac·tics** s pl bes. pol. Saˈlamitaktik f.
sa·lar·i·at [səˈleərɪət] s (Klasse f der) Angestellte(n) pl od. Gehaltsempfänger pl.
sal·a·ried ['sælərɪd] adj **1.** (fest)bezahlt, (fest)angestellt: ~ **employee** Angestellte(r m) f, Gehaltsempfänger(in). **2.** bezahlt: **a ~ position**.
sal·a·ry ['sælərɪ] **I** s Gehalt n. **II** v/t (mit e-m Gehalt) bezahlen, j-m ein Gehalt zahlen. ~ **ac·count** s Gehaltskonto n. ~ **earn·er** s Angestellte(r m) f, Gehaltsempfänger(in).
sale [seɪl] s **1.** econ. Verkauf m, Veräußerung f: **by private ~** unter der Hand; **for ~** zu verkaufen; **not for ~** unverkäuflich; **to be on ~** verkauft werden, erhältlich sein; ~ **of work** Basar m; → **forced** 1. **2.** econ. Verkauf m, Vertrieb m: → **return** 30. **3.** econ. Ab-, ˈUmsatz m, Verkaufsziffer f: **slow ~** schleppender Absatz; **to meet with a ready ~** schnellen Absatz finden, gut „gehen". **4.** econ. (Saiˈson)Schlußverkauf m: **summer ~(s)** Sommerschlußverkauf. **5.** öffentliche Versteigerung, Auktiˈon f: → **put up** 20. **ˌsale·aˈbil·i·ty**, **'sale·a·ble** bes. Br. für salability, salable.
sal·e·ra·tus [ˌsæləˈreɪtəs] s chem. Natriumˈbikarboˌnat n.
'sale·room bes. Br. für salesroom.
sales| ac·count [seɪlz] s econ. Warenausgangs-, Verkaufskonto n. ~ **a·gent** s (Handels)Vertreter m. ~ **ap·peal** s econ. Zugkraft f, Anziehungskraft f auf Kunden. ~ **a·re·a** s Verkaufs-, Absatzgebiet n. ~ **chart** s Verˈkaufsschaubild n, -ˌtabelle f, -kurve f. ~ **check** s Kassenbeleg m. ˈ~ˌ**clerk** s Am. (Laden)Verkäufer(in). ~ **de·part·ment** s Verˈkauf(sabˌteilung f) m. ~ **drive** s econ. Verˈkaufskamˌpagne f. ~ **en·gi·neer** s econ. tech. Verˈkaufsinˌgenieur m. ~ **fi·nance com·pa·ny** s econ. **1.** ˈAbsatzfinanˌzierungsgesellschaft f. **2.** ˈTeilzahlungskreˌditinstiˌtut n. ˈ~ˌ**girl** s (Laden)Verkäuferin. ˈ~ˌ**la·dy** Am. → saleswoman. ˈ~**man** [-mən] s irr **1.** Verkäufer m. **2.** (Handlungs)Reisende(r) m, (Handels)Vertreter m: **no ~ will call** (in Anzeigen) kein Vertreterbesuch. **3.** fig. Am. Reisende(r) m (**of** in dat): **a ~ of popular religion**.
sales·man·ship ['seɪlzmənʃɪp] s econ. **1.** Verkaufstechnik f. **2.** Verkaufsgewandtheit f, Geschäftstüchtigkeit f. **3.** fig. Überˈzeugungskunst f; wirkungsvolle Art, e-e Idee etc ˈan den Mann zu bringen'.
'sales|ˌpeo·ple s pl econ. Verˈkaufspersoˌnal n. ˈ~**per·son** s Verkäufer(in). ~ **pro·mo·tion** s Verkaufsförderung f. ~ **rep·re·sent·a·tive** s (Handels)Vertreter m, (Handlungs)Reisende(r) m. ~ **re·sist·ance** s Kaufabneigung f, ˈWiderstand m (des potentiellen Kunden). ˈ~**room** s Verˈkaufs-, bes. Aukti'onsraum m, -loˌkal n. ~ **slip** s Am. Kassenbeleg m. ~ **talk** s **1.** econ. Verkaufsgespräch n. **2.** fig. anpreisende Worte pl, Überˈredungskünste pl. ~ **tax** s Am. ˈUmsatzˌsteuer f. ˈ~ˌ**wom·an** s irr **1.** Verkäuferin f. **2.** (Handlungs)Reisende f, (Handels-)Vertreterin f.
Sa·li·an ['seɪljən; -ɪən] hist. **I** s Salier(in), salischer Franke. **II** adj salisch.
Sal·ic¹ ['sælɪk; 'seɪ-] adj → Salian **II**: ~ **law** hist. Salisches Gesetz, Lex f salica.
sal·ic² ['sælɪk; 'seɪ-] adj min. salisch.
sal·i·cin(e) ['sælɪsɪn] s chem. Saliˈzin n.
sa·lic·io·nal [səˈlɪʃənl] s mus. Saliciˈonal n (dem Streicherklang ähnliches Orgelregister).
sal·i·cyl ['sælɪsɪl] s chem. Saliˈzyl n. **sa·lic·y·late** [sæˈlɪsɪleɪt; bes. Am. səˈl-] **I** s chem. Salizyˈlat n. **II** v/t mit Saliˈzylsäure behandeln. **sal·i·cyl·ic** [ˌsælɪˈsɪlɪk] adj chem. Salizyl...: ~ **acid**.
sa·li·ence ['seɪljəns], **'sa·li·en·cy** [-sɪ] s **1.** Herˈvorspringen n, Herˈausragen n. **2.** vorspringende Stelle, Vorsprung m. **3.** fig. Betonung f: **to give ~ to s.th.** etwas herausstellen.
sa·li·ent ['seɪljənt] **I** adj (adv ~ly) **1.** (her)ˈvorspringend, herˈausragend: ~ **angle** ausspringender Winkel; ~ **point** fig. springender Punkt. **2.** fig. herˈvorstechend, ins Auge springend: ~ **char·ac·ter·is·tics**. **3.** her. eq. humor. springend. **4.** poet. (her)ˈvor)sprudelnd. **II** s **5.** math. mil. vorspringender Winkel (e-r Verteidigungslinie etc), mil. Frontausbuchtung f.
sa·lif·er·ous [sæˈlɪfərəs] adj **1.** salzbildend. **2.** bes. geol. salzhaltig. **sal·i·fi·a·ble** ['sælɪfaɪəbl] adj chem. salzbildend. **'sal·i·fy** [-faɪ] v/t chem. **1.** ein Salz od. Salze bilden mit. **2.** e-e Säure od. Base in das Salz überˈführen.
sa·lim·e·ter [sæˈlɪmɪtə(r); Am. seɪˈl-] → salinometer.
sa·li·na [səˈlaɪnə] s Salzsee m od. -sumpf m od. -quelle f.
sa·line ['seɪlaɪn; Am. a. -ˌliːn] **I** adj **1.** salzig, salzhaltig, Salz... **2.** pharm. saˈlinisch. **II** s [Br. səˈlaɪn] **3.** → salina. **4.** a) saˈlinisches Mittel, b) physioˈlogische Kochsalzlösung. **5.** chem. a) Salzlösung f, b) pl Salze pl. **sa·lin·i·ty** [səˈlɪnətɪ] s **1.** Salzigkeit f. **2.** Salzhaltigkeit f, Salzgehalt m.
sal·i·nom·e·ter [ˌsælɪˈnɒmɪtə(r); Am. -ˈnɑm-] s chem. tech. Salz(gehalt)messer m, Salzwaage f.
Sa·lique ['sælɪk; 'seɪ-] → Salic¹.
sa·li·va [səˈlaɪvə] s Speichel(flüssigkeit f) m.

sal·i·var·y ['sælɪvərɪ; Am. -ˌverɪ:] adj Speichel...: ~ **gland**.
sal·i·vate ['sælɪveɪt] med. **I** v/t **1.** (vermehrten) Speichelfluß herˈvorrufen bei j-m. **II** v/i **2.** Speichelfluß haben. **3.** Speichel absondern. **ˌsal·i·ˈva·tion** s med. **1.** Speichelabsonderung f. **2.** (vermehrter) Speichelfluß.
sal·low¹ ['sæləʊ] s bot. (bes. Sal-)Weide f.
sal·low² ['sæləʊ] adj bläßlich, fahl. **'sal·low·ness** s Fahlheit f, fahle Blässe.
'sal·low thorn s bot. Sanddorn m.
sal·ly ['sælɪ] **1.** mil. Ausfall m: ~ **port** Ausfalltor n. **2.** Ausflug m, Abstecher m. **3.** fig. geistreicher Ausspruch od. Einfall, Geistesblitz m. **4.** fig. Ausbruch m: ~ **of anger** Zornesausbruch. **5.** obs. Eskaˈpade f, Streich m. **6.** arch. (Balken)Vorsprung m. **II** v/i **7.** oft ~ **out** mil. e-n Ausfall machen, herˈvorbrechen. **8.** meist ~ **forth** (od. **out**) sich aufmachen, aufbrechen.
Sal·ly| Ar·my ['sælɪ] s Br. colloq. ˈHeilsˌarˌmee f. ~ **Lunn** [lʌn] s leichter Teekuchen.
sal·ma·gun·di [ˌsælməˈɡʌndɪ] s **1.** bunter Teller (Salat, kalter Braten etc). **2.** fig. Mischung f, Mischmasch m.
sal·mi ['sælmɪ] s Salmi n, ˈWildraˌgout n.
salm·on ['sæmən] **I** s **1.** pl **-ons**, bes. collect. **-on** ichth. Lachs m, Salm m. **2.** a. ~ **co·lo(u)r** Lachs(farbe f) n. **II** adj **3.** a. ~**co·lo(u)red** lachsfarben, -rosa, -rot.
sal·mo·nel·la [ˌsælməˈnelə] pl **-lae** [-liː] s biol. Salmoˈnelle f.
salm·on| lad·der, ~ **leap**, ~ **pass** s Lachsleiter f. ~ **peal**, ~ **peel** s junger Lachs. ~ **pink** → salmon 2. ~ **stair** → salmon ladder. ~ **trout** s ichth. **1.** ˈLachsforˌelle f. **2.** amer. ˈSeefoˌrelle f.
sa·lon ['sæləʊ; Am. səˈlɒn] s: 'Saˈlon m: a) Empfangs-, Gesellschaftszimmer n, b) Ausstellungsraum m, c) fig. schöngeistiger Treffpunkt, d) vornehmes Geschäft: **beau·ty ~** Schönheits-, Kosmetiksalon. ~ **mu·sic** s Saˈlonmuˌsik f.
sa·loon [səˈluːn] s **1.** Saˈlon m (bes. in Hotels etc), (Gesellschafts)Saal m: **bil·liard ~** Br. Billardzimmer n; **shav·ing ~** Rasiersalon; **shoot·ing ~** Br. Schießhalle f. **2.** aer. mar. s. **1.** Saˈlon m (Aufenthaltsraum), b) a. ~ **cab·in** mar. Kaˈbine f erster Klasse. **3.** Br. a) → **saloon bar**, b) → **saloon car** 1, c) rail. Saˈlonwagen m. **4.** Am. Kneipe f. **5.** Empfangs-, Gesellschaftszimmer n. ~ **bar** s Br. vornehmerer u. teurerer Teil e-s Lokals. ~ **car** s Br. **1.** mot. a) Limouˈsine f, b) Motorsport: Tourenwagen m. **2.** → **saloon** 3 c. ~**car·riage** → **saloon** 3 c. ~ **deck** s mar. Saˈlondeck n.
sa·loon|ˌkeep·er s Am. Kneipenwirt m. **sa·ˈloon|pis·tol** s Br. ˈÜbungspiˌstole f. ~ **ri·fle** s Br. Übungsgewehr n (für den Schießstand etc).
sa·lo·pette [ˌsæləˈpet] s gesteppte Skilatzhose.
sal·pin·gi·tis [ˌsælpɪnˈdʒaɪtɪs] s med. Salpinˈgitis f, Eileiterentzündung f.
salt¹ [sɔːlt] **I** s **1.** (Koch)Salz n: **to eat s.o.'s ~** fig. a) j-s Gast sein, b) von j-m abhängig sein; **with a grain** (od. **pinch**) **of ~** fig. cum grano salis, mit Vorbehalt; **in ~** (ein)gesalzen, (ein)gepökelt; **not to be worth one's ~** nichts taugen, „keinen Schuß Pulver wert sein"; **the ~ of the earth** Bibl. u. fig. das Salz der Erde; **to rub ~ into s.o.'s wound(s)** fig. j-m Salz auf od. in die Wunde streuen. **2.** Salz(fäßchen) n: **pass me the ~, please**; **above** (**below**) **the ~** am oberen (unteren) Ende der Tafel. **3.** chem. Salz n. **4.** oft pl med. a) (bes. Abführ)Salz n, b) → **smelling salts**, c) colloq. für **epsom salt**. **5.** fig.

salt – sampling

Würze *f*, Salz *n*. **6.** *fig*. Witz *m*, Es¦prit *m*: **a speech full of ~. 7.** *a*. **old ~** (alter) Seebär.
II *v/t* **8.** salzen, würzen (*beide a. fig.*). **9.** (ein)salzen, mit Salz bestreuen, bes. pökeln: **~ed meat** Pökel-, Salzfleisch *n*. **10.** *phot*. Papier mit Fi¦xiersalz behandeln. **11.** *dem Vieh* Salz geben. **12.** *chem*. a) mit (e-m) Salz behandeln, b) *meist* **~ out** aussalzen. **13.** *fig*. durch¦setzen mit: **a committee ~ed with businessmen. 14.** *colloq*. a) *die Geschäftsbücher etc* ‚fri¦sieren', b) *ein Bohrloch, e-e Mine etc* (betrügerisch) ‚anreichern': **to ~ a mine. 15. ~ away, ~ down** a) einsalzen, -pökeln, b) *colloq*. *Geld etc* ‚auf die hohe Kante legen'.
III *adj* **16.** Salz..., salzig: **~ water** Salzwasser *n*; **~ spring** Salzquelle *f*. **17.** (ein)gesalzen, (ein)gepökelt, Salz..., Pökel...: **~ beef** gepökeltes Rindfleisch. **18.** *bot*. Salz..., halo¦phil.
salt² [sɔːlt] *adj obs*. geil.
sal·tant [ˈsæltənt] *adj her*. springend.
sal·ta·tion [sælˈteɪʃn] *s* **1.** Springen *n*, Tanzen *n*. **2.** Sprung *m*. **3.** Springtanz *m*. **4.** plötzlicher ¦Umschwung. **5.** *biol*. Erbsprung *m*. ˈ**sal·ta·to·ry** [-təri]; *Am*. -ˌtɔːri; -ˌtoʊ-] *adj* **1.** hüpfend, springend. **2.** Spring..., Sprung... **3.** Tanz... **4.** *fig*. sprunghaft.
salt|**cake** *s chem*. technisches ¦Natrium¦sul¦fat. ˈ**~cel·lar** *s* Salzfäßchen *n*: a) Salznäpfchen *n*, -streuer *m*, b) *Br. colloq*. *Vertiefung über dem Schlüsselbein*.
salt·ed [ˈsɔːltɪd] *adj* **1.** a) gesalzen, b) → **salt¹** 17. **2.** *colloq*. routi¦niert, erfahren.
salt·er [ˈsɔːltə(r)] *s* **1.** Salzsieder *m* od. -händler *m*. **2.** Salzarbeiter *m*. **3.** Einsalzer *m*.
salt·ern [ˈsɔːltə(r)n] *s tech*. **1.** Sa¦line *f*. **2.** Salzgarten *m* (*Verdunstungsbassins*).
ˈ**salt-free** *adj* salzlos (*Diät etc*).
sal·tier [ˈsæltɪə(r); ˈsɔːl-; -taɪə(r)] *s her*. Schrägkreuz *n*.
salt·i·ness [ˈsɔːltɪnɪs] *s* Salzigkeit *f*.
sal·tire [ˈsɔːltaɪə(r); ˈsæl-] → **saltier**.
salt| **junk** *s colloq*. Salzfleisch *n*. **~ lick** *s* Salzlecke *f* (*für Wild*). **~ marsh** *s* **1.** Salzsumpf *m*. **2.** Butenmarsch *f*. **~ mine** *s* Salzbergwerk *n*.
ˈ**salt·ness** *s* Salzigkeit *f*.
salt pan *s* **1.** *tech*. Salzsiedepfanne *f*. **2.** (*geol*. na¦türliches) Ver¦dunstungsbas¦sin (*für Meerwasser*).
salt·pe·ter, *bes. Br.* **salt·pe·tre** [ˈsɔːltˌpiːtə(r); *Am*. ˌsɔːltˈpɪ-] *s chem*. Sal¦peter *m*.
salt| **pit** *s* Salzgrube *f*. **S~ Riv·er** *s*: **to row up ~** *pol. Am.* in der Versenkung verschwinden. **~ shak·er** *s* Salzstreuer *m*. ˈ**~wa·ter** *adj* Salzwasser... **~ well** *s* (Salz)Solequelle *f*. ˈ**~works** *s pl* (*oft als sg konstruiert*) Sa¦line *f*.
salt·y [ˈsɔːltɪ] *adj* **1.** salzig. **2.** *fig*. gesalzen, gepfeffert: **~ prices.**
sa·lu·bri·ous [səˈluːbrɪəs] *adj* (*adv* **-ly**) heilsam, gesund, zuträglich, bekömmlich: **a ~ climate** ein gesundes Klima.
sa¦**lu·bri·ty** [-əti] *s* Heilsamkeit *f*, Zuträglichkeit *f*, Bekömmlichkeit *f*.
sal·u·tar·i·ness [ˈsæljʊtərɪnɪs; *Am*. -ˌte-ri-] → **salubrity.** ˈ**sal·u·tar·y** *adj* **1.** heilsam, gesund (*beide a. fig.*), zuträglich. **2.** *med*. Heil...
sal·u·ta·tion [ˌsæljʊˈteɪʃn; *Am*. -ljə't-] *s* **1.** Begrüßung *f*, Gruß *m*: **in ~** zum Gruß; → **angelic. 2.** Anrede *f* (*im Brief*). **3.** Gruß-, Begrüßungsformel *f*.
sa·lu·ta·to·ri·an [səˌluːtəˈtɔːrɪən; -ˈtoʊ-] *s Am. Student, der bei der Verleihung akademischer Grade die Begrüßungsrede hält*. **sa**¦**lu·ta·to·ry I** *adj* [*Br*. -tətəri] Begrüßungs..., Gruß...: **~ oration** → II. **II** *s ped. Am.* Begrüßungsrede *f*.
sa·lute [səˈluːt] **I** *v/t* **1.** grüßen, *durch e-e* Geste *etc* begrüßen. **2.** *weitS*. empfangen, *j-m* begegnen: **to ~ with an oath** (a smile). **3.** *dem Auge od. Ohr* begegnen *od*. sich bieten: **a strange sight ~d the eye. 4.** *mar. mil.* salu¦tieren vor (*dat*), grüßen. **5.** *fig*. grüßen, ehren, feiern. **6.** *obs. od. poet*. küssen. **II** *v/i* **7.** grüßen (**to** *acc*). **8.** *mar. mil.* a) (**to**) salu¦tieren (vor *dat*), grüßen (*acc*), b) Sa¦lut schießen. **III** *s* **9.** Gruß *m* (*a. fenc*.), Begrüßung *f*. **10.** *mil*. a) Gruß *m*, Ehrenbezeigung *f*, b) *bes. mar*. Sa¦lut *m* (**of 7 guns** von 7 Schuß): **to stand at the ~** salutieren; **to take the ~** a) den Gruß erwidern, b) die Parade abnehmen, c) die Front (der Ehrenkompanie) abschreiten. **11.** *Am*. Frosch *m* (*Feuerwerkskörper*). **12.** *obs. od. poet.* (Begrüßungs)Kuß *m*.
salv·a·ble [ˈsælvəbl] *adj* **1.** erlösbar, errettbar. **2.** zu retten(d), zu bergen(d).
sal·vage [ˈsælvɪdʒ] **I** *s* **1.** *mar. etc* a) Bergung *f*, Rettung *f* (*e-s Schiffs od. s-r Ladung, a. brandgefährdeter Güter etc*), b) Bergungsgut *n*, c) *a*. **~ money** Bergegeld *n*: **~ vessel** Bergungsfahrzeug *n, a*. Hebeschiff *n*; **~ (work)** Aufräumungsarbeiten *pl*. **2.** *Versicherung*: Wert *m* der bei e-m Brand geretteten Waren. **3.** a) ¦Wiederverwertung *f* (*von Industrieabfällen etc*), b) verwertbares ¦Altmateri¦al: **~ value** Schrottwert *m*. **II** *v/t* **5.** bergen, retten (*a. med. u. fig.*): **to ~ the situation** die Situation retten. **6.** *Altmaterial* verwerten.
sal·va·tion [sælˈveɪʃn] *s* **1.** (Er)Rettung *f* (**from** aus). **2.** Heil *n*, Rettung *f*, Retter *m*. **3.** *relig*. a) (Seelen)Heil *n*, Seelenrettung *f*, b) Erlösung *f*: **to find ~** das Heil finden. **S~ Ar·my** *s relig*. ¦Heilsar¦mee *f*.
sal·va·tion·ism [sælˈveɪʃnɪzəm] *s relig*. **1.** Seelenrettungslehre *f*. **2.** **S~** Salu¦tismus *m* (*Grundsätze der Heilsarmee*). **Sal**¦**va·tion·ist** *s relig*. Mitglied *n* der ¦Heilsar¦mee.
salve¹ [sælv; sɑːv; *Am*. sæv] **I** *s* **1.** (Heil-)Salbe *f*. **2.** *fig*. Pflaster *n*, Balsam *m*, Trost *m*: **a ~ for wounded feelings** ein Trostpflästerchen. **3.** *fig*. Beruhigungsmittel *n* (*fürs Gewissen etc*). **II** *v/t* **4.** (ein)salben. **5.** *fig. das Gewissen etc* beschwichtigen. **7.** *fig. e-n Schaden, Zweifel etc* beheben.
salve² [sælv] → **salvage** II.
sal·ver [ˈsælvə(r)] *s* Ta¦blett *n*, Präsen¦tierteller *m*.
sal·vi·a [ˈsælvɪə] *s bot*. Salbei *m*, *f*.
sal·vo¹ [ˈsælvəʊ] *pl* **-vos, -voes** *s* **1.** *mil*. a) Salve *f*, Lage *f*, b) *a*. **~ bombing** *aer*. Schüttwurf *m*: **~ fire** *mil*. Laufsalve, *mar*. Salvenfeuer *n*. **2. a ~ of applause** ein Beifallssturm.
sal·vo² [ˈsælvəʊ] *pl* **-vos** *s* **1.** Ausrede *f*. **2.** *bes. jur*. Vorbehalt(sklausel *f*) *m*: **with an express ~ of their rights** unter ausdrücklicher Wahrung ihrer Rechte.
sal vo·la·ti·le [ˌsælvəˈlætəlɪ] (*Lat.*) *s pharm*. Hirschhornsalz *n*.
sal·vor [ˈsælvə(r)] *s* **1.** Berger *m*. **2.** Bergungsschiff *n*.
sam·a·ra [ˈsæmərə] *s bot*. Flügelfrucht *f*.
Sa·mar·i·tan [səˈmærɪtən] **I** *s* **1.** Sama¦ri¦taner(in), Sama¦riter(in): **the good ~** *Bibl*. der barmherzige Samariter; → **Telephone Samaritans. 2.** *a*. **good ~** *fig*. barm¦herziger Sama¦riter (*guter Mensch*). **II** *adj* **3.** sama¦ritisch. **4.** *fig*. barm¦herzig.
sa·mar·i·um [səˈmeərɪəm] *s chem*. Sa¦marium *n*.
sa·mar·skite [səˈmɑː(r)skaɪt] *s min*. Samar¦skit *m*.
sam·ba [ˈsæmbə] *mus*. **I** *s* Samba *f*. **II** *v/i* Samba tanzen.
sam·bo [ˈsæmbəʊ] *pl* **-bos, -boes** *s* **1.** Zambo *m* (*in Mittelamerika ein Halb-* *blut, bes. Mischling von Negern u. Indianern*). **2. S~** *contp*. ‚Nigger' *m*.
Sam Browne (belt) [ˌsæmˈbraʊn] *s mil*. ledernes (Offi¦ziers)Koppel mit Schulterriemen.
same [seɪm] **I** *adj* (*mit vorhergehendem bestimmtem Artikel od. hinweisendem Fürwort*) **1.** selb(e, e, es), gleich, nämlich: **on the ~ day; with this ~ knife** mit ebendiesem Messer; **at the ~ price as** zu demselben Preis wie; **the ~ thing as** das gleiche wie; **which is the ~ thing** was dasselbe ist; **it comes to the ~ thing** es läuft auf dasselbe hinaus; **the very** (*od*. **just the** *od*. **exactly the**) **~ thing** genau dasselbe; **the two problems are really one and the ~** die beiden Probleme sind eigentlich ein u. dasselbe; **he is no longer the ~ man** er ist nicht mehr der gleiche *od*. der alte; → **time 6. 2.** (*ohne art*) *fig*. einförmig, eintönig: **the work is really a little ~.**
II *pron* **3.** der-, die-, das¦selbe, der *od*. die *od*. das gleiche: **~ here** *colloq*. so geht es mir auch, ‚ganz meinerseits'; **it is all the ~ to me** es ist mir ganz gleich *od*. einerlei. **4. the ~** *a*) *a. jur*. der- *od*. dieselbe, die erwähnte *od*. besagte Per¦son, b) *jur. relig*. er, sie, es, dieser, diese, dies(es). **5.** (*ohne art*) *econ. od. colloq*. der- *od*. die- *od*. das¦selbe: **50 pence for alterations to ~.**
III *adv* **6. the ~** in der¦selben Weise, genauso, ebenso (**as** wie); **all the ~** gleichviel, trotzdem; **just the ~** *colloq*. a) genauso, b) trotzdem; (**the**) **~ to you** (*danke*) gleichfalls; → **brass knob, knob** 1.
same·ness [ˈseɪmnɪs] *s* **1.** Gleichheit *f*, Identi¦tät *f*. **2.** Eintönigkeit *f*.
sam·ite [ˈsæmaɪt; ˈseɪm-] *s hist*. schwerer, mit Gold durch¦wirkter Seidenstoff.
sam·let [ˈsæmlɪt] *s* junger Lachs.
Sa·mo·an [səˈməʊən] **I** *adj* **1.** samo¦anisch, von den Sa¦moa-Inseln. **II** *s* **2.** Samo¦aner(in). **3.** *ling*. Samo¦anisch *n*, das Samoanische. [*s* Samo¦war *m*.]
sam·o·var [ˈsæməʊvɑː; *Am*. ˈsæməˌvɑːr];
samp [sæmp] *s Am*. Maisgrütze *f*.
sam·pan [ˈsæmpæn] *s* Sam¦pan *m* (*chinesisches* [*Haus*]*Boot*).
sam·phire [ˈsæmfaɪə(r)] *s bot*. **1.** Meerfenchel *m*. **2.** Queller *m*.
sam·ple [ˈsɑːmpl; *Am*. ˈsæmpəl] **I** *s* **1.** *econ. a*) (Waren-, Quali¦täts)Probe *f*, (Stück-, Typen)Muster *n*, b) Probepakkung *f*, c) Ausstellungsmuster *n*, -stück *n*, d) *Gütekontrolle*: Stichprobe(nmuster *n*) *f*: **~s only** Muster ohne Wert; **by ~ post mail** (als) Muster ohne Wert; **up to ~** dem Muster entsprechend. **2.** *Statistik*: Sample *n*, Stichprobe *f*, Probeerhebung *f* (Erhebungs)Auswahl *f*. **3.** *fig*. Musterbeispiel *n*, typisches Exem¦plar. **4.** *fig*. (Kost)Probe *f*: **a ~ of her behavio(u)r** das ist typisch für sie. **II** *v/t* **5.** pro¦bieren, e-e Probe nehmen von, *bes. gastr*. kosten. **6.** e-e Stichprobe machen bei, (stichprobenweise) testen, e-e Auswahl erheben von. **7.** stichprobenweise ergeben. **8.** ein Gegenstück *od*. etwas Gleichwertiges finden für. **9.** *fig*. (typisches) Beispiel sein für, als Muster dienen für. **10.** e-e Probe zeigen von. **11.** ko¦pieren. **12.** *Computer*: Kommandofunktion *etc* abfragen, Signal *etc* abtasten. **III** *adj* **13.** Muster..., Probe...: **~ book** *econ*. Musterbuch *n*; **~ card** *econ*. Muster-, Probekarte *f*; **~ case** Musterkoffer *m*. **14.** Stichproben..., -wahl... ˈ**sam·pler** *s* **1.** Pro¦bierer(in), Prüfer(in). **2.** *Stickerei*: Sticktuch *s*. **3.** *TV* Farbschalter *m*. **4.** *Computer*: Abtaster *m*. ˈ**sam·pling** *s* **1.** *econ*. ¦Musterkol¦lekti¦on *f*. **2.** *econ*. Bemusterung *f*. **3.** *econ*.

Werbung *f* durch Verteilung von Probepackungen. **4.** Stichprobenerhebung *f*, ('Umfrage *f od.* Prüfung *f* nach e-m) Auswahlverfahren *n*, Erhebung *f* e-r (re'präsenta'tiven) Auswahl: ~ **inspection** Stichprobenkontrolle *f*. **5.** Muster(stück) *n*, Probe *f*. **6.** Pro'bieren *n (von Speisen etc).* **7.** *TV* Farbschaltung *f*. **8.** *Computer*: Abfragen *n*, Abtasten *n*.
Samp·son ['sæmpsn; 'sæmsn], **Samson** ['sæmsn] *s fig.* Samson *m*, Herkules *m*.
Sam·u·el ['sæmjʊəl; *Am.* -jəwəl; -jəl] *npr u. s Bibl.* (das Buch) Samuel *m*.
sam·u·rai ['sæmʊraɪ; -mjʊ-] *pl* **-rai** *s hist.* Samu'rai *m*.
san·a·tive ['sænətɪv] *adj* heilend, heilsam, heilkräftig, Heil(ungs)...
san·a·to·ri·um [ˌsænəˈtɔːrɪəm; *Am. a.* -ˈtəʊ-] *pl* **-ri·ums, -ri·a** [-rɪə] *s med.* **1.** Sana'torium *n, bes.* a) Lungenheilstätte *f*, b) Erholungsheim *n*. **2.** *(bes.* Höhen-) Luftkurort *m*. **3.** *Br.* Krankenzimmer *n* (*in e-m Internat*).
san·a·to·ry ['sænətərɪ; *Am.* -ˌtɔʊrɪ:] → **sanative**.
sanc·ta ['sæŋktə] *pl von* **sanctum**.
sanc·ti·fi·ca·tion [ˌsæŋktɪfɪˈkeɪʃn] *s relig.* **1.** Heiligmachung *f*. **2.** Weihung *f*, Heiligung *f*. **'sanc·ti·fied** [-faɪd] *adj* **1.** geheiligt, geweiht. **2.** heilig u. unverletzlich. **3.** → **sanctimonious**. **'sanc·ti·fy** [-faɪ] *v/t* heiligen: a) weihen, b) (von Sünden) reinigen, c) rechtfertigen: → **end 18**, d) heilig u. unverletzlich machen.
sanc·ti·mo·ni·ous [ˌsæŋktɪˈməʊnjəs; -nɪəs] *adj (adv* **-ly**) frömmelnd, scheinheilig. **ˌsanc·tiˈmo·ni·ous·ness**, **'sanc·ti·mo·ny** [-məʊnɪ] *s* Scheinheiligkeit *f*, Frömme'lei *f*.
sanc·tion ['sæŋkʃn] **I** *s* **1.** Sankti'on *f*, (nachträgliche) Billigung *od.* Zustimmung: **to give one's ~ to** → **3** *a*. **2.** *jur.* a) Sanktio'nierung *f (e-s Gesetzes etc)*, b) *pol.* Sankti'on *f*, Zwangsmittel *n*, c) (gesetzliche) Strafe, d) *hist.* De'kret *n*. **II** *v/t* **3.** sanktio'nieren: a) billigen, gutheißen, b) dulden, c) *e-n Eid etc* bindend machen, d) Gesetzeskraft verleihen *(dat)*.
sanc·ti·ty ['sæŋktətɪ] *s* **1.** Heiligkeit *f (a.* Unverletzlichkeit): → **odor 3**. **2.** *pl* a) heilige Ide'ale *pl*, b) heilige Gefühle *pl*, c) heilige Pflichten *pl*.
sanc·tu·ar·y ['sæŋktjʊərɪ; *Am.* -tʃəˌwerɪ:] *s* **1.** Heiligtum *n (a. fig.).* **2.** *relig.* Heiligtum *n*, heilige Stätte. **3.** *relig. bes. Bibl.* Aller'heiligste(s) *n*. **4.** Sanktu'arium *n*, Freistätte *f*, A'syl *n*: **to seek** ~ Schutz *od.* Zuflucht suchen (**with** bei). **5.** *a.* **rights of ~** A'sylrecht *n*: **to break the ~** das Asylrecht verletzen. **6.** *fig.* Zufluchts-, Freistätte *f*, A'syl *n*. **7.** *hunt.* a) Schonzeit *f*, b) Schutzgebiet *n*: **bird ~**.
sanc·tum ['sæŋktəm] *pl* **-tums, -ta** [-tə] *s* Heiligtum *n*: a) heilige Stätte, *b) fig.* Pri'vat-, Stu'dierzimmer *n*, Pri'vatgemach *n*, c) innerste Sphäre. **~ sanc·to·rum** [sæŋk'tɔːrəm] *s relig. u. humor.* (das) Aller'heiligste.
sand [sænd] **I** *s* **1.** Sand *m*: **built on ~** *fig.* auf Sand gebaut; → **rope 7**. **2.** *oft pl* a) Sandbank *f*, b) Sand(strecke *f*, -fläche *f*) *m*: **to plough** (*bes. Am.* **plow**) **the ~(s)** *fig.* s-e Zeit verschwenden. **3.** *meist pl* Sand(körner *pl*) *m*: **numberless as the ~(s)** zahllos wie (der) Sand am Meer; **his ~s are running out** s-e Tage sind gezählt. **4.** (Streu-, Scheuer-, Schleif)Sand *m*. **5.** *Am. sl.* ,Mumm' *m*, ,Schneid' *m*. **II** *v/t* **6.** mit Sand bestreuen, *Weg etc a.* sanden. **7.** im Sand vergraben. **8.** schmirgeln, mit Sand scheuern: **to ~ down** abmirgeln.

san·dal[1] ['sændl] *s* **1.** San'dale *f*, Riemenschuh *m*. **2.** Sanda'lette *f*.
san·dal[2] ['sændl] *s* **1.** → **sandalwood. 2.** → **sandal tree 1.**
san·dal tree *s* **1.** *bot.* San'toribaum *m*. **2.** → **sandalwood 1. '~·wood** *s* **1.** *a.* **white ~** *a. bot.* Sandelbaum *m*, b) weißes *od.* echtes Sandelholz (*Holz von* a). **2.** *a.* **red ~** a) *bot. (ein)* Flügelfruchtbaum *m*, b) rotes Sandelholz (*Holz von* a).
san·da·rac ['sændəræk] *s* **1.** → **sandarac tree. 2.** *bes. tech.* Sandarak *m (Harz).* **~ tree** *s bot.* Sandarakbaum *m*.
'sand|**·bag I** *s* **1.** Sandsack *m*. **2.** Sandsäckchen *n (Art Totschläger).* **II** *v/t* **3.** mit Sandsäcken befestigen. **4.** (mit e-m Sandsäckchen) niederschlagen. **'~·bank** *s* Sandbank *f*. **~ bar** *s* längliche Sandbank. **'~·blast** *tech.* **I** *s* **1.** Sandstrahl *m*. **2.** Sand(strahl)gebläse *n*. **II** *v/t* **3.** sandstrahlen. **'~·blind** *adj* halbblind. **'~·box** *s* **1.** Sandkasten *m*. **2.** *hist.* Streusandbüchse *f*. **3.** Gießerei: Sandform *f*. **4.** Sandstreuer *m (e-r Lokomotive).* **~ boy** *s*: **(as) happy as a ~** 'kreuzfi‚del, quietschvergnügt. **'~·cast** *v/t irr tech.* in Sand gießen. **~ cast·ing** *s* Sandguß *m*. **~ cas·tle** *s* Sandburg *f (am Strand etc).* **~ dol·lar** *s zo.* Sanddollar *m (Seeigel).* **~ drift** *s geol.* Flugsand *m*. **~ dune** *s* Sanddüne *f*.
sand·er ['sændə(r)] *s tech.* **1.** → **sandbox 4. 2.** Sand(strahl)gebläse *n*. **3.** 'Schmirgel‚schleifma‚schine *f*.
sand·er·ling ['sændə(r)lɪŋ] *s orn.* Sanderling *m*.
san·ders ['sændə(r)z] → **sandalwood 2 a**.
'sand|**·fly** *s zo. e-e* stechende Fliege, *bes.* a) Sandfliege *f*, b) Gnitze *f*, c) Kriebelmücke *f*. **'~·glass** *s* Sanduhr *f*, Stundenglas *n*. **~ grass** *s bot.* Sand-, Küstengras *n*. **~ grouse** *s orn.* Flughuhn *n*.
san·dhi ['sændhɪ:; 'sændi:] *s ling.* Sandhi *m (die lautliche Veränderung, die der Anod.* Auslaut e-s Wortes durch e-n benachbarten Wortauslaut *od.* -anlaut erfährt).
'sand|**‚lot** *Am.* **I** *s* Sandplatz *m (Behelfsspielplatz von Stadtkindern).* **II** *adj* Sandplatz...: **~ baseball** auf e-m Sandplatz von nicht organisierten Mannschaften gespielter Baseball. **'~·man** *s* Sandmännchen *n*. **~ mar·tin** *s orn.* 'Uferschwalbe *f*. **~ mon·i·tor** *s zo.* 'Wüstenwa‚ran *m*. **'~·pa·per I** *s* Sandpa‚pier *n*. **II** *v/t* (ab)schmirgeln. **~ par·tridge** *s orn.* Sandhuhn *s*. **'~·pip·er** *s orn. (ein)* Schnepfenvogel *m, bes.* a) Flußuferläufer *m*, b) **spotted ~** Drosseluferläufer *m*. **~ pit** *s* **1.** Sandkasten *m*. **2.** Sandgrube *f*. **~ shoe** *s* Strandschuh *m*. **'~·soap** *s* Putzstein *m*, Sandseife *f*. **'~·spit** *s* sandige Landzunge. **~ spout** *s* Wind-, Sandhose *f*. **'~·stone** *s geol.* Sandstein *m*: **Old (New) Red S~** *unter* (*über*) *dem Karbon liegende Sandsteinschicht in Großbritannien.* **'~·storm** *s* Sandsturm *m*. **~ ta·ble** *s a. mil.* Sandkasten *m*. **~ trap** *s Golf: bes. Am.* Sandhindernis *n*. **~ wedge** *s Golf:* Sand-Wedge *m (Schläger für Schläge aus dem Bunker).*
sand·wich ['sænwɪdʒ; *bes. Am.* -tʃ] **I** *s* **1.** Sandwich *n (belegtes Klappbrot)*: **to sit ~** *fig.* eingezwängt sitzen. **2.** *fig.* Nebenein'ander *n*. **3.** Sandwichman *m*, Pla'kattträger *m*. **II** *v/t* **4.** einklemmen, -zwängen. **5.** *sport* den Gegner ‚in die Zange nehmen'. **6.** *a.* **~ in** *fig.* einlegen, -schieben, da'zwischenschieben. **~ cake** *s* Schichttorte *f*. **~ course** *s ped.* Kurs, bei dem sich theoretische u. praktische Ausbildung abwechseln. **~ film** *s* doppelbeschichteter Film. **~ man** *s irr* → **sandwich 3**.

sand·y[1] ['sændɪ] *adj* **1.** sandig, Sand...: **~ soil**; **~ desert** Sandwüste *f*. **2.** *fig.* sandfarben, rotblond: **~ hair**. **3.** sandartig, körnig. **4.** *fig.* unsicher. **5.** *Am. sl.* schneidig, frech.
Sand·y[2] ['sændɪ] *s (Spitzname für)* Schotte *m*.
sand yacht *s* Strandsegler *m*.
sane [seɪn] *adj* **1.** geistig gesund, nor'mal, *bes. jur.* zurechnungsfähig. **2.** vernünftig, gescheit.
San·for·ize ['sænfəraɪz] *(TM) v/t* sanfori'sieren (*Gewebe schrumpfecht machen*).
sang [sæŋ] *pret von* **sing**.
san·ga·ree [ˌsæŋgəˈriː] *s* Sanga'ree *n (Getränk aus Wein, Wasser u. Brandy, gesüßt u. gewürzt).*
sang de bœuf [sɑ̃dəˈbœf] (*Fr.*) **I** *s* Tiefrot *n*, blutrote Farbe (*auf altem chinesischem Porzellan*). **II** *adj* blut-, tiefrot, ochsenblutfarben.
sang·froid [ˌsɑ̃ːŋˈfrwɑː] *s* Kaltblütigkeit *f*.
San·graal, San·grail [sæŋˈgreɪl], **San·gre·al** ['sæŋgrɪəl; *Am.* ˌsænˈgreɪl] *s relig.* der Heilige Gral.
san·gri·a [sæŋˈgriːə] *s* San'gria *f (Rotweinbowle).*
san·gui·fi·ca·tion [ˌsæŋgwɪfɪˈkeɪʃn] *s biol.* Blutbildung *f*.
san·gui·nar·y ['sæŋgwɪnərɪ; *Am.* -ˌnerɪ:] *adj* **1.** blutig, mörderisch: **~ battle**. **2.** blutdürstig, grausam: **a ~ person**; **~ laws**. **3.** blutig, Blut.... **4.** *Br.* unflätig (*Ausdrucksweise*).
san·guine ['sæŋgwɪn] **I** *adj (adv* **-ly**) **1.** heiter, lebhaft, leichtblütig. **2.** vollheißblütig, hitzig. **3.** zuversichtlich, opti'mistisch: **to be ~ of success** zuversichtlich auf Erfolg rechnen. **4.** rot, frisch, blühend, von gesunder Gesichtsfarbe. **5.** *med. hist.* sangu'inisch. **6.** (blut)rot. **II** *s* **7.** Rötelstift *m*. **8.** Rötelzeichnung *f*. **'san·guine·ness** *s* heiteres Tempera'ment, Zuversichtlichkeit *f*. **sanˈguine·ous** [-nɪəs] *adj* **1.** Blut..., blutig. **2.** → **sanguine I**.
San·he·drin ['sænɪdrɪn], *a.* **'San·he·drim** [-drɪm] *s hist.* **1.** Ratsversammlung *f (der Juden).* **2.** *a.* **Great ~** Sanhe'drin *m*, Hoher Rat (höchste altjüdische Staatsbehörde). **3.** *a.* **Small ~**, **Lesser ~** e-r der altjüdischen Provinzräte.
sa·ni·es ['seɪnɪːz] *s med.* pu'trider Eiter, Jauche *f*.
san·i·fy ['sænɪfaɪ] *v/t* die hygi'enischen Zustände verbessern in (*dat*).
san·i·tar·i·an [ˌsænɪˈteərɪən] **I** *adj* **1.** → **sanitary 1**. **II** *s* **2.** Hygi'eniker *m*. **3.** ‚Ge'sundheitsa‚postel' *m*.
san·i·tar·i·ness ['sænɪtərɪnɪs; *Am.* -ˌterɪ:] *s* hygi'enische Zustände *pl*.
san·i·tar·i·um [ˌsænɪˈteərɪəm] *pl* **-'tar·i·ums, -'tar·i·a** [-rɪə] *s bes. Am. für* **sanatorium**.
san·i·tar·y ['sænɪtərɪ; *Am.* -ˌterɪ:] **I** *adj (adv* **sanitarily**) **1.** hygi'enisch, Gesundheits..., gesundheitlich, (*a. tech.*) sani'tär. **2.** hygi'enisch (einwandfrei), gesund. **II** *s* **3.** *Am.* öffentliche Bedürfnisanstalt. **~ belt** *s* Bindengürtel *m*. **~ en·gi·neer·ing** *s* Sani'tärtechnik *f*. **~·e·quip·ment** *s* sani'täre Einrichtung(en *pl*). **~ nap·kin** *s bes. Am.* Damenbinde *f*. **~ tam·pon** *s* ('Monats)Tam‚pon *m*. **~ tow·el** *s bes. Br.* Damenbinde *f*.
san·i·tate ['sænɪteɪt] *v/t* mit sani'tären Einrichtungen versehen.
san·i·ta·tion [ˌsænɪˈteɪʃn] *s* **1.** sani'täre Einrichtungen *pl (in Gebäuden).* **2.** Gesundheitspflege *f*, -wesen *n*, Hygi'ene *f*. **~ en·gi·neer** *m Am. euphem.* Müllmann *m*.
san·i·tize ['sænɪtaɪz] *v/t bes. Am.* **1.** sterili'sieren, keimfrei machen. **2.** *fig.* Image *etc* 'aufpo‚lieren.

san·i·ty ['sænətɪ] *s* **1.** geistige Gesundheit, *bes. jur.* Zurechnungsfähigkeit *f.* **2.** gesunder Verstand.
sank [sæŋk] *pret von* sink.
san·man ['sæn‚mæn] *s irr Am. colloq.* Müllmann *m.*
sans [sænz; sã:ŋ] *prep* ohne (*obs. außer in Ausdrücken französischer Herkunft*).
San·crit → Sanskrit.
San·sei [sɑːn'seɪ] *pl* **-sei, -seis** [-'seɪz] *s* Enkelkind *n* ja'panischer Einwanderer in den US'A.
san·ser·if [‚sæn'serɪf] *s print.* Gro'tesk *f.*
San·skrit ['sænskrɪt] **I** *s* Sanskrit *n.* **II** *adj* Sanskrit... **San'skrit·ic** *adj* Sanskrit..., sans'kritisch. **'San·skritist** *s* Sanskritforscher *m.*
San·ta ['sæntə] *colloq. für* Santa Claus.
San·ta Claus [‚sæntə'klɔːz; *bes. Am.* 'sæntəklɔːz] *npr* der Weihnachtsmann, der Nikolaus.
san·tal ['sæntəl] *s* **1.** *bot.* rotes Sandelholz *od.* Kalia'turholz. **2.** *chem.* San'tal *m.*
Saor·stat ['seəstɑːt] (*Ir.*) *s* Freistaat *m*: ~ Eireann *hist.* der Irische Freistaat (*seit 29. Dez. 1937 durch* Eire *ersetzt*).
sap[1] [sæp] **I** *s* **1.** Saft *m* (*in Pflanzen*). **2.** *fig.* (Lebens)Saft *m*, (-)Kraft *f*, Mark *n.* **3.** *a.* ~**wood** Splint(holz *n*) *m.* **II** *v/t* **4.** entsaften, Saft abziehen aus.
sap[2] [sæp] **I** *s* **1.** *mil.* Sappe *f*, Grabenkopf *m.* **II** *v/t* **2.** unter'wühlen, -'höhlen. **3.** *mil.* (*a. fig. die* Gesundheit *etc*) unter'graben, -mi'nieren. **4.** *fig.* erschöpfen, schwächen.
sap[3] [sæp] *s colloq.* 'Gimpel' *m*, 'Einfaltspinsel' *m.*
sap[4] [sæp] *Am. sl.* **I** *s* Totschläger *m* (*Waffe*). **II** *v/t j-n* mit e-m Totschläger bewußtlos schlagen.
sap·a·jou ['sæpədʒuː] *s zo.* Kapu'zineraffe *m.*
sa·pan·wood ['sæpənwʊd; *Am. bes.* səˈpæn-] *s* **1.** Sappanholz *n* (*rotes Farbholz*). **2.** *bot.* Sappanbaum *m.*
'sap·head[1] → sap[3].
'sap·head[2] *s mil.* Sappenkopf *m.*
sap·id ['sæpɪd] *adj* **1.** e-n Geschmack habend. **2.** schmackhaft. **3.** *fig.* interes-'sant. **sa·pid·i·ty** [sə'pɪdətɪ] *s* Schmackhaftigkeit *f.*
sa·pi·ence ['seɪpjəns; -ɪəns] *s meist iro.* Weisheit *f.* **'sa·pi·ent** *adj* (*adv* ~ly) *meist iro.* weise. **‚sa·pi'en·tial** [-pɪ'enʃl] *adj* Weisheit enthaltend, Weisheits...: ~ **books** *Bibl.* Bücher der Weisheit.
sap·less ['sæplɪs] *adj* saftlos (*a. fig.* kraftlos).
sap·ling ['sæplɪŋ] *s* **1.** junger Baum, Schößling *m.* **2.** *fig.* 'Grünschnabel' *m*, Jüngling *m.*
sap·o·na·ceous [‚sæpəʊ'neɪʃəs; -pə'n-] *adj* **1.** seifenartig, seifig. **2.** *fig.* glatt.
sa·pon·i·fi·ca·tion [səˌpɒnɪfɪ'keɪʃn; *Am.* -‚pɑːn-] *s chem. tech.* Verseifung *f*: ~ **number** Verseifungszahl *f.* **sa'pon·i·fi·er** [-faɪə(r)] *s chem. tech.* **1.** Verseifungsmittel *n.* **2.** Ver'seifungsappa‚rat *m.* **sa'pon·i·fy** [-faɪ] *v/t u. v/i* verseifen.
sap·per[1] ['sæpə(r)] *s mil.* Sap'peur *m*, Pio'nier *m.*
sap·per[2] ['sæpə(r)] *s* An-, Abzapfer *m.*
Sap·phic ['sæfɪk] **I** *adj* **1.** sapphisch: ~ **ode. 2.** *meist* **s~** lesbisch: ~ **vice** → sapphism. **II** *s* **3.** sapphischer Vers.
sap·phire ['sæfaɪə(r)] **I** *s* **1.** *min.* Saphir *m* (*a. am* Plattenspieler). **2.** *a.* ~ **blue** Saphirblau *n.* **3.** *orn.* Saphirkolibri *m.* **II** *adj* **4.** Saphir... **5.** Saphir...
sap·phir·ine ['sæfərɪn; -rɪn; *Am. bes.* -‚raɪn] **I** *adj* → sapphire **II.** **II** *s min.* Saphi'rin *m.* ~**gur·nard** *s ichth.* Knurrhahn *m*, Seeschwalbe *f.*
sap·phism ['sæfɪzəm] *s* lesbische Liebe.

sap·py ['sæpɪ] *adj* **1.** saftig. **2.** *fig.* kraftvoll, markig. **3.** *colloq.* einfältig, dämlich.
sa·pr(a)e·mi·a [sæˈpriːmɪə] *s med.* Sa-prä'mie *f*, Blutvergiftung *f* durch Fäulnisstoffe.
sap·ro·gen·ic [‚sæprəʊ'dʒenɪk], **sa·prog·e·nous** [sæ'prɒdʒɪnəs; *Am.* -'prɑː-] *adj* sapro'gen: a) fäulniserregend, b) Fäulnis...
sap·ro·phyte ['sæprəʊfaɪt; -prəf-] *s biol.* Sapro'phyt *m*, Fäulnispflanze *f.*
sap·sa·go ['sæpsəgəʊ] *s* Schabziger *m* (*grüner Schweizer Kräuterkäse*).
'sap·wood *s bot.* Splint(holz *n*) *m.*
sar [sɑː] *s ichth. Br.* Seebrachsen *m*, -brassen *m.*
Sar·a·cen ['særəsn] **I** *s* Sara'zene *m*, Sara'zenin *f.* **II** *adj* sara'zenisch.
Sar·a·cen·ic [‚særə'senɪk] *adj* sara'zenisch, mohamme'danisch.
Sar·a·to·ga (trunk) [‚særə'təʊgə] *s* großer Reisekoffer (*bes. von Damen im 19. Jh. benutzt*).
sar·casm ['sɑː(r)kæzəm] *s* Sar'kasmus *m*: a) beißender Spott, b) sar'kastische Bemerkung. **sar'cas·tic** *adj* (*adv* ~ally) sar'kastisch.
sar·co·carp ['sɑː(r)kəʊkɑː(r)p] *s bot.* **1.** Sarko'karp *n*, fleischige Fruchtwand. **2.** (*unkorrekt*) fleischige Frucht.
sar·code ['sɑː(r)kəʊd] *s zo.* Sar'kode *f* (*Protoplasma e-s Einzellers*).
sar·coid ['sɑː(r)kɔɪd] *s med.* Sarko'id *n*, sar'komähnlicher Tumor.
sar·co·ma [sɑː(r)'kəʊmə] *pl* **-ma·ta** [-mətə] *od.* **-mas** *s med.* Sar'kom *n* (*bösartige Bindegewebsgeschwulst*). **sar‚co·ma'to·sis** [-'təʊsɪs] *s* Sarkoma'tose *f.* **sar'co·ma·tous** *adj* Sarkom..., sar'komartig.
sar·coph·a·gous [sɑː(r)'kɒfəgəs; *Am.* -'kɑː-] *adj zo.* fleischfressend.
sar·coph·a·gus [sɑː(r)'kɒfəgəs; *Am.* -'kɑː-] *pl* **-gi** [-gaɪ; -dʒaɪ] *od.* **-gus·es** *s* **1.** Sarko'phag *m*, Steinsarg *m.* **2.** *antiq.* Sargstein *m.*
sar·co·plasm [sɑː(r)kəʊplæzəm] *s biol.* Sarko'plasma *n* (*Substanz zwischen den Muskelfasern*).
sar·cous ['sɑː(r)kəs] *adj* fleischig, Fleisch...
sar·cy ['sɑːsɪ] *adj Br. colloq. für* sarcastic.
sard [sɑː(r)d] *s min.* Sard(er) *m.*
sar·dine[1] [sɑː(r)'diːn] **I** *pl* **sar'dines**, *bes. collect.* **sar'dine** *s ichth.* Sar'dine *f*: **packed like** ~**s** (zs.-gepfercht) wie die Heringe.
sar·dine[2] ['sɑː(r)daɪn] → sard.
Sar·din·i·an [sɑː(r)'dɪnjən; -nɪən] **I** *adj* **1.** sardinisch. **II** *s* **2.** a) Sarde *m*, Sardin *f* (*Bewohner der Insel Sardinien*), b) Sar-'dinier(in) (*Bewohner des historischen Königreichs Sardinien*). **3.** *ling.* Sardisch *n*, das Sardische.
sar·don·ic [sɑː(r)'dɒnɪk; *Am.* -'dɑn-] *adj* (*adv* ~ally) **1.** *med.* sar'donisch: ~ **laugh. 2.** *fig.* sar'donisch, boshaft, hämisch (*Grinsen etc*).
sar·do·nyx ['sɑː(r)dənɪks; *Am.* sɑː(r)'dɒn-] *s* **1.** *min.* Sar'donyx *m.* **2.** *her.* Blutrot *n.*
sar·gas·so [sɑː(r)'gæsəʊ] *s bot.* Beerentang *m.* **S~ Sea** *s geogr.* Sar'gassomeer *n.*
sarge [sɑː(r)dʒ] *colloq. für* sergeant 1.
sa·ri ['sɑːrɪ] *s* Sari *m* (*Gewand der Hindufrauen*).
sark [sɑː(r)k] *s bes. Br. dial.* Hemd *n.*
sar·ky ['sɑːkɪ] *adj Br. colloq. für* sarcastic.
sar·men·tose [sɑː(r)'mentəʊs], **sar-'men·tous** [-təs] *adj bot.* (mit bewurzelten Ausläufern) kriechend.
sa·rong [sə'rɒŋ; *Am. a.* -'rɑːŋ] *s* Sarong *m* (*malaiisches Kleidungsstück*).

sar·sa·pa·ril·la [‚sɑː(r)səpə'rɪlə] *s* **1.** *bot.* Sarsapa'rille *f.* **2.** *med.* Sarsapa'rillwurzel *f.* **3.** Sarsapa'rillex‚trakt *m.*
sar·sen ['sɑː(r)sn] *s geol.* großer Sandsteinblock.
sar·to·ri·al [sɑː(r)'tɔːrɪəl; *Am. a.* -'toʊ-] *adj* (*adv* ~ly) **1.** Schneider...: ~ **effect** schnittechnischer Effekt. **2.** Kleidung(s)...: ~ **elegance** Eleganz *f* der Kleidung.
sar·to·ri·us [sɑː(r)'tɔːrɪəs; *Am. a.* -'toʊ-] *s anat.* Sar'torius *m*, Schneidermuskel *m.*
Sar·um ['seərəm] *adj relig.* Salisbury...: ~ **use** Liturgie *f* von Salisbury.
sash[1] [sæʃ] *s* Schärpe *f.*
sash[2] [sæʃ] *s* **1.** (schiebbarer) Fensterrahmen. **2.** schiebbarer Teil (*des Schiebefensters*).
sa·shay [sæ'ʃeɪ] *Am.* **I** *v/i* **1.** schas'sieren (*beim Tanz*). **2.** *colloq.* tänzeln, hüpfen. **II** *s* **3.** *colloq.* Ausflug *m* (*a. fig.*).
sash | saw *s tech.* Schlitzsäge *f.* ~ **window** *s* Schiebe-, Fallfenster *n.*
sass [sæs] *Am.* **I** *s* **1.** *dial. für* sauce. **2.** *colloq.* Frechheit *f.* **II** *v/t* **3.** *colloq. j-m* frech antworten.
sas·sa·fras ['sæsəfræs] *s* **1.** *bot.* Sassafras(baum, -lorbeer) *m.* **2.** getrocknete Sassafraswurzelrinde.
Sas·se·nach ['sæsənæk] *Scot. od. Ir.* **I** *s* Engländer(in). **II** *adj* englisch.
sass·y ['sæsɪ] *adj Am. colloq.* **1.** frech. **2.** forsch. **3.** fesch, schick.
sat [sæt] *pret u. pp von* sit.
Sa·tan ['seɪtən] *s* (*fig.* **s~**) Satan *m*, Teufel *m.*
sa·tan·ic [sə'tænɪk] *adj* (*adv* ~ally) sa-'tanisch, teuflisch: **S~ school** satanische Schule (*literarische Schule, zu der* Byron *und* Shelley *gehörten*).
Sa·tan·ism ['seɪtənɪzəm] *s* Sata'nismus *m*: a) teuflische Bosheit, b) Teufelskult *m.*
satch·el ['sætʃəl] *s* (Schul)Tasche *f*, (-)Mappe *f*, (*bes.* Schul)Ranzen *m.*
sate[1] [seɪt] *v/t* über'sättigen: **to be ~d with** übersättigt sein von.
sate[2] [sæt; seɪt] *pret obs. von* sit.
sa·teen [sæ'tiːn] *s* ('Baum)Woll‚satin *m.*
sate·less ['seɪtlɪs] *adj poet.* unersättlich.
sat·el·lite ['sætəlaɪt] **I** *s* **1.** a) *astr.* Satel'lit *m*, Tra'bant *m*, Mond *m*, b) *tech.* (*künstlicher*) ('Erd)Satel‚lit: ~ **earth station** Erdfunkstelle *f*; ~ **killer** *mil.* Killersatellit; ~ **picture** *meteor. etc* Satellitenbild *n*; ~ **transmission** (*Rundfunk, TV*) Satellitenübertragung *f.* **2.** Tra'bant *m*, Anhänger *m*, Gefolgsmann *m*, *contp.* Krea'tur *f.* **3.** *fig.* Anhängsel *n*, *bes.* a) *a.* ~ **state** (*od.* **nation**) *pol.* Satel'lit(enstaat) *m*, b) *a.* ~ **town** (*od.* **city**) Tra'bantenstadt *f*, c) ~ **airfield** Ausweich-, Feldflugplatz *m*, d) *econ.* Zweigfirma *f.* **II** *v/t* **4.** *Rundfunk, TV:* per Satel'lit über'tragen.
sa·tem lan·guag·es ['sɑːtəm; 'seɪ-] *s pl ling.* Satemsprachen *pl.*
sa·ti·a·ble ['seɪʃjəbl; *bes. Am.* -ʃəbl] *adj* zu sättigen(d), zu befriedigen(d). **'sa·ti·ate I** *v/t* [-ʃɪeɪt] **1.** über'sättigen. **2.** vollauf sättigen *od.* befriedigen. **II** *adj* [-ət] **3.** über'sättigt. **‚sa·ti'a·tion** [-ʃɪ'eɪʃn] *s* **1.** Über'sättigung *f.* **2.** Befriedigung *f.*
sa·ti·e·ty [sə'taɪətɪ] *s* **1. (of)** Über'sättigung *f* (mit), 'Überdruß *m* (*an dat*): **to ~** bis zum Überdruß. **2.** Sattheit *f.*
sat·in ['sætɪn] **I** *s* **1.** Sa'tin *m*, Atlas *m* (*Stoff*). **2.** *a.* **white** ~ *sl.* Gin *m*, Wa-'cholderschnaps *m.* **II** *adj* **3.** Satin... **4.** a) seidenglatt, b) glänzend. **III** *v/t* **5.** *tech.* sati'nieren, glätten.
sat·i·net(te) [‚sætɪ'net] *s* Sati'net *m*, Halbatlas *m.*

sat·in| fin·ish s tech. ('Bürsten)Mattierung f. ~ **glass** s tech. sati'niertes Glas. ~ **pa·per** s sati'niertes Pa'pier, 'Atlaspa,pier n. ~ **stitch** s Stickerei: Flachstich m. ~ **white** s tech. Sa'tinweiß n (weiße Glanzpaste für Kunstdruckpapier). '~**wood** s bot. indisches Atlas- od. Sa'tinholz.
sat·in·y ['sætɪnɪ] adj seidig.
sat·ire ['sætaɪə(r)] s 1. Sa'tire f, bes. a) Spottgedicht n, -schrift f (**upon, on** auf acc), b) sa'tirische Litera'tur, c) Spott m. 2. fig. Hohn m (**upon, on** auf acc).
sa·tir·ic [sə'tɪrɪk] adj; **sa'tir·i·cal** adj (adv ~**ly**) sa'tirisch. **sat·i·rist** ['sætərɪst] s Sa'tiriker(in). '**sat·i·rize** v/t Sa'tiren od. e-e Satire machen auf (acc), verspotten.
sat·is·fac·tion [,sætɪs'fækʃn] s 1. Befriedigung f, Zu'friedenstellung f: **to find** ~ **in** Befriedigung finden in (dat); **to give** ~ befriedigen (→ 4). 2. (**at, with**) Zufriedenheit f (mit), Befriedigung f, Genugtuung f (über acc): **to the** ~ **of all** zur Zufriedenheit aller. 3. relig. Sühne f. 4. Satisfakti'on f, Genugtuung f (Duell etc): **to make** (od. **give**) ~ Genugtuung leisten. 5. jur. a) Befriedigung f: ~ **of a claim,** b) Erfüllung f: ~ **of an obligation,** c) Tilgung f, Bezahlung f: ~ **of debt; in** ~ **of** zur Befriedigung etc (gen). 6. Über'zeugung f, Gewißheit f: **to show to the court's** ~ jur. einwandfrei glaubhaft machen. ,**sat·is'fac·to·ri·ness** [-tərɪnɪs] s (das) Befriedigende. ,**sat·is'fac·to·ry** adj (adv **satisfactorily**) 1. befriedigend, zu'friedenstellend, 'hinreichend. 2. relig. sühnend, Sühne...
sat·is·fy ['sætɪsfaɪ] I v/t 1. (a. sexuell) befriedigen, zu'friedenstellen, ausfüllen: **this work does not** ~ **me; to be satisfied with s.th.** mit etwas zufrieden sein; **to rest satisfied** sich zufriedengeben. 2. a) j-n sättigen, b) s-n Appetit, a. s-e Neugier stillen, c) e-n Wunsch etc erfüllen, ein Bedürfnis, fig. e-n Anspruch, a. e-n Trieb befriedigen. 3. a) e-e Frage etc 'hinreichend beantworten, b) j-n über'zeugen (**of** von): **I am satisfied that** ich bin davon (od. ich habe mich) überzeugt, daß; **to** ~ **o.s. that** sich überzeugen od. vergewissern, daß. 4. a) e-n Anspruch befriedigen: **to** ~ **a claim,** b) e-r Schuld bezahlen, e-r Verpflichtung nachkommen: **to** ~ **an obligation,** c) e-e Bedingung, jur. a. das Urteil erfüllen, e-n Gläubiger befriedigen. 5. a) j-n entschädigen, b) etwas wieder'gutmachen. 6. e-r Anforderung entsprechen, genügen. 7. math. e-e Bedingung, e-e Gleichung erfüllen, befriedigen. II v/i 8. befriedigen, zu'friedenstellend sein. 9. relig. obs. Buße tun. '**sat·is·fy·ing** adj (adv ~**ly**) 1. befriedigend, zu'friedenstellend. 2. sättigend.
sa·trap ['sætræp; Am. 'seɪˌtræp] s hist. Sa'trap m (a. fig.), Statthalter m. '**sa·tra·py** [-trəpɪ] s Satra'pie f, Statthalterschaft f.
sat·su·ma¹ [sæt'suːmə] s bot. 1. Sat'sumabaum m. 2. a. ~ **orange** Sat'suma f (Mandarinenart).
Sat·su·ma² ['sætsumə; sæt'suːmə], a. ~ **ware** s Satsuma n (cremefarbene japanische Töpferware).
sat·u·rant ['sætərənt] I s 1. chem. neutrali'sierender Stoff. 2. med. Mittel n gegen Magensäure. II adj 3. bes. chem. sättigend.
sat·u·rate I v/t ['sætʃəreɪt] 1. bes. chem. phys. u. fig. sättigen, satu'rieren. 2. (durch)'tränken, durch'setzen: **to be** ~**d with** fig. erfüllt od. durchdrungen sein von. 3. mil. mit e-m Bombenteppich belegen. II adj [-rɪt; -reɪt] **saturated** 1

u. 3. '**sat·u·rat·ed** adj 1. durch'tränkt, -'setzt. 2. tropfnaß. 3. satt: ~ **colo(u)rs.** 4. a) bes. chem. phys. u. fig. satu'riert, gesättigt: ~ **solution;** ~ **steam** Sattdampf m, b) chem. reakti'onsträge.
sat·u·ra·tion [,sætʃə'reɪʃn] s 1. bes. chem. phys. u. fig. Sättigung f, Satu'rierung f. 2. (Durch)'Tränkung f, Durch-'setzung f. 3. Sattheit f (e-r Farbe). ~ **bomb·ing** s mil. Belegen n mit e-m Bombenteppich. ~ **point** s chem. Sättigungspunkt m: **to have reached** ~ fig. nicht mehr aufnahmefähig od. gesättigt sein (a. Markt).
Sat·ur·day ['sætə(r)dɪ] s Sonnabend m, Samstag m: **on** ~ (am) Sonnabend od. Samstag; **on** ~**s** sonnabends, samstags.
Sat·urn ['sætə(r)n] I npr 1. antiq. Sa'turn(us) m (altrömischer Gott). II s 2. astr. Sa'turn m (Planet). 3. chem. hist. Blei n. 4. her. Schwarz n.
Sat·ur·na·li·a [sætə(r)'neɪljə] s pl 1. antiq. Satur'nalien pl. 2. oft **s**~ (a. als sg konstruiert) fig. Orgie(n pl) f. ,**Sat·ur-'na·li·an** adj 1. antiq. satur'nalisch. 2. **s**~ fig. orgi'astisch.
Sa·tur·ni·an [sæ'tɜːnjən; Am. -'tɜːrnɪən] adj 1. astr. Saturn... 2. myth., a. fig. poet. sa'turnisch: ~ **age** goldenes Zeitalter; ~ **reign** glückliche Regierungszeit. 3. metr. sa'turnisch: ~ **verse.**
sat·ur·nine ['sætə(r)naɪn] adj (adv ~**ly**) 1. düster, finster: ~ **man;** ~ **face.** 2. **S**~ im Zeichen des Sa'turn geboren. 3. min. Blei...: ~ **red** Bleirot n; ~ **poisoning** med. Bleivergiftung f.
sat·yr ['sætə(r); Am. a. 'seɪ-] s 1. oft **S**~ antiq. Satyr m (Waldgott). 2. fig. Satyr m, sinnlich-lüsterner Mensch. 3. med. Satyro'mane m. ,**sat·y'ri·a·sis** [-'raɪəsɪs] s med. Saty'riasis f (abnormer Geschlechtstrieb beim Mann). **sa·tyr·ic** [sə'tɪrɪk] adj Satyr..., satyrartig: ~ **drama** antiq. Satyrspiel n.
sauce [sɔːs] I s 1. Soße f, Sauce f, Tunke f: **what is** ~ **for the goose is** ~ **for the gander** was dem einen recht ist, ist dem andern billig; → **hunger** 1. 2. fig. Würze f, Reiz m. 3. Am. Kom'pott n. 4. colloq. Frechheit f: **none of your** ~! werd bloß nicht frech! 5. tech. a) Beize f, b) (Tabak-) Brühe f. II v/t 6. mit Soße würzen bzw. zubereiten. 7. würzen (a. fig.). 8. (Am. sæs] colloq. frech sein zu. '~**boat** s Sau'ciere f, Soßenschüssel f. '~**box** s colloq. frecher Kerl. '~**dish** s bes. Am. Kom'pottschüssel f, -schale f. '~**pan** [-pən; Am. -ˌpæn] s Kochtopf m, Kasse'rolle f.
sau·cer ['sɔːsə(r)] s 'Untertasse f: → **flying saucer.** ~ **eye** s Kuller-, Glotzauge n. '~-**eyed** adj kuller-, glotzäugig. '~**man** [-mən] s irr Außerirdische(r) m.
sau·ci·ness ['sɔːsɪnɪs; Am. a. 'sæsɪ-] s 1. Frechheit f. 2. Keßheit f. '**sau·cy** adj (adv **saucily**) 1. frech. 2. colloq. flott, keß, fesch: **a** ~ **hat.**
sau·er·bra·ten ['saʊə(r)ˌbrɑːtən] s gastr. Sauerbraten m.
sau·er·kraut ['saʊə(r)kraʊt] s Sauerkraut n.
sault [suː] s Am. Stromschnelle f.
sau·na ['sɔːnə; bes. Am. 'saʊnə] s Sauna f.
saun·ter ['sɔːntə(r)] I v/i 1. schlendern, bummeln: **to** ~ **about** (od. **around**) herumschlendern, (-)bummeln. II s 2. (Her-'um)Schlendern n, Bummel m. 3. Schlendergang m. '**saun·ter·er** s Schlenderer m, Bummler m.
sau·ri·an ['sɔːrɪən] zo. I s Saurier m: a) Eidechse f, b) Rep'til n. II adj Saurier..., Eidechsen...
sau·ry ['sɔːrɪ] s ichth. Ma'krelenhecht m.
sau·sage ['sɒsɪdʒ] s 1. Wurst f: **not a** ~ überhaupt nichts. 2. a. ~ **balloon** aer.

colloq. 'Fesselbal,lon m. 3. contp. Deutsche(r m) f. ~ **dog** s Br. colloq. Dackel m. ~ **meat** s Wurstteig m, -masse f, Brät n.
sau·té ['səʊteɪ; Am. sɔː'teɪ; səʊ'teɪ] I adj sau'té, sau'tiert (in wenig Fett schnell gebraten). II s Sau'té n.
sav·a·ble ['seɪvəbl] adj zu retten(d).
sav·age ['sævɪdʒ] I adj (adv ~**ly**) 1. allg. wild: a) primi'tiv: ~ **tribes,** b) ungezähmt: ~ **beasts,** c) wüst, schroff: ~ **land,** d) bru'tal, grausam, e) grimmig, f) colloq. wütend, böse. II s 2. Wilde(r m) f. 3. Rohling m, Unmensch m. 4. Bar-'bar(in), ,Halbwilde(r m) f. 5. bösartiges Tier, bes. bissiges Pferd. III v/t 6. j-n bru'tal behandeln, j-m übel mitspielen. 7. anfallen u. beißen od. niedertrampeln (Pferd etc), arg zurichten. 8. scharf od. heftig kriti'sieren. '**sav·age·dom** s 1. Wildheit f. 2. die Wilden pl. '**sav·age·ness** s 1. Wildheit f, Roheit f, Grausamkeit f. 2. Wut f, Bissigkeit f. '**sav·age·ry** [-dʒrɪ; -dʒərɪ] s 1. 'Unzivili,siertheit f, Wildheit f. 2. Roheit f, Grausamkeit f, Barba'rei f.
sa·van·na(h) [sə'vænə] s geogr. Sa'vanne f.
sa·vant ['sævənt; Am. a. sæ'vɑːnt] s (großer) Gelehrter.
sa·vate [sə'væt; sə'vɑːt] s sport Sa'vate f, Fußboxen n.
save¹ [seɪv] I v/t 1. (er)retten (**from** von, vor dat): **to** ~ **s.o.'s life** j-m das Leben retten; → **bacon** 2. mar. bergen. 3. bewahren, schützen (**from** vor dat): **God** ~ **the queen** Gott erhalte die Königin; **to** ~ **the situation** die Situation retten; → **appearance** Bes. Redew., **face** 6, **harmless** 2. 4. Geld sparen, einsparen: **to** ~ **fuel** Treibstoff sparen; **to** ~ **time** Zeit gewinnen. 5. a. ~ **up** aufbewahren, -heben, (auf)sparen: ~ **it!** sl. ,geschenkt!'; → **breath** 1. 6. a. die Augen schonen, schonend 'umgehen mit: **to** ~ **o.s.** (**one's strength**) **for s.th.** sich (s-e Kräfte) für etwas schonen. 7. j-m e-e Mühe etc ersparen: **he** ~**d me the trouble of reading it.** 8. relig. 9. (**from**) retten (aus), erlösen (von). 9. ausnehmen: (God) ~ **the mark!** iro. verzeihen Sie die Bemerkung!; ~ (od. **saving**) **your presence** (od. **reverence**) mit Verlaub. 10. a. ~ **up** Geld sparen. 11. sport a) Tor verhindern, b) Schuß etc halten, pa'rieren. II v/i 12. a. ~ **up** sparen (**for** für, auf acc). 13. sport 1) retten, halten, b) Satzball etc abwehren. 14. Am. sich halten (Lebensmittel). III s 15. sport Pa'rade f: **to make a brilliant** ~ hervorragend parieren.
save² [seɪv] prep u. conj außer (dat), mit Ausnahme von (od. gen), ausgenommen (nom), abgesehen von: ~ **all** him alle außer ihm; ~ **for** bis auf (acc); ~ **that** abgesehen davon, daß; nur, daß.
'**save-all** s 1. Sparvorrichtung f, bes. a) tech. Auffang-, Sammelvorrichtung f, b) mar. Wassersegel n od. -fänger m. 2. dial. Sparbüchse f. 3. dial. Arbeitsanzug m.
sav·e·loy [ˌsævə'lɔɪ; 'sævəlɔɪ] s Zerve'latwurst f.
sav·er ['seɪvə(r)] s 1. Retter(in). 2. Sparer(in). 3. fig. sparsames Gerät etc: **the new electric range is a time-**~ der neue Elektroherd spart Zeit. '**sav·ing** I adj 1. rettend, befreiend: **a** ~ **humo(u)r** ein befreiender Humor. 2. ~ relig. erlösend: ~ **grace** seligmachende Gnade. 3. sparsam (oft mit). 4. ...sparend: **time**~. 5. ausgleichend, versöhnend: → **redeem** 8. 6. jur. Vorbehalts...: ~ **clause.** II s 7. (Er)Rettung f (**from** von, vor dat). 8. a) Sparen n, b) Ersparnis f, Einsparung f: ~ **of time** Zeitersparnis. 9. pl Erspar-

savings account – scaglia

nis(se *pl*) *f*, Spargeld(er *pl*) *n*, Rücklage *f*. **10.** *jur*. Vorbehalt *m*. **III** *prep u. conj* **11.** → save². **12.** unbeschadet (*gen*): → save¹ 9.
sav·ings| ac·count *s* Sparkonto *n*. ~ **bank** *s* Sparkasse *f*; ~ **(deposit) book** Spar(kassen)buch *n*. ~ **de·pos·it** *s* Spareinlage *f*.
sav·ior, *bes. Br.* **sav·iour** ['seɪvjə(r)] *s* (Er)Retter *m*, Erlöser *m*: **the S~** *relig.* der Heiland *od.* Erlöser.
sa·voir-faire [ˌsævwɑː(r)ˈfeə(r)] *s* Savoir-'faire *n*, Gewandtheit *f*, Takt(gefühl *n*) *m*. **ˌsa·voir-'vi·vre** [-ˈviːvrə] *s* Savoir-'vivre *n*, feine Lebensart.
sa·vor, *bes. Br.* **sa·vour** ['seɪvə(r)] **I** *s* **1.** (Wohl)Geschmack *m*, (-)Geruch *m*. **2.** *bes. fig.* Würze *f*, Reiz *m*. **3.** *fig.* Beigeschmack *m*, Anstrich *m*, Anflug *m* (of von). **II** *v/t* **4.** kosten. **5.** *bes. fig.* genießen, auskosten. **6.** *bes. fig.* würzen, schmackhaft machen. **7.** *fig.* e-n Anstrich *od.* Beigeschmack haben von, schmecken nach. **III** *v/i* **8.** (**of**) a) *a. fig.* schmecken, riechen (nach), b) *fig.* e-n Beigeschmack haben (von). **'sa·vor·i·ness**, *bes. Br.* **'sa·vour·i·ness** [-rɪnɪs] *s* Wohlgeschmack *m*, -geruch *m*, Schmackhaftigkeit *f*. **'sa·vor·less**, *bes. Br.* **'sa·vour·less** *adj* geschmacklos, geruchlos, fade.
sa·vor·y¹, *bes. Br.* **sa·vour·y** ['seɪvərɪ] **I** *adj* **1.** wohlschmeckend, -riechend, schmackhaft. **2.** *a. fig.* appe'titlich, angenehm. **3.** würzig, pi'kant (*a. fig.*). **II** *s* **4.** *Br.* pi'kante Vor- *od*. Nachspeise.
sa·vor·y² ['seɪvərɪ] *s bot.* Kölle *f*, Bohnenkraut *n*.
sa·vour, *etc bes. Br. für* **savor**, *etc*.
sa·voy [sə'vɔɪ] *s bot.* Wirsing(kohl) *m*.
Sa·voy·ard [sə'vɔɪə(r)d] *s* Savo'yarde *m*, Savo'yardin *f*. **II** *adj* savo'yardisch.
sav·vy ['sævɪ] *sl.* **I** *v/t* **1.** ˌka'pieren, verstehen. **II** *v/i* **2.** ~? kapiert?; **no** ~ a) kapier' ich nicht, b) keine Ahnung. **III** *s* **3.** 'Grips' *m*, 'Köpfchen' *n*, Verstand *m*, 'Durchblick' *m*. **4.** Geschick *n*: **political** ~; **he has no business** ~ er ist einfach kein Geschäftsmann. **IV** *adj* **5.** clever, mit 'Köpfchen'.
saw¹ [sɔː] **I** *s* **1.** Säge *f*: **singing** (*od.* **musical**) ~ *mus.* singende Säge. **2.** *zo.* a) Säge *f* (*des Sägehais*), b) Legedorn *m* (*der Blattwespen*). **3.** *Whist:* Zwickmühle *f*. **II** *v/t pret* **sawed** *pp* **sawed** *od.* **sawn** [sɔːn] **4.** sägen: **to ~ down** a tree e-n Baum umsägen; **to ~ off** absägen; **a ~n-off shotgun** e-e abgesägte Schrotflinte; **to ~ out boards** Bretter zuschneiden; **to ~ up** zersägen; **to ~ the air (with one's hands)** (mit den Händen) in der Luft herumfuchteln; **to ~ wood** *sl.* ˌsägen' (*schnarchen*). **5.** *colloq.* e-e Melodie (auf der Geige *etc*) ˌkratzen'. **III** *v/i* **6.** sägen. **7.** sich sägen lassen. **8. to ~ away at the violin** *colloq.* auf der Geige ˌherumkratzen'.
saw² [sɔː] *pret von* **see¹**.
saw³ [sɔː] *s* Sprichwort *n*.
'saw|·back *s* (gezackte) Bergkette. ~ **blade** *s* Sägeblatt *n*. **'~·bones** *pl* **-bones** *od.* **-bones·es** *s sl.* a) ˌMedi'zinmann' *m* (*Arzt*), b) ˌBauchaufschneider' *m* (*Chirurg*). **'~·buck** *s Am.* **1.** Sägebock *m*. **2.** *sl.* 10-Dollar-Note *f*.
saw·der ['sɔːdə(r)] *colloq.* **I** *s meist* **soft** ~ ˌSchmus' *m*, Schmeiche'lei *f*. **II** *v/t j-m* um den Bart gehen, schmeicheln.
'saw|·dust I *s* **1.** Sägemehl *n*: **to let the** ~ **out of** *fig.* die Hohlheit zeigen *od.* entlarven (*acc*). **II** *adj* **2.** Zirkus... **3.** *fig.* hohl, leer (*Phrasen etc*). **'~·fish** *pl* **-fish·es**, *bes. collect.* **-fish** *s* Sägefisch *m*. **'~·fly** *s zo.* Blattwespe *f*. ~ **frame**, ~ **gate** *s tech.* Sägegatter *n*. ~ **grass** *s bot.*

Am. Riedgras *n*. **'~·horse** *s* Sägebock *m*. **'~·mill** *s* Sägewerk *n*, -mühle *f*.
sawn [sɔːn] *pp von* **saw¹** II.
Saw·ney ['sɔːnɪ] *s colloq.* **1.** (Spitzname für) Schotte *m*. **2.** **s~** Trottel *m*.
saw|·set *s tech.* Schränkeisen *n*. **'~·tooth I** *s irr* **1.** Sägezahn *m*. **II** *adj* **2.** Sägezahn...: ~ **roof** Säge-, Scheddach *n*. **3.** *electr.* Sägezahn...: ~ **voltage** Sägezahn-, Kippspannung *f*; ~ **wave** Sägezahn-, Kippschwingung *f*. **'~·toothed** *adj* **1.** mit Sägezähnen (versehen). **2.** gezahnt (*Blatt etc*). **'~·wort** *s bot.* Färberdistel *f*.
saw·yer ['sɔːjə(r)] *s* **1.** Säger *m*. **2.** *zo.* Holzbohrer *m*.
sax¹ [sæks] *s* **1.** Spitzhacke *f*. **2.** *hist.* Sachs *m* (*zweischneidiges Schwert*).
sax² [sæks] *s colloq.* ˌSax' *n* (*Saxophon*).
sax·a·tile ['sæksətaɪl; -tɪl] *adj bot. zo.* Felsen..., Stein...
Saxe [sæks] *s a.* ~ **blue** Sächsischblau *n*.
sax·horn ['sækshɔːn] *s mus.* Saxhorn *n*.
sax·i·frage ['sæksɪfrɪdʒ; -freɪdʒ] *s bot.* Steinbrech *m*.
Sax·on ['sæksn] **I** *s* **1.** Sachse *m*, Sächsin *f*. **2.** *hist.* (Angel)Sachse *m*, (Angel)Sächsin *f*. **3.** *ling.* Sächsisch *n*, das Sächsische: **Old** ~ Altsächsisch, das Altsächsische (*germanische Sprache*). **II** *adj* **4.** sächsisch. **5.** (alt-, angel)sächsisch, *ling. oft* ger'manisch: ~ **genitive** sächsischer Genitiv. ~ **blue** → **Saxe**.
'Sax·on·dom *s* **1.** Angelsachsentum *n*. **2.** *collect.* die Angelsachsen *pl*. **'Sax·on·ism** *s* angelsächsische Spracheigenheit, angelsächsisches Wort. **'Sax·on·ist** *s* Kenner(in) des (Angel- *od.* Alt-) Sächsischen. **'Sax·o·ny** *s* **1.** *geogr.* Sachsen *n*. **2.** **s~**, *a.* ~ **cloth** feiner, glänzender Wollstoff.
sax·o·phone ['sæksəfəʊn] *s mus.* Saxo'phon *n*. **sax·o·phon·ist** ['sæksəfəʊnɪst; *bes. Am.* ˌsæksə'fəʊnɪst] *s* Saxopho'nist (-in).
sax·tu·ba ['sæksˌtjuːbə; *Am. a.* -ˌtuː-bə] *s* Saxtuba *f*.
say¹ [seɪ] **I** *v/t pret u. pp* **said** [sed] *2. sg pres obs. od. Bibl.* **say(e)st** [ˈseɪ(ə)st], *3. sg pres* **says** [sez] *obs. od. poet.* **saith** [seθ] **1.** sagen, sprechen: **to ~ yes to s.th.** ja zu etwas sagen; **they have little to ~ to each other** sie haben sich wenig zu sagen. **2.** sagen, äußern, vorbringen, berichten: **to have s.th. to ~ to** (*od.* **with**) etwas zu sagen haben in (*dat*) *od.* bei; **he has nothing to ~ for himself** a) er ist sehr zurückhaltend, b) *contp.* mit ihm ist nicht viel los; **have you nothing to ~ for yourself?** hast du nichts zu d-r Rechtfertigung zu sagen?; **the Bible ~s** die Bibel sagt, in der Bibel heißt es *od.* steht; **people** (*od.* **they**) ~ **he is ill, he is said to be ill** man sagt *od.* es heißt, er sei krank; er soll krank sein; **what do you ~** (*oft* **what** ~ **you**) **to ...?** was hältst du von ...?, wie wäre es mit ...?; **it ~s** es lautet (*Schreiben etc*); **it ~s here** hier heißt es, hier steht (geschrieben); (**and**) **that's ~ing something!** (und) das will was heißen!; → **bead 2, nothing** *Bes. Redew.* **3.** sagen, behaupten, versprechen: **you said you would come**; → **soon 2. 4.** a) **~ over** *ein Gedicht etc* auf-, 'hersagen, b) *relig. ein Gebet* sprechen, c) *R.C.* die Messe lesen; → **grace¹ 11. 5.** (be)sagen, bedeuten: **that is to ~** das heißt; **$ 500,** ~, **five hundred dollars** 500 \$ in Worten: fünfhundert Dollar; **this is ~ing a great deal** das will viel heißen. **6.** *colloq.* annehmen: (**let us**) ~ **this happens** angenommen *od.* nehmen wir (mal) an, das geschieht; **a sum of,** ~, **\$ 500** e-e Summe von sagen wir (mal) 500 \$; **a country,** ~ **India** ein Land wie (z. B.) Indien; **I should** ~ ich würde sagen, ich dächte (schon).

II *v/i* **7.** sagen, meinen: **it is hard to** ~ ist schwer zu sagen; **you may well** ~ **so** das kann man wohl sagen; **you don't** ~ (**so**)! was du nicht sagst!; ~**s he?** *colloq.* sagt er?; ~**s you!** das sagst du!, ˌdenkste'! **8. I** ~ *interj* a) hör(en Sie) mal!, sag(en Sie) mal!, b) (*erstaunt od. beifällig*) Donnerwetter!, ich muß schon sagen!
III *s* **9.** Ausspruch *m*, Behauptung *f*: **to have one's** ~ **(to, on)** s-e Meinung äußern (über *acc od.* zu). **10.** Mitspracherecht *n*: **to have a (no)** ~ **in s.th.** etwas (nichts) zu sagen haben bei etwas; **let him have his** ~ laß(t) ihn (doch auch mal) reden! **11.** *a.* **final** ~ endgültige Entscheidung: **who has the** ~ **in this matter?** wer hat in dieser Sache zu entscheiden *od.* das letzte Wort (zu sprechen)?
say² [seɪ] *s ein feiner Wollstoff*.
say·est ['seɪəst] *obs.* **2.** *sg pres von* **say¹**: **thou** ~ du sagst.
say·ing ['seɪɪŋ] *s* **1.** Reden *n*, Sagen *n*: **it goes without** ~ es versteht sich von selbst, es ist selbstverständlich; **there is no** ~ man kann nicht sagen *od.* wissen (**ob, wann** *etc*). **2.** Ausspruch *m*. **3.** Sprichwort *n*, Redensart *f*: **as the** ~ **goes** (*od.* **is**) wie man sagt, wie es (im Sprichwort) heißt.
'say-so *s colloq.* **1.** (bloße) Behauptung: **just on his** ~ auf s-e bloße Behauptung hin. **2.** → **say¹** 10 *u.* 11.
sayst [seɪst] → **sayest**.
'sblood [zblʌd] *interj obs. abbr. für* God's Blood! verflucht!
scab [skæb] **I** *s* **1.** *med.* a) Grind *m*, (Wund)Schorf *m*, b) Krätze *f*. **2.** *vet.* (*bes.* Schaf)Räude *f*. **3.** *bot.* Schorf *m*. **4.** *sl.* Ha'lunke *m*. **5.** *sl.* a) Streikbrecher(in), b) j-d, der sich nicht an die Ta'rifbestimmungen hält (*bes. der unter Tariflohn arbeitet*), c) Nichtgewerkschaft(l)er *m*: ~ **work** Schwarzarbeit *f*, *a.* Arbeit *f* unter Tariflohn. **6.** *tech.* Gußfehler *m*. **II** *v/i* **7.** verschorfen, (sich) verkrusten. **8.** *a.* ~ **it** *sl.* als Streikbrecher *od.* unter Ta'riflohn arbeiten.
scab·bard ['skæbə(r)d] *s* (Degen- *etc*) Scheide *f*.
scabbed [skæbd] *adj* **1.** → **scabby**. **2.** *bot.* schorfig.
scab·bi·ness ['skæbɪnɪs] *s* **1.** Grindigkeit *f*. **2.** *vet.* Räudigkeit *f*. **3.** *colloq.* Schäbigkeit *f*, Gemeinheit *f*. **'scab·by** *adj* **1.** a) schorfig, grindig, b) mit Krätze behaftet. **2.** *vet.* räudig. **3.** *colloq.* schäbig, gemein.
sca·bies ['skeɪbiːz; -bɪz] → **scab 1** *u.* 2.
sca·bi·ous¹ ['skeɪbjəs; -bɪəs] *adj* **1.** *med.* skabi'ös, krätzig. **2.** *vet.* räudig.
sca·bi·ous² ['skeɪbjəs; -bɪəs] *s bot.* Skabi'ose *f*.
sca·brous ['skeɪbrəs; *Am.* 'skæ-] *adj* **1.** rauh, schuppig (*Pflanze etc*). **2.** heikel, schwierig, kniff(e)lig: **a** ~ **question**. **3.** *fig.* schlüpfrig, anstößig.
scad [skæd] *s* **1.** *pl* **scads**, *bes. collect.* ~**s of money**.
scad *ichth.* a) (ein) Stöckerfisch *m*, b) Cata'lufa(fisch) *m*. **2.** *meist pl Am. colloq.* ein ˌHaufen' *m*, e-e (Un)Menge: ~**s of money**.
scaf·fold ['skæfəld] **I** *s* **1.** (Bau-, Arbeits)Gerüst *n*, Gestell *n*. **2.** Blutgerüst *n*, (*a*. Tod *m* auf dem) Scha'fott *n*. **3.** ('Redner-, 'Zuschauer)Tri buüne *f*. **4.** *thea.* Bühne *f*, *bes. hist.* Schaugerüst *n*. **5.** *anat.* a) Knochengerüst *n*, b) Stützgewebe *n*. **6.** *tech.* Ansatz *m* (*im Hochofen*). **II** *v/t* **7.** ein Gerüst anbringen an (*dat*). **8.** auf e-m Gestell aufbauen. **'scaf·fold·er** *s* Gerüstbauer *m*. **'scaf·fold·ing** *s* **1.** (Bau)Gerüst *n*. **2.** Ge'rüstmateri̯al *n*. **3.** Aufbau *m* des Gerüsts.
scag [skæg] *s Am. sl.* ˌSchnee' *m* (*Heroin*).
scagl·ia ['skæljə] *s* Scaglia *f* (*Kalksteinart*).

scagl·io·la [skæl'jəʊlə] s Scagli'ola f (*marmorartiger Kunststein*).
scal·a·ble ['skeɪləbl] adj ersteigbar.
scal·age ['skeɪlɪdʒ] s Am. **1.** econ. Schwundgeld n. **2.** Holzgewicht n.
sca·lar ['skeɪlə(r)] math. **I** adj ska'lar, ungerichtet. **II** s Ska'lar m, ska'lare Größe.
scal·a·wag ['skæləwæg] s **1.** Kümmerling m (*Tier*). **2.** colloq. Lump m, Taugenichts m, pl Gesindel n. **3.** hist. Am. sl. Scalawag m (*Schimpfname für e-n republikanerfreundlichen Weißen in den Südstaaten nach dem Sezessionskrieg*).
scald[1] [skɔːld] s Skalde m (*nordischer Sänger*).
scald[2] [skɔːld] **I** v/t **1.** verbrühen: **to ~ one's fingers on** (*od.* **with**) **hot fat** sich mit heißem Fett die Finger verbrühen; **to be ~ed to death** tödliche Verbrennungen erleiden. **2.** *Milch etc* abkochen: **~ing hot** a) kochendheiß, b) glühendheiß (*Tag etc*); **~ing tears** fig. heiße Tränen. **3.** *Obst etc* dünsten. **4.** *Geflügel, Schwein etc* (ab-) brühen. **5.** a. **~ out** auskochen. **II** s **6.** Verbrühung f, Verbrennung f, Brandwunde f. **7.** bot. Braunfleckigkeit f (*an Obst*).
scale[1] [skeɪl] **I** s **1.** zo. Schuppe f, collect. Schuppen pl. **2.** med. Schuppe f: **to come off in ~s → 12; the ~s fall from my eyes** fig. es fällt mir wie Schuppen von den Augen; **to remove the ~s from s.o.'s eyes** fig. j-m die Augen öffnen. **3.** bot. a) Schuppenblatt n, b) (*Erbsen- etc*)Hülse f, Schale f. **4.** (*Messer*)Schale f. **5.** zo. a) Schildlaus f. **6.** Ablagerung f, bes. a) Kesselstein m, b) med. Zahnstein m: **to form ~ → 13. 7.** sg od. pl metall. Zunder m: **~ iron scale**. **II** v/t **8.** a. **~ off** a) *e-n Fisch* (ab)schuppen, b) *e-e Schicht etc* ablösen, (ab)schälen, (ab)häuten: **to ~ almonds** Mandeln schälen. **9.** a) abklopfen, den Kesselstein entfernen aus, b) *Zähne* vom Zahnstein befreien. **10.** e-e Kruste od. Kesselstein ansetzen in (*dat*) od. an (*dat*). **11.** metall. ausglühen. **III** v/i **12.** a. **~ off** sich (ab)schuppen od. lösen, abschilfern, abblättern. **13.** Kessel- od. Zahnstein ansetzen.
scale[2] [skeɪl] **I** s **1.** Waagschale f (a. fig.): **~s of Justice** Waage f der Justitia od. Gerechtigkeit; **to hold the ~s even** gerecht urteilen; **to throw into the ~** fig. das Schwert etc in die Waagschale werfen; **to turn** (od. **tip**) **the ~s** fig. den Ausschlag geben; **to turn** (od. **tip**) **the ~s at 100 lbs** 100 Pfund wiegen; **to weight the ~s in favo(u)r of s.o.** j-m e-n (unerlaubten) Vorteil verschaffen. **2.** meist pl Waage f: **a pair of ~s** e-e Waage; **to go to ~** sport gewogen werden (*Boxer, Jockey*); **to go to ~ at 90 lbs** 90 Pfund wiegen od. auf die Waage bringen. **3.** *S-s pl astr.* Waage f. **II** v/t **4.** wiegen. **5.** colloq. (ab-, aus)wiegen. **III** v/i **6.** sport gewogen werden: **to ~ in** (**out**) vor (nach) dem Rennen gewogen werden (*Jockey*).
scale[3] [skeɪl] **I** s **1.** a) Stufenleiter f, Staffelung f, b) Skala f, Ta'rif m: **~ of fees** Gebührenordnung f; **~ of salaries** Gehaltsstaffelung f; **~ of wages** Lohnskala, -tabelle f. **2.** Stufe f (*auf e-r Skala, Stufenleiter etc, a. fig.*): **social ~** Gesellschaftsstufe; **to sink in the ~** im Niveau sinken. **3.** phys. tech. Skala f: **~ division** Gradeinteilung f; **~ line** Teilstrich m e-r Skala. **4.** geogr. math. tech. a) Maßstab(sangabe f) m, b) loga'rithmischer Rechenstab: **enlarged** (**reduced**) **~** vergrößerter (verkleinerter od. verjüngter) Maßstab; **in** (*od.* **to**) **~** maßstab(s)getreu od. -gerecht; **at a ~ of 1 inch to 1 mile** im Maßstab 1 Zoll : 1 Meile; **drawn to a ~ of 1 : 5** im Maßstab 1 : 5 gezeichnet; **~**

model maßstab(s)getreues Modell. **5.** fig. Maßstab m, Größenordnung f, 'Umfang m: **on a large ~** in großem Umfang, großen Stils. **6.** math. (nu'merische) Zahlenreihe: **decimal ~** Dezimalreihe. **7.** mus. a) Tonleiter f, Skala f, b) 'Ton umfang m (*e-s Instruments*), c) ('Orgelpfeifen)Men sur f: **to run over** (od. **learn**) **one's ~s** Tonleitern üben. **8.** ped. psych. Test(stufen)reihe f. **9. on a ~** (*Börse*) zu verschiedenen Kurswerten; **to buy on a ~** s-e Käufe über e-e Baisseperiode verteilen; **to sell on a ~** s-e Verkäufe über e-e Hausseperiode verteilen. **10.** fig. Leiter f, Treppe f: **a ~ to success**.
II v/t **11.** erklettern, ersteigen, erklimmen (*a. fig.*). **12.** geogr. math. tech. a) maßstab(s)getreu zeichnen: **to ~ off a length** math. e-e Strecke abtragen, b) maßstäblich ändern: **to ~ down** (**up**) maßstab(s)gerecht od. maßstäblich verkleinern (vergrößern). **13.** tech. mit e-r Teilung versehen. **14.** einstufen: **to ~ down** Löhne, Forderungen etc herunterschrauben; **to ~ up** Preise etc hochschrauben.
III v/i **15.** (*auf e-r Skala od. fig.*) klettern, steigen: **to ~ down** fallen; **to ~ up** steigen, in die Höhe klettern.
scale arͺmo(u)r s Schuppenpanzer m. **~ beam** s Waagebalken m. **~ buy·ing** s econ. (spekula'tiver) Aufkauf von 'Wertpaͺpieren. **'~-down** maßstab(s)gerechte od. maßstäbliche Verkleinerung.
scaled [skeɪld] adj **1.** zo. schuppig. **2.** abgeschuppt: **~ herring**. **3.** mit e-r Skala (versehen).
scale fern s bot. Schuppenfarn m.
'scale·less adj schuppenlos.
sca·lene ['skeɪliːn; skeɪ'l-] **I** adj math. ungleichseitig (*Figur*), schief (*Körper*). **II** s math. schiefwink(e)liges Dreieck.
scal·er ['skeɪlə(r)] s **1.** Zahnstein- od. tech. Kesselsteinschaber m. **2.** electr. phys. Fre'quenzteiler m.
scale rule s Maßstab m, -stock m. **~ sell·ing** s econ. (spekula'tiver) Verkauf von 'Wertpaͺpieren. **'~-up** s maßstab(s)gerechte od. maßstäbliche Vergrößerung.
scal·i·ness ['skeɪlɪnɪs] s Schuppigkeit f.
scal·ing ['skeɪlɪŋ] s **1.** (Ab)Schuppen n, Abblättern n. **2.** Kesselstein- od. Zahnsteinentfernung f. **3.** Erklettern n, Aufstieg m (*a. fig.*): **~ ladder** mil. hist. Sturmleiter f. **4.** econ. (spekula'tiver) Auf- u. Verkauf m von 'Wertpaͺpieren.
scall [skɔːl] s med. (Kopf)Grind m, Schorf m: **dry ~** Krätze f.
scal·la·wag → scalawag.
scal·lion ['skæljən] s bot. **1.** Scha'lotte f. **2.** Lauch m.
scal·lop ['skɒləp; Am. 'skɑl-; 'skæl-] **I** s **1.** zo. Kammuschel f. **2.** meist pl Kammuschelfleisch n (*Delikatesse*). **3.** a. **~ shell** Muschel(schale) f (a. aus Porzellan zum Servieren von Ragouts etc). **4.** Näherei: Lan'gette f. **II** v/t **5.** ausbogen, bogenförmig verzieren: **~ed edge** Wellenschliff m (*e-s Messers*). **6.** Näherei: lang et'tieren. **7.** *Speisen* in e-r (Muschel-) Schale über'backen.
scalp [skælp] **I** s **1.** anat. Kopfhaut f. **2.** Skalp m (*abgezogene Kopfhaut als Siegeszeichen*): **to take s.o.'s ~** j-n skalpieren; **to be out for ~s** sich auf dem Kriegspfad befinden, fig. angriffslustig sein; **to clamo(u)r for s.o.'s ~** fig. ,j-s Kopf' fordern. **3.** fig. 'Siegestroͺphäe f. **4.** econ. bes. Am. colloq. kleiner Pro'fit. **5.** [a. skɔːp] a) Scot. od. dial. (Fels)Nase f, b) poet. Bergkuppe f. **II** v/t **6.** j-n skal'pieren. **7.** econ. bes. Am. colloq. Wert-

papiere mit kleinem Pro'fit weiterverkaufen. **8.** colloq. Eintrittskarten auf dem schwarzen Markt verkaufen. **9.** Am. colloq. a) e-n Gegner ,erledigen', ,fertigmachen' (*a. sport*), b) bes. pol. j-n ,kaltstellen'. **III** v/i **10.** econ. bes. Am. colloq. mit kleinen Gewinnen speku'lieren. **11.** colloq. Eintrittskarten auf dem schwarzen Markt verkaufen.
scal·pel ['skælpəl] s med. Skal'pell n.
'scalp·er s **1.** med. Knochenschaber m. **2.** econ. bes. Am. colloq. kleiner Speku'lant. **3.** colloq. Kartenschwarzhändler(-in).
scal·y ['skeɪlɪ] adj **1.** schuppig, geschuppt. **2.** Schuppen... **3.** schuppenförmig. **4.** schilferig, sich abschuppend. **5.** sl. schäbig, gemein.
scam [skæm] s Am. sl. ,Masche' f, 'Gaunermeͺthode f.
scam·mo·ny ['skæmənɪ] s **1.** bot. Skam'monia f. **2.** pharm. Skam'monium(-harz) n.
scamp [skæmp] **I** s **1.** Ha'lunke m. **2.** humor. Spitzbube m. **II** v/t **3.** schlud(e)rig ausführen, 'hinschlampen.
scam·per ['skæmpə(r)] **I** v/i **1.** a. **~ about** (od. **around**) (her'um)tollen, her'umhüpfen. **2.** hasten: **to ~ away** (od. **off**) sich davonmachen. **II** s **3.** (Her'um)Tollen n, Her'umhüpfen n: **the dog needs a ~** der Hund braucht Auslauf.
scam·pi ['skæmpi] s pl Scampi pl.
scan [skæn] **I** v/t **1.** genau od. kritisch prüfen, forschend od. scharf ansehen, Horizont etc absuchen: **to ~ s.o.'s face for s.th.** in j-s Gesicht nach etwas suchen. **2.** über'fliegen: **to ~ the headlines**. **3.** metr. skan'dieren. **4.** Computer, Radar, TV: abtasten. **II** v/i **5.** metr. a) skan'dieren, b) sich gut etc skan'dieren (lassen).
scan·dal ['skændl] s **1.** Skan'dal m: a) skanda'löses Ereignis, b) (öffentliches) Ärgernis: **to cause ~** Anstoß erregen, c) Schande f, Schmach f (**to** für). **2.** Verleumdung f, (böswilliger) Klatsch, Skan'dalgeschichten pl: **to talk ~** klatschen. **3.** jur. üble Nachrede. **4.** ,unmöglicher' Mensch.
scan·dal·ize[1] ['skændəlaɪz] v/t Anstoß erregen bei (*dat*), j-n schoc'kieren: **to be ~d at s.th.** über etwas empört od. entrüstet sein.
scan·dal·ize[2] ['skændəlaɪz] v/t mar. Segel verkleinern, ohne zu reffen.
'scanͺdalͺmon·ger s Lästermaul n, Klatschbase f.
scan·dal·ous ['skændələs] adj (adv **~ly**) **1.** skanda'lös, anstößig, schoc'kierend, em'pörend: **~ behavio(u)r**. **2.** schändlich, schimpflich. **3.** verleumderisch, Schmäh...: **~ stories** Skandalgeschichten. **4.** klatschsüchtig (*Person*).
scan·dal sheet s Skan'dalblatt n, ,Re'volverblatt' n.
Scan·di·na·vi·an [ͺskændɪ'neɪvjən; -vɪən] **I** adj **1.** skandi'navisch. **II** s **2.** Skandi'navier(in). **3.** ling. a) Skandi'navisch n, das Skandinavische, b) Altnordisch n, das Altnordische.
scan·ner ['skænə(r)] s **1.** Computer, Radar, TV: Abtaster m. **2.** → **scanning disk**.
'scan·ning s Computer, Radar, TV: Abtastung f. **~ beam** s Abtaststrahl m. **~ disk** s TV (Bild)Abtaster m, Abtastscheibe f. **~ lines** s pl TV Rasterlinien pl.
scan·sion ['skænʃn] s metr. Skansi'on f, Skan'dierung f.
scan·so·ri·al [skæn'sɔːrɪəl] adj zo. **1.** Kletter...: **~ foot**. **2.** zu den Klettervögeln gehörig.
scant [skænt] adj (adv **~ly**) knapp (**of an** dat), spärlich, kärglich, gering, dürftig: **a**

~ chance e-e geringe Chance; ~ measure knappes Maß; ~ supply geringer Vorrat; a ~ 2 hours knapp 2 Stunden; ~ of breath kurzatmig. 'scant·ies [-tɪz] s pl Damenslip m. 'scant·i·ness [-tɪnɪs] s Knappheit f (of an dat), Kargheit f.
scant·ling ['skæntlɪŋ] s 1. tech. a) Latte f, Sparren m, b) collect. zugeschnittenes Bauholz. 2. (vorgeschriebene) Stärke od. Dicke (von Bauholz, Steinen etc). 3. tech. Rahmenschenkel m. 4. tech. Faßgestell n. 5. kleine Menge od. (An)Zahl.
'scant·ness → scantiness.
scant·y ['skæntɪ] adj (adv scantily) 1. kärglich, dürftig, spärlich, (a. Bikini etc) knapp. 2. unzureichend, (zu) knapp. 3. beengt, klein (Raum etc).
scape¹ [skeɪp] s 1. bot. zo. Schaft m. 2. arch. Schaft m. (Säulen)Schaft m.
scape² [skeɪp] s u. v/t u. v/i obs. für escape.
-scape [skeɪp] Wortelement mit der Bedeutung Landschaft, Bild: sandscape Wüstenlandschaft f.
'scape·goat s Bibl. Sündenbock m (a. fig.). ~grace s Taugenichts m, Lump m.
'scape·ment → escapement.
scaph·oid ['skæfɔɪd] anat. I adj scapho'id, Kahn... II s a. ~ bone Scapho'id n, Kahnbein n.
sca·pi ['skeɪpaɪ] pl von scapus.
scap·u·la ['skæpjʊlə] pl -lae [-liː], -las anat. Schulterblatt n. 'scap·u·lar II adj 1. anat. Schulter(blatt)... II s 2. relig. Skapu'lier n. 3. med. Schulterbinde f. 4. ~ scapula. 5. a. ~ feather orn. Schulter(blatt)feder f. 'scap·u·lar·y [-lərɪ; Am. -ˌleriː] → scapular II.
sca·pus ['skeɪpəs] pl -pi [-paɪ] s bot. orn. Schaft m.
scar¹ [skɑː(r)] I s 1. med. Narbe f (a. bot.; a. fig. psych.). 2. Schramme f, Kratzer m: the ~s of the war fig. die Spuren des Kriegs. 3. fig. (Schand)Fleck m, Makel m. II v/t 4. e-e Narbe od. Narben hinter'lassen auf (dat): ~ed face narbiges Gesicht. 5. fig. bei j-m ein Trauma hinter'lassen. 6. fig. entstellen, verunstalten. III v/i 7. ~ over vernarben (a. fig.).
scar² [skɑː(r)] s Klippe f, steiler (Felsen-) Abhang.
scar·ab ['skærəb] s 1. → scarabaeus. 2. zo. allg. Mistkäfer m. scar·a'bae·oid s 1. → scarabaeid. 2. stili'sierter od. imi'tierter Skara'bäus.
scar·a·bae·us [ˌskærə'biːəs] pl -bae·us·es, -bae·i [-'biːaɪ] s 1. zo. Skara'bäus m. 2. fig. Skara'bäus m (Amulett, Siegel, Schmuck etc). 'scar·a·bee [-biː] → scarabaeus.
Scar·a·mouch ['skærəmuːtʃ; -muːʃ; -maʊtʃ] s 1. Skara'muz m (italienische Lustspielgestalt). 2. a. s~ fig. Maulheld m.
scarce [skeə(r)s] I adj 1. knapp, spärlich: ~ goods, ~ commodities econ. Mangelwaren. 2. selten, rar: a ~ book; to make o.s. ~ colloq. a) ,sich dünnmachen', b) ,sich rar machen'. II adv 3. obs. od. poet. für scarcely. 'scarce·ly adv 1. kaum, gerade erst: ~ anything kaum etwas, fast nichts; ~ ... when kaum ... als. 2. wohl nicht, kaum, schwerlich: you can ~ expect that. 'scarce·ness, 'scar·ci·ty [-ətɪ] s 1. a) Knappheit f, Mangel m (of an dat), b) Verknappung f. 2. (Hungers)Not f: ~ value Seltenheitswert m.
scare [skeə(r)] I v/t 1. erschrecken, ängstigen, in Schrecken od. Panik versetzen, j-m e-n Schrecken einjagen: to be ~d of s.th. vor etwas Angst haben; to ~ s.o. into doing s.th. j-n (so) einschüchtern, daß er etwas tut; to ~ s.o. stiff (od. silly, out of his wits, to death) colloq. a) j-n ,zu Tode' erschrecken, b) j-m e-e Heidenangst einjagen. 2. a. ~ away (od. off) Vögel etc, a. j-n verscheuchen, -jagen. 3. ~ up a) Wild etc aufscheuchen, b) Am. colloq. Geld, Hilfe etc ,organi'sieren', auftreiben, c) Am. colloq. Essen ,zaubern'. II v/i 4. erschrecken: to ~ easily a) schreckhaft sein, b) colloq. ,sich leicht ins Bockshorn jagen lassen'. III s 5. a) Schreck(en) m, Panik f, b) blinder A'larm: ~ buying Angstkäufe pl; ~ news Schreckensnachricht f. ~crow s 1. Vogelscheuche f (a. fig. Person). 2. fig. Schreckbild n, -gespenst n, Popanz m.
scared·y-cat ['skeə(r)dɪkæt] s colloq. Angsthase m.
'scare·head(·line) s (riesige) Sensati'onsschlagzeile f. '~mon·ger s Panikmacher(in). '~mon·ger·ing s Panikmache f.
scarf¹ [skɑː(r)f] pl scarfs [-fs], scarves [-vz] s 1. Hals-, Kopf-, Schultertuch n, Schal m. 2. (breite) Kra'watte (für Herren). 3. mil. Schärpe f. 4. relig. (breite, schwarze) Seidenstola. 5. Tischläufer m.
scarf² [skɑː(r)f] pl scarfs I s 1. tech. a) Laschung f (von 2 Hölzern), b) mar. Lasch m. 2. tech. zugeschärfter Rand. 3. → scarf joint. 4. Walfang: Einschnitt m, Kerbe f. II v/t 5. tech. a) zs.-blatten, -laschen, b) mar. (ver)laschen. 6. tech. Leder etc (zu)schärfen. 7. e-n Wal aufschneiden.
scarf| joint s tech. Blattfuge f. '~pin s Kra'wattennadel f. '~skin s anat. Oberhaut f. '~weld s tech. über'lappte Schweißung.
scar·i·fi·ca·tion [ˌskeərɪfɪ'keɪʃn] s med. Hautritzung f. 'scar·i·fi·ca·tor [-tə(r)] s med. Stichlemesser n. 'scar·i·fi·er [-faɪə(r)] s 1. ~ scarificator. 2. agr. Messeregge f. 3. tech. Straßenaufreißer m.
scar·i·fy ['skeərɪfaɪ] v/t 1. die Haut ritzen, aufreißen, bes. med. skarifi'zieren. 2. fig. a) Gefühle etc verletzen, b) scharf kriti'sieren. 3. agr. a) den Boden auflockern, b) Samen anritzen.
scar·la·ti·na [ˌskɑː(r)lə'tiːnə] s med. Scharlach(fieber n) m.
scar·let ['skɑː(r)lət] I s 1. Scharlach(rot n) m. 2. Scharlach(tuch n, -gewand n) m. II adj 3. scharlachrot: to flush (od. turn) ~ puterrot werden. 4. fig. unzüchtig. ~ fe·ver s med. Scharlach(fieber n) m. ~ hat s Kardi'nalshut m. ~ let·ter s hist. Scharlachbuchstabe m (scharlachrotes A als Abkürzung von adultery = Ehebruch). ~ run·ner (bean) s bot. Scharlach-, Feuerbohne f. S~ Wom·an, a. S~ Whore s 1. Bibl. (die) (scharlachrot gekleidete) Hure. 2. fig. (das) heidnische od. päpstliche Rom.
scarp [skɑː(r)p] I s 1. steile Böschung. 2. mil. Grabenböschung f. II v/t 3. abböschen. scarped [-pt] adj steil, abschüssig.
scar·per ['skɑː(r)pə] v/i Br. sl. ,abhauen', ,verduften'.
scarred [skɑː(r)d] adj narbig, voller Narben, von Narben bedeckt.
scarves [skɑː(r)vz] pl von scarf¹.
scar·y ['skeərɪ] adj colloq. 1. a) grus(e)lig, schaurig (Geschichte etc), b) unheimlich (Gegend etc). 2. a) furchtsam, b) schreckhaft.
scat¹ [skæt] colloq. I interj 1. ,hau ab!', ,verdufte!' 2. Tempo! II v/i 3. ,abhauen', ,verduften'. 4. sausen.
scat² [skæt] s dial. 1. Schlag m, Knall m. 2. Br. (Regen)Schauer m.
scat³ [skæt] (Jazz) I s Scat m (Verwendung zs.-hangloser Silben an Stelle von Worten beim Singen). II v/i Scat singen.
scathe [skeɪð], obs. od. dial. scath [skæθ] I v/t 1. vernichtend kriti'sieren.

2. poet. versengen. 3. obs. od. Scot. verletzen. II s 4. Schaden m: without ~. 5. Beleidigung f. 'scathe·less adj unversehrt. scath·ing ['skeɪðɪŋ] adj (adv ~ly) 1. ätzend, vernichtend: ~ criticism. 2. verletzend.
sca·tol·o·gy [skæ'tɒlədʒɪ; Am. -'tɑːl-] s 1. med. Skatolo'gie f, Kotstudium n. 2. geol. Studium n der Kopro'lithen. 3. fig. Beschäftigung f mit dem Ob'szönen (in der Literatur).
scat·ter ['skætə(r)] I v/t 1. a. ~ about (od. around) (aufs Gerate'wohl) ver-, her'um-, ausstreuen: to be ~ed all over the place überall herumliegen; to ~ money about fig. mit dem Geld um sich werfen. 2. Menge etc zerstreuen, Vögel etc ausein'anderscheuchen, Nebel etc zerteilen: to be ~ed to the four winds in alle Winde zerstreut werden od. sein. 3. Gebäude etc verstreut anordnen: the houses lie ~ed in the valley die Häuser sind über das ganze Tal verstreut. 4. Geld verzetteln: to ~ one's strength fig. s-e Kräfte od. sich verzetteln. 5. bestreuen (with mit). 6. phys. Licht etc zerstreuen. II v/i 7. sich zerstreuen (Menge etc), ausein'anderstieben (Vögel etc), sich zerteilen (Nebel etc). 8. (over über acc, in in dat) a) sich verteilen, verstreuen, b) verteilt od. verstreut sein. 9. streuen (Gewehr, Schrotschuß, a. Radio etc). III s 10. Ver-, Ausstreuen n. 11. a ~ of houses vereinzelte od. verstreute Häuser; there was a ~ of raindrops es hat ein bißchen getröpfelt. 12. bes. phys., a. Computer, Radio, Statistik etc: Streuung f. ~bomb s mil. Streubrandbombe f. '~brain s oberflächlicher od. 'unkonzen'trierter Mensch. '~brained adj oberflächlich, 'unkonzen,triert.
'scat·tered adj 1. ver-, zerstreut (liegend od. vorkommend etc). 2. vereinzelt: ~ rain showers (riots, etc). 3. fig. wirr, kon'fus: a ~ story; ~ thoughts. 4. phys. dif'fus (Licht etc): ~ radiation Streustrahlung f. 'scat·ter·ing adj ~ scattered 1, 4: ~ angle phys. Streuwinkel m.
scat·ter rug s Am. (kleine) Brücke.
scat·ty ['skætɪ] adj (adv scattily) Br. colloq. 1. (ein bißchen) verrückt. 2. ~ scatterbrained.
scaup (duck) [skɔːp] s orn. Bergente f.
scaup·er ['skɔːpə(r)] s tech. Hohleisen n.
scaur [skɔː(r)] bes. Scot. für scar².
scav·enge ['skævɪndʒ] I v/t 1. Straßen etc reinigen, säubern. 2. mot. Zylinder von Gasen reinigen, (mit Luft) ausspülen: scavenging air Spülluft f; scavenging stroke Spültakt m, Auspuffhub m. 3. metall. reinigen. 4. Am. a) Abfälle, Überreste etc auflesen, aufsammeln, b) Eßbares etc auftreiben, ergattern. 5. Am. a) nach etwas Brauchbarem suchen in (dat), b) Laden etc durch'stöbern (for nach). II v/i 6. ~ for nach etwas Eßbarem, Brauchbarem etc (her'um)suchen: to ~ in dustbins for food. 'scav·en·ger s 1. bes. Br. Straßenkehrer m. 2. Müllmann m. 3. a) Trödler m, Altwarenhändler m, b) Lumpensammler m. 4. chem. Reinigungsmittel n. 5. zo. Aasfresser m.
sce·na ['ʃeɪnə; Am. 'ʃeɪnɑː] s mus. 1. Opernszene f. 2. dra'matisches Rezita'tiv.
sce·nar·i·o [sɪ'nɑːrɪəʊ; Am. sə'neər-] pl -os s 1. thea. Sze'nar(ium) n, Sze'nario n (Textbuch mit Bühnenanweisungen). 2. Film: Drehbuch n. 3. fig. Plan m (mit Alterna'tivlösungen). 4. fig. Sze'narium n, (geplanter) Ablauf. sce·nar·ist ['siːnərɪst; Am. sə'neər-] s Film: Drehbuchautor m. sce·nar·ize ['siːnəraɪz; Am. sə'neər-] v/t zu e-m Drehbuch 'umarbeiten.
scene [siːn] s 1. thea. a) Szene f, Auftritt m

m, b) Ort *m* der Handlung, Schauplatz *m* (*a. e-s Romans etc*), c) Ku'lisse *f*, d) → **scenery** b, e) *obs.* Bühne *f*: → **lay¹** 10, **set** 60; **change of ~** Szenenwechsel *m*, *fig.* ,Tapetenwechsel' *m*; **behind the ~s** hinter den Kulissen (*a. fig.*). **2.** Film, TV: Szene *f*. **3.** Szene *f*, Epi'sode *f* (*in e-m Roman etc*). **4.** *paint.* Landschaftsbild *n*. **5.** Szene'rie *f*, 'Hintergrund *m* (*e-r Erzählung etc*). **6.** *fig.* Szene *f*, Schauplatz *m*: **~ of accident** (**crime, crash**) Unfallort *m* (Tatort *m*, Absturzstelle *f*); **to be on the ~** zur Stelle sein. **7.** Szene *f*, Anblick *m*: **~ of destruction** Bild *n* der Zerstörung. **8.** Szene *f*: a) Vorgang *m*, Vorfall *m*, b) (heftiger) Auftritt: **to make (s.o.) a ~** (j-m) e-e Szene machen. **9.** *colloq.* (*Drogen-, Pop- etc*)Szene *f*. **10.** *fig.* (Welt-)Bühne *f*: **to quit the ~** von der Bühne abtreten (*sterben*). **11. classical music is not my ~** *colloq.* klassische Musik ist nicht mein Fall. **~ bay, ~ dock** *s thea.* Ku'lissenraum *m.* **~ paint·er** *s* **1.** *thea.* Bühnenmaler(in). **2.** *Literatur:* Landschaftsschilderer *m*.

scen·er·y ['si:nərɪ] *s* Szene'rie *f*: a) Landschaft *f*, Gegend *f*, b) Bühnenbild*ⁿ n*, -ausstattung *f*, Ku'lissen *pl*, Dekorati'on *f*.

'scene,shift·er *s thea.* Ku'lissenschieber *m*, Bühnenarbeiter *m*.

sce·nic ['si:nɪk; 'sen-] **I** *adj* (*adv ~ally*) **1.** landschaftlich, Landschafts... **2.** landschaftlich schön, malerisch: **a ~ valley**; **~ railway** in e-r künstlichen Landschaft angelegte Liliputbahn; **~ road** landschaftlich schöne Strecke. **3.** *thea.* a) szenisch, Bühnen...: **~ designer** Bühnenbildner(in), b) dra'matisch (*a. paint. etc*): **~ effects**, c) Ausstattungs...: **~ artist** → **scene painter** 1. **II** *s* **4.** Na'turfilm *m*. **'sce·ni·cal** → **scenic** I.

sce·no·graph·ic [ˌsi:nəʊ'græfɪk; -nə'g-] *adj*, **ˌsce·no'graph·i·cal** *adj* (*adv ~ly*) szeno'graphisch, perspek'tivisch. **sce·nog·ra·phy** [sɪ'nɒgrəfɪ; *Am.* -'nɑ:g-] *s* Szenogra'phie *f*: a) perspek'tivische Darstellung, b) *thea.* perspek'tivische 'Bühnenmale,rei.

scent [sent] **I** *s* **1.** (*bes.* Wohl)Geruch *m*, Duft *m*: **there was a ~ of danger** *fig.* es lag etwas (*Bedrohliches*) in der Luft. **2.** *bes. Br.* Par'füm *n*. **3.** *hunt. n.* a) Witterung *f*, b) Spur *f*, Fährte *f* (*a. fig.*): **to be on the** (**wrong**) **~** auf der (falschen) Fährte sein; **to follow up the ~** der Spur folgen; **to put on the ~** auf die Fährte setzen; **to put** (*od.* **throw**) **off the ~** von der (richtigen) Spur ablenken. **4.** a) Geruchssinn *m*, b) *zo. u. fig.* Spürsinn *m*, Witterung *f, gute etc* Nase: **to have a ~ for s.th.** *fig.* e-e Nase *od.* e-n ,Riecher' für etwas haben. **5.** *Schnitzeljagd*: a) Pa'pierschnitzel *pl*, b) Fährte *f*. **II** *v/t* **6.** *etwas* riechen. **7.** *a.* **~ out** *hunt. od. fig.* wittern, (auf)spüren: **to ~ treachery** Verrat wittern. **8.** mit Wohlgeruch erfüllen. **9.** *bes. Br.* parfü'mieren. **III** *v/i* **10.** *hunt.* Witterung haben, e-e Fährte *od.* Spur verfolgen. **~ bag** *s* **1.** *zo.* Duftdrüse *f*. **2.** *Fuchsjagd:* künstliche Schleppe. **3.** Duftkissen *n*. **~ bot·tle** *s bes. Br.* Par'füm,fläschchen *n*.

scent·ed ['sentɪd] *adj* **1.** duftend. **2.** *bes. Br.* parfü'miert. **~ fern** *s bot.* Bergfarn *m*.

scent gland *s zo.* Duft-, Moschusdrüse *f*. **'scent·less** *adj* **1.** geruchlos. **2.** *hunt.* ohne Witterung (*Boden*).

scep·sis, *bes. Am.* **skep·sis** ['skepsɪs] *s* **1.** (about) Skepsis *f* (gegen'über), Zweifel *m* (an *dat*). **2.** *philos.* Skepti'zismus *m*.

scep·ter, *bes. Br.* **scep·tre** ['septə(r)] *s* Zepter *n*: a) Herrscherstab *m*: **to wield the ~** das Zepter schwingen *od.* führen, herrschen, b) *fig.* Herrschergewalt *f*.

'scep·tered, *bes. Br.* **'scep·tred** *adj* **1.** zeptertragend, herrschend (*a. fig.*). **2.** königlich.

scep·tic, *bes. Am.* **skep·tic** ['skeptɪk] *s* **1.** (*philos.* meist **S~**) Skeptiker(in). **2.** *relig.* Zweifler(in), *allg.* Ungläubige(r *m*) *f*, Athe'ist(in). **'scep·ti·cal**, *bes. Am.* **'skep·ti·cal** *adj* (*adv ~ly*) skeptisch (*a. philos.*), 'mißtrauisch, ungläubig: **a ~ smile**; **to be ~ about** (*od.* **of**) **s.th.** e-r Sache skeptisch gegenüberstehen, etwas bezweifeln, an etwas zweifeln. **'scep·ti·cism**, *bes. Am.* **'skep·ti·cism** [-sɪzəm] → **scepsis**.

scep·tre *etc bes. Br. für* **scepter**, *etc.*

scha·den·freu·de ['ʃɑ:dənˌfrɔɪdə] (*Ger.*) *s* Schadenfreude *f*.

sched·u·lar ['ʃedjʊlə; *Am.* 'skedʒələr] *adj* Tabellen..., Listen...

sched·ule ['ʃedju:l; *Am.* 'skedʒu:l] **I** *s* **1.** Liste *f*, Ta'belle *f*, Aufstellung *f*, Verzeichnis *n*, *jur. a.* Kon'kursta,belle *f*. **2.** *bes. jur.* 'Zusatzar,tikel *m*, Anhang *m*. **3.** a) Zeitplan *m*, Radsport: 'Marschta,belle *f*, (Lehr-, Arbeits-, Stunden)Plan *m*, b) Fahr-, Flugplan *m*: **to be ahead of ~** dem Zeitplan voraus sein; **to be behind ~** Verspätung haben, *weitS. a.* im Verzug *od.* Rückstand sein; **to be on ~** (fahr)planmäßig *od.* pünktlich ankommen, c) Ter'minka,lender *m*. **4.** a) Formblatt *n*, Formu'lar *n*, b) Fragebogen *m*. **5.** *econ.* a) 'Einkommensteuerformu,lar *n*, b) Steuerklasse *f*. **6.** *obs.* Doku'ment *n*. **II** *v/t* **7.** *etwas* in e-r Liste *etc od.* tabel'larisch zs.-stellen. **8.** (in e-e Liste *etc*) eintragen, -fügen: **the train is ~d to leave at six** der Zug fährt fahrplanmäßig um 6 (ab). **9.** *bes. jur.* (als Anhang) beifügen (**to** *dat*). **10.** a) festlegen, -setzen, b) planen, vorsehen. **11.** klassifi'zieren. **'sched·uled** *adj* **1.** planmäßig (*Abfahrt etc*): **~ flight** *aer.* Linienflug *m*. **2. a. ~ eight-round fight** (*Boxen*) ein auf 8 Runden angesetzter Kampf.

sche·ma ['ski:mə] *pl* **-ma·ta** [-mətə] *s* **1.** Schema *n* (*a. philos.*). **2.** *Logik:* syllo'gistische Fi'gur. **3.** *Rhetorik:* Schema *n*, 'Redefi,gur *f*. **sche·mat·ic** [skɪ'mætɪk] **I** *adj* (*adv ~ally*) **1.** sche'matisch. **II** *s* **2.** sche'matische Darstellung. **3.** *electr.* Schaltbild *n*. **sche·ma·tism** *s* **1.** sche'matische Anordnung. **2.** *philos.* Sche'matismus *m* (*bei Kant*). **'sche·ma·tize** *v/t* schemati'sieren.

scheme [ski:m] **I** *s* **1.** Schema *n*, Sy'stem *n*, Anlage *f*: **~ of colo(u)r** Farbenzusammenstellung *f*, -skala *f*; **~ of philosophy** philosophisches System. **2.** a) Schema *n*, Aufstellung *f*, Ta'belle *f*, b) 'Übersicht *f*, c) sche'matische Darstellung. **3.** Zeitplan *m*. **4.** Plan *m*, Pro'jekt *n*, Pro'gramm *n*: **~ irrigation ~**. **5.** (dunkler) Plan, In'trige *f*, Kom'plott *n*. **6.** *astr.* A'spektendarstellung *f*. **II** *v/t* **7.** *a.* **~ out** entwerfen, planen. **8.** *contp.* Böses planen, aushecken. **9.** in ein Schema *od.* Sy'stem bringen. **III** *v/i* **10.** Pläne machen. **schmieden**: **to ~ for s.th.** auf etwas hinarbeiten. **11.** intri'gieren, Ränke schmieden. **'schem·er** *s* **1.** Plänemacher *m*. **2.** Intri'gant *m*, Ränkeschmied *m*. **'schem·ing** *adj* (*adv ~ly*) intri'gierend, ränkevoll.

sche·moz·zle [ʃɪ'mɒzəl] *s Am. sl.* **1.** Durchein'ander *n*. **2.** ,Krach' *m* (*Streit*).

scher·zan·do [skeə(r)t'sændəʊ; -'sɑ:n-] *mus. I adj od adv* scher'zando, heiter. **II** *pl* **-di** [-di:], **-dos** *s* Scher'zando *n*.

scher·zo [skeə(r)tsəʊ] *pl* **-zos, -zi** [-tsi:] *s mus.* Scherzo *n*.

Schick test [ʃɪk] *s med.* Schicktest *m*, Schicksche Reakti'on.

Schie·dam [skɪ'dæm; *Am.* 'ski:ˌd-] *s* Schie'damer *m* (*holländischer Kornbranntwein*).

schil·ler ['ʃɪlə(r)] *s min.* Schillerglanz *m*.

schism ['sɪzəm; 'skɪzəm] *s* **1.** *fig.* Spaltung *f*. **2.** *relig.* a) Schisma *n*, Kirchenspaltung *f*, b) Lossagung *f* (from von). **schis·mat·ic** [-'mætɪk] *bes. relig.* **I** *adj* (*adv ~ally*) schis'matisch, abtrünnig. **II** *s* Schis'matiker *m*. **schis'mat·i·cal** *adj* (*adv ~ly*) → **schismatic** I.

schist [ʃɪst] *s geol.* Schiefer *m*. **'schist·ose** [-təʊs] *adj geol.* schief(e)rig, Schiefer...

schis·to·so·mi·a·sis [ˌʃɪstəsəʊ'maɪəsɪs] *s med.* Schistosomi'ase *f* (*e-e Wurmerkrankung*).

schist·ous ['ʃɪstəs] → **schistose**.

schi·zan·thus [skaɪ'zænθəs; skɪ-] *s bot.* Spaltblume *f*.

schiz·o ['skɪtsəʊ] *colloq. I adj* → **schizophrenic** II. **II** *pl* **-os** *s* → **schizophrenic** I.

schiz·o·carp ['skɪtsəʊkɑ:(r)p; *Am. a.* 'skɪzə-] *s bot.* Schizo'karp *n*, Spaltfrucht *f*. **schiz·o·gen·e·sis** [ˌskɪtsəʊ'dʒenɪsɪs; *Am. a.* ˌskɪzəʊ-] *s zo.* Schizogo'nie *f*. **ˌschiz·o'gen·ic**, **schi·zog·e·nous** [skɪt'sɒdʒɪnəs; *Am.* -'sɑ-; *a.* skɪz'ɒ-] *adj zo.* schizo'gen, durch,Spaltung entstehend. **schiz·oid** ['skɪtsɔɪd] *psych.* **I** *adj* schizo'id. **II** *s* Schizo'ide(r *m*) *f*. **schiz·o·my·cete** [ˌskɪtsəʊmaɪ'si:t; -'maɪs-; *Am. a.* ˌskɪzə-] *s bot.* Schizomy'zet *m*, Spaltpilz *m*. **schiz·o·phrene** ['skɪtsəʊfri:n] *s psych.* Schizo'phrene(r *m*) *f*. **ˌschiz·o'phre·ni·a** [-nɪə; -nɪə] *s psych.* Schizophre'nie *f*. **ˌschiz·o'phren·ic** [-'frenɪk] *psych.* **I** *s* Schizo'phrene(r *m*) *f*. **II** *adj* (*adv ~ally*) schizo'phren: **to be ~** *colloq.* mit sich selbst uneins sein (**over** über *acc*). **schiz·o·phyte** ['skɪtsəfaɪt; *Am. a.* 'skɪzə-] *s bot.* Schizo'phyte *f*, Spaltpflanze *f*. **schiz·o·thy·mi·a** [ˌskɪtsəʊ'θaɪmjə; -mɪə] *s psych.* Schizothy'mie *f*, la'tente Spaltung der Per'sönlichkeit. **ˌschiz·o'thy·mic** *adj psych.* schizo'thym. **schiz·y, schiz·zi** ['skɪtsɪ; *Am. a.* 'skɪzɪ] *adj colloq. für* **schizoid**.

schle·miel, schle·mihl [ʃlə'mi:l] *s Am. sl.* **1.** Schle'mihl *m*, Pechvogel *m*. **2.** Tolpatsch *m*.

schlep(p) [ʃlep] *Am. sl.* **I** *v/t* a) schleppen, b) (mit sich) her'umschleppen. **II** *v/i* sich schleppen: **to ~ through the traffic** sich durch den Verkehr quälen. **III** *s* schlepper. **'schlep·per** [-pər] *s Am. sl.* ,Trottel' *m*, ,Blödmann' *m*.

schlie·ren ['ʃlɪərən] *s pl min. phys.* Schlieren *pl*.

schlock [ʃlɒk] *Am. sl.* **I** *adj* ,mies' (*Ware, Künstler etc*). **II** *s* Ramsch *m*, Ausschuß *m*, Schund(ware *f*) *m*. **'~mei·ster** [-ˌmaɪstər] *s Am. sl.* **1.** 'Schundprodu,zent *m*. **2.** Ramschhändler *m*.

schmal(t)z [ʃmɔ:lts] *s sl.* **1.** ,Schmalz' *m*, Gefühlsduse'lei *f*. **2.** *mus.* 'Schmalz(musik *f*) *m*. **3.** (sentimen'taler) Kitsch. **4.** *Am.* Schmalz *n*. **'schmal(t)z·y** *adj sl.* **1.** ,schmalzig'. **2.** kitschig.

schmear, schmeer [ʃmɪə(r)] *s*: **the whole ~** *sl.* der ganze ,Kram' *od.* ,Laden'.

Schmidt cam·er·a [ʃmɪt] *s* Schmidt-Kamera *f*. **~ tel·e·scope** *s* Schmidt-'Spiegel(tele,skop *n*) *m*.

schmo [ʃməʊ] *pl* **schmoes** *s Am. sl.* ,Trottel' *m*, ,Blödmann' *m*.

schmuck [ʃmʌk] *s Am. sl.* **1.** ,Bauer' *m*. **2.** ,Fiesling' *m*, gemeiner Kerl.

schnap·per ['ʃnæpə(r)] *s ichth.* Schnapper *m*.

schnap(p)s [ʃnæps] *s* Schnaps *m*.

schnau·zer ['ʃnaʊtsə(r); *Am. bes.* 'ʃnaʊzər] *s zo.* Schnauzer *m*.

schnit·zel ['ʃnɪtsəl] *s* Wiener Schnitzel *n*.

schnook [ʃnʊk] s Am. sl. ,Trottel' m, ,Blödmann' m.
schnor·kel [ˈʃnɔː(r)kl] → snorkel.
schnoz·zle [ˈʃnɑzəl] s Am. sl. ,Zinken' m (Nase).
schol·ar [ˈskɒlə; Am. ˈskɑlər] s **1.** a) Gelehrte(r m) f, bes. Geisteswissenschaftler(in), b) Gebildete(r m) f: a Shakespeare ~ ein Shakespeare-Kenner od. -Forscher. **2.** Stuˈdierende(r m) f: at 80 he was still a ~ als Achtzigjähriger war er noch (immer) ein Lernender; he is an apt ~ er lernt gut; he is a good French ~ im Französischen ist er gut beschlagen. **3.** ped. univ. Stipendiˈat(in). **4.** dial. Alphaˈbet(in). **5.** obs. od. poet. Schüler(in), Jünger(in): the ~s of Socrates. **6.** obs. Schüler(in). **ˈschol·ar·ly** [-lɪ] adj u. adv **1.** gelehrt. **2.** wissenschaftlich. **3.** gelehrthaft. **ˈschol·ar·ship** s **1.** Gelehrsamkeit f, ([geistes]wissenschaftliche) Forschung: classical ~ humanistische Bildung. **2.** ped. univ. (Beˈgabten)Stiˈpendium n.
scho·las·tic [skəˈlæstɪk] **I** adj (adv ~ally) **1.** (geistes)wissenschaftlich, akaˈdemisch: ~ education. **2.** Schul..., schulisch, Schüler...: ~ achievements schulische Leistungen. **3.** erzieherisch, pädaˈgogisch: ~ profession Lehr(er)beruf m. **4.** oft S~ philos. schoˈlastisch: ~ theology. **5.** fig. schoˈlastisch, schulmeisterlich, spitzfindig, peˈdantisch. **II** s **6.** a. S~ philos. Schoˈlastiker m. **7.** fig. Schulmeister m, Peˈdant m. **scho·las·ti·cism** [-sɪzəm] s **1.** a. S~ Schoˈlastik f. **2.** fig. Pedanteˈrie f.
scho·li·ast [ˈskəʊliæst] s **1.** antiq. Schoˈli·ast m (Verfasser von Scholien). **2.** fig. Kommenˈtator m (anˈtiker Schriftsteller). **scho·liˈas·tic** adj schoˈlastisch, erläuternd. **ˈscho·li·um** [-ljəm; -ɪəm] pl **-li·a** [-ljə; -ɪə], **-li·ums** s **1.** Scholie f (gelehrte Erläuterung). **2.** bes. math. erläuternder Zusatz.
school[1] [skuːl] **I** s **1.** Schule f (Institution): at ~ auf der Schule (→ 4); → high school, etc. **2.** (Schul)Stufe f: lower ~ Unterstufe; senior (od. upper) ~ Oberstufe, -klassen pl. **3.** Kurs m, Lehrgang m. **4.** (meist ohne art) (ˈSchul)Unterricht m, Schule f: at (od. in) ~ in der Schule; to go to ~ zur Schule gehen; to put to ~ einschulen; there is no ~ today heute ist schulfrei; → tale 5. **5.** Schule f, Schulhaus n, -gebäude n. **6.** Am. Hochschule f: the ~s of the Universitäten. **7.** univ. Schule f, (selbständige) Abˈteilung innerhalb e-r Fakultät, Fachbereich m: the medical ~ die medizinische Fakultät. **8.** univ. Prüfungssaal m (in Oxford). **9.** pl univ. ˈSchlußexˌamen n (für den Grad e-s Bachelor of Arts; in Oxford): in the ~s im (Schluß)Examen. **10.** fig. harte etc Schule, Lehre f: a severe ~. **11.** paint. philos. etc Schule f: other ~s of opinion andere Meinungsrichtungen; the Hegelian ~ philos. die hegelianische Schule od. Richtung, die Hegelianer pl; ~ of thought (geistige) Richtung; there are different ~s of thought on that darüber gehen die Meinungen auseinander; → old school. **12.** univ. hist. Hörsaal m. **13.** the ~s, the S~ hist. a) die Schoˈlastiker pl, b) die Schoˈlastik. **14.** mar. mil. a) Exerˈzierworschrift f, b) Drill m. **15.** mus. Schule f: a) Lehrbuch n, b) Lehre f, Syˈstem n.
II v/t **16.** einschulen. **17.** schulen, ausbilden (in in dat): ~ed geschult, geübt. **18.** sein Temperament, s-e Zunge etc zügeln, beherrschen. **19.** ~ o.s. (to) sich erziehen (zu), sich üben in (dat), sich o.s. to do s.th. lernen od. sich daran gewöhnen, etwas zu tun. **20.** ein Pferd dresˈsieren. **21.** obs. tadeln.

school[2] [skuːl] s ichth. Schwarm m (a. fig.), Schule f, Zug m (Wale etc).
ˈschool·a·ble [ˈskuːləbl] adj **1.** schulpflichtig. **2.** obs. bildungsfähig.
schoolˈage s schulpflichtiges Alter: to be of ~ schulpflichtig sein. **ˈ~-age** adj schulpflichtig: ~ children. **ˈ~bag** s Schultasche f. **ˈ~board** s Am. (loˈkale) Schulbehörde. **~book** s Schulbuch n. **ˈ~boy** s Schüler m, Schuljunge m. **ˈ~boy·ish** adj schuljungenhaft. **~bus** s Schulbus m. **ˈ~chil·dren** s pl Schüler pl, Schulkinder pl. **~day** s **1.** Schultag m. **2.** pl Schulzeit f. **~di·vin·i·ty** s schoˈlastische Theoloˈgie. **~drop-out** s Schulabbrecher(in). **ˈ~fel·low** → schoolmate. **ˈ~girl** s Schulmädchen n. **ˈ~girl·ish** adj schulmädchenhaft (Benehmen etc), (Kleidung a.) jungˈmädchenhaft. **ˈ~house** s **1.** bes. Dorfschulhaus n. **2.** Br. (Wohn)Haus n des Schulleiters.
ˈschool·ing s **1.** (ˈSchul)Unterˌricht m. **2.** Schulung f. **3.** Schulgeld n. **4.** Dresˈsieren n, Dresˈsur f (von Pferden). **5.** obs. Tadel m.
school| **leav·er** s bes. Br. Schulabgänger(in). **~ leav·ing cer·tif·i·cate** s Abgangszeugnis n. **ˈ~maˈam** [-ˌmɑːm, -ˌmæm] s Am. colloq. für schoolmarm. **ˈ~man** [-mən] s irr **1.** Schulmann m, Pädaˈgoge m. **2.** Schulgelehrte(r) m. **3.** a. S~ hist. Schoˈlastiker m. **ˈ~marm** [-mɑː(r)m] s colloq. **1.** Schullehrerin f. **2.** fig. contp. Schulmeisterin f, Gouverˈnante f. **ˈ~marm·ish** adj contp. gouverˈnantenhaft, prüde u. peˈdantisch. **ˈ~mas·ter I** s **1.** Schulleiter m. **2.** Lehrer m. **3.** bes. fig. contp. Am. Schulmeister m. **II** v/t u. v/i **4.** unterˈrichten. **5.** bes. fig. contp. Am. schulmeistern. **ˈ~mas·ter·ly** adj bes. fig. contp. Am. schulmeisterlich. **ˈ~mate** s Mitschüler(in), ˈSchulkameˌrad(in). **ˈ~mis·tress** s **1.** Schulleiterin f. **2.** Lehrerin f. **~ re·port** s ped. Br. Schulzeugnis n. **ˈ~room** s Klassenzimmer n, Klaßzimmer n. **~ship** s mar. Schulschiff n. **ˈ~teach·er** s (Schul-)Lehrer(in). **~ tie** s (old ~ Br. a.) Kraˈwatte f mit den Farben e-r Public School, b) ehemaliger Schüler e-r Public School, c) contp. Cliquenwirtschaft f unter ehemaligen Schülern e-r Public School, d) contp. ˈultrakonserˌvatives u. dünkelhaftes Gehabe von (ehemaligen) Schülern e-r Public School. **~time** s **1.** ˈUnterrichtszeit f. **2.** Schulzeit f. **~ u·ni·form** s Br. (einheitliche) Schulkleidung f. **~work** s (in der Schule zu erledigende) Arbeiten pl od. Aufgaben pl. **ˈ~yard** s Am. Schulhof m. **~ year** s Schuljahr n.
schoon·er [ˈskuːnə(r)] s **1.** mar. Schoner m. **2.** bes. Am. für prairie schooner. **3.** a) Am. großes Bierglas, b) großes Sherryglas.
schorl [ʃɔː(r)l] s min. Schörl m, (schwarzer) Turmaˈlin.
schot·tische [ʃɒˈtiːʃ; Am. ʃɑt-, ˈʃɑtɪʃ] s mus. Schottische(r) (a. Tanz).
schuss [ʃʊs] (Skisport) **I** s Schuß(fahrt f) m. **II** v/i Schuß fahren. **ˈ~boom** v/i sl. Schuß fahren. **ˈ~boom·er** s sl. Schußfahrer(in).
schwa [ʃwɑː] s ling. Schwa n: a) kurzer Vokal von unbestimmter Klangfarbe, b) das phonetische Symbol ə.
ˈSchwarz·schild ra·di·us [ˈʃvɑrtsʃɪlt] s astr. Schwarzschild-Radius m.
sci·a·gram [ˈsaɪəgræm] s, Am. **ˈski·a·gram** [ˈskaɪə-], **ˈsci·a·graph**, Am. **ˈski·a·graph** [-grɑːf; bes. Am. -ˌgræf] s med. Röntgenbild n. **sciˈag·ra·phy**, Am. **skiˈag·ra·phy** [-ˈægrəfɪ] s **1.** med. Röntgen n, ˈHerstellung f von Röntgenaufnahmen. **2.** Schattenmaleˈrei f, Schattenriß m.
sci·am·a·chy [saɪˈæməkɪ] s **1.** Scheingefecht n. **2.** Spiegelfechteˈrei f.
sci·at·ic [saɪˈætɪk] adj anat. med. **1.** Ischias...: ~ nerve; ~ pains. **2.** an Ischias leidend. **sciˈat·i·ca** [-kə] s med. Ischias f.
sci·ence [ˈsaɪəns] s **1.** Wissenschaft f: man of ~ Wissenschaftler m. **2.** a. natural ~ collect. (die) Naˈturwissenschaft(en pl) f. **3.** Wissenschaft f, Wissensgebiet n: historical ~ Geschichtswissenschaft; the ~ of optics die (Lehre von der) Optik; ~ dismal 1. **4.** fig. Kunst f, Lehre f, Kunde f: domestic ~ Hauswirtschaftslehre; ~ of gardening Gartenbaukunst. **5.** philos. relig. Wissen n, Erkenntnis f (of von). **6.** Kunst(fertigkeit) f, (gute) Technik f (a. sport): to have s.th. down to a ~ es zu e-r wahren Kunstfertigkeit gebracht haben in (dat). **7.** the ~ sport sl. a) das Boxen, b) das Fechten. **8.** S~ Christian Science. **9.** obs. Wissen n. **~ fic·tion** s Science-fiction f: ~ novel.
sci·en·ter [saɪˈentə(r)] (Lat.) jur. **I** adv wissentlich. **II** s wissentliche Handlung.
sci·en·tif·ic [ˌsaɪənˈtɪfɪk] adj **1.** (engS. naˈtur)wissenschaftlich. **2.** exˈakt, systeˈmatisch: ~ management econ. wissenschaftliche Betriebsführung. **3.** sport etc kunstgerecht. **ˌsci·enˈtif·i·cal·ly** adv wissenschaftlich, auf wissenschaftliche Art, auf wissenschaftlicher Grundlage.
sci·en·tism [ˈsaɪəntɪzəm] s Wissenschaftlichkeit f. **ˈsci·en·tist** s **1.** (Naˈtur)Wissenschaftler(in), (-)Forscher(in). **2.** S~ → Christian Scientist.
sci·en·tol·o·gy [ˌsaɪənˈtɒlədʒɪ; Am. -ˈtɑl-] s Scienˈtology f (angewandte religiöse Philosophie mit dem Ziel, veränderte Lebensbedingungen für den einzelnen u. für die Gesellschaft zu schaffen).
sci-fi [ˈsaɪfaɪ] colloq. für science fiction.
sci·li·cet [ˈsaɪlɪset; Am. a. ˈskiːlɪˌket] adv nämlich, das heißt.
scil·la [ˈsɪlə] s bot. Scilla f, Meerzwiebel f.
scim·i·tar, scim·i·ter [ˈsɪmɪtə(r)] s (orienˈtalischer) Krummsäbel.
scin·ti·gram [ˈsɪntɪgræm] s Nuklearmedizin: Szintiˈgramm n. **scin·tig·ra·phy** [sɪnˈtɪgrəfɪ] s Szintigraˈphie f.
scin·til·la [sɪnˈtɪlə] s fig. Fünkchen n, Spur f: not a ~ of truth nicht ein Fünkchen Wahrheit; not a ~ of proof nicht der geringste Beweis. **ˈscin·til·lant** [-lənt] adj funkelnd.
ˈscin·til·late [ˈsɪntɪleɪt] **I** v/i **1.** Funken sprühen. **2.** funkeln (a. Augen), sprühen (a. fig. Geist, Witz). **3.** astr. phys. szintilˈlieren. **4.** fig. (geistig) glänzen, (vor Geist) sprühen. **II** v/t **5.** Funken, a. fig. Geistesblitze sprühen. **ˌscin·tilˈla·tion** s **1.** Funkeln n. **2.** astr. phys. Szintillatiˈon f: ~ counter phys. Szintillationszähler m. **3.** fig. Geistesblitz m. **ˈscin·til·la·tor** [-tə(r)] s phys. Szintilˈlator m.
sci·o·lism [ˈsaɪəʊlɪzəm] s Halbwissen n. **ˈsci·o·list** s Halbgebildete(r m) f.
sci·on [ˈsaɪən] s **1.** bot. Ableger m, Steckling m, (Pfropf)Reis n. **2.** fig. Sproß m, Sprößling m.
sci·re fa·ci·as [ˌsaɪəriːˈfeɪʃɪæs] (Lat.) s a. writ of ~ jur. Gerichtsbefehl, Gründe anzugeben, warum ein Protokoll etc dem Antragsteller nicht bekanntgegeben od. der ihm daraus erwachsene Vorteil nicht gewährt werden sollte.
scir·rhous [ˈsɪrəs] adj med. szirˈrhös, verhärtet. **ˈscir·rhus** [-rəs] pl **-rhus·es, -rhi** [-raɪ] s med. Szirrhus m, harte Krebsgeschwulst.
scis·sel [ˈsɪsl] s tech. Meˈtallabfall m, -späne pl.

scis·sile ['sɪsaɪl; *Am. bes.* -səl] *adj tech.* (leicht) schneid- *od.* spaltbar.
scis·sion ['sɪʒn; -ʃn] *s* **1.** Schneiden *n*, Spalten *n*. **2.** Schnitt *m*. **3.** *fig.* Spaltung *f*.
scis·sor ['sɪzə(r)] *v/t* **1.** (*mit der Schere*) (zer-, zu)schneiden. **2.** *a.* ~ **out** ausschneiden. **3.** scherenartig bewegen *etc.*
scis·sors ['sɪzə(r)z] *s pl* **1.** *a.* **pair of** ~ Schere *f*: **where are my ~?** wo ist m-e Schere? **2.** (*meist als sg konstruiert*) *sport* a) Schere *f* (*Übung am Seitpferd etc*), b) *a.* ~ **jump** (*Hochsprung*) Schersprung *m*, c) *a.* ~ **hold** (*Ringen*) Schere *f*. ~**-and--'paste** *adj colloq.* ‚zs.-gestoppelt' (*Arbeit etc*). '~**-ˌgrind·er** *s* **1.** Scherenschleifer *m*. **2.** *orn.* Ziegenmelker *m*. ~ **kick** *s* Fußball, Schwimmen: Scherenschlag *m*.
scis·sure ['sɪʒə(r); 'sɪʃ-] *s bes. med.* Fissur *f*, Riß *m*.
sci·u·rine ['saɪjʊrɪn; -raɪn] *s zo.* Eichhörnchen *n*.
sclaff [sklæf] (*Golf*) **I** *v/t* **1.** den Boden streifen mit (*dem Schläger od. Schlag*). **2.** den Boden streifen. **II** *v/i* **3.** den Boden streifen. **III** *s* **4.** Fehlschlag *m* auf den Boden.
scle·ra ['sklɪərə; *Am.* 'sklerə] *s anat.* Sklera *f*, Lederhaut *f* des Auges.
scle·ren·ce·pha·li·a [ˌsklɪərˌenkə-'feɪljə; ˌensɪ-; *Am.* skler,ensɪ'feɪljə] *s med.* Ge'hirnskle,rose *f*.
scle·ren·chy·ma [skliˈreŋkɪmə; sklə'r-] *s* **1.** *bot.* Skleren'chym *n*, verhärtetes Zellgewebe. **2.** *zo.* → scleroderm 1 b.
scle·ri·tis [ˌsklɪə'raɪtɪs; *Am.* sklə'r-] → sclerotitis.
scle·ro·derm ['sklɪərəʊdɜːm; *Am.* 'sklerəˌdɜːrm] *zo.* **I** *s* **4.** a) Panzerhaut *f*, b) Hartgewebe *n* der Ko'rallen. **2.** Harthäuter *m*. **II** *adj* **3.** harthäutig. ˌ**scle·ro-'der·ma** [-mə] *s med.* Skleroder'mie *f*.
scle·ro·ma [sklɪə'rəʊmə; *Am.* sklə-] *pl* **-ma·ta** [-mətə] *od.* **-mas** *s med.* Skle'rom *n*, Verhärtung *f*.
scle·rom·e·ter [sklɪə'rɒmɪtə; *Am.* sklə'rɑmətər] *s tech.* Sklero'meter *n*, (Ritz-)Härteprüfer *m*.
scle·ro·sis [sklɪə'rəʊsɪs; *Am.* sklə-] *pl* **-ro·ses** [-'rəʊsiːz] *s* **1.** *med.* Skle'rose *f*, Verhärtung *f* (*des Zellgewebes*). **2.** *bot.* Verhärtung *f* (*durch Zellwandverdickung*). **3.** *fig.* Verkalkung *f*.
scle·rot·ic [sklɪə'rɒtɪk; *Am.* sklə'rɑ-] **I** *adj* **1.** *anat.* skle'rotisch, Sklera... **2.** *bot. med.* verhärtet. **3.** *med.* an Skle'rose leidend. **4.** *fig.* verkalkt. **II** *s* **5.** *anat.* → sclera.
scle·ro·ti·tis [ˌsklɪərəʊ'taɪtɪs; *Am.* ˌsklerə-] *s med.* Skle'ritis *f*, Lederhautentzündung *f*.
scle·rous ['sklɪərəs; *Am.* 'skler-] *adj bes. med.* skle'rös, verhärtet.
scoff¹ [skɒf; *Am. a.* skɑf] **I** *s* **1.** Spott *m*, Hohn *m*. **2.** (*das*) Gespött (*der Leute etc*), Zielscheibe *f* des Spotts. **3.** spöttische Bemerkung. **II** *v/i* **4.** spotten (at über *acc*).
scoff² [skɒf; *Am. a.* skɑf] *sl.* **I** *s* ‚Futter' *n* (*Nahrung*). **II** *v/t u. v/i* ‚futtern', gierig essen.
'**scoff·er** *s* Spötter(in).
scold [skəʊld] **I** *v/t* **1.** *j-n* (aus)schelten, auszanken (for wegen). **II** *v/i* **2.** schimpfen (at über *acc*): **to ~ at** → **1. 3.** *obs.* keifen. **III** *s* **4.** zänkisches Weib, Zankteufel *m*, (Haus)Drachen *m*. '**scold·ing** *s* **1.** Schelten *n*. Schelte *f*: **to get a ~** Schelte bekommen.
scol·e·cite ['skɒʊlɪsaɪt; *Br. a.* 'skɒ-; *Am. a.* 'skɑ-] *s min.* Skole'zit *m*.
sco·lex ['skəʊleks] *pl* **-le·ces** [-'liːsiːz] *s zo.* Skolex *m*, Bandwurmkopf *m*.
scol·lop ['skɒləp; *Am.* 'skɑl-] → scallop.

sconce¹ [skɒns; *Am.* skɑns] *s* **1.** (Wand-, *a.* Kla'vier)Leuchter *m*. **2.** Kerzenhalter *m*.
sconce² [skɒns; *Am.* skɑns] *s mil.* Schanze *f*.
sconce³ [skɒns; *Am.* skɑns] *univ. bes. hist.* **I** *v/t j-n* zu e-r Strafe ‚verdonnern', *bes.* zu e-r Kanne Bier verurteilen (*Oxford, Cambridge*). **II** *s* Strafe *f*.
sconce⁴ [skɒns; *Am.* skɑns] *s obs. sl.* ‚Birne' *f* (*Kopf*).
scone [skɒn; skəʊn; *Am.* skɑn; skəʊn] *s* weiches Teegebäck.
scoop [skuːp] **I** *s* **1.** a) Schöpfkelle *f*, Schöpfer *m*, b) Schaufel *f*, Schippe *f*. **2.** *tech.* a) Wasserschöpfer *m*, b) Baggereimer *m*, -löffel *m*. **3.** Kohleneimer *m*, -korb *m*. **4.** (kleine) (Mehl-, Zucker-*etc*)Schaufel. **5.** *med.* Löffel *m*. **6.** (Apfel-, Käse)Stecher *m*. **7.** (Aus)Höhlung *f*, Mulde *f*. **8.** (Aus)Schöpfen *n*, (Aus)Schaufeln *n*. **9.** Schub *m*, Stoß *m*: **at (od. in) one** ~ mit 'einem Schub. **10.** Fußball, Hockey: Schlenzer *m*. **11.** *sl.* ‚Schnitt' *m*, (großer) Fang, Gewinn *m*. **12.** Zeitungswesen: *sl.* (sensatio'nelle) Erst-, Exklu'sivmeldung, ‚Knüller' *m*. **13.** *Am. sl.* Informati'onen *pl*, Einzelheiten *pl*. **14.** *a.* ~ **neck** (tiefer) runder Ausschnitt (*am Kleid*). **II** *v/t* **15.** schöpfen, schaufeln: **to ~ up** (auf-)schaufeln, *weitS.* hochheben, -nehmen, zs.-raffen, *fig.* Geld scheffeln. **16.** *meist* ~ **out** ausschaufeln. **17.** *meist* ~ **out** aushöhlen, *ein Loch* (aus)graben. **18.** *oft* ~ **in** *sl. e-n Gewinn* einstecken, *Geld* scheffeln: **to ~ in a good profit** ‚e-n (guten) Schnitt machen'. **19.** *sl.* a) *die Konkurrenzzeitung etc* durch e-e Erstmeldung ausstechen, b) (**on bei, in** *dat*) *alg.* schlagen, ausstechen, *j-m* zu'vorkommen. **20.** *Fußball, Hockey: den Ball* schlenzen, (an-)heben. ~ **net** *s Fischfang:* Streichnetz *n*. ~ **wheel** *s tech.* Schöpf-, Heberad *n*.
scoot [skuːt] *v/i colloq.* **1.** rasen, ‚flitzen'. **2.** ‚abhauen': ~! ‚hau ab!'
scoot·er ['skuːtə(r)] **I** *s* **1.** (Kinder)Roller *m*. **2.** (Motor)Roller *m*. **3.** *sport Am.* Eisjacht *f*. **II** *v/i* **4.** (auf e-m) Roller fahren. **5.** *sport Am.* mit e-r Eisjacht segeln. '**scoot·er·ist** *s mot.* Rollerfahrer(in).
scop [skɒp; *Am.* skɑp; skəʊp] *s hist.* Skop *m* (*altgermanischer Dichter od. Sänger*).
sco·pa ['skəʊpə] *pl* **-pae** [-piː] *s zo.* Fersenbürste *f* (*an den Beinen der Bienen*).
scope¹ [skəʊp] *s* **1.** (*jur.* Anwendungs-)Bereich *m*, Gebiet *n*: **within the ~ of the law** im Rahmen des Gesetzes; **to come within the ~ of a law** unter ein Gesetz fallen; **to be within (outside** *od.* **beyond) the ~ of** sich im Rahmen (*gen*) halten (den Rahmen (*gen*) sprengen); **that is within (outside** *od.* **beyond) my ~ of duties** das fällt (nicht) in m-n Aufgabenbereich; **an undertaking of wide ~** ein ausgedehntes Unternehmen. **2.** Ausmaß *n*, 'Umfang *m*, Reichweite *f*: ~ **of authority** *jur.* Vollmachtsumfang. **3.** *a.* ~ **of mind** Gesichtskreis *m*, (geistiger) Hori'zont: **that is beyond** *od.* **outside my ~** das geht über m-n Horizont. **4.** (Spiel)Raum *m*, Bewegungsfreiheit *f*: **to give one's fancy full ~** s-r Phantasie freien Lauf lassen; **to have free ~** freie Hand haben (for bei). **5.** Wirkungskreis *m*, Betätigungsfeld *n*. **6.** Länge *f*: **the ~ of a cable. 7.** Schuß-, Reichweite *f*. **8.** a) Ausdehnung *f*, Weite *f*, b) (großes) Gebiet, (weiter) Landstrich.
scope² [skəʊp] *s electr. colloq.* abbr. für **microscope, oscilloscope,** *etc.*
-scope [skəʊp] *Wortelement mit der Bedeutung* Beobachtungsinstrument.
sco·pol·a·mine [skə'pɒləmiːn; -mɪn;

Am. skəʊ'pɑl-] *s chem.* Scopola'min *n*.
-scopy [skəpɪ] *Wortelement mit der Bedeutung* Beobachtung, Untersuchung.
scor·bu·tic [skɔː(r)'bjuːtɪk] *med.* **I** *adj* (*adv* ~**ally**) **1.** skor'butisch, Skorbut... **2.** an Skor'but leidend. **II** *s* **3.** Skor-'butkranke(r *m*) *f*.
scorch [skɔː(r)tʃ] **I** *v/t* **1.** versengen, -brennen. **2.** (aus)dörren. **3.** *electr.* verschmoren: ~**ed contact. 4.** *fig.* a) (durch scharfe Kri'tik *od.* beißenden Spott) verletzen, b) *j-n* scharf kriti'sieren. **5.** *mil.* verwüsten: ~**ed earth policy** Politik *f* der verbrannten Erde. **II** *v/i* **6.** versengt werden. **7.** *mot. colloq.* rasen. **III** *s* **8.** Versengung *f*, Brandfleck *m*. **9.** *mot. colloq.* Rasen *n*, rasendes Tempo. '**scorch·er** *s* **1.** *colloq.* (*etwas*) sehr Heißes, *bes.* glühendheißer Tag. **2.** *sl.* ‚Ding' *n*: a) beißende Bemerkung, scharfe Kri'tik, böser Brief *etc*, b) ‚tolle Sache', Sensati'on *f*. **3.** *sl.* ‚tolle Kerl', ‚tolle Frau'. **4.** *mot. colloq.* ‚Raser' *m*, ‚Rennsau' *f*. **5.** *sport sl.* a) *Fußball etc*: ‚Bombenschuß' *m*, b) *Tennis etc*: knallharter Schlag. '**scorch·ing I** *adj* (*adv* ~**ly**) **1.** brennend, sengend, glühendheiß. **2.** *fig.* scharf: ~ **criticism. II** *adv* **3.** ~ **hot** glühendheiß. **III** *s* **4.** Versengen *n*. **5.** *mot. colloq.* Rasen *n*.
score [skɔː(r); *Am. a.* 'skəʊər] **I** *s* **1.** Kerbe *f*, Einschnitt *m*, Rille *f*. **2.** (Mar'kierungs-) Linie *f*. **3.** *sport* Start- *od.* Ziellinie *f*: **to get off at full ~** a) losrasen, ‚rangehen wie Blücher', b) ‚aus dem Häus-chen geraten'. **4.** *sport* a) (Spiel)Stand *m*, b) (erzielte) Punkt- *od.* Trefferzahl, (Spiel)Ergebnis *n*, (Be)Wertung *f*, c) Punktliste *f*: **what is the ~?** wie steht das Spiel?, *fig. Am.* wie ist die Lage?; **the ~ is even** das Spiel steht unentschieden; **to get the ~** das Spiel machen; **to keep ~** anschreiben; **to know the ~** *colloq.* Bescheid wissen; ~ **one for me!** *colloq.* eins zu null für mich! **5.** Rechnung *f*, Zeche *f*: **to run up a ~** Schulden machen, e-e Rechnung auflaufen lassen; **to settle old ~s** *fig.* e-e alte Rechnung begleichen; **what's the ~?** wieviel macht *od.* kostet das?; **on the ~ of** auf Grund (*gen*), wegen (*gen*); **on that ~** in dieser Hinsicht; **on what ~?** aus welchem Grund? **6.** (Gruppe *f od.* Satz *m* von) zwanzig, zwanzig Stück: **a ~ of apples** 20 Äpfel; **four ~ and seven** 87. **7.** *pl* große (An-)Zahl *f*: ~**s of people**; ~**s of times** hundertmal, x-mal. **8. to make a ~ off s.o.** *colloq.* a) *j-m* ‚eins auswischen', b) *j-n* lächerlich machen. **9.** *mus.* Parti'tur *f*: **in ~** in Partitur (*gesetzt od.* herausgegeben). **II** *v/t* **10.** *sport* a) *Punkte od. Treffer* erzielen, sammeln, *Tore* schießen, b) *die Punkte, den Spielstand etc* anschreiben, c) *fig.* *Erfolge, Siege* verzeichnen, erringen, verbuchen: **to ~ a goal** ein Tor schießen *od.* erzielen; **to ~ a hit** e-n Treffer erzielen, *fig.* e-n ‚Bombenerfolg' haben. **11.** *bes. sport* zählen: **a try ~s 3 points. 12.** *ped. psych. j-s Leistung etc* bewerten. **13.** *mus.* a) in Parti'tur setzen, b) instrumen'tieren, setzen (for für). **14.** *gastr.* Fleisch etc schlitzen. **15.** einkerben, -schneiden. **16.** mar'kieren: **to ~ under** *od.* aus- *od.* durchstreichen; **to ~ under** unterstreichen. **17.** *oft* ~ **up** *Schulden, e-e Zeche etc* anschreiben: **to ~ (up) s.th. against** (*od.* **to**) **s.o.** *fig. j-m etwas* ankreiden. **18.** *bes. Am.* scharf kriti'sieren *od.* angreifen.
III *v/i* **19.** *sport* a) e-n Punkt *od.* Treffer *od.* ein Tor erzielen, Punkte sammeln, Tore schießen, b) die Punkte anschreiben. **20.** *colloq.* Erfolg *od.* Glück haben, e-n Vorteil erzielen: **to ~ off s.o.** a) *j-m* ‚eins auswischen', b) *j-n* lächerlich ma-

scoreboard - scrambler

chen; to ~ over s.o. (s.th.) j-n (etwas) übertreffen. 21. gezählt werden, zählen: that ~s for us das zählt für uns. 22. Linien *od.* Striche ziehen *od.* einkerben. 23. *sl.* sich ‚Stoff' (*Rauschgift*) beschaffen. 24. to ~ with a girl *sl.* ein Mädchen ins Bett kriegen.
'score·board *s sport* Anzeigetafel *f* (*im Stadion etc*). ~ card *s sport* 1. Spielberichtsbogen *m.* 2. *Golf:* Zählkarte *f.* 3. *Boxen etc:* Punktzettel *m.*
'score·less *adj sport* torlos: ~ draw.
'scor·er *s* 1. *sport* a) (An)Schreiber *m,* b) Torschütze *m.* 2. *tech.* a) Kerb-, Ritz-, (An)Reißvorrichtung *f,* b) Kerb-, Reißschneide *f.*
sco·ri·a ['skɔ:rɪə] *pl* -ri·ae [-ri:] *s* 1. *tech.* (Me'tall)Schlacke *f.* 2. *geol.* Gesteinsschlacke *f.* ¸sco·ri'a·ceous [-'eɪʃəs] *adj geol. tech.* schlackig.
sco·ri·fi·ca·tion [¸skɔ:rɪfɪ'keɪʃn] *s tech.* Verschlackung *f,* Schlackenbildung *f.*
'sco·ri·fy [-faɪ] *v/t tech.* verschlacken.
'scor·ing *s* 1. *bes. geol.* Spalte *f,* Kerbe *f,* Einschnitt *m.* 2. *mus.* a) Partitu'rierung *f,* b) Instrumen'tierung *f.*
scorn [skɔ:(r)n] I *s* 1. Verachtung *f,* Geringschätzung *f:* to think ~ of verachten. 2. Spott *m,* Hohn *m:* to laugh to ~ verlachen. 3. Zielscheibe *f* des Spottes, (*das*) Gespött (*der Leute etc*). II *v/t* 4. verachten; a) geringschätzen, b) verschmähen. 5. *obs.* verspotten, -höhnen.
'scorn·er *s* 1. Verächter *m.* 2. Spötter *m.* 'scorn·ful [-fʊl] *adj* (*adv* ~ly) 1. verächtlich. 2. spöttisch.
Scor·pi·o ['skɔ:(r)pɪəʊ] *s astr.* Skorpi'on *m* (*Sternbild u. Tierkreiszeichen*): to be (a) ~ Skorpion sein.
scor·pi·on ['skɔ:(r)pjən; -pɪən] *s* 1. *zo.* Skorpi'on *m.* 2. S~ *astr.* → Scorpio. 3. *Bibl.* Skorpi'on *m,* Stachelpeitsche *f.* 4. *fig.* Geißel *f.* 5. *mil. hist.* Skorpi'on *m* (*Wurfmaschine*). ~ fly *s zo.* Skorpi'ons-, Schnabelfliege *f.*
Scot[1] [skɒt; *Am.* skɑt] *s* 1. Schotte *m,* Schottin *f.* 2. *hist.* Skote *m* (*ein Kelte*).
scot[2] [skɒt; *Am.* skɑt] *s* 1. Zahlung *f,* Beitrag *m:* to pay (for) one's ~ *fig.* s-n Beitrag leisten. 2. *a.* ~ and lot *hist. Br.* Gemeindeabgabe *f:* to pay ~ *fig.* alles auf Heller u. Pfennig bezahlen.
Scotch[1] [skɒtʃ; *Am.* skɑtʃ] I *adj* 1. schottisch (*bes. Whisky etc*). II *s* 2. the ~ *collect.* die Schotten *pl.* 3. Scotch *m,* schottischer Whisky. 4. *ling.* Schottisch *n,* das Schottische.
scotch[2] [skɒtʃ; *Am.* skɑtʃ] I *v/t* 1. (leicht) verwunden, schrammen. 2. Gerücht etc aus der Welt schaffen, *a.* im Keim ersticken: to ~ s.o.'s plans j-m e-n Strich durch die Rechnung machen. 3. Rad etc bloc'kieren. II *s* 4. Schramme *f.* 5. *Boxen:* Bremsklotz *m,* Hemmschuh *m* (*a. fig.*). 6. Himmel-u.-Hölle-Spiel: (am Boden gezogene) Linie.
Scotch¦ broth *s gastr.* dicke Suppe aus Rind- *od.* Hammelfleischbrühe, Gemüse *u.* Perlgraupen. ~ egg *s gastr.* hartes Ei in Brät, paniert *u.* ausgebacken. ~ fir → Scotch pine. ~ Gael·ic *s ling.* Gälisch *n,* das (*im schottischen Hochland gesprochene*) Gälische. '~¸man [-mən] *s irr* (*von Nicht-Schotten gebrauchte Bezeichnung für*) Schotte *m.* ~ mist *s* dichter, nasser Nebel. ~ peb·ble *s min.* in Schottland vorkommendes Geröll aus kryptokristallinem Quarz, das zu Schmucksteinen verarbeitet wird. ~ pine *s bot.* Gemeine Kiefer, Waldkiefer *f.* ~ tape (*TM*) *s* 'durchsichtiger Klebestreifen. ~ ter·ri·er *s zo.* Scotchterrier *m.* '~¸wom·an *s irr* (*von Nicht-Schotten gebrauchte Bezeichnung für*) Schottin *f.* ~ wood·cock *s gastr.* Toast mit Anschovispaste *u.* Rührei.

sco·ter ['skəʊtə(r)] *pl* -ters, *bes. collect.* -ter *s orn.* Trauerente *f.*
¸scot-'free *adj* 1. unversehrt, unbehelligt. 2. ungestraft: to go (*od.* get off, escape) ~ ungeschoren davonkommen.
sco·tia ['skəʊʃə; *Am. a.* -ʃɪə] *s arch.* Sko'tie *f,* Hohlkehle *f.*
Sco·tism ['skəʊtɪzəm] *s philos.* Sco'tismus *m* (*Lehre des Duns Scotus*).
Scot·land Yard ['skɒtlənd; *Am.* 'skɑt-] *s* Scotland Yard *m* (*die Londoner Kriminalpolizei*).
scoto-[1] [skɒtə; *Am.* skɑtə; skəʊ-] *Wortelement mit der Bedeutung* Dunkelheits...
Scoto-[2] [skɒtə; *Am.* skɑtə; skəʊ-] *Wortelement mit der Bedeutung* schottisch (und): ~-Irish schottisch-irisch.
¸scot·o'din·i·a [-'dɪnɪə] *s med.* Skotodi'nie *f,* Schwindel *m.*
sco·to·ma [skə'təʊmə] *pl* -mas, -ma·ta [-mətə] *s med. psych.* Sko'tom *n.*
sco·to·pi·a [skə'təʊpɪə; skəʊ-] *s med.* sko'topisches Sehen, Dämmerungssehen *n.*
Scots [skɒts; *Am.* skɑts] I *s ling.* → Scotch[1] 4. II *adj* schottisch. ~ fir → Scotch pine. '~¸man [-mən] *s irr* (*a. von Schotten gebrauchte Bezeichnung für*) Schotte *m.* ~ pine → Scotch pine. '~¸wom·an *s irr* (*a. von Schotten gebrauchte Bezeichnung für*) Schottin *f.*
Scot·ti·cism ['skɒtɪsɪzəm; *Am.* 'skɑ-] *s* schottische (Sprach)Eigenheit. 'Scot·ti·cize *v/t* 1. e-n schottischen Cha'rakter geben (*dat*). 2. ins Schottische über'tragen.
Scot·tie ['skɒtɪ; *Am.* 'skɑtɪ] *s colloq.* 1. Schotte *m.* 2. → Scotch terrier.
Scot·tish ['skɒtɪʃ; *Am.* 'skɑ-] I *s ling.* → Scotch[1] 4. the ~ *collect.* selten die Schotten *pl.* II *adj* 3. schottisch. ~ Gael·ic → Scotch Gaelic. ~ ter·ri·er → Scotch terrier.
Scot·ty ['skɒtɪ; *Am.* 'skɑtɪ] *s colloq.* 1. Schotte *m.* 2. → Scotch terrier.
scoun·drel ['skaʊndrəl] *s* Schurke *m,* Schuft *m,* Ha'lunke *m.* 'scoun·drel·ism *s* 1. Niedertracht *f,* Gemeinheit *f.* 2. Schurkenstreich *m.* 'scoun·drel·ly [-lɪ] *adj* schurkisch, niederträchtig, gemein.
scour[1] ['skaʊə(r)] I *v/t* 1. scheuern, schrubben, *Messer etc* (blank) putzen, po'lieren. 2. säubern, reinigen (of, from von): to ~ clothes. 3. e-n Kanal etc (aus)schwemmen, schlämmen, *ein Rohr etc* (aus)spülen. 4. *ein Pferd etc* putzen, striegeln. 5. *tech. Wolle* waschen, entfetten: ~ing mill Wollewäscherei *f.* 6. *den Darm* entschlacken. 7. *a.* ~ away, ~ off *Flecken etc* entfernen, *Schmutz* abreiben. II *v/i* 8. scheuern, schrubben, putzen. 9. reinigen, säubern. III *s* 10. Scheuern *n etc:* to give s.th. a ~ etwas scheuern. 11. *Wasserbau:* a) Schlämmen *n,* b) Wegwaschung *f,* c) ausgehöhltes Flußbett. 12. Reinigungsmittel *n* (*für Wolle etc*). 13. *meist pl vet.* Ruhr *f.*
scour[2] ['skaʊə(r)] I *v/t* 1. ~ through (*od.* over) → 3. 2. rennen, huschen: to ~ about (*od.* around) herumrennen. II *v/t* 3. durch'suchen, -'stöbern, *Gegend a.* durch'kämmen (for nach): to ~ the town die ganze Stadt ,abklappern'.
scour·er ['skaʊərə; *Am.* 'skaʊrər] *s* Topfkratzer *m.*
scourge [skɜ:dʒ; *Am.* skɜrdʒ] I *s* 1. Geißel *f:* a) Peitsche *f,* b) *fig.* Plage *f:* ~ of mosquitoes Moskitoplage; the S~ of God der Gottesgeißel (*Attila*). II *v/t* 2. geißeln, (aus)peitschen. 3. *fig.* a) *durch Kritik etc* geißeln, b) strafen, züchtigen, c) quälen, peinigen.
scour·ings ['skaʊərɪŋz] *s pl* (*beim Putzen entstehender*) Abfall.

scouse[1] [skaʊs] *s gastr.* Labskaus *n.*
scouse[2], S~ [skaʊs] *Br. colloq.* I *s* 1. Liverpooler(in). 2. Liverpooler Dia'lekt *m.* II *adj* 3. aus *od.* von Liverpool, Liverpooler.
scout[1] [skaʊt] I *s* 1. a) *bes. mil.* Kundschafter *m,* Späher *m,* b) *sport* Spi'on *m,* Beobachter *m* (*gegnerischer Mannschaften*): → talent 2. 2. *mil.* a) Erkundungs-, Aufklärungsfahrzeug *n,* b) *mar.* Aufklärungskreuzer *m,* c) *a.* ~ (air)plane *aer.* Aufklärer *m.* 3. *bes. mil.* Kundschaften *n,* Erkundung *f:* on the ~ auf Erkundung. 4. a) Pfadfinder *m,* b) *Am.* Pfadfinderin *f.* 5. a good ~ ein feiner Kerl. 6. *univ.* Hausdiener *m* e-s College (*in Oxford*). 7. *mot. Br.* motori'sierter Pannenhelfer (*e-s Automobilklubs*). II *v/i* 8. *bes. mil.* auf Erkundung sein: ~ing party Spähtrupp *m.* 9. ~ about (*od.* around) sich 'umsehen (for nach). III *v/t* 10. *a.* ~ out *bes. mil.* auskundschaften, erkunden. 11. (wachsam) beobachten.
scout[2] [skaʊt] *v/t obs.* verächtlich zu'rückweisen.
scout car *s mil.* (Panzer)Spähwagen *m.* scout·er ['skaʊtə(r)] *s* 1. *bes. mil.* Kundschafter *m,* Späher *m.* 2. *Am.* aktives, über 18 Jahre altes Mitglied der Boy Scouts.
'scout¸mas·ter *s* Führer *m* (*e-r Pfadfindergruppe*).
scow [skaʊ] *s mar. Am. od. Scot.* (See-)Leichter *m,* Schute *f.*
scowl [skaʊl] I *v/i* finster blicken: to ~ at s.o. j-n finster anblicken. II *v/t a.* ~ down j-n (durch finstere Blicke) einschüchtern. III *s* finsterer Blick, finsterer (Gesichts)Ausdruck: to give s.o. a ~ j-n finster anblicken. 'scowl·ing *adj* (*adv* ~ly) finster, grollend, drohend.
scrab·ble ['skræbl] I *v/i* 1. kratzen, scharren. 2. *meist* ~ about (*od.* around) (her'um)suchen, (-)wühlen (for nach). 3. *fig.* sich (ab)plagen (for für, um): to ~ for one's livelihood. 4. krabbeln. 5. kritzeln. II *v/t* 6. scharren auf *od.* in (*dat*). 7. bekritzeln. III *s* 8. Kratzen *n,* Scharren *n.* 9. Gekritzel *n.* 10. S~ Scrabble(spiel) *n.*
scrag [skræg] I *s* 1. ‚Gerippe' *n,* ‚Knochengestell' *n* (*dürrer Mensch etc*). 2. *meist* ~ end (of mutton) (Hammel-) Hals *m.* 3. *colloq.* ‚Kragen' *m,* Hals *m.* II *v/t* 4. *colloq.* a) j-n ,abmurksen', j-m den Hals 'umdrehen, b) j-n (auf)hängen, c) j-n würgen. 'scrag·gi·ness [-gɪnɪs] *s* Magerkeit *f,* Hagerkeit *f.* 'scrag·gy *adj* (*adv* scraggily) 1. dürr, hager, mager, knochig. 2. rauh, zerklüftet: ~ land.
scram [skræm] I *v/i sl.* ,abhauen': ~! ‚hau ab!', ,verdufte!', raus! II *s Kerntechnik:* Schnellabschaltung *f* (*e-s Reaktors*).
scram·ble ['skræmbl] I *v/i* 1. (*auf allen vieren*) krabbeln, klettern, kriechen: to ~ to one's feet ,sich aufrappeln'; to ~ into one's clothes in die Kleider fahren. 2. sich balgen, sich schlagen, (*a. fig.*) sich raufen (for um): to ~ for a living sich um s-n Lebensunterhalt ,abstrampeln'. 3. sich unregelmäßig ausbreiten. 4. *aer. mil.* im A'larmstart losbrausen. II *v/t* 5. *oft* ~ up, ~ together *Essen, Geld* zs.-kratzen. 6. *Karten etc* durchein'anderwerfen, *Flugzeug etc* durchein'anderbringen. 7. *Eier* verrühren: to ~ eggs Rührei machen; ~d eggs Rührei *n.* 8. *Telefongespräch etc* zerhacken. 9. *aer. mil.* (bei A'larm) starten lassen. 10. *econ. Am.* öffentliche *u.* private Industrie mischen. III *s* 11. (Her'um)Krabbeln *n,* (-)Kriechen *n,* (-)Klettern *n.* 12. Balge'rei *f,* (*a. fig.*) Raufe'rei *f* (for um). 13. *aer.* a) A'larmstart *m,* b) *Br.* Luftkampf *m.* 14. *Motorradsport: Br.* Moto-'Cross-Rennen *n.* 'scram·bler *s teleph. etc* Zerhacker *m.*

876

scran [skræn] *s colloq.* **1.** Speisereste *pl.* **2.** ‚Futter' *n (Essen).*
scran·nel ['skrænl] *adj obs.* **1.** mager. **2.** kreischend: **a ~ voice.**
scrap[1] [skræp] **I** *s* **1.** Stück(chen) *n*, Brocken *m*, Fetzen *m*, Schnitzel *n, m*: **a ~ of paper** ein Fetzen Papier *(a. fig.)*; **not a ~ of** kein bißchen *(Nahrung etc)*; **not a ~ of evidence** nicht der geringste Beweis; **not a ~ of truth** nicht ein Fünkchen Wahrheit. **2.** *pl* Abfall *m, (bes.* Speise-) Reste *pl.* **3.** (Zeitungs)Ausschnitt *m.* **4.** Bruchstück *n*: **~s of knowledge** bruchstückhaftes Wissen; **~s of conversation** Gesprächsfetzen *pl.* **5.** *meist pl* (Fett)Grieben *pl.* **6.** *tech.* a) Schrott *m*, b) Ausschuß *m*, c) Abfall *m.* **II** *adj* **7.** Abfall..., Reste...: **~ dinner** Resteessen *n.* **8.** *tech.* Schrott... **III** *v/t* **9.** (als unbrauchbar) 'ausranˌgieren. **10.** *fig.* zum alten Eisen *od.* über Bord werfen: **to ~ methods. 11.** *tech.* verschrotten, *Schiff* abwracken.
scrap[2] [skræp] *sl.* **I** *s* **1.** Streit *m.* **2.** Schlägeˈrei *f.* **3.** (Box)Kampf *m.* **II** *v/i* **4.** sich streiten. **5.** sich prügeln. **6.** kämpfen **(with** mit).
'scrap·book *s* **1.** Sammelalbum *n*, Einklebebuch *n.* **2.** Buch *n* gemischten Inhalts.
scrape [skreɪp] **I** *s* **1.** Kratzen *n*, Scharren *n (beide a.* als *Geräusch).* **2.** Kratzfuß *m (Höflichkeitsbezeigung).* **3.** Kratzer *m*, Schramme *f.* **4. ~ of the pen** *fig. bes. Scot.* e-e Zeile, ein paar *(geschriebene)* Worte. **5.** *colloq.* ‚Krach' *m*, Streit *m.* **6.** *colloq.* ‚Klemme' *f*: **to be in a ~** ‚in der Klemme' sein *od.* sitzen *od.* stecken, in ‚Schwulitäten' sein. **7.** dünngekratzte Schicht *(Butter)*: **bread and ~** *colloq.* dünngeschmiertes Butterbrot.
II *v/t* **8.** kratzen, schaben: **to ~ off** abkratzen (von); **to ~ out** auskratzen; **to ~ together** *(od.* **up)** *(a. fig. colloq.* Geld *etc)* zs.-kratzen; **to ~ one's chin** *colloq. humor.* sich rasieren; **to ~ a living** sich gerade so über Wasser halten; **to ~ (up) (an) acquaintance** *fig.* oberflächlich miteinander bekannt werden; **to ~ (up) (an) acquaintance with s.o.** *fig.* a) mit j-m oberflächlich bekannt werden, b) sich um j-s Bekanntschaft bemühen, c) *contp.* sich an-j-n-drängen; → **barrel** 1. **9.** mit **den Füßen** *etc* kratzen *od.* scharren: **to ~ one's feet; to ~ down** *Br.* e-n *Redner* durch (Füße)Scharren zum Schweigen bringen. **10.** scheuern, reiben **(against** an *dat*). **11.** aufschürfen: **to ~ one's knees.**
III *v/i* **12.** kratzen, schaben, scharren. **13.** scheuern, sich reiben **(against** an *dat*). **14.** kratzen **(on** auf *e-r Geige etc*). **15. ~ along** *(od.* **by)** *colloq.* sich gerade so durchschlagen, über die Runden kommen **(on** mit); **to ~ through** a) sich durchzwängen (durch), b) *ped.* gerade so durchkommen, c) sich gerade so durchschlagen, über die Runden kommen **(on** mit); **to ~ through (one's examination) in English** mit Ach u. Krach durch die Englischprüfung kommen; **to ~ in(to a school)** mit Ach u. Krach die Aufnahme (in e-e Schule) schaffen. **16.** *colloq.* knickern, knausern.
scrap·er ['skreɪpə(r)] *s* **1.** *contp.* a) Geizhals *m*, Knicker *m*, b) Fiedler *m*, schlechter Geiger, c) Bartschaber *m (Friseur).* **2.** Fußabstreicher *m.* **3.** *tech.* a) Schaber *m*, Kratzer *m*, Streichmesser *n*, b) *arch. etc* Schrapper *m*, c) Plaˈnierpflug *m.*
scrap heap *s* Abfall- *od.* Schrotthaufen *m*: **to throw on the ~** *fig.* zum alten Eisen werfen *(a. j-n),* über Bord werfen; **fit only for the ~** völlig wertlos.
scrap·ing ['skreɪpɪŋ] *s* **1.** Kratzen *n*, Scharren *n.* **2.** *pl* Abschabsel *pl*, Späne *pl*, Abfall *m.*
scrap|i·ron *s tech.* (Eisen)Schrott *m*, Alteisen *n.* **'~ˈmerˌchant** *s* Alteisenhändler *m.* **~ metˈal** → **scrap iron. ~ paˌper** *s* **1.** ˈSchmierpaˌpier *n.* **2.** ˈAltpaˌpier *n.*
scrap·per ['skræpə(r)] *s sl.* Raufbold *m.*
scrap·ple ['skræpl] *s gastr. Am.* Gericht *aus zerkleinertem (Schweine)Fleisch, Kräutern u. Mehl.*
scrap·py[1] ['skræpɪ] *adj (adv* **scrappily) 1.** aus (Speise)Resten (ˈhergestellt): **a ~ dinner** ein Resteessen. **2.** bruchstückhaft. **3.** zs.-gestoppelt.
scrap·py[2] ['skræpɪ] *adj (adv* **scrappily)** *sl.* rauf-, kampflustig.
'scrap·yard *s* Schrottplatz *m.*
scratch [skrætʃ] **I** *s* **1.** Kratzer *m*, Schramme *f (beide a. med.),* Riß *m.* **2.** Gekritzel *n.* **3.** (Zer)Kratzen *n.* **4.** Kratzen *n*, kratzendes Geräusch: **by a ~ of the pen** mit ˈeinem Federstrich. **5.** *sport* a) Startlinie *f*, b) norˈmale Startbedingungen *pl*: **to start from ~** *fig.* ganz von vorn anfangen; **to come (up) to (the) ~** *fig.* sich stellen, s-n Mann stehen, *a.* den Erwartungen entsprechen; **to keep s.o. up to (the) ~** *fig.* j-n ‚bei der Stange halten'; **to be up to ~** *fig.* auf der Höhe *od.* ‚auf Draht' sein; → **toe** 8. **6.** *Billard:* a) Zufallstreffer *m*, b) Fehlstoß *m.* **7.** *pl. sg konˈstruiert) vet.* Mauke *f.* **II** *adj* **8.** zu Entwürfen (gebraucht): **~ pad** a) Notizblock *m*, b) *Computer:* Notizblockspeicher *m*; **~ paper** Konzept-, Schmierpapier *n.* **9.** *sport* ohne Vorgabe: **a ~ race. 10.** *bes. sport* (bunt) zs.-gewürfelt: **a ~ team.**
III *v/t* **11.** (zer)kratzen: **to ~ s.o.'s eyes out** j-m die Augen auskratzen; **to ~ the surface of s.th.** *fig.* etwas nur oberflächlich behandeln; **to ~ together** *(od.* **up)** *bes. fig.* Geld *etc* zs.-kratzen; **to ~ a living** sich gerade so über Wasser halten. **12.** kratzen, *ein Tier* kraulen: **to ~ a dog's neck** dem Hals e-s Hundes kraulen; **to ~ one's head** sich den Kopf kratzen *(aus Verlegenheit etc);* **to ~ s.o.'s back** *fig.* j-m um den Bart gehen; **~ my back and I will ~ yours** *fig.* ˈeine Hand wäscht die andere. **13.** (ˈhin)kritzeln. **14. ~ out, ~ through, ~ off** ausˌstreichen. **15.** *sport* ein *Pferd etc,* e-e *Nennung* zuˈrückziehen. **16.** *pol. Am.* a) *Wahlstimmen* in der Hauptsache ˈeiner Parˈtei geben, b) *Kandidaten* streichen: **to ~ a ticket** e-e Parteiwahlliste durch Streichungen abändern.
IV *v/i* **17.** kratzen *(a. Schreibfeder etc).* **18.** sich kratzen *od.* scheuern. **19.** *(auf dem Boden)* scharren **(for** nach). **20. ~ along, ~ through** *colloq.* sich gerade so ˈdurchschlagen, über die Runden kommen **(on** mit). **21.** *sport* (s-e Meldung) zuˈrückziehen.
scratch|line *s sport* Startlinie *f.* **~ test** *s* **1.** *med.* Scratch-, Prick-Test *m.* **2.** *tech.* Ritzversuch *m.* **'~work** *s arch.* Kratzputz *m.*
'scratch·y *adj (adv* **scratchily) 1.** krätzend. **2.** zerkratzt. **3.** kritz(e)lig. **4.** *sport* a) unausgeglichen, b) bunt zs.-gewürfelt: **a ~ crew. 5.** *vet.* an Mauke erkrankt.
scrawl [skrɔːl] **I** *v/t* **1.** (ˈhin)kritzeln, ˈhinschmieren. **2.** bekritzeln. **II** *v/i* **3.** kritzeln. **III** *s* **4.** Gekritzel *n*, Geschmiere *n.*
'scrawl·y *adj* kritz(e)lig.
scraw·ny ['skrɔːnɪ] *adj* mager, dürr, knochig.
scray [skreɪ] *s orn. Br.* Seeschwalbe *f.*
scream [skriːm] **I** *v/i* **1.** schreien *(a. fig. Farbe etc),* gellen, kreischen: **to ~ (out)** aufschreien; **to ~ with laughter** vor Lachen brüllen. **2.** *(schrill)* pfeifen *(Lokomotive etc),* heulen *(Wind, Sirene etc).* **II** *v/t* **3.** *oft* **~ out** (herˈaus)schreien: **to ~ o.s. hoarse** sich heiser schreien; **to ~ the place down** *colloq.* zetermordio schreien. **III** *s* **4.** (gellender) Schrei. **5.** Gekreische *n*: **~s of laughter** brüllendes Gelächter. **6.** schriller Ton, Heulen *n (e-r Sirene etc).* **7. he (it) was a (perfect) ~** *colloq.* er (es) war zum Schreien (koˈmisch). **'scream·er** *s* **1.** Schreier(in), Schreiende(r *m) f.* **2.** *colloq.* ‚tolle Sache', *bes.* Geschichte *f etc* ‚zum Totlachen'. **3.** *print. colloq.* Ausrufezeichen *n.* **4.** *Am. colloq.* (riesige) Sensatiˈonsschlagzeile. **'scream·ing** *adj* **1.** schreiend, schrill, grell. **2.** *fig.* schreiend, grell: **~ coloˌu)rs. 3.** *colloq.* a) ,toll', großartig, b) zum Schreien (komisch). **'scream·ing·ly** *adv*: **~ funny** *colloq.* zum Schreien koˈmisch.
scree [skriː] *s geol. Br.* **1.** Geröll *n.* **2.** (Geröll)Halde *f.*
screech [skriːtʃ] **I** *v/t u. v/i* (gellend) schreien, kreischen *(a. weitS. Bremsen etc).* **II** *s* (gellender) Schrei. **~ owl** *s orn.* **1.** *allg.* schreiende Eule. **2.** Zwergohreule *f.* **3.** *Br.* Schleiereule *f.*
screed [skriːd] *s* **1.** a) lange Aufzählung *od.* Liste, b) langatmige Rede, Tiˈrade *f.* **2.** *a.* **floating ~** *arch.* Abgleichbohle *f.* **3.** Landstreifen *m.*
screen [skriːn] **I** *s* **1.** (Schutz)Schirm *m*, (-)Wand *f.* **2.** *arch.* a) Zwischenwand *f*, b) Lettner *m (in Kirchen).* **3.** (Film-)Leinwand *f.* **4. the ~** *collect.* der Film, das Kino: **~ star** Filmstar *m*; **on the ~** auf der Leinwand, im Film. **5.** *Radar, Computer, TV:* Bildschirm *m.* **6.** *med.* Röntgenschirm *m.* **7.** Drahtgitter *n*, -netz *n.* **8.** *tech. (großes)* (Gitter)Sieb *(für Sand etc).* **9.** Fliegenfenster *n.* **10.** *fig.* a) Schutz *m*, Schirm *m*, b) Tarnung *f.* **11.** *mil.* a) *(taktische)* Absicherung, *(mar.* Geleit)Schutz *m*, b) Nebelwand *f*, c) Tarnung *f.* **12.** *phys.* a) *a.* **optical ~** Filter *n, m*, Blende *f*, b) *a.* **electric ~** Abschirmung *f*, Schirm(gitter *n) m*, c) *a.* **ground ~** *electr.* Erdungsebene *f.* **13.** *phot. print.* Raster(platte *f) m.* **14.** *Kricket:* e-e weiße Holz- *od.* Stoffwand, die dem Schläger bessere Sicht ermöglicht. **15.** *mot.* Windschutzscheibe *f.*
II *v/t* **16.** (be)schirmen, (be)schützen **(from** vor *dat*). **17.** *a.* **~ off** abschirmen **(from** gegen) *(a. sport* Ball *etc),* verdecken, *Licht* abblenden. **18.** *mil.* a) tarnen *(a. fig.),* b) decken. **19.** *fig.* decken. **20.** *tech. Sand etc* (ˈdurch)sieben: **~ed coal** Würfelkohle *f.* **21.** *phot.* Bild projiˈzieren, auf die Leinwand werfen. **22.** a) für den Film bearbeiten, b) (ver)filmen, c) im Fernsehen bringen, senden, d) *Film* vorführen, zeigen. **23.** e-e *Mitteilung* ans Anschlagbrett heften. **24.** *fig. Personen* überˈprüfen.
III *v/i* **25.** a) sich (ver)filmen lassen, b) sich für den Film eignen *(Person).*
screen grid *s electr.* Schirmgitter *n*: **~ valve** *(Am.* **tube)** Schirmgitterröhre *f.*
'screen·ing *s* **1.** (ˈDurch)Sieben *n, fig.* Überˈprüfung *f.* **2.** *phot.* a) Projiˈzieren *n*, b) Rastern *n.* **3.** a) Verfilmung *f*, b) *TV* Sendung *f*, c) *Film:* Vorführung *f.* **4.** *pl* a) *(das)* (ˈDurch)Gesiebte, b) Abfälle *pl.*
'screen|ˌland *s Am.* Filmwelt *f.* **~ˌmemˈoˌry** *s psych.* Deckerinnerung *f.* **'~ˌplay** *s Film:* Drehbuch *n.* **'~ˌprint** *art tech.* im Siebdruckverfahren ˈherstellen. **~ printˈing** *s art tech.* Siebdruck(technik *f,* -verfahren *n) m.* **~ test** *s Film:* Probeaufnahmen *(pl) f.* **'~test** *v/t Film:* Probeaufnahmen machen von. **~ washˈer** *s mot.* Scheibenwaschanlage *f.* **'~ˌwritˈer** *s* Drehbuchautor *m.*

screeve [skri:v] *v/i bes. Br. sl.* den Bürgersteig bemalen. **'screev·er** *bes. Br. sl. für* pavement artist.
screw [skru:] **I** *s* **1.** *tech.* Schraube *f (ohne Mutter)*: there is a ~ loose (somewhere) *fig.* da stimmt etwas nicht; he has a ~ loose *colloq.* ‚bei ihm ist e-e Schraube locker'. **2.** a) *(Flugzeug- od.* Schiffs)Schraube *f,* b) *mar.* Schraubendampfer *m.* **3.** *tech.* Spindel *f (e-r Presse).* **4.** Spi'rale *f.* **5.** *colloq.* Druck *m:* to put the ~(s) on s.o. *fig.* j-m die Daumenschrauben anlegen *od.* ansetzen *od.* aufsetzen; to give the ~ another turn *a. fig.* die Schraube anziehen. **6.** *bes. Br.* Tütchen *n (Tabak etc).* **7.** *bes. sport* Ef'fet *m.* **8.** *sl.* Knauser *m,* Knicker *m.* **9.** *Br. sl.* alter Klepper *(Pferd).* **10.** *bes. Br. sl.* Lohn *m,* Gehalt *n.* **11.** Kork(en)zieher *m.* **12.** *sl.* (Gefängnis)Wärter *m.* **13.** *vulg.* a) ‚Nummer' *f (Geschlechtsverkehr):* to have a ~ e-e Nummer machen *od.* schieben, b) to be a good ~ gut ‚bumsen' *od.* ‚vögeln'. **II** *v/t* **14.** schrauben: to ~ down ein-, festschrauben; to ~ on anschrauben; to ~ up zuschrauben; he has his head ~ed on (the right way) *colloq.* er ist nicht auf den Kopf gefallen. **15.** *a.* ~ up Papier etc zs.-knüllen, zerknüllen. **16.** *a.* ~ up a) *die* Augen zs.-kneifen, b) *den* Mund, *das* Gesicht verziehen (into zu e-m Grinsen etc). **17.** ~ down (up) *econ.* die Preise her'unter- (hin'auf)schrauben. **18.** *fig.* a) j-n unter Druck setzen, b) *etwas* her'auspressen (out of s.o. aus j-m). **19.** ~ up *fig.* (ver)stärken: to ~ o.s. up sich aufraffen; → courage. **20.** *bes. sport* dem Ball e-n Ef'fet geben. **21.** *colloq.* ‚reinlegen', ‚übers Ohr hauen'. **22.** ~ up *colloq.* ‚vermasseln'. **23.** ~ up *colloq. j-n* ‚fix u. fertig' machen. **24.** *vulg. j-n* ‚bumsen', ‚vögeln' *(mit j-m Geschlechtsverkehr haben):* ~ you!, get ~ed! *bes. Am.* scher dich zum Teufel! **III** *v/i* **25.** sich (ein)schrauben lassen. **26.** *sl.* knickern, knausern. **27.** ~ around *Am. sl.* sich her'umtreiben, her'umlungern. **28.** *vulg.* ‚bumsen', ‚vögeln'.
screw|ar·bor *s tech.* (Werkzeugspindel *f* mit) Gewindefutter *n.* ~ **au·ger** *s tech.* Schneckenbohrer *m.* **~·ball** *bes. Am. I s* **1.** Baseball: Ef'fetball *m.* **2.** *sl.* ‚Spinner' *m,* verrückter Kerl. **II** *adj* **3.** *sl.* verrückt. ~ **bolt** *s tech.* Schraubenbolzen *m.* ~ **cap** *s tech.* **1.** Schraubdeckel *m,* Verschlußkappe *f.* **2.** Überwurfmutter *f.* ~ **con·vey·er** *s tech.* Förderschnecke *f.* ~ **die** *s tech.* Gewindeschneideisen *n.* **'~·driv·er** *s* **1.** *tech.* Schraubendreher *m,* -zieher *m.* **2.** Cocktail aus Orangensaft u. Wodka.
screwed [skru:d] *adj* **1.** verschraubt. **2.** mit Gewinde. **3.** verdreht, gewunden. **4.** *Br. colloq.* ‚blau', ‚besoffen'.
screw|gear(·ing) *s tech.* **1.** Schneckenrad *n.* **2.** Schneckengetriebe *n.* ~ **jack** *s* **1.** *tech.* Schraubenwinde *f,* Hebespindel *f.* **2.** *bes.* Wagenheber *m.* ~ **key** *s tech.* Schraubenschlüssel *m.* ~ **ma·chine** *s tech.* Fas'sondrehbank *f.* ~ **nut** *s tech.* Schraubenmutter *f.* ~ **plug** *s tech.* Verschlußschraube *f.* ~ **press** *s tech.* **1.** Spindelpresse *f.* **2.** Schraubenpresse *f.* ~ **pro·pel·ler** → screw 2 a. ~ **punch** → screw press 1. ~ **steam·er** → screw 2 b. ~ **sur·face** *s math.* Heliko'ide *f,* Wendelfläche *f.* ~ **tap** *s tech.* Gewindebohrer *m.* ~ **top** *s tech.* Schraubverschluß *m.* ~ **wrench** *s tech.* Schraubenschlüssel *m.*
screw·y ['skru:ɪ] *adj* **1.** schraubenartig, gewunden. **2.** *Br. colloq.* ‚beschwipst'. **3.** *bes. Am. sl.* verrückt. **4.** *sl.* knick(e)rig, knaus(e)rig.
scrib·al ['skraɪbl] *adj* Schreib(er)...: ~ error Schreibfehler *m.*
scrib·ble[1] ['skrɪbl] **I** *v/t a.* ~ down ('hin-)

kritzeln, (-)schmieren: to ~ s.th. over etwas bekritzeln. **II** *v/i* kritzeln. **III** *s* Gekritzel *n.*
scrib·ble[2] ['skrɪbl] *v/t* Wolle krempeln.
scrib·bler[1] ['skrɪblə(r)] *s* **1.** Kritzler *m,* Schmierer *m.* **2.** *contp.* Skri'bent *m,* Schreiberling *m.*
scrib·bler[2] ['skrɪblə(r)] *s tech.* 'Krempel,maschine *f.*
'scrib·bling|block, ~ **pad** *s Br.* Schmier-, No'tizblock *m.*
scribe [skraɪb] **I** *s* **1.** (Ab)Schreiber *m,* Ko'pist *m.* **2.** *hist.* Schreiber *m,* Sekre'tär *m.* **3.** *Bibl.* Schriftgelehrte(r) *m.* **4.** *humor.* a) Schriftsteller *m,* b) Journa'list *m.* **5.** *a.* ~ awl Reißahle *f,* -nadel *f.* **II** *v/t* **6.** *tech.* anreißen. **'scrib·er** → scribe 5.
scrim [skrɪm] *s* leichter Leinen- *od.* Baumwollstoff.
scrim·mage ['skrɪmɪdʒ] **I** *s* **1.** Handgemenge *n,* Getümmel *n.* **2.** a) *American Football:* Scrimmage *n,* b) *Rugby:* Gedränge *n.* **II** *v/i* **3.** *American Football:* um den Ball kämpfen *(nach dem Anspiel).* **4.** (her'um)kramen. **III** *v/t* **5.** *American Football:* den Ball ins Scrimmage werfen.
scrimp [skrɪmp] **I** *v/t* **1.** knausern mit, knapp bemessen. **2.** *j-n* knapp-, kurzhalten (for mit). **II** *v/i* **3.** a. ~ and save knausern (on mit). **III** *adj* → scrimpy. **'scrimp·y** *adj* **1.** knauserig. **2.** knapp, eng *(Kleidungsstück).*
scrim·shank ['skrɪmʃæŋk] *v/i bes. mil. Br. sl.* ‚sich drücken'. **'scrim,shank·er** *s bes. mil. Br. sl.* ‚Drückeberger' *m.*
scrim·shaw ['skrɪmʃɔ:] *s* feine Schnitze'rei *(aus Elfenbein, Muscheln etc).*
scrip[1] [skrɪp] *s hist.* (Pilger-, Schäfer-) Tasche *f,* Ränzel *n.*
scrip[2] [skrɪp] *s* **1.** *econ.* Berechtigungsschein *m.* **2.** *econ.* a) Scrip *m,* Interimsschein *m,* -aktie *f,* b) *collect. (die)* Scrips *pl, (die)* Interimsaktien *pl.* **3.** *Am.* (staatlicher) Landzuweisungsschein. **4.** *a.* ~ **money** a) in Notzeiten ausgegebene Er'satzpa,piergeldwährung, b) *mil.* Besatzungsgeld *n.*
script [skrɪpt] **I** *s* **1.** Handschrift *f.* **2.** Schrift(zeichen *pl*) *f.* **3.** Schrift(art) *f:* phonetic ~ Lautschrift *f.* **4.** *print.* Schreibschrift *f.* **5.** *jur.* Origi'nal *n,* Urschrift *f.* **6.** Text *m.* **7.** a) *thea. etc* Manu'skript *n,* b) *Film, TV:* Drehbuch *n.* **8.** *ped. Br.* (schriftliche) Prüfungsarbeit. **II** *v/t u. v/i* **9.** das Drehbuch schreiben (für).
script|de·part·ment *s Film, thea., TV:* Dramatur'gie *f.* ~ **ed·i·tor** *s Film, thea., TV:* Drama'turg *m.*
script·er ['skrɪptə(r)] → scriptwriter.
script girl *s Film:* Skriptgirl *n (Ateliersekretärin f).*
scrip·to·ri·um [skrɪp'tɔ:rɪəm] *pl* **-ri·a** [-rɪə] *s hist.* Schreibstube *f (e-s Klosters).*
script sec·tion *s* script department.
scrip·tur·al ['skrɪptʃərəl] *adj* **1.** Schrift... **2.** a. **S~** *relig.* biblisch, der Heiligen Schrift: ~ doctrine. **'scrip·tur·al·ism** *s relig.* strenge Bibelgläubigkeit.
scrip·ture ['skrɪptʃə(r)] *s* **1. S~,** *meist* the S~s, the Holy S~(s) die (Heilige) Schrift, die Bibel. **2. S~** 'Bibelzi,tat *n,* -stelle *f.* **3.** heilige *od.* religi'öse Schrift: Buddhist ~. ~ **read·er** *s hist.* Bibelvorleser(in).
'script,writ·er *s* **1.** *Film, TV:* Drehbuchautor *m.* **2.** *Rundfunk:* Hörspielautor *m.*
scriv·e·ner ['skrɪvnə(r)] *s hist.* **1.** (öffentlicher) Schreiber: ~'s palsy Schreibkrampf *m.* **2.** No'tar *m.*
scrod [skrɒd] *s Am.* junger, kochfertig geschnittener Fisch *(bes. Kabeljau).*
scrof·u·la ['skrɒfjʊlə; *Am. a.* 'skrɑ:f-] *s med.* Skrofu'lose *f,* 'Lymphknotentuberku,lose *f.* **'scrof·u·lous** *adj* skro.fu'lös.

scroll [skrəʊl] **I** *s* **1.** Schriftrolle *f.* **2.** a) *arch.* Vo'lute *f,* Schnörkelverzierung *f,* b) *mus.* Schnecke *f (am Kopf e-s Streichinstruments),* c) Schnörkel *m (in der Schrift),* d) *her.* Streifen *m (für die Devise).* **3.** *tech.* Triebkranz *m.* **4.** Liste *f,* Verzeichnis *n.* ~ **chuck** *s tech.* Univer'salspannfutter *n.* ~ **gear** *s tech.* Schneckenrad *n.* ~ **lathe** *s tech.* Drechslerbank *f.* ~ **saw** *s tech.* Laubsäge *f.* **'~·work** *s* **1.** Schneckenverzierung *f.* **2.** Laubsägearbeit *f.*
scrooch [skru:tʃ] *v/i Am.* (~ **down** sich) 'hin,kauern.
Scrooge [skru:dʒ] *s* Geizhals *m.*
scro·tal ['skrəʊtl] *adj anat.* skro'tal, Hodensack... **'scro·tum** [-təm] *pl* **-tums, -ta** [-tə] *s anat.* Skrotum *n,* Hodensack *m.*
scrounge [skraʊndʒ] *colloq.* **I** *v/t* **1.** ‚organi'sieren': a) ‚klauen' *(stehlen),* b) beschaffen. **2.** ‚schnorren', ‚nassauern'. **II** *v/i* **3.** ‚klauen'. **4.** ‚nassauern', ‚schnorren'. **5.** *meist* ~ **around** her'umsuchen, sich 'umschauen (for nach). **'scroung·er** *s colloq.* **1.** Dieb *m.* **2.** ‚Schnorrer' *m,* ‚Nassauer' *m.*
scrub[1] [skrʌb] **I** *v/t* **1.** schrubben, scheuern, (ab)reiben. **2.** *tech.* Gas reinigen. **3.** *a.* ~ **out** *colloq.* streichen, ausfallen lassen: to ~ a trip. **II** *v/i* **4.** scheuern, schrubben, reiben: to ~ up sich die Hände desinfizieren *(Arzt vor Operation).* **5.** to ~ round s.th. *colloq.* etwas ignorieren *od.* umgehen. **III** *s* **6.** Scheuern *n,* Schrubben *n:* that wants a good ~ das muß tüchtig gescheuert werden. **7.** → scrubber 1. **8.** *sport Am.* a) Re'servespieler *m,* b) *a.* ~ **team** zweite Mannschaft *od.* ‚Garni'tur', c) *a.* ~ **game** Spiel *n* der Re'servemannschaften.
scrub[2] [skrʌb] *s* **1.** Gestrüpp *n,* Buschwerk *n.* **2.** Busch *m (Gebiet).* **3.** a) verkrüppelter Baum, b) Tier *n* minderwertiger *od.* unbekannter Abstammung, c) Knirps *m,* d) *fig. contp.* ‚Null' *f,* Nichts *n (Person).*
scrub·ber ['skrʌbə(r)] *s* **1.** Schrubber *m,* (Scheuer)Bürste *f.* **2.** *tech.* Skrubber *m,* Rieselturm *m (zur Gasreinigung).* **3.** *Br. sl.* ‚Flittchen' *n.* **'scrub(·bing) brush** *s* Scheuerbürste *f.*
scrub·by ['skrʌbɪ] *adj* **1.** gestrüppreich. **2.** verkümmert. **3.** kümmerlich, schäbig. **4.** stopp(e)lig *(Bart, Kinn etc).*
scruff[1] [skrʌf] *a.* ~ **of the neck** *s* (Hautfalten *pl* am) Genick *n:* to take s.o. by the ~ of the neck j-n im Genick *od.* beim Kragen packen.
scruff[2] [skrʌf] *s* **1.** *metall.* (Ab)Schaum *m.* **2.** *Br. colloq.* schmudd(e)lige Per'son. **'scruff·y** *adj colloq.* schmudd(e)lig, dreckig.
scrum [skrʌm] *Br. abbr. für* scrummage.
scrum·mage ['skrʌmɪdʒ] *s* **1.** → scrimmage 1. **2.** *Rugby:* Gedränge *n.*
scrump·tious ['skrʌmpʃəs] *adj (adv* ~**ly)** *colloq.* ‚toll', ‚prima' *(bes. Essen).*
scrunch [skrʌntʃ] **I** *v/t* **1.** knirschend (zer)kauen. **2.** zermalmen. **II** *v/i* **3.** knirschend kauen. **4.** knirschen. **5.** sich knirschend bewegen. **III** *s* **6.** Knirschen *n.*
scru·ple ['skru:pl] *s* **1.** Zweifel *m,* Bedenken *pl:* to have ~s about doing s.th. Bedenken haben *od.* hegen, etwas zu tun; without ~ skrupellos. **2.** Skrupel *n (Apothekergewicht = 20 gran = 1,296 g).* **II** *v/i* **3.** Skrupel *od.* Bedenken haben, zögern (to do zu tun). **'scru·pu·los·i·ty** [-pjʊ'lɒsətɪ; *Am. a.* -'la:s-] *s* (über'triebene) Gewissenhaftigkeit *od.* Genauigkeit, ('Über)Ängstlichkeit *f.* **'scru·pu·lous** *adj (adv* ~**ly) 1.** voller Skrupel *od.* Bedenken. **2.** (über)gewis-

senhaft, peinlich (genau). **3.** vorsichtig, ängstlich. '**scru·pu·lous·ness** → **scrupulosity**.
scru·ti·neer [ˌskruːtɪˈnɪə(r)] *s* (*pol.* Wahl)Prüfer *m*.
scru·ti·nize [ˈskruːtɪnaɪz] *v/t* **1.** unter-'suchen, (genau) prüfen. **2.** genau *od.* forschend *od.* prüfend betrachten, mustern. '**scru·ti·ny** [-nɪ] *s* **1.** Unter'suchung *f*, (genaue) Prüfung. **2.** *pol.* Wahlprüfung *f*. **3.** Über'wachung *f*. **4.** forschender *od.* prüfender Blick.
scry [skraɪ] *v/i* mit Hilfe e-r Glaskugel wahrsagen.
scu·ba [ˈskjuːbə; *Am. a.* ˈskuː-] *s* (Unter-'wasser)Atemgerät *n*: ~ **diving** Sporttauchen *n*.
scud [skʌd] **I** *v/i* **1.** eilen, jagen. **2.** *mar.* lenzen. **II** *s* **3.** Da'hinjagen *n*. **4.** tieftreibende Wolkenfetzen *pl*. **5.** a) (Wind)Bö *f*, b) treibender Nebel.
scuff [skʌf] **I** *v/i* **1.** schlurfen(d gehen). **II** *v/t* **2.** (mit den Füßen) ab- *od.* aufscharren. **3.** abstoßen, abnutzen. **4.** schlagen, boxen. **III** *s* **5.** Schlurfen *n*. **6.** Abnutzung *f*, abgestoßene Stelle. **7.** *Am.* (*Art*) Pan'toffel *m*.
scuf·fle [ˈskʌfl] **I** *v/i* **1.** sich balgen, raufen. **2.** ziellos eilen. **3.** schlurfen(d gehen). **II** *s* **4.** Balge'rei *f*, Raufe'rei *f*, Handgemenge *n*. **5.** Schlurfen *n*.
scull [skʌl] **I** *s* **1.** *mar.* Heck-, Wriggriemen *m*. **2.** *bes. Rudersport:* Skullriemen *m*. **3.** *bes. Rudersport:* Skuller *m*, Skullboot *n*. **II** *v/t u. v/i* **4.** *mar.* wriggen. **5.** *bes. Rudersport:* skullen (*mit 2 Riemen rudern*). '**scull·er** *s* (*bes. Rudersport*) **1.** Skuller *m* (*Ruderer*). **2.** → scull 3.
scul·ler·y [ˈskʌlərɪ] *s Br.* Spülküche *f*. ~ **maid** *s Br.* Spül-, Küchenmädchen *n*.
scul·lion [ˈskʌljən] *s hist. Br.* Küchenjunge *m*.
sculp(t) [skʌlp(t)] *colloq. für* **sculpture** II *u.* III.
sculp·tor [ˈskʌlptə(r)] *s* Bildhauer *m*. '**sculp·tress** [-trɪs] *s* Bildhauerin *f*.
sculp·tur·al [ˈskʌlptʃərəl] *adj* (*adv* ~**ly**) bildhauerisch, Skulptur...
sculp·ture [ˈskʌlptʃə(r)] **I** *s* **1.** Skulp'tur *f*, Plastik *f*: a) Bildhauerkunst *f*, Bildhaue'rei *f*, b) Bildhauerwerk *n*. **2.** *bot. zo.* Skulp'tur *f*. **II** *v/t* **3.** formen, (her'aus-) meißeln *od.* (-)schnitzen. **4.** mit Skulp-'turen *od.* Reli'efs schmücken. **III** *v/i* **5.** bildhauern. ˌ**sculp·tur'esque** [-'resk] *adj* skulp'turartig, wie (aus)gemeißelt.
scum [skʌm] **I** *s* **1.** *a. metall.* Schaum *m*. **2.** *fig.* Abschaum *m*, Auswurf *m*: **the ~ of the earth** der Abschaum der Menschheit. **II** *v/t* **3.** abschäumen, den Schaum abschöpfen von. **4.** e-n Schaum bilden auf (*dat*). **III** *v/i* **5.** schäumen, Schaum bilden (*Flüssigkeit*).
scum·ble [ˈskʌmbl] *paint.* **I** *v/t* **1.** Farben, Umrisse *etc* vertreiben, dämpfen. **2.** *ein Bild* durch Vertreiben in s-n Farben u. 'Umrissen weicher machen. **3.** *Lasur* in e-r hauchdünnen Schicht auftragen. **II** *s* **4.** Gedämpftheit *f*, Weichheit *f*. **5.** La'sur *f*.
'**scum·my** [ˈskʌmɪ] *adj* **1.** schaumig. **2.** *fig.* gemein, schäbig, ‚fies'.
scup·per [ˈskʌpə(r)] **I** *s* **1.** *mar.* Speigatt *n*. **2.** *arch.* Wasserabzug *m*. **II** *v/t mil. Br. sl.* **3.** niedermetzeln. **4.** *das Schiff* versenken. **5.** *fig.* a) ka'puttmachen, b) durchein'anderbringen, c) im Stich lassen.
scurf [skɜːf; *Am.* skɜrf] *s* **1.** *med.* a) Schorf *m*, Grind *m*, *bes. Br.* (Kopf-) Schuppen *pl*. **2.** abblätternde Kruste. **3.** Fetzen *pl*, Reste *pl*. '**scurf·i·ness** [-ɪnɪs] *s med.* Schorfigkeit *f*. '**scurf·y** *adj* **1.** *med.* a) schorfig, grindig, b) schorfartig, c) schuppig. **2.** verkrustet.

scur·ril·i·ty [skʌˈrɪlətɪ; skə-] *s* **1.** zotige Scherzhaftigkeit. **2.** Zotigkeit *f*. **3.** Zote *f*.
scur·ril·ous [ˈskʌrɪləs; *Am. a.* ˈskɜr-] *adj* (*adv* ~**ly**) **1.** ordi'när-scherzhaft, ‚frech'. **2.** unflätig, zotig.
scur·ry [ˈskʌrɪ; *Am. bes.* ˈskɜːrɪ] **I** *v/i* **1.** huschen, hasten: **to ~ for the door** zum Ausgang hasten. **2.** trippeln. **II** *v/t* **3.** jagen, treiben. **III** *s* **4.** Hasten *n*. **5.** Getrippel *n*. **6.** *sport* Sprint *m*. **7.** *Pferdesport:* Fliegerrennen *n*. **8.** Schneetreiben *n*.
scur·vy [ˈskɜːvɪ; *Am.* ˈskɜrvɪː] **I** *s med.* Skor'but *m*. **II** *adj* (*adv* **scurvily**) (hunds)gemein, ‚fies'. ~ **grass** *s bot.* Löffelkraut *n*.
scut [skʌt] *s* **1.** *hunt.* Blume *f*, kurzer Schwanz (*des Hasen*), Wedel *m* (*des Rotwilds*). **2.** Stutzschwanz *m*.
scu·ta [ˈskjuːtə; *Am. a.* ˈskuː-] *pl von* **scutum**.
scu·tage [ˈskjuːtɪdʒ; *Am. a.* ˈskuː-] *s mil. hist.* Schildpfennig *m* (*an Stelle von Heerfolge geleistete Steuer*).
scu·tate [ˈskjuːteɪt; *Am. a.* ˈskuː-] *adj* **1.** *bot.* schildförmig (*Blatt*). **2.** *zo.* großschuppig.
scutch [skʌtʃ] *tech.* **I** *v/t* **1.** *Flachs* schwingen. **2.** *Baumwolle od. Seidenfäden* durch Schlagen entwirren. **II** *s* **3.** a) (Flachs-) Schwingmesser *n*, b) ('Flachs)ˌSchwingmaˌschine *f*. **4.** Schwingwerg *n*. **5.** *tech.* Putzhammer *m*.
scutch·eon [ˈskʌtʃən] *s* **1.** → **escutcheon**. **2.** → **scute**.
'**scutch·er** → scutch 3 *u.* 5.
scute [skjuːt; *Am. a.* skuːt] *s zo.* Schuppe *f*, Schild *m*.
scu·tel·late [ˈskjuːtɪleɪt, -lət; *Am. a.* ˈskuː-; *a.* skjuːˈteləːt; skuːˈt-] *adj zo.* **1.** schuppig. **2.** schuppenartig.
scu·tel·lum [skjuːˈteləm; *Am. a.* skuː-] *pl* **-la** [-lə] *s bot. zo.* Schildchen *n*.
scu·ti·form [ˈskjuːtɪfɔː(r)m; *Am. a.* ˈskuː-] *adj* schildförmig.
scut·ter [ˈskʌtə(r)] *Br. colloq. für* **scurry**.
scut·tle[1] [ˈskʌtl] *s* **1.** Kohlenkasten *m*, -eimer *m*. **2.** flacher Korb.
scut·tle[2] [ˈskʌtl] **I** *v/i* **1.** → scurry I. **2.** ~ **out** *of bes. mil.* sich absetzen aus, sich hastig zu'rückziehen aus (*e-m besetzten Land etc*); **to ~ out of a policy** e-e Politik schleunigst wieder aufgeben. **II** *s* **3.** ~ scurry 4, 5. **4.** a) *bes. mil.* hastiger Rückzug (**out of** aus), b) *fig.* hastiger Rückzieher.
scut·tle[3] [ˈskʌtl] **I** *s* **1.** (Dach-, Boden-) Luke *f*. **2.** *mar.* (Spring)Luke *f*. **3.** *mot.* Stirnwand *f*, Spritzbrett *n*. **II** *v/t* **4.** *mar.* a) *das Schiff* anbohren, die 'Bodenventile öffnen von (*e-m Schiff*), b) (selbst) versenken. **5.** *fig. Pläne, Hoffnungen etc* aufgeben.
'**scut·tle-ˌbutt** *s* **1.** *mar.* a) (Trink-) Wassertonne *f*, b) Trinkwasseranlage *f*. **2.** *Am. colloq.* Gerücht *n*.
scu·tum [ˈskjuːtəm; *Am. a.* ˈskuː-] *pl* **-ta** [-tə] *s* **1.** *antiq. mil.* Schild *m*. **2.** *zo.* Scutum *n* (*Mittelteil des Rückenpanzers der Insekten*).
scuz·zy [ˈskʌzɪː] *adj Am. sl.* dreckig, speckig.
Scyl·la [ˈsɪlə] *npr myth.* Szylla *f*: **between ~ and Charybdis** *fig.* zwischen Szylla u. Charybdis.
scy·phus [ˈsaɪfəs] *pl* **-phi** [-faɪ] *s* **1.** *antiq.* Skyphos *m* (*Tongefäß*). **2.** *bot.* Becher *m*, Kelch *m*.
scythe [saɪð] **I** *s* **1.** *agr.* Sense *f*. **2.** *antiq.* Sichel *f* (*am Streitwagen*). **II** *v/t* **3.** *agr.* (ab)mähen. **4.** ~ **down** Fußball: umsäbeln.
Scyth·i·an [ˈsɪðɪən; ˈsɪθ-] **I** *s* **1.** *antiq.* Skythe *m*, Skythin *f*. **2.** *ling.* Skythisch *n*, das Skythische. **II** *adj* **3.** skythisch.

scrupulousness – seal

sea [siː] *s* **1.** a) See *f*, Meer *n*, b) Ozean *m*, (Welt)Meer *n*: **the four ~s** die vier (*Großbritannien umgebenden*) Meere; **at ~** *mar.* auf See; **(all) at ~** *fig.* (völlig) ratlos; **beyond the ~s**, **over ~(s)** nach *od.* in Übersee; **by ~** auf dem Seeweg, mit dem Schiff; **to follow the ~** *mar.* zur See fahren; **to go to ~** a) in See stechen, absegeln, b) zur See gehen (*Seemann werden*); **the high ~s** die hohe See, die Hochsee; **in the open ~** auf hoher See; **on the ~** a) auf See, zur See, b) *a.* **by the ~** an der See, an der Küste (*gelegen*). **2.** *mar.* See(gang *m*) *f*: **a heavy ~**; **long (short) ~** lange (kurze) See. **3.** *fig.* hohe Welle: → **ship** 8. **4.** *fig.* Meer *n*: **~ of flames** Flammenmeer.
sea|ˌair *s* See-, Meeresluft *f*. **~ ˌan·chor** *s* **1.** *mar.* See- *od.* Treibanker *m*. **2.** *aer.* Wasseranker *m*. **~ aˌnem·o·ne** *s zo.* 'Seeaneˌmone *f*. **~ ˌan·i·mal** *s* Meerestier *n*. '**~-ˌbag** *s* Seesack *m* (*e-s Matrosen*). **~ ˈbath·ing** [ˈbeɪðɪŋ] *s* Baden *n* im Meer. **~ ˈbat·tle** *s mar. mil.* Seeschlacht *f*, -gefecht *n*. **~ ˌbear** *s* **1.** Eisbär *m*. **2.** Seebär *m*. '**~-ˌbed** *s* Meeresboden *m*, -grund *m*. **S~-ˌbee** [ˈsiːˌbiː] *s mil. Am.* Angehörige(r) *m* e-s schweren Pio'nierbataiˌllons (*der amer. Marine*). **~ ˌbird** *s* Meeres-, Seevogel *m*. **~ ˈbis·cuit** *s* Schiffszwieback *m*. '**~-ˌboard** **I** *s* (Meeres-, See)Küste *f*. **II** *adj* Küsten... **~ ˌtown**. **~ ˌboat** *s mar.* Seeschiff *n*, (hoch-) seetüchtiges Schiff. '**~-ˌborn** *adj* **1.** aus dem Meere stammend. **2.** *poet.* meergeboren. '**~-ˌborne** *adj* See..., auf dem Seeweg befördert: **~ goods** Seehandelsgüter; **~ invasion** *mil.* Landungsunternehmen *n* von See aus; **~ trade** Seehandel *m*. **~ ˌbreeze** *s* Seewind *m*, -brise *f*. **~ ˌcalf** *s irr* → sea dog 1 a. **~ ˈcap·tain** *s* ('Schiffs)Kapiˌtän *m*. **~ ˌchange** *s* **1.** vom Meer bewirkte Verwandlung. **2.** *fig.* große Wandlung. **~ ˌclam** *s zo.* Strandmuschel *f*. ˌ**~-ˈcoast** *s* Meeres-, Seeküste *f*. **~ ˌcock** *s* **1.** *mar.* 'Boden-, 'Bordvenˌtil *n*. **2.** *orn.* Kiebitzregenpfeifer *m*. **~ ˈcow** *s* **1.** Seekuh *f*, Si'rene *f*. **2.** Walroß *n*. **3.** Flußpferd *n*. **~ ˈcrow** *s orn.* Lachmöwe *f*. **~ ˈcu·cum·ber** *s zo.* Seewalze *f*, See-, Meergurke *f*. **~ ˈdev·il** *s* **1.** → devilfish. **2.** → angelfish 1. **~ ˌdog** *s* **1.** *zo.* a) Gemeiner Seehund, Meerkalb *n*, b) → dogfish. **2.** *fig.* alter Seebär. '**~-ˌdrome** *s aer.* Wasserflughafen *m*. **~ ˈea·gle** *s orn.* **1.** Seeadler *m*. **2.** Fisch-, Flußadler *m*. **~ ˈel·e·phant** *s zo.* 'See-Eleˌfant *m*. '**~-ˌfar·er** *s* Seefahrer *m*, -mann *m*. '**~-ˈfar·ing** *mar.* **I** *adj* **1.** seefahrend: **~ man** Seemann *m*; **~ nation** Seefahrernation *f*. **2.** Seefahrts... **II** *s* **3.** Seefahrt *f*. **~ ˌfarm·ing** *s biol.* 'Aquakulˌtur *f*. **~ ˌfight** *s mar. mil.* Seegefecht *n*, -schlacht *f*. '**~-ˌflow·er** → sea anemone. **~ ˌfood** *s collect.* Meeresfrüchte *pl*. '**~-ˌfowl** → sea bird. **~ ˈfront** *s* Seeseite *f* (*von Städten od. Häusern*). **~ ˌgate** *s mar.* **1.** Zugang *m* zur See. **2.** *tech.* Flut-, Sicherheitstor *n* (*e-r Deichschleuse etc*). **~ ˌga(u)ge** *s mar.* **1.** Tiefgang *m*. **2.** Lotstock *m*. '**~-ˌgirt** *adj poet.* 'meerumˌschlungen. **~ ˌgod** Meer(es)gott *m*. '**~-ˌgo·ing** *adj mar.* **1.** (hoch)seetüchtig, (Hoch)See... **2.** → seafaring I. **~ ˌgrass** *s bot.* Seegras *n*. **~ ˌgreen** *s* Meergrün *n*. **~ ˌgull** *s orn.* Seemöwe *f*. **~ ˌhare** *s zo.* Seehase *m*. **~ ˌhog** *s zo.* Schweinswal *m*, *bes.* Meerschwein *n*, Kleiner Tümmler. **~ ˌhorse** *s* **1.** *zo.* a) Seepferdchen *n*, b) Walroß *n*. **2.** *myth.* Seepferd *n*. **3.** große, schaumgekrönte Welle. '**~-ˌis·land ˌcot·ton** *s* Sea-Island-Baumwolle *f*. **~ ˌkale** *s bot.* See-, Strandkohl *m*. **~ ˌking** *s hist.* Wikingerfürst *m*.
seal[1] [siːl] **I** *s* **1.** *pl* **seals**, *bes. collect.*

seal *zo.* Robbe *f, eng S.* Seehund *m.* 2. →
sealskin I. 3. Seal(braun) *n.* II *adj* 4. → **sealskin** II. III *v/i* 5. auf Robbenjagd gehen.
seal² [siːl] I *s* 1. Siegel *n*: **given under my hand and** ~ von mir unterzeichnet u. versiegelt; **to set one's** ~ **to s.th.** sein Siegel auf etwas drücken, *bes. fig.* etwas besiegeln (*bekräftigen*); **to set the (final)** ~ **on** *fig.* a) die Krönung bilden (*gen*), b) krönen; **under (the)** ~ **of secrecy (of confession)** unter dem Siegel der Verschwiegenheit (des Beichtgeheimnisses). 2. Siegel(prägung *f*) *n.* 3. Siegel(stempel *m*) *n,* Petschaft *n*: **the** ~**s** die Amtssiegel (*bes. als Symbol der Amtsgewalt*); **to resign the** ~**s** das Amt niederlegen; → **great seal.** 4. *mail* Aufkleber *m* (*meist für karitative Zwecke, ohne postalischen Wert*): **Christmas** ~. 5. *jur.* (Amts)Siegel *n.* 6. Plombe *f,* (amtlicher) Verschluß: **under** ~ (*Zoll etc*) unter Verschluß. 7. sicherer Verschluß. 8. Garan'tie *f,* Zusicherung *f.* 9. *fig.* Siegel *n,* Besiegelung *f,* Bekräftigung *f.* 10. *fig.* Stempel *m,* Zeichen *n*: **as a** ~ **of friendship** zum Zeichen der Freundschaft; **he has the** ~ **of death in his face** sein Gesicht ist vom Tode gezeichnet. 11. *tech.* a) (wasser-, luftdichter) Verschluß: **water** ~ Wasserverschluß, b) (Ab)Dichtung *f,* c) Versiegelung *f* (*von Holz, Kunststoff etc*).
II *v/t* 12. siegeln, mit e-m Siegel versehen: **to** ~ **a document.** 13. besiegeln, ratifi'zieren, bekräftigen: **to** ~ **a transaction** ein Geschäft besiegeln. 14. *fig.* besiegeln (*endgültig entscheiden*): **his fate is** ~**ed** sein Schicksal ist besiegelt. 15. autori'sieren, mit e-m Gültigkeitsstempel versehen. 16. zeichnen, s-n Stempel *od.* sein Zeichen aufdrücken (*dat*). 17. a) versiegeln: ~**ed orders** *bes. mar.* versiegelte Orders; **my lips are** ~**ed** *fig.* m-e Lippen sind versiegelt; **this is a** ~**ed book to me** *fig.* das ist mir ein Buch mit 7 Siegeln, b) *Brief(umschlag)* zukleben: ~**ed envelope** verschlossener Umschlag. 18. e-n Verschluß, Waggon etc plom'bieren. 19. *oft* ~ **up** her'metisch (*od. tech.* wasser-, luftdicht) verschließen (*od.* abdichten): ~**ed cabin** *aer.* Höhenkabine *f;* **a vessel** ~**ed in ice** ein eingefrorenes *od.* vom Eis festgehaltenes Schiff. 20. ~ **off** *fig.* a) *mil. etc* abriegeln: **to** ~ **off the airport; to** ~ **off a breakthrough,** b) zu-, dichtmachen: **to** ~ **off the border.** 21. *electr.* den Stecker, Sockel etc einrasten *od.* einschnappen lassen. 22. *tech.* a) Holz, Kunststoff etc versiegeln, b) grun'dieren, c) befestigen, 'einzemen,tieren, d) zuschmelzen.
sea|lad·der *s mar.* Fallreep *n.* ~ **lane** *s mar.* Seeweg *m,* Schiffahrtsweg *m.*
seal·ant ['siːlənt] *s* Dichtungsmittel *n.*
sea|law·yer *s mar. colloq.* Queru'lant *m.* ~ **leath·er** *s* Leder *n* von Meerestieren (*Haifischen etc*). ~ **legs** *s pl mar. colloq.* Seefestigkeit *f*: **to get** (*od.* **find**) **one's** ~ seefest werden. ~ **leop·ard** *s zo.* 1. 'Seeleo,pard *m.* 2. Weddellrobbe *f.* 3. Gemeiner Seehund.
seal·er¹ ['siːlə(r)] *s* 1. *Am.* Eichmeister *m.* 2. *tech.* a) (Ver)Siegler *m* (*Person*), b) Ver'schließvorrichtung *f od.* -ma,schine *f*: **bag** ~, c) Einlaß-, Absperrgrund *m.*
seal·er² ['siːlə(r)] *s mar.* Robbenfänger *m* (*Mann od. Schiff*). **'seal·er·y** *s* 1. Robbenfang *m,* -jagd *f.* 2. Robbenfangplatz *m.*
sea|let·ter *s Völkerrecht:* Schiffspaß *m.* ~ **lev·el** *s* Meeresspiegel *m,* -höhe *f*: **above** (**below**) ~ über (unter) dem Meeresspiegel, über (unter) Meereshöhe; **corrected to** ~ auf Meereshöhe umgerechnet.

seal fish·er·y → **sealery.**
sea|lil·y *s zo.* Seelilie *f.* ~ **line** *s* 'Meereshori,zont *m.*
seal·ing ['siːlɪŋ] *s* 1. (Be)Siegeln *n.* 2. Versiegeln *n, tech.* a. (Ab)Dichtung *f,* Verschluß *m*: ~ (**compound**) Dichtungs-, Vergußmasse *f;* ~ **ring** Dichtungsring *m;* ~ **machine** (*Beutel- etc*) Verschließmaschine *f.* 3. a) Verpakkungsfolie *f,* b) (starkes) 'Packpa,pier. ~ **wax** *s* Siegellack *m.*
sea|li·on *s zo.* 1. Seelöwe *m.* 2. Mähnenrobbe *f.* ~ **liz·ard** *s zo.* Meerechse *f.* **S.~ Lord** *s mar. Br.* Seelord *m* (*Amtsleiter in der brit. Admiralität*).
seal|ring *s* Siegelring *m.* ~ **rook·er·y** *s* Brutplatz *m* von Robben. **'~skin I** *s* 1. Seal(skin) *m, n,* Seehundsfell *n.* 2. Sealjacke *f,* -mantel *m,* -cape *n.* 3. Seehundsleder *n.* II *adj* 4. Seal..., Seehunds...
sea lungs *s sg u. pl zo.* Rippenqualle *f.*
Sea·ly·ham ['siːlɪəm; *Am.* -lɪˌhæm], *a.* ~ **ter·ri·er** *s zo.* Sealyhamterrier *m.*
seam [siːm] I *s* 1. Saum *m,* Naht *f* (*a. med.*): **to burst at the** ~**s** aus den *od.* allen Nähten platzen (*a. fig.*). 2. *tech.* a) (Guß-, Schweiß)Naht *f,* b) *bes. mar.* Fuge *f,* c) Riß *m,* Sprung *m,* d) Falz *m.* 3. Narbe *f.* 4. Furche *f,* Runzel *f.* 5. *Bergbau:* (Nutz-) Schicht *f,* Flöz *n.* II *v/t* 6. *a.* ~ **up,** ~ **together** zs.-nähen. 7. säumen, mit e-r (Zier)Naht versehen. 8. *bes. fig.* (durch-) 'furchen, (zer)schrammen: **a face** ~**ed with worry** ein vor gramzerfurchtes Gesicht; ~**ed with cracks** von Rissen durchzogen, rissig. 9. *tech.* durch e-e (Guß-, Schweiß)Naht verbinden. III *v/i* 10. rissig werden. 11. faltig werden.
'sea·man [-mən] *s irr mar.* 1. Seemann *m,* Ma'trose *m*: **ordinary** ~ Leichtmatrose. 2. *mil. Am.* (Ma'trose)Obergefreite(r) *m*: ~ **apprentice** (Marine)Gefreite(r); ~ **recruit** Matrose *m.* **'sea·man·like, 'sea·man·ly** [-lɪ] *adj u. adv* seemännisch. **'sea·man·ship** *s mar.* Seemannschaft *f.*
'sea|·mark *s mar.* 1. Seezeichen *n.* 2. Gezeitengrenze *f.* ~ **mark·er** *s mar.* Farbnotzeichen *n.* ~ **mew** *s orn.* Sturmmöwe *f.* ~ **mile** *s* Seemeile *f.* ~ **mine** *s mil.* Seemine *f.*
'seam·less *adj* 1. naht-, saumlos: ~ **-drawn tube** nahtlos gezogene Röhre. 2. *bes. mar.* fugenlos.
sea mon·ster *s* Meeresungeheuer *n.*
seam·stress ['semstrɪs; *Am.* 'siːm-] *s* Näherin *f.*
sea mud *s* Seeschlamm *m,* Schlick *m.*
seam weld·ing *s tech.* Nahtschweißen *n.*
seam·y ['siːmɪ] *adj* 1. gesäumt: **the** ~ **side** a) die linke Seite, die Nahtseite, b) *fig.* die Kehr- *od.* Schattenseite. 2. faltig, zerfurcht. 3. narbig. 4. *geol.* flözführend.
Sean·ad Eir·eann [ˌsænədˈɛərən; ˌʃæn-] (*Ir.*) *s* Oberhaus *od.* Senat der irischen Republik.
se·ance, sé·ance ['seɪɑːns] *s* Sé'ance *f,* (spiri'tistische) Sitzung *f.*
sea| ooze → **sea mud.** ~ **ot·ter** *s zo.* Seeotter *m.* ~ **pass** → **sea letter.** '~**piece** *s paint.* Seestück *n.* ~ **pike** *s ichth.* Seehecht *m.* '~**plane** *s aer.* See-, Wasserflugzeug *n.* '~**port** *s* 1. Seehafen *m.* 2. Seehafen *m,* Hafenstadt *f.* ~ **pow·er** *s* 1. Seemacht *f.* 2. Seestärke *f,* Stärke *f* der Ma'rine. '~**quake** *s* Seebeben *n.*
sear¹ [sɪə(r)] I *v/t* 1. versengen, -brennen. 2. *med.* (aus)brennen. 3. mit e-m Brandmal (kenn)zeichnen. 4. *fig.* brandmarken, zeichnen. 5. *fig.* abstumpfen: **a** ~**ed conscience.** 6. verdorren lassen.

7. *Fleisch* anbraten. II *v/i* 8. verdorren. III *s* 9. Brandmal *n,* -wunde *f,* -zeichen *n.* IV *bes. Br.* **sere** *adj poet.* 10. verdorrt, -welkt: **the** ~, **the yellow leaf** *fig.* der Herbst des Lebens.
sear² → **sere².**
search [sɜːtʃ; *Am.* sɜrtʃ] I *v/t* 1. durch'suchen (**for** nach): **to** ~ **one's memory** sein Gedächtnis durchforsten. 2. *jur.* ein Haus, e-e Person durch'suchen. 3. (über-) 'prüfen, unter'suchen. 4. *fig.* (zu) ergründen (suchen), erforschen, prüfen: **to** ~ **one's heart** sein Herz fragen; **to** ~ **one's conscience** sein Gewissen prüfen. 5. forschend betrachten: **to** ~ **s.o.'s face.** 6. *meist* ~ **out** auskundschaften, ausfindig machen, aufspüren. 7. *med.* son'dieren: **to** ~ **a wound.** 8. durch'dringen (*Wind, Geschoß etc*). 9. *mil.* mit (Tiefen)Feuer bestreichen. 10. ~ **me!** *colloq.* keine Ahnung! II *v/i* 11. suchen, forschen (**for** nach): **to** ~ **into** untersuchen, ergründen; **to** ~ **through s.th.** etwas 'durchsuchen *od.* -sehen. 12. *jur.* fahnden (**for** nach). 13. *Patentrecht:* recher'chieren. 14. ~ **after** streben nach. III *s* 15. Suche *f,* Suchen *n,* Forschen *n* (**for, of** nach): **in** ~ **of** auf der Suche nach; **to go in** ~ **of** auf die Suche gehen nach. 16. *jur.* a) Fahndung *f* (**for** nach), b) Haussuchung *f,* c) ('Leibes)Visitati,on *f,* d) Einsichtnahme *f* (*in öffentliche Bücher*), e) *Patentwesen:* Re'cherche *f.* 17. Unter'suchung *f,* Über'prüfung *f*: **right of (visit and)** ~ *mil.* Recht *n* auf Durchsuchung neutraler Schiffe. **'search·er** *s* 1. Sucher *m,* (Er)Forscher *m.* 2. Unter'sucher *m,* (Zoll- etc)Prüfer *m.* 3. *med.* Sonde *f.* **'search·ing** *adj* (*adv* ~**ly**) 1. gründlich, eingehend, tiefschürfend. 2. forschend: ~ **glance.** 3. 'durchdringend: ~ **wind;** ~ **fire** *mil.* Tiefen-, Streufeuer *n,* Artillerie: Staffelfeuer *n, Marine:* Gabelgruppenschießen *n.*
'search|·light *s* 1. (Such)Scheinwerfer *m.* 2. Scheinwerferstrahl *m,* -kegel *m.* ~ **op·er·a·tion** *s jur.* Fahndung *f* (**for** nach). ~ **par·ty** *s* Suchmannschaft *f,* -trupp *m.* ~ **ra·dar** *s* Suchradar *m, n,* Radar-Suchgerät *n.* ~ **war·rant** *s* Haussuchungs-, Durch'suchungsbefehl *m.*
'sea-,res·cue *adj* Seenot...: ~ **airplane;** ~ **service** Seenotdienst *m.* ~ **risk** *s econ.* Seegefahr *f.* ~ **room** *s mar.* Seeräumte *f* (*gefahrenreicher Bereich außerhalb der Küste*). ~ **route** *s* Seeweg *m,* Schiffahrtsweg *m.* ~ **salt** *s* Meersalz *n.* '~**scape** *s* 1. (Aus)Blick *m* auf das Meer. 2. *paint.* Seestück *n.* ~ **ser·pent** *s zo. u. myth.* Seeschlange *f.* '~**shore I** *s* 1. See-, Meeresküste *f.* 2. *jur. mar.* Ufer *n* (*Küstenstreifen zwischen dem gwöhnlichen Hoch- u. Niedrigwasserstand*). II *adj* 3. Küsten... '~**sick** *adj* seekrank. '~**sick·ness** *s* Seekrankheit *f.* '~**side I** *s* Meeresküste *f*: **at** (*od.* **by**) **the** ~ an der See *od.* Küste, am Meer; **to go to the** ~ an die See *od.* ans Meer fahren. II *adj* See...: ~ **place** (*od.* **resort**) Seebad *n.*
sea·son ['siːzn] I *s* 1. (Jahres)Zeit *f*: **cold** ~; **the four** ~**s (of the year)** die vier Jahreszeiten; **dry (rainy)** ~ Trockenzeit (Regenzeit). 2. a) (rechte) Zeit (*für etwas*), günstigste Zeit, b) (Reife)Zeit *f,* c) *a.* **pairing** ~ *hunt.* Paarungszeit *f*: **to** ~ Zeitpunkt *m*: **at that** ~ zu diesem Zeitpunkt; **in** ~ (gerade) reif *od.* (günstig) auf dem Markt zu haben (*Früchte*), *hunt.* jagdbar, *zo.* brünstig (*Tier*), *fig.* rechtzeitig, zur rechten Zeit; **in due** ~ zu geeigneter Zeit; **cherries are now in (out of)** ~ jetzt ist (keine) Kirschenzeit; **a word in** ~ ein Rat zur rechten Zeit; **out of** ~ nicht (auf dem Markt) zu haben, *hunt.* nicht jagdbar, *fig.* unpassend, zur Unzeit;

in and out of ~ jederzeit; **to everything there is a ~** alles zu s-r Zeit; **for a ~** e-e Zeitlang; → **close season, open** 17. **3.** Sai'son *f*, Haupt(betriebs-, -geschäfts)zeit *f*: → **dull** 6, **high season, low season, off** 33. **4.** (Ver'anstaltungsetc)Sai,son *f*: **baseball ~** Baseballsaison *od.* -spielzeit *f*; **theatrical ~** Theatersaison, (Theater)Spielzeit *f*. **5.** ('Ferien-, 'Bade-, 'Kur)Sai,son *f*: **holiday ~** Ferienzeit *f*. **6.** *Br.* Festzeit *f*, *bes.* Weihnachts-, Oster-, Pfingstzeit *f*: → **compliment** 3. **7.** *pl* (Lebens)Jahre *pl*, Lenze *pl*: **a boy of** 12 **~s. 8.** *Br. colloq.* → **season ticket. 9.** *obs.* Würze *f*, Gewürz *n*.
II *v/t* **10.** Speisen würzen, anmachen (with mit). **11.** *fig.* würzen: **~ed with wit** geistreich. **12.** (aus)reifen lassen: **to ~ tobacco**, **~ed wine** ausgereifter *od.* abgelagerter Wein. **13.** *Holz* ablagern. **14.** *e-e Pfeife* einrauchen. **15.** gewöhnen (to an *acc*), abhärten: **to be ~ed to a climate** an ein Klima gewöhnt sein; **a ~ed stomach** ein robuster Magen; **~ed soldiers** fronterfahrene Soldaten; **~ troops ~ed by battle** kampferprobte Truppen. **16.** *obs.* mildern.
III *v/i* **17.** (aus)reifen. **18.** ablagern, austrocknen (*Holz*).
sea·son·a·ble ['si:znəbl] *adj* (*adv* **seasonably**) **1.** der Jahreszeit entsprechend (*bes. Wetter*). **2.** der Sai'son angemessen, zeitgemäß. **3.** rechtzeitig: **his ~ arrival. 4.** *fig.* (*zeitlich*) passend *od.* günstig, angebracht, oppor'tun: **a ~ advice** ein Rat zur rechten Zeit.
sea·son·al ['si:zənl] *adj* (*adv* **~ly**) **1.** jahreszeitlich. **2.** sai'sonbedingt, -gemäß, peri'odisch, Saison..., saiso'nal: **~ articles** Saisonartikel; **~ closing-out sale** *econ.* Saisonschlußverkauf *m*; **~ trade** Saisongewerbe *n*; **~ unemployment** saisonale *od.* saisonbedingte Arbeitslosigkeit; **~ work(er)** Saisonarbeit(er *m*) *f*.
sea·son·ing ['si:znɪŋ] *s* **1.** Würze *f* (*a. fig.*), Gewürz *n*: **to check the ~ of s.th.** etwas abschmecken. **2.** Reifen *n*. **3.** Ablagern *n* (*von Holz etc*).
sea·son tick·et *s* **1.** *rail. etc Br.* Dauer-, Zeitkarte *f*. **2.** *thea. etc* Abonne'ment(skarte *f*) *n*.
seat [si:t] **I** *s* **1.** Sitz(gelegenheit *f*, -platz) *m*. **2.** Bank *f*, Stuhl *m*, Sessel *m*. **3.** (Stuhl-, Klo'sett- *etc*)Sitz *m*. **4.** (Sitz)Platz *m*: **to take a ~** Platz nehmen, sich setzen; **to take one's ~** s-n Platz einnehmen; **take your ~s, please!** bitte Platz nehmen! **5.** Platz *m*, Sitz *m* (*im Theater etc*): → **book** 19. **6.** (Thron-, Bischofs-, Präsi'denten- *etc*)Sitz *m* (*fig. a. das Amt*): **crown and ~ of France** Krone u. Thron von Frankreich. **7.** Gesäß *n*, Sitzfläche *f*. **8.** Hosenboden *m*. **9.** *Reitsport etc*: guter *etc* Sitz (*Haltung*). **10.** *tech.* Auflage(fläche) *f*, Auflager *n*: **valve ~** Ventilsitz *m*. **11.** (Amts-, Re'gierungs-, *econ.* Geschäfts)Sitz *m*. **12.** *fig.* Sitz *m* (*Mitgliedschaft*), *pol. a.* Man'dat *n*: **he lost his ~ in Parliament; to have ~ and vote** Sitz u. Stimme haben. **13.** Wohn-, Fa'milien-, Landsitz *m*. **14.** *fig.* Sitz *m*, Stätte *f*, Ort *m*, (Schau)Platz *m*: **a ~ of learning** e-e Stätte der Gelehrsamkeit; **~ of war** Kriegsschauplatz. **15.** *med.* Sitz *m*, (Krankheits-, *a.* Erdbeben)Herd *m* (*a. fig.*).
II *v/t* **16.** *j-n* ('hin)setzen, *j-m* e-n Sitz *od.* Platz anweisen: **to ~ o.s.** sich setzen *od.* niederlassen; **to be ~ed** sitzen; **be ~ed!** nehmen Sie Platz!; **to remain ~ed** sitzen bleiben, Platz behalten. **17.** Sitzplätze bieten für, Platz bieten (*dat*): **the hall ~s 500 persons** der Saal hat 500 Sitzplätze. **18.** mit Sitzplätzen ausstatten, bestuhlen.

19. *e-n Stuhl* mit e-m (neuen) Sitz versehen. **20.** e-n (neuen) Hosenboden einsetzen in (*acc*). **21.** *tech.* a) auflegen, lagern (on auf *dat*), b) einpassen: **to ~ a valve** ein Ventil einschleifen. **22.** a) *j-n* auf den Thron erheben, b) *j-m* e-n Sitz (*bes. im Parlament*) verschaffen.
seat| belt *s aer. mot.* Sicherheitsgurt *m*: **fasten your ~s** bitte anschnallen; **to wear a ~** angegurtet *od.* angeschnallt sein; **compulsory wearing of ~s** Anschnallpflicht *f*. **~ bone** *s anat.* Sitzbein *n*.
seat·ed ['si:tɪd] *adj* **1.** a) sitzend: → **seat** 16, b) gelegen: → **deep-seated. 2.** (*zweietc*)sitzig: **two-~.** '**seat·er** *s* (*in Zssgn*) ...sitzer *m* (*Auto, Flugzeug etc*): **four-~** Viersitzer. **'seat·ing I** *s* **1.** a) Anweisen *n* von Sitzplätzen, b) Platznehmen *n*. **2.** Sitzgelegenheit(en *pl*) *f*. **3.** Stuhlzeug *n*, 'Polstermateri,al *n*. **4.** *tech.* → **seat** 10. **II** *adj* **5.** Sitz...: **~ accommodation** → 2; **~ capacity of 300** 300 Sitzplätze; **~ plan** *thea. etc* Bestuhlungsplan *m*.
seat| mile *s* Passa'giermeile *f* (*Rechnungseinheit bei Beförderungskosten*). '**~-pack par·a·chute** *s aer.* am Gesäß angeschnallter Fallschirm.
'**sea|·train** *s mar.* **1.** Tra'jekt(schiff) *n*. **2.** *mil.* Nachschubfahrzeug *n*. **~ trout** *s ichth.* **1.** 'Meer-, 'Lachsfo,relle *f*. **2.** (*ein*) amer. Seebarsch *m*. **~ turn** *s* Seewind *m* (*oft mit Nebel verbunden*). **~ tur·tle** *s zo.* Seeschildkröte *f*. **~ ur·chin** *s zo.* Seeigel *m*. **~ wall** *s mar.* Deich *m*, Kaimauer *f*, Hafendamm *m*.
sea·ward ['si:wə(r)d] **I** *adj* **1.** seewärts. **2. ~ wind** Seewind *m*. **II** *adv* **3.** seewärts. **III** *s* **4.** Seeseite *f*. '**sea·wards** [-z] → **seaward II.**
'**sea|·ware** *s bot.* Seetang *m*. **~ wa·ter** *s* See-, Meer-, Salzwasser *n*. '**~·way** *s* **1.** Seeweg *m*, Schiffahrtsweg *m*. **2.** Seegang *m*. **3.** *mar.* Fahrt *f*. **4.** Binnenschiffahrtsweg *m* für Ozeandampfer. '**~·weed** *s bot. allg.* Meerespflanze(n *pl*) *f*. **2.** (See)Tang *m*, Meeresalge *f*. **3.** Seegras *n*. '**~·wife** *s irr ichth.* Seeweibchen *n*, Lippfisch *m*. **~ wolf** *s irr zo.* **1.** 'See-Ele,fant *m*. **2.** Seewolf *m* (*a. fig. Pirat*). '**~·worth·i·ness** *s* Seetüchtigkeit *f*. '**~·worth·y** *adj* seetüchtig: **~ boat; ~ packing** seemäßige Verpackung. **~ wrack** *s bot.* Tang *m*.
se·ba·ceous [sɪ'beɪʃəs] *adj physiol.* talgig, Talg...: **~ cyst** *med.* Grützbeutel *m*; **~ duct** Talggang *m*; **~ follicle** Haarbalgdrüse *f*.
se·bes·tan, se·bes·ten [sɪ'bestən] *s bot.* **1.** *a.* **~ plum** Sebe'stane *f*, Brustbeere *f*. **2.** Brustbeerenbaum *m*.
se·bum ['si:bəm] *s biol.* **1.** Sebum *n*, (Haut)Talg *m*. **2.** Unschlitt *n*.
sec[1] [sek] *adj sec*, trocken, herb (*Wein etc*).
sec[2] [sek] *s abbr. für* a) **secant**, b) **second**[2].
se·cant ['si:kənt] **I** *s math.* Se'kante *f*, Schnittlinie *f*. **II** *adj* schneidend.
sec·a·teur [,sekə'tɜː; 'sekəts; *Am.* -'tɜr] *s bes. Br. meist* (**a pair of**) **~s** *pl* Baum-, Gartenschere *f*.
sec·co ['sekəʊ] **I** *adj* secco, trocken. **II** *pl* **-cos** *s* 'Seccomale,rei *f*.
se·cede [sɪ'si:d] *v/i bes. pol. od. relig.* sich trennen *od.* lossagen, abfallen (**from** von). **se'ced·er** *s* **1.** Abtrünnige(r *m*) *f*, Separa'tist(in). **2.** S~ *relig.* Anhänger(in) der **Secession Church.**
se·cern·ent [sɪ'sɜːnənt; *Am.* -'sɜr-] *physiol.* **I** *adj* **1.** sekre'tierend. **II** *s* **2.** 'Absonderungsor,gan *n*. **3.** sekreti'onsförderndes Mittel.
se·ces·sion [sɪ'seʃn] *s* **1.** (Ab)Spaltung *f*, Abfall *m*, Lossagung *f*, Sezessi'on *f*

(**from** von). **2.** *oft* S~ *hist.* Sezessi'on *f* (*Abfall der 11 amer. Südstaaten von der Union 1861*). **3.** S~ *relig.* schottische Kirchenspaltung (*1733*). **4.** 'Übertritt *m* (**to** zu). **se'ces·sion·al** *adj* Sonderbunds..., Sezessions... **se'ces·sion·ism** *s* Abfallsbestrebungen *pl*. **se'ces·sion·ist** *s* **1.** Abtrünnige(r *m*) *f*, Sonderbündler *m*, Sezessio'nist *m*. **2.** *oft* S~ *Am. hist.* Sezessio'nist *m*, Südstaatler *m*.
se·clude [sɪ'klu:d] *v/t* (**o.s.** sich) abausschließen, absondern. **se'clud·ed** *adj* einsam, abgeschieden: a) zu'rückgezogen (*Lebensweise*), b) abgelegen (*Ort*).
se·clu·sion [sɪ'klu:ʒn] *s* **1.** Abschließung *f*, Iso'lierung *f*. **2.** Zu'rückgezogenheit *f*, Abgeschiedenheit *f*: **to live in ~** zurückgezogen leben. **3.** abgelegener Platz.
sec·ond[1] ['sekənd] **I** *adj* (*adv* → **secondly**) **1.** zweit(er, e, es): **at ~ hand** aus zweiter Hand; **~ in height** zweithöchst(er, e, es); **a ~ time** noch einmal; **every ~ day** jeden zweiten Tag, alle zwei Tage; **~ teeth** zweite *od.* bleibende Zähne; **a ~ Churchill** *fig.* ein zweiter Churchill; **it has become ~ nature with him** es ist ihm zur zweiten Natur geworden *od.* in Fleisch u. Blut übergegangen; → **self** 1, **sight** 1, **thought**[1] 3, **wind**[1] 7. **2.** zweit(er, e, es): a) ander(er, e, es), nächst(er, e, es), b) zweitklassig, -rangig, 'untergeordnet (**to** *dat*): **~ cabin** Kabine *f* zweiter Klasse; **~ lieutenant** *mil.* Leutnant *m*; **~ to none** unerreicht; **he is ~ to none** er ist unübertroffen; → **fiddle** 1. **II** *s* **3.** (*der, die, das*) Zweite. **4.** (*der, die, das*) Nächste *od.* 'Untergeordnete *od.* (Nach)Folgende: → **second-in-command. 5.** *sport* Zweite(r *m*) *f*, zweiter Sieger: **to be a good ~** nur knapp geschlagen werden. **6.** Sekun'dant *m* (*beim Duell od. Boxen*): **~s out** (*Boxen*) Ring frei! **7.** Helfer(in), Beistand *m*. **8.** *mot.* (*der*) zweite Gang. **9.** *mus.* zweite Stimme, Begleitstimme *f*. **10.** *pl econ.* Ware(n *pl*) *f* zweiter Quali'tät *od.* Wahl, zweite Wahl. **11.** *univ. Br.* → **second class** 2. **12.** *colloq. rail.* (*die*) zweite Klasse. **13. ~ of exchange** *econ.* Se'kundawechsel *m*. **14.** *pl* Nachschlag *m* (*zweite Portion*). **III** *adv* **15.** als zweit(er, e, es), zweitens, an zweiter Stelle: **to come in** (*od.* **finish**) **~** als zweiter durchs Ziel gehen, Zweiter werden; **to come ~** *fig.* (erst) an zweiter Stelle kommen. **IV** *v/t* **16.** unter'stützen (*a. parl.*). **17.** sekun'dieren (*j-m*) (*beim Duell, Boxen*) sekun'dieren (*a. fig.*).
sec·ond[2] ['sekənd] *s* **1.** Se'kunde *f* (*Zeiteinheit, a. mus.*). **2.** *fig.* Se'kunde *f*, Augenblick *m*, Mo'ment *m*: **wait a ~! 3.** *math.* ('Bogen)Se,kunde *f*.
sec·ond[3] [sɪ'kɒnd] *v/t Br.* a) Offizier abstellen, 'abkomman,dieren, b) *Beamten etc* (*bes. zeitweilig*) versetzen.
Sec·ond| Ad·vent *s relig.* 'Wiederkunft *f* (*Christi*). **~ Ad·vent·ist** *s relig.* Ad·ven'tist(in).
sec·ond·ar·i·ness ['sekəndərɪnɪs; *Am.* -,derɪ-] *s* Zweitrangigkeit *f*, (*das*) Sekun'däre.
sec·ond·ar·i·ly ['sekəndərəlɪ; *Am.* ,sekən'der-] *adv* **1.** in zweiter Linie, sekun'där. **2.** 'indi,rekt.
sec·ond·ar·y ['sekəndərɪ; *Am.* -,derɪ] **I** *adj* (*adv* → **secondarily**) **1.** nächstfolgend. **2.** zweitrangig, -klassig, nebensächlich, 'untergeordnet: **this is a matter of ~ importance** das ist Nebensache *od.* nebensächlich. **3.** *bes. phys.* sekun'där, Sekundär... **4.** Neben...: **~ axis; ~ circle; ~ colo(u)r; ~ effect; ~ electrode. 5.** *chem.* sekun'där, Sekundär...: **~ alcohol** (**carbon,** *etc*). **6.** *electr.* sekun'där, indu'ziert, Sekundär...: **~ circuit** → 14 a; **~ coil, ~ winding** → 14 b. **7.** *geol.*

a) sekun'där, b) S~ meso'zoisch. **8.** *ling.* a) sekun'där, *(aus e-r abgeleiteten Form)* abgeleitet, b) Neben...: ~ **accent** *(od.* **stress)** Nebenakzent *m*; ~ **tense** Nebentempus *n*. **9.** Hilfs..., Neben...: ~ **line** *rail.* Nebenlinie *f*. **10.** *ped.* Oberschul... **11.** ~ **to** (nach)folgend auf *(acc)*, bedingt durch.
II *s* **12.** *(etwas)* 'Untergeordnetes. **13.** 'Untergeordnete(r *m*) *f*, Stellvertreter(in). **14.** *electr.* a) Sekun'där(strom)kreis *m*, b) Sekun'därwicklung *f*. **15.** *astr.* Satel'lit *m*. **16.** *orn.* Nebenfeder *f*. **17.** *American Football:* Spieler *m* in der zweiten Reihe.
sec·ond·ar·y| bat·ter·y *s electr.* Sekun'därbatte,rie *f*. ~ **de·pres·sion** *s meteor.* Randtief *n*. ~ **de·riv·a·tive** *s ling.* Sekun'därableitung *f*. ~ **ed·u·ca·tion** *s* **1.** höhere Schulbildung *f*, **2.** höheres Schulwesen. ~ **e·lec·tron** *s phys.* Sekun'därelektron *n*. ~ **e·mis·sion** *s phys.* Sekun'däremissi,on *f*. ~ **ev·i·dence** *s jur.* unter'stützendes Be'weismateri,al. ~ **hem·or·rhage** *s med.* Nachblutung *f*. ~ **host** *s biol.* Zwischenwirt *m*. ~ **lit·er·a·ture** *f* Sekun'därliteratur *f*. ~ **mod·ern school** *s ped. Br. (etwa)* Kombinati'on *f* aus Re'alu. Hauptschule. ~ **plan·et** *s astr.* Satel'lit *m*. ~ **school** *s ped.* höhere Schule. ~ **tech·ni·cal school** *s ped. Br. (etwa)* na'turwissenschaftliches Gym'nasium.
sec·ond| bal·lot *s pol.* Stichwahl *f*. ~ **best** *s (der, die, das)* Zweitbeste: **to come off** ~ *fig.* den kürzeren ziehen. ~ **-'best** *adj* zweitbest(er, e, es). ~ **birth** *s relig.* 'Wiedergeburt *f (durch die Taufe)*. ~ **cham·ber** *s parl.* Oberhaus *n*. ~ **childhood** *s* 'zweite Kindheit' *(Senilität)*. ~ **class** *s* **1.** *rail. etc* zweite Klasse. **2.** *univ. Br.* akademischer Grad zweiter Klasse. ~ **-'class I** *adj* **1.** zweitklassig, -rangig: ~ **honours degree** ~ **second class** 2; ~ **mail** a) *Am.* Zeitungspost *f*, b) *Br.* gewöhnliche Inlandspost. **2.** *rail.* (Wagen *etc*) zweiter Klasse. **II** *adv* **3.** zweite(r) Klasse: **to travel** ~. **S~ Com·ing** → **Second Advent**. ~ **-de'gree** *adj* in zweitem Grade: ~ **burns**; → **murder** 1. ~ **-'draw·er** *adj* → **second-rate**.
se·conde [sɪ'kɒnd; *Am.* -'kɑnd] *s fenc.* Se'kond *f*.
sec·ond·er ['sekəndə(r)] *s* Unter'stützer(in).
sec·ond| es·tate *s hist.* zweiter Stand *(Adel)*. ~ **floor** *s* **1.** *Br.* zweiter Stock. **2.** *Am.* erster Stock *(über dem Erdgeschoß)*. ~ **-'floor** *adj* im zweiten (*Am.* ersten) Stock (gelegen). ~ **-'guess** *v/t bes. Am.* **1.** 'hinterher *od.* im 'nachhin,ein kriti'sieren. **2.** j-s Absichten durch'schauen *od.* zu'vorkommen. **3.** vor'aussehen, -sagen. ~ **-'hand I** *adj* **1.** über'nommen, *(a. Wissen etc)* aus zweiter Hand. **2.** ge'braucht. **3.** gebraucht, alt: ~ **car** Gebrauchtwagen *m*; ~ **clothes** getragene Kleidungsstücke. **4.** anti'quarisch: ~ **books**; ~ **bookseller** Antiquar *m*; ~ **bookshop** Antiquariat *n*; ~ **dealer** Altwarenhändler *m*. **II** *adv* [,-'hænd] **5.** gebraucht: **to buy s.th.** ~. **6.** aus zweiter Hand: **to know** ~ aus zweiter Hand wissen. **7.** 'indi,rekt. ~ **hand** *s* Se'kundenzeiger *m*.
se·con·di [sɪ'kɒndi:; *Am.* -'kɑn-] *pl von* **secondo**.
,sec·ond-in-com'mand *s* **1.** *mil.* stellvertretender Komman'deur. **2.** *mar.* erster Offi'zier.
sec·ond·ly ['sekəndlɪ] *adv* zweitens.
se·cond·ment [sɪ'kɒndmənt] *s Br.* a) Abstellung *f*, b) 'Abkomman,dierung *f (e-s Offiziers)*, b) *(bes. zeitweilige)* Versetzung *f (e-s Beamten)*.

sec·ond mile *s*: **to go the** ~ *fig.* mehr *od.* ein übriges tun.
se·con·do [se'kɒndəʊ; *Am.* sɪ'koʊn-; -'kɑn-] *mus.* **I** *pl* **-dos, -di** [-diː] **1.** zweite Stimme *(im Duett etc)*. **2.** Se'condo *n*, Baß *m (beim Vierhändigspielen)*. **II** *adj* **3.** zweit(er, e, es).
sec·ond| pa·pers *s pl Am.* letzter Antrag e-s Ausländers auf amer. Staatsangehörigkeit. ~ **per·son** *s ling.* zweite Per'son. ~ **-'rate** *adj* **1.** zweitrangig, -klassig *(a. fig.)*. **2.** *fig.* mittelmäßig. ~ **-'rat·er** *s* mittelmäßige Per'son *od.* Sache. ~ **-strike** *adj*: ~ **weapons** *mil.* atomare Vergeltungswaffen.
se·cre·cy ['siːkrəsɪ] *s* **1.** Verborgenheit *f*. **2.** Heimlichkeit *f*: **in all** ~, **with absolute** ~ insgeheim. **3.** a) Verschwiegenheit *f*, b) Geheimhaltung(spflicht) *f*: **to swear s.o. to** ~ j-n eidlich zur Verschwiegenheit verpflichten. **4.** *(Wahl- etc)*Geheimnis *n*.
se·cret ['siːkrɪt] **I** *adj (adv* → **secretly**) **1.** a) geheim, heimlich, b) Geheim...: ~ **agent** (diplomacy, door, drawer, *etc*); ~ **service** (staatlicher) Geheimdienst; ~ **society** Geheimbund *m*, -gesellschaft *f*; ~ **ballot** geheime Wahl; **to keep s.th.** ~ etwas geheimhalten. **2.** verschwiegen *(Person, Ort)*. **3.** verborgen, unerforschlich. **4.** in'tim, Geschlechts...: ~ **parts** Geschlechtsteile. **II** *s* **5.** Geheimnis *n* **(from** *vor dat)*: **in** ~ a) → **secretly**, b) *a.* **as a** ~ im Vertrauen; **to make no** ~ **of s.th.** kein Geheimnis *od.* Hehl aus etwas machen; **to be in the** ~ (in das Geheimnis) eingeweiht sein; **to let s.o. into the** ~ j-n (in das Geheimnis) einweihen; → **keep** 8, 14. **6.** Geheimnis *n*, Schlüssel *m*: **the** ~ **of success** das Geheimnis des Erfolges, der Schlüssel zum Erfolg. **7.** *relig.* a) stilles Gebet, b) S~ *R.C.* Se'kret *f (Stillgebet)*.
se·cre·taire [,sekrə'teə(r)] → **secretary** 7.
sec·re·tar·i·al [,sekrə'teərɪəl] *adj* **1.** Sekretärs... **2.** ~ **college** Sekretärinnenschule *f*. **2.** Schreib..., Büro...: ~ **help** Schreibkraft *f*.
sec·re·tar·i·at(e) [,sekrə'teərɪət] *s* Sekretari'at *n*.
sec·re·tar·y ['sekrətrɪ; *Am.* ˌ-terɪ:] *s* **1.** Sekre'tär(in): ~ **of embassy** Botschaftsse,kre'tär *m*. **2.** Schriftführer *m (e-s Vereins etc)*. **3.** Ver'waltungsdi,rektor *m*. **4.** *econ.* a) Geschäftsführer *m*, b) Syndikus *m*. **5.** *pol. Am.* Mi'nister *m*: S~ **of Defense (of Health, Education and Welfare, of the Interior, of Labor, of the Treasury)** Verteidigungs-(Gesundheits-, Innen-, Arbeits-, Finanz)minister: → **Secretary of State** 2 a. **6.** *pol. Br. (abbr. für* **Secretary of State** 1 a) Mi'nister *m*. **7.** Sekre'tär *m (Schreibschrank)*. ~ **bird** *s orn.* Sekre'tär *m*, Stelzgeier *m*. ~ **-'gen·er·al** *pl* ˌsec·re·tar·ies--'gen·er·al *s* Gene'ralsekre,tär *m*. **S~ of State** *s pol.* **1.** *Br.* a) Mi'nister *m (in folgenden Fällen)*: ~ **for Scotland; First**stellvertretender Premierminister; ~ **for Foreign Affairs** Außenminister; ~ **for the Colonies** Kolonialminister; ~ **for Commonwealth Relations** Minister für Commonwealth-Beziehungen; ~ **for the Dominions** *hist.* Dominion-Minister; ~ **for War** Heeresminister; ~ **for Air** Luftfahrtminister, b) 'Staatssekre,tär *m*. **2.** *Am.* a) 'Außenmi,nister, b) 'Staatssekre,tär *m (e-s Bundesstaates)*.
'se·cre·tar·y-ship *s* **1.** Posten *m od.* Amt *n e-s* Sekre'tärs *etc*. **2.** *pol.* Mi'nisteramt *n*.
sec·re·tar·y type *s* Kanz'leischrift *f*.
se·crete [sɪ'kriːt] *v/t* **1.** *physiol.* absondern. **2.** verbergen **(from** *vor dat)*. **3.** *jur.* Vermögensstücke bei'seite schaffen.

se·cre·tin [sɪ'kriːtɪn] *s med.* Sekre'tin *n*.
se·cre·tion [sɪ'kriːʃn] *s* **1.** *physiol.* a) Sekreti'on *f*, Absonderung *f*, b) Se'kret *n*. **2.** Verheimlichung *f*, Verbergen *n (from* vor*)*.
se·cre·tive ['siːkrətɪv; sɪ'kriː-] *adj (adv* ~**ly)** verschwiegen, heimlichtuerisch: **to be** ~ **about s.th.** mit etwas geheimtun.
se·cre·tive·ness *s* Verschwiegenheit *f*, Heimlichtue'rei *f*.
se·cret·ly ['siːkrɪtlɪ] *adv* heimlich, (ins-)geheim, im geheimen.
'se·cret,mon·ger *s* Geheimniskrämer (-in).
se·cre·to·ry [sɪ'kriːtərɪ] *physiol.* **I** *adj* sekre'torisch, Sekretions... **II** *s* sekre'torische Drüse.
sect [sekt] *s* **1.** Religi'onsgemeinschaft *f*. **2.** Sekte *f*. **3.** *fig.* Schule *f*: **the Freudian** ~ die Freudsche Schule.
sec·tar·i·an [sek'teərɪən] **I** *adj* **1.** sek'tiererisch *(a. fig.)*. **2.** Konfessions... **3.** *fig. contp.* bor'niert. **II** *s* **4.** Anhänger(in) e-r Sekte *od.* e-r Schule. **5.** Sek'tierer(in).
sec'tar·i·an·ism *s* Sek'tierertum *n*.
sec·ta·ry ['sektərɪ] *s* Sek'tierer(in).
sec·tile ['sektaɪl; *Am. bes.* -təl] *adj* schneidbar.
sec·tion ['sekʃn] **I** *s* **1.** Ab-, Ausschnitt *m*, Teil *m (a. der Bevölkerung etc)*. **2.** a) *(a. mikroskopischer)* Schnitt, b) Durch-'schneidung *f*, c) *med.* Sekti'on *f*, Schnitt *m*. **3.** Abschnitt *m (e-s Buchs etc)*. **4.** Teil *m*, Seite *f (e-r Zeitung)*: **sports** ~. **5.** *jur.* Para'graph *m*. **6.** Para'graph(zeichen *n*) *m*. **7.** Teil *m*, *n*, Einzelteil *m*, Bestandteil *m*: ~**s of a fishing rod**. **8.** *math. tech. (a.* Quer)Schnitt *m*, Schnittbild *n*, Pro'fil *n*: **horizontal** ~ Horizontalschnitt; **golden section**. **9.** Ab'teilung *f*, Refe'rat *n (in der Verwaltung)*. **10.** (Arbeits)Gruppe *f*. **11.** *mil.* a) *Am.* Halbzug *m*, b) *Br.* Gruppe *f*, c) Luftwaffe: Halbstaffel *f*, d) **staff** ~ 'Stabsab,teilung *f*. **12.** *mil. (taktischer)* Abschnitt. **13.** *rail. Am.* a) Streckenabschnitt *m*, b) Ab'teil *n (e-s Schlafwagens)*. **14.** Bezirk *m*. **15.** *Am.* 'Landpar,zelle *f* von e-r Qua'dratmeile. **16.** *bot. zo.* 'Untergruppe *f (e-r Gattung od. Familie)*. **II** *v/t* **17.** (ab-, unter)teilen, (in Abschnitte) (ein)teilen. **18.** *(durch* Schraffieren *etc)* im einzelnen darstellen *od.* unter'teilen. **19.** *med.* a) inzi'dieren, b) mit dem Mikro'tom schneiden.
sec·tion·al ['sekʃənl] *adj (adv* ~**ly)** **1.** abschnittweise. **2.** ~ **drawing** *tech.* Schnitt(zeichnung *f*) *m*. **3.** Teil-...: ~ **strike** Teilstreik *m*; ~ **view** Schnitt-, Teilansicht *f*. **4.** lo'kal, regio'nal, *contp.* partikula'ristisch: ~ **pride** Lokalpatriotismus *m*. **5.** zs.-setzbar, mon'tierbar: ~ **furniture** Anbau-, Aufbaumöbel *pl*. **6.** *tech.* Form..., Profil...: ~ **iron**; ~ **steel**.
'sec·tion·al·ism *s* [-ʃnə-] *s contp.* Partikula'rismus *m*. **'sec·tion·al·ist** *s contp.* Partikula'rist(in). **'sec·tion·al·ize** *v/t* **1.** *(a. tech. in* Bauelemente*)* unter'teilen: ~**d design** gegliederte Bauweise. **2.** nach lo'kalen Gesichtspunkten *od.* Inter'essen einteilen.
sec·tor ['sektə(r)] *s* **1.** *math.* (Kreis- *od.* Kugel)Sektor *m*. **2.** *astr. math.* Sektor *m*. **3.** *mil.* Sektor *m*, Frontabschnitt *m*. **4.** *fig.* Sektor *m*, Bereich *m*, Gebiet *n*: ~ **of the economy** Wirtschaftszweig *m*. ~ **gear** *s tech.* **1.** 'Zahnseg,ment *n*. **2.** Seg'mentgetriebe *n*.
sec·to·ri·al [sek'tɔːrɪəl; *Am. a.* -'toʊ-] **I** *adj* **1.** Sektoren... **2.** *zo.* Reiß...: ~ **tooth**. **II** *s* **3.** *zo.* Reißzahn *m*.
sec·u·lar ['sekjʊlə(r)] **I** *adj (adv* ~**ly)** **1.** weltlich: a) diesseitig, b) pro'fan: ~ **music**, c) nichtkirchlich: ~ **education**; ~ **arm** weltliche Gerichtsbarkeit. **2.** 'freireligi,ös, -denkerisch. **3.** *relig.* weltgeist-

lich, Säkular...: ~ **clergy** Weltgeistlichkeit *f.* **4.** säku'lar: a) hundertjährlich, b) hundertjährig, jahr'hundertelang: ~ **acceleration** *astr.* säkulare Beschleunigung; ~ **fame** ewiger Ruhm. **II** *s relig.* **5.** Laie *m.* **6.** Weltgeistliche(r) *m.* '**sec·u·lar·ism** *s* **1.** Säkula'rismus *m (a. philos.)*, Weltlichkeit *f.* **2.** *pol.* Antiklerika'lismus *m.* '**sec·u·lar·ist I** *s* Säkula'rist *m*, Kirchengegner *m.* **II** *adj* säkula'ristisch. ˌ**sec·u·lar·i·ty** [-'lærətɪ] *s* **1.** Diesseitigkeit *f*, Weltlichkeit *f.* **2.** *pl* weltliche Dinge *pl*.

sec·u·lar·i·za·tion [ˌsekjʊlərar'zeɪʃn; *Am.* -rə'z-] *s* **1.** Säkulari'sierung *f.* **2.** Verweltlichung *f.* **3.** Entheiligung *f.* '**sec·u·lar·ize** *v/t* **1.** kirchlichem Einfluß entziehen. **2.** säkulari'sieren: a) *kirchlichen Besitz* verstaatlichen, b) *j-n Ordensgeistlichen* zum Weltgeistlichen machen. **3.** verweltlichen. **4.** entheiligen: to ~ **Sunday**. **5.** mit freidenkerischen I'deen durch'dringen.

se·cund [sɪ'kʌnd] *adj* **1.** *bot.* einseitswendig. **2.** *zo.* einseitig (angeordnet).

sec·un·dine ['sekəndaɪn, -dɪn] *s* **1.** *meist pl med.* Nachgeburt *f.* **2.** *bot.* inneres Integu'ment der Samenanlage.

sec·un·dip·a·ra [sekən'dɪpərə] *pl* -**rae** [-riː], -**ras** *s med.* Sekun'dipara *f (Frau, die zweimal geboren hat)*. ˌ**sec·un'dip·a·rous** *adj* zweimal geboren habend: ~ **woman** → secundipara.

se·cun·dum [sɪ'kʌndəm] *(Lat.) prep* gemäß *(dat)*: ~ **artem** kunstgerecht; ~ **naturam** naturgemäß; ~ **quid** in dieser (gewissen) Hinsicht.

se·cure [sɪ'kjʊə(r)] **I** *adj (adv* ~**ly**) **1.** sicher: a) geschützt, geborgen, in Sicherheit (**from, against** vor *dat*): a ~ **hiding place** ein sicheres Versteck, b) fest: a ~ **foundation**, c) *mil.* uneinnehmbar: a ~ **fortress**, d) gesichert: a ~ **existence**, e) gewiß: **victory is** ~. **2.** ruhig, sorglos: a ~ **life**. **3.** in sicherem Gewahrsam *(Krimineller etc)*. **II** *v/t* **4.** (o.s. sich) sichern, schützen (**from, against** vor *dat*, gegen). **5.** sichern, garan'tieren (**s.th.** to **s.o., s.o. s.th.** j-m etwas). **6.** sich sichern *od.* beschaffen: **to ~ a seat** e-n Sitzplatz ergattern'. **7.** erreichen, erlangen. **8.** *jur.* erwirken: **to ~ a judgment (patent,** *etc*)**. 9.** *a. tech.* sichern, befestigen (**to** an *dat*): **to ~ by bolts** festschrauben. **10.** (fest) (ver-) schließen: **to ~ the door. 11.** sicherstellen, in Sicherheit bringen: **to ~ valuables. 12.** *jur.* festnehmen, dingfest machen. **13.** *mil.* sichern, befestigen. **14.** *bes. econ.* sicherstellen: a) *etwas* sichern, garan'tieren **(on, by** durch): ~**d by mortgage** hypothekarisch gesichert, b) *j-m* Sicherheit bieten: **to ~ a creditor. 15.** *med.* abbinden: **to ~ an artery. 16.** *mar. Am. (zur Freizeit)* wegtreten lassen. **III** *v/i* **17.** sich Sicherheit verschaffen (**against** gegen). **18.** *mar. Am.* wegtreten, Freizeit machen.

se·cu·ri·ty [sɪ'kjʊərətɪ] *s* **1.** a) Sicherheit *f (Zustand od. Schutz)* **(against, from** vor *dat*, gegen), Geborgenheit *f*, b) 'Sicherheitsmaßnahmen *pl*. **2.** *(soziale etc)* Sicherheit. **3.** (innere) Sicherheit, Sorglosigkeit *f*. **4.** Gewißheit *f*, Garan'tie *f*: **in ~ for sb.'s** Garantie für. **5.** *econ. jur.* a) Sicherheit *f*, Garan'tie *f*, Bürgschaft *f*, Kauti'on *f*, b) Bürge *m*: **to give** *(od.* **put up, stand)** ~ Bürgschaft leisten, Kaution stellen. **6.** *econ.* Schuldverschreibung *f*, b) Aktie *f*, c) *pl* 'Wertpa_|piere *pl*, Ef'fekten *pl*: **public securities** Staatspapiere; ~ **market** Effektenmarkt *m*. **7.** *mil.* Abschirmung *f*: ~ **classification** Geheimhaltungsstufe *f*. **8.** S~ *pol.* 'Sicherheits_|beamte *pl f*, 'Sicherheitsab_|teilung *f*, *econ. a.* 'Werkspoli_|zei *f*. ~ **ad·vis·er** *s* Sicherheitsberater *m*. ~ **a·gent** *s* Sicherheitsbeamte(r) *m*. ~ **bond** *s econ.* Bürgschaftswechsel *m*. ~ **check** *s* 'Sicherheitsüber_|prüfung *f*. ~ **clear·ance** *s pol.* Unbedenklichkeitsbescheinigung *f*. **S~ Coun·cil** *s pol.* Sicherheitsrat *m (der Vereinten Nationen)*. ~ **cur·tain** *s pol.* um'fassende Sicherheits- *od.* Geheimhaltungsvorkehrungen *pl*. ~ **lock** *s* Sicherheitsschloß *n*. ~ **man** *s irr* → security agent. ~ **po·lice** *s* 'Sicherheitspoli_|zei *f*. ~ **pre·cau·tion** *s* Sicherheitsvorkehrung *f*. ~ **risk** *s pol.* Sicherheitsrisiko *n (a. Person)*. ~ **screen·ing** *s pol.* 'Unbedenklichkeitsüber_|prüfung *f*.

se·dan [sɪ'dæn] *s* **1.** *mot. Am.* a) Limou'sine *f*, b) *Motorsport:* Tourenwagen *m*. **2.** *a.* ~ **chair** Sänfte *f*.

se·date [sɪ'deɪt] **I** *adj (adv* ~**ly**) **1.** ruhig, gelassen. **2.** gesetzt, ernst. **II** *v/t* **3.** *med.* j-m ein Beruhigungsmittel geben, j-n se'dieren. **se'date·ness** *s* **1.** Gelassenheit *f*. **2.** Gesetztheit *f*. **se'da·tion** *s*: **to be under** ~ *med.* unter dem Einfluß von Beruhigungsmitteln stehen.

sed·a·tive ['sedətɪv] **I** *adj* beruhigend, *med. pharm. a.* seda'tiv. **II** *s med. pharm.* Beruhigungsmittel *n*, Seda'tiv(um) *n*.

sed·en·tar·i·ness ['sednˌterɪnɪs; *Am.* -ˌterɪ-] *s* **1.** sitzende Lebensweise. **2.** Seßhaftigkeit *f*.

sed·en·tar·y ['sednˌterɪ; *Am.* -ˌterɪ-] *adj* **1.** sitzend: ~ **occupation**; ~ **statue**; ~ **life** sitzende Lebensweise. **2.** seßhaft: ~ **tribes**. **3.** *zo.* a) festgewachsen *(Austern etc)*, b) standorttreu: ~ **birds** Standvögel.

se·de·runt [sɪ'dɪərənt] *(Lat.) s bes. relig. Scot.* Sitzung *f*.

sedge [sedʒ] *s bot.* **1.** Segge *f*. **2.** *allg.* Riedgras *n*. '**sedg·y** *adj* **1.** mit Riedgras bewachsen. **2.** riedgrasartig.

se·di·li·a [se'daɪlɪə; *Am.* sə'dɪlɪə] *s pl relig.* Reihe *f* von *(meist* 3) Steinsitzen *(an der Südseite des Chors)*.

sed·i·ment ['sedɪmənt] *s* Sedi'ment *n*: a) (Boden)Satz *m*, Niederschlag *m*, b) *geol.* Schichtgestein *n*. ˌ**sed·i'men·ta·ry** [-'mentərɪ] *adj* sedimen'tär, Sediment... ˌ**sed·i·men'ta·tion** *s* **1.** Sedi'mentbildung *f*, Sedimen'tierung *f*. **2.** *bes. geol.* Sedimentati'on *f*, Schichtenbildung *f*. **3.** *a.* ~ **blood** ~ *med.* Blutsenkung *f*: ~ **rate** Senkungsgeschwindigkeit *f*.

se·di·tion [sɪ'dɪʃn] *s* **1.** Aufwieg(e)lung *f*, Volksverhetzung *f*. **2.** Aufruhr *m*. **se'di·tion·ar·y** [-ʃnərɪ; *Am.* -ʃəˌnerɪ-] **I** *adj* → seditious. **II** *s* Aufwiegler *m*. **se'di·tious** *adj (adv* ~**ly**) aufwieglerisch, aufrührerisch, 'umstürzlerisch, staatsgefährdend.

se·duce [sɪ'djuːs; *Am. a.* -'duːs] *v/t* **1.** *e-e Frau etc* verführen *(a. fig.* verleiten, verlocken; **into, to** zu; **into doing** dazu, etwas zu tun). **2.** ~ **from** *j-n* von *s-r Pflicht etc* abbringen. **se'duce·ment** → seduction. **se'duc·er** *s* Verführer *m*.

se·duc·tion [sɪ'dʌkʃn] *s* **1.** *(engS. sexuelle)* Verführung, Verlockung *f*. **2.** *fig.* Versuchung *f*, Lockung *f*, verführerischer Reiz *od.* Zauber. **se'duc·tive** [-tɪv] *adj (adv* ~**ly**) verführerisch *(a. fig.* Angebot *etc)*. **se'duc·tive·ness** → seduction **2**. **se'duc·tress** [-trɪs] *s* Verführerin *f*.

se·du·li·ty [sɪ'djuːlətɪ; *Am. a.* -'duː-] *s* Emsigkeit *f*, emsiger Fleiß. **sed·u·lous** ['sedjʊləs; *Am.* -dʒə-] *adj (adv* ~**ly**) emsig, (bienen)fleißig. '**sed·u·lous·ness** → sedulity.

se·dum ['siːdəm] *s bot.* Mauerpfeffer *m*.

see¹ [siː] *pret* **saw** [sɔː] *pp* **seen** [siːn] **I** *v/t* **1.** sehen: → **page 15** siehe Seite 15; **as I ~ it** *fig.* wie ich es sehe, in m-n Augen; **I ~ things otherwise** *fig.* ich sehe *od.* betrachte die Dinge anders; **I cannot ~ myself doing it** *fig.* ich kann mir nicht vorstellen, daß ich es tue; **I cannot ~ my way to doing it** ich weiß nicht, wie ich es anstellen soll; **I ~ myself obliged to go** ich sehe mich gezwungen zu gehen; **I wonder what he ~s in her** ich weiß nicht, was er an ihr findet; **let us ~ what can be done** wir wollen sehen, was sich machen läßt *(siehe weitere Verbindungen mit den entsprechenden Substantiven etc)*. **2.** (ab)sehen, erkennen: **to ~ danger ahead** Gefahr auf sich zukommen sehen. **3.** entnehmen, ersehen (**from** aus *der Zeitung etc)*. **4.** (ein)sehen: **I do not ~ what he means** ich verstehe nicht, was er meint; **I don't ~ the use of it** ich weiß nicht, wozu das gut sein soll; → **joke** **2**. **5.** (sich) ansehen, besuchen: **worth** ~**ing** sehenswert. **6.** her'ausfinden, nachsehen: ~ **who it is** sieh nach, wer es ist. **7.** dafür sorgen(, daß): ~ **(to it) that it is done** sorge dafür *od.* sieh zu, daß es geschieht; **to ~ justice done to s.o.** dafür sorgen, daß j-m Gerechtigkeit widerfährt. **8.** besuchen. **9.** aufsuchen, konsul'tieren **(about** wegen), sprechen **(on business** geschäftlich), *Am. colloq.* ˌ(mal) reden mit' *j-m (um ihn zu beeinflussen)*: **we must ~ the judge. 10.** empfangen: **he refused to ~ me. 11.** begleiten, geleiten: **to ~ s.o. home** j-n heimbegleiten, j-n nach Hause bringen; **to ~ s.o. to bed** j-n zu Bett bringen; **to ~ s.o. to the station** j-n zum Bahnhof bringen *od.* begleiten; **to ~ s.o. across the street** j-n über die Straße bringen; → **see off 1, see out 1**. **12.** sehen, erleben: **to ~ better days; to ~ action** *mil.* im Einsatz sein, Kämpfe mitmachen; **he has ~n better days** er hat schon bessere Tage gesehen. **13.** *Poker:* halten *(durch Setzen e-s gleich hohen Betrages)*.

II *v/i* **14.** sehen: **we haven't ~n much of him lately** wir haben ihn in letzter Zeit nicht allzuoft gesehen. **15.** einsehen, verstehen: **I ~!** (ich) verstehe!, aha!, ach so!; **(you)** ~**, ...** weißt du *od.* wissen Sie, ...; **(you)** ~**?** *colloq.* verstehst du?; **as far as I can ~** soviel ich sehen kann. **16.** nachsehen: **go and ~ (for) yourself! 17.** sehen, sich über'legen: **let us ~!** warte(n Sie) mal!, laß mich überlegen!; **we'll ~** wir werden sehen, mal sehen *od.* abwarten.

Verbindungen mit Präpositionen:

seeǀ **a·bout** *v/i* sich kümmern um: **I will ~ it** a) ich werde mich darum kümmern, b) *colloq.* ich es mir überlegen. ~ **af·ter** *v/i* sich kümmern um, sorgen für, sehen nach. ~ **in·to** *v/i e-r Sache* auf den Grund gehen. ~ **o·ver,** ~ **round** *v/i* sich ansehen: **to ~ a house**. ~ **through I** *v/i j-n od. etwas* durch'schauen: → **game 6. II** *v/t* j-m über e-e Schwierigkeit *etc* hin'weghelfen. ~ **to** *v/i* sich kümmern um: → **see¹ 7**.

Verbindungen mit Adverbien:

seeǀ **off** *v/t* **1.** j-n verabschieden **(at am Bahnhof** *etc)*. **2.** vertreiben, verjagen. **3.** *bes. mil.* e-m Angriff *etc* standhalten. ~ **out** *v/t* **1.** j-n hin'ausbegleiten. **2.** *colloq. etwas* zu Ende machen, bis zum Ende ansehen *od.* mitmachen. ~ **through I** *v/t* **1.** j-m beistehen, helfen **(with** bei). **2.** *etwas* (bis zum Ende) 'durchhalten *od.* -fechten. **II** *v/i* **3.** *colloq.* 'durchhalten.

see² [siː] *s relig.* **1.** (Erz)Bischofssitz *m*, (erz)bischöflicher Stuhl: **Apostolic** *(od.* **Holy) S~** der Apostolische *od.* Heilige Stuhl. **2.** (Erz)Bistum *n*: **the ~ of Canterbury**. **3.** *obs. (bes.* Thron)Sitz *m*.

See·beck ef·fect ['siːbek; 'zeɪ-] *s phys.* 'Seebeck-Ef_|fekt *m*.

see·catch ['siːkætʃ] *pl* '**see·catch·ie** [-tʃɪ] *s (Alaska)* ausgewachsener männlicher Seehund.

seed [si:d] **I** s **1.** bot. a) Same m, b) (Obst)Kern m, c) collect. Samen pl, d) agr. Saat(gut n) f: **to go** (od. **run**) **to ~ schießen** (Salat etc), fig. herunter-, verkommen, verwahrlosen. **2.** agr. bot. Diaspore f. **3.** physiol. Samen m, Sperma n. **4.** zo. Ei n od. Eier pl (bes. des Hummers u. der Seidenraupe). **5.** zo. Austernbrut f. **6.** Bibl. collect. Same m, Nachkommen (-schaft f) pl: **the ~ of Abraham** der Same Abrahams (die Juden); **not of mortal ~** nicht irdischer Herkunft. **7.** pl fig. Saat f, Keim m: **the ~s of reform** (**suspicion**) der Keim e-r Reform (des Argwohns); **to sow the ~s of discord** (die Saat der) Zwietracht säen. **8.** med. Radiumkapsel f (zur Krebsbehandlung etc). **9.** Bläs-chen n (in Glas). **10.** sport gesetzter Spieler. **II** v/t **11.** Samen (aus)säen. **12.** den Acker etc besäen. **13.** entsamen, Obst entkernen, Flachs riffeln. **14.** sport Spieler etc setzen. **15.** meteor. Wolken impfen. **III** v/i **16.** bot. a) Samen tragen, b) in Samen schießen, c) sich aussäen. **17.** agr. a) säen, b) pflanzen.
'**seed|·bed** s **1.** bot. Samen-, Treib-, Mistbeet n. **2.** fig. Pflanz-, bes. contp. Brutstätte f. **'~·cake** s Kümmelkuchen m. **'~·case** s bot. Samenkapsel f. **~ coat** s bot. Samenschale f. **~ corn** s agr. **1.** Saatkorn n. **2.** Am. Saatmais m. **~ drill** s agr. **1.** Sämaschine f.
'**seed·er** s **1.** agr. **1.** Sämaschine f. **2.** (Frucht)Entkerner m. **3.** → **seed fish**.
seed fish s ichth. Laichfisch m.
seed·i·ness ['si:dɪnɪs] s colloq. **1.** Schäbigkeit f. **2.** Abgerissenheit f, her'untergekommenes Äußeres, verwahrloster Zustand. **3.** Flauheit f (des Befindens).
seed leaf s irr bot. Keimblatt n.
seed·ling ['si:dlɪŋ] s bot. **1.** Sämling m. **2.** Heister m (Bäumchen).
seed| oys·ter s zo. **1.** Saatauster f. **2.** pl Austernlaich m. **~ pearl** s Staubperle f. **~ plant** s bot. Samenpflanze f. **~ plot** → **seedbed**. **~ po·ta·to** s Saatkar,toffel f.
seeds·man ['si:dzmən] s irr agr. **1.** Säer m. **2.** Samenhändler m.
'**seed|·time** s agr. Saatzeit f. **~ ves·sel** s bot. Samenkapsel f. **~ wee·vil** s zo. Getreidespitzmäus-chen n. **~ wool** s noch nicht entkernte Baumwolle.
seed·y [si:dɪ] adj (adv **seedily**) **1.** bot. samentragend, samenreich. **2.** ichth. laichreif. **3.** colloq. a) schäbig, abgetragen, fadenscheinig, b) schäbig (angezogen), abgerissen, her'untergekommen (Person), c) ‚flau', ‚mies' (Befinden): **to look ~** elend aussehen.
'**see·ing I** s Sehen n: **a view worth ~** ein sehenswerter Anblick; **~ is believing** Sehen ist Glauben. **II** conj a. **~ that** da doch; in Anbetracht dessen, daß. **III** prep angesichts (gen), in Anbetracht (gen): **~ his difficulties**. **'~·eye dog** s Am. Blindenhund m.
seek [si:k] pret u. pp **sought** [sɔ:t] **I** v/t **1.** suchen: **the reasons are not far to ~** nach den Gründen muß man nicht (erst) lange suchen. **2.** aufsuchen: **to ~ the shade**; **to ~ a fortuneteller**. **3.** (of) suchen (bei), erbitten (von): **to ~ s.o.'s advice** (**aid**, etc). **4.** begehren, erstreben, trachten od. streben nach: **to ~ fame** nach Ruhm trachten; → **life** Bes. Redew. **5.** jur. etc beantragen, begehren: **to ~ a divorce** auf Scheidung klagen. **6.** (ver)suchen, trachten: **to ~ to convince s.o**. **7.** zu ergründen suchen: **to ~ through** durchforschen. **8.** to be to ~ obs. (noch) fehlen, nicht zu finden sein; **education is much to ~** (od. **is much to be sought**) **with him** die Erziehung fehlt bei ihm in hohem Maße; **a solution is yet to ~** e-e Lösung muß (erst) noch gefunden werden. **9.** to be to ~ (in) obs. ermangeln (gen). **10.** ~ **out** a) her'ausfinden, ausfindig machen, b) fig. aufs Korn nehmen. **II** v/i **11.** suchen, fragen, forschen (**for**, **after** nach): (**much**) **sought-after** (sehr) gefragt, (sehr) begehrt. '**seek·er** s **1.** Sucher(in) (a. relig.): **~ after truth** Wahrheitssucher. **2.** med. Sonde f. **3.** aer. mil. Zielanflug-gerät n.
seem [si:m] v/i **1.** (zu sein) scheinen, anscheinend sein, erscheinen: **it ~s impossible to me** es (er)scheint mir unmöglich; **he ~s** (**to be**) **a good fellow** er scheint ein guter Kerl zu sein; **I ~** (**to be**) **deaf today** ich bin heute anscheinend taub; **all is not what it ~s** der Anschein trügt eben oft. **2.** mit inf scheinen (anscheinend tun): **you ~ to believe it** Sie scheinen es zu glauben; **apples do not ~ to grow here** Äpfel wachsen hier anscheinend nicht; **I ~ to hear voices** mir ist, als hörte ich Stimmen. **3.** impers it **~s** (**that**) es scheint, daß; anscheinend; it **~s as if** (od. **though**) es sieht so aus od. es scheint so od. es hat den Anschein, als ob; **it ~s** (**that**) **you were lying on** **had** anscheinend gelogen; **it ~s to me** (**that**) **it will rain** mir scheint, es wird regnen; **it should** (od. **would**) **~ that** man sollte glauben, daß. **4.** mit Negation **I can't ~ to open this door** ich bringe diese Tür einfach nicht auf.
'**seem·ing I** adj scheinbar: **with ~ sincerity**. **II** s (An)Schein m: **the ~ and the real** Schein u. Sein. '**seem·ing·ly** adv anscheinend.
seem·li·ness ['si:mlɪnɪs] s Anstand m, Schicklichkeit f.
seem·ly ['si:mlɪ] adj **1.** anständig, schicklich, passend. **2.** obs. hübsch, nett.
seen [si:n] pp von **see**[1].
seep[1] [si:p] v/i **1.** (durch)sickern (a. fig.): **to ~ away** versickern; **~ in** a. fig. einsickern, langsam eindringen. **2.** fig. durch'dringen (**through** s.o. j-n).
seep[2] [si:p] s Am'phibien-Jeep m.
'**seep·age** s **1.** (Durch-, Ver)Sickern n. **2.** Durchgesickertes n. **3.** Sickerstelle f, Leck n.
seer[1] ['si:ə(r), siə(r)] s **1.** Seher(in), Pro'phet(in). **2.** Wahrsager(in).
seer[2] → **ser**.
seer·suck·er ['siə(r)ˌsʌkə(r)] s leichtes kreppartiges Leinen.
see·saw ['si:sɔ:] **I** s **1.** Wippen n, Schaukeln n. **2.** Wippe f, Wippschaukel f. **3.** fig. ständiges Auf u. Ab od. Hin u. Her. **4.** Zwickmühle f (beidseitiges Trumpfen beim Whist). **II** adj **5.** schaukelnd, wippend: **~ motion** Schaukelbewegung f; **~ policy** fig. Schaukelpolitik f. **III** v/i **6.** wippen, schaukeln. **7.** sich hin u. her od. auf u. ab bewegen. **8.** fig. (hin u. her) schwanken. **IV** v/t **9.** schaukeln.
seethe [si:ð] **I** v/i pret **seethed** obs. **sod** [sɒd]; Am. **sad**; pp **seethed** obs. **sod·den** ['sɒdn; Am. **sad**] **1.** sieden. **2.** schäumen (a. fig.): **~ with anger** vor Wut kochen od. schäumen; **the whole country is seething with discontent** im ganzen Land brodelt od. gärt es. **3.** wimmeln (**with** von). **II** v/t **4.** einweichen. **5.** obs. schmoren, dämpfen. **III** s **6.** Sieden n.
'**see-through I** adj durchsichtig: **~ blouse**; **~ package** Klarsichtpackung f. **II** s durchsichtige Bluse etc.
seg [seg], **seg·gie** ['segɪ] s Am. für **segregationist I**.
seg·ment I s ['segmənt] **1.** Abschnitt m, Teil m, n. **2.** math. (Kreis-, Kugel- etc) Seg'ment n. **3.** biol. a) allg. Seg'ment n, Glied n, b) Ring m, Körperseg,ment n (e-s Wurms etc). **II** v/t u. v/i [seg'ment] bes. Am. 'segment] **4.** (sich) in Abschnitte od. Seg'mente teilen. **seg'men·tal** [-'mentl], '**seg·men·tar·y** [-məntərɪ; Am. -ˌterɪ] adj segmen'tär.
seg·men·ta·tion [ˌsegmən'teɪʃn] s **1.** Segmentati'on f, Gliederung f. **2.** biol. (Ei)Furchung f, Zellteilung f.
seg·ment| **gear** s tech. Seg'ment(zahn-rad)getriebe n. **~ saw** s tech. **1.** Baumsäge f. **2.** Bogenschnittsäge f.
seg·re·gate ['segrɪgeɪt] **I** v/t **1.** trennen (a. nach Rassen, Geschlechtern etc), absondern, iso'lieren: **~d school** Am. Schule f mit Rassentrennung. **2.** tech. (aus)saigern, ausscheiden. **II** v/i **3.** sich absondern od. abspalten (a. fig.). **4.** chem. 'auskristalliˌsieren, sich abscheiden. **5.** biol. sich aufspalten (nach den Mendelschen Gesetzen), mendeln. **III** adj [-gɪt; -geɪt] **6.** iso'liert, abgesondert. ˌ**seg·re'ga·tion** s **1.** Absonderung f, Abtrennung f. **2.** Rassentrennung f. **3.** abgespaltener Teil. **4.** biol. Trennung von väterlichen u. mütterlichen Eigenschaften in der Reduktionsteilung. **5.** chem. Abscheidung f. ˌ**seg·re'ga·tion·ist I** s Anhänger(in) od. Verfechter(in) der 'Rassentrennung(spoliˌtik). **II** adj die Rassentrennung befürwortend. '**seg·re·ga·tive** adj sich absondernd, Trennungs...
sei·cen·to [seɪ'tʃentəʊ] s Sei'cento n (italienischer Kunststil des 17. Jhs.).
seiche [seɪʃ] s Seiche f (periodische Niveauschwankung von Binnenseen).
Seid·litz pow·der ['sedlɪts] s Seidlitzpulver n (ein abführendes Brausepulver).
sei·gneur [seɪ'njə:; Am. seɪn'jə:; Am. seɪn'jɔ:(r)] s **1.** hist. Leh(e)ns-, Feu'dalherr m. **2.** Herr m.
sei·gnior·age [seɪnjərɪdʒ] s econ. **1.** Re'gal n, Vorrecht n. **2.** (königliche) Münzgebühr. **3.** Schlagschatz m (Differenz zwischen Realwert u. Nennwert von Münzen).
'**sei·gnior·al** [-rəl] → **seigniorial**. '**sei·gnior·al·ty** [-tɪ] s hist. Grund-, Leh(e)nsherrschaft f.
sei·gnior·y ['seɪnjərɪ] s **1.** Feu'dalrechte pl. **2.** (feu'dal)herrschaftliche Do'mäne f.
sei·gno·ri·al [seɪn'jɔ:rɪəl] adj feu'dalherrschaftlich.
seine [seɪn] mar. **I** s Schlagnetz n. **II** v/t u. v/i mit dem Schlagnetz fischen.
seise Br. für **seize 5**.
sei·sin Br. für **seizin**.
seism ['saɪzəm] s Erdbeben n. **seis·mal** ['saɪzməl] → **seismic**. **seis'mat·i·cal** [-'mætɪkl] adj geol. phys. seismo'logisch. '**seis·mic** adj seismisch, Erdbeben...
seis·mo·gram ['saɪzməgræm] s geol. phys. Seismo'gramm n (Erdbebenkurve des Seismographen). '**seis·mo·graph** [-grɑ:f; bes. Am. -græf] s Seismo'graph m, Erdbebenschreiber m. **seis'mol·o·gist** [-'mɒlədʒɪst; Am. -'mɑl-] s Seismo'loge m. **seis'mol·o·gy** [-dʒɪ] s Seismik f, Seismolo'gie f, Erdbebenkunde f.
seis·mom·e·ter [saɪz'mɒmɪtə(r); Am. -'mɑm-], s phys. Seismo'meter n, Erdbebenmesser m. **seis'mom·e·try** [-trɪ] s Seismome'trie f.
seis·mo·scope ['saɪzməskəʊp] s phys. Seismo'skop n, Erdbebenanzeiger m.
seiz·a·ble ['si:zəbl] adj **1.** ergreifbar. **2.** jur. pfändbar, der Beschlagnahme unter'liegend.
seize [si:z] **I** v/t **1.** a) (er)greifen, fassen, packen (**by** an dat): **to ~ a weapon**; **to ~ s.o. by the neck**, fig. ergreifen, packen, erfassen: **fear ~d the crowd** Furcht ergriff die Menge; **he was ~d with remorse** er wurde von Reue gepackt; **~d with an illness** von e-r Krankheit befallen; **~d with apoplexy** vom Schlag getroffen. **2.** (ein)nehmen, erobern: **to ~ a fortress**. **3.** sich e-r Sache

bemächtigen, an sich reißen: **to ~ (the) power** die Macht an sich reißen. **4.** *jur.* beschlagnahmen, pfänden. **5.** *jur. Am.* j-n in den Besitz setzen (**of** *gen od.* von): **to be ~d with**, **to stand ~d of** im Besitz e-r Sache sein. **6.** *j-n* ergreifen, festnehmen. **7.** *e-e Gelegenheit* ergreifen, wahrnehmen. **8.** *fig. (geistig)* erfassen, begreifen, verstehen. **9.** *mar.* a) zs.-binden, zurren, b) anbinden. **II** *v/i* **10.** **~ (up)on** *e-e Gelegenheit* ergreifen, *e-e Idee etc* (begierig) aufgreifen. **11.** *meist* **~ up** *tech.* sich festfressen.
sei·zin ['si:zɪn] *s jur. Am.* Grundbesitz *m*, verbunden mit Eigentumsvermutung.
seiz·ing ['si:zɪŋ] *s* **1.** Ergreifen *n (etc;* → **seize**). **2.** *pl mar.* Zurrtau *n*.
sei·zure ['si:ʒə(r)] *s* **1.** Ergreifung *f*. **2.** Inbe'sitznahme *f*. **3.** *jur.* a) Beschlagnahme *f*, Pfändung *f*, b) Festnahme *f*. **4.** *med.* Anfall *m*.
se·jant ['si:dʒənt] *adj (nachgestellt)* her. sitzend.
se·la·chi·an [sɪ'leɪkjən; -ɪən] *ichth.* **I** *s* Hai(fisch) *m*. **II** *adj* Haifisch...
se·lah ['si:lə] *s Bibl.* Sela *n*.
sel·dom ['seldəm] *adv (obs. a. adj)* selten: **~, if ever** (nur) äußerst selten.
se·lect [sɪ'lekt] **I** *v/t* **1.** auswählen, -lesen. **II** *v/i* **2.** wählen. **III** *adj* **3.** ausgewählt: **~ committee** *parl. Br.* Sonderausschuß *m*. **4.** a) erlesen: a **~ book** (**wine**, *etc*); a few **~ spirits** einige erlesene Geister, b) exklu'siv: a **~ party**. **5.** wählerisch.
se·lect·ee [səˌlek'ti:] *s mil. Am.* Einberufene(r) *m*.
se·lec·tion [sɪ'lekʃn] *s* **1.** Wahl *f*: **to make one's ~** s-e Wahl treffen. **2.** Auswahl *f*, -lese *f*. **3.** *biol.* Selekti'on *f*, Zuchtwahl *f*: **natural ~** natürliche Auslese. **4.** Auswahl *f* (**of** an *dat*).
se·lec·tive [sɪ'lektɪv] *adj (adv ~ly)* **1.** auswählend, Auswahl...: **~ assembly** *tech.* Austauschbau *m*. **2.** Auslese...: **~ examination**; **~ value**. **3.** *electr.* trennscharf, selek'tiv: **~ circuit** Trennkreis *m*. **4.** wählerisch. **~ ser·vice** *s mil. Am.* **1.** Wehrpflicht *f*, -dienst *m*. **2.** Einberufung *f*. **~ trans·mis·sion** *s tech.* **1.** Selek'tivgetriebe *n*, (Gang)Wählgetriebe *n*. **2.** Getriebe *n* mit Druckknopfschaltung.
se·lec·tiv·i·ty [ˌsɪlek'tɪvətɪ; sɪˌlek't-] *s* **1.** Selektivi'tät *f*. **2.** *electr.* Selektivi'tät *f*, Trennschärfe *f*.
se'lect·man [-mən; *Am.* -mæn] *s irr* Stadtrat *m* (in den Neuenglandstaaten).
se·lec·tor [sɪ'lektə(r)] *s* **1.** Auswählende(r *m*) *f*. **2.** Sor'tierer(in). **3.** *tech.* a) Wähler *m* (*a. electr.*), b) Schaltgriff *m*, c) *mot.* Gangwähler *m*, d) a. **~ switch** *electr.* Wahlschalter *m*, e) *Computer*: Se'lektor *m*.
sel·e·nate ['selɪneɪt] *s chem.* Sele'nat *n*.
se·len·ic [sɪ'li:nɪk; -'len-] *adj chem.* 'selensauer, Selen... **se·le·ni·ous** [-'li:nɪəs; -ɪəs] *adj* se'lenig: **~ acid** Selenigsäure *f*.
sel·e·nite ['selɪnaɪt] *s* **1.** *min.* Sele'nit *m*, Gips *m*. **2.** *chem.* Salz *m* der se'lenigen Säure. **se·le·ni·um** [sɪ'li:nɪəm; -ɪəm] *s chem.* Se'len *n*: **~ cell** *electr.* Selenzelle *f*.
sel·e·nog·ra·pher [ˌselɪ'nɒɡrəfə(r); *Am.* -'nɑːɡ-] *s* Seleno'loge *m*, Mondforscher *m*. **sel·e·nog·ra·phy** [-fɪ] *s* Selenogra'phie *f*, Mondbeschreibung *f*. **sel·e·nol·o·gist** [-'nɒlədʒɪst; *Am.* -'nɑːl-] → **selenographer**. **sel·e·nol·o·gy** [-dʒɪ] *s astr.* Selenolo'gie *f*, Mondkunde *f*.
self [self] **I** *pl* **selves** [selvz] *s* **1.** Selbst *n*, Ich *n*: **my better ~** mein besseres Selbst; **his second ~** sein zweites Ich (*Freund od. Stütze*); **my humble** (*od.* **poor**)**~** m-e Wenigkeit; **pity's ~** das Mitleid selbst; **your good selves** *econ. obs.* Ihre werte Firma, Sie; → **former**[2] **1. 2.** Selbstsucht

f, das eigene *od.* liebe Ich. **3.** *philos.* Ich *n*, Sub'jekt *n*: **the consciousness of ~** das Ich- *od.* Subjektsbewußtsein. **4.** *biol.* a) einfarbige Blume, b) Tier *n* von einheitlicher Färbung, c) auto'games Lebewesen. **II** *adj* **5.** einheitlich: a **~ trimming** ein Besatz vom selben Material. **6.** *bes. bot.* einfarbig. **7.** *obs.* selbig(er, e, es). **III** *pron* **8.** *econ. od. colloq.* ~ **myself**, *etc*: **a check** (*Br.* **cheque**) **drawn to ~** ein auf ,Selbst' ausgestellter Scheck; **a ticket admitting ~ and friend** e-e Karte für mich selbst u. e-n Freund.
ˌself-a'ban·don·ment *s* **1.** (Selbst-)Aufopferung *f*, (bedingungslose) 'Hingabe. **2.** *contp.* Zügellosigkeit *f*. **~-a'base·ment** *s* Selbsterniedrigung *f*. **~-ˌab·ne'ga·tion** *f* Selbstverleugnung *f*. **~-ab'sorbed** *adj* **1.** mit sich selbst beschäftigt. **2.** *contp.* egoˈzentrisch. **-a'buse** *s* Selbstbefleckung *f (Onanie)*. **~-ˌac·cu'sa·tion** *s* Selbstanklage *f*. **~-'act·ing** *adj bes. tech.* selbsttätig, auto'matisch. **~-ˌac·tu·al·i'za·tion** *s psych.* Selbstverwirklichung *f*. **~-ad'dressed** *adj* **1.** an sich selbst gerichtet *od.* adres'siert *(Bemerkung etc)*. **2. ~ envelope** Rückumschlag *m*. **~-ad'he·sive** *adj* selbstklebend. **~-ad'just·ing** *adj tech.* selbsteinstellend. **~-ˌad·mi'ra·tion** *s* Selbstbewunderung *f*. **~-ˌaf·fir'ma·tion** *s psych.* Selbstbewußtsein *n*. **~-ag'gran·dize·ment** *s* Selbsterhöhung *f*, -verherrlichung *f*. **~-a'nal·y·sis** *s psych.* 'Selbstanaˌlyse *f*. **~-ap'point·ed** *adj* selbsternannt, *iro. (nachgestellt)* von eigenen Gnaden: **~ expert**. **~-as'sert·ing** *adj (adv ~ly)* **1.** auf s-e Rechte pochend. **2.** *contp.* anmaßend, über'heblich. **~-as'ser·tion** *s* **1.** Geltendmachen *n* s-r Rechte. **2.** *contp.* anmaßendes Auftreten. **~-as'ser·tive** → **self-asserting**. **~-as'sur·ance** *s* Selbstbewußtsein *n*, -sicherheit *f*. **~-as'sured** *adj* selbstbewußt, -sicher. **~-a'ware** *adj philos. psych.* selbstbewußt. **~-a'ware·ness** *s philos. psych.* Selbstbewußtsein *n*, -bewußtheit *f*. **~-be'tray·al** *s* Selbstverrat *m*. **~-'bind·er** *s agr.* Selbstbinder *m*. **~-'blame** *s* Selbstanklage *f*, -beschuldigung *f*. **~-'ca·ter·ing** *adj* für Selbstversorger, mit Selbstverpflegung. **~-'cen·t(e)red** *adj* ichbezogen, egoˈzentrisch. **~-'col·o(u)red** *adj* **1.** einfarbig. **2.** naˈturfarben. **~-'com'mand** *s* Selbstbeherrschung *f*. **~-'com'pla·cent** *adj (adv ~ly)* selbstgefällig, -zufrieden. **~-con'ceit** *s* Eigendünkel *m*. **~-con'ceit·ed** *adj* dünkelhaft, eingebildet. **~-con'cept** *s psych.* Selbstauffassung *f*, -verständnis *n*. **~-con'demned** *adj* selbstverurteilt. **~-con'fessed** *adj* erklärt. **~-con·fi'dence** *s* **1.** Selbstvertrauen *n*, -bewußtsein *n*. **2.** *contp.* Überˈheblichkeit *f*. **~-'con·fi·dent** *adj (adv ~ly)* **1.** selbstsicher, -bewußt. **2.** *contp.* über'heblich. **~-'con·scious** *adj (adv ~ly)* **1.** befangen, gehemmt, unsicher. **2.** *philos. psych.* selbstbewußt. **~-'con·scious·ness** *s* **1.** Befangenheit *f*. **2.** *philos. psych.* Selbstbewußtsein *n*, -bewußtheit *f*. **~-con'sist·ent** *adj* (in sich selbst) konseˈquent *od.* folgerichtig. **~-con'tained** *adj* **1.** (in sich) geschlossen, selbständig, unabhängig *(alle a. tech.):* **~ unit**; **~ country** Selbstversorgerland *n*; **~ flat** *bes. Br.* abgeschlossene Wohnung. **2.** zu'rückhaltend, reser'viert. **3.** (selbst)beherrscht. **~-con'tempt** *s* Selbstverachtung *f*. **~-ˌcon·tra'dic·tion** *s* innerer 'Widerspruch, Widerspruch *m* mit *od.* in sich selbst. **~-ˌcon·tra'dic·to·ry** *adj* 'widerspruchsvoll, 'widersprüchlich. **~-con-**

'trol *s* Selbstbeherrschung *f*. **~-con'trolled** *adj* selbstbeherrscht. **~-'cooled** *adj tech.* mit Selbstkühlung, eigenbelüftet. **~-'crit·i·cal** *adj* selbstkritisch. **~-'crit·i·cism** *s* 'Selbstkriˌtik *f*. **~-de'ceit** *s* Selbsttäuschung *f*, -betrug *m*. **~-de'ceiv·er** *s* j-d, der sich selbst betrügt *od.* täuscht. **~-de'cep·tion** → **self-deceit**. **~-de'feat·ing** *adj* genau das Gegenteil bewirkend, (völlig) sinnlos. **~-de'fence**, *Am.* **~-de'fense** *s* Selbstverteidigung *f*: **the gentle art of ~** die edle Kunst der Selbstverteidigung (*Boxen*). **2.** *jur.* Notwehr *f*: **in ~** in Notwehr. **~-de'ni·al** *s* Selbstverleugnung *f*. **~-de'ny·ing** *adj* selbstverleugnend. **~-de'spair** *s* Verzweiflung *f* an sich selbst. **~-de'struct** *v/i* sich selbst zerstören. **~-de'struc·tion** *s* **1.** Selbstzerstörung *f*. **2.** Selbstvernichtung *f*, -mord *m*. **~-de'struc·tive** *adj* **1.** selbstzerstörerisch. **2.** selbstmörderisch. **~-deˌter·mi'na·tion** *s* **1.** *bes. pol.* Selbstbestimmung *f*: **right of ~** Selbstbestimmungsrecht *n*. **2.** *philos.* freier Wille. **~-de'vo·tion** *s* self-abandonment **1**. **~-'dis·ci·pline** *s* 'Selbstdisziˌplin *f*. **~-'dis·trust** *s* Mangel *m* an Selbstvertrauen, 'Mißtrauen *n* gegen sich selbst. **~-'doubt** *s* Zweifel *pl* an sich selbst, Selbstzweifel *pl*. **~-'doubt·ing** *adj* selbstzweifelerisch. **~-'drive** *adj Br.* Selbstfahrer...: **~ car** Mietwagen *m*; **~ cars for hire** Autovermietung *f* für Selbstfahrer. **~-'driv·en** *adj tech.* selbstgetrieben, Selbstantrieb... **~-'ed·u·cat·ed** → **self-taught 1**. **~-'ef'face·ment** *s* Zu'rückhaltung *f*. **~-em'ployed** *adj* selbständig *(Kaufmann etc)*. **~-es'teem** *s* **1.** Selbstachtung *f*. **2.** *contp.* Eigendünkel *m*. **~-'ev·i·dent** *adj* selbstverständlich. **~-ˌex·ci'ta·tion** *s electr.* Selbst-, Eigenerregung *f*. **~-e·cut·ing** *adj*: **~ treaty** *pol.* Vertrag *m*, dessen Inhalt kein Ausführungsgesetz notwendig macht. **~-ex'ist·ence** *s* **1.** *philos. relig.* 'Selbstexiˌstenz *f*. **2.** unabhängige Exiˈstenz. **~-ex'plan·a·to·ry** *adj* ohne Erläuterung(en) verständlich, für sich selbst sprechend. **~-ex'pres·sion** *s* Ausdruck *m* der eigenen Perˈsönlichkeit. **~-'feed·er** *s tech.* **1.** Maˈschine *f* mit auto'matischer Brennstoff- *od.* Materi'alzufuhr. **2.** *agr.* 'Futterautoˌmat *m*. **~-'feed·ing** *adj tech.* sich selbst nachfüllend *od.* speisend, auto'matisch *(Material od. Brennstoff)* zuführend. **~-fer'til·i·ty** *s bot.* Eigenfruchtbarkeit *f*. **~-ˌfer·ti·li'za·tion** *s* Selbstbefruchtung *f*, Autoga'mie *f*. **~-'fer·ti·lized** *adj* selbstbefruchtet. **~-'fix·ing** *adj* selbsthaftend. **~-'for'get·ful** *adj (adv ~ly)* selbstvergessen, selbstlos. **~-ful'fil(l)·ment** *s* Selbstverwirklichung *f*. **~-'gov·erned**, **~-'gov·ern·ing** *adj pol.* selbstverwaltet, unabhängig, auto'nom, selbständig, mit Selbstverwaltung. **~-'gov·ern·ment** *s pol.* Selbstverwaltung *f*, Autono'mie *f*. **~-ˌgrat·i·fi'ca·tion** → **self-indulgence**. **~-'hard·en·ing** *adj metall.* selbsthärtend. **~-'help** *s* Selbsthilfe *f*: **~ group**.
'self·hood *s* **1.** Individualiˈtät *f*, 'Eigenperˌsönlichkeit *f*. **2.** *contp.* Selbstsucht *f*, Ichbezogenheit *f*, Ego'zentrik *f*.
ˌself-ig'ni·tion *s* **1.** *phys.* Selbstentzündung *f*. **2.** *mot.* Selbstzündung *f*. **~-'im·age** *s psych.* Selbstbild *n*. **~-im'por·tance** *s* 'Selbstüberˌhebung *f*, Wichtigtue'rei *f*, Eigendünkel *m*. **~-im'por·tant** *adj (adv ~ly)* eingebildet, ,aufgeblasen', wichtigtuerisch. **~-in'duced** *adj* **1.** *electr.* 'selbstinduˌziert. **2.** selbstverursacht. **~-in'duc·tion** *s electr.* 'Selbstindukti,on *f*. **~-in'duc-**

self-indulgence – semifinal

tive *adj electr.* 'selbstinduk̦tiv. ~-in'dul·gence *s* 1. Sich'gehenlassen *n*, Nachgiebigkeit *f* gegen sich selbst. 2. *contp.* Zügellosigkeit *f*, Maßlosigkeit *f*. ~-in'dul·gent *adj* 1. nachgiebig gegen sich selbst. 2. zügellos, maßlos. ~-in'fec·tion *s med.* Selbstansteckung *f*. ~-in'flict·ed *adj* selbstzugefügt, -beigebracht: ~ wounds *mil.* Selbstverstümmelung *f*. ~-in'struc·tion *s* 'Selbstunterricht *m*. ~-in'struc·tion·al *adj* Selbstlehr..., Selbstunterrichts...: ~ manual Handbuch *n* für den Selbstunterricht. ~-in'sur·ance *s* Selbstversicherung *f*. ~-in'ter·est *s* Eigennutz *m*, eigenes Inter'esse. ~-in'vit·ed *adj* ungebeten: ~ guest.
self·ish ['selfɪʃ] *adj* (*adv* ~ly) selbstsüchtig, ego'istisch, eigennützig. 'self·ish·ness *s* Selbstsucht *f*, Ego'ismus *m*.
'self-,jus·ti·fi'ca·tion *s* Rechtfertigung *f*: to say s.th. in ~ etwas zu s-r Rechtfertigung sagen. ~-'knowl·edge *s* Selbsterkenntnis *f*. '~-,lac·er'a·tion *s fig.* Selbstzerfleischung *f*.
self·less ['selflɪs] *adj u. adv* selbstlos. 'self·less·ness *s* Selbstlosigkeit *f*.
,self-'liq·ui·dat·ing *adj* ~ credit *econ.* sich kurzfristig abdeckender Kredit, Warenkredit *m*. ~-'load·ing *adj* Selbstladen..., selbstladend (*Pistole etc*). ~-'lock·ing *adj tech.* selbstsperrend: ~ door Tür *f* mit Schnappschloß. ~-'love *s* Eigenliebe *f*, Selbstliebe *f*. ~-'lu·bri·cat·ing *adj tech.* selbstschmierend. ~-'made *adj* selbstgemacht: ~ man j-d, der aus eigener Kraft emporgekommen ist, Selfmademan *m*. ~-'mur·der *s* Selbstmord *m*. '~-,mu·ti'la·tion *s* Selbstverstümmelung *f*. ~-neg'lect *s* 1. Selbstlosigkeit *f*. 2. Vernachlässigung *f* s-s Äußeren. ~-o'pin·ion·at·ed *adj* 1. eingebildet, von sich selbst eingenommen. 2. eigensinnig, rechthaberisch. ~-'pit·y *s* Selbstmitleid *n*. ~-,pol·li'na·tion *s* Selbstbestäubung *f*. ~-'por·trait *s* 'Selbstpor,trät *n*, -bildnis *n*. ~-pos'sessed *adj* selbstbeherrscht. ~-pos'ses·sion *s* Selbstbeherrschung *f*. ~-'praise *s* Eigenlob *n*: ~ is no recommendation Eigenlob stinkt. '~-,pres·er'va·tion *s* Selbsterhaltung *f*: instinct of ~ Selbsterhaltungstrieb *m*. ~-pro'nounc·ing *adj ling.* mit Ausprachebezeichnung im Wort selbst (*mittels diakritischer Zeichen*). ~-pro'pelled *adj tech.* mit Eigenantrieb, selbstangetrieben, Selbstfahr... ~-pro'tec·tion *s* Selbstschutz *m*. ~-'rais·ing flour *s Br.* mit Backpulver gemischtes Mehl. '~-,re·a·li'za·tion *s* Selbstverwirklichung *f*. ~-re'cord·ing *adj tech.* 'selbstregi,strierend, -schreibend. ~-re'gard *s* 1. Eigennutz *m*. 2. Selbstachtung *f*. ~-'reg·is·ter·ing → self-recording. ~-'reg·u·lat·ing *adj bes. tech.* selbstregelnd, 'selbstregu,lierend. ~-re'li·ance *s* Selbstvertrauen *n*, -sicherheit *f*. ~-re'li·ant *adj* selbstbewußt, -sicher. ~-re'proach *s* Selbstvorwurf *m*. ~-re'spect *s* Selbstachtung *f*. ~-re'spect·ing *adj* sich selbst achtend: every ~ craftsman jeder Handwerker, der etwas auf sich hält. ~-re'straint *s* Selbstbeherrschung *f*. ~-'right·eous *adj* selbstgerecht. ~-'ris·ing flour *s Am.* mit Backpulver gemischtes Mehl. ~-'sac·ri·fice *s* Selbstaufopferung *f*. ~-'sac·ri·fic·ing *adj* aufopferungsvoll. ~-'same *adj* ebenderselbe, -dieselbe, -dasselbe, ganz der- *od.* die- *od.* dasselbe. ~-'sat·is·fied *adj* selbstzufrieden. ~-'seal·ing *adj* 1. selbstklebend (*bes. Briefumschlag*). 2. *tech.* selbst(ab)-

dichtend. ~-'seek·er *s* Ego'ist(in). ~-'seek·ing I *adj* selbstsüchtig, ego'istisch. II *s* Selbstsucht *f*, Ego'ismus *m*. ~-'ser·vice I *adj* mit Selbstbedienung, Selbstbedienungs... II *s* Selbstbedienung *f*. ~-'start·er *s tech.* Selbststarter *m*, (Selbst)Anlasser *m*. ~-'styled *adj iro.* (*nachgestellt*) von eigenen Gnaden: ~ expert. ~-suf'fi·cien·cy *s* 1. Unabhängigkeit *f* (von fremder Hilfe). 2. *econ.* Autar'kie *f*, wirtschaftliche Unabhängigkeit. 3. Eigendünkel *m*. ~-suf'fi·cient *adj* 1. nicht auf fremde Hilfe angewiesen, unabhängig. 2. *econ.* aut'ark. 3. dünkelhaft. ~-sug'ges·tion *s psych.* Autosugge'sti¦on *f*. ~-sup'pli·er *s* 'Selbstversorger *m*. ~-sup'port *s* 'Selbstunterhalt *m*, -versorgung *f*. ~-sup'port·ing *adj* 1. → self-sufficient 1, 2. 2. *tech.* freitragend: ~ mast. ~-'taught *adj* 1. autodi'daktisch: a ~ person ein Autodidakt. 2. selbsterlernt. ~-'tem·er *s phot.* Selbstauslöser *m*. ~-'tor·ture *s* Selbstquäle'rei *f*. ~-'will *s* 1. Eigenwille *m*. 2. *contp.* Eigensinn *m*. ~-'willed *adj* 1. eigenwillig. 2. *contp.* eigensinnig. ~-'wind·ing *adj* auto'matisch (*Uhr*): ~ mechanism Selbstaufzug *m*.
sell [sel] I *s* 1. *colloq.* a) Schwindel *m*, b) Reinfall *m*, ,Pleite' *f*: what a ~! 2. *econ. colloq.* a) Ver'kaufstaktik *f*, -me,thode *f*; → hard 11, soft 1, b) Zugkraft *f* (*e-s Artikels*). II *v/t pret. u. pp* sold [səʊld] 3. verkaufen, veräußern (for für; to an *acc*), *econ. a.* absetzen: to ~ o.s. to be sold zu verkaufen; to ~ o.s. *fig. contp.* sich verkaufen; → life *Bes. Redew.*, pup 1. 4. *econ.* Waren führen, vertreiben, handeln mit. 5. *fig.* verkaufen, in e-n guten Absatz sichern (*dat*): his name will ~ the book. 6. *colloq.* ,verkaufen', verraten (to an *acc*): → pass[1] 1, river 1. 7. *colloq.* j-m etwas ,schmackhaft' machen, ,aufschwatzen': to ~ s.o. on s.th. j-n für etwas begeistern *od.* erwärmen; to be sold on s.th. von etwas überzeugt *od.* begeistert sein, ganz für etwas sein. 8. *colloq.* j-n ,beschummeln'. 9. *econ. colloq.* a) j-n zum Kaufen anreizen, b) sich j-n als Kunden gewinnen. III *v/i* 10. verkaufen, Verkäufe tätigen. 11. verkauft werden (at, for für). 12. sich gut *od.* schlecht verkaufen (lassen), gehen. 13. *colloq.* verfangen, ,ziehen': that won't ~.
Verbindungen mit Adverbien:
sell|off *v/t econ.* (bes. zu ermäßigten Preisen) ausverkaufen, *Lager* räumen. ~ **out** I *v/t* 1. ausverkaufen: to be sold out ausverkauft sein (*a. Stadion etc*); we are sold out of umbrellas die Schirme sind ausverkauft. 2. *Anteil etc* abgeben, verkaufen. 3. → sell 6. II *v/i* 4. the umbrellas sold out in two days die Schirme waren in zwei Tagen ausverkauft; to ~ of s.th. etwas ausverkaufen. 5. *colloq.* ,sich verkaufen' (to an *acc*). ~ **up** I *v/t Br.* verkaufen: to sell s.o. up j-n auspfänden. II *v/i* sein Geschäft *etc* verkaufen.
'**sell·er** *s* 1. Verkäufer(in), Händler(in): ~s' market *econ.* Verkäufermarkt *m*; ~s' option Verkaufsoption *f*, (*Börse*) Rückprämie(ngeschäft *n*) *f*. 2. good ~ *econ.* gutgehende Ware, zugkräftiger Ar'tikel. 3. → selling race.
'**sell·ing** I *adj* 1. (*in Zssgn*) verkäuflich. 2. Verkaufs..., Absatz..., Vertriebs... II *s* 3. Verkaufen *n*, Verkauf *m*. 4. *econ.* Ver'kaufstaktik *f*, -me,thode *f*: → hard 11, soft 1. ~ **a·re·a** *s* Verkaufsfläche *f*. ~ **plate** *s* → selling race. '~-,**plat·er** *s sport* ein bei e-m Verkaufsrennen laufendes Pferd. ~ **price** *s econ.* Verkaufspreis *m*. ~ **race** *s Pferderennsport:* Verkaufsrennen *n*. ~ **space** *s* Verkaufsfläche *f*.

'**sell|out** *s colloq.* 1. Ausverkauf *m*. 2. ausverkaufte Veranstaltung, volles Haus: to play to a ~ audience vor ausverkauftem Haus spielen. 3. Verrat *m*, *pol. a.* ,Umfaller' *m*. ,Ausverkauf *m*.
Selt·zer (wa·ter) ['seltsə(r)] *s* Selters (-wasser) *n*.
sel·vage, sel·vedge ['selvɪdʒ] *s* Weberei: Salband *n*, feste (Webe)Kante.
selves [selvz] *pl von* self.
se·man·teme [sɪ'mæntiːm] *s ling.* Be'deutungsele,ment *n*.
se·man·tic [sɪ'mæntɪk] *adj* (*adv* ~ally) *ling.* se'mantisch. **se·man·tics** *s pl* (*meist als sg konstruiert*) *ling.* Se'mantik *f*, (Wort)Bedeutungslehre *f*.
sem·a·phore ['seməfɔː(r); *Am. a.* -,fəʊr] I *s* 1. *tech.* Sema'phor *n*: a) *bes. rail.* ('Flügel)Si,gnalmast *m*, b) optischer Tele'graf. 2. *mil.* (Flaggen)Winken *n*: ~ message Winkspruch *m*. II *v/t u. v/i* 3. signali'sieren.
se·ma·si·o·log·i·cal [sɪˌmeɪsɪə'lɒdʒɪkl; *Am.* -lɑ-] *adj ling.* semasio'logisch. **se·ma·si·ol·o·gy** [-'ɒlədʒɪ; *Am.* -'ɑl-] *s ling.* Semasiolo'gie *f*.
sem·blance ['sembləns] *s* 1. äußere Gestalt, Form *f*, Erscheinung *f*: in the ~ of in Gestalt *f* (to mit). 2. Ähnlichkeit *f* (to mit). 3. (An)Schein *m*: the ~ of honesty; under the ~ of friendship unter dem Deckmantel der Freundschaft; without the ~ of an excuse ohne auch nur die Andeutung e-r Entschuldigung.
se·mé(e) ['seɪmeɪ; *Am. a.* sə'meɪ] *adj her.* besät, bestreut (with, of mit).
se·mei·ol·o·gy [ˌsemɪ'ɒlədʒɪ; ˌsiːmɪ-; *Am.* ˌsiːˌmaɪ'ɑl-] *s* Semi'otik *f*: a) *Lehre von den Zeichen*, b) *med.* Symptomatolo'gie *f*. **se·mei·ot·ics** [-'ɒtɪks; *Am.* -'ɑt-] *s pl (als sg od. pl konstruiert)* → semeiology.
se·men ['siːmen; *bes. Am.* -mən] *s physiol.* Samen *m* (*a. bot. pharm.*), Sperma *n*.
se·mes·ter [sɪ'mestə(r)] *s univ. bes. Am.* Se'mester *n*, Halbjahr *n*.
semi- [semɪ; *Am. a.* semaɪ] *Wortelement mit der Bedeutung* halb..., Halb...
sem·i ['semɪ; *Am. a.* 'sem,aɪ] *s colloq. für* a) *bes. Br.* semidetached II, b) semifinal I, c) *Am.* semitrailer.
,**sem·i'an·nu·al** *adj* 1. halbjährlich. 2. halbjährig.
'**sem·i,au·to'mat·ic I** *adj* 'halbauto,matisch. II *s* 'halbauto,matische Feuerwaffe.
,**sem·i'bold** *print.* I *adj* halbfett (*Schrift*): ~ face. II *s* halbfette Schrift.
'**sem·i·breve** *s mus. bes. Br.* ganze Note: ~ rest ganze Pause.
,**sem·i·cen'ten·ni·al** I *s* Fünfzig'jahrfeier *f*. II *adj* fünfzigjährig.
'**sem·i,cir·cle** *s* 1. Halbkreis *m*. 2. Winkelmesser *m*.
,**sem·i'cir·cu·lar** *adj* halbkreisförmig: ~ canal *anat.* Bogengang *m* (*des inneren Ohrs*).
sem·i·co·lon [ˌsemɪ'kəʊlən; *Am.* 'sem·ɪˌk-] *s* Semi'kolon *n*, Strichpunkt *m*.
,**sem·i·con'duc·tor** *s electr.* Halbleiter *m*: ~ memory (*Computer*) Halbleiterspeicher *m*.
,**sem·i'con·scious** *adj* nicht bei vollem Bewußtsein.
,**sem·i·de'tached** I *adj*: ~ house → II. II *s bes. Br.* Doppelhaushälfte *f*.
,**sem·i'di·am·e·ter** *s math.* Halbmesser *m*, Radius *m*.
,**sem·i,doc·u'men·ta·ry** *s* Spielfilm *m* mit dokumen'tarischem 'Hintergrund.
'**sem·i,dome** *s arch.* Halbkuppel *f*.
,**sem·i'fi·nal** *sport* I *s* 1. *meist pl* 'Halbfi,nale *n*, 'Semifi,nale *n*, Vorschlußrunde *f*. 2. 'Halbfi,nalspiel *n*. II *adj* 3. Halbfinal...: ~ round Halbfinale *n*.

semifinalist – sensationalist

ˌsem·i'fi·nal·ist s sport 'Halbfinaˌlist(in).
ˌsem·i'fin·ished adj tech. halbfertig: ~ product Halb(fertig)fabrikat n.
ˌsem·i'flu·id I adj halb-, zähflüssig. II s zähflüssige Masse.
ˌsem·i-'in·fi·nite adj math. einseitig unendlich (Größe).
ˌsem·i'liq·uid → semifluid.
ˌsem·i'lu·nar adj halbmondförmig: ~ valve anat. Semilunarklappe f.
'sem·iˌman·u'fac·tured → semifinished.
ˌsem·i'mo·no·coque s aer. längsversteifter Schalenrumpf.
ˌsem·i'month·ly I adj u. adv halbmonatlich. II s Halbmonatsschrift f.
sem·i·nal ['semɪnl] adj (adv ~ly) 1. biol. physiol. Samen..., Sperma...: ~ duct (od. tract) Samengang m, -leiter m; ~ fluid Samenflüssigkeit f, Sperma n; ~ leaf bot. Keimblatt n; ~ power Zeugungsfähigkeit f. 2. fig. a) zukunftsträchtig, folgenreich, b) fruchtbar, schöpferisch, origi'nell, c) zukunftsweisend. 3. fig. Entwicklungs..., noch unentwickelt: in the ~ state im Entwicklungsstadium.
sem·i·nar ['semɪnɑː(r)] s univ. etc Semi'nar n.
sem·i·nar·i·an [ˌsemɪ'neərɪən] s 1. relig. Semina'rist m. 2. Semi'narteilnehmer (-in).
sem·i·nar·y ['semɪnərɪ; Am. -ˌnerɪː] s 1. relig. ('Priester)Semiˌnar n. 2. Am. → seminar. 3. fig. Schule f, Pflanzstätte f, contp. Brutstätte f.
sem·i·na·tion [ˌsemɪ'neɪʃn] s (Aus-) Säen n.
ˌsem·i·of'fi·cial adj (adv ~ly) halbamtlich, offizi'ös.
se·mi·ol·o·gy [ˌsemɪ'ɒlədʒɪ; siː·mɪ-; Am. ˌsiːmaɪ'ɑl-], se·mi'ot·ics [-'ɒtɪks; Am. -'ɑt-] s pl (als sg od. pl konstruiert) → semeiology.
ˌsem·i'por·ce·lain s 'Halbporzel ˌlan n.
ˌsem·i'post·al s mail bes. Am. Wohlfahrtsmarke f.
'sem·iˌpre·cious adj: ~ stone Halbedelstein m, Schmuckstein m.
ˌsem·i'pri·vate adj zweiter Klasse (Krankenhauszimmer od. -bedienung): ~ room Zweibettzimmer n (in e-r Klinik).
'sem·i'pro [-prəʊ] colloq. für semiprofessional.
ˌsem·i·pro'fes·sion·al I adj 1. über'wiegend praktische Kenntnisse erfordernd (Tätigkeit). 2. 'halbprofessioˌnell (a. sport): ~ player → II. II s 3. sport ‚Halbprofi' m, ‚Feierabendprofi' m.
'sem·iˌqua·ver s mus. bes. Br. Sechzehntel(note f) n.
ˌsem·i'rig·id adj halbstarr (Luftschiff).
ˌsem·i'skilled adj angelernt: ~ worker.
ˌsem·i'sol·id I adj halbfest. II s halbfeste Sub'stanz.
'sem·iˌsteel s tech. 1. Halbstahl m. 2. Am. Puddelstahl m.
Sem·ite ['siːmaɪt; bes. Am. 'sem-] I s Se'mit(in). II adj se'mitisch.
Se·mit·ic [sɪ'mɪtɪk] I adj 1. se'mitisch. II s 2. ling. Se'mitisch n, das Semitische. 3. pl (als sg konstruiert) Semi'tistik f.
Sem·i·tist ['semɪtɪst] s Semi'tist(in).
'sem·iˌtone s mus. Halbton m.
ˌsem·i'trail·er s tech. Sattelschlepper (-anhänger) m.
'sem·iˌvow·el s 'Halbvoˌkal m.
ˌsem·i'week·ly I adj u. adv halbwöchentlich. II s halbwöchentlich erscheinende Veröffentlichung.
ˌsem·i'year·ly → semiannual.
sem·o·li·na [ˌsemə'liːnə] s (Weizen-) Grieß m, Grießmehl n.
sem·pi·ter·nal [ˌsempɪ'tɜːnl; Am. -'tɜːrnl] adj poet. immerwährend, ewig.

semp·stress ['sempstrɪs; 'semstrɪs] → seamstress.
sen [sen] pl sen s Sen m (japanische Münze).
sen·ar·mon·tite [ˌsenɑː'mɒntaɪt; Am. ˌsenər'mɑnˌtaɪt] s min. Senarmon'tit m.
se·na·ry ['siːnərɪ; 'sen-] adj Sechser..., Sechs...
sen·ate ['senɪt] s 1. Se'nat m (a. univ.). 2. S~ parl. Am. Se'nat m (Oberhaus).
sen·a·tor ['senətə(r)] s Se'nator m. ˌsena'to·ri·al [-'tɔːrɪəl; Am. a. -'toʊ-] adj (adv ~ly) 1. sena'torisch, Senats... 2. pol. Am. zur Wahl von Sena'toren berechtigt.
send¹ [send] I v/t pret u. pp sent [sent] 1. j-n senden, schicken (to dat): to ~ s.o. to bed (to school, to prison) j-n ins Bett (auf e-e Schule, ins Gefängnis) schicken; to ~ s.o. after s.o. j-n j-m nachschicken; to ~ s.o. off the field sport j-n vom Platz stellen. 2. (to) etwas, a. Grüße, Hilfe etc senden, schicken (dat od. an acc), Ware etc versenden, -schicken (an acc): to ~ a letter; to ~ help. 3. den Ball, e-e Kugel etc senden, jagen, schießen. 4. j-n fortjagen, -schicken → business 9. 5. (mit acc od. pres p) machen: to ~ s.o. mad; to ~ s.o. reeling j-n taumeln machen od. lassen; → fly¹ 1, pack 37, spin 17. 6. (von Gott, dem Schicksal etc) a) senden, b) geben, gewähren, c) machen: God ~ it may not be so! gebe Gott, es möge nicht so sein! 7. e-n Blick etc senden: to ~ a glance at s.o. j-m e-n Blick zuwerfen; → send forth. 8. electr. senden, über'tragen. 9. sl. die Zuhörer etc in Ek'stase versetzen, 'hinreißen: that ~s me! da bin ich ganz ‚weg'! II v/i 10. ~ for a) nach j-m schikken, j-n kommen lassen, j-n holen od. rufen (lassen), j-n zu sich bitten, b) sich etwas kommen lassen, etwas anfordern. 11. we sent after him wir schickten ihm j-n nach. 12. electr. senden.
Verbindungen mit Adverbien:
send|a·way I v/t 1. fort-, wegschikken. 2. Brief etc absenden, abschicken. II v/i 3. to ~ (to s.o.) for s.th. (von j-m) etwas anfordern, sich (von j-m) etwas kommen lassen. ~ back v/t j-n, etwas zu'rückschicken, Speise a. zu'rückgehen lassen. ~ down v/t 1. hin'unterschicken. 2. univ. Br. rele'gieren. 3. Boxen: auf die Bretter schicken. 4. fig. die Preise, Temperatur etc fallen lassen. 5. j-n einsperren (for two years [für] zwei Jahre). ~ forth v/t 1. j-n etc, a. Licht aussenden, Wärme etc ausstrahlen. 2. her'vorbringen, treiben: to ~ leaves. 3. e-n Laut etc ausstoßen. 4. veröffentlichen, verbreiten. ~ in v/t 1. einsenden, -schicken, -reichen: to ~ an application; → name Bes. Redew., resignation 2. 2. sport e-n Ersatzmann aufs Feld schicken. ~ off I v/t 1. → send away I. 2. j-n verabschieden (at am Bahnhof etc). 3. sport vom Platz stellen. II v/i 4. → send away II. ~ on v/t 1. j-n, etwas vor'ausschicken. 2. Brief etc nachschicken, nachsenden (to an e-e Adresse). ~ out I v/t 1. hin'ausschicken. 2. → send forth 1 u. 2. 3. to send s.o. out for s.th. j-n nach etwas schicken. 4. Prospekte etc verschicken. II v/i 5. to ~ for s.th. etwas holen lassen. ~ up v/t 1. hin'aufschicken. 2. fig. die Preise, Temperatur etc steigen lassen. 3. Br. colloq. j-n, etwas paro'dieren, verulken. 4. Am. colloq. ‚hinter Schloß u. Riegel bringen'.
send² [send] s 1. mar. Triebkraft f, Druck m (der Wellen). 2. fig. Im'puls m, Antrieb m.
sen·dal ['sendl] s hist. Zindeltaft m.
'send·er s 1. (Über)'Sender(in). 2. Absender(in). 3. a) teleph. Zahlengeber m, b) tel. Geber m.
'send|-off s colloq. 1. Verabschiedung f, Abschied m: to be given (od. to get) a good ~ groß verabschiedet werden. 2. gute Wünsche pl zum Anfang (e-r Tätigkeit etc). 3. sport 'Start(siˌgnal n) m. '~-up s Br. colloq. Paro'die f, Verulkung f.
Sen·e·gal·ese [ˌsenɪɡə'liːz] I adj senega'lesisch, Senegal... II s Senega'lese m, Senega'lesin f.
se·nes·cence [sɪ'nesns] s Altern n. se'nes·cent adj 1. alternd. 2. med. Alters..., altersbedingt: ~ arthritis.
sen·e·schal ['senɪʃl] s hist. Seneschall m, Major'domus m.
se·nile ['siːnaɪl] adj 1. se'nil: a) greisenhaft, altersschwach, b) blöd(e), kindisch. 2. Alters...: ~ decay med. Altersabbau m; ~ dementia med. Altersblödsinn m; ~ speckle med. Altersfleck m. se·nil·i·ty [sɪ'nɪlətɪ] s Altersschwäche f.
sen·ior ['siːnjə(r)] I adj 1. (nachgestellt u. in England sen., in USA Sr. abgekürzt) senior: Mr. John Smith sen. (od. Sr.) Herr John Smith sen. 2. älter (to als): he is one year ~ to me. 3. rang-, dienstälter, ranghöher, Ober...: a ~ man Br. ein höheres Semester (Student); ~ officer a) höherer Offizier, mein etc Vorgesetzter, b) Rangälteste(r) m; ~ lecturer univ. Br. (etwa) Honorarprofessor m; ~ lien jur. bevorrechtigtes Pfandrecht; the ~ service Br. die Kriegsmarine; → partner 2, staff¹ 8. 4. ped. a) Ober...: the ~ classes die Oberstufe, b) Am. im letzten Schuljahr (stehend): the ~ class die oberste Klasse. 5. best(er, e, es), vor'züglich, reif: ~ classic Br. bester klassischer Philologe (bei der honours-Prüfung an der Universität Cambridge). II s 6. Ältere(r m) f: he is my ~ by four years, he is four years my ~ er ist vier Jahre älter als ich. 7. Älteste(r m) f. 8. Rang-, Dienstältere(r m) f, Vorgesetzte(r m) f. 9. Br. → senior fellow. 10. Am. Stu'dent m od. Schüler m im letzten Studienjahr. 11. Alte(r m) f, Greis(in). ~ cit·i·zen s 1. Altersrentner(in), Ruhegeldempfänger(in). 2. pl Seni'oren pl. ~ fel·low s univ. Br. rangältester Fellow. ~ high (school) s ped. Am. die obersten Klassen der High-School. ~ league s Am. 1. sport oberste Spielklasse. 2. fig. Spitzenklasse f, ‚einsame Spitze': to be ~.
sen·ior·i·ty [ˌsiːnɪ'ɒrətɪ; Am. sɪːn'jɔːr-; -'jɑr-] s 1. höheres Alter. 2. höheres Dienstalter: to be promoted by ~ nach dem Dienstalter befördert werden. 3. the ~ Br. die rangältesten Fellows pl (e-s Colleges).
sen·na ['senə] s bot. pharm. Sennesblätter pl.
sen·night, a. se'n·night ['senaɪt] s obs. e-e Woche: Tuesday ~ Dienstag in e-r Woche.
sen·sate ['senseɪt] adj sinnlich (wahrgenommen).
sen·sa·tion [sen'seɪʃn] s 1. (Sinnes-) Wahrnehmung f, (-)Empfindung f: ~ level Empfindungsschwelle f. 2. Gefühl n: a pleasant ~; ~ of thirst Durstgefühl. 3. Empfindungsvermögen n. 4. (großer) Eindruck, Sensati'on f: ~ n: to make (od. create) a ~ Aufsehen erregen, für e-e Sensation sorgen; he was the ~ of the day er war die Sensation des Tages. 5. Sensati'on f, Über'raschung f (Ereignis). 6. → sensationalism 2. sen'sa·tion·al [-ʃənl] adj (adv ~ly) 1. sinnlich, Sinnes... 2. aufsehenerregend, Sensations...: a) aufsehenerregend, b) verblüffend, c) großartig, ‚toll', d) auf Efˌfekthasche'rei bedacht: a ~ writer Sensationsschriftsteller m. 3. philos. sensua'listisch. sen'sa·tion·al·ism s 1. Sensati'onsgier f, -lust f. 2. ‚Sensati'onsmache' f. 3. philos. Sensua'lismus m. sen'sa·tion·al·ist I s 1. Sensati'onsschrift-

steller(in), -redner(in), Ef'fekthascher(in). **2.** *philos.* Anhänger *m* des Sensua'lismus. **II** *adj* → **sensational** 2 d.

sense [sens] **I** *s* **1.** Sinn *m*, 'Sinnesor₁gan *n*: ~ **of hearing** (**sight, smell, taste, touch**) Gehör-(Gesichts-, Geruchs-, Geschmacks-, Tast)sinn; → **sixth** 1. **2.** *pl* Sinne *pl*, (klarer) Verstand: **in** (**out of**) **one's** ~**s** bei (von) Sinnen; **to lose** (*od.* **take leave of**) **one's** ~**s** den Verstand verlieren; **to bring** s.o. **to his** ~**s** j-n wieder zur Besinnung bringen; **to recover one's** ~**s** wieder zur Besinnung kommen. **3.** *fig.* Vernunft *f*, Verstand *m*: **a man of** ~ ein vernünftiger *od.* kluger Mensch; **to have the** ~ **to do s.th.** so klug sein, etwas zu tun; **do have some** ~! sei doch vernünftig!; → **common sense**. **4.** Sinne *pl*, Empfindungsvermögen *n*. **5.** Gefühl *n*: a) Empfindung *f* (**of**) ~ **of pain** Schmerzgefühl; ~ **of security** Gefühl der Sicherheit, b) Ahnung *f*, unbestimmtes Gefühl. **6.** Sinn *m*, Gefühl *n* (**of für**): ~ **of beauty** Schönheitssinn; ~ **of decency** (*od.* **decorum**) Anstand(sgefühl *n*) *m*; ~ **of duty** Pflichtgefühl; **a keen** ~ **of justice** ein ausgeprägter Gerechtigkeitssinn; ~ **of responsibility** Verantwortungsgefühl, -bewußtsein *n*; ~ **of shame** Schamgefühl; → **direction** 1, **humor** 3, **locality** 1, **mission** 5, **purpose** 5. **7.** Sinn *m*, Bedeutung *f*: **figurative** (**literal**, *etc*) ~; **in every** ~ in jeder Hinsicht; **in a** ~ in gewissem Sinne; **in the good and in the bad** ~ im guten wie im bösen *od.* schlechten Sinn. **8.** Sinn *m*, (*etwas*) Vernünftiges: **what is the** ~ **of doing this?** was hat es für e-n Sinn, das zu tun?; **it makes** ~ es hat Hand u. Fuß, es klingt plausibel; **it does not make** ~ es hat keinen Sinn; **to talk** ~ vernünftig reden. **9.** (*bes.* allgemeine) Ansicht, Meinung *f*, Auffassung *f*: **to take the** ~ **of the meeting** die Meinung der Versammlung einholen. **10.** *math.* Richtung *f*: ~ **of rotation** Drehsinn *m*. **11.** *Funkpeilung*: (Peil)Seite *f*. **II** *v/t* **12.** empfinden, fühlen, spüren, ahnen. **13.** *Computer*: a) abtasten, b) abfragen. **14.** *bes. Am. colloq.* ˌka'pieren, begreifen.

sense|cen·ter, *bes. Br.* ~**cen·tre** *s biol.* Sinneszentrum *n*. ~ **da·tum** *s irr psych.* Sinnesdatum *n*. ~ **group** *s ling.* Sinngruppe *f* (*beim Sprechen*).

'sense·less *adj* (*adv* ~**ly**) **1.** gefühllos, unempfindlich. **2.** bewußt-, besinnungslos. **3.** unvernünftig, dumm, verrückt (*Person*). **4.** sinnlos, unsinnig (*Sache*). **'sense·less·ness** *s* **1.** Unempfindlichkeit *f*. **2.** Bewußtlosigkeit *f*. **3.** Unvernunft *f*. **4.** Sinnlosigkeit *f*.

sense|or·gan *s* 'Sinnesor₁gan *n*, -werkzeug *n*. ~ **per·cep·tion** *s* Sinneswahrnehmung *f*.

sen·si·bil·i·ty [ˌsensɪ'bɪlətɪ] *s* **1.** Sensibili'tät *f*, Gefühl *n*, Empfindungsvermögen *n*. **2.** *phys. etc* Empfindlichkeit *f*: ~ **to light** Lichtempfindlichkeit. **3.** *fig.* Empfänglichkeit *f* (**to für**). **4.** *oft pl* Gefühl *n*, Empfinden *n* (**to für**). **5.** *sg od. pl* Sensibili'tät *f*, ('Über)Empfindlichkeit *f*, Empfindsamkeit *f*. **6.** *a. pl* Fein-, Zartgefühl *n*.

sen·si·ble ['sensəbl] **I** *adj* (*adv* → **sensibly**) **1.** vernünftig (*Person od. Sache*): ~ **prices**. **2.** spür-, fühlbar, merklich. **3.** bei Bewußtsein. **4.** bewußt (**of** *gen*): **to be** ~ **of s.th.** a) sich e-r Sache bewußt sein, b) etwas empfinden. **5.** a) empfänglich (**to für**), b) empfindlich (**to gegen**). **II** *s* **6.** *a.* ~ **note** *mus.* Leitton *m*. **'sen·si·ble·ness** *s* Vernünftigkeit *f*, Klugheit *f*. **'sen·si·bly** *adv* **1.** vernünftig (*etc*, → **sensible**). **2.** vernünftigerweise.

sens·ing ['sensɪŋ] *s* **1.** *Computer*: a) Abtasten *n*, b) Abfragen *n*: ~ **element**

(Meß)Fühler *m*; ~ **head** Abtastkopf *m*. **2.** *Funkpeilung*: Seitenanzeige *f*.

sens·ism ['sensɪzəm] *s philos.* Sensua'lismus *m*.

sen·si·tive ['sensɪtɪv] **I** *adj* (*adv* ~**ly**) **1.** fühlend: ~ **creature**. **2.** Empfindungs...: ~ **nerves**. **3.** sensi'tiv, ('über-)empfindlich (**to gegen**): **to be** ~ **to** empfindlich reagieren auf (*acc*). **4.** sen'sibel, empfindsam, feinfühlig. **5.** veränderlich, schwankend: ~ **market** *econ.* schwankender Markt. **6.** *fig.* a) empfindlich, b) *bes. mil.* gefährdet, expo'niert: ~ **spot** empfindliche Stelle, neuralgischer Punkt; **a** ~ **subject** ein heikles *od.* kitzliges Thema. **7.** *bes. biol. chem.* empfindlich, rea'gibel (**to** auf *acc*): ~ **fern** *bot.* Perlfarn *m*; ~ **plant** Sinnpflanze *f*. **8.** *electr. phys. tech.* empfindlich: **a** ~ **instrument**; ~ **to shock** stoßempfindlich. **9.** *phot.* lichtempfindlich. **10.** *physiol.* sen'sorisch, Sinnes... **11.** *Parapsychologie*: sensi'tiv, medi'al (begabt *od.* veranlagt). **II** *s* **12.** sensi'tiver *od.* sen'sibler Mensch. **13.** *Parapsychologie*: Sensi'tive(r *m*) *f*, Medium *n*. **'sen·si·tive·ness** → **sensitivity**.

ˌ**sen·si'tiv·i·ty** *s* **1.** Sensibili'tät *f* (**to für**): a) Empfindlichkeit *f* (*a. electr. etc*), b) *med. psych.* (Grad *m* der) Reakti'onsfähigkeit *f*. **2.** Empfindlichkeit *f* (**to gegen**): ~ **to light** *phys.* Lichtempfindlichkeit. **3.** Sensitivi'tät *f*, Feingefühl *n*. **4.** *Parapsychologie*: Sensitivi'tät *f*, medi'ale Begabung *od.* Veranlagung. ~ **group** *s psych.* Trainingsgruppe *f*. ~ **train·ing** *s psych.* Sensitivi'tätstraining *n*.

ˌ**sen·si·ti·za·tion** [ˌsensɪtɪ'zeɪʃn; *Am.* -tə-]*z*-] *s med. phot.* Sensibili'sierung *f*. **'sen·si·tize** *v/t* sensibili'sieren, (*phot.* licht)empfindlich machen; ~**d** (*phot.* licht)empfindlich. **'sen·si·tiz·er** *s phot.* Sensibili'sator *m*.

sen·si·tom·e·ter [ˌsensɪ'tomɪtə(r); *Am.* -'tɑm-] *s opt. phot.* Sensito'meter *n*, Lichtempfindlichkeitsmesser *m*.

sen·so·mo·tor [ˌsensəʊ'məʊtə(r)] → **sensorimotor**.

sen·sor ['sensə(r)] *s electr. tech.* Sensor *m*, (Meß)Fühler *m*.

sen·so·ri·a [sen'sɔːrɪə; *Am. a.* -'soʊ-] *pl* von **sensorium**.

sen·so·ri·al [sen'sɔːrɪəl; *Am. a.* -'soʊ-] → **sensory**.

sen·so·ri·mo·tor [ˌsensərɪ'məʊtə(r)] *adj physiol.* 'sensomoˌtorisch.

sen·so·ri·um [sen'sɔːrɪəm; *Am. a.* -'soʊ-] *pl* -**ri·ums**, -**ri·a** [-rɪə] *s med. psych.* **1.** Sen'sorium *n*, 'Sinnesappaˌrat *m*. **2.** Bewußtsein *n*, Sitz *m* des Empfindungsvermögens.

sen·so·ry ['sensərɪ] *adj* sen'sorisch, Sinnes...: ~ **perception**; ~ **deprivation** *psych.* sensorische Deprivation.

sen·su·al ['sensjʊəl; -ʃʊəl; *Am.* -tʃʊəl; -ʃəl] *adj* (*adv* ~**ly**) **1.** sinnlich, Sinnes... **2.** sinnlich, wollüstig, *bes. Bibl.* fleischlich. **3.** *philos.* sensua'listisch. **'sen·su·al·ism** *s* **1.** Sinnlichkeit *f*, Lüsternheit *f*. **2.** *philos.* a) Sensua'lismus *m*, b) *Ethik*: Hedo'nismus *m*. **'sen·su·al·ist** *s* **1.** sinnlicher Mensch. **2.** *philos.* Sensua'list *m*. ˌ**sen·su'al·i·ty** [*Am.* -tʃʊ'wælɪtɪ] *s* Sinnlichkeit *f*. **'sen·su·al·ize** *v/t* **1.** j-n sinnlich machen. **2.** versinnlichen.

sen·su·ous ['sensjʊəs; -ʃʊ-; *Am.* -tʃʊəs] *adj* (*adv* ~**ly**) sinnlich: **a Sinnes...**, b) sinnenfroh. **'sen·su·ous·ness** *s* Sinnlichkeit *f*.

sent [sent] *pret u. pp von* **send¹**.

sen·tence ['sentəns] **I** *s* **1.** *ling.* Satz(verbindung *f*) *m*: **complex** ~ Satzgefüge *n*; ~ **stress** Satzbetonung *f*. **2.** *jur.* a) (*bes.* Straf)Urteil *n*: **to pass** ~ (**up**)**on** das (*fig.* ein) Urteil fällen über (*acc*), verurteilen

(*a. fig.*); **under** ~ **of death** zum Tode verurteilt, b) Strafe *f*: **to serve a** ~ **of imprisonment** e-e Freiheitsstrafe verbüßen *od.* absitzen. **3.** *obs.* Sen'tenz *f*, Aus-, Sinnspruch *m*. **II** *v/t* **4.** *jur. u. fig.* verurteilen (**to zu**).

sen·ten·tious [sen'tenʃəs] *adj* (*adv* ~**ly**) **1.** sentenzi'ös, prä'gnant, kernig. **2.** spruchreich, lehrhaft. **3.** *contp.* aufgeblasen, salbungsvoll, phrasenhaft. **sen'ten·tious·ness** *s* **1.** Prä'gnanz *f*. **2.** Spruchreichtum *m*, Lehrhaftigkeit *f*. **3.** *contp.* salbungsvolle Art, Großspreche'rei *f*.

sen·tience ['senʃəns; -ʃɪəns], *a.* **'sen·tien·cy** [-sɪ] *s* **1.** Empfindung *f*. **2.** Empfindungsvermögen *n*. **'sen·tient** [-ʃnt] *adj* (*adv* ~**ly**) **1.** empfindungsfähig. **2.** fühlend.

sen·ti·ment ['sentɪmənt] *s* **1.** (seelische) Empfindung, (Gefühls)Regung *f*, Gefühl *n* (**towards** s.o. j-m gegen'über). **2.** *pl* Meinung *f*, Gedanken *pl*, (Geistes)Haltung *f*: **noble** ~**s** edle Gesinnung; **you express my** ~**s exactly** Sie sprechen mir aus der Seele. **3.** (Zart-, Fein)Gefühl *n*, Innigkeit *f* (*a. in der Kunst*): **for** ~ aus emotionalen Gründen. **4.** → **sentimentality**.

sen·ti·men·tal [ˌsentɪ'mentl] *adj* (*adv* ~**ly**) **1.** sentimen'tal: a) gefühlvoll, empfindsam: **a** ~ **song**, b) *contp.* rührselig, gefühlsduselig: **a** ~ **schoolgirl**. **2.** gefühlsmäßig, Gefühls...: **for** ~ **reasons** aus emotionellen Gründen; ~ **value** Liebhaberwert *m*. ˌ**sen·ti'men·tal·ism** [-təlɪzəm] *s* **1.** Sentimentali'tät *f*, Empfindsamkeit *f*. **2.** → **sentimentality**. ˌ**sen·ti'men·tal·ist** *s* Gefühlsmensch *m*. ˌ**sen·ti·men'tal·i·ty** [-'tælətɪ] *s* Sentimentali'tät *f*, Gefühlsduse'lei *f*, Rührseligkeit *f*. ˌ**sen·ti'men·tal·ize** **I** *v/t* sentimen'tal machen *od.* gestalten. **II** *v/i* in Gefühlen schwelgen, sentimen'tal werden (**about, over** bei, über *dat*).

sen·ti·nel ['sentɪnl; *Am.* 'sentnəl] *s* **1.** Wächter *m*. **2.** *mil.* → **sentry** 2: **to stand** ~ Wache stehen; **to stand** ~ **over** bewachen. **3.** *Computer*: 'Trennsymˌbol *n*.

sen·try ['sentrɪ] *s* **1.** → **sentinel** 1. **2.** *mil.* (Wach[t])Posten *m*, Wache *f*: **to stand** ~ Wache *od.* Posten stehen. ~ **box** *s mil.* Wachhäus-chen *n*. ~ **go** *s* Wachdienst *m*.

se·pal ['sepəl; *Am. bes.* 'siː-] *s bot.* Kelchblatt *n*.

sep·a·ra·bil·i·ty [ˌsepərə'bɪlətɪ] *s* Trennbarkeit *f*. **'sep·a·ra·ble** *adj* (*adv* **separably**) trennbar.

sep·a·rate I *v/t* ['sepəreɪt] **1.** trennen (**from** von): a) (ab)sondern, (ab-, aus-)scheiden, b) Freunde, *a. Kämpfende etc* ausein'anderbringen, -reißen, c) 'unterˌscheiden zwischen, d) *jur.* (ehelich) trennen: **to** ~ **church and state**; **to** ~ **friends**; ~**d from his wife**; → **chaff¹** 1, **sheep** 1. **2.** spalten, auf-, zerteilen (**into** *in acc*). **3.** *chem. tech.* a) scheiden, trennen, (ab)spalten, b) sor'tieren, c) aufbereiten. **4.** *Milch* zentrifu'gieren, *Sahne* absetzen lassen. **5.** *mil. Am.* entlassen. **II** *v/i* ['sepəreɪt] **6.** sich trennen, scheiden (**from** von), ausein'andergehen. **7.** (**from**) sich lösen *od.* trennen (von), ausscheiden (aus). **8.** *chem. tech.* sich absondern. **9.** *jur.* sich (ehelich) trennen. **III** *adj* ['seprət] (*adv* ~**ly**) **10.** getrennt, (ab)gesondert, besonder(e, e, es), separat, Sepa'rat...: ~ **account** *econ.* Sonder-, Sepa'ratkonto *n*; ~ **estate** *jur.* eingebrachtes Sondergut (*der Ehefrau*); ~ **main·te·nance** *jur.* Alimente *pl* (*der getrennt lebenden Ehefrau*). **11.** einzeln, gesondert, getrennt, Einzel...: **two** ~ **questions** zwei Einzelfragen, zwei gesondert zu behandelnde Fragen; **the** ~ **members of the**

body die einzelnen Glieder des Körpers; ~ **rooms** getrennte Zimmer, Einzelzimmer; **to keep** ~ *Bedeutungen etc* auseinanderhalten; **to be available** ~**ly** einzeln erhältlich sein. **12.** einzeln, iso'liert: ~ **confinement** *jur.* Einzelhaft *f.* **IV** *v/t* ['seprət] **13.** (*der, die, das*) einzelne *od.* Getrennte. **14.** *print.* Sonder(ab)druck *m.* **15.** *pl Mode*: Separates *pl.* '**sep·a·rate·ness** *s* **1.** Getrenntheit *f.* **2.** Iso'liertheit *f.* '**sep·a·rat·ing** [-pəreɪt-] *adj* Trenn..., Scheide... **sep·a·ra·tion** [ˌsepəˈreɪʃn] *s* **1.** Trennung *f*, Absonderung *f*: ~ **of powers** *pol.* Gewaltenteilung *f*; ~ **of forces** Truppenentflechtung *f.* **2.** Trennung *f*, Getrenntsein *n.* **3.** Trennungspunkt *m,* -linie *f.* **4.** *jur.* (eheliche) Trennung: **judicial** ~ (gerichtliche) Aufhebung der ehelichen Gemeinschaft; ~ **from bed and board** Trennung von Tisch u. Bett. **5.** *chem. tech.* a) Abscheidung *f*, Spaltung *f*, b) Klas'sierung *f* (*von Erzen*). **6.** *mil. Am.* Entlassung *f.* ~ **al·low·ance** *s* Trennungszulage *f.* **sep·a·ra·tism** ['sepərətɪzəm] *s pol.* Sepa'ratismus *m.* '**sep·a·ra·tist I** *s* **1.** *pol.* Sepa'ra'tist(in). **2.** *relig.* Sek'tierer(in). **II** *adj* **3.** *pol.* separa'tistisch. '**sep·a·ra·tive** [-pərətɪv; *Am. bes.* -pəˌreɪ-] *adj* trennend, Trennungs... '**sep·a·ra·tor** [-reɪtə(r)] *s* **1.** *tech.* a) Sepa'rator *m*, (Ab-) Scheider *m*, b) (*bes.* 'Milch)Zentri,fuge *f*, Trennschleuder *f*, c) a. ~ **stage** (*Radio*) Trennstufe *f.* **2.** *bes. med.* Spreizvorrichtung *f.*
Se·phar·dim [seˈfɑː(r)dɪm] *s pl* Seˈphardim *pl* (*spanisch-portugiesische Juden u. ihre Nachkommen*).
se·pi·a [ˈsiːpjə; -pɪə] *pl* **-as, -ae** [-piː] *s* **1.** *zo.* Sepia *f*, Gemeiner Tintenfisch. **2.** Sepia *f*: a) *Sekret des Tintenfischs*, b) *Farbstoff.* **3.** *paint.* a) Sepia *f* (*Farbe*), b) Sepiazeichnung *f.* **4.** *phot.* Sepiadruck *m.*
se·poy [ˈsiːpɔɪ] *s Br. Ind. hist.* Sepoy *m* (*indischer Soldat in europäischen Diensten*).
sep·pu·ku [seˈpuːkuː] *s* Seppuku *n*, Haraˈkiri *n.*
seps [seps] *s zo.* (*ein*) Skink *m* (*Eidechse*).
sep·sis [ˈsepsɪs] *s* Sepsis *f* (*Blutvergiftung*).
sept [sept] *s* Stamm *m*, Sippe *f* (*bes. in Irland*).
sep·ta [ˈseptə] *pl von* **septum.**
sep·tan·gle [ˈseptˌtæŋgl] *s math.* Siebeneck *n.* **sepˈtan·gu·lar** [-gjʊlə(r)] *adj math.* siebeneckig.
sep·tate [ˈsepteɪt] *adj* **1.** *anat. bot. zo.* durch e-e Scheidewand abgeteilt. **2.** *phys. tech.* durch e-e osˈmotische Memˈbrane *od.* e-e Schallwand abgeteilt: ~ **wave guide** *electr.* Längssteg-Hohlleiter *m.*
Sep·tem·ber [sepˈtembə(r)] *s* Sepˈtember *m*: **in** ~ im September. [mia.]
sep·te·mi·a [sepˈtiːmɪə] → **septic(a)e-**
sep·tem·par·tite [ˌseptemˈpɑː(r)taɪt] *adj* siebenteilig.
sep·te·nar·y [ˈseptnərɪ; *Am.* -ˌnerɪ] **I** *adj* **1.** aus sieben bestehend, sieben. **2.** wöchentlich. **3.** → **septennial. II** *s* **4.** Siebenergruppe *f*, Satz *m* von sieben Dingen. **5.** sieben Jahre *pl.* **6.** Sieben *f.*
sep·ten·nate [sepˈtenɪt; -nət] *s* Zeitraum *m* von sieben Jahren. **sepˈten·ni·al** [-jəl; -ɪəl] *adj* **1.** siebenjährlich. **2.** siebenjährig.
sep·ten·tri·o·nal [sepˈtentrɪənl] *adj* nördlich, Nord...
sep·tet(te) [sepˈtet] *s* **1.** *mus.* Sepˈtett *n.* **2.** → **septenary** 4.
sep·tic [ˈseptɪk] **I** *adj* (*adv* ~**ally**) **1.** a) *med.* septisch, infi'ziert: **a** ~ **finger** ein vereiterter Finger; ~ **sore throat** septische Angina, b) faulend. **2.** fäulniserregend: ~ **tank** Faulbehälter *m.* **3.** *fig.*

faul, verrottet. **II** *s* **4.** Fäulniserreger *m.*
sep·ti·c(a)e·mi·a [ˌseptɪˈsiːmɪə] *s med.* Blutvergiftung *f*, Sepsis *f.*
sep·ti·lat·er·al [ˌseptɪˈlætərəl] *adj* siebenseitig.
sep·til·lion [sepˈtɪljən] *s math.* **1.** *Br.* Septilliˈon *f* (10^{42}). **2.** *Am.* Quadrilliˈon *f* (10^{24}).
sep·ti·mal [ˈseptɪml] *adj* auf die Zahl Sieben gegründet, Sieben(er)...
sep·time [ˈseptiːm] *s fenc.* Sepˈtim *f.*
sep·ti·va·lent [ˌseptɪˈveɪlənt] *adj chem.* siebenwertig.
sep·tu·a·ge·nar·i·an [ˌseptjʊədʒɪˈneərɪən; *Am. a.* -ˌtuːə-; ˌseptəˌwædʒə-] **I** *s* Siebzigjährige(r *m*) *f*, Siebziger(in) (*a. Person in den Siebzigern*). **II** *adj* a) siebzigjährig, b) in den Siebzigern. **sep·tu·ag·e·nar·y** [sepˈtjuːədʒɪnərɪ; *Am.* ˌseptəwəˈdʒenərɪ; ˌseptəˌwædʒəˌnerɪ] **I** *adj* **1.** aus siebzig ... bestehend, siebzigteilig. **2.** → **septuagenarian II. II** *s* → **septuagenarian I.**
Sep·tu·a·ges·i·ma (Sun·day) [ˌseptjʊəˈdʒesɪmə; *Am.* -təwə-] *s* (Sonntag *m*) Septuaˈgesima *f* (9. Sonntag vor Ostern).
Sep·tu·a·gint [ˈseptjʊədʒɪnt; *Am.* ˈseptəwəˌdʒɪnt; sepˈtuː-] *s* Septuaˈginta *f* (*Übersetzung des Alten Testaments ins Griechische*).
sep·tum [ˈseptəm] *pl* **-ta** [-tə] *s* **1.** *anat. bot.* (Scheide)Wand *f*, Septum *n.* **2.** *phys.* osˈmotische Memˌbrane, *a.* Schallwand *f.*
sep·tu·ple [ˈseptjʊpl; *Am.* ˈseptəpəl] **I** *adj* **1.** siebenfach. **II** *s* **2.** (*das*) Siebenfache. **III** *v/t* **3.** versiebenfachen. **4.** siebenmal so groß *od.* so viel sein wie. **IV** *v/i* **5.** sich versiebenfachen.
sep·tu·plet [ˈseptjʊplɪt; *Am.* sepˈtʌplət; -ˈtuː-] *s* **1.** Siebenergruppe *f.* **2.** Siebenling *m*: ~**s** Siebenlinge. **3.** *mus.* Septiˈmale *f.*
sep·tu·pli·cate I *v/t* [sepˈtjuːplɪkeɪt; *Am. a.* -ˈtuː-] **1.** versiebenfachen. **2.** *ein Dokument* siebenfach ausfertigen. **II** *adj* [-kət] **3.** siebenfach. **III** *s* [-kət] **4.** siebenfache Ausfertigung: **in** ~. **5.** *e-s von* 7 (*gleichen*) *Dingen*: ~**s** 7 Exemplare.
sep·ul·cher, *bes. Br.* **sep·ul·chre** [ˈsepəlkə(r)] **I** *s* **1.** Grab(stätte *f*, -mal) *n*: **whited** ~ *Bibl. u. fig. poet.* Pharisäer *m.* **2.** *R.C.* a) a. **Easter** ~ Ostergrab *n*, b) Reˈliquienschrein *m.* **II** *v/t* **3.** begraben (*a. fig.*), bestatten. **se·pul·chral** [sɪˈpʌlkrəl] *adj* (*adv* ~**ly**) **1.** Grab..., Begräbnis... **2.** *fig.* düster, Grabes...: ~ **voice** Grabesstimme *f.* ˈ**sep·ul·chre** *bes. Br. für* **sepulcher.**
sep·ul·ture [ˈsepəltʃə; *Am.* -ˌtʃʊər] *s* (Toten)Bestattung *f.*
se·qua·cious [sɪˈkweɪʃəs] *adj* **1.** gefügig, folgsam. **2.** folgerichtig.
se·quel [ˈsiːkwəl] *s* **1.** (Aufeinˈander)Folge *f*: **in the** ~ in der Folge. **2.** a) Folge(erscheinung) *f*, Konseˈquenz *f*, (Aus)Wirkung *f*, b) *fig.* Nachspiel *n* (**to** auf *acc*): **a judicial** ~, (*a. Hörspiel- etc*)Folge *f*: **a three-**~ **program(me)** *TV* ein Dreiteiler.
se·que·la [sɪˈkwiːlə; *Am. a.* -ˈkweɪ-] *pl* **-lae** [-liː] (*Lat.*) *s med.* Folge(zustand *m*, -erscheinung) *f.*
se·quence [ˈsiːkwəns] *s* **1.** (Aufeinˈander)Folge *f*: ~ **counter** (*Computer*) Arbeitsablauf *m*; ~ **of tenses** *ling.* Zeitenfolge *f*; ~ **counter** (*Computer*) Ablaufzähler *m*; ~ **switch** Folgeschalter *m.* **2.** (Reihen)Folge *f*: **in** ~ der Reihe nach. **3.** Folge *f*, Reihe *f*, Serie *f.* **4.** → **sequel** 2. **5.** Folgerichtigkeit *f.* **6.** Seˈquenz *f*: a) *mus.* Motivversetzung, b) *R.C.* liturgisches Chorlied nach dem Graduale, c) Kartenspiel: Folge *f* (*von 3 od. mehr Karten der gleichen Farbe*). **7.** *Film*: Szene *f*, Folge *f.* **8.** *fig.* Vorgang *m*, Epiˈsode *f.*

se·quent [ˈsiːkwənt] **I** *adj* **1.** (aufeinˈander)folgend. **2.** logisch folgend, konseˈquent. **II** *s* **3.** (*zeitliche od. logische*) Folge. **se·quen·tial** [sɪˈkwenʃl] *adj* (*adv* ~**ly**) **1.** (*regelmäßig*) (aufeinˈander)folgend: ~ **access** (*Computer*) sequentieller Zugriff; ~ **control** (*Computer*) Folgesteuerung *f*; ~ **scanning** *TV* fortlaufende Bildabtastung. **2.** folgend (**to** auf *acc*). **3.** folgerichtig, konseˈquent.
se·ques·ter [sɪˈkwestə(r)] *v/t* **1.** (**o.s.** sich) absondern (**from** von). **2.** *jur.* beschlagnahmen: a) unter Treuhänderschaft stellen, b) konfisˈzieren. **seˈques·tered** *adj* einsam, weltabgeschieden (*Dorf etc*), zuˈrückgezogen (*Leben*). [questrum.]
se·ques·tra [sɪˈkwestrə] *pl von* **se·ˈques·trate** [sɪˈkwestreɪt; ˈsiːkwes-] → **sequester** 2. **se·ques·tra·tion** [ˌsiːkweˈstreɪʃn] *s* **1.** Absonderung *f*, Ausschluß *m* (**from** von, *relig. auch der Kirche*). **2.** Zuˈrückgezogenheit *f.* **3.** *jur.* Beschlagnahme *f*: a) Zwangsverwaltung *f*, b) Einziehung *f.*
se·ques·tra·tor [ˈsiːkwestreɪtə(r); sɪˈkwes-] *s jur.* Zwangsverwalter *m.*
se·ques·trum [sɪˈkwestrəm] *pl* **-tra** [-trə] *s med.* Seˈquester *m* (*abgestorbenes u. losgelöstes Knochenstück*).
se·quin [ˈsiːkwɪn] *s* **1.** *hist.* Zeˈchine *f.* **2.** Ziermünze *f.*
se·quoi·a [sɪˈkwɔɪə] *s* Mammutbaum *m.*
ser [sɪə(r)] *s* Seer *n*, Sihr *n* (*ostindisches Handelsgewicht*).
se·ra [ˈsɪərə] *pl von* **serum.**
sé·rac [seˈræk; *Am.* səˈræk] *s* Eiszacke *f* (*an Gletschern*). [-glios *s* Seˈrail *n.*]
se·ra·glio [seˈrɑːljoʊ; *Am.* səˈrɑːljoʊ] *pl*)
se·rai [seˈraɪ; sə-] *s* Karawaneˈrei *f.*
se·ra·pe [seˈrɑːpeɪ; *Am.* səˈrɑːpiː] *s* (*oft bunter*) ˈUmhang (*von Spanisch-Amerikanern*).
ser·aph [ˈserəf] *pl* ˈ**ser·aphs**, ˈ**ser·a·phim** [-fɪm] *s* Seraph *m* (*Engel*). **se·raph·ic** [seˈræfɪk] *adj* (*adv* ~**ally**) seˈraphisch, engelhaft, Engels...; verzückt.
Serb [sɜːb; *Am.* sɑːrb], ˈ**Ser·bi·an I** *adj* **1.** serbisch. **II** *s* **2.** Serbe *m*, Serbin *f.* **3.** *ling.* Serbisch *n*, das Serbische.
Ser·bo-Cro·a·tian [ˌsɜːbəʊkrəʊˈeɪʃn; *Am.* ˌsɜr-] **I** *s* **1.** Serbokroˈate *m*, -kroˈatin *f.* **2.** *ling.* Serbokroˈatisch *n*, das Serbokroatische. **II** *adj* **3.** serbokroˈatisch.
sere[1] [sɪə(r)] *bes. Br. für* **sear**[1] IV.
sere[2] [sɪə(r)] *s* Abzugsstollen *m* (*am Schloß e-r Feuerwaffe*).
sere[3] [sɪə(r)] *s* Ökologie: Sukzessiˈon *f* (*zeitliche Aufeinanderfolge der an e-m Standort einander ablösenden Tier- od. Pflanzengesellschaften*).
se·rein [səˈræŋ; səˈreɪn] *s* feiner Regen aus wolkenlosem Himmel (*in den Tropen*).
ser·e·nade [ˌserəˈneɪd] *mus.* **1.** Sereˈnade *f*, Ständchen *n*, ˈNachtmuˌsik *f.* **2.** Sereˈnade *f* (*vokale od. instrumentale Abendmusik*). **II** *v/i u. v/t* **3.** (*j-m*) ein Ständchen bringen. ˌ**ser·eˈnad·er** *s* j-d, der ein Ständchen bringt.
ser·e·na·ta [ˌserəˈnɑːtə] → **serenade** 2.
se·rene [sɪˈriːn; sə-] **I** *adj* (*adv* ~**ly**) **1.** heiter, klar (*Himmel, Wetter etc*), ruhig (*See etc*), friedlich (*Natur etc*): **all** ~ *sl.* ,alles in Butter'. **2.** heiter, gelassen (*Person, Gemüt etc*). **3.** S~ durchˈlauchtig: **His S~ Highness** Seine Durchlaucht. **II** *s* **4.** *poet.* Heiterkeit *f* (*des Himmels etc*), Ruhe *f* (*der See etc*). **III** *v/t* **5.** *poet.* aufhellen, -heitern. **seˈren·i·ty** [-ˈrenɪtɪ] *s* **1.** Heiterkeit *f*, Klarheit *f.* **2.** heitere (Gemüts)Ruhe, (heitere) Gelassenheit. **3.** S~ ˈDurchlaucht *f* (*als Titel*): **Your S~** Eure Durchlaucht.
serf [sɜːf; *Am.* sɑːrf] *s* **1.** *hist.* Leibeigene(r *m*) *f.* **2.** *obs. od. fig.* Sklave *m*, Sklavin *f.*

serf·age, **'serf·dom** *s* **1.** *hist.* Leibeigenschaft *f.* **2.** *obs. od. fig.* Sklave'rei *f.*
serge [sɜːdʒ; *Am.* sɜrdʒ] *s* Serge *f (ein Futterstoff).*
ser·geant ['sɑː(r)dʒənt] *s* **1.** *mil.* a) Feldwebel *m,* b) *(Artillerie- u. Kavallerie-)* Wachtmeister *m:* ~ **first class** *Am.* Oberfeldwebel; **first** ~ Hauptfeldwebel. **2.** Poli'zeiser,geant *m.* **3.** *Br. a.* **serjeant** a) Gerichtsdiener *m,* b) → **sergeant at arms,** c) *a.* ~ **at law** *jur. hist. Br.* höherer Barrister (des Gemeinen Rechts). **4.** *hist. Br.* Lehnsmann *m.* ~ **at arms** *pl* **sergeants at arms** *s* Ordnungsbeamte(r) *m* (*in beiden Häusern der brit. u. USA-Legislativen*). ~ **ma·jor** *s mil.* Hauptfeldwebel *m.*
se·ri·al ['sɪərɪəl] **I** *s* **1.** in Fortsetzungen *od.* in regelmäßiger Folge erscheinende Veröffentlichung, *bes.* 'Fortsetzungsro,man *m.* **2.** (Veröffentlichungs)Reihe *f,* Serie *f,* peri'odisch erscheinende Zeitschrift, Serien-, Lieferungswerk *n.* **3.** a) Sendereihe *f,* b) (Hörspiel-, Fernseh)Folge *f,* c) Film *m* in Fortsetzungen. **II** *adj* **4.** Serien..., Fortsetzungs...: ~ **story** Fortsetzungsgeschichte *f;* ~ **rights** Copyright *n* e-s Fortsetzungsromans. **5.** serienmäßig, Reihen..., Serien...: ~ **manufacture** Serienfertigung *f;* ~ **digital computer** *tech.* Seriendigitalrechner *m;* ~ **number** a) laufende Nummer, b) *econ.* Fabrikationsnummer *f;* ~ **photograph** Reihenbild *n.* **6.** *mus.* Zwölfton...
se·ri·al·i·za·tion [,sɪərɪəlaɪ'zeɪʃn; *Am.* -lə'z-] *s* Veröffentlichung *f* in Fortsetzungen, peri'odische Veröffentlichung. **'se·ri·al·ize** *v/t* **1.** peri'odisch *od.* in Fortsetzungen veröffentlichen. **2.** reihenweise anordnen.
se·ri·ate I *adj* ['sɪərɪət, -eɪt] → **serial** 4. **II** *v/t* [-eɪt] reihenweise anordnen.
se·ri·a·tim [,sɪərɪ'eɪtɪm] *(Lat.) adv* der Reihe nach.
se·ri·a·tion [,sɪərɪ'eɪʃn] *s* reihenweise Anordnung.
Ser·ic ['sɪərɪk; *Am. a.* 'ser-] *adj poet.* chi'nesisch.
se·ri·ceous [sɪ'rɪʃəs] *adj* **1.** Seiden... **2.** seidig. **3.** *bot. zo.* seidenhaarig.
ser·i·cul·ture ['serɪ,kʌltʃə(r)] *s* Seidenraupenzucht *f.*
se·ries ['sɪəriːz, -rɪz] *pl* **-ries** *s* **1.** Serie *f,* Reihe *f,* Folge *f,* Kette *f:* a ~ **of events;** a ~ **of concerts** e-e Konzertreihe; **in** ~ der Reihe nach (→ 4 *u.* 5). **2.** (Ar'tikel-, Buch-*etc*)Serie *f,* (-)Reihe *f.* **3.** *math.* Reihe *f.* **4.** *tech.* Serie *f,* Baureihe *f:* ~ **production** Reihen-, Serienbau *m;* **in** ~ serienmäßig. **5.** *a.* ~ **connection** *electr.* Serien-, Reihenschaltung *f:* ~ **motor** Reihen(schluß)motor *m;* ~ **parallel circuit** Reihenparallelschaltung *f;* ~ **wound** Reihenschluß...; **(connected)** in ~ in Reihe geschaltet. **6.** *chem.* homo'loge Reihe. **7.** *geol.* Schichtfolge *f.* **8.** *zo.* Ab'teilung *f.* **9.** *(Briefmarken- etc)*Serie *f.* **10.** *ling.* Reihe *f* von gleichgeordneten Satzteilen.
ser·if ['serɪf] *s print.* Se'rife *f.*
ser·i·graph ['serɪgrɑːf; *bes. Am.* -græf] *s print.* Serigra'phie *f,* (Seiden)Siebdruck *m.* **se·rig·ra·phy** [sə'rɪgrəfɪ] *s* Serigra-'phie *f (Farbendruckverfahren).*
ser·in ['serɪn; *Am.* sə'ræn] *s orn.* wilder Ka'narienvogel.
ser·ine ['seriːn; -ɪn; -ɪə-] *s chem.* Se'rin *n.*
se·rin·ga [sɪ'rɪŋgə; sə-] *s bot.* Kautschukbaum *m.*
se·ri·o·com·ic [,sɪərɪəʊ'kɒmɪk; *Am.* -'kɑm-] *adj (adv* **~ally)** ernst-komisch.
se·ri·ous ['sɪərɪəs] *adj* **1.** ernst(haft): a) feierlich, b) seri'ös, c) schwerwiegend, bedeutend: ~ **artist** ernsthafter *od.* seriöser Künstler; ~ **dress** seriöse Kleidung; ~ **face** ernstes Gesicht; ~ **music** ernste Musik; ~ **problem** ernstes Problem. **2.** ernst(haft), ernstlich, ernstgemeint, seri'ös: ~ **offer;** ~ **attempt** ernsthafter Versuch; ~ **studies** ernsthaftes Studium; **are you** ~? meinst du das im Ernst?; **he is** ~ **about** er meint es *od.* es ist ihm ernst mit; **to be** ~ **about one's work** s-e Arbeit ernst nehmen. **3.** ernstzunehmend, ernstlich, gefährlich, bedenklich: ~ **bodily injury** *jur. Am.* schwere Körperverletzung; ~ **illness** ernste Krankheit; a ~ **rival** ein ernstzunehmender Gegner. **'se·ri·ous·ly** *adv* ernst(lich, -haft), im Ernst: ~ **ill** ernstlich krank; ~ **wounded** schwerverwundet; **now,** ~! im Ernst!
,**se·ri·ous-'mind·ed** → **serious** 1 b.
'se·ri·ous·ness *s* **1.** Ernst *m,* Ernsthaftigkeit *f.* **2.** Wichtigkeit *f,* Bedeutung *f.*
ser·jeant ['sɑː(r)dʒənt] *s jur.* **1.** *bes. Br.* für **sergeant** 3. **2. Common S~** *Br.* Stadtsyndikus *m (in London).*
ser·mon ['sɜːmən; *Am.* 'sɜr-] **I** *s* **1.** *relig.* Predigt *f:* **to give a** ~ e-e Predigt halten; **S~ on the Mount** *Bibl.* Bergpredigt. **2.** *iro.* (Mo'ral-, Straf)Predigt *f.* **II** *v/t u. v/i obs. für* **sermonize.** **'ser·mon·ize I** *v/t* j-m e-e (Mo'ral- *od.* Straf)Predigt halten. **II** *v/i a. iro.* predigen.
se·ro·log·ic [,sɪərə'lɒdʒɪk; *Am.* -'lɑ-], **,se·ro'log·i·cal** [-kl] *adj med.* sero'logisch. **se·rol·o·gist** [sɪə'rɒlədʒɪst; *Am.* sə'rɑl-] *s med.* Serolo'ge *m.* **se'rol·o·gy** *s med.* Serolo'gie *f,* Serumkunde *f.*
se·ros·i·ty [sɪə'rɒsətɪ; *Am.* sə'rɑs-] *s med.* **1.** se'röser Zustand. **2.** se'röse Flüssigkeit.
ser·o·tine¹ ['serətaɪn; -tɪn] *adj bot. zo.* spät auftretend *od.* blühend.
ser·o·tine² ['serətaɪn; -tɪn; *Am.* -,tiːn] *s zo.* Spätfliegende Fledermaus.
se·rous ['sɪərəs] *adj med.* se'rös: a) serumähnlich: ~ **fluid,** b) serumabsondernd: ~ **gland.**
ser·pent ['sɜːpənt; *Am.* 'sɜr-] *s* **1.** (*bes. große)* Schlange. **2.** *fig.* (Gift)Schlange *f (Person).* **3. the (old) S~** *Bibl.* die (alte) Schlange *(Satan).* **4.** *mus.* Ser'pent *m.* **5. S~** *astr.* Schlange *f (Sternbild).*
ser·pen·ti·form [sɜː(r)'pentɪfɔː(r); *Br. a.* sɜːˈp-; *Am. a.* ,sɜr'p-] → **serpentine** 1.
ser·pen·tine ['sɜːpəntaɪn; *Am.* 'sɜr-; *a.* -,tiːn] **I** *adj* **1.** schlangenförmig, Schlangen... **2.** sich schlängelnd, sich windend, geschlängelt, Serpentinen...: ~ **road** Serpentine(nstraße) *f.* **3.** *fig.* falsch, tückisch. **II** *s* **4.** [*Am.* -,tiːn] *geol. min.* Serpen'tin *m.* **5.** Eis-, Rollkunstlauf: Schlangenbogen *m.*
ser·pig·i·nous [sɜː'pɪdʒɪnəs; *Am.* ,sɜr-; sər-] *adj med.* serpigi'nös, kriechend.
ser·pi·go [sɜː'paɪɡəʊ; *Am.* ,sɜr-; sər-] *s med.* fressende Flechte.
ser·ra ['serə] *pl* **'ser·rae** [-riː] *s* **1.** *zo.* Säge *f (des Sägefischs etc).* **2.** → **serration.**
ser·ra·del·la [,serə'delə], ,**ser·ra'dil·la** [-'dɪlə] *s bot.* Serra'della *f,* Ser(r)a-'delle *f.*
ser·rate ['serɪt; *Am.* -,eɪt; sə'reɪt], *a.* **ser·rat·ed** [se'reɪtɪd; sə-; *Am. a.* 'ser,eɪ-] *adj bes. biol. bot.* (sägeförmig) gezackt.
,**ser·rate-'den·tate** *adj bot.* gesägt-gezähnt.
ser·ra·tion [se'reɪʃn; sə-] *s* (sägeförmige) Auszackung.
ser·ried ['serɪd] *adj* dicht(geschlossen): ~ **ranks.**
ser·ri·form ['serɪfɔː(r)m] → **serrate.**
ser·ru·late ['serʊleɪt], *Am. bes.* -lət], *a.* **'ser·ru·lat·ed** [-leɪtɪd] *adj* feingezackt.
se·rum ['sɪərəm] *pl* **-rums, -ra** [-rə] *s med. physiol.* **1.** (Blut)Serum *n.* **2.** (Heil-, Schutz)Serum *n.*
ser·val ['sɜːvl; *Am.* 'sɜrvəl] *pl* **-vals,** *bes. collect.* **-val** *s* Serval *m (Buschkatze).*
ser·vant ['sɜːvənt; *Am.* 'sɜr-] *s* **1.** *a.* **domestic** ~ Hausangestellte(r *m) f,* Dienstbote *m:* **outdoor** ~ Angestellte(r) für Außenarbeiten (*Gärtner, Knecht etc*); ~**s' hall** Gesindestube *f.* **2.** *bes.* **public** ~ a) Staatsbeamte(r) *m,* b) Angestellte(r) *m* im öffentlichen Dienst; → **civil servant, obedient** 2. **3.** *fig.* Diener *m:* a ~ **of God** (**mankind, art,** *etc*). **4.** *jur.* (Handlungs-) Gehilfe *m,* Angestellte(r *m) f* (*Ggs.* **master** 5 c). **5.** *hist.* Sklave *m (bes. in den USA).* ~ **girl,** ~ **maid** *s* Djenstmädchen *n.*
serve [sɜːv; *Am.* sɜrv] **I** *v/i* **1.** dienen, Dienst tun *(beide a. mil.),* in Dienst stehen, angestellt sein **(with** bei): **to** ~ **under s.o.** *mil.* unter j-m dienen. **2.** (bei Tisch) ser'vieren, bedienen: **to** ~ **at table. 3.** fun'gieren, am'tieren **(as** als): **to** ~ **on a committee** e-m Ausschuß angehören; **to** ~ **on a jury** als Geschworener fungieren. **4.** dienen, nützen: **it** ~**s to do** es dient dazu zu tun; **it** ~**s to show his cleverness** daran kann man s-e Klugheit erkennen. **5.** genügen: **it will** ~ das wird genügen *od.* den Zweck erfüllen; **nothing** ~**s but** ... hier hilft nichts als ... **6.** günstig sein, passen: **as occasion** ~**s** bei passender Gelegenheit. **7.** dienen (as, **for** als): **a blanket** ~**d as a curtain.** **8.** *econ.* bedienen: **to** ~ **in a shop. 9.** a) *Tennis etc:* aufschlagen: **XY to** ~ Aufschlag XY, b) *Volleyball:* aufgeben. **10.** *R.C.* mini'strieren.
II *v/t* **11.** j-m, *a.* Gott, s-m Land *etc* dienen, im Dienst stehen bei: → **memory** 1. **12.** j-m dienlich sein, helfen (*Person od. Sache).* **13.** s-e Dienstzeit (*a. mil.*) ableisten, s-e Lehre machen, *jur.* e-e Strafe verbüßen, absitzen. **14.** a) ein Amt innehaben, ausüben: **to** ~ **an office,** b) Dienst tun in (dat), ein Gebiet, e-n Personenkreis betreuen, versorgen: **the curate** ~**s two parishes. 15.** e-r *Sache,* e-m *Zweck* dienen, e-r *Sache* nützen: **to** ~ **the purpose (of)** den Zweck erfüllen (als); **it** ~**s no purpose** es dient keinem Zweck; **to** ~ **some private ends** privaten Zwecken dienen. **16.** genügen (dat), (aus)reichen für: **that is enough to** ~ **us a month** damit kommen wir e-n Monat (lang) aus. **17.** j-n, *a. econ.* e-n Kunden bedienen, j-m (bei Tisch) aufwarten. **18.** *a.* ~ **up** Essen *etc* ser'vieren, auftragen, reichen: **the meat was** ~**d cold; dinner is** ~**d!** es ist serviert *od.* angerichtet!; **to** ~ **s.th. up** *fig. colloq.* etwas ,auftischen'. **19.** *mil.* bedienen: **to** ~ **a gun. 20.** versorgen **(with** mit): **to** ~ **the town with gas. 21.** *colloq.* a) j-n schändlich *etc* behandeln: **he has** ~**d me shamefully,** b) j-m etwas zufügen: **to** ~ **s.o. a trick** j-m e-n Streich spielen; **to** ~ **s.o. out** es j-m ,besorgen' *od.* heimzahlen; (**it**) ~**s him right!** (das) geschieht ihm ganz recht! **22.** befriedigen: **to** ~ **one's desire** s-r Begierde frönen; **to** ~ **the time** sich der Zeit anpassen. **23.** *oft* ~ **out** aus-, verteilen. **24.** *zo.* e-e *Stute etc* decken. **25.** *Tennis etc:* den Ball aufschlagen. **26.** *jur.* j-m e-e *Vorladung etc* zustellen: → **summons** 2, **writ¹** 1. **27.** *tech.* um'wickeln. **28.** *mar. das Tau* bekleiden.
III *s* **29.** → **service¹** 25.
serv·er ['sɜːvə; *Am.* 'sɜrvər] *s* **1.** Ser-'vierer(in). **2.** a) Ta'blett *n,* b) Warmhalteplatte *f,* c) Ser'viertischchen *n,* d) Ser'vierwagen *m,* e) Tortenheber *m.* **3.** *R.C.* Mini'strant *m.* **4.** a) *Tennis etc:* Aufschläger *m,* b) *Volleyball:* Aufgeber *m.* **'serv·er·y** *s bes. Br.* Anrichte *f (Raum).*
ser·vice¹ ['sɜːvɪs; *Am.* 'sɜr-] **I** *s* **1.** Dienst *m,* Stellung *f (bes. von Hausangestellten):* **to be in** ~ in Stellung sein; **to take s.o. into one's** ~ j-n einstellen. **2.** Dienst *m,*

Arbeit *f*: **hard** ~. **3.** Dienstleistung *f* (*a. econ. jur.*), Dienst *m* (**to** an *dat*): **for** ~**s rendered** für geleistete Dienste. **4.** (guter) Dienst, Hilfe *f*, Gefälligkeit *f*: **to do** (*od.* **render**) s.o. a ~ j-m e-n Dienst erweisen; **at your** ~ zu Ihren Diensten; **to be (place) at** s.o.'s ~ j-m zur Verfügung stehen (stellen); **on her (his) Majesty's** ~ **mail** (*abbr.* **O.H.M.S.**) frei durch Ablösung. **5.** *econ. etc* Bedienung *f*: **prompt** ~. **6.** Nutzen *m*: **will it be of any** ~ **to you?** kann es dir irgend etwas nützen? **7.** (*Nacht-, Nachrichten-, Presse-, Telefon- etc*)Dienst *m*. **8.** a) Versorgung(sdienst *m*) *f*, b) Versorgungsbetrieb *m*: (**gas**) **water** ~ (Gas-)Wasserversorgung; **essential** ~**s** lebenswichtige Betriebe. **9.** *bes.* **public** ~ öffentlicher Dienst, Staatsdienst *m*: ~ **civil service, diplomatic 1. 10.** Aufgabe *f*, Amt *n*, Funkti'on *f* (*e-s Staatsbeamten etc*). **11.** *mil.* a) (Wehr-, Mili'tär)Dienst *m*, b) *meist pl* Truppe *f*, Waffengattung *f*, c) Streitkräfte *pl*, d) *Br.* Ma'rine *f*: → **active 8, armed**[2] **1. 12.** *mil.* Akti'on *f*, Unter'nehmen *n*. **13.** *mil. Am.* (technische) Versorgungstruppe. **14.** *mil.* Bedienung *f*: ~ **of a gun. 15.** *oft pl* Hilfsdienst *m*: **medical** ~(**s**). **16.** *tech.* a) Bedienung *f*, b) Betrieb *m* (*e-r Maschine etc*): **in (out of)** ~ in (außer) Betrieb; ~ **conditions** Betriebsbedingungen, -beanspruchung *f*. **17.** *tech.* a) Wartung *f*, *mot. a.* Inspekti'on *f*, b) Service *m*, Kundendienst *m* (*a. als Einrichtung*). **18.** *rail. etc* Verkehr(sfolge *f*) *m*, Betrieb *m*: **a twenty-minute** ~ ein Zwanzig-Minuten-Verkehr. **19.** *relig.* a) Gottesdienst *m*, b) Litur'gie *f*. **20.** *mus.* musi'kalischer Teil (*der Liturgie*): **Mozart's** ~ Mozart-Messe *f*. **21.** Ser'vice *n* (*Eßgeschirr etc*). **22.** *jur.* Zustellung *f*. **23.** *jur. hist.* a) (*Art*) Depu'tat *n*, Abgabe *f*, b) Dienstleistung *f* (*für e-n Herrn*). **24.** *mar.* Bekleidung *f* (*e-s Taues*). **25.** a) *Tennis etc*: Aufschlag *m*, b) *Volleyball*: Aufgabe *f*.
II *v/t* **26.** *tech.* a) warten, pflegen, b) über'holen, in'stand setzen: **my car is being** ~**d** mein Wagen ist bei der Inspektion *od.* beim Kundendienst. **27.** *mit Material, Nachrichten etc* beliefern, versorgen. **28.** *zo.* e-e Stute *etc* decken.
ser·vice[2] ['sɜːvɪs; *Am.* 'sɜr-] *s bot.* **1.** Spierbaum *m.* **2.** *a.* **wild** ~ (**tree**) Elsbeerbaum *m.*
ser·vice·a·bil·i·ty [ˌsɜːvɪsə'bɪlətɪ; *Am.* ˌsɜr-] → **serviceableness.** '**ser·vice·a·ble** *adj* (*adv* **serviceably**) **1.** verwend-, brauchbar, nützlich: a ~ **tool. 2.** betriebs-, gebrauchs-, leistungsfähig: a ~ **machine. 3.** zweckdienlich. **4.** strapa'zierfähig, haltbar, so'lide: a ~ **cloth. 5.** *obs.* dienstbar. '**ser·vice·a·ble·ness** *s* **1.** Brauchbarkeit *f*, (gute) Verwendbarkeit. **2.** *tech.* Betriebsfähigkeit *f*.
ser·vice|·a·re·a *s* **1.** Rundfunk, TV: Sendebereich *m.* **2.** *Br.* (Autobahn)Raststätte *f.* ~ **book** *s* Gebet-, Gesang-, Meßbuch *n.* ~ **box** *s electr.* Hauptanschluß(kasten) *m.* ~ **brake** *s tech.* Betriebsbremse *f.* ~ **break** → **break**[1] **18.** ~ **cap** *s mil.* Dienstmütze *f.* ~ **charge** *s* **1.** *econ.* Bedienungszuschlag *m.* **2.** *econ.* Bearbeitungsgebühr *f.* ~ **club** *s* **1.** (*Art*) gemeinnütziger Verein. **2.** *mil.* Sol'datenklub *m.* ~ **com·pa·ny** *s mil.* Ver'sorgungskompa₁nie *f.* ~ **court** *s* a) *Tennis etc*: Aufschlagfeld *n*, b) *Volleyball*: Aufgaberaum *m.* ~ **dress** *s mil.* Dienstanzug *m.* ~ **en·trance** *s* Dienstboteneingang *m.* ~ **flat** *s Br.* E'tagenwohnung *f* mit Bedienung. ~ **game** *s Tennis*: Aufschlagspiel *n.* ~ **hatch** *s* 'Durchreiche *f* (*für Speisen*). ~ **in·dus·try** *s* **1.** *meist pl* Dienstleistungsbetriebe *pl*, -gewerbe *n.* **2.** 'Zulie-

ferindu₁strie *f.* ~ **life** *s tech.* Lebensdauer *f.* ~ **line** *s Tennis etc*: Aufschlaglinie *f.* '~**man** [-mæn; -mən] *s irr* **1.** Mili'tärangehörige(r) *m*, Sol'dat *m.* **2.** *tech.* a) 'Kundendienst₁me₁chaniker *m*, b) 'Wartungsmon₁teur *m.* ~ **mod·ule** *s* Versorgungsteil *m* (*e-s Raumschiffs*). ~ **pipe** *f tech.* (Haupt)Anschlußrohr *n.* ~ **pis·tol** *s* 'Dienstpi₁stole *f.* ~ **road** *s* paral'lel zu e-r Fernverkehrsstraße verlaufende Nebenstraße. ~ **so·ci·e·ty** *f* Dienstleistungsgesellschaft *f.* ~ **speed** *s mar.* Reisegeschwindigkeit *f.* ~ **state** *s pol.* Wohlfahrtsstaat *m.* ~ **sta·tion** *s* **1.** a) Kundendienstwerkstatt *f*, b) Repara'turwerkstatt *f.* **2.** *mot.* (Groß)Tankstelle *f.* ~ **stripe** *s mil. Am.* Dienstalterstreifen *m.* ~ **switch** *s electr.* Hauptschalter *m.* ~ **trade** *s* Dienstleistungsgewerbe *n.* ~ **u·ni·form** *s mil.* Dienstanzug *m.* ~ **volt·age** *s electr.* Gebrauchs-, Betriebsspannung *f.*
'**ser·vic·ing** *s* **1.** *tech.* Wartung *f*, Pflege *f*: ~ **schedule** Wartungsvorschrift *f*, -plan *m.* **2.** Versorgung *f.*
ser·vi·ent ['sɜːvɪənt; *Am.* 'sɜr-] *adj* dienend, 'untergeordnet: ~ **tenement** *jur.* dienendes Grundstück.
ser·vi·ette [ˌsɜːvɪ'et; *Am.* ˌsɜr-] *s bes. Br.* Servi'ette *f.*
ser·vile ['sɜːvaɪl; *Am.* 'sɜrvəl] *adj* (*adv* ~**ly**) **1.** unter'würfig, kriecherisch, servil. **2.** Sklaven...: ~ **war. 3.** sklavisch: ~ **obedience. 4.** *fig.* sklavisch (genau). **ser·'vil·i·ty** [-'vɪlətɪ] *s* **1.** (sklavische) Unter'würfigkeit. **2.** kriecherisches Wesen. **3.** Kriecherei *f.* **4.** *obs.* Sklave'rei *f.*
'**serv·ing** *s* **1.** Ser'vieren *n.* **2.** Porti'on *f.* **3.** *tech.* Um'wick(e)lung *f.* ~ **hatch** → **service hatch** ~ **ta·ble** *s* Ser'viertischchen *n.*
ser·vi·tor ['sɜːvɪtə(r); *Am.* 'sɜr-] *s* **1.** *obs.* Diener(*a. fig.*). **2.** *obs. od. poet.* Gefolgsmann *m.* **3.** *univ. hist.* Stipendi'at *m.*
ser·vi·tude ['sɜːvɪtjuːd; *Am.* 'sɜr-; *a.* -₁tuːd] *s* **1.** Sklave'rei *f*, Knechtschaft *f* (*a. fig.*). **2.** Zwangsarbeit *f*: **penal** ~ **1. 3.** *jur.* Servi'tut *n*, Nutzungsrecht *n.*
ser·vo ['sɜːvəʊ; *Am.* 'sɜr-] *I pl* -**vos** *abbr. für* a) **servomechanism**, b) **servomotor. II** *adj* Servo-.
'**ser·vo|-as₁sist·ed** *adj tech.* Servo...: ~ **brake**; ~ **steering.** ~ **brake** *s tech.* Servobremse *f.* ~ **con·trol** *s aer.* Servosteuerung *f.* '~**mech·a·nism** *s tech.* 'Servomecha₁nismus *m.* '~**mo·tor** *s* Servomotor *m.* ~ **steer·ing** *s tech.* Servolenkung *f.*
ses·a·me ['sesəmɪ] *s* **1.** *bot.* Indischer Sesam; ~ **oil** Sesamöl *n.* **2.** *a.* ~ **seed** Sesamsame *m.* **3.** → **open sesame.**
ses·a·moid ['sesəmɔɪd] *anat.* **I** *adj* Sesam...: ~ **bones** Sesamknöchelchen. **II** *s* Sesambein(chen) *n.*
ses·e·li ['sesəlɪ] *s bot.* Sesel *m*, Bergfenchel *m.*
ses·qui·al·ter [ˌseskwɪ'æltə(r); *Am. a.* -'ɔːl-], ₁**ses·qui'al·ter·al** *adj* im Verhältnis 3:2 *od.* 1 1/2:1 stehend.
ses·qui·ba·sic [ˌseskwɪ'beɪsɪk] *adj chem.* anderthalbbasisch. ₁**ses·qui·cen'ten·ni·al** [-sen'tenɪəl] **I** *adj* 150jährig. **II** *s* 150-'Jahr-Feier *f.* ₁**ses·qui·pe'da·li·an** [-pɪ'deɪlɪən] *humor.* **I** *adj* **1.** sehr lang, Bandwurm...: ~ **word** → **3. 2.** *fig.* hoch-'bastisch. **II** *s* **3.** Wortungeheuer *n.* '**ses·qui·plane** [-pleɪn] *s aer.* Anderthalbdecker *m.*
ses·sile ['sesaɪl; *Am. a.* -səl] *adj bot. zo.* ungestielt, sitzend.
ses·sion ['seʃn] *s* **1.** *jur. parl.* a) Sitzung *f*, b) 'Sitzungsperi₁ode *f*: **to be in** ~ e-e Sitzung abhalten, tagen. **2.** *jur.* → **quarter sessions**, *etc.* **3.** *jur.* a) **Court of S**~ *Scot.* Oberstes Gericht für Zivilsachen, b) **Court of S**~**s** *Am.* (einzelstaatliches)

Gericht für Strafsachen. **4.** (lange) Sitzung, Konfe'renz *f.* **5.** *med. psych. etc* Sitzung *f.* **6.** *univ.* a) *Br.* aka'demisches Jahr *n*, b) *Am.* ('Studien)Se₁mester *n.* '**ses·sion·al** [-ʃənl] *adj* (*adv* ~**ly**) **1.** Sitzungs... **2.** *univ. Br.* ein aka'demisches Jahr (lang) dauernd: a ~ **course.**
ses·tet [ses'tet] *s* **1.** *mus.* → **sextet(te). 2.** *metr.* sechszeilige Strophe.
ses·ti·na [se'stiːnə] *s metr.* Se'stine *f.*
set [set] **I** *s* **1.** Satz *m* (*Briefmarken, Dokumente, Werkzeuge etc*), (*Möbel-, Toiletten- etc*)Garni'tur *f*, (*Speise- etc*)Ser'vice *n*: a ~ **of agreements** *pol.* ein Vertragswerk; a ~ **of colo(u)rs** ein Farbensortiment *n*; a ~ **of drills** ein Satz Bohrer; ~ **of values** Wertanschauung *f.* **2.** (Häuser- *od.* Wohn)Gruppe *f*, (Zimmer)Flucht *f*: a ~ **of houses (rooms). 3.** *econ.* Kollekti'on *f*: a ~ **of articles. 4.** Sammlung *f*, *bes.* a) mehrbändige Ausgabe (*e-s Autors*), b) (Schriften)Reihe *f*, (Ar'tikel)Serie *f.* **5.** *tech.* a) (Ma'schinen)Satz *m*, (-)Anlage *f*, Aggre'gat *n*, b) (Radio- *etc*)Gerät *n*, Appa'rat *m.* **6.** *a. thea.* Bühnenausstattung *f*, b) *Film*: Szenenaufbau *m.* **7.** *Tennis etc*: Satz *m.* **8.** *math.* a) Zahlenreihe *f*, b) Menge *f.* **9.** ~ **of teeth** Gebiß *n.* **10.** (Per'sonen)Kreis *m*: a) Gesellschaft(sschicht) *f*, (*literarische etc*) Welt, b) *contp.* Clique *f*, c) *ped.* 'Unterrichtsgruppe *f*: **the chic** ~ **die Schickeria. 11.** Sitz *m*, Schnitt *m* (*von Kleidern*). **12.** a) Form *f*, b) Haltung *f.* **13.** Richtung *f*, (Ver)Lauf *m* (*e-r Strömung etc*): **the** ~ **of the current; the** ~ **of public opinion** der Meinungstrend. **14.** *fig.* Neigung *f*, Ten'denz *f* (**towards** zu). **15.** *psych.* (innere) Bereitschaft (**for** zu). **16.** *poet.* 'Untergang *m*: **the** ~ **of sun; the** ~ **of day** das Tagesende. **17.** *tech.* Schränkung *f* (*e-r Säge*). **18.** *tech.* → **setting 10. 19.** *arch.* Feinputz *m.* **20.** *bot.* a) Ableger *m*, Setzling *m*, b) Fruchtansatz *m.* **21.** Kontertanz: a) Tänzer(zahl *f*, -paare) *pl*, b) Tour *f*, 'Hauptfi₁gur *f*: **first** ~ Quadrille *f.* **22.** *mus.* Serie *f*, Folge *f*, Zyklus *m.* **23.** *hunt.* Vorstehen *n* (*des Hundes*): **to make a dead** ~ **at** *fig.* a) j-n scharf aufs Korn nehmen, herfallen über j-n, b) es auf e-n Mann abgesehen haben (*Frau*). **24.** *hunt.* (Dachs- *etc*)Bau *m.*
II *adj* **25.** festgesetzt: **at the** ~ **day**; ~ **meal** Menü *n.* **26.** a) bereit, b) fest entschlossen (**on, upon doing** zu tun): **all** ~ startklar. **27.** vorgeschrieben, festgelegt: ~ **rules**; ~ **books** (*od.* **reading**) *ped.* Pflichtlektüre *f.* **28.** 'wohlüber₁legt, 'einstu₁diert: a ~ **speech. 29.** feststehend: ~ **phrases. 30.** fest: ~ **opinion**; ~ **purpose** *Bes. Redew.* **31.** starr: a ~ **face** ein unbewegtes Gesicht. **32.** *Am.* halsstarrig, ,stur'. **33.** konventio'nell, for'mell: a ~ **party. 34.** zs.-gebissen (*Zähne*). **35.** (ein)gefaßt: a ~ **gem. 36.** *tech.* eingebaut: a ~ **tube. 37.** ~ **piece** Gruppenbild *n.* **38.** ~ **fair** beständig (*auf dem Barometer*). **39.** → **hard-set. 40.** (*in Zssgn*) ...gebaut, ...gestaltet: **well-**~ gutgebaut.
III *v/t pret u. pp* **set 41.** setzen, stellen, legen: **to** ~ **the glass to one's lips** das Glas an die Lippen setzen; **to** ~ **a match to** ein Streichholz halten an (*acc*), etwas in Brand stecken (*siehe a. die Verbindungen mit anderen entsprechenden Substantiven*). **42.** *in e-n Zustand* (ver)setzen, bringen: **to** ~ **s.o. free** j-n auf freien Fuß setzen, j-n freilassen; → **ease 2, liberty** *Bes. Redew.*, **right 5** *u.* **15** (*u. andere entsprechende Verbindungen*). **43.** veranlassen zu: **to** ~ **a party laughing** e-e Gesellschaft zum Lachen bringen; **to-e going** in Gang setzen; **to** ~ **s.o. thinking** j-m zu denken geben; → **roar 6. 44.** ein-, 'herrichten, (an)ordnen, zu'rechtma-

chen, *bes.* a) *thea. die Bühne* aufbauen: **to ~ the stage**, b) *den Tisch* decken: **to ~ the table**, c) *tech.* (ein)stellen, (-)richten, regu'lieren, d) *die Uhr*, *den Wecker* stellen: **to ~ the alarm (clock) for five o'clock** den Wecker auf 5 Uhr stellen, e) *e-e Säge* schränken, f) *ein Messer* abziehen, schärfen, g) *med. e-n Bruch, Knochen* (ein)richten, h) *das Haar* legen. **45.** *mus.* a) vertonen, b) arran'gieren. **46.** *print.* absetzen. **47.** *agr.* a) *Setzlinge* (an)pflanzen, b) *den Boden* bepflanzen. **48.** a) *die Bruthenne* setzen, b) *Eier* 'unterlegen. **49.** a) *e-n Edelstein* fassen, b) *mit Edelsteinen etc* besetzen. **50.** *e-e Wache* aufstellen. **51.** *e-e Aufgabe, Frage* stellen: **to ~ a task**. **52.** *j-n* anweisen (**to do** *s.th.* etwas zu tun), *in an e-e Sache* setzen. **53.** a) *etwas* vorschreiben, bestimmen, b) *e-n Zeitpunkt* festlegen, -setzen, c) *ein Beispiel etc* geben, *Regel etc* aufstellen: → **fashion** 1, **pace**¹ 1. **54.** *den Hund etc* hetzen (**on** auf *j-n*): **to ~ spies on** *s.o.* j-n bespitzeln lassen, auf j-n Spitzel ansetzen. **55.** *Flüssiges* fest werden lassen, *Milch* gerinnen lassen. **56.** *die Zähne* zs.-beißen. **57.** *den Wert* bestimmen, festsetzen. **58.** *e-n Preis* aussetzen (**on** auf *acc*). **59.** *Geld, sein Leben etc* ris'kieren, aufs Spiel setzen. **60.** *fig.* legen, setzen: **to ~ one's hopes on** s-e Hoffnung setzen auf (*acc*); **the scene is ~ in Rome** der Schauplatz *od.* Ort der Handlung ist Rom, das Stück *etc* spielt in Rom.
IV *v/i* **61.** 'untergehen (*Sonne etc*). **62.** a) auswachsen (*Körper*), b) ausreifen (*Charakter*). **63.** beständig werden (*Wetter etc*): → 38. **64.** a) fest werden (*Flüssiges*), erstarren (*a. Gesicht, Muskel*), b) *tech.* abbinden (*Zement etc*), c) gerinnen (*Milch*), d) sich absetzen (*Rahm*). **65.** brüten (*Glucke*). **66.** sitzen (*Kleidung*): **to ~ well**. **67.** *fig.* passen (**with** zu). **68.** sich bewegen, fließen, strömen: **the current ~s to the north** die Stromrichtung ist Nord. **69.** wehen, kommen (**from** aus, von) (*Wind*). **70.** sich neigen *od.* richten: **opinion is ~ting against him** die Meinung richtet sich gegen ihn. **71.** *bot.* Frucht ansetzen (*Blüte, Baum*). **72.** *zo.* sich festsetzen (*Austern*). **73.** *tech.* sich verbiegen. **74.** *hunt.* vorstehen (*Hund*). **75.** *med.* sich einrenken.
Verbindungen mit Präpositionen:
set| a·bout *v/t* **1.** *sich an etwas* machen, *etwas* in Angriff nehmen: **to ~ doing** *s.th.* sich daranmachen, etwas zu tun. **2.** *colloq.* 'herfallen über (*j-n*) (*a. fig.*). **~ a·gainst** *v/t* **1. to set one's face** (*od. o.s.*) **against** *s.th.* sich e-r Sache widersetzen. **2.** *j-n* aufhetzen gegen: **to set friend against friend** Zwietracht unter Freunden säen. **3.** *fig. etwas* gegen'überstellen (*dat*). **~ at** → **set (up)on**. **~ (up-)on** *v/i* anfallen, 'herfallen über (*acc*).
Verbindungen mit Adverbien:
set| a·part *v/t* **1.** *Geld etc* bei'seite legen. **2. set s.o. apart (from)** j-n unter'scheiden *od.* abheben (von). **~ a·side** *v/t* **1.** *Buch etc* bei'seite legen, weglegen. **2.** *fig. Geld etc* bei'seite legen. **3.** *e-n Plan etc* aufgeben. **4.** außer acht lassen, ausklammern, verzichten auf (*acc*). **5.** verwerfen, abschaffen. **6.** *Zeit* a) einplanen, b) erübrigen. **7.** *jur.* aufheben, annul'lieren. **~ back I** *v/t* **1.** *Uhr* zu'rückstellen. **2.** (*meist pass*) *Haus etc* zu'rücksetzen (**some distance** ein Stück). **3.** ([by] **two months**) *j-n, etwas* zu'rückwerfen (um zwei Monate), *e-n* Rückschlag bedeuten für (von zwei Monaten). **4. the car set me back £500** *colloq.* das Auto hat mich 500 Pfund gekostet *od.* um 500 Pfund ärmer gemacht. **II** *v/i* **5.** zu'rückfließen

(*Flut etc*). **~ by** *v/t* → **set aside** 2, 6. **~ down I** *v/t* **1.** 'hinsetzen. **2.** *etwas* abstellen, absetzen. **3.** *e-n Fahrgast* absetzen. **4.** *aer. das Flugzeug* aufsetzen, landen. **5.** (schriftlich) niederlegen, aufzeichnen. **6.** a) *j-m e-n Dämpfer* aufsetzen, b) *Stolz* dämpfen. **7.** rüffeln. **8. ~ as** *j-n, etwas* abtun *od.* betrachten als. **9.** *etwas* zuschreiben (**to** *dat*). **10.** a) *etwas* festlegen, -setzen, b) *e-n Termin etc* anberaumen, ansetzen. **II** *v/i* **11.** *aer.* aufsetzen, landen. **~ forth I** *v/t* **1.** bekanntmachen, -geben. **2.** → **set out** 2. **3.** zur Schau stellen. **II** *v/i* **4.** aufbrechen, sich aufmachen: **to ~ on a journey** e-e Reise antreten. **5.** *fig.* ausgehen (**from** von). **~ for·ward I** *v/t* **1.** *die Uhr* vorstellen. **2.** *etwas* vor'antreiben, b) *j-n od. etwas* vor'an-, weiterbringen. **3.** vorbringen, darlegen. **II** *v/i* **4.** sich auf den Weg machen. **~ in I** *v/t Ärmel etc* einsetzen. **II** *v/i* einsetzen (beginnen): **cold weather ~**. **~ off I** *v/t* **1.** her'vortreten lassen, abheben (**from** von): **to be ~** voneinander abstechen. **2.** her'vorheben, betonen. **3.** *Streik etc, a. Alarm etc* auslösen, führen zu. **4. to set s.o. off on s.th.** j-n auf etwas bringen; **to set s.o. off laughing** j-n zum Lachen bringen. **5.** a) *e-e Rakete* abschießen, b) *ein Feuerwerk* abbrennen, c) *e-e Sprengladung* zur Explosi'on bringen. **6.** (**against**) *bes. Am.* a) als Ausgleich nehmen (für), b) *a. econ.* aufverrechnen (mit). **7.** ausgleichen, aufwiegen. **II** *v/i* **8.** ein Gegengewicht bilden (**against** zu). **9.** *fig.* anfangen, beginnen. **10.** → **set forth** 4. **11.** *print.* abschmieren. **~ on** *v/t* **1.** a) *j-n* drängen, veranlassen (**to do** zu tun), b) *j-n* aufhetzen, aufwiegeln (**to** zu). **2.** *den Hund etc* hetzen (**to** auf *acc*). **~ out I** *v/t* **1.** *Gemüse etc* auspflanzen. **2.** (ausführlich) darlegen, aufzeigen. **3.** *Verzeichnis etc* anordnen, anlegen. **4.** arran'gieren, 'herrichten, *a. Schachfiguren etc* aufstellen. **II** *v/i* **5.** aufbrechen, sich aufmachen (**for** nach). **6.** sich vornehmen, dar'angehen, sich dar'anmachen (**to do** zu tun). **~ to** *v/i* **1.** sich dar'anmachen (**to do** zu tun), sich 'da'hinterklemmen. **2.** a) ,loslegen', b) aufein'ander losgehen. **~ up I** *v/t* **1.** aufstellen, errichten: **to ~ a monument (a road block,** *etc*). **2.** *tech.* aufstellen, mon'tieren: **to ~ a machine**. **3.** einrichten, gründen: **to ~ a business (school,** *etc*). **4.** bilden, einsetzen: **to ~ a government**. **5.** anordnen: **to ~ judicial inquiries**. **6.** *j-m* zu e-m (guten) Start verhelfen, *j-n* eta'blieren: **to set s.o. up in business**; **to set s.o. up as** sich niederlassen als. **7.** *jur. e-e Behauptung etc* aufstellen, vorbringen: **to ~ a good defence** (*Am.* **defense**) e-e gute Verteidigung vorbringen, b) *e-n Anspruch* erheben, geltend machen: **to ~ a claim**; **to ~ negligence** Fahrlässigkeit geltend machen. **8.** *e-n Kandidaten* aufstellen. **9.** *j-n* erhöhen (**over** über *acc*), *a. j-n* auf den Thron setzen. **10.** *die Stimme, ein Geschrei etc* erheben. **11.** verursachen (*a. med.*). **12.** a) *j-n* (*gesundheitlich*) wieder'herstellen, b) kräftigen, c) in Form bringen. **13.** *j-m* (finanzi'ell) ,auf die Beine helfen'. **14.** a) *j-n* stolz machen, b) *j-n* glücklich stimmen. **15.** *e-e Theorie* aufstellen. **16.** (*oft pass*) *j-n* versorgen (**with** mit): **to be well ~ with** (*od.* **for**) **reading** mit Lektüre eingedeckt sein. **17.** *j-n* aufhetzen (**against** gegen). **18.** *print.* (ab)setzen: **to ~ (in type)**. **19.** *e-n* Rekord aufstellen. **20.** *colloq.* in e-e Falle locken, ,reinlegen'. **21.** *Am. colloq. j-n* mürbe machen. **II** *v/i* **22.** sich niederlassen *od.* eta'blieren (**as** als): **to ~ for o.s.** sich selbständig machen. **23. ~ for** a) sich ausgeben für *od.* als, b) sich aufspielen als.

se·ta·ceous [sɪ'teɪʃəs] *adj* borstig.
'set|-a,side *s Am.* Rücklage *f*. **'~back** *s* **1.** *fig.* Rückschlag *m*. **2.** Niederlage *f*, Schlappe *f*. **3.** *econ.* (Preis)Einbruch *m*. **4.** *arch.* a) Rücksprung *m* (e-r Wand), b) zu'rückgesetzte Fas'sade. **'~down** *s* **1.** Dämpfer *m*. **2.** Rüffel *m*.
set ham·mer *s* Setzhammer *m*.
se·ti·form ['siːtɪfɔː(r)m] *adj* borstig. **se·tig·er·ous** [sɪ'tɪdʒərəs] *adj* borstig, Borsten tragend.
set|-in I *adj* [ˌset'ɪn; -ɪn] **1.** eingesetzt: **~ sleeve**. **2.** eingebaut, Einbau...: **~ cupboard**. **II** *s* ['setɪn] **3.** Einsetzen *n*: **the ~ of cold weather**. **'~off** [ˌset'ɒf; *Am.* -ˌɔːf] *s* **1.** Kon'trast *m*. **2.** *jur.* a) Gegenforderung *f*, b) Ausgleich *m*. **3.** (**against**) *fig.* Ausgleich *m* (für), Gegengewicht *n* (zu). **4.** *econ.* Auf-, Verrechnung *f*.
se·ton ['siːtn] *s med.* Haarseil *n*.
set·out [ˌset'aʊt; *bes. Am.* 'setaʊt] *s* **1.** Aufmachung *f* (*Kleidung*). **2.** *colloq.* a) Vorführung *f*, b) Party *f*. **3.** a) Aufbruch *m*, b) Anfang *m*. **~ piece** *s* **1.** *art* 'formvoll,endetes Werk. **2.** *mil.* sorgfältig geplante mili'tärische Operati'on. **~ pin** *tech.* Dübel *m*. **~ point** *s* **1.** *Tennis etc*: Satzball *m*. **2.** *tech.* Sollwert *m*. **'~screw** *s* Stellschraube *f*. **~ square** *s* Winkel *m*, Zeichendreieck *n*.
sett [set] *s* **1.** → **set** I. **2.** Pflasterstein *m*.
set·te·cen·to [ˌsetə'tʃentəʊ] *s* Sette'cento *n* (*italienischer Kunststil des 18. Jhs.*).
set·tee [se'tiː] *s* **1.** Sitz-, Polsterbank *f*. **2.** kleineres Sofa: **~ bed** Bettcouch *f*.
set·ter ['setə] *s* **1.** *allg.* (*meist in Zssgn*) Setzer(in), Einrichter(in): → **typesetter** 1. **2.** *zo.* Setter *m* (*Vorstehhund*). **3.** (Poli'zei)Spitzel *m*. **'~'on** *pl* **~s-'on** *s* Aufhetzer(in), Aufwiegler(in). **'~wort** → **bear's-foot**.
set the·o·ry *s math.* Mengenlehre *f*.
set·ting ['setɪŋ] *s* **1.** (Ein)Setzen *n*, Einrichten *n*: **~ of type** *print.* (Schrift)Setzen; **the ~ of a gem** das (Ein)Fassen e-s Edelsteins. **2.** (Gold- *etc*)Fassung *f*. **3.** Abziehen *n*, Schärfen *n*: **~ of a knife**. **4.** 'Hintergrund *m*: a) Lage *f*, b) *fig.* Rahmen *m*, c) (Situati'on *f u.*) Schauplatz *m*: **~ of a novel**. **5.** szenischer 'Hintergrund: a) *thea.* Bühnenbild *n*, b) *Film*: Ausstattung *f*. **6.** *mus.* a) Vertonung *f*, b) Satz *m*, Einrichtung *f*. **7.** *tech.* Bettung *f*, Sockel *m* (e-r *Maschine*). **8.** *tech.* a) Einstellung *f*: **~ of a thermostat**, b) Ablese-, Meßwert *m*. **9.** *astr.* ('Sonnen-*etc*),Untergang *m*. **10.** *tech.* Abbinden *n* (*von Zement etc*): **~ point** Stockpunkt *m*. **11.** Schränkung *f* (e-r *Säge*). **12.** Gasgewinnung *f* (*aus Re'tortensatz m*). **13.** Gelege *n* (*alle für e-e Brut gelegten Eier*). **14.** Gedeck *n*. **~ lo·tion** *s* Haarfestiger *m*. **~ rule** *s print.* Setzlinie *f*. **~ stick** *s print.* Winkelhaken *m*. **'~up** *s* **1.** *bes. tech.* Aufstellen *n*, Einrichten *n*. **2. ~ exercises** *Am.* Freiübungen *pl*, Gym'nastik *f*.
set·tle¹ ['setl] **I** *v/t* **1.** vereinbaren, (gemeinsam) festsetzen, sich einigen auf (*acc*): **it is as good as ~d** es ist so gut wie abgemacht; **~ hash** 7. **2.** regeln, richten, in Ordnung bringen: **to ~ a room**. **3.** *a.* **~ up** *econ.* erledigen, in Ordnung bringen, regeln: a) bezahlen, *e-e Rechnung etc* begleichen, b) *ein Konto* ausgleichen, c) abwickeln: **to ~ a transaction**, d) *e-n Anspruch* befriedigen: **to ~ a claim**; → **account** *Bes. Redew.* **4.** a) ansiedeln, ansässig machen: **to ~ people**, b) besiedeln, koloni'sieren: **to ~ a land**, c) errichten, eta'blieren: **~ to ~ commercial colonies**. **5.** a) *j-n* beruflich, häuslich *etc* eta'blieren, 'unterbringen, b) *ein Kind etc* versorgen, ausstatten, c) *s-e Tochter* verheiraten. **6.** *die Füße*, *den Hut etc* (fest) setzen (**on** auf *acc*). **7.** **~ o.s.** sich nieder-

lassen: he ~d himself in a chair. 8. ~ o.s. to sich an *e-e Arbeit etc* machen, sich anschicken zu. 9. *a.* ~ down *j-n, den Magen, die Nerven etc* beruhigen. 10. *den Boden, a. fig. j-n, den Glauben, die Ordnung* festigen: to ~ order (one's faith); to ~ a road *e-e* Straße befestigen. 11. a) *e-e Institution etc* gründen, aufbauen (on auf *dat*), b) *e-e Sprache* regeln. 12. *e-e Frage etc* klären, regeln, entscheiden, erledigen: that ~s it a) damit ist der Fall erledigt, b) *iro.* jetzt ist es endgültig aus. 13. a) *e-n Streit* beilegen, schlichten, b) *e-n strittigen Punkt* klären. 14. *colloq. j-n* 'fertigmachen', zum Schweigen bringen (*a. weitS.* töten). 15. a) *e-e Flüssigkeit* ablagern lassen, klären, b) *Trübstoffe* sich setzen lassen. 16. *den Inhalt e-s Sackes etc* sich setzen lassen, zs.-stauchen. 17. *s-e Angelegenheiten (vor dem Tod)* ordnen, in Ordnung bringen, *den Nachlaß* regeln. 18. (on, upon) a) *den Besitz etc* über'tragen (auf *acc*), b) (letztwillig) vermachen (*dat*), c) *ein Legat, e-e Rente etc* aussetzen (*dat od.* für). 19. *die Erbfolge* regeln, bestimmen. II *v/i* 20. sich niederlassen *od.* setzen: a bird ~d on a bough; to ~ back sich (gemütlich) zurücklehnen. 21. a) sich *in e-m Land, e-r Stadt* ansiedeln *od.* niederlassen, b) ~ in sich einrichten, c) ~ in sich einleben, sich eingewöhnen: to ~ into a new job sich an *e-m* neuen Arbeitsplatz eingewöhnen. 22. *a.* ~ down a) sich *in e-m Ort* niederlassen, b) sich (häuslich) niederlassen, c) *a.* to marry and ~ down *e-n* Hausstand gründen, d) seßhaft werden, zur Ruhe kommen, e) es sich gemütlich machen. 23. *meist* ~ down *fig.* sich beruhigen, sich legen: his anger ~d. 24. ~ down to sich widmen (*dat*), sich an *e-e Arbeit etc* machen: he ~d down to his task. 25. ~ on fallen auf (*acc*), sich zuwenden (*dat*), sich konzen'trieren auf (*acc*): his affection ~d on her. 26. *med.* sich festsetzen (on, in in *dat*), sich legen (on auf *acc*). 27. beständig(er) werden (*Wetter*): it ~d in for rain es regnete sich ein; it is settling for a frost es wird Frost geben. 28. sich senken *od.* setzen (*Grundmauern etc*). 29. *a.* ~ down *mar.* langsam absacken (*Schiff*). 30. sich setzen (*Trübstoffe*), sich (ab)klären (*Flüssigkeit*). 31. sich legen (*Staub*). 32. ~ (up)on *fig.* a) sich entscheiden für, sich entschließen zu, b) sich einigen auf (*acc*). 33. ~ for a) sich zu'friedengeben mit, sich begnügen mit, b) sich abfinden mit. 34. ~ to *e-e* Vereinbarung treffen. 35. ~ up a) zahlen, b) abrechnen (with mit) (*a. fig.*). 36. ~ with a) abrechnen mit (*a. fig.*), b) *econ.* *e-n* Vergleich schließen mit, c) *econ.* Gläubiger abfinden.

set·tle² ['setl] *s* Sitz-, Ruhebank *f (mit hoher Rückenlehne).*

set·tled ['setld] *adj* 1. seßhaft: ~ people. 2. besiedelt: ~ land. 3. ruhig, gesetzt: a ~ man; a ~ life. 4. fest, ständig: a ~ abode; ~ habit. 5. versorgt, verheiratet. 6. bestimmt, entschieden, fest: ~ opinions; ~ income festes Einkommen. 7. feststehend, erwiesen: a ~ fact (*od.* thing). 8. festbegründet: the ~ order of things. 9. beständig (*Wetter*). 10. *jur.* festgesetzt, vermacht: ~ estate a) Nießbrauchsgut *n*, b) abgewickelter Nachlaß.

set·tle·ment ['setlmənt] *s* 1. Ansied(e)lung *f*: ~ of people. 2. Besied(e)lung *f*: ~ of a land. 3. a) Siedlung *f*, Niederlassung *f*: a ~ of Quakers, b) (Wohn)Siedlung *f*. 4. 'Unterbringung *f*, Versorgung *f (e-r Person)*. 5. Klärung *f*, Regelung *f*, Erledigung *f*, Bereinigung *f*: ~ of a question. 6. Festsetzung *f*, (endgültige) Vereinbarung. 7. Zahlung *f*, Beilegung *f*: ~ of a

dispute. 8. *econ.* a) Begleichung *f*, Bezahlung *f*: ~ of bills, b) Ausgleich(ung) *f*: ~ of accounts, c) *Börse:* Abrechnung *f*, d) Abwick(e)lung *f*: ~ of a transaction, e) Vergleich *m*, Abfindung *f*: day of ~ *fig.* Tag *m* der Abrechnung; in ~ of all claims zum Ausgleich aller Forderungen. 9. Über'einkommen *n*, Abmachung *f*. 10. *jur.* a) ('Eigentums)Über,tragung *f*, b) Vermächtnis *n*, c) Schenkung *f*, Stiftung *f*, d) Aussetzung *f (e-r Rente etc)*, e) marriage ~ Ehevertrag *m*. 11. a) ständiger Wohnsitz, b) Heimatrecht *n*. 12. sozi'ales Hilfswerk. 13. *pol.* Regelung *f* der Thronfolge: Act of S~ *brit. Parlamentsbeschluß des Jahres 1701, der die Thronfolge zugunsten der Sophia von Hannover u. ihrer Nachkommen regelte.* 14. (Ab)Sacken *n*, Senkung *f*. ~ day *econ.* Abrechnungstag *m.* ~ house → settlement 12.

set·tler ['setlə(r)] *s* 1. (An)Siedler(in), Kolo'nist(in). 2. Schlichter(in): ~ of disputes.

set·tling ['setlıŋ] *s* 1. Festsetzen *n (etc;* → settle¹). 2. *tech.* Ablagerung *f*. 3. *pl* (Boden)Satz *m.* ~ day *s econ.* Abrechnungstag *m.*

set·tlor ['setlə; *Am.* -,lɔ:ər] *s jur.* 1. Verfügende(r *m*) *f*. 2. Stifter(in).

set-to [,set'tu:; *bes. Am.* 'setu:] *pl* -tos *s colloq.* 1. *sport* (Box)Kampf *m*. 2. Schlage'rei *f*. 3. (kurzer) heftiger Kampf. 4. heftiger Wortwechsel.

set-up ['setʌp] *s* 1. Aufbau *m*, Organisati'on *f*. 2. Anordnung *f (a. tech.)*. 3. *tech.* Aufbau *m*, Mon'tage *f*. 4. *Film, TV:* a) (Kamera)Einstellung *f*, b) Bauten *pl*, Szene'rie *f*. 5. *TV* Schwarzabhebung *f*. 6. *Am.* a) Körperhaltung *f*, b) Konstituti'on *f*. 7. *Am. colloq.* a) Situati'on *f*, Lage *f*, b) Pro'jekt *n*, Plan *m*. 8. *bes. Am. colloq.* ,Schiebung' *f*, abgekartete Sache. 9. *colloq.* a) ,Laden' *m*, ,Verein' *m (Organisation etc)*, b) ,Bude' *f (Büro, Wohnung etc)*. 10. *Am. sl.* ,Gimpel' *m*, leichtgläubiger Mensch.

sev·en ['sevn] **I** *adj* sieben: ~ deadly sins (die) 7 Todsünden; ~-league boots Siebenmeilenstiefel; S~ Sisters *astr.* Siebengestirn *n*; S~ Sleepers *relig.* Siebenschläfer *pl*; S~ Years' War der Siebenjährige Krieg. **II** *s* Sieben *f (Zahl, Spielkarte etc)*: the ~ of hearts die Herzsieben; by ~s immer sieben auf einmal.

sev·en·fold ['sevnfəʊld] **I** *adj u. adv* siebenfach. **II** *s (das)* Siebenfache.

sev·en·teen [,sevn'ti:n] **I** *adj* siebzehn. **II** *s* Siebzehn *f*: sweet ~ ,göttliche Siebzehn' *(Mädchenalter).* ,**sev·en'teenth** [-'ti:nθ] **I** *adj* 1. siebzehnt(er, e, es). 2. siebzehntel. **II** *s* 3. (der, die, das) Siebzehnte. 4. Siebzehntel *n*.

sev·enth ['sevnθ] **I** *adj* 1. siebent(er, e, es): in the ~ place sieb(en)tens, an sieb(en)ter Stelle; → heaven 1. 2. sieb(en)tel. **II** *s* 3. (der, die, das) Sieb(en)te: the ~ of May der 7. Mai. 4. Sieb(en)tel *n*. 5. *mus.* Sep'time *f*: ~ chord Septimenakkord *m*. '**sev·enth·ly** *adv* sieb(en)tens.

sev·en·ti·eth ['sevntııθ] **I** *adj* 1. siebzigst(er, e, es). 2. siebzigstel. **II** *s* 3. (der, die, das) Siebzigste. 4. Siebzigstel *n*.

sev·en·ty ['sevntı] **I** *adj* siebzig. **II** *s* Siebzig *f*: he is in his seventies er ist in den Siebzigern; in the seventies in den siebziger Jahren *(e-s Jahrhunderts).*

sev·er ['sevə(r)] **I** *v/t* 1. (ab)trennen (from von). 2. (zer-, 'durch)trennen, zerreißen. 3. *fig.* a) *e-e Verbindung* (auf)lösen, b) *diplomatische Beziehungen etc* abbrechen. 4. (vonein'ander) trennen, ausein'anderreißen. 5. *~ o.s.* (from) sich trennen *od.* lösen (von *j-m, e-r Partei etc*)

(aus *der Kirche etc*) austreten. 6. *jur. Besitz, Rechte etc* teilen. **II** *v/i* 7. (zer)reißen. 8. sich trennen *od.* lösen (from von). 9. sich trennen. '**sev·er·a·ble** *adj* 1. (zer)trennbar. 2. (ab)trennbar. 3. *fig.* (auf)lösbar. 4. *jur.* getrennt, unabhängig.

sev·er·al ['sevrəl] **I** *adj (adv →* severally) 1. mehrere. 2. verschiedene, getrennt: three ~ occasions. 3. einzeln, verschieden: the ~ reasons; each ~ ship jedes einzelne Schiff. 4. eigen(er, e, es), besonder(er, e, es): we went our ~ ways wir gingen jeder *s-n* (eigenen) Weg; to point 8. **II** *s* 5. mehrere *pl*: ~ of you. '**sev·er·al·ly** *adv* 1. einzeln, gesondert, getrennt: → jointly. 2. beziehungsweise. **sev·er·al·ty** ['sevrəltı] *s jur.* Eigenbesitz *m*: estate held in ~ Sonderbesitztum *n*.

sev·er·ance ['sevərəns] *s* 1. (Ab)Trennung *f (from von)*. 2. (Auf)Lösung *f (e-r Verbindung)*, Abbruch *m (von diplomatischen Beziehungen etc)*: ~ pay Abfindung(ssumme) *f (für Arbeitnehmer).*

se·vere [sı'vıə(r)] *adj* 1. *allg.* streng: a) scharf, hart: ~ criticism (judge, punishment, *etc)*, b) ernst, finster: ~ face (look, man, *etc*), c) rauh, hart: ~ winter, d) herb: ~ beauty, e) einfach, schlicht, schmucklos: ~ style, *etc*, f) ex'akt, strikt: ~ conformity, g) schwierig, schwer: a ~ test. 2. schlimm, schwer: ~ illness; ~ losses; a ~ blow ein harter *od.* schwerer Schlag *(a. fig.)*. 3. heftig, stark: ~ pain; ~ storm. 4. scharf, beißend: ~ remark. **se'vere·ly** *adv* 1. streng, strikt: to leave *(od.* let) ~ alone absolut nichts zu tun haben wollen mit. 2. schwer, ernstlich: ~ ill.

se·ver·i·ty [sı'verətı] *s* 1. *allg.* Strenge *f*: a) Schärfe *f*, Härte *f*, b) Rauheit *f*, c) Ernst *m*, d) Herbheit *f*, e) Schlichtheit *f*, f) Ex'aktheit *f*. 2. Heftigkeit *f*, Stärke *f*.

sew [səʊ] *pret* **sewed** [səʊd], *pp* **sewed** *od.* **sewn** [səʊn] **I** *v/t* 1. nähen: to ~ on a button *e-n* Knopf annähen; to ~ up zu-, vernähen. 2. heften, bro'schieren: to ~ books. 3. ~ up *colloq.* a) *Br.* ,restlos fertigmachen' *(erschöpfen)*, b) *Am.* sich *etwas* sichern, *etwas* in die Hand bekommen, c) sich *j-n (vertraglich etc)* ,sichern', d) *etwas* ,per'fekt machen': to ~ up a deal. **II** *v/i* 4. nähen.

sew·age ['sju:ıdʒ; *bes. Am.* 'su:-] *s* 1. Abwasser *n*: ~ farm Rieselfeld *n*; ~ sludge Klärschlamm *m*; ~ system Kanalisati'on *f*; ~ treatment Abwasseraufbereitung *f*; ~ works Kläranlage *f*. 2. → sewerage 1. **II** *v/t* 3. *(zur Düngung)* mit Abwässern berieseln. 4. kanali'sieren.

sew·er¹ ['səʊə(r)] *s* 1. Näher(in). 2. Buchbinderei: Hefter(in). 3. *tech.* 'Näh- *od.* 'Heftma,schine *f*.

sew·er² ['sjʊə; *Am.* 'su:ər] *tech.* **I** *s* 1. 'Abwasserka,nal *m*, Klo'ake *f*: ~ gas Faulschlammgas *n*; ~ pipe Abzugsrohr *n*; ~ rat *zo.* Wanderratte *f*. 2. Gosse *f*, (Straßen)Rinne *f*. **II** *v/t* 3. kanali'sieren.

sew·er³ ['sjʊə; *Am.* 'su:ər] *s hist.* Truchseß *m*.

sew·er·age ['sjʊərıdʒ; *Am.* 'su:-] *s* 1. Kanalisati'on *f (System u. Vorgang).* 2. → sewage 1.

sew·in ['sju:ın; *Am.* 'su:-] *s ichth.* 'Lachsfo,relle *f*.

sew·ing ['səʊıŋ] *s* Näharbeit *f*, Nähe'rei *f*. ~ ma·chine *s* 'Nähma,schine *f*. ~ press *s Buchbinderei:* 'Heftma,schine *f*.

sewn [səʊn] *pp von* sew.

sex [seks] **I** *s* 1. *biol.* (natürliches) Geschlecht. 2. (männliches *od.* weibliches) Geschlecht *(als Gruppe)*: of both ~es beiderlei Geschlechts; the gentle *(od.* weaker *od.* softer) ~ das zarte *od.* schwache Geschlecht; the ~ *humor.* die Frauen; the sterner ~ das starke Ge-

schlecht. **3.** a) Geschlechtstrieb *m*, b) ‚Sex' *m*, e¹rotische Anziehungskraft, Sex-Ap¹peal *m*, c) Sexu¹alleben *n*, d) ‚Sex' *m*, Sexuali¹tät *f*, e) ‚Sex' *m*, Geschlechtsverkehr *m*: **to have ~ with s.o.** mit j-m schlafen, f) Geschlecht *n*, Geschlechtsteil(e *pl*) *n*. **II** *v/t* **4.** das Geschlecht bestimmen von: **to ~ a chicken. 5. ~ up** *colloq.* a) e-n Film etc ‚sexy' gestalten, b) j-n ‚scharf machen'. **III** *adj* **6.** a) Sexual...: **~ crime (education, hygiene, life,** *etc*); **~ object** Sexual-, Lustobjekt *n*, b) Geschlechts...: **~ act (cell, chromosome, hormone, organ,** *etc*); **~ change (operation), ~ reversal** *med.* Geschlechtsumwandlung *f*; **~ discrimination** Benachteiligung *f* der Frau; **~ role** *sociol.* Geschlechtsrolle *f*, c) Sex...: **~ film (magazine,** *etc*).
sex·a·ge·nar·i·an [ˌseksədʒɪˈneərɪən] **I** *adj* a) sechzigjährig, b) in den Sechzigern. **II** *s* Sechzigjährige(r *m*) *f*, Sechziger(in) (*a. Person in den Sechzigern*).
sex·ag·e·nar·y [sekˈsædʒɪnərɪ; *Am.* -ˌnerɪ; *Br. a.* ˌseksəˈdʒiː-] **I** *adj* **1.** aus sechzig ... bestehend, sechzigteilig. **2.** → **sexagenarian** I. **II** *s* → **sexagenarian** II.
Sex·a·ges·i·ma (Sun·day) [ˌseksəˈdʒesɪmə] *s* (Sonntag *m*) Sexa¹gesima *f* (*8. Sonntag vor Ostern*). **ˌsex·a¹ges·i·mal** [-ml] *math.* **I** *adj* Sexagesimal... **II** *s* Sexagesi¹malbruch *m*.
sex·an·gle [ˈsekˌsæŋgl] *s math.* Sechseck *n*. **ˌsex¹an·gu·lar** [-gjʊlə(r)] *adj* sechseckig.
sex¦ an·tag·o·nism *s psych.* Feindschaft *f* zwischen den Geschlechtern. **~ ap·peal** *f* Sex-Ap¹peal *m*, e¹rotische Anziehungskraft. **~ bomb** *s colloq.* ‚Sexbombe' *f*.
sex·cen·te·nar·y [ˌseksenˈtiːnərɪ; *Am.* -ˈten-] **I** *adj* sechshundertjährig. **II** *s* Sechshundert¹jahrfeier *f*.
sex·en·ni·al [sekˈsenjəl; -ɪəl] *adj* (*adv* ~ly) **1.** sechsjährig. **2.** sechsjährlich.
sex·er [ˈseksə(r)] *s* Geschlechtsbestimmer *m*: **chicken ~**.
sex·il·lion [sekˈsɪljən] *Br.* für **sextillion**.
sex·i·ness [ˈseksɪnɪs] *s colloq.* für **sex** 3 b.
ˈsex·ism *s* Se¹xismus *m*. **ˈsex·ist I** *adj* se¹xistisch. **II** *s* Se¹xist *m*.
sex·i·va·lent [ˌseksɪˈveɪlənt] *adj chem.* sechswertig.
sex kit·ten *s colloq.* ‚Sexkätzchen' *n*.
ˈsex·less *adj* (*adv* ~ly) **1.** *biol.* geschlechtslos (*a. fig.*), ungeschlechtlich, a¹gamisch. **2.** *fig.* fri¹gid(e).
sex¦ link·age *s biol.* Geschlechtsgebundenheit *f*. **ˈ~-linked** *adj biol.* gengebunden.
sex·ol·o·gy [sekˈsɒlədʒɪ; *Am.* -ˈsɑl-] *s biol.* Sexolo¹gie *f*, Sexualwissenschaft *f*.
sex·par·tite [seksˈpɑː(r)taɪt] *adj* sechsteilig.
ˈsex·pot *s sl.* **1.** ‚Sexbombe' *f*. **2.** ‚Sexbolzen' *m*.
sext [sekst] *s relig.* Sext *f* (*kanonisches Stundengebet*).
sex·tain [ˈsekstein] *s* sechszeilige Strophe.
sex·tant [ˈsekstənt] *s* **1.** *astr. mar.* Sex¹tant *m* (*Winkelmeßgerät*). **2.** *math.* Kreissechstel *n*.
sex·tet(te) [seksˈtet] *s* **1.** *mus.* Sex¹tett *n*. **2.** Sechsergruppe *f*, Satz *m* von sechs Dingen. **3.** *sport* Sechs *f* (*Eishockeymannschaft etc*).
sex·til·lion [seksˈtɪljən] *s* **1.** *Br.* Sextilli¹on *f* (10^{36}). **2.** *Am.* Trilli¹arde *f* (10^{21}).
sex·to [ˈsekstəʊ] *print.* **I** *pl* **-tos** *s* **1.** ¹Sexto(for₁mat) *n*. **2.** Sextoband *m*. **II** *adj* Sexto...: **~ volume**.
sex·to·dec·i·mo [ˌsekstəʊˈdesɪməʊ]

print. **I** *pl* **-mos** *s* **1.** Se¹dez(for₁mat) *n*. **2.** Se¹dezband *m*. **II** *adj* **3.** Sedez...: **~ volume**.
sex·ton [ˈsekstən] *s relig.* Küster *m* (u. Totengräber *m*). **~ bee·tle** *s zo.* Totengräber *m* (*Käfer*).
sex·tu·ple [ˈsekstjʊpl; *Am.* sekˈstuːpəl; -ˈstʌp-] **I** *adj* **1.** sechsfach. **II** *s* **2.** (*das*) Sechsfache. **III** *v/t* **3.** versechsfachen. **4.** sechsmal so groß *od.* so viel sein wie. **IV** *v/i* **5.** sich versechsfachen.
sex·tu·plet [ˈsekstjʊplɪt; *Am.* sekˈstʌp-] *s* **1.** Sechsergruppe *f*. **2.** Sechsling *m*: **~s** Sechslinge. **3.** *mus.* Sex¹tole *f*.
sex·tu·pli·cate I *v/t* [seksˈtjuːplɪkeɪt; *Am. a.* -ˈstuː-] **1.** versechsfachen. **2.** ein Dokument sechsfach ausfertigen. **II** *adj* [-kət] **3.** sechsfach. **III** *s* [-kət] **4.** sechsfache Ausfertigung: **in ~. 5.** e-s von 6 (*gleichen*) Dingen: **~s** 6 Exemplare.
sex·u·al [ˈseksjʊəl; *Am.* -ʃəwəl] *adj* (*adv* ~ly) sexu¹ell, Sexual..., geschlechtlich, Geschlechts...: **(primary, secondary) ~ characteristics** (primäre, sekundäre) Geschlechtsmerkmale; **~ desire** Geschlechtslust *f*, Libido *f*; **~ drive** Geschlechtstrieb *m*; **~ generation** *biol.* Fortpflanzungsgeneration *f*; **~ intercourse** Geschlechtsverkehr *m*; **~ object** Sexual-, Lustobjekt *n*; **~ offence** (*Am.* **offense**) *jur.* Sittlichkeitsdelikt *n*; **~ research** Sexualforschung *f*. **ˌsex·u¹al·i·ty** [-ˈælɪtɪ; *Am.* -ˈwæl-] *s* **1.** Sexuali¹tät *f*. **2.** Sexu¹alleben *n*. **ˈsex·u·al·ize** *v/t* bes. *contp.* sexuali¹sieren.
ˈsex·y *adj colloq.* ‚sexy', (*a. Gang etc*) aufreizend.
Sey·fert gal·ax·y [ˈsaɪfə(r)t] *s Astrophysik:* ¹Seyfert-Gala₁xie *f*.
sfor·zan·do [sfɔː(r)tˈsændəʊ; *Am. a.* -ˈsɑːn-], **sforˈza·to** [-tˈsɑːtəʊ] *adj u. adv mus.* sfor¹zando, sfor¹zato, stark betont.
sfu·ma·to [sfuˈmɑːtəʊ] *adj paint.* verschwimmend (*Umriß*), inein¹ander ¹übergehend (*Farben*).
sh [ʃ] *interj* sch! (*still*).
shab·bi·ness [ˈʃæbɪnɪs] *s allg.* Schäbigkeit *f* (*a. fig.*).
shab·by [ˈʃæbɪ] *adj* (*adv* **shabbily**) *allg.* schäbig: a) abgetragen: **~ clothes**, b) abgenutzt: **~ furniture**, c) ärmlich, her¹untergekommen: **~ person (house, district,** *etc*), d) gemein, niederträchtig: **~ trick (villain,** *etc*), e) kleinlich, ‚schofel', f) geizig, ‚filzig'. **ˌ~-genˈteel** *adj* vornehm, aber arm: **the ~** die verarmten Vornehmen.
shab·rack [ˈʃæbræk] *s mil.* Scha¹bracke *f*, Satteldecke *f*.
shack¹ [ʃæk] **I** *s* **1.** Hütte *f*, Ba¹racke *f* (*beide a. contp.*). **2.** a) Schuppen *m*, b) Raum *m*. **II** *v/t* **3. ~ up** *colloq. j-n* bei sich wohnen lassen. **III** *v/i* **4. ~ up** *colloq.* zs.-leben (**with** mit *j-m*).
shack² [ʃæk] *v/t Am. colloq.* e-m Ball etc nachlaufen.
shack·le [ˈʃækl] **I** *s* **1.** *meist pl* Fesseln *pl*, Ketten *pl* (*beide a. fig.*), Hand-, Bei¹schellen *pl*. **2.** *tech.* a) Gelenkstück *n* (*e-r Kette*), b) (Me¹tall)Bügel *m*, c) Lasche *f*. **3.** *mar.* (Anker)Schäkel *m*. **4.** *electr.* a) Schäkel *m*, b) **~ insulator** ¹Schäkeliso₁lator *m*. **II** *v/t* **5.** fesseln (*a. fig. hemmen*). **6.** *mar. tech.* laschen.
ˈshackˌtown *s Am.* Ba¹rackensiedlung *f*, -stadt *f*.
shad [ʃæd] *pl* **shads,** *bes. collect.* **shad** *s ichth.* Alse *f*.
shad·dock [ˈʃædək] *s bot.* Pampel¹muse *f*.
shade [ʃeɪd] **I** *s* **1.** Schatten *m* (*a. fig.*): **to be in the ~** *fig.* im Schatten stehen, wenig bekannt sein; **to throw** (*od.* **put** *od.* **cast**) **into the ~** *fig.* in den Schatten stellen; **the ~s of my father!** wie mich das an m-n

Vater erinnert! **2.** schattiges Plätzchen. **3.** *bes. pl* abgeschiedener Ort, Verborgenheit *f*. **4.** *myth.* a) Schatten *m* (*Totenseele*), b) *pl* Schatten(reich *n*) *pl*. **5.** Farbton *m*, Schat¹tierung *f*. **6.** Schatten *m*, Schat¹tierung *f*, dunkle Tönung: **without light and ~** a) ohne Licht u. Schatten, b) *fig.* eintönig. **7.** *fig.* Nu¹ance *f*. **8.** *colloq.* Spur *f*, ‚I¹dee' *f*: **a ~ better** ein (kleines) bißchen besser. **9.** (Schutz)Blende *f*, (Schutz-, Lampen-, Sonnen- *etc*)Schirm *m*. **10.** *Am.* Rou¹leau *n*. **11.** *pl colloq.* a. **pair of ~s** Sonnenbrille *f*. **12.** *obs.* Gespenst *n*.
II *v/t* **13.** beschatten, verdunkeln (*a. fig.*). **14.** verhüllen (**from** vor *dat*). **15.** (*vor Licht etc*) schützen, *die Augen etc* abschirmen. **16.** *paint.* a) schat¹tieren, b) dunkel tönen, c) schraf¹fieren. **17.** *a.* **~ off** a) *fig.* abstufen, nuan¹cieren (*a. mus.*), b) *econ. die Preise* nach u. nach senken, c) *a.* **~ away** all¹mählich ¹übergehen lassen (**into, to** in *acc*), d) *a.* **~ away** allmählich verschwinden lassen.
III *v/i* **18. ~ off, ~ away** a) all¹mählich ¹übergehen (**into, to** in *acc*), b) nach u. nach verschwinden.
ˈshadeˌless *adj* schattenlos.
shad·i·ness [ˈʃeɪdɪnɪs] *s* **1.** Schattigkeit *f*. **2.** *colloq.* Anrüchigkeit *f*, (*das*) Zwielichtige.
shad·ing [ˈʃeɪdɪŋ] *s* **1.** *paint. u. fig.* Schat¹tierung *f*, Abstufung *f*. **2.** *a.* **~ control** *TV* Rauschpegelregelung *f*: **~ value** Helligkeitsstufe *f*.
shad·ow [ˈʃædəʊ] **I** *s* **1.** Schatten *m* (*a. paint. u. fig.*), Schattenbild *n*: **to be afraid of one's own ~** sich vor s-m eigenen Schatten fürchten; **to be in s.o.'s ~** in j-s Schatten stehen; **to cast a ~ (up)on** e-n Schatten werfen auf *od.* über (*acc*), etwas trüben; **to live in the ~** im Verborgenen leben; **he is but the ~ of his former self** er ist nur noch ein Schatten s-r selbst; **worn to a ~** zum Skelett abgemagert; **coming events cast their ~s before them** kommende Ereignisse werfen ihre Schatten voraus; **may your ~ never grow** (*od.* **be**) **less** *fig.* möge es dir immer gutgehen. **2.** *pl* (Abend)Dämmerung *f*, Dunkel(heit *f*) *n*. **3.** *fig.* Schatten *m*, Schutz *m*: **under the ~ of the Almighty. 4.** *fig.* Schatten *m*, Spur *f*: **without a ~ of doubt** ohne den geringsten Zweifel. **5.** Schemen *m*, Phan¹tom *n*: **to catch** (*od.* **grasp**) **at ~s** Phantomen nachjagen. **6.** *med.* Schatten *m* (*im Röntgenbild*). **7.** *fig.* Schatten *m*: a) ständiger Begleiter, b) Verfolger *m*. **8.** *Rundfunk:* Empfangsloch *n*. **9.** *phot. TV* dunkle Bildstelle.
II *v/t* **10.** e-n Schatten werfen auf (*acc*), verdunkeln (*beide a. fig.*), *fig.* trüben. **11.** *fig. j-n* beschatten (*verfolgen, überwachen*). **12.** *a.* **~ forth** *fig.* a) dunkel andeuten, b) versinnbildlichen.
ˈshad·owˌbox *v/i sport* schattenboxen (*a. fig.*). **ˈ~ˌbox·ing** *s sport* Schattenboxen *n*, *fig. a.* Spiegelfechte¹rei *f*. **~ ˌcab·i·net** *s pol.* ¹Schattenkabi₁nett *n*. **~ ˌfac·to·ry** *s tech.* Schatten-, Ausweichbetrieb *m*. **ˈ~ˌgraph** *s med.* Radio¹gramm *n*, *bes.* Röntgenaufnahme.
ˈshad·owˌless *adj* schattenlos.
shad·ow¦ play, ~ show *s thea.* Schattenspiel *n*.
shad·ow·y [ˈʃædəʊɪ] *adj* **1.** schattig: a) dämm(e)rig, düster, b) schattenspendend. **2.** schattenhaft. **3.** *fig.* unwirklich.
shad·y [ˈʃeɪdɪ] *adj* (*adv* **shadyly 1** *u.* **2**: **shadily**) **1.** schattig: **~ side** Schattenseite *f*; **on the ~ side of fifty** *fig.* über die Fünfzig hinaus. **2.** *colloq.* dunkel, anrüchig, zwielichtig, fragwürdig, zweifelhaft: **~ dealings**.
shaft [ʃɑːft; *Am.* ʃæft] **I** *s* **1.** (*Pfeil-*

etc)Schaft *m*. **2.** *poet*. Pfeil *m*, Speer *m*: **~s of satire** *fig*. Pfeile des Spottes. **3.** (*Blitz-, Licht-, Sonnen*)Strahl *m*. **4.** a) Stiel *m* (*e-s Werkzeugs etc*), b) Deichsel(arm *m*) *f*, c) Welle *f*, Spindel *f*. **5.** Fahnenstange *f*. **6.** *arch*. a) (Säulen)Schaft *m*, b) Säule *f*, c) Obe'lisk *m*. **7.** (Aufzugs-, Bergwerks-, Hochofen- *etc*)Schacht *m*: → **sink** 20. **8.** a) *bot*. Stamm *m*, b) *zo*. Schaft *m* (*e-r Feder*). **9.** *Am. vulg*. ‚Schwanz' *m* (*Penis*). **II** *v/t* **10.** *Am. sl*. ‚bescheißen' (*betrügen*).
shag¹ [ʃæg] **I** *s* **1.** Zotte(l) *f*, zottiges Haar, grobe, zottige Wolle. **2.** (lange, grobe) Noppe (*e-s Stoffs*). **3.** Plüsch(stoff) *m*. **4.** Shag(tabak) *m*. **5.** *orn*. Krähenscharbe *f*. **II** *v/t* **6.** aufrauhen, zottig machen.
shag² [ʃæg] *Br*. **I** *s* **1.** *vulg*. ‚Nummer' *f* (*Geschlechtsverkehr*): **to have a ~** e-e Nummer machen *od*. schieben. **II** *v/t* **2.** *vulg*. ‚bumsen', ‚vögeln' (*schlafen mit*). **3. to be ~ged out** *sl*. ‚fix u. fertig' (*völlig erschöpft*) sein.
shag·gy ['ʃægɪ] *adj* (*adv* **shaggily**) **1.** zottig, struppig. **2.** rauhhaarig. **3.** *fig*. ungepflegt, verwahrlost. **4.** *fig*. a) verschroben, b) verschwommen. **~·'dog sto·ry** *s* **1.** surrea'listischer Witz. **2.** lange, witzig sein sollende Geschichte.
sha·green [ʃə'griːn] *s* Cha'grin(leder) *n*, Körnerleder *n*.
shah [ʃɑː] *s* Schah *m*.
shake [ʃeɪk] **I** *s* **1.** Schütteln *n*, Rütteln *n*: **~ of the hand** Händeschütteln; **~ of the head** Kopfschütteln; **he gave it a good ~** er schüttelte es tüchtig; **to give s.o. the ~** *Am. sl*. j-n ‚abwimmeln' *od*. loswerden; **in two ~s** (**of a lamb's tail**), **in half a ~** *colloq*. im Nu. **2.** (*a. seelische*) Erschütterung. **3.** Beben *n*: **to be all of a ~** am ganzen Körper zittern; **he's got the ~s** *colloq*. er hat den *od*. e-n ‚Tatterich'. **4.** Stoß *m*: **~ of wind** Windstoß; **no great ~s** *colloq*. nichts Weltbewegendes; **he is no great ~s** (**at**) *colloq*. er ist nicht gerade umwerfend (in *dat*). **5.** *colloq*. Erdbeben *n*. **6.** Riß *m*, Spalt *m*. **7.** *mus*. Triller *m*. **8.** (Milch- *etc*)Shake *m*. **9.** *colloq*. Augenblick *m*, Mo'ment *m*: **wait a ~!**
II *v/i pret* **shook** [ʃʊk], *pp* **'shak·en 10.** wackeln: **to ~ with laughter** sich vor Lachen schütteln. **11.** (sch)wanken, beben: **the earth shook. 12.** zittern, beben (**with** vor *Furcht, Kälte etc*). **13.** *mus*. trillern. **14.** *colloq*. sich die Hände schütteln, sich die Hand geben: **~ on it!** Hand darauf!
III *v/t* **15.** schütteln: **to ~ one's head** (**over** *od*. **at** s.th.) den Kopf (über etwas) schütteln; **to ~ one's finger** (**a fist, a stick**) **at** s.o. j-m mit dem Finger (mit der Faust, mit e-m Stock) drohen; → **hand** *Bes. Redew*., **leg** *Bes. Redew*., **side** 4. **16.** *a. fig*. j-s Entschluß, den Gegner, j-s Glauben, j-s Zeugenaussage *etc* erschüttern. **17.** rütteln an (*dat*) (*a. fig*.). **18.** j-n (seelisch) erschüttern: **he was much shaken by** (*od*. **with** *od*. **at**) **the news** die Nachricht erschütterte ihn sehr. **19.** j-n verunsichern. **20.** j-n aufrütteln (**out of** aus) (*a. fig*.). **21.** *mus*. trillern. **22.** *Am. colloq*. abschütteln, loswerden.
Verbindungen mit Adverbien:
shake| down *v/t* **1.** *Obst etc* her'unterschütteln. **2.** *Stroh, Decken etc* zu e-m Nachtlager ausbreiten. **3.** *den Gefäßinhalt etc* zu'rechtschütteln. **4.** *Am. colloq*. a) j-n ausplündern (*a. fig*.), b) erpressen, c) ‚filzen', durch'suchen, d) verringern, e) *ein Schiff, Flugzeug etc* testen. **II** *v/i* **5.** sich setzen (*Masse*). **6.** a) sich ein (Nacht)Lager zu'rechtmachen, b) *colloq*. sich ‚hinhauen' (*zu Bett gehen*). **7.** *Am. colloq*. a) sich vor'übergehend niederlassen (*an e-m Ort*), b) sich einleben *od*. eingewöhnen, c) sich ‚einpendeln' (*Sa-*

che). **8.** *Am. colloq*. sich beschränken (**to** auf *acc*). **~ off** *v/t* **1.** *Staub etc* abschütteln. **2.** *fig. das Joch, a. e-n Verfolger etc* abschütteln, j-n *od*. etwas loswerden. **~ out** *v/t* **1.** ausschütteln. **2.** her'ausschütteln. **3.** *e-e Fahne etc* ausbreiten. **II** *v/i* **4.** *mil*. ausschwärmen. **~ up** *v/t* **1.** *Kissen etc* aufschütteln. **2.** 'durchschütteln. **3.** zs.-schütteln, mischen. **4.** j-n (*a. seelisch*) aufrütteln. **5.** drastische (*bes*. perso'nelle) Veränderung vornehmen in (*e-m Betrieb etc*). **6.** *Vorstellungen etc* vollkommen auf den Kopf stellen.
'shake·down I *s* **1.** (Not)Lager *n*. **2.** *Am. colloq*. a) Ausplünderung *f* (*a. fig*.), b) Erpressung *f*, c) ‚Filzung' *f*, Durch'suchung *f*, d) Verringerung *f*, e) Testfahrt *f*, Testflug *m*. **3.** *Am. colloq*. Test...: **~ voyage** (**flight**, *etc*).
,shake-'hands *s pl* (*meist als sg konstruiert*) Händeschütteln *n*, -druck *m*.
shak·en ['ʃeɪkən] *pp von* **shake. II** *adj* **1.** erschüttert, (sch)wankend (*a. fig*.): **~ confidence** erschüttertes Vertrauen; **~** (**badly**) **~** (arg) mitgenommen. **2.** (quer)rissig (*Holz*).
'shake-,out *s econ. Am. colloq*. Rezes-
shak·er ['ʃeɪkə(r)] *s* **1.** *tech*. Schüttelvorrichtung *f*. **2.** (Cocktail- *etc*)Shaker *m*, Mixbecher *m*. **3. S~** *relig*. Shaker *m*, Zitterer *m* (*Sektierer*).
Shake·spear·e·an, *bes. Br*. **Shake·spear·i·an** [ʃeɪk'spɪərɪən] **I** *adj* Shakespeare...: a) shakespearisch, shakespearesch (*nach Art Shakespeares, nach Shakespeare benannt*), b) Shakespearisch, Shakespearesch (*von Shakespeare herrührend*). **II** *s* Shakespeareforscher(in).
'shake-up *s* **1.** Aufrütt(e)lung *f*. **2.** drastische (*bes*. perso'nelle) Veränderung (*pl*).
shak·i·ness ['ʃeɪkɪnɪs] *s* Wack(e)ligkeit *f* (*a. fig*. Gebrechlichkeit, Unsicherheit).
shak·ing ['ʃeɪkɪŋ] **I** *s* **1.** Schütteln *n*, Rütteln *n*. **2.** Erschütterung *f*. **II** *adj* **3.** Schüttel...: **~ grate** Schüttelrost *m*; → **palsy** 1. **4.** wackelnd.
shak·o ['ʃækəʊ] *pl* **-os, -oes** *s* Tschako *m* (*Helm*).
Shak·spe(a)r·e·an, -i·an → **Shakespearean**.
shak·y ['ʃeɪkɪ] *adj* (*adv* **shakily**) **1.** wack(e)lig (*a. fig*.): **~ chair; ~ credit** (**firm, health, old man, knowledge**); **to be ~ on one's legs** wacklig auf den Beinen sein. **2.** zitt(e)rig, bebend: **~ hands; ~ voice. 3.** *fig*. (sch)wankend: **~ courage** wankender Mut. **4.** *fig*. unsicher, zweifelhaft. **5.** (kern)rissig (*Holz*).
shale [ʃeɪl] *s geol. min*. Schiefer(ton) *m*: **~ oil** Schieferöl *n*.
shall [ʃæl] *inf, imp u. pp* fehlen, *2. sg pres obs*. **shalt** [ʃælt], *3. sg pres* **shall**, *pret* **should** [ʃʊd], *2. sg pres obs*. **shouldst** [ʃʊdst], **'should·est** [-ɪst] *v/aux* (*mit folgendem inf ohne* **to**) **1.** *Futur*: *ich werde*, **I** (**we**) **~ come tomorrow. 2.** (*in allen Personen zur Bezeichnung e-s Befehls, e-r Verpflichtung*): *ich, er, sie, es soll, ihr sollt, wir, sie sollen*: **~ I come?; what ~ I answer?; he ~ open the door. 3.** (*zur verkürzenden Wiederholung e-s Fragesatzes mit* **shall** *in der Bedeutung*) *nicht wahr?, oder nicht?*: **he ~ come, ~ he not** (*od. colloq*. **shan't he**)**? 4.** (*zur Bildung e-r bejahenden od. verneinenden Antwort auf e-n Fragesatz mit* **shall** *od*. **will**): **~** (*od*. **will**) **you come?** (No,) I **~ not** wirst du kommen *od*. kommst du? Nein; **~** (*od*. **will**) **you be happy?** (Yes,) I **~** wirst du glücklich sein? Ja. **5.** *jur*. (*zur Bezeichnung e-r Mußbestimmung, im Deutschen durch Indikativ wiedergegeben*): **any person ~ be liable ...** jede Person ist verpflichtet ... **6.** → **should** 1.

shal·loon [ʃæ'luːn; ʃə-] *s* Cha'llon *m* (*feiner, geköperter Wollstoff*).
shal·lop ['ʃæləp] *s mar*. Scha'luppe *f*.
shal·lot [ʃə'lɒt; *Am*. ʃə'lɑt] *s bot*. Scha'lotte *f*.
shal·low ['ʃæləʊ] **I** *adj* (*adv* **~ly**) **1.** seicht, flach: **~ water; ~ place** → 3; **~ lens** *opt*. flache Linse. **2.** *fig*. seicht, oberflächlich. **II** *s* **3.** seichte Stelle, Untiefe *f*. **III** *v/t u*. *v/i* **4.** (sich) verflachen. **'shal·low·ness** *s* Seichtheit *f* (*a. fig*.).
shalt [ʃælt] *obs*. *2. sg pres von* **shall**: **thou ~** du sollst.
shal·y ['ʃeɪlɪ] *adj geol*. schief(e)rig, schieferhaltig.
sham [ʃæm] **I** *s* **1.** (Vor)Täuschung *f*, Heuche'lei *f*. **2.** Schwindler(in), Scharla'tan *m*. **3.** Heuchler(in). **4.** Nachahmung *f*, Fälschung *f*. **II** *adj* **5.** vorgetäuscht, fin'giert, Schein...: **~ battle** Scheingefecht *n*. **6.** unecht, falsch (*Juwelen etc*), vorgetäuscht, geheuchelt (*Mitgefühl etc*). **III** *v/t* **7.** vortäuschen, heucheln, fin'gieren, simu'lieren. **IV** *v/i* **8.** sich verstellen, heucheln: **to ~ ill** sich krank stellen, simulieren; **she is only ~ming** sie verstellt sich nur, sie tut nur so.
sha·man ['ʃæmən; *Am*. 'ʃɑː-; 'ʃeɪ-] *s* Scha'mane *m*, Medi'zinmann *m*.
sham·a·teur ['ʃæmətə; -tɜː; *Am*. -,tɜr] *s colloq. sport* 'Scheinama,teur *m*.
sham·ble ['ʃæmbl] **I** *v/i* watscheln, schlurfen. **II** *s* watschelnder Gang.
sham·bles ['ʃæmblz] *s pl* (*oft als sg konstruiert*) **1.** a) Schlachthaus *n*, b) Fleischbank *f*. **2.** *fig*. a) Schlachtfeld *n* (*a. iro. wüstes Durcheinander*), b) Trümmerfeld *n*, Bild *n* der Verwüstung, c) Scherbenhaufen *m*: **his life is in (a) ~**.
sham·bol·ic [ʃæm'bɒlɪk] *adj*: **a ~ room** *Br*. ein Raum, in dem ein wüstes Durcheinander herrscht.
shame [ʃeɪm] **I** *s* **1.** Scham(gefühl *n*) *f*: **to feel ~ at** sich schämen für; **from ~ of** aus Scham vor (*dat*); **for ~!** pfui, schäm dich! **2.** Schande *f*, Schmach *f*: **to bring ~** → 5; **on you!** schäm dich!, pfui!; **it is (a sin and) a ~** es ist e-e (Sünde u.) Schande; **to put s.o. to ~** j-n zu'schanden bringen, b) j-n beschämen (*übertreffen*); **to cry ~ upon s.o.** pfui über j-n rufen. **3.** Schande *f* (*Gemeinheit*): **what a ~!** a) es ist e-e Schande!, b) es ist ein Jammer! (*schade*). **II** *v/t* **4.** j-n beschämen, mit Scham erfüllen: **to ~ s.o. into doing s.th.** j-n so beschämen, daß er etwas tut. **5.** *j-m* Schande machen. **6.** Schande bringen über (*acc*).
shame·faced [,ʃeɪm'feɪst; *attr*. '-feɪst] *adj* **1.** verschämt, schamhaft. **2.** schüchtern. **3.** schamrot. **4.** kleinlaut. **,shame-'faced·ly** *adv*. **'shame,faced·ness** *s* **1.** Verschämtheit *f*. **2.** Schüchternheit *f*.
shame·ful ['ʃeɪmfʊl] *adj* (*adv* **~ly**) **1.** schmachvoll, schmählich, schändlich. **2.** schimpflich, entehrend. **3.** unanständig, anstößig. **'shame·ful·ness** *s* **1.** Schändlichkeit *f*. **2.** Schimpflichkeit *f*. **3.** Anstößigkeit *f*. **'shame·less** *adj* (*adv* **~ly**) schamlos (*a. fig*. unverschämt). **'shame·less·ness** *s* Schamlosigkeit *f* (*a. fig*. Unverschämtheit).
sham·mer ['ʃæmə(r)] *s* **1.** Schwindler(in). **2.** Heuchler(in). **3.** Simu'lant(in).
sham·my (**leath·er**) ['ʃæmɪ] → **chamois** 2 u. 3.
sham·poo [ʃæm'puː] **I** *v/t pret u. pp* **-'pooed 1.** *den Kopf, die Haare* schampo'nieren, schampu'nieren, waschen. **2.** *j-m* den Kopf *od*. die Haare waschen. **II** *s* **3.** Haar-, Kopfwäsche *f*: **to give o.s. a ~** sich den Kopf *od*. die Haare waschen; **~ and set** Waschen u. Legen. **4.** Sham'poo *n*, Schampon *n*, Schampun *n*, Haarwaschmittel *n*.

sham·rock ['ʃæmrɒk; Am. -ˌrɑk] s bot. 1. weißer Feldklee. 2. Shamrock m (Kleeblatt als Wahrzeichen Irlands).
sha·mus ['ʃɑːməs; 'ʃeɪ-] s Am. sl. 1. ‚Bulle' m (Polizist). 2. ‚Schnüffler' m (Privatdetektiv).
shan·dry·dan ['ʃændrɪdæn] s 1. hist. leichter, zweirädriger Wagen. 2. humor. ‚Klapperkasten' m.
shan·dy ['ʃændɪ], Am. a. **'shan·dy-gaff** [-gæf] s Getränk n aus Bier u. Ingwerbier od. Zi'tronenlimoˌnade.
shang·hai [ˌʃæŋ'haɪ; 'ʃæŋhaɪ] v/t colloq. 1. mar. bes. hist. j-n schang'haien (gewaltsam anheuern). 2. fig. to ~ s.o. into doing s.th. fig. a) j-n zwingen, etwas zu tun, b) j-n (mit e-m Trick od. e-r List) dazu bringen, etwas zu tun.
Shan·gri-la [ˌʃæŋgrɪ'lɑː] s 1. para'diesischer (abgeschiedener) Ort. 2. mil. geheime (Operati'ons)Basis.
shank [ʃæŋk] s 1. anat. 'Unterschenkel m, Schienbein n. 2. colloq. Bein n: **to go on ~s's pony** (od. **mare**) auf Schusters Rappen reiten. 3. bot. Stengel m, Stiel m. 4. Hachse f (vom Schlachttier). 5. (mar. Anker-, arch. Säulen-, tech. Bolzen- etc) Schaft m. 6. mus. gerader Stimmzug. 7. (Schuh)Gelenk n. 8. print. (Schrift-) Kegel m. **shanked** adj 1. ...schenk(e)lig, mit ... Schenkeln. 2. gestielt.
shan't [ʃɑːnt; Am. ʃænt] colloq. für **shall not**.
shan·tey ['ʃæntɪ] bes. Br. für **chantey**.
Shan·tung, a. **s~** [ˌʃæn'tʌŋ] s Schantung (-seide f) m.
shan·ty¹ ['ʃæntɪ] s Hütte f, Ba'racke f.
shan·ty² ['ʃæntɪ] bes. Br. für **chantey**.
'shan·ty-town s Ba'rackensiedlung f, -stadt f.
shap·a·ble ['ʃeɪpəbl] adj formbar, gestaltungs-, bildungsfähig.
shape [ʃeɪp] **I** s 1. Gestalt f, Form f (a. fig.): **in the ~ of** in Form (gen); **in human ~** in Menschengestalt; **in no ~** in keiner Weise. 2. Fi'gur f, Gestalt f: **to put into ~** formen, gestalten. 3. feste Form od. Gestalt: **to get one's ideas into ~** s-e Gedanken ordnen; **to take ~** a) (feste) Gestalt annehmen (a. fig.); → **lick** 1. 4. (körperliche od. geistige) Verfassung, Form f: **to be in (good) ~** in (guter) Form sein; **to be in bad ~** in schlechter Verfassung od. Form sein, in schlechtem Zustand od. übel zugerichtet sein. 5. tech. a) Form f, Mo'dell n, Fas'son f, b) (Ton-, -teil n, c) pl Preßteile pl. 6. gastr. a) (Puddingetc)Form f, b) Stürzpudding m.
II v/t 7. gestalten, formen, bilden (**into** zu) (auch fig.): **to ~ a child's character fig.** den Charakter e-s Kindes formen. 8. anpassen (**to** an acc). 9. formu'lieren. 10. planen, entwerfen, ersinnen, schaffen: **to ~ the course for** mar. u. fig. den Kurs setzen auf (acc), ansteuern. 11. tech. formen, fasso'nieren.
III v/i 12. Gestalt od. Form annehmen, sich formen. 13. sich gut etc anlassen, sich entwickeln od. gestalten: **things ~ right** die Dinge entwickeln sich richtig; **he is shaping well** er ‚macht sich'. 14. meist **~ up** colloq. a) (endgültige) Gestalt annehmen, b) ‚sich machen', sich (gut) entwickeln: **he is shaping up well; you('d) better ~ up!** reiß dich doch zusammen!, benimm dich! 15. **~ up to** a) Boxstellung einnehmen gegen, b) fig. j-n her'ausfordern.
shape·a·ble → **shapable**.
shaped [ʃeɪpt] adj 1. geformt (a. tech.), gestaltet. 2. ...geformt, ...förmig.
'shape·less adj 1. form-, gestaltlos. 2. unförmig, 'mißgestaltet. **'shape·less·ness** s 1. Form-, Gestaltlosigkeit f. 2. Unförmigkeit f. **'shape·li·ness** s

Wohlgestalt f, schöne Form, Ebenmaß n.
'shape·ly adj wohlgeformt, schön, hübsch. **'shap·er** s 1. Former(in), Gestalter(in). 2. tech. a) 'Waagrechtˌstoßmaˌschine f, 'Shapingmaˌschine f, b) Schnellhobler m: **~ tool** Formstahl m.
'shap·ing s Formgebung f, (tech. bes. spanabhebende) Formung, Gestaltung f: **~ machine** → **shaper** 2 a; **~ mill** Vorwalzwerk n.
shard [ʃɑː(r)d] s 1. (Ton)Scherbe f. 2. zo. (harte) Flügeldecke (e-s Insekts).
share¹ [ʃeə(r)] **I** s 1. (An)Teil m (of an dat): **to fall to s.o.'s ~** j-m zufallen; **for my ~** für m-n Teil. 2. (An)Teil m, Beitrag m, Kontin'gent n: **to do one's ~** sein(en) Teil leisten; **to go ~s with s.o.** mit j-m (gerecht) teilen (in s.th. etwas); **~ and ~ alike** zu gleichen Teilen; **to have** (od. **take**) **a large ~ in** großen Anteil haben an (dat); **to take a ~ in** sich beteiligen an (dat). 3. econ. Beteiligung f, Geschäftsanteil m, Kapi'taleinlage f: **~ in a ship** Schiffspart m. 4. econ. a) Gewinnanteil m, b) bes. Br. Aktie f: **to hold ~s in a company** Aktionär e-r Gesellschaft sein, c) a. **mining ~** Kux m. 5. econ. (Markt)Anteil m. **II** v/t 6. (a. fig. sein Bett, e-e Ansicht, das Schicksal etc) teilen (**with** mit). 7. meist **~ out (among)** ver-, austeilen (unter od. an acc), zuteilen (dat). 8. teilnehmen od. -haben an (dat), sich an den Kosten etc beteiligen: **to ~ the costs**; **~d** gemeinsam, Gemeinschafts... **III** v/i 9. **~ in** → 8. 10. sich teilen (**in** in acc).
share² [ʃeə(r)] s agr. tech. (Pflug)Schar f: **~ beam** Pflugbaum m.
share| bro·ker s econ. bes. Br. Effekten-, Börsenmakler m. **~ˌcap·iˌtal** s econ. bes. Br. 'Aktienkapiˌtal n. **~ cer·tifˌi·cate** s econ. bes. Br. 'Aktienzertifiˌkat n. **'~ˌcrop·per** s agr. econ. Am. kleiner Farmpächter (der s-e Pacht mit e-m Teil der Ernte entrichtet). **~ divˌi·dend** s econ. bes. Br. Divi'dende f in Form von Gratisaktien. **'~ˌhold·er** s econ. bes. Br. Aktio'när m. **'~ˌhold·ings** s pl econ. bes. Br. Aktienbesitz m. **~ list** s econ. bes. Br. (Aktien)Kurszettel m. **~ op·tion** s econ. bes. Br. Aktienbezugsrecht n (bes. für Betriebsangehörige). **'~-out** s Aus-, Verteilung f.
shar·er ['ʃeərə(r)] s 1. (Ver)Teiler(in). 2. Teilnehmer(in), Teilhaber(in), Beteiligte(r m) f (**in** an dat).
share war·rant s econ. bes. Br. (auf den Inhaber lautendes) 'Aktienzertifiˌkat.
shark [ʃɑː(r)k] **I** s 1. ichth. Hai(fisch) m. 2. fig. a) Gauner m, Betrüger m, b) (Kredit- etc)Hai m, c) obs. Schma'rotzer m. 3. bes. Am. sl. Ka'none f (Könner). **II** v/i 4. betrügen. **III** v/t 5. obs. ergaunern. **'~·skin** s 1. Haifischhaut f, -leder n. 2. Textilwesen: a) glatter, köperartiger Kammgarnstoff, b) schweres, kreidefarbiges Kunstseidentuch.
sharp [ʃɑː(r)p] **I** adj (adv **-ly**) 1. scharf: **~ knife**; **~ curve**; **~ features**. 2. spitz: **a ~ gable**; **a ~ ridge**. 3. steil, jäh: **a ~ ascent**. 4. fig. allg. scharf: a) deutlich: **~ contrast** (**distinction, outlines**, etc), b) herb, beißend: **~ smell** (**taste**, etc), c) schneidend: **~ order** (**voice**), **~ cry** durchdringender Schrei, d) schneidend, beißend: **~ frost**; **~ wind**, e) stechend, heftig: **~ pain**, f) 'durchdringend: **~ look**, g) hart: **~ answer** (**criticism**, etc), h) spitz: **~ remark**, i) wachsam: **a ~ ear** (**eye**, etc). 5. schnell: **~ pace** (**play**, etc); **~'s the word** colloq. mach fix od. schnell!, ‚dalli!' 5. heftig, hitzig: **a ~ desire** ein heftiges Verlangen; **a ~ temper** ein hitziges Temperament. 6. angespannt: **~ attention**. 7. a) scharfsinnig, b) aufgeweckt, ‚auf Draht', c) colloq. ‚gerissen', raffi'niert: **~**

practice Gaunerei f. 8. mus. a) scharf (im Klang), b) (zu) hoch, c) (durch Kreuz um e-n Halbton) erhöht, d) groß, 'übermäßig (Intervall), e) Kreuz... 9. ling. stimmlos, scharf: **~ consonant**.
II v/t u. v/i 10. mus. zu hoch singen od. spielen. 11. obs. betrügen.
III adv 12. scharf. 13. jäh, plötzlich. 14. pünktlich, genau: **at three o'clock ~** Punkt 3 (Uhr). 15. schnell: **look ~!** mach fix od. schnell!, ‚dalli!' 16. mus. zu hoch: **to sing** (od. **play**) **~**.
IV s 17. pl lange Nähnadeln pl. 18. colloq. a) → **sharper** 1, b) Fachmann m. 19. mus. a) Kreuz n, b) Erhöhung f, Halbton m (of über dat), c) nächsthöhere Taste.
ˌsharp|-'cut adj 1. scharf (geschnitten). 2. fig. ‚festumˌrissen, klar, deutlich. **ˌ~-'edged** adj scharfkantig.
sharp·en ['ʃɑː(r)pən] **I** v/t 1. schärfen, wetzen, schleifen. 2. (an)spitzen: **to ~ a pencil**. 3. fig. j-n scharfmachen, anreizen. 4. fig. schärfen: **to ~ the mind**. 5. anregen: **to ~ s.o.'s appetite**. 6. a) verschärfen: **to ~ a law** (**speech**, etc), b) verstärken: **to ~ the pain**, c) s-n Worten od. s-r Stimme é-n scharfen Klang geben. 7. mus. (durch Kreuz) erhöhen. 8. scharf od. schärfer machen: **to ~ vinegar**; **to ~ s.o.'s features**. **II** v/i 9. scharf werden, scharf od. schärfer werden (a. fig.). **'sharp·en·er** [-pnə(r)] s (Bleistift- etc)Spitzer m.
'sharp·er s 1. Gauner(in), Schwindler (-in), Betrüger(in). 2. Falschspieler m.
ˌsharp-'eyed adj scharfäugig, fig. a. scharfsinnig.
'sharp·ness s 1. Schärfe f (a. fig. Herbheit f, Strenge f, Heftigkeit f). 2. Spitzigkeit f. 3. fig. a) Scharfsinn m, b) Aufgewecktheit f, c) Gerissenheit f. 4. (phot. Rand)Schärfe f.
ˌsharp|-'set adj 1. scharf(kantig). 2. (heiß)hungrig. 3. fig. ‚scharf', erpicht (**on** auf acc). **ˌ~-'shoot·er** s 1. Scharfschütze m (a. fig. sport etc). 2. fig. Am. a) skrupelloser Kerl, b) Geldraffer m. **ˌ~'shoot·ing** s 1. Scharfschießen n. 2. fig. heftige od. 'hinterhältige Atˌtacke. **ˌ~'sight·ed** adj scharfsichtig, fig. a. scharfsinnig. **ˌ~'tongued** adj fig. scharfzüngig (Person). **ˌ~'wit·ted** adj scharfsinnig.
shat·ter ['ʃætə(r)] **I** v/t 1. zerschmettern, -schlagen, -trümmern (alle a. fig.). 2. zerstören, -rütten: **to ~ s.o.'s health** (**nerves**). 3. fig. zerstören: **to ~ s.o.'s hopes**. **II** v/i 4. zerbrechen, in Stücke brechen, zerspringen, -splittern: **~-proof** a) bruchsicher, b) splitterfrei, -sicher (Glas). **'shat·ter·ing** adj (adv **-ly**) 1. vernichtend (a. fig.). 2. fig. 'umwerfend, e'norm. 3. (ohren)betäubend.
shave [ʃeɪv] **I** v/t pret u. pp **shaved**, pp a. **'shav·en** [-vn] 1. (o.s. sich) raˈsieren. 2. **a. ~ off** ˈabraˌsieren. 3. a. (kurz) schneiden od. scheren: **to ~ the lawn**. 4. (ab)schaben, abschälen. 5. Gerberei: abschaben, abfalzen: **to ~ hides**. 6. (glatt)hobeln: **to ~ wood**. 7. streifen, a. knapp vor'beikommen an (dat). 8. econ. Am. sl. e-n Wechsel zu Wucherzinsen aufkaufen: **to ~ a bill**. **II** v/i 9. sich ra'sieren. 10. **~ through** colloq. (gerade noch) ‚durchrutschen' (in e-r Prüfung). **III** s 11. Ra'sur f: **to have** (od. **get**) **a ~** sich rasieren (lassen); **to have a close** (od. **narrow**) **~** colloq. mit knapper Not davonkommen od. entkommen; **that was a close ~** colloq. ‚das hätte ins Auge gehen können!', ‚das ist gerade noch einmal gutgegangen!'; **by a ~** colloq. um Haaresbreite, um ein Haar. 12. tech. Schabeisen n. 13. obs. Gaune'rei f: **that was a clean ~** das war glatter Betrug.

shave·ling ['ʃeɪvlɪŋ] s obs. contp. **1.** ‚Pfaffe' m. **2.** Mönch m.
shav·en ['ʃeɪvn] **I** pp von shave. **II** adj **1.** ra'siert. **2.** (kahl)geschoren: a ~ head.
shav·er ~ ['ʃeɪvə(r)] s **1.** Bar'bier m. **2.** meist young ~ colloq. Grünschnabel m. **3.** (bes. e'lektrischer) Ra'sierappa‚rat.
Sha·vi·an ['ʃeɪvjən; -ɪən] **I** adj für G. B. Shaw charakte'ristisch, Shawsch(er, e, es): ~ humo(u)r. **II** s Shaw-Verehrer(in), -Kenner(in).
shav·ing ['ʃeɪvɪŋ] s **1.** Ra'sieren n: ~ brush Rasierpinsel m; ~ cream Rasiercreme f; ~ head Scherkopf m; ~ mirror Rasierspiegel m; ~ soap, ~ stick Rasierseife f. **2.** meist pl Schnitzel n, m, (Hobel-) Span m. [Dickicht n.]
shaw [ʃɔː] s Br. obs. od. poet. Dickicht n,
shawl [ʃɔːl] s **1.** 'Umhängetuch n. **2.** Kopftuch n.
shawm [ʃɔːm] s mus. Schal'mei f.
shay [ʃeɪ] s dial. Kutsche f.
she [ʃiː; ʃɪ] **I** pron **1.** a) sie (3. sg für alle weiblichen Lebewesen), b) im Gegensatz zum Deutschen: (beim Mond) er, (bei Ländern) es, (bei Schiffen mit Namen) sie, (bei Schiffen ohne Namen) es, (bei Motoren u. Maschinen, wenn personifiziert) er, es. **2.** sie: ~ who diejenige, welche. **3.** es: who is this woman? ~ is Mary es ist Mary. **4.** contp. die: not ~! die nicht! **II** s **5.** ‚Sie': a) Mädchen n, Frau f, b) zo. Weibchen n. **III** adj (in Zssgn) **6.** bes. zo. weiblich, ...weibchen n: ~bear Bärin f; ~dog Hündin f; ~fox a) Füchsin f, b) hunt. Fähe f; ~goat Geiß f. **7.** contp. Weibs...: ~devil Weibsteufel m.
shea [ʃɪə; Am. ʃiː; ʃeɪ] s bot. Schi(butter)baum m: ~ butter Schi-, Sheabutter f.
shead·ing ['ʃiːdɪŋ] s Br. Verwaltungsbezirk m (der Insel Man).
sheaf [ʃiːf] **I** pl **-ves** [-vz] s **1.** agr. Garbe f. **2.** Bündel n: ~ of papers; ~ of arrows Geschoßgarbe f; ~ of rays phys. Strahlenbündel. **II** v/t **3.** in Garben binden.
shear [ʃɪə(r)] **I** v/t pret **sheared** od. obs. **shore** [ʃɔː(r)], pp **sheared** od. bes. als adj **shorn**. scheren: to ~ sheep. **2.** a. ~ off (ab)scheren, abschneiden. **3.** Blech, Glas etc schneiden. **4.** fig. j-n berauben (of gen): ~ shorn. **5.** fig. j-n schröpfen. **6.** poet. (ab)hauen. **II** v/i **7.** (mit e-r Sichel) schneiden od. mähen. **8.** poet. (mit dem Schwert etc) schneiden od. hauen (through durch). **III** s **9.** a) meist pl große Schere, b) Scherenblatt n: a pair of ~s one (e-e (große) Schere. **10.** tech. Blechschere f. **11.** meist pl (Hobel[bank]-, Drehbank)Bett n. **12.** → shear legs. **13.** phys. ~ a) shearing force, b) shearing stress. **14.** dial. ~ shearing 1.
'**shear·er** s **1.** (Schaf)Scherer m. **2.** Schnitter(in). **3.** tech. a) 'Scherma‚schine f, b) 'Blech‚schneidema‚schine f.
'**shear·ing** s **1.** Schur f: a) Schafscheren, b) Schurertrag. **2.** geol. phys. (Ab)Scherung f. **3.** Scot. od. dial. a) Mähen n, Mahd f, b) Ernte f. ~ **force** s phys. Scher-, Schubkraft f. ~ **strength** s phys. Scher-, Schubfestigkeit f. ~ **stress** s phys. Scherbeanspruchung f.
shear legs s pl (a. als sg konstruiert) tech. Scherenkran m.
shear·ling ['ʃɪə(r)lɪŋ] s erst 'einmal geschorenes Schaf.
shear|pin s tech. Scherbolzen m. ~ **steel** s Gärbstahl m. ~ **stress** → shearing stress. '~**wa·ter** s orn. Sturmtaucher m.
sheat·fish ['ʃiːtfɪʃ] s ichth. Wels m.
sheath [ʃiːθ] pl **sheaths** [ʃiːðz] s **1.** Scheide f: ~ **knife** feststehendes Messer mit Scheide. **2.** Futte'ral n, Hülle f. **3.** tech. (Kabel-, Elektroden)Mantel m. **4.** zo. bot. Scheide f. **5.** Kon'dom n, m. **6.** Mode: Futte'ralkleid n. **7.** zo. Flügeldecke f (e-s Käfers).

sheathe [ʃiːð] v/t **1.** das Schwert in die Scheide stecken: → **sword**. **2.** in e-e Hülle od. ein Futte'ral stecken. **3.** fig. tief stoßen (in in acc): to ~ one's dagger in s.o.'s heart. **4.** die Krallen einziehen. **5.** bes. tech. um'hüllen, um'manteln, Kabel ar'mieren: ~d electrode electr. Mantelelektrode f.
sheath·ing ['ʃiːðɪŋ] s **1.** tech. a) Verkleidung f, b) Mantel m, 'Überzug m, c) Bewehrung f, Ar'mierung f (e-s Kabels). **2.** mar. Bodenbeschlag m.
sheave[1] [ʃiːv] v/t in Garben binden.
sheave[2] [ʃiːv; Am. a. ʃɪv] s tech. Scheibe f, Rolle f: ~ **pulley** Umlenkrolle f.
sheaves [ʃiːvz] **1.** pl von sheaf. **2.** [Am. a. ʃɪvz] pl von sheave[2].
she·bang [ʃɪˈbæŋ] s bes. Am. sl. **1.** ‚Bude' f, ‚Laden' m. **2.** ‚Appa'rat' m (Sache). **3.** Kram m: the whole ~ der ganze Plunder.
she·been [ʃɪˈbiːn] Ir. od. Scot. **I** s 'ille‚gale ‚Schnapsbude'. **II** v/i 'ille‚gal Branntwein ausschenken.
shed[1] [ʃed] s **1.** Schuppen m. **2.** Stall m. **3.** (kleine) Flugzeughalle. **4.** Hütte f.
shed[2] [ʃed] v/t pret u. pp **shed 1.** verschütten, a. Blut, Tränen vergießen: I won't ~ any tears over him fig. dem weine ich keine Träne nach. **2.** ausstrahlen, a. Duft, Licht, Frieden etc verbreiten: → **light**[1] **11**. **3.** Wasser abstoßen (Stoff). **4.** biol. Laub, Federn etc abwerfen, Hörner abstoßen, Zähne verlieren: to ~ one's skin sich häuten; to ~ a few pounds ein paar Pfund abnehmen. **5.** ablegen (a. fig.): to ~ one's winter clothes (a bad habit); to ~ one's old friends s-e alten Freunde ‚ablegen'. **6.** Br. Ladung verlieren (Lkw etc).
shed·der ['ʃedə(r)] s **1.** j-d, der (Tränen, Blut etc) vergießt. **2.** zo. Krebs m im Häutungsstadium. **3.** weiblicher Lachs nach dem Laichen.
sheen [ʃiːn] s **1.** Glanz m (bes. auf Stoffen). **2.** poet. prunkvolle Kleidung. **3.** Am. sl. falsche Münze.
sheen·y[1] ['ʃiːnɪ] adj glänzend.
sheen·y[2] ['ʃiːnɪ] s sl. ‚Itzig' m, Jude m.
sheep [ʃiːp] pl **sheep** s **1.** zo. Schaf n: to cast (od. make) ~'s eyes at s.o. j-m schmachtende Blicke zuwerfen; to separate the ~ from the goats Bibl. u. fig. die Böcke von den Schafen trennen; you might as well be hanged for a ~ as (for) a lamb ‚wenn schon, denn schon'; → **black sheep**. **2.** fig. contp. ‚Schaf' n. **3.** pl fig. Schäflein pl, Herde f (Gemeinde e-s Pfarrers etc). **4.** Schafleder n. '~**dip** s Desinfekti'onsbad n für Schafe. ~ **dog** s Schäferhund m. '~**farm** s Br. Schaf(zucht)farm f. '~**farm·ing** s Br. Schafzucht f. '~**fold** s Schafhürde f. '~**herd·er** s Am. Schäfer m.
sheep·ish ['ʃiːpɪʃ] adj (adv -**ly**) **1.** schüchtern. **2.** einfältig, blöd(e). '**sheep·ish·ness** s **1.** Schüchternheit f. **2.** Einfältigkeit f.
'**sheep|·man** [-mən] s irr Schafzüchter m. '~**pen** s Schafhürde f. ~ **pox** s vet. Schafpocken pl. ~ **run** s Schafweide f. '~**shear·ing** s Schafschur f. '~**skin** s **1.** Schaffell n. **2.** (a. Perga'ment n aus) Schafleder n. **3.** Am. colloq. a) Di'plom n, b) Urkunde f. '~**walk** s bes. Br. Schafweide f. ~ **wash** → sheep-dip.
sheer[1] [ʃɪə(r)] **I** adj **1.** bloß, rein, pur, nichts als: ~ waste; by ~ force durch bloße od. nackte Gewalt; ~ nonsense reiner od. barer Unsinn; for ~ pleasure nur so zum Vergnügen. **2.** völlig, rein, glatt: a ~ impossibility. **3.** hauchdünn (Textilien). **4.** steil, jäh. **5.** rein, unvermischt, pur: ~ ale. **II** adv **6.** völlig, ganz, gänzlich. **7.** senkrecht: to rise ~

from the water. **8.** di'rekt, schnurgerade.
sheer[2] [ʃɪə(r)] **I** s **1.** mar. a) Ausscheren n, b) Sprung m (Deckerhöhung): ~ hulk Hulk f, m (abgetakeltes Schiff) mit Mastkran; ~ plan Längsriß m. **II** v/i **2.** mar. abscheren, (ab)gieren (Schiff). **3.** a. ~ away (from) fig. a) abweichen, abgehen (von), b) sich losmachen (von). **III** v/t **4.** mar. abdrängen. ~ **off** v/i **1.** → sheer[2] **2**. **2.** colloq. abhauen, verschwinden. **3.** ~ from aus dem Wege gehen (dat).
sheet[1] [ʃiːt] **I** s **1.** Bettuch n, (Bett)Laken n, Leintuch n: **between the ~s** colloq. ‚in den od. in die Federn'; **to stand in a white ~** fig. reumütig s-e Sünden bekennen; **(as) white as a ~** kreidebleich. **2.** Bogen m, Blatt n (Papier): a blank ~ ein weißes od. leeres Blatt; a clean ~ fig. e-e reine Weste. **3.** print. a) (Druck-) Bogen m, b) pl (lose) Blätter pl: in (the) ~s (noch) nicht gebunden (Buch). **4.** Bogen m (von Briefmarken). **5.** Blatt n: a) Zeitung f: scandal ~ Skandalblatt, b) (Druck-, Flug)Schrift f. **6.** metall. (Fein)Blech n. **7.** tech. (dünne) (Blech-, Glas- etc)Platte. **8.** weite Fläche (von Wasser, Eis etc). **9.** (wogende od. sich bewegende) Masse, (Feuer-, Regen-) Wand f: **the rain came down in ~s** es regnete in Strömen. **10.** geol. a) (Gesteins)Schicht f, b) (Eis)Scholle f. **II** v/t **11.** das Bett beziehen. **12.** in (ein Laken) (ein)hüllen. **13.** mit e-r (dünnen) Schicht bedecken. **14.** tech. mit Blech verkleiden. **III** v/i **15.** it (od. the rain) ~ed down es regnete in Strömen.
sheet[2] [ʃiːt] mar. **I** s **1.** Schot(e) f, Segelleine f: **flowing ~s** fliegende Schoten; **to be** (od. **have**) **three ~s in the wind** sl. ‚sternhagelvoll sein'. **2.** pl Vorder- (u. Achter)teil m (des Boots). **II** v/t **3.** a. ~ **home** Segel anholen: **to ~ it home to s.o.** fig. ‚es j-m besorgen'.
sheet| an·chor s mar. Notanker m (a. fig.). ~ **bend** s mar. einfacher Schotenstek (Knoten). ~ **cop·per** s tech. Kupferblech n. ~ **glass** s Tafelglas n.
sheet·ing ['ʃiːtɪŋ] s **1.** Bettuchstoff m. **2.** tech. (Blech)Verkleidung f.
sheet| i·ron s tech. Eisenblech n. ~ **lead** [led] s tech. Tafelblei n. ~ **light·ning** s **1.** Wetterleuchten n. **2.** Flächenblitz m. ~ **met·al** s tech. (Me'tall)Blech n. ~ **mu·sic** s mus. Noten pl (auf losen Blättern), Notenblätter pl. ~ **steel** s tech. Stahlblech n.
Shef·field| goods ['ʃefiːld] s pl tech. plat'tierte (Me'tall)Waren pl. ~ **plate** s tech. versilberte Me'tallplatte (aus Sheffield).
sheik(h) [ʃeɪk; bes. Am. ʃiːk] s **1.** Scheich m (a. fig. colloq. Freund etc). '**sheik(h)-dom** s Scheichtum n.
shek·el ['ʃekl] s **1.** a) hist. S(ch)ekel m (hebräische Gewichts- u. Münzeinheit), b) Schekel m (israelische Währungseinheit). **2.** pl colloq. ,Zaster' m (Geld).
shel·drake ['ʃeldreɪk] s orn. Brandente f.
shelf [ʃelf] pl **shelves** [-vz] s **1.** (Bücher-, Wand-, Schrank)Brett n, ('Bücher-, 'Waren- etc)Re‚gal n, Bord n, Fach n, Sims m, n: **to be put** (od. **laid**) **on the ~** fig. a) ausrangiert werden (a. Beamter etc), b) auf die lange Bank geschoben werden (Sache); **to get on the ~** ‚sitzenbleiben' (Mädchen). **2.** Felsplatte f, Riff n. **3.** mar. a) Küstensockel m, Schelf m, n, b) Sandbank f. **4.** geol. Schelf m, n (Festland)sockel m.
shelf·ful ['ʃelfful] s: a ~ **of books** ein Regal (voll) Bücher.
shelf| life s econ. Lagerfähigkeit f, Haltbarkeit f. ~ **warm·er** s econ. ‚Ladenhüter' m.
shell [ʃel] **I** s **1.** allg. Schale f. **2.** zo.

shellac – shiftless

a) Muschel(schale) *f*, b) Schneckenhaus *n*, c) Flügeldecke *f (e-s Käfers)*, d) Panzer *m*, Rückenschild *m (der Schildkröte)*: **to come out of one's ~** *fig.* aus sich herausgehen; **to retire into one's ~** *fig.* sich in sein Schneckenhaus zurückziehen, sich abkapseln. **3.** (Eier)Schale *f*: **in the ~** a) (noch) unausgebrütet, b) *fig.* noch in der Entwicklung. **4.** *zo.* a) Muschelkalk *m*, b) Muschelschale *f*, c) Perlmutt *n*, d) Schildpatt *n*. **5.** *bot.* (Nuß- etc)Schale *f*, Hülse *f*, Schote *f*. **6.** *aer. mar.* Schale *f*, Außenhaut *f*, (Schiffs)Rumpf *m*. **7.** Gerüst *n*, Gerippe *n (a. fig.)*, *arch. a.* Rohbau *m*. **8.** Kapsel *f*, *(Scheinwerfer- etc)*Gehäuse *n*, Mantel *m*. **9.** *mil.* a) Gra'nate *f*, b) (Geschoß-, Pa'tronen)Hülse *f*, c) *Am.* Pa'trone *f (für Schrotgewehre)*. **10.** ('Feuerwerks)Ra,kete *f*. **11.** *gastr.* Pa'stetenhülle *f*, -schale *f*. **12.** *chem. phys.* (Elek'tronen)Schale *f*. **13.** *sport* Rennruderboot *n*. **14.** *(das)* bloße Äußere. **15.** Innensarg *m*. **16.** (Degen- etc)Korb *m*. **17.** *print.* Gal'vano *n*. **18.** *ped. Br.* Mittelstufe *f (an Privatschulen)*.
II *v/t* **19.** enthülsen: **to ~ peas**. **20.** schälen: **to ~ nuts** Nüsse knacken. **21.** *Körner von der Ähre entfernen.* **22.** *mil.* (mit Gra'naten) beschießen. **23.** mit Muscheln auslegen. **24. ~ out** *colloq.* ‚blechen' *(bezahlen)*.
III *v/i* **25. ~ out** *colloq.* ‚blechen' (on für).
shel·lac ['ʃəlæk] **I** *s* **1.** *chem. tech.* Schellack *m*. **II** *v/t pret u. pp* **shel'lacked 2.** mit Schellack behandeln. **3.** *Am. sl.* ‚vertrimmen' *(a. fig. vernichtend schlagen)*.
'**shell·back** *s mar. colloq.* (alter) Seebär. **~ egg** *s* Frischei *n (Ggs. Eipulver)*. '**~-fish** *s zo.* Schal(en)tier *n*. **~ game** *s Am.* **1.** Fingerhut-, Nußschalenspiel *n (Bauernfängerspiel)*. **2.** *fig.* a) 'Täuschungsma,növer *n*, b) Verwirrspiel *n*. **~ hole** *s* Gra'nattrichter *m*.
shell·ing ['ʃelɪŋ] *s* **1.** Enthülsen *n*, Schälen *n*. **2.** *mil.* Beschuß *m*, (Artille'rie-)Feuer *n*.
shell|**jack·et** *s* **1.** *mil. Br.* leichte Offi'ziersjacke. **2. ~ mess jacket.** '**~-out** *s (Art)* Billardspiel *n*. '**~-proof** *adj mil.* bombensicher. **~ shock** *s med. psych.* a) 'Kriegsneu,rose *f*, b) 'Bombenneu,rose *f*. **~ trans·form·er** *s electr. tech.* 'Mantel(kern)transfor,mator *m*. '**~-work** *s* Muschel(einlege)arbeit *f*.
Shel·ta [ʃeltə] *s* Ge'heimjar,gon *m der Kesselflicker etc (bes. in Irland)*.
shel·ter ['ʃeltə(r)] **I** *s* **1.** Schutzhütte *f*, -raum *m*, -dach *n*. **2.** Zufluchtsort *m*. **3.** Obdach *n*, Herberge *f*. **4.** Schutz *m*, Zuflucht *f*: **to take** *(od.* **seek**) **~ →** 10; **to seek ~** *fig.* sich verstecken (**behind** a fact hinter e-r Tatsache). **5.** *mil.* a) Bunker *m*, 'Unterstand *m*, b) (Luft)Schutzraum *m*, c) Deckung *f* (**from** vor *dat*).
II *v/t* **6.** (be)schützen, beschirmen (**from** vor *dat*): a **~ed life** ein behütetes Leben; **~ed trade** *econ. Br.* (durch Zölle) geschützter Handelszweig; **~ed workshop** beschützende Werkstätte; **~ed zone** *aer.* Windschatten *m*. **7.** schützen, bedecken, über'dachen. **8.** *j-m* Schutz *od.* Zuflucht gewähren: **to ~ o.s.** sich verstecken (**behind** hinter *j-m od. etwas*). **9.** *j-n* beherbergen. **III** *v/i* **10.** Zuflucht *od.* Schutz *od.* Obdach suchen. **11.** sich 'unterstellen.
~ belt *s* Shelterbelt *m (Waldstreifen als Windschirm)*. **~ half** *s irr mil. Am.* Zeltbahn *f*. **~ tent** *s (kleines)* Schutzzelt.
shel·ty, *a.* **shel·tie** ['ʃeltɪ] *s* Sheltie *m*, Shetlandpony *n*.
shelve¹ [ʃelv] *v/t* **1.** Bücher (in ein Re'gal) einstellen, auf ein Bücherbrett legen *od.* stellen. **2.** *fig.* a) *etwas* zu den Akten legen, b) *etwas Unangenehmes*

‚auf die lange Bank schieben', c) *etwas* zu'rückstellen, d) *j-n* 'ausran,gieren. **3.** mit Fächern *od.* Re'galen versehen.
shelve² [ʃelv] *v/i* sich (all'mählich) senken, (sanft) abfallen.
shelves [ʃelvz] *pl von* **shelf**.
shelv·ing¹ ['ʃelvɪŋ] *s* **1.** (Bretter *pl* für) Fächer *pl od.* Re'gale *pl*. **2.** Auf- *od.* Abstellen *n* in Fächern *od.* Re'galen. **3.** *fig.* a) Bei'seiteschieben *n*, b) 'Ausran,gieren *n*.
shelv·ing² ['ʃelvɪŋ] *adj* schräg, abfallend.
she·nan·i·gan [ʃɪ'nænɪɡən] *s colloq. meist pl* **1.** Trick *m*. **2.** ‚Mumpitz' *m*, ‚fauler Zauber'. **3.** (Lausbuben)Streich *m*, ‚Blödsinn' *m*.
'**she-oak** *s bot.* Känguruhbaum *m*.
shep·herd ['ʃepə(r)d] **I** *s* **1.** (Schaf)Hirt *m*, Schäfer *m*. **2.** *fig. relig.* (Seelen)Hirt *m (Geistlicher)*: **the (Good) S~** *Bibl.* der Gute Hirte *(Christus)*. **II** *v/t* **3.** *Schafe etc* hüten. **4.** *fig. e-e Menschenmenge* treiben, ‚bug'sieren', führen. **~ dog** *s* Schäferhund *m*.
shep·herd·ess ['ʃepə(r)dɪs] *s* Hirtin *f*, Schäferin *f*.
shep·herd's|**crook** *s* Hirtenstab *m*. **~ dog** *s* Schäferhund *m*. **~ pie** *s gastr.* Auflauf aus Hackfleisch u. Kartoffelbrei. **~ plaid** *s* schwarzweiß ka'rierter Plaid. **,~-'purse** *s bot.* Hirtentäschel *n*. **,~-'rod** *s bot.* Behaarte Kardendistel.
sher·ard·ize ['ʃerə(r)daɪz] *v/t tech.* sherardi'sieren *(verzinken)*.
Sher·a·ton ['ʃerətən] **I** *s* Sheratonstil *m (englischer Möbelstil um 1800)*. **II** *adj* Sheraton...
sher·bet ['ʃɜːbət; *Am.* 'ʃɜr-] *s* **1.** **~ powder** Brausepulver *n*. **2.** Sorbet *m*, Sor'bett *m*, *n (eisgekühltes Fruchtsaftgetränk)*. **3.** *bes. Am.* Fruchteis *n*. **4.** *Austral. sl.* Bier *n*.
sherd [ʃɜːd; *Am.* ʃɜrd] **→ shard.**
she·rif, *a.* **she·reef** [ʃe'riːf; ʃə-] *s* Sche'rif *m*: a) *Nachkomme Mohammeds*, b) *Titel mohammedanischer Fürsten*.
sher·iff ['ʃerɪf] *s jur.* Sheriff *m*: a) *in England, Wales u. Irland der höchste Verwaltungsbeamte e-r Grafschaft*, b) *in den USA der gewählte höchste Exekutivbeamte e-s Bezirks etc*, c) *in Schottland ein Richter an e-m* **sheriff court**. **~ court** *s jur.* niederes schottisches Gericht mit Zuständigkeit in Zivil- u. Strafsachen.
sher·lock, *a.* **S~** [ʃɜː'lɒk; *Am.* 'ʃɜr,lɑk] *s colloq.* Detek'tiv *m*.
Sher·pa ['ʃɜːpə; *Am.* 'ʃɜr-; 'ʃeər-] *s* **1.** *pl* **-pa(s)** Sherpa *m*. **2. S~** *pl* **-pas** *fig. Br. sl.* Last-, Packesel *m*.
sher·ry ['ʃerɪ] *s* Sherry *m (südspanischer Wein)*: **~ glass** Südweinglas *n*. **~ cobbler** *s* Sherry Cobbler *m (Mischgetränk aus Sherry, Fruchtsaft, Wasser, Zucker u. gestoßenem Eis)*.
Shet·land|**lace** [ʃetlənd] *s* Shetlandspitze *f (durchbrochene Handarbeit aus Wolle)*. **~ po·ny → shelty. ~ wool** *s* Shetlandwolle *f*.
shew [ʃəʊ] *pret* **shewed**, *pp* **shewn** *obs. für* **show**. '**~-bread** *s Bibl.* Schaubrot *n*.
Shi·ah ['ʃiːə] *s relig.* Schia *f (zweite Hauptrichtung des Islams)*.
shib·bo·leth ['ʃɪbəleθ; *Am.* -ləθ] *s fig.* **1.** Schib'boleth *n*, Erkennungszeichen *n*, Losungswort *n*. **2.** Kastenbrauch *m*. **3.** Plati'tüde *f*.
shield [ʃiːld] **I** *s* **1.** Schild *m*. **2.** Schutzschild *m*, -schirm *m*. **3.** *fig.* a) Schutz *m*, Schirm *m*, b) (Be)Schützer(in). **4.** *electr. tech.* Abschirmung *f*. **5.** *zo.* (Rücken-) Schild *m*, Panzer *m*. **6.** Arm-, Schweißblatt *n*. **7.** *her.* (Wappen)Schild *m*. **II** *v/t* **8.** (be)schützen, (be)schirmen (**from** vor *dat*). **9.** *bes. contp. j-n* decken. **10.** *electr.*

tech. abschirmen. **~ bear·er** *s* Schildträger *m*, -knappe *m*. **~ fern** *s bot.* Schildfarn *m*. **~ forc·es** *s pl mil.* Schildstreitkräfte *pl*.
'**shield·less** *adj* **1.** ohne Schild. **2.** *fig.* schutzlos.
shiel·ing ['ʃiːlɪŋ] *s bes. Scot.* **1.** (Vieh-) Weide *f*. **2.** Hütte *f*.
shift [ʃɪft] **I** *v/i* **1.** den Platz *od.* die Lage wechseln, sich bewegen: **to ~ from one foot to the other** von e-m Fuß auf den anderen treten; **to ~ on one's chair** auf s-m Stuhl *(ungeduldig etc)* hin u. her rutschen. **2.** *fig.* sich verlagern *(a. jur. Beweislast)*, sich verwandeln *(a. Schauplatz, Szene)*, sich verschieben *(a. ling. Laut)*, wechseln. **3.** die Wohnung wechseln, 'umziehen. **4.** *a.* **~ along** *fig.* sich notdürftig durchschlagen: **to ~ for o.s.** a) auf sich gestellt sein, b) sich selbst (weiter)helfen. **5.** *fig.* Ausflüchte machen. **6.** *mot. tech.* schalten: **to ~ into second gear** *mot.* in den zweiten Gang schalten; **to ~ up (down)** *mot.* hinaufschalten (herunterschalten). **7.** Kugelstoßen: angleiten. **8.** *mar.* sich verlagern, 'überschießen *(Ballast od. Ladung)*. **9.** *oft* **~ round** sich drehen *(Wind)*. **10.** *colloq.* a) *meist* **~ away** sich da'vonstehlen, b) sich beeilen.
II *v/t* **11.** ('um-, aus)wechseln, (aus-) tauschen, verändern: **to ~ one's lodging → 3; to ~ ground¹ 7. 12.** *a. fig.* verlagern, -schieben, -legen: **to ~ the scene to** den Schauplatz verlegen nach; **he ~ed his attention to other matters** er wandte s-e Aufmerksamkeit anderen Dingen zu. **13.** *e-n Betrieb etc* 'umstellen (**to auf** *acc*). **14.** *mil. das Feuer* verlegen. **15.** *theu.* Kulissen schieben. **16.** befördern, bringen (**from, out of** von; **to** nach). **17.** *die Schuld, Verantwortung* (ab)schieben, abwälzen (**onto** *od.* **on** *acc*). **18.** *j-n* loswerden. **19.** 'umpflanzen. **20. to ~ gear(s)** *bes. Am.* a) **→ gear 3** b, b) *fig.* umschalten, umsteigen. **21.** *tech.* verstellen, *e-n Hebel* 'umlegen. **22.** *ling. e-n Laut* verschieben. **23.** *mar.* a) *die Ladung* 'umstauen, b) *das Schiff (längs des Kais)* verholen. **24.** *die Kleidung* wechseln. **25.** *Am. colloq. Speise, Getränk* ‚wegputzen': **to ~ a few** ein paar ‚kippen'.
III *s* **26.** Wechsel *m*, Verschiebung *f*, -änderung *f*: **~ of emphasis** *fig.* Gewichtsverlagerung *f*. **27.** (Arbeits)Schicht *f (Arbeiter od. Arbeitszeit)*: **~ allowance** *bes. Am.* Schichtzuschlag *m*; **to work in ~s** Schicht arbeiten. **28.** Ausweg *m*, Hilfsmittel *n*, Notbehelf *m*: **to make (a)** **~** a) sich notdürftig durchschlagen, b) es fertigbringen (**to do** zu *tun*), c) sich behelfen (**with** mit; **without** ohne). **29.** Kniff *m*, List *f*, Trick *m*, Ausflucht *f*. **30. ~ of crop** *agr. bes. Br.* Fruchtwechsel *m*. **31.** *American Football*: Positi'onswechsel *m*. **32.** Kugelstoßen: Angleiten *n*. **33.** *geol.* Verwerfung *f*. **34.** *mus.* a) Lagenwechsel *m (bei Streichinstrumenten)*, b) Zugwechsel *m (Posaune)*, c) Verschiebung *f (linkes Pedal beim Flügel etc)*. **35.** *ling.* Lautverschiebung *f*. **36.** *obs.* ('Unter)Hemd *n (der Frau)*.
'**shift·er** *s* **1.** *thea.* Ku'lissenschieber *m*, Bühnenarbeiter *m*. **2.** *fig.* schlauer Fuchs. **3.** *tech.* a) Schalter *m*, 'Umleger *m*, b) Ausrückvorrichtung *f*.
shift·i·ness ['ʃɪftɪnɪs] *s* **1.** Gewandtheit *f*. **2.** Schlauheit *f*. **3.** Verschlagenheit *f*. **4.** *fig.* Unstetigkeit *f*.
'**shift·ing** *adj* wechselnd, veränderlich, sich verschiebend: **~ sand** Treib-, Flugsand *m*.
shift key *s* 'Umschalter *m (der Schreibmaschine)*.
'**shift·less** *adj (adv* **~ly) 1.** hilflos *(a. fig.*

unfähig). **2.** unbeholfen, einfallslos. **3.** träge, faul. **'shift·less·ness** s **1.** Hilflosigkeit f (a. fig.). **2.** Unbeholfenheit f. **3.** Trägheit f.
shift| work s **1.** Schichtarbeit f: **to do ~** Schicht arbeiten. **2.** ped. 'Schicht,unterricht m. **~ work·er** s Schichtarbeiter(in).
'shift·y adj (adv shiftily) **1.** einfallsreich, wendig. **2.** schlau, gerissen. **3.** verschlagen. **4.** fig. unstet.
Shi·ism [ˈʃiːɪzəm] s relig. Schi'ismus m. **'Shi·ite** [-aɪt] **I** s Schi'it(in). **II** adj schi'itisch.
shi·kar [ʃɪˈkɑː(r)] Br. Ind. **I** s Jagd f (als Sport). **II** v/t jagen. **shi'ka·ri**, a. **shi-'ka·ree** [-ˈkærɪ, -ˈkɑː-] s Br. Ind. (a. eingeborener) Jäger.
shil·le·la(g)h [ʃɪˈleɪlə, -lɪ] s Ir. (Eichenod. Schlehdorn)Knüttel m.
shil·ling [ˈʃɪlɪŋ] s Br. altes Währungssystem: Schilling m: **a ~ in the pound** 5 Prozent; **to pay twenty ~s in the pound** s-e Schulden auf Heller u. Pfennig bezahlen; **to take the King's** (od. Queen's) **~** sich als Soldat anwerben lassen; **to cut s.o. off with a ~** j-n enterben, j-m keinen Pfennig vermachen. **~ shock·er** s Schundro,man m.
shil·ly-shal·ly [ˈʃɪlɪˌʃælɪ] **I** v/i schwanken, sich nicht entscheiden können. **II** s Schwanken n, Zögern n. **III** adj u. adv schwankend, unentschlossen.
shi·ly → shyly.
shim [ʃɪm] s tech. Keil m, Ausgleichsscheibe f.
shim·mer [ˈʃɪmə(r)] **I** v/i schimmern. **II** s Schimmer m, Schimmern n. **'shimmer·y** adj schimmernd.
shim·my [ˈʃɪmɪ] **I** s **1.** Shimmy m (amer. Jazztanz). **2.** tech. Flattern n (der Vorderräder). **3.** colloq. (Damen)Hemd n. **II** v/i **4.** Shimmy tanzen. **5.** tech. flattern (Vorderräder).
shin [ʃɪn] **I** s **1.** anat. Schienbein n. **2. ~ of beef** gastr. Rinderhachse f. **II** v/i **3.** klettern: **to ~ up a tree** e-n Baum hinaufklettern. **4.** Am. rennen. **III** v/t **5.** klettern auf (acc). **6.** j-n vors Schienbein treten: **to ~ o.s.** sich das Schienbein stoßen. **'~ bone** s Schienbein(knochen m) n.
shin·dig [ˈʃɪndɪg] s colloq. **1.** ‚Schwof' m, Tanzveranstaltung f. **2.** (bes. ausgelassene) Party. **3.** → shindy.
shin·dy [ˈʃɪndɪ] s colloq. Krach m, Ra-'dau m.
shine [ʃaɪn] **I** v/i pret u. pp **shone** [ʃɒn; Am. ʃəʊn], obs. **shined 1.** scheinen (Sonne etc), leuchten, strahlen (a. Augen etc); **with joy vor Freude**): **to ~ out** a) hervorleuchten, b) fig. hervorragen; **to ~ up to s.o.** Am. sl. sich bei j-m anbiedern. **2.** glänzen (a. fig. sich hervortun as als; **in, at** in dat). **II** v/t **3.** pret u. pp meist **shined** po'lieren: **to ~ shoes. III** s **4.** (Sonnen- etc)Schein m: → **rain 1. 5.** Glanz m (a. fig.): **to take the ~ out of** a) e-r Sache den Glanz nehmen, b) etwas od. j-n in den Schatten stellen, c) j-n ‚klein u. häßlich' erscheinen lassen. **6.** Glanz m (bes. auf Schuhen): **have a ~?** Schuhputzen gefällig? **7.** colloq. Krach m: **to kick up a ~** Radau machen. **8.** Am. colloq. Dumme'jungenstreich m. **9.** **to take a ~ to s.o.** colloq. an j-m Gefallen finden. **10.** Am. sl. contp. Nigger m.
shin·er [ˈʃaɪnə(r)] s **1.** glänzender Gegenstand. **2.** sl. a) Goldmünze f (bes. Sovereign), b) pl Mo'neten pl (Geld), c) Dia-'mant m. **3.** colloq. ‚Veilchen' n, blaues Auge. **4.** Glanzstelle f.
shin·gle¹ [ˈʃɪŋgl] **I** s **1.** arch. (Dach-)Schindel f. **2.** Herrenschnitt m (Damenfrisur). **3.** Am. colloq. humor. (Firmen-)Schild n: **to hang out one's ~** sich (als Arzt etc) etablieren, ‚s-n eigenen Laden aufmachen'. **II** v/t **4.** arch. mit Schindeln decken. **5.** Haar (sehr) kurz schneiden: **~d hair** → 2.
shin·gle² [ˈʃɪŋgl] s geol. Br. **1.** grober Strandkies. **2.** a. **~ beach** Kiesstrand m.
shin·gle³ [ˈʃɪŋgl] v/t metall. zängen (entschlacken).
shin·gles [ˈʃɪŋglz] s pl (als sg konstruiert) med. Gürtelrose f.
shin·gly [ˈʃɪŋglɪ] adj kies(el)ig.
shin·ing [ˈʃaɪnɪŋ] adj (adv ~ly) **1.** leuchtend (a. fig.), strahlend, hell. **2.** glänzend (a. fig.): **~ example** leuchtendes Beispiel; **a ~ light** e-e Leuchte, ein großes Licht (Person).
shin·ny¹ [ˈʃɪnɪ] s sport Am. Shinny n (Art Hockey).
shin·ny² [ˈʃɪnɪ] v/i Am. colloq. für **shin 3**.
Shin·to [ˈʃɪntəʊ], **'Shin·to·ism** s Schinto'ismus m (japanische Religion).
shin·ty [ˈʃɪntɪ] s sport Br. Shinty n (Art Hockey).
shin·y [ˈʃaɪnɪ] adj allg. glänzend: a) leuchtend (a. fig.), b) funkelnd (a. Auto etc), c) strahlend: **a ~ day**, d) blank(geputzt), e) blank, abgetragen: **a ~ jacket**.
ship [ʃɪp] **I** s **1.** allg. Schiff n: **~'s articles** → shipping articles; **~'s biscuit** → ship biscuit; **~'s company** Besatzung f; **~'s husband** Mitreeder m; **~'s papers** Schiffspapiere; **~'s stores** Schiffsbedarf m; **~ of state** fig. Staatsschiff; **~ of the desert** fig. Schiff der Wüste (Kamel); **to take ~** sich einschiffen (for nach); **about ~!** kann zum Wenden!; **when my ~ comes home** (od. **in**) fig. wenn ich das große Los ziehe. **2.** mar. Vollschiff (Segelschiff mit 3 od. mehr Masten mit Rahsegeln). **3.** Boot n. **4.** a) Luftschiff n, b) Flugzeug n, c) Raumschiff n. **II** v/t **5.** mar. a) an Bord nehmen, verladen, b) Passagiere an Bord nehmen. **6.** mar. verschiffen, (mit dem Schiff) transpor'tieren. **7.** econ. a) verladen, b) a. **~ off** transpor'tieren, verfrachten, -senden, (aus)liefern (a. zu Lande), c) Ware (zur Verladung) abladen, d) mar. e-e Ladung über'nehmen. **8.** mar. 'übernehmen: **to ~ a sea** e-e See übernehmen. **9.** mar. a) Ruder einlegen, e-n Mast einsetzen, c) den Landungssteg einholen: → **oar** Bes. Redew. **10.** mar. Matrosen (an)heuern, anmustern. **11.** a. **~ off** colloq. fortschicken. **III** v/i mar. **12.** sich einschiffen. **13.** sich anheuern lassen.
ship| bis·cuit s Am. Schiffszwieback m. **'~ board** s mar. Bord m: **on ~** an Bord. **'~ borne air·craft** s aer. Bordflugzeug n. **~ break·er** s mar. Schiffsverschrotter m. **'~ build·er** s mar. Schiff(s)bauer m, 'Schiffsarchi,tekt m. **'~ build·ing** s mar. Schiff(s)bau m. **~ ca·nal** s mar. 'Seeka,nal m. **~ chan·dler** s mar. Schiffsausrüster m. **'~ load** s mar. (volle) Schiffsladung (als Maß). **'~ mas·ter** s mar. ('Handels)Kapi,tän m. **'~ mate** s mar. 'Schiffskame,rad m.
'ship·ment s **1.** mar. a) Verladung f, b) Verschiffung f, 'Seetrans,port m, c) (Schiffs)Ladung f. **2.** econ. (a. zu Lande) a) Versand m, b) (Waren)Sendung f, Lieferung f.
ship| mon·ey s hist. Schiffsgeld n (in England für Schiffsaufgebote im Krieg erhobene Steuer). **~ of the line** mil. hist. Linienschiff n. **'~ own·er** s Reeder m.
'ship·per s econ. **1.** Verschiffer m. **2.** a) Absender m, b) Frachter m, Spedi'teur m, c) → **shipping clerk. 3.** Am. sich gut zum Versand eignende Ware. **4.** Am. → **shipping case**.
'ship·ping s **1.** Verschiffung f. **2.** a) Abladung f (Anbordnahme), b) Verfrachtung f, Versand m (a. zu Lande etc): **~ carton** Versandkarton m; **~ instructions** Versandvorschriften. **3.** mar. collect. Schiffe pl, Schiffsbestand m (e-s Landes etc). **~ a·gent** s mar. **1.** 'Schiffs,agent m. **2.** Schiffsmakler m. **~ ar·ti·cles** s/pl mar. 'Schiffsar,tikel pl, Heuervertrag m. **~ bill** s mar. Mani'fest n, Zollfreischein m. **~ case** s econ. Versandkiste f, -behälter m. **~ clerk** s econ. Expedi'ent m, Leiter m der Ver'sandabteilung. **~ com·mis·sion·er** s mar. Am. 'Seemanns,amtskommis,sar m. **~ com·pa·ny** s mar. Reede'rei f. **~ fore·cast** s meteor. Seewetterbericht m. **~ mas·ter** s mar. Br. 'Seemanns,amtskommis,sar m. **~ or·der** s econ. Versandauftrag m.
'ship·shape adv u. pred adj ordentlich: **~ and Bristol fashion** in tadelloser Ordnung.
'ship|-to-'ship adj mar. Bord-Bord-... **,~-to-'shore** adj mar. Bord-Land-... **'~ way** s **1.** Schiffsbau: Stapel m, Helling f. **2.** Trockendock(schiffs)stützen pl. **3.** ship canal. **'~ wreck** s **1.** (Schiffs-)Wrack n. **2.** Schiffbruch m, fig. a. Scheitern n (von Plänen, Hoffnungen etc): **to suffer ~** Schiffbruch erleiden; **to make ~ of** → 4. **II** v/t **3.** durch Schiffbruch vernichten: **to be ~ed** schiffbrüchig werden od. sein. **4.** fig. zum Scheitern bringen, vernichten. **III** v/i **5.** Schiffbruch erleiden, fig. a. scheitern. **'~ wrecked** adj schiffbrüchig, fig. a. gescheitert. **'~ wright** s **1.** Schiff(s)bauer m, Schiff(s)baumeister m. **2.** Schiffszimmermann m. **'~ yard** s (Schiffs)Werft f.
shir → shirr.
shire [ˈʃaɪə(r)] als Suffix -ʃə(r), -ˌʃɪə(r)] s **1.** Br. Grafschaft f (meist in Zssgn): **the S-s** a) die englischen Grafschaften, die auf **-shire** enden, b) die Midlands, c) die wegen der Fuchsjagden berühmten Grafschaften (bes. Leicestershire, Rutland u. Northamptonshire). **2.** (au'stralischer) Landkreis. **3.** a. **~ horse** Shire m, Shirehorse n (Rasse schwerer Zugpferde). **'~ moot** s Br. hist. Grafschaftsgericht n od. -versammlung f.
shirk [ʃɜːk; Am. ʃɜrk] **I** v/t **1.** sich drücken vor (dat). **2.** a. **e-m Blick** ausweichen. **3.** a. **~ off** Am. etwas ‚abschieben' (on auf acc). **II** v/i **4.** sich drücken (**from** vor dat). **III** s → **shirker. 'shirk·er** s Drückeberger(in).
shirr [ʃɜː; Am. ʃɜr] **I** s **1.** e'lastisches Gewebe, eingewebter Gummifaden, Zugband n. **2.** Fältelung f. **II** v/t **3.** kräuseln, fälteln. **4.** Eier in Sahne etc backen. **'shirred** adj mit eingewebten Gummifäden (versehen), e'lastisch, gekräuselt: **~ goods** Gummiware f. **'shirr·ing** s **1.** (fein)gefältelte Arbeit. **2.** Gurtwaren pl.
shirt [ʃɜːt; Am. ʃɜrt] s **1.** (Herren-, Ober-)Hemd n. **2.** a. **~ blouse** Hemdbluse f. **3.** 'Unterhemd n. **4.** Nachthemd n (für Herren).
Besondere Redewendungen:
to get s.o.'s ~ off sl. j-n ‚auf die Palme bringen'; **to give away the ~ off one's back for s.o.** das letzte Hemd für j-n hergeben; **to have one's ~ out** sl. fuchsteufelswild sein; **without a ~** to one's back ohne ein Hemd auf dem Leib; **keep your ~ on!** colloq. ruhig Blut!, nur keine Aufregung!; **to lose one's ~** ‚sein letztes Hemd verlieren'; **to put one's ~ on** alles auf ein Pferd etc setzen; **near is my ~, but nearer is my skin** das Hemd ist mir näher als der Rock; → **bet 4, bloody shirt, stuffed shirt.**
shirt| dress s Hemdkleid n. **~ frill** s Hemdkrause f. **~ front** s Hemdbrust f. **'shirt·ing** s Hemdenstoff m.
'shirt·less adj **1.** ohne Hemd. **2.** bettelarm.

shirt|sleeve s Hemdsärmel m: **in one's ~s** in Hemdsärmeln. **'~-sleeve** adj fig. ‚hemdsärmelig', le'ger, ungezwungen: **~ diplomacy** offene Diplomatie. **'~-stud** s Hemd(en)knopf m. **'~-tail** s Hemd(en)schoß m. **'~-waist** s Am., **'~waist·er** s Br. Hemdbluse f.
shirt·y ['ʃɜːtɪ; Am. 'ʃɜr-] adj sl. **1.** fuchsteufelswild. **2.** ‚sauer', verärgert.
shit [ʃɪt] **I** s **1.** vulg. ‚Scheiße' f (a. fig.): ~! Scheiße!; **I don't give a ~!** das ist mir ‚scheißegal!'; **not worth a ~** e-n ‚Scheißdreck' wert; **to be in the ~** fig. in der Scheiße sitzen. **2.** vulg. ‚Scheißen' n: **to have (go for) a ~** ‚scheißen' (gehen). **3. the ~s** pl (als sg od. pl konstruiert) vulg. die ‚Scheiße'rei, ‚Dünnschiß' m (Durchfall). **4.** fig. vulg. ‚Scheiß' m (Unsinn): **to talk ~**. **5.** fig. vulg. ‚Arschloch' n: **you big ~!** du ‚blöde Sau!' **6.** sl. ‚Shit' n (Haschisch). **II** v/i pret u. pp **shit** od. **'shitted 7.** vulg. ‚scheißen': **to ~ on** fig. a) auf j-n, etwas scheißen, b) j-n ,an-, zs.-scheißen', c) j-n ‚verpfeifen'; (either) ~ **or get off the pot!** entweder — oder! **III** v/t **8.** vulg. ‚vollscheißen', ‚scheißen' in (acc): **to ~ o.s.** a) sich vollscheißen, b) fig. sich vor Angst fast in die Hosen scheißen. **~ creek** s: **to be up ~ (without a paddle)** vulg. ‚bis zum Hals in der Scheiße sitzen'. **'~-head** s fig. vulg. ‚Arschloch' n. **~ list** s: **to be on s.o.'s ~** vulg. bei j-m ‚verschissen' haben.
shit·tah (tree) ['ʃɪtə] s Bibl. e-e Akazie.
shit·ty ['ʃɪtɪ] adj vulg. **1.** ‚verschissen' (Hose etc). **2.** fig. ‚beschissen', Scheiß...
shiv·a·ree [ˌʃɪvəˈriː] s Am. für **charivari**.
shiv·er¹ ['ʃɪvə(r)] **I** v/i **1.** zittern, (er)schauern, frösteln (**with** vor dat). **2.** mar. killen, flattern (Segel). **II** v/t **3.** mar. Segel killen lassen. **III** s **4.** Schauer m, Zittern n, Frösteln n: **to be (all) in a ~** wie Espenlaub zittern; **a ~ ran (up and) down my back** es überlief mich kalt; **the ~s a)** Fieberschauer, Schüttelfrost m, b) colloq. Gänsehaut f, kalter Schauer; **it gave me the ~s** mich packte das kalte Grausen.
shiv·er² ['ʃɪvə(r)] **I** s **1.** Splitter m, (Bruch)Stück n, Scherbe f. **2.** min. Dachschiefer m. **3.** tech. Spleiß(e f) m. **II** v/t **4.** zersplittern, -schmettern. **III** v/i **5.** (zer)splittern.
'shiv·er·ing s Schauer m: **~ attack**, **~ fit** Schüttelfrost m.
'shiv·er·y adj **1.** fröstelnd. **2.** zitt(e)rig. **3.** fiebrig.
shlep → **schlep(p)**. **'shlep·per** → **schlepper**.
shlock → **schlock I**.
shmear → **schmear**.
shmo → **schmo**.
shmuck → **schmuck**.
shoal¹ [ʃəʊl] **I** adj **1.** seicht, flach. **II** s **2.** Untiefe f, seichte Stelle. **3.** Sandbank f. **III** v/i **4.** seicht(er) werden.
shoal² [ʃəʊl] **I** s **1.** Schwarm m (bes. von Fischen). **2.** Masse f, Unmenge f: **~s of people** Menschenmassen. **II** v/i **3.** in Schwärmen auftreten. **4.** in Massen auftreten.
shoal·y ['ʃəʊlɪ] adj seicht, voller Untiefen.
shoat [ʃəʊt] s Ferkel n.
shock¹ [ʃɒk; Am. ʃɑk] **I** s **1.** (heftiger) Stoß, Erschütterung f (a. fig. des Vertrauens etc). **2.** a. mil. Zs.-prall m, -stoß m, Anprall m: **the ~ of the waves** der Anprall der Wellen. **3.** Schock m, Schreck m, (plötzlicher) Schlag (**to** für), (seelische) Erschütterung (**to** gen): **to get the ~ of one's life** a) zu Tode erschrecken, b) ‚sein blaues Wunder erleben'; **with a ~** mit Schrecken; **she is in (a state of) ~** sie hat e-n Schock; **the news**

came as a ~ to him die Nachricht war ein Schock für ihn od. traf ihn schwer. **4.** Schock m, Ärgernis n (**to** für). **5.** electr. Schlag m, (a. med. E'lektro)Schock m. **6.** med. a) (Nerven)Schock m, b) (Wund-) Schock m, c) plötzliche Lähmung, d) colloq. Schlag(anfall) m. **7.** psych. 'Schockreakti,on f. **II** v/t **8.** erschüttern, erbeben lassen. **9.** fig. scho'ckieren, em-'pören: **~ed** empört od. entrüstet (**at** über acc; **by** durch). **10.** fig. j-m e-n Schock versetzen, j-n erschüttern, bestürzen: **~ed** schockiert, entgeistert; **I was ~ed to hear** zu m-m Entsetzen hörte ich. **11.** j-m e-n Nervenschock versetzen. **12.** j-m e-n (e'lektrischen) Schlag versetzen. **13.** med. schocken, e-r Schockbehandlung unter-'ziehen. **III** v/i **14.** mil. zs.-stoßen, -prallen.
shock² [ʃɒk; Am. ʃɑk] agr. **I** s Mandel f, Hocke f, (aufgeschichteter) Garbenhaufen. **II** v/t in Mandeln aufstellen.
shock³ [ʃɒk; Am. ʃɑk] **I** s (**~ of hair** Haar)Schopf m. **II** adj zottig: **~ head** Strubbelkopf m.
shock|ab·sorb·er s tech. **1.** Stoßdämpfer m. **2.** 'Schwingme,tall n. **~ ab·sorp·tion** s tech. Stoßdämpfung f. **~ ac·tion** s mil. Über'raschungsangriff m. **~ bri·gade** s 'Stoßbri,gade f (von Arbeitern in kommunistischen Ländern).
'shock·er s colloq. **1.** Schocker m (j-d, der od. etwas, was schockiert). **2.** Elektri'sierappa,rat m.
'shock|-free adj tech. stoßfrei. **'~-headed** adj strubbelig: **S~ Peter** (der) Struwwelpeter.
'shock·ing I adj (adv **-ly**) **1.** scho'ckierend, em'pörend, unerhört, anstößig. **2.** entsetzlich, haarsträubend. **3.** colloq. scheußlich, schrecklich, mise'rabel: **~ weather**. **II** adv **4.** colloq. schrecklich, unheimlich: **a ~ big town**.
'shock|-proof adj **1.** tech. stoßfest, -sicher, erschütterungsfest. **2.** fig. nicht zu erschüttern. **~ tac·tics** pl (als sg konstruiert) mil. Stoß-, 'Durchbruchstaktik f. **~ ther·a·py**, **~ treat·ment** s med. 'Schockthera,pie f, -behandlung f. **~ troops** s pl mil. Stoßtruppen pl. **~ wave** s aer. phys. Druckwelle f: **to send ~s through** fig. erschüttern. **~ work·er** s Stoßarbeiter m (in kommunistischen Ländern).
shod [ʃɒd; Am. ʃɑd] **I** pret u. pp von **shoe I**. **II** adj **1.** beschuht. **2.** bereift (Fahrzeug). **3.** beschlagen (Pferd, a. Stock etc).
shod·dy ['ʃɒdɪ; Am. 'ʃɑ-] **I** s **1.** Shoddy n, (langfaserige) Kunstwolle. **2.** Shoddytuch n. **3.** fig. Schund m, Kitsch m. **4.** fig. Protzentum n. **5.** tech. Regene'ratgummi m, n. **II** adj **6.** Shoddy... **7.** fig. unecht, falsch: **~ aristocracy** Talmiaristokratie f. **8.** fig. kitschig, Schund...: **~ literature**. **9.** fig. protzig.
shoe [ʃuː] **I** v/t pret u. pp **shod** [ʃɒd; Am. ʃɑd]. **1.** a) beschuhen, b) Pferde, a. e-n Stock etc beschlagen, Schlittenkufen etc beschienen. **II** s **2.** Schuh m. **3.** a) bes. Br. Halbschuh m, b) Am. Stiefel m. **4.** Hufeisen n. **5.** tech. Schuh m (Schutzbeschlag). **6.** tech. a) Bremsschuh m, -klotz m, b) Bremsbacke f. **7.** tech. (Reifen-) Decke f. **8.** electr. Schleifstück n (des Stromabnehmers). **9.** tech. a) Anschlag (-stück n) m, b) Verschleißstück n. Besondere Redewendungen:
dead men's ~s fig. ungeduldig erwartetes Erbe; **to be** (od. **stand) in s.o.'s ~s** fig. in j-s Haut stecken; **now the ~ is on the other foot** colloq. jetzt will er (etc) plötzlich nichts mehr davon wissen; **every ~ fits not every foot** eines schickt sich nicht für alle; **to know where the ~ pinches** wissen, wo der Schuh drückt;

to shake in one's ~s vor Angst schlottern; **to step into** (od. **fill) s.o.'s ~** j-s Stelle einnehmen; **that's another pair of ~s** das sind zwei Paar Stiefel; → **die¹ 1, fit¹ 19, lick 1**.
'shoe|·black s Schuhputzer m. **'~-brush** s Schuhbürste f. **'~-horn** s Schuhlöffel m. **'~-lace** s Schnürsenkel m. **~ leath·er** s Schuhleder n.
'shoe·less adj unbeschuht, barfuß.
'shoe|·mak·er s Schuhmacher m: **~'s thread** Pechdraht m. **'~-shine** s bes. Am. Schuhputzen n: **~ boy** Schuhputzer m. **~ shuf·fle** s: **to do the light ~** Br. colloq. das Tanzbein schwingen. **'~-string I** s → **shoelace**: **on a ~** colloq. mit ein paar Groschen, praktisch mit nichts anfangen etc. **II** adj colloq. a) fi'nanzschwach, b) ‚klein': **~ producers**, c) dürftig, armselig. **~ tree** s (Schuh)Leisten m.
sho·gun ['ʃəʊguːn; Am. -gən] s hist. Shogun m (Titel des japanischen Oberbefehlshabers u. eigentlichen Machthabers).
shone [ʃɒn; Am. ʃəʊn] pret u. pp von **shine**.
shoo [ʃuː] **I** interj **1.** husch!, sch!, fort! **II** v/t **2.** a. **~ away** weg-, verscheuchen. **3.** Am. colloq. j-n ‚bug'sieren'. **III** v/i **4.** husch! od. sch! rufen. **'~-in** s Am. colloq. sicherer Gewinner, aussichtsreicher Kandi'dat.
shook¹ [ʃʊk] **I** s **1.** Bündel n Faßdauben. **2.** Pack m Kisten- od. Möbelbretter etc. **3.** → **shook² I**. **II** v/t **4.** zu e-m Bündel zs.-stellen, bündeln.
shook² [ʃʊk] pret von **shake**.
shoot [ʃuːt] **I** s **1.** hunt. a) Jagd f, b) 'Jagd(re,vier n) f, c) Jagdgesellschaft f, d) Am. Strecke f (erlegtes Wild): **the whole ~** colloq. der ‚ganze Laden' od. ‚Kram'. **2.** Wettschießen n. **3.** Am. Ra'ketenabschuß m, -start m. **4.** a) Schuß m, b) Schießen n, Feuer n. **5.** bot. a) Sprießen n, b) Schößling m, (Seiten)Trieb m. **6.** (Holz- etc)Rutsche f, Rutschbahn f. **7.** fig. Schuß m, Schießen n, Zucken n (schnelle Bewegung). **8.** Stromschnelle f. **9.** Schuttabladestelle f. **10.** phot. (Film-) Aufnahme f.
II v/t pret u. pp **shot** [ʃɒt; Am. ʃɑt] **11.** e-n Pfeil, e-e Kugel etc (ab)schießen (**at** nach, **auf** acc): **to ~ one's way to freedom** sich (den Weg) freischießen; **to ~ questions at s.o.** fig. j-n mit Fragen bombardieren; → **ball¹ 1, shoot off 1**. **12.** a) hunt. schießen, erlegen, b) j-n etc anschießen, c) a. **~ dead**, Am. a. **~ and kill** j-n erschießen (**for** wegen): **to ~ o.s.** sich erschießen; **I'll be shot if** ich will (auf der Stelle) tot umfallen, wenn; → **shoot down**. **13.** hunt. in e-m Revier jagen. **14.** fig. schleudern, schnellen, stoßen: **to ~ a line** sl. angeben, ‚große Bogen spucken'. **15.** 'hinschießen über (acc): **to ~ a bridge** unter e-r Brücke hindurchschießen; **to ~ a rapid** über e-e Stromschnelle hinwegschießen; **to ~ Niagara** fig. Kopf u. Kragen riskieren; → **light¹ 5**. **16.** Strahlen etc schießen, aussenden: **to ~ rays; to ~ a glance at** e-n schnellen Blick werfen auf (acc). **17.** (mit Fäden) durch-'schießen, -'wirken. **18.** Schutt, a. e-n Karren etc abladen, auskippen. **19.** a. **~ out**, **~ forth** bot. Knospen etc treiben. **20.** e-n Riegel etc vorschieben; → **bolt¹ 1**. **21.** Bergbau: sprengen. **22.** tech. ein Brett etc gerade-, abhobeln, Holz zurichten, ein Faß schroten. **23.** sport den Ball, ein Tor schießen: **to ~ the ball (a goal)**; **to ~ marbles** Murmeln spielen. **24.** med. (ein)spritzen: **to ~ (up)** sl. Heroin etc ‚drücken', ‚schießen'. **25.** a) fotogra'fieren, aufnehmen, b) drehen, filmen: **to ~ a scene**.
III v/i **26.** a. sport schießen, feuern (**at**

nach, auf *acc*): **to ~ from the hip** aus der Hüfte schießen (*a. fig. colloq. unbedacht reden od. handeln*); **to ~ at** (*od.* **for**) **s.th.** *colloq.* auf etwas abzielen; **~!** *bes. Am. sl.* schieß los (*sprich*)! **27.** schießen, jagen: **to go ~ing** auf die Jagd gehen; **to ~ over** (*od.* **to**) **dogs** mit Hunden jagen. **28.** (da'hin-, vor'bei- *etc*)schießen, (-)jagen, (-)rasen: **a car shot past; a sudden idea shot across his mind** ein Gedanke schoß ihm plötzlich durch den Kopf; → **shoot ahead**. **29.** stechen (*Schmerz, Glied*). **30.** ragen: **a cape ~s out into the sea** ein Kap ragt weit ins Meer hinaus. **31.** *bot.* sprießen, sprossen, keimen. **32.** *phot.* a) fotografieren, b) drehen, filmen. **33.** *a.* **~ up** *sl.* ‚schießen', ‚drücken' (*Heroin etc spritzen*).
Verbindungen mit Adverbien:
shoot|a·head *v/i* nach vorn schießen, vor'anstürmen; **to ~ of** vorbeischießen an (*dat*), überholen (*acc*). **~ down** *v/t* **1.** j-n niederschießen. **2.** ein Flugzeug *etc* abschießen. **3.** *colloq.* a) j-n ‚abfahren lassen', b) Antrag *etc* ‚abschmettern'. **~ off** **I** *v/t* **1.** e-e Waffe abschießen: **to ~ one's mouth** → **3**. **II** *v/i* **2.** stechen (*bei gleicher Trefferzahl*). **3.** *bes. Am. sl.* a) ‚blöd da'herreden', b) ‚quatschen' (*Geheimnisse weitererzählen*). **~ out** **I** *v/t* **1.** ein Auge *etc* ausschießen. **2. to shoot it out** die Sache mit ‚blauen Bohnen' entscheiden. **3.** her'ausschleudern, hin'auswerfen, -jagen. **4.** *die Faust, den Fuß* vorschnellen (lassen), *die Zunge* her'ausstrecken. **5.** her'ausragen lassen. **6.** *bot.* → **shoot 19**. **II** *v/i* **7.** *bot.* → **shoot 31**. **8.** vor-, her'ausschnellen. **~ up I** *v/t* **1.** a) j-n ‚zs.-schießen', b) e-e Stadt *etc* durch wilde Schieße'reien terrori'sieren. **2.** → **shoot 24**. **II** *v/i* **3.** em'porschnellen (*a. econ. Preise*). **4.** in die Höhe schießen, rasch wachsen (*Pflanze, Kind*). **5.** jäh aufragen (*Klippe etc*). **6.** → **shoot 33**.

shoot·a·ble *adj* schieß-, jagdbar. **'shoot·er** *s* Schütze *m*, Schützin *f*. **shoot·ing** ['ʃuːtɪŋ] **I** *s* **1.** a) Schießen *n*, b) Schieße'rei *f*. **2.** Erschießung *f*. **3.** *fig.* Stechen *n* (*Schmerz*). **4.** *hunt.* a) Jagen *n*, Jagd *f*, b) Jagdrecht *n*, c) 'Jagdre,vier *n*. **5.** Aufnahme(n *pl*) *f* (*zu e-m Film*), Dreharbeiten *pl*, Drehen *n*. **II** *adj* **6.** schießend, Schuß..., Schieß... **7.** *fig.* stechend: **~ pains**. **8.** Jagd... **~ box** *s* Jagdhütte *f*. **~ brake** *s* *bes. Br.* Kombiwagen *m*. **~ gal·ler·y** *s* **1.** Schießstand *m*. **2.** Schießbude *f*. **~ i·ron** *s* *bes. Am. sl.* ‚Schießeisen' *n*. **~ li·cence**, *bes. Am.* **~ li·cense** *s* Jagdschein *m*. **~ lodge** *s* Jagdhütte *f*. **~ match** *s* Preis-, Wettschießen *n*: **the whole ~** *colloq.* der ‚ganze Laden od. Kram'. **~ range** *s* Schießstand *m*. **~ script** *s* *Film:* Drehplan *m*. **~ star** *s astr.* Sternschnuppe *f*. **~ stick** *s* Jagdstuhl *m*. **~ war** *s* heißer Krieg, Schießkrieg *m*.
'shoot-out *s* **1.** Schieße'rei *f*. **2.** *Fußball: amer.* Variante des Elfmeterschießens bei unentschiedenem Spielausgang.

shop [ʃɒp; *Am.* ʃɑp] **I** *s* **1.** (Kauf)Laden *m*, Geschäft *n*: **to set up ~** ein Geschäft eröffnen; **to come to the wrong ~** *colloq.* an die falsche Adresse geraten; **all over the ~** *colloq.* a) ‚in der ganzen Gegend (herum)', überall verstreut, b) in alle Himmelsrichtungen; **to shut up ~** das Geschäft (*am Abend od. für immer*) schließen, ‚den Laden dichtmachen'; → **keep 19**. **2.** Werkstatt *f*: **carpenter's ~** Schreinerwerkstatt *f*, Schreinerei *f*. **3.** a) oft *pl* Betrieb *m*, Fa'brik *f*, Werk *n*, b) ('Werks)Ab,teilung *f*, c) Fachsimpe'lei *f*: **to talk ~** fachsimpeln; **to sink the ~** *colloq.* a) nicht vom Geschäft reden, b) s-n Beruf verheimlichen. **4.** *bes. Br. sl.* ‚Laden' *m*,

‚Verein' *m* (*Organisation etc*), ‚Penne' *f* (*Schule*), ‚Uni' *f* (*Universität*): **the other ~** die Konkurrenz. **5.** *bes. Br. sl.* ‚Kittchen' *n* (*Gefängnis*). **II** *v/i* **6.** einkaufen, Einkäufe machen: **to go ~ping** einkaufen gehen; **to ~ around** a) (*vor dem Einkaufen*) die Preise vergleichen, b) *fig.* sich umsehen (for nach). **III** *v/t* **7.** *bes. Br. sl.* a) e-n Komplizen ‚verpfeifen', b) j-n ‚ins Kittchen bringen'. **~ as·sist·ant** *s Br.* Verkäufer(in). **'~·boy** *s* Ladenjunge *m*. **'~·break·ing** *s* Ladeneinbruch *m*. **~ com·mit·tee** *s econ. Am.* Betriebsrat *m*. **~ floor** *s* **1.** Produkti'onsstätte *f*. **2.** Arbeiter *pl* (*Ggs. Management*): **on the ~** unter den Arbeitern. **~ front** *s* Ladenfront *f*. **'~·girl** *s* Ladenmädchen *n*. **'~·keep·er** *s* Ladenbesitzer(in), -inhaber(-in): **nation of ~s** *fig.* Krämervolk *n*. **'~·keep·ing** *s* **1.** Kleinhandel *m*. **2.** Betrieb *m* e-s (Laden)Geschäfts. **'~·lift·er** *s* Ladendieb(in). **'~·lift·ing** *s* Ladendiebstahl *m*.
shop·per ['ʃɒpə; *Am.* 'ʃɑpər] *s* **1.** Käufer(in). **2.** *econ.* Einkäufer(in). **'shop·ping** **I** *s* **1.** Einkauf *m*, Einkaufen *n* (*in Läden*): **to do one's ~** (s-e) Einkäufe machen. **2.** Einkäufe *pl* (*eingekaufte Ware*). **II** *adj* **3.** Laden..., Einkaufs...: **~ bag** Einkaufsbeutel *m*, -tasche *f*; **~ bag lady** *Am. colloq.* Stadtstreicherin *f*; **~ center** (*bes. Br.* **centre**) Einkaufszentrum *n*; **~ goods** *econ.* Konsumgüter, die erst nach genauem Vergleich verschiedener Angebote gekauft werden; **~ list** Einkaufsliste *f*, -zettel *m*; **~ precinct** Einkaufsviertel *n*; **~ street** Geschäfts-, Ladenstraße *f*.
shop|-'soiled *bes. Br.* für **shopworn**. **~ stew·ard** *s* gewerkschaftlicher Vertrauensmann. **'~·talk** *s* Fachsimpe'lei *f*, Fachsimpeln *n*. **'~·walk·er** *s Br.* (aufsichtführender) Ab'teilungsleiter (*in e-m Kaufhaus*). **'~·win·dow** *s* Schaufenster *n* (*a. fig.*), Auslage *f*: **to put all one's goods in the ~** *fig.* ganz ‚auf Wirkung machen'. **'~·worn** *adj* **1.** angestaubt, beschädigt (*Ware*). **2.** *fig.* abgenutzt.
sho·ran [ˈʃɔːræn; *Am.* ˈʃoʊəræn] *s aer.* Shoran *n* (*von* **sh**ort-range **ra**vigation Nahbereichs-Radar-Navigation).
shore[1] [ʃɔː(r); *Am. a.* 'ʃoʊər] **I** *s* Küste *f*, Ufer *n*, Strand *m*, Gestade *n*: **my native ~(s)** *fig.* mein Heimatland; **on ~** an(s) Land; **in ~** in Küstennähe. **II** *adj* Küsten..., Strand..., Land...: **~ battery** *mil.* Küstenbatterie *f*; **~ leave** Landurlaub *m*; **~ patrol** *mil. Am.* Küstenstreife *f*.
shore[2] [ʃɔː(r); *Am. a.* 'ʃoʊər] **I** *s* **1.** Strebebalken *m*, Stütze *f*, Strebe *f*. **2.** *mar.* Schore *f* (*Spreizholz*). **II** *v/t* **3.** *meist* **~ up** a) abstützen, b) *fig.* (unter)'stützen.
shore[3] [ʃɔː(r); *Am. a.* 'ʃoʊər] *obs. pret von* **shear**.
'shore·less *adj* ohne Ufer, uferlos (*a. fig. poet.*).
'shore·ward **I** *adj* ufer- *od.* küstenwärts gelegen *od.* gerichtet *etc*. **II** *adv* ufer-, küstenwärts, (nach) der Küste zu. **'shore·wards** → **shoreward** II.
'shor·ing *s* **1.** *collect.* Stützbalken *pl*. **2.** (Ab)Stützen *n*.
shorn [ʃɔːn; *Am. a.* 'ʃoʊərn] *pp von* **shear**: **~ of** *fig.* e-r Sache beraubt.
short [ʃɔː(r)t] **I** *adj* (*adv* → **shortly**) **1.** (räumlich *u. zeitlich*) kurz: **a ~ life** (**memory, street**, *etc*); **a ~ time ago** vor kurzer Zeit, vor kurzem; **to get the ~ end of the stick** *Am. colloq.* schlecht wegkommen (*bei e-r Sache*); → **hair** *Bes. Redew.*, **shrift 2**. **kurz, klein (von Gestalt). 3.** kurz, knapp: **a ~ speech**; **'phone' is ~ for 'telephone'** ‚phone' ist die Kurzform von ‚telephone'. **4.** kurz angebunden, barsch (**with s.o.** gegen

j-n). **5.** knapp: **~ rations**; **a ~ hour** *etc* knapp werden, zur Neige gehen (→ **8**). **6. to fall** (*od.* **come**) **~ of** *fig.* etwas nicht erreichen, **den Erwartungen** *etc* nicht entsprechen, hinter e-r Sache zu'rückbleiben. **7.** geringer, weniger (of als): **little ~ of 10 dollars** nicht ganz 10 Dollar; **nothing ~ of** nichts weniger als, geradezu. **8.** knapp (**of** an *dat*): **~ of breath** kurzatmig; **~ of cash** (*od.* **money**) knapp bei Kasse; **they ran ~ of bread** das Brot ging ihnen aus. **9.** mürbe (*Gebäck etc*): **~ pastry** Mürbeteig(gebäck *n*) *m*. **10.** brüchig (*Metall etc*). **11.** *bes. econ.* kurzfristig, auf kurze Sicht: **~ bill**; **~ loan**; **at ~ date** kurzfristig; → **notice 4. 12.** *econ.* Baisse... **13.** a) klein, in e-m kleinen Glas ser'viert: **~ drink** Schnaps *m*, ,Kurze(r)' *m*, b) stark, unverdünnt.
II *adv* **14.** kurz(erhand), plötzlich, jäh, ab'rupt: **to cut s.o. ~**; **to stop s.o. ~ up ~** j-m ‚über den Mund fahren'; **to be taken ~** *colloq.* ‚dringend (verschwinden *od.* austreten) müssen'; **to stop ~** jäh innehalten, stutzen (→ **16**). **15.** zu kurz: **to throw ~**. **16. ~ of** a) (*kurz od.* knapp) vor (*dat*), b) abgesehen von, außer (*dat*), c) beinahe, fast: **~ of lying** ehe ich lüge; **it was little ~ of a miracle** es grenzte an ein Wunder; **to stop ~ of** zurückschrecken vor (*dat*). **17.** *econ.* ungedeckt: **to sell ~** a) ohne Deckung verkaufen, fixen, b) *fig. colloq.* bagatelli'sieren.
III *s* **18.** (etwas) Kurzes, z. B. a) Kurzfilm *m*, b) *mus.* kurzer Ton, c) *metr.* kurze Silbe, d) *ling.* Kürze *f*, kurzer Laut, e) (*Morse*)Punkt *m*, kurzes Zeichen; **~ long**[1] **23**. **19.** Kurzform *f*: **he is called Bill for ~** er wird kurz *od.* der Kürze halber Bill genannt; **in ~** kurz(um). **20.** Fehlbetrag *m*, Manko *n*. **21.** *pl a.* **pair of ~s** a) Shorts *pl*, kurze (Sport)Hose, b) *bes. Am.* ('Herren),Unterhose *f*. **22.** *electr.* ,Kurze(r)' *m* (*Kurzschluß*). **23.** *econ.* 'Baissespe,kulant *m*. **24.** *pl econ.* a) ohne Deckung verkaufte Waren *pl od.* 'Wertpa,piere *pl*, b) zur Deckung benötigte 'Wertpa,piere *pl* (*beim Blankoverkauf*). **25.** *pl tech.* 'Abfall- *od.* 'Nebenpro,dukte *pl*. **26.** *pl* feine (Weizen)Kleie.
IV *v/t* **27.** *colloq. für* **short-circuit 1**.
short·age [ˈʃɔː(r)tɪdʒ] *s* **1.** (of) Knappheit *f*, Verknappung *f*, Mangel *m* (an *dat*), *bes. econ.* Engpaß *m* (in *dat*): **~ of staff** Personalmangel. **2.** *bes. econ.* Fehlbetrag *m*, Defizit *n*.
'short|·bread → **shortcake 1**. **'~·cake** *s* **1.** Mürbe-, Teekuchen *m*, Mürbegebäck *n*. **2.** *Am.* a) Nachspeise aus Mürbeteig mit süßen Früchten, b) kaltes Gericht aus Semmeln mit Hühnerfrikassee *etc*. **~·change** *v/t* **1.** j-m zu'wenig (Wechselgeld) her'ausgeben. **2.** *fig. colloq.* j-n ‚übers Ohr hauen'. **~ cir·cuit** *s electr.* Kurzschluß *m*. **~·cir·cuit** *v/t* **1.** *electr.* a) e-n Kurzschluß *od.* ‚Kurzen' verursachen in (*dat*) (*als Defekt*), b) kurzschließen (*als Betriebsmaßnahme*). **2.** *fig.* a) etwas ‚torpe'dieren', b) ‚etwas ausschalten *od.* um'gehen. **~·com·ing** *s* **1.** Unzulänglichkeit *f*. **2.** Mangel *m*, Fehler *m*. **3.** Pflichtversäumnis *n*. **4.** Fehlbetrag *m*, Defizit *n*. **~·cov·er·ing** *s econ.* Deckungskauf *m*. **~ cut** *s* **1.** Abkürzung(sweg *m*) *f*: **to take a ~** (den Weg) abkürzen. **2.** *fig.* abgekürztes Verfahren. **~·dat·ed** *adj econ.* kurzfristig (*Staatspapier*). **~·dis·tance** *adj* Nah...: **~ goods traffic** (*Am.* **hauling**) Güternahverkehr *m*.
short·en [ˈʃɔː(r)tn] **I** *v/t* **1.** kürzer machen, (ab-, ver)kürzen, *a. Bäume etc* stutzen. **2.** *fig.* verringern. **3.** *den Teig* mürbe machen. **4.** *mar. die Segel* reffen. **II** *v/i* **5.** kürzer werden. **6.** fallen (*Preise etc*).

short·en·ing s **1.** (Ab-, Ver)Kürzung f. **2.** fig. Verringerung f. **3.** gastr. Backfett n.
'short|·fall s Fehlbetrag m, Defizit n. **~ fuse** s Am. aufbrausendes Temperament. **'~hand** I s **1.** Kurzschrift f, Stenogra'phie f: **to take down in ~** (mit)stenographieren. II adj **2.** Kurzschrift...: **~ typist** Stenotypistin f; **~ writer** Stenograph(in). **3.** in Kurzschrift (geschrieben), stenogra'phiert: **~ expression** Kurzschriftzeichen n, a. Kürzel n. **~'hand·ed** adj econ. knapp an Perso'nal od. Arbeitskräften: **to be ~** an Personalmangel leiden. **~ haul** s Am. Nahverkehr m. **'~,haul** adj Am. Nah..., Nahverkehrs... **'~head** s Anthropologie: Kurzkopf m, Rundschädel m. **~head** s Pferderennen: kurzer Kopf: **to win by a ~**. **~'head·ed** adj kurzköpfig. **'~horn** s **1.** zo. Shorthorn n, Kurzhornrind n. **2.** Am. sl. Anfänger n.
short·ie → shorty.
'short·ish adj etwas od. ziemlich kurz.
short|·list s bes. Br. (engere) Auswahlliste: **to be on the ~** in der engeren Wahl sein. **'~·list** v/t bes. Br. in die engere Wahl ziehen: **to be ~ed** in die engere Wahl kommen. **~'lived** adj kurzlebig, fig. a. von kurzer Dauer.
'short·ly adv **1.** in Kürze, bald: **~ after** a) kurz danach, b) kurz nach, c) (mit ger) kurz nachdem. **2.** in kurzen Worten. **3.** kurz (angebunden), schroff.
'short·ness s **1.** Kürze f. **2.** Schroffheit f. **3.** Knappheit f, Mangel m (**of** an dat): **~ of breath** Kurzatmigkeit f; **~ of memory** Gedächtnisschwäche f. **4.** Mürbheit f (von Gebäck etc). **5.** metall. Brüchigkeit f, Sprödigkeit f.
short|·or·der s **1.** Schnellgericht n (im Restaurant). **2.** in ~ schnell. **~·range** adj **1.** Kurzstrecken..., Nah..., mil. Nahkampf... **2.** fig. kurzfristig (Pläne etc). **~ rib** s anat. falsche Rippe. **~ sale** s econ. Leerverkauf m. **~ sea** s mar. kurze (harte) See. **~ sell·er** s econ. Leerverkäufer m, Fixer m. **~ sell·ing** → short sale. **'~-short sto·ry** s bes. kurze Kurzgeschichte. **~ shunt** s electr. Ankerparal'lelschaltung f. **~·sight** → shortsightedness. **~'sight·ed** adj (adv ~ly) kurzsichtig (a. fig.). **~'sight·ed·ness** s Kurzsichtigkeit f (a. fig.). **~ ski** s Kurzski m. **~'spo·ken** adj kurz angebunden, schroff. **~'staffed** adj shorthanded. **'~·stop** s **1.** Baseball: Spieler m zwischen dem 2. u. 3. Mal. **2.** a. **~ bath** phot. Unterbrechungsbad n. **~ sto·ry** s a) Kurzgeschichte f, b) No'velle f. **~ tem·per** s aufbrausendes Tempera'ment. **~'tem·pered** adj hitzig, (leicht)aufbrausend. **'~·term** adj econ. kurzfristig: **~ credit. 2.** kurzzeitig (a. tech.), auf kurze Sicht. **3. ~ memory** psych. Kurzzeitgedächtnis n. **~ time** s econ. Kurzarbeit f: **to be on** (od. **to work**) **~** kurzarbeiten. **'~·time** adj Kurzzeit...: **~ work** econ. Kurzarbeit f. **~ ton** s ton[^1] 15 b. **~·'waist·ed** adj 'kurz-, 'hochtail,liert (Kleid). **~ wave** s electr. phys. Kurzwelle f. **'~·wave** adj electr. phys. **1.** kurzwellig. **2.** Kurzwellen..., **~ transmitter. ~ weight** s Fehlgewicht n. **~ wind** [wɪnd] s Kurzatmigkeit f (a. fig.). **~·'wind·ed** adj kurzatmig. **~·'wind·ed·ness** s short wind.
'short·y s colloq. **1.** ,Knirps' m. **2.** etwas Kurzes: **~ (nightdress)** Shorty n, m.
Sho·sho·ne, a. **Sho·sho·nee**, **Sho·sho·ni** [ʃoʊˈʃoʊnɪ; ʃə-] s **1.** Scho'schone m (Indianer). **2.** ling. Scho'schonisch n, das Schoschonische.
shot[^1] [ʃɒt; Am. ʃɑt] s **1.** Schuß m (a. Knall): **to take a ~ at** schießen auf (acc).

to call the ~s fig. colloq. das Sagen haben; **to fire the first** (od. **opening**) **~** a) den ersten Schuß abgeben (a. fig.), b) fig. den (Wahl)Kampf, die Auseinandersetzung etc eröffnen; → **long shot** 2 u. 3. **2.** Abschuß m. **3.** Schußweite f: **out of** (**within**) **~** außer (in) Schußweite. **4.** a. **small ~** a) Schrotkugel f, b) collect. Schrot(kugeln pl) m, n: **a charge of ~** e-e Schrotladung. **5.** Geschoß n, (Ka'nonen)Kugel f: **a ~ in the locker** colloq. Geld in der Tasche, e-e letzte Reserve; **like a ~** colloq. a) wie der Blitz, sofort, b) wie aus der Pistole geschossen. **6.** guter etc Schütze: **an excellent ~**; → **big shot**. **7.** a) Fußball etc: Schuß m: **~ at goal** Torschuß; **to take a ~ at goal** aufs Tor schießen, b) Basketball: Wurf m, c) Tennis etc: Schlag m. **8.** Kugelstoßen: Kugel f. **9.** fig. Versuch m: **at the third ~** beim dritten Versuch; **to have a ~ at s.th.** es (einmal) mit etwas versuchen. **10.** fig. (Seiten)Hieb m (**at** auf acc). **11.** fig. Vermutung f: **a ~ in the dark** ein Schuß ins Blaue. **12.** colloq. a) Spritze f (**in the arm** fig. ,Spritze' f (bes. finanzielle Hilfe), b) ,Schuß' m (Drogeninjektion): **to give o.s. a ~** sich e-n Schuß setzen od. drücken. **13.** colloq. a) Schuß m (Rum etc), b) ,Gläs·chen' n (Schnaps etc): **to stand ~** die Zeche (für alle) bezahlen. **14.** a) (Film)Aufnahme f, Szene f, b) phot. colloq. Schnappschuß m, Aufnahme f: → **long shot** 1. **15.** tech. a) Schuß m, Sprengung f, b) Sprengladung f. **16.** Am. sl. Chance f: **a 10 to 1 ~**.
shot[^2] [ʃɒt; Am. ʃɑt] I pret u. pp von **shoot**. II adj **1.** a. **~ through** (mit Fäden) durch'schossen. **2.** chan'gierend, schillernd (Stoff, Farbe). **3.** tech. geschweißt. **4. to get ~ of** colloq. j-n, etwas loswerden. **5.** Am. colloq. ka'putt (erschöpft od. ruiniert). **6.** Am. sl. ,besoffen'.
shote → shoat.
'shot|·gun I s **1.** Schrotflinte f. II adj **2.** colloq. erzwungen: **~ marriage** (od. **wedding**) ,Mußheirat' f. **3.** Am. colloq. a) gestreut: **~ propaganda**, b) mannigfaltig. **~ put** [pʊt] s (Leichtathletik) **1.** Kugelstoßen n. **2.** Stoß m (mit der Kugel). **'~·put·ter** Leichtathletik: Kugelstoßer(in) m.
shot·ted [ˈʃɒtɪd; Am. ˈʃɑt-] adj **1.** (scharf) geladen (Waffe). **2.** mit e-r Kugel od. Kugeln beschwert.
shot·ten [ˈʃɒtn; Am. ˈʃɑtn] adj ichth. gelaicht habend: **~ herring** Laichhering m.
shot weld·ing s tech. Schußschweißen n.
should [ʃʊd; unbetont ʃəd; ʃd; ʃt] I pret von **shall**. **1.** konditional futurisch: ich, er, sie, es sollte, du solltest, wir, Ihr, Sie, sie sollten: **~ it prove false** sollte es sich als falsch erweisen. **2.** konditional: ich würde, wir würden: **I ~ go if** ...; **I ~ not have come if** ich wäre nicht gekommen, wenn; **I ~ like to** ich würde od. möchte gern. **3.** nach Ausdrücken des Erstaunens etc: **it is incredible that he ~ have failed** es ist unglaublich, daß er versagt hat.
shoul·der [ˈʃoʊldə(r)] I s **1.** Schulter f, Achsel f: **~ to ~** Schulter an Schulter (a. fig.); **to put one's ~ to the wheel** fig. sich tüchtig ins Zeug legen; (**straight**) **from the ~** fig. geradeheraus, unverblümt, ins Gesicht; **over the ~(s)** fig. über die Schulter (hinweg), ironisch; **to give s.o. the cold ~** fig. j-m die kalte Schulter zeigen, j-n kühl od. abweisend behandeln; **he has broad ~s** er hat e-n breiten Rücken, er kann allerhand verkraften; → **chip**[^1] 1, **clap**[^1] 6, **head** Bes. Redew., **old** 9, **rub** 8. **2.** gastr. Bug m, Schulterstück n. **~ of mutton** Hammelkeule f. **3.** a. **~ joint** anat. Schultergelenk

n. **4.** Schulter f, Vorsprung m. **5.** tech. Schulter f, Stoß m (e-r Achse). **6.** print. Achselfläche f (e-r Type). **7.** 'Schulter (-par,tie f, -teil n) f (e-s Kleids etc). **8.** a) Ban'kett n (Straßenrand), b) 'Übergangsstreifen m (auf e-m Flugplatz).
II v/t **9.** (mit den Schultern) stoßen od. drängen: **to ~ s.o. aside** j-n zur Seite stoßen; **to ~ one's way through the crowd** sich (mit den Schultern) e-n Weg durch die Menge bahnen. **10.** schultern, **das Gewehr** 'übernehmen: → **arm**[^2] Bes. Redew. **11.** fig. e-e Aufgabe, e-e Verantwortung etc auf sich nehmen, übernehmen: **to ~ the responsibility**. **12.** (an)stoßen od. (an)grenzen an (acc).
III v/i **13.** (mit der Schulter) stoßen (**at** an acc; **against** gegen). **14.** sich (mit den Schultern) 'durchdrängen (**through** durch).

shoul·der|·bag s 'Umhängetasche f (für Damen). **~ belt** s **1.** mil. Schulterriemen m. **2.** mot. Schultergurt m. **~ blade** s anat. Schulterblatt n. **~ harness** s mot. Schultergurt m. **~ knot** s **1.** Achselband n (e-r Livree). **2.** mil. Schulterstück n. **'~·length** adj schulterlang (Haar). **~ loop** s mil. Schulterklappe f. **~ mark** s mar. Am. Schulterklappe f. **~ pad** s Schulterpolster n. **~ patch** s, **~ sleeve in·sig·ni·a** s pl mil. Am. Oberarmabzeichen n (Division etc). **~ strap** s **1.** Träger(band n) m (bes. an Damenunterwäsche). **2.** Tragriemen m. **3.** mil. Schulterstück n. **~ weap·on** s mil. Schulterwaffe f.
should·est [ˈʃʊdɪst], **shouldst** [ʃʊdst] 2. sg pres obs. von **shall**.
shout [ʃaʊt] I v/i **1.** (laut) rufen, schreien (**for** nach): **to ~ for s.o.** nach j-m rufen; **to ~ to s.o.** j-m zurufen. **2.** schreien, brüllen (**with laughter** vor Lachen; **with pain** vor Schmerz): **to ~ at s.o.** j-n anschreien. **3.** jauchzen (**with joy** vor Freude). **4.** Am. colloq. schreien (Farbe etc): **~ing need** schreiende Not. **5.** Am. colloq. e-n ,Wirbel' od. ein ,Tam'tam' machen (**about** um, wegen). II v/t **6.** etwas (laut) rufen, schreien: **to ~ disapproval** laut sein Mißfallen äußern; **to ~ o.s. hoarse** sich heiser schreien; **to ~ s.o. down** j-n niederbrüllen; **to ~ s.o. on** j-n durch Schreie anspornen; **to ~ out** a) herausschreien, b) e-n Namen etc ausrufen; **to ~ s.o. up** j-n herrufen. **7.** Austral. colloq. a) j-n freihalten, b) Getränke ,spen'dieren'. III s **8.** Schrei m, Ruf m: **to give a ~** aufschreien; **I'll give you a ~** colloq. ich werde von mir hören lassen. **9.** Geschrei n, Gebrüll n: **a ~ of laughter** brüllendes Gelächter. **10. my ~!** Br. u. Austral. colloq. a) jetzt bin ich dran! b) die Getränke zu spendieren. **'shout·er** s Schreier(in). **'shout·ing** s Schreien n, Geschrei n: **it's all over but** (od. **bar**) **the ~** es ist so gut wie gelaufen; **within ~ distance** in Rufweite.
shove [ʃʌv] I v/t **1.** (beiseite etc) schieben, stoßen: **to ~ aside** a) zur Seite schieben, b) fig. auf die Seite schieben; **to ~ s.o. about** (od. **around**) j-n herumschubsen (a. fig. colloq. schikanieren); → **throat** 1. **2.** (achtlos od. rasch) schieben, stecken, stopfen. II v/i **3.** schieben, stoßen. **4.** (sich) drängel(n). **5. ~ off** a) (vom Ufer) abstoßen, b) colloq. ,abschieben', sich da'vonmachen. III s **6.** Stoß m, Schubs m (a. fig.): **to give s.o. a** (**off**) j-m weiterhelfen.
shov·el [ˈʃʌvl] I s **1.** Schaufel f, Schippe f. **2.** tech. a) Löffel m (e-s Löffelbaggers), b) Löffelbagger m, c) Schaufel f. **3.** (e-e) Schaufel(voll). II v/t pret u. pp **-eled**, bes. Br. **-elled 4.** schaufeln: **to ~ up** (od. **in**) **money** Geld scheffeln. III **5.** schaufeln. **'~·board** → shuffleboard.

shov·el·er, *bes. Br.* **shov·el·ler** [ˈʃʌvlə(r)] *s* **1.** Schaufler *m.* **2.** *orn.* Löffelente *f.*
shov·el·ful [ˈʃʌvlful] *s (e-e)* Schaufel (-voll).
shov·el·hat *s* Schaufelhut *m (breitrandiger Hut der anglikanischen Geistlichen).*
shov·el·ler [ˈʃʌvlə(r)] *bes. Br.* für shoveler.
show [ʃəu] **I** *s* **1.** (ˈHer)Zeigen *n*: **to vote by ~ of hands** durch Handzeichen wählen; **~ of teeth** Zähnefletschen *n.* **2.** Schau *f,* Zurˈschaustellung *f:* **a ~ of force** *fig.* e-e Demonstration der Macht. **3.** *(künstlerische etc)* Darbietung, Vorführung *f,* Vorstellung *f,* Schau *f:* **to put on a ~** *fig.* ‚e-e Schau abziehen' (sich aufspielen; **to steal the ~** (from s.o.) *fig.* (j-m) ‚die Schau stehlen' *(j-n in den Schatten stellen).* **4.** *colloq.* (Theˈater-, Film-)Vorstellung *f.* **5.** Schau *f,* Ausstellung *f:* **on ~** ausgestellt, zu besichtigen(d). **6.** *(Radio-, Fernseh)*Sendung *f.* **7.** *(prunkvoller)* Umzug. **8.** *fig.* Schauspiel *n,* Anblick *m:* **a grand ~**; **to make a sorry ~** e-n traurigen Eindruck hinterlassen; **to make a good ~** ‚e-e gute Figur machen'. **9.** *colloq.* gute *etc* Leistung: **good ~!** gut gemacht!, bravo!; **bad ~!** schlecht! **10.** Protzeˈrei *f,* Angebeˈrei *f:* **for ~** um Eindruck zu machen, (nur) fürs Auge(s); **to be fond of ~** gern großtun. **11.** *(leerer)* Schein: **in outward ~** nach außen (hin); **to make a ~ of rage** sich wütend stellen. **12.** Spur *f:* **no ~ of a bud. 13.** Zirkus-, Theˈatertruppe *f.* **14.** *colloq.* Chance *f:* **to give s.o. a fair ~. 15.** *colloq.* ‚Laden' *m,* ‚Kiste' *f,* ‚Kram' *m,* Sache *f:* **a dull (poor) ~** e-e langweilige (armselige) Sache; **to run the ~** ‚den Laden *od.* die Sache schmeißen'; **to give the (whole) ~ away** sich *od.* alles verraten. **16.** *Pferderennen: sl.* dritter Platz. **17.** *mil. sl.* ‚Zauber' *m,* ˈBaˈbatz' *m (Einsatz, Krieg).*
II *v/t pret* **showed,** *pp* **shown** *od. selten* **showed 18.** zeigen (s.o. s.th., s.th. to s.o.) j-m etwas), sehen lassen, Ausweis, Fahrkarte *etc* a. vorzeigen, -weisen: **to ~ o.s.** a) sich zeigen, sich sehen lassen, b) *fig.* sich *grausam etc* zeigen, sich erweisen als; **I'll ~ him!** der soll mich kennenlernen!; → **card¹** 1 a *(u. andere Substantive);* **never ~ your face again!** laß dich hier nie wieder blicken! **19.** *j-m* zeigen *od.* erklären: **to ~ s.o. how to write** j-n schreiben lehren, j-m das Schreiben beibringen. **20. an den Tag legen,** zeigen: **to ~ one's knowledge. 21.** ausstellen, auf e-r Ausstellung zeigen: **to ~ cats. 22.** *thea. etc* zeigen, vorführen. **23.** j-n ins Zimmer *etc* führen, geleiten, bringen: **to ~ s.o. about** *(od. around)* **the town** j-m die Stadt zeigen, j-n in der Stadt herumführen; **to ~ s.o. over the house** j-n durch das Haus führen; **to ~ s.o. round** j-n (herum)führen. **24.** kundtun, offenˈbaren: **to ~ one's intentions. 25.** (auf)zeigen, darlegen: **to ~ one's plans. 26.** zeigen, beweisen: **to ~ the truth of a statement; you'll have to ~ me!** *colloq.* das wirst du mir (erst) beweisen müssen! **27.** *jur.* nachweisen, vorbringen: **to ~ proof** *jur.* den Beweis erbringen; → **cause** 4. **28.** *phys. tech.* (an)zeigen: **the speedometer ~ed 70. 29.** *Gefühle* zeigen, sich anmerken lassen: **to ~ one's anger. 30.** zeigen, erkennen lassen, verraten: **to ~ bad taste. 31.** *e-e Gunst etc* erweisen, (er)zeigen: **to ~ s.o. a favo(u)r**; **to ~ gratitude to s.o.** sich j-m gegenüber dankbar erweisen.
III *v/i* **32.** sichtbar werden *od.* sein, sich zeigen: **the blood ~s through her skin** man sieht das Blut durch ihre Haut; **it ~s** man sieht es; → **time** 1. **33.** *colloq.* sich zeigen, erscheinen. **34.** aussehen (like wie): **to ~ to advantage** vorteilhaft aussehen. **35. to be ~ing** gezeigt werden, laufen *(Film).*

Verbindungen mit Adverbien:

show| forth *v/t* darlegen, kundtun. **~ in** *v/t* herˈein-, hinˈeinführen. **~ off I** *v/t* **1.** protzen *od.* angeben mit. **2.** *Figur etc* vorteilhaft zur Geltung bringen. **II** *v/i* **3.** angeben, protzen (with mit), sich aufspielen. **~ out** *v/t* herˈaus-, herˈausgeleiten, -führen, -bringen. **~ up I** *v/t* **1.** herˈauf-, hinˈaufführen. **2.** *colloq.* a) j-n bloßstellen, entlarven, b) *etwas* aufdecken: **to ~ a fraud. II** *v/i* **3.** *colloq.* ‚aufkreuzen', auftauchen, erscheinen. **4.** vorteilhaft erscheinen. **5.** sich abheben (against gegen).

show| bill *s econ.* ˈWerbe-, Reˈklameplakat *n.* **~ biz** *colloq. für* show business. **~ board** *s* kleine Anschlagtafel. **ˈ~boat** *s* Theˈaterschiff *n.* **~ busi·ness** *s* Showbusineß *n,* Vergnügungs-, Unterˈhaltungsbranche *f,* Schaugeschäft *n.* **~ card** *s econ.* **1.** Musterkarte *f.* **2.** → show bill. **ˈ~case I** *s* **1.** Schaukasten *m.* **II** *v/t Am.* **2.** (in e-m Schaukasten *etc*) ausstellen. **3.** *fig.* Leistungen *etc* groß herˈausstellen, herˈausstreichen. **ˈ~down** *s* **1.** Aufdecken *n* der Karten *(a. fig.).* **2.** *fig.* entscheidende Kraftprobe.
show·er [ˈʃauə(r)] **I** *s* **1.** (Regen-, Hagel- *etc*)Schauer *m:* **~ of meteors** Meteorenschauer, -regen *m,* b) *(Funken-, Kugel- etc)*Regen *m,* b) *(Geschoß-, Stein-)*Hagel *m,* c) Unmenge *f,* Masse *f:* **a ~ of questions**; **in ~s** in rauhen Mengen. **3.** *Am.* a) *(Braut- etc)*Geschenke *pl,* b) *a.* **~ party** Party *f* zur Überˈreichung der *(Braut- etc)*Geschenke. **4.** → **shower bath. 5.** → **shower bath. 6.** j-n (ab)brausen, duschen. **7.** *Hagel etc* niederprasseln lassen. **8.** j-n mit Geschenken *etc* überˈhäufen: **to ~ gifts (up)on s.o.**; **to ~ s.o. with hono(u)rs. III** *v/i* **9.** strömen, gießen: **to ~ down** herabströmen, niederprasseln *(a. Geschosse).* **10.** (sich) duschen, (sich) duschen. **~ bath** *s* **1.** Dusche *f:* a) Brausebad *n,* b) Brause *f (Vorrichtung).* **2.** Duschraum *m.* **~ cab·i·net** *s* Duschaˈkabine *f.* **ˈ~proof** *adj* regendicht, wasserdicht, -fest, impräˈgniert *(Stoff etc).*
ˈshow·er·y *adj* **1.** regnerisch. **2.** schauerartig.
show| girl *s* Reˈvuegirl *n.* **~ glass** *Br. für* showcase I. **ˈ~house** *s* Musterhaus *n.*
show·i·ness [ˈʃəuɪnɪs] *s* **1.** Prunkhaftigkeit *f,* Gepränge *n.* **2.** Auffälligkeit *f.* **3.** Protzigkeit *f.* **4.** pomˈpöses Auftreten *n.*
show·ing [ˈʃəuɪŋ] *s* **1.** Zeigen *n,* Zurˈschaustellung *f.* **2.** Ausstellung *f.* **3.** Vorführung *f (e-s Films etc):* **first ~** Erstaufführung *f.* **4.** Darlegung *f.* **5.** Erklärung *f:* **on** *(od.* **by) your own ~** nach d-r eigenen Darstellung; **upon proper ~** *jur.* nach erfolgter Glaubhaftmachung. **6.** Beweis(e *pl) m.* **7.** Stand *m* der Dinge, Anschein *m:* **on present ~** so wie es derzeit aussieht. **8.** Leistung *f:* **to make a good ~** e-e gute Leistung erbringen *od.*
show| jump·er *s sport* **1.** Springreiter(in). **2.** Springpferd *n.* **~ jump·ing** *s sport* Springreiten *n.*
show·man [ˈʃəumən] *s irr* **1.** Schausteller *m.* **2.** *thea. etc* Produˈzent *m.* **3.** geschickter Propaganˈdist, wirkungsvoller Redner *etc;* j-d, derˈsich *od.* etwas gut in Szene zu setzen *od.* ‚zu verkaufen' versteht, *contp.* ‚Schauspieler' *m;* j-d, der ‚auf Wirkung macht', Selbstdarsteller *m.* **ˈshow·man·ship** *s* **1.** efˈfektvolle Darbietung. **2.** Efˈfekthaschˈeˈrei *f.* **3.** *fig.* propaganˈdistisches Taˈlent, (die) Kunst, sich gut in Szene zu setzen, Publikumswirksamkeit *f.*

shown [ʃəun] *pp von* show.
ˈshow|-off *s* **1.** ‚Angabe' *f,* Protzeˈrei *f.* **2.** *colloq.* ‚Angeber(in)'. **ˈ~piece** *s* Schau-, Paˈradestück *n.* **ˈ~place** *s* **1.** Ausstellungsort *m.* **2.** a) Ort *m* mit vielen Sehenswürdigkeiten, b) Sehenswürdigkeit *f.* **ˈ~room** *s* **1.** Ausstellungsraum *m.* **2.** Vorführungssaal *m.* **~ tent** *s* Ausstellungszelt *n.* **ˈ~pro·zeß** *m.* **~ win·dow** *s bes. Am.* Schaufenster *n (a. fig.),* Auslage *f.*
show·y [ˈʃəuɪ] *adj (adv* **showily) 1.** prächtig, prunkvoll. **2.** auffällig. **3.** glänzend. **4.** protzig.
shrank [ʃræŋk] *pret von* shrink.
shrap·nel [ˈʃræpnəl, -nəl] *s mil.* **1.** Schrapˈnell *n.* **2.** Schrapˈnelladung *f.* **3.** Graˈnatsplitter *pl.*
shred [ʃred] **I** *s* **1.** Fetzen *m (a. fig.),* Lappen *m:* **in ~s** in Fetzen; **to tear to ~s** a) → 4, b) *fig.* ein Argument *etc* zerpflücken, -reißen; **~s of clouds** Wolkenfetzen. **2.** Schnitzel *n, m,* Stückchen *n.* **3.** Spur *f,* Fünkchen *n:* **without a ~ of common sense**; **not a ~ of doubt** nicht der leiseste Zweifel. **II** *v/t pret u. pp* **ˈshred·ded,** *a.* **shred 4.** zerfetzen, in Fetzen reißen. **5.** in (schmale) Streifen schneiden, *(gastr. a.)* schnetzeln. **III** *v/i* **6.** zerreißen, in Fetzen *od.* Stücke gehen.
ˈshred·der *s* **1.** *tech.* a) Reißwolf *m,* b) ˈSchneidemaˌschine *f.* **2.** *gastr.* a) Reibeisen *n,* b) ˈSchnitzelmaˌschine *f,* -einsatz *m.*
ˈshred|out *s Am.* Teilgebiet *n,* Ausschnitt *m.*
shrew¹ [ʃruː] *s* Xanˈthippe *f,* zänkisches Weib: **"The Taming of the S~"** „Der Widerspenstigen Zähmung" *(Shakespeare).*
shrew² [ʃruː] *s zo.* Spitzmaus *f.*
shrewd [ʃruːd] *adj (adv* **~ly) 1.** schlau, pfiffig, ‚gewiegt', ‚gerieben'. **2.** scharfsinnig, klug, gescheit: **a ~ face**; **a ~ remark**; **a ~ observer** ein scharfer Beobachter; **this was a ~ guess** das war gut geraten. **3.** *obs.* scharf, heftig: **a ~ blow (pain, wind).** **ˈshrewd·ness** *s* **1.** Schlauheit *f.* **2.** Scharfsinn *m,* Klugheit *f.*
shrew·ish [ˈʃruːɪʃ] *adj (adv* **~ly)** zänkisch, boshaft, giftig. **ˈshrew·ish·ness** *s* zänkisches Wesen, Boshaftigkeit *f.*
shriek [ʃriːk] **I** *s* **1.** schriller *od.* spitzer Schrei. **2.** Gekreisch *n,* Kreischen *n (a. von Bremsen etc):* **~s of laughter** kreischendes Gelächter. **3.** schriller Ton *od.* Pfiff. **II** *v/i* **4.** schreien, schrille Schreie ausstoßen. **5.** (gellend) aufschreien (with vor *dat):* **to ~ with pain**; **to ~ (with laughter)** kreischen (vor Lachen). **6.** schrill klingen, kreischen *(Bremsen etc).* **III** *v/t* **7.** *a.* **~ out** *etwas* kreischen *od.* gellend schreien.
shriev·al·ty [ˈʃriːvltɪ] *s jur. bes. Br.* **1.** Sheriffamt *n,* -würde *f.* **2.** Amtszeit *f od.* Gerichtsbarkeit *f* des Sheriffs.
shrieve [ʃriːv] *obs. für* sheriff.
shrift [ʃrɪft] *s* **1.** *relig. hist.* Beichte *f (u.* Absoluti'on *f).* **2. to give short ~ to** *fig.* kurzen Prozeß machen mit.
shrike [ʃraɪk] *s orn.* Würger *m.*
shrill [ʃrɪl] **I** *adj (adv* **shrilly) 1.** schrill, gellend: **~-voiced** mit schriller Stimme. **2.** *fig.* grell *(Licht), (Farben a.)* schreiend. **3.** *fig.* heftig, scharf: **~ criticism. II** *v/t* **4.** *etwas* kreischen *od.* gellend schreien. **III** *v/i* **5.** schrillen, gellen. **IV** *s* **6.** schriller Ton, Schrillen *n.* **ˈshrill·ness** *s (das)* Schrille, schriller Klang, schrille Stimme.
shrimp [ʃrɪmp] **I** *s* **1.** *pl* **shrimps,** *bes. collect.* **shrimp** *zo.* Garˈnele *f.* **2.** *fig. contp.* Knirps *m,* ‚Gartenzwerg' *m.* **3.** **~ pink** *(od.* **red)** gelbliches Rot. **II** *v/i* **4.** Garˈnelen fangen. **ˈshrimp·er** *s* Garˈnelenfischer *m.*
shrine [ʃraɪn] **I** *s* **1.** *relig.* a) (Reˈliquien-)

Schrein *m*, b) Heiligengrab *n*. **2.** *fig.* Heiligtum *n*. **II** *v/t* **3.** → enshrine.
shrink [ʃrɪŋk] **I** *v/i pret* **shrank** [ʃræŋk], *a.* **shrunk** [ʃrʌŋk], *pp* **shrunk**, *selten* 'shrunk·en **1.** zuˈrückweichen (*from* vor *dat*): to ~ from doing s.th. etwas nur widerwillig tun; to ~ into o.s. *fig.* sich in sich selbst zurückziehen. **2.** *a.* ~ **back** zuˈrückschrecken, -schaudern (*from*, *at* vor *dat*). **3.** sich scheuen *od.* fürchten (*from* vor *dat*). **4.** (zs.-, ein)schrumpfen. **5.** einlaufen, -gehen (*Stoff*). **6.** abnehmen, schwinden: to ~ with age alt und runz(e)lig werden. **II** *v/t* **7.** (ein-, zs.-) schrumpfen lassen. **8.** *fig.* zum Schwinden bringen. **9.** *Textilien* einlaufen lassen, krump(f)en. **10.** ~ on *tech.* aufschrumpfen, *Reifen etc* warm aufziehen: ~ fit Schrumpfsitz *m*. **III** *s* **11.** *sl.* Psychˈiater *m*. 'shrink·age *s* **1.** (Zs.-, Ein-) Schrumpfen *n*. **2.** Schrumpfung *f*. **3.** Verminderung *f*, Schwund *m* (*a. econ. tech.*), Abnahme *f*. **4.** Einlaufen *n* (*von Textilien*). 'shrink·ing *adj* (*adv* ~ly) **1.** schrumpfend. **2.** abnehmend. **3.** zuˈrückschreckend. **4.** scheu. **5.** 'widerwillig. 'shrink·proof *adj* schrumpffest, -frei, krumpfecht (*Gewebe*). 'shrink- -wrap *v/t Bücher etc* einschweißen.
shrive [ʃraɪv] *pret* **shrove** [ʃroʊv], *pp* **shriv·en** [ˈʃrɪvn] *v/t relig. obs.* j-m die Beichte abnehmen u. Absolutiˈon erteilen.
shriv·el [ˈʃrɪvl] **I** *v/t pret u. pp* **-eled**, *bes. Br.* **-elled 1.** *a.* ~ **up** *a*) (ein-, zs.-) schrumpfen lassen, *b*) runzeln. **2.** (ver)welken lassen, ausdörren. **3.** *fig. a*) verkümmern lassen, *b*) unfähig *od.* hilflos machen. **II** *v/i a. ~ up* (ein-, zs.-) schrumpfen, schrumpeln. **5.** runz(e)lig werden. **6.** (ver)welken. **7.** *fig.* verkümmern. **8.** *fig.* vergehen.
shriv·en [ˈʃrɪvn] *pp von* **shrive**.
shroff [ʃrɒf; *Am.* ʃrɑːf] *s* **1.** Geldwechsler *m* (*in Indien*). **2.** *bes. hist.* Geldprüfer *m* (*in China etc*).
shroud [ʃraʊd] **I** *s* **1.** Leichentuch *n*, Totenhemd *n*. **2.** *fig.* Hülle *f*, Schleier *m*: a ~ of mist. **3.** *pl mar.* Wanten *pl*. **4.** *tech.* Umˈmantelung *f*. **5.** *a.* ~ **line** *aer.* Fang-, Trageleine *f* (*am Fallschirm*). **II** *v/t* **6.** in ein Leichentuch (ein)hüllen. **7.** *tech.* umˈmanteln. **8.** *fig.* in Nebel, Geheimnis etc hüllen. **9.** *fig.* verschleiern.
shrove [ʃroʊv] *pret von* **shrive**.
Shrove| **Mon·day** *s* Rosenˈmontag *m*. '~**tide** *s* Fastnachts-, Faschingszeit *f* (*die 3 Tage vor Aschermittwoch*). ~ **Tues·day** *s* Fastnachts-, Faschingsdienstag *m*.
shrub[1] [ʃrʌb] *s* Strauch *m*, Busch *m*.
shrub[2] [ʃrʌb] *s* **1.** (*Art*) Punsch *m*. **2.** *Am.* Getränk *n* aus Fruchtsaft u. Eiswasser.
shrub·ber·y [ˈʃrʌbərɪ] *s bot.* Strauchwerk *n*, Gesträuch *n*, Gebüsch *n*.
shrub·by [ˈʃrʌbɪ] *adj bot.* **1.** strauchig, buschig, Strauch..., Busch... **2.** voller Gesträuch *od.* Gebüsch, (dicht)bewachsen.
shrug [ʃrʌg] **I** *v/t* **1.** die Achseln zucken: she ~ged her shoulders. **2.** mit e-m Achselzucken kundtun: to ~ one's low opinion; to ~ off etwas mit e-m Achselzucken abtun, achselzuckend über (*acc*) hinweggehen. **II** *v/i* **3.** die Achseln zukken. **III** *s* **4.** *a.* ~ of the shoulders Achselzucken *n*: to give a ~ → **3**; with a ~ Achselzucken. **5.** Boˈlerojäckchen *n*.
shrunk [ʃrʌŋk] **I** *pret u. pp von* **shrink**. **II** *adj* **1.** (ein-, zs.-)geschrumpft. **2.** eingelaufen, dekaˈtiert (*Stoff*). 'shrunk·en **I** *pp von* **shrink**. **II** *adj* **1.** abgemagert, abgezehrt: a ~ hand. **2.** eingefallen: ~ cheeks. **3.** → **shrunk 1**.
shuck [ʃʌk] *bes. Am.* **I** *s* **1.** Hülse *f*, Schote *f* (*von Bohnen etc*). **2.** grüne Schale (*von Nüssen etc*). **3.** Liesch *m* (*Vorblatt am Maiskolben*). **4.** *pl colloq.* **I don't care** ~s es ist mir ˈpiepegal; ~s! Quatsch!; she can't sing for ~s sie kann nicht für fünf Pfennig singen. **5.** Austernschale *f*. **II** *v/t* **6.** schälen. **7.** enthülsen. **8.** *oft* ~ **off** *Kleidung etc* abwerfen.
shud·der [ˈʃʌdə(r)] **I** *v/i* schaudern, (er)zittern, (er)beben (at bei; with vor *dat*): to ~ away from s.th. vor etwas zurückschaudern; I ~ at the thought, I ~ to think of it mich schaudert bei dem Gedanken. **II** *s* Schauder(n *n*) *m*: it gives me the ~s ich finde es gräßlich.
shuf·fle [ˈʃʌfl] **I** *v/i* **1.** Schlurfen, schlurfender Gang *od.* Schritt. **2.** *a*) Schleifschritt *m*, *b*) Schleifer *m* (*Tanz*). **3.** *fig.* Ausflucht *f*, Trick *m*, Schwindel *m*. **4.** (Karten)Mischen *n*. **II** *v/i* **5.** schlurfen, (mit den Füßen) scharren: to ~ along dahinschlurfen; to ~ through s.th. *fig.* etwas flüchtig erledigen. **6.** (beim Tanzen) die Füße schleifen lassen. **7.** sich schwerfällig (hinˈein)winden (into in *acc*): to ~ into one's clothes. **8.** sich (ein)schmuggeln (into in *acc*). **9.** sich herˈauswinden *od.* -halten (out of aus). **10.** Ausflüchte machen, sich herˈauszuwinden suchen (out of aus). **11.** (die Karten) mischen. **III** *v/t* **12.** schleifen *od.* schlurfen lassen: to ~ one's feet → **5**. **13.** e-n Tanz mit schleifenden Schritten tanzen. **14.** die Karten etc mischen: to ~ the cards *fig.* s-e Taktik ändern. **15.** *fig.* 'hin- u. 'herschieben, ˈjonˈglieren' mit. **16.** hinˈeinpraktiˈzieren (into in *acc*). **17.** herˈausschmuggeln (out of aus). **18.** etwas durcheinˈanderwerfen. **19.** vermischen, -mengen (among, with mit).
Verbindungen mit Adverbien:
shuf·fle| **a·way** *v/t* ˈwegpraktiˌzieren. ~ **off** *v/t* **1.** Kleider abstreifen, sich herˈauswinden aus. **2.** *fig.* abschütteln, e-r Sache entledigen. **3.** sich e-r Verpflichtung etc entziehen. **4.** e-e Schuld etc abˈwälzen ([up]on, onto auf *acc*). ~ **on** *v/t* ein Kleid etc mühsam anziehen. ~ **to·geth·er** *v/t* zs.-werfen, -raffen.
'**shuf·fle·board** *s* **1.** Beilkespiel *n*. **2.** *mar.* ein 1 ähnliches Bordspiel.
shuf·fler [ˈʃʌflə(r)] *s* **1.** Schlurfende(r *m*) *f*. **2.** Kartenmischer(in). **3.** Ausflüchtemacher(in). **4.** Schwindler(in). 'shuf·fling *adj* (*adv* ~ly) **1.** schlurfend, schleppend. **2.** unaufrichtig, unredlich. **3.** ausweichend: a ~ answer.
shun [ʃʌn] *v/t* (ver)meiden, j-m *od.* e-r Sache ausweichen, sich fernhalten von.
'**shun** [ʃʌn] *interj mil. colloq.* stillgestanden!, Achtung! (*aus* attention!).
shunt [ʃʌnt] **I** *v/t* **1.** beiˈseite schieben. **2.** *fig.* etwas aufschieben, zuˈrückstellen. **3.** *j-n* von Zuge kommen lassen, ˈkaltstellen'. **4.** *electr.* nebenschließen, shunten. **5.** *rail.* e-n Zug etc ranˈgieren, verschieben. **6.** abzweigen. **II** *v/i* **7.** *rail.* ranˈgieren. **8.** *fig.* (from von e-m Thema, Vorhaben etc) abkommen, abspringen. **III** *s* **9.** *electr. a*) Nebenschluß *m*, *b*) 'Nebenwiderstand *m*, Shunt *m*: ~ capacitor Parallelkondensator *m*; ~ current Nebenschlußstrom *m*; ~-fed parallelgespeist; ~ switch Umgehungsschalter *m*; ~ wound motor Nebenschlußmotor *m*. **10.** *rail. a*) Ranˈgieren *n*, *b*) *bes. Br.* Weiche *f*.
shunt·er [ˈʃʌntə(r)] *s* **1.** *rail. Br.* a) Weichensteller *m*, *b*) Ranˈgierer *m*, *c*) Ranˈgierlokomoˌtive *f*. **2.** *Br. colloq. für* arbitrager. '**shunt·ing** *rail. Br.* **I** *s* **1.** Ranˈgieren *n*. **2.** Weichenstellen *n*. **II** *adj* **3.** Rangier..., Verschiebe...: ~ **engine**; ~ **station**.
shush [ʃʊʃ; ʃʌʃ] **I** *interj* sch!, pst! **II** *v/i* sch! *od.* pst! machen. **III** *v/t j-n* zum Schweigen bringen.
shut [ʃʌt] **I** *v/t pret u. pp* **shut 1.** (ver)schließen, zumachen: to ~ s.o.'s mouth *fig.* j-m den Mund stopfen, j-n zum Schweigen bringen; → **door** *Bes. Redew.*, **eye** 1, **face** 1, **heart** *Bes. Redew.*, **mind** 2. **2.** einschließen, -sperren (into, in, within in *dat*, *acc*). **3.** ausschließen, -sperren (out of aus). **4.** Finger etc (ein)klemmen (in in *dat*). **5.** zuklappen, zuˈmachen: to ~ the book; to ~ the jackknife das Taschenmesser zuklappen. **II** *v/i* **6.** schließen, zugehen: the door with a bang die Tür knallte zu. **7.** (sich) schließen (lassen): the window ~s well.
Verbindungen mit Adverbien:
shut|**a·way** *v/t* **1.** etwas wegschließen. **2.** to shut o.s. away sich einigeln (in in *dat*). ~ **down I** *v/t* **1.** Fenster etc schließen. **2.** e-e Fabrik etc schließen, (*für immer a.*) stillegen. **II** *v/i* **3.** ˈundurchˌdringlich werden (*Nebel etc*). **4.** die Arbeit *od.* den Betrieb einstellen, ˌzumaˈchen', ˌdichtmachen'. **5.** ~ (up)on *colloq.* ein Ende machen mit. ~ **in** *v/t* **1.** einschließen: *a*) einsperren, *b*) *fig.* umˈgeben: to shut o.s. in sich einschließen. **2.** die Aussicht etc versperren. ~ **off I** *v/t* **1.** Wasser, Gas etc, *a.* den Motor, e-e Maschine abstellen: to ~ the supply ˌden Hahn zudrehen'. **2.** abschließen (*from* von). **II** *v/i* **3.** *tech.* abschalten. ~ **out** *v/t* **1.** *j-n*, *a.* Licht, Luft etc ausschließen, -sperren. **2.** e-e Landschaft etc den Blikken entziehen. **3.** *etwas* unmöglich machen. **4.** *sport Am.* den Gegner (ohne Gegentor etc) besiegen. **5.** → **shut** 1. **II** *v/i* → **shut** 6. ~ **up I** *v/t* **1.** *das Haus etc* (fest) verschließen, verriegeln: → **shop** 1. **2.** *j-n* einsperren: to shut o.s. up sich einschließen. **3.** *j-m* den Mund stopfen. **II** *v/i* **4.** (*meist imp*) *colloq.* ˌdie Klappe' (den Mund) halten.
'**shut**|**·down** *s* **1.** Arbeitsniederlegung *f*. **2.** Schließung *f*, (*für immer a.*) Stillegung *f*. '~**-eye** *s sl.* Schlaf *m*: to catch some ~ ein Schläfchen machen. ~**-in** [ˌ-ˈɪn; '-ɪn] **I** *adj* **1.** *bes. Am.* ans Haus *od.* Bett gefesselt: ~ **invalids**. **2.** *psych.* sich abkapselnd, verschlossen. **3.** eingeschlossen (*a. fig.*). **II** *s* **4.** *bes. Am.* j-d, der ans Haus *od.* Bett gefesselt ist. '~**·off** *s* **1.** *tech.* Abstell-, Absperrvorrichtung *f*: ~ **valve** Abschaltventil *n*, Abstellhahn *m*. **2.** Abstellen *n*. **3.** *hunt.* Schonzeit *f*. '~**-out** *s* **1.** Ausschließung *f*. **2.** *sport a*) Zu-ˈNull-Niederlage *f*, *b*) Zu-ˈNull-Sieg *m*.
shut·ter [ˈʃʌtə(r)] *s* **1.** Fensterladen *m*, Rolladen *m*, Jalouˈsie *f*: to put up the ~s *fig.* das Geschäft (*am Abend od. für immer*) schließen, ˌzumachen'. **2.** Klappe *f*, Schieber *m*, Verschluß *m*. **3.** *phot.* Verschluß *m*: ~ **speed** Belichtung(szeit) *f*. **4.** *arch.* (Ver)Schalung *f*. **5.** *Wasserbau*: Schütz(e) *f*. **6.** *mus.* Jalouˈsie *f* (*der Orgel*). **II** *v/t* **7.** mit Fensterläden versehen *od.* verschließen. '~**·bug** *s colloq.* ˌFotonarr' *m*.
'**shut·ter·ing** *s tech. bes. Br.* (Ver)Schalung *f*.
shut·tle [ˈʃʌtl] **I** *s* **1.** *tech. a*) Weberschiff(chen) *n*, (Web)Schütze(n) *m*, *b*) Schiffchen *n* (*der Nähmaschine*). **2.** *tech.* Schützentor *n* (*e-r Schleuse*). **3.** → **shuttle bus**, **shuttle train**. **4.** *a*) **shuttle service**, *b*) Pendelroute *f*. **5.** (Raum)Fähre *f*. **6.** → **shuttlecock** I. **II** *v/t* **7.** (schnell) 'hin- u. 'herbewegen *od.* -befördern. **III** *v/i* **8.** sich (schnell) 'hin- u. 'herbewegen. **9.** 'hin- u. 'herfahren *od.* -eilen etc, *rail.* etc pendeln (between zwischen). ~ **bus** *s* im Pendelverkehr eingesetzter Bus. '~**cock I** *s sport* Federball *m*. **II** *v/t* (wie e-n Federball) 'hin- u. 'herjagen. ~ **di·plo·ma·cy** *s pol.* ˈPendeldiplomaˌtie *f*. ~ **race** *s sport* Pendel-

staffel(lauf m) f. ~ **ser·vice** s Pendelverkehr m. ~ **train** s Pendel-, Vorortzug m.
shwa → schwa.
shy¹ [ʃaɪ] **I** adj (adv ~ly) comp **'shy·er** od. **'shi·er**, sup **'shy·est** od. **'shi·est** [-ɪst] **1.** scheu (Tier). **2.** scheu, schüchtern. **3.** zurückhaltend: to be (od. fight) ~ of s.o. j-m aus dem Weg gehen (→ 5). **4.** 'mißtrauisch. **5.** zaghaft: to be (od. fight) ~ of doing s.th. Hemmungen haben, etwas zu tun. **6.** abgelegen (Ort). **7.** bes. Am. sl. knapp (of, on an dat): ~ of money knapp bei Kasse. **8.** I'm ~ often dollars bes. Am. sl. mir fehlen (noch) 10 Dollar. **9.** bes. Am. sl. unfähig, den erforderlichen Einsatz zu bezahlen (bes. beim Pokerspiel). **10.** kümmerlich (Pflanze, Tier). **11.** colloq. anrüchig: a ~ **night club**. **II** v/i **12.** scheuen (at vor dat) (Pferd etc). **13.** to ~ **away from** fig. zurückschrecken vor (dat); **to ~ away from doing** s.th. fig. sich scheuen, etwas zu tun.
shy² [ʃaɪ] **I** v/t **1.** werfen, schleudern. **II** v/i **2.** werfen. **III** s **3.** Wurf m. **4.** fig. a) Hieb m, Stiche'lei f, b) Versuch m: **to have a ~ at** j-n verspotten; es (einmal) mit etwas versuchen.
'shy·ness s **1.** Scheu f. **2.** Schüchternheit f. **3.** Zu'rückhaltung f. **4.** 'Mißtrauen n.
'shy·ster [ˈʃaɪstə(r)] s bes. Am. sl. **1.** 'Winkeladvo̩kat m. **2.** Gauner m.
si [siː] s mus. Si n (Solmisationssilbe).
Si·a·mese [ˌsaɪəˈmiːz] **I** adj **1.** sia'mesisch. **2.** fig. unzertrennlich, ähnlich, Zwillings... **II** s **3.** a) Sia'mese m, Sia'mesin f, b) pl Sia'mesen pl. **4.** ling. Sia'mesisch n, das Siamesische. ~ **cat** s zo. Siamkatze f. ~ **twins** s pl **1.** Sia'mesische Zwillinge pl. **2.** fig. unzertrennliche Freunde pl.
sib [sɪb] adj blutsverwandt (**to** mit).
Si·be·ri·an [saɪˈbɪərɪən; Am. -ˈbɪr-] **I** adj si'birisch. **II** s Si'birier(in).
sib·i·lance [ˈsɪbɪləns], **'sib·i·lan·cy** [-sɪ] → sibilation. **'sib·i·lant I** adj **1.** zischend. **2.** ling. Zisch...: ~ **sound**. **II** s **3.** ling. Zischlaut m. **'sib·i·late** [-leɪt] **I** v/i **1.** zischen. **II** v/t **2.** zischen(d aussprechen). **3.** thea. etc auszischen. ˌ**sib·i'la·tion** s **1.** Zischen n. **2.** ling. Zischlaut m.
sib·ling [ˈsɪblɪŋ] s **1.** a) Bruder m od. Schwester f, b) pl Geschwister pl. **2.** biol. Nachkommenschaft f e-s Elternpaares aus verschiedenen Eizellen.
sib·yl [ˈsɪbɪl] s **1.** antiq. Si'bylle f. **2.** fig. a) Seherin f, b) Hexe f.
sib·yl·line [sɪˈbɪlaɪn; bes. Am. ˈsɪbɪ-; Am. a. -ˌliːn] adj **1.** sibyl'linisch. **2.** pro'phetisch, geheimnisvoll, dunkel.
sic [sɪk] (Lat.) adv sic, so.
sic·ca·tive [ˈsɪkətɪv] **I** adj trocknend. **II** s Trockenmittel n, Sikka'tiv n.
Si·cil·i·an [sɪˈsɪljən] **I** adj si'zilisch, sizili'anisch. **II** s Si'zilier(in), Sizili'aner(in).
sick¹ [sɪk] **I** adj **1.** (Br. nur attr) krank (of an dat): ~ **to death** todkrank; **to fall** ~ krank werden, erkranken; **to go** ~ bes. mil. sich krank melden; **the S~ Man of Europe (of the East)** hist. der Kranke Mann am Bosporus (die Türkei). **2.** Brechreiz verspürend: **to be** ~ sich erbrechen od. übergeben (müssen); **I feel** ~ mir ist schlecht od. übel; **she turned** ~ ihr wurde übel, sie mußte (sich er)brechen; **it makes me** ~ a) mir wird übel davon (a. fig.), b) fig. es ekelt od. widert mich an. **3.** Kranken..., Krankheits...: ~ **diet** Krankenkost f. **4.** fig. krank (**of** vor dat; **for** nach): ~ **at heart** a) todunglücklich, b) angstferfüllt. **5.** fig. a) wütend (**with** s.o. über j-n; **at** s.th. über etwas), b) enttäuscht (**at** s.th. von etwas). **6.** (of) colloq. angewidert (von), 'überdrüssig (gen): **I am** ~ **(and tired) of it** ich habe es

(gründlich) satt, es hängt mir zum Hals heraus. **7.** fig. blaß, fahl: ~ **colo(u)r**; ~ **light**. **8.** matt, gezwungen: **a** ~ **smile**. **9.** mar. schadhaft. **10.** schlecht: ~ **eggs** (air, etc). **11.** econ. colloq. flau: ~ **market**. **12.** colloq. grausig, ma'kaber: ~ **jokes**; ~ **humo(u)r** ,schwarzer' Humor. **II** s **13. the ~** die Kranken. **14.** Übelkeit f: **that's enough to give one the ~** colloq. ,das ist (ja) zum Kotzen'. **15.** bes. Br. colloq. ,Kotze' f.
sick² [sɪk] v/t hunt. u. fig. den Hund etc hetzen (**on, at** auf acc): **to ~ the police on** s.o. j-m die Polizei auf den Hals hetzen; ~ **him! faß!**
sick|bay s **1.** mar. (ˈSchiffs)Laza̩rett n. **2.** ('Kranken)Re̩vier n. '**~·bed** s **1.** Krankenbett n. **2.** fig. Krankenlager n. ~ **ben·e·fit** s Br. Krankengeld n. ~ **call** s **1.** mar. mil. Re'vierstunde f: **to go on** ~ sich krank melden. **2.** Ruf m (e-s Arztes etc) an ein Krankenlager. **3.** Krankenbesuch m. ~ **cer·tif·i·cate** s 'Krankheitsat̩test n.
sick·en [ˈsɪkn] **I** v/i **1.** erkranken, krank werden: **to be ~ing for** e-e Krankheit ,ausbrüten'. **2.** kränkeln. **3.** sich ekeln (at vor dat). **4.** 'überdrüssig od. werden (of gen): **to be ~ed with** e-r Sache überdrüssig sein, etwas satt haben. **II** v/t **5.** j-m Übelkeit verursachen. **6.** anekeln, anwidern. '**sick·en·er** s fig. **1.** Brechmittel n: a) ekelhafte Sache, b) Ekel n (Person). **2.** furchtbarer Schlag. '**sick·en·ing** adj (adv ~**ly**). **1.** ekelerregend: **this is** ~ da(bei) kann einem (ja) übel werden. **2.** fig. ekelhaft, gräßlich.
sick| flag s mar. (gelbe) Quaran'täneflagge. ~ **head·ache** s med. **1.** Kopfschmerz(en pl) m mit Übelkeit. **2.** Mi'gräne f. ~ **in·sur·ance** s Krankenversicherung f.
'**sick·ish** adj (adv ~**ly**) **1.** kränklich, unpäßlich, unwohl. **2.** → sickening.
sick·le [ˈsɪkl] s agr. u. fig. Sichel f: ~ **cell** med. Sichelzelle f. ~ **feather** orn. Sichelfeder f (des Haushahns).
sick leave s Fehlen n wegen Krankheit: **to be on** ~ wegen Krankheit fehlen; **to request** ~ sich krank melden.
sick·li·ness [ˈsɪklɪnɪs] s **1.** Kränklichkeit f. **2.** kränkliches Aussehen. **3.** Ungesundheit f (des Klimas etc).
sick list s mar. mil. Krankenliste f: **to be on the** ~ krank (gemeldet) sein.
'**sick·ly I** adj u. adv **1.** kränklich, schwächlich. **2.** krank(haft), kränklich, blaß: ~ **face**. **3.** matt, schwach: **a** ~ **smile**. **4.** ungesund: ~ **climate**. **5.** 'widerwärtig: **a** ~ **smell**. **6.** fig. wehleidig, süßlich, unangenehm: ~ **sentimentality**. **II** v/t **7.** krank machen: 'sicklied o'er with the pale cast of thought' von des Gedankens Blässe angekränkelt.
sick·ness [ˈsɪknɪs] s **1.** Krankheit f: ~ **benefit** → sick benefit; ~ **insurance** → **sick insurance**. **2.** Übelkeit f, Erbrechen n.
sick| nurse s Krankenschwester f, -pflegerin f. ~ **pay** s Krankengeld n. ~ **re·port** s mar. mil. **1.** Krankenbericht m, -liste f. **2.** Krankmeldung f. '**~·room** s Krankenzimmer n, -stube f.
side [saɪd] **I** s **1.** allg. Seite f: **by** ~ Seite an Seite; **at** (od. **by**) **the** ~ **of** an der Seite von (od. gen), neben (dat), fig. a. verglichen mit; **on all ~s** überall; **on the** ~ si. nebenbei (verdienen etc); **on the** ~ **of** a) auf der Seite von, b) seitens (gen); **on this (the other)** ~ (of) diesseits (jenseits) (gen); **(on) this** ~ **of the grave** hienieden, im Diesseits; **this** ~ **up!** Vorsicht, nicht stürzen!; **to stand by s.o.'s** ~ fig. j-m zur Seite stehen; **to be on the small** ~ ziemlich klein sein; **to keep on the**

right ~ **of** sich gut stellen mit; **to cast to one** ~ fig. über Bord werfen; **to put to one** ~ **e-e Frage** etc zurückstellen, ausklammern; → **bright** 5, **dark** 4, **err** 1, **house** 1, **right** 6, **safe** 3, **sunny** 2, **wrong** 2. **2.** math. Seite f (a. e-r Gleichung), a. Seitenlinie f, -fläche f. **3.** a) (Seiten)Rand m, b) (Brillen)Bügel m. **4.** (Körper)Seite f: **to burst** (od. **shake, split**) one's ~**s** **with laughter** sich schütteln vor Lachen. **5.** (Speck-, Hammel- etc)Seite f: ~ **of bacon**. **6.** Seite f, Teil m, n: **the east** ~ **of the city** der Ostteil der Stadt. **7.** Seite f: a) (Ab)Hang m, Flanke f, a. Wand f (e-s Berges), b) Ufer(seite f) n. **8.** Seite f, (Cha'rakter)Zug m. **9.** Seite f: a) Par'tei f (a. jur. od. sport), b) sport (Spielfeld)Hälfte f: **to be on** s.o.'s ~ auf j-s Seite stehen; **to change ~s** ins andere Lager überwechseln, sport die Seiten wechseln; **to take ~s** → 20; **to win** s.o. **over to one's** ~ j-n auf s-e Seite ziehen. **10.** sport Br. Mannschaft f. **11.** Seite f, Abstammungslinie f: **on one's father's** ~, **on the paternal** ~ väterlicherseits. **12.** jur. ('Rechts)Ab̩teilung f: **criminal-law** ~ Strafrechtsabteilung. **13.** ped. Br. (Studien)Zweig m: **classical** ~ huma'nistische Abteilung. **14.** thea. sl. Rolle f. **15.** sl. ,Angabe' f, Al'lüren pl: **to put on** ~ ,angeben', großtun. **16.** Billard: Br. Ef'fet n.
II adj **17.** seitlich (liegend od. stehend etc), Seiten...: ~ **elevation** Seitenriß m; ~ **pocket** Seitentasche f. **18.** von der Seite (kommend), Seiten...: ~ **blow** Seitenhieb m. **19.** Seiten..., Neben...: ~ **door**.
III v/i **20.** (**with**) Par'tei ergreifen (gen od. für), es halten (mit).
side| aisle s arch. Seitenschiff n (e-r Kirche). ~ **arms** s pl mar. mil. Seitenwaffen pl. ~ **band** s Radio: 'Seiten(fre̩quenz)band n. ~ **bet** s Zusatzwette f. '**~·board** s **1.** Anrichtetisch m. **2.** Sideboard n: a) Büf'fett n, b) Anrichte f. **3.** Seitenbrett n. **4.** pl Br. für sideburns. ~ **box** s thea. Seitenloge f. '**~·burns** s pl bes. Am. Kote'letten pl. '**~·car** s **1.** Beiwagen m: ~ **combination** (od. **motorcycle**) Beiwagen-, Seitenwagenmaschine f. **2.** ein Cocktail aus Orangenlikör, Zitronensaft u. Weinbrand. ~ **chain** s **1.** tech., a. biol. Seitenkette f. **2.** chem. Seitenring m (e-s Molekülrings). ~ **cut** s 'Seitenstraße f, -weg m, -ka̩nal m.
sid·ed [ˈsaɪdɪd] adj (meist in Zssgn) ...seitig: **four-~**.
side| dish s **1.** Zwischengang m. **2.** Beilage f. ~ **drum** s kleine (Wirbel)Trommel. ~ **ef·fect** s Nebenwirkung f, Begleiterscheinung f. ~ **face** s Seitenansicht f, Pro'fil n. ~ **fre·quen·cy** s Radio: 'Seitenfre̩quenz f. ~ **glance** s Seitenblick m (a. fig.). '**~·head** s **1.** tech. Seitenschlitten m (der Drehbank). **2.** print. Margi'naltitel m. '**~·hill** Am. für hillside. ~ **horse** s Turnen: Seitpferd n. ~ **is·sue** s Nebenfrage f, -sache f, 'Randpro̩blem n. '**~·kick**, a. '**~·kick·er** s Am. sl. **1.** Kumpan m, ,Spezi' m. **2.** Helfer m. ~ **light** s **1.** Seitenlicht n. **2.** Seitenleuchte f. **3.** a) mar. Seitenlampe f, b) aer. Positi'onslicht n, c) mot. Begrenzungslicht n. **4.** Seitenfenster n. **5.** fig. Streiflicht n. '**~·line** s **1.** Seitenlinie f. **2.** rail. Nebenstrecke f. **3.** a) Nebenbeschäftigung f, -verdienst m, b) Nebenzweig m (e-s Gewerbes), econ. a. 'Nebenar̩tikel m. **4.** sport a) Seitenlinie f (des Spielfelds), b) meist pl Außenfeld n: **on the ~s am Spielfeldrand, als Zuschauer. II v/t 5.** sport etc bes. Am. j-n außer Gefecht setzen. '**~·long I** adv seitwärts, seitlich, quer. **II** adj Seitwärts..., seitlich, schräg: ~ **motion**; ~ **glance** Seitenblick

sidenote – sign

m. '**~note** *s print.* Randbemerkung *f.*
si·de·re·al [saɪˈdɪərɪəl] *adj astr.* siˈderisch, Stern(en)...: **~ day (time, year)** Sterntag *m* (-zeit *f,* -jahr *n*).
sid·er·ite [ˈsaɪdəraɪt; *bes. Am.* ˈsɪd-] *s chem. min.* **1.** Sideˈrit *m,* Eisenspat *m.* **2.** Meteˈorgestein *n.*
sid·er·og·ra·phy [ˌsaɪdəˈrɒgrəfɪ; *bes. Am.* ˌsɪd-; *Am.* -ˈrɑg-] *s* Stahlstich *m,* -stecherkunst *f.* '**sid·er·o·lite** [-rəlaɪt] *s min.* Sideroˈlith *m,* '**sid·er·o·sis** [-ˈrəʊsɪs] *s med.* Sideˈrose *f,* Sideˈrosis *f (Ablagerung von Eisenstaub in der Lunge, den Augen ect).*
'**side|sad·dle** *I s* Damensattel *m.* **II** *adv* im Damensitz. **~ scene** *s thea.* **1.** ˈSeitenkuˌlisse *f.* **2.** Randszene *f.* '**~show** *s* **1.** Nebenvorstellung *f.* **2.** Nebenausstellung *f.* **3.** kleine Schaubude. **4.** *fig.* a) Nebensache *f,* b) Epiˈsode *f (am Rande).* '**~slip** *I v/i* **1.** seitwärts rutschen. **2.** *aer.* slippen, seitlich abrutschen. **3.** *mot.* (seitlich) ausbrechen. **II** *s* **4.** seitliches Rutschen. **5.** *aer.* Slippen *n,* seitliches Abrutschen. **6.** *mot.* (seitliches) Ausbrechen.
sides·man [ˈsaɪdzmən] *s irr* Kirchenrat(smitglied *n*) *m.*
'**side|split·ter** *s* etwas zum Totlachen, ˌMordsspaß' *m.* '**~split·ting** *adj* zwerchfellerschütternd. **~ step** *s* Seit(en)schritt *m.* '**~step** *I v/t* **1.** *Boxen:* e-m Schlag (durch Seitschritt) ausweichen. **2.** ausweichen (*dat*) (*a. fig.*). **II** *v/i* **3.** e-n Seit(en)schritt machen. **4.** ausweichen (*a. fig.*). **~ street** *s* Seitenstraße *f.* '**~stroke** *s sport* Seitenschwimmen *n.* '**~swipe** *colloq.* **I** *v/t bes. Am.* **1.** j-n (mit e-m Schlag) streifen. **2.** *mot.* a) geparktes Fahrzeug *etc* (hart) streifen, b) seitlich abdrängen (*beim Überholen*). **II** *s* **3.** *bes. Am.* ˌWischer' *m (Schlag, der nur streift).* **4.** *mot. bes. Am.* Streifen *n.* **5.** *fig.* Seitenhieb *m* (at auf *acc*): **to take a ~ at s.o.** j-m e-n Seitenhieb versetzen. '**~track I** *s* **1. →** siding 1. **2.** *fig.* ˌtotes Gleis'. **II** *v/t* **3.** *rail.* e-n Waggon auf ein Nebengleis schieben. **4.** *colloq.* a) etwas ˌabbiegen', b) j-n ablenken, c) j-n ˌkaltstellen'. **III** *v/i* **5.** (vom Thema) abklenken. **~ view** *s* Seitenansicht *f.* '**~walk** *s bes. Am.* Bürgersteig *m,* Trotˈtoir *n:* **~ artist** Pflastermaler *m;* **~ café** Straßencafé *n;* **~ superintendent** *humor.* (besserwisserischer) Zuschauer (*bei Bauarbeiten*).
side·ward [ˈsaɪdwə(r)d] *I adj* seitlich. **II** *adv* seitwärts, nach der Seite. '**sidewards** [-dz] **→ sideward** II.
'**side·ways →** sideward. '**~wheel** *s mar.* Schaufelrad *n.* '**~wheel·er** *s mar.* Raddampfer *m.* **~ whisk·ers** *s pl* Koteˈletten *pl.* **~ wind** *s* Seitenwind *m.* '**~wise** [-waɪz] **→** sideward.
sid·ing [ˈsaɪdɪŋ] *s* **1.** *rail.* a) Neben-, Ranˈgiergleis *n,* b) Anschlußgleis *n,* Gleisanschluß *m.* **2.** *arch. Am.* (äußere) Seitenwandung (*von Holzhäusern*). **3.** *Am.* Zuschneiden *n (von Holz).* **4.** *fig.* Parˈteinahme *f.*
si·dle [ˈsaɪdl] *v/i* sich schlängeln, schleichen: **to ~ away** sich davonschleichen *od.* -stehlen; **to ~ up to s.o.** sich an j-n heranmachen.
siege [siːdʒ] *I s* **1.** *mil.* Belagerung *f:* **state of ~** Belagerungszustand *m;* **to lay ~ to** a) e-e Stadt *etc* belagern, b) *fig.* j-n bestürmen, ˌbearbeiten'; **→ raise** 33. **2.** *fig.* a) Bestürmen *n,* heftiges Zusetzen, b) Zermürbung *f,* c) zermürbende Zeit. **3.** *tech.* a) Werkbank *f,* b) Glasschmelzofenbank *f.* **4.** *obs.* Sitz *m.* **II** *adj* Belagerungs... **S~ Per·il·ous** *s (Artussage)* Platz *m* der Gefahr (*leerer Platz in der Tafelrunde, der für alle Ritter tödlich war, außer für den, welchem die Suche nach dem Gral gelingen sollte*).

Si·en·ese [ˌsɪeˈniːz] *I s* a) Sieneˈse *m,* Sieˈnesin *f,* b) *pl* Sieˈnesen *pl.* **II** *adj* sieˈnesisch: **~ school** (Maler)Schule *f* von Siena.
si·en·na [sɪˈenə] *s paint.* Siˈena(erde) *f:* **raw ~** hellgelber Ocker.
Si·en·nese → Sienese.
si·er·ra [sɪˈerə; *Br. bes.* ˈsɪərə] *s* Siˈerra *f,* Gebirgskette *f.*
si·es·ta [sɪˈestə] *s* Siˈesta *f,* Mittagsruhe *f,* -schlaf *m.*
sieve [sɪv] **I** *s* **1.** Sieb *n, tech.* a. ˈDurchwurf *m,* Rätter *m:* **to fetch (*od.* carry) water in a ~** *fig.* Wasser in ein Sieb schöpfen; **to have a memory like a ~** ein Gedächtnis wie ein Sieb haben. **2.** *fig.* ˌWaschweib' *n.* **3.** Weidenkorb *m* (*a. Maß*). **II** *v/t* **4.** (ˈdurch-, aus)sieben. **III** *v/i* **5.** sieben.
sift [sɪft] **I** *v/t* **1.** (ˈdurch)sieben: **to ~ flour. 2.** (durch ein Sieb *etc*) streuen: **to ~ sugar on a cake. 3.** *fig.* sichten, sorgfältig (über)ˈprüfen *od.* unterˈsuchen. **4.** *meist* **~ out** a) aussieben, absondern, b) erforschen, ausfindig machen. **II** *v/i* **5.** sieben. **6.** ˈdurchrieseln, -dringen (*a. Licht etc*). **7.** *fig.* (sorgfältige) Unterˈsuchungen anstellen. '**sift·er** *s* **1.** Sieber(in). **2.** Sieb(vorrichtung *f*) *n.* '**sift·ing** *s* **1.** (ˈDurch)Sieben *n.* **2.** *fig.* Sichten *n,* Unterˈsuchung *f.* **3.** *pl* a) (das) ˈDurchgesiebte, b) Siebabfälle *pl.*
sigh [saɪ] **I** *v/i* **1.** (auf)seufzen, tief (auf)atmen. **2.** schmachten, seufzen (**for** nach): **~ed-for** heißbegehrt. **3.** *fig.* seufzen, ächzen (*Wind*). **II** *v/t* **4.** *oft* **~ out** seufzen(d äußern). **III** *s* **5.** Seufzer *m:* **a ~ of relief** ein Seufzer der Erleichterung; **to give** (*od.* **heave**) **a ~ of relief** erleichtert aufatmen.
sight [saɪt] **I** *s* **1.** Sehvermögen *n,* -kraft *f,* Auge(nlicht) *n:* **good ~** gute Augen; **long (near) ~** Weit-(Kurz)sichtigkeit *f;* **second ~** zweites Gesicht; **to lose one's ~** das Augenlicht verlieren. **2.** (An)Blick *m,* Sicht *f:* **at** (*od.* **on**) **~** auf Anhieb, beim ersten Anblick, sofort; **to shoot s.o. at ~** j-n sofort *od.* ohne Warnung niederschießen; **at the ~ of** beim Anblick (*gen*); **at first ~** auf den ersten Blick; **to play (sing, translate) at ~** vom Blatt spielen (singen, übersetzen); **to catch ~ of** erblicken; **to know by ~** vom Sehen kennen; **to lose ~ of** a) aus den Augen verlieren (*a. fig.*), b) *fig.* etwas übersehen. **3.** *fig.* Auge *n:* **in my ~** in m-n Augen *f,* in **the ~ of God** vor Gott; **to find favo(u)r in s.o.'s ~** Gnade vor j-s Augen finden. **4.** Sicht(weite) *f:* (with)**in ~** a) in Sicht (-weite), b) *fig.* in Sicht; **within ~ of victory** den Sieg (dicht) vor Augen; **out of ~** außer Sicht; **out of ~, out of mind** aus den Augen, aus dem Sinn; **out of my ~!** geh mir aus den Augen!; **to come in ~** in Sicht kommen; **to put out of ~** a) wegtun, b) *colloq.* Essen ˌwegputzen'. **5.** *econ.* Sicht *f:* **payable at ~** bei Sicht fällig; **bill (payable) at ~** Sichtwechsel *m;* **30 days (after) ~** 30 Tage (nach) Sicht; **bill (payable) after ~** Nachsichtwechsel *m;* **to buy s.th. ~ unseen** etwas unbesehen kaufen. **6.** Anblick *m:* **a sorry ~;** **a ~ for sore eyes** e-e Augenweide; **to be** (*od.* **look**) **a ~** *colloq.* ˌverboten' *od.* ˌzum Abschießen' aussehen; **I did look a ~** *colloq.* ich sah vielleicht aus; **what a ~ you are!** *colloq.* wie siehst du denn aus!; **→ god** 1. **7.** Sehenswürdigkeit *f:* **his roses were a ~ to see** s-e Rosen waren e-e Sehenswürdigkeit; **to see the ~s of a town** die Sehenswürdigkeiten e-r Stadt besichtigen. **8.** *colloq.* Menge *f,* Masse *f,* Haufen *m (Geld etc):* **a long ~ better** zehnmal besser. **9.** *astr. hunt. mil.* **not by a long ~** bei weitem nicht.

tech. Viˈsier(einrichtung *f*) *n:* **to take (a careful) ~** (genau) (an)visieren *od.* zielen; **to have in one's ~s** im Visier haben (*a. fig.*); **to lower one's ~s** *fig.* Abstriche machen, zurückstecken; **to raise one's ~s** *fig.* höhere Ziele anstreben; **to set one's ~s on s.th.** *fig.* etwas ins Auge fassen; **→ full sight. 10.** *astr. mar.* (mit Winkelinstrument gemessene *od.* bestimmte) Höhe (*e-s Gestirns*). **11.** *Am. sl.* Aussicht *f,* Chance *f.*
II *v/t* **12.** sichten, erblicken. **13.** *mil.* a) ˈanviˌsieren (*a. astr. mar.*), b) *das Geschütz* richten, c) *e-e Waffe etc* mit e-m Viˈsier versehen. **14.** *econ.* e-n Wechsel präsenˈtieren.
III *v/i* **15.** zielen, viˈsieren.
sight|bill, ~ draft *s econ.* Sichtwechsel *m,* -tratte *f.*
sight·ed [ˈsaɪtɪd] **I** *adj* **1.** sehend (*Ggs.* blind). **2.** (*in Zssgn*) ...sichtig. **3.** *mil.* mit e-m Viˈsier (versehen). **II** *s* **4.** *the ~ collect.* die Sehenden *pl.*
sight glass *s tech.* Schauglas *n.*
'**sight·ing** *adj mil.* Ziel..., Visier...: **~ line** Visierlinie *f;* **~ mechanism** Visier-, Zieleinrichtung *f,* Zielgerät *n;* **~ shot** Anschuß *m (Probeschuß);* **~ telescope** Zielfernrohr *n.* [unsichtbar.]
'**sight·less** *adj (adv* **~ly) 1.** blind. **2.** *poet.*
sight·li·ness [ˈsaɪtlɪnɪs] *s* Ansehnlichkeit *f,* Stattlichkeit *f.* '**sight·ly** *adj* **1.** ansehnlich, gutaussehend, stattlich. **2.** *bes. Am.* a) schöngelegen, mit schönem (Aus)Blick, b) weithin sichtbar.
'**sight|-read** *v/t u. v/i irr* **1.** *mus.* vom Blatt singen *od.* spielen. **2.** *ling.* vom Blatt überˈsetzen. **~ read·er** *s* **1.** *mus.* j-d, der vom Blatt singt *od.* spielt. **2.** *ling.* j-d, der vom Blatt überˈsetzt. '**~see** *v/i irr* die Sehenswürdigkeiten besichtigen: **to go ~ing** e-e Besichtigungstour machen. '**~ˌsee·ing I** *s* Besichtigung *f* von Sehenswürdigkeiten. **II** *adj* Besichtigungs...: **~ bus** Rundfahrtautobus *m;* **~ tour** Besichtigungstour *f,* (Stadt)Rundfahrt *f.* '**~ˌseer** [-ˌsiːə(r)] *s* Touˈrist(in). **~ test** *s* Sehprüfung *f,* -test *m.*
sig·il [ˈsɪdʒɪl] *s* **1.** Siegel *n.* **2.** astroˈlogisches *od.* magisches Zeichen.
sig·il·late [ˈsɪdʒɪlət, -leɪt] *adj bot. u.* Keˈramik: mit siegelartigen Mustern.
sig·ma [ˈsɪgmə] *s* Sigma *n* (*griechischer Buchstabe*).
sig·moid [ˈsɪgmɔɪd] **I** *adj* **1.** a) Σ-, s-förmig, b) -, halbmondförmig. **II** *s* **2.** *a.* **~ flexure** *anat.* Sigmoˈid *n (Dickdarmkrümmung).* **3.** s-förmige Kurve.
sign [saɪn] **I** *s* **1.** *a.* **~** Zeichen *n,* Symˈbol *n* (*a. fig.*), b) *a.* **~ of the cross** *relig.* Kreuzzeichen *n:* **in** (*od.* **as a**) **~ of** zum Zeichen (*gen*). **2.** (Schrift)Zeichen *n.* **3.** *math. mus.* (Vor)Zeichen *n* (*a. Computer*). **4.** Zeichen *n,* Wink *m:* **to give s.o. a ~,** **to make a ~ to s.o.** j-m ein Zeichen geben. **5.** Zeichen *n,* Siˈgnal *n.* **6.** Anzeichen *n,* Symˈptom *n (a. med.):* **no ~ of life** kein Lebenszeichen; **to make no ~** sich nicht rühren; **the ~s of the times** die Zeichen der Zeit; **there was not a ~ of him** von ihm war noch nichts zu sehen. **7.** Kennzeichen *n.* **8.** (Aushänge-, Wirtshaus- *etc*)Schild *n:* **at the ~ of the White Hart** in (Wirtshaus zum) Weißen Hirsch. **9.** *astr.* (Tierkreis)Zeichen *n.* **10.** *bes. Bibl.* (Wunder-)Zeichen *n:* **~s and wonders** Zeichen u. Wunder. **11.** *Am.* Spur *f (a. hunt.).*
II *v/t* **12.** a) unterˈzeichnen, -ˈschreiben, *a. paint. u. print.* siˈgnieren: **to ~ a letter;** **~ed, sealed and delivered** (ordnungsgemäß) unterschrieben und ausgefertigt, b) sich eintragen in (*acc*): **to ~ the guest book. 13.** *mit (s-m Namen)* unterˈzeichnen. **14. ~ away** überˈtragen, -ˈschreiben, abtreten: **to ~ away property. 15.** *a.* **~**

signal – silk stocking

on (*od.* up) (vertraglich) verpflichten (*a. sport*), anstellen, *mar.* anheuern. **16.** *relig.* das Kreuzzeichen machen über (*acc od. dat*), segnen. **17.** *j-m* bedeuten (**to do** zu tun), *j-m etwas* (durch Zeichen *od.* Gebärden) zu verstehen geben: **to ~ one's assent**.
III *v/i* **18.** unter'schreiben, -'zeichnen: → dot² **4. 19.** *econ.* zeichnen. **20.** Zeichen geben, (zu)winken (**to** *dat*). **21. ~ on** (**off**) *Rundfunk, TV*: sein Pro'gramm beginnen (beenden): **we ~ off at 10 o'clock** Sendeschluß ist um 22 Uhr. **22. ~ in** a) sich (in e-e Anwesenheitsliste *etc*) eintragen, b) einstempeln. **23. ~ off** *colloq.* a) (s-e Rede) schließen, ´n Schluß machen (*im Brief*), c) sich zu'rückziehen, ,aussteigen'. **24. ~ out** a) sich (aus e-r Anwesenheitsliste *etc*) austragen, b) ausstempeln. **25.** *a.* **~ on** (*od.* **up**) sich (vertraglich) verpflichten (**for** zu), (e-e) Arbeit annehmen, *mar.* anheuern, *mil.* sich verpflichten (**for** auf 5 *Jahre etc*): **the player ~ed on for two years** der Spieler hat e-n Zweijahresvertrag unterschrieben. **26. ~ off on** *Am. colloq.* Plan *etc* ,absegnen', genehmigen.
sig·nal [ˈsɪgnl] **I** *s* **1.** *a. mil. etc* Si'gnal *n*, (*a.* verabredetes) Zeichen: **light ~** Leuchtzeichen, Lichtsignal; → **call signal, distress** 5. **2.** *electr. mar. mil. tech.* (Funk)Spruch *m*: **Royal Corps of S~s, the S~s** *Br.* (die) Fernmeldetruppe. **3.** *fig.* Si'gnal *n*, (auslösendes) Zeichen (**for** für, zu): **this was the ~ for revolt. 4.** *Kartenspiel*: Si'gnal *n*. **II** *adj* (*adv* **~ly**) **5.** Signal...: **~ arm** *rail.* Signalarm *m*; **S~ Corps** *Am.* Fernmeldetruppe *f*; **~ beacon** Signalbake *f*; **~ communications** *mil.* Fernmeldewesen *n*; **~ engineering** Fernmeldetechnik *f*; **~ code** Zeichenschlüssel *m.* **6.** beachtlich, un-, außergewöhnlich. **III** *v/t pret u. pp* **-naled**, *bes. Br.* **-nalled 7.** *j-n* durch Zeichen *od.* Si'gnal(e) verständigen, *j-m* Zeichen geben, *j-m* winken. **8.** *fig.* zu verstehen geben. **9.** e-e *Nachricht etc* signali'sieren, über'mitteln, *etwas* melden. **IV** *v/i* **10.** signali'sieren, Zeichen machen *od.* geben. **~books** *mar.* Si'gnalbuch *n.* **~box** *s rail.* Stellwerk *n.* **~check** *s electr.* Sprechprobe *f* (*Mikrofon*).
sig·nal·er, *bes. Br.* **sig·nal·ler** [ˈsɪgnələ(r)] *s* Si'gnalgeber *m, bes.* a) *mil.* Blinker *m*, Melder *m*, b) *mar.* Si'gnalgast *m.*
sig·nal flag *s mar.* Si'gnal-, Winkerflagge *f.* **~gun** *mil.* **1.** Si'gnalgeschütz *n.* **2.** Si'gnalschuß *m.* **~ hal·yard** *s mar.* Flaggleine *f.*
sig·nal·ing, *bes. Br.* **sig·nal·ling** [ˈsɪgnlɪŋ] *adj* Signal...
sig·nal·ize [ˈsɪgnəlaɪz] **I** *v/t* **1.** aus-, kennzeichnen: **~ o.s. by** sich hervortun durch. **2.** her'vorheben. **3.** ankündigen, signali'sieren. **II** *v/i* → **signal** IV.
sig·nal·ler, *etc bes. Br. für* **signaler**, *etc.*
ˈsig·nal|-man [-mən] *s irr* **1.** *rail.* Stellwärter *m,* **2.** *mar.* Si'gnalgast *m.* **~ of·fi·cer** *s mil. Am.* **1.** 'Fernmeldeoffi,zier *m.* **2.** Leiter *m* des Fernmeldedienstes (*in Verbänden über Regimentsebene*). **~ pis·tol** *s bes. mil.* 'Leuchtpi,stole *f.* **~ rock·et** *s bes. mil.* 'Leuchtkugel *f*, -ra,kete *f.* **~ tow·er** *s tech.* **1.** Si'gnalturm *m.* **2.** *rail. Am.* Stellwerk *n.*
sig·na·ry [ˈsɪgnərɪ] *s* ('Schrift),Zeichen-sy,stem *n.*
sig·na·to·ry [ˈsɪgnətərɪ; *Am.* -ˌtəʊrɪ; -ˌtɔː-] **I** *adj* **1.** unter'zeichnend, vertragsschließend, Signatar...: **~ powers** → 3 c; **~ state** → 3 b. **2.** *econ.* Zeichnungs...: **~ power** Unterschriftsvollmacht *f.* **II** *s* **3.** a) ('Mit)Unter,zeichner(in), b) *pol.* Signa'tar *m*, Unter'zeichnerstaat *m*, c) *pl pol.* Signa'tarmächte *pl* (**to a treaty** e-s Vertrags).

sig·na·ture [ˈsɪgnətʃə(r); *Am. a.* -ˌtʃʊər] *s* **1.** 'Unterschrift(sleistung) *f*, Namenszug *m.* **2.** Signa'tur *f* (*e-s Buchs etc*). **3.** *mus.* Signa'tur *f*, Vorzeichnung *f*: **key ~** Vorzeichen *n od. pl.* **4.** *a.* **~ tune** (*Rundfunk, TV*) 'Kennmelo,die *f.* **5.** *pharm.* Signa'tur *f*, Aufschrift *f.* **6.** *a.* **~ mark** *print.* a) Signa'tur *f*, Bogenzeichen *n*, b) (Signa'tur)Bogen *m.* **7.** *fig. obs.* (Kenn)Zeichen *n.*
ˈsign·board *s* (*bes.* Firmen-, Aushänge-) Schild *n.*
sign·er [ˈsaɪnə(r)] *s* Unter'zeichner(in).
sig·net [ˈsɪgnɪt] *s* Siegel *n*, Petschaft *n*: **privy ~** Privatsiegel des Königs; → **writer** 3. **~ ring** *s* Siegelring *m.*
sig·nif·i·cance [sɪɡˈnɪfɪkəns], **sig·nif·i·can·cy** [-sɪ] *s* **1.** Bedeutung *f*, (tieferer) Sinn. **2.** Bedeutung *f*, Bedeutsamkeit *f*, Wichtigkeit *f*: **of no significance** ohne Belang *od.* Bedeutung, bedeutungslos.
sig·nif·i·cant [sɪɡˈnɪfɪkənt] *adj* **1.** bezeichnend (**of** für): **to be ~ of** bezeichnend sein für, hinweisen auf (*acc*). **2.** bedeutsam, wichtig, von Bedeutung. **3.** wesentlich, merklich. **4.** *fig.* vielsagend: **a ~ gesture. 5.** *math.* geltend (*Dezimalstelle*). **sig·nif·i·cant·ly** *adv* **1.** bedeutsam. **2.** bezeichnenderweise. **3.** wesentlich: **not ~ reduced.**
sig·ni·fi·ca·tion [ˌsɪgnɪfɪˈkeɪʃn] *s* **1.** (bestimmte) Bedeutung, Sinn *m.* **2.** Bezeichnung *f*, Andeutung *f.*
sig·nif·i·ca·tive [sɪɡˈnɪfɪkətɪv; *Am.* -ˌkeɪ-] *adj* (*adv* **~ly**) **1.** Bedeutungs..., bedeutsam. **2.** bezeichnend, kennzeichnend (**of** für).
sig·ni·fy [ˈsɪgnɪfaɪ] **I** *v/t* **1.** an-, bedeuten, zu verstehen geben. **2.** bedeuten, ankündigen: **a lunar halo signifies rain. 3.** bedeuten: **this signifies nothing. II** *v/i* **4.** *colloq.* bedeuten: **it does not ~** es hat nichts zu bedeuten. **ˈsig·ni·fy·ing** *s Am. colloq.* Wortgeplänkel *n.*
ˈsign-in *s* 'Unterschriftensammlung *f.*
ˈsign|,lan·guage *s* Zeichen-, Fingersprache *f.* **~ man·u·al** *pl* **~s man·u·al** *s* **1.** (eigenhändige) 'Unterschrift (*bes. e-s Königs*). **2.** Handzeichen *n.* **~ paint·er** *s* Schilder-, Pla'katmaler *m.* **ˈ~post** **I** *s* **1.** Wegweiser *m.* **2.** (Straßen)Schild *n*, (Verkehrs)Zeichen *n.* **II** *v/t* **3.** mit Wegweiser(n) versehen. **4.** Straßen be-, ausschildern. **5.** *j-n* orien'tieren.
Sikh [siːk] *s* Sikh *m.*
si·lage [ˈsaɪlɪdʒ] *agr.* **I** *s* Silo-, Gärfutter *n*: **~ cutter** Futterschneidemaschine *f.* **II** *v/t* Futterpflanzen si'lieren.
si·lence [ˈsaɪləns] **I** *s* **1.** (Still)Schweigen *n* (*a. fig.*), Ruhe *f*, Stille *f*: **to keep ~** a) schweigen, still *od.* ruhig sein, b) Stillschweigen wahren (**on** über *acc*); **to break the ~** das Schweigen brechen (*a. fig.*); **to impose ~** a) Ruhe gebieten, b) (**on** *s.o.* j-m) (Still)Schweigen auferlegen; **in ~** still, schweigend, schweigsam, ruhig; **to pass over in ~** (still)schweigend übergehen; **~ gives consent** wer schweigt, stimmt zu; **a minute's ~** e-e Schweigeminute; **~! Ruhe!**; → **silver** 1. **2.** Schweigsamkeit *f.* **3.** Verschwiegenheit *f.* **4.** Vergessenheit *f*: **to pass into ~** in Vergessenheit geraten. **5.** *tech.* Geräuschlosigkeit *f.* **II** *v/t* **6.** zum Schweigen bringen (*a. mil. u. fig.*). **7.** *fig.* beschwichtigen, beruhigen: **to ~ the voice of conscience. 8.** *tech.* dämpfen, geräuschlos machen (**ˈsi·lenc·er** *s* **1.** *mil. tech.* Schalldämpfer *m.* **2.** *mot. Br.* Auspufftopf *m.*
si·lent [ˈsaɪlənt] **I** *adj* (*adv* **~ly**) **1.** still, ruhig, schweigsam: **to be** (*od.* **remain**) **~** (sich aus)schweigen (**on** über *acc*); **be ~!** sei(d) still!; **history is ~ upon** (*od.* **as to**) **this** darüber schweigt die Geschichte;

the ~ majority die schweigende Mehrheit. **2.** still (*Gebet etc*), stumm (*Schmerz etc*; *a. ling.* Buchstabe). **3.** *fig.* heimlich, stillschweigend: **~ consent. 4.** *a. tech.* leise, geräuschlos. **5.** untätig: **~ volcano;** → **partner** 2, **partnership** 1. **6.** *med.* la'tent: **a ~ disease. 7.** Stummfilm...: **~ star;** → **film** → 8. **II** *s* **8.** Stummfilm *m.* **~ but·ler** *s* (*ein*) Abfallgefäß *n.* **~ ser·vice** *s colloq.* **1.** Ma'rine *f.* **2.** *bes. Am.* 'Unterseebootsdienst *m.*
si·le·sia [saɪˈliːʒə; sɪˈl-; *bes. Am.* -ʒɪə; -ʒə; -ʃɪə; -ʃə] *s* (schlesische) Leinwand, Li'non *m.* **Si·ˈle·sian** [-ən] **I** *adj* schlesisch. **II** *s* Schlesier(in).
sil·hou·ette [ˌsɪluˈet; *Am.* ˌsɪləˈwet] **I** *s* **1.** Silhou'ette *f*: a) Schattenbild *n*, -riß *m*, b) 'Umriß *m* (*a. fig.*): **to stand out in ~** (**against**) → 5; **this year's ~** die diesjährige Modelinie. **2.** Scherenschnitt *m.* **3.** *a.* **~ target** *mil.* Kopfscheibe *f.* **II** *v/t* **4.** silhouet'tieren: **to be ~d** → 5. **III** *v/t* **5.** sich (als Silhou'ette) abheben (**against** gegen).
sil·i·ca [ˈsɪlɪkə] *s chem.* **1.** Kieselerde *f.* **2.** Quarz(glas) *n.*
sil·i·cate [ˈsɪlɪkɪt; -keɪt] *s chem.* Sili'kat *n*, kieselsaures Salz. **ˈsil·i·cat·ed** [-keɪtɪd] *adj* sili'ziert.
si·li·ceous [sɪˈlɪʃəs] *adj* **1.** *chem.* kiesel(erde-, -säure)haltig, -artig, Kiesel...: **~ earth** Kieselgur *m.* **2.** kalkfliehend, Urgesteins...: **~ plants.**
si·lic·ic [sɪˈlɪsɪk] *adj chem.* Kiesel(erde)..., Silizium...: **~ acid** a) (Ortho)Kieselsäure *f*, b) Metakieselsäure *f.* **si·ˈli·ci·fy** [-faɪ] *v/t u. v/i chem. geol. min.* verkieseln.
si·li·cious → **siliceous.**
sil·i·ci·um [sɪˈlɪsjəm; -sɪəm; *Am. a.* -ˈlɪʃɪ-], **sil·i·con** [ˈsɪlɪkən] *s chem.* Si'lizium *n.*
sil·i·cone [ˈsɪlɪkəʊn] *s chem.* Sili'kon *n.*
sil·i·con·ize [ˈsɪlɪkənaɪz] *v/t chem. tech.* sili'zieren. [*f*, Staublunge *f.*]
sil·i·co·sis [ˌsɪlɪˈkəʊsɪs] *s med.* Sili'kose)
sil·ique [sɪˈliːk; ˈsɪlɪk] *s bot.* Schote *f.*
sil·i·quose [ˈsɪlɪkwəʊs] *adj* schotentragend, -artig.
silk [sɪlk] **I** *s* **1.** Seide *f*: a) Seidenfaser *f*, b) Seidenfaden *m*, c) Seidenstoff *m*, -gewebe *n*: **spun~** Gespinstseide; **thrown~** Organsin(seide) *m, n*; **to hit the ~** *aer. sl.* mit dem Fallschirm abspringen. **2.** Seide(nkleid *n*) *f*: **in ~s and satins** in Samt u. Seide. **3.** *pl* Seidenwaren *pl.* **4.** *jur. Br.* a) 'Seidenta,lar *m* (*e-s* **King's** *od.* **Queen's Counsel**), b) *colloq.* Kronanwalt *m*: **to take ~** Kronanwalt werden. **5.** *fig.* Seide *f*, *zo. bes.* Spinnfäden *pl.* **6.** *bot. Am.* Seide *f*: **in ~** blühend (*Mais*). **7.** Seidenglanz *m*: **~ of a juwel. 8.** seiden, Seiden...: **you can't make a ~ purse out of a sow's ear** *fig.* aus e-m Kieselstein kann man keinen Diamanten schleifen; **~ culture** Seiden(raupen)zucht *f.* **9.** → **silky** 1.
silk·en [ˈsɪlkən] *adj* **1.** seiden, Seiden...: **~ veil. 2.** → **silky** 1 *u.* 2. **3.** *fig.* a) verwöhnt, reich, b) verweichlicht.
ˈsilk|-ˌfin·ish *v/t* merzeri'sieren. **~ gland** *s zo.* Spinndrüse *f* (*der Seidenraupe*). **~ gown** → **silk** 4. **ˈ~ˌgrow·er** *s* Seiden(raupen)züchter *m.* **~ hat** *s* Zy'linder(hut) *m.*
silk·i·ness [ˈsɪlkɪnɪs] *s* **1.** (*das*) Seidige *od.* Weiche, seidenartige Weichheit. **2.** *fig.* Sanftheit *f*, Zartheit *f.*
silk| moth *s zo.* Seidenspinner *m.* **~ screen** *s print.* (Seiden)Siebdruck(gewebe *n*) *m.* **ˈ~-screen** *v/t print.* im (Seiden)Siebdruckverfahren 'herstellen. **ˈ~-screen print·ing** *s print.* Seidensiebdruck *m.* **~ stock·ing** *s* **1.** Seidenstrumpf *m.* **2.** *fig. Am.* a) 'hochele,gante Per'son, b) Aristo'krat(in), c) Pluto'krat(in). **3.** *hist. Am. colloq.* Födera-

silkstocking – simulator

ˈlist *m.* ~ˈstock·ing *adj Am. fig.* vornehm, eleˈgant. ˈ~worm *s zo.* Seidenraupe *f.*
ˈsilk·y I *adj (adv* silkily*)* 1. seidig (glänzend, *a. bot.*), seidenartig, -weich: ~ hair; ~ willow *bot.* a) Silberweide *f*, b) Seidige Weide *(Nordamerika)*. 2. *fig.* a) sanft, (ein)schmeichelnd, zärtlich, b) *contp.* (aal)glatt, ölig. 3. lieblich *(Wein)*. II *s* 4. *orn.* Seidenhuhn *n.*
sill [sɪl] *s* 1. (Tür)Schwelle *f.* 2. Fensterbrett *n,* -bank *f.* 3. *tech.* Schwellbalken *m.* 4. *geol.* Lagergang *m.*
sil·la·bub [ˈsɪləbʌb] *s* 1. *(oft heißes)* Getränk aus Milch, Rum etc u. Gewürzen. 2. *Br.* Nachtisch aus Milch od. Sahne mit Zucker, Wein u. Zitronensaft.
ˈsil·li·ness [ˈsɪlɪnɪs] *s* 1. Dummheit *f,* Albernheit *f.* 2. Verrücktheit *f.*
sil·ly [ˈsɪlɪ] I *adj (adv* sillily*)* 1. dumm, blöd(e), ˌdämlichˈ. 2. dumm, verrückt, albern. 3. unklug, leichtfertig. 4. betäubt, benommen *(nach e-m Schlag etc).* II *s* 5. *colloq.* Dummkopf *m,* Dummerchen *n.* ˈ~ˌbil·ly *s silly* 5. ~ **point** *s Kricket:* ganz dicht beim Schläger stehender Fänger. ~ **sea·son** *s* ˌSaureˈgurkenzeitˈ *f.*
si·lo [ˈsaɪləʊ] I *pl* -los *s* 1. *agr.* a) Silo *m, n,* b) Erdsilo *m, n,* Getreide-, Futtergrube *f.* 2. *tech.* (*bes.* Zeˈment)Silo *m, n.* 3. *a.* launching~ ˈunterirdische Raˈketenabschußrampe. II *v/t* 4. *agr.* Futter a) in e-m Silo aufbewahren, b) einmieten.
sil·phid [ˈsɪlfɪd] *s zo.* Aaskäfer *m.*
silt [sɪlt] I *s* 1. Treibsand *m,* Schlamm *m,* Schlick *m.* II *v/i* 2. *meist* ~ up verschlammen, -sanden. 3. ˈdurchsickern. III *v/t* 4. *meist* ~ up verschlammen. ˈsilt·y *adj* verschlammt.
Si·lu·ri·an [saɪˈljʊərɪən, sɪˈl-; *bes. Am.* -ˈlʊə-] I *adj* 1. *hist.* Silurer... 2. *geol.* siˈlurisch, Silur... II *s* 3. *hist.* Siˈlurer(in). 4. *geol.* Siˈlur(formatiˌon *f,* -zeit *f) n.*
sil·van → sylvan.
sil·ver [ˈsɪlvə(r)] I *s* 1. *chem. min.* Silber *n:* speech is ~ but silence is golden Reden ist Silber, Schweigen ist Gold. 2. *a)* Silber(geld *n,* -münzen *pl) n,* b) *allg.* Geld *n.* 3. Silber(geschirr, -zeug) *n.* 4. Silber(farbe *f,* -glanz *m) n.* 5. *phot.* ˈSilbersalz *n,* -niˌtrat *n.* II *adj* 6. *bes. chem.* silbern, Silber...: ~ **basis** *econ.* Silberwährung *f,* -basis *f;* ~ **ore** Silbererz *n.* 7. silb(e)rig, silberglänzend, -hell. 8. *fig.* silberhell: ~ **voice.** 9. *fig.* beredt: ~ **tongue.** 10. *fig.* zweitbest(er, e, es). III *v/t* 11. versilbern, mit Silber überˈziehen. 12. silbern färben. IV *v/i* 13. silberweiß werden *(Haar etc).*
ˈsil·verǀ age *s antiq.* silbernes Zeitalter. ~ **bath** *s phot.* Silberbad *n.* ~ **bro·mide** *s chem. phot.* ˈSilberbroˌmid *n.* ~ **fir** *s bot.* Edel-, Weißtanne *f.* ˈ~fish *s ichth.* Silberfisch *m.* ~ **foil** *s* 1. Silberfolie *f.* 2. ˈSilberpaˌpier *n.* ~ **fox** *s zo.* Silberfuchs *m.* ~ **gilt** *s* vergoldetes Silber. ~ **glance** *s* Schwefelsilber *n.* ~ **gray,** *bes. Br.* ~ **-ˈgrey** *adj* silbergrau. ˈ~haired *adj* silber-, weißhaarig. ~ **leaf** *s irr bot.* Blattsilber *n.* ˈ~leaf *s irr bot.* silberblätt(e)rige Pflanze, *bes.* Silberpappel *f.*
sil·ver·ling [ˈsɪlvə(r)lɪŋ] *s Bibl.* Silberling *m (Münze).*
sil·ver lin·ing *s fig.* Silberstreifen *m* (am Horiˈzont), Lichtblick *m:* every cloud has its ~ jedes Unglück hat auch sein Gutes. ~ **med·al** *s bes. sport* ˈSilberˌmeˌdaille *f.* ~ **med·al·(l)ist** *s bes. sport* ˈSilberneˌdaillengewinner(in) *m.* ~ **ni·trate** *s chem. med. phot.* ˈSilberniˌtrat *n, bes. med.* Höllenstein *m.* ~ **pa·per** *s phot. tech.* ˈSilberpaˌpier *n.* ~ **plate** *s* 1. Silberauflage *f.* 2. Silber(geschirr, -zeug) *n,* Tafelsilber *n.* ~ˈplate *v/t* versilbern. ˈ~-

point *s paint.* Silberstiftzeichnung *f.* ~ **print·ing** *s phot. print.* Silberdruck(verfahren *n) m.* ~ **screen** *s* 1. (Film)Leinwand *f.* 2. *collect.* Film *m.* ˈ~smith *s* Silberschmied *m.* ~ **spoon** *s* Silberlöffel *m:* to be born with a ~ in one's mouth *fig.* a) ein Glückskind sein, b) ein Kind reicher Eltern sein. ~ **stand·ard** *s econ.* Silberwährung *f.* ~ˈtongued *adj* beredt, redegewandt. ˈ~ware → silver plate 2. ~ **wed·ding** *s* silberne Hochzeit.
ˈsil·ver·y → silver 7 *u.* 8.
sil·vi·cul·ture [ˈsɪlvɪkʌltʃə(r)] *s* Waldbau *m,* ˈForstkulˌtur *f.*
si·mar [sɪˈmɑː(r)] *s* ˈÜberwurf *m,* (leichtes) Frauenkleid.
sim·i·an [ˈsɪmɪən] *zo.* I *adj* affenartig, Affen... II *s (bes.* Menschen)Affe *m.*
sim·i·lar [ˈsɪmɪlə(r)] I *adj (adv* → similarly*)* 1. ähnlich (*a. math.*), (annähernd) gleich (to *dat*). 2. gleichartig, entsprechend. 3. *electr. phys.* gleichnamig. II *s* 4. *(das)* Ähnliche *od.* Gleichartige, Ebenbild *n.* 5. *pl* ähnliche *od.* gleichartige Dinge *pl.* ˌsim·iˈlar·i·ty [-ˈlærətɪ] *s* 1. Ähnlichkeit *f* (to mit). 2. Gleichartigkeit *f.* 3. *pl* Ähnlichkeiten *pl,* ähnliche Züge *pl.* ˈsim·i·lar·ly *adv* ähnlich, in ähnlicher Weise, entsprechend.
sim·i·le [ˈsɪmɪlɪ] *s* Gleichnis *n,* Vergleich *m (rhetorische Figur).*
si·mil·i·tude [sɪˈmɪlɪtjuːd; *Am. a.* -ˌtuːd] *s* 1. Ähnlichkeit *f* (*a. math.*). 2. Gleichnis *n,* Vergleich *m.* 3. *(etwas)* Gleichartiges. 4. (Eben)Bild *n,* Gestalt *f.*
sim·i·lize [ˈsɪmɪlaɪz] I *v/t* durch Vergleiche *od.* Gleichnisse erläutern. II *v/i* in Gleichnissen reden.
sim·mer [ˈsɪmə(r)] I *v/i* 1. leicht kochen, sieden. 2. *fig.* kochen (with vor *dat*), gären *(Gefühl, Aufstand):* to ~ down *colloq.* ˈsich abregen, sich beruhigen. II *v/t* 3. zum Sieden bringen. III *s* 4. Sieden *n:* to bring to a ~ zum Sieden bringen; to keep at a *(od.* on the) ~ sieden lassen.
sim·nel [ˈsɪmnl] *s* 1. *a.* ~ cake *Br.* marziˈpanüberˌzogener Früchtekuchen. 2. *a.* ~ bread *Am.* feines Weißbrot, *a.* Weißmehlsemmel *f.*
si·mo·le·on [səˈməʊlɪən] *s Am. sl.* Dollar *m.*
Si·mon [ˈsaɪmən] *npr* 1. *Bibl.* Simon *m:* ~ (Peter) Simon (Petrus) *m (Apostel).* 2. → Simple Simon.
si·mon·ize [ˈsaɪmənaɪz] *(TM) v/t* das Auto (mit e-r patentierten Autopolitur) poˈlieren.
Si·monǀ Le·gree [lɪˈɡriː] *s fig.* Menschenschinder *m (nach der Gestalt aus* „Uncle Tom's Cabin" *von Beecher-*-Stowe*).* ~ **Pure** [pjʊə(r)] *s meist* the real ~ *colloq.* der wahre Jakobˈ.
si·mo·ny [ˈsaɪmənɪ; *Am. a.* ˈsɪm-] *s* Siˈmoˈnie *f (Kauf u. Verkauf geistlicher Ämter etc).*
si·moom [sɪˈmuːm] *s* Samum *m (heißer Wüstenwind).*
simp [sɪmp] *s Am. sl.* Simpel *m.*
sim·per [ˈsɪmpə(r)] I *v/i* albern *od.* affekˈtiert lächeln. II *v/t* mit albernem Lachen äußern. III *s* albernes *od.* affekˈtiertes Lächeln.
sim·ple [ˈsɪmpl] I *adj (adv* → simply*)* 1. einfach, simpel: a ~ **explanation;** a ~ **task.** 2. einfach, schlicht: a ~ **life;** a ~ **person;** ~ **diet** einfache Kost. 3. einfach, schlicht: a) schmucklos, kunstlos, b) ungekünstelt: ~ **style;** ~ **beauty** schlichte Schönheit. 4. einfach, niedrig: of ~ **birth.** 5. rein, unverfälscht: the ~ truth. 6. simpel: a) einfältig, töricht, b) ˌunbedarft, ungebildet, c) naˈiv, leichtgläubig. 7. einfach, ˈunkompliˌziert: a ~ de-

sign; ~ **fracture** *med.* einfacher *od.* glatter (Knochen)Bruch. 8. einfach: ~ **equation** (larceny); ~ **fraction** *math.* einfacher *od.* gemeiner Bruch; ~ **majority** *parl.* einfache Mehrheit; the ~ **forms of life** *biol.* die einfachen *od.* niederen Lebensformen. 9. einfach, gering(fügig), unbedeutend: ~ **efforts.** 10. glatt, rein: ~ **madness.** 11. *mus. allg.* einfach *(Takt, Ton, Blasrohr etc).* II *s* 12. *pharm.* Heilkraut *n,* -pflanze *f.*
sim·pleǀ con·tract *s jur.* formloser (mündlicher *od.* schriftlicher) Vertrag. ˌ~-ˈheart·ed → simple-minded. ~ **hon·o(u)rs** *s pl Bridge:* einfache Honˈneurs *pl.* ~ **in·ter·est** *s econ.* Kapiˈtalzinsen *pl.* ˌ~ˈmind·ed *adj* 1. einfach, schlicht. 2. → simple 6. ˌ~ˈmind·ed·ness *s* 1. Einfalt *f,* Schlichtheit *f.* 2. Dummheit *f.* 3. Naiviˈtät *f.* **S~ ˈSi·mon** *s colloq.* Einfaltspinsel *m.* ~ **time** *s mus.* 2-*od.* 3teiliger Takt.
sim·ple·ton [ˈsɪmpltən] *s* Einfaltspinsel *m.*
ˌsim·ple-to-reˈpair *adj* reparaˈturfreundlich.
sim·plex [ˈsɪmpleks] I *s* 1. *ling.* Simplex *n,* einfaches *od.* nicht zs.-gesetztes Wort. 2. *electr. tel. teleph.* a) Simplex-, Einfachbetrieb *m,* b) ˈSimplex-, ˈEinfachtelegraˌfie *f.* II *adj* 3. *ling.* einfach, nicht zs.-gesetzt. 4. *electr.* Simplex..., Einfach...: ~ **circuit** → operation → 2 a; ~ **telegraphy** → 2 b.
sim·plic·i·ter [sɪmˈplɪsɪtə(r)] *(Lat.) adv* 1. einfach, schlechtˈhin. 2. *jur. bes. Scot.* absoˈlut, ausschließlich.
sim·plic·i·ty [sɪmˈplɪsɪtɪ] *s* 1. Einfachheit *f:* a) ˈUnkompliˌziertheit *f:* ~ itself *colloq.* die einfachste Sache der Welt, b) Schlichtheit *f.* 2. Einfalt *f,* Naiviˈtät *f.*
sim·pli·fi·ca·tion [ˌsɪmplɪfɪˈkeɪʃn] *s* 1. Vereinfachung *f.* 2. *econ. tech. Am.* Norˈmierung *f.* ˈsim·pli·fi·ca·tive [-tɪv] *adj* vereinfachend. ˈsim·pli·fy [-faɪ] *v/t* 1. vereinfachen (*a.* erleichtern; *a.* als einfach hinstellen). 2. *econ. tech. Am.* norˈmieren.
sim·plism [ˈsɪmplɪzəm] *s* gesucht *od.* betonte Einfachheit. simˈplis·tic *adj* (zu) stark vereinfachend.
sim·ply [ˈsɪmplɪ] *adv* 1. einfach (*etc;* → simple). 2. bloß, nur: ~ and solely einzig u. allein. 3. *colloq.* einfach (wundervoll *etc*).
sim·u·la·crum [ˌsɪmjʊˈleɪkrəm; *Am. a.* -ˈlæk-] *pl* -cra [-krə] *s obs.* 1. (Ab)Bild *n.* 2. Scheinbild *n,* Abklatsch *m.* 3. leerer Schein, hohle Form.
sim·u·lant [ˈsɪmjʊlənt] *adj bes. biol.* ähnlich aussehend (of wie).
sim·u·late [ˈsɪmjʊleɪt] *v/t* 1. vortäuschen, vorspiegeln, (vor)heucheln, *bes.* e-e *Krankheit* simuˈlieren: ~d account *econ.* fingierte Rechnung. 2. nachahmen, imiˈtieren: ~d *econ. bes. Am.* Imitations..., Kunst... 3. *mil. tech.* simuˈlieren, Bedingungen, Vorgänge (wirklichkeitsgetreu) nachahmen, *tech. a.* im Moˈdell nachbilden. 4. ähneln *(dat).* 5. *ling.* sich *(durch falsche Etymologie)* angleichen an *(acc).* ˌsim·uˈla·tion *s* 1. Vorspiegelung *f.* 2. Heucheˈlei *f,* Verstellung *f.* 3. Nachahmung *f.* 4. Simuˈlieren *n,* Krankspielen *n.* 5. *mil. tech.* Simuˈlierung *f,* (wirklichkeitsgetreue) Nachahmung von Bedingungen *od.* Vorgängen, *tech. a.* Nachbildung *f* im Moˈdell. ˈsim·u·la·tor [-tə(r)] *s* 1. Heuchler(in). 2. Nachahmer(in). 3. Simuˈlant(in). 4. Simuˈlator *m:* a) *Testgerät, in dem bestimmte Bedingungen wirklichkeitsgetreu herstellbar sind,* b) *Computer:* Nachbildner *m,* c) *aer. mil. mot. etc* Ausbildungsgerät *n (z. B. stationäre Flugzeugführerkabine).*

si·mul·cast ['sɪməlkɑːst; *Am.* 'saɪməlˌkæst] *s* Simul'tansendung *f* (*über Hörfunk u. Fernsehen*).
si·mul·ta·ne·i·ty [ˌsɪməltə'nɪətɪ; ˌsaɪ-] *s* Gleichzeitigkeit *f*.
si·mul·ta·ne·ous [ˌsɪməl'teɪnjəs; -ɪəs; ˌsaɪ-] *adj* (*adv* ~ly) gleichzeitig, simul'tan (with mit): ~ **computer** Simultanrechenanlage *f*, -rechner *m*; ~ **game** (*Schach*) Simultanspiel *n*; ~ **interpreting** Simultandolmetschen *n*.
sin [sɪn] **I** *s* **1.** Sünde *f*: **cardinal** ~ Hauptsünde; **deadly** (*od.* **mortal, capital**) ~ Todsünde; **original** ~ Erbsünde; **pardonable** (*od.* **venial**) ~ läßliche Sünde; → **besetting** 1, **omission** 2; **like** ~ *sl.* ‚höllisch', wie der Teufel; **to live in** ~ *obs. od. humor.* in Sünde leben; ~ **against the Holy Ghost** Sünde wider den Heiligen Geist; ~ **offering** Sünd-, Sühneopfer *n*. **2.** *fig.* (**against**) Sünde *f*, Verstoß *m* (gegen), Frevel *m*, Versündigung *f* (an *dat*). **II** *v/i* **3.** sündigen, fehlen. **4.** *fig.* (**against**) sündigen, verstoßen (gegen), sich versündigen (an *dat*). [pflaster *n*.)
sin·a·pism ['sɪnəpɪzəm] *s med.* Senf-)
sin bin *s Eishockey: colloq.* Strafbank *f*.
since [sɪns] **I** *adv* **1.** seit'dem, -'her: **ever** ~ seitdem; **long** ~ seit langem; **how long** ~? seit wie langer Zeit?; **a short time** ~ vor kurzem. **2.** in'zwischen, 'mittler-'weile: **he has** ~ **returned**. **II** *prep* **3.** seit: ~ 1945; ~ **Friday**; ~ **seeing you** seitdem ich dich sah; ~ **when** ...? *colloq.* seit wann ...? **III** *conj* **4.** seit('dem): **how long is it** ~ **it happened?** wie lange ist es her, daß das geschah?; **ever** ~ **he was a child** (schon) seit s-r Kindheit. **5.** da (ja), weil.
sin·cere [sɪn'sɪə(r)] *adj* aufrichtig: a) offen, *lit.* lauter: **a** ~ **friend** ein wahrer Freund, b) echt: ~ **affection**, c) ehrlich: **a** ~ **wish. sin'cere·ly** *adv* aufrichtig: **Yours** ~ Mit freundlichen Grüßen (*als Briefschluß*). **sin'cere·ness** → sincerity 1 *u.* 2.
sin·cer·i·ty [sɪn'serətɪ] *s* **1.** Aufrichtigkeit *f*: **in all** ~ in aller Offenheit. **2.** Lauterkeit *f*, Echtheit *f*. **3.** echtes *od.* aufrichtiges Gefühl.
sin·ci·put ['sɪnsɪpʌt] *pl* **-puts, sin'cip·i·ta** [-'sɪpɪtə] *s anat.* **1.** Schädeldach *n*. **2.** Vorderhaupt *n*.
sine[1] [saɪn] *s math.* Sinus *m*: ~ **curve** Sinuskurve *f*; ~ **of angle** Winkelsinus; ~ **wave** *phys.* Sinuswelle *f*.
si·ne[2] ['saɪnɪ] (*Lat.*) *prep* ohne.
si·ne·cure ['saɪnɪˌkjʊə(r); 'sɪn-] *s* Sine'kure *f*: a) *relig. hist.* Pfründe *f* ohne Seelsorge, b) *fig.* (einträgliche) Pfründe. **'si·ne,cur·ist** *s* Inhaber *m* e-r Sine'kure.
si·ne|**di·e** [ˌsaɪnɪ'daɪiː; ˌsɪnɪ'diːeɪ; ˌsɪneɪ-] (*Lat.*) *adv jur.* auf unbestimmte Zeit: **to adjourn** ~. ~ **qua non** [-kweɪ'nɒn; *Am.* ˌsɪnɪˌkwɑː'nɑːn] (*Lat.*) *s* Con'ditio *f* sine qua non, unerläßliche Bedingung.
sin·ew ['sɪnjuː] *s* **1.** *anat.* Sehne *f*, Flechse *f*. **2.** *pl* Muskeln *pl*, (Muskel)Kraft *f*. **3.** *fig.* Hauptstütze *f*, Lebensnerv *m*: ~**s of war** das Geld *od.* die Mittel (zur Kriegführung *etc*). **'sin·ewed** → sinewy. **'sin·ew·less** *adj* **1.** ohne Sehnen. **2.** *fig.* kraftlos, schwach. **'sin·ew·y** *adj* **1.** sehnig. **2.** zäh (*a. fig.*). **3.** *fig.* kräftig, kraftvoll.
sin·ful ['sɪnfʊl] *adj* (*adv* ~ly) sündig, sündhaft. **'sin·ful·ness** *s* Sündhaftigkeit *f*.
sing [sɪŋ] **I** *v/i pret* **sang** [sæŋ], *selten* **sung** [sʌŋ], *pp* **sung** [sʌŋ] **1.** singen: **to** ~ **to s.o.** j-m vorsingen; **to** ~ **up** lauter singen; **to** ~ **small** *fig. colloq.* klein beigeben, kleinlaut werden. **2.** summen (*Biene, Wasserkessel etc*). **3.** zirpen (*Grille*). **4.** krähen (*Hahn*). **5.** *fig.* pfeifen, sausen,

schwirren (*Geschoß etc*). **6.** heulen, pfeifen (*Wind*). **7.** klingen (*Ohren*). **8.** *poet.* singen, dichten: **to** ~ **of** besingen. **9.** sich (*gut etc*) singen lassen (*Melodie etc*). **10.** ~ **out** (laut) rufen (for nach). **11.** *a.* ~ **out** *bes. Am. sl.* ‚singen', alle(s) verraten (**to** bei) (*Verbrecher*). **II** *v/t* **12.** singen: **to** ~ **another song** (*od.* **tune**) *fig.* e-n anderen Ton anschlagen; **to** ~ **the same song** (*od.* **tune**) *fig.* ins gleiche Horn blasen *od.* stoßen; **to** ~ **sorrow** jammern. **13.** ~ **out** ausrufen, schreien. **14.** *poet.* besingen. **15.** j-n durch Singen beruhigen *etc*: **to** ~ **s.o. to rest**; **to** ~ **a child to sleep** ein Kind in den Schlaf singen. **III** *s* **16.** *bes. Am. colloq.* (Gemeinschafts)Singen *n*.
'sing·a·ble *adj* singbar, zu singen(d).
singe [sɪndʒ] **I** *v/t* **1.** ver-, ansengen: **to** ~ **one's feathers** (*od.* **wings**) *fig.* ‚sich die Finger verbrennen'; **a** ~**d cat** *Am.* j-d, der nicht so schlecht ist, wie er aussieht; **his reputation is a little** ~**d** sein Ruf ist ein bißchen angeknackst. **2.** *Geflügel, Schweine* (ab)sengen. **3.** *meist* ~ **off** Borsten *etc* absengen. **4.** *Haar* sengen (*Friseur*). **5.** *Tuch* sengen, (ab)flammen. **II** *v/i* **6.** versengen. **III** *s* **7.** Versengung *f*. **8.** versengte Stelle. **'singe·ing** *s* (Ver-, Ab-, An)Sengen *n*.
sing·er ['sɪŋə(r)] *s* **1.** Sänger(in) (*a. poet. Dichter*). **2.** Singvogel *m*.
Sin·gha·lese [ˌsɪŋhə'liːz; ˌsɪŋgə'liːz] **I** *s* **1.** a) Sing(h)a'lese *m*, Sing(h)a'lesin *f* (*Mischling auf Ceylon*), b) *pl* Sing(h)a'lesen *pl*. **2.** *ling.* Sing(h)a'lesisch *n*, das Sing(h)alesische. **II** *adj* **3.** sing(h)a'lesisch.
sing·ing ['sɪŋɪŋ] **I** *adj* **1.** singend (*etc*; → **sing** I). **2.** Sing..., Gesangs...: ~ **lesson**. **3.** *phys.* tönend: ~ **arc**; ~ **flame**; ~ **glass** *phys.* Resonanzglas *n*. **II** *s* **4.** Singen *n*, Gesang *m*: **to teach** ~ Gesangsunterricht geben. **5.** *fig.* Klingen *n*, Summen *n*, Pfeifen *n* (*a. electr. etc*), Sausen *n*: **a** ~ **in the ears** Ohrensausen. ~ **bird** *s* Singvogel *m*. ~ **voice** *s* Singstimme *f*.
sin·gle ['sɪŋgl] **I** *adj* (*adv* → **singly**) **1.** einzig: **not a** ~ **one** kein einziger. **2.** einzeln, einfach, Einzel..., Ein(fach)..., ein(fach)...: ~**-decker** *s.* Eindecker *m* (*Br. a.* einstöckiger Bus); ~**-engined** einmotorig (*Flugzeug*); ~**-pole switch** einpoliger Schalter; ~**-stage** einstufig; ~**-thread** eingängig (*Gewinde*); ~**(-trip) ticket** → 12; → **bookkeeping**. **3.** einzeln, al'lein, Einzel...: ~ **bed** Einzelbett *n*; ~ **parts** Einzelteile *pl*; ~ **room** → 13. **4.** al'leinlebend: a) einsam, für sich (lebend *etc*), b) al'leinstehend, ledig, unverheiratet, c) ohne fremde Hilfe: ~ **life** einsames Leben; **Ledigen-, Junggesellenstand** *m*; ~ **mother** alleinerziehende Mutter; ~ **woman** Alleinstehende *f*, Junggesellin *f*; → **blessedness** 1. **5.** einmalig: ~ **payment**. **6.** *fig.* einmalig, einzigartig: **of a** ~ **beauty**. **7.** ungeteilt, einzig: **to have a** ~ **eye for** nur Sinn haben für, nur denken an (*acc*); **with a** ~ **voice** wie aus 'einem Munde. **8.** *bot.* einfach, ungefüllt (*Blüte*). **9.** *tech.* einfach, nur 'einen Arbeitsgang verrichtend (*Maschine*). **10.** *fig.* aufrichtig: ~ **devotion**. **II** *s* **11.** (der, die, das) Einzelne *od.* Einzige. **12.** *Br.* a) einfache Fahrkarte, b) *aer.* einfaches Ticket. **13.** Einzel-, Einbettzimmer *n*. **14.** *meist pl Tennis etc*: Einzel *n*: **a** ~**s match** ein Einzel; ~**s court** Einzelfeld *n*; **men's** ~**s** Herreneinzel. **15.** Single *f* (*Schallplatte*). **16.** a) *Br.* Ein'pfundschein *m*, b) *Am.* Ein'dollarschein *m*. **17.** Single *m*, Unverheiratete(r *m*) *f*. **18.** a) *Baseball:* Schlag, der den Spieler nur bis zum ersten Mal gelangen läßt, b) *Kricket:* Schlag *m* für 'einen Lauf. **19.**

hunt. Br. Wedel *m*, Ende *n* (*des Rehwilds*). **III** *v/t* **20.** *meist* ~ **out** a) auslesen, -suchen, -wählen (**from** aus), b) bestimmen (**for** für *od.* zu *e-n Zweck*), c) her'aussuchen.
sin·gle|**-'act·ing** *adj tech.* einfachwirkend. ~**-'ac·tion** *adj tech.* Einfach... (*nur* 'einen *Arbeitsgang verrichtend*): ~ **rifle** Spannschloßgewehr *n*. ~**-'bar·rel(l)ed** *adj* einläufig: ~ **gun**. ~**-'blind** *adj*: ~ **experiment** (*od.* **test**) *pharm. psych.* Blindversuch *m*. ~**-'breast·ed** *adj* einreihig: ~ **suit** Einreiher *m*. ~**-'com·bat** *s* Zweikampf *m*, Kampf *m* Mann gegen Mann. '~**-cut** *adj tech.* einhiebig (*Feile*). ~ **en·try** *s econ.* **1.** einfache Buchung. **2.** einfache Buchführung. ~**-'eyed** → single-minded. ~ **file I** *s* Einzelreihe *f*, Gänsemarsch *m*: **in** ~ → II. **II** *adv* im Gänsemarsch, *mil.* in Reihe. '~**-foot** *s* (schneller) Paßgang. ~**-'hand·ed** *adj u. adv* (*adv a.* ~**ly**) **1.** einhändig. **2.** *fig.* eigenhändig, al'lein, selbständig, ohne (fremde) Hilfe, auf eigene Faust. **4.** *bes. tech.* mit 'einer Hand zu bedienen(d), Einmann... **5.** *Segeln:* Einhand... ~**-'heart·ed** → single-minded. ~**-'mind·ed** *adj* **1.** aufrichtig, redlich. **2.** zielstrebig, -bewußt. ~**-'mind·ed·ness** *s* **1.** Aufrichtigkeit *f*. **2.** Zielstrebigkeit *f*. '~**-name pa·per** *s econ. Am.* nicht gi'rierter Solawechsel.
'sin·gle·ness *s* **1.** Einmaligkeit *f*. **2.** Ehelosigkeit *f*. **3.** Einsamkeit *f*. **4.** *a.* ~ **of purpose** Zielstrebigkeit *f*. **5.** *fig.* Aufrichtigkeit *f*.
ˌsin·gle|**-'phase** *adj electr.* einphasig, Einphasen... ~ **price** *s econ.* Einheitspreis *m*. ~**-'seat·er** *bes. Am.* **I** *s* Einsitzer *m*. **II** *adj* Einsitzer..., einsitzig. ~**-'sex** *adj*: ~ **school** *ped.* a) Jungenschule *f*, b) Mädchenschule *f*. ~**-'space** *v/t u. v/i* mit einzeiligem Abstand schreiben *od.* tippen. ~**-'stand·ard** *s econ. Am.* 'monoˌmetalˌlistische Währung. '~**-stick** *sport* **I** *s* a) 'Stockraˌpier *n*, b) Stockfechten *n*. **II** *v/i* stockfechten.
sin·glet ['sɪŋglɪt] *s* **1.** *bes. Br.* a) ärmelloses 'Unterhemd, b) ärmelloses Tri'kot. **2.** *chem. phys.* Singu'lett *n*.
sin·gle tax *s econ. Am.* Einheitssteuer *f*.
sin·gle·ton ['sɪŋgltən] *s* **1.** *Kartenspiel:* Singleton *m* (*einzige Karte e-r Farbe*). **2.** a) Einzelkind *n*, b) Indi'viduum *n*, c) Einzelgegenstand *m*.
ˌsin·gle|**-'track** *adj* **1.** einspurig (*Straße*), *rail. a.* eingleisig. **2.** einspurig (*Tonband*). **3.** → **one-track** 2. ~**-'val·ued** *adj math.* einwertig, -deutig. ~**-'wire** *adj electr.* eindrähtig, Einader...
sin·gly ['sɪŋglɪ] *adv* **1.** einzeln. **2.** → single-handed 3.
'sing|**-out** *s* Sing-out *n* (*öffentliches Singen von Protestliedern*). '~**song I** *s* **1.** Singsang *m*. **2.** *Br.* Gemeinschaftssingen *n*: **to have a** ~ gemeinschaftlich singen. **II** *adj* **3.** eintönig. **III** *v/t u. v/i* **4.** eintönig sprechen *od.* singen.
sin·gu·lar ['sɪŋgjʊlə(r)] **I** *adj* (*adv* ~ly) **1.** *fig.* einzigartig, einmalig: **a** ~ **success**. **2.** *fig.* eigentümlich, seltsam: **a** ~ **man**. **3.** *ling.* singu'larisch, Singular...: ~ **number** → 6. **4.** *math. philos.* singu'lär. **5.** *bes. jur.* einzeln, gesondert: **all and** ~ jeder (jede, jedes) einzelne. **II** *s* **6.** *ling.* Singular *m*, (Wort *n* in der) Einzahl *f*. **'sin·gu·lar·ism** *s philos.* Singula'rismus *m*. **ˌsin·gu'lar·i·ty** [-'lærətɪ] *s* **1.** Besonderheit *f*, Eigentümlichkeit *f*, Seltsamkeit *f*. **2.** Einzigartigkeit *f*. **3.** *math.* Singulari'tät *f*. **'sin·gu·lar·ize** *v/t* **1.** her'ausstellen. **2.** *ling.* in die Einzahl setzen.
sin·gul·tus [sɪŋ'gʌltəs] *s med.* Sin'gultus *m*, Schluckauf *m*.
sin·is·ter ['sɪnɪstə(r)] *adj* (*adv* ~ly)

sinistral - Sisyphean

1. böse, drohend, unheilvoll. 2. finster, unheimlich. 3. *her.* link(er, e, es).
sin·is·tral ['sɪnɪstrəl] *adj (adv* ~ly) 1. link(er, e, es), linksseitig. 2. linkshändig. 3. *zo.* linkswendig *(Schneckenhaus).*
sink [sɪŋk] **I** *v/i pret* **sank** [sæŋk], *selten* **sunk** [sʌŋk], *pp* **sunk** [sʌŋk], *obs. außer als adj* **sunk·en** [ˈsʌŋkən] **1.** sinken, 'untergehen *(Schiff etc; a. Gestirn):* ~ **or swim** *fig.* ganz egal, was passiert; **to leave s.o. to** ~ **or swim** *fig.* j-n s-m Schicksal *od.* sich selbst überlassen. 2. (her'ab-, nieder)sinken: **his head sank; to** ~ **into a chair; to** ~ **into the grave** ins Grab sinken. 3. ver-, 'unter-, einsinken: **to** ~ **in the deep snow.** 4. sich senken: a) her'absinken *(Dunkelheit, Wolke etc),* b) abfallen *(Gelände),* c) einsinken *(Haus, Grund).* 5. sinken, fallen *(Preise, Wasserspiegel, Zahl etc).* 6. zs.-, 'umsinken. 7. ~ **under** erliegen *(dat).* 8. (ein)dringen, (ein)sickern (into in *acc).* 9. *fig.* (into) in *j-s Geist* eindringen, sich einprägen *(dat):* **he allowed his words to** ~ **in** er ließ s-e Worte wirken. 10. ~ **into** *fig.* in Ohnmacht, Schlaf *etc* sinken. 11. nachlassen, abnehmen, schwächer werden: **the storm is** ~**ing; the** ~**ing flames** die verlöschenden Flammen. 12. sich dem Ende nähern, schwächer werden *(Kranker):* **the patient is** ~**ing fast** der Kranke verfällt zusehends. 13. **in Armut, Vergessenheit etc geraten, dem Laster etc verfallen: to** ~ **into oblivion (poverty).** 14. *(im Wert etc)* sinken. 15. sich senken *(Stimme, Blick):* **his voice sank to a whisper.** 16. sinken *(Mut):* **his heart sank ihn verließ der Mut;** → **boot**[1] **I.**
II *v/t* 17. zum Sinken bringen. 18. versenken: **to** ~ **a ship.** 19. ver-, einsenken: **to** ~ **a pipe (a post).** 20. *e-e Grube etc* ausheben, *e-n Brunnen, ein Loch* bohren: **to** ~ **a shaft** *(Bergbau)* e-n Schacht abteufen. 21. *tech.* a) einlassen, -betten, b) 'eingra, vieren, -schneiden, c) *Stempel* schneiden. 22. *den Wasserspiegel etc, a. den Preis, e-n Wert* senken. 23. **den Blick, Kopf, a. die Stimme** senken: **to** ~ **one's head on one's chest** den Kopf auf die Brust sinken lassen. 24. *(im Preis od. Wert)* her'absetzen. 25. vermindern, -ringern. 26. *fig. das Niveau, den Stand* her'abdrücken. 27. a) zu'grunde richten, rui'nieren: **we are sunk** *colloq.* wir sind ,erledigt' *od.* ,geliefert', b) *Plan etc* zum Scheitern bringen. 28. *e-e Tatsache etc* verheimlichen, vertuschen. 29. sich hin-'wegsetzen über *(acc):* **to** ~ **one's differences** den Streit begraben *od.* belegen; → **shop** 3. 30. *econ.* a) *Kapital* fest *(bes.* ungünstig *od.* falsch) anlegen, b) *(bes.* durch 'Fehlinvesti, tion) verlieren. 31. *econ. e-e Schuld* tilgen. 32. *e-n Anspruch, Namen etc* aufgeben.
III *s* 33. Ausguß(becken *n) m,* Spülbecken *n,* Spüle *f (in der Küche):* **to go down the** ~ *fig. colloq.* zum Teufel gehen, ,flötengehen'. 34. Abfluß *m,* Abwasserrohr *n.* 35. *fig.* Pfuhl *m,* Sumpf *m:* **a** ~ **of iniquity** a) ein Sündenpfuhl *b),* b) e-e Lasterhöhle. 36. *geol.* a) Bodensenke *f,* b) Endsee *m,* Binnendelta *n,* c) Erosi'onstrichter *m.* 37. *thea.* Versenkung *f.*
sink·a·ble ['sɪŋkəbl] *adj* zu versenken(d), versenkbar.
'sink·er *s* 1. *Bergbau:* Abteufer *m.* 2. *tech.* Stempelschneider *m.* 3. *Weberei:* Pla'tine *f.* 4. a) *mar.* Senkblei *n (Lot),* b) Senkgewicht *n (am Fischnetz etc);* → **hook** 3. 5. *Am. sl. (Art)* Krapfen *m (Gebäck).*
'sink·ing I *s* 1. (Ein-, Ver)Sinken *n.* 2. Versenken *n.* 3. Schwächegefühl *n:* a) *meist* ~ **of the heart** Angstgefühl *n,* Beklommenheit *f,* b) *meist* ~ **in the**

stomach flaues Gefühl im Magen *(a. fig.).* 4. *med.* Senkung *f (e-s Organs).* 5. *econ.* Tilgung *f (e-r Schuld).* **II** *adj* 6. sinkend *(a. Kräfte, Mut etc):* ~ **feeling** → 3. 7. *econ.* Tilgungs...: ~ **fund** Tilgungs-, Amortisationsfonds *m.*
'sin·less *adj (adv* ~ly) sünd(en)los, sündenfrei, unschuldig, schuldlos. **'sin·less·ness** *s* Sündlosigkeit *f.*
sin·ner ['sɪnə(r)] *s* Sünder(in) *(a. fig. Missetäter[in]; a. humor.* Halunke).
Sinn|Fein [,ʃɪnˈfeɪn] *s pol.* 1. Sinn Fein *m (1905 gegründete nationalistische Bewegung u. Partei in Irland).* 2. → **Sinn Feiner.** ~ **Fein·er** *s* Sinnfeiner(in).
Sino- [sɪnəʊ, saɪ-; -nə] *Wortelement mit der Bedeutung* chinesisch, China...: ~ **American** chinesisch-amerikanisch.
Si·no·log·i·cal [‚-ˈlɒdʒɪkl; *Am.* -ˈlɑ-] *adj* sino'logisch. **Si'nol·o·gist** [-ˈnɒlədʒɪst; *Am.* -ˈnɑl-], **'Si·no·logue** [-nəlɒg; *Am. a.* -lɑg] *s* Sino'loge *m,* -'login *f.* **Si'nol·o·gy** [-dʒɪ] *s* Sinolo'gie *f (Erforschung der chinesischen Sprache, Kultur etc).*
sin·ter ['sɪntə(r)] **I** *s geol. u. metall.* Sinter *m.* **II** *v/t Erz* sintern.
sin·u·ate ['sɪnjʊət, -eɪt; *Am.* -jəwət, -jə‚weɪt] *adj bes. bot.* gebuchtet *(Blatt).*
sin·u·os·i·ty [,sɪnjuˈɒsɪtɪ; *Am.* -jəˈwɑs-] *s* 1. Biegung *f,* Krümmung *f,* Windung *f.* 2. Gewundenheit *f (a. fig.).* 3. *fig. (das)* Verwickelte.
sin·u·ous ['sɪnjʊəs; *Am.* -jəwəs] *adj (adv* ~ly) 1. gewunden, wellenförmig, sich schlängelnd: ~ **line** Wellen-, Schlangenlinie *f;* ~ **flow** *phys.* Wirbelströmung *f.* 2. *math.* sinusförmig gekrümmt. 3. *fig.* verwickelt. 4. *fig.* krumm, winkelzügig. 5. geschmeidig.
si·nus ['saɪnəs] *s* 1. Krümmung *f,* Kurve *f.* 2. Ausbuchtung *f (a. bot. e-s Blattes).* 3. *anat. med.* Sinus *m:* a) (Knochen-, Neben)Höhle *f,* b) *(im Hirn)* ve'nöser Sinus, c) Ausbuchtung *f (in Gefäßen u. Gängen),* d) Fistelgang *m.*
si·nus·i·tis [‚saɪnəˈsaɪtɪs] *s med.* Si·nu'(s)itis *f,* Nebenhöhlenentzündung *f:* **frontal** ~ Stirnhöhlenkatarrh *m.*
si·nus·oi·dal [‚saɪnəˈsɔɪdl] *adj electr. math. phys.* sinusförmig, Sinus...: ~ **wave** Sinuswelle *f.*
Siou·an ['suːən] *bes. ling.* **I** *adj* Sioux... **II** *s* Sioux *m,* (*die*) Sprache *der* Sioux.
Sioux [suː] **I** *pl* **Sioux** [suːz; suː] *s* a) 'Sioux(indi‚aner[in]) *m, f,* b) *pl* 'Sioux(-indi‚aner) *pl.* **II** *adj* Sioux... ~ **State** *s Am. (Beiname für)* North Da'kota *n.*
sip [sɪp] **I** *v/t* 1. nippen an *(dat)* od. von, schlückchenweise trinken. **II** *v/i* 2. (**at**) nippen (an *dat od.* von), schlückchenweise trinken (von). **III** *s* 3. Nippen *n.* 4. Schlückchen *n.*
siph → **syph.**
si·phon ['saɪfn] **I** *s* 1. Saugheber *m,* Siphon *m.* 2. *a.* ~ **bottle** Siphonflasche *f.* 3. *tech.* Unter'führung *f (e-r Wasserleitung etc).* 4. *zo.* Sipho *m (Atem-, Kloakenöffnung).* **II** *v/t* 5. *a.* ~ **out** *(a. med. den Magen)* aushebe(r)n, entleeren. 6. *a.* ~ **off** a) absaugen, b) *fig.* abziehen: **to** ~ **(off) staff (funds,** *etc), c) fig.* weiterleiten, d) *fig.* abschöpfen: **to** ~ **(off) profits.** **III** *v/i* 7. *(durch e-n Heber)* aus-, ablaufen. **'si·phon·age** *s bes. phys.* 1. Aushebern *n.* 2. Heberwirkung *f.*
sip·pet ['sɪpɪt] *s* 1. (Brot-, Toast)Brocken *m (zum Eintunken).* 2. geröstete Brotschnitte.
sir [sɜː; *unbetont* sə; *Am.* sɜr; sər] **I** *s* 1. mein Herr! (*respektvolle Anrede, meist unübersetzt*): **yes,** ~ ja(wohl) (Herr Lehrer, Herr Oberst, Herr Maier *etc*); **no,** ~ a) nein (mein Herr *etc*), b) *iro.* nein, mein Lieber!, nichts da, mein Freund!; **my dear** ~! *iro.* mein Verehrtester!; **S~ An-**

rede in (Leser)Briefen *(im Deutschen un-übersetzt);* **Dear S~s** Sehr geehrte Herren! *(Anrede in Briefen).* 2. **S~** *Br.* Sir *m (Titel e-s* **baronet** *od.* **knight):** S~ W. **Churchill,** *Br.* Vorfahr *m.* 2. Vater(tier *n) m,* männliches Stammtier, *bes.* Beschäler *m,* Zuchthengst *m.* 3. **S~!** Sire!, Eure Maje'stät *(Anrede).* **II** *v/t* 4. zeugen: **to be** ~**d by** abstammen von *(bes.* Zuchtpferd).
si·ren ['saɪərən] **I** *s* 1. *myth.* Si'rene *f (a. fig.* verführerische Frau *od.* bezaubernde Sängerin). 2. *tech.* Si'rene *f.* 3. *zo.* a) Armmolch *m,* b) → **sirenian.** **II** *adj* 4. Sirenen..., *bes. fig.* lockend, verführerisch: ~ **song** Sirenengesang *m.*
si·re·ni·an [saɪˈriːnjən, -ɪən] *s zo.* Si'rene *f,* Seekuh *f.*
si·ri·a·sis [sɪˈraɪəsɪs] *s med.* Sonnenstich *m.*
sir·kar → **sircar.**
sir·loin ['sɜːlɔɪn; *Am.* ˈsɜr-] *s gastr.* Lenden-, Nierenstück *n (des Rinds):* ~ **steak** Lendensteak *n.*
si·roc·co [sɪˈrɒkəʊ; *Am.* -ˈrɑk-] *s* Schi'rokko *m (Wind im Mittelmeergebiet).*
sir·rah ['sɪrə] *s obs. od. dial.* 1. Kerl *m,* Bursche *m.* 2. *interj contp.* Du da!
sir·ree [səˈriː; ‚sɜrˈiː] *s Am. colloq.* mein Lieber!: **yes,** ~! aber klar!; **no,** ~! nee, nee!
‚sir-'rev·er·ence *s obs.* 1. mit Verlaub *(bes. entschuldigend).* 2. Kot *m.*
sir·ta·ki [sɪrˈtɑːkɪ] *s mus.* Sir'taki *m.*
sir·up, sir·up·y → **syrup, syrupy.**
sis [sɪs] *s colloq.* Schwester *f.*
si·sal (hemp) ['saɪsl] *s* 1. *bot.* 'Sisal, agave *f.* 2. Sisal(hanf) *m.*
sis·kin ['sɪskɪn] *s orn.* (Erlen)Zeisig *m.*
sis·si·fied ['sɪsɪfaɪd] *adj colloq.* → **sissy** II.
sis·sy ['sɪsɪ] *colloq.* **I** *s* 1. Weichling *m,* ,Heulsuse' *f.* 2. ,Waschlappen' *m,* Feigling *m.* 3. *Am.* Schwester *f.* **II** *adj* 4. weibisch, verweichlicht. 5. feig.
sis·ter ['sɪstə(r)] **I** *s* 1. Schwester *f:* **the Fatal** *(od.* **Three) S~s** die drei Schicksalsschwestern. 2. *relig.* a) (Ordens)Schwester *f,* b) *pl* Schwesternschaft *f) pl:* ~**s of Mercy** Barmherzige Schwestern. 3. *med. bes. Br.* a) Oberschwester *f,* b) (Kranken)Schwester *f.* 4. *fig.* Schwester *f (etwas Gleichartiges):* **prose,** *the* **younger** ~ **of verse.** 5. *econ.* ,Schwester' *f (Schwestergesellschaft).* 6. *Am. sl. (als Anrede)* ,Mädchen!', ,Kleine!' **II** *adj* 7. Schwester... *(a. fig.):* ~ **cells** (**city, company, party, ship,** *etc*). ~**-'german** *pl* ~**s-'ger·man** *s* leibliche Schwester.
'sis·ter·hood *s* 1. schwesterliches Verhältnis. 2. *relig.* Schwesternschaft *f.*
'sis·ter-in-law *pl* **'sis·ters-in-law** *s* Schwägerin *f.*
'sis·ter·less *adj* schwesterlos, ohne Schwester(n). **'sis·ter·ly** *adj* schwesterlich: ~ **love** Schwesterliebe *f.*
Sis·tine ['sɪstiːn; *Br. a.* -taɪn] *adj* sixˈtinisch: ~ **Chapel** Sixtinische Kapelle.
Sis·y·phe·an [‚sɪsɪˈfiːən] *adj:* ~ **task,** ~ **labo(u)r** Sisyphusarbeit *f.*

sit [sɪt], *pret* **sat** [sæt] *obs.* **sate** [sæt; seɪt], *pp* **sat** [sæt] *obs.* **sit·ten** [ˈsɪtn] **I** *v/i* **1.** sitzen: to ~ at s.o.'s feet (*als Schüler*) zu j-s Füßen sitzen; to ~ at work über der Arbeit sitzen; to ~ on one's hands a) nicht applaudieren, b) *fig.* keinen Finger rühren; → fence 1, pretty 9, tight 15. **2.** sich (ˈhin)setzen. **3.** liegen, gelegen sein. **4.** sitzen, brüten (*Henne*). **5.** liegen, lasten. **6.** sitzen, sich (in e-r bestimmten Lage *od.* Stellung) befinden: ~s the wind there? *fig.* daher weht der Wind? **7.** e-e Sitzung (ab)halten, tagen. **8.** (*in e-m Amt*) sitzen, e-n Sitz (inne)haben (in Parliament, *etc* im Parlaˈment *etc*): to ~ on a committee e-m Ausschuß angehören; → sit for 2. **9.** (to s.o. j-m) (Moˈdell *od.* Porˈträt) sitzen: → sit for 3. **10.** sitzen, passen (*Kleidung etc*) (*dat*), *fig. a.* (*j-m*) gut *etc* zu Gesichte stehen: this coat ~s well; his imperiousness ~s him well. **11.** *colloq.* → sit in 1.
II *v/t* **12.** ~ o.s. sich setzen: → sit down 8. **13.** (*im Sattel*) sitzen auf (*dat*): to ~ a horse well gut zu Pferd sitzen. **14.** Sitzplatz bieten für, aufnehmen: the car will ~ 6 persons. **15.** setzen: to ~ a hen on eggs une e Glucke setzen.
Verbindungen mit Präpositionen:
sit| for *v/i* **1.** e-e Prüfung machen. **2.** *parl.* e-n Wahlkreis vertreten. **3.** ~ one's portrait sich porträˈtieren lassen. **~ on** *v/i* **1.** lasten auf (*j-m*), j-m im Magen liegen. **2.** beraten über (*acc*). **3.** → sit 8. **4.** *colloq. j-m* aufs Dach geben: he needs to be sat on er hat e-e ˌAbreibungˈ nötig. **5.** *colloq.* a) e-e Nachricht *etc* zuˈrückhalten, unterˈdrücken, b) e-n Antrag *etc* ˌsitzenˈ. **~ o·ver** *v/i* sitzen über *od.* an (e-r Arbeit). **~ through** *v/i* a) e-n Film *etc* bis zum Ende *od.* ganz ansehen, b) sich ergehen lassen: we had to ~ a boring supporting film. **~ un·der** *v/i* **1.** *relig.* j-s Gottesdienst (*regelmäßig*) besuchen. **2.** j-s Schüler sein, (*Vorlesungen*) hören bei. **~ up·on** → sit on.
Verbindungen mit Adverbien:
sit| a·bout, ~ a·round *v/i* herˈumsitzen. **~ back** *v/i* **1.** sich zuˈrücklehnen. **2.** *fig.* die Hände in den Schoß legen. **~ by** *v/i* keinen Finger rühren. **~ down I** *v/i* **1.** sich (ˈhin-, niederˌ)setzen, Platz nehmen: to ~ to work sich an die Arbeit machen. **2.** *aer.* aufsetzen, landen. **3.** ~ before *mil.* belagern. **4.** sich festsetzen *od.* niederlassen. **5.** *fig.* e-e Verschnaufpause einlegen. **6.** ~ (up)on *colloq.* → sit on 4. **7.** ~ under e-e Beleidigung *etc* ˈhinnehmen, einstecken. **II** *v/t* **8.** j-n (ˈhin)setzen. **~ in** *v/i* **1.** babysitten. **2.** a) ein Sit-ˈin veranstalten *od.* inszeˈnieren, b) an e-m Sit-in teilnehmen. **3.** *bes. Am. colloq.* mitmachen (at, on bei). **4.** ~ for *Br.* für j-n einspringen. **~ out I** *v/t* **1.** e-r Vorstellung bis zum Ende beiwohnen. **2.** länger bleiben *od.* aushalten als (*ein anderer Besucher etc*). **3.** ein Spiel, e-n Tanz *etc* auslassen. **II** *v/i* **4.** aussetzen, (*bei e-m Spiel etc*) nicht mitmachen. **5.** draußen *od.* im Freien sitzen. **6.** *Segeln: bes. Br.* das Boot ausreiten. **~ o·ver** *v/i* zur Seite rücken. **~ up** *v/i* **1.** aufrecht *od.* gerade sitzen. **~ and beg** schönmachen, Männchen machen (*Hund*). **2.** sich im Bett *etc* aufrichten. **3.** a) aufbleiben, b) wachen (with bei *e-m Kranken*). **5.** *a.* ~ and take notice *colloq.* aufhorchen, aufmerksam werden: to make s.o. ~ a) j-n aufhorchen lassen, b) j-n aufrütteln, c) j-n ˌschwer rannehmenˈ.

si·tar [sɪˈtɑː(r); *Br. a.* ˈsɪtɑː] *s mus.* Siˈtar *m*.

sit|·com [ˈsɪtkɒm; *Am.* ˌkɑm] *s thea. colloq.* Situatiˈonsˌmödie *f*. **ˈ~-down**

I *s* **1.** Verschnaufpause *f*: to have a ~ e-e Verschnaufpause einlegen. **2.** a) **~ strike** *econ.* Sitzstreik *m*, b) *a.* **~ demonstration** ˈSitzdemonstratiˌon *f*. **II** *adj* **3.** im Sitzen (eingenommen): a ~ meal.
site [saɪt] **I** *s* **1.** Lage *f* (*e-r Baulichkeit, Stadt etc*): **~ plan** Lageplan *m*. **2.** Stelle *f*, Örtlichkeit *f*: **~ assembly** *tech.* Montagebauverfahren *n*; on ~ a) an Ort u. Stelle, vor Ort liefern *etc*, b) auf der Baustelle. **3.** Stelle *f*, Stätte *f*, Schauplatz *m* (*e-s Vorgangs*): the ~ of the excavations die Ausgrabungsstätte; the ~ of a crime der Tatort; the ~ of the fracture *med.* die Bruchstelle. **4.** Bauplatz *m*, -geˌlände *n*, Grundstück *n*. **5.** Sitz *m* (*e-r Industrie*). **6.** *econ.* (Ausstellungs)Gelände *n*. **II** *v/t* **7.** plaˈzieren, legen, aufstellen, an-, ˈunterbringen, e-r Sache e-n Platz geben: well-~d schöngelegen, in schöner Lage (*Haus*).
sith [sɪθ] *Bibl. od. obs.* für since.
ˈsit-in *s* Sit-ˈin *n*.
si·tol·o·gy [saɪˈtɒlədʒɪ; *Am.* -ˈtɑl-] *s med.* Diˈätkunde *f*, Ernährungswissenschaft *f*.
ˌsi·toˈpho·bi·a [-təʊˈfəʊbjə, -bɪə] *s psych.* Sitophoˈbie *f*, krankhafte Angst vor den Essen.
sit·ten [ˈsɪtn] *pp obs. von* sit.
sit·ter [ˈsɪtə(r)] *s* **1.** Sitzende(r *m*) *f*. **2.** a) Glucke *f*, b) brütender Vogel: a bad ~ e-e schlechte Brüterin. **3.** *paint.* Moˈdell *n*. **4.** *a.* ~-in Babysitter(in). **5.** a) *hunt.* leichter Schuß, b) *fig.* leichte Beute, c) *sport* todsichere Chance.
ˈsit·ting I *s* **1.** Sitzen *n*. **2.** *bes. jur. parl.* Sitzung *f*, Tagung *f*: **all-night** ~ Nachtsitzung. **3.** *paint. phot. etc* Sitzung *f*: at one ~ *fig.* in einem Zug durchlesen *etc.* **4.** a) Brutzeit *f*, b) Gelege *n*. **5.** *relig. thea.* Sitz *m*, Platz *m*. **II** *adj* **6.** sitzend. **7.** Tagungs..., Sitzungs..., tagend: the ~ members. **8.** brütend: ~ hen Glucke *f*. **9.** Sitz...: **~ place** Sitz(platz) *m*. **~ duck** *s fig.* leichte Beute. **~ room** *s* **1.** Platz *m* zum Sitzen. **2.** Wohnzimmer *n*. **~ tenant** *s* (augenblicklicher) Mieter.
sit·u·ate [ˈsɪtjʊeɪt; *Am.* ˈsɪtʃəˌweɪt] **I** *v/t* **1.** aufstellen, e-r Sache e-n Platz geben, den Platz (gen) bestimmen *od.* festlegen. **2.** in e-e Lage bringen. **II** *adj* [-eɪt; *Am. a.* -ət] *jur. od. obs.* für situated 1. **ˈsit·u·at·ed** [-eɪtɪd] *adj* **1.** gelegen: to be ~ liegen, (gelegen) sein (*Haus*). **2.** in e-r schwierigen *etc* Lage (befindlich): well ~ gut situiert, wohlhabend; thus ~ in dieser Lage.
ˌsit·u·ˈa·tion [ˌsɪtjʊˈeɪʃn; *Am.* -tʃəˈw-] *s* **1.** Lage *f* (*e-s Hauses etc*). **2.** Platz *m*. **3.** *fig.* Situatiˈon *f*: a) Lage *f*, Zustand *m*, b) Sachlage *f*, ˈUmstände *pl*: **a difficult** ~; **the economic** ~ **of a country**; **~ map** *mil.* Lagekarte *f*, *tech.* Situationsplan *m*; **~ report** *mil.* Lagebericht *m*. **4.** *thea.* draˈmatische Situatiˈon, Höhepunkt *m*. **5.** Stellung *f*, Stelle *f*, Posten *m*: ~s vacant (*in Zeitungen etc*) Stellenangebote; ~s wanted Stellengesuche. **ˌsit·uˈa·tion·al** [-ʃənl] *adj* Situations..., Lage...
situˈa·tion| com·e·dy *s thea.* Situatiˈonskoˌmödie *f*. **~ eth·ics** *s pl* (*als sg konstruiert*) *philos.* Situatiˈonsethik *f*.
si·tus [ˈsaɪtəs] *pl* **ˈsi·tus** *s* **1.** *med.* Situs *m*, (anaˈtomische) Lage (*e-s Organs*). **2.** Sitz *m*, Lage *f*, Ort *m*.
sitz| bath [sɪts] *s* **1.** Sitzbadewanne *f*. **2.** Sitzbad *n*. **ˈ~-krieg** [-kriːg] *s mil.* ˌSitzkriegˈ *m*. **ˈ~-marks** *Skisport:* ˌBadewanneˈ *f*.
Si·va [ˈsiːvə; ˈʃiːvə] *npr* Schiwa *m* (*ein Hauptgott des Hinduismus*). **ˈSi·va·ism** *s relig.* Schiwaˈismus *m*.
six [sɪks] **I** *adj* **1.** sechs: **it is** ~ **of one and half a dozen of the other**, *a.* **it is** ~ **and two threes** *fig.* das ist gehupft wie ge-

sprungen *od.* Jacke wie Hose; to be ~ feet under *colloq.* ˌsich die Radies-chen von unten ansehenˈ *od.* beˈtrachtenˈ. **2.** (*in Zssgn*) sechs...: **~-cylinder(ed)** sechszylindrig, Sechszylinder... (*Motor*). **II** *s* **3.** Sechs *f* (*Zahl, Spielkarte etc*): **the ~ of spades** die Pik-sechs; by ~es immer sechs auf einmal; to be at ~es and sevens a) ganz durcheinander sein, b) uneins sein, sich in den Haaren liegen; I'm at ~es and sevens about what to do ich weiß überhaupt nicht mehr, was ich machen soll.
six·ain [ˈsɪkseɪn; *Am. a.* səˈzeɪn] *s metr.* Sechszeiler *m*.
ˈsix|-day race *s*, *colloq.* **~ days** *s pl* Radsport: Sechsˈtagerennen *n*.
six·fold [ˈsɪksfəʊld] **I** *adj u. adv* sechsfach. **II** *s* (*das*) Sechsfache.
ˌsix-ˈfoot·er *s colloq.* sechs Fuß langer Mensch, ˌbaumlanger Kerlˈ. **~-pack** *s* Sechserpack(ung *f*) *m* (*Dosenbier etc*). **ˈ~-pence** [-pəns] *s Br. altes Währungssystem:* Sixpence(stück *n*) *m*: **it does not matter** (a) **~** das ist ganz egal. **ˈ~-pen·ny** [-pənɪ] *adj Br.* **1.** altes Währungssystem: e-n Sixpence wert, Sixpenny...: ~ bit Sixpenny-Stück *n* (*Münze*). **2.** armselig, billig. **ˌ~-ˈshoot·er** *s Am. colloq.* sechsschüssiger Reˈvolver.
sixte [sɪkst] *s fenc.* Sixt *f*.
six·teen [ˌsɪksˈtiːn; ˈsɪkstiːn] **I** *s* Sechzehn *f*. **II** *adj* sechzehn.
six·teen·mo [sɪksˈtiːnməʊ] *pl* **-mos** → sextodecimo.
six·teenth [sɪksˈtiːnθ; ˈsɪkst-] **I** *adj* **1.** sechzehnt(er, e, es). **2.** sechzehntel. **II** *s* **3.** (*der, die, das*) Sechzehnte. **4.** Sechzehntel *n*. **5.** *a.* **~ note** *mus. Am.* Sechzehntel(note *f*) *n*. **~ rest** *s mus.* Sechzehntelpause *f*.
sixth [sɪksθ] **I** *adj* **1.** sechst(er, e, es): in the ~ place sechstens, an sechster Stelle; ~ sense *fig.* sechster Sinn. **2.** sechstel. **II** *s* **3.** (*der, die, das*) Sechste: the ~ of May der 6. Mai. **4.** Sechstel *n*. **5.** *mus.* Sext *f*: ~ chord Sextakkord *m*. **~ col·umn** *s pol. Am.* Sechste Koˈlonne: a) Gruppe, die die Untergrundtätigkeit der Fünften Kolonne unterstützt, b) organisierte Gruppe zur Bekämpfung der Fünften Kolonne. **~ form** *s ped. Br.* Abschlußklasse e-r höheren Schule, die auf das General Certificate of Education advanced level (→ certificate 2) vorbereitet.
sixth·ly [ˈsɪksθlɪ] *adv* sechstens.
six·ti·eth [ˈsɪkstɪɪθ] **I** *adj* **1.** sechzigst(er, e, es). **2.** sechzigstel. **II** *s* **3.** (*der, die, das*) Sechzigste. **4.** Sechzigstel *n*.
Six·tine [ˈsɪkstiːn; -taɪn] → Sistine.
six·ty [ˈsɪkstɪ] **I** *adj* sechzig. **II** *s* Sechzig *f*: he is in his sixties er ist in den Sechzigern; in the sixties in den sechziger Jahren (*e-s Jahrhunderts*). **ˌ~-ˈfour dol·lar ques·tion** *s Am. fig. colloq.* (die) ˌgroße Preisfrageˈ. **ˌ~-ˈfour·mo** [-ˈfɔː(r)məʊ] *print.* **I** *pl* **-mos** *s* **1.** Vierundˈsechzigstelforˌmat *n*. **2.** Band *m* im Vierundˈsechzigstelforˌmat. **II** *adj* **3.** im Vierundˈsechzigstelforˌmat: ~ volume. **ˌ~-ˈsix** *s* ˈSechsundˈsechzig *n* (*Kartenspiel*).
ˌsix-ˈwheel·er *s mot.* Dreiachser *m*.
siz·a·ble, *bes. Br.* **size·a·ble** [ˈsaɪzəbl] *adj* (ziemlich) groß, ansehnlich, beträchtlich.
siz·ar [ˈsaɪzə] *s univ. Br.* Stipendiˈat *m* (*in Cambridge od. Dublin*). **ˈsiz·ar·ship** *s Br.* Stiˈpendium *n*.
size¹ [saɪz] **I** *s* **1.** Größe *f*, Maß *n*, Forˈmat *n*, ˈUmfang *m*, *tech. a.* Abmessung(en *pl*) *f*: all of a ~ (alle) gleich groß, (alle) in *od.* von derselben Größe; of all ~s in allen Größen; the ~ of so groß wie; that's

about the ~ of it *colloq.* (genau)so ist es; → next 3. 2. (Schuh-, Kleider- *etc*)Größe *f*, Nummer *f*: children's ~s Kindergrößen; two ~s too big zwei Nummern zu groß; she takes ~ 7 in gloves sie hat Handschuhgröße 7; they come in all ~s a) die gibt es in allen Größen, b) *fig. colloq.* davon gibt es alle möglichen (Spiel)Arten. 3. *fig.* a) Größe *f*, Ausmaß *n*, Bedeutung *f*, b) (*geistiges etc*) For|mat (*e-s Menschen*): to cut s.o. down to ~ j-n in die Schranken verweisen, j-n auf Normalmaß stutzen. II *v/t* 4. nach Größe(n) sor'tieren *od.* ordnen. 5. *bes. tech.* bemessen, in e-r (bestimmten) Größe anfertigen. 6. *Holz etc* zuschneiden. 7. *meist* ~ up *colloq.* ab-, einschätzen, ('ein)ta,xieren (*alle a. fig.*). III *v/i* 8. ~ up *colloq.* gleichkommen (to, with *dat*).
size² [saɪz] I *s* 1. (*paint*.) Grun'dier|Leim *m*, Kleister *m*. 2. a) Weberei: Schlichte *f*, Appre'tur *f*, b) Hutmacherei: Steife *f*. II *v/t* 3. leimen, mit Leim über'streichen. 4. *paint.* grun'dieren. 5. a) *Stoff* schlichten, appre'tieren, b) *Hutfilz* steifen.
size³ [saɪz] → sized.
size·a·ble *bes. Br. für* sizable.
sized [saɪzd] *adj* (*in Zssgn*) ...groß, von *od.* in ... Größe: full-~ in voller Größe; small-~ klein.
siz·er¹ ['saɪzə(r)] *s* 1. Sor'tierer(in). 2. *tech.* ('Größen)Sor,tierma,schine *f*. 3. *tech.* 'Zuschneidema,schine *f* (*für Holz*).
siz·er² ['saɪzə(r)] *s tech.* 1. Leimer *m*. 2. Schlichter *m*.
siz·y ['saɪzɪ] *adj* klebrig, zähflüssig.
siz·zle ['sɪzl] I *v/i* 1. zischen, brutzeln. 2. *Radio etc*: knistern. II *s* 3. Zischen *n*. 4. *Radio etc*: Knistern *n*. 'siz·zler *s colloq.* glühendheißer Tag. 'siz·zling I *adj* 1. zischend, brutzelnd. 2. glühendheiß. II *adv* 3. ~ hot → 2.
sjam·bok ['ʃæmbɒk; *Am.* ʃæm'bak; -'bʌk] *s* Nilpferdpeitsche *f*.
skald → scald¹.
skat [skɑːt; skæt] *s* Skat *m* (*Kartenspiel*).
skate¹ [skeɪt] *pl* skates, *bes. collect.* skate *s ichth.* Rochen *m*.
skate² [skeɪt] I *s* 1. a) Schlittschuh *m* (*a. mit Stiefel*): get (*od.* put) your ~s on *fig. colloq.* nun mach schon endlich!, b) Kufe *f*. 2. Rollschuh *m*. II *v/i* 3. Schlittschuh laufen, eislaufen: → ice 1. 4. Rollschuh laufen. 5. *fig.* gleiten: to ~ over Schwierigkeiten *etc* überspielen.
skate³ [skeɪt] *s Am. sl.* 1. alter Klepper (*Pferd*). 2. a) ‚Knülch' *m*, Bursche *m*, b) *contp.* ,Dreckskerl' *m*.
'skate·board I *s* Skateboard *n*. II *v/i* Skateboard fahren. 'skate·board·er *s* Skateboarder(in).
'skat·er *s* ['skeɪtə(r)] *s* 1. Eis-, Schlittschuhläufer(in). 2. Rollschuhläufer(in).
skate sail·ing *s sport* Eissegeln *n*.
skat·ing ['skeɪtɪŋ] *s* 1. Schlittschuh-, Eislaufen *n*, Eislauf *m*. 2. Rollschuhlauf(en *n*) *m*. ~ rink *s* 1. (Kunst)Eisbahn *f*. 2. Rollschuhbahn *f*. ~ step *s* Skisport: Schlittschuhschritt *m*.
skean [skiːn] *s hist. Ir. u. Scot.* Dolch *m*. ‚~-'dhu [-'duː] *s* Dolchmesser *n*.
ske·dad·dle [skɪ'dædl] *colloq.* I *v/i* 'türmen', ‚abhauen'. II *s*, Türmen' *n*.
skee-ball ['skiːbɔːl] (*TM*) *s Am.* Spiel, bei dem Hartgummibälle auf e-r Holzbahn in Löcher gerollt werden müssen.
skeet (shoot·ing) [skiːt] *s* Skeetschießen *n*.
skein [skeɪn] *s* 1. Strang *m*, Docke *f* (*Wolle etc*). 2. Skein *n*, Warp *n* (*Baumwollmaß*). 3. Kette *f*, Schar *f*, Schwarm *m* (*Wildenten etc*). 4. *fig.* Gewirr *n*, Durchein'ander *n*.
skel·e·tal ['skelɪtl] *adj* 1. Skelett... 2. ske'lettartig.
skel·e·tog·e·nous [,skelɪ'tɒdʒɪnəs; *Am.*

-'tɑ-] *adj med.* knochenbildend. ,skel·e·'tol·o·gy [-'tɒlədʒɪ; *Am.* -'tɑl-] *s* Knochenlehre *f*.
skel·e·ton ['skelɪtn] I *s* 1. Ske'lett *n*, Knochengerüst *n*, Gerippe *n* (*a. fig. magere Person etc*): ~ in the cupboard (*Am.* closet) streng gehütetes Familiengeheimnis; ~ at the feast Gespenst *n* der Vergangenheit; → reduce 7. 2. *tech.* (*Stahl- etc*)Ske'lett *n*, (*a. Schiffs-, Flugzeug*)Gerippe *n*, (*a. Schirm-*)Gestell *n*. 3. *bot.* Rippenwerk *n* (*des Blatts*), 'Blattske,lett *n*. 4. *fig.* a) Rohbau *m*, Entwurf *m*, b) Rahmen *m*: ~ sketch schematische Zeichnung. 5. a) 'Stamm(perso,nal *n*) *m*, b) *mil.* Kader *m*, Stammtruppe *f*. 6. Skeleton *m* (*Rennschlitten*). II *adj* 7. Skelett...: ~ construction Skelett-, Stahlbauweise *f*. 8. *econ. jur.* Rahmen...: ~ law (plan, *etc*); ~ agreement Rahmenabkommen *n*; ~ bill Wechselblankett *n*; ~ wage agreement Mantel|tarif(vertrag) *m*. 9. *mil.* Stamm...: ~ crew. '~-face type *s print.* Skelettschrift *f*.
skel·e·ton·ize ['skelɪtənaɪz] *v/t* 1. skelet'tieren. 2. *fig.* skiz'zieren, entwerfen, in groben 'Umrissen *od.* sche'matisch darstellen. 3. *mil.* den nor'malen Bestand (*e-r Truppe*) redu'zieren. 4. *fig.* zahlenmäßig redu'zieren.
skel·e·ton|key *s tech.* Dietrich *m* (*Nachschlüssel*). ~proof *s print.* Abzug, bei dem die Schrift nur in Haarstrichen angegeben ist.
skene [skiːn] → skean.
skep [skep] *s* 1. (Weiden)Korb *m*. 2. Bienenkorb *m*.
skep·tic, *etc bes. Am. für* sceptic, *etc.*
sker·ry ['skerɪ] *s bes. Scot.* kleine Felseninsel.
sketch [sketʃ] I *s* 1. *paint. etc* Skizze *f*, Studie *f*. 2. Grundriß *m*, Schema *n*, Entwurf *m*. 3. *fig.* (*a. literarische*) Skizze. 4. *thea.* Sketch *m*. 5. *mus.* (Ton)Skizze *f*. II *v/t* 6. *oft* ~ in, ~ out skiz'zieren. 7. *fig.* skiz'zieren, entwerfen, in großen Zügen darstellen. 8. *fig.* andeuten. III *v/i* 9. e-e Skizze *od.* Skizzen machen. ~ book *s* Skizzenblock *m*. '~-book *s* 1. Skizzenbuch *n*. 2. Sammlung *f* lite'rarischer Skizzen.
'sketch·er *s* Skizzenzeichner(in).
sketch·i·ness ['sketʃɪnɪs] *s* 1. Skizzenhaftigkeit *f*. 2. *fig.* Oberflächlichkeit *f*.
sketch map *s geogr.* Faustskizze *f*.
sketch·y ['sketʃɪ] *adj* (*adv* sketchily) 1. skizzenhaft, flüchtig, leicht 'hingeworfen. 2. *fig.* oberflächlich. 3. *fig.* unzureichend: a ~ meal. 4. *fig.* unklar, vage.
skew [skjuː] I *v/i* 1. schräg gehen. 2. schielen (*a. fig.*). II *v/t* 3. seitwärts wenden, schief legen. 4. *tech.* abschrägen. 5. *fig.* Tatsachen verdrehen. III *adj* 6. schief, schräg: ~ bridge. 7. abschüssig. 8. *math.* 'asym,metrisch. IV *s* 9. Schiefe *f*, Schrägheit *f*: on the ~ schief. 10. *math.* Asymme'trie *f*. 11. *arch.* a) schräger Kopf (*e-s Strebepfeilers*), b) 'Unterstein *m*. ~'back *s arch.* schräges 'Widerlager. '~-bald [-bɔːld] I *adj* scheckig (*bes. Pferd*). II *s* Schecke *m*. ~ bev·el gear·ing → skew gearing. ~ curve *s math.* mehrfach gekrümmte Raumkurve. [verdreht.)
skewed [skjuːd] *adj* schief, abgeschrägt.
skew·er ['skjʊə(r)] I *s* 1. Fleischspieß *m*, Span *m*, b) Speil(er) *m* (*Wurstverschluß*). 2. *fig. bes. humor.* Dolch *m*, Schwert *n*. 3. *tech.* Räumnadel *f*. II *v/t* 4. *Fleisch* spießen, *Wurst* speilen. 5. *fig.* aufspießen.
'skew|-eyed *adj Br.* schielend. ~ gear·ing *s tech.* Stirnradgetriebe *n*.
skew-gee [,skjuː'dʒiː] *adj u. adv colloq.* schief.

skew·ness ['skjuːnɪs] *s* 1. Schiefe *f*, Schrägheit *f*. 2. *math.* Asymme'trie *f*. 3. Statistik: Abweichung *f*: positive (negative) ~ Abweichung nach oben (unten).
skew-whiff [,skjuː'wɪf] *adj u. adv Br. colloq.* schief.
ski [skiː] I *pl* ski, skis [-z] *s* 1. Ski *m*. 2. *aer.* (Schnee)Kufe *f*. II *adj* 3. Ski...: ~ binding (boot, instructor, lift, *etc*). III *v/i pret u. pp* ski'd *od.* (*Am. nur*) skied 4. Ski laufen *od.* fahren. [gram, *etc*.)
ski·a·gram ['skaɪəgræm], *etc* → scia-)
ski·a·scope ['skaɪəskəʊp] *s med.* Skia'skop *n*, Augenspiegel *m*. ski'as·co·py [-'æskəpɪ] *s* Skiasko'pie *f*, Retinosko'pie *f*, Schattenprobe *f*.
ski·bob ['skiːbɒb; *Am.* -,bab] *s* Skibob *m*. 'ski·bob·ber *s* Skibobfahrer(in).
ski cir·cuit *s sport* Skizirkus *m*.
skid [skɪd] *s* 1. Stützbalken *m*. 2. *tech.* a) Rolle *f* (*für Lasten*), b) Ladebalken *m*, -bock *m*, Gleitschiene *f*. 3. Bremsklotz *m*. 4. *aer.* Gleitkufe *f*, Sporn(rad *n*) *m*. 5. *mar.* a) *pl* Holzfender *m*, b) Bootsschlitten *m*. 6. *a. mot.* Rutschen *n*, Schleudern *n*: to go into a ~ → 11; ~ chain *mot.* Schneekette *f*; ~ mark Schleuder-, Bremsspur *f*. 7. *fig. colloq.* to put the ~s on (*od.* under) s.o. a) j-m e-n Strich durch die Rechnung machen, b) j-m ,Feuer unter dem Hintern machen', c) j-n ,abschießen'; he is on the ~s es geht abwärts mit ihm. II *v/t* 8. auf e-r Gleitschiene *od.* auf Rollen fortbewegen. 9. *ein Rad* bremsen, hemmen. III *v/i* 10. rutschen, (ab-, aus)gleiten. 11. schleudern, ins Schleudern geraten (*Auto etc*). 12. *aer.* seitlich abrutschen. 13. *fig.* hin'weggehen (over über *acc*).
skid-doo [skɪ'duː] *v/i sl.* ‚abhauen'.
'skid|·lid *s Br. sl.* Sturzhelm *m*. ~ pad *s mot. Am.*, '~pan *s mot. Br.* Schleuderstrecke *f*. ~proof *adj* rutschfest (*Autoreifen etc*). ~ road *s Am.* 1. Holzrutsche *f*. 2. → skid row. ~ row *s Am. colloq.* billiges Vergnügungsviertel. '~-way → skid road 1.
ski·er ['skiːə(r)] *s* Skiläufer(in), -fahrer(in). [Einer *m*.)
skiff [skɪf] *s mar.* Skiff *n*, (Rudersport *a.*)
skif·fle ['skɪfl] *s* Skiffle *m* (*Jazzmusik, oft auf Behelfsinstrumenten gespielt*).
ski flight *s sport* Skiflug *m*. ~ fly·ing *s sport* Skifliegen *n*.
ski·ing ['skiːɪŋ] I *s* Skilauf *m*, -laufen *n*, -fahren *n*, -sport *m*. II *adj* Ski...: ~ clothes (lessons, *etc*).
ski·jor·ing ['skiː,dʒɔːrɪŋ] *s sport* Skijöring *n*. ~ jump *s sport* 1. Skisprung *m*. 2. Sprungschanze *f*. ~ jump·ing *s sport* Skispringen *n*, Sprunglauf *m*.
skil·ful, *bes.* 'skill·ful *adj* (~ly) geschickt: a) gewandt, b) kunstgerecht: ~ operation, c) geübt, kundig (at, in *in dat*): to be ~ at sich verstehen auf (*acc*). 'skil·ful·ness, *bes. Am.* 'skill·ful·ness → skill¹.
skill¹ [skɪl] *s* Geschick(lichkeit *f*) *n*: a) Gewandtheit *f*: game of ~ Geschicklichkeitsspiel *n*, b) (Kunst)Fertigkeit *f*, Können *n*, c) (Fach-, Sach)Kenntnis *f*, Erfahrenheit *f* (at, in *in dat*).
skill² [skɪl] *v/i impers obs.* 1. ins Gewicht fallen: it ~s not. 2. nützen: what ~s talking?
skilled [skɪld] *adj* 1. geschickt, gewandt, erfahren (at, in *in dat*). 2. Fach...: ~ labo(u)r Facharbeiter *pl*; ~ trades Fachberufe; ~ workman gelernter Arbeiter, Facharbeiter *m*.
skil·let ['skɪlɪt] *s* 1. a) (*tech.* Schmelz-) Tiegel *m*, b) Kasse'rolle *f*. 2. *bes. Am.* Bratpfanne *f*.
skill·ful, *etc bes. Am. für* skilful, *etc.*

skil·ly ['skɪlɪ] *s bes. Br.* dünne (Hafer-)Grütze, Wassersuppe *f.*
skim [skɪm] **I** *v/t* **1.** (*a. fig. Gewinne*) abschöpfen: **to ~ the cream off** den Rahm abschöpfen (*oft fig.*). **2.** abschäumen. **3.** *Milch* entrahmen: **~med milk** → **skim milk**. **4.** *fig.* ('hin)gleiten über (*acc*). **5.** *fig.* über'fliegen, flüchtig lesen: **to ~ a book**. **II** *v/i* **6.** gleiten, streichen (**over** über *acc*, **along** entlang). **7. ~ over** *fig.* → 5. **'skim·mer** *s* **1.** Schaum-, Rahmkelle *f.* **2.** *tech.* Abstreicheisen *n.* **3.** *mar. Br.* leichtes Rennboot. **4.** *Am. sl.* flacher, breitrandiger Strohhut.
skim milk *s* entrahmte Milch, Magermilch *f.*
'skim·ming *s* **1.** *meist pl* (*das*) Abgeschöpfte. **2.** *pl* Schaum *m* (*auf Koch-, Schmelz- od. Siedegut*). **3.** *pl metall.* Schlacken *pl.* **4.** Abschöpfen *n*, Abschäumen *n*: **~ of excess profit** *econ.* Gewinnabschöpfung *f.* **5.** *pl mar.* (*Seetransportversicherung*) oberste, beschädigte Schicht in e-m Sack (*z. B. Kaffee, Erbsen etc*).
skimp [skɪmp] *etc* → **scrimp**, *etc.*
skin [skɪn] **I** *s* **1.** Haut *f* (*a. biol.*): **he is only ~ and bone(s)** er ist bloß noch Haut u. Knochen; **drenched** (*od.* **soaked, sopped, wet**) **to the ~** bis auf die Haut durchnäßt *od.* naß; **by the ~ of one's teeth** um Haaresbreite, mit knapper Not; **that's no ~ off my nose** *colloq.* das ‚juckt' mich nicht; **to be in s.o.'s ~** in j-s Haut stecken; **to get under s.o.'s ~** *colloq.* a) j-m ‚unter die Haut gehen', j-m nahegehen, b) j-m auf die Nerven gehen; **to get under the ~ of s.th.** etwas richtig verstehen; **to have a thick** (**thin**) **~** ein dickes Fell haben (dünnhäutig sein); **to save one's ~** mit heiler Haut davonkommen; **to live in one's ~** im Adams- *od.* Evaskostüm herumlaufen; → **jump** 17. **2.** Fell *n*, Pelz *m*, *hunt.* Balg *m*, Decke *f* (*von Tieren*). **3.** Haut *f*, (Kar'toffel-, Obst- *etc*)Schale *f*, Hülse *f*, Schote *f*, Rinde *f*. **4.** *bes. tech.* Haut *f*, dünne Schicht: **~ on milk** Haut auf der Milch. **5.** *allg.* Oberfläche *f*, *bes. ar. mar.* Außenhaut *f*, b) *aer.* (Bal'lon)Hülle *f*, Bespannung *f*, c) *arch.* Außenwand *f*, d) *arch.* (Außen)Verkleidung *f* (*Aluminiumplatten etc*). **6.** (Wasser-, Wein)Schlauch *m*. **7.** *bes. Am. sl.* a) Gauner *m*, b) Geizhals *m*, c) Klepper *m* (*Pferd*). **II** *v/t* **8.** schälen: **to keep one's eyes ~ned** die Augen offenhalten. **9.** sich *das Knie etc* aufschürfen. **10.** *a.* **~ out** ein Tier abhäuten, *hunt.* abbalgen, *e-m Bock etc* die Decke abziehen: **to ~ s.o. alive** *colloq.* a) ‚kein gutes Haar an j-m lassen', b) j-m ‚gehörig' s-e Meinung sagen; **I'll ~ him alive!** *colloq.* der kriegt was von mir zu hören!; **to ~ and salt s.o.** *colloq.* j-n ‚bös in die Pfanne hauen'. **11.** *colloq.* a) j-n ausplündern, -beuten, b) j-n ‚ausnehmen', ‚rupfen' (*beim Spiel etc*). **12.** *e-n Strumpf etc* abstreifen. **13.** *electr.* 'abiso, lieren. **III** *v/i* **14. ~ out** *Am. sl.* sich da'vonmachen. **15.** *meist* **~ over** (zu)heilen, vernarben (*Wunde*).
skin| **boat** *s* Fellboot *n*. **~ col·o(u)r** *s* Hautfarbe *f*. **~-'deep** *adj u. adv* oberflächlich (*a. fig.*). **~ dis·ease** *s med.* Hautkrankheit *f*. **~ div·er** *s* Schnorcheltaucher *m*. **~ div·ing** *s* Schnorcheltauchen *n*. **~ ef·fect** *s electr.* 'Skineffekt *m*. **~ flick** *s colloq.* Sexfilm *m*. **'~-flint** *s* Knicker *m*, Geizhals *m*. **~ food** *s* Nährcreme *f*. **~ fric·tion** *s phys.* Oberflächenreibung *f*.
'skin·ful [-fʊl] *s*: **he had a ~** ‚er hatte schwer geladen' (*war betrunken*).
skin| **game** *s colloq.* Schwindel *m*, Bauernfänge'rei *f*. **~ graft** *s med.* 'Hauttransplan,tat *n*. **~ graft·ing** *s med.* 'Hauttransplanti,on *f*, -über,tragung *f*. **'~-head** *s Br.* Halbstarke(r) *m* mit kurzgeschnittenem Haar u. auffälliger Kleidung.
'skin·less *adj* **1.** hautlos, ohne Haut. **2.** ohne Fell, nackt. **3.** *fig.* ('über)empfindlich.
skinned [skɪnd] *adj* **1.** häutig. **2.** enthäutet. **3.** (*in Zssgn*) ...häutig, ...fellig.
skin·ner ['skɪnə(r)] *s* **1.** Abdecker *m*. **2.** Pelzhändler *m*, Kürschner *m*. **3.** *colloq.* Betrüger *m*. **4.** *Am. colloq.* a) Maultier-, Pferdetreiber *m*, b) (*Kran-, Bagger- etc*) Führer *m*.
skin·ny ['skɪnɪ] *adj* **1.** häutig. **2.** mager, abgemagert, dünn. **3.** *fig.* knauserig. **'~-dip** *colloq.* **I** *v/i* nackt baden. **II** *s* Nacktbad *n*. **'~-,dip·per** *s colloq.* Nacktbadende(r *m*) *f*.
'skin-pop *v/i sl.* sich e-n ‚Schuß' unter die Haut setzen *od.* drücken.
skint [skɪnt] *adj Br. sl.* ‚pleite'.
skin| **test** *s med.* Hauttest *m*. **~-'tight I** *adj* hauteng. **II** *s a. pl* hautenges Kleid, *a.* Tri'kot *n*. **~ wool** *s* Haut-, Schlachtwolle *f*.
skip¹ [skɪp] *v/i* **1.** hüpfen, hopsen, springen: **to ~ about** (*od.* **around**) herumhüpfen. **2.** seilhüpfen, -springen. **3.** *fig.* Sprünge machen, Seiten über'springen *od.* über'schlagen (*in e-m Buch*): **to ~ off** abschweifen (*von e-m Thema etc*); **to ~ over** *etwas* übergehen; **to ~ through** *Buch etc* überfliegen; **to ~ from one subject to another** von e-m Thema zum anderen springen. **4.** aussetzen, e-n Sprung tun (*Herz, Maschine etc*), *mot.* e-e Fehlzündung haben. **5.** *ped. Am.* e-e (Schul)Klasse über'springen. **6.** *meist* **~ off** (*od.* **out**) *colloq.* ‚abhauen': **to ~** (**over** *od.* **across**) **to** e-n Abstecher machen nach. **II** *v/t* **7.** springen über (*acc*): **to ~ a ditch** *sl.* e-e Klippe umschiffen. **~ rope** seilhüpfen, -springen. **8.** *fig.* über'springen, auslassen, sich schenken, *e-e Buchseite etc* über'schlagen: **~ it!** *colloq.* laß (es) gut sein!, geschenkt!' **9.** *colloq.* a) sich vor *e-r Verabredung etc* drücken, *die Schule etc* schwänzen, b) *bes. Am.* aus *e-r Stadt etc* verschwinden: **to ~ it** ‚abhauen'. **III** *s* **10.** Hüpfer *m*, Hopser *m*, (*Tanzen*) Hüpfschritt *m*. **11.** *fig.* Über'gehen *n*, -'springen *n*, Auslassung *f*. **12.** *mus. Am.* Sprung *m*.
skip² [skɪp] *s sport* Mannschaftsführer *m* (*bes. beim Bowling- u. Curlingspiel*).
skip³ [skɪp] *s* (Stu'denten)Diener *m* (*bes. im* Trinitiy College, Dublin).
skip⁴ [skɪp] *s* **1.** *tech.* Förderkorb *m*. **2.** *Zuckerfabrikation*: Pfanne(voll) *f* Sirup *od.* Zuckersaft.
skip| **bomb·ing** *s mil.* Abpraller-Bombenabwurf *m*. **~ dis·tance** *s electr.* tote Zone. **'~-jack** *s* **1.** *pl* **-jacks**, *bes. collect.* **-jack** *ichth.* a) Thunfisch *m*, b) Blaufisch *m*. **2.** *zo.* Springkäfer *m*. **3.** Stehaufmännchen *n* (*Spielzeug*).
ski plane *s aer.* Flugzeug *n* mit Schneekufen.
skip·per ['skɪpə(r)] *s* **1.** *mar.* Schiffer *m*, Kapi'tän *m*. **2.** *aer.* 'Flugkapi,tän *m*. **3.** *sport* a) 'Mannschaftskapi,tän *m*, b) *Am.* Manager *m*, c) *Am.* Trainer *m*. **4.** *ichth.* Ma'krelenhecht *m*. **II** *v/t* **5.** führen, Kapi'tän sein auf (*dat*).
skip·pet ['skɪpɪt] *s* Kapsel *f* (*zum Schutz e-s Siegels*).
skip·ping ['skɪpɪŋ] **I** *adj* hüpfend. **II** *s* (*bes. Seil*)Hüpfen *n*, (-)Springen *n*. **~ rope** *s* Spring-, Sprungseil *n*.
skip zone *s* *Radio*: stille Zone.
skirl [skɜːl] *Br. dial.* **I** *v/i* **1.** pfeifen (*Dudelsack*). **2.** Dudelsack spielen. **II** *s* **3.** Pfeifen *n* (*des Dudelsacks*).
skir·mish ['skɜːmɪʃ; *Am.* 'skɜr-] *mil.* **I** *s* (Vorposten)Gefecht *n*, Geplänkel *n* (*a. fig.*): **~ line** Schützenlinie *f*. **II** *v/i* plänkeln (*a. fig.*). **'skir·mish·er** *s mil.* Plänkler *m* (*a. fig.*).
skir·ret ['skɪrɪt] *s bot.* Merk *m*.
skirt [skɜːt; *Am.* skɜrt] **I** *s* **1.** (Frauen-, *a.* 'Unter)Rock *m*. **2.** *sl.* a) **a bit of ~** ‚Weibsbild' *n*, ‚Schürze' *f*, b) **the ~** *obs. collect.* ‚die Weiber' *pl.* **3.** (Rock-, Hemd- *etc*)Schoß *m*. **4.** a) Saum *m*, Rand *m*, Einfassung *f* (*fig. oft pl*): **on the ~s of the wood** am Waldesrand, am Waldessaum, b) *tech.* Schürze *f* (*e-s Formel-1-Rennwagens etc*). **5.** *meist pl* Außenbezirk *m*, Randgebiet *n*. **6.** kleine Satteltasche. **7.** (*Art*) Kutteln *pl*: **~ of beef** (*Art*) Rindskutteln. **II** *v/t* **8.** a) (um)'säumen, b) *fig.* sich entlangziehen an (*dat*): **trees ~ the plain**. **9.** a) entlanggehen, (außen) her'umgehen um, b) *fig.* um'gehen: **to ~ a problem**, c) *e-r Gefahr etc* (knapp) entgehen. **III** *v/i* **10.** am Rande sein *od.* liegen *od.* leben. **11. ~ along** a) am Rande entlanggehen *od.* -fahren, b) sich entlangziehen; **to ~** (**a**)**round** → 9 b. **12.** *hunt.* eigene Wege gehen (*Jagdhund*). **~ dance** *s hist.* Serpen'tintanz *m*.
'skirt·ed *adj* **1.** e-n Rock tragend. **2.** (*in Zssgn*) mit langem *etc* Rock: **long-~**. **3.** *fig.* (ein)gesäumt.
'skirt·ing *s* **1.** Rand *m*, Saum *m*. **2.** Rockstoff *m*. **3.** *meist* **~ board** *arch. Br.* Fuß-, Scheuerleiste *f*.
skit [skɪt] **I** *s* **1.** (**at**) Stiche'lei *f* (gegen), Seitenhieb *m* (auf *acc*). **2.** Paro'die *f*, Sa'tire (*of*, **on**, **upon** über *acc*, auf *acc*). **II** *v/t* **3.** ironi'sieren (**at** *acc*). **III** *v/t* **4.** stichein gegen.
ski| **tour·ing** *s* Skiwandern *n*. **~ tow** *s* Schlepplift *m*.
skit·ter ['skɪtə(r)] *v/i* **1.** a) jagen, rennen, b) rutschen, gleiten, c) hüpfen, hopsen, springen. **2.** beim Angelhaken an der Wasseroberfläche 'hinziehen.
skit·tish ['skɪtɪʃ] *adj* (*adv* **-ly**) **1.** ungebärdig, scheu (*Pferd*). **2.** ner'vös, ängstlich. **3.** a) lebhaft, wild, b) (kindisch) ausgelassen (*bes. Frau*), c) fri'vol, zügellos, d) sprunghaft, kaprizi'ös.
skit·tle ['skɪtl] *bes. Br.* **I** *s* **1.** Kegel *m*. **2.** *pl* (*als sg konstruiert*) Kegeln *n*: **to play** (**at**) **~s** kegeln, Kegel spielen; → **beer¹** 1. **II** *interj colloq.* **3.** ‚Quatsch!', Unsinn! **III** *v/t* **4. ~ out** (*Kricket*) e-n Schläger *od.* e-e Mannschaft (rasch) ‚erledigen'. **IV** *v/i* **5.** kegeln, Kegel spielen. **~ al·ley** *s bes. Br.* Kegelbahn *f*.
skive¹ [skaɪv] **I** *v/t* **1.** Leder, Fell spalten, (ab)schaben, Gummi abschälen. **2.** Edelstein abschleifen. **II** *s* **3.** Dia'mantenschleifscheibe *f*.
skive² [skaɪv] *Br. sl.* **I** *v/t* sich drücken vor (*Arbeit, Verantwortung etc*). **II** *v/i a.* **~ off** sich drücken.
skiv·er¹ ['skaɪvə(r)] *s* **1.** Lederspaltmesser *n*. **2.** Spaltleder *n*.
skiv·er² ['skaɪvə] *s Br. sl.* Drückeberger(in).
skiv·vy ['skɪvɪ] *s Br. oft contp.* Dienstmagd *f*.
sku·a ['skjuːə] *s orn.* (**great ~** Riesen-) Raubmöwe *f*.
skul·dug·ger·y [skʌl'dʌgərɪ] *s colloq.* Gaune'rei *f*, Schwindel *m*.
skulk [skʌlk] *v/i* **1.** lauern. **2.** (her'um)schleichen: **to ~ after s.o.** j-m nachschleichen. **3.** *fig.* sich drücken. **'skulk·er** *s* **1.** Schleicher(in). **2.** *fig.* Drückeberger(in).
skull [skʌl] *s* **1.** *anat.* Schädel(dach *n*) *m*, Hirnschale *f*: **fractured ~** *med.* Schädelbruch *m*. **2.** Totenschädel *m*: **~ and crossbones** a) Totenkopf *m* (*über zwei gekreuzten Knochen*) (*Gift-, Warnungszeichen*), b) *hist.* Totenkopf-, Piratenflagge *f*. **3.** *fig. oft contp.* Schädel *m* (*Ver-*

skullcap – slap

stand): **to have a thick ~** ein Brett vor dem Kopf haben. '**~cap** *s* **1.** Käppchen *n.* **2.** *anat.* Schädeldach *n*, -decke *f.* **3.** *bot.* Helmkraut *n.* **~ crack·er** *s Am. colloq.* schwere Stahlkugel zum Abbruch von Gebäuden etc. '**~guard** *s* Schutzhelm *m.* '**~pan** → skullcap 2.
skunk [skʌŋk] **I** *s* **1.** *zo.* Skunk *m*, Stinktier *n.* **2.** Skunk(s)pelz *m.* **3.** *colloq.* ‚(gemeiner) Hund', ‚Schwein' *n.* **II** *v/t* **4.** *Am. colloq.* a) schlagen, besiegen (*a. sport*), b) *sport* Gegner ausschalten. **5.** *Am. colloq. j-n* ‚bescheißen' (*betrügen*) (**out of** um). **~ bear** *Am. für* wolverine 1.
skunk·er·y ['skʌŋkərɪ] *s Am.* Skunk(s)farm *f.*
sky [skaɪ] **I** *s* **1.** *oft pl* (Wolken)Himmel *m*: **in the ~** am Himmel; **out of a clear (blue) ~** *bes. fig.* aus heiterem Himmel. **2.** *oft pl* Himmel *m* (*a. fig.*), Himmelszelt *n*: **if the skies fall we shall catch larks** wenn der Himmel einstürzt, geht davon die Welt nicht unter; **under the open ~** unter freiem Himmel; **in the skies** *fig.* (wie) im Himmel; **to praise** (*od.* **extol, laud**) **to the skies** *fig.* ‚in den Himmel heben'; **the ~ is the limit** *colloq.* nach oben sind keine Grenzen gesetzt. **3.** a) Klima *n*, Witterung *f*, b) Himmelsstrich *m*, Gegend *f.* **4.** *aer. mil.* Luft(raum *m*) *f.* **5.** *colloq.* oberste Bilderreihe (*in e-r Gemäldeausstellung*). **II** *v/t* **6.** den Ball etc hoch in die Luft werfen *od.* schlagen. **7.** ein Bild (*in e-r Ausstellung*) (zu) hoch aufhängen. **~ ad·ver·tis·ing** *s econ.* Luftwerbung *f.* ~**'blue** *adj* himmelblau. '**~coach** *s aer. Am.* Passa'gierflugzeug *n* ohne Service. '**~div·er** *s sport* Fallschirmspringer(in). '**~div·ing** *s sport* Fallschirmspringen *n.*
Skye (ter·ri·er) [skaɪ] *s zo.* Skyeterrier *m.*
,**sky**|-'**high** *adj u. adv* **1.** himmelhoch (*a. fig.*): **to blow ~** a) sprengen, b) *fig. e-e Theorie etc* über den Haufen werfen. **2.** *Am. colloq.* a) irrsinnig teuer, b) riesig: **~ sums.** '**~hook (bal·loon)** *s Am. colloq.* Bal'lonsonde *f.* '**~jack I** *v/t* Flugzeug entführen. **II** *s* Flugzeugentführung *f.* '**~jack·er** *s* Flugzeugentführer(in). '**~lab** *s Am.* 'Raumla,bor *n.* '**~lark I** *s orn.* Feldlerche *f.* **II** *v/i colloq.* a) her'umtollen, b) ‚Blödsinn' treiben. '**~light** *s* Oberlicht *n*, Dachfenster *n*, -luke *f.* '**~like** *adj* **1.** himmelblau. **2.** wie der Himmel. '**~line** *s* Hori'zont(linie *f*) *m*, (*Stadt- etc*)Silhou'ette *f.* '**~lin·er** → airliner. '**~man** [-mən] *s irr aer. sl.* Fallschirmjäger *m.* '**~mar·shal** *s Am.* Bundespolizist, *der zur Verhinderung von Flugzeugentführungen eingesetzt wird.* **~ par·lo(u)r** *s* Dachstube *f.* **~ pi·lot** *s sl.* ‚Schwarzrock' *m* (*Geistlicher*). '**~rock·et I** *s* **1.** Feuerwerk: Ra'kete *f.* **II** *v/i* **2.** *colloq.* in die Höhe schießen (*bes. Preise*), sprunghaft ansteigen (*Arbeitslosigkeit etc*): **to ~ to fame** mit ‚einem Schlag berühmt werden. **III** *v/t* **3.** *colloq.* in die Höhe schießen lassen, sprunghaft ansteigen lassen: **to ~ s.o. to fame** j-n mit ‚einem Schlag berühmt machen. **4.** *colloq. Preise etc* in die Höhe treiben, hochtreiben. ~**sail** *s mar.* Skysegel *n.* '**~scape** [-skeɪp] *s a. paint.* Wolkenlandschaft *f.* '**~scrap·er** *s* **1.** Wolkenkratzer *m.* **2.** *fig. humor.* (*etwas*) Riesiges. **3.** *mar.* Mondsegel *n.* '**~scrap·ing** *adj* himmelhoch (ansteigend). **~ shade** *s phot.* Gegenlichtklame *f* (*auf Häuserln etc*). **~ surf·ing** *s* Drachenfliegen *n.* **~ train** *s aer.* Luftschleppzug *m.* **~ troops** *s pl aer. mil.* Luftlandetruppen *pl.* **~ truck** *s aer. Am.* Trans'portflugzeug *n.*
sky·ward ['skaɪwə(r)d] **I** *adv* himmel'an, -wärts. **II** *adj* himmelwärts gerichtet.
'**sky·wards** → skyward I.
'**sky**|**·way** *s bes. Am.* **1.** *aer.* Luftroute *f.* **2.** Hochstraße *f.* '**~writ·er** *s* Himmelsschreiber *m.* '**~writ·ing** *s* Himmelsschrift *f.*
slab¹ [slæb] **I** *s* **1.** (Me'tall-, Stein-, Holz-*etc*)Platte *f*, Fliese *f*, Tafel *f*: **~ (of concrete)** Betonsockel *m*, -platte. **2.** *colloq. bes. Br.* a) Operati'onstisch *m*, b) Leichensockel *m*: **on the ~** im Leichenschauhaus. **3.** (dicke) Scheibe (*Brot, Fleisch etc*). **4.** *tech.* Schwarten-, Schalbrett *n.* **5.** *metall.* Bramme *f* (*Roheisenblock*). **6.** *Baseball: Am. sl.* Schlagmal *n.* **7.** (*westliche USA*) Be'tonstraße *f.* **8.** *Am.* flaches, langgezogenes Gebäude. **II** *v/t* **9.** *tech.* a) e-n Baumstamm abschwarten, b) in Platten *od.* Bretter zersägen. **10.** mit Platten auslegen. **11.** *Am.* dick auftragen *od.* schmieren.
slab² [slæb] *adj Am. colloq.* a) kitschig, b) *fig.* dick aufgetragen.
slab·ber ['slæbə(r)] → slobber.
'**slab·stone** *s* **1.** leichtspaltbares Gestein. **2.** *tech.* Steinfliese *f.*
slack¹ [slæk] **I** *adj* (*adv* **~ly**) **1.** schlaff, locker, lose (*a. fig.*): **~ rope** schlaffes Seil; **to keep a ~ rein** (*od.* **hand**) die Zügel locker lassen (*a. fig.*). **2.** a) flau: **a ~ breeze**, b) langsam, träge: **a ~ current**. **3.** *econ.* flau, lustlos: **~ season** Flaute *f*, stille Saison. **4.** *fig.* (nach)lässig, lasch, schlaff, träge: **to be ~ in one's duties** s-e Pflichten vernachlässigen; **~ pace** gemächliches Tempo; **~ performance** ‚schlappe' Leistung, ‚müde' Vorstellung. **5.** *ling.* locker: **~ vowel** offener Vokal. **II** *adv* **6.** (*in Zssgn*) leicht, ungenügend: **~-dried**; **~-baked** nicht durchgebacken. **III** *s* **7.** *bes. mar.* Lose *f*, loses (*Tau-etc*)Ende. **8.** Flaute *f* (*a. econ.*). **9.** *mar.* Stillwasser *n.* **10.** (Ruhe)Pause *f.* **11.** *pl* Freizeithose *f.* **12.** *tech.* Spiel *n*: **to take up the ~** Druckpunkt nehmen (*beim Schießen*). **13.** *tech.* Kabelzuschlag *m* (*Vorratslänge*). **14.** *metr.* unbetonte Silbe(n *pl*). **IV** *v/t* **15.** → off → slacken 1. **16.** *oft* **~ up** → slacken 2. **17.** *tech.* Kalk löschen. **V** *v/i* **18.** → slacken 5. **19.** *meist* **~ off** a) nachlassen, b) *colloq.* trödeln, bummeln. **20. ~ up** langsamer werden *od.* fahren.
slack² [slæk] *s a.* **~ coal** *tech.* Kohlengrus *m.*
slack·en ['slækən] **I** *v/t* **1.** Muskeln, Seil *etc* lockern, locker machen, entspannen. **2.** lösen, ein Segel lose machen. **3.** verlangsamen, vermindern, her'absetzen: **to ~ one's pace** s-e Schritte verlangsamen; **to ~ one's efforts** in s-n Bemühungen nachlassen. **4.** nachlassen *od.* nachlässig werden in (*dat*). **II** *v/i* **5.** schlaff *od.* locker werden, sich lockern. **6.** nachlassen, (nach)lässig werden. **7.** *fig.* erlahmen. **8.** *econ.* stocken. **9.** langsamer werden.
'**slack·er** *s* Trödler, Bumme'lant *m.*
slack|**jaw** *s* loser Mund, freche Reden *pl.* **~ lime** *s* Löschkalk *m.*
'**slack·ness** *s* **1.** Schlaffheit *f*, Lockerheit *f.* **2.** Flaute *f*, Stille *f* (*des Winds od. fig.*). **3.** *econ.* Flaute *f*, Unlust *f*, (Geschäfts-)Stockung *f*: **~ of business**. **4.** *fig.* Schlaffheit *f*, (Nach)Lässigkeit *f*, Trägheit *f.* **5.** *tech.* Spiel *n*, toter Gang.
slack| **suit** *s Am.* Freizeit-, Hausanzug *m.* **~ wa·ter** *s mar.* Stillwasser *n.* **~ weath·er** *s* ‚müdes' Wetter.
slag [slæg] **I** *s* **1.** *tech.* Schlacke *f*: **~ concrete** Schlackenbeton *m*; **~ furnace, ~ hearth** Schlackenofen *m.* **2.** *geol.* (vul'kanische) Schlacke. **3.** *Br. sl.* Schlampe *f.* **II** *v/t u. v/i* **4.** verschlacken. '**slag·gy** *adj* schlackig.
slain [sleɪn] *pp von* slay¹.
slake [sleɪk] *v/t* **1.** den Durst löschen, stillen. **2.** *e-e* Begierde *etc* stillen, befriedigen. **3.** *tech.* Kalk löschen: **~d lime** Löschkalk *m.* '**slake·less** *adj poet.* unstillbar.
sla·lom ['slɑ:ləm; 'sleɪ-] *s sport* Slalom *m*, (*Skisport a.*) Torlauf *m.*
slam¹ [slæm] **I** *v/t* **1.** *a.* **~ to** *die* Tür, *den* Deckel *etc* zuschlagen, zuknallen: **~ the door in s.o.'s face** j-m die Tür vor der Nase zuschlagen; **to ~ the brakes on** → 8. **2.** *colloq.* etwas auf den Tisch etc knallen: **to ~ s.th. down** etwas hinknallen *od.* -schmettern. **3.** j-n (heftig) schlagen, hauen. **4.** *sport colloq.* j-n ‚überˈfahren' (*hoch schlagen*). **5.** *sl.* j-n *od.* etwas ‚herˈuntermachen', j-n ‚in die Pfanne hauen'. **II** *v/i* **6. a. ~ to** zuschlagen (*Tür, Deckel*). **7.** knallen, krachen (**into** in *acc*, **gegen**). **8. to ~ on the brakes** *mot. colloq.* auf die Bremse steigen. **III** *s* **9.** Knall *m*, Krach *m.* **10.** scharfe Kri'tik, ‚Verriß' *m.* **11.** → slammer. **IV** *interj* **12.** bum(s)!, peng!, zack!
slam² [slæm] *s* Kartenspiel: Schlemm *m*: **grand ~** (*Bridge*) Groß-Schlemm (*Gewinn von 13 Stichen*); **little ~, small ~** (*Bridge*) Klein-Schlemm (*12 von 13 Stichen*).
,**slam**|**'bang** *Am. colloq.* **I** *s* **1.** Ra'dau *m*, Krach *m.* **II** *adj* **2.** krachend, laut. **3.** wuchtig, zackig. **4.** ‚bombig', ‚toll'. ~**'bang** *Am. colloq.* **I** *adj* **1.** krachend. **2.** ‚wild', wie verrückt. **II** *v/i* **3.** Ra'dau machen. **III** *v/t* **4.** verprügeln.
slam·mer ['slæmər] *s Am. sl.* ‚Knast' *m*: **he's sitting in the ~**; **to do time in the ~** Knast schieben.
slan·der ['slɑ:ndə; *Am.* 'slændər] **I** *s* **1.** *jur.* (mündliche) Verleumdung, üble Nachrede. **2.** *allg.* Verleumdung *f*: **~ campaign**. **II** *v/t* **3.** j-n verleumden. **III** *v/i* **4.** Verleumdungen verbreiten. '**slan·der·er** *s* Verleumder(in). '**slan·der·ous** *adj* (*adv* **~ly**) verleumderisch.
slang [slæŋ] **I** *s* **1.** Slang *m*, Jar'gon *m*, Sonder-, Berufssprache *f*: **artistic (racing, schoolboy) ~** Künstler-(Renn-, Schüler)sprache *f*; **thieves' ~** Gaunersprache *f*, Rotwelsch *n.* **2.** Slang *m*, Jar'gon *m*, salopp 'Umgangssprache. **II** *adj* **3.** Jargon..., Slang... **~ expression**. **III** *v/t* **4.** *bes. Br.* j-n wüst beschimpfen: **~ing match** gegenseitige Beschimpfung; **they started a ~ing match** sie fingen an, sich Beschimpfungen an den Kopf zu werfen. '**slang·ism** *s* Slangausdruck *m.* **slan·guage** ['slæŋwɪdʒ] *s colloq.* sa'loppe Ausdrucksweise, (derber) Jar'gon. '**slang·y** *adj* slangartig, Slang..., Jargon...
slank [slæŋk] *obs. pret von* slink.
slant [slɑ:nt; *Am.* slænt] **I** *s* **1.** Schräge *f*, schräge Fläche *od.* Richtung *od.* Linie: **on the ~, on a ~** schräg, schief. **2.** Abhang *m.* **3.** a) Ten'denz *f*, ‚Färbung' *f*, b) Einstellung *f*, Sicht *f*, Gesichtspunkt *m*: **you have a wrong ~ on the problem** du siehst das Problem ganz falsch. **4.** *Am. colloq.* (Seiten)Blick *m*: **to take a ~ at** e-n Seitenblick werfen auf (*acc*). **5.** *mar.* (leichte *od.* kurze) Brise. **II** *adj* (*adv* **~ly**) **6.** schräg, schief. **7.** *fig.* einseitig, beeinflußt. **III** *v/i* **8.** a) schräg *od.* schief liegen, b) sich neigen, kippen. **9.** *fig.* ten'dieren (**towards** zu *etwas hin*). **IV** *v/t* **10.** schräg legen, kippen, (*dat*) e-e schräge Richtung geben. ~**ed** *adj* schräg, schief. **11.** *e-e* Nachricht *etc* ‚färben', ,fri'sieren', *e-e* Ten'denz geben (*dat*). '**~-eye** *s bes. contp.* Schlitzauge *n* (*Asiate etc*). '**~-eyed** *adj* schlitzäugig.
'**slant·ing** *adj* (*adv* **~ly**) schräg, schief, geneigt.
'**slant·ways**, '**slant·wise** *adj u. adv* schräg, schief.
slap [slæp] **I** *s* **1.** Schlag *m*, Klaps *m*: **a ~**

in the face e-e Ohrfeige, ein Schlag ins Gesicht (*a. fig.*): **he got a ~ in the face** es war für ihn ein Schlag ins Gesicht, als; **to give s.o. a ~ on the back** j-m (anerkennend) auf den Rücken klopfen; **to have a (bit of) ~ and tickle** *Br. colloq.* ‚fummeln'. **2.** *fig. colloq.* Versuch *m*: **at a ~** mit ¹einem Schlag; **to have a ~ at** es mit *etwas* versuchen. **3.** *fig.* scharfer Tadel. **II** *v/t* **4.** schlagen, e-n Klaps geben (*dat*): **to ~ s.o. on the back** j-m (anerkennend) auf den Rücken klopfen; **to ~ s.o.'s face** j-n ohrfeigen. **5.** *etwas auf den Tisch etc* knallen, ‚schmeißen': **to ~ down** hinschmeißen; **to ~ s.o. into jail** j-n ins Gefängnis werfen; **to ~ butter on the bread** *colloq.* Butter aufs Brot klatschen; **to ~ on(to)** *colloq.* e-n Zuschlag etc ‚draufhauen' auf (*acc*). **6.** scharf tadeln. **III** *v/i* **7.** schlagen, klatschen (*a.* Regen *etc*). **IV** *adv* **8.** *colloq.* genau, di¹rekt: **I ran ~ into him.** **~-¹bang** *colloq.* **I** *adv* **1.** genau, di¹rekt: **~ in the middle. 2.** Knall u. Fall. **II** *adj* **3.** ‚zackig', ungestüm. **¹~dash I** *adv* **1.** blindlings, Hals über Kopf. **2.** ‚auf die Schnelle', schlampig. **3.** aufs Gerate¹wohl. **II** *adj* **4.** hastig, ungestüm. **5.** schlampig, schlud(e)rig: ~ **work. II** *s* **6.** Schlampe¹rei *f.* **¹~hap-py** *adj colloq.* **1.** → **punch-drunk. 2.** ausgelassen, ¹übermütig. **3.** verrückt. **¹~jack** *s* **1.** *Am.* Pfannkuchen *m.* **2.** *Kartenspiel für Kinder.*
slap·ping [¹slæpɪŋ] *adj Am. colloq.* **1.** schnell. **2.** riesig. **3.** ‚toll', ‚prima'.
¹slap¦shot *s Eishockey*: Schlagschuß *m.* **¹~stick I** *s* **1.** (Narren)Pritsche *f.* **2.** *thea. etc* a) Slapstick *m*, Kla¹mauk *m*, b) ¹Slapsticko‚mödie *f.* **II** *adj* **3.** *thea. etc* Slapstick..., Klamauk...: **~ comedy** → 2 b; ~ humo(u)r → 2 a. **¹~-up** *adj bes. Br. colloq.* ‚toll' (*Essen*), (*Lokal etc a.*) ‚piekfein', ‚todschick'.
slash [slæʃ] **I** *v/t* **1.** (auf)schlitzen, aufreißen. **2.** *ein Kleid etc* schlitzen: **~ed sleeve** Schlitzärmel *m.* **3.** zerhauen, zerfetzen. **4.** a) peitschen, b) *die Peitsche* knallen lassen. **5.** *e-n Ball etc* ‚dreschen'. **6.** reißen, zerren. **7.** *fig.* a) stark *od.* drastisch kürzen, zs.-streichen: **to ~ appropriations**, b) drastisch her¹absetzen: **to ~ prices. 8.** *fig. bes. Am.* Mißstände etc geißeln, scharf kriti¹sieren. **II** *v/i* **9.** hauen (**at** nach): **to ~ at** s.o. losschlagen gegen, attackieren, b) → 8; **to ~ out** um sich hauen (*a. fig.*). **10.** peitschen (*a. fig. Regen, Wind*). **III** *s* **11.** Hieb *m*, Streich *m.* **12.** Schnitt(wunde *f*) *m*, klaffende Wunde. **13.** Schlitz *m* (*a. Kleidermode*). **14.** Holzschlag *m.* **15.** *oft pl Am.* (verstrüpptes) Sumpfgelände. **16.** *fig.* a) drastische Kürzung, b) drastischer Preisnachlaß: **~ price** stark herabgesetzter Preis. **17.** Schrägstrich *m.* **18.** *Br. vulg.* ‚Schiffen' *n* (*Urinieren*): **to have a ~** schiffen; **to go for a ~** schiffen gehen. **¹slash·ing I** *s* **1.** (Auf)Schlitzen *n.* **2.** (Drein)Hauen *n.* **3.** *mil.* Verhau *m.* **II** *adj* **4.** schlitzend, schneidend: ~ **weapon** Hiebwaffe *f.* **5.** *fig.* vernichtend, beißend, scharf: **~ criticism. 6.** *colloq.* a) prächtig, ‚prima', b) gewaltig, ‚Mords...'
slat¹ [slæt] **I** *v/t u. v/i* klatschen, knallen, heftig schlagen. **II** *s* ‚Patsch' *m*, heftiger Schlag.
slat² [slæt] *s* **1.** Leiste *f*, (*a.* Jalou¹sie)Stab *m.* **2.** *pl sl.* a) Rippen *pl*, b) ‚Arschbacken' *pl.*
slate¹ [sleɪt] **I** *s* **1.** *geol.* Schiefer *m.* **2.** (Dach)Schiefer *m*, Schieferplatte *f*: ~ **roof** Schieferdach *n*; **he has a loose ~** *bes. Br. colloq.* ‚er hat e-n leichten Dachschaden'. **3.** Schiefertafel *f* (*zum Schreiben*): **to have a clean ~** *fig.* e-e weiße Weste haben; **to clean the ~** *fig.* reinen Tisch machen; **on the ~** *sl.* ‚auf Pump'; → **wipe** 7. **4.** *Film*: Klappe *f.* **5.** *pol. etc Am.* Kandi¹datenliste *f.* **6.** Schiefergrau *n* (*Farbe*). **II** *v/t* **7.** *das Dach* mit Schiefer decken. **8.** a) *Kandidaten etc* (vorläufig) aufstellen *od.* nomi¹nieren, b) *j-n od. etwas* vorsehen für: **to be ~d for** für e-n Posten etc vorgesehen sein. **9.** *Am.* (zeitlich) fest-, ansetzen: **elections ~d for July. 10.** *tech.* Felle enthaaren. **III** *adj* **11.** schieferartig, -farbig, Schiefer...: ~ **roof** Schieferdach *n.*
slate² [sleɪt] *v/t sl.* **1.** ‚vermöbeln', verprügeln. **2.** *fig. bes. Br.* a) *Theaterstück etc* ‚verreißen', b) *j-m* e-e Standpauke halten.
slate¦blue *s* Schieferblau *n.* **~ clay** *s min.* Schieferton *m.* **~ club** *s Br.* Sparverein *m.* **~ gray,** *bes. Br.* **~ grey** *s* Schiefergrau *n.* **~ pen·cil** *s* Griffel *m.* **~ quar·ry** *s* Schieferbruch *m.*
slat·er [¹sleɪtə(r)] *s* **1.** Schieferdecker *m.* **2.** *zo.* (Keller)Assel *f.*
slath·er [¹slæðə(r)] *bes. Am. colloq.* **I** *v/t* **1.** a) dick schmieren *od.* auftragen (**on** auf *acc*), b) dick beschmieren (**with** mit). **2.** verschwenden. **II** *s* **3.** *meist pl* (*e-e*) große Menge.
slat·ing¹ [¹sleɪtɪŋ] *s arch.* **1.** Schieferdecken *n.* **2.** Schieferbedachung *f.*
slat·ing² [¹sleɪtɪŋ] *s bes. Br. sl.* **1.** ‚Verriß' *m*: **to give s.th. a ~** etwas ‚verreißen'. **2.** Standpauke *f*: **to give s.o. a ~** j-m e-e Standpauke halten.
slat·ted [¹slætɪd] *adj* mit Leisten *od.* Latten (versehen), Latten...
slat·tern [¹slætə:n; *bes. Am.* -tə(r)n] *s* **1.** Schlampe *f.* **2.** *Am.* ‚Nutte' *f*, Hure *f.* **¹slat·tern·li·ness** [-lɪnɪs] *s* Schlampigkeit *f.* **¹slat·tern·ly** *adj u. adv* schlampig, schmudd(e)lig.
slat·y [¹sleɪtɪ] *adj* **1.** schief(e)rig. **2.** schieferfarben.
slaugh·ter [¹slɔːtə(r)] **I** *s* **1.** Schlachten *n.* **2.** *fig.* a) Abschlachten *n*, Niedermetzeln *n*, b) Gemetzel *n*, Blutbad *n*: → **innocent** 6. **3.** *sport colloq.* vernichtende Niederlage. **II** *v/t* **4.** *Vieh* schlachten. **5.** *fig.* abschlachten, niedermetzeln. **6.** *sport colloq.* ‚ausein¹andernehmen'. **7.** *econ. Am.* verschleudern. **¹slaugh·ter·er** *s* Schlächter *m.*
¹slaugh·ter¦house *s* **1.** Schlachthaus *n*, -hof *m.* **2.** Schlachtbank *f.* **¹~man** [-mən] *s irr* Schlachter *m.*
¹slaugh·ter·ous *adj* (*adv* **~ly**) mörderisch, vernichtend.
Slav [slɑːv; *Am. a.* slæv] **I** *s* Slawe *m*, Slawin *f.* **II** *adj* slawisch, Slawen...
slave [sleɪv] **I** *s* **1.** Sklave *m*, Sklavin *f*: **to make a ~ of** zu Sklaven machen. **2.** *fig.* Sklave *m*, Arbeitstier *n*, Kuli *m*: **to work like a ~** → 6. **3.** *fig.* Sklave *m*, Krea¹tur *f*, Knecht *m.* **4.** *fig.* Sklave *m* (**to,** *of* gen): **a ~ to one's passions; a ~ to drink** (television) alkohol-(fernseh)süchtig. **5.** *tech.* a) ¹Nebenaggre‚gat *n*, b) Fernbedienungsgerät *n* (*für Arbeiten mit radioaktivem Material*). **II** *adj* **6.** schuften, wie ein Kuli arbeiten: **to ~ away at** s.th. sich mit etwas abplagen; **to ~ away over a hot stove** ständig am Herd stehen. **¹~born** *adj* als Sklave geboren, unfrei. **~ clock** *s tech.* Nebenuhr *f.* **~ driv·er** *s* **1.** Sklavenaufseher *m.* **2.** *fig.* Sklaventreiber *m*, Leuteschinder *m.* **¹~hold·er** *s* Sklavenhalter *m.* **~ la·bo(u)r** *s* **1.** Sklavenarbeit *f.* **2.** *pol.* Zwangsarbeit *f.* **~ mar·ket** *s* Sklavenmarkt *m.*
slav·er¹ [¹sleɪvə(r)] *s* **1.** Sklavenschiff *n.* **2.** Sklavenhändler *m.*
slav·er² [¹slævə(r); ¹sleɪ-] **I** *v/i* **1.** geifern, sabbern, sabbeln. **2.** *fig.* katzbuckeln (**before** vor *dat*). **3.** *fig.* lechzen (**for, after** nach). **II** *v/t* **4.** *obs.* begeifern, besabbeln, besabbern. **III** *s* **5.** Geifer *m.*
slav·er·er [¹slævərə(r); ¹sleɪ-] *s* Geiferer *m.*
slav·er·y [¹sleɪvərɪ] *s* **1.** Sklave¹rei *f* (*a. fig.*): ~ **to** *fig.* sklavische Abhängigkeit von. **2.** Sklavenarbeit *f, fig.* Placke¹rei *f.*
slave¦ship *s* Sklavenschiff *n.* **S~ States** *s pl hist.* Sklavenstaaten *pl* (*USA*). **~ sta·tion** *s Radio*: Nebenstelle *f*, -sender *m.* **~ trade** *s* Sklavenhandel *m.* **~ trad·er** *s* Sklavenhändler *m.* [barer Geist'.]
slav·ey [¹sleɪvɪ] *s bes. Br. colloq.* ‚dienstJ
Slav·ic [¹slɑːvɪk; ¹slæv-] **I** *adj* slawisch. **II** *s ling.* Slawisch *n*, das Slawische.
slav·ish [¹sleɪvɪʃ] *adj* (*adv* **~ly**) **1.** sklavisch, Sklaven... **2.** *fig.* knechtisch, kriecherisch, unter¹würfig. **3.** *fig.* sklavisch: ~ **imitation.** **¹slav·ish·ness** *s* (*das*) Sklavische, sklavische Gesinnung.
Slav·ism [¹slɑːvɪzəm; *Am. a.* ¹slæv-] *s* Slawentum *n.* **¹Slav·ist** *s* Sla¹wist(in).
Sla·vo·ni·an [slə¹vəʊnjən; -ɪən] **I** *adj* **1.** sla¹wonisch. **2.** slawisch. **II** *s* **3.** Sla¹wone *m*, Sla¹wonin *f.* **4.** Slawe *m*, Slawin *f.* **5.** → **Slavic II. Sla¹von·ic** [-¹vɒnɪk; *Am.* -¹vɑn-] **I** *adj* → **Slavonian I. II** *s* → **Slavic II. Slav·o·phile** [¹slɑːvəʊfaɪl; -fɪl; ¹slævə-], *a.* **¹Slav·o·phil** [-fɪl] **I** *adj* slawo¹phil, slawenfreundlich. **II** *s* Slawo¹phile *m*, Slawenfreund(in).
slaw [slɔː] *s bes. Am.* ¹Krautsa‚lat *m.*
slay¹ [sleɪ] *pret* **slew** [sluː] *pp* **slain** [sleɪn] *oft poet.* **I** *v/t* töten, erschlagen, ermorden. **II** *v/i* morden.
slay² → **sley.**
¹slay·er *s oft poet.* Mörder(in).
sleave [sliːv] **I** *v/t* **1.** *tech. Garn, bes.* Seide fachen. **II** *s* **2.** Faser *f*, Strähne *f.* **3.** *Weberei*: Flockseide *f.*
slea·zy [¹sliːzɪ] *adj* **1.** dünn (*a. fig.*): ~ **cloth**; **a ~ story. 2.** → **shabby**.
sled [sled] → **sledge¹. ¹sled·ding** *s bes. Am.* ¹Schlittenfahren *n*, -trans‚port *m*: **hard (smooth) ~** *fig.* schweres (glattes) Vorankommen.
sledge¹ [sledʒ] **I** *s* **1.** a) Schlitten *m* (*a. tech.*), b) (Rodel)Schlitten *m.* **2.** *Br.* (leichterer) Pferdeschlitten. **II** *v/t* **3.** mit e-m Schlitten befördern *od.* fahren. **III** *v/i* **4.** Schlitten fahren, rodeln.
sledge² [sledʒ] *s tech.* **1.** Vorschlag-, Schmiedehammer *m.* **2.** schweres Treibfäustel. **3.** *Bergbau:* Schlägel *m.*
¹sledge¦ham·mer I *s* → **sledge² II. II** *adj fig.* a) Holzhammer...: ~ **methods,** b) wuchtig, vernichtend: ~ **blow.**
sleek [sliːk] **I** *adj* (*adv* **~ly**) **1.** glatt, glänzend: ~ **hair. 2.** geschmeidig, glatt (*Körper etc*; *a. fig.* Wesen). **3.** *fig. contp.* aalglatt, ölig. **4.** a) gepflegt, ele¹gant, schick: **a ~ young man,** b) schnittig: **a ~ car. II** *v/t* **5.** *a. tech.* glätten. **6.** *Haar* glatt kämmen *od.* bürsten. **7.** *Leder* schlichten. **¹sleek·ness** *s* Glätte *f*, Geschmeidigkeit *f* (*a. fig.*). **¹sleek·y** → **sleek I.**
sleep [sliːp] **I** *v/i pret u. pp* **slept** [slept] **1.** schlafen: **to ~ like a dormouse** (*od.* log *od.* top) schlafen wie ein Murmeltier; **the bed had not been slept in** das Bett war unberührt; **to ~ on** (*od.* **upon** *od.* **over**) **a question** ein Problem überschlafen; **to ~ in** a) verschlafen, b) länger schlafen (→ 2); **to ~ out** im Freien schlafen (→ 2); **to ~ through** *Gewitter etc* verschlafen; **I slept through the alarm clock** ich habe den Wecker nicht gehört. **2.** schlafen, nächtigen, über¹nachten: **to ~ in** (**out**) im Haus (außer Haus) schlafen (*Personal*). **3.** (**with**) schlafen (mit) (*Geschlechtsverkehr haben*): **to ~ together** miteinander schlafen; **to ~ around** *colloq.* mit vielen Männern ins Bett gehen. **4.** *fig.* schlafen, ruhen (*Dorf, Fähigkeiten, Streit, Toter etc*): **their hatred never slept** ihr Haß kam nie zur Ruhe. **5.** stehen (*Kreisel*).

sleeper – slim

II *v/t* **6.** schlafen: to ~ the ~ of the just den Schlaf des Gerechten schlafen. **7.** ~ away, ~ out *Zeit* verschlafen. **8.** ~ off aus-, verschlafen; to ~ off one's headache; to ~ off one's lunch e-n Verdauungsschlaf halten; to ~ it off *colloq.* s-n Rausch ausschlafen. **9.** Schlafgelegenheit bieten *od.* Betten haben für, *j*-n zum Schlafen 'unterbringen: we can ~ 10 people.
III *s* **10.** Schlaf *m*, Ruhe *f (beide a. fig.)*: full of~ schläfrig, verschlafen; in one's ~ im Schlaf; the last *(od.* big, long) ~ *fig.* der ewige Schlaf; to get some ~ ein wenig schlafen; to go to ~ a) *a.* to get to ~ einschlafen, b) schlafen gehen; to have one's ~ out ausschlafen; to lose ~ over s.th. von etwas um den Schlaf gebracht werden; to put to ~ a) einschläfern *(a. betäuben etc)*, b) *euphem.* Tier einschläfern, c) *Boxen:* Gegner ins Reich der Träume schicken; → broken **4. 11.** *zo.* Winterschlaf *m.* **12.** *bot.* Schlafbewegung *f*.
'**sleep·er** *s* **1.** Schläfer(in), Schlafende(r *m*) *f*: to be a light (heavy *od.* sound) ~ e-n leichten (festen) Schlaf haben. **2.** *zo.* (Winter-, Sommer)Schläfer *m.* **3.** *rail.* a) Schlafwagen *m*, b) *Br.* Schwelle *f*. **4.** *mot. Am.* Lastkraftwagen *m* mit Schlafkoje. **5.** *Am.* a) *(bes.* 'Kinder)Pyjama *m*, b) Schlafsack *m (für Babys)*. **6.** *Am. colloq.* über'raschender Erfolg *od.* Gewinner. **7.** *econ. Am. colloq.* Ladenhüter *m*.   [strati,on *f.]*
'**sleep-in** *s* Sleep-'in *n*, Schlafdemon-
sleep·i·ness ['sli:pinis] *s* **1.** Schläfrigkeit *f*. **2.** Verschlafenheit *f (a. fig.)*.
'**sleep·ing** *adj* **1.** schlafend. **2.** Schlaf...: ~ accommodation Schlafgelegenheit *f.* ~ bag Schlafsack *m.* S~ Beau·ty *s* Dorn'rös-chen *n.* ~ car *s rail.* Schlafwagen *m.* ~ draught *s med.* Schlaftrunk *m.* ~ pill → sleeping tablet. ~ po·lice·man *s irr mot. Br.* Rüttelschwelle *f.* ~ sick·ness *s med.* Schlafkrankheit *f.* ~ suit → sleeper 5 a. ~ tab·let *s med. pharm.* 'Schlafta,blette *f*.
sleep learn·ing *s* 'Schlaflernme,thode *f*.
'**sleep·less** *adj (adv ~ly)* **1.** schlaflos. **2.** *fig.* rastlos, ruhelos. **3.** *fig.* wachsam. '**sleep·less·ness** *s* **1.** Schlaflosigkeit *f*. **2.** *fig.* Rast-, Ruhelosigkeit *f*. **3.** *fig.* Wachsamkeit *f*.
'**sleep|·walk** *v/i* schlaf-, nachtwandeln. '~**walk·er** *s* Schlaf-, Nachtwandler(in). '~**walk·ing** *I s* **1.** Schlaf-, Nachtwandeln *n.* **II** *adj* **2.** schlaf-, nachtwandelnd. **3.** schlaf-, nachtwandlerisch. '~**wear** *s* Nachtwäsche *f*.
'**sleep·y** *adj (adv sleepily)* **1.** schläfrig, müde. **2.** schläfrig, verschlafen, schlafmützig, träge. **3.** verschlafen, verträumt: a ~ little village. **4.** einschläfernd: a ~ tune. **5.** teigig, 'überreif: a ~ pear. '~**head** *s fig.* Schlafmütze *f*.
sleet [sli:t] *I s* **1.** Graupel(n *pl*) *f*, Schloße(n *pl*) *f*. **2.** *meteor.* Br. Schneeregen *m*, b) *Am.* Graupelschauer *m*. **3.** *bes. Am.* 'Eis,überzug *m (auf Bäumen etc)*. **II** *v/impers* **4.** graupeln, Graupel... '**sleet·y** *adj* graupelig, Graupel...
sleeve [sli:v] *I s* **1.** Ärmel *m*: to have s.th. up *(od.* in) one's ~ a) etwas bereit *od.* auf Lager in petto haben; → ace 1, **card**¹ 1a, b) etwas im Schilde führen; to laugh in one's ~ sich ins Fäustchen lachen; to roll up one's ~s die Ärmel hoch- *od.* aufkrempeln *(a. fig.)*. **2.** *tech.* Muffe *f*, Hülse *f*, Buchse *f*, Man'schette *f*: ~ joint Muffenverbindung *f*. **3.** *(Schutz-)* Hülle *f*. **II** *v/t* **4.** mit Ärmeln, Muffen *etc* versehen. **sleeved** *adj* **1.** mit Ärmeln. **2.** *(in Zssgn)* ...ärmelig: **long-~.** '**sleeve-less** *adj* ärmellos.
sleeve| link *s* Man'schettenknopf *m.* ~

tar·get *s mil.* Schleppsack *m (Übungsziel)*. ~ **valve** *s tech.* 'Muffenven,til *n*.
sleigh [sleɪ] *I s* **1.** (Pferde- *od.* Last-) Schlitten *m.* **2.** *mil.* 'Schlittenla,fette *f*. **II** *v/i* **3.** (im) Schlitten fahren. ~ **bell** *s* Schlittenschelle *f*.
sleight [slaɪt] *s* **1.** Geschicklichkeit *f*. **2.** Kunstgriff *m*, Trick *m*, List *f*. ~ **of hand** *s* **1.** (Taschenspieler)Kunststück *n*, (-)Trick *m (a. fig.)*. **2.** (Finger)Fertigkeit *f*.
slen·der ['slendə(r)] *adj (adv ~ly)* **1.** schlank: a ~ girl. **2.** schmal, dünn, schmächtig: a ~ boy (figure, tree). **3.** *fig.* schmal, dürftig: a ~ income. **4.** *fig.* gering, schwach: a ~ hope. **5.** mager, karg: ~ diet. '**slen·der·ize** [-raɪz] *v/t u. v/i bes. Am.* schlank(er) machen (werden). '**slen·der·ness** *s* **1.** Schlankheit *f*. **2.** Schmalheit *f*, Schmächtigkeit *f*. **3.** *fig.* Dürftigkeit *f*. **4.** Kargheit *f (des Essens)*.
slept [slept] *pret u. pp von* sleep.
sleuth [slu:θ] *I s a.* ~**hound** Spürhund *m (a. fig. Detektiv).* **II** *v/i* (her'um)schnüffeln *(Detektiv).* **III** *v/i j-s* Spur verfolgen.
slew¹ [slu:] *pret von* slay¹.
slew² [slu:] *s Am. od. Canad.* Sumpf(land *n*, -stelle *f*) *m*.
slew³ [slu:] → slue¹.
slew⁴ [slu:] *s Am. colloq. (große)* Menge, Haufe(n) *m*: a ~ of people.
sley [sleɪ] *s tech.* Weberkamm *m*.
slice [slaɪs] *I s* **1.** Scheibe *f*, Schnitte *f*, Stück *n*: a ~ of bread. **2.** *fig.* Stück *n (Land etc)*, (An)Teil *m*: a ~ of the profits ein Anteil am Gewinn; a ~ of luck e-e Portion Glück. **3.** *fig.* Aus-, Querschnitt *m.* **4.** *(bes.* Fisch)Heber *m*, Schaufel *f*. **5.** *tech.* Spachtel *m, f*, Spatel *m, f*, (Golf, Tennis: Slice *m (Schlag u. Ball).* **II** *v/t* **7.** a. ~ up in Scheiben schneiden, aufschneiden: to ~ off *ein Stück* abschneiden (from von). **8.** *(fig. a.* die Luft, die Wellen) durch'schneiden. **9.** *fig.* aufteilen. **10.** *bes. tech.* spachteln. **11.** *Golf, Tennis:* den Ball slicen. **III** *v/i* **12.** Scheiben, Stücke *etc* schneiden. **13.** *Golf, Tennis:* slicen, e-n Slice schlagen *od.* spielen. ~ **bar** *s* Schüreisen *n*.
slic·er ['slaɪsə(r)] *s (Brot-, Gemüse- etc)* 'Schneidema,schine *f*, *(Gurken-, Krautetc)* Hobel *m*.
slick [slɪk] *I adj (adv ~ly)* **1.** glatt, glitschig. **2.** *bes. Am.* Hochglanz..., glänzend: ~ **paper** → 13. **3.** *colloq.* a) geschickt, raffi'niert *(Person u. Sache)*, gekonnt, 'schick' *(Sache)*, b) *(aal)* glatt *(Person)*, c) flott, 'prima': a ~ **play**. **4.** *sl.* 'schick', 'süß': a ~ **girl**. **II** *adv* **5.** geschickt. **6.** flugs, 'wie geschmiert'. **7.** *colloq.* di'rekt, genau: ~ **in the eye**. **III** *v/t* **8.** *das Haar* glätten, 'anklatschen'. **9.** glätten. **10.** *a.* ~ **up** *colloq.* ,auf Hochglanz bringen'. **IV** *s* **11.** glatte *od.* glänzende (Ober)Fläche. **12.** Ölfleck *m*, Ölfläche *f (auf dem Wasser).* **13.** *Am. colloq.* 'Hochglanzma,gazin *n.* **14.** *Am.* Automobilrennsport: Slick *m (Trockenreifen).* **15.** → slicker 2a.
slick·er ['slɪkər] *s Am.* **1.** Regenmantel *m*. **2.** *colloq.* a) Schwindler(in), raffi'nierter Kerl, b) ,feiner Großstadtpinkel'.
slid [slɪd] *pret u. pp von* slide.
slid·a·ble ['slaɪdəbl] *adj* verschiebbar.
slid·den ['slɪdn] *obs. pp von* slide.
slide [slaɪd] *I v/i pret* **slid** [slɪd] *pp* **slid**, *obs.* **slid·den** ['slɪdn] **1.** gleiten *(a. Riegel etc)*, rutschen: to ~ **down** a) herunter- *od.* hinunterrutschen, -gleiten, b) *sport (in der Tabelle)* abrutschen; to ~ **from** entgleiten *(dat)*; to ~ **out** heraus- *od.* hinausgleiten, -rutschen; to let things ~ *fig.* die Dinge laufen lassen. **2.** (aus)gleiten, (-)rutschen. **3.** *(auf Eis)* schlittern. **4.** gleiten, schlüpfen: to ~ **into the room**.

5. ~ **over** *fig.* leicht über *ein Thema etc* hin'weggehen. **6.** ~ **into** *fig.* in etwas ,hin'einschlittern'.
II *v/t* **7.** gleiten lassen, schieben: to ~ one's hand into one's pocket. **8.** ~ **in** *fig.* ein Wort einfließen lassen. **9.** *mus.* hin'überziehen.
III *s* **10.** Rutschen *n*, Gleiten *n*. **11.** Schlittern *n (auf Eis)*. **12.** a) Schlitterbahn *f*, b) Rodelbahn *f*, c) *(a.* Wasser-) Rutschbahn *f*. **13.** Erd-, Fels-, Schneerutsch *m.* **14.** *bes. tech.* Rutsche *f*, Gleitfläche *f*. **15.** *tech.* a) Schieber *m*, b) Schlitten *m (e-r Drehbank etc)*, c) Führung *f*, d) → sideway. **16.** Ob'jektträger *m (am Mikroskop).* **17.** Schieber *m (e-s Rechenschiebers).* **18.** *phot.* Dia(posi'tiv) *n*: ~ **lecture** Lichtbildervortrag *m*; ~ **projector** Diaprojektor *m.* **19.** *mil.* Vi'sierschieber *m.* **20.** *mus.* a) Schleifer *m (Verzierung)*, b) Hin'überziehen *n (zwischen Tönen)*, c) Zug *m (der Posaune etc).* **21.** *(bes.* Haar- *od.* Gürtel)Spange *f*.
slid·a·ble → slidable.
slide|bar *s tech.* Gleitschiene *f.* ~ **cal·i·per** *s tech.* Schieb-, Schublehre *f.* ~ **con·trol** *s tech.* Gleit-, Schieberregler *m.* ~ **fas·ten·er** *s bes. Am.* Reißverschluß *m.* **slid·er** ['slaɪdə(r)] *s* **1.** *tech.* Schieber *m*, Gleitstück *n*. **2.** *electr.* Schleifer *m*.
slide| rest *s tech.* Sup'port *m.* ~ **rod** *s tech.* Führungsstange *f.* ~ **rule** *s tech.* Rechenschieber *m*, -stab *m.* ~ **trom·bone** *s mus.* 'Zugpo,saune *f.* ~ **valve** *s tech.* 'Schieber(ven,til *n*) *m.* '~**way** *s tech.* **1.** Gleit-, Schiebebahn *f.* **2.** Geradführungsstück *n.* ~ **wire** *s electr.* Schleifdraht *m*.
slid·ing ['slaɪdɪŋ] *adj (adv ~ly)* **1.** rutschend, gleitend. **2.** Schiebe...: ~ **door**; ~ **weight** Laufgewicht *n (e-r Waage).* ~ **bear·ing** *s tech.* Gleitlager *n.* ~ **bow** [bəʊ] *s electr.* Schleifbügel *m.* ~ **cal·i·per** → slide caliper. ~ **fit** *s tech.* Gleitsitz *m.* ~ **gear** *s tech.* Schieberad *n*, Schub(rad)getriebe *n.* ~ **mi·cro·tome** *s biol. med.* 'Schlittenmikro,tom *n.* ~ **roof** *s mot. etc* Schiebedach *n.* ~ **rule** → slide rule. ~ **scale** *s econ.* **1.** gleitende (Lohn- *od.* Preis)Skala. **2.** Staffelta,rif *m.* '~**scale tar·iff** *s econ.* Gleitzoll *m.* ~ **seat** *s Rudern:* Gleit-, Rollsitz *m.* ~ **ta·ble** *s* **1.** Ausziehtisch *m.* **2.** *tech.* Tischschlitten *m.* ~ **time** *s econ. Am.* Gleitzeit *f*.
sli·er ['slaɪə(r)] *comp von* sly.
sli·est ['slaɪɪst] *sup von* sly.
slight [slaɪt] *I adj (adv → slightly)* **1.** leicht, gering(fügig): the ~est hesitation ein kaum merkliches Zögern; the ~est irritation ein Anflug von Ärger; not the ~est nicht im geringsten. **2.** schmächtig, dünn. **3.** schwach *(Gerüst etc).* **4.** leicht, schwach *(Geruch etc).* **5.** gering *(Intelligenz etc).* **6.** flüchtig, oberflächlich *(Bekanntschaft).* **II** *v/t* **7.** *j*-n beleidigen, kränken. **8.** *etwas* ,auf die leichte Schulter nehmen'. **9.** *e-e Arbeit etc* (nach)lässig erledigen. **III** *s* **10.** Beleidigung *f*, Kränkung *f*. '**slight·ing** *adj (adv ~ly)* **1.** beleidigend, kränkend. **2.** abschätzig. '**slight·ly** *adv* leicht, schwach, etwas, ein bißchen: to know s.o. only ~ *j*-n nur flüchtig *od.* oberflächlich kennen. '**slight·ness** *s* **1.** Geringfügigkeit *f*. **2.** Schmächtigkeit *f*. **3.** Schwäche *f*.
sli·ly → slyly.
slim [slɪm] *I adj (adv ~ly)* **1.** schlank, dünn. **2.** *fig.* gering, dürftig, schwach: a ~ **chance**. **3.** schlau, ,gerieben'. **II** *v/t* **4.** schlank(er) machen: to ~ **down** *econ.* gesundschrumpfen. **III** *v/i* **5.** schlank(er) werden: to ~ **down** *econ.* sich gesundschrumpfen. **6.** e-e Schlankheits-

kur machen. '∼**down** *s econ.* Gesundschrumpfung *f*, ‚Schlankheitskur' *f.*
slime [slaɪm] **I** *s* **1.** Schlamm *m.* **2.** *bes. bot. zo.* Schleim *m.* **3.** *fig.* Schmutz *m.* **II** *v/t* **4.** mit Schlamm *od.* Schleim überˈziehen *od.* bedecken.
slim·i·ness [ˈslaɪmɪnɪs] *s* **1.** *bes. bot. zo.* Schleimigkeit *f*, (*das*) Schleimige. **2.** Schlammigkeit *f.*
ˈ**slim·line** *v/t u. v/i econ.* (sich) gesundschrumpfen.
slim·ming [ˈslɪmɪŋ] **I** *s* **1.** Schlankwerden *n*, Abnehmen *n.* **2.** Schlankheitskur *f.* **II** *adj* **3.** Schlankheits...: ∼ **cure**; ∼ **diet**.
slim·nas·tics [slɪmˈnæstɪks] *s pl* ˈSchlankheitsgymˌnastik *f.*
slim·ness *s* **1.** Schlankheit *f.* **2.** *fig.* Dürftigkeit *f.* ˈ**slim·sy** [-zɪ], *a.* ˈ**slimp·sy** [-psɪ] *adj Am. colloq.* dünn, schwach.
slim·y [ˈslaɪmɪ] *adj* (*adv* slimily) **1.** *bes. bot. zo.* schleimig. **2.** glitschig. **3.** schlammig. **4.** ekelhaft. **5.** *bes. Br. fig.* a) schmierig, schmutzig, b) kriecherisch, ‚schleiˌmig'.
sling¹ [slɪŋ] **I** *s* **1.** (Stein)Schleuder *f.* **2.** → **slingshot** 2. **3.** (Schleuder)Wurf *m.* **II** *v/t pret u. pp* **slung** [slʌŋ] **4.** schleudern: to ∼ **ink** *colloq.* schriftstellern; → **mud** 2.
sling² [slɪŋ] **I** *s* **1.** Schlinge *f* (*zum Heben von Lasten*). **2.** *med.* (Arm)Schlinge *f*, Binde *f.* **3.** Trag-, *a.* Gewehrriemen *m*, Gurt *m.* **4.** *meist pl mar.* Stropp *m*, Tauschlinge *f.* **II** *v/t pret u. pp* **slung** [slʌŋ] **5.** e-e Schlinge legen um (*e-e Last*). **6.** (an e-r Schlinge) aufhängen: **to be slung from** hängen *od.* baumeln von. **7.** *e-e Last* hochziehen: → **hook** 3. **8.** *das Gewehr etc* ˈumhängen: ∼ **arms**! *mil.* Gewehr umhängen! **9.** *med.* den Arm in die Schlinge legen.
sling³ [slɪŋ] *s* (*Art*) Punsch *m.*
ˈ**sling·shot** *s Am.* (Stein)Schleuder *f*, Kataˈpult *m, a. m.*
slink [slɪŋk] **I** *v/i pret* **slunk** [slʌŋk], *obs.* **slank** [slæŋk] *pp* **slunk 1.** schleichen, sich stehlen: **to** ∼ **off** wegschleichen, sich fortstehlen. **2.** fehlgebären, *bes.* verkalben (*Kuh*). **II** *v/t* **3.** *Junges* vor der Zeit werfen. **II** *s* **4.** *vet.* Fehl-, Frühgeburt *f* (*bes. Kalb.*) ˈ**slink·y** *adj colloq.* **1.** mit aufreizendem Gang (*Frau*). **2.** geschmeidig (*Körper*). **3.** enganliegend, hauteng (*Kleid etc*).
slip¹ [slɪp] **I** *s* **1.** (Aus)Gleiten *n*, (-)Rutschen *n.* **2.** Fehltritt *m* (*a. fig.*). **3.** ˈMißgeschick *m*, ‚Panne': **there is many a** ∼ ˈ**twixt (the) cup and (the) lip** zwischen Lipp' und Kelches Rand schwebt der dunklen Mächte Hand. **4.** (Flüchtigkeits)Fehler *m*, ˈSchnitzer *m*, Lapsus *m*: ∼ **of the pen** Schreibfehler; ∼ **of the tongue** ‚Versprecher' *m*; **it was a** ∼ **of the tongue** ich habe mich (er hat sich *etc*) versprochen. **5.** Fehler *m*, Fehlleistung *f*, ‚Panne' *f.* **6.** ˈUnterkleid *n*, -rock *m*: → **show** 32. **7.** (Kissen)Bezug *m.* **8.** *hunt.* Koppel *f*, (Hunde)Leine *f*: **to give s.o. the** ∼ *fig.* j-m entwischen. **9.** *mar.* a) (Schlipp)Helling *f* (*für den Stapellauf*), b) *Am.* Schlippe *f* (*Gang in e-m Dock*). **10.** *tech.* Schlupf *m* (*Nacheilen der Drehzahl*). **11.** *tech.* Nachbleiben der Fördermenge bei Pumpen. **12.** *Kricket*: a) Eckmann *m*, b) Stellung zur Linken hinter dem Dreistab. **13.** *geol.* kleine Verwerfung, Erdrutsch *m.* **14.** *aer.* Slip *m* (*Seitwärtsbewegung des Flugzeugs, um Höhe zu verlieren*).
II *v/i* **15.** gleiten, rutschen: **to** ∼ **from der Hand** ein entgleiten, *fig.* j-m aus s.o.'s **mind** j-m entfallen; **it** ∼**ped from my lips** es ist mir ‚herausgerutscht'; **to let** ∼ sich ‚verplappern', *etwas* verraten; **to let an opportunity** ∼ (**through one's**

fingers) sich e-e Gelegenheit entgehen lassen; **to** ∼ **into bad language** in Obszönitäten abgleiten; **the money** ∼**ped through her fingers** das Geld zerrann ihr unter den Händen. **16.** ausgleiten, -rutschen. **17.** sich (hoch- *etc*)schieben, (ver)rutschen. **18.** sich lösen (*Knoten*). **19.** (hinˈein)schlüpfen: **to** ∼ **into a dress** (**room**, *etc*); **to** ∼ **through** schlüpfen durch (*a. fig.*). **20.** (**on** bei) (e-n) Fehler machen, sich ‚vertun'. **21.** *colloq.* nachlassen (*Kräfte etc*), nachgeben (*Preise etc*): **he is** ∼**ping** er läßt nach.
III *v/t* **22.** gleiten lassen, (*bes.* heimlich) stecken *od.* tun: **he** ∼**ped the letter into his pocket**; → **s.o. s.th.** j-m etwas zustecken; → **slip in** II. **23.** → **slip off** II, **slip on**. **24.** *ein Hundehalsband, a. e-e Fessel etc* abstreifen: → **collar** 2. **25.** *e-n Hund etc* loslassen. **26.** *etwas* loslassen. **27.** j-m entwischen, -kommen. **28.** *j-s Aufmerksamkeit* entgehen: **to have** ∼**ped s.o.'s memory** (*od.* **mind**) j-m entfallen sein. **29.** *e-n Knoten* lösen. **30.** → **slink** 3. **31.** *med.* auskugeln, verrenken: **to** ∼ **one's shoulder**; ∼**ped disc** Bandscheibenvorfall *m.*

Verbindungen mit Adverbien:
slip| aˈway 1. wegschleichen, sich fortstehlen. **2.** verstreichen (*Zeit*). ∼ **by** → **slip away 2.** ∼ **down** *v/i* rutschen (*Speise, Getränk*). ∼ **in I** *v/i* **1.** sich einschleichen (*a. fig. Fehler*), hinˈeinschlüpfen. **II** *v/t* **2.** hinˈeingleiten lassen. **3.** *fig. e-e Bemerkung* einfließen lassen. ∼ **off I** *v/i* → **slip away 1.** **II** *v/t ein Ring, ein Kleid etc* abstreifen. ∼ **on** *v/t e-n Ring, ein Kleid etc* überstreifen, *tech.* aufstecken. ∼ **out I** *v/i* hinˈausschlüpfen. **II** *v/t* herˈausziehen. ∼ **through** *v/i* durchˈschlüpfen (*a. fig.*). ∼ **up** *v/i colloq.* → **slip¹** 20.
slip² [slɪp] *s* (*ohne pl u. art*) geschlemmte Tonmasse.
slip³ [slɪp] *s* **1.** Pfropfreis *n*, Ableger *m*, Setzling *m.* **2.** *fig.* Sprößling *m.* **3.** Streifen *m*, Stück *n* (*Holz, Papier etc*), Zettel *m*: **a** ∼ **of a boy** *fig.* ein schmächtiges Bürschchen; **a** ∼ **of a room** *fig.* ein winziges Zimmer. **4.** (Konˈtroll)Abschnitt *m*: **bank** ∼ *econ.* Giroabschnitt. **5.** *print.* Fahne *f.*
ˈ**slip·case** *s* **1.** (ˈBücher)Kasˌsette *f*, Schuber *m.* **2.** → **slipcover**. '∼**cov·er** *s Am.* **1.** Schonbezug *m* (*für Möbel*). **2.** Schutzhülle *f* (*für Bücher*). ∼ **joint** *s tech.* Gleitfuge *f*, -verbindung *f.* '∼**knot** *s* Laufknoten *m.* '∼**on I** *s* **1.** Kleidungsstück *n* zum ˈÜberstreifen, *bes.* a) Slipon *m* (*Mantel*), b) Pullˈover *m.* **2.** Slipper *m.* **II** *adj* **3.** *a.* Umhänge..., Überzieh..., b) *tech.* Aufsteck...: ∼ **cap** (**lens**, *etc*). '∼**oˈver** *s* **1.** ˈÜberzug *m.* **2.** Pullˈover *m.*
slip·page [ˈslɪpɪdʒ] *s tech.* **1.** Schlupf *m*, Schlüpfung *f.* **2.** Schlüpfungsverlust *m.*
slip·per [ˈslɪpə(r)] **I** *s* **1.** a) Panˈtoffel *m*, b) Slipper *m* (*leichter Haus- od. Straßenschuh*). **2.** *tech.* Hemmschuh *m.* **II** *v/t* **3.** *colloq.* j-n mit dem Panˈtoffel schlagen.
slip·per·i·ness [ˈslɪpərɪnɪs] *s* **1.** Schlüpfrigkeit *f.* **2.** *fig.* Gerissenheit *f.*
slip·per·y [ˈslɪpərɪ] *adj* (*adv* slipperily) **1.** schlüpfrig, glatt, glitschig: **a** ∼ **road** (**rope**, *etc*); ∼ **carriageway**! Vorsicht, Schleudergefahr!; **to be on** ∼ **ground** *fig.* sich auf unsicherem Boden bewegen; **he is on a** (*od.* **the**) ∼ **slope** *fig.* er hat e-n gefährlichen Weg eingeschlagen. **2.** ‚aalˌgerissen: **a** ∼ **fellow**; ∼ **eel 1. 3.** zweifelhaft, unsicher: **a** ∼ **position**. **4.** heikel: **a** ∼ **subject**. **5.** verschwommen: ∼ **style**.
slip·py [ˈslɪpɪ] *adj colloq.* **1.** schlüpfrig, glatt, glitschig. **2.** *bes. Br.* fix, flink: **look** ∼! mach fix!
slip| ring *s electr.* Schleif-, Kolˈlektorring *m.* ∼ **road** *s Br.* (Autobahn)Zubrin-

ger *m.* '∼**shod** *adj fig.* schlampig, schlud(e)rig. '∼**slop I** *s colloq.* Gelabber *n* (*Getränk*; *a. fig. leeres Gerede*). **II** *adj* ˌlabb(e)rig' (*a. fig.*). '∼**sole** *s* Einlegesohle *f* (*für Schuhe*). '∼**stick** *s tech. Am.* Rechenschieber *m*, -stab *m.* '∼**stream I** *s* **1.** *aer.* Luftschraubenstrahl *m.* **2.** *sport* Windschatten *m.* **II** *v/i* **3.** *sport* im Windschatten fahren. '∼**up** *s colloq.* → **slip¹** 4 *u.* 5. '∼**way** *s mar.* Helling *f.*
slit [slɪt] **I** *v/t pret u. pp* **slit 1.** aufschlitzen, -schneiden. **2.** zerschlitzen. **3.** in Streifen schneiden. **4.** spalten. **5.** ritzen. **II** *v/i* **6.** e-n Riß bekommen, reißen. **III** *s* **7.** Schlitz *m.* '∼**eyed** *adj fig.* schlitzäugig.
slith·er [ˈslɪðə(r)] **I** *v/i* **1.** gleiten, rutschen, schlittern. **2.** (schlangenartig) gleiten (*gehen*). **II** *s* **3.** Gleiten *n*, Rutschen *n*, Schlittern *n.* ˈ**slith·er·y** *adj* rutschig.
slit| skirt *s* geschlitzter (Damen)Rock. ∼ **trench** *s mil.* Splittergraben *m.*
sliv·er [ˈslɪvə(r)] **I** *s* **1.** Splitter *m*, Span *m.* **2.** Stück(chen) *n.* **3.** *Spinnerei*: a) Kammzug *m*, b) Florband *n.* **II** *v/t* **4.** e-n Span abspalten, zersplittern. **5.** *Spinnerei*: *Wolle etc* teilen. **III** *v/i* **6.** zersplittern.
sliv·o·vitz [ˈslɪvəvɪts; ˈsliːvə-] *s* Sliwowitz *m*, Sliwowitz *m.*
slob [slɒb; *Am.* slɑb] *s* **1.** *bes. Ir.* Schlamm *m*, Moˈrast *m.* **2.** *sl.* a) ‚Bauer' *m*, b) ˌTrottel' *m*, c) ordiˈnärer Kerl, d) ‚Fiesling' *m.*
slob·ber [ˈslɒbə; *Am.* ˈslɑbər] **I** *v/i* **1.** geifern, sabbeln, sabbern. **2.** ∼ **over** *fig.* kindisch schwärmen von; **he** ∼**ed** ‚s-e Lippen sprühten'. **3.** schlampen (*bei der Arbeit*). **II** *v/t* **4.** begeifern, besabbeln, besabbern. **5.** ‚abschlecken', abküssen. **III** *s* **6.** Geifer *m.* **7.** sentimenˈtales Geˈwäsch. ˈ**slob·ber·y** *adj* **1.** geifernd, sabbelnd, sabbernd. **2.** begeifert, besabbelt, besabbert. **3.** *fig.* gefühlsduselig. **4.** schlampig.
sloe [sləʊ] *s bot.* **1.** Schlehe *f.* **2.** *a.* ∼**bush**, ∼**tree** Schleh-, Schwarzdorn *m.* **3.** *einige Arten amer. wilder Pflaumen.* ˌ∼ˈ**eyed** *adj* dunkeläugig. ∼ **gin** *s* ˈSchlehenliˌkör *m.* '∼**worm** *Br. für* slowworm.
slog [slɒg; *Am.* slɑg] *colloq.* **I** *v/t* **1.** j-m e-n harten Schlag versetzen, *Ball* dreschen. **2.** verprügeln. **II** *v/i* **3.** ∼ **away**, ∼ **on** a) sich daˈhinschleppen, (mühsam) stapfen, b) *fig.* sich ˌdurchbeißen'. **4.** *a.* ∼ **away** sich (ab)plagen (**at s.th.** mit etwas), schuften. **III** *s* **5.** harter Schlag. **6.** *a.* **long** ∼ *fig.* (endlose) Schindeˈrei.
slo·gan [ˈsləʊgən] *s* **1.** *Scot.* Schlachtruf *m.* **2.** Slogan *m*: a) Schlagwort *n*, b) Werbespruch *m.* ˌ**slo·ganˈeer** [-ˈnɪə(r)] *bes. Am.* **I** *s* **1.** Erfinder *m od.* eifriger Verwender von Schlagwörtern. **2.** Werbetexter *m.* **II** *v/i* **3.** Werbesprüche texten. ˈ**slo·gan·ize** *v/t* **1.** in Schlagwortform bringen. **2.** (werbe)wirksam ausdrücken.
slog·ger [ˈslɒgə; *Am.* ˈslɑgər] *s colloq.* **1.** *sport* harter Schläger. **2.** *fig.* ‚Arbeitstier' *n.*
sloid, slojd → sloyd.
sloop [sluːp] *s mar.* Schaˈluppe *f.* ∼ **of war** *s mar. hist. Br.* Kaˈnonenboot *n.*
slop¹ [slɒp; *Am.* slɑp] **I** *s* **1.** (Schlamm-)Pfütze *f.* **2.** *meist pl* ‚Gelabber' *n*, ‚Spülwasser' *n.* **3.** *meist pl* a) Spülicht *n*, b) Schmutzwasser *n*, c) Exkreˈmente *pl.* **4.** Schweinetrank *m.* **5.** Krankensüppchen *n.* **6.** Matsch *m.* **7.** *colloq.* rührseliges Zeug. **II** *v/t* **8.** verschütten. **9.** bespritzen. **10.** (ˈhin)klatschen. **11.** *a.* ∼ **up** geräuschvoll essen *od.* trinken. **III** *v/i* **12.** *oft* ∼ **over**, ∼ **out** Wasser verschütten. **13.** ∼ **over** (**the edge**) ˈüberschwappen. **14.** (ˈhin)klatschen. **15.** ∼ **over** *colloq.*

slop – slum

¹überschwenglich schwärmen. **16.** (durch Schlamm) patschen, waten. **17.** *a.* ~ **about** (*od.* **around**) *colloq.* ‚her'umhängen' (*Person*).
slop² [slɒp; *Am.* slɑp] *s* **1.** Kittel *m*, lose Jacke. **2.** *pl* billige Konfekti'onskleidung. **3.** *pl dial.* Pluderhose(n *pl*) *f.* **4.** *mar.* Kleidung *f u.* Bettzeug *n*, ‚Kla'motten' *pl.* **5.** *pl hist.* weite Hose.
slop|ba·sin, ~ bowl *s Br. Schale, in die bei Tisch Tee- u. Kaffeereste gegossen werden.*
slope [sləʊp] **I** *s* **1.** (Ab)Hang *m.* **2.** Böschung *f.* **3.** a) Neigung *f*, Gefälle *n*, b) Schräge *f*, geneigte Ebene: **at the ~** *mil.* mit Gewehr über; **on the ~** schräg, abfallend. **4.** *geol.* Senke *f.* **5.** *math.* 'Richtungskoeffizi,ent *m.* **6.** *Bergbau:* schräger Stollen. **7.** *Rezessi'on f.* **II** *v/i* **8.** sich neigen, (schräg) abfallen. **9.** *colloq.* a) *a.* **~ off** ‚abhauen', b) *a.* **~ about** (*od.* **around**) her'umschlendern. **III** *v/t* **10.** neigen, senken. **11.** abschrägen (*a. tech.*). **12.** (ab)böschen. **13.** *mil.* das Gewehr 'übernehmen: → **arm²** *Bes. Redew.*
'slop·ing *adj* schräg, abfallend, ansteigend.
slop pail *s* Toi'letteneimer *m.*
slop·pi·ness ['slɒpɪnɪs; *Am.* 'slɑp-] *s* **1.** Matschigkeit *f.* **2.** *colloq.* Schlampigkeit *f.* **3.** *colloq.* Rührseligkeit *f.*
slop·py ['slɒpɪ; *Am.* 'slɑpi:] *adj* (*adv* **sloppily**) **1.** matschig: **~ ground.** **2.** naß, bespritzt: **~ table.** **3.** ‚labb(e)rig': **~ food.** **4.** *colloq.* rührselig, sentimen'tal. **5.** *colloq.* nachlässig, sa'lopp (*a. Sprache*), schlud(e)rig, schlampig.
'slop|·shop *s* Laden *m* mit billiger Konfekti'onsware. **'~·work** *s* **1.** a) 'Herstellung *f* von billiger Konfekti'onsware, b) billige Konfekti'onskleidung. **2.** schlampige Arbeit.
slosh [slɒʃ; *Am. a.* slɑʃ] **I** *s* **1.** → **slush** 1 *u.* 2. **2.** Schuß *m* (*e-r Flüssigkeit*). **3.** *colloq.* (harter) Schlag. **II** *v/i* **4.** *a.* **~ about** (*od.* **around**) im (Schmutz)Wasser her'umpatschen. **5.** schwappen (**over** über *acc*). **III** *v/t* **6.** *j-n, etwas* bespritzen: **to ~ about** (*od.* **around**) *Flüssigkeit* verspritzen. **7.** ~ **on** *colloq. Farbe etc* a) draufklatschen, b) klatschen auf (*acc*). **8.** *Br. colloq.* *j-m* e-n harten Schlag versetzen. **9.** *a.* **~ down** *Am. colloq. Bier etc* hin'unterschütten. **sloshed** [-ʃt] *adj Br. sl.* ‚besoffen'.
slot¹ [slɒt; *Am.* slɑt] **I** *s* **1.** Schlitz *m*, Einwurf *m* (*e-s Automaten etc*), Spalt *m*, Spalte *f.* **2.** *tech.* Nut *f*, Kerbe *f*: **~ and key** Nut u. Feder. **3.** *Am.* enger Raum. **4.** *colloq.* a) (freie) Stelle (in in *e-r Organisation etc*), b) (freier) Platz (**on** in *e-r Mannschaft*), c) *a.* **~ time** (*Rundfunk, TV*) (feste) Sendezeit: **to find a ~ for** *j-n* unterbringen (*in e-r Firma etc*); *j-n, etwas* unterbringen *od.* einbauen (*in e-m Programm etc*). **II** *v/t* **5.** *tech.* schlitzen, nuten. **6.** **~ into** *colloq.* a) *j-n* 'unterbringen in (*dat*), b) *j-n, etwas* 'unterbringen *od.* einbauen in (*dat*). **III** *v/i* **7.** **~ into** *colloq. a. fig.* hin'einpassen in (*acc*), sich einfügen in (*acc*): **this part ~s into that part; the song will ~ into the pro- gram(me) here** das Lied paßt an dieser Stelle am besten.
slot² [slɒt; *Am.* slɑt] *s bes. hunt.* Spur *f.*
slot³ [slɒt] *s Br.* **1.** (Tür)Riegel *m.* **2.** (Me'tall)Stange *f.* **3.** Latte *f.*
slot car *s Am. elektrisch betriebenes Modellrennauto.*
sloth [sləʊθ; *Am. a.* slɔːθ] *s* **1.** Faulheit *f.* **2.** *zo.* Faultier *n.* **'sloth·ful** *adj* (*adv* **~ly**) faul, träge. **'sloth·ful·ness** → **sloth** 1.
slot ma·chine *s* ('Waren-, 'Spiel)Auto,mat *m.*

slot·ted screw ['slɒtɪd; *Am.* 'slɑt-] *s tech.* Schlitzschraube *f.*
'slot·ting ma·chine *s tech.* 'Senkrechtstoßma,schine *f.*
slouch [slaʊtʃ] **I** *s* **1.** krumme, nachlässige Haltung. **2.** latschiger Gang. **3.** *fig.* Laxheit *f.* **4.** a) her'abhängende Hutkrempe, b) Schlapphut *m.* **5.** *bes. Am. colloq.* Nichtstuer *m*, b) ‚Niete' *f*, ‚Flasche' *f*: **he is no ~** (**at**) ‚er ist auf Draht' (*in dat*); **the show is no ~** ‚das Stück ist nicht ohne'. **II** *v/i* **6.** krumm dastehen *od.* dasitzen, sich lümmeln. **7.** *a.* **~ along** latschig gehen, latschen: **to ~ about** (*od.* **around**) her'umlatschen. **8.** her'abhängen (*Krempe etc*). **III** *v/t* **9.** *die Krempe* her'unterbiegen. **10.** *die Schultern* hängen lassen. **~ hat** *s* Schlapphut *m.*
'slouch·ing, 'slouch·y *adj* **1.** krumm (*Haltung*), latschig (*Gang, Haltung, Person*). **2.** her'abhängend (*Krempe*). **3.** lax, faul.
slough¹ [slaʊ] *s* **1.** Sumpf-, Schmutzloch *n.* **2.** Mo'rast *m* (*a. fig.*): **~ of despond** tiefe *od.* tiefste Verzweiflung. **3.** [sluː] *bes. Am. od. Canad.* Sumpf *m*, *bes.* (sumpfige) Flußbucht.
slough² [slʌf] **I** *s* **1.** abgestreifte Haut (*bes. der Schlange*). **2.** *fig.* (*etwas*) Abgetanes. **3.** *med.* Schorf *m*, tote Haut. **II** *v/i* **4.** *oft* **~ away, ~ off** a) sich häuten, b) *med.* sich ablösen (*Schorf*). **5.** **~ off** *fig. Am.* nachlassen. **III** *v/t* **6.** *a.* **~ off** a) *Haut etc* abstreifen, abwerfen, b) *fig. etwas* loswerden, *e-e Gewohnheit etc* ablegen. **7.** *Bridge:* e-e Karte abwerfen.
slough·y¹ [slaʊɪ; *Am. bes.* 'sluːɪ] *adj* sumpfig.
slough·y² [slʌfɪ] *adj med.* schorfig.
Slo·vak ['sləʊvæk; *Am. a.* -vɑːk], **Slo·vak·i·an** [-kɪən] **I** *s* **1.** Slo'wake *m*, Slo'wakin *f.* **2.** *ling.* Slo'wakisch *n*, das Slowakische. **II** *adj* **3.** slo'wakisch.
slov·en ['slʌvn] *s* a) Schlamper *m*, b) Schlampe *f.*
Slo·vene ['sləʊviːn], **Slo've·ni·an** [-njən; -nɪən] **I** *s* **1.** Slo'wene *m*, Slo'wenin *f.* **2.** *ling.* Slo'wenisch *n*, das Slowenische. **II** *adj* **3.** slo'wenisch.
slov·en·li·ness ['slʌvnlɪnɪs] *s* Schlampigkeit *f.* **'slov·en·ly** *adj u. adv* schlampig, schlud(e)rig.
slow [sləʊ] **I** *adj* (*adv* **~ly**) **1.** *allg.* langsam: **~ and sure** langsam, aber sicher; **to be ~ in arriving** lange ausbleiben, auf sich warten lassen; **to be ~ to write** sich mit dem Schreiben Zeit lassen; **to be ~ to take offence** nicht leicht etwas übelnehmen; **not to be ~ to do s.th.** etwas prompt tun, nicht lange mit etwas fackeln; **the clock is 10 minutes ~** die Uhr geht 10 Minuten nach. **2.** all'mählich, langsam: **~ growth.** **3.** träge, langsam, bedächtig: **a ~ worker.** **4.** säumig (*a. Zahler*), unpünktlich. **5.** schwerfällig, begriffsstutzig, schwer von Begriff: **to be ~ in learning s.th.** etwas nur schwer lernen; **to be ~ of speech** e-e schwere Zunge haben; → **uptake** 1. **6.** schwach (*Feuer, Hitze*). **7.** schleichend (*Fieber, Gift*). **8.** *econ.* schleppend, schlecht: **~ sale; ~ business.** **9.** schleppend, langsam vergehend (*Zeit*). **10.** langweilig, fad(e). **11.** langsam (*Rennbahn*), schwer (*Boden*). **12.** *mot.* Leerlauf... **13.** *phot.* lange Belichtung erfordernd (*Linse, Filter, Film*). **14.** *Atomphysik:* langsam: **~ neutron.** **II** *adv* **15.** langsam: **~! mot.** langsam fahren!; **to go ~** *fig.* a) langsam tun, b) *econ.* e-n Bummelstreik machen. **III** *v/t* **16.** *meist* **~ down, ~ up** a) *die Geschwindigkeit* verlangsamen, -ringern, b) *etwas* verzögern. **IV** *v/i* **17.** *meist* **~ down, ~ up** sich verlangsamen, langsamer werden: **he had better** **~ down a bit** *fig.* er sollte lieber kurztreten *od.* etwas langsamer tun.
'slow|·,act·ing *adj electr.* langsam (wirkend), träge (ansprechend), Langzeit... **~ as·sets** *s pl econ.* feste Anlagen *pl.* **~ burn** *s:* **to do a ~** *Am. colloq.* all'mählich in Wut geraten. **'~·,burn·ing stove** *s* Dauerbrandofen *m.* **'~·coach** *s colloq.* Langweiler *m:* **hurry up, you old ~!** **'~·down** *s* **1.** Verlangsamung *f.* **2.** *econ. Am.* Bummelstreik *m.* **~ lane** *s mot.* Kriechspur *f* (*Autobahn*). **~ march** *s mus.* Trauermarsch *m.* **~ match** *s mil. tech.* Zündschnur *f*, Lunte *f.* **~ mo·tion** *s phot.* Zeitlupe(ntempo *n*) *f:* **in ~** in Zeitlupe. **~·'mo·tion** *adj* Zeitlupen...: **~ picture** Zeitlupe(naufnahme) *f*; **~ dial** Feinstellskala *f.* **'~·,mov·ing** *adj* **1.** langsam (gehend). **2.** *econ.* → **slow** 8.
'slow·ness *s* **1.** Langsamkeit *f.* **2.** Schwerfälligkeit *f.* **3.** Begriffsstutzigkeit *f.* **4.** Langweiligkeit *f.*
'slow|·poke *Am. für* slowcoach. **~ time** *s mil.* (langsames) Marschtempo. **~ train** *s* Per'sonenzug *m.* **'~·'wit·ted** → **slow** 5. **'~·worm** *s zo.* Blindschleiche *f.*
sloyd [slɔɪd] *s ped.* 'Werk,unterricht *m* (*bes. Schnitzen*).
slub [slʌb] *tech.* **I** *v/t* grob vorspinnen. **II** *s* Vorgespinst *n.* **'slub·ber** *s tech.* 'Vorspinnma,schine *f.*
sludge [slʌdʒ] *s* **1.** Schlamm *m*, Schlick *m*, (*a.* Schnee)Matsch *m.* **2.** *tech.* Schlamm *m*, Bodensatz *m.* **3.** Klärschlamm *m.* **4.** *tech.* Pochschlamm *m.* **5.** Treibeis *n.* **6.** *med.* Blutklumpen *m.* **'sludg·y** *adj* **1.** schlammig, matschig. **2.** mit Eisschollen bedeckt.
slue¹ [sluː] **I** *v/t a.* **~ round** her'umdrehen, -schwenken, um s-e Achse drehen. **II** *v/i* sich her'umdrehen.
slue² → **slew⁴.**
slug¹ [slʌg] **I** *s* **1.** *zo.* (Weg)Schnecke *f.* **2.** *bes. Am. colloq.* Faulpelz *m.* **II** *v/i* **3.** faulenzen.
slug² [slʌg] *s* **1.** Stück *n* 'Rohme,tall. **2.** a) *hist.* Mus'ketenkugel *f*, b) (Luftgewehr-, *Am.* Pi'stolen)Kugel *f*, c) grobes Schrot. **3.** *Am.* falsche Münze (*Automatenmißbrauch*). **4.** *print.* a) 'Durchschuß *m*, Re'glette *f*, b) 'Setzma,schinenzeile *f*, c) Zeilenguß *m.* **5.** *phys.* Masseneinheit *f.* **6.** *Am. colloq.* Gläs-chen *n* (*Schnaps etc*).
slug³ [slʌg] **I** *s* **1.** harter Schlag. **II** *v/t* **2.** *j-m* e-n harten Schlag versetzen. **III** *v/i* **3.** aufein'ander einschlagen. **4.** *a.* **~ on** *fig.* sich ‚durchbeißen'.
slug·a·bed ['slʌgəbed] *s* Langschläfer (-in).
slug·fest ['slʌgfest] *s Am. colloq. bes. Boxen:* Schläge'rei *f*, Keile'rei *f.*
slug·gard ['slʌgə(r)d] **I** *s* Faulpelz *m.* **II** *adj* (*adv* **~ly**) faul.
slug·ger ['slʌgə(r)] *s bes. Am. colloq. Boxen u. Baseball:* harter Schläger.
slug·gish ['slʌgɪʃ] *adj* (*adv* **~ly**) **1.** träge (*a. med. Organ*), träge fließend (*Fluß etc*), langsam, schwerfällig. **2.** *econ.* schleppend, flau. **'slug·gish·ness** *s* Trägheit *f*, Langsamkeit *f*, Schwerfälligkeit *f.*
sluice [sluːs] **I** *s* **1.** Schleuse *f* (*a. fig.*). **2.** Stauwasser *n.* **3.** 'Schleusenka,nal *m.* **4.** 'Abflußka,nal *m.* **5.** (Gold- *od.* Erz-) Waschrinne *f.* **6.** *colloq.* gründliche (Ab-) Waschung *f.* **II** *v/t* **7.** *Wasser* ablassen. **8.** (aus)spülen. **9.** *min. Erz etc* waschen. **III** *v/i* **10.** (aus)strömen. **~ gate** *s tech.* Schleusentor *n:* **to open the ~s to** (*od.* **for**) *fig.* Tür u. Tor öffnen (*dat*). **'~·way** → **sluice** 3.
slum¹ [slʌm] **I** *s* **1.** a) schmutzige Gasse, b) 'Elendsquar,tier *n.* **2.** *meist pl* Slums *pl*, Elendsviertel *n od. pl*: **~ clearance** Sanierung *f* von Slums. **II** *v/i* **3.** *meist* **go ~ming** die Slums (*bes. aus Neugier*) auf-

suchen. **4.** in primi'tiven Verhältnissen leben. **III** *v/t* **5.** to ~ it → 4.
slum² [slʌm] *s chem. bes. Br.* unlösliches Oxydationsprodukt des rohen Schmieröls.
slum³ [slʌm] → **slumgullion**.
slum·ber ['slʌmbə(r)] **I** *v/i* **1.** *bes. poet.* schlummern (*a. fig.*). **2.** da'hindösen. **II** *v/t* **3.** ~ **away** *Zeit* verschlafen, -dösen. **III** *s meist pl* **4.** Schlummer *m*: ~ **party** *Am.* Nachthemdparty junger Mädchen. **5.** Da'hindösen *n.* **6.** *fig.* Dorn'rös-chenschlaf *m.* **'slum·ber·ous** *adj (adv* ~**ly**) **1.** schläfrig. **2.** einschläfernd.
slum·brous ['slʌmbrəs] → **slumberous**.
'slum₁dwell·er *s* Slumbewohner(in).
slum·gul·lion ['slʌmˌgʌljən] *s Am. colloq.* **1.** wäßriges ,Gesöff'. **2.** Eintopf (-gericht *n*) *m.* **3.** mit Fett u. Meerwasser vermischtes Blut (*an Deck e-s Walfängers*).
'slum·lord *s* Eigentümer *e-s* bewohnten, abbruchreifen Mietshauses.
slum·my ['slʌmɪ] *adj* verwahrlost, Slum...
slump [slʌmp] **I** *v/i* **1.** (hin'ein)plumpsen. **2.** *meist* ~ **down** (in sich) zs.-sacken (*Person*). **3.** *econ.* stürzen (*Preise*). **4.** völlig versagen. **5.** *geol.* rutschen. **II** *s* **6.** *econ.* a) (Preis)Sturz *m*, Baisse *f (an der Börse)*, b) (starker) Konjunk'turrückgang. **7.** *allg.* plötzlicher Rückgang. **8.** *sport* 'Schwächeperi₁ode *f.* **9.** *geol.* Rutschung *f.*
slung [slʌŋ] *pret u. pp von* sling¹ *u.* ².
slung shot *s Am.* Schleudergeschoß *n.*
slunk [slʌŋk] *pret u. pp von* slink.
slur¹ [slɜː; *Am.* slɜr] **I** *v/t* **1.** verunglimpfen, verleumden. **2.** *obs.* beflecken (*a. fig.*). **II** *s* **3.** Makel *m*, (Schand)Fleck *m*: **to put** (*od.* **cast) a** ~ **upon** a) → 1, b) *j-s* Ruf *etc* schädigen. **4.** Verunglimpfung *f*, Verleumdung *f.*
slur² [slɜː; *Am.* slɜr] **I** *v/t* **1.** a) undeutlich schreiben, b) *print.* schmitzen, verwischen. **2.** *ling.* e-*e* Silbe *etc* verschlucken, -schleifen, undeutlich aussprechen. **3.** *mus.* a) *Töne* binden, le'gato spielen, b) *Noten* mit Bindebogen versehen. **4.** *oft* ~ **over** (leicht) über *ein Thema etc* hin'weggehen. **II** *v/i* **5.** undeutlich schreiben. **6.** ,nuscheln', undeutlich sprechen. **7.** *mus.* le'gato singen *od.* spielen. **8.** *print.* schmitzen. **III** *s* **9.** Undeutlichkeit *f*, ,Genuschel' *n.* **10.** *mus.* a) Bindung *f*, Le'gato *n*, b) Bindebogen *m.* **11.** *print.* Schmitz *m.*
slurp [slɜːp; *Am.* slɜrp] *colloq.* **I** *v/t u. v/i* schlürfen. **II** *s* Schlürfen *n.*
slush [slʌʃ] **I** *s* **1.** Schneematsch *m.* **2.** Schlamm *m*, Matsch *m.* **3.** *geol.* Schlammeis *n.* **4.** *tech.* Schmiermittel *n.* **5.** *tech.* Pa'pierbrei *m.* **6.** Gefühlsduse'lei *f*, Schwärme'rei *f.* **7.** Schund *m*, Kitsch *m.* **II** *v/t* **8.** bespritzen. **9.** (ein)schmieren: ~**ing oil** Rostschutzöl *n.* **10.** ~ **up** *e-e Fuge* verstreichen. **11.** abspritzen, abspülen. **III** *v/i* → **slosh** II. ~ **fund** *s Am.* Schmiergelderfonds *m.*
'slush·y *adj* **1.** matschig, schlammig. **2.** kitschig, rührselig, ,schmalzig'.
slut [slʌt] *s* **1.** Schlampe *f.* **2.** ,Nutte' *f*, Hure *f.* **3.** *humor.* ,kleines Luder' (*Mädchen*). **4.** *bes. Am.* Hündin *f.* **'slut·tish** *adj (adv* ~**ly**) schlampig, liederlich.
'slut·tish·ness *s* Schlampigkeit *f*, Liederlichkeit *f.*
sly [slaɪ] *comp* **'sli·er** *od.* **'sly·er** *sup* **'sli·est** *od.* **'sly·est** [-ɪst] *adj (adv* → **slyly**, *a.* **slily**) **1.** schlau, verschlagen, listig. **2.** verstohlen, heimlich, 'hinterhältig: **on the** ~ insgeheim, ,klammheimlich'; → **dog** 4. **3.** verschmitzt, durch'trieben, pfiffig. **'~boots** *s humor.* ,Schlauberger' *m*, ,Pfiffikus' *m.*

sly·ly ['slaɪlɪ] *adv von* **sly**. **'sly·ness** *s* Schlauheit *f (etc).*
slype [slaɪp] *s arch.* (über'dachter) Verbindungsgang (*zwischen Querschiff u. Pfarrhaus*).
smack¹ [smæk] **I** *s* **1.** (Bei)Geschmack *m* (**of** von). **2.** *fig.* Beigeschmack *m*, Anflug *m* (**of** von). **3.** Prise *f (Salz etc).* **4.** Häppchen *n*, Bissen *m.* **5.** *bes. Am. sl.* Hero'in *n.* **II** *v/i* **6.** schmecken (**of** nach). **7.** *fig.* schmecken *od.* riechen (**of** nach).
smack² [smæk] **I** *s* **1.** Klatsch *m*, Klaps *m*, klatschender Schlag: **a** ~ **in the eye** a) ein Schlag ins Gesicht (*a. fig.*), b) *fig.* ,ein Schlag ins Kontor'; **to have a** ~ **at s.th.** *es* (einmal) mit etwas versuchen. **2.** Schmatzen *n*, Schnalzen *n.* **3.** (*bes.* Peitschen-)Knall *m.* **4.** Schmatz *m (Kuß).* **II** *v/t* **5.** knallen mit: **to** ~ **a whip**. **6.** *etwas* schmatzend genießen. **7.** ~ **one's lips** a) schmatzen, b) sich die Lippen lecken. **8.** *etwas* 'hinklatschen. **9.** klatschen(d schlagen) auf (*acc*). **10.** *die Hände etc* zs.-schlagen. **11.** *j-m* e-n Klaps geben. **III** *v/i* **12.** schmatzen. **13.** klatschen(d schlagen) (**on** auf *acc*). **14.** knallen (*Peitsche etc*). **15.** 'hinklatschen (**on** auf *acc*). **IV** *adv colloq.* **16.** mit e-m Klatsch. **17.** genau, di'rekt: ~ **in the middle**.
smack³ [smæk] *s mar.* Schmack(e) *f (vollgedecktes Fischerboot).*
'smack·er *s* **1.** *colloq.* Schmatz *m (Kuß).* **2.** *sl.* a) *Br.* Pfund *n*, b) *Am.* Dollar *m.*
'smack·head *s bes. Am. sl.* Hero'in₁süchtige(r *m*) *f.*
'smack·ing *s* (Tracht *f*) Prügel *pl.*
small [smɔːl] **I** *adj.* **1.** *allg.* klein: **to make o.s.** ~ sich klein machen. **2.** klein, schmächtig: **a** ~ **boy**. **3.** klein, gering (*Anzahl, Grad etc*): **they came in** ~ **numbers** es kamen nur wenige. **4.** wenig: ~ **blame to him** ihm trifft kaum *e-e* Schuld; **to have** ~ **cause for** kaum Anlaß zu *Dankbarkeit etc* haben. **5.** klein, armselig, dürftig. **6.** klein, mit wenig Besitz: ~ **farmer** kleiner Kleinbauer; ~ **tradesman** kleiner Geschäftsmann. **7.** klein, (sozi'al) niedrig: ~ **people** kleine Leute. **8.** unbedeutend, klein: **a** ~ **poet**; **a** ~ **man**. **9.** bescheiden, klein: **a** ~ **beginning**. **10.** klein, trivi'al: **the** ~ **worries** die kleinen Sorgen; **a** ~ **matter** *e-e* Kleinigkeit *od.* Bagatelle; **in a** ~ **way** a) bescheiden *leben etc*, b) im kleinen *handeln etc.* **11.** *contp.* kleinlich. **12.** *contp.* niedrig: **his** ~ **spiteful nature**. **13.** ,klein', beschämt: **to feel** ~ sich klein (u. häßlich) vorkommen, sich schämen; **to make s.o. feel** ~ *j-n* beschämen; **to look** ~ beschämt dastehen. **14.** schwach, klein (*Stimme*): **the** ~ **voice of conscience** die Stimme des Gewissens. **15.** dünn (*Bier*).
II *adv* **16.** fein, klein: **to cut** ~ kleinschneiden. **17.** ängstlich, (nur) schwach: → **sing** 1. **18.** auf bescheidene Art. **19.** gering(schätzig): **to think** ~ ,kleinkariert' denken; **to think** ~ **of s.o.** auf *j-n* herabsehen.
III *s* **20.** (*das*) Kleine, (*etwas*) Kleines: ~ **by and** ~ nach u. nach; **in** ~ im kleinen; **in the** ~ in kleinen Mengen *etc.* **21.** schmal(st)er *od.* verjüngter Teil: **the** ~ **of the back** das Kreuz (*Körperteil*). **22.** *pl bes. Br. colloq.* 'Unterwäsche *f*, Taschentücher *pl etc*: **to wash one's** ~**s** s-e kleine Wäsche waschen.
small·age ['smɔːlɪdʒ] *s bot. obs.* Sellerie *m*, *f.*
small| arms *s pl mil.* Handfeuerwaffen *pl.* ~ **beer** *s* **1.** *obs.* Dünnbier *n.* **2.** *bes. colloq.* a) Lap'palien *pl*, ,kleine Fische' *pl*, b) ,Null' *f*, ,Nichts' *n (Person)*: **to think no** ~ **of o.s.** *e-e* hohe Meinung von sich haben. ~ **cap·i·tals** *s pl print.* Kapi-

'tälchen *pl.* ~ **cat·tle** *s* Kleinvieh *n.* ~ **change** *s* **1.** Kleingeld *n.* **2.** → **small beer** 2. ~ **cir·cle** *s math.* Kleinkreis *m* (*e-r Kugel*). **'~clothes** *s pl* **1.** *hist.* Kniehosen *pl.* **2.** 'Unterwäsche *f.* **3.** Kinderkleidung *f.* ~ **coal** *s* Feinkohle *f*, Grus *m.* ~ **deer** *s* **1.** *hunt.* Kleinwild *n.* **2.** *fig. colloq.* kleine (unbedeutende) Leute *pl.* ~ **fry** *s* **1.** junge *od.* kleine Fische *pl.* **2.** → **fry²** 3. **3.** → **small beer** 2. **'~hold** *er* *s bes. Br.* Kleinbauer *m.* ~ **hold·ing** *s bes. Br.* Kleinlandbesitz *m.* ~ **hours** *s pl (die)* frühen Morgenstunden *pl*: **until the** ~ bis in die frühen Morgenstunden.
small·ish ['smɔːlɪʃ] *adj* ziemlich klein.
small| let·ter *s* Kleinbuchstabe *m*: **to write a word with a** ~ ein Wort klein schreiben. **'~mind·ed** *adj* engstirnig, kleinlich, 'kleinka₁riert'.
'small·ness *s* **1.** Kleinheit *f.* **2.** geringe Anzahl. **3.** Geringfügigkeit *f.* **4.** Kleinlichkeit *f.* **5.** niedrige Gesinnung.
small| pi·ca *s print.* kleine Cicero (-schrift) (*11 Punkt*). ~ **po·ta·toes** *s pl* (*oft als sg konstruiert*) *bes. Am. colloq.* → **small beer** 2. **'~pox** *s med.* Pocken *pl*, Blattern *pl.* ~ **print** *s colloq.* Kleingedruckte (*e-s Vertrags*), klein. **'~scale** *adj* in kleinem Rahmen, klein. **'~screen** *adj Br. colloq.* Fernseh... **'~sword** *s fenc.* Flo'rett *n.* ~ **talk** *s* oberflächliche Konversati'on, (belangloses) Geplauder: **he has no** ~ er kann nicht (unverbindlich) plaudern. **'~time** *adj colloq.* klein, unbedeutend, ,Schmalspur...': ~ **grocer** ,Heringsbändiger' *m.* **'~tim·er** *s colloq.* ,kleiner Mann', unbedeutender (*z. B. Geschäfts)*Mann. ~ **town** *s* Kleinstadt *f.* **'~town** *adj* **1.** kleinstädtisch, Kleinstadt... **2.** kleinbürgerlich. **'~town·er** *s* Kleinstädter(in). **'~ware** *s Br.* Kurzwaren *pl.*
smalt [smɔːlt] *s* **1.** *chem.* S(ch)malte *f*, Kobaltblau *n.* **2.** Kobaltglas *n.*
smar·agd ['smærægd] *s* Sma'ragd *m.*
smarm·y ['smɑː(r)mɪ] *adj colloq.* **1.** kriecherisch. **2.** ölig, schmeichlerisch. **3.** kitschig, sentimen'tal.
smart [smɑː(r)t] **I** *adj (adv* ~**ly**) **1.** klug, gescheit, pa'tent, intelli'gent. **2.** gewandt, geschickt. **3.** geschäftstüchtig. **4.** gerissen, raffi'niert: **to play it** ~ *colloq.* schlau sein. **5.** witzig, geistreich. **6.** *contp.* ,superklug', ,klugscheißerisch'. **7.** schmuck, gepflegt. **8.** a) ele'gant, schick, fesch, b) modisch, auffallend schick, ('hyper-) mo₁dern: **the** ~ **set** die elegante Welt. **9.** forsch, schneidig: **a** ~ **pace**; **to salute** ~**ly** zackig salutieren. **10.** flink, fix. **11.** hart, scharf, empfindlich: **a** ~ **blow** ein harter Schlag; **a** ~ **punishment** *e-e* harte *od.* empfindliche Strafe. **12.** scharf, heftig: ~ **pain**; ~ **criticism**. **13.** schlagfertig, keß, frech: **a** ~ **answer**. **14.** *colloq.* beträchtlich. **II** *s* **15.** stechender Schmerz. **16.** *fig.* Schmerz *m.* **17.** Geck *m.* **18.** *meist pl Am. sl.* ,Grips' *m* (*Verstand*). **III** *v/i* **19.** schmerzen, brennen, weh tun. **20.** (seelisch) leiden (**from**, **under** unter *dat*): **he** ~**ed under the insult** die Kränkung nagte an s-m Herzen; **you shall** ~ **for it** du sollst du (mir) büßen.
smart| al·eck *s colloq.* ,Klugscheißer' *m.* **'~ˌal·eck·y** *adj colloq.* → **smart** 6.
smart·en ['smɑː(r)tn] **I** *v/t* **1.** *oft* ~ **up** her'ausputzen, schönmachen. **II** *v/i meist* ~ **up** **3.** sich schönmachen, sich ,in Schale werfen'. **4.** *fig.* aufwachen. **5.** sich verschärfen.
smart mon·ey *s* **1.** *jur. mil.* Schmerzensgeld *n*, Buße *f.* **2.** *econ. Am.* gute Geldanlage (*auf Grund e-s sicheren Tips etc*).

smart·ness *s* **1.** Klugheit *f*, Gescheitheit *f.* **2.** Gewandtheit *f.* **3.** Gerissenheit *f.* **4.** (flotte) Ele'ganz, Schick *m.* **5.** Forschheit *f.* **6.** Schärfe *f*, Heftigkeit *f.*
'smart·y → smart aleck.
smash [smæʃ] **I** *v/t* **1.** *oft* ~ **up** zerschlagen, -trümmern, -schmettern, in Stücke schlagen: **to ~ atoms** *phys.* Atome zertrümmern; **to ~ in** einschlagen; **to ~ s.o.'s face in** *colloq.* j-m ,die Fresse' einschlagen. **2.** *die Faust, e-n Stein etc, a. den Tennisball etc* schmettern: **to ~ a stone through the window. 3.** a) j-n zs.-schlagen, b) *den Feind* vernichtend schlagen, c) *e-n Gegner* ,fertigmachen', d) *e-e Bande etc* zerschlagen, e) *fig. ein Argument etc* restlos wider'legen. **4.** j-n finanzi'ell ka'puttmachen *od.* rui'nieren. **II** *v/i* **5.** zersplittern, in Stücke springen. **6.** krachen, knallen (**against** gegen; **into** in *acc*; **through** durch). **7.** zs.-stoßen, -krachen (*Autos etc*). **8.** *aer.* Bruch machen. **9.** *oft* ~ **up** ,zs.-krachen', bank'rott gehen. **10.** *fig.* (gesundheitlich) ,ka'puttgehen'. **11.** *fig.* zu'schanden werden. **12.** *Tennis etc*: schmettern. **III** *adj* **13.** *colloq.* ,toll', sensatio'nell: **a ~ success. IV** *adv u. interj* **14.** krach, bums(!), krach(!). **V** *s* **15.** Zerkrachen *n.* **16.** Krach *m.* **17.** → smashup 2-4. **18.** (*a.* finanzi'eller) Zs.-Bruch, Ru'in *m*: **to go to ~** ,kaputtgehen': a) völlig zs.-brechen, b) → 9. **19.** *Tennis etc*: Schmetterball *m.* **20.** *Am. sl.* a) ,Kies' *m* (*Geld*), b) (*a.* falsche) Münze. **21.** *eisgekühltes alkoholisches Mischgetränk.* **22.** *colloq.* ,toller' Erfolg. ,**~-and-'grab raid** *s bes. Br.* Schaufenstereinbruch *m.*
smashed [smæʃt] *adj sl.* **1.** ,voll' (*betrunken*). **2.** ,high' (*unter Drogeneinfluß*).
'smash·er *s* **1.** *Tennis etc*: Schmetterer *m.* **2.** *colloq.* schwerer Schlag (*a. fig.*). **3.** *colloq.* ,Mordsding' *n*, ,tolle Sache', ,Wucht' *f*: **a ~ (of a girl)** ein ,tolles' Mädchen.
smash hit *s colloq.* ,Schlager' *m*, Bombenerfolg *m.*
'smash·ing *adj* **1.** heftig: **a ~ blow. 2.** vernichtend: **~ defeat. 3.** *colloq.* ,toll', ,sagenhaft' (*Figur, Zeit etc*), 'umwerfend (*Erfolg etc*).
'smash·up *s* **1.** völliger Zs.-bruch. **2.** Bank'rott *m.* **3.** *mot. etc* Zs.-stoß *m.* **4.** *aer.* Bruch(landung *f*) *m.*
smat·ter ['smætə(r)] *v/t* sich oberflächlich *od.* nebenher beschäftigen mit.
'smat·ter·er *s* Stümper(in). **'smat·ter·ing** *s* oberflächliche Kenntnis: **he has a ~ of French** er kann ein paar Brocken Französisch.
smaze [smeɪz] *s Am.* (*aus* smoke *u.* haze) 'rauchdurch,setzter Nebel.
smear [smɪə(r)] **I** *v/t* **1.** schmieren: **to ~ an axle. 2.** Fett (auf)schmieren (**on** auf *acc*). **3.** *die Haut etc* einschmieren. **4.** *etwas* beschmieren: a) besudeln (**with** mit), b) besudeln: **~ed with blood** blutverschmiert. **5.** *Schrift etc* verschmieren, -wischen. **6.** *fig.* a) j-s Ruf besudeln, b) j-n verleumden, ,durch den Dreck ziehen'. **7.** *sport Am. colloq.* ,über'fahren' (*hoch besiegen*). **II** *v/i* **8.** schmieren, sich verwischen. **III** *s* **9.** Schmiere *f.* **10.** (Fett-, Schmutz)Fleck *m.* **11.** *fig.* Besudelung *f*, Verunglimpfung *f.* **12.** *med.* Abstrich *m.* ~ **cam·paign** *s* Ver'leumdungskam,pagne *f.* '**~·case** [-,keɪs] *s Am.* Quark *m.* ~ **sheet** *s* Skan'dalblatt *n* (*Zeitung*). ~ **test** *s med.* Abstrich *m.* ~ **word** *s* ehrenrührige Bezeichnung.
'smear·y *adj* **1.** schmierig. **2.** verschmiert.
smeg·ma ['smegmə] *s physiol.* Smegma *n* (*Drüsensekret*).
smell [smel] **I** *pret u. pp* **smelled** *od.*

smelt 1. *etwas* riechen. **2.** *fig.* Verrat *etc* wittern: → **rat** 1. **3.** beriechen, riechen an (*dat*): ~ **this rose! 4.** *fig. etwas* beriechen, sich genauer ansehen. **5.** ~ **out** *hunt.* aufspüren (*a. fig. entdecken, ausfindig machen*). **II** *v/i* **6.** riechen (**at** *dat*). **7.** riechen, e-n Geruchssinn haben: **can bees ~? 8.** *meist* ~ **about** (*od.* **around**) *fig.* her'umschnüffeln. **9.** *gut etc* riechen, duften. **10.** (übel) riechen, stinken (*colloq. a. fig. unangenehm sein*): **his breath ~s** er riecht aus dem Mund. **11.** ~ **of** riechen nach (*a. fig.*): **it ~s of nepotism. III** *s* **12.** Geruch(ssinn) *m.* **13.** Geruch *m*: a) Duft *m*, b) Gestank *m.* **14.** *fig.* Anflug *m* (**of** von): **a ~ of anarchy. 15.** Riechen *n*: **to take a ~ at** (*Am.* **of**) *s.th. fig.* etwas beriechen. **~·er** *s* **1.** *zo.* Tast-, Schnurrhaar *n.* **2.** *sl.* ,Riechkolben' *m* (*Nase*). **3.** *sl.* Schlag *m* auf die Nase.
'smell·ing| bot·tle ['smelɪŋ] *s* Riechfläschchen *n.* ~ **salts** *s pl* Riechsalz *n.*
'smell·y *adj colloq.* übelriechend, stinkend: ~ **feet** Schweißfüße.
smelt¹ [smelt] *pl* **smelts**, *collect. a.* **smelt** *s ichth.* Stint *m.*
smelt² [smelt] *v/t metall.* **1.** Erz (ein-) schmelzen, verhütten. **2.** *Kupfer etc* ausschmelzen.
smelt³ [smelt] *pret u. pp von* smell.
'smelt·er *s* **1.** Schmelzer *m.* **2.** → **smelt·er·y. 'smelt·er·y** *s tech.* Schmelzhütte *f.* **'smelt·ing** *s tech.* Verhüttung *f*: ~ **fur·nace** Schmelzofen *m.*
smew [smjuː] *s orn.* Kleiner Säger.
smi·lax ['smaɪlæks] *s bot.* Stechwinde *f.*
smile [smaɪl] **I** *v/i* **1.** lächeln (*a. fig. Sonne etc*): **to ~** a) j-n anlächeln, j-m zulächeln, b) j-n, etwas belächeln, lächeln über (*acc*); **to come up smiling** *fig.* die Sache nicht übersehen. **2.** ~ (**up)on** *fig.* j-m lächeln *od.* hold sein: **fortune ~d on him. II** *v/t* **3.** **to ~ one's approval** (**consent**) beifällig (zustimmend) lächeln; **to ~ a bitter ~** bitter lächeln. **4.** ~ **away** *Tränen etc* hin'weglächeln. **III** *s* **5.** Lächeln *n*: **to give s.o. a ~** j-n anlächeln, j-m zulächeln; **to be all ~s** (übers ganze Gesicht) strahlen. **6.** *meist pl fig.* Lächeln *n*, Gunst *f.* **'smil·ing** *adj* (*adv* **~ly**) **1.** lächelnd (*a. fig.*). **2.** *fig.* huldvoll.
smirch [smɜːtʃ; *Am.* smɜrtʃ] **I** *v/t* **1.** beschmieren, besudeln (*a. fig.*). **II** *s* **2.** (Schmutz)Fleck *m.* **3.** *fig.* Schandfleck *m.*
smirk [smɜːk; *Am.* smɜrk] **I** *v/i* affek'tiert *od.* blöd lächeln, grinsen. **II** *s* affek'tiertes Lächeln, Grinsen *n.*
smit [smɪt] *pret u. pp obs. von* smite.
smit [smɪt], *pp* **smit·ten** ['smɪtn], **smote**, *obs.* **smit I** *v/t* **1.** *Bibl. rhet., a. humor.* schlagen (**a.** = erschlagen *od.* heimsuchen): → **rib** 1. **2.** befallen: **smitten with the plague** von der Pest befallen *od.* dahingerafft. **3.** *fig.* packen: **smitten with desire** von Begierde gepackt. **4.** *fig.* 'hinreißen: **he was smitten with her charms** er war hingerissen von ihrem Charme; → **smitten** 2. **5.** plagen, quälen: **his conscience smote him** sein Gewissen schlug ihm. **6.** *obs. od. poet. allg.* schlagen. **II** *v/i* **7.** schlagen. **8.** ~ **upon** *fig.* an *das Ohr etc* schlagen.
smith [smɪθ] *s* Schmied *m.*
smith·er·eens [,smɪðə'riːnz] *s pl* Stücke *pl*, Fetzen *pl*, Splitter *pl*: **to smash to ~** in (tausend) Stücke schlagen.
smith·er·y ['smɪðərɪ] *s* **1.** Schmiedearbeit *f.* **2.** Schmiedehandwerk *n.*
smith·son·ite ['smɪθsnaɪt] *s min.* Smith'sonit *m.*
smith·y ['smɪðɪ; *Am. bes.* -θɪ] *s* Schmiede *f.*
smit·ten ['smɪtn] **I** *pp von* smite. **II** *adj*

1. betroffen, befallen. **2.** (**by**) *colloq.* ,verknallt' (in *j-n*), ,ganz weg' *od.* 'hingerissen (von *j-m*).
smock [smɒk; *Am.* smɑk] **I** *s* **1.** (Arbeits)Kittel *m.* **2.** (Kinder)Kittel *m.* **3.** *obs.* Frauenhemd *n.* **II** *v/t* **4.** *e-e Bluse etc* smoken, mit Smokarbeit verzieren. ~ **frock** *s* (*Art*) Russen-, Fuhrmannskittel *m.*
smock·ing ['smɒkɪŋ; *Am.* 'smɑkɪŋ] *s* **1.** Smokarbeit *f.* **2.** Smokstiche *pl.*
smog [smɒg; *Am.* smɑg] **I** *s* (*aus* smoke *u.* fog) Smog *m*, Dunstglocke *f*, 'rauchdurch,setzter Nebel. **II** *v/t*: **to be ~ged in** von Smog eingehüllt sein. '**~·bound** *adj* von Smog eingehüllt.
smok·a·ble ['sməʊkəbl] *adj* rauchbar.
smoke [sməʊk] **I** *s* **1.** Rauch *m* (*a. phys. u. chem.*): **like ~** *sl.* wie der Teufel, im Handumdrehen; **there's no ~ without a fire** irgend etwas ist immer dran (*an e-m Gerücht*). **2.** Rauchwolke *f*, Qualm *m*, Dunst *m*: **to end** (*od.* **go up**) **in ~** *fig.* sich in nichts auflösen. **3.** *mil.* (Tarn)Nebel *m.* **4.** Rauchen *n* (*e-r Zigarre etc*): **to have a ~** ,eine' rauchen. **5.** Ziga'rettenpause *f.* **6.** *colloq.* ,Glimmstengel' *m*, Zi'garre *f od.* Ziga'rette *f.* **7.** *sl.* a) Marihu'ana *n*, b) ,Hasch' *n* (*Haschisch*): **to blow ~** ,kiffen'. **II** *v/i* **8.** rauchen: **do you ~? 9.** qualmen, rauchen (*Schornstein, Ofen etc*). **10.** dampfen (*a. Pferd*). **11.** *sl.* ,kiffen' (*Marihuana od. Haschisch rauchen*). **III** *v/t* **12.** *Tabak, Pfeife etc* rauchen. **13.** *Fisch, Fleisch, Holz etc* räuchern: **~d ham** geräucherter Schinken, Räucherschinken *m.* **14.** *Glas etc* rußig machen, schwärzen. **15.** ~ **out** ausräuchern (*a. fig.*). **16.** ~ **out** *fig.* ans Licht bringen.
smoke·a·ble → smokable.
smoke| ball *s mil.* 'Nebelgra,nate *f.* ~ **bomb** *s mil.* Nebel-, Rauchbombe *f.* ~ **con·sum·er** *s* Rauchverzehrer *m.* ~ **de·tec·tor** *s tech.* Rauchmelder *m.* '**~-dried** *adj* geräuchert: **~ meat.** '**~·hel·met** *s* Rauchmaske *f* (*Feuerwehr*). '**~·house** *s* **1.** Räucherhaus *n.* **2.** Gerberei: Schwitzkammer *f.*
'smoke·less *adj* (*adv* **~ly**) rauchlos (*a. mil.*): ~ **powder.**
smok·er ['sməʊkə(r)] *s* **1.** Raucher(in): ~**'s cough** Raucherhusten *m*; ~**'s heart** *med.* Raucher-, Nikotinherz *n.* **2.** Räucherer *m.* **3.** *rail.* 'Raucher(ab,teil *n*) *m.* **4.** zwanglose Herrenparty. **5.** *sl.* ,Kiffer' *m* (*Marihuana- od. Haschischraucher*).
smoke| room *bes. Br. für* **smoking room.** ~ **screen** *s* **1.** *mil.* Rauch-, Nebelschleier *m.* **2.** *fig.* 'Tarnma,növer *n*, Nebel *m.* ~ **sig·nal** *s fig.* 'Rauchsi,gnal *n.* '**~·stack** *s* Schornstein *m.*
smok·ing ['sməʊkɪŋ] **I** *adj* **1.** Rauch... **2.** Raucher... **II** *s* **3.** Rauchen *n*: **no ~** Rauchen verboten, *rail.* Nichtraucher. ~ **car**, ~ **com·part·ment** *s* 'Raucher(ab,teil *n*). ~ **gun** *s bes. jur.* ,unwider,legbarer Beweis'. ~ **jack·et** *s* Hausjacke *f.* ~ **pis·tol** → **smoking gun.** ~ **room** *s* Herren-, Rauchzimmer *n*: **smoking-room talk** Herrengespräche *pl*, -witze *pl.* ~ **to·bac·co** *s* (Rauch)Tabak *m.*
smok·y ['sməʊkɪ] *adj* **1.** qualmend. **2.** dunstig, qualmig, verräuchert: ~ **room. 3.** rauchgrau. **4.** rauchig: ~ **voice**; ~ **taste** Rauchgeschmack *m.* ~ **quartz** *s min.* Rauchquarz *m.*
smol·der, *bes. Br.* **smoul·der** ['sməʊldə(r)] **I** *v/i* **1.** glimmen, schwelen (*a. fig. Feindschaft etc*). **2.** glühen, glimmen (*a. fig.*): **his eyes ~d with hatred. II** *s* **3.** Rauch *m*, Qualm *m.* **4.** schwelendes Feuer.
smolt [sməʊlt] *s ichth.* (flußabwärtsziehender) Lachs, Salm *m.*
smooch¹ [smuːtʃ] *Am.* **I** *v/t* **1.** beschmieren. **II** *s* (Schmutz)Fleck *m.*

smooch² [smu:tʃ] *sl.* **I** *s* **1.** ‚Schmusen' n, ‚Knutschen' n. **2.** *Am.* Schmatz m, Kuß m. **3.** *Br.* ‚Stehblues' m. **II** *v/i* **4.** ‚schmusen', ‚knutschen'. **5.** *Br.* eng um¦schlungen tanzen.

smooth [smu:ð] **I** *adj* (*adv* ~ly) **1.** *allg.* glatt: ~ **hair** (**surface**, *etc*); ~ **muscle** *anat.* glatter Muskel. **2.** eben: ~ **terrain**. **3.** glatt, ruhig: ~ **sea**; **a** ~ **passage** e-e ruhige Überfahrt; **I am now in** ~ **water** *fig.* jetzt habe ich es geschafft; → **sailing** 1. **4.** gutgemischt: ~ **salad dressing**. **5.** *tech.* ruhig, stoßfrei: ~ **running**. **6.** *mot.* zügig: ~ **driving**; ~ **shifting of gears**. **7.** *aer.* glatt: ~ **landing**. **8.** glatt, reibungslos: **to make things** ~ **for s.o.** j-m den Weg ebnen. **9.** sanft, weich: **a** ~ **voice**; ~ **notes**. **10.** *fig.* flüssig, ele¦gant, schwungvoll: **a** ~ **melody** (**style**, *etc*). **11.** *fig.* glatt, geschliffen, fließend: **a** ~ **speech**. **12.** (*contp.* aal)glatt, gewandt: ~ **manners**; **a** ~ **talker**; **a** ~ **tongue** e-e glatte Zunge. **13.** *Am. sl.* a) fesch, schick, b) ‚sauber', prima. **14.** mild, lieblich (*Wein*). **15.** *ling.* ohne Aspirati¦on.

II *adv* **16.** glatt, ruhig: **things have gone** ~ **with me** *fig.* bei mir ging alles glatt.

III *v/t* **17.** glätten (*a. fig.*): **to** ~ **the way for** j-m *od.* e-r Sache den Weg ebnen. **18.** *fig.* besänftigen. **19.** *math.* abrunden: **to** ~ **a curve**. **20.** *Statistik:* ausgleichen: **to** ~ **irregularities**. **21.** *ling.* mono¦phthon¦gieren.

IV *v/i* **22.** → smooth down 1.
V *s* **23.** Glätten n: **to give a** ~ **to** glattstreichen. **24.** glatter Teil: → **rough** 18.
Verbindungen mit Adverbien:

smooth¦a·way *v/t* Schwierigkeiten etc wegräumen, ‚ausbügeln'. ~ **down I** *v/i* **1.** sich glätten *od.* beruhigen (*Meer etc*; *a. fig.*). **II** *v/t* **2.** glattstreichen. **3.** besänftigen. **4.** e-n Streit schlichten. ~ **out** *v/t* **1.** e-e Falte glattstreichen, ausplätten (from aus). **2.** Schwierigkeiten aus dem Weg räumen. ~ **o·ver** *v/t* **1.** e-n Streit schlichten. **2.** e-n Fehler etc bemänteln.

'**smooth¦·bore** *adj u. s* (Gewehr n) mit glattem Lauf. ~ **breath·ing** *s ling.* Spiritus m lenis.

'**smooth·er** *s* **1.** Glätter(in). **2.** *tech.* a) ‚Schleif-, Po¦lier¦ma¦schine f, b) Glättpresse f (*für Papier*), c) Spa(ch)tel m, f.

'**smooth¦·faced** *adj* **1.** a) bartlos, b) ¦glattra¦siert. **2.** *fig.* glatt, katzenfreundlich. ~ **file** *s tech.* Schlichtfeile f.

smooth·ie ['smu:ðɪ] *s colloq.* **1.** ,toller' *od.* schicker Kerl. **2.** aalglatter Bursche.

smooth·ing¦ca·pac·i·tor ['smu:ðɪŋ] *s electr.* ¦Abflach-, Be¦ruhigungskonden¦sator m. ~ **i·ron** *s* Plätt-, Bügeleisen n. ~ **plane** *s tech.* Schlichthobel m.

'**smooth·ness** *s* **1.** Glätte f (*a. fig.*). **2.** glatter Fluß, Ele¦ganz f (e-r Rede etc). **3.** Schliff m, Gewandtheit f, Glätte f (*des Benehmens*). **4.** Sanftheit f. **5.** Glattzüngigkeit f. **6.** Reibungslosigkeit f (*a. fig.*).

¦**smooth¦·¦shav·en** *adj* ¦glattra¦siert. ~**¦spo·ken**, ~ **tongued** *adj fig.* glattzüngig, schmeichlerisch.

smooth·y → smoothie.
smote [sməʊt] *pret u. pp von* smite.
smoth·er ['smʌðə(r)] **I** *s* **1.** Rauch m, dicker Qualm, stickige Luft. **2.** schwelendes Feuer. **3.** Dampf-, Dunst-, Staub-, Schneewolke f, Sprühnebel m. **4.** (wirre *od.* erdrückende) Masse. **II** *v/t* **5.** ersticken (*a. fig.*): **to** ~ **a child** (**a fire**, **a rebellion**, **a cry**, *etc*); **to** ~ **a shot** *sport* e-n Schuß unschädlich machen. **6.** *bes. fig.* über¦häufen (**with** mit *Arbeit etc*): **to** ~ **s.o. with kisses** j-n abküssen; **to** ~ **in** (*od.* **with**) *etwas* völlig bedecken mit, einhüllen in (*dat*), begraben unter (*Blu-*

men, *Decken etc*). **7.** *oft* ~ **up** unter¦drücken (*a. fig.*): **to** ~ **a yawn** (one's rage, **a secret**, *etc*); **to** ~ **a scandal** e-n Skandal vertuschen; **to** ~ **a bill** e-e Gesetzesvorlage zu Fall bringen *od.* unterdrücken. **8.** Brote etc dick belegen *od.* gar¦nieren. **9.** *sport colloq.* ‚vernaschen', ‚über¦fahren' (*hoch schlagen*). **III** *v/i* **10.** ersticken. **11.** unter¦drückt od. erstickt werden. ~ **love** *s* Affenliebe f.

smoul·der *bes. Br. für* smolder.
smudge [smʌdʒ] **I** *s* **1.** (Schmutz)Fleck m, Klecks m. **2.** *bes. Am. a.* ~ **fire** qualmendes Feuer (*gegen Mücken, Frost etc*). **II** *v/t* **3.** verschmieren. **4.** vollklecksen, ver-, beschmieren. **5.** *fig.* j-s Ruf etc besudeln. **III** *v/i* **6.** schmieren (*Papier, Tinte etc*). **7.** beschmiert *od.* schmutzig werden. **8.** qualmen. '**smudg·y** *adj* (*adv* **smudgily**) **1.** verschmiert, schmierig, schmutzig. **2.** unsauber: ~ **impression**. **3.** qualmend.

smug [smʌg] **I** *adj* (*adv* **smugly**) **1.** *obs.* schmuck. **2.** ‚geschniegelt u. gebügelt'. **3.** selbstgefällig, bla¦siert. **II** *s* **4.** bla¦sierter Kerl.

smug·gle ['smʌgl] **I** *v/t* Waren, *a. weitS.* e-n Brief, j-n etc schmuggeln: **to** ~ **in** (**out**) ein-(heraus)schmuggeln; **to** ~ **s.th. past s.o.** etwas an j-m vorbeischmuggeln. **II** *v/i* schmuggeln. '**smug·gler** *s* **1.** Schmuggler m. **2.** Schmuggelschiff n. '**smug·gling** *s* Schmuggel m, Schleichhandel m.

smut [smʌt] **I** *s* **1.** Ruß-, Schmutzflocke f *od.* -fleck m. **2.** Zoten (pl) f, Schmutz m, Schweine¦rei(en pl) f: **to talk** ~ Zoten reißen, ‚schweinigeln'. **3.** *bot.* (*bes.* Getreide)Brand m: ~ **fungus** Brandpilz m. **II** *v/t* **4.** beschmutzen. **5.** *bot.* brandig machen.

smutch [smʌtʃ] **I** *v/t* beschmutzen, schwarz machen. **II** *s* schwarzer Fleck.
smut·ti·ness ['smʌtɪnɪs] *s* **1.** Schmutzigkeit f (*a. fig.*). **2.** *bot.* Brandigkeit f. '**smut·ty** *adj* (*adv* **smuttily**) **1.** schmutzig, rußig. **2.** *fig.* schmutzig, unanständig, zotig, ob¦szön: ~ **joke** Zote f, Schweinerei f. **3.** *bot.* brandig.

snack [snæk] *s* **1.** Imbiß m, Snack m: **to have a** ~ e-e Kleinigkeit essen. **2.** Happen m, Bissen m. **3.** (An)Teil m: **to go** ~s (untereinander) teilen. ~ **bar** *s* Imbißstube f, Snackbar f. ~ **ta·ble** *s* Eßtischchen n (*für 1 Person*).

snaf·fle ['snæfl] **I** *s* **1.** *a.* ~ **bit** Trense f, Gebiß n. **II** *v/t* **2.** a) e-m Pferd die Trense anlegen, b) mit der Trense lenken. **3.** *fig.* im Zaum halten. **4.** *Br. colloq.* ,mausen', stehlen.

sna·fu [snæ'fu:] *Am. sl.* (*aus* situation normal - all fucked up) **I** *adj* **1.** in heillosem Durchein¦ander. **2.** ,beschissen'. **II** *s* **3.** heilloses Durchein¦ander. **4.** ‚beschissene Lage'. **III** *v/t* **5.** ‚versauen'.

snag [snæg] **I** *s* **1.** Knorren m, Aststumpf m. **2.** *bes. Am.* Baumstumpf (*in Flüssen*). **3.** a) Zahnstumpf m, b) *Am.* Raffzahn m. **4.** *fig.* ‚Haken' m: **to strike** (*od.* **come upon**) **a** ~ auf Schwierigkeiten stoßen; **there must be a** ~ **in it somewhere** die Sache muß ein Haken haben. **II** *v/t* **5.** *bes. Am.* ein Boot etc gegen e-n Baumstumpf fahren lassen. **6.** e-n Fluß von Baumstümpfen befreien. **7.** *fig.* behindern. **8.** *Am. colloq.* (sich) *etwas* schnappen.

snag·ged ['snægɪd], '**snag·gy** *adj* **1.** ästig, astig, knorrig. **2.** *bes. Am.* voller Baumstümpfe (*Fluß*) *od.* Hindernisse (*Flußlauf*).

snail [sneɪl] *s* **1.** *zo.* Schnecke f (*a. fig. lahmer Kerl, Faulpelz*): **at a ~'s pace** im Schneckentempo. **2.** → snail wheel. ~ cloud *s* Strato¦kumulus m (*Wolke*). '~**-paced** *adj* sich im Schneckentempo bewegend. ~ **shell** *s* Schneckenhaus n. ~ **wheel** *s* Schnecke f, Schneckenrad n (*der Uhr*).

snake [sneɪk] **I** *s* **1.** Schlange f (*a. fig.*): ~ **in the grass** a) falsche Schlange, b) verborgene Gefahr; **to warm** (*od.* **cherish**) **a** ~ **in one's bosom** e-e Schlange am Busen nähren; **to see** ~**s** *colloq.* ,weiße Mäuse sehen' (*Säufer*). **2.** *econ.* Währungsschlange f. **II** *v/t* **3.** *to* ~ **one's way** sich schlängeln. **4.** *Am.* schleifen, zerren: **to** ~ **a log**. **III** *v/i* **5.** sich schlängeln. ~ **charm·er** *s* Schlangenbeschwörer m. ~ **dance** *s* Schlangentanz m. ~ **fence** *s Am.* zickzackförmige Einfriedung. ~ **pit** *s* **1.** Schlangengrube f. **2.** *fig.* Irrenanstalt f. **3.** *fig.* Abgrund m, Hölle f. '~**·skin** *s* **1.** Schlangenhaut f. **2.** Schlangenleder n.

snak·y ['sneɪkɪ] *adj* **1.** Schlangen... **2.** schlangenreich. **3.** schlangenartig, gewunden, sich schlängelnd. **4.** *fig.* falsch, ¦hinterhältig.

snap [snæp] **I** *v/i* **1.** schnappen (**at** nach): **to** ~ **at s.o.** → 16; **to** ~ **out** *fig.* aufbrausen. **2.** schnappen, hastig greifen (**at** nach) (*a. fig.*): **to** ~ **at the chance** zugreifen, die Gelegenheit beim Schopf packen. **3.** knallen (*Peitsche etc*). **4.** zuschnappen (*Verschluß etc*), klicken. **5.** zerkrachen, zerspringen, -reißen, entzweigehen: **his nerves** ~**ped** s-e Nerven versagten. **6.** schnellen: **he** ~**ped forward**; **to** ~ **to attention** *mil.* ‚Männchen bauen', Haltung annehmen; ~ **to it!** *colloq.* mach Tempo!; ~ **out of it!** *colloq.* komm, komm!, laß das (sein)! **7.** blitzen (*vor Zorn*): **her eyes** ~**ped**. **8.** *phot.* knipsen.

II *v/t* **9.** (er)schnappen, beißen: **to** ~ **off** abbeißen; ~ **head** *Bes. Redew.*, **nose** *Bes. Redew.* **10.** schnell greifen nach, schnappen nach: **to** ~ **s.o.'s bag from him** j-m die Tasche entreißen. **11.** ~ **up** a) auf-, wegschnappen, b) (gierig) an sich reißen: **to** ~ **up the offer** das Angebot schnell annehmen. **12.** schnalzen mit: **to** ~ **one's fingers**; **to** ~ **one's fingers at** *fig.* j-n, etwas nicht ernst nehmen, j-n auslachen. **13.** knallen mit: **to** ~ **a whip**. **14.** (auf- *od.* zu)schnappen od. knallen lassen: **to** ~ **a lid**. **15.** ~ **up** a) j-n barsch unter¦brechen, b) j-n kurz abfertigen. **16.** *j-n* ,anschnauzen', anfahren. **17.** *a.* ~ **out** ‚bellen': **to** ~ **out a remark** (**an order**, *etc*). **18.** zerknicken, -knacken, -brechen, -reißen: **to** ~ **off** abbrechen. **19.** *meist* ~ **up** *Kricket:* den *Schlagmann* hart nehmen. **20.** → snapshot II.

III *adj* **21.** Schnapp... **22.** Schnell...: ~ **judg(e)ment** (vor)schnelles Urteil; **a** ~ **vote** e-e Blitzabstimmung. **23.** kinderleicht.

IV *adv u. interj* **24.** knacks(!), krach(!), schnapp(!).
V *s* **25.** Knacken n, Krachen n, Knacks m, Klicken n. **26.** (Peitschen- *etc*)Knall m. **27.** Reißen n, (Zer)Brechen n. **28.** (Zu)Schnappen n, Biß m: **to make** (*od.* **take**) **a** ~ **at** schnappen nach. **29.** → snapshot I. **30.** a) → snap catch, b) → snap lock. **31.** *fig. colloq.* ‚Schmiß' m, Schwung m. **32.** barsches Wort. **33.** *colloq.* (ein) bißchen: **I don't care a** ~ das ist mir völlig schnuppe. **34.** *bes. Am. colloq.* a) ‚schlauer' Posten, b) Kleinigkeit f, leichte Sache, c) ‚todsichere' Sache. **35.** *bes. Br.* (knuspriges) Plätzchen. **lemon** ~. **36.** kurze Zeit: **in a** ~ im Nu; **cold** ~ Kälteeinbruch m. **37.** (*Art*) Schnippschnapp n (*Kartenspiel*).

snap¦bolt → snap lock. ~ **catch** *s tech.* Schnapper m. '~**¦drag·on** *s* **1.** *bot.* Lö-

snap fastener – snooze

wenmaul *n.* **2.** Ro'sinenfischen *n* (*aus brennendem Branntwein; Weihnachtsspiel*). ~ **fas·ten·er** *s* Druckknopf *m.* ~ **hook** *s tech.* Kara'binerhaken *m.* ~ **link** *s tech.* Kettenglied *n* mit Schnappverschluß. ~ **lock** *s tech.* Schnappschloß *n.*
'snap-on *adj* **1.** mit Schnappverschluß. **2.** mit Druckknopf (befestigt).
snap·pish ['snæpɪʃ] *adj* (*adv* ~ly) **1.** bissig: ~ **dog. 2.** *fig.* a) bissig, reizbar, barsch, b) schnippisch.
snap·py ['snæpɪ] *adj* (*adv* snappily) **1.** → snappish. **2.** knisternd, knackend. **3.** *colloq.* a) schnell, fix, b) forsch, flott, ,zackig': **make it** ~**!**, *Br. a.* **look** ~**!** mach (mal) fix!, c) schwungvoll, schmissig, d) schick: ~ **clothes. 4.** *phot.* scharf.
snap | ring *s mount.* Kara'binerhaken *m.* ~ **shot** *vt. mil.* Schnellschuß *m.* **'~shot** *phot.* **I** *s* Schnappschuß *m*, Mo'mentaufnahme *f.* **II** *v/t* e-n Schnappschuß machen von, *etwas* knipsen. ~ **switch** *s tech.* Schnappschalter *m.*
snare [sneə(r)] **I** *s* **1.** Schlinge *f*, Fallstrick *m*, Falle *f*, *fig. a.* Fußangel *f*: **to set a** ~ **for s.o.** j-m e-e Falle stellen. **2.** *med.* Schlinge *f.* **3.** *mus.* Schnarrsaite *f* (*e-r Trommel*). **II** *v/t* **4.** mit e-r Schlinge fangen. **5.** *fig.* a) ,ergattern', sich ,angeln', b) sich ,unter den Nagel reißen'. **6.** *fig.* um'stricken, fangen, j-m e-e Falle stellen. ~ **drum** *s mus.* kleine Trommel, Schnarrtrommel *f.*
snar·er ['sneərə(r)] *s* Schlingenleger *m.*
snarl[1] [snɑː(r)l] **I** *s* **1.** Knoten *m*, ,Fitz' *m* (*in Garn, Haar etc*). **2.** *fig.* a) wirrer Knäuel, wirres Durchein'ander, Gewirr *n*: **traffic** ~ Verkehrschaos *n*, -stockung *f*, b) Verwick(e)lung *f.* **II** *v/t* **3.** *a.* ~ **up** verwickeln, -wirren. **III** *v/i* **4.** ~ **up** sich verwirren, ,verfitzen'.
snarl[2] [snɑː(r)l] **I** *v/i* wütend knurren, die Zähne fletschen (*Hund, a. Person*): **to** ~ **at s.o.** *fig.* j-n anfauchen. **II** *v/t etwas* wütend knurren *m.* her'vorstoßen. **III** *s* Knurren *n*, Zähnefletschen *n.*
'snarl-up *s bes. Br. colloq.* Durchein'ander *n*, *bes.* Verkehrschaos *n.*
snatch [snætʃ] **I** *v/i* **1.** schnappen, greifen (**at** nach): **to** ~ **at the offer** *fig.* mit beiden Händen zugreifen. **II** *v/t* **2.** *etwas* schnappen, ergreifen, packen: **to** ~ **up** aufraffen. **3.** *etwas* schnappen, fangen: **to** ~ **the ball. 4.** *fig.* e-e Gelegenheit etc ergreifen, *etwas, a. Schlaf* ,ergattern': **to** ~ **a hurried meal** rasch etwas zu sich nehmen. **5.** *etwas* an sich reißen: **to** ~ **a kiss** e-n Kuß rauben. **6.** ~ (**away**) **from** *j-m etwas*, ,j-n dem Meer, dem Tod etc* entreißen: **he was** ~**ed away from us by premature death** er wurde uns durch e-n (allzu) frühen Tod entrissen. **7.** ~ **off** weg-, her'unterreißen. **8.** *Gewichtheben:* reißen. **III** *s* **9.** Schnappen *n*, schneller (Zu)Griff: **to make a** ~ **at s.th.** → 2–4. **10.** kurzer Augenblick: ~**es of sleep. 11.** *meist pl* Bruchstück *n*, ,Brocken' *m*, (*etwas*) Aufgeschnapptes: ~**es of conversation** Gesprächsfetzen *pl*: **by** (*od.* **in**) ~**es** a) hastig, ruckweise, b) ab u. zu. **12.** *colloq.* (Raub *m* durch) Entreißen *n.* **13.** *Gewichtheben:* Reißen *n.* **14.** *Am. vulg.* a) ,Fotze' *f*, ,Möse' *f* (*Vulva*), b) ,Nummer' *f* (*Geschlechtsverkehr*): **to have a** ~ **e-e Nummer machen** *od.* schieben.
'snatch·y *adj* (*adv* snatchily) abgehackt, in Absätzen, ruckweise, spo'radisch.
snaz·zy ['snæzɪ] *adj colloq.* ,piekfein', ,todschick'.
sneak [sniːk] **I** *v/i* **1.** (sich) schleichen: **to** ~ **about** (*od.* **around**) herumschleichen, -schnüffeln; **to** ~ **away** sich davonschleichen, sich ,verkrümeln'; **to** ~ **up on s.o.** (sich) an j-n heranschleichen; **to** ~ **out of s.th.** *fig.* sich vor etwas drücken. **2.** huschen, wischen. **3.** *fig. contp.*

a) ,leisetreten', b) kriechen, katzbuckeln. **4.** *ped. Br. colloq.* ,petzen': **to** ~ **on s.o.** j-n ,verpetzen'. **II** *v/t* **5.** *etwas* schmuggeln (**into** in *acc*). **6.** *colloq.* ,sti'bitzen', stehlen: **to** ~ **a drink** heimlich ,e-n kippen'; **to** ~ **a goal** *sport* ,abstauben'. **7.** *Rundfunk, TV: colloq.* langsam ein- *od.* ausblenden: **to** ~ **in** (**out**). **III** *s* **8.** *contp.* a) ,Leisetreter' *m*, b) Kriecher *m.* **9.** *ped. Br. colloq.* ,Petze' *f.* **10.** *Kricket:* (schneller) Roller. **11. on the** ~ *colloq.* ,klammheimlich'. **IV** *adj* **12.** heimlich: ~ **attack** *mil.* Überraschungsangriff *m*; ~ **current** *electr.* Fremdstrom *m.* **'sneak·ers** [-ə(r)z] *s pl bes. Am. colloq.* Turnschuhe *pl.* **'sneak·ing** *adj* (*adv* ~ly) **1.** verstohlen. **2.** 'hinterlistig, gemein. **3.** heimlich: ~ **sympathy**; ~ **suspicion** leiser Verdacht.
sneak | pre·view *s Am. colloq.* inoffizielle erste Vorführung e-s neuen Films (*zum Testen der Publikumsreaktion*). ~ **thief** *s irr* Einsteig- *od.* Gelegenheitsdieb *m.*
'sneak·y → sneaking.
sneer [snɪə(r)] **I** *v/i* **1.** höhnisch grinsen, hohnlächeln, ,feixen' (**at** über *acc*). **2.** höhnen, spötteln, spotten (**at** über *acc*). **II** *v/t* **3.** *etwas* höhnen *od.* höhnisch äußern. **III** *s* **4.** Hohnlächeln *n*, höhnische Gri'masse. **5.** Hohn *m*, Spott *m*, höhnische Bemerkung. **'sneer·er** *s* Spötter(in), ,Feixer' *m.* **'sneer·ing** *adj* (*adv* ~ly) höhnisch, spöttisch, ,feixend'.
sneeze [sniːz] **I** *v/i* **1.** niesen. **2.** (**at**) *colloq.* ,husten' (auf *acc*): **not to be** ~**d at** nicht zu verachten. **II** *s* **3.** Niesen *n.* **'~wood** *s bot.* Niesholz *n.* **'~wort** *s bot.* Nieskraut *n.*
snell [snel] *s Am.* (Stück *n*) (Darm- *od.* Roßhaar)Schnur *f* (*zur Befestigung des Hakens an der Angel*).
snick [snɪk] **I** *v/t* **1.** schneiden. **2.** (ein-) kerben. **3.** *Kricket:* den Ball (bes. unabsichtlich) mit der Schlägerkante schlagen. **II** *s* **4.** Kerbe *f.* **5.** *Kricket:* mit der Schlägerkante geschlagener Ball.
snick-a-snee [ˌsnɪkəˈsniː; ˈsnɪkəsniː] → snickersnee.
snick·er ['snɪkə(r)] **I** *v/i* **1.** *Am.* kichern. **2.** wiehern. **II** *v/t* **3.** *Am. colloq. etwas* kichern(d sagen). **III** *s* **4.** *Am.* Kichern *n.*
~snee [ˌ-ˈsniː; ˈ-sniː] *s* **1.** *obs.* Messerstechereˈi *f.* **2.** Dolch *m*, langes Messer.
snide [snaɪd] **I** *adj* **1.** unecht, nachgemacht, falsch. **2.** abfällig, höhnisch (*Bemerkung etc*). **3.** *Am.* betrügerisch. **II** *s* **4.** *etwas* Nachgemachtes, z.B. falsches Geldstück, unechter Edelstein. **5.** *Am.* Gauner *m.*
sniff [snɪf] **I** *v/i* **1.** schnuppern, schnüffeln (**at** *dat*): **to** ~ **about** (*od.* **around**) *fig.* herumschnüffeln. **2.** schniefen, die Nase hochziehen. **3.** *fig.* die Nase rümpfen (**at** über *acc*): **not to be** ~**ed at** nicht zu verachten. **II** *v/t* **4.** *a.* ~ **in** (*od.* **up**) durch die Nase einziehen. **5.** schnuppern an (*dat*). **6.** riechen (*a. fig.* wittern): **to** ~ **out** auswittern. **7.** naserümpfend sagen. **8.** *Kokain etc* schnupfen: **to** ~ **snow** *sl.* ,koksen'. **III** *s* **9.** Schnüffeln *n.* **10.** Schniefen *n.* **11.** Naserümpfen *n.*
'sniff·er dog *s* a) Spürhund *m*, b) Rauschgifthund *m.*
snif·fle ['snɪfl] **I** *v/i* **1.** → sniff **2. 2.** greinen, ,heulen'. **II** *s* **3.** Schniefen *n.* **4. the** ~**s** *pl colloq.* Schnupfen *m.*
'sniff·y *adj colloq.* **1.** naserümpfend, hochnäsig, verächtlich. **2.** *Br.* muffig.
snif·ter ['snɪftə(r)] *s* **1.** *bes. Am.* Kognakschwenker *m.* **2.** *colloq.* Schnäps-chen *n*, ,Gläs-chen' *n.* **3.** kleine Menge, ,Schuß' *m.* **4.** *bes. Br.* Schnüffler *m.*
snif·ting valve ['snɪftɪŋ], *a.* **'snif·ter valve** *s tech.* 'Schnüffelven,til *n.*
snig·ger ['snɪɡə(r)] *bes. Br. für* snicker 1, 3, 4.

snig·gle ['snɪɡl] *v/t u. v/i* (Aale *etc*) mit Ködern fangen.
snip [snɪp] **I** *v/t* **1.** schnippeln, schnipseln, schneiden: **to** ~ **off, to** ~ **away** ab-, wegschneiden, abschnipseln. **2.** *Fahrkarte* knipsen. **II** *v/i* **3.** schnippeln, schnipseln. **III** *s* **4.** Schnipsel *m, n*, Schnippel *m.* **5.** Schnitt *m.* **6.** *obs.* Schneider *m.* **7.** *Am. colloq.* a) Knirps *m*, b) Frechdachs *m.* **8.** *Br. colloq.* a) ,todsichere' Sache, b) Gelegenheitskauf *m.* **9.** *pl tech.* (Hand)Blechschere *f.*
snipe [snaɪp] **I** *s* **1.** *pl* **snipes**, *bes. collect.* **snipe** *orn.* Schnepfe *f.* **2.** *mil.* Schuß *m* aus dem 'Hinterhalt: **to take** ~**s at s.o.** *fig.* j-n aus dem Hinterhalt angreifen. **3.** *Am. sl.* ,Hugo' *m*, (Zi'garren- *etc*)Stummel *m.* **II** *v/i* **4.** *hunt.* Schnepfen jagen *od.* schießen. **5.** (**at**) *a. mil.* aus dem 'Hinterhalt schießen (auf *acc*), b) *fig.* aus dem 'Hinterhalt angreifen (*acc*). **III** *v/t* **6.** *mil.* abschießen, ,wegputzen'.
snip·er ['snaɪpə(r)] *s mil.* Heckenschütze *m.* **'~scope** *s mil.* 'Infrarotvi,sier *n.*
snip·pet ['snɪpɪt] *s* **1.** (Pa'pier)Schnipsel *m, n.* **2.** *pl fig.* Bruchstücke *pl*, ,Brocken' *pl*: ~**s of conversation** Gesprächsfetzen *pl.*
snip·py ['snɪpɪ], *a.* **'snip·pet·y** [-ɪtɪ] *adj* **1.** bruchstückartig, (winzig) klein. **2.** *colloq.* a) schroff, barsch, b) → sniffy 1.
snip-snap ['snɪpsnæp] **I** *s* **1.** Schnippschnapp *n* (*der Schere etc*). **2.** *colloq.* schlagfertige Antwort. **II** *adj* **3.** schnippschnapp. **'snip,snap'sno·rum** [-'snɔːrəm] *s* Schnippschnapp *n* (*Kartenspiel*).
snitch [snɪtʃ] *sl.* **I** *v/t* **1.** ,klauen', ,sti'bitzen'. **II** *v/i* **2.** ~ **on** j-n ,verpfeifen', verraten. **III** *s* **3.** Verräter *m.* **4.** *bes. Am.* ,Zinken' *m* (*Nase*). **'snitch·er** → snitch 3.
sniv·el ['snɪvl] *v/i prət u. pp* **-eled**, *bes. Br.* **-elled 1.** schniefen, die Nase hochziehen. **2.** greinen, ,heulen'. **3.** wehleidig tun. **II** *v/t* **4.** *etwas* (her'aus)schluchzen. **III** *s* **5.** Greinen *n*, ,Geheule' *n.* **6.** Schniefen *n.* **7.** wehleidiges Getue. **'sniv·el·er**, *bes. Br.* **'sniv·el·ler** *s* ,Heulsuse' *f.* **'sniv·el·ing**, *bes. Br.* **'sniv·el·ling I** *s* **1.** → snivel III. **II** *adj* **2.** triefnasig, schniefend. **3.** wehleidig.
snob [snɒb; *Am.* snɑːb] *s* **1.** Snob *m*: ~ **appeal** Snob-Appeal *m*, Anziehungskraft *f* für Snobs. **2.** *Br. obs.* Mensch niederer Herkunft. **'snob·ber·y** [-ərɪ] *s* Sno'bismus *m.* **'snob·bish** *adj* (*adv* ~ly) sno'bistisch, versnobt. **'snob·bish·ness** *s* sno'bistische Art. **'snob·bism** → snobbery.
sno·fa·ri [snoʊˈfɑːrɪ; *Am. a.* -ˈfærɪ] *s* Po'larexpediti,on *f.* [,Knutscheˈrei' *f.*]
snog [snɒɡ] *Br. sl.* → knutschen. **II** *s*⏎
snook [snuːk; snʊk] *s*: **to cock a** ~ **at s.o.** a) j-m ,e-e lange Nase machen', b) *fig.* j-n nicht ernst nehmen, j-n auslachen.
snook·er ['snuːkə; *Am.* 'snʊkər] **I** *s a.* ~ **pool** (*Billard*) Snooker Pool *m.* **II** *v/t fig.* j-n in e-e schwierige Lage bringen.
snoop [snuːp] *fig. colloq.* **I** *v/i* **1.** schnüffeln: **to** ~ **about** (*od.* **around**) herumschnüffeln. **II** *v/t* **2.** *bes. Am.* ausschnüffeln. **III** *s* **3.** Schnüffeˈlei *f.* **4.** Schnüffler *m.* **'snoop·er** *s colloq.* Schnüffler *m.*
'snoop·er·scope ['snuːpəˌskoʊp] *s mil. Am.* 'Infrarotvi,sier *n* mit Bildwandler.
'snoop·y *adj colloq.* schnüffelnd, neugierig.
snoot [snuːt] *s bes. Am. colloq.* **1.** ,Schnauze' *f* (*Gesicht*). **2.** ,Rüssel' *m* (*Nase*). **3.** ,Schnute' *f*, Gri'masse *f*: **to make a** ~ e-e Schnute ziehen, e-e Grimasse schneiden (**at s.o.** j-m). **'snoot·y** *adj colloq.* ,großkotzig', hochnäsig.
snooze [snuːz] *colloq.* **I** *v/i* **1.** ein Nickerchen machen. **2.** dösen. **II** *v/t* **3.** ~ **away** *Zeit* vertrödeln. **III** *s* **4.** Nickerchen *n*: **to have a** ~ → 1.

snore [snɔ:(r); *Am. a.* ˈsnoʊər] **I** *v/i* schnarchen. **II** *v/t a.* ~ **away**, ~ **out** *Zeit* (ver)schlafen. **III** *s* Schnarchen *n*.
ˈ**snor·er** *s* Schnarcher *m*.
snor·kel [ˈsnɔ:(r)kl] **I** *s mar. mil.* Schnorchel *m* (*a. Sporttauchen*). **II** *v/i* schnorcheln.
snort [snɔ:(r)t] **I** *v/i* **1.** (*a.* wütend *od.* verächtlich) schnauben. **2.** prusten. **II** *v/t* **3.** *oft* ~ **out** *Worte* (wütend) schnauben. **4.** ausprusten. **5.** *Kokain etc* schnupfen: **to** ~ **snow** *sl.* ‚koksen'. **III** *s* **6.** Schnauben *n*, Prusten *n*. **7.** *sl.* → snifter 2.
ˈ**snort·er** *s* **1.** Schnaubende(r *m*) *f*. **2.** *colloq.* heftiger Sturm. **3.** *colloq.* a) ‚Mordsding' *n*, ‚tolle Sache', b) ‚Mordskerl' *m*. **4.** *sl.* → snifter 2.
ˈ**snort·y** *adj* wutschnaubend.
snot [snɒt; *Am.* snɑt] *s* **1.** *vulg.* ‚Rotz' *m*. **2.** *sl.* ‚Scheißkerl' *m*. ˈ**snot·ty I** *adj* **1.** *vulg.* rotzig, Rotz... **2.** *sl.* ‚dreckig', gemein. **3.** → snooty. **II** *s* **4.** *mar. bes. Br. sl.* ˈSeekaˌdett *m*.
snout [snaʊt] *s* **1.** *zo.* Schnauze *f*. **2.** *colloq.* a) ‚Rüssel' *m* (*Nase*), b) ‚Schnauze' *f*, Vorderteil *n* (*des Autos etc*). **3.** *tech.* Schnabel *m*, Tülle *f*. **4.** *geol.* Gletscherzunge *f*. **5.** *Br. sl.* a) Tabak *m*, b) ‚Glimmstengel' *m* (*Zigarette*).
snow [snoʊ] **I** *s* **1.** Schnee *m*. **2.** *pl* Schneefälle *pl*: ~**s of yesteryear** *fig.* Schnee von gestern. **3.** *pl* Schneemassen *pl*. **4.** *poet.* Silberhaar *n*. **5.** *poet.* Blütenschnee *m*. **6.** *poet.* Schneeweiß *n*. **7.** *chem., a. TV* Schnee *m*. **8.** *sl.* ‚Snow' *m*, ‚Schnee' *m* (*Kokain, Heroin*). **9.** *gastr.* Schnee *m*, Schaum *m*. **II** *v/i* **10.** schneien: **gifts** ~**ed in on her birthday** es regnete Geschenke zu ihrem Geburtstag. **III** *v/t* **11.** ~**ed in** (*od.* **up** *od.* **under**) eingeschneit. **12.** ~ **under** (*meist im pp*) *fig. colloq.* a) *pol. bes. Am. e-n Kandidaten* vernichtend schlagen, b) *mit Arbeit etc* über'häufen, ‚zudecken': ~**ed under by worries** von Sorgen fast erdrückt, c) *j-n* mit viel Gerede ,einwickeln'. **13.** *fig.* regnen, hageln: **it was** ~**ing complaints**.
ˈ**snow**|**·ball I** *s* **1.** Schneeball *m*: **to have a** ~ **fight** e-e Schneeballschlacht machen; **she doesn't have a** ~**'s chance in hell** *colloq.* sie hat nicht die Spur e-r Chance. **2.** *fig.* Laˈwine *f*: ~ **system** Schneeballsystem *n*. **3.** Getränk aus Eierlikör u. Zitronenlimonade. **4.** *bot.* Schneeball *m*. **II** *v/t* **5.** Schneebälle werfen auf (*acc*). **III** *v/i* **6.** sich mit Schneebällen bewerfen. **7.** *fig.* la'winenartig anwachsen. ˈ~**bank** *s* Schneeverwehung *f*. ˈ~**bird** *s* **1.** → **snow bunting**. **2.** *Am. sl.* a) ‚Kokser(in)' (*Kokainsüchtige*(*r*)), b) Hero'insüchtige(r *m*) *f*. ˈ~**blind** *adj* schneeblind. ˈ~**blind·ness** *s* Schneeblindheit *f*. ˈ~**blink** *s* Schneeblink *m*. ˈ~**bound** *adj* eingeschneit, durch Schnee(massen) (von der Außenwelt) abgeschnitten. ˈ~**break** *s geol.* Schneerutsch *m*. **2.** Schneebruch *m* (*Baumbruch od. Gebiet*). **3.** (Wald)Schutzstreifen *m* (*gegen Schneeverwehungen*). ˈ~**bun·ny** *s colloq.* ‚Skihaserl' *n*. ~ **bun·ting** *s orn.* Schneeammer *f*. ˈ~**cap** *s orn.* (*ein*) Kolibri *m*. ˈ~**capped** *adj* schneebedeckt. ~ **chain** *s mot.* Schneekette *f*. ˈ~**ˌcov·ered** *adj* schneebedeckt. ~ **drift** *s* Schneewehe *f*. ˈ~**drop** *s* **1.** *bot.* Schneeglöckchen *n*. **2.** *bot. (e-e) amer.* Aneˈmone. ˈ~**fall** *s* Schneefall *m*, -menge *f*. ˈ~**field** *s* Schneefeld *n*. ˈ~**flake** *s* **1.** Schneeflocke *f*. **2.** *bot.* Großes Schneeglöckchen. ˈ**flow·er** *s* snowdrop. ~ **gnat** *s* Zuckmücke *f*. ~ **gog·gles** *s pl* a pair of ~ Schneebrille *f*. ~ **goose** *s irr orn.* Schneegans *f*. ~ **grouse** *s orn.* Schneehuhn *n*. ~ **ice** *s geol.* Schnee-Eis *n*. ~ **job** *s Am. sl.* Versuch *m*, *j-n* mit viel Gerede ‚einzuwickeln'. ~ **line**, *a.* ~ **lim·it** *s* Schneegrenze *f*. ˈ~**mak·ing gun** *s* ˈSchneekaˌnone *f*. ˈ~**man** [-mæn] *s irr* **1.** Schneemann *m*. **2.** *meist* **Abominable S**~ Schneemensch *m* (*sagenhafter Tiermensch im Himalaja*). ˈ~**ˌmoˌbile** [-moʊˌbi:l] *s* Motorschlitten *m*, ˈSchneemoˌbil *n*. ~ **pel·lets** *s pl* Graupeln *pl*, (Hagel-) Schloßen *pl*. ˈ~**plough**, *bes. Am.* ˈ~**plow** *s* Schneepflug *m* (*a. Skisport*). ˈ~**shoe** *s* Schneeschuh *m*. **II** *v/i* auf Schneeschuhen gehen. ˈ~**slide** *s* Schneerutsch *m*. ˈ~**storm** *s* Schneesturm *m*. ˈ~**suit** *s* (einteiliger) Kinder-Schneeanzug. ~ **tire**, *bes. Br.* ~ **tyre** *s mot.* Winterreifen *m*. ˌ~-ˈ**white** *adj* schneeweiß. **S**~ **White** *npr* Schneeˈwittchen *n*.
snow·y [ˈsnoʊɪ] *adj* (*adv* **snowily**) **1.** schneeig, Schnee...: ~ **weather** Schneewetter *n*. **2.** schneebedeckt, Schnee... **3.** schneeweiß.
snub[1] [snʌb] **I** *v/t* **1.** *j-n* vor den Kopf stoßen, brüsˈkieren. **2.** *j-m* über den Mund fahren: **to** ~ **s.o. into silence** *j-n* barsch zum Schweigen bringen. **3.** *j-n* kurz abfertigen. **II** *s* **4.** Brüsˈkierung *f*: **to suffer a** ~ brüskiert *od.* vor den Kopf gestoßen werden.
snub[2] [snʌb] *adj* a) stumpf, b) *a.* ~**-nosed** stupsnasig: ~ **nose** Stupsnase *f*.
snuff[1] [snʌf] **I** *v/t* **1.** *a.* ~ **up** durch die Nase einziehen. **2.** beschnüffeln, schnuppern, riechen. **II** *v/i* **4.** schnuppern, schnüffeln. **5.** Schnupftabak nehmen, schnupfen. **III** *s* **6.** Schnüffeln *n*. **7.** Atemzug *m* durch die Nase. **8. to be up to** ~ *colloq.* a) gesund sein, b) in Form sein, c) den Erwartungen entsprechen (*a. Arbeit etc*), d) *bes. Br.* ‚schwer auf Draht sein'. **9.** Schnupftabak *m*: **to give s.o.** ~ *colloq.* *j-m* ‚Saures geben'.
snuff[2] [snʌf] **I** *s* **1.** Schnuppe *f* (*verkohlter Kerzendocht*). **II** *v/t* **2.** *e-e Kerze* putzen. **3.** *meist* ~ **out** a) auslöschen, b) *fig.* Revolte etc ersticken, Hoffnungen etc zunichte machen. **4. to** ~ **it** *Br. sl.* ‚abkratzen' (*sterben*).
ˈ**snuff**|**·box** *s* (Schnupf)Tabaksdose *f*. ˈ~**ˌcol·o**(**u**)**red** *adj* gelbbraun, tabakfarben.
ˈ**snuff·er** *s* (Tabak)Schnupfer(in).
snuff·ers [ˈsnʌfə(r)z] *s pl* Lichtputzschere *f*.
snuf·fle [ˈsnʌfl] **I** *v/i* **1.** schnüffeln, schnuppern (**at** an *dat*). **2.** schniefen, die Nase hochziehen. **3.** näseln. **II** *v/t* **4.** *meist* ~ **out** etwas näseln. **III** *s* **5.** Schnüffeln *n*. **6.** Näseln *n*. **7. the** ~**s** *pl* Schnupfen *m*.
ˈ**snuff**|**-ˌtak·er** → **snuffer**. ˈ~**-ˌtak·ing** *s* (Tabak)Schnupfen *n*.
ˈ**snuff·y** *adj* **1.** schnupftabakartig. **2.** beschmutzt mit *od.* voll Schnupftabak. **3.** *fig.* ‚verschnupft', ‚eingeschnappt'.
snug [snʌg] **I** *adj* (*adv* ~**ly**) **1.** gemütlich, traulich, behaglich. **2.** komˈpakt: **a** ~ **boat**. **3.** ordentlich, sauber. **4.** angenehm. **5.** geborgen, gut versorgt: (**as**) ~ **as a bug in a rug** *colloq.* wie die Made im Speck. **6.** auskömmlich, ‚hübsch': **a** ~ **fortune**. **7.** *mar.* a) schmuck: **a** ~ **ship**, b) seetüchtig, c) dicht. **8.** enganliegend: **a** ~ **dress**; ~ **fit** a) guter Sitz (*e-s Kleids etc*), b) *tech.* Paßsitz *m*. **9.** verborgen: **to keep s.th.** ~ etwas geheimhalten; **to lie** ~ sich versteckt halten. **II** *adv* **10.** behaglich, gemütlich. **III** *v/i* **11.** → **snuggle** 1. **IV** *v/t* **12.** *oft* ~ **down** gemütlich *od.* bequem machen. **13.** *meist* ~ **down** *mar.* das Schiff auf Sturm vorbereiten. **V** *s* **14.** → **snuggery**.
snug·ger·y [ˈsnʌgərɪ] *s* **1.** *bes. Br.* kleine, behagliche Bude, ‚warmes Nest' (*Zimmer etc*). **2.** *Br.* kleines Nebenzimmer (*in e-m Pub*).

snug·gle [ˈsnʌgl] **I** *v/i* **1.** sich anschmiegen *od.* kuscheln (**up** to s.o. an *j-n*): **to** ~ **down** (**in bed**) sich ins Bett kuscheln. **II** *v/t* **2.** an sich drücken *od.* schmiegen, (lieb)ˈkosen. **3.** *j-n* (warm) einhüllen.
so [soʊ] **I** *adv* **1.** (*meist vor adj u. adv*) so, dermaßen: ~ **surprised**; ~ **great a man** ein so großer Mann; **it is only** ~ **much rubbish** es ist ja alles Blödsinn; **not** ~ ... **as** nicht so ... wie; → **much** Bes. Redew. **2.** (*meist exklamatorisch*) so (sehr), ja so (überaus): **I am** ~ **glad** ich freue mich (ja) so; **you are** ~ **right!** ganz richtig! **3.** so (..., daß): **it was** ~ **hot I took my coat off. 4.** so, in dieser Weise: ~ **it is** (genau) so ist es, stimmt; **is that** ~**?** wirklich?; ~ **as to** so daß, um zu; ~ **that** so daß; **or** ~ etwa, oder so; **why** ~**?** warum?, wieso?; **how** ~**?** wie (kommt) das?; ~ **saying** mit *od.* bei diesen Worten; ~ **Churchill** so (sprach) Churchill; → **even**[4], **if** 1. **5.** (*als Ersatz für ein Prädikativum od. e-n Satz*) a) es, das: **I hope** ~ ich hoffe (es); **I have never said** ~ das habe ich nie behauptet; **I think** ~ ich glaube *od.* denke schon; **I should think** ~**!** ich denke doch!, das will ich meinen!; **I told you** ~ ich habe es dir ja (gleich) gesagt, b) auch: **you are tired and** ~ **am I** du bist müde und ich (bin es) auch; **I am stupid!** ~ **you are** ich bin dumm! allerdings(, das bist du)! **6.** also: ~ **you came after all** du bist also doch (noch) gekommen; ~ **what?** *colloq.* na und?, na wenn schon? **II** *conj* **7.** daher, folglich, deshalb, also, und so, so ... denn: **he was ill** ~ **they were quiet** er war krank, deshalb waren sie ruhig; **it was necessary** ~ **we did it** es war nötig, und so taten wir es (denn). **III** *interj* **8.** so!
soak [soʊk] **I** *v/i* **1.** sich vollsaugen, durchˈtränkt werden: ~**ing wet** tropfnaß. **2.** sickern (**in** (through) ein-(durch)sickern. **3.** ~ **in**(**to s.o.'s mind**) (*j-m*) langsam ins Bewußtsein eindringen. **4.** *colloq.* ‚saufen'. **II** *v/t* **5.** etwas einweichen. **6.** durchˈtränken, ‚nässen, -ˈfeuchten: ~**ed in blood** blutgetränkt, -triefend; → **skin** 1. **7.** *tech.* tränken, impräˈgnieren (*in* mit). **8.** ~ **in** einsaugen: **to** ~ **up** a) aufsaugen, b) *fig.* schlukken' (*Profit etc*), c) *fig.* Wissen etc in sich aufnehmen. **9.** ~ **o.s. in s.th.** *fig.* sich ganz in etwas versenken. **10.** *colloq.* ‚saufen': **to** ~ **o.s.** ‚sich vollaufen lassen'; ~**ed voll'. 11.** *Am. sl.* a) *j-n* ‚verdreschen', b) *fig.* ‚es *j-m* besorgen'. **12.** *sl. j-n* schröpfen *od.* ‚ausnehmen'. **III** *s* **13.** Einweichen *n*, Durchˈtränken *n*: **to give s.th. a** ~ etwas einweichen. **14.** *tech.* Imprä-ˈgnieren *n*. **15.** Einweichflüssigkeit *f*. **16.** *colloq.* a) Säufer *m*, b) Saufeˈrei *f*. **17.** *Br. colloq.* ‚Dusche' *f*, Regenguß *m*.
ˈ**soak·age** *s* **1.** Ein-, Aufsaugen *n*. **2.** ˈDurchsickern *n*. **3.** ˈdurchgesickerte Flüssigkeit, Sickerwasser *n*.
ˈ**soak·er** *s* → **soak** 17.
ˈ**so-and-so** *pl* **-sos** *s colloq.* **1.** Herr *od.* Frau *od.* Frl. Soundso: ~ **came to see me. 2.** *euphem. H*und *m*, gemeiner Kerl.
soap [soʊp] **I** *s* **1.** Seife *f*. **2.** *chem.* Seife *f*, Alˈkalisalze *pl* der Fettsäuren. **3.** → **soft soap** 2. **4.** *Am.* → **soap opera**. **5.** *Am. colloq.* (**it's**) **no** ~ nichts zu machen!, (*ablehnend a.*) nichts da!; **it was no** ~ da war nichts zu machen. **II** *v/t* **6.** *a.* ~ **down** ein-, abseifen. **7.** → **soft-soap**. ˈ~**boil·er** *s tech.* Seifensieder *m*. ˈ~**box** *s* **1.** ˈSeifenkiste *f*, -karˌton *m*. **2.** ‚Seifenkiste' *f* (*improvisierte Rednerbühne*). **3.** Seifenkiste *f* (*Fahrzeug*). **III** *adj* **4.** Seifenkisten...: ~ **orator** Volks-, Straßenredner *m*; ~ **derby** Seifenkistenrennen *n*. ˈ~**ˌbub·ble** *s* Seifenblase *f* (*a. fig.*). ~ **dish** *s* Seifenschale *f*, -halter *m*. ~ **earth** *s min.* Tonseife *f*. ~ **op·er·a** *s*

Rundfunk, TV: ‚Seifenoper' *f (rührselige [Familien]Serie).* ~ **pow·der** *s* Seifenpulver *n.* '**~stone** *s min.* Seifen-, Speckstein *m.* '**~suds** *s pl* Seifenlauge *f, -*wasser *n.* '**~works** *s pl (oft als sg konstruiert) tech.* Seifensiede'rei *f.*
'**soap·y** *adj (adv* **soapily) 1.** seifig, Seifen...: ~ **water. 2.** seifig, seifenartig. **3.** *sl.* ölig, schmeichlerisch.
soar [sɔ:(r); *Am. a.* saʊr] **I** *v/i* **1.** (hoch) aufsteigen, sich erheben *(Vogel, Berge etc).* **2.** in großer Höhe fliegen *od.* schweben: **~ing eagle. 3.** *aer.* segeln, gleiten. **4.** *fig.* sich em'porschwingen *(Geist, a. Stimme etc):* **~ing thoughts** hochfliegende Gedanken. **5.** in die Höhe schnellen *(Preise etc).* **II** *s* **6.** Hochflug *m (a. fig.).* '**soar·ing I** *adj (adv* **~ly) 1.** hochfliegend *(a. fig.).* **2.** *fig.* a) em'porstrebend, b) erhaben. **II** *s* **3.** *aer.* Segeln *n,* Gleiten *n.*
sob [sɒb; *Am.* sɑb] **I** *v/i* schluchzen. **II** *v/t a.* ~ **out** (her'aus)schluchzen: **to** ~ **o.s. to sleep** sich in den Schlaf weinen; → **heart** *Bes. Redew.* **III** *s* **3.** Schluchzen *n,* schluchzender Laut: ~ **sister** *colloq.* a) Briefkastentante *f,* -onkel *m (e-r Zeitschrift),* b) Verfasser(in) rührseliger Romane *etc;* ~ **story** *colloq.* rührselige Geschichte; ~ **stuff** *colloq.* rührseliges Zeug.
so·be·it [saʊ'bi:ɪt] *conj obs.* wenn nur, wo'fern.
so·ber ['saʊbə(r)] **I** *adj (adv* **~ly) 1.** nüchtern *(nicht betrunken):* (**as**) ~ **as a judge** stocknüchtern. **2.** mäßig *(Person).* **3.** nüchtern, sachlich: **a** ~ **businessman; a** ~ **mind;** ~ **facts** nüchterne Tatsachen; **in** ~ **fact** nüchtern betrachtet. **4.** gesetzt, so'lide, ernsthaft, vernünftig *(Person).* **5.** nüchtern, unauffällig: ~ **colo(u)rs** gedeckte Farben. **II** *v/t* **6.** *oft* ~ **up** ernüchtern **to have a ~ing effect on s.o.** auf j-n ernüchternd wirken. **III** *v/i* **7.** *oft* ~ **down** *(od.* **up)** a) nüchtern werden, ausnüchtern, b) *fig.* Verstand annehmen, vernünftig werden. '~'**mind·ed** *adj* nüchtern, besonnen, vernünftig. '**~sides** *s* ‚Trauerkloß' *m,* fader Kerl.
so·bri·e·ty [saʊ'braɪətɪ; sə-] *s* **1.** Nüchternheit *f (a. fig.).* **2.** Mäßigkeit *f.* **3.** Ernst(haftigkeit *f) m.* [*name m.*]
so·bri·quet ['saʊbrɪkeɪ] *s* Spitz-, Beiname *m.*
soc·age ['sɒkɪdʒ; *Am.* 'sɑ-; 'saʊ-] *s jur. hist.* **1.** *(nicht zum Ritter- u. Heeresdienst verpflichtende)* Lehensleistung. **2.** Belehnung *f (auf dieser Grundlage),* Frongut *n.*
'**so-'called** *adj* sogenannt *(a. angeblich).*
soc·cage → **socage**
soc·cer ['sɒkə; *Am.* 'sɑkər] *sport* **I** *s* Fußball *m (Spiel).* **II** *adj* Fußball...: ~ **team;** ~ **ball** Fußball *m.*
so·cia·bil·i·ty [ˌsaʊʃə'bɪlətɪ] *s* Geselligkeit *f,* 'Umgänglichkeit *f.*
so·cia·ble ['saʊʃəbl] **I** *adj (adv* **sociably) 1.** a) gesellig, 'umgänglich, freundlich, b) zutraulich *(Tier).* **2.** ungezwungen, gemütlich, gesellig: **a** ~ **evening. 3.** → **social** 1. **II** *s* **4.** *hist.* Kremser *m,* offener, vierrädriger Kutschwagen *(mit Längssitzen).* **5.** Zweisitzer *m (Dreirad etc).* **6.** Plaudersofa *n.* **7.** *bes. Am.* → **social** 9.
'**so·cia·ble·ness** → **sociability.**
so·cial ['saʊʃl] **I** *adj (adv* **~ly) 1.** *zo. etc* gesellig: **man is a** ~ **animal** der Mensch ist ein geselliges Wesen; ~ **bees** soziale *od.* staatenbildende Bienen. **2.** gesellig, gemeinschaftlich. **3.** → **sociable** 1. **4.** sozi'al, gesellschaftlich: ~ **position,** ~ **rank** gesellschaftlicher Rang, soziale Stellung. **5.** *sozi'al,* gesellschafts...: ~ **criticism** Sozialkritik *f;* **~ly critical** sozialkritisch; ~ **legislation** soziale Gesetzgebung; ~ **policy** Sozialpolitik *f.* **6.** *pol.* sozia'listisch, Sozial...: **S~ Democrat** Sozialdemokrat(in). **7.** *med.*

Volks..., Sozial...: ~ **diseases** *euphem.* Geschlechtskrankheiten. **8.** for'mell. **II** *s* **9.** geselliges Bei'sammensein.
so·cial| an·thro·pol·o·gy *s* Ethnosoziolo'gie *f.* ~ **climb·er** *s j-d, der versucht, gesellschaftlich emporzukommen,* Aufsteiger *m, contp.* Streber *m.* ~ **con·tract** *s* Gesellschaftsvertrag *m.* ~ **con·trol** *s sociol.* sozi'ale Kon'trolle, (zwingende) Einflußnahme der Gesellschaft. ~ **dance** *s* Gesellschaftstanz *m.* ~ **dis·tance** *s sociol.* sozi'ale Dis'tanz. ~ **en·gi·neer·ing** *s sociol.* angewandte Sozi'alwissenschaft. ~ **e·vil** *s* Prostituti'on *f.* ~ **in·sur·ance** *s econ.* Sozi'alversicherung *f:* ~ **benefits** Sozialversicherungsleistungen; ~ **contributions** Sozialversicherungsbeiträge.
so·cial·ism ['saʊʃəlɪzəm] *s* Sozia'lismus *m.* '**so·cial·ist I** *s* Sozia'list(in). **II** *adj* sozia'listisch: **S~ International** *pol.* Sozialistische Internationale. ˌ**so·cial'is·tic** *adj (adv* **~ally)** sozia'listisch.
so·cial·ite ['saʊʃəlaɪt] *s colloq.* Angehörige(r *m) f* der oberen Zehn'tausend.
so·ci·al·i·ty [ˌsaʊʃɪ'ælətɪ] *s* **1.** Geselligkeit *f.* **2.** Geselligkeitstrieb *m.*
so·cial·i·za·tion [ˌsaʊʃəlaɪ'zeɪʃn; *Am.* -lə'z-] *s econ. pol. sociol.* Soziali'sierung *f,* Sozialisati'on *f.* '**so·cial·ize I** *v/t* **1.** auf das Leben (in der Gesellschaft) vorbereiten. **2.** *econ. pol.* soziali'sieren, verstaatlichen, vergesellschaften: **~d medicine** *Am.* verstaatlichtes Gesundheitswesen. **3.** *sociol. psych.* soziali'sieren *(in die Gesellschaft hineinwachsen lassen).* **4.** *ped.* gemeinsam erarbeiten (lassen): **to** ~ **a recitation. II** *v/i* **5.** gesellschaftlich verkehren (**with** mit).
so·cial| or·der *s sociol.* Gesellschaftsordnung *f.* ~ **or·gan·i·za·tion** *s sociol.* Ge'sellschaftsstruk,tur *f.* ~ **psy·chol·o·gy** *s* Sozi'alpsycholo,gie *f.* ~ **sci·ence** *s* Sozi'alwissenschaft *f.* ~ **sec·re·tar·y** *s* Pri'vatsekre,tär(in). ~ **se·cu·ri·ty** *s* **1.** sozi'ale Sicherheit. **2.** Sozi'alversicherung *f.* **3.** Sozi'alhilfe *f:* **to be on** ~ Sozialhilfe beziehen. ~ **serv·ic·es** *s pl* staatliche Sozi'alleistungen *pl.* ~ **struc·ture** *s sociol.* Ge'sellschaftsstruk,tur *f.* ~ **stud·ies** *s pl ped. Br.* Landeskunde *f.* ~ **sys·tem** *s pol.* Ge'sellschafts,system *n.* ~ **work** *s* Sozi'alarbeit *f.* ~ **work·er** *s* Sozi'alarbeiter(in).
so·ci·e·tal [sə'saɪətl] *adj* Gesellschafts..., gesellschaftlich.
so·ci·e·ty [sə'saɪətɪ] *s* **1.** *allg.* Gesellschaft *f:* a) Gemeinschaft *f:* **human** ~; ~ **of nations** Familie *f* der Nationen, b) gesellschaftliche 'Umwelt, c) *sociol.* Kul'turkreis *m.* **2.** (die große *od.* ele'gante) Gesellschaft *od.* Welt: **not fit for good** ~ nicht salon- *od.* gesellschaftsfähig; ~ **lady** Dame *f* der großen Gesellschaft; **the leaders of** ~ die Spitzen der Gesellschaft; ~ **column** Gesellschaftsspalte *f (in e-r Zeitung).* **3.** Gesellschaft *f:* a) (gesellschaftlicher) 'Umgang, Verkehr *m:* **he is cut off from all** ~, b) Anwesenheit *f.* **4.** Gesellschaft *f,* Vereinigung *f,* Verein *m:* **S~ of Friends** Gesellschaft der Freunde, (die) Quäker *pl;* ~ **of Jesus** Gesellschaft Jesu, (der *f)* Jesuitenorden. **5.** *bot.* Pflanzengesellschaft *f.* **6.** *relig. Am.* Ortskirchenverwaltung *f (der Kongregationalisten).*
socio- [saʊsɪə-; -jə; -sɪəʊ-; -ʃjəʊ-; -ʃɪəʊ] *Wortelement mit den Bedeutungen* a) Gesellschafts..., Sozial..., b) soziologisch: **~biology** Soziobiologie *f;* **~critical** sozialkritisch; **~economic** sozialwirtschaftlich; **~linguistics** Soziolinguistik *f;* **~political** sozialpolitisch; **~psychology** Sozialpsychologie *f.*
so·ci·og·e·ny [ˌsaʊsɪ'ɒdʒɪnɪ; *Am.* -'ɑ-] *s*

Wissenschaft *f* vom Ursprung der menschlichen Gesellschaft.
so·ci·o·gram ['saʊsjəʊgræm; -sɪəʊ-] *s* Sozio'gramm *n.*
so·ci·og·ra·phy [ˌsaʊsɪ'ɒgrəfɪ; *Am.* -'ɑg-] *s* Soziogra'phie *f.*
so·ci·o·log·i·cal [ˌsaʊsɪə'lɒdʒɪkl; *Am.* -'lɑdʒ-] *adj (adv* **~ly)** sozio'logisch. ˌ**so·ci·ol·o·gist** [-sɪ'ɒlədʒɪst; *Am.* -'ɑl-] *s* Sozio'loge *m.* ˌ**so·ci'ol·o·gy** [-sɪ'ɒlədʒɪ; *Am.* -'ɑl-] *s* Sozio'lo,gie *f.*
sock[1] [sɒk; *Am.* sɑk] **I** *s* **1.** *pl econ. a.* **sox** Socke *f,* Socken *m:* **to pull up one's ~s** *Br. colloq.* ‚sich am Riemen reißen'; **put a ~ in it!** *Br. sl.* hör auf!, halt's Maul!; **he is six feet tall in his ~s** er ist sechs Fuß groß ohne Schuhe. **2.** *Br.* Einlegesohle *f.* **3.** Soccus *m: a) antiq.* Schuh der Komödienspieler, b) Sinnbild für die Komödie. **II** *v/t* **4.** ~ **in** *aer. sl.* am Abflug hindern: **planes ~ed in by fog. 5.** ~ **away** *Am. sl.* Geld ‚auf die hohe Kante legen'.
sock[2] [sɒk; *Am.* sɑk] *sl.* **I** *v/t* **1.** *j-m* ‚ein Ding *(e-n harten Schlag)* verpassen': **to** ~ **s.o. on the jaw** *j-m* e-n Kinnhaken ‚verpassen'. **2.** knallen: **big hailstones were ~ing me on the head. 3.** ~ **it to s.o.** *j-m* ‚Bescheid stoßen'. **II** *s* **4.** harter Schlag: **to give s.o. a** ~ **on the jaw** *j-m* e-n Kinnhaken ‚verpassen'. **5.** *Am.* → **punch**[1] 3. **III** *adj* **6.** *Am.* ‚toll', ‚Bomben...': **a** ~ **play.**
sock·dol·a·ger, sock·dol·o·ger [sɑk'dɑlɪdʒər] *s Am. sl.* **1.** entscheidender Schlag. **2.** *fig.* a) ‚Volltreffer' *m,* b) ‚Mordsding' *n,* ‚dicker Hund'.
sock·et ['sɒkɪt; *Am.* 'sɑkət] **I** *s* **1.** *anat.* a) (Augen-, Zahn)Höhle *f,* b) Gelenkpfanne *f.* **2.** *tech.* Steckhülse *f,* Muffe *f,* Rohransatz *m.* **3.** *electr.* a) Steckdose *f,* b) Fassung *f (e-r Glühlampe),* c) Sockel *m (für Röhren etc),* d) Anschluß *m:* ~ **for headphones** Kopfhöreranschluß *m.* **II** *v/t* **4.** mit e-r Muffe *etc* versehen. **5.** in e-e Muffe *od.* Steckdose tun. ~ **joint** *s anat. tech.* Kugelgelenk *n.* ~ **wrench** *s tech.* Steckschlüssel *m.* [Sockel *m.*]
so·cle ['saʊkl; *Am. a.* 'sɑkəl] *s arch.*
So·crat·ic [sɒ'krætɪk; *bes. Am.* sə-; saʊ-] **I** *adj (adv* **~ally)** so'kratisch: ~ **irony**-method. **II** *s* So'kratiker *m.*
sod[1] [sɒd; *Am.* sɑd] **I** *s* **1.** Grasnarbe *f:* **under the** ~ *unterm* Rasen *(tot).* **2.** Rasenstück *n.* **II** *v/t* **3.** mit Rasen bedecken.
sod[2] [sɒd; *Am.* sɑd] *bes. Br. sl.* **I** *s* **1.** ‚Heini' *m,* Blödmann *m:* **you** ~! du blöder Hund! **2.** Kerl *m:* **a nice old** ~. **3. I don't give** *(od.* **care) a** ~ das ist mir ‚scheißegal'! **II** *v/t* **4.** ~ **it!** ‚Scheiße!' **III** *v/i* **5.** ~ **off** *(meist imp)* ‚Leine ziehen' *(verschwinden).*
sod[3] [sɒd; *Am.* sɑd] *obs. pret von* **seethe.**
so·da ['saʊdə] *s chem.* **1.** Soda *f, n,* kohlensaures Natrium: (**bicarbonate of**) ~ → **sodium bicarbonate. 2.** → **sodium hydroxide. 3.** ‚Natriumo,xyd *n.* **4.** Soda(wasser) *n:* **whisky and** ~. **5.** → **soda water** 2. ~ **ash** *s* **1.** *econ.* Soda *f, n.* **2.** *chem.* Sodaasche *f.* ~ **bis·cuit,** *Am.* ~ **crack·er** *s* Keks *m (mit doppeltkohlensaurem Natrium gebacken).* ~ **foun·tain** *s Am.* **1.** Siphon *m.* **2.** Ausschank *m (für nichtalkoholische Getränke) (Raum).* ~ **jerk(·er)** *s Am. colloq.* Verkäufer *m* in e-m Ausschank. ~ **lime** *s chem.* Natronkalk *m.*
so·da·lite ['saʊdəlaɪt] *s min.* Soda'lith *m.*
so·dal·i·ty [saʊ'dælɪtɪ] *s R.C.* karita'tive Bruderschaft.
so·da| lye *s* Natronlauge *f.* ~ **pop** *s Am. colloq.* ‚Limo' *f (Limonade).* ~ **wa·ter** *s* **1.** Sodawasser *n.* **2.** Mine'ral-, Selterswasser *n,* Sprudel *m.*
sod·den[1] ['sɒdn; *Am.* 'sɑdn] **I** *obs. pp von* **seethe. II** *adj* **1.** durch'näßt, -'weicht.

2. teigig, klitschig: ~ **bread**. 3. aufgedunsen, -geschwemmt: ~ **face**. 4. *colloq.* ‚voll', ‚besoffen'. 5. *colloq.* a) ‚blöd', ‚doof', b) fad, c) träg.
sod·den² ['sɒdn; *Am.* 'sɑdn] **I** *v/t* 1. durch'nässen, -'weichen. 2. *j-n* aufschwemmen. 3. a) *j-n* träge machen, b) *j-n* ‚verblöden' lassen. **II** *v/i* 4. durch'näßt *od.* aufgeweicht werden.
so·di·um ['səʊdjəm; -ıəm] *s chem.* Natrium *n.* ~ **bi·car·bon·ate** *s chem.* 'Natrium₁bikarbo₁nat *n,* doppeltkohlensaures Natrium. ~ **car·bon·ate** *s chem.* Soda *f, n,* 'Natriumkarbo₁nat *n.* ~ **chlo·ride** *s chem.* Kochsalz *n,* 'Natriumchlo₁rid *n.* ~ **hy·drox·ide** *s chem.* 'Natriumhydro₁xyd *n,* Ätznatron *n.* ~ **hy·po·chlo·ride** *s chem.* 'Natriumhypo₁rit *n.* ~ **lamp** → sodium-vapo(u)r lamp. ~ **ni·trate** *s chem.* 'Natriumni₁trat *n,* 'Natron-, 'Chilesal₁peter *m.* ~ -'**va·po(u)r lamp** *s electr.* Natriumdampflampe *f.*
Sod·om ['sɒdəm; *Am.* 'sɑ-] *s* 1. *Bibl.* Sodom *n.* 2. *fig.* Sodom *n* (u. Go'morrha *n*) (*lasterhafter Ort*). '**sod·om·ite** *s j-d,* der Analverkehr ausübt, *a.* Sodo'mit(in). '**sod·om·y** *s* 'widerna₁türliche Unzucht, *bes.* A'nalverkehr *m, a.* Sodo'mie *f.*
so·ev·er [səʊ'evə(r)] *adv* (**wer** *etc*) auch immer.   [couch *f.*]
so·fa ['səʊfə] *s* Sofa *n.* ~ **bed** *s* Bett-
sof·fit ['sɒfit; *Am.* 'sɑf-] *s arch.* Laibung *f.*
soft [sɒft; *bes. Am.* sɔːft] **I** *adj* (*adv* ~**ly**) 1. *allg.* weich: (**as**) ~ **as silk** seidenweich; ~ **prices** *econ.* nachgiebige Preise; ~ **rays** *phys.* weiche Strahlen; ~ **selling**, *colloq.* ~ **sell** weiche Verkaufstaktik. 2. *tech.* weich, *bes.* a) ungehärtet (*Eisen*), b) schmiedbar (*Metall*), c) bröck(e)lig (*Gestein*), d) enthärtet (*Wasser*). 3. glatt, weich: ~ **hair**; ~ **skin**. 4. mild, lieblich: ~ **wine**. 5. *fig.* weich, sanft: ~ **eyes** (**heart, words,** *etc*). 6. sacht, leise: ~ **movements** (**noise, talk,** *etc*). 7. sanft, gedämpft: ~ **colo(u)rs** (**light, music,** *etc*). 8. schwach, verschwommen: ~ **outlines**; ~ **negative** *phot.* weiches Negativ. 9. mild, sanft: ~ **climate**; ~ **rain**. 10. *fig.* schwül, regnerisch, feucht. 11. sanft: ~ **sleep** (**touch,** *etc*); ~ **punishment** milde Strafe; **to be** ~ **with s.o.** sanft umgehen mit *j-m.* 12. ruhig, höflich, gewinnend: ~ **manners**. 13. leicht beeinflußbar. 14. gefühlvoll, empfindsam. 15. *contp.* schlaff, verweichlicht. 16. *colloq.* leicht, angenehm, gemütlich: **a** ~ **job**; **a** ~ **thing** e-e ‚ruhige Sache'. 17. a) alkoholfrei: ~ **drinks**, b) weich: ~ **drugs**. 18. *a.* ~ **in the head** *colloq.* leicht ‚bescheuert', ‚doof'. 19. *ling.* a) stimmhaft: ~ **mutes** stimmhafte Verschlußlaute, b) als Zischlaut gesprochen, c) palatali'siert.
II *adv* 20. sanft, leise: **to speak** ~.
III *s* 21. (*das*) Weiche *od.* Sanfte. 22. weicher Gegenstand, weiches Materi'al *etc.* 23. → **softy**.
soft|an·neal·ing *s tech.* Weichglühen *n.* ~-'**ball** *s sport* a) Softball(spiel) *n* (*Abart des Baseball, mit weicherem u. größerem Ball*), b) *der bei a verwendete Ball.* ~-'**boiled** *adj* 1. weich(gekocht) (*Ei*). 2. *colloq.* weichlich. ~-'**cen·tred** *adj Br.* mit Cremefüllung (*Gebäck etc*). ~ **coal** *s tech.* Weichkohle *f.* ~ **core** → soft-core II. ~-'**core I** *adj:* ~ **pornography** → II. **II** *s* 'Softpornogra₁fie *f.* ~ **cur·ren·cy** *s econ.* weiche Währung.
sof·ten ['sɒfn; *Am.* 'sɔːfən] **I** *v/t* 1. weich *od.* biegsam machen. 2. Farbe, Stimme, Ton dämpfen. 3. Wasser enthärten. 4. *fig.* mildern. 5. *j-n* erweichen, *j-s* Herz rühren. 6. *j-n* verweichlichen. 7. *a.* ~ **up** *a*) *mil. den Gegner* zermürben, weichmachen, b) *mil. e-e Festung etc* sturmreif schießen, c)

potentielle Kunden kaufwillig stimmen. 8. *econ. die Preise* drücken. **II** *v/i* 9. weich(er) *od.* sanft(er) *od.* mild(er) werden. '**sof·ten·er** *s* 1. Enthärtungsmittel *n.* 2. Weichmacher *m* (*bei Kunststoffen etc*). '**sof·ten·ing** *s* 1. Erweichen *n*: ~ **agent** *tech.* Weichmacher *m;* ~ **point** *tech.* Erweichungspunkt *m;* ~ **of the brain** *med.* Gehirnerweichung *f.* 2. *ling.* Erweichung *f (e-s Lautes).*
soft|**fur·nish·ings** *s pl Br.* Teppiche *pl,* Vorhänge *pl,* Gar'dinen *pl etc.* ~ **goods** *s pl Br.* Tex'tilien *pl.* ~ **hail** *s* Eisregen *m.* ~-'**head** *s* Schwachkopf *m.* ~-'**head·ed** *adj* leicht ‚bescheuert', ‚doof'. ~-'**heart·ed** *adj* weichherzig. ~-'**land** *v/t u. v/i Raumfahrt:* weich landen. ~ **land·ing** *s Raumfahrt:* weiche Landung. ~ **lead** [led] *s* Weichblei *n.* ~ **line** *s bes. pol.* weicher Kurs: **to follow** (*od.* **adopt**) **a** ~ e-n weichen Kurs einschlagen. ~-'**line** *adj bes. pol.* kompro'mißbereit. ~-'**lin·er** *s bes. pol.* j-d, der e-n weichen Kurs einschlägt. ~ **mon·ey** *s econ. colloq.* Pa'piergeld *n.*
'**soft·ness** *s* 1. Weichheit *f,* Zartheit *f.* 2. Sanftheit *f,* Milde *f.* 3. *contp.* Weichlichkeit *f.*
soft|**ped·al** *s* 1. *mus.* Pi'anope₁dal *n,* linkes Pe'dal. 2. *colloq.* ‚Dämpfer' *m*: **to put a** ~ **on s.th.** e-r Sache e-n Dämpfer aufsetzen. ~-'**ped·al** *v/t* 1. (*a. v/i*) mit dem Pi'anope₁dal spielen. 2. *colloq.* etwas ‚her'unterspielen'. ~ **sci·ence** *s* a) Gesellschafts-, Sozi'alwissenschaft *f,* b) Verhaltenswissenschaft *f.* ~-'**shelled** *adj zo.* weichschalig: ~ **crab;** ~ **turtle** Weichschildkröte *f.* ~ **shoul·der** *s* nicht befestigtes Ban'kett. ~ **soap** *s* 1. *chem.* Schmierseife *f.* 2. *colloq.* ‚Schmus' *m,* Schmeiche'lei(en *pl*) *f,* Kompli'mente *pl.* ~-'**soap** *v/t j-m* ‚um den Bart gehen'. ~ **sol·der** *s tech.* Weich-, Schnellot *n.* ~-'**sol·der** *v/t tech.* weichlöten. ~-'**spo·ken** *adj* 1. leise sprechend: **to be** ~ leise sprechen. 2. gewinnend, freundlich. ~ **tech·nol·o·gy** *s* alterna'tive Technolo'gie. ~ **verge** → soft shoulder. ~-'**ware** *s* Software *f*: a) *Computer:* Programme *etc,* b) Sprachlabor: Be'gleitmateri₁al *n* (*Ggs. technische Ausrüstung*). ~-'**wood** *s* 1. Weichholz *n.* 2. Baum *m* mit weichem Holz. 3. Nadel(baum)holz *n.*
'**soft·y** *s colloq.* 1. Trottel *m.* 2. Schwächling *m,* ‚Schlappschwanz' *m.*
sog·gy ['sɒgı; *Am. a.* 'sɑ-] *adj* 1. feucht, sumpfig. 2. durch'näßt, -'weicht. 3. teigig, klitschig: ~ **bread**. 4. *colloq.* a) ‚blöde', ‚doof', b) fade, c) träg.
soi-di·sant [₁swɑːdiːˈzɑ̃ː] *adj* sogenannt, angeblich.
soi·gné *m,* **soi·gnée** *f* ['swɑːnjeɪ; *Am.* swɑːˈnjeɪ] *adj* soi'gniert, gepflegt.
soil¹ [sɒɪl] **I** *v/t* 1. beschmutzen: a) schmutzig machen, verunreinigen, b) *bes. fig.* besudeln, beflecken. **II** *v/i* 2. schmutzig werden, *leicht etc* schmutzen. **III** *s* 3. Verschmutzung *f.* 4. Schmutzfleck *m.* 5. Schmutz *m.* 6. Dung *m.* 7. *hunt. obs.* Suhle *f*: **to go** (*od.* **run**) **to** ~ Zuflucht suchen (*Wild*).
soil² [sɒɪl] *s* 1. (Erd)Boden *m,* Erde *f,* Grund *m.* 2. *fig.* (Heimat)Erde *f,* Scholle *f,* Land *n*: **on British** ~ auf britischem Boden.
soil³ [sɒɪl] *v/t Vieh* mit Grünfutter füttern.
'**soil·age** *s agr.* Grünfutter *n.*
soil|**pipe** *s tech.* Abflußrohr *n* (*bes. am Klosett*). ~-**re₁sist·ing** *adj* schmutzabstoßend, -abweisend.
soi·ree, soi·rée ['swɑːreɪ; *Am.* swɑːˈreɪ] *s* Soi'ree *f,* Abendgesellschaft *f.*
so·journ ['sɒdʒɜːn; 'sʌdʒ-; *Am.* 'səʊ₁dʒɜːrn; səʊˈdʒ-] **I** *v/i* 1. sich (vor'über-

gehend) aufhalten, (ver)weilen (**in** in *od.* an *dat;* **with** bei). **II** *s* 2. (vor'übergehender) Aufenthalt. 3. *obs.* Aufenthaltsort *m.* '**so·journ·er** *s* Gast *m,* Besucher (-in).
soke [səʊk] *s jur. Br. hist.* 1. Gerichtsbarkeit *f.* 2. Gerichtsbarkeitsbezirk *m.* '~-**man** [-mən] *s irr* Lehnsmann *m.*
Sol¹ [sɒl; *Am.* sɑl] (*Lat.*) *s* 1. *poet.* Sonne *f.* 2. *antiq.* Sonnengott *m.*
sol² [sɒl; *Am.* səʊl] *s mus.* sol *n* (*Solmisationssilbe*).
sol³ [sɒl; *Am. a.* sɑl] *pl* **sols** [-z], **'so·les** [-leɪs] *s* Sol *m* (*peruanische Währungseinheit*).   [(*Lösung*).]
sol⁴ [sɒl; *Am. a.* sɑl] *s chem.* Sol *n* (*kolloide*)
so·la¹ ['səʊlə] *s bot.* Solastrauch *m.*
so·la² ['səʊlə] *f* (*Lat.*) *adj u. adv* al'lein (*bes. bei Bühnenanweisungen*).
sol·ace ['sɒləs; *Am.* 'sɑləs] **I** *s* 1. Trost *m*: **she found** ~ **in religion**. **II** *v/t* 2. trösten: **to** ~ **o.s.** (**with s.th.**) sich (mit etwas) trösten. 3. mildern, lindern: **to** ~ **grief**.   [Tölpel *m.*]
so·lan ['səʊlən] *s a.* ~ **goose** *orn. obs.*
so·la·num [səʊˈleɪnəm; sə'l-] *s bot.* Nachtschatten *m.*
so·lar ['səʊlə(r)] **I** *adj* 1. *astr.* Sonnen...: ~ **day** (**spectrum, system, time,** *etc*); ~ **constant** Solarkonstante *f;* ~ **eclipse** Sonnenfinsternis *f;* ~ **motion** Bewegung *f* des Sonnensystems; ~ **plexus** *anat.* a) Solarplexus *m,* b) *colloq.* Magengrube *f.* 2. *tech.* a) Sonnen...: ~ **cell** (**energy** *od.* **power,** *etc*); ~ **collector** (*od.* **panel**) Sonnenkollektor *m;* ~ **furnace** Sonnenofen *m,* b) durch 'Sonnenener₁gie angetrieben: ~ **battery** Sonnenbatterie *f;* ~ **plant,** ~ **power station** Sonnen-, Solarkraftwerk *n.* **II** *s* 3. 'Sonnenener₁gie *f.*
so·lar·i·a [səʊˈleərɪə; sə'l-] *pl* von solarium.
so·lar·im·e·ter [₁səʊləˈrɪmɪtə(r)] *s phys.* Solari'meter *n* (*Gerät zur Messung der Sonnen- u. Himmelsstrahlung*).
so·lar·i·um [səʊˈleərɪəm; sə'l-] *pl* **-i·a** [-ɪə], **-i·ums** *s* 1. *med.* Sonnenliegehalle *f.* 2. 'Sonnenter₁rasse *f.* 3. So'larium *n.*
so·lar·i·za·tion [₁səʊlərɪˈzeɪʃn; *Am.* -rə'z-] *s* 1. *med.* Lichtbehandlung *f.* 2. *tech.* 'Umstellung *f* auf 'Sonnenener₁gie. 3. *phot.* Solarisati'on *f.* '**so·lar·ize** **I** *v/t* 1. *med. j-n* mit Lichtbädern behandeln. 2. *tech.* Haus *etc* auf 'Sonnenener₁gie 'umstellen. 3. *phot.* solari'sieren. **II** *v/i* 4. *phot.* solari'sieren.
so·la·ti·um [səʊˈleɪʃjəm; -ʃɪəm] *pl* **-ti·a** [-jə;-ʃɪə] *s bes. Am.* Schmerzensgeld *n* (*bei Verletzung des Persönlichkeitsrechts*).
'**so·lar-₁pow·ered** *adj* 1. durch 'Sonnenener₁gie angetrieben. 2. mit 'Sonnenbatte₁rien gespeist *od.* betrieben.
sold [səʊld] *pret u. pp von* **sell**.
sol·der ['sɒldə; 'səʊl-; *Am.* 'sɑːdər; 'sɔː-] **I** *s* 1. *tech.* Lot *n,* 'Lötme₁tall *n*: → **hard** (**soft**) **solder**. 2. *fig.* Kitt *m,* Bindemittel *n.* **II** *v/t* 3. *tech.* (ver)löten. ~**ed joint** Lötstelle *f;* ~**ing iron** Lötkolben *m;* ~**ing paste** Lötpaste *f.* 4. *fig.* zs.-schweißen, verbinden. **III** *v/i* 5. löten.
sol·dier ['səʊldʒə(r)] **I** *s* 1. *mil.* Sol'dat *m*: ~ **of Christ** Streiter *m* Christi; **old** ~ a) Veteran *m,* b) *colloq.* ‚alter Hase', c) *sl.* leere Flasche; ~ **of fortune** a) Söldner *m,* b) Glücksritter *m.* 2. *mil.* (einfacher) Sol'dat, Schütze *m,* Mann *m.* 3. *fig.* Kämpfer *m* (**in the cause of peace** für den Frieden). 4. *Am. colloq.* Drückeberger *m.* 5. *zo.* Krieger *m,* Sol'dat *m* (*bei Ameisen etc*). **II** *v/i* 6. (als Sol'dat) dienen *od.* kämpfen: **to go** ~**ing** Soldat werden. 7. ~ **on** *bes. Br.* (unermüdlich) weitermachen, aushalten. ~-'**like** *adj* sol'datisch. '**sol·dier·ly** *adj* 1. sol'datisch, mili'tärisch, kriegerisch. 2. Soldaten... '**sol·dier-**

ship *s* **1.** (*das*) Sol'datische. **2.** Sol-
'datentum *n*. **'sol·dier·y** *s* **1.** Mili'tär *n*.
2. Sol'daten *pl*.
sole[1] [səʊl] **I** *s* **1.** (Fuß)Sohle *f*. **2.** (Schuh-)
Sohle *f*: ~ **leather** Sohl(en)leder *n*.
3. *tech*. Bodenfläche *f*, Sohle *f*. **4.** *sport*
'Unterfläche *f* des Golfschlägers. **II** *v/t*
5. besohlen.
sole[2] [səʊl] *adj* (*adv* → **solely**) **1.** einzig,
al'leinig, Allein...: **the ~ reason** der ein-
zige Grund; ~ **agency** Alleinvertretung
f; ~ **bill** *econ*. Solawechsel *m*; ~ **heir**
Allein-, Universalerbe *m*. **2.** *bes. jur*. un-
verheiratet: ~ **feme** sole.
sole[3] [səʊl] *pl* **soles** [-z], *bes. collect.* **sole**
s ichth. Seezunge *f*.
sol·e·cism ['sɒlɪsɪzəm; *Am*. 'sɑlə-; 'səʊ-]
s Verstoß *m*, 'Schnitzer' *m*; a) *ling*.
Sprachsünde *f*, b) Faux'pas *m*, 'Sünde' *f*.
ˌsol·eˈcis·tic *adj* **1.** *ling*. 'unkor,rekt.
2. ungehörig.
sole·ly ['səʊllɪ] *adv* (einzig u.) al'lein,
ausschließlich, lediglich, nur.
sol·emn ['sɒləm; *Am*. 'sɑl-] *adj* (*adv* ~**ly**)
1. *allg*. feierlich, ernst, so'lenn: (**as**) ~ **as
an owl** *oft humor.* todernst. **2.** feierlich: ~
declaration; ~ **contract** *jur*. formeller
Vertrag; ~ **oath** feierlicher *od*. heiliger
Eid. **3.** ehrwürdig, hehr, erhaben: a ~
cathedral. **4.** festlich, feierlich: ~ **state
dinner** Staatsbankett *n*. **5.** gewichtig,
ernst(haft), ernsthaft: a ~ **warning**. **6.**
düster: ~ colo(u)rs.
sol·lem·ni·ty [səˈlemnətɪ] *s* **1.** Feierlich-
keit *f*, (feierlicher *od*. würdevoller) Ernst.
2. *oft pl* feierliches Zeremoni'ell. **3.** *bes.
relig*. Festlichkeit *f*, Feierlichkeit *f*. **4.** *jur*.
Förmlichkeit *f*. **sol·em·nize** ['sɒləm-
naɪz; *Am*. 'sɑl-] *v/t* **1.** feierlich begehen.
2. e-e Trauung (feierlich) voll'ziehen.
so·le·noid ['səʊlənɔɪd] *s electr. tech*. Sole-
no'id *n*, Zy'linderspule *f*: ~ **brake** So-
lenoidbremse *f*. **ˌso·leˈnoi·dal** *adj* sole-
no'idisch.
sol-fa [ˌsɒlˈfɑː; *Am*. ˌsəʊl-] *mus*. **I** *s* **1.** *a.* ~
syllables Solmisati'onssilben *pl*. **2.** Ton-
leiter *f*. **3.** Solmisati'on(sübung) *f*. **II** *v/t*
4. auf Solmisati'onssilben singen. **III** *v/i*
5. solmi'sieren.
sol·fa·ta·ra [ˌsɒlfəˈtɑːrə; *Am*. ˌsəʊl-] *s*
Solfa'tare *f* (*Schwefeldampfquelle in Vul-
kangebieten*).
so·li ['səʊlɪ] *pl von* **solo** 1.
so·lic·it [səˈlɪsɪt] **I** *v/t* **1.** sich bemühen
um: **to ~ an office** (*orders, etc*); **to ~
customers** Kundschaft werben. **2.** drin-
gend bitten (s.o. j-n; s.th. um etwas; s.o.
for s.th. *od*. s.th. **of** s.o. j-n um etwas).
3. Männer ansprechen (*Prostituierte*).
4. *jur*. anstiften. **II** *v/i* **5.** dringend bitten
(**for** um). **6.** Aufträge sammeln. **7.** *a.* ~
for the purpose of prostitution sich
sich anbieten (*Prostituierte*). **soˌlic·iˈta-
tion** *s* **1.** dringende Bitte. **2.** *econ*. (Auf-
trags-, Kunden)Werbung *f*. **3.** *jur*. An-
stiftung *f* (**of** zu). **4.** Ansprechen *n* (*durch
Prostituierte*).
so·lic·i·tor [səˈlɪsɪtə(r)] *s* **1.** *jur. Br*. So'li-
citor *m* (*Anwalt, der nur vor bestimmten
niederen Gerichten plädieren darf u. die
Schriftsätze für den barrister vorberei-
tet*). **2.** *jur. Am*. 'Rechtsrefe,rent *m*: **city ~**.
3. *Am*. A'gent *m*, Werber *m*. **gen·er·al**
pl **so·lic·i·tors gen·er·al** *s jur*. a) *Br*.
zweiter Kronanwalt, b) *Am*. stellvertre-
tender Ju'stizmi,nister, c) *Am*. oberster
Ju'stizbeamter (*in einigen Staaten*).
so·lic·i·tous [səˈlɪsɪtəs] *adj* (*adv* ~**ly**)
1. besorgt (**about, for** um, **wegen**). **2.** (of)
eifrig bedacht, erpicht (**auf** *acc*) begierig
(nach). **3.** bestrebt, eifrig bemüht (**to do**
zu tun). **soˈlic·i·tude** [-tjuːd] *Am. a.
-ˌtuːd] s* **1.** Besorgtheit *f*, Sorge *f*. **2.** *pl*
Sorgen *pl*. **3.** über'triebener Eifer.
sol·id ['sɒlɪd; *Am*. 'sɑləd] **I** *adj* (*adv* ~**ly**)

1. *allg*. fest: ~ **food** (**fuel, ice, wall**, *etc*);
~ **body** Festkörper *m*; ~ **lubricant** *tech*.
Starrschmiere *f*; ~ **state** *phys*. fester (Ag-
gregat)Zustand; ~ **waste** Festmüll *m*;
on ~ ground auf festem Boden (*a. fig.*).
2. hart, kom'pakt. **3.** dicht, geballt: ~
masses of clouds. **4.** sta'bil, mas'siv
(gebaut): ~ **buildings**. **5.** derb, fest, sta-
'bil, kräftig: **a ~ fabric**; ~ **build** kräftiger
Körperbau; ~ **leather** Kernleder *n*; a ~
meal ein kräftiges Essen. **6.** mas'siv
(*Ggs. hohl*), Voll...: ~ **axle** Vollachse *f*; ~
tire (*bes. Br.* **tyre**) Vollgummireifen *m*.
7. mas'siv, gediegen: ~ **gold**. **8.** *fig*. so-
'lid(e), gründlich: ~ **learning**. **9.** ge-
schlossen, zs.-hängend: **a ~ row of
buildings**. **10.** *colloq*. voll, 'geschlagen':
for a ~ hour. **11.** a) einfarbig (*Farbe*),
b) einfarbig: **a ~ background**. **12.** echt,
wirklich: ~ **comfort**. **13.** gewichtig, trif-
tig: ~ **reasons**; ~ **arguments** handfeste
Argumente. **14.** *fig*. so'lid(e), zuverlässig,
gediegen (*Person*). **15.** *econ*. so'lid(e).
16. *math*. a) körperlich, räumlich,
b) Kubik..., Raum...: ~ **capacity**; ~ **an-
gle** räumlicher Winkel; ~ **geometry**
Stereometrie *f*; a ~ **foot** ein Kubikfuß.
17. *print*. kom'preß, ohne 'Durchschuß.
18. kräftig, tüchtig: **a good ~ blow** ein
harter Schlag. **19.** geschlossen, einmütig,
so'lidarisch (**for** für *j-n od. etwas*): **to go**
(*od*. **be**) **~ for** s.o., **to be ~ly behind** s.o.
geschlossen hinter j-m stehen; **the ~
South** der einmütige Süden (*der USA,
der ständig für die Demokraten stimmt*); a
~ **vote** e-e einstimmige Wahl. **20. to be ~**
Am. colloq. auf gutem Fuß stehen (**with**
s.o. mit j-m). **21.** *Am. sl*. 'prima', 'Klasse',
erstklassig. [total ausgebucht.)
II *adv* **22. we are booked ~** wir sind ̲
III *s* **23.** *math*. Körper *m*. **24.** *phys*.
Festkörper *m*. **25.** *pl* feste Bestandteile *pl*:
the ~s of milk.
sol·i·dar·i·ty [ˌsɒlɪˈdærətɪ; *Am*. ˌsɑlə-] *s*
Solidari'tät *f*, Zs.-gehörigkeitsgefühl *n*,
Zs.-halt *m*: **to declare one's ~ with** s.o.
sich mit j-m solidarisch erklären. **'sol-
i·dar·y** [-dərɪ; *Am*. -ˌderɪ] *adj* soli'da-
risch.
'sol·id¦-drawn *adj tech*. gezogen: ~
axle; ~ **tube** nahtlos gezogenes Rohr. **~-
ˈfu·el(l)ed** *adj* mit festem Treibstoff
angetrieben: ~ **rocket** Feststoffrakete *f*.
~-ˈhoofed [-ft] *adj zo*. einhufig.
sol·i·di ['sɒlɪdaɪ; *Am*. 'sɑl-] *pl von* **sol-
idus**.
so·lid·i·fi·ca·tion [səˌlɪdɪfɪˈkeɪʃn] *s
phys. etc* Erstarrung *f*, Festwerden *n*.
so·lid·i·fy [-faɪ] *v/t* **1.** fest werden
lassen. **2.** verdichten. **3.** *fig*. festigen,
konsoli'dieren. **II** *v/i* **4.** fest werden,
erstarren. **5.** *fig*. sich festigen.
so·lid·i·ty [səˈlɪdətɪ] *s* Festigkeit *f* (*a.
fig.*), kom'pakte *od*. mas'sive *od*. sta'bile
Struk'tur, Dichtigkeit *f*.
'sol·id-state *adj electr*. 'volltransistori-
ˌsiert: **a ~ stereo set**. ~ **chem·is·try** *s*
'Festkörperche,mie *f*. ~ **phys·ics** *s pl*
(*meist als sg konstruiert*) 'Festkörperphy-
ˌsik *f*.
ˌsol·idˈun·gu·late *adj zo*. einhufig.
sol·i·dus ['sɒlɪdəs; *Am*. 'sɑl-] *pl* **-di** [-daɪ]
(*Lat.*) *s* **1.** *antiq*. Solidus *m* (*Goldmünze*).
2. Schrägstrich *m* (z. B. bei Datums-
angaben).
so·lil·o·quize [səˈlɪləkwaɪz] **I** *v/i* **1.** *bes.
thea*. monologi'sieren. **2.** Selbstgesprä-
che führen. **II** *v/t* **3.** etwas zu sich selbst
sagen. **soˈlil·o·quy** [-kwɪ] *s* **1.** *bes. thea*.
Mono'log *m*. **2.** Selbstgespräch *n*.
sol·i·ped ['sɒlɪped; *Am*. 'sɑlə-] *zo*. **I** *s*
Einhufer *m*. **II** *adj* einhufig.
sol·ip·sism ['sɒlɪpsɪzəm; *Am*. 'səʊl-;
'sɑl-] *s philos*. Solip'sismus *m* (*Lehre, daß
nur das Ich wirklich ist*).

sol·i·taire [ˌsɒlɪˈteə(r); 'sɒlɪ-; *Am*. 'sɑlə-]
s **1.** Soli'tär(spiel) *n*. **2.** *bes. Am*. Pati'ence *f*
(*Kartenspiel*). **3.** Soli'tär *m* (*einzeln ge-
faßter Edelstein*).
sol·i·tar·y ['sɒlɪtərɪ; *Am*. 'sɑləˌterɪ] **I** *adj*
(*adv* **solitarily**) **1.** einsam: **a ~ life** (**walk**,
etc). **2.** einzeln, einsam: **a ~ rider** (**tree**,
etc); → **confinement** 5. **3.** *fig*. einzig: **a ~
exception**. **4.** *bot. zo*. soli'tär: ~ **bees**.
II *s* **5.** *colloq*. Einzelhaft *f*.
sol·i·tude ['sɒlɪtjuːd; *Am*. 'sɑləˌtjuːd; *a.
-ˌtuːd*] *s* **1.** Einsamkeit *f*, Abgeschieden-
heit *f*. **2.** (Ein)Öde *f*.
sol·ler·et [ˌsɒləˈret; *Am*. ˌsɑl-] *s hist*. Ei-
senschuh *m* (*der Ritterrüstung*).
so·lo ['səʊləʊ] **I** *pl* **-los** *s* **1.** *pl a*. **-li** [-liː]
bes. mus. Solo(gesang *m*, -spiel *n*, -tanz *m
etc*) *n*. **2.** Kartenspiel: Solo *n*. **3.** *aer*.
Al'leinflug *m*. **II** *adj* **4.** *bes. mus*. Solo...
5. Allein...: ~ **entertainer** *thea*. Allein-
unterhalter *m*; ~ **flight** → 3. **III** *adv* **6.** al'lein, 'solo':
to fly ~ → IV. **IV** *v/i* **7.** *aer*. e-n Al'leinflug
machen. **'so·lo·ist** *s mus*. So'list(in).
Sol·o·mon ['sɒləmən; *Am*. 'sɑl-] *npr Bibl*.
Salomon *m* (*a. fig. Weiser*). **ˌSol·o-
ˈmon·ic** [-ˈmɒnɪk; *Am*. -ˈmɑn-] *adj* salo-
'monisch, weise.
sol·stice ['sɒlstɪs; *Am*. 'sɑl-; 'səʊl-] *s*
1. *astr*. Sol'stitium *n*, Sonnenwende *f*:
summer (**winter**) ~. **2.** *fig*. 'Höhe-, Wen-
depunkt *m*. **solˈsti·tial** [-'stɪʃl] *adj astr*.
Sonnenwende...: ~ **point** Solstiti'al-,
Umkehrpunkt *m*.
sol·u·bil·i·ty [ˌsɒljʊˈbɪlətɪ; *Am*. ˌsɑl-] *s*
1. *chem*. Löslichkeit *f*. **2.** *fig*. Lösbarkeit *f*.
sol·u·ble ['sɒljʊbl; *Am*. 'sɑl-] *adj* **1.** *chem*.
(auf)löslich. **2.** *fig*. lösbar. **~ glass** *s chem*.
Wasserglas *n*.
so·lus *m* ['səʊləs] (*Lat.*) *adj u. adv* al'lein
(*bes. bei Bühnenanweisungen*).
sol·ute [sɒˈljuːt; *Am*. 'sɑlˌjuːt] **I** *s*
1. *chem*. aufgelöster Stoff. **II** *adj* **2.** ge-
löst. **3.** *bot*. lose.
so·lu·tion [səˈluːʃn] *s* **1.** Lösung *f* (**to, for,
of** *gen*), Auflösung *f*. **2.** *chem*. a) (Auf)Lö-
sung *f*, b) Lösung *f*: (**rubber**) ~ Gummi-
lösung; **held in ~** gelöst; *in* ~ *fig*. noch in
der Schwebe. **3.** *a*) *med*. Lysis *f*, Wendung
f (*e-r Krankheit*), b) *bes. med*. Unter'bre-
chung *f*. **soˈlu·tion·ist** *s* (*Zeitungs*)Rät-
sellöser *m*.
solv·a·ble ['sɒlvəbl; *Am. a*. 'sɑl-] *=*
soluble.
solve [sɒlv; *Am. a*. sɑlv] *v/t* **1.** e-e Aufgabe,
ein Problem lösen. **2.** *ein Verbrechen etc*
aufklären. **3.** *Zweifel* beheben.
sol·ven·cy ['sɒlvənsɪ; *Am. a*. 'sɑl-] *s econ*.
Zahlungsfähigkeit *f*, Sol'venz *f*, Liqui-
di'tät *f*.
sol·vent ['sɒlvənt; *Am. a*. 'sɑl-] **I** *adj*
1. *chem*. (auf)lösend. **2.** *fig*. zersetzend.
3. *fig*. erlösend: **the ~ power of laugh-
ter**. **4.** *econ*. zahlungsfähig, sol'vent, li-
'quid. **II** *s* **5.** *chem*. Lösungsmittel *n*.
6. *fig*. zersetzendes Ele'ment.
so·ma[1] ['səʊmə] *s* **1.** *bot*. Soma(pflanze *f*)
m. **2.** *relig*. Soma *m* (*Hinduismus; Opfer-
trank u. Gottheit*).
so·ma[2] ['səʊmə] *pl* **'so·ma·ta** [-mətə],
-mas *s biol*. Soma *n*: a) Körper *m*,
b) Körperzelle *f*.
so·mat·ic [səʊˈmætɪk; sə'm-] *adj* (*adv*
~**ally**) *biol. med*. **1.** körperlich: ~ **cell**
Soma-, Körperzelle *f*. **2.** so'matisch.
so·ma·to·gen·ic [ˌsəʊmətə(ʊ)ˈdʒenɪk; səʊ-
ˌmætə-] *adj physiol*. somato'gen. **ˌso-
ma·toˈlog·ic** [-ˈlɒdʒɪk; *Am*. -ˈlɑ-], **ˌso-
ma·toˈlog·i·cal** *adj* somato'logisch.
ˌso·ma·ˈtol·o·gist [-ˈtɒlədʒɪst; *Am*.
-ˈtɑl-] *s* Somato'loge *m*. **ˌso·ma·ˈtol·o-
gy** [-dʒɪ] *s med*. Somatolo'gie *f*, Körper-
lehre *f*. **ˌso·ma·toˈpsy·chic** [-ˈsaɪkɪk]
adj med. psych. psychoso'matisch.
som·ber, *bes. Br*. **som·bre** ['sɒmbə-

somberness – sophisticate

Am. 'sɑmbər] *adj* (*adv* ~ly) **1.** düster, trüb(e) (*a. fig.*). **2.** dunkelfarbig. **3.** *fig.* trübsinnig, melan'cholisch. **'som·ber·ness,** *bes. Br.* **'som·bre·ness** *s* **1.** Düsterkeit *f*, Trübheit *f* (*a. fig.*). **2.** *fig.* Trübsinnigkeit *f.*
som·bre·ro [sɒm'breərəʊ; *Am.* səm-; sɑm-] *pl* **-ros** *s* Som'brero *m.*
some [sʌm; *unbetont* səm; sm] **I** *adj* **1.** (*vor Substantiven*) (irgend)ein: ~ day eines Tages; ~ day (or other) irgendwann (einmal) (*in der Zukunft*); ~ person irgendeiner, (irgend) jemand. **2.** (*vor pl*) einige, ein paar: → few 1. **3.** manche: ~ people are optimistic. **4.** ziemlich (viel), beträchtlich. **5.** gewiss(er, e, es): to ~ extent in gewissem Maße, einigermaßen. **6.** etwas, ein wenig, ein bißchen: ~ bread; take ~ more nimm noch etwas. **7.** ungefähr, gegen, etwa: a village of ~ 80 houses. **8.** *sl.* beachtlich, ,toll', ,ganz hübsch': ~ player!; that was ~ race! das war vielleicht ein Rennen! **II** *adv* **9.** *bes. Am.* etwas, ziemlich. **10.** *colloq.* ,e'norm', ,toll'. **III** *pron* **11.** (irgend)ein(er, e, es): ~ of these days dieser Tage, demnächst. **12.** etwas: ~ of it etwas davon: ~ of these people einige dieser Leute; will you have ~? möchtest du welche *od.* davon haben? **13.** *bes. Am. sl.* dar'über hin'aus, noch mehr. **14.** ~ ..., ~ ... die einen ..., die anderen ...
some|·bod·y ['sʌmbədɪ; *Am. a.* -ˌbɑdɪ/-] **I** *pron* (irgend) jemand, irgendeiner. **II** *s* bedeutende Per'sönlichkeit: he thinks he is ~ er bildet sich ein, etwas zu sein. '~·day *adv* eines Tages. '~·how *adv* oft ~ or other **1.** irgendwie, auf irgendeine Weise. **2.** aus irgendeinem Grund, irgendwie': ~ (or other) I don't trust him. '~·one **I** *pron* (irgend) jemand, irgendeiner: ~ or other irgend jemand. **II** *s* → somebody II. '~·place *adv bes. Am.* irgendwo('hin).
som·er·sault ['sʌmə(r)sɔ:lt] **I** *s* **1.** a) Salto *m*, b) Purzelbaum *m*: to turn (*od.* do) a ~ II. **2.** *fig.* Wende um 180 Grad, völliger 'Meinungsˌumschwung. **II** *v/i* **3.** a) e-n Salto machen, b) e-n Purzelbaum schlagen.
'some·thing I *s* **1.** (irgend) etwas, was: ~ or other irgend etwas; a certain ~ ein gewisses Etwas; there is ~ in what you say da ist etwas dran. **2.** ~ of so etwas *od.* etwas Ähnliches wie: I am ~ of a carpenter ich bin so etwas wie ein Zimmermann. **II** *adv* **3.** ~ like a) so etwas wie, so ungefähr, b) *colloq.* wirklich, mal, aber: that's ~ like a pudding!; that's ~ like! das lasse ich mir gefallen. **4.** etwas, ziemlich.
'some·time I *adv* irgend(wann) ein'mal (*bes. in der Zukunft*), irgendwann. **II** *adj* **3.** ehemalig(er, e, es): ~ professor.
'some·times *adv* manchmal, hie u. da, dann u. wann, gelegentlich, zu'weilen: ~ gay, ~ sad mal lustig, mal traurig.
'some·way(s) *adv bes. Am.* irgendwie.
'some·what *adv* etwas, ein wenig, ein bißchen: he is ~ of a shock ein ziemlicher Schock; he is ~ of a bore er ist ein ziemlich langweiliger Mensch.
'some·where *adv* **1.** a) irgendwo, b) irgendwo'hin: ~ else sonstwo(hin), woanders(hin): to get ~ *colloq.* Fortschritte machen. **2.** ~ about so etwa, um ... her'um: this happened ~ about 1900.
so·mite ['səʊmaɪt] *s biol.* So'mit *m*, 'Urˌsegˌment *n.*
som·nam·bu·late [sɒm'næmbjʊleɪt; *Am.* sɑm-] *v/i* schlaf-, nachtwandeln.
somˌnam·bu·la·tion *s* Schlaf-, Nachtwandeln *n.* **som'nam·bu·lism** *s med.* Somnambu'lismus *m*, Schlaf-,

Nachtwandeln *n.* **som'nam·bu·list** *s* Somnam'bule *m, f,* Schlaf-, Nachtwandler(in). **somˌnam·bu'lis·tic** *adj* somnam'bul: a) schlaf-, nachtwandlerisch, b) schlaf-, nachtwandelnd.
som·ni·fa·cient [ˌsɒmnɪ'feɪʃnt; *Am.* ˌsɑm-] *adj u. s* → soporific. **som'nif·er·ous** [-'nɪfərəs], **som'nif·ic** *adj* einschläfernd.
som·nil·o·quence [sɒm'nɪləkwəns; *Am.* sɑm-], **som'nil·o·quism, som'nil·o·quy** [-kwɪ] *s* Schlafreden *n.*
som·no·lence ['sɒmnələns; *Am.* 'sɑm-] *s* **1.** Schläfrigkeit *f.* **2.** *med.* Schlafsucht *f.* **'som·no·lent** *adj* **1.** schläfrig, schlaftrunken. **2.** einschläfernd. **3.** *med.* im Halbschlaf (befindlich).
son [sʌn] *s* **1.** Sohn *m* (*of od. to s.o.* j-s): ~ and heir Stammhalter *m*; S~ of God (*od.* Men) *relig.* Gottes- *od.* Menschensohn (*Christus*); ~s of men *Bibl.* Menschenkinder *pl.* **2.** *fig.* Sohn *m*, Abkomme *m*: ~ of a bitch *bes. Am. sl.* a) ,Scheißkerl' *m*, b) ,Scheißding' *n*; ~ of a gun *colloq. bes. Am. sl.* a) ,alter Gauner', b) ,toller Hecht'. **3.** *pl collect.* Nachfolger *pl*, Schüler *pl*, Jünger *pl*, Söhne *pl* (*e-s Volks etc*). **4.** → sonny.
so·nance ['səʊnəns] *s* **1.** *ling.* Stimmhaftigkeit *f.* **2.** Laut *m.* **'so·nant** *ling.* **I** *adj* stimmhaft. **II** *s* a) So'nant *m*, b) stimmhafter Laut.
so·nar ['səʊnɑ:(r)] *s mar.* Sonar *n*, S-ˌGerät *n* (*Unterwasserortungsgerät*; *aus* sound navigation ranging).
so·na·ta [sə'nɑ:tə] *s mus.* So'nate *f.* ~ form *s mus.* So'natenform *f*, -satz *m.*
so·na·ti·na [ˌsɒnə'ti:nə; *Am.* ˌsɑnə-] *s mus.* Sona'tine *f.*
sonde [sɒnd; *Am.* sɑnd] *s Raumfahrt:* Sonde *f.*
sone [səʊn] *s Akustik:* Sone *n* (*Lautstärkeeinheit*).
son et lu·mi·ère [ˌsɒnetˈluːmɪeə(r); *Am.* ˌsəʊn-] *s* Son et lumi'ère *n* (*akustische u. optische Darbietung an historischen Plätzen etc, bes. für Touristen*).
song [sɒŋ] *s* **1.** *mus.* Lied *n*: the S~ of Solomon (*od.* S~s) *Bibl.* das Hohelied (*Salomonis*), das Lied der Lieder; the S~ of the Three Children *Bibl.* der Gesang der drei Jünglinge im Feuerofen; he got it for a ~ *fig.* ,er bekam es für ein Butterbrot'. **2.** Song *m.* **3.** a) Lied *n*, Gedicht *n*, b) Poe'sie *f*, Dichtung *f.* **4.** Singen *n*, Gesang *m* (*a. von Vögeln*): to break (*od.* burst) into ~ zu singen anheben. **5.** ~ and dance *colloq.* Getue *n*: to make a ~ and dance sich aufführen (about s.th. wegen e-r Sache); that's nothing to make a ~ (and dance) about davon braucht man kein Aufhebens zu machen; to give s.o. a ~ and dance *Am.* j-m ein Märchen erzählen (about über *acc*). '~·bird *s* **1.** Singvogel *m.* **2.** *fig.* Sängerin *f.* '~·book *s mus.* Liederbuch *n.* ~ cy·cle *s mus.* Liederzyklus *m.*
song·ster ['sɒŋstə(r)] *s* **1.** *mus.* Sänger. **2.** Singvogel *m.* **3.** *Am.* (*bes.* volkstümliches) Liederbuch. **'song·stress** [-strɪs] *s* Sängerin *f.*
songˌthrush *s orn.* Singdrossel *f.* '~ˌwrit·er *s* Songdichter *m.*
son·ic ['sɒnɪk; *Am.* 'sɑn-] *adj phys.* Schall-... ~ bar·ri·er → sound barrier. ~ boom, ~ bang *s aer. phys.* 'Überschallknall *m*, Düsenknall *m.* ~ depth find·er *s mar.* Echolot *n.* ~ mine *s mar.* Schallmine *f.*
'son-in-law *pl* **'sons-in-law** *s* Schwiegersohn *m.*
son·net ['sɒnɪt; *Am.* 'sɑnət] *s metr.* So'nett *n.* ˌson·net'eer [-'tɪə(r)] **I** *s* So'nettdichter *m.* **II** *v/i* So'nette schreiben.

son·ny ['sʌnɪ] *s* Kleine(r) *m*, Junge *m* (*Anrede*).
son-o-buoy ['səʊnəbɔɪ; *Am. a.* -nəʊˌbuːɪː; 'sɑnəʊ-] *s mar.* Schall-, Geräuschboje *f.*
so·nom·e·ter [səʊ'nɒmɪtə(r); sə-; *Am.* -'nɑm-] *s phys.* Sono'meter *n*, Schallmesser *m.*
so·no·rant ['sɒnərənt; *Am.* sə'nəʊ-; -'nɔː-] *s ling.* So'nor(laut) *m.*
so·nor·i·ty [sə'nɒrɪtɪ; *Am. a.* -'nɔr-] *s* **1.** Klangfülle *f*, (Wohl)Klang *m.* **2.** *ling.* (Ton)Stärke *f* (*e-s Lauts*).
so·no·rous ['sɒnərəs; *Am. a.* sə'nɔːrəs] *adj* (*adv* ~ly) **1.** tönend, reso'nant (*Holz etc*). **2.** volltönend (*a. ling.*), klangvoll, so'nor (*Sprache, Stimme etc*). **3.** *phys.* Schall..., Klang...
son·sy ['sɒnsɪ] *adj Scot. od. Ir.* **1.** drall: a ~ girl. **2.** gutmütig.
soon [suːn] *adv* **1.** bald, unverzüglich: at the ~est frühestens. **2.** (sehr) bald, (sehr) schnell: no ~er than ... kaum ... als; no ~er said than done gesagt, getan; → mend 3. **3.** bald, früh: as (*od.* so) ~ as so bald wie *od.* als; ~er or later früher oder später; the ~er, the better je früher, desto besser. **4.** gern: (just) as ~ ebensogut; I would ~er ... than ... ich möchte lieber *od.* würde eher ... als ...
soon·er[1] ['suːnə(r)] *adv* (*comp von* soon) a) früher, eher, b) schneller, c) lieber: → soon 2–4.
soon·er[2] ['suːnər] *s Am. sl.* **1.** *hist.* Siedler, der sich auf Regierungsgelände vor dessen Freigabe niederließ. **2.** S~ (*Spitzname für e-n*) Bewohner von Okla'homa: S~ State Oklahoma *n.*
soot [sʊt] *s* Ruß *m.* **II** *v/t* be-, verrußen.
sooth [suːθ] *s*: in ~ *Br. obs.* für'wahr.
soothe [suːð] *v/t* **1.** besänftigen, beruhigen, beschwichtigen, trösten. **2.** *Schmerz etc* mildern, lindern.
sooth·fast ['suːθfɑːst; *Am.* -ˌfæst] *adj obs.* wahrhaft, treu, verläßlich.
sooth·ing ['suːðɪŋ] *adj* (*adv* ~ly) **1.** besänftigend (*etc*; → soothe 1). **2.** lindernd. **3.** wohltuend, angenehm, sanft: ~ music.
sooth·say ['suːθseɪ] *v/i irr* wahrsagen. '~ˌsay·er *s* Wahrsager(in). '~ˌsay·ing *s* **1.** Wahrsagen *n.* **2.** Wahrsagung *f.*
soot·i·ness ['sʊtɪnɪs] *s* **1.** Rußigkeit *f.* **2.** Schwärze *f.* **'soot·y** *adj* (*adv* sootily) **1.** rußig, Ruß... **2.** geschwärzt. **3.** schwarz(braun).
sop [sɒp; *Am.* sɑp] **I** *v/t* **1.** eintunken, -tauchen. **2.** durch'tränken, -'nässen, -'weichen: → skin 1. **3.** *meist* ~ up *Wasser etc* aufwischen. **II** *s* **4.** eingetunkter *od.* eingeweichter Bissen (*Brot etc*). **5.** (*etwas*) Durch'weichtes, Matsch *m.* **6.** *fig.* ,Brokken' *m*, Beschwichtigungsmittel *n*, ,Schmiergeld' *n*: to give a ~ to Cerberus, to throw s.o. a ~ j-m e-n Brocken hinwerfen, damit er e-e Weile Frieden gibt. **7.** *fig.* Weichling *m*, ,Schlappschwanz' *m.*
soph [sɒf; *Am.* sɑf] *colloq. für* sophomore.
soph·ism ['sɒfɪzəm; *Am.* 'sɑf-] *s* **1.** So'phismus *m*, Spitzfindigkeit *f*, 'Scheinarguˌment *n.* **2.** Trugschluß *m.* **'Soph·ist** *s* **1.** *philos.* So'phist *m.* **2.** s~ *fig.* So'phist *m*, spitzfindiger Mensch.
'soph·ist·er *s* **1.** *obs.* So'phist *m.* **2.** *univ. Br. hist.* Student im a) 2. *od.* 3. Jahr (*Cambridge*), b) 3. *od.* 4. Jahr (*Dublin*).
so·phis·tic [sə'fɪstɪk; *Am.* sə'f-] *adj*; **so'phis·ti·cal** *adj* (*adv* ~ly) so'phistisch (*a. fig.* spitzfindig).
so·phis·ti·cate [sə'fɪstɪkeɪt] **I** *v/t* **1.** j-m die Na'türlichkeit nehmen, verbilden. **2.** j-n weltklug machen, (geistig) verfeinern. **3.** kompli'zieren. **4.** *e-n Text, a. Nahrungsmittel* verfälschen. **II** *v/i* **5.** So-

sophisticated – soul

phismen gebrauchen. **III** s [a. -kɪt] **6.** weltkluge (etc) Per'son (→ **sophisticated** 1 u. 2). **so'phis·ti·cat·ed** [-ɪd] adj **1.** erfahren, weltklug, intellektu'ell, (geistig) anspruchsvoll (Person). **2.** contp. bla'siert, ‚hochgestochen', ‚auf mo'dern od. intellektu'ell machend': **a ~ student**. **3.** anspruchsvoll, verfeinert, kulti'viert, raffi'niert, sub'til: **a ~ style. 4.** anspruchsvoll, exqui'sit, mit ‚Pfiff': **a ~ novel. 5.** gekünstelt, unecht. **6.** tech. a) kompli'ziert: **~ techniques**; **a ~ equipment**, b) hochentwickelt, technisch ausgereift, ausgeklügelt, mit allen Raffi'nessen: **a ~ machine. 7.** verfälscht: **~ oil**; **~ text**. **so,phis·ti'ca·tion** s **1.** Weltklugheit f, Intellektua'lismus m, (geistige) Differen'ziertheit, Kulti'viertheit f. **2.** Bla'siertheit f, ‚hochgestochene' Art. **3.** (das) geistig Anspruchsvolle. **4.** tech. (höchste) technische Perfekti'on, Ausgereiftheit f, technisches Raffine'ment. **5.** (Ver)Fälschung f. **6.** → **sophistry**.
soph·ist·ry ['sɒfɪstrɪ; Am. 'sɑf-] s **1.** Spitzfindigkeit f, Sophiste'rei f. **2.** So'phismus m, Trugschluß m.
soph·o·more ['sɒfmɔːr; -əʊər] s ped. Am. 'College-Stu,dent(in) od. Schüler(in) e-r High-School im 2. Jahr.
so·po·rif·er·ous [,sɒpə'rɪfərəs; Am. ,sɑ-; ,səʊ-] adj einschläfernd. **,so·po·'rif·ic I** adj einschläfernd. **II** s bes. pharm. Schlafmittel n.
sop·ping ['sɒpɪŋ; Am. 'sɑp-] adj a. **~ wet** klitsch-, patschnaß, triefend (naß). **'sop·py** adj (adv **soppily**) **1.** völlig naß, durch'weicht: **~ soil. 2.** regnerisch: **~ weather. 3.** Br. colloq. ‚schmalzig', rührselig: **to be ~ on s.o.** ‚In j-n ver̆knallt sein'.
so·pra·nist [sə'prɑːnɪst; Am. a. -'præn-] s mus. Sopra'nist(in). **so'pra·no** [-nəʊ] **I** pl **-nos** s So'pran m: a) So'pranstimme f, b) → **sopranist**, c) So'pranpar,tie f. **II** adj Sopran...: **~ clef**.
so·ra ['sɔːrə], **~ rail** s orn. Sumpfhuhn n.
Sorb[1] [sɔː(r)b] s Sorbe, Wende m.
sorb[2] [sɔː(r)b], a. **~ ap·ple** s bot. Speierling m, Spierling m.
sor·bate ['sɔː(r)beɪt; -bət] s chem. Sor'bat n.
sor·be·fa·cient [,sɔː(r)bɪ'feɪʃnt] med. **I** adj absor'bierend, absorpti'onsfördernd. **II** s Ab'sorbens n.
sor·bet ['sɔː(r)bət] s bes. Br. Fruchteis n.
Sor·bi·an ['sɔː(r)bjən; -ɪən] **I** adj **1.** sorbisch. **II** s **2.** Sorbe m, Sorbin f. **3.** ling. Sorbisch n, das Sorbische.
sorb·ic ac·id ['sɔː(r)bɪk] s chem. Sor'binsäure f.
sor·bi·tol ['sɔː(r)bɪtɒl; Am. a. -,tɔʊl] s chem. Sor'bit n (Zuckeralkohol).
sor·bose ['sɔː(r)bəʊs] s chem. Sor'bose f (einfacher Zucker).
sor·cer·er ['sɔː(r)sərə(r)] s Zauberer m, Hexenmeister m. **'sor·cer·ess** s Zauberin f, Hexe f. **'sor·cer·ous** adj Zauber..., Hexen... **'sor·cer·y** s Zaube'rei f, Hexe'rei f.
sor·did ['sɔː(r)dɪd] adj (adv **~ly**) **1.** schmutzig. **2.** fig. schmutzig, gemein. **3.** knaus(e)rig, knick(e)rig. **4.** bes. bot. zo. schmutzfarben. **'sor·did·ness** s Schmutzigkeit f, fig. a. Gemeinheit f.
sor·dine [,sɔː(r)'diːn], **sor·di·no** [sɔː(r)-'diːnəʊ] pl **-ni** [-niː] s mus. Dämpfer m, Sor'dine f.
sore [sɔː(r); Am. sɔʊr] **I** adj (adv → **sorely**) **1.** weh, wund: **~ feet**; **~ heart** fig. wundes Herz, Leid n; → **sight** 6, **spot** 5. **2.** entzündet, schlimm, böse: **~ finger**; **a ~ throat** e-e Halsentzündung; → **thumb** 1. **3.** a) mürrisch, brummig, bärbeißig, gereizt: → **bear**[2] 1, b) colloq. ‚eingeschnappt', verärgert, beleidigt, böse (**about** über acc, **wegen**). **4.** fig. heikel: **a ~ subject. 5.** obs. od. poet. schlimm, arg, groß: **in ~ distress**. **II** s **6.** Wunde f, Entzündung f, wunde Stelle: **an open ~** a) e-e offene Wunde (a. fig.), b) fig. ein altes Übel, ein ständiges Ärgernis. **III** adv obs. od. poet. **7.** sehr, arg, schlimm. **'sore·head** s bes. Am. colloq. **I** s mürrischer Mensch. **II** adj enttäuscht, verärgert.
sor·el ['sɒrəl] → **sorrel**[1].
sore·ly ['sɔː(r)lɪ] adv **1.** arg, ‚bös': a) sehr, äußerst, bitter: **~ disappointed**, b) schlimm: **~ wounded**; **~ tried** schwergeprüft. **2.** dringend: **~ needed. 3.** bitterlich: **she wept ~**.
sor·ghum ['sɔː(r)gəm] s **1.** bot. Sorghum n, bes. Durra f, Mohrenhirse f. **2.** Sirup m der Zuckerhirse. **'sor·go** [-gəʊ] pl **-gos** [-z] s bot. Chi'nesisches Zuckerrohr.
so·ri·tes [sɒ'raɪtiːz; bes. Am. sə-] s philos. So'rites m, Kettenschluß m.
so·rop·ti·mist [sɒ'rɒptɪmɪst; Am. -'rɑp-; ,sə-] s Soropti'mistin f (Mitglied des Damen-Rotary-Clubs).
so·ror·i·cid·al [,sɒrɒrɪ'saɪdl] adj schwestermörderisch. **so'ror·i·cide** s **1.** Schwestermord m. **2.** Schwestermörder(in).
so·ror·i·ty [sə'rɒrɪtɪ; Am. a. -'rɑːr-] s **1.** univ. bes. Am. Verbindung von Studentinnen. **2.** relig. Schwesternschaft f.
so·ro·sis [sə'rəʊsɪs] pl **-ses** [-siːz] s **1.** bot. zs.-gesetzte Beerenfrucht (z. B. Ananas). **2.** Am. Frauenverein m.
sorp·tion ['sɔː(r)pʃn] s chem. phys. (Ab-)Sorpti'on f.
sor·rel[1] ['sɒrəl; Am. 'sɑ-] **I** s **1.** Rotbraun n. **2.** (Rot)Fuchs m (Pferd). **3.** hunt. zo. geringer Schaufler (dreijähriger Damhirsch). **II** adj **4.** rotbraun.
sor·rel[2] ['sɒrəl; Am. 'sɑ-] s bot. **1.** Sauerampfer m. **2.** Sauerklee m.
sor·row ['sɒrəʊ; Am. a. 'sɑr-] **I** s **1.** Kummer m, Leid n (**at, over** über acc; **for** um): **much ~, many ~s** viel Leid od. Unglück, **to my ~** zu m-m Kummer od. Leidwesen; **his son has been a great ~ to him** sein Sohn hat ihm schon viel Kummer bereitet. **2.** Reue f (**for** über acc). **3.** Klage f, Jammer m. **4.** bes. iro. Bedauern n: **without much ~**. **II** v/i **5.** sich grämen od. härmen (**at, over, for** über acc, **wegen**, um). **6.** klagen, trauern (**after, for** um, über acc). **'sor·row·ful** adj (adv **~ly**) traurig: a) sorgen-, kummervoll, b) klagend: **a ~ song** ein Klagelied, c) beklagenswert: **a ~ accident**.
sor·ry ['sɒrɪ; Am. a. 'sɑrɪ-] **I** adj **1.** betrübt, bekümmert: **I was** (od. **felt**) **~ for him** er tat mir leid; **to be ~ for o.s.** colloq. sich selbst bedauern; **I am (so) ~!** (es) tut mir (so) leid!, (ich) bedaure!, Verzeihung!; **I am ~ to say** ich muß leider sagen. **2.** reuevoll: **to be ~ about s.th.** etwas bereuen od. bedauern. **3.** contp. traurig, erbärmlich, jämmerlich: **a ~ excuse** ‚e-e faule Ausrede'; **in a ~ state** in e-m traurigen od. kläglichen Zustand. **II** interj **4.** **~!** Verzeihung!, Entschuldigung!
sort[1] [sɔː(r)t] s obs. **1.** Los n, Schicksal n. **2.** Weissagung f (durch das Los).
sort[2] [sɔː(r)t] **I** s **1.** Sorte f, Art f, Klasse f, Gattung f, econ. a. Marke f, Quali'tät f: **all ~s of people** alle möglichen Leute; **it takes all ~s (to make a world)** es muß auch solche (Leute) geben; **all ~s of things** alles mögliche. **2.** Art f: **after a ~** gewissermaßen; **nothing of the ~** nichts dergleichen; **I won't do anything of the ~!** ich denke nicht daran!, e-n Dreck werde ich tun!; **what ~ of a tree?** was für ein Baum?; **these ~ of men** colloq. diese Art Leute, solche Leute; **something of the ~** so etwas, etwas Derartiges; **a ~ of stockbroker** colloq. (so) e-e Art Börsenmakler; **I ~ of expected it** colloq. so etwas habe ich irgendwie od. halb erwartet; **he ~ of hinted** er machte so e-e (vage) Andeutung; **he is a good ~** colloq. er ist ein guter od. anständiger Kerl; **he is not my ~** er ist nicht mein Fall od. Typ; **he is not the ~ of man who ...** er ist nicht der Mann, der (so etwas tut). **3. of a ~, of ~s** contp. so etwas (ähnliches) wie: **a politician of ~s. 4. out of ~s** colloq. nicht auf der Höhe od. dem Damm. **5.** print. 'Schriftgarni,tur f: **out of ~s** ausgegangen. **II** v/t **6.** a. **~ out** Briefmarken etc sor'tieren, (ein)ordnen: **to ~ o.s. out** colloq. a) zur Ruhe kommen, b) sich einrichten, c) sich eingewöhnen. **7. ~ out** a) 'auslesen, -sor,tieren, sichten: **to ~ s.th. out from s.th.** etwas von etwas trennen, b) fig. sich Klarheit verschaffen über (acc). **8. ~ out** colloq. Problem etc lösen, e-e Lösung finden für: **the problem has ~ed itself out** das Problem hat sich (von selbst) erledigt. **9. ~ out** colloq. j-n ‚zur Schnecke od. Minna machen'. **10.** a. **~ together** zs.-stellen, -tun (**with** mit). **III** v/i **11.** obs. gut, schlecht passen (**with** zu).
'sort·er s **1.** Sor'tierer(in). **2.** Computer etc: Sor'tierer m (Vorrichtung).
sor·tie ['sɔː(r)tiː; Am. a. sɔː(r)'tiː] **I** s **1.** mil. Ausfall m. **2.** aer. mil. (Einzel)Einsatz m, Feindflug m. **3.** mar. Auslaufen n. **II** adj **4. ~ lab** (od. **can**) colloq. 'Raumla,bor n. **III** v/i **5.** mil. e-n Ausfall machen. **6.** aer. mil. e-n (Einzel)Einsatz fliegen. **7.** mar. auslaufen.
sor·ti·lege ['sɔː(r)tɪlɪdʒ] s Wahrsagen n (aus Losen).
SOS s **1.** mar. SO'S n (Morse-Hilferuf von Schiffen in Seenot). **2.** colloq. Hilferuf m.
'so-so, a. **so so** adv u. adj colloq. so(‘so) la‘la (mäßig, leidlich).
sot [sɒt; Am. sɑt] **I** s Säufer m. **II** v/i saufen.
so·te·ri·ol·o·gy [sɒ,tɪərɪ'ɒlədʒɪ; Am. səʊ,tɪrɪ'ɑl-] s relig. Soteriolo'gie f (Lehre von der Erlösung durch Christus).
sot·tish ['sɒtɪʃ; Am. 'sɑt-] adj (adv **~ly**) **1.** ‚versoffen'. **2.** ‚besoffen'. **3.** ‚blöd' (albern). **'sot·tish·ness** s **1.** ‚Versoffenheit' f. **2.** ‚Blödheit' f.
sot·to vo·ce [,sɒtəʊ'vəʊtʃɪ; Am. ,sɑt-] adv mus. leise, gedämpft (a. fig. halblaut).
sou·brette [suː'bret] s thea. Sou'brette f.
sou·bri·quet ['səʊbrɪkeɪ; 'suː-] → **sobriquet**.
sou·chong [,suː'tʃɒŋ; Am. 'suː,tʃɔːŋ] s Souchong m (Teesorte).
Sou·da·nese → **Sudanese**.
souf·fle ['suːfl] s med. Geräusch n.
souf·flé ['suːfleɪ; Am. a. suː'fleɪ] s gastr. Auflauf m, Souf'flé n.
sough [saʊ; sʌf] **I** s Rauschen n (des Windes). **II** v/i rauschen.
sought [sɔːt] pret u. pp von **seek**.
soul [səʊl] s **1.** relig. philos. Seele f: **‘pon my ~!** ganz bestimmt! **2.** Seele f, Herz n, Gemüt n, (das) Innere: **he has a ~ above mere moneygrubbing** er hat auch noch Sinn für andere Dinge als Geldraffen; **in my ~ of ~s** ganz tief in m-m Herzen; **to bare one's ~ to s.o.** j-m sein Herz ausschütten. **3.** fig. Seele f (Triebfeder, Mittelpunkt): **he was the ~ of the enterprise. 4.** fig. Geist m (Person): **the greatest ~s of the past. 5.** Seele f (Mensch): **the ship went down with 100 ~s**; **a good ~** e-e gute Seele, e-e Seele von e-m Menschen; **an honest ~** e-e ehrliche Haut; **poor ~** armer Kerl; **not a ~** keine Menschenseele. **6.** Inbegriff m, Muster n: **he is the ~ of generosity** er ist die Großzügigkeit selbst od. in Per-

son. **7.** Kraft *f,* Inbrunst *f, a.* (künstlerischer) Ausdruck: **he has no ~ er** hat keine Energie; **his pictures lack ~** s-n Bildern fehlt Leben. **8. S~** *Christian Science:* Seele *f (Gott).* **9.** *mus.* Soul *m:* ~ **music. 10.** *besonderes Zs.-gehörigkeitsgefühl der Schwarzen in den USA:* ~ **brother,** ~ **sister** *(unter Schwarzen gebrauchter Ausdruck für)* Schwarze(r *m*) *f;* ~ **food** *traditionelle Speisen der Schwarzen.* [*(Arbeit etc).*]
'soul-de,stroy·ing *adj* geisttötend;
souled [sɔʊld] *adj (in Zssgn)* ...herzig, ...gesinnt: **high-~** hochherzig.
'soul·ful *adj (adv* ~ly) seelen-, gefühlvoll: **a ~ look** ein schmachtender Blick.
'soul·less *adj (adv* ~ly) seelenlos *(a. fig.* gefühllos, egoistisch, *a.* ausdruckslos).
soul| mate *s* Gesinnungsgenosse *m:* **they are ~s** sie sind verwandte Seelen.
'~-,search·ing *s* Gewissensprüfung *f.*
'~-,stir·ring *adj* ergreifend.
sound¹ [saʊnd] **I** *adj (adv* ~ly) **1.** gesund: ~ **in mind and body** körperlich u. geistig gesund; ~ **in wind and limb** *colloq.* kerngesund, gesund u. munter; → bell¹ 1, mind 2. **2.** gesund, in'takt, fehlerfrei, tadellos: ~ **fruit** unverdorbenes Obst. **3.** *econ.* gesund, so'lid(e), sta'bil: **a ~ company (currency,** *etc);* ~ **credit** sicherer Kredit; **he is ~ on sherry** *colloq.* sein Sherry ist gut. **4.** gesund, vernünftig, gut: ~ **investment (policy,** *etc).* **5.** gut, brauchbar: ~ **advice. 6.** folgerichtig: ~ **argument. 7.** 'gut(fun,diert), so'lid(e): ~ **knowledge. 8.** *jur.* rechtmäßig, begründet, gültig: **a ~ title. 9.** zuverlässig: **a ~ friend; he is ~ er** ist in Ordnung. **10.** gut, tüchtig: **a ~ strategist (thinker,** *etc).* **11.** kräftig, tüchtig, gehörig: ~ **sleep** tiefer *od.* gesunder Schlaf; → beating 1, sleeper 1. **II** *adv* **12.** fest, tief: **to sleep ~.**
sound² [saʊnd] *s* **1.** Sund *m,* Meerenge *f:* **the ~** der Sund *(zwischen Schweden u. Dänemark).* **2.** *ichth.* Fischblase *f.*
sound³ [saʊnd] **I** *v/t* **1.** *bes. mar.* (aus-) loten, peilen. **2.** *tech.* den *Meeresboden etc* erforschen. **3.** *oft* ~ **out** *a)* etwas son'dieren *(a. med.),* erkunden, erforschen: **to ~ s.o.'s view,** *b) j-n* ,ausholen' **(about, on** über *acc).* **II** *v/i* **4.** *bes. mar.* loten. **5.** auf Grund gehen *(Wal).* **6.** *fig.* son'dieren. **III** *s* **7.** *med.* Sonde *f.*
sound⁴ [saʊnd] **I** *s* **1.** *a)* Schall *m,* Laut *m,* Ton *m:* ~ **amplifier** Lautverstärker *m;* **faster than ~** mit Überschallgeschwindigkeit; ~ **and fury** *fig.* Schall u. Rauch; hohles Getöse; **within ~** in Hörweite, *b) Film, TV:* Ton(technik *f*) *m.* **2.** Klang (-wirkung *f*) *m,* (Beat-, Jazzmusik *a.*) Sound *m.* **3.** Ton *m,* Laut *m,* Geräusch *n:* **without a ~** geräusch-, lautlos. **4.** *fig.* Ton *m,* Klang *m,* Tenor *m:* **I don't like the ~ of it!** die Sache gefällt mir nicht! **5.** *ling.* Laut *m.* **II** *v/i* **6.** (er)schallen, (-)klingen. **7.** *fig.* klingen: **that ~s strange. 8. ~ off** *colloq.* ,tönen' **(about, on** von): **to ~ off against** ,herziehen' über *(acc).* **9.** ~ **in** *jur.* auf *Schadenersatz etc* lauten *(Klage):* **to ~ in damages. III** *v/t* **10.** *s-e Trompete etc* erschallen *od.* erklingen lassen: **to ~ the horn** *mot.* hupen; **to ~ s.o.'s praises** *fig.* j-s Lob singen. **11.** äußern: **to ~ a note of warning** e-e Warnung anklingen lassen. **12.** *ling.* (aus)sprechen: **the h in 'hono(u)r' is not ~ed. 13.** verkünden: **the bell ~s noon** die Glocke schlägt 12 Uhr (mittags); ~ **alarm 1, charge** 26, retreat 1. **14.** *a. med.* abhorchen, abklopfen.
'sound|-ab,sorb·ing *adj tech.* schalldämpfend, -schluckend. ~ **archives** *s pl* 'Tonar,chiv *n.* ~ **bar·ri·er** *s aer. phys.* Schallgrenze *f,* -mauer *f:* **to break the ~** die Schallmauer durchbrechen. **'~-board** *s* **1.** *mus.* Reso'nanzboden *m,* Schallbrett *n.* **2.** → sounding board 2 *u.* 3. **~ booth** *s Film etc:* 'Tonka,bine *f.* **~ box 1.** *mus. hist.* Schalldose *f.* **2.** *mus.* Reso'nanzkasten *m.* **3.** *Film etc:* 'Tonka,bine *f.* **~ broad·cast·ing** *s* Hörfunk *m.* ~ **cam·er·a** *s tech.* (Ma'gnet)Tonkamera *f.* '**~-con,di·tion** *v/t tech.* die A'kustik *(gen)* verbessern. ~ **con·duc·tiv·i·ty** *s tech.* Schalleitfähigkeit *f.* ~ **ef·fects** *s pl Film, Rundfunk, TV:* 'Tonef,fekte *pl,* Geräusche *pl.* ~ **en·gi·neer** *s Rundfunk etc:* Tonmeister *m,* -techniker *m.*
sound·er¹ ['saʊndə(r)] *s tel.* Klopfer *m.*
sound·er² ['saʊndə(r)] *s mar.* **1.** *a)* Lotkörper *m, b) Kriegsmarine:* Lotsgast *m.* **2.** Lot *n:* ~ **echo sounder.**
soun·der³ ['saʊndə(r)] *s* Wildschweinrudel *n.*
sound| film *s* Tonfilm *m.* ~ **hole** *s mus.* Schalloch *n.*
sound·ing¹ ['saʊndɪŋ] *adj (adv* ~ly) **1.** tönend, schallend. **2.** wohlklingend, so'nor. **3.** *contp.* lautstark, bom'bastisch.
sound·ing² ['saʊndɪŋ] *s mar.* **1.** *oft pl* Loten *n.* **2.** *pl* (ausgelotete *od.* auslotbare) Wassertiefe: **out of (off) ~s** *a)* auf nicht lotbarer Wassertiefe, *b) fig.* ohne sicheren Boden under den Füßen; **to take a ~** *a)* loten, *b) fig.* sondieren.
sound·ing| bal·loon *s* Ver'suchsbal,lon *m,* Bal'lonsonde *f.* ~ **board** *s* **1.** *mus.* → soundboard 1. **2.** Schallmuschel *f (für Orchester etc im Freien).* **3.** Schalldämpfungsbrett *n.* **4.** *fig.* Podium *n,* Tri'büne *f.* ~ **line** *s mar.* Lotleine *f.* ~ **rock·et** *s* Ra'ketensonde *f.* ~ **tube** *s mar.* Peilrohr *n.*
sound in·su·la·tion *s* Schalldämmung *f.*
sound·less¹ ['saʊndlɪs] *adj* laut-, geräuschlos.
sound·less² ['saʊndlɪs] *adj bes. poet.* unergründlich, grundlos.
sound| lo·ca·tor *s mil.* Horchgerät *n.* ~ **mix·er** *s Film etc:* Tonmeister *m.* ~ **mo·tion pic·ture** *s bes. Am.* Tonfilm *m.*
'sound·ness *s* **1.** Gesundheit *f (a. fig.).* **2.** *fig.* Folgerichtigkeit *f.*
,sound|-on-'film *s* Tonfilm *m.* ~ **pol·lu·tion** *s* Lärmbelästigung *f.* ~ **pro·jec·tor** *f* Tonfilm(pro,jektor *m.* **~-proof I** *adj* schalldicht. **II** *v/t* schalldicht machen, iso'lieren. '**~-proof·ing** *s* 'Schalliso,lierung *f.* ~ **rang·ing** **I** *s* Schallmessen *n.* **II** *adj* Schallmeß-... ~ **re·cord·er** *s* Tonaufnahmegerät *n.* ~ **re·pro·duc·er** *s* Tonwiedergabegerät *n.* **'~-shift(·ing)** *s ling.* Lautverschiebung *f.* ~ **track** *s* **1.** *Film:* Tonspur *f.* **2.** 'Filmmu,sik *f.* ~ **truck** *s Am.* Lautsprecherwagen *m.* ~ **wave** *s phys.* Schallwelle *f.*
soup [suːp] **I** *s* **1.** Suppe *f,* Brühe *f:* **to be in the ~** *colloq.* ,in der Patsche' *od.* ,Tinte' sitzen; **from ~ to nuts** *Am. colloq.* von A bis Z. **2.** *fig.* dicker Nebel, ,Waschküche' *f.* **3.** *phot. colloq.* Entwickler *m.* **4.** *mot. sl.* P'S *f.* **5.** *Am. sl.* Nitroglyze'rin *n (zum Geldschranknacken).* **II** *v/t* **7.** ~ **up** *colloq. a)* den Motor ,fri'sieren': **souped-up car** → hot rod 1, *b) allg.* verstärken, ,aufmöbeln', *c)* Dampf hinter *e-e Sache* machen.
soup·çon ['suːpsɔ̃; *Am.* -sɑːn; suːp'sɒn] *s* **1.** Prise *f (Salz etc).* **2.** *fig.* Hauch *m,* Anflug *m (von Sarkasmus etc).*
soup| kitch·en *s* **1.** Armenküche *f.* **2.** *bes. mil.* Feldküche *f.* ~ **plate** *s* Suppenteller *m.* ~ **spoon** *s* Suppenlöffel *m.*
sour ['saʊə(r)] **I** *adj (adv* ~ly) **1.** sauer *(a. Geruch, Milch),* herb, bitter: ~ **cream** Sauerrahm *m;* **to turn ~** sauer werden; **to turn (go) ~ (on)** *fig.* → 11; ~ **grape 1. 2.** (übel)riechend, sauer. **3.** *fig.* sauertöpfisch, säuerlich, verdrießlich, mürrisch: **a ~ man; a ~ face** ein saures Gesicht. **4.** *fig.* naßkalt: ~ **weather. 5.** *agr.* sauer *(kalkarm, naß):* ~ **soil. 6.** schwefelhaltig: ~ **fuel. II** *s* **7.** Säure *f.* **8.** Bitternis *f:* **the sweet and ~ of life** Freud u. Leid (des Lebens); **to take the sweet with the ~** das Leben nehmen, wie es (eben) ist. **9.** *Am.* (saurer) Cocktail: **gin ~. III** *v/i* **10.** sauer werden. **11.** *fig. a)* verbittert *od.* ,sauer' werden, *b)* die Lust verlieren **(on** an *e-r Sache),* **(on s.th.** e-e Sache), 'überkriegen', *c)* ,mies' werden, *d)* ka'putt-, schiefgehen *(Ehe etc).* **IV** *v/t* **12.** säuern *(a. chem.):* ~ed **cream** *Br.* Sauerrahm *m.* **13.** *fig.* verbittern.
source [sɔːs; *Am. a.* 'soʊərs] *s* **1.** Quelle *f, poet.* Quell *m.* **2.** Quellfluß *m.* **3.** *poet.* Strom *m.* **4.** *fig. (Licht-, Strom- etc*)Quelle *f:* ~ **of light,** ~ **of energy** Energieträger *m;* ~ **of strength** Kraftquell *m.* **5.** *fig.* Quelle *f,* Ursprung *m:* ~ **of information** Nachrichtenquelle *f;* **from a reliable ~** aus zuverlässiger Quelle; **to have its ~ in** s-n Ursprung haben in *(dat).* **6.** *(literarische)* Quelle. **7.** *econ. (Einnahme-, Kapital- etc*)Quelle *f:* ~ **of supply** Bezugsquelle; **to levy a tax at the ~** e-e Steuer an der Quelle erheben. ~ **book** *s* Quellenbuch *n.* ~ **lan·guage** *s ling.* Ausgangssprache *f.* ~ **ma·te·ri·al** *s* **1.** 'Quellenmateri,al *n.* **2.** *phys.* Ausgangsstoff *m.* ~ **pro·gram(me)** *s Computer:* 'Quellpro,gramm *n.*
sour·dine [,sʊə(r)'diːn] → sordine.
'sour,dough *s Am. od. Canad.* **1.** Sauerteig *m.* **2.** A'laska-Schürfer *m.*
'sour·ing *s* Säuerung *f (a. chem.).* 'sour·ish *adj* säuerlich, angesäuert. 'sour·ness *s* **1.** Herbheit *f,* Säure *f.* **2.** *fig.* Bitterkeit *f.*
'sour,puss *s* ,Sauertopf' *m.*
sou·sa·phone ['suːzəfəʊn] *s mus.* Sousa'phon *n.*
souse¹ [saʊs] **I** *s* **1.** Pökelfleisch *n.* **2.** Pökelbrühe *f,* Lake *f.* **3.** Eintauchen *n.* **4.** Sturz *m* ins Wasser, *b)* ,Dusche' *f,* Regenguß *m.* **5.** *sl. a)* Saufe'rei *f, b) Am.* Säufer *m, c)* ,Suff' *m.* **II** *v/t* **6.** eintauchen. **7.** durch'tränken. **8.** *Wasser etc* ausgießen **(over** über *acc).* **9.** (ein)pökeln. **10.** *sl.* Wein *etc* ,saufen': **~d** ,voll', ,besoffen'. **III** *v/i* **11.** durch'näßt werden. **12.** *sl.* ,saufen'.
souse² [saʊs] **I** *s* **1.** *hunt. obs. a)* Aufsteigen *n, b)* Her'abstoßen *n (des Falken).* **2.** Plumps *m.* **II** *adv u. interj* **3.** plumps(!), ,wupp'(!).
sou·tane [suː'tɑːn; -'tæn] *s R.C.* Sou'tane *f.*
sou·ten·eur [,suːtə'nɜː; *Am.* -'nɜr] *s* Zuhälter *m.*
south [saʊθ] **I** *s* **1.** Süden *m:* **in the ~ of** im Süden von; **to the ~ of** → 7; **from the ~** aus dem Süden. **2.** *a.* **S~** Süden *m,* südlicher Landesteil: **the S~ of Germany** Süddeutschland *n;* **the S~** *a) Br.* Südengland *n, b) Am.* der Süden, die Südstaaten. **3.** *poet.* Süd(wind) *m.* **II** *adj* **4.** südlich, Süd... **III** *adv* **5.** nach Süden, südwärts. **6.** aus dem Süden *(bes. Wind).* **7.** ~ **of** südlich von. **IV** *v/i* **8.** nach Süden gehen *od.* fahren. **9.** kulmi'nieren *(Mond etc).* **S~ Af·ri·can I** *adj* 'südafri,kanisch. **II** *s* 'Südafri,kaner(in): ~ **Dutch** Afrikaander(in). **S~ A·mer·i·can I** *adj* 'südameri,kanisch. **II** *s* 'Südameri,kaner(in). '~-**bound** *adj* nach Süden gehend *od.* fahrend. **~ by east** *s* Südsüd'ost *m.* ~ **by west** *s* Südsüd'west *m.* '**S~-down** [-daʊn] *s zo.* Southdownschaf *n.* '~**east** [-s] **I** *s* Süd'osten *m.* **II** *adj* süd'östlich, Südost... **III** *adv* süd'östlich, nach Süd'osten.
,south|**east·er** *s* Süd'ostwind *m.* ~ '**east·er·ly I** *adj* süd'östlich, Südost...

southeastern – span

II *adv* von *od.* nach Süd'osten. ˌ~'east-ern → southeast II. ˌ~'east·ward I *adj u. adv* nach Süd'osten, süd'östlich. II *s* süd'östliche Richtung. ˌ~'east-ward·ly *adj u. adv* süd'ostwärts (gelegen *od.* gerichtet).
south·er ['saʊðə(r)] I *s* 1. Südwind *m*. II *v/i* 2. nach Süden drehen (*Wind*). 3. → south 8.
south·er·ly ['sʌðə(r)lɪ] I *adj* südlich, Süd... II *adv* von *od.* nach Süden.
south·ern ['sʌðə(r)n] *adj* 1. südlich, Süd...: S~ Cross *astr.* Kreuz *n* des Südens; S~ Europe Südeuropa *n*; ~ lights *astr.* Südlicht *n.* 2. S~ südstaatlich, ... der Südstaaten (*der USA*). 3. südwärts, Süd...: ~ course Südkurs *m.* '**south-ern·er** *s* 1. Bewohner(in) des Südens (*e-s Landes*). 2. S~ Südstaatler(in) (*in den USA*).
south·ern·ly ['sʌðə(r)nlɪ] → southerly.
'**south·ern·most** [-məʊst] *adj* südlichst(er, e, es).
'**south·ern·wood** *s bot.* Stabwurz *f.*
south·ing ['saʊðɪŋ; -θɪŋ] *s* 1. Südrichtung *f*, südliche Fahrt. 2. *astr.* a) Kulminati'on *f* (*des Mondes etc*), b) südliche Deklinati'on *n* (*e-s Gestirns*). 3. *mar.* 'Breitenˌunterschied *m* bei e-r Fahrt nach Süden.
'**south¦most** [saʊθməʊst] → southernmost. '~**paw** I *adj* linkshändig: ~ stance (*Boxen*) Rechtsauslage *f.* II *s* Linkshänder *m,* (*Boxen*) Rechtsausleger *m.* ~**point** *s phys.* Südpunkt *m.* S~**Pole** *s* Südpol *m.*
south·ron ['sʌðrən] I *s* 1. → southerner 1. *meist* S~ *Scot.* a) Engländer(in), b) *pl (die)* Engländer *pl.* II *adj* 3. *bes. Scot.* südlich, *bes.* englisch.
South Sea *s* Südsee *f.*
ˌ**south¦-south'east** I *adj* südsüd'östlich, Südsüdost... II *adv* nach *od.* aus Südsüd'osten. III *s* Südsüd'osten *m.* '~**ward** *adj u. adv* nach Süden, südlich, südwärts: in a ~ direction Richtung Süden. '~**wards** *adv* → southward. ˌ~'**west** I *adj* süd'westlich, Südwest... II *adv* nach *od.* aus Süd'westen. III *s* Süd'westen *m.* ˌ~'**west·er** *s* 1. Süd'westwind *m.* 2. → sou'wester 1. ˌ~'**west·er·ly** I *adj* süd'westlich, Südwest... II *adv* nach *od.* aus süd'westen. ˌ~'**west·ern** → southwest I. ˌ~'**west·ward** I *adj u. adv* nach Süd'westen, süd'westlich. ˌ~'**west·ward·ly** *adj u. adv* süd'westwärts (gelegen *od.* gerichtet).
sou·ve·nir [ˌsuːvəˈnɪə(r); ˈsuːvəˌnɪə(r)] *s* Andenken *n*, Souve'nir *n*: ~ edition *print.* Gedächtnisausgabe *f.*
sou'west·er [saʊˈwestə(r)] *s* 1. Süd'wester *m* (*wasserdichter Ölhut*). 2. → southwester 1.
sov·er·eign ['sɒvrɪn; *Am.* 'sʌvrən; -ərn] I *s* 1. Souve'rän *m*, Mon'arch(in), Landesherr(in). 2. souve'räner Herrscher. 3. (*die*) Macht im Staat (*Person od. Gruppe*). 4. souve'räner Staat. 5. *fig.* König(in). 6. Sovereign *m* (*alte brit. Goldmünze von 20 Schilling*). II *adj* 7. höchst (-er, e, es), oberst(er, e, es): the ~ good das höchste Gut. 8. 'unumˌschränkt, souve'rän, königlich: ~ power. 9. souve'rän (*Staat*). 10. äußerst(er, e, es), größt (-er, e, es). 11. 'unüberˌtrefflich. '**sov·erˌeign·ty** [-rəntɪ] *s* 1. oberste *od.* höchste (Staats)Gewalt. 2. Souveräni'tät *f*, Landeshoheit *f*, Eigenstaatlichkeit *f.* 3. Oberherrschaft *f*: consumer ~ *econ. Am.* (*der*) beherrschende Einfluß des Verbrauchers.
so·vi·et ['səʊvɪət; 'sɒv-; *Am.* 'səʊvɪˌet; 'sʌv-] I *s oft* S~ 1. So'wjet *m*: a) Arbeiter- u. Sol'datenrat *m*, b) *allg.* Behörde *f*:

Supreme S~ Oberster Sowjet (*Volksvertretung*). 2. the S~ das So'wjetsyˌstem. 3. *pl* (*die*) So'wjets *pl.* II *adj* 4. S~ so'wjetisch, Sowjet... '**so·vi·et·ism** *s* So'wjetsyˌstem *n.* ˌ**so·vi·et·i'za·tion** *s* Sowjetiˈsierung *f.* '**so·vi·et·ize** *v/t* sowjeti'sieren. ˌ**so·vi·et·ol·o·gist** [-ˈtɒlədʒɪst; *Am.* -ˈtɑl-] *s* Sowjeto'loge *m.*
sov·ran ['sɒvrən; *Am.* 'sɑv-; *a.* -ərn] → sovereign.
sow[1] [saʊ] *s* 1. Sau *f*, (Mutter)Schwein *n*: to get the wrong ~ by the ear a) den Falschen erwischen, b) sich gründlich irren. 2. *metall.* a) Mulde *f*, (Ofen)Sau *f*, b) Massel *f* (*gegossener Barren*).
sow[2] [səʊ] *pret u. pp* **sowed** [səʊd], *pp a.* **sown** [səʊn] I *v/t* 1. säen, ausstreuen (*a. fig.*): you must reap what you have ~n was man sät, muß man auch ernten; → oat 1, seed 7, wind[1] 1. 2. *Land* besäen, einsäen. 3. *etwas* verstreuen. II *v/i* 4. säen.
so·war [səʊˈwɑː; sɒ-] *s Br. Ind.* indischer Kaval'le¦rist.
'**sowˌback** [saʊ-] *s geol.* langer u. scharfer Gebirgskamm. '~**bread** *s bot.* Erdscheibe *f*, Saubrot *n.* ~ **bug** *s zo. Am.* Kellerassel *f.*
sow·er ['səʊə(r)] *s* 1. Säer *m*: he is a ~ of discord *fig.* er stiftet *od.* sät Zwietracht. 2. 'Sämaˌschine *f.*
sown [səʊn] *pp* von sow[2].
sox [sɒks; *Am.* sɑks] *pl econ.* von sock[1].
soy [sɔɪ] *s* 1. Sojabohnenöl *n.* 2. → soybean. **so·ya (bean)** ['sɔɪə; *Am. dial. a.* 'səʊdʒɪ-], '**soy·bean** *s bot.* Sojabohne *f.*
soz·zled ['sɒzld] *adj Br. colloq.* ˌblau' (*betrunken*).
spa [spɑː] *s* 1. Mine'ralquelle *f.* 2. Badekurort *m*, Bad *n*: ~ concert Kurkonzert *n*; ~ garden Kurpark *m.*
space [speɪs] I *s* 1. *math. philos.* Raum *m* (*Ggs. Zeit*): to disappear into ~ sich in Luft auflösen; to stare (*od.* gaze) into (vacant) ~ ins Leere starren. 2. (Welt)Raum *m*, Weltall *n.* 3. Raum *m*, Platz *m*: to require (*od.* take up) much ~; for ~ reasons aus Platzgründen. 4. (Zwischen)Raum *m*, Stelle *f*, Lücke *f.* 5. *aer. rail. etc* Platz *m.* 6. Zwischenraum *m*, Abstand *m.* 7. Zeitraum *m*: a ~ of three hours; after a ~ nach e-r Weile; for a ~ e-e Zeitlang. 8. *print.* Spatium *n*, Ausschluß(stück *n*) *m.* 9. *tel.* Abstand *m*, Pause *f.* 10. *etc* a) Raum *m* für Re'klame (*in Zeitschriften etc*), b) 'Anzeigenforˌmat *n*, c) *Rundfunk, TV:* (Werbe)Zeit *f.* II *v/t* 11. räumlich *od.* zeitlich einteilen: ~d out over ten years auf 10 Jahre verteilt. 12. in Zwischenräumen anordnen. 13. *meist* ~ out *print.* a) ausschließen, b) weit(läufig) setzen, sperren. 14. *a.* ~ out gesperrt schreiben (*auf der Schreibmaschine*). 15. ~d (out) *bes. Am. sl.* ˌhigh' (*unter Drogeneinfluß*).
space¦age *s* Weltraumzeitalter *n.* '~**band** *s print.* (Spatien)Keil *m.* ~ **bar** *s* Leertaste *f.* '~**borne** *adj* 1. Weltraum...: ~ satellite. 2. über Satel'lit, Satelliten...: ~ television. ~ **cap·sule** *s* Raumkapsel *f.* ~ **charge** *s electr.* Raumladung *f*: ~ grid Raumladegitter *n.* '~**craft** *s* (Welt)Raumfahrzeug *n.* ~ **fic·tion** *s* 'Weltraumroˌmane *pl.* ~ **flight** *s* (Welt-)Raumflug *m.* ~ **heat·er** *s* Raumstrahler *m.* ~ **key** *s* → spacebar. ~ **lab** *s* 'Raumˌlabor *n.* ~ **lat·tice** *s phys.* Raumgitter *n.* '~**man** [-mæn; -mən] *s irr* 1. (Welt)Raumfahrer *m*, Astro'naut *m.* 2. Außerirdische(r) *m.* ~ **med·i·cine** *s* 'Raumˌfahrtmediˌzin *f.* ~ **op·er·a** *s* 1. Weltraumstory *f*, -film *m.* 2. → space fiction. ~ **plat·form** → space station. '~**port** *s* Raumfahrtzentrum *n.* ~ **probe** *s* (Welt)Raumsonde *f.*

spac·er ['speɪsə(r)] *s tech.* 1. Di'stanzstück *n.* 2. → space bar.
space¦race *s* Wettlauf *m* um die Eroberung des Weltraums. ~ **re·search** *s* (Welt)Raumforschung *f.* ~ **rock·et** *s* ('Welt)Raumˌrakete *f.* ~ **rule** *s print.* Querlinie *f.* '~ˌ**sav·ing** I *adj* raum-, platzsparend. II *s* Platzersparnis *f.* '~**ship** *s* Raumschiff *n.* ~ **shut·tle** *s* Raumfähre *f.* ~**sta·tion** *s* ('Welt)Raumˌstatiˌon *f.* ~ **suit** *s* Raumanzug *m.* ~**-time** I *s math. philos.* Zeit-Raum *m.* II *adj* Raum-Zeit-... ~ **trav·el** *s* (Welt-)Raumfahrt *f.* ~ **type** *s print.* Sperrdruck *m.* ~ **ve·hi·cle** *s* (Welt)Raumfahrzeug *n.* '~**walk** I *s* 'Weltraumspaˌziergang *m.* II *v/i* sich frei im Weltraum bewegen, e-n 'Weltraumspaˌziergang machen. ~ **weap·ons** *s pl mil.* Weltraumwaffen *pl.* '~ˌ**wom·an** *s irr* 1. (Welt)Raumfahrerin *f*, Astro'nautin *f.* 2. Außerirdische *f.* ~ **writ·er** *s* (Zeitungs- *etc*)Schreiber *m*, der nach dem 'Umfang s-s Beitrags bezahlt wird.
spac·ey ['speɪsɪ] *adj sl.* 1. benommen. 2. verträumt. 3. ausgefallen (*Kleidung etc*).
spa·cial → spatial.
spac·ing ['speɪsɪŋ] *s* 1. Einteilen *n* (*in Abständen*). 2. (*a. zeitlicher*) Abstand. 3. *print. etc* a) Sperren *n*, b) Zwischenraum *m*, Zeilenabstand *m.*
spa·cious ['speɪʃəs] *adj* (*adv* ~**ly**) 1. geräumig, weit, ausgedehnt. 2. *fig.* weit, 'umfangreich, um'fassend. '**spa·cious·ness** *s* 1. Geräumigkeit *f.* 2. *fig.* Weite *f*, 'Umfang *m*, Ausmaß *n.*
spac·y → spacey.
spade[1] [speɪd] I *s* 1. Spaten *m*: to call a ~ a ~ *fig.* das Kind beim (rechten) Namen nennen; to dig the first ~ den ersten Spatenstich tun. 2. *mil.* La'fettensporn *m.* II *v/t* 3. *a.* ~ up 'umgraben. 4. den Speck abschälen von (*e-m Wal*). III *v/i* 5. graben, mit dem Spaten arbeiten.
spade[2] [speɪd] *s* 1. Pik(karte *f*) *n*, Schippe *f* (*des französischen Blatts*), Grün *n* (*des deutschen Blatts*): seven of ~s Piksieben *f.* 2. *meist pl* Pik(farbe *f*) *n*: in ~s *Am. colloq.* mit Zins u. Zinseszins. 3. *contp.* ˌNigger' *m.*
'**spade·ful** [-fʊl] *s* (*ein*) Spaten(voll) *m.*
spade¦hus·band·ry *s agr.* 'Spatenkulˌtur *f.* ~ **mash·ie** *s Golf:* Spade-Mashie *m* (*Eisenschläger Nr. 6*). '~**work** *s* 1. *fig.* mühevolle Vorarbeit *f*, Klein-, Pio'nierarbeit *f.* 2. *sport* Vorarbeit *f*: to do the ~ die Vorarbeit leisten.
spa·di·ceous [speɪˈdɪʃəs] *adj* 1. rötlichbraun. 2. *bot.* kolbig.
spa·dix ['speɪdɪks] *pl* -**di·ces** [-ˈdaɪsiːz; ˈspeɪdɪ-] *s bot.* (Blüten)Kolben *m.*
spa·do ['speɪdəʊ] *pl* -**do·nes** [-ˈdəʊniːz] (*Lat.*) *s* 1. a) Ka'strat *m*, b) Impo'tente(r) *m.* 2. ka'striertes Tier.
spa·ghet·ti [spəˈɡetɪ] *s pl* 1. Spa'ghetti *pl.* 2. *sl.* 'Filmsaˌlat *m.* ~ **west·ern** *s Am. sl.* Italo-Western *m.*
spake [speɪk] *obs. pret* von speak.
spall [spɔːl] I *s* 1. (Stein-, Erz)Splitter *m.* II *v/t* 2. *tech.* Erz zerstückeln. III *v/i* 3. zerbröckeln, absplittern. 4. *phys.* abspalten.
spal·peen [spælˈpiːn] *s Ir.* Nichtsnutz *m.*
spam [spæm] (*TM*) *s* (*aus* spiced ham) Dosenfleisch *n* (*aus gewürztem u. kleingeschnittenem Schinken*).
span[1] [spæn] I *s* 1. Spanne *f*: a) gespreizte Hand, b) englisches Maß (= 9 inches). 2. *arch.* a) Spannweite *f* (*e-s Bogens*), b) Stützweite *f* (*e-r Brücke*), c) (*einzelner*) (Brücken)Bogen. 3. *aer.* Spannweite *f.* 4. *mar.* Spann *n*, Haltetau *n*, -kette *f.* 5. *fig.* Spanne *f*, 'Umfang *m.* 6. *bes. med. psych.* (Gedächtnis-, Seh- *etc*)Spanne *f*: memory ~. 7. (kurze) Zeitspanne.

8. Lebensspanne *f*, -zeit *f.* **9.** (*Art*) Gewächshaus *n.* **10.** Gespann *n.* **II** *v/t* **11.** abmessen. **12.** um'spannen. **13.** sich erstrecken über (*e-n Fluß etc*; *a. fig.*), über'spannen. **14.** über'brücken. **15.** *fig.* über'spannen, um'fassen.

span² [spæn] *obs. pret von* spin.

span·cel ['spænsl] **I** *s* Fußfessel *f* (*für Tiere*). **II** *v/t pret u. pp* **-celed**, *bes. Br.* **-celled** mit e-m Strick fesseln.

span·drel ['spændrəl] *s* **1.** *arch.* Span-'drille *f*, (Gewölbe-, Bogen)Zwickel *m.* **2.** *tech.* Hohlkehle *f.*

span·gle ['spæŋgl] **I** *s* **1.** Flitter(plättchen *n*) *m*, Pail'lette *f*, Glitzerschmuck *m.* **2.** *bot.* Gallapfel *m.* **II** *v/t* **3.** mit Flitter besetzen. **4.** *fig.* schmücken, über'säen: *the ~d heavens* der gestirnte Himmel.

'span·gly [-glɪ] *adj* glitzernd, Flitter...

Span·iard ['spænjə(r)d] *s* Spanier(in).

span·iel ['spænjəl] *s* **1.** *zo.* Spaniel *m*, Wachtelhund *m.* **2.** *fig.* ‚Kriecher' *m.*

Span·ish ['spænɪʃ] **I** *adj* **1.** spanisch: *~ America*; *War of the ~ Succession hist.* (*der*) Spanische Erbfolgekrieg. **II** *s* **2.** *ling.* (*die*) Spanier pl. **3.** *ling.* Spanisch *n*, das Spanische. **~ A·mer·i·can I** *adj* 'spanisch-ameri'kanisch, la'teiname·ri,kanisch. **II** *s* La'teinameri,kaner(in). **~ chest·nut** *s bot.* 'Eßka,stanie *f.* **~ fly** *s zo.* Spanische Fliege. **~ Main** *s* **1.** Nord'ostküste *f* 'Süda,merikas. **2.** (*unkorrekt*) südliche Ka'ribische See. **~ pa·pri·ka** *s bot.* Spanischer Pfeffer, Paprika *m.*

spank [spæŋk] *colloq.* **I** *v/t* **1.** j-n verhauen, j-m ‚den Hintern versohlen'. **2.** *Pferde etc* antreiben. **II** *v/i* **3. a. ~ along** (da'hin)flitzen. **III** *s* **4.** Schlag *m*, Klaps *m.* **'spank·er** *s* **1.** *colloq.* Renner *m* (*schnelles Pferd*). **2.** *colloq.* a) 'Prachtexem,plar *n*, b) Prachtkerl *m.* **3.** *mar.* Be'san *m.* **'spank·ing** *colloq.* **I** *adj* (*adv* ~**ly**) **1.** schnell, flink. **2.** scharf, tüchtig, stark: *~ breeze* steife Brise; *~ pace* flottes Tempo. **3.** prächtig, ‚mächtig', ‚toll'. **II** *adv* **4. ~ clean** blitzsauber; *~ new* funkelnagelneu. **III** *s* **5.** ‚Haue' *f*, Schläge *pl*: *to give s.o. a ~* ~ **1.**

span·ner ['spænə(r)] *s* **1.** *tech.* Schraubenschlüssel *m*: *to throw a ~ in(to) the works Br. colloq.* ‚querschießen'. **2.** *tech.* Querverstrebung *f.*

spar¹ [spɑː(r)] *s min.* Spat *m.*

spar² [spɑː(r)] **I** *s* **1.** *mar.* Rundholz *n*, Spiere *f.* **2.** *aer.* Holm *m.* **II** *v/t* **3.** *mar.* mit Spieren versehen.

spar³ [spɑː(r)] **I** *v/i* **1.** *Boxen*: sparren. **2.** (mit Sporen) kämpfen (*Hähne*). **3.** sich streiten (*with mit*), sich ein Wortgefecht liefern. **4. to ~ for time** Zeit schinden. **II** *s* **5.** *Boxen*: Sparringskampf *m.* **6.** *fig.* Wortgefecht *n*, (Wort)Geplänkel *n.*

spare [speə(r)] **I** *v/t* **1.** j-n *od.* etwas verschonen, e-n Gegner, j-s Gefühle, j-s Leben schonen: *to ~ s.o.'s feelings*; *~ his blushes!* bring ihn doch nicht in Verlegenheit!; *if we are ~d* wenn wir verschont bleiben. **2.** sparsam' umgehen mit, schonen: *don't ~ the paint* spar nicht mit (der) Farbe; → **expense** *Bes. Redew.*, **rod** 3. **3.** j-m etwas ersparen, j-n verschonen mit: *~ me the trouble* erspare mir die Mühe; *~ me these explanations* verschone mich mit diesen Erklärungen; (not) to ~ o.s. sich (nicht) schonen. **4.** entbehren: *we cannot ~ him just now.* **5.** erübrigen, übrig haben: *can you ~ me a cigarette (a moment)?* hast du e-e Zigarette (e-n Augenblick Zeit) für mich (übrig)?; *no time to ~* keine Zeit (zu verlieren); → **enough** II. **II** *v/i* **6.** sparen. **III** *adj* **7.** Ersatz..., Reserve...: *~ tire* (*bes. Br. tyre*) a) Ersatzreifen *m*, b) *Br. colloq. humor.* ‚Ret-

tungsring' *m* (*Fettwulst um die Hüfte*); *~ part* → 12; **~-part surgery** *med.* Ersatzteilchirurgie *f.* **8.** 'überflüssig, -schüssig, übrig: *~ moment* freier Augenblick; *~ room* Gästezimmer *n*; *~ time* (*od.* **hours**) Freizeit *f*, Mußestunden *pl*; **~-time activities** Freizeitgestaltung *f.* **9.** sparsam, kärglich. **10.** sparsam (*Person*). **11.** mager (*Person*). **12. to go ~** *Br. sl.* ‚hochgehen' (*wütend werden*). **IV** *s* **13.** *tech.* Ersatzteil *n*, *m.* **14.** Ersatzreifen *m.* **15.** *Bowling*: Spare *m* (*Abräumen mit 2 Würfen*). **'spare·ness** *s* **1.** Magerkeit *f.* **2.** Kärglichkeit *f.*

'spare·rib *s* Rippe(n)speer *m.*

sparg·er ['spɑː(r)dʒə(r)] *s tech.* **1.** (Wasser)Sprenggerät *n.* **2.** *Brauerei*: Sprenkler *m.*

spar·ing ['speərɪŋ] *adj* (*adv* ~**ly**) **1.** sparsam (**in**, **of** mit), mäßig: *to be ~ of fear*; *a ~ of coughing* ein Hustenanfall. **2.** sparsam (*mit Worten*), knapp. **3.** spärlich, dürftig, knapp. **'spar·ing·ness** *s* **1.** Sparsamkeit *f.* **2.** Dürftigkeit *f.*

spark¹ [spɑː(r)k] **I** *s* **1.** Funke(n) *m* (*a. fig.*): *the vital ~ der Lebensfunke*; *to strike ~s out of s.o.* j-n in Fahrt bringen'; *they struck ~s off each other* sie waren sich (sofort) gegenseitig zuwider; *~s flew* Funken stoben. **2.** *fig.* Funke(n) *m*, Spur *f* (**of** von *Intelligenz, Leben etc*). **3.** funkelnder Gegenstand, *bes.* Dia'mant *m.* **4.** *electr.* a) (e'lektrischer) Funke, b) Entladung *f*, c) (Licht)Bogen *m.* **5.** *mot.* (Zünd)Funke *m*: *to advance (retard) the ~* die Zündung vorstellen (zurückstellen). **6.** *Radio*: a) **~ spark transmitter**, b) → **spark transmission**. **II** *v/i* **7.** Funken sprühen. **8.** funkeln. **9.** *tech.* zünden. **III** *v/t* **10.** j-n befeuern. **11. ~ off** *fig* etwas auslösen.

spark² [spɑː(r)k] **I** *s* **1.** flotter (junger) Mann. **2. bright ~** *Br. iro.* ‚Intelligenzbestie' *f.* **II** *v/t* **3.** j-m den Hof machen.

spark| ad·vance *s tech.* Vor-, Frühzündung *f.* **~ ar·rest·er** *s electr.* Funkenlöscher *m.* **~ cham·ber** *s phys.* Funkenkammer *f.* **~ coil** *s.* **1.** *electr.* 'Funkenin,duktor *m.* **2.** *mot.* Zündspule *f.* **~ dis·charge** *s electr.* Funkenentladung *f.* **~ gap** *s electr.* Funkenstrecke *f.*

'spark·ing *s electr. tech.* Funkenbildung *f.* **~ plug** *s mot. Br.* Zündkerze *f.*

spar·kle ['spɑː(r)kl] *v/i* **1.** funkeln (*a. fig.*): *her eyes ~d with anger* ihre Augen blitzten vor Zorn; *his conversation ~d with wit* sein Unterhaltung sprühte vor Witz. **2.** *fig.* a) funkeln, sprühen (*Witz, Geist*), b) bril'lieren, glänzen (*Person*). **3.** Funken sprühen. **4.** perlen (*Wein*). **II** *v/t* **5.** Licht sprühen. **III** *s* **6.** Funkeln *n*, Glanz *m.* **7.** Funke(n) *m.* **8.** Bril'lanz *f.* **'spar·kler** [-klə(r)] *s* **1.** (*etwas*) Funkelndes. **2.** *sl.* Dia'mant *m.* **3.** Wunderkerze *f* (*Feuerwerk*). **4.** funkelnder Geist (*Person*). **'spark·let** [-lɪt] *s* **1.** Fünkchen *n* (*a. fig.*). **2.** glitzernder Stein (*an Gewändern*). **3.** Kohlen'dio,xydkapsel *f* (*für Siphonflaschen*). **'spar·kling** [-klɪŋ] *adj* (*adv* ~**ly**) **1.** funkelnd, sprühend (*beide a. fig. Witz etc*). **2.** *fig.* geistsprühend, spritzig (*Person, a. Dialog etc*). **3.** schäumend, mous'sierend: *~ wine* a) Schaumwein *m*, b) Sekt *m*; *~ water* Sprudel *m.*

'spark||o·ver *s electr.* 'Überschlag *m* (*e-s Funkens*). **~ plug** *s* **1.** *electr.* Zündkerze *f.* **2.** *Am. colloq.* ‚Motor' *m*, treibende Kraft (*Person*).

sparks [spɑː(r)ks] *s colloq.* **1.** E'lektriker *m.* **2.** *mar.* Funker *m.*

spark| trans·mis·sion *s Radio*: Über-'tragung *f* mittels Funksender. **~ trans·mit·ter** *s Radio*: Funkensender *m.*

spar·ring ['spɑːrɪŋ] *s* **1.** *Boxen*: Sparring *n*: *~ partner* Sparringspartner *m.* **2.** *fig.* Wortgefecht *n*, (Wort)Geplänkel *n.*

spar·row ['spærəʊ] *s orn.* Spatz *m*, Sperling *m.* **~ bill** *s* Schuhzwecke *f.* **'~-grass** *s colloq.* Spargel *m.* **~ hawk** *s orn.* Sperber *m.*

spar·ry ['spɑːrɪ] *adj min.* spatig.

sparse [spɑː(r)s] *adj* (*adv* ~**ly**) **1.** spärlich, dünn(gesät): *a ~ population.* **2.** dünn, spärlich: *~ hair.* **'sparse·ness**, **'spar·si·ty** *s* Spärlichkeit *f.*

Spar·tan ['spɑː(r)tən] *antiq. u. fig.* **I** *adj* spar'tanisch. **II** *s* Spar'taner(in). **'Spar·tan·ism** *s* Spar'tanertum *n.*

spar·te·ine ['spɑː(r)tiːɪn; -tɪɪn] *s chem.* Sparte'in *n.*

spasm ['spæzəm] *s* **1.** *med.* Krampf *m*, Spasmus *m*, Zuckung *f.* **2.** Anfall *m*: *~ of fear*; *a ~ of coughing* ein Hustenanfall. **spas·mod·ic** [spæz'mɒdɪk; *Am.* -'mɑd-] *adj* (*adv* ~**ally**) **1.** *med.* krampfhaft, -artig, spas'modisch. **2.** sprunghaft, vereinzelt. **spas·mo·lyt·ic** [ˌspæzmə'lɪtɪk] *adj med.* krampflösend.

spas·tic ['spæstɪk] *med.* **I** *adj* (*adv* ~**ally**) spastisch, Krampf...: *~ paralysis* krampfartige Lähmung. **II** *s* Spastiker(in) (*a. fig. sl.*).

spat¹ [spæt] *zo.* **I** *s* **1.** Muschel-, Austernlaich *m.* **2.** a) *collect.* junge Schaltiere *pl*, b) junge Auster *od.* Muschel. **II** *v/i* **3.** laichen.

spat² [spæt] *s meist pl* Ga'masche *f.*

spat³ [spæt] *colloq.* **I** *s* **1.** *selten* Klaps *m.* **2.** *Am.* Kabbe'lei *f.* **II** *v/i* **3.** *Am.* sich kabbeln. **III** *v/t* **4.** *selten* j-m e-n Klaps geben.

spat⁴ [spæt] *pret u. pp von* spit¹.

spatch·cock ['spætʃkɒk; *Am.* -ˌkɑk] **I** *s* sofort nach dem Schlachten gegrilltes Huhn *etc.* **II** *v/t colloq.* Worte *etc* einflicken (**into** *in acc*).

spate [speɪt] *s* **1.** Über'schwemmung *f*, Hochwasser *n*: *to be in ~* Hochwasser führen. **2.** *fig.* (Wort)Schwall *m*, Flut *f.*

spathe [speɪð] *s* Blütenscheide *f.*

spa·tial ['speɪʃl] *adj* räumlich, Raum... **spa·ti·al·i·ty** [-ʃɪ'ælətɪ] *s* räumlicher Cha'rakter.

spa·ti·o·tem·po·ral [ˌspeɪʃɪəʊ'tempərəl] *adj* Raum-Zeit-...

spat·ter ['spætə(r)] **I** *v/t* **1.** bespritzen, beschmutzen (**with** mit). **2.** (ver)spritzen. **3.** *fig.* a) Verleumdungen ausstreuen, b) j-s Namen besudeln, c) j-n ‚mit Dreck bewerfen'. **II** *v/i* **4.** spritzen. **5.** (nieder)prasseln, klatschen (**on** auf *acc*). **III** *s* **6.** Spritzen *n.* **7.** Klatschen *n*, Prasseln *n.* **8.** Spritzer *m*, Spritzfleck *m.* **'~-dash** *s meist pl* Ga'masche *f.* **'~-dock** *s bot.* **1.** Gelbe Teichrose (*Nordamerika*). **2.** a) Seerose *f*, b) Teichrose *f.* **'~-work** *s tech.* Spritzarbeit *f*, Spritzmale'rei *f.*

spat·u·la ['spætjʊlə; *Am.* -tʃələ] *s* **1.** *med. tech.* Spa(ch)tel *m*, *f.* **2.** *orn.* Löffelente *f.* **'spat·u·late** [-lət] *adj* (spa)telförmig.

spav·in ['spævɪn] *s vet.* Spat *m* (*Pferdekrankheit*). **'spav·ined** *adj* spatig, lahm.

spawn [spɔːn] **I** *s* **1.** *ichth.* Laich *m.* **2.** *bot.* My'zel(fäden *pl*) *n.* **3.** *fig. contp.* Brut *f*, Gezücht *n.* **II** *v/i* **4.** *ichth.* laichen. **5.** *fig. contp.* a) sich wie Ka'ninchen vermehren, b) wie Pilze aus dem Boden schießen. **III** *v/t* **6.** *ichth.* den Laich ablegen. **7.** *contp.* Kinder massenweise in die Welt setzen. **8.** *fig.* ausbrüten, her'vorbringen. **'spawn·er** *s* Rog(e)ner *m*, Fischweibchen *n* zur Laichzeit. **'spawn·ing** **I** *s* **1.** Laichen *n.* **II** *adj* **2.** laichend. **3.** Laich...: *~ time.* **4.** *fig.* sich stark vermehrend: *the ~ slums.*

spay [speɪ] *v/t vet.* ka'strieren, die Eierstöcke (*gen*) entfernen.

speak [spiːk] *pret* **spoke** [spəʊk], *obs.*

spake [speɪk] *pp* **spo·ken** ['spəʊkən], *obs.* **spoke** I *v/i* **1.** reden, sprechen (**to** mit; **about** über *acc*): **spoken** *thea.* gesprochen (*Regieanweisung*); **the portrait ~s** *fig.* das Porträt ist sprechend ähnlich; **so to ~** sozusagen; → **speak of** *u.* **to, speaking** I. **2.** (öffentlich) reden, sprechen (**on** über *acc*). **3.** miteinander sprechen. **4.** ertönen (*Trompete etc*). **5.** *bes. Br.* anschlagen, Laut geben (*Hund*). **6.** *mar.* signali'sieren. II *v/t* **7.** sprechen, sagen: → **volume** 1. **8.** aussprechen, sagen, äußern: **to ~ the truth** die Wahrheit sagen; → **mind** 4. **9.** feststellen, sagen (*in Schriftstücken etc*). **10.** verkünden (*Trompete etc*). **11.** *e-e Sprache* sprechen (können): **he ~s French** er spricht *od.* kann Französisch. **12.** *fig. e-e Eigenschaft etc* verraten. **13.** *obs.* (an)zeigen: **his conduct ~s him generous** sein Verhalten zeigt s-e Großzügigkeit. **14.** *mar. ein Schiff* ansprechen (*durch Signale*).
Verbindungen mit Präpositionen:
speak| for *v/i* **1.** sprechen *od.* eintreten für: **to ~ o.s.** a) selbst sprechen, b) s-e eigene Meinung äußern; **~ yourself!** das meinst aber auch nur du!; **speaking for myself** was mich anbelangt; **that speaks for itself** das spricht für sich selbst; **that speaks (well) for him** das spricht für ihn *od.* zu s-n Gunsten. **2.** zeugen von. **~ of** *v/i* **1.** sprechen *von od.* über (*acc*): **nothing to ~** nicht der Rede wert, nichts Erwähnenswertes; **not to ~** ganz zu schweigen von. **2.** *etwas* verraten, zeugen von. **~ to** *v/i* **1.** *j-n* ansprechen, mit *j-m* (*a.* mahnend *etc*) sprechen *od.* reden. **2.** bestätigen, bezeugen. **3.** zu sprechen kommen auf (*acc*).
Verbindungen mit Adverbien:
speak| out I *v/i* **1.** → **speak up**. **2. ~ against** sich wenden *od.* deutlich aussprechen gegen. II *v/t* **3.** aussprechen. **~ up** *v/i* **1.** laut u. deutlich sprechen; **~!** (sprich) lauter! (→ 2). **2.** 'kein Blatt vor den Mund nehmen': **~!** heraus mit der Sprache! (→ 1). **3.** sich einsetzen (**for** für).
'**speak·eas·y** *s Am.* ,Flüsterkneipe' *f* (*während der Prohibition*).
'**speak·er** *s* **1.** Sprecher(in), Redner(in). **2. S~** *parl.* Speaker *m*, Präsi'dent *m*: **the S~ of the House of Commons** der Präsident des Unterhauses; **Mr. S~!** Herr Vorsitzender!; **to catch the S~'s eye** das Auge des Vorsitzenden auf sich lenken, sich erfolgreich zu Wort melden. **3.** *Am.* Vortragsbuch *n*. **4.** *electr.* Lautsprecher *m.* '**speak·er·ship** *s parl.* Amt *n* des Präsi'denten.
'**speak·ing** I *adj* (*adv* **~ly**) **1.** sprechend, redend: **~!** *teleph.* am Apparat!; **Brown ~!** *teleph.* (hier) Brown!; **the English~countries** die englischsprechenden Länder; **~ acquaintance** flüchtige(r) Bekannte(r); **to have a ~ knowlege of** *e-e Sprache* (nur) sprechen können; → **term** 11. **2.** (*adverbial*) gesprochen: **generally ~** allgemein (gesprochen *od.* gesagt); **legally ~** juristisch betrachtet. **3.** *fig.* sprechend: **a ~ likeness**. **4.** Sprech..., Sprach...: **a ~ voice** *e-e* (gute) Sprechstimme. **5.** Vortrags...: **~ tour**. II *s* **6.** Sprechen *n*, Reden *n*. **~ choir** Sprechchor *m*. **~ clock** *s teleph. Br.* Zeitansage *f*. **~ trum·pet** *s* Sprachtrichter *m*, -rohr *n*. **~ tube** *s* **1.** Sprechverbindung *f* zwischen zwei Räumen *etc*. **2.** → **speaking trumpet**.
spear[1] [spɪə(r)] I *s* **1.** a) (Wurf)Speer *m*, b) Lanze *f*, Spieß *m*: **~ side** männliche Linie (*e-r Familie*). **2.** *poet.* Speerträger *m*. II *v/t* **3.** durch'bohren, aufspießen.
spear[2] [spɪə(r)] *bot.* I *s* Gras-, Getreidehalm *m*, Sproß *m*. II *v/i* (auf)sprießen.
'**spear| car·ri·er** *s fig.* **1.** Vorkämpfer *m*,

Bannerträger *m*. **2.** *contp.* Handlanger *m*. '**~fish** I *s ichth.* Speerfisch *m*. II *v/i* mit dem Speer (unter Wasser) fischen. **~ gun** *s* Har'punenbüchse *f*. **~ grass** *s bot.* **1.** Straußgras *n*. **2.** Gemeine Quecke. **3.** Spartgras *n*. '**~head** I *s* **1.** Lanzenspitze *f*. **2.** *mil.* Angriffsspitze *f*. Stoßkeil *m*. **3.** *fig.* a) Anführer *m*, Vorkämpfer *m*, b) Spitze *f*, beherrschendes Ele'ment. II *v/t* **4.** *mil.* vor'ausgehen, vor'anstürmen (*dat*). **5.** *fig.* die Spitze (*gen*) bilden, an der Spitze (*gen*) stehen, anführen. '**~mint** *s bot.* Grüne Minze.
spec [spek] *s colloq.* Spekulati'on *f*: **on ~** auf gut Glück.
spe·cial ['speʃl] I *adj* (*adv* → **specially**) **1.** spezi'ell, (ganz) besonder(er, e, es): **~ ability**; **his ~ charm**; **my ~ friend**. **2.** spezi'ell, Spezial..., Fach...: **~ knowledge** Fachkenntnis *f*, -wissen *n*: **this is too ~** das ist zu speziell. **3.** a) Sonder...: **~ case** (court, permission, tax, train, *etc*), b) Extra..., Ausnahme...: **~ constable** → 5 a; **~ correspondent** → 5 e; **~ edition** → 5 c. **4.** spezi'ell, bestimmt: **on ~ days** an bestimmten Tagen. II *s* **5.** (*j-d od. etwas*) Besonderes, *bes.* a) 'Hilfspoli,zist *m*, b) Sonderzug *m*, c) Sonderausgabe *f*, Extrablatt *n*, d) Sonderprüfung *f*, e) Sonderberichterstatter *m*, f) *Rundfunk, TV*: Sondersendung *f*, g) *econ. Am.* Sonderangebot *n*: **~ im Angebot**, h) *Am.* Tagesgericht *n* (*im Restaurant*).
spe·cial| a·gent *s econ. jur.* 'Sonderbe,vollmächtigte(r *m*) *f*. **~ a·re·a** *s Br.* Notstandsgebiet *n*. **~ bar·gain** *s econ.* Sonderangebot *n*. **S~ Branch** *s Br.* 'Staatssicherheitspoli,zei *f*. **~ con·tract** → **specialty** 3. **~ de·liv·er·y** *s mail* Eilzustellung *f*, ,durch Eilboten'. **~ div·i·dend** *s econ.* 'Extradivi,dende *f*. **S~ Draw·ing Rights** *s pl econ.* Sonderziehungsrechte *pl* (*auf den Internationalen Währungsfonds*). **~ ef·fects** *s pl Film, TV*: Spezi'alef,fekte *pl.* **~ en·dorse·ment** *s econ.* Vollgiro *n*.
spe·cial·ist ['speʃəlɪst] I *s* **1.** Spezia'list *m*: a) Fachmann *m*, b) *med.* Facharzt *m* (in für). **2.** *econ. Am.* Jobber, der sich auf *e-e bestimmte Kategorie von Wertpapieren* beschränkt. II *adj* **3.** spezia'lisiert, Spezial..., Fach...: **~ knowledge**. ,**spe·cial'is·tic** → **specialist** II. ,**spe·ci·al·i·ty** [-ʃɪ'ælətɪ] *s bes. Br.* **1.** Besonderheit *f*. **2.** a) besonderer Punkt, b) *pl* Einzelheiten *pl*. **3.** besonderes Merkmal. **4.** *a. econ.* Speziali'tät *f*. **5.** → **specialty** 1-3. ,**spe·cial·i·za·tion** [-ʃəlaɪ'zeɪʃn; *Am.* -lə'z-] *s* Speziali'sierung *f*. '**spe·cial·ize** I *v/i* **1.** sich speziali'sieren (**in** auf *acc*). **2.** *biol.* sich besonders entwickeln (*Organe*). II *v/t* **3.** speziali'sieren: **~d** → **specialist** II. **4.** näher beschreiben. **5.** *biol. Organe* besonders entwickeln.
spe·cial ju·ry *s jur.* (*aus sozial u. wirtschaftlich höheren Berufsklassen*) besonders ,zu,sammen,gesetzte Geschworene. **~ li·cence** *s jur. Br.* Sondergenehmigung zur Eheschließung ohne Aufgebot an *e-m beliebigen Ort u. zu e-r beliebigen Zeit*.
spe·cial·ly ['speʃəlɪ] *adv* **1.** im besonderen, besonders. **2.** eigens, ausdrücklich, extra.
spe·cial| plead·er *s* **1.** *jur.* Anwalt, *der sich auf die Abfassung von Anträgen etc spezialisiert hat*. **2.** Tatsachen-, Rechtsverdreher *m*. **~ plead·ing** *s* **1.** *jur.* a) Sonderschriftsatz *m* (*der sich speziell mit dem Tatbestand befaßt*), b) Vorbringen *n* von 'Nebenmateri,al. **2.** *fig.* Spitzfindigkeit *f*. **~ school** *s* Sonderschule *f*.
spe·cial·ty ['speʃltɪ] *s bes. Am.* **1.** Spezi'alfach *n*, -gebiet *n*. **2.** *econ.* a) Spezi'alar,tikel *m*, Speziali'tät *f*, b) Neuheit *f*. **3.** *jur. a. Br.* a) formgebundener Vertrag, b) besiegelte Urkunde. **4.** → **speciality** 2 a, 3, 4.

spe·cial ver·dict *s jur.* Urteil der Geschworenen über 'eine Tatfrage allein.
spe·cie ['spiːʃiː; *Am. a.* -siː] *s* **1.** Hartgeld *n*, Münze *f*. **2.** Bargeld *n*: **~ payments** Barzahlung *f*; **in ~** a) in bar, b) in natura; **to return s.th. in ~** *fig.* etwas in *od.* mit gleicher Münze heimzahlen.
spe·cies ['spiːʃiːz; *Am. a.* -siːz] *pl* **-cies** *s* **1.** Art *f*, Sorte *f*. **2.** *biol.* Art *f*, Spezies *f*: **the** (*od.* **our**) **~** die Menschheit. **3.** *Logik*: Art *f*, Klasse *f*. **4.** Vorstellung *f*, Bild *n*. **5.** *relig.* (sichtbare) Gestalt (*von Brot u. Wein*) (*beim Abendmahl*).
spe·cif·ic [spɪ'sɪfɪk] I *adj* (*adv* **~ally**) **1.** spe'zifisch, spezi'ell, bestimmt(er, e, es): **a ~ function**. **2.** bestimmt, defini'tiv, prä'zis(e): **a ~ statement**; **~ figures** konkrete Zahlen; **he should be more ~ about it** er sollte sich präziser ausdrücken *od.* nähere Angaben darüber machen. **3.** eigen(tümlich) (**to** *dat*): **a style ~ to that school**. **4.** typisch, besonder(er, e, es). **5.** wesentlich. **6.** *biol.* Art...: **~ name**. **7.** *med.* a) spe'zifisch (wirkend): **a ~ remedy** (*od.* **medicine**) → 9, b) spe'zifisch: **a ~ disease**. **8.** *phys.* a) spe'zifisch: **~ energy**, b) Einheits... II *s* **9.** *med.* spe'zifisches Heilmittel, Spe'zifikum *n*.
,**spec·i·fi·ca·tion** [,spesɪfɪ'keɪʃn] *s* **1.** Spezifi'zierung *f*, Spezifikati'on *f*. **2.** genaue Aufzählung, Spezifikati'on *f*. **3.** *meist pl* Einzelangaben *pl od.* -vorschriften *pl*, *bes.* a) *arch.* Baubeschrieb *m*, b) technische Beschreibung. **4.** *jur.* Pa'tentbeschreibung *f*, -schrift *f*. **5.** *jur.* Spezifikati'on *f* (*Eigentumserwerb durch Verarbeitung*).
spe·cif·ic| char·ac·ter *s biol.* Artmerkmal *n*. **~ du·ty** *s econ.* spe'zifischer Zoll. **~ grav·i·ty** *s phys.* spe'zifisches Gewicht, Wichte *f*. **~ per·form·ance** *s jur.* effek'tive Vertragserfüllung.
spec·i·fy ['spesɪfaɪ] I *v/t* **1.** (einzeln) angeben *od.* aufführen *od.* be)nennen, spezifi'zieren. **2.** (in *e-r* Aufstellung) besonders anführen. **3.** bestimmen, (im einzelnen) festsetzen. II *v/i* **4.** genaue Angaben machen.
spec·i·men ['spesɪmɪn] *s* **1.** Exem'plar *n*: **a fine ~**. **2.** Muster *n* (*a. print.*), Probe (-stück *n*) *f*, *tech. a.* Prüfstück *n*: **a ~ of s.o.'s handwriting** *e-e* Handschriftenprobe (*von j-m*). **3.** Probe *f*, Beispiel *n* (**of** *gen*): **~ signature** Unterschriftsprobe. **4.** *colloq. contp.* ,Exem'plar' *n*: a) ,Muster' *n* (**of** *an dat*), b) ,Type' *f*, komischer Kauz. **~ cop·y** *s print.* 'Probeexem,plar *n*. **~ page** *s print.* Probeseite *f*.
spe·cious ['spiːʃəs] *adj* (*adv* **~ly**) bestechend, (äußerlich) blendend, trügerisch: **~ argument** Scheinargument *n*; **~ prosperity** scheinbarer Wohlstand. '**spe·cious·ness** *s* **1.** (*das*) Bestechende. **2.** trügerischer Schein.
speck[1] [spek] I *s* **1.** Fleck(en) *m*, Fleckchen *n*. **2.** Stückchen *n*, (*das*) bißchen: **a ~ of dust** ein Stäubchen. **3.** faule Stelle (*im Obst*). **4.** Pünktchen *n*. II *v/t* **5.** sprenkeln, tüpfeln.
speck[2] [spek] *s Am. dial. od. S.Afr.* **1.** Speck *m*, Fett *n*. **2.** Walspeck *m*. **3.** *nur S.Afr.* Nilpferdfett *n*, -stück *m*.
speck·le ['spekl] I *s* Fleck(en) *m*, Sprenkel *m*, Tupfen *m*, Punkt *m*. II *v/t* → **speck**[1] 5. '**speck·led** *adj* **1.** gefleckt, gesprenkelt, getüpfelt. **2.** (bunt)scheckig.
'**speck·less** *adj* (*adv* **~ly**) fleckenlos, sauber, rein (*alle a. fig.*).
specs [speks] *s pl colloq.* Brille *f*.
spec·ta·cle ['spektəkl; *Am.* -tɪkəl] I *s* **1.** Schauspiel (*a. fig.*). **2.** Schaustück *n*: **to make a ~ of o.s.** sich zur Schau stellen, (unangenehm) auffallen. **3.** Ausstattungsfilm *m*. **4.** Anblick *m*: **a sorry ~**. **5.** *pl a.* **pair of ~s** Brille *f*. **6. a pair of ~s** (*Kricket*) doppeltes Nullresultat des gleichen Spielers

in beiden **innings. II** *adj* **7.** Brillen...: ~ wearer. **'spec·ta·cled** *adj* **1.** bebrillt, brillentragend, ... mit Brille. **2.** *zo.* Brillen...: ~ **bear**; ~ **cobra** Brillenschlange *f.*
spec·tac·u·lar [spekˈtækjʊlə(r)] **I** *adj* (*adv* ~**ly**) **1.** Schau..., schauspielartig. **2.** spektakuˈlär, sensatioˈnell, aufsehenerregend, impoˈsant. **II** *s* **3.** (*das*) Sensatioˈnelle (*etc*). **4.** *bes. Am.* große (Fernseh-)Schau, ˈGalareˌvue *f.*
spec·ta·tor [spekˈteɪtə(r); *Am. bes.* ˈspekˌteɪ-] *s* Zuschauer *m*: ~ **sport** Zuschauersport *m.* **specˈta·tress** [-ˈteɪtrɪs] *s* Zuschauerin *f.*
spec·ter, *bes. Br.* **spec·tre** [ˈspektə(r)] *s* **1.** Geist *m*, Gespenst *n.* **2.** *fig.* a) (Schreck-)Gespenst *n*, b) Hirngespinst *n*. ~ **in·sect** *s zo.* Gespenstheuschrecke *f.* ~ **le·mur** *s zo.* Koboldmaki *m.*
spec·tra [ˈspektrə] *pl von* **spectrum.**
spe·tral [ˈspektrəl] *adj* (*adv* ~**ly**) **1.** geisterhaft, gespenstisch. **2.** *phys.* Spektral...: ~ **analysis**; ~ **colo(u)r** Spektral-, Regenbogenfarbe *f.*
spec·tre *bes. Br. für* **specter.**
spec·tro·chem·is·try [ˌspektrəʊˈkemɪstrɪ] *s* Spektrocheˈmie *f.*
spec·tro·col·or·im·e·try [ˈspektrəʊˌkʌləˈrɪmɪtrɪ] *s phys.* Spekˈtralfarbenmessung *f.*
spec·tro·gram [ˈspektrəʊgræm] *s phys.* Spektroˈgramm *n.* **ˈspectro·graph** [-grɑːf; *bes. Am.* -græf] *s phys.* **1.** Spektroˈgraph *m.* **2.** Spektroˈgramm *n.*
spec·trol·o·gy [spekˈtrɒlədʒɪ; *Am.* -ˈtrɑl-] *s* (Wissenschaft *f* der) Spekˈtralanaˌlyse *f.*
spec·trom·e·ter [spekˈtrɒmɪtə(r); *Am.* -ˈtrɑm-] *s phys.* Spektroˈmeter *n.* ˌ**spec·troˈmet·ric** [-trəʊˈmetrɪk; -trəˈm-] *adj* spektroˈmetrisch.
spec·tro·mi·cro·scope [ˌspektrəʊˈmaɪkrəskəʊp] *s phys.* Spekˈtralmikroˌskop *n.*
spec·tro·scope [ˈspektrəskəʊp] *s phys.* Spektroˈskop *n.* ˌ**spec·troˈscop·ic** [-ˈskɒpɪk; *Am.* -ˈskɑ-] *adj*; ˌ**spec·troˈscop·i·cal** *adj* (*adv* ~**ly**) spekˈtralanaˌlytisch, spektroˈskopisch.
spec·trum [ˈspektrəm] *pl* **-tra** [-trə] *s* **1.** *phys.* Spektrum *n.* ~ **analysis** Spektralanalyse *f*; **ultraviolet** ~ Ultraviolett--Spektrum *n.* **2.** *a.* **radio** ~ (Freˈquenz-)Spektrum *n.* **3.** *a.* **ocular** ~ *opt.* Nachbild *n.* **4.** *fig.* Spektrum *n*, Skala *f*: **the whole** ~ **of fear**; **all across the** ~ auf der ganzen Linie.
spec·u·la [ˈspekjʊlə] *pl von* **speculum.**
ˈ**spec·u·lar** *adj* **1.** spiegelnd, Spiegel...: ~ **iron** *min.* Eisenglanz *m*; ~ **stone** *min.* Marienglas *n.* **2.** *med.* Spekulum...
spec·u·late [ˈspekjʊleɪt] *v/i* **1.** nachsinnen, -denken, grübeln, Vermutungen anstellen, theoretiˈsieren, ˈspekuˈlierenˈ (**on**, **upon**, **about** über *acc*). **2.** *econ.* spekuˈlieren (**for**, **on** auf *Baisse etc*; **in** *Kupfer etc*). ˌ**spec·uˈla·tion** *s* **1.** Nachdenken *n*, -sinnen *n*, Grübeln *n*. **2.** Beˈtrachtung *f*, Theoˈrie *f*, Spekulatiˈon *f* (*a. philos.*). **3.** Vermutung *f*, Mutmaßung *f*, Rätselraten *n*, Spekulatiˈon *f*: **mere** ~. **4.** *econ.* Spekulatiˈon *f.*
spec·u·la·tive [ˈspekjʊlətɪv; *Am. a.* -ˌleɪ-] *adj* (*adv* ~**ly**) **1.** *philos.* spekulaˈtiv. **2.** theoˈretisch. **3.** nachdenkend, grüblerisch. **4.** forschend, abwägend: **a** ~ **glance. 5.** *econ.* spekulaˈtiv, Spekulations... ~ **ge·om·e·try** *s math.* spekulaˈtive Geomeˈtrie.
spec·u·la·tor [ˈspekjʊleɪtə(r)] *s econ.* Spekuˈlant *m.*
spec·u·lum [ˈspekjʊləm] *pl* **-la** [-lə] *s* **1.** (Meˈtall)Spiegel *m* (*bes. für Teleskope*). **2.** *med.* Spekulum *n*, Spiegel *m.* **3.** *zo.* Spiegel *m* (*Fleck*). ~ **met·al** *s tech.* ˈSpiegelmeˌtall *n.*

sped [sped] *pret u. pp von* **speed.**
speech [spiːtʃ] *I s* **1.** Sprache *f*, Sprechvermögen *n*: **to recover one's** ~ die Sprache wiedergewinnen. **2.** Reden *n*, Sprechen *n*: **freedom of** ~ Redefreiheit *f*; → **figure 7, silver 1. 3.** Rede *f*, Äußerung *f*: **to direct one's** ~ **to** das Wort richten an (*acc*). **4.** Gespräch *n*: **to have** ~ **of** s.o. mit j-m reden. **5.** Rede *f*, Ansprache *f*, Vortrag *m*, *jur.* Pläˈdoˈyer *n*: ~ **from the throne** *Br.* Thronrede. **6.** a) (Landes)Sprache *f*, b) Diaˈlekt *m.* **7.** Sprech- *od.* Ausdrucksweise *f*, Art *f* zu sprechen, Sprache *f*: **in common** ~ in der Umgangssprache, landläufig. **8.** Klang *m* (*e-s Instruments*). **II** *adj* **9.** Sprach..., Sprech..., Rede...: ~ **act** *ling.* Sprechakt *m*; ~ **area** *ling.* Sprachraum *m*; ~ **center** (*bes. Br.* centre) *anat.* Sprechzentrum *n*; ~ **clinic** *med.* Sprachklinik *f*; ~ **community** *ling.* Sprachgruppe *f*; ~ **defect** Sprachfehler *m*; ~ **island** *ling.* Sprachinsel *f*; ~ **map** Sprachenkarte *f*; ~ **melody** *ling.* Sprachmelodie *f*, Intonation *f*; ~ **reading** Lippenlesen *n*; ~ **record** Sprechplatte *f*; ~ **rhythm** *ling.* Sprechrhythmus *m*; ~ **sound** *ling.* Sprachlaut *m*, Phonem *n*; ~ **therapist** *med.* Logopäde *m*; ~ **therapy** *med.* Logopäˈdie *f.* ~ **day** *s ped. Br.* (Jahres)Schlußfeier *f.*
speech·i·fi·ca·tion [ˌspiːtʃɪfɪˈkeɪʃn] *s contp.* Redenschwingen *n.* **ˈspeech·i·fi·er** [-faɪə(r)] *s* Viel-, Volksredner(in). **ˈspeech·i·fy** [-faɪ] *v/i* Reden schwingen, Volksreden halten.
ˈspeech·less *adj* (*adv* ~**ly**) **1.** *fig.* sprachlos (**with** vor): **the shock left her** ~ der Schreck verschlug ihr die Rede *od.* Sprache *od.* Stimme. **2.** stumm, wortkarg. **3.** *fig.* unsäglich: ~ **grief.** **ˈspeech·less·ness** *s* Sprachlosigkeit *f.*
ˈspeechˌmak·er *s humor.* Redner *m.*
speed [spiːd] **I** *s* **1.** Geschwindigkeit *f*, Tempo *n*, Schnelligkeit *f*, Eile *f*: **at a** ~ **of** mit e-r Geschwindigkeit von; **at full** ~ mit höchster Geschwindigkeit; **to go at full** ~ sich mit größter Geschwindigkeit bewegen; **full** ~ **ahead** *mar.* volle Kraft voraus; **at the** ~ **of light** mit Lichtgeschwindigkeit; **that's not my** ~ *Am. sl.* das ist nicht mein Fall. **2.** *tech.* a) Drehzahl *f*, b) *mot. etc* Gang *m*: **three-**~ **bicycle** Fahrrad *n* mit Dreigangschaltung. **3.** *phot.* a) Lichtempfindlichkeit *f* (*des Objektivs*), b) Verschlußgeschwindigkeit *f*, Öffnung *f.* **4.** *obs.* Glück *n*: **good** ~**!** viel Glück! **5.** *sl.* ˈSpeedˈ *m* (*Aufputschmittel, z. B.* Amphetamine). **II** *v/t pret u. pp* **sped** [sped] **6.** (an)treiben. **7.** rasch befördern. **8.** *s-n* Lauf *etc* beschleunigen, *s-n* Weg schnell gehen *od.* zuˈrücklegen. **9.** *pret u. pp* **ˈspeed·ed** *meist* ~ **up** a) *e-e* Sache beschleunigen, vorˈantreiben, *die Produktion* erhöhen, b) *e-e* Maschine beschleunigen. **10.** *Pfeil* abschießen. **11.** *j-n* fortschicken, schnell verabschieden, *j-m* Lebeˈwohl sagen. **12.** *obs. j-m* beistehen: **God** ~ **you!** Gott sei mit dir! **III** *v/i* **13.** (daˈhin)eilen, rasen: **the time sped by** die Zeit verging wie im Flug. **14.** *mot.* (zu) schnell fahren: → **speeding. 15.** ~ **up** (*pret u. pp* **ˈspeed·ed**) die Geschwindigkeit erhöhen.
ˈspeedˈ-ball *s sl. e-e* Mischung aus Koˈkain *u.* Morphin *od* Heroin. **ˈ~-boat** *s* **1.** *mar.* Schnellboot *n.* **2.** *sport* Rennboot *n.* **~ bump** *s mot. Am.* Rüttelschwelle *f.* ~ **cone** *s tech.* **1.** Stufenscheibe *f.* **2.** (stufenlos regelbares) Riemenkegelgetriebe. ~ **con·trol** *s tech.* **1.** Geschwindigkeitsregelung *f.* **2.** Drehzahlregelung *f.* **~·cop** *s Br. colloq.* ˈweiße Mausˈ (*motorisierter Verkehrspolizist*). ~ **count·er** *s bes. mot.* Drehzahlmesser *m*, Tourenzähler *m.*
ˈspeed·er *s* **1.** *tech.* Geschwindigkeits-

regler *m.* **2.** *rail. Am.* Draiˈsine *f.* **3.** *mot.* ˈRaserˈ *m.*
speed in·di·ca·tor *s* **1.** → speedometer. **2.** → speed counter.
ˈspeed·i·ness [ˈspiːdɪnɪs] *s* Schnelligkeit *f.* **ˈspeed·ing** *s mot.* zu schnelles Fahren, Geˈschwindigkeitsüberˌtretung *f*: **no** ~! Schnellfahren verboten!
speedˌlathe *s tech.* Schnelldrehbank *f.* ~ **lim·it** *s mot.* Geschwindigkeitsbegrenzung *f*, Tempolimit *n.* ~ **mer·chant** *s mot. Br. sl.* ˈRennsauˈ *f.*
speed·o [ˈspiːdəʊ] *pl* **-os** *s bes. mot.* ˈTachoˈ *m* (*Tachometer*).
speed·om·e·ter [sprˈdɒmɪtə(r); *Am.* -ˈdɑm-] *s bes. mot.* Tachoˈmeter *n.*
ˈspeedˌ-read *v/t irr* nach der ˈSchnelllesemeˌthode lesen. **ˈ~-ˌread·ing** *s* ˈSchnelllesemeˌthode *f.* ~ **skat·er** *s sport* Eisschnellläufer(in). ~ **skat·ing** *s sport* Eisschnelllauf *m.*
ˈspeed·ster [ˈspiːdstə(r)] *s mot.* **1.** ˈRaserˈ *m.* **2.** ˈFlitzerˈ *m* (*Sportwagen*).
speedˌtrap *s* Autofalle *f.* **ˈ~-up** *s* **1.** Beschleunigung *f*, Tempoˈsteigerung *f.* **2.** *econ.* Produktiˈonserhöhung *f.* **ˈ~way** *s* **1.** *sport* a) Speedwayrennen *pl*, b) *a.* ~ **track** Speedwaybahn *f.* **2.** *Am.* a) *mot.* Schnellstraße *f*, b) *sport* Autorennstrecke *f.*
ˈspeed·well [ˈspiːdwel] *s bot.* Ehrenpreis *n*, *m.*
ˈspeed·y *adj* (*adv* **speedily**) schnell, zügig, rasch, prompt: **to wish s.o. a** ~ **recovery** j-m gute Besserung wünschen.
speiss [spaɪs] *s chem.* Speise *f* (*Gemenge von Arseniden*).
spe·l(a)e·ol·o·gist [ˌspelɪˈɒlədʒɪst; ˌspiː-; *Am.* -ˈɑl-] *s* Speläoˈloge *m*, Höhlenforscher *m.* **ˌspe·l(a)eˈol·o·gy** [-dʒɪ] *s* Speläoloˈgie *f*, Höhlenforschung *f.*
spel·i·can [ˈspelɪkən] → **spillikin.**
spell[1] [spel] *pret u. pp* **spelled** *od.* **spelt** [spelt] **I** *v/t* **1.** buchstaˈbieren: **to** ~ **backward** a) rückwärts buchstabieren, b) *fig.* völlig verdrehen. **2.** (orthoˈ)graphisch richtig) schreiben. **3.** bilden, ergeben: l-e-d ~**s** led. **4.** bedeuten: **it** ~**s trouble. 5.** ~ **out**, ~ **over** (mühsam) entziffern. **6.** *meist* ~ **out** *fig.* a) darlegen, b) (*für* s.o. *j-m*) etwas ˈauseinanderklaubenˈ. **II** *v/i* **7.** (richtig) schreiben. **8.** geschrieben werden, sich schreiben: **cad** ~**s c-a-d.**
spell[2] [spel] **I** *s* **1.** Zauber(wort *n*) *m.* **2.** *fig.* Zauber *m*, Bann *m*, Faszinatiˈon *f*: **to be under a** ~ a) verzaubert sein, b) *fig.* fasziniert *od.* gebannt sein; **to break the** ~ a) den (Zauber/)Bann brechen, b) *fig.* den Bann *od.* das Eis brechen: **to cast a** ~ **on** → 3. **II** *v/t* **3.** a) verzaubern, b) *fig.* bezaubern, fasziˈnieren.
spell[3] [spel] **I** *s* **1.** Arbeit(szeit) *f*, Beˈschäftigung *f* (at mit): **to have a** ~ **at** s.th. sich *e-e* Zeitlang mit etwas beˈschäftigen. **2.** (Arbeits)Schicht *f*: **to give s.o. a** ~ → 8. **3.** *bes. Am.* Anfall *m*: **a** ~ **of coughing** ein Hustenanfall; **a** ~ **of depression** *e-e* vorübergehende Depression. **4.** a) Zeit(-abschnitt *m*) *f*, b) kurze Zeit, (*ein*) Weilchen *n*: **for a** ~. **5.** *Am. colloq.* ˈKatzensprungˈ *m* (*kurze Strecke*). **6.** *meteor.* Periˈode *f*: **a** ~ **of fine weather** *e-e* Schönwetterperiode; **hot** ~ Hitzewelle *f.* **7.** *Austral.* Ruhe(pause) *f.* **II** *v/t* **8.** *Am. j-n* (bei s-r Arbeit) ablösen.
ˈspellˌbind *v/t irr* → **spell**[2] 3. **ˈ~ˌbind·er** *s* fasziˈnierender Redner, fesselnder Roˈman *etc.* **ˈ~ˌbound** *adj u. adv* (wie) gebannt, fasziˈniert, gefesselt: **to hold** s.o. ~ j-n fesseln.
ˈspell·er *s* **1.** **to be a good** ~ in der Orthograˈphie gut beschlagen sein. **2.** Fibel *f.* **ˈspell·ing** *s* a) Buchstaˈbieren *n*, b) Rechtschreibung *f*, Orthograˈphie *f*: ~ **bee** Rechtschreibwettbewerb *m*; ~

spelt - spiel

book → speller 2; ~ pronunciation *ling.* buchstabengetreue Aussprache.
spelt¹ [spelt] *s bot.* Spelz *m*, Dinkel(weizen) *m*.
spelt² [spelt] *pret u. pp von* spell¹.
spel·ter ['speltə(r)] *s* 1. *econ.* (Handels-, Roh)Zink *n*. 2. *a.* ~ **solder** *tech.* Messingschlaglot *n*.
spe·lunk [spɪ'lʌŋk] *v/i Am.* Höhlen erforschen (*als Hobby*). **spe'lunk·er** *s* Höhlenforscher *m*.
spence [spens] *s Br. dial.* Speisekammer *f od.* -schrank *m*.
spen·cer¹ ['spensə(r)] *s hist. u. Damenmode:* Spenzer *m* (*kurze Überjacke*).
spen·cer² ['spensə(r)] *s mar. hist.* Gaffelsegel *n*.
spend [spend] *pret u. pp* **spent** [spent] **I** *v/t* **1.** verbrauchen, aufwenden, ausgeben (**on** für): **to ~ money**, → **penny** 1. **2.** verwenden, anlegen (**on** für): **to ~ time on one's work** Zeit für *od.* auf s-e Arbeit verwenden. **3.** vertun, -geuden, -schwenden, 'durchbringen, unnütz ausgeben: **to ~ a fortune in gambling** ein Vermögen verspielen. **4.** *Zeit* zu-, verbringen. **5.** (*o.s.* sich) erschöpfen, verausgaben: **the storm is spent** der Sturm hat sich gelegt. **II** *v/i* **6.** Geld ausgeben, Ausgaben machen. **7.** laichen (*Fische*). '**spend·er** *s:* **big** ~ a) Verschwender(in), b) zahlungskräftiger Kunde.
'**spend·ing** *s* **1.** (*das*) Geldausgeben. **2.** Ausgabe(n *pl*) *f:* **government ~ Staatsausgaben. ~ mon·ey** *s* Taschengeld *n*. **~ pow·er** *s* Kaufkraft *f*. **~ u·nit** *s econ.* Verbrauchereinheit *f*.
spend·thrift ['spendθrɪft; 'spenθr-] **I** *s* Verschwender(in). **II** *adj* verschwenderisch.
Spen·se·ri·an [spen'sɪərɪən] **I** *adj* (Edmund) Spenser betreffend, Spenser... **II** *s* Spenseri'aner *m*. **~ stan·za** *s metr.* Spenserstanze *f* (*Reimschema ababbcbcc*).
spent [spent] **I** *pret u. pp von* **spend. II** *adj* **1.** matt, verausgabt, erschöpft, entkräftet: ~ **bullet** matte Kugel; ~ **liquor** *tech.* Ablauge *f*. **2.** ausgegeben, verbraucht. **3.** *zo.* (*von Eiern od. Samen*) entleert (*Insekten, Fische*): ~ **herring** Hering *m* nach dem Laichen. **4.** *Kernphysik:* ausgebrannt (*Brennelement*).
sperm¹ [spɜːm; *Am.* spɜrm] *s biol.* **1.** Sperma *n*, Samenflüssigkeit *f*. **2.** Samenzelle *f*. **3.** Samenkörperchen *n*.
sperm² [spɜːm; *Am.* spɜrm] *s* **1.** → **spermaceti. 2.** *zo.* → **sperm whale. 3.** → **sperm oil**.
sper·ma·ce·ti [spɜːməˈsetɪ; -ˈsiː-; *Am.* ˌspɜr-] *s* Walrat *m*.
sper·ma·ry ['spɜːmərɪ; *Am.* 'spɜr-] *s physiol.* Keimdrüse *f*.
sper·mat·ic [spɜːˈmætɪk; *Am.* spɜr-] *adj biol.* sper'matisch, Samen... **~ cord** *s* Samenstrang *m*. **~ fil·a·ment** *s* Samenfaden *m*. **~ flu·id** → **sperm¹** 1.
sper·ma·tid ['spɜːmətɪd; *Am.* 'spɜr-] *s biol.* Sperma'tide *f*.
sper·ma·to·blast ['spɜːmətəʊblæst; *Am.* 'spɜr-; *a.* spɜˌmætəˈbl-] *s biol.* Ursamenzelle *f*. ˌ**sper·ma·to'gen·e·sis** [-'dʒenɪsɪs] *s biol.* Spermatoge'nese *f*, Samenbildung *f*. ˌ**sper·ma·to'gen·et·ic** [-dʒɪ'netɪk], ˌ**sper·ma'tog·e·nous** [-'tɒdʒɪnəs; *Am.* -'tɑ-] *adj biol.* spermato'gen.
sper·ma·to·phore ['spɜːmətəʊfɔː(r); *Am.* 'spɜr-; *a.* spɜr'mætəf-] *s zo.* Spermato'phore *f*, Samenträger *m*, -kapsel *f*.
sper·ma·to·phyte [-faɪt] *s bot.* Spermatophyte *f*, Samenpflanze *f*. ˌ**sper·maˈtor·rh(o)e·a** [-'rɪə; *Am.* -'riːə] *s med.* Spermator'rhö(e) *f*, Samenfluß *m* ohne geschlechtliche Erregung. **sper-**

ma·to·zo·id [ˌspɜːmətəʊ'zəʊɪd; *Am.* ˌspɜr-; *a.* spɜrˌmætə'z-] *s biol.* Spermato'zo'id *n.* **sper·ma·to·zo·on** [-'zəʊɒn; *Am.* -ˌɑn] *pl* **-zo·a** [-'zəʊə] *s biol.* Spermato'zoon *n*, Spermium *n*.
sperm|bank *s* Samenbank *f*. **~ cell** *s biol.* **1.** Samenzelle *f*. **2.** Samenfaden *m*, -tierchen *n*. **~ nu·cle·us** *s biol.* Samenkern *m*.
sperm oil *s* Walratöl *n*.
sper·mo·log·i·cal [ˌspɜːməˈlɒdʒɪkl; *Am.* ˌspɜrmə'lɑ-] *adj* **1.** *med.* spermato'logisch. **2.** *bot.* samenkundlich.
sperm whale *s zo.* Pottwal *m*.
spew [spjuː] **I** *v/i* sich erbrechen, ˌspuk-ken', ˌspeien'. **II** *v/t meist* ~ **forth** (*od.* **out, up**) erbrechen, (aus)speien, (aus)spuk-ken, auswerfen. **III** *s* (*das*) Erbrochene.
sphac·e·late ['sfæsɪleɪt] *v/t u. v/i med.* brandig machen (werden). **'sphac·e'la·tion** *s med.* Brandbildung *f*. '**sphac·e·lous** *adj med.* gangrä'nös.
sphaero- [sfɪərəʊ] *Wortelement mit der Bedeutung* Kugel..., Sphäro...
sphag·num ['sfægnəm] *s bot.* Sphagnum *n*, Torf-, Sumpfmoos *n*.
sphal·er·ite ['sfælərart] *s min.* Sphale'rit *m*, Zinkblende *f*.
sphe·ges ['sfiːdʒiːz] *pl von* **sphex**.
sphene [spiːn; *bes. Am.* sfiːn] *s min.* Ti'ta'nit *m*.
sphe·nic ['sfiːnɪk] *adj* keilförmig.
sphe·no·gram ['sfiːnəgræm] *s* Keilschriftbuchstabe *m*. **sphe·nog·ra·phy** [sfɪ'nɒɡrəfɪ; *Am.* -'nɑɡ-] *s* Keilschriftkunde *f*. '**sphe·noid I** *adj* **1.** keilförmig. **2.** *anat.* Keilbein... **II** *s* **3.** *min.* Spheno'id *n*. **sphe'noi·dal** *adj* **1.** *anat.* Keilbein... **2.** *min.* sphenoi'dal.
sphere [sfɪə(r)] **I** *s* **1.** *bes.* Kugel *f* (*a. math.;* *a. sport colloq. Ball*): **doctrine of the ~** *math.* sphärische Trigonometrie, Sphä'rik *f*. **2.** kugelförmiger Körper, *bes.* Himmelskörper *m*. **3.** Erd- *od.* Himmelskugel *f*. **4.** *antiq. astr.* Sphäre *f*: **music of the ~s** Sphärenmusik *f*. **5.** *poet.* Himmel *m*, Sphäre *f*. **6.** (*Einfluß-, Interessen- etc*) Sphäre *f*, Gebiet *n*, Bereich *m*: ~ **of influence (of interest);** ~ **(of activity)** (Wirkungs)Kreis *m*, (Tätigkeits)Bereich *m*. **7.** *fig.* (gesellschaftliches) Um'gebung, Mili'eu *n*. **II** *v/t* **8.** um'geben, um'kreisen. **9.** (kugel)rund machen. **10.** *poet.* in den Himmel heben.
spher·ic ['sferɪk; *Am. a.* 'sfɪrɪk] **I** *adj* **1.** *poet.* himmlisch. **2.** kugelförmig. **3.** sphärisch. **II** *s pl* → **spherics¹**.
'spher·i·cal *adj* (□ **-ly**) **1.** kugelförmig. **2.** *math.* a) Kugel...: ~ **sector** (**segment**, *etc*), b) sphärisch: ~ **angle** (**astronomy, geometry,** *etc*); ~ **triangle** sphärisches Dreieck, Kugeldreieck *n*.
sphe·ric·i·ty [sfɪ'rɪsətɪ] *s* Kugelgestalt *f*.
spher·ics¹ ['sferɪks; *Am. a.* 'sfɪr-] *s pl* (*als sg konstruiert*) *math.* Sphärik *f*, Kugellehre *f*.
spher·ics² ['sferɪks; 'sfɪə-] *s pl* (*als sg konstruiert*) Wetterbeobachtung *f* mit elek'tronischen Geräten.
sphe·roid ['sfɪərɔɪd; *Am. a.* 'sfer-] **I** *s math.* Sphäro'id *n*. **II** *adj* → **spheroidal**.
sphe·roi·dal [ˌsfɪə'rɔɪdl] *adj* (*adv* ~**ly**) sphäro'idisch, kugelig. ˌ**sphe'roi·dic** *adj*, **sphe'roi·di·cal** *adj* (*adv* ~**ly**) → **spheroidal**.
sphe·roid·ize ['sfɪərɔɪdaɪz; *Am.* 'sfer-] *v/t* weichglühen.
spher·ule ['sferjuːl; -ruːl; *Am. a.* 'sfɪə-] *s* Kügelchen *n*. '**spher·u·lite** *s min.* Sphäro'lith *m*.
spher·y ['sfɪərɪ] *adj poet.* **1.** sphärisch, Sternen... **2.** Kugel...
sphex [sfeks] *pl* **sphe·ges** ['sfiːdʒiːz] *s zo.* Sand-, Grabwespe *f*.
sphinc·ter ['sfɪŋktə(r)] *anat.* **I** *s a.* ~

muscle Schließmuskel *m*. **II** *adj* Schließ(muskel)...
sphinx [sfɪŋks] *pl* **'sphinx·es** *od.* **sphin·ges** ['sfɪndʒiːz] *s* **1.** *meist* **S~** *myth. u. arch.* Sphinx *f* (*a. fig.* rätselhafter Mensch). **2.** *a.* ~ **moth** *zo.* Sphinx *f* (*Nachtfalter*). **3.** *a.* ~ **baboon** *zo.* Sphinxpavian *m*. '**~·like** *adj* sphinxartig (*a. fig.*).
sphra·gis·tics [sfrə'dʒɪstɪks] *s pl* (*als sg konstruiert*) Sphra'gistik *f*, Siegelkunde *f*.
sphyg·mic ['sfɪgmɪk] *adj med.* Puls...
sphyg·mo·gram ['sfɪgməʊgræm] *s med.* Sphygmo'gramm *n*, Pulskurve *f*. '**sphyg·mo·graph** [-grɑːf; *bes. Am.* -græf] *s med.* Sphygmo'graph *m*, Pulsschreiber *m*. **sphyg·mo·ma'nom·e·ter** [-məʊmə'nɒmɪtə(r); *Am.* -'nɑm-] *s med.* Sphygmomano'meter *n*, Blutdruckmesser *m*. **sphyg'mom·e·ter** [-'mɒmɪtə(r); *Am.* -'mɑm-] *s med.* Sphygmo'meter *n*, Pulskurvenschreiber *m*.
spi·ca ['spaɪkə] *pl* **-cae** [-siː] *s* **1.** *bot.* Ähre *f*. **2.** **S~** *astr.* Spika *f* (*Stern*). **3.** *med.* Kornährenverband *m*. '**spi·cate** [-keɪt] *adj bot.* a) ährentragend (*Pflanze*), b) ährenförmig (angeordnet) (*Blüte*).
spice [spaɪs] **I** *s* **1.** a) Gewürz *n*, Würze *f*, b) *collect.* Gewürze *pl*. **2.** *fig.* Würze *f*: **to give ~ to** → 4. **3.** *fig.* Beigeschmack *m*, Anflug *m*. **II** *v/t* **4.** würzen, *fig. a.* e-r Sache Würze verleihen. '**~·bush** *s bot.* **1.** Falscher Ben'zolstrauch. **2.** Gewürzstrauch *m*.
spiced [spaɪst] → **spicy** 1 *u*. 2.
spice rack *s* Gewürzbord *n*.
spic·er·y ['spaɪsərɪ] *s* **1.** *collect.* Gewürze *pl*. **2.** → **spiciness**.
'**spice·wood** → **spicebush**.
spic·i·ness ['spaɪsɪnɪs] *s a. fig.* (*das*) Würzige, (*das*) Pi'kante.
spick-and-span [ˌspɪkən'spæn] *adj* **1.** *a.* ~ **new** funkelnagelneu. **2.** a) blitzsauber, b) ˌwie aus dem Ei gepellt' (*Person*).
spic·u·lar ['spaɪkjʊlə(r); *bes. Am.* 'spɪk-] *adj* **1.** *zo.* nadelförmig. **2.** *bot.* ährchenförmig.
spic·ule ['spaɪkjuːl; *bes. Am.* 'spɪk-] *s* **1.** (Eis- *etc*)Nadel *f*. **2.** *zo.* nadelartiger Fortsatz *m*, *bes.* a) Ske'lettnadel *f* (*e-s Schwammes etc*), b) Stachel *m*. **3.** *bot.* Ährchen *n*.
spic·y ['spaɪsɪ] *adj* (*adv* **spicily**) **1.** gewürzt, würzig. **2.** würzig, aro'matisch: **a** ~ **perfume**. **3.** Gewürz...: ~ **isles**. **4.** *fig.* gewürzt, witzig: ~ **article**. **5.** *fig.* pi'kant, ˌgepfeffert', schlüpfrig: **a** ~ **anecdote**. **6.** *sl.* a) ˌgewieft', geschickt, b) schick.
spi·der ['spaɪdə(r)] **I** *s* **1.** *zo.* Spinne *f*. **2.** *bes. Am.* Bratpfanne *f*. **3.** *Am.* Dreifuß *m* (*Untersatz*). **4.** *tech.* a) Armkreuz *n*, b) Drehkreuz *n*, c) Armstern *m* (*e-s Rades*). **5.** *electr.* a) Ständerkörper *m*, b) Zen'trierungsfeder *f* (*im Lautsprecher*). **II** *v/t* **6.** mit e-m Netz feiner Linien *od.* Risse bedecken. **~ catch·er** *s orn.* **1.** Spinnenfresser *m*. **2.** Mauerspecht *m*. **~ crab** *s zo.* (*e-e*) Spinnenkrabbe *f*. '**~·like** *adj* spinnenartig. **~ line** *s meist pl opt. tech.* Faden(kreuz *n*) *m*, Ableselinie *f*. '**~·man** *s irr arch. s* *irr. bes. Br. colloq.* Mon'teur *m* für 'Stahlkonstrukti,onen. ~ **mon·key** *s zo.* (*ein*) Klammeraffe *m*.
spi·der's web → **spider web**.
spi·der| web *s* Spinn(en)gewebe *n* (*a. fig.*). '**~·work** *s* mit feinen Fäden übersponnene Spitzen- *od.* Fi'letarbeit.
'**spi·der·y** *adj* **1.** spinnenartig, Spinnen... **2.** spinnwebartig. **3.** voll von Spinnen.
spiel [spiːl] *bes. Am. sl.* **I** *s* **1.** a) Werbesprüche *pl*, b) ˌMasche' *f*, ˌPlatte' *f*: **to give s.o. a** ~ a) j-n zu e-m Kauf *od.* etw. beschwatzen, b) j-m ˌein Loch *od.* Löcher in den Bauch reden'. **II** *v/i* **2.** s-e Werbesprüche ˌher'unterrasseln'. **3.** Reden schwingen. **III** *v/t* **4.** ~ **off** *etwas*

Auswendiggelerntes ‚her'unterrasseln'.
'**spiel·er** *s sl.* **1.** *bes. Am.* Marktschreier *m.* **2.** *Rundfunk, TV: bes. Am.* (Werbe-)Ansager *m.* **3.** *bes. Austral.* a) Falschspieler *m,* b) Gauner *m.*
spiff·ing ['spɪfɪŋ] *adj sl.* ‚(tod)schick', ‚toll'.
spif·fli·cate → spiflicate.
spiff·y ['spɪfɪ] → spiffing.
spif·li·cate ['spɪflɪkeɪt] *v/t sl.* **1.** ‚es j-m besorgen'. **2.** den Garaus machen (*dat*).
spig·ot ['spɪgət] *s tech.* **1.** (Faß)Zapfen *m.* **2.** Zapfen *m* (*e-s Hahns*). **3.** (Faß-, *Am.* Leitungs)Hahn *m.* **4.** Muffenverbindung *f* (*bei Röhren*).
spike[1] [spaɪk] *s bot.* **1.** (Gras-, Korn)Ähre *f.* **2.** (Blüten)Ähre *f.*
spike[2] [spaɪk] **I** *s* **1.** Stift *m,* Spitze *f,* Stachel *m,* Dorn *m.* **2.** *tech.* (Haken-, Schienen)Nagel *m,* Bolzen *m.* **3.** Eisenspitze *f* (*am Zaun*). **4.** *sport* a) Spike *m,* b) *pl* Spikes *pl* (*Rennschuhe etc*). **5.** *pl mot.* Spikes *pl* (*am Reifen*). **6.** *hunt.* Spieß *m* (*e-s Junghirsches*). **7.** *med.* Zacke *f* (*in der Fieberkurve etc*). **8.** *electr.* a) nadelförmiger Im'puls, b) *a. Rundfunk, TV:* 'Überschwingspitze *f.* **9.** *ichth.* junge Ma'krele. **10.** → **spike heel. 11.** *Volleyball:* Schmetterschlag *m.* **II** *v/t* **12.** festnageln. **13.** mit (Eisen)Spitzen *etc* versehen. **14.** aufspießen. **15.** *sport* mit den Spikes verletzen. **16.** *mil. Geschütz* vernageln: **to ~ s.o.'s guns** *fig.* j-m e-n Strich durch die Rechnung machen. **17.** *fig. Am.* ‚erledigen'. **18.** a) e-n Schuß Alkohol geben in (*ein Getränk*), b) *fig.* würzen, ‚pfeffern'. **19.** *Volleyball: Ball* schmettern. **20.** *Journalismus: Story* ablehnen.
spiked[1] [spaɪkt] *adj bot.* ährentragend.
spiked[2] [spaɪkt] *adj* **1.** mit Nägeln *od.* (Eisen)Spitzen (versehen): **~ shoes** → spike[2] 4 b; **~ helmet** Pickelhaube *f.* **2.** mit Schuß (*Getränk*).
spike|heel *s* Pfennigabsatz *m* (*am Damenschuh*). **~ lav·en·der** *s bot.* Spieke *f.*
spike·nard ['spaɪknɑː(r)d] *s* **1.** La'vendelöl *n.* **2.** *bot.* Indische Narde. **3.** *bot.* Traubige A'ralie.
spike oil → spikenard 1.
spik·y ['spaɪkɪ] *adj* **1.** spitz, stach(e)lig. **2.** *Br. colloq.* a) eigensinnig, b) empfindlich.
spile [spaɪl] **I** *s* **1.** (Faß)Zapfen *m,* Spund *m.* **2.** Pflock *m,* Pfahl *m.* **II** *v/t* **3.** verspunden. **4.** anzapfen. '**~-hole** *s tech.* Spundloch *n.*
spil·i·kin → spillikin.
spill[1] [spɪl] *s* **1.** (Holz)Splitter *m.* **2.** Fidibus *m.*
spill[2] [spɪl] **I** *v/t pret. pp* **spilled** [spɪld] *od.* **spilt** [spɪlt] **1.** *a.* **~ out** ver-, ausschütten, 'überlaufen lassen: → milk 1. **2.** *Blut* vergießen. **3.** ver-, um'herstreuen: **to ~ sand. 4.** *mar. Segel* killen lassen. **5.** a) e-n Reiter abwerfen, b) j-n schleudern. **6.** *sl.* ausplaudern: → bean 1. **II** *v/i* **7.** *a.* **~ out** 'überlaufen, verschüttet werden. **8.** *a.* **~ over** *a. fig.* sich ergießen (**into** *in acc*). **9.** **~ over** *fig.* wimmeln (**with** von). **10.** *sl.* ‚auspacken', ‚singen' (to bei). **III** *s* **11.** Vergießen *n.* **12.** 'Überlaufen *n.* **13.** Pfütze *f.* **14.** Sturz *m* (*vom Pferd etc*). **15.** *econ.* Preis-, Kurssturz *m.*
spill·age ['spɪlɪdʒ] *s* **1.** → spill[2] 11, 12. **2.** (*das*) Vergossene *od.* 'Übergelaufene.
spil·li·kin ['spɪlɪkɪn] *s* a) Mi'kadostäbchen *n,* b) *pl* (*als sg konstruiert*) Mi'kado(spiel) *n.*
'**spill·way** *s tech.* 'Abflußka,nal *m,* 'Überlauf(rinne *f*) *m.*
spilt [spɪlt] *pret u. pp von* spill[2].
spin [spɪn] **I** *v/t pret* **spun** [spʌn], *obs.* **span** [spæn], *pp* **spun 1.** *bes. tech.* (zu Fäden) spinnen: **to ~ flax (wool,** *etc*). **2.** spinnen: **to ~ thread (yarn). 3.** *tech.*

(durch e-e Düse) spinnen: **to ~ synthetic fibers** (*bes. Br.* **fibres**). **4.** *tech.* (*meist im pp*) *Gold, Glas etc* fadendünn ausziehen: **spun gold. 5.** schnell drehen, (her'um-)wirbeln, *e-n Kreisel* drehen: **to ~ a top. 6.** *aer. das Flugzeug* trudeln lassen. **7.** *Wäsche* schleudern. **8.** *e-e Schallplatte* ‚laufen lassen'. **9.** *e-e Münze* hochwerfen. **10.** *fig.* a) sich *etwas* ausdenken, erzählen: → **yarn** 3. **11.** *meist* **~ out** in die Länge ziehen, ausspinnen, ‚strecken': **to ~ out a story. 12.** **~ out** *e-e Suppe etc* ‚strecken'. **13.** *sport Ball* mit Ef'fet schlagen. **14.** mit künstlichem Köder angeln. **15.** *Br. sl. e-n Kandidaten* ‚durchrasseln' lassen. **II** *v/i* **16.** spinnen. **17.** *a.* **~** her'umwirbeln: **to send s.o. ~ning** j-n zu Boden schleudern; **my head ~s** mir dreht sich alles. **18.** *a.* **~ along** da'hinsausen. **19.** *a.* **~ away** *fig.* schnell *od.* wie im Flug vergehen. **20.** *aer.* trudeln. **21.** *Br. sl.* ‚durchrasseln' (*Prüfungskandidat*). **22.** *mot.* 'durchdrehen (*Räder*). **III** *s* **23.** (*das*) Her'umwirbeln. **24.** schnelle Drehung, Drall *m.* **25.** *phys.* Spin *m,* Drall *m* (*des Elektrons*). **26. to go for a ~** *colloq.* e-e Spritztour machen. **27.** *aer.* a) (Ab-)Trudeln *n:* **flat ~** flaches Trudeln, Flachtrudeln; **to go into a ~** abtrudeln; **to be in a (flat) ~** *bes. Br. colloq.* ‚am Rotieren sein'; **to send s.o. into a (flat) ~** *bes. Br. colloq.* j-n ‚zum Rotieren bringen', b) 'Sturzspi,rale *f.* **28.** Schleudern *n* (*der Wäsche*). **29.** *sport* Ef'fet *m:* **to give (a) ~ to the ball** dem Ball Effet geben.
spin·ach, *obs.* **spin·age** ['spɪnɪdʒ; *bes. Am.* -nɪtʃ] *s* **1.** *bot.* Spi'nat *m.* **2.** *Am. sl.* a) ekelhaftes Zeug, b) Gestrüpp *n, bes.* Bart *m,* c) ‚Mist' *m.*
spi·nal ['spaɪnl] *adj anat.* spi'nal, Rückgrat..., Wirbel..., Rückenmarks... **~ ar·ter·y** *s* 'Rückenmark,arterie *f.* **~ col·umn** *s* Wirbelsäule *f,* Rückgrat *n.* **~ cord** *s* Rückenmark *n.* **~ cur·va·ture** *s* Krümmung *f* der Wirbelsäule. **~ mar·row** → spinal cord. **~ nerve** *s* Spi'nalnerv *m.*
spin·dle ['spɪndl] **I** *s* **1.** *tech.* a) (Hand-)Spindel *f,* b) Welle *f,* Achszapfen *m,* c) Drehbankspindel *f,* d) Triebstock *m.* **2.** *Garnmaß:* a) für Baumwolle = 15 120 yards, b) für Leinen = 14 400 yards. **3.** *tech.* Hydro'meter *n.* **4.** *biol.* Kernspindel *f.* **5.** *bot.* Spindel *f.* **II** *v/i* **6.** (auf)schießen (*Pflanze*). **7.** in die Höhe schießen (*Person*). '**~-legged** *adj* storchbeinig. '**~-legs,** '**~-shanks** *s pl* **1.** Storchbeine *pl.* **2.** (*als sg konstruiert*) ‚Storchbein' *n.*
spin·dling ['spɪndlɪŋ], **'spin·dly** *adj* lang u. dünn, spindeldürr.
‚**spin-'dri·er** → spin-dryer.
'**spin-drift** *s mar.* Nebel *m* (*von zerstäubtem Wasser*).
‚**spin|-'dry** *v/t Wäsche* schleudern. ‚**~-'dry·er** *s* (Wäsche)Schleuder *f.*
spine [spaɪn] *s* **1.** *bot. zo.* Stachel *m.* **2.** *anat.* Wirbelsäule *f,* Rückgrat *n* (*a. fig. fester Charakter*). **3.** (Gebirgs)Grat *m.* **4.** *tech.* Buchrücken *m.* **spined** *adj* **1.** *bot. zo.* stach(e)lig, Stachel... **2.** *anat.* Rückgrat..., Wirbel...
spi·nel [spɪ'nel] *s min.* Spi'nell *m.*
'**spine·less** *adj* **1.** stachellos. **2.** ohne Rückgrat, rückgratlos (*a. fig.*). **3.** geschmeidig.
spi·net [spɪ'net; *Am. bes.* 'spɪnət] *s mus.* Spi'nett *n.*
spi·nif·er·ous [spaɪ'nɪfərəs] *adj* stach(e)lig, stacheltragend.
spi·ni·form ['spaɪnɪfɔː(r)m] *adj* dornenen-, stachelförmig, spitz(ig).
spin·na·ker ['spɪnəkə(r)] *s mar.* Spinnaker *m,* großes Dreieckssegel.
spin·ner ['spɪnə(r)] *s* **1.** *poet. od. dial.*

Spinne *f.* **2.** Spinner(in). **3.** *tech.* 'Spinnma,schine *f.* **4.** Kreisel *m.* **5.** (Po'lier-)Scheibe *f.* **6.** *aer.* Pro'pellerhaube *f.* **7.** Blinker *m,* Spinner *m* (*der Angel*). **8.** a) *Kricket:* Ef'fetball *m,* b) *American Football:* Drehung *f* (*Täuschungsmanöver*). **9.** *zo.* → spinneret 1. **10.** *zo.* → goatsucker.
spin·ner·et ['spɪnəret; *Am. bes.* ˌspɪnə'ret] *s* **1.** *zo.* Spinndrüse *f.* **2.** *tech.* Spinndüse *f.*
spin·ner·y ['spɪnərɪ] *s tech.* Spinne'rei *f.*
spin·ney ['spɪnɪ] *s Br.* Dickicht *n.*
spin·ning ['spɪnɪŋ] *s* **1.** Spinnen *n.* **2.** Gespinst *n.* **3.** *aer.* Trudeln *n.* **~ e·lec·tron** *s phys.* 'umlaufendes Elektron. **~ frame** *s tech.* 'Spinnma,schine *f.* **~ jen·ny** *s tech.* 'Feinspinnma,schine *f.* **~ mill** *s* Spinne'rei *f.* **~ top** *s* Kreisel *m* (*Spielzeug*). **~ wheel** *s tech.* Spinnrad *n.*
'**spin-off** *s* **1.** *tech.* 'Neben-, 'Abfallpro,dukt *n.* **2.** *fig.* Neben-, Begleiterscheinung *f.*
spi·nose ['spaɪnəʊs] *adj bes. bot.* stach(e)lig. **spi'nos·i·ty** [-'nɒsətɪ; *Am.* -'nɑs-] *s* Stach(e)ligkeit *f.*
spi·nous ['spaɪnəs] *adj bot. zo.* stach(e)lig.
spin·ster ['spɪnstə(r)] *s* **1.** älteres Fräulein, alte Jungfer; **~ aunt** unverheiratete Tante. **2.** *jur. Br.* a) unverheiratete Frau, b) (*nach dem Namen*) ledig: **Miss Jones, ~.** '**spin·ster·hood** *s* **1.** Alt'jüngferlichkeit *f.* **2.** Alt'jungfernstand *m.* **3.** lediger Stand (*der Frau*). '**spin·ster·ish,** '**spin·ster·ly** *adj* alt'jüngferlich.
spi·nule ['spaɪnjuːl] *s zo.* Stachel *m.* '**spin·u·lose** [-jʊləʊs], '**spin·u·lous** [-ləs] *adj bot. zo.* stach(e)lig.
spin·y ['spaɪnɪ] *adj* **1.** *bot. zo.* stach(e)lig. **2.** *fig.* heikel, schwierig. **~ lob·ster** *s zo.* Gemeine Lan'guste *f.*
spi·ra·cle ['spaɪərəkl; *Am.* 'spɪrɪkəl; 'spaɪ-] *s* **1.** Atem-, Luftloch *n, bes. bot. zo.* Tra'chee *f.* **2.** *zo.* Spritzloch *n* (*bei Walen etc*). **spi·rac·u·lar** [spɪ'rækjʊlə(r); spaɪ-] *adj* Atem-, Luftloch...
spi·rae·a [spaɪ'rɪə; -'riːə] *s bot.* Spi'räe *f,* Geißbart *m.*
spi·ral ['spaɪərəl] **I** *adj* (*adv* **-ly**) **1.** gewunden, schrauben-, schneckenförmig, spi'ral, Spiral...: **~ balance** (Spiral)Federwaage *f;* **~ conveyor** → 5 a; **~ fracture** *med.* Spiralbruch *m;* **~ gear(ing)** *tech.* Schraubenradgetriebe *n;* **~ nebula** → 7; **~ spring** → 5 b; **~ staircase** Wendeltreppe *f.* **2.** *math.* spi'ralig, Spiral... **II** *s* **3.** a) Spi'rale *f,* b) Windung *f* (*e-r* Spi'rale). **4.** *math.* Spi'rale *f,* Spi'ral-, Schneckenlinie *f.* **5.** *tech.* a) Förderschnecke *f,* b) Spi'ralfeder *f.* **6.** *electr.* a) Spule *f,* Windung *f,* b) Wendel *m* (*bei Glühlampen*). **7.** *astr.* Spi'ralnebel *m.* **8.** *aer.* Spi'rale *f,* Spi'ralflug *m.* **9.** *econ.* (Lohn-, Preis- *etc*)Spi'rale *f.* **III** *v/t pret u. pp* -**raled,** *bes. Br.* -**ralled 10.** spi'ralig machen. **11.** *a.* **~ up (down)** *Preise etc* hin'auf- (her'unter)schrauben. **IV** *v/i* **12.** *a.* **~ up (down)** sich spi'ralförmig nach oben (unten) bewegen (*a. fig. Preise, Kosten etc*). **13.** *a.* **~ up (down)** spi'ralförmig aufwärts (abwärts) fliegen.
spi·rant ['spaɪərənt] *ling.* **I** *s* Spirans *f,* Reibelaut *m.* **II** *adj* spi'rantisch.
spire[1] ['spaɪə(r)] *s* **1.** → spiral 3. **2.** *zo.* Gewinde *n.*
spire[2] ['spaɪə(r)] **I** *s* **1.** (Dach-, Turm-, *a.* Baum-, Berg)Spitze *f.* **2.** Kirchturm *m.* **3.** spitz zulaufender Körper *od.* Teil, *z. B. zo.* (Geweih)Gabel *f.* **4.** *bot.* a) (Blüten-)Ähre *f,* b) Sprößling *m,* c) Grashalm (-spitze *f*) *m.* **II** *v/i* **5.** spitz zulaufen, gipfeln. **6.** *dial.* aufschießen (*Pflanze*). **III** *v/t* **7.** **~ up** auftürmen. **8.** mit e-r Spitze versehen, spitz zulaufen lassen.

spirea – splendid

spi·re·a → spiraea.
spired¹ ['spaɪə(r)d] *adj* spi'ralförmig.
spired² ['spaɪə(r)d] *adj* **1.** spitz (zulaufend). **2.** spitztürmig.
spi·rem(e) ['spaɪriːm] *s biol.* Knäuelstadium *n*, Spi'rem *n (in der Zellteilung).*
spi·ril·lum [spa'rɪləm] *pl* **-la** [-lə] *s med.* 'Schraubenbak,terie *f*, Spi'rill*f*.
spir·it ['spɪrɪt] **I** *s* **1.** *allg.* Geist *m*. **2.** Geist *m*, Odem *m*, Lebenshauch *m*. **3.** Geist *m*: a) Seele *f (e-s Toten)*, b) Gespenst *n*. **4. S~** *(göttlicher)* Geist. **5.** Geist *m*, (innere) Vorstellung: **in (the) ~** im Geiste *(nicht wirklich)*. **6.** *(das)* Geistige, Geist *m*: **the world of the ~** die geistige Welt. **7.** Geist *m*: a) Gesinnung *f*, *(Gemein-* etc)Sinn *m*, b) Cha'rakter *m*, c) Sinn *m*: **the ~ of the law; that's the ~!** *colloq.* so ist's recht!; → **enter into 4. 8.** *meist pl* Gemütsverfassung *f*, Stimmung *f*: **in high (low) ~s** in gehobener (gedrückter) Stimmung; **as** *(od.* **if, when) the ~ moves** *(od.* **takes) one** wenn e-m danach zumute ist. **9.** *fig.* Feuer *n*, Schwung *m*, E'lan *m*, Mut *m*, *pl a.* Lebensgeister *pl*: **full of ~s** voll Feuer, voller Schwung; **when(ever) the ~ moves me** wenn es mich überkommt, wenn ich Lust dazu verspüre. **10.** (Mann *m* von) Geist *m*, Kopf *m*. **11.** *fig.* Seele *f*, treibende Kraft *(e-s Unternehmens etc).* **12.** (Zeit)Geist *m*: **the ~ of the age** *(od.* **times). 13.** *chem.* **a)** Spiritus *m*: **~ lamp**, b) Destil'lat *n*, Geist *m*, Spiritus *m*: **~ of ether** *pharm.* Hoffmannstropfen *pl*; **~(s) of hartshorn** Hirschhorn-, Salmiakgeist; **~(s) of wine** Weingeist. **14.** *pl* alko'holische *od.* geistige Getränke *pl*, Spiritu'osen *pl*. **15.** *a. pl chem. Am.* Alkohol *m*. **16.** Färberei: *(bes.* Zinn)Beize *f*. **II** *v/t* **17.** *a.* **~ up** aufmuntern, anstacheln. **18. ~ away, ~ off** wegschaffen, -zaubern, verschwinden lassen.
spir·it·ed ['spɪrɪtɪd] *adj (adv* **~ly) 1.** le'bendig, lebhaft, tempera'ment-, schwungvoll. **2.** e'nergisch, kühn, beherzt. **3.** feurig *(Pferd etc).* **4.** (geist)sprühend, le'bendig *(Rede, Buch etc).* **5.** *(in Zssgn)* a) ...gesinnt: → **public-spirited**, b) ...gestimmt: → **low-spirited**, *etc.* **'spir·it·ed·ness** *s* **1.** Lebhaftigkeit *f*, Le'bendigkeit *f*, Tempera'ment *n*. **2.** Ener'gie *f*, Beherztheit *f*. **3.** *(in Zssgn)* a) ...sinn *m*: → **public-spiritedness**, b) ...stimmung *f*: → **low-spiritedness**, *etc*.
spir·it·ism ['spɪrɪtɪzəm] *s* Spiri'tismus *m*. **'spir·it·ist** *s* Spiri'tist *m*. **,spir·it·'is·tic** *adj* spiri'tistisch.
'spir·it·less *adj (adv* **~ly) 1.** geistlos. **2.** schwunglos, schlapp. **3.** lustlos. **4.** mutlos. **'spir·it·less·ness** *s* **1.** Geistlosigkeit *f*. **2.** Schwunglosigkeit *f*. **3.** Lustlosigkeit *f*. **4.** Mutlosigkeit *f*.
'spir·it lev·el *s tech.* Nivel'lier-, Wasserwaage *f*.
spi·ri·to·so [ˌspɪrɪ'təʊsəʊ] *adj u. adv mus.* lebhaft, munter.
'spir·it rap·ping *s* Spiritismus: Geisterklopfen *n (Kommunikation mit Geistern Verstorbener durch Klopfzeichen).*
spir·it·u·al ['spɪrɪtjʊəl] ,-tʃʊəl]; *Am.* -tʃəwəl] **I** *adj (adv* **~ly) 1.** geistig, unkörperlich. **2.** geistig, innerlich, seelisch: **~ life** Seelenleben *n*. **3.** vergeistigt. **4.** göttlich (inspi'riert): **the ~ law** das göttliche Recht; **the ~ man** *a.* die innerste, eigentliche Natur des Menschen, b) *Bibl.* der wiedergeborene, erlöste Mensch. **5.** a) religi'ös, b) kirchlich, c) geistlich: **~ court (song, etc); ~ director** *R.C.* geistlicher Ratgeber; **~ incest** *relig.* geistlicher Inzest. **6.** intellektu'ell, geistig. **7.** geistreich, -voll. **8.** geistig: **~ father**. **II** *s* **9.** *mus.* (Neger)Spiritual *n*.

10. *pl* geistige *od.* geistliche Dinge *pl.*
'spir·it·u·al·ism *s* **1.** Geisterglaube *m*, Spiri'tismus *m*. **2.** *philos.* a) Spiritua'lismus *m*, b) meta'physischer Idea'lismus. **3.** *(das)* Geistige. **'spir·it·u·al·ist** *s* **1.** *philos.* Spiritua'list *m*, Idea'list *m*. **2.** Spiri'tist *m*. **,spir·it·u·al·'is·tic** *adj* **1.** *philos.* spiritua'listisch. **2.** spiri'tistisch.
spir·it·u·al·i·ty [ˌspɪrɪtjʊ'ælətɪ; -tʃʊ-; *Am.* -tʃʊ'wæl-] *s* **1.** *(das)* Geistige. **2.** *(das)* Geistliche. **3.** Unkörperlichkeit *f*, geistige Na'tur. **4.** *oft pl hist.* geistliche Rechte *pl od.* Einkünfte *pl.* **'spir·it·u·al·ize** [-əlaɪz] *v/t* **1.** vergeistigen. **2.** im über'tragenen Sinne deuten.
spir·it·u·ous ['spɪrɪtjʊəs; -tʃʊəs; *Am.* -tʃəwəs; -təs] *adj* **1.** alko'holisch: **~ liquors** Spirituosen *pl.* **2.** destil'liert.
spi·ro·ch(a)ete ['spaɪrəʊkiːt] *s med. zo.* Spiro'chäte *f*.
spi·rom·e·ter [ˌspaɪə'rɒmɪtə(r); *Am.* spaɪ'rɑm-] *s med.* Spiro'meter *n*, Atmungsmesser *m*. **'spi·ro·phore** [-rəfɔː(r)] *s med.* 'Sauerstoffappa,rat *m*.
spirt → **spurt²**.
spir·y¹ ['spaɪərɪ] *adj* spi'ralförmig, gewunden.
spir·y² ['spaɪərɪ] *adj* **1.** spitz zulaufend. **2.** vieltürmig.
spit¹ [spɪt] **I** *v/i pret u. pp* **spat** [spæt], *selten* **spit 1.** a) spucken (**on** *auf acc*): **to ~ (up)on** *(od.* **at) s.o.** j-n anspucken; **to ~ in s.o.'s eye** *(od.* **face)** j-m ins Gesicht spucken, *fig.* j-m s-e Verachtung zeigen, b) ausspucken. **2.** *impers* sprühen *(fein regnen).* **3.** fauchen, zischen *(Katze etc):* **to ~ at s.o.** j-n anfauchen. **4.** (her'aus)sprudeln, (-)spritzen *(kochendes Wasser etc).* **II** *v/t* **5.** *a.* **~ out** (aus)spucken. **6.** Feuer etc speien, spucken. **7.** *oft* **~ out** *fig.* Worte (heftig) her'vorstoßen, fauchen, zischen: **~ it out!** *colloq.* nun sag's schon! **III** *s* **8.** Spucke *f*, Speichel *m*: **~ and polish** *mar. mil. colloq.* a) Putz- u. Flickstunde *f*, b) peinliche Sauberkeit, c) Leuteschinderei *f*: **~-and-polish** *colloq.* „wie aus dem Ei gepellt". **9.** *(Aus-)* Spucken *n*. **10.** Fauchen *n (e-r Katze etc).* **11.** Sprühregen *m*. **12.** *colloq.* Eben-, Abbild *n*: **she is the ~ (and image)** *(Br. a.* **the dead ~) of her mother** sie ist ihrer Mutter wie aus dem Gesicht geschnitten.
spit² [spɪt] **I** *s* **1.** (Brat)Spieß *m*. **2.** *geogr.* Landzunge *f*. **3.** spitz zulaufende Sandbank. **II** *v/t* **4.** an e-n Bratspieß stecken. **5.** aufspießen.
spit³ [spɪt] *s* Spatenstich *m*.
'spit,ball *s Am. colloq.* **1.** (gekautes) Pa'pierkügelchen *(als Wurfgeschoß).* **2.** Baseball: mit Speichel *od.* Schweiß angefeuchteter Ball.
spitch·cock ['spɪtʃkɒk; *Am.* -ˌkɑk] **I** *s* Brat-, Röstaal *m*. **II** *v/t* e-n Aal etc zerlegen u. zubereiten.
spit curl *s Am.* 'Schmachtlocke' *f*.
spite [spaɪt] **I** *s* **1.** Boshaftigkeit *f*, Bosheit *f*, Gehässigkeit *f*: **from pure** *(od.* **in of out of) ~** aus reiner Bosheit; **~ marriage** Heirat *f* aus Trotz *(gegenüber e-m Dritten).* **2.** Groll *m*: **to have a ~ against s.o.** e-n Groll auf j-n haben. **3. in ~ of** trotz, ungeachtet *(gen):* **in ~ of that** dessenungeachtet; **in ~ of o.s.** unwillkürlich. **II** *v/t* **4.** j-m 'eins auswischen': → **nose** *Bes. Redew.* **'spite·ful** *adj (adv* **~ly)** boshaft, gehässig. **'spite·ful·ness** → **spite 1**.
'spit,fire *s* **1.** Hitzkopf *m*, *bes.* „Drachen" *m (streitsüchtige Frau).* **2.** feuerspeiender Vul'kan.
spit·ting im·age ['spɪtɪŋ] → **spit¹ 12**.
spit·tle ['spɪtl] *s* Spucke *f*, Speichel *m*.
spit·toon [spɪ'tuːn] *s* Spucknapf *m*.
spitz (dog) [spɪts] *s zo.* Spitz *m (Haushund).*

spiv [spɪv] *s Br. sl.* Schieber *m*, Schwarzhändler *m*.
splanch·nic ['splæŋknɪk] *adj anat.* Eingeweide...: **~ nerve** Splanchnikus *m*.
splanch'nol·o·gy [-'nɒlədʒɪ; *Am.* -'nɑl-] *s med.* Eingeweidelehre *f*, Splanchnolo'gie *f*.
splash [splæʃ] **I** *v/t* **1.** (mit Wasser *od.* Schmutz *etc*) bespritzen. **2.** a) *Wasser etc* spritzen, gießen (**on, over** über *acc*): **to ~ about** *(od.* **around)** herumspritzen mit; **to ~ one's money about** *bes. Br. colloq.* mit Geld um sich werfen, b) *Farbe etc* klatschen (**on** auf *acc*). **3.** s-n Weg patschend bahnen. **4.** (be)sprenkeln. **5.** *colloq. (in der Zeitung)* in großer Aufmachung bringen, groß her'ausstellen. **6.** *Plakate etc* anbringen (**on** an *dat*). **7.** *a.* **~ out** *Am.*, 'hinhauen', skiz'zieren. **II** *v/i* **8.** spritzen. **9.** platschen: a) planschen: **to ~ about** *(od.* **around)** herumplanschen, b) plumpsen: **to ~ down** wassern, eintauchen *(Raumkapsel).* **10.** klatschen *(Regen).* **11. ~ out** *bes. Br. colloq.* ,e-n Haufen Geld rausschmeißen' (**on** für). **III** *adv u. interj* **12.** platschend, p(l)atsch(!), klatsch(!). **IV** *s* **13.** Spritzen *n*. **14.** Klatschen *n*, Platschen *n*, ,Platsch' *m*. **15.** Schwapp *m*, Guß *m*. **16.** Spritzer *m*, (Spritz)Fleck *m*. **17.** (Farb-, Licht-)Fleck *m*. **18.** *colloq.* a) Aufsehen *n*, Sensati'on *f*: **to make a ~** Aufsehen erregen, Furore machen, b) große Aufmachung *(in der Presse etc):* **to get a ~** groß herausgestellt werden, c) protziger Aufwand. **19.** *Br. colloq.* Schuß *m* (Soda-)Wasser. **'~board** *s tech.* Schutzblech *n*, -brett *n*. **'~down** *s* Wasserung *f*, Eintauchen *n (e-r Raumkapsel).*
'splash·er *s* **1.** Spritzende(r *m*) *f*. **2.** Schutzblech *n*. **3.** Wandschoner *m*.
splash guard *s mot. etc Am.* Spritzschutz *m (am Hinterrad).* **~ lu·bri·ca·tion** *s tech.* Tauch(bad)schmierung *f*. **~ par·ty** *s Am.* a) Party *f* am Swimmingpool, b) Strandparty *f*. **'~proof** *adj tech.* spritzwassergeschützt. **~ wa·ter** *s tech.* Schwallwasser *n*.
'splash·y *adj* **1.** spritzend. **2.** platschend. **3.** bespritzt. **4.** matschig. **5.** *colloq.* sensatio'nell, ,toll'.
splat·ter ['splætə(r)] **I** *v/t* **1.** (mit Wasser *od.* Schmutz *etc*) bespritzen. **2.** a) *Wasser etc* spritzen, gießen (**on, over** über *acc*): **to ~ about** *(od.* **around)** herumspritzen mit, b) *Farbe etc* klatschen (**on** auf *acc*). **II** *v/i* **3.** spritzen. **4.** platschen: a) planschen: **to ~ about** *(od.* **around)** herumplanschen, b) plumpsen. **5.** klatschen *(Regen).*
splay [spleɪ] **I** *v/t* **1.** ausbreiten, ausdehnen. **2.** *arch.* ausschrägen. **3.** (ab)schrägen. **4.** *bes. vet.* Schulterknochen ausrenken *(bei Pferden).* **II** *v/i* **5.** ausgeschrägt sein. **III** *adj* **6.** breit u. flach. **7.** gespreizt, auswärts gebogen: → **splayfoot I. 8.** schief, schräg. **9.** *fig.* linkisch. **IV** *s* **10.** *arch.* Ausschrägung *f*.
splayed → **splay 7, 8**.
'splay|,foot *med.* **I** *s irr* Spreiz-, Plattfuß *m*. **II** *adj* mit Spreiz- *od.* Plattfüßen (behaftet). **,~'foot·ed** *adj* **1.** → **splayfoot II. 2.** *fig.* linkisch.
spleen [spliːn] *s* **1.** *anat.* Milz *f*. **2.** *fig.* schlechte Laune. **3.** *obs.* Hypochon'drie *f*, Melancho'lie *f*. **4.** *obs.* Spleen *m*, ‚Tick' *m*. **'spleen·ful, 'spleen·ish** *adj (adv* **~ly) 1.** mürrisch, griesgrämig, übellaunt. **2.** hypo'chondrisch, melan'cholisch.
sple·nal·gi·a [splɪ'nældʒɪə] *s med.* Milzschmerz *m*, Seitenstechen *n*.
splen·dent ['splendənt] *adj min. od. fig.* glänzend, leuchtend.
splen·did ['splendɪd] *adj (adv* **~ly) 1.** glänzend, großartig, herrlich, prächtig

(*alle a. colloq.*): ~ **isolation** *pol. hist.* Splendid isolation *f* (*Bündnislosigkeit Englands im 19. Jh.*). **2.** glorreich: ~ **victory**. **3.** großartig, wunderbar, her'vorragend: ~ **talents**. '**splen·did·ness** *s* **1.** Glanz *m*, Pracht *f*. **2.** Großartigkeit *f*.
splen·dif·er·ous [splen'dɪfərəs] *adj colloq. od. humor.* herrlich, prächtig.
splen·dor, *bes. Br.* **splen·dour** ['splendə(r)] *s* **1.** heller Glanz. **2.** Pracht *f*, Herrlichkeit *f*. **3.** Prunk *m*. **4.** Großartigkeit *f*, Bril'lanz *f*.
sple·net·ic [splɪ'netɪk] **I** *adj* (*adv* ~**ally**) **1.** *anat.* Milz... **2.** *med.* milzkrank. **3.** *fig.* mürrisch, griesgrämig, übelgelaunt. **4.** *obs.* hypo'chondrisch, melan'cholisch. **II** *s* **5.** *med.* Milzkranke(r *m*) *f*. **6.** *fig.* mürrischer Mensch. **7.** *obs.* Hypo'chonder *m*, Melan'choliker *m*.
splen·ic ['splenɪk; 'spli:-] *adj med.* Milz...: ~ **fever** Milzbrand *m*.
sple·ni·tis [splɪ'naɪtɪs] *s med.* Sple'nitis *f*, Milzentzündung *f*.
sple·ni·us ['spli:nɪəs] *pl* **-ni·i** [-nɪaɪ] *s anat.* Spleniusmuskel *m*.
splen·i·za·tion [ˌsplenɪ'zeɪʃn; ˌspli:-] *s med.* Splenisati'on *f* (*milzartige Verdichtung der Lunge*). [bruch *m*.⟩
sple·no·cele ['spli:nəʊsi:l] *s med.* Milz-⟩
sple·no·meg·a·ly [ˌspli:nəʊ'megəlɪ; *Am.* ˌsplen-] *s med.* Splenomega'lie *f*, krankhafte Milzvergrößerung.
splice [splaɪs] **I** *v/t* **1.** *mar. tech.* zs.-splissen, spleißen, → **main brace**. **2.** durch Falz verbinden. **3.** (*an den Enden*) mitein'ander verbinden, zs.-fügen, *bes. Filmstreifen etc* (zs.-)kleben: **to** ~ **in** einfügen; **splicing tape** Klebeband *n*. **4.** *a.* ~ **in** Strumpf *etc* (*an Ferse u. Zehen*) verstärken. **5.** *colloq.* verheiraten: **to get** ~**d** getraut werden. **II** *s* **6.** *mar. tech.* Spleiß *m*, Splissung *f*: **to sit on the** ~ (*Kricket*) (zu) vorsichtig spielen. **7.** *tech.* (Ein)Falzung *f*. **8.** *tech.* Klebestelle *f* (*an Filmen etc*). **9.** *colloq.* Hochzeit *f*.
spline [splaɪn] **I** *s* **1.** längliches, dünnes Stück Holz *od.* Me'tall. **2.** (*Art*) 'Kurvenline̞ˌal *n*. **3.** *tech.* a) Keil *m*, Splint *m*, b) (Längs)Nut *f*. **II** *v/t* **4.** *tech.* a) verkeilen, b) (längs)nuten.
splint [splɪnt] **I** *s* **1.** *med.* Schiene *f*: **in** ~**s** geschient. **2.** *anat.* → **splint bone 1**. **3.** *tech.* Span *m*. **4.** *vet.* a) → **splint bone 2**, b) Knochenauswuchs *m od.* Tumor *m* (*am Pferdefuß*). **5.** *min.* Schieferkohle *f*. **6.** *hist.* Armschiene *f* (*e-r Rüstung*). **II** *v/t* **7.** schienen.
splint|**bas·ket** *s* Spankorb *m*. ~ **bone** *s* **1.** *anat.* Wadenbein *n*. **2.** *vet.* Knochen *pl* Pferdehufes hinter dem Schienbein. ~**coal** → **splint 5**.
splin·ter ['splɪntə(r)] **I** *s* **1.** (*a.* Bomben-, Knochen-*etc*)Splitter *m*, Span *m*. **2.** *fig.* Splitter *m*, Bruchstück *n*. **II** *v/t* **3.** zersplittern (*a. fig*). **III** *v/i* **4.** zersplittern (*a. fig*). **5.** ~ **off** a) absplittern, b) *fig.* sich absplittern (from von). ~ **bar** *s tech.* Ortscheit *n*. ~ **group** *s* Splittergruppe *f*. ~ **par·ty** *s pol.* 'Splitterparˌtei *f*. '~-**proof** *adj* splittersicher. '**splin·ter·y** *adj* **1.** *bes. min.* splitt(e)rig, schief(e)rig. **2.** leicht splitternd. **3.** Splitter...
split [splɪt] **I** *v/t pret u. pp* **split**, *selten* '**split·ted 1.** (zer-, auf)spalten, (zer)teilen, schlitzen: **to** ~ **straws** (allzu) pedantisch sein; **to** ~ **words** wortklauberisch sein; ~ **hair** *Bes. Redew.* **2.** zerreißen: ~ **side 4**. **3.** *fig.* zerstören. **4.** (unterein'ander) (auf)teilen, sich in *etwas* teilen: **to** ~ **the profits**; **to** ~ **a bottle** e-e Flasche zusammen trinken; **to** ~ **the difference** a) *econ.* sich in die Differenz teilen, b) sich auf halbem Wege einigen; **to** ~ **shares** (*bes. Am.* **stocks**) Aktien splitten;

to ~ **one's vote(s)** (*od.* **ticket**) *pol. Am.* panaschieren; **to** ~ **up** a) auf-, untergliedern, b) auseinanderreißen. **5.** trennen, entzweien, *e-e Partei etc* spalten, *sport* das Feld ausein'anderreißen. **6.** *sl.* (*absichtlich od. unabsichtlich*) verraten. **7.** *Am. colloq.* Whisky *etc* 'spritzen', mit Wasser verdünnen. **8.** *phys.* a) Atome *etc* (auf)spalten, b) *Licht* zerlegen: **to** ~ **off** abspalten.
II *v/i* **9.** sich (auf)spalten, reißen. **10.** zerspringen, (-)platzen, bersten: **my head is** ~**ting** *fig.* ich habe rasende Kopfschmerzen. **11.** a) zerschellen (*Schiff*), b) *fig.* scheitern. **12.** sich entzweien *od.* spalten (**on**, **over** wegen *gen*): **to** ~ **off** sich abspalten. **13.** sich spalten *od.* teilen (**into** in *acc*). **14.** ab-, losgetrennt werden. **15.** sich teilen (**on** in *acc*). **16. to** ~ **on** s.o. (**to**) *sl.* a) *bes. ped.* j-n ‚verpetzen‘ (bei), b) j-n ‚verpfeifen‘ (bei). **17.** *colloq.* sich schütteln vor Lachen. **18.** *pol. bes. Am.* pana'schieren. **19.** *sl.* ‚abhauen‘, verschwinden.
III *s* **20.** Spalt *m*, Riß *m*, Sprung *m*. **21.** abgespaltener Teil, Bruchstück *n*. **22.** *fig.* Spaltung *f* (*e-r Partei etc*). **23.** *fig.* Entzweiung *f*, Zerwürfnis *n*, Bruch *m*. **24.** Splittergruppe *f*. **25.** (*bes.* Ba'nanen-)Split *m*. **26.** *colloq.* halbe Flasche (*Mineralwasser etc*). **27.** *colloq.* halbgefülltes (Schnaps-*etc*)Glas. **28.** *oft pl a*) Akrobatik, Tanz *etc*: Spa'gat *m*: **to do the** ~**s** e-n Spagat machen, b) *Turnen*: Grätsche *f*. **29.** *tech.* Schicht *f* (*von Spaltleder*). **30.** *Br. sl.* a) (Poli'zei)Spitzel *m*, b) Denunzi'ant *m*.
IV *adj* **31.** zer-, gespalten, geteilt, Spalt...: ~ **ends** (Haar)Spliß *m*. **32.** *fig.* gespalten, zerrissen: **to be** ~ (**on the issue**) uneinig *od.* gespalten sein (in der Sache). **33.** *econ.* geteilt: ~ **quotation** in Sechzehnteln gegebene Notierung.
split| **bear·ing**, ~ **box** *s tech.* Schalenlager *n*. ~ **cloth** *s med.* Binde *f* mit mehreren Enden. ~ **de·ci·sion** *s* Boxen: nicht einstimmiges Urteil. ~ **hide** *s* Spaltleder *n*. ~ **in·fin·i·tive** *s ling.* gespaltener Infinitiv (*z.B.* **I want to really finish it**); ~-**'lev·el** *arch.* **I** *adj* mit Zwischenstockwerken: ~ **house** → **II**. **II** *s* Halbgeschoßhaus *n*. ~ **peas(e)** *s pl* halbe Erbsen *pl* (*für Püree etc*). ~ **per·son·al·i·ty** *s psych.* gespaltene Per'sönlichkeit. '~-**phase ˌmo·tor** *s electr.* Wechselstrommotor *m* mit Spaltphase. ~ **S** *s aer.* Abschwung *m*. ~ **sec·ond** *s* Bruchteil *m* e-r Se'kunde. ~-**'sec·ond watch** *s sport* Stoppuhr *f* mit zwei Zeigern (*für volle u. Bruchteile von Sekunden*).
split·ter ['splɪtə(r)] *s* **1.** Spalter *m*. **2.** *tech.* a) Spalteisen *n*, b) 'Spaltmaˌschine *f*. **3.** *fig.* Haarspalter(in).
split tick·et *s pol. Am.* Wahlzettel *m* mit Stimmen für Kandi'daten mehrerer Par'teien.
split·ting ['splɪtɪŋ] **I** *adj* **1.** (ohren-*etc*)zerreißend. **2.** heftig, rasend: **a** ~ **headache**. **3.** blitzschnell. **4.** zwerchfellerschütternd: **a** ~ **farce**. **II** *s* **5.** *tech.* (Zer)Spaltung *f*: **the** ~ **of the atom** die Atomspaltung. **6.** *econ.* Splitting *n*: a) Aktienteilung *f*, b) Besteuerung *e-s* Ehepartners zur Hälfte des gemeinsamen Einkommens.
'**split-up** *s* **1.** → **split 22**. **2.** → **split 23**. **3.** *econ.* (Aktien)Split *m*.
splodge [splɒdʒ; *Am.* splɑdʒ], **splotch** [splɒtʃ; *Am.* splɑtʃ] **I** *s* (Schmutz)Fleck *m*, Klecks *m*. **II** *v/t* beklecksen. '**splotch·y** *adj* fleckig, schmutzig.
splurge [splɜːdʒ; *Am.* splɜːrdʒ] *colloq.* **I** *s* **1.** protziges Getue, ‚Angabe‘ *f*, ‚Schau‘ *f*. **2.** verschwenderischer Aufwand. **3.** Luxus *m*, Extrava'ganz *f*. **II** *v/i* **4.** protzen, ‚angeben‘, e-e ‚Schau abziehen‘. **5.** prassen, ‚Orgien feiern‘. **III** *v/t* **6.** *Geld* hemmungslos ausgeben (**on** für). '**splurg·y** *adj Am.*

colloq. **1.** angeberisch, protzig. **2.** extrava'gant.
splut·ter ['splʌtə(r)] **I** *v/i* **1.** stottern. **2.** ‚stottern‘, ‚kotzen‘ (*Motor*). **3.** zischen (*Braten etc*). **4.** klecksen (*Schreibfeder*). **5.** spritzen, platschen (*Wasser etc*). **II** *v/t* **6.** *Worte* her'aussprudeln, -stottern. **7.** verspritzen. **8.** bespritzen, ‚bekleckern‘. **9.** j-n (beim Sprechen) bespucken. **III** *s* **10.** Geplapper *n*. **11.** Spritzen *n*. **12.** Sprudeln *n*. **13.** Zischen *n*. **14.** *mot.* ‚Stottern‘ *n*.
Spode, *a.* **s.~** [spəʊd] *s* verziertes Porzel'lan (*aus Staffordshire*).
spoil [spɔɪl] **I** *v/t pret u. pp* **spoiled** [spɔɪld], *a.* **spoilt** [spɔɪlt] **1.** *etwas*, *a.* j-m den Appetit, den Spaß *etc* verderben, ru'inieren, vernichten, *e-n Plan* vereiteln. **2.** a) j-s *Charakter etc* verderben, b) *ein Kind* verwöhnen, -ziehen: **a** ~**ed brat** ein verzogener Fratz; **the** ~**ed child of fortune** Fortunas Lieblingskind. **3.** (*pret u. pp nur* ~**ed**) berauben (**of** *gen*), (aus)plündern. **II** *v/i* **4.** verderben, ‚ka'puttgehen‘, schlecht werden (*Obst etc*). **5. to be** ~**ing for** brennen auf (*acc*): **to be** ~**ing for a fight** streitlustig sein, Streit suchen. **6.** (*pret. u. pp nur* ~**ed**) plündern, rauben. **III** *s* **7.** *meist pl* (Sieges)Beute *f*, Raub *m*. **8.** Beute(stück *n*) *f*. **9.** *meist pl bes. Am.* Ausbeute *f*, b) *pol.* Gewinn *m*, Einkünfte *pl* (*e-r Partei nach dem Wahlsieg*): **the** ~**s of office** der Profit aus e-m öffentlichen Amt. **10.** *fig.* Errungenschaft *f*, Gewinn *m*, Schatz *m*. **11.** *pl* 'Überreste *pl* (*von den Mahlzeiten e-s Tieres*).
spoil·age ['spɔɪlɪdʒ] *s* **1.** *print.* Makula'tur *f*, Fehldruck *m*. **2.** *bes. econ.* Verderb *m* (*von Waren*).
'**spoil·er** *s* **1.** Plünderer *m*, Räuber *m*. **2.** Verderber *m*. **3.** *aer.* Störklappe *f*. **4.** *mot.* Spoiler *m*.
'**spoil·five** *s* Kartenspiel, von 2 *od.* mehr Personen mit je 5 Karten gespielt.
'**spoils·man** [-mən] *s irr pol. Am.* j-d, der nach der Futterkrippe strebt.
'**spoil·sport** *s* Spielverderber(in).
'**spoils sys·tem** *s pol. Am.* 'Futterkrippensyˌstem *n*.
spoilt [spɔɪlt] *pret u. pp von* **spoil**.
spoke¹ [spəʊk] **I** *s* **1.** (Rad)Speiche *f*. **2.** (Leiter)Sprosse *f*. **3.** *mar.* Spake *f* (*des Steuerrads*). **4.** Bremsvorrichtung *f*: **to put a** ~ **in s.o.'s wheel** *fig.* j-m e-n Knüppel zwischen die Beine werfen'. **II** *v/t* **5.** *das Rad* a) verspeichen, b) (ab)bremsen.
spoke² [spəʊk] *pret u. obs. pp von* **speak**.
spoke bone *s anat.* Speiche *f*.
spo·ken ['spəʊkən] **I** *pp von* **speak**. **II** *adj* **1.** gesprochen, mündlich: ~ **English** gesprochenes Englisch. **2.** (*in Zssgn*) ...sprechend: → **soft-spoken**, *etc*.
'**spokes·man** [-mən] *s irr* Wortführer *m*, Sprecher *m*. '**spokes ˌwom·an** *s irr* Wortführerin *f*, Sprecherin *f*.
spo·li·ate ['spəʊlɪeɪt] **I** *v/t* (aus)plündern, berauben. **II** *v/i* plündern. ˌ**spo·li·a·tion** *s* **1.** Plünderung *f*, Beraubung *f*. **2.** *mar. mil.* a) kriegsrechtliche Plünderung neutraler Schiffe, b) Vernichtung *f* der ('Schiffs)Pa̞ˌpiere (*zur Verschleierung von Ziel u. Ladung des Schiffes*). **3.** *jur.* unberechtigte Änderung (*e-s Dokuments*).
spon·da·ic [spɒn'deɪɪk; *Am.* spɑn-] *adj metr.* spon'deisch. '**spon·dee** [-di:] *s metr.* Spon'deus *m*.
spon·du·licks, **spon·du·lix** [spɒn'dju:lɪks] *s pl Am. sl.* ‚Zaster‘ *m* (*Geld*).
spon·dyl(e) ['spɒndɪl; *Am.* 'spɑn-] *s anat. zo.* Wirbelknochen *m*.
spon·dy·li·tis [ˌspɒndɪ'laɪtɪs; *Am.* ˌspɑn-] *s med.* Spondy'litis *f*, Wirbelentzündung *f*.
spon·dy·lus ['spɒndɪləs; *Am.* 'spɑn-] *s* **1.** *anat.* (Rücken)Wirbel *m*. **2.** *zo.* Klappmuschel *f*.

sponge [spʌndʒ] **I** *s* **1.** *zo., a. weitS.* Schwamm *m*: **to pass the ~ over** *fig.* aus dem Gedächtnis löschen, vergessen; **to throw in** (*od.* **up**) **the ~** (*Boxen*) das Handtuch werfen (*a. fig. sich geschlagen geben*); **to have a memory like a ~** ein Gedächtnis haben wie ein Sieb. **2.** *fig. colloq.* Schma'rotzer *m*, „Nassauer" *m* (*Person*). **3.** *gastr.* a) aufgegangener Teig, b) *lockerer, gekochter Pudding*, c) → **sponge cake**. **4.** *med.* Tupfer *m*. **5.** *mil.* Wischer *m* (*zum Reinigen des Geschützes*). **II** *v/t* **6.** (*mit e-m Schwamm*) reinigen: **to ~ down** abreiben; **to ~ off** (*od.* **away**) weg-, abwischen (*a. fig.*). **7.** *meist* **~ out** auslöschen (*a. fig.*). **8. ~ up** *Wasser etc* (*mit e-m Schwamm*) aufsaugen, -nehmen. **9.** *fig. colloq.* (*kostenlos*) ‚ergattern', ‚schnorren' (*from s.o.*): **to ~ a dinner**. **III** *v/i* **10.** sich vollsaugen. **11.** Schwämme sammeln. **12.** *fig. colloq.* schma'rotzen, ‚nassauern': **to ~ on s.o.** auf j-s Kosten leben. **~ bag** *s Br.* Toi'lettenbeutel *m*. **~ bath** *s* sponge-down. **~ cake** *s* Bis'kuitkuchen *m*. **~ cloth** *s* (*Art*) Frot'tee *n*. **'~-down** *s* Abreibung *f* (*mit e-m Schwamm*).
spong·er ['spʌndʒə(r)] *s* **1.** Reiniger *m*. **2.** *tech.* a) Deka'tierer *m*, b) Deka'tierma‚schine *f*. **3.** Schwammtaucher *m*, -sammler *m*. **4.** → sponge 2.
sponge rub·ber *s* Schaumgummi *m*.
spon·gi·ness ['spʌndʒɪnɪs] *s* Schwammigkeit *f*, Porosi'tät *f*.
spong·ing house ['spʌndʒɪŋ] *s jur. hist.* Wohnung e-s Gerichtsdieners, in der ein Schuldgefangener vorübergehend untergebracht wurde.
spon·gy ['spʌndʒɪ] *adj* **1.** Schwamm..., schwamm(art)ig. **2.** schwammig, po'rös. **3.** locker. **4.** sumpfig, matschig.
spon·sal ['spɒnsl; *Am.* 'spɑn-] *adj* hochzeitlich, Hochzeits...
spon·sion ['spɒnʃn; *Am.* 'spɑn-] *s* **1.** ('Übernahme *f* e-r) Bürgschaft *f*. **2.** *jur. pol.* (*von e-m nicht bes. bevollmächtigten Vertreter*) für den Staat übernommene Verpflichtung.
spon·son ['spɒnsn; *Am.* 'spɑn-] *s* **1.** *mar.* Radgehäuse *n*. **2.** *mar. mil.* seitliche Geschützplattform *f*. **3.** *aer.* Stützschwimmer *m*. **4.** seitlicher Ausleger (*e-s Kanus*).
spon·sor ['spɒnsə(r); *Am.* 'spɑn-] *s* **1.** Bürge *m*, Bürgin *f*. **2.** (Tauf)Pate *m*, (-)Patin *f*: **to stand ~ to** (*od.* **for**) (bei) j-m Pate stehen. **3.** Förderer *m*, Gönner(in). **4.** Schirmherr(in). **5.** Geldgeber *m*, Sponsor *m*. **II** *v/t* **6.** bürgen für. **7.** fördern. **8.** die Schirmherrschaft (*gen*) über'nehmen. **9.** *Rundfunk-, Fernsehsendung, Sportler etc* sponsern. **spon'so·ri·al** [-'sɔːrɪəl; *Am. a.* -'sou-] *adj* Paten...
'spon·sor·ship *s* **1.** Bürgschaft *f*. **2.** Patenschaft *f*. **3.** Gönnerschaft *f*. **4.** Schirmherrschaft *f*.
spon·ta·ne·i·ty [ˌspɒntəˈneɪətɪ; -ˈniː-; *Am.* ˌspɑn-] *s* **1.** Spontanei'tät *f*, Freiwilligkeit *f*, eigener Antrieb. **2.** (*das*) Impul'sive, impul'sives *od.* spon'tanes Handeln. **3.** Ungezwungenheit *f*, Na'türlichkeit *f*.
spon·ta·ne·ous [spɒnˈteɪnjəs; -ɪəs; *Am.* spɑn-] *adj* (*adv* **~ly**) **1.** *allg.*: a) plötzlich, impul'siv, b) freiwillig, von innen her'aus (erfolgend), c) ungekünstelt, ungezwungen, na'türlich. **2.** unwillkürlich. **3.** *bot.* wildwachsend. **4.** selbsttätig, spon'tan, von selbst (entstanden): **~ combustion** *phys.* Selbstverbrennung *f*; **~ generation** *biol.* Urzeugung *f*; **~ ignition** *tech.* Selbstentzündung *f*; **~ly inflammable** selbstentzündlich. **spon'ta·ne·ous·ness** → spontaneity.
spon·toon [spɒnˈtuːn; *Am.* spɑn-] *s mil. hist.* Spon'ton *m* (*Halbpike*).
spoof [spuːf] *colloq.* **I** *s* **1.** a) Ulk *m*, b) Humbug *m*, Schwindel *m*. **2.** Paro'die *f*

(of auf *acc*). **II** *v/t* **3.** a) verulken, b) beschwindeln. **4.** paro'dieren. **III** *v/i* **5.** schwindeln.
spook [spuːk] **I** *s* **1.** *colloq.* Spuk *m*, Gespenst *n*. **2.** *Am. sl.* ‚komischer Kauz'. **3.** *Am. sl.* Ghostwriter *m*. **4.** *Am. sl.* Spi'on *m*. **II** *v/t* **5.** *Am. colloq.* e-n Ort heimsuchen (*Gespenst*). **6.** *Am. colloq.* j-m e-n Schrecken einjagen. **7.** *Am. sl.* ein Buch als Ghostwriter schreiben (**for s.o.** für j-n). **III** *v/i* **8.** *Am. colloq.* (in panischer Furcht) da'vonhetzen. **'spook·y**, *a.* **'spook·ish** *adj colloq.* **1.** spukhaft, gespenstisch, schaurig: **~ house** Spukhaus *n*. **2.** *Am.* schreckhaft.
spool [spuːl] *s* Spule *f*: **a ~ of thread** e-e Rolle Zwirn. **II** *v/t u. v/i* (sich) (auf-) spulen.
spoon [spuːn] **I** *s* **1.** Löffel *m*. **2.** *bes. mar.* Löffelruder(blatt) *n*. **3.** (*Angeln*) Blinker *m*. **4.** *sport* Spoon *m* (*Golfschläger*). **5.** *mar. mil.* Führungsschaufel *f* (*am Torpedorohr*). **6.** *sl.* Einfaltspinsel *m*. **II** *v/t* **7.** *meist* **~ up**, **~ out** auslöffeln. **8. ~ out** (löffelweise) austeilen. **9.** löffelartig aushöhlen *od.* formen. **10.** *sport* den Ball schlenzen. **III** *v/i* **11.** mit e-m Blinker angeln. **12.** *sl. obs.* ‚schmusen'. **~ bait** → spoon 3. **~ bill** *s orn.* Löffelreiher *m*. **2.** Löffelente *f*. **~ bit** *s tech.* Löffelbohrer *m*. **~ bread** *s Am.* (*Art*) Auflauf *m*. **~ chis·el** *s tech.* Hohlmeißel *m*. **'~-drift** → spindrift.
spoon·er·ism ['spuːnərɪzəm] *s* (un)beabsichtigtes Vertauschen von Buchstaben *od.* Silben (*z. B.* **queer old dean** *statt* **dear old queen**; *nach Rev. W. A. Spooner*).
'spoon-feed *v/t irr* **1.** mit dem Löffel füttern. **2.** *fig.* auf-, hochpäppeln, verwöhnen. **3. to ~ s.th. to s.o.** *fig.* a) j-m etwas ‚vorkauen', b) j-m etwas eintrichtern. **4.** *fig.* (geistig) bevormunden. **~ ful** [-fʊl] *s* (*ein*) Löffel(voll) *m*. **~ meat** *s* (Kinder-, Kranken)Brei *m*, ‚Papp' *m*.
spoon·y ['spuːnɪ] *adj sl. obs.* verliebt, ‚verknallt' (**on** in j-n).
spoor [spʊə(r); spɔː(r)] *hunt.* **I** *s* Spur *f*, Fährte *f*. **II** *v/t* aufspüren. **III** *v/i* e-e Spur verfolgen.
spo·rad·ic [spəˈrædɪk] *adj* (*adv* **~ally**) spo'radisch, gelegentlich, vereinzelt (auftretend).
spo·range [spəˈrændʒ], **spo'ran·gi·um** [-dʒɪəm] *pl* **-gi·a** [-dʒɪə] *s* Spo'rangium *n*, Sporenträger *m*, -kapsel *f*.
spore [spɔː(r); *Am. a.* 'spoʊər] *s* **1.** *biol.* Spore *f*, Keimkorn *n*. **2.** *fig.* Keim(zelle *f*) *m*. **~ case** → sporange. **~ fruit** *s bot.* Sporenfrucht *f*.
spo·rif·er·ous [spɔːˈrɪfərəs] *adj bot.* sporentragend, -bildend.
spo·ro·gen·e·sis [ˌspɔːrəʊˈdʒenɪsɪs; *Am.* ˌspoʊrə-] *s biol.* Sporoge'nese *f*, Entstehung *f* von Sporen. **spo'rog·e·nous** [spəˈrɒdʒɪnəs; *Am.* -ˈrɑ-; *a.* spə-] *adj* **1.** *bot.* sporo'gen, sporenbildend. **2.** *zo.* sich durch Sporen fortpflanzend.
spo·ro·phyll ['spɔːrəʊfɪl; *Am. a.* 'spoʊrə-] *s bot.* Sporo'phyll *n*, sporentragendes Blatt.
spo·ro·zo·a [ˌspɔːrəˈzəʊə; *Am. a.* ˌspoʊ-] *s pl* Sporo'zoen *pl*, Sporentierchen *pl*.
spor·ran ['spɒrən] *s* beschlagene Felltasche (*Schottentracht*).
sport [spɔːt; *Am. a.* 'spoʊərt] **I** *s* **1.** *oft pl* Sport *m*: **to go in for ~s** Sport treiben. **2.** a) 'Sport(art *f*, -diszi‚plin *f*) *m*, b) engS. Jagd- *od.* Angelsport *m*. **3.** Kurzweil *f*, Zeitvertreib *m*. **4.** Spaß *m*, Scherz *m*: **in ~** zum Scherz, im Spaß. **5.** Spott *m*: **to make ~ of** sich lustig machen über (*acc*). **6.** Zielscheibe *f* des Spottes. **7.** *fig.* Spielball *m*: **the ~ of Fortune**. **8.** *colloq.* feiner *od.* anständiger Kerl, ‚Pfundskerl' *m*: **be** **a good ~** a) sei kein Spielverderber, b) sei ein guter Kerl, nimm es nicht übel. **9.** *Am. colloq.* → Sportbegeisterte(r) *m*, *bes.* Spieler *m*, b) Genießer *m*. **10.** *pl ped. Br.* Sportfest *n*. **11.** *biol.* Spiel-, Abart *f*. **12.** *obs.* Liebe'lei *f*. **II** *adj* **13.** *Am.* sportlich, Sport... **III** *v/i* **14.** sich belustigen. **15.** sich tummeln, her'umtollen. **16.** *biol.* sich lustig machen (**with** über *acc*). **17.** *biol.* mu'tieren. **18.** *obs.* tändeln. **IV** *v/t* **19.** *colloq.* stolz (zur Schau) tragen, sich sehen lassen mit, protzen mit: **he ~ed a green tie**; → **oak 4**. **20.** *meist* **~ away** Geld, Zeit etc vergeuden, verschwenden.
sport| clothes *Am.* für **sports clothes**. **~ coat** *Am.* für **sports coat**.
'sport·ing *adj* (*adv* **~ly**) **1.** a) Sport...: **~ editor**, b) Jagd...: **~ gun**. **2.** sportlich, sporttreibend: **~ holiday(s** *pl*) (*bes. Am.* vacation) Sporturlaub *m*; **~ motorist** sportlicher Fahrer. **3.** sportlich, fair, anständig: **a ~ chance** e-e faire Chance. **4.** unter'nehmungslustig, mutig. **~ house** *colloq.* a) Bordell *n*, b) Spielhölle *f*. **5.** Freudenhaus *n*.
'spor·tive [-tɪv] *adj* (*adv* **~ly**) **1.** a) mutwillig, b) verspielt. **2.** spaßhaft, lustig.
'sports *adj* Sport... **bi·cy·cle** *s* Sportrad *n*. **~ car** *s* Sportwagen *m*. **'~cast** *s* *Rundfunk, TV: Am.* Sportsendung *f*. **'~‚cast·er** *s* *Rundfunk, TV: Am.* 'Sportre‚porter *m*. **~ clothes** *s pl* **1.** Sportkleidung *f*. **2.** Freizeitkleidung *f*. **~ coat** *s* Sportsakko *m*, *n*. **~ day** *s ped. Br.* Sportfest *n*. **~ 'ed·i·tor** *s* 'Sportredak‚teur *m*, -in *f*. **~ jack·et** *s* Sportsakko *m*, *n*. **'~·man** [-mən] *s irr* **1.** Sportler *m*, Sportsmann *m*. **2.** anständiger Kerl. **'~·man·like** *adj* sportlich. **'~·man·ship** *s* sportliches Benehmen, Fairneß *f*. **~ med·i·cine** *s* 'Sportmedi‚zin *f*. **~ wear** → sports clothes. **'~·wom·an** *s irr* Sportlerin *f*. **'~·writ·er** *s* 'Sportjourna‚list *m*.
'sport·y *adj colloq.* **1.** angeberisch, auffallend. **2.** modisch. **3.** vergnügungssüchtig. **4.** sportlich, fair.
spor·u·late ['spɒrjʊleɪt; -rʊ-] *v/i bot.* Sporen bilden. **'spor·ule** [-juːl; -ruːl] *s biol.* (kleine) Spore.
spot [spɒt; *Am.* spɑt] **I** *s* **1.** (Schmutz-, Rost- *etc*)Fleck(en) *m*: → **knock 5**. **2.** *fig.* Schandfleck *m*, Makel *m*: **without a ~** makellos. **3.** (Farb)Fleck *m*, Tupfen *m* (*a. zo.*): → **leopard 1**. **4.** *med.* a) Leberfleck *m*, Hautmal *n*, b) Pustel *f*, Pickel *m*. **5.** Stelle *f*, Fleck *m*, Ort *m*, Platz *m*: **on the ~** a) auf der Stelle, vom Fleck weg, sofort, b) an Ort u. Stelle, vor Ort, c) zur Stelle, da, d) auf dem Posten, ‚am Draht', e) *Am. colloq.* in (Lebens)Gefahr: **to be on the** (*od.* **in a**) **~** ‚in der Klemme' sein *od.* sitzen *od.* stecken: **to put s.o. on the ~** *colloq.* a) j-n in Verlegenheit bringen, b) *Am.* beschließen, j-n ‚umzulegen' (*töten*); **in ~s** *Am. colloq.* a) stellenweise, b) in gewisser Weise; **soft ~** *fig.* Schwäche *f* (**for** für); **sore** (*od.* **tender**) **~** *fig.* wunder Punkt, empfindliche Stelle; **on the ~ of four** Punkt 4 (Uhr); → **high spot**. **6.** Fleckchen *n*, Stückchen *n*: **a ~ of ground**. **7.** *thea. colloq.* (Pro'gramm)Nummer *f*, Auftritt *m*. **8.** *colloq.* a) Bissen *m*, Häppchen *m*, b) Tropfen *m*, Schluck *m*: **a ~ of whisky**; c) (ein) bißchen: **a ~ of rest**. **9.** *bes. Am. colloq.* Lokal *n*, bes. b) Amü'sierbetrieb *m*: → **hot spot 2**. **10.** *Rundfunk, TV:* (Werbe)Spot *m*. **11.** a) *Billard:* Point *m*, b) *Am.* Auge *n* (*auf Würfeln etc*). **12.** *orn.* Maskentaube *f*. **13.** *ichth.* Umberfisch *m*. **14.** → **spotlight I**. **15.** → **sunspot**. **16.** *pl econ.* Lokowaren *pl*.
II *adj* **17.** *econ.* a) so'fort lieferbar, b) so'fort zahlbar (*bei Lieferung*), c) bar,

Bar...: ~ **goods** → 16. **18.** örtlich begrenzt, lo'kal. **19.** gezielt, Punkt...: → **spot check.**
III v/t **20.** beflecken (a. fig.). **21.** tüpfeln, sprenkeln. **22.** colloq. entdecken, erspähen, her'ausfinden. **23.** pla'cieren: **to ~ a billiard ball. 24.** mil. genau ausmachen. **25.** von Flecken reinigen. **26.** Bäume anschalmen.
IV v/i **27.** e-n Fleck od. Flecke machen. **28.** flecken, fleckig werden. **29.** impers it's ~ting with rain Br. es tröpfelt.
spot| an·nounce·ment → spot 10. **~ ball** s Billard: auf dem Point stehender Ball. **~ busi·ness** s econ. Lokogeschäft n. **~ cash** s econ. Barzahlung f, so'fortige Kasse. **~ check** s Stichprobe f: **vehicle ~** Verkehrskontrolle f. **~-check** [ˌ-'tʃek; Am. 'ˌ-tʃ-] v/t stichprobenweise über'prüfen.
'**spot·less** adj (adv ~ly) a. fig. fleckenlos, rein, unbefleckt. '**spot·less·ness** s a. fig. Fleckenlosigkeit f, Reinheit f, Unbefleckheit f.
'**spot|·light I** s **1.** thea. (Punkt)Scheinwerfer(licht) n) m. **2.** fig. Rampenlicht n (der Öffentlichkeit): **in the ~** im Brennpunkt des Interesses. **3.** mot. Suchscheinwerfer m. **II** v/t **4.** anstrahlen. **5.** fig. die Aufmerksamkeit lenken auf (acc). **~ mar·ket** s econ. Spotmarkt m. **~ news** s pl (als sg konstruiert) Kurznachrichten pl. ,**~-'on** adj Br. colloq. haargenau: **to be ~ ,sitzen'** (Ausdruck etc). **~ price** s econ. Kassapreis m, -kurs m.
spot·ted ['spɒtɪd; Am. 'spɑ-] adj **1.** gefleckt, getüpfelt, gesprenkelt, scheckig. **2.** fig. befleckt, besudelt. **3.** med. Fleck...: **~ fever** a) Fleckfieber n, b) Genickstarre f.
spot·ter ['spɒtə; Am. 'spɑtər] s **1.** Am. colloq. Detek'tiv m. **2.** mil. (Luft)Aufklärer m, Artille'riebeobachter m. **3.** Luftschutz: Flugmelder m.
spot test s Stichprobe f.
spot·ti·ness ['spɒtɪnɪs; Am. 'spɑ-] s **1.** (das) Fleckige, Fleckigkeit f (a. TV). **2.** fig. (das) Uneinheitliche.
spot·ting ['spɒtɪŋ; Am. 'spɑ-] s **1.** Fleckenbildung f. **2.** Erspähen n, Entdecken n. **3.** mil. a) Schlußbeobachtung f, b) Aufklärung f.
spot·ty ['spɒtɪ; Am. 'spɑ-] adj (adv spottily) **1.** → **spotted 1. 2.** pickelig. **3.** uneinheitlich.
,**spot-'weld** v/t tech. punktschweißen.
spous·al ['spaʊzl] **I** adj **1.** a) Hochzeits..., b) ehelich. **II** s **2.** meist pl Hochzeit f. **3.** obs. Ehe(stand m) f.
spouse [spaʊz; spaʊs] s **1.** (a. jur. Ehe-) Gatte m, Gattin f, Gemahl(in). **2.** relig. a) Seelenbräutigam m (Gott, Christus), b) Braut f Christi (Kirche, Nonne). '**spouse·less** adj **1.** ohne Gatten od. Gattin. **2.** unverehelicht.
spout [spaʊt] **I** v/t **1.** Wasser etc (aus-) speien, (her'aus)spritzen. **2.** fig. a) Zahlen etc ,her'unterrasseln', b) Fragen etc her-'aussprudeln, c) Gedicht etc dekla'mieren. **3.** obs. versetzen, -pfänden. **II** v/i **4.** Wasser speien, spritzen (a. Wal). **5.** her'vorsprudeln, her'ausschießen, -spritzen (Wasser etc). **6.** a) dekla'mieren, b) sal'badern. **III** s **7.** Tülle f, Schnabel m, Schnauze f (e-r Kanne etc). **8.** Abfluß f, Speirohr n. **9.** tech. a) Schütte f, Rutsche f, b) Spritzdüse f. **10.** Wasserstrahl. **11.** zo. a) Fon'täne f (e-s Wals), b) → **spout hole. 12.** → **waterspout. 13.** obs. Pfandhaus n: **up the ~** a) obs. versetzt, verpfändet, b) fig. colloq. ,im Eimer' (Pläne etc) c) fig. colloq. ,futsch' (Geld etc), d) fig. colloq. ,in Schwulitäten' (Person); **she's up the ~** fig. colloq. bei ihr ist was ,unterwegs'. '**spout·er** s **1.** Ölquelle f, -strahl m. **2.** fig. ,Redenschwin-ger' m. **3.** zo. (spritzender) Wal. **4.** mar. Walfänger m (Schiff).
spout hole s zo. Spritzloch n (des Wals).
sprag¹ [spræg] s **1.** Bremsklotz m, -keil m. **2.** tech. Spreizholz n.
sprag² [spræg] s ichth. Dorsch m.
sprain [spreɪn] med. **I** v/t sich den Knöchel etc verstauchen: **don't ~ anything!** iro. ,brich dir keinen ab!' **II** s Verstauchung f.
sprang [spræŋ] pret von **spring.**
sprat [spræt] s ichth. Sprotte f: **to throw a ~ to catch a whale** (od. **herring** od. **mackerel**) fig. mit der Wurst nach der Speckseite werfen.
sprawl [sprɔːl] **I** v/i **1.** ausgestreckt daliegen: **to send s.o. ~ing** j-n zu Boden strecken. **2.** sich am Boden wälzen. **3.** ,sich ('hin)rekeln' od. ,(-)lümmeln'. **4.** krabbeln, kriechen. **5.** sich spreizen. **6.** bot. wuchern. **7.** sich (unregelmäßig) ausbreiten: **~ing town; ~ing hand** ausladende Handschrift. **II** v/t **8.** meist **~ out** (aus)spreizen, (unregelmäßig) ausbreiten: **~ed out** (weit) auseinandergezogen. **III** s **9.** Spreizen n, ,Rekeln' n. **10.** (unregelmäßige od. 'unkontrol,lierte) Ausbreitung (des Stadtgebiets etc): **urban ~.**
spray¹ [spreɪ] **I** s **1.** Gischt m, f, Schaum m, Sprühwasser n, -nebel m, -regen m. **2.** pharm. tech. a) Spray m, n, b) Zerstäuber m, Sprüh-, Spraydose f. **3.** fig. Regen m. **II** v/t **4.** zer-, verstäuben, versprühen, vom Flugzeug abregnen. **5.** a. **~ on** tech. aufsprühen, -spritzen. **6.** besprühen, bespritzen, Haar sprayen. **7.** tech. 'spritzlac,kieren.
spray² [spreɪ] s **1.** Zweig(lein n) m, Reis n. **2.** collect. a) Gezweig n, b) Reisig n. **3.** Blütenzweig m. **4.** Zweigverzierung f.
'**spray·er** → **spray¹** 2 b.
spray·ey ['spreɪɪ] adj verästelt.
spray| gun s tech. 'Spritzpi,stole f. **~ noz·zle** s **1.** (Gießkannen)Brause f. **2.** Brause f. **3.** tech. Spritzdüse f. ,**~-'paint** v/t Parolen etc sprühen (**on** auf acc).
spread [spred] **I** v/t pret u. pp **spread 1.** oft **~ out** a) allg. ausbreiten: **to ~ a carpet** (one's arms, hands, wings, etc), b) ausstrecken: **to ~ one's arms; the peacock ~s its tail** der Pfau schlägt ein Rad; **~ table 2, wing 1. 2.** oft **~ out** die Beine etc spreizen. **3.** oft **~ out** ausdehnen, bedecken, über'säen, -'ziehen (**with** mit). **5.** ausbreiten, verteilen, streuen. **6.** Butter etc (auf)streichen, Farbe, Mörtel etc auftragen (**on** auf acc). **7.** Brot streichen, schmieren. **8.** breit- od. ausein'anderdrücken. **9.** breitschlagen. **10.** ver-, ausbreiten: **to ~ a disease** (a **fragrance**); **to ~ fear** Furcht verbreiten. **11.** a. **~ abroad** e-e Nachricht verbreiten, ein Gerücht a. ausstreuen, -sprengen. **12.** (zeitlich) verteilen (**over a period** über e-e Zeitspanne). **13.** **~ o.s.** sl. a) ,sich (als Gastgeber etc) mächtig anstrengen', b) ,angeben', ,dick(e)tun'.
II v/i **14.** a. **~ out** sich ausbreiten od. verteilen. **15.** sich ausbreiten (Fahne etc; a. Lächeln etc), sich entfalten. **16.** sich (vor den Augen) ausbreiten od. erstrecken od. ausdehnen: **the plain ~ before our eyes. 17.** bes. tech. sich strecken od. dehnen lassen (Werkstoff etc). **18.** sich streichen od. auftragen lassen (Butter, Farbe etc): **the paint ~s well. 19.** sich ver- od. ausbreiten (Geruch, Pflanze, Krankheit, Gerücht, Idee etc), 'übergreifen (**to** auf acc) (Feuer, Epidemie etc). **20.** breit- od. ausein'andergedrückt werden.
III s **21.** Ausbreitung f, -dehnung f. **22.** Ver-, Ausbreitung f: **the ~ of learning (of the disease,** etc). **23.** Ausdehnung f, Breite f, Weite f, 'Umfang m. **24.** Körperfülle f: **middle-age ~** ,Speck der mittleren Jahre'. **25.** (weite) Fläche: **a ~ of land. 26.** aer. orn. (Flügel)Spanne f, Spannweite f. **27.** (Zwischen)Raum m, Abstand m, Lücke f (a. fig.). **28.** Dehnweite f. **29.** math. phys., a. Ballistik: Streuung f. **30.** (a. Zeit)Spanne f. **31.** (Bett-etc)Decke f, Tuch n. **32.** colloq. fürstliches Mahl. **33.** (Brot)Aufstrich m. **34.** print. Doppelseite f. **35.** Statistik: Abweichung f. **36.** econ. Stel'lagegeschäft n (an der Börse). **37.** econ. Marge f, (Verdienst)Spanne f, Diffe'renz f.
IV adj **38.** ausgebreitet, verbreitet. **39.** gespreizt. **40.** gedeckt (Tisch). **41.** Streich...: **~ cheese.**
spread·a·ble ['spredəbl] adj streichfähig.
spread| ea·gle s **1.** her. Adler m. **2.** Am. colloq. Hur'rapatrio,tismus m. **3.** Eis-, Rollkunstlauf: Mond m (Figur). **~-ea·gle** [ˌ-'iːgl; 'ˌ-ˌiːgl] **I** adj **1.** ausgebreitet, gespreizt. **2.** Am. colloq. hur'rapatri,otisch. **II** v/t **3.** ausbreiten, spreizen. **4.** sport Am. colloq. vernichtend schlagen. **III** v/i **5.** Eis-, Rollkunstlauf: e-n Mond laufen. **~-ea·gle·ism** → **spread eagle 2.**
spread·er ['spredə(r)] s **1.** Streu- od. Spritzgerät n, a) (')Dünger)Streuma,schine f, b) Zerstäuber m, 'Spritzpi,stole f, c) Brause f, Spritzdüse f, d) Spachtel m, e) (Butter-, Streich)Messer n, f) Spinnerei: 'Auflagma,schine f. **2.** tech. Spreizer m, Abstandsstütze f.
spree [spriː] s colloq.: **to go (out) on a ~** a) ,e-n draufmachen' (ausgelassen feiern), b) e-e ,Sauftour' machen; **to go on a buying** (od. **shopping, spending**) **~** wie verrückt einkaufen.
sprig [sprɪg] **I** s **1.** bot. Zweiglein n, Schößling m. **2.** colloq. Sprößling m, ,Ableger'. **3.** colloq. Bürschchen n. **4.** → **spray² 2. 5.** Zwecke f, Stift m. **II** v/t **6.** mit e-m Zweigmuster verzieren. **7.** anheften. '**sprig·gy** adj mit kleinen Zweigen besetzt od. verziert.
spright·li·ness ['spraɪtlɪnɪs] s Lebhaftigkeit f, Munterkeit f. '**spright·ly** adj u. adv lebhaft, munter.
spring [sprɪŋ] **I** v/i pret **sprang** [spræŋ] od. **sprung** [sprʌŋ] pp **sprung 1.** springen: **to ~ at** (od. **[up]on**) s.o. auf j-n losstürzen; **to ~ to s.o.'s defence** (Am. **defense**) j-m zur Hilfe eilen; **to ~ to the eyes** fig. in die Augen springen; **to ~ to one's feet** aufspringen; **he sprang to life** fig. plötzlich kam Leben in ihn. **2.** oft **~ up** aufspringen, -fahren. **3.** (da'hin-) springen, (-)schnellen, hüpfen. **4.** meist **back** zu'rückschnellen: **the branch sprang back; the door ~s open** die Tür springt auf; **the trap sprang** die Falle schnappte zu. **5.** oft **~ forth, ~ out** a) her'ausschießen (Wasser, Blut etc), b) (her'aus)sprühen, springen (Funken etc). **6.** meist **~ up** a) (plötzlich) aufkommen (Wind etc), b) fig. plötzlich entstehen od. aufkommen, aus dem Boden schießen (Industrie, Idee etc). **7.** aufschießen (Pflanzen etc). **8.** (from) entspringen (dat): a) quellen (aus), b) fig. 'herkommen, stammen (von): **his actions sprang from a false conviction** s-e Handlungen entsprangen e-r falschen Überzeugung; **where did you ~ from?** wo kommst du plötzlich her?; **to be sprung from** entstanden sein aus. **9.** abstammen (**from** von). **10.** arch. sich wölben (Bogen). **11.** (hoch) aufragen. **12.** auffliegen (Rebhühner). **13.** tech. a) sich werfen od. biegen, b) springen, bersten, aufplatzen (Holz). **14.** mil. explo'dieren, losgehen (Mine). **II** v/t **15.** springen lassen. **16.** etwas zu'rückschnellen lassen. **17.** e-e Falle zuschnappen lassen. **18.** ein

Werkzeugteil etc her'ausspringen lassen. **19.** zerbrechen, spalten. **20.** *e-n Riß etc, mar.* ein Leck bekommen: **to ~ a leak. 21.** (mit Gewalt) biegen. **22.** explo¦dieren lassen: → **mine**² 10. **23.** *fig.* mit *e-r Neuigkeit etc* ,her'ausplatzen': **to ~ s.th. on s.o.** j-m etwas plötzlich eröffnen. **24.** *e-e Quelle etc* freilegen. **25.** *hunt.* aufscheuchen. **26.** *arch.* e-n Bogen wölben. **27.** *tech.* (ab)federn. **28.** *Br. colloq.* Geld etc ,springen lassen'. **29.** *Br. colloq.* j-n ,erleichtern' (**for** um): **to ~ s.o. for a pound. 30.** *sl.* (**from**) j-n befreien (aus, *fig.* von), *Häftling* ,rausholen' (**aus** *dem Knast*).
III *s* **31.** Sprung *m*, Satz *m*: **he took a ~** er nahm e-n Anlauf. **32.** Zu¦rückschnellen *n*, -schnappen *n*. **33.** Elastizi¦tät *f*, Sprung-, Schnellkraft *f*. **34.** *fig.* (geistige) Spannkraft. **35.** a) Sprung *m*, Riß *m*, Spalt *m*, b) Krümmung *f* (*e-s Brettes etc*). **36.** (*a.* Mineral-, Öl)Quelle *f*, Brunnen *m*: → **hot spring. 37.** *fig.* Quelle *f*, Ursprung *m*. **38.** *fig.* Triebfeder *f*, Beweggrund *m*. **39.** *arch.* a) (Bogen)Wölbung *f*, b) Gewölbeanfang *m*. **40.** *tech.* (*bes.* Sprung-)Feder *f*. **41.** Frühling *m* (*a. fig.*), Frühjahr *n*: **the ~ of life; in ~** im Frühling.
IV *adj* **42.** Frühlings... **43.** a) federnd, e¦lastisch, b) Feder... **44.** Sprung... **45.** Schwung...
spring| back *s* Buchbinderei: Klemmrücken *m*. **~ bal·ance** *s tech.* Federwaage *f*. **~ bar·ley** *s agr.* Sommergerste *f*. **~ bed** *s* 'Sprungfederma₁tratze *f*. **'~board** *s* Wasserspringen: Sprungbrett *n* (*a. fig.*), (*Turnen a.*) Federbrett *n*: **~ div·ing** Kunstspringen *n*. **'~bok** [-bɒk; *Am.* -₁bɑk] *s* **1.** *pl* **-boks**, *bes. collect.* **-bok** *zo.* Springbock *m*. **2. S~** *bes. Kricket, Rugby: S. Afr.* Natio¦nalspieler *m*. **~ bows** [baʊz] *s pl tech.* Federzirkel *m*. **'~buck** [-bʌk] → **springbok** 1. **~ chick·en** *s* **1.** *bes. Am.* Brathühnchen *n*. **2. she's no ~** *fig. colloq.* a) sie ist nicht mehr die jüngste, b) sie ist nicht von gestern. **₁~¦clean I** *v/t u. v/i* Frühjahrsputz machen (**in** *dat*). **II** *s Br.* → **spring-cleaning. ₁~¦clean·ing** *s* Frühjahrsputz *m*.
springe [sprɪndʒ] **I** *s* **1.** *hunt.* Schlinge *f*. **2.** *fig.* Fallstrick *m*, Falle *f*. **II** *v/t* **3.** mit e-r Schlinge fangen. **III** *v/i* **4.** Schlingen legen.
spring·er ['sprɪŋə(r)] *s* **1.** *a.* **~ spaniel** *zo.* Springerspaniel *m*. **2.** *arch.* (Bogen-)Kämpfer *m*. **3.** hochträchtige Kuh.
spring| fe·ver *s* **1.** Frühjahrsmüdigkeit *f*. **2.** (rastlose) Frühlingsgefühle *pl*. **~ gun** *s* Selbstschuß *m*. **~ head** *s* Quelle *f*, Ursprung *m* (*a. fig.*). **~ hook** *s tech.* Kara¦binerhaken *m*.
spring·i·ness ['sprɪŋɪnɪs] → **spring** 33.
spring leaf *s irr tech.* Federblatt *n*. **₁spring|-'load·ed** *adj tech.* unter Federdruck (stehend). **~ lock** *s tech.* Schnappschloß *n*. **~ mat·tress** → **spring bed. ~ scale** *s tech. Am.* Federwaage *f*. **~ sus·pen·sion** *s tech.* federnde Aufhängung, Federung *f*. **~ steel** *s tech.* Federstahl *m*. **'~-tide** *s* springtime. **~ tide** *s* **1.** *mar.* Springtide *f*, -flut *f*. **2.** *fig.* Flut *f*, Überschwemmung *f*. **'~time** *s* Frühling *m* (*a. fig.*), Frühlingszeit *f*, Frühjahr *n*. **~ wa·ter** *s* Quell-, Brunnenwasser *n*. **~ wheat** *s agr.* Sommerweizen *m*. **'~wort** *s* Springwurz(el) *f*.
spring·y ['sprɪŋɪ] *adj* (*adv* springily) **1.** federnd, e¦lastisch. **2.** *fig.* schwungvoll.
sprin·kle ['sprɪŋkl] **I** *v/t* **1.** Wasser sprenkeln, (ver)sprengen (**on** auf *acc*). **2.** Salz, Pulver etc sprenkeln, streuen. **3.** (ver-, zer)streuen, verteilen (*a. fig.*). **4.** besprenkeln, besprengen, bestreuen (**with** mit). **5.** Stoff etc sprenkeln, (be)tüpfeln (**with** mit). **II** *v/i* **6.** sprenkeln. **7.** *impers* sprühen (*fein regnen*). **III** *s* **8.** (Be)Sprengen *n*, (Be)Sprenkeln *n*. **9.** Sprühregen *m*. **10.** Prise *f* Salz etc. **11.** → **sprinkling** 3.
sprin·kler ['sprɪŋklə(r)] *s* **1.** a) *allg.* 'Spreng-, Be¦rieselungs-, Be¦regnungsappa₁rat *m od.* -anlage *f*, b) Sprinkler *m*, Rasensprenger *m*, c) Brause *f*, Gießkannenkopf *m*, d) Spritze *f* (*e-s Gartenschlauchs*), e) Sprinkler *m* (*e-r Beregnungsanlage im Kaufhaus etc*), f) Sprengwagen *m*, g) Streudose *f*, Streuer *m*. **2.** *R.C.* Weih(wasser)wedel *m*. **~ head** → **sprinkler** 1. **~ sys·tem** *s* Sprinkler-, Beregnungsanlage *f* (*im Kaufhaus etc*).
'sprin·kling *s* **1.** → **sprinkle** 8—10. **2.** a **~ of** *fig.* ein bißchen, etwas, e-e Spur, ein paar *Leute etc*, ein wenig *Zucker etc*.
sprint [sprɪnt] **I** *v/i* **1.** Leichtathletik: a) sprinten, b) *a. allg.* sprinten, spurten. **II** *s* **2.** *a.* **~ race** a) Leichtathletik: Sprint *m*, b) *Pferde-, Radsport:* Fliegerrennen *n*. **3.** Leichtathletik etc: Sprint *m*, Spurt *m* (*a. allg.*): **~ at the finish** Endspurt; **to make a ~** e-n Spurt hinlegen. **'sprint·er** *s* **1.** Leichtathletik: a) Sprinter(in), b) *a. allg.* Sprinter(in), Spurter(in). **2.** *Pferde-, Radsport:* Flieger *m*.
sprit [sprɪt] *s mar.* Spriet *n*.
sprite [spraɪt] *s* **1.** Elfe *f*, Fee *f*, Kobold *m*. **2.** Schemen *m*, Geist *m*.
'sprit-sail ['sprɪtsl; -seɪl] *s mar.* Sprietsegel *n*.
sprock·et ['sprɒkɪt; *Am.* 'sprɑ-] *s tech.* **1.** Zahn *m* e-s (Ketten)Rads. **2.** *a.* **~ wheel** Ketten(zahn)rad *n*. **3.** ('Film-)Trans₁porttrommel *f*.
sprout [spraʊt] **I** *v/i* **1.** *a.* **~ up** sprießen, (auf)schießen, aufgehen. **2.** keimen. **3.** Knospen treiben. **4.** *a.* **~ up** schnell wachsen, sich schnell entwickeln, (*Person*) in die Höhe schießen (*Gebäude etc*) wie Pilze aus dem Boden schießen. **II** *v/t* **5.** (her'vor)treiben, wachsen *od.* keimen lassen, entwickeln: **to ~ a beard** sich e-n Bart wachsen lassen. **III** *s* **6.** Sproß *m*, Sprößling *m* (*a. fig.*), Schößling *m*. **7.** *pl* → **Brussels sprouts**.
spruce¹ [spru:s] *s* **1.** *a.* **~ fir** *bot.* Fichte *f*, Rottanne *f*. **2.** Fichte(nholz *n*) *f*. **3.** *a.* **~ beer** Sprossenbier *n* (*aus Rottannenextrakt*).
spruce² [spru:s] **I** *adj* (*adv* **~ly**) **1.** schmuck, (blitz)sauber, a¦drett. **2.** *contp.* ,geschniegelt', ,affig'. **II** *v/t* **3.** *oft* **~ up** *colloq.* sich *od.* j-n her¦ausputzen: **to ~ o.s. up** → 4. **III** *v/i* **4.** *oft* **~ up** *colloq.* sich feinmachen, ,sich in Schale werfen'. **'spruce·ness** *s* **1.** Sauberkeit *f*, A¦drettheit *f*. **2.** *contp.* ,Affigkeit' *f*.
sprue¹ [spru:] *s tech.* **1.** Gießloch *n*. **2.** Gußzapfen *m*.
sprue² [spru:] *s* Sprue *f* (*Tropenkrankheit*).
sprung [sprʌŋ] **I** *pret u. pp von* spring. **II** *adj* **1.** *tech.* gefedert. **2.** rissig (*Holz*).
spry [spraɪ] *adj* **1.** flink, hurtig. **2.** lebhaft, munter.
spud [spʌd] **I** *s* **1.** *agr.* a) Jät-, Reutspaten *m*, b) Stoßeisen *n*. **2.** Spachtel *m, f*. **3.** *colloq.* Kar¦toffel *f*. **II** *v/t* **4.** *meist* **~ up, ~ out** ausgraben, -stechen, -jäten. **5.** *e-e Ölquelle* anbohren. **'~bash·ing** *s mil. Br. sl.* Küchendienst *m*.
spue → **spew**.
spume [spju:m] **I** *s* Schaum *m*, Gischt *m, f*. **II** *v/i* schäumen. **III** *v/t* ausstoßen, absondern. **spu'mes·cence** [-'mesns] *s* Schäumen *n*. **spu'mes·cent, 'spu·mous, 'spum·y** *adj* schäumend, schaumig.
spun [spʌn] **I** *pret u. pp von* spin. **II** *adj* gesponnen: **~ glass** Glasgespinst *n*; **~ gold** Goldgespinst *n*; **~ silk** Schappseide *f*; **~ sugar** *Am.* Zuckerwatte *f*; **~ yarn** *mar.* Schiemannsgarn *n*.
spunk [spʌŋk] *s* **1.** Zunderholz *n*. **2.** Zunder *m*, Lunte *f*. **3.** *colloq.* a) Feuer *n*, Schwung *m*, b) ,Mumm' *m*, Mut. **4.** *Br. vulg.* ,Soße' *f* (*Sperma*). **'spunk·y** *adj* **1.** *colloq.* feurig, schwungvoll. **2.** *colloq.* mutig, draufgängerisch. **3.** *Am. colloq.* gereizt, reizbar.
spur [spɜː; *Am.* spɜr] **I** *s* **1.** (Reit)Sporn *m*: **~s** Sporen; **~ rowel** Spornrädchen *n*; **to put** (*od.* **set**) **~s to →** 9; **to win one's ~s** *fig.* sich die Sporen verdienen. **2.** *fig.* Ansporn *m*, Antrieb *m*, Stachel *m*: **on the ~ of the moment** e-r Eingebung des Augenblicks folgend, ohne Überlegung, spontan. **3.** *bot.* a) Dorn *m*, Stachel *m* (*kurzer Zweig etc*), b) Sporn *m* (*Nektarbehälter*). **4.** *zo.* Sporn *m* (*von Vögeln, bes. des Hahns*). **5.** Steigeisen *n*. **6.** *geogr.* Ausläufer *m*. **7.** *arch.* a) Strebe *f*, Stütze *f*, b) Strebebalken *m*, c) (Mauer)Vorsprung *m*. **8.** *mil. hist.* Vorwerk *n*. **II** *v/t* **9.** spornen, e-m Pferd die Sporen geben. **10.** *oft* **~ on** *fig.* j-n anspornen, anstacheln (**to do** zu tun). **11.** Sporen (an)schnallen an (*acc*). **III** *v/i* **12.** (das Pferd) spornen, (dem Pferd) die Sporen geben. **13.** a) sprengen, eilen, b) *a.* **~ on, ~ forth** *fig.* (vorwärts-, weiter)drängen.
spurge [spɜːdʒ; *Am.* spɜrdʒ] *s bot.* Wolfsmilch *f*.
spur| gear *s tech.* **1.** Geradstirnrad *n*. **2.** → **spur gearing. ~ gear·ing** *s* Geradstirnradgetriebe *n*.
spurge lau·rel *s bot.* Lorbeer-Seidelbast *m*.
spu·ri·ous ['spjʊərɪəs] *adj* (*adv* **~ly**) **1.** falsch, unecht, Pseudo..., Schein... **2.** nachgemacht, ver-, gefälscht. **3.** unehelich. **4.** *bot. zo.* Schein...: **~ fruit. 5.** *electr.* wild, Stör..., Neben...: **~ oscillations. 'spu·ri·ous·ness** *s* Unechtheit *f*.
spurn [spɜːn; *Am.* spɜrn] **I** *v/t* **1.** *obs.* mit dem Fuß (weg)stoßen. **2.** verschmähen, verächtlich zu¦rückweisen, j-n *a.* abweisen. **II** *v/i* **3.** **~ at** verachten, j-m s-e Verachtung zeigen.
₁spur-of-the-'mo·ment *adj* spon¦tan.
spurred [spɜːd; *Am.* spɜrd] *adj* gespornt, sporentragend (*a. bot. zo.*).
spur·rey, spur·ry ['spʌrɪ; *Am.* 'spɜrɪ:] *s bot.* Spörgel *m*.
spurt¹ [spɜːt; *Am.* spɜrt] **I** *s* **1.** *sport* (*a.* Zwischen)Spurt *m*, Sprint *m*. **2.** plötzliche Akti¦vi¦tät *od.* Anstrengung. **3.** *econ.* a) plötzliches Anziehen (*von Kursen, Preisen etc*), b) plötzliche Geschäftszunahme. **II** *v/i* **4.** *sport* spurten, sprinten. **5.** plötzlich ak¦tiv werden.
spurt² [spɜːt; *Am.* spɜrt] **I** *v/t u. v/i* (her¦aus)spritzen. **II** *s* (Wasser-, etc)Strahl *m*.
spur| track *s rail.* Neben-, Seitengleis *n*. **~ wheel** → spur gear 1.
sput·ter ['spʌtə(r)] → **splutter**.
spu·tum ['spju:təm; *Am.* 'spu:-] *pl* **-ta** [-tə] *s med.* Sputum *n*, Auswurf *m*.
spy [spaɪ] **I** *v/t* **1.** *oft* **~ out** 'ausspio₁nieren, -spähen, -kundschaften: **to ~ out the land** (*od.* **ground**) *fig.* a) ,die Lage peilen', b) sich e-n Überblick verschaffen. **2.** *a.* **~ out** ausfindig machen. **3.** erspähen, entdecken. **II** *v/i* **4.** *mil. etc* spio¦nieren, Spio¦nage treiben: **to ~ (up)on** a) j-m nachspionieren, j-n bespitzeln, b) *Gespräch etc* abhören. **5.** *fig.* her¦umspio₁nieren (**into** in *dat*). **III** *s* **6.** Späher(in), Kundschafter(in). **7.** *mil. etc* Spi¦on(in). **8.** *fig.* Spitzel *m*: **~ in the cab** *colloq.* Fahrtenschreiber *m*. **'~glass** *s* Fernglas *n*. **'~hole** *s* Guckloch *n*. **~ ring** *s* Spio¦nagering *m*. **~ sat·el·lite** *s mil.* Spio¦nagesatel₁lit *m*, 'Himmelsspi₁on *m*.
squab [skwɒb; *Am.* skwɑb] **I** *s* **1.** (noch

nicht flügges) Täubchen. **2.** a) Sofakissen *n*, Polster(stuhl *m*, -bank *f*) *n*, b) *bes. Br.* Rückenlehne *f* (*des Autositzes*). **3.** ‚Dickwanst' *m.* **II** *adj* **4.** unter'setzt, feist, plump. **5.** *orn.* noch nicht flügge, ungefiedert.

squab·ble ['skwɒbl; *Am.* 'skwɑbəl] **I** *v/i* sich zanken *od.* ‚kabbeln' (*about, over* wegen, um). **II** *v/t print.* verquirlen. **III** *s* Zank *m*, ‚Kabbe'lei' *f.* **'squab·bler** *s* ‚Streithammel' *m.*

squab·by ['skwɒbɪ; *Am.* 'skwɑ-] → squab 4.

squab|chick·en *s* noch nicht *od.* eben flügge gewordenes Hühnchen. **~ pie** *s* 'Taubenpa₁stete *f.*

squac·co ['skwækəʊ; *Am. a.* 'skwɑ-:] *pl* **-cos** *s orn.* Rallenreiher *m.*

squad [skwɒd; *Am.* skwɑd] **I** *s* **1.** *mil.* Gruppe *f*, Korpo'ralschaft *f*: **~ drill** Grundausbildung *f*; **awkward ~** a) ‚patschnasse' Rekruten, b) *fig.* ‚Flaschenverein' *m.* **2.** (Arbeits- *etc*)Gruppe *f*: → **rescue** 7. **3.** a) (Überfall- *etc*)Kom'mando *n* (*Polizei*): **~ car** *Am.* (Funk-)Streifenwagen *m*; → **flying squad, murder** 1, **riot** 1, b) Dezer'nat *n.* **4.** *sport* Kader *m.* **II** *v/t* **5.** in Gruppen einteilen.

squad·ron ['skwɒdrən; *Am.* 'skwɑ-] *s* **1.** *mil.* a) ('Reiter)Schwa₁dron *f*, b) ('Panzer)Batail₁lon *n.* **2.** *mar. mil.* (Flotten)Geschwader *n*: → **flying squadron. 3.** *aer. mil.* Staffel *f*: a) *Br.* 10–18 Flugzeuge, b) *Am.* 3 Schwärme von je 3–6 Flugzeugen. **4.** *allg.* Gruppe *f*, Ab₁teilung *f*, Mannschaft *f.* **~ lead·er** *s aer. mil.* ('Flieger)Ma₁jor *m.*

squail [skweɪl] *s* **1.** *pl* (*als sg konstruiert*) Flohhüpfen *n*, -spiel *n.* **2.** Spielplättchen *n* zum Flohhüpfen.

squal·id ['skwɒlɪd; *Am.* 'skwɑ-] *adj* (*adv* **~ly**) **1.** schmutzig, verkommen (*beide a. fig.*), verwahrlost. **2.** erbärmlich. **squa-'lid·i·ty, 'squal·id·ness** *s* Schmutz *m*, Verkommenheit *f* (*beide a. fig.*), Verwahrlosung *f.*

squall¹ [skwɔ:l] **I** *s* **1.** *meteor.* Bö *f*, heftiger Windstoß: **black~** Sturmbö mit schwarzem Gewölk; **white ~** Sturmbö aus heiterem Himmel. **2.** *colloq.* ‚Sturm' *m*, ‚Gewitter' *n*: **to look out for ~s** die Augen offenhalten. **II** *v/i* stürmen.

suall² [skwɔ:l] **I** *v/i* kreischen, schreien. **II** *v/t oft* **~ out** etwas kreischen. **III** *s* schriller Schrei: **~s** Geschrei *n.*

squall·er ['skwɔ:lə(r)] *s* Schreihals *m.* **'squall·y** *adj* **1.** böig, stürmisch. **2.** *colloq.* ‚stürmisch': **~ home life.**

squa·loid ['skweɪlɔɪd] *adj ichth.* Haifisch...

squal·or ['skwɒlə; *Am.* 'skwɑlər] → squalidity.

squa·ma ['skweɪmə] *pl* **-mae** [-mi:] *s anat. bot. zo.* Schuppe *f*, schuppenartige Or₁ganbildung (*Feder, Knochenteil etc*). **'squa·mate** [-meɪt] *adj* schuppig. **,squa·mif·er·ous** [skweɪ'mɪfərəs] *adj biol.* schuppentragend. **'squa·mous** ['skweɪməs] *adj anat. biol.* squa'mös, schuppig.

squan·der ['skwɒndə; *Am.* 'skwɑndər] *v/t oft* **~ away** Geld, Zeit *etc* verschwenden, -geuden: **to ~ o.s.** sich verzetteln *od.* ‚verplempern'. **'squan·der·er** *s* Verschwender(in). **'squan·der·ing I** *adj* verschwenderisch. **II** *s* Verschwendung *f*, -geudung *f.* **,squan·der'ma·ni·a** [-'meɪnjə; -nɪə] *s* Verschwendungssucht *f.*

square [skweə(r)] **I** *s* **1.** *math.* Qua'drat *n* (*Figur*). **2.** Qua'dratn *n*, Viereck *n* A. qua'dratisches Stück (*Glas, Stoff etc*), Karo *n.* **3.** Feld *n* (*e-s Brettspiels*): **to be back to ~ one** *fig.* wieder da sein, wo man angefangen hat; wieder ganz am Anfang stehen. **4.** *Am.* Häuserblock *m*, -viereck *n.*

5. (öffentlicher) Platz: **Trafalgar S~**. **6.** *tech.* a) Winkel(maß *n*) *m*, Anschlagwinkel *m*, b) *bes. Zimmerei:* Geviert *n*: **by the ~** *fig.* genau, exakt; **on the ~** im rechten Winkel, *fig. colloq.* ehrlich, anständig, in Ordnung; **out of ~** nicht rechtwink(e)lig, *fig.* nicht in Ordnung; → **T square. 7.** *math.* Qua'drat(zahl *f*) *n*: **in the ~** im Quadrat. **8.** *mil.* Kar'ree *n.* **9.** ('Wort-, 'Zahlen)Qua₁drat *n*: **word ~** Quadraträtsel *n.* **10.** *arch.* Säulenplatte *f.* **11.** *Buchbinderei:* vorspringender Rand. **12.** Drehzapfen *m* (*der Uhr*). **13.** *sl.* Spießer *m.*

II *v/t* **14.** *a.* **~ off** qua'dratisch *od.* rechtwink(e)lig machen. **15.** *a.* **~ off** in Qua'drate einteilen, *Papier etc* ka'rieren: **~d paper** *Br.* Millimeterpapier *n.* **16.** *math.* a) den Flächeninhalt berechnen *von* (*od. gen*), b) *e-e* Zahl qua'drieren, ins Qua'drat erheben, c) *e-e* Figur qua'drieren, in ein Qua'drat verwandeln: → **circle** 1. **17.** *auf* s-e Abweichung vom rechten Winkel *od.* von der Geraden *od.* von der Ebene prüfen. **18.** *tech.* a) vierkantig formen *od.* behauen *od.* zuschneiden, *Holz* abvieren, b) im rechten Winkel anbringen. **19.** *mar.* Rahen vierkant brassen. **20.** *die Schultern* straffen. **21.** ausgleichen. **22.** *sport den Kampf* unentschieden beenden: → **account** *Bes. Redew.*, b) *e-e Schuld* begleichen, c) *Gläubiger* befriedigen. **24.** *fig.* in Einklang bringen (**with** mit), anpassen (**to** *an acc*). **25.** *sl.* a) *j-n* ‚schmieren', bestechen, b) *e-e Sache* ‚regeln', ‚in Ordnung bringen'.

III *v/i* **26.** *oft* **~ up,** *Am.* **~ off** in Boxerstellung gehen: **to ~ up to s.o.** ‚sich vor j-m aufpflanzen'; **to ~ up to a problem** ein Problem anpacken. **27.** (**with**) in Einklang stehen (mit), passen (zu). **28.** s-e Angelegenheiten in Ordnung bringen: **to ~ up** *econ.* abrechnen (**with** mit) (*a. fig.*). **29.** *a.* **~ by the lifts and braces** *mar.* vierkant brassen.

IV *adj* (*adv* **~ly**) **30.** *math.* qua'dratisch, Quadrat...: **~ inch** Quadratzoll *m*; **~ pyramid** quadratische Pyramide; **~ unit** Flächeneinheit *f.* **31.** *mat.* ... im Qua'drat: **a table 3 feet ~. 32.** rechtwink(e)lig, im rechten Winkel (stehend) (**to** zu). **33.** (vier)eckig: **a ~ table. 34.** *tech.* Viereck..., Vierkant...: → **peg** 1. **35.** breit (-schulterig), vierschrötig, stämmig (*Person*). **36.** *mar.* Vierkant..., ins Kreuz gebraßt. **37.** gleichmäßig, gerade, eben: **a ~ surface. 38.** *fig.* in Einklang (stehend) (**with** mit), in Ordnung, stimmend: **to get things ~** die Sache in Ordnung bringen. **39.** *Golf etc:* gleichstehend. **40.** *econ.* a) abgeglichen (*Konten*), b) quitt: **to get ~ with s.o.** mit j-m quitt werden (*a. fig.*). **41.** *colloq.* a) reell, anständig, b) ehrlich, offen: → **deal¹** 15. **42.** klar, deutlich: **a ~ refusal; the problem must be faced ~ly** das Problem muß klar ins Auge gefaßt werden. **43.** *colloq.* ‚ordentlich', anständig: **a ~ meal. 44.** zu viert: **~ game; ~ party. 45.** *sl.* altmodisch, spießig: **~ John** *Am.* treuer Bürger; **to turn ~** verspießern.

V *adv* **46.** qua'dratisch, (recht-, vier-) eckig. **47.** *colloq.* anständig, ehrlich. **48.** *Am.* mitten, di'rekt.

'square|-,bash·ing *s mil. Br. sl.* (Ka-'sernenhof)Drill *m.* **~-built** [-'bɪlt; *attr.* '-b-] *adj* → square 35. **~-dance** *s bes. Am.* Square dance *m.* **~-dance** *v/i colloq.* e-n Square dance tanzen. **,~-'deal·ing** *adj colloq.* ehrlich (handelnd), re'ell. **'~-,head** *s Am. contp.* ‚Qua'dratschädel' *m* (*Skandinavier, Deutscher in USA u. Kanada*). **,~-'head·ed** *adj tech.* vierkantig, Vierkant... **~ knot** *s mar.* Kreuzknoten *m.* **'~-law** *adj electr.* qua'dratisch: **~ rectifier. ~ leg** *s Kricket:* Fänger *m* (*od.*

dessen Platz *m*) rechtwink(e)lig links vom Schläger. **~ mile** *s* Qua'dratmeile *f.* **'square·ness** *s* **1.** (*das*) Qua'dratische *od.* Rechteckige *od.* Viereckige. **2.** Vierschrötigkeit *f.* **3.** *colloq.* Ehrlichkeit *f.*

square|num·ber *s math.* Qua'dratzahl *f.* **~ pi·an·o** *s mus.* 'Tafelkla₁vier *n.* **,~-'rigged** *adj mar.* vollgetakelt. **,~-'rig·ger** *s mar.* Rahsegler *m.* **~ root** *s math.* (Qua'drat)Wurzel *f.* **~ sail** *s mar.* Rahsegel *n.* **~ shoot·er** *s bes. Am. colloq.* ehrlicher *od.* anständiger Kerl. **,~-'shoul·dered** *adj* breitschult(e)rig.

squares·ville ['skweə(r)zvɪl] *sl.* **I** *s* Spießertum *n.* **II** *adj* spießig.

,square-'toed *adj* **1.** mit breiten Kappen (*Schuh*). **2.** *fig.* a) altmodisch, b) steif.

squar·ish ['skweərɪʃ] *adj* fast *od.* ungefähr qua'dratisch.

squar·rose ['skwærəʊs; *Br. a.* 'skwɒ-; *Am. a.* 'skwɑ-] *adj* **1.** *bot.* sparrig. **2.** *zo.* vorstehend.

squash¹ [skwɒʃ; *Am. a.* skwɑʃ] **I** *v/t* **1.** (zu Brei) zerquetschen, zs.-drücken. **2.** breitschlagen. **3.** → **squeeze** 4. **4.** *fig. e-n Aufruhr etc* niederschlagen, (im Keim) ersticken, *Hoffnungen* zerstören. **5.** *colloq. j-n* ‚fertigmachen'. **II** *v/i* **6.** zerquetscht werden. **7.** → **squeeze** 10. **8.** *colloq.* glucksen (*Fuß im Morast etc*). **9.** *aer.* absacken. **III** *s* **10.** Matsch *m*, Brei *m*, breiige Masse. **11.** → **squeeze** 15. **12.** *Br.* (Zi'tronen- *etc*)Saft *m.* **13.** *colloq.* Glucksen *n.* **14.** *sport* a) Squash *n*, b) **~ rackets.**

squash² [skwɒʃ; *Am. a.* skwɑʃ] *s bot.* Kürbis *m.*

squash|rack·ets *s pl* (*als sg konstruiert*) *sport* ein dem Squash ähnliches Spiel. **~ ten·nis** → squash¹ 14a.

'squash·y *adj* (*adv* **squashily**) **1.** weich, breiig. **2.** matschig (*Boden*).

squat [skwɒt; *Am.* skwɑt] **I** *v/i pret u. pp* **'squat·ted, squat 1.** hocken, kauern: **to ~ down** sich hinhocken. **2.** sich dukken (*Tier*). **3.** *colloq.* ‚hocken' (*sitzen*): **find somewhere to ~** setz dich irgendwo hin. **4.** sich ohne Rechtstitel ansiedeln. **5.** sich auf re'gierungseigenem Land niederlassen. **II** *v/t* **6. ~ o.s.** sich 'hinhocken. **7.** sich ohne Rechtstitel ansiedeln auf (*dat*). **8.** *leerstehendes Haus* besetzen. **III** *adj* **9.** in der Hocke: **to sit ~. 10.** unter'setzt, vierschrötig. **IV** *s* **11.** Hocken *n*, Kauern *n.* **12.** Hocke *f* (*a. sport*), Hockstellung *f.* **13.** besetztes Haus. **'squat·ter** *s* **1.** Hockende(r *m*) *f.* **2.** Squatter *m*, Ansiedler *m* ohne Rechtstitel. **3.** Siedler *m* auf re'gierungseigenem Land. **4.** *Austral.* Schafzüchter *m.* **5.** Hausbesetzer(in).

squaw [skwɔ:] *s* **1.** Squaw *f*, Indi'anerfrau *f*, Indi'anerin *f.* **2.** *Am. contp.* (Ehe)Frau *f.*

squawk [skwɔ:k] **I** *v/i* **1.** *bes. orn.* kreischen. **2.** *colloq.* lautstark prote'stieren (**about** gegen). **II** *s* **3.** *bes. orn.* Kreischen *n.* **4.** *colloq.* Pro'testschrei *m.*

squaw|man *s irr* mit e-r Indianerin verheirateter Weißer. **~ win·ter** *s meteor. Am.* kurzer Wintereinbruch im Herbst.

squeak [skwi:k] **I** *v/i* **1.** quiek(s)en, piep(s)en. **2.** quietschen (*Türangel etc*), (*Bremsen etc a.*) kreischen. **3.** *sl.* → **squeal** 5. **4.** *a.* **~ by** (*od.* **through**) *colloq.* mit knapper Not 'durchkommen (*in e-r Prüfung etc*). **II** *v/t* **5.** *etwas* quiek(s)en, piep(s)en. **III** *s* **6.** Quiek(s)en *n*, Piep(s)en *n.* **7.** Quietschen *n*, Kreischen *n.* **8.** *colloq.* **to have a narrow (od. close) ~** mit knapper Not davonkommen *od.* ent-kommen; **that was a narrow ~** das ist gerade noch einmal gutgegangen!, ‚das hätte ins Auge gehen können!'. **9.** *Am. sl.* Chance *f.* **'squeak·y** *adj* (*adv* **squeak-**

squeal - stable

ily) **1.** quiek(s)end, piep(s)end. **2.** quietschend, kreischend.
squeal [skwi:l] **I** v/i **1.** schreien, kreischen. **2.** quietschen, kreischen (*Bremsen etc*). **3.** quiek(s)en, piep(s)en. **4.** colloq. lautstark prote'stieren (**about** gegen). **5.** sl. a) bes. ped. ‚petzen', b) ‚singen': **to ~ on** s.o. (to) j-n ,verpetzen' od. ,verpfeifen' (bei). **II** v/t **6.** etwas schreien, kreischen. **7.** etwas quiek(s)en, piep(s)en. **III** s **8.** Schreien n, Kreischen n. **9.** Qietschen n. **10.** Schrei m. **11.** colloq. Pro'testgeschrei n. **'squeal·er** s **1.** Schreier m. **2.** a) Täubchen n, b) allg. junger Vogel. **3.** sl. Verräter m.
squeam·ish ['skwi:mɪʃ] adj (adv ~ly) **1.** (')über)empfindlich, zimperlich. **2.** pe'nibel, 'übergewissenhaft. **3.** heikel (im Essen etc). **4.** (leicht) Ekel empfindend: **I felt ~** mir wurde komisch im Magen. **'squeam·ish·ness** s **1.** ('Über)Empfindlichkeit f, Zimperlichkeit f. **2.** 'Übergewissenhaftigkeit f. **3.** heikle Art. **4.** Ekel m, Übelkeit f.
squee·gee [,skwi:'dʒi:; Am. 'skwi:,dʒi:] s **1.** Gummischrubber m (für Fenster etc). **2.** phot. (Gummi)Quetschwalze f.
squeez·a·ble ['skwi:zəbl] adj **1.** fig. nachgebig, gefügig. **2.** zs.-drückbar.
squeeze [skwi:z] **I** v/t **1.** zs.-drücken, (-)pressen: **to ~ s.o.'s hand** j-m die Hand drücken. **2.** a) a. **~ dry** eine Frucht ausquetschen, -pressen, b) e-n Schwamm ausdrücken, c) colloq. j-n ,ausnehmen', schröpfen. **3.** oft ~ **out** Saft (her')auspressen, -quetschen (**from** aus): **to ~ a tear** fig. e-e Träne zerdrücken, ‚ein paar Krokodilstränen weinen'. **4.** drücken, quetschen, zwängen (**into** in acc): **to ~ in** einklemmen; **to ~ o.s.** (od. **one's way) in (through)** sich hinein-(hindurch)zwängen; **they were ~d up against each other** sie standen dicht gedrängt. **5.** colloq. fest od. innig an sich drücken. **6.** colloq. a) ‚unter Druck setzen', erpressen, b) Geld etc her'auspressen, Vorteil etc her'ausschinden (**out of** aus). **7.** Bridge: zum Abwerfen zwingen. **8.** abklatschen, e-n Abdruck machen von (e-r Münze etc). **II** v/i **9.** quetschen, drücken, pressen. **10.** sich zwängen od. quetschen: **to ~ through (in, out)** sich durch-(hinein-, hinaus)zwängen; **to ~ up** zs.-rücken. **11.** sich (aus)quetschen od. (-)pressen lassen. **III** s **12.** Druck m, Pressen n, Quetschen n. **13.** Händedruck m. **14.** (innige) Um'armung. **15.** Gedränge n: **it was a (tight) ~** es ging ganz schön eng zu. **16.** ausgepreßter Saft. **17.** colloq. ,Klemme' f, Druck m, (bes. Geld)Verlegenheit f: **to be in a tight ~** schwer im Druck sein. **18.** Bridge: Spiel od. Situation, wo man e-e Farbe od. e-e wichtige Karte aufgeben muß. **19.** colloq. ,Druck' m, Erpressung f: **to put the ~ on** s.o. j-n unter Druck setzen. **20.** econ. a) (a. Geld)Knappheit f, wirtschaftlicher Engpaß f: b) Börse: Zwang m zu Deckungskäufen: **credit ~** Kreditbeschränkung f, -verknappung f. **21.** (bes. Wachs)Abdruck m, (-)Abguß m. **22.** colloq. **to have a tight** (od. **close, narrow) ~** mit knapper Not davonkommen od. entkommen; **that was a tight ~** das ist gerade noch einmal gutgegangen!, ‚das hätte ins Auge gehen können'!
'squeeze| bot·tle s (Plastik)Spritzflasche f. **~ box** s mus. colloq. ‚Quetschkom,mode' f (Ziehharmonika).
'squeez·er ['skwi:zə] s **1.** (Frucht)Presse f, Quetsche f. **2.** tech. a) ('Aus)Preßma,schine f, b) Quetsch-, Schotterwerk n, c) 'Preßforma,schine f.
squelch [skweltʃ] **I** v/t **1.** zermalmen. **2.**

fig. Kritik etc unter'drücken. **3.** colloq. j-m ,den Mund stopfen'. **II** v/i **4.** p(l)atschen. **5.** glucksen (Schuh im Morast etc). **III** s **6.** Matsch m. **7.** glucksender Laut. **8.** → squelcher 2. **'squelch·er** s colloq. **1.** vernichtender Schlag. **2.** vernichtende Antwort.
squib [skwɪb] **I** s **1.** a) Frosch m, (Feuerwerks)Schwärmer m, b) allg. Br. (Hand-)Feuerwerkskörper m: **damp ~** Br. sl. ‚Reinfall' m, ‚Pleite' f. **2.** Bergbau: Zündladung f (a. mil. hist.). **3.** (po'litische) Sa'tire, Spottgedicht n. **II** v/i **4.** Spottgedichte od. Sa'tiren schreiben. **III** v/t **5.** j-n mit Spottgedichten angreifen, bespötteln.
squid [skwɪd] s **1.** pl **squids** [-dz], bes. collect. **squid** zo. (ein) zehnarmiger Tintenfisch, bes. Kalmar m. **2.** künstlicher Köder in Tintenfischform. **3.** mar. mil. mehrrohriger Wasserbombenwerfer.
squiffed [skwɪft] → squiffy.
squif·fy ['skwɪfɪ] adj bes. Br. colloq. ,angesäuselt'.
squig·gle ['skwɪgl] **I** s **1.** Schnörkel m (beim Schreiben). **II** v/i **2.** kritzeln. **3.** sich winden.
squil·gee [,skwɪl'dʒi:; Am. 'skwɪl,dʒi:] → squeegee.
squill [skwɪl] s **1.** bot. a) Meerzwiebel f, b) Blaustern m. **2.** zo. Heuschreckenkrebs m.
squinch [skwɪntʃ] s arch. Stützbogen m.
squint [skwɪnt] **I** v/i **1.** schielen (a. weitS. schräg blicken). **2.** blinzeln, zwinkern. **3.** **~ at** fig. a) schielen nach, b) e-n Blick werfen auf (acc), c) scheel od. 'mißgünstig od. argwöhnisch blicken auf (acc). **II** v/t **4.** die Augen a) verdrehen, b) zu'kneifen: **to ~ one's eyes**. **III** s **5.** Schielen n (a. fig.): **to have a ~** schielen; **convergent ~** Einwärtsschielen; **divergent ~** Auswärtsschielen. **6.** colloq. a) schräger Seitenblick, b) (rascher od. verstohlener) Blick: **to have a ~ at →** 3 b. **IV** adj **7.** schielend. **8.** schief, schräg. **'~-eyed** adj **1.** schielend. **2.** fig. scheel, böse.
squir·arch·y → squirearchy.
squire ['skwaɪə(r)] **I** s **1.** (englischer) Landjunker, -edelmann, a. Gutsherr m, Großgrundbesitzer m. **2.** bes. colloq. (in England u. USA Ehrentitel für) a) (Friedens)Richter m, b) andere Person mit lokaler Obrigkeitswürde. **3.** hist. Edelmann m (Schild)Knappe m. **4.** obs. Ka·va'lier m: a) Begleiter m (e-r Dame), b) colloq. Ga'lan m, Liebhaber m: **~ of dames** Frauenheld m. **II** v/t u. v/i **5.** obs. a) (e-r Dame) Ritterdienste leisten od. den Hof machen, b) (e-e Dame) begleiten.
squire·arch·y ['skwaɪərɑ:(r)kɪ] s Junkertum n: a) collect. (die) (Land)Junker pl, b) (Land)Junkerherrschaft f.
squir·een [,skwaɪə'ri:n] s kleiner (bes. irischer) Gutsbesitzer.
'squire·hood s Rang m od. Würde f e-s squire.
'squire|·let [-lɪt], **'squire·ling** [-lɪŋ] s Krautjunker m. **'squire·ly** adj junkerlich.
squirm [skwɜ:m; Am. skwɜrm] **I** v/i **1.** sich krümmen, sich winden (a. fig. **with** vor Scham etc): **to ~ out of** a) sich (mühsam) aus e-m Kleid herausschälen, b) fig. sich aus e-r Notlage ein(heraus)winden. **II** s **2.** Krümmen n, Sich'winden n. **3.** mar. Kink f (im Tau). **'squirm·y** adj.
squir·rel ['skwɪrəl; Am. 'skwɜrəl; 'skwʌrəl] s **1.** pl **-rels**, bes. collect. **-rel** zo. Eichhörnchen n: → **flying squirrel**. **2.** Feh n, Grauwerk n (Pelz). **~ cage** s

f. **2.** electr. Käfiganker m. **'~·cage** adj electr. Käfig..., Kurzschluß... **'~·fish** s (ein) Stachelfisch m. **~ mon·key** s zo. Totenkopfäffchen n.
squirt [skwɜ:t; Am. skwɜrt] **I** v/t **1.** spritzen. **2.** her'vorspritzen, -sprudeln. **II** v/t **3.** (her'vor-, her'aus)spritzen: **to ~ water**. **4.** bespritzen. **III** s **5.** (Wasseretc)Strahl m. **6.** Spritze f: **~ can** tech. Spritzkanne f. **7.** a. **~ gun** 'Wasserpi,stole f. **8.** colloq. a) ‚kleiner Scheißer', b) ‚Zwerg' m.
squish [skwɪʃ] colloq. **I** s **1.** → squelch 7. **II** v/t **2.** ‚zermatschen'. **III** v/i **3.** → squelch 5. **'squish·y** adj matschig.
squit [skwɪt] s Br. sl. **1.** ‚kleiner Scheißer'. **2.** ,Mist' m.
Sri Lan·kan [,sri:'læŋkən; Am. -'lɑ:ŋ-] **I** s Sri'lanker(in). **II** adj sri'lankisch.
St., St abbr. → **saint** 1 (etc).
stab [stæb] **I** v/t **1.** j-n a) niederstechen, mit e-m Messer etc verletzen, b) a. **~ to death** erstechen, erdolchen. **2.** ein Messer etc bohren, stoßen (**into** in acc). **3.** fig. j-n (seelisch) verletzen: **to ~ s.o. in the back** j-m in den Rücken fallen; **to ~ s.o.'s reputation** an j-m Rufmord begehen. **4.** etwas durch'bohren, aufspießen, stechen in (acc). **5.** tech. e-e Mauer rauh hauen. **6.** Buchteile vorstechen. **II** v/i **7.** stechen (**at** s.o. nach j-m). **8.** (mit den Fingern etc) stoßen (**at** nach, auf acc). **9.** stechen (Schmerz). **10.** stechen, dringen (Strahlen etc). **III** s **11.** Stich m, (Dolch- etc)Stoß m. **12.** Stich(wunde f) m: **~ in the back** fig. Dolchstoß m. **13.** fig. Stich m (scharfer Schmerz, jähes Gefühl). **14.** spitzer (Licht- etc)Strahl m. **15.** colloq. Versuch m: **to have (od. make) a ~ at** s.th. es (einmal) mit etwas versuchen. **~ cell** s biol. Stabzelle f.
sta·bile ['steɪbaɪl; -bɪl] **I** adj **1.** fest (-stehend), statio'när. **2.** sta'bil (a. med.). **II** s [Am. 'steɪ,bi:l] **3.** Stabile n (abstrakte Freiplastik).
sta·bil·i·ty [stə'bɪlətɪ] s **1.** allg. Stabili'tät f: a) Standfestigkeit f, b) Festigkeit f, 'Widerstandsfähigkeit f, (Wert)Beständigkeit f, c) Unveränderlichkeit f (a. math.), d) chem. Resi'stenz f: **economic ~** wirtschaftliche Stabilität; **~ of prices** econ. Preis- od. Kursstabilität. **2.** fig. Beständigkeit f, Standhaftigkeit f, (Cha'rakter)Festigkeit f. **3.** a) tech. Kippsicherheit f: **~ on curves** mot. Kurvenstabilität f, b) aer. dy'namisches Gleichgewicht.
sta·bi·li·za·tion [,steɪbɪlaɪ'zeɪʃn; Am. -lə'z-] s allg. bes. econ. tech. Stabili'sierung f. **'sta·bi·lize** [-laɪz] v/t stabili'sieren (a. aer. mar. tech.): a) festigen, stützen, b) kon'stant halten, c) im Gleichgewicht halten: **to ~ prices** econ. die Preise od. Kurse stabilisieren; **~d warfare** mil. Stellungskrieg m. **'sta·bi·liz·er** s **1.** aer. mar. mot. tech., a. chem. Stabili'sator m. **2.** aer. Stabili'sierungsflosse f. **3.** electr. a) Glättungsröhre f, b) 'Spannungskon,stanthalter m. **4.** tech. Stabili'sierungsmittel n (für Kunststoffe etc).
sta·ble¹ ['steɪbl] **I** s **1.** (Pferde-, Kuh-)Stall m. **2.** Stall(bestand) m. **3.** Rennstall m (bes. collect. Pferde, Radrennfahrer). **4.** fig. ,Stall' m (Mannschaft, Künstlergruppe, Familie etc). **5.** pl mil. a) Stalldienst m, b) Si'gnal n zum Stalldienst. **II** v/t **6.** Pferde einstallen. **III** v/i **7.** im Stall stehen (Pferd). **8.** contp. hausen.
sta·ble² [-] adj (adv **stably**) **1.** sta'bil: a) standfest, -sicher (a. phys. tech.), b) widerstandsfähig, fest: **~ structure**, c) (wert)beständig, fest, dauerhaft, haltbar, d) unveränderlich (a. math.), kon'stant, gleichbleibend (a. electr.): → **volt-**

age, e) *chem.* resi'stent: ~ **in water** wasserbeständig, f) statio'när: ~ **equilibrium** *phys.* stabiles Gleichgewicht. **2.** *econ. pol.* sta'bil: ~ **currency. 3.** *fig.* beständig, gefestigt: (**emotionally**) ~ charakterlich gefestigt; **he is in** ~ **condition** sein Zustand ist nicht lebensbedrohend.
'**sta·ble**|·**boy** *s* Stalljunge *m.* ~ **companion** *s* Stallgefährte *m (a. Radsport u. fig.).* ~ **fly** *s zo.* **1.** Gemeine Stechfliege. **2.** Stallfliege *f.* '~**man** [-mən; -mæn] *s irr* Stallknecht *m.* '~**mate** → **stable companion.**
'**sta·ble·ness** → **stability.**
sta·bling ['steɪblɪŋ] *s* **1.** Einstallung *f.* **2.** Stallung(en *pl*) *f,* Ställe *pl.*
stac·ca·to [stə'kɑːtəʊ] *adj u. adv* **1.** *mus.* stak'kato. **2.** *fig.* abgehackt.
stack [stæk] **I** *s* **1.** *agr.* Schober *m,* Feim *m:* **wheat** ~. **2.** Stoß *m,* Stapel *m:* **a** ~ **of books. 3.** *colloq.* ,Haufen' *m,* Masse *f:* ~**s of work** jede Menge Arbeit. **4.** *Br.* Stack *n (Maßeinheit für Holz u. Kohlen: 108 ft³ = 3,05814 m³).* **5.** *Am.* ('Bücher)Re‚gal *n.* **6.** *oft pl* a) Gruppe *f* von Re'galen, b) ('Haupt)Maga‚zin *n (e-r Bibliothek).* **7.** *tech.* a) *a. rail.* Schornstein *m,* b) *mot.* Auspuffrohr *n,* c) (Schmiede)Esse *f,* d) *electr.* (gestockte) An'tennenkombinati‚on, e) Satz *m,* Aggre'gat *n:* → **blow** 29b. **8.** *mil.* (Ge'wehr)Pyra‚mide *f.* **9.** Felssäule *f.* **10.** *Computer:* Stapelspeicher *m.* **II** *v/t* **11.** *a.* ~ **up** Heu *etc* aufsetzen, -schobern. **12.** *a.* ~ **up** (auf-)stapeln, (auf-, übereinˈander)schichten. **13.** vollstapeln. **14.** *mil.* die Gewehre zs.-setzen: **to** ~ **arms. 15. to** ~ **the cards** die Karten ‚packen' *(betrügerisch mischen):* **the cards** *(od.* **odds**) **are** ~**ed against him** *fig.* s-e Chancen sind gleich Null. **16.** *aer.* das Flugzeug in e-e Wartezone einweisen. **III** *v/i* **17.** ~ **up** *Am. colloq.* a) sich anlassen *od.* entwickeln: **as things** ~ **up now,** b) sich halten (**against** gegen). '**stack·er** *s* Stapler *m (Person u. Vorrichtung).*
stad·dle ['stædl] *s* **1.** Ständer *m,* Gestell *n.* **2.** *Forstwesen:* Hegereis *n (junger Baum).*
sta·di·a¹ ['steɪdjə; -dɪə] *pl von* **stadium.**
sta·di·a² ['steɪdjə; -dɪə] *s a.* ~ **rod** *surv.* Vermessungsstange *f,* Meßlatte *f.*
sta·di·um ['steɪdjəm; -dɪəm] *pl* -**di·a** [-djə; -dɪə], -**di·ums** *s* **1.** *antiq.* Stadion *n (Kampfbahn od. Längenmaß).* **2.** *(pl meist* -**ums**) *sport* Stadion *n.* **3.** *bes. biol. med.* Stadium *n.*
staff¹ [stɑːf; *Am.* stæf] **I** *pl* **staffs,** (1-7, 10) *a.* **staves** [steɪvz] *s* **1.** Stab *m,* Stecken *m,* Stock *m.* **2.** (Amts-, Kom'mando)Stab *m.* **3.** Bischofs-, Krumm-stab *m.* **4.** (Fahnen)Stange *f, mar.* Flaggenstock *m.* **5.** *fig.* a) Stütze *f:* **the** ~ **of his old age,** b) *(das)* Wichtigste *od.* Nötigste: ~ **of life** Brot *n,* Nahrung *f.* **6.** *surv.* Meßstab *m.* **7.** *tech.* Unruhwelle *f (der Uhr).* **8.** a) (Mitarbeiter)Stab *m,* b) Beamtenstab *m, c) ped.* Lehrkörper *m,* ('Lehrer)Kol‚legium *n,* d) Perso'nal *n, (die)* Angestellten *pl,* Belegschaft *f:* **editorial** ~ Redaktion(sstab *m) f;* **medical** ~ Arztpersonal *(e-s Krankenhauses);* **senior** ~ *(die)* leitenden Angestellten; **to be on the** ~ **of zum** Stab *od.* Lehrkörper *od.* Personal *(gen)* gehören, fest angestellt sein bei, Mitarbeiter sein bei. **9.** *mil.* Stab *m:* ~ **order** Stabsbefehl *m.* **10.** *mus.* 'Noten(linien)sy‚stem *n.*
II *adj* **1.** Personal...: ~ **doctor** Betriebsarzt *m;* ~ **member** Mitarbeiter(in); ~ **room** Lehrerzimmer *n.* **12.** *mil.* a) Stabs..., b) Gelände...: ~ **walk** Geländebesprechung *f.*
III *v/t* **13.** (mit Perso'nal) besetzen: **well** ~**ed** gut besetzt. **14.** mit e-m Stab *od.* Lehrkörper *etc* versehen. **15.** den Lehrkörper *e-r Schule* bilden.
staff² [stɑːf; *Am.* stæf] *s tech.* Baustoff aus Gips *u.* (Hanf)Fasern.
staff| **car** *s mil.* Befehlsfahrzeug *n.* ~ **col·lege** *s mil.* Gene'ralstabsakade‚mie *f.*
staff·er ['stɑːfə; *Am.* 'stæfər] *s colloq.* Belegschafts-, *bes.* Redakti'onsmitglied *n.*
staff| **man·a·ger** *s econ.* Perso'nalchef *m.* ~ **no·ta·tion** *s mus.* Liniennotenschrift *f.* ~ **of·fi·cer** *s mil.* 'Stabsoffi‚zier *m.* ~ **ride** *s mil.* Geländefahrt *f (zur Geländebesprechung).* ~ **ser·geant** *s mil.* *(Br.* Ober)Feldwebel *m.*
stag [stæg] **I** *s* **1.** *zo.* a) Rothirsch *m,* b) Hirsch *m.* **2.** *bes. dial. zo.* Männchen *n.* **3.** *nach der Reife kastriertes männliches Tier.* **4.** *colloq.* a) ‚Unbeweibte(r)' *m,* Herr *m* ohne Damenbegleitung, b) ~ **stag party. 5.** *econ. Br.* Kon'zertzeichner *m.* **II** *adj* **6.** a) *colloq.* Herren...: ~ **dinner**, b) Sex...: ~ **film. III** *adv* **7.** *colloq.* ‚unbeweibt', ‚solo': **to go** ~ → **9. IV** *v/i* **8.** *econ. Br.* in neu ausgegebenen Aktien speku'lieren. **9.** *colloq.* ohne Damenbegleitung *od.* ‚solo' gehen. **V** *v/t* **10.** *econ. Br.* den Markt durch Kon'zertzeichnung beeinflussen. ~ **bee·tle** *s zo.* Hirschkäfer *m.*
stage [steɪdʒ] **I** *s* **1.** *tech.* Bühne *f,* Gerüst *n:* **hanging** ~ Hängegerüst; **landing** ~ Landungsbrücke *f.* **2.** Podium *n.* **3.** *thea.* Bühne *f:* a) *fig.* Theaterwelt *od.* 'Bühnenlaufbahn *f:* **the** ~ *fig.* die Bühne, das Theater; **to be on the** ~ Schauspieler(in) *od.* beim Theater sein; **to go on the** ~ zur Bühne gehen; **to hold the** ~ sich halten *(Theaterstück);* **to put** *(od.* **bring) on the** ~ → **16; to set the** ~ **for** *fig.* a) die Voraussetzungen schaffen für, b) e-n (entsprechenden) Rahmen geben *(dat):* → **hold²** 23. **4.** *fig.* Bühne *f,* Schauplatz *m:* **the political** ~. **5.** *hist.* a) ('Post)Stati‚on *f,* b) Postkutsche *f.* **6.** *Br.* Teilstrecke *f,* Fahrzone *f (Bus etc).* **7.** (Reise)Abschnitt *m,* E'tappe *f (a. Radsport. fig.):* **by** *od.* **in** (**easy**) ~**s** etappenweise, *fig. a.* Schritt für Schritt. **8.** *a. biol. econ. med.* Stadium *n,* Stufe *f,* Phase *f:* **critical** ~ kritisches Stadium; **experimental** (**initial, intermediate**) ~ Versuchs-(Anfangs-, Zwischen)stadium; **at this** ~ zum gegenwärtigen Zeitpunkt; ~**s of appeal** *jur.* Instanzenweg *m.* **9.** *arch.* (Bau)Abschnitt *m.* **10.** *geol.* Stufe *f (e-r Formation).* **11.** Ob'jekttisch *m (am Mikroskop).* **12.** *electr.* 'Verstärkerstufe *f.* **13.** *tech.* Stufe *f (a. e-r Rakete).* **14.** *tech.* Farbläufer *m.* **15.** *Am.* Höhe *f* des Wasserspiegels *(e-s Flusses).*
II *v/t* **16.** a) auf die Bühne bringen, insze'nieren, b) für die Bühne bearbeiten. **17.** a) *allg.* veranstalten: **to** ~ **an exhibition,** b) insze'nieren, 'durchführen, aufziehen: **to** ~ **a demonstration. 18.** *tech.* (be)rüsten. **19.** *mil. Am.* 'durchschleusen.
stage| **box** *s thea.* Pro'szeniumsloge *f.* '~**coach** *s hist.* Postkutsche *f.* '~**craft** *s* **1.** drama'turgisches Können. **2.** schauspielerisches Können. ~ **de·sign** *s* Bühnenbild *n.* ~ **de·sign·er** *s* Bühnenbildner(in). ~ **di·rec·tion** *s* Bühnen-, Re'gieanweisung *f.* ~ **di·rec·tor** *s* Re‐gis'seur *m.* ~ **door** *s* Bühneneingang *m.* ~ **ef·fect** *s* **1.** 'Bühnenwirkung *f,* -ef‚fekt *m.* **2.** *fig.* Thea'tralik *f.* ~ **fe·ver** *s* Drang *m* zur Bühne, The'aterbesessenheit *f.* ~ **fright** *s* Lampenfieber *n.* '~**hand** *s* Bühnenarbeiter *m.* '~**house** *s hist.* 'Poststati‚on *f.* ~**man·age** [‚-'mænɪdʒ; '‚m-] → **stage** 17. ~ **man·ag·er** *s* Inspi'zient *m.* ~ **name** *s* Bühnen-, Künstlername *m.* ~ **play** *s* Bühnenstück *n.*
stag·er ['steɪdʒə(r)] *s meist* **old** ~ ‚alter Hase'.
stage| **race** *s Radsport:* E'tappenrennen *n.* ~ **rights** *s pl jur.* Aufführungs-, Bühnenrechte *pl.* '~**struck** *adj* the'aterbesessen. ~ **wag(g)on** *s hist.* Packwagen *m.* ~ **wait** *s* dra'matische Pause. ~ **whis·per** *s* **1.** *thea.* nur für das Publikum bestimmtes Flüstern. **2.** *fig.* weithin hörbares Geflüster. ‚~'**whis·per** *v/i fig.* weithin hörbar flüstern. ~ **wise** *adj* **1.** bühnen-erfahren *(Regisseur etc).* **2.** bühnenwirksam *(Stück).*
stagey *Am. für* **stagy.**
stag·fla·tion [stæg'fleɪʃn] *s econ.* Stagflati'on *f.*
stag·gard ['stægə(r)d], '**stag·gart** [-gə(r)t] *s hunt.* Hirsch *m* im vierten Jahr, Sechsender *m.*
stag·ger ['stægə(r)] **I** *v/i* **1.** (sch)wanken, taumeln, torkeln: **to** ~ **to one's feet** sich schwankend erheben. **2.** wanken, (zu'rück)weichen *(Truppen).* **3.** *fig.* (sch)wanken(d werden). **II** *v/t* **4.** ins Wanken bringen, (sch)wankend machen, erschüttern *(alle a. fig.).* **5.** *fig.* a) verblüffen, b) *stärker:* 'umwerfen, über'wältigen, sprachlos machen. **6.** *tech., a. aer.* gestaffelt *od.* versetzt anordnen. **7.** Arbeitszeit *etc* staffeln: **to** ~ **holidays. III** *s* **8.** (Sch)Wanken *n,* Taumeln *n:* **to give a** ~ → **1. 9.** *pl (als sg konstruiert)* a) *med.* Schwindel *m,* b) *vet.* Schwindel *m (bei Rindern),* Koller *m (bei Pferden),* Drehkrankheit *f (bei Schafen).* **10.** *aer.* Staffelung *f (a. fig.),* versetzte Anordnung. **11.** *Leichtathletik:* Kurvenvorgabe *f.* '**stag·gered** *adj* **1.** *tech.* versetzt (angeordnet), gestaffelt. **2.** gestaffelt: ~ (**working**) **hours.** '**stag·ger·ing** *adj (adv* ~**ly**) **1.** (sch)wankend, taumelnd. **2.** heftig, heftig: **a** ~ **blow. 3.** *fig.* a) 'umwerfend, über'wältigend, phan'tastisch, b) schwindelerregend: ~ **prices.**
'**stag·hound** *s hunt. hist.* Hirschhund *m.*
stag·i·ness ['steɪdʒɪnɪs] *s* Thea'tralik *f,* Ef‚fekthasche'rei *f.*
stag·ing ['steɪdʒɪŋ] *s* **1.** *thea.* a) Inszenierung *f,* b) Bühnenbearbeitung *f.* **2.** *fig.* a) Veranstaltung *f,* b) Insze'nierung *f,* 'Durchführung *f.* **3.** (Bau)Gerüst *n.* **4.** *mar.* Hellingerüst *n.* ~ **a·re·a** *s mil.* **1.** Bereitstellungsraum *m.* **2.** Auffangsraum *m.* ~ **post** *s Br.* **1.** *mil.* Sammelgebiet *n.* **2.** 'Zwischenstati‚on *f.* **3.** *fig.* Ansatz *m* (**in** zu).
Stag·i·rite ['stædʒɪraɪt] *s:* **the** ~ der Stagi'rit *(Aristoteles).*
stag·nan·cy ['stægnənsɪ] *s econ.* Stagnati'on *f:* a) Stockung *f,* Stillstand *m,* b) *bes. econ.* Stille *f,* Flauheit *f,* c) *fig.* Trägheit *f.* '**stag·nant** *adj (adv* ~**ly**) sta'gnierend: a) stockend, stillstehend, b) abgestanden *(Wasser),* stehend *(Gewässer),* c) *bes. econ.* still, flau, schleppend, d) *fig.* träge. '**stag·nate** [-neɪt] *v/i* sta'gnieren, stocken, stillstehen. **stag'na·tion** → **stagnancy.**
stag par·ty *s colloq. (meist feuchtfröhlicher)* Herrenabend.
stag·y ['steɪdʒɪ] *adj* **1.** bühnenmäßig, Bühnen... **2.** *fig.* thea'tralisch, ef'fekthaschend.
staid [steɪd] **I** *obs. pret u. pp von* **stay¹.** **II** *adj (adv* ~**ly**) **1.** gesetzt, seri'ös. **2.** ruhig *(a. Farben),* gelassen. '**staid·ness** *s* **1.** Gesetztheit *f,* Seriosi'tät *f,* Gelassenheit *f.* **2.** Ruhe *f,* Gelassenheit *f.*
stain [steɪn] **I** *s* **1.** (Schmutz-, *a.* Farb-)Fleck *m:* ~**resistant** schmutzabweisend *(Teppich etc).* **2.** *fig.* Schandfleck *m,* Makel *m.* **3.** Färbung *f.* **4.** *tech.* a) Farbe *f,* Färbemittel *n,* b) (Holz)Beize *f.* **5.** *physiol.* Mal *n,* Fleck *m.* **II** *v/t* **6.** beschmutzen, beflecken, besudeln *(al-*

le a. fig.). **7.** färben, *Holz* beizen, *Glas etc* bemalen. **8.** *Tapeten, Stoff etc* bedrucken. **III** *v/i* **9.** Flecken verursachen. **10.** Flecken bekommen, schmutzen. **stained** *adj* **1.** be-, verschmutzt, fleckig. **2.** *fig.* besudelt. **3.** bunt, bemalt, Farb...: ~ **glass**; **~-glass** a) Buntglas..., b) *fig.* frömmelnd. **'stain·er** *s tech.* **1.** Färber *m,* Beizer *m.* **2.** Farbstoff *m,* Beize *f.* **'stain·ing I** *s* **1.** (Ver)Färbung *f.* **2.** Verschmutzung *f.* **3.** *bes. tech.* Färben *n,* Beizen *n*: ~ **of glass** Glasmalerei *f.* **II** *adj* **4.** Färbe... **'stain·less** *adj* (*adv* ~ly) **1.** *bes. fig.* fleckenlos, unbefleckt. **2.** *tech.* nichtrostend, rostfrei: ~ **steel.**
stair [steə(r)] *s* **1.** Treppe *f,* Stiege *f.* **2.** (Treppen)Stufe *f.* **3.** *pl* Treppe(nhaus *n*) *f*: **above ~s** a) oben, b) *Br. hist.* bei der Herrschaft; **below ~s** a) unten, b) *Br. hist.* beim Hauspersonal; **down (up) ~s** → **downstairs (upstairs); a flight of ~s** e-e Treppe. **4.** *pl* Landungssteg *m.* ~ **car·pet** *s* Treppenläufer *m.*
'stair·case *s* Treppe *f,* Treppenhaus *n,* -aufgang *m.* ~ **curve,** ~ **pol·y·gon** *s math.* 'Treppenpoly₁gon *n.* ~ **volt·age** *f* Treppenspannung *f.*
'stair·head *s* oberster Treppenabsatz. ~ **rod** *s* (Treppen)Läuferstange *f.* **'~way** *s* staircase. **'~well** *s* Treppenschacht *m.*
stake¹ [steɪk] **I** *s* **1.** (*a.* Grenz)Pfahl *m,* Pfosten *m*: **to pull up ~s** *bes. Am. colloq.* ,s-e Zelte abbrechen'. **2.** Marter-, Brandpfahl *m*: **the ~** *fig.* der (Tod auf dem) Scheiterhaufen. **3.** Pflock *m* (*zum Anbinden von Tieren*). **4.** a) (Wagen)Runge *f,* b) (*Art*) Pritschenwagen *m.* **5.** Absteckpfahl *m,* -pflock *m.* **6.** kleiner (Hand-) Amboß. **7.** *Reitsport:* Hindernisstange *f.* **II** *v/t* **8.** *oft* ~ **off,** ~ **out** abstecken (*a. fig.*): **to ~ out a** (*od.* **one's**) **claim (to)** *fig.* s-e Ansprüche anmelden; **to ~ in** (*od.* **out**) mit Pfählen einzäunen; **to ~ off** durch Pfähle abtrennen. **9.** e-e Pflanze mit e-m Pfahl stützen. **10.** *ein Tier* anpflocken. **11.** a) (mit e-m Pfahl) durch-'bohren, b) pfählen (*als Strafe*). **12.** *colloq.* *Haus, Verdächtigen etc* (poli'zeilich) über'wachen.
stake² [steɪk] **I** *s* **1.** (Wett-, Spiel)Einsatz *m*: **to place one's ~s on** setzen auf (*acc*); **to be at ~** *fig.* auf dem Spiel stehen; **to play for high ~s** um hohe Einsätze spielen, b) *fig.* ein hohes Spiel spielen, allerhand riskieren; **to sweep the ~s** den ganzen Gewinn einstreichen. **2.** *fig.* Inter'esse *n,* Anteil *m,* Beteiligung *f* (*a. econ.*): **to have a ~ in** interessiert *od.* beteiligt sein an (*dat*); **to have a ~ in the country** am Wohlergehen des Staates interessiert sein. **3.** *pl* Pferderennen: a) Do'tierung *f,* b) Rennen *n.* **4.** *Am. colloq.* für grubstake. **II** *v/t* **5.** *Geld* setzen (**on** auf *acc*). **6.** *fig.* einsetzen, wagen, aufs Spiel setzen, ris'kieren: **I'd ~ my life on that** darauf gehe ich jede Wette ein. **7.** *fig. sein Wort etc* verpfänden (**on** für). **8.** *Am. colloq.* inve'stieren in (*j-n od. etwas*).
'stake₁hold·er *s* 'Unpar₁teiischer, der die Wetteinsätze verwahrt. ~ **net** *s mar.* Staknetz *n.* **'~out** *s colloq.* (poli'zeiliche) Über'wachung (**on** *gen*).
Sta·kha·no·vism [stæ'kænəvɪzəm; *Am.* stə'kɑː-] *s* Sta'chanow-Sy₁stem *n.* **Sta·'kha·no·vite** [-vaɪt] *s* Sta'chanowarbeiter(in).
sta·lac·tic [stə'læktɪk] → **stalactitic.** **sta·lac·ti·form** [-fɔː(r)m] *adj min.* stalak'titenförmig. **sta·lac·tite** [stə'læktaɪt; *Am. bes.* stə'læk₁taɪt] *s* Stalak'tit *m,* hängender Tropfstein. **stal·ac·tit·ic** [₁stælək'tɪtɪk] *adj* (*adv* ~ally) stalak'titisch, Stalaktiten...

sta·lag·mite ['stæləgmaɪt; *Am. bes.* stə'læg₁maɪt] *s min.* Stalag'mit *m,* stehender Tropfstein. **stal·ag·mit·ic** [₁stæləg'mɪtɪk] *adj* (*adv* ~ally) stalag'mitisch, Stalagmiten...
stale¹ [steɪl] **I** *adj* (*adv* ~ly) **1.** alt (*Ggs. frisch*), *bes.* a) schal, abgestanden: ~ **beer,** b) alt(backen): ~ **bread,** c) schlecht, verdorben: ~ **food. 2.** schal: ~ **smell (taste,** *a. fig.* **pleasure,** *etc*). **3.** verbraucht, muffig: ~ **air. 4.** *fig.* fad, abgedroschen, (ur)alt: ~ **jokes. 5.** a) verbraucht, über'anstrengt, *sport a.* 'übertrai₁niert, ,ausgebrannt', b) ,eingerostet', aus der Übung (gekommen). **6.** *jur.* verjährt, unwirksam *od.* gegenstandslos (geworden): ~ **affidavit;** ~ **debt. II** *v/i* **7.** schal *etc* werden. **III** *v/t* **8.** schal machen, abnützen.
stale² [steɪl] *zo.* **I** *v/i* stallen, harnen (*Vieh*). **II** *s* Harn *m.*
stale·mate ['steɪlmeɪt] **I** *s* **1.** Schach: Patt *n.* **2.** *fig.* Patt *n,* Sackgasse *f.* **II** *v/t* **3.** Schach: patt setzen. **4.** *fig.* in e-e Sackgasse führen.
stale·ness ['steɪlnɪs] *s* **1.** Schalheit *f* (*a. fig.*). **2.** *fig.* a) Abgedroschenheit *f,* b) Verbrauchtheit *f.*
Sta·lin·ism [stɑː'lɪnɪzəm; 'stæ-] *s pol.* Stali'nismus *m.* **'Sta·lin·ist** **I** *s* Stali'nist(in). **II** *adj* stali'nistisch.
stalk¹ [stɔːk] *s* **1.** *bot.* Stengel *m,* Stiel *m,* Halm *m.* **2.** *biol. zo.* Stiel *m* (*Träger e-s Organs*). **3.** *zo.* Federkiel *m.* **4.** Stiel *m* (*e-s Weinglases etc*). **5.** hoher Schornstein. **6.** *arch.* Stengel *m* (*an Säulen*).
stalk² [stɔːk] **I** *v/i* **1.** *hunt.* a) sich anpirschen, b) pirschen, auf die Pirsch gehen. **2.** *oft* ~ **along** a) (ein'her)stol₁zieren, (-)schreiten, b) staksen, steif(beinig) gehen. **3.** 'umgehen (*Gespenst, Krankheit etc*). **4.** *obs.* schleichen. **II** *v/t* **5.** *hunt. u. fig.* sich her'anpirschen an (*acc*). **6.** *hunt.* durch'pirschen, -'jagen. **7.** verfolgen, hinter *j-m* 'herschleichen. **8.** 'umgehen in (*dat*) (*Gespenst, Krankheit etc*). **III** *s* **9.** *hunt.* Pirsch(jagd) *f.* **10.** Stol'zieren *n,* stolzer *od.* steifer Gang.
stalked [stɔːkt] *adj bot. zo.* gestielt, ...stielig: **long·stielig. stalk·er** ['stɔːkə(r)] *s hunt.* Pirschjäger *m.* **₁stalk-'eyed** *adj zo.* stieläugig.
'stalk·ing-horse ['stɔːkɪŋ] *s* **1.** *hunt. hist.* Versteckpferd *n.* **2.** *fig.* Vorwand *m,* Deckmantel *m*: **to make s.o. a ~** *j-n* vorschieben. **3.** *pol. fig.* Strohmann *m.*
'stalk·less *adj* **1.** ungestielt. **2.** *bot.* sitzend, stengellos.
'stalk·let [-lɪt] *s* Stielchen *n.*
'stalk·y *adj* **1.** stengel-, stielartig. **2.** hochaufgeschossen.
stall¹ [stɔːl] **I** *s* **1.** a) Box *f* (*im Stall*), b) *obs.* Stall *m.* **2.** (Verkaufs)Stand *m,* (Markt)Bude *f*: ~ **money** Standgeld *n.* **3.** Chor-, Kirchenstuhl *m.* **4.** *pl bes. thea. Br.* Sperrsitz *m.* **5.** Hülle *f,* Schutz *m, bes.* → **fingerstall. 6.** *Bergbau: bes. Br.* Arbeitsstand *m.* **7.** (mar'kierter) Parkplatz. **8.** *aer.* Sackflug *m.* **II** *v/t* **9.** *Tiere* a) in Boxen 'unterbringen, b) *obs.* in Boxen mästen. **10.** a) *e-n Wagen* durch ,Abwürgen' des Motors zum Stehen bringen, b) *den Motor* ,abwürgen', c) *aer.* über'ziehen. **III** *v/i* **11.** steckenbleiben (*Wagen etc*). **12.** ,absterben' (*Motor*). **13.** *aer.* abrutschen.
stall² [stɔːl] **I** *s* **1.** Ausflucht *f,* 'Hinhaltema₁növer *n.* **2.** *Am.* Kom'plize *m* e-s Taschendiebs. **II** *v/i* **3.** a) Ausflüchte machen, sich nicht festlegen (wollen), b) ~ **for time** Zeit schinden. **4.** *sport bes. Am.* a) sich nicht voll ausgeben, b) auf Zeit spielen. **III** *v/t* **5.** *oft* ~ **off** a) *j-n* 'hinhalten, b) *etwas* hin'auszögern.
stall·age ['stɔːlɪdʒ] *s Br.* Standgeld *n.*

stall₁ bar *s Turnen:* Sprossenwand *f.* **'~-feed** *v/t irr Tiere* in Boxen mästen. **'~₁hold·er** *s* Standinhaber(in).
'stall·ing speed ['stɔːlɪŋ] *s aer.* kritische Geschwindigkeit.
stal·lion ['stæljən] *s* (Zucht)Hengst *m.*
stal·wart ['stɔːlwə(r)t] **I** *adj* (*adv* ~ly) **1.** stramm, kräftig, ro'bust, (hand)fest. **2.** tapfer, beherzt. **3.** *bes. pol.* unentwegt, treu: **S~ Republican. II** *s* **4.** strammer *od.* handfester Kerl. **5.** *bes. pol.* treuer Anhänger, Unentwegte(r *m*) *f.*
sta·men ['steɪmən; -mən] *pl* **-mens, stam·i·na** ['stæmɪnə; *Am. a.* 'steɪ-] *s bot.* Staubblatt *n,* -gefäß *n,* -faden *m.*
stam·i·na ['stæmɪnə] *s* **1.** Lebenskraft *f* (*a. fig.*), Vitali'tät *f.* **2.** Stärke *f,* Kraft *f.* **3.** Zähigkeit *f,* Ausdauer *f.* **4.** 'Widerstandskraft *f* (*a. mil.*), 'Durchhalte-, Stehvermögen *n,* Konditi'on *f* (*a. sport*). **'stam·i·nal** *adj* **1.** Lebens..., vi'tal. **2.** Widerstands..., Konditions... **3.** *bot.* Staubblatt... **'stam·i·nate** [-nət; -neɪt], **₁stam·i'nif·er·ous** [-'nɪfərəs] *adj bot.* männlich.
stam·mer ['stæmə(r)] **I** *v/i* **1.** *med.* stottern. **II** *v/t* **2.** *a.* ~ **out** stottern, stammeln. **III** *s* **3.** *med.* Stottern *n*: **to have a ~** stottern. **4.** Gestotere *n,* Gestammel *n.* **'stam·mer·er** *s med.* Stotterer *m,* Stotterin *f.* **'stam·mer·ing I** *adj* **1.** *med.* stotternd. **2.** stotternd, stammelnd. **II** *s* **3.** → **stammer III.**
stamp [stæmp] **I** *v/t* **1.** a) stampfen, *Skipiste* treten, b) aufstampfen mit, c) stampfen auf (*acc*): **to ~ one's foot** aufstampfen; **to ~ down** a) feststampfen, b) niedertrampeln; **to ~ out** a) austreten: **to ~ out a fire,** b) zertrampeln, c) *fig.* ausmerzen, d) niederschlagen, ersticken: **to ~ out a rebellion. 2.** prägen: **to ~ money. 3.** aufprägen (**on** auf *acc*). **4.** *fig.* (fest) einprägen: **to ~ s.th. on s.o.'s mind** j-m etwas fest einprägen; **~ed upon s.o.'s memory** unverrückbar in j-s Erinnerung. **5.** *e-e Urkunde etc* stempeln. **6.** *Namen etc* aufstempeln (**on** auf *acc*). **7.** Gewichte *etc* eichen. **8.** *e-n Brief etc* fran'kieren, freimachen, *e-e* Briefmarke kleben auf (*acc*): **~ed envelope** Freiumschlag *m.* **9.** *e-e* Steuer- *od.* Gebührenmarke (auf)kleben auf (*acc*). **10.** kennzeichnen (*a. fig.*): **to be ~ed with** gekennzeichnet sein durch. **11.** *fig.* (**as** *od.* **acc**) kennzeichnen *od.* charakteri-'sieren (als), stempeln (zu). **12.** *tech.* a) *a.* ~ **out** (aus)stanzen, b) pressen, c) *Lumpen etc* einstampfen, d) *Erz* pochen. **13.** *Butter* formen.
II *v/i* **14.** aufstampfen. **15.** stampfen, trampeln (**on** auf *acc*): **to ~ on** *fig.* hart vorgehen gegen.
III *s* **16.** (*Dienst- etc*)Stempel *m.* **17.** *fig.* Stempel *m* (*der Wahrheit etc*), Gepräge *n*: **to bear the ~ of** den Stempel des *Genies etc* tragen; **he left his ~ on his times** er gab s-r Zeit das Gepräge. **18.** (Brief)Marke *f.* **19.** (Stempel-, Steuer-, Gebühren-) Marke *f*: **revenue ~. 20.** *a.* **trading ~** *econ.* Ra'battmarke *f.* **21.** (Firmen)Zeichen *n,* Eti'kett *n.* **22.** *fig.* Art *f,* Schlag *m*: **a man of his ~** ein Mann s-s Schlages; **of a different ~** aus e-m anderen Holz geschnitzt. **23.** *tech.* a) Stempel *m,* b) Prägestempel *m,* c) Stanze *f,* d) Stanzeisen *n* (*des Buchbinders*), e) Stampfe *f,* f) Presse *f,* g) Pochhammer *m,* h) Pa'trize *f.* **24.** Prägung *f.* **25.** Aufdruck *m.* **26.** a) Eindruck *m,* Spur *f.* **27.** (Auf)Stampfen *n.*
stamp₁ al·bum *s* (Brief)Markenalbum *n.* ~ **book·let** *s mail* Markenheftchen *n.* ~ **col·lec·tor** *s* (Brief)Markensammler *m.* ~ **du·ty** *s econ.* Stempelgebühr *f*: **exempt from ~** stempelfrei; **subject to ~** stempel(gebühren)pflichtig.

stam·pede [stæm'piːd] **I** s **1. a)** wilde, panische Flucht, Panik f, **b)** wilder Ansturm. **2.** fig. (Massen)Ansturm m: ~ **of shoppers. 3.** pol. Am. **a)** 'Meinungs,umschwung m, **b)** 'Erdrutsch' m, Wählerflucht f. **4.** Am. colloq. Volksfest n (mit Cowboydarbietungen etc). **II** v/i **5.** in wilder Flucht da'vonstürmen, 'durchgehen. **6.** (in Massen) losstürmen. **III** v/t **7.** in wilde Flucht jagen. **8. a)** in Panikstimmung versetzen, **b)** treiben (**into doing** s.th. dazu, etwas zu tun), **c)** über'rumpeln, **d)** pol. Am. e-n 'Erdrutsch' her'vorrufen bei: **to ~ a convention.**
'stamp·er s tech. **1.** Stampfe(r m) f, Ramme f. **2.** Stößel m, Stempel m.
'stamp·ing s tech. **1.** Ausstanzen n. **2.** Stanzstück n. **3.** Preßstück n. **4.** Prägung f. **~ die** s tech. 'Schlagma,trize f. **~ ground** s **1.** Re'vier n (a. von Tieren). **2.** Tummelplatz m, Treff(punkt) m.
stamp(·ing) mill s tech. **1.** Stampfmühle f. **2.** Pochwerk n.
stance [stæns; Br. a. stɑːns] s **1.** a. sport Stellung f, Haltung f (a. fig.). **2.** mount. Stand m.
stanch[1] [stɑːntʃ; Am. a. stɔːntʃ] v/t **1.** Blut(ung) stillen. **2.** fig. Einhalt gebieten (dat). [**staunch**[2].]
stanch[2] [stɑːntʃ; Am. a. stɔːntʃ] →
stan·chion ['stɑːnʃn; Am. 'stæntʃən] **I** s Pfosten m, Stütze f (a. mar.). **II** v/t **a)** (ab)stützen, **b)** verstärken.
'stanch·ness → staunchness.
stand [stænd] **I** s **1. a)** Stehen n, **b)** Stillstand m, Halt m. **2. a)** (Stand)Platz m, Standort m, **b)** fig. Standpunkt m: **to take one's ~** sich aufstellen (**at** bei, **auf** dat), fig. Stellung beziehen; **to take one's ~ on** fig. sich stützen auf (acc). **3.** fig. Eintreten n: **to make a ~ against** sich entgegenstellen od. -stemmen (dat); **to make a ~ for** sich einsetzen für. **4. a)** ('Zuschauer)Tri,büne f, **b)** Podium n. **5.** jur. Am. Zeugenstand m: **to take the ~ a)** den Zeugenstand betreten, **b)** als Zeuge aussagen; **to take the ~ on** s.th. etwas beschwören. **6.** econ. (Verkaufs-, Messe-) Stand m. **7.** Stand(platz) m (für Taxis). **8.** (Kleider-, Noten- etc)Ständer m. **9.** Gestell n, Re'gal n. **10. a)** Sta'tiv n, **b)** Stütze f. **11.** (Baum)Bestand m. **12.** agr. Stand m (des Getreides etc), (zu erwartende) Ernte: **~ of wheat** stehender Weizen. **13.** thea. Gastspiel(ort m) n: → **one-night stand. 14. ~ of arms** mil. (vollständige) Ausrüstung (e-s Soldaten).
II v/i pret u. pp **stood** [stʊd] **15.** allg. stehen: ..., (**as**) **sure** (od. **true**) **as I'm ~ing here** ..., so wahr ich hier stehe!; **to ~ alone a)** (mit e-r Ansicht etc) allein (da)stehen, **b)** unerreicht dastehen od. sein; **to ~ fast** (od. **firm**) fest od. hart bleiben (**on** in dat) (→ 18); **to ~ or fall** stehen od. fallen, siegen od. untergehen; **to ~ gasping** keuchend dastehen; **to ~ on one's head a)** e-n Kopfstand machen, kopfstehen, **b)** fig. (vor Freude etc) 'kopfstehen'; **to ~ to lose** (**to win**) (mit Sicherheit) verlieren (gewinnen); **as matters ~** nach Lage der Dinge; **I want to know where I ~** ich will wissen, woran ich bin; **the thermometer ~s at 78** das Thermometer steht auf 78 Grad (Fahrenheit); **the wind ~s in the west** der Wind weht von Westen; **to ~ well with s.o.** mit j-m gut stehen, sich mit j-m gut stellen. **16.** stehen, liegen, sich befinden, sein (Sache). **17.** sein: **to ~ accused** (**aghast, ready,** etc); **to ~ convicted** überführt sein (**of** gen); **to ~ in need of help** Hilfe nötig haben; → **correct 2. 18.** a. **~ still** stehenbleiben, stillstehen: **~! halt!; ~ fast!** mil. **a)** Br. stillgestanden!, **b)** Am. Abteilung halt! **19.** bleiben: **to ~ neutral** (unchallenged); **and so it ~s** und dabei bleibt es. **20.** sich stellen, treten: **to ~ back** (od. **clear**) zurücktreten; **to ~ on the defensive** sich verteidigen; **to ~ on the offensive** zum Angriff antreten. **21.** (groß) sein, messen: **he ~s six feet** (tall). **22.** zu vereinbaren sein (**with** mit): **if it ~s with hono(u)r. 23.** sich behaupten, bestehen (**against** gegen): **to ~ through** s.th. etwas überstehen od. -dauern. **24.** fig. festbleiben. **25.** a. **~ good** (weiterhin) gelten: **my offer ~s** mein Angebot bleibt bestehen; **to let** s.th. **~** etwas gelten od. bestehen bleiben lassen. **26.** mar. (auf e-m Kurs) liegen od. sein, steuern, halten. **27.** zu'statten kommen (**to** dat). **28.** hunt. vorstehen (**upon** dat) (Hund): **to ~ upon game. 29.** Kartenspiel: halten, nicht passen. **30.** lauten: **the sentence must ~ thus.**
III v/t **31.** stellen: **to ~ a plane on its nose** aer. ,e-n Kopfstand machen'; **to ~** s.th. **on its head** fig. etwas auf den Kopf stellen. **32.** standhalten (dat), aushalten: **he can't ~ the climate** er kann das Klima nicht (v)ertragen; **I could not ~ the pain** ich konnte den Schmerz nicht aushalten od. ertragen; **I can't ~ him** ich kann ihn nicht ausstehen; → **racket**[2] **4. 33.** sich etwas gefallen lassen, dulden, ertragen: **I won't ~ it any longer. 34.** sich e-r Sache unter'ziehen: → **trial** 2. **35.** bestehen: → **test**[1] 2. **36. a)** Pate stehen, **b)** Bürgschaft etc leisten: → **security** 5, **sponsor** 2, **surety** 1. **37.** colloq. **a)** aufkommen für, **b)** (j-m) ein Essen etc spen'dieren: **to ~ a drink** ,einen' ausgeben od. spendieren; **to ~ a round** e-e Runde ,schmeißen'; → **shot**[1] 13, **treat** 11. **38.** e-e Chance haben.
Verbindungen mit Präpositionen:
stand| by v/i **1.** j-m zur Seite stehen, zu j-m halten od. stehen. **2.** stehen zu, treu bleiben (dat): **to ~ one's principles** (**word,** etc). **~ for** v/i **1.** stehen für, bedeuten. **2.** eintreten für, vertreten: **to ~ birth control. 3.** bes. Br. kandi'dieren für: **to ~ an office. 4.** bes. Br. kandi'dieren für: **to ~ a constituency; to ~ election** kandidieren, sich zur Wahl stellen. **5.** colloq. → **stand** 33. **~ on** v/i **1.** halten od. achten auf (acc): **to ~ ceremony a)** die Etikette beachten, **b)** (sehr) förmlich sein; **don't ~ ceremony** machen doch keine Umstände; → **dignity** 4. **2.** pochen auf (acc): **to ~ one's rights. 3.** beruhen auf (dat): **to ~ facts. 4.** mar. den Kurs beibehalten. **~ o·ver** v/i über'wachen, aufpassen auf (acc). **~ to** v/i **1.** → **stand by** 1. **2.** stehen zu (s-m Versprechen etc), bei s-m Wort bleiben: **to ~ one's duty** (treu) s-e Pflicht tun; **to ~ one's oars** sich (kräftig) in die Riemen legen; → **gun** 1. **3. ~ it** (**that**) da'bei bleiben(, daß). **~ up·on** → **stand on.**
Verbindungen mit Adverbien:
stand| a·bout v/i her'umstehen. **~ a·part** v/i **1. a)** abseits od. für sich stehen, **b)** (**from**) sich ausschließen (von), nicht mitmachen (bei). **2.** fig. sich distan'zieren (**from** von). **~ a·round** → **stand about. ~ a·side** v/i **1.** bei'seite treten. **2.** fig. verzichten, zu'rücktreten (**in** s.o.'s favo[u]r zu j-s Gunsten). **3.** tatenlos her'umstehen. **~ back** v/i **1.** zu'rücktreten. **2. ~ from** abseits (gen) liegen. **3. ~ from** fig. Abstand gewinnen von. **~ by** v/i **1.** da'beistehen od. -stehen u. zusehen (müssen), (ruhig) zusehen. **2. a)** bes. mil. bereitstehen, sich in Bereitschaft halten, **b)** mar. sich klar halten: **~! mil.** Achtung!, mar. klar zum Manöver! **3.** Funk: **a)** auf Empfang bleiben, **b)** sendebereit sein. **~ down** v/i **1.** jur. den Zeugenstand verlassen. **2.** bes. Br. → **stand aside** 2. **3.** mil. sich auflösen. **~ in** v/i **1.** (als Ersatz) einspringen (**for** s.o. für j-n). **2. ~ for** (bes. Film) j-n doubeln. **3. ~ with** ,unter e-r Decke stecken mit'. **4.** mar. landwärts anliegen. **~ off I** v/i **1.** sich entfernt halten (**from** von). **2.** fig. Abstand halten (im Umgang). **3.** fig. in e-e Sackgasse geraten. **4.** mar. seewärts anliegen. **~ on** und ab und zu liegen. **II** v/t **5.** econ. Br. j-n (bes. vor'übergehend) entlassen. **6.** sich j-n vom Leibe halten. **~ out I** v/i **1.** (a. fig. deutlich) her'vortreten, -springen: → **mile** 1. **2.** abstehen (Ohren). **3.** fig. her'ausragen, her'vorstechen. **4.** sich gut abheben (**against, in contrast to** gegen od. von). **5.** aus-, 'durchhalten, nicht nachgeben. **6.** sich hartnäckig wehren (**against** gegen). **7. ~ for** bestehen auf (dat). **8. ~ to sea** mar. auslaufen. **II** v/t **9.** aushalten, standhalten (dat): **to ~ a storm** mar. e-n Sturm abwettern. **~ o·ver I** v/i **1.** (**to** auf acc) **a)** sich vertagen, **b)** verschoben werden. **2.** liegenbleiben, warten: **the accounts can ~ till next week. II** v/t **3.** vertagen, verschieben (**to** auf acc). **~ to** mil. **I** v/i **1.** in Bereitschaft versetzen. **II** v/i in Bereitschaft stehen. **~ up I** v/i **1.** aufstehen, sich erheben (beide a. fig.). **2.** sich aufrichten (Stachel etc). **3. ~ against** angehen gegen. **4. ~ for** eintreten od. sich einsetzen für. **5. ~ to** mutig gegen'übertreten (dat), Pa'roli od. die Stirn bieten (dat). **6. a)** (**under, to**) sich (gut) halten (unter, gegen), standhalten (dat): **evidence that stands up in court** Beweismaterial, das der gerichtlichen Prüfung standhält, **b)** halten (Skipiste). **II** v/t **7.** colloq. j-n ,versetzen'.
stand·ard[1] ['stændə(r)d] **I** s **1.** Standard m, Norm f. **2.** Muster n, Vorbild n. **3.** Maßstab m: **to apply another ~** e-n anderen Maßstab anlegen; **~ of value** Wertmaßstab; **by present-day ~s** nach heutigen Begriffen; **double ~** doppelte Moral. **4.** Richt-, Eichmaß n, Standard m. **5.** Richtlinie f: **code of ~s** Richtlinien. **6.** (Mindest)Anforderungen pl: **to be up to** (**below**) **~** den Anforderungen (nicht) genügen od. entsprechen; **to set a high ~** viel verlangen, hohe Anforderungen stellen; **~s of entry** ped. Aufnahmebedingungen; **~ of living** Lebensstandard m. **7.** econ. 'Standard(quali,tät f od. -ausführung f) m. **8.** (Gold- etc)Währung f, (-)Standard m. **9.** Standard m: **a)** Feingehalt m, Feinheit f (der Edelmetalle), **b)** a. **monetary ~** Münzfuß m. **10.** Stand m, Ni'veau n, Grad m: **to be of a high ~** ein hohes Niveau haben; **~ of knowledge** Bildungsgrad, -stand; **~ of prices** Preisniveau, -spiegel m. **11.** ped. bes. Br. Stufe f, Klasse f. **12.** Standard m (Holzmaß).
II adj **13. a)** Norm...: **~ part; ~ specifications** Normvorschriften, **b)** nor'mal: **~ type print.** normale Schrift(form), **c)** Normal...: **~ atmosphere** (**candle, clock, film, time,** etc), **d)** Standard..., Einheits..., tech. a. Serien..., serienmäßig: **~ model; ~ size** gängige Größe (Schuhe etc); **to be ~ on** zur Serienausstattung (gen) gehören, **e)** Durchschnitts...: **~ rate** econ. Grund-, Einheitsgebühr f, a. Normalsatz m; **~ weight** Normal-, Eichgewicht n, a. Gewichtseinheit f. **14.** gültig, maßgebend, Standard...: **~ edition; S~ German** ling. Hochdeutsch n. **15.** klassisch: **~ novel; ~ author** Klassiker m.
stand·ard[2] ['stændə(r)d] **I** s **1. a)** mil. pol. Stan'darte f, **b)** Fahne f, Flagge f, **c)** Wimpel m. **2.** fig. Banner n. **3.** tech. **a)** Ständer m, Pfosten m, Pfeiler m, Stütze f, **c)** Gestell n. **4.** agr. **a)** Hochstämmchen n (freistehender Strauch), **b)** Hochstamm m,

standard-bearer - star dust

Baum *m* (*Obst*). **5.** *orn.* Fahne *f* (*Federteil*). **II** *adj* **6.** stehend, Steh...: ~ **lamp** Stehlampe *f*. **7.** *agr.* hochstämmig: ~ **rose**.
'stand·ard|-¦bear·er *s* **1.** *mil.* a) Fahnenträger *m*, b) *hist.* Fähnrich *m*. **2.** *fig.* (An)Führer *m*, Bannerträger *m*. '**~bred** *adj agr. Am.* aus Herdbuchzucht (stammend): ~ **horse**. ~ **de·vi·a·tion** *s Statistik*: Standardabweichung *f*. ~ **dol·lar** *s* (Gold)Dollar *m*. **S~ Eng·lish** *s* hochsprachliches Englisch. ~ **ga(u)ge** *s rail*. Nor'malspur *f*.
stand·ard·i·za·tion [ˌstændədaɪ'zeɪʃn; *Am.* -dərdə'z-] *s* **1.** Normung *f*, Nor'mierung *f*, Vereinheitlichung *f*, Standardi-'sierung *f*: ~ **committee** Normenausschuß *m*. **2.** *chem.* Standardi'sierung *f*, Ti'trierung *f*. **3.** Eichung *f*. **'stand·ard·ize** [-daɪz] *v/t* **1.** normen, standardi'sieren, nor'mieren, vereinheitlichen. **2.** *chem.* standardi'sieren, ti'trieren. **3.** eichen.
'stand-by I *pl* **-bys** *s* **1.** Stütze *f*, Beistand *m*, Hilfe *f* (*Person od. Sache*). **2.** *meist old* ~ altbewährte Sache(, auf die man zurückgreifen kann). **3.** (A'larm*etc*)Bereitschaft *f*: **to be on** ~ in Bereitschaft stehen. **4.** *tech.* Not-, Re'servegerät *n*. **5.** Ersatz *m*. **II** *adj* **6.** Hilfs..., Not..., Ersatz..., Reserve...: ~ **unit** *electr.* Notaggregat *n*. **7.** Bereitschafts...: ~ **duty**, ~ **service** Bereitschaftsdienst *m*; ~ **position** *mil.* Wartestellung *f*; ~ **station** (*Radio*) Bereitschaftsstelle *f*. **8.** *econ.* Beistands...: ~ **credit**.
stand| cam·er·a *s phot. Br.* Sta'tivkamera *f*. '**~down** *s* (*sport* Wettkampf-)Pause *f, a.* vor'übergehende Arbeitseinstellung. '**~¦eas·y** *s mil.* Rührt-Euch *n* (*Kommando*).
stand·ee [stæn'diː] *s bes. Am.* a) Stehplatzinhaber(in), b) j-d, der stehen muß.
stand·er·by [ˌstændə(r)'baɪ] *pl* ˌ**stand-ers-'by** *s* Da'beistehende(r *m*) *f*, Zuschauer(in).
'stand·fast *s* feste Positi'on.
'stand-in *s* **1.** *bes. Film*: Double *n*. **2.** Ersatzmann *m*, Vertreter(in). **3.** *Am. colloq.* a) gute Stellung, b) ‚gute Nummer' (**with** s.o. bei j-m).
'stand·ing I *s* **1.** a) Stand *m*, Rang *m*, Stellung *f*, b) Ansehen *n*, Ruf *m*: **person of high** ~ hochangesehene *od.* hochstehende Persönlichkeit. **2.** Dauer *f*: **of long** ~ seit langem bestehend, alt (*Brauch, Freundschaft etc*). **3.** Stehen *n*: **no** ~ keine Stehplätze. **II** *adj* **4.** stehend (*a. fig.*): ~ **water**; ~ **army** *mil.* stehendes Heer; ~ **corn** Getreide *n* auf dem Halm; ~ **jump** *sport* Sprung *m* aus dem Stand; ~ **position** *mil.* (im) Anschlag stehend; **a** ~ **rule** e-e (fest)stehende Regel; ~ **timber** Holz *n* auf dem Stamm; **all** ~ *mar.* a) unter vollen Segeln, b) *sl.* hilflos. **5.** *fig.* ständig: ~ **nuisance**; → **committee** 1, **dish** 3 b. **6.** *econ.* laufend: ~ **charge** laufende Unkosten. **7.** Steh...: ~ **desk**; ~ **matter** *print.* Stehsatz *m*. **8.** üblich, gewohnt: **a** ~ **dish**. **9.** bewährt, alt: **a** ~ **joke**. ~ **group** *s pol.* Standing Group *f* (*Führungsgremium der* Nato). ~ **or·der** *s* **1.** *econ.* a) Dauerauftrag *m* (*e-s Bankkunden*), b) (*Zeitungs- etc*)Abonne'ment *n*. **2.** *pl parl. etc* Geschäftsordnung *f*. **3.** *mil.* Dauerbefehl *m*. ~ **rig·ging** *s mar.* stehendes Gut. ~ **room** *s* **1.** Platz *m* zum Stehen. **2.** Stehplatz *m*. ~ **start** *s sport* stehender Start: **from a** ~ mit stehendem Start. ~ **wave** *s electr.* stehende Welle.
stand·ish [ˈstændɪʃ] *s obs.* 'Schreibtischgarniˌtur *f*.
'stand|-off I *s* **1.** *Am.* Distan'zierung *f*: ~ **bomb** Luft-Boden-Mittelstreckenrakete *f*. **2.** *fig.* Sackgasse *f*. **II** *adj* → **standoffish**. ˌ**'off·ish** *adj* **1.** reser'viert, (sehr)

ablehnend, unnahbar. **2.** hochmütig. ~ **oil** *s tech.* Standöl *n*. **'~out** *Am. colloq.* **I** *s* **1.** (*etwas*) Her'vorragendes. **2.** her'ausragende Per'sönlichkeit. **II** *adj* **3.** her'vor-, her'ausragend. '**~pat** *pol. Am. colloq.* **I** *s* sturer Konserva'tiver. **II** *adj* (starr) konserva'tiv. ˌ**~'pat·ter** → **standpat I**. '**~pipe** *s tech.* **1.** Standrohr *n*. **2.** Wasserturm *m*. '**~point** *s* Standpunkt *m* (*a. fig.*): **from the historical** ~. '**~still** *s* Stillstand *m*: **to be at a** ~ stillstehen, stocken, ruhen, an e-m toten Punkt angelangt sein; **from** ~ *mot. etc* aus dem Stand; **to come (bring) to a** ~ zum Stillstand *od.* Erliegen kommen (bringen). **II** *adj* stillstehend: ~ **agreement** *pol.* Stillhalteabkommen *n*. '**~up** *adj* **1.** stehend: ~ **collar** Stehkragen *m*. **2.** *colloq.* im Stehen eingenommen: ~ **meal**. **3.** wild, wüst (*Schlägerei*): ~ **fight** (*Boxen*) Schlägerei *f*.
stang [stæŋ] *pret obs. von* **sting**.
stan·hope [ˈstænəp] *s* **1.** Stanhope *m* (*ein offener Einspänner*). **2.** *a.* **S~ press** *print.* Stanhopepresse *f*.
stan·iel [ˈstænjəl] → **kestrel**.
sta·nine [ˈsteɪnaɪn] *s aer. mil.* (*mit 1 bis 9 Punkten bewerteter Grad der*) Fliegertauglichkeit *f*.
stank¹ [stæŋk] *s Br. dial.* **1.** Teich *m*, Weiher *m*. **2.** Wassergraben *m*. **3.** 'Wasserreserˌvoir *n*. **4.** a) Damm *m*, b) Wehr *n*, c) Schleuse *f*.
stank² [stæŋk] *pret von* **stink**.
stan·na·ry [ˈstænərɪ] *tech. Br.* **I** *s* **1.** Zinngrubengebiet *n*. **2.** a) Zinngrube *f*, b) Zinnofen *m*. **II** *adj* **3.** Zinn(gruben)...
stan·nate [ˈstænət; *Am.* -ˌneɪt] *s chem.* Stan'nat *n*.
stan·nel [ˈstænl] → **kestrel**.
stan·nic [ˈstænɪk] *adj chem.* Zinn..., Stanni...
stan·nif·er·ous [stæˈnɪfərəs] *adj* zinnhaltig. **'stan·nite** [-aɪt] *s* **1.** *min.* Zinnkies *m*, Stan'nin *n*. **2.** *chem.* Stan'nit *n*. **3.** *min. tent m*. '**stan·nous** *adj chem.* Zinn..., Stanni...
stan·za [ˈstænzə] *s metr.* **1.** Strophe *f*. **2.** Stanze *f*. **'stan·zaed** [-zəd] *adj* ...strophig: **eight-~**. **stanˈza·ic** [-ˈzeɪɪk] *adj* strophisch.
sta·pe·di·al [stæˈpiːdjəl, -ɪəl; *Am.* steɪ-; stə-] *adj anat.* Steigbügel...: ~ **bone** → **stapes**.
sta·pes [ˈsteɪpiːz] (*Lat.*) *pl* '**sta·pes**, **sta·pe·des** [stæˈpiːdiːz; *Am. a.* ˈsteɪpə-] *s anat.* Steigbügel *m*, Stapes *m* (*Gehörknöchelchen*).
staph·y·lo·coc·cus [ˌstæfɪləʊˈkɒkəs; *Am.* -ˌkɑː-] *s irr med.* Staphylo'kokkus *m*.
sta·ple¹ [ˈsteɪpl] **I** *s* **1.** *econ.* 'Hauptzeugnis *n*, -proˌdukt *n*: **the** ~**s of a country**. **2.** *econ.* Stapelware *f*: a) 'Hauptarˌtikel *m*, b) Massenware *f*. **3.** *econ.* Rohstoff *m*. **4.** *tech.* Stapel *m*: a) Qualität *od.* Länge des Fadens, b) Büschel Schafwolle: **of short** ~ kurzstapelig. **5.** *tech.* a) Rohwolle *f*, b) Faser *f*: ~ **fiber** (*bes. Br.* **fibre**) Zellwolle. **6.** *fig.* Hauptgegenstand *m*, -thema *n*. **7.** *econ.* a) Stapelplatz *m*, b) Handelszentrum *n*. **8.** *hist.* Markt *m* mit Stapelrecht. **II** *adj* **9.** *econ.* Stapel...: **10.** Haupt...: ~ **goods** (port, right, trade). **10.** Haupt...: ~ **food** (industry, *etc*); ~ **subject of conversation** → **6**. **11.** *econ.* a) Haupthandels..., b) (markt)gängig, c) Massen... **12.** *hist.* Monopol... **III** *v/t* **13.** (nach Stapel) sor'tieren: **to** ~ **cotton**.
sta·ple² [ˈsteɪpl] *tech.* **I** *s* **1.** (Drahtˌ)Öse *f*. **2.** Krampe *f*. **3.** Heftdraht *m*, -klammer *f*. **4.** *mus.* Messingröhrchen *n* (*im Oboenmundstück*). **II** *v/t* **5.** (mit Draht) heften: **stapling machine** → **stapler¹**. **6.** klammern (**to an** *acc*).

sta·pler¹ [ˈsteɪplə(r)] *s tech.* 'Heftmaˌschine *f*.
sta·pler² [ˈsteɪplə(r)] *s econ.* **1.** ('Baumwoll)Sorˌtierer *m*. **2.** Stapelkaufmann *m*.
star [stɑː(r)] **I** *s* **1.** *astr.* a) Stern *m*, b) *meist* **fixed** ~ Fixstern *m*, c) Gestirn *n*. **2.** Stern *m*: a) sternähnliche Fi'gur, b) *fig.* Größe *f*, Berühmtheit *f* (*Person*), c) Orden *m*, d) *print.* Sternchen *n* (*Hinweiszeichen*), e) weißer Stirnfleck (*bes. e-s Pferdes*): **S~s and Stripes** Sternenbanner *n* (*Nationalflagge der USA*); **a literary** ~ *fig.* ein Stern am literarischen Himmel; **to see** ~**s** *colloq.* ‚Sterne sehen' (*nach e-m Schlag*). **3.** *a)* Stern *m* (*Schicksal*), b) *a.* **lucky** ~ Glücksstern *m*, guter Stern: **unlucky** ~ Unstern *m*; **his** ~ **is in the ascendant** (is *od.* has set) sein Stern ist im Aufgehen (ist untergegangen); **to follow one's** ~ s-m (Glücks)Stern vertrauen; **you may thank** (*od.* **bless**) **your** ~**s** Sie können von Glück sagen(, daß). **4.** (Bühnen-, *bes.* Film)Star *m*. **5.** *sport etc* Star *m*: **football** ~. **6.** *electr.* Stern *m*. **7.** *Segeln*: Star *m* (*Boot*). **II** *adj* **8.** Stern...: ~ **map** (*od.* **chart**); ~ **time**. **9.** Haupt...: ~ **prosecution witness** *jur.* Hauptbelastungszeuge *m*. **10.** *thea., a. sport etc* Star...: ~ **player** Star *m*; ~ **performance** Elitevorstellung *f*; ~ **turn** Hauptattraktion *f*. **11.** her'vorragend, Star...: ~ **reporter**.
III *v/t* **12.** mit Sternen schmücken *od.* besäen. **13.** j-n in der *od.* e-r Hauptrolle zeigen: **a film ~ring ...** ein Film mit ... in der Hauptrolle. **14.** *print.* mit Sternchen versehen.
IV *v/i* **15.** die *od.* e-e Hauptrolle spielen: **to ~ in a film**; **to ~ as** *fig.* Hervorragendes leisten als, glänzen als.
star ap·ple *s bot.* Sternapfel *m*.
star·board [ˈstɑː(r)bə(r)d] *aer. mar.* **I** *s* Steuerbord *n*: **to cast to** ~ *mar.* nach Steuerbord fallen. **II** *adj* Steuerbord... **III** *adv* a) nach Steuerbord, b) steuerbord(s). **IV** *v/t u. v/i* nach Steuerbord halten.
star boat *s Segeln*: Starboot *n*.
starch [stɑː(r)tʃ] **I** *s* **1.** Stärke *f*: a) Stärkemehl *n*, b) Wäschestärke *f*, c) Stärkekleister *m*, d) *chem.* A'mylum *n*: ~ **blue** Stärke-, Kobaltblau *n*; **printing** ~ Druckkleister *m*; **~ *pl* stärkereiche Nahrungsmittel *pl*, 'Kohle(n)hyˌdrate *pl*. **3.** *fig.* Steifheit *f*, Förmlichkeit *f*. **4.** *Am. colloq.* ‚Mumm' *m* (*Energie*): **to let** (*od.* **knock**) **the** ~ **out of** s.o. j-m ‚die Luft rauslassen'. **II** *v/t* **5.** Wäsche stärken, steifen. **6.** *a.* ~ **up** steifer *od.* förmlicher machen.
Star| Cham·ber *s hist. Br.* Sternkammer *f* (*nur dem König verantwortliches Willkürgericht bis 1641*). '**s~-ˌcham·ber** *adj* Willkür(justiz)...
starched [stɑː(r)tʃt] *adj* **1.** gestärkt, gesteift. **2.** *fig.* steif, förmlich. '**starch·i·ness** [-ɪnɪs] *s fig.* Steifheit *f*, Förmlichkeit *f*.
'**starch-reˌduced** *adj* stärkearm (*Nahrungsmittel*).
'**starch·y** *adj* (*adv* **starchily**) **1.** stärkehaltig. **2.** Stärke... **3.** gestärkt. **4.** *fig.* steif, förmlich.
star| cloud *s astr.* Sternnebel *m*. ~ **con·nec·tion** *s electr.* Sternschaltung *f*. '**~-crossed** *adj poet.* unglückselig. '**~-ˌdel·ta** *adj electr.* Stern-Dreieck...
star·dom [ˈstɑː(r)dəm] *s* **1.** Welt *f* der Stars. **2.** *collect.* Stars *pl*. **3.** Berühmtheit *f*, Ruhm *m*: **to achieve** (*od.* **reach, rise to**) ~ ein (richtiger) Star werden.
star| drift *s astr.* Sterndrift *f*. ~ **dust** *s* **1.** *astr.* Sternnebel *m*. **2.** *astr.* kosmischer Staub. **3. there was** ~ **in her eyes** *fig.*

in ihrem Blick lag etwas Naiv-Romantisches.
stare [steə(r)] **I** *v/i* **1.** (~ **at** an)starren, (-)stieren: **to ~ after s.o.** j-m nachstarren. **2.** große Augen machen, erstaunt blicken, ‚glotzen', gaffen: **to ~ at** angaffen, anstaunen; **to make s.o. ~** j-n in Erstaunen versetzen. **II** *v/t* **3. ~ s.o. out (of countenance)** (*od.* **down**) j-n so lange anstarren, bis er verlegen wird; **to ~ s.o. into silence** j-n mit e-m (strengen) Blick zum Schweigen bringen. **4. ~ s.o. in the face** *fig.* a) j-m in die Augen springen, b) j-m deutlich vor Augen stehen; **bankruptcy ~d him in the face** der Bankrott stand ihm drohend vor Augen. **III** *s* **5.** (starrer *od.* erstaunter) Blick, Starren *n*. **'star·er** *s* Gaffer *m*.
star| finch *s orn.* Rotschwänzchen *n*. **'~fish** *s zo.* Seestern *m*. **'~flow·er** *s bot.* **1.** Milchstern *m*. **2.** Siebenstern *m*. **'~gaze** *v/i* **1.** *humor.* sich die Sterne begucken. **2.** (mit offenen Augen) träumen. **3.** sich s-e I'dole (aus der Nähe) ansehen. **'~gaz·er** *s* **1.** *humor.* Sterngucker *m*. **2.** Träumer(in). **3.** j-d, der sich s-e I'dole (aus der Nähe) ansieht.
star·ing ['steə(r)ɪŋ] **I** *adj* (*adv* ~**ly**) **1.** stier, starrend: **~ eyes. 2.** auffallend: **a ~ tie. 3.** grell: **a ~ red. II** *adv* **4.** → **stark** 7.
stark [stɑː(r)k] **I** *adj* (*adv* ~**ly**) **1.** steif, starr: **~ and stiff** stocksteif. **2.** rein, völlig: **~ folly**; **~ nonsense** barer Unsinn. **3.** (splitter)nackt. **4.** *fig.* rein sachlich: **~ report**; **~ facts** nackte Tatsachen. **5.** kahl, öde: **~ landscape. 6.** *poet.* stark. **II** *adv* **7.** völlig, ganz: **~ (staring) mad** ‚total verrückt'; **~ naked** splitternackt. **stark·ers** ['stɑː(r)kə(r)z] *adj bes. Br. sl.* splitternackt.
'star·less *adj* sternlos.
'star·let [-lɪt] *s* **1.** Sternchen *n*. **2.** Starlet *n*, Filmsternchen *n*.
'star·light I *s* Sternenlicht *n*. **II** *adj* → starlit.
star·ling[1] ['stɑː(r)lɪŋ] *s orn.* Star *m*.
star·ling[2] ['stɑː(r)lɪŋ] *s* Pfeilerkopf *m* (*Eisbrecher an e-r Brücke*).
'star|·lit *adj* **1.** sternhell, -klar. **2.** (nur) von den Sternen beleuchtet. **~ point** *s electr.* Stern-, Nullpunkt *m*.
starred [stɑː(r)d] *adj* **1.** gestirnt: **the ~ sky. 2.** sternengeschmückt. **3.** *print.* mit (e-m) Sternchen bezeichnet.
star·ry ['stɑː(r)ɪ] *adj* **1.** Sternen..., Stern... **2. ~** a) starlit, b) starred **2. 3.** strahlend: **~ eyes. 4.** sternförmig. **5.** *bot. zo.* Stern... **6.** *fig.* hochfliegend, über'spannt: **a ~ scheme**. **~-eyed** [ˌ-'aɪd; *attr.* '-aɪd] *adj* **1.** mit strahlenden Augen. **2.** *fig.* a) blauäugig, na'iv, b) ro'mantisch, verträumt.
star| shell *s mil.* Leuchtkugel *f*, -geschoß *n*. **'~span·gled** *adj* **1.** sternenbesät: **The S~-S~ Banner** das Sternenbanner (*Nationalflagge od. -hymne der USA*). **2.** *Am.* (*contp.* hur'ra)patri_,otisch.
start [stɑː(r)t] **I** *s* **1.** Start *m* (*a. fig.*): **~ in life** a) Eintritt *m od.* Start ins Leben, b) ‚Starthilfe' *f*, (berufliche) Förderung; **to give s.o. a ~ (in life)** j-m beim Eintritt ins Leben behilflich sein; → **false start. 2.** Startzeichen *n* (*a. fig.*): **to give the ~. 3.** a) Aufbruch *m*, b) Abreise *f*, c) Abfahrt *f*, d) *aer.* Abflug *m*, Start *m*, e) Abmarsch *m*. **4.** Beginn *m*, Anfang *m*: **at the ~** am Anfang; **from the ~** von Anfang an; **from ~ to finish** von Anfang bis Ende; **to make a fresh ~** e-n neuen Anfang machen, noch einmal von vorn anfangen. **5.** *sport* a) Vorgabe *f*: **to give s.o. 10 yards ~**, b) Vorsprung *m* (*a. fig.*): **to get** (*od.* **have**) **the ~ of one's rivals** s-n Rivalen zuvorkommen. **6.** a) Auffahren *n*, -schrecken *n*, Zs.-fahren *n*, Schreck *m*: **to give a ~** 18; **to give s.o. a ~** j-n auf-

od. erschrecken; **with a ~** jäh, schreckhaft, erschrocken. **7.** (neuer) Anlauf, Ruck *m*: → **fit**[2] **2. 8.** *colloq.* Über'raschung *f*: → **rum**[2] **2. 9.** a) Anwandlung *f*, Laune *f*, b) Ausbruch *m*, c) (Geistes)Blitz *m*.
II *v/i* **10.** sich auf den Weg machen, aufbrechen, sich aufmachen (**for** nach): **to ~ on a journey** e-e Reise antreten. **11.** a) abfahren, abgehen (*Zug*), b) *mar.* auslaufen (*Schiff*), c) *aer.* abfliegen, starten (**for** nach), d) *sport* starten. **12.** *mot. tech.* anspringen (*Motor*), anlaufen (*Maschine*). **13.** anfangen, beginnen (**on** mit e-r Arbeit *etc*; **on doing** damit, etwas zu tun): **now, don't you ~!** *colloq.* fang (doch) nicht schon wieder *od.* auch noch (damit) an!; **to ~ in business** ein Geschäft anfangen *od.* eröffnen; **to ~ on a book** mit e-m Buch anfangen; **to ~ with** (Redew.) a) erstens, als erstes, b) zunächst, c) um es gleich zu sagen; **... to ~ with ...** als Vorspeise; **he ~ed by explaining to us ...** er erklärte uns zunächst einmal ...; **he ~ed saying ...** er legte mit der Bemerkung los ... **14.** *fig.* ausgehen (**from** von e-m Gedanken *etc*). **15.** entstehen, aufkommen. **16.** (los)stürzen (**for** auf *acc*): **to ~ back** zurückweichen, -schrecken (**from** vor *dat*) (*a. fig.*). **17.** aufspringen: **to ~ from one's seat. 18.** a) auffahren, hochschrecken, b) zs.-fahren, -zucken (**at** vor *dat*, bei *e-m Geräusch etc*). **19.** stutzen (**at** bei). **20.** aus den Höhlen treten (*Augen*): **his eyes seemed to ~ from their sockets** die Augen quollen ihm fast aus dem Kopf. **21.** (her'vor)quellen (**from** aus) (*Blut, Tränen*). **22.** sich (los)lösen *od.* lockern.
III *v/t* **23.** in Gang *od.* Bewegung setzen, in Gang bringen, *tech. a.* anlassen: **to ~ an engine**; **to ~ a fire** ein Feuer anzünden *od.* in Gang bringen; **to ~ something** a) etwas unternehmen, b) *colloq.* etwas anrichten. **24.** e-n Vorgang einleiten. **25.** a) anfangen, beginnen: **to ~ a letter (a quarrel)**; **to ~ work(ing)** zu arbeiten anfangen, b) e-e Aktion starten: **to ~ a publicity campaign**, c) gründen, aufmachen, ins Leben rufen: **to ~ a business**; **to ~ a family** e-e Familie gründen. **26.** a) e-e Frage aufwerfen, b) *ein Thema* anschneiden, c) *ein Gerücht* in 'Umlauf setzen. **27.** j-m zu e-m Start verhelfen: **to ~ s.o. in business. 28.** *sport* a) starten (lassen): **to ~ the runners**, b) *ein Pferd*, *e-n Läufer* aufstellen, nomi-'nieren, an den Start schicken. **29.** abfahren lassen: **to ~ a train. 30.** *a.* **~ off** schicken (**on a voyage** auf e-e Reise; **to** nach, zu). **31.** j-n veranlassen, lassen: **this ~ed her talking** das brachte sie zum Reden. **32.** lockern, lösen. **33.** *hunt.* aufstöbern, aufscheuchen.
Verbindungen mit Adverbien:
start| in *v/i colloq.* **1. ~ on doing** (*od.* **to do**) s.th. sich daranmachen, etwas zu tun. **2. ~ on** gegen j-n, etwas vom Leder ziehen. **~ off I** *v/i* **1.** → start 13. **II** *v/t* **2.** → start 25, 30. **3. to start s.o. off on** s.th. j-n auf etwas bringen. **~ out** *v/i* → start 10. **~ up I** *v/i* → start 12, 17, 18. **II** *v/t* → start 23.
'start·er *s* **1.** *sport* Starter *m* (*Kampfrichter u. Wettkampfteilnehmer*). **2.** *rail. etc Am.* Fahrdienstleiter *m*. **3.** *fig.* Initi'ator *m*. **4.** *colloq.* erster Schritt: **as** (*od.* **for**) **a ~**, *bes. Br.* **for ~s** a) erstens, als erstes, b) zunächst, c) um es gleich zu sagen. **5.** *electr. mot.* Starter *m*, Anlasser *m*. **II** *adj* **6.** *tech.* → starting 5.
'start·ing I *s* **1.** Starten *n*, Start *m*, Ablauf *m*. **2.** *tech.* Anlassen *n*, In'gangsetzen *n*, Starten *n*: **cold ~** Kaltstart *m*. **II** *adj* **3.** *sport* Start...: **~ block (line, pistol, shot**, *etc*); **~ whistle** Anpfiff *m*.

4. Anfangs...: **~ capital** (**salary**, *etc*). **5.** *mot. tech.* Anlaß..., Anlasser...: **~ crank** Anlaßkurbel *f*; **~ current** Anlaufstrom *m*; **~ motor** Anlaßmotor *m*; **~ torque** *electr.* Anzugsmoment *n*. **~ gate** *s Pferderennen: Am.* 'Startma_,schine *f*. **~ mon·ey** *s sport* Startgeld *n*. **~ point** *s* Ausgangspunkt *m* (*a. fig.*). **~ price** *s* **1.** *Pferderennen:* Eventu'alquote *f*. **2.** Mindestgebot *n* (*Auktion*). **~ stalls** *s pl Pferderennen: Br.* 'Startma_,schine *f*.
star·tle ['stɑː(r)tl] **I** *v/t* **1.** erschrecken. **2.** aufschrecken (**from** aus), aufscheuchen. **3.** *fig.* aufrütteln. **4.** über'raschen: a) bestürzen, b) verblüffen. **II** *v/i* **5.** erschrecken: **to ~ easily** (sehr) schreckhaft sein. **6.** aufschrecken (**from** aus). **III** *s* **7.** Schreck *m*. **8.** Bestürzung *f*, Über'raschung *f*. **'star·tling** [-tlɪŋ] *adj* (*adv* ~**ly**) **1.** erschreckend, bestürzend, alar'mierend: **~ news. 2.** über'raschend, verblüffend, aufsehenerregend.
star·va·tion [stɑː(r)'veɪʃn] *s* **1.** Hungern *n*: **to die of ~** verhungern; **~ diet** Fastenkur *f*, Hungerkur *f*; **~ ration** Hungerration *f*; **~ wages** Hungerlohn *m*, -löhne *pl*. **2.** Hungertod *m*, Verhungern *n*.
starve [stɑː(r)v] **I** *v/i* **1.** *a.* **~ to death** verhungern: **I am simply starving** *colloq.* ich komme fast um vor Hunger. **2.** hungern, Hunger leiden. **3.** Not leiden. **4.** *fig.* hungern, lechzen (**for** nach). **5.** fasten. **6.** *fig.* verkümmern. **7.** *obs. od. Br. dial.* a) erfrieren, b) frieren. **II** *v/t* **8. ~ to death** verhungern lassen. **9.** aushungern. **10.** hungern *od.* (*a. fig.*) darben lassen: **to be ~d** a) Hunger leiden, ausgehungert sein (*a. fig.*), b) *fig.* → 4; **to be ~d of** (*od.* **for**) knapp sein an (*dat*). **11.** *fig.* verkümmern lassen: **to ~ a project of funds** Gelder von e-m Projekt abziehen.
'starve·ling [-lɪŋ] *obs.* **I** *s* **1.** Hungerleider *m*. **2.** *fig.* Kümmerling *m*. **II** *adj* **3.** hungrig. **4.** ausgehungert. **5.** 'unterernährt, mager. **6.** *fig.* kümmerlich.
star wheel *s tech.* Sternrad *n*.
sta·ses ['steɪsiːz; 'stæ-] *pl von* stasis.
stash[1] [stæʃ] *sl.* **I** *v/t* **1.** verstecken. **2. ~ away** beiseite tun, horten. **2.** *bes. Br.* aufhören mit: **~ it!** halt's Maul! **II** *s* **3.** Versteck *n*. **4.** (geheimes) Lager, Vorrat *m* (**of** an *dat*).
stash[2] [stæʃ] *s Am. sl.* Schnurrbart *m*.
sta·sis ['steɪsɪs; 'stæ-] *pl* **-ses** [-siːz] *s* **1.** *med.* Stase *f*, (Blut- *etc*)Stauung *f*. **2.** *phys.* Stauung *f*. **3.** *fig.* Stagnati'on *f*.
stat·a·ble ['steɪtəbl] *adj* feststellbar.
stat·coul·omb ['stætˌkuːlɒm; *Am.* -ˌlɑm] *s electr.* 'Statcou_,lomb *n*.
state [steɪt] **I** *s* **1.** *meist* S~ *pol.* Staat *m*: → **affair** 2. **2.** *pol. Am.* (Bundes-, Einzel-) Staat *m*: **~ law** Rechtsordnung *f* des Einzelstaates; **~'s attorney** Staatsanwalt *m*; → **state's evidence. 3. the S~s** *colloq.* die (Vereinigten) Staaten *pl* (*die USA*). **4.** Zustand *m*: **~ of inertia** *phys.* Beharrungszustand; **(low) general ~** (schlechter) Allgemeinzustand; **in a ~** *colloq.* in miserablem Zustand (→ 5 b); **maternity ~** *med.* Schwangerschaft *f*; **in a ~ of nature** a) im Naturzustand, b) *relig.* im Zustand der Sünde; **~ of the Union message** *Am.* (jährlicher) Rechenschaftsbericht (*des Präsidenten*) an die Nation; **~ of war** *mil.* Kriegszustand; → **aggregation** 2, **emergency** 1, **equilibrium**, **health** 2. **5.** a) *a.* **~ of mind**, **emotional ~** (Geistes-, Gemüts)Zustand *m*, (-)Verfassung *f*, b) *colloq.* Erregung *f*: **in (quite) a ~** ‚ganz aus dem Häus-chen' (**over** wegen). **6.** Stand *m*, Lage *f*: **~ of the art** neuester Stand der Wissenschaft *od.* Technik; **~ of the economy** wirtschaftliche Gesamtlage; **~ of facts** *jur.* Tatbestand *m*; **~ of grace** *relig.* Stand

der Gnade; → **affair** 2. **7.** (Per¦sonen-, Fa¦milien)Stand *m*; → **married** 1. **8.** *philos.* Sein *n*, Dasein *n*: **the future ~** das zukünftige Leben; **~ of being** Seinsweise *f*. **9.** *med. zo. etc* Stadium *n*. **10.** (gesellschaftliche) Stellung, Stand *m*: **in a style befitting one's ~** standesgemäß. **11.** Pracht *f*, Staat *m*: **carriage of ~** Prunk-, Staatskarosse *f*; **chair of ~** Thron *m*; **in ~** mit großem Zeremoniell *od.* Pomp; **to lie in ~** feierlich aufgebahrt liegen; **to live in ~** großen Aufwand treiben. **12.** *pl pol. hist.* (Land)Stände *pl.* **13.** *pol. gesetzgebende Körperschaft auf Jersey u. Guernsey.* **14.** a) Erhaltungszustand *m* (*e-s Buches etc*), b) Teilausgabe *f*. **15.** *Kupferstecherei:* (Zustands-, Ab)Druck *m*: **a first ~** ein Erstdruck. **16.** *mil.* Stärkemeldung *f*.
II *adj* **17.** staatlich, Staats...: **~ apparatus** Staatsapparat *m*; **~ capitalism** Staatskapitalismus *m*; **~ funeral** Staatsbegräbnis *n*; **~ mourning** Staatstrauer *f*; **~ prison** Strafanstalt *f* (*in USA e-s Bundesstaates*); **~ prisoner** politischer Häftling *od.* Gefangener; **~ property** Staatseigentum *n*; **~ religion** Staatsreligion *f*; **~ visit** Staatsbesuch *m*. **18.** Staats..., Prunk..., Parade..., feierlich: **~ apartment** Staatsgemach *n*, Prunkzimmer *n*; **~ bed** Parade-, Prunkbett *n*; **~ carriage** Prunk-, Staatskarosse *f*; **~ occasion** besonderer *od.* feierlicher Anlaß.
III *v/t* **19.** festsetzen, -legen: → **stated** 1. **20.** erklären: a) darlegen: **to ~ one's views**, b) *jur.* (aus)sagen, e-n Grund, e-e Klage *etc* vorbringen: → **case¹** 6. **21.** angeben, anführen: **to ~ full particulars**; **to ~ the facts** die Tatsachen anführen; **to ~ the reason why** erklären *od.* den Grund angeben, weshalb. **22.** erwähnen, bemerken. **23.** feststellen, konsta¦tieren. **24.** *ein Problem etc* stellen. **25.** *math.* (mathe¦matisch) ausdrücken.
state·a·ble → **statable**.
state¦ aid *s* staatliche Unter¦stützung *od.* Förderung. **'~-con¦trolled** *adj* unter staatlicher Aufsicht; **~ economy** Zwangswirtschaft *f*. **'~-craft** *s pol.* Staatskunst *f*.
stat·ed ['steɪtɪd] *adj* **1.** festgesetzt: **at ~ times**; **at ~ intervals** in regelmäßigen Abständen; **~ meeting** *Am.* ordentliche Versammlung. **2.** (ausdrücklich) bezeichnet, (*a.* amtlich) anerkannt. **3.** angegeben, angeführt: **as ~ above**; **~ account** *econ.* spezifizierte Rechnung; **~ capital** *econ.* ausgewiesenes (Gesellschafts)Kapital. **4.** *~ case jur.* Sachdarstellung *f*. **5.** festgestellt: **~ value**.
State¦ De·part·ment *s pol. Am.* ¦Außenmini¦sterium *n*. **~ guard** *s Am.* Mi¦liz *f* (*e-s Bundesstaates*).
'state·hood *s pol. bes. Am.* Eigenstaatlichkeit *f*, Souveräni¦tät *f*.
'State¦house *s pol. Am.* Parla¦mentsgebäude *n od.* Kapi¦tol *n* (*e-s Bundesstaates*).
'state·less *adj pol.* staatenlos: **~ person** Staatenlose(r *m*) *f*. **'state·less·ness** *s* Staatenlosigkeit *f*.
state·li·ness ['steɪtlɪnɪs] *s* **1.** Stattlichkeit *f*. **2.** Vornehmheit *f*. **3.** Würde *f*. **4.** Pracht *f*. **'state·ly I** *adj* **1.** stattlich, impo¦sant, prächtig. **2.** würdevoll. **3.** erhaben, vornehm. **II** *adv* **4.** würdevoll.
state·ment ['steɪtmənt] *s* **1.** (*a.* amtliche *etc*) Erklärung, Verlautbarung *f*, Statement *n*: **to make a ~** e-e Erklärung abgeben. **2.** a) (Zeugen- *etc*)Aussage *f*, b) Angabe(n *pl*) *f*: **false ~**; **~ of facts** Sachdarstellung *f*, Tatbestand *m*; **~ of contents** Inhaltsangabe *f*. **3.** Behauptung *f*. **4.** *bes. jur.* (schriftliche) Darlegung, (Par¦tei)Vorbringen *n*: **~ of claim** Klageschrift *f*; **~ of defence** (*Am.* defense) a) Klagebeantwortung *f*, b) Verteidigungsschrift *f*. **5.** Bericht *m*, Aufstellung *f*: **~ of policy** Regierungserklärung *f*. **6.** *econ.* a) (Geschäfts-, Monats-, Rechenschafts- *etc*) Bericht *m*: monthly **~**, b) (Gewinn-, Jahres- *etc*)Ausweis *m*: **annual ~**; **~ of affairs** *econ.* Übersicht *f* über die Vermögenslage (*e-r Person od. e-s Unternehmens*), *jur. Br.* Vermögensaufstellung *f* (*e-s Konkursschuldners*); **~ of account** Kontoauszug *m*; **financial ~** Finanzbericht, (Finanzierungs)Bilanz *f*; → **bank statement**, c) *Am.* Bi¦lanz *f*: **~ of assets and liabilities**. **7.** Darstellung *f*, Darlegung *f* (*e-s Sachverhalts*). **8.** *econ.* Lohn *m*, Ta¦rif *m*. **9.** *art* Aussage *f*. **10.** *mus.* Einführung *f* des Themas. **11.** *Computer:* Anweisung *f*.
¦state-of-the-¦art *adj* dem heutigen Stand der Wissenschaft *od.* Technik entsprechend, mo¦dern. **'~-owned** *adj* staatseigen, staatlich. **'~-room** *s* **1.** *mar.* (¦Einzel)Ka¦bine *f*. **2.** *rail. Am.* Pri¦vatab¦teil *n* (*mit Betten*). **3.** Staats-, Prunkzimmer *n*.
state's ev·i·dence *s jur. Am.* **1.** Kronzeuge *m* (*als Belastungszeuge auftretender Mitschuldiger*): **to turn ~** als Kronzeuge auftreten, gegen s-e Komplizen aussagen. **2.** belastendes (Be¦weis)Materi¦al.
'state¦side, S~ *Am.* **I** *adj* **1.** ameri¦kanisch, Heimat... **II** *adv* **2.** in den Staaten, in der Heimat. **3.** nach der *od.* in die Staaten (zu¦rück).
states·man ['steɪtsmən] *s irr* **1.** *pol.* Staatsmann *m*: → **elder statesman**. **2.** (bedeutender) Po¦litiker. **'states-man·like**, **'states·man·ly** *adj* staatsmännisch. **'states·man·ship** *s* Staatskunst *f*.
States of the Church → **Papal States**. **States'¦ Right·er** *s pol. Am.* Födera¦list *m*. **~ Rights** *s pl pol. Am.* Staatsrechte *pl* (*Rechte der Bundesstaaten der USA*).
states·wom·an ['steɪts¦wʊmən] *s irr* (bedeutende) Po¦litikerin.
¦state-sub·si·dized *adj* staatlich subventio¦niert.
¦state-¦wide *adj Am.* über den ganzen Staat verbreitet.
stat·ic ['stætɪk] **I** *adj* (*adv* **~ally**) **1.** *phys.* statisch: **~ calculation** (**electricity, pressure,** *etc*); **~ friction** Haftreibung *f*; **~ sense** *physiol.* Gleichgewichtssinn *m*; **~ tube** *aer.* Staurohr *n*. **2.** *electr.* (e¦lektro-) ¦statisch: **~ charge**. **3.** *Funk:* a) atmo¦sphärisch (*Störung*): **~ interference**, b) Störungs...: **~ suppression** Entstörung *f*. **4.** (fest)stehend, ortsfest. **5.** *allg.* statisch, gleichbleibend. **II** *s* **6.** statische Elektrizi¦tät. **7.** *Funk:* atmo¦sphärische *od.* statische Störungen *pl.* **8.** *pl* (*als sg konstruiert*) *phys.* Statik *f*. **9. he got a lot of ~** *Am. colloq.* er mußte sich einiges anhören.
sta·tion ['steɪʃn] **I** *s* **1.** Platz *m*, Posten *m* (*a. astr.*): **to take up one's ~** s-n Platz *od.* Posten einnehmen. **2.** a) (Rettungs-, Unfall- *etc*)Stati¦on *f*: **first-aid ~**, b) (Beratungs-, Dienst-, Tank- *etc*)Stelle *f*: **pet-rol ~**, c) (Tele¦grafen)Amt *n*, d) *teleph.* Sprechstelle *f*: **call ~**, e) *pol.* (¦Wahl-)Lo¦kal *n*: **polling ~**, f) (Handels)Niederlassung *f*: **trading ~**, g) (Feuer-, Polizei- *etc*)Wache *f*: **police ~**. **3.** (¦Forschungs-)Stati¦on *f*, (Erdbeben)Warte *f*. **4.** *electr.* a) ¦Funkstati¦on *f*, b) *mil.* Funkstelle *f*, c) (¦Rundfunk)Sender *m*, (-)Stati¦on *f*, d) Kraftwerk *n*: **power ~**. **5. mail ~** (Zweig)Postamt *n*. **6.** *rail.* a) Bahnhof *m*, b) (¦Bahn)Stati¦on *f*. **7.** *Am.* (Bus- *etc*) Haltestelle *f*. **8.** *naval ~ mar.* a) Flottenstützpunkt *m*, b) *Br.* Stati¦on *f*. **9.** *mil.* a) Posten *m*, Stützpunkt *m*, b) Standort *m*, c) *aer. Br.* (Flieger)Horst *m*. **10.** *biol.* Standort *m*. **11.** Dienstort *m* (*e-s Beamten etc*). **12.** *aer. mar.* Positi¦on *f*: **to leave ~** ausscheren. **13.** (gesellschaftliche *etc*) Stellung: **~ in life**; **to marry below one's ~** nicht standesgemäß heiraten; **men of ~** Leute von Rang. **14.** Stati¦on *f*, Rast(ort *m*) *f* (*auf e-r Reise etc*). **15.** *relig.* a) Stati¦on *f* (*der Gottesdienst des Papstes an besonderen Tagen*), b) Stati¦onskirche *f*. **16.** *a.* **~ of the cross** *relig.* (¦Kreuzweg-)Stati¦on *f*. **17.** *a.* **~ day** *relig.* Wochenfasttag *m*. **18.** *surv.* a) Stati¦on *f* (*Ausgangspunkt*), b) Basismeßstrecke *f* von 100 Fuß. **19.** *astr.* statio¦närer Punkt. **20.** *agr. Austral.* Rinder- *od.* Schaf(zucht)farm *f*. **21.** *hist.* (*Br. Ind.*) a) (englische) Kolo¦nie, b) Euro¦päerviertel *n*. **22.** *Bergbau:* Füllort *m*.
II *v/t* **23.** (o.s. sich) aufstellen, po¦stieren. **24.** *mar. mil.* statio¦nieren: **to ~ troops** (**ships, rockets**); **to be ~ed** stehen.
sta·tion·ar·y ['steɪʃnərɪ; *Am.* -ʃəˌnerɪ] *adj* **1.** *tech. etc* statio¦när (*a. astr. u. med.*), ortsfest, fest(stehend): **~ run** *sport* Laufen *n* am Ort; **~ treatment** *med.* stationäre Behandlung; **~ warfare** *mil.* Stellungskrieg *m*. **2.** seßhaft. **3.** gleichbleibend, statio¦när: **to remain ~** unverändert sein *od.* bleiben; **~ population** (*Statistik*) stationäre Bevölkerung. **4.** (still)stehend: **to be ~** stehen. **~ dis·ease** *s med.* lo¦kal auftretende u. jahreszeitlich bedingte Krankheit. **~ tan·gent** *s math.* ¦Wendetan¦gente *f* (*e-r Kurve*). **~ wave** *s electr. phys.* stehende Welle.
sta·tion·er ['steɪʃnə(r)] *s* **1.** Pa¦pier-, Schreibwarenhändler *m*: **~'s** (**shop**) Papier-, Schreibwarenhandlung *f*. **2.** *obs.* Buchhändler *m*. **S~s' Company** Londoner Innung der Buchhändler, Verleger u. Papierwarenhändler; **S~s' Hall** Sitz der **Stationers' Company**; **to enter at S~s' Hall** *ein Buch* registrieren (u. damit gegen Nachdruck schützen) lassen; **S~s' Register** von der **Stationers' Company** geführtes u. der Sicherung der Urheberrechte dienendes Verzeichnis der in England neu erscheinenden Bücher. **'sta-tion·er·y** [-ʃnərɪ; *Am.* -ʃəˌneri:] **I** *s* **1.** Schreib-, Pa¦pierwaren *pl*: **office ~** Büromaterial *n*, -bedarf *m*. **2.** ¦Brief-, ¦Schreibpa¦pier *n*. **II** *adj* **3.** Schreib-, Papierwaren...
sta·tion¦ hos·pi·tal *s med. mil.* ¦Standort-, Re¦servelaza¦rett *n*. **~ house** *s bes. Am.* a) Poli¦zeiwache *f*, -re¦vier *n*, b) Feuerwache *f*. **2.** *rail.* ¦Bahnstati¦on *f*. **~ mark·er** *s* Skalenreiter *m* (*am Radio*). **'~-mas·ter** *s rail.* Stati¦onsvorsteher *m*. **~ pole, ~ rod** *s surv.* Nivel¦lierstab *m*. **~ se·lec·tor** *s electr.* Stati¦onswähler *m*, Sendereinstellung *f*; **~ button** Stationstaste *f*. **~ wag·on** *s mot.* Kombiwagen *m*.
stat·ism ['steɪtɪzəm] *s econ. pol.* Di¦rigismus *m*, Planwirtschaft *f*.
stat·ist ['steɪtɪst] **I** *s* **1.** Sta¦tistiker *m*. **2.** *pol.* a) Anhänger *m* des Diri¦gismus *od.* der Planwirtschaft, b) *obs.* Po¦litiker *m*. **II** *adj* **3.** *pol.* diri¦gistisch, planwirtschaftlich.
sta·tis·tic [stə¦tɪstɪk] *adj*; **sta·tis·ti·cal** *adj* (*adv* **~ly**) sta¦tistisch: **~ distribution** Wahrscheinlichkeits-, Häufigkeitsverteilung *f*. **stat·is·ti·cian** [ˌstætɪ¦stɪʃn] *s* Sta¦tistiker *m*. **sta·tis·tics** *s pl* **1.** (*als sg konstruiert*) Sta¦tistik *f* (*Wissenschaft od. Methode*). **2.** (*als pl konstruiert*) Sta¦tistik(en *pl*) *f*.
sta·tor ['steɪtə(r)] *s tech.* Stator *m*: **~ current** *electr.* Ständerstrom *m*.
stat·o·scope ['stætəskəʊp] *s aer. phys.* Stato¦skop *n*.

statuary – steam

stat·u·ar·y ['stætjʊərɪ; *Am.* -tʃəˌwerɪ:] **I** *s* **1.** Bildhauerkunst *f*, ˌBildhaueˈrei *f*. **2.** (Rund)Plastiken *pl*, Statuen *pl*, Skulpˈturen *pl*. **3.** Bildhauer *m*. **II** *adj* **4.** Bildhauer... **5.** (rund)plastisch, fiˈgürlich. **6.** Statuen...: ~ **marble**.

stat·ue ['stætjuː; *Br. a.* -tjuː] *s* Statue *f*, Standbild *n*, Plastik *f*: ~ **of a saint** Heiligenfigur *f*. ˈ**stat·ued** *adj* mit Statuen geschmückt.

stat·u·esque [ˌstætjʊˈesk; -tʃʊ-; *Am.* -tʃəˈwesk] *adj* statuenhaft (*a. fig.*). ˌ**stat·uˈette** [-ˈet; *Am.* -ˈwet] *s* Statuˈette *f*: ~ **of a saint** Heiligenfigur *f*.

stat·ure ['stætʃə(r)] *s* **1.** Staˈtur *f*, Wuchs *m*, Gestalt *f*, Größe *f*. **2.** *fig.* (*geistige etc*) Größe, Forˈmat *n*, Kaˈliber *n*.

sta·tus ['steɪtəs; *Am. a.* ˈstæ-] *s* **1.** *jur.* a) Status *m*, (Rechts)Stellung *f*, b) *a.* **legal** ~ Rechtsfähigkeit *f*, c) Akˈtivlegitimatiˌon *f*: ~ **of ownership** Eigentumsverhältnisse; **equality of** ~ (politische) Gleichberechtigung; **national** ~ Staatsangehörigkeit *f*. **2.** *a.* **military** ~ (Wehr-) Dienstverhältnis *n*. **3.** (Faˈmilien- *od.* Perˈsonen)Stand *m*: **civil** (*od.* **personal**) ~. **4.** (gesellschaftliche *etc*) Stellung, Rang *m*: **social** ~; **his** ~ **among novelists**. **5.** (*gesellschaftliches etc*) Preˈstige, Status *m*: ~**mindedness** Prestigedenken *n*; ~ **seeker** j-d, der auf gesellschaftliches Prestige erpicht ist; ~ **symbol** Statussymbol *n*. **6.** (geschäftliche) Lage: **financial** ~ *econ.* Vermögenslage. **7.** *a. med.* Zustand *m*, Status *m*: **nutritional** ~ Ernährungszustand. ~ **quo** [kwəʊ] (*Lat.*) *s* (*der*) Status quo (*der jetzige Zustand*). ~ **quo an·te** [ˈæntɪ] (*Lat.*) *s* (*der*) Status quo ante (*der vorherige Zustand*).

stat·u·ta·ble ['stætjʊtəbl; *Am.* -tʃə-; -tʃuːt-] → **statutory** 1–4, 6.

stat·ute ['stætjuːt; *bes. Am.* -tʃuːt; *Am. a.* -tʃət] *s* **1.** *jur.* a) Gesetz *n* (*vom Parlament erlassene Rechtsvorschrift*), b) Gesetzesbestimmung *f*, -vorschrift *f*, c) Parlaˈmentsakte *f*: ~ **of bankruptcy** Konkursordnung *f*; **declaratory** ~, **regulatory** ~ Ausführungsgesetz. **2.** *a.* ~ **of limitations** *jur.* (Zeit *n* über) Verjährung *f*: **there is no** ~ **of limitations on murder** Mord verjährt nicht; **not subject to the** ~ unverjährbar; **to plead the** ~ Verjährung geltend machen. **3.** *jur.* Staˈtut *n*, Satzung *f*: ~ **of Westminster** *pol. hist.* Statut von Westminster (*durch das 1931 das British Commonwealth of Nations anerkannt wurde*). ˈ~-ˌ**barred** *adj jur.* verjährt. ~ **book** *s jur.* Gesetzessammlung *f*. ~ **law** *s jur.* Gesetzesrecht *n*, geschriebenes Recht (*Ggs.* **common law**). ~ **mile** *s* (gesetzliche) Meile (*1,60933 km*).

stat·u·to·ry ['stætjʊtərɪ; -tʃʊ-; *Am.* -tʃəˌtəʊrɪ:; -ˌtɔː-] *adj* (*adv* **statutorily**) **1.** *jur.* gesetzlich: ~ **heir** (**holiday**, **restrictions**, *etc*); ~ **corporation** Körperschaft *f* des öffentlichen Rechts; ~ **declaration** *Br.* eidesstattliche Erklärung; ~ **guardian** (amtlich eingesetzter) Vormund; ~ **instrument** *Br.* (Ausführungs-, Rechts-) Verordnung *f*; ~ **law** → **statute law**; ~ **meeting** *econ.* ordentliche Versammlung. **2.** *jur.* gesetzlich vorgeschrieben: ~ **notice** gesetzliche Kündigungsfrist; ~ **reserve** *econ.* gesetzliche Rücklage. **3.** Gesetzes... **4.** *jur.* (dem Gesetz nach) strafbar: ~ **offence** (*bes. Am.* **offense**) strafbare Handlung; → **rape**[1]. **5.** *jur.* Verjährungs...: ~ **period** Verjährung(sfrist) *f*. **6.** satzungsgemäß. [**stanch**[1].]

staunch[1] [stɔːntʃ; stɑːntʃ] *bes. Br. für*
staunch[2] [stɔːntʃ; stɑːntʃ] *adj* (*adv* **~ly**) **1.** (ge)treu, zuverlässig. **2.** standhaft, fest, eisern. **3.** wasserdicht, seetüchtig (*Schiff*). **4.** soˈlid (gearbeitet), fest.

ˈ**staunch·ness** *s* **1.** Treue *f*, Zuverlässigkeit *f*. **2.** Standhaftigkeit *f*.

stau·ro·lite ['stɔːrəlaɪt] *s min.* Stauroˈlith *m*.

stave [steɪv] **I** *s* **1.** (Faß)Daube *f*. **2.** (Leiter)Sprosse *f*, Runge *f*. **3.** Stock *m*, Knüttel *m*. **4.** *metr.* a) Strophe *f*, Vers *m*, b) (Reim)Stab *m*. **5.** *mus.* ˈNoten(linien)syˌstem *n*. **II** *v/t pret u. pp* **staved** *od.* **stove** [stəʊv] **6.** a) *meist* ~ **in** einschlagen, b) *ein Loch* schlagen, c) *ein Faß* zerschlagen. **7.** ~ **off** a) *j-n* ˈhinhalten, b) *ein Unheil etc* abwenden, abwehren, c) *etwas* aufschieben. **8.** mit Dauben *od.* Sprossen versehen. **III** *v/i* **9.** *Am.* jagen, rasen, eilen. ~ **rhyme** *s metr.* Stabreim *m*.

staves [steɪvz] *pl von* **staff**[1].

staves·a·cre ['steɪvzˌeɪkə(r)] *s* **1.** *bot.* Scharfer Rittersporn. **2.** *pharm.* Stephanskörner *pl*.

stay[1] [steɪ] **I** *v/i pret u. pp* **stayed** *od. obs.* **staid** [steɪd] **1.** bleiben (**with** s.o. bei j-m): **to** ~ **away** (**from**) fernbleiben (*dat*), wegbleiben (von); **to** ~ **behind** a) zurückbleiben, b) noch dableiben; **to come to** ~ (für immer) bleiben; **a fashion that has come to** ~ e-e Mode, die bleiben wird; **to** ~ **in** a) *a.* **to** ~ **indoors** zu Hause *od.* drinnen bleiben, b) *ped.* nachsitzen; **to** ~ **on** (noch länger) bleiben; **to** ~ **out** a) draußen bleiben (*a. Wäsche etc*), wegbleiben, nicht heimkommen, b) *econ.* weiterstreiken; **to** ~ **up** a) aufbleiben, wach bleiben, b) hängen bleiben (*Bild etc*), c) über Wasser bleiben; **to** ~ **for** (*od.* **to**) **dinner** zum Essen bleiben; **to** ~ **off** meiden, sich fernhalten von (*Alkohol*); **to** ~ **out of** sich heraushalten aus; ~**!** halt!; → **put**[1] 3. **2.** sich (vorˈübergehend) aufhalten, wohnen (**at**, **in** in *dat*; **with** s.o. bei j-m). **3.** (sich) verweilen. **4.** stehenbleiben. **5.** warten (**for** s.o. auf j-n). **6.** *bes. sport colloq.* ˈdurchhalten. **7.** ~ **with** *bes. sport Am. colloq.* mithalten (können) mit.

II *v/t* **8.** a) aufhalten, Halt gebieten (*dat*), hemmen, b) anhalten, c) zuˈrückhalten (**from** von), d) (fest)halten: **to** ~ **one's hand** sich zurückhalten. **9.** *jur.* a) *die Urteilsvollstreckung*, *ein Verfahren* aussetzen: ~ **a judgement** (**the proceedings**), b) *ein Verfahren*, *die Zwangsvollstreckung* einstellen. **10.** *j-s* Hunger *etc* stillen. **11.** *sport* ˈdurchhalten. **12.** ~ **out** a) überˈleben, b) länger bleiben als. **13.** *a.* ~ **up** a) stützen (*a. fig.*), b) *fig. j-m* ˌden Rücken steifen'. **14.** *tech.* a) absteifen, b) ab-, verspannen, c) verankern.

III *s* **15.** (vorˈübergehender) Aufenthalt: **to make a long** ~ **in London** sich längere Zeit in London aufhalten. **16.** a) Halt *m*, Stockung *f*, b) Hemmnis *n* (**upon** für): **to put a** ~ **on** *s-e* Gedanken *etc* zügeln. **17.** *jur.* Aussetzung *f*, Einstellung *f*, (Vollˈstreckungs)Aufschub *m*. **18.** *colloq.* Ausdauer *f*, Stehvermögen *n*. **19.** *tech.* a) Stütze *f*, b) Strebe *f*, c) Verspannung *f*, d) Verankerung *f*. **20.** *pl bes. Br.* Korˈsett *n*. **21.** *fig.* Stütze *f*.

stay[2] [steɪ] *mar.* **I** *s* **1.** Stag *n*: **to be** (**hove**) **in** ~ **in** ~ 4; **to miss the** ~**s** das Wenden verfehlen. **II** *v/t* **2.** *den Mast* stagen. **3.** *das Schiff* durch *od.* gegen den Wind wenden. **III** *v/i* **4.** über Stag gehen, wenden.

ˈ**stay**|**-at-home I** *s* häuslicher Mensch, *contp.* Stubenhocker(in): **I'm a** ~ ich bin am liebsten zu Hause. **II** *adj* häuslich, *contp.* stubenhockerisch. **~·bolt** *s tech.* **1.** Stehbolzen *m*. **2.** Ankerbolzen *m*. ˈ**~-ˌdown** (**strike**) *s Br.* Sitzstreik *m* (*der Bergleute*).

ˈ**stay·er** *s* **1.** j-d, der bleibt *etc*. **2.** ausdauernder Mensch. **3.** *Pferdesport:* Steher *m*.

ˌ**stay-**ˈ**fore·sail** *s mar.* Fockstagsegel *n*.

ˈ**stay·ing pow·er** ['steɪɪŋ] *s* Stehvermögen *n*, Ausdauer *f*.

ˈ**stay-in** (**strike**) *s* Sitzstreik *m*.

ˈ**stay**|**·lace** *s* Korˈsettschnur *f*. ˈ~**·maker** *s* Korˈsett-, ˈMiederfabriˌkant *m*. ˈ~**·sail** [-seɪl; *mar.* ˈsteɪsl] *s mar.* Stagsegel *n*. ~ **tube** *s tech.* Standrohr *n*.

stead [sted] *s* **1.** Stelle *f*: **in his** ~ an s-r Statt, statt seiner; **in** (**the**) ~ **of** an Stelle von (*od. gen*), anstatt (*gen*). **2.** Nutzen *m*: **to stand s.o. in good** ~ j-m (gut) zustatten kommen.

ˈ**stead·fast** ['stedfəst; -fɑːst; *Am.* -ˌfæst] *adj* (*adv* **~ly**) **1.** fest, unverwandt: **a** ~ **gaze**. **2.** fest: a) unbeweglich, b) dauerhaft. **3.** fest, unerschütterlich: a) standhaft, unentwegt, treu, b) unabänderlich: ~ **decision** (**faith**, *etc*). ˈ**stead·fast·ness** *s* Standhaftigkeit *f*, Festigkeit *f*: ~ **of purpose** Zielstrebigkeit *f*.

stead·i·ness ['stedɪnɪs] *s* **1.** Festigkeit *f*. **2.** Beständigkeit *f*, Stetigkeit *f*. **3.** soˈlide Art.

stead·y ['stedɪ] **I** *adj* (*adv* **steadily**) **1.** (stand)fest, staˈbil: **a** ~ **ladder**; **he was not** ~ **on his legs** er stand nicht fest auf den Beinen; ~ **prices** *econ.* feste *od.* stabile Preise. **2.** gleichbleibend, -mäßig, stetig, ständig, unveränderlich: ~ **girl friend** feste Freundin; ~ **pace** gleichmäßiges Tempo; ~ **progress** stetige *od.* ständige Fortschritte. **3.** gewohnheits-, regelmäßig: ~ **customer** Stammkunde *m*. **4.** → **steadfast** 1. **5.** a) → **steadfast** 3, b) ordentlich, soˈlid(e): **a** ~ **man**; **to lead a** ~ **life**, c) nüchtern, gesetzt, d) zuverlässig: **a** ~ **friend** (**player**, *etc*). **6.** ruhig, sicher: **a** ~ **eye** (**hand**). **II** *adv* **7.** *colloq.* a) **to go** ~ (**with**) vorsichtig(er) sein (mit), sich zurückhalten (bei, mit), b) **to go** ~ **with** (fest) mit j-m ˌgehen'. **III** *interj* **8.** sachte!, ruhig Blut! **9.** ~ **on!** halt! **IV** *v/t* **10.** festigen, fest *od.* ruhig *etc* machen: **to** ~ **o.s.** sich stützen, b) *fig.* sich beruhigen. **11.** *ein Pferd* zügeln. **12.** *j-n* zur Vernunft bringen, ernüchtern. **V** *v/i* **13.** fest *od.* sicher *od.* ruhig *etc* werden, Halt gewinnen, sich festigen, sich stabiliˈsieren (*a. econ.* Preise *etc*). **14.** *oft* ~ **down** vernünftig werden. **VI** *s* **15.** Stütze *f*. **16.** *colloq.* feste Freundin *od.* fester Freund. ˈ~-ˌ**go·ing** *adj* **1.** gleichbleibend, beständig. **2.** soˈlid(e), gesetzt. ~**·state** *s Molekularbiologie*, *Biophysik:* Fließgleichgewicht *n*. ˌ~-ˈ**state the·o·ry** *s* Kosmologie: ˈSteady-state-Theoˌrie *f*.

steak [steɪk] *s* **1.** Steak *n*. **2.** (ˈFisch)Koteˌlett *n*, (-)Fiˌlet *n*. **3.** Frikaˈdelle *f*. ~ **ham·mer** *s* Fleischklopfer *m*.

steal [stiːl] **I** *v/t pret* **stole** [stəʊl], *pp* **stol·en** ['stəʊlən] **1.** stehlen (*a. fig.*), entwenden: **to** ~ **s.th. from s.o.** j-m etwas stehlen; **to** ~ **s.o.'s girl friend** *fig.* j-m die Freundin ˌausspannen'. **2.** *fig.* stehlen, erlisten, erhaschen: **to** ~ **a kiss from s.o.** j-m e-n Kuß rauben; **to** ~ **a look at** e-n verstohlenen Blick werfen auf (*acc*); → **march**[1] *Bes. Redew.*, **show** 3, **thunder** 1. **3.** *fig.* stehlen, plagiˈieren. **4.** *fig.* schmuggeln (**into** in *acc*). **5.** *sport etc* **den Ball**, **Punkte etc** ergattern. **II** *v/i* **6.** stehlen. **7.** schleichen, sich stehlen: **to** ~ **away** sich davonstehlen. **8.** ~ **over** (*od.* **up**ˈ**on**) *j-n* beschleichen: **anxiety was** ~**ing over her**. **III** *s* **9.** *colloq.* Diebstahl *m*. **10.** *Am. colloq.* poˈlitische Bestechung. **11. at that price it is a** ~ *Am. colloq.* zu dem Preis ist das fast geschenkt.

stealth [stelθ] *s* Heimlichkeit *f*: **by** ~ heimlich, verstohlen. ˈ**stealth·i·ness** [-ɪnɪs] *s* Heimlichkeit *f*. ˈ**stealth·y** *adj* (*adv* **stealthily**) verstohlen, heimlich.

steam [stiːm] **I** *s* **1.** (Wasser)Dampf *m*: **at full** ~ mit Volldampf (*a. fig.*); **full** ~ **ahead** Volldampf voraus; **to get up** ~

Dampf aufmachen (a. fig.); **to let** (od. **blow**) **off** ~ Dampf ablassen, fig. a. sich od. s-m Zorn Luft machen; **to put on** ~ a) Dampf anlassen, b) fig. ‚Dampf dahinter machen'; **he ran out of** ~ fig. ihm ging die Puste aus; **under one's own** ~ mit eigener Kraft (a. fig.). **2.** Dampf m, Dunst m, Schwaden pl. **3.** fig. Kraft f, Wucht f. **4.** Dampfer m: **they travel by** ~. **II** v/i **5.** dampfen (a. Pferd etc). **6.** verdampfen. **7.** mar. rail. dampfen (fahren). **8.** ‚dampfen', brausen, sausen. **9.** meist ~ **ahead**, ~ **away** colloq. a) ‚sich (mächtig) ins Zeug legen', b) gut vor'ankommen. **10.** ~ **up** (od. **over**) (sich) beschlagen (Glas etc). **11.** colloq. vor Wut kochen. **III** v/t **12.** a) Speisen etc dämpfen, dünsten, b) Holz etc dämpfen, Stoff deka'tieren. **13.** Gas etc ausströmen. **14.** ~ **up** Glas etc beschlagen. **15.** meist ~ **up** colloq. a) ankurbeln, auf Touren bringen: **to** ~ **the industry**, b) j-n in Rage bringen: **to be** ~**ed up** colloq. → **11**; **don't let it** ~ **you!** reg dich (darüber) nicht auf! ~ **bath** s Dampfbad n. '~**blow·er** s tech. Dampfgebläse n. '~**boat** s Dampfboot n, (bes. Fluß)Dampfer m. ~ **boil·er** s Dampfkessel m. ~ **box** s **1.** tech. Schieberkasten m. **2.** Dampfkochtopf m. ~ **chest** → steam box 1. ~ **en·gine** s **1.** 'Dampfma,schine f. **2.** 'Dampfloko,motive f.
'**steam·er** s **1.** mar. Dampfer m, Dampfschiff n. **2.** tech. 'Dampfma,schine f. **3.** a) Dampfkochtopf m, b) 'Dämpfappa,rat m. ~ **rug** s grobe Wolldecke.
steam| **fit·ter** s 'Heizungsinstalla,teur m. ~ **ga(u)ge** s Mano'meter n. ~ **ham·mer** s Dampfhammer m. ~ **heat** s **1.** durch Dampf erzeugte Hitze. **2.** phys. spe'zifische Verdampfungswärme. ~ **heat·er** s **1.** Dampfheizkörper m. **2.** Dampfheizung f. ~ **heat·ing** s Dampfheizung f. ~ **i·ron** s Dampfbügeleisen n. ~ **nav·vy** Br. für steam shovel. ~ **or·gan** s mus. Dampf(pfeifen)orgel f. ~ **ra·di·o** s colloq. ‚Dampfradio' n. '~**roll·er** s **1.** Dampfwalze f (a. fig.). **II** v/t **2.** glattwalzen. **3.** fig. a) die Opposition etc niederwalzen, ‚über'fahren', b) e-n Antrag etc 'durchpeitschen, -drücken, c) j-n unter Druck setzen (**into doing** daß er etwas tut). '~**ship** s steamer 1. ~ **shov·el** s tech. (Dampf)Löffelbagger m. ~ **ta·ble** s **1.** Dampfbeheizte Theke zum Warmhalten von Speisen. **2.** tech. 'Dampfta,belle f. ~**tight** ['-tait; ,'-t'] adj tech. dampfdicht. ~ **tug** s mar. Schleppdampfer m. ~ **tur·bine** s tech. 'Dampftur,bine f. ~ **whis·tle** s Dampfpfeife n.
'**steam·y** **I** adj (adv **steamily**) **1.** dampfig, dampfend, Dampf... **2.** beschlagen (Glas etc). **3.** colloq. e'rotisch. **II** s **4.** Am. sl. ‚Porno' m (Film).
ste·a·rate ['stɪəreɪt] s chem. Stea'rat n.
ste·ar·ic [stɪ'ærɪk; Am. a. 'stɪərɪk] adj chem. Stearin...: ~ **acid. ste·a·rin** ['stɪərɪn; 'stiːə-] s **1.** Stea'rin n. **2.** der feste Bestandteil e-s Fettes.
ste·a·tite ['stɪətaɪt] s min. Stea'tit m.
ste·a·to·ma [stɪə'təʊmə] s med. **1.** Stea'tom n, Fettgeschwulst f. **2.** Li'pom n.
ste·a·to·sis [stɪə'təʊsɪs] s med. Stea'tose f, Verfettung f.
sted·fast, etc → steadfast, etc.
steed [stiːd] s rhet. (Streit)Roß n.
steel [stiːl] **I** s **1.** Stahl m: ~s a) Stähle, b) Börse: Stahlaktien; **of** ~ → **5**. **2.** (Gegenstand aus) Stahl m, bes. a) Wetzstahl m, b) Feuerstahl m, c) Kor'settstäbchen n. **3.** a. **cold** ~ kalter Stahl, Schwert n, Dolch m. **4.** fig. Kraft f, Härte f. **II** adj **5.** stählern (a. fig.), Stahl..., (aus) Stahl (stahl)hart, eisern. **III** v/t **6.** tech. (ver)stählen. **7.** fig. stählen, wappnen: **to** ~ **o.s.**

for (**against**) **s.th.** sich für (gegen) etwas wappnen; **he** ~**ed his heart against compassion** er verschloß sich dem Mitleid. ~ **band** s mus. Steelband f. ~ **blue** s Stahlblau n. '~**-clad** adj stahlgepanzert. '~**-drawn** adj aus gezogenem Stahl. '~**-en,graved** adj in Stahl gestochen. ~ **en·grav·ing** s **1.** Stahlstich m (Bild u. Technik). ~ **gray**, bes. Br. ~ **grey** s Stahlgrau n.
steel·i·fy ['stiːlɪfaɪ] v/t tech. Eisen in Stahl verwandeln.
steel·i·ness ['stiːlɪnɪs] s tech. Härte f (a. fig.), Stahlartigkeit f.
steel| **mill** s tech. Stahl(walz)werk n. ~ **wool** s Stahlspäne pl, -wolle f. '~**work** s **1.** Stahlarbeit f, Stahlteile pl. **2.** 'Stahlkonstrukti,on f. **3.** pl (oft als sg konstruiert) Stahlwerk n. '~**,work·er** s Stahlarbeiter m.
'**steel·y** → steel 5.
'**steel·yard** ['stiːljɑː(r)d; 'stɪljə(r)d] s Laufgewichtswaage f.
steen·bok ['stiːnbɒk; 'steɪn-; Am. -,bɑk] → steinbok.
steep[1] [stiːp] **I** adj (adv ~**ly**) **1.** steil, jäh, abschüssig. **2.** fig. jäh. **3.** colloq. a) ‚happig', ‚gepfeffert': ~ **prices**, b) e'norm: **a task**, c) ‚toll', unglaublich: **a** ~ **story**, d) unverschämt: ~ **demand; that's a bit** ~**!** das ist allerhand! **II** s **4.** jäher Abhang.
steep[2] [stiːp] **I** v/t **1.** eintauchen, -weichen, Tee aufbrühen. **2.** (**in**, **with**) (durch)'tränken, imprä'gnieren (mit). **3.** (**in**) fig. durch'tränken, -'dringen (mit), erfüllen (von): **to** ~ **o.s. in a subject** sich ganz in ein Thema versenken; ~**ed in** versunken in (dat); ~**ed in crime** verbrecherisch; ~**ed in history** geschichtsträchtig. **II** s **4.** Einweichen n, -tauchen n. **5.** a) Lauge f, Bad n, b) Einweichgefäß n.
steep·en ['stiːpən] v/t u. v/i steil(er) machen (werden), (sich) erhöhen.
stee·ple ['stiːpl] s **1.** Kirchturm m. **2.** Spitzturm m. **3.** Kirchturmspitze f. '~**chase I** s **1.** Pferdesport: Steeplechase f, Hindernis-, Jagdrennen n. **2.** Leichtathletik: Hindernislauf m. **II** v/i **3.** Pferdesport: e-e Steeplechase bestreiten. **4.** Leichtathletik: e-n Hindernislauf bestreiten. '~**,chas·er** s **1.** Pferdesport: a) Steepler m (Pferd), b) Hindernis-, Jagdreiter m. **2.** Leichtathletik: Hindernisläufer m.
stee·pled ['stiːpld] adj **1.** mit e-m Turm (versehen), betürmt. **2.** vieltürmig (Stadt).
'**stee·ple·jack** s Schornstein-, Turmarbeiter m.
'**steep·ness** s **1.** Steilheit f, Steile f. **2.** steile Stelle.
steer[1] [stɪə(r)] **I** v/t **1.** steuern, lenken (beide a. fig.). **2.** e-n Weg etc verfolgen, einschlagen, e-n Kurs steuern. **3.** j-n lotsen, ‚bug'sieren'. **II** v/i **4.** steuern: **to** ~ **clear of** fig. (ver)meiden, aus dem Weg gehen (dat). **5.** mar. mot. etc sich gut etc steuern od. lenken lassen. **6.** mar. etc gesteuert werden, fahren: **to** ~ **for** lossteuern auf (acc) (a. fig.). **III** s **7.** Am. colloq. ‚Tip' m.
steer[2] [stɪə(r)] s **1.** Ochse m. **2.** männliches Schlachtvieh.
steer·a·ble ['stɪərəbl] adj lenkbar.
steer·age ['stɪərɪdʒ] s **1.** bes. mar. (das) Steuern. **2.** mar. etc a) Steuerung f (Vorrichtung), b) Steuerwirkung f, c) Reakti'on(sfähigkeit) f, d) Zwischendeck n. '~**way** s mar. Steuerfahrt f, -fähigkeit f.
'**steer·er** s **1.** bes. mar. Steuerer m. **2.** Steuergerät n. **3.** Am. sl. ‚Schlepper' m (zu Nachtklubs etc).
'**steer·ing I** s **1.** Steuern n. **2.** Steuerung f, Lenkung f (a. fig.). **3.** Am. die Praktik von Immobilienmaklern, schwarzen Kunden ausschließlich Wohnungen in von Schwarzen bewohnten Gegenden anzubieten. **II** adj **4.** Steuer... ~ **col·umn** s mot. Lenksäule f. ~ **col·umn lock** s mot. Lenk(rad)schloß n. ~ **com·mit·tee** s pol. etc Lenkungsausschuß m. ~ **gear** s **1.** mot. Steuerung f, Lenkung f, Lenkgetriebe n. **2.** mar. Steuerapparat m. ~ **knuck·le** s mot. Am. Achsschenkel m. ~ **lock** s mot. Lenkungseinschlag m. ~ **play** s mot. toter Gang od. Spiel n der Lenkung. ~ **wheel** s **1.** mar. Steuerrad n. **2.** mot. Steuer-, Lenkrad n. ~ **wheel lock** s mot. Lenk(rad)schloß n.
'**steers·man** ['stɪə(r)zmən] s irr mar. Rudergänger m.
steeve[1] [stiːv] v/t mar. traven, e-e Ballenladung (fest) zs.-pressen.
steeve[2] [stiːv] s mar. Steigung f (des Bugspriets).
stein [staɪn] (Ger.) s Bier-, Maßkrug m.
stein·bock → steinbok.
stein·bok ['staɪnbɒk; Am. -,bɑk] pl **-boks**, bes. collect. **-bok** s zo. Steinbock m.
ste·le ['stiːlɪ; -liː] pl **-lae** [-liː], **-les** s antiq. Stele f (Bild- od. Grabsäule).
stel·lar ['stelə(r)] adj astr. stel'lar, Stern(en)...
stel·late ['stelət; -eɪt] adj sternförmig: ~ **leaves** bot. quirlständige Blätter. '**stel·lat·ed** [-eɪtɪd], **stel'lif·er·ous** [-'lɪfərəs] adj **1.** → stellate. **2.** gestirnt. '**stel·lu·lar** [-ljʊlə(r)] adj sternchenförmig.
stem[1] [stem] **I** s **1.** (Baum)Stamm m. **2.** bot. a) Stengel m, b) (Blüten-, Blatt-, Frucht)Stiel m, c) Halm m: ~ **leaf** Stengelblatt n. **3.** Bündel n Ba'nanen. **4.** allg. (Pfeifen-, Weinglas- etc)Stiel m. **5.** a) (Lampen)Fuß m, b) (Ven'til)Schacht m, c) (Thermo'meter)Röhre f, d) (Aufzieh-)Welle f (e-r Uhr). **6.** fig. Geschlecht n, Stamm m. **7.** ling. (Wort)Stamm m. **8.** mus. (Noten)Hals m. **9.** print. Grund-, Abstrich m. **10.** mar. (Vorder)Steven m: **from** ~ **to stern** von vorn bis achtern. **II** v/t **11.** entstielen. **III** v/i **12.** stammen, ('her)kommen (**from** von).
stem[2] [stem] **I** v/t **1.** eindämmen (a. fig.). **2.** fig. a) aufhalten, Einhalt gebieten (dat), b) sich entgegenstemmen (dat), ankämpfen gegen (a. mar.). **3.** ein Loch etc abdichten, abdämmen. **4.** e-e Blutung stillen. **5.** den Ski zum Stemmbogen ansetzen. **II** v/i **6.** Skisport: stemmen.
stemmed [stemd] adj **1.** bot. a) gestielt, b) (in Zssgn) ...stielig: **long-**~. **2.** entstielt.
'**stem·less** adj stengellos, ungestielt.
stem·ple ['stempl] s Bergbau: Stempel m, Stützholz n.
stem| **turn** s Skisport: Stemmbogen m. '~**,wind·er** [-,waɪndə(r)] s **1.** Remon'toiruhr f. **2.** Am. colloq. a) tolle Sache', b) ‚Mordskerl' m. '~**,wind·ing** adj **1.** mit Aufziehwelle: ~ **watch** → stemwinder 1. **2.** Am. colloq. ‚toll'.
stench [stentʃ] s Gestank m. ~ **bomb** s Stinkbombe f. ~ **trap** s Siphon m, Geruchsverschluß m.
sten·cil ['stensl] **I** s **1.** a) ~ **plate** ('Maler)Scha,blone f, b) print. ('Wachs-)Ma,trize f. **2.** a) Scha'blonenzeichnung f, -muster n, b) Ma'trizenabzug m. **II** v/t pret u. pp **-ciled**, bes. Br. **-cilled 3.** schablo'nieren, mittels Scha'blone beod. aufmalen. **4.** auf Ma'trize(n) schreiben.
Sten gun [sten] s mil. leichtes Ma'schinengewehr, LMG n.
sten·o ['stenəʊ] pl **-os** Am. colloq. für stenographer.
sten·o·car·di·a [,stenəʊ'kɑːdɪə; -nəʊk-] s med. Stenokar'die f, Herzkrampf m.
sten·o·graph ['stenəɡrɑːf; bes. Am.

stenographer – sternum

-græf] **I** *s* **1.** Steno¹gramm *n.* **2.** Kurzschriftzeichen *n.* **3.** Stenogra¹phiermaˌschine *f.* **II** *v/t* **4.** (¹mit)stenograˌphieren. **ste·nog·ra·pher** [stə¹nɒgrəfə(r); *Am.* -¹nɑ-] *s* **1.** Steno¹graph(in). **2.** *Am.* Stenoty¹pistin *f.* ˌ**sten·o·¹graph·ic** [-nə-¹græfɪk] *adj* (*adv* ~ally) steno¹graphisch. **ste¹nog·ra·phy** [stə¹nɒgrəfɪ; *Am.* -¹nɑ-] *s* Stenogra¹phie *f,* Kurzschrift *f.*
ste·not·ic [stɪ¹nɒtɪk; *Am.* -¹nɑ-] *adj med.* (krankhaft) verengend *od.* verengt.
sten·o·type [¹stenəʊtaɪp] → **stenograph** 2 *u.* 3. ¹**sten·oˌtyp·ist** *s* *j-d, der e-e Stenographiermaschine bedient.* ¹**sten·oˌtyp·y** [-pɪ] *s* Stenoty¹pie *f.*
sten·to·ri·an [sten¹tɔːrɪən; *Am. a.* -¹təʊ-] *adj* überlaut: ~ **voice** Stentorstimme *f.*
step [step] **I** *s* **1.** Schritt *m* (*a.* Geräusch *u.* Maß): a ~ **forward** ein Schritt vorwärts (*a. fig.*); ~ **by** ~ Schritt für Schritt (*a. fig.*); **to take a** ~ e-n Schritt machen; **watch** (*od.* **mind**) **your** ~! paß auf, wo du hintrittst! (→ 7); **to keep one** ~ **ahead** *fig.* immer e-n Schritt voraus sein. **2.** *fig.* Fußstapfen *m*: **to tread in s.o.'s** ~**s** in j-s Fußstapfen treten. **3.** (*eiliger etc*) Schritt, Gang *m.* **4.** (Tanz)Schritt *m.* **5.** (Mar-¹schier-, Gleich)Schritt *m*: **in** ~ **im** Gleichschritt; **in** ~ **with** *fig.* im Einklang mit; **out of** ~ außer Tritt; **out of** ~ **with** *fig.* nicht im Einklang mit; **to break** ~ aus dem Schritt kommen; **to fall in** ~ Tritt fassen; **to keep** ~ **with** Schritt halten mit (*a. fig.*); → **retrace** 1. **6.** (*ein*) paar Schritte *pl*, ‚Katzensprung' *m*: **it is only a** ~ **to my house. 7.** Schritt *m,* Maßnahme *f*: **to take** ~**s** Schritte unternehmen; **watch** (*od.* **mind**) **your** ~! Vorsicht!, paß auf, was du tust! (→ 1); → **false step**, **legal** 4. **8.** *fig.* Schritt *m,* Stufe *f.* **9.** Stufe *f* (*e-r Treppe etc*), (Leiter-) Sprosse *f*: **mind the** ~! Vorsicht, Stufe! **10.** Trittbrett *n* (*am Fahrzeug*). **11.** *pl, a.* **pair of** ~**s** Trittleiter *f.* **12.** *geogr.* Stufe *f,* Ter¹rasse *f.* **13.** *mus.* a) (Ton-, Inter¹vall-) Schritt *m*, b) Inter¹vall *n*, c) (Tonleiter-) Stufe *f.* **14.** *electr. tech.* (Schalt-, *a.* Verstärker)Stufe *f,* Schaltschritt *m.* **15.** a) (Rang)Stufe *f,* Grad *m*, b) *bes. mil.* Beförderung *f*: **when did he get his** ~? wann wurde er befördert?
II *v/i pret u. pp* **stepped,** *obs.* **stept** [stept] **16.** schreiten, treten: **to** ~ **into a fortune** *fig.* unverhofft zu e-m Vermögen kommen. **17.** (*zu Fuß*) gehen, treten: ~ **in!** herein!; **will you** ~ **this way, please** kommen Sie bitte hier entlang; **to** ~ **off** aussteigen aus (*Bus etc*), treten von (*Bürgersteig*). **18.** → **step out** 2. **19.** treten ([up]**on** *auf acc*): ~ **on it!** *colloq.* Tempo!; → **accelerator** 2, **gas** 6 b.
III *v/t* **20.** a) e-n Schritt machen: **to** ~ **a pace,** b) e-n Tanz tanzen: **to** ~ **it zu Fuß gehen; tanzen. 21.** *a.* ~ **off,** ~ **out** e-e *Entfernung etc* a) abschreiten, b) abstecken. **22.** abstufen. **23.** mit Stufen versehen. **24.** *tech.* stufenweise ändern. *Verbindungen mit Adverbien:*
step| a·side *v/i* **1.** zur Seite treten. **2.** *fig.* (**in** favo[u]**r of**) Platz machen (für), zu¹rücktreten (zu¹gunsten). ~ **back** **I** *v/i* **1.** zu¹rücktreten. **2.** (*vor Schreck etc*) zu¹rückweichen. **II** *v/t* **3.** abstufen. ~ **down I** *v/i* **1.** her-, hin¹unterschreiten. **2.** *fig.* a) → **step aside** 2, b) zu¹rücktreten (**as** von s-m Posten *als*). **II** *v/t* **3.** verringern, verzögern. **4.** *electr.* her¹untertransforˌmieren. ~ **for·ward** *v/i* **1.** vortreten, nach vorne treten. **2.** *fig.* sich melden (**Zeugen** *etc*). ~ **out I** *v/i* **1.** (*bes. kurz*) weggehen. **2.** forsch ausschreiten. **3.** *colloq.* (viel) ausgehen. **4.** ~ **on** *Am. colloq.* Ehepartner betrügen. **II** *v/t* **5.** → **step** 21. ~ **up I** *v/i* **1.** hin¹auf-, her¹aufsteigen.

2. zugehen (**to** auf *acc*). **3.** sich steigern. **4.** *Am. colloq.* (*im Rang*) befördert werden. **II** *v/t* **5.** steigern, *die Produktion etc* ankurbeln, *Forderungen etc* hochschrauben. **6.** *electr.* ¹hochtransforˌmieren. **7.** *Am. colloq.* j-n (*im Rang*) befördern.
¹**step|ˌbroth·er** *s* Stiefbruder *m.* ~**-by-**~ *adj fig.* schrittweise. ¹~**child** *s irr* Stiefkind *n.* ~ **cline** *s biol.* gestufter ¹Merkmalsgradiˌent. ¹~**dame** *obs. für* stepmother. ~ **dance** *s* Step(tanz) *m.* ¹~ˌ**daugh·ter** *s* Stieftochter *f.* ¹~**down I** *adj electr.* Umspann...: ~ **ratio** Untersetzungsverhältnis *n*; ~ **transformer** Abwärtstransformator *m.* **II** *s* Verringerung *f.* ¹~**fa·ther** *s* Stiefvater *m.* ¹~**-in I** *adj* **1.** Schlupf..., zum Hin¹einschlüpfen: ~ **dress**; ~ **mocassins** (*od.* **shoes**) → 3. **II** *s* **2.** *a. pl* (Damen)Schlüpfer *m.* **3.** *pl* Slipper *pl.* ¹~ˌ**lad·der** *s* Trittleiter *f.* ¹~ˌ**moth·er** *s* Stiefmutter *f, fig. a.* Rabenmutter *f.* ¹~ˌ**moth·er·ly** *adj* stiefmütterlich.
step·ney [¹stepnɪ] *s mot. Br. hist.* Ersatzrad *n.*
¹**step-off** *s* Steilabhang *m.*
¹**step**ˌ**par·ents** *s pl* Stiefeltern *pl.*
steppe [step] *s geogr.* Steppe *f.*
stepped [stept] *adj a. tech.* (ab)gestuft, Stufen...
step·per [¹stepə(r)] *s* **1.** Renner *m,* guter Gänger *m* (*Pferd*). **2.** Tänzer(in).
step·ping stone [¹stepɪŋ] *s* **1.** (Tritt-) Stein *m* (*im Wasser etc*). **2.** *fig.* Sprungbrett *n.*
step| rock·et *s* ¹Stufenraˌkete *f.* ¹~ˌ**sis·ter** *s* Stiefschwester *f.* ¹~**son** *s* Stiefsohn *m.*
stept *obs. pret. pp* von **step**.
¹**step-up I** *adj* stufenweise erhöhend: ~ **transformer** *electr.* Aufwärtstransformator *m.* **II** *s* Steigerung *f.*
¹**step·wise** *adj u. adv fig.* schritt-, stufenweise.
ster·co·ra·ceous [ˌstɜːkə¹reɪʃəs; *Am.* ˌstɜːr-], ¹**ster·co·ral** [-rəl] *adj* Kot..., kotartig.
stere [stɪə(r)] *s* Ster *m* (*Holzmaß*).
ster·e·o [¹sterɪəʊ; ¹stɪə-] **I** *pl* **-os** *s* **1.** *Radio etc*: Stereo *n*: **to broadcast in** ~. **2.** *colloq.* Stereogerät *n.* **3.** *colloq. für* stereotype 1. **4.** *colloq.* a) ¹Stereofotoˌgrafie *f,* b) Stereofoto *n.* **II** *adj* **5.** *Radio etc*: Stereo...: ~ **broadcast** (**decoder, record,** *etc*); ~ **suite** (*od.* **system**) Stereoanlage *f.* ˌ**ster·e·o·¹chem·is·try** *s* ¹Stereo-, ¹Raumcheˌmie *f.* ¹**ster·e·oˌchro·my** [-ˌkrəʊmɪ] *s* Stereochro¹mie *f* (*Wandmalerei mit Wasserfarben*).
ster·e·o·gram [¹sterɪəgræm; ¹stɪər-] *s phys.* **1.** Raumbild *n.* **2.** → **stereograph** I. **3.** *Br.* ¹Stereomuˌsiktruhe *f.* ¹**ster·e·oˌgraph** [-grɑːf; *bes. Am.* -græf] **I** *s* stereo¹skopisches Bild. **II** *v/t u. v/i* stereofoto¹grafieren. **ster·e·og·ra·phy** [ˌsterɪ¹ɒgrəfɪ; ˌstɪər-; *Am.* -¹ɑg-] *s math.* Stereogra¹phie *f,* Körperzeichnung *f.*
ster·e·om·e·ter [ˌsterɪ¹ɒmɪtə(r); ˌstɪər-; *Am.* -¹ɑm-] *s phys.* Stereo¹meter *n.* ˌ**ster·e·¹om·e·try** [-trɪ] *s* **1.** *phys.* Stereome¹trie *f.* **2.** *math.* Geome¹trie *f* des Raumes.
ˌ**ster·e·o·¹phon·ic** *adj* stereo¹phon(isch), Stereoton..., Raum...: ~ **sound** Raumton *m.*
ster·e·o·plate [¹sterɪəpleɪt; ¹stɪər-] *s print.* Kli¹scheetypplatte *f,* Stereo *n.*
ster·e·o·scope [¹sterɪəskəʊp; ¹stɪər-] *s* Stereo¹skop *n.* ˌ**ster·e·o·¹scop·ic** [-¹skɒpɪk; *Am.* -¹skɑ-] *adj* (*adv* ~**ally**) stereo¹skopisch: ~ **camera** Stereokamera *f*; ~ **photograph** Stereofoto(grafie *f*) *n*; ~ **photography** Stereofotografie *f*; ~ **vision** stereoskopisches *od.* plastisches Sehen. **ster·e·os·co·py** [ˌsterɪ¹ɒskəpɪ;

ˌstɪər-; *Am.* -¹ɑs-] *s* **1.** Stereosko¹pie *f.* **2.** räumliches Sehen.
ster·e·o·type [¹stɪərɪətaɪp; ¹ster-] **I** *s* **1.** *print.* a) Stereoty¹pie *f,* Plattendruck *m,* b) Stereo¹typie *f,* Druckplatte *f.* **2.** *fig.* Kli¹schee *n,* Scha¹blone *f.* **II** *v/t* **3.** *print.* stereoty¹pieren. **4.** *fig.* stereo¹typ wiederholen. **5.** sich e-e Kli¹scheevorstellung bilden von. **6.** in e-e feste Form bringen. ¹**ster·e·o·typed** *adj* **1.** *print.* stereoty¹piert. **2.** *fig.* a) stereo¹typ, unveränderlich, b) kli¹schee-, scha¹blonenhaft. ¹**ster·e·o·typ·er,** ¹**ster·e·o·typ·ist** *s print.* Stereoty¹peur *m,* Materngießer *m.* ˌ**ster·e·o·ty·¹pog·ra·phy** [-taɪ¹pɒgrəfɪ; *Am.* -¹pɑg-] *s print.* Stereo¹typdruck (-verfahren *n*) *m.* ¹**ster·e·o·typ·y** [-taɪpɪ] *s* Stereoty¹pie *f*: a) *print.* Druckverfahren, b) *med.* Reiterati¹on *f* (*häufige Wiederholung derselben Bewegungen od. Ausdrücke*).
ster·ic [¹sterɪk; ¹stɪər-] *adj chem.* sterisch.
ster·ile [¹steraɪl; *Am.* -rəl] *adj* **1.** *med.* ste¹ril, keimfrei: ~ **bandage**. **2.** *biol. u. fig.* unfruchtbar, steril: ~ **cow** (**soil, mind,** *etc*); a ~ **seed** *bot.* ein tauber *od.* nicht keimfähiger Same. **3.** *fig.* fruchtlos: a ~ **discussion**; ~ **capital** totes Kapital. **4.** *fig.* leer, gedankenarm: ~ **style. 5.** *fig.* ¹unprodukˌtiv: a ~ **writer**.
ste·ril·i·ty [ste¹rɪlətɪ; stə¹r-] *s* Sterili¹tät *f* (*a. fig.*).
ster·i·li·za·tion [ˌsterɪlaɪ¹zeɪʃn; *Am.* -rələ¹z-] *s* **1.** Sterilisati¹on *f*: a) *med.* Entkeimung *f,* b) Unfruchtbarmachung *f.* **2.** Sterili¹tät *f.* ¹**ster·i·lize** [-laɪz] *v/t* **1.** *med.* sterili¹sieren: a) entkeimen, keimfrei machen, b) unfruchtbar machen (*a. fig.*). **2.** den Boden ausmergeln. **3.** *fig.* abtöten. **4.** *Kapital etc* nicht gewinnbringend anlegen. ¹**ster·i·liz·er** *s* Sterili¹sator *m* (*Apparat*).
ster·let [¹stɜːlɪt; *Am.* ¹stɜr-] *s ichth.* Sterlet *m.*
ster·ling [¹stɜːlɪŋ; *Am.* ¹stɜr-] **I** *adj* **1.** Sterling(...): **ten pounds** ~ 10 Pfund Sterling; ~ **area** Sterlinggebiet *n,* -block *m.* **2.** von Standardwert (*Gold, Silber*). **3.** *fig.* lauter, echt, gediegen, bewährt: a ~ **character** ein lauterer Charakter; ~ **merit** hervorragendes Verdienst. **II** *s* **4.** Sterling *m* (*Währung*). **5.** *Br.* Standardfeingehalt *m* (*für Münzen*). **6.** Sterlingsilber *n.* **7.** Sterlingsilberwaren *pl.*
stern¹ [stɜːn; *Am.* stɜrn] *adj* (*adv* ~**ly**) **1.** streng, hart (**to** mit, gegen): ~ **necessity** bittere Notwendigkeit. **2.** unnachgiebig, eisern: a ~ **resolve**. **3.** finster, streng: a ~ **face**.
stern² [stɜːn; *Am.* stɜrn] *s* **1.** *mar.* Heck *n,* Achterschiff *n*: ~ **on** mit dem Heck nach vorn; (**down**) **by the** ~ hecklastig; → **stern¹** 10. **2.** a) ¹Hinterteil *n,* Gesäß *n,* b) *zo.* Schwanz *m.* **3.** *allg.* Heck *n,* hinterer Teil.
ster·na [¹stɜːnə; *Am.* ¹stɜr-] *pl* von **sternum**.
ster·nal [¹stɜːnl; *Am.* ¹stɜrnl] *adj anat.* Brustbein...
stern|ˌchas·er *s mar. hist.* Heckgeschütz *n.* ~ **fast** *s mar.* Achtertau *n.* ¹~**fore·most** *adv* **1.** *mar.* über Steuer, rückwärts. **2.** *fig.* ungeschickt. ~ **frame** *s mar.* **1.** Spiegelspant *n.* **2.** ¹Hintersteven *m.* ¹~**most** [-məʊst] *adj* (zu)¹achterst.
¹**stern·ness** *s* **1.** Strenge *f,* Härte *f.* **2.** Unnachgiebigkeit *f.*
ster·no·cos·tal [ˌstɜːnəʊ¹kɒstl; *Am.* ˌstɜrnəʊ¹kɑstl] *adj anat.* sternoko¹stal (*Brustbein u. Rippen betreffend*).
¹**stern|post** *s mar.* Achtersteven *m.* ~ **rope** → stern fast. ~ **sheets** *s pl mar.* Achterspitze *pl* (*e-s Boots*).
ster·num [¹stɜːnəm; *Am.* ¹stɜr-] *pl* **-nums, -na** [-nə] *s anat.* Brustbein *n.*

ster·nu·ta·tion [ˌstɜːnjʊˈteɪʃn; Am. ˌstɜr-] s med. Niesen n.
'stern|·way s mar. Heckfahrt f. **~ wheel** s mar. Heckrad n. **~·'wheel·er** s Heckraddampfer m.
ster·ol [ˈstɪərɒl; ˈsterɒl; Am. a. -əʊl] s chem. Steˈrin n.
ster·to·rous [ˈstɜːtərəs; Am. ˈstɜr-] adj (adv **~ly**) schnarchend.
stet [stet] (Lat.) print. **I** interj bleibt!, stehenlassen! **II** v/t mit ‚stet' od. Pünktchen marˈkieren.
steth·o·scope [ˈsteθəskəʊp] med. **I** s Stethoˈskop n, Hörrohr n. **II** v/t abhorchen. **ˌsteth·oˈscop·ic** [-ˈskɒpɪk; Am. -ˈskɑ-] adj (adv **~ally**) stethoˈskopisch. **steˈthos·co·py** [-ˈθɒskəpɪ; Am. -ˈθɑs-] s Stethoskoˈpie f.
stet·son [ˈstetsn] s Stetson m (Hut der Cowboys u. im 1. Weltkrieg der austral. u. neuseeländischen Soldaten).
ste·ve·dore [ˈstiːvədɔː(r); Am. a. -ˌdəʊər] s mar. **1.** Schauermann m, Stauer m. **2.** Stauer m, Schiffsbelader m (Unternehmer).
stew¹ [stjuː; Am. a. stuː] **I** v/t **1.** schmoren, dämpfen, dünsten: → **stewed**. **2.** **~ up** Am. colloq. aufregen. **II** v/i **3.** schmoren: → **juice** 1. **4.** fig. schmoren, braten, ‚vor Hitze fast ˈumkommen'. **5.** colloq. sich aufregen. **III** s **6.** Eintopf-, Schmorgericht n. **7.** Br. obs. od. Am. Borˈdell n. **8.** pl Am. colloq. Elendsviertel n. **9.** colloq. Aufregung f: **to be in a ~** in (heller) Aufregung sein.
stew² [stjuː; Am. a. stuː] s **1.** Br. obs. Fischteich m, -behälter m. **2.** künstliche Austernbank.
stew³ [stjuː; stjuː] s aer. Am. colloq. Steward m, Stewardeß f.
stew·ard [ˈstjʊə(r)d; Am. a. ˈstuː-] s **1.** Verwalter m. **2.** Inˈspektor m, Aufseher m. **3.** Haushofmeister m. **4.** Butler m. **5.** Tafelmeister m, Kämmerer m (e-s College, Klubs etc). **6.** mar. a) Proviˈantmeister m, b) aer. Steward m. **7.** (Festetc)Ordner m, Radsport: ˈRennkommisˌsar m. **8.** → **shop steward**. **'stew·ard·ess** s **1.** aer. mar. Stewardeß f. **2.** Verwalterin f. **'stew·ard·ship** s **1.** Verwalteramt n. **2.** Verwaltung f.
stewed [stjuːd; Am. a. stuːd] adj **1.** geschmort, gedämpft, gedünstet. **2.** Br. zu stark (Tee). **3.** sl. ‚besoffen'.
'stew|·pan s Schmorpfanne f, Kasseˈrolle f. **~·pot** s Schmortopf m.
sthe·ni·a [ˈsθiːnjə; -nɪə; sθɪˈnaɪə] s med. Stheˈnie f, (Körper)Kraft f. **sthen·ic** [ˈsθenɪk] adj med. sthenisch, kräftig.
stib·i·al [ˈstɪbɪəl] adj chem. min. spießglanzartig, Antimon... **'stib·ine** [-iːn; -aɪn; -ɪn] s chem. Stiˈbin n. **'stib·i·um** [-ɪəm] s chem. obs. Antiˈmon n.
stich [stɪk] s metr. Vers m, Zeile f.
stich·o·myth·i·a [ˌstɪkəʊˈmɪθɪə] s Stichomyˈthie f (Form des Dialogs, bei der Rede u. Gegenrede auf je e-n Vers verteilt sind).
stick¹ [stɪk] **I** s **1.** a) Stecken m, Stock m, (trockener) Zweig: → **hop¹** 6, b) pl Klein-, Brennholz n: **(dry) ~s** (dürres) Reisig. **2.** Scheit n, Stück n Holz. **3.** Gerte f, Rute f. **4.** Stengel m, Stiel m (Rhabarber, Sellerie). **5.** Stock m (a. fig. Schläge), Stab m, Knüttel m, Prügel m: **he wants the ~** er verdient e-e Tracht Prügel; **any ~ to beat a dog** fig. ein Vorwand ist bald gefunden; **to get (give) the ~** e-e Tracht Prügel bekommen (verabreichen); **a policy of the big ~** e-e Politik der starken Hand; **he got hold of the wrong end of the ~** a) er hat es od. die Sache falsch verstanden, b) a. **he got hold of the short (od. dirty) end of the ~** Am. er wurde schwer benachteiligt; **not**

a ~ of furniture kein einziges Möbelstück; **the ~ and the carrot** fig. Zuckerbrot u. Peitsche; → **cleft stick**. **6.** mus. a) Taktstock m, b) (Trommel)Schlegel m, c) (Geigen)Bogen m. **7.** (Spaˈzier)Stock m. **8.** (Besen- etc)Stiel m. **9.** a) (Zucker-, Siegellack)Stange f, b) (Stück n) Raˈsierseife f, c) (Lippen- etc)Stift m. **10.** (Dynaˈmit)Stange f. **11.** Amtsstab m. **12.** a) Baseball etc: Schläger m, b) Hockey etc: Stock m: **~s** hoher Stock, c) Pferdesport: Hürde f. **13.** a) aer. Steuerknüppel m, b) mot. Schalthebel m, -knüppel m. **14.** print. Winkelhaken m. **15.** aer. mil. a) (Bomben)Reihe f: **~ bombing** Reihenwurf m, b) Gruppe f (abspringender) Fallschirmjäger. **16.** pl bes. Am. colloq. finsterste Proˈvinz: **in the ~s**. **17.** colloq. a) dull (od. dry) old **~** ‚Stockfisch' m, Langweiler m, b) allg. Kerl m: **a queer old ~** ein ‚komischer Kauz'. **18.** Am. Schuß m (Alkohol). **19.** sl. Joint m (Haschisch- od. Marihuanazigarette).
II v/t **20.** e-e Pflanze mit e-m Stock stützen. **21.** print. Typen a) setzen, b) in e-m Winkelhaken aneinˈanderreihen.
stick² [stɪk] **I** s **1.** bes. Am. Stich m, Stoß m. **2.** obs. a) Stillstand m, b) Hindernis n. **3.** a) Haftvermögen n, b) colloq. klebrige Subˈstanz.
II v/t pret u. pp **stuck** [stʌk] **4.** a) durchˈstechen, -ˈbohren, b) erstechen. **5.** (ab)stechen: **to ~ pigs**. **6.** stechen mit (in, into in acc; through durch): **to ~ a pin into a balloon**. **7.** stechen, stoßen: **to ~ a knife into s.th**. **8.** stecken: **to ~ a flower in one's buttonhole**; → **nose** Bes. Redew. **9.** spicken: **a coat stuck with badges**. **10.** stecken, aufspießen: **to ~ a potato on a fork**. **11.** stecken, strecken: **to ~ one's head out of the window; to ~ out one's arm (chest, tongue)** den Arm (die Brust, die Zunge) herausstrecken. **12.** stecken, heften (**to** an acc). **13.** kleben: **to ~ a stamp on a letter; to ~ together** zs.-kleben. **14.** Fotos (ein)kleben (**in** in acc). **15.** bekleben. **16.** zum Stecken bringen, festfahren: **to be stuck** a) im Schlamm etc steckenbleiben, b) a. fig. festsitzen, nicht mehr weiterkönnen; **I'm stuck for ideas** mir fällt nichts (mehr) ein; **to be stuck on** colloq. vernarrt sein in (acc); **to be stuck with s.th.** etwas ‚am Hals' haben; **to get stuck in(to)** colloq. a) sich in e-e Arbeit ‚hineinknien', b) Austral. über j-n (a. mit Worten) herfallen. **17.** colloq. verwirren, in Verlegenheit bringen: **he stuck me with a puzzle; to be stuck for s.th.** verlegen sein um etwas. **18.** colloq. j-n ‚blechen lassen' (**for** für). **19.** sl. j-n ‚leimen', prellen. **20.** sl. etwas od. j-n (v)ertragen, ausstehen, aushalten: **I can't ~ him** ich kann ihn nicht ausstehen. **21.** ~ **it (out)** bes. Br. colloq. ˈdurchhalten. **22.** ~ **it on** bes. Br. colloq. a) ‚saftige' Preise verlangen, b) ‚dick auftragen', überˈtreiben.
III v/i **23.** stecken: **a nail ~s in the wall**. **24.** (fest)kleben, haften (**to** an dat): **it does not ~ es klebt od. hält nicht; to ~ together** zs.-kleben. **25.** (**to**) sich halten od. festklammern (an dat), sich heften (an acc): **they stuck to his heels** sie hefteten sich an s-e Fersen; → **bur** 1. **26.** haften(bleiben), hängenbleiben (a. fig.): **some of it will ~** etwas (von e-r Verleumdung) bleibt immer hängen; **to ~ in the mind** im Gedächtnis haftenbleiben; **that name stuck to him** dieser Name blieb an ihm hängen; **to make s.th. ~** fig. dafür sorgen, daß etwas sitzt. **27.** ~ **to** a) sich an e-e Regel etc halten, b) bei e-m Getränk etc bleiben, **~ to**, colloq. ~ **with** bei e-r Gruppe etc bleiben; **~ to**, colloq. ~ **at** an. über e-r Arbeit

bleiben; ~ **to**, colloq. ~ **by** bei s-r Ansicht etc bleiben, s-n Grundsätzen etc treu bleiben, zu s-m Wort etc stehen; ~ **to**, colloq. ~ **by**, ~ **with** zu j-m halten; **to ~ to s.o.'s fingers** colloq. j-m ‚an den Fingern klebenbleiben' (von j-m gestohlen werden); **to ~ to the point** bei der Sache od. sachlich bleiben; **to eat s.th. that ~s to the ribs** etwas Kräftiges essen; **to ~ together** zs.-halten; → **gun** 1. **28.** steckenbleiben: **to ~ in s.o.'s throat** a) j-m im Hals steckenbleiben (a. fig. Worte etc), b) **to ~ in s.o.'s craw** fig. colloq. j-m gegen den Strich gehen; → **fast²** 5, **mud** 2. **29.** a) verwirrt sein, b) zögern, sich stoßen (**at** an dat), c) zuˈrückschrecken (**at** vor dat): **to ~ at nothing** vor nichts zurückschrecken. **30.** herˈvorstehen (**from**, **out of** aus), stehen (**up** in die Höhe).
Verbindungen mit Adverbien:
stick| aˈbout, ~ **aˈround** v/i colloq. dableiben, in der Nähe bleiben, sich verfügbar halten. ~ **down** v/t **1.** Umschlag etc zukleben. **2.** colloq. Gegenstand abstellen, absetzen. **3.** colloq. etwas (auf-)schreiben (**on auf** acc). ~ **out I** v/t **1.** ab-, herˈvor-, herˈausstehen. **2.** fig. auffallen: → **mile** 1, **thumb** 1. **3.** bestehen (**for** auf dat). **4.** Am. colloq. ausstehen. **II** v/t **5.** herˈausst(r)ecken: → **chin** I, **neck** Bes. Redew., **stick²** 11. ~ **up I** v/t **1.** sl. überˈfallen, ausrauben: **to ~ a bank**. **2.** stick ˈem up! sl. Hände hoch! **II** v/i **3.** → **stick²** 30. **4.** ~ **for** colloq. sich einsetzen für. **5.** ~ **to** mutig gegenˈübertreten (dat).
ˌstick|-atˈnoth·ing adj colloq. skrupellos. ~ **conˈtrol** s aer. **1.** Knüppelsteuerung f. **2.** Steuerknüppel m.
'stick·er s **1.** a) (Schweine)Schlächter m, b) Schlachtmesser n. **2.** Plaˈkatankleber m. **3.** a) Klebestreifen m, b) Aufkleber m, c) (an das Fahrzeug angeklebter) Strafzettel (wegen falschen Parkens). **4.** zäher Kerl. **5.** treue Seele, Unentwegte(r m) f. **6.** colloq. ‚Hocker' m, (zu) lange bleibender Gast. **7.** econ. colloq. ‚Ladenhüter' m. **8.** harte Nuß', kniffliges Proˈblem.
'stick·i·ness [ˈstɪkɪnɪs] s **1.** Klebrigkeit f. **2.** Schwüle f. **3.** fig. colloq. Unnachgiebigkeit f. **4.** fig. colloq. Schwierigkeit f.
'stick·ing| place s **1.** Anschlag m, Haltepunkt m (e-r Schraube etc). **2.** fig. (das) Äußerste: **to the ~** (bis) zum Äußersten od. Letzten. ~ **plas·ter** s Heftpflaster n. ~ **point** → **sticking place**.
stick in·sect s zo. Gespenstheuschrecke f.
'stick-in-the-mud colloq. **I** adj rückständig, -schrittlich, bes. pol. reaktioˈnär. **II** s Rückschrittler m, bes. pol. Reaktioˈnär m.
'stick|·jaw s colloq. ‚Plombenzieher' m (zäher Bonbon etc). ~ **lac** s Stocklack m.
stick·le [ˈstɪkl] v/i **1.** hartnäckig zanken od. streiten (**for** um): **to ~ for s.th.** etwas hartnäckig verfechten. **2.** Bedenken äußern.
stick·le·back [ˈstɪklbæk] s ichth. Stichling m.
stick·ler [ˈstɪklə(r)] s **1.** Eiferer m. **2.** hartnäckiger Verfechter (**for** gen). **3.** Kleinigkeitskrämer(in), Peˈdant(in), j-d, der es ganz genau nimmt (**for** mit): **a ~ for detail**; **I am no ~ for ceremony** ich lege keinen Wert auf Förmlichkeit. **4.** → **sticker** 8.
'stickˌpin s Am. Kraˈwattennadel f.
stick-to-it·ive [ˌstɪkˈtuːɪtɪv] adj Am. colloq. zäh, hartnäckig. **stick-ˈto-it·ive·ness** s Am. colloq. Zähigkeit f, Hartnäckigkeit f.
stick·um [ˈstɪkəm] s Am. colloq. Kleister m, Klebstoff m.
'stick-up I adj **1.** in die Höhe stehend: ~ **collar** → **4. 2.** Kleb(e)... **3.** sl. Raub...:

man → 5b. **II** s 4. Stehkragen m. 5. sl. a) ('Raub),Überfall m, b) Räuber m. **'stick·y** adj 1. klebrig: ~ **charge** mil. Haftladung f; ~ **label** Br. Klebezettel m. 2. schwül, stickig: ~ **weather**. 3. verklemmt: ~ **windows**. 4. fig. colloq. a) eklig, unangenehm: **to come to** (od. **meet**) **a ~ end** ein böses Ende nehmen, b) schwierig, heikel: **a ~ problem; to be** (od. **bat**) **on a ~ wicket** Br. ‚in der Klemme' sein od. sitzen od. stecken, c) heikel, kritisch (**about** 'hinsichtlich): **to be ~ about doing s.th.** etwas nur ungern tun, d) econ. starr, unnachgiebig: ~ **prices**, e) econ. schleppend: ~ **supply**, f) econ. schwerverkäuflich: ~ **merchandise**, g) Am. kitschig, sentimen'tal: **a ~ death scene**, h) hölzern, steif (Person).
stiff [stɪf] **I** adj (adv ~**ly**) 1. allg. steif, starr: ~ **collar** (**face**, etc): ~ **neck** steifer Hals; → **lip** 1. 2. zäh, dick, steif: ~ **dough**. 3. steif (Brise), stark (Wind, Strömung). 4. a) stark, scharf (alkoholische Getränke), bes. steif (Grog), b) stark (Medizin). 5. fig. starr(köpfig) (Person). 6. fig. a) hart: ~ **adversary**, b) scharf: ~ **competition** (**opposition**), c) hartnäckig, verbissen: ~ **fight** (**resistance**, etc). 7. schwierig, hart: ~ **task**. 8. hart: **a ~ penalty**. 9. econ. a) sta'bil, fest, b) über'höht: ~ **prices; a ~ market** e-e stabile Marktlage. 10. steif, for'mell, gezwungen. 11. a) steif, linkisch, b) starr, sche'matisch: **a ~ style**. 12. colloq. unglaublich: **a bit ~** ziemlich stark, ‚allerhand'. 13. colloq. ‚zu Tode' (gelangweilt, erschrocken). 14. sl. ‚blau', ‚besoffen'. **II** sl. 15. Leiche f. 16. ‚müder Klepper' (Rennpferd). 17. a) Langweiler m, b) **big ~**, ‚Blödmann' m. 18. Am. a) ‚Lappen' m (Banknote), b) ‚Blüte' f (Falschgeld), c) ‚Fetzen' m (Dokument), d) ‚Kas'siber' m (im Gefängnis). 19. ‚Besoffene(r' m) f. ‚~-'**backed** adj 1. mit steifem Rücken. 2. fig. äußerst kor'rekt od. for'mell. **stiff·en** ['stɪfn] **I** v/t 1. (ver)steifen, (ver)stärken, Stoff etc steifen, stärken. 2. Flüssigkeit, Glieder steif od. starr machen, Flüssigkeit eindicken. 3. fig. (be)stärken, j-m den Nacken od. Rücken steifen. 4. fig. a) (ver)stärken, b) verschärfen: **to ~ the competition**. 5. econ. festigen. **II** v/i 6. sich versteifen od. verstärken od. verschärfen (alle a. fig.). 7. steif od. starr werden. 8. fig. sich versteifen od. verhärten, hart od. unnachgiebig werden. 9. fig. steif werden (**into** zu). 10. steif od. förmlich werden. 11. econ. sich festigen. **'stiff·en·er** s 1. Versteifung f. 2. colloq. ‚Seelenwärmer' m, Stärkung f (Schnaps etc). **'stiff·en·ing** s Versteifung f: a) Steifwerden n, b) 'Steifmateri‚al n. ‚**stiff-'necked** adj fig. halsstarrig. **'stiff·ness** s 1. Steifheit f (a. fig.), Starrheit f. 2. Zähigkeit f, Dickflüssigkeit f. 3. fig. Härte f, Schärfe f. **sti·fle¹** ['staɪfl] **I** v/t 1. ersticken: **to ~ s.o.** (a fire, revolt, etc). 2. unter'drücken: **to ~ a cry** (**a yawn, an oath**, etc); **to ~ a discussion** e-e Diskussion abwürgen. **II** v/i 3. (weitS. schier) ersticken. **sti·fle²** ['staɪfl] s zo. 1. a. ~ **joint** Kniegelenk n (Pferd, Hund): ~ **bone** Kniescheibe f (des Pferdes). 2. vet. Kniegelenkgalle f (Pferd). **sti·fling** ['staɪflɪŋ] adj (adv ~**ly**) erstickend (a. fig.), stickig. **stig·ma** ['stɪɡmə] pl -**mas**, -**ma·ta** [-mətə] s 1. Brandmal n, Schandfleck m, Stigma n. 2. Merkmal n. 3. med. Sym'ptom n. 4. (pl -mata) Stigma n: a) med. (Wund)Mal n (periodisch blutend), b) meist pl R.C. Wundmal(e pl) n (Christi). 5. zo. Stigma n: a) Augenfleck m (der Flagellaten), b) Luftloch n (der Insekten).

6. bot. Narbe f, Stigma n (der Blüte). **stig'mat·ic** [-'mætɪk] **I** adj 1. stig'matisch, gezeichnet, gebrandmarkt. 2. bot. narbenartig. 3. opt. (ana)stig'matisch. **II** s → stigmatist. **'stig·ma·tist** s R.C. Stigmati'sierte(r m) f. ‚**stig·ma·ti'za·tion** [-taɪ'zeɪʃn; Am. -tə'z-] s Stigmati'sierung f. **'stig·ma·tize** v/t 1. bes. fig. brandmarken, (kenn)zeichnen. 2. med. R.C. stigmati'sieren.
stil·bite ['stɪlbaɪt] s min. Stil'bit m.
stile¹ [staɪl] s 1. Zauntritt m. 2. → turnstile.
stile² [staɪl] s Seitenstück n (e-r Täfelung), Höhenfries m (e-r Tür).
sti·let·to [stɪ'letəʊ] pl -**tos** [-z] s 1. Sti'lett n. 2. Schnürlochstecher m. 3. → **stiletto heel**. ~ **heel** s Pfennigabsatz m (am Damenschuh).
still¹ [stɪl] **I** adj (adv obs. **stilly**) 1. still, reg(ungs)los, unbeweglich. 2. still, ruhig, lautlos: **keep ~!** sei(d) still! 3. still, leise. 4. ruhig, friedlich, still. 5. still: **a ~ lake**. → **water** Bes. Redew. 6. nicht mous'sierend: ~ **wine** Stillwein m. 7. phot. Stand..., Steh..., Einzel(aufnahme)... **II** s 8. poet. Stille f: **in the ~ of night**. 9. phot. Standfoto n, Einzelaufnahme f (Ggs. Film). 10. → **still alarm**. **III** v/t 11. Geräusche etc zum Schweigen od. Verstummen bringen. 12. j-n beruhigen, ein Verlangen etc stillen. **IV** v/i 13. still werden, sich beruhigen.
still² [stɪl] **I** adv 1. (immer) noch, noch immer, bis jetzt: **points ~ unsettled** bis jetzt od. noch (immer) ungeklärte Fragen. 2. (beim comp) noch, immer: ~ **higher** (od. **higher ~**) noch höher; ~ **more so because** um so mehr als. 3. a. ~ **and all** dennoch, doch. 4. poet. od. dial. immer, stets. **II** conj 5. und doch, (und) dennoch.
still³ [stɪl] **I** s 1. Destil'lierkolben m, b) Destil'lierappa,rat m. 2. → **distillery**. **II** v/t u. v/i 3. obs. destil'lieren.
stil·lage ['stɪlɪdʒ] s Gestell n.
still¹ a·larm s Am. stiller 'Feuer‚alarm. ~-**birth** ['-b-; ‚-'b-] s Totgeburt f. ~-**born** ['-b-; ‚-'b-] adj totgeboren (a. fig.). '~-**fish** v/i vom verankerten Boot aus angeln. ~ **hunt** s Pirsch(jagd) f. 2. Am. colloq. heimliche Jagd (**for** auf acc), pol. heimliche Kam'pagne. '~-**hunt I** v/i pirschen. **II** v/t anpirschen, sich anpirschen an (acc). ~ **life** paint. Stilleben n.
'still·ness s Stille f.
'still-room s Br. 1. hist. Destillati'onsraum m. 2. a) Vorratskammer f, b) Ser'vierraum m.
Still·son wrench ['stɪlsn] (TM) s tech. Am. (ein) Gelenkhakenschlüssel m.
'still·y adj poet. u. adv obs. still, ruhig.
stilt [stɪlt] s 1. Stelze f. 2. arch. Pfahl m, Pfeiler m. 3. a. ~ **bird** orn. Stelzenläufer m. **'stilt·ed** adj (adv ~**ly**) 1. gestelzt, gespreizt, geschraubt: ~ **style**. 2. arch. erhöht. **'stilt·ed·ness** s Gespreiztheit f etc.
stim·u·lant ['stɪmjʊlənt] **I** s 1. med. Stimulans n, Anregungs-, Reiz-, Aufputschmittel n. 2. Genußmittel n, bes. Alkohol m. 3. Anreiz m (**of** für). **II** adj → **stimulating** 1.
stim·u·late ['stɪmjʊleɪt] **I** v/t 1. med. etc, a. fig. stimu'lieren, anregen, beleben, aufputschen, (durch Alkohol a.) ani'mieren, anregen, beleben, wärmen (**s.o.** into y/n zu etwas). 2. fig. etwas ankurbeln, in Schwung bringen: **to ~ production**. **II** v/i 3. med. etc, a. fig. anregen, beleben, stimu'lieren. **'stim·u·lat·ing** adj 1. med. etc, a. fig. anregend, belebend, stimu'lierend, aufputschend: ~ **drug** stimulant 1. 2. fig. anspornend. ‚**stim·u'la·tion** s 1. Anreiz m, Antrieb m,

Anregung f, Belebung f. 2. angeregter Zustand. 3. med. Reiz m, Reizung f. **'stim·u·la·tive** [-lətɪv; Am. ‚-,leɪ-] adj → **stimulating**: **to be ~ to** → **stimulate**. **'stim·u·la·tor** [-leɪtə(r)] s 1. Beleber m. 2. → **stimulant** 1. 3. Anreiz m. **'stim·u·lus** ['stɪmjʊləs] pl -**li** [-laɪ; -li:] s 1. Stimulus .m: a) (An)Reiz m, Antrieb m, Ansporn m: **under the ~ of** getrieben von, b) med. Reiz m: ~ **threshold** Reizschwelle f. 2. → **stimulant** 1. 3. bot. Nesselhaar n.
sti·my → **stymie**.
sting [stɪŋ] **I** v/t pret **stung** [stʌŋ] od. obs. **stang** [stæŋ], pp **stung** 1. stechen. 2. beißen, brennen in od. auf (dat). 3. schmerzen, weh tun (Schlag etc), peinigen: **stung with remorse** von Reue geplagt. 4. anstacheln, reizen (**into** zu): **to ~ s.o. into action** j-n aktiv werden lassen. 5. colloq. a) j-n ‚neppen', betrügen (**for** um Geld etc), b) **to ~ s.o. for a pound** j-m ein Pfund ‚abknöpfen'. **II** v/i 6. stechen. 7. brennen, beißen (Pfeffer etc). 8. schmerzen, weh tun (a. fig.). **III** s 9. Stachel m (e-s Insekts; a. fig.): **the ~ of death** (**jealousy**, etc). 10. Stich m, Biß m: ~ **of conscience** Gewissensbisse; **the ~ is in the tail** fig. das dicke Ende kommt noch. 11. Pointe f, Spitze f (e-s Epigramms etc). 12. Schwung m, Wucht f. 13. bot. → **stimulus** 3.
sting·a·ree ['stɪŋəri:] Am. → **stingray**. **sting·er** ['stɪŋə(r)] s 1. a) stechendes In'sekt, b) stechende Pflanze. 2. colloq. a) schmerzhafter Schlag, b) beißende Bemerkung. 3. Am. Cocktail m aus Brandy u. Li'kör.
stin·gi·ness ['stɪndʒɪnɪs] s Geiz m.
sting·ing ['stɪŋɪŋ] adj (adv ~**ly**) 1. bot. zo. stechend: ~ **hair** → **stimulus** 3. 2. fig. a) schmerzhaft: **a ~ blow**, b) schneidend, beißend: ~ **cold** (**wind**), c) beißend, scharf, verletzend: **a ~ remark**. ~ **net·tle** s bot. Brennessel f.
'sting·less adj biol. stachellos.
'sting·ray s ichth. Stachelrochen m.
stin·gy ['stɪndʒɪ] adj (adv **stingily**) 1. geizig, knick(e)rig, knaus(e)rig: **to be ~ of s.th.** mit etwas knausern. 2. dürftig.
stink [stɪŋk] **I** v/i pret **stank** [stæŋk], **stunk** [stʌŋk], pp **stunk** 1. stinken, unangenehm od. übel riechen (**of** nach): **he ~s of** (od. **with**) **money** sl. ‚er stinkt vor Geld'. 2. fig. ‚stinken': **it stinks to high heaven** es stinkt zum Himmel; **fig. colloq.** (,hunds)mise'rabel sein. **II** v/t 4. oft ~ **out**, ~ **up** verstänkern: **to ~ the place out**. 5. meist ~ **out** a) ausräuchern, b) j-n durch Gestank vertreiben. 6. sl. (den Gestank gen) riechen: **you can ~ it a mile off**. **III** s 7. Gestank m. 8. Am. colloq. (billiges) Par'füm. 9. Br. sl. Che'mie f. 10. colloq. Stunk m: **to kick up** (od. **make, raise**) **a ~** Stunk machen (**about** wegen).
stink·ard ['stɪŋkə(r)d] s 1. zo. Stinktier n. 2. sl. Dreckskerl m.
'stink-ball s mar. hist. Stinkbombe f. ~ **bomb** s Stinkbombe f.
'stink·er s 1. ‚Stinker' m. 2. a) ‚Stinka'dores' m (Käse), b) ‚Stinka'dores' f (Zi'garre). 3. pl Dreckskerl m. 4. sl. a) geharnischter Brief, b) böse Bemerkung od. Kri'tik, c) ‚harte Nuß', ‚harter Brocken', d) ‚Mist' m (etwas Minderwertiges).
'stink·ing I adj (adv ~**ly**) 1. übelriechend, stinkend. 2. sl. a) widerlich, gemein, b) mise'rabel. 3. sl. ‚stinkbesoffen'. **II** adv 4. sl. ~ **drunk** ‚stinkbesoffen'; ~ **rich** ‚stinkreich'. ~ **badg·er** s Stinkdachs m.
stink·o ['stɪŋkəʊ] adj sl. ‚besoffen'.
'stink·pot s 1. → **stinker** 1-3. 2. mar. hist. Stinktopf m.

stint¹ [stɪnt] **I** v/t **1.** j-n od. etwas einschränken, j-n kurz- od. knapphalten (in, of mit): to ~ o.s. of sich einschränken mit, sich etwas versagen. **2.** knausern od. kargen mit: to ~ food (money, praise). **II** s **3.** Be-, Einschränkung f: without ~ ohne Einschränkung, reichlich, rückhaltlos. **4.** a) (vorgeschriebenes) Maß, b) (zugewiesene) Arbeit, Pensum n: to do one's daily ~ sein Tagespensum erledigen. **5.** Bergbau: Schicht f.
stint² [stɪnt] s orn. (ein) Strandläufer m.
stint·ed ['stɪntɪd] adj (adv ~ly) knapp, karg. [drängt.]
sti·pate ['staɪpeɪt] adj bot. (dicht)ge-
stipe [staɪp] s bot. Stiel m (a. zo.), Stengel m, Strunk m.
sti·pel ['staɪpl; Am. a. staɪ'pel] s bot. sekun'däres Nebenblättchen.
sti·pend ['staɪpend] s Gehalt n (bes. e-s Geistlichen od. Lehrers od. Magistratsbeamten).
sti·pen·di·a·ry [staɪ'pendjərɪ; Am. -dɪˌerɪ] **I** adj **1.** besoldet: ~ **magistrate** → 3. **2.** Gehalts... **II** s **3.** jur. Br. Berufsrichter m (an e-m magistrate's court).
stip·i·tate ['stɪpɪteɪt] adj bot. zo. gestielt.
stip·ple ['stɪpl] **I** v/t **1.** paint. tüpfeln, in Punk'tiermaˌnier malen od. stechen, punk'tieren. **II** s **2.** paint. Punk'tierma‚nier f, Pointil'lismus m. **3.** Punk'tierung f. **4.** fig. 'Tüpfelefˌfekt m. '**stip·pler** s **1.** Punk'tierer m, Pointil'list m. **2.** Punk-'tiernadel f.
stip·u·lar ['stɪpjʊlə(r)], '**stip·u·lar·y** [-lərɪ; Am. -ˌlerɪ] adj bot. nebenblattartig, mit Nebenblättern (versehen).
stip·u·late ['stɪpjʊleɪt] bes. econ. jur. **I** v/i **1.** (for) a) e-e Vereinbarung treffen (über acc), b) etwas zur Bedingung machen. **II** v/t **2.** festsetzen, vereinbaren, ausbedingen: **as ~d** wie vereinbart. **3.** jur. e-n Tatbestand einverständlich außer Streit stellen. ˌstip·u'la·tion s **1.** econ. jur. (vertragliche) Abmachung, Über'einkunft f. **2.** jur. Klausel f, Bedingung f. **3.** jur. Par'teienüberˌeinkunft f. '**stip·u·la·tor** [-tə(r)] s jur. Ver'tragsparˌtei f, Kontra'hent m.
stip·ule ['stɪpju:l] s bot. Nebenblatt n.
stir¹ [stɜ:; Am. stɜr] **I** v/t **1.** ('um)rühren: to ~ up a) gut durch- od. umrühren, b) Schlamm aufwühlen. **2.** das Feuer (an)schüren. **3.** Glied etc rühren, bewegen: → finger 1, stump 2. **4.** (leicht) bewegen: the wind ~red the leaves. **5.** ~ up fig. j-n auf-, wachrütteln. **6.** ~ up fig. a) j-n aufreizen, -hetzen, b) Neugier etc erregen, c) Streit etc entfachen, d) Erinnerungen wachrufen; to ~ up s.o.'s blood j-s Blut in Wallung bringen. **7.** fig. bewegen, erregen, aufwühlen.
II v/i **8.** sich rühren, sich bewegen, sich regen: not to ~ from the spot sich nicht von der Stelle rühren. **9.** sich rühren (lassen): the starch paste ~s easily. **10.** sich rühren od. regen, rührig od. geschäftig sein: he never ~red abroad (od. out of house) er ging nie aus. **11.** a) im 'Umlauf od. Gange sein, laut werden, b) geschehen, sich ereignen. **12.** wach od. rührig werden, erwachen (a. fig.): he is not ~ring yet er ist noch nicht auf (-gestanden).
III s **13.** Rühren n: to give s.th. a ~ etwas umrühren. **14.** Bewegung f: not a ~ nicht die geringste Bewegung. **15.** Aufregung f, Aufruhr m, Tu'mult m. **16.** Betriebsamkeit f, reges Treiben. **17.** Aufsehen n, Sensati'on f: to make (od. cause, create) a ~ Aufsehen erregen. **18.** fig. (An)Stoß m, Aufrütt(e)lung f.
stir² [stɜ:; Am. stɜr] s sl. 'Kittchen' n, 'Knast' m (Gefängnis): in ~ im Knast.

stir·a·bout ['stɜ:rəbaʊt; Am. 'stɜr-] s **1.** Br. Porridge m, n. **2.** a) → **stir¹** 16, b) betriebsamer Mensch.
stirk [stɜ:k] s Br. **1.** junges (einjähriges) Rind. **2.** fig. ˌOchse' m.
Stir·ling's for·mu·la ['stɜ:lɪŋz; Am. 'stɜr-] s math. Stirlingsche Formel.
stir·pes ['stɜ:pi:z; Am. 'stɜr-] pl von **stirps**.
stir·pi·cul·ture ['stɜ:pɪkʌltʃə(r); Am. 'stɜr-] s biol. Rassenzüchtung f, -pflege f.
stirps [stɜ:ps; Am. stɜrps] pl **stir·pes** ['stɜ:pi:z; Am. 'stɜr-] (Lat.) s **1.** Stamm m, Fa'milie(nzweig m) f. **2.** jur. a) Stammvater m, b) Stamm m: **per stirpes** Erbfolge f nach Stämmen. **3.** biol. Gattung f.
stir·rer ['stɜ:rə; Am. 'stɜrər] s **1.** a) Rührholz n, -löffel m, b) Rührwerk m. **2.** fig. Aufhetzer(in). '**stir·ring I** s **1.** → **stir¹** 13–16. **II** adj bewegt. **3.** fig. rührig, tätig, geschäftig, betriebsam. **4.** aufwühlend, erregend: ~ **events**; a ~ **speech** e-e mitreißende Rede; ~ **times** bewegte Zeiten. **5.** tech. Rühr...
stir·rup ['stɪrəp; Am. bes. 'stɜr-] s **1.** Steigbügel m. **2.** tech. Bügel m. **3.** mar. Springpferd n (Haltetau). ~ **bone** s anat. Steigbügel m (im Ohr). ~ **cup** s Abschiedstrunk m. ~ **i·ron** s Steigbügel m (ohne Steigriemen). ~ **leath·er**, ~ **strap** s Steig(bügel)riemen m.
stitch [stɪtʃ] **I** s **1.** Nähen etc: Stich m: **a ~ in time saves nine** (Sprichwort) gleich getan ist viel gespart; **to put a ~** (od. ~**es**) **in** e-e Wunde etc (ver)nähen. **2.** Stricken etc: Masche f. **3.** Strick-, Häkel-, Stickart f, Stich(art f) m. **4.** colloq. Faden m: **he has not a dry ~ on him** er hat keinen trockenen Faden am Leib; **without a ~ on** splitternackt. **5.** a) Stich m, Stechen n (Schmerz): **to be in ~es** sich kaputtlachen; **that had me in ~es** ich lachte mich halb tot darüber, b) a. ~ **in the side** Seitenstechen n. **6.** Buchbinderei: Heftung f. **II** v/t **7.** nähen, steppen, (be-) sticken. **8.** ~ **on** (to) annähen (an acc); ~ **up** zs.-, vernähen (a. med.), (zs.-)flicken. **9.** (zs.-)heften, bro'schieren: **to ~ cartons**. **III** v/i **10.** nähen, sticken, heften. '**stitch·ing** s Nähen n (etc; → **stitch** II). ~ **ma·chine** s tech. 'Stepp-, 'Heftmaˌschine f. ~ **nee·dle** s Heft-, Sticknadel f. ~ **silk** s Näh-, Stickseide f.
stith·y ['stɪðɪ] obs. für **smithy**.
sti·ver ['staɪvə(r)] s **1.** hist. Stüber m (kleine holländische Münze). **2.** fig. Heller m: **not a ~**; **I don't care a ~** es ist mir völlig gleich(gültig).
sto·a ['stəʊə] pl **-ae** [-i:], **-as** s antiq. Stoa f: a) arch. Säulenhalle f, b) **S~** philos. stoische Philoso'phie.
stoat¹ [stəʊt] s zo. **1.** Herme'lin n. **2.** Wiesel n.
stoat² [stəʊt] v/t (mit unsichtbaren Stichen) zs.-nähen.
sto·chas·tic [stɒ'kæstɪk; Am. stə'k-; stəʊ'k-] (Statistik, Wahrscheinlichkeitsrechnung) **I** adj sto'chastisch: ~ **process**. **II** s pl (als sg konstruiert) Sto'chastik f.
stock [stɒk; Am. stɑk] **I** s **1.** (Baum-, Pflanzen)Strunk m. **2.** fig. ˌKlotz' m (steifer Mensch). **3.** bot. Lev'koje f. **4.** bot. Wurzelstock m. **5.** agr. ('Pfropf)Unterlage f. **6.** (Peitschen-, Werkzeug- etc) Griff m. **7.** mil. a) (Gewehr)Schaft m, b) (M'G-)Schulterstütze f, c) La'fettenbalken m. **8.** tech. a) 'Unterlage f, Block m, b) (Amboß)Klotz m, c) Kluppe f, Schneideisenhalter m, d) (Hobel)Kasten m. **9.** agr. (Pflug)Stock m. **10.** pl hist. Stock m (Strafmittel). **11.** pl mar. Helling f, Stapel m: **off the ~s** a) vom Stapel (gelaufen), b) fig. fertig, vollendet; **to have s.th. on the ~s** fig. etwas in Arbeit haben; **on the ~s** im Bau, im Werden (a.

fig.). **12.** tech. (Grund-, Werk)Stoff m, (Ver'arbeitungs)Materiˌal n, (Füll- etc) Gut n: **paper ~** Papiergespinst n. **13.** (Fleisch-, Gemüse)Brühe f (als Suppengrundlage). **14.** a) bes. hist. steifer Kragen, b) bes. mil. Halsbinde f. **15.** (Bienen)Stock m. **16.** biol. a) Urtyp m, b) Rasse f. **17.** a) Rasse f, (Menschen-) Schlag m, b) Fa'milie f, 'Her-, Abkunft f: **of Puritan ~**. **18.** ling. a) Sprachstamm m, b) Sprachengruppe f. **19.** a) allg. Vorrat m, Bestand m (of an dat), b) econ. (Waˌren)Lager n, Invenˌtar n: ~ (**on hand**) Warenbestand; **in** (**out of**) ~ (nicht) vorrätig od. auf Lager; **to take ~** Inventur machen, a. fig. (e-e) Bestandsaufnahme machen; **to take ~ of** fig. sich klarwerden über (acc), j-n od. etwas abschätzen. **20.** econ. Ware(n pl) f. **21.** fig. (Wissens etc)Schatz m: **a ~ of information**. **22.** a) a. **live~** Vieh(bestand m) n, lebendes Invenˌtar, b) a. **dead ~** totes Invenˌtar, Materiˌal n: **fat ~** Schlachtvieh; → **rolling stock**. **23.** econ. a) 'Anleihekapiˌtal n, b) 'Wertpaˌpiere pl (über Anleihekapital). **24.** econ. a) 'Grundkapiˌtal n, b) 'Aktienkapiˌtal n, c) Geschäftsanteil m. **25.** econ. a) bes. Am. Aktie(n pl) f, b) pl Aktien pl, c) pl Ef'fekten pl, 'Wertpaˌpiere pl: **to hold ~s in a company** Aktionär e-r Gesellschaft sein; **his ~ has gone up** s-e Aktien sind gestiegen (a. fig. colloq.). **26.** econ. a) Schuldverschreibung f, b) pl Br. 'Staatspaˌpiere pl. **27.** thea. a) Reper'toire n, b) Am. Reper'toirethe‚ater n. **28.** Am. ~ **stock car**.
II adj **29.** stets vorrätig, Lager..., Serien...: ~ **model** Serienmodell n; ~ **size** Standardgröße f. **30.** Lager...: ~ **clerk** Lagerverwalter m, Lage'rist m. **31.** fig. a) stehend, stereo'typ: ~ **phrases**, b) contp. abgedroschen. **32.** Vieh(zucht)..., Zucht...: ~ **farm** Viehfarm f; a ~ **mare** e-e Zuchtstute. **33.** econ. bes. Am. Aktien... **34.** thea. Repertoire...: ~ **plays**; ~ **actors**.
III v/t **35.** ausstatten, versorgen, -sehen, füllen (**with** mit): **well-~ed** gutausgestattet. **36.** a. ~ **up** auf Lager legen od. haben, e-n Vorrat halten von, (auf-) speichern. **37.** econ. Ware vorrätig haben, führen. **38.** agr. a) e-e Farm (bes. mit Vieh) ausstatten, b) a. ~ **down** Land (bes. mit Gras) bepflanzen: **to ~ a stream with trout** e-n Bach mit Forellen besetzen. **39.** ein Gewehr, Werkzeug etc schäften. **40.** hist. j-n in den Stock legen (als Bestrafung). [mit).}
IV v/i **41.** oft ~ **up** sich eindecken (on}
stock ac·count s econ. Br. Kapi'talˌ, Ef'fektenkonto n, -rechnung f.
stock·ade [stɒ'keɪd; Am. stɑ-] **I** s **1.** Sta'ket n, Einpfählung f. **2.** mil. a) Pali'sade f, b) Am. Mili'tärgefängnis n. **II** v/t **3.** einpfählen, mit e-m Sta'ket um'geben.
stock|book s econ. **1.** Lagerbuch n. **2.** bes. Am. Aktienbuch n. **3.** → **studbook**. '~ˌbreed·er s agr. Viehzüchter m. '~ˌbreed·ing s agr. Viehzucht f. '~ˌbro·ker s econ. Ef'fekten-, Börsenmakler m. ~ **car** s mot. **1.** Serienwagen m. **2.** sport Stock-Car m. ~ **car** s rail. Am. Viehwagen m. ~ **cer·tif·i·cate** s econ. bes. Am. 'Aktienzertifiˌkat n. ~ **com·pa·ny** s **1.** econ. bes. Am. Aktiengesellschaft f. **2.** thea. Am. Reper'toirebühne f (Unternehmen). ~ **cor·po·ra·tion** s econ. Am. **1.** Kapi'talgesellschaft f. **2.** Aktiengesellschaft f. ~ **div·i·dend** s econ. Divi'dende f in Form von Gratisaktien. ~ **dove** s orn. Hohltaube f.
stock·er ['stɒkə; Am. 'stɑkər] s agr. Am. Masttier n, bes. Mastochse m.
stock| ex·change s econ. **1.** (Ef'fekten-,

Aktien)Börse *f.* **2.** Börsenkurse *pl:* the ~ fell. ~ **farm·er** *s agr.* Viehzüchter *m.* ~ **farm·ing** *s agr.* Viehzucht *f.* '~**fish** *s* Stockfisch *m.* '~**hold·er** *s* **1.** *econ. bes. Am.* Aktio'när *m.* **2.** *agr. Austral.* Viehbesitzer *m.* '~**hold·ing** *s econ. bes. Am.* Aktienbesitz *m.*
stock·i·net [ˌstɒkɪ'net; *Am.* ˌstɑ-] *s* Stocki'nett *n*, Tri'kot(gewebe *n*) *m, n.*
stock·ing ['stɒkɪŋ; *Am.* 'stɑkɪŋ] *s* **1.** Strumpf *m*: in one's ~ feet in Strümpfen. **2.** *a.* elastic ~ *med.* Gummistrumpf *m.* **3.** *zo.* (Färbung *am*) Fuß *m.* '**stock-inged** *adj* bestrumpft, (nur) in Strümpfen.
stock·ing| frame, ~ loom, ~ machine *s tech.* 'Strumpfwirkma͵schine *f.* ~ **mask** *s* Strumpfmaske *f.*
ˌ**stock·in-'trade** *s* **1.** *econ.* a) Warenbestand *m*, b) Betriebsmittel *pl*, c) 'Arbeitsmateri͵al *n*, Werkzeug *n.* **2.** *fig.* a) Rüstzeug *n*, b) „Reper'toire" *n*, (übliche) ‚Masche'.
stock·ist ['stɒkɪst] *s econ. Br.* Fachgeschäft *n*, -händler *m.*
'**stock|͵job·ber** → jobber 3, 4. '~͵**job-bing** → jobbing 5, 6. ~ **ledg·er** *s econ. bes. Am.* Aktienbuch *n.* ~ **list** *s econ. bes. Am.* (Aktien)Kurszettel *m.* ~ **lock** *s* Riegel-, Einsteckschloß *n.* '~**man** [-mən] *s irr* **1.** *Austral.* a) Viehzüchter *m*, b) Viehhüter *m.* **2.** *econ. Am.* Lagerverwalter *m*, Lage'rist *m.* ~ **mar·ket** *s econ.* **1.** → stock exchange 1. **2.** *Am.* → stock exchange 2. ~ **op·tion** *s econ. bes. Am.* Aktienbezugsrecht *n* (*bes. für Betriebsangehörige*). '~**pile I** *s* **1.** Schotterhalde *f* (*zur Straßeninstandhaltung*). **2.** (of) Vorrat *m* (an *dat*) (*a. fig.*), Stapel *m* (*gen*). **II** *v/t* **2.** e-n Vorrat anlegen an (*dat*), aufstapeln, b) horten. **III** *v/i* **4.** a) e-n Vorrat anlegen, b) horten. '~͵**pil·ing** *s* Vorratsbildung *f.* '~**pot** *s* Suppentopf *m.* '~**rid·er** *s Austral.* berittener Hirte, Cowboy *m.* ~ **room** *s* Lager(raum *m*) *n.* ~ **shot** *s phot.* Ar'chivaufnahme *f.* ~ **so-lu·tion** *s phot.* Vorratslösung *f.* ͵~'**still** *adj* regungslos. '~͵**tak·ing** *s econ.* Bestandsaufnahme *f* (*a. fig.*), Inven'tur *f.* '~**turn** *s econ. Am.* 'Lager͵umsatz *m.* ~ **war·rant** → share warrant.
stock·y ['stɒkɪ; *Am.* 'stɑ-] *adj* stämmig, unter'setzt.
'**stock·yard** *s* Viehhof *m.*
stodge [stɒdʒ; *Am.* stɑdʒ] *colloq.* **I** *v/i u. v/t* **1.** sich (den Magen) vollstopfen: to ~ (o.s.). **II** *s* **2.** a) dicker Brei, b) schwerverdauliches Zeug (*a. fig.*). **3.** Langweiler *m.* '**stodg·y** *adj* (*adv* stodgily) **1.** a) dick, zäh, b) schwerverdaulich (*a. fig. Stil etc*). **2.** *fig.* schwerfällig (*Stil etc, a. Person*). **3.** ‚zäh', langweilig. **4.** spießig.
stoep [stuːp] *s bes. S.Afr.* Ve'randa *f.*
sto·gie, sto·gy ['stəʊgiː] *s Am.* **1.** (billige) lange Zi'garre. **2.** plumper Schuh.
Sto·ic ['stəʊɪk] **I** *adj a.* **s~** → stoical. **II** *s philos., a. fig.* **s~** Stoiker *m.* '**sto·i·cal** *adj* (*adv* ~ly) **1.** stoisch, gleichmütig, unerschütterlich. **2. S~** *philos.* stoisch.
stoi·chi·om·e·try [ˌstɔɪkɪ'ɒmɪtrɪ; *Am.* -'ɑm-] *s chem.* Stöchiome'trie *f.*
Sto·i·cism ['stəʊɪsɪzəm] *s* Stoi'zismus *m*: *a) philos.* (Lehre *f* der) Stoa *f*, b) **s~** *fig.* Gleichmut *m.*
stoke [stəʊk] **I** *v/t a.* ~ up **1.** das Feuer *etc* schüren (*a. fig.*). **2.** den Ofen *etc* (an)heizen, beschicken. **3.** *colloq.* a) ~ o.s. sich (den Magen) vollstopfen, b) Essen *etc* (in sich) hin'einstopfen. **II** *v/i a.* ~ up **4.** schüren. **5.** heizen, feuern. **6.** *colloq.* sich vollessen, sich (den Magen) vollstopfen. '~**hold** *s mar.* Heizraum *m.* '~**hole** *s* **1.** → stokehold. **2.** Schürloch *n.*
stok·er ['stəʊkə(r)] *s* **1.** Heizer *m.* **2.** *tech.* (auto'matische) Brennstoffzuführung.

stole¹ [stəʊl] *s relig. u. Damenmode:* Stola *f.*
stole² [stəʊl] → stolon.
stole³ [stəʊl] *pret von* steal.
sto·len ['stəʊlən] *pp von* steal.
stol·id ['stɒlɪd; *Am.* 'stɑ-] *adj* (*adv* ~ly) **1.** stur, stumpf. **2.** gleichmütig, unerschütterlich. **sto·lid·i·ty** [stɒ'lɪdətɪ; *Am.* stɑ-], '**stol·id·ness** *s* **1.** Stur-, Stumpfheit *f.* **2.** Gleichmut *m*, Unerschütterlichkeit *f.*
sto·lon ['stəʊlən; *Br. a.* -lɒn; *Am. a.* -ˌlɑn] *s bot.* Stolo *m*, Ausläufer *m.*
sto·ma ['stəʊmə] *pl* **-ma·ta** [-mətə] *s* **1.** *bot.* Stoma *n*, Spaltöffnung *f.* **2.** *zo.* Atmungsloch *n* (*der Insekten*).
stom·ach ['stʌmək] **I** *s* **1.** Magen *m*: a strong ~ ein guter Magen (*a. fig.*); on an empty ~ auf leeren *od.* nüchternen Magen (*rauchen etc*), mit leerem *od.* nüchternem Magen (*schwimmen gehen etc*); on a full ~ mit vollem Magen. **2.** Bauch *m*, Leib *m.* **3.** Appe'tit *m* (for auf *acc*). **4.** Lust *f* (for zu): he had no ~ for further fighting. **5.** *obs.* a) Laune *f*, b) Stolz *m.* **II** *adj* **6.** Magen...: ~ upset Magenverstimmung *f.* **III** *v/t* **7.** verdauen (*a. fig.*). **8.** *fig.* a) vertragen, -kraften, b) ‚einstecken', ‚hinnehmen'. '~**ache** *s med.* Magenschmerz(en *pl*) *m*, Bauchweh *n.*
stom·ach·al ['stʌməkl] → stomachic I.
stom·ach·er ['stʌmәkə(r)] *s hist.* Mieder *n.*
sto·mach·ic [stəʊ'mækɪk; stə'm-] **I** *adj* **1.** Magen..., gastrisch. **2.** magenstärkend, verdauungsfördernd. **II** *s* **3.** *med.* Magenmittel *n.*
sto·ma·ta ['stəʊmətə] *pl von* stoma.
sto·ma·ti·tis [ˌstəʊmə'taɪtɪs] *s med.* Stoma'titis *f*, Mundschleimhautentzündung *f.*
sto·ma·tol·o·gy [ˌstəʊmə'tɒlədʒɪ; *Am.* -'tɑl-] *s med.* Stomatolo'gie *f.* **stom·a·to·scope** [stəʊ'mætəskəʊp] *s med.* Stomato'skop *n*, Mundspiegel *m.*
stomp [stɒmp; *Am. a.* stɑmp] → stamp 1, 14, 15.
stone [stəʊn] **I** *v/t* **1.** mit Steinen bewerfen: ~ the crows! *Br. colloq.* ‚das ist ein Hammer'! **2.** *a.* ~ to death steinigen. **3.** mit Steinen auslegen, pflastern. **4.** schleifen, glätten. **5.** *e-e* Frucht entsteinen, -kernen. **6.** → o.s. *Am. sl.* sich ‚besaufen': → stoned 3. **II** *adj* **7.** steinern, Stein... **8.** irden, Stein...: → jar. **III** *s* **9.** Stein *m*: a heart of ~ ein Herz aus Stein; → *Bes. Redew.* **10.** (*Grab-, Schleif- etc*)Stein *m.* **11.** a. precious ~ (Edel)Stein *m.* **12.** (*pl* ~) *brit.* Gewichtseinheit (*14 lb* = *6,35 kg*). **13.** (*Pfirsich- etc*)Stein *m*, (*Dattel- etc*)Kern *m.* **14.** *med.* a) (Nieren-, Blasen-, Gallen)Stein *m*, b) Steinleiden *n.* **15.** (Hagel)Korn *n.* **16.** Lithographie: Stein *m.* **17.** *print.* 'Umbruchtisch *m.* **18.** (Domino-, Dame- *etc*)Stein *m.* **19.** *pl vulg. obs.* ‚Eier' *pl* (Hoden).
Besondere Redewendungen:
to leave no ~ unturned nichts unversucht lassen; to throw ~s (*od.* a ~) at s.o. *fig.* mit Steinen nach j-m werfen; to give a ~ for bread *Bibl.* e-n Stein für Brot bieten.
stone|age *s meist* **S~ A~** *hist.* Steinzeit *f.* ͵~'**blind** *adj* stockblind. ~ **blue** *s min.* Smalte *f*, Smaltblau *n.* '~**break** *s bot.* Steinbrech *m.* **2.** 'Steinbrechma͵schine *f.* ~ -'**broke** *adj colloq.* ‚völlig pleite', ‚völlig abgebrannt'. '~**cast** → stone's throw. ~ **cell** *s bot.* Steinzelle *f.* '~**chat** *s orn.* **1.** Schwarzkehlchen *n.* **2.** → blue titmouse. ~ **cir·cle** *s Archäologie:* Steinkreis *m.* ~ **coal** *s min.* Steinkohle *f*, *bes.* Anthra'zit *m.* ͵~'**cold** *adj* eiskalt. ~

crush·er *s tech.* 'Steinbrechma͵schine *f.* '~͵**cut·ter** *s tech.* **1.** Steinmetz *m*, -schleifer *m.* **2.** 'Steinschneidema͵schine *f.*
stoned [stəʊnd] *adj* **1.** steinig, Stein... **2.** entsteint, -kernt. **3.** *sl.* a) ‚(stink)besoffen', b) ‚high' (*unter Drogeneinfluß*). ˌ**stone|-'dead** *adj* mausetot. ͵~-'**deaf** *adj* stocktaub. ~ **dress·er** *s* stonecutter. ~ **fence** *s Am. sl.* Mischgetränk, *bes.* Whisky mit Apfelmost. ~ **fruit** *s* Steinfrucht *f*, *collect.* Steinobst *n.*
'**stone·less** *adj* steinlos: ~ fruit.
stone|͵lil·y *s fos'sile* Seelilie. ~ **mar·ten** *s zo.* Steinmarder *m.* '~͵**ma·son** *s* Steinmetz *m.* ~ **pit** *s* Steinbruch *m.* ~'**s throw** *s:* within a ~ (of) e-n Steinwurf *od.* ‚Katzensprung' entfernt (von). ͵~'**wall** *bes. Br.* **I** *v/i* **1.** *Kricket:* defen'siv spielen (*Schläger*). **2.** a) *parl.* Obstrukti'on treiben, b) ~ on *bes. pol.* Verhandlungen *etc* bloc'kieren. **II** *v/t* **3.** a) *parl.* Gesetzesvorlage *etc* durch Obstrukti'on zu Fall bringen, b) → 2 b. ͵~'**wall·er** *s parl. bes. Br.* Obstrukti'onspo͵litiker *m*, Verschleppungstaktiker *m.* ͵~'**wall·ing** *s parl. bes. Br.* Obstrukti'on *f*, Verschleppungstaktik *f* (*bes. durch Dauerreden zur Verhinderung e-r Abstimmung*). '~**ware** *s* Steinzeug *n.* '~**work** *s* Steinmetzarbeit *f.*
ston·i·ness ['stəʊnɪnɪs] *s* **1.** steinige Beschaffenheit. **2.** *fig.* Härte *f.*
ston·ing ['stəʊnɪŋ] *s* Steinigung *f.*
stonk [stɒŋk; *Am.* stɑŋk] *s mil.* schwerer Artille'riebeschuß.
ston·y ['stəʊnɪ] *adj* **1.** steinig: ~ ground; → ground¹ 1. **2.** steinern, Stein... **3.** *fig.* steinern: a ~ heart ein Herz aus Stein. **4.** *fig.* starr, eisig: a ~ stare. **5.** → stone-broke. '~͵**broke** → stone-broke. '~͵**heart·ed** *adj* hartherzig.
stood [stʊd] *pret u. pp von* stand.
stooge [stuːdʒ] **I** *s* **1.** *thea.* Stichwortgeber *m* (*der dem Conférencier etc Witze u. Pointen zuspielt*). **2.** *sl.* Handlanger *m*, Helfershelfer *m*, Krea'tur *f.* **3.** *Am. sl.* (Poli'zei-, Lock)Spitzel *m.* **4.** *Br. sl.* ‚Flasche' *f*, ‚Heini' *m.* **II** *v/i* **5.** dem Conférenci'er Pointen zuspielen. **6.** *sl.* Handlangerdienste tun. **7.** *meist* ~ about (*od.* around) *sl.* a) *aer.* her'umfliegen, b) her'umgehen.
stook [stʊk] *bes. Br. für* shock².
stool [stuːl] **I** *s* **1.** Hocker *m*, (Büro-, Kla'vier- *etc*)Stuhl *m*: **to fall between two ~s** ‚sich zwischen zwei Stühle setzen'. **2.** Schemel *m.* **3.** Nachtstuhl *m.* **4.** *med.* Stuhl *m*: a) Kot *m*, b) Stuhlgang *m*: to go to ~ Stuhlgang haben. **5.** *bot.* a) (Wurzel)Schößling(e *pl*) *m*, b) Wurzelstock *m*, c) Baumstumpf *m* (*der Wurzelschößlinge treibt*). **6.** *bes. Am.* Lockvogel *m.* **II** *v/i* **7.** *bot.* Schößlinge treiben. ~ **pi·geon** *s* **1.** Lockvogel *m* (*a. fig.*). **2.** *bes. Am. sl.* (Poli'zei-, Lock)Spitzel *m.*
stoop¹ [stuːp] **I** *v/i* **1.** sich bücken, sich (vorn'über)beugen. **2.** gebeugt gehen *od.* sein, sich krumm halten. **3.** *fig. contp.* a) sich her'ablassen, b) sich erniedrigen, die Hand reichen (to zu; to do zu tun). **4.** sich unter'werfen, nachgeben. **5.** her'abstoßen (*Vogel*). **II** *v/t* **6.** neigen, beugen, *die* Schultern hängenlassen. **III** *s* **7.** (Sich)Beugen *n.* **8.** gebeugte *od.* krumme Haltung: to walk with a ~ gebeugt gehen. **9.** krummer Rücken. **10.** Niederstoßen *n* (*e-s Vogels*).
stoop² [stuːp] *s Am.* kleine Ve'randa (*vor dem Haus*).
stoop·ing·ly ['stuːpɪŋlɪ] *adv* gebückt, gebeugt, krumm.
stop [stɒp; *Am.* stɑp] **I** *v/t pret u. pp* **stopped**, *obs.* **stopt 1.** aufhören (doing zu tun): to ~ doing s.th. etwas bleibenlassen; do ~ that noise hör (doch) auf mit dem Lärm; ~ it hör auf

(damit). **2.** a) *allg.* aufhören mit, b) *Besuche etc, econ.* s-e *Zahlungen, e-e Tätigkeit, jur. das Verfahren* einstellen: to ~ one's visits (payments, the proceedings), c) abbrechen: to ~ the fight (the negotiations, *etc*). **3.** a) *allg.* ein Ende machen *od.* bereiten, Einhalt gebieten (*dat*), b) aufhalten, zum Halten *od.* Stehen bringen, stoppen: to ~ an attack (progress, an opponent, the traffic), c) stoppen, anhalten: to ~ the car (train, ball), d) *e-e Maschine, a. das Gas etc* abstellen, e) *e-e Fabrik* stillegen, f) *Lärm etc* unter'binden, g) *Boxen: Kampf* abbrechen. **4.** sperren (lassen): to ~ (payment on) a check (*Br.* cheque). **5.** unter'brechen: to ~ a speaker. **6.** *sport* a) *fenc., Boxen: e-n Hieb* pa'rieren, b) *e-n Gegner* besiegen *od.* stoppen: to ~ a blow sich e-n Schlag ,einfangen'; to ~ a bullet e-e Kugel ,verpaßt bekommen'; → packet 5. **7.** (from) abhalten (von), hindern (an *dat*). **8.** *a.* ~ up ver-, zustopfen: to ~ a leak; to ~ one's ears sich die Ohren zuhalten; to ~ s.o.'s mouth *fig.* j-m den Mund stopfen, j-n zum Schweigen bringen (*a. euphem. umbringen*); → gap 1. **9.** versperren, -stopfen, bloc'kieren. **10.** *Blut, a. e-e Wunde* stillen. **11.** *e-n Zahn* plom'bieren, füllen. **12.** *Betrag* abziehen, einbehalten (out of, from von). **13.** *Bridge:* stoppen, decken. **14.** *mus.* a) *e-n Ton od. e-e Saite* greifen, b) *ein Griffloch* zuhalten, schließen, c) *das Blasinstrument, den Ton* stopfen. **15.** *ling.* inter'punk'tieren. **16.** ~ down *phot. das Objektiv* abblenden. **17.** ~ out (*Ätzkunst*) abdecken.
II *v/i* **18.** (an)halten, haltmachen, stehenbleiben, stoppen. **19.** aufhören, an-, innehalten, e-e Pause machen: he ~ped in the middle of a sentence er hielt mitten in e-m Satz inne; he'll ~ at nothing er schreckt vor nichts zurück; to ~ out *Am.* s-e Ausbildung kurzzeitig unter'brechen; → dead 38, short 14, 16. **20.** aufhören: the noise has ~ped; his annuity ~s. **21.** ~ off a) kurz haltmachen, b) 'Zwischenstati,on machen. **22.** ~ over 'Zwischenstati,on machen. **23.** ~ by *bes. Am.* kurz (bei *j-m*) vor'beikommen *od.* -schauen. **24.** bleiben: to ~ in bed (at home, *etc*); to ~ away (from) fernbleiben (*dat*), wegbleiben (von); to ~ behind noch dableiben; to ~ in a) *a.* to ~ indoors zu Hause *od.* drinnen bleiben, b) *ped.* nachsitzen; to ~ out a) wegbleiben, nicht heimkommen, b) *econ.* weiterstreiken; to ~ up aufbleiben, wach bleiben.
III *s* **25.** a) Halt *m*, Stillstand *m*, b) Ende *n*: to come to a ~ anhalten, *weitS.* zu e-m Ende kommen, aufhören; to put a ~ to, to bring to a ~ → 3 a. **26.** Pause *f.* **27.** *rail. etc* Aufenthalt *m*, Halt *m*. **28.** a) *rail.* Stati'on *f*, b) (Bus)Haltestelle *f*, c) *mar.* Anlegestelle *f*. **29.** 'Absteigequar,tier *n*. **30.** Hemmnis *n*, Hindernis *n*. **31.** *tech.* Anschlag *m*, Sperre *f*, Hemmung *f*. **32.** *econ.* a) Sperrung *f*, Sperrauftrag *m* (*für Scheck etc*), b) → stop-payment. **33.** *mus.* a) Griff *m*, Greifen *n* (*e-r Saite etc*), b) Griffloch *n*, c) Klappe *f*, d) Ven'til *n*, e) Re'gister *n* (*e-r Orgel etc*), f) Re'gisterzug *m*: to pull out all the ~s *fig.* alle Register ziehen, alle Hebel in Bewegung setzen. **34.** *ling.* a) Knacklaut *m*, b) Verschlußlaut *m*. **35.** *phot.* f-stop-Blende *f* (*als Einstellmarke*). **36.** *ling.* Satzzeichen *n*, b) Punkt *m*.
,stop|-and-'go *adj* a) durch (Verkehrs)Ampeln geregelt: ~ **driving (highways,** *etc*), b) ~ **traffic** Stop-and--go-Verkehr *m*. ~ **bath** *s phot.* Unter'brecherbad *n*. ~**cock** *s tech.* Absperrhahn *m*.

stope [stəʊp] *s Bergbau:* Strosse *f*, Erzkammer *f*.
'**stop**|-**gap** **I** *s* **1.** Lückenbüßer *m*, Notbehelf *m*, Ersatz *m*. **2.** *bes. econ.* Über'brückung *f*. **II** *adj* **3.** Not..., Behelfs... **4.** *bes. econ.* Überbrückungs...: ~ **aid** (credit, *etc*). ~ **key** *s* **1.** *tech.* Einsatzschlüssel *m*. **2.** *mus.* → **stop** 33 f. ~ **knob** → **stop** 33 f. '~-**light** *s* **1.** *mot.* Stopp-, Bremslicht *n*. **2.** *Am.* (Verkehrs)Ampel *f*. ,~-'**loss** *adj econ.* zur Vermeidung weiterer Verluste (bestimmt): ~ **order** → **stop order.** ~ **mo·tion** *s* **1.** *tech.* Abstellvorrichtung *f*. **2.** *phot.* Zeitraffer *m*: ~ **camera.** ~ **or·der** *s econ.* Stop-loss-Auftrag *m*. '~,**o·ver** *s* **1.** 'Reiseunter,brechung *f*, (kurzer) Aufenthalt. **2.** 'Zwischenstati,on *f*.
stop·page ['stɒpɪdʒ; *Am.* 'stɑp-] *s* **1.** a) (An)Halten *n*, b) Stillstand *m*, c) Aufenthalt *m*. **2.** (*Verkehrs- etc*)Stockung *f*. **3.** *tech.* a) (Betriebs)Störung *f*, Hemmung *f* (*a. e-r Pistole etc*), b) Verstopfung *f* (*a. med. e-s Organs*). **4.** Gehalts-, Lohnabzug *m*: ~ **at source** Besteuerung *f* an der Quelle. **5.** *jur.* Beschlagnahme *f*, Sperrung *f* (*von Waren*): ~ **in transit**(**u**) Anhalten *n* von bereits abgeschickten Waren seitens des Absenders. **6.** (*Arbeits-, Betriebs-, Zahlungs*)Einstellung *f*.
stop pay·ment *s* Zahlungssperre *f* (*für Schecks etc*).
stop·per ['stɒpə; *Am.* 'stɑpər] **I** *s* **1.** Hemmnis *n*: to put a ~ (*od.* the ~s) on s.th. e-r Sache ein Ende setzen. **2.** a) Stöpsel *m*, Pfropf(en) *m*, b) Stopfer *m*. **3.** *tech.* Absperrvorrichtung *f*, Hemmer *m*, *mar.* Stopper *m*: ~ **circuit** *electr.* Sperrkreis *m*. **4.** *Werbung: colloq.* Blickfang *m*. **5.** *bot.* Eu'genie *f*. **II** *v/t* **6.** zustöpseln.
stop·ping ['stɒpɪŋ; *Am.* 'stɑp-] *s* **1.** (An-, Auf)Halten *n* (*etc*; → **stop** I). **2.** *med.* a) Plom'bieren *n*, b) Plombe *f*, Füllung *f*. ~ **dis·tance** *s mot.* Anhalteweg *m*. ~ **place** *s* Haltestelle *f*, Stati'on *f*. ~ **train** *s bes. Br.* Bummelzug *m*.
stop plate *s tech.* Endanschlag *m*.
stop·ple ['stɒpl; *Am.* 'stɑpəl] **I** *s* Stöpsel *m*. **II** *v/t* zustöpseln.
stop| **press** *s bes. Br.* (Spalte *f* für) letzte (nach Redakti'onsschluß eingelaufene) Meldungen *pl*. ~ **screw** *s tech.* Anschlagschraube *f*. ~ **sign** *s mot.* Stoppschild *n*. ~ **street** *s mot.* Stoppstraße *f*.
stopt [stɒpt; *Am.* stɑpt] *obs. pret u. pp von* **stop**.
stop| **thrust** *s fenc.* Aufhaltstoß *m*. ~ **time** *s mus.* Stop-time *f*. ~ **valve** *s tech.* 'Absperrven,til *n*. ~ **vol·ley** *s Tennis:* Stoppflugball *m*. '~**watch** *s* Stoppuhr *f*.
stor·a·ble ['stɔːrəbl; *Am.* a. 'stoʊr-] **I** *adj* lagerfähig, Lager... **II** *s econ.* lagerfähige Ware.
stor·age ['stɔːrɪdʒ; *Am.* a. 'stoʊr-] *s* **1.** (Ein)Lagerung *f*, Lagern *n*, Speicherung *f* (*a. electr. u. Computer*): **in** ~ auf Lager; ~ **cold storage. 2.** Lager(raum *m*) *n*, De'pot *n*. **3.** Lagergeld *n*. ~ **bat·ter·y** *s electr. bes. Am.* Akku(mu'lator) *m*. ~ **cam·er·a** *s phot.* Speicherkamera *f*: ~ **tube** *TV* Bildspeicherröhre *f*. ~ **ca·pac·i·ty** *s Computer:* 'Speicherkapazi,tät *f*. ~ **cell** *s electr.* Akkumu'latorzelle *f*. **2.** *Computer:* Speicherzelle *f*. ~ **de·vice** *s Computer:* Speichergerät *n*. ~ **heat·er** *s* Speicherofen *m*. ~ **ring** *s Kernphysik:* Speicherring *m*. ~ **tube** *s Computer:* (*TV* Bild)Speicherröhre *f*.
sto·rax ['stɔːræks; *Am.* a. 'stoʊr-] *s* **1.** Styrax *m*, Storax *m* (*Harz*). **2.** *bot.* Storaxbaum *m*.
store [stɔː(r); *Am.* a. stɔʊr] **I** *s* **1.** (Vorrats)Lager *n*, Vorrat *m*: **in** ~ auf Lager, vorrätig; **to be in** ~ **for s.o.** *fig.* j-m bevorstehen, auf j-n warten; **to have** (*od.* **hold**) **in** ~ **for s.o.** e-e Überraschung *etc* für j-n bereithalten, j-m e-e Enttäuschung *etc* bringen. **2.** *pl* a) Vorräte *pl*, Ausrüstung *f* (*u.* Verpflegung *f*), Provi'ant *m*, b) *a.* **military** ~**s** Militärbedarf *m*, 'Kriegsmateri,al *n* (Munition, Proviant *etc*), c) *a.* **naval** ~**s**, **ship's** ~**s** *mar.* Schiffsbedarf *m*, d) ('Roh)Materi,al *n*. **3.** a) *bes. Am.* (Kauf)Laden *m*, Geschäft *n*, b) *bes. Br.* Kauf-, Warenhaus *n*. **4.** Lagerhaus *n*. **5.** (große) Menge, Fülle *f*, Schatz *m*, Reichtum *m* (**of** an *dat*): **his great** ~ **of knowledge** sein großer Wissensschatz; **to set great** (**little**) ~ **by** *fig.* (*acc*), b) etwas hoch (gering) einschätzen. **6.** *Computer: bes. Br.* Speicher *m*. **II** *adj* **7.** *Am.* a) Konfektions..., von der Stange: ~ **clothes,** b) aus der Fa'brik: ~ **bread,** c) künstlich: ~ **teeth. III** *v/t* **8.** ausstatten, eindecken, versorgen (**with** mit), *ein Schiff* verprovian'tieren: **to** ~ **one's mind with facts** s-n Kopf mit Fakten anfüllen. **9.** *a.* ~ **up,** ~ **away** a) einlagern, (auf)speichern, auf Lager nehmen, *die Ernte* einbringen, b) *fig.* im Gedächtnis bewahren. **10.** (in ein Lager) einstellen, lagern. **11.** fassen, aufnehmen. **12.** *electr. phys., a. Computer:* speichern. **IV** *v/i* **13.** sich *gut etc* halten, lagern lassen: **food that** ~**s well.** ~ **cat·tle** *s Br.* Mastvieh *n*. '~**front** *s bes. Am.* Ladenfront *f*. '~**house** *s* **1.** Lagerhaus *n*. **2.** *fig.* Fundgrube *f*. '~**keep·er** *s* **1.** Lagerverwalter *m*, Lage'rist *m*. **2.** a) *mil.* Kammer-, Geräteverwalter *m*, b) *mar.* Vorratsverwalter *m*, Küper *m*. **3.** *bes. Am.* Ladenbesitzer(in), -inhaber(in). '~**keep·ing** *s* **1.** Kleinhandel *m*. **2.** Führen *n* e-s (Laden)Geschäfts. '~**man** [-mən] *s irr Am.* **1.** → **storekeeper** 1. **2.** Lagerarbeiter *m*. '~**room** *s* **1.** Lagerraum *m*, Vorratskammer *f*. **2.** *bes. Am.* Verkaufsraum *m*. '~**ship** *s mar.* Versorgungsschiff *n*.
sto·rey, *bes. Am.* **sto·ry** ['stɔːrɪ; *Am. a.* 'stoʊrɪ] *s* Stock(werk *n*) *m*, Geschoß *n*, E'tage *f*: **he is a bit weak in the upper** ~ *colloq.* ,er ist nicht ganz richtig im Oberstübchen'. '**sto·reyed,** *bes. Am.* '**sto·ried** *adj* mit Stockwerken: **a two-**~ **house** ein zweistöckiges Haus.
sto·ried[1] ['stɔːrɪd; *Am.* 'stoʊr-] *adj* **1.** geschichtlich, berühmt. **2.** 'sagenum,woben. **3.** mit Bildern aus der Geschichte geschmückt: **a** ~ **frieze.**
sto·ried[2] *bes. Am.* für **storeyed.**
sto·ri·ette [,stɔːrɪ'et; *Am.* a. ,stoʊr-] *s* Geschichtchen *n*.
stork [stɔː(r)k] *s orn.* Storch *m*. '~**'s-bill** *s bot.* Storchschnabel *m*.
storm [stɔː(r)m] **I** *s* **1.** Sturm *m* (*a. fig.*), Unwetter *n*: **S**~ **and Stress** *hist.* Sturm und Drang; ~ **in a teacup** *Br.* ,Sturm im Wasserglas'. **2.** (Hagel-, Schnee)Sturm *m*, Gewitter *n*. **3.** *mar.* or'kanartiger Sturm (*Windstärke 11*). **4.** *mil.* (An)Sturm *m*: **to take by** ~ im Sturm nehmen *od.* erobern (*a. fig.*). **5.** *fig.* Schauer *m*, Hagel *m*: **a** ~ **of missiles. 6.** *fig.* (Beifalls-, Protest- *etc*)Sturm *m*: **a** ~ **of applause (protest). II** *v/i* **7.** wüten, toben (*Wind etc; a. fig.* **at** wegen). **8.** *impers* **it was** ~**ing in the mountains** im Gebirge tobte ein Unwetter. **9.** *mil.* stürmen, angreifen. **10.** stürmen, stürzen. **III** *v/t* **11.** *mil. etc* (er)stürmen. **12.** *fig.* wüten(d sagen). ~ **an·chor** *s bes. fig.* Notanker *m*. ~ -**beat·en** *adj* sturmgepeitscht. '~**bird** → **stormy petrel** 1. '~**bound** *adj* **1.** vom Sturm am Auslaufen gehindert (*Schiff*). **2.** vom Sturm aufgehalten *od.* von der Außenwelt abgeschnitten. ~ **cen·ter,** *bes. Br.* ~ **cen·tre** *s* **1.** *meteor.* Sturmzentrum *n*. **2.** *fig.* Unruheherd *m*.

cloud s Gewitterwolke f (a. fig.). **~cone** s mar. Sturmkegel m (Signal).
storm·ing par·ty s mil. Sturmtrupp m.
storm| lane → storm track. **~ lantern** s 'Sturmla̦terne f. **~ pet·rel** → stormy petrel 1. **'~proof** adj sturmfest, -sicher. **~ rub·ber** s Am. (niedriger) 'Gummi̦überschuh. **'~tossed** adj sturmgepeitscht. **~ track** s meteor. Sturmbahn f. **~ troop·er** s hist. S'A-Mann m (Nazi). **~ troops** s pl 1. mil. Sturmtruppen pl. 2. hist. 'Sturmab̦teilung f, S'A f.
'storm·y adj stürmisch (a. fig.). **~ pet·rel** s 1. orn. Sturmschwalbe f. 2. fig. a) Unruhestifter m, b) En'fant ter'rible n. 3. fig. Unglücksbote m.
sto·ry¹ ['stɔːrɪ; Am. a. 'staʊrɪ:] s 1. (a. amü'sante) 'Sturmla̦terne, Erzählung f: the same old ~ fig. das alte Lied; that's another ~ fig. das ist etwas anderes, das steht auf e-m anderen Blatt. 2. Fabel f, Handlung f, Story f (e-s Dramas etc). 3. (Lebens)Geschichte f, Story f: the Glenn Miller S~. 4. Geschichte f, Bericht m: the ~ goes man erzählt sich; to cut a long ~ short um es kurz zu machen, kurz u. gut; to tell the whole (od. full) ~ ,auspacken', alles sagen. 5. ('Zeitungs)Ar̦tikel m, (-)Story f. 6. fig. (die) 'Hintergründe pl, alle Tatsachen pl: to get the whole ~. 7. colloq. a) (Lügen-, Ammen)Märchen n, ,Geschichte' f, b) → storyteller 3.
sto·ry² bes. Am. für storey.
'sto·ry|·book I s 1. Geschichten-, Märchenbuch n. II adj 2. a) wie in e-m Ro'man: **~ ending**, b) Märchen...: **~ world**. 3. Bilderbuch...: **~ chase**. **'~line** s Handlung f (e-s Dramas etc). **'~tell·er** s 1. (Märchen-, Geschichten)Erzähler (-in). 2. Erzähler m (Autor). 3. colloq. Flunkerer m, Lügenbold m. **'~tell·ing** s 1. (Geschichten)Erzählen n. 2. Erzählkunst f.
stoup [stuːp] s 1. R.C. Weihwasserbecken n. 2. bes. Scot. Eimer m. 3. obs. od. dial. a) Becher m, b) Krug m.
stout [staʊt] I adj (adv ~ly) 1. stämmig, kräftig. 2. dick, korpu'lent, beleibt. 3. ausdauernd, zäh, hartnäckig. 4. mannhaft, wacker, tapfer, beherzt. 5. heftig: a ~ attack (wind, etc). 6. kräftig, sta'bil (Material etc). II s 7. Stout m (dunkles Bier mit starkem Hopfengeschmack).
'stout·en v/t u. v/i stark od. dick machen (werden). **stout·heart·ed** [-'hɑː-; attr. '-,hɑː-] → stout 4. **'stout·ish** adj etwas od. ziemlich stark od. kräftig od. beleibt. **'stout·ness** s 1. Stämmigkeit f. 2. Beleibtheit f, Korpu'lenz f. 3. Tapferkeit f, Mannhaftigkeit f. 4. Ausdauer f.
stove¹ [stəʊv] I s 1. Ofen m, (Koch)Herd m. 2. tech. a) Brennofen m, b) Trockenkammer f. 3. bes. Br. Treibhaus n. II v/t 4. a) warmhalten, b) trocknen, erhitzen. 5. bes. Br. im Treibhaus ziehen.
stove² [stəʊv] pret u. pp von stave.
stove| en·am·el s Einbrennlack m. **'~pipe** s 1. Ofenrohr n. 2. a. **~ hat** colloq. Zy'linder m, ,Angströhre' f. 3. pl colloq. Röhrenhose f.
sto·ver ['stəʊvə(r)] s agr. a) bes. Br. Futter n, b) Am. (Mais- etc)Stroh n (als Viehfutter).
stow [stəʊ] I v/t 1. mar. (ver)stauen. 2. verstauen, packen: to ~ away a) wegräumen, -stecken, b) colloq. ,verdrükken', to ~ away a steak. 3. vollfüllen, (be)laden. 4. sl. sich etwas od. ein Viehfutter). 5. sl. aufhören mit: ~ it! hör auf (damit)!, halt's Maul! II v/i 6. **~ away** sich an Bord schmuggeln, als blinder Passa'gier mitreisen. **'stow·age** s bes. mar. 1. Stauen n: ~ certificate Stauungsattest n. 2. Laderaum m. 3. Ladung f. 4. Staugeld n.
'stow·a·way s 1. blinder Passa'gier. 2. Versteck n.
stra·bis·mal [strə'bɪzməl], **stra'bis·mic** [-mɪk] adj schielend, Schiel... **stra·bis·mus** [-məs] s Stra'bismus m, Schielen n. **stra'bot·o·my** [-'bɒtəmɪ; Am. -'bɑt-] s med. Straboto'mie f, 'Schieloperati̦on f.
Strad [stræd] colloq. für Stradivarius.
strad·dle ['strædl] I v/i 1. a) breitbeinig od. mit gespreizten Beinen gehen od. stehen od. sitzen, b) die Beine spreizen, grätschen (a. Turnen), c) rittlings sitzen. 2. sich (ausein'ander)spreizen. 3. sich (aus)strecken. 4. fig. Am. schwanken, es mit beiden Par'teien halten. 5. econ. Arbi'trage betreiben. II v/t 6. rittlings sitzen auf (dat): to ~ a horse. 7. mit gespreizten Beinen stehen über (dat): to ~ a ditch. 8. die Beine spreizen. 9. fig. sich nicht festlegen wollen bei e-r Streitfrage etc: to ~ an issue. 10. mil. das Ziel eingabeln. 11. Poker: den Einsatz blind verdoppeln. III s 12. (Beine)Spreizen n. 13. a) breitbeiniges od. ausgreifendes Gehen, b) breitbeiniges (Da)Stehen, c) Rittlingssitzen n. 14. Schrittweite f. 15. fig. Am. ausweichende od. unentschlossene Haltung. 16. Börse: Stell'lage (-geschäft n) f. 17. a) Turnen: Grätsche f, b) Hochsprung: Straddle m, Wälzer m. **~-leg·ged**, bes. Br. **-legged** adj u. adv breitbeinig.
Strad·i·var·i·us [ˌstrædɪ'veərɪəs; -'vɑːr-] s mus. Stradi'vari f (Geige).
strafe [strɑːf; bes. Am. streɪf] I v/t 1. aer. mil. im Tiefflug mit Bordwaffen angreifen. 2. colloq. j-n ,anpfeifen'. II s → strafing. **'straf·ing** s 1. Bordwaffenbeschuß m. 2. colloq. ,Anpfiff' m.
strag·gle ['strægl] v/i 1. her'umstreifen. 2. (hinter'drein- etc)bummeln, (-)zotteln. 3. a) sich verirren, b) mil. versprengt werden. 4. wuchern (Pflanze etc), sich unregelmäßig ausbreiten. 5. verstreut liegen od. stehen (Häuser etc), sich 'hinziehen (Vorstadt etc). 6. fig. abschweifen. **'strag·gler** s 1. Bummler(in). 2. Nachzügler m (a. mar.). 3. mil. Versprengte(r) m. 4. bot. wilder Schößling. **'strag·gling** adj (adv ~ly), a. **'strag·gly** adj 1. (beim Marsch etc) zu'rückgeblieben. 2. (weit) ausein'andergezogen (Kolonne). 3. wuchernd (Pflanze etc), sich unregelmäßig ausbreitend. 4. verstreut (liegend), weitläufig. 5. 'widerspenstig: **~ hair**.
straight [streɪt] I adj (adv ~ly) 1. gerade: ~ legs; ~ hair glattes Haar; ~ line gerade Linie, math. Gerade f; to keep a ~ face das Gesicht nicht verziehen. 2. a ~ left (right) (Boxen) e-e linke (rechte) Gerade; in ~ sets (Tennis etc) ohne Satzverlust. 3. in Ordnung, ordentlich: to put ~ in Ordnung bringen; to put things ~ Ordnung schaffen; to set s.o. ~ on j-s Mei̦nung über (acc) richtigstellen. 4. gerade, offen, ehrlich, re'ell: a ~ **businessman**; → die² 1. 5. anständig: a ~ **life**. 6. colloq. zuverlässig, sicher: a ~ **tip**. 7. ehrlich, re'ell: a ~ **fight**. 8. geradlinig, folgerichtig: ~ **thinking**. 9. pol. Am. ,hundertpro̦zentig': a ~ **Republican**. 10. pur: to drink one's whisky ~. 11. a) thea. konventio'nell (Stück), b) thea. ef'fektlos (Spiel), c) gewöhnlich, nor'mal: a ~ **novel**. 12. econ. Am. mit festem Preis, ohne 'Mengenra̦batt: **cigars ten cents ~**. 13. mot. tech. Reihen...: ~ **engine**. 14. colloq. quitt: **we're ~**. 15. sl. spießig. 16. sl. ,nor'mal', ,hetero' (heterosexuell).
II adv 17. gerade('aus): **to go ~ on**. 18. richtig: he does not see ~; I can't think ~ ich kann nicht (mehr) klar denken; **to get s.o. ~** sl. j-n richtig verstehen. 19. di'rekt, gerade, gerade(s)wegs, un̦mittelbar: he comes ~ from London; → horse 1, shoulder 1. 20. oft ~ **out** 'rundher̦aus, ,klipp u. klar': he told him ~ **out**. 21. ehrlich, anständig, ordentlich: to live ~; to go ~ colloq. ,keine krummen Sachen mehr machen'; **play it ~ (with me)**! bleib schön ehrlich (mir gegen̦über)! 22. ~ **away**, ~ **off** so'fort, auf der Stelle, gleich.
III s 23. Geradheit f: **out of the ~** krumm, schief. 24. sport (Gegen-, Ziel-) Gerade f. 25. sport (Erfolgs-, Treffer- etc)Serie f. 26. Poker: Straight m (Folge von 5 Karten beliebiger Farbe). 27. **to be on the ~ and narrow** auf dem Pfad der Tugend wandeln. 28. **the ~ of it** bes. Am. colloq. die (reine) Wahrheit. 29. sl. Spießer m.
straight| an·gle s math. gestreckter Winkel (180°). **~ ar·row** s Am. grundanständiger Kerl. **'~'ar·row** adj Am. grundanständig. **'~·a·way** [ˌ-'weɪ; '-ə-] I adj gerade, geradlinig (a. fig.). II adv so'fort, auf der Stelle, gleich. III s sport (Gegen-, Ziel)Gerade f.
straight·en ['streɪtn] I v/t 1. gerademachen, (gerade-, aus)richten, (aus)strecken, tech. Draht recken, mil. die Front begradigen: to ~ **one's face** e-e ernste Miene aufsetzen; **to ~ o.s. up** sich aufrichten. 2. a. ~ **up** Zimmer etc aufräumen. 3. oft ~ **out** (od. **up**) etwas in Ordnung bringen: **to ~ one's affairs**; **things will ~ themselves out** das wird von allein (wieder) in Ordnung kommen, b) colloq. j-n (wieder) auf die rechte Bahn bringen, ,zu'rechtbiegen', c) colloq. j-m ,den Kopf zu'rechtsetzen'. 4. oft ~ **out** entwirren, klarstellen. II v/i 5. gerade werden. 6. ~ **up** a) sich aufrichten, b) colloq. ein anständiges Leben beginnen.
'straight|-'faced adj mit unbewegtem Gesicht. **~ fight** s pol. di'rekter Kampf zwischen 2 'Gegenkandi̦daten. **~ flush** s Poker: Straight-flush m (Folge von 5 gleichfarbigen Karten). **'~'for·ward I** adj (adv ~ly) 1. gerade'aus gerichtet. 2. freimütig, di'rekt, offen. 3. ehrlich, redlich, aufrichtig. 4. einfach, 'unkompli̦ziert. II adv 5. gerade'aus. 6. → I. **'~'for·ward·ness** s 1. Di'rektheit f, Offenheit f. 2. Aufrichtigkeit f. **'~-from-the-'shoul·der** adj unverblümt. **'~·jack·et** → straitjacket. **'~-'laced** → strait-laced. **'~-line** adj math. phys. tech. geradlinig, line'ar (a. econ.): ~ **depreciation** econ. lineare Abschreibung; ~ **method** econ. gleichmäßige Abschreibung vom Anschaffungswert; ~ **motion** a) phys. geradlinige Bewegung, b) tech. Geradführung f. **'straight·ness** s Geradheit f: a) Geradlinigkeit f, b) fig. Aufrichtigkeit f, Ehrlichkeit f.
'straight|-,out adj Am. colloq. 1. rückhaltlos, kompro'mißlos. 2. offen, aufrichtig. **'~·way** ['-weɪ; ˌ-'weɪ] adv obs. stracks, so'gleich.
strain¹ [streɪn] I v/t 1. (an)spannen, (straff) (an)ziehen: **to ~ a rope**. 2. sich e-n Muskel, e-e Sehne etc zerren, sich das Handgelenk verstauchen, s-e Augen etc (a. sich) über'anstrengen: **to have a ~ed muscle** e-e Muskelzerrung haben. 3. die Augen, das Herz etc über'anstrengen. 4. (bis zum äußersten) anstrengen od. anspannen: **to ~ one's ears (eyes)**; **to ~ o.s.**; → **nerve 7**. 5. tech. defor'mieren, verformen, verziehen. 6. fig. etwas über'spannen, strapa'zieren, j-s Geduld, Kräfte etc über'fordern, auf e-e harte Probe stellen: **to ~ s.o.'s patience (strength, etc)**. 7. fig. e-n Sinn, ein Recht strapa'zieren, vergewaltigen, Gewalt antun (dat),

Befugnisse etc über'schreiten: **to ~ the meaning of a word**; **to ~ a point** zu weit gehen; **a ~ed interpretation** e-e for-cierte Auslegung. **8.** ('durch)sehen, pas-'sieren, filtern, fil'trieren: **to ~ out** (*od.* **off**) abseihen. **9.** (fest) drücken *od.* pres-sen: **to ~ s.o. to one's breast (heart)** j-n an s-e Brust ziehen (ans Herz drücken). **II** *v/i* **10.** sich (bis zum äußersten) anstrengen (**to do** zu tun): **to ~ after** sich abmühen um, streben nach; **to ~ after effects** nach Effekt haschen. **11.** sich (an)spannen. **12. ~ at** zerren an (*dat*): → **gnat** 1, **leash** 1. **13.** (*a.* beim Stuhlgang) pressen, drücken: **to ~ at stool**. **14.** *tech.* sich verziehen, sich verformen. **15.** a) 'durchlaufen, -tropfen, -sickern (*Flüssigkeit*), b) sich *gut etc* (ab)seihen *od.* filtern lassen.
III *s* **16.** Spannung *f*, Beanspruchung *f*, Zug *m.* **17.** *tech.* verformende Spannung, Verdehnung *f.* **18.** *med.* a) Zerrung *f*, b) Über'anstrengung *f.* **19.** Anstrengung *f*, Anspannung *f*, Kraftaufwand *m*. **20.** (**on**) (starke) Anstrengung, Stra'paze *f* (für), Über'anstrengung *f* (*gen*), (*nervliche, a. finanzielle*) Belastung (für), Druck *m* (auf *acc*), Last *f* (*der Verantwortung etc*): **to be a ~ on s.o.'s nerves** j-n Nerven kosten; **to put** (*od.* **place**) **a great ~ on** stark beanspruchen *od.* belasten; **it is a ~** es ist nimmt einen mit; **under a ~** mitgenommen, mit den Nerven herunter. **21.** *meist pl* Weise *f*, Melo-'die *f*: **to the ~s of** zu den Klängen (*gen*). **22.** Vers *m*, Pas'sage *f.* **23.** *fig.* Ton(art *f*) *m*, Ma'nier *f*, Stil *m*: **a humorous ~**. **24.** Laune *f*, Stimmung *f*: **he was in a philosophizing ~** er war zum Philoso-phieren aufgelegt. **25.** *pl* Spannungen *pl.*
strain² [streɪn] *s* **1.** Geschlecht *n*, Linie *f.* **2.** Abstammung *f.* **3.** *biol.* a) Rasse *f*, b) (Ab-, Spiel)Art *f.* **4.** Beimischung *f*, (Rassen)Merkmal *n*, Zug *m*: **a ~ of Greek blood** ein Schuß griechischen Bluts. **5.** (Erb)Anlage *f*, (Cha'rakter)Zug *m.* **6.** Spur *f*, Anflug *m* (von).
strained [streɪnd] *adj* **1.** gezwungen, 'un-na'türlich: **a ~ smile**. **2.** gespannt: **~ relations**. **'strain·ed·ly** [-ɪdlɪ] *adv*.
'strain·er *s* **1.** Seiher *m*, Sieb *n*, Filter *m*, *n.* **2.** *tech.* Streck-, Spannvorrichtung *f*.
strait [streɪt] **I** *s* **1.** *oft pl* Straße *f*, Meer-enge *f*: **the S~s of Dover** die Straße von Dover; **S~s Settlements** ehemalige brit. Kronkolonie (*Malakka, Penang, Singa-pur*); **the S~s** a) (*früher*) die Straße *od.* Meerenge von Gibraltar, b) (*heute*) die Malakkastraße. **2.** *oft pl* Not *f*, (*bes.* finanzi'elle*) Verlegenheit: **to be in ~s** (*od.* **desperate**) **~s** in e-r ernsten Not-lage sein. **II** *adj* **3.** *obs.* a) eng, schmal: **the ~ gate** *Bibl.* die enge Pforte, b) streng, hart. **'strait·en** [-tn] *v/t* beschränken, beengen: **in ~ed circumstances** in be-schränkten Verhältnissen; **~ed for** ver-legen um.
'strait|·jack·et *I s* Zwangsjacke *f* (*a. fig.*). **II** *v/t* in e-e Zwangsjacke stecken (*a. fig.*). **~-'laced** *adj* sittenstreng, puri-'tanisch, prüde.
'strait·ness *s obs.* **1.** Enge *f.* **2.** Strenge *f*, Härte *f*.
strake [streɪk] *s mar.* (Planken)Gang *m.*
stra·min·e·ous [strəˈmɪnɪəs] *adj* **1.** stro-hern, Stroh... **2.** strohfarben.
stra·mo·ni·um [strəˈməʊnjəm; -nɪəm], *a.* **stram·o·ny** [ˈstræmənɪ] *s* **1.** *bot.* Stechapfel *m.* **2.** *pharm.* Stra'monium *n.*
strand¹ [strænd] **I** *v/t* **1.** *mar.* auf den Strand setzen, auf Grund treiben. **2.** *fig.* stranden *od.* scheitern lassen; **~ed** a) gestrandet (*a. fig.*), b) *mot.* stecken- *od.* liegengeblieben; **to be (left) ~ed** a) ‚auf dem trock(e)nen sitzen', b) ‚aufge-

schmissen' sein. **II** *v/i* **3.** stranden (*a. fig.*). **III** *s* **4.** *bes. poet.* Gestade *n*, Ufer *n.*
strand² [strænd] **I** *s* **1.** Strang *m*, Ducht *f* (*e-s Taus od. Seils*). **2.** Seil *n*, Tau *n.* **3.** *tech.* (Draht-, Seil)Litze *f.* **4.** *biol.* (Gewebe-) Faser *f.* **5.** (Haar)Strähne *f.* **6.** (Perlen-) Schnur *f.* **7.** *fig.* Faden *m*, Ele'ment *n*, Zug *m* (*e-s Ganzen*). **II** *v/t* **8.** ein Seil drehen. **9.** *electr.* ein Kabel verseilen: **~ed wire** Litzendraht *m*; **~ cable** vielsträhniges Drahtkabel. **10.** *Tau etc* brechen.
strange [streɪndʒ] **I** *adj* (*adv* **~ly**) **1.** selt-sam, eigenartig, sonderbar, merkwür-dig, ‚komisch': **to say** seltsamerweise. **2.** fremd, neu, unbekannt, ungewohnt, nicht geläufig (**to** s.o. j-m). **3.** (**to**) nicht gewöhnt (an *acc*), nicht vertraut (mit). **4.** reser'viert, kühl. **II** *adv* **~ly** → **1.**
'strange·ness *s* **1.** Seltsamkeit *f*, (*das*) Merkwürdige. **2.** Fremdheit *f*.
stran·ger [ˈstreɪndʒə(r)] *s* **1.** Fremde(r *m*) *f*, Unbekannte(r *m*) *f*, Fremdling *m*: **I am a ~ here** ich bin hier fremd; **to make a ~ of s.o.** j-n wie e-n Fremden behandeln; **you are quite a ~** Sie sind ein seltener Gast; **he is no ~ to me** er ist mir kein Fremder; **I spy** (*od.* **see**) **~s** *parl. Br.* ich beantrage die Räumung der Zuschauertribüne; **the little ~** *humor.* der kleine Neuankömm-ling; **~s' gallery** *parl. Br.* Zuschauer-tribüne *f.* **2.** Neuling *m* (**to** in *dat*): **to be a ~ to** nicht vertraut sein mit; **he is no ~ to poverty** die Armut ist ihm nicht unbe-kannt. **3.** *jur.* Dritte(r *m*) *f*, Unbeteiligte(r *m*) *f.*
stran·gle [ˈstræŋɡl] **I** *v/t* **1.** erwürgen, erdrosseln, strangu'lieren. **2.** j-n würgen, den Hals einschnüren (*Kragen etc*). **3.** *fig.* ersticken: a) abwürgen: **~ local initia-tive**, b) unter'drücken: **a ~d sigh**. **II** *v/i* **4.** ersticken. **'~·hold** *s* **1.** *bes. Judo*: Wür-gegriff *m.* **2.** *fig.* a) voll'kommene Gewalt (on über *acc*): **they have a ~ on me** ich bin ihnen vollkommen ausgeliefert, b) **to put a ~ on** etwas stark beeinträchtigen.
stran·gles [ˈstræŋɡlz] *s pl* (*meist als sg konstruiert*) *vet.* Druse *f*.
stran·gu·late [ˈstræŋɡjʊleɪt] *v/t* **1.** *med.* a) *Gefäß etc* abschnüren, abbinden, b) **~d hernia** eingeklemmter Bruch. **2.** → **strangle** 1. **ˌstran·gu·ˈla·tion** *s* **1.** Er-drosselung *f*, Strangu'lierung *f.* **2.** *med.* Abschnürung *f*, Abbindung *f*.
stran·gu·ry [ˈstræŋɡjʊrɪ] *s med.* Strangu-'rie *f*, Harnzwang *m*, -drang *m.*
strap [stræp] **I** *s* **1.** (Leder-, *a.* Trag-, *tech.* Treib)Riemen *m*, Gurt *m*, Band *n*: **the ~** Züchtigung *f* mit dem Riemen. **2.** a) (Stiefel)Strippe *f.* **3.** Streichriemen *m.* **4.** a) (Schulter- *etc*)Streifen *m*, (Achsel-) Klappe *f*, b) Träger *m* (*an Kleidern*), c) Steg *m* (*an der Hose*). **5.** *tech.* a) (Me'tall)Band *n*, b) Gelenkplatte *f*, c) Bügel *m* (*am Kopf-hörer*). **6.** *mar.* Stropp *m.* **7.** *bot.* Blatt-häutchen *n.* **II** *v/t* **8.** festschnallen (**to** an *acc*): **to ~ o.s. in** sich festschnallen; **~ped trousers** Steghose *f.* **9.** 'umschnallen. **10.** (an e-m Streichriemen) abziehen: **to ~ a razor**. **11.** mit e-m Riemen schlagen. **12.** *med.* a) Heftpflaster kleben auf (*e-e Wun-de*), b) **a. ~ up** j-m e-n Heftpflasterverband machen. **13. to be (financially) ~ped** *Am. colloq.* ‚blank' *od.* ‚pleite' sein. **'~·hang·er** *s colloq.* Stehplatzinhaber(in) (*im Bus etc*). **~-i·ron** *s tech. Am.* Bandeisen *n.*
'strap·less *adj* schulterfrei (*Kleid*), träger-los (*Badeanzug, Kleid*).
strap·pa·do [strəˈpeɪdəʊ; stræ-; -ˈpɑː-] *pl* **-does** [-z] *s hist.* (Folterung *f* mittels) Wippe *f*.
strap·per [ˈstræpə(r)] *s* **1.** a) strammer Bursche *m*, b) strammes *od.* dralles Mäd-chen. **2.** Stallknecht *m.* **'strap·ping I** *adj* **1.** stramm, stämmig: **a ~ girl** ein

dralles Mädchen. **II** *s* **2.** Riemen *pl.* **3.** Tracht *f* Prügel. **4.** *med.* Heftpflaster (-verband *m*) *n*.
'strap·work *s arch.* verschlungene Band-verzierung.
stra·ta [ˈstrɑːtə; *bes. Am.* ˈstreɪtə; *Am. a.* ˈstrætə] *pl von* **stratum**.
strat·a·gem [ˈstrætədʒəm] *s* **1.** Kriegslist *f.* **2.** List *f*, Trick *m.*
stra·tal [ˈstreɪtl] *adj geol.* Schichten...
stra·te·gic [strəˈtiːdʒɪk] *adj* (*adv* **~ally**) *mil.* stra'tegisch: a) **die Strategie** betreffend: **~ plans**; **~ bomber force**, b) stra'tegisch wichtig: **~ point (target**, *etc*), c) kriegs-wichtig: **~ goods**, d) **Kriegs... stra·te-gics** *s pl* (*als sg konstruiert*) → **strategy**.
strat·e·gist [ˈstrætɪdʒɪst] *s* Stra'tege *m*.
'strat·e·gize [-dʒaɪz] *v/i* e-e Strate'gie entwerfen (**on** für). **'strat·e·gy** [-dʒɪ] *s* Strate'gie *f*: a) Kriegskunst *f*, b) (Art *f* der) Kriegsführung *f*, c) *fig.* Taktik *f*, d) List *f.*
strath [stræθ] *s Scot.* breites Tal. **strath-'spey** [-ˈspeɪ] *s* ein schottischer Tanz.
stra·ti [ˈstreɪtaɪ; *Br. a.* ˈstrɑː-; *Am. a.* ˈstræ-] *pl von* **stratus**.
stra·tic·u·late [strəˈtɪkjʊlət; -leɪt] *adj geol.* dünngeschichtet.
strat·i·fi·ca·tion [ˌstrætɪfɪˈkeɪʃn] *s* **1.** *bes. geol.* a) Schichtung *f*, Stratifikati'on *f*, b) Schichtenbildung *f.* **2.** *fig.* Schichtung *f*, Gliederung *f.* **ˌstrat·i·fi·ˈca·tion·al** *adj*: **~ grammar** *ling.* stratifikationelle Grammatik, Stratifikationsgrammatik *f*.
'strat·i·fied [-faɪd] *adj* geschichtet, schichtförmig: **~ rock** Schichtgestein *n*; **~ sample** (*Statistik*) geschichtete Stichpro-be; **highly ~** *fig.* vielschichtig. **'strat·i-form** [-fɔː(r)m] *adj* schichtenförmig. **'strat·i·fy** [-faɪ] **I** *v/t* **1.** *bes. geol.* schich-ten, stratifi'zieren. **II** *v/i* **2.** *bes. geol.* a) Schichten bilden, b) in Schichten liegen. **3.** (gesellschaftliche) Schichten entwickeln.
stra·tig·ra·phy [strəˈtɪɡrəfɪ] *s geol.* Stratigra'phie *f*, Formati'onskunde *f.*
strat·o·cir·rus [ˌstrætəʊˈsɪrəs; ˌstreɪ-] *s irr meteor.* niedriger u. dichter Zirro-'stratus.
stra·toc·ra·cy [strəˈtɒkrəsɪ; *Am.* -ˈtɑk-] *s* Militärherrschaft *f*.
strat·o·cruis·er [ˌstrætəʊˈkruːzə(r)] *s aer.* Strato'sphärenflugzeug *n*.
strat·o·cu·mu·lus [ˌstrætəʊˈkjuːmjʊləs; ˌstreɪ-] *s irr meteor.* Strato'kumulus *m* (→ **cumulostratus**).
strat·o·sphere [ˈstrætəʊsfɪə(r)] *s* Strato'sphäre *f*. **ˌstrat·o·ˈspher·ic** [-ˈsferɪk; *Am. a.* -ˈsfɪrɪk] *adj* **1.** strato'sphärisch. **2.** *fig. Am.* a) ‚astro'nomisch', e'norm, b) phan'tastisch, über'spannt.
stra·tum [ˈstrɑːtəm; *bes. Am.* ˈstreɪ-; *Am. a.* ˈstræ-] *pl* **-ta** [-tə], **-tums** *s* **1.** *allg.* (*a.* Gewebe-, Luft)Schicht *f*, Lage *f.* **2.** *geol.* Schicht *f*, Formati'on *f.* **3.** *fig.* (gesell-schaftliche *etc*) Schicht.
stra·tus [ˈstreɪtəs; *Br. a.* ˈstrɑː-; *Am. a.* ˈstræ-] *pl* **-ti** [-taɪ] *s meteor.* Stratus *m*, Stratus-, Schichtwolke *f.*
straw [strɔː] **I** *s* **1.** Strohhalm *m*: **to draw ~s** Strohhalme ziehen (*als Lose*); **to catch** (*od.* **clutch, grab, grasp**) **at a ~** (*od.* **at ~s**) sich an e-n Strohhalm klammern; **the last ~ (that breaks the camel's back)** der Tropfen, der das Faß zum Über-laufen bringt; **that's the last ~!** jetzt reicht's mir aber!; **~ in the wind** An-zeichen *n*; → **care** 8. **2.** Stroh *n*: **in the ~** *obs.* im Wochenbett; **→ man** 3. **3.** Trink-halm *m.* **4.** Strohhut *m.* **II** *adj* **5.** strohern, Stroh... **6.** strohfarben. **7.** *fig. bes. Am.* wertlos, Schein...
straw·ber·ry [ˈstrɔːbərɪ; *Am. a.* -ˌberɪ] **I** *s* **1.** *bot.* Erdbeere *f.* **2.** *a.* **crushed ~** Erdbeerrot *n* (*Farbe*). **3.** *colloq.* ‚Knutsch-fleck' *m.* **II** *adj* **4.** Erdbeer...: **~ jam**. **~ blonde** *adj* rotblond. **~ mark** *s med.*

rotes Muttermal. ~ **tongue** s med. Himbeerzunge f (bei Scharlach).
straw|bid s econ. Am. Scheingebot n. ~ **bid·der** s econ. Am. Scheinbieter m. '~**board** s 1. Strohpappe f. 2. Preßspan(platte f) m. ~ **boss** s Am. colloq. 1. Vorarbeiter m. 2. Stellvertreter m des Chefs. '~,**col·o(u)red** adj strohfarbig, -farben. '~,**flow·er** s bot. Strohblume f. ~**hat** s 1. Strohhut m. 2. a. ~ theater Am. colloq. 'Freilichtthe,ater n. ~ **man** s irr bes. Am. 1. Strohpuppe f. 2. fig. Strohmann m. ~ **mat·tress** s Strohsack m. ~ **plait** s Strohgeflecht n (bes. für Hüte). ~ **poll** → straw vote. ~ **stem** s 1. aus der Schale her'ausgezogener Weinglasfuß. 2. Weinglas mit solchem Fuß. ~ **stuff** s tech. Stroh(zell)stoff m (für Papier). ~ **vote** s pol. bes. Am. Probeabstimmung f. ~ **wine** s Strohwein m.
straw·y ['strɔːɪ] adj 1. strohern. 2. mit Stroh bestreut.
stray [streɪ] I v/i 1. (her'um)strolchen, (-)streunen (a. Tier). 2. (her'um)streifen: to ~ to j-m zulaufen. 3. weglaufen (from von). 4. a) abirren (from von), sich verlaufen: the helicopter had ~ed across the frontier der Hubschrauber hatte versehentlich die Grenze überflogen, b) fig. vom rechten Weg abkommen. 5. fig. abschweifen (Gedanken etc). 6. electr. streuen, vagabun'dieren. II s 7. verirrtes od. streunendes Tier. 8. (Her'um)Irrende(r m) f, Heimatlose(r m) f. 9. herrenloses Gut. 10. pl electr. atmo-'sphärische Störungen pl. III adj 11. verirrt, streunend: a ~ dog (child); ~ bullet verirrte Kugel. 12. vereinzelt: ~ customers. 13. beiläufig: a ~ remark. 14. electr. Streu...: ~ power Verlustleistung f.
streak [striːk] I s 1. Streif(en) m, Strich m. 2. (Licht)Streifen m, (-)Strahl m: ~ of lightning Blitzstrahl; like a ~ (of lightning) colloq. wie der Blitz. 3. Streifen m, Lage f (z. B. im Speck): bacon with ~s of fat and lean durchwachsener Speck. 4. Maser f, Ader f (im Holz). 5. fig. Anlage f, Spur f, Anflug m, Zug m, humoristische Ader: a ~ of humo(u)r. 6. fig. Strähne f: ~ of (bad) luck (Pech-)Glückssträhne; a winning~e-e Gewinnserie. 7. min. Strich m. 8. Bakteriologie: Aufstreichimpfung f: ~ culture Strichkultur f. 9. chem. Schliere f. II v/t 10. streifen. 11. ädern. III v/i 12. streifig werden. 13. rasen, flitzen. 14. colloq. ,blitzen', ,flitzen' (unbekleidet über belebte Straßen etc laufen).
streaked [striːkt] adj 1. streifig, gestreift. 2. gemasert (Holz). 3. durch-'wachsen (Speck). 4. geschichtet.
'**streak·er** s colloq. ,Blitzer(in)', ,Flitzer(in)'. '**streak·y** adj (adv streakily) 1. → streaked. 2. Am. colloq. a) ner'vös, ängstlich, b) 'unterschiedlich, c) wechselhaft.
stream [striːm] I s 1. a) Wasserlauf m, b) Bach m, Flüßchen n. 2. Strom m, Strömung f: to go (od. swim) against (with) the ~ gegen den (mit dem) Strom schwimmen (a. fig.); down ~ stromabwärts; up ~ stromaufwärts. 3. oft pl (Blut-, Gas-, Tränen- etc)Strom m, (Licht-, Tränen- etc)Flut f; ~ of air Luftstrom; ~ of words Wortschwall m; ~ of consciousness psych. Bewußtseinsstrom; ~-of-consciousness novel Bewußtseinsstromroman m. 4. fig. Strömung f, Richtung f. 5. ped. Br. Leistungsgruppe f (innerhalb e-r Klasse). 6. Gang m, Lauf m (der Zeit etc). 7. to be on ~ in Betrieb sein (Kraftwerk etc); to go on ~ den Betrieb aufnehmen. II v/i 8. strömen (Flüssigkeit), tränen (Augen): to ~ with

were) ~ing down her face der Schweiß lief (Tränen liefen) ihr übers Gesicht; her face was ~ing with sweat (tears) ihr Gesicht war schweiß-(tränen)überströmt. 9. strömen, fluten (Licht, Menschen etc). 10. im Wind flattern: ~ing flags. 11. fließen (Haare). 12. da'hinschießen (Meteor). III v/t 13. aus-, verströmen: his nose ~ed blood aus s-r Nase strömte Blut. 14. mar. auswerfen, -setzen: to ~ the buoy. 15. ped. Br. e-e Klasse in Leistungsgruppen einteilen. '**stream·er** s 1. Wimpel m, flatternde Fahne. 2. (langes, flatterndes) Band, Pa-'pierschlange f. 3. Spruchband n, Transpa'rent n. 4. fig. allg. Streifen m, Band n, Fahne f, bes. Wolken-, Nebelstreif(en) m. 5. Lichtstreifen m (bes. des Nordlichts). 6. pl electr. unbestimmte Strahlungen pl: ~ discharge strahlartige Entladung. 7. a) ~ headline (Zeitung) 'Balken,überschrift f, breite Schlagzeile. 8. a. ~ fly e-e Angelfliege mit langen Federn. '**streaming** I s 1. Strömen n. 2. biol. Fließen n (Protoplasmabewegung). 3. mar. Schleppgeld n. 4. ped. Br. Einteilung f in Leistungsgruppen. II adj 5. strömend. 6. triefend. 7. tränend. '**stream·less** adj 1. ohne Flüsse, wasserarm (Gegend). 2. stehend (Gewässer). '**stream·let** [-lɪt] s Bächlein n.
'**stream·line** I s 1. a. ~ shape tech. Stromlinienform f. 2. ele'gante od. schnittige Form. 3. Strömungslinie f. 4. phys. Stromlinie f: ~ flow stationäre Strömung. II adj 5. → streamlined 1. III v/t 6. Stromlinienform geben (dat), stromlinienförmig konstru'ieren, windschnittig gestalten od. verkleiden. 7. schnittig od. ele'gant gestalten. 8. fig. a) moderni'sieren, b) rationali'sieren, 'durchorgani,sieren, c) verbessern, wirkungsvoller od. zügiger od. reibungsloser gestalten, d) bes. pol. Am. ,gleichschalten'. '~**lined** adj 1. phys. tech. stromlinienförmig, windschnittig, windschlüpfig, Stromlinien... 2. schnittig, ele'gant (u. zweckmäßig), formschön: ~ office equipment. 3. fig. a) moderni'siert, fortschrittlich, b) ratio'nell, 'durchorgani,siert, c) pol. Am. ,gleichgeschaltet'. ~**lin·er** ['-ˌl-; ˌ-'l-] s bes. Am. Stromlinienzug m.
street [striːt] I s 1. Straße f: in the ~ auf der Straße; to live in (Am. on) a ~ in e-r Straße wohnen; not in the same ~ as colloq. nicht zu vergleichen mit; ~s ahead colloq. haushoch überlegen (of dat); ~s apart colloq. grundverschieden; this is (right) up my ~ colloq. das ist genau mein Fall; to be (od. go) on the ~s ,auf den Strich' gehen; to walk the ~s a) ,auf den Strich' gehen, b) auf freiem Fuß sein; → man 3, woman 1. 2. the S— a) econ. das Hauptgeschäfts- od. Börsenviertel, b) Br. → Fleet Street, c) Am. → Wall Street, d) die Fi'nanzwelt. II adj 3. Straßen...: ~ lighting. 4. Börse: a) Freiverkehrs..., b) Br. nach Börsenschluß (erledigt).
street| Ar·ab s Gassenjunge m. ~ **bro·ker** s econ. freier Makler. '~**car** s Am. Straßenbahn(wagen m) f. ~ **cer·tif·i·cate** s econ. Am. formlos über-'tragene Aktie. ~ **clean·er** s 1. bes. Am. Straßenkehrer m. 2. Kehrfahrzeug n. ~ **door** s Haustür f (die direkt auf die Straße führt). ~ **lamp**, ~ **light** s 'Straßenla,terne f. ~ **map** s Stadtplan m. ~ **mar·ket** s econ. 1. Freiverkehrsmarkt m. 2. Br. Nachbörse f. ~ **or·gan** s mus. Drehorgel f, Leierkasten m. ~ **ref·uge** s Br. Verkehrsinsel f. ~ **sweep·er** → street cleaner. ~ **the-**

a·ter, bes. Br. ~ **the·a·tre** s 'Straßenthe,ater n. ~ **val·ue** s Straßenverkaufswert m (von Drogen). '~ˌ**walk·er** s Straßen-, Strichmädchen n, Prostitu'ierte f.
'**street·ward** ['striːtwə(r)d] adj u. adv nach der Straße zu od. an der Straße (gelegen).
'**street**ˌ**work·er** s Am. Streetworker m (Sozialarbeiter, der gefährdete Jugendliche betreut).
strength [streŋθ; -ŋkθ] s 1. Kraft f, Stärke f, Kräfte pl: ~ of body Körperkraft, -kräfte; ~ of mind (will) Geistes-(Willens)stärke, -kraft; ~ of character Charakterstärke, -festigkeit f; to go from ~ to ~ a) immer stärker od. besser werden, b) von Erfolg zu Erfolg eilen. 2. fig. Stärke f: this is not his ~; his ~ is (od. lies) in endurance s-e Stärke ist die Ausdauer. 3. Macht f, Gewalt f: the ~ of public opinion. 4. (Beweis-, Über'zeugungs)Kraft f: on the ~ of auf Grund (gen), kraft (gen), auf ... hin. 5. bes. mil. (Kopf-, Truppen-)Stärke f: actual ~ Ist-Stärke; required ~ Soll-Stärke; ~ report, ~ return Stärkemeldung f; in full ~ in voller Stärke, vollzählig; in (great) ~ in großer Zahl, zahlreich; to be on the ~ a) Br. auf der Stammrolle stehen, b) allg. zur Belegschaft gehören. 6. mil. Stärke f, (Heeres)Macht f, Schlagkraft f. 7. bes. phys. tech. Stärke f (Bruch-, Zerreiß- etc)Festigkeit f: tearing ~. 8. chem. electr. phys. (Strom-, Feld- etc)Stärke f, Wirkungsgrad m: ~ of an acid; ~ of field. 9. Stärke f, Gehalt m (e-s Getränks). 10. Stärke f, Intensi'tät f (von Farben, Sinneseindrükken). 11. fig. Stärke f, Kraft (-quelle) f: God is our ~. 12. Börse: Festigkeit f.
'**strength·en** [streŋθn; -ŋkθn] I v/t 1. stärken, stark machen: to ~ s.o.'s hand fig. j-m Mut machen. 2. fig. bestärken, bekräftigen. 3. verstärken (a. electr. tech.), vermehren (a. math.). II v/i 4. stark werden, erstarken. 5. sich verstärken, stärker werden. '**strength·en·er** s 1. Stärkung f. 2. med. Stärkungsmittel n. 3. tech. Verstärkung(steil n) f. '**strength·en·ing** I s 1. Stärkung f. 2. Verstärkung f (a. electr. tech.), Vermehrung f (a. math.). II adj 3. stärkend, kräftigend. 4. verstärkend, Verstärkungs...
'**strength·less** adj kraftlos, matt.
stren·u·ous ['strenjʊəs; Am. -jəwəs] adj (adv -ly) 1. emsig, rührig. 2. eifrig, tatkräftig, tüchtig. 3. e'nergisch: ~ opposition. 4. anstrengend, mühsam. '**stren·u·ous·ness** s 1. Emsigkeit f. 2. Eifer m, Tatkraft f. 3. Ener'gie f. 4. (das) Anstrengende od. Mühsame.
strep [strep] colloq. für streptococcus. **strep·to·ba·cil·lus** [ˌstreptəʊbə'sɪləs] s irr med. Streptoba,zillus m. ˌ**strep·to**-'**coc·cus** s irr med. Strepto'kokkus m. ˌ**strep·to**'**my·cin** [-'maɪsɪn] s med. Streptomy'cin n.
stress [stres] I v/t 1. a) ling. metr. mus. betonen, den Ak'zent legen auf (acc) (beide a. fig.), b) fig. her'vorheben, unter'streichen, Nachdruck od. Wert legen auf (acc). 2. phys. tech. beanspruchen, belasten (a. electr.). 3. fig. beanspruchen, be-, über'lasten, stressen. II s 4. fig. Nachdruck m: to lay ~ (up)on → 1. 5. ling. metr. mus. a) Ton m, ('Wort-, 'Satz)Ak,zent m, b) Betonung f, c) metr. betonte Silbe: main ~ Hauptton; ~ accent (reiner) Betonungsakzent; ~ group Akzentgruppe f. 6. phys. tech. a) Beanspruchung f, Belastung f (a. electr.), b) (e'lastische) Spannung, c) Kraft f: ~ analyst Statiker m; ~-strain diagram

stressful – strike

Spannung/Dehnung-Schaubild *n*. **7.** *fig.* *(nervliche, seelische etc)* Belastung, Anspannung *f*, Druck *m*, Streß *m*: **~ disease** *med.* Streß-, Managerkrankheit *f*; **~ test** *med.* Belastungstest *m*. **8.** Zwang *m*, Druck *m*: **the ~ of poverty** die drückende Armut; **under the ~ of circumstances** unter dem Druck der Umstände. **9.** Ungestüm *n*: **the ~ of the weather** die Unbilden der Witterung; → **storm** 1.
'**stress·ful** [-fʊl] *adj* aufreibend, anstrengend, ,stressig', Streß...: **~ situation**; **it was very ~** es war ein großer Streß.
stretch [stretʃ] **I** *v/t* **1.** **~ out** (aus-) strecken, *bes.* den *Kopf od.* Hals recken: **to ~ o.s. (out)** → 14; → **leg** *Bes. Redew.*, **wing** 1. **2.** *j-n* niederstrecken. **3.** *sl. j-n* (auf)hängen. **4. ~ out** *die Hand etc* ausstrecken. **5.** *ein Tuch, Seil, e-e Saite etc* spannen (**over** über *dat od. acc*), straffziehen, *e-n Teppich etc* ausbreiten: **he was fully ~ed** *fig.* er wurde richtig *od.* voll gefordert (*a. sport*). **6.** strecken, (*Hand*)*Schuhe etc* (aus)weiten, *bes.* Hosen spannen, *sport* Führung *etc* ausdehnen (**to** auf *acc*). **7.** *phys. tech.* spannen, dehnen, (st)recken. **8.** *Nerven, Muskeln* anspannen. **9.** aus-, über'dehnen, ausbeulen. **10.** *fig.* über'spannen, -'treiben: **to ~ a principle**. **11.** *fig.* es mit *der Wahrheit, e-r Vorschrift etc* nicht allzu genau nehmen: **to ~ the truth**; **to ~ a point** a) ein wenig zu weit gehen, b) es nicht allzu genau nehmen, ,ein Auge zudrücken', ,fünf gerade sein lassen'; **to ~ a word**, *etc e-n* Begriff dehnen, e-m Wort *etc* e-e weite Auslegung geben. **12.** 'überbeanspruchen, *Befugnisse, e-n Kredit etc* über'schreiten. **13.** *a.* **~ out** *e-n Vorrat etc* strecken.
II *v/i* **14.** oft **~ out** sich (aus)strecken, sich dehnen *od.* rekeln. **15.** langen (**for** nach). **16.** sich erstrecken, sich 'hinziehen (**to** [bis] zu) (*Gebirge etc, a. Zeit*): **to ~ down to** (*bis*) zu *od.* in (*acc*) *Zeitalter, Erinnerung etc*). **17.** sich dehnen (lassen). **18.** *meist* **~ out** a) ausschreiten, b) *sport* im gestreckten Ga'lopp reiten, c) *sport* sich ausein-'anderziehen (*Feld*). **19.** *colloq.* sich ins Zeug legen. **20.** *sl.* ,baumeln', hängen. **21.** *a.* **~ out** reichen (*Vorrat etc*).
III *s* **22.** (Sich-)'Dehnen *n*, (-)'Strecken *n*, Rekeln *n*: **to give o.s. a ~**, **to have a ~** → 14. **23.** Strecken *n*, (Aus)Dehnen *n*, (-)Weiten *n*: **~ marks** *med.* Schwangerschaftsstreifen; **~ properties** *tech.* Dehnungseigenschaften, Elastizität *f*. **24.** Spannen *n*. **25.** Anspannung *f*, (Über-) 'Anstrengung *f*: **by any ~ of the English language** bei großzügiger Auslegung der englischen Sprache; **by every ~ of the imagination** unter Aufbietung aller Phantasie; **by no ~ of the imagination** ... es ist völlig unvorstellbar, daß ...; **on** (*od.* **at**) **the ~** angespannt, angestrengt; **at full ~** mit aller Kraft. **26.** *fig.* Über'spannen *n*, -'treiben *n*, Strapa'zierung *f*. **27.** Über'schreiten *n* (*von finanziellen Mitteln, Befugnissen etc*). **28.** (Weg)Strecke *f*, Fläche *f*, Ausdehnung *f*. **29.** *sport* Gerade *f*. **30.** **to have a ~** sich die Beine vertreten. **31.** Zeit(raum *m*, -spanne) *f*: **a ~ of 10 years**; **8 hours at a ~** 8 Stunden hintereinander. **32. to do a ~** *sl.* ,Knast schieben'.
IV *adj* **33.** dehnbar, Stretch...: **~ nylon** Stretchnylon *n*.
'**stretch·er** [ˈstretʃə(r)] **I** *s* **1.** *med.* (Kranken)'Trage *f*: **~-bearer** Krankenträger *m*; **~ case** nicht gehfähiger Verletzter. **2.** (Schuh- *etc*)Spanner *m*. **3.** *tech.* Streckvorrichtung *f*. **4.** Rippe *f* (*e-s Regenschirms*). **5.** *paint.* Keilrahmen *m*. **6.** *mar.* Fußleiste *f* (*im Ruderboot*).

7. *arch.* a) Läufer *m* (*längs liegender Mauerstein*), b) Stretchbalken *m*: **~ bond** Läuferverband *m*. **II** *v/t* **8. ~ off** *sport* Spieler auf der Trage vom Platz schaffen.
'**stretch-ˌout** *s econ. Am. colloq.* **1.** 'Arbeitsintensi,vierung *f* ohne entsprechende Lohnerhöhung. **2.** *bes. mil.* Produkti'onsstreckung *f*.
'**stretch·y** *adj* dehnbar, eˈlastisch.
streu·sel [ˈstruːsəl; ˈstrɔɪ-] *s Am.* Streusel *m, n.* '**~ˌku·chen** *s Am.* Streuselkuchen *m*.
strew [struː] *pret u. pp* **strewed**, *pp a*. **strewn** [struːn] *v/t* **1.** (aus)streuen. **2.** bestreuen.
strewn [struːn] *pp von* **strew**.
stri·a [ˈstraɪə] *pl* **stri·ae** [ˈstraɪiː] *s* **1.** Streifen *m*, Furche *f*. **2.** *pl med.* Striae *pl*: a) Striemen *pl*, b) Schwangerschaftsstreifen *pl*. **3.** *zo.* Stria *f*, Falte *f*. **4.** *pl geol.* (Gletscher)Schrammen *pl*. **5.** *arch.* Riffel *m*, Furche *f* (*an Säulen*). **6.** *electr.* leuchtender Streifen. '**stri·ate I** *v/t* [-eɪt] **1.** streifen, furchen, riefeln. **2.** *geol.* kritzen. **II** *adj* [-ɪt; -eɪt] → **striated**. **stri·at·ed** [straɪˈeɪtɪd; *Am.* ˈ-ˌeɪ-] *adj* **1.** gestreift, gerieft: **~ muscle** *anat.* gestreifter *od.* willkürlicher Muskel. **2.** *geol.* gekritzt.
stri·a·tion [straɪˈeɪʃn] *s* **1.** Streifen-, Riefenbildung *f*, Furchung *f*, Riefung *f*. **2.** Streifen *m od. pl*, Riefe(n *pl*) *f*: **~ of pregnancy** → **stria** 2 b. **3.** *geol.* Schramme(n *pl*) *f*. '**stri·a·ture** [-əˌtjʊə; *bes. Am.* -ətʃə(r)] → **striation**.
strick·en [ˈstrɪkən] **I** *pp von* **strike**. **II** *adj* **1.** *obs.* verwundet. **2.** (**with**) heimgesucht, schwer betroffen (von *Not, Unglück etc*), befallen (von *Krankheit*), ergriffen, gepackt (von *Schrecken, Schmerz etc*), schwergeprüft, niedergedrückt: **a ~ man**; **~ area** Notstandsgebiet *n*; **~ seafarers** in Not befindliche Seefahrer. **3.** *fig.* niedergeschlagen, (gram)gebeugt: **a ~ look** ein verzweifelter Blick; **in years** vom Alter gebeugt. **4.** *allg.* angeschlagen: **a ~ ship**. **5.** gestrichen (voll): **a ~ measure** *corn.* -geschlagen; voll: **for a ~ hour**.
strick·le [ˈstrɪkl] **I** *s* **1.** Abstreichlatte *f*. **2.** Streichmodel *m*. **II** *v/t* **3.** ab-, glattstreichen.
strict [strɪkt] *adj* **1.** strikt, streng: **~ discipline** (**man, neutrality, observance, truth, etc**); **in ~ confidence** streng vertraulich; **to keep a ~ watch over s.o.** j-n streng bewachen. **2.** streng: **~ law** (**morals, investigation, etc**). **3.** streng, genau: **in the ~ sense** im strengen Sinn; **~ly speaking** genaugenommen. **4.** streng, ex'akt, prä'zise. **5.** *mus.* streng: **~ counterpoint**. '**strict·ly** *adv* **1.** streng *etc*. **2.** genaugenommen. **3.** völlig, ausgesprochen. '**strict·ness** *s* Strenge *f*: a) Härte *f*, b) (peinliche) Genauigkeit.
stric·ture [ˈstrɪktʃə(r)] *s* **1.** *oft pl* (**on**, **upon**) scharfe Kri'tik (an *dat*), kritische Bemerkung (über *acc*). **2.** *med.* Strik'tur *f*, Verengung *f*. '**stric·tured** *adj med.* struktu'riert, verengt.
strid [strɪd] *obs. pret u. pp von* **stride**.
strid·den [ˈstrɪdn] *pp von* **stride**.
stride [straɪd] **I** *v/i pret* **strode** [strəʊd], *pp* **strid·den** [ˈstrɪdn], *obs. pret u. pp* **strid** 1. schreiten. **2.** *a.* **~ out** (forsch) ausschreiten. **II** *v/t* **3.** etwas entlang-, abschreiten. **4.** über-, durch'schreiten, -'queren. **5.** mit gespreizten Beinen gehen über (*acc*) *od.* stehen über (*dat*). **6.** rittlings sitzen auf (*dat*). **III** *s* **7.** Schreiten *n*, gemessener Schritt. **8.** langer *od.* großer Schritt. **9.** a) Schritt(weise *f*) *m*, b) Gangart *f* (*e-s Pferdes*): **to get into** (*od.* **hit** *od.* **strike**) **one's ~** (richtig) in Schwung *od.* Fahrt kommen; **to take s.th. in one's ~**

etwas spielend (leicht) schaffen. **10.** *meist pl fig.* (Fort)Schritte *pl*: **with rapid ~s** mit Riesenschritten.
stri·dence [ˈstraɪdns], '**stri·den·cy** [-sɪ] *s* **1.** Schrillheit *f*, (*das*) Schneidende *od.* Grelle. **2.** Knirschen *n*. '**stri·dent** [-dnt] *adj* (*adv* **~ly**) **1.** schrill, 'durchdringend, schneidend, grell. **2.** knirschend, knarrend. **3.** *fig.* scharf, heftig.
strid·u·late [ˈstrɪdjʊleɪt; *Am.* -dʒə-] *v/i* *zo.* zirpen, schwirren. ˌ**strid·uˈla·tion** *s* Zirpen *n*, Schwirren *n*. '**strid·u·laˌtor** [-tə(r)] *s* zirpendes In'sekt.
strife [straɪf] *s* Streit *m*: a) Zwist *m*, Hader *m*, b) Kampf *m*: **to be at ~** sich streiten, uneins sein.
strig [strɪg] *s* Stiel *m*.
stri·gose [ˈstraɪɡəʊs] *adj* **1.** *bot.* Borsten..., striegelig. **2.** *zo.* feingestreift.
strike [straɪk] **I** *s* **1.** Schlag *m*, Hieb *m*, Stoß *m*. **2.** (Glocken)Schlag *m*. **3.** Schlag (-werk *n*) *m* (*e-r Uhr*). **4.** *econ.* Streik *m*, Ausstand *m*: **to be on ~** streiken; **to go on ~** in (den) Streik *od.* in den Ausstand treten; **on ~** streikend. **5.** Baseball: Schlagfehler *m*. **6.** Bowling: Strike *m* (*Abräumen beim 1. Wurf*). **7.** Angeln: a) Ruck *m* mit der Angel, b) Anbeißen *n* (*des Fisches*). **8.** Münzherstellung: Prägungsbetrag *m*. **9.** Bergbau: a) Streichen *n* (*der Schichten*), b) (Streich)Richtung *f*. **10.** *colloq.* ,Treffer' *m*, Glücksfall *m*: **a lucky ~** ein Glückstreffer. **11.** *mil.* a) (*bes.* Luft)Angriff *m*, b) A'tomschlag *m*, c) Einsatzgeschwader *n*. **12.** *Am. sl.* Er'pressungsversuch *m*, -maˌnöver *n* (*a. pol.*). **13.** *chem. electr.* a) dünnes Elek'tronendepoˌsit, b) *dazu verwendeter Elektrolyt*.
II *v/t pret* **struck** [strʌk], *pp* **struck**, **strick·en** [ˈstrɪkən], *obs.* **strook** [strʊk], '**struck·en** 1. **9.** schlagen, Schläge *od.* e-n Schlag versetzen (*dat*), *allg.* treffen: **to ~ s.o. in the face** j-n ins Gesicht schlagen; **to ~ together** zs.-, aneinanderschlagen; **struck by a stone** von e-m Stein getroffen; **he was struck dead by lightning** er wurde vom Blitz erschlagen; **~ me dead!** *sl.* so wahr ich hier stehe! **15.** *das Messer etc* stoßen (**into** *acc*). **16.** *e-n Schlag* führen: → **blow**[2] 1. **17.** *mus. e-n Ton, a. e-e Glocke, Saite, Taste* anschlagen: → **chord**[1] 2, note 9 u. 11. **18.** a) *ein Streichholz* anzünden, *ein Feuer* machen, b) *Funken* schlagen. **19.** *den Kopf, Fuß etc* (an)stoßen, schlagen (**against** gegen). **20.** stoßen *od.* schlagen gegen *od.* auf (*acc*), zs.-stoßen mit, *mar.* auflaufen auf (*acc*), einschlagen in (*acc*) (*Geschoß, Blitz*). **21.** fallen auf (*acc*) (*Licht*), auftreffen auf (*acc*), *das Auge od.* Ohr treffen: **a sound struck his ear** ein Laut schlug an sein Ohr; **to ~ s.o.'s eye** j-m ins Auge fallen. **22.** *fig.* j-m einfallen *od.* in den Sinn kommen: **an idea struck him** ihm kam *od.* er hatte e-e Idee. **23.** j-m auffallen: **what struck me was** ... was mir auffiel *od.* worüber ich staunte, war ... **24.** Eindruck machen auf (*acc*), *auch* beeindrucken: **to be struck by** beeindruckt *od.* hingerissen sein von; **to be struck on a girl** *sl.* in ein Mädchen ,verknallt' sein. **25.** j-m gut *etc* vorkommen: **how does it ~ you?** was hältst du davon?; **it struck her as ridiculous** es kam ihr lächerlich vor. **26.** stoßen auf (*acc*), (zufällig) treffen *od.* entdecken, *Gold etc* finden: → **oil** 1, **rich** 7. **27.** Wurzeln schlagen: → **root**[1] 1. **28.** *thea.* Kulissen *etc* abbauen. **29.** Zelt etc abbrechen: → **camp**[1] 1. **30.** *mar.* a) *die Flagge, Segel* streichen, b) (weg)fieren: → **flag**[1] 1, 2, **sail** 1. **31.** *den Fisch* mit e-m Ruck (der Angel) auf den Haken spießen. **32.** a) *s-e*

Beute schlagen (*Habicht etc*), b) die Giftzähne schlagen in (*acc*) (*Schlange*). **33.** *tech.* glattstreichen. **34.** a) *math.* den Durchschnitt, das Mittel nehmen, b) *econ.* die Bilanz, den Saldo ziehen, c) *econ.* e-e Dividende ausschütten: → **average** 1, **balance** 1, **mean**³ 4. **35.** (*bes. von e-r Liste*) streichen: → **roll** 2, **strike off** 1, **strike through**. **36.** *e-e Münze, Medaille* schlagen, prägen. **37.** *die Stunde etc* schlagen (*Uhr*). **38.** *fig.* j-n schlagen, heimsuchen, treffen (*Unglück, Not etc*), befallen (*Krankheit*). **39.** a) ~ **into** *j-m e-n* Schrecken einjagen, b) (**with** mit *Schrekken, Schmerz etc*) erfüllen: **to ~ s.o. with fear**. **40.** *j-n blind, taub etc* machen: → **blind** 1, **dumb** 3. **41.** *ein Tempo, e-e Gangart* anschlagen. **42.** *e-e Haltung od. Pose* an-, einnehmen. **43.** *econ. e-n Handel* abschließen: → **bargain** *Bes. Redew.* **44. to ~ work** a) *econ.* die Arbeit niederlegen, b) Feierabend machen.
III *v/i* **45.** (zu)schlagen, (-)stoßen: → **iron** 1. **46.** schlagen, treffen: **to ~ at** a) *j-n od. nach j-m* schlagen, b) *fig.* zielen auf (*acc*): → **root**¹ 1. **47.** a) sich schlagen, kämpfen (**for** für), b) zuschlagen, angreifen. **48.** zubeißen (*Schlange*). **49.** (**on, upon**) a) (an)schlagen, stoßen (**an** *acc*, **gegen**), b) *mar.* auflaufen (**auf** *acc*), (**auf** *Grund*) stoßen. **50.** fallen (*Licht*), auftreffen (*Lichtstrahl, Schall etc*) (**on, upon** *auf acc*). **51. ~ (up)on** auf *Öl, Erz etc* stoßen (→ 26). **52.** schlagen (*Uhr*): → **hour** 3. **53.** sich entzünden (*Streichholz*). **54.** *electr.* sich (*plötzlich*) entladen (*Funke*): **to ~ across** überspringen. **55.** einschlagen, treffen (*Blitz, Geschoß*). **56.** *bot.* Wurzel schlagen. **57.** den Weg *nach rechts etc* einschlagen, sich (*plötzlich*) *nach links etc* wenden: **to ~ to the right; to ~ for home** *colloq.* heimzu gehen; **to ~ into** a) einbiegen in (*acc*), *e-n Weg* einschlagen, b) *fig.* plötzlich verfallen in (*acc*), *etwas* beginnen; **to ~ into a gallop** in Galopp verfallen; **to ~ into a subject** sich e-m Thema zuwenden. **58.** *econ.* streiken (**for** um; **against** gegen). **59.** *mar.* die Flagge streichen (**to** *vor dat*) (*a. fig.*). **60.** *geol.* streichen (*Schicht*). **61.** *Angeln:* a) anbeißen (*Fisch*), b) den Fisch mit e-m Ruck auf den Angelhaken spießen. **62.** ('durch)dringen (**to** zu; **into** *in acc*; **through** durch) (*Kälte etc*).
Verbindungen mit Adverbien:
strike| back *v/i* zu'rückschlagen (*a. fig.*). **~ be·low** *v/t mar.* (weg)fieren. **~ down I** *v/t* **1.** niederschlagen, -strecken. **2.** *fig.* a) außer Gefecht setzen (*Krankheit etc*), b) da'hinraffen. **II** *v/i* **3.** her'abprallen, stechen (*Sonne*). **~ in** *v/i* **1.** beginnen, anfangen, einfallen (*a. mus.*). **2.** *med.* (sich) nach innen schlagen (*Krankheit*). **3.** einfallen, unter'brechen (**with** mit *e-r Frage etc*). **4.** sich einmischen *od.* einschalten. **5.** mitmachen (**with** bei). **6. ~ with** sich richten nach. **~ in·wards** → **strike in** 2. **~ off** *v/t* **1.** abschlagen, abhauen. **2.** *Wort etc* (aus)streichen, löschen, tilgen. **3.** *ein Bild, Gedicht etc* 'hinhauen'. **4.** *etwas* genau 'wiedergeben. **5.** *tech.* glattstreichen. **6.** *print.* abziehen. **~ out I** *v/t* **1. ~ strike off** 2. **2.** *fig.* (mit leichter Hand) entwerfen, ersinnen, ausdenken. **3.** *meist fig.* *e-n Weg* einschlagen. **4.** *Baseball:* den Schläger ,aus' machen. **II** *v/i* **5.** los-, zuschlagen. **6.** (zum Schlag) ausholen. **7.** (forsch) ausschreiten, ,loslegen' (*a. fig.*), *a.* losschwimmen (**for** nach, **auf** *e-n Ort* zu): **to ~ for o.s.** s-e eigenen Wege gehen (*a. fig.*). **8.** *beim Schwimmen etc* ausgreifen. **~ up I** *v/i* **1.** *mus.* einsetzen (*Spieler, Melodie*). **II** *v/t* **2.** *mus.* a) *ein Lied etc*

anstimmen, b) *die Kapelle* einsetzen lassen. **3.** *colloq. e-e Freundschaft* anknüpfen, schließen (**with** mit): **to ~ a conversation** ein Gespräch anknüpfen.
strike|bal·lot *s econ.* Urabstimmung *f.* **~ ben·e·fit** → **strike pay**. **'~bound** *adj* a) bestreikt, b) vom Streik lahmgelegt. **'~break** *v/i irr econ.* sich als Streikbrecher betätigen. **'~break·er** *s econ.* Streikbrecher *m.* **~ call** *s econ.* Streikaufruf *m.* **~ meas·ure** *s* struck measure. **~ pay** *s econ.* Streikgeld(er *pl*) *n.* **'~prone** *adj econ.* streikanfällig.
strik·er ['straɪkə(r)] *s* **1.** Schläger(in). **2.** *econ.* Streikende(r *m*) *f*, Ausständige(r *m*) *f.* **3.** Schläger *m*, Schlagwerkzeug *n.* **4.** Hammer *m*, Klöppel *m* (*in Uhren*). **5.** *mil.* Schlagbolzen *m.* **6.** *electr.* Zünder *m.* **7.** *mil. Am. colloq.* (Offi'ziers)Bursche *m.* **8.** *bes.* Fußball: Stürmer *m*, Spitze *f.* **'~out** *s* Tennis *etc*: *Am.* Rückschläger(in).
strike vote → **strike ballot**.
strik·ing ['straɪkɪŋ] *adj* (*adv* ~**ly**) **1.** schlagend, Schlag...: ~ **clock** Schlaguhr *f*; ~ **mechanism** Schlagwerk *n.* **2.** *fig.* a) bemerkenswert, auffallend, eindrucksvoll: **a ~ feature** a) progress, b) über'raschend, verblüffend: → **likeness**, c) treffend: **a ~ example**. **3.** *econ.* streikend. **~ cir·cle** *s* Hockey: Schußkreis *m.* **~ dis·tance** *s* Schlagweite *f* (*a. electr. tech.*).
'strik·ing·ness *s* (*das*) Auffallende *od.* Treffende *od.* Über'raschende.
Strine [straɪn] *colloq. humor.* **I** *s* Au'stralisches Englisch. **II** *adj* au'stralisch.
string [strɪŋ] **I** *s* **1.** Schnur *f*, Bindfaden *m.* **2.** (Schürzen-, Schuh- *etc*)Band *n*, Kordel *f*: **to have s.o. on a ~** j-n am Gängelband *od.* am Bändel *od.* in s-r Gewalt haben. **3.** *Puppenspiel:* Faden *m*, Draht *m*: **to pull the ~s** *fig.* die Fäden in der Hand halten, der Drahtzieher sein; **to pull all ~s (possible) to** *fig.* alles daransetzen zu, alle Hebel in Bewegung setzen um zu. **4.** Schnur *f* (*von Perlen, Zwiebeln etc*); **~ of pearls** *e-e* Perlenschnur. **5.** *fig.* Reihe *f*, Kette *f*: **~ of islands** Inselkette; **a ~ of questions** *e-e* Reihe von Fragen; **a ~ of vehicles** *e-e* Kette von Fahrzeugen. **6.** Koppel *f* (*von Pferden etc*). **7.** *mus.* a) Saite *f*, b) *pl* 'Streichinstru‚mente *pl*, (*die*) Streicher *pl*: **to touch a ~** *fig.* e-e Saite zum Erklingen bringen; → **harp** 3. **8.** (Bogen)Sehne *f*: **to be a second ~** das zweite Eisen im Feuer sein (→ 12); → **bow**² 1 a. **9.** *bot.* a) Faser *f*, Fiber *f*, b) Faden *m* (*der Bohnen*). **10.** *zo. obs.* Flechse *f.* **11.** *arch.* a) → stringcourse, b) (Treppen)Wange *f.* **12.** *bes. sport* (*erste* Reihe) Garni'tur: **to be a second ~** a) zur 2. Garnitur gehören, b) *fig.* ,die zweite Geige spielen' (→ 8). **13.** *meist pl* ,Haken' *m*: **to have a ~ (attached) to it** e-n Haken haben; **no ~s attached** ohne Bedingungen.
II *adj* **14.** *mus.* Saiten..., Streich(er)...: ~ **department**, ~ **group**, ~ **section** Streicher(gruppe *f*) *pl.*
III *v/t pret u. pp* **strung** [strʌŋ], *pp selten* **stringed 15.** mit Schnüren *od.* Bändern versehen. **16.** *e-e* Schnur *etc* spannen. **17.** (zu-, ver)schnüren, zubinden. **18.** Perlen *etc* aufreihen. **19.** *fig.* anein'anderreihen, verknüpfen. **20.** *mus.* a) besaiten, bespannen (*e. n Tennisschläger etc*), b) *das* Saiteninstrument stimmen. **21.** den Bogen a) mit e-r Sehne versehen, b) spannen. **22.** behängen: **to ~ a room with festoons**. **23. ~ up** *bes. pp* *j-n, j-s* Nerven anspannen: **to ~ o.s. up to** a) sich in *e-e* Erregung hineinsteigern, b) sich aufraffen *zu etwas od. etwas zu tun*; → **high-strung**. **24. ~ up** *colloq.* *j-n*

,aufknüpfen'. **25.** *Am. colloq.* *j-n* ,verkohlen'. **26. ~ along** *colloq.* a) *j-n* 'hinhalten, b) *j-n* ,einwickeln', täuschen (**with** mit). **27.** *bes.* Bohnen abziehen. **28. ~ out** räumlich *od.* zeitlich einteilen: **strung out over ten years** auf 10 Jahre verteilt. **29. to be strung out** *bes. Am. sl.* a) drogensüchtig sein, b) ,high' sein (*unter Drogeneinfluß stehen*), c) ,auf (dem) Turkey sein' (*unter Entzugserscheinungen leiden*).
IV *v/i* **30. ~ along** a) sich in e-r Reihe bewegen (*Personen, Fahrzeuge*), b) *colloq.* sich anschließen (**with** s.o. j-m), mitmachen. **31.** Fäden ziehen (*Flüssigkeit*).
string| bag *s* Einkaufsnetz *n.* **~ band** *s mus.* **1.** 'Streichka‚pelle *f.* **2.** *colloq.* → string orchestra. **~ bass** *s mus.* Kontrabaß *m.* **~ bean** *s* **1.** *bes.* Gartenbohne *f, pl a. Am.* grüne Bohnen *pl.* **2.** *fig. colloq.* ,Bohnenstange' *f.* **'~course** *s arch.* Fries *m*, Sims *m, n* (*um ein Gebäude*). **~ de·vel·op·ment** → ribbon development.
stringed [strɪŋd] *adj* **1.** *mus.* Saiten..., Streich...: ~ **instruments**; ~ **music** Streichmusik *f.* **2.** *mus.* (*in Zssgn*) ...saitig. **3.** aufgereiht (*Perlen etc*).
strin·gen·cy ['strɪndʒənsɪ] *s* **1.** Härte *f*, Schärfe *f.* **2.** Bündigkeit *f*, zwingende Kraft: **the ~ of an argument**. **3.** *econ.* (Geld-, Kre'dit)Verknappung *f*, Knappheit *f*: ~ **on the money market** Gedrücktheit *f* des Geldmarktes. **'strin·gent** *adj* (*adv* ~**ly**) **1.** streng, hart, scharf: ~ **rules**. **2.** zwingend: ~ **necessity**. **3.** zwingend, über'zeugend, bündig: ~ **arguments**. **4.** *bes. econ.* knapp (*Geld*), gedrückt (*Geldmarkt*). **5.** streng, scharf, herb: ~ **taste**.
string·er ['strɪŋə(r)] *s* **1.** *mus.* Saitenaufzieher *m.* **2.** *rail.* Langschwelle *f.* **3.** *arch.* → **string** 11 b. **4.** *tech.* Längs-, Stütz-, Streckbalken *m.* **5.** *aer.* Längsversteifung *f.* **6.** *mar.* Stringer *m.*
string·i·ness ['strɪŋɪnɪs] *s* **1.** Faserigkeit *f.* **2.** Zähigkeit *f.*
string| or·ches·tra *s mus.* 'Streichor‚chester *n.* **~ or·gan** *s mus.* 'Orgelkla‚vier *n.* **~ pea** *s bot.* Zuckererbse *f.* **quar·tet(te)** *s mus.* 'Streichquar‚tett *n.* **~stop** *s* 'Streichre‚gister *n*, -stimme *f* (*der Orgel*). **~ tie** *s* schmale Kra'watte.
string·y ['strɪŋɪ] *adj* **1.** fadenartig, sich (lang) 'hinziehend. **2.** flechsig, sehnig: ~ **meat**. **3.** sehnig: **a ~ fellow**. **4.** zäh(flüssig), Fäden ziehend: ~ **syrup**. **5.** dünn u. na'sal (*Ton*).
stri·o·la ['straɪələ] *pl* **-lae** [-liː] *s biol.* Streifchen *n.* **'stri·o·late** [-leɪtɪd], **'stri·o·lat·ed** [-leɪtɪd] *adj* feingestreift.
strip [strɪp] **I** *v/t* **1.** *a.* **~ off** Haut *etc* abziehen, abstreifen, (ab)schälen, *Farbe* abkratzen, *Früchte* enthülsen, *Baum* abrinden, *Bett etc* abziehen: **to ~ the paint off a wall** die Farbe von e-r Wand abkratzen. **2.** *a.* **~ off** *ein Kleid etc* ausziehen, abstreifen, b) *j-n* ausziehen (**to the skin** bis auf die Haut): → **buff**¹ 3, **stripped** 11. **3.** *a.* entblößen: **to ~ s.o. of his office** j-n s-s Amtes entkleiden; **~ped of his power** s-r Macht beraubt, b) *a.* **~ off** *etwas* Äußerliches wegnehmen. **4.** *ein Haus etc* ausräumen, *e-e* Fabrik demon'tieren. **5.** *a.* **~ down** *mar.* abtakeln. **6.** *a.* **~ down** *tech.* zerlegen, ausein‚an'dernehmen. **7.** *electr.* ein Draht 'abiso‚lieren. **8.** *tech.* das Gewinde über'drehen. **9.** *chem.* die flüchtigen Bestandteile *od.* das Ben'zol abtreiben von. **10.** Tabakblätter a) entstielen, b) entrippen. **11.** *agr.* ausmelken: **to ~ a cow**.
II *v/i* **12.** a) *a.* **~ off** sich ausziehen, (*beim Arzt*) sich entkleiden: **to ~ down to** sich ausziehen bis auf (*acc*); **to ~ to the waist** den Oberkörper freimachen, b) ‚strip-

pen' (*e-n Striptease vorführen*). **13.** *a.* ~ **off** sich (ab)schälen, sich lösen. **14.** *tech.* sich lockern.
III *s* **15.** a) Ausziehen *n*, (*beim Arzt*) Freimachen *n*, b) ,Strip' *m* (*Striptease*): **to do a ~ e-n** Strip vorführen. **16.** Streifen *m*, schmales, langes Stück: **a ~ of cloth** (**bacon, land**); **to tear s.o. off a ~**, **to tear ~s** (*od.* **a ~**) **off s.o.** *colloq.* j-n ,zur Minna *od.* Schnecke machen'. **17.** *Philatelie*: (Marken)Streifen *m*. **18.** → **comic strips. 19.** *aer.* Start- u. Landestreifen *m*. **20.** *tech.* a) Walzrohling *m*, b) Bandeisen *n*, -stahl *m*. **21.** *chem. tech.* Abbeizbad *n*. **22.** *Fußball*: *Br. colloq.* Dreß *m*.
IV *adj* **23.** Strip(tease)...: ~ **club**.
strip|build·ing *s Br.* Reihenbauweise *f*. **~ car·toon** → comic strips. **~ con·nec·tor** *s electr.* Lüsterklemme *f*. **~ crop·ping** *s agr.* Streifenpflanzung *f*.
stripe [straɪp] **I** *s* **1.** *meist* andersfarbiger Streifen (*a. zo.*), Strich *m*. **2.** *bes. mil.* Tresse *f*, (Ärmel)Streifen *m*: **to get one's ~s** (zum Unteroffizier) befördert werden; **to lose one's ~s** degradiert werden. **3.** Striemen *m*. **4.** (Peitschen- *etc*)Hieb *m*. **5.** *fig. bes. Am.* Art *f*, Sorte *f*, Schlag *m*: **of the same political ~** derselben politischen Richtung; **a man of quite a different ~** ein Mann von ganz anderem Schlag. **II** *v/t* **6.** streifen: **~d** gestreift, streifig.
strip light·ing *s* Soffittenbeleuchtung *f*.
strip·ling [ˈstrɪplɪŋ] *s* Bürschchen *n*.
strip min·ing *s bes. Am.* Tagebau *m*.
stripped [strɪpt] **I** *pp von* strip. **II** *adj* **1.** nackt (*a*. Draht, *a. mot.* ohne Extras), entblößt (*a. fig.*). **2.** *phys.* abgestreift: **~ neutrons**; **~ atom** hochionisiertes Atom.
strip·per [ˈstrɪpə(r)] *s* **1.** *tech.* a) ˈSchällmaˌschine *f*, b) Spinnerei: Arbeitswalze *f*, Abstreifer *m*, Stripper *m*. **2.** ˌStripperinˈ *f* (*Stripteasetänzerin*). **ˈstripˈping** *s* **1.** Schälen *n*, Abstreifen *n*. **2.** (*das*) Abgestreifte *od.* Abgezogene. **3.** *Atomphysik*: Extraktiˈon *f*, Stripping *n*. **4.** *pl* Nachmilch *f*, letzte Milch. **5.** *chem. tech.* Entplatˈtierung *f*.
strip|pok·er *s* Strip Poker *n*. **ˈ~tease I** *s* Striptease *m, n*: **to do a ~ e-n** Striptease vorführen. **II** *adj* Striptease... **ˈ~teasˈer** *s* Stripteasetänzerin *f*.
strip·y [ˈstraɪpɪ] *adj* gestreift, streifig.
strive [straɪv] *pret* **strove** [strəʊv], *selten* **strived**, *pp* **striv·en** [ˈstrɪvn], *a.* **strived**, *selten* **strove** *v/i* **1.** sich (be-)mühen, bestrebt sein (**to do** zu tun). **2.** (**for, after**) streben (nach), ringen, sich mühen (um). **3.** (erbittert) kämpfen (**against** gegen; **with** mit), ringen (**with** mit). **4.** *obs.* wetteifern (**with** s.o. mit j-m; **for** s.th. um etwas).
striv·en [ˈstrɪvn] *pp von* strive.
strobe [strəʊb] *s* **1.** *phot.* Röhrenblitz *m*. **2.** *Radar*: Schwelle *f*. **ˈstrob·ing** *s Radar*: Siˈgnalauswertung *f*.
strob·o·scope [ˈstrəʊbəskəʊp] *s med. phys.* Stroboˈskop *n*.
strode [strəʊd] *pret von* stride.
stroke [strəʊk] **I** *s* **1.** (*a*. Blitz-, Flügel-, Schicksals)Schlag *m*, Hieb *m*, Streich *m*, Stoß *m*: **~ of fate** (**lightning, wing**); **at a** (*od.* **one**) **~** mit ˈeinem Schlag, auf ˈeinen Streich (*a. fig.*); **a good ~ of business** ein gutes Geschäft; **~ of (good) luck** Glückstreffer *m*, -fall *m*; **by a ~ of fortune** durch e-n glückhaften Zufall; **he has not done a ~ of work** er hat (noch) keinen Strich getan. **2.** (Glocken-, Hammer-, Herz- *etc*)Schlag *m*: **on the ~**, **pünktlich; on the ~ of nine** Schlag *od.* Punkt neun. **3.** *med.* Anfall *m*, *bes.* Schlag(anfall) *m*. **4.** *tech.* a) (Kolben)Hub *m*, b) Hubhöhe *f*, c) Takt *m*. **5.** *sport* a) Schwimmen: Stoß *m*, (Bein)Schlag *m*,

(Arm)Zug *m*, b) *Golf, Rudern, Tennis etc*: Schlag *m*, c) *Rudern*: Schlagzahl *f*: **to set the ~** die Schlagzahl bestimmen. **6.** *Rudern*: Schlagmann *m*: **to row ~** am Schlag sitzen. **7.** (Pinsel-, Feder)Strich *m* (*a. print.*), (Feder)Zug *m*: **to put** (*od.* **add**) **the finishing ~(s) to s.th.** e-r Sache (den letzten) Schliff geben, letzte Hand an etwas legen; **with a ~ of the pen** mit e-m Federstrich (*a. fig.*); **a ~ above** *colloq.* ein gutes Stück besser als. **8.** *fig.* (Hand-)Streich *m*, Maˈnöver *n*, (*energische*) Maßnahme: **a clever ~** ein geschickter Schachzug. **9.** (*glänzender*) Einfall, (großer) Wurf, Leistung *f*: **a ~ of genius** ein Geniestreich. **10.** Stil *m*, Maˈnier *f*, Art *f*. **11.** *mus.* a) Schlag(bewegung *f*) *m* (*des Dirigenten etc*), b) Bogenstrich *m*, c) (Tasten)Anschlag *m*, d) (Noten)Balken *m*. **12.** *math.* Pfeil *m*, Vektor *m*. **13.** Streicheln *n*: **to give s.o. a ~** j-n streicheln.
II *v/t* **14.** mit e-m Strich *od.* mit Strichen kennzeichnen. **15.** *meist* **~ out** (aus)streichen. **16. to ~ a boat** (*Rudern*) am Schlag e-s Boots sitzen. **17.** streichen über (*acc*): **to ~ one's hair**; **to ~ s.o. the wrong way** *fig.* j-n reizen. **18.** streicheln.
III *v/i* **19.** *Tennis etc*: schlagen. **20.** (at mit e-r bestimmten Schlagzahl) rudern.
stroke|house *s Am. sl.* Pornokino *n*. **~ play** *s Golf*: Zählˈ(wett)spiel *n*.
stroll [strəʊl] **I** *v/i* **1.** schlendern, (her-ˈum)bummeln, spaˈzieren(gehen). **2.** herˈumziehen: **~ing gypsies**; **~ing player** → stroller 4. **II** *s* **3.** Spaˈziergang *m*, Bummel *m*: **to go for a ~**, **to take a ~** e-n Bummel machen. **ˈstrollˈer** *s* **1.** Bummler(in), Spaˈziergänger(in). **2.** Landstreicher(in). **3.** *bes. Am.* Sportwagen *m* (*für Kinder*). **4.** Wanderschauspieler(in).
stro·ma [ˈstrəʊmə] *pl* **-ma·ta** [-mətə] *s anat.* Stroma *n* (*a. bot.*), Grundgewebe *n*. **stro·mat·ic** [strəʊˈmætɪk] *adj* stroˈmatisch.
strong [strɒŋ] **I** *adj* (*adv* → **strongly**) **1.** *allg.* stark: **~ blow** (**feeling, lens, light, nerves, poison, position, prejudice, resemblance, suspicion, team**, *etc*); **~ at home** *sport* heimstark, b) kräftig: **~ colo(u)rs** (**health, voice**, *etc*); **~ man** *pol.* starker Mann; **~ mind** scharfer Verstand, kluger Kopf; **to have ~ feelings about s.th.** sich über etwas erregen; → **point** 24. **2.** *fig.* tüchtig, gut, stark (**in** in *dat*): **~ in mathematics**. **3.** *fig.* stark, fest: **~ faith** (**conviction**, *etc*); **to be ~ against s.th.** entschieden gegen etwas sein; **~ face** energisches *od.* markantes Gesicht. **4.** stark, mächtig: **~ nation**; **a company 200 ~** *mil.* e-e 200 Mann starke Kompanie. **5.** *fig.* stark, aussichtsreich: **a ~ candidate**. **6.** *fig.* gewichtig, überˈzeugend, zwingend: **~ argument**. **7.** *fig.* eˈnergisch, stark, entschlossen: **~ efforts**; **~ measures**; **with a ~ hand** mit starker Hand; **to use ~ language** Kraftausdrücke gebrauchen; **~ word** Kraftausdruck *m*. **8.** überˈzeugt, eifrig: **a ~ Tory**. **9.** stark, schwer: **~ drinks** (**cigar**); **~ shoes** feste Schuhe. **10.** stark: **~ perfume** (**smell, taste**). **11.** scharf riechend *od.* schmeckend, übelriechend, -schmeckend: **~ flavo(u)r** *od.* strenger Geschmack; **~ butter** ranzige Butter. **12.** *econ.* a) fest: **~ market**, b) lebhaft: **~ demand**, c) anziehend: **~ prices**. **13.** *ling.* stark: **~ declination**; **~ verb**. **II** *adv* **14.** stark, nachˈdrücklich, eˈnergisch: **to come on ~** a) ˌrangehenˈ, b) auftrumpfen. **15.** *colloq.* tüchtig, ˌmächtigˈ: **to be going ~** ˌgut in Schußˈ *od.* in Form sein; **to come** (*od.* **go**) **it ~**, **to come on ~** a) sich (mächtig) ins Zeug legen, b) auftrumpfen; **to come it too ~** dick auftragen, übertreiben.

ˈstrong|-arm *colloq.* **I** *adj* **1.** gewaltsam, Gewalt...: **~ methods**; **~ man** Schläger *m*. **II** *v/t* [*a*. ˌˈɑː(r)m] **2.** j-n (durch Gewaltandrohung) einschüchtern: **to ~ s.o. into doing s.th.** j-n so einschüchtern, daß er etwas tut. **3.** überˈfallen. **4.** zs.-schlagen. **~boned** [-bəʊnd; ˌ-ˈb-] *adj* stark-, grobknochig. **ˈ~box** *s* (ˈGeld-, ˈStahl)Kasˌsette *f*, Treˈsorfach *n*. **~ breeze** *s meteor.* starker Wind (*Windstärke* 6). **~ gale** *s meteor.* Sturm *m* (*Windstärke* 9). **ˌ~ˈheadˈed** *adj* starrköpfig, eigensinnig. **ˈ~hold** *s* **1.** *mil.* Feste *f*, Festung *f*. **2.** *fig.* Bollwerk *n*. **3.** *fig.* Hochburg *f*.
ˈstrongˈly *adv* **1.** kräftig, stark. **2.** gewaltsam, heftig: **to feel ~ about sich** erregen über (*acc*). **3.** nachdrücklich.
ˌstrong|-ˈmindˈed *adj* willensstark, eˈnergisch. **~ point** *s* **1.** *mil.* Stützpunkt *m*. **2.** *fig.* → **point** 24. **~ room** *s* Stahlkammer *f*, Treˈsor(raum) *m*. **ˌ~ˈwilled** *adj* **1.** willensstark, eˈnergisch. **2.** eigensinnig, -willig.
stron·ti·a [ˈstrɒnʃɪə; -ʃə; -tɪə; *Am.* ˈstrɒntʃə; -tɪə], **ˈstron·ti·an** [-ən] *s chem.* **1.** Strontiˈan(erde *f*) *n*. **2.** ˈStrontiumhyˌdroxyd *n*. **ˈstron·ti·um** [-əm] *s chem. med.* Strontium *n*.
strook [strʊk] *obs. pp von* strike.
strop [strɒp; *Am.* stræp] **I** *s* **1.** Streichriemen *m* (*für Rasiermesser*). **2.** *mar.* Stropp *m*. **II** *v/t* **3.** abziehen: **to ~ a razor**.
stro·phan·thin [strəʊˈfænθɪn] *s med. pharm.* Strophanˈthin *n*.
stro·phe [ˈstrəʊfɪ] *s metr.* Strophe *f*. **stroph·ic** [ˈstrɒfɪk; *bes. Am.* ˈstrəʊ-; *Am. a.* ˈstrɑ-] *adj* strophisch.
stroph·oid [ˈstrɒfɔɪd; *Am.* ˈstrəʊf-] *s math.* Strophoˈide *f*, Strophoˈid *n*.
strop·py [ˈstrɒpɪ] *adj Br. sl.* ,muffigˈ, ,grantigˈ.
stroud [straʊd] *s bes. Am. hist.* grobe Wolldecke, grobes Gewand.
strove [strəʊv] *pret u. selten pp von* strive.
struck [strʌk] **I** *pret u. pp von* strike. **II** *adj econ. Am.* bestreikt. **ˈstruck·en** *obs. pp von* strike.
struck| ju·ry *s jur.* Geschworene, *die gewählt werden, indem beide Parteien unerwünschte Personen von der Vorschlagsliste streichen*. **~ meas·ure** *s econ.* gestrichenes Maß.
struc·tur·al [ˈstrʌktʃərəl] *adj* (*adv* **~ly**) **1.** strukturˈell (bedingt), Struktur... (*a. fig.*), *fig. a.* orˈganisch: **~ changes** Strukturwandlungen; **~ unemployment** strukturelle Arbeitslosigkeit; **~ psychology** Strukturpsychologie *f*. **2.** baulich, Bau..., Konstruktions...: **~ element** (*od.* **member**) Bauteil *n*, -element *n*; **~ engineering** Bautechnik *f*; **~ steel** Baustahl *m*. **3.** *biol.* a) morphoˈlogisch, Struktur..., b) orˈganisch: **~ cell** Strukturzelle *f*; **~ disease** organische Krankheit. **4.** *geol.* tekˈtonisch: **~ geology** Geotektonik *f*. **5.** *chem.* Struktur...: **~ formula**. **ˈstruc·tur·al·ism** *s ling. philos.* Strukturaˈlismus *m*. **ˈstruc·tur·al·ist I** *s* Strukturaˈlist(in). **II** *adj* strukturaˈlistisch.
struc·ture [ˈstrʌktʃə(r)] **I** *s* **1.** Strukˈtur *f* (*a. biol. chem. geol. phys. psych.*), (Auf-)Bau *m*, Gefüge *n*, Gliederung *f* (*alle a. fig.*): **economic ~** Wirtschaftsstruktur; **~ of power** Machtstruktur; **~ of a sentence** Satzbau; **price ~** *econ.* Preisstruktur, -gefüge. **2.** *arch. tech.* Bau(art *f*) *m*, Konstrukˈtion *f*. **3.** Bau(werk *n*) *m*, Gebäude *n* (*a. fig.*), *pl* Bauten *pl*. **4.** *fig.* Gebilde *n*. **II** *v/t* **5.** struktuˈrieren. **ˈstruc·ture·less** *adj* struktuˈrlos. **ˈstruc·tur·ize** *v/t* struktuˈrieren.
stru·del [ˈstruːdl] *s* Strudel *m*: **apple ~**.

struggle – stuff

strug·gle ['strʌgl] **I** v/i **1.** (against, with) kämpfen (gegen, mit), ringen (mit) (for um *Atem, Macht etc*). **2.** sich winden, zappeln, sich sträuben (against gegen). **3.** sich (ab)mühen (with mit; to do zu tun), sich anstrengen *od.* (ab)quälen: to ~ through sich durchkämpfen; to ~ to one's feet mühsam aufstehen, sich ‚hochrappeln'. **II** s **4.** Kampf m, Ringen n, Streit m (for um; with mit): ~ for existence (*od.* life) a) *biol.* Kampf ums Dasein, b) Existenzkampf. **5.** Streben n, Anstrengung(en pl) f. '**strug·gler** s Kämpfer m.

strum [strʌm] **I** v/t **1.** (her'um)klimpern auf (*dat*): to ~ a guitar. **2.** e-e Melodie (her'unter)klimpern. **II** v/t **3.** klimpern (on auf *dat*). **III** s **4.** Geklimper n.

stru·ma ['struːmə] pl **-mae** [-miː] s *med.* **1.** Struma f, Kropf m. **2.** Skrofu'lose f. '**stru·mose** [-məʊs], '**stru·mous** [-məs] adj **1.** *med.* stru'mös, Kropf... **2.** *med.* skrofu'lös. **3.** *bot.* kropfig.

strum·pet ['strʌmpɪt] s *obs.* Dirne f, Hure f, Metze f.

strung [strʌŋ] *pret u. pp von* string.

strut¹ [strʌt] **I** v/i **1.** stol'zieren: to ~ about (*od.* around) herumstolzieren (in *dat, auf dat*). **2.** *fig.* großspurig auftreten, großtun. **II** s **3.** stolzer Gang, Stol'zieren n. **4.** *fig.* großspuriges Auftreten, Großtue'rei f.

strut² [strʌt] *arch. tech.* **I** s Strebe f, Stütze f, Spreize f, Verstrebung f. **II** v/t verstreben, abspreizen, abstützen.

strut·ter ['strʌtə(r)] s *fig.* Großtuer(in).

strut·ting¹ ['strʌtɪŋ] **I** adj **1.** stol'zierend. **2.** *fig.* großspurig, -tuerisch. **II** s → strut¹ II.

strut·ting² ['strʌtɪŋ] s *arch. tech.* Verstrebung f, Abstützung f.

strych·nic ['strɪknɪk] adj *chem. pharm.* Strychnin...

strych·nine ['strɪkniːn; *Am. a.* -naɪn] **I** s *chem. pharm.* Strych'nin n. **II** v/t mit Strych'nin vergiften. '**strych·nin·ism** [-nɪzəm] s *med.* Strych'ninvergiftung f.

stub [stʌb] **I** s **1.** (Baum)Stumpf m, (-)Strunk m. **2.** (Bleistift-, Kerzen- etc) Stummel m, Stumpf m. **3.** (Ziga'retten-, Zi'garren)Stummel m, ‚Kippe' f. **4.** kurzer stumpfer Gegenstand, *z. B.* a) Kuppnagel m, b) stumpfe Feder: ~ **axle** *tech.* Achsschenkel m; ~ **bolt** Stiftschraube f; ~ (**tenon**) Fußzapfen m. **5.** Kon'trollabschnitt m (*e-r Eintrittskarte etc*). **II** v/t **6.** Land roden, von Baumstrünken *etc* säubern. **7.** ~ **up** Bäume *etc* ausroden. **8.** to ~ one's toe sich die Zehe anstoßen (against, on an *dat*). **9.** zerschlagen, (zer)quetschen: to ~ stones. **10.** *meist* ~ **out** e-e Zigarette *etc* ausdrücken.

stub·ble ['stʌbl] s **1.** Stoppel f. **2.** *collect.* (Getreide-, Bart- *etc*)Stoppeln pl: ~ **plough** (*bes. Am.* **plow**) *agr.* Stoppelpflug m. **3.** *a.* ~ **field** Stoppelfeld n. '**stub·bly** adj stopp(e)lig, Stoppel...

stub·born ['stʌbə(r)n] adj (adv ~ly) **1.** eigensinnig, halsstarrig, störrisch, dickköpfig. **2.** hartnäckig: ~ **resistance**. **3.** standhaft, unbeugsam. **4.** 'widerspenstig: ~ **hair**; ~ **material**. **5.** spröde, hart, zäh: ~ **ore** strengflüssiges Erz. '**stub·born·ness** s **1.** Eigen-, Starrsinn m, Halsstarrigkeit f. **2.** Hartnäckigkeit f. **3.** Standhaftigkeit f. **4.** 'Widerspenstigkeit f. **5.** Sprödigkeit f, *metall.* Strengflüssigkeit f.

stub·by ['stʌbɪ] adj **1.** stummelartig, kurz. **2.** kurz u. dick, unter'setzt: ~ **fingers** Wurstfinger. **3.** stopp(e)lig.

stuc·co ['stʌkəʊ] *arch.* **I** pl **-coes, -cos** [-z] s **1.** Stuck m (*Gipsmörtel*). **2.** Außenputz m. **3.** Stuck(arbeit f, -verzierung f) m, Stukka'tur f. **II** v/t **4.** mit Stuck verzieren, stuc'kieren. '~**work** → stucco 3.

stuck [stʌk] *pret u. pp von* stick².

stuck-up [ˌ-'ʌp; '-ʌp] adj *colloq.* ‚hochnäsig'.

stud¹ [stʌd] **I** s **1.** Beschlagnagel m, Knopf m, Knauf m, Buckel m. **2.** *arch.* Ständer m, (Wand)Pfosten m. **3.** *tech.* a) Kettensteg m, b) Stift m, Zapfen m, c) Stiftschraube f, d) Schrauben-, Stehbolzen m. **4.** *mil.* (Führungs)Warze f (*e-s Geschosses*). **5.** Kragen-, Man'schettenknopf m. **6.** *electr.* a) Kon'taktbolzen m, b) Brücke f. **7.** Stollen m (*e-s Fußballschuhs etc*). **II** v/t **8.** mit Pfosten versehen *od.* stützen. **9.** mit Beschlagnägeln *od.* Knöpfen *etc* beschlagen *od.* verzieren. **10.** *a. fig.* besetzen, über'säen, sprenkeln (with mit). **11.** verstreut sein über (*acc*): rocks ~ded the field.

stud² [stʌd] **I** s **1.** *collect.* Stall m (*Pferde e-s Gestüts etc*): royal ~ königlicher Marstall. **2.** Gestüt n: at ~ auf *od.* zur Zucht. **3.** a) (Zucht)Hengst m, b) *allg.* männliches Zuchttier, c) *sl.* ‚Sexbolzen' m: he's not much of a ~ als Mann ist mit ihm nicht viel los. **4.** *collect.* Zucht f (*Tiere*). **5.** → **stud poker**. **II** adj **6.** Zucht... **7.** Pferde..., Stall...

stud|bolt s *tech.* Stehbolzen m. '~**book** s **1.** Gestütbuch n. **2.** *allg.* Zuchtstammbuch n.

stud·ding sail ['stʌdɪŋ] s *mar.* Bei-, Leesegel n.

stu·dent ['stjuːdnt; *Am. bes.* 'stuː-] s **1.** a) *univ.* Stu'dent(in), b) *ped. bes. Am. u. allg.* Schüler(in), c) Lehrgangs-, Kursteilnehmer(in): ~ **of law, law** ~ Student der Rechte. **2.** Gelehrte(r *m*) f, (Er)Forscher (-in). **3.** Beobachter(in). ~ **ad·vis·er** s Studienberater(in). ~ **driv·er** s *Am.* Fahrschüler(in). ~ **lamp** s *hist.* Stu'dierlampe f. ~ **pi·lot** s *aer.* Flugschüler(in).

'**stu·dent·ship** s **1.** Stu'dentsein n, Stu'dentenzeit f. **2.** *Br. univ.* Sti'pendium n.

stu·dent| teach·er s *ped.* Prakti'kant (-in). ~ **un·ion** s **1.** Stu'dentenschaft f (*Körperschaft*). **2.** *Universitätsgebäude für Einrichtungen u. Veranstaltungen der Studentenschaft.*

stud| farm s Gestüt n. ~ **horse** s Zuchthengst m.

stud·ied ['stʌdɪd] adj (adv ~ly) **1.** gesucht, gekünstelt, gewollt: ~ **politeness**. **2.** 'wohlüber legt: a ~ **reply**. **3.** geflissentlich, absichtlich: ~ **insult**. **4.** bewandert, beschlagen (in in *dat*).

stu·di·o ['stjuːdɪəʊ; *Am. a.* 'stuː-] **I** pl **-os** [-z] s **1.** *paint. phot. etc* Ateli'er n, (Künstler-, Schauspiel-, Tanz- *etc*)Studio n. **2.** ('Film)Ateli er n. **3.** (Fernseh-, Rundfunk)Studio n, Aufnahme-, Senderaum m, -saal m, ('Ton)Ateli er n. **II** adj **4.** Atelier..., Studio...: ~ **broadcast** Studiosendung f; ~ **couch** Doppelbettcouch f; ~ **shot** (*Film*) Atelier-, Innenaufnahme f.

stu·di·ous ['stjuːdjəs; -ɪəs; *Am. a.* 'stuː-] adj (adv ~ly) **1.** dem Studium ergeben, gelehrtenhaft. **2.** fleißig, lernbegierig, beflissen. **3.** eifrig bedacht (of auf *acc*), bemüht (to do zu tun). **4.** sorgfältig, peinlich (gewissenhaft). **5.** → **studied**. '**stu·di·ous·ness** s **1.** Fleiß m, (Stu'dier)Eifer m, Beflissenheit f. **2.** Sorgfalt f, Gewissenhaftigkeit f.

stud| mare s Zuchtstute f. ~ **pok·er** s Stud Poker n (*Form des Pokers, bei dem die erste Karte bzw. die beiden ersten Karten mit der Bildseite nach unten, die restlichen vier bzw. sechs Karten mit der Bildseite nach oben ausgegeben werden*).

stud·y ['stʌdɪ] **I** s **1.** Stu'dieren n. **2.** (wissenschaftliches) Studium: **stud·ies** Studien pl, Studium; to make a ~ of s.th. etwas sorgfältig studieren; to make a ~ of doing s.th. *fig.* bestrebt sein, etwas zu tun; in a brown ~ in Gedanken versunken, geistesabwesend. **3.** Studie f, Unter'suchung f (of, in über *acc*, zu). **4.** 'Studienfach n, -zweig m, -ob jekt n, Studium n: the proper ~ of mankind is man das eigentliche Studienobjekt der Menschheit ist der Mensch; his face was a perfect ~ *iro.* sein Gesicht war sehenswert. **5.** Stu'dier-, Arbeitszimmer n. **6.** *art, Literatur:* Studie f (in in *dat*), Entwurf m. **7.** *mus.* E'tüde f. **8.** to be a good (slow) ~ *thea. sl.* s-e Rollen leicht (schwer) lernen.

II v/i **9.** a) stu'dieren, b) lernen: to ~ for an examination sich auf e-e Prüfung vorbereiten. **10.** *obs.* (for) über'legen (*acc*), suchen (nach).

III v/t **11.** *allg.* stu'dieren: a) *ein Fach etc* erlernen: to ~ **law**, b) unter'suchen, prüfen, *a.* genau lesen: to ~ **a map** e-e Karte studieren; to ~ **out** *sl.* ausknobeln, c) mustern, prüfen(d ansehen), *sport etc e-n Gegner* abschätzen: to ~ **an opponent**; to ~ **s.o.'s face**; to ~ **s.o.'s wishes** j-s Wünsche zu erraten suchen. **12.** e-e Rolle *etc* 'einstu dieren. **13.** *Br. colloq.* aufmerksam *od.* rücksichtsvoll sein gegen'über *j-m*. **14.** sich bemühen um *etwas* (*od.* to do zu tun), bedacht sein auf (*acc*): → **interest** 7.

stud·y|com·mis·sion s 'Studienkommissi on f. ~ **group** s Arbeitsgruppe f, -gemeinschaft f. ~ **hall** s Studien-, Lesesaal m, Arbeitsraum m. ~ **home** s *Am.* psychi'atrische Kinderklinik.

stuff [stʌf] **I** s **1.** Stoff m, Materi'al n, Masse f. **2.** ('Roh)Stoff m, (-)Materi al n. **3.** a) (Woll)Stoff m, Zeug n, Gewebe n, b) *Br.* (*bes.* Kamm)Wollstoff m. **4.** Zeug n, Sachen pl (*Gepäck, Ware etc*, *a.* Nahrungsmittel *etc*): **household** ~ Hausrat m, -gerät n; this is good ~ *colloq.* das ist was Gutes. **5.** *fig.* Zeug n, Stoff m: **dull** ~ fades Zeug; **he is (made) of sterner** ~ ist aus härterem Holz geschnitzt; **he has good** ~ **in him** in ihm steckt etwas; **the** ~ **that heroes are made of** das Zeug, aus dem die Helden gemacht sind; **good ~!** *colloq.* bravo!, prima!; **that's the** ~ **(to give them)!** so ist's richtig!, nur weiter so!; **he knows his** ~ er kennt sich aus; **do your** ~**!** *colloq.* ‚laß mal sehen!', ‚auf geht's!'; **he did his** ~ er tat s-e Arbeit; ~ **rough 6.** *fig.* (wertloses) Zeug, Plunder m, Kram m (*a. fig.*): **take that** ~ **away!** nimm das Zeug weg!; ~ **and nonsense!** dummes Zeug! **7.** a) *colloq.* ‚Zeug' n, ‚Stoff' m (*Schnaps etc*), b) *sl.* ‚Stoff' m (*Drogen*). **8.** *sl.* Getue n, ‚Sums' m: **grandstand** ~ Angeberei f. **9.** **the** ~ *colloq.* ‚das nötige Kleingeld'. **10.** Lederschmiere f. **11.** *tech.* Ganzzeug n, Pa'piermasse f. ~ **engine** Holländer m. **12.** *tech.* Bauholz n. **13.** *a.* **bit of** ~ *sl.* ‚Mieze' f.

II v/t **14.** (*a. fig.* sich den Kopf mit Tatsachen *etc*) vollstopfen, -pfropfen, (an)füllen: to ~ **o.s. (on)** sich (den Magen) mit *Essen* vollstopfen; to ~ **a pipe** e-e Pfeife stopfen; to ~ **s.o. (with lies)** *sl.* ‚j-m die Hucke vollügen'; → **throat** 1. **15.** *a.* ~ **up** stopfen: to ~ **a hole**; **my nose is** ~**ed up** m-e Nase ist verstopft *od.* zu. **16.** *ein Sofa etc* polstern. **17.** *a.* ~ **out** *fig. ein Buch etc* füllen, ‚ausstopfen', ‚garnieren' (with mit). **18.** über'füllen, 'laden: to ~ **a car with people**. **19.** j-n über'füttern. **20.** *Geflügel* a) stopfen: to ~ **a goose**, b) *gastr.* füllen, far'cieren. **21.** *Tiere* ausstopfen: **a** ~**ed owl**. **22.** *pol. Am.* die Wahlurne mit gefälschten Stimmzetteln füllen. **23.** etwas stopfen (**into** in *acc*). **24.** (zs.-)pressen, (-)stopfen. **25.** Leder mit Fett imprä'gnieren. **26.** *vulg.* e-e

stuffed shirt – stylishness

Frau ‚stopfen' (*schlafen mit*): **get ~ed! leck(t) mich (doch) am Arsch!**
III *v/i* **27.** sich (den Magen) vollstopfen.
stuffed shirt [stʌft] *s colloq.* **1.** ‚eingebildeter Fatzke', Wichtigtuer *m.* **2.** Spießer *m.*
stuff gown *s jur. Br.* 'Wolltaʃlar *m* e-s junior counsel. **2.** → junior counsel.
stuff·i·ness ['stʌfɪnɪs] *s* **1.** Dumpfheit *f,* Schwüle *f,* Stickigkeit *f.* **2.** Langweiligkeit *f.* **3.** *colloq.* a) Spießigkeit *f,* b) Pedante'rie *f,* c) Steifheit *f,* d) Verstaubtheit *f,* e) Prüde'rie *f.* **4.** *colloq.* ‚Muffigkeit' *f,* ‚Grantigkeit' *f.*
stuff·ing ['stʌfɪŋ] *s* **1.** Füllen *n,* (Aus-)Stopfen *n.* **2.** Füllung *f,* 'Füllmateri̯al *n.* **3.** 'Polstermateri̯al *n,* Füllhaar *n* (*für Sofas etc*): **to knock the ~ out of** a) *j-n* ‚zur Schnecke *od.* Minna machen', b) *j-n* ‚fix u. fertig machen', c) *j-n* (*gesundheitlich*) ‚kaputtmachen'. **4.** *gastr.* Füllsel *n,* (Fleisch)Füllung *f,* Farce *f.* **5.** Lederschmiere *f.* **6.** (*literarisches*) ‚Füllsel'. ~ **box** *s tech.* Stopfbüchse *f.*
stuff·y ['stʌfɪ] *adj* (*adv* **stuffily**) **1.** dumpf, schwül, muffig, stickig. **2.** langweilig, fad. **3.** *colloq.* a) spießig, b) pe'dantisch, c) steif, d) ‚verstaubt', ‚verknöchert', e) prüde, zimperlich. **4.** *colloq.* ‚muffig', ‚grantig'.
stul·ti·fi·ca·tion [stʌltɪfɪ'keɪʃn] *s* Verdummung *f.* **'stul·ti·fy** [-faɪ] *v/t* **1.** *j-n* als dumm 'hinstellen, *j-n,* etwas unglaubwürdig *od.* lächerlich erscheinen lassen. **2.** a) wirkungs- *od.* nutzlos machen, b) zu'nichte machen. **3. to ~ the mind** verdummen. **4.** *jur.* für unzurechnungsfähig erklären.
stum [stʌm] *s* **1.** ungegorener Traubensaft. **2.** Most *m.*
stum·ble ['stʌmbl] **I** *v/i* **1.** stolpern, straucheln (**at, over** über *acc*) (*a. fig.*): **to ~ in(to)** *fig.* in e-e Sache (hinein)stolpern *od.* (-)schlittern; **to ~ (up)on** (*od.* **across**) zufällig stoßen auf (*acc*). **2.** stolpern, taumeln, wanken. **3.** *fig.* a) e-n Fehltritt tun, straucheln, sündigen, b) e-n Fehler machen, ‚stolpern'. **4.** stottern, sich verhaspeln: **to ~ through a speech** e-e Rede herunterstottern. **5.** sich stoßen, Anstoß nehmen (**at an** *dat*). **II** *s* **6.** Stolpern *n,* Straucheln *n, fig. a.* Fehltritt *m.* **7.** Fehler *m.*
stum·bling block ['stʌmblɪŋ] *s* **1.** Hindernis *n,* Hemmschuh *m* (**to** für). **2.** Stolperstein *m.*
stu·mer ['stju:mə] *s Br. sl.* **1.** Fälschung *f, bes.* gefälschter *od.* ungedeckter Scheck. **2.** ‚Versager' *m.*
stump [stʌmp] **I** *s* **1.** (Baum-, Kerzen-, Zahn- *etc*)Stumpf *m,* Stummel *m,* (Baum-, Ast)Strunk *m:* **to buy timber in** (*od.* **at,** *Br.* **on**) **the ~** Holz auf dem Stamm kaufen; **amputation~** *med.* Amputationsstumpf; **~ foot** *med.* Klumpfuß *m;* **to be up a ~** *Am. sl.* ‚in der Klemme' sein *od.* sitzen *od.* stecken. **2.** *pl sl.* ‚Stelzen' *pl* (*Beine*): **to stir one's ~s** ‚Tempo machen'. **3.** Stampfen *n,* Stapfen *n.* **4.** *bes. Am.* a) 'Rednertri̯büne *f,* b) 'Wahlpropaˌganda *f:* **to go on** (*od.* **take**) **the ~** e-e Propagandareise machen, von Ort zu Ort reisen u. (Wahl)Reden halten. **5.** *Kricket:* Torstab *m:* **to draw (the) ~s** das Spiel beenden. **6.** *paint.* Wischer *m.*
II *v/t* **7.** *Am. colloq.* sich die Zehen etc anstoßen (**against** an *dat*). **8.** *colloq.* stampfen *od.* stapfen durch. **9.** *colloq.* verblüffen, ratlos machen: **a problem that ~ed me** (*od.* **had me ~ed**) ein Problem, mit dem ich einfach nicht fertig wurde; **he was ~ed** er war mit s-r Weisheit am Ende; **~ed for** verlegen um (*e-e Antwort etc*). **10.** *Am. colloq. j-n* her'ausfordern (**to do** zu tun). **11.** *bes. Am. colloq.* e-e Gegend *etc* als Wahlredner bereisen: **to ~ it** → **16. 12.** *a.* **~ out** *Kricket:* den Schläger ‚aus' machen. **13.** e-e Zeichnung (mit dem Wischer) abtönen. **14.** ~ **up** *Br. colloq.* ‚berappen', ‚blechen' (**for** für).
III *v/i* **15.** *colloq.* stampfen, stapfen. **16.** *Am. colloq.* Wahlreden halten. **17.** ~ **up** → **14.** **'stump·er** *s* **1.** *colloq.* ‚harte Nuß'. **2.** *Am. colloq.* a) Wahlredner *m,* b) poʹlitischer Agiʹtator. **3.** *Kricket:* Torwächter *m.*
stumpǀ **or·a·tor,** ~ **speak·er** → stumper 2. ~ **speech** *s Am.* Volks-, Wahlrede *f.*
'stump·y *adj* (*adv* **stumpily**) **1.** stumpfartig. **2.** *colloq.* unterʹsetzt, gedrungen. **3.** plump.
stun [stʌn] *v/t* **1.** betäuben. **2.** *fig.* betäuben: a) verblüffen, b) niederschmettern, c) überʹwältigen: **~ned** wie betäubt *od.* gelähmt, ganz verblüfft *od.* überwältigt.
stung [stʌŋ] *pret u. pp von* sting.
stun gre·nade *s mil.* 'Blendgraˌnate *f.*
stunk [stʌŋk] *pret u. pp von* stink.
stun·ner ['stʌnə(r)] *s colloq.* a) ‚toller Kerl', b) ‚tolle Frau', c) ‚tolle Sache'. **'stun·ning** *adj* (*adv* **~ly**) **1.** betäubend (*a. fig.* niederschmetternd). **2.** *colloq.* ‚toll', ‚phanʹtastisch'.
stun·sail, stun·s'l(e) ['stʌnsl] → studding sail.
stunt¹ [stʌnt] *v/t* **1.** (im Wachstum, in der Entwicklung *etc*) hemmen, hindern: **to ~ a child** (**industry,** *etc*): **to become ~ed** verkümmern. **2.** verkümmern lassen, verkrüppeln: **~ed** verkümmert, verkrüppelt.
stunt² [stʌnt] **I** *s* **1.** Kunststück *n,* Kraftakt *m.* **2.** Sensatiʹon *f:* a) Schaunummer *f,* b) Braʹvourstück *n,* c) Schlager *m.* **3.** *aer.* Flugkunststück *n:* **~s** Kunstflug *m.* **4.** (toller) (Reʹklame- *etc*)Trick, ‚Kunststückchen' *n.* **5.** ‚tolle Masche', ‚tolles Ding'. **II** *v/i* **6.** *bes. aer.* (Flug)Kunststücke machen, kunstfliegen. **7.** ‚tolle Stückchen' machen. **'stunt·er** *s* **1.** Akroʹbat(in). **2.** *aer.* Kunstflieger(in).
stunt fly·ing *s aer.* Kunstflug *m.*
stunt man *s irr Film:* Stuntman *m,* Double *n* (*für gefährliche Szenen*).
stu·pa ['stu:pə] *s arch.* Stupa *m* (*indische Pagode*).
stupe¹ [stju:p; *Am. a.* stu:p] *med.* **I** *s* heißer 'Umschlag *od.* Wickel. **II** *v/t j-m* heiße 'Umschläge machen, b) heiße 'Umschläge legen auf (*acc*).
stupe² [stju:p; stj-] *s Am.* blöder Kerl.
stu·pe·fa·cient [stju:pɪ'feɪʃnt; *Am.* ˌstu:-] *adj* betäubend, abstumpfend. **II** *s med.* Betäubungsmittel *n.* **ˌstu·peˈfac·tion** [-'fækʃn] *s* **1.** Betäubung *f,* Abstumpfung *f.* **2.** Abgestumpftheit *f.* **3.** Bestürzung *f,* Verblüffung *f.* **'stu·pe·fy** [-faɪ] *v/t* **1.** betäuben: **~ing drugs** *pl.* **2.** verdummen. **3.** abstumpfen. **4.** verblüffen, bestürzen.
stu·pen·dous [stjuː'pendəs; *Am. a.* stu:-] *adj* (*adv* **~ly**) **1.** erstaunlich. **2.** riesig, gewaltig, eʹnorm, ʹumwerfend.
stu·pid ['stjuːpɪd; *Am. a.* 'stu:-] **I** *adj* (*adv* **~ly**) **1.** dumm, stuʹpid. **2.** stumpfsinnig, fad, blöd', langweilig, stuʹpid. **3.** betäubt, benommen. **II** *s* **4.** Dummkopf *m.*
stu'pid·i·ty [stju:-; *Am. a.* stu:-] *s* **1.** Dummheit *f* (*a.* Handlung, Idee). **2.** Stumpfsinn *m.*
stu·por ['stju:pə(r); *Am. a.* 'stu:-] *s* **1.** Erstarrung *f,* Betäubung *f.* **2.** Eingeschlafensein *n* (*e-s Gliedes*). **3.** *med. psych.* Stupor *m:* a) Benommenheit *f:* **in a drunken ~** sinnlos betrunken, b) Stumpfsinn *m.* **'stu·por·ous** *adj* **1.** erstarrt, betäubt. **2.** *med.* stuporartig.

stur·died ['stɜ:dɪd; *Am.* 'stɜr-] *adj vet.* drehkrank (*Schaf etc*).
stur·di·ness ['stɜ:dɪnɪs; *Am.* 'stɜr-] *s* **1.** Roʹbustheit *f.* **2.** *fig.* Standhaftigkeit *f.*
stur·dy¹ ['stɜ:dɪ; *Am.* 'stɜr-] *adj* (*adv* **sturdily**) **1.** roʹbust, kräftig, staʹbil (*a. Material*). **2.** *fig.* standhaft, entschlossen.
stur·dy² ['stɜ:dɪ; *Am.* 'stɜr-] *s vet.* Drehkrankheit *f* (*der Schafe etc*).
stur·geon ['stɜ:dʒən; *Am.* 'stɜr-] *pl* **'stur·geons** [-z], *bes. collect.* **'stur·geon** *s ichth.* Stör *m.*
stut·ter ['stʌtə(r)] **I** *v/i* **1.** *med.* stottern (*a. Motor*). **2.** *fig.* keckern (*Maschinengewehr etc*). **II** *v/t* **2.** *a.* **~ out** stottern, stammeln. **III** *s* **4.** *med.* Stottern *n:* **to have a ~** stottern. **5.** Gestotter *n,* Gestammel *n.* **'stut·ter·er** *s med.* Stotterer *m,* Stotterin *f.* **'stut·ter·ing I** *adj* **1.** *med.* stotternd. **2.** stotternd, stammelnd. **II** *s* **3.** → stutter **III.**
sty¹ [staɪ] **I** *s* **1.** Schweinestall *m* (*a. fig.*). **2.** *fig.* a) Pfuhl *m,* b) Lasterhöhle *f.* **II** *v/t* **3.** Schweine in den Stall sperren.
sty², *a.* **stye** [staɪ] *s med.* Gerstenkorn *n.*
Styg·i·an ['stɪdʒɪən] *adj* **1.** stygisch. **2.** finster. **3.** höllisch.
style [staɪl] **I** *s* **1.** Stil *m,* Art *f,* Typ *m.* **2.** Stil *m,* Art *f u.* Weise *f,* Maʹnier *f:* **~ of singing** Gesangsstil *f;* **in the ~ of** in der Manier *od.* im Stil von (*od. gen*); **in superior ~** in überlegener Manier, souveʹrän; → **cramp²** 7. **3.** (guter) Stil: **in ~** stilvoll (→ 5, 6, 7). **4.** *sport* Stil *m,* Technik *f.* **5.** (Lebens)Stil *m,* Lebensart *f:* **in good ~** stil-, geschmackvoll; **in bad ~** stil-, geschmacklos; **to live in great ~** auf großem Fuße leben. **6.** vornehme Lebensart, Eleʹganz *f,* Stil *m:* **in ~** vornehm; **to put on ~** *Am. colloq.* vornehm tun. **7.** Mode *f,* Stil *m:* **the latest ~;** **in ~** modisch. **8.** (Mach)Art *f,* Ausführung *f,* Fasʹson *f,* Stil *m:* **in all sizes and ~s** in allen Größen u. Ausführungen. **9.** (liteʹrarischer) Stil: **commercial ~** Geschäftsstil *m;* **he has no ~** er hat keinen Stil. **10.** (Kunst-, Bau)Stil *m:* **to be in the ~ of** sich im Stil anlehnen an (*acc*); **in proper ~** stilecht. **11.** a) Titel *m,* Anrede *f,* (*a.* Berufs)Bezeichnung *f,* b) *econ. jur.* Firma *f,* (Firmen)Bezeichnung *f:* **under the ~ of** unter dem Namen ..., *econ.* unter der Firma ... **12.** a) *antiq.* Stilus *m,* (Schreib)Griffel *m,* b) (Schreib-, Ritz-)Stift *m,* c) Raʹdiernadel *f,* Stichel *m,* d) Nadel *f* (*e-s Plattenspielers*), e) Feder *f* (*e-s Dichters*). **13.** *med.* Sonde *f.* **14.** Zeiger *m* (*e-r Sonnenuhr*). **15.** Zeitrechnung *f,* Stil *m:* **Old (New) S~. 16.** *print.* (Schrift-)Stil *m u.* Orthograʹphie *f.* **17.** *bot.* Griffel *m.* **18.** *anat.* Griffelfortsatz *m.*
II *v/t* **19.** betiteln, anreden, (be)nennen, bezeichnen. **20.** a) (nach der neuesten Mode) entwerfen, (modisch) zuschneiden: **to ~ up** (im Stil *od.* Schnitt *etc*) verbessern, ‚aufpolieren', b) *econ. tech.* entwerfen, gestalten: **to ~ the car body,** c) *econ. Am. colloq.* in Mode bringen, (dem Käufer) schmackhaft machen. **'styl·er** *s* **1.** Modezeichner(in), -schöpfer(in). **2.** *tech.* (Form)Gestalter *m.*
sty·let ['staɪlɪt; *Am. a.* staʹlet] *s* **1.** Stiʹlett *n* (*kleiner Dolch*). **2.** (Graʹvier)Stichel *m.* **3.** *med.* a) (kleine) Sonde, Manʹdrin *m,* Sondenführer *m.* **4.** → style **18.**
sty·li ['staɪlaɪ] *pl von* stylus.
sty·li·form ['staɪlɪfɔ:(r)m] *adj bot. zo.* griffelförmig.
styl·ing ['staɪlɪŋ] *s* **1.** stiʹlistische Überʹarbeitung, Stiliʹsieren *n.* **2.** *econ. tech.* Styling *n,* (gefällige) Aufmachung, *bes. mot.* Formgebung *f.*
styl·ish ['staɪlɪʃ] *adj* (*adv* **~ly**) **1.** stilvoll. **2.** modisch, eleʹgant, flott, schnittig. **3.** *contp.* 'hypereleˌgant, ‚affig'. **'styl-**

ish·ness *s* 1. (*das*) Stilvolle. 2. (*das*) Modische, Ele'ganz *f*.
styl·ist ['staɪlɪst] *s* 1. Sti'list(in). 2. → styler. **sty'lis·tic I** *adj* (*adv* ~ally) sti-'listisch, Stil...: ~ **analysis**. **II** *s pl* (*meist als sg konstruiert*) Sti'listik *f*.
sty·lite ['staɪlaɪt] *s relig.* Sty'lit *m*, Säulenheilige(r) *m*.
styl·ize ['staɪlaɪz] *v/t* 1. *allg.* stili'sieren. 2. e-m Stil angleichen. 3. der Konventi'on unter'werfen.
sty·lo ['staɪləʊ] *pl* **-los** *s colloq. für* **stylograph**.
sty·lo·graph ['staɪləʊgrɑːf; *bes. Am.* -græf] *s* 1. (*Art*) Tintenkuli *m*. 2. Füll(feder)halter *m*. **sty·lo'graph·ic** [-'græfɪk] *adj* (*adv* ~ally) stylo'graphisch: ~ **pen** → **stylograph**.
sty·loid ['staɪlɔɪd] *anat.* **I** *adj* stylo'id, griffelförmig: ~ **process** → **II**. **II** *s* Griffelfortsatz *m*.
sty·lus ['staɪləs] *pl* **-li** [-laɪ], **-lus·es** *s* 1. ~ **style** 12 a, d, 14, 17, 18. 2. Ko'pierstift *m*. 3. Schreiber *m*, (Schreib)Stift *m* (*e-s Registriergeräts*).
sty·mie ['staɪmɪ] *s* 1. *Golf:* a) *Situation, wenn der gegnerische Ball zwischen dem Ball des Spielers u. dem Loch liegt, auf das er spielt,* b) *Lage des gegnerischen Balles wie in* a. **II** *v/t* 2. *Golf:* den Gegner (*durch die Lage des Balles von* 1 a) behindern. 3. *fig.* a) e-n Plan *etc* vereiteln, b) e-n Gegner matt setzen.
styp·tic ['stɪptɪk] *adj u. s pharm.* blutstillend(es Mittel): ~ **pencil** Alaunstift *m*.
sty·rax ['staɪəræks] → **storax** 2.
sty·rene ['staɪəriːn] *s chem.* Sty'rol *n*. ~ **res·in** *s* Polysty'rol *n*.
Styr·i·an ['stɪrɪən] **I** *adj* stei(e)risch, steiermärkisch. **II** *s* Steiermärker(in).
sty·ro·lene ['staɪrəliːn] → **styrene**.
Styx [stɪks] *npr myth.* Styx *m* (*Fluß der Unterwelt*): **to cross the** ~ sterben; (**as**) **black as** ~ schwarz wie die Nacht.
Sua·bi·an → **Swabian**.
su·a·ble ['sjuːəbl; *Am.* 'suː-] *adj jur.* 1. (ein)klagbar (*Sache*). 2. (*passiv*) pro'zeßfähig (*Person*).
sua·sion ['sweɪʒn] *s* 1. (moral ~ gütliches) Zureden. 2. Über'redung(sversuch *m*) *f*. **'sua·sive** [-sɪv] *adj* (*adv* ~ly) 1. über'redend, zuredend. 2. über'zeugend.
suave [swɑːv] *adj* (*adv* ~ly) 1. verbindlich, höflich, zu'vorkommend, sanft. 2. *contp.* ölig. 3. lieblich, mild (*Wein etc*). **'suaveness, 'suav·i·ty** *s* 1. Höflichkeit *f*, Verbindlichkeit *f*. 2. Lieblichkeit *f*, Milde *f*. 3. *pl* a) Höflichkeiten *pl*, Artigkeiten *pl*, b) Annehmlichkeiten *pl*.
sub¹ [sʌb] *colloq.* **I** *s* 1. *abbr. für* **subaltern II, subeditor, sublieutenant, submarine I, subordinate II, subscription I, substitute I, subway,** *etc*. 2. *bes. Br.* Vorschuß *m*. **II** *adj* 3. Aushilfs..., Not... **III** *v/i* 4. (**for**) einspringen (für), vertreten (*acc*). 5. *bes. Br.* sich e-n Vorschuß nehmen. **IV** *v/t* 6. *abbr. für* **subedit**.
sub² [sʌb] (*Lat.*) *prep* unter: ~ **finem** am Ende (*e-s zitierten Kapitels*); ~ **judice** (noch) anhängig, (noch) nicht entschieden (*Rechtsfall*); ~ **rosa** under dem Siegel der Verschwiegenheit, vertraulich; ~ **voce** unter dem angegebenen Wort (*in e-m Lexikon etc*).
sub- [sʌb] *Wortelement mit den Bedeutungen* a) unterhalb, Unter..., Grund..., Sub..., b) untergeordnet, Neben..., Sub..., Unter..., c) angrenzend, d) annähernd, e) *chem.* basisch, f) *math.* umgekehrt.
ˌ**sub'ac·e·tate** *s econ.* basisch essigsaures Salz.
ˌ**sub'ac·id** *adj* 1. säuerlich. 2. *fig.* etwas bissig (*Bemerkung etc*).

su·ba·dar → **subahdar**.
ˌ**sub'aer·i·al** *adj* 1. *bot.* unmittelbar an der Erdoberfläche wachsend *od.* gelegen. 2. *geol.* suba'erisch.
ˌ**sub'a·gen·cy** *s* 1. *econ.* 'Unteragenˌtur *f*. 2. *jur.* Nebenvollmacht *f*. ˌ**sub'a·gent** *s* 1. *econ.* a) 'Untervertreter *m*, b) 'Zwischenspediˌteur *m*. 2. *jur.* 'Unterbevollmächtigte(r *m*) *f*.
su·bah·dar [ˌsuːbəˈdɑː(r)] *s Br. Ind. hist.* 1. Vizekönig *m*, Statthalter *m* (*e-r Provinz*). 2. eingeborener Kompa'nieführer.
ˌ**sub'al·pine** *bot. zo.* **I** *adj* subal'pin(isch). **II** *s* a) subal'pines Tier, b) subal'pine Pflanze.
sub·al·tern [ˈsʌbltən; *Am.* səˈbɔːltərn] **I** *adj* 1. subal'tern (*a. Logik*), 'untergeordnet, Unter... 2. *mil. bes. Br.* Subaltern... **II** *s* 3. Subal'terne(r *m*) *f*, Unter'gebene(r *m*) *f*. 4. *mil. bes. Br.* Subal'ternoffiˌzier *m* (*bis einschließlich Oberleutnant*).
ˌ**sub'aq·ua** *adj* 1. Unterwasser...: ~ **swimming**. 2. (Sport)Taucher...: ~ **equipment**.
ˌ**sub·aˈquat·ic** *adj* Unterwasser..., *bot. zo. a.* suba'quatisch.
ˌ**sub'a·que·ous** *adj* Unterwasser...
'**sub·arch** *s arch.* Archi'volte *f*.
ˌ**sub'arc·tic** *adj geogr.* sub'arktisch.
'**sub**ˌ**a·re·a** *s* Teilgebiet *n* (*a. fig.*).
ˌ**sub·as'sem·bly** *s tech.* 'Teilmonˌtage *f*.
ˌ**sub'at·om** *s chem. phys.* Bestandteil *m* (e-s A'toms), subato'mares Teilchen.
ˌ**sub·a'tom·ic** *adj* subato'mar: ~ **particle**.
ˌ**sub'au·di·ble** *adj* 1. *phys.* unter der Hörbarkeitsgrenze. 2. kaum hörbar.
ˌ**sub'au·di·o** *adj electr.* 'infraaˌkustisch.
ˌ**sub'au'di·tion** *s* 1. a) Her'aushören *n*, b) Lesen *n* zwischen den Zeilen. 2. a) Impli'zieren *n*, b) (*das*) Impli'zierte.
'**sub**ˌ**base·ment** *s* Kellergeschoß *n*.
ˌ**sub'cal·i·ber**, *bes. Br.* ˌ**sub'cal·i·bre** *adj mil.* 1. Kleinkaliber... 2. Artillerie: Abkommkaliber...
ˌ**sub'car·bon·ate** *s chem.* basisches Karbo'nat.
ˌ**sub'cat·e·go·ry** *s* 'Untergruppe *f*.
ˌ**sub·cep'tion** [sʌbˈsepʃn] *s psych.* 'unterschwellige Wahrnehmung.
ˌ**sub'cir·cuit** *s electr.* Teilschaltung *f*.
'**sub**ˌ**claim** *s jur.* (*bes.* Pa'tent)ˌUnteranspruch *m*.
'**sub·class** *s biol. math. etc* 'Unterklasse *f*.
sub·cla·vi·an [ˌsʌbˈkleɪvjən; -ɪən] *anat.* **I** *adj* unter dem Schlüsselbein (gelegen). **II** *s* → subclavian artery, subclavian muscle. ~ **ar·ter·y** *s* 'Unterschlüsselbeinschlagader *f*. ~ **mus·cle** *s* Schlüsselbeinmuskel *m*.
'**sub·comˌmit·tee** *s* 'Unterausschuß *m*.
ˌ**sub'con·scious** *psych.* **I** *adj* (*adv* ~ly) 1. 'unterbewußt. 2. halbbewußt. **II** *s* 3. 'Unterbewußtsein *n*, (*das*) 'Unterbewußte. ˌ**sub'con·scious·ness** *s* 'Unterbewußtsein *n*.
ˌ**sub'con·ti·nent** *s* 'Subkontiˌnent *m*.
sub·con·tract I *s* [ˌsʌbˈkɒntrækt; *Am.* -ˈkɑn-] 1. Neben-, 'Unterˌvertrag *m*. **II** *v/t* [ˌsʌbkənˈtrækt; *Am.* -kənˌtr-] 2. als 'Subunterˌnehmer über'nehmen. 3. an (e-n) 'Subunterˌnehmer vergeben. ˌ**sub·conˈtrac·tor** *s* 'Subunterˌnehmer *m*, Zulieferer *m*.
ˌ**sub'con·tra·ry** *math. philos.* **I** *adj* subkon'trär. **II** *s* subkon'trärer Satz.
ˌ**sub'cos·tal** *adj anat.* subko'stal.
ˌ**sub'crit·i·cal** *adj electr. phys.* 'unterkritisch: ~ **mass**.
sub·cul·ture [-ˈk-; -ˈk-] *s* 1. *sociol.* 'Subkulˌtur *f*. 2. *Bakteriologie:* 'Nebenkulˌtur *f*.
ˌ**sub·cuˈta·ne·ous** *adj anat. zo.* subku'tan, unter der *od.* die Haut.

ˌ**sub'cu·tis** *s anat.* 'Unterhaut(zellgewebe *n*) *f*, Sub'kutis *f*.
ˌ**sub'dea·con** *s relig.* 'Subdiaˌkon *m*.
ˌ**sub'dean** *s relig.* 'Unterdeˌchant *m*.
sub·deb [ˈsʌbˌdeb; -ˈdeb] *colloq. für* **subdebutante**. ˌ**sub'deb·uˌtante** *s Am.* 1. noch nicht in die Gesellschaft eingeführtes junges Mädchen. 2. Teenager *m* (*Mädchen*).
ˌ**sub·de'riv·a·tive** *s ling.* von e-m De'riva'tiv abgeleitetes Wort.
ˌ**sub·diˈvide** *v/t* 1. (sich) unter'teilen *od.* aufgliedern. 2. *Am.* Land parzel'lieren. **'sub·diˌvi·sion** *s* 1. Unter'teilung *f*, Aufgliederung *f*. 2. 'Unterabˌteilung *f*. 3. *econ.* 'Unterfachgruppe *f*. 4. *Am.* a) Parzel'lierung *f*, b) Par'zelle *f*.
ˌ**sub'dom·i·nant** *mus.* **I** *s* 'Subdomiˌnante *f*. **II** *adj* 'subdomiˌnantisch.
sub·du·al [səbˈdjuːəl; *Am. a.* -ˈduːəl] *s* Unter'werfung *f*.
sub·due [səbˈdjuː; *Am. a.* -ˈduː] *v/t* 1. a) unter'werfen (**to** *dat*), unter'jochen, b) bezwingen, über'winden, -'wältigen. 2. *fig.* bändigen, zähmen. 3. *Farbe, Licht, Stimmen etc*, *a. fig. j-s Begeisterung, Stimmung etc* dämpfen. 4. *fig. j-m* e-n Dämpfer aufsetzen. 5. *agr.* Land urbar machen. **sub'dued** *adj* (*adv* ~ly) 1. unter'worfen, -'jocht. 2. gebändigt, gezähmt. 3. gedämpft (*a. fig.*): ~ **colo(u)rs** (light, spirits, voice, etc). **sub'du·er** *s* 1. Unter'werfer(in), -'jocher(in). 2. Bändiger(in).
ˌ**sub'ed·it** *v/t* redi'gieren. ˌ**sub'ed·i·tor** *s* Redak'teur(in).
su·ber [ˈsjuːbə; *Am.* ˈsuːbər] *s* 1. 'Kork(-subˌstanz *f*, -holz *n*) *m*. 2. Korkrinde *f*.
su·be·re·ous [sjuˈbɪərɪəs; -ˈber-; *Am.* suːˈbɪr-] *adj* 1. korkig, Kork... 2. korkartig. **su'ber·ic** [-ˈberɪk] *adj* Kork... **su·ber·in** [ˈsjuːbərɪn; *Am.* ˈsuː-] *s chem.* Sube'rin *n*, Korkstoff *m*. **'su·ber·ose** [-rəʊs], *a.* **'su·ber·ous** [-rəs] → subereous.
'**sub**ˌ**fam·i·ly** *s bes. zo.* 'Unterfaˌmilie *f*.
ˌ**sub'fe·brile** *adj med.* subfe'bril, fast fieb(e)rig.
sub·fusc [ˈsʌbfʌsk] *adj* 1. dunkel(farbig), düster. 2. *fig.* trist.
ˌ**sub'ge·ner·ic** *adj* (*adv* ~ally) e-e 'Untergattung betreffend. **sub'ge·nus** [ˈsʌbˌdʒiːnəs; ˌ-ˈdʒ-] *s irr bes. biol.* 'Untergattung *f*.
ˌ**sub'gla·cial** *adj geol.* 1. 'unterglaziˌal. 2. teilweise glazi'al.
'**sub·grade** *s* Straßenbau: Packlagenoberfläche *f*.
'**sub·group** *s biol. etc* 'Untergruppe *f*.
'**sub·head**, '**sub**ˌ**head·ing** *s* 1. *print.* 'Unter-, Zwischentitel *m*. 2. 'Unterabˌteilung *f* (*e-s Buches etc*).
ˌ**sub'hu·man** *adj* 1. halbtierisch, fast menschlich. 2. unmenschlich, menschenunwürdig.
sub·ja·cent [sʌbˈdʒeɪsənt] *adj* 1. dar'unterliegend. 2. tiefer gelegen. 3. Untergrund..., *fig.* zu'grundeliegend.
sub·ject [ˈsʌbdʒɪkt] **I** *s* 1. (*Gesprächs-etc*)Gegenstand *m*, Thema *n*, Stoff *m*: ~ **of conversation**; **a** ~ **for debate** ein Diskussionsthema; **to change the** ~ das Thema wechseln, von etwas anderem reden; **on the** ~ **of** über (*acc*), bezüglich (*gen*); **S~:** (*in Briefen*) Betrifft, *meist abbr.* Betr. 2. *ped. univ.* (Lehr-, Schul-, Studien)Fach *n*, Fachgebiet *n*: **the** ~ **of physics**. 3. Grund *m*, Anlaß *m* (**for complaint** zur Beschwerde). 4. Gegenstand *m*, Ob'jekt *n*: **the** ~ **of ridicule** der Gegenstand des Spottes. 5. *mus.* Thema *n*. **6.** *art* Vorwurf *m*, Sub'jekt *n*. 7. a) Untertan(in), b) Staatsbürger(in), -angehörige(r *m*) *f*: **he is a British** ~ er hat *od.* besitzt die britische Staatsangehörigkeit. 8. *ling.* Sub'jekt *n*, Satzgegen-

subject catalogue - subregional

stand *m*. **9.** *med. etc* a) (Ver¦suchs)Ob¦jekt *n*, b) Ver¦suchsper¦son *f od.* -tier *n*, c) Leichnam *m* (*für Sektionszwecke*), d) Pati¦ent(in). **10.** (*ohne art*) die betreffende Per¦son (*in Informationen*). **11.** *Logik:* Sub¦jekt(sbegriff *m*) *n*. **12.** *philos.* a) Sub¦stanz *f*, b) Sub¦jekt *n*, Ich *n*: ~ and object Subjekt u. Objekt, Ich u. Nicht-Ich. **II** *adj* **13.** ¦untertan, unter¦geben (to *dat*). **14.** abhängig (to von) (*Staat etc*). **15.** ausgesetzt (to *dat*): ~ to ridicule. **16.** (to) unter¦worfen, -¦liegend (*dat*), abhängig (von), vorbehaltlich (*gen*): ~ to approval (*od.* authorization) genehmigungspflichtig; ~ to consent vorbehaltlich Ihrer Zustimmung; ~ to duty zollpflichtig; ~ to change without notice Änderungen vorbehalten; ~ to being unsold, ~ to (prior) sale *econ.* freibleibend, Zwischenverkauf vorbehalten; ~ to the laws of nature den Naturgesetzen unterworfen. **17.** (to) neigend (zu), anfällig (für): ~ to headaches. **III** *v/t* [səbˈdʒekt] **18.** (to) unter¦werfen, -¦jochen, ¦untertan machen (*dat*), abhängig machen (von). **19.** *fig.* unter¦werfen, -¦ziehen, aussetzen (to *dat*): to ~ s.o. to a test j-n e-r Prüfung unterziehen; to ~ o.s. to ridicule sich dem Gespött aussetzen. **sub·ject¦ cat·a·logue** (*Am. a.* **cat·a·log**) *s* ¦Schlagwortkata¦log *m*. ~ **heading** *s* Ru¦brik *f* in e-m ¦Sache¦gister. ~ **in·dex** *s a. irr* ¦Sache¦gister *n*.

sub·jec·tion [səbˈdʒekʃn] *s* **1.** Unter¦werfung *f*, -¦jochung *f*. **2.** Unter¦worfensein *n*. **3.** Abhängigkeit *f* (to von): to be in ~ to s.o. von j-m abhängig sein.

sub·jec·tive [səbˈdʒektɪv] **I** *adj* (*adv* ~ly) **1.** *allg., a. med. philos. psych.* subjek¦tiv. **2.** *ling.* Subjekts..., des Sub¦jekts: ~ case → **3.** **II** *s* **3.** *ling.* Nominativ *m*. **sub¦jec·tive·ness** *s* Subjektivi¦tät *f*. **sub¦jec·tiv·ism** *s bes. philos.* Subjekti¦vismus *m*. **sub·jec·tiv·i·ty** [ˌsʌbdʒekˈtɪvətɪ] *s* Subjektivi¦tät *f*.

sub·ject¦ mat·ter *s* **1.** Gegenstand *m* (*e-r Abhandlung etc, jur. e-r Klage etc*). **2.** Stoff *m*, Inhalt *m* (*Ggs. Form*). **~·¦ob·ject** *s philos.* subjek¦tives Ob¦jekt (*der Erkenntnis*). ~ **ref·er·ence** *s* Sachverweis *m*.

¦sub¦join *v/t* **1.** hin¦zufügen. **2.** beilegen, -fügen.

sub·ju·gate [ˈsʌbdʒuɡeɪt; *Am.* -dʒə-g-] *v/t* **1.** unter¦jochen, -¦werfen (to *dat*). **2.** *bes. fig.* bezwingen, bändigen, zähmen. ¦sub·juˈga·tion *s* Unter¦werfung *f*, -¦jochung *f*. ˈsub·ju·ga·tor [-tə(r)] *s* Unter¦jocher(in).

sub·junc·tive [səbˈdʒʌŋktɪv] *ling.* **I** *adj* **1.** konjunktivisch. **II** *s* **2.** *a.* ~ mood Konjunktiv *m*. **3.** Konjunktivform *f*.

sub·late [sʌbˈleɪt] *v/t* (*Logik*) **1.** verneinen, leugnen. **2.** (*dat*) wider¦sprechen. **3.** aufheben.

¦sub¦lease **I** *s* ¦Untermiete *f*, -pacht *f*, -vermietung *f*, -verpachtung *f*. **II** *v/t* ¦unter-, weitervermieten, -verpachten (to s.o. an j-n). ¦sub¦les¦see *s* ¦Untermieter(in), -pächter(in). ¦sub¦les¦sor *s* ¦Untervermieter(in), -verpächter(in).

¦sub¦let *v/t u. v/i irr* ¦unter-, weitervermieten.

¦sub·lieuˈten·ant *s mar. mil. Br.* Oberleutnant *m* zur See: acting ~ Leutnant *m* zur See.

sub·li·mate I *v/t* [ˈsʌblɪmeɪt] **1.** *chem.* subli¦mieren. **2.** *fig.* subli¦mieren (*a. psych.*), veredeln, -geistigen, läutern. **II** *s* [-mət; -meɪt] **3.** *chem.* Subli¦mat *n*. **III** *adj* [-mət; -meɪt] **4.** subli¦miert. ¦sub·liˈma·tion *s* **1.** *chem.* Sublimati¦on *f*. **2.** *fig.* Subli¦mierung *f* (*a. psych.*), Veredelung *f*, -geistigung *f*, Läuterung *f*.

sub·lime [səˈblaɪm] **I** *adj* (*adv* ~ly) **1.** erhaben, hehr, subˈlim: ~ language gehobene Sprache; ~ truths hehre Wahrheiten. **2.** erhebend, großartig, grandi¦os, gewaltig: ~ scenery. **3.** *colloq.* großartig, wunderbar: a ~ husband. **4.** *iro.* a) großartig: ~ ignorance, b) kom¦plett: a ~ idiot, c) kraß: ~ indifference. **II** *s* **5.** the ~ das Erhabene. **6.** *fig.* Gipfel *m*: the ~ of folly. **III** *v/t* **7.** subli¦mieren: ~d sulfur (*bes. Br.* sulphur) Schwefelblüte *f*, -blumen *pl*. **IV** *v/i* **8.** *chem.* subli¦mieren. **9.** *phys.* sich verflüchtigen. **10.** *fig.* sich veredeln *od.* läutern. **Subˈlime Porte** [pɔː(r)t; *Am. a.* pəʊərt] *s pol. hist.* (Hohe) Pforte (*Hof od. Regierung des osmanischen Reichs*).

sub·lim·i·nal [ˌsʌbˈlɪmɪnl; səb-] *adj med. psych.* **1.** ¦unterbewußt: ~ self (*das*) Unterbewußte. **2.** ¦unterschwellig: ~ advertising (perception, stimulus, *etc*).

subˈlim·i·ty [səˈblɪmətɪ] *s* **1.** Erhabenheit *f*. **2.** Großartigkeit *f*. **3.** Gipfel *m*.

¦subˈlin·gual *anat.* **I** *adj* unter der Zunge (gelegen), sublingu¦al: ~ gland. **II** *s* sublingu¦ale Drüse *etc*.

¦subˈlit·er·a·ture *s* **1.** drittrangige *od.* trivi¦ale Litera¦tur. **2.** vervielfältigte Schriftstücke *pl* für in¦ternen Gebrauch. ¦subˈlit·to·ral *adj* **1.** tiefer als die Küste (gelegen). **2.** nahe der Küste (gelegen *od.* lebend).

¦subˈlu·nar·y, *a.* ¦subˈlu·nar *adj* sublu¦nar(isch): a) unter dem Mond (befindlich), b) *fig.* irdisch.

¦subˈma¦chine gun *s mil.* Ma¦schinenpi¦stole *f*.

sub·man [ˈsʌbmæn] *s irr* **1.** bru¦taler Kerl. **2.** Idi¦ot *m*.

¦subˈmar·gin·al *adj bot. zo.* fast am Rand (befindlich). **2.** *econ.* nicht mehr ren¦tabel.

¦subˈma·rine **I** *s* **1.** *mar. mil.* ¦Unterseeboot *n*, U-Boot *n*. **2.** (*etwas*) ¦Unterseeisches, *bes.* a) *bot.* Unter¦wasserpflanze *f*, b) *zo.* Seetier *n*. **II** *adj* **3.** ¦unterseeisch, Unter...¦, subma¦rin: ~ cable (Tief-, Unter)Seekabel *n*. **4.** *mar. mil.* Unterseeboot..., U-Boot-...: ~ warfare; ~ chaser U-Boot-Jäger *m*; ~ pen Unterseebootbunker *m*. **III** *v/t* **5.** *mar. mil.* mit e-m U-Boot *od.* U-Booten angreifen. ¦subˈmar·i·ner *s mar. mil.* Besatzungsmitglied *n* e-s U-Boots. ˈsub·maˈrin·ing *s* U-Bootkrieg *m*.

sub·max·il·lar·y [ˌsʌbˈmæksɪlərɪ; *Am.* sʌbˈmæksəˌlerɪ] *anat.* **I** *adj* submaxil¦lar: ~ gland Unterkieferdrüse *f*. **II** *s* ¦Unterkieferar¦terie *f*, -knochen *m etc*.

¦subˈme·di·ant *s mus.* sechste Stufe (*der Tonleiter*).

sub·merge [səbˈmɜːdʒ; *Am.* -ˈmɜːrdʒ] **I** *v/t* **1.** ein-, ¦untertauchen, versenken. **2.** über¦schwemmen, unter Wasser setzen. **3.** *fig.* a) unter¦drücken, verschütten, b) über¦tönen. **II** *v/i* **4.** ¦untertauchen, -sinken. **5.** *mar.* tauchen (*U-Boot*). **subˈmerged** *adj* **1.** ¦untergetaucht. **2.** *mar. mil.* Angriff *etc* unter Wasser. **3.** über¦schwemmt. **4.** *fig.* unter¦drückt, verschüttet. **5.** *bot.* ~ submersed **2. 6.** *fig.* verelendet, verarmt: the ~ tenth das verelendete Zehntel (*der Bevölkerung*). **subˈmerˈgence** *s* **1.** Ein-, ¦Untertauchen *n*, Versenken *n*. **2.** Über¦schwemmung *f*.

sub·mersed [səbˈmɜːst; *Am.* -ˈmɜːrst] *adj* **1.** → submerged 1-3. **2.** *bes. bot.* Unterwasser...: ~ plants. **subˈmers·i·ble I** *adj* **1.** versenkbar, ¦untertauchbar. **2.** *mar.* a) tauchfähig (*U-Boot etc*), b) Untersee..., Tauch... **II** *s* **3.** *mar. mil.* ¦Unterseeˌ Tauchboot *n*. **subˈmer·sion** [-ʃn; *Am.* *bes.* -ʒn] → submergence.

¦subˈmi·cron *s chem. phys.* Submi¦kron *n* (*nur im Ultramikroskop sichtbares Teilchen*). ¦sub·mi·croˈscop·ic *adj chem. phys.* submikroˈskopisch.

subˈmis·sion [səbˈmɪʃn] *s* **1.** (to) Unter¦werfung *f* (unter *acc*), Ergebenheit *f* (in *acc*). **2.** Unter¦würfigkeit *f*: with all due ~ mit allem schuldigen Respekt. **3.** *bes. jur.* Vorlage *f* (*e-s Dokuments etc*), Unter¦breitung *f* (*e-r Frage etc*). **4.** *jur.* a) Sachvorlage *f*, Behauptung *f*, b) Kompro¦miß *m, n*, Schiedsvertrag *m*. **subˈmis·sive** [-sɪv] *adj* (*adv* ~ly) **1.** ergeben, gehorsam. **2.** unter¦würfig. **subˈmis·sive·ness** *s* **1.** Ergebenheit *f*. **2.** Unter¦würfigkeit *f*.

subˈmit [səbˈmɪt] **I** *v/t* **1.** *j-n od. etwas* unter¦werfen, -¦ziehen, aussetzen (to *dat*): to ~ o.s. (to) → **4. 2.** *bes. jur.* unter¦breiten, vortragen, -legen (to *dat*). **3.** *bes. jur.* a) beantragen, b) behaupten, zu bedenken geben, *bes. parl.* ergebenst bemerken. **II** *v/i* **4.** (to) gehorchen (*dat*), sich fügen (*dat od.* in *acc*), sich *j-m, e-m Urteil etc* unter¦werfen, sich *e-r Operation etc* unter¦ziehen. **subˈmit·tal** → submission 1 *u.* 3.

¦subˈmon·tane *adj* am Fuße e-s Berges *od.* Gebirges (gelegen), vorgelagert.

¦subˈmul·ti·ple *math.* **I** *adj* (in e-r Zahl ohne Rest) mehrmals enthalten. **II** *s* höhere (*als zweite*) Wurzel, in e-r Zahl enthaltener Faktor.

¦subˈnar¦cot·ic *adj med.* leicht nar¦kotisch *od.* betäubend.

¦subˈnor·mal **I** *adj* **1.** ¦unter¦durchschnittlich (*Begabung, Temperatur etc*), minderbegabt (*Person*). **2.** *math.* subnor¦mal. **II** *s* **3.** Minderbegabte(r *m*) *f*. **4.** *math.* Subnor¦male *f*.

ˈsub·orˈder *s biol.* ¦Unterordnung *f*. ¦subˈor·di·nar·y *s her.* ¦untergeordnetes Wappenbild.

sub·or·di·nate [səˈbɔː(r)dnət] **I** *adj* (*adv* ~ly) **1.** ¦untergeordnet (to *dat*): a) unter¦stellt (to *dat*), Unter...: ~ position untergeordnete Stellung, b) nebensächlich, zweitrangig, Neben...: to be ~ to s.th. e-r Sache an Bedeutung nachstehen. **2.** *ling.* abhängig, Neben...: ~ clause. **3.** *obs.* unter¦würfig. **II** *s* **4.** Unter¦gebene(r *m*) *f*. **5.** (*etwas*) Nebensächliches, *ling.* Untergeordnetes. **III** *v/t* [-dɪneɪt] **6.** *a. ling.* ¦unterordnen (to *dat*). **7.** zu¦rückstellen (to hinter *acc*). **sub·or·diˈna·tion** [-dɪˈneɪʃn] *s* **1.** ¦Unterordnung *f* (to unter *acc*). **2.** *obs.* Unter¦würfigkeit *f*. **subˈor·di·na·tive** [-dɪnətɪv; *Am.* -dnˌeɪtɪv] *adj* **1.** *bes. ling.* ¦unterordnend. **2.** Unterord¦nungs...

sub·orn [sʌˈbɔː(r)n; sə-] *v/t jur. j-n* (*bes.* zum Meineid) anstiften: to ~ s.o. to commit perjury; to ~ witnesses Zeugen bestechen. **sub·orˈna·tion** [ˌsʌbɔː(r)ˈneɪʃn] *s jur.* Anstiftung *f*, Verleitung *f* (*of* zum *Meineid, zu falscher Zeugenaussage*), Zeugenbestechung *f*: ~ of perjury; ~ of witnesses. **subˈorn·er** *s bes. jur.* Anstifter(in) (of perjury zum Meineid).

¦sub·ox·iˈda·tion *s chem.* unvollständige Oxydati¦on. ¦subˈox·ide *s chem.* Oxy¦dul *n*.

sub·pe·na *bes. Am.* für subpoena.

ˈsub·plot *s* Nebenhandlung *f*.

sub·poe·na [səbˈpiːnə; *bes. Am.* səˈp-] *jur.* **I** *s* (Vor)Ladung *f* (unter Strafandrohung). **II** *v/t* (unter Strafandrohung) vorladen.

¦subˈpo·lar *adj* **1.** *geogr.* subpo¦lar. **2.** *astr.* unter dem Himmelspol (gelegen).

¦subˈpro·gram(me) *s Computer:* ¦Unterpro¦gramm *n*.

ˈsub·re·gion *s* **1.** *bot. geogr. zo.* ¦Subregi¦on *f*, ¦Untergebiet *n*. **2.** *math.* Teilbereich *m*. ¦subˈre·gion·al *adj* ¦subregio¦nal.

sub·rep·tion [səbˈrepʃn] *s* **1.** *bes. jur.* Erschleichung *f.* **2.** (arglistig herˈbeigeführter) Irrtum.

sub·ro·gate [ˈsʌbrəʊgeɪt] *v/t jur. j-n* einsetzen (**for** s.o. an j-s Stelle; **to the rights of** s.o. in j-s Rechte). ˌ**sub·roˈga·tion** *s jur.* ˈForderungsˌübergang *m* (kraft Gesetzes): ~ **of a creditor** Ersetzung *f* e-s Gläubigers durch e-n anderen; ~ **of rights** Rechtseintritt *m.*

ˈ**sub·rouˌtine** *s Computer:* ˈSubrouˌtine *f,* ˈUnterproˌgramm *n.*

ˌ**subˈscap·u·lar** *adj anat.* subskapuˈlar, unter dem Schulterblatt (gelegen).

sub·scribe [səbˈskraɪb] **I** *v/t* **1.** unterˈzeichnen, -ˈschreiben, (ˈunterschriftlich) anerkennen: **to** ~ **a contract. 2.** *etwas* mit (*s-m Namen etc*) (unter)ˈzeichnen. **3.** e-n Geldbetrag zeichnen (**for shares** für Aktien; **to a fund** für e-n Fonds). **4.** *allg.* beisteuern, spenden. **II** *v/i* **5.** e-n Geldbetrag zeichnen (**for, to** für). **6.** vorbestellen, abonˈnieren (**for, to** *acc*): **he** ~**d for the book** (**to a magazine**). **7.** Geld beisteuern, spenden. **8.** unterˈschreiben, -ˈzeichnen (**to** *acc*). **9.** ~ **to** *fig.* (*etwas*) unterˈschreiben, billigen, gutheißen, beipflichten (*dat*). **subˈscrib·er** *s* **1.** Unterˈzeichner(in), -ˈzeichnete(r *m*) *f* (**to** *gen*). **2.** Beˈfürworter(in) (**to** *gen*). **3.** a) Subskriˈbent(in), Abonˈnent(in), b) *teleph.* Teilnehmer(in): ~ **trunk dialling** *Br.* Selbstwählfernverkehr *m.* **4.** Zeichner (-in), Spender(in) (**to** *e-s Geldbetrages*).

sub·script [ˈsʌbskrɪpt] **I** *adj* **1.** darˈuntergeschrieben. **II** *s* **2.** *chem. math.* tiefgestellter Index, Tiefzahl *f.* **3.** (*etwas*) Darˈuntergeschriebenes. **sub·scription** [səbˈskrɪpʃn] **I** *s* **1.** (**to**) Beitrag *m* (zu, für), Spende *f* (für), (gezeichneter) Betrag. **2.** *Br.* Mitgliedsbeitrag *m.* **3.** (*teleph.* Grund)Gebühr *f* (**to** für). **4.** (**to**) Abonneˈment *n,* Vorbestellung *f,* Subskriptiˈon *f* (*gen*), Bezugsrecht *n* (auf *acc*): **by** ~ im Abonnement; **to take out a** ~ **to** *e-e Zeitung etc* abonnieren. **5.** Subskripˈtionssumme *f,* Fonds *m.* **6.** a) Unterˈzeichnung *f,* b) ˈUnterschrift *f.* **7.** (**to**) (ˈunterschriftliche) Einwilligung (in *acc*) *od.* Zustimmung (zu). **8.** *econ.* Zeichnung *f:* ~ **of a sum** (**of a loan**, *etc*); ~ **for shares** Aktienzeichnung; **open for** ~ zur Zeichnung aufgelegt; **to invite** ~**s for a loan** e-e Anleihe (zur Zeichnung) auflegen. **II** *adj* **9.** Subskriptions..., Abonnements..., *econ.* Zeichnungs...: ~ **edition** Subskriptionsausgabe *f;* ~ **library** beitragspflichtige Leihbibliothek; ~ **list** a) *econ.* Subskriptionsliste *f,* b) (*Zeitung*) Zeichnungsliste *f;* ~ **price** Bezugspreis *m.*

ˈ**subˌsec·tion** *s* ˈUnterabˌteilung *f,* -abschnitt *m.*

sub·sel·li·um [sʌbˈseliəm] *pl* -**li·a** [-ə] (*Lat.*) *s* **1.** (niedrige) (Kirchen)Bank. **2.** → misericord(e).

ˌ**subˈsen·si·ble** *adj* mit den Sinnen nicht mehr wahrnehmbar.

sub·se·quence [ˈsʌbsɪkwəns] *s* **1.** späteres Eintreten. **2.** (*das*) Nachfolgende. **3.** Folge(erscheinung) *f.* **4.** [ˌsʌbˈsiːkwəns] *math.* Teilfolge *f.* ˈ**sub·se·quent** *adj* (nach)folgend, nachträglich, später, Nach...: ~ **charges** nachträglich entstehende *od.* entstandene Kosten; ~ **events** spätere *od.* nachfolgende Ereignisse; ~ **treatment** Nachbehandlung *f;* ~ **to** a) später als, b) nach, im Anschluß an (*acc*), folgend (*dat*); ~ **upon** a) infolge (*gen*), b) (*nachgestellt*) (daraus) entstehend *od.* entstanden, (daraufhin) erfolgend. ˈ**sub·se·quent·ly** *adv* **1.** ˈhinterher, nachher. **2.** anschließend, in der Folge. **3.** später.

sub·serve [səbˈsɜːv; *Am.* -ˈsɜːrv] *v/t* dienlich *od.* förderlich sein (*dat*). **subˈservi·ence** [-vjəns; -vɪəns] *s* **1.** Unterˈwürfigkeit *f* (**to** gegenˈüber). **2.** Dienlichkeit *f,* Nützlichkeit *f* (**to** für). **3.** Abhängigkeit *f* (**to** von). **subˈser·vi·ent** *adj* (*adv* ~**ly**) **1.** dienstbar, ˈuntergeordnet (**to** *dat*). **2.** unterˈwürfig (**to** gegenˈüber). **3.** dienlich, förderlich (**to** *dat*).

sub·side [səbˈsaɪd] *v/i* **1.** sich senken: a) sinken (*Flut etc*), b) (ein)sinken, absacken (*Boden etc*), sich setzen (*Haus etc*). **2.** *chem.* sich (ab)setzen, sich niederschlagen. **3.** *fig.* abklingen, abflauen, nachlassen, sich legen: **the storm** (**fever**, *etc*) ~**d**; **to** ~ **into** *in etwas* verfallen. **4.** *colloq.* sich fallen lassen, sinken: **he** ~**d into a chair.**

sub·sid·ence [səbˈsaɪdns, ˈsʌbsɪ-] *s* **1.** (Erd)Senkung *f,* Absinken *n.* **2.** *fig.* Nachlassen *n,* Abflauen *n.* **3.** *chem.* (Boden)Satz *m.*

sub·sid·i·ar·y [səbˈsɪdjərɪ; *Am.* -dɪˌerɪ] **I** *adj* **1.** Hilfs..., Unterˈstützungs...: ~ **treaty** Subsidienvertrag *m;* **to be** ~ **to** ergänzen, unterstützen (*acc*). **2.** ˈuntergeordnet (**to** *dat*), Neben...: ~ **character** *thea.* Nebenfigur *f;* ~ **company** → 4; ~ **rights** *jur.* Nebenrechte (*aus e-m Vertrag*); ~ **stream** Nebenfluß *m;* ~ **subject** Nebenfach *n.* **II** *s* **3.** *oft pl* Beistand *m,* Hilfe *f,* Stütze *f.* **4.** *econ.* Tochter(gesellschaft) *f.*

sub·si·di·za·tion [ˌsʌbsɪdaɪˈzeɪʃn; *Am.* -dəˈz-] *s* Subventioˈnierung *f.* ˈ**sub·siˌdize** [-daɪz] *v/t* **1.** subventioˈnieren, e-n Zuschuß *od.* Zuschüsse gewähren (*dat*). **2.** *j-n* durch Hilfsgelder verpflichten, *Truppen* unterˈhalten. ˈ**sub·si·dy** [-dɪ] *s* **1.** Beihilfe *f* (aus öffentlichen Mitteln), Subventiˈon *f,* *oft pl pol.* Subˈsidien *pl,* Hilfsgelder *pl.* **2.** (geldliche) Unterˈstützung. **4.** *Br. hist.* parlamenˈtarische Zuwendung (*aus Steuergeldern*) an die Krone.

sub·sist [səbˈsɪst] **I** *v/i* **1.** exiˈstieren, beˈstehen. **2.** weiterbestehen, fortdauern, bleiben. **3.** sich ernähren *od.* erhalten, leben (**on, upon** von; **by** durch). **4.** *philos.* a) (selbständig) bestehen, b) denkbar sein. **II** *v/t* **5.** *j-n* ernähren, erhalten, unterˈhalten. **subˈsist·ence** *s* **1.** Bestehen *n,* Dasein *n,* Exiˈstenz *f.* **2.** Auskommen *n,* (ˈLebens)ˌUnterhalt *m,* Exiˈstenz(möglichkeit) *f:* ~ **farming** (*of agriculture*) Ackerbau *m* ausschließlich für den Eigenbedarf; ~ **level** Existenzminimum *n;* ~ **theory** *econ.* Existenzminimum-Theorie *f.* **3.** *bes. mil.* Versorgung *f,* Verpflegung *f.* **4.** *a.* ~ **money** (*od.* **allowance**) a) (Lohn)Vorschuß *m,* b) Trennungszulage *f,* c) ˈUnterhaltsbeihilfe *f,* -zuschuß *m.* **5.** *philos.* a) Wesen *n,* b) Subsiˈstenz *f.* **6.** Innewohnen *n.*

ˈ**sub·soil** *s* ˈUntergrund *m.*

ˌ**subˈso·lar** *adj* **1.** unter der Sonne (befindlich). **2.** *geogr.* tropisch.

ˌ**subˈson·ic** *aer. phys.* **I** *adj* **1.** Unterschall...: ~ **aircraft** → II; **at** ~ **speed** mit Unterschallgeschwindigkeit. **II** *s* **2.** ˈUnterschallflugzeug *n.* **3.** ˈUnterschallflug *m.*

ˈ**subˌspe·cies** *s irr biol.* ˈUnterart *f,* Subˈspezies *f.* ˌ**sub·speˈcif·ic** *adj* zu e-r ˈUnterart gehörig.

ˌ**subˈspher·i·cal** *adj* fast rund.

sub·stance [ˈsʌbstəns] *s* **1.** Subˈstanz *f,* Maˈterie *f,* Stoff *m,* Masse *f.* **2.** *fig.* Subˈstanz *f* (*Wesen n,* *b*) (*das*) Wesentliche, wesentlicher Inhalt *od.* Bestandteil, Kern *m,* c) Gehalt *m:* **this essay lacks** ~; **in** ~ im wesentlichen; **arguments of little** ~ wenig stichhaltige Argumente. **3.** *philos.* a) Subˈstanz *f,* b) Wesen *n,* Ding *n.* **4.** Gegenständlichkeit *f,* Wirklichkeit *f.* **5.** Vermögen *n,* Kapiˈtal *n:* **a man of** ~ ein vermögender Mann. **6.** *Christian Science:* Gott *m.*

ˌ**subˈstand·ard** *adj* **1.** unter der (gültigen) Norm; ~ **goods** Ausschußware *f;* ~ **film** Schmalfilm *m;* ~ **risk** (*Versicherung*) anomales Risiko. **2.** *ling.* nicht hoch- *od.* schriftsprachlich, ˈumgangssprachlich.

sub·stan·tial [səbˈstænʃl] *adj* (*adv* → **substantially**) **1.** materiˈell, stofflich, wirklich (vorˈhanden), greifbar. **2.** nahrhaft, kräftig, gehaltvoll: **a** ~ **meal. 3.** fest, kräftig: ~ **cloth. 4.** beträchtlich, wesentlich: ~ **difference** (**progress**, *etc*); ~ **reasons** gewichtige Gründe; **a** ~ **sum** e-e namhafte *od.* stattliche Summe. **5.** wesentlich: **in** ~ **agreement** im wesentlichen übereinstimmend; **a** ~ **victory** im großen u. ganzen ein Sieg. **6.** gediegen, zuverlässig. **7.** stichhaltig, funˈdiert: ~ **arguments** (**evidence**, *etc*). **8.** vermögend, kapiˈtalkräftig: ~ **traders. 9.** *bes. philos.* substantiˈell, wesentlich. **subˌstan·tiˈal·i·ty** [-ʃɪˈælətɪ] *s* **1.** Wirklichkeit *f,* Stofflichkeit *f,* Greifbarkeit *f.* **2.** a) Nahrhaftigkeit *f,* b) *collect.* nahrhafte Dinge *pl.* **3.** Festigkeit *f.* **4.** Gewichtigkeit *f.* **5.** Gediegenheit *f.* **6.** Stichhaltigkeit *f.* **7.** *philos.* Substantialiˈtät *f.* **subˈstan·tial·ize** [-ʃəlaɪz] **I** *v/t* **1.** verkörpern. **2.** → **substantiate 2.** **II** *v/i* **3.** Subˈstanz gewinnen, sich verstofflichen. **4.** sich verwirklichen. **subˈstan·tial·ly** *adv* **1.** dem Wesen nach. **2.** im wesentlichen. **3.** beträchtlich, wesentlich, in hohem Maße, weitgehend. **subˈstan·ti·ate** [-ʃɪeɪt] *v/t* **1.** a) begründen, b) beweisen, erhärten, *jur. a.* glaubhaft machen. **2.** Gestalt *od.* Wirklichkeit verleihen (*dat*), konkretiˈsieren. **3.** stärken, festigen. **subˌstan·tiˈa·tion** *s* **1.** a) Begründung *f,* b) Erhärtung *f,* Beweis *m,* *jur. a.* Glaubhaftmachung *f:* **in** ~ **of** zur Erhärtung *od.* zum Beweis von (*od. gen*). **2.** Verwirklichung *f,* Konkretiˈsierung *f.*

sub·stan·ti·val [ˌsʌbstənˈtaɪvl] *adj* (*adv* ~**ly**) *ling.* substantivisch, Substantiv... ˈ**sub·stan·tive** [-tɪv] **I** *s* **1.** *ling.* a) Subˈstantiv *n,* Hauptwort *n,* b) substantivisch gebrauchte Form. **II** *adj* (*bes. Br.* (*außer* 2.) subˈstæn-] (*adv* ~**ly**) **2.** *ling.* a) substantivisch (gebraucht), b) das Sein ausdrückend: ~ **verb. 3.** selbständig, unabhängig. **4.** wesentlich. **5.** wirklich, reˈal. **6.** fest: ~ **rank** *mil.* Dienstgrad *m* mit Patent. **7.** *jur.* materiˈell: ~ **law. 8.** ~ **dye** *tech.* substantiver Farbstoff.

ˈ**subˌsta·tion** *s* **1.** Neben-, Außenstelle *f.* **2.** *electr.* ˈUnterwerk *n.* **3.** *teleph.* (Teilnehmer)Sprechstelle *f.*

sub·stit·u·ent [sʌbˈstɪtjʊənt; səb-; *Am.* -tʃəwənt] *s chem.* Substituˈent *m.*

sub·sti·tute [ˈsʌbstɪtjuːt; *Am. a.* -ˌtuːt] **I** *s* **1.** a) Ersatz(mann) *m,* (Stell)Vertreter(in): **to act as a** ~ Stellvertreter sein, b) *sport* Auswechselspieler *m:* ~**s' bench** Auswechselbank *f.* **2.** Ersatz(stoff *m,* -mittel *n*) *m,* Surroˈgat *n.* **3.** *ling.* Ersatzwort *n.* **4.** *mil. hist.* Ersatzmann *m.* **II** *adj* **5.** Ersatz...: ~ **driver;** ~ **food;** ~ **material** *tech.* Austausch(werk)stoff *m;* ~ **power of attorney** *jur.* Untervollmacht *f.* **III** *v/t* **6.** (**for**) einsetzen (für, anˈstelle von), an die Stelle setzen (von *od. gen*), *bes. chem. math. etc* substituˈieren (für). **7.** *j-n* ersetzen, an j-s Stelle treten. **8.** **to** ~ **A for B** B durch A ersetzen, B gegen A austauschen *od.* auswechseln (*alle a. sport*). **IV** *v/i* **9.** (**for**) als Ersatz dienen, als Stellvertreter funˈgieren (für), an die Stelle treten (von *od. gen*), einspringen (für). ˈ**sub·sti·tut·ed** *adj* Ersatz..., ersatzweise.

sub·sti·tu·tion [ˌsʌbstɪˈtjuːʃn; *Am. a.* -ˈtuː-] *s* **1.** Einsetzung *f* (*a. jur.* e-s Ersatzerben *etc*): ~ **of an heir. 2.** *contp.* ˈUnter-

substitutional – succumb

schiebung *f*: ~ **of a child. 3.** a) Ersatz *m*, Ersetzung *f*, (ersatzweise) Verwendung, b) *sport* Auswechslung *f*. **4.** Stellvertretung *f*. **5.** *chem. math.* Substituti¹on *f*. **6.** *ling.* (¹Laut)Substituti₁on *f*. **7.** *psych.* Verdrängung *f*: ~ **neurosis** Ersatzneurose *f*. ₁sub·sti·tu·tion·al [-ʃənl] *adj* (*adv* ~ly); ₁sub·sti'tu·tion·ar·y [-ʃnəri; *Am.* -ˌʃəˌneri:], ¹sub·sti·tu·tive [-tɪv] *adj* **1.** Stellvertretungs... **2.** Ersatz...
sub·strate [¹sʌbstreɪt] *s* **1.** → substratum. **2.** *biol. chem.* Sub¹strat *n*.
₁sub'strat·o₁sphere *s aer.* ¹Substrato₁sphäre *f*.
₁sub'stra·tum *s irr* **1.** ¹Unter-, Grundlage *f* (*a. fig.*). **2.** *geol.* ¹Unterschicht *f*. **3.** *biol. chem.* Träger *m*, Medium *n*. **4.** *biol.* Nähr-, Keimboden *m*, Sub¹strat *n*. **5.** *ling.* Sub¹strat *n*. **6.** *philos.* Sub¹stanz *f*. **7.** *phot.* Grundschicht *f*.
sub·struc·tion [ˌsʌb¹strʌkʃn], ¹**sub·struc·ture** *s* **1.** *arch.* Funda¹ment *n*, ¹Unterbau *m* (*a. rail.*). **2.** *fig.* Grundlage *f*.
sub·sume [səb¹sju:m; *Am.* -¹su:m] *v/t* **1.** zs.-fassen, ¹unterordnen (**under** unter *dat od. acc*). **2.** einordnen, -schließen (**in** in *acc*). **3.** *philos.* (*als Prämisse*) vor¹ausschicken. **sub'sump·tion** [-¹sʌmpʃn] *s* **1.** Zs.-fassung *f* (**under** unter *dat od. acc*). **2.** Einordnung *f* (**in** in *acc*). **3.** Logik: a) Subsumpti¹on *f* (*e-s Begriffes*), b) ¹Untersatz *m* (*beim Schluß*).
¹**sub₁sur·face I** *s* **1.** *agr.* Erdschicht *f* (zwischen Humusschicht u. ¹Unterboden). **2.** (Wasser)Schicht *f* (unter der Oberfläche). **II** *adj* **3.** unter der Oberfläche (befindlich). **4.** a) Untergrund..., b) Unterwasser...
¹**sub₁sys·tem** *s* ¹Teilsy₁stem *n*.
₁sub'tan·gent *s math.* ¹Subtan₁gente *f*.
₁sub'teen *s Am.* Kind *n* (*bes.* Mädchen *n*) unter 13 Jahren.
₁sub'tem·per·ate *adj geogr.* die kühleren Teile der gemäßigten Zonen betreffend.
₁sub'ten·an·cy *s* ¹Untermiete *f*, -pacht *f*.
₁sub'ten·ant *s* ¹Untermieter *m*, -pächter *m*.
sub·tend [səb¹tend] *v/t* gegen¹überliegen (*dat*).
sub·ter·fuge [¹sʌbtə(r)fjuːdʒ] *s* **1.** Vorwand *m*, Ausflucht *f*. **2.** List *f*.
sub·ter·ra·ne·an [ˌsʌbtə¹reɪnjən, -nɪən], ₁**sub·ter'ra·ne·ous** *adj* **1.** ¹unterirdisch. **2.** *fig.* versteckt, heimlich.
sub·tile [¹sʌtl; *Am. a.* ¹sʌbtl], **sub·til·i·ty** *U¹tɪlətɪ*] *s* → **subtle**, **subtlety**.
sub·til·i·za·tion [ˌsʌtɪlaɪ¹zeɪʃn; *Am.* ˌsʌtləz-; ˌsʌbtələ¹z-] *s* **1.** Verfeinerung *f*. **2.** Spitzfindigkeit *f*. **3.** *chem.* Verflüchtigung *f*. **sub·til·ize** [¹sʌtɪlaɪz; *Am.* -tlˌaɪz; -btəˌl-] **I** *v/t* **1.** verfeinern. **2.** spitzfindig disku¹tieren *od.* erklären. **3.** *chem.* verdünnen, -flüchtigen. **II** *v/i* **4.** spitzfindig argumen¹tieren.
¹**sub₁ti·tle I** *s* ¹Untertitel *m*. **II** *v/t* e-n Film unter¹titeln.
sub·tle [¹sʌtl] *adj* (*adv* ~ subtly) **1.** *allg.* fein: ~ **aroma** (**distinction, smile,** *etc*). **2.** fein(sinnig), ¹hintergründig, sub¹til: ~ **irony**; **a** ~ **hint** ein leiser *od.* zarter Wink. **3.** heikel, schwierig: **a** ~ **point. 4.** scharf (-sinnig), spitzfindig. **5.** a) geschickt, b) gerissen, raffi¹niert. **6.** (heim)tückisch, schleichend: **a** ~ **poison**. ¹**sub·tle·ty** [-tɪ] *s* **1.** Feinheit *f*, sub¹tile Art, (*das*) Subtile. **2.** Spitzfindigkeit *f*. **3.** Scharfsinn(igkeit *f*) *m*. **4.** a) Geschicklichkeit *f*, b) Gerissenheit *f*, Raffi¹nesse *f*. **5.** Tücke *f*. **6.** schlauer Einfall *m*, Fi¹nesse *f*. ¹**sub·tly** [-lɪ] *adv* fein *etc*, auf feine *od.* feinere Weise (→ **subtle**).
₁sub'ton·ic **I** *s* **1.** *ling.* ¹Halbvo₁kal *m*. **2.** *mus.* Leitton *m*. **II** *adj* **3.** *ling.* ¹halbvo₁kalisch.
sub·to·pi·a [sʌb¹təʊpɪə] *s Br.* Randgebiete *pl* der Großstadt, zersiedelte Landschaft.
₁sub'tor·rid *adj geogr.* subtropisch.
₁sub'to·tal **I** *s* Zwischen-, Teilsumme *f*. **II** *v/t pret u. pp* **-taled,** *bes. Br.* **-talled** e-e Zwischen- *od.* Teilsumme errechnen von.
sub·tract [səb¹trækt] **I** *v/t* **1.** wegnehmen (**from** von). **2.** *math.* abziehen, subtra¹hieren (**from** von). **II** *v/i* **3.** (**from**) Abstriche machen (von), schmälern (*acc*). **4.** *math.* subtra¹hieren. **sub'trac·tion** *s* **1.** *math.* Subtrakti¹on *f*, Abziehen *n*. **2.** *fig.* Abzug *m*. **sub'trac·tive** *adj* **1.** abziehend. **2.** *math.* abzuziehen(d).
sub·tra·hend [¹sʌbtrəhend] *s math.* Subtra¹hend *m*.
¹**sub·tribe** *s bot. zo.* ¹Unterstamm *m*, -klasse *f*.
₁sub'trip·li·cate *adj math.* Kubikwurzel...
₁sub'trop·i·cal *adj geogr.* subtropisch.
₁sub'trop·ics *s pl geogr.* Subtropen *pl*.
¹**sub·type** *s biol.* **1.** ¹untergeordneter Typus. **2.** Formati¹onsglied *n*.
su·bu·late [¹sjuːbjʊlət, -leɪt; *bes. Am.* ¹suːbjə-] *adj* **1.** pfriemenförmig. **2.** *bot.* pfriemlich.
sub·urb [¹sʌbɜːb; *Am.* -ɜrb] *s* **1.** Vorstadt *f*, -ort *m*, *pl a.* Randbezirke *pl*. **2.** (Stadt-)Randsiedlung *f*. **sub·ur·ban** [sə¹bɜːbən; *Am.* -¹bɜr-] **I** *adj* **1.** vorstädtisch, Vorstadt..., Vorort(s)... **2.** *contp.* provinzi¹ell, spießig. **II** *s* **3.** → surburbanite. **4.** *mot. Am.* Kombiwagen *m*. **sub'ur·ban·ite** *s* Vorstädter(in). **sub'ur·ban·ize** *v/t* e-n ¹Vorstadtcha₁rakter verleihen (*dat*). **sub'ur·bi·a** [-bɪə] *s* **1.** Vorstadt *f*, Randbezirke *pl* (*e-r Stadt*), Stadtrand(siedlungen *pl*) *m*. **2.** *collect.* Vorstadtbewohner *pl*. **3.** Leben(sstil *m*) *n* in der Vorstadt.
¹**sub·va₁ri·e·ty** *s bot. zo.* ¹untergeordnete Abart.
sub·ven·tion [səb¹venʃn] *s* (staatliche) Subventi¹on, (finanzi¹elle) Beihilfe. **sub'ven·tioned** *adj* subventio¹niert.
sub·ver·sion [səb¹vɜːʃn; *Am.* -¹vɜrʒən] *s* **1.** *pol.* Subversi¹on *f*: a) (¹Um)Sturz *m*, b) Staatsgefährdung *f*, Verfassungsverrat *m*: ~ **of a government** Sturz e-r Regierung. **2.** Unter¹grabung *f*, Zerrüttung *f*, -setzung *f*. **sub'ver·sive** [-sɪv] **I** *adj* (*adv* ~ly) **1.** *pol.* ¹umstürzlerisch, subver¹siv, staatsgefährdend, Wühl...: ~ **activities** *f*-setzung *f*, zersetzerisch, zerrüttend. **II** *s* **3.** *pol.* ¹Umstürzler(in).
sub·vert [sʌb¹vɜːt; səb-; *Am.* -¹vɜrt] *v/t* **1.** *pol.* a) stürzen: **to** ~ **the government**, b) ¹umstoßen: **to** ~ **the law**; **to** ~ **the constitution** die Verfassung gewaltsam ändern. **2.** unter¹graben, zerrütten, -setzen. **3.** ¹umwerfen, zerstören.
¹**sub·way** *s* **1.** *Am.* ¹Untergrundbahn *f*, U-Bahn *f*. **2.** (¹Straßen-, ¹Fußgänger-)Unter₁führung *f*. **3.** Leitungstunnel *m*.
₁sub'ze·ro *adj* unter 0 Grad, unter dem Gefrierpunkt (*Temperatur*).
suc·cade [sʌ¹keɪd] *s meist pl* (*in* Zucker) eingemachte *od.* kan¹dierte Frucht.
suc·ceed [sək¹siːd] **I** *v/i* **1.** glücken, erfolgreich sein *od.* verlaufen, gelingen, Erfolg haben (*Sache*). **2.** Erfolg haben, erfolgreich sein, sein Ziel erreichen (*Person*) (**as** als; **in** mit *etwas*; **with** bei *j-m*): **he ~ed in doing s.th.** es gelang ihm, etwas zu tun; **to** ~ **in action** *jur.* obsiegen; **he ~ed very badly** es gelang ihm sehr schlecht. **3. (to)** a) Nachfolger werden (in *e-m Amt etc*), b) erben (*acc*): **to** ~ **to the throne** auf dem Thron folgen; **to** ~ **to s.o.'s rights** in *j-s* Rechte eintreten. **4. (to)** (*unmittelbar*) folgen (*dat od. auf acc*), nachfolgen (*dat*). **II** *v/t* **5.** (nach-)folgen (*dat*), folgen (*dat. auf acc*), *j-s* (Amts- *od.* Rechts)Nachfolger werden, *j-n* beerben: **to** ~ **s.o. in office** *j-s* Amt übernehmen.
suc·cès d'es·time [səkˌseɪdesˈtiːm] *s* Achtungserfolg *m*.
suc·cess [sək¹ses] *s* **1.** (guter) Erfolg, Gelingen *n*: **with** ~ erfolgreich; **without** ~ erfolglos; **to be a** ~ ein Erfolg sein, (gut) einschlagen (*Sache u. Person*): **the evening was a** ~ es war ein gelungener Abend; ~ **rate** Erfolgsquote *f*; → **crown** 20. **2.** Erfolg *m*, (Glanz)Leistung *f*. **3.** (beruflicher *etc*) Erfolg: ~ **story** Erfolgsgeschichte *f*; **S₁~ Story of the Week** Aufsteiger *m* der Woche. **suc¹cess·ful** *adj* (*adv* ~ly) **1.** erfolgreich: **to be** ~ = **succeed** 1 *u.* 2; **to be** ~ **in doing s.th.** etwas mit Erfolg tun, Erfolg haben bei *od.* mit etwas; ~ **party** *jur.* obsiegende Partei. **2.** gelungen, geglückt, erfolgreich: **a** ~ **experiment**. **suc'cess·ful·ness** *s* Erfolg *m*.
suc·ces·sion [sək¹seʃn] *s* **1.** (Aufein¹ander-, Reihen)Folge *f*: **in** ~ nach-, auf-, hintereinander; **in quick** (*od.* **rapid**) ~ in rascher Folge. **2.** Reihe *f*, Kette *f*, (¹unter₁brochene) Folge (**of** *gen od.* von). **3.** Nach-, Erbfolge *f*, Sukzessi¹on *f*: ~ **to the throne** Thronfolge; ~ **to George II** als Nachfolger von Georg II.; **to be next in** ~ **to s.o.** als nächster auf *j-n* folgen; ~ **to an office** Übernahme *f* e-s Amtes, Nachfolge in e-m Amte; ~ **state** *pol.* Nachfolgestaat *m*; → **apostolic** 1, **Spanish** 1. **4.** *jur.* a) Rechtsnachfolge *f*, b) Erbfolge *f*, c) *a.* **order of** ~ Erbfolgeordnung *f*, d) *a.* **law of** ~ (*objektives*) Erbfolgerecht, e) ~ **to** ¹Übernahme *f od.* Antritt *m* (*e-s Erben*); ~ **duties** Erbschaftssteuer *f* (*für unbewegliches Vermögen*); ~ **rights** (*subjektive*) Erbrechte. **5.** *collect.* a) Nachfolger *pl*, b) Nachkommenschaft *f*, c) Erben *pl*. **6.** *biol.* Abstammungsfolge *f* (*e-r Art etc*). **7.** *bot.* Sukzessi¹on *f*. **suc¹ces·sion·al** *adj* **1.** (nach)folgend, Nachfolge... **2.** aufein¹anderfolgend, -hängend. **suc¹ces·sion·ist** *s relig.* Verfechter *m* der apo¹stolischen Sukzessi¹on *od.* Nachfolge.
suc¹ces·sive [-sɪv] *adj* (aufein¹ander)folgend, sukzes¹siv: 3 ~ **days** 3 Tage hintereinander. **2.** nachein¹ander entstanden *od.* geordnet, fortlaufend, stufenweise. **suc¹ces·sive·ly** *adv* der Reihe nach, nach-, hinterein¹ander. **suc¹ces·sive·ness** *s* (Reihen)Folge *f*, Nachein¹ander *n*. **suc¹ces·sor** [-sə(r)] *s* Nachfolger(in) (**to, of** *j-s*, **für** *j-n*): ~ **(in interest** *od.* **title)** Rechtsnachfolger(in); ~ **to the throne** Thronfolger(in); ~ **in office** Amtsnachfolger(in).
suc·cinct [sək¹sɪŋkt] *adj* (*adv* ~**ly**) **1.** kurz (u. bündig), knapp, la¹konisch, prä¹gnant. **2.** kurz (angebunden), barsch. **suc¹cinct·ness** *s* **1.** Kürze *f*, Knappheit *f*, Prä¹gnanz *f*. **2.** Barschheit *f*.
suc·cor, *bes. Br.* **suc·cour** [¹sʌkə(r)] **I** *s* **1.** Hilfe *f*, Beistand *m*. **2.** *mil.* Einsatz *m*. **II** *v/t* **3.** *j-m* beistehen *od.* zu Hilfe kommen. **4.** *mil.* entsetzen.
suc·co·ry [¹sʌkərɪ] *s* Zi¹chorie *f*.
suc·co·tash [¹sʌkətæʃ] *s Am.* (*indianischer*) Mais- u. Bohneneintopf.
suc·cour *bes. Br.* **für succor**.
suc·cu·bus [¹sʌkjʊbəs] *pl* **-bi** [-baɪ] *s* Sukkubus *m*.
suc·cu·lence [¹sʌkjʊləns], ¹**suc·cu·len·cy** [-sɪ] *s* **1.** Saftigkeit *f*. **2.** *agr.* Grün-, Silofutter *n*. ¹**suc·cu·lent** *adj* (*adv* ~**ly**) **1.** saftig, *bot. a.* fleischig, suk¹ku¹lent: ~ **plants** Sukkulenten *pl*; → **feed** → **succulence** 2. **2.** *fig.* kraftvoll, saftig.
suc·cumb [sə¹kʌm] *v/i* **1.** zs.-brechen (**to** unter *dat*). **2. (to)** a) (*j-m*) unter¹liegen, b) (*e-r Krankheit etc, a.* der Versuchung

etc) erliegen: **he ~ed to temptation. 3. (to, under, before)** nachgeben (*dat*), weichen (*dat od.* vor *dat*).
suc·cur·sal [sʌˈkɜːsl; *Am.* səˈkɜrsəl] *adj* Hilfs...: **~ church.**
suc·cus·sion [səˈkʌʃn; sʌ-] *s* Schütteln *n*, Erschütterung *f* (*a. med.*).
such [sʌtʃ] **I** *adj* **1.** solch(er, e, es), derartig(er, e, es): **~ a man** ein solcher Mann; **no ~ thing** nichts dergleichen; **there are ~ things** so etwas gibt es *od.* kommt vor; **~ a life as they live** ein Leben, wie sie es führen; **~ people as you see here** die(jenigen) *od.* alle Leute, die man hier sieht; **a system ~ as this** ein derartiges System; **~ a one** ein solcher, e-e solche, ein solches; **Mr. ~ and ~** Herr Soundso; **~ and ~ persons** die u. die Personen. **2.** ähnlich, derartig(er, e, es): **silk and ~ luxuries. 3.** *pred* so (beschaffen), derart(ig), von solcher Art (**as to** daß): **~ is life** so ist das Leben; **~ as it is** wie es nun einmal ist; **~ being the case** da es sich so verhält. **4.** solch(er, e, es), so (groß *od.* klein *etc*), dermaßen: **he got ~ a fright that er bekam e-n derartigen Schrecken, daß; ~ was the force of the explosion** so groß war die Gewalt der Explosion. **5.** *colloq.* so (gewaltig), solch: **we had ~ fun!** wir hatten (ja) so e-n Spaß!
II *adv* **6.** so, derart: **~ a nice day** so ein schöner Tag; **~ a long time** e-e so lange Zeit.
III *pron* **7.** solch(er, e, es), der, die, das, die *pl*: **~ as** a) diejenigen, welche; alle, die; solche, die, b) wie (zum Beispiel); **~ was not my intention** das war nicht m-e Absicht; **man as ~** der Mensch als solcher; **all ~** alle dieser Art; **and ~** (like) u. dergleichen. **8.** *colloq. od. econ.* der-, die-, das'selbe, die'selben *pl.* **'~·like** *adj u. pron* der'gleichen.
suck [sʌk] **I** *v/t* **1.** saugen (**from, out of** aus *dat*). **2.** saugen an (*dat*), aussaugen: **to ~ an orange. 3.** *a.* **~ in, ~ up** aufsaugen, -nehmen (*a. fig.*). **4. ~** in a) einsaugen, b) *Wissen* in sich aufsaugen, c) *Br. sl.* j-n ˌbeˈscheißen'. **5.** lutschen an (*dat*): **to ~ one's thumb** (am) Daumen lutschen; **to ~ sweets** Bonbons lutschen. **6.** *a.* **~ down** schlürfen: **to ~ soup. 7. ~ down** (*od.* **under**) in die Tiefe ziehen (*Strudel*). **8.** *fig.* holen, gewinnen, ziehen: **to ~ advantage out of** Vorteil ziehen aus. **9.** *fig.* aussaugen, -pressen; → **brain 2. 10. to ~ s.o. off** *vulg.* j-m e-n ˌblasen'.
II *v/i* **11.** saugen, lutschen (**at** an *dat*): **he ~ed at his pipe** er sog an s-r Pfeife. **12.** an der Brust trinken *od.* saugen. **13.** *Luft* saugen *od.* ziehen (*Pumpe*). **14. ~ up to** *sl.* j-m ˌin den Arsch kriechen'.
III *s* **15.** Saugen *n*, Lutschen *n*: **to give ~ to** *obs. für* **suckle 1**; **to have** (*od.* **take**) **a ~ at** (kurz) saugen an (*dat*). **16.** Sog *m*, Saugkraft *f*. **17.** saugendes Geräusch. **18.** Wirbel *m*, Strudel *m*. **19.** *colloq.* kleiner Schluck. **20.** *sl.* ˌArschkriecher(in)'.
'suck·er *s* **1.** saugendes Jungtier (*bes. Spanferkel*). **2.** *zo.* a) Saugrüssel *m*, b) Saugnapf *m*. **3.** *ichth.* a) (*ein*) Karpfenfisch *m*, b) Neunauge *n*, c) Lumpenfisch *m*. **4.** *tech.* a) Saugkolben *m*, b) 'Saugvenˌtil *n*, c) Saugrohr *n*, d) Saugfuß *m*. **5.** *bot.* (*a.* Wurzel)Schößling *m*. **6.** Lutscher *m* (*Bonbon am Stiel*). **7.** *sl.* Dumme(r *m*) *f*, Gimpel *m*, (gutgläubiger) Trottel: **to play** (*od.* **have**) **s.o. for a ~**, ˌbeˈscheißen'; **to be a ~ for** a) immer wieder reinfallen auf (*acc*), b) verrückt sein nach; **there's a ~ born every minute** *Am.* die Dummen werden nicht alle. **8. S~** (*Spitzname für e-n*) Einwohner *m* von Illinois. **II** *v/t* **9.** *e-e Pflanze* von Schößlingen befreien. **III** *v/i* **10.** Schößlinge treiben. **~ list** *s Am. sl.* Liste *f*

wahrˈscheinlicher Spender *od.* Käufer *etc*.
'suck·ing *adj* **1.** saugend, Saug...: **~ infant** Säugling *m*. **2.** noch nicht flügge, (sehr) jung: **~ dove. 3.** angehend, Anfänger..., ˌgrün': **a ~ lawyer** ein angehender Rechtsanwalt. **~ calf** *s* Milchkalb *n*. **~ coil** *s tech.* Tauchkernspule *f*. **~ disk** → **sucker 2 b. ~ pig** *s* Spanferkel *n*.
suck·le [ˈsʌkl] **I** *v/t* **1.** säugen (*a. zo.*), *ein Kind* stillen, *e-m Kind* die Brust geben. **2.** *fig.* nähren, pflegen. **II** *v/i* **3.** stillen, säugen (*a. zo.*). **'suck·ling** [-lɪŋ] *s* **1.** Säugling *m*. **2.** (noch nicht entwöhntes) Jungtier.
su·cre [ˈsuːkreɪ; ˈsukre] *s* Sucre *m* (*goldene Münzeinheit u. Silbermünze Ecuadors*).
su·crose [ˈsuːkrəʊs, -əʊz; *Br. a.* ˈsjuː-] *s chem.* Rohr-, Rübenzucker *m*, Suˈcrose *f*.
suc·tion [ˈsʌkʃn] **I** *s* **1.** (An)Saugen *n*, *tech. a.* Saugwirkung *f*, -leistung *f*. **2.** *phys.* Saugfähigkeit *f*. **3.** *phys. tech.* Sog *m*, 'Unterdruck *m*. **4.** *mot.* Hub(höhe *f od.* -kraft *f*) *m*. **II** *adj* **5.** Saug...: **~ pump** (valve). **~ clean·er** = **suction sweeper. ~ cup** *s tech.* Saugnapf *m*. **~ foot** *s irr tech.* Saugfuß *m*. **~ meth·od** *s med.* ˈAbsaugeˌthode *f* (*Schwangerschaftsabbruch*). **~ pipe** *s tech.* Ansaugleitung *f*. **~ plate** *s med.* Saugplatte *f* (*für e-e Zahnprothese*). **~ stop** *s ling.* Schnalzlaut *m*. **~ stroke** *s tech.* (An)Saughub *m*. **~ sweep·er** *s* Staubsauger *m*. [Saug...]
suc·to·ri·al [sʌkˈtɔːrɪəl; *Am. a.* -ˈtoʊ-] *adj*]
Su·da·nese [ˌsuːdəˈniːz] **I** *adj* suda'nesisch, Sudan... **II** *s* a) Suda'nese *m*, Suda'nesin *f*, b) *pl* Suda'nesen *pl*.
su·dar·i·um [sjuːˈdeərɪəm; *bes. Am.* suː-] *pl* **-i·a** [-ɪə] *s* **1.** *relig.* Schweißtuch *n* (*der Heiligen Veˈronika*). **2. ~ sudatory 3. su·da·to·ri·um** [ˌsjuːdəˈtɔːrɪəm; *bes. Am.* ˌsuː-; *Am. a.* -ˈtoʊ-] *pl* **-ri·a** [-rɪə] = **sudatory 3. 'su·da·to·ry** [-tərɪ; *Am.* -ˌtɔːrɪ; -ˌtoʊ-] **I** *adj* **1.** Schwitz(bad)... **2.** *pharm.* schweißtreibend. **II** *s* **3.** Schwitzbad *n*, -kasten *m*. **4.** *pharm.* schweißtreibendes Mittel.
sudd [sʌd] *s* treibende Pflanzenmasse (*auf dem Weißen Nil*).
sud·den [ˈsʌdn] **I** *adj* (*adv* **~·ly**) **1.** plötzlich, jäh, überˈraschend, unverˈmutet: **~ death** a) plötzlicher Tod, b) *colloq.* Entˈscheidung durch e-n einzigen Münzenwurf, c) *sport colloq.* Stichkampf *m*, d) *sport colloq.* Verlängerung *f* bis zur Entscheidung; **~ infant death syndrome** *med.* plötzlicher Kindestod. **2.** jäh, hastig, abˈrupt. **3.** überˈstürzt, jäh. **II** *adv* **4.** *poet.* plötzlich. **III** *s* **5.** (all) of a **~**, *obs.* **on a ~** (ganz) plötzlich. **'sud·den·ness** *s* Plötzlichkeit *f*.
Su·de·ten [suːˈdeɪtən] **I** *s a.* **~ German** Su'detendeutsche(r *m*) *f*. **II** *adj* Sudeten...
su·dor [ˈsjuːdɔː(r); *bes. Am.* ˈsuː-] *s* Schweiß *m*. **ˌsu·dorˈif·er·ous** [-dəˈrɪfərəs] *adj physiol.* Schweiß absondernd, Schweiß... **~ gland**. **ˌsu·dorˈif·ic** *adj u. s pharm.* schweißtreibend(es Mittel).
Su·dra [ˈsuːdrə; *Br. a.* ˈsjuː-] *s Br. Ind.* Sudra *m*: a) niedrigste indische Kaste, b) Angehöriger dieser Kaste.
suds [sʌdz] *s pl* (*a. als sg konstruiert*) **1.** a) Seifenwasser *n*, -lauge *f*, b) Seifenschaum *m*. **2.** Schaum *m*. **3.** *Am. sl.* Bier *n*.
'suds·er *s bes. Am. sl. für* **soap opera**.
'suds·y *adj* schaumig.
sue [sjuː; *bes. Am.* suː] **I** *v/t* **1.** *jur.* j-n (gerichtlich) belangen, verklagen (**for** auf *acc*, wegen): → **capacity 9. 2.** *a.* **~ out** *jur. e-n Gerichtsbeschluß* beantragen *od.* erwirken. **3.** j-n bitten (**for** um). **4.** *obs.* werben um j-n. **II** *v/i* **5.** *jur.* klagen (**for** auf *acc*): **to ~ for a divorce**; **to ~ for a debt** e-e Schuld einklagen. **6.** a) nach-

suchen (**to** s.o. bei j-m; **for** s.th. um etwas), b) bitten, flehen (**for** um).
suede, suède [sweɪd] *s* **1.** Wildleder *n*, Veˈlours(leder) *n*. **2.** *a.* **~ cloth** Veˈlours (-stoff) *m*.
su·er [ˈsjuːə(r); *bes. Am.* ˈsuː-] *s* **1.** Antragsteller(in). **2.** *jur.* Kläger(in).
su·et [ˈsjʊɪt, ˈsʊɪt; *Am.* ˈsuːət] *s* Nierenfett *n*, Talg *m*: **~ pudding** *Süßspeise aus Mehl, Talg, Brotkrumen etc*. **'su·et·y** *adj* talgig, Talg...
suf·fer [ˈsʌfə(r)] **I** *v/i* **1.** leiden (**from** an *dat*): **to ~ from a complex** e-n Komplex haben. **2.** *weitS.* leiden (**under, from** unter *dat*): **trade ~s from war. 3.** Schaden erleiden, in Mitleidenschaft gezogen werden: **the engine ~ed severely** der Motor wurde stark mitgenommen; **your reputation will ~** dein Ruf wird leiden. **4.** *mil.* Verluste erleiden. **5.** büßen, bestraft werden, bezahlen müssen: **you will ~ for your foolishness. 6.** ˈhingerichtet werden, den Tod erleiden. **II** *v/t* **7.** erleiden: **to ~ death** (a penalty, losses, *etc*). **8.** *Durst etc* leiden, *etwas* erdulden. **9.** *etwas* erfahren, erleiden: **to ~ a change. 10.** *etwas od.* j-n ertragen, aushalten: **how can you ~ him? 11.** dulden, (zu)lassen, erlauben, gestatten: **he ~ed their presence** er duldete ihre Gegenwart; **he ~ed himself to be cheated** er ließ sich betrügen. **'suf·fer·a·ble** *adj* (*adv* **sufferably**) erträglich. **'suf·fer·ance** *s* **1.** Duldung *f*, Einwilligung *f*: **on ~** unter stillschweigender Duldung, nur geduldet(erweise); **it is beyond ~** es übersteigt alles Erträgliche. **2.** *econ. Br.* Zollvergünstigung *f*. **3.** *obs.* a) (Er)Dulden *n*, b) Leiden *n*, Not *f*: **to remain in ~** *econ.* weiter Not leiden (*Wechsel*). **'suf·fer·er** *s* **1.** Leidende(r *m*) *f*, Dulder(in): **to be a ~ by** (*od.* **from**) leiden durch *od.* an (*dat*). **2.** Geschädigte(r *m*) *f*. **3.** Märtyrer(in).
'suf·fer·ing *s* Leiden *n*, Dulden *n*: **the ~s of Christ** *relig.* das Leiden Christi. **II** *adj* leidend.
suf·fice [səˈfaɪs] **I** *v/i* genügen, (aus-) reichen: **~ it to say** es genügt wohl, wenn ich sage. **II** *v/t* j-m genügen.
suf·fi·cien·cy [səˈfɪʃnsɪ] *s* **1.** ˈHinlänglichkeit *f*, Angemessenheit *f*. **2.** ˈhinreichende Menge *od.* Zahl: **a ~ of money** genug *od.* genügend Geld. **3.** ˈhinreichendes Auskommen. **4.** *med.* Suffiziˈenz *f*, Funktiˈonstüchtigkeit *f*. **suf·fi·cient I** *adj* **1.** genügend, genug, aus-, ˈhinreichend (**for** für): **to be ~** genügen, (aus)reichen. **2.** *obs.* tauglich, fähig (*Person*). **II** *s* **3.** *colloq.* genügende Menge, genug. **sufˈfi·cient·ly** *adv* genügend (*etc*; → **sufficient 1**), zur Genüge, ˈhinlänglich.
suf·fix [ˈsʌfɪks] **I** *s* **1.** *ling.* Sufˈfix *n*, Nachsilbe *f*. **II** *v/t* [*a.* səˈfɪks] **2.** *ling.* als Suffix anfügen. **3.** anfügen, anhängen.
suf·fo·cate [ˈsʌfəkeɪt] **I** *v/t* **1.** ersticken (*a. fig. unterdrücken*): **to be ~d with** ersticken werden *in* (*dat*). **2.** würgen. **II** *v/i* **3.** (**with**) ersticken (an *dat*), ˈumkommen (vor *dat*). **'suf·fo·cat·ing** *adj* (*adv* **~·ly**) erstickend: **~ air** stickige Luft; **~ sound** erstickter Laut. **ˌsuf·foˈca·tion** *s* **1.** Ersticken *n*, Erstickung *f*. **2.** *med.* Atembeklemmung *f*.
Suf·folk [ˈsʌfək] *s* **1.** Suffolk(schaf) *n*. **2.** *a.* **~ punch** Suffolk(pferd) *n*. **3.** a) Suffolkschwein *n* (*schwarzes englisches Schwein*), b) hellfarbige amer. Schweinerasse.
suf·fra·gan [ˈsʌfrəgən; *Am.* -rɪgən; -ˌrɪdʒən] *relig.* **I** *adj* Hilfs..., Suffragan... **II** *s a.* **~ bishop** Suffraˈgan(bischof) *m*.
suf·frage [ˈsʌfrɪdʒ] *s* **1.** *pol.* Wahl-, Stimmrecht *n*: **female ~, woman ~** Frauenstimmrecht; **manhood ~** all-

suffragette – sulfo-

gemeines Stimmrecht (der Männer); universal ~ allgemeines Wahlrecht. **2.** (Wahl)Stimme *f.* **3.** Abstimmung *f*, Wahl *f.* **4.** Zustimmung *f.* **5.** *meist pl relig.* Bittgebet *n*, Fürbitte *f.* ˌsuf·fraˈgette [-rəˈdʒet; *Am.* -rɪ-] *s* Suffraˈgette *f*, Stimmrechtlerin *f.* ˈsuf·fra·gist [-rədʒɪst; *Am.* -rɪ-] *s* Stimmrechtler(in).

suf·fuse [səˈfjuːz] *v/t* **1.** a) überˈgießen, -ˈströmen, b) überˈziehen (**with** mit e-r Farbe), c) durchˈfluten (*Licht*): **a face ~d with** blushes von der Schamröte überzogenes Gesicht. **2.** zerstreuen. **sufˈfusion** [-ʒn] *s* **1.** Überˈgießung *f*, -ˈflutung *f.* **2.** Überˈgossensein *n*, ˈÜberzug *m.* **3.** *med.* ˈBlutunterˌlaufung *f.* **4.** *fig.* (Scham-) Röte *f.*

sug·ar [ˈʃʊɡə(r)] **I** *s* **1.** Zucker *m* (*a. chem. u. physiol.*): **~ of lead** *chem.* Bleizucker; **~ of milk** *chem.* Milchzucker. **2.** *chem.* ˈKohlehyˌdrat *n.* **3.** *Am.* a) Stückchen *n* Zucker, b) Löffel(voll) *m* Zucker. **4.** → **sugar bowl. 5.** Schmeicheˈlei *f*, honigsüße Worte *pl.* **6.** *sl.* „Zaster' *m*, Geld *n.* **7.** *colloq.* „Süße' *f*, „Schätzchen' *n.* **8.** *interj Am. colloq.* „Mist!', „Käse!' **9.** *sl.* LSD *n.* **II** *v/t* **10.** zuckern, süßen. **11.** überˈzuckern, mit Zucker bestreuen. **12.** *a.* **~ over** (*od.* **up**) *fig.* **~ sugar-coat 2. III** *v/i* **13.** kristalliˈsieren. **~ ba·sin** *s Br.* Zuckerdose *f.* **~ beet** *s bot.* Zuckerrübe *f.* **~ bowl** *s* Zuckerdose *f*: **the S~ B~** (**of the World**) *fig.* Kuba *n.* **~ can·dy** *s* **1.** Kandis(zucker) *m.* **2.** *fig.* (*etwas*) Süßes. ˌ~ˈcan·dy *adj bes. fig.* zuckersüß. **~ cane** *s bot.* Zuckerrohr *n.* **~coat** [ˌ-ˈkəʊt; ˈ-k-] *v/t* **1.** mit Zucker(guß) überˈziehen, überˈzuckern: **~ed pill** *pharm.* Dragée *n*, verzuckerte Pille (*a. fig.*). **2.** *fig.* a) versüßen, b) beschönigen. **~coat·ing** [ˌ-ˈk-; ˈ-k-] *s* **1.** Zuckerguß *m.* **2.** a) Versüßen *n*, b) Beschönigung *f.* **~ dad·dy** *s sl.* alter „Knacker', der ein junges Mädchen aushält.

sug·ared [ˈʃʊɡə(r)d] *adj* **1.** gezuckert, gesüßt. **2.** mit Zuckerguß. **3.** süß. **4.** → sugary 3.

sug·ar·i·ness [ˈʃʊɡərɪnɪs] *s* **1.** Süßigkeit *f*, Zuckerhaltigkeit *f.* **2.** Süßlichkeit *f* (*a. fig.*).

sug·ar| loaf *s irr* Zuckerhut *m.* ˈ**~-loaf** *adj* zuckerhutförmig. **~ ma·ple** *s bot.* Zuckerahorn *m.* **~ pea** *s bot.* Zuckererbse *f.* ˈ~-**plum** *s* **1.** Süßigkeit *f*, Bonbon *m*, *n.* **2.** *fig.* a) Schmeicheˈlei *f*, süße Worte *pl*, b) Lockspeise *f.* **~ re·fin·er·y** *s* ˈZuckerraffineˌrie *f.* ˌ**~-ˈteat**, ˌ**~-ˈtit** *s* Lutschbeutel *m* (*mit Zucker*). **~ tongs** *s pl* Zuckerzange *f.* ˈ~-**works** *s pl* (*oft als sg konstruiert*) ˈZuckerfaˌbrik *f.*

sug·ar·y [ˈʃʊɡərɪ] *adj* **1.** zuckerhaltig, zuck(e)rig, süß, Zucker... **2.** süßlich (*a. fig.*): **~ melodies. 3.** *fig.* zuckersüß: **~ smile** (**words**, *etc*).

sug·gest [səˈdʒest; *Am. a.* səɡˈdʒest] *v/t* **1.** *etwas od. j-n* vorschlagen, empfehlen, *etwas* anregen, *etwas* nahelegen (**to** s.o. j-m): **I ~ going home, I ~** (**that**) **we** (**should**) **go home** ich schlage vor heimzugehen. **2.** e-e Idee *etc* eingeben, -flüstern, suggeˈrieren: **to ~ itself** sich aufdrängen, in den Sinn kommen (**to** s.o. j-m). **3.** ˈhindeuten *od.* -weisen auf (*acc*), schließen lassen auf (*acc*). **4.** denken lassen *od.* erinnern *od.* gemahnen an (*acc*): **the scene ~s Elizabethan times. 5.** andeuten, anspielen auf (*acc*), sagen wollen, zu verstehen geben, die Ansicht äußern (**that** daß): **I ~** wenn ich bemerken darf, m-r Ansicht nach. **6.** *a. jur.* unterˈstellen, behaupten. **7.** *psych.* suggeˈrieren, j-n durch Suggestiˈon beeinflussen. **sugˌgest·i·ˈbili·ty** *s* Beeinflußbarkeit *f*, ˌSuggestibiliˈtät *f.* **sugˈgest·i·ble** *adj* **1.** beeinflußbar, suggeˈstibel. **2.** suggeˈrierbar.

sug·ges·tion [səˈdʒestʃən; *Am. a.* səɡˈdʒest-] *s* **1.** Vorschlag *m*, Anregung *f*: **at the ~ of** auf Vorschlag von (*od. gen*). **2.** Wink *m*, ˈHinweis *m.* **3.** Anflug *m*, Spur *f*, Hauch *m*, „Iˈdee' *f*: **not even a ~ of fatigue** nicht die leiseste Spur von Müdigkeit; **a ~ of blue in the gray** (*bes. Br.* **grey**) e-e Idee Blau im Grau. **4.** Vermutung *f*: **a mere ~. 5.** Erinnerung *f* (**of** an *acc*). **6.** Herˈvor-, Wachrufen *n.* **7.** Anregung *f*, Anspielung *f* (**of** auf *acc*). **8.** Eingebung *f*, -flüsterung *f.* **9.** *psych.* Suggestiˈon *f*, (hypˈnotische) Beeinflussung.

sug·ges·tive [səˈdʒestɪv; *Am. a.* səɡˈdʒest-] *adj* **1.** (**of**) andeutend (*acc*), erinnernd *od.* gemahnend (an *acc*): **to be ~ of** → **suggest 3** *u.* 4. **2.** anregend, gehaltvoll: **a ~ speech. 3.** a) vielsagend: **a ~ glance,** b) *contp.* zweideutig, anzüglich, schlüpfrig: **a ~ song. 4.** *psych.* suggeˈstiv, Suggestiv... **sugˈges·tive·ly** *adv* andeutungsweise. **sugˈges·tive·ness** *s* **1.** (*das*) Anregende, Gedanken-, Beziehungsreichtum *m.* **2.** (*das*) Vielsagende. **3.** Zweideutigkeit *f*, Schlüpfrigkeit *f.*

su·i·cid·al [sjʊɪˈsaɪdl; ˈsʊɪs-; *bes. Am.* ˌsuɪ-] *adj* selbstˈmörderisch (*a. fig.*), Selbstmord...: **~ thoughts. su·iˈcid·al·ly** *adv* in selbstˈmörderischer Weise.

su·i·cide [ˈsjʊɪsaɪd; ˈsʊɪ-; *bes. Am.* ˈsuː-] **I** *s* **1.** Selbstmord *m* (*a. fig.*), Freitod *m*, Suiˈzid *m*: **political ~; to commit ~** Selbstmord begehen, in den Freitod gehen, den Freitod wählen. **2.** Selbstmörder(in). **II** *adj* **3.** Selbstmord...: **~ attempt; ~ clause; ~ seat** *mot.* Selbstmördersitz *m* (*Beifahrersitz*). **4.** *mil.* Himmelfahrts...: **~ squad. III** *v/i* **5.** *Am.* Selbstmord begehen. **IV** *v/t* **6.** **to ~ o.s.** *Am.* → **5.**

su·i ge·ne·ris [ˌsjʊaɪˈdʒenərɪs; ˌsʊ-; *bes. Am.* ˌsuː-] (*Lat.*) *adj* eigener Art, einzigartig: **a case ~** ein Fall für sich. **~ ju·ris** [-ˈdʒʊərɪs] (*Lat.*) *adj jur.* **1.** aus eigenem Recht. **2.** unabhängig, mündig, geschäftsfähig.

su·int [swɪnt; ˈsuːɪnt] *s* Wollfett *n*, -schweiß *m.*

suit [suːt] **I** *s* **1.** a) (Herren)Anzug *m*, b) (ˈDamen)Koˌstüm *n*: **to cut one's ~ according to one's cloth** *fig.* sich nach der Decke strecken. **2.** Garniˈtur *f*, Satz *m*: **~ of armo(u)r** *hist.* Rüstung *f*; **~ of sails** *mar.* Satz (Segel). **3.** *Kartenspiel:* Farbe *f*: **~ of spades** Pikfarbe; **~ of cards** ganze Farbe, ˌFlöte' *f*; **long** (**short**) **~** lange (kurze) Farbe *od.* Hand; **to follow ~** a) (Farbe) bedienen, b) *fig.* dasselbe tun, ˌnachziehen', dem Beispiel folgen. **4.** *jur.* Rechtsstreit *m*, Proˈzeß *m*, Klage(sache) *f*, Verfahren *n*: **to bring** (*od.* **institute**) **a ~, to file ~** Klage erheben, e-n Prozeß einleiten *od.* anstrengen (**against** gegen); **in ~** strittig. **5.** Werben *n* (*um e-e Frau*). **6.** Anliegen *n*, Bitte *f.*

II *v/t* **7.** j-n (ein)kleiden. **8.** (**to**) anpassen (*dat od.* an *acc*), abstimmen (auf *acc*): **to ~ the action to the word, to ~ one's actions to one's words** das Wort in die Tat umsetzen, auf Worte Taten folgen lassen; **a task ~ed to his powers** e-e s-n Kräften angemessene Aufgabe. **9.** passen zu, j-m stehen, j-n kleiden. **10.** passen für, sich eignen zu *od.* für: **he is not ~ed for** (*od.* **to be**) **a teacher** er eignet sich nicht zum Lehrer; **the book is not ~ed to** (*od.* **for**) **children** das Buch eignet sich nicht für Kinder; **to ~ s.o.'s purpose** j-s Zwecken entsprechen. **11.** sich schicken *od.* ziemen für *j-n.* **12.** j-m bekommen, zusagen: **the climate ~s me. 13.** zuˈfriedenstellen, j-m gefallen: **to try to ~ everybody** es allen Leuten recht machen wollen; **~ yourself** mach, was du willst; **it ~s me** (**fine**) das paßt mir (großartig); **what time would ~ you?** wann paßt es Ihnen?; **are you ~ed?** haben Sie etwas Passendes gefunden?; → **book 1.**

III *v/i* **14.** (**with**, **to**) passen (zu), überˈeinstimmen (**mit**). **15.** passen, (an)genehm sein (**with** *dat*): **this date ~s very well** (**with me**) dieses Datum paßt (mir) sehr gut; **he is hard to ~** er ist schwer zufriedenzustellen.

suit·a·bil·i·ty [ˌsuːtəˈbɪlətɪ] *s* **1.** Eignung *f.* **2.** Angemessenheit *f*, Schicklichkeit *f.* **3.** Überˈeinstimmung *f.* ˈ**suit·a·ble** *adj* (*adv* **suitably**) **1.** passend, geeignet (**to, for** für, zu): **to be ~** passen, sich eignen. **2.** angemessen, schicklich (**to, for** für): **to be ~** sich schicken. **3.** entsprechend. ˈ**suit·a·ble·ness** → **suitability**.

suit·case [ˈsuːtkeɪs] *s* (Hand)Koffer *m.*

suite [swiːt] *s* **1.** Gefolge *n.* **2.** Satz *m*, Serie *f*, Folge *f*, Reihe *f.* **3.** a) Suite *f*, Zimmerflucht *f*, b) Wohnung *f.* **4.** (ˈMöbel-, ˈSitz)Garniˌtur *f*, (Zimmer)Einrichtung *f.* **5.** *mus.* Suite *f.*

suit·ed [ˈsuːtɪd] *adj* **1.** passend, geeignet: → **suit 10. 2.** (*in Zssgn*) gekleidet. ˈ**suit·ing** *s* (Herren)Anzugstoff *m.*

suit·or [ˈsuːtə(r)] *s* **1.** Freier *m.* **2.** *jur.* Kläger *m*, (Proˈzeß)Parˌtei *f.* **3.** Bittsteller *m.*

Suk·koth [ˈsʊkəʊt; -kəʊθ; *Am. a.* -kəs], *a.* **Suk·kos** [ˈsʊkəs, -kəʊs] *s pl* (*als sg konstruiert*) *relig.* Laubhüttenfest *n.*

sul·cal [ˈsʌlkəl] *adj* **1.** *anat.* Furchen... **2.** *ling.* a) gefurcht (*Zunge*), b) mit gespaltener Zunge artikuˈliert. ˈ**sul·cate** [-keɪt], ˈ**sul·cat·ed** *adj* **1.** *bes. bot.* gefurcht. **2.** *zo.* gespalten (*Huf etc*). ˈ**sulcus** [-kəs] *pl* **-ci** [-saɪ; -kaɪ] *s anat.* (*a.* Gehirn)Furche *f.*

sul·fa drugs, *bes. Br.* **sul·pha drugs** [ˈsʌlfə] *s pl pharm.* Sulfonaˈmide *pl.*

sulf·am·ate, *bes. Br.* **sulph·am·ate** [ˈsʌlfəmeɪt] *s chem.* sulfaˈmidsaures Salz.

sulf·am·ic, *bes. Br.* **sulph·am·ic** [sʌlˈfæmɪk] *adj chem.* sulfaˈminsauer, Sulfamin...

sulf·am·ide, *bes. Br.* **sulph·am·ide** [sʌlˈfæmaɪd; -ɪd; ˈsʌlfəmaɪd], *a.* **sulfˈam·id,** *bes. Br.* **sulphˈam·id** [-ɪd] *s chem.* Sulfaˈmid *n.*

sulf·a·mine, *bes. Br.* **sulph·a·mine** [ˌsʌlfəˈmiːn; sʌlˈfæmɪn], *a.* **sulfˈam·in,** *bes. Br.* **sulphˈam·in** [-ˈfæmɪn] → **sulfamyl.**

sulf·a·min·ic, *bes. Br.* **sulph·a·min·ic** [ˌsʌlfəˈmɪnɪk] → **sulfamic.**

sul·fa·myl, *bes. Br.* **sul·pha·myl** [ˈsʌlfəmɪl] *s chem.* Sulfaˈmylgruppe *f.*

sul·fate, *bes. Br.* **sul·phate** [ˈsʌlfeɪt] *chem.* **I** *s* **1.** schwefelsaures Salz, Sulˈfat *n*: **acid ~** Bisulfat; **~ of alumina** schwefelsaure Tonerde, Aluminiumsulfat; **~ of copper** Kupfersulfat, -vitriol *n*; **~ of iron, ferrous ~** Eisenvitriol *n*, Ferrosulfat; **~ of magnesium** Bittersalz *n*, Magnesiumsulfat; **~ of potash** schwefelsaures Kali, Kaliumsulfat; **~ of sodium** (*od.* **soda**) schwefelsaures Natrium, Glaubersalz *n*, Natriumsulfat. **II** *v/t* **2.** sulfaˈtieren. **3.** *electr.* vitrioliˈsieren.

sul·fide, *bes. Br.* **sul·phide** [ˈsʌlfaɪd] *s chem.* Sulˈfid *n.*

sul·fite, *bes. Br.* **sul·phite** [ˈsʌlfaɪt] *s chem.* Sulˈfit *n*, schwefelsaures Salz.

sul·fit·ic, *bes. Br.* **sul·phit·ic** [sʌlˈfɪtɪk] *adj chem.* schwefligsauer, Sulfit...

sulfo-, *bes. Br.* **sulpho-** [sʌlfəʊ] *chem.* Wortelement mit den Bedeutungen a) Sulfo... (*die Gruppe* SO_3H *enthaltend*), b) Sulfon... (*das Radikal* SO_2 *enthaltend*), c) Schwefel(säure)... (H_2SO_4 *enthaltend*).

sul·fon·a·mide, *bes. Br.* **sul·phon-a·mide** [sʌlˈfɒnəmaɪd; *Am.* -ˈfɑn-; -ˈfəʊn-; *a.* -mɪd] *s pharm.* Sulfonaˈmid *n*.
sul·fo·nate, *bes. Br.* **sul·pho·nate** [ˈsʌlfəneɪt] *chem.* **I** *s* Sulfoˈnat *n*. **II** *v/t* sulfuˈrieren.
sul·fon·ic, *bes. Br.* **sul·phon·ic** [sʌlˈfɒnɪk; *Am.* -ˈfɑn-; -ˈfəʊn-] *adj chem.* Sulfo..., sulˈfonsauer.
sul·fo·nyl, *bes. Br.* **sul·pho·nyl** [ˈsʌlfənɪl] *chem.* **I** *s* Sulˈfon *n*. **II** *adj* Sulfonyl...
ˌsul·foˈvi·nate, *bes. Br.* **ˌsul·phoˈvi·nate** [-ˈvaɪneɪt] *s chem.* Sulfoviˈnat *n*, schwefelweinsaures Salz.
sul·fur, *bes. Br.* **sul·phur** [ˈsʌlfə(r)] *s* **1.** *chem. min.* Schwefel *m*: → **flower** 9, **milk** 3. **2.** *a.* ~ **yellow** Schwefelgelb *n*.
sul·fu·rate, *bes. Br.* **sul·phu·rate** [ˈsʌlfjʊəreɪt; *Am.* -fər-] **I** *v/t* → sulfurize. **II** *adj* [-rət] → sulfurated. **ˈsul·fu·rat·ed**, *bes. Br.* **ˈsul·phu·rat·ed** *adj* **1.** (ein-, aus)geschwefelt. **2.** vulkaniˈsiert.
sul·fu·re·ous, *bes. Br.* **sul·phu·re·ous** [sʌlˈfjʊərɪəs] *adj* **1.** → sulfurous. **2.** schwefelfarben.
sul·fu·ret, *bes. Br.* **sul·phu·ret** [ˈsʌlfjʊret; *Am. a.* -fər-] *chem.* **I** *s* Sulˈfid *n*. **II** *v/t pret u. pp* **ˈsul·fu·ret·(t)ed**, *bes. Br.* **ˈsul·phu·ret·ted** schwefeln: ~(t)ed geschwefelt; ~(t)ed **hydrogen** Schwefelwasserstoff *m*.
sul·fu·ric, *bes. Br.* **sul·phu·ric** [sʌlˈfjʊərɪk] *adj chem.* Schwefel...
sul·fu·rize, *bes. Br.* **sul·phu·rize** [ˈsʌlfjʊraɪz; -fər-] *v/t chem.* **1.** (ein-, aus-)schwefeln. **2.** vulkaniˈsieren.
sul·fu·rous, *bes. Br.* **sul·phu·rous** [ˈsʌlfərəs; -fjʊr-] *adj* **1.** *chem.* (vierwertigen) Schwefel enthaltend, schwef(e)lig, Schwefel...: ~ **acid** schweflige Säure. **2.** *fig.* a) höllisch, b) hitzig, wild.
sul·fur·y, *bes. Br.* **sul·phur·y** [ˈsʌlfərɪ] *adj* **1.** → sulfurous. **2.** schwefelfarben.
sulk [sʌlk] **I** *v/i* schmollen, ˌeingeschnappt' sein. **II** *s meist pl* Schmollen *n*: **to be in** (*od.* **have**) **the ~s** → **I**. **ˈsulk·i·ness** [-ɪnɪs] *s* **1.** Schmollen *n*. **2.** *fig.* Düsterkeit *f*. **ˈsulk·y I** *adj* (*adv* **sulkily**) **1.** schmollend. **2.** *fig.* düster, trübe: ~ **day**. **3.** *agr. tech. Am.* mit Fahrersitz: ~ **plow**. **II** *s* **4.** a) *sport* Sulky *n*, Traberwagen *m*, b) zweirädriger, einsitziger Einspänner, c) *agr. tech. Am.* Pflug *m etc* mit Fahrersitz.
sul·lage [ˈsʌlɪdʒ] *s* **1.** Abwasser *n*, Jauche *f*. **2.** Schlamm *m*, Ablagerung *f* (*in Flüssen etc*). **3.** *metall.* Schlacke *f*, Schaum *m*.
sul·len [ˈsʌlən] *adj* (*adv* ~ly) **1.** mürrisch, grämlich, verdrossen. **2.** düster, trübe: ~ **colo(u)rs** (**face**, **sky**, *etc*); ~ **sound** dumpfer Laut. **3.** ˈwiderspenstig, störrisch (*bes. Tiere od. Dinge*). **4.** langsam, träge: ~ **stream**. **ˈsul·len·ness** *s* **1.** mürrisches Wesen, Verdrossenheit *f*. **2.** Düsterkeit *f*, Dumpfheit *f*. **3.** ˈWiderspenstigkeit *f*. **4.** Trägheit *f*.
sul·ly [ˈsʌlɪ] *v/t meist fig.* beflecken, besudeln.
sul·pha drugs, sul·pha·mate, *etc bes. Br. für* sulfa drugs, sulfamate, *etc*.
sul·phur, sul·phu·rate, *etc bes. Br. für* sulfur, sulfurate, *etc*.
sul·tan [ˈsʌltən] *s* **1.** Sultan *m*. **2.** Desˈpot *m*, Tyˈrann *m*. **3.** *orn.* a) Sultanshuhn *n*, b) → sultana 3. **4.** *a.* **sweet ~, yellow ~** *bot.* Moschus-Flockenblume *f*. **sulˈta·na** [-ˈtɑːnə; *Am.* -ˈtænə] *s* **1.** Sultanin *f*. **2.** a) Mäˈtresse *f*, b) Kurtiˈsane *f*. **3.** *orn.* Sultans-, Purpurhuhn *n*. **4.** [sə-] *s/.] a.* ~ **raisin** Sultaˈnine *f*. **ˈsul·tan·ate** [-tənət; -eɪt] *s* Sultaˈnat *n*. **ˈsul·tan·ess** *s* Sultanin *f*. **ˈsul·tan·ship** *s* Sultanswürde *f*: **his** ~ *iro.* Seine Herrlichkeit.
sul·tri·ness [ˈsʌltrɪnɪs] *s* Schwüle *f*.

ˈsul·try [-trɪ] *adj* (*adv* **sultrily**) **1.** schwül (*a. fig. erotisch*): ~ **day** (**music**, *etc*). **2.** *fig.* heftig, hitzig: ~ **temper**.
sum [sʌm] **I** *s* **1.** *allg.* Summe *f*: a) ~ **total** (Gesamt-, End)Betrag *m*, Gesamtmenge *f*, b) (Geld)Betrag *m*, c) *fig.* Ergebnis *n*, Fazit *n*, d) *fig.* Gesamtheit *f*: **the ~ of experience**; **in ~** insgesamt, *fig.* mit ˈeinem Wort. **2.** *math.* Zahlen-, Additiˈonsreihe *f*. **3.** *colloq.* Rechenaufgabe *f*: **to do ~s** rechnen; **he is good at ~s** er kann gut rechnen. **4.** *a.* ~ **and substance** Inbegriff *m*, Kern *m*, Subˈstanz *f*. **5.** Zs.-fassung *f*. **6.** *fig. obs.* Gipfel *m*, Höhe (-punkt *m*) *f*. **II** *v/t* **7.** ~ **up** sumˈmieren, adˈdieren, zs.-zählen. **8.** ~ **up** *ein Ergebnis ausmachen*: **10 victories ~med up this record**. **9.** ~ **up** a) *j-n* kurz ein- *od.* abschätzen, mit Blicken messen, b) *e-e Situation* erfassen. **10.** ~ **up** zs.-fassen (**in a word** in ˈeinem Wort), rekapituˈlieren, resüˈmieren. **III** *v/i* **11.** *meist* ~ **up** sich belaufen (**to, into** auf *acc*). **12.** ~ **up** (*das Gesagte*) zs.-fassen, resüˈmieren.
su·mac(h) [ˈʃuːmæk; ˈsuː-; *Br. a.* ˈsjuː-] *s* **1.** *bot.* Sumach *m*, Färberbaum *m*. **2.** Schmack *m* (*Gerbstoff des Sumach*).
Su·me·ri·an [sjuːˈmɪərɪən; *bes. Am.* suː-; *Am. a.* -ˈmer-] **I** *s* **1.** Suˈmerer(in). **2.** *ling.* Suˈmerisch *n*, das Sumerische. **II** *adj* **3.** suˈmerisch.
sum·less [ˈsʌmlɪs] *adj poet.* unzählig, unermeßlich.
sum·ma [ˈsʊmɑ; -mə] *pl* -mae [-miː; -maɪ] *s philos. relig. bes. hist.* Summa *f*.
sum·ma·ri·ness [ˈsʌmərɪnɪs] *s* (*das*) Sumˈmarische, Kürze *f*.
sum·ma·rize [ˈsʌməraɪz] *v/t u. v/i* zs.-fassen.
sum·ma·ry [ˈsʌmərɪ] **I** *s* Zs.-fassung *f*, (gedrängte) ˈÜbersicht, Abriß *m*, (kurze) Inhaltsangabe. **II** *adj* (*adv* **summarily**) sumˈmarisch: a) knapp, gedrängt, zs.-fassend: ~ **account**, b) *bes. jur.* abgekürzt, Schnell...: ~ **procedure** (**court**, *etc*); ~ **offence** (*bes. Am.* **offense**) Übertretung *f*, c) oberflächlich, flüchtig: ~ **treatment**; ~ **dismissal** fristlose Entlassung.
sum·ma·tion [sʌˈmeɪʃn] *s* **1.** Zs.-zählen *n*. **2.** Sumˈmierung *f*. **3.** (Gesamt)Summe *f*. **4.** *jur. Am.* (ˈSchluß)Plädoyˌer *n*.
sum·mer[1] [ˈsʌmə(r)] **I** *s* Sommer *m*: **in ~** im Sommer. **2.** *poet.* Lenz *m*, (Lebens)Jahr *n*: **a lady of 30 ~s**. **3.** *fig.* Höhepunkt *m*, Blüte *f*. **II** *v/i* **4.** *bes. Pflanzen*: überˈsommern. **III** *v/i* **5.** den Sommer verbringen: **to ~ in Italy**. **6.** überˈsommern (*Tiere, Pflanzen*). **IV** *adj* **7.** sommerlich, Sommer...: ~ **day**.
sum·mer[2] [ˈsʌmə(r)] *s arch.* **1.** Oberschwelle *f*, (Tür-, Fenster)Sturz *m*. **2.** Trag-, Kragstein *m*, Konˈsole *f* (*auf Pfeilern*). **3.** *a.* ~ **tree** Tragbalken *m*.
sum·mer| com·plaint → summer diarrhea. **~ corn** *s* Sommergetreide *n*. **~ di·ar·rhe·a** *s med. Am.* ˈSommerdiarˌrhö(e)*f*. **~ fal·low** *s agr.* Sommerbrache *f*. **ˈ~-ˌfal·low** *agr.* **I** *v/t Land* im Sommer brachen. **II** *adj* sommerbrach. **ˈ~ house** *s* **1.** Gartenhaus *n*, (-)Laube *f*. **2.** Landhaus *n*, Sommersitz *m*.
sum·mer·ing [ˈsʌmərɪŋ] *s arch.* erste Lage Mauerwerk auf e-m Pfeiler *etc*.
sum·mer| light·ning *s* Wetterleuchten *n*. **ˈ~-like** → summerly.
sum·mer·li·ness [ˈsʌmə(r)lɪnɪs] *s* (*das*) Sommerliche. **ˈsum·mer·ly** *adj u. adv* sommerlich.
sum·mer re·sort *s* Sommerkurort *m*.
sum·mer·sault → somersault.
sum·mer| school *s ped. univ.* Ferien-, Sommerkurs *m*. **~ sports** *s pl* Sommersportarten *pl*. **~ term** *s univ.* ˈSommerseˌmester *n*. **ˈ~-time**, *a.* **ˈ~-tide** *s* Som-

ˈsul·try — **sun bath**

mer[s]zeit *f) m*. **~ time** *s bes. Br.* Sommerzeit *f* (*um 1 Stunde vorgerückte Uhrzeit*): **double ~** doppelte Sommerzeit. **ˈ~-weight** *adj* sommerlich, Sommer...: ~ **clothes**. **~ wheat** *s agr.* Sommerweizen *m*.
ˈsum·mer·y *adj* sommerlich.
sum·ming-up [ˌsʌmɪŋˈʌp] *pl* ˌsum·mings-ˈup *s* **1.** Zs.-fassung *f*. **2.** *jur.* Resüˈmee *n*. **3.** *fig.* Biˈlanz *f*.
sum·mist [ˈsʌmɪst] *s philos. relig. bes. hist.* Sumˈmist *m*, Verfasser *m* e-r Summa.
sum·mit [ˈsʌmɪt] **I** *s* **1.** (höchster) Gipfel *m*, Kuppe *f* (*e-s Berges*), Spitze *f* (*e-s Masts etc*), Scheitel *m* (*e-r Kurve etc*), Kamm *m* (*e-r Welle etc*), Kappe *f*, Krone *f* (*e-s Dammes etc*). **2.** *fig.* Gipfel *m*, Höhe (-punkt *m*) *f*: **at the ~ of power** auf dem Gipfel der Macht. **3.** *econ. pol.* Gipfel *m*: **economic ~** Wirtschaftsgipfel. **II** *adj* **4.** *econ. pol.* Gipfel...: ~ **conference** (**meeting**, **talks**). **ˈsum·mit·ry** [-rɪ] *s econ. pol. bes. Am.* ˈGipfelpoliˌtik *f*.
sum·mon [ˈsʌmən] *v/t* **1.** auffordern, -rufen (**to do** zu tun). **2.** rufen, (zu sich) bestellen, kommen lassen, ˈherziˌtieren. **3.** *jur.* (vor)laden. **4.** *e-e* Konferenz *etc* zs.-, einberufen. **5.** *oft* ~ **up** *s-e* Kraft, *s-n* Mut *etc* zs.-nehmen, aufbieten: → **courage**. **6.** *euphem.* (aus dem Leben) abberufen. **ˈsum·mon·er** *s* (*hist.* Gerichts)Bote *m*.
sum·mons [ˈsʌmənz] **I** *s* **1.** Aufforderung *f*, Aufruf *m*. **2.** *jur.* (Vor)Ladung *f*: **to take out a ~ against** s.o., **to serve a ~ on** s.o. *j-n* (vor)laden (lassen). **3.** Einberufung *f*. **II** *v/t* **4.** *j-n* (vor)laden (lassen).
sump [sʌmp] *s* **1.** Sammelbehälter *m*, Senkgrube *f*. **2.** *mot. tech.* Ölwanne *f*. **3.** Gießerei: Vorherd *m*. **4.** Bergbau: (Schacht)Sumpf *m*.
sump·si·mus [ˈsʌmpsɪməs] *s* pedantisch korrekter Ausdruck als Ersatz für e-n weitverbreiteten falschen.
sump·ter [ˈsʌmptə(r)] *obs.* **I** *s* Saumtier *n*. **II** *adj* Pack...: ~ **horse**; ~ **saddle**.
sump·tion [ˈsʌmpʃn] *s philos.* **1.** Präˈmisse *f*. **2.** Obersatz *m* (*im Syllogismus*).
sump·tu·ar·y [ˈsʌmptjʊərɪ; *Am.* -tʃəˌwerɪ] *adj* Aufwands..., Luxus...: ~ **law** (*od.* **regulation**) *hist.* Luxusgesetz *n*.
sump·tu·os·i·ty [ˌsʌmptjʊˈɒsətɪ; *Am.* -tʃəˈwɑs-] *s* sumptuousness. **ˈsumpˌtu·ous** [-tjʊəs; -tʃʊəs; *Am.* -tʃwəs] *adj* (*adv* ~ly) **1.** kostspielig. **2.** kostbar, prächtig, herrlich. **3.** üppig, aufwendig, luxuriˈös. **ˈsump·tu·ous·ness** *s* **1.** Kostspieligkeit *f*. **2.** Kostbarkeit *f*, Pracht *f*. **3.** Üppigkeit *f*, Aufwand *m*, Luxus *m*.
sun [sʌn] **I** *s* **1.** (*oft als sg konstruiert*) Sonne *f*: **a place in the ~** *fig.* ein Platz an der Sonne; **his ~ is set** sein Stern ist erloschen; **to rise with the ~** in aller Frühe aufstehen; **to take** (*od.* **shoot**) **the ~** *mar.* die Sonne schießen; **under the ~** *fig.* unter der Sonne, auf Erden; **to talk about everything under the ~** über Gott u. die Welt reden. **2.** Sonnenwärme *f*, -licht *n*, -schein *m*, Sonne *f*: **to take the ~** sich sonnen; **to have the ~ in one's eyes** die Sonne genau im Gesicht haben; **he caught the ~** er hat ein bißchen zuviel Sonne abbekommen; **a touch of ~** ein leichter Sonnenstich. **3.** *poet.* a) Tag *m*, b) Jahr *n*. **4.** *astr.* a) Sonne *f* (*Himmelskörper mit Eigenlicht*), b) Nebensonne *f*. **II** *v/t* **5.** der Sonne aussetzen, in die Sonne legen: **to ~ o.s.** → **6**. **III** *v/i* **6.** sich sonnen.
ˌsun|-and-ˈplan·et mo·tion *s tech.* Plaˈnetengetriebe *n*. **~ an·i·mal·cule** *zo.* Sonnentierchen *n*. **~ arc** *s* **sun lamp** 2. **ˈ~-baked** *adj* von der Sonne ausgedörrt *od.* getrocknet. **~ bath** Sonnen-

bad n. '~**bathe** v/i ein Sonnenbad od. Sonnenbäder nehmen. '~**beam** s Sonnenstrahl m. ~ **bed** s Sonnenliege f. ~ **bench** s Sonnenbank f. ~ **blind** s bes. Br. Mar'kise f. '~**break** → sunburst. '~**burn** s **1.** Sonnenbrand m. **2.** Sonnenbräune f. **3.** bot. Ergrünungsfleck m (an e-r Kartoffel). **4.** bot. → sunscald. '~**burned,** '~**burnt** adj **1.** sonnverbrannt: to be ~ e-n Sonnenbrand haben. **2.** sonnengebräunt. '~**burst** s **1.** plötzlicher 'Durchbruch der Sonne. **2.** Sonnenbanner n (Japans). **3.** Brilli'antenro‚sette f (Schmuckstück). '~‚**cure** v/t Tabak etc an der Sonne trocknen.

sun·dae ['sʌndeɪ; Am. -di:] s Eisbecher m mit Früchten.

Sun·day ['sʌndɪ; Br. a. -deɪ] **I** s **1.** Sonntag m: on ~ (am) Sonntag; on ~s sonntags; to look two ways to find ~ sl. schielen. **II** adj **2.** sonntäglich, Sonntags...: ~ best, ~ clothes Sonntagsstaat m, -kleider pl; ~-go-to-meeting colloq. Sonntags...; ~ punch bes. Am. colloq. a) Boxen: K.-o.-Schlag m, b) fig. vernichtender Schlag; ~ saint colloq. 'Sonntagschrist(in)'; ~ school Sonntagsschule f. **3.** Sonntags...: ~ driver ; ~ painter. **III** v/i Am. colloq. **4.** den Sonntag verbringen.

sun deck s **1.** Sonnendeck n (auf e-m Schiff). **2.** 'Sonnenter‚rasse f.

sun·der ['sʌndə(r)] poet. **I** v/t **1.** trennen, sondern (from von). **2.** losreißen. **3.** teilen, spalten. **4.** fig. entzweien. **II** v/i **5.** sich trennen, getrennt werden. **III** s **6.** in ~ entzwei, ausein'ander.

'**sun|·dew** s bot. Sonnentau m. '~**di·al** s Sonnenuhr f. '~**dog** s astr. **1.** → sun **4** b. **2.** kleiner Halo (am Nebensonnenkreis). '~**down** s **1.** → sunset 1. **2.** Am. breitkrempiger (Damen)Hut. '~**down·er** s **1.** Austral. colloq. Landstreicher m (bes. e-r, der erst immer dann um ein Nachtquartier bittet, wenn es zum Arbeiten bereits zu spät ist). **2.** bes. Br. colloq. Dämmerschoppen m. **3.** mar. colloq. strenger Kapi'tän. '~**drenched** adj 'sonnenüber‚flutet. '~**dress** s Strandkleid n. '~**dried** adj an der Sonne getrocknet od. gedörrt.

sun·dries ['sʌndrɪz] s pl Di'verses n, Verschiedenes n, allerlei Dinge pl, a. diverse Unkosten pl, econ. a. Kurz-, Gemischtwaren pl.

sun·dry ['sʌndrɪ] adj verschiedene, di'verse, allerlei, allerhand: all and ~ all u. jeder, alle miteinander; ~-colo(u)red verschiedenfarbig.

'**sun|·fast** adj bes. Am. lichtecht (Stoff). '~**fish** **I** s ichth. **1.** Sonnenfisch m. **2.** Klumpfisch m. **3.** Mondfisch m. **4.** Riesenhai m. **II** v/i Am. **5.** bocken (Pferd). '~**flow·er** s bot. Sonnenblume f.

sung [sʌŋ] pret u. pp von sing.

sun|gear s sun wheel. '~**glass·es** s pl a. pair of ~ Sonnenbrille f. '~**glow** s meteor. **1.** Morgen-, Abendröte f. **2.** Sonnenhof m. ~ **hat** s Sonnenhut m. ~ **helmet** s Tropenhelm m.

sunk[1] [sʌŋk] **I** pret u. pp von sink. **II** adj **1.** vertieft. **2.** bes. tech. eingelassen, versenkt: ~ **screw**; ~ **fence** Grenzgraben m (statt Zaun).

sunk[2] [sʌŋk] s bes. Scot. **1.** Rasenbank f. **2.** meist pl Strohkissen n.

sunk·en [sʌŋkən] **I** obs. pp von sink. **II** adj **1.** versunken. **2.** eingesunken: ~ **rock** blinde Klippe. **3.** a) tiefliegend, vertieft (angelegt), b) tech. → sunk[1] 2. **4.** fig. hohl, eingefallen: ~ **cheeks**; ~ **eyes** tiefliegende Augen; a ~ **face** ein eingefallenes Gesicht.

sun lamp s **1.** med. (künstliche) Höhensonne. **2.** Film etc: Jupiterlampe f.

'**sun·less** adj **1.** sonnenlos, ohne Sonne. **2.** fig. freudlos.

'**sun|·light** s Sonnenschein m, -licht n. '~**like** adj **1.** sonnenähnlich, Sonnen... **2.** strahlend, leuchtend. '~**lit** adj sonnenbeschienen. ~ **lounge** s Br. 'Glasve‚randa f.

sunn [sʌn] s **1.** bot. Sunnhanf m. **2.** a. ~ **hemp** Sunn(hanf) m (Faser von 1).

Sun·na(h) ['sʌnə; 'sʊnə] s relig. Sunna f (orthodoxe Überlieferung des Islam neben dem Koran).

sun·ni·ness ['sʌnɪnɪs] s fig. (das) Sonnige, Heiterkeit f.

sun·ny ['sʌnɪ] adj (adv sunnily) **1.** sonnig, Sonnen...: ~ **exposure** Sonnenlage f; ~ **side** Sonnenseite f (a. fig. des Lebens); ~ **side up** nur auf 'einer Seite gebraten (Ei). **2.** fig. sonnig, heiter: a ~ **smile**; to be on the ~ **side** of forty noch nicht 40 (Jahre alt) sein; to look on (od. at) the ~ **side** of things das Leben von s-r heiteren Seite betrachten.

sun| par·lor, ~ porch s Am. 'Glasve‚randa f. ~ **pow·er** s astr. phys. 'Sonnenener‚gie f. '~**proof** adj **1.** für Sonnenstrahlen 'un‚durchlässig. **2.** lichtfest. '~**ray** s Sonnenstrahl m. '~**rise** s Sonnenaufgang m: at ~ bei Sonnenaufgang. '~**roof** s **1.** 'Dachter‚rasse f. **2.** mot. Schiebedach n. '~**scald** s bot. Sonnen-, Rindenbrand m. '~**seek·er** s Sonnenhungrige(r m) f. '~**seek·ing** adj sonnenhungrig. '~**set** s **1.** 'Sonnen‚untergang m: at ~ bei Sonnenuntergang. **2.** Abend m (a. fig.): ~ **of life** Lebensabend. **3.** fig. Niedergang m. '~**shade** s **1.** Sonnenschirm m. **2.** Mar'kise f. **3.** phot. Gegenlichtblende f. **4.** pl colloq. a. pair of ~s Sonnenbrille f. '~**shine** **I** s **1.** Sonnenschein m (a. fig.): ~ **roof** mot. Schiebedach n; ~ **pill** Am. sl. gelbe od. orange LSD-Tablette. **2.** sonniges Wetter. **II** adj **3.** sonnig, fig. a. glücklich, heiter. **4.** ~ **friends** Freunde im Glück, unzuverlässige Freunde. '~**shin·y** adj ~ sunshine 3. ~ **show·er** s colloq. leichter Schauer bei Sonnenschein. ~ **spot** → sun lamp 2. '~**spot** s **1.** astr. Sonnenfleck m. **2.** Sommersprosse f. **3.** Br. colloq. sonniges Urlaubsgebiet. '~**stroke** s med. Sonnenstich m. '~**struck** adj: to be ~ med. e-n Sonnenstich haben. '~**tan** s **1.** (Sonnen)Bräune f: ~ **lotion** (od. oil) Sonnenöl n. **2.** Rotbraun n. '~**tanned** adj braungebrannt. ~ **ter·race** s 'Sonnenter‚rasse f. ~ **trap** s sonniges Plätzchen. '~**up** → sunrise. ~ **valve** s tech. (Art) Photozellenschalter m. ~ **vi·sor** s mot. Sonnenblende f.

sun·ward ['sʌnwə(r)d] adj u. adv sonnenwärts, der Sonne zu(gewendet).

'**sun·wards** [-z] adv → sunward.

sun| wheel s tech. Sonnenrad n (im Planetengetriebe). '~**wise** adj u. adv mit der Sonne, im Uhrzeigersinn. ~ **wor·ship(p)er** s relig. u. fig. Sonnenanbeter(in).

sup[1] [sʌp] obs. **I** v/i zu Abend essen: they ~ped off (od. on) cold meat sie hatten kaltes Fleisch zum Abendessen. **II** v/t j-n zum Abendessen bewirten.

sup[2] [sʌp] **I** v/t **1.** a. ~ off, ~ out löffeln, schlürfen. **2.** to ~ sorrow a) leiden, b) Sorgen haben, c) Gewissensbisse haben. **II** v/i **3.** nippen, löffeln. **III** s **4.** Mundvoll m, (kleiner) Schluck (at a bottle aus e-r Flasche): a bite and a ~ etwas zu essen u. zu trinken; neither bit (od. bite) nor ~ ‚nichts zu nagen u. zu beißen'.

supe [suːp; Br. a. sjuːp] sl. **I** s → supernumerary 6. **II** v/t ~ **up** aer. ‚fri'sieren'. **III** v/i → super 9.

super- [suːpə(r)] Wortelement mit den Bedeutungen a) übermäßig, Über..., b) oberhalb (gen od. von dat) od. über (dat) befindlich, c) bes. scient. Super..., d) übergeordnet, Ober...

su·per ['suːpə(r)] **I** s **1.** colloq. für a) superfilm, b) superintendent, c) supernumerary II, d) Am. supermarket, e) superhet(erodyne). **2.** econ. colloq. a) Spitzenklasse f, b) Quali'tätsware f. **3.** Buchbinderei: (Heft)Gaze f. **II** adj **4.** colloq. für a) superficial 2, b) superfine 1. **5.** Super...: ~ **bomb**. **6.** iro. Super...: hundert'fünfzigpro‚zentig: a ~ **patriot**. **7.** colloq. ‚super', ‚toll', ‚prima', ‚Spitze', ‚Klasse'. **III** v/i **8.** thea. etc colloq. als Sta'tist(in) mitspielen, e-e Sta'tistenrolle haben.

su·per·a·ble ['suːpərəbl] adj über'windbar, besiegbar.

‚**su·per·a'bound** v/i **1.** im 'Überfluß vor'handen sein. **2.** in noch größerem Maße vor'handen sein. **3.** e-e 'Überfülle haben (in, with an dat). ‚~**a'bun·dance** s 'Überfülle f, -fluß m (of an dat). ‚~**a'bun·dant** adj (adv ~ly) **1.** überreichlich. **2.** über'schwenglich, über'trieben. ‚~**'ac·id** adj chem. über'säuert. ~**'add** v/t (noch) hin'zufügen (to zu): to be ~ed (to) noch dazukommen (zu etwas). ~**ad'di·tion** s weitere Hin'zufügung, Zusatz m: in ~ (to) noch obendrein, zusätzlich (zu). '~**al·tar** s relig. hist. **1.** (oft tragbarer) steinerner Al'tarplatte f. **2.** Al'tarstein m.

su·per·an·nu·ate [‚suːpə'rænjʊeɪt; Am. -jə-w-] v/t **1.** (wegen Erreichung der Altersgrenze) pensio'nieren, in den Ruhestand versetzen. **2.** als zu alt od. als veraltet bezeichnen od. zu'rückweisen od. ausscheiden. ‚**su·per·an·nu·at·ed** adj **1.** a) pensio'niert, b) über'altert (Person). **2.** veraltet, über'holt. **3.** abgetragen, ausgedient: ~ **clothes**. '**su·per‚an·nu'a·tion** s **1.** a) Pensio'nierung f, b) Ruhestand m. **2.** (Alters)Rente f, Pensi'on f, Ruhegeld n: ~ **contribution** Altersversicherungsbeitrag m; ~ **fund** Pensionskasse f.

‚**su·per'au·di·ble** adj phys. 'ultra‚akustisch.

su·perb [sjuː'pɜːb; Am. sʊ'pɜːrb] adj (adv ~ly) **1.** herrlich, prächtig, großartig. **2.** her'vorragend, ausgezeichnet, vor'züglich. **3.** bot. zo. prächtig gefärbt, Pracht...

su·per·bi·par·ti·ent [‚suːpə(r)baɪ'pɑː(r)tɪənt] adj math. im Verhältnis (von) 5:3 (stehend). ~**bi'quin·tal** [-baɪ'kwɪntl] adj math. im Verhältnis (von) 7:5 (stehend). ~**bi'ter·tial** [-baɪ'tɜːʃl; Am. -'tɜːrʃəl] → superbipartient. ~**'cal·en·der** (Papierherstellung) **I** s 'Hochka‚lander m. **II** v/t 'hochsati‚nieren. ~**'car·go** [‚-kɑː; -‚k-] s Frachtaufseher m, Super'kargo m. ~**'charge** v/t **1.** über'laden, zusätzlich beladen. **2.** mot. vor-, 'überverdichten: ~d **engine** Lader-, Kompressormotor m. **3.** pressurize 1, 2. '~**‚charg·er** s tech. Vorverdichter m, (Auflade)Gebläse n, Kom'pressor m.

su·per·cil·i·ous [‚suːpə(r)'sɪlɪəs] adj (adv ~ly) hochmütig, -näsig, her'ablassend. ‚**su·per'cil·i·ous·ness** s Hochmut m, -näsigkeit f, Her'ablassung f.

‚**su·per'civ·i·lized** adj 'überzivili‚siert. ~**'class** s zo. 'Überklasse f. ~**'con·duc·tive** adj phys. supraleitend, -leitfähig. ~**con'duc·tor** s phys. Supraleiter m. ~**'con·scious** adj psych. **1.** überbewußt. **2.** das Bewußtsein über'schreitend. ~**'cool** v/t phys. unter'kühlen. '~**‚coun·try** s pol. Supermacht f. ~**cre'ta·ceous** adj über der Kreide (liegend). ~**'dom·i·nant** s mus. Am. sechste Stufe (der Tonleiter). ~**'du·per**

super-duty – superstition

[-'duːpə(r)] *adj sl.* ,supertoll'. ~·'**du·ty** *adj tech.* Höchstleistungs..., für höchste Beanspruchung. ~·'**e·go** *s psych.* 'Über-Ich *n.* '~·**el·e'va·tion** *s* 1. *tech.* Über'höhung *f* (*e-r Kurve etc*). 2. *TV* Abhebung *f.* ~·'**em·i·nence** *s* 1. Vorrang (-stellung *f*) *m.* 2. über'ragende Bedeutung *od.* Quali'tät, Vor'trefflichkeit *f*, Großartigkeit *f.* ~·'**em·i·nent** *adj (adv* ~ly) her'vorragend, vor'züglich, über'ragend (**for** wegen).
su·per·o·ga·tion ['suːpərˌerə'geɪʃn] *s* 1. Mehrleistung *f*: **works of ~** *relig.* überschüssige (gute) Werke. 2. *fig.* 'Übermaß *n* (**of** an *dat*): **work of ~** Arbeit *f* über die Pflicht hinaus. ,**su·per·e'rog·a·to·ry** [-e'rɒɡətərɪ; *Am.* -ɪ'rɑːɡəˌtɔːrɪ;; -ˌtoː-] *adj* 1. über das Pflichtmaß hin'ausgehend, 'übergebührlich. 2. 'überflüssig.
su·per·ette [ˌsuːpə'ret] *s bes. Am.* kleiner Supermarkt.
ˌ**su·per**ˈ**ex·cel·lent** *adj (adv* ~ly) höchst vor'trefflich, 'unüber,trefflich. ~·**ex'cit·ed** *adj (adv* ~ly) über'reizt. '~·**fam·i·ly** *s zo.* 'Oberfa,milie *f.* '~·**fe·cun'da·tion** *s biol. med.* 'Überbefruchtung *f.*
su·per·fe·ta·tion [ˌsuːpə(r)fiː'teɪʃn] *s* 1. Empfängnis *f* während der Schwangerschaft. 2. → **superfecundation**. 3. Häufung *f.* 4. 'Überproduktion *f* (**of** an *dat*).
su·per·fi·cial [ˌsuːpə(r)'fɪʃl] *adj (adv* ~ly) 1. oberflächlich, Oberflächen... 2. Flächen..., Quadrat...: **50 ~ feet** 50 Quadratfuß. 3. äußerlich, äußer(er, e, es). 4. *fig.* oberflächlich: a) flüchtig, b) seicht. '**su·per**ˌ**fi·ci'al·i·ty** [-ʃɪ'ælətɪ] *s* 1. Oberflächenlage *f.* 2. *fig.* Oberflächlichkeit *f,* (*das*) Oberflächliche. ˌ**su·per**ˈ**fi·cies** [-'fiːʃɪːz] *pl* -**cies** *s* 1. (Ober)Fläche *f.* 2. *fig.* Oberfläche *f,* äußerer Anschein.
'**su·per**ˌ**film** *s* Monumen'talfilm *m.* ~·'**fine** *adj* 1. *bes. econ.* extra-, super-, hochfein. 2. über'feinert, prezi'ös. II *s* 3. *pl econ.* extrafeine Ware. ~·'**flu·id** *s* supraflüssiges Helium, Helium *n* II.
su·per·flu·i·ty [ˌsuːpə(r)'fluːətɪ; *Am.* -'fluː-] *s* 1. 'Überfluß *m,* Zu'viel *n* (**of** an *dat*). 2. *meist pl* Entbehrlichkeit *f,* 'Überflüssigkeit *f.* **su·per·flu·ous** [suː'pɜːfluəs; *Am.* suː'pɜːrfluəs] *adj (adv* ~ly) 1. 'überreichlich (vor'handen). 2. 'überflüssig, unnötig. 3. verschwenderisch.
'**su·per**ˌ**group** *s Computer:* 'Übergruppe *f.* ~·'**heat** *v/t tech.* über'hitzen. ~·'**heat·er** *s tech.* ('Dampf)Über,hitzer *m.* ~·'**heav·y·weight** *sport* I *s* Superschwergewicht(ler *m*) *n.* II *adj* Superschwergewichts... '~·**he·ro** *s* Superheld *m.* ~·'**het**(**·er·o·dyne**) *electr.* I *adj* Überlagerungs..., Superhet... II *s* Über'lagerungsempfänger *m,* Super(het) *m.* '~·**high fre·quen·cy** *s electr.* superhohe Fre'quenz. ~·**high-'fre·quen·cy** *adj electr.* Höchstfrequenz..., ~·'**high·way** *s Am.* Autobahn *f.* ~·'**hu·man** *adj* 'übermenschlich: **~ beings; ~ efforts**. ~·**im'pose** *v/t* 1. dar'auf-, dar'übersetzen *od.* -stellen *od.* -legen. 2. setzen, legen, lagern, schichten (**on, upon** auf *od.* über *acc*): **one ~d on the other** übereinandergelagert. 3. hin'zufügen (**on** zu), folgen lassen (**on** *dat*), anein'anderreihen. 4. *electr. phys.* über'lagern. 5. *Film etc:* 'durch-, einblenden, 'überko,pieren. '~·**im**ˌ**preg'na·tion** → **superfetation** 1. ~·**in'cum·bent** *adj* 1. oben'auf liegend. 2. lastend. ~·**in'duce** *v/t* 1. (noch) hin'zufügen (zu). 2. (zusätzlich) einführen (**on, upon** zu). 3. (oben'drein) her'beiführen. 4. *fig.* aufpfropfen.
su·per·in·tend [ˌsuːpərɪn'tend; -prɪn-] *v/t* 1. die (Ober)Aufsicht haben *od.* füh-

ren über (*acc*), beaufsichtigen, über'wachen. 2. verwalten, leiten. ˌ**su·per·in**-ˈ**tend·ence** *s* 1. (Ober)Aufsicht *f* (**over** über *acc*). 2. Verwaltung *f,* Leitung *f* (**of** gen). ˌ**su·per·in'tend·ent** I *s* 1. Leiter *m,* Vorsteher *m,* Di'rektor *m*: **~ of public works**. 2. (Ober)Aufseher *m,* Aufsichtsbeamte(r) *m,* In'spektor *m*: **~ of schools** Schulinspektor. 3. a) *Br. (etwa)* Kommis'sar(in), b) *Am.* Poli'zeichef *m.* 4. *bes. Am.* Hausverwalter *m.* 5. *relig.* Superinten'dent *m.* II *adj* 6. aufsichtführend, leitend, Aufsichts...
su·pe·ri·or [suː'pɪərɪə(r)] I *adj (adv* ~ly) 1. höherstehend, höher(er, e, es) Ober..., vorgesetzt: **~ court** *jur.* höheres Gericht, höhere Instanz; **~ officer** vorgesetzter *od.* höherer Beamter *od.* Offizier, Vorgesetzte(r) *m.* 2. über'legen, über'ragend, souve'rän: **~ man; ~ skill**; → **style** 2. 3. höher(er, e, es), um'fassender(er, e, es): **~ genus; ~ wisdom**. 4. höher(er, e, es), besser (**to** als), her'vorragend, erlesen: **~ quality; ~ beings** höhere Wesen; **~ performance** hervorragende Leistung. 5. (**to**) größer, stärker (als), über'legen (*dat*): **~ in number** zahlenmäßig überlegen, in der Überzahl; **~ forces** *mil.* Übermacht *f;* **~ title to an estate** *jur.* höherer Rechtsanspruch auf ein Gut. 6. *fig.* über'legen, -'heblich: **~ smile**. 7. *iro.* über'heblich: **~ persons** bessere *od.* feine Leute. 8. erhaben (**to** über *acc*): **~ to prejudice; to rise ~ to s.th.** sich über etwas erhaben zeigen. 9. höherliegend, ober(er, e, es): **~ planets** *astr.* äußere Planeten. 10. *print.* hochgestellt. II *s* 11. **to be s.o.'s ~ in thinking** (**courage**, *etc*) *j-m* geistig (an Mut *etc*) überlegen sein; **he has no ~ in courage** an Mut übertrifft ihn keiner. 12. *a.* **~ in rank** Vorgesetzte(r *m*) *f.* 13. *relig.* a) (*a.* **Father S~** Vater *m*) *f* Su'perior *m,* b) (*a.* **Lady** *od.* **Mother S~** Schwester *f*) Oberin *f.* **su·pe·ri·or·i·ty** [-'ɒrətɪ; *Am. a.* -'ɑːr-] *s* 1. Erhabenheit *f* (**to**, **over** über *acc*). 2. Über'legenheit *f,* 'Übermacht *f* (**to, over** über *acc;* **in** in *od.* an *dat*). 3. Vorrecht *n,* -rang *m,* -zug *m.* 4. Über'heblichkeit *f*: **~ complex** *psych.* Superioritätskomplex *m.*
su·per·ja·cent [ˌsuːpə(r)'dʒeɪsnt] *adj* dar'auf-, dar'überliegend.
su·per·la·tive [suː'pɜːlətɪv; *Am.* suː'pɜːr-] I *adj* 1. höchst(er, e, es): **~ beauty** (**praise, wisdom,** *etc*). 2. un'übertrefflich, über'ragend. 3. *ling.* superlativisch, Superlativ...: **~ degree** → 5. II *s* 4. höchster Grad, höchste Stufe, Gipfel *m* (*a. contp.*), *contp.* Ausbund *m* (**of** an *dat*). 5. *ling.* Superlativ *m*: **to talk in ~s** *fig.* in Superlativen reden. **su'per·la·tive·ly** *adv* 1. im höchsten Grade. 2. → **superlative** 1. **su'per·la·tive·ness** *s* 1. höchster Grad. 2. 'Unüber,trefflichkeit *f.*
ˌ**su·per**ˈ**lu·na·ry,** ~·'**lu·nar** *adj* 1. jenseits des Mondes (gelegen). 2. 'überirdisch. '~·**man** [-mæn] *s irr* 1. *philos. u. fig.* 'Übermensch *m.* 2. **S~** *Am.* Gestalt e-r *Comic-strip-Serie.* 3. *bes. iro.* Supermann *m.* '~·**mar·ket** *s* Supermarkt *m.* '~·'**mol·e·cule** *s chem.* 'Makromole,kül *n.*
su·per·nac·u·lum [ˌsuːpə(r)'nækjʊləm] I *adv* 1. **to drink ~** *obs.* bis auf die Nagelprobe austrinken. 2. vollständig. II *s* 3. alko'holisches Getränk bester Quali'tät. 4. *fig.* köstliche Sache.
su·per·nal [suː'pɜːnl; *Am.* suː'pɜːrnl] *adj* (*adv* ~ly) 'überirdisch, himmlisch.
ˌ**su·per**ˈ**nat·u·ral** I *adj* 'übernatürlich. II *s* **the ~** das 'Übernatürliche. ~·'**nat·u·ral·ism** *s* 1. *philos. relig.* ˌSupranatura'lismus *m,* Offen'barungsglaube *m.* 2. Wunderglaube *m.* ~·'**nor·mal** *adj* 1. 'über,durchschnittlich, über das Nor-

'male hin'ausgehend. 2. außer-, ungewöhnlich. ~·'**no·va** *s a. irr astr.* Supernova *f.* ~·'**nu·mer·ar·y** I *adj* 1. über'zählig, außerplanmäßig, extra. 2. 'überflüssig. II *s* 3. 'überzählige Per'son *od.* Sache. 4. außerplanmäßiger Beamter *od.* Offi'zier. 5. Hilfskraft *f,* -arbeiter(in). 6. *thea. etc* Sta'tist(in). ~·'**ox·ide** *s chem.* 'Super-, 'Pero,xyd *n.* ~·'**per·son·al** *adj* 'überper,sönlich. ~·'**phos·phate** *s chem.* 'Superphos,phat *n.*
su·per·pose [ˌsuːpə(r)'pəʊz] *v/t* 1. (auf-)legen, lagern, schichten (**on, upon** über *od.* auf *acc*). 2. überein'ander anordnen *od.* anbringen, überein'anderlegen, -schichten, -lagern. 3. *math.* überein'anderlagern, superpo'nieren: **to be ~d** sich decken. 4. *electr.* über'lagern. ˌ**su·per·po'si·tion** [-pə'zɪʃn] *s* 1. Aufschichtung *f,* -lagerung *f.* 2. Auf-, Überein'andersetzen *n.* 3. *bes. geol.* Schichtung *f*: **the law of ~** *geol. Gesetz, nach dem die unterliegende Schicht älter ist als die obere.* 4. *bot. math.* Superpositi'on *f.* 5. *electr. phys.* Über'lagerung *f.*
'**su·per**ˌ**pow·er** *s* 1. *pol.* a) Supermacht *f* (*Nation*), b) 'überstaatliche Macht. 2. *electr.* Höchstleistung *f* (*von großen Verbundnetzen*): **~ station** Großkraftwerk *n;* **~ transmitter** Größtsender *m.* '~·**race** *s pol.* Herrenvolk *n.* ~·'**roy·al** *s* 'Großroy,alpa,pier *n* (*brit. Schreib- od. Zeichenpapier, Format* 19 × 27 *Zoll; amer. Schreibpapier, Format* 20 × 28 *Zoll; Druckbogen, Format* 20½ × 27½ *Zoll*). ~·'**sat·u·rate** *v/t chem. med. tech.* über'sättigen. '~·**sat·u'ra·tion** *s* Über'sättigung *f.* ~·'**scribe** [ˌ-'skraɪb; '-sk-] *v/t* 1. mit Namen *od.* oben'ansetzen. 2. beschriften, über'schreiben. '~·**script** I *s* 1. → **superscription** 2. 2. *math.* hochgestellter Index. II *adj* 3. über'schrieben. ~·'**scrip·tion** *s* 1. Über'schreiben *n.* 2. *obs.* 'Über-, Auf-, Inschrift *f.*
su·per·sede [ˌsuːpə(r)'siːd] *v/t* 1. *j-n od. etwas* ersetzen (**by** durch). 2. abschaffen, beseitigen, *ein Gesetz etc* aufheben. 3. *j-n* absetzen, s-s Amtes entheben. 4. *j-n* in der Beförderung *etc* über'gehen. 5. verdrängen, ersetzen, 'überflüssig machen: **new methods ~ old ones**. 6. an die Stelle treten von (*od.* gen), *j-n od. etwas* ablösen, *j-s* Nachfolger werden, *j-d* by abgelöst werden von. ˌ**su·per'se·de·as** [-dɪæs; -ɪəs] *s* 1. *jur.* (Anordnung *f* der) Aussetzung *f* des Verfahrens, Si'stierungsbefehl *m,* 'Widerruf *m* (*e-r Anordnung*). 2. *fig.* Hemmnis *n.* ˌ**su·per'sed·ence,** ˌ**su·per'se·dure** [-dʒə(r)] → **supersession**.
ˌ**su·per**ˈ**sen·si·ble** I *adj* 'übersinnlich. II *s* **the ~** das 'Übersinnliche. ~·'**sen·si·tive** *adj* 'überempfindlich. ~·'**sen·so·ry** → **supersensible** I. ~·'**serv·ice·a·ble** *adj obs.* (allzu) dienstbeflissen, 'übereifrig.
su·per·ses·sion [ˌsuːpə(r)'seʃn] *s* 1. Ersetzung *f* (**by** durch). 2. Abschaffung *f,* Aufhebung *f.* 3. Absetzung *f.* 4. Verdrängung *f* (**by** durch).
'**su·per**ˌ**size** I *s* 'Riesenfor,mat *n,* 'Übergröße *f.* II *adj* 'übergroß, riesig. ~·'**son·ic** I *adj* 1. *phys.* 'ultraschallfre,quent, Ultraschall... 2. *aer. phys.* a) 'Überschallgeschwindigkeits..., b) 'Überschall...: **~ aircraft** → 5 a; **at ~ speed** mit Überschallgeschwindigkeit; **~ boom, ~ bang** → **sonic boom**. 3. *sl.* ,supertoll'. II *s* 4. *phys.* a) Ultraschallwelle *f,* b) *pl* (*als sg konstruiert*) Fachgebiet *n* des Ultraschalls. 5. *aer. phys.* a) 'Überschallflugzeug *n,* b) 'Überschallflug *m.* '~·**sound** *phys.* Ultraschall *m.* '~·**star** *s* Superstar *m.* '~·**state** *s pol.* Supermacht *f.*
su·per·sti·tion [ˌsuːpə(r)'stɪʃn] *s* 1. Aberglaube(n) *m.* 2. abergläubischer

Brauch. ˌsu·per'sti·tious [-ʃəs] *adj* (*adv* ~ly) abergläubisch. ˌsu·per'sti·tious·ness *s* (*das*) Abergläubische, Aberglaube(n) *m*.
'su·per·store *s bes. Br.* großes Kaufhaus. ˌstra·tum *s irr* **1.** *geol.* obere Schicht. **2.** *ling.* Super'strat *n.* '~ˌstruc·ture *s* **1.** Ober-, Aufbau *m:* ~ work *arch.* Hochbau *m.* **2.** *mar.* Deckaufbauten *pl.* **3.** *fig.* Oberbau *m.* ˌ~'sub·tle *adj* über'feinert, -'spitzt. '~ˌtank·er *s mar.* Supertanker *m.* '~ˌtax *s econ.* **1.** ~ surtax **1. 2.** *bes. Br.* Einkommensteuerzuschlag *m.* ˌ~'tem·po·ral¹ *adj* 'überzeitlich, ewig. ˌ~'tem·po·ral² *adj anat.* über dem Schläfenbein (gelegen). ˌ~'ter·ra·ne·an, ˌ~'ter·ra·ne·ous, ˌ~'ter'rene *adj* über *od.* auf der Erde *od.* Erdoberfläche (befindlich). ˌ~'ter'res·tri·al *adj* über der Erde (befindlich), 'überirdisch. ˌ~'ton·ic *s mus.* zweite Stufe (*der* Tonleiter).
su·per·vene [ˌsuːpə(r)'viːn] *v/i* **1.** (noch) hin'zukommen (upon, on zu). **2.** sich plötzlich einstellen, (unvermutet) eintreten, da'zwischenkommen. **3.** (unmittelbar) folgen, sich ergeben. ˌsu·per'ven·i·ence [-jəns] → supervention. ˌsu·per'ven·i·ent *adj* **1.** (noch) hin'zukommend (to zu). **2.** unvermutet eintretend, da'zwischenkommend. **3.** (unmittelbar) folgend. ˌsu·per'ven·tion [-'venʃn] *s* **1.** Hin'zukommen *n* (on zu). **2.** unvermutetes Eintreten, Da'zwischenkommen *n.*
su·per·vise ['suːpə(r)vaɪz] *v/t* beaufsichtigen, über'wachen, die (Ober)Aufsicht haben *od.* führen über (*acc*), kontrol'lieren. ˌsu·per'vi·sion [-'vɪʒn] *s* **1.** Beaufsichtigung *f*, Über'wachung *f.* **2.** (Ober-)Aufsicht *f*, Kon'trolle *f* (of über *acc*): police ~ Polizeiaufsicht *f.* **3.** *ped.* 'Schulinspekti₍o₎n *f.* 'su·per·vi·sor [-vaɪzə(r)] *s* **1.** Aufseher *m*, Kontrol'leur *m*, Aufsichtsbeamte(r) *m*, Aufsichtführende(r) *m.* **2.** *Am.* (leitender) Beamter e-s Stadt-*od.* Kreisverwaltungsvorstandes. **3.** *ped.* Fachbeauftragte(r) *m* e-r Schulbehörde. **4.** *univ.* 'Doktorvater' *m.* su·per·vi·so·ry ['-vaɪzərɪ; ˌ-'v-] *adj* Aufsichts..., Überwachungs...: ~ function Kontrollfunktion *f.*
su·pi·na·tion [ˌsjuːpɪ'neɪʃn; *bes. Am.* ˌsu:-] *s* **1.** Supinati₍o₎n *f*, Aufwärtsdrehung *f* (*von Handteller od. Fußsohle*). **2.** Rückenlage *f.*
su·pine¹ ['sjuːpaɪn; *bes. Am.* 'suː-] *s ling.* Su'pinum *n.*
su·pine² [sjuː'paɪn; *bes. Am.* suː-] *adj* (*adv* ~ly) **1.** auf dem Rücken liegend, aus-, 'hingestreckt: ~ position Rückenlage *f.* **2.** mit der Innenfläche nach oben (*Hand, Fuß etc*). **3.** *poet.* zu'rückgelehnt, geneigt. **4.** *fig.* nachlässig, untätig, träge. su'pine·ness *s fig.* Nachlässigkeit *f*, Trägheit *f.*
sup·per ['sʌpə(r)] I *s* **1.** Abendessen *n*, -brot *n:* to have ~ zu Abend essen; ~ club *Am.* exklusiver Nachtklub. **2.** die S~ *relig.* a) *a.* the Last S~ das letzte Abendmahl (*Christi*), b) the Lord's S~ das heilige Abendmahl, *R.C.* die heilige Kommuni₍o₎n. II *v/i* **3.** selten zu Abend essen. III *v/t* **4.** selten j-m das Abendessen ser'vieren *od.* machen. 'sup·per·less *adj* ohne Abendessen.
sup·plant [sə'plɑːnt; *Am.* -'plænt] *v/t* j-n *od.* etwas verdrängen, e-n Rivalen ausstechen.
sup·ple ['sʌpl] I *adj* (*adv* supply) **1.** geschmeidig: a) biegsam, e'lastisch, b) *fig.* beweglich: a ~ mind. **2.** *fig.* fügsam, nachgiebig. **3.** kriecherisch, unter'würfig. II *v/t* **4.** geschmeidig *etc* machen. **5.** *ein Pferd* zureiten. III *v/i* **6.** geschmeidig *etc* werden.

sup·ple·ment I *s* ['sʌplɪmənt] **1.** (to) Ergänzung *f* (*gen od.* zu), Zusatz *m* (zu). **2.** Nachtrag *m*, Anhang *m* (to zu *e-m Buch*), Ergänzungsband *m.* **3.** Beilage *f* (*zu e-r Zeitung etc*): commercial ~ Handelsbeilage. **4.** *math.* Ergänzung *f* (*auf 180 Grad*). **5.** Aufbesserung *f* (to one's income ~s Einkommens). II *v/t* ['sʌplɪment] **6.** ergänzen. **7.** *sein Einkommen* aufbessern. ˌsup·ple'men·tal [-'mentl] *adj* (*adv* ~ly) → supplementary **1**: ~ firm *Am.* Zulieferfirma *f.* ˌsup·ple·men·tar·i·ly [ˌsʌplɪ'mentərəlɪ; *Am. bes.* ˌsʌpləmen'terəliː] *adv.* ˌsup·ple'men·ta·ry [-'mentərɪ] I *adj* **1.** ergänzend, Ergänzungs..., zusätzlich, Zusatz..., Nach(trags)...: to be ~ to s.th. etwas ergänzen; ~ agreement *econ. pol.* Zusatzabkommen *n;* ~ benefit *Br.* Sozialhilfe *f;* ~ budget *pol.* Nachtragshaushalt *m;* ~ entry *econ.* Nachtragsbuchung *f;* ~ estimates *econ.* Nachtragsetat *m;* ~ order Nachbestellung *f;* ~ proceedings *jur.* a) Zusatzverfahren *n*, b) Offenbarungsverfahren *n* (*zwecks Vollstreckung*); ~ question Zusatzfrage *f;* to take a ~ ticket (e-e Fahrkarte) nachlösen. **2.** *math.* supplemen'tär: ~ angle Supplementärwinkel *m.* **3.** *bes. tech.* Hilfs..., Ersatz..., Zusatz... II *s* **4.** Nachtrag *m*, Ergänzung *f.* ˌsup·ple·men'ta·tion [-men-] *s* Ergänzung *f:* a) Nachtragen *n*, b) Nachtrag *m*, Zusatz *m.*
sup·ple·ness ['sʌplnɪs] *s* **1.** Geschmeidigkeit *f* (*a. fig.*). **2.** Fügsamkeit *f.* **3.** Unter'würfigkeit *f.*
sup·ple·tion [sə'pliːʃn] *s ling.* Suppleti₍o₎n *f.*
sup·ple·to·ry ['sʌplɪtərɪ; *Am.* -ˌtɔːrɪ; -ˌtoʊrɪ; sə'pliːtərɪ] → supplementary **1**.
sup·pli·ant ['sʌplɪənt] I *s* (demütiger) Bittsteller. II *adj* (*adv* ~ly) flehend, demütig (bittend).
sup·pli·cant ['sʌplɪkənt] → suppliant.
'sup·pli·cat [-kæt] *s univ. Br.* Gesuch *n* (*bes. um* Immatrikulation). 'sup·pli·cate [-keɪt] I *v/i* **1.** demütig *od.* dringlich bitten, flehen (for um). II *v/t* **2.** anflehen, demütig bitten (s.o. for s.th. j-n um etwas). **3.** erbitten, erflehen, bitten um. ˌsup·pli'ca·tion *s* **1.** demütige Bitte (for um), Flehen *n.* **2.** (Bitt)Gebet *n.* **3.** *selten.* 'sup·pli·ca·to·ry [-kətərɪ; -keɪ-; *Am.* -kəˌtɔːrɪ; -ˌtoʊrɪ] *adj* flehend, Bitt...
sup·pli·er [sə'plaɪə(r)] *s* Liefe'rant(in), *a. pl* Lieferfirma *f.*
sup·ply [sə'plaɪ] I *v/t* **1.** a) *allg.* liefern: to ~ electricity (goods, proof, *etc*), b) beschaffen, bereitstellen, sorgen für, zuführen: to ~ the necessary equipment. **2.** j-n *od.* etwas beliefern, versorgen, ausstatten, versehen, *electr. tech.* speisen (with mit): to ~ s.o. with s.th., to ~ s.th. to s.o. **3.** ergänzen: to ~ missing words. **4.** ausgleichen, ersetzen: to ~ a loss; to ~ a deficit ein Defizit decken. **5.** *ein Bedürfnis* befriedigen: to ~ a want e-m Mangel abhelfen; to ~ the demand *econ.* die Nachfrage decken. **6.** *e-e Stelle* ausfüllen, einnehmen, *ein Amt* vor'übergehend versehen: to ~ the place of s.o. j-n vertreten. **7.** *econ.* nachschießen, -zahlen.
II *s* **8.** Lieferung *f* (to an *acc*), Zufuhr *f*, Beschaffung *f*, Bereitstellung *f.* **9.** Belieferung *f*, Versorgung *f* (with mit), Bedarfsdeckung *f:* ~ crisis *econ.* Versorgungskrise *f.* **10.** *electr.* (Netz)Anschluß *m.* **11.** Ergänzung *f*, Zuschuß *m*, Beitrag *m.* **12.** *econ.* Angebot *n:* ~ and demand Angebot u. Nachfrage; to be in short ~ knapp sein. **13.** *meist pl* Vorrat *m*, Lager *n*, Bestand *m.* **14.** *meist pl mil.* Nachschub *m*, Ver'sorgung(smateri₍a₎l *n*) *f*, Provi'ant *m.* **15.** *pl econ.* Ar'tikel *pl*, Bedarf *m:* operating supplies Betriebsstoffe. **16.** a) Stellvertreter(in), Ersatz *m*, b) Stellvertretung *f:* on ~ in Vertretung. **17.** *meist pl parl.* bewilligter E'tat: Committee of S~ Haushaltsausschuß *m.*
III *adj* **18.** Versorgungs..., Liefer..., Lieferungs...: ~ plant Lieferwerk *n;* ~ price *econ.* äußerster *od.* niedrigster Preis; ~-side economics *Am.* angebotsorientierte Wirtschaftspolitik. **19.** *mil.* a) Versorgungs...: ~ area (bomb, officer, ship), b) Nachschub...: ~ base Versorgungs-, Nachschubbasis *f;* ~ lines Nachschubverbindungen; ~ sergeant Kammerunteroffizier *m.* **20.** *electr. tech.* Speise...: ~ circuit (current, line, relay); ~ pipe Zuleitung(srohr *n*) *f;* ~ station *Br.* Kraftwerk *n;* ~ voltage Netz-, Speisespannung *f.* **21.** Aushilfs..., Ersatz...: ~ teacher.
sup·port [sə'pɔː(r)t; *Am. a.* -'pɔərt] I *v/t* **1.** tragen, (ab)stützen, (aus)halten: to ~ a wall (weight, *etc*). **2.** ertragen, (er)dulden, aushalten. **3.** j-n unter'stützen, stärken, j-m beistehen, j-m Rückendeckung geben: what ~ed him was hope nur die Hoffnung hielt ihn aufrecht. **4.** erhalten, unter'halten, sorgen für, ernähren (on von): to ~ a family; to ~ o.s. on sich ernähren *od.* erhalten von; inability to ~ o.s. Erwerbsunfähigkeit *f.* **5.** aufkommen für, finan'zieren: to ~ a project. **6.** in Gang halten: to ~ the conversation. **7.** eintreten für, unter'stützen, fördern, befürworten: to ~ a policy (a candidate). **8.** vertreten: to ~ a theory. **9.** beweisen, begründen, erhärten, rechtfertigen. **10.** *econ.* a) *e-e Währung* decken, b) *den Preis* halten, stützen. **11.** *thea. etc* a) *e-e Rolle* spielen, b) als Nebendarsteller(in) auftreten mit (*e-m Star etc*).
II *s* **12.** *allg.* Stütze *f:* to walk without ~; ~ hose Stützstrümpfe. **13.** *arch. tech.* a) Stütze *f*, Halter *m*, Träger *m*, Ständer *m*, b) Strebe *f*, Absteifung *f*, c) Lagerung *f*, Bettung *f*, d) Sta'tiv *n*, e) *arch.* 'Durchzug *m.* **14.** *mil.* (Gewehr)Auflage *f.* **15.** (*a. mil.* taktische) Unter'stützung, Beistand *m*, Rückhalt *m*, Rückendeckung *f:* to give ~ to → 3; in ~ of zur Unterstützung (*gen*); ~ buying *econ.* Stützungskäufe *pl.* **16.** Unter'haltung *f* (*e-r Einrichtung*). **17.** (Lebens)Unterhalt *m.* **18.** *fig.* Stütze *f*, (Rück)Halt *m.* **19.** Aufrechterhaltung *f.* **20.** Bekräftigung *f*, Erhärtung *f*, Beweis *m:* in ~ of zur Bestätigung von (*od. gen*). **21.** *mil.* Re'serve *f*, Verstärkung *f.* **22.** *thea.* a) Partner(in) (*e-s Stars*), b) Unter'stützung *f* (*e-s Stars*) (durch das En'semble), c) En'semble *n.* **23.** *phot.* Träger *m.*
sup·port·a·ble [sə'pɔː(r)təbl; *Am. a.* -'pɔərt-] *adj* (*adv* supportably) **1.** haltbar, vertretbar: ~ view. **2.** erträglich, zu ertragen(d). sup'port·er *s* **1.** *arch. tech.* Stütze *f*, Träger *m.* **2.** *fig.* Beistand *m*, Helfer(in), Unter'stützer(in), Stütze *f.* **3.** Erhalter(in). **4.** Anhänger(in) (*a. sport*), Verfechter(in), Vertreter(in), Befürworter(in). **5.** *med.* Stütze *f*, Tragbinde *f.* **6.** *her.* Wappen-, Schildhalter *m.* sup'port·ing **1.** tragend, stützend, Stütz..., Trag...: ~ surfaces *aer.* Tragwerk *n.* **2.** unter'stützend, Unterstützungs...: ~ actor *thea. etc* Nebendarsteller *m;* ~ bout (*Boxen*) Rahmenkampf *m;* ~ cast *thea. etc* Ensemble *n;* ~ fire *mil.* Unterstützungsfeuer *n;* ~ measures flankierende Maßnahmen; ~ program(me) (*Film*) Beiprogramm *n;* ~ purchases *econ.* Stützungskäufe. **3.** erhärtend, bekräftigend: ~ document Unterlage *f*, Beleg *m;* ~ evidence zusätz-

liche Beweise. **sup'port·ive** → **supporting** 3.

sup·pos·a·ble [səˈpəʊzəbl] *adj* **1.** anzunehmen(d), denkbar. **2.** vorˈaussetzbar. **3.** vermutlich.

sup·pos·al [səˈpəʊzl] → **supposition**.

sup·pose [səˈpəʊz] **I** *v/t* **1.** (als möglich *od.* gegeben) annehmen, vorˈaussetzen, sich vorstellen: ~ (*od.* **supposing** *od.* **let us** ~) angenommen, gesetzt den Fall; **it is to be ~d** that es ist anzunehmen, daß. **2.** *imp* (*e-n Vorschlag einleitend*) wie wäre es, wenn (*wir e-n Spaziergang machten?*): ~ **we went for a walk!** **3.** vermuten, glauben, meinen: **they are British**, I ~ es sind wohl *od.* vermutlich Engländer; **I ~ I must have fallen asleep** ich muß wohl eingeschlafen sein. **4.** (*mit acc u. inf*) halten für: **I ~ him to be a painter**; **he is ~d to be rich** er soll reich sein. **5.** (notwendigerweise) vorˈaussetzen: **creation ~s a creator**. **6.** (*pass mit inf*) sollen: **isn't he ~d to be at home?** sollte er nicht (eigentlich *od.* von Rechts wegen) zu Hause sein?; **a grammarian is ~d to know (the) grammar** von e-m Grammatiker erwartet man, daß er die Grammatik kennt; **you are not ~d to know everything** du brauchst nicht alles zu wissen; **what is that ~d to mean?** was soll denn das? **II** *v/i* **7.** I ~ **so** ich nehme es an, wahrscheinlich, vermutlich. **sup'posed** *adj* **1.** angenommen: **a ~ case**. **2.** vermutlich. **3.** vermeintlich, angeblich. **sup'pos·ed·ly** [-ɪd-] *adv*.

sup·po·si·tion [ˌsʌpəˈzɪʃn] *s* **1.** Vorˈaussetzung *f*: **on the ~ that** unter der Vorˈaussetzung, daß. **2.** Vermutung *f*, Mutˈmaßung *f*, Annahme *f*. **3.** *Logik*: Begriffsinhalt *m*. **sup·po'si·tion·al** [-ʃənl] *adj* (*adv* ~**ly**), *a.* **sup·po'si·tion·ar·y** [-ʃnərɪ; *Am.* -ʃəˌnerɪ] *adj* auf Annahme beruhend, angenommen, hypoˈthetisch. **sup·pos·i·ti·tious** [səˌpɒzɪˈtɪʃəs; *Am.* -ˌpɑzə-] *adj* **1.** unecht, gefälscht, vorgeblich. **2.** ˈuntergeschoben (*Kind, Absicht etc*), erdichtet. **3.** → **suppositional**. **sup'pos·i·tive** [-ˈpɒzɪtɪv; *Am.* -ˈpɑzə-] → **suppositional**.

sup·pos·i·to·ry [səˈpɒzɪtərɪ; *Am.* -ˈpɑzəˌtɔːrɪ; -ˌtoː-] *s med.* Zäpfchen *n*, Suppoˈsitorium *n*.

sup·press [səˈpres] *v/t* **1.** *allg.* unterˈdrücken: **to ~ a rebellion (a cough, a feeling,** *electr.* **a radio noise, etc**); **~ed laughter** unterdrücktes Lachen; **to ~ interference from** *electr.* ein Gerät entˈstören. **2.** etwas abstellen, abschaffen, e-r Sache ein Ende machen. **3.** a) *ein Buch etc* verbieten *od.* unterˈdrücken, b) *e-e Textstelle* streichen. **4.** verheimlichen, -schweigen, unterˈschlagen, verˈtuschen: **to ~ evidence** *jur.* Beweismaterial unterˈschlagen. **5.** *med.* a) *e-e Blutung* stillen, b) *Durchfall* stopfen, c) *Harn, Stuhl* verˈhalten. **6.** *psych.* verdrängen. **sup'pres·sant** *s*: **appetite ~** Appeˈtitzügler *m*. **sup'press·i·ble** *adj* unterˈdrückbar, zu verheimlichen(d). **sup'pres·sion** [-ʃn] *s* **1.** Unterˈdrückung *f* (*a. fig. u. electr.*): ~ **of interference** *electr.* Entˈstörung *f*. **2.** Abschaffung *f*. **3.** Verschweigen *n*, -tuschung *f*, -heimlichung *f*, Unterˈschlagung *f*. **4.** *med.* a) (Blut)Stillung *f*, b) Stopfung *f*, c) (Harn-, Stuhl)Verˈhaltung *f*. **5.** *psych.* Verdrängung *f*. **sup'pres·sive** [-sɪv] *adj* unterˈdrückend, Unterdrückungs... **sup'pres·sor** [-sə(r)] *s* **1.** Unterˈdrücker(in). **2.** Verhehler(in). **3.** *electr.* a) Sperrgerät *n*, b) Entˈstörer *m*: ~ **grid** Bremsgitter *n*.

sup·pu·rate [ˈsʌpjʊəreɪt] *v/i med.* eiˈtern. **sup·pu·ra·tion** *s* Eiterung *f*, Eiˈterbildung *f*. **'sup·pu·ra·tive** [-rətɪv;

Am. a. -ˌreɪ-] *adj* eiternd, eitrig, Eiter...

su·pra [ˈsuːprə] (*Lat.*) *adv* oben (*bei Verˈweisen in e-m Buch etc*).

supra- [suːprə] *Wortelement mit den Bedeutungen* a) *bes. scient.* über, oberhalb, b) früher, vorhergehend, c) über ... hinaus.

ˌsu·pra·conˈduc·tor *s electr.* Supraˈleiter *m*.

ˌsu·praˈlim·i·nal *adj psych.* bewußt, ˈüberschwellig.

ˌsu·pra·moˈlec·u·lar *adj chem.* supramoleku'lar.

ˌsu·praˈmun·dane *adj* ˈüberweltlich, -irdisch.

ˌsu·praˈna·tion·al *adj* ˈübernatioˌnal, -staatlich.

ˌsu·praˈnat·u·ral → **supernatural**.

ˌsu·praˈpro·test *s a.* **acceptance** ~ *econ. jur.* Interventiˈonsakˌzept *n*, Ehrenannahme *f*.

ˌsu·praˈre·nal *anat.* **I** *adj* supraˈreˌnal, Nebennieren...: ~ **extract** Nebennierenextrakt *m*. **II** *s* Nebenniere(ndrüse) *f*.

su·prem·a·cy [sʊˈpreməsɪ] *s* **1.** Oberhoheit *f*; *pol.* höchste Gewalt, Souveräniˈtät *f*, b) Supreˈmat *m*, *n* (Oberhoheit in Kirchensachen): **Act of S~** Suprematsakte *f* (*Gesetz, durch welches das Staatsoberhaupt zum Haupt der englischen Kirche erklärt wurde; 1535*); **oath of ~** Supremateid *m*. **2.** *fig.* Vorherrschaft *f*, ˈÜbergewicht *n*, Überˈlegenheit *f*: **air ~** Luftherrschaft *f*; **naval ~** Vormachtstellung *f* zur See; **his ~ among dramatists** sein Vorrang unter den Dramatikern.

su·preme [sʊˈpriːm] **I** *adj* **1.** höchst(er, e, es), oberst(er, e, es), Ober...: ~ **authority** höchste (Regierungs)Gewalt; ~ **command** *mil.* Oberbefehl *m*, -kommando *n*; ~ **commander** *mil.* Oberbefehlshaber *m*; **S~ Court** *Am.* a) Oberstes Bundesgericht, b) oberstes Gericht (*e-s Bundesstaates*); → **judicature** 1; **S~ Soviet** Oberster Sowjet; **to reign ~** herrschen (*a. fig.*). **2.** höchst(er, e, es), größt(er, e, es), äußerst(er, e, es), ˈüberˈragend: ~ **courage**; **S~ Being** → 6; **the ~ good** *philos.* das höchste Gut; **the ~ punishment** die Todesstrafe; **he stands ~ among poets** er nimmt unter den Dichtern den höchsten Rang ein. **3.** letzt(er, e, es): ~ **moment** Augenblick *m* des Todes; ~ **sacrifice** Hingabe *f* des Lebens. **4.** entscheidend, kritisch: **the ~ hour in the history of a nation**. **II** *s* **5.** **the ~** der *od.* die *od.* das Höchste. **6.** **the S~** der Allerhöchste, Gott *m*. **7.** *fig.* Gipfel *m*: **the ~ of folly**. **suˈpreme·ly** *adj* höchst, im höchsten Grad, ˈüberaus.

su·pre·mo [sʊˈpriːməʊ] *pl* **-mos** *s Br. colloq.* Oberboß *m*.

sur- [sɜː; sə; *Am.* sɜr; sər] *Wortelement mit der Bedeutung* über, auf.

su·ra[1] [ˈsʊərə] *s relig.* Sure *f* (*Abschnitt des Korans*).

su·ra[2] [ˈsʊərə] *s Br. Ind.* gegorener Palmensaft.

su·rah[1] → **sura**[1].

su·rah[2] [ˈsjʊərə; *Am.* ˈsʊrə] *s* Surah *m*, Seidenköper *m*.

su·ral [ˈsjʊərəl; *Am.* ˈsʊrəl] *adj* Waden...

su·rat [sʊˈræt] *s* **1.** Suˈratbaumwolle *f*. **2.** minderwertiger Baumwollstoff.

sur·base [ˈsɜːbeɪs; *Am.* ˈsɜrb-] *s arch.* Kranz(gesims *n*) *m*, Rand *m*.

sur·cease [sɜːˈsiːs; *Am.* ˌsɜr-; *a.* ˈsɜrs-] *obs.* **I** *v/i* **1.** ablassen (**from** von). **2.** aufhören. **II** *v/t* **3.** ablassen von. **4.** unterˈbrechen. **III** *s* **5.** Ende *n*, Aufhören *n*. **6.** Unterˈbrechung *f*, Pause *f*.

sur·charge I *s* [ˈsɜːtʃɑː(r)dʒ; *Am.* ˈsɜrtʃ-] **1.** *bes. fig.* ˈÜberˌlastung *f*, -ˈbürdung *f*. **2.** *econ.* a) ˈÜberˌforderung *f* (*a. fig.*), zuˈviel berechnete Gebühr, b) ˈÜberpreis *m*, c) (Steuer)Zuschlag *m*, d) Zuschlag(s-

gebühr *f*) *m*, e) Nach-, Strafporto *n*. **3.** ˈÜber-, Aufdruck *m* (*auf Briefmarken etc*). **II** *v/t* [sɜːˈtʃɑː(r)dʒ; *Am. bes.* ˈsɜrtʃˌ-; *a.* ˌsɜrˈtʃ-] **4.** ˈüberˈfordern, -ˈlasten, -ˈbürden. **5.** *econ.* a) Nachporto *od.* e-n Zuschlag *etc* erheben auf (*acc*), b) *ein Konto zusätzlich belasten*. **6.** *Briefmarken etc* (*mit neuer Wertangabe*) ˈüberˈdrucken. **7.** überˈfüllen, -ˈsättigen.

sur·cin·gle [ˈsɜːsɪŋgl; *Am.* ˈsɜrˌs-] *s* **1.** Sattel-, Packgurt *m*. **II** *v/t* **2.** *e-m Pferd* e-n Sattel- *od.* Packgurt anlegen. **3.** mit e-m Gurt befestigen.

sur·coat [ˈsɜːkəʊt; *Am.* ˈsɜrk-] *s* **1.** *hist.* a) Wappenrock *m*, b) ˈÜberrock *m* (*der Frauen*). **2.** Freizeitjacke *f*, Anorak *m*.

surd [sɜːd; *Am.* sɜrd] **I** *adj* **1.** *math.* irratioˈnal: ~ **number**. **2.** *ling.* stimmlos. **3.** sinnlos. **II** *s* **4.** *math.* irratioˈnale Größe, *a.* Wurzelausdruck *m*. **5.** *ling.* stimmloser Laut.

sure [ʃʊə(r); *Am.* ʃɔː] **I** *adj* (*adv* → **surely**) **1.** *nur pred* (**of**) sicher, gewiß (*gen*), ˈüberˈzeugt (von): **are you ~** (**about it**)? bist du (dessen) sicher?; **I feel ~ of getting my money back** ich bin überˈzeugt (davon), daß ich mein Geld zuˈrückerhalte; **if one could be ~ of living to 80** wenn man sicher wüßte, daß man 80 Jahre alt wird; **I am not quite ~ that** ich bin nicht ganz sicher, daß; **he is** (*od.* **feels**) ~ **of success** er ist sich s-s Erfolges sicher; **to be ~ of one's facts** sich s-r Sache sicher sein; **to be ~ of o.s.** selbstsicher sein; **I'm ~ I didn't mean to hurt you** ich wollte Sie ganz gewiß nicht verletzen; **she was not ~ that she had heard** es war ihr so, als hätte sie gehört; **are you ~ you won't come?** wollen Sie wirklich nicht kommen? **2.** *nur pred* sicher, gewiß, (ganz) bestimmt, zweifellos (*objektiver Sachverhalt*): **he is ~ to come** er kommt sicher *od.* bestimmt; **man is ~ of death** dem Menschen ist der Tod gewiß *od.* sicher; **to make ~ that** sich (davon) überzeugen, daß; **to make ~ of s.th.** a) sich von etwas überzeugen, sich e-r Sache vergewissern, b) sich etwas sichern; **to make ~** (*Redew.*) um sicherzugehen; **be ~ to** (*od.* **and**) **shut the window!** vergiß nicht, das Fenster zu schließen!; **for ~** sicher, bestimmt; **not now, that's for ~** jetzt jedenfalls nicht; **to be ~** (*Redew.*) sicher(lich), natürlich (*a. einschränkend = freilich, allerdings*). **3.** sicher, untrüglich: ~ **proof**. **4.** sicher, unfehlbar: **a ~ cure**; **a ~ shot**; **a ~ thing!** *bes. Am. colloq.* (tod)sicher!, (aber) klar!; → **slow** 1. **5.** verläßlich, zuverlässig. **6.** sicher, fest: **a ~ footing**; ~ **faith** *fig.* fester Glaube.

II *adv* **7.** *colloq.* sicher(lich): ~ **enough** a) ganz bestimmt, b) tatsächlich; ~! (aber) klar!, aber sicher!, und ob!; → **egg**[1] 1. **8.** *Am. colloq.* wirklich: **it ~ was cold** es war vielleicht kalt!

ˈsure-ˌfire *adj colloq.* (tod)sicher, zuverlässig. **ˌ~-ˈfoot·ed** *adj* **1.** sicher auf den Füßen *od.* Beinen. **2.** *fig.* sicher.

sure·ly [ˈʃʊə(r)lɪ; *Br. a.* ˈʃɔːlɪ] *adv* **1.** sicher(lich), gewiß, bestimmt, zweifellos. **2.** a) (ganz) bestimmt *od.* sicherlich: **it ~ cannot have been he**, b) doch (wohl): **it ~ can't be true**. **3.** sicher: slowly but ~ langsam, aber sicher. **4.** (*in Antworten*) gewiß, naˈtürlich, selbstverständlich, (aber) sicher.

sure·ness [ˈʃʊə(r)nɪs; *Br. a.* ˈʃɔːnɪs] *s* Sicherheit *f*: a) Gewißheit *f*, feste ˈÜberˌzeugung, b) Zuverlässigkeit *f*, c) Entˈschiedenheit *f*.

sure·ty [ˈʃʊərətɪ; ˈʃʊə(r)tɪ; *Br. a.* ˈʃɔːtɪ] *s* **1.** *bes. jur.* a) Sicherheit *f*, Bürgschaft *f*, Kautiˈon *f*, b) Bürge *m*: **to stand ~** bürgen *od.* Bürgschaft leisten (**for** für *j-n*); ~

suretyship – surrender

bond Bürgschaftsurkunde *f*; ~ **company** *Am.* Kautionsversicherungsgesellschaft *f*. **2.** Gewähr(leistung) *f*, Garan'tie *f*. **3.** *obs.* Gewißheit *f*: **of a** ~ gewiß, ohne Zweifel. '**sure·ty·ship** *s bes. jur.* Bürgschaft(sleistung) *f*.
surf [sɜːf; *Am.* sɜrf] **I** *s* **1.** Brandung *f*. **II** *v/i* **2.** a) in der Brandung baden, b) *sport* wellenreiten, surfen. **3.** branden (*a. fig.*).
sur·face ['sɜːfɪs; *Am.* 'sɜr-] **I** *s* **1.** *allg.* Oberfläche *f*: **a smooth** ~; ~ **of water** Wasseroberfläche, -spiegel *m*; **to come** (*od.* **rise) to the** ~ → 16. **2.** *fig.* Oberfläche *f*, (*das*) Äußere: **on the** ~ a) äußerlich, b) vordergründig, c) oberflächlich betrachtet: **to bring to the** ~ zutage fördern; **to lie on the** ~ zutage liegen; → **scratch** 11. **3.** *math.* a) (Ober)Fläche *f*, b) Flächeninhalt *m*: **lateral** ~ Seitenfläche. **4.** Straßenbelag *m*, -decke *f*. **5.** *aer.* Tragfläche *f*. **6.** *Bergbau* Tag *m*: **on the** ~ über Tag, im Tagebau. **II** *adj* **7.** Oberflächen... (*a. tech.*): ~ **hardening. 8.** *mar.* Überwasser...: ~ **vessel. 9.** Land...: ~ **transport**(**ation**). **10.** *Bergbau* im Tagebau. **11.** *fig.* oberflächlich: a) flüchtig: ~ **impressions**, b) vordergründig: ~ **realism**, c) Schein..., äußerlich, unaufrichtig: ~ **politeness**. **III** *v/t* **12.** *tech. allg.* die Oberfläche behandeln *od.* bearbeiten von (*od. gen*). **13.** a) glätten, b) *tech.* plandrehen, c) Lackierung spachteln. **14.** mit e-m (Oberflächen)Belag versehen: **to** ~ **a road. 15.** ein U-Boot auftauchen lassen. **IV** *v/i* **16.** a) an die Oberfläche kommen, b) *fig.* ans Tageslicht kommen: **he did not** ~ er kam nicht zum Vorschein, er zeigte sich nicht. **17.** auftauchen (*U-Boot*).
,**sur·face**-'**ac·tive** *adj phys.* 'oberflächenak,tiv. ~ **car** *s Am.* Straßenbahn *f* (*Ggs. U-Bahn, Schwebebahn*). ~**charge** *s electr.* (Ober)Flächenladung *f*. ~ **dive** *s* Tauchen *n* aus der Schwimmlage. '~-**ef,fect ship** *s Am.* Luftkissenfahrzeug *n*. ~ **fric·tion drag** *s phys.* Oberflächenreibung *f*. ~ **ga(u)ge** *s tech.* (Plan)Flächenlehre *f*. ~ **in·te·gral** *s math.* '(Ober)Flächeninte,gral *n*. ~ **mail** *s* gewöhnliche Post (*Ggs. Luftpost*). '~-**man** [-mən] *s irr* **1.** *rail.* Streckenarbeiter *m*. **2.** *Bergbau*: Arbeiter *m* im Tagebau. ~ **noise** *s* Rauschen *n* (*e-r Schallplatte*). ~ **plate** *s tech.* Planscheibe *f* (*der Drehbank*). ~ **print·ing** *s print.* Reli'ef-, Hochdruck *m*.
sur·fac·er ['sɜːfɪsə(r); *Am.* 'sɜr-] *s tech.* **1.** a) 'Plandreh,maschine *f*, b) ('Plan)Ho-belma,schine *f*. **2.** Spachtelmasse *f*.
sur·face struc·ture *s ling.* 'Oberflächenstruk,tur *f*. ~ **ten·sion** *s phys.* Oberflächenspannung *f*. ~**-to-**'**air mis·sile** *s mil.* 'Boden-'Luft-Ra,kete *f*. ~**-to-**'**sur·face mis·sile** *s mil.* 'Boden-'Boden-Ra,kete *f*. ~ **wa·ter** *s geol.* Oberflächenwasser *n*. ~ **work** *s Bergbau* Arbeit *f* über Tage.
sur·fac·tant [sɜːˈfæktənt; *Am.* sɜr-; sər-] *s phys.* 'oberflächenak,tives Mittel.
'**surf**-'**board** *sport* **I** *s* Surfbrett *n*. **II** *v/i* wellenreiten, surfen. '~-**board·er** *s sport* Wellenreiter(in), Surfer(in). '~-**boat** *s mar.* Brandungsboot *n*.
sur·feit ['sɜːfɪt; *Am.* 'sɜr-] **I** *s* **1.** 'Übermaß *n* (**of** an *dat*). **2.** *a. fig.* Über'fütterung *f*, -'sättigung *f* (of mit). **3.** 'Überdruß *m*, Ekel *m*: **to** (a) ~ bis zum Überdruß. **II** *v/t* **4.** über'sättigen, -'füttern (**with** mit). **5.** über'füllen, -'laden **III** *v/i* **6.** (**of, with**) sich über'sättigen (mit), bis zum 'Überdruß essen (*od.* trinken (von).
'**surf·er** *s* **1.** Brandungsschwimmer(in). **2.** → surfboarder.

sur·fi·cial [sɜːˈfɪʃl; *Am.* sɜr-; *a.* 'sɜrˌfɪʃ-] *adj geol.* (Erd)Oberflächen...
'**surf·ing** *s* **1.** Brandungsschwimmen *n*. **2.** *sport* Wellenreiten *n*, Surfen *n*.
'**surf**ˌ**rid·er** *s* **1.** → surfer **1. 2.** → surfboarder. '~ˌ**rid·ing** *s* → surfing.
'**surf·y** *adj* brandend, Brandungs...
surge [sɜːdʒ; *Am.* sɜrdʒ] **I** *s* **1.** Woge *f*, (hohe) Welle (*beide a. fig.*), Sturzsee *f*. **2.** *a. fig.* Wogen *n*, (An)Branden *n*. **3.** *fig.* (Auf)Wallung *f*: **a** ~ **of emotion**. **4.** *electr.* Spannungsstoß *m*: ~ **voltage** Stoßspannung *f*. **II** *v/i* **5.** wogen, hochgehen, -branden (*alle a. fig.* Gefühle *etc*), *fig.* (auf)wallen. **6.** (*auf den Wellen*) wogen, reiten (*Schiff*). **7.** *fig. a.* wogen, (vor'wärts)drängen (*Menschenmenge etc*), b) brausen (*Orgel, Verkehr etc*). **8.** *electr.* a) plötzlich ansteigen (*Spannung od. Strom*), b) heftig schwanken (*Spannung etc*).
sur·geon ['sɜːdʒən; *Am.* 'sɜr-] *s* **1.** Chir'urg *m*: ~ **dentist** Zahnarzt *m*, *bes.* Zahnchirurg *m*. **2.** *mil.* leitender Sani'tätsoffi,zier: ~ **general** *pl* ~**s general** *Br.* Stabsarzt *m*; **S**~ **General** *Am.* a) General(stabs)arzt *m*, b) Marineadmiralarzt *m*; ~ **major** *Br.* Oberstabsarzt *m*. **3.** *mar.* Schiffsarzt *m*. **4.** *hist.* Wundarzt *m*, Bader *m*. '**sur·ger·y** [-ərɪ] *s* **1.** *med.* Chirur'gie *f*: ~ **of the chest** Thoraxchirurgie *f*. **2.** *med.* chir'urgische Behandlung, chirurgischer *od.* opera'tiver Eingriff: **to remove by** ~ operativ entfernen. **3.** *Am.* Operati'onssaal *m*. **4.** *Br.* a) Sprechzimmer *n*, b) Sprechstunde *f*: ~ **hours** Sprechstunden. **5.** *fig.* drastischer Eingriff. '**sur·gi·cal** [-ɪkl] *adj* (*adv* ~**ly**) **1.** *med.* chir'urgisch. **2.** *med.* Operations...: ~ **team**; ~ **instruments** Operationsbesteck *n*. **3.** *med.* von e-r Operati'on 'herrührend, Operations...: ~ **wound**; ~ **fever** septisches Fieber. **4.** ~ **boot** orthopädischer Schuh; ~ **stocking** Stützstrumpf *m*. **5.** ~ **spirit** Wundbenzin *n*. **6.** *fig.* einschneidend, drastisch.
surg·ing ['sɜːdʒɪŋ; *Am.* 'sɜr-] **I** *s* **1.** *a. fig.* Wogen *n*, Branden *n*. **2.** *electr.* Pendeln *n* (*der Spannung etc*). **II** *adj* → surgy.
'**surg·y** *adj* wogend, brandend (*a. fig.*).
su·ri·cate ['sʊrɪkeɪt; *Br. a.* 'sjʊə-] *s zo.* Suri'kate *f*.
sur·li·ness ['sɜːlɪnɪs; *Am.* 'sɜr-] *s* **1.** Verdrießlichkeit *f*, mürrisches Wesen. **2.** Bärbeißigkeit *f*.
sur·ly ['sɜːlɪ; *Am.* 'sɜr-] *adj* (*adv* **surlily**) **1.** verdrießlich, mürrisch, griesgrämig. **2.** grob, bärbeißig. **3.** zäh: ~ **soil. 4.** rauh, düster: ~ **weather**.
sur·mise I *s* ['sɜːmaɪz; sɜːˈm-; *Am.* sər-]*-*; sərˈm-; *Am.* sərˈm-] Vermutung *f*, Mutmaßung *f*. **II** *v/t* [sɜːˈmaɪz; *Am.* sərˈm-] mutmaßen, vermuten, sich *etwas* einbilden. **III** *v/i* Mutmaßungen anstellen.
sur·mount [sɜːˈmaʊnt; *Am.* sərˈm-] *v/t* **1.** a) über'steigen, b) besteigen. **2.** *fig.* über'winden. **3.** krönen, bedecken: ~**ed by** gekrönt *od.* bedeckt *od.* überragt von. **sur**'**mount·a·ble** *adj* **1.** über'steigbar, ersteigbar. **2.** *fig.* über'windbar, zu über'winden(d).
sur·mul·let [ˌsɜːˈmʌlɪt; *Am.* sər-] *s ichth. Am.* Seebarbe *f*.
sur·name ['sɜːneɪm; *Am.* 'sɜrn-] **I** *s* **1.** Fami¦lien-, Nach-, Zuname *m*. **2.** *obs.* Beiname *m*. **II** *v/t* **3.** j-m den Zu- *od. obs.* Beinamen ... geben, ~**d** a) mit Zunamen ..., b) *obs.* mit dem Beinamen ...
sur·pass [səˈpɑːs; *Am.* -ˈpæs] *v/t* **1.** über'treffen (**in** an *dat*): **it** ~**ed my expectations**; **to** ~ **o.s.** sich selbst über'treffen; **not to be** ~**ed** unübertrefflich. **2.** j-s Kräfte etc über'steigen: **that** ~**ed my comprehension** das ging mir über m-n Verstand. **sur**'**pass·ing** *adj* (*adv* ~**ly**) 'unüber¦trefflich, unerreicht.

sur·plice ['sɜːplɪs; *Am.* 'sɜr-] *s relig.* Chorrock *m*, -hemd *n*: ~ **choir** Chorhemden tragender (Sänger)Chor; ~ **fee** Stolgebühr *f* (*für e-e Taufe etc*). '**sur·pliced** *adj* mit e-m Chorrock bekleidet.
sur·plus ['sɜːpləs; *Am.* 'sɜr-; *a.* ˌplʌs] **I** *s* **1.** 'Überschuß *m*, Rest *m*. **2.** *econ.* a) 'Überschuß *m*, Mehr(betrag *m*) *n*, b) Mehrertrag *m*, 'überschüssiger Ertrag *od.* Gewinn, c) (unverteilter) Reingewinn, d) Mehrwert *m*. **II** *adj* **3.** 'überschüssig, Über(schuß)..., Mehr...: ~ **account** *econ.* Gewinn(überschuß)konto *n*; ~ **population** Bevölkerungsüberschuß *m*; ~ **weight** Mehr-, Übergewicht *n*; ~ **value** Mehrwert *m* (*Marxismus*). '**sur·plus·age** *s* **1.** 'Überschuß *m*, -fülle *f* (**of** an *dat*). **2.** (*etwas*) 'Überflüssiges *od.* Unwesentliches. **3.** *jur.* unerhebliches Vorbringen.
sur·pris·al [səˈr)praɪzl] *s obs.* Über'raschung *f*.
sur·prise [səˈr)praɪz] **I** *v/t* **1.** *allg.* über'raschen: a) ertappen: **to** ~ **a burglar**, b) verblüffen, in Erstaunen (ver)setzen: **to be** ~**d at s.th.** über etwas erstaunt sein, sich über etwas wundern; **I should not be** ~**d if** es sollte mich nicht wundern, wenn, c) *a. mil.* über'rumpeln, -'fallen: **to** ~ **the enemy**; **to** ~ **s.o. into** (**doing**) j-n zu *etwas* verleiten, j-n dazu verleiten, *etwas* zu tun. **2.** befremden, em'pören, scho¦ckieren: **I** ~ **at your behavio(u)r**. **II** *s* **3.** Über'raschung *f*, -'rump(e)lung *f*: **to take by** ~ j-n, den Feind *etc* überrumpeln, überraschen, e-e Festung *etc* im Handstreich nehmen. **4.** Über'raschung *f*: **I have a** ~ **for you**; **it came as a great** ~ (**to him**) es kam (ihm) sehr überraschend; ~, ~! *colloq.* a) da staunst du, was?, b) ätsch! **5.** Über'raschung *f*, Verblüffung *f*, Erstaunen *n*, Verwunderung *f*, Bestürzung *f*: **to my** ~ zu m-r Überraschung; **to stare in** ~ große Augen machen. **III** *adj* **6.** a) über'raschend, b) Überraschungs...: ~ **attack** (**party, visit**, *etc*). **sur**'**pris·ed·ly** [-ɪd-lɪ] *adv* über'rascht. **sur**'**pris·ing** *adj* über'raschend, erstaunlich. **sur**'**pris·ing·ly** *adv* über'raschend(erweise), erstaunlich(erweise).
sur·ra(**h**) ['sʊərə] *s vet.* Surra *f* (*Haustierkrankheit*).
sur·re·al [səˈrɪəl; -ˈriːəl] *adj* 'surre¦al, traumhaft, unwirklich. **sur**'**re·al·ism** *s* Surrea'lismus *m*. **sur**'**re·al·ist I** *s* Surrealist. **II** → surrealistic. ˌ**sur-**'**re·al·is·tic** *adj* (*adv* ~**ally**) surrea'listisch.
sur·re·but [ˌsʌrɪˈbʌt; ˌsɜː-; *Am.* ˌsɜr-] *v/i jur.* e-e Quintu'plik vorbringen. ˌ**sur-**'**re**'**but·ter** [-tə(r)] *s jur.* Quintu'plik *f*.
sur·re·join [ˌsʌrɪˈdʒɔɪn; ˌsɜː-; *Am.* ˌsɜr-] *v/i jur.* tripli'zieren, der Du'plik des Beklagten antworten. ˌ**sur·re**'**join·der** [-də(r)] *s jur.* Tri'plik *f*.
sur·ren·der [səˈrendə(r)] **I** *v/t* **1.** etwas über'geben, ausliefern, -händigen (**to** *dat*): **to** ~ **o.s.** (**to**) *fig.* → 6. **2.** *mil.* die Festung *etc* über'geben (**to the enemy** dem Feind). **3.** ein Amt, Vorrecht *etc* aufgeben, *etwas* abtreten, verzichten auf (*acc*), preisgeben: **to** ~ **an office** (**a privilege**); **to** ~ **hopes** die Hoffnung aufgeben; **to** ~ **an insurance policy** *econ.* e-e Versicherungspolice zum Rückkauf bringen. **4.** *a. jur.* a) ein Recht aufgeben, b) e-e Sache her'ausgeben, c) e-n Verbrecher ausliefern. **II** *v/i* (**to**) **5.** *mil. u. fig.* sich ergeben (*dat*), kapitu'lieren, die Waffen strecken (**vor** *dat*). **6.** *fig.* der Verzweiflung *etc* 'hingeben *od.* über'lassen: **to** ~ **to despair**; **to** ~ **to the inevitable** sich ins Unvermeidliche fügen *od.* schicken. **7.** sich *dem Gericht, der Polizei*

stellen. **III** s **8.** 'Übergabe f, Auslieferung f, -händigung f. **9.** mil. 'Übergabe f, Kapitulati'on f. **10.** (of) Auf-, Preisgabe f (gen), Verzicht m (auf acc): ~ **of a privilege. 11.** 'Hingabe f, Sich'überlassen n. **12.** Aufgabe f e-r Versicherung: ~ **value** Rückkaufswert m. **13.** jur. a) Aufgabe f (e-s Rechtes etc), b) Her'ausgabe f (e-r Sache), c) Auslieferung f (e-s Verbrechers).

sur·rep·ti·tious [ˌsʌrəpˈtɪʃəs; Am. ˌsɜr-] adj (adv ~ly) **1.** erschlichen, durch Betrug erlangt, betrügerisch. **2.** heimlich, verstohlen: a ~ **glance**; ~ **edition** unerlaubter Nachdruck. **3.** unecht, gefälscht: a ~ **passage.**

sur·rey [ˈsʌrɪ; ˈsʌ-] s Am. leichter vierräd(e)riger Kutschwagen.

sur·ro·gate [ˈsʌrəgɪt, -geɪt; Am. ˈsɜr-] s **1.** Stellvertreter m (bes. e-s Bischofs). **2.** jur. Am. Nachlaß- u. Vormundschaftsrichter m. **3.** Ersatz m, Surro'gat n (of, for für): ~ **mother** Leih-, Mietmutter f.

sur·round [səˈraʊnd] **I** v/t **1.** um'geben, um'ringen: ~**ed by a crowd**; ~**ed by danger** von Gefahren umgeben, mit Gefahr verbunden; ~**ed by luxury** von Luxus umgeben; **circumstances** ~**ing s.th.** (Begleit)Umstände e-r Sache. **2.** mil. etc um'zingeln, um'stellen, einkreisen, -schließen. **II** s **3.** Um'randung f, Einfassung f, bes. Br. Boden(schutz)belag m zwischen Wand u. Teppich. **4.** Ring m: ~ **of guards. 5.** hunt. Am. Kesseltreiben n.

sur'round·ing I adj **1.** um'gebend, 'umliegend: ~ **country** → 2 a. **II** s pl **2.** Um'gebung f: a) 'Umgegend f, 'Umkreis m, b) 'Umwelt(sbedingungen pl) f. **3.** äußere 'Umstände pl, Begleiterscheinungen pl.

sur·tax [ˈsɜːtæks; Am. ˈsɜrˌt-] econ. **I** s **1.** Steuerzuschlag m. **2.** Einkommensteuerzuschlag m. **II** v/t **3.** mit e-m Steuerzuschlag belegen.

sur·tout [ˈsɜːtuː; ˌsɜːˈtuː; Am. sərˈtuː; ˈsɜrˌtuː] s hist. Sur'tout m, (einreihiger) 'Überzieher m.

sur·veil·lance [sɜːˈveɪləns; Am. sər-] s Über'wachung f, Aufsicht f: **to keep under** ~ überwachen; **to be under police** ~ unter Polizeiaufsicht stehen; ~ **radar** Rundsichtradar(gerät) n.

sur·vey [sə(r)ˈveɪ; Am. a. ˈsɜrˌveɪ] **I** v/t **1.** über'blicken, -'schauen. **2.** sorgfältig prüfen, genau betrachten, mustern. **3.** (ab)schätzen, begutachten: **to** ~ **an estate.** **4.** besichtigen, inspi'zieren. **5.** Land etc vermessen, aufnehmen. **6.** fig. e-n 'Überblick geben über (acc): **to** ~ **the situation.** **II** v/i **7.** e-e (sta'tistische) Erhebung vornehmen. **III** s [ˈsɜːveɪ; Am. ˈsɜrˌveɪ] **8.** bes. fig. 'Überblick m, 'Übersicht f (**of** über acc). **9.** sorgfältige Prüfung, genaue Betrachtung, Musterung f. **10.** Schätzung f, Begutachtung f. **11.** Gutachten n, (Prüfungs)Bericht m. **12.** Besichtigung f, Inspekti'on f. **13.** (Land-)Vermessung f, Aufnahme f. **14.** (Lage-)Plan m, (-)Karte f. **15.** a) (sta'tistische) Erhebung, 'Umfrage f, b) med. 'Reihenunter,suchung f. **sur'vey·ing** s **1.** (Land-, Feld)Vermessung f, Vermessungskunde f, -wesen n. **2.** Vermessen n, Aufnehmen n (von Land etc). **3.** Besichtigung f.

sur·vey·or [sə(r)ˈveɪə(r)] s **1.** Land-, Feldmesser m, Geo'meter m: ~'s **chain** Meßkette f. **2.** (amtlicher) In'spektor od. Verwalter od. Aufseher: ~ **of highways** Straßenmeister m; **Board of S~s** Baubehörde f. **3.** Am. hist. Zollaufseher m. **4.** Br. (ausführender) Archi'tekt. **5.** Sachverständige(r) m, Gutachter m.

sur·viv·al [sə(r)ˈvaɪvl] s **1.** Über'leben n: ~ **of the fittest** biol. Überleben des Tüchtigsten; ~ **kit** Überlebensausrüstung f; ~ **rate** Überlebensquote f; ~ **shelter** atomsicherer Bunker; ~ **time** mil. Überlebenszeit f; ~ **value** biol. Erhaltungswert m. **2.** Weiter-, Fortleben n. **3.** Fortbestand m. **4.** 'Überbleibsel n, -rest m. **5.** Über'lebsel n (Rest alten Brauchtums od. alter Kulturen). **sur'viv·al·ist** s Am. Überlebenskämpfer(in). **sur'viv·ance** s Versicherungswesen: Erlebensfall m. **sur'vive I** v/i **1.** über'leben, am Leben bleiben. **2.** noch leben od. bestehen, übriggeblieben sein. **3.** weiterleben, fortleben, -bestehen. **II** v/t **4.** j-n od. etwas über'leben, über'dauern, länger leben als. **5.** etwas über'leben, -'stehen: **to** ~ **a disaster. 6.** colloq. aushalten, ertragen. **sur'viv·ing** adj **1.** über'lebend: **the** ~ **wife.** **2.** hinter'bliebe-ben: ~ **dependents** Hinterbliebene. **3.** übrigbleibend, Rest...: ~ **debts** econ. Restschulden. **sur'vi·vor** [-və(r)] s **1.** Über'lebende(r m, f) 2. jur. Über'lebende(r), auf den nach Ableben des Miteigentümer das Eigentumsrecht 'übergeht. **sur'vi·vor·ship** s **1.** Über'leben n. **2.** jur. Recht n e-s od. der Über'lebenden auf das Eigentum nach Ableben der übrigen Miteigentümer.

sus [sʌs] colloq. **I** → suspect I, II. **II** → suspicion I.

sus·cep·tance [səˈseptəns] s electr. Blindleitwert m.

sus·cep·ti·bil·i·ty [səˌseptəˈbɪlətɪ] s **1.** Empfänglichkeit f, Anfälligkeit f (**to** für): ~ **to colds**; ~ **to corrosion** tech. Korrosionsneigung f. **2.** Empfindlichkeit f, Beeindruckbarkeit f. **3.** pl (leicht verletzbare) Gefühle pl, Feingefühl n. **4.** a) phys. Magneti'sierbarkeit f, b) electr. Suszeptibili'tät f. **sus'cep·ti·ble** adj (adv **susceptibly**) **1.** anfällig (**to** für). **2.** empfindlich (**to** gegen): ~ **to pain** schmerzempfindlich; ~ **to injuries** verletzungsanfällig. **3.** empfänglich (**to** für): ~ **to flatteries. 4.** (leicht) zu beeindrucken(d): ~ **minds. 5. to be** ~ **of** (od. **to**) etwas zulassen: **the passage is** ~ **of a different interpretation.**

sus·cep·tive [səˈseptɪv] adj **1.** aufnehmend, rezep'tiv. **2.** → susceptible. **sus·cep·tiv·i·ty** [ˌsʌsepˈtɪvətɪ; səˌsep't-] s **1.** Aufnahmefähigkeit f, Rezeptivi'tät f. **2.** → susceptibility.

sus·lik [ˈsʌslɪk; Am. a. ˈsuː-] s **1.** zo. Ziesel n. **2.** Suslik m, Ziesel(pelz) m.

sus·pect [səˈspekt] **I** v/t **1.** j-n verdächtigen (**of** gen), im Verdacht haben (**of doing** etwas zu tun od. daß er etwas tut): **to be** ~**ed of doing** (od. **having done**) **s.th.** im Verdacht stehen od. verdächtigt werden, etwas getan zu haben. **2.** argwöhnen, befürchten. **3.** fast glauben: **I** ~ **him to be a liar.** **4.** vermuten, glauben, den Verdacht haben (**that** daß): **I** ~ **(that) you once thought otherwise. 5.** etwas anzweifeln, miß'trauen (dat). **II** v/i **6.** (e-n) Verdacht od. Argwohn hegen, argwöhnisch sein. **III** s [ˈsʌspekt] **7.** Verdächtige(r m) f, verdächtige Per'son, jur. a. Ver'dachtsper,son f: **political** ~ politisch Verdächtige(r); **smallpox** ~ med. Pockenverdächtige(r). **IV** adj [ˈsʌspekt; Am. a. səˈsp-] **8.** verdächtig, su'spekt (a. fig. fragwürdig). **sus'pect·ed** adj **1.** verdächtigt (**of** gen): → **suspect** 1. **2.** verdächtig.

sus·pend [səˈspend] v/t **1.** a. tech. aufhängen (**from an** dat). **2.** chem. suspen'dieren, schwebend halten: **dust** ~**ed in the air** in der Luft schwebender Staub. **3.** fig. e-e Frage in der Schwebe od. unentschieden lassen, offenlassen: **to** ~ **one's opinion** sich od. s-e Meinung noch nicht festlegen. **4.** auf-, verschieben, jur. das Verfahren, die Vollstreckung aussetzen: **to** ~ **a sentence** jur. e-e Strafe zur Bewährung aussetzen. **5.** (zeitweilig) aufheben od. außer Kraft setzen, suspen'dieren: **to** ~ **a regulation. 6.** die Arbeit, mil. die Feindseligkeiten, econ. die Zahlungen (zeitweilig) einstellen: **to** ~ **hostilities; to** ~ **payment(s). 7.** j-n suspen'dieren, (zeitweilig) s-s Amtes entheben. **8.** (zeitweilig) ausschließen: **to** ~ **a member of a club. 9.** sport j-n sperren. **10.** mit s-r Meinung etc zu'rückhalten. **11.** mus. e-n Ton vorhalten. **sus'pend·ed** adj **1.** hängend, aufgehängt, Hänge...: **to be** ~ **hängen (by, from an** dat); ~ **roof** Hängedecke f. **2.** schwebend, feinverteilt: ~ **material** biol. Schwebestoff m. **3.** (jur. zur Bewährung) ausgesetzt, ver-, aufgeschoben: ~ **proceedings**; ~ **animation** med. Scheintod m; ~ **sentence of two years** zwei Jahre mit Bewährung. **4.** (zeitweilig) aufgehoben. **5.** (zeitweilig) s-s Amtes enthoben, suspen'diert. **sus'pend·er** s **1.** pl a. **pair of** ~**s** Am. Hosenträger pl. **2.** Br. a) Strumpfhalter m, Straps m: ~ **belt** Hüftgürtel m, -halter m, b) Sockenhalter m. **3.** tech. Aufhängevorrichtung f. **4.** Hängevase f.

sus·pense [səˈspens] s **1.** Spannung f, Ungewißheit f: **anxious** ~ Hangen n u. Bangen n; **in** ~ gespannt, voller Spannung. **2.** Ungewißheit f, Unentschiedenheit f, Schwebe f: **to be in** ~ in der Schwebe sein; **to keep in** ~ a) j-n im ungewissen lassen, b) etwas in der Schwebe lassen; ~ **account** econ. Interimskonto n; ~ **entry** transitorische Buchung. **3.** Spannung f (e-s Romans etc): **full of** ~, ~-**packed** spannend, spannungsgeladen. **4.** jur. → **suspension** 6: **to place in** ~ → **suspend** 5. **sus'pense·ful** adj spannend. **sus'pen·si·ble** adj **1.** auf-, verschiebbar, aufzuschieben(d). **2.** chem. phys. suspen'dierbar. **sus'pen·sion** [-ʃn] s **1.** Aufhängen n. **2.** bes. tech. Aufhängung f: ~ **front-wheel** ~; ~ **bridge** Hängebrücke f; ~ **railroad** (bes. Br. **railway**) Schwebebahn f; ~ **spring** Tragfeder f. **3.** tech. Federung f. **4.** chem. phys. Suspensi'on f: a) Schweben n, b) Aufschlämmung f. **5.** (einsteilige) Einstellung: ~ **of arms** (od. **hostilities**) mil. Einstellung der Feindseligkeiten; ~ **of payment(s)** econ. Zahlungseinstellung f; ~ **periods** (od. **points**) bes. Am. Auslassungspunkte. **6.** jur. Aussetzung f, vor'läufige Aufhebung (e-s Rechts): ~ **of the statute of limitations** Hemmung f der Verjährung. **7.** Aufschub m, Verschiebung f. **8.** Suspen'dierung f (**from** von), (Dienst-, Amts)Enthebung f. **9.** (zeitweiliger) Ausschluß. **10.** sport Sperre f. **11.** mus. Vorhalt m. **sus'pen·sive** [-sɪv] adj **1.** aufschiebend, suspen'siv: ~ **condition**; ~ **veto** parl. suspensives Veto. **2.** unter'brechend, hemmend. **3.** unschlüssig. **4.** unbestimmt.

sus·pen·soid [səˈspensɔɪd] s chem. phys. Suspenso'id n, dis'perse Phase.

sus·pen·sor [səˈspensə(r)] s **1.** med. Suspen'sorium n. **2.** bot. Sus'pensor m, (Embryo)Träger m. **sus'pen·so·ry I** adj **1.** hängend, Schwebe..., Hänge... **2.** anat. Aufhänge...: ~ **bone. 3.** econ. jur. → **suspensive** 1. **II** s **4.** anat. a) ~ **ligament** Aufhängeband n, b) a. **muscle** Aufhängemuskel m, **5.** med. a) a. **bandage** Suspen'sorium n, b) Bruchband n.

sus·pi·cion [səˈspɪʃn] **I** s **1.** Argwohn m, 'Mißtrauen n (**of** gegen). **2.** (**of**) Verdacht m (gegen j-n), Verdächtigung f (gen): **above** ~ über jeden Verdacht erhaben; **on** ~ auf Verdacht hin; **on** (od. **under**) ~ **of murder** unter Mordverdacht; **to be**

suspicious - swan's-down

under~ unter Verdacht stehen, verdächtigt werden; **to cast a ~ on** e-n Verdacht auf *j-n* lenken; **to come** (*od.* **fall**) **under ~** in Verdacht geraten; **to have** (*od.* **entertain**) **a ~ that** den Verdacht haben *od.* hegen, daß. **3.** Vermutung *f*: **no ~** keine Ahnung. **4.** *fig.* Spur *f*: **a ~ of brandy** (**of arrogance**); **a ~ of a smile** der Anflug e-s Lächelns. **II** *v/t bes. Am. dial.* → **suspect** 1 *u.* 2.

sus·pi·cious [səˈspɪʃəs] *adj* (*adv* ~**ly**) **1.** ˈmißtrauisch, argwöhnisch (**of** s.o. gegen *j-n*, gegenüber *j-m*): **a ~ glance**. **2.** verdächtig, verdachterregend: **~ person** → **suspect** 7. **susˈpi·cious·ness** *s* **1.** ˈMißtrauen *n*, Argwohn *m* (**of** gegen [-über]), ˈmißtrauisches Wesen. **2.** (*das*) Verdächtige.

sus·pi·ra·tion [ˌsʌspɪˈreɪʃn] *s bes. poet.* **1.** Seufzer *m*, Seufzen *n*. **2.** tiefes Atemholen. **susˈpire** [səˈspaɪə(r)] *v/i bes. poet.* **1.** sich sehnen, schmachten (**for**, **after** nach). **2.** seufzen. **3.** tief atmen.

suss [sʌs] *v/t Br. sl.* **1.** hinter (*acc*) kommen: **to ~ it** dahinterkommen. **2.** *meist* **~ out** *j-n, etwas* unter die Lupe nehmen.

Sus·sex [ˈsʌsɪks] *s zo.* **1.** Sussex(rind) *n* (*rotbraune englische Rinderrasse*). **2.** Sussex *n* (*Haushuhnrasse*).

sus·so [ˈsʌsəʊ] *pl* **-sos** *s Austral. sl.* **1.** Stempelgeld *n*. **2.** Stempelgeldbezieher(in).

sus·tain [səˈsteɪn] *v/t* **1.** stützen, tragen: **~ing wall** Stützmauer *f*. **2.** aushalten: **to ~ pressure**. **3.** *fig.* aushalten, ertragen: **to ~ comparison** den Vergleich aushalten, e-m Vergleich standhalten; **to ~ an attack** e-n Angriff standhalten; **to be able to ~ s.th.** e-r Sache gewachsen sein. **4.** erleiden, daˈvontragen: **to ~ damages** (**an injury, a loss**, *etc*); **to ~ a defeat** e-e Niederlage erleiden. **5.** *etwas* (aufrecht-)erhalten, in Gang halten, *das Interesse etc* wachhalten: **~ing member** förderndes Mitglied; **~ing program** (*Rundfunk, TV*) *Am.* Programm *n* ohne Reklameeinblendungen. **6.** a) *j-n* erhalten, unterˈhalten, versorgen, *e-e Familie etc* ernähren, *e-e Armee* verpflegen, b) *j-n* betreuen, c) *e-e Institution* unterˈhalten. **7.** *j-n* aufrechterhalten, stärken, *j-m* Kraft geben. **8.** *j-n od. j-s* Forderung unterˈstützen. **9.** *bes. jur.* als rechtsgültig anerkennen, *e-m Antrag, Einwand, Klagebegehren etc* stattgeben. **10.** bestätigen, erhärten, rechtfertigen: **to ~ a theory**. **11.** *mus.* e-n Ton (aus)halten: **~ing pedal** Fortepedal *n*, rechtes Pedal. **susˈtained** *adj* **1.** anhaltend (*a. Interesse etc*), (an)dauernd, Dauer...: **~ fire** *mil.* Dauerfeuer *n*; **~ speed** Dauergeschwindigkeit *f*. **2.** *mus.* a) (aus)gehalten (*Ton*), b) getragen. **3.** *phys.* ungedämpft: **~ oscillation**. **4.** *jur. parl.* angenommen: **motion ~. susˈtain·ed·ly** [-nɪdlɪ] *adv*. **susˈtain·er** *s* **1.** Träger *m*, Stütze *f* (*a. fig.*). **2.** Erhalter(in). **3.** *tech.* Marschtriebwerk *n* (*e-r Rakete*).

sus·te·nance [ˈsʌstɪnəns] *s* **1.** (ˈLebens-)ˌUnterhalt *m*, Auskommen *n*. **2.** Nahrung *f*. **3.** Nährkraft *f*. **4.** Erhaltung *f*, Ernährung *f*, Versorgung *f*: **for the ~ of our bodies** für unser leibliches Wohl. **5.** *fig.* Beistand *m*, Stütze *f*.

sus·ten·tac·u·lar [ˌsʌstenˈtækjʊlə(r); -tən-] *adj anat.* stützend, Stütz...: **~ tissue**. **ˌsus·tenˈtac·u·lum** [-lə] *s anat.* ˈStützorˌgan *n*, -gerüst *n*.

sus·ten·ta·tion [ˌsʌstenˈteɪʃn; -tən-] *s* **1.** → **sustenance** 1, 2, 4. **2.** Unterˈhaltung *f* (*e-s Instituts etc*). **3.** (Aufrecht)Erhaltung *f*. **4.** Unterˈstützung *f*. **5.** Stütze *f*, Halt *m*.

su·sur·rant [sjʊˈsʌrənt; sʊ-; *Am.* sʊˈsɜr-, -ˈsʌr-] *adj* flüsternd, säuselnd. **2.** leise rauschend, raschelnd. **su·sur·ra·tion** [ˌsju:səˈreɪʃn; *bes. Am.* ˌsu:-] *s* **1.** Flüstern *n*, Säuseln *n*. **2.** leises Rauschen, Rascheln *n*. **suˈsur·rous** → **susurrant**.

sut·ler [ˈsʌtlə(r)] *s mil. hist.* Marke'tender(in).

sut·tee [ˈsʌti:; sʌˈti:] *s hist.* (*in Indien*) **1.** Sati *f*, Suttee *f* (*Witwe, die sich mit dem Leichnam ihres Mannes verbrennen ließ*). **2.** → **sutteeism. sut·tee·ism** *s* (*freiwilliger*) Feuertod e-r Witwe.

su·tur·al [ˈsuːtʃərəl] *adj* **1.** mit e-r Naht versehen. **2.** Naht... **ˈsu·tur·al·ly** *adv* mittels (e-r) Naht, durch Nähte.

su·ture [ˈsuːtʃə(r)] **I** *s* **1.** *med.* a) Naht *f*, b) Nähen *n* (*e-r Wunde*), c) ˈNahtmateriˌal *n*, Faden *m*: **clip ~** Klammernaht *f*. **2.** *anat.* Naht *f* (*feste Knochenverbindung*). **3.** *bot.* Naht *f*, Verwachsungslinie *f*. **4.** *allg.* Verbindungsnaht *f*, Naht(stelle) *f* (*a. fig.*). **II** *v/t* **5.** *bes. med.* (zu-, ver)nähen.

su·ze·rain [ˈsuːzəreɪn; *Am. a.* -rən] **I** *s* **1.** Oberherr *m*, Suzeˈrän *m*. **2.** *pol.* Proˈtektorstaat *m*. **3.** *hist.* Oberlehnsherr *m*. **II** *adj* **4.** oberhoheitlich. **5.** *hist.* oberlehnsherrlich. **ˈsu·ze·rain·ty** [-tɪ] *s* **1.** Oberhoheit *f*, Suzeräniˈtät *f*. **2.** *hist.* Oberlehnsherrlichkeit *f*.

sva·ra·bhak·ti [ˌsvɑːrəˈbʌktɪ; ˌsvɑːrəˈbæktiː] *s ling. Sanskrit:* Svaraˈbhakti *f*, ˈSproßvoˌkal *m*.

svelte [svelt] *adj* **1.** (gerten)schlank, graˈzil. **2.** gebildet, kultiˈviert.

swab [swɒb; *Am.* swab] **I** *s* **1.** a) Scheuerlappen *m*, b) Schrubber *m*, c) Mop *m*, d) Handfeger *m*, e) *mar.* Schwabber *m*. **2.** *med.* a) Wattebausch *m*, Tupfer *m*, b) Abstrichtupfer *m*, c) Abstrich *m*. **3.** *mar. sl.* (Offiˈziers)Epauˌlette *f*. **4.** *sl.* Trottel *m*. **II** *v/t* **5.** *a.* **~ down** aufwischen, *mar. das Deck* schrubben: **to ~ up** aufwischen. **6.** *med.* a) *Blut* abtupfen, b) *e-e Wunde* betupfen. **ˈswab·ber** [-bə(r)] *s mar.* Schwabberer *m*, Schiffsreiniger *m*.

Swa·bi·an [ˈsweɪbjən; -ɪən] **I** *s* **1.** Schwabe *m*, Schwäbin *f*. **2.** *ling.* Schwäbisch *n*, das Schwäbische. **II** *adj* **3.** schwäbisch.

swacked [swækt] *adj sl.* **1.** ˈblau' (*betrunken*). **2.** ˈhigh' (*unter Drogeneinfluß*).

swad[1] [swɒd; *Am.* swad] *s mil. sl.* ˈLandser' *m*.

swad[2] [swɒd] *s Am. sl.* ˈHaufen' *m*.

swad·dle [ˈswɒdl; *Am.* ˈswadl] **I** *v/t* **1.** wickeln, in Windeln legen: **to ~ a baby**. **2.** umˈwickeln, einwickeln. **II** *s* **3.** *Am.* Windel *f*. **ˈswad·dling** *s* **1.** Wickeln *n* (*e-s Babys*). **2.** Umˈwickeln *n*. **3.** *pl* a) Windeln *pl*, b) Binden *pl*. **~ bands** *s pl*, **~ clothes** *s pl* Windeln *pl*: **to be still in one's ~** *fig.* ˌnoch in den Windeln liegen'.

swad·dy [ˈswɒdɪ] *Br.* → **swad**[1].

Swa·de·shi [swɑːˈdeɪʃɪ] *s Br. Ind.* Swaˈdeshi(bewegung) *f*: a) (*bes. wirtschaftliches*) Unabhängigkeitsstreben, b) Boykott ausländischer, *bes. brit.* Waren.

swag [swæɡ] *s* **1.** Gir'lande *f* (*Verzierung*). **2.** *bes. Austral.* (Reise)Bündel *n*, Ranzen *m*. **3.** *sl.* Beute *f*, Raub *m*.

swage [sweɪdʒ] *tech.* **I** *s* **1.** (Doppel-)Gesenk *n*: **bottom ~** Untergesenk. **2.** Präge *f*, Stanze *f*. **3.** *a.* **~ block** Gesenkblock *m*. **II** *v/t* **4.** im Gesenk bearbeiten.

swag·ger [ˈswæɡə(r)] **I** *v/i* **1.** stolˈzieren: **to ~ about** (*od.* **around**) herˈumstolzieren (**in** *dat*, **auf** *dat*). **2.** großspurig auftreten, großtun. **II** *s* **3.** stolzer Gang, Stolˈzieren *n*. **4.** *fig.* großspuriges Auftreten, ˈGroßtueˈrei *f*. **III** *adj* **5.** *colloq.* ˈpiekfein' *n*, eleˈgant: **~ stick** *mil.* Offiziersstöckchen *n*; **~ coat** schicker kurzer Mantel. **ˈswag·ger·er** *s fig.* Großtuer(in). **ˈswag·ger·ing** **I** *adj* **1.** stolˈzierend. **2.** *fig.* großspurig, -tuerisch. **II** *s* **3.** swagger II.

Swa·hi·li [swɑːˈhiːlɪ] **I** *pl* **-lis, -li** *s* Suaˈheli *m, f*, Swaˈhili *m, f*. **2.** *ling.* Kisuaˈheli *n*. **II** *adj* **3.** Suaheli...

swain [sweɪn] *s* **1.** *meist poet.* Bauernbursche *m*, Schäfer *m*, Seladon *m*. **2.** *poet. od. humor.* Liebhaber *m*, Verehrer *m*.

swale [sweɪl] *s* **1.** schattige Stelle. **2.** *bes. Am.* (sumpfige) Senke, Mulde *f*.

swal·low[1] [ˈswɒləʊ; *Am.* ˈswɑ-] **I** *v/t* **1.** a. **~ up** (ver)schlucken, verschlingen: **to ~ down** hinunterschlucken. **2.** *fig.* verschlingen: **to ~ a book**. **3.** a. **~ up** ˌschlucken', sich einverleiben: **to ~ a territory**. **4.** *meist* **~ up** *fig. j-n, ein Schiff etc, a. Geld, Zeit* verschlingen. **5.** *colloq.* ˌschlucken', für bare Münze nehmen: **she ~ed his every word**. **6.** ˌeinstecken', ˌschlucken': **to ~ an insult**. **7.** a) *Tränen, Ärger* ˌhinˈunterschlucken', b) *Lachen, Erregung* unterˈdrücken. **8.** *s-e Worte etc* zuˈrücknehmen: **to ~ one's words**. **II** *v/i* **9.** schlucken (*a. vor Erregung*): **to ~ the wrong way** sich verˈschlucken; **to ~ hard** *fig.* kräftig schlucken. **III** *s* **10.** Schlund *m*, Kehle *f*. **11.** Schluck *m*. **12.** *geol. Br.* Schluckloch *n*.

swal·low[2] [ˈswɒləʊ; *Am.* ˈswɑ-] *s orn.* **1.** Schwalbe *f*: **one ~ does not make a summer** e-e Schwalbe macht noch keinen Sommer; **~ dive** (*Wasserspringen*) Schwalbensprung *m*. **2.** Mauersegler *m*. **ˈswal·low|-tail** *s* **1.** *orn.* Schwalbenschwanz *m*. **2.** *a.* **~ butterfly** *zo.* Schwalbenschwanz *m*. **3.** *orn.* Schwalbenschwanz-Kolibri *m*. **4.** *a.* **~ coat** Frack *m*. **5.** schwalbenschwanzartiger Wimpel. **ˈ~-tailed** *adj bes. orn. zo.* schwalbenschwanzartig, Schwalbenschwanz...: **~ coat** Frack *m*. **ˈ~·wort** *s bot.* **1.** (*ein*) St.-Lorenzkraut *n*. **2.** Schwalbenwurz *f*.

swam [swæm] *pret von* **swim**.

swa·mi [ˈswɑːmiː] *s* **1.** Meister *m* (*Anrede, bes. für Brahmanen*). **2.** *Am.* a) → **pundit** 2, b) Jogi *m*, Yogi *m*.

swamp [swɒmp; *Am. a.* swamp] **I** *s* **1.** Sumpf *m*. **2.** Moˈrast *m*. **II** *v/t* **3.** überˈschwemmen (*a. fig.*): **to be ~ed with** *fig.* mit *Arbeit, Einladungen etc* überˈhäuft werden *od.* sein, sich nicht mehr retten können vor (*dat*). **4.** *sport* vernichtend schlagen. **5.** Bande etc unschädlich machen. **6.** *mar.* ein Boot a) vollaufen lassen, b) zum Sinken bringen. **7.** *meist* **~ out** e-n Weg *etc* durch den Wald hauen. **III** *v/i* **8.** *mar.* a) vollaufen, b) versinken, überˈschwemmt werden. **~ boat** *s* Sumpfboot *n*. **~ fe·ver** *s med. bes. Am.* Sumpffieber *n*. **ˈ~·land** *s* Sumpfland *n*.

ˈswamp·y *adj* sumpfig, moˈrastig, Sumpf...

swan [swɒn; *Am.* swan] **I** *s* **1.** *orn.* Schwan *m*: **S~ of Avon** *fig.* Beiname von Shakespeare; **~ dive** (*Wasserspringen*) *bes. Am.* Schwalbensprung *m*. **2.** **S~** *astr.* Schwan *m* (*Sternbild*). **II** *v/i* **3.** *meist* **~ about** (*od.* **around**), ˌherˈumgondeln' (**in** *dat*). **~ goose** *s irr orn.* Schwanengans *f*. **ˈ~·herd** *s* Schwanenwärter *m*.

swank [swæŋk] *colloq.* **I** *s* **1.** ˌAngabe', Protzeˈrei *f*: **for ~** aus Angabe. **2.** *Br.* ˌAngeber' *m*, Protz *m*. **3.** *bes. Am.* ˌSchick' *m*. **II** *v/i* **3.** *oft* **~ it** protzen, prahlen, ˌangeben'. **III** *adj bes. Am. für* **swanky**. **ˈ~·pot** → **swank** 2.

ˈswank·y *adj colloq.* **1.** protzig, ˌangeberisch'. **2.** (tod)schick', ˌpiekfein'.

ˈswan|·like *adj* schwanengleich, -artig. **ˈ~·maid·en** *s myth.* Schwan(en)jungfrau *f*. **ˈ~·neck** *s* Schwanenhals *m* (*a. fig. u. tech.*).

ˈswan·ner·y [ˈswɒnərɪ; *Am.* ˈswɑn-] *s* Schwanenteich *m*.

ˈswan's-down *s* **1.** Schwanendaune(n *pl*) *f*. **2.** *meist* **swansdown** a) weicher,

dicker Wollstoff, b) Swandown m, (ein) 'Baumwollfla,nell m.
swan| shift s myth. Schwanenhemd n. ~ **shot** s hunt. grober Schrot. '**~skin** s Swanskin m, feiner geköperter Fla'nell. ~ **song** s bes. fig. Schwanengesang m. ,~- -'**up·ping** s Br. Einfangen u. Kennzeichnen der jungen Schwäne (bes. auf der Themse).
swap [swɒp; Am. swap] colloq. **I** v/t **1.** (ein-, aus)tauschen (for für). **2.** tauschen, wechseln: **to ~ horses; to ~ places with s.o.; to ~ stories** Geschichten austauschen. **II** v/i **3.** tauschen: **to ~ round** die Plätze tauschen. **III** s **4.** Tausch(geschäft n, -handel) m: **to do a ~** tauschen. **5.** econ. Swap(geschäft n) m.
swa·raj [swə'rɑːdʒ] s Br. Ind. **1.** Swa-'radsch n, natio'nale 'Selbstre,gierung. **2.** S~ Swa'radsch-Par,tei f.
sward [swɔː(r)d] **I** s **1.** Rasen m. **2.** Grasnarbe f. **II** v/t **3.** mit Rasen bedecken.
sware [sweə(r)] pret obs. von **swear**.
swarm[1] [swɔː(r)m] **I** s **1.** (Bienen- etc) Schwarm m. **2.** Schwarm m, Schar f, Horde f, 'Haufen' m: **a ~ of children** (soldiers, etc). **3.** fig. 'Haufen' m, Masse f: **a ~ of letters. 4.** biol. frei schwimmende Kolonie von Schwärmsporen. **II** v/i **5.** schwärmen (Bienen). **6.** wimmeln (with von): **the market place ~s with people** auf dem Marktplatz wimmelt es von Menschen. **7.** (her'um)schwärmen, (zs.-)strömen; **beggars ~ in that town** in dieser Stadt wimmelt es von Bettlern; **to ~ out** a) ausschwärmen, b) hinausströmen; **to ~ to a place** zu e-m Ort hinströmen. **III** v/t **8.** e-n Ort in Schwärmen über'fallen, heimsuchen. **9.** Bienen ausschwärmen lassen.
swarm[2] [swɔː(r)m] **I** v/t hin'aufklettern (auf acc). **II** v/i klettern: **to ~ up** → **I**.
swarm| cell, ~ spore s biol. Schwärmspore f.
swart [swɔː(r)t] obs. od. poet. od. dial. für **swarthy**.
swarth·i·ness ['swɔː(r)ðɪnɪs] s dunkle Gesichtsfarbe, Schwärze f, Dunkelbraun n. '**swarth·y** adj dunkel(häutig, -braun), schwärzlich.
swash [swɒʃ; Am. a. swaʃ] **I** v/i **1.** platschen, klatschen, schwappen (Wasser etc). **2.** planschen (im Wasser). **3.** mit dem Säbel etc rasseln. **4.** obs. für **swashbuckle. II** v/t **5.** Wasser etc a) spritzen lassen, b) klatschen. **III** s **6.** Platschen n, Klatschen n, Schwappen n. **7.** Platsch m, Klatsch m (Geräusch). '**~,buck·le** v/i bramba'sieren, mit s-n Heldentaten prahlen. '**~,buck·ler** s **1.** verwegener Kerl. **2.** Bra'marbas m, Prahlhans m, ,Eisenfresser' m. **3.** hi'storischer 'Abenteuerfilm od. -ro,man. '**~,buck·ling I** s **1.** Bramba'sieren n, Prahlen n. **II** adj **2.** verwegen. **3.** bramba'sierend, prahlerisch.
swash·er ['swɒʃə(r); Am. a. 'swa-] s swashbuckler. '**swash·ing** adj **1.** klatschend: **a ~ blow. 2.** obs. für swashbuckling **3.**
swash| let·ter s print. großer, verschnörkelter Kursivbuchstabe. **~ plate** s tech. Taumelscheibe f.
swas·ti·ka ['swɒstɪkə; Am. 'swɑs-] s Hakenkreuz n.
swat[1] [swɒt; Am. swɑt] **I** v/t **1.** schlagen: **to ~ s.o. over the head with an umbrella** j-m e-n Schirm über den Kopf schlagen. **2.** Br. Fliege etc totschlagen. **II** v/i **3. ~ at** nach j-m schlagen. **III** s **4.** (wuchtiger) Schlag. **5.** bes. Br. Fliegenklappe f, -klatsche f.

swat[2] [swɒt; Am. swɑt] pret u. pp obs. von **sweat**.
swat[3] Br. → **swot**.
swatch [swɒtʃ; Am. swɑtʃ] s **1.** (bes. Stoff)Muster n. **2.** Musterbuch n.
swath [swɔːθ; Am. a. swɑːθ] pl **swaths** [-θs, -ðz] s **1.** Schwade(n m) f (Getreide). **2.** Reihe f od. Streifen m zwischen den Schwaden. **3.** abgemähter Raum. **4.** Schwung m der Sense, Schnitt m.
swathe[1] [sweɪð; Am. a. swɑːð; swɔːð] **I** v/t **1.** (um)'wickeln (**with** mit), ein-wickeln. **2.** (wie e-n Verband) her'umwickeln. **3.** einhüllen. **II** s **4.** Binde f, Verband m. **5.** (Wickel)Band n. **6.** med. 'Umschlag m.
swathe[2] [sweɪð; Am. a. swɑːð; swɔːð] → **swath**.
swat·ter ['swɒtə; Am. 'swɑtər] s **1.** Fliegenklappe f, -klatsche f. **2.** Baseball: colloq. guter Schläger.
sway [sweɪ] **I** v/i **1.** schwanken: a) sich wiegen, schaukeln, b) taumeln. **2.** sich neigen. **3.** fig. sich zuneigen (**to** dat). **4.** fig. a) sich bewegen (**between ... and** zwischen ... und): **to ~ backwards and forwards** hin- u. herwogen (Schlacht etc), b) schwanken (**between ... and** zwischen ... und). **5.** herrschen (**over** über acc). **II** v/t **6.** etwas schwenken, schaukeln, wiegen: **to ~ one's hips** sich in den Hüften wiegen. **7.** neigen. **8.** meist **~ up** mar. Masten etc aufheißen. **9.** fig. beeinflussen, lenken, beherrschen: **to ~ the masses; to ~ the audience** das Publikum mitreißen; **his speech ~ed the elections** s-e Rede beeinflußte die Wahlen entscheidend; **~ing arguments** unwiderlegliche Argumente. **10.** bes. poet. das Zepter etc schwingen. **11.** beherrschen, herrschen über (acc). **III** s **12.** Schwanken n, Wiegen n. **13.** Schwung m, Wucht f. **14.** Einfluß m, Bann m: **under the ~ of** unter dem Einfluß od. im Banne (gen) (→ **15**). **15.** Herrschaft f, Gewalt f: **to hold ~ over** → **11**; **under the ~ of a dictator** in der Gewalt od. unter der Herrschaft e-s Diktators.
swear [sweə(r)] **I** v/i pret **swore** [swɔː(r); Am. a. 'swʊər], obs. **sware** [sweə(r)], pp **sworn** [swɔː(r)n; Am. a. 'swʊərn]. **1.** schwören, e-n Eid leisten (**on the Bible** od. **Book** auf die Bibel): **to ~ by** a) bei Gott etc schwören, b) colloq. schwören auf (acc); **to ~ to s.th.** a) etwas geloben, b) etwas beschwören. **2.** fluchen (**at** auf acc). **II** v/t **3.** e-n Eid schwören: → **affidavit, oath** Bes. Redew. **4.** beschwören, eidlich bekräftigen: **to ~ out** jur. Am. e-n Haftbefehl durch (eidliche) Strafanzeige erwirken. **5.** schwören: **to ~ allegiance** (**revenge**, etc); **I ~ to speak** (od. **tell**) **the truth, the whole truth, and nothing but the truth** jur. ich schwöre, die reine Wahrheit zu sagen, nichts zu verschweigen u. nichts hinzuzufügen (Eidesformel); **to ~ off** e-m Laster abschwören; **to ~ by all that's holy** (od. **all one holds dear**) bei allem schwören, was e-m heilig ist; **I could have sworn that** ich hätte schwören können, daß. **6.** j-n schwören lassen, j-m e-n Eid abnehmen: **to ~ s.o. in** j-n vereidigen; **to ~ s.o. into an office** j-n in ein Amt einschwören; → **secrecy 3.** '**swear·ing** s **1.** Schwören n. **2.** jur. Eid(esleistung f) m: **~-in** Vereidigung f. **3.** Fluchen n.
'**swear-word** s Fluch m.
sweat [swet] **I** v/i pret u. pp **sweat**, '**sweat·ed**, obs. **swat** [swɒt; Am. swɑt]. **1.** schwitzen (**with** vor dat). **2.** phys. tech. etc schwitzen, anlaufen. **3.** fermen'tieren (Tabak). **4.** colloq. schwitzen, sich abrackern, ,schuften'. **5.** econ. für e-n Hun-

gerlohn arbeiten. **6.** colloq. büßen: **he must ~ for it**.
II v/t **7.** (aus)schwitzen: **to ~ gum**; **to ~ blood** colloq. a) Blut u. Wasser schwitzen, b) sich abrackern; **to ~ off** (od. **away**) Gewicht abschwitzen; **to ~ out** a) e-e Krankheit etc (her)ausschwitzen, b) fig. etwas mühsam hervorbringen; **to ~ it out** colloq. a) durchhalten, b) abwarten; **to ~ one's guts out** colloq. sich die Seele aus dem Leib ,schuften'. **8.** a. **~ through** 'durchschwitzen. **9.** schwitzen lassen, in Schweiß bringen: **to ~ down** a) j-n durch e-e Schwitzkur abnehmen lassen, b) Am. fig. verringern, drastisch verkleinern. **10.** econ. ,schuften lassen', ausbeuten: **to ~ one's employees**. **11.** colloq. j-n ,bluten lassen', auspressen. **12.** colloq. j-n (im Verhör) ,in die Mache nehmen'. **13.** tech. schwitzen od. gären lassen. **14.** metall. a) (~ **out** aus)seigern, b) schmelzen, c) (heiß-, weich)löten. **15.** Kabel schweißen. **16.** Tabak fermen'tieren lassen.
III s **17.** Schwitzen n, Schweißausbruch m: **nightly ~s** Nachtschweiß m. **18.** Schweiß m: **cold ~** kalter Schweiß, Angstschweiß m, colloq. **all of a ~** a) in Schweiß gebadet, b) vor Angst schwitzend; **to get into a ~** in Schweiß geraten; **by the ~ of one's brow** im Schweiße s-s Angesichts; **no ~!** bes. Am. colloq. kein Problem! **19.** med. Schwitzkur f. **20.** phys. tech. Feuchtigkeit f, Ausschwitzung f. **21.** colloq. ,Schufte'rei' f. **22.** **old ~** alter Haudegen (Soldat).
'**sweat·band** s **1.** Schweißleder n, -band n (in Hüten). **2.** bes. sport Schweißband n. '**~·box** s **1.** Tabakaufbereitung: Fermen-'tierkammer f. **2.** colloq. ,Brutkasten' m. '**~·duct** s anat. 'Schweißgang m, -ka,nal m. **sweat·ed** ['swetɪd] adj econ. **1.** für Hungerlöhne 'hergestellt. **2.** ausgebeutet, 'unterbezahlt: **~ workers**.
sweat·er ['swetə(r)] s **1.** Sweater m, Pull'over m: **~ blouse** Strickbluse f; **~ girl** colloq. ,kurvenreiches' Mädchen. **2.** econ. Ausbeuter m.
sweat gland s anat. Schweißdrüse f.
sweat·i·ness ['swetɪnɪs] s Verschwitztheit f, Schweißigkeit f.
sweat·ing ['swetɪŋ] **I** s **1.** Schwitzen n, Schweißabsonderung f. **2.** econ. Ausbeutung f. **3.** tech. (Heiß-, Weich)Lötung f. **4.** Fermen'tierung f (Tabak). **II** adj **5.** schwitzend. **6.** Schwitz...: **~ bath**; **~ room** hist. Schwitzkammer f. **~ sickness** s med. hist. Schweißfieber n. **~ system** s econ. 'Ausbeutungssy,stem n.
sweat| pants s pl sport bes. Am. Trainingshose(n pl) f. **~ shirt** s Sweatshirt n. '**~·shop** s econ. Ausbeutungsbetrieb m. **~ suit** s sport bes. Am. Trainingsanzug m.
sweat·y ['swetɪ] adj (adv **sweatily**) **1.** schweißig, verschwitzt, schweißnaß. **2.** Schweiß...: **~ feet. 3.** fig. schweißtreibend, anstrengend.
Swede [swiːd] s **1.** Schwede m, Schwedin f. **s~** bes. Br. für **Swedish turnip**.
Swed·ish ['swiːdɪʃ] **I** adj **1.** schwedisch: **~ drill**, **~ gymnastics** → **Swedish movements. II** s **2.** ling. Schwedisch n, das Schwedische. **3. the ~** collect. die Schweden pl. **~ box** s Turnen: Kasten m. **~ mas·sage** s med. schwedische Bewegungsbehandlung. **~ move·ments** s pl med. schwedische Gym'nastik. **~ turnip** s agr. bot. Br. Schwedische Rübe, Gelbe Kohlrübe.
swee·ny ['swiːnɪ] s vet. 'Muskelatro,phie f (bei Pferden).
sweep [swiːp] **I** v/t pret u. pp **swept** [swept]. **1.** kehren, fegen: **to ~ away** (**off**, **up**) weg-(fort-, auf)kehren; **to ~**

sweepback - swelling

away *fig.* hinwegfegen; **swept and garnished** *Bibl.* gekehrt u. geschmückt. **2.** frei machen, säubern (**of** von) (*a. fig.*): **to ~ a path** (**channel**, *etc*); **to ~ the sea of enemy ships**. **3.** jagen, treiben (*bes. fig.*): **to ~ the enemy before one** den Feind vor sich hertreiben; **to ~ all before one** auf der ganzen Linie siegen; **a wave of fear swept the country** e-e Welle der Angst ging durchs Land; **it swept the opposition into office** es brachte die Opposition ans Ruder. **4.** (hin¦weg)streichen *od.* (-)fegen über (*acc*) (*Wind etc*). **5.** *a.* **~ away** (*od.* **off**) fort-, mitreißen: **the river swept away the bridge**; **he swept his audience along with him** er riß s-e Zuhörerschaft mit; **to ~ s.o. off his feet** a) j-n hinreißen, b) j-s Herz im Sturm erobern. **6.** (aus dem Weg) räumen, beseitigen: **to ~ away** *fig.* e-m *Übelstand etc* abhelfen, aufräumen mit; **to ~ aside** *fig.* etwas abtun, beiseite schieben, hinwegwischen; **to ~ off** *j-n* hinweg-, dahinraffen (*Tod, Krankheit*). **7.** (*mit der Hand*) fahren *od.* streichen über (*acc*). **8.** *Geld* einstreichen: → **board**[1] **8. 9.** a) *ein Gebiet* durch¦streifen, b) (¦hin)gleiten *od.* schweifen über (*acc*) (*Blick etc*), c) (*mit Scheinwerfern od. Radar*) absuchen (**for** nach). **10.** *mil.* Gelände mit Feuer bestreichen. **11.** *mus.* a) *Instrument, Saiten, Tasten* (be)rühren, (an)schlagen, (¦hin)gleiten über (*acc*), b) *Töne* entlocken (**from an instrument** e-m Instru¦ment).
II *v/i* **12.** kehren, fegen: → **broom** 1. **13.** fegen, stürmen, jagen (*Wind, Regen etc*; *a. Armee, Krieg etc*), fluten (*Wasser, a. Truppen etc*), durchs Land gehen (*Epi¦demie etc*): **to ~ along** (**by**, **down**, **over**, **past**) entlang- *od.* einher-(hernieder-, darüber hin-, vorüber)fegen *etc*; **to ~ down on** sich (herab)stürzen auf (*acc*); **fear swept over him** Furcht überfiel ihn; **to ~ into power** durch e-n überwältigenden Wahlsieg an die Macht kommen. **14.** (maje¦stätisch) ein¦herschreiten: **she swept from the room** sie rauschte aus dem Zimmer. **15.** in weitem Bogen gleiten. **16.** sich (da)¦hinziehen (*Küste, Straße etc*). **17.** *mar.* dreggen (**for** nach): **to ~ for mines** Minen suchen *od.* räumen.
III *s* **18.** Kehren *n*, Fegen *n*: **to give s.th. a ~** etwas kehren; **at one ~** mit ¦einem Schlag; **to make a clean ~** a) gründlich aufräumen (**of** mit), b) *sport* überlegen siegen (**of** in *dat*). **19.** Da¦hinfegen *n*, -stürmen, Brausen *n* (*des Windes etc*): **onward ~** *fig.* mächtige Fortschritte. **20.** Rauschen *n*: **the ~ of her long skirt**. **21.** a) schwungvolle (*Hand-etc*)Bewegung, b) Schwung *m* (*e-r Sense, Waffe etc*), c) (Ruder)Schlag *m*. **22.** *fig.* Reichweite *f*, Bereich *m*, Spielraum *m*, weiter (geistiger) Hori¦zont. **23.** *fig.* a) Schwung *m*, Gewalt *f*, b) mächtige Bewegung, Strom *m*. **24.** Schwung *m*, Bogen *m*: **the ~ of the road** (*roof*, *etc*). **25.** ausgedehnte Strecke, weite Fläche. **26.** Auffahrt *f* (*zu e-m Haus*). **27.** *meist pl* Kehricht *m*, Müll *m*. **28.** Ziehstange *f* (*e-s Ziehbrunnens*). **29.** *mar.* a) langes Ruder, b) Dreggtau *n* (*zum Ankerfischen*), c) Räumgerät *n* (*zum Minensuchen*), d) Gillung *f* (*e-s Segels*). **30.** *electr.* Kipp *m*, ¦Hinlauf *m* (*in Kathodenstrahlröhren*). **31.** *Radar etc*: a) Abtastung *f*, b) Abtaststrahl *m*. **32.** *bes. Br.* Schornsteinfeger *m*. **33.** *Kartenspiel*: Gewinn *m* aller Stiche *od.* Karten. **34.** → sweepstake.
IV *adj* **35.** *electr.* Kipp..., (Zeit)Ablenk...

'**sweep·back** *aer.* I *s* Pfeilform *f*, -stel-lung *f* (*der Tragflächen*). II *adj* pfeilförmig, Pfeil...: **~ wing**.
'**sweep·er** *s* **1.** (Straßen)Kehrer(in). **2.** ¦Kehrma¦schine *f*. **3.** *mar.* Such-, Räumboot *n*. **4.** *Fußball*: Ausputzer *m*.
sweep¦ gen·er·a·tor *s electr.* **1.** ¦Kippgene¦rator *m*. **2.** Fre¦quenzwobbler *m*. **~ hand** → sweep-second.
sweep·ing [ˈswiːpɪŋ] I *adj* (*adv* **~ly**) **1.** kehrend, Kehr... **2.** brausend, stürmisch (*Wind etc*). **3.** um¦fassend, ausgedehnt. **4.** schwungvoll a) ausladend: **~ gesture**, b) mitreißend: **~ melodies**; **~ lines** schwungvolle Linien, schnittige Form. **5.** ¦durchschlagend, über¦wältigend: **~ success**; **~ victory** überlegener Sieg. **6.** ¦durchgreifend, radi¦kal: **~ changes**. **7.** weitreichend, um¦fassend, *a.* (*zu*) stark verallge¦meinernd, sum¦marisch: **~ judg(e)ment** Pauschalurteil *n*; **~ powers** umfassende Vollmachten. II *s pl* **8.** a) Kehricht *m*, *n*, Müll *m*, b) *fig. contp.* Auswurf *m*, Abschaum *m*.
sweep¦ net *s* **1.** *mar.* großes Schleppnetz. **2.** Schmetterlingsnetz *n*. '**~-sec·ond** *s* **1.** Zen¦tralse¦kundenzeiger *m*. **2.** Uhr *f* mit Zen¦tralse¦kundenzeiger. **~ seine** → sweep net 1. '**~-stake** *s*, *bes. Am.* '**~-stakes** *s pl* (*als sg konstruiert*) **1.** a) (*bes. Pferde*)*Rennen*, *dessen Dotierung ausschließlich aus Nenngeldern besteht*, b) *aus den Nenngeldern gebildete Dotierung*. **2.** *Lotterie, deren Gewinne sich ausschließlich aus den Einsätzen zs.-setzen*. **3.** *fig.* Kampf *m*, Rennen *n*: **the presidential ~(s)** das Rennen um die Präsidentschaft.
sweet [swiːt] I *adj* (*adv* **~ly**) **1.** süß. **2.** süß *od.* lieblich (duftend): **to be ~ with** duften nach. **3.** frisch: **~ butter** (**meat**, **milk**). **4.** Frisch..., Süß...: **~ water**. **5.** süß, lieblich: **~ melody** (**voice**, *etc*). **6.** süß, angenehm: **~ dreams** (**slumber**, *etc*). **7.** süß, lieb: **a ~ face**; **at her own ~ will** ganz nach ihrem Köpfchen; → **seventeen** II. **8.** lieb, nett, freundlich, reizend (**to** zu *od.* gegen¦über *j-m*); sanft: **~ temper** (*od.* **nature**, **disposition**) freundliche Art, Liebenswürdigkeit *f*; **to be ~ on s.o.** *colloq.* in j-n verliebt sein; **to keep s.o. ~** j-n bei Laune halten. **9.** *colloq.* ‚süß‘, ‚goldig‘, entzückend, reizend (*als a. iro.*): **what a ~ hat!** **10.** *colloq.* a) tadellos, einwandfrei, b) mühelos, glatt, ruhig, c) leicht, bequem. **11.** *chem.* **~ minerals**, b) schwefelfrei: **~ petrol**. **12.** *agr.* nicht sauer: **~ soil**. **13.** *Jazz*: melodi¦ös, ‚sweet‘. II *s* **14.** Süße *f*. **15.** *bes. Br.* Bon¦bon *m*, *n*, Süßigkeit *f*, b) *pl* Süßigkeiten *pl*. **16.** *Br.* Süßspeise *f*, süßer Nachtisch. **17.** *meist pl fig.* Annehmlichkeit *f*: **the ~(s) of life**; → sour 8. **18.** (*meist als Anrede*) ‚Süße(r‘ *m*) *f*, Schatz *m*. **~-and-'sour** *adj gastr.* süß-sauer. '**~-bread** *s* Bries *n*. **~ bri·er**, *a.* **~ bri·ar** [¦-ˈbraɪə(r); ¦-¸br-] *s bot.* Schottische Zaunrose. **~ chest·nut** *s bot.* ¦Edelka¦stanie *f*. **~ corn** *s* **1.** *bot.* Zuckermais *m*. **2.** grüne Maiskolben *pl* (*als Gemüse*).
sweet·en [ˈswiːtn] *v/t* **1.** süßen. **2.** *fig.* versüßen, angenehm(er) machen. **3.** mildern. **4.** beschwichtigen, gnädig stimmen. **5.** *sl.* ‚schmieren‘, bestechen. **6.** *econ. bes. Am. colloq.* hochwertige Sicherheiten gewähren auf (*acc*): **to ~ loans**. II *v/i* **7.** süß(er) werden.
'**sweet·en·er** *s* **1.** Süßstoff *m*. **2.** Beschwichtigungsmittel *n*. **3.** *sl.* ‚Schmiergeld‘ *n*, Bestechungsgeld *n*. '**sweet·en·ing** *s* **1.** (Ver)Süßen *n*. **2.** Süßstoff *m*.
sweet¦ flag *s bot.* Gemeiner Kalmus. **~ gale** *s bot.* Heidemyrte *f*. '**~-heart** *s* Schatz *m*, Liebste(r *m*) *f*. **~ herbs** *s pl* Küchen-, Gewürzkräuter *pl*.
sweet·ie [ˈswiːtɪ] *s* **1.** *Br.* Bon¦bon *m*, *n*. **2.** *colloq.* (*meist als Anrede*) Schätzchen *n*, ‚Süße‘ *f*. **3.** *bes. Br. colloq.* Schatz *m*: **she's a ~**.
sweet·ing [ˈswiːtɪŋ] *s bot.* Jo¦hannisapfel *m*, Süßling *m*.
sweet·ish [ˈswiːtɪʃ] *adj* süßlich.
'**sweet-meat** *s* Bon¦bon *m*, *n*. **~-na·tured** [¦-ˈn-; ¦¸n-] → sweet 8.
sweet·ness [ˈswiːtnɪs] *s* **1.** Süße *f*, Süßigkeit *f*. **2.** süßer *od.* lieblicher Duft. **3.** Frische *f*. **4.** *fig.* (*etwas*) Angenehmes, Annehmlichkeit *f*, (*das*) Süße. **5.** Freundlichkeit *f*.
sweet¦ oil *s* Speise-, *bes.* O¦livenöl *n*. **~ pea** *s bot.* Gartenwicke *f*. **~ po·ta·to** *s* **1.** *bot.* ¦Süßkar¦toffel *f*, Ba¦tate *f*. **2.** *mus. Am. colloq.* Oka¦rina *f*. **~-scent·ed** [¦-ˈsentɪd; ¦-¸s-] *adj bot.* wohlriechend, duftend. **~ shop** *s bes. Br.* Süßwarenladen *m*, -warengeschäft *n*. **~ sing·er** *s*: **the S~ S~ of Israel** *relig.* der Psalmist, König David. **~ talk** *s Am. colloq.* Schmeiche¦lei(en *pl*) *f*. '**~-¸talk** *v/t Am. colloq.* j-m ‚um den Bart gehen‘, j-m schmeicheln: **to ~ s.o. into doing s.th.** j-n durch Schmeicheleien dazu bringen, etwas zu tun. **~-tem·pered** [¦-ˈt-; ¦-¸t-] *adj* sanft(mütig), gutmütig. **~-tongued** [¦-ˈtʌŋd; ¦-¸t-] *adj* schmeichlerisch, ¦honigsüß‘. **~ tooth** *s colloq.* Vorliebe *f* für Lecke¦reien: **she has a ~** sie ist ein Leckermäulchen, sie nascht gern. **~ wil·liam** *s bot.* Stu¦denten-, Bartnelke *f*. '**~-wood** *s bot.* **1.** (Edler) Lorbeerbaum. **2.** *Name mehrerer tropischer Pflanzen*, *bes.* a) Nek¦tandra *f*, b) Balsampflanze *f*, c) Zypernholzbaum *m*.
sweet·y → sweetie 2.

swell [swel] I *v/i pret* **swelled**, *pp* **swollen** [ˈswəʊlən], *selten* **swelled**, *obs.* **swoln** [swəʊln] **1.** *a.* **~ up**, **~ out** (an-, auf)schwellen (**into**, **to** zu), dick werden. **2.** sich aufblasen *od.* -blähen (*a. fig. contp.*). **3.** anschwellen, (an)steigen (*Wasser etc*; *a. fig.* Anzahl, Preise *etc*). **4.** sich wölben: a) ansteigen (*Land etc*), b) sich ausbauchen *od.* bauschen, gebaucht *od.* geschweift sein (*Mauerwerk, Möbel etc*), c) *mar.* sich blähen (*Segel*). **5.** her¦vorbrechen (*Quelle, Tränen*). **6.** (auf)quellen (*Getreide, Holz etc*). **7.** *bes. mus.* a) anschwellen (**into** zu), b) (an- u. ab)schwellen (*Ton, Orgel etc*). **8.** *fig.* bersten (wollen) (**with** vor *dat*): **his heart ~ed with indignation**. **9.** aufwallen, sich steigern (**into** zu) (*Gefühl*). **10.** sich aufplustern: **to ~ with pride** stolzgeschwellt sein.
II *v/t* **11.** *a.* **~ up**, **~ out** *a. fig. ein Buch etc* anschwellen lassen. **12.** aufblasen, -blähen, -treiben: **to ~ the belly** (**a tin can**, *etc*). **13.** *bes. mus.* a) anschwellen lassen, b) (an- u. ab)schwellen lassen. **14.** *fig.* aufblähen (**with** vor *dat*): **~ed with pride** stolzgeschwellt.
III *s* **15.** (An)Schwellen *n*. **16.** Schwellung *f*, *med. a.* Geschwulst *f*. **17.** *mar.* Dünung *f*. **18.** Wölbung *f*, Ausbuchtung *f*, -bauchung *f*. **19.** kleine Anhöhe, sanfte Steigung. **20.** a) Bom¦bage *f*, Auftreiben *n* (*von verdorbenen Konservenbüchsen*), b) aufgetriebene Kon¦servenbüchse. **21.** *fig.* Anschwellen *n*, Anwachsen *n*, (An)Steigen *n*. **22.** *mus.* a) (An- u. Ab-)Schwellen *n*, Schwellton *m*, b) Schwellzeichen *n* (< >), c) Schwellwerk *n* (*der Orgel etc*). **23.** *colloq.* a) ‚großes Tier‘, ‚Größe‘ *f*, b) feiner Pinkel‘, c) ‚Mordskerl‘ *m*, ¦Ka¦none‘ *f* (**at** in *dat*).
IV *adj* **24.** *sl.* (*a. interj*) ‚prima(!)‘, ‚Klasse(!)‘. **25.** *colloq.* ‚(tod)schick‘, ‚piekfein‘, ‚stinkvornehm‘, feu¦dal.
swelled [sweld] *adj* **1.** (an)geschwollen, aufgebläht: **~ head** *colloq.* Aufgeblasenheit *f*. **2.** geschweift (*Möbel*), ausgebuchtet.
'**swell·ing** I *s* **1.** (*a. mus. u. fig.* An-)

Schwellen n. **2.** med. vet. Schwellung f, Geschwulst f, a. Beule f, Ö'dem n: **glandular ~** Drüsenschwellung; **hunger ~** Hungerödem. **3.** (Auf)Quellen n. **4.** Wölbung f: a) Erhöhung f, b) arch. Ausbauchung f, c) Tischlerei: Schweifung f. **5.** (Gefühls)Aufwallung f. **II** adj (adv **~ly**) **6.** (an)schwellend (a. fig.). **7.** ,geschwollen' (Stil etc).
swell| key·board, ~ man·u·al s mus. 'Schwellmanu₁al n (der Orgel). **~ mob** s Br. sl. collect. (die) Hochstapler pl. **~ or·gan** s mus. Schwellwerk n (Manual). **~ ped·al** s mus. Pe'dal-, Fußschweller m (der Orgel). **~ rule** s print. englische Linie.
swel·ter ['swelta(r)] **I** v/i **1.** vor Hitze (schier) verschmachten od. ,umkommen'. **2.** in Schweiß gebadet sein. **3.** fig. (vor Hitze) kochen (Stadt etc). **II** s **4.** drückende Hitze, Schwüle f. **5.** to be in a ~ → 1. **6.** Hexenkessel m. **'swel·ter·ing, 'swel·try** [-trɪ] adj **1.** vor Hitze vergehend od. verschmachtend. **2.** in Schweiß gebadet. **3.** drückend, schwül.
swept [swept] pret u. pp von sweep. **'~-back wing** s aer. Pfeilflügel m. **~ vol·ume** s mot. Hubraum m. **~ wing →** swept-back wing.
swerve [swɜːv; Am. swɜrv] **I** v/i **1.** ausbrechen (Auto, Pferd). **2.** mot. das Steuer od. den Wagen her'umreißen, e-n Schlenker machen. **3.** ausweichen (Boxer etc). **4.** e-n Schwenk machen, schwenken: the highway ~s south. **5.** fig. abweichen, abgehen (from von). **II** v/t **6.** to ~ the car → 2. **7.** sport Ball anschneiden. **8.** fig. j-n abbringen (from von). **III** s **9.** mot. Schlenker m. **10.** Ausweichbewegung f (e-s Boxers etc). **11.** Schwenk m (e-r Straße). **12.** sport Schnitt m.
swift [swɪft] **I** adj (adv **~ly**) **1.** allg. schnell, rasch. **2.** flüchtig, rasch da'hineilend (Zeit etc). **3.** rasch: a) geschwind, eilig, b) plötzlich, unerwartet: his ~ death. **4.** flink, hurtig, a. geschickt: **a ~ worker**; **~ wit** flinker Verstand. **5.** rasch, eilfertig, schnell bereit: **~ to anger** jähzornig; → **offence** 3. **6.** jäh, hastig: **~ anger** Jähzorn m. **II** adv **7.** (meist poet. od. in Zssgn) schnell, geschwind, rasch: **~-passing**. **III** s **8.** orn. (bes. Mauer)Segler m. **9.** a. **~ moth** orn. e-e brit. Taubenrasse. **10.** zo. → newt. **11.** tech. Haspel f, (Garn-, Draht-) Winde f. **~'foot·ed** adj schnellfüßig, flink.
'swift·ness s Schnelligkeit f, Geschwindigkeit f.
swig¹ [swɪg] colloq. **I** v/t a. **~ down, ~ off** Getränk ,hin'unterkippen'. **II** v/i e-n kräftigen Zug tun (at aus). **III** s kräftiger Zug od. Schluck: **to take a ~ (at)** → II.
swig² [swɪg] v/t oft **~ up** mar. Segel hissen od. straffen.
swill [swɪl] **I** v/t **1.** (ab)spülen: **to ~ out** ausspülen. **2.** colloq. ,saufen', hin'unterschütten: **to ~ beer**; **to ~ o.s. with** sich ,vollaufen lassen' mit. **II** v/i **3.** ,saufen'. **III** s **4.** (Ab)Spülen n: **to give s.th. a ~** etwas (ab)spülen. **5.** Spülicht n (a. fig. contp.). **6.** Spültrank m (für Schweine). **7.** a) ,Gesöff' n, b) ,Saufraß' m.
swim [swɪm] **I** v/i pret **swam** [swæm], obs. od. dial. **swum** [swʌm], pp **swum** **1.** schwimmen. **2.** schwimmen, treiben (Gegenstand). **3.** schweben, (sanft) gleiten: **the moon ~s in the sky**; **she swam into the room**. **4.** a) schwimmen (in in dat), b) über'schwemmt od. voll sein, 'überfließen (**with** von): **the meat ~s in gravy** das Fleisch schwimmt in der Soße; **his eyes were ~ming with tears** s-e Augen schwammen in Tränen; **to ~** in fig. schwimmen in (Geld etc). **5.** (ver-) schwimmen (**before one's eyes** vor

den Augen), sich drehen: **my head ~s mir ist schwind(e)lig**. **II** v/t **6.** a) schwimmen: **to ~ a mile**, b) durch'schwimmen: **to ~ the Channel**; **to ~ a race** um die Wette schwimmen, an e-m Wettschwimmen teilnehmen. **7.** j-n, ein Pferd etc, e-e Sache schwimmen lassen. **8.** mit j-m um die Wette schwimmen. **III** s **9.** Schwimmen n, Bad n: **to go for a ~** schwimmen gehen; **to have** (od. **take**) **a ~** baden, schwimmen. **10.** fig. Schweben n, (sanftes) Gleiten. **11.** colloq. Strom m od. Gang m der Ereignisse: **to be in** (out of) **the ~** a) (nicht) auf dem laufenden od. im Bilde sein, b) (nicht) mithalten können; **in the ~ with** vertraut mit. **12.** Angelsport: tiefe u. fischreiche Stelle (e-s Flusses). **13.** Schwindel(anfall) m. **~ blad·der** s ichth. Schwimmblase f. **'~-cap** s Bademütze f, -kappe f.
swim·mer ['swɪmə(r)] s **1.** Schwimmer (-in). **2.** zo. 'Schwimmor₁gan n.
swim·mer·et ['swɪmərət; Am. a. ₁-'ret] s zo. Schwimmfuß m (bei Krebsen).
swim·ming ['swɪmɪŋ] **I** s **1.** Schwimmen n. **2.** a. **~ of the head** Schwindel(gefühl n) m. **II** adj (adv **~ swimmingly**) **3.** schwimmend. **4.** Schwimm...: **~ bird**; **~ instructor** Schwimmlehrer m. **~ bath** meist pl Br. Schwimmbad n, bes. Hallenbad n: **~ attendant** Bademeister m. **~ blad·der** s ichth. Schwimmblase f. **~ cap** s Bademütze f, -kappe f. **~ cos·tume** s bes. Br. Badeanzug m.
swim·ming·ly ['swɪmɪŋlɪ] adv fig. glatt, reibungslos: **to go ~** glattgehen.
swim·ming| pool s **1.** Schwimmbecken n, Swimmingpool m. **2.** Schwimmbad n: a) a. **open-air ~** Freibad n, b) a. **indoor ~** Hallenbad n; **~ attendant** Bademeister m. **~ trunks** s pl a. **pair of ~** Badehose f.
'swim·suit s Badeanzug m.
swin·dle ['swɪndl] **I** v/i **1.** betrügen, mogeln. **II** v/t **2.** j-n beschwindeln, betrügen (**out of** s.th. um etwas). **3.** etwas erschwindeln, ergaunern (**out of** s.o. von j-m). **III** s **4.** Schwindel m, Betrug m.
'swin·dler s Schwindler(in), Betrüger (-in).
swine [swaɪn] s **1.** pl **~** agr. zo. poet. od. obs. Schwein n. **2.** pl **~s** a) Rüpel m, b) ,Schwein' n. **~ fe·ver** s vet. bes. Br. Schweinepest f. **'~-herd** s bes. poet. Schweinehirt m. **~ in·flu·en·za** s vet. Schweinegrippe f. **~ plague** s vet. Schweineseuche f. **~ pox** s **1.** med. hist. Schafs-, Wasserpocken pl. **2.** vet. Schweinepocken pl.
swin·er·y ['swaɪnərɪ] s **1.** Sau-, Schweinestall m. **2.** fig. Schweine'rei f.
swing [swɪŋ] **I** v/t pret **swung** [swʌŋ], obs. od. dial. **swang** [swæŋ], pp **swung** **1.** schwingen: **to ~ a sword** (a lasso); **to ~ o.s. from branch to branch**. **2.** schwingen, ('hin- u. 'her)schwenken: **to ~ a bell**; **to ~ one's arms** mit den Armen schlenkern; **to ~ out** tech. ausschwenken; **to ~ s.o. round** j-n herumwirbeln od. -schwenken; **to ~ the propeller** den Propeller durchdrehen od. anwerfen; → **lead² 2, room 1**. **3.** baumeln od. pendeln lassen, aufhängen (**from** an dat): **to ~ a hammock** e-e Hängematte aufhängen; **to ~ one's legs** mit den Beinen baumeln; **to ~ a gate open** (to) ein Tor auf-(zu)stoßen. **4.** j-n (in e-r Schaukel) schaukeln. **5.** bes. mil. (**~ in** od. **out** ein- od. aus)schwenken lassen. **6.** mar. (rund)schwojen. **7.** auf die Schulter etc (hoch)schwingen. **8.** tech. Spielraum lassen für: **a lathe that ~s 12 inches**. **9.** colloq. a) etwas ,schaukeln', ,'hinkriegen': **to ~ the job**, b) Am. die Wähler etc ,her'umkriegen', c) Am. e-e Wahl etc entscheid(en beeinflussen).

II v/i **10.** ('hin- u. 'her)schwingen, pendeln, ausschlagen (Pendel, Zeiger): **to ~ from branch to branch** sich von Ast zu Ast schwingen; **to ~ into motion** in Schwung od. Gang kommen; **to ~ into action** fig. loslegen; **to ~ round the circle** Am. a) fig. alles abdecken, b) pol. e-e Wahlrundreise machen; **to ~ round the circle of all theories** Am. sich der Reihe nach mit allen Theorien befassen. **11.** schweben, baumeln (**from an** dat) (Glocke etc). **12.** (sich) schaukeln. **13.** colloq. ,baumeln' (gehängt werden): **he must ~ for it**. **14.** sich (in den Angeln) drehen (Tür etc): **the door ~s on its hinges**; **to ~ open** (**to**) auffliegen (zuschlagen); **to ~ round** a) sich ruckartig umdrehen, b) sich drehen (Wind etc), c) fig. umschlagen (öffentliche Meinung etc). **15.** mar. schwojen. **16.** schwenken, mit schwungvollen od. flotten Bewegungen gehen, a. mil. (flott) mar'schieren: **to ~ into line** mil. einschwenken. **17.** mit Schwung od. in großem Bogen fahren: **the car swung out of a side street**. **18.** sich in weitem Bogen 'hinziehen: **the road ~s north**. **19.** a) schwanken, b) tech. Schwingungen haben. **20.** a) Schwung haben, schwungvoll sein (Musik etc), b) lebenslustig sein. **21.** (zum Schlag) ausholen: **to ~ at s.o.** nach j-m schlagen. **22.** mus. swingen, Swing spielen od. tanzen. **23.** sl. ,swingen' (Atmosphäre haben). **24.** sl. (gerne) Partner tauschen.
III s **25.** ('Hin- u. 'Her)Schwingen n, Schwingung f, Pendeln n, Ausschlagen n (e-s Pendels od. Zeigers), tech. a. Schwungweite f, Ausschlag m: **the ~ of the pendulum** der Pendelschlag (a. fig. u. pol.); **free ~** Bewegungsfreiheit f, Spielraum m (beide a. fig.); **to give full ~ to** a) e-r Sache freien Lauf lassen, b) j-m freie Hand lassen; **in full ~** ,in Schwung', in vollem Gang. **26.** Schaukeln n: **to have a ~** schaukeln. **27.** a) Schwung m (beim Gehen, Skilauf etc), schwingender Gang, Schlenkern n, b) metr. mus. Schwung m (a. fig.), schwingender Rhythmus: **with a ~** schwungvoll; **to get into the ~ of things** colloq. ,den Bogen rauskriegen'; **to go with a ~** Schwung haben, a. wie am Schnürchen gehen. **28.** Schwung(kraft f) m (a. fig.): **at full ~** in vollem Schwung, in voller Fahrt. **29.** econ. Am. colloq. Konjunk'turperi₁ode f. **30.** colloq. (Arbeits)Schicht f. **31.** Boxen: Schwinger m. **32.** pol. Am. Wahlrundreise f. **33.** Einstellung f. **34.** Schaukel f: → **roundabout 6**. **35.** tech. a) Spielraum m, Spitzenhöhe f (e-r Drehbank), b) (Rad)Sturz m. **36.** mus. Swing m (Jazz). **37.** econ. Swing m, Spielraum m für Kre'ditgewährung.
'swing|·back s **1.** phot. Einstellscheibe f. **2.** (to) fig. Rückkehr f (zu), Rückfall m (in acc). **'~-boat** s Br. Schiffsschaukel f. **~ bridge** s tech. Drehbrücke f. **~ cred·it** s econ. 'Swingkre₁dit m. **~ door** s Drehtür f.
swinge [swɪndʒ] v/t obs. 'durchprügeln.
'swinge·ing adj bes. Br. einschneidend (Kürzungen etc), ex'trem hoch, gewaltig (Besteuerung etc).
swing·er ['swɪŋə(r)] s **1.** lebenslustige Per'son. **2.** sl. j-d, der alles mitmacht, was ,in' ist. **3.** sl. j-d, der (gern) Partnertausch macht.
swing| gate s Drehtor n. **~ glass** s Drehspiegel m.
swing·ing ['swɪŋɪŋ] **I** s **1.** Schwingen n, Schaukeln n, Pendeln n. **2.** Schwenken n. **3.** mar. Schwojen n. **4.** electr. a) (Frequenz)Schwankung(en pl) f, b) Schwund m. **II** adj (adv **~ly**) **5.** schwingend, schaukelnd, pendelnd, Schwing...: **~ door** Pen-

swin-gle¹ ['swɪŋgl] *tech.* **I** *s* (Flachs-, Hanf)Schwinge *f.* **II** *v/t* schwingeln.
swin-gle² ['swɪŋgəl] *s Am. sl.* lebenslustiger Single.
'**swin-gle-tree** *s* Wagenschwengel *m.*
swing|mu-sic *s* 'Swing(mu₁sik *f*) *m.* '~-out *adj tech.* ausschwenkbar. ~ **plough**, *bes. Am.* ~ **plow** *s agr.* Schwingpflug *m* (*ohne Räder*). '~-round *s* 'Meinungs₁umschwung *m.* ~ **seat** *s Am.* Hollywoodschaukel *f.* ~ **shift** *s Am. colloq.* Spätschicht *f* (*von 16 bis 24 Uhr*). ₁~'**wing** *aer. bes. mil.* **I** *adj* 1. Schwenkflügel...: ~ **aircraft** → 3. **II** *s* 2. Schwenkflügel *m.* 3. Schwenkflügler *m.*
swin-ish ['swaɪnɪʃ] *adj* (*adv* ~ly) schweinisch, säuisch.
swipe [swaɪp] **I** *s* 1. *colloq.* harter Schlag, (Pranken- *etc*)Hieb *m*: **to give s.o. a** ~ **round the ear** j-m eins hinter die Ohren geben. 2. Ziehstange *f* (*e-s Ziehbrunnens*). 3. *pl Br. sl.* Dünnbier *n.* **II** *v/t* 4. *sport colloq.* den Ball ,dreschen'. 5. *sl.* ,klauen', stehlen. **III** *v/i* 6. ~ **at** *colloq.* schlagen nach: **to** ~ **away at** einschlagen auf (*acc*).
swirl [swɜːl; *Am.* swɜrl] **I** *v/i* 1. wirbeln (*Wasser; a. fig. Kopf*), e-n Strudel bilden. 2. *a.* ~ **about** (her'um)wirbeln. **II** *v/t* 3. *a.* ~ **about** *etwas* her'umwirbeln. **III** *s* 4. Wirbel *m* (*a. fig.*), Strudel *m.* 5. *Am.* (Haar)Wirbel *m.* 6. Ast *m* (*im Holz*). 7. Wirbel(n *n*) *m* (*Drehbewegung*).
swish [swɪʃ] **I** *v/i* 1. schwirren, sausen, zischen: **to** ~ **past** vorbeizischen (*Auto etc*). 2. rascheln (*Seide etc*). 3. *mot.* wischen (*Scheibenwischer*). **II** *v/t* 4. sausen *od.* schwirren lassen. 5. ~ **off** abhauen. 6. *sl.* 'durchprügeln. **III** *s* 7. Sausen *n*, Zischen *n.* 8. Rascheln *n.* 9. *Br.* a) (Ruten)Streich *m*, b) Peitschenhieb *m.* 10. *Am. sl.* ,Tunte' *f* (*effeminierter Homosexueller*). **IV** *adj* 11. *bes. Br. colloq.* ,(tod)schick'. 12. *Am. sl.* ,tuntenhaft'. **V** *interj* 13. fft!, wutsch!
Swiss [swɪs] **I** *s* 1. a) Schweizer(in), b) *pl* Schweizer *pl.* 2. **s.** → **Swiss muslin**. **II** *adj* 3. schweizerisch, Schweizer(...). ~ **cheese** *s* Schweizer Käse *m.* ~ **franc** *s econ.* Schweizer Franken *m.* ~ **German** *s ling.* Schweizerdeutsch *n.* ~ **Guard** *s* 1. Schweizergarde *f.* 2. Schweizer *m.*
swiss-ing ['swɪsɪŋ] *s Textilwesen*: 'Druckka₁landern *n.*
Swiss|mus-lin *s* 'Schweizermusse₁lin *m* (*Stoff*). ~ **roll** *s* Bis'kuitrolle *f.* ~ **tea** *s pharm.* Schweizertee *m.*
switch [swɪtʃ] **I** *s* 1. a) Rute *f*, Gerte *f*, b) Peitsche *f.* 2. (Ruten)Streich *m.* 3. falscher Zopf. 4. Schwanzquaste *f* (*e-s Rindes*). 5. *electr.* a) Schalter *m*, b) Schalten *n.* 6. *rail. Am.* a) Weiche *f*: **to shift the** ~**es for** *fig.* die Weichen stellen für, b) Stellen *n* (*e-r Weiche*). 7. *econ.* 'Umstellung *f* (*bei Kapitalanlagen etc*). 8. (*to*) *fig.* 'Umstellung *f* (*auf acc*), Wechsel *m* (*zu*): **to make a** ~ **e-e Umstellung** *od.* **e-n Wechsel vornehmen**. 9. a) Austausch *m* (*for gegen*), b) Verwandlung *f* (*to in acc*). 10. *Kartenspiel*: Farbwechsel *m.* **II** *v/t* 11. peitschen. 12. zucken mit: **to** ~ **a muscle**. 13. mit *dem* Schwanz schlagen (*Kuh etc*). 14. *a.* ~ **over** *electr. tech.* ('um)schalten: **to** ~ **on** a) einschalten, *das Licht* anschalten, b) *colloq.* j-n ,anturnen' (*in Erregung etc versetzen*), c) *colloq.* j-n ,anturnen' (*zum Gebrauch von Drogen veranlassen*); **to** ~ **off** a) ab-, ausschalten, b) *colloq.* j-n ,abtörnen'; **to** ~ **through** *teleph.* Anrufer, *Gespräch* durchstellen (**to** zu). 15. *rail. bes. Am.* a) den Zug ran'gieren, b) *Waggons* 'umstellen. 16. *fig.* a) 'umstellen (**to** auf *acc*): ~ **to** ~ (**over**) **production**, b) wechseln: **to** ~ **methods** (**lanes**) die Methode (die Spur) wechseln; **to** ~ **positions** *sport* rochieren; **to** ~ **roles** *fig.* die Rollen tauschen, c) 'überleiten: **to** ~ **the talk to another topic** auf ein anderes Thema überleiten. 17. austauschen (**for** gegen): **to** ~ (**a**)**round** *Möbel* umstellen; **to** ~ **s.o.** (**a**)**round within a department** (**between the departments**) j-n e-e Abteilung (die einzelnen Abteilungen) durchlaufen lassen. **III** *v/i* 18. *electr. tech.* (*a.* ~ **over** 'um)schalten: **to** ~ **off** abschalten (*a. fig. colloq.*). 19. *rail. bes. Am.* ran'gieren. 20. *fig.* 'umstellen: **to** ~ (**over**) **to** übergehen zu, sich umstellen auf (*acc*), *univ.* umsatteln auf (*acc*). 21. *Kartenspiel*: die Farbe wechseln.
'**switch|-back** *s* 1. *a.* ~ **road** Serpen'tine(nstraße) *f.* 2. *a.* ~ **railway** *Br.* Achterbahn *f.* '~-**blade** *s*, '~-**blade knife** *s irr bes. Am.* Schnappmesser *n.* '~-**board** *s* 1. *electr.* Schaltbrett *n*, -tafel *f.* 2. *teleph.* (Tele'fon)Zen₁trale *f*: ~ **operator** Telefo'nist(in). ~ **box** *s electr.* Schaltkasten *m.* ~ **clock** *s tech.* Schaltuhr *f.*
switch-er-oo [₁swɪtʃə'ruː] *s Am. sl.* 1. unerwartete Wendung. 2. Vertauschung *f.*
'**switch|-gear** *s* Schaltvorrichtung *f.* '~-**girl** *s Austral. colloq.* Telefo'nistin *f.* '~-₁**hit-ter** *s Am. sl.* bisexu'ell Veranlagte(r *m*) *f.*
'**switch-ing I** *s* 1. *electr. tech.* ('Um-)Schalten *n*: ~-**on** Einschalten *n*; ~-**off** Ab-, Ausschalten *n.* 2. *rail. bes. Am.* Ran'gieren *n.* **II** *adj* 3. *electr. tech.* (Um)Schalt...: ~ **relay**; ~ **time** Schaltzeit *f.* 4. *rail. bes. Am.* Rangier-, ~ **engine** Rangier-, Verschiebelok(omotive) *f.*
'**switch-man** [-mən] *s irr rail. Am.* Weichensteller *m.* '~-₁**o-ver** → **switch** 8. ~ **plug** *s electr. tech.* Schaltstöpsel *m.* ~ **sig-nal** *s electr. tech.* 'Schaltsi₁gnal *n.* ~ **tend-er** *s* switchman. '~-**yard** *s rail. Am.* Ran'gier-, Verschiebebahnhof *m.*
swith [swɪθ], **swithe** [swaɪð; swɪθ] *adv bes. Am. dial.* schnell, gleich, so'fort.
Switz-er ['swɪtsə(r)] **I** *s* 1. Schweizer(in). 2. Schweizer *m* (*Angehöriger der Schweizergarde*).
swiv-el ['swɪvl] **I** *s* 1. *tech.* Drehzapfen *m*, -ring *m*, -gelenk *n*, (*a. mar.* Ketten)Wirbel *m.* 2. *mar. mil.* Drehstütze *f.* **II** *v/t u. pp* **-eled**, *bes. Br.* **-elled** 3. drehen, schwenken. 4. mit e-m Drehzapfen versehen. **III** *v/i* 5. sich drehen. **IV** *adj* 6. Dreh..., Schwenk..., dreh-, schwenkbar: ~ **axis** Schwenkachse *f.* ~ **bridge** *s tech.* Drehbrücke *f.* ~ **chair** *s* Drehstuhl *m.* ~ **con-nec-tion** *s tech.* schwenkbare Verbindung. ~ **gun** *s mil. hist.* Drehbasse *f* (*Geschütz*). ~ **joint** *s tech.* Drehgelenk *n.*
swiz(z) [swɪz] *s Br. colloq.* 1. Schwindel *m*, Betrug *m.* 2. bittere Enttäuschung.
swiz-zle ['swɪzl] *s* 1. *ein* schaumig geschlagener Cocktail aus Alkohol, Zitronensaft, Zucker etc. 2. *Br.* → **swiz(z)**. ~ **stick** *s* Rührstäbchen *n* (*für Cocktails etc*), Sektquirl *m.*
swob → **swab**.
swol-len ['swəʊlən] **I** *pp von* **swell**. **II** *adj med. u. fig.* geschwollen: ~-**head** *colloq.* Aufgeblasenheit *f.* ₁~-'**head-ed** *adj colloq.* aufgeblasen, eingebildet.
swoln [swəʊln] *pp obs. von* **swell**.
swoon [swuːn] *obs.* **I** *v/i* 1. in Ohnmacht fallen (**with** vor *dat*). 2. in Verzücken geraten. 3. *meist* ~ **away** verhallen (*Musik etc*). **II** *s* 4. Ohnmacht(sanfall *m*) *f.* 5. Verzückung *f.*
swoop [swuːp] **I** *v/i* 1. *oft* ~ **down** (**upon**, **on**, **at**) a) her'abstoßen, -sausen, sich stürzen (auf *acc*), b) *fig.* 'herfallen (über *acc*), c) e-e Razzia machen (in *dat*). **II** *v/t* 2. *meist* ~ **up** *colloq.* packen, ,schnappen'. **III** *s* 3. Her'abstoßen *n* (*e-s Raubvogels*). 4. Razzia *f* (**on** in *dat*). 5. **at one** (**fell**) ~ *fig.* mit 'einem Schlag.
swop → **swap**.
sword [sɔː(r)d; *Am. a.* səʊrd] *s* Schwert *n*, Säbel *m*, Degen *m*, *allg.* Waffe *f*: **to cross** ~**s** die Klingen kreuzen (*a. fig.*); **to draw** (**sheathe**) **the** ~ a) das Schwert ziehen (in die Scheide stecken), b) *fig.* den Kampf beginnen (beenden); **to put to the** ~ über die Klinge springen lassen, hinrichten; **a** ~ **over our heads** ein Damoklesschwert(, das über uns schwebt); → **measure** 18. ~ **arm** *s* rechter Arm. ~ **bay-o-net** *s mil.* langes, breites Bajo'nett. ~ **belt** *s* 1. Schwertgehenk *n.* 2. *mil.* Degenkoppel *n.* ~ **cane** *s* Stockdegen *m.* ~ **dance** *s* Schwert(er)tanz *m.* '~-**fish** *s* Schwertfisch *m.* ~ **hilt** *s* Schwert-, Degengriff *m.* ~ **knot** *s mil.* Degen-, Säbelquaste *f.* ~ **lil-y** *s bot.* Schwertel *m*, Siegwurz *f.* '~-**play** *s* 1. (Degen-, Säbel-)Kampf *m.* 2. Fechtkunst *f.* 3. *fig.* Gefecht *n*, Du'ell *n.*
swords-man ['sɔː(r)dzmən; *Am. a.* 'sɔʊrdz-] *s irr* 1. Fechter *m.* 2. *poet.* Kämpfer *m*, Streiter *m.* '**swords-man-ship** *s* Fechtkunst *f.*
'**sword**-**stick** → **sword cane**. '~-₁**swal-low-er** *s* Schwertschlucker *m.*
swore [swɔː(r); *Am. a.* swɔʊr] *pret von* **swear**.
sworn [swɔː(r)n; *Am. a.* swɔʊrn] **I** *pp von* **swear**. **II** *adj* 1. *econ. jur.* (gerichtlich) vereidigt, beeidigt: ~ **expert** (**interpreter**, *etc*). 2. eidlich, beeidet: ~ **statement**. 3. geschworen: ~ **enemies** Todfeinde. 4. verschworen: ~ **friends**; ~ **brothers** (*bes.* Waffen-)Brüder.
swot [swɒt; *Am.* swɑt] *bes. ped. Br. colloq.* **I** *v/i* 1. ,büffeln', ,pauken' (**for** für). **II** *v/t* 2. *meist* ~ **up** a) *etwas* ,büffeln, ,pauken', b) *etwas* noch einmal gründlich 'durcharbeiten. **III** *s* 3. a) ,Büffler(in)', b) Streber(in). 4. ,Büffe'lei' *f*, ,Pauke'rei' *f.* 5. hartes Stück Arbeit. '**swot-ter** → **swot** 3.
swum [swʌm] *pp u. obs. od. dial. pret von* **swim**.
swung [swʌŋ] *pret u. pp von* **swing**. ~ **dash** *s print.* Tilde *f.*
syb-a-rite ['sɪbəraɪt] **I** *s fig.* Syba'rit *m*, Genußmensch *m.* **II** *adj* → **sybaritic**. ₁**syb-a'rit-ic** [-'rɪtɪk] *adj*; ₁**syb-a'rit-i-cal** *adj* syba'ritisch, genußsüchtig. '**syb-a-rit-ism** [-raɪtɪzəm] *s* Sybari'tismus *m*, Genußsucht *f.*
syb-il *irrtümlich für* **sibyl**.
syc-a-mine ['sɪkəmaɪn; -mɪn] *s Bibl.* Maulbeerbaum *m.*
syc-a-more ['sɪkəmɔː(r); *Am. a.* -₁mɔʊər] *s bot.* 1. *Am.* Pla'tane *f.* 2. *a.* ~ **maple** *Br.* Bergahorn *m.* 3. *a.* ~ *fig.* **Egyptian** ~, **Oriental** ~ Syko'more *f*, Maulbeerfeigenbaum *m.*
sy-cee (**sil-ver**) [saɪ'siː; *Am. a.* 'saɪ₁siː] *s econ. hist.* feines Silber (*in Barren*; *Tauschmittel in China*).
sy-co-ni-um [saɪ'kəʊnjəm; -nɪəm] *pl* **-ni-a** [-njə; -nɪə] *s bot.* Schein-, Sammelfrucht *f.*
syc-o-phan-cy ['sɪkəfənsɪ] *s* ,Kriecher'ei *f*, Speichellecke'rei *f.* '**syc-o-phant** [-fænt; -fənt] *s* Schmeichler *m*, ,Kriecher' *m*, Speichellecker *m.* ₁**syc-o'phan-tic** [-'fæntɪk] *adj* (*adv* ~ally) kriecherisch, schmeichlerisch.
sy-co-sis [saɪ'kəʊsɪs] *s med.* Sy'kose *f*, Bartflechte *f.*

syl·la·bar·y ['sɪləbərɪ; *Am.* -ˌberɪ:] *s* 'Silbenˌbelle *f*.
syl·la·bi ['sɪləbaɪ] *pl von* **syllabus**.
syl·lab·ic [sɪ'læbɪk] *adj* (*adv* ~**ally**) **1.** syl'labisch, Silben...: ~ **accent**. **2.** silbenbildend, silbisch. **3.** (*in Zssgn*) ...silbig. **4.** *metr.* silbenzählend.
syl·lab·i·cate [sɪ'læbɪkeɪt] *v/t ling.* sylla-'bieren: a) Silben bilden aus, in Silben teilen *od.* trennen, b) Silbe für Silbe aussprechen. **syl,lab·i·(·fi)'ca·tion** [-(fɪ)-'keɪʃn] *s ling.* Silbenbildung *f od.* -teilung *f od.* -trennung *f.* **syl'lab·i·fy** [-faɪ] → syllabicate.
syl·la·bism ['sɪləbɪzəm] *s ling.* **1.** 'Silben(schrift)chaˌrakter *m* (*e-r Sprache*). **2.** → syllabi(fi)cation. **'syl·la·bize** → syllabicate.
syl·la·ble ['sɪləbl] **I** *s* **1.** *ling.* Silbe *f*: **not to breathe** (*od.* **tell**) **a ~** keine Silbe verlauten lassen, kein Sterbenswörtchen sagen; **in words of one ~** a) in einfachen Worten, b) einfach ausgedrückt. **2.** *mus.* Tonsilbe *f*: ~ **name** Solmisationssilbe *f*. **II** *v/t* **3.** → **syllabicate** b. **4.** *poet.* a) stammeln, b) aussprechen. **'syl·la·bled** *adj* ...silbig, Silben...
syl·la·bub → syllabub.
syl·la·bus ['sɪləbəs] *pl* **-bus·es**, **-bi** [-baɪ] *s* **1.** Abriß *m*, Auszug *m*, zs.-fassende Inhaltsangabe, Syllabus *m*. **2.** *jur.* Kom'pendium *n* (*von richtungweisenden Entscheidungen*). **3.** (*bes. Vorlesungs*)Verzeichnis *n*, 'Unterrichts-, Lehrplan *m*. **4.** *R.C.* Syllabus *m* (*der verdammten Lehren*).
syl·lep·sis [sɪ'lepsɪs] *s ling.* Syl'lepsis *f*, Syl'lepse *f*: a) *Nichtübereinstimmung e-s Wortes mit* 'einem *od.* mehreren *s-r* Bezugswörter, b) *Gebrauch bes. des Prädikats im wörtlichen u. übertragenen Sinn in e-m Satz.* **syl'lep·tic** [-tɪk] *adj*; **syl'lep·ti·cal** *adj* (*adv* ~**ly**) syl'leptisch.
syl·lo·gism ['sɪlədʒɪzəm] *s philos.* Syllo-'gismus *m*, (Vernunft)Schluß *m*. **syl·lo'gis·tic I** *adj a.*, **syl·lo'gis·ti·cal** (*adv* ~**ly**) syllo'gistisch. **II** *s meist pl* (*a. als sg konstruiert*) Syllo'gistik *f*. **'syl·lo·gize** [-dʒaɪz] **I** *v/i* syllogi'sieren, folgerichtig denken. **II** *v/t* durch Schluß folgern.
sylph [sɪlf] *s* **1.** Sylphe *m*, Luftgeist *m*. **2.** *fig.* Syl'phide *f*, gra'ziles Mädchen. **'sylph·ish**, **'sylph·like**, **'sylph·y** *adj* sylphenhaft, gra'zil.
syl·van ['sɪlvən] **I** *adj* **1.** Wald(es)...: ~ **deities** Waldgötter. **2.** bewaldet, waldig, Wald... **II** *s* **3.** Waldgeist *m*.
syl·vi·cul·ture → silviculture.
sym- [sɪm] → syn-[1].
sym·bi·ont ['sɪmbɪɒnt; *Am.* -ˌɑnt; *a.* -ˌbaɪ-], *a.* **'sym·bi·on** [-ɒn; *Am.* -ˌɑn] *s biol.* Symbi'ont *m*, Partner *m* e-r Symbi'ose.
sym·bi·o·sis [ˌsɪmbɪ'əʊsɪs; *Am. a.* -ˌbaɪ-] *s biol. u. fig.* Symbi'ose *f*: antipathetic ~ Schmarotzertum *n*. **ˌsym·bi'ot·ic** [-'ɒtɪk; *Am.* -'ɑt-] *adj*; **ˌsym·bi'ot·i·cal** [-kl] *adj* (*adv* ~**ly**) biol. symbi'o(n)tisch.
sym·bol ['sɪmbl] **I** *s* **1.** Sym'bol *n* (*a. psych. u. relig.*), Sinnbild *n*, Zeichen *n*. **2.** Sym'bol *n*, (graphisches) Zeichen. **II** *v/t pret u. pp* **-boled**, *bes. Br.* **-bolled** → symbolize.
sym·bol·ic [sɪm'bɒlɪk; *Am.* -'bɑl-] **I** *adj a.* **sym'bol·i·cal** [-kl] (*adv* ~**ly**) **1.** sym-'bolisch, sym'bolhaft, sinnbildlich (**of** für): **to be ~ of s.th.** etwas versinnbildlichen; **symbolic address** (*Computer*) symbolische Adresse, Distanzadresse *f*; **symbolic language** (*Computer*) symbolische (Programmier)Sprache; **symbolic logic** *math. philos.* symbolische Logik, Logistik *f*. **II** *s pl* (*als sg kon*-

struiert) **2.** Studium *n* alter Sym'bole. **3.** *relig.* Sym'bolik *f*.
sym·bol·ism ['sɪmbəlɪzəm] *s* **1.** Sym-'bolik *f* (*a. relig.*), sym'bolische Darstellung, *math.* Forma'lismus *m*. **2.** sym'bolischer Cha'rakter, symbolische Bedeutung. **3.** *collect.* Sym'bole *pl*. **4.** *paint. etc* Symbo'lismus *m*. **'sym·bol·ist I** *s* **1.** Sym'boliker *m* (*a. relig.*). **2.** *paint. etc* Symbo'list(in) **II** *adj* → symbolistic. **ˌsym·bol'is·tic** *adj*; **ˌsym·bol'is·ti·cal** *adj* (*adv* ~**ly**) symbo'listisch.
sym·bol·i·za·tion [ˌsɪmbəlaɪ'zeɪʃn; *Am.* -lə'z-] *s* **1.** Symboli'sierung *f*, sinnbildliche Darstellung, Versinnbildlichung *f*. **2.** sym'bolische Bedeutung. **'sym·bol·ize I** *v/t* **1.** symboli'sieren: a) versinnbildlichen, b) sinnbildlich darstellen. **2.** sym'bolisch auffassen. **II** *v/i* **3.** Sym'bole gebrauchen.
sym·bol·o·gy [sɪm'bɒlədʒɪ; *Am.* -'bɑl-] *s* Symbolo'gie *f*, Sym'bolik *f*.
sym·met·ric [sɪ'metrɪk] *adj*; **sym-'met·ri·cal** *adj* (*adv* ~**ly**) sym'metrisch, eben-, gleichmäßig: ~ **axis** *math.* Symmetrieachse *f*. **'sym·me·trize** [-mɪtraɪz] *v/t* sym'metrisch machen.
sym·me·try ['sɪmɪtrɪ] *s* Symme'trie *f* (*a. fig. Ebenmaß f*): ~ **group** *math. phys.* Symmetriegruppe *f*; ~ **principle** (*Mikrophysik*) Symmetrieprinzip *n*.
sym·pa·thet·ic [ˌsɪmpə'θetɪk] **I** *adj* (*adv* ~**ally**) **1.** mitfühlend, teilnehmend: ~ **strike** Sympathiestreik *m*. **2.** einfühlend, verständnisvoll: **a ~ heart**; → **introspection** 2. **3.** sym'pathisch, angenehm (**to** *dat*), ansprechend, gewinnend. **4.** im Einklang stehend, bes. *tech.* ~ **clock** synchronisierte Uhr. **5.** gleichgesinnt, -gestimmt, kongeni'al. **6.** günstig gesinnt (**to**, **toward**[s] *dat*): **to be ~ to s.th.** e-r Sache wohlwollend gegenüberstehen; **to examine ~ally** wohlwollend prüfen. **7.** sympa'thetisch, geheimnisvoll: ~ **cure** sympathetische Kur, Wunderkur *f*; ~ **ink** sympathetische Tinte, Geheimtinte *f*. **8.** *med. physiol.* sym'pathisch: a) zum Sym-'pathikus gehörig: ~ **nerve** → 10a; ~ **nervous system** → 10b, b) miterlitten: ~ **pain. 9.** *mus. phys.* mitschwingend: ~ **resonance** a) sympathetische Resonanz, b) *phys.* Oberwellenresonanz *f*; ~ **string** Resonanzseite *f*; ~ **vibration** Sympathieschwingung *f*. **II** *s* **10.** *physiol.* a) Sym'pathikus(nerv) *m*, b) Sym'pathikussystem *n*.
sym·pa·thize ['sɪmpəθaɪz] *v/i* **1.** (**with**) a) sympathi'sieren (mit), gleichgesinnt sein (*dat*), b) mitfühlen, -leiden, -empfinden (mit), c) über'einstimmen (mit), d) wohlwollend gegen'überstehen (*dat*). **2.** sein Mitgefühl *od.* Beileid ausdrücken (**with** s.o. j-m). **3.** *med.* in Mitleidenschaft gezogen werden (**with** von). **'sym·pa·thiz·er** *s* **1.** Sympathi'sant (-in). **2.** a) Mitfühlende(r *m*) *f*, b) Kondo'lent(in).
sym·pa·thy ['sɪmpəθɪ] *s* **1.** Sympa'thie *f*, Zuneigung *f* (**for** für): **to have little ~ with** wenig übrig haben für; ~ **strike** Sympathiestreik *m*. **2.** Seelenverwandtschaft *f*, Gleichgestimmtheit *f*. **3.** Mitleid *n*, -gefühl *n* (**with** mit; **for** für): **in ~ with s.o.** aus Mitleid mit j-m; **to feel ~ for** (*od.* **with**) a) Mitleid haben mit *j-m*, b) Anteil nehmen an e-r Sache. **4.** *pl* (An)Teilnahme *f*, Beileid *n*: **to offer one's sympathies to s.o.** j-m s-e Teilnahme aussprechen, j-m kondolieren; **letter of ~** Beileidsschreiben *n*. **5.** *med.* Mitleidenschaft *f*. **6.** a) Wohlwollen *n*, b) Zustimmung *f*. **7.** Über'einstimmung *f*, Einklang *m*: **to be in ~ with** im Einklang stehen mit. **8.** *biol. psych.* Sympa-'thie *f*, Wechselwirkung *f* (*a. phys.*).

sym·pet·al·ous [sɪm'petələs] *adj bot.* sympe'tal (*mit verwachsenen Kronblättern*).
sym·phon·ic [sɪm'fɒnɪk; *Am.* -'fɑn-] *adj* (*adv* ~**ally**) *mus.* sin'fonisch, sym'phonisch, Sinfonie..., Symphonie...: ~ **poem** sinfonische Dichtung. [har'monisch.]
sym·pho·ni·ous [sɪm'fəʊnjəs; -ɪəs] *adj*
sym·pho·nist ['sɪmfənɪst] *s mus.* Sin-'foniker *m*, Sym'phoniker *m* (*Komponist von Sinfonien*).
sym·pho·ny ['sɪmfənɪ] **I** *s* **1.** *mus.* a) Sinfo'nie *f*, Sympho'nie *f*, b) → **symphony orchestra**. **2.** *mus. obs.* (har-'monischer) Zs.-klang. **3.** (*Farben- etc*) Sympho'nie *f*: **a ~ of colo(u)r**. **4.** *fig.* (*häusliche etc*) Harmo'nie. **II** *adj* **5.** *mus.* Sinfonie..., Symphonie...: ~ **concert**. ~ **or·ches·tra** *s mus.* Sinfo'nie-, Sympho'nieˌorchester *n*.
sym·phy·sis ['sɪmfɪsɪs] *pl* **-ses** [-siːz] *s* **1.** *anat.* a) Sym'physe *f*, (Knochen)Fuge *f*, b) Scham(bein)fuge *f*. **2.** *bot.* Verwachsung *f*.
sym·pi·e·som·e·ter [ˌsɪmpɪɪ'zɒmɪtə(r); *Am.* -'zɑm-] *s tech.* **1.** (*Art*) 'Flüssigkeitsbaroˌmeter *n* mit Gasfüllung. **2.** (*Art*) Strömungsdruckmesser *m*.
sym·po·di·um [sɪm'pəʊdjəm; -ɪəm] *pl* **-di·a** [-ə] *s bot.* Scheinachse *f*, Sym'podium *n*.
sym·po·si·um [sɪm'pəʊzjəm; -ɪəm] *pl* **-si·a** [-ə], **-si·ums** *s* **1.** *antiq.* Sym-'posion *n*: a) Gastmahl *n*, b) Titel philosophischer Dialoge. **2.** Sym'posion *n*, Sym'posium *n*. **3.** (wissenschaftliche) Diskussi'on. **4.** Sammlung *f* von Beiträgen.
symp·tom ['sɪmptəm] *s med. u. fig.* Sym'ptom *n*, (An)Zeichen *n* (**of** für; **von**). **ˌsymp·to'mat·ic** [-'mætɪk] *adj*; **ˌsymp·to'mat·i·cal** *adj* (*adv* ~**ly**) *bes. med.* sympto'matisch (*a. fig. bezeichnend*) (**of** für). **'symp·tom·a·tize** [-mətaɪz] *v/t* sympto'matisch sein für. **ˌsymp·tom·a'tol·o·gy** [-mə'tɒlədʒɪ]; *Am.* -'tɑl-] *s med.* Symptomatolo'gie *f*.
syn-[1] [sɪn] *Wortelement mit der Bedeutung* mit, zusammen.
syn-[2] [sɪn] *Wortelement mit der Bedeutung* künstlich, Kunst...
syn·aer·e·sis [sɪ'nɪərəsɪs; *Am. a.* -'ner-] *s ling.* Synä'rese *f*, Syn'äresis *f* (*Vereinigung zweier Vokale zu* 'einer *Silbe*).
syn·a·gogue, *Am. a.* **syn·a·gog** ['sɪnəɡɒɡ; *Am.* -ˌɡɑɡ] *s relig.* Syna'goge *f* (*Gebäude u. Gemeinde*).
syn·a·le·pha, **syn·a·loe·pha** [ˌsɪnə'liːfə] *s ling. metr.* Syna'loiphe *f*, Verschleifung *f* (*z. B.* **he's for he is**).
syn·an·ther·ous [sɪ'nænθərəs] *adj bot.* syn'andrisch: ~ **plant** Komposite *f*, Korbblüt(l)er *m*.
sync [sɪŋk] *colloq. für* a) **synchronization** 1: **to be in** (**out of**) ~ a) (nicht) synchron sein, b) *fig.* (**with**) (nicht) in Einklang sein (**mit**), b) **synchronize** 5.
syn·carp ['sɪnkɑː(r)p] *s bot.* Sammelfrucht *f*. **syn'car·pous** *adj* syn'karp.
synch → sync.
syn·chro·flash [ˌsɪŋkrəʊ'flæʃ; *bes. Am.* -ˌflæʃ] *phot.* **I** *adj* Synchronblitz... **II** *s* Syn'chronblitz(licht *n*) *m*.
syn·chro·mesh [ˌsɪŋkrəʊ'meʃ; *bes. Am.* -ˌmeʃ] *tech.* **I** *adj* Synchron... **II** *s a.* ~ **gear** Syn'chrongetriebe *n*.
syn·chron·ic [sɪŋ'krɒnɪk; *Am.* -'krɑ-] *adj* **1.** *ling.* syn'chronisch: ~ **dictionary** (linguistics). **2.** → **synchronous**. **syn·chro·nism** ['sɪŋkrənɪzəm] *s* **1.** Synchro-'nismus *m*, Gleichzeitigkeit *f*. **2.** Synchronisati'on *f*. **3.** synchro'nistische (Ge-'schichts)Taˌbelle. **4.** *phys.* Gleichlauf *m*. **ˌsyn·chro'nis·tic** [-'nɪstɪk] *adj* (*adv* ~**ally**) **1.** synchro'nistisch (*Gleichzeitiges zs.-stellend*). **2.** → **synchronous**. **ˌsyn-**

synchronize – syrinx

chro·ni·za·tion [-naɪˈzeɪʃn; *Am.* -nəˈz-] *s* **1.** *bes. Film, TV* Synchronisati¹on *f,* Synchroni¹sierung *f.* **2.** Gleichzeitigkeit *f,* zeitliches Zs.-fallen.
syn·chro·nize [ˈsɪŋkrənaɪz] **I** *v/i* **1.** gleichzeitig sein, zeitlich zs.-fallen *od.* über¹einstimmen. **2.** synchron gehen (*Uhr*) *od.* laufen (*Maschine*). **3.** *bes. Film, TV* synchroni¹siert sein. **II** *v/t* **4.** *Uhren, Maschinen* synchroni¹sieren, auf Gleichlauf bringen: ~d **shifting** *mot. etc* Synchron(gang)schaltung *f.* **5.** *Film, TV* synchroni¹sieren. **6.** *Ereignisse* synchro¹nistisch darstellen, *Gleichzeitiges* zs.-stellen. **7.** *Geschehnisse* (zeitlich) zs.-fallen lassen *od.* aufein¹ander abstimmen: **to ~ events (factory operations,** *etc*); ~d **swimming** Synchronschwimmen *n.* **8.** *mus.* a) zum (genauen) Zs.-spiel bringen: **to ~ the orchestra,** b) genau zu¹sammen ausführen (lassen): **to ~ a passage. 9.** ~d **sleep** synchronisierter Schlaf. ¹**syn·chro·niz·er** *s* **1.** *tech.* Synchroni¹sierungsgerät *n.* **2.** *phot.* Synchroni¹sator *m.* ¹**syn·chro·niz·ing** *s electr.* Synchroni¹sierung *f;* ~ **discriminator** Gleichlauffrequenzgleichrichter *m;* ~ **pulse** *TV* Gleichlaufimpuls *m.*
syn·chro·nol·o·gy [ˌsɪŋkrəˈnɒlədʒɪ; *Am.* -ˈnɑl-] *s* synchro¹nistische Anordnung.
syn·chro·nous [ˈsɪŋkrənəs] *adj (adv* ~**ly**) **1.** gleichzeitig (**with** mit), (zeitlich) zs.-fallend: **to be ~** (zeitlich) zs.-fallen. **2.** syn¹chron: a) *electr. tech.* gleichlaufend (*Maschine etc*), gleichgehend (*Uhr*), b) *electr. phys.* von gleicher Phase u. Schwingungsdauer: ~ **capacitor** Phasenschieber *m;* ~ **computer** Synchronrechner *m;* ~ **motor** Synchronmotor *m;* ~ **speed** synchrone Drehzahl. **3.** synchro¹nistisch. [**chronism.**]
syn·chro·ny [ˈsɪŋkrənɪ] → **syn-**]
syn·chro·tron [ˈsɪŋkrəʊtrɒn; *Am.* -krə¹trɑn] *s phys.* Synchrotron *n* (*Beschleuniger für geladene Elementarteilchen, der die Teilchen auf der gleichen Kreisbahn beschleunigt*).
syn·cli·nal [sɪŋˈklaɪnl; sɪn-] **I** *adj* synkli¹nal, muldenförmig. **II** *s* → **syncline.** ¹**syn·cline** [-klaɪn] *s geol.* Synkli¹nale *f,* Mulde *f.*
syn·co·pal [ˈsɪŋkəpl] *adj* **1.** syn¹kopisch. **2.** *med.* Ohnmachts...
syn·co·pate [ˈsɪŋkəpeɪt] **I** *v/t* **1.** *ling.* ein Wort synko¹pieren, zs.-ziehen. **2.** *mus.* synko¹pieren. **II** *v/i* **3.** synko¹pieren. ¹**syn·co·pat·ed** *adj* syn¹kopisch, Synkopen... ˌ**syn·co**¹**pa·tion** *s* **1.** *ling.* → **syncope 1. 2.** *mus.* a) Synko¹pierung *f,* b) Syn¹kope(n *pl*) *f,* c) syn¹kopische Mu¹sik.
syn·co·pe [ˈsɪŋkəpɪ] *s* **1.** *ling.* a) Syn¹kope *f,* b) Synko¹pierung *f,* Kontrakti¹on *f (im Wortinneren).* **2.** *mus.* Syn¹kope *f.* **3.** *med.* Syn¹kope *f,* Ohnmacht *f.* **syn·cop·ic** [sɪŋˈkɒpɪk; *Am.* -ˈkɑ-] *adj* syn¹kopisch.
syn·cre·tism [ˈsɪŋkrɪtɪzəm] *s* **1.** *philos. relig.* Synkre¹tismus *m (Verschmelzung gegensätzlicher Lehren, Religionen etc).* **2.** *ling.* (¹Kasus)Synkreˌtismus *m (Zs.-fall verschiedener Kasus in* ¹*einem).* [**mesh.**\]
syn·cro·mesh *bes. Br. für* synchro-]
¹**syn·crude** *s chem.* syn¹thetisches Rohöl.
syn·cy·ti·um [sɪnˈsɪtɪəm; *Am.* -ˈsɪʃɪəm; -ʃəm] *pl* **-ti·a** [-ə] *s biol.* Syn¹zytium *n (durch Zellenfusion entstandene Plasmamasse).*
syn·dac·tyl(e) [sɪnˈdæktɪl] *med. zo.* **I** *adj* mit verwachsenen Zehen *od.* Fingern. **II** *s* Vogel *m od.* Tier *n* mit verwachsenen Zehen. **syn**¹**dac·tyl·ism** *s* Syndakty¹lie *f.*
syn·det·ic [sɪnˈdetɪk] *adj bes. ling.* syn¹detisch: a) verbindend, Binde..., b) (durch Bindewort) verbunden.

syn·dic [ˈsɪndɪk] *s jur.* **1.** Syndikus *m,* Rechtsberater *m.* **2.** Bevollmächtigte(r) *m.* **3.** *univ. Br.* Seˈnatsmitglied *n.* ¹**syn·di·cal·ism** [-kəlɪzəm] *s* Syndika¹lismus *m (radikaler Gewerkschaftssozialismus).*
syn·di·cate I *s* [ˈsɪndɪkɪt; -kət] **1.** *econ. jur.* Syndi¹kat *n,* Kon¹sortium *n.* **2.** *econ.* Ring *m,* (Unter¹nehmer)Verband *m,* ¹Absatzkarˌtell *n.* **3.** Syndi¹kat *n (Amt od. Würde e-s Syndikus).* **4.** a) ¹Zeitungssyndiˌkat *n,* b) Gruppe *f* zs.-gehöriger Zeitungen. **5.** (Ver¹brecher)Syndiˌkat *n.* **II** *v/t* [-keɪt] **6.** *econ. jur.* zu e-m Syndi¹kat vereinigen, e-m Syndikat anschließen. **7.** a) *e-n Artikel* in mehreren Zeitungen zu¹gleich veröffentlichen, b) *Pressematerial* über ein Syndi¹kat verkaufen, c) *Zeitungen* zu e-m Syndi¹kat zs.-schließen. **III** *v/i* [-keɪt] **8.** ein Syndi¹kat bilden. **IV** *adj* [-kɪt; -kət] **9.** *econ. jur.* Konsortial... ˌ**syn·di**¹**ca·tion** [-ˈkeɪʃn] *s econ. jur.* Syndi¹katsbildung *f.*
syn·drome [ˈsɪndrəʊm; -drəmɪ] *s med.* Syn¹drom *n (a. sociol.),* Sym¹ptomenkomˌplex *m.*
syn·ec·do·che [sɪˈnekdəkɪ] *s Rhetorik:* Syn¹ekdoche *f (Vertauschung von Teil u. Ganzem, z. B.* **sail** *für* **ship**).
syn·ec·tic [sɪˈnektɪk] **I** *adj* syn¹ektisch. **II** *s pl (als sg konstruiert)* Syn¹ektik *s (Studium von kreativen Prozessen von unterschiedlichen Gruppenmitgliedern).*
syn·er·e·sis → **synaeresis.**
syn·er·get·ic [ˌsɪnə(r)ˈdʒetɪk] **I** *adj* syner¹getisch. **II** *s pl (als sg konstruiert)* Syner¹getik *f (Forschungsgebiet, das sich mit der Aufdeckung von Wesenszügen völlig verschiedener Wissensgebiete befaßt).*
syn·er·gic [sɪˈnɜːdʒɪk; *Am.* -ˈnɜr-] → **synergistic. syn·er·gism** [ˈsɪnə(r)dʒɪzəm; *Br. a.* ˈsɪnɜːdʒ-] *s* **1.** *biol. med.* Syner¹gie *f,* Zs.-wirken *n.* **2.** *relig.* Syner¹gismus *m.* ˌ**syn·er**¹**gis·tic** *adj biol. med.* syner¹gistisch (*a. relig.*), zs.-wirkend.
¹**syn·er·gy** [-dʒɪ] → **synergism 1.**
syn·e·sis [ˈsɪnɪsɪs] *s ling.* Synesis *f.*
¹**syn·fu·el** *s chem.* syn¹thetischer Treibstoff.
syn·ga·my [ˈsɪŋgəmɪ] *s* **1.** *biol.* Ga¹metenverschmelzung *f.* **2.** *bot.* planlose Kreuzung verwandter Pflanzen.
¹**syn·gas** *s chem.* syn¹thetisches Gas.
syn·gen·e·sis [sɪnˈdʒenɪsɪs] *s biol.* geschlechtliche Vermehrung.
syn·i·ze·sis [ˌsɪnɪˈziːsɪs] *s* **1.** *metr.* Syn¹izese *f,* Syn¹izesis *f (Zs.-ziehung zweier Vokale zu* ¹*einer Silbe).* **2.** *biol.* Mas¹sierung *f* des Chroma¹tins.
syn·od [ˈsɪnəd] *s* **1.** *relig.* Syn¹ode *f:* (o)ecumenical ~, **general ~** Generalsynode. **2.** *allg.* (beratende) Versammlung, Tagung *f.* **syn·od·al** [-ədl] *adj;* **syn**¹**od·ic** [-ˈnɒdɪk; *Am.* -ˈnɑd-] *adj;* **syn**¹**od·i·cal** *(adv* ~**ly**) **1.** *relig.* syno¹dal. **2.** *astr.* syn¹odisch: ~ **month.**
syn·o·nym [ˈsɪnənɪm] *s* **1.** *ling.* Syn¹onym *n,* bedeutungsähnliches *od.* -gleiches Wort. **2.** *fig.* (gleichbedeutende) Bezeichnung (**for** für): **to be a ~ for** gleichbedeutend sein mit. **syn·o**¹**nym·ic** *adj;* ˌ**syn·o**¹**nym·i·cal** *adj* syno¹nym(isch).
syn·on·y·mous [-ˈnɒnɪməs; *Am.* -ˈnɑ-] *adj (adv* ~**ly**) **1.** *ling.* syno¹nym(isch): a) bedeutungsgleich, b) bedeutungsähnlich. **2.** *allg.* gleichbedeutend (**with** mit).
syn·on·y·my [-mɪ] *s* **1.** *ling.* a) Synony¹mie *f,* Bedeutungsgleichheit *f,* Bedeutungsähnlichkeit *f,* b) Syno¹nymik *f (Lehre od. Sammlung).* **2.** *bot. zo.* Zs.-stellung *f* der wissenschaftlichen Namen.
syn·op·sis [sɪˈnɒpsɪs; *Am.* -ˈnɑp-] *pl* **-ses** [-siːz] *s* Syn¹opse *f:* a) *allg.* ¹Übersicht *f,* Zs.-fassung *f,* Abriß *m,* b) *relig.* (vergleichende) Zs.-schau. **syn**¹**op·tic** [-tɪk] **I** *adj (adv* ~**ally**) **1.** syn¹optisch,

übersichtlich, zs.-fassend, Übersichts... **2.** um¹fassend: ~ **genius. 3.** *oft* S~ *relig.* syn¹optisch: S~ **Gospels** synoptische Evangelien, Synopse *f.* **II** *s* **4.** *oft* S~ *relig.* → **Synoptist. syn**¹**op·ti·cal** *adj (adv* ~**ly**) → **synoptic I. Syn**¹**op·tist,** *a.* **s**~ [-tɪst] *s relig.* Syn¹optiker *m (Matthäus, Markus u. Lukas).*
syn·o·vi·a [sɪˈnəʊvjə; -vɪə; saɪ-] *s physiol.* Syn¹ovia *f,* Gelenkschmiere *f.* **syn·o·vi·al** *adj physiol.* synovi¹al, Synovial...: ~ **fluid** → **synovia.** ˌ**syn·o**¹**vi·tis** [-nə-ˈvaɪtɪs] *s med.* Syno¹vitis *f,* Gelenkentzündung *f.*
syn·tac·tic [sɪnˈtæktɪk] **I** *adj* **a. syn**¹**tac·ti·cal** [-kl] *(adv* ~**ly**) syn¹taktisch, Syntax... **II** *s pl (als sg konstruiert)* Syn¹taktik *f.*
syn·tax [ˈsɪntæks] *s* **1.** *ling.* Syntax *f:* a) Satzbau *m,* b) Satzlehre *f.* **2.** *math. philos.* Syntax *f,* Be¹weistheoˌrie *f.*
syn·the·sis [ˈsɪnθɪsɪs] *pl* **-ses** [-siːz] *s allg.* Syn¹these *f.* ¹**syn·the·sist** *s* ¹thetiker *m.* ¹**syn·the·size** *v/t* **1.** zs.-fügen, verbinden, -schmelzen, durch Syn¹these aufbauen. **2.** syn¹thetisch verfahren mit (*e-r Sache*). **3.** *chem. tech.* syn¹thetisch *od.* künstlich ¹herstellen.
syn·thet·ic [sɪnˈθetɪk] **I** *adj (adv* ~**ally**) **1.** syn¹thetisch: a) *bes. ling. philos.* zs.-setzend, -fügend: ~ **language** *ling.* synthetische Sprache, b) *chem.* künstlich, Kunst...: ~ **rubber;** ~ **fiber** (*bes. Br.* **fibre**) Kunstfaser *f.* **2.** *contp.* syn¹thetisch, künstlich, unecht. **3.** *bes. mil.* nachgeahmt: ~ **flight instruction** *aer.* Bodenausbildung *f;* ~ **trainer** Ausbildungsgerät *n,* (Flug)Simulator *m.* **II** *s* **4.** *chem.* Kunststoff *m.* **syn**¹**thet·i·cal** *adj (adv* ~**ly**) → **synthetic I. syn**¹**thet·i·cism** [-sɪzəm] *s* **1.** *chem.* syn¹thetisches Verfahren. **2.** *bes. ling. philos.* syn¹thetische Grundsätze *pl.*
syn·the·tize [ˈsɪnθɪtaɪz] → **synthesize.**
syn·ton·ic [sɪnˈtɒnɪk; *Am.* -ˈtɑn-] *adj (adv* ~**ally**) **1.** *electr.* (auf gleicher Frequenz) abgestimmt. **2.** *psych.* extraver¹tiert.
syn·to·nize [ˈsɪntənaɪz] *v/t electr.* abstimmen *od.* einstellen (**to** auf *e-e bestimmte Frequenz*). ¹**syn·to·ny** [-nɪ] *s* **1.** *electr.* (Fre¹quenz)Abstimmung *f,* Reso¹nanz *f.* **2.** *psych.* Extraversi¹on *f.*
syph [sɪf] *s sl.* **1.** „Syph" *f (Syphilis).* **2.** → **syphilitic II.**
sy·pher [ˈsaɪfə(r)] *v/t tech.* Planken *etc* mittels ¹Schrägüberˌlappung (bündig) verbinden.
syph·i·lis [ˈsɪfɪlɪs] *s med.* Syphilis *f.* ˌ**syph·i**¹**lit·ic** [-ˈlɪtɪk] **I** *adj* syphi¹litisch. **II** *s* Syphi¹litiker(in). ¹**syph·i·lize** *v/t* **1.** mit Syphilis infi¹zieren. **2.** mit e-m Syphilis-Serum impfen. ¹**syph·i·loid** *adj* sy¹philo¹id, syphilisähnlich.
sy·phon → **siphon.**
sy·ren → **siren.**
Syr·i·ac [ˈsɪrɪæk] **I** *adj* (alt)syrisch. **II** *s ling.* (Alt)Syrisch *n,* das (Alt)Syrische.
Syr·i·an [ˈsɪrɪən] **I** *adj* syrisch. **II** *s* Syrer(in), Syrier(in).
sy·rin·ga [sɪˈrɪŋgə] *s bot.* Sy¹ringe *f,* Flieder *m.*
syr·inge [ˈsɪrɪndʒ; *bes. Am.* sɪˈr-] **I** *s* **1.** *med. u. tech.* Spritze *f.* **II** *v/t* **2.** (ein-) spritzen. **3.** *das Ohr* ausspritzen. **4.** *e-e Pflanze etc* ab-, bespritzen. **III** *v/i* **5.** spritzen.
syr·ing·es [ˈsɪrɪndʒiːs; *bes. Am.* sɪˈr-] *pl von* **syrinx.**
syr·in·gi·tis [ˌsɪrɪnˈdʒaɪtɪs] *s med.* Syrin¹gitis *f,* (¹Ohr)Tubenkaˌtarrh *m.*
syr·inx [ˈsɪrɪŋks] *pl* **-ing·es** [ˈsɪrɪndʒiːz; *bes. Am.* sɪˈr-], **-inx·es** *s* **1.** *anat.* Eu¹stachische Röhre. **2.** *med.* Fistel *f.* **3.** *orn.* Syrinx *f,* unterer Kehlkopf. **4.** *myth.*

Syrinx *f*, Pan-, Hirtenflöte *f*. **5.** enger Felsengang (*in ägyptischen Grabmälern*).
Syro- [saɪərəʊ; sɪr-] *Wortelement mit der Bedeutung* Syro..., syrisch.
syr·tis [ˈsɜːtɪs; *Am.* ˈsɜr-] *pl* **-tes** [-tiːz] *s* Syrte *f*, Treib-, Triebsand *m*.
syr·up [ˈsɪrəp; *Am. a.* ˈsɜr-] *s* **1.** Sirup *m*, Zuckersaft *m*. **2.** *fig. contp.* sentimen'taler Kitsch, süßliches Zeug. **ˈsyr·up·y** *adj* **1.** sirupartig, dickflüssig, klebrig. **2.** *fig.* süßlich, sentimen'tal.
sys·tal·tic [sɪˈstæltɪk; *Am. a.* -sɪsˈtɔːl-] *adj med.* sy'staltisch, zs.-ziehend.
sys·tem [ˈsɪstəm] *s* **1.** *allg.* Sy'stem *n*: a) Aufbau *m*, Gefüge *n*, b) Einheit *f*, geordnetes Ganzes, c) Anordnung *f*: **mountain** ~ Gebirgssystem. **2.** (Eisenbahn-, Straßen-, Verkehrs- *etc*)Netz *n*. **3.** *tech.* Sy'stem *n*, Anlage *f*, Aggre'gat *n*: **electrical** ~; **cooling** ~ Kühlanlage, Kühlung *f*. **4.** *scient.* Sy'stem *n*, Lehrgebäude *n*: ~ **of philosophy**. **5.** Sy'stem *n*: a) Ordnung *f*, Form *f*, b) Verfahren *n*, Me'thode *f*, Plan *m*: **electoral** ~ Wahlsystem, -verfahren; **legal** ~ Rechtssystem, -ordnung; **savings-bank** ~ Sparkassenwesen *n*; ~ **of government** Regierungssystem, Staatsform; **a** ~ **by which to win at roulette** ein Gewinnsystem beim Roulett; **to have** ~ **in one's work** System in der Arbeit haben; **to lack** ~ kein System haben. **6.** (ˈMaß-, Geˈwichts)Sy₁stem *n*: **metric** ~. **7.** *astr.* Sy'stem *n*: **solar** ~; **the** ~, **this** ~ das Weltall. **8.** *math.* a) (Beˈzugs-)Sy₁stem *n*, b) Sy'stem *n*, Schar *f* (*von Geraden*): ~ **of coordinates** Koordinatensystem; ~ **of lines** Geradenschar. **9.** *anat. physiol.* a) (Or'gan)Sy₁stem *n*, b) **the** ~ der Orga'nismus, der Körper: **to get s.th. out of one's** ~ *fig. colloq.* etwas loswerden. **10.** *bot. zo.* (Klassifikatiˈons-)Sy₁stem *n*. **11.** *geol.* Formatiˈon *f*. **12.** *chem. phys.* Sy'stem *n*. **13.** **the** ~ das Sy'stem (*Establishment*).
sys·tem·at·ic [ˌsɪstɪˈmætɪk] **I** *adj* (*adv* ~**ally**) **1.** systeˈmatisch: a) plan-, zweckmäßig, -voll: ~ **work**, b) meˈthodisch (*vorgehend od. geordnet*): ~ **investigation**; ~ **theology** systematische Theologie. **2.** *bot. zo.* systeˈmatisch, Klassifikatiˈons... **II** *s pl* (*als sg konstruiert*) **3.** Systeˈmatik *f*: a) systeˈmatische Darstellung, b) *bot. zo.* Klassifikatiˈon *f*.
sys·tem·a·tism [ˈsɪstɪmətɪzəm] *s* **1.** Systematiˈsierung *f*. **2.** Sy'stemtreue *f*. **ˈsys·tem·a·tist** *s* Systeˈmatiker(in). ˌ**sys·tem·a·tiˈza·tion** [-taɪˈzeɪʃn; *Am.* -təˈz-] *s* Systematiˈsierung *f*. **ˈsys·tem·a·tize** *v/t* systematiˈsieren, in ein Sy'stem bringen.
sys·tem·ic [sɪˈstemɪk] *adj* (*adv* ~**ally**) **1.** *physiol.* Körper..., Organ...: ~ **circulation** großer Blutkreislauf; ~ **disease** Allgemein-, Systemerkrankung *f*; ~ **heart** Körperherz *n*, linkes Herz. **2.** → systematic 1.
sys·tem·ize [ˈsɪstəmaɪz] → systematize.
sys·tems|**a·nal·y·sis** *s Computer*: Sy'stemanaˌlyse *f*. ~ **an·a·lyst**, ~ **en·gi·neer** *s Computer*: Sy'stemanaˌlytiker *m*.
sys·to·le [ˈsɪstəlɪ] *s* Systole *f*: a) *med.* Zs.-ziehung des Herzmuskels, b) *metr.* Kürzung *e-s langen Vokals od. e-s Diphthongs.*
sys'tol·ic [-ˈstɒlɪk; *Am.* -sˈtɑl-] *adj med.* syˈstolisch.
sys·tyle [ˈsɪstaɪl] *adj arch.* dicht beieinˈanderstehend (*Säulen*).
syz·y·gy [ˈsɪzɪdʒɪ] *s* Syˈzygie *f*, Syˈzygium *n*: a) *meist pl astr.* Zs.-kunft *u.* Gegenschein von 2 Planeten, b) *metr.* Verbindung von 2 Versfüßen.

T

T, t [tiː] **I** *pl* **T's, Ts, t's, ts** [tiːz] *s* **1.** T, t *n* (*Buchstabe*): **to a T** (*od.* **t**) haargenau, aufs Haar (genau); **it suits me to a T** das paßt mir ausgezeichnet; **to cross the T's** (*od.* **t's**) *fig.* a) peinlich genau sein, b) es klar u. deutlich sagen. **2.** *tech.* T-Stück *n*, T-förmiger Gegenstand, T-förmiges Zeichen: **(flanged) T** *tech.* T-Stück *n*. **II** *adj* **3.** zwanzigst(er, e, es). **4.** **T** T-..., T-förmig.

ta [taː] *interj Br. colloq.* danke.

Taal [taːl] *s ling.* Afri'kaans *n*.

tab [tæb] **I** *s* **1.** Streifen *m*, Klappe *f*, kurzes Stück, *bes.* a) Schlaufe *f*, (Mantel-) Aufhänger *m*, b) Lappen *m*, Zipfel *m*, c) Ohrklappe *f* (*an der Mütze*), d) Lasche *f* (*am Schuh*), (Stiefel)Strippe *f*, e) Dorn *m* (*am Schnürsenkel*), f) *mil. Br.* (Kragen-) Spiegel *m*. **2.** *print.* (Index)Zunge *f*. **3.** Eti'kett *n*, Schildchen *n*, Anhänger *m*, (Kar'tei)Reiter *m*. **4.** *tech.* Nase *f*. **5.** *aer.* Hilfs-, Trimmruder *m*. **6.** *bes. Am. colloq.* a) Rechnung *f*, b) Kosten *pl*, c) Kon'trolle *f*: **to keep a ~ on**, **to keep ~s on** kontrollieren, sich auf dem laufenden halten über (*acc*), beobachten. **7.** *colloq. für* a) tabloid, b) tabulator. **II** *v/t* **8.** mit Streifen *etc* versehen. **9.** *Am. colloq.* a) bezeichnen (**as** als), b) bestimmen (**for** für).

tab·ard ['tæbə(r)d] *s hist.* Wappen- *od.* Heroldsrock *m*.

tab·a·ret ['tæbərɪt] *s* seidener gestreifter 'Möbelda,mast.

tab·a·sheer, tab·a·shir [ˌtæbə'ʃɪə(r)] *s bot.* Taba'xir *m*.

tab·bi·net → tabinet.

tab·by ['tæbɪ] **I** *s* **1.** *a.* **~ cat** *zo.* a) getigerte *od.* gescheckte Katze, b) (weibliche) Katze. **2.** *colloq.* a) *bes. Br.* alte Jungfer, b) Klatschbase *f*. **3.** *obs.* Moi'ré *m, n* (*Stoff*). **II** *adj* gestreift, gescheckt. **5.** *obs.* Moiré...

tab·e·fac·tion [ˌtæbɪ'fækʃn] *s med.* Auszehrung *n*, körperlicher Verfall.

tab·er·nac·le ['tæbə(r)nækl] **I** *s* **1.** *Bibl.* Hütte *f*, Zelt *n*. **2.** **T~** *relig.* Stiftshütte *f* (*der Juden*): **Feast of T~s** Laubhüttenfest *n*. **3.** *relig.* a) (*jüdischer*) Tempel, b) *Br.* Bethaus *n* (*der Dissenters*), c) Mor'monentempel *m*. **4.** Taber'nakel *n, m*: a) über'dachte Nische (*für e-e Statue*): **~ work** *arch.* Maßwerk *n* mit *od.* Reihe *f* von Tabernakeln, b) *R.C.* Sakra'mentshäus-chen *n*. **5.** Leib *m* (*als Wohnsitz der Seele*). **6.** *mar.* Mastbock *m*. **II** *v/i* **7.** *obs.* weilen, s-e Zelte aufschlagen. **III** *v/t* **8.** *fig. obs.* (vor'übergehend) beherbergen. ˌ**tab·er'nac·u·lar** [-kjʊlə(r)] *adj arch. relig.* Tabernakel...

ta·bes ['teɪbiːz] *s med.* Tabes *f*: a) *a.* **~ dorsalis** Rückenmarkschwindsucht *f*, b) *allg.* Auszehrung *f*. **tab·es·cence** [tə'besns] *s med.* Auszehrung *f*. **ta'bescent** *adj* **1.** *med.* auszehrend. **2.** *bot.* (ver)welkend.

ta·bet·ic [tə'betɪk] *med.* **I** *s* Ta'betiker (-in). **II** *adj* tabisch, tabeskrank.

tab·id ['tæbɪd] → tabetic II.

tab·i·net ['tæbɪnɪt] *s* (*Art*) (gewässerte) Pope'line (*Möbelbezugstoff*).

tab·la·ture ['tæblətʃə(r); *Am. a.* -ˌtʃʊər] *s* **1.** Bild *n*: a) Tafelgemälde *n*, b) bildliche Darstellung (*a. fig.*). **2.** *mus. hist.* Tabula'tur *f*.

ta·ble ['teɪbl] **I** *s* **1.** *allg.* Tisch *m*. **2.** Tafel *f*, Tisch *m*: a) gedeckter Tisch, b) Mahl (-zeit *f*) *n*, Kost *f*, Essen *n*: **at ~** bei Tisch, beim Essen; **to set** (*od.* **lay** *od.* **spread**) **the ~** den Tisch decken, (auf)decken; **to clear the ~** (den Tisch) abdecken *od.* abräumen; **to sit down to ~** sich zu Tisch setzen; **to take the head of the ~** bei Tisch obenan sitzen; **under the ~** a) unter dem Ladentisch, im Schleichhandel, b) unter der Hand, heimlich; **to drink s.o. under the ~** j-n unter den Tisch trinken'; **to keep** (*od.* **set**) **a good ~** e-e gute Küche führen; **to turn the ~s (on s.o.)** ,den Spieß umdrehen' (j-m gegenüber); **the ~s are turned** ,das Blatt hat sich gewendet'; **~ Lord's table**. **3.** *parl.* Tisch *m* des Hauses: **to lay on the ~** **20. 4.** (Tisch-, Tafel)Runde *f*: → round table. **5.** Komi'tee *n*, Ausschuß *m*. **6.** *geogr. geol.* Tafel(land *n*) *f*, Pla'teau *n*: **~ mountain** Tafelberg *m*. **7.** *arch.* a) Tafel *f*, Platte *f*, b) Sims *m, n*, Fries *m*. **8.** (Holz-, Stein- *etc*-, *a.* Gedenk- *etc*)Tafel *f*: **the (two) ~s of the law** *relig.* die (beiden) Gesetzestafeln. **9.** Ta'belle *f*, Verzeichnis *n*, Liste *f*: **~ of exchanges** *econ.* Kurstabelle; **~ of wages** Lohntabelle; → content[1] **3. 10.** *math.* Tafel *f*, Ta'belle *f*: **~ of logarithms** Logarithmentafel; **to learn one's ~s** rechnen lernen; → multiplication **2. 11.** *anat.* Tafel *f*, Tabula *f* (*des Schädeldaches*). **12.** *mus.* a) Schallbrett *n* (*der Orgel*), b) Decke *f* (*e-s Saiteninstruments*). **13.** a) Tafel *f* (*große oberste Schliffläche am Edelstein*), b) Tafelstein *m*. **14.** *tech.* Tisch *m*, Auflage *f* (*an Werkzeugmaschinen etc*). **15.** *med. colloq.* (Operati'ons)Tisch *m*. **16.** *opt.* Bildebene *f*. **17.** *print.* Ta'belle(nsatz *m*) *f*. **18.** *Chiromantie:* Handteller *m*. **II** *v/t* **19.** auf den Tisch legen (*a. fig.* vorlegen). **20.** *bes. parl.* a) *Br.* e-n Antrag *etc* einbringen, (zur Diskussi'on) stellen, b) *Am.* zu'rückstellen, *bes.* e-e Gesetzesvorlage ruhenlassen: **to ~ a bill**, c) *Am.* verschieben. **21.** in e-e Ta'belle eintragen, in Verzeichnis anlegen von, (tabel'larisch) verzeichnen. **22.** *mar.* Stoßlappen an ein Segel setzen. **23.** Erz aufbereiten. **III** *v/i* **24. (with)** *obs.* in Kost sein (bei), tafeln (mit).

tab·leau ['tæbləʊ; *Am. a.* tæ'bləʊ] *pl* **-leaux, -leaus** [-ləʊz] *s* **1.** Bild *n*: a) Gemälde *n*, b) anschauliche Darstellung. **2.** → tableau vivant. **3.** *bes. Br.* (über'raschende) Szene: **what a ~!** man stelle sich die Situation vor! **~ vi·vant** *pl* **ta·bleaux vi·vants** [viː'vɑ̃ː] *s* **1.** lebendes Bild. **2.** *fig.* Ta'bleau *n*, malerische Szene.

ta·ble|board *s Am.* Verpflegung *f*, Kost *f* (*ohne Wohnung*). **~ book** *s math. tech.* Ta'bellenbuch *n*. **~ clamp** *s* Tischklammer *f*. **'~·cloth** *s* Tischtuch *n*, -decke *f*. **~ cut** *s* Tafelschnitt *m*. **'~-cut** *adj* mit Tafelschnitt (versehen): **~ gem**. **~ d'hôte** *pl* **ta·bles d'hôte** [ˌtɑːbl'dəʊt; *Am. a.* ˌtæbəl-] *s a.* **~ meal** Me'nü *n*.

ta·ble| foot·ball *s Br.* Tischfußball *m*. **'~-hop** *v/i* von e-m Tisch zum andern gehen (*im Restaurant etc*). **~ knife** *s irr Br.* Tafel-, Tischmesser *n*. **~ lamp** *s* Tischlampe *f*. **'~·land** *s geogr. geol.* Tafelland *n*. **~ leaf** *s irr Br.* Tischklappe *f*, Zwischenplatte *f*. **~ li·cence** *s Br.* 'Schankkonzessi,on *f* nur bei Abgabe von Speisen. **'~-ˌlift·ing** → table-turning. **~ light·er** *s* Tischfeuerzeug *n*. **~ lin·en** *s* Tischwäsche *f*. **~ mat** *s* Set *n*. **~ nap·kin** *s* Servi'ette *f*. **~ plate** *s* Tafelsilber *n*. **'~-ˌrap·ping** *s* Spiritismus: Tischklopfen *n*. **~ run·ner** *s* Tischläufer *m*. **~ salt** *s* Tafelsalz *n*. **~ set** *s* Rundfunk, *TV:* Tischgerät *n*. **'~·spoon** *s* Eßlöffel *m*. **'~·spoon·ful** [-fʊl] *s* (*ein*) Eßlöffel(voll) *m*.

tab·let ['tæblɪt] *s* **1.** Täfelchen *n*, Tafel *f*. **2.** (Gedenk-, Wand- *etc*)Tafel *f*. **3.** *hist.* Schreibtafel *f*. **4.** (No'tiz-, Schreib-, Zeichen)Block *m*. **5.** Stück *n* (Seife), Tafel *f* (*Schokolade*). **6.** *pharm.* Ta'blette *f*: **~ coated 2**. **7.** *arch.* Kappenstein *m*.

ta·ble| talk *s* Tischgespräch *n*. **~ ten·nis** *s sport* Tischtennis *n*. **'~-ˌtilt·ing**, **'~-ˌtip·ping** → table-turning. **~ top** *s* Tischplatte *f*. **'~-ˌturn·ing** *s* **1.** Spiritismus: Tischrücken *n*. **2.** *bes. contp.* Spiri'tismus *m*. **'~·ware** *s* Geschirr *n* u. Besteck *n*. **~ wa·ter** *s* Tafel-, Mine'ralwasser *n*. **~ wine** *s* Tafel-, Tischwein *m*.

tab·loid ['tæblɔɪd] **I** *s* **1.** Bildzeitung *f*, *bes.* Sensati'ons-, Re'volverblatt *n*, *pl a.* Boule'vardpresse *f*. **2.** *Am.* (Informati'ons)Blatt *n*. **3.** *fig.* Zs.-fassung *f*, Kurzfassung *f*. **II** *adj* **4.** konzen'triert: **in ~ form**. **5.** Sensations...: **~ press**.

ta·boo [tə'buː; *Am. a.* tæ-] **I** *adj* ta'bu: a) geheiligt, b) unantastbar, c) verboten, d) verpönt. **II** *s* Ta'bu *n*: **to be under (a) ~** tabu sein; **to break a ~** ein Tabu durchbrechen *od.* zerstören; **to put under (a) ~** → **III**. **III** *v/t* etwas für ta'bu erklären, tabui'sieren, tabui'eren.

ta·bo(u)r ['teɪbə(r)] *s mus.* Tambu'rin *n* (*ohne Schellen*).

tab·o(u)·ret ['tæbərɪt; *Am.* ˌtæbə'ret; -'reɪ] *s* **1.** Hocker *m*, Tabu'rett *n*. **2.** Stickrahmen *m*.

tab·ret ['tæbrɪt] *s mus. hist.* kleine Handtrommel, Tambu'rin *n*.
ta·bu → taboo.
tab·u·lar ['tæbjʊlə(r)] *adj (adv ~ly)* **1.** tafelförmig, Tafel..., flach. **2.** dünn. **3.** blätt(e)rig, geschichtet. **4.** tabel'larisch, Tabellen...: **~ bookkeeping** *amer.* Buchführung *f*; **in ~ form** tabellarisch, in Tabellenform; **~ key** Tabulatortaste *f*; **~ standard** *econ.* Preisindexwährung *f*; **~ summary** *econ.* Übersichtstabelle *f*.
ta·bu·la ra·sa [ˌtæbjʊləˈrɑːsə; -zə] *pl* **-lae ra·sae** [-liːˈrɑːsiː; -ziː] (*Lat.*) *s* **1.** *philos.* Tabula *f* rasa (*Zustand der Seele vor der Gewinnung von Eindrücken u. der Entwicklung von Vorstellungen*). **2. to make ~** *fig.* tabula rasa machen, (*of*) reinen Tisch machen (mit).
tab·u·lar·ize → tabulate 1.
tab·u·late ['tæbjʊleɪt] **I** *v/t* **1.** tabellari'sieren, tabel'larisch (an)ordnen. **2.** abflachen. **II** *adj* [*bes.* -lɪt] → **tabular**.
ˌ**tab·u'la·tion** *s* **1.** Tabellari'sierung *f*. **2.** Ta'belle *f*. **3.** *Statistik*: Auszählung *f*, -wertung *f*. '**tab·u·la·tor** [-tə(r)] *s* **1.** Tabellari'sierer *m*. **2.** *tech.* a) Tabu'lator *m* (*an der Schreibmaschine*), b) *Computer*: Tabel'liereinrichtung *f*.
tac·a·ma·hac ['tækəməhæk] *s bot. chem. pharm.* **1.** Takama'hak(harz) *n*. **2.** Pappelharz *n*. **3.** Kiefernharz *n*. **4.** Balsampappel *f*.
tach [tæk] *colloq. für* **tachometer**.
tache [tɑːʃ; tæʃ] *s colloq.* Schnurrbart *m*.
tach·e·om·e·ter [ˌtækɪˈɒmɪtə(r); *Am.* -ɑːˈ-] *s surv.* Tacheo'meter *n*. ˌ**tach·e·om·e·try** [-trɪ] *s* Tacheome'trie *f*, Schnellmessung *f*.
ta·chism ['tæʃɪzəm] *s paint.* Ta'chismus *m*.
ta·chis·to·scope [təˈkɪstəskəʊp] *s psych.* Tachisto'skop *n* (*Gerät zur Vorführung optischer Reize*).
tach·o·graph ['tækəʊɡrɑːf; *Am.* 'tækəˌɡræf] *s mot. tech.* Tacho'graph *m*, Fahrtenschreiber *m*.
ta·chom·e·ter [tæˈkɒmɪtə(r); *Am.* -ˈkɑː-] *s mot. tech.* Tacho'meter *n*, Geschwindigkeitsmesser *m*.
tach·y·car·di·a [ˌtækɪˈkɑː(r)dɪə] *s med.* Tachykar'die *f*, Herzjagen *n*.
ta·chym·e·ter [tæˈkɪmɪtə(r)] *s surv.* Tachy'meter *n*. **ta'chym·e·try** [-trɪ] *s* Tachyme'trie *f*, Schnellmessung *f*.
tach·y·on ['tækɪɒn; *Am.* -ˌɑn] *s phys.* Tachyon *n* (*hypothetisches Elementarteilchen, das sich mit Überlichtgeschwindigkeit bewegt*).
tach·y·phy·lax·is [ˌtækɪfɪˈlæksɪs] *s med.* Tachyphyla'xie *f* (*nachlassendes, durch Steigerung der Dosis nicht ausgleichbares Reagieren des Organismus auf wiederholt verabreichte Arzneimittel*).
tac·it ['tæsɪt] *adj (adv ~ly) bes. jur.* stillschweigend: **~ approval**; **~ mortgage** *Am.* gesetzliche Hypothek.
tac·i·turn ['tæsɪtɜːn; *Am.* -ˌtɜrn] *adj (adv ~ly)* schweigsam, wortkarg, verschlossen. ˌ**tac·i'tur·ni·ty** *s* Schweigsamkeit *f*, Verschlossenheit *f*.
tack¹ [tæk] **I** *s* **1.** (Nagel)Stift *m*, Reißnagel *m*, Zwecke *f*. **2.** *a.* **~ing stitch** (*Näherei*) Heftstich *m*. **3.** (An)Heften *n*. **4.** *mar.* a) Halse *f*, b) Haltetau *n*. **5.** *mar.* Schlag *m*, Gang *m* (*beim Lavieren od. Kreuzen*): **to be on the port ~** nach Backbord lavieren. **6.** *mar.* La'vieren *n* (*a. fig.*). **7.** Zickzackkurs *m* (*zu Lande*). **8.** *fig.* Kurs *m*, Weg *m*, Richtung *f*: **on the wrong ~** auf dem Holzweg; **to try another ~** es anders versuchen. **9.** *parl. Br.* 'Zusatzantrag *m*, -arˌtikel *m*. **10.** a) Klebrigkeit *f*, b) Klebestoff *m*. **11.** *Reiten*: Sattelzeug *n*.
II *v/t* **12.** heften (**to** an *acc*): **to ~ on(to)** anheften (an *acc, dat*). **13.** *a.* **~ down** festmachen, *Teppich etc* festnageln. **14. ~ together** anein'anderfügen, (mitein'ander) verbinden (*a. fig.*), zs.-heften: **to ~ mortgages** *econ. Br.* Hypotheken verschiedenen Ranges zs.-schreiben; **to ~ securities** *jur. Br.* Sicherheiten zs.-fassen. **15.** ([on]to) anfügen (an *acc*), hin'zufügen (*dat*, zu): **to ~ a rider to a bill** *pol. Br.* e-e (*aussichtsreiche*) Vorlage mit e-m Zusatzantrag koppeln. **16.** *tech.* heftschweißen. **17.** *mar.* das Schiff a) durch den Wind wenden, b) la'vieren.
III *v/i* **18.** *mar.* a) wenden, b) la'vieren: **to ~ down wind** in den Wind halsen. **19.** a) e-n Zickzackkurs verfolgen, b) *fig.* la'vieren, s-n Kurs (*plötzlich*) ändern.
tack² [tæk] *colloq.* Nahrung *f*, *bes.* ‚Fraß' *m*: → **hardtack**.
tack ham·mer *s* Zweckenhammer *m*.
tack·le ['tækl] **I** *s* **1.** Gerät *n*, (Werk)Zeug *n*, Ausrüstung *f*: → **fishing tackle**. **2.** (Pferde)Geschirr *n*. **3.** *a.* **block and ~** *tech.* Flaschenzug *m*. **4.** *mar.* Talje *f*, Takel-, Tauwerk *n*. **5.** *Fußball etc*: Angreifen *n*, Angehen *n* (*e-s Gegners im Ballbesitz*). **6.** *American Football*: (Halb-)Stürmer *m*. **II** *v/t* **7.** *j-n od. etwas* packen. **8.** *j-n* angreifen, anein'andergeraten mit. **9.** *fig.* a) *j-n* zur Rede stellen (**about**, **on**, **over** wegen), b) *j-n* angehen (**for** um). **10.** *Fußball etc*: den Gegner im Ballbesitz angreifen, angehen. **11.** *ein Problem etc* a) in Angriff nehmen, anpacken, angehen, b) lösen, fertig werden mit: **to ~ a task**. **12.** *sl.* sich 'hermachen über (*acc*): **to ~ a bottle of whisky**.
tack|riv·et *s tech.* Heftniete *f*. '**~-weld** *v/t* heftschweißen.
tack·y¹ ['tækɪ] *adj* klebrig, zäh.
tack·y² ['tækɪ] *adj Am. colloq.* **1.** a) verwahrlost, her'untergekommen, b) schäbig. **2.** 'unmoˌdern, altmodisch. **3.** a) protzig, b) geschmacklos.
tac·node ['tæknəʊd] *s math.* Selbstbe'rührungspunkt *m* (*e-r Kurve*).
tact [tækt] *s* **1.** Takt *m*, Takt-, Zartgefühl *n*. **2.** Feingefühl *n* (**of** für). **3.** *mus.* Takt (-schlag) *m*. '**tact·ful** [-fʊl] *adj (adv ~ly)* taktvoll. '**tact·ful·ness** → tact 1.
tac·tic ['tæktɪk] *s mil. u. fig.* Taktik *f*, taktischer Zug. '**tac·ti·cal** *adj (adv ~ly)* *mil.* taktisch (*a. fig.* planvoll, *klug*): **~ unit** taktische Einheit, Kampfeinheit *f*. **tac·ti·cian** [tækˈtɪʃn] *s mil. u. fig.* Taktiker *m*.
tac·tics ['tæktɪks] *s pl* **1.** (*meist als sg konstruiert*) *mil.* Taktik *f*. **2.** (*meist als pl konstruiert*) *fig.* Taktik *f*, planvolles Vorgehen: **a clever stroke of ~** e-e kluge Taktik; **to change ~** die (*od.* s-e) Taktik ändern.
tac·tile ['tæktaɪl; *Am. a.* -tl] *adj* **1.** tak'til (*den Tastsinn betreffend*). **2.** *selten* greifbar, tastbar. **~ cell** *s biol.* Tastsinneszelle *f*. **~ cor·pus·cle** *s anat.* (Meißnersches) Tastkörperchen. **~ hair** *s zo.* Tasthaar *n*, *bot. a.* Fühlhaar *n*. **~ sense** *s biol.* Tastsinn *m*. [keit *f*, Tastbarkeit *f*.)
tac·til·i·ty [tækˈtɪlətɪ] *s selten* Greifbar-)
'**tact·less** *adj (adv ~ly)* taktlos: **~ thing** (**remark**, *etc*) Taktlosigkeit *f*. '**tact·less·ness** *s* Taktlosigkeit *f*.
tac·tu·al ['tæktjʊəl; *Am.* -tʃəwəl; -tʃəl] *adj (adv ~ly)* tastbar, Tast...: **~ sense** *biol.* Tastsinn *m*.
tad [tæd] *s bes. Am. colloq.* **1.** ‚Steppke' *m*, kleiner Junge. **2.** *a. fig.* Stück(chen) *n*: **a ~** ein bißchen, ein wenig, etwas.
tad·pole ['tædpəʊl] *s zo.* Kaulquappe *f*.
tae-kwon-do [ˌtaɪˌkwɒnˈdəʊ; *Am.* -ˌkwɑn-] *s* Tae'kwondo *n* (*koreanische Kampfsportart*).
tael [teɪl] *s* Tael *n*: a) *hist.* chinesische Geldeinheit, b) ostasiatisches Gewicht (*meist 37,78 g*).

ta'en [teɪn] *poet. abbr. für* **taken**.
tae·ni·a ['tiːnɪə] *pl* **-as**, **-ae** [-iː; *Am. a.* -ˌaɪ] *s* **1.** *antiq.* Tänie *f*, Stirnband *n*. **2.** *arch.* Regula *f*. **3.** *anat.* (Muskel*etc*)Band *m*, Tänie *f*. **4.** *zo.* Bandwurm *m*. '**tae·ni·oid** *adj* **1.** bandförmig. **2.** *zo.* bandwurmartig, Bandwurm...
taf·fa·rel, **taf·fer·el** ['tæfərəl] → **taffrail**.
taf·fe·ta ['tæfɪtə], '**taf·fe·ty** [-tɪ] **I** *s* Taft *m*. **II** *adj* Taft...
taff·rail ['tæfreɪl] *s mar.* Heckreling *f*.
taf·fy¹ ['tæfɪ] *s* **1.** *bes. Am. für* **toffee**. **2.** *colloq.* ‚Schmus' *m*, Schmeiche'lei *f*. **Taf·fy²** ['tæfɪ] *s sl.* Wa'liser *m*.
taf·i·a ['tæfɪə] *s* Rum *m* (*bes. aus Guayana od. Westindien*).
tag¹ [tæɡ] **I** *s* **1.** (loses) Ende, Anhängsel *n*, Zipfel *m*, Fetzen *m*, Lappen *m*. **2.** Troddel *f*, Quaste *f*. **3.** Eti'kett *n*, Anhänger *m*, Schildchen *n*, (Ab)Zeichen *n*, Pla'kette *f*: **~ day** *Am.* Sammeltag *m*. **4.** Schlaufe *f* (*am Stiefel*), (Schnürsenkel)Stift *m*, Dorn *m*. **5.** *tech.* a) Lötklemme *f*, -stift *m*, b) Lötfahne *f*. **6.** *Angeln*: Glitzerschmuck *m* (*an der künstlichen Fliege*). **7.** a) Schwanzspitze *f* (*bes. e-s Fuchses*), b) Wollklunker *f*, *m* (*des Schafes*). **8.** *ling.* Frageanhängsel *n*. **9.** Re'frain *m*, Kehrreim *m*. **10.** a) Schlußwort *n*, b) Pointe *f*, c) Mo'ral *f*. **11.** stehende Redensart, bekanntes Zi'tat. **12.** Bezeichnung *f*, Beiname *m*. **13.** → **ragtag**. **14.** *Computer*: Identifi'zierungskennzeichen *n*. **15.** *Am.* Strafzettel *m*. **II** *v/t* **16.** mit e-m Anhänger *od.* Eti'kett *etc* versehen, etiket'tieren, *Waren* auszeichnen. **17.** mar'kieren: **~ged atoms**. **18.** *e-e Rede etc* a) mit e-m Schlußwort *od.* e-r Mo'ral versehen, b) verbrämen, ,gar'nieren'. **19.** *fig.* abstempeln (**as** als). **20.** anfügen, anhängen (**to** an *acc*). **21.** *Am.* a) *j-m* e-n Strafzettel ans Auto stecken, b) *colloq. j-n* anklagen (**for** wegen). **22.** *e-m Schaf* die Klunkerwolle abscheren. **23.** *colloq.* hinter *j-m* ‚herlatschen'. **III** *v/i* **24. ~ along** *colloq.* a) ‚da'hinlatschen', b) mitkommen, -gehen (**with** mit), c) *fig.* notgedrungen mitmachen: **to ~ after** (*od.* **behind**) → 23.
tag² [tæɡ] **I** *s* Fangen *n* (*Kinderspiel*). **II** *v/t* fangen.
tag| dance *s* Tanz *m*, bei dem abgeklatscht werden darf. **~ end** *s colloq.* **1.** *bes. Am.* Schluß *m*, Ende *n*, ‚Schwanz' *m*. **2.** *meist pl* a) (letzter) Rest, b) Fetzen *m* (*a. fig.*): **~s of memories**.
ta·ge·tes [təˈdʒiːtɪz; *Am.* 'tædʒəˌtiːz] *s bot.* Stu'denten-, Samtblume *f*.
tag·gers ['tæɡə(r)z] *s pl tech.* dünnes Weiß- *od.* Eisenblech.
ta·glia·tel·le [ˌtæljəˈtelɪ] *s pl* Taglia'telle *pl*.
tag·meme ['tæɡmiːm] *s ling.* Tag'mem *n* (*Zuordnungseinheit in der Tagmemik*). **tag'mem·ic I** *adj* tag'memisch. **II** *s pl* (*als sg konstruiert*) Tag'memik *f* (*linguistische Theorie auf syntaktischer Ebene*).
'**tag|ˌrag I** *s* **1.** Fetzen *m*, Lumpen *m*. **2.** → **ragtag**. **II** *adj* **3.** zerlumpt. **~ sale** → **garage sale**.
Ta·hi·tian [tɑːˈhiːʃn; *bes. Am.* tə-] **I** *s* **1.** Tahiti'aner(in). **2.** *ling.* Ta'hitisch *n*, das Tahitische. **II** *adj* **3.** ta'hitisch.
tahr [tɑː(r)] *s zo.* Tahr *m*.
Tai → **Thai**.
tai·ga ['taɪɡə] *s geogr.* Taiga *f*.
tail¹ [teɪl] **I** *s* **1.** *zo.* Schweif *m*, Schwanz *m*: **the ~ wags the dog** *fig.* der Unbedeutendste *od.* Dümmste führt das Regiment; **to turn ~** ausreißen, davonlaufen; **to twist s.o.'s ~** *colloq. j-n* piesacken *od.* schikanieren; **(close) on s.o.'s ~** *j-m* (dicht) auf den Fersen; **with one's ~ between one's legs** *fig.* mit eingezogenem Schwanz; **~s up** hochgestimmt,

fidel; **keep your ~ up!** halt die Ohren steif!, laß dich nicht unterkriegen! **2.** *colloq.* Hinterteil *n*, Steiß *m*. **3.** *fig.* Schwanz *m*, (hinteres *od.* unteres) Ende, Schluß *m*; **~ of a comet** Kometenschweif *m*; **~ of a letter** Briefschluß *m*; **~ of a note** *mus.* Notenhals *m*; **out of the ~ of one's eye** aus den Augenwinkeln; **~ of a page** unterer Rand *od.* Fuß *m* e-r (Druck)Seite; **~ of a storm** (*ruhigeres*) Ende e-s Sturmes. **4.** Haarzopf *m*, -schwanz *m*. **5.** *meist pl* Rück-, Kehr-, Wappenseite *f* (*e-r Münze*): → **head 40**. **6.** a) Schleppe *f* (*e-s Kleides*), b) (Rock-, Hemd)Schoß *m*, *pl colloq.* a) Gesellschaftsanzug *m*, b) Frack *m*. **8.** Schleife *f* (*e-s Buchstabens*). **9.** *electr. tech.* a) 'Nachim₁puls *m*, b) Si'gnalschwanz *m*. **10.** *Radar*: Nachleuchtschleppe *f*. **11.** Sterz *m*. **12.** *metr.* Koda *f*. **13.** *anat.* a) Sehnenteil *m* (*e-s Muskels*), b) Pankreasschwanz *m*, c) Nebenhoden *m*. **14.** *aer.* a) Leitwerk *n*, b) Heck *n*, Schwanz *m*. **15.** a) Gefolge *n*, b) Anhang *m* (*e-r Partei*), c) große Masse (*e-r Gemeinschaft*), d) „Schwanz' *m*, (*die*) Letzten *pl od.* Schlechtesten *pl*: **the ~ of the class. 16.** *colloq.* „Beschatter' *m* (*Detektiv etc*): **to put a ~ on s.o.** j-n beschatten lassen. **17.** *bes. Am. vulg.* a) **piece** (*od.* **bit**) **of ~** „Mieze' *f*, b) „Fotze' *f*, „Möse' *f* (*Vagina*). **II** *v/t* **18.** e-n Schwanz anbringen an (*dat*): **to ~ a kite. 19.** den Schwanz *od.* das ‚Schlußlicht' bilden (*gen*): **dogs ~ing the procession. 20.** *a.* **~ on (to)** befestigen (an *dat*), anhängen (an *acc*). **21.** Früchte zupfen, entstielen. **22.** stutzen: **to ~ a dog. 23.** am Schwanz packen. **24.** j-n beschatten. **III** *v/i* **25.** sich 'hinziehen, e-n Schwanz bilden: **to ~ away** (*od.* **off**) a) abflauen, abnehmen, sich verlieren, b) zurückbleiben, -fallen, c) sich auseinanderziehen (*Kolonne etc*), d) sich verschlechtern, nachlassen. **26.** *oft* **~ on, ~ along** *colloq.* hinter'herlaufen (**after** *od.* **behind** s.o. j-m). **27.** *arch.* (*mit dem Ende*) eingelassen sein (**in, into** *in acc od. dat*).

tail² [teɪl] *jur.* **I** *s* Beschränkung *f* (*der Erbfolge*), beschränktes Erb- *od.* Eigentumsrecht: **heir in ~** Vorerbe *m*; **issue in ~** erbberechtigte Nachkommenschaft; **tenant in ~** Eigentümer *m*, dessen Rechte durch Nacherbenbestimmungen beschränkt sind; **estate in ~ male** Fideikommiß *n*. **II** *adj* beschränkt: **estate ~**.

'**tail|·back** *s mot. Br.* Rückstau *m*. **~board** *s mot. etc* Ladeklappe *f.* **~center**, *bes. Br.* **~ centre** *s tech.* Reitstockspitze *f.* **~coat** *s* Frack *m.* **~comb** *s* Stielkamm *m.*

tailed [teɪld] *adj* **1.** geschwänzt. **2.** schwanzlos. **3.** (*in Zssgn*) ...schwänzig: **long-~**.

tail| end *s* **1.** Schluß *m*, Ende *n*. **2.** *bes. Am. colloq.* Hinterteil *n*, Steiß *m.* ~**'end·er** *s sport etc Am. colloq.* „Schlußlicht' *n* (*Letzter*). **~ fin** *s* **1.** *ichth.* Schwanzflosse *f*. **2.** *aer.* Seitenflosse *f* (*am Leitwerk*). **~ fly** *s Angeln: Am.* Fliege *f.* **~ gate** *s* **1.** Niedertor *n* (*e-r Schleuse*). **2.** *bes. Am.* a) → **tailboard**, b) *mot.* Hecktür *f*. **3.** *rail. Am.* (*Art*) Rampe *f* (*am Wagenende*). **4.** *mus.* Tail-gate *m* (*Posaunenstil im New-Orleans-Jazz*). '**~gate** *v/t u. v/i mot. Am.* zu dicht auffahren (auf *acc*). **~ group** *s aer.* Leitwerk *n.* **~ gun** *s aer. mil.* Heckwaffe *f.* '**~heav·y** *adj aer.* schwanzlastig.

'**tail·ing** *s* **1.** *arch.* eingelassenes Ende. **2.** *pl* Rückstände *pl*, Abfälle *pl*, *bes.* a) Erzabfälle *pl*, b) Ausschußmehl *n*. **3.** zerlaufene Stelle (*im Kattunmuster*).

tail| lamp *s mot. etc Am.* Rück-, Schlußlicht *n*. **~ land·ing** *s aer.* Schwanzlandung *f*.

'**tail·less** *adj* schwanzlos (*a. aer.*): **~ aircraft**.

'**tail·light** *s* **1.** *mot. etc* Rück-, Schlußlicht *n*. **2.** *aer.* Hecklicht *n*.

tai·lor ['teɪlə(r)] **I** *s* **1.** Schneider *m*: **the ~ makes the man** Kleider machen Leute. **II** *v/t* **2.** schneidern. **3.** schneidern für (*j-n*). **4.** *j-n* kleiden, 'ausstaf,fieren. **5.** nach Maß zuschneiden *od.* arbeiten. **6.** (**to**) *fig.* zuschneiden (für *j-n*, auf *etwas*). **III** *v/i* **7.** schneidern. '**tai·lored** *adj* **1.** a) nach Maß angefertigt, maßgeschneidert, b) gutsitzend (*Kleid etc*), tadellos gearbeitet, c) Schneider...: **~ costume** Schneiderkostüm *n*; **~ suit** Maßanzug *m*. **2.** *fig.* zugeschnitten (**to** auf *acc*). '**tai·lor·ess** *s* Schneiderin *f*. '**tai·lor·ing** *s* **1.** Schneidern *n*. **2.** Schneiderarbeit *f*.

'**tai·lor|-made I** *adj* **1.** → **tailored 1**. **2.** ele'gant gekleidet. **3.** auf Bestellung angefertigt. **4.** (genau) zugeschnitten (**for**, abgestimmt **for** *auf acc*): **he is ~ for this work** er ist für diese Arbeit wie geschaffen; **she was ~ for that part** *thea. etc* die Rolle war ihr auf den Leib (zu)geschnitten *od.* geschrieben. **5.** *colloq.* nicht selbstgedreht (*Zigarette*). **II** *s* **6.** 'Schneiderko,stüm *n*. **7.** *colloq.* nicht selbstgedrehte Ziga'rette. '**~make** *v/t irr* nach Maß *od.* auf Bestellung anfertigen.

'**tail|·piece** *s* **1.** Anhängsel *n*, Anhang *m*. **2.** *print.* 'Schlußvi₁gnette *f*. **3.** *mus.* Saitenhalter *m*. '**~pin** *s* **1.** *tech.* Reitstockstift *m*. **2.** *mus.* Fuß *m*, Bodenstück *n* (*bei Saiteninstrumenten*). **~ pipe** *s* **1.** *tech.* Saugrohr *n* (*e-r Pumpe*). **2.** a) *mot.* Auspuffrohr *n*, *bes.* Auspuffrohrende *n*, b) *aer.* Ausstoßrohr *n*. **~ plane** *s aer.* Höhen-, Dämpfungsflosse *f*. **~ shaft** *s tech.* Schraubenwelle *f*. **~ skid** *s aer.* Schwanzsporn *m*. **~ slide** *s aer.* Abrutschen *n* über den Schwanz. **~ spin** *s* **1.** *aer.* (Ab)Trudeln *n*. **2.** *fig.* a) Panik *f*, b) Chaos *n*. **~ spin·dle** *s tech.* Pi'nole *f*. '**~stock** *s tech.* Reitstock *m* (*e-r Drehbank*). **~ surface** *s aer.* Schwanzfläche *f*. **~ twist·ing** *s colloq.* Schi'kane(n *pl*) *f*. **~ u·nit** *s aer.* (Schwanz)Leitwerk *n*. **~ wheel** *s aer.* Spornrad *n*. **~ wind** *s aer. mar.* Rückenwind *m*.

tain [teɪn] *s* Zinnfolie *f*.

taint [teɪnt] **I** *s* **1.** Fleck *m*. **2.** *fig.* (Schand)Fleck *m*, Makel *m*. **3.** *fig.* Spur *f*: **a ~ of suspicion** ein Schatten *m* von Mißtrauen. **4.** *med.* a) (verborgene) Ansteckung, b) Seuche *f*, c) (verborgene) Anlage (*zu e-r Krankheit*): **a ~ of insanity**; → **hereditary 1**. **5.** *fig.* verderblicher Einfluß, Gift *n*. **II** *v/t* **6.** (with) verderben (durch), vergiften (mit) (*beide a. fig.*): **to be ~ed with** behaftet sein mit. **7.** anstecken. **8.** besudeln, beflecken (*beide a. fig.*). **III** *v/i* **9.** verderben, schlecht werden (*Fleisch etc*). '**taint·less** *adj* (*adv* **~ly**) *bes. fig.* unbefleckt, makellos.

take [teɪk] **I** *s* **1.** Fischerei: Fang *m*. **2.** *hunt.* a) Beute *f*, b) Erbeutung *f*. **3.** *colloq.* Anteil *m* (**of** an *dat*). **4.** *bes. Am. colloq.* Einnahme(n *pl*) *f*. **5.** a) Film: Szene(naufnahme) *f*, b) Rundfunk *etc*: Aufnahme *f*. **6.** *print.* Porti'on *f* (*e-s Manuskripts*). **7.** *med.* a) Reakti'on *f* (*auf e-e Impfung*), b) Anwachsen *n* (*e-s Hauttransplantats*). **8.** *fig.* Reakti'on *f*: **double take**. **9.** *bes. Br.* Pachtland *n*. **10.** Schach *etc*: Schlagen *n* (*e-r Figur*).
II *v/t pret* **took** [tʊk] *pp* **tak·en** ['teɪkən] **11.** *allg.*, *a.* Abschied, e-n Partner, Unterricht *etc* nehmen: **~ it or leave it** *colloq.* mach, was du willst; **~ all in all** im großen (u.) ganzen; **taking one thing with the other** im großen (u.) ganzen (*siehe die Verbindungen mit den betreffenden Substantiven*). **12.** (weg)nehmen:

~ that silly grin off your face! *colloq.* hör auf, so blöd zu grinsen! **13.** a) nehmen, fassen, packen, ergreifen, b) *sport* Paß *etc* aufnehmen. **14.** Fische *etc* fangen. **15.** Verbrecher *etc* fangen, ergreifen. **16.** *mil.* gefangennehmen, Gefangene machen. **17.** *mil.* e-e Stadt, Stellung *etc* (ein)nehmen, *a.* Land erobern, Schiff kapern. **18.** j-n erwischen, ertappen (**stealing** beim Stehlen; **in a lie** bei e-r Lüge). **19.** nehmen, sich aneignen, Besitz ergreifen von, sich bemächtigen (*gen*). **20.** e-e Gabe *etc* (an-, entgegen)nehmen, empfangen. **21.** bekommen, erhalten, Geld, Steuer *etc* einnehmen, e-n Preis *etc* gewinnen. **22.** (her'aus)nehmen (**from**, **out of** aus), *a. fig.* Zitat *etc* entnehmen (**from** *dat*): **I ~ it from s.o. who knows** ich habe (*weiß*) es von j-m, der es genau weiß. **23.** e-e Speise *etc* zu sich nehmen, e-e Mahlzeit einnehmen, Gift, Medizin *etc* nehmen. **24.** sich e-e Krankheit holen *od.* zuziehen: → **ill 6**. **25.** nehmen: a) auswählen: **I am not taking any** *sl.* „ohne mich'!, b) kaufen, c) mieten, d) e-e Eintritts-, Fahrkarte lösen, e) e-e Frau heiraten, f) mit e-r Frau schlafen, g) e-n Weg wählen. **26.** mitnehmen: **~ me with you** nimm mich mit; **you can't ~ it with you** *fig.* im Grab nützt (dir) aller Reichtum nichts mehr, das letzte Hemd hat keine Taschen. **27.** ('hin- *od.* weg)bringen, j-n wohin führen: **business took him to London**; **he was ~n to hospital** er wurde ins Krankenhaus gebracht. **28.** j-n (durch den Tod) wegraffen. **29.** *math.* abziehen (**from** von). **30.** j-n treffen, erwischen (*Schlag*). **31.** ein Hindernis nehmen **32.** j-n befallen, packen (*Empfindung, Krankheit*): **to be ~n with a disease** e-e Krankheit bekommen; **~n with fear** von Furcht gepackt. **33.** ein Gefühl haben, bekommen, Mitleid *etc* empfinden, Mut fassen, Anstoß nehmen, Ab-, Zuneigung fassen (**to** gegen, für): **to ~ alarm** beunruhigt sein (**at** über *acc*); → **comfort 6, courage 1, fancy 7, pride 2. 34.** Feuer fangen. **35.** e-e Bedeutung, e-n Sinn, e-e Eigenschaft, Gestalt annehmen, bekommen: **to ~ a new meaning. 36.** e-e Farbe, e-n Geruch *od.* Geschmack annehmen. **37.** *sport u. Spiele*: a) Ball, Punkt, Figur, Stein abnehmen (**from** *dat*), b) Stein schlagen, c) Karte stechen, d) *das* Spiel gewinnen, e) Eckstoß *etc* ausführen. **38.** *jur. etc* erwerben, *bes.* erben. **39.** e-e Ware, Zeitung beziehen, *econ.* e-n Auftrag her'einnehmen. **40.** nehmen, verwenden: **~ 4 eggs** man nehme 4 Eier. **41.** e-n Zug, ein Taxi *etc* nehmen, benutzen. **42.** e-e Gelegenheit, e-n Vorteil ergreifen, wahrnehmen: → **chance 5**. **43.** (als *Beispiel*) nehmen. **44.** e-n Platz *etc* ein-, besetzen. **45.** *fig.* j-n, das Auge, den Sinn gefangennehmen, fesseln, (für sich) einnehmen: **to be ~n with** (*od.* **by**) begeistert *od.* entzückt sein von. **46.** den Befehl, die Führung, e-e Rolle, e-e Stellung, den Vorsitz über'nehmen. **47.** e-e Mühe, Verantwortung auf sich nehmen. **48.** leisten: a) e-e Arbeit, e-n Dienst verrichten, b) e-n Eid, ein Gelübde ablegen: → **oath** *Bes. Redew.*, c) ein Versprechen (ab)geben. **49.** e-e Notiz, Aufzeichnungen machen, niederschreiben, *ein Diktat*, *Protokoll* aufnehmen. **50.** *phot.* etwas aufnehmen, ein Bild machen. **51.** e-e Messung, Zählung *etc* vornehmen, 'durchführen. **52.** wissenschaftlich ermitteln, e-e Größe, die Temperatur *etc* messen, *Maß* nehmen. **53.** machen, tun: **to ~ a look** e-n Blick tun *od.* werfen (**at** auf *acc*). **54.** e-e Maßnahme ergreifen, treffen. **55.** e-e Auswahl treffen. **56.** e-n Entschluß fassen. **57.** e-e Fahrt, e-n Spaziergang, a. e-n Sprung, e-e Verbeugung, Wendung etc machen, Anlauf nehmen. **58.** e-e Ansicht vertreten: → **stand** 2, **view** 12. **59.** a) verstehen, b) auffassen, auslegen, c) *etwas gut etc* aufnehmen: **do you ~ me?** verstehen Sie(, was ich meine)?; **I ~ it that** ich nehme an, daß; **may we ~ it that ...?** dürfen wir es so verstehen, daß ...?; **to ~ s.th. ill of s.o.** j-m etwas übelnehmen; **to ~ s.th. seriously** etwas ernst nehmen. **60.** ansehen *od.* betrachten (**as** als), halten (**for** für): **I took him for an honest man; what do you ~ me for?** wofür halten Sie mich eigentlich? **61.** sich *Rechte, Freiheiten* (her¹aus)nehmen. **62.** a) *e-n Rat, e-e Auskunft* einholen, b) *e-n Rat* annehmen, befolgen. **63.** *e-e Wette, ein Angebot* annehmen. **64.** glauben: **you may ~ it from me** verlaß dich drauf! **65.** *e-e Beleidigung, e-n Verlust etc, a. j-n* ¹hinnehmen, *Strafe, Folgen* auf sich nehmen, *sich etwas* gefallen lassen: **to ~ people as they are** die Leute nehmen, wie sie (eben) sind. **66.** *etwas* ertragen, aushalten: **can you ~ it?** kannst du das aushalten?; **to ~ it** *colloq.* es ,kriegen', es ausbaden (müssen). **67.** *med.* sich *e-r Behandlung etc* unter¹ziehen. **68.** *ped. univ. e-e Prüfung* machen, ablegen: **to ~ French** Examen im Französischen machen; → **degree** 8. **69.** *e-e Rast, Ferien etc* machen, *Urlaub, a. ein Bad* nehmen. **70.** *Platz, Raum* ein-, wegnehmen, beanspruchen. **71.** a) *Zeit, Material etc, a. fig. Geduld, Mut etc* brauchen, erfordern, kosten, *gewisse Zeit* dauern: **it took a long time** es dauerte *od.* brauchte lange; **it ~s a man to do that** das kann nur ein Mann (fertigbringen); **he took a little convincing** es bedurfte (bei ihm) einiger Überredung, b) *j-n etwas* kosten, *j-m etwas* abverlangen: **it took him** (*od.* **he took**) **3 hours** es kostete ihn *od.* er brauchte 3 Stunden. **72.** *e-e Kleidergröße, Nummer* haben: **which size in hats do you ~?** **73.** *ling.* a) *grammatische Form* annehmen, *im Konjunktiv etc* stehen, b) *e-n Akzent, e-e Endung, ein Objekt etc* bekommen. **74.** aufnehmen, fassen, *Platz* bieten für.

III *v/i* **75.** *bot.* Wurzel schlagen. **76.** *bot. med.* anwachsen (*Pfropfreis, Steckling, Transplantat*). **77.** *med.* wirken, anschlagen (*Medikament etc*). **78.** *colloq.* ,ankommen', ,ziehen', ,einschlagen', Anklang finden (*Buch, Theaterstück etc*). **79.** *jur.* das Eigentumsrecht erlangen, *bes.* erben, (als Erbe) zum Zuge kommen. **80.** sich *gut etc* fotogra¹fieren (lassen). **81.** Feuer fangen. **82.** anbeißen (*Fisch*). **83.** *tech.* an-, eingreifen.

Verbindungen mit Präpositionen:

take| af·ter *v/i* **1.** *j-m* nachschlagen, -geraten, ähneln (*dat*): **he takes after his father. 2.** es *j-m* nachmachen. **~ a·gainst** *v/i bes. Br.* **1.** (e-e) Abneigung empfinden gegen *j-n*. **2.** Par¹tei ergreifen gegen. **~ from I** *v/t* **1.** (*j-m*) *etwas* wegnehmen. **2.** *math.* abziehen von. **II** *v/i* **3.** Abbruch tun (*dat*), *etwas* schmälern, her¹absetzen. **4.** *etwas* beeinträchtigen, mindern. **~ to** *v/i* **1.** a) sich begeben in (*acc*) *od.* nach *od.* zu: **to ~ the stage** zur Bühne gehen, b) sich flüchten in (*acc*) *od.* zu, c) *fig.* Zuflucht nehmen zu. **2.** a) (her¹an)gehen *od.* sich begeben an (*s-e Arbeit etc*), b) sich *e-r Sache* widmen, sich abgeben mit: **to ~ doing s.th.** dazu übergehen, etwas zu tun. **3.** anfangen, sich ergeben (*dat*), sich verlegen auf (*acc*): **to ~ bad habits** schlechte Gewohnheiten annehmen; **to ~ begging (drink)** sich aufs Betteln (Trinken) verlegen. **4.** rea¹gieren auf (*acc*), *etwas* (willig) annehmen. **5.** sich ¹hingezogen fühlen zu, Gefallen finden an (*j-m*). **6.** *med.* sich legen auf (*acc*), angreifen: **the disease took to the heart. ~ up·on** *v/t*: **~ o.s.** *etwas* auf sich nehmen; **to take it upon o.s. to do s.th.** a) es auf sich nehmen, etwas zu tun, b) sich berufen fühlen, etwas zu tun. **~ with** *v/i* verfangen bei: **that won't ~ me** das verfängt *od.* ,zieht' bei mir nicht.

Verbindungen mit Adverbien:

take| a·back *v/t* verblüffen, über¹raschen: → **aback** 2. **~ a·bout** → **take around**. **~ a·long** *v/t* mitnehmen. **~ a·part** *v/t* **1.** *tech.* ausein¹andernehmen, zerlegen. **2.** *fig. colloq. e-n Gegner, e-e Theorie, ein Theaterstück etc* ,ausein¹andernehmen'. **~ a·round** *v/t* **1.** **to take s.o. around with one** j-n mitnehmen. **2.** *j-n* her¹umführen. **~ a·side** *v/t j-n* bei¹seite nehmen. **~ a·way I** *v/t* **1.** wegnehmen (**from s.o.** j-m; **from s.th.** von etwas). **2.** *j-n* (hin)¹wegraffen (*Tod*). **3.** **pizzas to ~** (*Schild*) *Br.* Pizzas zum Mitnehmen. **II** *v/i* **4. ~ from** → **take from** II. **5.** (den Tisch) abdecken *od.* abräumen. **~ back** *v/t* **1.** wieder nehmen. **2.** *Ware* zu¹rücknehmen (*a. fig. sein Wort*). **3.** zu¹rückgewinnen, -erobern. **4.** *j-n* wieder einstellen. **5.** *Ehemann etc* wieder aufnehmen. **6.** (im Geist) zu¹rückversetzen (**to** in *e-e Zeit*). **~ down** *v/t* **1.** her¹unter-, abnehmen, *Fahne* einholen. **2.** *Gebäude* abbrechen, abreißen, abtragen, *ein Gerüst* abnehmen. **3.** *tech.* zerlegen: **to ~ an engine. 4.** *e-n Baum* fällen. **5.** *print.* Typenmaterial verteilen. **6.** *Arznei etc* (hin¹unter)schlucken. **7.** *colloq.* ,ducken', demütigen. **8.** *meist pass j-n* niederwerfen (*Krankheit*): **he was taken down with fever. 9.** nieder-, aufschreiben, no¹tieren. **10.** aufzeichnen (*Tonbandgerät etc*). **~ in** *v/t* **1.** (her)¹einlassen: **to ~ water**; **to ~ gas** (*Br. petrol*) mot. tanken. **2.** *Gast etc* a) einlassen, b) aufnehmen: **to ~ lodgers** (Zimmer) vermieten. **3.** *e-e Dame* zu Tisch führen. **4.** *Heimarbeit* annehmen: **to ~ a typing job**. **5.** *Br. e-e Zeitung* halten. **6.** a) *fig. etwas* in sich aufnehmen, b) von oben bis unten betrachten. **7.** *die Lage* über¹schauen. **8.** *etwas* glauben, ,schlucken'. **9.** her¹einnehmen, einziehen, *mar. Segel* einholen, **10.** kürzer *od.* enger machen: **to ~ a dress. 11.** *fig.* einschließen, um¹fassen. **12.** *Am.* ,mitnehmen', sich ansehen: **to ~ a monument** (*a movie, etc*). **13.** *colloq.* *j-n* ,reinlegen': **to be taken in** a) ,reinfallen', b) ,reingefallen' sein. **~ off I** *v/t* **1.** wegnehmen, -bringen, -schaffen, *a. Flecken etc* entfernen. **2.** *med.* abnehmen, ampu¹tieren. **3.** *j-n* fortführen, -bringen: **to take o.s. off** sich fortmachen. **4.** (*durch den Tod*) wegraffen. **5.** a) aus dem Verkehr ziehen, b) *Busdienst etc* einstellen. **6.** den *Hut etc* abnehmen, ziehen, *Kleidungsstück* ablegen, ausziehen. **7.** *e-n Tag etc* freinehmen, *e-n Tag etc* Urlaub machen. **8.** *econ.* a) *Rabatt etc* abziehen, b) *Steuer etc* senken. **9.** austrinken. **10.** *fhea. Stück etc* absetzen. **11.** aufstellen, vorbereiten: **~ a trial balance** *econ.* e-e Rohbilanz aufstellen. **12.** anfertigen: **to ~ 200 copies. 13.** *j-n* abbilden, porträ¹tieren. **14.** *colloq. j-n* nachmachen, -ahmen. **II** *v/i* **15.** *sport* abspringen. **16.** *aer.* a) abfliegen, starten, b) abheben. **17.** a) fortgehen, sich fortmachen, b) sich aufmachen (**for** nach). **18.** abzweigen (*Straße etc*). **19.** anlaufen (*Produktion etc*). **~ on I** *v/t* **1.** *Gewicht* ansetzen. **2.** *Arbeit etc* annehmen, über¹nehmen. **3.** *Waren, Passagiere* aufnehmen, an Bord nehmen. **4.** *Arbeiter* ein-, anstellen, *Mitglieder* aufnehmen. **5.** a) *j-n* (als Gegner) annehmen, sich auf e-n Kampf einlassen mit, b) es aufnehmen mit *j-m*. **6.** *e-e Wette* eingehen. **7.** *e-e Eigenschaft, Gestalt, a. e-e Farbe* annehmen. **8.** *e-e Sprache, Kultur etc* über¹nehmen, sich zu eigen machen. **II** *v/i* **9.** *colloq.* ,sich haben', ,ein großes The¹ater machen', sich aufregen: **don't ~ so!** hab dich nicht so! **10.** sich anspielen. **11.** ,ziehen', ,einschlagen' (*Buch, Schlager etc*). **12.** in Dienst treten. **~ out** *v/t* **1.** a) her¹ausnehmen, b) wegnehmen, entfernen (**of** von, aus). **2.** *e-n Fleck* her¹ausmachen, entfernen (**of** aus). **3.** *Geld* abheben. **4.** *econ. jur.* a) *ein Patent, e-e Vorladung etc* erwirken, b) *e-e Versicherung* abschließen: **to ~ an insurance (policy). 5.** ,erledigen', ausschalten. **6. to take it out** sich schadlos halten (**in** an *e-r Sache*), sich rächen: **to take it out of** a) sich rächen *od.* schadlos halten für (*e-e Beleidigung etc*), b) *j-n* ,fertigmachen', erschöpfen: **to take it out on s.o.** s-n Zorn *od.* es an j-m auslassen. **7.** *etwas* austreiben (**of** *s.o.* j-m): **to take the nonsense out of s.o. 8.** *j-n* zum *Abendessen etc* ausführen: **to take s.o. out to dinner. 9.** *Bridge*: den Gegner über¹bieten. **10. pizzas to ~** (*Schild*) *Am.* Pizzas zum Mitnehmen. **~ o·ver I** *v/t* **1.** *ein Amt, e-e Aufgabe, die Macht etc, a. e-e Idee etc* über¹nehmen. **II** *v/i* **2.** die Amtsgewalt *od.* die Leitung *od.* die Re¹gierung *od.* die Macht übernehmen: **to ~ for s.o.** j-s Stelle übernehmen. **3.** die Sache in die Hand nehmen. **4.** in den Vordergrund treten, an die Spitze gelangen, in Mode kommen. **~ up I** *v/t* **1.** aufheben, -nehmen. **2.** hochheben. **3.** nach oben bringen. **4.** *Straße* aufrei¹ßen. **5.** *ein Gerät, e-e Waffe* erheben, ergreifen. **6.** *Flüssigkeit* aufnehmen, -saugen. **7.** *Reisende* mitnehmen. **8.** *e-e Tätigkeit, die Verfolgung* aufnehmen, *e-n Beruf* ergreifen. **9.** sich befassen mit, sich verlegen auf (*acc*). **10.** *e-n Fall, e-e Idee etc* aufgreifen. **11. to take s.o. up on s.th.** bei j-m wegen *e-r Sache* ,einhaken' (→ 22). **12.** *e-e Erzählung etc* fortführen, fortfahren in (*dat*). **13.** *Platz, Zeit, Gedanken etc* ausfüllen, beanspruchen: **~ time (s.o.'s attention)** Zeit (*j-s* Aufmerksamkeit) in Anspruch nehmen; **taken up with** in Anspruch genommen von. **14.** a) s-n Wohnsitz aufschlagen, b) *e-e Wohnung* beziehen. **15.** *e-e Stelle* antreten. **16.** *e-n Posten* einnehmen. **17.** *e-n Verbrecher* aufgreifen, verhaften. **18.** *e-e Haltung* einnehmen. **19.** sich zu eigen machen: **to ~ current opinions. 20.** *e-e Masche* (*beim Stricken*) aufnehmen. **21.** *econ.* a) *Kapital, e-e Anleihe* aufnehmen, b) *Aktien* zeichnen, c) *e-n Wechsel* einlösen. **22.** *e-e Wette, Herausforderung etc* annehmen: **to take s.o. up on it** j-n beim Wort nehmen. **23.** a) *e-m Redner* ins Wort fallen, b) *j-n* zu¹rechtweisen, korri¹gieren. **24.** *j-n* schelten, tadeln. **25.** *med. ein Gefäß* abbinden. **II** *v/i* **26.** *colloq.* sich einlassen (**with** mit *j-m*). **27.** a) (wieder) anfangen, b) weitermachen. **28. ~ for** eintreten *od.* sich einsetzen für *j-n*. **29.** *dial.* sich bessern (*Wetter*).

'take|-a,part → **takedown** I. **'~a,way** *Br.* **I** *adj* **1.** zum Mitnehmen: **~ meals. 2. ~ restaurant** → **3. II** *s* **3.** Restau¹rant *n* mit Straßenverkauf. **'~down I** *adj* **1.** zerlegbar, ausein¹andernehmbar. **II** *s* **2.** Zerlegen *n*. **3.** *tech.* leichtzerlegbares Gerät *etc*. **4.** Ringen: Niederwurf *m*. **5.** *colloq.* Demütigung *f*. **'~home** *adj* **1. ~ pay** *econ.* Nettolohn *m*, -gehalt *n*. **2. ~ sale** *Br.* → **off-sale** I. **II** *s* → **1. '~in** *s colloq.* **1.** Schwindel *m*. **2.** Betrüger(in).

tak·en ['teɪkən] *pp von* **take**.

'take|-off *s* **1.** Wegnehmen *n.* **2.** *aer.* a) Start *m* (*a. mot.*), Abflug *m*: → assist 2, b) Abheben *n*: ~ **speed** Abhebegeschwindigkeit *f.* **3.** *tech.* Abnahmestelle *f.* **4.** *sport* a) Absprung *m*, b) Absprungstelle *f*: ~ **board** Absprungbalken *m.* **5.** *a.* ~ **point** *fig.* Ausgangspunkt *m.* **6.** *colloq.* Nachahmung *f*: to do a ~ of s.o. j-n nachahmen *od.* -machen. **'~out** *Am.* **I** *adj* **1.** ~ **meal** → 3. **2.** ~ **restaurant** → 4. **II** *s* **3.** Mahlzeit *f* zum Mitnehmen. **4.** Restau'rant *n* mit Straßenverkauf. **'~ -ˌo·ver** *s* **1.** *econ.* (Ge'schäfts-, 'Firmen-)ˌÜbernahme *f*: ~ **bid** Übernahmeangebot *n.* **2.** *pol.* 'Macht,übernahme *f.*

tak·er ['teɪkə(r)] *s* **1.** (Ab-, Auf-, Ein-, Weg- *etc*)Nehmer(in). **2.** *econ.* Abnehmer(in), Käufer(in). **3.** j-d, der e-e Wette *od.* ein Angebot annimmt.

'take-up *s* **1.** Spannen *n*, Anziehen *n.* **2.** *tech.* Spannvorrichtung *f.* **3.** *bes. phot.* a) Aufwick(e)lung *f*, b) *a.* ~ **spool** Aufwickelspule *f.*

tak·ing ['teɪkɪŋ] **I** *s* **1.** (An-, Ab-, Auf-, Ein-, Ent-, 'Hin-, Weg- *etc*)Nehmen *n.* **2.** Inbe'sitznahme *f.* **3.** *jur.* Wegnahme *f.* **4.** *mil.* Einnahme *f*, Eroberung *f.* **5.** *mar.* Aufbringung *f*: ~ **of a ship. 6.** *mil.* Gefangennahme *f.* **7.** Festnahme *f*: ~ **of a criminal. 8.** Fang *m*, Beute *f.* **9.** *colloq.* a) *med.* Anfall *m*, b) Aufregung *f*: **in a great** ~ ˌganz aus dem Häus·chen'. **10.** *phot.* Aufnahme *f.* **11.** *pl econ.* Einnahme(n *pl*) *f.* **II** *adj* (*adv* **~ly**) **12.** fesselnd. **13.** einnehmend, anziehend, gewinnend. **14.** *med. colloq.* ansteckend (*a. fig.*). ~ **a·way** *s* Wegnahme *f.* ~ **back** *s* **1.** Zu'rücknahme *f.* **2.** *econ.* Rücknahme *f.* ~ **o·ver** *s* 'Übernahme *f.*

ta·lar·i·a [təˈleərɪə] (*Lat.*) *s pl antiq. myth.* Taˈlarien *pl*, Flügelschuhe *pl* (*des Hermes*).

talc [tælk] **I** *s* **1.** *min.* Talk(um *n*) *m.* **2.** → **talcum powder. II** *v/t pret u. pp* **talcked, talced** [-kt] **3.** a) talkuˈmieren, b) pudern. **'talck·y, 'talc·ose** [-kəʊs] *adj* talkig.

tal·cum ['tælkəm] *s* **1.** → talc 1. **2.** → talcum powder. ~ **pow·der** *s* a) Talkum(puder *m*) *n*, b) Körperpuder *m.*

tale [teɪl] *s* **1.** Erzählung *f*, Bericht *m*: it tells its own ~ *fig.* es spricht für sich selbst. **2.** Erzählung *f*, Geschichte *f*: thereby hangs a ~ damit ist e-e Geschichte verknüpft; → old wives' tale. **3.** Sage *f*, Märchen *n.* **4.** Lüge(ngeschichte) *f*, ˌMärchen' *n.* **5.** Klatschgeschichte *f*: to tell (*od.* carry *od.* bear) ~s klatschen; to tell ~s (out of school) *fig.* aus der Schule plaudern; → dead 1. **6.** *obs. od. poet.* (An-, Gesamt)Zahl *f.* **'~ˌbear·er** *s* Zwischen-, Zuträger(in), Klatschmaul *n.* **'~ˌbear·ing I** *s* Zuträge'rei *f*, Klatsch(eˈrei *f*) *m.* **II** *adj* klatschsüchtig, Klatsch...

tal·ent ['tælənt] *s* **1.** Taˈlent *n*, Begabung *f* (*beide a. Person*), Gabe *f*: ~ **for music** musikalisches Talent; **of great** ~ sehr talentiert. **2.** *collect.* Taˈlente *pl*, talenˈtierte Perˈsonen *pl*: ~ **scout** Talentsucher *m*; ~ **show** *TV etc* Talentschuppen *m*; to engage the best ~ die besten Kräfte verpflichten. **3.** *Bibl.* Pfund *n.* **4.** *antiq.* Taˈlent *n* (*Gewichts- od. Münzeinheit*). **'tal·ent·ed** *adj* talenˈtiert, begabt. **'tal·ent·less** *adj* 'untalenˌtiert.

ta·les ['teɪliːz] *s pl jur.* Ersatzgeschworene *pl.* **ta·les·man** ['teɪlɪzmən; 'teɪlz-] *s irr* Ersatzgeschworene(r) *m.*

'tale·ˌtell·er *s* **1.** Märchen-, Geschichtenerzähler *m.* **2.** Flunkerer *m.* **3.** → talebearer.

ta·li ['teɪlaɪ] *pl von* talus[1].

tal·i·on ['tælɪən] *s jur.* Verˈgeltungsprinˌzip *n.*

tal·i·ped ['tælɪped] *med. zo.* **I** *adj* **1.** deforˈmiert (*Fuß*). **2.** klumpfüßig. **II** *s* **3.** Klumpfuß *m* (*Person*). **'tal·i·pes** [-piːz] *s med.* Klumpfuß *m.*

tal·i·pot (palm) ['tælɪpɒt; *Am.* -ləˌpɑt], *a.* **'tal·i·put (palm)** [-pʌt] *s bot.* Schattenpalme *f.*

tal·is·man ['tælɪzmən; -lɪs-] *pl* **-mans** *s* Talisman *m.* **ˌtal·isˈman·ic** [-ˈmænɪk] *adj* magisch.

talk [tɔːk] **I** *v/i* **1.** Reden *n.* **2.** Gespräch *n*: a) Unterˈhaltung *f*, Plaudeˈrei *f*, b) *a. pol.* Unterˈredung *f*: to have a ~ with s.o. mit j-m reden *od.* plaudern, sich mit j-m unterhalten. **3.** Aussprache *f.* **4.** Rundfunk *etc*: a) Plaudeˈrei *f*, b) Vortrag *m*: to give a ~ on e-n Vortrag halten über (*acc*). **5.** Gerede *n*: a) Geschwätz *n*, b) Klatsch *m*: he is all ~ er ist ein großer Schwätzer; that was all ~ das war alles nur Gerede; to end in ~ im Sand verlaufen; there is ~ of his being bankrupt man spricht davon, daß er bankrott sei; → big 7, small talk. **6.** Gesprächsgegenstand *n*: to be the ~ of the town Stadtgespräch sein. **7.** Sprache *f*, Art *f* zu reden: → baby talk. **II** *v/i* **8.** reden, sprechen: to ~ round s.th. um etwas herumreden; → big 15, tall 5, wild 17. **9.** reden, sprechen, plaudern, sich unterˈhalten (about, on über *acc*; of von; with mit): he knows what he is ~ing about er weiß, wovon er spricht; to ~ at s.o. auf j-n einreden; to ~ to s.o. a) mit j-m sprechen *od.* reden, b) *colloq.* j-m die Meinung sagen, j-m e-e Standpauke halten; ~ing of da wir gerade von ... sprechen; you can ~! *colloq.* du hast gut reden!; now you are ~ing! *colloq.* das läßt sich schon eher hören! **10.** *contp.* reden: a) schwatzen, b) klatschen: to get o.s. ~ed about ins Gerede kommen. **III** *v/t* **11.** *etwas* reden: to ~ nonsense; → sense 8, wisdom 1. **12.** *e-e Sprache* sprechen: to ~ French. **13.** reden *od.* sprechen über (*acc*): to ~ business (politics, religion); → shop 3. **14.** reden: to ~ o.s. hoarse; to ~ s.o. into believing s.th. j-n etwas glauben machen; to ~ s.o. into s.th. j-m etwas einreden, j-n zu etwas überreden; to ~ s.o. out of s.th. j-m etwas ausreden; to ~ s.o. to death *Am. für* talk out 1.

Verbindungen mit Adverbien:

talk| a·way I *v/t* **1.** *Zeit* verplaudern. **2.** to talk s.o.'s fears away j-m s-e Ängste ausreden. **II** *v/i* **3.** 'ununterˌbrochen reden. ~ **back** *v/i* e-e freche Antwort *od.* freche Antworten geben (to *dat*). ~ **down I** *v/t* **1.** j-n ˌunter den Tisch redenˈ. **2.** j-n niederschreien. **3.** *ein Flugzeug* herˈuntersprechen (*bei der Landung*). **II** *v/i* **4.** (to) sich dem (*niedrigen*) Niˈveau (*s-r Zuhörerschaft*) anpassen: to ~ to one's audience. **5.** herˈablassend reden (to mit). ~ **out** *v/t* **1.** *parl.* ˌtotredenˈ, die Annahme (*e-r Gesetzesvorlage etc*) durch Hinˈausziehen der Deˈbatte bis zur Vertagung verhindern: to ~ a bill. **2.** *Probleme etc* ˌausdiskuˌtieren. ~ **o·ver** *v/t* **1.** j-n überˈreden (to doing s.th. etwas zu tun). **2.** besprechen, ˌdurchsprechen: to ~ a plan. ~ **round** → talk over 1. ~ **up** *bes. Am. colloq.* **I** *v/t etwas* rühmen, anpreisen, herˈausstreichen. **II** *v/i* frei s-e Meinung äußern.

talk·a·thon ['tɔːkəˌθɒn] *s Am. colloq.* Marathonsitzung *f.*

talk·a·tive ['tɔːkətɪv] *adj* (*adv* **~ly**) geˈschwätzig, gesprächig, redselig. **'talk·a·tive·ness** *s* Redseligkeit *f.*

'talk-back *s electr.* Gegen-, Wechselsprechanlage *f.*

talk·ee-talk·ee [ˌtɔːkiːˈtɔːkiː] *s Am. colloq.* **1.** Kauderwelsch *n.* **2.** Geschwätz *n.*

'talk·er *s* **1.** Schwätzer(in). **2.** Sprechende(r *m*) *f*: he is a good ~ er kann gut reden.

talk·fest ['tɔːkˌfest] *s Am. colloq.* großes Paˈlaver *n.*

talk·ie ['tɔːkɪ] *s colloq.* Tonfilm *m.*

'talk-in *s* **1.** Proˈtestdemonstratiˌon *f* mit zahlreichen Rednern. **2.** Vortrag *m*, Rede *f.* **3.** Gespräch *n*, Diskussiˈon *f.*

'talk·ing I *s* **1.** Sprechen *n*, Reden *n.* **2.** Geschwätz *n*, Gerede *n.* **3.** Unterˈhaltung *f*: → do[1] 2. **II** *adj* **4.** sprechend (*a. fig.*): ~ **parrot**; ~ **eyes**; ~ **doll** Sprechpuppe *f.* **5.** *electr. teleph.* Sprech...: ~ **current**. ~ **book** *s* ˌsprechendes Buchˈ (*in e-r Blindenhörbücherei*): ~ **library for the blind** Blindenhörbücherei *f.* ~ **film** *s* Tonfilm *m.* ~ **heads** *s pl Film, TV*: sprechende Köpfe. ~ **(mo·tion) pic·ture** *s* Tonfilm *m.* ~ **point** *s* **1.** Gesprächsstoff *m.* **2.** (gutes) Arguˈment. ~ **shop** *s Br. colloq. contp.* ˌQuasselbudeˈ *f* (*Parlament etc*). **'~-to** *pl* **-tos** *s*: to give s.o. a ~ *colloq.* j-m e-e Standpauke halten.

talk| jock·ey *s Rundfunk: Am.* Modeˈrator *m* e-r Sendung mit teleˈfonischer Zuhörerbeteiligung. ~ **shop** → talking shop. ~ **show** *s TV* Talk-Show *f.* **'~ -show host** *s TV* Talkmaster *m.*

talk·y ['tɔːkɪ] *adj* geschwätzig (*a. fig. Buch etc*).

tall [tɔːl] **I** *adj* **1.** groß, hochgewachsen: six feet ~ sechs Fuß groß. **2.** hoch: a ~ tree ein hoher Baum. **3.** lang (*u.* dünn). **4.** *colloq.* a) *obs.* ˌtollˈ, b) großsprecherisch, -spurig, c) überˈtrieben, unglaublich: a ~ story; that is a ~ order das ist ein bißchen viel verlangt. **II** *adv* **5.** *colloq.* großspurig: to talk ~ ˌgroße Töne spuckenˈ, angeben. [(Steuer *f*).]

tal·lage ['tælɪdʒ] *s Br. hist.* (Gemeinde-)]

'tall·boy *s Br.* Komˈmode *f* mit Aufsatz. **2.** *Am.* hochstieliges Weinglas.

tal·li·age ['tælɪɪdʒ] → tallage.

'tall·ish *adj* ziemlich groß.

'tall·ness *s* **1.** Größe *f.* **2.** Höhe *f.* **3.** Länge *f.*

tal·low ['tæləʊ] **I** *s* **1.** Talg *m*: vegetable ~ Pflanzentalg. **2.** *tech.* Schmiere *f.* **3.** Talg-, Unschlittkerze *f.* **II** *v/t* **4.** (ein-)talgen, schmieren. ~ **-ˌfaced** *adj* bleich, käsig. **'~-top** *s* mug(e)liger Edelstein.

'tal·low·y *adj* talgig.

tal·ly[1] ['tælɪ] **I** *s* **1.** *hist.* Kerbholz *n.* **2.** Strichliste *f.* **3.** *econ.* a) (Ab)Rechnung *f*, b) (Gegen)Rechnung *f*, c) Kontogegenbuch *n* (*e-s Kunden*), d) Warenliste *f.* **4.** Dupliˈkat *n*, Seiten-, Gegenstück *n* (of zu). **5.** a) Zählstrich *m*, b) Stückmaß *n*, -zahl *f*: to buy by the ~ *econ.* nach dem Stück kaufen. **6.** Etiˈkett *n*, Marke *f*, Kennzeichen *n* (*auf Kisten etc*). **7.** Kuˈpon *m.* **8.** Zählung *f.* **9.** *sport* a) Punktzahl *f*, b) Punkt *m.* **II** *v/t* **10.** (stückweise) nachzählen, regiˈstrieren, buchen, kontrolˈlieren. **11.** *oft* ~ **up** berechnen. **12.** miteinˈander in Überˈeinstimmung bringen. **13.** *Waren etc* ~ *sport etc* e-n Punkt *od.* Punkte a) erzielen, b) noˈtieren. **III** *v/i* **15.** (with) überˈeinstimmen (mit), entsprechen (*dat*). **16.** aufgehen, stimmen.

tal·ly[2] ['tælɪ] *v/t mar.* Schoten beiholen.

tal·ly-ho [ˌtælɪˈhəʊ] *hunt.* **I** *interj* halloˈ!, hoˈ! (*Jagdruf beim Erblicken des Fuchses*). **II** *pl* **-ˈhos** *s* Hallo *n.* **III** *v/i pret u. pp* **-ˈhoed, -ˈhoˈd** ˌhalloˈ rufen.

'tal·ly·man [-mən] *s irr econ.* **1.** *Br.* Inhaber *m* e-s Abzahlungsgeschäftes. **2.** Kontroˈlleur *m.* ~ **sheet** *s econ.* Kon'trolliste *f.* ~ **shop** *s econ. Br.* Abzahlungsgeschäft *n.* ~ **sys·tem** *s econ.* 'Abzahlungssyˌstem *n.* ~ **trade** *s econ. Br.* Abzahlungsgeschäft *n.*

tal·ma ['tælmə] *s hist.* langer, capeartiger 'Umhang.

tal·mi gold ['tælmɪ] s Talmigold n.
Tal·mud ['tælmʊd; -məd; Am. a. 'tɑːl-ˌmʊd] s relig. Talmud m. **Tal·mud·ic** [tælˈmʊdɪk; Am. tælˈmjuː-; -ˈmuː; -ˈmʌ-; tɑːlˈmʊ-], **Tal'mud·i·cal** adj talˈmudisch. '**Tal·mud·ist** s Talmuˈdist m.
tal·on ['tælən] s **1.** orn. u. fig. Klaue f, Kralle f. **2.** arch. Kehlleiste f. **3.** Kartenspiel: Taˈlon m. **4.** econ. Taˈlon m, Erneuerungsschein m (an Wertpapieren), ('Zins)Kuˌpon m. '**tal·oned** adj mit Krallen od. Klauen (versehen).
ta·lus[1] ['teɪləs] pl **-li** [-laɪ] s **1.** anat. Talus m, Sprungbein n. **2.** anat. Fußgelenk n. **3.** med. Klumpfuß m.
ta·lus[2] ['teɪləs; Am. a. 'tæ-] s **1.** Abhang m, Böschung f. **2.** geol. Schutthalde f.
tam [tæm] → tam-o'-shanter.
tam·a·ble ['teɪməbl] adj (be)zähmbar.
tam·a·rack ['tæməræk] s bot. **1.** Nordamer. Lärche f. **2.** Tamarak(holz) n.
tam·a·rind ['tæmərɪnd] s bot. Tamaˈrinde f.
tam·a·risk ['tæmərɪsk] s bot. Tamaˈriske f.
tam·bour ['tæmˌbʊə(r)] **I** s **1.** (große) Trommel. **2.** a. ~ frame Stickrahmen m. **3.** Tambuˈrierstickeˌrei f: ~ stitch Tamburierstich m. **4.** arch. a) Säulentrommel f, b) Tambour m (zylindrischer Unterbau e-r Kuppel). **5.** Festungsbau: Tambour m. **6.** tech. Trommel f. **7.** Rolltür f (e-s Rollschranks etc). **II** v/t **8.** Stoff tambuˈrieren. **tam·bou·rin** ['tæmbʊrɪn] s mus. Tamb(o)uˈrin n. **tam·bou·rine** [ˌtæmbəˈriːn] s mus. (flaches) Tambuˈrin.
tame [teɪm] **I** adj (adv ~ly) **1.** a. allg. zahm: a) gezähmt: **a ~ lion**, b) friedlich: **a ~ fellow**, c) folgsam, 'brav', d) harmlos: **a ~ joke**, e) lahm, fad(e): **a ~ affair**; **a ~ retort. 2.** bot. veredelt: **~ berries. II** v/t **3.** a. fig. zähmen, bändigen. **4.** Land urbar machen. '**tame·a·ble** → tamable. '**tame·less** adj poet. **1.** un(be)zähmbar. **2.** ungezähmt, ungebändigt. '**tame·ness** s **1.** Zahmheit f (a. fig.). **2.** Folgsamkeit f. **3.** Harmlosigkeit f. **4.** Lahmheit f. '**tam·er** s (Be)Zähmer(-in), Bändiger(in).
Tam·il ['tæmɪl] **I** s pl **-ils, -il 1.** Taˈmile m (Sprecher des Tamil). **2.** ling. Taˈmil n, Taˈmulisch n. **II** adj **3.** taˈmulisch. **Ta·mil·i·an** [təˈmɪljən; -ɪən] → Tamil.
Tam·ma·ny [ˈtæmənɪ:] s pol. Am. **1.** abbr. für a) Tammany Hall, b) Tammany Society. **2.** fig. poˈlitische Korruptiˈon. ~ **Hall** s pol. Am. **1.** Versammlungshaus der Tammany Society in New York. **2.** fig. → Tammany Society. ~ **So·ci·e·ty** s pol. Am. organisierte demokratische Partei in New York.
tam·my[1] ['tæmɪ] s Etaˈmin n, Etaˈmine f (gazeartiges, durchsichtiges Gewebe).
tam·my[2] ['tæmɪ] gastr. **I** s a. ~ **cloth** Passiertuch n. **II** v/t Soßen etc pasˈsieren.
tam·my[3] ['tæmɪ] → tam-o'-shanter.
tam-o'-shan·ter [ˌtæməˈʃæntə(r); Am. 'tæməˌʃ-] s Schottenmütze f.
tamp [tæmp] **I** v/t **1.** tech. besetzen, abdämmen, zustopfen: **to ~ a drill hole**. **2.** a) feststampfen: **to ~ the soil**, b) Beton rammen. **II** s **3.** tech. Stampfer m.
tamp·er[1] ['tæmpə(r)] s tech. **1.** Besetzer m (von Bohrlöchern; Person). **2.** Stampfer m (Gerät).
tam·per[2] ['tæmpə(r)] v/i (with) **1.** a) sich (ein)mischen (in acc), b) hinˈeinpfuschen (in acc). **2.** a) herˈumpfuschen (an dat), b) sich zu schaffen machen (an dat): **to ~ with a document** e-e Urkunde verfälschen od. ˈfrisieren'. **3.** a) (mit j-m) intriˈgieren od. heimlich verhandeln, b) (j-n) (zu) bestechen od. (zu) beeinflussen (suchen): **to ~ with a witness**.
tam·pi·on ['tæmpɪən; Am. a. 'tɑːm-] s mil. Mündungspfropfen m.

tam·pon ['tæmpən; Am. -ˌpɑn] **I** s **1.** med. Tamˈpon m, Wattebausch m. **2.** print. Tamˈpon m (zum Einfärben). **3.** allg. Pfropfen m. **4.** mus. Doppelschlegel m. **II** v/t **5.** med. u. print. tampoˈnieren.
tam·pon·ade [ˌtæmpəˈneɪd], '**tam·pon·age** [-nɪdʒ], '**tam·pon·ment** [-mənt] s med. Tampoˈnieren n.
tam-tam ['tæmtæm] → tom-tom.
tan [tæn] **I** s **1.** tech. a) Lohe f, b) Gerbsäure f, c) → tannin. **2.** chem. Gerbstoff m. **3.** Lohfarbe f. **4.** (gelb)braunes Kleidungsstück (bes. Schuh). **5.** (Sonnen-)Bräune f: **to get a good ~** schön braun werden. **II** v/t **6.** tech. a) Leder gerben, b) beizen. **7.** phot. gerben. **8.** j-n, die Haut bräunen. **9.** colloq. j-m 'das Fell gerben': → hide[2]. **III** v/i **10.** sich gerben lassen (Leder). **11.** a) sich bräunen (Haut), b) braun werden. **IV** adj **12.** lohfarben, gelbbraun. **13.** Gerb-...
ta·na[1] ['tɑːnə; -nɑː] s Br. Ind. Poliˈzei- od. Miliˈtärstatiˌon f.
ta·na[2] ['tɑːnə] s zo. Tana m, Spitzhörnchen n.
tan·a·ger ['tænədʒə(r)] s orn. Tanˈgara m, Prachtmeise f.
tan·dem ['tændəm] **I** adv **1.** hintereinˈander (angeordnet) (Pferde, Maschinen etc). **II** s **2.** Tandem n (Pferdegespann, Wagen, Fahrrad): **in ~** zusammen (with mit). **3.** tech. Reihe f, Tandem m. **4.** electr. Kasˈkade f. **III** adj **5.** Tandem..., hintereinˈander angeordnet: **~ airplane** Tandemflugzeug n; **~ arrangement** tech. Reihenanordnung f, Tandem n; **~ bicycle** Tandem n; **~ connection** electr. Kaskadenschaltung f; **~ compound (engine)** Reihenverbundmaschine f.
tang[1] [tæŋ] **I** s **1.** tech. a) Griffzapfen m (e-s Messers etc), b) Angel f, c) Dorn m. **2.** a) scharfer Geruch od. Geschmack, b) Beigeschmack m (of von) (a. fig.). **II** v/t **3.** tech. mit e-m Heftzapfen etc versehen.
tang[2] [tæŋ] **I** s (scharfer) Klang. **II** v/t u. v/i (laut) ertönen (lassen).
tang[3] [tæŋ] s bot. Seetang m.
tan·gen·cy [ˈtændʒənsɪ], selten '**tan·gence** s math. Berührung f, Tanˈgenz f.
tan·gent ['tændʒənt] **I** adj math. **1.** → tangential **II** s **2.** math. Tanˈgente f: **~ balance** tech. Neigungsgewichtswaage f; **~ sight** mil. Geschützaufsatz m; **to go (od. fly) off at a ~** unvermittelt (vom Thema) abschweifen. **3.** mus. Tanˈgente f (am Klavichord). **4.** Am. colloq. geradlinige Eisenbahnstrecke.
tan·gen·tial [tænˈdʒenʃl; -tʃl] adj (adv ~ly) **1.** math. a) Tangential..., Berührungs..., b) tangentiˈal, berührend: **to be ~ to s.th.** etwas berühren. **2.** fig. a) sprunghaft, flüchtig, b) ziellos, c) abschweifend, d) ˈuntergeordnet, nebensächlich, Neben...: **to play a ~ role**. **~ co·or·di·nate** s math. ˈLinienkoordiˌnate f. **~ force** s phys. Tangentiˈalkraft f. **~ plane** s math. Berührungsebene f.
Tan·ge·rine [ˌtændʒəˈriːn] **I** s **1.** Bewohner(in) von Tanger. **2.** t~ bot. Mandaˈrine f. **II** adj **3.** aus Tanger.
tan·gi·ble ['tændʒəbl] **I** adj (adv tangibly) **1.** greifbar, materiˈell, körperlich. **2.** fig. klar, bestimmt. **3.** econ. materiˈell: **~ assets** → 5a; **~ property** → 5b. **II** s **4.** (etwas) Greifbares. **5.** pl econ. a) materiˈelle Vermögenswerte pl, b) Am. Sachvermögen n.
tan·gle ['tæŋgl] **I** v/t **1.** verwirren, -wickeln, durcheinˈanderbringen (alle a. fig.). **2.** fig. verstricken (**in** acc). **II** v/i **3.** sich verheddern (a. fig.). **4.** colloq. sich in en Kampf od. Wortwechsel einlassen (**with** mit). **III** s **5.** Gewirr n, wirrer Knäuel m. **6.** fig. Verwirrung f, -wicklung f,

Durcheinˈander n. **7.** bot. (Riemen)Tang m. '**~ˌfoot** pl **-ˌfoots** s Am. sl. Schnaps m, bes. (billiger) Whisky.
tan·gly ['tæŋglɪ] adj verwickelt, -worren.
tan·go ['tæŋgəʊ] **I** pl **-gos** s mus. Tango m. **II** v/i Tango tanzen: **it takes two to ~** fig. dazu gehören zwei.
tan·gram ['tæŋgrəm] s chinesisches Zs.-setzspiel.
tang·y ['tæŋɪ] adj mit scharfem Beigeschmack, scharf.
tan·ist ['tænɪst] s hist. gewählter Nachfolger des Häuptlings (bei keltischen Völkern).
tank [tæŋk] **I** s **1.** mot. etc Tank m: **with a full ~** vollgetankt. **2.** (Wasser)Becken n, Ziˈsterne f. **3.** rail. a) Wasserkasten m (des Tenders), b) 'Tenderlokomoˌtive f. **4.** → **tanker** 1. **5.** phot. Bad n. **6.** mil. Panzer(-wagen) m, Tank m. **7.** bes. Am. sl. a) (Haft)Zelle f, b) ˈKittchen' n. **II** v/t **8.** in Tanks lagern. **9.** ~ **up** bes. Br. Auto, Flugzeug auf-, volltanken: **to get ~ed up** → 10 b; **~ed up** sl. ˈvoll'. **III** v/i **10.** ~ **up** a) bes. Br. auftanken (Flugzeug), (Fahrer a.) volltanken, b) sl. ˌsich vollaufen lassen' (**on** mit).
tank·age ['tæŋkɪdʒ] s **1.** Fassungsvermögen n e-s Tanks. **2.** (Gebühr f für die) Aufbewahrung in Tanks. **3.** agr. Fleischmehl n (Düngemittel).
tank·ard ['tæŋkəd] s Humpen m.
tank| bust·er s mil. colloq. **1.** Panzerknacker m. **2.** Jagdbomber m zur Panzerbekämpfung. **~ car** s a. electr. Kesselwagen m. **~ cir·cuit** s electr. Oszilˈlatorschwingkreis m. **~ de·stroy·er** s mil. Sturmgeschütz n. **~ di·vi·sion** s mil. ˈPanzerdiviˌsiˌon f. **~ doz·er** s mil. Räumpanzer m. **~ dra·ma** s thea. Am. colloq. Sensatiˈonsstück n. **~ en·gine** → tank 3 b.
tank·er ['tæŋkə(r)] s **1.** mar. Tanker m, Tankschiff n. **2.** a. ~ **aircraft** aer. Tankflugzeug n. **3.** mot. Tankwagen m. **4.** mil. ˈPanzersolˌdat m.
tank| farm s mil. tech. Tanklager n. **~ farm·ing** s 'Hydrokulˌtur f. **~ i·ron** s tech. mittelstarkes Eisenblech. '**~-ship** → tanker 1. **~ town** s Am. colloq. ˌNest' n, ˌKaff' n. **~ trap** s mil. Panzerfalle f. **~ truck** s Am. Tankwagen m. **~ wag·gon** s rail. Br. Kesselwagen m.
tan liq·uor s tech. Beizbrühe f.
tan·nage ['tænɪdʒ] s **1.** Gerbung f. **2.** Gerbstoff m.
tan·nate ['tæneɪt] s chem. Tanˈnat n.
tanned [tænd] adj **1.** tech. lohgar. **2.** braungebrannt.
tan·ner[1] ['tænə(r)] s (Loh)Gerber m.
tan·ner[2] ['tænə(r)] s hist. Br. sl. Sixpence(stück n) m.
tan·ner·y ['tænərɪ] (Loh)Gerbeˈrei f.
tan·nic ['tænɪk] adj chem. Gerb...: **~ acid**.
tan·nif·er·ous [tæˈnɪfərəs] adj chem. gerbsäurehaltig. **tan·nin** ['tænɪn] s Gerbsäure f, Tanˈnin n.
tan·ning ['tænɪŋ] s **1.** Gerben n. **2.** colloq. (Tracht f) Prügel pl.
tan| ooze, ~ pick·le → tan liquor. **~ pit** s Lohgrube f.
tan·rec ['tænrek] → tenrec.
tan·sy ['tænzɪ] s bot. **1.** Rainfarn m. **2.** Gänsefingerkraut n.
tan·ta·late ['tæntəleɪt] s chem. tanˈtalsaures Salz. **tan'tal·ic** [-ˈtælɪk] adj chem. tanˈtalsauer, Tantal...
tan·ta·li·za·tion [ˌtæntəlaɪˈzeɪʃn; Am. -ləˈz-] s **1.** Quälen n, ˌZappelnlassen' n. **2.** (Tantalus)Qual f. '**tan·ta·lize** [-laɪz] v/t peinigen, quälen, ˌzappeln' lassen. '**tan·ta·liz·ing** adj (adv ~ly) quälend, aufreizend, verlockend, ˌunwiderˌstehlich.
tan·ta·lum ['tæntələm] s chem. Tantal n.

tantalus – tarsal

tan·ta·lus ['tæntələs] *s* verschließbarer Flaschenhalter *od.* -ständer.
tan·ta·mount ['tæntəmaʊnt] *adj* gleichbedeutend (**to** mit): **to be ~ to** gleichkommen (*dat*), hinauslaufen auf (*acc*).
tan·ta·ra ['tæntərə; tæn'tɑːrə] *s* Fan'farenstoß *m*.
tan·tiv·y [tæn'tɪvɪ] **I** *s* **1.** schneller Galopp. **2.** Hussa *n* (*Jagdruf*). **II** *adv* **3.** eiligst, mit äußerster Geschwindigkeit.
Tan·tra ['tæntrə; *Am.* 'tʌn-; 'tɑːn-] *s relig.* Tantra *n* (*hinduistischer Text*). **'Tan·trism** *s* Tan'trismus *m*.
tan·trum ['tæntrəm] *s* Wutanfall *m*: **to fly into a ~** e-n Koller kriegen.
Ta·o ['tɑːəʊ] *s philos.* Tao *n* (*Urgrund des Seins, Vernunft etc*). **'Tao·ism** *s relig.* Tao'ismus *m* (*chinesische Volksreligion*). **'Ta·o·ist I** *s* Tao'ist *m*. **II** *adj* tao'istisch.
tap[1] [tæp] **I** *s* **1.** Zapfen *m*, Spund *m*, (Faß)Hahn *m*: **on ~** a) angestochen, angezapft (*Faß*), b) vom Faß (*Bier etc*), c) *fig.* (sofort) verfügbar, auf Lager, zur Hand. **2.** a) (Wasser-, Gas)Hahn *m*, b) Wasserleitung *f*: **to turn on the ~** *colloq.* zu heulen anfangen, losheulen. **3.** *colloq.* (Getränke)Sorte *f*. **4.** *med.* Punkti'on *f*. **5.** *sl.* ‚(An)Pumpversuch' *m*. **6.** → **taproom. 7.** *tech.* a) Gewindebohrer *m*, b) (Ab)Stich *m*, c) Abzweigung *f*. **8.** *electr.* a) Stromabnehmer *m*, b) Anzapfung *f*, c) Zapfstelle *f*. **II** *v/t* **9.** mit e-m Zapfen *od.* Hahn versehen. **10.** abzapfen: **to ~ a fluid. 11.** anzapfen, anstechen: **to ~ a barrel. 12.** *med.* punk'tieren. **13.** *electr.* anzapfen: **to ~ the wire(s)** a) Strom stehlen *od.* abzapfen, b) Telefongespräche abhören, die Leitung(en) anzapfen. **14.** a) *electr. die Spannung* abgreifen, b) anschließen. **15.** *tech.* mit (e-m) Gewinde versehen. **16.** *metall. die Schlacke* abstechen. **17.** *fig. Hilfsquellen etc* erschließen. **18.** *Vorräte etc* angreifen, anbrechen, anzapfen. **19.** *sl.* j-n ‚anpumpen' (**for** um).
tap[2] [tæp] **I** *v/t* **1.** leicht schlagen *od.* klopfen *od.* pochen an (*acc*) *od.* auf (*acc*) *od.* gegen, *etwas* beklopfen. **2.** klopfen mit: **to ~ one's fingers on the table** mit den Fingern auf dem *od.* den Tisch trommeln. **3.** antippen. **4.** e-n *Schuh* flicken. **II** *v/i* **5.** klopfen, pochen (**on**, **at** gegen, **an** *acc*). **6.** *hunt.* trommeln (*Hase od. Kaninchen*). **III** *s* **7.** leichter Schlag, Klaps *m*. **8.** *pl mil. Am.* Zapfenstreich *m*. **9.** Stück *n* Leder, Flicken *m*.
tap-dance *s* Steptanz *m*. **'~-dance** *v/i* steppen. **~ danc·er** *s* Steptänzer(in). **~ danc·ing** *s* Steppen *n*, Steptanz *m*.
tape [teɪp] **I** *s* **1.** schmales (Leinen)Band, Zwirnband *n*. **2.** (Isolier-, Meß-, Metall-*etc*)Band *n*, (Papier-, Kleb- *etc*)Streifen *m*. **3.** *electr.* a) Telegraphie: Pa'pierstreifen *m*, b) Computer, Fernschreiber: Lochstreifen *m*, c) (Ma'gnet-, Video-, Ton-)Band *n*. **4.** Heftpflaster *n*. **5.** *sport* Zielband *n*: **to breast the ~** das Zielband durchreißen. **II** *v/t* **6.** mit e-m Band versehen. **7.** (mit Band) um'wickeln *od.* binden. **8.** mit Heftpflaster verkleben: **to ~ a wound. 9.** Buchteile heften. **10.** mit dem Bandmaß messen: **to have s.o. (s.th.) ~d** *bes. Br. colloq.* klarsehen mit j-m (etwas); **to have things well ~d** *bes. Br. colloq.* alles gut im Griff haben. **11.** a) auf (Ton)Band aufnehmen: **~d music** Musik *f* vom Band, b) *TV* aufzeichnen.
~ deck *s electr.* Tapedeck *n*. **~ li·brar·y** *s* 'Bandar,chiv *n*. **'~-line** *bes. Am.* für **tape measure**. **~ ma·chine** *s Br. Fernschreiber m*. **~ tape recorder. ~ meas·ure** *s* Meßband *n*, Bandmaß *n*. **~ play·er** *s electr.* 'Band,wiedergabegerät *n*.
ta·per ['teɪpə(r)] **I** *s* **1.** a) dünne Wachs-

kerze, b) schwache Lichtquelle. **2.** Wachsstock *m*. **3.** *tech.* Verjüngung *f*, Spitz-'zulaufen *n*, Konizi'tät *f*. **4.** konischer Gegenstand. **5.** *fig.* langsames Nachlassen, Abnehmen *n*. **6.** *electr.* 'Widerstandsverteilung *f*. **II** *adj* **7.** spitz zulaufend, konisch, sich verjüngend: **~ file** Spitzfeile *f*. **III** *v/t* **8.** verjüngen, zuspitzen, konisch machen. **9. ~ off** *fig. die Produktion* auslaufen lassen: **to ~ off one's day** den Tag auslaufen lassen. **IV** *v/i* **10.** *oft* **~ off** spitz zulaufen, sich verjüngen. **11. ~ off** *fig.* all'mählich aufhören, auslaufen.
'tape|-re,cord → **tape 11. ~ re,cord·er** *s electr.* Tonbandgerät *n*. **~ re,cord·ing** *s* **1.** (Ton)Bandaufnahme *f*. **2.** *TV* (Band)Aufzeichnung *f*.
'ta·per·ing → **taper 7.**
'ta·per| pin *s tech.* konischer Stifter. **~ roll·er bear·ing** *s tech.* Kegelrollenlager *n*. **~ tap** *s tech.* Gewindebohrer *m*.
tape speed *s* Band-, Trans'portgeschwindigkeit *f*.
ta·pes·tried ['tæpɪstrɪd] *adj* gobe'lingeschmückt.
ta·pes·try ['tæpɪstrɪ] *s* **1.** Gobe'lin *m*, Wandteppich *m*, gewirkte Ta'pete. **2.** Dekorati'onsstoff *m*. **3.** Tapisse'rie *f*. **~ car·pet** *s* Wandteppich *m*.
'tape-worm *s zo.* Bandwurm *m*.
'tape| hole *s metall.* (Ab)Stichloch *n*. **'~-house** *s obs.* Wirtshaus *n*, Schenke *f*.
tap·i·o·ca [ˌtæpɪˈəʊkə] *s* Tapi'oka *f*.
ta·pir ['teɪpə(r)] *pl* **-pirs,** *bes. collect.* **-pir** *s zo.* Tapir *m*.
tap·is ['tæpiː] *pl* **-pis** *s obs.* Teppich *m*: **to bring (up)on the ~** *fig.* ‚aufs Tapet' *od.* zur Sprache bringen.
ta·pote·ment [təˈpəʊtmənt] *s med.* 'Klopfmas,sage *f*.
tap·pet ['tæpɪt] *s tech.* **1.** Daumen *m*, Mitnehmer *m*. **2.** (Wellen)Nocke *f*. **3.** (Ven'til- *etc*)Stößel *m*. **4.** Steuerknagge *f*. **~ gear** *s* Nockensteuerung *f*.
'tap·ping[1] *s* **1.** (An-, Ab)Zapfen *n*. **2.** *tech.* a) (Ab)Stich *m*, b) Abzweigung *f*, c) Gewindebohren *n*, -schneiden *n*: **~ drill** Gewindebohrer *m*. **3.** *electr.* a) Anzapfung *f*, b) Angriff *m*: **~ contactor** Anzapf-, Stufenschütz *n*. **4.** *med.* Punk-'tieren *n*. **5.** *fig.* Erschließen *n*: **the ~ of natural resources**.
'tap·ping[2] *s* (Be)Klopfen *n*.
'tap-room *s* Schankstube *f*. **'~-root** *s bot.* Pfahlwurzel *f*.
tap·ster ['tæpstə(r)] *s* Schankkellner *m*.
'tap| twirl *s* Wasserstrahlregler *m*. **~ wa·ter** *s* Leitungswasser *n*.
tar [tɑː(r)] *s* **1.** Teer *m*. **2.** *colloq. obs.* Teerjacke *f* (*Matrose*). **II** *v/t* **3.** teeren: **to ~ and feather** j-n teeren u. federn; **~red with the same brush** kein Haar besser.
tar·a·did·dle ['tærədɪdl] *s colloq.* **1.** Flunke'rei *f*. **2.** ‚Quatsch' *m*.
ta·ran·tu·la [təˈræntjʊlə; *Am.* -tʃələ] *pl* **-las, -lae** [-liː] *s zo.* Ta'rantel *f*.
ta·rax·a·cum [təˈræksəkəm] *s bot.* Löwenzahn *m*.
'tar|board *s* Dach-, Teerpappe *f*. **~ boil·er** *s* Straßenbau: Teerkessel *m*. **'~-brush** *s* Teerpinsel *m*: **he has a touch** (*od.* **lick**) **of the ~** *Am. colloq.* er hat Neger- *od.* Indianerblut in den Adern.
tar·di·ness ['tɑːdɪnɪs] *s* **1.** Langsamkeit *f*. **2.** Unpünktlichkeit *f*, Säumigkeit *f*. **3.** *Am.* Verspätung *f*. **'tar·dy** *adj* (*adv* **tardily**) **1.** langsam, träge. **2.** säumig, saumselig, unpünktlich. **3.** *Am.* spät, verspätet: **to be ~** zu spät kommen.
tare[1] [teə(r)] *s* **1.** *bot.* (*bes.* Futter)Wicke *f*. **2.** *Bibl.* Unkraut *n*.
tare[2] [teə(r)] *econ.* **I** *s* Tara *f*: **and tret** Tara u. Gutgewicht. **II** *v/t* ta'rieren.
tare[3] [teə(r)] *pret obs.* von **tear**[2].

targe [tɑː(r)dʒ] *s hist.* Tartsche *f* (*Schild*).
tar·get ['tɑː(r)gɪt] **I** *s* **1.** (Schieß-, Ziel-)Scheibe *f*. **2.** Trefferzahl *f*. **3.** *mil.* Ziel *n*: **to be off ~** a) danebengehen (*Schuß etc*, *sport a. Wurf*), b) *fig.* ‚danebenhauen'; **to be on ~** a) treffen (*Schuß etc*), b) *sport* aufs Tor gehen (*Schuß, Wurf*), c) *fig.* auf dem richtigen Weg sein. **4.** *fig.* Zielscheibe *f* (*des Spottes etc*). **5.** *fig.* (Leistungs-, Produktions- *etc*)Ziel *n*, (-)Soll *n*: **to set o.s. a** (*od.* **the**) **~ of doing s.th.** (es) sich zum Ziel setzen, etwas zu tun. **6.** *rail.* 'Weichensi,gnal *n*. **7.** *surv.* Radar: Ziel *n*, 'Meßob,jekt *n*. **8.** *electr.* a) 'Fangelek,trode *f*, b) 'Antika,thode *f* (*von Röntgenröhren*), c) 'Fotoka,thode *f* (*e-r Aufnahmeröhre*). **9.** *Kernphysik:* a) Target *n*, Auffänger *m*, b) Zielkern *m*. **10.** *bes. her.* runder Schild. **II** *v/t* **11.** *fig.* 'anvi,sieren, ins Auge fassen, planen. **III** *adj* **12.** Ziel...: **~ area** *mil.* Zielbereich *m*; **~ blip** (*Radar*) Zielzeichen *n*; **~ bombing** gezielter Bombenwurf; **~ date** Stichtag *m*, Termin *m*; **~ electrode** → **8 a**; **~ figures** Sollzahlen; **~ group** (*Werbung*) Zielgruppe *f*; **~ language** *ling.* Zielsprache *f*; **~ man** (*Fußball*) kopfballstarker Mittelstürmer (*auf den hohe Flanken geschlagen werden*); **~ pickup** *mil.* Zielerfassung *f*; **~ pistol** Übungspistole *f*; **~ practice** Scheiben-, Übungsschießen *n*; **~-seeking** *mil.* zielsuchend (*Rakete etc*); **~ ship** Zielschiff *n*. **'tar·get·a·ble** *adj mil.* aufs Ziel einstellbar (*Sprengköpfe etc*).
tar·get·eer, **tar·get·i·er** [ˌtɑː(r)gɪˈtɪə(r)] *s hist.* mit Schild bewaffneter 'Fußsol,dat.
Tar-heel ['tɑː(r)hiːl], **'Tar,heel·er** *Am. colloq.* (*Spitzname für*) Bewohner(in) von 'Nordkaro,lina.
tar·iff ['tærɪf] **I** *s* **1.** 'Zolla,rif *m*. **2.** Zoll(gebühr *f*) *m*. **3.** (Ge'bühren-, 'Kosten- *etc*)Ta,rif *m*. **4.** Preisverzeichnis *n* (*im Hotel etc*). **II** *v/t* **5.** e-n Ta'rif aufstellen. **6.** Ware mit Zoll belegen. **~ pro·tec·tion** *s* Zollschutz *m*. **~ rate** *s* **1.** Ta'rifsatz *m*. **2.** Zollsatz *m*. **~ wall** *s* Zollschranke *f* (*e-s Staates*).
tar·mac ['tɑː(r)mæk] *s* **1.** 'Teermaka,dam(straße *f*) *m*. **2.** *aer.* a) makadami-'sierte Rollbahn, b) Hallenvorfeld *n*.
'tar·mac'ad·am → **tarmac 1**.
tarn [tɑː(r)n] *s* kleiner Bergsee.
tar·nal ['tɑː(r)nl], **tar·na·tion** [-'neɪʃən] *adj, adv u. interj Am. dial.* verdammt.
tar·nish ['tɑː(r)nɪʃ] **I** *v/t* **1.** trüben, matt *od.* blind machen, *fig. e-r Sache* den Glanz nehmen. **2.** *fig.* besudeln, beflekken. **3.** *tech.* mat'tieren. **II** *v/i* **4.** matt *od.* trübe werden. **5.** anlaufen (*Metall*). **III** *s* **6.** Trübung *f*. **7.** Beschlag *m*, Anlaufen *n* (*von Metall*). **8.** *fig.* Makel *m*, Fleck *m*.
ta·rok, *a.* **ta·roc**, **ta·rock** ['tærɒk; *Am.* -ˌɑːk] *s* Ta'rock *n*, *m* (*Kartenspiel*).
tar·ot ['tærəʊ] *s* **1.** Kartenbild *n* im Ta'rock (*a. zum Kartenlegen verwendet*). **2.** *pl* (*als sg konstruiert*) → **tarok**.
tarp [tɑː(r)p] *colloq. für* **tarpaulin**.
tar·pan [tɑː(r)pæn] *s zo.* Tar'pan *m*.
tar pa·per *s* 'Teer,pier *n*, -pappe *f*.
tar·pau·lin [tɑː(r)'pɔːlɪn] *s* **1.** *mar.* a) Per'senning *f* (*geteertes Segeltuch*), b) Ölzeug *n* (*bes. Hose, Mantel*). **2.** Plane *f*, Wagendecke *f*. **3.** Zeltbahn *f*.
tar·ra·did·dle → **taradiddle**.
tar·ra·gon ['tærəgɒn] *s bot.* Estragon *m*.
tar·rock ['tærək] *s orn. Br.* **1.** Stummelmöwe *f*. **2.** → **tern**[1].
tar·ry[1] ['tɑːrɪ] *adj* teerig.
tar·ry[2] ['tærɪ] **I** *v/i* **1.** zögern, zaudern. **2.** (ver)weilen, bleiben. **II** *v/t* **3.** *obs.* abwarten.
tar·sal ['tɑː(r)sl] *anat.* **I** *adj* **1.** Fußwurzel... **2.** (Augen)Lidknorpel... **II** *s* **3.** *a.* ~

992

bone Fußwurzelknochen *m.* **4.** (Augen-)Lidknorpel *m.*
tar·si ['tɑ:(r)saɪ] *pl von* tarsus.
tar·si·a ['tɑ:(r)sɪə] *s* In'tarsia *f,* Einlegearbeit *f.*
tar·sus ['tɑ:(r)səs] *pl* **-si** [-saɪ] *s* **1.** *anat.* → tarsal 3 *u.* 4. **2.** *orn.* Laufknochen *m.* **3.** *zo.* Fußglied *n.*
tart[1] [tɑ:(r)t] *adj* (*adv* ~ly) **1.** sauer, scharf, herb. **2.** *fig.* scharf, beißend: **a ~ reply.**
tart[2] [tɑ:(r)t] **I** *s* **1.** *bes. Am.* (Frucht-, Creme)Törtchen *m,* **2.** *bes. Br.* Obstkuchen *m,* (Obst)Torte *f.* **3.** *sl.* ‚Flittchen' *n.* **II** *v/t* **4.** ~ up *Br. sl. Haus etc* geschmacklos 'herrichten: **to** ~ **o.s. up** sich ‚aufdonnern'.
tar·tan[1] ['tɑ:(r)tən] **I** *s* Tartan *m:* a) Schottentuch *n,* b) Schottenmuster *n.* **II** *adj* Tartan..., Schotten...: ~ **plaid.**
tar·tan[2] ['tɑ:(r)tən] *s mar.* Tar'tane *f* (*gedecktes einmastiges Fischereifahrzeug im Mittelmeer*).
tar·tan[3] ['tɑ:(r)tən] *s sport* Tartan *n* (*Bahnbelag*): ~ **track** Tartanbahn *f.*
Tar·tar[1] ['tɑ:(r)tə(r)] **I** *s* **1.** Ta'tar(in). **2.** *a.* t~ Wüterich *m,* böser *od.* unangenehmer Kerl: **to catch a ~** an den Unrechten kommen. **II** *adj* **3.** tar'tarisch.
tar·tar[2] ['tɑ:(r)tə(r)] *s* **1.** *chem. pharm.* Weinstein *m:* ~ **emetic** *pharm.* Brechweinstein. **2.** *med.* Zahnstein *m.*
Tar·tar·e·an [tɑ:(r)'teərɪən] *adj poet.* höllisch, (aus) der 'Unterwelt.
tar·tar·ic [tɑ:(r)'tærɪk] *adj:* ~ **acid** *chem.* Weinsäure *f.*
tart·let ['tɑ:(r)tlɪt] *s bes. Br.* (Obst)Törtchen *n.*
'tart·ness *s* Schärfe *f:* a) Säure *f,* Herbheit *f,* b) Bissigkeit *f.*
tar·trate ['tɑ:(r)treɪt] *s chem.* wein(stein)saures Salz, Tar'trat *n.*
Ta·shi La·ma ['tɑ:ʃɪ] *s relig.* Taschi-Lama *m.*
ta·sim·e·ter [tə'sɪmɪtə(r)] *s electr. phys.* Tasi'meter *n* (*Gerät zur Messung von Druckschwankungen*).
task [tɑ:sk; *Am.* tæsk] **I** *s* **1.** (*a.* schwierige) Aufgabe: **to set s.o. a ~** j-m e-e Aufgabe stellen; **to take to ~** *fig.* j-n ‚ins Gebet nehmen' (for wegen). **2.** Pflicht *f,* (auferlegte) Arbeit, Pensum *n.* **3.** *ped. univ.* Prüfungsaufgabe *f.* **II** *v/t* **4.** j-m Arbeit auferlegen *od.* aufbürden *od.* zuweisen, j-n beschäftigen. **5.** j-m e-e Aufgabe stellen. **6.** *fig.* j-s Kräfte *etc* stark beanspruchen: **to ~ one's memory** sein Gedächtnis anstrengen. **~ force** *s* **1.** *mar. mil.* a) gemischter Kampfverband, b) Sonder-, Spezi'aleinheit *f* (*a. der Polizei*). **2.** 'Sonderdezer₁nat *n* (*der Polizei*). **3.** Pro'jektgruppe *f.* '~₁**mas·ter** *s* **1.** (*bes.* strenger) Arbeitgeber *od.* Aufseher: **severe** ~ strenger Zuchtmeister. **2.** ~ tasksetter 1. '~₁**set·ter** *s econ. Am.* **1.** (Arbeits)Anweiser *m.* **2.** Arbeiter, dessen Leistung zur allgemeinen Norm gemacht wird. **~ time** *s econ. Am.* Zeitnorm *f.* ~ **wag·es** *s pl econ.* Ak'kord-, Stücklohn *m.* '~₁**work** *s* **1.** harte *od.* unangenehme Arbeit. **2.** *econ.* Ak'kordarbeit *f.*
Tas·ma·ni·an [tæz'meɪnjən; -nɪən] **I** *adj* tas'manisch. **II** *s* Tas'manier(in).
tas·sel ['tæsl] **I** *s* **1.** Quaste *f,* Troddel *f.* **2.** *bot. Am.* Narbenfäden *pl* (*des Maiskolbens*). **3.** (eingeheftetes) Lesezeichen. **II** *v/t pret u. pp* **-seled,** *bes. Br.* **-selled 4.** mit Quasten schmücken. **5.** *Am.* die Narbenfäden entfernen von (*Mais*). **III** *v/i* **6.** *bot.* blühen (*Mais*). ~ **grass** *s bot.* Salde *f.*
tast·a·ble ['teɪstəbl] *adj* schmeckbar, zu schmecken(d).
taste [teɪst] **I** *v/t* **1.** Speisen *etc* kosten, (ab)schmecken, pro'bieren (*a. fig.*): → **blood** 1. **2.** kosten, *Essen* anrühren: **he had not ~d food for days. 3.** *etwas* (her'aus)schmecken: **to ~ the garlic in a sausage. 4.** *fig.* kosten, kennenlernen, erleben, erfahren. **5.** *fig.* genießen.
II *v/i* **6.** schmecken (**of** nach). **7.** ~ **of** *fig.* riechen *od.* schmecken nach. **8.** kosten, versuchen, pro'bieren (**of** von *od. acc*). **9.** ~ **of** *fig.* → 4.
III *s* **10.** Geschmack *m:* **to leave a bad** (*od.* **nasty**) ~ **in one's mouth** *bes. fig.* e-n üblen Nachgeschmack hinterlassen. **11.** Geschmackssinn *m.* **12.** (Kost-)Probe *f* (**of** von *od. gen*): a) kleiner Bissen, Happen *m,* b) Schlückchen *n:* **to have a ~ of s.th.** etwas kosten *od.* probieren. **13.** *fig.* (Kost)Probe *f,* Vorgeschmack *m:* **to have a ~ of s.th.** e-n Vorgeschmack von etwas bekommen. **14.** *fig.* Beigeschmack *m,* Anflug *m* (**of** von). **15.** *fig.* (künstlerischer *od.* guter) Geschmack: **to be a man of ~** Geschmack haben; **each to his ~** jeder nach s-m Geschmack; **in bad ~** geschmacklos (*a. weitS.* taktlos); **in good ~** a) geschmackvoll, b) taktvoll; → **matter** 3. **16.** *fig.* Geschmacksrichtung *f,* Mode *f.* **17.** *fig.* (**for**) a) Neigung *f,* Vorliebe *f,* Sinn *m* (für): **a ~ for music,** b) Geschmack *m,* Gefallen *m* (an *dat*): **not to my ~** nicht nach m-m Geschmack; **that's not to everybody's ~** das ist nicht jedermanns Sache.
taste·a·ble → tastable.
taste|**bud, ~ bulb** *s anat.* Geschmacksbecher *m,* -knospe *f.* ~ **cell, ~ cor·pus·cle** *s anat.* Geschmackskörperchen *n* (*der Zunge*).
taste·ful ['teɪstfʊl] *adj* (*adv* ~ly) **1.** schmackhaft. **2.** *fig.* geschmackvoll. **'taste·ful·ness** *s* **1.** Schmackhaftigkeit *f.* **2.** *fig.* guter Geschmack (*e-r Sache*), (*das*) Geschmackvolle.
'taste·less *adj* (*adv* ~ly) **1.** unschmackhaft, fad(e). **2.** *fig.* geschmacklos, *a. weitS.* taktlos. **'taste·less·ness** *s* **1.** Unschmackhaftigkeit *f.* **2.** *fig.* Geschmack-, Taktlosigkeit *f.*
'tast·er *s* **1.** (berufsmäßiger Tee-, Wein-*etc*)Schmecker, Koster *m.* **2.** *bes. hist.* Vorkoster *m.* **3.** Pro'biergläs-chen *n* (*für Wein*). **4.** (Käse)Stecher *m.* **5.** Pi'pette *f.* **6.** → taste 12.
tast·i·ness ['teɪstɪnɪs] → tastefulness.
tast·y ['teɪstɪ] *adj* (*adv* tastily) → tasteful.
tat[1] [tæt] **I** *v/i* Frivoli'tätenarbeit machen. **II** *v/t* in Frivoli'tätenarbeit 'herstellen.
tat[2] [tæt] *s Br. Ind.* rauhe indische Leinwand.
ta·ta [₁tæ'tɑ:; *Am.* tɑ:'tɑ:] *interj Kindersprache:* auf 'Wiedersehen!, ‚Tschüs!'
Ta·tar ['tɑ:tə(r)] **I** *s* **1.** Ta'tar(in). **II** *adj* ta'tarisch. **Ta'tar·i·an** [-'teərɪən], **Ta-'tar·ic** [-'tærɪk] *adj* ta'tarisch.
tat·ter ['tætə(r)] *s* Lumpen *m,* Fetzen *m:* **in ~s** in Fetzen, zerfetzt; **to tear to ~s** a) zerfetzen, -reißen, b) *fig.* Ruf *etc* ruinieren, ramponieren.
tat·ter·de·mal·ion [₁tætə(r)də'meɪljən] **I** *s* zerlumpter Kerl. **II** *adj* → tattered 1.
tat·tered ['tætə(r)d] *adj* **1.** zerlumpt, abgerissen. **2.** zerrissen, -fetzt. **3.** *fig.* rui'niert, rampo'niert (*Ruf etc*).
tat·ter·sall ['tætə(r)sɔ:l] *s* **1.** *a.* ~ **check** farbige Deckkaromusterung. **2.** farbig gewürfelter Westenstoff.
tat·ting ['tætɪŋ] *s* Frivoli'täten-, Schiffchenarbeit *f.*
tat·tle ['tætl] **I** *v/i* klatschen, ‚tratschen'. **II** *v/t* ausplaudern. **III** *s* Klatsch *m,* ‚Tratsch' *m.* **'tat·tler** *s* **1.** Klatschbase *f,* -maul *n.* **2.** *orn.* (ein) Wasserläufer *m.*
tat·too[1] [tə'tu:; tæ-] **I** *s* **1.** *mil.* a) Zapfenstreich *m* (*Signal*): **to sound** (**beat**) **the** ~ → 3, b) 'Abendpa₁rade *f* mit Mu'sik. **2.** Trommeln *n,* Klopfen *n:* **to beat a ~ on the table with one's fingers** mit den Fingern auf dem *od.* den Tisch trommeln. **II** *v/i* **3.** *mil.* den Zapfenstreich blasen *od.* trommeln. **4.** (**at,** *Am.* **on**) trommeln (gegen, an *acc*), klopfen (an *acc*).
tat·too[2] [tə'tu:; tæ-] **I** *v/t* **1.** täto'wieren. **2.** *ein Muster* 'eintäto₁wieren (**on** in *acc*). **II** *s* **3.** Täto'wierung *f.* **tat'too·er, tat·'too·ist** *s* Täto'wierer(in).
tat·ty ['tætɪ] *adj* **1.** *Br.* a) schmuddelig (*Kleidung etc*), b) schmutzig (*Stadt etc*). **2.** billig (*Ausrede etc*).
tau [taʊ; *Am. a.* tɔ:] *s* Tau *n* (*griechischer Buchstabe*).
taught [tɔ:t] *pret u. pp von* teach.
taunt[1] [tɔ:nt; *Am. a.* tɑ:nt] **I** *v/t* **1.** verhöhnen, -spotten: **to ~ s.o. with s.th.** j-m etwas (höhnisch) vorwerfen. **II** *v/i* **2.** höhnen, spotten. **III** *s* **3.** Spott *m,* Hohn *m.* **4.** spöttische *od.* höhnische Bemerkung.
taunt[2] [tɔ:nt; *Am. a.* tɑ:nt] *adj mar.* (sehr) hoch (*Mast*).
'taunt·ing *adj* (*adv* ~ly) spöttisch, höhnisch.
taupe [təʊp] *adj* taupe, maulwurfs-, braungrau.
tau·rine[1] ['tɔ:raɪn] **I** *adj* **1.** *zo.* a) rinderartig, Rinder..., b) Stier... **2.** *astr.* Stier... **II** *s* **3.** Stier *m.*
tau·rine[2] ['tɔ:ri:n] *s chem.* Tau'rin *n.*
tau·rom·a·chy [tɔ:'rɒməkɪ; *Am.* -'rɑ-] *s* Tauroma'chie *f:* a) Technik *f* des Stierkampfs, b) Stierkampf *m.*
Tau·rus ['tɔ:rəs] *gen* **-ri** [-raɪ] *s astr.* Stier *m* (*Sternbild u. Tierkreiszeichen*): **to be** (**a**) ~ Stier sein.
taut [tɔ:t] *adj* (*adv* ~ly) **1.** straff, stramm (*Seil etc*), angespannt (*a. Gesicht, Nerven, Person*): **nerves** (**as**) ~ **as a bowstring** zum Zerreißen angespannte Nerven. **2.** *bes. mar.* schmuck. **'taut·en** *v/t* **1.** strammziehen, straff anspannen. **2.** *Glied* strecken. **II** *v/i* **3.** sich straffen *od.* spannen.
tau·to·chrone ['tɔ:təʊkrəʊn] *s math.* ₁Tauto'chrone *f.*
tau·to·log·ic [₁tɔ:tə'lɒdʒɪk; *Am.* ₁tɔ:tl'ɑ-] *adj;* **₁tau·to'log·i·cal** [-kl] *adj* (*adv* ~ly) tauto'logisch. **tau'tol·o·gize** [-'tɒlədʒaɪz; *Am.* -'tɑ-] *v/i* unnötig das'selbe wieder'holen, Tautolo'gien gebrauchen. **tau'tol·o·gy** [-dʒɪ] *s* Tautolo'gie *f,* Doppelaussage *f.*
tau·to·mer ['tɔ:təmə(r)] *s chem.* Tauto'mere *n.* **tau'tom·er·ism** [-'tɒmərɪzm; *Am.* -'tɑ-] *s chem.* Tautome'rie *f.*
tav·ern ['tævə(r)n] *s* **1.** *obs.* Wirtshaus *n,* Schenke *f.* **2.** *Am.* Gasthaus *n,* -hof *m.*
taw[1] [tɔ:] *v/t* weißgerben.
taw[2] [tɔ:] *s* **1.** Murmel *f.* **2.** Murmelspiel *n.* **3.** Ausgangslinie *f* (*beim Murmelspiel*).
taw·dri·ness ['tɔ:drɪnɪs; *Am. a.* 'tɑ:-] *s* **1.** Grelle *f.* **2.** geschmacklose Aufmachung. **3.** Flitterhaftigkeit *f.*
taw·dry ['tɔ:drɪ; *Am. a.* 'tɑ:-] *adj* (*adv* tawdrily) **1.** knallig, grell. **2.** geschmacklos aufgemacht (*Lokal etc*), ‚aufgedonnert' (*Person*). **3.** flitterhaft, Flitter...
tawed [tɔ:d] *adj* a'laungar (*Leder*). **'tawer** *s* Weißgerber *m.* **'taw·er·y** [-ərɪ] *s* Weißgerbe'rei *f.*
taw·ni·ness ['tɔ:nɪnɪs; *Am. a.* 'tɑ:-] *s* Lohfarbe *f.*
taw·ny ['tɔ:nɪ; *Am. a.* 'tɑ:-] *adj* lohfarben, gelbbraun. ~ **owl** *s orn.* Waldkauz *m.*
taws(e) [tɔ:z] *Br.* **I** *s* Peitsche *f.* **II** *v/t* (aus)peitschen.
tax [tæks] **I** *s* **1.** *fig.* → od. etwas besteuern, j-m e-e Steuer *od.* Abgabe auferlegen. **2.** *jur.* die Kosten *etc* ta'xieren, schätzen, ansetzen (**at** auf *acc*). **3.** *fig.* belasten. **4.** *fig.* stark in Anspruch nehmen, anstrengen, anspannen, strapa'zieren.

tax abatement - tear

5. auf e-e harte Probe stellen. 6. *j-n* zu'rechtweisen (**with** wegen). 7. beschuldigen, bezichtigen (**s.o. with s.th.** j-n e-r Sache). **II** *s* 8. (Staats)Steuer *f* (on auf *acc*), Abgabe *f*: **~ on land** Grundsteuer; **~ on real estate** *Am.* Grund(stücks)steuer; **after (before) ~es** nach Abzug der Steuern, *a.* netto (vor Abzug der Steuern, *a.* brutto); **200 dollars in ~es** 200 Dollar an Steuern; **it all goes into ~** das frißt alles die Steuer. 9. Besteuerung *f* (**on** gen). 10. Gebühr *f*. 11. Beitrag *m*. 12. *fig.* a) Bürde *f*, Last *f*, b) Belastung *f*, Beanspruchung *f* (**on** gen *od.* von): **a heavy ~ on his time** e-e starke Inanspruchnahme s-r Zeit. **~ a·bate·ment** *s econ.* Steuernachlaß *m*.
tax·a·bil·i·ty [,tæksə'bɪlɪtɪ] *s* 1. Besteuerungsfähigkeit *f*. 2. Steuerpflichtigkeit *f*. 3. *jur.* Gebührenpflichtigkeit *f*. **'tax·a·ble I** *adj* 1. besteuerungsfähig. 2. steuerpflichtig: **~ income**. 3. Steuer...: **~ value**; **~ capacity** Steuerkraft *f*. 4. *jur.* gebührenpflichtig. **II** *s Am.* 5. Steuerpflichtige(r *m*) *f*. 6. steuerpflichtiges Einkommen.
tax al·low·ance *s econ. Br.* (Steuer-)Freibetrag *m*.
tax·a·tion [tæk'seɪʃn] *s econ.* 1. Besteuerung *f*: **profits before (after) ~** unbesteuerte (besteuerte) Gewinne, *a.* Brutto-(Netto)Gewinne. 2. *collect.* Steuern *pl*. 3. Steuereinkünfte *pl*. 4. *jur.* Schätzung *f*, Ta'xierung *f*: **~ of costs**.
tax|a·void·ance *s* (le'gale) 'Steuerum¸gehung. **~ bill** *s econ. Br.* 1. *colloq.* Steuerbescheid *m*. 2. *pol.* Steuervorlage *f*. **~brack·et** *s econ.* Steuergruppe *f*, -klasse *f*. **~bur·den** *s* steuerliche Belastung, Steuerlast *f*. **~ cer·tif·i·cate** *s Am.* Bescheinigung *f* über den Kauf von Land in e-m **tax sale**. **~ col·lec·tor** *s econ.* Steuereinnehmer *m*. **~ cred·it** *s econ. Am.* (Steuer)Freibetrag *m*, abzugsfähiger Betrag. **~ cut** *s econ.* Steuersenkung *f*. **'~de¸duct·i·ble** *adj econ.* steuerabzugsfähig, (steuerlich) absetzbar. **~ dodg·er** *s* 'Steuerhinter¸zieher(in). **'~¸eat·er** *s econ. Am. colloq.* Unter'stützungsempfänger(in). **~ e·vad·er** *s* 'Steuerhinter¸zieher(in). **~ e·va·sion** *s jur.* 'Steuerhinter¸ziehung *f*. **~ex'empt** *adj 'econ. Am.* steuerfrei. **~ ex·ile** *s econ.* 1. 'Steuer¸exil *n*: **to live in ~** im Steuerexil leben. 2. Steuerflüchtling *m*. **~ ex·pa·tri·ate** → **tax exile** 2. **¸~'free** *adj u. adv econ.* steuerfrei. **~ ha·ven** *s* 'Steuerpara¸dies *n*, -o¸ase *f*. **~ horse** *s econ. colloq.* Abschreibungsobjekt *n*.
tax·i ['tæksɪ] **I** *pl* **-is**, *a.* **-ies** *s* 1. *abbr. für* **taxicab**. **II** *v/i* 2. mit e-m Taxi fahren. 3. *aer.* rollen. **III** *v/t* 4. in e-m Taxi befördern. 5. *aer. das Flugzeug* rollen lassen, fahren. **'~cab** *s* Taxi *n*, Taxe *f*. **~ danc·er** *s bes. Am.* Taxigirl *n*.
tax·i·der·mal [¸tæksɪ'dɜːml; *Am.* -'dɜːrməl], **¸tax·i'der·mic** *adj* taxi'dermisch. **'tax·i·der·mist** *s* ('Tier)Präpa¸rator *m*, Ausstopfer *m*. **'tax·i·der·my** *s* Taxider'mie *f*.
tax·i| driv·er *s* 'Taxichauf¸feur *m*, -fahrer *m*. **~ girl** *n* → **taxi dancer**. **'~man** [-mən] *irr bes. Br. für* **taxi driver**. **'~¸me·ter** *s* Taxa'meter *m*, Fahrpreisanzeiger *m*.
'tax·i·plane *s bes. Am.* Lufttaxi *n*.
tax·i rank *s* Taxistand *m*.
tax·is ['tæksɪs] *s* 1. *biol.* Taxis *f*, Ta'xie *f*, taktische Bewegung. 2. *biol.* Klassifi'zierung *f*. 3. *med.* Taxis *f*: a) *unblutiges* Zurückbringen *s*-*es Eingeweidebruches*, b) Wieder'einrichtung *f* (*e*-*s Gelenks etc*). 4. *ling. rhet.* Anordnung *f*.
tax·i| stand *bes. Am. für* **taxi rank**. **~ strip**, **'~¸way** *s aer.* Rollbahn *f*.

tax| li·en *s Am.* Steuerpfandrecht *n*. **~ list** *s econ.* Steuerliste *f*.
tax·o·nom·ic [¸tæksəʊ'nɒmɪk; *Am.* -sə-'nɑ-] *adj*; **¸tax·o'nom·i·cal** [-kl] *adj* (*adv* **~ly**) *biol.* 1. taxo'nomisch, Klassifizierungs... 2. klassifi'zierend. **tax'on·o·my** [-'sɒnəmɪ; *Am.* -'sɑ-] *s* Syste'matik *f*, Taxono'mie *f*.
'tax|¸pay·er *s econ.* Steuerzahler(in). **~ rate** *s econ.* Steuersatz *m*. **~ re·lief** *s econ.* Steuererleichterung(en *pl*) *f*, -vergünstigung(en *pl*) *f*. **~ re·turn** *s econ.* Steuererklärung *f*. **~ roll** → **tax list**. **~ sale** *s econ. Am.* Zwangsverkauf *od.* -versteigerung *zur Bezahlung von Steuerschulden*. **~ ti·tle** *s jur. Am.* ein bei e-m **tax sale** erworbener Besitztitel.
T band·age *s med.* T-Binde *f*.
T bar *s tech.* T-Eisen *n*.
'T-bone steak *s* Steak mit T-förmigem Knochen.
te [tiː] *s mus.* ti *n* (*Solmisationssilbe*).
tea [tiː] **I** *s* 1. *bot.* Chi'nesischer Teestrauch. 2. Tee *m*: **not for all the ~ in China** nicht um alles in der Welt. 3. Tee(mahlzeit *f*) *m*: **five-o'clock Fünfuhrtee** *m*; → **high tea**. 4. *Am. sl.* 'Grass' *m* (*Marihuana*). **II** *v/i* 5. *colloq.* Tee trinken. **III** *v/t* 6. *colloq.* mit Tee bewirten. **~ bag** *s* Tee-, Aufgußbeutel *m*. **~ ball** *s bes. Am.* Tee-Ei *n*. **~ bread** *s* (*Art*) Teekuchen *m*. **~ cad·dy** *s* Teebüchse *f*. **~ cake** → **tea bread**. **'~¸cart** *s Am.* Teewagen *m*.
teach [tiːtʃ] *pret u. pp* **taught** [tɔːt] **I** *v/t* 1. *ein Fach* lehren, unter'richten *od.* 'Unterricht geben in (*dat*). 2. *j-n, a. j-m etwas* lehren, *j-n* unter'richten, -'weisen in (*dat*): **to ~ s.o. a lesson** j-m e-e Lektion erteilen. 3. *j-m etwas* zeigen, beibringen: **to ~ s.o. (how) to whistle** j-m das Pfeifen beibringen; **to ~ s.o. better** j-n e-s Besser(e)n belehren; **to ~ s.o. manners** j-m Manieren beibringen; **I will ~ you to steal** *colloq.* dich werd' ich das Stehlen lehren!; **that'll ~ you!** a) das wird dir e-e Lehre sein!, b) das kommt davon! 4. *ein Tier* dres'sieren, abrichten: **you can't ~ an old dog new tricks** *colloq.* was Häns-chen nicht lernt, lernt Hans nimmermehr. 5. **to ~ school** *Am.* an e-r Schule unter'richten. **II** *v/i* 6. unter'richten, 'Unterricht geben, Lehrer(in) sein.
'teach·a·ble *adj* 1. lehrbar (*Sache*). 2. gelehrig (*Person*). **'teach·a·ble·ness** *s* 1. Lehrbarkeit *f*. 2. Gelehrigkeit *f*.
'teach·er *s* Lehrer(in): **~s college** *Am.* pädagogische Hochschule.
'teach-in *s bes. univ.* Teach-in *n* (*Versammlung mit Vorträgen u. Diskussionen über politische Themen*).
'teach·ing I *s* 1. Unter'richten *n*, Lehren *n*. 2. *oft pl* Lehre *f*, Lehren *pl*. 3. Lehrberuf *m*. **II** *adj* 4. lehrend, unter'richtend: **~ aid** Lehr-, Unterrichtsmittel *n*; **~ hospital** Lehrkrankenhaus *n*; **~ machine** Lern-, Lehrmaschine *f*; **~ method** Lehr-, Unterrichtsmethode *f*; **~ pool** Lehrschwimmbecken *n*; **~ profession** a) → 3, b) (*der*) Lehrerstand, (*die*) Lehrer *pl*; **~ staff** Lehrerkollegium *n*, Lehrkörper *m*.
tea| clip·per *s mar.* Teeklipper *m*. **~ cloth** *s* 1. kleine Tischdecke. 2. *bes. Br.* Geschirrtuch *n*. **'~¸co·sy**, *Am.* **'~¸co·zy** *s* Teehaube *f*, -wärmer *m*. **'~cup** *s* 1. Teetasse *f*. 2. → **teacupful**. **'~¸cup·ful** [-¸fʊl] *s* (*e*-*e*) Teetasse(voll). **~ dance** *s* Tanztee *m*. **~ egg** *s bes. Br.* Tee-Ei *n*. **~ fight** *s colloq.* Teegesellschaft *f*. **~ gar·den** *s* 1. 'Gartenrestau¸rant *n*. 2. Teepflanzung *f*. **~ gown** *s* Nachmittagskleid *n*. **'~¸house** *s* Teehaus *n* (*in China u. Japan*).
teak [tiːk] *s* 1. *bot.* Teakholzbaum *m*. 2. Teak-, Ti(e)kholz *n*.
'tea¸ket·tle *s tech.* Wasserkessel *m*.

teak| tree → **teak** 1. **'~¸wood** → **teak** 2. [*orn.* Krickente *f*.]
teal [tiːl] *pl* **teals**, *bes. collect.* **teal** *s*
tea leaf *s irr* 1. Teeblatt *n*. 2. *pl* Teesatz *m*. 3. *Br. sl.* 'Langfinger' *m* (*Dieb*).
team [tiːm] **I** *s* 1. (*Pferde- etc*)Gespann *n* (*Am. a.* **mit Wagen** *etc*): **a ~ of horses**. 2. *sport u. fig.* Mannschaft *f*, Team *n*: **~ captain** Mannschaftskapitän *m*; **~ event** Mannschaftswettbewerb *m*; **~ game** Mannschaftsspiel *n*; **politician of the first ~** Politiker der ersten Garnitur. 3. (*Arbeits- etc*)Gruppe *f*, Team *n*: **a ~ of scientists**; **by a ~ effort** mit vereinten Kräften. 4. Ab'teilung *f*, Ko'lonne *f* (*of workmen* von Arbeitern). 5. *orn.* Flug *m*, Zug *m*: **a ~ of partridges**. 6. *dial.* a) Brut *f*: **a ~ of ducks**, b) Vieh(bestand *m*) *n*. **II** *v/t* 7. Zugtiere zs.-spannen. **III** *v/i* 8. **~ up** *colloq.* a) sich zs.-tun *od.* -schließen (**with** s.o. mit j-m), b) sich anschließen (**with** s.o. j-m, an j-n), c) zs.-passen (*Kleidungsstücke*): **to ~ up with** passen zu.
tea mak·er *s* Tee-Ei *n* (*in Löffelform*).
team| hand·ball *s sport Am.* Handball(-spiel *n*) *m*. **'~¸mate** *s* 1. *sport* 'Mannschaftskame¸rad(in). 2. 'Arbeitskol¸lege *m*, -kol¸legin *f*. **~ play** *s sport* Mannschafts-, Zs.-spiel *n*. **~ spir·it** *s* 1. *sport* Mannschaftsgeist *m*. 2. *fig.* Gemeinschafts-, Korpsgeist *m*.
'team·ster ['tiːmstə(r)] *s* 1. Fuhrmann *m*. 2. *Am.* Lastwagenfahrer *m*.
'team-teach *v/i irr* gemeinsam unter-'richten (*Fachlehrer*). **~ teach·ing** *s* gemeinsamer 'Unterricht. **'~¸work** *s* 1. → **team play**. 2. koordi'nierte *od.* gute Zs.-arbeit, Teamwork *n*.
tea| par·ty *s* 1. Teegesellschaft *f*: **the Boston T~ P~** der Teesturm von Boston (*1773*). 2. *fig.* 'wilde *od.* heiße Sache'. **'~pot** *s* Teekanne *f*.
tea·poy ['tiːpɔɪ] *s* 1. dreifüßiges Tischchen. 2. Teetischchen *n*.
tear¹ [tɪə(r)] *s* 1. Träne *f*: **in ~s** weinend, in Tränen (aufgelöst), unter Tränen; **slimming without ~s** müheloses Abnehmen; → **burst** 4, **fetch** 5, **squeeze** 3. 2. *pl* Tränen *pl*, Leid *n*. 3. Tropfen *m*: **~s of resin** Harztropfen; **~ glass** *tech.* (Glas-)Träne *f*.
tear² [teə(r)] **I** *s* 1. (Zer)Reißen *n*: → **wear¹** 15. 2. Riß *m*. 3. rasendes Tempo: **at full ~** in vollem Schwung; **in a ~** in wilder Hast. 4. **to go on a ~** ,auf den Putz hauen'. **II** *v/t pret* **tore** [tɔː(r); *Am. a.* 'tɔʊər] *obs.* **tare** [teə(r)] *pp* **torn** [tɔː(r)n; *Am. a.* 'tɔʊərn]. 5. zerreißen: **to ~ one's shirt** sich das Hemd zerreißen; **to ~ in two** entzweireißen; **to ~ open** aufreißen; **to ~ a page out of a book** e-e Seite aus e-m Buch herausreißen; **that's torn it, that ~s it** *sl.* jetzt ist es aus *od.* passiert!; → **piece** 2. 6. *die Haut etc* aufreißen: **to ~ one's hand** sich die Hand aufreißen. 7. (ein)reißen: **to ~ a hole in one's coat** (sich) ein Loch in die Jacke reißen. 8. zerren an (*dat*), (aus)reißen: **to ~ one's hair** sich die Haare (aus)raufen. 9. wegreißen, gewaltsam entfernen (**from** von). 10. entreißen (**s.th. from s.o.** j-m etwas). 11. *fig.* zerreißen, -fleischen: **a party torn by internal strife** e-e durch interne Streitigkeiten zerrissene Partei; **torn between hope and despair** zwischen Hoffnung u. Verzweiflung hin- u. hergerissen; **a heart torn with anguish** ein schmerzgequältes Herz.
III *v/i* 12. (zer)reißen. 13. reißen, zerren (**at** an *dat*). 14. *colloq.* stürmen, jagen, rasen, fegen: **to ~ about** (*od.* **around**) (in der Gegend) herumsausen; **to ~ into s.o.**

über j-n herfallen (*a. mit Worten*). **15.** *colloq.* wüten, toben.
Verbindungen mit Adverbien:
tear|a·way *v/t* weg-, losreißen (from von) (*a. fig.*): **to tear o.s. away** sich losreißen. **~ down** *v/t* **1.** her'unterreißen (*a. fig. kritisieren*). **2.** nieder-, 'umreißen. **~ off I** *v/t* **1.** ab-, wegreißen: → **strip** 16. **2.** sich *ein Kleid etc* vom Leibe reißen. **3.** *colloq.* etwas ‚'hinhauen' (*schnell machen*). **II** *v/i* **4.** losstürmen. **~ out** *v/t* (her)'ausreißen. **~ up** *v/t* **1.** aufreißen: **to ~ the floor. 2.** ausreißen: **to ~ a tree. 3.** zerreißen, in Stücke reißen: **to ~ a letter. 4.** *fig.* unter'graben, zerstören.
tear·a·way ['teərəweɪ] *bes.* Br. **I** *adj* a) ungestüm, ‚wild', b) ra'baukenhaft. **II** *s* a) ungestümer *od.* ‚wilder' Kerl, b) Ra-'bauke *m*.
tear| bomb [tɪə(r)] *s mil.* Tränengasbombe *f.* '**~-drop** *s* **1.** Träne *f.* **2.** Anhänger *m* (*am Ohrring*). **~ duct** *s anat.* 'Tränenka₁nal *m*.
tear·er ['teərər] *s Am. sl.* ‚tolles Ding'.
tear·ful ['tɪə(r)fʊl] *adj* (*adv* **~ly**) **1.** tränenreich: **a ~ farewell. 2.** weinend, in Tränen: **to be ~** weinen. **3.** *contp.* weinerlich. **4.** traurig: **a ~ event.**
tear| gas [tɪə(r)] *s chem.* Tränengas *n.* '**~-gas** *v/t* Tränengas einsetzen *od.* mit Tränengas vorgehen gegen. **~ gland** *s anat.* Tränendrüse *f.* **~ gre·nade** *s mil.* 'Tränengasgra₁nate *f*.
tear·ing ['teərɪŋ] *adj* **1.** (zer)reißend. **2.** *colloq.* rasend: **~ headache; to be in a ~ hurry** es ‚schrecklich' *od.* ‚wahnsinnig' eilig haben; **to be in a ~ rage** vor Wut rasen. **3.** *bes. Br. colloq.* prächtig, ‚toll'. **~ strength** *s* Zerreißfestigkeit *f*.
'**tear|₁jerk·er** ['tɪə(r)-] *s colloq.* ‚Schnulze' *f*, ‚Schmachtfetzen' *m.* '**~₁jerk·ing** *adj colloq.* rührselig, sentimen'tal.
tear·less [tɪə(r)lɪs] *adj* tränenlos.
'**tear-off** ['teə(r)-] **I** *s* Abriß *m* (*e-r Eintrittskarte etc*). **II** *adj* Abreiß...: **~ calendar.**
'**tea|·room** *s* Teestube *f*, Ca'fé *n.* **~ rose** *s bot.* Teerose *f*.
tear sheet [teər] *s Am.* Belegbogen *m*, -seite *f* (*bei Zeitungsannoncen etc*).
tear| shell [tɪə(r)] *s mil.* 'Tränengasgra₁nate *f.* '**~-stained** *adj* **1.** tränennaß. **2.** verweint (*Augen*).
tear·y ['tɪərɪ] *adj* **1.** tränennaß. **2.** zu Tränen rührend.
tease¹ [ti:z] **I** *v/t* **1.** hänseln, necken, aufziehen, foppen, sticheln (**about** wegen). **2.** quälen: a) ärgern, b) belästigen, bestürmen, *j-m* ‚in den Ohren liegen' (**for** wegen). **3.** (auf)reizen. **4.** *tech.* a) *Wolle* kämmen, krempeln, b) *Flachs* hecheln, c) *Werg* auszupfen. **5.** *tech. Tuch* (auf-) rauhen, kar'dieren. **6.** *biol.* zerlegen: **to ~ a specimen for microscopic examination. 7.** *bes. Am. Haar* tou'pieren. **II** *v/i* **8.** sticheln. **9.** lästig *od.* aufdringlich sein. **III** *s* **10.** Necken *n*, Sticheln *n*, Necke'rei *f*, Stiche'lei *f.* **11.** *colloq.* a) → teaser 1 *u*. 2, b) Plage *f*, lästige Sache. **12.** *Am. sl.* ‚Kies' *m* (*Geld*).
tease² [ti:z] *v/t tech. das Feuer e-s Glasschmelzofens* schüren.
tea·sel ['ti:zl] **I** *s* **1.** *bot.* (*bes.* Weber-) Karde *f.* **2.** *Weberei:* (Rau-, Tuch)Karde *f.* **II** *v/t pret u. pp* **-seled**, *bes. Br.* **-selled 3.** *Tuch* karden, krempeln.
'**tea·sel·er,** *bes. Br.* '**tea·sel·ler** *s* (Tuch)Rauher *m*.
teas·er ['ti:zə(r)] *s* **1.** Hänsler *m*, Necker *m.* **2.** Quäl-, Plagegeist *m.* **3.** *sl.* Frau, die ‚alles verspricht, aber nichts hält'. **4.** *colloq.* ‚harte Nuß', schwierige Sache. **5.** *colloq.* (*etwas*) Verlockendes. **6.** *tech.* a) (Woll)Kämmer *m*, b) (Flachs)Hechler *m*, c) (Werg)Auszupfer *m*, d) (Tuch-)

Rauher *m.* **7.** *Spinnerei:* Reißwolf *m.* **8.** *orn.* Raubmöwe *f*.
tea| ser·vice, ~ set *s* 'Teeser₁vice *n.* **~ shop** *Br.* → **tearoom.** '**~-spoon** *s* Teelöffel *m.* '**~-spoon₁ful** [-ˌfʊl] *s* (*ein*) Teelöffel(voll) *m*.
teat [ti:t] *s* **1.** *anat.* Brustwarze *f* (*der Frau*). **2.** *zo.* Zitze *f.* **3.** (Gummi-) Sauger *m* (*e-r Babyflasche*). **4.** *tech.* Warze *f*.
tea| ta·ble *s* (niedriger) Teetisch. '**~-₁ta·ble** *adj meist fig.* Teetisch...: **~ conversation** zwanglose Plauderei, Plausch *m.* '**~-things** *s pl* Teegeschirr *n.* **~ time** *s* Teestunde *f.* **~ tow·el** *s bes. Br.* Geschirrtuch *n.* **~ tray** *s* Teebrett *n.* **~ trol·ley** *bes. Br. für* tea wagon. **~ urn** *s* 'Teema₁schine *f.* **~ wag·on** *s Am.* Teewagen *m*.
tea·zel, tea·zle → teasel.
tec [tek] *s bes. Am. sl.* Detek'tiv *m*.
tech·ne·tron·ic [₁teknə'trɒnɪk; *Am.* -ˈtrɑ-] *adj* von Technolo'gie u. Elek'tronik geprägt, techno'logisch-elek'tronisch: **~ era.**
tech·nic ['teknɪk] **I** *adj* **1.** → **technical. II** *s* **2.** → **technicality** 3, 4, 5. **3.** *meist pl* a) → **technique,** b) → **technology.**
tech·ni·cal ['teknɪkl] *adj* (*adv* **~nically**) **1.** *allg.* technisch: a) *die Technik betreffend:* **~ problems,** b) *engS. betriebs-, verfahrenstechnisch:* **~ data; ~ department** technische Betriebsabteilung; **~ director** technischer Leiter, c) *das Technische e-s Fachgebiets, e-s Kunstzweigs, e-r Sportart betreffend:* **~ skill** technisches Geschick, gute Technik, d) *der Technik dienend:* **~ college** Technische Hochschule; **~ highschool** *Am.* (*etwa*) Berufsoberschule, Technische Oberschule; **~ school ~ secondary technical school,** e) *fachmännisch, fachgemäß, Fach...,* Spezial...: **~ dictionary** Fachwörterbuch; **~ man** Fachmann *m*; **~ staff** technisches Personal, Fachpersonal *n*; **~ term** Fachausdruck *m.* **2.** *fig.* technisch: a) sachlich, b) rein for'mal, theo'retisch: **~ knockout** (*Boxen*) technischer K. o.; **on ~ grounds** *jur.* aus formal-juristischen *od.* (verfahrens-) technischen Gründen. **3.** *econ.* manipu-'liert: **~ market; ~ price.**
tech·ni·cal·i·ty [₁teknɪ'kælətɪ] *s* **1.** (*das*) Technische. **2.** technische Einzelheit *od.* Besonderheit: **technicalities** technische Einzelheiten. **3.** Fachausdruck *m.* **4.** technische Förmlichkeit (*e-s Verfahrens etc*). **5.** reine Formsache, (for'male) Spitzfindigkeit.
tech·ni·cal·ly ['teknɪkəlɪ] *adv* **1.** technisch. **2.** eigentlich, genaugenommen.
tech·ni·cian [tek'nɪʃn] *s* **1.** Techniker *m*, (technischer) Fachmann. **2.** *weitS.* Techniker *m*, Vir'tuose *m*: **this artist is an excellent ~** dieser Künstler hat e-e brillante Technik. **3.** *mil. Am.* Techniker *m* (*Dienstrang für Spezialisten*).
tech·ni·cism ['teknɪsɪzəm] *s* Techni'zismus *m* (*Auffassung, die die Technik zur Grundlage der Lösung von Problemen aller Art machen*).
Tech·ni·col·or ['teknɪˌkʌlə(r)] (*TM*) **I** *s tech.* Technico'lor(verfahren) *n.* **II** *adj* Technicolor...
tech·nics ['teknɪks] *s pl* **1.** (*meist als sg konstruiert*) Technik *f*, *bes.* Inge'nieurwissenschaft *f.* **2.** technische Einzelheiten *pl.* **3.** Fachausdrücke *pl.* **4.** (*meist als sg konstruiert*) → **technique.**
tech·ni·fy ['teknɪfaɪ] **I** *v/t* techni'sieren. **II** *v/i* techni'siert werden.
tech·nique [tek'ni:k] *s* **1.** Technik *f*, (Arbeits)Verfahren *n*: **~ of welding** schweißtechnisches Verfahren, Schweißtechnik *f.* **2.** *mus. paint. sport etc* Technik

f: a) Me'thode *f*, b) Art *f* der Ausführung, c) Geschicklichkeit *f*, Kunstfertigkeit *f*.
tech·nism ['teknɪzəm] → **technicism.**
techno- [teknəʊ] *Wortelement mit der Bedeutung* technisch.
₁**tech·no'chem·is·try** *s* Indu'striechemie *f*.
tech·noc·ra·cy [tek'nɒkrəsɪ; *Am.* -'nɑ-] *s* Technokra'tie *f.* '**tech·no·crat** [-nəʊkræt] *s* Techno'krat *m*. ₁**tech·no-'crat·ic** *adj* techno'kratisch.
tech·no·log·ic [₁teknə'lɒdʒɪk; *Am.* -'lɑ-] *adj*; ₁**tech·no'log·i·cal** [-kl] *adj* (*adv* **~ly**) **1.** techno'logisch, technisch: **~ dictionary** technisches Fachwörterbuch; **~ gap** technologische Lücke. **2.** *econ.* techno'logisch, durch Techni'sierung *od.* technische 'Umstellung bedingt: **~ unemployment.** **tech·nol·o·gist** [-'nɒlədʒɪst; *Am.* -'nɑ-] *s* Techno'loge *m*. **tech-'nol·o·gy** *s* **1.** Technolo'gie *f*: **~ assessment** Technikbewertung *f*, -folgenabschätzung *f*; **~ transfer** Technologietransfer *m.* **2.** technische 'Fachterminolo₁gie *f.* **3.** angewandte Na'turwissenschaft.
₁**tech·no'ma·ni·a** *s* Technoma'nie *f* (*übermäßiges Interesse an der Technologie*).
₁**tech·no'pho·bi·a** *s* Technopho'bie *f* (*Abneigung gegen die Technologie*).
tech·nop·o·lis [tek'nɒpəlɪs; *Am.* -'nɑ-] *s sociol.* Technolo'giegesellschaft *f*.
₁**tech·no·psy'chol·o·gy** *s* angewandte Psycholo'gie.
'**tech·no₁struc·ture** 'Technostruk₁tur *f* (*an den Entscheidungsprozessen in Wirtschaft u. Gesellschaft beteiligter Personenkreis*).
tech·y → **tetchy.**
tec·ti·bran·chi·ate [₁tektɪ'bræŋkɪeɪt; -kɪət] *zo.* **I** *adj* mit bedeckten Kiemen (versehen). **II** *s* Bedecktkiemer *m*.
tec·tol·o·gy [tek'tɒlədʒɪ; *Am.* -'tɑ-] *s biol.* Struk'turlehre *f*.
tec·ton·ic [tek'tɒnɪk; *Am.* -'tɑ-] *adj* (*adv* **~ally**) **1.** *bes. arch. geol.* tek'tonisch. **2.** *biol.* struktu'rell. **tec'ton·ics** *s pl* (*meist als sg konstruiert*) **1.** Tek'tonik *f* (*Lehre von der Gliederung von Bau- u. Kunstwerken*). **2.** *geol.* (Geo)Tek'tonik *f* (*Lehre vom Bau u. von den Bewegungen der Erdkruste*).
tec·to·ri·al [tek'tɔ:rɪəl; *Am. a.* -'təʊ-] *adj anat.* Schutz..., Deck...: **~ membrane** Deckmembran(e) *f*.
tec·trix ['tektrɪks] *pl* **tec·tri·ces** ['tektrɪsi:z; tek'traɪsi:z] *s orn.* Deckfeder *f*.
ted¹ [ted] *v/t agr. Gras zum Trocknen* ausbreiten.
ted² [ted] *colloq. für* teddy boy.
'**ted·der** *s agr.* Heuwender *m* (*Maschine u. Arbeiter*).
ted·dy (bear) ['tedɪ] *s* Teddy(bär) *m.* **~ boy** *s Br.* Halbstarke(r) *m.* **~ girl** *s Br.* Halbstarkenbraut *f*.
Te De·um [₁ti:'di:əm; ₁teɪ'deɪəm] *s* Te-'deum *n*: a) *frühchristlicher Hymnus* (*Te deum laudamus*), b) *Chorwerk über diese Textworte.*
te·di·ous ['ti:dɪəs; *Am.* -dɪəs; -dʒəs] *adj* (*adv* **~ly**) **1.** ermüdend. **2.** langweilig, öd(e). **3.** weitschweifig. '**te·di·ous·ness,** '**te·di·um** [-jəm; -ɪəm] *s* **1.** Langweiligkeit *f.* **2.** Weitschweifigkeit *f*.
tee¹ [ti:] **I** *s* **1.** T, t *n* (*Buchstabe*). **2.** T *n*, T-förmiger Gegenstand, *bes. tech.* a) T-Stück *n*, b) T-Eisen *n.* **II** *adj* **3.** T-..., T-förmig. **III** *v/t* **4.** *electr.* abzweigen: **to ~ across** in Brücke schalten; **to ~ together** parallelschalten.
tee² [ti:] **I** *s* **1.** *Curling:* Tee *n* (*Mittelpunkt des Zielkreises*): **to a ~** *fig.* aufs Haar (genau), haargenau. **2.** *Golf:* Tee *n*: a) **~-ing ground** Abschlag *m*; **~ shot** Tee-

shot *m*, Abschlag *m*, b) *Stift aus Holz od. Kunststoff.* **II** *v/t* **3.** *Golf:* a) den Ball auf das Tee legen, aufsetzen, b) ~ **off** den Ball vom Tee schlagen. **III** *v/i* **4.** ~ **off** a) *Golf:* abschlagen, b) *fig.* anfangen.

teem[1] [ti:m] *v/i* **1.** wimmeln (**with** von): *the roads are ~ing with people* auf den Straßen wimmelt es von Menschen; *this page ~s with mistakes* diese Seite strotzt von Fehlern. **2.** reichlich vor'handen sein: *fish ~ in that river* in dem Fluß wimmelt es von Fischen. **3.** *obs.* a) *zo.* Junge gebären, b) *bot.* Früchte tragen. **4.** *obs.* a) gebären, b) schwanger sein.

teem[2] [ti:m] *v/t* **1.** ausleeren. **2.** *tech.* a) *flüssiges Metall* abstechen, (aus)gießen, b) *e-e Form* mit geschmolzenem Me'tall vollgießen. **II** *v/i* **3.** *the rain is ~ing down, it is ~ing* (**with rain**) es regnet in Strömen.

teen[1] [ti:n] *bes. Am. für* teenage I.

teen[2] [ti:n] *s dial.* **1.** Schaden *m.* **2.** Schmerz *m.* **3.** Kummer *m.* **4.** Ärger *m.*

teen·age ['ti:neɪdʒ] **I** *adj a.* '**teen·aged 1.** im Teenageralter: *a ~ son.* **2.** Teenager..., für Teenager: ~ *fashions.* **II** *s* **3.** Teenageralter *n.* '**teen,ag·er** *s* Teenager *m.*

teen·er ['ti:nər] *bes. Am. für* teenager.

teens [ti:nz] *s pl* **1.** Teenageralter *n:* **to be in one's ~** ein Teenager sein. **2.** Teenager *pl.*

teen·sy ['ti:nzɪ; -sɪ], *a.* ,**teen·sy-'ween·sy** [-'wi:nzɪ; -sɪ] → teeny[1].

tee·ny[1] ['ti:nɪ], *a.* ,**tee·ny-'wee·ny** [-'wi:nɪ] *adj colloq.* ,klitzeklein', winzig.

tee·ny[2] ['ti:nɪ] *s colloq.* ,Teeny' *m (Teenager).* '**~,bop·per** *s colloq.* junger Teenager (*bes. Mädchen*), der alles mitmacht, was gerade ,in' ist.

tee shirt → T shirt.

tee·ter ['ti:tə(r)] **I** *v/i* **1.** *bes. Am.* schaukeln, wippen. **2.** (sch)wanken (*bes. fig.*): ~ **on the edge of disaster** (**defeat**) *fig.* sich am Rande e-r Katastrophe (Niederlage) bewegen. **II** *v/t* **3.** *bes. Am.* schaukeln *od.* wippen mit: **to ~ one's chair. III** *s* **4.** a) ~ **board** *bes. Am.* Wippe *f.*

teeth [ti:θ] *pl von* tooth.

teethe [ti:ð] *v/i med.* zahnen, (die) Zähne bekommen.

teeth·ing ['ti:ðɪŋ] *s med.* Zahnen *n.* ~ **ring** *s* Beißring *m.* ~ **trou·bles** *s pl* **1.** Beschwerden *pl* während des Zahnens. **2.** *fig.* Kinderkrankheiten *pl.*

tee·to·tal [ti:'təʊtl] *adj* (*adv* ~**ly**) **1.** absti'nent, Abstinenz..., Abstinenzler...: **to be ~** keinen Alkohol trinken. **2.** *colloq.* völlig, gänzlich. **tee'to·tal·er**, *bes. Br.* **tee'to·tal·ler** *s* Absti'nenzler(in). **tee-'to·tal·ism** *s* **1.** Absti'nenz *f.* **2.** Absti'nenzprin,zip *n.*

tee·to·tum [ti:'təʊtʌm; ti:'təʊtəm] *s* Drehwürfel *m,* (vierflächiger) Kreisel.

teg [teg] *s* Schaf *n* im 2. Jahr.

teg·men ['tegmən] *pl* '**teg·mi·na** [-mɪnə] *s* **1.** Decke *f,* Hülle *f.* **2.** *bot.* innere Samenschale. **3.** *anat.* Decke *f,* Dach *n.*

teg·u·lar ['tegjʊlə(r)] *adj* **1.** ziegelartig, Ziegel... **2.** *zo.* Flügelschuppen...

teg·u·ment ['tegjʊmənt] *etc* → integument, *etc.*

te-hee [ti:'hi:] **I** *interj* hi'hi! **II** *s* Kichern *n.* **III** *v/i* kichern.

teil [ti:l], *a.* ~ **tree** *s bot.* Linde *f.*

te·la ['ti:lə] *pl* **-lae** [-li:] *s anat.* Tela *f,* (Binde)Gewebe *n.*

tel·a·mon ['teləmən; *Am.* ˌmɑn] *pl* **-mons, -mon·es** [ˌ-'məʊni:z] *s arch.* Telamon *m, n (kraftvolle Gestalt als Träger von Bauteilen).*

tel·e ['telɪ] *bes. Am. colloq. für* television.

tele- [telɪ] *Wortelement mit der Bedeutung* a) Fern..., b) Fernseh...

tel·e·ba,rom·e·ter *s phys.* 'Telebaroˌmeter *n.*

'**tel·eˌcam·er·a** *s TV* Fernsehkamera *f.*

tel·e·cast ['telɪkɑ:st; *Am.* ˌkæst] **I** *v/t pret u. pp* **-cast** *od.* **-cast·ed** im Fernsehen über'tragen *od.* bringen: ~ **address** Fernsehansprache *f.* **II** *s* Fernsehsendung *f.* '**tel·e·cast·er** *s* Fernsehansager(in) *od.* -sprecher(in).

tel·e·cine [ˌtelɪ'sɪnɪ] *s* im Fernsehen gezeigter (Spiel)Film.

'**tel·eˌcom,mu·ni'ca·tion I** *s* **1.** Fernmeldeverkehr *m od.* -verbindung *f.* **2.** fernmeldetechnische Über'tragung. **3.** *meist pl* Fernmeldetechnik *f,* -wesen *n.* **II** *adj* **4.** Fernmelde...: ~ **network.**

'**tel·eˌcon·fer·ence** *s* Konfe'renz *f* per Telefon.

'**tel·eˌcon·trol** *s tech.* Fernsteuerung *f,* -lenkung *f.*

'**tel·e·course** *s TV* Fernsehlehrgang *m,* -kurs *m.*

'**tel·eˌdi·ag'no·sis** *s irr med.* 'Ferndiaˌgnose *f.*

'**tel·e·film** *s* Fernsehfilm *m.*

tel·e·gen·ic [ˌtelɪ'dʒenɪk; *Am. a.* ˌ-'dʒi:-] *adj TV* tele'gen.

tel·eg·no·sis [ˌtelə'nəʊsɪs] *s Parapsychologie:* Telegno'sie *f,* Hellsehen *n.*

te·leg·o·ny [tɪ'legənɪ] *s biol.* Telego'nie *f (wissenschaftlich nicht haltbare Annahme, daß ein rassereines Weibchen nach einmaliger Begattung durch ein rassefremdes Männchen keine rassereinen Nachkommen mehr hervorbringen kann).*

tel·e·gram ['telɪgræm] *s* Tele'gramm *n:* **by ~** telegraphisch.

tel·e·graph ['telɪgrɑ:f; *bes. Am.* ˌgræf] **I** *s* **1.** Tele'graf *m.* **2.** Tele'graf *m* → **telegraph board. II** *v/t* **4.** a) *j-m etwas* telegra'fieren, b) *j-n* tele'grafisch benachrichtigen. **5.** *j-m Geld* tele'grafisch anweisen *od.* über'weisen. **6.** a) (*durch Zeichen*) zu verstehen geben, signali'sieren, b) *Boxen: colloq.* e-n Schlag ,telegra'fieren' (*erkennbar ansetzen*). **7.** *bes. sport* den Spielstand etc auf e-r Tafel anzeigen. **III** *v/i* **8.** telegra'fieren (**to** *dat od. an acc*). **9.** Zeichen geben. ~ **board** *s bes. sport* Anzeigetafel *f.* ~ **code** *s* Tele'grammschlüssel *m.*

te·leg·ra·pher [tɪ'legrəfə(r)] *s* Telegra'fist(in).

tel·e·graph·ese [ˌtelɪgrɑ:'fi:z; *bes. Am.* ˌ-græ-] *s* Tele'grammstil *m.*

tel·e·graph·ic [ˌtelɪ'græfɪk] *adj* (*adv* ~**ally**) **1.** tele'grafisch: ~ **acceptance** *econ.* Drahtakzept *n;* ~ **address** Telegrammadresse *f,* Drahtanschrift *f.* **2.** *fig.* tele'grammartig, im Tele'grammstil.

te·leg·ra·phist [tɪ'legrəfɪst] *s* Telegra'fist(in).

tel·e·graph key *s electr.* (Tele'grafen-, Morse)Taste *f.* ~ **line** *s* Tele'grafenleitung *f.* ~ **pole,** *bes. Br.* ~ **post** *s* Tele'grafenstange *f,* -mast *m.*

te·leg·ra·phy [tɪ'legrəfɪ] *s* Telegra'fie *f.*

tel·e·ki·ne·sis [ˌtelɪkɪ'ni:sɪs] *s Parapsychologie:* Teleki'nese *f.* ˌ**tel·e·ki'net·ic** *adj* teleki'netisch.

'**tel·e·lens** *s phot.* 'Teleobjek,tiv *n.*

ˌ**tel·e·me'chan·ics** *s pl* (*als sg konstruiert*) *tech.* Teleme'chanik *f,* me'chanische Fernsteuerung.

ˌ**tel·e'med·i·cine** *s* 'Telemedi,zin *f.*

tel·e·me·ter ['telɪmi:tə(r)] *s* Tele'meter *n:* a) *tech.* Entfernungsmesser *m,* b) *electr.* Fernmeßgerät *n.* **te·lem·e·try** [tɪ'lemɪtrɪ] *s* Teleme'trie *f,* Fernmessung *f.*

tel·en·ceph·a·lon [ˌtelen'sefəlɒn; *Am.* ˌ-lɑn] *s anat.* Telen'zephalon *n,* Endhirn *n.*

tel·e·o·log·ic [ˌtelɪə'lɒdʒɪk; *Am.* ˌ-ə-; *a.* ˌti:-] *adj,* ˌ**tel·e·o'log·i·cal** [-kl] *adj* (*adv* ~**ly**) *philos.* teleo'logisch: ~ **argument** teleologischer Gottesbeweis. ˌ**tel·e'ol**

o·gy [-'ɒlədʒɪ; *Am.* ˌ-ɑ-] *s* Teleolo'gie *f (Lehre von der Zielgerichtetheit u. Zielstrebigkeit jeder Entwicklung im Universum).*

tel·e·ost ['telɪɒst; *Am.* ˌɑst; *a.* 'ti:-], *a.* ˌ**tel·e'os·te·an** [-tɪən] *s ichth.* Knochenfisch *m.*

tel·e·path·ic [ˌtelɪ'pæθɪk] *adj* (*adv* ~**ally**) tele'pathisch: ~ **suggestion** (*Parapsychologie*) Mentalsuggestion *f.* **te·lep·a·thist** [tɪ'lepəθɪst] *s* **1.** Tele'path *m.* **2.** j-d, der an Telepa'thie glaubt. **te·lep·a·thize I** *v/t* tele'pathisch beeinflussen. **II** *v/i* Telepa'thie betreiben. **te·lep·a·thy** [-θɪ] *s* Telepa'thie *f,* Ge'dankenüberˌtragung *f.*

tel·e·phone ['telɪfəʊn] **I** *s* **1.** Tele'fon *n:* **by ~** telefonisch; **on the ~** telefonisch, durch das *od.* am Telefon; **to be on the ~** a) Telefon(anschluß) haben, b) am Telefon sein; **over the ~** durch das *od.* per Telefon. **II** *v/t* **2.** *j-n* anrufen. **3.** *etwas* tele'fonisch über'mitteln *od.* 'durchgeben (*s.th.* **to** *s.o., s.o. s.th.* j-m etwas). **III** *v/i* **4.** telefo'nieren, anrufen: **to ~ for a taxi** ein Taxi rufen. **IV** *adj* **5.** tele'fonisch: ~ **reservation.** ~ **am·pli·fi·er** *s* Tele'fonverstärker *m.* '**~ˌan·swer·ing ma,chine** *s* Anrufbeantworter *m.* ~ **book** → **telephone directory.** ~ **booth,** *Br.* ~ **box** *s* Tele'fon-, Fernsprechzelle *f.* ~ **call** *s* Tele'fongespräch *n,* (Tele'fon)Anruf *m:* **to make a ~** ein Telefongespräch führen; **I had three ~s** ich bin dreimal angerufen worden. ~ **call·er** *s* Anrufer(in). ~ **con·nec·tion** *s* Fernsprech-, Tele'fonanschluß *m.* ~ **di·rec·to·ry** *s* Tele'fon-, Fernsprechbuch *n.* ~ **ex·change** *s* **1.** Fernsprechamt *n.* **2.** Tele'fonzen,trale *f.* ~ **ki·osk** *Br. für* **telephone booth.** ~ **net·work** *s* Tele'fonnetz *n.* ~ **num·ber** *s* Tele'fonnummer *f.* ~ **op·er·a·tor** *s bes. Am.* Telefo'nist(in). ~ **re·ceiv·er** *s* Tele'fonhörer *m.* **T~ Sa·mar·i·tans** *s pl Br.* Tele'fonseelsorge *f.* ~ **set** *s* Tele'fonappa,rat *m.* ~ **show·er** *s Am.* Handbrause *f.* ~ **sub·scrib·er** *s* Fernsprechteilnehmer(in).

tel·e·phon·ic [ˌtelɪ'fɒnɪk; *Am.* ˌ-'fɑ-] *adj* (*adv* ~**ally**) tele'fonisch, fernmündlich, Telefon... **te·leph·o·nist** [tɪ'lefənɪst] *s* Telefo'nist(in). **te·leph·o·ny** [tɪ'lefənɪ] *s* Telefo'nie *f,* Fernsprechwesen *n.*

ˌ**tel·e'pho·to** *phot.* **I** *adj* **1.** Telefoto(grafie)...: ~ **lens** → **telelens. II** *s* **2.** 'Telefoto(graˌfie *f*) *n.* **3.** 'Bildtele,gramm *n.* **4.** Funkbild *n.* ˌ**tel·e'pho·to·graph** → **telephoto II.** '**tel·eˌpho·to'graph·ic** *adj* (*adv* ~**ally**) **1.** *phot.* 'telefotoˌgrafisch. **2.** 'bildteleˌgrafisch. ˌ**tel·e·pho'tog·ra·phy** *s* **1.** 'Telefotograˌfie *f.* **2.** 'Bildtelegraˌfie *f.*

'**tel·e·play** *s* Fernsehspiel *n.*

'**tel·eˌprint·er** *s electr.* Fernschreiber *m* (*Gerät*): ~ **message** Fernschreiben *n;* ~ **operator** Fernschreiber(in).

ˌ**tel·e'pro·cess·ing** *s Computer:* (Daten)Fernverarbeitung *f.*

'**tel·eˌpromp·ter** *s TV* Teleprompter *m* (*optisches Souffliergerät, Textband*).

tel·e·ran ['telɪræn] *s aer.* Tele'ran *n* (*aus* television *and* radar navigation *Blindflugverfahren mit Fernsehkursanweisung vom Boden*).

'**tel·eˌre,cord** *v/t* fürs Fernsehen aufzeichnen. '**tel·eˌre,cord·ing** *s* (Fernseh)Aufzeichnung *f.*

tel·e·scope ['telɪskəʊp] **I** *s* **1.** Teleskop *n,* Fernrohr *n.* **II** *v/t* **2.** zs.-, ineinanderschieben. **3.** *fig.* verkürzen, kompri'mieren (**into** zu). **III** *v/i* **4.** sich ineinanderschieben (lassen): **telescoping** → **telescopic 3. IV** *adj* → **telescopic.** ~ **eye** *s* *zo.* Tele'skopauge *n.* **~ fish** *s ichth.* Tele-'skopfisch *m.* **~ sight** *s mil.* Zielfernrohr *n.* **~ word** *s ling.* Schachtelwort *n.*

tel·e·scop·ic [ˌtelɪˈskɒpɪk; *Am.* -ˈskɑ-] *adj (adv* **~ally)** **1.** teleˈskopisch: a) Fernrohr...: **~ sight** *mil.* Zielfernrohr *n*, b) *nur durch ein Fernrohr sichtbar*: **~ stars**. **2.** weitsehend. **3.** ineinˈanderschiebbar, ausziehbar, Auszieh..., Teleskop...: **~ aerial** (*bes. Am.* **antenna**) (*Radio etc*) Teleskopantenne *f*; **~ umbrella** Taschenschirm *m.*

te·les·co·py [tɪˈleskəpɪ] *s* Telesko'pie *f.*

'tel·e·screen *s TV* Fernseh-, Bildschirm *m.*

tel·e·sis [ˈtelɪsɪs] *s sociol.* zielbewußter u. geplanter Fortschritt.

'tel·e·text *s TV* Bildschirm-, Videotext *m.*

ˌtel·e·therˈmom·e·ter *s phys.* 'Fern-, 'Tele,thermoˌmeter *n.*

tel·e·thon [ˈteləθɒn] *s TV Am.* Mammutsendung *f (bes. für karitative Zwecke).*

'tel·e·tube *s TV* Bildröhre *f.*

'tel·eˌtype *s electr. Am.* **1.** Fernschreiber *m (Gerät):* **~ operator** Fernschreiber(in). **2.** *a.* **~ message** Fernschreiben *n.* **ˌtel·eˈtypeˌset·ter** *s print.* 'Fernsetzmaˌschine *f.* **ˌtel·eˈtypeˌwrit·er** *s electr. Am.* Fernschreiber *m (Gerät).*

'tel·e·view I *v/t* sich etwas (im Fernsehen) ansehen. **II** *v/i* fernsehen. **'tel·eˌview·er** *s* Fernsehzuschauer(in), Fernseher(in).

tel·e·vise [ˈtelɪvaɪz] *v/t* → **telecast I.**

tel·e·vi·sion [ˈtelɪˌvɪʒn] **I** *s* **1.** Fernsehen *n*: **to be in ~** beim Fernsehen sein; **on ~** im Fernsehen; **to watch ~** fernsehen. **2.** 'Fernsehappaˌrat *m*, -gerät *n.* **II** *adj* **3.** Fernseh...: **~ advertising** (*od.* **commercials**) Werbefernsehen *n*, Fernsehwerbung *f*; **~ set** → **2**; **~ tube** Bildröhre *f*; **~ viewer** Fernsehzuschauer(in). **ˌtel·eˈvi·sion·al** [-ʒənl] *adj (adv* **~ly)** Fernseh...

tel·e·vi·sor [ˈtelɪvaɪzə(r)] *s TV* **1.** → **television** 2. **2.** → **telecaster**. **3.** → **televiewer**.

ˌtel·eˈvis·u·al *adj* **1.** → **televisional**. **2.** → **telegenic**.

tel·ex [ˈteleks] *electr.* **I** *s* **1.** Telex *n*, Fernschreiber(teilnehmer)netz *n*: **to be on the ~** Telex- *od.* Fernschreibanschluß haben. **2.** Fernschreiber *m (Gerät):* **the news was on the ~** die Nachricht kam per Fernschreiber; **~ operator** Fernschreiber(in). **3.** Telex *n*, Fernschreiben *n.* **II** *v/t* **4.** *j-m etwas* telexen *od.* per Fernschreiben mitteilen.

tel·fer, *etc* → **telpher,** *etc.*

tel·ford [ˈtelfə(r)d] *adj tech.* Telford.

tel·ic [ˈtelɪk; *Am. a.* ˈtiː-] *adj* **1.** zweckbestimmt. **2.** *ling.* Absichts..., Zweck...: **~ clause** Absichtssatz *m.*

tell [tel] *pret u. pp* **told** [təʊld] **I** *v/t* **1.** sagen, erzählen (s.o. s.th., s.th. to s.o. *j-m etwas*): **I (can) ~ you that ...** ich kann Sie *od.* Ihnen versichern, daß ...; **I (just) can't ~ you how ...** ich kann Ihnen gar nicht sagen, wie ...; **I have been told** mir ist gesagt worden; **you're telling me!** *colloq.* wem sagen Sie das?; **to ~ the world** *colloq.* (es) hinausposaunen; → **another** 2, **so** 5. **2.** erzählen: **to ~ a story**. **3.** mitteilen, berichten, sagen, nennen: **to ~ one's name** s-n Namen nennen; **to ~ the reason** den Grund angeben; **to ~ the time** die Zeit anzeigen (*Uhr*); → **lie¹** 1, **truth** 1. **4.** mit Worten ausdrücken: **I cannot ~ my grief**. **5.** verraten: **to ~ a secret**. **6.** (mit Bestimmtheit) sagen: **it is difficult to ~ es ist schwer zu sagen; there is no ~ing what ...** es läßt sich nicht sagen, was ... **7.** erkennen (**by, from** an *dat*): **I cannot ~ who that person is** ich kann nicht feststellen *od.*

sagen, wer diese Person ist; **to ~ by (the) ear** mit dem Gehör feststellen, hören. **8.** unterˈscheiden (**one from the other** einen vom andern): **to ~ apart, to ~ the difference between** auseinanderhalten. **9.** sagen, befehlen: **to ~ s.o. to do s.th.** j-m sagen, er solle etwas tun; **do as you are told** tu, was ich gesagt habe. **10.** (ab)zählen: **to ~ the votes** *parl.* die Stimmen zählen; **all told** alles in allem; → **bead** 2. **11.** **~ off** a) abzählen, b) *mil.* 'abkommanˌdieren (**for** zu), c) *colloq. j-m* ˌBescheid stoßen' (**for** wegen).

II *v/i* **12.** berichten, erzählen (**of** von; **about** über *acc*). **13.** (**of**) ein Zeichen *od.* Beweis sein (für, von), beweisen (*acc*), verraten (*acc*). **14.** erkennen, wissen: **how can you ~?** wie können Sie das wissen *od.* sagen?; **you never can ~** man kann nie wissen. **15.** *colloq.* ˌpetzen': **to ~ on s.o.** j-n verraten *od.* ˌverpetzen'; **don't ~!** nicht(s) verraten! **16.** wirken, sich auswirken (**on** bei, auf *acc*): **every blow (word) ~s** jeder Schlag (jedes Wort) ˌsitzt'; **the hard work began to ~ on him** die harte Arbeit hinterließ allmählich ihre Spuren bei ihm; **his troubles have told on him** s-e Sorgen haben ihn sichtlich mitgenommen; **that ~s against you** das spricht gegen Sie. **17.** sich (deutlich) abheben (**against** gegen, von), (deutlich) herˈvortreten, zur Geltung kommen.

'tell·a·ble *adj* **1.** erzählbar, mitteilbar. **2.** erzählenswert.

'tell·er *s* **1.** Erzähler(in). **2.** *tech.* Siˈgnalappaˌrat *m.* **3.** Zähler(in). **4.** *bes. parl.* Stimmenzähler *m.* **5.** *bes. Am.* Kassen-, Schalterbeamte(r) *m*, Kasˈsierer *m* (*e-r Bank*): **~'s department** Hauptkasse *f*; **automatic ~** Geldautomat *m*, Bankomat *m.*

'tell·ing *adj (adv* **~ly)** **1.** wirkungsvoll, wirksam, eindrucksvoll: **a ~ blow** ein wirkungsvoller Schlag; **~ effect** durchschlagende Wirkung; **~ success** durchschlagender Erfolg. **2.** aufschlußreich, vielsagend: **a ~ smile**. **ˌ~ˈoff** *s*: **to give s.o. a (good) ~** *colloq.* j-m ˌ(kräftig) Bescheid stoßen'.

'tell·tale I *s* **1.** Klatschbase *f*, Zuträger(in), ˌPetze' *f.* **2.** verräterisches (Kenn)Zeichen. **3.** *tech.* selbsttätige Anzeigevorrichtung, *bes.* Konˈtrolluhr *f.* **4.** *mar.* a) Axio'meter *n (e-s Ruders*), b) Hängekompaß *m (in der Kapitänskajüte).* **II** *adj* **5.** klatschsüchtig, schwatzhaft. **6.** verräterisch: **a ~ tear**. **7.** sprechend: **~ resemblance**. **8.** *tech.* a) Anzeige..., b) Warn...: **~ clock** Kontrolluhr *f*; **~ lamp** Kontrollampe *f.*

tel·lu·rate [ˈteljʊreɪt] *s chem.* tel'lursaures Salz.

tel·lu·ri·an¹ [teˈljʊərɪən; *Am.* -ˈlʊr-] **I** *adj* irdisch, Erd... **II** *s* Erdbewohner(in).

tel·lu·ri·an² [teˈljʊərɪən; *Am.* -ˈlʊr-] *s astr.* Telˈlurium *n (Gerät zur modellhaften Darstellung der Bewegungen von Erde u. Mond um die Sonne).*

tel·lu·ric¹ [teˈljʊərɪk; *Am.* -ˈlʊ-] → **tellurian¹** 1.

tel·lu·ric² [teˈljʊərɪk; *Am.* -ˈlʊ-] *adj chem.* tel'lurisch, tel'lursauer, Tellur...: **~ acid** Tellursäure *f.*

tel·lu·ride [ˈteljʊraɪd] *s chem.* Tellu'rid *n.*

tel·lu·ri·on [ˈteljʊraɪt] → **tellurian²**.

tel·lu·rite [ˈteljʊraɪt] *s* **1.** *chem.* Tellu'rit *n.* **2.** *min.* Tel'lurˌdiˌoxyd *n.*

tel·lu·ri·um [teˈljʊərɪəm; *Am.* -ˈlʊ-] *s chem.* Telˈlur *n.*

tel·lu·rous [ˈteljʊərəs; *Am. a.* təˈlʊərəs] *adj chem.* telˈlurig, Tellur...

tel·ly [ˈtelɪ] *s bes. Br. colloq.* **1.** ˌFernseher' *m (Gerät).* **2.** *(das)* Fernsehen: **on the ~** im Fernsehen.

tel·o·cen·tric [ˌteləʊˈsentrɪk] *adj u. s biol.* telo'zentrisch(es Chromo'som).

tel·o·type [ˈteləʊtaɪp] *s electr.* **1.** eˈlektrischer 'Schreib- *od.* 'Druckteleˌgraf. **2.** auto'matisch gedrucktes Teleˈgramm.

tel·pher [ˈtelfə(r)] *tech.* **I** *s* **1.** Wagen *m* e-r (E)lektro)Hängebahn. **2.** → **telpherage**. **II** *adj* **3.** (Elektro)Hängebahn...: **~ line** → **telpherway**. **'tel·pher·age** *s* auto'matische (eˈlektrische) Lastenbeförderung. **'tel·pher·way** *s tech.* Telpherbahn *f*, (E'lektro)Hängebahn *f.*

tel·son [ˈtelsn] *s zo.* Schwanzfächer *m.*

Tel·u·gu [ˈteləguː] **I** *pl* **-gu** *od.* **-gus** *s* **1.** Telugu *m (Angehöriger e-s drawidischen Volkes).* **2.** *ling.* Telugu *n.* **II** *adj* **3.** Telugu...

tem·blor [ˈtemblər] *s Am.* Erdbeben *n.*

tem·er·ar·i·ous [ˌteməˈreərɪəs] *adj (adv* **~ly)** **1.** tollkühn, verwegen. **2.** unbesonnen. **3.** *contp.* kühn, frech.

te·mer·i·ty [tɪˈmerətɪ] *s* **1.** Tollkühnheit *f*, Verwegenheit *f.* **2.** Unbesonnenheit *f.* **3.** *contp.* Kühnheit *f*, Frechheit *f.*

temp [temp] *Br. colloq.* **I** *s (von e-r Agentur vermittelte)* 'Zeitsekreˌtärin. **II** *v/i* als 'Zeitsekreˌtärin arbeiten.

tem·per [ˈtempə(r)] **I** *s* **1.** Temperaˈment *n*, Naˈtuˈrell *n*, Veranlagung *f*, Gemüt (sart *f) n*, Chaˈrakter *m*: **good ~** Gutmütigkeit *f*, ausgeglichenes Wesen; → **even²** 3, **quick** 5. **2.** Stimmung *f*, Laune *f*: **in a good ~** (in a bad *od.* in an ill) **~** guter (schlechter) Laune. **3.** Gereiztheit *f*, Zorn *m*: **to be in a ~** gereizt *od.* wütend sein; **to fly** (*od.* **get**) **into a ~** in Wut geraten. **4.** Gemütsruhe *f (obs. außer in Redewendungen):* **to keep one's ~** ruhig bleiben; **to lose one's ~** in Wut geraten, die Geduld verlieren; *auch* **~ of** übellaunig; **to put s.o. out of ~** j-n wütend machen. **5.** Zusatz *m*, Beimischung *f.* **6.** *bes. tech.* richtige Mischung. **7.** *tech.* Härte(grad *m*) *f.* **8.** *obs.* **a)** Komproˈmiß *m, n,* b) Mittelding *n.* **9.** *obs.* körperliche Beschaffenheit, Konstitutiˈon *f.* **II** *v/t* **10.** mildern, mäßigen, abschwächen (**with** durch). **11.** *tech.* mischen, anmachen: **~ mortar**. **12.** *tech.* a) tempern, glühfrischen: **to ~ cast iron**, b) vorspannen, verspannen: **to ~ glass**, c) härten: **to ~ plastics**. **13.** *mus.* tempeˈrieren: **to ~ a piano**. **III** *v/i* **14.** *tech.* den richtigen Härtegrad erreichen *od.* annehmen.

tem·per·a [ˈtempərə] *s* 'Tempera(maleˌrei) *f.*

tem·per·a·ment [ˈtempərəmənt; -prə-; *Am. a.* -pərm-] *s* **1.** → **temper** 1. **2.** Temperaˈment *n*, Lebhaftigkeit *f.* **3.** richtige *od.* innere Beschaffenheit. **4.** *mus.* Temperaˈtur *f*, tempeˈrierte Stimmung: **to set the ~** die Temperatur setzen *od.* festlegen. **ˌtem·per·aˈmen·tal** [-ˈmentl] *adj (adv* **~ly)** **1.** temperamentvoll, lebhaft. **2.** mit starken perˈsönlichen Zügen, eigenwillig. **3.** a) reizbar, launisch, b) leichterregbar, c) *colloq.* unzuverlässig (*Gerät etc*): **to be ~** (s-e) ˌMucken' haben. **4.** veranlagungsmäßig, anlagebedingt: **~ly lazy** von Natur aus faul.

tem·per·ance [ˈtempərəns; -prəns; *Am. a.* -pərns] *s* **1.** Mäßigkeit *f*, Enthaltsamkeit *f.* **2.** a) Mäßigkeit *f* im Alkoholgenuß, b) Absti'nenz *f* vom Alkoholgenuß. **3.** *obs.* Selbstbeherrschung *f.* **~ ho·tel** *s* alkoholfreies Hotel. **~ move·ment** *s* Abstinenzbewegung *f.* **~ so·ci·e·ty** *s* Absti'nenzverein *m.*

tem·per·ate [ˈtempərət; -prət] *adj (adv* **~ly)** **1.** gemäßigt, maßvoll: **~ language**. **2.** zuˈrückhaltend, (selbst)beherrscht. **3.** mäßig: **~ enthusiasm**. **4.** a) mäßig, enthaltsam (*bes. im Essen u. Trinken*), b) abstiˈnent (*alkoholische Getränke mei-*

temperateness – tenderness

dend). **5.** gemäßigt, mild: ~ **climate**; ~ **zone** geogr. gemäßigte Zone. '**tem·per·ate·ness** s **1.** Gemäßigtheit f. **2.** Beherrschtheit f. **3.** geringes Ausmaß. **4.** a) Mäßigkeit f, Enthaltsamkeit f, Mäßigung f (bes. im Essen u. Trinken), b) Absti'nenz f (von alkoholischen Getränken). **5.** Milde f (des Klimas etc).
tem·per·a·ture ['temprətʃə(r); Am. a. 'tempər,tʃʊər] s **1.** phys. Tempera'tur f: **at a ~ of 50 degrees** bei e-r Temperatur von 50 Grad. **2.** physiol. ('Körper)Tempera,tur f: **to take s.o.'s ~** j-s Temperatur messen, j-n messen; **to have** (od. **run**) **a ~** Fieber od. (erhöhte) Temperatur haben. **~ curve** s Tempera'tur-, med. Fieberkurve f. '**~-,sen·si·tive** adj tempera'turempfindlich.
tem·pered ['tempə(r)d] adj **1.** (bes. in Zssgn) gestimmt, gelaunt: → **even--tempered**, etc. **2.** gemäßigt. **3.** mus. tempe'riert. **4.** tech. gehärtet. '**tem·per·er** s **1.** Mischer m (Person od. Gerät). **2.** 'Tonknetma,schine f.
tem·per·ing| box ['tempərɪŋ-, -prɪŋ] s tech. Glühtopf m. **~ fur·nace** s Anlaß-, Temperofen m.
tem·pest ['tempɪst] s **1.** (wilder) Sturm: "**The T~**" „Der Sturm" (Shakespeare); **~ in a teapot** Am. ,Sturm im Wasserglas'. **2.** fig. Sturm m, (heftiger) Ausbruch. **3.** Gewitter n. '**~-,beat·en**, '**~-tossed** adj sturmgepeitscht.
tem·pes·tu·ous [tem'pestjʊəs; Am. -'pestʃəwəs] adj a. fig. stürmisch, ungestüm, heftig. **tem'pes·tu·ous·ness** s Ungestüm n, Heftigkeit f.
tem·pi ['tempi:] pl von **tempo**.
Tem·plar ['templə(r)] s **1.** hist. Templer m, Tempelherr m, -ritter m. **2.** Tempelritter m (ein Freimaurer). **3.** oft **Good ~** Guttempler m (ein Temperenzler).
tem·plate ['templɪt] s **1.** tech. Scha'blone f, Lehre f: **~ casting** metall. Schablonenguß m. **2.** arch. a) 'Unterleger m (Balken), b) (Dach)Pfette f, c) Kragholz n. **3.** mar. Mallbrett n.
tem·ple[1] ['templ] s **1.** Tempel m (a. fig.). **2.** Gotteshaus n. **3.** Am. Syna'goge f. **4.** T**~** jur. Temple m (in London; früher Ordenshaus der Tempelritter, jetzt Sitz zweier Rechtskollegien: **the Inner T~** u. **the Middle T~**).
tem·ple[2] ['templ] s **1.** anat. Schläfe f. **2.** Am. (Brillen)Bügel m.
tem·ple[3] ['templ] s Weberei: Tömpel m.
tem·plet → **template**.
tem·po ['tempəʊ] pl **-pos**, bes. mus. **-pi** [-pi:] s Tempo n: a) mus. Zeitmaß n, b) fig. Geschwindigkeit f: **~ turn** (Skisport) Temposchwung m.
tem·po·ral[1] ['tempərəl, -prəl] adj (adv **~ly**) **1.** zeitlich: a) Zeit... (Ggs. räumlich), b) irdisch. **2.** weltlich (Ggs. geistlich): **~ courts**. **3.** ling. tempo'ral, Zeit...: **~ adverb** Umstandswort n der Zeit; **~ clause** Temporalsatz m.
tem·po·ral[2] ['tempərəl, -prəl] anat. **I** adj **1.** Schläfen...: **~ bone** → **3**. **2.** Schläfenbein... **II** s **3.** Schläfenbein n.
tem·po·ral·i·ty [,tempə'rælətɪ] s **1.** Zeitbedingtheit f, Zeitweiligkeit f. **2.** (etwas) Zeitliches od. Vor'übergehendes: temporalities jur. zeitliche Güter. **3.** pl relig. Tempo'ralien pl, weltlicher Besitz.
tem·po·ral·ty ['tempərəltɪ, -prəl-] s obs. **1.** weltlicher Besitz. **2.** Laienstand m.
tem·po·rar·i·ness ['tempərərɪnɪs; -prərɪ-; Am. -pə,rerɪ-] s Einst-, Zeitweiligkeit f, zeitweilige Dauer.
tem·po·rar·y ['tempərərɪ; -prərɪ; Am. -pə,rerɪ] adj (adv temporarily) provi'sorisch: a) vorläufig, einst-, zeitweilig, vor'übergehend, tempo'rär: **~ arrangement** Übergangsregelung f, b) Not...,

Hilfs..., Interims...: **~ bridge** Behelfs-, Notbrücke f; **~ credit** econ. Zwischenkredit m.
tem·po·rize ['tempəraɪz] v/i **1.** Zeit zu gewinnen suchen, abwarten, sich nicht festlegen, la'vieren: **to ~ with s.o.** j-n hinhalten. **2.** sich anpassen, mit dem Strom schwimmen, ,s-n Mantel nach dem Wind hängen'. **3.** ein(en) Kompro'miß schließen (**with** mit). '**tem·po·riz·er** s **1.** j-d, der Zeit zu gewinnen sucht od. der sich nicht festlegt. **2.** Opportu'nist(in). '**tem·po·riz·ing** adj (adv **~ly**) **1.** 'hinhaltend, abwartend. **2.** opportu'nistisch.
tempt [tempt] v/t **1.** relig. u. allg. j-n versuchen, in Versuchung führen. **2.** j-n verlocken, -leiten, dazu bringen (**to do, into doing** zu tun): **to be ~ed to do s.th.** versucht od. geneigt sein, etwas zu tun. **3.** reizen, locken: **this offer ~s me. 4.** her'ausfordern: **to ~ God; to ~ (one's) fate**.
temp·ta·tion [temp'teɪʃn] s Versuchung f, -führung f, -lockung f (a. Sache): **to resist** (**yield to**) **~** der Versuchung widerstehen (unterliegen); **to lead into ~** in Versuchung führen. '**tempt·er** s Versucher m, -führer m: **the T~** relig. der Versucher. '**tempt·ing** adj (adv **~ly**) verführerisch, -lockend. '**tempt·ing·ness** s (das) Verführerische. '**tempt·ress** s Versucherin f, Verführerin f.
ten [ten] **I** adj **1.** zehn. **II** s **2.** Zehn f (Zahl, Spielkarte etc): **the ~ of hearts** die Herzzehn; **~s of thousands** Zehntausende; **by ~s** immer zehn auf einmal; → **upper ten** (**thousand**). **3.** colloq. Zehner m (Geldschein etc). **4. to take ~** Am. colloq. e-e kurze Pause machen.
ten·a·ble ['tenəbl] adj (adv tenably) **1.** haltbar: **a ~ argument; a ~ fortress. 2.** verliehen (**for** für, **on** auf acc): **an office ~ for two years**. '**ten·a·ble·ness** s Haltbarkeit f.
ten·ace ['teneɪs] s Bridge, Whist etc: Kombination der besten u. der drittbesten Karte e-r Farbe in 'einer Hand: **major ~** As u. Dame; **minor ~** König u. Bube; **double ~** As, Dame u. Zehn.
te·na·cious [tɪ'neɪʃəs] adj (adv **~ly**) **1.** zäh, hartnäckig: **to be ~ of s.th.** zäh an etwas festhalten; **~ of life** zählebig; **~ ideas** zählebige od. schwer auszurottende Ideen. **2.** verläßlich, gut: **a ~ memory**. **3.** zäh, klebrig. **4.** phys. zäh, reiß-, zugfest. **te'na·cious·ness, te'nac·i·ty** [-'næsətɪ] s **1.** Zähigkeit f: a) Klebrigkeit f, b) phys. Reiß-, Zugfestigkeit f, c) fig. Hartnäckigkeit f: **~ of life** Zählebigkeit f; **~ of purpose** Zielstrebigkeit f. **2.** Verläßlichkeit f: **~ of memory**.
te·nac·u·lum [tɪ'nækjʊləm] pl **-la** [-lə] s med. Te'nakel n, Halter m.
te·nail(le) [te'neɪl] s mil. Zangenwerk n.
ten·an·cy ['tenənsɪ] s jur. **1.** Pacht-, Mietverhältnis n: **~ at will** jederzeit beid(er)seitig kündbares Pachtverhältnis. **2.** a) Pacht-, Mietbesitz m, b) Eigentum n: **~ in common** Mieteigentum. **3.** Pacht-, Mietdauer f.
ten·ant ['tenənt] **I** s **1.** jur. Pächter m, Mieter m: **~ farmer** (Guts)Pächter m. **2.** jur. Inhaber m (von Realbesitz, Renten etc). **3.** Bewohner m. **4.** jur. hist. Lehnsmann m: **~ in chief** Kronvasall m. **II** v/t **5.** jur. in Pacht od. Miete haben. **6.** jur. innehaben. **7.** bewohnen. **8.** beherbergen: **this house ~s five families** in diesem Haus wohnen 5 Familien. '**ten·ant·a·ble** adj **1.** jur. pacht-, mietbar. **2.** bewohnbar. '**ten·ant·less** adj unverpachtet. **2.** unvermietet, leer(stehend): **~ flats**. '**ten·ant·ry** [-trɪ] s **1.** collect. Pächter pl, Mieter pl. **2.** → **tenancy**.

ten-'cent adj Am. colloq. billig (a. fig.): **~ store** billiges Warenhaus.
tench [tenʃ; tentʃ] pl '**tench·es**, bes. collect. **tench** s ichth. Schlei(e f) m.
tend[1] [tend] v/i **1.** sich bewegen, streben (**to, toward**[**s**] nach, auf ... zu): **to ~ from** wegstreben von. **2.** fig. a) ten'dieren, neigen (**to, towards** zu), b) dazu neigen (**to do** zu tun). **3.** fig. a) führen, beitragen (**to s.th.** zu etwas), b) dazu beitragen (**to do** zu tun), c) hin'auslaufen (**to** auf acc). **4.** mar. schwoien.
tend[2] [tend] **I** v/t **1.** tech. bedienen: **to ~ a machine. 2.** sorgen für, sich kümmern um, nach j-m sehen: **to ~ a patient** e-n Kranken pflegen; **to ~ a flock** e-e Herde hüten. **3.** obs. als Diener begleiten. **4.** obs. achten auf (acc). **II** v/i **5.** aufwarten (**on, upon** dat). **6. ~ to** bes. Am. colloq. achtgeben auf (acc).
ten·den·cious → **tendentious**.
tend·en·cy ['tendənsɪ] s **1.** allg. Ten'denz f: a) Richtung f, Strömung f, b) (bestimmte) Absicht, Zweck m, c) Hang m, Zug m (**to, toward** zu), Neigung f (**to** für), d) biol. Anlage f. **2.** Gang m, Lauf m: **the ~ of events**.
ten·den·tious [ten'denʃəs; Am. -tʃəs] adj (adv **~ly**) tendenzi'ös, Tendenz... **ten'den·tious·ness** s tendenzi'öser Cha'rakter.
ten·der[1] ['tendə(r)] adj (adv **~ly**) **1.** zart, weich, mürbe: **~ meat. 2.** zart: **~ age** (colo[u]r, **health**, etc); **~ passion** Liebe f. **3.** zart, empfindlich, fig. a. sen'sibel: **a ~ conscience**; **~ feet**; **a ~ plant** ein zartes Pflänzchen (a. fig.); → **spot 5**. **4.** fig. heikel, ,kitzlig': **a ~ subject. 5.** sanft, zart, zärtlich: **the ~ touch of her hand**. **6.** zärtlich, liebevoll: **a ~ lover** (glance, etc). **7.** (**of, over**) bedacht (auf acc), besorgt (um). **8.** mar. rank, 'unsta,bil, topplastig.
ten·der[2] ['tendə(r)] **I** v/t **1.** (for'mell) anbieten: **to ~ an averment** jur. e-n Beweis anbieten; → **oath** Bes. Redew., **resignation** 2 b. **2.** anbieten, zur Verfügung stellen: **to ~ one's services. 3.** aussprechen, zum Ausdruck bringen: **to ~ s.o. one's thanks**; **to ~ one's apologies** sich entschuldigen. **4.** econ. jur. als Zahlung (e-r Verpflichtung) anbieten. **II** v/i **5.** econ. sich an e-r od. der Ausschreibung beteiligen, ein Angebot machen: **invitation to ~** Ausschreibung f; **to ~ and contract for a supply** e-n Liefervertrag abschließen. **III** s **6.** Anerbieten n, Angebot n: **to make a ~ of** → **2**. **7.** econ. (**legal ~** gesetzliches) Zahlungsmittel. **8.** econ. Angebot n, Of'ferte f (bei e-r Ausschreibung): **to invite ~s for a project** ein Projekt ausschreiben; **to put to ~** in freier Ausschreibung vergeben; **by ~** in Submission. **9.** econ. Kostenanschlag m. **10.** econ. jur. Zahlungsangebot n.
tend·er[3] ['tendə(r)] s **1.** Pfleger(in). **2.** mar. a) Tender m, Begleitschiff n, Leichter m, b) mil. Mutterschiff n. **3.** rail. Tender m, Kohle-, Begleitwagen m.
ten·der·er ['tendərə(r)] s econ. Angebotssteller m, Bewerber m.
'**ten·der,foot** pl **-,feet** od. **-,foots** s Am. colloq. **1.** Anfänger m, Greenhorn n. **2.** neuaufgenommener Pfadfinder.
,**ten·der'heart·ed** adj (adv **~ly**) weichherzig.
ten·der·ize ['tendəraɪz] v/t weich od. zart machen: **to ~ meat**. '**ten·der·iz·er** s Fleischzartmacher m.
'**ten·der·loin** s zartes Lendenstück, ('Rinder- od. 'Schweine)Fi,let n.
'**ten·der·ness** s **1.** Zartheit f (a. fig.), Weichheit f. **2.** Zartheit f, Empfindlich-

keit *f, fig. a.* Sensibili'tät *f.* **3.** Zärtlichkeit *f.*
ten·di·nous ['tendɪnəs] *adj* **1.** sehnig, flechsig: ~ **meat. 2.** *anat.* Sehnen...
ten·don ['tendən] *s anat.* Sehne *f, bes. zo.* Flechse *f*: ~ **sheath** Sehnenscheide *f.*
ten·do·vag·i·ni·tis ['tendəʊˌvædʒɪ'naɪtɪs] *s med.* Tendovagi'nitis *f,* Sehnenscheidenentzündung *f.*
ten·dril ['tendrɪl] *s bot.* Ranke *f.*
ten·e·brous ['tenɪbrəs] *adj* dunkel, finster, düster.
ten-'eight·y *s chem.* fluressigsaures Natrium *(ein Rattengift).*
ten·e·ment ['tenɪmənt] *s* **1.** Wohnhaus *n.* **2.** *a.* ~ **house** Mietshaus *n, bes.* 'Mietskaˌserne *f.* **3.** Mietwohnung *f.* **4.** Wohnung *f.* **5.** *jur.* a) (Pacht)Besitz *m,* b) beständiger Besitz, beständiges Privi'legium: ~ **dominant** l, **servient.** ˌten·e'men·tal [-'mentl], ˌten·e'men·ta·ry *adj* Pacht..., Miet...
te·nes·mus [tɪ'nezməs] *s* Te'nesmus *m,* (schmerzhafter) Drang: **rectal** ~ Stuhldrang *m*; **vesical** ~ Harndrang *m.*
ten·et ['tiːnet; 'te-; -nɪt] *s* **1.** (Grund-, Lehr)Satz *m,* Lehre *f,* Dogma *n.* **2.** *obs.* Meinung *f.*
ten·fold ['tenfəʊld] **I** *adj u. adv* zehnfach. **II** *s (das)* Zehnfache.
'**ten-ˌgal·lon hat** *s Am. colloq.* breitrandiger Cowboyhut.
te·ni·a, *etc Am.* für **taenia,** *etc.*
ten·ner ['tenə(r)] *s colloq.* „Zehner' *m*: a) *Am.* Zehn'dollarschein *m,* b) *Br.* Zehn'pfundschein *m.*
ten·nis ['tenɪs] *s sport* Tennis *n.* ~ **arm** *s med.* Tennisarm *m.* ~ **ball** *s sport* Tennisball *m.* ~ **court** *s sport* Tennisplatz *m.* ~ **el·bow** *s* ~ tennis arm. ~ **rack·et** *s sport* Tennisschläger *m.*
ten·no ['tenəʊ] *pl* **-no, -nos** *s* Tenno *m (japanischer Kaisertitel).*
ten·on ['tenən] *tech.* **I** *s* Zapfen *m*: ~ **saw** Ansatzsäge *f,* Fuchsschwanz *m.* **II** *v/t* verzapfen.
ten·or ['tenə(r)] **I** *s* **1.** Verlauf *m,* (Fort-) Gang *m.* **2.** Tenor *m,* (wesentlicher) Inhalt, Sinn *m,* Gedankengang *m.* **3.** Wesen *n,* Na'tur *f,* Beschaffenheit *f.* **4.** Absicht *f.* **5.** *econ.* Laufzeit *f (e-s Vertrages, e-s Wechsels).* **6.** *jur.* Abschrift *f,* Ko'pie *f.* **7.** *mus.* Te'nor *m*: a) Te'norstimme *f,* b) Te'norsänger *m,* c) Te'norparˌtie *f,* d) Te'norinstruˌment *n, bes.* Bratsche *f.* **II** *adj* **8.** *mus.* Tenor...: ~ **clef.** '**ten·or·ist** [-rɪst] *s mus.* Teno'rist *m*: a) Te'norsänger *m (im Chor),* b) Spieler(in) e-s Te'norinstruˌments, *bes.* Brat'schist(in).
ten·pence ['tenpəns] *s (Summe od. Wert von)* zehn Pence *pl.* '~**pin** *s* **1.** Kegel *m*: ~ **bowling** Bowling *n.* **2.** *pl (als sg konstruiert) Am.* Bowling *n.*
ten·rec ['tenrek] *s zo.* Tanrek *m,* Borstenigel *m.*
tense¹ [tens] *s ling.* Tempus *n,* Zeit(form) *f*: **simple (compound)** ~**s** einfache (zs.-gesetzte) Zeiten.
tense² [tens] **I** *adj (adv* ~**ly**) **1.** straff, gespannt. **2.** *fig.* a) (an)gespannt *(Person, Nerven etc),* b) ('überˌner)vös, verkrampft *(Person),* c) spannungsgeladen: **a** ~ **moment,** d) zermürbend: **a** ~ **game,** e) gespannt *(Lage etc)*: **to grow less** ~ sich entspannen. **3.** *ling.* gespannt, geschlossen: **a** ~ **sound.** **II** *v/t* **4.** (an)spannen, straffen. **III** *v/i* **5.** sich straffen *od.* (an)spannen. **6.** *fig.* (vor Nervosi'tät *etc*) starr werden, sich verkrampfen.
'**tense·ness** *s* **1.** Straffheit *f.* **2.** *fig.* (ner'vöse) Spannung, Verkrampfung *f.*
ten·si·bil·i·ty [ˌtensə'bɪlətɪ] *s* Dehnbarkeit *f.* '**ten·si·ble** *adj* spann-, dehnbar.
ten·sile ['tensaɪl; *Am.* -səl] *adj* **1.** dehn-, streckbar. **2.** *phys.* Spannungs..., Zug-...,

Dehn(ungs)...: ~ **strength (stress)** Zug-, Dehnfestigkeit *f* (-beanspruchung *f*).
ten·sim·e·ter [ten'sɪmɪtə(r)] *s tech.* Gas-, Dampf(druck)messer *m.*
ten·si·om·e·ter [ˌtensɪ'ɒmɪtə; *Am.* -'ɑmətər] *s tech.* Zugmesser *m.*
ten·sion ['tenʃn; *Am.* 'tentʃən] **I** *s* **1.** Spannung *f (a. electr.).* **2.** *med. phys.* Druck *m.* **3.** *fig.* a) Dehnung *f,* b) Zug-, Spannkraft *f*: ~ **spring** Zug-, Spannfeder *f.* **4.** *tech.* Spannvorrichtung *f.* **5.** *fig.* (ner'vöse) Spannung, (An)Gespanntheit *f.* **6.** *fig.* gespanntes Verhältnis, Spannung *f*: **political** ~ politische Spannung(en). **II** *v/t* **7.** (an)spannen. '**ten·sion·al** [-ʃnl] *adj* Dehn..., Spann(ungs)...
ten·sive ['tensɪv] *adj* Spannung verursachend.
ten·son ['tensn] *s* Ten'zone *f (Streitgedicht der Troubadours).*
ten·sor ['tensə(r)] *s* **1.** *a.* ~ **muscle** *anat.* Tensor *m,* Streck-, Spannmuskel *m.* **2.** *math.* Tensor *m.*
'**ten**|-ˌ**spot** *s Am. sl.* **1.** Kartenspiel: Zehn *f (Karte).* **2.** ‚Zehner' *m,* Zehn'dollarschein *m.* '~-**strike** *s* **1.** → **strike** 6. **2.** *fig. colloq.* ‚Volltreffer' *m.*
tent¹ [tent] **I** *s* **1.** Zelt *n*: → **oxygen.** **2.** *fig.* Wohnung *f,* Wohnstätte *f.* **II** *v/t* **3.** in Zelten 'unterbringen. **III** *v/i* **4.** zelten. **5.** in Zelten leben. **6.** wohnen.
tent² [tent] *s* **I** Tam'pon *m.* **II** *v/t* durch e-n Tam'pon offenhalten.
tent³ [tent] *s obs.* Tintowein *m.*
ten·ta·cle ['tentəkl] *s* **1.** *zo.* a) Ten'takel *m, n,* Fühler *m,* b) Fang-, Greifarm *m (e-s Polypen etc),* c) *bot.* Ten'takel *m.* **3.** *fig.* Fühler *m*: **to stretch out a** ~. '**ten·ta·cled** *adj (in Zssgn* ...)gefühlt, ...gefühlert, ...getentakelt. **ten'tac·u·lar** [-'tækjʊlə(r)] *adj* Fühler..., Tentakel... **ten'tac·u·late** [-lət; -lɪt], **ten'tac·u·lat·ed** [-leɪtɪd] *adj* **1.** mit Ten'takeln (versehen). **2.** ten'takelförmig.
ten·ta·tive ['tentətɪv] **I** *adj* **1.** a) versuchend, versuchsweise: **to make** ~ **inquiries** sondieren. **2.** vorsichtig, zögernd, zaghaft. **II** *s* **3.** Versuch *m.* '**ten·ta·tive·ly** *adv* **1.** versuchsweise, als Versuch. **2.** zögernd.
tent| **bed** *s* Feldbett *n.* ~ **cit·y** *s* Zeltstadt *f.*
ten·ter ['tentə(r)] *s tech.* Spannrahmen *m (für Tuch).* '~-**hook** *s tech.* Spannhaken *m*: **to be on** ~**s** *fig.* ‚wie auf (glühenden) Kohlen sitzen', auf die Folter gespannt sein; **to keep s.o. on** ~**s** *fig.* j-n auf die Folter spannen.
tenth [tenθ] **I** *adj* **1.** zehnt(er, e, es): **in the** ~ **place** zehntens, an zehnter Stelle. **2.** zehntel. **II** *s* **3.** (der, die, das) Zehnte: **the** ~ **of May** 10. Mai. **4.** Zehntel *n*: **a** ~ **of a second** e-e Zehntelsekunde. **5.** *hist.* Zehnt *m.* **6.** *mus.* De'zime *f*: ~ **chord** Dezimakkord *m.* '**tenth·ly** *adv* zehntens.
tent| **peg** *s* Zeltpflock *m,* Hering *m.* ~ **peg·ging** *s* Sportart zu Pferd, bei der in vollem Galopp Pflöcke mit der Lanze aus dem Boden geholt werden müssen. ~ **pole** *s* Zeltstange *f.* ~ **stitch** *s* Stickerei: Perlstich *m.*
ten·u·is ['tenjʊɪs; *Am.* -jəwəs] *pl* '**ten·u·es** [-iːz] *s ling.* Tenuis *f (stimmloser, nicht aspirierter Verschlußlaut).*
ten·u·i·ty [te'njuːətɪ; *Am.* -'nuː-] *s* **1.** Dünnheit *f (a. phys. e-r Substanz).* **2.** Zartheit *f.* **3.** Schlankheit *f.* **4.** *fig.* Dürftigkeit *f.*
ten·u·ous ['tenjʊəs; *Am.* -jəwəs] *adj* **1.** dünn, zart, fein. **3.** schlank. **4.** *phys.* dünn, verdünnt. **5.** *fig.* dürftig *(Argument etc).*
ten·ure ['tenjʊə(r); 'tenjə(r)] *s* **1.** (Grund-)

Besitz *m.* **2.** *jur.* a) Besitzart *f,* b) Besitztitel *m*: ~ **by lease** Pachtbesitz *m*; **feudal** ~ *hist.* Lehnsbesitz *m.* **3.** Besitzdauer *f.* **4.** Innehaben *n,* Bekleidung *f (e-s Amtes)*: ~ **of office** Amtsdauer *f.* **5.** Anstellung *f,* Amt *n.* **6.** *fig.* Genuß *m (e-r Sache).* **ten·u·ri·al** [te'njʊərɪəl] *adj* (Land)Besitz...
te·nu·to [tɪ'njuːtəʊ; *Am.* te'nuː-] *adj u. adv* ausgehalten *(Note, Ton).*
te·pee ['tiːpiː] *s* Indi'anerzelt *n,* Wigwam *m.*
tep·e·fy ['tepɪfaɪ] *v/t u. v/i* lauwarm machen (werden).
teph·rite ['tefraɪt] *s geol.* Te'phrit *m.*
tep·id ['tepɪd] *adj (adv* ~**ly**) lauwarm, lau *(a. fig.).* **te·pid·i·ty** [te'pɪdətɪ], *a.* '**tep·id·ness** *s* Lauheit *f (a. fig.).*
te·qui·la [tɪ'kiːlə; *Am.* -tə-] *s* Te'quila *f.*
tera- [terə] *Wortelement mit der Bedeutung* Billion: ~ **volt** Teravolt *n.*
ter·a·tism ['terətɪzəm] *s med.* 'Mißbildung *f,* Deformi'tät *f.* '**ter·a·toid** [-tɔɪd] *adj* mon'strös, 'mißgebildet. **II** *s* → **teratoma.** ˌ**ter·a'tol·o·gy** [-'tɒlədʒɪ; *Am.* -'tɑ-] *s* **1.** a) Märchen *n* von Ungeheuern, b) Sammlung solcher Märchen. **2.** *med.* Teratolo'gie *f (Lehre von den Mißbildungen).* ˌ**ter·a'to·ma** [-'təʊmə] *s med.* Tera'tom *n (angeborene Geschwulst aus Geweben).*
ter·bi·um ['tɜːbjəm; *Am.* 'tɜrbɪəm] *s* Terbium *n (metallisches Element).*
terce [tɜːs; *Am.* tɜrs] → **tierce** 2.
ter·cel ['tɜːsl; *Am.* 'tɜrsəl], '**terce·let** [-slɪt; *Am.* 'tɜrs-] *s orn.* männlicher Falke.
ter·cen·te·nar·y [ˌtɜːsen'tiːnərɪ; *Am.* ˌtɜrsen'te-], *a.* ˌ**ter·cen'ten·ni·al** [-'tenjəl; -nɪəl] **I** *adj* **1.** dreihundertjährig. **II** *s* **2.** dreihundertster Jahrestag. **3.** Dreihundertˌjahrfeier *f.*
ter·cet ['tɜːsɪt; *Am.* 'tɜrsət; *a.* -'set] *s* **1.** *metr.* Ter'zine *f.* **2.** *mus.* Tri'ole *f.*
ter·e·binth ['terəbɪnθ] *s bot.* Tere'binthe *f.*
ter·gal ['tɜːgl; *Am.* 'tɜrgəl] *adj zo.* Rücken...
ter·gi·ver·sate ['tɜːdʒɪvəˌseɪt; *Am.* ˌtɜr-'dʒɪvərˌseɪt] *v/i* **1.** Ausflüchte machen, sich drehen u. wenden. **2.** abfallen, abtrünnig werden. ˌ**ter·gi·ver'sa·tion** *s* **1.** Ausflucht *f.* **2.** Abfall *m.* **3.** Wankelmut *m.* **ter·gi·ver·sa·tor** [-tə(r)] *s* **1.** j-d, der Ausflüchte macht. **2.** Rene'gat *m,* Abtrünnige(r) *m.*
term [tɜːm; *Am.* tɜrm] **I** *s* **1.** *(bes. fachlicher)* Ausdruck, Bezeichnung *f*: → **technical** 2. **2.** *pl* Ausdrucksweise *f,* Worte *pl,* 'Denkkategoˌrien *pl*: **in** ~**s** ausdrücklich, in Worten; **to praise s.o. in the highest** ~**s** j-n in den höchsten Tönen loben; **to condemn s.th. in the strongest** ~**s** etwas schärfstens verurteilen; **in** ~**s of** a) in Form von *(od. gen),* b) im Sinne *(gen),* c) hinsichtlich *(gen),* bezüglich *(gen),* d) vom Standpunkt *(gen),* von ... her, e) verglichen mit, im Verhältnis zu; **in** ~**s of approval** beifällig; **in** ~**s of literature** literarisch (betrachtet), vom Literarischen her; **to think in military** ~**s** in militärischen Kategorien denken; **to think in** ~**s of money** (nur) in Mark u. Pfennig denken; → **plain¹** 4. **3.** *pl* Wortlaut *m*: **the exact** ~**s**; **to be in the following** ~**s** folgendermaßen lauten. **4.** a) Zeit *f,* Dauer *f*: ~ **(of imprisonment)** *jur.* Freiheitsstrafe *f*; ~ **of office** Amtszeit, -dauer, -periode *f*; **for a** ~ **of four years** für die Dauer von vier Jahren; **he is too old to serve a second** ~ er ist zu alt für e-e zweite Amtsperiode, b) *(Zahlungs- etc)* Frist *f*: ~ **of payment**; **on** ~ *econ.* auf Zeit; **on** *(od.* **in) the long** ~ auf lange Sicht; ~ **deposit** *econ.* Termingeld *n,* -einlage *f*; ~ **insurance** *econ.* Kurzversicherung *f.* **5.**

econ. a) Laufzeit *f*: ~ **of a contract**, b) Ter'min *m*: **to set a** ~ e-n Termin festsetzen; **at** ~ zum festgelegten Termin. **6.** *jur.* a) *Br.* Quar'talster,min *m* (*vierteljährlicher Zahltag für Miete, Zinsen etc*), b) *Br.* (*halbjährlicher*) Lohn-, Zahltag (*für Dienstboten*). **7.** *jur.* 'Sitzungsperi,ode *f*. **8.** *ped. univ.* Quar'tal *n*, Tri'mester *n*, Se'mester *n*: **end of** ~ Schul- *od.* Semesterschluß *m*; **to keep** ~**s** *Br.* Jura studieren. **9.** *pl* (Vertrags- *etc*)Bedingungen *pl*, Bestimmungen *pl*: ~**s of delivery** *econ.* Liefer(ungs)bedingungen; ~**s of trade** Austauschverhältnis *n* (*im Außenhandel*); **on easy** ~**s** zu günstigen Bedingungen; **on the** ~**s that** unter der Bedingung, daß; **to come to** ~**s** a) handelseinig werden, sich einigen (**with** mit), b) **with sich abfinden mit**; **to come to** ~**s with the past** die Vergangenheit bewältigen; **to come to** ~**s with the future** die Zukunft(sentwicklungen) akzeptieren; **to bring to** ~**s** *j-n* zur Annahme der Bedingungen bringen; → **equal** 10, **reference** 3. **10.** *pl* Preise *pl*, Hono'rar *n*: **what are your** ~**s**? was verlangen Sie?; **cash** ~**s** Barpreis *m*; **I'll give you special** ~**s** ich mache Ihnen e-n Sonderpreis; → **inclusive** 2. **11.** *pl* Beziehungen *pl*, Verhältnis *n* (*zwischen Personen*): **to be on good** (**bad, friendly**) ~**s with** auf gutem (schlechtem, freundschaftlichem) Fuße stehen mit; **they are not on speaking** ~**s** sie sprechen nicht (mehr) miteinander. **12.** *pl* gute Beziehungen *pl*: **to be on** ~ **with s.o.** mit *j-m* gut stehen. **13.** *math.* a) Glied *n*: ~ **of a sum** Summand *m*, b) Ausdruck *m*: ~ **of an equation**, c) *Geometrie*: Grenze *f*: ~ **of a line**. **14.** *Logik*: Begriff *m*: ~ **of contradiction** 3, **major** 5. **15.** *arch.* Grenzstein *m*, -säule *f*. **16.** *physiol.* a) errechneter Ent'bindungster,min: **to carry to** (full) ~ *ein Kind* austragen; **to go** (*od.* **be taken**) **to** ~ ausgetragen werden; **she is near her** ~ sie steht kurz vor der Niederkunft, b) *obs.* Menstruati'on *f*. **II** *v/t* **17.** (be)nennen, bezeichnen als.

ter·ma·gant ['tɜːməgənt; *Am.* 'tɜr-] **I** *adj* zänkisch, keifend, böse. **II** *s* Weibs-, Zankteufel *m*, (Haus)Drachen *m*.

ter·mi·na·bil·i·ty [,tɜːmɪnə'bɪlətɪ; *Am.* ,tɜr-] *s* **1.** Begrenzbarkeit *f*, Bestimmbarkeit *f*. **2.** (zeitliche) Begrenzung, Befristung *f*. **'ter·mi·na·ble** *adj* (*adv* **terminably**) **1.** begrenzbar, bestimmbar. **2.** befristet, zeitlich begrenzt, kündbar: ~ **agreement**. **'ter·mi·na·ble·ness** *s* terminability.

ter·mi·nal ['tɜːmɪnl; *Am.* 'tɜrmənl] **I** *adj* **1.** Grenz..., begrenzend: ~ **figure** → **term** 15. **2.** letzt(er, e, es), End..., (Ab-) Schluß...: ~ **airport** → 11 c; ~ **amplifier** *electr.* Endverstärker *m*; ~ **examination** *ped.* Abschlußprüfung *f*; ~ **station** *f* 11 a; ~ **syllable** *ling.* Endsilbe *f*; ~ **value** *math.* Endwert *m*; ~ **voltage** *electr.* Klemmenspannung *f*. **3.** *univ.* Semester..., Trimester... **4.** *med.* a) unheilbar (*a. fig.*), b) im Endstadium, c) Sterbe...: ~ **clinic**. **5.** *fig.* vernichtend, verhängnisvoll (**to** für). **6.** *bot.* end-, gipfelständig. **II** *s* **7.** Endstück *n*, -glied *n*, Ende *n*, Spitze *f*. **8.** *ling.* Endsilbe *f*, -buchstabe *m*, -wort *n*. **9.** *electr.* a) Klemmschraube *f*, b) (Anschluß)Klemme *f*, Pol *m*: **plus** (**minus**)~ Plus-(Minus)pol, c) Endstecker *m*, d) Kabelschuh *m*. **10.** *arch.* Endglied *n*, -verzierung *f*. **11.** *a) rail. etc* 'Endstati,on *f*, Kopfbahnhof *m*, b) End- *od.* Ausgangspunkt *m* (*e-r Transportlinie etc*), c) *aer.* Bestimmungsflughafen *m*: → **air terminal**, d) (zen'traler) 'Umschlagplatz. **12.** Terminal *n*: a) *Ein- u. Ausgabeeinheit e-r EDV-Anlage*, b) *Empfangs- u.*

Sendestation e-r Rohrpostanlage. **13.** *univ.* Se'mesterprüfung *f*. **'ter·mi·nal·ly** [-nəlɪ] *adv* **1.** zum Schluß, am Ende. **2.** ter'minweise. **3.** ~ **ill** *med.* unheilbar krank. **4.** *univ.* se'mesterweise.

ter·mi·nate ['tɜːmɪneɪt; *Am.* 'tɜrmə-] **I** *v/t* **1.** (*räumlich*) begrenzen. **2.** beendigen, abschließen. **3.** *econ. jur.* beendigen, aufheben, kündigen: **to** ~ **a contract**. **II** *v/i* **4.** (in) end(ig)en (in *dat*), aufhören (mit). **5.** *econ. jur.* endigen, ablaufen (*Vertrag etc*). **6.** *ling.* enden (in auf *acc*). **III** *adj* [-nət; -nɪt] **7.** begrenzt. **8.** *math.* endlich. **,ter·mi'na·tion** *s* **1.** Aufhören *n*. **2.** Ende *n*, Schluß *m*. **3.** Abschluß *m*, Beendigung *f*: ~ **of pregnancy** *med.* Schwangerschaftsabbruch *m*, -unterbrechung *f*. **4.** *jur.* Beendigung *f*: a) Ablauf *m*, Erlöschen *n*, b) Aufhebung *f*, Kündigung *f*: ~ **of a contract**. **5.** *ling.* Endung *f*. **,ter·mi'na·tion·al** [-ʃənl] *adj* **1.** → **terminative** 1. **2.** *ling.* durch Flexi'on der Endung gebildet: ~ **comparison** *ger.* manische Steigerung. **'ter·mi·na·tive** [-nətɪv; *Am.* -,neɪ-] *adj* (*adv* ~**ly**) **1.** beendigend, End..., (Ab)Schluß..., **2.** *ling.* den Abschluß e-r Handlung anzeigend.

ter·mi·ni ['tɜːmɪnaɪ; *Am.* 'tɜr-] *pl* von **terminus**.

ter·min·ism ['tɜːmɪnɪzəm; *Am.* 'tɜr-] *s philos. relig.* Termi'nismus *m*.

ter·mi·no·log·i·cal [,tɜːmɪnə'lɒdʒɪkl; *Am.* ,tɜrmənəl-] *adj* (*adv* ~**ly**) termino'logisch: ~ **inexactitude** *humor.* Schwindelei *f*. **,ter·mi'nol·o·gy** [-'nɒlədʒɪ; *Am.* -'nɑ-] *s* Terminolo'gie *f*, Fachsprache *f*, -ausdrücke *pl*.

ter·mi·nus ['tɜːmɪnəs; *Am.* 'tɜr-] *pl* **-ni** [-naɪ], **-nus·es** (*Lat.*) *s* **1.** Endpunkt *m*, Ziel *n*, Ende *n*. **2.** → **terminal** 11. **~ ad quem** [-,æd'kwem; *Am.* -,ɑːd-] *s jur. philos.* Zeitpunkt *m*, bis zu dem etwas gilt *od.* ausgeführt sein muß. **~ a quo** [-,ɑː-'kwəʊ] *s jur. philos.* Zeitpunkt *m*, von dem an etwas gilt *od.* ausgeführt wird.

ter·mi·tar·y ['tɜːmɪtərɪ; *Am.* 'tɜrmə,terɪ] *s zo.* Ter'mitenbau *m*, -hügel *m*. **ter·mite** ['tɜːmaɪt; *Am.* 'tɜr-] *s zo.* Ter'mite *f*.

'term·less *adj* **1.** unbegrenzt. **2.** bedingungslos.

term·or ['tɜːmə; *Am.* 'tɜrmər] *s jur.* Besitzer *m* auf (Lebens)Zeit.

'term·time *s* Schul- *od.* Se'mesterzeit *f* (*Ggs. Ferien*).

tern[1] [tɜːn; *Am.* tɜrn] *s orn.* Seeschwalbe *f*.
tern[2] [tɜːn; *Am.* tɜrn] *s* **1.** Dreiergruppe *f*, -satz *m*. **2.** *a.* ~ **schooner** *mar.* dreimastiger Schoner.

ter·nal ['tɜːnl; *Am.* 'tɜrnəl] → **ternary** 1.

ter·na·ry ['tɜːnərɪ; *Am.* 'tɜr-] *adj* **1.** aus (je) drei bestehend, dreifältig: ~ **code** Dreieralphabet *n*; ~ **form** *mus.* dreiteilige Form; ~ **number** Dreizahl *f*. **2.** *a. bot.* dreizählig, ter'när. **3.** *metall.* dreistoffig, Dreistoff...: ~ **alloy**. **4.** aus drei A'tomen bestehend. **5.** *math.* ter'när.

ter·nate ['tɜːnɪt; -neɪt; *Am.* 'tɜr-] → **ternary** 1, 2.

'terne(·plate) ['tɜːn-; *Am.* 'tɜrn-] *s metall.* Mattweißblech *n*. **{** 'pen *n*}. **ter·pene** ['tɜːpiːn; *Am.* 'tɜr-] *s chem.* Ter-**Terp·sich·o·re** [tɜːp'sɪkərɪ; *Am.* ,tɜrp-] *npr* Ter'psichore *f* (*Muse des Tanzes*). **,Terp·si'cho're·an** [-'riːən] *adj* t~ *oft humor.* Tanz..., tänzerisch.

ter·ra ['terə] (*Lat.*) *s* Erde *f*, Land *n*.
ter·race ['terəs] *s* **1.** *geol.* Ter'rasse *f*, Geländestufe *f*. **2.** *arch.* a) Ter'rassen-, Flachdach *n*, b) Ter'rasse *f*. **3.** *bes. Br.* Häuserreihe *f* (*an e-r leicht gelegenen Straße*). **4.** *Am.* Grünstreifen *m*, -anlage *f* (*in der Straßenmitte*). **5.** *sport Br.* (Zuschauer)Rang *m* (*im Stadion*): **the** ~**s** die Ränge (*a. die Zuschauer*). **II** *v/t* **6.** ter-'rassenförmig anlegen, terras'sieren. **7.** mit Ter'rassen versehen. **'ter·raced** *adj* **1.** ter'rassenförmig (angelegt). **2.** flach (*Dach*). **3.** ~ **house** *Br.* Reihenhaus *n*.

ter·ra|-cot·ta [,terə'kɒtə; *Am.* -'kɑ-] **I** *s* **1.** Terra'kotta *f*. **2.** Terra'kottafi,gur *f*. **II** *adj* **3.** Terrakotta... **~ fir·ma** [-'fɜːmə; *Am.* -'fɜrmə] (*Lat.*) *s* festes Land, fester Boden.

ter·rain [te'reɪn; *bes. Am.* tə-] *bes. mil.* **I** *s* Ter'rain *n*, Gelände *n*. **II** *adj* Gelände...

ter·ra in·cog·ni·ta [,terəɪŋ'kɒgnɪtə; *Am.* 'terəɪnˌkɒg'niːtə] *pl* **-rae -tae** [-riː; *Am.* -ˌraɪ ˌtaɪ] *s* Terra *f* in'cognita: a) unerforschtes Land, b) *fig.* unerforschtes Wissensgebiet.

ter·rane [te'reɪn] *s geol.* Formati'on(engruppe) *f*.

ter·ra·ne·an [tə'reɪnjən; -nɪən] *adj* irdisch, Erd...

ter·ra·ne·ous [tə'reɪnjəs; -nɪəs] *adj bot.* auf dem Lande wachsend, Land...

ter·ra·pin ['terəpɪn] *s zo.* Dosenschildkröte *f*.

ter·ra·que·an [te'reɪkwɪən], **ter'ra·que·ous** [-kwɪəs] *adj* aus Land u. Wasser bestehend.

ter·rar·i·um [te'reərɪəm; *Am.* tə'rær-] *pl* **-ums, -a** [-ə] *s* Ter'rarium *n*.

ter·raz·zo [te'rætsəʊ; *Am.* tə'rɑːtsəʊ] *s* Ter'razzo *m*, Ze'mentmosa,ik *n*.

ter·rene [te'riːn] *adj* **1.** irdisch, Erd... **2.** Erd..., erdig.

terre·plein ['teəpleɪn; *Am.* 'terə,pleɪn] *s* Wallgang *m*.

ter·res·tri·al [tɪ'restrɪəl] **I** *adj* **1.** irdisch, weltlich. **2.** Erd...: → **globe** 3. **3.** *geol.* ter'restrisch, (Fest)Land...; **4.** *bot. zo.* Land..., Boden... **II** *s* **5.** Erdbewohner(in).

ter·ret ['terɪt] *s* Zügelring *m* (*am Pferdegeschirr*).

ter·ri·ble ['terəbl] *adj* (*adv* **terribly**) schrecklich, furchtbar, fürchterlich (*alle a. fig. colloq.* außerordentlich). **'ter·ri·ble·ness** *s* Schrecklichkeit *f*, Fürchterlichkeit *f*.

ter·ri·er[1] ['terɪə(r)] *s* **1.** Terrier *m* (*Hunderasse*). **2.** T~ *colloq.* für territorial 4 a.
ter·ri·er[2] ['terɪə(r)] *s jur.* Flurbuch *n*.

ter·rif·ic [tə'rɪfɪk] *adj* (*adv* ~**ally**) **1.** fürchterlich, furchtbar, schrecklich (*alle a. fig. colloq.*). **2.** *colloq.* ‚toll‘, phan'tastisch, gewaltig.

ter·ri·fied ['terɪfaɪd] *adj* (zu Tode) erschrocken, entsetzt, verängstigt: **to be** ~ **of** schreckliche Angst haben vor (*dat*).

ter·ri·fy ['terɪfaɪ] *v/t j-m* Angst u. Schrecken einjagen: **to** ~ **s.o. into doing s.th.** *j-m* solche Angst einjagen, daß er etwas tut.

'ter·ri·fy·ing → **terrific** 1.

ter·rig·e·nous [te'rɪdʒənəs] *adj geol.* terri'gen, vom Festland stammend.

ter·rine [te'riːn] *s* **1.** irdenes Gefäß (*zum Einmachen od. Servieren*). **2.** → **tureen**.

ter·ri·to·ri·al [,terɪ'tɔːrɪəl; *Am. a.* -'tɔʊ-] **I** *adj* (*adv* ~**ly**) **1.** Grund..., Land...: ~ **property**. **2.** territori'al, Landes..., Gebiets...: ~ **airspace** Lufthoheitsgebiet *n*; **T~ Army, T~ Force** *mil.* Territorialarmee *f*, Landwehr *f*; ~ **claims** *pol.* territoriale Forderungen; ~ **jurisdiction** *jur.* örtliche Zuständigkeit; ~ **waters** Hoheitsgewässer. **3.** T~ Territorial..., ein Terri'torium (*der USA*) betreffend. **II** *s* **4.** T~ *mil.* a) Territori'alsol,dat *m*, Landwehrmann *m*, b) *pl* Territori'altruppen *pl*, -ar,mee *f*. **,ter·ri'to·ri·al·ize** *v/t* **1.** territori'al machen. **2.** zum Territo'rium *od.* Staatsgebiet machen.

ter·ri·to·ry ['terɪtərɪ; *Am.* 'terə,tɔːrɪ; -,tɔʊ-] *s* **1.** Gebiet *n*, Terri'torium *n* (*beide a. fig.*), *fig. a.* Bereich *m*. **2.** *pol.* Hoheits-,

Staatsgebiet *n*: **on British ~** auf britischem Gebiet. **3. T~** *pol.* Terri'torium *n* (*Schutzgebiet*). **4.** *econ.* (Vertrags-, Vertreter)Gebiet *n*, (-)Bezirk *m*. **5.** *sport* (Spielfeld)Hälfte *f*.

ter·ror ['terə(r)] *s* **1.** (tödlicher) Schrecken, Entsetzen *n*, schreckliche Angst (**of** vor *dat*): **to strike with ~** in Angst u. Schrecken versetzen; **deadly ~** Todesangst *f*. **2.** Schrecken *m* (*schreckeneinflößende Person od. Sache*): **political ~** Politterror *m*; **~ bombing** Bombenterror *m*. **3.** Terror *m*, Gewalt-, Schreckensherrschaft *f*. **4.** *colloq.* a) ‚Ekel' *n*, ‚Landplage' *f*, b) Schreckgespenst *n*, Alptraum *m*, c) (schreckliche) Plage (to für). **'ter·ror-ism** *s* **1.** → **terror** 3. **2.** Terro'rismus *m*. **3.** Terrori'sierung *f*. **'ter·ror·ist** **I** *s* Terro'rist(in). **II** *adj* terro'ristisch, Terror...: **~ group** Terroristengruppe *f*. **'ter·ror·ize** *v/t* **1.** terrori'sieren. **2.** einschüchtern.

'ter·ror|-,strick·en, '~-struck *adj u. adv* schreckerfüllt, starr vor Schreck.

ter·ry ['terɪ] **I** *s* **1.** ungeschnittener Samt *od.* Plüsch. **2.** Frot'tiertuch *n*, -gewebe *n*. **3.** Schlinge *f* (*des ungeschnittenen Samtes etc*). **II** *adj* **4.** ungeschnitten (*Samt*): **~ velvet** Frisé-, Kräuselsamt *m*. **5.** frot-'teeartig: **~ cloth** → 2; **~ towel** Frottier-, Frottee(hand)tuch *n*.

terse [tɜːs; *Am.* tɜrs] *adj* (*adv* **~ly**) **1.** knapp, kurz u. bündig, markig, prä'gnant. **2. to be ~** kurz angebunden sein. **'terse·ness** *s* Knappheit *f*, Kürze *f*, Prä'gnanz *f*.

ter·tial ['tɜːʃl; *Am.* 'tɜrʃəl] *s orn.* Schwungfeder *f* der dritten Reihe.

ter·tian ['tɜːʃn; *Am.* 'tɜrʃən] *med.* **I** *adj* am dritten Tag wiederkommend, Tertian...: **~ ague, ~ fever, ~ malaria** → II. **II** *s* Terti'anfieber *n*.

ter·ti·ar·y ['tɜːʃərɪ; *Am.* 'tɜr-; *a.* -ʃɪerɪ:] **I** *adj* **1.** *allg.* (*geol.* **T~**) terti'är, Tertiär...: **~ winding** *electr.* Tertiärwicklung *f*. **2.** *med.* terti'är, dritten Grades: **~ burns. II** *s* **3. T~** *geol.* Terti'är *n*. **4.** *a.* **T~** *relig.* Terti'arier(in). **5.** → **tertial**.

ter·va·lent [tɜː'veɪlənt; *Am.* tɜr-] *adj chem.* dreiwertig.

ter·y·lene ['terəliːn] (*TM*) *s* Terylene *n* (*Gewebe aus synthetischer Faser*).

ter·za ri·ma, ter·ze ri·me [,tɜːtsəˈriːmə; *Am.* ,tɜr-], [,tɜːtseˈriːmeɪ; *Am.* ,tɜr-] *metr.* Ter'zine *f* (*meist durch Kettenreim mit den anderen verbundenen Strophe aus drei elfsilbigen Versen*).

ter·zet·to [tɜːtˈsetəʊ; *Am.* tɜrt-] *pl* **-tos, -ti** [-tiː] *s mus.* (vo'kales) Ter'zett *od.* Trio.

Tes·la ['teslə] *adj electr.* Tesla...

tes·sel·late I *v/t* ['tesɪleɪt] **1.** tessel'lieren, mit Mosa'iksteinchen auslegen, mosa'ikartig zs.-setzen. **II** *adj* [*a.* -lɪt] **2.** → **tessellated**. **3.** *bot.* gewürfelt. **'tes·sel·lat·ed** *adj* gewürfelt, mosa'ik-, schachbrettartig, Mosaik...: **~ floor, ~ pavement** Mosaik(fuß)boden *m*. **,tes·sel-'la·tion** *s* Mosa'ik(arbeit *f*) *n*.

tes·ser·a ['tesərə] *pl* **-ser·ae** [-riː] *s* (Mosa'ik)Steinchen *n*, (viereckiges) Täfelchen.

test¹ [test] **I** *s* **1.** *allg., a. tech.* Probe *f*, Versuch *m*, Test *m*. **2.** a) Prüfung *f*, Unter'suchung *f*, Stichprobe *f*, b) *fig.* Probe *f*, Prüfung *f*: **a severe ~** e-e strenge Prüfung, *fig.* e-e harte Probe; **to put to the ~** auf die Probe stellen; **to put to the ~ of experience** praktisch erproben; **to stand the ~** die Probe bestehen, sich bewähren; **~ of strength** Kraftprobe *f*; **crucial** 1. **3.** Prüfstein *m*, Prüfungsmaßstab *m*, Kri'terium *n*: **success is not a fair ~. 4.** *ped. psych.* Test *m*, (Eignungs-, Leistungs)Prüfung *f*. **5.** *med.* (*Blut- etc*) Probe *f*, Test *m*. **6.** *chem.* a) Ana'lyse *f*, b) Rea'gens *n*, c) Nachweis *m*, Prüfbefund *m*. **7.** *metall.* a) Versuchstiegel *m*, Ka'pelle *f*, b) Treibherd *m*. **8.** Probebohrung *f* (*nach Öl*). **9.** → **test match. 10.** *Br. hist.* Testeid *m*: **T~ Act** Testakte *f* (*Gesetz von 1673*); **to take the ~** den Testeid leisten. **II** *v/t* **11.** (**for** s.th. auf etwas [hin]) prüfen (*a. ped.*) *od.* unter'suchen, erproben, e-r Prüfung unter'ziehen, testen (*alle a. tech.*): **to ~ out** ausprobieren. **12.** auf die Probe stellen: **to ~ s.o.'s patience. 13.** *ped. psych.* *j-n* testen. **14.** *chem.* analy'sieren. **15.** *electr.* e-e Leitung prüfen *od.* abfragen. **16.** *math.* die Probe machen auf (*acc*). **17.** *mil.* anschießen: **to ~ a gun. III** *adj* **18.** Probe..., Versuchs..., Prüf(ungs)..., Test...: **~ circuit** *electr.* Meßkreis *m*; **~ drive** *mot.* Probefahrt *f*; **~ flight** *aer.* Probe-, Testflug *m*; **~ run** *tech.* Probelauf *m* (*e-r Maschine etc*); **~ track** *mot.* Teststrecke *f*; **~ word** *psych.* Reizwort *n*.

test² [test] *s* **1.** *zo.* harte Schale (*von Mollusken etc*). **2.** → **testa**.

tes·ta ['testə] *pl* **-tae** [-tiː] *s bot.* Samenschale *f*.

test·a·ble ['testəbl] *adj* **1.** prüf-, unter'suchbar. **2.** *jur.* a) letztwillig verfügbar, b) bezeugbar, c) als Zeuge zuverlässig.

tes·ta·cean [teˈsteɪʃn] *zo.* **I** *adj* hartschalig, Schaltier... **II** *s* Schaltier *n*. **tes-'ta·ceous** [-ʃəs] *adj zo.* hartschalig, Schalen...

tes·ta·cy ['testəsɪ] *s jur.* Testa'mentshinter,lassung *f*.

tes·tae ['testiː] *pl von* **testa**.

tes·ta·ment ['testəmənt] *s* **1.** *meist* **last will and ~** *jur.* Testa'ment *n*, letzter Wille. **2.** *obs. außer relig.* Bund *m*. **3. T~** *Bibl.* (*Altes od. Neues*) Testa'ment. **4.** Zeugnis *n*, Beweis *m* (**to** gen *od.* für). **,tes·ta-'men·ta·ry** [-'mentərɪ] *adj jur.* testamen'tarisch: a) letztwillig, b) durch Testa'ment (vermacht *od.* bestimmt): **~ disposition** letztwillige Verfügung; **~ guardian** durch Testament eingesetzter Vormund; **~ capacity** Testierfähigkeit *f*.

tes·ta·mur [teˈsteɪmə(r)] (*Lat.*) *s bes. univ. Br.* Prüfungszeugnis *n*.

tes·tate ['testeɪt; -tɪt] *adj jur.*: **to die ~** unter Hinter'lassung e-s Testa'ments sterben, ein Testament hinter'lassen. **tes'ta·tor** [-tə(r)] *s jur.* 'Erb,lasser *m*. **tes'ta·trix** [-trɪks] *pl* **-tri·ces** [-trɪsiːz] *s* 'Erb,lasserin *f*.

test| ban trea·ty *s pol.* Teststoppabkommen *n*. **~-bed** *s ech.* Prüfstand *m*. **~ card** *s TV Br.* Testbild *n*. **~ case** *s* **1.** Muster-, Schulbeispiel *n*. **2.** *jur.* a) 'Musterpro,zeß *m*, b) Präze'denzfall *m*. **'~-drive** *v/t irr mot.* ein Auto probefahren.

test·ed ['testɪd] *adj* geprüft, erprobt (*a. weit*S. *bewährt*): **clinically ~**.

tes·tee [teˈstiː] *s ped. psych.* 'Testper,son *f*, Prüfling *m*.

test·er¹ ['testə(r)] *s* **1.** Prüfer *m*, Prüfgerät *n*, Testvorrichtung *f*.

tes·ter² ['testə(r)] *s* **1.** *arch.* Baldachin *m*. **2.** (Bett)Himmel *m*.

tes·tes ['testiːz] *pl von* **testis**.

'test|-,fire → **test¹** 17. **'~-fly** *v/t irr aer.* ein Flugzeug probefliegen. **~ glass** → **test tube**.

tes·ti·cle ['testɪkl] *s anat.* Te'stikel *m*, Hode *m, f*, Hoden *m*. **tes'tic·u·lar** [-jʊlə(r)] *adj*.

tes·ti·fy ['testɪfaɪ] **I** *v/i* **1.** *jur.* (als Zeuge) aussagen: **to refuse to ~** die Aussage verweigern; **to ~ against** a) aussagen gegen (*j-n*), b) *Bibl.* Zeugnis ablegen wider (*j-n*); **to ~ to** a) etwas bezeugen, b) *fig.* → 3. **II** *v/t* **2.** *jur.* aussagen, bezeugen. **3.** *fig.* bezeugen: a) zeugen von, b) kundtun.

tes·ti·mo·ni·al [,testɪˈməʊnjəl; -nɪəl] **I** *s* **1.** (Führungs- *etc*)Zeugnis *n*. **2.** Empfehlungsschreiben *n*, Refe'renz *f*. **3.** (Zeichen *n* der) Anerkennung *f*, *bes.* Ehrengabe *f*. **II** *adj* **4.** Anerkennungs..., Ehren...

tes·ti·mo·ny ['testɪmənɪ; *Am.* -,məʊ-] *s* **1.** Zeugnis *n*: a) *jur.* (mündliche) Zeugenaussage, b) Beweis *m*: **in ~ whereof** *jur.* urkundlich dessen; **to bear ~ to** bezeugen (*a. fig.*); **to call s.o. in ~** *jur.* j-n als Zeugen aufrufen, *fig.* j-n zum Zeugen anrufen; **to have s.o.'s ~ for** j-n zum Zeugen haben können; **on his ~** auf Grund s-r Aussage. **2.** *collect.* Zeugnis(se *pl*) *n*, Berichte *pl*: **the ~ of history**. **3.** *Bibl.* Zeugnis *n*: a) Gesetzestafeln *pl*, b) *meist pl* (göttliche) Offen'barung, *a.* Heilige Schrift.

tes·ti·ness ['testɪnɪs] *s* Gereiztheit *f*.

test·ing ['testɪŋ] **I** *s* **1.** Probe *f*, Erprobung *f*. **2.** Prüfung *f*, Unter'suchung *f*, Testen *n*. **II** *adj* **3.** *bes. tech.* Probe..., Prüf..., Versuchs..., Meß..., Test... (*a. psych. etc*): **~ circuit** *electr.* Meßkreis *m*; **~ engineer** Prüf(feld)ingenieur *m*; **~ ground** *tech.* a) Prüffeld *n*, b) Versuchsgelände *n*.

tes·tis ['testɪs] *pl* **-tes** [-tiːz] (*Lat.*) → **testicle**.

test| lamp *s tech.* Prüflampe *f*. **~ load** *s tech.* Probebelastung *f*. **~ match** *s Kricket*: internatio'naler Vergleichskampf. **~ mod·el** *s tech.* Ver'suchsmo,dell *n*.

tes·ton ['testən; *Am.* -,tɑːn], *a.* **tes·toon** [teˈstuːn] *s hist.* **1.** Te'ston *m* (*französische Silbermünze im 16. Jh.*). **2.** Schilling *m* (*in England zur Zeit Heinrichs VIII.*).

tes·tos·ter·one [teˈstɒstərəʊn; *Am.* -ˈstɑːs-] *s biol. chem.* Testoste'ron *n* (*männliches Sexualhormon*).

test| pa·per *s* **1.** *ped.* a) Prüfungsbogen *m*, b) schriftliche (Klassen)Arbeit. **2.** *chem.* Rea'genz-, 'Lackmuspa,pier *n*. **3.** *jur. Am.* Handschriftenprobe *f*. **~ pat·tern** *s TV Am.* Testbild *n*. **~ pi·lot** *s aer.* 'Testpi,lot *m*. **~ print** *s phot.* Probeabzug *m*. **~ so·lu·tion** *s chem.* Ti'trierlösung *f*. **~ stand** *s tech.* Prüfstand *m*. **~ tube** *s biol. chem.* Rea'genzglas *n*. **'~-tube** *adj* **1.** in der Re'torte entwickelt *od.* produ'ziert: **~ fabrics. 2.** *med.* aus der Re'torte, Retorten...: **~ babies**.

tes·tu·di·nal [teˈstjuːdɪnl; *Am. a.* -ˈstuː-] *adj zo.* schildkrötenartig.

tes·ty ['testɪ] *adj* (*adv* **testily**) gereizt, reizbar, unwirsch.

te·tan·ic [təˈtænɪk] *adj med.* te'tanisch, starrkrampfartig. **tet·a·nism** ['tetənɪzəm] *s med.* gesteigerter Muskeltonus. **'tet·a·nize** *v/t* tetani'sieren, Starrkrampf erzeugen bei (*j-m*) *od.* in (*e-m Organ*). **tet·a·nus** ['tetənəs] *s med.* Tetanus *m*: a) (*bes.* Wund)Starrkrampf *m*, b) te'tanischer Krampfanfall, c) Starrkrampferzeuger *m*.

tetch·i·ness ['tetʃɪnɪs] *s* Reizbarkeit *f*. **'tetch·y** *adj* (*adv* **tetchily**) empfindlich, reizbar.

tête-à-tête [,teɪtəˈteɪt; *Am.* ,teɪtəˈ-] **I** *adj u. adv* **1.** vertraulich, unter vier Augen. **2.** ganz al'lein (**with** mit). **II** *s* **3.** Tête-à-'tête *n*.

tête-bêche [,tetˈbeʃ; *Am. a.* ,teɪtˈbeɪʃ] *s Philatelie*: Kehrdruck *m*.

teth·er ['teðə(r)] **I** *s* **1.** Haltestrick *m*, (-)Seil *n*. **2.** *fig.* a) Spielraum *m*, b) (geistiger) Hori'zont: **to be at the end of one's ~** am Ende s-r (*a. finanziellen*) Kräfte sein, sich nicht mehr zu helfen wissen, am Ende s-r Geduld sein. **II** *v/t* **3.** *Vieh* anbinden (**to** an *acc*). **4.** (**to**) *fig.* binden (an *acc*), beschränken (auf *acc*).

tetra- [tetrə] *Wortelement mit der Bedeutung* vier.

tet·ra·bas·ic adj chem. vierbasisch.
tet·ra·chlo·ride s Tetrachlo'rid n.
'tet·ra·chord s mus. Tetra'chord n.
tet·rad ['tetræd] s **1.** Vierzahl f. **2.** (die Zahl) Vier f. **3.** chem. vierwertiges A'tom od. Ele'ment. **4.** biol. ('Sporen)Te₁trade f.
tet·ra·gon ['tetrəgən; Am. -₁gɑn] s math. Tetra'gon n, Viereck n. **te·trag·o·nal** [te'trægənl] adj **1.** math. viereckig, tetrago'nal. **2.** bot. vierkantig.
te·trag·y·nous [te'trædʒɪnəs] adj bot. tetra'gynisch, mit 4 Griffeln od. Narben (Blüte).
tet·ra·he·dral [₁tetrə'hedrəl; bes. Am. -'hi:-] adj math. min. vierflächig, tetra'edrisch: **~ angle** Vierkant m. **₁tet·ra'he·dron** [-drən] pl **-'he·drons, -'he·dra** [-drə] s math. Tetra'eder n, Vierflächner m.
'tet·ra₁hex·a'he·dral adj math. tetrakishexa'edrisch, vierundzwanzigflächig.
te·tral·o·gy [tə'trælədʒɪ; Am. a. -'trɑ-] s Tetralo'gie f.
te·tram·e·ter [te'træmɪtə(r)] s metr. Te'trameter m.
te·tran·drous [te'trændrəs] adj bot. te'trandrisch, viermännig.
tet·ra·pet·al·ous [₁tetrə'petələs] adj bot. tetrape'talisch, mit 4 Blütenblättern.
tet·ra·ploid ['tetrəplɔɪd] adj biol. tetraplo'id (mit vierfachem Chromosomensatz).
tet·ra·pod ['tetrəpɒd; Am. -₁pɑd] zo. **I** adj vierfüßig. **II** s Tetra'pod m, Vierfüßer m.
te·trarch ['tetrɑ:(r)k; 'ti:-] s hist. **1.** Te'trarch m, Vierfürst m. **2.** mil. 'Unterbefehlshaber m.
tet·ra·tom·ic [₁tetrə'tɒmɪk; Am. -'tɑ-] adj chem. vieratomig.
tet·ra·va·lent [₁tetrə'veɪlənt] adj chem. vierwertig.
tet·rode ['tetrəʊd] s electr. Te'trode f, Vierpolröhre f.
tet·ter ['tetə(r)] s med. Flechte f.
Teu·ton ['tju:tən; Am. a. 'tu:-] **I** s **1.** Ger'mane m, Ger'manin f. **2.** Teu'tone m, Teu'tonin f. **3.** colloq. Deutsche(r m) f. **II** adj → **Teutonic** I. **Teu'ton·ic** [-'tɒnɪk; Am. -'tɑ-] **I** adj **1.** ger'manisch. **2.** teu'tonisch. **3.** oft contp. (typisch) deutsch: **~ thoroughness**. **4.** Deutschordens...: **~ Knights** Deutschordensritter pl; **~ Order** Deutschritterorden m. **II** s **5.** ling. Ger'manisch n, das Germanische. **'Teu·ton·ism** [-tənɪzəm] s **1.** Germa'nentum n, ger'manisches Wesen. **2.** Teuto'nismus m, Glaube m an die Überlegenheit der ger'manischen Rasse. **3.** ling. Germa'nismus m. **'Teu·ton·ize** v/t u. v/i (sich) germani'sieren.
Tex·an ['teksən] **I** adj te'xanisch, aus Texas. **II** s Te'xaner(in).
Tex·as₁ fe·ver s vet. Texasfieber n, 'Rinderma₁laria f. **~ Rang·ers** s pl berittene Staatspolizeitruppe von Texas. **~ tow·er** s mil. Radarvorwarnturm m.
text [tekst] s **1.** (Ur)Text m. **2.** (genauer) Wortlaut. **3.** print. Text(abdruck, -teil) m (Ggs. Illustrationen etc). **4.** (Lied- etc)Text m. **5.** Thema n: **to stick to one's ~** bei der Sache bleiben. **6.** → **textbook**. **7.** a) Bibelstelle f, b) Bibeltext m. **8.** → **text hand**. **9.** print. a) Text f (Schriftgrad von 20 Punkt), b) Frak'turschrift f. **'~·book** s Lehrbuch n, Leitfaden m (**on** gen): **~ example** Paradebeispiel n. **~ hand** s große Hand- od. Schreibschrift.
tex·tile ['tekstaɪl; Am. a. -tl] **I** s **1.** Gewebe n, Webstoff m. **2.** pl Web-, Tex'tilwaren pl, Tex'tilien pl. **2.** Faserstoff m. **II** adj **3.** gewebt, Textil..., Stoff..., Gewebe...: **~ industry** Textilindustrie f; **~ goods** → 1 b.
tex·tu·al ['tekstjʊəl; Am. -tʃʊəl] adj (adv ~ly) **1.** Text..., textlich: **~ criticism** (Bibel)Textkritik f; **~ reading** Lesart f. **2.** wortgetreu, wörtlich. **'tex·tu·al·ism** s **1.** strenges Festhalten am Wortlaut (bes. der Bibel). **2.** (bes. 'Bibel-)₁Textkri₁tik f.
tex·tu·ral ['tekstʃərəl] adj (adv ~ly) **1.** Gewebe... **2.** Struktur..., struktu'rell: **~ changes**.
tex·ture ['tekstʃə(r)] s **1.** Gewebe n. **2.** a. geol. Struk'tur f, Gefüge n. **3.** Struk'tur f, Beschaffenheit f. **4.** biol. Tex'tur f (Gewebezustand). **5.** Maserung f (des Holzes).
T|gird·er s tech. T-Träger m. **'~-group** s psych. Trainingsgruppe f.
Thai [taɪ] pl **Thais, Thai** s **1.** Thai m, f, Thailänder(in). **2.** ling. a) Thai n, b) Thaisprachen pl. **II** adj **3.** Thai..., thailändisch. **4.** ling. Thai...
thal·a·mus ['θæləməs] pl **-mi** [-maɪ] s **1.** anat. Thalamus m, Sehhügel m. **2.** bot. Fruchtboden m.
tha·lid·o·mide [θə'lɪdəmaɪd] s med. pharm. Thalido'mid n: **~ baby** Conterganbaby n.
thal·li ['θælaɪ] pl von **thallus**.
thal·lic ['θælɪk] → **thallous**.
thal·li·um ['θælɪəm] s chem. Thallium n.
thal·lous ['θæləs] adj chem. Thallium...
thal·lus ['θæləs] pl **-li** [-laɪ], **-lus·es** s bot. Thallus m, Lager n.
Thames [temz] npr Themse f: **he won't set the ~ on fire** fig. er hat das Pulver auch nicht erfunden.
than [ðən; ðæn] conj (nach e-m Komparativ) als: **younger ~ he**; **she would rather lie ~ admit it** lieber log sie, als es zuzugeben; **more ~ was necessary** mehr als nötig; **none other ~ you** niemand anders als Sie.
than·age ['θeɪnɪdʒ] s hist. **1.** Thanswürde f, -rang m. **2.** Lehnsgut n od. -pflichten pl e-s Thans.
than·a·tol·o·gy [₁θænə'tɒlədʒɪ; Am. -'tɑ-] s Thanatolo'gie f (Forschungsgebiet, das sich mit Fragen des Sterbens u. des Todes befaßt).
thane [θeɪn] s **1.** hist. a) Gefolgsadlige(r) m (bei den Angelsachsen u. Dänen), b) Than m, Lehnsmann m (der schottischen Könige). **2.** allg. schottischer Adlige(r).
thank [θæŋk] **I** s pl a) Dank m, b) Dankesbezeigung(en pl) f: **to give ~s to God** Gott danken; **letter of ~s** Dank(es)brief m; **in ~s for** zum Dank für; **with ~s** abgedankt, mit Dank; **~s to** a. fig. u. iro. dank (gen); **small ~s to her**, **we succeeded** ohne ihre Hilfe gelang es uns; **~s** danke; **no, ~** nein, danke; **many ~s** vielen Dank; **small ~s I got** schlecht hat man es mir gedankt. **II** v/t j-m danken, sich bedanken bei: **(I) ~ you** danke; **no, ~ you** nein, danke; **(yes,) ~ you** ja, bitte; **I will ~ you** oft iro. ich wäre Ihnen sehr dankbar (**for doing**, to do wenn Sie täten); **~ you for nothing** iro. ich danke (bestens); **he has only himself to ~ for that** iro. das hat er sich selbst zuzuschreiben; → **star** 3.
thank·ee ['θæŋkɪ] interj sl. danke.
thank·ful ['θæŋkfʊl] adj (adv ~ly) dankbar (**to** s.o. j-m): **I am ~ that** ich bin (heil)froh, daß. **'thank·ful·ness** s Dankbarkeit f.
thank·less adj (adv ~ly) undankbar (Person; fig. a. Aufgabe etc): **a ~ task**. **'thank·less·ness** s Undankbarkeit f.
thank of·fer·ing s Bibl. Sühneopfer n.
'thanks₁giv·er s Danksager(in). **'~₁giv·ing** s **1.** Danksagung f, bes. Dankgebet n. **2.** Am. **'~ (Day)** Dankfest n (4. Donnerstag im November).
'thank₁wor·thy adj dankenswert. **'~-you** s Danke(schön) n: **~ letter** Dankschreiben m, -brief m.

that¹ [ðæt] **I** pron u. adj (hinweisend) pl **those** [ðəʊz] **1.** (ohne pl) das: **~ is true** das stimmt; **~'s all** das ist alles; **~'s it!** a) so ist's recht!, b) das ist es ja (gerade)!; **~'s what it is** das ist es ja; **~'s colloq.** das wäre erledigt, ,damit basta'; **well, ~ was ~!** colloq. aus der Traum!; **~ is (to say)** das heißt; **and ~** und zwar; **at ~** a) zudem, (noch) obendrein, b) colloq. dabei; **let it go at ~** colloq. lassen wir es dabei bewenden; **for all ~** trotz alledem; **like ~** so; **~'s what he told me** so hat er es mir erzählt. **2.** (bes. von weiter entfernten Personen etc sowie zur Betonung) jener, jene, jenes, der, die, das, der-, die-, dasjenige: **this cake is much better than ~ (one)** dieser Kuchen ist viel besser als jener; **~ car over there** jenes od. (meist) das Auto da drüben; **~ there man** vulg. der Mann da; **those who** diejenigen welche; **~ which** das, was; **those are his friends** das sind s-e Freunde. **3.** solch(er, e, es): **to ~ degree that** in solchem Ausmaße od. so sehr, daß. **II** adv **4.** colloq. so (sehr), dermaßen: **~ far** so weit; **~ furious** so od. dermaßen wütend; **not all ~ good** so gut auch wieder nicht; **~ much** so viel.

that² [ðət; ðæt] pl **that** relative pron **1.** (in einschränkenden Sätzen; e-e prep darf nie davorstehen) der, die, das, welch(er, e, es): **the book ~ he wanted** das Buch, das er wünschte; **the man ~ I spoke of** der Mann, von dem ich sprach; **the day ~ I met her** der Tag, an dem ich sie traf; **any house ~** jedes Haus, das; **no one ~** keiner, der; **Mrs. Jones, Miss Black ~ was** colloq. Frau J., geborene B.; **Mrs. Quilp ~ is** die jetzige Frau Q. **2.** (nach **all, everything, nothing**, etc) was: **all ~** alles, was; **the best ~** das Beste, was.

that³ [ðət; ðæt] conj **1.** (in Subjekts- u. Objektssätzen) daß: **it is a pity ~ he is not here** es ist schade, daß er nicht hier ist; **it is 5 years ~ he went away** es sind nun 5 Jahre her, daß od. seitdem er fortging; **I am not sure ~ it will be there** ich bin nicht sicher, ob od. daß es dort ist od. sein wird. **2.** (in Konsekutivsätzen) daß: **so ~** so daß; **I was so tired ~ I went to bed** ich war so müde, daß ich zu Bett ging. **3.** (in Finalsätzen) da'mit, daß: **we went there ~ we might see it** wir gingen hin, um es zu sehen. **4.** (in Kausalsätzen) weil, da (ja), daß: **not ~ I have any objection** nicht, daß ich etwas dagegen hätte; **it is rather ~** es ist eher deshalb, weil; **in ~** a) darum, weil, b) insofern, als. **5.** (in Wunschsätzen u. Ausrufen) daß: **O ~ I could believe it!** daß ich es doch glauben könnte! **6.** (nach Adverbien der Zeit) da, als: **now ~** jetzt, da; **at the time ~ I was born** zu der Zeit, als ich geboren wurde.

thatch [θætʃ] **I** s **1.** Dachstroh n, 'Deckmateri₁al n (Stroh, Reet etc). **2.** Strohreetdach n. **3.** colloq. (Haar)Schopf m. **II** v/t **4.** mit Stroh etc decken: **~ed cottage** kleines strohgedecktes Landhaus; **~ed roof** → 2. **'thatch·er** s Dachdecker m. **'thatch·ing** → **thatch** 1.
thau·ma·tol·o·gy [₁θɔ:mə'tɒlədʒɪ; Am. -'tɑ-] s Wunderlehre f, Thaumatolo'gie f.
thau·ma·trope ['θɔ:mətrəʊp] s phys. Wunderscheibe f, Thauma'trop m.
thau·ma·turge ['θɔ:mətɜ:dʒ; Am. -'tɜ:rdʒ] s **a)** Zauberer m, **b)** Wundertäter m. **'thau·ma·tur·gy** [-dʒɪ] s Thaumatur'gie f.
thaw [θɔ:] **I** v/i **1.** (auf)tauen, schmelzen: **the ice ~s**. **2.** impers tauen: **it is ~ing**. **3.** fig. ,auftauen' (Person). **II** v/t **4.** schmelzen, auftauen, zum Tauen bringen. **5.** a. **~ out** fig. j-n ,auftauen lassen'. **III** s **6.** (Auf)Tauen n. **7.** Tauwetter n (a.

fig. pol.). **8.** *fig.* ‚Auftauen' *n*, ‚Warmwerden' *n*.
the¹ [unbetont vor Konsonanten: ðə; unbetont vor Vokalen: ðɪ; betont od. alleinstehend: ðiː] **1.** (*bestimmter Artikel*) der, die, das, *pl* die (*u. die entsprechenden Formen im acc u. dat*): ~ **book on** ~ **table** das Buch auf dem Tisch; ~ **England of today** das England von heute; ~ **Browns** die Browns, die Familie Brown. **2.** *vor Maßangaben*: **one dollar** ~ **pound** e-n Dollar das Pfund; **wine at 2 pounds** ~ **bottle** Wein zu 2 Pfund die Flasche. **3.** [ðiː] 'der, 'die, 'das (*hervorragende od. geeignete etc*): **he is** ~ **painter of the century** er ist 'der Maler des Jahrhunderts.
the² [ðə] *adv* (*vor comp*) desto, um so; **the** ... **the** ... **je** ... desto; ~ **sooner** ~ **better** je eher, desto besser; **so much** ~ **better** um so besser; **so much** ~ **more** um so (viel) mehr; **not any** ~ **better** um nichts besser; ~ **more so as** um so mehr, als.
the·an·dric [θiːˈændrɪk], **the·an·throp·ic** [ˌθiːænˈθrɒpɪk; *Am.* -ˈθrɑ-] *adj relig.* theanˈthropisch, gottmenschlich.
theˈan·thro·pism [-ˈθrəpɪzəm] *s* **1.** Gottmenschentum *n* (*Christi*). **2.** Theanthroˈpie *f*, Vermenschlichung *f* Gottes.
the·ar·chy [ˈθiːɑː(r)kɪ] *s* **1.** Theokraˈtie *f*, Gottesherrschaft *f*. **2.** *collect.* Götter (-himmel *m*, -welt *f*) *pl*.
the·a·ter, *bes. Br.* **the·a·tre** [ˈθɪətə(r)] *s* **1.** Theˈater *n*: a) Schauspielhaus *n*, b) Theˈaterpublikum *n*, c) (*das*) Drama (*als Kunstgattung*): **the English** ~; ~ **of the absurd** absurdes Theater; ~ **of cruelty** Theater der Grausamkeit; ~ **of the streets** Straßentheater. **2.** *collect.* Bühnenwerke *pl*. **3.** *fig.* (**of war** Kriegs-)Schauplatz *m*: → **operation 10. 4.** a) (Hör)Saal *m*: **lecture** ~, b) *a.* **operating** ~ *Br.* Operationssaal *m*: ~ **nurse** Operationsschwester *f*. **'**~**go·er** *s* Theˈaterbesucher(in). ~ **nu·cle·ar weap·on** *s mil.* taktische Aˈtomwaffe.
the·a·tre *bes. Br.* für **theater**.
the·at·ri·cal [θɪˈætrɪkl] **I** *adj* (*adv* ~**ly**) **1.** Theater..., Bühnen..., theaterˈmäßig. **2.** *fig.* theaˈtralisch. **II** *s* **3.** *pl* Theˈater-, *bes.* Liebhaberaufführungen *pl*. **the·at·ri·cal·i·ty** [-ˈkælətɪ] *s* (*das*) Theaˈtralische. **the·at·ri·cal·ize** *v/t* dramatiˈsieren (*a. fig.*). **the·at·rics** *s pl* **1.** (*als sg konstruiert*) Theˈater(reˌgie)kunst *f*. **2.** *fig.* Theaˈtralik *f*.
The·ban [ˈθiːbən] **I** *adj* theˈbanisch: **the** ~ **Bard** Pindar *m*. **II** *s* Theˈbaner(in).
thé dan·sant *pl* **thés dan·sants** [ˌteɪdɑːnˈsɑ̃ː] *s* Tanztee *m*.
thee [ðiː] *pron* **1.** *obs. od. poet. od. Bibl.* a) dich, b) dir: **of** ~ dein(er, e, es). **2.** *dial.* (*u. in der Sprache der Quäker*) du. **3.** *obs. od. poet. reflex* a) dich, b) dir.
theft [θeft] *s* Diebstahl *m* (**from** aus; **from s.o.** an j-m). **'**~**proof** *adj* diebstahlsicher.
the·ine [ˈθiːiːn; -ɪn] *s chem.* Theˈin *n*.
their [ðeə(r); *Am. a.* ðər] *pron* (*pl zu* **him**, **her**, **it**) **1.** ihr, ihre: ~ **books** ihre Bücher. **2.** *colloq.* (*nach* **everybody**, *etc statt* **his** *od.* **her**) sein, seine: **everybody took** ~ **pencil**.
theirs [ðeə(r)z] *pron* **1.** der *od.* die *od.* das ihrige *od.* ihre: **this book is** ~ dieses Buch ist das ihre *od.* gehört ihnen; **a friend of** ~ ein Freund von ihnen; **the fault was** ~ die Schuld lag bei ihnen. **2.** *colloq.* (*nach* **everybody**, *etc statt* **his** *od.* **hers**) seiner, seine, seines: **everybody thinks** ~ **is best**.
the·ism [ˈθiːɪzəm] *s relig.* Theˈismus *m*. **'the·ist I** *s* Theˈist(in). **II** *adj* theˈistisch. **theˈis·tic**, *a.* **theˈis·ti·cal** *adj* theˈistisch.

them [ðəm; ðem] *pron* **1.** (*acc u. dat von* **they**) a) sie (*acc*), b) ihnen: **they looked behind** ~ sie blickten hinter sich. **2.** *colloq.* sie (*nom*): ~ **as** diejenigen, die; ~ **are the ones we saw** das sind die, die wir gesehen haben. **3.** *colloq.* diese: ~ **guys**; ~ **were the days!** das waren noch Zeiten!
the·mat·ic [θɪˈmætɪk] *adj* (*adv* ~**ally**) **1.** *bes. mus.* theˈmatisch. **2.** *ling.* theˈmatisch: a) **Thema**...: ~ **vowel**, b) mit e-m 'Themavoˌkal gebildet: ~ **verb**.
theme [θiːm] *s* **1.** Thema *n* (*a. mus.*), Gegenstand *m*, Stoff *m*: **to have s.th. for** (**a**) ~ etwas zum Thema haben. **2.** *ped. bes. Am.* (Schul)Aufsatz *m*, (-)Arbeit *f*. **3.** *ling.* (Wort)Stamm *m*. **4.** *Rundfunk, TV*: 'Kennmeloˌdie *f*. **5.** *hist.* 'Versimproviˌsatiˌon *f* (*über ein vom Publikum gestelltes Thema*). ~ **song** *s* **1.** *mus.* 'Titelmeloˌdie *f* (*e-s Films etc*). **2.** → **theme** 4. **3.** *colloq.* j-s ‚alte Leier'.
them·selves [ðəmˈselvz] *pron* **1.** (*emphatisch*) (sie) selbst: **they** ~ **said it** sie selbst sagten es. **2.** *reflex* sich (selbst): **they washed** ~ sie wuschen sich; **the ideas in** ~ die Ideen an sich. **3.** *colloq.* (*nach* **everybody**, *etc statt* **himself** *od.* **herself**) sich selbst: **everybody has to look after** ~.
then [ðen] **I** *adv* **1.** damals: **long before** ~ lange vorher. **2.** dann: ~ **and there** auf der Stelle, sofort. **3.** dann, hierauf, darauf: **what** ~? was dann? **4.** dann, ferner, außerdem: **and** ~ **some** *Am. sl.* und noch viel mehr; **but** ~ aber andererseits, aber freilich. **5.** dann, in dem Falle: **if** ... ~ wenn ... dann. **6.** denn: **well** ~ nun gut (denn). **7.** denn: **how** ~ **did he do it?** wie hat er es denn (dann) getan? **8.** also, folglich, dann: ~ **you did not expect me?** du hast mich also nicht erwartet?; **I think,** ~ **I exist** ich denke, also bin ich. **II** *adj* **9.** damalig: **the** ~ **president**. **III** *s* **10.** diese bestimmte Zeit: **by** ~ bis dahin, inzwischen; **from** ~ **von da an; till** ~ bis dahin *od.* dann; **not till** ~ erst von da ab, erst dann. **11.** Damals *n*.
the·nar [ˈθiːnɑː(r); *Am. a.* -nər] *s anat.* **1.** Handfläche *f*. **2.** Daumenballen *m*. **3.** Fußsohle *f*.
thence [ðens] *adv* **1.** *a.* **from** ~ von da, von dort. **2.** (*zeitlich*) von da an, seit jener Zeit, von der Zeit an: **a week** ~ e-e Woche darauf. **3.** daher, deshalb. **4.** daraus, aus dieser Tatsache: ~ **it follows**. ‚~**ˈforth**, ‚~**ˈfor·ward(s)** *adv* von da an, seit der Zeit, seit'dem.
the·oc·ra·cy [θɪˈɒkrəsɪ; *Am.* -ˈɑ-] *s* Theokraˈtie *f*. **'the·o·crat** [ˈθiːəkræt] *s* Theoˈkrat(in). **the·o·crat·ic** [θɪəˈkrætɪk] *adj* (*adv* ~**ally**) theoˈkratisch.
the·od·i·cy [θɪˈɒdɪsɪ; *Am.* -ˈɑ-] *s philos.* Theodiˈzee *f* (*Rechtfertigung Gottes hinsichtlich des von ihm in der Welt zugelassenen Übels u. Bösen*).
the·od·o·lite [θɪˈɒdəlaɪt; *Am.* -ˈɑ-] *s surv.* Theodoˈlit *m* (*Instrument zur Horizontalu. Höhenwinkelmessung*).
the·og·o·ny [θɪˈɒɡənɪ; *Am.* -ˈɑ-] *s* Theogoˈnie *f*, (Lehre *f* von der *od.* Gedicht *n* über die) Abstammung der Götter.
the·o·lo·gi·an [θɪəˈləʊdʒən; -dʒən] *s* Theoˈloge *m*. **the·oˈlog·i·cal** [-ˈlɒdʒɪkl; *Am.* -ˈlɑ-] *adj* (*adv* ~**ly**) theoˈlogisch: ~ **student** Theologiestudent(in).
the·ol·o·gize [θɪˈɒlədʒaɪz; *Am.* -ˈɑ-] **I** *v/i* theologiˈsieren. **II** *v/t* ein Problem theoˈlogisch behandeln. **the·o·logue** [ˈθiːəlɒɡ; -ˌlɑɡ] *s Am. colloq.* **1.** Theoˈloge *m*. **2.** Theoloˈgiestuˌdent(in). **the·ol·o·gy** [θɪˈɒlədʒɪ; *Am.* -ˈɑ-] *s* Theoloˈgie *f*.
the·om·a·chy [θɪˈɒməkɪ; *Am.* -ˈɑ-] *s* **1.** Theomaˈchie *f*, Kampf *m* der Götter.

2. Kampf *m* gegen die Götter *od.* gegen Gott.
the·o·man·cy [ˈθiːəʊmænsɪ] *s* Theomanˈtie *f* (*Weissagen durch göttliche Eingebung*).
the·o·ma·ni·a [θɪəˈmeɪnjə] *s* Theomaˈnie *f*, religiˈöser Wahnsinn.
ˌthe·o·ˈmor·phic [-ˈmɔː(r)fɪk] *adj* theoˈmorph(isch), in göttlicher Gestalt auftretend *od.* erscheinend.
the·oph·a·ny [θɪˈɒfənɪ; *Am.* -ˈɑ-] *s* Theoˈphaˌnie *f*, Erscheinung *f* (*e-s*) Gottes.
the·or·bo [θɪˈɔː(r)bəʊ] *pl* **-bos** *s mus. hist.* Theˈorbe *f* (*Baßlaute*).
the·o·rem [ˈθɪərəm] *s math. philos.* Theoˈrem *n*, (Grund-, Lehr)Satz *m*: ~ **of the cosine** Kosinussatz.
the·o·ret·ic [θɪəˈretɪk] *adj*; **the·oˈret·i·cal** [-kl] *adj* (*adv* ~**ly**) **1.** theoˈretisch: ~ **chemistry**. **2.** spekulaˈtiv. **ˌthe·o·reˈti·cian** [-rəˈtɪʃn] *s oft contp.* (reiner) Theoˈretiker. **the·oˈret·ics** *s pl* (*meist als sg konstruiert*) Theoˈretik *f*.
the·o·rist [ˈθɪərɪst] *s* Theoˈretiker(in). **'the·o·rize** *v/i* **1.** theoretiˈsieren, Theoˈrien aufstellen (**about** über *acc*). **2.** annehmen (**that** daß). **'the·o·ˌriz·er** *s* Theoˈretiker(in).
the·o·ry [ˈθɪərɪ] *s* **1.** Theoˈrie *f*, Lehre *f*: ~ **of chances** Wahrscheinlichkeitsrechnung *f*; ~ **of evolution** *biol.* Evolutionstheorie; ~ **of games** *math.* Spieltheorie. **2.** Theorie *f*, theoˈretischer Teil (*e-r Wissenschaft*): ~ **of music** Musiktheorie. **3.** Theoˈrie *f* (*Ggs. Praxis*): **in** ~ theoˈretisch. **4.** Theoˈrie *f*, Iˈdee *f*: **his** *per* s-e Lieblingsidee. **5.** Hypoˈthese *f*, Annahme *f*: **my** ~ **is that** ... m-r Ansicht nach ...; **if my** ~ **is correct** wenn ich recht habe.
the·o·soph·ic [θɪəˈsɒfɪk; *Am.* -ˈsɑ-] *adj*; **the·oˈsoph·i·cal** [-kl] *adj* (*adv* ~**ly**) *relig.* theoˈsophisch: **Theosophical Society** Theosophische Gesellschaft. **the·os·o·phist** [θɪˈɒsəfɪst; *Am.* -ˈɑ-] *s* Theoˈsoph(in). **II** *adj* → **theosophic**. **the·os·o·phy** *s* Theoˈsophie *f*.
ther·a·peu·tic [θerəˈpjuːtɪk] *adj*; **ˌther·a·ˈpeu·ti·cal** [-kl] *adj* (*adv* ~**ly**) *med.* theraˈpeutisch: ~ **training** (*od.* **exercise**) Bewegungstherapie *f*. **ˌther·a·ˈpeu·tics** *s pl* (*meist als sg konstruiert*) Theraˈpeutik *f*, Theraˈpie(lehre) *f*. **ˌther·a·ˈpeu·tist**, *a.* **ˈther·a·pist** *s* Theraˈpeut(in). **'ther·a·py** *s* Theraˈpie *f*: a) Behandlung *f*, b) Heilverfahren *n*.
there [ðeə(r)] **I** *adv* **1.** da: **down** (**up, over, in**) ~ da *od.* dort unten (oben, drüben, drinnen); **I have been** ~ **before** *colloq.* das weiß ich alles schon; **to have been** ~ *colloq.* ‚dabeigewesen sein', genau Bescheid wissen; ~ **and then** a) hier u. jetzt, b) auf der Stelle, sofort; ~ **it is!** a) da ist es!, b) *fig.* so steht es!; ~ **you are** (*od.* **go**)! siehst du!, da hast du's!; **you** ~! (*Anruf*) du da!, he! **2.** (da-, dort)hin: **down** (**up, over, in**) ~ da (*od.* dort) hinunter (hinauf, hinüber, hinein); ~ **and back** hin u. zurück; **to get** ~ a) hingelangen, -kommen, b) *colloq.* ‚es schaffen'; **to go** ‚**Hinsicht**: ~ **I agree with you** darin stimme ich mit dir überein. **4.** *fig.* (da, hier, an dieser Stelle (*in e-r Rede etc*). **5.** es: ~ **is**, *pl* ~ **are es gibt** *od.* ist *od.* sind: ~ **is a God**; ~ **was once a king** es war einmal ein König; ~ **was dancing** es wurde getanzt; ~ **is s.th. between these two** die beiden haben etwas miteinander; ~ **arises the question** es erhebt sich die Frage; ~**'s a good boy** (**girl, fellow**)! a) sei doch (so) lieb!, b) so ist's brav! **II** *interj* **6.** da!, schau (her)!, na!: ~, ~! (*tröstend*) na, komm!; ~ **now!** na, bitte!
'there·a·bout, *a.* **'**~**a·bouts** *adv* **1.** da her'um, etwa da: **somewhere** ~ da ir-

thereafter – thickheaded

gendwo. **2.** *fig.* so ungefähr, so etwa: **five hundred people** or **~s** so etwa *od.* ungefähr fünfhundert Leute; **ten pounds** or **~s** etwa um 10 Pfund (herum). **~'af·ter** *adv* **1.** da'nach, her'nach, später. **2.** seit'her. **3.** demgemäß, danach. **~a'nent** *adv bes. Scot.* diesbezüglich. **~'at** *adv bes. jur.* **1.** da'selbst, dort. **2.** bei dieser Gelegenheit, dabei, da. **~'by** *adv* **1.** dadurch, auf diese Weise. **2.** da'bei, dar'an, davon. **3.** nahe da'bei. **~'for** *adv* dafür: **the reasons ~.** **'~fore** *adv u. conj* **1.** deshalb, -wegen, darum, daher. **2.** demgemäß, folglich. **~'from** *adv* davon, daraus, daher. **~'in** *adv* **1.** da'rin, da drinnen. **2.** *fig.* darin, in dieser 'Hinsicht. **~in'af·ter** *adv bes. jur.* (weiter) unten, später, nachstehend (in e-r Urkunde etc). **~'of** *adv bes. jur.* **1.** davon. **2.** dessen, deren. **~'on** *adv* dar'auf, dar'an, dar'über. **~'to** *adv obs.* **1.** da'zu, dar'an, da'für. **2.** außerdem, noch da'zu. **~'un·der** *adv* dar'unter. **~'un·to** *adv obs.* (noch) da'zu, über'dies. **~up'on** *adv* **1.** darauf, hierauf, da'nach. **2.** darauf'hin, demzufolge, darum. **3.** *obs.* (örtlich) dar'auf, drauf. **~'with** *adv* **1.** damit. **2.** → **thereupon** 1 *u.* 2. **~with'al** *adv obs.* **1.** über'dies, außerdem. **2.** damit.

the·ri·ac ['θɪrɪæk] *s med. hist.* Theriak *m*, Gegengift *n*.

the·ri·o·mor·phic [ˌθɪərɪəʊ'mɔː(r)fɪk] *adj* therio'morphisch, tiergestaltig.

therm [θɜːm] *s phys. Br.* 100000 Wärmeeinheiten.

ther·mae ['θɜːmiː; *Am.* 'θɜrˌmiː; -ˌmaɪ] (*Lat.*) *s pl* Thermen *pl:* a) *antiq.* öffentliche Bäder *pl,* b) *med.* Ther'malquellen *pl,* -bad *n.*

ther·mal [θɜːml; *Am.* 'θɜrml] **I** *adj* (*adv* **~ly**) **1.** *phys.* thermisch, Wärme..., Hitze...: **~ analysis** Thermoanalyse *f;* **~ barrier** *aer.* Hitzemauer *f,* -schwelle *f;* **~ breeder** thermischer Brüter; **~ current** → 4; **~ diffusion** Thermodiffusion *f;* **~ efficiency** Wärmewirkungsgrad *m;* **~ equator** *meteor.* thermischer Äquator; **~ expansion** Wärmeausdehnung *f;* **~ insulation** Wärmeisolierung *f;* **~ neutron** thermisches Neutron; **~ pollution** Umweltschädigung *f* durch Wärme; **~ power station** Wärmekraftwerk *n;* **~ reactor** thermischer Reaktor; **~ shock** Thermoschock *m;* **~ unit** Wärmeeinheit *f;* **~ value** Heizwert *m* (*von Brennstoffen*). **2.** warm, heiß: **~ water** heiße Quelle. **3.** *med.* ther'mal, Thermal...: **~ spring** Thermalquelle *f.* **II** *s* **4.** *aer. phys.* Thermik *f.*

ther·mic ['θɜːmɪk; *Am.* 'θɜr-] *adj* (*adv* **~ally**) thermisch, Wärme..., Hitze...: **~ fever** *med.* Sonnenstich *m.*

ther·mi·on ['θɜːmɪɒn; *Am.* 'θɜrmaɪən; -ˌɑːn] *s chem.* Thermion *n.* **ˌther·mi'on·ic** [-'ɒnɪk; *Am.* -'ɑː-] **I** *adj* thermi'onisch: **~ current** *electr.* Thermionenstrom *m;* **~ emission** *electr. phys.* thermische Emission; **~ valve** (*Am.* **tube**) Elektronenröhre *f.* **II** *s pl* (*meist als sg konstruiert*) *electr. phys.* Lehre *f* von den Elek'tronenröhren.

therm·is·tor [θɜː'mɪstə; *Am.* θɜr'mɪstər] *s electr.* Ther'mistor *m.*

ther·mite ['θɜːmaɪt; *Am.* 'θɜrˌmaɪt], *a.* **'ther·mit** [-mɪt] *s chem. tech.* Ther'mit *n:* **~ process** Thermitverfahren *n.*

thermo- [θɜːmə; *Am.* θɜr-] *Wortelement mit den Bedeutungen* a) Wärme..., Hitze..., Thermo..., b) thermoelektrisch.

ˌther·mo'bar·o·graph *s meteor.* Thermobaro'graph *m.*

ˌther·mo'chem·is·try *s* Thermoche'mie *f.*

'ther·moˌcou·ple *s electr. phys.* Thermoelement *n.*

'ther·moˌcur·rent *s electr.* thermoe'lektrischer Strom.

ˌther·mo·dy'nam·ics *s pl* (*als sg konstruiert*) *phys.* Thermody'namik *f.*

ˌther·mo·e'lec·tric *adj* (*adv* **~ally**) thermoe'lektrisch, 'wärmeˌelektrisch: **~ battery** Thermosäule *f;* **~ couple** → **thermocouple;** **~ materials** Thermoelektrika. **ˌther·mo·e·lec'tric·i·ty** *s* Thermoelektrizi'tät *f,* 'Wärmeelektrizi'tät *f.*

ther·mo·gram ['θɜːməʊgræm; *Am.* 'θɜrməˌgræm] *s phys.* Thermo'gramm *n.*

'ther·moˌgraph [-grɑːf; *bes. Am.* -græf] *s phys.* Thermo'graph *m,* Wärme(grad)schreiber *m.*

ˌther·mo'la·bile *adj phys.* thermola'bil, nicht wärmebeständig.

ˌther·mo·lu·mi'nes·cence *s phys.* Thermolumines'zenz *f.*

ther·mol·y·sis [θɜː'mɒlɪsɪs; *Am.* θɜr'mɑlə-] *s chem.* Thermo'lyse *f.*

ˌther·mo·mag'net·ic *adj phys.* thermomag'netisch.

ther·mom·e·ter [θə'mɒmɪtə(r); *Am.* -'mɑ-; *a.* θɜr-] *s phys.* Thermo'meter *n:* **~ bulb** (**stem, well**) Thermometerkugel *f* (-schaft *m,* -hülse *f*); **~ reading** Thermometerablesung *f,* -stand *m;* → **clinical** 1. **ˌther·mo'met·ric** [ˌθɜːməʊ'metrɪk; *Am.* ˌθɜrmə-] *adj,* **ˌther·mo'met·ri·cal** *adj* (*adv* **~ly**) *phys.* thermo'metrisch, Thermometer... **ther'mom·e·try** [-trɪ] *s meteor.* Thermome'trie *f,* Tempera'turmessung *f.*

ˌther·mo'nu·cle·ar *adj phys.* thermonukle'ar: **~ reaction; ~ bomb** thermonukleare Bombe, Fusionsbombe *f.*

ther·mo·phile ['θɜːməʊfaɪl; *Am.* 'θɜrmə-], **'ther·mo·phil** [-fɪl] *adj biol.* thermo'phil, wärmeliebend: **~ bacteria**.

ther·mo·phore ['θɜːməʊfɔː(r); *Am.* 'θɜrmə-] *s med.* Thermo'phor *n,* wärmespeicherndes Gerät (*zur Wärmebehandlung*). [Thermosäule *f.*\]

'ther·moˌpile *s chem. electr. phys.*

ˌther·mo'plas·tic *chem.* **I** *adj* thermo'plastisch, warm verformbar. **II** *s* Thermo'plast *m.*

ˌther·mo·re'sist·ant *adj chem. med.* hitzebeständig.

Ther·mos (bot·tle) ['θɜːmɒs; *Am.* 'θɜrməs] (*TM*) *s* Thermosflasche *f.*

ther·mo·scope ['θɜːməʊskəʊp; *Am.* 'θɜrmə-] *s phys.* Thermo'skop *n.*

'ther·moˌset·ting *adj* hitzehärtbar, duro'plastisch.

Ther·mos flask → **Thermos (bottle)**.

ˌther·mo'sta·ble *adj phys.* thermosta'bil, wärmebeständig.

ther·mo·stat ['θɜːməʊstæt; *Am.* 'θɜrmə-] *s electr. tech.* Thermo'stat *m.* **ˌther·mo'stat·ic I** *adj* (*adv* **~ally**) thermo'statisch. **II** *s pl* (*als sg konstruiert*) *phys.* Thermo'statik *f.*

ˌther·mo'ther·a·py *s med.* Thermothera'pie *f,* Wärmebehandlung *f.*

the·roid ['θɪərɔɪd] *adj* tierisch, vertiert.

the·sau·rus [θɪ'sɔːrəs] *pl* **-ri** [-raɪ], **-rus·es** *s* The'saurus *m:* a) Wörterbuch *n,* b) (Wort-, Wissens-, Sprach)Schatz *m.*

these [ðiːz] *pl von* **this**.

the·sis ['θiːsɪs] *pl* **-ses** [-siːz] *s* **1.** These *f:* a) Behauptung *f,* b) (Streit)Satz *m,* Postu'lat *n.* **2.** a) Thema *n* (*e-s Aufsatzes etc*), b) *ped.* Aufsatz *m.* **3.** *univ. a*) *a.* **doctoral ~** Dissertati'on *f,* Doktorarbeit *f,* b) *allg.* wissenschaftliche Arbeit. **4.** [*a.* 'θesɪs] *metr. a. antiq.* Thesis *f* (*betonter Teil e-s Versfußes*), b) Senkung *f,* unbetonte Silbe. **~ nov·el** *s* Ten'denzro₁man *m.* **~ play** *s* Pro'blemstück *n.*

Thes·pi·an ['θespɪən] **I** *adj* **1.** thespisch. **2.** Schauspiel..., Tragödien..., dra'matisch, tragisch. **II** *s* **3.** *oft humor.* Thespisjünger(in) (*Schauspieler[in]*).

Thes·sa·lo·ni·an [ˌθesə'ləʊnjən] **I** *s* **1.** Thessa'lonicher(in). **2.** *pl* (*als sg konstruiert*) *Bibl.* (Brief *m* des Paulus an die) Thessa'lonicher *pl.* **II** *adj* **3.** thessa'lonisch.

the·ta ['θiːtə; *Am. a.* 'θeɪtə] *s* Theta *n* (*griechischer Buchstabe*). **~ wave** *s physiol.* Thetawelle *f.*

thews [θjuːz; *Am.* 'θuːz] *s pl* **1.** Muskeln *pl.* **2.** (Muskel-, Körper)Kraft *f.*

they [ðeɪ] *pron* **1.** (*pl zu* **he, she, it**) sie: **~ go. 2. man: ~ say** man sagt. **3.** es: **Who are ~? T~ are Americans** Wer sind sie? Es *od.* sie sind Amerikaner. **4.** (*auf Kollektiva bezogen*) er, sie, es: **the police ..., they ...** die Polizei..., sie (*sg*). **5. ~ who** diejenigen, welche.

thi·a·mine ['θaɪəmiːn; -mɪn] *s chem.* Thia'min *n,* Aneu'rin *n,* Vita'min B₁ *n.*

thick [θɪk] **I** *adj* (*adv* **~ly**) **1.** *allg.* dick: **a board 2 inches ~** ein zwei Zoll dickes Brett; (**as**) **~ as two short planks** *colloq.* 'strohdumm'. **2.** dick, massig: **a ~ neck**. **3.** Bergbau: mächtig (*Flöz*). **4.** **to give s.o. a ~ ear** *colloq.* j-m ,eins *od.* ein paar hinter die Ohren geben'. **5.** dicht: **~ crowds** (**fog, hair,** *etc*). **6. ~ with** über u. über bedeckt von: **~ with dust**. **7. ~ with** voll von, voller, reich an (*dat*): **the air is ~ with snow** die Luft ist voll(er) Schnee. **8.** dick(flüssig). **9.** neblig, trüb(e): **~ weather**. **10.** schlammig: **~ puddles** Schlammpfützen. **11.** dumpf, belegt, heiser: **~ voice. 12.** dumm. **13.** dicht (auf'ein,anderfolgend). **14.** *fig.* reichlich, massenhaft: (**as**) **~ as peas** wie Sand am Meer. **15.** *colloq.* ,stark', frech: **that's a bit ~!** das ist ein starkes Stück! **16.** *colloq.* ,dick' (befreundet): **they are** (**as**) **~ as thieves** sie halten zusammen wie Pech u. Schwefel. **II** *s* **17.** dickster Teil, dick(st)e Stelle. **18.** *fig.* dichtester Teil, Mitte *f,* Brennpunkt *m:* **in the ~ of** mitten in (*dat*); **in the ~ of it** mittendrin; **in the ~ of the fight**(**ing**) im dichtesten Kampfgetümmel; **in the ~ of the crowd** im dichtesten Menschengewühl; **through ~ and thin** durch dick u. dünn. **19.** Dummkopf *m.* **III** *adv* **20.** dick: **to spread ~** Butter etc dick aufstreichen *od.* auftragen; **to lay it on ~** *colloq.* ,dick auftragen'; **~-flowing** dickflüssig. **21.** dicht *od.* rasch (aufei'nander): **the blows came fast and ~** die Schläge fielen hageldicht. **22.** schwerfällig, undeutlich. **~-and--'thin** *adj* treu (wie Gold), (ganz) zuverlässig: **a ~ friend** ein Freund, der mit e-m durch dick u. dünn geht.

thick·en ['θɪkən] **I** *v/t* **1.** dick(er) machen, verdicken. **2.** eindicken: **to ~ a sauce** (**a paint,** *etc*); **to ~ a soup** e-e Suppe legieren. **3.** dicht(er) machen, verdichten. **4.** verstärken, -mehren: **to ~ the ranks**. **5.** trüben: **fumes ~ the air**. **II** *v/i* **6.** dick(er) werden. **7.** dick(flüssig) werden. **8.** dicht(er) werden, sich verdichten. **9.** sich trüben. **10.** *fig.* sich verwickeln *od.* verwirren: **the plot ~s** der Knoten (*im Drama etc*) schürzt sich. **11.** sich vermehren, zunehmen. **12.** heftiger werden (*Kampf*). **13.** undeutlich werden (*Stimme*). **'thick·en·er** *s* **1.** Eindicker *m.* **2.** *chem.* Verdicker *m,* Absetzbehälter *m.* **3.** Verdickungsmittel *n.* **'thick·en·ing** *s* **1.** Verdickung *f:* a) Verdicken *n,* b) verdickte Stelle. **2.** Eindickung *f.* **3.** Eindickmittel *n.* **4.** Verdichtung *f.* **5.** *med.* Anschwellung *f,* Schwarte *f.*

thick·et ['θɪkɪt] *s* Dickicht *n.* **'thick·et·ed** *adj* voller Dickicht(e).

'thick·ˌhead *s* Dummkopf *m.* **~'head·ed** *adj* **1.** dickköpfig. **2.** *fig.* begriffsstutzig, dumm.

'thick·ness s 1. Dicke f, Stärke f. 2. Dichte f. 3. Verdickung f. 4. Lage f, Schicht f: two ~es of silk. 5. Dickflüssigkeit f. 6. Undeutlichkeit f: ~ of speech schwere Zunge.
ˌthick|'set adj 1. dicht(gepflanzt): a ~ hedge. 2. dichtbesetzt: ~ with jewels. 3. unter'setzt, stämmig: a ~ man. ˌ~-'skinned adj 1. dickhäutig. 2. dickschalig. 3. zo. Dickhäuter... 4. fig. dickfellig. ˌ~-'skulled adj 1. dickköpfig. 2. fig. → thick-witted. ˌ~-'walled adj biol. dickwandig. ˌ~-'wit·ted adj dumm, begriffsstutzig.
thief [θi:f] pl thieves [θi:vz] s 1. Dieb(in): stop ~! haltet den Dieb!; one ought to set a ~ to catch a ~ wenn man e-n Schlauen fangen will, darf man keinen Dummen schicken; thieves' Latin Gaunersprache f, Rotwelsch n. 2. Lichtschnuppe f (an Kerzen). 3. → thief tube. '~-proof adj diebessicher. ~ tube s tech. Stechheber m.
thieve [θi:v] v/t u. v/i stehlen.
thiev·er·y [ˈθi:vərɪ] s 1. Diebe'rei f, Diebstahl m. 2. Diebesgut n, -beute f.
thieves [θi:vz] pl von thief.
thiev·ish [ˈθi:vɪʃ] adj (adv ~ly) 1. diebisch, Dieb(es)... 2. heimlich, verstohlen.
'thiev·ish·ness s diebisches Wesen.
thigh [θaɪ] s 1. anat. (Ober)Schenkel m. 2. zo. Femur m. '~bone s anat. (Ober-) Schenkelknochen m.
thighed [θaɪd] adj (in Zssgn) ...schenk(e)lig.
thill [θɪl] s Gabeldeichsel f. 'thill·er, a. thill horse s Deichselpferd n.
thim·ble [ˈθɪmbl] s 1. Näherei: a) Fingerhut m, b) Nährring m. 2. tech. a) Me'tallring m, b) (Stock)Zwinge f. 3. mar. Kausche f. '~ful [-fʊl] s 1. (ein) Fingerhut(voll) m, Schlückchen n. 2. fig. Kleinigkeit f. '~rig I s 1. Fingerhutspiel n (Bauernfängerspiel). 2. → thimblerigger. II v/t 3. a. allg. betrügen. '~rig·ger s 1. Fingerhutspieler m. 2. allg. Bauernfänger m.
thin [θɪn] I adj (adv ~ly) 1. allg. dünn: ~ air (arms, blood, clothes, syrup, wire, etc); a ~ line e-e dünne od. schmale od. feine Linie. 2. dünn, schmächtig, mager: → lath 1, rake¹ 1. 3. dünn, licht: ~ hair; ~ rain feiner Regen; he is rather ~ on top sein Haar ist schon ziemlich licht. 4. fig. spärlich, dünn: ~ attendance spärlicher Besuch, geringe Beteiligung; to be ~ on the ground dünn gesät sein; a ~ house thea. e-e schwachbesuchte Vorstellung; ~ profits geringer Profit; ~ vegetation spärliche Vegetation. 5. dünn, schwach: ~ beer; ~ sound; ~ voice. 6. agr. mager: ~ soil. 7. fig. mager, dürftig, spärlich: he had a ~ time colloq. es ging ihm ‚mies'. 8. fig. fadenscheinig: a ~ excuse (argument, etc). 9. fig. seicht, sub'stanzlos: a ~ treatise. 10. phot. kon'trastarm, undeutlich: a ~ print. II v/t 11. oft ~ down, off, ~ out a) dünn(er) machen, b) e-e Flüssigkeit verdünnen, c) fig. verringern, e-e Bevölkerung dezi'mieren, d) e-e Schlachtreihe, e-n Wald etc lichten, e) Pflanzen weiter ausein'andersetzen. III v/i 12. oft ~ down, ~ off, ~ out a) dünn(er) werden, b) sich verringern, c) sich lichten, fig. spärlicher werden, abnehmen: his hair is ~ning sein Haar lichtet sich; to ~ out geol. sich auskeilen (Flöz).
thine [ðaɪn] pron obs. od. Bibl. od. poet. 1. (substantivisch) der od. die od. das dein(ig)e, dein(e, er). 2. (adjektivisch vor Vokalen od. stummem h für thy) dein(e): ~ eyes.
thing¹, oft T~ [θɪŋ] s parl. Thing n (in Skandinavien u. Island: Reichstag od. Volksgerichtsversammlung).
thing² [θɪŋ] s 1. (konkretes) Ding, Sache f, Gegenstand m (etwas Konkretes): the law of ~s jur. das Sachenrecht; ~s personal (real) jur. (un)bewegliche Sachen; just the ~ I wanted genau (das), was ich haben wollte. 2. colloq. a) Ding n, Dings(da) n, b) euphem. ‚Ding' n (männliches od. weibliches Geschlechtsteil). 3. Ding n, Sache f, Angelegenheit f: above all ~s vor allen Dingen, vor allem; ~s political politische Dinge, alles Politische; a pretty ~ iro. e-e schöne Geschichte; for one ~ (erstens) einmal; latest ~ in hats das Neueste in od. an Hüten; in all ~s in jeder Hinsicht; no small ~ keine Kleinigkeit; not a ~ (rein) gar nichts; of all ~s ausgerechnet (dieses etc); it's one of those ~s da kann man (halt) nichts machen; to do great ~s große Dinge tun, Großes vollbringen; to do one's (own) ~ colloq. tun, was man will; if I hate one ~, it is ... wenn ich ¦eines hasse, dann ist es ... 4. pl Dinge pl, 'Umstände pl, (Sach)Lage f: ~s are improving die Dinge od. Verhältnisse bessern sich. 5. pl Sachen pl, Zeug n (Gepäck, Gerät, Kleider etc): swimming ~s Badesachen, -zeug; to put on one's ~s sich anziehen. 6. pl Sachen pl (Getränke, Essen, Medizin): a lot of good ~s viele gute Sachen (zum Essen u. Trinken). 7. Wesen n, Geschöpf n: dumb ~s. 8. a) Ding n (Mädchen etc): young ~, b) Kerl m: (the) poor ~ das arme Ding, der arme Kerl; poor ~! der od. die Ärmste!, du od. Sie Ärmste(r)!; the dear old ~ ‚die gute alte Haut'; → old 10.
thing·a·my [ˈθɪŋəmɪ], a. 'thing·a·ma·bob [-əmɪbɒb; Am. -məˌbɑb], 'thing·a·ma·jig [-dʒɪɡ] → thingumbob. [sich.]
ˌthing-in-it'self s philos. Ding n an/
thing·um·bob [ˈθɪŋəmbɒb; Am. -ˌbɑb], a. 'thing·um·a·bob [-mɪbɒb; Am. -məˌbɑb], 'thing·um·a·jig [-dʒɪɡ], 'thing·um·my [-mɪ] s colloq. (der, die, das) ‚Dings(da od. -bums').
think [θɪŋk] pret u. pp thought [θɔ:t] I v/t 1. etwas denken: to ~ base thoughts gemeine Gedanken hegen; to ~ away wegdenken; to ~ out a) sich etwas ausdenken, b) bes. Am. a. to ~ through ein Problem zu Ende denken; to ~ over sich etwas überlegen od. durch den Kopf gehen lassen; to ~ to o.s. bei sich denken; to ~ up e-n Plan etc aushecken, sich etwas ausdenken, sich etwas einfallen lassen. 2. über'legen, nachdenken über (acc). 3. denken, sich vorstellen: one cannot ~ the infinite; I can't ~ how you do it colloq. es ist mir schleierhaft, wie du das machst. 4. bedenken: ~ what your father has done for you! 5. denken, meinen, glauben, vermuten. 6. a) halten od. erachten für, b) etwas halten (of von): I ~ him (he is thought) to be a poet ich halte (man hält) ihn für e-n Dichter; he ~s the lecture very interesting er findet die Vorlesung sehr interessant; to ~ o.s. clever sich für schlau halten; I ~ it best to go now ich halte es für das beste, jetzt zu gehen; to ~ it advisable es für ratsam halten od. erachten; to ~ s.th. possible etwas für möglich halten. 7. denken an (acc): the child thought no harm das Kind dachte an nichts Böses. 8. gedenken, beabsichtigen, vorhaben (of doing, to do zu tun): to ~ (to do) no harm nichts Böses im Sinn haben.
II v/i 9. denken (of an acc): to ~ ahead a) vorausdenken, b) vorsichtig sein; to ~ aloud, to ~ out loud laut denken; now that I come to ~ of it, a) wenn ich es mir recht überlege, b) da fällt mir ein; to ~ for o.s. selbständig denken. 10. ~ of a) sich besinnen auf (acc), sich erinnern an (acc): try to ~ of all that has happened, b) a. ~ about etwas bedenken: ~ of it! denke daran!; I have my reputation to ~ about ich muß an m-n Ruf denken, c) sich etwas denken od. vorstellen, d) e-n Plan etc ersinnen, sich etwas ausdenken, e) daran denken, erwägen, im Sinne haben: to ~ of marrying ans Heiraten denken; I shouldn't ~ of doing such a thing so etwas würde mir nicht im Traum einfallen, f) halten von: → better¹ 6, much 3, nothing Bes. Redew., world Bes. Redew. 11. über'legen, nachdenken (about, over über acc): let me ~ a moment!; only ~! denk dir nur!, stell dir nur vor!; that gave him s.th. to ~ about das gab ihm zu denken. 12. denken, glauben, meinen: → so 5.
III s colloq. 13. a) (Nach)Denken n: to have a (fresh) ~ about s.th. über etwas nachdenken (etwas noch einmal überdenken), b) Gedanke m: to have another ~ coming ‚schief gewickelt sein'.
IV adj 14. colloq. a) Denk..., b) (geistig) anspruchsvoll.
'think·a·ble adj denkbar, vorstellbar.
'think·er s Denker(in).
think| fac·to·ry Am. → think tank 1. '~-in s colloq. Sym'posion n, Sym'posium n. 2. Konfe'renz f.
'think·ing I adj (adv ~ly) 1. denkend, vernünftig: a ~ being ein denkendes Wesen; all ~ men jeder vernünftig Denkende. 2. Denk... II s 3. Denken n: to do some hard ~ scharf nachdenken; to do some quick ~ schnell ‚schalten'; that's good ~! nicht schlecht (gedacht)!; to put on one's ~ cap colloq. (mal) nachdenken. 4. Nachdenken n, Über¦legen n. 5. Meinung f: in (od. to) my (way of) ~ m-r Meinung od. Ansicht nach, nach m-m Dafürhalten. 6. pl Über¦legungen (en pl) f, Gedanken(gang m) pl. ~ ma·chine s colloq. ‚Elek¦tronengehirn' n.
'think|-so pl -sos s bes. Am. colloq. (grundlose od. bloße) Vermutung: on your mere ~? auf d-e bloße Vermutung hin?, nur weil du das vermutest? ~ tank s colloq. 1. ¦'Denkfaˌbrik' f. 2. Strate'giekommissi¦on f. ~ tank·er s colloq. Mitglied n e-r ¦'Denkfaˌbrik' od. e-r Strate'giekommissi¦on.
thin·ner [ˈθɪnə(r)] s 1. Verdünner m (Arbeiter od. Gerät). 2. (bes. Farben)Verdünner m, (-)Verdünnungsmittel n.
'thin·ness s 1. Dünne f, Dünnheit f. 2. Magerkeit f. 3. Feinheit f. 4. fig. Spärlichkeit f. 5. fig. Dürftigkeit f. 6. fig. Seichtheit f.
thin| seam s geol. Schmitze f. ˌ~-'skinned adj 1. dünnhäutig. 2. fig. (¦über)empfindlich. '~-sown adj 1. dünngesät (a. fig.). 2. fig. schwachbevölkert.
thi·ol [ˈθaɪɒl; Am. a. -ˌoʊl] s chem. Thi'olalkohol m. II adj Thiol...
thi·on·ic [θaɪˈɒnɪk; Am. -ˈɑ-] adj chem. Thio..., Thion-, a. Schwefel...
third [θɜːd; Am. θɜrd] I adj (adv ~ly, thirdly). dritt(er, e, es): ~ in height dritthöchst(er, e, es). 2. drittklassig, -rangig: ~ cabin Kabine f dritter Klasse; ~ cousin Vetter m dritten Grades. II s 3. Drittel n. 4. (der, die, das) Dritte. 5. sport Dritte(r m) f, dritter Sieger. 6. mot. (der) dritte Gang. 7. mus. Terz f. 8. pl jur. a) Drittel n der Hinter¦lassenschaft des Mannes, b) allg. Witwengut n. 9. Terz f (sechzigster Teil e-r Zeit- od. Bogensekunde). 10. Papierherstellung: Kartenformat 1¹/₂ × 3 Zoll. 11. meist pl econ. Ware(n pl) f dritter Quali¦tät od. Wahl, dritte Wahl. 12. univ. Br. → third

third age – thought experiment

class 2. **~ age** s (hohes) Alter. **~ best** s (*der, die, das*) Drittbeste. ,~'**best** *adj* drittbest(er, e, es). **~ class** s 1. *rail. etc* dritte Klasse. 2. *univ. Br.* aka'demischer Grad dritter Klasse. ,~'**class** I *adj* 1. drittklassig, -rangig: **~ honours degree** → **third class** 2; **~ mail** *Am.* Drucksachen *pl.* 2. *rail.* (*Wagen etc*) dritter Klasse: **~ carriage.** II *adv* 3. dritte(r) Klasse: **to travel ~. ~ coun·try** s *jur. pol.* Drittland n. **~ de·gree** s 1. dritter Grad. 2. *colloq.* ,dritter Grad', Folterverhör n. 3. *Freimaurerei:* Meistergrad m. ,~'**de·gree** I *adj* dritten Grades: **~ burns.** II *v/t Am. colloq.* den ,dritten Grad' anwenden bei. **~ es·tate** s *hist.* dritter Stand (*Bürgertum*). **~ floor** s 1. *Br.* dritter Stock. 2. *Am.* zweiter Stock. ,~'**floor** *adj* im dritten (*Am.* zweiten) Stock (gelegen). **~ force** s *fig.* dritte Kraft. ,~'**hand** *adj u. adv* aus dritter Hand (erworben). **~ house** s *pol. Am.* Clique, die Einfluß auf die Gesetzgebung hat.
'**third·ly** *adv* drittens.
third|**par·ty** s 1. *econ. jur.* Dritte(r) m. 2. *pol.* dritte Par'tei *od.* Kraft (*in e-m Zweiparteiensystem*). ,~'**par·ty** *adj econ. jur.* Dritt...: **~ debtor; ~ insurance** Haftpflichtversicherung *f*; **~ insured against ~ risks** haftpflichtversichert. **~ per·son** s 1. *ling.* dritte Per'son. 2. *econ. jur.* Dritte(r) m. **~ rail** s Stromschiene *f*. ,~'**rate** *adj* 1. drittrangig, -klassig (*a. fig.*). 2. *fig.* minderwertig. ,~'**rat·er** s 1. unbedeutende Per'son. 2. minderwertige Sache. **T~ Reich** s *hist.* (*das*) Dritte Reich (*Hitlerregime*). **~ sex** s *colloq.* (*das*) ,dritte Geschlecht', (*die*) Homosexu'ellen *pl*. **~ wire** s *electr.* Mittelleiter m. **T~ World** s *pol.* (*die*) Dritte Welt.
thirst [θɜːst; *Am.* θɜrst] I s 1. Durst m: **~ strike** Durststreik m. 2. *fig.* Durst m, Gier *f*, Verlangen n, Sucht *f* (**for**, *poet.* **after** nach): **~ for blood** Blutdurst; **~ for knowledge** Wissensdurst; **~ for power** Machtgier. II *v/i* 3. dürsten, durstig sein, Durst haben. 4. *fig.* dürsten, lechzen (**for**, *poet.* **after** nach): **to ~ for revenge; to ~ to do s.th.** darauf brennen, etwas zu tun.
'**thirst·i·ness** s Durst(igkeit *f*) m.
'**thirst·y** *adj* (*adv* **thirstily**) 1. durstig: **to be ~** Durst haben, durstig sein. 2. ,durstig' (*a. Auto*), trinkfreudig: **a ~ man.** 3. *agr.* dürr, trocken: **~ season; ~ soil.** 4. *colloq.* ,trocken': **~ work** (e-e) Arbeit, die Durst macht. 5. *fig.* begierig, lechzend (**for**, *poet.* **after** nach): **to be ~ for s.th.** nach etwas dürsten *od.* lechzen.
thir·teen [ˌθɜːˈtiːn; *Am.* ˌθɜr-] I *adj* dreizehn. II s Dreizehn *f*. ,**thir'teenth** [-θ] I *adj* 1. dreizehnt(er, e, es). 2. dreizehntel. II s 3. (*der, die, das*) Dreizehnte. 4. Dreizehntel n. 5. *mus.* 'Terzde,zime *f*.
thir·ti·eth [ˈθɜːtɪɪθ; *Am.* ˈθɜr-] I *adj* 1. dreißigst(er, e, es). 2. dreißigstel. II s 3. (*der, die, das*) Dreißigste. 4. Dreißigstel n.
thir·ty [ˈθɜːtɪ; *Am.* ˈθɜr-] I *adj* 1. dreißig: **~ all** *Tennis:* dreißig beide; **T~ Years' War** *hist.* Dreißigjähriger Krieg. II s 2. Dreißig *f*: **he is in his thirties** er ist in den Dreißigern; **in the thirties** in den dreißiger Jahren (*e-s Jahrhunderts*). 3. *Journalismus: Am. sl.* Ende n (30 als Schlußzeichen e-s Artikels etc). ,**thir·ty--'two·mo** [-ˈtuːməʊ] *print.* I *pl* **-mos** s 1. Zweiund'dreißigfor,mat n. 2. Band m im Zweiund'dreißigfor,mat. II *adj* 3. im Zweiund'dreißigfor,mat: **~ volume.**
this [ðɪs] *pl* **these** [ðiːz] I *pron* 1. a) dieser, diese, dieses, dies, das: **all ~** dies alles, all das; **~ and that** dies u. das, allerlei; **for all ~** deswegen, darum; **like ~ so**; **these are his children** das sind s-e Kinder; **~ is what I expected** (genau) das habe ich erwartet; **~ is what**

happened folgendes geschah. 2. dieses, dieser Zeitpunkt, dieses Ereignis: **after ~** danach; **at ~** dabei, daraufhin; **before ~** zuvor; **by ~** bis dahin, mittlerweile. II *adj* 3. dieser, diese, dieses: **~ book.** 4. der *od.* die *od.* das (da): **look at ~ dog!** schau den Hund (da) an! 5. der (die, das) naheliegende *od.* hiesige: **in ~ country** hier(zulande). 6. dies(er, es), *bes. econ.* der (das) laufende (*Jahr, Monat*): **of ~ month** dieses Monats; **~ day week** heute in e-r Woche; **~ time** diesmal. 7. dieser, diese, dieses, letzt(er, e, es): **all ~ week** die ganze (letzte) Woche; **(for) these 3 weeks** die letzten 3 Wochen, seit 3 Wochen. 8. *colloq.* **I met ~ man who** ... ich traf da (so) e-n Kerl, der ...; **I read ~ book which** ... ich las da (so) ein Buch, das ... III *adv* 9. so: **~ far; ~ much.**
this·tle [ˈθɪsl] s *bot.* Distel *f* (*a. her. das Emblem Schottlands*): **Order of the T~** Distel-, Andreasorden m. ,~'**down** s *bot.* Distelwolle *f*. **~ finch** s *orn.* Distelfink m.
this·tly [ˈθɪslɪ] *adj* 1. distelig, voller Disteln. 2. stach(e)lig.
thith·er [ˈðɪðə(r); *Am. a.* ˈθɪ-] *obs. od. poet.* I *adv* dorthin, dahin, in der Richtung: → **hither** 1. II *adj* jenseitig, ander(er, e, es): **the ~ bank of a stream.**
tho *Am. colloq. für* **though.**
thole[1] [θəʊl] *obs. od. dial.* I *v/t* 1. erdulden. 2. dulden. II *v/i* 3. leiden.
thole[2] [θəʊl], '**thole·pin** s *mar.* Dolle *f*.
Thom·as [ˈtɒməs; *Am.* ˈtɑ-] *npr Bibl.* Thomas m (*Apostel*). II s *meist* **doubting ~** *fig.* ungläubiger Thomas.
Tho·mism [ˈtəʊmɪzəm] s *philos. relig.* Tho'mismus m (*Lehre des Thomas von Aquin u. s-r Schule*).
thong [θɒŋ] I s 1. (Leder)Riemen m (*Halfter, Zügel, Peitschenschnur etc*). 2. *bes. Am.* ˈZehensan‚dale *f* (*aus Gummi od. Plastik*). II *v/t* 3. mit Riemen versehen *od.* befestigen. 4. (mit e-m Riemen) (aus)peitschen.
tho·ra·ces [ˈθɔːrəsiːz; *Am. a.* ˈθəʊ-] *pl von* **thorax.**
tho·rac·ic [θɔːˈræsɪk; θə-] *adj anat.* thoˈrakal, Brust...: **~ aorta** Brustschlagader *f*; **~ cage** Brustkorb m, -kasten m; **~ duct** Milchbrustgang m.
tho·rax [ˈθɔːræks; *Am. a.* ˈθəʊræks] *pl* **-rax·es, -ra·ces** [-rəsiːz] 1. *anat.* Brust(korb m, -kasten m) *f*, Thorax m. 2. *zo.* Mittelleib m (*bei Gliederfüßlern*).
thor·ic [ˈθɔːrɪk; *Am. a.* ˈθɑ-; ˈθəʊ-] *adj chem.* Thorium...
tho·rite [ˈθɔːraɪt; *Am. a.* ˈθəʊərˌaɪt] s *min.* Thoˈrit m.
thorn [θɔːn] s 1. Dorn m: **to be a ~ in s.o.'s flesh** (*od.* **side**) a) j-m ein Pfahl im Fleische sein, b) j-m ein Dorn im Auge sein; **to be** (*od.* **sit**) **on ~s** wie auf (glühenden) Kohlen sitzen'; → **bed** *Bes. Redew.* 2. *bot.* Dornstrauch m, *bes.* Weißdorn m. 3. Dorn m (*der altenglische u. isländische Buchstabe* þ). **~ ap·ple** s *bot.* Stechapfel m. ,~'**back** s 1. *ichth.* Nagelrochen m. 2. *zo.* Meerspinne *f*.
thorned [θɔːnd] *adj* dornig.
'**thorn·i·ness** [ˈθɔː(r)nɪnɪs] s 1. Dornigkeit *f*. 2. *fig.* Mühseligkeit *f*. 3. (*das*) Heikle. '**thorn·less** *adj* dornenlos. '**thorn·y** *adj* 1. dornig. 2. *fig.* dornenvoll, mühselig, schwierig. 3. heikel: **a ~ problem.**
thor·o *Am. colloq. für* **thorough.**
thor·ough [ˈθʌrə; *Am.* ˈθɜrəʊ] I *adj* (*adv* → **thoroughly**) 1. *allg.* gründlich: a) sorgfältig: **a ~ man; a ~ test**, b) genau, eingehend: **a ~ investigation; ~ knowledge** gründliche Kenntnisse *pl*, c) 'durchgreifend: **a ~ reform.** 2. vollˈendet: a) vollˈkommen, perˈfekt, meisterhaft, b) echt, durch u. durch: **a ~ politician,**

c) völlig: **a ~ delight** e-e reine Freude, d) *contp.* ,ausgekocht', abgefeimt: **a ~ rascal.** II *prep u. adv* 3. *obs. durch.* III s 4. **T~** *hist.* die Gewaltpolitik Lord Straffords u. Erzbischof Lauds unter Karl 1. 5. Geˈwaltmaßnahme *f*, -poliˌtik *f*. **~ bass** [beɪs] s *mus.* Geneˈralbaß m. '~**bred** I *adj* 1. *biol. zo.* reinrassig, Vollblut... 2. *fig.* a) rassig, b) eleˈgant, c) kultiˈviert. 3. *fig.* → **thorough** 2 b. 4. rassig, schnittig: **a ~ sports car.** II s 5. a) Vollblut(pferd) n, b) **T~** englisches Vollblut. 6. reinrassiges Tier. 7. rassiger *od.* kultiˈvierter Mensch. 8. *mot.* rassiger *od.* schnittiger Wagen. '~**fare** s 1. 'Durchgangsstraße *f*, Hauptverkehrsstraße *f*. 2. 'Durchfahrt *f*: **no ~!** Durchfahrt verboten! 3. Wasserstraße *f*. '~**go·ing** *adj* 1. → **thorough** 1. 2. radiˈkal, komproˈmißlos.
'**thor·ough·ly** *adv* 1. gründlich *etc.* 2. gänzlich, völlig, vollkommen, toˈtal. 3. äußerst: **~ delighted.** '**thor·ough·ness** s 1. Gründlichkeit *f*. 2. Vollˈkommenheit *f*. 3. Vollˈendung *f*.
'**thor·ough-paced** *adj* 1. in allen Gangarten geübt (*Pferd*). 2. *fig.* → **thorough** 2 b, d.
thorp(e) [θɔː(r)p] s Dorf n (*bes. bei Ortsnamen*).
those [ðəʊz] *pl von* **that**[1].
thou[1] [ðaʊ] I *pron poet. od. Br. dial. od. Bibl. du.* II *v/t i pr* mit **thou** anreden.
thou[2] [θaʊ] *pl* **thous, thou** s *colloq.* ,Mille' n, Tausend n.
though [ðəʊ] I *conj* 1. obˈwohl, obˈgleich, obˈschon. 2. *a. even* **~** wenn auch, selbst wenn, wennˈgleich, zwar: **important ~ it is** so wichtig es auch ist; **what ~ the way is long** was macht es schon aus, wenn der Weg lang ist. 3. jeˈdoch, doch. 4. **as ~** als ob, wie wenn. II *adv* 5. *colloq.* (*am Satzende*) aber, trotzdem, dennoch, allerˈdings: **I wish you had told me, ~.**
thought[1] [θɔːt] s 1. a) Gedanke m, Einfall m: **a happy ~,** b) Gedankengang m, c) Denken n: **to read s.o.'s ~s** j-s Gedanken lesen; **(as) quick as ~** blitzschnell; **his one ~ was how to get away** er dachte nur daran, wie er fortkommen könnte; **it never entered my ~s** es kam mir nie in den Sinn; **not to give a ~ to s.th.** keinen Gedanken an e-e Sache verschwenden; **~ lost** 8. 2. *nur sg* Denken n, Denkvermögen n: **to stimulate ~** zum Denken anregen; **are animals capable of ~?** können Tiere denken?; **a beauty beyond ~** e-e unvorstellbare Schönheit. 3. Überˈlegung *f*: **to give ~ to** sich Gedanken machen über (*acc*); **to take ~ how to do s.th.** sich überlegen, wie man etwas tun könnte; **after serious ~** nach ernsthafter Erwägung; **he acts without ~** er handelt, ohne zu überˈlegen; **on second ~** a) nach reiflicher Überlegung, b) wenn ich es mir recht überlege. 4. (Für)Sorge *f*, Rücksicht (-nahme) *f*: **to give** (*od.* **have**) **some ~ to** Rücksicht nehmen auf (*acc*); **to take ~ for** Sorge tragen für *od.* um (*acc*); **to take ~ no** (*od.* **for**) nicht achten auf (*acc*); **take no ~ for the morrow!** denke nicht an morgen *od.* an die Zukunft! 5. Absicht *f*: **we had** (*some*) **~s of coming** wir trugen uns mit dem Gedanken zu kommen; **he had no ~ of doing** er dachte nicht daran zu tun. 6. *meist pl* Gedanke m, Meinung *f*, Ansicht *f*. 7. *nur sg* Denken n: a) Denkweise *f*: **scientific ~,** b) Gedankenwelt *f*: **Greek ~.** 8. *fig.* ,Iˈdee' *f*, Spur *f*: **he is a ~ smaller** er ist se-e Idee kleiner; **a ~ hesitant** etwas zögernd.
thought[2] [θɔːt] *pret u. pp von* **think.**
'**thought**|**block·ing** s *psych.* Denkhemmung *f*. **~ ex·per·i·ment** s *scient.* Geˈdankenexperiˌment n.

thoughtful – thrill

'thought·ful [-fʊl] adj (adv ~ly) 1. gedankenvoll, nachdenklich, besinnlich (a. Buch etc). 2. achtsam (of mit). 3. rücksichtsvoll, aufmerksam, zu'vorkommend. 4. durch'dacht (Aktion). 'thought·ful·ness s 1. Nachdenklichkeit f, Besinnlichkeit f. 2. Achtsamkeit f. 3. Rücksichtnahme f, Aufmerksamkeit f. 'thought·less adj (adv ~ly) 1. gedankenlos, 'unüber,legt, unbesonnen, unbekümmert. 2. rücksichtslos, unaufmerksam. 'thought·less·ness s 1. Gedankenlosigkeit f, Unbesonnenheit f, Unbekümmertheit f. 2. Rücksichtslosigkeit f, Unaufmerksamkeit f.
ˌthought|-'out adj durch'dacht: a well ~ plan ein wohldurchdachter Plan. ~ pat·tern s 'Denkschema n, -struk,tur f. '~-ˌread v/t irr Am. j-s Gedanken lesen. ~read·er s Gedankenleser(in). ~trans·fer·ence s Ge'dankenüber,tragung f.
thou·sand ['θaʊznd] I adj 1. tausend: The T~ and One Nights Tausendundeine Nacht. 2. a. ~ and one fig. tausend, unzählige, tausendlose: a ~ apologies; to die a ~ deaths a) vor Scham fast in den Boden sinken, b) tausend Ängste ausstehen; a ~ thanks tausend Dank. II s 3. Tausend n (Einheit): ~s Tausende; many ~s of times vieltausendmal; they came in their ~s (od. by the ~) sie kamen zu Tausenden; one in a ~ ein(er, e, es) unter Tausend. 4. Tausend f (Zahl). 'thou·sand·fold [-fəʊld] I adj u. adv tausendfach. II s (das) Tausendfache.
thou·sandth ['θaʊznθ] I s 1. (der, die, das) Tausendste. 2. Tausendstel n. II adj 3. tausendst(er, e, es). 4. tausendstel.
thral·dom Br. für thralldom.
thrall [θrɔ:l] s 1. hist. Leibeigene(r m) f, Hörige(r m) f. 2. fig. Sklave m (to gen). 3. → thralldom: to be in ~ to one's passions Sklave s-r Leidenschaften sein. 'thrall·dom s 1. hist. Leibeigenschaft f. 2. to be held in ~ to s.th. fig. von etwas in den Bann geschlagen sein.
thrash [θræʃ] I v/t 1. → thresh I. 2. j-n verdreschen, verprügeln: to get ~ed Prügel beziehen (a. sport colloq.). 3. sport colloq. j-m e-e Abfuhr erteilen. II v/i 4. → thresh 3. 5. a. ~ about (od. around) a) sich im Bett etc hin u. her werfen, b) um sich schlagen, c) zappeln (Fisch). 6. mar. knüppeln (gegen Wind u. Wellen segeln). 7. einschlagen (at auf acc). II s 8. a) Schlag m, b) Schlagen n. 'thrash·er s thresher. 'thrash·ing I s 1. ,Dresche' f, (Tracht f) Prügel pl: to give s.o. a ~ → thrash 2. 3. sport colloq. Abfuhr f: to give s.o. a ~ → thrash 3. II adj → threshing II.
thra·son·i·cal [θrə'sɒnɪkl; Am. -'sɑ-; a. θreɪ-] adj prahlerisch, aufschneidend.
thread [θred] I s 1. Faden m, Zwirn m, Garn n: ~ (of life) fig. Lebensfaden; he has not a dry ~ on him er hat keinen trockenen Faden am Leib; ~ and thrum Faden u. Trumm (Gutes u. Schlechtes durcheinander); → hang 16. 2. Faden m, Faser f, Fiber f. 3. tech. (Schrauben)Gewinde n, Gewindegang m. 4. fig. (dünner) Strahl, Strich m. 5. dünne (Kohlen-, Erz-)Ader. 6. fig. Faden m, Zs.-hang m: he lost the ~ (of his story) er verlor den Faden; to resume (od. pick up, take up) the ~ den Faden wiederaufnehmen. 7. pl Am. sl. Sachen pl, ,Kla'motten' pl (Kleider). II v/t 8. e-e Nadel einfädeln. 9. Perlen etc aufreihen, -fädeln (on auf acc). 10. mit Fäden durch'ziehen. 11. fig. durch'ziehen, -'dringen, erfüllen. 12. sich winden durch: to ~ one's way (through) → 16. 13. tech. (ein) Gewinde schneiden in (acc). 14. electr. ein Kraftfeld bilden um (e-n Leiter). 15. phot. e-n Film einlegen in (acc). III v/i 16. sich (hin-'durch)schlängeln (through durch). '~-bare adj 1. fadenscheinig, abgetragen. 2. schäbig (gekleidet). 3. fig. dürftig, schäbig. 4. fig. abgedroschen: a ~ word. '~-bare·ness s 1. Fadenscheinigkeit f. 2. Schäbigkeit f (a. fig.). 3. fig. Abgedroschenheit f.
thread·ed ['θredɪd] adj tech. Gewinde...: ~ flange. 'thread·er s 1. Einfädler(in). 2. 'Einfädelma,schine f. 3. tech. Gewindeschneider m.
'thread·ing lathe s tech. Gewindeschneidebank f.
thread|lace s Leinen-, Baumwollspitze f. '~-like adj fadenförmig. ~ mark s Faserzeichen n (im Papiergeld). ~ pitch s tech. (Gewinde)Steigung f. '~-worm s zo. Fadenwurm m.
thread·y ['θredɪ] adj 1. fadenartig, faserig. 2. Fäden ziehend. 3. fig. schwach, dünn: ~ voice; ~ pulse med. Fadenpuls m.
threat [θret] s 1. Drohung f (of mit; to gegen). 2. (to) Bedrohung f (gen), Gefahr f (für): a ~ to peace; there was a ~ of rain es drohte zu regnen.
threat·en ['θretn] I v/t 1. (with) j-m drohen (mit), j-m androhen (acc), j-n bedrohen (mit). 2. etwas androhen (to dat): he ~ed punishment to all of us. 3. drohend ankündigen: the sky ~s a storm. 4. (damit) drohen (to do zu tun): she ~ed to buy a car. 5. etwas bedrohen, gefährden: ~ed (with dying out od. by extinction) biol. (vom Aussterben) bedroht. II v/i 6. drohen. 7. fig. drohen: a) drohend be'vorstehen: a catastrophe was ~ing, b) Gefahr laufen (to do zu tun). 'threat·en·ing adj (adv ~ly) 1. drohend, Droh...: ~ letter Drohbrief m. 2. fig. bedrohlich.
three [θri:] I adj 1. drei. II s 2. Drei f (Zahl, Spielkarte etc): the ~ of hearts die Herzdrei; by ~s immer drei auf einmal; T~ in One relig. Dreieinigkeit f. Dreifaltigkeit f; → rule 7. 3. Eiskunstlauf: Dreier m. '~-act play s thea. Dreiakter m. '~-ˌcard mon·te s Am., '~-card trick s Br. Kümmelblättchen n (Bauernfängerspiel). ~-ˌcol·o(u)r adj dreifarbig, Dreifarben...: ~ process Dreifarbendruck(verfahren n) m. ~-'cor·nered adj 1. dreieckig: ~ hat Dreispitz m. 2. zu dreien, Dreier...: a ~ discussion. ~-'D I s dreidimensio,naler Ef'fekt: to be in ~ dreidimensional sein. I adj 2. three-dimensional. '~-day e·vent s Reitsport: Military f. '~-day e·vent·er s Military-Reiter(in). '~-day fe·ver s med. Drei'tagefieber n. ~-'deck·er s 1. mar. Dreidecker m. 2. (etwas) Dreiteiliges, bes. colloq. dreibändiger Ro'man, allg. ,dicker Wälzer'. 3. colloq. ,Mordsding' n. ~-'dig·it adj math. dreistellig: ~ number. ~-di'men·sion·al adj 'dreidimensio,nal: ~ curve Raumkurve f; ~ sound Raumton n. '~-door adj mot. dreitürig.
three·fold ['θri:fəʊld] I adj u. adv dreifach. II s (das) Dreifache.
'three|·four (time) s mus. Drei'vierteltakt m. ~-'hand·ed adj 1. dreihändig. 2. von drei Per'sonen gespielt: ~ whist. '~-lane adj dreispurig (Autobahn etc). ~-'leg·ged adj dreibeinig: ~ race Dreibeinwettlauf m. ~-'mast·er s mar. Dreimaster m. ~-'mile adj Dreimeilen...: ~ limit; ~ zone. '~-part adj mus. dreistimmig, für drei Stimmen.
three|·pence ['θrepəns; 'θrɪ-; 'θrʌ-] s Br. 1. (Wert m von) drei Pence pl. 2. hist. Drei'pencestück n. '~-ˌpen·ny [-pəni] adj 1. Br. im Wert von drei Pence, Dreipence... 2. fig. bes. Br. billig, wertlos. 'three|-phase adj electr. dreiphasig, Dreiphasen...: ~ current Drehstrom m, Dreiphasenstrom m. '~-piece I adj dreiteilig: ~ suit → II a; ~ suite → II b. II s a) Dreiteiler m, b) dreiteilige 'Sitzgarni,tur. '~-pin adj electr. dreipolig: ~ plug. '~-ply I adj 1. dreifach (Garn, Seil etc). 2. dreischichtig (Holz etc). II s 3. dreischichtiges Sperrholz. '~-point adj bes. aer. tech. Dreipunkt...: ~ bearing; ~ landing; ~ switch Dreiwegschalter m. ~-'quar·ter I adj dreiviertel: ~ face Halbprofil n; ~ time mus. bes. Am. Dreivierteltakt m. II s a. ~ back (Rugby) Drei'vierte,lspieler m. '~-ring cir·cus s Am. 1. 'dreima,negiger Zirkus. 2. fig. ,Affenzirkus' m. ~-'score adj obs. sechzig.
three·some ['θri:səm] I adj 1. zu dreien, Dreier... II s 2. Dreiergruppe f, bes. humor. ,Trio' n. 3. Golf: Dreier(spiel n) m.
'three|-speed gear s tech. Dreiganggetriebe n. '~-square adj tech. dreikantig. '~-stage adj tech. dreistufig: ~ amplifier; ~ rocket Dreistufenrakete f. '~-star adj Drei-Sterne...: ~ general; ~ restaurant. '~-way adj bes. electr. tech. Dreiwege...: ~ cock; ~ switch.
thre·node ['θri:nəʊd; 'θren-] → threnody. thre·no·di·al [θrɪ'nəʊdɪəl], thre'nod·ic [-'nɒdɪk; Am. -'nɑ-], thre'nod·i·cal adj Klage..., Trauer... thren·o·dist ['θrenədɪst] s Dichter(in) od. Sänger(in) von Threno'dien. thren·o·dy ['θrenədɪ] s Threno'die f, Threnos m, Klagelied n.
thresh [θreʃ] I v/t 1. dreschen: to ~ out fig. gründlich erörtern, klären. II v/i 2. dreschen. 3. → thrash 5. 'thresh·er s 1. Drescher m. 2. 'Dreschma,schine f. 3. a. ~ shark ichth. Fuchshai m. 'thresh·ing I s Dreschen n. II adj Dresch...: ~ machine; ~ floor Dreschboden m, Tenne f.
thresh·old ['θreʃəʊld; -həʊld] I s 1. (Tür)Schwelle f. 2. fig. Schwelle f, Beginn m: on the ~ of manhood an der Schwelle zum Mannesalter. 3. med. phys. psych. etc Schwelle f: ~ of audibility Hör(barkeits)schwelle; ~ of consciousness Bewußtseinsschwelle; ~ of pain Schmerzgrenze f, -schwelle; → stimulus 1. II adj 4. Schwellen...: ~ frequency; ~ value; ~ dose med. kritische Dosis.
threw [θru:] pret von throw.
thrice [θraɪs] adv obs. 1. dreimal. 2. sehr, 'überaus, höchst.
thrift [θrɪft] s 1. Sparsamkeit f: a) Sparsinn m, b) Wirtschaftlichkeit f: ~ account Am. Sparkonto n; ~-priced preisgünstig; ~ shop Second-hand-Shop m (oft für karitative Zwecke); ~ society Am. Sparvereinigung f. 2. bot. Grasnelke f. 'thrift·i·ness s thrift 1. 'thrift·less adj (adv ~ly) verschwenderisch. 'thrift·less·ness s Verschwendung f. 'thrift·y adj (adv thriftily) 1. sparsam (of, with mit): a) haushälterisch, b) wirtschaftlich (a. Sachen), c) knauserig. 2. poet. gedeihend, blühend, erfolgreich.
thrill [θrɪl] I v/t 1. erschauern lassen, erregen, packen, begeistern, elektri'sieren, entzücken. 2. j-n durch'laufen, -'schauern, über'laufen (Gefühl). II v/i 3. (er)beben, erschauern, zittern (with vor dat; to bei). 4. (to) sich begeistern (für), gepackt od. elektri'siert werden (von). 5. durch'laufen, -'schauern, -'rieseln (through acc). 6. zittern, (er)beben, vi'brieren. III s 7. Zittern n, Erregung f: a ~ of joy e-e freudige Erregung, ein freudiges Erbeben. 8. (das) Spannende od. Erregende od. Packende. 9. a) (Nerven)Kitzel m, prickelndes Gefühl, b) Sen'sati'on f. 10. Beben n, Vibrati'on f.

thrill·er s ‚Reißer' m, Thriller m (Kriminalfilm, -roman etc). **'thrill·ing** adj 1. a) auf-, erregend, packend, spannend, b) sensatio'nell. 2. 'hinreißend, begeisternd. [füßer m.\]
thrips [θrɪps] pl **thrips** s zo. Blasen-
thrive [θraɪv] pret **throve** [θrəʊv] od. **thrived** [θraɪvd] pp **thriv·en** ['θrɪvn] od. **thrived** [θraɪvd] v/i 1. gedeihen (on mit, bei) (Kind, Pflanze, Tier). 2. fig. gedeihen: a) blühen, flo'rieren (Geschäft etc), b) Erfolg haben, reich werden (Person), c) sich entwickeln: **vice was thriving**. **'thriv·ing** adj (adv ~ly) fig. gedeihend, blühend.
thro' [θru:] poet. für **through**.
throat [θrəʊt] I s 1. anat. Kehle f, Gurgel f, Rachen m, Schlund m: **that sticks in my** ~ das ist mir zuwider; **the words stuck in my** ~ die Worte blieben mir im Halse stecken; **to thrust** (od. **ram, shove, stuff**) s.th. **down s.o.'s** ~ j-m etwas eintrichtern; → **lie**[1] 2, **sore** 2. 2. Hals m: **to cut s.o.'s** ~ j-m den Hals abschneiden; **to take s.o. by the** ~ j-n an der Gurgel packen; **to cut one's own** ~ sich selbst ruinieren. 3. fig. 'Durch-, Eingang m, verengte Öffnung, (Trichter-)Hals m: ~ **of a vase** Hals e-r Vase; ~ **of a furnace** tech. Gicht f e-s Hochofens. 4. arch. Hohlkehle f. 5. mar. a) Kehle f e-s Knieholzes, b) Klauohr n (obere vordere Ecke e-s Stagsegels), c) Klau f e-r Gaffel. II adj 6. a) Hals..., Rachen..., b) a. electr. Kehlkopf...: ~ **microphone**. **'throat·ed** adj (bes. in Zssgn) ...kehlig. **'throat·y** adj (adv throatily) 1. kehlig, guttu'ral. 2. heiser, rauh.
throb [θrɒb; Am. θrɑːb] I v/i 1. (heftig) klopfen, pochen, hämmern (Herz etc): ~**bing pains** klopfende od. pulsierende Schmerzen. 2. (heftig) beben od. zittern. II s 3. Klopfen n, Pochen n, Hämmern n, (Puls)Schlag m. 4. Erregung f, Erbeben n.
throe [θrəʊ] s meist pl 1. heftiger Schmerz; a) pl (Geburts)Wehen pl, b) pl Todeskampf m, Ago'nie f, c) fig. (Seelen-)Qual en pl) f. 2. fig. heftiger Kampf: **in the ~s of** mitten in (etwas Unangenehmem), im Kampf mit.
throm·bi ['θrɒmbaɪ; Am. 'θrɑm-] pl von **thrombus**.
throm·bin [θrɒmbɪn; Am. 'θrɑm-] s Biochemie: Throm'bin n.
throm·bo·cyte ['θrɒmbəsaɪt; Am. 'θrɑmbə-] s med. Blutplättchen n, Thrombo'zyt m.
throm·bo·phle·bi·tis [,θrɒmbəʊflɪ-'baɪtɪs; Am. ˌθrɑm-] s med. Thrombophle'bitis f.
throm·bo·sis [θrɒm'bəʊsɪs; Am. θrɑm-] pl **-ses** [-siːz] s med. Throm'bose f. **throm'bot·ic** [-'bɒtɪk; Am. -'bɑ-] adj med. throm'botisch, Thrombose...
throm·bus ['θrɒmbəs; Am. 'θrɑm-] pl **-bi** [-baɪ] s med. Thrombus m.
throne [θrəʊn] I s 1. a) Thron m (e-s Königs etc): → **speech** 5, b) Stuhl m (des Papstes, e-s Bischofs). 2. fig. Thron m: a) Herrschaft f: **to come to the** ~ auf den Thron kommen; b) Herrscher(in). II v/t 3. auf den Thron setzen. III v/i 4. thronen. **'throne·less** adj thronlos.
throng [θrɒŋ] I s 1. (Menschen)Menge f. 2. Gedränge n, Andrang m. 3. Menge f, Masse f (Sachen). II v/i 4. sich drängen od. (zs.-)scharen, (her'bei-, hin'ein- etc) strömen. III v/t 5. sich drängen in (dat): **people** ~**ed the streets**; **the streets were** ~**ed with people** auf den Straßen wimmelte es von Menschen. 6. bedrängen, um'drängen.
thros·tle ['θrɒsl; Am. 'θrɑsəl] s 1. a. ~ **frame** tech. 'Drossel(spinn)ma‚schine f. 2. orn. poet. od. dial. (Sing)Drossel f.

throt·tle ['θrɒtl; Am. 'θrɑtl] I s 1. Kehle f, Gurgel f. 2. mot. tech. a) a. ~ **lever** Gashebel m, b) a. ~ **valve** Drosselklappe f: **at full** ~ mit Vollgas, fig. a. mit Volldampf; **to open** (**close**) **the** ~ Gas geben (wegnehmen). II v/t 3. a) würgen, b) erdrosseln. 4. fig. ersticken, abwürgen, unter'drücken: **to** ~ **free speech**. 5. oft ~ **down** mot. tech. (ab)drosseln (a. fig.). III v/i 6. meist ~ **back** (od. **down**) a) mot. tech. drosseln, Gas wegnehmen, b) fig. kürzertreten.
through [θruː] I prep 1. (räumlich) durch, durch ... hin'durch: **to pass** ~ **a tunnel**; **to bore** ~ **a board**. 2. zwischen ... hin'durch, durch: ~ **the trees**. 3. durch, in (überall umher): **to roam** (**all**) ~ **the country** das (ganze) Land durchstreifen. 4. (e-n Zeitraum) hin'durch, während: **all** ~ **his life** sein ganzes Leben hindurch; **the whole summer** ~ den ganzen Sommer lang. 5. Am. (von ...) bis: **Monday** ~ **Friday**. 6. (bis zum Ende od. ganz) durch, fertig (mit): **when will you get** ~ **your work?** 7. fig. durch: **I saw** ~ **his hypocrisy** ich durchschaute s-e Heuchelei; **to get** ~ **an examination** e-e Prüfung bestehen, durch e-e Prüfung kommen; **to have been** ~ **s.th.** etwas erlebt haben. 8. durch, mittels: **it was** ~ **him we found out** durch ihn kamen wir darauf. 9. aus, vor, durch, in-, zu'folge, wegen: ~ **neglect** infolge od. durch Nachlässigkeit.
II adv 10. durch: ~ **and** ~ durch u. durch, ganz u. gar; **to push a needle** ~ e-e Nadel durchstechen; **he would not let us** ~ er wollte uns nicht durchlassen; **you are** ~**!** teleph. Sie sind verbunden!; **wet** ~ völlig durchnäßt. 11. (ganz) durch: **this train goes** ~ **to Boston** dieser Zug fährt (durch) bis Boston; **the bad wheather lasted all** ~ das schlechte Wetter dauerte die ganze Zeit (hindurch) an. 12. (ganz) durch (von Anfang bis Ende): **to read a letter** ~; **to carry a matter** ~ e-e Sache durchführen. 13. fertig, durch: **he is not yet** ~; ~ **with him** colloq. mit dem bin ich fertig; **I am** ~ **with it** ‚ich habe es satt'; **are you** ~ **with that job?** bist du mit dieser Arbeit fertig?
III adj 14. 'durchgehend, Durchgangs...: ~ **bolt** tech. durchgehender Bolzen; ~ **car** Am., ~ **carriage**, ~ **coach** Br. rail. Kurswagen m; ~ **dialing** teleph. Am. Durchwahl f; ~ **flight** aer. Direktflug m; ~ **rate** econ. Durchgangstarif m; ~ **ticket** rail. Am. für Strecken verschiedener Eisenbahngesellschaften gültige Fahrkarte; ~ **traffic** Durchgangsverkehr m; a ~ **train** ein durchgehender Zug; ~ **travel(l)er** Transitreisende(r) m f.
‚through-com'posed adj mus. 'durchkompo‚niert (Lied).
through'out I prep 1. über'all in (dat): ~ **the country** im ganzen Land. 2. während: ~ **the year** das ganze Jahr hindurch. II adv 3. durch u. durch, ganz u. gar, 'durchweg: **rotten** ~ völlig verfault; **a sound policy** ~ e-e durch u. durch vernünftige Politik. 4. über'all. 5. die ganze Zeit.
'through|·put s econ., a. Computer: 'Durchsatz m. ~ **street** s Am. 'Durchgangsstraße f. ~**'way** s Am. 1. → **through street**. 2. Schnellstraße f.
throve [θrəʊv] pret von **thrive**.
throw [θrəʊ] I s 1. Werfen n, (Speer-etc)Wurf m. 2. a) (einzelner) Wurf, b) Wurfweite f. 3. fig. Wurf m, Coup m. 4. tech. a) (Kolben)Hub m, b) Kröpfung f (e-r Kurbelwelle). 5. tech. (Regler- etc) Ausschlag m. 6. tech. (Projekti'ons)Entfernung f. 7. Am. (Damen)Schal m. 8. Am. leichte (Woll)Decke. 9. Würfelspiel: Wurf m (Werfen u. gewürfelte Zahl). 10. Ringen: Schwung m, Wurf m. 11. Fußball: Einwurf m: **to take the** ~ einwerfen.
II v/t pret **threw** [θruː] pp **thrown** [θrəʊn] 12. werfen, schleudern (at nach): **to** ~ **o.s. at s.o.** sich j-m an den Hals werfen. 13. zuwerfen (**s.o. s.th.** j-m etwas) (a. fig.): **to** ~ **s.o. a ball** (**a glance, a kiss**, etc). 14. das Netz, die Angel etc auswerfen. 15. Kleidungsstücke werfen (**over, on** über acc): **to** ~ **a shawl over one's shoulders** sich i-n Schal über die Schultern werfen; → **throw on**. 16. fig. (**in Entzücken, Verwirrung** etc) versetzen: **to** ~ **into confusion**; **to be thrown out of work** arbeitslos werden; **he was thrown with bad companions** er geriet in schlechte Gesellschaft. 17. tech. e-n Hebel 'umlegen, die Kupplung ein- od. ausrücken, e-n Schalter ein- od. ausschalten: **to** ~ **a lever** (**a clutch, a switch**). 18. Gefäße auf e-r Töpferscheibe formen, drehen. 19. Kartenspiel: a) ausspielen, b) ablegen. 20. zu Boden werfen, (Ringen) den Gegner auf die Matte werfen, den Reiter abwerfen (Pferd): **that threw me!** colloq. das hat mich (glatt) umgehauen! 21. Am. colloq. e-n Wettkampf etc absichtlich verlieren: **to** ~ **the race**. 22. a) Würfel werfen, b) e-e Zahl würfeln. 23. zo. Junge werfen. 24. zo. die Haut etc abwerfen. 25. Seide etc zwirnen, mouli'nieren. 26. e-e Brücke schlagen (**over, across** über acc). 27. colloq. e-e Gesellschaft geben, e-e Party ‚schmeißen'. 28. colloq. aus dem Kon'zept od. aus der Fassung bringen. 29. colloq. e-n Wutanfall etc bekommen: **to** ~ **a fit**.
III v/i 30. werfen. 31. würfeln.
Verbindungen mit Präpositionen:
throw| in·to v/t 1. (hin'ein)werfen in (acc): **to** ~ **the battle** Truppen in die Schlacht werfen; **to throw s.o. into prison** j-n ins Gefängnis werfen; **to** ~ **the bargain** (beim Kauf) dreingeben; → **heart** Bes. Redew. 2. **to throw o.s. into** fig. sich in die Arbeit, den Kampf etc stürzen. ~ **on**, ~ **up·on** v/t 1. werfen auf (acc): **to be thrown upon o.s.** (od. **upon one's own resources**) (ganz) auf sich selbst angewiesen sein. 2. **to throw o.s.** (**up**)**on** sich auf **die Knie** etc werfen; **to throw o.s. on s.o's mercy** sich j-m auf Gnade u. Ungnade ausliefern: **they threw themselves upon the mercy of God** sie vertrauten sich der Gnade Gottes an.
Verbindungen mit Adverbien:
throw| a·bout, ~ **a·round** v/t 1. verstreuen: **to throw one's money about** fig. mit Geld um sich werfen; → **weight** 3. 2. her'umwerfen: **to throw one's arms about** mit den Armen (her'um)fuchteln; **to throw o.s. about** sich (im Bett etc) hin u. her werfen. ~ **a·way** v/t 1. fort-, wegwerfen: **to throw o.s. away** fig. sich wegwerfen (**on** s.o. **an** j-n). 2. Geld, Zeit verschwenden, -geuden ([**up**]**on an** j-n, für etwas). 3. e-e Gelegenheit etc verpassen, -schenken. 4. etwas verwerfen, über Bord werfen. 5. etwas beiläufig sagen. ~ **back** I v/t 1. e-n Ball, ein Bild etc a. weitS. Truppen zu'rückwerfen (a. fig. aufhalten, hemmen): **to be thrown back upon** angewiesen sein auf (acc). 2. **to throw s.th. back at s.o.** fig. j-m etwas vorhalten od. -werfen. II v/i 3. (**to**) fig. zu'rückkehren (zu), zu'rückverfallen (auf acc, in acc). 4. biol. rückarten. ~ **by** v/t bei'seite legen od. werfen, 'ausran‚gieren. ~ **down** v/t 1. (o.s. sich) niederwerfen: → **gauntlet**[1] 2. 2. 'umstür-

zen. **3.** *chem.* fällen. **~ in I** *v/t* **1.** (hin-)'einwerfen: *to throw the ball* **in** (*Fußball*) einwerfen. **2.** *e-e Bemerkung etc* einflechten, -werfen. **3.** da'zugeben, *etwas* mit in den Kauf geben, dreingeben. **4.** *tech.* den Gang *etc* einrücken. **II** *v/i* **5. ~ with** *Am. sl.* gemeinsame Sache machen mit (*j-m*), sich mit *j-m* zs.-tun. **~ off I** *v/t* **1.** *ein Kleidungsstück, a. fig.* Skrupel *etc* abwerfen. **2.** *ein Joch etc* abwerfen, abschütteln: *to ~ the chains of marriage* sich aus den Fesseln der Ehe befreien. **3.** *j-n, e-e Krankheit etc* loswerden. **4.** *e-n Verfolger* abschütteln, *e-n Jagdhund a.* von der Fährte abbringen. **5.** in die Irre führen. **6.** *ein Gedicht etc* schnell 'hinwerfen, ,aus dem Ärmel schütteln'. **7.** *e-e Bemerkung* 'hinwerfen, fallenlassen. **8.** aus dem Kon'zept *od.* aus der Fassung bringen. **9.** *tech.* a) kippen, 'umlegen, b) auskuppeln, -rücken. **10.** *print.* abziehen. **II** *v/i* **11.** die Jagd beginnen. **12.** lästern (**on** über *acc*). **~ on** *v/t* (sich) *ein Kleidungsstück* 'überwerfen. **~ o·pen** *v/t* **1.** *die Tür etc* aufreißen, -stoßen. **2.** (allgemein *od.* öffentlich) zugänglich machen (**to** *dat*, für). **~ out I** *v/t* **1.** *Abfall etc* wegwerfen. **2.** *a. j-n, e-n Beamten etc* hin'auswerfen. **3.** *bes. parl.* verwerfen. **4.** *arch.* vorbauen, *e-n Flügel etc* anbauen (**to an** *acc*). **5.** *e-e Bemerkung* fallenlassen, *e-n Vorschlag etc* bringen, *e-n Wink* geben. **6.** a) *etwas* über den Haufen werfen, b) *j-n* aus dem Kon'zept *od.* aus der Fassung bringen. **7.** *Licht etc* abgeben, aussenden, -strahlen. **8.** *tech.* auskuppeln, -rücken. **9.** *Fühler etc* ausstrecken: *to ~ a chest colloq.* sich in die Brust werfen; → *feeler* 1. **II** *v/i* **10.** *sport* abwerfen. **~ o·ver** *v/t* **1.** *etwas* über den Haufen werfen. **2.** *e-n Plan etc* über Bord werfen, aufgeben. **3.** *e-n Freund etc* sitzen-*od.* fallenlassen (**for** wegen). **~ to·geth·er** *v/t* **1.** zs.-werfen: *to be thrown together* zs.-kommen. **2.** *fig. etwas* zs.-stoppeln. **~ up I** *v/t* **1.** hochwerfen. **2.** *die Arme* aufgeben, 'hinwerfen, ,'hinschmeißen', ,an den Nagel hängen'. **3.** erbrechen. **4.** hastig errichten, *e-e Schanze etc* aufwerfen. **5.** *bes. print.* her'vorheben. **6.** *prominente Persönlichkeiten etc* her'vorbringen. **7.** *to throw s.th.* **up to** *s.o.* j-m etwas vorhalten *od.* -werfen. **II** *v/i* **8.** (sich) erbrechen, sich über-'geben.

'**throw|·a·way I** *s* **1.** etwas zum Wegwerfen, *z. B.* Re'klamezettel *m.* **II** *adj* **2.** a) Wegwerf...: **~ package**, b) Einweg...: **~ bottle**. **3. ~ prices** Schleuderpreise. **4.** beiläufig (*Bemerkung*). '**~back** *s* **1.** *biol.* Ata'vismus *m, a. fig.* Rückkehr *f* (**into** zu). **2.** *Film etc:* Rückblende *f.* '**~down** *s Fußball:* Schiedsrichterball *m.*
'**throw·er** *s* **1.** Werfer(in). **2.** Töpferei: Dreher(in), Former(in). **3.** → **throwster**. '**throw-in** *s Fußball:* Einwurf *m:* **to take the ~** einwerfen.
'**throw·ing I** *s* Werfen *n,* (*Speer- etc*) Wurf *m:* **~ the javelin**. **II** *adj* Wurf...: **~ knife**. (bank.)
throw lathe *s tech.* kleine Handdreh-
thrown [θrəʊn] **I** *pp von* **throw**. **II** *adj* gezwirnt: **~ silk** Seidengarn *n.*
'**throw|-off** *s* **1.** *hunt.* Aufbruch *m* zur Jagd. **2.** a) → **throw-out** 1, b) *print.* Druckabsteller *m.* '**~out** *s* **1.** *tech.* Ausschaltvorrichtung *f,* Ausschaltung *f.* **2.** *mot.* Ausrückvorrichtung *f:* **~ lever** (Kupplungs)Ausrückhebel *m.* **3.** Auswerfer *m.* **4.** *print.* Faltblatt *n.* **5.** *sport* Abwurf *m.* (ner(in).)
throw·ster ['θrəʊstə(r)] *s* Seidenzwir-
thru *Am. colloq. für* **through**.
thrum¹ [θrʌm] **I** *v/i* **1.** *mus.* klimpern (**on** auf *dat*). **2.** (mit den Fingern) trommeln (**on** auf *dat od. acc*). **3.** trommeln (*Regen*). **II** *v/t* **4.** *mus.* a) klimpern auf (*e-m Instrument*), b) *e-e Melodie* klimpern (**on** auf *dat*). **5.** (mit den Fingern) trommeln auf (*dat od. acc*). **III** *s* **6.** Klimpern *n,* Geklimper *n.*
thrum² [θrʌm] *s* **1.** *Weberei:* a) Trumm *n, m* (*am Ende der Kette*), b) *pl* (Reihe *f* von) Fransen *pl,* Saum *m.* **2.** Franse *f,* loser Faden. **3.** *oft pl* Garnabfall *m,* Fussel *f, m.* **II** *v/t* **4.** befransen.
thrush¹ [θrʌʃ] *s orn.* Drossel *f.*
thrush² [θrʌʃ] *s* **1.** *med.* Soor *m.* **2.** *vet.* Strahlfäule *f.*
thrust [θrʌst] **I** *v/t pret u. pp* **thrust 1.** *e-e Waffe etc* stoßen (**into** in *acc*). **2.** *allg.* stecken, schieben: *to ~ one's hand into one's pocket*; *to ~ s.th.* **on** (sich) etwas hastig überwerfen; → *nose Bes. Redew.* **3.** stoßen, drängen, treiben, werfen: *to ~ aside* zur Seite stoßen; *to ~ o.s. forward* a) sich nach vorn drängen, b) *fig.* sich in den Vordergrund drängen; *to ~ s.o. into prison* j-n ins Gefängnis werfen; *to ~ on* vorwärts-, antreiben; *to ~ o.s. into* sich werfen *od.* drängen in (*acc*); *to ~ out* a) (her- *od.* hin)ausstoßen, b) *die Zunge* herausstrecken, c) *die Hand* ausstrecken; *to ~ one's way through the crowd* sich durch die Menge drängen *od.* schieben; *to ~ s.th.* **upon** *s.o.* j-m etwas aufdrängen. **4.** *meist* **~ through** *j-n* durch'bohren. **5. ~ in** *ein Wort* einwerfen. **II** *v/i* **6.** stoßen (**at** nach). **7.** stoßen, drängen (**at** gegen; **into** in *acc*). **8.** sich schieben, sich drängen: *to ~* **past** sich vorbeidrängen (*dat*). **9.** sich werfen (**at** auf *acc*; **between** zwischen *acc*). **III** *s* **10.** Stoß *m.* **11.** Hieb *m* (*a. fig.* **at** auf *acc*). **12.** *mil.* a) Vorstoß *m,* b) Stoßrichtung *f* (*a. fig.*). **13.** *allg. u. tech.* Druck *m.* **14.** *aer. phys. tech.* Schub(kraft *f*) *m.* **15.** *arch. tech.* (Horizon'tal-, Seiten)Schub *m.* **16.** *geol.* Schub *m.* **17.** *fig.* Zielstrebigkeit *f.* **~ bear·ing** *s tech.* **1.** Drucklager *n.* **2.** Querstrich *m.*
'**thrust·er** *s* **1.** Stoßende(r *m*) *f.* **2.** Korrek'turtriebwerk *n* (*e-r Rakete*). **3.** j-d, der vorprellt *od.* andere zur Seite drängt.
'**thrust·ing** *adj* **1.** e'nergisch, zielstrebig. **2.** ehrgeizig.
thrust| per·form·ance *s aer. tech.* Schubleistung *f.* **~ weap·on** *s mil.* Stich-, Stoßwaffe *f.*
thud [θʌd] **I** *s* dumpfer (Auf)Schlag, ,Bums' *m.* **II** *v/i* dumpf (auf)schlagen, ,bumsen'.
thug [θʌg] *s* **1.** *oft* **T~** *hist.* Thug *m* (Mitglied e-r geheimen Mordbande in Indien). **2.** a) (Gewalt)Verbrecher *m,* Raubmörder *m,* Gangster *m,* b) ,Schläger' *m.* **thug·gee** [θʌ'gi:; *Am.* 'θʌgi:], *a.* **T~** *s hist.* Thug-Unwesen *n.* '**thug·ger·y** [-əri] *s* **1. → thuggee. 2.** Brutali'tät *f.* '**thug·gish** *adj* bru'tal.
thu·ja ['θu:jə; 'θju:jə] *s bot.* Thuja *f,* Lebensbaum *m.*
thumb [θʌm] **I** *s* **1.** Daumen *m* (*a. im Handschuh*): **a ~('s breadth)** e-e Daumenbreite; *his fingers are* (*od. he is*) **all ~s**, *he has ten ~s* er hat zwei linke Hände; **under** *s.o.'s* **~** in j-s Gewalt, unter j-s Fuchtel; *she has him under her ~* sie hat ihn ,an der Kandare'; *that sticks out like a sore ~ colloq.* a) das sieht ja ein Blinder, b) das fällt auf wie ein Kuhfladen auf der Autobahn; *to give s.o.* (*s.th.*) *the ~s* **up** a) j-n (etwas) akzeptieren, b) sich für j-n (etwas) entscheiden; **~s up!** j-m alles in Ordnung!, b) ,prima!'; *it's ~s up for your offer* dein Angebot ist angenommen; *to give s.o.* (*s.th.*) *the* **~s down** a) j-n (etwas) ablehnen, b) sich gegen j-n (etwas) entscheiden; → *rule* 2. **II** *v/t* **2.** *ein Buch etc* abgreifen: (**well-**)**~ed** abgegriffen. **3.** Buchseiten 'durchblättern. **4. to ~ a lift** (*od.* **ride**) *colloq.* per Anhalter fahren, trampen; *to ~* **a car** *colloq.* ein Auto anhalten, sich mitnehmen lassen; *to ~ one's way to colloq.* trampen nach. **5.** *to ~ one's nose at s.o.* j-m e-e lange Nase machen. **III** *v/i* **6.** *to ~ through a book* ein Buch 'durchblättern. **~·in·dex** *s a. irr print.* Daumenindex *m.* '**~·marks** Daumenabdruck *m.* '**~·nail I** *s* Daumennagel *m.* **II** *adj* **~ sketch** a) kleine Skizze, b) *fig.* kurze Skizze. **~ nut** *s tech.* Flügelmutter *f.* '**~·print** *s* Daumenabdruck *m.* **~ rule** *s* Faustregel *f.* '**~·screw** *s* **1.** *tech.* Flügelschraube *f.* **2.** *hist.* Daumenschraube *f* (*Folterinstrument*). '**~·stall** *s* Däumling *m* (*Schutzkappe*). '**~·tack** *s Am.* Reißzwecke *f,* -nagel *m,* Heftzwecke *f.*
thumb·y ['θʌmɪ] *adj* tappig.
thump [θʌmp] **I** *s* **1.** dumpfer Schlag, ,Plumps' *m,* ,Bums' *m.* **2.** (Faust)Schlag *m,* Puff *m,* Knuff *m.* **3.** Pochen *n.* **II** *v/t* **4.** (heftig) schlagen *od.* hämmern *od.* pochen gegen *od.* auf (*acc*), Kissen aufschütteln. **5.** ,plumpsen' *od.* ,bumsen' gegen *od.* auf (*acc*). **6.** *colloq.* j-n ,verdreschen'. **7.** *a.* **~ out** *colloq. e-e Melodie* her'unterhämmern (**on** auf *dat*). **III** *v/i* **8.** (auf)schlagen, ,plumpsen', ,bumsen' (**on** auf *acc*; **at** gegen). **9.** (laut) pochen (*Herz*): *thump·er colloq. e-e* ,Mordsding' *n, (e-e)* ,Wucht'. **2.** faustdicke Lüge. '**thump·ing** *colloq.* **I** *adj* kolos'sal, ,Mords...' **II** *adv* ,mordsmäßig': **a ~ great lie** e-e faustdicke Lüge.
thun·der ['θʌndə(r)] **I** *s* **1.** Donner *m:* **to steal** *s.o.'s* **~** *fig.* j-m den Wind aus den Segeln nehmen. **2.** *obs. od. poet.* Blitz (-strahl) *m,* Ungewitter *n.* **3.** *pl fig.* Donner *m,* Getöse *n:* **~s of applause** donnernder Beifall, Beifallssturm *m.* **4.** *a. pl fig.* ,Donnerwetter' *n,* donnernde Rede. **II** *v/i* **5.** *impers.* donnern (*a. fig.* Kanone, Zug *etc*). **6.** *a.* **~ out** *fig.* wettern (**against** gegen). **III** *v/t* **7.** *a.* **~ out** etwas donnern. **~-and-'light·ning** *adj* grell, in auffälligen Farben (*Kleid etc*).
thun·der·a·tion [θʌndəˈreɪʃn] *interj Am. colloq.* Donner u. Doria!
'**thun·der|·bolt** *s* **1.** Blitz (u. Donnerschlag) *m,* Blitzstrahl *m* (*a. fig.*): **to fall like a ~** *fig.* wie e-e Bombe einschlagen. **2.** *myth., a. geol.* Donnerkeil *m.* '**~·clap** *s* **1.** Donnerschlag *m* (*a. fig.*). **2.** *fig.* dunkle Wolke. '**~·head** *s bes. Am.* Gewitterwolke *f.*
'**thun·der·ing I** *adj* (*adv* **-ly**) **1.** donnernd (*a. fig.*). **2.** *colloq.* gewaltig, ungeheuer: **a ~ idiot** ein Vollidiot; **a ~ lie** e-e faustdicke Lüge. **II** *adv colloq.* ,riesig', ,mächtig': **I was ~ glad**.
thun·der·ous ['θʌndərəs] *adj* (*adv* **-ly**) **1.** gewitterschwül, gewittrig. **2.** *fig.* donnernd: **~ applause** Beifallssturm *m.* **3.** *fig.* gewaltig, ungeheuer.
'**thun·der|·show·er** *s* Gewitterschauer *m.* '**~·storm** *s* Gewitter *n,* Unwetter *n.* '**~·struck** *adj* **1.** vom Blitz getroffen. **2.** *fig.* wie vom Donner gerührt.
thun·der·y ['θʌndərɪ] → **thunderous** 1: **~ shower** Gewitterschauer *m.*
thu·ri·ble ['θjʊərɪbl] *s relig.* (Weih-) Rauchfaß *n.*
Thu·rin·gi·an [θjʊə'rɪndʒɪən; *Am. a.* θʊ'r-] **I** *adj* thüringisch, Thüringer(...). **II** *s* Thüringer(in).
Thurs·day ['θɜːzdɪ; *Am.* 'θɜːrz-] *s* Donnerstag *m:* **on ~** (am) Donnerstag; **on ~s** donnerstags.
thus [ðʌs] *adv* **1.** so, folgendermaßen. **2.** so'mit, also, folglich. **3.** so, demgemäß. **4.** so, in diesem Maße: **~ far** soweit, bis jetzt; **~ much** so viel. '**thus·ly** *adv colloq.* so.

thwack – tie

thwack [θwæk] **I** v/t **1.** (derb) schlagen. **2.** verprügeln. **II** s **3.** (derber) Schlag.
thwart [θwɔː(r)t] **I** v/t **1.** e-n Plan etc durch'kreuzen, vereiteln, hinter'treiben. **2.** j-m entgegenarbeiten, j-m e-n Strich durch die Rechnung machen. **II** s mar. **3.** Ruderbank f, Ducht f. **III** adj **4.** querliegend, schräg, Quer...
'**thwart·ship** adj mar. querschiffs liegend. '**thwart·ships** adv querschiffs, dwars.
thy [ðaɪ] adj obs. od. poet. dein, deine: ~ neighbo(u)r dein Nächster.
thy·la·cine [ˈθaɪləsaɪn] s zo. Beutelwolf m. [ze u. Gewürz).]
thyme [taɪm] s bot. Thymian m (Pflan-
thy·mi [ˈθaɪmaɪ] pl von thymus.
thym·ic¹ [ˈtaɪmɪk] adj Thymian...
thy·mic² [ˈθaɪmɪk] adj anat. Thymus(-drüsen)...
thy·mus [ˈθaɪməs] pl **-mus·es, -mi** [-maɪ], a. ~ **gland** s anat. Thymus(-drüse f) m.
thy·ra·tron [ˈθaɪrətrɒn] s electr. Thyratron n, Stromtor n.
thy·roid [ˈθaɪrɔɪd] **I** adj anat. **1.** Schilddrüsen... **2.** Schildknorpel... **II** s **3.** a. ~ **gland** Schilddrüse f. **4.** a. ~ **cartilage** Schildknorpel m. **5.** 'Schilddrüsenar,terie f od. -vene f. **6.** 'Schilddrüsenpräpa,rat n. '**thy·roid·ism** s med. Thyreoi'dismus m (Über- od. Unterfunktion der Schilddrüse). ,**thy·roid'i·tis** [-ˈdaɪtɪs] s med. Thyreoi'ditis f, Schilddrüsenentzündung f.
thy·rox·ine [θaɪˈrɒksiːn; -sɪn; Am. -ˈrɒk-], a. **thy'rox·in** [-sɪn] s chem. physiol. Thyro'xin n.
thyr·sus [ˈθɜːsəs; Am. ˈθɜr-] pl **-si** [-saɪ] s Thyrsus m: a) antiq. Bac'chantenstab m, b) bot. Strauß m (ein Blütenstand).
thy·self [ðaɪˈself] pron obs. od. poet. **1.** du (selbst). **2.** dat dir (selbst). **3.** acc dich (selbst).
ti [tiː] s mus. ti n (Solmisationssilbe).
ti·ar·a [tɪˈɑːrə; Am. a. -ˈæ-] s **1.** Ti'ara f (Papstkrone od. -würde). **2.** Dia'dem n, Stirnreif m (für Damen).
Ti·bet·an [tɪˈbetən] **I** adj **1.** ti'betisch, tibe'tanisch. **II** s **2.** Ti'beter(in), Tibe'taner(in). **3.** ling. Ti'betisch n, das Tibetische.
tib·i·a [ˈtɪbɪə] pl **-ae** [-iː] od. **-as** s anat. Schienbein n, Tibia f. '**tib·i·al** adj anat. Schienbein...
tic [tɪk] s med. Tic(k) m, (ner'vöses) (Muskel- od. Gesichts)Zucken n. **tic dou·lou·reux** [ˌtɪkduːləˈrɜː; Am. a. -ˈruː] s med. Tri'geminusneural,gie f.
tich [tɪtʃ] s colloq. Knirps m.
tick¹ [tɪk] **I** s **1.** Ticken n: **to** (od. **on) the ~** (auf die Sekunde) pünktlich. **2.** bes. Br. colloq. Augenblick m, Mo'ment m: **in two ~s** im Nu, im Handumdrehen. **3.** Haken m, Häkchen n (Vermerkzeichen). **II** v/i **4.** a. **~ away** ticken: **to ~ away** (od. **by)** verrinnen, -gehen; **to ~ over** a) mot. Br. im Leerlauf sein, b) fig. normal od. ganz ordentlich laufen (Geschäft etc). **5. what makes him ~?** a) was hält ihn (so) in Schwung?, b) was geht in ihm vor? **III** v/t **6.** a. **~ away** ticken, durch Ticken anzeigen. **7.** in e-r Liste anhaken: **to ~ off** a) abhaken, b) genau beschreiben, c) colloq. j-n ,zs.-stauchen', ,anpfeifen', d) bes. Am. colloq. ,auf die Palme bringen'.
tick² [tɪk] s zo. Zecke f: → tight 13.
tick³ [tɪk] s **1.** (Kissen- etc)Bezug m. **2.** a) Inlett n, b) Ma'tratzenbezug m. **3.** colloq. Drell m, Drillich m.
tick⁴ [tɪk] s colloq. Kre'dit m, ,Pump': **to buy on ~** auf Borg od. Pump kaufen.
'**tick·er** s **1.** Börse: bes. Am. Fernschreiber m (Gerät). **2.** sl. ,Wecker' m (Uhr).

3. sl. ,Pumpe' f (Herz). **~ tape** s bes. Am. Loch-, Telexstreifen m: **~ parade** Kon'fettiparade f; **to get a ~ reception** mit e-r Konfettiparade empfangen werden.
tick·et [ˈtɪkɪt] **I** s **1.** (Ausweis-, Eintritts-, Mitglieds-, The'ater- etc) Karte f, rail. etc Fahrkarte f, -schein m, aer. Flugschein m, Ticket n: **to take a ~** e-e Karte lösen; **to work one's ~** die Reisekosten abarbeiten. **2.** (bes. Gepäck-, Pfand)Schein m. **3.** Lotte'rielos n. **4.** Eti'kett n, Schildchen n, (Preis- etc)Zettel m. **5.** econ. (Kassen)Beleg m: **sales ~**. **6.** mot. a) Strafzettel m, b) gebührenpflichtige Verwarnung. **7.** aer. mar. colloq. Li'zenz f. **8.** pol. Am. (Wahl-, Kandi'daten)Liste f: **to vote a straight ~** die Liste (e-r Partei) unverändert wählen; **to write one's own ~** colloq. (ganz) s-e eigenen Bedingungen stellen; → **split 4, split ticket**, b) bes. Am. ('Wahl-, Par'tei)Pro,gramm n. **9.** colloq. (das) Richtige: **that's the ~!** **10. ~ of leave** jur. Br. hist. (Schein m über) bedingte Freilassung: **to be on ~ of leave** bedingt freigelassen sein. **11. to get one's ~** mil. Br. colloq. aus dem Militärdienst entlassen werden. **II** v/t **12.** etiket'tieren, mit e-m Eti'kett od. Schildchen versehen, Waren auszeichnen. **13.** j-m e-e (Fahr- etc)Karte aushändigen od. -stellen. **14.** fig. colloq. bestimmen (for for).
tick·et|**a·gen·cy** s **1.** rail. etc Fahrkartenverkaufsstelle f. **2.** thea. etc Vorverkaufsstelle f. '**~-can·cel·(l)ing ma·chine** s Fahrkarten(ent)werter m. ~ **col·lec·tor** s Bahnsteigschaffner m. ~ **day** s Börse: Br. Tag m vor dem Abrechnungstag. ~ **in·spec·tor** s Fahrkartenkontrol,leur m. ~ **of·fice** s **1.** rail. Fahrkartenschalter m. **2.** thea. Kasse f. ,**~-of-leave man** s jur. Br. hist. bedingt Strafentlassene(r) m. ~ **punch** s (Fahrkarten)Lochzange f. ~ **tout** s Kartenschwarzhändler m.
tick·ing [ˈtɪkɪŋ] s Drell m, Drillich m. ,**~-off** s colloq. ,Anpfiff' m: **to get a ~**; **to give s.o. a ~** j-n ,zs.-stauchen' od. ,anpfeifen'.
tick·le [ˈtɪkl] **I** v/t **1.** kitzeln (a. fig. angenehm erregen): **to ~ the soles of s.o.'s feet** j-n an den Fußsohlen kitzeln. **2.** fig. a) (freudig erregen): **~d pink** colloq. ,ganz weg' (vor Freude), b) amü'sieren: **I'm ~d to death** colloq. ich könnte mich totlachen (a. iro.), c) schmeicheln (dat): **it ~d his vanity**. **3.** meist **~ up** (an)reizen. **II** v/i **4.** kitzeln. **5.** jucken. **III** s **6.** Kitzeln n. **7.** Kitzel m (a. fig.). **8.** Jucken n, Juckreiz m. '**tick·ler** s **1.** (der, die, das) Kitzelnde. **2.** Am. Vormerk-, No'tizbuch n, Ter'minka,lender m: ~ **file** Wiedervorlagemappe f. **3.** colloq. ,knifg'lige Sache, (schwieriges) Pro'blem. **4.** a. ~ **coil** electr. Rückkopplungsspule f.
'**tick·lish** adj (adv **-ly**) **1.** kitz(e)lig. **2.** fig. a) ,kitz(e)lig', heikel, schwierig, gefährlich: **a ~ job**, b) la'bil, unsicher. **3.** ('über)empfindlich (Person).
tick·tack [ˈtɪktæk] s **1.** Am. Ticken n, Ticktack n (e-r Uhr). **2.** Br. Zeichensprache f der Buchmacher (bei Pferderennen): ~ **man** Buchmachergehilfe m.
tick·tock [ˈtɪktɒk; Am. -ˈtɑk] s Ticken n, Ticktack n (e-r Uhr). **II** v/i ticken.
tid·al [ˈtaɪdl] adj **1.** Gezeiten... **2.** von den Gezeiten abhängig, sich nach den Gezeiten richtend: **a ~ steamer**. **3.** Flut...: ~ **harbo(u)r**. ~ **air** s med. Atmungsluft f. ~ **ba·sin** s mar. Tidebecken n. ~ **in·let** s Priel m. ~ **lift** s Tidenhub m. ~ **pow·er plant** s tech. Gezeitenkraftwerk n. ~ **riv·er** s mar. dem Wechsel der Gezeiten unter'worfener Fluß. ~ **wave** s **1.** mar.

Flutwelle f (a. fig.). **2.** fig. Welle f, Woge f: **a ~ of enthusiasm**.
tid·bit [ˈtɪdˌbɪt] Am. für titbit.
tid·dle·dy·winks [ˈtɪdldiˌwɪŋks] Am. für tiddlywinks.
tid·dler [ˈtɪdlə] s Br. colloq. **1.** winziger Fisch. **2.** Knirps m.
tid·dly [ˈtɪdlɪ] adj Br. colloq. **1.** winzig. **2.** angesäuselt, beschwipst.
tid·dly·winks [ˈtɪdlɪwɪŋks] s pl (als sg konstruiert) Flohhüpfen n.
tide¹ [taɪd] **I** s **1.** a) Gezeiten pl, Tiden pl, Ebbe f u. Flut f, b) Flut f, Tide f: **low ~** → **low water**; → **high tide**; **the ~ is com·ing in (going out)** die Flut kommt (die Ebbe setzt ein); **the ~ is out** es ist Ebbe; **turn of the ~** Gezeitenwechsel m, fig. Umschwung m; **the ~ turns** fig. das Blatt wendet sich. **2.** Gezeitenstrom m. **3.** fig. Strom m, Strömung f, Lauf m: **the ~ of events** der Gang der Ereignisse; **to swim** (od. **go) against** (**with) the ~** gegen den (mit dem) Strom schwimmen. **4.** fig. (das) Auf u. Ab, (das) Wechselhafte: **the ~ of popular interest**. **5.** (in Zssgn) a) Zeit f: **winter-~**, b) relig. Zeit f: **Christmas ~**. **6.** günstiger Augenblick, (die) rechte Zeit. **II** v/i **7.** fließen, strömen. **8.** (mit dem Strom) treiben, mar. bei Flut ein- od. auslaufen. **9. ~ over** fig. hin'wegkommen über (acc). **III** v/t **10.** treiben. **11. ~ over** fig. a) j-m hin'weghelfen über (acc), b) j-n ,über Wasser halten': **to ~ it over** ,sich über Wasser halten', ,über die Runden kommen'.
tide² [taɪd] v/i obs. sich ereignen.
tide|**day** s mar. Gezeitentag m. **~ gate** s mar. tech. Flut(schleusen)tor n. **~ ga(u)ge** s mar. tech. (Gezeiten)Pegel m. '**~·land** s geogr. Am. Watt n.
'**tide·less** adj gezeitenlos.
'**tide**|**mark** s **1.** Gezeitenmarke f. **2.** Pegelstand m. **3.** bes. Br. colloq. schwarzer Rand (in der Badewanne od. am Hals). '**~·rode** adj mar. stromgerecht. **~ ta·ble** s mar. Gezeitentafel f. '**~·wait·er** s hist. Hafenzollbeamte(r) m. '**~·wa·ter** s **1.** Flut- od. Gezeitenwasser n: ~ **district** Wattengebiet n. **2.** allg. Flutgebiet n der Meeresküste. ~ **wave** s Gezeiten-, Flutwelle f. '**~·way** s Priel m.
ti·di·ness [ˈtaɪdɪnɪs] s **1.** Sauberkeit f, Ordnung f, Ordentlichkeit f. **2.** Nettigkeit f.
tid·ings [ˈtaɪdɪŋz] s pl obs. od. poet. Nachricht(en pl) f, Neuigkeit(en pl) f, Botschaft f, Kunde f.
ti·dy [ˈtaɪdɪ] **I** adj (adv **tidily**) **1.** sauber, reinlich, ordentlich. **2.** nett, schmuck. **3.** colloq. ,ordentlich', beträchtlich: **a ~ sum of money** ein hübsches Sümmchen, e-e Stange Geld. **II** v/t **4.** a. **~ up** in Ordnung bringen, aufräumen: **to ~ o.s. up** sich zurechtmachen; **to ~ away** wegaufräumen; **to ~ out** aufräumen, ,ausmisten'. **III** v/i **5. ~ up** aufräumen, Ordnung machen, saubermachen. **IV** s **6.** Fächerkasten m, (Arbeits-, Flick- etc) Beutel m. **7.** Abfallkorb m od. -sieb n. **8.** (Sofa- etc)Schoner m, Schutzdeckchen n. **~-up** s Aufräumen n: **to give a room a ~** ein Zimmer in Ordnung bringen od. aufräumen.
tie [taɪ] **I** s **1.** (Schnür)Band n. **2.** a) Schlips m, Kra'watte f, b) Halstuch n. **3.** Schnürschuh m. **4.** Schleife f, Masche f. **5.** fig. a) Band n (der ~(s) of friendship), b) pol. psych. Bindung f: **mother ~**. **6.** colloq. (lästige) Fessel, Last f. **7.** Verbindung f, Befestigung f. **8.** arch. tech. a) Verbindung(sstück n) f, b) Anker m, c) → **tie beam**. **9.** rail. Am. Schwelle f. **10.** parl. pol. (Stimmen)Gleichheit f: **to end in a ~** stimmengleich enden. **11.** sport a) Punktgleichheit f, Gleichstand m, b) Unent-

schieden *n*, c) (Ausscheidungs)Spiel *n*, d) Wieder'holung(sspiel *n*) *f*. **12.** *mus.* Bindebogen *m*, Liga'tur *f*.
II *v/t* **13.** an-, festbinden (**to** an *acc od. dat*). **14.** a) binden, schnüren, b) *a. fig.* fesseln: **to** ~ **s.o.'s hands** *bes. fig.* j-m die Hände binden; **to** ~ **s.o.'s tongue** j-m die Zunge binden, j-n zum Schweigen verpflichten. **15.** (sich) *die Schuhe, Krawatte, e-e Schleife etc* binden. **16.** (zs.-)knoten, (-)knüpfen: **to** ~ **a cord**. **17.** *fig.* verknüpfen, -binden. **18.** *arch. tech.* verankern, befestigen. **19.** hemmen, hindern. **20.** (**to**) j-n binden (an *acc*), verpflichten (zu). **21.** j-n in Anspruch nehmen (*Pflichten etc*). **22.** *pol. sport* gleichstehen *od.* -ziehen mit. **23.** *mus.* Noten (aneinander)binden.
III *v/i* **24.** *parl. pol.* gleiche Stimmenzahl haben. **25.** *sport* a) punktgleich sein, gleichstehen, b) unentschieden spielen *od.* kämpfen (**with** gegen).
Verbindungen mit Adverbien:
tie|back *v/t* Haar etc zu'rückbinden. ~ **down** *v/t* **1.** fesseln (**to** an *acc*). **2.** an-, festbinden (**to** an *acc*). **3.** *mil.* gegnerische Truppen binden. **4.** *fig.* (**to**) a) binden (an *acc*), b) j-n festlegen (auf *acc*). **5. to be tied down** *fig.* angebunden sein. ~ **in I** *v/i* **1.** (**with**) über'einstimmen (mit), passen (zu). **II** *v/t* **2.** (**with**) verbinden *od.* kombi'nieren *od.* koppeln (mit), einbauen (in *acc*). **3. to tie s.o. in with s.th.** j-n mit etwas in Verbindung bringen. ~ **on** *v/t* **1.** → tie 13. **2. to tie one on** *bes. Am. colloq.* sich e-n ‚andudeln'. ~ **up I** *v/t* **1.** (an-, ein-, ver-, zs.-, zu)binden. **2.** *mar.* Schiff auflegen. **3.** *fig.* fesseln, hindern, hemmen. **4.** *fig.* festhalten, beschäftigen. **5.** *fig.* lahmlegen, e-e Industrie, die Produktion stillegen, *Vorräte etc* bloc'kieren. **6.** unter Dach u. Fach bringen. **7.** festlegen: a) *econ.* Geld fest anlegen, b) *jur. bes.* Erbgut e-r Verfügungsbeschränkung unter'werfen: **the will tied up the estate** das Testament legte den Besitz fest. **8. to tie it up** *Am. colloq.* die Sache erledigen. **II** *v/i* **9.** sich verbinden (**with** mit).
tie|bar *s* **1.** a) *rail.* Verbindungsstange *f (e-r Weiche)*, b) *tech.* Spurstange *f*. **2.** *print.* Bogen *m* (über 2 Buchstaben). ~ **beam** *s arch. tech.* Zugbalken *m*. '~**,break·er**, *a.* '~-**break** *s* Tennis: Tie--Break *m, n*.
tied [taɪd] *adj econ.* zweckgebunden. ~ **house** *s Br.* Braue'reigaststätte *f*.
tie dye·ing *s* Textilwesen: Knüpfbatik *m, f*.
'**tie|-in** *s* **1.** *econ. Am.* a) kombi'nierte *od.* aufein'ander abgestimmte Werbung (*zweier Firmen etc*), b) Kopplungsgeschäft *n*, -verkauf *m*. **2.** Verbindung *f*, Zs.-hang *m*. **II** *adj* **3.** *econ. Am.* gekoppelt: ~ **sale** → 1b. '~-**on I** *adj* zum Anbinden, Anhänge...: ~ **label** → **II**. **II** *s* Anhängezettel *m*. '~**pin** *s* Kra'wattennadel *f*. ~ **plate** *s* **1.** *arch. tech.* Ankerplatte *f*. **2.** *rail.* Stoßplatte *f*.
tier [tɪə(r)] *I s* **1.** Reihe *f*, Lage *f*: **in** ~**s** in Reihen übereinander, lagenweise. **2.** *thea.* a) (Sitz)Reihe *f*, b) Rang *m*. **3.** *fig.* Rang *m*, Stufe *f*. **II** *v/t* **4.** *oft* ~ **up** reihen*od.* schichtenweise anordnen, aufein'anderschichten.
tierce [tɪə(r)s] *s* **1.** a) Tierce *f (altes Weinmaß; 42 gallons)*, b) Faß mit diesem Inhalt. **2.** *relig.* Terz *f* (3. Stufe des Breviergebets; um 9 Uhr). **3.** *fenc.* Terz *f*. **4.** [*Br. bes.* tɜːs] Kartenspiel: Terz *f*, Se'quenz *f* von 3 Karten.
tier·cel ['tɜːsl; *Am.* 'tɪərsəl] → tercel.
tier·ce·ron ['tɪə(r)sərən] *s arch.* Nebenrippe *f*.
tier·cet ['tɜːsɪt; *Am.* 'tɪər-] → tercet.

tie rod *s tech.* **1.** Zugstange *f*. **2.** Kuppelstange *f*. **3.** *rail.* Spurstange *f*.
'**tie-up** *s* **1.** Verbindung *f*, Zs.-hang *m*. **2.** Koppelung *f*, Kombinati'on *f*. **3.** *Am.* Lahm-, Stillegung *f*. **4.** *bes. Am.* (a. Verkehrs)Stockung *f*, Stillstand *m*.
tiff [tɪf] *s* **1.** Reibe'rei *f*, ‚Kabbe'lei' *f*, kleine Meinungsverschiedenheit. **2.** schlechte Laune: **in a** ~ übelgelaunt.
tif·fa·ny ['tɪfənɪ] *s* **1.** Seidengaze *f*. **2.** Mull(stoff) *m*, Flor *m*.
tif·fin ['tɪfɪn] *s Br. Ind.* Mittagessen *n*.
tige [tiːʒ] (*Fr.*) *s* **1.** *arch.* Säulenschaft *m*. **2.** *bot.* Stengel *m*, Stiel *m*.
ti·ger ['taɪɡə(r)] *s* **1.** *zo.* (*bes.* Ben'galischer *od.* Königs)Tiger: **American** ~ Jaguar *m*; **red** ~ → **cougar**; **to rouse the** ~ **in s.o.** *fig.* j-n in e-n reißenden Tiger verwandeln. **2.** *hist. Br. sl.* li'vrierter Diener, Page *m*. ~ **cat** *s zo.* **1.** Tigerkatze *f*. **2.** getigerte (Haus)Katze. '~**,flow·er** *s bot.* Tigerblume *f*.
ti·ger·ish ['taɪɡərɪʃ] *adj* (*adv* -**ly**) **1.** tigerartig. **2.** blutdürstig. **3.** wild, grausam.
ti·ger| lil·y *s bot.* **1.** Tigerlilie *f*. **2.** a) Pantherlilie *f*, b) Phila'delphia-Lilie *f*. ~ **moth** *s zo.* Bärenspinner *m*. ~ **shark** *s ichth.* Tigerhai *m*. '~-**wood** *s bot.* Lettern-, Tigerholz *n*.
tight [taɪt] **I** *adj* (*adv* -**ly**) **1.** dicht (*nicht leck*): **a** ~ **barrel**. **2.** fest(sitzend): ~ **stopper**; ~ **knot** fester Knoten; ~ **screw** festangezogene Schraube. **3.** a) straff (an)gespannt: **a** ~ **muscle**; ~ **ropes**; ~ **security** *fig.* scharfe Sicherheitsmaßnahmen *pl*, b) *fig.* verkniffen, zs.-gepreßt: ~ **lips**. **4.** knapp, (zu) eng: ~ **fit** a) knapper Sitz (*e-s Kleides etc*), b) *tech.* Feinpassung *f*, Haftsitz *m*; ~ **shoes** enge Schuhe; ~ **trousers** enganliegende Hosen. **5.** a) eng, dicht(gedrängt), b) *colloq.* kritisch, ‚mulmig': → **corner** 3, **squeeze** 17. **6.** prall (voll): **the bag is** ~; ~ **schedule** voller Terminkalender. **7.** *sport* a) ausgeglichen: **a** ~ **match**, b) knapp: **a** ~ **race** ein Brust-an-Brust--Rennen; → **squeeze** 22. **8.** *colloq.* ‚knick(e)rig', geizig. **9.** *econ.* a) knapp: ~ **money** ~, b) angespannt (*Marktlage*): **a** ~ **money market** e-e angespannte Lage auf dem Geldmarkt. **10.** a) verdichtet, kompri'miert, b) gedrängt, knapp (*Stil*): ~ **plot** straffe Handlung, b) hieb- u. stichfest: **the argument is absolutely** ~. **11.** *obs.* schmuck: **a** ~ **lass**. **12.** *bes. Am.* a) klemmen klebend, allzu konventio'nell. **13.** *sl.* ‚blau', ,besoffen': (**as**) ~ **as a tick** ‚stinkbesoffen'. **II** *adv* **14.** eng, knapp. **15.** *a. tech.* fest: **to hold** ~ festhalten; **to sit** ~ a) fest im Sattel sitzen, b) sich nicht vom Fleck rühren, c) *fig.* sich eisern behaupten, sich nicht beirren lassen, d) *fig.* den richtigen Augenblick abwarten.
tight·en ['taɪtn] **I** *v/t* **1.** *a.* ~ **up** zs.-ziehen. **2.** *e-e* Schraube, *die* Zügel etc fest-, anziehen, e-e Feder, e-n Gurt etc spannen: **to** ~ **one's belt** ,(sich) den Gürtel enger schnallen'; **to make s.o.** ~ **his belt** j-m den Brotkorb höher hängen'. **3.** straffen: **to** ~ **a muscle** (**a rope,** *etc*); **to** ~ **one's grip** fester zupacken, den Druck verstärken (*a. fig.*); **to** ~ **up** a) Sicherheitsmaßnahmen verschärfen, b) *Handlung* straffen. **4.** (ab)dichten: ~**ing compound** *tech.* Dichtungsmasse *f*. **II** *v/i* **5.** sich straffen, fester werden: **his grip** ~**ed**. **7.** *a.* ~ **up** sich fest zs.-ziehen. **8.** *econ.* sich versteifen (*Markt*). **9. to** ~ **up on** *etwas* einschränken, begrenzen.
'**tight·en·er** *s tech.* a) Spanner *m*, b) Spannschloß *n*, c) Spannscheibe *f*, -rolle *f*.
‚**tight|'fist·ed** → tight 8. ‚~'**fit·ting** *adj* **1.** → tight 3. **2.** *tech.* genau an- *od.*

eingepaßt, Paß... '~-**'laced** *adj fig.* sittenstreng, prüde, puri'tanisch. '~-**'lipped** *adj* **1.** schmallippig. **2.** *fig.* verschlossen.
'**tight·ness** *s* **1.** Dichte *f*. **2.** Festigkeit *f*, fester Sitz. **3.** Straffheit *f*. **4.** Enge *f*. **5.** Gedrängtheit *f*. **6.** *colloq.* ‚Knicke'rei' *f*, Geiz *m*. **7.** *econ.* a) (Geld)Knappheit *f*, b) angespannte Marktlage.
'**tight·rope I** *s* (Draht)Seil *n* (*der Artisten*). **II** *s* (Draht)Seil...: ~ **walker** Seiltänzer(in).
tights [taɪts] *s pl* **1.** ('Tänzer-, Ar'tisten)Tri_,kot *n*. **2.** *bes. Br.* Strumpfhose *f*.
'**tight,wad** *s Am. colloq.* Geizkragen *m*.
ti·gon ['taɪɡən] *s* Kreuzung *f* aus Tiger u. Löwin.
ti·gress ['taɪɡrɪs] *s* **1.** Tigerin *f*. **2.** *fig.* Me'gäre *f*, Weibsteufel *m*. '**ti·grine** [-ɡrɪn; -ɡraɪn] *adj* **1.** tigerartig. **2.** *bot. zo.* getigert.
tike → tyke.
ti·ki ['tiːkɪ] *s* (*Maorikult*) **1.** Ahnen-, Götterbild *n*. **2.** T~ a) der erste Mensch, b) Schöpfergottheit *f*.
til·bu·ry ['tɪlbərɪ; *Am. a.* -_,berɪ] *s hist.* leichter zweirädriger Wagen.
til·de [tɪld; *bes. Am.* 'tɪldə] *s ling.* Tilde *f*: a) *Zeichen auf dem palatalisierten spanischen n*, b) *Ersatzzeichen für ein zu wiederholendes Wort*.
tile [taɪl] **I** *s* **1.** (Dach)Ziegel *m*: **he has a** ~ **loose** *sl.* ‚bei ihm ist e-e Schraube locker'; **to be (out) on the** ~**s** *sl.* ‚herumsumpfen'. **2.** (Stein- *od.* Kunststein)Platte *f*, (Fußboden-, Wand-, Teppich)Fliese *f*, (Ofen-, Wand)Kachel *f*. **3.** *collect.* Ziegel *pl*, Fliesen(fußboden *m*) *pl*, (Wand-) Kacheln *pl*. **4.** *arch.* Hohlstein *m*. **5.** *tech.* Tonrohr *n*. **6.** *colloq.* a) ‚Angströhre' *f (Zylinder)*, b) ‚Deckel' *m*, ‚Koks' *m (steifer Hut)*. **II** *v/t* **7.** (mit Ziegeln) decken. **8.** mit Fliesen *od.* Platten auslegen, kacheln. '~-**burn·er** *s* Ziegelbrenner *m*. '~-**,fix·er** *s* Fliesen-, Plattenleger *m*. ~ **kiln** *s* (Ziegel)Brennofen *m*. ~ **ore** *s min.* Rotkupfererz *n*.
'**til·er** *s* **1.** Dachdecker *m*. **2.** Fliesen-, Plattenleger *m*. **3.** Ziegelbrenner *m*. **4.** Logenhüter *m (Freimaurer)*.
'**tile·stone** *s geol.* Fliesen-, Sandstein *m*. ‚~'**work** *s* **1.** *pl* Ziege'lei *f*. **2.** Kachel-, Fliesenarbeit *f*.
til·i·a·ceous [‚tɪlɪ'eɪʃəs] *adj* Linden...
'**til·ing** *s* **1.** Dachdecken *n*. **2.** Fliesen-, Plattenlegen *n*, Kacheln *n*. **3.** Ziegelbedachung *f*. **4.** (Stein- *od.* Kunststein-) Platten *pl*, (Fußboden-, Wand-, Teppich)Fliesen *pl*, (Ofen-, Wand)Kacheln *pl*.
till[1] [tɪl] **I** *prep* **1.** bis: ~ **Monday**; ~ **now** bis jetzt, bisher; ~ **then** bis dahin *od.* nachher; ~ **when?** bis wann? **2.** bis zu: ~ **death** bis zum Tod, bis in den Tod. **3. not** ~ erst: **not** ~ **yesterday** erst gestern. **II** *conj* **4.** bis: **we waited** ~ **he came**. **5. not** ~ erst als (*od.* wenn), eher als.
till[2] [tɪl] *v/t agr.* den Boden bebauen, bestellen.
till[3] [tɪl] *s* **1.** (Laden)Kasse *f*: ~ **money** Kassenbestand *m*; **to be caught with one's hand in the** ~ beim Griff in die Kasse ertappt werden. **2.** Geldkasten *m*.
till[4] [tɪl] *s geol.* Geschiebelehm *m*, Mo'ränenschutt *m*.
'**till·a·ble** ['tɪləbl] *adj agr.* anbaufähig.
'**till·age** ['tɪlɪdʒ] *s* **1.** Bodenbestellung *f*: **in** ~ bebaut. **2.** Ackerbau *m*. **3.** Ackerland *n*.
'**till·er**[1] *s* **1.** Ackerbauer *m*. **2.** Ackerfräse *f*.
'**till·er**[2] *s* **1.** *mar.* Ruderpinne *f*. **2.** *tech.* Griff *m*.
'**till·er**[3] *s* Wurzelsproß *m*, Schößling *m*. **II** *v/i* Schößlinge treiben.

till·er rope s mar. Steuerreep n.
tilt[1] [tılt] **I** v/t **1.** a) allg. kippen, neigen, schräglegen, -stellen, b) Film, TV: die Kamera (senkrecht) schwenken. **2.** 'umkippen, 'umstoßen. **3.** tech. recken. **4.** mar. das Schiff krängen. **5.** hist. (im Turnier) a) (mit eingelegter Lanze) anrennen gegen, b) die Lanze einlegen. **II** v/i **6.** a. ~ **over** a) sich neigen, kippen, b) ('um)kippen, 'umfallen. **7.** mar. krängen (Schiff). **8.** hist. im Tur'nier kämpfen: **to ~ at** a) anreiten gegen, → **windmill** 1, b) mit der Lanze stechen nach, c) fig. losziehen gegen, j-n, etwas attackieren. **9.** Am. ten'dieren (**toward** zu etwas hin). **III** s **10.** Kippen n. **11.** Film, TV: (senkrechter) Schwenk: **to give a ~ to** → 1 b. **12.** Schräglage f, Neigung f: **on the ~** auf der Kippe. **13.** hist. ('Ritter)Tur,nier n, Lanzenbrechen n. **14.** Ausein'andersetzung f: **to have a ~ with** s.o. **15.** (Lanzen)Stoß m: **to have a ~ at** fig. losziehen gegen, j-n, etwas attackieren. **16.** (Angriffs)Wucht f: **(at) full ~** mit voller Wucht. **17.** Am. Ten'denz f, ‚Färbung' f, ‚Drall' m.
tilt[2] [tılt] **I** s **1.** (Wagen- etc)Plane f, Verdeck n. **2.** mar. Sonnensegel n. **3.** Sonnendach n (über Verkaufsständen etc). **4.** obs. Zelt(plane f) n. **II** v/t **5.** (mit e-r Plane) bedecken.
tilt| boat s mar. mit e-m Sonnensegel bedecktes Boot. **~ cart** s tech. Kippwagen m.
'tilt·er s **1.** hist. Tur'nierkämpfer m. **2.** tech. (Kohlen- etc)Kipper m, Kippvorrichtung f, Walzwerk: Wipptisch m. **3.** tech. Schwarzhammerarbeiter m.
tilth [tılθ] → **tillage**.
tilt ham·mer s tech. Schwarzhammer m.
'tilt·ing adj **1.** schwenk-, kippbar, Kipp...: **~ bearing** Kipplager n; **~ cart** → tilt cart; **~ table** a) tech. Wippe f, b) vet. Kipptisch m. **2.** tech. Reck...: **~ hammer** → tilt hammer. **3.** hist. Turnier...
tilt| mill s tech. Hammerwerk n. **'~yard** s Tur'nierplatz m.
tim·bal [tımbl] s **1.** mus. hist. (Kessel-) Pauke f. **2.** zo. 'Schrillmem,bran(e) f (der Zikaden).
tim·bale [tæm'bɑːl; 'tımbl] s gastr. Tim'bale f (e-e Pastete).
tim·ber ['tımbə(r)] **I** s **1.** (Bau-, Zimmer-, Nutz)Holz n. **2.** collect. (Nutzholz-) Bäume pl, Baumbestand m, Wald(bestand) m. **3.** Br. a) Bauholz n, b) Schnittholz n. **4.** mar. Inholz n: **~s of a ship** Spantenwerk n e-s (Holz)Schiffes. **5.** fig. Am. Holz n, Ka'liber n, Schlag m: **a man of his ~; he is of presidential ~** er hat das Zeug zum Präsidenten. **II** v/t **6.** (ver)zimmern. **7.** Holz abwinkeln. **8.** Graben etc absteifen. **III** adj **9.** Holz... **~ cruis·er** s Am. Holzmesser m (der den Ertrag e-s Waldes schätzt).
tim·bered ['tımbə(r)d] adj **1.** gezimmert. **2.** Fachwerk... **3.** bewaldet.
tim·ber| for·est s Hochwald m. **~ frame** s tech. Bundsäge f. **'~-framed** adj Fachwerk... **~ fram·ing** s tech. Holzfachwerk n. **~ hitch** s Zimmermannsknoten m.
'tim·ber·ing s **1.** Zimmern n, Ausbau m. **2.** tech. Verschalung f, Holzverkleidung f. **3.** Bau-, Zimmerholz n. **4.** a) Gebälk n, b) Fachwerk n.
'tim·ber|,land s Am. Waldland n (das Nutzholz liefert). **~ line** s Baumgrenze f. **'~-man** [-mən] s irr **1.** Holzfäller m, -arbeiter m. **2.** Bergbau: Stempelsetzer m. **~ mill** s Sägewerk n, -mühle f. **~ tree** s Nutzholzbaum m. **~ wolf** s irr zo. ein amer. Wolf. **'~work** s tech. Gebälk n, Holzwerk n. **'~yard** s Holzplatz m.

tim·bre ['tæmbrə; bes. Am. 'tæmbə(r); 'tım-] s mus. Timbre n, Klangfarbe f (a. ling.).
tim·brel ['tımbrəl] s Tambu'rin n.
time [taım] **I** s **1.** Zeit f: **~ past, present, and to come** Vergangenheit, Gegenwart u. Zukunft; **for all ~** für alle Zeiten; **as ~ went on** im Laufe der Zeit; **~ will show** die Zeit wird es lehren; **Father T~** die Zeit (personifiziert). **2.** (endliche od. irdische) Zeit (Ggs. Ewigkeit). **3.** astr. Zeit f: **astronomical ~**. **4.** Zeit f, Uhr(zeit) f: **what's the ~?**, **what ~ is it?** wieviel Uhr ist es?, wie spät ist es?; **at this ~ of day** a) zu dieser (späten) Tageszeit, zu so später Stunde, b) fig. so spät, in diesem späten Stadium; **to bid** (od. **pass**) s.o. **the ~ of (the) day, to pass the ~ of day with s.o.** colloq. j-n grüßen; **to know the ~ of day** colloq. wissen, was es geschlagen hat; **so that's the ~ of day!** colloq. so steht es also!; **some ~ about noon** etwa um Mittag; **this ~ tomorrow** morgen um diese Zeit; **this ~ twelve months** heute übers Jahr; **to keep good ~** richtig od. genau gehen (Uhr). **5.** Zeit f (-dauer f), Zeitabschnitt m, (a. phys. Fall-etc)Dauer f, econ. a. Arbeitszeit f (im Herstellungsprozeß etc): **a long ~** lange Zeit; **some ~ longer** noch einige Zeit; **to be a long ~ in doing s.th.** lange (Zeit) dazu brauchen, etwas zu tun; **~ of maturity** econ. Laufzeit f e-s Wechsels. **6.** Zeit (-punkt m) f: **~ of arrival** Ankunftszeit f; **at the ~** a) zu dieser Zeit, damals, b) gerade; **at the present ~** derzeit, gegenwärtig; **at the same ~** a) gleichzeitig, zur selben Zeit, b) gleichwohl, zugleich, andererseits; **at that ~** zu der Zeit; **at one ~** einst, früher (einmal), **at some ~** irgendwann (einmal); **for the ~** für den Augenblick; **for the ~ being** a) vorläufig, fürs erste, b) unter den gegenwärtigen Umständen; **in three weeks' ~** in od. binnen drei Wochen. **7.** oft pl Zeit(alter n) f, Zeiten pl, E'poche f: **at (od. in) the ~ of Queen Anne** zur Zeit der Königin Anna; **in our ~** in unserer Zeit; **she was a legend in her own ~** sie war schon zu Lebzeiten e-e Legende; → **old** 4. **8.** pl Zeiten pl, Zeitverhältnisse pl. **9.** the **~s** die Zeit: **behind the ~s** hinter der Zeit zurück, rückständig; → **move** 13. **10.** Frist f, (zugemessene) Zeit: **~ of delivery** econ. Lieferfrist, -zeit; **~ for payment** Zahlungsfrist; **to ask ~** econ. um Frist(verlängerung) bitten; **you must give me ~** Sie müssen mir Zeit geben od. lassen. **11.** (verfügbare) Zeit: **to buy a little ~** etwas Zeit schinden, e-e kleine Galgenfrist gewinnen; **to have no ~** keine Zeit haben; **to have no ~ for s.o.** fig. nichts übrig haben für j-n; **to take (the) ~** sich die Zeit nehmen (**to do** zu tun); **to take one's ~** sich Zeit lassen; **~ is up!** die Zeit ist um od. abgelaufen!; **~, gentlemen, please!; ~!; closing ~!** Polizeistunde!; **~!** sport Zeit!: a) anfangen!, b) aufhören!; **~!** parl. Schluß!; → **forelock**[1]. **12.** (oft schöne) Zeit, Erlebnis n: **to have the ~ of one's life** a) sich großartig amüsieren, b) leben wie ein Fürst. **13.** unangenehme Zeit, Unannehmlichkeit f. **14.** (Zeit)Lohn m, bes. Stundenlohn m. **15.** colloq. (Zeit f im) ‚Knast' m: **to do ~** (im Gefängnis) ‚sitzen'. **16.** Lehrzeit f, -jahre pl. **17.** (bestimmte od. passende) Zeit: **the ~ has come for s.th. to happen** es ist an der Zeit, daß etwas geschieht; **there is a ~ for everything** alles zu s-r Zeit; **it is ~ for breakfast** es ist Zeit zum Frühstück; → **high time**. **18.** a) (na'türliche od. nor'male) Zeit, b) (Lebens)Zeit f: **~ of life** Alter n; **his ~ is drawing near** s-e Zeit ist gekommen, sein Tod naht heran; **the ~ was not yet** die Zeit war noch nicht gekommen. **19.** a) Schwangerschaft f, b) Niederkunft f: **she is far on in her ~** sie ist hochschwanger; **she is near her ~** sie steht kurz vor der Entbindung. **20.** (günstige) Zeit: **now is the ~** jetzt ist die passende Gelegenheit, jetzt gilt es (**to do** zu tun); **at such ~s** bei solchen Gelegenheiten. **21.** Mal n: **the first ~** das erste Mal; **each ~ that** jedesmal wenn; **~ and again, ~ after ~** immer wieder; **at some other ~, at other ~s** ein anderes Mal; **at a ~** auf einmal, zusammen, zugleich, jeweils; **one at a ~** einzeln, immer eine(r, s); **two at a ~** zu zweit, paarweise, jeweils zwei; → **every** Bes. Redew. **22.** pl mal, ...mal: **three ~s four is twelve** drei mal vier ist zwölf; **twenty ~s** zwanzigmal; **three ~s the population of Coventry** dreimal so viele Einwohner wie Coventry; **four ~s the size of yours** viermal so groß wie deines. **23.** bes. sport (erzielte, gestoppte) Zeit: **the winner's ~ is 2.50 minutes**. **24.** Einheit f der Zeit (im Drama). **25.** metr. metrische Einheit, bes. Mora f. **26.** Tempo n, Zeitmaß n. **27.** mus. a) rhythmischer Wert (e-r Note od. Pause), b) Tempo n, Zeitmaß n, c) Rhythmus m, Takt(bewegung f) m, d) Takt(art f) m: **~ variation** Tempoveränderung f; **to beat (keep) ~** den Takt schlagen (halten). **28.** mil. Marschtempo n, Schritt m: → **mark**[1] 27.
Besondere Redewendungen:
against ~ gegen die Zeit od. Uhr, mit größter Eile; **to be ahead of** (od. **before**) **~** zu früh daran sein; **to be ahead of** (od. **before**) **the ~s** (od. **one's ~**) s-r Zeit voraus sein; **to be behind ~** zu spät daran sein, Verspätung haben; **to be behind the ~s** (od. **one's ~**) rückständig sein; **between ~s** in den Zwischenzeiten; **from ~ to ~** von Zeit zu Zeit; **in ~** a) rechtzeitig (**to do** um zu tun), b) mit der Zeit, c) im (richtigen) Takt; **on ~** a) pünktlich, rechtzeitig, b) bes. Am. für e-e (bestimmte) Zeit, c) econ. Am. auf Zeit, bes. auf Raten; **out of ~** a) zur Unzeit, unzeitig, b) vorzeitig, c) zu spät, d) aus dem Takt od. Schritt; **till such ~ as** so lange bis; **to ~** pünktlich; **with ~** mit der Zeit; **~ was, when** die Zeit ist vorüber, als; **~ has been when** es gab e-e Zeit, da; **take ~ while ~ serves** nutze die Zeit, solange du sie hast.
II v/t **29.** (mit der Uhr) messen, (ab)stoppen, die Zeit messen von (od. gen). **30.** timen (a. sport), die Zeit od. den richtigen Zeitpunkt wählen od. bestimmen für, zur rechten Zeit tun. **31.** zeitlich abstimmen. **32.** die Zeit festsetzen für, (zeitlich) legen: **the train is ~d to leave at 7** der Zug soll um 7 abfahren. **33.** e-e Uhr richten, stellen. **34.** zeitlich regeln (**to** nach), tech. die Zündung etc einstellen, elektronisch etc steuern. **35.** das Tempo od. den Takt angeben für.
III v/i **36.** Takt halten. **37.** zeitlich zs.-od. über'einstimmen (**with** mit).
time| and mo·tion (stud·y) s econ. Zeitstudie f. **~ bar·gain** s Börse: Br. Ter'mingeschäft n. **~ base** s electr. **1.** Zeitbasis f. **2.** Zeitablenkschaltung f. **'~-base** adj electr. Kipp... **'~-belt** Am. für time zone. **~ bill** s econ. bes. Am. Zeitwechsel m. **~ bomb** s mil. Zeitbombe f (a. fig.). **~ book** s econ. Arbeits(stunden)buch n. **~ cap·sule** s Grundsteinlegung f: Kas'sette f mit 'Zeitdoku,menten. **'~card** s **1.** Stechkarte f. **2.** Am. Fahrplan m. **~ clock** s Stechuhr f. **~ con·stant** s electr. 'Zeitkon,stante f. **'~-con,sum·ing** adj zeitraubend, -aufwendig. **~ cred·it** s gleitende Arbeitszeit: Zeitguthaben n.

timed [taɪmd] *adj* **1.** zeitlich (genau) festgelegt *od.* reguʼliert: → **ill-timed, well-timed. 2.** *tech.* taktmäßig.
time| debˑit *s* gleitende Arbeitszeit: Fehlzeit *f.* ˈ~-deˌlay reˑlay *s electr.* ˈZeitreˌlais *n.* ~ **deˑposˑit** *s econ. Am.* Terˈmingeld *n,* -einlage *f.* ~ **draft** *s econ. bes. Am.* Zeitwechsel *m.* ˈ~-exˌpired *adj mil. Br.* ausgedient (*Soldat od. Unteroffizier*). ~ **exˑpoˑsure** *s phot.* **1.** Zeitbelichtung *f.* **2.** Zeitaufnahme *f.* ~ **frame** *s* zeitlicher Rahmen. ~ **freight** *s econ. Am.* Eilfracht *f.* ~ **fuse,** *bes. Am.* ~ **fuze** *s* Zeitzünder *m.* ˈ~-ˌhonˑo(u)red *adj* altʼehrwürdig. ˈ~ˌkeepˑer *s* **1.** Zeitmesser *m*: **to be a good** ~ richtig *od.* genau gehen (*Uhr*). **2.** *sport u. econ.* Zeitnehmer *m.* ~ **lag** *s.* ˈZeitdiffeˌrenz *f.* **2.** *bes. tech.* Verzögerung(szeit) *f,* zeitliche Nacheilung *od.* Lücke. ˈ~-lapse *adj phot.* Zeitraffer...
ˈ**timeˑless** *adj (adv* ~ly) **1.** immerwährend, ewig. **2.** zeitlos: ~ **art;** ~ **beauty. 3.** von unbestimmbarem Alter, alterslos: ~ **people.**
time limˑits **1.** Frist *f,* Terˈmin *m*: **to set a ~ for s.th.** etwas befristen. **2.** *electr.* Grenzzeit *f (des Relais)*: ~ **relay** Zeitrelais *n.*
timeˑliˑness [ˈtaɪmlɪnɪs] *s* **1.** Rechtzeitigkeit *f.* **2.** günstige Zeit. **3.** Aktualiˈtät *f.*
time| loan *s econ.* Darlehen *n* auf Zeit. ~ **lock** *s tech.* Zeitschloß *n.*
timeˑly [ˈtaɪmlɪ] **I** *adj* **1.** rechtzeitig. **2.** (zeitlich) günstig, angebracht. **3.** akˈtuˈell. **II** *adv* **4.** *obs. od. poet.* rechtzeitig, früh, bald.
time|ˌmonˑey *s econ.* Festgeld *n.* ˌ~ˈout *pl* ˌ~ˈouts *s* **1.** *sport* Auszeit *f.* **2.** *bes. Am.* Pause *f.* ~ **payˑment** *s econ. Am.* Ratenzahlung *f.* ˈ~-piece *s* Chronoˈmeter *n,* Zeitmesser *m,* Uhr *f.* ~ **purˑchase** *s econ.* Terˈminkauf *m.*
ˈ**timˑer** *s* **1.** Zeitmesser *m (Apparat).* **2.** *tech.* Zeitgeber *m,* -schalter *m.* **3.** *mot.* Zündverteiler *m.* **4.** *a)* Stoppuhr *f, b)* Seˈkundenuhr *f.* **5.** *sport u. econ.* Zeitnehmer *m.* **6.** (*in Zssgn*) j-d, der e-e (*bestimmte*) Zeit arbeitet *etc*: → **half timer 1.**
time| reˑverˑsal *s phys.* ˈZeitˌumkehr *f.* ˈ~ˌsavˑer *s* zeitsparendes Gerät *od.* Eleˈment. ˈ~ˌsavˑing *adj* zeit(er)sparend. ~ **sense** *s* Zeitgefühl *n.* ˈ~ˌservˑer *s* Opportuˈnist(in), Gesinnungslump *m.* ˈ~ˌservˑing **I** *adj* opportuˈnistisch. **II** *s* Opportuˈnismus *m,* Gesinnungslumpeˈrei *f.* ~ **sharˑing** *s Computer*: Timesharing *n (Zeitaufteilung bei e-r gemeinsamen Inanspruchnahme e-r Großrechenanlage durch verschiedene Benutzer).* ~ **sheet** *s* **1.** Arbeits(zeit)blatt *n.* **2.** Stechkarte *f.* ~ **shutˑter** *s phot.* Zeitverschluß *m.* ~ **sigˑnal** *s* Rundfunk, Fernsehen: Zeitzeichen *n.* ~ **sigˑnaˑture** *s mus.* Taktvorzeichnung *f.*
times sign *s math.* Mal-, Multiplikatiˈonszeichen *n.*
time| studˑy *s econ.* Zeitstudie *f.* ˈ~-ˌstudˑy man *s irr econ.* Zeitstudienfachmann *m.* ~ **switch** *s electr.* Schaltuhr *f,* Zeitschalter *m.* ˈ~-ˌtaˑble **I** *s* **1. a)** Fahrplan *m, b)* Flugplan *m.* **2.** *ped. Br.* Stundenplan *m.* **3. a)** ˈZeittaˌbelle *f,* ˈFahrplan' *m (für ein Projekt), b)* Radsport: ˈMarschtaˌbelle *f.* **4.** *mus. a)* Takttafel *f, b)* ˈNotenwertˌtabelle *f.* **II** *v/t* **5.** *bes.* e-e Zeit festsetzen für. ˈ~-ˌtestˑed *adj* (alt)bewährt. ~ **triˑal** *s* Radsport: Zeitfahren *n.* ~ **valˑue** *s econ. mus.* Zeitwert *m.* ˈ~-wise *adj u. adv colloq.* terˈminlich. ˈ~-work *s econ.* nach Zeit (*bes. Stunden od. Tagen*) bezahlte Arbeit. ˈ~ˌworkˑer *s* nach Zeit arbeitende Arbeiter. ˈ~-worn *adj* **1.** vom Zahn der Zeit angenagt, abgenutzt. **2.** veraltet, altmodisch. **3.** abgedroschen (*Phrase etc*). ~ **zone** *s geogr.* Zeitzone *f.*
timˑid [ˈtɪmɪd] *adj (adv* ~ly) **1.** furchtsam, ängstlich. **2.** schüchtern, zaghaft. **tiˈmidˑiˑty,** ˈ**timˑidˑness** *s* **1.** Ängstlichkeit *f.* **2.** Schüchternheit *f.*
timˑing [ˈtaɪmɪŋ] *s* **1.** Timing *n (a. sport),* (richtige) zeitliche Abstimmung *od.* Berechnung. **2.** zeitliche Koordiˈnierung (*verschiedener Handlungen*). **3.** *tech.* (zeitliche) Steuerung, (Ventil-, Zündpunkt- etc) Einstellung *f*; ~ **element** Zeitglied *n (im Relais)*; ~ **(im)pulse** Taktimpuls *m*; ~ **motor** Schaltmotor *m*; ~ **switch** → **time switch.**
timˑorˑous [ˈtɪmərəs] *adj (adv* ~ly) → **timid.**
Timˑoˑthy¹ [ˈtɪməθɪ] *npr u. s Bibl.* (Brief *m* des Aˈpostels Paulus an) Tiˈmotheus *m.*
timˑoˑthy² [ˈtɪməθɪ] *a.* ~ **grass** *s bot.* Tiˈmotheusgras *n.*
timˑpaˑni [ˈtɪmpənɪ] *s pl (a. als sg konstruiert) mus.* Timpani *pl,* (Kessel-)Pauken *pl.* ˈ**timˑpaˑnist** [-nɪst] *s* (Kessel)Pauker *m.*
tin [tɪn] **I** *s* **1.** *chem. tech.* Zinn *n*: **base** ~ Halbzinn; **common** ~ Probezinn; **orˑdinary** ~ Blockzinn. **2.** Weißblech *n.* **3.** (Blech-, *bes. Br.* Konˈserven)Dose *f,* (-)Büchse *f.* **4.** *sl.* ˈPiepen' *pl (Geld).* **II** *adj* **5.** Zinn..., zinnern: ~ **wedding** *fig.* hölzerne Hochzeit (*10. Hochzeitstag*). **6.** Blech..., blechern (*a. fig. contp.*). **7.** *bes. Br.* Konserven..., Büchsen... **8.** *fig.* minderwertig, unecht. **III** *v/t* **9.** verzinnen. **10.** *bes. Br.* konserˈvieren, (in Büchsen) einmachen *od.* packen, eindosen: ~**ned meat 2.**
tinˑaˑmou [ˈtɪnəmuː] *s* Steißhuhn *n.*
tinˑcal [ˈtɪŋkl] *s min.* Tinkal *m.*
tin|ˌcanˑs **1.** Blechdose *f,* -büchse *f.* **2.** *mar. sl.* Zerstörer *m.* ˈ~-coat *v/t tech.* feuerverzinnen. ~ **cry** *s tech.* Zinnschrei *m.*
tinct [tɪŋkt] *obs. od. poet.* **I** *s* Farbe *f,* Färbung *f.* **II** *adj* gefärbt. **III** *v/t* färben.
tincˈtoˑriˑal [-ˈtɔːrɪəl; *Am. a.* -ˈtəʊ-] *adj* **1.** Färbe..., färbend. **2.** Farb(e)...
tincˑture [ˈtɪŋktʃə(r)] **I** *s* **1.** *med. pharm.* Tinkˈtur *f*: ~ **of arnica (iodine)** Arnika-(Jod)tinktur. **2.** Aufguß *m.* **3.** *fig. a)* Spur *f,* Beigeschmack *m, b)* Anstrich *m*: ~ **of education. 4.** *her.* Tinkˈtur *f,* (heˈraldische) Farbe. **5.** *poet.* Farbe *f.* **6.** *obs. a)* ˈQuintesˌsenz *f, b)* Exˈtrakt *m.* **7.** Alchimie: *obs.* (ˈLebens)Eliˌxier *n.* **II** *v/t* **8.** färben. **9.** *fig.* e-n Anstrich geben (*dat*) (**with** von): **to be** ~d **with** e-n Anstrich haben von. **10.** *fig.* durchˈdringen (**with** mit).
tinˑder [ˈtɪndə(r)] *s* Zunder *m*: **German** ~ Feuerschwamm *m*; **to be ~ to s.th.** *fig.* etwas anheizen. ˈ~-box *s* **1.** Zunderbüchse *f.* **2.** *fig.* ˈPulverfaß' *n.*
tine [taɪn] *s* **1.** Zinke *f,* Zacke *f (e-r Gabel etc).* **2.** *hunt.* (Geweih)Sprosse *f,* Ende *n.*
tinˑeˑa [ˈtɪnɪə] *s med.* (Haut)Flechte *f,* Tinea *f.*
tined [taɪnd] *adj* **1.** mit Zinken *od.* Zacken (versehen). **2.** ...zinkig.
tin| fish *s mar. sl.* ˈAal' *m (Torpedo).* ~ **foil 1.** Stanniˈol *n.* **2.** Stanniˈol-, ˈSilberpaˌpier *n.* ˌ~ˈfoil *v/t* **1.** mit Stanniˈol belegen. **2.** in Stanniˈol(paˌpier) verpacken. **II** *adj* **3.** Stanniˈol...
ting [tɪŋ] **I** *s* helles Klingen, Klingeln *n.* **II** *v/t* klingeln mit. **III** *v/i* klingeln.
ting-a-ling [ˌtɪŋəˈlɪŋ] *s* Klingˈling *n.*
tinge [tɪndʒ] **I** *v/t pres p* ˈ**tingeˑing** *od.* ˈ**tingˑing** **1.** tönen, (leicht) färben. **2.** *fig.* (*dat*) e-n Anstrich geben (**with** von): **to be** ~d **with** e-n Anflug *od.* Beigeschmack haben von, etwas von ... an sich haben. **II** *v/i* **3.** sich färben. **III** *s* **4.** leichter Farbton, Tönung *f*: **to have a ~ of red** e-n Stich ins Rote haben, ins Rote spielen. **5.** *fig.* Anstrich *m,* Anflug *m,* Spur *f.*
tinˑgle [ˈtɪŋɡl] **I** *v/i* **1.** prickeln, kribbeln, beißen, brennen (*Haut, Ohren etc*) (**with cold** vor Kälte). **2.** klingen, summen (**with** vor *dat*): **my ears are tingling** mir klingen die Ohren. **3.** vor Erregung zittern, beben (**with** vor *dat*). **4.** *fig.* knistern (**with** vor *dat*): **the story ~s with suspense** die Geschichte ist spannungsgeladen. **5.** flirren (*Hitze, Licht*). **II** *s* **6.** Prickeln *n (etc*: → 1–3). **7.** (nerˈvöse) Erregung, Beben *n.*
tin| god *s* **1.** Götze *m,* Popanz *m.* **2.** ˌkleiner Gottˈ. ~ **hat** *s mil. colloq.* Stahlhelm *m.* ˈ~ˌhorn *Am. sl.* **I** *adj* angeberisch, hochstaplerisch. **II** *s* Angeber *m,* Hochstapler *m.*
tinkˑer [ˈtɪŋkə(r)] **I** *s* **1.** (wandernder) Kesselflicker: **not worth a ~'s dam(n)** (*Br. cuss, curse*) *colloq.* keinen Pfifferling wert, (*Person*) keinen Schuß Pulver wert; **not to give a ~'s dam(n)** (*Br. cuss, curse*) *colloq.* sich e-n Dreck darum kümmern. **2. a)** Pfuscher *m,* Stümper *m, b)* Bastler *m (a. fig.).* **3. a)** Pfuscheˈrei *f,* Stümpeˈrei *f, b)* Basteˈlei *f*: **to have a ~ at s.th.** an etwas herumpfuschen *od.* -basteln. **4.** *ichth. a)* junge Maˈkrele, *b)* Paˈzifikmaˌkrele *f.* **II** *v/i* **5.** (**with, at** an *dat*) *a)* herˈumpfuschen, *b)* herˈumbasteln. **III** *v/t* **6.** *meist* ~ **up** (rasch) zs.-flicken, zuˈrechtbasteln *od.* -pfuschen (*a. fig.*).
tinˑkle [ˈtɪŋkl] **I** *v/i* **1.** hell (er)klingen, klingeln. **2.** klirren. **3.** *colloq.* ˌpinkelnˈ. **II** *v/t* klingeln mit. **III** *s* **5.** Klinge(l)n *n,* (*a. fig.* Vers-, Wort)Geklingel *n*: **to give s.o. a ~** *Br. colloq.* j-n ˌanklingelnˈ (*anrufen*). **6.** *colloq.* ˌPinkelnˈ *n*: **to have** (**go for**) **a ~** ˌpinkelnˈ (gehen).
tin|ˌliqˑuor *s chem. tech.* ˈZinnchloˌrür *n.* ~ **lizˑzie** *s colloq. humor.* ˌalter Klapperkastenˈ (*Auto*). ˈ~-man [-mən] *s irr* **1.** Zinngießer *m.* **2.** → **tinsmith.** ~ **mine** *s* Zinngrube *f.*
tinned [tɪnd] *adj* **1.** verzinnt: ~ **iron plate** Weißblech *n.* **2.** *bes. Br.* konserˈviert, Dosen..., Büchsen...: ~ **fruit** Obstkonserven *pl*; ~ **meat** Büchsenfleisch *n.*
ˈ**tinˑner** *s* **1.** → **tinsmith. 2.** Verzinner *m.* **3.** *bes. Br. a)* Arbeiter(in) in e-r Konˈservenfaˌbrik, *b)* Konˈservenfaˌbrikant *m.*
ˈ**tinˑnerˑy** *s Br.* Konˈservenfaˌbrik *f.*
tinˑniˑtus [tɪˈnaɪtəs; ˈtɪnɪtəs] *s med.* Ohrensausen *n,* -klingen *n.*
tinˑny [ˈtɪnɪ] *adj* **1.** zinnern. **2.** zinnhaltig. **3.** blechern (*a. fig.* Klang). **4.** nach Blech schmeckend (*Konserve*). **5.** *fig.* wertlos, ˌbilligˈ.
tin|ˌopˑenˑer *s bes. Br.* Dosen-, Büchsenöffner *m.* ~ **ore** *s min.* Zinnerz *n.* ˈ~-pan **Alˑley** *s* **1.** Zentrum *n* der ˈSchlagerinduˌstrie. **2.** *collect.* (die) ˈSchlagerinduˌstrie. ~ **plate** *s tech.* Weiß-, Zinnblech *n.* ˈ~-plate **I** *v/t* verzinnen. **II** *adj* Weiß-, Zinnblech... ~ **pot** *s* **1.** Blechtopf *m.* **2.** *tech.* Grobkessel *m.* ˈ~-pot *adj colloq.* schäbig, ˌbilligˈ.
tinˑsel [ˈtɪnsl] **I** *s* **1.** Flitter-, Rauschgold *n,* -silber *n.* **2.** Laˈmetta *n.* **3.** Glitzerschmuck *m.* **4.** *fig.* Flitterkram *m,* Kitsch *m.* **5.** *obs.* Laˈmé *m,* Broˈkat *m.* **II** *adj* **6.** mit Flittergold *etc* verziert, Flitter... **7.** *fig.* flitterhaft, kitschig, Flitter..., Schein... **II** *v/t pret u. pp* **-seled,** *bes. Br.* **-selled 8.** mit Flitterwerk verzieren. **9.** kitschig herˈausputzen. ˈ**tinˑselˑly** → tinsel II.
ˈ**tinˑsmith** *s* Blechschmied *m,* Klempner *m.* ~ **solˑder** *s tech.* Weichlot *n,* Lötzinn *n.* ~ **solˑdier** *s* ˈZinnsolˌdat *m.*
tint [tɪnt] **I** *s* **1.** (hellgetönte *od.* zarte) Farbe. **2.** Farbton *m,* Tönung *f*: **autumn ~s** Herbstfärbung *f*; **to have a bluish ~**

tin tack – titleholder

e-n Stich ins Blaue haben, ins Blaue spielen. **3.** *paint.* Weißmischung *f.* **4.** *Gravierkunst:* feine Schraf'fierung. **5.** *print.* Tan-ıgierraster *m.* **II** *v/t* **6.** (leicht) färben: ~ed **glass** Rauchglas *n;* ~ed **paper** Tonpapier *n.* **7.** a) abtönen, b) aufhellen.
tin tack *s* Tape'ziernagel *m:* **to come down to** ~s *colloq.* zur Sache kommen.
tin·tin·nab·u·la·tion [ˌtɪntɪˌnæbjʊ-'leɪʃn] *s* Klinge(l)n *n,* Geklingel *n.*
'tin·ware (Weiß)Blechwaren *pl.* **'~work** *s* **1.** Zinngegenstand *m,* -gerät *n.* **2.** *pl* (*oft als sg konstruiert*) a) Zinnhütte *f,* b) Weißblechhütte *f.*
ti·ny ['taɪnɪ] **I** *adj* (*adv* **tinily**) winzig: **a ~ mouse; a ~ noise.** **II** *s* Kleine(r, s) (*Kind*): **the tinies** die ganz Kleinen.
tip[1] [tɪp] **I** *s* **1.** (*Schwanz-, Stock- etc*) Spitze *f,* äußerstes (*Flügel- etc*)Ende, Zipfel *m:* **~ of the ear** Ohrläppchen *n;* **~ of the finger (nose, tongue)** Finger- (Nasen-, Zungen)spitze; **to have s.th. at the ~s of one's fingers** *fig.* etwas ,parat' haben, etwas aus dem Effeff können; **on the ~s of one's toes** auf (den) Zehenspitzen; **I had it on the ~ of my tongue** es lag *od.* schwebte mir auf der Zunge. **2.** (Berg)Gipfel *m,* Spitze *f:* → **iceberg. 3.** *tech.* (*spitzes*) Endstück, *bes.* a) (*Stock- etc*)Zwinge *f,* b) (*Pumpen-, Stecker-, Taster- etc*)Spitze *f,* c) Düse *f,* d) Tülle *f,* e) (Schuh)Kappe *f.* **4.** Filter *m* (*e-r Zigarette*). **II** *v/t* **5.** *tech.* mit e-r Spitze *od.* Zwinge *etc* versehen, beschlagen. **6.** Büsche *etc* stutzen.
tip[2] [tɪp] **I** *s* **1.** Neigung *f:* **to give s.th. a ~** → **5. 2.** *Br.* (Schutt- *etc*)Ablageplatz *m,* (-)Halde *f:* **coal ~** Kohlenhalde. **3.** *tech.* Kippvorrichtung *f,* -anlage *f.* **II** *v/t* **4.** kippen, neigen: → **scale**[1] 1. **5.** *meist* **~ over** 'umkippen. **6.** auskippen. **7.** tippen an (*den Hut; zum Gruß*): **~ hat** *Bes. Redew.* **8.** *Br.* Müll *etc* abladen. **III** *v/i* **9.** sich neigen. **10.** *meist* **~ over** 'umkippen, *aer.* auf den Kopf gehen.
Verbindungen mit Adverbien:
tip|off *v/t* **1.** auskippen, abladen. **2.** *sl.* ein Glas Bier *etc* ,hin'unterkippen'. **~ out I** *v/t* ausschütten, -kippen. **II** *v/i* her-'ausfallen. **~·o·ver** *v/t* tip[2] 5 u. 10. **~ up** *v/t u. v/i* **1.** hochkippen, -klappen. **2.** 'umkippen.
tip[3] [tɪp] **I** *s* **1.** Trinkgeld *n.* **2.** (Wett- *etc*)Tip *m.* **3.** Tip *m,* Wink *m,* Fingerzeig *m,* 'Hinweis *m,* Rat *m:* **to take the ~** den Ratschlag befolgen. **4.** *v/t* **4.** *j-m* ein Trinkgeld geben. **5.** *j-m* e-n Tip *od.* Wink geben: **to ~ s.o. off, to ~ s.o. the wink** j-m e-n Tip *od.* Wink geben, j-n (rechtzeitig) warnen. **6.** *bes. sport* tippen auf (*acc*). **7.** *colloq.* a) geben: **to ~ s.o. a signal,** b) zum besten geben: **to ~ a song. III** *v/i* **8.** Trinkgeld(er) geben. **9.** Tips geben.
tip[4] [tɪp] **I** *s* Klaps *m,* leichte Berührung: **to give the ball a ~** den Ball antippen. **II** *v/t* leicht schlagen (*od.* berühren), Ball antippen. **III** *v/i* trippeln.
tip| and run *s sport Br.* Art Kricket. **,~-and-'run** *adj fig. bes. Br.* Überraschungs..., blitzschnell: **~ raid;** **~ raider** *aer. mil.* Einbruchsflieger *m.* **'~·cart** *s* Kippkarren *m,* -wagen *m.* **'~·cat** *s* Spatzeck *n* (*Kinderspiel*). **~ e·lec·trode** *s electr.* 'Punktschweißelek,trode *f.*
'tip-off *s* **1.** Tip *m,* Wink *m.* **2.** *Basketball:* Sprungball *m.*
tipped [tɪpt] *adj* **1.** mit e-m Endstück *od.* e-r Zwinge *od.* Spitze *etc* (versehen). **2.** mit Filter, Filter... (*Zigarette*).
'tip·per[1] *s mot. tech.* Kipper *m.*
'tip·per[2] *s:* **to be a generous ~** großzügig Trinkgeld geben.
tip·per|lor·ry *Br.,* **~ truck** → **tipper**[1].
tip·pet ['tɪpɪt] *s* **1.** Pele'rine *f,* (her'ab- hängender) Pelzkragen. **2.** *relig.* (Seiden)Halsband *n,* (-)Schärpe *f.* **3.** *hist.* langes, schmales, her'abhängendes Band. **4.** *zo.* Halskragen *m.* **5.** Darm-, Haarschnur *f* (*der Angel*).
'tip·ping *s mus.* Zungenschlag *m.* **~ an·gle** *s tech.* Kippwinkel *m.* **~ gear** *s tech.* Kippvorrichtung *f.*
tip·ple[1] ['tɪpl] **I** *v/t u. v/i* ,picheln'. **II** *s* (alko'holisches) Getränk.
tip·ple[2] ['tɪpl] *s* **1.** *tech.* Kippvorrichtung *f.* **2.** Abladestelle *f.* **3.** Kipphalde *f.*
'tip·pler *s* ,Pichler' *m,* (Quar'tals-)Säufer *m.*
tip·si·fy ['tɪpsɪfaɪ] *v/t* ,beduseln'. **'tip·si·ness** *s* Beschwipstheit *f,* angeheiterter Zustand.
'tip·staff *s a. irr* **1.** *hist.* Amtsstab *m.* **2.** Gerichtsdiener *m.*
tip·ster ['tɪpstə(r)] *s* **1.** *bes.* Rennsport u. Börse: (berufsmäßiger) Tipgeber. **2.** Infor'mant *m.*
tip·sy ['tɪpsɪ] *adj* (*adv* **tipsily**) **1.** angeheitert, beschwipst: **to be ~** e-n Schwips haben. **2.** wack(e)lig, schief. **~ cake** *s* mit Wein getränkter *u.* mit Eiercreme servierter Kuchen.
'tip|tilt·ed *adj:* **~ nose** Stupsnase *f.* **'~·toe I** *s:* **on ~** a) auf (den) Zehenspitzen, b) *fig.* neugierig, gespannt, erwartungsvoll, c) *fig.* dar'auf brennend (**to do** zu tun). **II** *adj u. adv* → **I. III** *v/i* auf (den) Zehenspitzen gehen *od.* schleichen. **,~-'top I** *s* **1.** Gipfel *m,* Spitze *f, fig. a.* Höhepunkt *m.* **2.** *pl obs.* (die) oberen Zehn'tausend. **II** *adj u. adv* **3.** *colloq.* ,tipp'topp', ,prima', erstklassig. **'~-up** *adj* aufklappbar, Klapp...: **~ seat** Klappsitz *m.*
ti·rade [taɪ'reɪd] *s* **1.** Wortschwall *m,* Ti'rade *f* (*a. mus.*). **2.** 'Schimpfkano,nade *f.*
tire[1] ['taɪə(r)] **I** *v/t* **1.** ermüden, müde machen: **to ~ out** (völlig) erschöpfen; **to ~ to death** a) todmüde machen, b) *fig.* tödlich langweilen. **2.** *fig.* ermüden, langweilen. **II** *v/i* **3.** müde werden, ermüden, ermatten (**by, with** durch). **4.** *fig.* müde werden (**of** *gen;* **of doing** zu tun).
tire[2] *bes. Br.* **tyre** ['taɪə(r)] *tech.* **I** *s* (Rad-, Auto)Reifen *m.* **II** *v/t* bereifen.
tire[3] ['taɪə(r)] *obs.* **I** *v/t* **1.** schmücken. **II** *s* **2.** (schöne) Kleidung, Kleid *n.* **3.** Schmuck *m,* (Kopf)Putz *m.*
tire| cas·ing *s tech.* (Lauf)Decke *f,* (Reifen)Mantel *m.* **~ chain** *s tech.* Schneekette *f.*
tired[1] ['taɪə(r)d] *adj* **1.** ermüdet, müde (**by, with** von): **~ to death** todmüde. **2.** *fig.* müde, 'überdrüssig (**of** *gen*): **I am ~ of it** ich habe es satt. **3.** erschöpft, verbraucht, müde (geworden). **4.** abgenutzt.
tired[2] ['taɪə(r)d] *adj tech.* bereift.
'tired·ness *s* **1.** Müdigkeit *f.* **2.** *fig.* 'Überdruß *m.*
tire|ga(u)ge *s tech.* Reifendruckmesser *m.* **~ grip** *s tech.* Griffigkeit *f der* Reifen.
'tire·less[1] *adj* unermüdlich.
'tire·less[2] *adj tech.* unbereift.
'tire·less·ness *s* Unermüdlichkeit *f.*
tire| le·ver *s* ('Reifen)Mon,tierhebel *m.* **~ marks** *s pl mot.* Reifen-, Bremsspuren *pl.* **~ rim** *s tech.* Reifenwulst *m.*
tire·some ['taɪə(r)səm] *adj* (*adv* **~ly**) ermüdend (*a. fig.* langweilig, unangenehm, lästig). **'tire·some·ness** *s* **1.** (das) Ermüdende. **2.** Langweiligkeit *f.* **3.** (das) Unangenehme.
'tire,wom·an *s irr obs.* **1.** Kammerzofe *f.* **2.** *thea.* Garderobi'ere *f.*
'tir·ing room *s obs.* **1.** Ankleideraum *m.* **2.** *thea.* Garde'robe *f.*
ti·ro → **tyro.**
Tir·o·lese [ˌtɪrə'liːz] **I** *adj* ti'rol(er)isch, Tiroler(...). **II** *s* Ti'roler(in).

T i·ron *s tech.* T-Eisen *n.*
tir·ra·lir·ra [ˌtɪrə'lɪrə] *s* Tiri'li *n* (*Vogelruf*).
'tis [tɪz] Zs.-ziehung von **it is.**
ti·sane [tɪ'zæn] → **ptisan.**
tis·sue ['tɪʃuː; *Br. a.* 'tɪsjuː] **I** *s* **1.** *biol.* (Zell-, Muskel- *etc*)Gewebe *n:* **~ culture** Gewebekultur *f;* **~ tolerance** *med.* Gewebeverträglichkeit *f.* **2.** feines Gewebe, Flor *m.* **3.** *fig.* Gewebe *n,* Netz *n:* **a ~ of lies. 4.** *a.* **~ paper** 'Seidenpa,pier *n.* **5.** Pa'pier(hand-, taschen)tuch *n.* **6.** *a.* **~ carbon** *phot.* 'Kohlepa,pier *n.* **II** *v/t* **7.** in 'Seidenpa,pier (ein)wickeln. **8.** (durch)'weben.
tit[1] [tɪt] *s orn.* Meise *f.*
tit[2] [tɪt] *s obs. od. dial.* Klepper *m.*
tit[3] [tɪt] *s:* **~ for tat** wie du mir, so ich dir; **to give s.o. ~ for tat** es j-m mit gleicher Münze heimzahlen.
tit[4] [tɪt] *s* **1.** → **teat. 2.** *vulg.* ,Titte' (*weibliche Brust*): **~ and bum papers** (*od.* **magazines**) ,Arsch-und-Titten-Presse' *f.* **3.** *Br. vulg.* ,blöde Sau', ,Arschloch' *n.*
Ti·tan ['taɪtən] **I** *s* **1.** *myth.* Ti'tan *m.* **2.** **t~** Ti'tan *m,* Gi'gant *m.* **II** *adj* **3.** *oft* **t~** → **Titanic**[1]**. ˌTi·tan'esque** [-'nesk] → **Titanic**[1]**. ˌTi·tan'ess** *s* Ti'tanin *f.*
Ti·tan·ic[1] [taɪ'tænɪk] *adj* **1.** ti'tanisch, Titanen... **2.** *meist* **t~** *fig.* ti'tanisch, gi'gantisch.
ti·tan·ic[2] [taɪ'tænɪk] *adj chem.* Titan...: **~ acid.**
ti·tan·ite ['taɪtənaɪt] *s min.* Tita'nit *m.*
ti·ta·ni·um [taɪ'teɪnjəm; -nɪəm] *s chem.* Ti'tan *n.*
'tit·bit ['tɪtbɪt] *s* Leckerbissen *m* (*a. fig.*).
titch → **tich.**
ti·ter, *bes. Br.* **ti·tre** ['taɪtə(r)] *s chem.* Titer *m.*
tith·a·ble ['taɪðəbl] *adj* zehntpflichtig.
tithe [taɪð] **I** *s* **1.** *oft pl bes. relig.* (*der*) Zehnt(e). **2.** zehnter Teil, Zehntel *n:* **not a ~ of it** *fig.* nicht ein bißchen davon. **II** *v/t* **3.** den Zehnten bezahlen von. **4.** den Zehnten erheben von.
tith·ing ['taɪðɪŋ] *s* **1.** → **tithe** I. **2.** Zehnten *n* (*Erheben od. Bezahlen des Zehnten*). **3.** *hist.* Zehntschaft *f.* **'~·man** [-mən] *s irr hist.* **1.** Vorsteher *m* e-r Zehntschaft. **2.** *Br.* 'Unterkon,stabler *m.* **3.** *Am.* Parochialbeamter, der über Sitte u. Ordnung, *bes.* über die Einhaltung der Sonntagsheiligung wachte.
Ti·tian, t~ ['tɪʃn] **I** *s* Tizianrot *n.* **II** *adj* tizianrot. **ˌTi·tian'esque** [-ʃə'nesk] *adj* tizi'anisch.
tit·il·late ['tɪtɪleɪt] *v/t u. v/i* **1.** kitzeln. **2.** *fig.* kitzeln, prickeln, angenehm erregen. **ˌtit·il'la·tion** *s* **1.** Kitzeln *n.* **2.** *fig.* Kitzel *m.*
tit·i·vate ['tɪtɪveɪt] *humor.* **I** *v/i* sich feinmachen *od.* schniegeln. **II** *v/t:* **to ~ o.s.** → I; **to ~ a restaurant** ein Restaurant herausputzen.
'tit·lark *s orn.* Pieper *m.*
ti·tle ['taɪtl] *s* **1.** (Buch- *etc*)Titel *m.* **2.** (Kapitel- *etc*)Überschrift *f.* **3.** a) Hauptabschnitt *m,* Titel *m* (*e-s Gesetzes etc*), b) *jur.* 'Überschrift *f* (*e-r Klage etc*). **4.** *Film:* 'Untertitel *m.* **5.** Bezeichnung *f,* Name *m.* **6.** (Adels-, Ehren-, Amts)Titel *m:* **~ of nobility** Adelstitel, -prädikat *n;* **to bear a ~** e-n Titel führen. **7.** *sport* (Meister)Titel *m.* **8.** *jur.* a) Rechtstitel *m,* -anspruch *m,* Recht *n* (**to** auf *acc*), b) (dingliches) Eigentum(srecht) (**on** an *dat*), c) → **title deed. 9.** *allg.* Recht *n,* Anspruch *m* (**to** auf *acc*). **10.** *print.* a) → **title page,** b) Buchrücken *m.* **'ti·tled** *adj* **1.** betitelt. **2.** titu'liert, benannt. **3.** ad(e)lig.
ti·tle| deed *s jur.* Eigentumsurkunde *f.* **'~ˌhold·er** *s* **1.** *jur.* (Rechts)Titelinhaber(in). **2.** *sport* Titelhalter(in), -verteidi-

ger(in). **~ in·sur·ance** s econ. Am. Versicherung f von Rechtsansprüchen auf Grundbesitz. **~ page** s Titelblatt n, -seite f. **~ part, ~ role** s thea. etc Titelrolle f. **~ song** s Film: 'Titelmelo,die f. **~ sto·ry** s Titelgeschichte f.
ti·tling ['taɪtlɪŋ] s 1. Betitelung f, Benennung f. 2. Buchbinderei: a) Prägen n des Titels (auf die Buchdecke, b) (aufgeprägter) Buchtitel.
ti·tlist ['taɪtlɪst] → titleholder.
'**tit·mouse** s irr orn. Meise f.
Ti·to·ism ['tiːtəʊɪzəm] s pol. Tito'ismus m. '**Ti·to·ist I** s Tito'ist m. **II** adj tito'istisch.
ti·trate ['taɪtreɪt] v/t u. v/i chem. ti'trieren. **ti'tra·tion** s Ti'trierung f, 'Maßana,lyse f.
ti·tre bes. Br. für titer.
tit·ter ['tɪtə(r)] **I** v/i u. v/t kichern. **II** s Gekicher n, Kichern n.
tit·ti·vate → titivate.
tit·tle ['tɪtl] s 1. Pünktchen n, bes. I-Tüpfelchen n. 2. fig. Tüttelchen n, (das) bißchen n: **to a ~** aufs I-Tüpfelchen od. Haar (ganz genau); **not a ~ of** it kein od. nicht ein Jota (davon).
'**tit·tle-,tat·tle I** s 1. Schnickschnack m, Geschwätz n. 2. Klatsch m, Tratsch m. **II** adj 3. geschwätzig. 4. klatsch-, tratschsüchtig. **III** v/i 5. schwatzen, schwätzen. 6. klatschen, tratschen.
tit·tup ['tɪtəp] **I** s 1. Hüpfen n, Springen n. 2. (übermütiger) Luftsprung. **II** v/i pret u. pp **-tuped**, bes. Br. **-tupped** 3. (her'um)hüpfen, (-)tollen.
tit·ty ['tɪtɪ] s 1. colloq. a) (Mutter)Brust f, b) zo. Euter n, c) zo. Zitze f. 2. Am. dial. Muttermilch f.
tit·u·bate ['tɪtjʊbeɪt; Am. -tʃə-] v/i med. taumeln, schwanken. ,**tit·u'ba·tion** s 1. schwankender Gang. 2. a. lingual ~ Stottern n.
tit·u·lar ['tɪtjʊlə; Am. -tʃələr] **I** adj 1. Titel...: **~ hono(u)rs** Titelehren. 2. Titular... (nominell): **~ bishop ~ king**. **II** s 3. Titelträger m. 4. Titu'lar m (nomineller Inhaber e-s Amtes). 5. relig. a) Titu'lar m (Inhaber e-r Titularkirche), b) 'Kirchenpa,tron m. '**tit·u·lar·y** [-lərɪ; Am. -,lerɪ] **I** adj 1. Titel..., Titular... 2. Rechtstitel... **II** s → titular 3 u. 4.
Ti·tus ['taɪtəs] npr u. s Bibl. (Brief m des Paulus an) Titus m.
Tit·y·re·tu, t~ [,tɪtɪrɪ'tjuː] s Br. hist. Angehöriger e-r Bande von jugendlichen, aus reichen Familien stammenden Rowdies in London (17. Jh.).
tiz·woz ['tɪzwɒz; Am. -wɑz] → tizzy.
tiz·zy ['tɪzɪ] s colloq. Aufregung f: **to send** (od. **throw**) **s.o. in a ~** j-n in helle Aufregung versetzen; **to be in** (od. **all of**) **a ~** vor Aufregung ganz aus dem Häuschen sein.
T junc·tion s T-Kreuzung f.
tme·sis ['tmiːsɪs] s ling. Tmesis f (Trennung von zs.-gesetzten od. engverbundenen Wörtern durch Einschübe).
to I prep [tuː; tʊ; tə] **1.** (Grundbedeutung) zu. **2.** (Richtung u. Ziel, räumlich) zu, nach, an (acc), in (acc), auf (acc): **to go ~ London** nach London fahren; **from east ~ west** von Osten nach Westen; **to throw s.th. ~ the ground** etwas auf den od. zu Boden werfen. **3.** in (dat): **I have never been ~ London. 4.** (Richtung, Ziel, Zweck) zu, an (acc), an (acc), in (acc), für, gegen: **to pray ~ God** zu Gott beten; **our duty ~ s.o.** unsere Pflicht j-m gegenüber; **~ what purpose?** wozu?; **to be invited ~ dinner** zum Dinner eingeladen sein; **to beat ~ death** zu Tode prügeln; **to speak ~ s.o.** mit j-m sprechen; **what is that ~ you?** Was geht das Sie an?; **to play ~ a large audience** vor e-m großen Publikum spielen. **5.** (Zugehörigkeit) zu, in (acc), für, auf (acc): **he is a brother ~ her** er ist ihr Bruder; **a cousin to ...** ein Vetter des od. von ...; **an assistant ~ s.o.** j-s Gehilfe; **secretary ~ ...** Sekretär des ..., j-s Sekretär; **to speak ~ the question** zur Sache sprechen; **there is no end ~ it** es hat kein Ende; **that is all there is ~ it** das ist alles; **there is a moral ~ the story** die Geschichte hat e-e Moral; **an introduction ~ s.th.** e-e Einführung in etwas; **a cap with a tassel ~ it** e-e Mütze mit e-r Troddel (daran); **a room ~ myself** ein Zimmer für mich (allein); **a key ~ the trunk** ein Schlüssel für den (od. zum) Koffer. **6.** (Übereinstimmung, Gemäßheit) nach, für, gemäß: **~ my feeling** nach m-m Gefühl. **7.** (im Verhältnis od. Vergleich) zu, gegen, gegen'über, auf (acc), mit: **you are but a child ~ him** gegen ihn sind Sie nur ein Kind; **five ~ one** fünf gegen eins; **the score is three ~ one** das Spiel od. es steht drei zu eins; **two is ~ four as four is ~ eight** zwei verhält sich zu vier wie vier zu acht; **three ~ the pound** drei auf das Pfund. **8.** (Ausmaß, Grenze, Grad) bis, (bis) zu, (bis) an (acc), auf (acc), in (dat): **~ the clouds** bis an die Wolken; **ten feet ~ the ground** zehn Fuß bis zum Boden; **to love ~ craziness** bis zum Wahnsinn lieben. **9.** (zeitliche Ausdehnung od. Grenze) bis, zu, bis zu, bis gegen, auf (acc), vor (dat): **from three ~ four** von drei bis vier (Uhr). **10.** (Begleitung) zu, nach: **to sing ~ a guitar** zu e-r Gitarre singen; **they danced ~ a tune** sie tanzten nach e-r Melodie. **11.** zur Bildung des Dativs: a) betont: **he gave the book ~ me, not ~ you!** er gab das Buch mir, nicht Ihnen!, b) unbetont: **she was a good mother ~ him** sie war ihm e-e gute Mutter.
II part [tʊ; tə] 12. zur Bezeichnung des Infinitivs: **~ go** gehen; **easy ~ understand** leicht zu verstehen; **she was heard ~ cry** man hörte sie weinen. 13. (Zweck, Absicht) um zu, zu: **he only does it ~ earn money** er tut es nur, um Geld zu verdienen. 14. zur Verkürzung des Nebensatzes: **I weep ~ think of it** ich weine, wenn ich daran denke; **he was the first ~ arrive** er kam als erster; **~ be honest, I should decline** wenn ich ehrlich sein soll, muß ich ablehnen; **~ hear him talk** wenn man ihn (so) reden hört. 15. zur Bezeichnung des Grundes: **why blame you me ~ love you?** poet. obs. was tadelst du mich, weil ich dich liebe? 16. zur Andeutung e-s aus dem vorhergehenden zu ergänzenden Infinitivs: **I don't go because I don't want ~** ich gehe nicht, weil ich nicht (gehen) will.
III adv [tuː] **17.** a) zu, geschlossen: **to pull the door ~** die Türe zuziehen, b) angelehnt: **leave the door ~. 18.** bei verschiedenen Verben: dran, her'an: **~ fall to, put to, set to**, etc. **19.** (wieder) zu Bewußtsein od. zu sich kommen, bringen: **to come to. 20.** mar. nahe am Wind: **keep her ~! 21. ~ and fro** a) hin u. her, b) auf u. ab.
toad [təʊd] s 1. zo. Kröte f: **to eat s.o.'s ~s** fig. vor j-m kriechen; **a ~ under a harrow** fig. ein geplagter Mensch. **2.** fig. ‚Ekel' n (Person). '**~,eat·er** s Speichellecker(in). '**~,eat·ing I** s Speichellecke'rei f. **II** adj speichelleckerisch. '**~·fish** s ichth. Krötenfisch m. '**~·flax** s bot. Leinkraut n. ,**~-in-the-'hole** s gastr. in Pfannkuchenteig gebackene Würste. '**~·stone** s Krötenstein m. '**~·stool** s bot. 1. (größerer Blätter)Pilz. 2. Giftpilz m.
toad·y ['təʊdɪ] **I** s Speichellecker(in). **II** v/t vor j-m kriechen od. (her'um)schwänzeln. **III** v/i speichellecken, (her'um)schwänzeln: **to ~ ~ to →** II. '**toad·y·ism** s Speichellecke'rei f.
,**to-and-'fro I** pl **-fros** s 1. Hin- u. Herbewegung f (e-s Pendels etc). **2.** Hin u. Her. n. **3.** fig. Schwanken n. **4.** fig. a) Wortgefecht n, b) Frage-u.-Antwort-Spiel n. **II** adj **5.** Hin- u. Her...: **~ motion**. **6. ~ visiting** Besuche u. Gegenbesuche pl.
toast[1] [təʊst] **I** s 1. Toast m: **(as) warm as ~** mollig warm; **to have s.o. on ~** Br. sl. j-n ganz in der Hand haben. **II** v/t **2.** a) toasten, b) rösten. **3. to ~ one's hands by the fire** sich die Hände am Feuer wärmen. **III** v/i **4.** sich toasten od. rösten lassen. **5. to be ~ing in the sun** colloq. sich in od. von der Sonne braten lassen.
toast[2] [təʊst] **I** s 1. Toast m, Trinkspruch m: **to propose a ~ to →** 3. **2.** gefeierte Per'son od. Sache(, auf die ein Toast ausgebracht wird): **the ~ of the opera season** der Star der Opernsaison. **II** v/t 3. toasten od. trinken auf (acc), e-n Toast od. Trinkspruch ausbringen auf (acc). **III** v/i 4. toasten (to auf acc).
'**toast·er**[1] s Toaster m.
'**toast·er**[2] s j-d, der toastet od. e-n Trinkspruch ausbringt.
'**toast·ing fork** s Röstgabel f.
'**toast**|**,mas·ter** s j-d, der bei Diners Tischredner ankündigt sowie Toasts ansagt od. ausbringt. **~ rack** s Toastständer m.
to·bac·co [tə'bækəʊ] pl **-cos** s 1. a. **~ plant** bot. Tabak(pflanze f) m. **2.** (Rauch- etc)Tabak m: **~ heart** med. Nikotinherz n. **3.** collect. Tabakwaren pl. **4.** a. **~ brown** Tabakbraun n. **to'bac·co·nist** [-kənɪst] s bes. Br. Tabak(waren)händler m: **~'s (shop)** Tabak(waren)laden m.
to·bac·co| **pipe** s Tabakspfeife f. **~ pouch** s Tabaksbeutel m. **T~ Road** s Am. fig. Elendsgebiet n, -viertel n. **~ tamp·er** s Pfeifenstopfer m.
to·bie → toby 2.
to·bog·gan [tə'bɒgən; Am. -'bɑ-] **I** s 1. (Rodel)Schlitten m: **~ slide** (od. **chute**) Rodelbahn f. **2.** Am. a) Rodelbahn m, b) **our firm is on the ~** fig. mit unserer Firma geht es bergab, c) fig. (Preisetc)Sturz m: **to hit the ~ →** 4. **II** v/i **3.** Schlitten fahren, rodeln. **4.** Am. fig. stürzen, ‚purzeln' (Preise etc). **to'bog·gan·er, to'bog·gan·ist** s Rodler(in).
to·by ['təʊbɪ] s 1. a. **~ jug** Bierkrug in Gestalt e-s dicken alten Mannes mit Dreispitz. **2.** Am. sl. billiger Ziga'rillo.
toc·ca·ta [tə'kɑːtə] s mus. Tok'kata f.
Toc H [,tɒk'eɪtʃ] s Br. e-e christlich-humanitäre Gesellschaft.
to·col·o·gy [tɒ'kɒlədʒɪ; Am. təʊ'kɑ-] s med. Tokolo'gie f, Geburtshilfe f.
toc·sin ['tɒksɪn; Am. -'tɑk-] s 1. A'larm-, Sturmglocke f. 2. A'larm-, 'Warn,signal n.
tod[1] [tɒd; Am. tɑd] s altes englisches Wollgewicht, meistens 28 lb = 12,7 kg.
tod[2] [tɒd] s Br. dial. Fuchs m.
tod[3] [tɒd] s: **on one's ~** Br. sl. ganz allein.
to·day [tə'deɪ] **I** adv 1. heute. **2.** heute, heutzutage, gegenwärtig. **II** s 3. heutiger Tag: **~'s paper** die heutige Zeitung, die Zeitung von heute; **~'s rate** econ. Tageskurs m. 4. (das) Heute, (die) heutige Zeit, (die) Gegenwart: **the writers of ~** die Schriftsteller von heute od. der Gegenwart.
tod·dle ['tɒdl; Am. 'tɑdl] **I** v/i 1. auf wack(e)ligen od. unsicheren Beinen gehen (bes. Kleinkind). **2.** colloq. (da'hin-)zotteln: **to ~ off** (od. **along**) sich trollen, ,abhauen'. **II** s 3. wack(e)liger od. unsicherer Gang. **4.** colloq. Bummel m: **to go for a ~** e-n Bummel machen. '**tod·dler** s Kleinkind n.

tod·dy ['tɒdɪ; *Am.* 'tɑ-] *s* Toddy *m*: a) grogartiges Getränk, b) Palmwein *m*.

to-do [tə'du:] *pl* **-dos** *s colloq.* **1.** Krach *m*, Lärm *m*. **2.** Getue *n*, ‚Wirbel' *m*, ‚The'ater' *m*: **to make much ~ about s.th.** viel Wind um e-e Sache machen.

to·dy ['təʊdɪ] *s orn.* Todi *m*.

toe [təʊ] **I** *s* **1.** *anat.* Zehe *f*, Zeh *m*: **big** (*od.* **great**) **~** große Zehe; **little ~** kleine Zehe; **on one's ~s** *colloq.* ‚auf Draht', ‚auf dem Posten'; **to turn one's ~s in** (**out**) einwärts (auswärts) gehen; **to turn up one's ~s** *sl.* ‚ins Gras beißen' (*sterben*); **to tread** (*od.* **step**) **on s.o.'s ~s** *colloq.* ‚j-m auf die Hühneraugen treten'. **2.** Vorderhuf *m* (*des Pferdes*). **3.** Spitze *f*, Kappe *f* (*von Schuhen, Strümpfen etc*). **4.** *fig.* Spitze *f*, Ende *n*. **5.** *tech.* a) (Well)Zapfen *m*, b) Nocken *m*, Daumen *m*, Knagge *f*, c) *rail.* Keil *m* (*der Weiche*). **6.** *sport* Löffel *m* (*des Golfschlägers*). **II** *v/t* **7.** a) Strümpfe *etc* mit neuen Spitzen versehen, b) *Schuhe* bekappen. **8.** mit den Zehen berühren: **to ~ the line** (*od.* **mark**) a) in e-r Linie (*sport zum* Start) antreten, b) *fig.* sich der Parteilinie unterwerfen, ‚linientreu sein', ‚spuren' (*a. weitS. gehorchen*); **to keep s.o. ~ing the line** j-n bei der Stange halten. **9.** *sport den Ball* spitzeln. **10.** j-m e-n Fußtritt versetzen. **11.** *Golf:* den Ball mit dem Löffel (*des Schlägers*) schlagen. **III** *v/i* **12. to ~ in** (**out**) (*mit den Fußspitzen*) einwärts (auswärts) stehen *od.* gehen.

'toe|·board *s* **1.** Fußbrett *n*. **2.** *Leichtathletik:* Stoß-, Wurfbalken *m*. **'~·cap** *s* (Schuh)Kappe *f*. **~ clip** *s Radsport:* Rennhaken *m*.

toed [təʊd] *adj* (*in Zssgn*) ...zehig.

toe| dance *s* Spitzentanz *m*. **'~-dance** *v/i* auf den Spitzen tanzen. **~ danc·er** *s* Spitzentänzer(in). **'~·hold** *s* **1.** Halt *m* für die Zehen (*beim Klettern*). **2.** *fig.* a) Ansatzpunkt *m*, b) Brückenkopf *m*, 'Ausgangspositi,on *f*: **to get a ~** Fuß fassen. **3.** *Ringen:* Zehengriff *m*. **'~-in** *s mot.* Vorspur *f*. **~ i·ron** *s hist.* Zehenbacken *m* (*der Skibindung*). **~ loop** *s Eis-, Rollkunstlauf:* Toe-loop *m*. **'~·nail** *s anat.* Zehennagel *m*. **'~-out** *s mot.* Nachspur *f*. **~ rub·ber** *s Am.* 'Gummi,überzug *m* (*für Damenschuhe*). **'~-shoe** *s* Bal'lettschuh *m* (*für den Spitzentanz*). **~ spin** *s Eis-, Rollkunstlauf:* 'Spitzenpirou,ette *f*.

toff [tɒf] *s Br. sl.* ‚feiner Pinkel', ‚Fatzke' *m*, Geck *m*.

tof·fee, *a.* **tof·fy** ['tɒfɪ; *Am. a.* 'tɑ-] *s bes. Br.* Toffee *n*, 'Sahnebon,bon *n, m*: **he can't shoot for ~** *colloq.* vom Schießen hat er keinen (blassen) Schimmer; **not for ~** *colloq.* nicht für Geld u. gute Worte. **~ ap·ple** *s bes. Br.* kan'dierter Apfel. **'~-nosed** *adj Br. colloq.* ‚aufgeblasen', eingebildet.

toft [tɒft] *s Br. hist.* a) Heim-, Hofstätte *f*, b) *a.* **~ and croft** Anwesen *n*, Haus *n* mit da'zugehörigem Land.

tog [tɒg; *Am. a.* tɑg] *colloq.* **I** *s pl* ‚Klamotten' *pl*, ‚Kluft' *f*: **golf ~s** Golfdreß *m*; **to put on one's best ~s** sich ‚in Schale werfen'. **II** *v/t meist* **~ out**, **~ up** j-n her'ausputzen: **to ~ o.s. up** (*od.* **out**) sich ‚in Schale werfen'.

to·geth·er [tə'geðə(r)] **I** *adv* **1.** zu'sammen: **to call** (**sew**) **~** zs.-rufen (-nähen); **to belong ~** zs., zueinandergehören; **to get it all ~** *Am. sl.* ausgeglichen werden. **2.** zu- *od.* bei'sammen, mitein'ander, gemeinsam: **to live ~** zs.-leben. **3.** zu'sammen(genommen): **more than all the others ~**. **4.** mitein'ander, gegenein'ander: **to fight ~**. **5.** zu'gleich, gleichzeitig, zu'sammen: **two things ~**. **6.** (*Tage etc*) nach-, hinterein'ander, (*e-e Zeit etc*) lang *od.* hin'durch: **3 days ~** 3 Tage nacheinander *od.* lang; **he talked for hours ~** er sprach stundenlang. **7. ~ with** zu'sammen *od.* gemeinsam mit, (mit)'samt, mit: **he sent him a letter ~ with some money.** **II** *adj* **8.** *Am. sl.* ausgeglichen: **a ~ young man.** **to'geth·er·ness** *s* **1.** Zs.-gehörigkeit *f*, Einheit *f*. **2.** Nähe *f*. **3.** Zs.-gehörigkeitsgefühl *n*.

tog·ger·y ['tɒgərɪ; *Am. a.* 'tɑ-] *s colloq.* **1.** → **tog** I. **2.** *a.* **~ shop** *bes. Br.* Kleiderladen *m*.

tog·gle ['tɒgl; *Am.* 'tɑgəl] **I** *s* **1.** *mar. tech.* Knebel *m*. **2.** *tech.* → **toggle joint**. **II** *v/t* **3.** ein-, festknebeln. **~ bolt** *s tech.* Knebelbolzen *m*. **~ joint** *s tech.* Knebel-, Kniegelenk *n*. **~ press** *s tech.* Kniegelenkpresse *f*. **~ switch** *s electr.* Kippschalter *m*.

toil¹ [tɔɪl] **I** *s* **1.** mühselige Arbeit, Placke'rei *f*, Mühe *f*, Plage *f*. **II** *v/i* **2.** sich abmühen *od.* abplacken *od.* quälen *od.* plagen (**at**, **on** mit). **3.** sich vorwärtsarbeiten (**along** auf *dat*), sich mühselig 'durcharbeiten (**through** durch): **to ~ up a hill** e-n Berg mühsam erklimmen.

toil² [tɔɪl] *s meist pl fig.* Schlingen *pl*, Netz *n*: **in the ~s of** a) in den Schlingen *des Satans etc*, b) in Schulden *etc* verstrickt.

toile [twɑ:l] *s* Toile *m* (*Gewebe in Leinwandbindung*). [*n*, -pferd *n*.]

'toil·er *s* Schwerarbeiter *m*, Arbeitstier)

toi·let ['tɔɪlɪt] *s* **1.** Toi'lette *f*, Klo'sett *n*. **2.** Toi'lette *f* (*Ankleiden, Kämmen etc*): **to make one's ~** Toilette machen. **3.** Fri'sier-, Toi'lettentisch *m*. **4.** Toi'lette *f* (feine) Kleidung, *a.* (Abend)Kleid *n od.* (Gesellschafts)Anzug *m*. **~ bag** *s* Kulturbeutel *m*. **~ case** *s* Toi'letten,Reisenecessaire *n*. **~ glass** *s* Toi'lettenspiegel *m*. **~ pa·per** *s* Toi'letten-, Klo'settpa,pier *n*. **~ pow·der** *s* Körperpuder *m*. **~ roll** *s* Rolle *f* Toi'letten- *od.* Klo'settpa,pier. **~ room** → **toilet** 1.

toi·let·ry ['tɔɪlɪtrɪ] *s* Toi'lettenar,tikel *m*.

toi·let| seat *s* Klo'settsitz *m*, -brille *f*. **~ set** *s* Toi'lettengarni,tur *f*. **~ soap** *s* Toi'lettenseife *f*. **~ ta·ble** → **toilet** 3.

toi·lette [twɑː'let] → **toilet** 2, 4.

toi·let| tis·sue → **toilet paper**. **~ wa·ter** *s* Eau *n*, *f* de toi'lette.

toil·ful ['tɔɪlfʊl], **'toil·some** [-səm] *adj* (*adv* **~ly**) mühselig. **'toil·some·ness** *s* Mühseligkeit *f*.

'toil-worn *adj* abgearbeitet, erschöpft.

to·ing and fro·ing [,tu:ɪŋən'frəʊɪŋ] *s* Hin u. Her *n*.

To·kay [təʊ'keɪ] *s* To'kaier *m* (*ungarischer Wein u. Traube*).

toke [təʊk] *Am. sl.* **I** *s* Zug *m* an e-r Marihu'anaziga,rette: **to take a ~** → II. **II** *v/i* e-n Zug an e-r Marihu'anaziga,rette machen.

to·ken ['təʊkən] **I** *s* **1.** Zeichen *n*: a) Anzeichen *n*, Merkmal *n*, b) Beweis *m*: **as a** (*od.* **in**) **~ of** als *od.* zum Zeichen (*gen*); **by the same ~** a) aus dem gleichen Grunde, mit demselben Recht, umgekehrt, andererseits, b) überdies, ferner. **2.** Andenken *n*, Erinnerungsgeschenk *n*, ('Unter)Pfand *n*. **3.** Scheidemünze *f*. **4.** *Bergbau:* Hauermarke *f*. **5.** (Me'tall-)Marke *f* (*als Fahrausweis*). **6.** Spielmarke *f*. **7.** Gutschein *m*, Bon *m*. **8.** *Bibl. u. obs.* (verabredetes) Zeichen. **II** *adj* **9.** a) nomi'nell: **~ coin** Scheidemünze *f*; **~ money** Scheidemünzen *pl*; Not-, Ersatzgeld *n*; **~ payment** symbolische Zahlung; **~ strike** kurzer Warnstreik; **~ Alibi...**: **~ woman**, **~ negro** *a.* ‚Vorzeigeneger' *m*. **10.** Schein...: **~ raid** Scheinangriff *m*.

to·kol·o·gy → **tocology**.

to·la ['təʊlə] *s* Tola *n, f* (*indische Gewichtseinheit; etwa 11,6 g*).

tol·booth ['tɒlbu:θ; *Am. a.* 'təʊl-; 'tɑl-] *s* **1.** → **tollbooth**. **2.** *bes. Scot.* Rathaus *n*.

told [təʊld] *pret u. pp von* **tell**.

tol·er·a·ble ['tɒlərəbl; *Am.* 'tɑ-] *adj* (*adv* **tolerably**) **1.** erträglich: **~ life** (**pain**, *etc*). **2.** leidlich, mittelmäßig, erträglich. **3.** *how are you?* — *colloq.* so lala; **he felt tolerably secure** *colloq.* er fühlte sich einigermaßen sicher. **4.** *tech.* zulässig: **~ error** (**limit**, *etc*). **'tol·er·a·ble·ness** *s* **1.** Erträglichkeit *f*. **2.** Mittelmäßigkeit *f*.

tol·er·ance ['tɒlərəns; *Am.* 'tɑ-] *s* **1.** Tole'ranz *f*, Duldsamkeit *f*. **2.** (**of**) *a*) Duldung *f* (*gen*), *b*) Nachsicht *f* (mit). **3.** *med.* a) Tole'ranz *f*, 'Widerstandsfähigkeit *f* (**for** gegen *Gift etc*), b) Verträglichkeit *f*: → **tissue** 1. **4.** *math. tech.* Tole'ranz *f*, zulässige Abweichung, Spiel *n*, Fehlergrenze *f*. **'tol·er·ant** *adj* (*adv* **~ly**). **1.** tole'rant, duldsam (**of** gegen): **to be ~ of criticism** Kritik vertragen (können). **2.** geduldig, nachsichtig (**of** mit). **3.** *med.* 'widerstandsfähig (**of** gegen). **'tol·er·ate** [-reɪt] *v/t* **1.** j-n *od.* etwas dulden, ertragen, leiden. **2.** duldsam *od.* tole'rant sein gegen. **3.** zulassen, tole'rieren, 'hinnehmen, sich gefallen lassen. **4.** *etwas* ertragen: **to ~ s.o.'s company**. **5.** *bes. med.* vertragen: **to ~ a poison**. **,tol·er'a·tion** *s* **1.** Duldung *f*, Tole'rierung *f*. **2.** → **tolerance** 1.

toll¹ [təʊl] *s* **1.** *hist.* Zoll(gebühr *f*) *m*, *bes.* Wege-, Brückenzoll *m*. **2.** Straßenbenutzungsgebühr *f*, Maut *f*. **3.** Standgeld *n* (*auf e-m Markt etc*). **4.** *Am.* Hafengebühr *f*. **5.** *Br. hist.* Recht des Lehnsherrn, Abgaben zu erheben. **6.** *teleph. Am.* Gebühr *f* für ein Ferngespräch. **7.** *fig.* Tri'but *m* (*an Menschenleben etc*), (Blut)Zoll *m*, (Zahl *f* der) Todesopfer *pl*: **the ~ of the road** die (Zahl der) Verkehrsopfer; **to take a ~ of 100 lives** 100 Todesopfer fordern (*Katastrophe*); **to take its ~ of** *fig.* j-n arg mitnehmen, s-n Tribut fordern von (*j-m od. e-r Sache*), Kräfte, Vorräte *etc* stark beanspruchen *od.* strapazieren, nicht spurlos vorübergehen an (*dat*).

toll² [təʊl] **I** *v/t* **1.** (*bes.* Toten)Glocke läuten, erschallen lassen. **2.** e-e Stunde schlagen: **the clock ~s the hour**. **3.** (durch Glockengeläut) verkünden, die Totenglocke läuten für (*j-n*). **II** *v/i* **4.** läuten, schallen. **5.** schlagen (*Glocke, Uhr*). **III** *s* **6.** (feierliches) Geläut. **7.** Glockenschlag *m*.

toll·age ['təʊlɪdʒ] *s* **1.** → **toll¹** 1 *u.* 2. **2.** Entrichtung *f od.* Erhebung *f* von Zöllen *od.* Straßenbenutzungsgebühren.

toll| bar → **tollgate**. **'~-booth** *s* Mauthäus-chen *n*. **~ bridge** *s* gebührenpflichtige Brücke, Mautbrücke *f*. **~ ca·ble** *s teleph.* Fernkabel *n*. **~ call** *s teleph.* **1.** *Am.* Ferngespräch *n*. **2.** *Br. obs.* Nahverkehrsgespräch *n*. **~ col·lec·tor** *s* **1.** Mautner *m*. **2.** Zählvorrichtung *f* an e-r Mautstelle. **'~-gate** *s* Schlagbaum *m* (*e-r Mautstraße*). **'~-house** *s* Mautstelle *f*. **~ road** *s* gebührenpflichtige Straße, Mautstraße *f*.

to·lu [tə'lu:; *Am. a.* tə-] *s* Tolubalsam *m*.

tol·u·ate ['tɒljʊeɪt; *Am.* 'tɑljəˌweɪt] *s chem.* Tolu'at *n*.

tol·u·ene ['tɒljʊi:n; *Am.* 'tɑljəˌwi:n] *s chem.* Tolu'ol *n*.

to·lu·i·dine [tə'lju:ɪdi:n; *Am.* tə'lu:əˌdi:n] *s chem.* Tolui'din *n*.

tol·u·ol ['tɒljʊɒl; *Am.* 'tɑljəˌwɔːl; -ˌwɒl] → **toluene**.

tol·u·yl ['tɒljʊɪl; *Am.* 'tɑljəˌwɪl] *s chem.* Tolu'yl *n*.

tom [tɒm; *Am.* tɑm] *s* **1.** Männchen *n* (*kleinerer Tiere*): **~ turkey** Truthahn *m*, Puter *m*. **2.** Kater *m*. **3. T~** (*abbr. für*) Thomas *m*: (**every** *od.* **any**) **T~, Dick, and Harry** Hinz u. Kunz, jeder x-beliebige; **T~ Thumb** Däumling *m*; **T~ and Jerry** *Am.* Eiergrog *m*.

tom·a·hawk [ˈtɒməhɔːk; *Am.* ˈtɑmɪ-] **I** *s* **1.** Tomahawk *m*, Kriegsbeil *n* (*der Indianer*): **to bury (dig up) the ~** *fig.* das Kriegsbeil begraben (ausgraben). **2.** *Austral.* (Hand)Beil *n*. **II** *v/t* **3.** mit dem Tomahawk verwunden *od.* erschlagen. **4.** *fig.* ‚in die Pfanne hauen' (*hart kritisieren*).

tom·al·ley [ˈtɒmælɪ; *Am.* ˈtɑmˌælɪ:; təˈmælɪː] *s* Hummerleber *f*.

to·ma·to [təˈmɑːtəʊ; *Am. a.* -ˈmeɪ-] *pl* **-toes** *s bot.* Toˈmate *f*.

tomb [tuːm] *s* **1.** Grab(stätte *f*) *n*. **2.** Grabmahl *n*, Gruft *f*. **3.** *fig.* (*das*) Grab, (*der*) Tod.

tom·bac(k), *a.* **tom·bak** [ˈtɒmbæk; *Am.* ˈtɑm-] *s tech.* Tombak *m*, Rotmessing *n*.

tomb cham·ber *s* Grabkammer *f*.

tom·bo·la [ˈtɒmˈbəʊlə; *Am.* ˈtæmbələ] *s* Tombola *f*.

tom·boy [ˈtɒmbɔɪ; *Am.* ˈtɑm-] *s* Wildfang *m*, Range *f* (*Mädchen*). **ˈtom·boy·ish** *adj* ausgelassen, wild.

ˈtomb·stone *s* **1.** Grabstein *m*, -mal *n*. **2.** Grabplatte *f*.

ˌtomˈcat *s* Kater *m*.

tome [təʊm] *s* **1.** Band *m* (*e-s Werkes*). **2.** ‚dicker Wälzer' (*Buch*).

tom·fool [ˌtɒmˈfuːl; *Am.* ˌtɑm-] **I** *s* Einfaltspinsel *m*, Dummkopf *m*. **II** *adj* einfältig, dumm. **III** *v/i* (her'um)albern. **tomˈfool·er·y** [-ərɪ] *s* Albernheit *f*, Unsinn *m*.

tom·my[1] [ˈtɒmɪ; *Am.* ˈtɑ-] *s* **1.** *mil. Br.* a) *a.* **T~ Atkins** ‚Tommy' *m* (*der brit. Soldat*), b) *a.* **T~** *colloq.* ‚Tommy' *m*, Landser *m* (*einfacher Soldat*). **2.** *Br. dial.* ‚Fres'salien' *pl*, Verpflegung *f*. **3.** *tech.* a) (verstellbarer) Schraubenschlüssel, b) *a.* ~ **bar** Knebelgriff *m*. **T~ gun** *s mil.* Maˈschinenpiˌstole *f*. **ˌ~ˈrot** *s colloq.* (purer) Blödsinn, ‚Quatsch' *m*.

to·mo·gram [ˈtəʊməgræm] *s med.* Tomoˈgramm *n*, (Röntgen)Schichtaufnahme *f*. **toˈmog·ra·phy** [-ˈmɒgrəfɪ; *Am.* -ˈmɑ-] *s med.* Tomograˈphie *f*, röntgenoˈlogisches Schichtaufnahmeverfahren.

to·mor·row [təˈmɒrəʊ; *Am. a.* -ˈmɑ-] **I** *adv* morgen; ~ **week** morgen in e-r Woche *od.* in acht Tagen; ~ **morning** morgen früh; ~ **night** morgen abend. **II** *s* (*der*) morgige Tag, (*das*) Morgen: ~'s **paper** die morgige Zeitung; ~ **never comes** das werden wir nie erleben; **as if there were no** ~ als ob es das letzte Mal wäre.

tom·pi·on [ˈtɒmpjən; *Am.* ˈtɑmpɪən] → tampion.

Tom Tid·dler's ground [ˈtɪdlə(r)z] *s* **1.** Kinderspiel, bei dem ein Spieler (*Tom Tiddler*) die anderen Spieler zu fangen versucht, die in sein Gebiet eindringen. **2.** *fig.* Niemandsland *n*. **~ˈtit** *s orn. Br.* (*bes.* Blau)Meise *f*. **ˈt~tom I** *s mus.* **1.** Hindutrommel *f*. **2.** (chinesischer) Gong. **3.** Tomˈtom *n*, Tamˈtam *n*. **4.** monoˈtones Geräusch. **II** *v/t u. v/i pret. pp* **-tomed**, *bes. Br.* **-tommed 5.** trommeln.

ton[1] [tʌn] *s* **1.** (*englische*) Tonne (*Gewicht*): a) *a.* **long ~** *bes. Br.* = 2240 *lbs. od.* 1016,05 *kg*, b) *a.* **short ~** *bes. Am.* = 2000 *lbs. od.* 907,185 *kg*, c) *a.* **metric ~** metrische Tonne (= 2204,6 *lbs.* = 1000 *kg*); **to weigh a ~** *colloq.* ‚wahnsinnig' schwer sein; → **brick** 1. **2.** *mar.* Tonne *f* (*Raummaß*): **register ~** Registertonne (= 100 *cubic feet* = 2,8317 *m*³); **gross register ~** Bruttoregistertonne (*Schiffsgrößenangabe*); **displacement ~** Tonne (der) Wasserverdrängung; **measurement** (*od.* **freight**) ~ Frachttonne (= 40 *cubic feet*). **3.** *pl colloq.* Unmasse(n *pl*) *f*: ~**s of money** massenhaft Geld; ~**s of times** ‚tausendmal'; ~**s better** viel *od.* wesentlich besser. **4. to do the** (*od. a*) ~ *Br. sl.* a) mit 100 Meilen fahren (*Fahrer*), b) 100 Meilen fahren *od.* schaffen (*Auto etc*).

ton[2] [tɔ̃ː; *Am.* tɔʊn] *s* (*die*) herrschende Mode: **in the ~** modisch, elegant.

ton·al [ˈtəʊnl] *adj mus.* **1.** Ton..., tonlich. **2.** klanglich. **3.** toˈnal: a) tonartlich, b) der Tonaliˈtät angepaßt: ~ **fugue** Fuge *f* mit tonaler Beantwortung. **ˈton·al·ist** [-nəlɪst] *s* toˈnaler Musiker. **toˈnal·i·ty** [-ˈnælətɪ] *s* **1.** *mus.* Tonaliˈtät *f*; *a.*) Tonart *f*, b) Klangchaˌrakter *m* (*e-s Instruments etc*). **2.** *paint.* Tönung *f*, Farbton *m*.

ˈto-name *s Scot.* **1.** Beiname *m*. **2.** Spitzname *m*.

ton·do [ˈtɒndəʊ; *Am.* ˈtɑn-] *pl* **-di** [-diː] *s* Tondo *n*, Rundbild *n*.

tone [təʊn] **I** *s* **1.** *allg.* Ton *m*, Laut *m*, Klang *m*. **2.** Ton *m*, Stimme *f*: **in an angry ~** mit zorniger Stimme, in ärgerlichem Ton. **3.** *ling.* a) Tonfall *m*: **English with a French ~**, b) Betonung *f*, Tonhöhe *f*. **4.** *mus.* a) Ton *m*: **degrees of ~ Stärkegrade**, b) *Am.* Note *f*. **5.** *mus.* ˈKlang(chaˌrakter *m*, -farbe *f*) *m*. **6.** → **Gregorian tone**. **7.** *paint.* (Farb)Ton *m*, Farbgebung *f*, Tönung *f*. **8.** *fig.* Schatˈtierung *f*, Abstufung *f*, Tönung *f*. **9.** *med.* Tonus *m* (*Spannungszustand der Muskeln*). **10.** *fig.* Spannkraft *f*. **11.** *fig.* a) Haltung *f*, Geist *m*, b) Niˈveau *n*: **to give ~ to a place**. **12.** Stimmung *f* (*a. econ. u. der Börse*). **13.** Ton *m*, Note *f*, Stil *m*: **to set the ~ of a** den Ton angeben für, tonangebend sein in (*dat*), b) den Stil e-r Sache bestimmen, (e-e) entscheidend sein für. **II** *v/t* **14.** e-n Ton verleihen (*dat*), e-e Färbung geben (*dat*), ein Bild koloˈrieren: ~**d** (ab)getönt; ~**d paper** Tonpapier *n*. **15.** ein Instrument stimmen. **16.** *e-e* Farbe *etc* abstufen, (ab)tönen. **17.** *phot.* tonen: **toning bath** Tonbad *n*. **18.** *fig.* a) ˈumformen, abmildern, b) regeln. **19.** *j-m* Spannkraft verleihen, *j-n*, *a.* die Muskeln stärken. **III** *v/i* **20.** e-n Farbton *od.* e-e Tönung annehmen. **21.** sich abstufen *od.* abtönen. **22.** *a.* ~ **in** (**with**) a) verschmelzen (mit), b) harmoˈnieren (mit), passen (zu).

Verbindungen mit Adverbien:

tone| down I *v/t paint. u. fig.* dämpfen, mildern: **to ~ a colo(u)r**; **to ~ s.o.'s anger**. **II** *v/i* sich mildern *od.* abschwächen. **~ up** *v/t* **1.** *paint. u. fig.* kräftiger machen, (ver)stärken. **2.** → **tone** 19.

tone| arm *s* Tonarm *m* (*am Plattenspieler*). **~ clus·ter** *s mus.* **1.** Tonbündel *n* (*in e-m Akkord*). **2.** Bündelnote *f*. **~ col·o(u)r** *s mus. phys.* Klangfarbe *f*. **~ con·trol** *s Radio etc*: Klangregler *m*, Tonblende *f*. **ˈ~-deaf** *adj* nicht in der Lage, Töne verschiedener Höhe zu unterˈscheiden. **~ lan·guage** *s ling.* Tonsprache *f* (*Chinesisch etc*).

ˈtone·less *adj* (*adv* **-ly**) **1.** tonlos (*a.* Stimme). **2.** eintönig.

to·neme [ˈtəʊniːm] *s ling.* Toˈnem *n* (*Phonem, das in e-r bestimmten Betonung besteht*).

tone| paint·ing *s mus.* Tonmaleˈrei *f*. **~ pic·ture** *s mus.* Tongemälde *n*. **~ pitch** *s phys.* Tonhöhe *f*. **~ po·em** *s mus.* Tondichtung *f*. **~ qual·i·ty** *s mus.* ˈKlangquaˌliˌtät *f*. **~ row**, **~ se·ries** *s* Zwölftonmusik: Reihe *f*. **~ syl·la·ble** *s ling.* Tonsilbe *f*.

to·net·ic [təʊˈnetɪk] *ling.* **I** *adj*: ~ **language** → **tone language**. **II** *s pl* (*als sg konstruiert*) Tonlehre *f*.

tong [tɒŋ; *Am. a.* tɑŋ] *s* chinesischer Geheimbund in den USA.

tongs [tɒŋz; *Am. a.* tɑŋz] *s pl* (*a. als sg konstruiert*) Zange *f*: **a pair of ~** e-e Zange; **are these your ~?** ist das d-e Zange?; **I would not touch that with a pair of ~** a) das würde ich nicht einmal mit e-r Zange anfassen, b) *fig.* mit der Sache möchte ich nichts zu tun haben.

tongue [tʌŋ] **I** *s* **1.** *anat.* Zunge *f* (*a. fig. Redeweise*): **malicious ~** böse Zungen; **with (one's) ~ in (one's) cheek**, **~ in cheek** a) ironisch, b) mit Hintergedanken; **to bite the ~** auf der Zunge beißen; **to bite one's ~** sich auf die Zunge beißen (*a. fig.*); **I would rather bite off my ~ than** ... ich würde mir eher *od.* lieber die Zunge abbeißen als ...; **to find one's ~** die Sprache wiederfinden; **to make s.o. find his ~** j-m die Zunge lösen, j-n zum Reden bringen; **to get one's ~ (a)round** *colloq.* ein schwieriges Wort *etc* richtig aussprechen; **to give ~** a) sich laut u. deutlich äußern (**to zu**), b) anschlagen (*Hund*), c) Laut geben (*Jagdhund*); **to have a long ~** geschwätzig sein; **to have a ready ~** nicht auf den Mund gefallen sein, schlagfertig sein; **to have a sharp ~** e-e scharfe *od.* spitze Zunge haben; **to hold one's ~** den Mund halten; **to keep a civil ~ (in one's head)** höflich bleiben; **he lost his ~** er verlor die Sprache, ihm verschlug es die Sprache; **to put one's ~ out at s.o.** j-m die Zunge herausstrecken; **to wag one's ~** ‚tratschen'; **to set ~s wagging** Gerede verursachen; → **loose** 5 *f*, **tip**[1] 1. **2.** *gastr.* (Rinder- *etc*)Zunge *f*: **smoked ~** Räucherzunge. **3.** Sprache *f* (*e-s Volkes*), Zunge *f*: **confusion of ~s** *Bibl.* Sprachverwirrung; **gift of ~s** a) *Bibl.* Gabe *f* des Zungenredens, b) Sprachtalent *n*, c) *relig.* ekstatische Rede (*in Sekten*). **4.** *Bibl.* Volk *n*, Natiˈon *f*, Zunge *f*. **5.** *fig.* Zunge *f*: ~ **of a clarinet** (**a flame, a shoe**, *etc*). **6.** Klöppel *m* (*e-r Glocke*). **7.** (Wagen)Deichsel *f*. **8.** Tischlerei: Zapfen *m*, Spund *m*, Feder *f*: **~ and groove** Feder u. Nut. **9.** *tech.* a) (Lauf-, Führungs)Schiene *f*, b) Lasche *f*. **10.** *rail.* Weichenzunge *f*. **11.** Dorn *m* (*e-r Schnalle*). **12.** Zeiger *m* (*e-r Waage*). **13.** *electr.* (Reˈlais)Anker *m*. **14.** *geogr.* Landzunge *f*. **II** *v/t* **15.** *mus.* mit Flatterzunge blasen. **16.** *Tischlerei*: verzapfen, durch Nut u. Feder verbinden.

tongued *adj* **1.** (*in Zssgn*) ...züngig. **2.** *tech.* gezapft, gefedert.

ˌtongue|-in-ˈcheek *adj* **1.** iˈronisch. **2.** mit ˈHintergedanken. **ˈ~-lash** *v/t colloq.* j-n ‚zs.-stauchen', j-m ‚e-e Standpauke halten'. **ˈ~-ˌlash·ing** *s colloq.* ‚Standpauke' *f*. **ˈ~-tie I** *s med.* angeborene Kürze des Zungenbändchens. **II** *v/t fig.* j-m die Zunge lähmen *od.* die Sprache verschlagen. **ˈ~-tied** *adj fig.* stumm, sprachlos (*vor Verlegenheit etc*): **to be ~** keinen Ton herausbringen. **~ twist·er** *s* ‚Zungenbrecher' *m*.

ton·ic [ˈtɒnɪk; *Am.* ˈtɑ-] **I** *adj* (*adv* ~**ally**) **1.** *med.* tonisch: ~ **spasm** Starrkrampf *m*. **2.** stärkend, belebend, erfrischend (*alle a. fig.*): ~ **water** Tonic *n*. **3.** *ling.* a) Ton..., b) betont: ~ **accent** musikalischer Akzent; ~ **language** → **tone language**. **4.** *mus.* Grundton..., Tonika...: ~ **chord** Grundakkord *m*; ~ **major** (**minor**) gleichnamige Dur-(Moll-)Tonart; ~ **sol-fa** Tonika-Do-System *n*. **5.** *paint.* Tönungs..., Farb(gebungs)... **II** *s* **6.** *pharm.* Stärkungsmittel *n*, Tonikum *n*. **7.** Tonic *n*: **gin and ~**. **8.** *fig.* Stimuˈlanz *f*. **9.** *mus.* Grundton *m*, Tonika *f*. **10.** *ling.* stimmhafter Laut.

to·nic·i·ty [təʊˈnɪsətɪ] *s* **1.** *med.* a) Tonus *m*, b) Spannkraft *f*. **2.** musiˈkalischer Ton.

to·night [təˈnaɪt] **I** *adv* **1.** heute abend. **2.** heute nacht. **II** *s* **3.** der heutige Abend. **4.** diese Nacht.

ton·ite [ˈtəʊnaɪt] *s chem.* Toˈnit *m* (*Sprengpulver*).

ton·ka bean ['tɒŋkə; *Am.* 'tɑŋkə] *s bot.* Tonkabohne *f.*
ton·nage ['tʌnɪdʒ] *s* **1.** *mar.* Ton'nage *f,* Tonnengehalt *m,* Schiffsraum *m:* **displacement ~** Verdrängungstonnage; **gross ~** Bruttotonnengehalt; **net register ~** Nettotonnengehalt *m;* **register ~** amtlicher Tonnengehalt. **2.** Ge'samttonˌnage *f (der Handelsflotte e-s Landes).* **3.** Ladungsgewicht *n.* **4.** (Ge'samt)Produktiˌon *f (nach tons berechnet für Stahl etc).* **5.** Schiffszoll *m,* Tonnengeld *n.* **6.** *Br. hist.* (Wein)Zollgebühr *f.*
tonne [tʌn] *s* metrische Tonne.
ton·neau ['tɒnəʊ; *Am.* 'tɑ-; *a.* tə'nəʊ] *pl* **-neaus** *s mot.* hinterer Teil *(mit Rücksitzen)* e-s Autos.
ton·ner ['tʌnə(r)] *s mar. (meist in Zssgn)* ...tonner, Schiff *n* von ... Tonnen.
to·nom·e·ter [təʊ'nɒmɪtə(r); *Am.* -'nɑ-] *s* **1.** *mus. phys.* Tonhöhenmesser *m.* **2.** *phys. (med.* Blut)Druckmesser *m.*
ton·sil ['tɒnsl; *Am.* 'tɑnsəl] *s anat.* Mandel *f,* Ton'sille *f:* **~ snare** *med.* Tonsillenschlinge *f;* **to have one's ~s out** sich die Mandeln herausnehmen lassen. **'ton·silˌlar** [-sɪlə(r)] *adj anat.* Mandel..., tonsil'lar, tonsil'lär.
ton·sil·lec·to·my [ˌtɒnsl'lektəmɪ; *Am.* ˌtɑnsə-] *s med.* Mandelentfernung *f,* Tonsillekto'mie *f:* **incomplete** *(od.* **partial) ~** Mandelresektion *f.* **ˌton·sil'li·tis** [-'laɪtɪs] *s med.* Mandelentzündung *f.* **ˌton·sil'lot·o·my** [-'lɒtəmɪ; *Am.* -'lɑ-] *s med.* Mandelschlitzung *f,* Tonsilloto'mie *f.*
ton·so·ri·al [tɒn'sɔːrɪəl; *Am.* tɑn-; *a.* -'sou-] *adj meist humor.* Barbier...: **~ artist** ‚Figaro' *m.*
ton·sure ['tɒnʃə; *Am.* 'tɑntʃər] *relig.* **I** *s* **1.** Tonsu'rierung *f.* **2.** Ton'sur *f.* **II** *v/t* **3.** tonsu'rieren, die Ton'sur schneiden bei.
ton·tine [tɒn'tiːn; *Am.* 'tɑnˌtiːn] *s hist.* **1.** Ton'tine *f (Lebensrentengemeinschaft).* **2.** Ton'tine *f,* Erbklassenrente *f.* **3.** Anteil *m* an der Ton'tine.
'ton-up *Br. sl.* **I** *adj:* **~ motorbike** ‚Maschine', die 100 Meilen schafft; **~ motorcyclist →** II. **II** *s* ‚Motorradrennsau' *f.*
to·nus ['təʊnəs] *s med.* **1. →** tonicity 1. **2.** Starrkrampf *m.*
to·ny ['təʊnɪ] *adj Am. colloq.* **1.** schick, ele'gant. **2.** (stink)vornehm, feu'dal, Nobel...: **~ restaurant.**
too [tuː] *adv* **1.** *(vorangestellt)* zu, allzu: **all ~ familiar** allzu vertraut; **~ fond of comfort** zu sehr auf Bequemlichkeit bedacht; **~ high for you to reach** zu hoch, als daß du es erreichen könntest; **~ good to be true** zu schön, um wahr zu sein; **~ large for my taste** für m-n Geschmack zu groß; **~ much (of a good thing)** zuviel (des Guten); **far ~ many** viel zu viele; **don't be ~ sure!** sei nicht so sicher! **2.** *colloq.* sehr, über'aus, höchst, äußerst: **it is ~ kind of you; I am only ~ glad to help you** es ist mir ein (reines) Vergnügen, Ihnen zu helfen; **it's not ~ easy** es ist gar nicht so leicht. **3.** *(nachgestellt)* auch, ebenfalls. **4.** *Am. colloq. (zur Verstärkung beim imp)* **you will ~ do that!** und ob du das tun wirst!
took [tʊk] *pret von* take.
tool [tuːl] **I** *s* **1.** Werkzeug *n,* Gerät *n,* Instruˌment *n:* **~s** *collect.* Handwerkszeug; **burglar's ~s** Einbruchswerkzeug; **gardener's ~s** Gartengerät. **2.** *tech.* (Bohr-, Schneide- *etc)*Werkzeug *n (e-r Maschine), a.* Arbeits-, Drehstahl *m:* **cutting ~. 3.** *tech.* a) 'Werkzeugmaˌschine *f,* b) Drehbank *f.* **4.** a) 'Stempelfiˌgur *f (der Punzarbeit auf e-m Bucheinband),* b) (Präge)Stempel *m.* **5.** *fig.* a) Handwerkszeug *n,* (Hilfs)Mittel *n (Bücher etc),* b) Rüstzeug *n (Fachwissen etc).* **6.** *fig. contp.* Werkzeug *n,* Hand-

langer *m,* Krea'tur *f (e-s anderen).* **7.** *Br. sl.* ‚Ka'none' *f (Revolver).* **8.** *vulg.* ‚Schwanz' *m (Penis).* **II** *v/t* **9.** *tech.* bearbeiten. **10.** *meist* **~ up** e-e Fabrik (maschiˌnell) ausstatten, -rüsten: **to ~ up a factory. 11.** e-n Bucheinband punzen, mit Stempel verzieren. **12.** *sl.* ‚kut'schieren' *(fahren).* **III** *v/i* **13.** *oft* **~ up** die nötigen Ma'schinen aufstellen *(in e-r Fabrik),* sich (maschiˌnell) ausrüsten **(for** für). **14.** *a.* **~ along** *sl.* ‚herˌumgondeln', ˌ(-)kutˌschieren'.
toolˌbag *s* Werkzeugtasche *f.* **~ˌbit** *s tech.* Werkzeugspitze *f,* Drehmeißel *m.* **'~ˌbox** *s* Werkzeugkasten *m.* **~ˌcar·ri·er** *s tech.* Werkzeughalter *m,* -schlitten *m.* **~ en·gi·neer** *s tech.* Arbeitsvorbereiter *m.* **~ en·gi·neer·ing** *s tech.* Arbeitsvorbereitung *f.* **'~ˌhold·er** *s tech.* Stahl-, Werkzeughalter *m.* **~ house** *s* Geräteschuppen *m.*
tool·ing ['tuːlɪŋ] *s* **1.** *tech.* Bearbeitung *f.* **2.** *tech.* Einrichten *n (e-r Werkzeugmaschine).* **3.** maschiˌnelle Ausrüstung. **4.** *a.* **~ costs** Werkzeugkosten *pl.* **5.** Buchbinderei *f:* Punzarbeit *f,* Prägedruck *m.*
toolˌkit *s* **1.** Werkzeug *n.* **2.** Werkzeugtasche *f.* **'~ˌmak·er** *s tech.* Werkzeugmacher *m.* **~ post** *s tech.* Schneidstahlhalter *m.* **~ shed** *s* Geräteschuppen *m.* **~ steel** *s tech.* Werkzeugstahl *m.* **~ sub·ject** *s univ. Am. (zur Beherrschung des Hauptfachs)* notwendiges Beifach.
toot¹ [tuːt] **I** *v/i* **1.** tuten, blasen. **2.** hupen *(Auto).* **3.** *Am. sl.* ‚(her'um)gondeln'. **4.** *Am. sl.* Behauptungen aufstellen, ‚tönen'. **II** *v/t* **5.** etwas, ein Instrument blasen. **6.** *Am. colloq.* etwas 'auspoˌsaunen. **III** *s* **7.** Tuten *n,* Blasen *n.* **8.** *Am. colloq.* ‚Sauftour' *f:* **to go on a ~** e-e Sauftour machen. **9.** *Am. colloq.* e-e Saufˌtour *f.*
toot² [tuːt] *Am. sl.* **I** *s* **1.** ‚Koks' *m (Kokain).* **2.** Prise *f* ‚(,Koks'). **II** *v/i* **3.** (‚Koks') schnupfen.
'toot·er *s* **1.** Blashorn *n.* **2.** (Auto)Hupe *f.*
tooth [tuːθ] **I** *pl* **teeth** [tiːθ] *s* **1.** *anat. zo.* Zahn *m:* **the ~ of time** *fig.* der Zahn der Zeit; **the teeth of the wind** der schneidende Wind; **long in the ~** a) alt, b) alternd; **to cast** *(od.* **fling) s.th. in s.o.'s teeth** j-m etwas ins Gesicht schleudern; **to draw the teeth of** a) j-n beruhigen, b) j-n ungefährlich machen, c) e-r Sache die Spitze nehmen, etwas entschärfen; **to fight s.th. ~ and nail** etwas verbissen *od.* erbittert *od.* bis aufs Messer bekämpfen; **to get one's teeth into** *fig.* sich an e-e Sache ranmachen; **to show one's teeth (to)** a) die Zähne fletschen (gegen), b) *fig.* die Zähne zeigen *(dat);* **armed to the teeth** bis an die Zähne bewaffnet; **in the teeth of** a) gegen Widerstand *etc,* b) trotz *od.* ungeachtet der Gefahren *etc;* **→ clench 1, cut 39, edge 1, lie¹ 2, skin 1, sweet tooth. 2.** Zahn *m (e-s Kammes, Rechens, e-r Säge, e-s Zahnrads etc).* **3.** (Gabel)Zinke *f.* **4.** *bot.* Zähnchen *n.* **5.** *pl fig.* Schärfe *f:* **to put teeth into** (den nötigen) Nachdruck verleihen *(dat);* **legislation with teeth** scharfe Gesetzgebung; **to have lost its teeth** nicht mehr ‚greifen' *od.* ‚ziehen'. **II** *v/t* **6.** ein Rad *etc* bezahnen, mit Zähnen versehen. **7.** ein Brett *etc* verzahnen. **8.** anrauhen: **to ~ the surface. 9.** kauen, beißen. **III** *v/i* **10.** ineinˌandergreifen *(Zähner).* **'~ˌache** *s med.* Zahnweh *n,* -schmerzen *pl.* **'~ˌbrush** *s* Zahnbürste *f.* **'~ˌcomb** *s Br.* Staubkamm *m.* **~ de·cay** *s med.* Karies *f.*
toothed [tuːθt; tuːðd] *adj* **1.** mit Zähnen (versehen), Zahn..., gezahnt. **2.** *bot.* gezähnt, gezackt *(Blattrand).* **3.** *tech.* verzahnt. **4.** *fig.* scharf, schneidend: **a ~ wind. ~ gear·ing →** toothed-wheel gearing. **~ seg·ment** *s tech.* Zahnseg-

ˌment *n.* **~ wheel** *s tech.* Zahnrad *n.* **'~-wheel gear·ing** *s tech.* Zahnradgetriebe *m.*
tooth·ing ['tuːθɪŋ; -ðɪŋ] *s* **1.** *tech.* a) (Ver)Zahnen *n,* b) Rauhen *n (e-r Oberfläche),* c) Auszacken *n (e-s Blattrandes etc).* **2.** Verzahnung *f.*
tooth·less ['tuːθlɪs] *adj* zahnlos.
'toothˌpaste *s* Zahnpasta *f,* -creme *f.* **'~ˌpick** *s* **1.** a) Zahnstocher *m,* b) *a.* **~ holder** Zahnstocherbehälter *m.* **2.** *pl* Splitter *pl:* **to smash into ~s** zerschmettern. **3.** *Am. sl.* Bewohner(in) von Ar'kansas. **~ pow·der** *s* Zahnpulver *n.* **~ sock·et** *s anat.* Zahnfach *n.*
tooth·some ['tuːθsəm] *adj (adv* **~ly)** lecker *(a. fig.).*
tooth·y ['tuːθɪ] *adj* **1. →** toothsome. **2.** he gave me a ~ grin er grinste mich an u. entblößte dabei sein Pferdegebiß.
too·tle ['tuːtl] **I** *v/i* **1.** tuten *(Hupe etc),* dudeln *(Instrument etc).* **2.** *Am. colloq.* quatschen. **3.** *colloq.* ‚(her'um)gondeln'. **4.** *colloq.* ‚(daˌhin)zotteln': **to ~ off** *(od.* **along)** ‚sich trollen', abhauen. **II** *v/t* **5.** dudeln. **III** *s* **6.** Tuten *n,* Dudeln *n.* **7.** *Am. colloq.* Gewäsch *n.*
'too-too *colloq.* **I** *adj* über'spannt. **II** *adv* über'trieben, gar zu.
toots [tʊts] *s bes. Am. colloq.* ‚Kleine' *f,* ‚Schätzchen' *n (meist als Anrede).*
toot·sie ['tʊtsɪ] *s* **1.** *bes. Am. colloq.* **→** toots. **2.** *Am. colloq.* Partygirl *n,* -mädchen *n.* **3. →** tootsy.
toot·sy ['tʊtsɪ], *a.* ˌtoot·sy-'woot·sy [-'wʊtsɪ] *s (Kindersprache)* Füßchen *n.*
top¹ [tɒp; *Am.* tɑp] **I** *s* **1.** ober(st)es Ende, Oberteil *n,* höchster Punkt, *bes.* a) Spitze *f,* Gipfel *m (e-s Berges),* b) Kuppe *f (e-s Hügels),* c) Krone *f,* Wipfel *m (e-s Baumes),* d) Dach(spitze) *f) n,* (Haus)Giebel *m,* e) Kopf(ende *n) m (des Tisches, e-r Buchseite etc),* f) (Deich-, Mauer)Krone *f,* g) Oberfläche *f (des Wassers etc):* **the ~ of the world** das Dach der Welt; **at the ~** obenan; **at the ~ of** oben an der Straße; **at the ~ of the street** oben in der Straße; **at the ~ of page 10, page 10 at the ~** (auf) Seite 10 oben; **off the ~ of one's head** auf Anhieb, so ohne weiteres; **on ~** oben *(auf a. fig.);* **on (the) ~ of** a) oben auf *(dat),* über *(dat),* b) *colloq.* direkt vor *(dat);* **on ~ of each other** *unit od.* übereinander; **on (the) ~ of it** obendrein; **to get on ~ of s.th.** *fig.* e-r Sache Herr werden; **to go over the ~** a) *mil.* zum Sturmangriff *(aus dem Schützengraben)* antreten, b) *fig.* es wagen. **2.** *fig.* Spitze *f,* erste *od.* höchste *od.* oberste Stelle, 'Spitzenpositiˌon *f:* **the ~ of the class** der Primus der Klasse; **at the ~ of the tree** *(od.* **ladder)** a) in höchster Stellung, an oberster Stelle, b) auf dem Gipfel des Erfolgs; **to come out on ~** als Sieger *od.* Bester hervorgehen; **to come to the ~** an die Spitze kommen, sich durchsetzen; **to be on ~ (of the world)** obenauf sein; **to be on ~ of s.th.** e-r Sache gewachsen sein. **3.** a) höchster Grad, b) höchster Punkt, Höchststand *m:* **at the ~ of one's speed** mit höchster Geschwindigkeit; **at the ~ of one's voice** aus vollem Halse; **the ~ of the tide** der Höchststand der Flut. **4.** *fig.* Gipfel *m, (das)* Äußerste *od.* Höchste: **the ~ of his ambition** sein höchster Ehrgeiz; **the ~ of all creation** die Krone der Schöpfung. **5.** *colloq.* a) Auslese *f,* ‚Creme' *f (der Gesellschaft),* b) *pl* (die) ‚großen Tiere' *pl.* **6.** Kopf *m,* Scheitel *m:* **from ~ to bottom** vom Scheitel bis zur Sohle; **from ~ to toe** von Kopf bis Fuß; **→ blow 29 b. 7.** (Schachtel-, Topf- *etc)* Deckel *m.* **8.** *mot. etc* Verdeck *n.* **9.** (Bett)Himmel *m.* **10.** (Möbel)Aufsatz *m.* **11.** Oberteil *n (des Pyjamas, Bade-*

anzugs etc). **12.** a) (Schuh)Oberleder *n*, b) Stulpe *f*(*an Stiefeln, Handschuhen etc*). **13.** *mar.* Mars *m, f.* **14.** *bot.* a) oberer Teil (*e-r Pflanze; Ggs. Wurzel*), b) (Rüben- *etc*)Kraut *n*: turnip ~(s). **15.** *chem.* 'Spitzenfraktion *f.* **16.** *Golf:* a) Schlag *m* oberhalb des Ballzentrums, b) Kreiselbewegung *f* des (Golf)Balles bei zu hohem Schlagen. **17.** Blume *f* (*des Bieres*). **18.** *mot.* → topgear. **19.** *mil. sl.* → top sergeant.
II *adj* **20.** oberst(er, e, es): ~ line Kopf-, Titelzeile *f;* the ~ rung *fig.* die höchste Stellung, die oberste Stelle. **21.** höchst(er, e, es): at ~ speed mit Höchstgeschwindigkeit; ~ earner Spitzenverdiener *m;* ~ efficiency *tech.* Spitzenleistung *f;* ~ prices Höchst-, Spitzenpreise; ~ quality Spitzenqualität *f.* **22.** (*der, die, das*) erste: the ~ place; to win the ~ hono(u)rs in a competition den ersten Preis in e-m Wettbewerb gewinnen. **23.** Haupt...: ~ colo(u)r. **24.** *colloq.* erstklassig, best(er, e, es): ~ ale; to be in ~ form (*od.* shape) in Höchstform sein.
III *v/t* **25.** (oben) bedecken, krönen. **26.** über'ragen. **27.** mit e-r Spitze, e-m Oberteil, e-m Deckel *etc* versehen. **28.** an der Spitze *der Klasse, e-r Liste etc* stehen. **29.** die Spitze *od.* den Gipfel (*gen*) erreichen: to ~ a hill. **30.** (*zahlenmäßig etc*) über'steigen: to ~ one million die Millionengrenze übersteigen. **31.** *j-n* an Größe *od.* Gewicht über'treffen: he ~s me by 2 inches er ist (um) 2 Zoll größer als ich; he ~s 5 feet er ist etwas über 5 Fuß groß. **32.** über'ragen, -'treffen, schlagen: that ~s everything; to be ~ped den kürzeren ziehen. **33.** *Pflanzen* beschneiden, stutzen, köpfen, kappen. **34.** ein Hindernis nehmen: the horse ~ped the fence. **35.** *chem.* die flüchtigen Bestandteile her'ausdestillieren. **36.** *Golf:* den Ball oben schlagen. **37.** *agr.* (kopf)düngen. **38.** *agr. zo.* Tiere hochzüchten. **39.** *e-e Farbe* über'färben, -'decken (with mit). **40.** *sl. j-n* ,aufknüpfen' (*hängen*). **41.** *sl. j-m* ,eins über den Schädel hauen'.

Verbindungen mit Adverbien:
top| off *v/t* etwas abschließen, krönen (with mit). ~ out **I** *v/t* das Richtfest (*gen*) feiern. **II** *v/i* Richtfest feiern. ~ up *v/t Glas, Tank, Öl etc* auf-, nachfüllen: to top s.o. up j-m nachschenken.

top² [top; *Am.* tɑp] *s* Kreisel *m* (*Spielzeug*): ~ sleep **1**.

to·paz ['təʊpæz] *s* **1.** *min.* To'pas *m.* **2.** To'pas-, Goldfarbe *f.* **3.** *orn.* To'paskolibri *m*.

to·paz·o·lite [təʊ'pæzəlaɪt; *Am.* -'peɪ-] *s min.* Topazo'lith *m*.

top| board *s Schach:* Spitzenbrett *n* (*bei Mannschaftswettkämpfen*). ~ boot *s* (kniehoher) Stiefel, Langschäfter *m.* '~ -cast *v/t irr metall.* fallend gießen. ~ cen·ter (*bes. Br.* cen·tre) *s tech.* oberer Totpunkt (*bei Motoren etc*). '~ coat *s* 'Überzieher *m,* Mantel *m.* ~ cross *s zo.* Kreuzung *f* zwischen hochwertigen (*männlichen*) u. weniger wertvollen Tieren. ~ dog *s colloq.* **1.** (*der*) Herr *od.* Über'legene. **2.** (*der*) Chef *od.* Oberste. ~ draw·er *s* **1.** oberste Schublade. **2.** *colloq.* (die) oberen 'Zehn'tausend: he does not come from (*od.* out of) the ~ er kommt nicht aus den feinen Kreisen. '~ draw·er *adj colloq.* **1.** (stink)vornehm, aus bester Fa'milie (stammend). **2.** höchst(er, e, es), best(er, e, es). '~ -dress *v/t* **1.** *e-e Straße* beschottern. **2.** *agr.* kopfdüngen. '~ -'dress·ing *s* **1.** *tech.* Oberflächenbeschotterung *f.* **2.** *agr.* a) Kopfdüngung *f,* b) Kopfdünger *m*.

tope¹ [təʊp] *v/t u. v/i* ,saufen'.

tope² [təʊp] *s ichth.* Glatthai *m*.

tope³ [təʊp] *s arch.* Tope *f* (*indische Pagode*).

to·pee ['təʊpɪ; *Am. a.* təʊ'piː] *s Br. Ind.* Tropenhelm *m*.

to·pek ['təʊpek] → tupek.

'**top·er** *s* Säufer *m*.

top| fer·men·ta·tion *s* Obergärung *f.* '~-flight *adj colloq.* **1.** höchst(er, e, es), oberst(er, e, es). **2.** erstklassig, ,prima'. '~-flight·er → topnotcher. ~gal·lant [ˌtɒp'gælənt; *Am.* ˌtɑp-; *mar.* təˈgæl-] **I** *s* **1.** *mar.* Bramsegel *n.* **2.** überragender Teil. **3.** *fig.* Gipfel *m.* **II** *adj* **4.** *mar.* Bram...: ~ sail; ~ forecastle feste Back. **5.** *fig.* über'ragend. ~ gear *s mot.* höchster Gang. '~-graft *v/t agr.* pfropfen (*in der Krone*). ~ hat *s* Zy'linder(hut) *m.* '~-'heav·y *adj* **1.** oberlastig (*Gefäß etc*): she's quite ~ *colloq.* ,die hat ganz schön viel Holz vor der Hütte'. **2.** *mar.* topplastig. **3.** *aer.* kopflastig. **4.** *econ. a)* 'überbewertet (*Wertpapiere*), *b)* 'überkapitalisiert (*Unternehmen*). **5.** mit zu viel Ver'waltungsperso,nal an der Spitze (*Organisation etc*).

To·phet(h) ['təʊfet; *Am.* -fət] *s* **1.** *Bibl.* Tophet *n.* **2.** Hölle *f* (*a. fig.*).

to·phi ['təʊfaɪ] *pl von* tophus.

'**top·'hole** *adj bes. Br. colloq.* erstklassig, ,ganz groß'.

to·phus ['təʊfəs] *pl* '**to·phi** [-faɪ] *s med.* **1.** Gichtknoten *m.* **2.** Zahnstein *m*.

to·pi¹ ['təʊpɪ] *s zo.* 'Topi-Anti,lope *f*.

to·pi² → topee.

to·pi·ar·y ['təʊpjərɪ; *Am.* -pɪˌerɪ] **I** *s* **1.** Kunst *f* des Bäumeschneidens. **2.** *bot.* a) Formbaum *m,* -strauch *m,* b) *collect.* Formbäume *pl.* **3.** Ziergarten *m* mit kunstvoll beschnittenem Baum- u. Buschwerk. **II** *adj* **4.** Formbaum..., Formstrauch...: ~ garden → **3**; ~ work kunstvoll beschnittenes Baumwerk.

top·ic ['tɒpɪk; *Am.* 'tɑ-] *s* **1.** Thema *n,* Gegenstand *m:* ~ of conversation Gesprächsthema; ~ for discussion Diskussionsthema. **2.** *pl philos.* Topik *f.*
'**top·i·cal** *adj* (*adv* ~ly) **1.** topisch, örtlich, lo'kal (*alle a. med.*): ~ remedy; ~ colo(u)rs topische Farben. **2.** a) aktu'ell: ~ song Lied *n* mit aktuellen Anspielungen, b) zeitkritisch. **3.** the'matisch. ˌtop·i'cal·i·ty [-'kælətɪ] *s* Aktuali'tät *f,* aktu'elle *od.* lo'kale Bedeutung.

top| kick *s mil. Am. sl.* → top sergeant. '~-knot *s* **1.** Haarknoten *m,* Dutt *m.* **2.** *orn.* (Feder)Haube *f,* Schopf *m*. '**top·less I** *adj* **1.** ohne Kopf. **2.** *obs.* unermeßlich hoch. **3.** Oben-ohne-...: ~ dress → **4** a; ~ night club → **4** b; ~ waitress → **4** c. **II** *s* **4.** a) Oben-ohne-Kleid *n,* b) 'Oben-'ohne-'Nachtloˌkal *n,* c) Oben-ohne-Bedienung *f.* ˌtop|-'lev·el *adj* auf höchster Ebene, Spitzen...: ~ talks. ~ light *s* **1.** *mar.* 'Toppla,terne *f.* **2.** *tech.* Oberlicht *n.* ~-'line *adj* **1.** promi'nent: ~ actor. **2.** wichtig(er, e, es): ~ news. ~ 'lin·er *s bes. Br.* Promi'nente(r *m*) *f.* '~-,loft·y *adj colloq.* hochnäsig. '~-,mast [-mɑːst; *Am.* -ˌmæst; *mar.* -məst] *s mar.* (Mars-) Stenge *f*.

'**top·most** *adj* oberst(er, e, es), höchst(er, e, es).

ˌtop|-'notch *adj colloq.* ,prima', erstklassig. ˌ~'notch·er *s colloq.* ,Ka'none' *f* (*Könner*).

to·pog·ra·pher [tə'pɒgrəfə(r); *Am.* -'pɑ-] *s geogr.* Topo'graph *m.* **top·o·graph·ic** [ˌtɒpəˈɡræfɪk; *Am.* ˌtɑ-; ˌtəʊ-] *adj;* ˌtop·o'graph·i·cal *adj* (*adv* ~ly) topo'graphisch. **to·pog·ra·phy** [tə'pɒgrəfɪ; *Am.* -'pɑ-] *s* **1.** *geogr.* Topogra'phie *f* (*a. med.*). **2.** topo'graphische Beschaffenheit (*e-s Ortes etc*). **3.** *mil.* Geländekunde *f*.

top·oi ['tɒpɔɪ; *Am.* 'təʊpˌɔɪ; 'tɑp-] *pl von* topos.

top·o·log·i·cal [ˌtɒpə'lɒdʒɪkl; *Am.* ˌtɑpə-; ˌtəʊ-] *adj* (*adv* ~ly) *math.* topo'logisch: ~ly equivalent topologisch äquivalent; ~ group topologische Gruppe; ~ space topologischer Raum. **to·pol·o·gy** [tə'pɒlədʒɪ; *Am.* -'pɑ-; təʊ-] *s* **1.** Topolo'gie *f:* a) Ortskunde *f,* b) *math.* Geome'trie *f* der Lage. **2.** *med.* topo'graphische Anato'mie.

to·pon·y·my [tə'pɒnɪmɪ; tə-; *Am.* tə'pɑ-; təʊ-] *s* **1.** Ortsnamen *pl* (*e-s bestimmten Distriktes*). **2.** Ortsnamenkunde *f.* **3.** *med.* Nomenkla'tur *f* für die Körpergegenden.

top·os ['tɒpɒs; *Am.* 'təʊpˌɑs; 'tɑp-] *pl* -**oi** [-ɔɪ] *s ling.* Topos *m,* festes Kli'schee.

'**top·per** *s* **1.** *colloq.* a) ,tolles Ding', b) ,Pfundskerl' *m.* **2.** *colloq.* ,Angströhre' *f* (*Zylinder*). **3.** *sl.* (obenauf liegendes) Schaustück (*bei Obst etc*). **4.** *Am.* Paletot *m* (*Damenmantel*).

'**top·ping I** *s* **1.** *gastr.* Gar'nierung *f,* Auflage *f* (*a. tech.*). **2.** ~ up Auffüllen *n.* **II** *adj* (*adv* ~ly) **3.** höchst(er, e, es), oberst(er, e, es). **4.** *bes. Br. colloq.* ,prima', ,super', erstklassig. **5.** *Am.* anmaßend, arro'gant. ~-'out (cer·e·mo·ny) *s* Richtfest *n*.

top·ple ['tɒpl; *Am.* 'tɑpəl] **I** *v/i* **1.** wackeln. **2.** stürzen, kippen, purzeln: to ~ down (*od.* over) umkippen, niederstürzen, hinpurzeln. **II** *v/t* **3.** ins Wanken bringen. **4.** ('um)stürzen: to ~ s.th. over etwas umstürzen *od.* umkippen. **5.** *fig.* Regierung etc stürzen.

'**top·pour** *v/t tech.* fallend (ver)gießen.

tops [tɒps; *Am.* tɑps] *adj colloq.* ,prima', ,super', erstklassig.

'**top|·sail** ['tɒpsl; *Am.* 'tɑpˌseɪl; -səl] *s mar.* Mars-, Topsegel *n.* ~ saw·yer *s Br. colloq.* ,hohes Tier'. ~-'se·cret *adj* streng geheim. ~ ser·geant *s mil. Am. colloq.* Hauptfeldwebel *m,* ,Spieß' *m.* '~-side **I** *s* **1.** *gastr. Br.* Oberschale *f* (*des Rinderbratens*). **2.** oberste Seite. **3.** *meist pl* obere Seitenteile *pl* (*e-s Schiffes*). **II** *adv* **4.** *colloq.* auf Deck. **5.** *fig.* oben'auf. '~-soil *s agr.* Boden-, Ackerkrume *f,* Mutterboden *m.* '~-spin *s Tischtennis etc:* Topspin *m*.

top·sy-tur·vy [ˌtɒpsɪ'tɜːvɪ; *Am.* ˌtɑpsɪ-'tɜːrvɪ] **I** *adv* **1.** das Oberste zu'unterst, auf den Kopf: to turn everything ~ alles auf den Kopf stellen. **2.** kopf'über kopf-'unter: to fall ~. **3.** drunter u. drüber, verkehrt. **II** *adj* **4.** auf den Kopf gestellt, in wildem Durchein'ander, cha'otisch. **III** *s* **5.** (wildes *od.* heilloses) Durcheinander, Kuddelmuddel *m, n,* Chaos *n.* **IV** *v/t* **6.** auf den Kopf stellen, völlig durcheinanderbringen. ~'tur·vy·dom → topsy-turvy **5**.

'**top-up** *s:* to give s.o. a ~ j-m nachschenken.

toque [təʊk] *s* **1.** *hist.* Ba'rett *n.* **2.** *bes. hist.* Toque *f* (*randloser Damenhut*). **3.** *zo.* Hutaffe *m*.

tor [tɔː] *s Br.* Felsturm *m*.

to·ra(h) ['tɔːrə; *Am. a.* 'təʊrə] *s* **1.** T- Gesetz *n* Mosis, Penta'teuch *m.* **2.** Tho'ra *f*.

torc → torque.

torch [tɔː(r)tʃ] **I** *s* **1.** Fackel *f* (*a. fig. des Wissens etc*): to carry a ~ for *fig. Am.* ein Mädchen (von ferne) verehren. **2.** a. electric ~ *bes. Br.* Taschenlampe *f.* **3.** *tech.* a) Schweißbrenner *m,* b) Lötlampe *f,* c) Brenner *m.* **4.** *Am.* a) Brandstifter *m,* b) Pyro'mane *m.* **II** *v/t* **5.** mit Fackeln erleuchten. '~-,bear·er *s* Fackelträger *m* (*a. fig.*). ~ lamp *s tech.* Lötlampe *f.* '~-light *s* Fackelschein *m:* ~ procession (*od.* parade) Fackelzug *m;* by ~ bei Fackelschein.

tor·chon ['tɔːʃɒn; *Am.* 'tɔːrˌʃɑːn], *a.* ~ **lace**

torchon paper – total

s Tor'chonspitze *f*. **~ pa·per** *s* Tor'chon-
büttenpa‚pier *n.*
torch|pine *s bot.* (Amer.) Pechkiefer *f*. **~
sing·er** *s* Schnulzensänger(in). **~ song** *s*
sentimen'tales Liebeslied.
tore [tɔ:(r)] *pret von* tear².
tor·e·a·dor ['tɒrɪədɔ:(r)]; *Am. a.* 'tǝʊ-;
'ta-] *s* Torea'dor *m*, berittener Stier-
kämpfer.
to·re·ro [tɒ'reǝrǝʊ; *Am.* tǝ-] *pl* **-ros**
(Span.) *s* To'rero *m*, Stierkämpfer *m.*
to·reu·tic [tɒ'ru:tɪk] **I** *adj* bos'siert, ge-
hämmert, zise'liert. **II** *s pl* (*a. als sg kon-
struiert*) To'reutik *f*, Me'tallbildne‚rei *f.*
to·ri ['tɔ:raɪ; *Am. a.* 'tǝʊ-] *pl von* torus.
tor·ment I *v/t* [tɔ:(r)'ment] **1.** *bes. fig.*
quälen, peinigen, plagen, foltern (**with
mit**): **~ed with** (*od.* **by**) gequält *od.* ge-
plagt von *Zweifeln etc.* **2.** *Wassermassen
etc* aufwühlen. **3.** *e-n Text* entstellen. **II** *s*
['tɔ:(r)ment] **4.** Pein *f*, Qual *f*, Marter *f*:
to be in ~, **to suffer ~(s)** Qualen aus-
stehen. **5.** Plage *f*. **6.** Quälgeist *m.*
tor·men·til ['tɔ:(r)mǝntɪl] *s bot.* Tor-
men'till *m*, Blutwurz *f.*
tor·men·tor [tɔ:(r)'mentǝ(r)] *s* **1.** Pei-
niger *m.* **2.** Quälgeist *m.* **3.** *mar.* lange
Fleischgabel. **4.** *Film:* 'schallabsor‚bie-
rende Wand. **5.** *thea.* vordere Ku'lisse.
tor'men·tress [-trɪs] *s* Peinigerin *f.*
torn [tɔ:(r)n] *pp von* tear².
tor·nad·ic [tɔ:(r)'nædɪk; *Am. a.* -'neɪ-]
adj wirbelsturmartig, Tornado-.
tor·na·do [tɔ:(r)'neɪdǝʊ] *pl* **-does, -dos**
s **1.** Tor'nado *m*: a) *Wirbelsturm in den
USA*, b) *tropisches Wärmegewitter.* **2.** *fig.*
Wirbelwind *m* (*Person*): **he was a real ~**
er war nicht mehr zu halten *od.* bremsen.
3. *fig.* a) **~ of work** Arbeitswut *f*, b) **~ of
applause** orkanartiger Applaus; **~ of
protest** Proteststurm *m*; **~ of words**
Wortschwall *m.*
to·roid ['tɔ:rɔɪd; *Am. a.* 'tǝʊ-] *s* Toro'id
m: a) *math.* Ring *m*, b) *electr.* Ring-
kernspule *f.*
to·rose ['tɔ:rǝʊs; *Am. a.* 'tǝʊ-] *adj bes. bot.*
wulstig.
tor·pe·do [tɔ:(r)'pi:dǝʊ] **I** *pl* **-does** *s*
1. *mil.* a) *mar.* Tor'pedo *m*, b) *a.* **aerial ~**
aer. 'Lufttor‚pedo *m*, c) *mar.* (See)Mine *f*,
d) (Spreng)Mine *f*. **2.** *a.* **toy ~** *Am.* Knall-
erbse *f*. **3.** Ölgewinnung: 'Sprengpa‚trone
f. **4.** *ichth.* Zitterrochen *m.* **5.** *Am. sl.*
(professio'neller) ‚Killer'. **II** *v/t* **6.** *mar.*
torpe'dieren (*a. fig.* zunichte machen).
7. sprengen. **~ boat** *s mar.* Tor'pedoboot
n: **~ destroyer** (Torpedoboot)Zerstörer
m. **~ bomb·er** *s aer.* Tor'pedoflugzeug
n. **~ net, ~ net·ting** *s mar. mil.* Tor'pe-
donetz *n.* **~ plane** *s* Tor'pedoflugzeug *n.*
~ tube *s* Tor'pedorohr *n.*
tor·pid ['tɔ:(r)pɪd] *adj* (*adv* **~ly**) **1.** träge,
schlaff, *med. a.* tor'pid. **2.** a'pathisch,
stumpf. **3.** starr, erstarrt, betäubt. **tor-
'pid·i·ty** [-'pɪdǝtɪ], *a.* **'tor·pid·ness,
'tor·por** [-pǝ(r)] *s* **1.** Träg-, Schlaffheit *f*,
med. a. Torpor *m*, Torpidi'tät *f.* **2.** Apa-
'thie *f*, Stumpfheit *f.* **3.** Erstarrung *f*,
Betäubung *f.* ‚**tor·por'if·ic** [-pǝ'rɪfɪk]
adj betäubend, lähmend.
torque [tɔ:(r)k] *s* **1.** *phys. tech.* 'Drehmo‚-
ment *n.* **2.** *hist.* Torques *m*, (Bronze-
etc)Halsring *m.* **~ am·pli·fi·er** *s electr.*
'Drehmo‚mentverstärker *m.* **~ arm** *s
mot.* Schubstange *f* (*an der Hinterachse*). **~
con·vert·er** *s tech.* 'Drehmo‚ment-
wandler *m.* **~ shaft** *s tech.* Dreh-, Tor-
si'onsstab *m.* **~ tube** *s mot.* Hohlwelle *f.*
tor·re·fac·tion [‚tɒrɪ'fækʃn; *Am. a.* ‚tɔ:-]
s chem. tech. Rösten *n*, Darren *n.* **'tor-
re·fy** [-faɪ] *v/t* rösten, darren.
tor·rent ['tɒrǝnt; *Am. a.* 'tɔ:-] *s* **1.** reißen-
der Strom, *bes.* Wild-, Sturzbach *m.*
2. (Lava)Strom *m.* **3. ~s of rain** sintflut-
artige Regenfälle; **the rain fell in ~s** es

goß in Strömen. **4.** *geol.* a) Torrent *m*
(*Flußoberlauf*), b) Tor'rente *m* (*nur nach
Regenfällen Wasser führender Bachlauf*).
5. *fig.* Strom *m*, Schwall *m*, Sturzbach *m*
(*von Fragen etc*). **tor·ren·tial** [tǝ'renʃl;
Am. tɔ:'renʃǝl; tǝ-] *adj* **1.** sturzbachartig,
reißend, wild: **~ rain(s)** sintflutartige
Regenfälle. **2.** *fig.* wortreich. **3.** *fig.*
ungestüm, wild.
tor·rid ['tɒrɪd; *Am. a.* 'tɑ-] *adj* (*adv* **~ly**)
1. ausgedörrt, verbrannt: **a ~ plain.**
2. sengend, brennend (heiß) (*a. fig.*): **~
zone** *geogr.* heiße Zone; **~ passion** *fig.*
glühende Leidenschaft. **tor'rid·i·ty**
[-'rɪdǝtɪ], **'tor·rid·ness** *s* **1.** sengende
Hitze. **2.** Dürre *f.*
Tor·ri·do·ni·an [‚tɒrɪ'dǝʊnɪǝn] *adj*: **~
sandstone** *geol.* Torri'donsandstein *m.*
tor·sel ['tɔ:(r)sl] *s* **1.** *arch.* 'Unterlage
f. **2.** gewundenes Orna'ment.
tor·si ['tɔ:(r)sɪ] *pl von* torso.
tor·sion ['tɔ:(r)ʃn] *s* **1.** Drehung *f* (*a.
math.*). **2.** *phys. tech.* Verdrehung *f*, Tor-
si'on *f*: **~ balance** Drehwaage *f*; **~ bar**
mot. Drehstab *m*; **~ pendulum** Dreh-
pendel *n.* **3.** *med.* Abschnürung *f* (*e-r
Arterie*). **'tor·sion·al** [-ʃǝnl] *adj* Dreh-...,
(Ver)Drehungs-..., Torsions-...: **~ axis**
Drillachse *f*; **~ force** Dreh-, Torsions-
kraft *f*; **~ moment** *phys.* Dreh-, Tor-
sionsmoment *n.*
tor·sive ['tɔ:(r)sɪv] *adj bot.* spi'ral(en)för-
mig gewunden.
tor·so ['tɔ:(r)sǝʊ] *pl* **-sos, -si** [-sɪ] *s* Torso
m: a) Rumpf *m*, b) *fig.* Bruchstück *n*,
'unvoll‚endetes Werk.
tort [tɔ:(r)t] *s jur.* unerlaubte Handlung,
zi'vilrechtliches De'likt: **law of ~s** Scha-
den(s)ersatzrecht *n.* **'~-‚fea·sor** [-‚fi:-
zǝ(r)] *s jur.* rechtswidrig Handelnde(r
m) *f.*
tor·tel·li·ni [‚tɔ:(r)tǝ'li:nɪ] *s pl gastr.*
Tortel'lini *pl.*
tor·ti·col·lis [‚tɔ:(r)tɪ'kɒlɪs; *Am.* -'kɑ-] *s
med.* Torti'kollis *m*, Schiefhals *m.*
tor·tile ['tɔ:(r)taɪl; -tɪl] *adj* spi'ralig ge-
dreht.
tor·til·la [tɔ:'tiːlǝ; *Am.* tɔ:r'tiːjǝ] *s* Tor'tilla
f (*flacher Maiskuchen*).
tor·tious ['tɔ:(r)ʃǝs] *adj jur.* rechtswidrig:
~ act → tort.
tor·toise ['tɔ:(r)tǝs] **I** *s zo.* Schildkröte *f*:
a case of hare and ~ ein Fall, in dem
Beharrlichkeit das Können besiegt; (**as**)
slow as a ~ (langsam) wie e-e Schnecke.
II *adj* Schildpatt... **~-shell** ['tɔ:(r)tǝʃel]
I *s* **1.** Schildpatt *n.* **2.** *zo. Amer.* Fuchs
m (*Schmetterling*). **II** *adj* **3.** Schild-
patt...: **~ butterfly** → 2; **~ cat** *zo.* Schild-
pattkatze *f.*
tor·tu·os·i·ty [‚tɔ:(r)tjʊ'ɒsǝtɪ; *Am.* ‚tɔ:rtʃ-
ʊ'wɑsǝtɪ] *s* **1.** Krümmung *f*, Windung *f.*
2. Gewundenheit *f.* **tor·tu·ous** ['tɔ:-
tjʊǝs; *Am.* 'tɔ:rtʃǝwǝs] *adj* (*adv* **~ly**)
1. gewunden, gekrümmt. **2.** *fig.* 'um-
ständlich. **3.** → tortious.
tor·ture ['tɔ:(r)tʃǝ(r)] **I** *s* **1.** Folter(ung) *f*:
to put to the ~ foltern. **2.** Tor'tur *f*,
(Folter)Qual(en *pl*) *f*, Marter *f.* **3.** *fig.*
Entstellung *f*, Verdrehung *f*: **~ of a text.**
II *v/t* **4.** foltern. **5.** *fig.* peinigen, quälen,
martern. **6. to ~ a confession from** ein
Geständnis herauspressen aus. **7.** *e-n
Text* entstellen, verdrehen. **~ cham·ber**
s Folterkammer *f.*
'tor·tur·er *s* **1.** Folterknecht *m.* **2.** *fig.*
Peiniger *m.*
to·rus ['tɔ:rǝs; *Am. a.* 'tǝʊ-] *pl* **-ri** [-raɪ] *s*
Torus *m*: a) *arch. med.* Wulst *m*, b) *math.*
Ringfläche *f*, c) *bot.* Blütenboden *m*,
d) *bot.* Körbchenboden *m* (*bei Komposi-
ten*), e) *tech.* Treibrad *n.*
To·ry ['tɔ:rɪ; *Am. a.* 'tǝʊ-] **I** *s* **1.** *pol.* Br.
Tory *m*, Konserva'tive(r) *m.* **2.** *a.* **t~** *pol.
Br.* Reaktio'när *m*, 'Ultrakonserva‚ti-

ve(r) *m.* **3.** *hist. Br.* Tory *m* (*Anhänger der
konservativ-legitimistischen Partei, die
bes. für die Rechte Jakobs I. eintrat*).
4. *hist. Am.* Tory *m*, Loya'list *m* (*Anhän-
ger Englands während des amer. Unab-
hängigkeitskrieges*). **5.** *a.* **t~** *hist.* Tory *m*
(*royalistischer irischer Bandit*). **II** *adj*
6. *pol. Br.* Tory..., to'rystisch, konser-
va'tiv. **7.** *a.* **t~** *pol. Br.* reaktio'när, 'ultra-
konserva‚tiv. **'To·ry·ism** *s pol. Br.*
1. To'rysmus *m.* **2.** 'Ultrakonserva‚tis-
mus *m.*
tosh [tɒʃ; *Am.* tɑʃ] *s colloq.* ‚Quatsch' *m.*
toss [tɒs; *Am. a.* tɑs] **I** *s* **1.** (*a.* Hoch)Wer-
fen *n*, Wurf *m*: **a ~ of the head** ein Hoch-
od. Zurückwerfen des Kopfes. **2.** 'Hin- u.
'Hergeworfenwerden *n*, Schütteln *n.* **3.** a)
Hochwerfen *n* e-r Münze, b) → **toss-
-up** 2. **4.** Sturz *m* (*bes. vom Pferde*): **to
take a ~** stürzen, *bes.* abgeworfen wer-
den. **5.** *Am. sl.* ‚Filzen' *n* (*bes. nach
Rauschgift*). **II** *v/t pret u. pp* **tossed**,
obs. od. poet. **tost** [tɒst; *Am. a.* tɑst] **6.**
werfen, schleudern: **to ~ off** a) den Reiter
abwerfen (*Pferd*), b) hinunterstürzen; **to
~ off a drink, ~ off** e-e Arbeit ‚hinhauen',
etwas ‚aus dem Ärmel schütteln'; **to ~ on**
ein Kleidungsstück überwerfen. **7.** *a.* **~
about** schütteln, 'hin- u. 'herschütteln
od. -werfen. **8.** *a.* **~ up** *e-e Münze etc, a.
den Kopf* hochwerfen: **to ~ s.o. for s.th.**
mit j-m um etwas losen (*durch Münz-
wurf*). **9.** *meist* **~ up** hochschleudern, in
die Luft schleudern, (*in e-r Decke*) prel-
len. **10. ~ up** *ein Essen* rasch zubereiten.
11. *mar.* **die Riemen** pieken: **~ oars!
Riemen hoch! 12.** *Am. sl.* j-n (*bes. nach
Rauschgift*) ‚filzen'. **III** *v/i* **13.** 'hin- u.
'hergeworfen werden, geschüttelt wer-
den. **14.** *a.* **~ about** sich (*im Schlaf etc*)
'hin- u. 'herwerfen. **15.** rollen (*Schiff*). **16.**
schwer gehen (*See*). **17.** a) flattern (*Fahne
etc*), b) 'hin- u. 'herschwanken (*Äste etc*).
18. *a.* **~ up** e-e Münze hochwerfen, durch
Hochwerfen e-r Münze losen (**for** um):
to ~ for the choice of ends *sport* die
Seiten auslosen. **19.** stürzen: **to ~ out of
the room. tossed** *adj*: **~ salad** ge-
mischter Salat.
'toss·pot *s obs.* Trunkenbold *m.*
'toss-up *s* **1.** → toss 3 a. **2.** ungewisse
Sache: **it is a ~** die Chancen stehen gleich,
das hängt ganz vom Zufall ab; **it is a
(complete) ~ whether he comes or
not** es ist völlig offen, ob er kommt oder
nicht.
tost [tɒst; *Am. a.* tɑst] *obs. od. poet. pret u.
pp von* toss.
tot¹ [tɒt; *Am.* tɑt] *s colloq.* **1.** Knirps *m*,
Kerlchen *n.* **2.** Schlückchen *n* (*Alkohol*).
3. *bes. Br. fig.* Häppchen *n*, (*ein*) klein
wenig.
tot² [tɒt; *Am.* tɑt] *colloq.* **I** *s* **1.** (Gesamt-)
Summe *f.* **2.** *bes. Br. a.* Additi'on *f*,
b) Additi'onsaufgabe *f.* **II** *v/t* **3.** *meist*
~ up zs.-zählen, -rechnen. **III** *v/i* **4. ~ up**
a) sich belaufen (**to auf** *acc*), b) sich
sum'mieren.
to·tal ['tǝʊtl] **I** *adj* (*adv* **~ly**) **1.** ganz,
gesamt, Gesamt...: **~ amount** → 4; **the ~
population** die Gesamtbevölkerung.
2. to'tal, gänzlich, völlig: **~ eclipse** *astr.*
totale Finsternis; **~ failure** völliger Fehl-
schlag; **~ loss** Totalverlust *m.* **3.** to'tal,
alle Mittel anwendend: **~ war** totaler
Krieg. **II** *s* **4.** (Gesamt)Summe *f*, Ge-
samt-, Endbetrag *m*, Gesamtmenge *f*: **a ~
of 20 bags** insgesamt 20 Beutel. **5.** (*das*)
Ganze. **III** *v/t pret u. pp* **-taled**, *bes. Br.*
-talled 6. zs.-zählen, -rechnen. **7.** sich
belaufen auf (*acc*), insgesamt betragen
od. sein: **total(l)ing 10 dollars** im Ge-
samtbetrag von 10 Dollar. **8.** *Am. colloq.
Auto etc* zu Schrott fahren. **IV** *v/i* **9.** sich
belaufen (**to auf** *acc*).

to·tal·i·tar·i·an [ˌtəʊtælɪˈteərɪən] *pol.* **I** *adj* totaliˈtär. **II** *s* Anhänger *m* totaliˈtärer Grundsätze. ˌ**to·tal·i·tar·i·an·ism** *s* Totalitaˈrismus *m*, totaliˈtäre Grundsätze *pl* u. Meˈthoden *pl, bes.* totalitäres Syˈstem.

to·tal·i·ty [təʊˈtælətɪ] *s* **1.** Gesamtheit *f*. **2.** Vollständigkeit *f*. **3.** *bes. pol.* Totaliˈtät *f*. **4.** *astr.* toˈtale Verfinsterung.

to·tal·i·za·tion [ˌtəʊtəlaɪˈzeɪʃn; *Am.* -lǝz-] *s* **1.** Zs.-fassung *f*. **2.** Sumˈmierung *f*. **ˈto·tal·i·za·tor** [-tə(r)] *s* **1.** Zählwerk *n*. **2.** *Pferdesport: bes. Br.* Totaliˈsator *m*.

to·tal·ize [ˈtəʊtəlaɪz] **I** *v/t* **1.** (zu e-m Ganzen) zs.-fassen. **2.** zs.-zählen, errechnen. **II** *v/i* **3.** *Pferdesport: bes. Br.* e-n Totaliˈsator verwenden. **ˈto·tal·iz·er** → totalizator.

tote¹ [təʊt] *s bes. Br. colloq.* ‚Toto' *m* (*Totalisator*).

tote² [təʊt] *v/t colloq.* **1.** (bei sich) tragen, (mit sich herˈum)schleppen. **2.** transporˈtieren.

toteǀbag *s Am.* Einkaufstasche *f*. ˈ~**board** → totalizator 2. ˈ~ˌ**box** *s Am.* Transˈportbehälter *m*.

to·tem [ˈtəʊtəm] *s* Totem *n*: ~ **pole** (*od.* **post**) Totempfahl *m*. **toˈtem·ic** [-ˈtemɪk] *adj* Totem... **ˈto·tem·ism** *s* Toteˈmismus *m*, Totemglaube *m*. ˌ**to·temˈis·tic** *adj* toteˈmistisch.

tot·ter [ˈtɒtə(r); *Am.* ˈtɑ-] *v/i* **1.** torkeln, wanken: **to ~ to one's grave** *fig.* dem Grabe zuwanken. **2.** wackeln, (sch)wanken (*beide a. fig.*): **a ~ing government** e-e wankende Regierung; **to ~ to its fall** allmählich zs.-brechen (*Imperium etc*). **ˈtot·ter·ing** *adj* (*adv* ~**ly**), **ˈtot·ter·y** *adj* wack(e)lig, (sch)wankend: ~ **steps**; ~ **contact** *electr.* Wackelkontakt *m*.

tou·can [ˈtuːkən; -kæn; -kɑːn] *s orn.* Tukan *m*, Pfefferfresser *m*.

touch [tʌtʃ] **I** *s* **1.** a) Berühren *n*, Berührung *f*: **at a ~** beim Berühren; **on the slightest ~** bei der leisesten Berührung; **that was a near ~** *colloq.* ‚das hätte ins Auge gehen können', das ist gerade noch einmal gutgegangen; **within ~** in Reichweite; → **touch and go**, b) *fenc.* Treffer *m*. **2.** Tastsinn *m*, -gefühl *n*: **it is dry to the ~** es fühlt sich trocken an; **it has a velvety ~** es fühlt sich wie Samt an. **3.** Verbindung *f*, Konˈtakt *m*, Fühlung(-nahme) *f*: **to lose ~ with** a) den Kontakt mit j-m *od.* e-r Sache verlieren, b) *sport* den Anschluß verlieren an (*acc*); **to keep in ~ with s.o.** a) mit j-m in Verbindung bleiben, b) *sport* den Anschluß halten an j-n; **to get in(to) ~ with s.o.** mit j-m Fühlung nehmen *od.* in Verbindung treten, sich mit j-m in Verbindung setzen; **please get in ~!** bitte melden (Sie sich)! (*Zeugen etc*); **to put s.o. in ~ with** j-n in Verbindung setzen mit. **4.** leichter Anfall: **a ~ of influenza** e-e leichte Grippe; → **sun 2**. **5.** (Pinsel- *etc*)Strich *m*: **to put the finishing ~(es) to s.th.** e-r Sache (den letzten) Schliff geben, letzte Hand an etwas legen. **6.** Anflug *m*: **a ~ of sarcasm**; **a ~ of romance** ein Hauch von Romantik; **he has a ~ of genius** er hat e-e geniale Ader; **a ~ of the macabre** ein Stich ins Makabre; **a ~ of red** ein rötlichen Hauch, ein Stich ins Rote. **7.** Spur *f*: **a ~ of pepper**. **8.** Hand *f* (*des Meisters etc*), Stil *m*, (souveˈräne) Maˈnier: **the ~ of the master; light ~** leichte Hand *od.* Art; **with sure ~** mit sicherer Hand. **9.** (charakteˈristischer) Zug, besondere Note. **10.** Einfühlungsvermögen *n*, (Fein)Gefühl *n*. **11.** *fig.* Gepräge *n*, Stempel *m*: **the ~ of the 20th century**. **12.** *mus.* a) Anschlag *m* (*des Pianisten od. des Pianos*), b) Strich *m* (*des Geigers*). **13.** Probe *f*: **to put to the ~** auf die Probe stellen. **14.** a) Fußball *etc*: Seitenaus *n*, b) *Rugby:* Mark *f*: **in ~** im Seitenaus; **in der Mark. 15.** *sl.* a) ‚Anpumpen' *n* (*um Geld*), b) ‚gepumptes' Geld, c) (leichtes) Opfer, j-d, der sich (leicht) ‚anpumpen' läßt: **he is a soft** (*od.* **an easy**) ~. **16.** *sl.* a) ‚Klauen' *n*, Stehlen *n*, b) ‚Fang' *m*, ‚Beute' *f*.

II *v/t* **17.** berühren, angreifen, anfassen: **to ~ the spot** *fig.* es treffen; ~ **wood!** unberufen!, toi, toi, toi! **18.** befühlen, betasten. **19.** fühlen, wahrnehmen. **20.** (**to**) in Berührung bringen (mit), legen (*an acc, auf acc*). **21.** miteinˈander in Berührung bringen. **22.** leicht anstoßen, drücken auf (*acc*): **to ~ the bell** klingeln; **to ~ glasses** (mit den Gläsern) anstoßen. **23.** *weitS.* (*meist neg*) *Alkohol* mit anrühren, antasten: **he does not ~ cocktails**; **he hasn't ~ed his dinner**; **he refuses to ~ these transactions** er will mit diesen Geschäften nichts zu tun haben. **24.** in Berührung kommen *od.* stehen mit, Konˈtakt haben mit. **25.** grenzen *od.* stoßen an (*acc*). **26.** erreichen, reichen an (*acc*). **27.** *fig.* erreichen, erlangen. **28.** (*es*) erraten, treffen, herˈausfinden. **29.** *colloq.* *j-n* *od.* *e-r Sache* gleichkommen, herˈanreichen an (*acc*). **30.** tönen, schatˈtieren, (leicht) färben. **31.** *fig.* färben, (ein wenig) beeinflussen: **morality ~ed with emotion** gefühlsbeeinflußte Moˈral. **32.** beeindrucken. **33.** rühren, bewegen: **I am ~ed** ich bin gerührt; **it ~ed him to the heart** es ging ihm zu Herzen; ~**ed to tears** zu Tränen gerührt. **34.** *fig.* treffen, verletzen. **35.** *ein Thema etc* berühren. **36.** beziehen, betreffen, angehen: **it ~es none but him. 37.** in Mitleidenschaft ziehen, angreifen, mitnehmen: ~**ed** a) angegangen (*Fleisch*), b) *colloq.* ‚bekloppt', ‚nicht ganz bei Trost' (*Person*). **38.** a) haltmachen in (*dat*), b) *mar.* e-n *Hafen* anlaufen. **39.** *sl.* j-n ‚anpumpen', ‚anhauen' (**for** um): **to ~ s.o. for 20 dollars. 40.** *sl.* ‚klauen', ‚orgaˈnisieren'. **41.** *bes. hist.* e-m Kranken die Hand auflegen (**for** zur Heilung *gen*).

III *v/i* **42.** sich berühren, Berührung *od.* Konˈtakt haben. **43.** ~ (**up**)**on** grenzen *od.* herˈanreichen an (*acc*): **it ~es on treason** es grenzt an Verrat. **44.** ~ (**up**)**on** betreffen, berühren: **it ~es upon my interests. 45.** ~ (**up**)**on** berühren, kurz erwähnen, streifen: **he merely ~ed upon this question. 46.** ~ **at** *mar.* anlegen bei *od.* in (*dat*), anlaufen (*acc*). **47.** *bes. hist.* zur Heilung (**for** *gen*) die Hand auflegen.

Verbindungen mit Adverbien:

touchǀdown *v/i* **1.** *American Football, Rugby:* e-n Versuch erzielen *od.* legen. **2.** *aer.* aufsetzen. ~ **off** *v/t* **1.** e-e Skizze (rasch) entwerfen. **2.** (flüchtig) skizˈzieren. **3.** *e-e Explosion etc, fig.* e-e Krise etc auslösen, *fig.* e-n Proteststurm etc entfachen. ~ **up** *v/t* **1.** a) verbessern, vervollkommnen, ausfeilen, b) auffrischen (*a. fig. das Gedächtnis*), ˈaufpoˌlieren. **2.** *phot.* retuˈschieren. **3.** *j-m* e-n aufmunternden Klaps geben. **4.** *Br. colloq.* j-n ‚befummeln', ‚betatschen'.

touchǀand go *s* **1.** rasches Hin u. Her. Situatiˈon: **it was ~es** ‚es hing an e-m Haar, es stand auf des Messers Schneide. ˌ~**-and-ˈgo** *adj* **1.** flüchtig, oberflächlich: ~ **dialogue**; ~ **landing** *aer.* Aufsetzu. Durchstartlandung *f*. **2.** a) risˈkant, b) preˈkär. ~**ˌbod·y**, *a.* ~ **cor·pus·cle** *s anat.* Tastkörperchen *n*. ~ **danc·ing** *s* Tanzen *n* mit ˈKörperkonˌtakt. ˈ~**down** *s* **1.** *American Football, Rugby:* Versuch *m*. **2.** *aer.* Aufsetzen *n*.

tou·ché [tuːˈʃeɪ] *interj* **1.** *fenc.* getroffen!, Treffer! **2.** *fig.* eins zu null für dich!

touchǀfoot·ball *s sport* Form des American Football, bei der der Gegner nur berührt, nicht aber zu Fall gebracht wird. ˈ~**hole** *s hist.* Zündloch *n*.

touch·i·ness [ˈtʌtʃɪnɪs] *s* Empfindlichkeit *f*.

ˈtouch·ing I *adj* (*adv* ~**ly**) *fig.* rührend, ergreifend. **II** *a.* **as** ~ *prep obs.* betreffend, was ... betrifft.

ˌ**touchǀ-in-ˈgoal line** *s Rugby:* Malmarklinie *f*. ~ **judge** *s Rugby:* Seitenrichter *m*. ˈ~**line** *s sport* a) Seitenlinie *f*, b) *Rugby:* Marklinie *f*. ˈ~**-me-ˌnot** *s* **1.** *bot.* Springkraut *n, bes. a.* Rührmichnichtan *n*, b) ˈGartenbalsaˌmine *f*. **2.** *colloq.* ‚Blümlein *n* Rührmichnichtan' (*Mädchen*). ~ **pa·per** *s* ˈZündpaˌpier *n*. ˈ~**stone** *s* **1.** *min.* Proˈbierstein *m*. **2.** *fig.* Prüfstein *m*. ~ **sys·tem** *s* Zehnˈfingersyˌstem *n* (*auf der Schreibmaschine*). ~ **tel·e·phone** *s* ˈTastenteleˌfon *n*. ~**-type** *v/i* blindschreiben. ˈ~**-up** *s* Verbesserung *f*, *phot.* Reˈtusche *f*: **to give s.th. a ~** ~ **touch up** 1 u. 2. ˈ~**wood** *s* **1.** Zunder(holz *n*) *m*. **2.** *bot.* Feuerschwamm *m*.

touch·y [ˈtʌtʃɪ] *adj* (*adv* **touchily**) **1.** (ˈüber)empfindlich, reizbar, leichtgekränkt. **2.** a) risˈkant, gefährlich, b) heikel, ‚kitzlig': **a ~ subject. 3.** *med.* (druck)empfindlich.

tough [tʌf] **I** *adj* (*adv* ~**ly**) **1.** zäh: a) hart, ˈwiderstandsˌfähig, b) zähflüssig: ~ **meat** zähes Fleisch; **the meat was** (**as**) ~ **as leather** (*od. colloq.* an old boot) zäh wie Leder. **2.** zäh, roˈbust, stark: ~ **body** (**man, animal**, *etc*). **3.** zäh, hartnäckig: ~ **fight** (**resistance**, *etc*). **4.** *fig.* schwierig, unangenehm: **a ~ fellow** (**job, problem**, *etc*); **a ~ winter** ein harter Winter; **it was ~ going** *colloq.* es war ein hartes Stück Arbeit; ~ **luck** *bes. Am. colloq.* Pech *n*. **5.** *colloq.* ‚eklig', grob: **he is a ~ customer** mit ihm ist nicht gut Kirschen essen; **a ~ foreign policy** e-e harte *od.* aggressive Außenpolitik; **to get ~ with s.o.** a) j-m gegenüber massiv werden, b) gegen j-n hart durchgreifen. **6.** rowdyhaft, bruˈtal, übel, Schläger..., Verbrecher...: ~ **guy** 8; **a ~ neighbo(u)rhood** e-e üble *od.* verrufene Gegend. **7.** übel, schlimm, ‚bös': **in a ~ spot** übel dran; **if things get ~** wenn es ‚mulmig' wird. **II** *s* **8.** Rowdy *m*, Raˈbauke *m*, Schläger(typ) *m*, ˈübler Kunde. ˈ**tough·en** *v/t* u. *v/i* zäh *etc* machen *od.* werden. ˈ**tough·ie** [-ɪ] *s bes. Am. colloq.* **1.** ‚harte Nuß', schwierige Sache. **2.** → **tough 8**. ˌ**tough-ˈmind·ed** *adj bes. Am.* **1.** reaˈlistisch (denkend). **2.** unbeugsam, hart. ˈ**tough·ness** *s* **1.** Zähigkeit *f*, Härte *f* (*beide a. fig.*). **2.** Zähflüssigkeit *f*. **3.** Roˈbustheit *f*. **4.** Hartnäckigkeit *f*. **5.** Schwierigkeit *f*. **6.** Brutaliˈtät *f*.

tou·pee [ˈtuːpeɪ; *Am.* tuːˈpeɪ] *s* Touˈpet *n* (*Haarersatzstück*).

tou·pet → **toupee**.

tour [tʊə(r)] **I** *s* **1.** Tour *f* (*of* durch): a) (Rund)Reise *f*, (-)Fahrt *f*: **on** (**a**) ~ auf Reisen, b) Ausflug *m*, Wanderung *f*, Fahrt *f*; → **conduct**[1] 6. **2.** Rundgang *m* (**of** durch): ~ **of inspection** Besichtigungsrundgang, -rundfahrt *f*. **3.** *thea. etc* Tourˈnee *f* (*a. sport*), Gastspielreise *f* (**of** durch): **to go on ~** auf Tournee gehen. **4.** Runde *f*, Schicht *f*: **three ~s a day** drei Schichten täglich. **5.** *mil.* (turnusmäßige) Dienstzeit. **II** *v/t* **6.** bereisen, durchˈreisen: **to ~ France. 7.** *thea. etc* **to ~ a country** in e-m Land auf Tournee gehen (*a. sport*); **to ~ a play** mit e-m Stück auf Tournee gehen. **III** *v/i* **8.** reisen, e-e Reise *od.* Tour machen (**through, about** durch). **9.** *thea. etc* e-e

tourbillion – trabecula

Gastspielreise *od.* (*a. sport*) e-e Tour'nee machen.
tour·bil·lion [ˌtʊə(r)'bɪljən] *s* **1.** Tourbilli'on *m* (*Feuerwerksrakete*). **2.** Wirbelwind *m*.
tour com·pa·ny *s* Reiseveranstalter *m*.
tour de force [ˌtʊə(r)dəˈfɔː(r)s; *Am. a.* -ˈfɔʊərs] *s* **1.** Gewaltakt *m*. **2.** Glanzleistung *f*.
'tour·er *s mot.* Tourenwagen *m*.
'tour·ing *adj* Touren..., Reise...: **~ car** *mot. bes. Am.* Tourenwagen *m*; **~ company** *thea.* Wanderbühne *f*; **~ exhibition** Wanderausstellung *f*.
tour·ism ['tʊərɪzəm] *s* **1.** Reise-, Fremdenverkehr *m*, Touˈrismus *m*. **2.** Fremdenverkehrswesen *n*, Touˈristik *f*.
'tour·ist I *s* **1.** (Ferien-, Vergnügungs-)Reisende(r *m*) *f*, Touˈrist(in). **2.** *sport* Mitglied *n* e-r Mannschaft auf Tour'nee. **II** *adj* **3.** Reise..., Fremden(verkehrs)..., Touristen...: **~ agency** (*od.* **bureau, office**) **a)** Reisebüro *n*, **b)** Verkehrsamt *n*, -verein *m*; **~ attraction** Touristenattraktion *f*; **~ bicycle** Tourenrad *n*; **~ class** Touristenklasse *f*; **~ country** Urlaubsland *n*; **~ industry** Fremdenindustrie *f*; **~ ticket** Rundreisekarte *f*; **~ trap** Touristenfalle *f*. **'tour·ist·y** *adj colloq.*, *oft contp.* **1.** für Touˈristen: **~ souvenirs**. **2. a ~ place a)** ein auf Tourismus getrimmter Ort, **b)** ein von Touristen überlaufener Ort.
tour·ma·line ['tʊə(r)məliːn; *Am. a.* -lɪn], *a.* **'tour·ma·lin** [-lɪn] *s min.* Turma'lin *m*.
tour·na·ment ['tʊə(r)nəmənt] *s* **1.** (*Schach-, Tennis- etc*)Turˈnier *n*. **2.** *hist.* ('Ritter)Turˌnier *n*.
tour·ne·dos ['tʊənədəʊ; *Am.* ˌtʊərnəˈdəʊ; *turnədo*] (*Fr.*) *s gastr.* Tourneˈdos *n*.
tour·ney ['tʊə(r)nɪ] *bes. hist.* **I** *s* Turˈnier *n*. **II** *v/i* turˈnieren, an e-m Turˈnier teilnehmen.
tour·ni·quet ['tʊə(r)nɪkeɪ; *Am.* -kət] *s med.* Tourniˈquet *n*, Aderpresse *f*.
tour op·er·a·tor *s* Reiseveranstalter *m*.
tou·sle ['taʊzl] *v/t* das Haar etc (zer)zausen, verwuscheln.
tout [taʊt] *colloq.* **I** *v/i* **1.** (*bes.* aufdringliche Kunden-, Stimmen)Werbung treiben (**for** für). **2.** *Pferderennen:* **a)** *bes. Br.* sich (*durch Spionieren*) gute Renntips verschaffen, **b)** Wettips geben *od.* verkaufen. **II** *v/t* **3.** aufdringliche Werbung treiben für. **4.** (*durch aufdringliche Werbung*) belästigen. **5.** *Pferderennen:* **a)** *Br. (durch Spionieren)* Informatiˈonen erlangen über (*acc*), **b)** j-m Wettips geben *od.* verkaufen. **III** *s* **6.** Kundenwerber *m*, (-)Schlepper *m*. **7. a)** *bes. Br.* Spiˈon' *m* (*beim Pferdetraining*), **b)** Tippgeber *m*. **8. to be on the ~ for** Ausschau halten nach. **9.** (Karten)Schwarzhändler *m*.
tout en·sem·ble [tutɑ̃ˈsɑ̃bl] (*Fr.*) *s art* Gesamteindruck *m*, -wirkung *f*.
'tout·er → **tout** 6.
tou·zle → **tousle**.
to·va·rich, to·va·risch [təˈvɑːrɪʃ] (*Russ.*) *s* Genosse *m*, Toˈwarischtsch *m*.
tow¹ [təʊ] **I** *s* **1.** Schleppen *n*, Schlepparbeit *f*: **to have in ~** im Schlepptau haben (*a. fig.*); **to take ~** sich schleppen lassen; **to take in(to) ~** *bes. fig.* ins Schlepptau nehmen. **2.** *bes. mar.* Schleppzug *m*. **II** *v/t* **3.** (ab)schleppen, ins Schlepptau nehmen: **to~away** falsch geparktes Fahrzeug abschleppen; **~ed flight (target)** *aer.* Schleppflug *m* (-ziel *n*). **4.** *ein Schiff* treideln. **5.** hinter sich ˈherziehen, ab-, mitschleppen, bugˈsieren.
tow² [təʊ] *s* **1.** (Schwing)Werg *n*. **2.** Werggarn *n*. **3.** Packleinwand *f*.
tow·age ['təʊɪdʒ] *s* **1.** Schleppen *n*, Bug-ˈsieren *n*. **2.** Treideln *n*. **3.** (Ab)Schleppgebühr *f*.
to·ward I *prep* [təˈwɔːd; tʊ-; tɔːd; *Am.* 'təʊərd; 'tɔː-] **1.** auf (*acc*) ... zu, gegen *od.* zu ... hin, nach ... zu, in der Richtung u. Nähe von: **he lives ~ Birmingham**. **3.** (*zeitlich*) gegen: **~ noon**. **4.** gegenˈüber (*dat*): **his friendly attitude ~ us**. **5.** (*als Beitrag*) zu, um e-r Sache (willen), zum Zwecke (*gen*): **efforts ~ reconciliation** Bemühungen um e-e Versöhnung. **II** *adj* ['təʊə(r)d; *Am. a.* 'tɔː-; tɔːrd] **6.** *obs.* fügsam. **7.** *obs. od. Am.* vielversprechend. **8.** *pred selten* im Gange, am Werk. **9.** *obs.* bevorstehend. **to·ward·ly** ['təʊə(r)dlɪ; *Am. a.* 'tɔː-] *adj obs.* **1.** → **toward** 6 *u.* 7. **2.** günstig, rechtzeitig.
to·wards [təˈwɔːdz; tʊ-; tɔːdz; *Am.* 'təʊərdz; 'tɔː-] *bes. Br. für* **toward I**.
'tow·a·way *Am.* **I** *s* Abschleppen *n* (*e-s falsch geparkten Fahrzeugs*). **II** *adj* Abschlepp...: **~ charges**; **~ zone**. **'~-bar** *mot.* **1.** Abschleppstange *f*. **2.** Anhängerkupplung *f*. **'~-boat** *s* Schleppschiff *n*, Schlepper *m*. **~ car** *s mot. Am.* Abschleppwagen *m*.
tow·el ['taʊəl] **I** *s* Handtuch *n*: **to throw in the ~** (*Boxen*) das Handtuch werfen (*a. fig.* sich geschlagen geben); **oaken ~** *sl. obs.* Knüttel *m*. **II** *v/t pret u. pp* **-eled**, *bes. Br.* **-elled** (mit e-m Handtuch) (ab)trocknen *od.* (ab)reiben. **~ dis·pens·er** *s* ˈHandtuchautoˌmat *m*. **~ horse** *s* Handtuchständer *m*. **~ rack** → **towel horse**. **~ rail** *s* Handtuchhalter *m*.
'tow·el·(l)ing *s* **1.** Frotˈtee *n, m*. **2.** Abreibung *f*.
tow·er¹ ['taʊə(r)] **I** *s* **1.** Turm *m*: **~ of Babel** *Bibl.* Turm von Babel; **~ block** *Br.* (Büro-, Wohn)Hochhaus *n*. **2.** Feste *f*, Bollwerk *n*: **~ of strength** *fig.* Stütze *f*, Säule *f*. **3.** Zwinger *m*, Festung *f* (*Gefängnis*): **the T~ (of London)** der (Londoner) Tower. **4.** *chem.* Turm *m* (*Reinigungs- od. Absorptionsanlage*). **II** *v/i* **5.** (hoch)ragen, sich emˈporˈtürmen (**to** zu): **to ~ above** etwas *od.* j-n überragen (*a. fig.* turmhoch überlegen sein [*dat*]). **6.** *hunt.* senkrecht hochschießen (*Falke etc*).
tow·er² ['taʊə(r)] *s mar.* Treidler *m*, Schlepper *m* (*vom Land aus*).
tow·ered ['taʊə(r)d] *adj* (hoch)getürmt.
'tow·er·ing *adj* **1.** turmhoch (aufragend), hoch-, aufragend. **2.** gewaltig, maßlos: **~ ambition**; **in a ~ rage** rasend vor Wut.
'tow·head *s* **1.** Flachshaar *n*. **2.** Flachskopf *m* (*Person*).
tow·ing ['taʊɪŋ] *adj* (Ab)Schlepp...: **~ cable** Abschleppseil *n*; **~ line** → **towline**. **~ net** → **townet**. **~ path** → **towpath**.
'tow·line *s* **1.** Abschleppseil *n*. **2.** *mar.* Treideleine *f*, Schlepptau *n*.
town [taʊn] *s* **1.** Stadt *f* (*unter dem Rang e-r city*). **2.** *meist* **the ~** die Stadt: **a)** die Stadtbevölkerung, **b)** das Stadtleben; → **paint** 5. **3.** *oft* **market ~** Marktflecken *m*. **4.** *bes. Am.* Stadt- *od.* Landgemeinde *f* (*als Verwaltungseinheit*). **5.** *collect.* Bürger(schaft *f*) *pl* (*e-r Universitätsstadt*): **~ and gown** Bürgerschaft u. Studentenschaft. **6.** (*ohne art*) (*die* [*nächste*] *Stadt* [*vom Sprecher aus gesehen*]): **to ~** nach (*od.* in die) Stadt, *Br. bes.* nach London; **out of ~** nicht in der Stadt, auswärts, *Br. bes.* nicht in London; **to go to ~** *colloq.* sich ins Zeug legen (**on** bei); **to be (out) on the ~** *colloq.* „auf den Putz hauen", „einen draufmachen". **~ ball** *s Am.* Schlagballspiel *n*. **'~-bred** *adj* in der Stadt aufgewachsen. **~ car** *s* viertüriger Personenwagen mit separatem, durch eine Glasscheibe vom Fahrersitz getrennten Fahrgastraum. **~ cen·tre** *s Br.* Innenstadt *f*, City *f*. **~ clerk** *s* **1.** *Br.* **a)** städtischer Verwaltungsbeamter, **b)** *hist.* ('Ober)Stadtdiˌrektor *m*. **2.** *Am.* Gemeindeverwaltungsbeamte(r) *m*. **~ coun·cil** *s* **1.** *Br.* Stadtrat *m*. **2.** *Am.* Gemeinderat *m*. **~ coun·cil·(l)or** *s* **1.** *Br.* Stadtrat(smitglied *n*) *m*. **2.** *Am.* Gemeinderat(smitglied *n*) *m*. **~ cri·er** *s hist.* Ausrufer *m*.
town·ee [taʊˈniː] *s colloq.*, *oft contp.* **1.** Städter *m*, Stadtmensch *m*. **2.** *Br.* Bewohner e-r Universitätsstadt, der nichts mit der Universität zu tun hat.
'tow·net *s* Zug-, Schleppnetz *n*.
town| **gas** *s chem.* Stadtgas *n*. **~ hall** *s* Rathaus *n*. **~ house** *s* **1.** Stadthaus *n*, Haus in der Stadt. **2.** *Am.* Reihenhaus *n*. **town**|**i·fy** [ˈtaʊnɪfaɪ] *v/t* verstädtern. **town**| **ma·jor** *s mil. Br. hist.* ˈStadtkomˌmandant *m*. **~ meet·ing** *s pol. Am.* Gemeindeversammlung *f*. **~ plan·ning** *s* Städte-, Stadtplanung *f*, städtebauliche Planung. **~scape** [ˈtaʊnskeɪp] *s* **1.** Stadtbild *n*. **2.** *art* Stadtansicht *f*.
'towns·folk *s pl* Städter *pl*, Stadtbevölkerung *f*.
town·ship [ˈtaʊnʃɪp] *s* **1.** *hist.* (Dorf-, Stadt)Gemeinde *f od.* (-)Gebiet *n*. **2.** *Am.* Verwaltungsbezirk *m*. **3.** *surv. Am.* 6 Quaˈdratmeilen großes Gebiet.
'towns| **man** [-mən] *s irr* **1.** Städter *m*, Stadtbewohner *m*. **2. a fellow ~** Mitbürger *m*. **'~peo·ple** → **townsfolk**. **'~wom·an** *s irr* **1.** Städterin *f*, Stadtbewohnerin *f*. **2. a fellow ~** Mitbürgerin *f*.
'tow|**path** *s* Treidelpfad *m*. **'~rope** → **towline**. **~ truck** → **tow car**.
tow·y [ˈtaʊɪ] *adj* **1.** aus Werg. **2.** wergartig, Werg...
tox-(a)e·mi·a [tɒkˈsiːmɪə; *Am.* tɑk-] *s med.* Tox(ik)äˈmie *f*, Blutvergiftung *f*.
tox·(a)e·mic [-mɪk] *adj med.* toxˈämisch, Blutvergiftungs...
tox·ic [ˈtɒksɪk; *Am.* ˈtɑk-] **I** *adj* (*adv* **~ally**) giftig, toxisch, Gift...: **~ waste** Giftmüll *m*. **II** *s* Gift(stoff *m*) *n*.
tox·i·cant [ˈtɒksɪkənt; *Am.* ˈtɑk-] → **toxic**.
tox·ic·i·ty [tɒkˈsɪsətɪ; *Am.* tɑk-] *s med.* Toxiziˈtät *f*, Giftigkeit *f*.
tox·i·co·log·i·cal [ˌtɒksɪkəˈlɒdʒɪkl; *Am.* ˌtɑksɪkəˈlɑ-] *adj med.* toxikoˈlogisch. **tox·i·col·o·gist** [-ˈkɒlədʒɪst; *Am.* -ˈkɑ-] *s* Toxikoˈloge *m*. **tox·i·col·o·gy** [-dʒɪ] *s* Toxikoloˈgie *f*, Giftkunde *f*.
tox·in [ˈtɒksɪn; *Am.* ˈtɑk-] *s med.* Toˈxin *n*, Gift(stoff *m*) *n*. **'~an·ti'tox·in** *s* ˈGegentoˌxin *n*.
tox·oid [ˈtɒksɔɪd; *Am.* ˈtɑk-] *s med.* **1.** (Ehrlichsches) Toxoˈid *n*. **2.** Imˈmunstoff *m*.
tox·oph·i·lite [tɒkˈsɒfɪlaɪt; *Am.* -ˈsɑfə-] *s* (guter *od.* begeisterter) Bogenschütze.
toy [tɔɪ] **I** *s* **1.** (Kinder)Spielzeug *n* (*a. fig.*), *pl a.* Spielsachen *pl*, -waren *pl*. **2.** *fig.* Spieleˈrei *f*. **3.** *obs.* Liebeˈlei *f*. **II** *v/i* **4.** (**with**) spielen (mit e-m Gegenstand), *fig. a.* liebäugeln (mit e-m Gedanken etc). **III** *adj* **5.** Spiel(zeug)..., Kinder...: **~ book** Bilderbuch *n*; **~ train** Miniatur-, Kindereisenbahn *f*. **6.** Zwerg...: **~ dog** Schoßhund *m*; **~ spaniel** Zwergspaniel *m*. **~ box** *s* Spielzeugschachtel *f*. **'~like** *adj* winzig, spielzeugartig. **~ man** [-mən] *s irr* ˈSpielwarenhändler *m*, *a.* (*-*)hersteller *m*. **~ shop** *s* Spielwarengeschäft *n*, -handlung *f*.
tra·be·at·ed [ˈtreɪbɪeɪtɪd], *a.* **'tra·be·ate** [-ət; -eɪt] *adj arch.* aus Horizonˈtalbalken konstruˈiert. **tra·be·ˈa·tion** *s arch.* Säulengebälk *n*.
tra·bec·u·la [trəˈbekjʊlə] *pl* **-lae** [-liː]

trace – trade

1. *anat.* Tra'bekel *f*, Bälkchen *n*. **2.** *bot.* Zellbalken *m*.
trace¹ [treɪs] **I** *s* **1.** (Fuß-, Wagen-, Wild- *etc*)Spur *f*: **to be on s.o.'s ~** j-m auf der Spur sein; **to be hot on s.o.'s ~** j-m dicht auf den Fersen sein; **without a ~** spurlos. **2.** *fig.* Spur *f*: a) ('Über)Rest *m*: **~s of an ancient civilization,** b) (An)Zeichen *n*: **~s of fatigue; to leave its ~s (up)on** s-e Spuren hinterlassen auf (*e-m Gesicht etc*), c) geringe Menge, (*ein*) bißchen: **a ~ of salt;** **not a ~ of fear** keine Spur von Angst; **a ~ of a smile** ein fast unmerkliches Lächeln, der Anflug e-s Lächelns. **3.** *Am.* Pfad *m*, (mar'kierter) Weg. **4.** Linie *f*: a) Aufzeichnung *f* (*e-s Meßgeräts*), Kurve *f*, b) Zeichnung *f*, Skizze *f*, c) Pauszeichnung *f*, d) *bes. mil.* Grundriß *m*. **5.** a) *electr., a. mil.* Leuchtspur *f*: **~ of a cathode-ray tube,** b) *Radar:* (Bild)Spur *f*.
II *v/t* **6.** *j-m od. e-r Sache* nachspüren, *j-s* Spur folgen. **7.** *Wild, Verbrecher etc* verfolgen, aufspüren. **8.** *a.* **~ out** *j-n od. etwas* ausfindig machen *od.* aufspüren, *etwas* auf- *od.* her'ausfinden. **9.** *fig.* e-r *Entwicklung etc* nachgehen, *etwas* verfolgen, erforschen: **to ~ s.th. to** etwas zurückführen auf (*acc*) *od.* herleiten von; **to ~ s.th. back** etwas zurückverfolgen (**to** bis zu). **10.** erkennen, feststellen. **11.** e-n *Pfad* verfolgen. **12.** *a.* **~ out** (auf)zeichnen, skiz'zieren, entwerfen. **13.** Buchstaben sorgfältig (aus)ziehen, schreiben, malen. **14.** *tech.* a) *a.* **~ over** ko'pieren, ('durch)pausen, b) *e-e Linie, die Ausflucht etc* abstecken, c) *e-e Messung* aufzeichnen: **~d chart** (*od.* **map**) Planpause *f*.
III *v/i* **15.** *a.* **~ back** zu'rückgehen *od.* sich zu'rückverfolgen lassen bis (**to** zu *od.* in *acc*).
trace² [treɪs] *s* **1.** Zugriemen *m*, Strang *m* (*am Pferdegeschirr*): **in the ~s** angespannt (*a. fig.*); **to kick over the ~s** *colloq.* über die Stränge schlagen. **2.** *tech.* Pleuel-, Schubstange *f*.
trace·a·ble ['treɪsəbl] *adj* (*adv* **traceably**) **1.** aufspür-, nachweis-, auffindbar. **2.** zu'rückzuführen(d) (**to** auf *acc*): **to be ~ to** → **trace¹** 15.
trace| el·e·ment *s chem.* 'Spurenele-ˌment *n*. **~ horse** Zugpferd *n*.
'trac·er *s* **1.** Aufspürer(in). **2.** *mail. rail. etc Am.* Such-, Laufzettel *m*. **3.** a) (technischer) Zeichner, b) 'Durchzeichner *m*, Pauser *m*. **4.** Schneiderei: Ko'pierrädchen *n*. **5.** *tech.* Punzen *m*. **6.** *chem. med. phys.* ('Radio-, Iso'topen)Indiˌkator *m*, 'Leitisoˌtop *n*. **7.** *electr. tech.* Taster *m*. **8.** *mil.* a) *meist* **~ bullet** (*od.* **shell**) Leuchtspur-, Rauchspurengeschoß *n*, b) *meist* **~ composition** Leuchtspursatz *m*.
trac·er·ied ['treɪsərɪd] *adj arch.* mit Maßwerk (versehen).
trac·er·y ['treɪsərɪ] *s* **1.** *arch.* Maßwerk *n* (*an gotischen Fenstern*). **2.** Flechtwerk *n*.
tra·che·a [trə'kiːə; *Am.* 'treɪkɪə] *pl* **tra·che·ae** [trə'kiːiː; *Am.* 'treɪkɪˌiː; -ˌaɪ] *s* **1.** *anat.* Tra'chea *f*, Luftröhre *f*. **2.** Tra'chee *f*: a) *zo.* 'Luftkaˌnal *m*, b) *bot.* Gefäß *n*.
tra·che·al [trə'kiːəl; *Am.* 'treɪkɪəl] *adj* **1.** *anat.* Luftröhren... **2.** *zo.* Tracheen... **3.** *bot.* Gefäß...
tra·che·ate [trə'kiːɪt; *Am.* 'treɪkɪˌeɪt; -ət] *zo.* **I** *adj* mit Tra'cheen (versehen). **II** *s* Tra'cheentier *n*.
tra·che·i·tis [ˌtrækɪ'aɪtɪs; *Am.* ˌtreɪ-] *s med.* Trache'itis *f*, Luftröhrenentzündung *f*.
tra·che·ot·o·my [ˌtrækɪ'ɒtəmɪ; *Am.* ˌtreɪkɪ'a-] *s med.* Tracheoto'mie *f*, Luftröhrenschnitt *m*.
tra·cho·ma [trə'kəʊmə] *s med.* Tra-'chom *n*, Granu'lose *f* (*der Bindehaut*).

tra·chyte ['trækaɪt; 'treɪ-] *s geol.* Tra-'chyt *m*.
'trac·ing *s* **1.** Suchen *n*, Nachforschung *f*. **2.** *tech.* a) (Auf)Zeichnen *n*, b) 'Durchpausen *n*. **3.** *tech.* a) Zeichnung *f*, (Auf)Riß *m*, Plan *m*, b) Pause *f*, Ko'pie *f*: **to make a ~ of** (durch)pausen. **4.** Aufzeichnung *f* (*e-s Kardiographen etc*). **~ cloth** *s* Pausleinen *n*. **~ file** *s* 'Suchkarˌtei *f*. **~ lin·en** → tracing cloth. **~ op·er·a·tion** *s* Fahndung *f*. **~ pa·per** *s* 'Pauspaˌpier *n*. **~ ser·vice** *s* Suchdienst *m*. **~ wheel** → tracer 4.
track [træk] **I** *s* **1.** (Fuß-, Ski-, Wagen-, *Wild- etc*)Spur *f*, Fährte *f* (*beide a. fig.*): **the ~ of my thoughts** mein Gedankengang; **to be on s.o.'s ~** j-m auf der Spur sein; **to be hot on s.o.'s ~** j-m dicht auf den Fersen sein; **to be on the right ~** *fig.* auf der richtigen Spur *od.* auf dem richtigen Weg sein; **to be on the wrong ~, to be off the ~** *fig.* auf der falschen Spur *od.* auf dem falschen Weg *od.* auf dem Holzweg sein; **to cover up one's ~s** s-e Spur(en) verwischen; **to make ~s** *colloq.* a) ‚sich auf die Socken machen', b) ‚abhauen', verschwinden; **to make ~s for home** *colloq.* sich auf den Heimweg machen; **to keep ~ of** *fig. etwas* verfolgen, sich auf dem laufenden halten über (*acc*); **to lose ~ of** aus den Augen verlieren; **to put** (*od.* **throw**) **s.o. off the ~** j-n von der (richtigen) Spur ablenken; **to shoot s.o. in his ~s** j-n auf der Stelle niederschießen; **to stop in one's ~s** *Am.* abrupt stehenbleiben; **~ beaten** 5. **2.** *rail.* Gleis *n*, Geleise *n u. pl*, Schienenstrang *m*: **off the ~** entgleist, aus den Schienen; **on ~** *econ.* auf der Achse, rollend; **he was born on the wrong side of the ~** *Am.* er stammt aus ärmlichen Verhältnissen. **3.** *a*) *mar.* Fahrwasser *n*, Seegatt *n*, b) *aer.* Kurs *m* über Grund. **4.** *mar.* (übliche) Route: **North Atlantic ~**. **5.** Pfad *m*, Weg *m* (*beide a. fig.*). **6.** Bahn *f*: **~ of a comet** (storm, bullet, *etc*); **(clear the) ~!** Bahn frei! **7.** *sport* a) (Renn-, Lauf)Bahn *f*, b) *meist* **~ events** 'Laufdiszi plinen *pl*, c) *a.* **~-and- -field sports** 'Leichtath letik *f*. **8.** *Computer, Tonband:* Spur *f*. **9.** Stück *n*, Nummer *f* (*e-r Langspielplatte etc*). **10.** *phys.* Bahnspur *f*. **11.** *mot. a.* Spurweite *f*, b) 'Reifenpro fil *n*. **12.** (Gleis-, Raupen-)Kette *f* (*e-s Traktors etc*). **13.** *ped. Am.* Leistungsgruppe *f* (*innerhalb e-r Klasse*).
II *v/t* **14.** nachgehen, -spüren (*dat*), verfolgen (**to** bis). **15.** *a.* **~ down** aufspüren, zur Strecke bringen: **to ~ down a deer** (a criminal). **16.** *a.* **~ out** aufspüren, ausfindig machen. **17.** *e-n* Weg kennzeichnen. **18.** durch'queren: **to ~ a desert**. **19.** *a.* **~ up** *Am.* Schmutzspuren hinter'lassen auf (*dat*). **20.** *rail. Am.* Gleise verlegen in (*dat*). **21.** *mot. tech.* mit Raupenketten versehen: **~ed vehicle** Ketten-, Raupenfahrzeug *n*. **22.** *ped. Am.* e-e Klasse in Leistungsgruppen einteilen.
III *v/i* **23.** *tech.* in der Spur bleiben (*Räder, Saphirnadel etc*), Spur halten. **24.** *Film:* (mit der Kamera) fahren: **to ~ in on** heranfahren an (*acc*).
track·age ['trækɪdʒ] *s rail. Am.* **1.** Schienen *pl*. **2.** Schienenstrang *m*. **3.** Streckenbenutzungsrecht *n od.* -gebühr *f*.
ˌtrack-and-'field *adj sport* Leichtathletik...: **~ track** 7 c.
'track·er *s* **1.** Spurenleser *m*. **2.** ‚Spürhund' *m* (*Person*). **3.** *mil.* Zielgeber *m* (*Gerät*). **~ dog** *s* Spürhund *m*.
'track·ing *s ped. Am.* Einteilung *f* in Leistungsgruppen. **II** *adj* (ge)führig (*Schnee*). **~ screen** *s Radar etc:* (Ziel-)Verfolgungsmonitor *m*, -bildschirm *m*. **~ sta·tion** *s Raumfahrt:* 'Bodenstatiˌon *f*.

'trackˌlay·er *s* **1.** *rail. Am.* Streckenarbeiter *m*. **2.** Raupenschlepper *m*, -fahrzeug *n*.
'track·less *adj* (*adv* **-ly**) **1.** unbetreten. **2.** weg-, pfadlos. **3.** schienenlos. **4.** spurlos.
track| meet *s Am.* 'Leichtath letikveranstaltung *f*. **~ race** *s* Radsport: Bahnrennen *n*. **~ rec·ord** *s* **1.** *sport* 'Bahnreˌkord *m*. **2.** *fig. colloq.* a) (erworbene) Kenntnisse *pl*, b) (erzielte) Leistungen *pl*. **~ rid·er** *s* Radsport: Bahnfahrer(in). **~ rod** *s mot.* Spurstange *f*. **~ shoe** *s sport* Rennschuh *m*.
'track·ster ['trækstər] *s mot. Am.* ‚fri'sierter' Speziˌalrennwagen (mit Bremsfallschirm) für $1/4$ Meile.
'track|·suit *s sport* Trainingsanzug *m*. **~ walk·ing** *s Leichtathletik:* Bahngehen *n*.
tract¹ [trækt] *s* **1.** (ausgedehnte) Fläche, Strecke *f*, (Land)Strich *m*, Gegend *f*, Gebiet *n*. **2.** *anat.* Trakt *m*, (Ver'dauungs- *etc*)Syˌstem *n*. **3.** *physiol.* (Nerven)Strang *m*: **optic ~** Sehstrang. **4.** Zeitraum *m*, -spanne *f*.
tract² [trækt] *s bes. relig.* Trak'tat *m, n*, kurze Abhandlung, *contp.* Trak'tätchen *n*.
trac·ta·bil·i·ty [ˌtræktə'bɪlətɪ] *s* **1.** Lenkbarkeit *f*. **2.** Gefügigkeit *f*. **'trac·ta·ble** *adj* (*adv* **tractably**) **1.** lenkbar, folg-, fügsam. **2.** gefügig, geschmeidig, leicht zu bearbeiten(d): **~ material**. **'trac·ta·ble·ness** → tractability.
Trac·tar·i·an·ism [træk'teərɪənɪzəm] *s relig.* Traktaria'nismus *m* (*zum Katholizismus neigende Richtung in der anglikanischen Staatskirche*).
tract house *s* Einzelhaus *n* in e-r Wohnsiedlung.
trac·tion ['trækʃn] *s* **1.** Ziehen *n*. **2.** *phys. tech.* a) Zug *m*: **~ engine** Zugmaschine *f*, b) Zugkraft *f*, -leistung *f*. **3.** *phys. tech.* Reibungsdruck *m*. **4.** *mot.* a) Griffigkeit *f* (*der Reifen*), b) *a.* **~ of the road** Bodenhaftung *f*. **5.** a) Fortbewegung *f*, b) Trans'port *m*, Beförderung *f*: **interurban ~** *Am.* Städtenahverkehr *m*. **6.** *physiol.* Zs.-ziehung *f* (*von Muskeln*). **7.** *med.* Streckung *f*: **~ bandage** Streckverband *m*; **in (high) ~** im Streckverband. **8.** Anziehung(skraft) *f* (*a. fig.*). **'trac·tion·al** [-ʃənl] *adj*, **'trac·tive** *adj* Zug...
trac·tor ['træktə(r)] *s* **1.** 'Zugmaˌschine *f*, Traktor *m*, Trecker *m*, Schlepper *m*. **2.** *a.* **~ truck** *mot. Am.* Sattelschlepper *m*. **3.** *aer.* a) *a.* **~ propeller** (*od.* **airscrew**) Zugschraube *f*, b) *a.* **~ airplane** Flugzeug *n* mit Zugschraube *f*. **'~-drawn** *adj* motorgezogen, motori'siert. **~ plough,** *bes. Am.* **~ plow** *s* Motorpflug *m*.
trac·trix ['træktrɪks] *pl* **-tri·ces** [-trɪsiːz] *s math.* Traktrix *f*, Schleppkurve *f*.
trad [træd] *colloq.* **I** *s mus.* traditio'neller Jazz. **II** *adj* traditio'nell.
trade [treɪd] **I** *s* **1.** *econ.* Handel *m*, (Handels)Verkehr *m*. **2.** *econ. mar.* Verkehr *m*, Fahrt *f*. **3.** *econ.* Geschäft *n*: a) Geschäftszweig *m*, Branche *f*, b) (Einzel-, Groß)Handel *m*, c) Geschäftslage *f*, -gewinn *m*: **to be in. ~** *Br.* Geschäftsmann *od.* (Einzel)Händler sein; **she does a good ~** sie macht gute Geschäfte; **good** (**bad**) **for ~** handelsgünstig (handelsungünstig); **we sell to the ~** Abgabe an Einzelhändler *od.* Wiederverkäufer. **4. the ~** *econ.* a) die Geschäftswelt, b) der Spiritu'osenhandel, c) die Kundschaft. **5.** Gewerbe *n*, Beruf *m*, Handwerk *n*, Branche *f*, Meti'er *n*: **a baker by ~** Bäcker von Beruf; **every man to his ~** jeder, wie er es gelernt hat; **two of a ~ never agree** zwei vom gleichen Gewerbe sind sich niemals einig; **the ~ of war** *fig.* das Kriegshandwerk. **6.** Zunft *f*, Gilde *f*. **7.** *meist pl* → trade wind. **8.** *obs.*

trade acceptance – train

Pfad m, Weg m. **9.** obs. Beschäftigung f, Gewohnheit f.
II v/t **10.** (aus)tauschen (for gegen): to ~ places die Plätze tauschen (with mit); I wouldn't ~ places with him fig. ich möchte nicht mit ihm tauschen. **11.** to ~ blows aufeinander einschlagen; to ~ insults sich gegenseitig Beleidigungen an den Kopf werfen. **12.** ~ away (od. off) verschachern. **13.** ~ in in Zahlung geben (for für).
III v/i **14.** a) Handel treiben, b) in Geschäftsbeziehungen stehen (with mit), c) handeln (in s.th. mit e-r Sache). **15.** ~ (up)on etwas ausnutzen, spekulieren auf (acc). **16.** ~ down (up) econ. Am. billiger (teurer) einkaufen. **17.** Am. a) Kunde sein, (ein)kaufen (with bei j-m), b) (ein)kaufen (at in e-m Laden).
trade| ac·cept·ance s econ. 'Handelsak₁zept n. **~ ac·counts** s pl econ. Bilanz: ~ payable Warenschulden pl; ~ receivable Warenforderungen pl. **~ al·low·ance** → trade discount. **~ a·re·a** → trading area. **~ as·so·ci·a·tion** s **1.** Wirtschaftsverband m. **2.** Arbeitgeber-, Unter'nehmerverband m. **~ bal·ance** s econ. 'Handelsbi₁lanz f. **~ bar·ri·ers** s pl econ. Handelsschranken pl. **~ bill** s econ. Waren-, Handelswechsel m. **~ cy·cle** s econ. Br. Konjunk'turzyklus m. **~ def·i·cit** → trade gap. **~ del·e·ga·tion** s 'Handelsdelegati₁on f. **~ di·rec·to·ry** s Branchen-, Firmenverzeichnis n, 'Handelsa₁dreßbuch n. **~ dis·count** s econ. 'Handels-, 'Händlerra₁batt m, Ra'batt für 'Wiederverkäufer. **~ dis·putes** s pl econ. Arbeitsstreitigkeiten pl. **~ dol·lar** s econ. hist. Tradedollar m (Silbermünze). **~ e·di·tion** s Handelsausgabe f (Buch). **~ fair** s econ. (Handels)Messe f. **~ gap** s econ. 'Handelsbi₁lanzdefizit n. **~ -in I** s **1.** in Zahlung gegebene Sache. **2.** to get a good ~ etwas günstig in Zahlung geben (können). **II** adj **3.** ~ value Eintausch-, Verrechnungswert m. **~ jour·nal** s Handelsblatt f. **'~-last** s Am. colloq. Austausch m von Kompli'menten aus zweiter Hand. **'~-mark I** s **1.** Warenzeichen n: registered ~ eingetragenes Warenzeichen. **2.** fig. Kennzeichen n, Stempel m. **II** v/t **3.** econ. a) Warenzeichen anbringen an (dat), b) Zeichen od. Ware gesetzlich schützen lassen: ~ed goods Markenartikel. **~ mis·sion** s pol. 'Handelsmissi₁on f. **~ name** s econ. **1.** Markenname m, Handelsbezeichnung f. **2.** jur. Firmenname m, Firma f. **'~-off** s fig. **1.** Geschäft n, Handel m. **2.** Absprache f. **3.** Kompro'miß m: to make a ~ e-n Kompromiß schließen. **~ pa·per** s econ. Warenwechsel m. **~ price** s econ. Großhandelspreis m.
'trad·er s **1.** econ. Händler m, Kaufmann m. **2.** mar. Handelsschiff n. **3.** Börse: Am. 'Wertpa₁pierhändler m.
trade| school s econ. Handels-, Gewerbeschule f. **~ se·cret** s Betriebs-, Geschäftsgeheimnis n.
'trades-folk s pl Geschäftsleute pl.
trade show s (geschlossene) Filmvorführung für Verleiher u. Kritiker.
'trades|·man [-mən] s irr **1.** econ. (Einzel)Händler m, Geschäftsmann m. **2.** Ladeninhaber m. **3.** Handwerker m. **'~-peo·ple** s pl econ. Geschäftsleute pl.
trades un·ion, etc → trade union.
trade| sym·bol s econ. Bild n (Warenzeichen). **~ test** s Fachprüfung f (für Handwerker n).
trade| un·ion s Gewerkschaft f. ₁~'un·ion adj gewerkschaftlich, werkschafts...: ~ movement. **~ un·ion·ism** s Gewerkschaftswesen n. **~ un·ion·ist** s Gewerkschaftler(in).

trade wind s Passat(wind) m.
'trad·ing I s **1.** Handeln n. **2.** Handel m (in s.th. mit etwas; with s.o. mit j-m). **II** adj **3.** Handels... **4.** handeltreibend. **~ a·re·a** s econ. Absatz-, Verkaufsgebiet n. **~ com·pa·ny** s econ. Handelsgesellschaft f. **~ es·tate** s Br. Indu'striegebiet n. **~ floor** s Börsensaal m. **~ part·ner** s econ. Handelspartner m. **~ post** s **1.** econ. Handelsniederlassung f. **2.** Börse: Standplatz m. **~ stamp** s econ. Ra'battmarke f.
tra·di·tion [trə'dɪʃn] s **1.** allg. Traditi'on f: a) mündliche Über'lieferung (a. relig.), b) 'Herkommen n, (alter) Brauch, Brauchtum n, c) Gepflogenheit f, d) (Kul'tur- etc)Erbe n, e) bes. art u. Literatur: überlieferte Grundsätze pl: by ~ traditio'nell(erweise); it is a ~ for s.o. to do s.th. es ist üblich, daß j-d etwas tut; to be in the ~ sich im Rahmen der Tradition halten; ~ has it that es ist überliefert, daß. **2.** Über'lieferung f, über'lieferte Geschichte, alte Sage, alter Glaube. **3.** jur. Auslieferung f, 'Übergabe f. **tra·di·tion·al** [-ʃənl] adj (adv -ly) traditio'nell, Traditions...: a) (mündlich) über'liefert, b) 'herkömmlich, (alt)'hergebracht, üblich. **tra·di·tion·al·ism** s bes. relig. Traditiona'lismus m, Festhalten n an der Über'lieferung. **tra·di·tion·al·ize** v/t **1.** zur Traditi'on machen. **2.** mit Traditi'onen ausstatten. **tra·di·tion·ar·y** [-ʃənrɪ; Am. -ʃə₁nerɪ] → traditional.
tra·duce [trə'dju:s; Am. a. -'du:s] v/t verleumden.
traf·fic ['træfɪk] **I** s **1.** (öffentlicher, Straßen-, Schiffs-, Eisenbahn- etc)Verkehr m. **2.** (Per'sonen-, Güter-, Nachrichten-, Fernsprech- etc)Verkehr m. **3.** a) (Handels)Verkehr m, Handel m (in in dat, mit), b) ('ille₁galer) Handel: drug ~; ~ in persons Menschenhandel; more than the ~ will bear mehr als unter den vorherrschenden Umständen vertretbar ist. **4.** fig. a) Verkehr m, Geschäft(e pl) n, b) Austausch m (in von): ~ in ideas. **5.** Besuch(erzahl f) m, Betrieb m, Kundenandrang m. **II** v/i pret u. pp **'traf·ficked 6.** (a. 'ille₁gal) handeln od. Handel treiben (in s.th. mit; with s.o. mit). **7.** fig. verhandeln (with mit). **III** v/t **8.** befahren: a heavily ~ked highway. **9.** im Handel 'umsetzen. **'traf·fi·ca·'bil·i·ty** s bes. Am. **1.** econ. Marktfähigkeit f. **2.** Pas'sierbarkeit f. **'traf·fic·a·ble** adj bes. Am. **1.** econ. marktfähig, gängig. **2.** pas'sierbar (Gelände etc).
traf·fi·ca·tor ['træfɪkeɪtə] s mot. Br. (Fahrt)Richtungsanzeiger m: a) hist. Winker m, b) Blinker m.
traf·fic| block → traffic jam. **~ cha·os** s Verkehrschaos n. **~ cir·cle** s Am. Kreisverkehr m. **~ cone** s Py'lon m, Py'lone f, Leitkegel m. **~ cop** s Am. sl. Ver'kehrspoli₁zist m. **~ en·gi·neer·ing** s Verkehrstechnik f, -planung f. **~ is·land** s Verkehrsinsel f. **~ jam** s Verkehrsstockung f, -stauung f (Fahrzeug)Stau m. **'~--jammed** adj verstopft (Straße).
'traf·fick·er s (a. 'ille₁galer) Händler.
traf·fic| lane s mot. Spur f. **~ lane mark·ing** s mot. 'Fahrbahnmar₁kierung f. **~ light** s Br. meist pl Verkehrsampel f. **~ man·age·ment** s econ. **1.** Betriebsführung f. **2.** Versandleitung f. **~ man·ag·er** s econ. **1.** Be'triebsdirektor m. **2.** Versandleiter m. **~ noise** s Verkehrslärm m. **~ of·fence** (bes. Am. **of·fense**) s mot. Ver'kehrsde₁likt n. **~ of·fend·er** s mot. Verkehrssünder m. **~ pat·tern** s aer. Anflugvorschriften pl. **~ po·lice·man** s irr Ver'kehrspoli₁zist m. **~ queue** s bes. Br. Fahrzeugschlange f. **~ reg·u·la·tions** s pl Verkehrsvorschriften pl, (Straßen)Verkehrsordnung f. **~ sign** s Verkehrszeichen n, -schild n. **~ sig·nal** → traffic light. **~ ward·en** s Br. Poli'tesse f.
trag·a·canth ['trægəkænθ; Am. a. -dʒə-] s chem. pharm. Tra'gant(gummi n, m) m.
tra·ge·di·an [trə'dʒi:djən; -ɪən] s **1.** Tragiker m, Trauerspieldichter m. **2.** thea. Tra'göde m, tragischer Darsteller. **tra·ge·di·enne** [-dɪ'en] s thea. Tra'gödin f.
trag·e·dy ['trædʒɪdɪ] s **1.** Tra'gödie f: a) thea. Trauerspiel n (a. als Kunstform), b) fig. tragische od. erschütternde Begebenheit, c) Unglück(sfall m) n, Kata'strophe f. **2.** fig. (das) Tragische.
trag·ic ['trædʒɪk] adj; **'trag·i·cal** adj (adv -ly) thea. u. fig. tragisch: ~ event; ~ irony; ~ actor Tragöde m; **tragically** tragischerweise.
trag·i·com·e·dy [₁trædʒɪ'kɒmɪdɪ; Am. -'ka-] s 'Tragiko₁mödie f (a. fig.). ₁**trag·i'com·ic** adj; ₁**trag·i·com·i·cal** adj (adv -ly) tragi'komisch.
trail [treɪl] **I** v/t **1.** (nach)schleppen, (-)schleifen, hinter sich 'herziehen: to ~ one's coat(tails) fig. provozieren, Streit suchen. **2.** verfolgen, j-m nachgehen, -spüren, j-n beschatten. **3.** e-n Pfad treten durch: to ~ the grass. **4.** a. ~ out Am. fig. hin'ausziehen, in die Länge ziehen. **5.** zu'rückbleiben hinter (dat), j-m nachhinken (a. fig.). **6.** ~ arms mil. das Gewehr mit der Mündung nach vorn halten (Gewehrkolben in Bodennähe, Lauf im Winkel von 30°): ~ arms! Gewehr rechts! **II** v/i **7.** schleifen: her skirt ~s on the ground. **8.** wehen, flattern. **9.** her'unterhängen. **10.** bot. kriechen, sich ranken: ~ing plant → trailer **1**. **11.** da'hinziehen (Rauch etc). **12.** sich (da'hin)schleppen. **13.** nachhinken (a. fig.), hinter'dreinzotteln. **14.** ~ away (od. off) sich verlieren (Klang, Stimme, a. Diskussion etc). **15.** e-r Spur nachgehen. **16.** fischen (for nach). **III** s **17.** nachgeschleppter Teil, bes. Schleppe f (e-s Kleides). **18.** Schweif m, Schwanz m (e-s Meteors; ~ of smoke Rauchfahne f. **19.** Spur f: the slimy ~ of a slug; ~ of blood. **20.** hunt. u. fig. Fährte f, Spur f: to be on s.o.'s ~ j-m auf der Spur sein; to be hot on s.o.'s ~ j-m dicht auf den Fersen sein; to be off the ~ auf der falschen Spur sein; → camp¹ 5. **21.** (Trampel)Pfad m, Weg m: to blaze the ~ a) den Weg markieren, b) fig. den Weg bahnen (for für), bahnbrechend sein, Pionierarbeit leisten. **22.** aer. mil. Rücktrift f (beim Bombardieren). **23.** mil. Gewehr-rechts-Haltung f (→ **6**). **24.** mil. (La'fetten)Schwanz m.
'trail|·blaz·er s **1.** Pistensucher m. **2.** fig. Bahnbrecher m, Pio'nier m. **'~₁blaz·ing** adj fig. bahnbrechend.
'trail·er s **1.** bot. Kriechpflanze f. **2.** mot. etc a) Anhänger m, b) Am. Wohnwagen m, Wohnanhänger m, Caravan m: ~ camp, ~ court, ~ park Platz m für Wohnwagen. **3.** tech. Hemmstange f. **4.** Film, TV: (Pro'gramm)Vorschau f. **5.** Endstreifen m (an e-m Film). **trail·er·ite** ['treɪlə₁raɪt] s Am. Caravaner m.
'trail·ing| aer·i·al (bes. Am. **an·ten·na**) s aer. electr. 'Schleppan₁tenne f. **~ ax·le** s mot. nicht angetriebene Achse, Schleppachse f.
train [treɪn] **I** s **1.** rail. (Eisenbahn)Zug m: ~ journey Bahnfahrt f; ~ staff Zugpersonal n; to go by ~ mit dem Zug od. der Bahn fahren; to be on the ~ im Zug sein od. sitzen, mitfahren; to take a ~ to mit dem Zug fahren nach. **2.** Zug m (von Personen, Wagen etc), Kette f, Ko'lonne f: ~ of barges Schleppzug (Kähne). **3.** Gefolge n (a. fig.): ~ of admirers; to have (od. bring) in its ~ fig. zur Folge haben, mit sich bringen. **4.** fig. Reihe f,

trainband – transcription

Folge f, Kette f (von Ereignissen etc): ~ of events; ~ of thought Gedankengang m; in ~ a) im Gang(e), b) bereit (for für); to put in ~ in Gang setzen. 5. *mil. bes. hist.* Train m, Troß m. 6. *mil.*, a. *Bergbau:* Leitfeuer n, Zündlinie f. 7. *tech.* a) Walzwerk n, b) a. ~ of wheels Trieb-, Räderwerk n. 8. Schleppe f (am Kleid). 9. *astr.* (Ko'meten)Schweif m. 10. *phys.* Reihe f, Serie f: ~ of impulses Stromstoßreihe, -serie; ~ of waves Wellenzug m. 11. *chem.* Gerätesatz m.
II v/t 12. j-n er-, aufziehen. 13. *bot.* a) (bes. am Spa'lier) ziehen, b) wachsen lassen. 14. j-n ausbilden (a. *mil.*), a. das Auge, den Geist schulen: → trained. 15. j-m etwas 'einexer,zieren, beibringen. 16. *sport* trai'nieren: to ~ an athlete (a horse). 17. a) *Tiere* abrichten, dres'sieren (to do zu tun), b) *Pferde* zureiten. 18. *ein Geschütz etc* richten (on auf *acc*).
III v/i 19. sich ausbilden (for zu, als), sich schulen *od.* üben: where did you ~? wo wurden Sie ausgebildet? 20. *sport* trai'nieren (for für). 21. a. ~ it *colloq.* mit der Bahn fahren.
Verbindung mit Adverbien:
train| down v/i *sport* 'abtrai,nieren, Gewicht machen, ,abkochen'. **~off** *sport* I v/i außer Form kommen. II v/t Gewicht 'abtrai,nieren, ,abkochen'.
'**train·band** s *hist.* Bürgerwehr f. '**~bear·er** s Schleppenträger m. **~box** s Am. Reiseköfferchen n. **~call** s *teleph.* Zuggespräch n. **~case** → train box. **~ dis·patch·er** s *rail.* Zugabfertigungsbeamte(r) m. **~driv·er** s *rail.* Lokomo'tivführer m.
trained [treɪnd] adj 1. (voll) ausgebildet, gelernt, geschult: ~men (*od.* personnel) Fachkräfte, geschultes Personal. 2. geübt, geschult: ~ eye; ~ mind. 3. dres'siert: a ~ dog.
train·ee [treɪˈniː] s 1. in der (Berufs-) Ausbildung Stehende(r m) f: a) Auszubildende(r m) f, b) Prakti'kant(in), c) *Management:* Trai'nee m, f. 2. *mil. Am.* Sol'dat m in der Grundausbildung. **~ nurse** s Lernschwester f.
'**train·er** s 1. Ausbilder m, Lehrer m. 2. *sport* Trainer m. 3. a) ('Hunde*etc*)Dres,seur m, Abrichter m, b) Zureiter m, c) Domp'teur m. 4. *aer.* a) Schulflugzeug n, b) ('Flug)Simu,lator m.
train fer·ry s Eisenbahnfähre f.
'**train·ing** I s 1. Schulung f, Ausbildung f. 2. Üben n. 3. *bes. sport* Training n: to be in ~ a) im Training stehen, b) (gut) in Form sein; to be out of ~ nicht in Form sein; to go into ~ das Training aufnehmen; → physical 1. 4. a) Abrichten n (*von Tieren*), b) Zureiten n. 5. *bot.* Ziehen n (*am Spalier*). II *adj* 6. Ausbildungs..., Schulungs..., Lehr... 7. *sport* Trainings... **~ aids** s pl *ped. etc* Schulungshilfsmittel pl. **~a·re·a** s *mil.* Truppenübungsplatz m. **~camp** s *mil.* Trainingslager n. 2. *mil.* Ausbildungslager n. **~col·lege** s *ped. Br. hist.* Lehrerbildungsanstalt f. **~ film** s Lehrfilm m. **~flight** s *aer.* Ausbildungsflug m. **~post** s Ausbildungsplatz m. **~school** s *Am.* 1. *ped.* Aufbauschule f. 2. *jur.* Jugendstrafanstalt f. **~ship** s Schulschiff n.
'**train|·load** s Zugladung f. '**~·man** [-mən] s *irr Am.* Angehörige(r) m des 'Zugbegleitperso,nals. '**~·megs·pe·ople** *Am.* (Bezirks)Aufsichtsbeamte(r) m. '**~·mile** s *rail.* Zugmeile f. **~oil** s (Fisch)Tran m, *bes.* Walöl n. **~ser·vice** s Zugverbindung f. '**~sick** adj: she gets ~ ihr wird beim Zugfahren schlecht.
traipse → trapse.
trait [treɪ; treɪt] s 1. (Cha'rakter)Zug m, Merkmal n, Eigenschaft f. 2. *Am.* Gesichtszug m.
trai·tor [ˈtreɪtə(r)] s Verräter m (to an *dat*). '**trai·tor·ous** adj (*adv* ~ly) verräterisch. '**trai·tress** [-trɪs] s Verräterin f.
tra·ject I s [ˈtrædʒekt] 1. *tech.* Traˈjekt m, n, (Eisenbahn)Fähre f. 2. 'Überfahrt f. 3. 'Übergangsstelle f. II v/t **tra·ject** [trəˈdʒekt] 4. 'übersetzen über (*acc*). 5. *phys.* Licht *etc* 'durchlassen.
tra·jec·to·ry [ˈtrædʒɪktərɪ; *bes. Am.* trəˈdʒek-] s 1. *math. phys.* Flugbahn f, *aer.* Fallkurve f (*e-r Bombe*): ~ chart Flugbahnbild n. 2. *Geometrie:* Trajekto'rie f.
tram¹ [træm] I s 1. *Br.* a) Straßenbahn(wagen m) f: by ~ mit der Straßenbahn, b) → tramway 1. 2. *Bergbau:* Förderwagen m, Hund m. 3. *tech.* a) Hängebahn f, b) Laufkatze f. II v/t 4. im Förderwagen transpor'tieren. III v/i 5. a. ~ it *Br.* mit der Straßenbahn fahren.
tram² [træm] s Tram-, Einschlagseide f.
tram³ [træm] s 1. → trammel 5. 2. *tech.* Ju'stierung f.
'**tram|·car** s 1. *Br.* Straßenbahnwagen m. 2. → tram¹ 2. '**~·line** s 1. *Br.* Straßenbahnlinie f *od.* -schiene f. 2. pl *Tennis, Badminton:* Seitenlinien pl für Doppel. 3. pl *fig.* 'Leitprin,zipien pl.
tram·mel [ˈtræml] I s 1. a. ~ net (Schlepp)Netz n (*zum Fisch- od. Vogelfang*). 2. Spannriemen m (*für Pferde*). 3. *meist pl fig.* Fessel(n pl) f, Hemmschuh m. 4. Kesselhaken m. 5. *tech.* El'lipsenzirkel m. 6. a. pair of ~s Stangenzirkel m. II v/t *pret u. pp* **-meled**, *bes. Br.* **-melled** 7. *meist fig.* fesseln, hemmen.
tra·mon·tane [trəˈmɒnteɪn; *Am.* -ˈmɑn-] I *adj* 1. transal'pin(isch). 2. fremd, bar'barisch. II s 3. Fremdling m.
tramp [træmp] I v/i 1. trampeln (on, upon auf *acc*), stampfen, stapfen. 2. *meist* ~ it wandern, mar'schieren, ,tippeln'. 3. vagabun'dieren, her'umstolpern. II v/t 4. durch'wandern. 5. trampeln, stampfen: to ~ down niedertrampeln. III s 6. Getrampel n. 7. schwerer Schritt, Stampfen n. 8. Wanderung f, (Fuß)Marsch m: on the ~ auf Wanderschaft. 9. Vaga'bund m, Landstreicher m. 10. *colloq.* 'Flittchen' n. 11. a. ~ steamer *mar.* Trampschiff n: ~ shipping Trampschiffahrt f.
tram·ple [ˈtræmpl] I v/i 1. (a. ~ about her'um)trampeln (on, upon auf *dat*). 2. *fig.* mit Füßen treten (on, upon *acc*). II v/t 3. (zer)trampeln: to ~ to death zu Tode trampeln; to ~ down niedertrampeln; to ~ out a fire ein Feuer austreten; to ~ underfoot herumtrampeln auf (*dat*). III s 4. Trampeln n.
tram·po·lin(e) [ˈtræmpəlɪn] s *sport etc* Trampo'lin n. '**tram·po·lin·er**, '**tram·po·lin·ist** s a) Trampo'linspringer(in), b) *sport* Trampo'linturner(in).
'**tram·way** s 1. *Br.* Straßenbahn(linie) f. 2. *Bergbau:* a) Schienenweg m, b) Grubenbahn f.
trance [trɑːns; *Am.* træns] I s 1. Trance(zustand m) f: to go into a ~ in Trance fallen; to put into a ~ in Trance versetzen. 2. Ek'stase f, Verzückung f. II v/t 3. in Ek'stase versetzen.
trank [træŋk] s *Am. colloq.* Beruhigungsmittel n.
tran·nie, tran·ny [ˈtrænɪ] s *Br. colloq.* ,Tran'sistor' m (*Transistorradio*).
tran·quil [ˈtræŋkwɪl] adj (*adv* ~ly) 1. ruhig, friedlich. 2. gelassen. 3. heiter. **tran·quil·i·ty**, *bes. Br.* **tran·quil·li·ty** s 1. Ruhe f, Friede(n) m. 2. Gelassenheit f, (Seelen)Ruhe f. 3. Heiterkeit f.
,**tran·quil·i'za·tion**, *bes. Br.* ,**tran·quil·li'za·tion** [-laɪˈzeɪʃn; *Am.* -ləˈz-] s Beruhigung f. '**tran·quil·ize**, *bes. Br.* '**tran·quil·lize** v/t u. v/i (sich) beruhigen. '**tran·quil·iz·er**, *bes. Br.* '**tran·quil·liz·er** s Beruhigungsmittel n.
trans- [trænz; -s] *Vorsilbe mit den Bedeutungen* a) jenseits, b) durch, c) über.
trans·act [trænˈzækt; -ˈsækt] I v/t *Geschäfte etc* ('durch)führen, erledigen, abwickeln: to ~ business; to ~ a bargain e-n Handel abschließen. II v/i verhandeln, unter'handeln (with mit). **trans'ac·tion** s 1. 'Durchführung f, Abwicklung f, Erledigung f. 2. Ver-, Unter'handlung f. 3. *econ.* Transakti'on f, Geschäft n, (Geschäfts)Abschluß m. 4. *jur.* Rechtsgeschäft n. 5. pl *econ.* (Ge'schäfts)Umsatz m: **cash** ~s Barumsätze. 6. pl Proto'koll n, Sitzungsbericht m (*der Börse od. gelehrter Gesellschaften*). **trans'ac·tor** [-tə(r)] s 1. 'Durchführende(r m) f. 2. 'Unterhändler(in).
trans·ad·mit·tance [ˌtrænzədˈmɪtəns; ˌtræns-] s *electr.* Gegenschaltleitwert m.
trans·al·pine [ˌtrænzˈælpaɪn; *Am.* a. ˌtræns-] *adj* transal'pin(isch).
trans·at·lan·tic [ˌtrænzətˈlæntɪk; *Am.* a. ˌtræns-] I adj 1. transat'lantisch, 'überseeisch. 2. Übersee...: ~ liner → 3; ~ flight Ozeanflug m. II s 3. 'Überseedampfer m. 4. in 'Übersee Lebende(r m) f.
trans·ceiv·er [trænˈsiːvə(r)] s *electr.* Sender-Empfänger m.
tran·scend [trænˈsend] I v/t 1. *bes. fig.* über'schreiten, -'steigen, hin'ausgehen über (*acc*). 2. *fig.* über'treffen. II v/i 3. *fig.* her'vorragen, -stechen. **tran'scend·ence**, **tran'scend·en·cy** s 1. Über'legenheit f, Erhabenheit f. 2. *relig.*, a. *math. philos.* Transzen'denz f. **tran'scend·ent** adj 1. transzen'dent: a) *philos.* 'übersinnlich, b) *relig.* 'überweltlich, -na,türlich. 2. her'vorragend.
tran·scen·den·tal [ˌtrænsenˈdentl] I *adj* 1. *philos.* transzenden'tal: a) *Scholastik:* meta'physisch, b) (*bei Kant*) apri'orisch: ~ idealism transzendentaler Idealismus; ~ object reales Objekt. 2. 'überna,türlich, -menschlich. 3. erhaben, über'legen. 4. ab'strakt: ~ ideas. 5. verworren, ab'strus: ~ conceptions. 6. *math.* transzen'dent: ~ number → 8. 7. ~ meditation transzendentale Meditation. II s 8. *math.* Transzen'dente f. 9. pl *Scholastik:* Transzenden'talien pl. 10. *philos.* (das) Transzenden'tale. 11. Transzenden'talphilo,soph m. ,**tran·scen'den·tal·ism** [-təlɪzəm] s Transzenden'talphiloso,phie f, Transzendenta'lismus m.
trans·con·duc·tance [ˌtrænzkənˈdʌktəns; ˌtræns-] s *electr.* Gegenwirkleitwert m.
trans·con·ti·nen·tal [ˈtrænzˌkɒntɪˈnentl; *Am.* ˌtrænsˌkɑntɪˈnentl] adj 1. transkonti'nental, e-n Erdteil durch'ziehend *od.* -'querend. 2. auf der anderen Seite des Kontinents (gelegen *etc*).
tran·scribe [trænˈskraɪb] v/t 1. abschreiben, ko'pieren. 2. (*in e-e andere Schriftart*) über'tragen: to ~ one's shorthand notes in longhand. 3. *fig.* e-n Gedanken um'schreiben. 4. *mus.* tran·skri'bieren, 'umschreiben. 5. *Rundfunk, TV:* a) aufzeichnen, auf Band nehmen, b) (vom Band) über'tragen. 6. *Computer:* 'umschreiben. 7. *fig.* aufzeichnen.
'**tran·script** [-skrɪpt] s Abschrift f, Ko'pie f. **tran'scrip·tion** s 1. Abschreiben n. 2. Abschrift f, Ko'pie f. 3. 'Umschrift f. 4. *mus.* Transkripti'on f. 5. *Rundfunk, TV:* a) Aufnahme f, b) Aufzeichnung f: ~ turntable Abspieltisch m (*für Tonaufnahmen*).

trans·cul·tur·a·tion ['trænzˌkʌltʃə-'reɪʃn] s Kul'turwandel m.
trans·duc·er [trænz'djuːsə(r); træns-; Am. a. -'duː-] s 1. electr. ('Um)Wandler m. 2. tech. ('Meßwert)ˌUmformer m. 3. Computer: Wandler m. [den.]
tran·sect [træn'sekt] v/t 'durchschneiˍ
tran·sept ['trænsept] s arch. Querschiff n.
trans·fer [træns'fɜː; Am. -'fɜr; a. 'træns-] I v/t 1. hin'überbringen, -schaffen (from ... to von ... nach od. zu). 2. über'geben, -'mitteln (to s.o. j-m). 3. verlegen (to nach, zu; in, into acc): to ~ a production plant (troops, one's domicile); to ~ a patient med. e-n Patienten überweisen (to an acc). 4. a) e-n Beamten, Schüler versetzen (to nach; in, into in o-e andere Schule etc) b) (to) sport e-n Spieler transfe'rieren (zu), abgeben (an acc). 5. (to) jur. über'tragen (auf acc), ze'dieren, abtreten (an acc). 6. econ. a) e-e Summe vortragen, in e-n Posten, ein Wertpapier 'umbuchen, c) Aktien etc über'tragen. 7. Geld über'weisen (to an j-n, auf ein Konto). 8. fig. s-e Zuneigung etc über'tragen (to auf acc). 9. fig. verwandeln (into in acc). 10. print. e-n Druck, Stich über'tragen, 'umdrucken. II v/i 11. (to zu) a) 'übertreten, b) sport wechseln (Spieler). 12. verlegt od. versetzt werden (to nach, zu). 13. rail. etc 'umsteigen (to nach, zu). III s ['trænsfɜː; Am. -ˌfɜr] 14. 'Übergabe f, Über'mittlung f (to an acc). 15. Verlegung f (to nach, zu; in, into in acc): ~ of domicile. 16. Versetzung f (to nach; in, into in acc): ~ of a civil servant. 17. (to zu) sport a) Trans'fer m, b) Wechsel m. 18. (to) jur. Über'tragung f (auf acc), Zessi'on f, Abtretung f (an acc). 19. econ. a) ('Wertpaˌpier- etc)ˌUmbuchung f, b) ('Aktienetc)Über'tragung f. 20. econ. ('Geld-) Über'weisung f (to an acc, auf acc): ~ of foreign exchange Devisentransfer m; ~ business Girover'kehr m. 21. print. a) Abziehen n, 'Umdrucken n, b) Abzug m, 'Umdruck m, Über'tragung f, c) Abziehbild n. 22. rail. etc a) 'Umsteigen n, b) 'Umsteigefahrkarte f, c) a. mar. 'Umschlagplatz m, d) Fährboot n. **transˌfer·a'bil·i·ty** s Über'tragbarkeit f. **trans'fer·a·ble** adj bes. econ. jur. über'tragbar (a. Wahlstimme).
trans·fer|a·gent s econ. Am. Trans'feraˌgent m. ~ **bank** s Girobank f. ~ **book** s econ. 'Umschreibungs-, Aktienbuch n. ~ **day** s econ. 'Umschreibungstag m. ~ **deed** s Über'tragungsurkunde f.
trans·fer·ee [ˌtrænsfɜː'riː] s 1. Versetzte(r m) f. 2. jur. Erwerber m, Über'nehmer m, Zessio'nar m.
trans·fer·ence ['trænsfərəns; træns-'fɜː-] s 1. → transfer 15, 16. 2. jur. → transfer 18. 3. econ. → transfer 19. 4. psych. Über'tragung f.
trans·fer·en·tial [ˌtrænsfə'renʃl] adj econ. Übertragungs...
trans·fer|fee s sport Ablöse(summe) f. ~ **ink** s print. 'Umdrucktinte f, -farbe f. ~ **list** s bes. Fußball: Trans'ferliste f.
trans·fer·or [træns'fɜːrə(r)] s jur. Ze'dent m, Abtretende(r) m.
trans·fer| pa·per s print. 'Umdruckpaˌpier n. ~ **pay·ment** s (öffentliche) Zuwendung(en pl). ~ **pic·ture** s Abziehbild n.
trans·fer·rer [træns'fɜːrə(r)] s 1. Über'trager m. 2. → transferor.
trans·fer|re·sist·ance s electr. 'Übergangsˌwiderstand m. ~ **tick·et** → transfer 22 b.
trans·fig·u·ra·tion [ˌtrænsfɪgjʊ'reɪʃn] s 1. 'Umgestaltung f. 2. relig. a) Verklärung f (Christi), b) T~ Fest n der Verklärung (6. August). **trans'fig·ure** [-'fɪgə; Am. -'fɪ-

gjər] v/t 1. 'umgestalten, -formen (into in acc). 2. relig. u. fig. verklären.
trans·fi·nite [træns'faɪnaɪt] adj math. transfi'nit, 'überendlich.
trans·fix [træns'fɪks] v/t 1. durch'stechen, -'bohren (a. fig.). 2. fig. erstarren lassen, lähmen: ~ed wie versteinert, starr (with vor). **trans'fix·ion** [-'fɪkʃn] s 1. Durch'bohrung f. 2. fig. Erstarrung f.
trans·form [træns'fɔː(r)m] I v/t 1. 'umgestalten, -wandeln, -bilden, -formen, a. fig. j-n verwandeln, -ändern (into, to in acc, zu). 2. transfor'mieren: a) electr. 'umspannen, b) ling. math. 'umwandeln (into in acc). II v/i 3. sich verwandeln (into zu). **trans'form·a·ble** adj 'umˌverwandelbar.
trans·for·ma·tion [ˌtrænsfə(r)'meɪʃn] s 1. 'Umgestaltung f, -bildung f, -formung f, Veränderung f, -wandlung f, 'Umwandlung f. 2. fig. Verwandlung f, (Cha'rakter- od. Sinnes)Änderung f. 3. Transformati'on f: a) electr. 'Umspannung f, b) ling. math. 'Umwandlung f (into in acc). 5. meist ~ **scene** thea. Verwandlungsszene f. 6. 'Damenperˌrücke f, Haar(ersatz)teil n. **ˌtrans·for'ma·tion·al** [-ʃnl] adj ling. transformatio'nell, Transformations...: ~ **grammar**.
trans·form·a·tive [træns'fɔː(r)mətɪv] adj 'umgestaltend, -bildend.
trans'form·er s 1. 'Umgestalter(in), -wandler(in). 2. electr. Transfor'mator m, 'Umspanner m.
trans·form·ism [træns'fɔː(r)mɪzəm] s biol. 1. Transfor'mismus m, Deszen'denztheoˌrie f. 2. Entwicklung f.
trans·fuse [træns'fjuːz] v/t 1. obs. 'umgießen. 2. med. a) Blut über'tragen, b) Serum etc einspritzen, c) e-e 'Blutüberˌtragung machen bei j-m. 3. fig. einflößen (into dat). 4. fig. a) durch'dringen, b) erfüllen (with mit). **trans'fu·sion** [-ʒn] s 1. obs. 'Umgießen n. 2. med. a) ('Blut)Transfusi'on f, b) Injekti'on f. 3. fig. Erfüllung f (with mit).
trans·gress [træns'gres] I v/t 1. über'schreiten (a. fig.). 2. fig. Gesetze etc über'treten, verletzen. II v/i 3. (against gegen). sich vergehen, sündigen. **trans'gres·sion** [-ʃn] s 1. Über'schreitung f (a. fig.). 2. Über'tretung f, Verletzung f (von Gesetzen etc). 3. Vergehen n, Missetat f. 4. geol. Transgressi'on f, 'Übergreifen n der Schichten. **trans'gres·sive** adj verstoßend (of gegen).
trans'gres·sor [-sə(r)] s Missetäter(in).
tran·ship [træn'ʃɪp], etc → transship, etc.
trans·hu·mance [træns'hjuːməns; trænz-] s Transhu'manz f (Wirtschaftsform, bei der das Vieh auf entfernte Sommerweiden gebracht wird).
tran·si·ence ['trænzɪəns; Am. a. -tʃəns], a. **ˈtran·si·en·cy** [-sɪ] s Vergänglichkeit f, Flüchtigkeit f. **'tran·si·ent** I adj (adv ~ly) 1. (zeitlich) vor'übergehend. 2. vergänglich, flüchtig, kurz. 3. wechselhaft. 4. Am. a) sich vor'übergehend aufhaltend, b) Durchgangs...: ~ **camp**; ~ **visi·tor**, ~ **guest** → 8. 5. electr. Einschalt..., Einschwing...: ~ **current**; ~ **impulse**. 6. mus. 'überleitend. II s 7. → 1. 2. flüchtige Erscheinung. 8. Am. 'Durchreisende(r m) f. 9. electr. a) Einschaltstoß m, b) Einschwingvorgang m, c) a. ~ **wave** Wanderwelle f.
tran·sil·i·ence [træn'sɪlɪəns] s geol. ab'rupter 'Übergang (von e-r Formation zur anderen).
trans·il·lu·mi·nate [ˌtrænzɪ'ljuːmɪˌneɪt; ˌtræns-; bes. Am. -'luː-] v/t bes. med. durch'leuchten.
trans·i·re [træn'saɪərɪ] s econ. Zollbegleitschein m.

tran·sis·tor [træn'sɪstə(r); -'zɪs-] s electr. Tran'sistor m: ~ **switch** Schalttransistor.
tran'sis·tor·ize v/t transisto'rieren, transistori'sieren, mit Transi'storen ausrüsten.
trans·it ['trænsɪt; -zɪt] I s 1. 'Durch-, 'Überfahrt f: ~ **of persons** Personenverkehr m. 2. a) 'Durchgang m (a. astr.), b) 'Durchgangsstraße f, c) Verkehrsweg m. 3. econ. Tran'sit m, 'Durchfuhr f, Trans'port m (von Waren): **in** ~ unterwegs od. auf dem Transport. 4. 'Durchgangsverkehr m: → **rapid** 1. 5. Am. öffentliche Verkehrsmittel pl. 6. fig. 'Übergang m (to zu). II adj 7. a. astr. electr. Durchgangs...: ~ **camp** (circle, traffic, etc); ~ **passenger** aer. Transitpassagier m; ~ **visa** Durchreise-, Transitvisum n. 8. econ. Transit..., Durchgangs...: ~ **goods**; ~ **duty** Durchfuhrzoll m. III v/t 8. durch-, über'queren, a. astr. gehen durch, pas'sieren.
tran·si·tion [træn'sɪʒn; -'zɪʃn] I s 1. 'Übergang m (a. mus. u. phys.) (from ... to von ... zu, ~ **period** 'Übergangszeit f: (**state of**) ~ Übergangsstadium n. II adj 3. → transitional: ~ **element** chem. Übergangselement n. **tran·si'tion·al** [-ʃnəl], **tran·si'tion·a·ry** [-ʃnərɪ; Am. -ʃəˌnerɪ] adj Übergangs..., Überleitungs..., Zwischen...: ~ **stage** Übergangsstadium n.
tran·si·tive ['trænsɪtɪv] I adj (adv ~ly) 1. ling. transitiv, zielend: ~ **verb** → 4. 2. Logik: transitiv: a ~ **equation**. 3. Übergangs... II s 4. a. ~ **verb** ling. Transitiv(um) n, transitives Verb, zielendes Zeitwort. **'tran·si·tive·ness** s ling. transitive Funkti'on.
tran·si·to·ri·ness ['trænsɪtərɪnɪs; -zɪ-; Am. -ˌtɔːrɪ-; -ˌtoː-] s Flüchtigkeit f, Vergänglichkeit f.
tran·si·to·ry ['trænsɪtərɪ; -zɪ-; Am. -ˌtɔːrɪː; -ˌtoː-] adj (adv **transitorily**) 1. (zeitlich) vor'übergehend, transi'torisch: ~ **action** jur. an keinen Gerichtsstand gebundene Klage. 2. vergänglich, flüchtig.
trans·lat·a·ble [træns'leɪtəbl; trænz-] adj über'setzbar.
trans·late [træns'leɪt; trænz-] I v/t 1. über'setzen, -'tragen (into in acc): to ~ a book into English ein Buch ins Englische übersetzen od. -tragen. 2. Grundsätze etc über'tragen (into in acc): to ~ ideas into action Gedanken in die Tat umsetzen; to ~ itself in werden zu. 3. fig. a) auslegen, interpre'tieren, b) ausdrücken (in in dat). 4. a) chiffrierte Nachricht etc über'tragen, b) Computer: Information über'setzen. 5. relig. a) e-e Reliquie etc 'überführen, verlegen (to nach), b) e-n Geistlichen versetzen (from ... to von ... nach). 6. relig. j-n entrücken. 7. obs. j-n 'hinreißen. 8. verwandeln (into in acc). 9. Br. Schuhe etc 'umarbeiten. 10. tech. e-e Bewegung über'tragen auf (acc). II v/i 11. über'setzen. 12. sich gut od. schlecht über'setzen lassen.
trans·la·tion [træns'leɪʃn; trænz-] s 1. Über'setzung f, -'tragung f (into in acc). 2. fig. Auslegung f, Interpretati'on f. 3. a) Über'tragung f (e-r chiffrierten Nachricht etc), b) Computer: Über'setzung f: ~ **program(me)** Übersetzungsprogramm n. 4. Versetzung f (e-s Geistlichen) (from ... to von ... nach). 5. relig. Entrückung f. 6. Übertragung f (into in acc). **trans·la·tion·al** [-ʃnl] adj Übersetzungs... **trans·la·tor** [-tə(r)] s 1. Über'setzer(in). 2. Computer: Übersetzer m.
trans·lit·er·ate [trænz'lɪtəreɪt; træns-] v/t transkri'bieren, (in ein anderes Alphabet) 'umschreiben. **ˌtrans·lit·er'a·tion** s Transkripti'on f.

trans·lo·cate [ˌtrænzˌləʊˈkeɪt; ˌtræns-; *Am.* ˈtrænsləʊˌkeɪt] *v/t* **1.** verlagern. **2.** *biol.* Chromosomenbruchstücke translo'zieren, verlagern. **ˌtransˈloˈcaˈtion** *s* **1.** Verlagerung *f.* **2.** *biol.* Translokatiˈon *f,* Verlagerung *f.*

trans·luˈcence [trænzˈluːsns; træns-], *a.* **transˈluˈcenˈcy** [-sɪ] *s* **1.** ˈLicht,durchlässigkeit *f.* **2.** ˈDurchscheinen *n.* **transˈluˈcent** *adj (adv ~ly)* **1.** a) ˈlicht,durchlässig, b) halb ˈdurchsichtig: ~ **glass** Milchglas *n.* **2.** ˈdurchscheinend.

trans·luˈnaˈry [trænzˈluːnərɪ; træns-] *adj* **1.** transluˈnarisch. **2.** *fig.* phanˈtastisch. [*adj* ˈüberseeisch, Übersee...]

trans·maˈrine [ˌtrænzməˈriːn; ˌtræns-]

trans·miˈgrant [trænzˈmaɪɡrənt; træns-] **I** *s* ˈDurchreisende(r *m*) *f.* **II** *adj* ˈdurchziehend.

trans·miˈgrate [ˌtrænzmaɪˈɡreɪt; ˌtræns-; *Am.* trænsˈmaɪˌɡreɪt; trænzˈ] *v/i* **1.** fortziehen. **2.** ˈübersiedeln. **3.** auswandern. **4.** wandern(*Seele*). **ˌtrans·miˈgraˈtion** [-ˈmaɪˈɡreɪʃn] *s* **1.** Auswanderung *f,* ˈÜbersiedlung *f.* **2.** *a.* ~ **of souls** Seelenwanderung *f.* **3.** *med.* a) ˈÜberwandern *n (Ei-, Blutzelle etc),* b) Diapeˈdese *f.* **ˌtrans·miˈgraˈtion·ism** *s* Lehre *f* von der Seelenwanderung. **transˈmiˌgraˈtoˈry** [-ˈmaɪɡrətɔrɪ; *Am.* -ˌtəʊrɪ:; -ˌtɔː-] *adj* (aus)wandernd, ˈübersiedelnd, Wander...

trans·misˈsiˈbilˈiˈty [trænzˌmɪsəˈbɪlətɪ; træns-] *s* **1.** Überˈsendbarkeit *f,* -ˈtragbarkeit *f.* **2.** *phys.* ˈDurchlässigkeit *f.* **transˈmisˈsiˈble** *adj* **1.** überˈsendbar. **2.** *a. med. u. fig.* überˈtragbar (**to** auf *acc*). **3.** *biol. med.* vererblich.

trans·misˈsion [trænzˈmɪʃn; træns-] *s* **1.** Überˈsendung *f,* -ˈmittlung *f, econ.* Versand *m.* **2.** Überˈmittlung *f:* ~ **of news** Nachrichtenübermittlung, -übertragung *f.* **3.** *ling.* (ˈText)Überˈlieferung *f.* **4.** *tech.* a) Transmissiˈon *f,* Überˈsetzung *f,* b) Triebwelle *f,* -werk *n:* ~ **gear** Wechselgetriebe *n.* **5.** *allg.* Überˈtragung *f:*a) *biol.* Vererbung *f,* b) *med.* Ansteckung *f,* *Rundfunk, TV:* Sendung *f,* d) *jur.* Überˈlassung *f:* ~ **of rights** Rechtsübertragung *f,* e) *phys.* Fortpflanzung *f:* ~ **of waves. 6.** *phys.* (ˈLicht)ˌDurchlässigkeit *f.* ~ **belt** *s tech.* Treibriemen *m.* ~ **case** *s tech.* Getriebegehäuse *n.* ~ **gearˈing** *s tech.* Überˈsetzungsgetriebe *n.* ~ **line** *s electr.* Überˈtragungs- *od.* Anˈtennen- *od.* Hochspannungsleitung *f.* ~ **raˈtio** *s tech.* Überˈsetzungsverhältnis *n.* ~ **shaft** *s tech.* Kardanwelle *f.*

trans·mit [trænzˈmɪt; træns-] *v/t* **1.** (**to**) überˈsenden, -ˈmitteln (*dat*), (ver)senden (**an** *acc*), befördern (**zu**). **2.** mitteilen (*dat*): **to** ~ **news** (**impressions,** *etc*). **3.** *fig.* Ideen *etc* überˈliefern, -ˈmitteln, weitergeben (**to** *dat*). **4.** *allg.* überˈtragen (*a. med.*): a) *biol.* vererben, b) *jur.* überˈschreiben, vermachen. **5.** *phys.* Wärme *etc* a) (fort-, weiter)leiten, b) *a. Kraft* überˈtragen, c) *Licht etc* ˈdurchlassen. **6.** *Rundfunk, TV:* senden. **transˈmitˌtal** → **transmission** 1–4 *a.*

transˈmitˈter *s* **1.** Überˈsender *m,* -ˈmittler *m.* **2.** *tel. teleph.* Mikroˈphon *n.* **3.** *Radio:* a) Sendegerät *n,* b) Sender *m.* **4.** *tech.* (Meßwert)Geber *m.* **transˈmitˈting** *adj* Sende...: ~ **aerial** (*bes. Am.* **antenna**); ~ **set** Sendegerät *n;* ~ **station** Sender *m.*

trans·mogˈriˈfy [trænzˈmɒɡrɪfaɪ; træns-; *Am.* -ˈmɑ-] *v/t humor.* (gänzlich) ˈummodeln.

trans·monˈtane [trænzˈmɒnteɪn; træns-; *Am.* -ˈmɑn,-] → **tramontane**.

trans·mutˈaˈble [trænzˈmjuːtəbl; træns-] *adj* (*adv* **transmutably**) ˈumwandelbar.

trans·muˈtaˈtion [ˌtrænzmjuːˈteɪʃn; ˌtræns-] *s* **1.** ˈUmwandlung *f (a. chem. phys.).* **2.** *biol.* Transmutatiˈon *f,* ˈUmbildung *f.* **transˈmutˈaˈtive** [-ˈmjuːtətɪv] *adj* ˈumwandelnd.

trans·mute [trænzˈmjuːt; træns-] *v/t* ˈumwandeln, verwandeln (**into** in *acc*).

trans·naˈtionˈal [trænzˈnæʃənl; træns-] **I** *adj* **1.** ˈübernatioˌnal. **2.** *econ.* multinatioˈnal (*Konzern*). **II** *s* **3.** *econ.* multinatioˈnaler Konˈzern.

trans·o·ceˈanˈic [ˈtrænzˌəʊʃɪˈænɪk; *Am. a.* ˈtræns-] *adj* **1.** transozeˈanisch, ˈüberseeisch. **2.** a) Übersee..., b) Ozean...

tranˈsom [ˈtrænsəm] *s* **1.** *arch.* a) Querbalken *m (über e-r Tür),* b) (Quer)Blende *f (e-s Fensters).* **2.** *a.* ~ **window** *bes. Am.* a) durch Sprossen geteiltes Fenster, b) Oberlicht *n.* **3.** *mar.* Heckwerk *n.*

tranˈsonˈic [trænˈsɒnɪk; *Am.* -ˈsɑ-] *adj phys.* Überschall...: ~ **barrier** → **sound barrier**.

trans·parˈenˈcy [trænsˈpærənsɪ] *s* **1.** ˈDurchsichtigkeit *f.* **2.** *bes. phys.* Transpaˈrenz *f,* ˈDurchlässigkeit *f.* **3.** Transpaˈrent *n,* Leuchtbild *n.* **4.** *phot.* Diaposiˈtiv *n,* Dia *n.* **transˈparˈent** *adj (adv ~ly)* **1.** ˈdurchsichtig: ~ **colo(u)r** Lasurfarbe *f;* ~ **slide** → **transparency** 3. **2.** *bes. phys.* transpaˈrent, (ˈlicht)ˌdurchlässig. **3.** *fig.* ˈdurchsichtig, offenkundig, leicht zu durchˈschauen(d). **4.** *fig.* klar: ~ **style**. **5.** *fig.* offen, ehrlich.

trans·pierce [trænsˈpɪə(r)s] *v/t* durchˈbohren, -ˈdringen (*a. fig.*).

tran·spiˈraˈtion [trænspəˈreɪʃn] *s* **1.** *physiol.* a) Hautausdünstung *f,* b) Schweiß *m.* **2.** Absonderung *f,* Ausdünstung *f:* ~ **of gases** *phys.* Austreten *n* von Gasen (*durch Kapillaren*).

tranˈspire [trænˈspaɪə(r)] **I** *v/i* **1.** *physiol.* transpiˈrieren, schwitzen. **2.** ausgedünstet werden. **3.** *fig.* ˈdurchsickern, bekannt werden. **4.** pasˈsieren, sich ereignen, vorfallen. **II** *v/t* **5.** ausdünsten, -schwitzen.

trans·plant [trænsˈplɑːnt; *Am.* -ˈplænt] **I** *v/t* **1.** *bot.* ver-, ˈumpflanzen. **2.** *med.* transplanˈtieren, verpflanzen: **to** ~ **a heart**. **3.** *fig.* verpflanzen, -setzen, ˈumsiedeln (**to** nach; **into** in *acc*). **II** *v/i* **4.** sich versetzen *od.* verpflanzen lassen. **III** *s* [ˈtrænsplɑːnt; *Am.* -ˌplænt] **5.** a) → **transplantation**, b) *med.* Transplanˈtat *n.* **trans·planˈtaˈtion** *s* **1.** Verpflanzung *f:* a) *bot.* ˈUmpflanzung *f,* b) *fig.* Versetzung *f,* ˈUmsiedlung *f* (**to** nach; **into** in *acc*), c) *med.* Transplantatiˈon *f:* ~ **organ. 2.** a) ˈUmsiedler(in), b) ˈUmsiedlergruppe *f.*

trans·poˈlar [ˌtrænzˈpəʊlə(r); ˌtræns-] *adj* den Nord- *od.* Südpol überˈquerend, Polar...: ~ **route**.

tran·sponˈder, *a.* **tranˈsponˈdor** [trænˈspɒndə; *Am.* -ˈspɑndər] *s electr.* Antwortsender *m.*

tran·sponˈtine [ˌtrænzˈpɒntaɪn; *Am.* trænsˈpɑn-] *adj* **1.** jenseits der Brücke gelegen. **2.** *Br. obs.* (*in London*) südlich der Themse gelegen.

trans·port I *v/t* [trænˈspɔː(r)t; *Am. a.* -ˈspɔʊərt] **1.** transporˈtieren, befördern, fortschaffen, versenden. **2.** (*meist pass*) *fig.* a) *j-n* ˈhinreißen, entzücken: ~**ed with joy** außer sich vor Freude, b) heftig erregen, aufwühlen. **3.** *bes. hist.* deporˈtieren. **4.** *obs.* ins Jenseits befördern, töten. **II** *s* [ˈtrænspɔː(r)t; *Am. a.* -ˌpəʊərt] **5.** a) Transˈport *m (a. phys.),* Beförderung *f:* ~ **phenomena** *phys.* Transporterscheinungen; ~ **theory** *phys.* Transporttheorie *f,* b) Versand *m,* Verschiffung *f,* c) Verkehr *m:* **Minister of T**~ Verkehrsminister *m.* **6.** Beförderungsmittel *n od. pl.* **7.** *a.* ~ **ship,** ~ **vessel** a) Transˈport-, Frachtschiff *n,* b) ˈTruppentransˌporter *m.* **8.** *a.* ~ **plane** Transˈportflugzeug *n.* **9.** *fig.* a) Taumel *m (der Freude etc),* b) heftige Erregung: **in a** ~ **of joy (rage)** außer sich vor Freude (Wut).

trans·portˈaˈbilˈiˈty [trænˌspɔː(r)təˈbɪlətɪ; *Am. a.* -ˌspəʊər-] *s* Transˈportfähigkeit *f,* Versendbarkeit *f.* **transˈportˈaˈble** *adj* transˈportfähig, versendbar.

trans·porˈtaˈtion [ˌtrænspɔːˈteɪʃn; *Am.* -pər-] *s* **1.** → **transport** 5. **2.** Transˈportsyˌstem *n.* **3.** *bes. Am.* a) Beförderungs-, Verkehrsmittel *pl,* b) Transˈport-, Beförderungskosten *pl,* c) Fahrschein *m,* -ausweis *m.* **4.** *bes. hist.* Deportatiˈon *f.*

transˈportˈer *s* **1.** Beförderer *m.* **2.** *tech.* Förder-, Transˈportvorrichtung *f.*

trans·pose [trænsˈpəʊz] *v/t* **1.** ˈumstellen, ˈumgrupˌpieren (*beide a. ling.*), ver-, ˈumsetzen. **2.** transpoˈnieren: a) *chem.* ˈumlagern, b) *math.* vertauschen, c) *mus.* versetzen. **3.** *electr. tech.* Leitungen *etc* kreuzen.

trans·poˈsiˈtion [ˌtrænspəˈzɪʃn] *s* **1.** ˈUmstellung *f,* ˈUmgrupˌpierung *f (beide a. ling.),* Ver-, ˈUmsetzung *f.* **2.** Transpositiˈon *f:* a) *chem.* ˈUmlagerung *f,* b) *math.* Vertauschung *f,* c) *mus.* Versetzung *f.* **3.** *electr. tech.* Kreuzung *f (von Leitungen etc).*

trans·sexˈuˈal [trænzˈseksjʊəl; *Am.* -ˈsekʃəwəl] **I** *adj* transsexuˈell. **II** *s* Transsexuˈelle(r *m*) *f.*

trans·ship [trænsˈʃɪp] *v/t econ. mar.* ˈumladen, ˈumschlagen: **to** ~ **goods**. **transˈshipˈment** *s* ˈUmladung *f,* ˈUmschlag *m:* ~ **charge** Umladegebühr *f;* ~ **port** Umschlaghafen *m.*

tran·sub·stanˈtiˈate [ˌtrænsəbˈstænʃɪeɪt; *Am.* -tʃɪ-] *v/t* **1.** ˈum-, verwandeln (**into,** **to** in *acc,* zu). **2.** *relig.* Brot *u.* Wein (*in Leib u. Blut Christi*) verwandeln. **ˈtran·sub·stanˈtiˈaˈtion** *s* **1.** ˈUm-, Verwandlung *f.* **2.** *relig.* Transsubstantiatiˈon *f,* Wandlung *f.*

tran·suˈdate [ˈtrænsjʊdeɪt, -sʊ-; *Am. a.* trænsˈjuːdət] *s* **1.** *physiol.* Transsuˈdat *n.* **2.** *chem.* Absonderung *f,* Aussonderung *f.* **ˌtran·suˈdaˈtion** *s* ˈDurchschwitzung *f (von Flüssigkeiten).* **2.** *chem.* Absonderung *f.* **tranˈsuˈdaˈtoˈry** [-ˈsjuːdətərɪ; *Am.* -ˌtɔːrɪ:; -ˌtɔː-; *a.* -ˈsuː-] *adj* **1.** *physiol.* ˈdurchschwitzend. **2.** *chem.* ab-, aussondernd. **tranˈsude** [-ˈsjuːd; *Am. a.* -ˈsuːd] **I** *v/i* **1.** *physiol.* ˈdurchschwitzen (*Flüssigkeiten*). **2.** (ˈdurch-)dringen, (-)sickern (**through** durch). **3.** abgesondert werden. **II** *v/t* **4.** *chem.* ab-, aussondern.

trans·uˈranˈic [ˌtrænzjʊˈrænɪk; *Am. a.* ˌtrænsəˈrænɪk; -ˈreɪ-] *adj chem.* transuˈranisch. **transˈuˈraˈniˈum** [-ˈreɪnjəm; -nɪəm] *s chem. phys.* Transuˈran *n.*

trans·verˈsal [trænzˈvɜːsl; træns-; *Am.* -ˈvɜrsəl] **I** *adj (adv ~ly)* → **transverse** 1. **II** *s math.* Transverˈsale *f.*

trans·verse [ˈtrænzvɜːs; ˌtrænzˈvɜːs; *Am.* -ˈvɜrs] **I** *adj (adv ~ly)* **1.** *bes. math. tech.* schräg, diagoˈnal, Quer..., querˈlaufend (**to** zu): ~ **axis** *biol. math. tech.* Querachse *f;* ~ **diameter** Querdurchmesser *m;* ~ **colon** *anat.* Querdarm *m;* ~ **flute** *mus.* Querflöte *f;* ~**-mounted** *mot.* querliegend (*Motor*); ~ **section** *math.* Querschnitt *m.* **II** *s* **2.** Querstück *n od.* -achse *f od.* -muskel *m.* **3.** *math.* große Achse e-r Elˈlipse.

transˈvertˈer [trænzˈvɜːtə; *Am.* trænsˈvɜrtər; trænzˈ-] *s electr.* Transˈverter *m,* tranˈsistorbestückter ˈGleichspannungsˌumformer.

trans·vesˈtist [trænzˈvestɪst; *Am. a.* træns-], **transˈvesˈtite** [-taɪt] *s psych.* Transveˈstit *m.*

Tran·syl·va·ni·an [ˌtrænsɪlˈveɪnjən] **I** *adj* siebenˈbürgisch: ~ **Alps** Südkarpaten *pl*. **II** *s* Siebenˈbürger(in).
trap¹ [træp] **I** *s* **1.** *hunt., a. mil. u. fig.* Falle *f*: **to lay** (*od.* **set**) **a** ~ **for s.o.** j-m e-e Falle stellen; **to walk** (*od.* **fall**) **into a** ~ in e-e Falle gehen. **2.** *chem.* (Ab)Scheider *m*. **3.** *tech.* a) Auffangvorrichtung *f*, b) Dampf-, Wasserverschluß *m*, c) (Sperr)Klappe *f*, d) Geruchsverschluß *m* (*im Klosett*). **4.** *electr.* (Funk)Sperrkreis *m*. **5.** *pl mus.* Schlagzeug *n*. **6.** *Golf:* (*bes. Sand*)Hindernis *n*. **7.** *Trapschießen:* ˈWurfmaˌschine *f*. **8.** *Fischfang:* Reuse *f*. **9.** → **trap door**. **10.** *Br.* Gig *n*, zweirädriger Einspänner. **11.** *sl.* „Schnauze" *f* (*Mund*): **to keep one's** ~ **shut** die Schnauze halten. **II** *v/t* **12.** (mit *od.* in e-r Falle) fangen, (*a. phys. Elektronen*) einfangen. **13.** einschließen: **the miners are** ~**ped**; **to be** ~**ped under an avalanche** unter e-r Lawine begraben sein. **14.** *fig.* in e-e Falle locken: **they** ~**ped him into admitting that** ... er ging ihnen auf den Leim u. gab zu, daß ... **15.** Fallen aufstellen in (*dat*). **16.** *tech.* a) mit e-r Klappe *od.* e-m (*Wasser- etc*) Verschluß versehen, b) *Gas etc* abfangen. **17.** *sport* Ball stoppen. **III** *v/i* **18.** Fallen stellen (**for** *dat*).
trap² [træp] *s* **1.** *obs.* verzierte Pferdedecke. **2.** *pl colloq.* a) ‚Siebensachen' *pl*, b) Gepäck *n*.
trap³ [træp] *s geol. min.* Trapp *m*.
trap door *s* **1.** Fall-, Klapptür *f*, (*aer.* Boden)Klappe *f*. **2.** *thea.* Versenkung *f*. **3.** *Bergbau:* Wettertür *f*.
trapes → **trapse**.
tra·peze [trəˈpiːz; *Am. a.* træ-] *s Artistik, Segeln:* Traˈpez *n*. **traˈpe·zi·form** [-zɪfɔː(r)m] *adj* traˈpezförmig. **traˈpe·zi·um** [-zjəm; -zɪəm] *pl* **-zi·ums, -zi·a** [-ə] *s* **1.** *math. a) bes. Br.* Traˈpez *n*, b) *Am.* Trapezoˈid *n*. **2.** *anat.* Traˈpezbein *n*, großes Vieleckbein (*der Handwurzel*).
tra·pe·zo·he·dron [trəpɪzoʊˈhedrən; *Am.* -ˈhiː-; *a.* ˌtræpə-] *pl* **-drons, -dra** [-drə] *s math.* Trapezoˈeder *n*.
trap·e·zoid [ˈtræpɪzɔɪd] **I** *s* **1.** *math.* a) *bes. Am.* Traˈpez *n*, b) *bes. Br.* Trapezoˈid *n*. **2.** *anat.* Trapezoˈidbein *n*, kleines Vieleckbein (*der Handwurzel*). **II** *adj* → **trapezoidal**, **trap·eˈzoi·dal** *adj math.* a) *bes. Am.* traˈpezförmig, b) *bes. Br.* trapezoˈid.
ˈ**trap·per** *s* Trapper *m*, Fallensteller *m*, Pelztierjäger *m*.
ˈ**trap·pings** *s pl* **1.** Staatsgeschirr *n* (*für Pferde*). **2.** *fig.* a) ‚Staat' *m*, Schmuck *m*, b) Drum u. Dran *n*, ‚Verzierungen' *pl*.
Trap·pist [ˈtræpɪst] *relig.* **I** *s* Trapˈpist *m*. **II** *adj* Trappisten...
trap·py [ˈtræpɪ] *adj* tückisch (*Boden etc*).
trapse [treɪps] *v/i* **1.** (daˈhin)latschen, (-)zotteln. **2.** (herˈum)schlendern.
ˈ**trapˌshoot·ing** *s sport* Trapschießen *n*.
~ **stair(s)** *s* Falltreppe *f*.
trash [træʃ] **I** *s* **1.** *bes. Am.* Abfall *m*, Abfälle *pl*, Müll *m*. **2.** Schund *m*, Kitsch *m* (*Bücher etc*). **3.** ‚Blech' *n*, ‚Quatsch' *m*, Unsinn *m*: **to talk** ~. **4.** Gesindel *n*, Ausschuß *m*: **white** ~ *sl.* (*die*) arme weiße Bevölkerung *m* (*im Süden der USA*). **5.** Reisig *n*. **6.** a) Baˈgasse *f* (*ausgepreßter Stengel des Zuckerrohrs*), b) Kornhülsen *pl*. **II** *v/t* **7.** *bes. Am.* demoˈlieren, zerstören (*a. fig.* Umwelt etc). **8.** *bes. Am.* a) wegwerfen, b) *fig.* Vorstellung etc ablegen, aufgeben. ~ **can** *s Am.* **1.** Abfall-, Mülleimer *m*. **2.** Abfall-, Mülltonne *f*.
trash·i·ness [ˈtræʃɪnɪs] *s* Wertlosigkeit *f*, Minderwertigkeit *f*. ˈ**trash·y** *adj* (*adv* **trashily**) wertlos, minderwertig, kitschig, Schund..., Kitsch...
trass [træs] *s geol.* Traß *m*, Tuffstein *m*.
trau·ma [ˈtrɔːmə; ˈtraʊmə] *s* Trauma *n*:

a) *med.* Wunde *f*, Verletzung *f*, b) *psych.* seelischer Schock, seelische Erschütterung. **trauˈmat·ic** [-ˈmætɪk] *adj* (*adv* ~**ally**) *med. psych.* trauˈmatisch: ~ **experience** (**neurosis, psychosis**); ~ **cataract** *med.* Wundstar *m*; ~ **medicine** Unfallmedizin *f*; ~ **tissue** *med.* Wundgewebe *n*. **trau·ma·tism** [ˈtrɔːmətɪzəm; ˈtraʊ-] *s med. psych.* Traumaˈtismus *m*. ˈ**trau·ma·tize** *v/t med. psych.* traumatiˈsieren.
tra·vail [ˈtrævɪl; *Am. a.* trəˈveɪl] *obs. od. rhet.* **I** *s* **1.** mühevolle Arbeit. **2.** *med.* Kreißen *n*, (Geburts)Wehen *pl*: **to be in** ~ → **5**. **3.** *fig.* Pein *f*, Seelenqual *f*: **to be in** ~ **with** schwer ringen mit. **II** *v/i* **4.** sich (ab)mühen. **5.** *med.* kreißen, in den Wehen liegen.
trav·el [ˈtrævl] **I** *s* **1.** Reisen *n*, Reiseverkehr *m*. **2.** *meist pl* (längere) Reise. **3.** *pl*, **a. book of** ~(**s**) Reisebeschreibung *f*. **4.** *tech.* Bewegung *f*, Lauf *m*, Weg *m*, (Kolben- *etc*)Hub *m*: **the** ~ **of a piston**; ~ **shot** (*Film*) Fahraufnahme *f*. **II** *v/i pret u. pp* **-eled**, *bes. Br.* **-elled 5.** reisen, e-e Reise machen: **to** ~ **through** durchreisen, -fahren. **6.** *econ.* reisen (**in** in e-r *Ware*), als (Handels)Vertreter arbeiten (**for** für). **7.** a) *astr. phys. tech.* sich bewegen, b) *phys.* sich fortpflanzen: **light** ~**s faster than sound. 8.** *tech.* sich hinu. ˈherbewegen, laufen (*Kolben etc*). **9.** *bes. fig.* schweifen, wandern: **his glance** ~(**l**)**ed over the crowd. 10.** den Transˈport (*gut etc*) vertragen (*bes. verderbliche Ware*). **11.** *colloq.* a) ‚en Zahn draufhaben', b) sausen. **III** *v/t* **12.** ein Land, *a. econ.* ein Vertreterbezirk bereisen, *ein Gebiet* durchˈwandern, e-e Strecke zuˈrücklegen. ~ **a·gen·cy** *s* ˈReisebüˌro *n*. ~ **al·low·ance** *s* Reisekostenzuschuß *m*. ~ **bu·reau** *s a. travel agency*.
trav·eled, *bes. Br.* **trav·elled** [ˈtrævld] *adj* **1.** (weit-, viel)gereist, (weit) herˈumgekommen (*Person*). **2.** (viel)befahren (*Straße etc*).
ˈ**trav·el·er**, *bes. Br.* ˈ**trav·el·ler** *s* **1.** Reisende(r *m*) *f*. **2.** Weitgereiste(r *m*) *f*. **3.** *econ.* (Handels)Vertreter *m*, Handlungsreisende(r) *m*. **4.** *tech.* Laufstück *n*, *bes.* a) Laufkatze *f*, b) Hängekran *m*.
trav·el·(l)er's check (*Br.* **cheque**) *s* Reisescheck *m*, Travellerscheck *m*.
ˈ~**-joy** *s bot.* Waldrebe *f*.
ˈ**trav·el·ing**, *bes. Br.* ˈ**trav·el·ling I** *adj* **1.** reisend, wandernd: ~ **salesman** (Handels)Vertreter *m*, Handlungsreisende(r) *m*. **2.** Reise...: ~ **bag** (**case, clock, rug**) Reisetasche *f* (-koffer *m*, -wecker *m*, -decke *f*). **3.** fahrbar, Wander..., auf Rädern: ~ **circus** Wanderzirkus *m*; ~ **library** Wanderbücherei *f*. **4.** *tech.* fahrbar, Lauf...: ~ **crab** Laufkatze *f*; ~ **crane** Laufkran *m*; ~ **grate** Wanderrost *m*; ~ **table** fahrbarer Arbeitstisch. **5.** *phys.* fortschreitend, wandernd, Wander...: ~ **wave**. **II** *s* **6.** Reisen *n*. ~ **fel·low·ship**, ~ **schol·ar·ship** *s* ˈReise-, ˈAuslandsˌstiˌpendium *n*. ~ **stair·case** *s*, ~ **stairs** *s pl* Rolltreppe *f*.
trav·el·la·tor [ˈtrævəleɪtə] *s Br.* Rollsteig *m*.
trav·el·ogue, *Am. a.* **trav·e·log** [ˈtrævəlɒɡ; *Am. a.* -ˌlɑːɡ] *s* Reisebericht *m* (*Vortrag, meist mit Lichtbildern*).
ˈ**trav·el-sick** *adj* reisekrank. ~ **sick·ness** *s* Reisekrankheit *f*. ~ **writ·er** *s* Reiseschriftsteller *m*.
tra·vers·a·ble [ˈtrævə(r)səbl; trəˈvɜːsəbl; *Am.* -ˈvɜːrs-] *adj* **1.** (leicht) durch- *od.* überˈquerbar: **a** ~ **desert. 2.** pasˈsierbar, befahrbar. **3.** *tech.* (aus)schwenkbar.
tra·ver·sal → **traverse 16**.
tra·verse [ˈtrævə(r)s; trəˈvɜːs; *Am.* -ˈvɜːrs] **I** *v/t* **1.** durch-, überˈqueren: **to** ~ **a**

desert. **2.** durch'ziehen, -'fließen: a district ~d by canals. **3.** überˈspannen, führen über (*acc*): **a bridge** ~**s the river**. **4.** auf und ab gehen in (*dat*): **to** ~ **the room. 5.** *tech., a. mil.* (aus)schwenken: **to** ~ **a gun. 6.** *Linien etc* kreuzen, schneiden. **7.** *tech.* querhobeln. **8.** *fig.* etwas ˈdurchgehen, (sorgfältig) ˈdurcharbeiten. **9.** *fig.* durchˈkreuzen: **to** ~ **s.o.'s plan. 10.** *mar.* das Schiff kreuzen. **11.** *jur.* a) ein Vorbringen bestreiten, b) Einspruch erheben gegen (e-e *Klage*). **12.** *mount.* Skisport: e-n *Hang* queren.
II *v/i* **13.** *tech.* sich drehen. **14.** *sport* traverˈsieren: a) *fenc.* seitwärts ausfallen, b) *Reitsport:* querspringen. **15.** *mount. Skisport:* queren.
III *s* **16.** Überˈquerung *f*, Durchˈfahrn, -ˈquerung *f*. **17.** *arch.* a) Quergitter *n*, b) Querwand *f*, c) Quergang *m*, d) Traˈverse *f*, Querbalken *m*, -stück *n*. **18.** *math.* Transverˈsale *f*, Schnittlinie *f*. **19.** *mar.* Koppelkurs *m*: **to work** (*od.* **solve**) **a** ~ die Kurse koppeln. **20.** *mil.* a) Traˈverse *f*, Querwall *m* (*e-r Festung*), b) Schulterwehr *f*. **21.** *mil.* Schwenken *n* (*e-s Geschützes*). **22.** *bes. tech.* a) Schwenkung *f* (*e-r Maschine*), b) schwenkbarer Teil. **23.** *surv.* Polyˈgon(zug *m*) *n*. **24.** *jur.* a) Bestreitung *f*, b) Einspruch *m*. **25.** *mount. Skisport:* a) Queren *n* (*e-s Hanges*), b) Quergang *m*.
IV *adj* (*adv* ~**ly**) **26.** Quer..., querlaufend: ~ **drill** *tech.* Querbohrer *m*; ~ **motion** Schwenkung *f*. **27.** Zickzack...: ~ **sailing** *mar.* Koppelkurs *m*. **28.** sich kreuzend: **two** ~ **lines**.
ˈ**tra·vers·ing fire** *s mil.* Breitenfeuer *n*. ~ **pul·ley** *s tech.* Laufrad *n*.
trav·er·tine [ˈtrævə(r)tiːn; -tɪn], *u.* ˈ**trav·er·tin** [-tɪn] *s geol.* Traverˈtin *m*.
trav·es·ty [ˈtrævɪstɪ] **I** *s* **1.** Traveˈstie *f* (*komisch-satirische Umgestaltung*). **2.** *fig.* Zerrbild *n*, Karikaˈtur *f*: **a** ~ **of justice** ein Hohn auf die Gerechtigkeit. **II** *v/t* **3.** traveˈstieren. **4.** *fig.* ins Lächerliche ziehen, kariˈkieren.
trawl [trɔːl] *mar.* **I** *s* **1.** (Grund)Schleppnetz *n*. **2.** Lang-, Kurrleine *f*. **II** *v/i u. v/t* **3.** mit dem Schleppnetz fischen. ˈ**trawl·er** *s* (Grund)Schleppnetzfischer *m* (*Boot od. Person*).
trawl line → **trawl 2**. ~ **net** → **trawl 1**.
tray [treɪ] *s* **1.** Taˈblett *n*, *bes.* Serˈvier- *od.* Teebrett *n*, *a.* Präsenˈtierteller *m*. **2.** (ˈumgehängtes) Verkaufsbrett, ‚Bauchladen' *m*. **3.** *econ.* Auslagekästchen *n*: **jewel(l)er's** ~. **4.** flache Schale. **5.** *phot.* Entwicklerschale *f od.* -rahmen *m*. **6.** Ablagekorb *m* (*im Büro*). **7.** (Koffer)Einsatz *m*. ~ **ag·ri·cul·ture** → **hydroponics**.
treach·er·ous [ˈtretʃərəs] *adj* (*adv* ~**ly**) **1.** verräterisch, treulos (**to** gegen). **2.** (heim)tückisch, ˈhinterhältig. **3.** *fig.* trügerisch, tückisch: ~ **ice**; ~ **memory** unzuverlässiges Gedächtnis. ˈ**treach·er·ous·ness** *s* **1.** Treulosigkeit *f*, Verräteˈrei *f*. **2.** *a. fig.* Tücke *f*. ˈ**treach·er·y** *s* **1.** (to) Verrat *m* (an *dat*), Verräteˈrei *f*, Treulosigkeit *f* (gegen). **2.** Niedertracht *f*, ˈHinterlist *f*.
trea·cle [ˈtriːkl] *s* **1.** *bes. Br.* a) Sirup *m*, Zuckerdicksaft *m*, b) Meˈlasse *f*. **2.** *fig.* a) Süßlichkeit *f* (*der Stimme etc*), b) süßliches Getue. **3.** *med. obs.* Allˈheilmittel *n*. ˈ**trea·cly** [-klɪ] *adj* **1.** sirupartig, Sirup... **2.** *fig.* süßlich.
tread [tred] **I** *s* **1.** Tritt *m*, Schritt *m*. **2.** Trittfläche *f*. **3.** a) Tritt(spur *f*) *m*, b) (*Rad- etc*)Spur *f*. **4.** *tech.* a) Lauffläche *f* (*e-s Rades*), b) *mot.* (ˈReifen)Proˌfil *n*. **5.** Spurweite *f*. **6.** Peˈdalabstand *m* (*am Fahrrad*). **7.** a) Fußraste *f*, Trittbrett *n*, b) (Leiter)Sprosse *f*. **8.** Auftritt *m* (*e-r*

Stufe). **9.** *orn.* a) Treten *n* (*Begattung*), b) Hahnentritt *m* (*im Ei*).
II *v/t pret* **trod** [trɒd; *Am.* trɑd] *obs.* **trode** [trəʊd] *pp* **trod‧den** ['trɒdn; *Am.* 'trɑdn] *od.* **trod 10.** beschreiten: **to ~ a dangerous path** *fig.* e-n gefährlichen Weg eingeschlagen haben; → **board¹** 9. **11.** *rhet.* durch'messen: **to ~ the room. 12.** e-n Pfad treten: **to ~ (down)** a) zertreten, zertrampeln, b) festtreten; **to ~ mud into the carpet** Schmutz in den Teppich eintreten; **to ~ out** *Feuer* austreten; **to ~ underfoot** herumtreten auf (*dat*). **13.** e-n Tanzschritt machen: → **measure** 10. **14.** *Pedale etc.* a. *Wasser* treten. **15.** *orn.* treten (*begatten*): **to ~ a hen**.
III *v/i* **16.** treten (**on** auf *acc*): **to ~ lightly** (*od.* **softly**) a) leise auftreten, b) *fig.* vorsichtig zu Werke gehen; → **air¹** 1, **toe** 1. **17.** (ein'her)schreiten: → **angel** 1. **18. to ~ (up)on** a) herumtrampeln auf (*dat*), b) zertrampeln. **19.** *fig.* unmittelbar folgen (**on** auf *acc*): → **heel** *Bes. Redew.* **20.** *orn.* a) treten (*Hahn*), b) sich paaren.
trea‧dle ['tredl] **I** *s* **1.** Tretkurbel *f*, Tritt *m*: **~ drive** Fußantrieb *m*. **2.** Pe'dal *n*. **II** *v/t* **3.** mit dem Fuß bedienen. **III** *v/i* **4.** ein Pe'dal *etc* bedienen *od.* treten.
'**tread‧mill** *s hist.* Tretmühle *f* (*a. fig.*), Tretwerk *n*.
trea‧son ['triːzn] *s* **1.** *allg.* Verrat *m* (**to** an *dat*). **2.** *jur.* a) Landesverrat *m*, b) **high ~**, *Br. a.* **~ felony** Hochverrat *m*. '**trea‧son‧a‧ble** *adj* (landes- *od.* hoch)verräterisch.
treas‧ure ['treʒə(r); *Am. a.* 'treɪ-] *s* **1.** Schatz *m*: **a ~ of gold**; **~s of the soil** Bodenschätze. **2.** Reichtum *m*, Kostbarkeit *f*: **art ~s** Kunstschätze; **this book is my chief ~** dieses Buch ist mein größter Schatz. **3.** *fig.* Schatz *m*, Kostbarkeit *f*: **art ~s** Kunstschätze; **this book is my chief ~** dieses Buch ist mein größter Schatz. **4.** *colloq.* ,Perle' *f* (*Dienstmädchen etc*). **5.** *colloq.* Schatz *m*, Liebling *m*. **II** *v/t* **6.** *meist* **~ up** auf-, anhäufen, (an)sammeln. **7.** *a.* **~ up** a) (hoch)schätzen, b) hegen, hüten: **to ~ s.o.'s memory** j-s Andenken bewahren *od.* in Ehren halten. **~ house** *s* **1.** Schatzhaus *n*, -kammer *f*. **2.** *fig.* Gold-, Fundgrube *f*. **~ hunt** *s* Schatzsuche *f*.
'**treas‧ur‧er** *s* **1.** Schatzmeister(in) (*a. econ.*), (*e-s Vereins etc a.*) Kassenführer *m*, -wart *m*. **2.** *econ. Am.* Leiter *m* der Fi'nanzab₁teilung. **3.** *Br.* Fis'kalbeamte(r) *m*: **city ~** Stadtkämmerer *m*; **T~ of the Household** Fiskalbeamter des königlichen Haushalts. '**treas‧ur‧er‧ship** *s* Schatzmeisteramt *n*, Amt *n* e-s Kassenwarts.
treas‧ure trove *s* **1.** *jur.* (herrenloser) Schatzfund. **2.** *fig.* Gold-, Fundgrube *f*.
treas‧ur‧y ['treʒərɪ; *Am. a.* 'treɪ-] *s* **1.** Schatzkammer *f*, -haus *n*. **2.** *pol.* a) Schatzamt *n*, b) Staatsschatz *m*: **Lords** (*od.* **Commissioners**) **of the T~** (*das*) brit. Finanzministerium; **First Lord of the T~** erster Schatzlord (*meist der Premierminister*). **3.** Fiskus *m*, Staatskasse *f*. **4.** Schatztruhe *f* (*Kästlein n*) *m*, Sammlung *f*, Antholo'gie *f* (*als Buchtitel*). **T~ Bench** *s parl. Br.* Re'gierungsbank *f*. **~ bill** *s econ.* (kurzfristiger) Schatzwechsel. **T~ Board** *s Br.* Fi'nanzmini₁sterium *n*. **~ bond** *s econ. Am.* (langfristige) Schatzanweisung. **~ cer‧tif‧i‧cate** *s econ. Am.* (kurzfristiger) Schatzwechsel. **T~ De‧part‧ment** *s Am.* Fi'nanzmini₁sterium *n*. **~ note** *s econ. Am.* (mittelfristiger) Schatzwechsel *m*. **~ war‧rant** *s econ. Br.* Schatzanweisung *f*.
treat [triːt] **I** *v/t* **1.** behandeln, 'umgehen mit: **to ~ s.o. brutally. 2.** betrachten (**as** als): **to ~ s.th. as a joke. 3.** a) *chem. med. tech.* behandeln (for gegen, **with** mit), b) *chem.* Abwässer klären. **4.** *ein Thema etc*, *a.* künstlerisch behandeln. **5.** j-m e-n Genuß bereiten, *bes.* j-n bewirten (**to** mit): **to ~ o.s. to a bottle of champagne** sich e-e Flasche Champagner leisten *od.* genehmigen *od.* gönnen; **to ~ s.o. to s.th.** j-m etwas spendieren; **to ~ed to s.th.** in den Genuß e-r Sache kommen. **II** *v/i* **6. ~ of** handeln von: **to ~ of an interesting topic** ein interessantes Thema behandeln. **7. ~ with** verhandeln mit (**for** über *acc*). **8.** a) (die Zeche) bezahlen, b) e-e Runde ausgeben. **III** *s* **9.** (Extra)Vergnügen *n*, *bes.* (Fest)Schmaus *m*: **school ~** Schulfest *n od.* -ausflug *m*. **10.** *colloq.* (Hoch)Genuß *m*, Wonne *f*, ,Fest' *n*. **11.** (Gratis)Bewirtung *f*: **to stand ~** → 8; **it is my ~** es geht auf m-e Rechnung, diesmal bezahle 'ich.
trea‧tise ['triːtɪz; -tɪs] *s* (wissenschaftliche) Abhandlung.
treat‧ment ['triːtmənt] *s* **1.** Behandlung *f* (*a. med. chem. tech.*): **to give s.th. full ~** *fig.* etwas gründlich behandeln *od.* erfassen; **to give s.o. the (full) ~** *colloq.* a) j-n entsprechend behandeln, b) j-n ,in die Mangel nehmen'; **to receive regular ~** *med.* in ständiger Behandlung sein; **~ expenses** *med.* Arzt- u. Arzneikosten, Behandlungskosten. **2.** Behandlung *f*, Handhabung *f* (*e-s Themas etc*). **3.** *tech.* a) Bearbeitung *f*, b) Bearbeitungsverfahren *n*. **4.** *Film:* Treatment *n* (erweitertes Handlungsschema).
trea‧ty ['triːtɪ] *s* **1.** (*bes.* Staats)Vertrag *m*, Pakt *m*. **2.** *econ.* Rückversicherungsvertrag *m*. **3.** *obs.* Verhandlung *f*: **to be in ~ with s.o. for s.th.** mit j-m über etwas verhandeln. **~ port** *s mar. hist.* Vertragshafen *m*. **~ pow‧ers** *s pl pol.* Vertragsmächte *pl*.
tre‧ble ['trebl] **I** *adj* (*adv* **trebly**) **1.** dreifach. **2.** *math.* dreistellig. **3.** *mus.* Diskant..., Sopran... **4.** hoch, schrill. **II** *s* **5.** *mus.* Dis'kant *m*: a) So'pran *m*, b) Oberstimme *f*, c) Dis'kantlage *f*, d) Dis'kantsänger(in) *od.* -stimme *f*. **6.** *Radio:* Höhen *pl*: **~ control** Höhenregler *m*. **III** *v/t u. v/i* **7.** (sich) verdreifachen.
tre‧cen‧to [treɪ'tʃentəʊ] *s* Tre'cento *n* (italienisches Kunststil des 14. Jhs.).
tre‧de‧cil‧lion [₁triːdɪ'sɪljən] *s* **1.** *Br.* Tre'dezillion *f* (10^{78}). **2.** *Am.* Septillion *f* (10^{42}).
tree [triː] *s* **1.** Baum *m*: **~ auf dem Baum**; **to be up a ~** *colloq.* ,in der Klemme' sein *od.* sitzen *od.* stecken; **~ of knowledge (of good and evil)** *Bibl.* Baum der Erkenntnis (von Gut u. Böse); **~ of heaven** (Ostasiatischer) Götterbaum; **~ of life** a) *Bibl.* Baum des Lebens, b) *bot.* Lebensbaum; → **bark²** 1, **top¹** 12, **wood** 1. **2.** (*Rosen-* etc)Strauch *m*, (*Bananen-* etc)Staude *f*. **3.** *tech.* Baum *m*, Schaft *m*, Balken *m*, Welle *f*. **4.** (Holz)Gestell *n*. **5.** → **family tree**. **6.** *chem.* Kri'stallbaum *m*. **7.** (Stiefel)Leisten *m*. **II** *v/t* **8.** auf e-n Baum treiben *od.* jagen. **9.** *Am. colloq.* j-n in die Enge treiben. **~ creep‧er** *s orn.* Baumläufer *m*. '**~-₁doz‧er** *s tech.* Baumräumer *m* (*Planierraupe*). **~ fern** *s bot.* Baumfarn *m*. **~ frog** *s zo.* Baum-, Laubfrosch *m*.
tree‧less ['triːlɪs] *adj* baumlos, kahl.
tree|line *s* Baumgrenze *f*. '**~-nail** *s tech.* Holznagel *m*, Dübel *m*. **~ nurs‧er‧y** *s* Baumschule *f*. **~ sur‧geon** *s* 'Baumchir₁urg *m*. **~ toad** → **tree frog**. '**~-top** *s* Baumkrone *f*, -wipfel *m*.
tre‧foil ['trefɔɪl; 'triː-] *s* **1.** *bot.* Klee *m*. **2.** *arch.* Dreipaß *m*. **3.** *bes. her.* Kleeblatt *n*. **~ arch** *s arch.* Kleeblattbogen *m*.
trek [trek] **I** *v/i* **1.** *S.Afr.* trecken, ziehen, im Ochsenwagen reisen. **2.** e-e lange (gefährliche) Reise machen. **3.** ziehen, mar'schieren. **II** *s* **4.** *S.Afr.* Treck *m*. **5.** lange (gefährliche) Reise.
trel‧lis ['trelɪs] **I** *s* **1.** Gitter *n*, Gatter *n*. **2.** *tech.* Gitterwerk *n*. **3.** *agr.* Spa'lier *n*. **4.** Gartenhäus-chen *n* (*aus Gitterwerk*), Pergola *f*. **II** *v/t* **5.** vergittern: **~ed window** Gitterfenster *n*. **6.** am Spa'lier ziehen: **~ed vine** Spalierwein *m*. '**~-work** *s* Gitterwerk *n* (*a. tech.*).
trem‧a‧tode ['tremətəʊd] *s zo.* Saugwurm *m*.
trem‧ble ['trembl] **I** *v/i* **1.** (er)zittern, (er)beben (**at**, **with** vor *dat*): **to ~ all over** (*od.* **in every limb**) am ganzen Körper beben; **to ~ at the thought** (*od.* **to think**) bei dem Gedanken zittern; → **balance** 2. **2.** zittern, bangen, fürchten (**for** für, um): **to ~ for s.o.'s safety**; **a trembling uncertainty** e-e bange Ungewißheit. **II** *s* **3.** Zittern *n*, Beben *n*: **she was all of a ~** sie zitterte am ganzen Körper. **4.** *pl* (*als sg konstruiert*) *vet.* Milchfieber *n*. '**trem‧bler** *s electr.* a) ('Hammer-, 'Selbst)Unter₁brecher *m*, b) e'lektrische Glocke *od.* Klingel: **~ bell** Wecker *m* mit Selbstunterbrecher.
'**trem‧bling** *adj* (*adv* **~ly**) zitternd. **~ grass** *s bot.* Zittergras *n*. **~ pop‧lar**, **~ tree** *s bot.* Zitterpappel *f*, Espe *f*.
trem‧blor ['tremblər; -₁blɔːr] *s Am.* Erdbeben *n*.
trem‧bly ['tremblɪ] *adj colloq.* **1.** zitternd. **2.** ängstlich.
tre‧men‧dous [trɪ'mendəs] *adj* (*adv* **~ly**) **1.** schrecklich, fürchterlich. **2.** *colloq.* gewaltig, ungeheuer, e'norm, ko'los'sal, ,toll'.
tre‧mo‧lan‧do [₁tremə'lɑːndəʊ] *mus.* **I** *adj* tremo'lando, zitternd. **II** *pl* **-dos** *s* 'Tremolo-Ef₁fekt *m*.
trem‧o‧lite ['treməlaɪt] *s min.* Tremo'lit *m*.
trem‧o‧lo ['treməʊ] *pl* **-los** *s mus.* Tremolo *n*.
trem‧or ['tremə(r)] *s* **1.** *med.* Zittern *n*, Zucken *n*: **~ of the heart** Herzflattern *n*. **2.** Zittern *n*, Schau(d)er *m* (*der Erregung*): **in a ~ of** zitternd vor (*dat*). **3.** Angst(gefühl *n*) *f*, Beben *n*: **not without ~s** nicht ohne Bangen. **4.** Beben *n* (*der Erde*). **5.** vi'brierender Ton.
trem‧u‧lous ['tremjʊləs] *adj* **1.** zitternd, bebend, zitt(e)rig. **2.** ängstlich.
tre‧nail ['triːneɪl; 'tren-] → **treenail**.
trench [trentʃ] **I** *v/t* **1.** mit Gräben durch'ziehen *od.* (*mil.*) befestigen. **2.** *Br.* einkerben, furchen. **3.** *agr.* tief 'umpflügen, ri'golen. **4.** zerschneiden, -teilen. **II** *v/i* **5.** (*mil.*) Schützen'gräben ausheben. **6.** *geol.* sich (ein)graben (*Fluß etc*). **7. ~ (up)on** *fig.* 'übergreifen auf (*acc*), in j-s *Rechte* eingreifen, beeinträchtigen (*acc*). **8. ~ (up)on** *fig.* hart grenzen an (*acc*): **that ~ed upon heresy**. **III** *s* **9.** (*mil.*) Schützen)Graben *m*. **10.** Einschnitt *m*, Furche *f*, tiefe Rinne. **11.** *Bergbau:* Schramm *m*.
trench‧an‧cy ['trentʃənsɪ] *s* Schärfe *f*, (*das*) Schneidende. '**trench‧ant** *adj* (*adv* **~ly**) **1.** scharf, schneidend: **~ sar‧casm**. **2.** e'nergisch, einschneidend: **a ~ policy**. **3.** scharf, prä'zis(e): **a ~ anal‧ysis**. **4.** *poet.* scharf: **a ~ blade**.
trench coat *s* Trenchcoat *m*.
'**trench‧er¹** *s* **1.** *bes. hist.* Tran'schier-, Schneidebrett *n*. **2.** *obs.* Speise *f*.
'**trench‧er²** *s* Schanzarbeiter *m*.
trench‧er| cap → **mortarboard** 2. **~ com‧pan‧ions** *s pl* Tischgenossen *pl*. '**~-man** [-mən] *s irr* (*guter etc*) Esser.
trench| fe‧ver *s med.* Schützengrabenfieber *n*. **~ foot** *s med.* Schützengrabenfüße *pl* (*Fußbrand*). **~ gun**, **~ mor‧tar** *s*

trench mouth – trichomonad

mil. Gra'natwerfer *m.* ~ **mouth** *s med.* An'gina *f* Plaut-Vin'centi. ~ **per·i·scope** *s mil.* Grabenspiegel *m.* ~ **plough,** *bes. Am.* ~ **plow** *s* Grabenpflug *m.* ~ **war·fare** *s mil.* Stellungskrieg *m.*
trend [trend] **I** *s* **1.** (Ver)Lauf *m*: the ~ of events. **2.** (allgemeine) Richtung (*a. fig.*). **3.** Entwicklung *f*, Ten'denz *f*, Trend *m* (*alle a. econ.*): **downward** ~ *econ.* fallende Tendenz; **the ~ of his argument was** s-e Beweisführung lief darauf hinaus; ~ **in** (*od.* **of**) **prices** *econ.* Preistendenz. **4.** Bestrebung *f*, Neigung *f*, Zug *m*: **modern ~s in theology. 5.** *math.* Trend *m*, Strich *m*, Grundbewegung *f*: ~ **ordinate** Trendwert *m.* **6.** *geol.* Streichrichtung *f.* **II** *v/i* **7.** e-e Richtung haben *od.* nehmen, sich neigen (**towards** nach *e-r bestimmten Richtung*), streben, ten'dieren: **to ~ away from** sich abzukehren beginnen von. **8.** sich erstrecken, laufen (**towards** nach *Süden etc*). **9.** *geol.* streichen (**to** nach). ~ **a·nal·y·sis** *s econ.* Konjunk'turana‚lyse *f.* '~‚**set·ter** *s Mode etc*: j-d, der den Ton angibt; Schrittmacher *m*, Trendsetter *m.* '~‚**set·ting** *adj* tonangebend.
tren·dy ['trendi] *bes. Br. colloq.* **I** *adj* mo'dern: **to be ~** als ‚schick' gelten, ‚in' sein; **to be a ~ dresser** sich modern kleiden. **II** *s* j-d, der sich bewußt mo'dern gibt: **the trendies** *pl* die Schickeria.
tre·pan[1] [tri'pæn] **I** *s* **1.** *med.* Tre'pan *m*, Schädelbohrer *m.* **2.** *tech.* 'Bohrma‚schine *f.* **3.** *geol.* Stein-, Erdbohrer *m.* **II** *v/t* **4.** *med.* trepa'nieren, j-m den Schädel öffnen.
tre·pan[2] [tri'pæn] *v/t obs.* **1.** betrügen, über'listen. **2.** locken (**into in** *acc*). **3.** verlocken, -leiten (**into** zu).
tre·pang [tri'pæŋ] *s zo.* Trepang *m* (*eßbare Seewalze*).
tre·phine [tri'fi:n; *Am.* 'tri‚fain] *med.* **I** *s* Tre'phine *f*, Schädelsäge *f*, -bohrer *m.* **II** *v/t* → **trepan**[1] 4.
trep·i·da·tion [‚trepi'deiʃn] *s* **1.** *med.* (Glieder-, Muskel)Zittern *n.* **2.** Beben *n.* **3.** Angst *f*, Beklommenheit *f.*
tres·pass ['trespəs] **I** *v/i* **1.** *jur.* e-e unerlaubte Handlung begehen: **to ~** (**up**)**on** a) widerrechtlich betreten; **to ~ on s.o.'s land**; **no ~ing** Betreten verboten, b) rechtswidrige Übergriffe gegen j-s *Eigentum etc* begehen; **to ~** (**up**)**on s.o.'s property. 2.** ~ (**up**)**on** übergreifen auf (*acc*), eingreifen in (*acc*); **to ~** (**up**)**on s.o.'s rights. 3.** ~ (**up**)**on** j-s Zeit *etc* über Gebühr in Anspruch nehmen; **to ~ on s.o.'s hospitality** (**time**, *etc*). **4.** *obs.* (**against**) verstoßen (**gegen**), sündigen (**wider** *od.* **gegen**). **II** *s* **5.** Über'tretung *f*, Vergehen *n*, Verstoß *m.* **6.** 'Mißbrauch *m* (**on** *gen*). **7.** 'Übergriff *m.* **8.** *jur. allg.* unerlaubte Handlung (*Zivilrecht*): a) unbefugtes Betreten, b) Besitzstörung *f*, c) 'Übergriff *m* gegen die Per'son (*z. B. Körperverletzung*). **9.** *a.* **action for ~** *jur.* Schadenersatzklage *f* aus unerlaubter Handlung, *z. B.* Besitzstörungsklage *f.*
'tres·pass·er *s* **1.** *jur.* a) Rechtsverletzer *m*, b) Unbefugte(r *m*) *f*, c) Besitzstörer *m*: **~s will be prosecuted** Betreten bei Strafe verboten. **2.** *obs.* Sünder(in).
tress [tres] *s* **1.** (Haar)Flechte *f*, Zopf *m.* **2.** Locke *f.* **3.** *pl* offenes (gelocktes) Haar, Lockenfülle *f.* **tressed** *adj* **1.** geflochten. **2.** gelockt.
tres·sure ['treʃə(r)] *s her.* Saum *m.*
tres·tine ['trestain] *s hunt.* dritte Sprosse (*des Hirschgeweihs*).
tres·tle ['tresl] *s* **1.** *tech.* Gestell *n*, Gerüst *n*, Bock *m*, Schragen *m.* **2.** *mil.* Brückenbock *m*: ~ **bridge** Bockbrücke *f.* ~ **board** *s* Platte *f* (*zum Auflegen auf* Böcke). ~ **ta·ble** *s* (*auf Böcke gestellter*) Zeichentisch. '~**-tree** *s mar.* Längssaling *f.* '~**work** *s* **1.** Gerüst *n.* **2.** *Am.* 'Eisenbahnvia‚dukt *m*, Brücke *f* aus Strebepfeilern.

trews [tru:z] *s pl, a.* **pair of ~** *Scot.* enge Hose aus ka'riertem Stoff.
trey [trei] *s* Drei *f* (*im Kartenspiel etc*).
tri·a·ble ['traiəbl] *adj jur.* a) zu verhandeln(d), justiti'abel (*Sache*), b) belangbar, abzuurteilen(d) (*Person*).
tri·ac·id [trai'æsid] *chem.* **I** *s* dreibasige Säure, Tricar'bonsäure *f.* **II** *adj* dreisäurig (*Basen*).
tri·ad ['traiəd; -æd] *s* **1.** Tri'ade *f*: a) Dreiheit *f*, -zahl *f*, b) *chem.* dreiwertiges Ele'ment, c) *math.* Trias *f*, Dreiergruppe *f.* **2.** *mus.* Dreiklang *m.*
tri·ag·o·nal [trai'ægənl] *adj* dreieckig, -wink(e)lig.
tri·al ['traiəl] **I** *s* **1.** Versuch *m* (**of** mit), Erprobung *f*, Probe *f*, Prüfung *f* (*alle a. tech.*): ~ **and error** a) empirische Methode, (Herum)Probieren *n*, b) *math.* Regula *f* falsi; ~ **of strength** Kraftprobe *f*; **on ~** auf *od.* zur Probe; **to be on ~** a) e-e Probezeit durchmachen, b) *fig.* auf dem Prüfstand sein (→ 2); **on the first ~** beim ersten Versuch; **by way of ~** versuchsweise; **to give s.o.** (**s.th.**) **a ~** e-n Versuch mit j-m (etwas) machen, j-n (etwas) testen. **2.** *jur.* ('Straf- *od.* Zi'vil)Pro‚zeß *m*, Gerichtsverfahren *n*, (Haupt)Verhandlung *f*: **at the ~ of** im Prozeß gegen; ~ **by jury** Schwurgerichtsverfahren; **new ~** Wiederaufnahmeverfahren; **to bring s.o. up for** (*od.* **to**) ~, **to put s.o. to** (*od.* **on**) ~ j-n vor Gericht bringen; **to stand** (**one's**) ~, **to be on ~** sich vor Gericht verantworten (→ 1); (**in**)**capable of standing ~**, (**un**)**fit to stand ~** verhandlungs(un)fähig. **3.** *fig.* a) (Schicksals)Prüfung *f*, Heimsuchung *f*, b) Last *f*, Plage *f*, (Nerven)Belastung *f*, c) Stra'paze *f* (*alle* **to** für *j-n*). **4.** *sport* a) Ausscheidungsrennen *n*, Vorlauf *m*, b) → **trial match**. **II** *adj* **5.** Versuchs..., Probe... **6.** *jur.* Verhandlungs... ~ **bal·ance** *s econ. math.* 'Rohbi‚lanz *f.* ~ **bal·loon** *s Am.* Ver'suchsbal‚lon *m* (*a. fig.*). ~ **bor·ing** *s tech.* Probe-, Versuchsbohrung *f.* ~ **court** *s jur.* 'erstin‚stanzliches Gericht. ~ **dock·et** *s jur.* Pro'zeßliste *f*, Ter'minka‚lender *m.* ~ **fire** *s mil.* Ein-, An-, Probeschießen *n.* ~ **flight** *s aer.* Probe-, Testflug *m.* ~ **judge** *s jur.* Richter *m* der ersten In'stanz. ~ **ju·ry** → **petty jury**. ~ **law·yer** *s jur. Am.* Pro'zeßanwalt *m.* ~ **mar·riage** *s* Ehe *f* auf Probe. ~ **match** *s sport* Ausscheidungs-, Qualifikati'onsspiel *n.*
tri·a·logue ['traiəlɔg; *Am. a.* -‚lɑg] *s* Dreiergespräch *n.*
tri·al| or·der *s econ.* Probeauftrag *m.* ~ **pack·age** *s* Probepackung *f.* ~ **run** *s tech.* Probelauf *m* (*e-r Maschine etc*), *mot.* Probefahrt *f*: **to give s.o.** (**s.th.**) **a ~** *fig.* e-n Versuch mit j-m (etwas) machen, j-n (etwas) testen.
tri·an·drous [trai'ændrəs] *adj bot.* tri'andrisch, mit drei Staubgefäßen.
tri·an·gle ['traiæŋgl] *s* **1.** *math.* Dreieck *n.* **2.** *mus.* a) Triangel *m*, b) *hist.* (dreieckiges) Spi'nett. **3.** a) Reißdreieck *n*, b) Winkel *m* (*zum technischen Zeichnen*). **4.** *tech.* Gestängekreuz *n.* **5.** **T~** *astr.* Triangel *m*, Dreieck *n* (*Sternbild*). **6.** *meist* **eternal ~** *fig.* Dreiecksverhältnis *n.*
tri·an·gu·lar [trai'æŋgjolə(r)] *adj* **1.** *math. tech.* dreieckig, -wink(e)lig, -seitig, -kantig: ~ **compasses** *pl* Dreiecks-, Stangenzirkel *m*; ~ **number** Dreiecks-, Trigonalzahl *f.* **2.** *fig.* dreiseitig, drei Par'teien *etc* um'fassend: ~ **agreement**; ~ **operations** (*od.* **transactions**) *econ.* Dreiecksgeschäfte; ~ **relationship** Dreiecksverhältnis *n.* **3.** *mil.* dreigliedrig: ~ **division**. **tri·an·gu·lar·i·ty** [-'lærə‚tɪ] *s* Dreiecksform *f.*
tri·an·gu·late *v/t* [trai'æŋgjʊleit] **1.** dreieckig machen. **2.** *surv.* triangu'lieren. **II** *adj* [-lət] **3.** aus Dreiecken zs.-gesetzt.
Tri·as ['traiəs] → **Triassic**.
Tri·as·sic [trai'æsik] *geol.* **I** *s* 'Trias(for‚mati‚on) *f.* **II** *adj* tri'assisch, Trias...
tri·a·tom·ic [‚traiə'tɒmik; *Am.* -'tɑ-] *adj chem.* 'dreia‚tomig.
trib·al ['traibl] *adj* **1.** Stammes... **2.** *bot. zo.* Tribus... **trib·al·ism** [-bəlizəm] *s* **1.** 'Stammessy‚stem *n.* **2.** Stammesgefühl *n.*
tri·bas·ic [trai'beisik] *adj chem.* drei-, tribasisch.
tribe [traib] *s* **1.** (Volks)Stamm *m.* **2.** Gruppe *f.* **3.** *bot. zo.* Tribus *f*, Klasse *f.* **4.** *humor. od. contp.* Sippschaft *f*, ‚Verein'. *m.* **tribes·man** ['traibzmən] *s irr* Stammesangehörige(r) *m*, -genosse *m.*
trib·let ['triblit] *s tech.* Reibahle *f.*
tri·bol·o·gy [trai'bɒlədʒi; *Am.* -'bɑ-] *s* Tribolo'gie *f* (*Lehre von Reibung u. Verschleiß gegeneinander bewegter Körper*).
tri·brach ['traibræk; *Am.* 'trai-] *s metr.* Tribrachys *m* (*Versfuß von 3 kurzen Silben*).
trib·u·la·tion [‚tribjʊ'leiʃn] *s* Drangsal *f*, 'Widerwärtigkeit *f*, Leiden *n.*
tri·bu·nal [trai'bju:nl; tri-] *s* **1.** *jur.* Gericht(shof *m*) *n*, Tribu'nal *n* (*a. fig.*). **2.** Richterstuhl *m* (*a. fig.*). **trib·u·nate** ['tribjʊnit; *bes. Am.* -neit] *s* **1.** *antiq.* Tribu'nat *n.* **2.** Gruppe *f* von Tri'bunen.
trib·une[1] ['tribju:n] *s* **1.** *antiq.* ('Volks-) Tri‚bun *m*: **military ~** Kriegstribun. **2.** Verfechter *m* der Volksrechte, Volksheld *m.*
trib·une[2] ['tribju:n] *s* **1.** Tri'büne *f.* **2.** Rednerbühne *f.* **3.** Bischofsthron *m.*
trib·u·tar·i·ness ['tribjʊtərinis; *Am.* -‚teri‚nis] *s* Zinspflichtigkeit *f.* **trib·u·tar·y** [-təri; *Am.* -‚teri] **I** *adj* (*adv* tributarily) **1.** tri'but-, zinspflichtig (**to** *dat*). **2.** 'untergeordnet (**to** *dat*). **3.** helfend, beisteuernd (**to** zu). **4.** *geogr.* Neben...: ~ **stream**. **II** *s* **5.** Tri'butpflichtige(r *m*) *f*, *a.* tri'butpflichtiger Staat. **6.** *geogr.* Nebenfluß *m.*
trib·ute ['tribju:t] *s* **1.** Tri'but *m*, Zins *m*, Abgabe *f.* **2.** *fig.* Tri'but *m*: a) Zoll *m*, Beitrag *m*, b) Huldigung *f*, Hochachtung *f*, Achtungsbezeigung *f*, Anerkennung *f*: ~ **of admiration** gebührende Bewunderung; **to pay ~ to s.o.** j-m Hochachtung bezeigen *od.* Anerkennung zollen.
tri·car ['traikɑ:] *s Br.* Dreiradlieferwagen *m.*
trice[1] [trais] *s*: **in a ~** im Nu, im Handumdrehen.
trice[2] [trais] *v/t a.* ~ **up** *mar.* aufheißen, -holen.
tri·ceps ['traiseps] *pl* **-ceps·es**, **-ceps** *s anat.* Trizeps *m* (*Muskel*).
tri·chi·na [tri'kainə] *pl* **-nae** [-ni:] *s zo.* Tri'chine *f.* **trich·i·nize** [‚kinaiz] *v/t* mit Tri'chinen anstecken *od.* bevölkern. ‚**trich·i'no·sis** [-ki'nəʊsis] *s med. vet.* Trichi'nose *f.* **trich·i·nous** *adj* trichi'nös. [Trichlo'rid.]
tri·chlo·ride [trai'klɔ:raid] *s chem.*
tri·chol·o·gy [tri'kɒlədʒi; *Am.* -'kɑ-] *s med.* Lehre *f* von den Haarkrankheiten.
tri·cho·ma [tri'kəʊmə] *s* **1.** *med. vet.* Tri'chom *n*, Weichselzopf *m.* **2.** → **trichome** 1.
tri·chome ['traikəʊm; 'tri-] *s* **1.** *bot.* Tri'chom *n*, Pflanzenhaar *n.* **2.** *zo.* Tri'chom *n*, haarartiger Fortsatz *m.*
trich·o·mon·ad [‚trikəʊ'mɒnæd; *Am.* -kə'mɑʊ-] *s zo.* Trichomo'nade *f.*

tri-chord ['traɪkɔː(r)d] *adj u. s mus.* dreisaitig(es Instru'ment).

tri-cho-sis [trɪ'kəʊsɪs] *s* Tri'chose *f*, Haarkrankheit *f*.

tri-chot-o-my [trɪ'kɒtəmɪ; *Am.* traɪ'kɑ-] *s* Dreiheit *f*, -teilung *f*.

tri-chro-mat-ic [ˌtraɪkrəʊ'mætɪk] *adj* **1.** *med.* mit nor'malem Farbensinn (begabt). **2.** *phot.* Dreifarben... **tri'chroma-tism** [-ˈkrəʊmətɪzəm] *s* **1.** *med.* Trichroma'sie *f*. **2.** *phot.* Dreifarbigkeit *f*.

trick [trɪk] **I** *s* **1.** Trick *m*, Kniff *m*, Dreh *m*, List *f*, *pl a.* Schliche *pl*: full of ~s raffiniert; to be up to s.o.'s ~s j-n *od.* j-s Schliche durchschauen (→ 2); to know a ~ worth two of that *colloq.* e-n noch viel besseren Trick wissen; she never misses a ~ *colloq.* sie läßt sich nichts entgehen. **2.** Streich *m*: dirty (*od.* mean) ~ gemeiner *od.* übler Streich, Gemeinheit *f*; ~s of fortune Tücken des Schicksals; the ~s of the memory *fig.* die Tücken des Gedächtnisses; to play s.o. a ~, to play ~s on s.o. j-m e-n Streich spielen; to be up to one's ~s (wieder) Dummheiten *od.* ‚Mätzchen' machen; what ~s have you been up to? was hast du angestellt?; none of your ~s! keine Mätzchen! **3.** Trick *m*, (*Karten- etc*)Kunststück *n*, Kunstgriff *m*: card ~; to do the ~ *colloq.* den Zweck erfüllen; that did the ~ *colloq.* damit war es geschafft; how's ~s? *colloq.* wie geht's? **4.** Gaukelbild *n*, (Sinnes)Täuschung *f*, Illusi'on *f*. **5.** (*bes.* üble *od.* dumme) Angewohnheit, Eigenheit *f*: to have a ~ of doing s.th. die Angewohnheit haben, etwas zu tun. **6.** (*charakteristischer*) Zug, eigentümlicher Ton (*der Stimme*). **7.** *Kartenspiel*: Stich *m*: to take (*od.* win) a ~ e-n Stich machen. **8.** *mar.* Rudertörn *m*. **9.** *Am. sl.* Fahrt *f*, (Dienst)Reise *f*. **10.** *Am. sl.* ‚Mieze' *f* (*Mädchen*). **11.** *vulg.* ‚Nummer' *f* (*Geschlechtsverkehr, bes.* e-r Prostituierten). **II** *v/t* **12.** über'listen, betrügen, prellen (out of um), ‚reinlegen', ‚austricksen' (*a. sport*). **13.** to ~ s.o. into doing s.th. j-n mit e-m Trick dazu bringen, etwas zu tun. **14.** *meist* ~ up, ~ out, ~ off schmücken, (auf-, her)putzen. **III** *adj* **15.** Trick...: ~ film (scene, thief, *etc*); ~ button Tricktaste *f* (*am Tonbandgerät*). **16.** Kunst...: ~ flying; ~ rider; ~ cyclist a) Kunstradfahrer *m*, b) *Br. sl.* Psychiater *m*. **17.** *colloq.* mit ‚Macken': a ~ car. **'trick-er** → trickster. **'trick-er-y** *s* **1.** Betrüge'rei *f*, Gaune'rei *f*. **2.** Betrüge'reien *pl*. **3.** Kniff *m*.

trick-i-ness ['trɪkɪnɪs] *s* **1.** Verschlagenheit *f*, Durch'triebenheit *f*, Raffi'niertheit *f*. **2.** Unzuverlässigkeit *f*. **3.** ‚Kitz(e)ligkeit' *f* (*e-r Situation etc*). **4.** Kompli'ziertheit *f*. **'trick-ish** → tricky.

trick-le ['trɪkl] **I** *v/i* **1.** tröpfeln: tears were trickling down her cheeks Tränen kullerten ihr über die Wangen. **2.** rieseln. **3.** sickern (through durch): to ~ out *fig.* durchsickern. **4.** *fig.* a) tröpfeln, b) grüppchenweise *od.* eins ums andere kommen *od.* gehen *etc*: to ~ away allmählich verebben. **5.** trudeln (*Ball etc*). **II** *v/t* **6.** tröpfeln (lassen), träufeln. **7.** rieseln lassen. **III** *s* **8.** Tröpfeln *n*. **9.** Rinnsal *n*. **10.** Rinnsal *n* (*a. fig.*). ~ **charg-er** *s electr.* Kleinlader *m*.

trick-si-ness ['trɪksɪnɪs] *s* **1.** → trickiness. **2.** Übermut *m*.

trick-ster ['trɪkstə(r)] *s* Gauner(in), Schwindler(in).

trick-sy ['trɪksɪ] *adj* **1.** → tricky. **2.** übermütig.

trick-track ['trɪktræk] *s* Tricktrack *n* (*Brett- u.* Würfelspiel).

trick-y ['trɪkɪ] *adj* (*adv* trickily) **1.** verschlagen, durch'trieben, raffi'niert. **2.**

unzuverlässig. **3.** heikel, ‚kitz(e)lig': ~ problem (situation, *etc*). **4.** knifflig, kompli'ziert. **5.** → trick 17.

tri-clin-ic [traɪ'klɪnɪk] *adj* tri'klin(isch) (*Kristall*).

tri-col-o(u)r ['trɪkələ; *bes. Am.* 'traɪˌkʌlə(r)] **I** *s* Triko'lore *f*. **II** *adj* dreifarbig, Dreifarben...

tri-cot ['triːkəʊ; *Am. a.* 'traɪkət] *s* Tri'kot *m, a. n* (*Stoff*).

tric-trac → tricktrack.

tri-cus-pid [ˌtraɪ'kʌspɪd] **I** *adj* **1.** dreispitzig. **2.** *anat.* trikuspi'dal. **II** *s anat.* **3.** *a.* ~ valve Trikuspi'dalklappe *f*. **4.** Backenzahn *m*.

tri-cy-cle ['traɪsɪkl] **I** *s* Dreirad *n*. **II** *v/i* Dreirad fahren.

tri-dent ['traɪdnt] **I** *s* Dreizack *m* (*a. des Neptun*). **II** *adj* → tridental. **tri'den-tal** [-ˈdentl], **tri'den-tate** [-teɪt] *adj* dreizackig, Dreizack...

Tri-den-tine [trɪ'dentaɪn; traɪ-; -tiːn] **I** *adj* **1.** triden'tinisch: ~ profession of faith *relig.* Tridentinisches Glaubensbekenntnis. **II** *s* **2.** Triden'tiner(in). **3.** *relig.* Katho'lik(in).

tried [traɪd] *pret u. pp von* try. **II** *adj* erprobt, bewährt.

tri-en-ni-al [traɪ'enjəl; -nɪəl] *adj* (*adv* ~ly) **1.** dreijährig, drei Jahre dauernd. **2.** alle drei Jahre stattfindend, dreijährlich. **tri'en-ni-um** [-ˈenɪəm] *pl* **-ni-ums, -ni-a** [-nɪə] *s* Tri'ennium *n*, Zeitraum *m* von drei Jahren.

tri-er ['traɪə(r)] *s* **1.** Unter'sucher *m*, Prüfer *m*: he is a great ~ *colloq.* er läßt nichts unversucht. **2.** *jur.* a) Richter *m*, b) *Br.* Über'prüfer *m* von Einwänden gegen Geschworene. **3.** Prüfgerät *n*.

tri-er-arch-y [ˈtraɪərɑː(r)kɪ] *s hist.* Trierar'chie *f* (Ausstattung, Instandhaltung *u.* Führung *e-s* Kriegsschiffs für ein Jahr).

tri-fec-ta [traɪ'fektə] *s* Pferdesport: *Am.* Dreierwette *f*.

tri-fle ['traɪfl] **I** *s* **1.** *allg.* Kleinigkeit *f*: a) unbedeutender Gegenstand, b) Lap'palie *f*, Baga'telle *f*: to stand upon ~s ein Kleinigkeitskrämer sein; not to stick at ~s sich nicht mit Kleinigkeiten abgeben, c) Kinderspiel *n*: that is mere ~ to him, d) kleine Geldsumme, e) (*das*) bißchen: ~ ein bißchen, ein wenig; a ~ expensive ein bißchen *od.* etwas teuer. **2.** (*Art*) 'Zinnleˌgierung *f* mittlerer Härte. **3.** a) *bes. Br.* Bis'kuitauflauf *m*, b) *Am.* 'Obstdesˌsert *n* mit Schlagsahne. **II** *v/i* **4.** spielen: to ~ with a pencil; to ~ with one's food im Essen herumstochern. **5.** *fig.* spielen, sein Spiel treiben *od.* leichtfertig 'umgehen (with mit): he is not be ~d with er läßt nicht mit sich spaßen. **6.** scherzen, tändeln, leichtfertig da'herreden. **7.** die Zeit vertrödeln, trödeln. **III** *v/t* **8.** ~ away *Zeit* vertrödeln, -tändeln, *a. Geld* verplempern. **'tri-fler** *s* **1.** oberflächlicher *od.* fri'voler Mensch. **2.** Tändler *m*. **3.** Müßiggänger *m*. **'tri-fling** *adj* (*adv* ~ly) **1.** oberflächlich, leichtfertig, fri'vol. **2.** tändelnd. **3.** unbedeutend, geringfügig, belanglos.

tri-fo-li-ate [traɪ'fəʊlɪət] *adj bot.* **1.** dreiblätt(e)rig. **2.** → trifoliolate.

tri-fo-li-o-late [traɪ'fəʊlɪəleɪt] *adj bot.* **1.** dreizählig (*Blatt*). **2.** mit dreizähligen Blättern (*Pflanze*).

tri-fo-ri-um [traɪ'fɔːrɪəm; *Am. a.* -ˈfəʊ-] *pl* **-ri-a** [-ə] *s arch.* Tri'forium *n* (*Säulengang*).

tri-form ['traɪfɔː(r)m] *adj* **1.** dreiteilig. **2.** dreiförmig. **3.** dreifach.

tri-fur-cate I *adj* [traɪ'fɜːkeɪt; -kɪt; *Am.* -ˈfɜr-] dreigabelig, -zackig. **II** *v/i* [-keɪt] sich dreifach gabeln.

trig¹ [trɪg] *adj* (*adv* ~ly) *obs. od. dial. Br.* **1.** schmuck, a'drett. **2.** kräftig.

trig² [trɪg] *bes. dial.* **I** *v/t* **1.** *Rad etc* hemmen, *a.* ~ up stützen. **II** *s* **3.** Hemmklotz *m*, -schuh *m*.

trig³ [trɪg] *colloq. für* trigonometry.

trig-a-mous ['trɪgəməs] *adj* **1.** in Triga'mie lebend. **2.** *bot.* dreihäusig. **'trig-a-my** *s* Triga'mie *f*.

trig-ger ['trɪgə(r)] **I** *s* **1.** *electr. phot. tech., a. fig.* Auslöser *m*. **2.** *mil.* Abzug *m* (e-r *Feuerwaffe*), (*am Gewehr a.*) Drücker *m*, (*in e-r Bombe etc*) Zünder *m*: to pull the ~ abdrücken; to be quick (*od.* fast) on the ~ a) schnell abdrücken, b) *fig.* ‚fix' *od.* ‚auf Draht' (*reaktionsschnell od. schlagfertig*) sein. **II** *v/t* **3.** *a.* ~ off auslösen (*a. fig.*). ~ **cam** *s tech.* Schaltnocken *m*. ~ **cir-cuit** *s electr.* Triggerschaltung *f*. ~ **fin-ger** *s* Zeigefinger *m*. ~ **guard** *s mil.* Abzugsbügel *m*. **'~-ˌhap-py** *adj* **1.** schießwütig. **2.** kriegslüstern. **3.** aggres'siv: ~ critics. ~ **re-lay** *s electr.* 'Kippreˌlais *n*. ~ **switch** *s* Kipphebelschalter *m*.

tri-glot ['traɪglɒt; *Am.* -ˌglɑt] *adj* dreisprachig.

tri-glyph ['traɪglɪf] *s arch.* Tri'glyph *m*, Dreischlitz *m* (*im dorischen Fries*).

tri-gon ['traɪgɒn; *Am.* -ˌgɑn] *s* **1.** *obs.* Dreieck *n*. **2.** *astr.* a) → trine 4, b) → triplicity 1. **3.** *mus. antiq.* dreieckige Harfe.

trig-o-nal ['trɪgənl; *Am.* traɪˈgəʊnl] *adj* **1.** dreieckig. **2.** *bot. zo.* dreikantig. **3.** *min.* trigo'nal. **4.** *astr.* Trigonal...

trig-o-no-met-ric [ˌtrɪgənə'metrɪk] *adj*; ˌ**trig-o-no'met-ri-cal** *adj* (*adv* ~ly) *math.* trigono'metrisch. **ˌtrig-o'nom-e-try** [-ˈnɒmɪtrɪ; *Am.* -ˈnɑ-] *s math.* Trigonome'trie *f*: plane ~ ebene Trigonometrie.

tri-graph ['traɪgrɑːf; *bes. Am.* -græf] *s ling.* Gruppe *f* von drei Buchstaben (*zur Bezeichnung e-s einzigen Lautes od. Diphthongs*).

tri-he-dral [traɪ'hedrəl; *Am.* -ˈhiː-] *adj math.* dreiflächig, tri'edrisch. **tri'he-dron** [-drən] *pl* **-drons, -dra** [-drə] *s* Tri'eder *n*, Dreiflächner *m*.

tri-jet ['traɪdʒet] *adj u. s* dreistrahlig(es Düsenflugzeug).

trike [traɪk] *colloq. für* tricycle.

tri-lat-er-al [ˌtraɪ'lætərəl] *adj* **1.** *math.* dreiseitig. **2.** Dreier...: ~ talks.

tril-by ['trɪlbɪ] *s* **1.** *a.* ~ hat *Br. colloq.* (*ein*) weicher Filzhut. **2.** *pl sl.* ‚Flossen' *pl* (*Füße*).

tri-lin-e-ar [ˌtraɪ'lɪnɪə(r)] *adj math.* dreilinig: ~ coordinates Dreieckskoordinaten.

tri-lin-gual [ˌtraɪ'lɪŋgwəl] *adj* dreisprachig.

tri-lit-er-al [ˌtraɪ'lɪtərəl] *adj u. s* aus drei Buchstaben bestehend(es Wort).

tri-lith ['traɪlɪθ], **tri-lith-on** [traɪ'lɪθɒn; *Am.* -ˌlɪθɑn] *s Archäologie*: Tri'lith *m*.

trill [trɪl] **I** *v/t u. v/i* **1.** *mus. etc* trillern, trällern. **2.** *ling.* (*bes. das* r) rollen. **II** *s* **3.** *mus.* Triller *m*. **4.** *ling.* gerollter Kon'sonant, bes. gerolltes r.

tril-lion ['trɪljən] *s* **1.** *Br.* Trilli'on *f*. **2.** *Am.* Billi'on *f*.

tril-o-gy ['trɪlədʒɪ] *s* Trilo'gie *f*.

trim [trɪm] **I** *v/t* **1.** in Ordnung bringen, zu'rechtmachen. **2.** *a.* ~ up (auf-, her'aus)putzen, schmücken, ‚ausstaf,fieren, schönmachen: to ~ o.s.; to ~ the Christmas tree den Weihnachtsbaum schmücken; to ~ a shopwindow ein Schaufenster dekorieren. **3.** *Kleider, Hüte etc* besetzen, gar'nieren. **4.** *Hecken, Haar, Nägel etc* (be-, zu'recht)schneiden, stutzen, *bes. Hundefell* trimmen. **5.** *fig.* (zu'recht)stutzen, beschneiden: to ~ the budget. **6.** *Bauholz* behauen, zurichten: to ~ logs. **7.** *colloq.* j-n a) ‚her'unterputzen', b) ‚reinlegen', c) ‚beschummeln'

trimester – triumphal

(*betrügen*) (**out of** um), d) ‚vertrimmen' (*a. sport* klar schlagen). **8.** *Feuer* anschüren. **9.** *aer. mar.* trimmen: a) in die richtige Lage bringen: **to ~ the plane (ship)**, b) *Segel* stellen, brassen: **to ~ one's sails** (**to every wind**) *fig.* sein Mäntelchen nach dem Wind hängen, c) *Kohlen* schaufeln, d) *die Ladung* (richtig) verstauen: **to ~ the hold. 10.** *electr.* trimmen, (fein)abgleichen.
II *v/i* **11.** *mar.* trimmen. **12.** *fig.* e-n Mittelkurs steuern, *bes. pol.* la'vieren: **to ~ with the times** sich den Zeiten anpassen, Opportunitätspolitik treiben.
III *s* **13.** Ordnung *f*, (richtiger) Zustand, richtige (*a.* körperliche *od.* seelische) Verfassung (*a. Person*): **in good** (**out of**) **~** in guter (schlechter) Verfassung (*a. Person*); **to keep in** (**good**) **~** sich in Form halten; **in ~ for** in der richtigen Verfassung für; **in fighting ~** *mil.* gefechtsbereit; **in sailing ~** segelfertig. **14.** *aer. mar.* a) Trimm(lage *f*) *m*, b) richtige Stellung (*der Segel*), c) *a.* **~ of the hold** gute Verstauung (*der Ladung*). **15.** Putz *m*, Staat *m*, Gala(kleidung) *f*. **16.** *mot.* a) Innenausstattung *f*, b) (Karosse'rie-) Verzierungen *pl*, c) Zierleiste *f*. **17.** *Am.* 'Schaufensterdeko,rati₁on *f*.
IV *adj* (*adv* **~ly**) **18.** schmuck, hübsch, sauber, ordentlich, ‚(gut) im Schuß', ‚tipp'topp'.
tri·mes·ter [traɪˈmestə(r)] *s* **1.** Zeitraum *m* von drei Monaten, Vierteljahr *n*. **2.** *univ. etc* Tri'mester *n*.
trim·e·ter [ˈtrɪmɪtə(r)] *metr.* **I** *adj* tri'metrisch. **II** *s* Trimeter *m* (*sechsfüßiger Vers*).
tri·met·ric [traɪˈmetrɪk] *adj* **1.** tri'metrisch. **2.** ortho'rhombisch (*Kristalle*). **3.** *math.* 'dreidimensio₁nal.
'**trim·mer** *s* **1.** Aufarbeiter(in): **hat ~** Putzmacher(in). **2.** *mar.* a) (Kohlen-) Trimmer *m*, b) Stauer *m*. **3.** *Am.* 'Schaufensterdeko,rateur *m*. **4.** *tech.* Werkzeug *n od.* Ma'schine *f* zum Ausputzen *od.* Zu'rechtschneiden. **5.** *Zimmerei*: Wechselbalken *m*. **6.** *fig. bes. pol.* Opportu'nist(in). **7.** *electr.* 'Trimmer(konden₁sator) *m*.
'**trim·ming** *s* **1.** (Auf-, Aus)Putzen *n*, Zurichten *n*. **2.** a) (Hut-, Kleider)Besatz *m*, Borte *f*, b) *pl* Zutaten *pl*, Beila₁menten *pl*. **3.** *pl* Gar'nierung *f*, Zutaten *pl*, Beilagen *pl* (*e-r Speise*). **4.** *fig.* ‚Verzierung' *f*, ‚Gar'nierung' *f* (*im Stil etc*). **5.** *pl* Abfälle *pl*, Schnipsel *pl*. **6.** *aer. mar.* a) Trimmen *n*, b) Staulage *f*: **~ flap** *aer.* Trimmklappe *f*. **7.** *electr.* Trimmen *n*, Feinabgleich *m*: **~ capacitor ~** trimmer **7. 8.** *colloq.* (Tracht *f*) Prügel *pl*. **9.** *sport colloq.* Abfuhr *f*: **to give s.o. a ~** j-m e-e Abfuhr erteilen; **to get a ~** e-e Abfuhr erleiden, sich e-e Abfuhr holen.
'**trim·ness** *s* **1.** gute Ordnung. **2.** Gepflegtheit *f*, gutes Aussehen, (*das*) Schmucke.
tri·month·ly [₁traɪˈmʌnθlɪ] *adj* dreimonatlich, vierteljährlich.
tri·mo·tor [ˈtraɪ₁məʊtə(r)] *s aer.* 'drei₁motoriges Flugzeug.
tri·nal [ˈtraɪnl] *adj* dreifach.
tri·na·ry [ˈtraɪnərɪ] → **ternary**.
trine [traɪn] **I** *adj* **1.** dreifach. **2.** *astr.* trigo'nal. **II** *s* **3.** Dreiheit *f*. **4.** *astr.* Trigo'nala₁spekt *m*.
trin·gle [ˈtrɪŋgl] *s* **1.** Vorhangstange *f*. **2.** *arch.* Kranzleiste *f*.
Trin·i·tar·i·an [₁trɪnɪˈteərɪən] **I** *adj* **1.** *relig.* Dreieinigkeits-... **2.** *relig.* Trinitarier... **3.** *t~* dreifach, 4(drei(e)rig. **II** *s* **4.** Bekenner(in) der Drei'einigkeit. **5.** *hist.* Trini'tarier(in). ₁**Trin·i'tar·i·an·ism** *s relig.* Drei'einigkeitslehre *f*.
tri₁ni·tro'ben·zene [traɪ₁naɪtrəʊ-] *s chem.* Trinitroben'zol *n*. **tri₁ni·tro'tol·u·ene, tri₁ni·tro'tol·u·ol** *s chem.* ₁Trinitrotolu'ol *n*.
trin·i·ty [ˈtrɪnɪtɪ] *s* **1.** Dreiheit *f*. **2.** *T~ relig.* Trini'tät *f*, Drei'einigkeit *f*, Drei'faltigkeit *f*. **T~ Breth·ren** *s pl* Mitglieder *pl* des **Trinity House**. **T~ House** *s Verband zur Aufsicht über Lotsen, Leuchtfeuer, See- u. Lotsenzeichen*. **T~ Sun·day** *s relig.* Sonntag *m* Trini'tatis. **T~ term** *s univ. Br.* 'Sommertri₁mester *n*.
trin·ket [ˈtrɪŋkɪt] *s* **1.** (*bes.* billiges *od.* wertloses) Schmuckstück. **2.** *pl fig.* ‚Kinkerlitzchen' *pl*.
tri·no·mi·al [traɪˈnəʊmjəl; -ɪəl] **I** *adj* **1.** *math.* tri'nomisch, dreigliedrig, -namig: **~ root. 2.** *biol.* dreigliedrig (*Benennung*). **II** *s* **3.** Tri'nom *n*: a) *math.* dreigliedrige (Zahlen)Größe, b) *biol.* dreigliedrige Benennung.
tri·o [ˈtriːəʊ] *pl* **-os** *s mus. u. fig.* Trio *n*.
tri·ode [ˈtraɪəʊd] *s electr.* Tri'ode *f*, 'Dreielek₁trodenröhre *f*.
tri·o·let [ˈtriːəʊlet; 'traɪ-] *s metr.* Trio'lett *n* (*achtzeiliges Ringelgedicht*).
tri·or → **trier 2**.
trip [trɪp] **I** *v/i* **1.** trippeln, tänzeln. **2.** *a.* **~ up** stolpern, straucheln (*a. fig.*): **to ~ over one's own feet** über die eigenen Füße stolpern. **3.** *fig.* (e-n) Fehler machen: **to catch s.o. ~ping** j-n bei e-m Fehler ertappen. **4.** a) (*über ein Wort*) stolpern, sich versprechen, b) (*mit der Zunge*) anstoßen. **5.** *obs.* e-e Reise *od.* e-n Ausflug machen. **6.** *oft* **~ out** *sl.* auf e-n ‚Trip' gehen.
II *v/t* **7.** *oft* **~ up** j-m ein Bein stellen, j-n zu Fall bringen (*beide a. fig.*). **8.** *etwas* vereiteln. **9.** *fig.* j-n ertappen (**in** bei e-m Fehler *etc*). **10.** *tech.* a) auslösen, b) schalten.
III *s* **11.** a) (*bes.* kurze, *a.* See)Reise, b) Ausflug *m*, (Spritz)Tour *f*, Abstecher *m* (**to** nach): **~ recorder** *mot.* Tageskilometerzähler *m*. **12.** *weitS.* Fahrt *f*. **13.** Stolpern *n*. **14.** a) *bes. fig.* Fehltritt *m*, b) *fig.* Fehler *m*. **15.** Beinstellen *n*. **16.** Trippeln *n*, Tänzeln *n*. **17.** *sl.* ‚Trip' *m* (*Drogenrausch*): **to go on a ~. 18.** *tech.* a) Auslösevorrichtung *f*, b) Auslösen *n*: **~ cam** (*od.* **dog**) Schaltnocken *m*, (Auslöse)Anschlag *m*; **~ lever** Auslöse- *od.* Schalthebel *m*.
tri·pack [ˈtraɪpæk] *s phot.* Drei'schichtenfilm *m*.
tri·par·tite [₁traɪˈpɑː(r)taɪt] *adj* **1.** *bes. bot.* dreiteilig. **2.** dreifach (ausgefertigt): **~ deed. 3.** Dreier...: **~ treaty** Dreimächtever₁trag *m*. ₁**tri·par'ti·tion** [-tɪʃn] *s* Dreiteilung *f*.
tripe [traɪp] *s* **1.** *gastr.* Kal'daunen *pl*, Kutteln *pl*. **2.** *colloq.* a) Schund *m*, Kitsch *m*, b) ‚Quatsch' *m*, Blödsinn *m*. **3.** *meist pl vulg.* Eingeweide *pl*.
tri·pe·dal [ˈtraɪ₁pedl; ₁traɪˈpiːdl] *adj* dreifüßig.
'**trip₁ham·mer** *s tech.* Aufwerfhammer *m*.
tri·phase [ˈtraɪfeɪz] → **three-phase**.
tri·phib·i·ous [traɪˈfɪbɪəs] *adj mil.* unter Einsatz von Land-, See- u. Luftstreitkräften ('durchgeführt).
triph·thong [ˈtrɪfθɒŋ; 'trɪp-] *s ling.* Tri'phthong *m*, Dreilaut *m*.
tri·plane [ˈtraɪpleɪn] *s aer.* Dreidecker *m*.
tri·ple [ˈtrɪpl] **I** *adj* (*adv* **triply**) **1.** dreifach. **2.** dreimalig. **3.** Drei..., dreiTripel... **II** *s* **4.** (*das*) Dreifache. **5.** *Pferdesport*: *Am.* Dreierwette *f*. **III** *v/t u. v/i* **6.** (sich) verdreifachen. **T~ Al·li·ance** *pol. hist.* Tripelalli₁anz *f*, Dreibund *m*. **~ bars** *s pl Springreiten*: Tripelbarre *f*. '**~-₁dig·it** *adj bes. Am.* dreistellig. **T~ En·tente** *pol. hist.* 'Tripel₁tente *f*. **~ fugue** *s mus.* Tripelfuge *f*. **~ jump** *s* *Leichtathletik*: Dreisprung *m*. '**~-pole** *adj electr.* dreipolig, Dreipol...
tri·plet [ˈtrɪplɪt] *s* **1.** Drilling *m*. **2.** Dreiergruppe *f*. **3.** Trio *n* (*drei Personen etc*). **4.** *mus.* Tri'ole *f*. **5.** *metr.* Dreireim *m*. **6.** *Poker*: Dreierpasch *m* (*drei gleichwertige Karten*).
tri·ple time *s mus.* Tripel-, Dreitakt *m*.
tri·plex [ˈtrɪpleks; *Am. a.* ˈtraɪ-] **I** *adj* **1.** dreifach: **~ glass** Triplex-, Sicherheitsglas *n*. **II** *s* **2.** *mus.* Tripeltakt *m*. **3.** (*etwas*) Dreifaches.
trip·li·cate [ˈtrɪplɪkət] **I** *adj* **1.** dreifach. **II** *s* **2.** (*das*) Dreifache. **3.** dreifache Ausfertigung: **in ~. 4.** *e-s von 3* (gleichen) Dingen; **~s** 3 Exemplare. **III** *v/t* [-keɪt] **5.** verdreifachen. **6.** dreifach ausfertigen. ₁**trip·li'ca·tion** *s* Verdreifachung *f*.
tri·plic·i·ty [trɪˈplɪsətɪ; *Am. a.* traɪ-] *s* **1.** Tripli'zi₁tät *f* (*a. astr.*), Drei(fach)heit *f*. **2.** Dreiergruppe *f*.
trip·loid [ˈtrɪplɔɪd] *biol.* **I** *adj* triplo'id. **II** *s* triplo'ider Orga'nismus.
tri·pod [ˈtraɪpɒd; *Am. a.* -₁pɑd] *s* **1.** Dreifuß *m*. **2.** *bes. phot.* Sta'tiv *n*. **3.** *mil. tech.* Dreibein *n*.
trip·o·li [ˈtrɪpəlɪ] *s geol.* Tripel *m*, Po'lierschiefer *m*.
tri·pos [ˈtraɪpɒs] *s univ. Br.* letztes Ex'amen für den **honours degree** (*in Cambridge*).
'**trip·per** *s* **1.** *bes. Br.* a) Ausflügler(in), b) Tou'rist(in). **2.** Auslösevorrichtung *f*.
'**trip·ping** *adj* (*adv* **~ly**) **1.** leicht(füßig), flink. **2.** flott, munter. **3.** strauchelnd (*a. fig.*). **4.** *tech.* Auslöse..., Schalt...
trip·py [ˈtrɪpɪ] *adj Am. sl.* ‚high' (*im Drogenrausch*).
trip·tane [ˈtrɪpteɪn] *s chem.* klopffester Kraftstoff.
trip·tych [ˈtrɪptɪk] *s* Triptychon *n*, dreiteiliges (Al'tar)Bild.
trip·tyque [trɪpˈtiːk] *s* Triptyk *n* (*Grenz·übertrittsschein für Kraftfahrzeuge*).
trip wire *s* Stolperdraht *m*.
tri·que·tra [traɪˈkwiːtrə; -ˈkwetrə] *s* dreieckiges Orna'ment.
tri·reme [ˈtraɪriːm] *s mar. antiq.* Tri'reme *f*, Trie're *f* (*Dreiruderer*).
tri·sect [traɪˈsekt] *v/t* dreiteilen, in drei (gleiche) Teile teilen. **tri'sec·tion** *s* Dreiteilung *f*.
tris·mus [ˈtrɪzməs] *s med.* Trismus *m*, Kaumuskelkrampf *m*.
tri·some [ˈtraɪsəʊm] *s biol.* Tri'som *n*.
tri·syl·lab·ic [₁traɪsɪˈlæbɪk] *adj* (*adv* **~ally**) dreisilbig. ₁**tri'syl·la·ble** [-ˈsɪləbl] *s* dreisilbiges Wort.
trite [traɪt] *adj* (*adv* **~ly**) abgedroschen, platt, ba'nal. '**trite·ness** *s* Abgedroschenheit *f*, Plattheit *f*.
trit·i·um [ˈtrɪtɪəm; *Am. a.* ˈtrɪʃɪəm] *s chem. phys.* Tritium *n*.
Tri·ton[1] [ˈtraɪtn] *s* **1.** *antiq.* Triton *m* (*niederer Meergott*): **a ~ among** (**the**) **minnows** ein Riese unter Zwergen. **2.** *t~ zo.* Tritonshorn *n*. **3.** *t~ zo.* Molch *m*.
tri·ton[2] [ˈtraɪtn] *s chem. phys.* Tritiumkern *m*, Triton *n*.
tri·tone [ˈtraɪtəʊn] *s mus.* Tritonus *m*.
trit·u·rate [ˈtrɪtjʊreɪt; *Am.* -tʃə-] *v/t* zerreiben, -mahlen, -stoßen, pulveri'sieren. ₁**trit·u'ra·tion** *s* Zerreibung *f*, Pulveri'sierung *f*.
tri·umph [ˈtraɪəmf] **I** *s* **1.** Tri'umph *m*: a) Sieg *m* (**over** über *acc*), b) Siegesfreude *f* (**at** über *acc*): **in ~** im Triumph, triumphierend. **2.** Tri'umph *m* (*Großtat, Erfolg*): **the ~s of science. 3.** *antiq.* (*Rom*) Tri'umph(zug) *m*. **II** *v/i* **4.** triumphieren: a) den Sieg erringen, b) froh'locken, jubeln (*beide a.* **over** über *acc*), c) Erfolg haben. **tri·um·phal** [-ˈʌmfl] *adj* Triumph..., Sieges...: **~ arch** Triumph-

triumphant – trouble

bogen *m*; ~ **car** Siegeswagen *m*; ~ **procession** Triumph-, Siegeszug *m*. **tri·um·phant** *adj (adv* ~**ly**) **1.** trium'phierend: a) den Sieg feiernd, b) sieg-, erfolg-, glorreich, c) froh'lockend, jubelnd. **2.** *obs.* prächtig, herrlich.

tri·um·vir ['trɪˈʌmvə(r); *bes. Am.* traɪ-] *pl* **-virs, -vi·ri** [trɪˈʊmviːriː; *bes. Am.* traɪˈʌmvɪraɪ] *s antiq.* Triˈumvir *m (a. fig.).* **tri·um·vi·rate** [traɪˈʌmvɪrət] *s* **1.** *antiq.* Triumviˈrat *n (a. fig.).* **2.** *fig.* Dreigestirn *n.*

tri·une ['traɪjuːn] *adj bes. relig.* dreiˈeinig.

tri·u·ni·ty [-əti] → **trinity 2.**

tri·va·lent [ˌtraɪˈveɪlənt] *adj chem.* dreiwertig.

triv·et ['trɪvɪt] *s* **1.** Dreifuß *m (bes. für Kochgefäße):* **(as) right as a** ~ *(gesundheitlich)* vollkommen in Ordnung. **2.** (kurzfüßiger) 'Untersetzer.

triv·i·a ['trɪvɪə] *s pl* Bagaˈtellen *pl*, Kleinigkeiten *pl.*

triv·i·al ['trɪvɪəl] *adj (adv* ~**ly**) **1.** triviˈal, platt, baˈnal, allˈtäglich. **2.** nichtssagend, gering(fügig), unbedeutend, belanglos. **3.** unbedeutend, oberflächlich *(Person).* **4.** *biol.* volkstümlich *(Ggs. wissenschaftlich).* ˌtriv·i·ˈal·i·ty [-ˈælətɪ] *s* **1.** Trivialiˈtät *f*, Plattheit *f*: a) Banaliˈtät *f*, b) triviˈale *od.* nichtssagende Bemerkung. **2.** Geringfügigkeit *f*, Belanglosigkeit *f.* **ˈtriv·i·al·ize** *v/t* bagatelliˈsieren, ˌherˈunterspielen'.

triv·i·um ['trɪvɪəm] *s univ. hist.* Trivium *n (der niedere Teil der Freien Künste:* Grammatik, Logik, Rhetorik).

tri·week·ly [ˌtraɪˈwiːklɪ] **I** *adj* **1.** dreiwöchentlich. **2.** dreimal wöchentlich erscheinend *(Zeitschrift etc) od.* verkehrend *(Verkehrsmittel).* **II** *adv* **3.** dreimal in der Woche.

troat [trəʊt] **I** *s* Röhren *n (des Hirsches).* **II** *v/i* röhren.

tro·car ['trəʊkɑː(r)] *s med.* Troˈkar *m*, Hohlnadel *f.*

tro·cha·ic [trəʊˈkeɪɪk] *metr.* **I** *adj* troˈchäisch. **II** *s* Troˈchäus *m.*

tro·char → **trocar.**

tro·che [trəʊʃ; *bes. Am.* 'trəʊkiː] *s* Paˈstille *f.*

tro·chee ['trəʊkiː] *s metr.* Troˈchäus *m.*

troch·le·a ['trɒklɪə; *Am.* 'trɑːk-] *pl* **-le·ae** [-liːiː] *s anat.* Trochlea *f*, Rolle *f.*

tro·choid ['trəʊkɔɪd; *Am. a.* 'trɑː-] **I** *adj* **1.** radförmig. **2.** sich um e-e Achse drehend. **3.** *math.* zyklo'idenartig. **II** *s* **4.** *math.* Trocho'ide *f.* **5.** *anat.* Rollgelenk *n.*

trod [trɒd; *Am.* trɑːd] *pret u. pp von* **tread.**

trod·den ['trɒdn; *Am.* 'trɑːdn] *pp von* **tread.**

trode [trəʊd] *obs. pret von* **tread.**

trog·lo·dyte ['trɒglədaɪt; *Am.* 'trɑː-] *s* **1.** Troglo'dyt *m*, Höhlenbewohner *m.* **2.** *fig.* a) Einsiedler *m*, b) primiˈtiver *od.* bruˈtaler Kerl. **3.** *zo.* Troglo'dyt *m*, Schim'panse *m.* ˌtrog·loˈdyt·ic [-ˈdɪtɪk] *adj* troglo'dytisch.

troi·ka ['trɔɪkə] *s* Troika *f*, Dreigespann *n.*

Tro·jan ['trəʊdʒən] **I** *adj* **1.** troˈjanisch: ~ **Horse** Trojanisches Pferd *(a. fig.).* **II** *s* **2.** Troˈjaner(in). **3.** *fig.* „Mordskerl' *m*: **to work like a** ~ arbeiten wie ein Pferd. **4.** *sl.* lustiger Bruder.

troll[1] [trəʊl] **I** *v/t u. v/i obs. od. dial.* **1.** rollen. **2.** a) (fröhlich) trällern, b) im Rundgesang singen. **3.** (mit der Schleppangel) fischen *(in dat)* (for *nach*). **II** *s* **4.** Rundgesang *m.* **5.** Schleppangel *f*, künstlicher Köder.

troll[2] [trəʊl] *s* Troll *m*, Kobold *m.*

trol·ley ['trɒlɪ; *Am.* 'trɑː-] *s* **1.** *Br.* a) Handwagen *m*, b) Gepäckwagen *m*, c) Kofferkuli *m*, d) Einkaufswagen *m*, e) Sackkarre(n *m*) *f*, f) *Golf:* Caddie-bogen *m*; ~ **car** Siegeswagen *m*; ~ **procession** Triumph-, Siegeszug *m*. **2.** *Bergbau: Br.* Förderwagen *m*, Lore *f.* **3.** *rail. Br.* Drai'sine *f.* **4.** *electr.* Konˈtaktrolle *f (bei Oberleitungsfahrzeugen).* **5.** *Am.* Straßenbahn(wagen *m*) *f.* **6.** *bes. Br.* Tee-, Ser'vierwagen *m.* ~ **bus** *s Br.* Einkaufsroller *m.* ~ **bus** *s* Oberleitungsbus *m*, Obus *m.* ~ **car** *s Am.* Straßenbahnwagen *m.* ~ **pole** *s electr. tech.* Stromabnehmerstange *f.* ~ **wire** *s* Oberleitung *f.*

trol·lop ['trɒləp; *Am.* 'trɑː-] **I** *s* **1.** a) „Schlampe' *f*, b) leichtes Mädchen. **II** *v/i* **2.** schlampen. **3.** „latschen'.

trol·ly → **trolley.**

trom·ba ['trɒmbə; *Am.* 'trɑːmbə] *s mus.* Tromˈpete *f (a. Orgelregister).*

trom·bone [trɒmˈbəʊn; *Am.* trɑːm-] *s mus.* **1.** Poˈsaune *f.* **2.** Poˈsau'nist *m.* **tromˈbon·ist** *s mus.* Posauˈnist *m.*

tro·mom·e·ter [trəʊˈmɒmɪtə(r); *Am.* -ˈmɑː-] *s* Tromo'meter *n (zur Messung sehr leichter Beben).*

trompe [trɒmp; *Am.* trɑːmp] *s tech.* ('Wasser)Gebläseappaˌrat *m (in e-m Gebläseofen).*

troop [truːp] **I** *s* **1.** Trupp *m*, Haufe(n) *m*, Schar *f.* **2.** *meist pl mil.* Truppe(n *pl*) *f.* **3.** *mil.* a) Schwaˈdron *f*, b) 'Panzerkompaˌnie *f*, c) Batte'rie *f.* **4.** *mil.* 'Marsch-, Tromˈpetensiˌgnal *n.* **5.** *Am.* Zug *m* von Pfadfindern *(16–32 Jungen).* **6.** *meist pl fig.* (e-e) Menge, Haufen *m*: ~**s of servants.** **II** *v/i* **7.** *oft* ~ **up,** ~ **together** sich scharen, sich sammeln. **8.** ~ **with** sich zs.-tun mit. **9.** (in Scharen) ziehen, (*herein- etc*)strömen, mar'schieren: **to** ~ **the colours** *Br.* die Fahnenparade abhalten *(anläßlich des Geburtstages des Monarchen).* ~ **car·ri·er** *s mil.* **1.** *aer. mar.* 'Truppentransˌporter *m.* **2.** *mot.* Mannschaftswagen *m.* '~-ˌcar·ry·ing *adj:* ~ **vehicle** *mil. Br.* Mannschaftswagen *m.*

'troop·er *s* **1.** *mil.* Kavalleˈrist *m*: **to swear like a** ~ fluchen wie ein Landsknecht. **2.** *Am.* Staatspoliˌzist *m.* **3.** *Am. u. Austral.* berittener Poliˈzist *m.* **4.** *mil.* Kavalle'riepferd *n.* **5.** *bes. Br. für* **troopship.**

troop|school *s mil. Am.* Waffenschule *f.* '~**ship** *s mar. mil.* 'Truppenransˌporter *m.*

tro·pae·o·lum [trəʊˈpiːələm] *s bot.* Kapuˈzinerkresse *f.*

trope [trəʊp] *s* **1.** Tropus *m*, bildlicher Ausdruck. **2.** *relig. hist.* liˈturgischer Begleitspruch. **3.** *mus.* Tropus *m.*

troph·ic ['trɒfɪk; *Am.* 'trəʊ-] *adj biol.* trophisch, Ernährungs-...

troph·o·plasm ['trɒfəplæzəm; *Am.* 'trəʊ-] *s biol.* Tropho'plasma *n*, ernährendes Plasma.

tro·phy ['trəʊfɪ] *s* **1.** Tro'phäe *f*, Siegeszeichen *n od.* -beute *f (alle a. fig.).* **2.** *(Jagd- etc)*Tro'phäe *f*, Preis *m.* **3.** Andenken *n* (of *an acc*). **4.** *antiq.* Sieges(denk)mal *n.* **II** *v/t* **5.** mit Troˈphäen schmücken.

trop·ic ['trɒpɪk; *Am.* 'trɑː-] **I** *s* **1.** *astr. geogr.* Wendekreis *m*: **T~ of Cancer (Capricorn)** Wendekreis des Krebses (Steinbocks). **2.** *pl geogr.* Tropen *pl.* **II** *adj* → **tropical**[1].

trop·i·cal[1] ['trɒpɪkl; *Am.* 'trɑː-] *adj (adv* ~**ly**) **1.** Tropen..., tropisch: ~ **heat;** ~ **diseases;** ~ **hygiene** Tropenhygiene *f*; ~ **medicine** Tropenmedizin *f*; ~ **year** tropisches Jahr. **2.** *fig.* heiß, hitzig.

trop·i·cal[2] ['trɒpɪkl; *Am.* 'trɑː-] *adj (adv* ~**ly**) **1.** tropisch, fiˈgürlich, bildlich.

trop·i·cal·ize ['trɒpɪkəlaɪz; *Am.* 'trɑː-] *v/t* **1.** tropenfest machen. **2.** tropisch machen.

tro·pism ['trəʊpɪzəm] *s biol.* Troˈpismus *m*, Krümmungsbewegung *f.*

trop·o·log·i·cal [ˌtrɒpəˈlɒdʒɪkl; *Am.* ˌtrəʊpəˈlɑː-; ˌtrɑː-] → **tropical**[2].

tro·pol·o·gy [trəʊˈpɒlədʒɪ; *Am.* -ˈpɑː-] *s* **1.** bildliche Ausdrucksweise. **2.** *bes. relig. Bibl.* Figu'ralbedeutung *f.*

trop·o·pause ['trɒpəpɔːz; *Am.* 'trəʊ-; 'trɑː-] *s meteor.* Grenze *f* zwischen Tropoˈsphäre u. Strato'sphäre.

trop·o·phyte ['trɒpəfaɪt; *Am.* 'trəʊ-; 'trɑː-] *s* Tropoˈphyt *n (Pflanze, die sich e-m Wechselklima anpaßt).*

trop·o·sphere ['trɒpəsfɪə(r); *Am.* 'trəʊ-; 'trɑː-] *s meteor.* Tropo'sphäre *f.*

trop·po ['trɒpəʊ; *Am.* 'trɑː-] *adv mus.* zu (sehr): **ma non** ~ aber nicht zu sehr.

trot[1] [trɒt; *Am.* trɑːt] **I** *v/i* **1.** traben, trotten, im Trab gehen *od.* reiten: **to** ~ **along** *(od.* **off)** *colloq.* ab-, loszichen. **II** *v/t* **2.** das Pferd traben lassen, *a.* j-n in Trab setzen *od.* bringen. **3.** ~ **out** a) *ein Pferd* vorreiten, -führen, b) *fig. colloq. etwas od.* j-n vorführen, renomˈmieren mit, *Argumente, Kenntnisse etc*, *a. Wein etc* auftischen, daˈherbringen, aufwarten mit. **4.** *a.* ~ **round** j-n herˈumführen. **III** *s* **5.** Trott *m*, Trab *m (a. fig.):* **at a** ~ im Trab; **to go for a** ~ e-n kleinen Spaziergang machen; **to keep s.o. on the** ~ j-n in Trab halten; **on the** ~ *colloq.* hintereinander. **6.** *Pferdesport:* Trabrennen *n.* **7.** *colloq.* „Taps' *m (kleines Kind).* **8.** *colloq.* „Tante' *f (alte Frau).* **9. the** ~**s** *pl (als sg od. pl konstruiert) colloq.* „Dünnpfiff' *m (Durchfall).* **10.** *ped. Am. sl.* a) „Eselsbrücke' *f*, „Klatsche' *f (Übersetzungshilfe),* b) Spickzettel *m.*

trot[2] [trɒt; *Am.* trɑːt] *s Fischerei:* lange, straffgezogene Leine.

troth [trəʊθ; trɒθ; *Am. a.* trɔːθ] *s obs.* Treue(gelöbnis *n*) *f*: **by my** ~**!, in** ~**!** meiner Treu!, wahrlich!; **to pledge one's** ~ sein Wort verpfänden, ewige Treue schwören; **to plight one's** ~ sich verloben.

Trot·sky·ism ['trɒtskɪɪzəm; *Am. a.* 'trɑːts-] *s pol.* Trotz'kismus *m.*

'trot·ter *s* **1.** Traber *m (Pferd).* **2.** Fuß *m*, Bein *n (von Schlachttieren):* **pig's** ~**s** Schweinsfüße. **3.** *pl humor.* „Haxen' *pl (menschliche Füße).* **'trot·tie** [-tɪ] → **trot**[1] **7.**

'trot·ting race *s Pferdesport:* Trabrennen *n.*

tro·tyl ['trəʊtɪl] → **trinitrotoluene.**

trou·ba·dour ['truːbəd(j)ʊə(r); -dɔː(r); *Am. a.* -ˌdəʊər] *s hist.* Troubadour *m (a. fig.).*

trou·ble ['trʌbl] **I** *v/t* **1.** j-n beunruhigen, stören, belästigen; **to be** ~**d in mind** sehr beunruhigt sein. **2.** j-n bemühen, bitten (for *um*): **may I** ~ **you to pass me the salt; I will** ~ **you to hold your tongue!** *iro.* würden Sie gefälligst den Mund halten! **3.** j-m Mühe machen, j-n 'Umstände *od.* Unannehmlichkeiten bereiten, j-n behelligen (**about, with** *mit*): **don't** ~ **yourself** bemühen Sie sich nicht. **4.** quälen, plagen: **to be** ~**d with gout** von der Gicht geplagt sein. **5.** j-m Kummer *od.* Sorge *od.* Verdruß bereiten *od.* machen, j-n beunruhigen: **she is** ~**d about** sie macht sich Sorgen wegen; **don't let it** ~ **you** machen Sie sich (deswegen) keine Sorgen *od.* Gedanken; ~**d face** sorgenvolles *od.* gequältes Gesicht. **6.** *Wasser etc* aufwühlen, trüben: ~**d waters** *fig.* unangenehme Lage, schwierige Situation; **to fish in** ~**d waters** *fig.* im trüben fischen; → **oil 1.**

II *v/i* **7.** sich stören *od.* aufregen *(about über acc):* **I should not** ~ **if** a) ich wäre beruhigt, wenn, b) es wäre mir gleichgültig, wenn. **8.** sich die Mühe machen, sich bemühen (**to do** zu *tun*), sich 'Umstände machen: **don't** ~ **be-**

trouble-free – trumeau

mühen Sie sich nicht; **don't~to write** du brauchst nicht zu schreiben; **why should I ~ to explain** warum sollte ich mir (auch) die Mühe machen, das zu erklären. **III** s **9.** a) Mühe f, Plage f, Anstrengung f, Last f, Belästigung f, Störung f: **to give s.o. ~** j-m Mühe verursachen; **to go to much ~** sich besondere Mühe machen od. geben; **to put s.o. to ~** j-m Umstände bereiten; **omelet(te) is no ~ (to prepare)** Omelett macht gar nicht viel Arbeit; (it is) **no ~ (at all)** (es ist) nicht der Rede wert; **to save o.s. the ~ of doing** sich die Mühe (er)sparen, *etwas* zu tun; **to take (the) ~** sich (die) Mühe machen; **to take ~ over s.th.** sich Mühe geben mit, b) *weitS.* Unannehmlichkeiten *pl*, Schwierigkeiten *pl*, Scherereien *pl*, 'Ärger' m (with mit *der Polizei etc*): **to ask** (*od.* **look**) **for ~** unbedingt Ärger haben wollen; **to be in ~** in Schwierigkeiten sein; **to be in ~ with the police** Ärger mit der Polizei haben; **his girl friend is in ~** s-e Freundin ist in ‚Schwierigkeiten' (*schwanger*); **to get into ~** in Schwierigkeiten geraten, Schwierigkeiten *od.* Ärger bekommen; **to make ~ for s.o.** j-n in Schwierigkeiten bringen; **he's ~** *colloq.* mit ihm wird's Ärger geben; → **head** 13. **10.** Schwierigkeit f, Pro¹blem n, (*das*) Dumme *od.* Schlimme (dabei): **to make ~** Schwierigkeiten machen; **the ~ is** der Haken *od.* das Unangenehme ist (that daß); **what's the ~?** wo(ran) fehlt's?, was ist los? **11.** *med.* Leiden n, Störung f, Beschwerden *pl*: **heart~** Herzleiden, ‚Herzgeschichte' f. **12.** a) *pol.* Unruhe(n *pl*) f, Wirren *pl*, b) *allg.* Af¹färe f, Kon¹flikt m. **13.** *tech.* Störung f, De¹fekt m: **engine ~**. **'trou·ble|-ˈfree** *adj tech.* störungsfrei. **'~ˌmak·er** s Unruhestifter(in). **~ man** s irr tech. Störungssucher m. **'~ˈproof** adj störungsfrei. **'~ˌshoot·er** s **1.** ~ trouble man. **2.** *fig.* Friedensstifter m, ‚Feuerwehrmann' m. **'~ˌshoot·ing** s **1.** *tech.* Störungs-, Fehlersuche f. **2.** *fig.* Friedenstiften n.
trou·ble·some [ˈtrʌblsəm] adj (adv ~ly) **1.** störend, lästig. **2.** mühsam, beschwerlich: **~ work. 3.** unangenehm (a. *Person*). **'trou·ble·some·ness** s **1.** Lästigkeit f. **2.** Beschwerlichkeit f. **3.** (*das*) Unangenehme.
trou·ble spot s **1.** *tech.* schwache Stelle. **2.** *bes. pol.* Unruheherd m.
trou·blous [ˈtrʌbləs] adj *obs. od. poet.* unruhig.
trou-de-loup [ˌtruːdəˈluː] pl **trous-de-loup** s *mil. hist.* Wolfsgrube f.
trough [trɒf] s **1.** Trog m, Mulde f. **2.** Wanne f. **3.** (*tech.* Zufuhr)Rinne f: **~ conveyor** Trogförderer m. **4.** a. *geogr.* Graben m, Furche f. **5.** Wellental n: **~ of the sea. 6.** a. **~ of low pressure** Tief (-druckrinne f) n. **7.** a. **~ battery** *electr.* ¹Trog(batte̩rie f) n. **8.** *bes. econ.* Tiefpunkt m (*a.* in e-m statistischen Schaubild), ‚Talsohle' f.
trounce [traʊns] v/t **1.** verprügeln. **2.** *sport* ‚über¹fahren' (*hoch besiegen*). **3.** *fig.* ‚her¹untermachen'. **'trounc·ing** s **1.** (Tracht f) Prügel *pl.* **2.** *sport* Abfuhr f: **to give s.o. a ~** j-m e-e Abfuhr erteilen; **to get a ~** e-e Abfuhr erleiden, sich e-e Abfuhr holen.
troupe [truːp] s (Schauspieler- *od.* Zirkus)Truppe f. **'troup·er** s **1.** Mitglied n e-r Schauspielertruppe. **2. a good ~** ein treuer Mitarbeiter.
trou·ser [ˈtraʊzə(r)] I s **1.** pl a. **pair of ~s** (lange) Hose, Hosen *pl*: → **wear**¹ 1. **2.** Hosenbein n. **II** adj **3.** Hosen...: **~ leg** (suit, *etc*). **'trou·sered** adj (lange) Hosen tragend, behost. **'trou·ser·ing** s Hosenstoff m.

trousse [truːs] s *med. chir.* ¹urgisches Besteck, Operati¹onsbesteck n.
trous·seau [ˈtruːsəʊ] pl **-seaus, -seaux** [-səʊz] s Brautausstattung f, Aussteuer f.
trout [traʊt] I s **1.** pl **trouts**, *bes. collect.* **trout** *ichth.* Fo¹relle f. **2.** *meist* **old ~** *Br. colloq.* ‚alte Ziege'. **II** v/i **3.** Fo¹rellen fischen. **III** adj **4.** Forellen...: **~ stream** Forellenbach m.
trou·vaille [truːˈvaɪ] s unverhoffter Glücksfall *od.* Gewinn.
trove [trəʊv] s Fund m.
tro·ver [ˈtrəʊvə(r)] s *jur.* **1.** rechtswidrige Aneignung. **2.** a. **action of ~** Klage f auf Her¹ausgabe des Wertes (e-r widerrechtlich angeeigneten Sache).
trow [trəʊ] v/t *obs.* **1.** glauben, meinen. **2.** (e-r Frage hinzugefügt): **(I) ~ frag'** ich, möchte ich wissen.
trow·el [ˈtraʊəl] I s **1.** (Maurer)Kelle f: **to lay it on with a ~** *colloq.* ‚dick auftragen'. **2.** *agr.* Hohlspatel m, f, Pflanzenheber m. **II** v/t pret u. pp **-eled**, *bes. Br.* **-elled 2.** *tech.* mit der Kelle auftragen *od.* glätten.
troy [trɔɪ] *econ.* I s a. **~ weight** Troygewicht n (für Edelmetalle, Edelsteine u. Arzneien; 1 lb. = 373,2418 g). **II** adj Troy(gewichts)...
tru·an·cy [ˈtruːənsɪ] s **1.** unentschuldigtes Fernbleiben, (Schul)Schwänze¹rei f. **2.** Bummeln n.
tru·ant [ˈtruːənt] I s **1.** a) (Schul)Schwänzer(in), b) Bumme¹lant(in), Faulenzer(in): **to play ~** (*bes.* die Schule) schwänzen; bummeln. **II** adj **2.** träge, (faul) her¹umlungernd, pflichtvergessen. **3.** (schul)schwänzend: **~ children**; **~ officer** Beamter, der unentschuldigtes Fernbleiben vom Unterricht zu untersuchen hat. **4.** *fig.* (ab)schweifend (Gedanken etc).
truce [truːs] s **1.** *mil.* Waffenruhe f, -stillstand m: **flag of ~** Parlamentärflagge f; **~ of God** *hist.* Gottesfriede m; **a ~ to talking!** Schluß mit (dem) Reden! **2.** (political) **~** Burgfrieden m. **3.** (Ruhe-, Atem)Pause f (from von). **tru·cial** [ˈtruːʃəl, -sɪəl, -ʃəl] adj Waffenstillstands..., durch Waffenstillstand gebunden.
truck¹ [trʌk] I s **1.** Tauschhandel m, -geschäft n. **2.** Verkehr m: **to have no ~ with s.o.** mit j-m nichts zu tun haben. **3.** *Am.* Gemüse n: **~ farm**, **~ garden** Gemüsegärtnerei f; **~ farmer** Gemüsegärtner m. **4.** *collect.* Kram(waren *pl*) m, Hausbedarf m. **5.** *contp.* Trödel(kram) m, Plunder m: **I shall stand no ~** ich werde mir nichts gefallen lassen. **6.** *meist* **~ system** *econ. hist.* Natu¹rallohn-, ¹Trucksy̩stem n. **II** v/t **7.** (for) (aus-, ver)tauschen (gegen), eintauschen (für). **8.** verschachern. **III** v/i **9.** Tauschhandel treiben. **10.** schachern, handeln (um).
truck² [trʌk] I s **1.** *tech.* Block-, Laufrad n, Rolle f. **2.** Lastauto n, -(kraft)wagen m. **3.** Hand-, Gepäck-, Rollwagen m. **4.** Lore f: a) *rail. Br.* Dreh-, ¹Untergestell n, b) *Bergbau*: Kippkarren m, Förderwagen m. **5.** *rail.* offener Güterwagen. **6.** *mar.* Flaggenknopf m. **7.** *mil.* ¹Blockräder̩fette f. **II** v/t **8.** auf Last- *od.* Güterwagen befördern. **III** v/i **9.** e-n Lastwagen fahren. **IV** adj **10.** (Last-, Güteretc)Wagen...: **~ trailer** a) Lastwagenanhänger m, b) *meist* **~-trailer** Lastzug m; **~ shot** (*Film*) Fahraufnahme f. **'truckage** s **1.** Lastwagentrans̩port m. **2.** Trans¹portkosten *pl*.
'truck·er¹ s **1.** Lastwagen-, Fern(last-)fahrer m. **2.** ¹Autospedi̩teur m.
'truck·er² s **1.** *Scot.* Hau¹sierer m. **2.** *Am.* Gemüsegärtner m.

truck·le¹ [ˈtrʌkl] v/i (zu Kreuze) kriechen (**to** vor dat).
truck·le² [ˈtrʌkl] I s **1.** (Lauf)Rolle f. **2.** *meist* **~ bed** (*niedriges*) Rollbett (*zum Unterschieben unter ein höheres*). **II** v/t **3.** *bes.* Möbelstück rollen.
'truck·ler s Kriecher(in).
truc·u·lence, truc·u·len·cy [-sɪ] s Roheit f, Wildheit f, Grausamkeit f. **'truc·u·lent** adj (adv ~ly) **1.** wild, roh, grausam, bru¹tal. **2.** trotzig, aufsässig. **3.** gehässig.
trudge [trʌdʒ] I v/i **1.** (*bes.* mühsam) stapfen. **2.** sich (mühsam) (fort)schleppen: **to ~ along. 3.** (mühsam) durch¹wandern. **III** s **4.** langer *od.* mühseliger Marsch *od.* Weg.
true [truː] I adj (adv → **truly**) **1.** wahr, wahrheitsgetreu: **a ~ story**; **to be** (*od.* **hold**) **~ (for, of)** zutreffen (auf *acc*) gelten (für); → **come** 12. **2.** echt, wahr: **a ~ Christian**; **~ current** *electr.* Wirkstrom m; **~ love** wahre Liebe; **~ stress** *tech.* wahre spezifische Belastung; **~ value** Ist-Wert m; (it is) **~** zwar, allerdings, freilich, zugegeben; **is it ~ that ...?** stimmt es, daß ...?; → **true bill. 3.** (ge-)treu (**to** dat): (**as**) **~ as gold** (*od.* **steel**) treu wie Gold; **~ to one's principles** (**word**) s-n Grundsätzen (s-m Wort) getreu; **~ to one's contracts** vertragstreu. **4.** getreu (to dat) (von *Sachen*): **~ to life** lebenswahr, -echt; **~ to nature** naturgetreu; **~ to pattern** modellgetreu; **~ to size** *tech.* maßgerecht, -haltig; **~ to type** artgemäß, typisch; → **copy** 1. **5.** genau, richtig: **~ weight**. **6.** wahr, rechtmäßig, legi¹tim: **~ heir** (owner, *etc*). **7.** zuverlässig; **a ~ sign. 8.** *tech.* genau, richtig (ein)gestellt *od.* eingepaßt. **9.** *geogr. mar. phys.* rechtweisend: **~ declination** Ortsmißweisung f; **~ north** geographisch *od.* rechtweisend Nord. **10.** *mus.* richtig gestimmt, rein. **11.** *biol.* reinrassig.
II adv **12.** wahr(¹haftig): **to speak ~** die Wahrheit reden. **13.** (ge)treu (**to** dat). **14.** genau: **to shoot ~**.
III s **15.** **the ~** das Wahre. **16.** (*das*) Richtige *od.* Genaue: **out of ~** *tech.* unrund.
IV v/t **17.** *oft* **~ up** *tech.* a) Lager ausrichten: **to ~ a bearing** *m.* Werkzeug nachschleifen, *Schleifscheibe* abdrehen, c) *Rad* zen¹trieren.
true| bill s *jur. Am.* begründete (*von den Geschworenen bestätigte*) Anklage (-schrift). **~ blue** s getreuer Anhänger. **'~-ˈblue** adj treu, ‚waschecht', durch u. durch: **a ~ Tory. ~ˈborn** adj echt, gebürtig: **a ~ American. ~ˈbred** adj reinrassig. **~ˈfalse test** s *ped. bes. Am.* Ja-Nein-Test m. **~ˈheart·ed** adj aufrichtig, ehrlich; **~ lev·el** s (echte) Hori¹zon¹talebene. **~ˈlife** adj lebenswahr, -echt. **~ˈlove** s Geliebte(r m) f. **~ˈlove knot, ~ˈlov·er's knot** s Doppelknoten m.
'true·ness [ˈtruːnɪs] s **1.** Wahrheit f. **2.** Echtheit f. **3.** Treue f. **4.** Richtigkeit f, Genauigkeit f.
true rib s *anat.* echte Rippe.
truf·fle [ˈtrʌfl] s *bot.* Trüffel f, m.
tru·ism [ˈtruːɪzəm] s Tru¹ismus m, Binsenwahrheit f, Gemeinplatz m.
trull [trʌl] s *obs.* Dirne f, Hure f.
tru·ly [ˈtruːlɪ] adv **1.** wahrheitsgemäß. **2.** aufrichtig: **I am ~ sorry** es tut mir aufrichtig leid; **Yours (very) ~** (*als Briefschluß*) Hochachtungsvoll, Ihr sehr ergebener; **yours ~** *humor.* m-e Wenigkeit. **3.** in der Tat, wirklich, wahr¹haftig. **4.** genau, richtig.
tru·meau [truˈməʊ] pl **-meaux** [-ˈməʊz] s *arch.* Fensterpfeiler m.

trump¹ [trʌmp] s obs. od. poet. **1.** Trom'pete f. **2.** Trom'petenstoß m: **the ~ of doom, the last ~** die Posaune des Jüngsten Gerichts.

trump² [trʌmp] **I** s **1.** Kartenspiel: a) Trumpf m, b) a. **~ card** Trumpfkarte f: **to lead off a ~** Trumpf ausspielen; **to play one's ~ card** fig. s-n Trumpf ausspielen; **to put s.o. to his ~s** fig. j-n bis zum Äußersten treiben; **to turn up ~s** colloq. a) sich als das beste erweisen, ein voller Erfolg sein, b) Glück haben. **2.** colloq. feiner Kerl. **II** v/t **3.** a) e-e Karte mit e-m Trumpf stechen: **to ~ a trick** mit e-m Trumpf in Stich machen, b) j-n, e-e Karte über'trumpfen (**with** mit). **4.** fig. j-n, etwas über'trumpfen (**with** mit). **III** v/i **5.** a) Trumpf ausspielen, b) trumpfen, c) mit e-m Trumpf stechen.

trump³ [trʌmp] v/t **~ up** contp. erdichten, erfinden, 'sich aus den Fingern saugen'.

trump·er·y ['trʌmpərɪ] **I** s **1.** Plunder m, Schund m. **2.** fig. Gewäsch n, ‚Quatsch' m. **II** adj **3.** Schund..., Kitsch..., kitschig, geschmacklos. **4.** nichtssagend, ‚billig': **~ arguments.**

trum·pet ['trʌmpɪt] **I** s **1.** mus. Trom'pete f: **to blow one's own ~** Am. fig. sein eigenes Lob(lied) singen. **2.** Trom'petenstoß m (a. des Elefanten): **the last ~** die Posaune des Jüngsten Gerichts. **3.** mus. Trom'peter(nre,gister n) f (der Orgel). **4.** Trom'peter m. **5.** Schalltrichter m, Sprachrohr n. **6.** med. Höhrrohr n. **II** v/i **7.** Trom'pete blasen, trom'peten (a. Elefant). **III** v/t **8.** trom'peten, blasen. **9.** a. **~ forth** fig. ‚auspo,saunen'. **~ call** s Trom'petensi,gnal n.

'trum·pet·er s **1.** Trom'peter m. **2.** Herold m. **3.** fig. a) ‚'Auspo,sauner(in)', b) Lobredner m, c) ‚Sprachrohr' n. **4.** orn. a) Trom'petervogel m (Südamerika), b) Trom'petertaube f.

trum·pet ¦ ma·jor s mil. 'Stabstrom,peter m. **'~-shaped** adj trom'peten-, trichterförmig. [**2.** Rumpf...]

trun·cal ['trʌŋkl] adj **1.** Stamm...]

trun·cate [trʌŋ'keɪt; 'trʌŋkeɪt] **I** v/t **1.** stutzen, beschneiden (beide a. fig.). **2.** math. abstumpfen. **3.** tech. Gewinde abflachen. **4.** Computer: Programmablauf etc beenden. **II** adj **5.** bot. zo. (ab)gestutzt, abgestumpft. **trun·cat·ed** adj **1.** a. fig. gestutzt, beschnitten. **2.** math. abgestumpft: **~ pyramid** Pyramidenstumpf m; **→ cone 1. 3.** tech. abgeflacht. **trun|ca·tion** s **1.** a. fig. Stutzung f, Beschneidung f. **2.** math. Abstumpfung f. **3.** tech. Abflachung f. **4.** Computer: Beendigung f.

trun·cheon ['trʌntʃən] s **1.** Br. (Gummi-)Knüppel m, Schlagstock m (des Polizisten). **2.** Kom'mando-, Marschallstab m.

trun·dle ['trʌndl] **I** v/t **1.** ein Faß etc rollen, trudeln: **to ~ a hoop** e-n Reifen schlagen; **to ~ s.o.** j-n fahren od. schieben (Invaliden). **II** v/i **2.** rollen, sich wälzen, trudeln. **III** s **3.** Rolle f, Walze f: **~ bed → truckle². 4.** kleiner Rollwagen.

trunk [trʌŋk] s **1.** (Baum)Stamm m. **2.** Rumpf m, Leib m, Torso m. **3.** fig. Stamm m, Hauptteil m. **4.** zo. Rüssel m (des Elefanten). **5.** anat. (Nerven- etc) Strang m, Stamm m. **6.** (Schrank)Koffer m, Truhe f. **7.** arch. (Säulen)Schaft m. **8.** tech. Rohrleitung f, Schacht m. **9.** Hauptrohr n (e-s Kanals etc). **10.** teleph. a) Fernleitung f, bes. Br. Fernverbindung f. **11.** rail. → **trunk line 1. 12.** pl a. **pair of ~s** a) **trunk hose,** b) Badehose f, c) sport Shorts pl, d) bes. Br. ('Herren),Unterhose f. **13.** Computer: Anschlußstelle f. **14.** mot. Am. Kofferraum m. **~ call** s teleph. bes. Br. Ferngespräch n. **~ hose** s hist. Pluder-, Kniehose(n pl) f. **~ line** s **1.** rail. Hauptstrecke f, -linie f. **2.** → **trunk route. 3.** teleph. → **trunk 10** a. **~ road** s Haupt-, Fernverkehrsstraße f. **~ route** s allg. Hauptstrecke f.

trun·nel ['trʌnl] → **treenail.**

trun·nion ['trʌnjən] s **1.** tech. (Dreh-)Zapfen m. **2.** mil. Schildzapfen m (der Lafette).

truss [trʌs] **I** v/t **1.** oft **~ up** a) bündeln, (fest)schnüren, (zs.-)binden, b) j-n fesseln. **2.** Geflügel (zum Braten) dres'sieren, (auf)zäumen. **3.** arch. stützen, absteifen. **4.** oft **~ up** obs. Kleider etc aufschürzen, -stecken. **5.** meist **~ up** obs. j-n aufhängen. **II** s **6.** med. Bruchband n. **7.** arch. a) Träger m, Binder m, b) Gitter-, Hänge-, Fachwerk f, Gerüst n. **8.** mar. Rack n. **9.** (Heu-, Stroh- etc)Bündel n, (a. Schlüssel)Bund m, n. **~ bridge** s tech. (Gitter)Fachwerkbrücke f.

trust [trʌst] **I** s **1.** (in) Vertrauen n (auf acc, zu), Zutrauen n (zu): **to place** (od. **put) one's ~ in → 11; position of ~** Vertrauensstellung f, -posten m; **to take on ~** j-m, etwas glauben. **2.** Zuversicht f, zuversichtliche Erwartung od. Hoffnung, Glaube m. **3.** Kre'dit m: **on ~** a) auf Kredit, b) auf Treu u. Glauben. **4.** Pflicht f, Verantwortung f. **5.** Verwahrung f, Obhut f, Aufbewahrung f: **in ~** zu treuen Händen, zur Verwahrung. **6.** (das) Anvertraute, anvertrautes Gut, Pfand n. **7.** jur. a) Treuhand (-verhältnis n) f, b) Treuhandgut n, -vermögen n: **to hold s.th. in ~** etwas zu treuen Händen verwahren, etwas treuhänderisch verwalten; **~ territory** pol. Treuhandgebiet n; → **breach** Bes. Redew. **8.** econ. a) Trust m, b) Kon'zern m, c) Kar'tell n, Ring m. **9.** econ. jur. Stiftung f: **family ~** Familienstiftung. **II** v/i **10.** vertrauen, sein Vertrauen setzen, sich verlassen od. bauen (**in, to** auf acc). **III** v/t **11.** j-m (ver)trauen, glauben, sich verlassen auf (j-n): **to ~ s.o. to do s.th.** j-m etwas zutrauen; **I do not ~ him round the corner** ich traue ihm nicht über den Weg; **~ him to do that!** iro. a) das sieht ihm ähnlich!, b) verlaß dich drauf, er wird es tun! **12.** (zuversichtlich) hoffen od. erwarten, glauben: **I ~ he is not hurt** ich hoffe, er ist nicht verletzt. **13.** (**s.o. with s.th., s.th. to s.o.**) j-m etwas) anvertrauen. **14.** wagen, sich zu auf acc).

trust | ac·count s jur. Treuhandkonto n. **~ a·gree·ment** s jur. Treuhandvertrag m. **'~-bust·er** s Am. colloq. Beamte(r) m des Kar'tellamts. **~ com·pa·ny** s econ. Am. Treuhandgesellschaft f, -bank f. **~ deed** s jur. **1.** Treuhandvertrag m. **2.** Stiftungsurkunde f.

trust·ed ['trʌstɪd] adj **1.** bewährt (Methode etc). **2.** getreu (Freund etc).

trus·tee [,trʌs'tiː] **I** s **1.** jur. Sachwalter m (a. fig.), (Vermögens)Verwalter m, Treuhänder m: **Public T~** Br. Öffentlicher Treuhänder; **~ stock,** a. **~ securities** mündelsichere Wertpapiere. **2.** jur. Am. Person, die Vermögen od. Rechte e-s Schuldners durch **trustee process** mit Beschlag belegt hat. **3.** Ku'rator m, Verwalter m, Pfleger m: **board of ~s** Kuratorium n. **4.** pol. Treuhänderstaat m. **II** v/t **5.** jur. e-m Treuhänder anvertrauen od. über'geben: **to ~ an estate. ~ pro·cess** s jur. Am. Beschlagnahme f, (bes. Forderungs)Pfändung f.

trus·tee·ship [,trʌs'tiːʃɪp] s **1.** Treuhänderschaft f, Kura'torium n. **2.** pol. a) Treuhandverwaltung f (e-s Gebietes) durch die Vereinten Nati'onen, b) Treuhandgebiet n.

trust·ful ['trʌstfʊl] adj (adv **~ly**) vertrauensvoll, zutraulich. **'trust·ful·ness** s Vertrauen n, Zutraulichkeit f.

trust fund s Treuhandvermögen n.

trust·i·fi·ca·tion [,trʌstɪfɪ'keɪʃn] s econ. Vertrustung f, Trustbildung f.

trust·i·ness ['trʌstɪnɪs] s Treue f, Zuverlässigkeit f, Vertrauenswürdigkeit f.

'trust·ing → trustful.

'trust,wor·thi·ness s Zuverlässigkeit f, Vertrauenswürdigkeit f. **'trust,wor·thy** adj (adv **thrustworthily**) vertrauenswürdig, zuverlässig.

trust·y ['trʌstɪ] **I** adj (adv **trustily**) **1.** vertrauensvoll. **2.** treu, zuverlässig, vertrauenswürdig: **~ servant. II** s **3.** zuverlässiger Mensch. **4.** privile'gierter Sträfling, ‚Kal'fakter' m.

truth [truːθ] s **1.** Wahrheit f: **in ~,** obs. **of a ~ in Wahrheit; to tell the ~, ~ to tell** um die Wahrheit zu sagen, ehrlich gesagt; **there is no ~ in it** daran ist nichts Wahres; **the ~ is that I forgot it** in Wirklichkeit od. tatsächlich habe ich es vergessen; **the ~, the whole ~, and nothing but the ~** die Wahrheit, die ganze Wahrheit u. nichts als die Wahrheit; → **home truth. 2.** oft **T~** (das) Wahre. **3.** (die allgemein anerkannte) Wahrheit: **historical ~. 4.** Wirklichkeit f, Echtheit f. **5.** Treue f: **~ to life** Lebensechtheit f; **~ to nature** Naturtreue f. **6.** Genauheit f, Richtigkeit f: **to be out of ~** tech. nicht genau passen. **~ drug** s chem. psych. Wahrheitsdroge f, -serum n.

truth·ful ['truːθfʊl] adj (adv **~ly**) **1.** wahr, wahrheitsgemäß. **2.** wahrheitsliebend. **3.** echt, genau, getreu. **'truth·ful·ness** s **1.** Wahrheitsliebe f. **2.** Echtheit f.

'truth|-,func·tion s Logik: Wahrheitsfunkti,on f. **'~-,lov·ing** s wahrheitsliebend. **~ se·rum** s a. irr → **truth drug. ~ ta·ble** s Logik: Wahrheitstafel f. **'~-,val·ue** s Wahrheitswert m.

try [traɪ] **I** s **1.** Versuch m: **at the first ~** beim ersten Versuch; **to have a ~** e-n Versuch machen (**at s.th.** mit etwas); **it's worth a ~** es ist od. wäre e-n Versuch wert. **2.** Rugby: Versuch m. **II** v/t **3.** versuchen, pro'bieren, e-n Versuch od. probieren mit od. bei, e-n Versuch machen mit: **you had better ~ something easier** du versuchst es besser mit etwas Leichterem; **to ~ one's best** sein Bestes tun; **~ a department store** versuch es einmal in e-m Kaufhaus; → **hand** Bes. Redew. **4.** oft **~ out** (‚aus-, ‚durch)pro,bieren, erproben, testen, prüfen: **to ~ a new method (remedy, invention); to ~ the new wine** den neuen Wein probieren; **to ~ on** ein Kleid etc anprobieren, e-n Hut aufprobieren; **to ~ it on with s.o.** colloq. ‚es bei j-m probieren'; → **wing 1. 5.** e-n Versuch od. ein Experi'ment machen mit: **to ~ the door** die Tür zu öffnen suchen; **to ~ one's luck** (**with s.o.** bei j-m) sein Glück versuchen. **6.** jur. a) (über) e-e Sache verhandeln, e-n Fall (gerichtlich) unter'suchen: **to ~ a case,** b) gegen j-n verhandeln, j-n vor Gericht stellen: **he was tried for murder. 7.** entscheiden, zur Entscheidung bringen: **~ rival claims by a duel;** → **conclusion 7. 8.** die Augen etc angreifen, (über)'anstrengen, Mut, Nerven, Geduld auf e-e harte Probe stellen. **9.** j-n arg mitnehmen, plagen, quälen. **10.** meist **~ out** tech. a) Metalle raffi'nieren, b) Talg etc ausschmelzen, c) Spiritus rektifi'zieren. **III** v/i **11.** versuchen (**at** acc), sich bemühen od. bewerben (**for** um). **12.** e-n Versuch machen: **~ again!** (versuch es) noch einmal!; **~ and read!** versuche zu lesen!; **to ~ back** fig. zurückgreifen, -kommen (**to** auf acc); → **hard 24.**

try·ing adj (adv ~ly) **1.** schwierig, kritisch, unangenehm, nervenaufreibend. **2.** anstrengend, mühsam, ermüdend (to für).
'try|-on s **1.** Anprobe f. **2.** Br. colloq. 'Schwindelma,növer n. '~-**out** s **1.** Probe f, Erprobung f: **to give s.th. a ~** etwas ausprobieren. **2.** sport Ausscheidungs-, Testkampf m, -spiel n. **3.** thea. Probevorstellung f.
tryp·a·no·some ['trɪpənəsəʊm; Am. trɪp'ænəˌsəʊm] s med. zo. Trypano'soma n. **tryp·a·no·so·mi·a·sis** [-nəʊsəʊ-'maɪəsɪs; Am. -nəsə'm-] s med. Trypanoso'miasis f: **African** ~ Schlafkrankheit f.
try·sail ['traɪseɪl; mar. 'traɪsl] s mar. Gaffelsegel n.
try square s tech. Richtscheit n.
tryst [trɪst] obs. od. poet. I s **1.** Verabredung f. **2.** Stelldichein n, Rendez'vous n. **3.** → **trysting place.** II v/t **4.** j-n (an e-n verabredeten Ort) bestellen. **5.** Zeit, Ort etc verabreden.
'tryst·ing place s Treffpunkt m.
tsar [za:(r); tsa:(r)], etc → czar, etc.
tset·se (fly) ['tsetsɪ] s zo. Tsetsefliege f.
T shirt s T-shirt n.
tsou·ris ['tsɔːres; 'tsuːrɪs] s pl Am. sl. Zores m, Ärger m.
T square s tech. **1.** Reißschiene f. **2.** Anschlagwinkel m.
tsu·na·mi [tsʊ'nɑːmɪ] s Tsunami m, Flutwelle f.
tsu·ris → tsouris.
tub [tʌb] I s **1.** (colloq. Bade)Wanne f. **2.** Br. colloq. (Wannen)Bad n: **to have a ~ baden. 3.** Kübel m, Zuber m, Bottich m, Bütte f. **4.** (Butter- etc)Faß n, Tonne f. **5.** Faß n (als Maß): ~ **of gin** ein Fäßchen Gin (etwa 4 Gallonen). **6.** mar. colloq. ‚Kahn' m, ‚Pott' m (Schiff). **7.** colloq. ‚Faß' n, Dicke(r) m f (Person). **8.** Bergbau: a) Förderkorb m, b) Förderwagen m, Hund m. **10.** humor. Kanzel f. II v/t **11.** bes. Butter in ein Faß tun. **12.** bot. in e-n Kübel pflanzen. **13.** colloq. baden. **14.** Rudern: j-n im Übungsboot trai'nieren. III v/i **15.** colloq. (sich) baden. **16.** Rudern: im Übungsboot trainieren.
tu·ba ['tjuːbə; Am. a. 'tuːbə] s mus. Tuba f.
tub·al ['tjuːbəl; Am. a. 'tuː-] adj physiol. tu'bar, Eileiter..
tub·by ['tʌbɪ] I adj **1.** faßartig, tonnenförmig. **2.** colloq. rundlich, klein u. dick. **3.** mus. dumpf, hohl (klingend). II s **4.** colloq. ‚Dickerchen' n.
tube [tjuːb; Am. a. tuːb] I s **1.** Rohr (-leitung f) n, Röhre f: **to go down the ~(s)** Am. colloq. a) vor die Hunde gehen, b) verpuffen. **2.** (Glas- etc)Röhrchen n: → **test tube. 3.** (Gummi)Schlauch m: **rubber ~; ~ inner tube. 4.** (Me'tall-) Tube f: ~ **of toothpaste;** ~ **colo(u)rs** Tubenfarben. **5.** mus. (Blas)Rohr n. **6.** anat. Röhre f, Ka'nal m, Tube f (a. Eileiter). **7.** bot. (Pollen)Schlauch m. **8.** a) (U-Bahn-)Tunnel m, b) a. **T~** (die) (Londoner) U-Bahn. **9.** electr. Röhre f: **the ~** Am. colloq. die ‚Röhre' (Fernseher); **on the ~** Am. colloq. ‚in der Glotze' (im Fernsehen). **10.** ~ **of force** phys. Kraftröhre f (in e-m Kraftfeld). **11.** Am. hautenges Kleid. II v/t **12.** tech. mit Röhren versehen. **13.** (durch Röhren) befördern. **14.** (in Röhren od. Tuben) abfüllen. **15.** röhrenförmig machen. **'tube·less** adj schlauchlos (Reifen).
tu·ber ['tjuːbə(r); Am. a. 'tuː-] s **1.** bot. Knolle f, Knollen(gewächs n, -frucht f) m. **2.** med. Knoten m, Knoten m, Schwellung f.
tu·ber·cle ['tjuːbə(r)kl; Am. a. 'tuː-] s **1.** biol. Knötchen n. **2.** med. a) Tu'berkel (-knötchen n) m, (bes. 'Lungen)Tuberkel m. **3.** bot. kleine Knolle.

tu·ber·cu·lar [tjuː'bɜːkjʊlə(r); Am. -'bɜr-; a. tuː-] → **tuberculous.**
tu·ber·cu·lin test [tjuː'bɜːkjʊlɪn; Am. -'bɜrkjə-; a. tuː-] s med. Tuberku'linprobe f.
tu·ber·cu·lize [tjuː'bɜːkjʊlaɪz; Am. -'bɜrkjə-; a. tuː-] v/t med. j-m ein Tu'berkelpräpa,rat einimpfen.
tu·ber·cu·lo·sis [tjuːˌbɜːkjʊ'ləʊsɪs; Am. -ˌbɜrkjə-; a. tuː-] s med. Tuberku'lose f: ~ **of the lungs, pulmonary** ~ Lungentuberkulose. **tu'ber·cu·lous** adj med. **1.** tuberku'lös, Tuberkel... **2.** höckerig, knotig.
tube·rose¹ ['tjuːbərəʊz; Am. 'tjuːbrəʊz; 'tuː-] s bot. Tube'rose f, 'Nachthya,zinthe f.
tu·ber·ose² ['tjuːbərəʊs; Am. a. 'tuː-] → **tuberous.**
tu·ber·os·i·ty [ˌtjuːbə'rɒsətɪ; Am. -'rɑ-; a. ˌtuː-] → **tuber 2.**
tu·ber·ous ['tjuːbərəs; Am. a. 'tuː-] adj **1.** med. a) mit Knötchen bedeckt, b) knotig, knötchenförmig. **2.** bot. a) knollentragend, b) knollig: ~ **root.**
tu·bi·form ['tjuːbɪfɔː(r)m; Am. a. 'tuː-] adj röhrenförmig.
tub·ing ['tjuːbɪŋ; Am. a. 'tuː-] s tech. **1.** 'Röhrenmateri,al n, Rohr n. **2.** collect. Röhren pl, Röhrenanlage f, Rohrleitung f. **3.** Rohr(stück) n.
'tub|-ˌthump·er s (g)eifernder od. schwülstiger Redner. **'~-ˌthump·ing** adj (g)eifernd, schwülstig.
tu·bu·lar ['tjuːbjʊlə(r); Am. a. 'tuː-] adj röhrenförmig, Röhren..., Rohr...: ~ **boiler** tech. Röhrenkessel m; ~ **furniture** Stahlrohrmöbel pl; ~**-steel pole** Stahlrohrmast m.
tu·bule ['tjuːbjuːl; Am. a. 'tuː-] s **1.** Röhrchen n. **2.** anat. Ka'nälchen n.
tuck [tʌk] I s **1.** Biese f, Falte f, Einschlag m, Saum m. **2.** eingeschlagener Teil. **3.** Lasche f (am Schachteldeckel etc). **4.** mar. Gilling f. **5.** ped. Br. colloq. Süßigkeiten pl. **6.** Am. colloq. Schwung m, ‚Mumm' m. **7.** sport Hocke f. II v/t **8.** stecken: **to ~ s.th. under one's arm** etwas unter den Arm klemmen; **to ~ one's tail** colloq. ‚den Schwanz einziehen'; **to ~ away** a) wegstecken, verstauen, b) verstecken; **~ed away** versteckt(liegend) (z. B. Dorf); **to ~ in** (od. **up)** weg-, einstecken. **9.** meist ~ **in** (od. **warm)** zudecken, (behaglich) einpakken: **to ~ s.o. (up) in bed** j-n ins Bett stecken od. packen. **10.** ~ **up** die Beine anziehen, sport anhocken. **11.** meist ~ **in** a) einnähen, b) e-n Rock etc hochstecken, -schürzen, c) ein Kleid raffen, d) die Hemdsärmel hochkrempeln. **12.** ~ **in** colloq. Essen ,verdrücken'.
III v/i **13.** sich zs.-ziehen, sich falten. **14.** a. ~ **away** sich verstauen lassen (**into** in dat). **15.** ~ **in** colloq. (beim Essen) ,reinhauen': **to ~ into s.th.** sich etwas schmecken lassen.
'tuck·er¹ v/t meist ~ **out** bes. Am. colloq. j-n ,fertigmachen', völlig erschöpfen: ~**ed out** (total) erledigt.
'tuck·er² s **1.** Faltenleger m (Teil der Nähmaschine). **2.** hist. Hals-, Brusttuch n: → **bib 2. 3.** Hemdchen n. **4.** bes. Austral. colloq. ‚Fres'salien' pl. '~-**bag** s bes. Austral. colloq. Provi'antbeutel m.
tuck·et ['tʌkɪt] s obs. Trom'petenstoß m.
'tuck-in s: **to have a good ~** bes. Br. colloq. tüchtig ,futtern'. **~ net** s Fischerei: Landungsnetz n. '~-**out** → tuck-in. **~ seine** → tuck net. '~-**shop** s ped. Br. colloq. Süßwarenladen m.
Tu·dor ['tjuːdə(r); Am. a. 'tuː-] I adj **1.** Tudor... (das Herrscherhaus od. die Zeit der Tudors, 1485–1603, betreffend): **a ~ drama** ein Drama aus der Tudorzeit; ~ **architecture** (od. **style)** Tudorstil m

(englische Spätgotik). II s **2.** Tudor m, f (Herrscher[in] aus dem Hause Tudor). **3.** Tudordichter m.
Tues·day ['tjuːzdɪ; Am. a. 'tuːz-] s Dienstag m: **on** ~ (am) Dienstag; **on** ~**s** dienstags.
tu·fa ['tjuːfə; Am. a. 'tuːfə] s geol. **1.** Kalktuff m. **2.** → **tuff. tu'fa·ceous** [-'feɪʃəs] adj Kalktuff...
tuff [tʌf] s geol. Tuff m. **tuff·a·ceous** [tʌ'feɪʃəs] adj tuffartig, Tuff...
tuft [tʌft] I s **1.** (Gras-, Haar- etc)Büschel n, (Feder- etc)Busch m, (Haar)Schopf m. **2.** kleine Baum- od. Gebüschgruppe. **3.** Quaste f, Troddel f. **4.** anat. Kapil'largefäßbündel n. **5.** Spitzbärtchen n. **6.** univ. Br. hist. adliger Stu'dent. II v/t **7.** mit Troddeln od. e-m (Feder)Busch od. e-r Quaste versehen. **8.** Matratzen etc 'durchheften u. gar'nieren. III v/i **9.** Büschel bilden. **'tuft·ed** adj **1.** büschelig. **2.** mit e-m (Feder)Busch od. mit Quasten verziert. **3.** orn. Hauben...: ~ **lark.**
'tuft|ˌhunt·er s gesellschaftlicher Streber. '~ˌhunt·ing I adj streberhaft. II s Strebertum n.
tuft·y ['tʌftɪ] adj büschelig.
tug [tʌg] I v/t **1.** (heftig) ziehen, zerren. **2.** zerren an (dat). **3.** mar. schleppen. II v/i **4.** ~ **at** heftig ziehen od. zerren od. reißen an (dat). **5.** fig. sich abplagen. III s **6.** Zerren n, heftiger Ruck: **to give s.th. a ~** → **4. 7.** fig. a) große Anstrengung, b) schwerer (a. seelischer) Kampf (**for** um): ~ **of war** sport u. fig. Tauziehen n. **8.** a. ~-**boat** mar. Schlepper m, Schleppdampfer m.
tu·i·tion [tjuː'ɪʃn; Am. a. tuː-] s 'Unterricht m: **private** ~ Privatunterricht, -stunden pl; ~ **aids** Lehrmittel. **tu'i·tion·al** [-ʃənl], **tu'i·tion·a·ry** [-ʃnərɪ; Am. -ʃəˌnerɪ] adj Unterrichts..., Studien...
tu·la ['tuːlə] → **niello 1.**
tu·la·r(a)e·mi·a [ˌtjuːlə'riːmɪə; Am. a. ˌtuː-] s vet. Tularä'mie f, Hasenpest f.
tu·lip ['tjuːlɪp; Am. a. 'tuː-] s bot. **1.** Tulpe f. **2.** a) Tulpenblüte f, b) Tulpenzwiebel f. ~ **tree** s bot. Tulpenbaum m. '~-**wood** s **1.** Tulpenbaumholz n. **2.** Rosenholz n.
tulle [tjuːl; Am. tuːl] s Tüll m.
tul·war ['tʌlwɑː(r)] s Br. Ind. gebogener Säbel.
tum·ble ['tʌmbl] I s **1.** Fall m, Sturz m (beide a. fig.): **to have** (od. **take) a ~** (hin)stürzen; ~ **in prices** econ. Preissturz. **2.** a) Purzelbaum m, b) Salto m. **3.** Schwanken n, Wogen n. **4.** fig. Wirrwarr m, Durchein'ander n: **all in a ~** kunterbunt od. völlig durcheinander. **5. to give s.o. a ~** Am. colloq. von j-m No'tiz nehmen.
II v/i **6.** a. ~ **down** (ein-, 'hin-, 'um-) fallen, (-)stürzen: **to ~ over** umstürzen, sich überschlagen. **7.** purzeln, stolpern (**over** über acc). **8.** stolpern (**into** s.o. fig. j-m in die Arme laufen; **to ~ into a war,** etc in e-n Krieg etc ‚hineinschlittern'; **to ~ to s.th.** colloq. etwas ‚kapieren' od. ‚spitzkriegen'. **9.** econ. stürzen, ‚purzeln' (Preise etc). **10.** Purzelbäume schlagen, Luftsprünge od. Saltos machen, sport Bodenübungen machen. **11.** sich wälzen, 'hin- u. 'herrollen. **12.** mil. taumeln (Geschoß).
III v/t **13.** zu Fall bringen, 'umstürzen, -werfen. **14.** durch'wühlen. **15.** ,schmeißen', schleudern. **16.** zerknüllen, das Haar etc zerzausen. **17.** tech. schleudern (in e-r Trommel etc). **18.** hunt. abschießen: **to ~ a hare.** '~-**down** adj baufällig.
'tum·bler s **1.** (fuß- u. henkelloses) Trink-, Wasserglas, Becher m. **2.** Par'terreakroˌbat(in). **3.** tech. Zuhaltung f

tumbler gear – turkey

(*e-s Türschlosses*). **4.** *tech.* Nuß *f* (*e-s Gewehrschlosses*). **5.** *tech.* Richtwelle *f* (*an Übersetzungsmotoren*). **6.** *tech.* a) Zahn *m*, b) Nocken *m*. **7.** *tech.* Scheuertrommel *f*. **8.** *orn.* Tümmler *m*. **9.** *Am.* Stehaufmännchen *n* (*Spielzeug*). ~ **gear** *s tech.* Schwenkgetriebe *n*. ~ **le·ver** *s tech.* (Norton)Schwinge *f*. ~ **switch** *s electr.* Kipp(hebel)schalter *m*.

tum·brel ['tʌmbrəl], **'tum·bril** [-brɪl] *s* **1.** *agr.* Mistkarren *m*. **2.** *hist.* Schinderkarren *m*. **3.** *mil. hist.* Munitiˈonskarren *m*. **4.** *hist.* Tauchstuhl *m* (*Folterinstrument*).

tu·me·fa·cient [ˌtjuːmɪˈfeɪʃnt; *Am. a.* ˌtuː-] *adj med.* Schwellung erzeugend, (an)schwellend. ˌ**tu·me'fac·tion** [-ˈfækʃn] → **tumescence**. **'tu·me·fy** [-faɪ] *med.* **I** *v/i* (an-, auf)schwellen. **II** *v/t* (an)schwellen lassen. **tu'mes·cent** *adj* (an)schwellend, geschwollen.

tu·mid ['tjuːmɪd; *Am. a.* 'tuː-] *adj* (*adv* ~**ly**) *med. u. fig.* geschwollen. **tu'mid·i·ty**, **'tu·mid·ness** *s* Geschwollenheit *f*.

tum·my ['tʌmɪ] *s Kindersprache:* Bäuchlein *n*: ~ **ache** Bauchweh *n*.

tu·mo(u)r ['tjuːmə(r); *Am. a.* 'tuː-] *s med.* Tumor *m*.

tu·mu·lar ['tjuːmjʊlə(r); *Am. a.* 'tuː-], **'tu·mu·lar·y** [-lərɪ; *Am.* -ˌlerɪː] *adj* hügelförmig, (Grab)Hügel...

tu·mu·li ['tjuːmjʊlaɪ; *Am. a.* 'tuː-; 'tʌmjə-] *pl von* **tumulus**.

tu·mult ['tjuːmʌlt; *Am. a.* 'tuː-] *s* Tuˈmult *m*: a) Getöse *n*, Lärm *m*, b) (*a. fig. seelischer*) Aufruhr: **in** ~ in Aufruhr.

tu'mul·tu·ar·y [-tjʊərɪ; *Am.* -tʃəˌwerɪ] *adj* **1.** → **tumultuous**. **2.** verworren, **3.** aufrührerisch, wild. **tu'mul·tu·ous** [-tjʊəs; *Am.* -tʃəwəs; -tʃəs] *adj* (*adv* ~**ly**) **1.** tumultuˈarisch, lärmend. **2.** heftig, stürmisch, turbuˈlent, erregt.

tu·mu·lus ['tjuːmjʊləs; *Am. a.* 'tuː-; 'tʌmjə-] *pl* **-li** [-laɪ] *s* (*bes. alter* Grab-)Hügel.

tun [tʌn] **I** *s* **1.** Faß *n*. **2.** *Br.* Tonne *f* (*altes Flüssigkeitsmaß: 252 gallons = 1144,983 l*). **3.** *Brauerei:* Maischbottich *m*. **II** *v/t* **4.** *oft* ~ **up** in Fässer (ab)füllen. **5.** in Fässern lagern.

tu·na ['tjuːnə; 'tjuːnə] *s ichth.* Thunfisch *m*.

tun·a·ble ['tjuːnəbl; *Am. a.* 'tuː-] *adj* **1.** *mus.* stimmbar. **2.** *Radio etc*: abstimmbar.

tun·dra ['tʌndrə] *s geogr.* Tundra *f*.

tune [tjuːn; *Am. a.* tuːn] **I** *s* **1.** *mus.* Meloˈdie *f*: **to the** ~ **of** a) nach der Melodie von, b) *colloq.* in Höhe von, in der Größenordnung von; **to call the** ~ **das Sagen haben**; → **change** 1, **sing** 12. **2.** *mus.* Choˈral *m*, Hymne *f*. **3.** *mus.* (*richtige, saubere*) (Ein)Stimmung (*e-s Instruments*): **to keep** ~ Stimmung halten (→ 4); **in** ~ (richtig) gestimmt; **out of** ~ verstimmt. **4.** *mus.* richtige Tonhöhe: **to keep** ~ Ton halten (→ 3); **to sing in** ~ tonrein *od.* sauber singen; **to play out of** ~ unrein *od.* falsch spielen. **5.** *electr.* Abstimmung *f*, (Scharf)Einstellung *f*. **6.** *fig.* Harmoˈnie *f*: **in** ~ **with** in Einklang (stehend) mit, übereinstimmend mit, harmonierend mit; **to be out of** ~ **with** im Widerspruch stehen zu, nicht übereinstimmen *od.* harmonieren mit. **7.** *fig.* Stimmung *f*, Laune *f*: **not to be in** ~ **for** nicht aufgelegt sein zu; **out of** ~ verstimmt, mißgestimmt. **8.** *fig.* gute Verfassung: **to keep the body in** ~ sich in Form halten; **in** ~ *aer.* startklar. **II** *v/t* **9.** *oft* ~ **up** a) *mus.* stimmen, b) *fig.* abstimmen (**to** auf *acc*). **10.** (**to**) anpassen (an *acc*), in Überˈeinstimmung bringen (mit). **11.** *fig.* bereitmachen (**for** für). **12.** *electr.* abstimmen, einstellen (**to** auf *acc*): ~**d circuit** Abstimm-, Schwingkreis *m*; → **tune in** II. **III** *v/i* **13.** tönen, klingen. **14.** (ein Lied) singen. **15.** *mus.* stimmen. **16.** harmoˈnieren (**with** mit) (*a. fig.*).

Verbindungen mit Adverbien:

tune|down *v/t fig.* dämpfen. ~ **in I** *v/i* (*das Radio etc*) einschalten: **to** ~ **to** a) *e-n Sender*, *ein Programm* einstellen, b) *fig.* sich einstellen *od.* einstimmen auf (*acc*). **II** *v/t das Radio etc* einstellen (**to** auf *acc*): **to be tuned in to** a) *e-n Sender, ein Programm* eingestellt haben, b) *fig.* eingestellt *od.* eingestimmt sein auf (*acc*). ~ **out** *v/i Am. colloq.* ˈabschalten'. ~ **up I** *v/t* **1.** → **tune** 9. **2.** *aer. mot.* a) start-, einsatzbereit machen, b) *e-n Motor* einfahren, c) *e-n Motor* tunen. **3.** *fig.* a) bereitmachen, b) in Schwung bringen, *das Befinden etc* heben. **II** *v/i* **4.** (die Instruˈmente) stimmen (*Orchester*). **5.** *mus.* sich einsingen. **6.** *colloq.* a) einsetzen, b) losheulen.

tune·a·ble → **tunable**.

tune·ful ['tjuːnfʊl; *Am.* 'tjuːnfəl; *a.* 'tuːn-] *adj* (*adv* ~**ly**) **1.** meˈlodisch. **2.** *obs.* sangesfreudig: ~ **birds**. **'tune·less** *adj* ˈunmeˌlodisch. **'tun·er** *s* **1.** *mus.* (Instruˈmenten)Stimmer *m*. **2.** *mus.* a) Stimmpfeife *f*, b) Stimmvorrichtung *f* (*der Orgel*). **3.** *electr.* Abstimmvorrichtung *f*. **4.** *Radio, TV:* Tuner *m*, Kaˈnalwähler *m*.

'tune-up *s* **1.** *Am.* → **warm-up** 1 *u.* 3. **2.** *tech.* Maßnahmen *pl* zur Erzielung maxiˈmaler Leistung.

tung·state ['tʌŋsteɪt] *s chem.* Wolframˈmat *n*.

tung·sten ['tʌŋstən] *s chem.* Wolfram *n*: ~ **lamp** *electr.* Wolfram(faden)lampe *f*; ~ **steel** *tech.* Wolframstahl *m*. **tung'sten·ic** [-ˈstenɪk] *adj* Wolfram..., wolframsauer. **'tung·stic** [-stɪk] *adj chem.* Wolfram...

tu·nic ['tjuːnɪk; *Am. a.* 'tuː-] *s* **1.** *antiq.* a) Tunika *f* (*Rom*), b) Chiˈton *m* (*Griechenland*). **2.** *mil. bes. Br.* Waffen-, Uniˈformrock *m*. **3.** a) (*längere*) (Frauen-)Jacke, ˈÜberkleid *n*, b) Kasack *m*. **4.** → **tunicle**. **5.** *biol.* Häutchen *n*, Hülle *f*.

tu·ni·ca ['tjuːnɪkə; *Am. a.* 'tuː-] *pl* **-cae** [-kiː] *s anat.* Häutchen *n*, Mantel *m*.

tu·ni·cle ['tjuːnɪkl; *Am. a.* 'tuː-] *s* Meßgewand *n*.

'tun·ing *s* **1.** a) *mus.* Stimmen *n*, b) *fig.* Einstimmung *f* (**to** auf *acc*). **2.** Anpassung *f* (**to** an *acc*). **3.** *electr.* Abstimmung *f*, Einstellung *f* (**to** auf *acc*). **4.** *obs.* Stimm...: ~ **fork** Stimmgabel *f*; ~ **hammer**, ~ **wrench** Stimmhammer *m*, -schlüssel *m*; ~ **peg**, ~ **pin** (Stimm)Wirbel *m*. **5.** *electr.* Abstimm...: ~ **control** Abstimmknopf *m*; ~ **eye** magisches Auge.

tun·nage → **tonnage**.

tun·nel ['tʌnl] **I** *s* **1.** Tunnel *m*, Unterˈführung *f* (*Straße, Bahn, Kanal*): ~ **vision** a) *med.* Gesichtsfeldeinengung *f*, b) *fig.* enger Gesichtskreis *od.* Horizont; **to see light at the end of the** ~ *fig.* (wieder) Land sehen. **2.** *a. zo.* ˈunterirdischer Gang, Tunnel *m*. **3.** *Bergbau:* Stollen *m*. **II** *v/t pret u. pp* **-neled**, *bes. Br.* **-nelled 4.** *tech.* unterˈtunneln, e-n Tunnel bohren *od.* graben *od.* treiben durch. **5.** der Länge nach aushöhlen. **III** *v/i* **6.** *tech.* e-n Tunnel anlegen *od.* treiben (**through** durch). **'tun·nel-(l)ing** *s tech.* Tunnelanlage *f*, -bau *m*: ~ **machine** Tunnelvortriebsmaschine *f*.

tun·ny ['tʌnɪ] *pl* **-nies**, *bes. collect.* **-ny** → **tuna**.

tup [tʌp] **I** *s* **1.** *zo.* Widder *m*. **2.** *tech.* Hammerkopf *m*, Rammklotz *m*, Fallbär *m*. **II** *v/t* **3.** *zo.* bespringen, decken.

tu·pek ['tjuːpek; *Am.* 'tuː-], **'tu·pik** [-pɪk] *s* Sommerzelt der Eskimos.

tup·pence ['tʌpəns], **'tup·pen·ny** ['tʌpnɪ] *Br. colloq. für* **twopence, twopenny**.

tur·ban ['tɜːbən; *Am.* 'tɜːr-] *s* **1.** Turban *m*. **2.** *hist.* turbanähnlicher Kopfschmuck (*der Frauen zu Anfang des 19. Jhs.*). **3.** randloser Hut. **'tur·baned** *adj* turbantragend.

tur·ba·ry ['tɜːbərɪ] *s Br.* **1.** *a.* **common of** ~ *jur.* Recht *n*, (auf fremdem Boden) Torf zu stechen. **2.** Torfmoor *n*.

tur·bid ['tɜːbɪd; *Am.* 'tɜːr-] *adj* (*adv* ~**ly**) **1.** dick(flüssig), trübe, schlammig. **2.** dick, dicht: ~ **fog**. **3.** *fig.* verworren, wirr. **tur'bid·i·ty**, **'tur·bid·ness** *s* **1.** Trübheit *f*, Dicke *f*. **2.** *fig.* Verworrenheit *f*.

tur·bi·nate ['tɜːbɪnɪt; -neɪt; *Am.* 'tɜːr-] **I** *s* **1.** *anat.* Nasenmuschel *f*. **2.** *zo.* gewundene Muschelart. **II** *adj* **3.** *anat.* muschelförmig. **4.** *zo.* schneckenförmig gewunden. **5.** *bot.* kreiselförmig.

tur·bine ['tɜːbaɪn; -bɪn; *Am.* 'tɜːr-] *s tech.* Turˈbine *f*: ~ **aircraft** Turbinenflugzeug *n*; ~**powered** mit Turbinenantrieb.

tur·bit ['tɜːbɪt; *Am.* 'tɜːr-] *s orn.* Möwchen *n* (*kleine Haustaube*).

ˌ**tur·bo'blow·er** [ˌtɜːbəʊ-; *Am.* ˌtɜːr-], ˌ**tur·bo'charg·er**, ˌ**tur·bo·comˈpres·sor** *s aer.* Turbolader *m*, -gebläse *n*. ˌ**tur·bo'jet (en·gine)** *s aer.* (Flugzeug *m* mit) Turbostrahltriebwerk *n*. **'tur·boˌlin·er** *s* Düsenverkehrsflugzeug *n*. **tur·bo-pro'pel·ler en·gine**, *a.* ˌ**tur·bo'prop en·gine**, ˌ**tur·bo'prop-jet en·gine** *s aer.* Turˈbinen-Proˈpeller-Strahltriebwerk *n*. ˌ**tur·bo'ram-jet en·gine** *s aer. tech.* Maˈschine *f* mit Staustrahltriebwerk. ˌ**tur·bo'su·perˌcharg·er** *s aer.* Turbo(höhen)lader *m*.

tur·bot ['tɜːbət; *Am.* 'tɜːr-] *pl* **-bots**, *bes. collect.* **-bot** *s ichth.* Steinbutt *m*.

tur·bu·lence ['tɜːbjʊləns; *Am.* 'tɜːrbjə-] *s* **1.** Unruhe *f*, Aufruhr *m*, Ungestüm *n*, Turbuˈlenz *f*, Sturm *m* (*a. meteor.*). **2.** *phys.* Turbuˈlenz *f*, Wirbelbewegung *f*. **'tur·bu·lent** *adj* (*adv* ~**ly**) **1.** ungestüm, stürmisch, turbuˈlent. **2.** aufrührerisch. **3.** *phys.* verwirbelt: ~ **flow** turbulente Strömung, Wirbelströmung *f*.

Turco- → **Turko-**.

turd [tɜːd; *Am.* tɜːrd] *s vulg.* **1.** ˈScheiße' *f*, ˈScheißhaufen' *m*. **2.** ˈScheißkerl' *m*.

tu·reen [təˈriːn; tjʊ-] *s* Terˈrine *f*.

turf [tɜːf; *Am.* tɜːrf] **I** *pl* **turfs**, *a.* **turves** [-vz] *s* **1.** Rasen *m*, Grasnarbe *f*. **2.** Rasenstück *n*, Sode *f*. **3.** Torf(ballen) *m*: ~ **-cutter** *Ir.* Torfstecher *m*. **4.** *sport* Turf *m*: a) (Pferde)Rennbahn *f*, b) **the** ~ *fig.* der Pferderennsport: ~ **accountant** *Br.* Buchmacher *m*. **5.** *fig.* Reˈvier *n*. **II** *v/t* **6.** mit Rasen bedecken. **7.** ~ **out** *bes. Br. colloq.* j-n rausschmeißen.

turf·ite ['tɜːfaɪt] *s bes. Am.* Pferderennsportliebhaber *m*. **'turf·man** [-mən] *s irr* → **turfite**. **'turf·y** *adj* **1.** rasenbedeckt, Rasen... **2.** torfartig, Torf... **3.** *fig.* Pferderennsport...

tur·ges·cence [tɜːˈdʒesns; *Am.* ˌtɜːr-] *s* **1.** *med.* Schwellung *f*, Geschwulst *f*. **2.** *fig.* Schwulst *m*. **tur'ges·cent** *adj med.* (an)schwellend.

tur·gid ['tɜːdʒɪd; *Am.* 'tɜːr-] *adj* (*adv* ~**ly**) **1.** *med.* (an)geschwollen. **2.** *fig.* schwülstig, ˌgeschwollen'. **tur'gid·i·ty**, **'tur·gid·ness** *s* **1.** Geschwollensein *n*. **2.** *fig.* ˌGeschwollenheit' *f*, Schwülstigkeit *f*.

Turk [tɜːk; *Am.* tɜːrk] **I** *s* **1.** Türke *m*, Türkin *f*: **Young T**~**s** *pol.* Jungtürken *pl*. **2.** *fig. obs.* Tyˈrann *m*. **II** *adj* **3.** türkisch, Türken...

Tur·key[1] ['tɜːkɪ; *Am.* 'tɜːr-] *adj* türkisch: ~ **carpet** Orientteppich *m*; ~ **red** Türkischrot *n*.

tur·key[2] ['tɜːkɪ; *Am.* 'tɜːr-] *s* **1.** *pl* **-keys**, *bes. collect.* **-key** *orn.* Truthahn *m*,

turkey cock – turn

-henne *f*, Pute(r *m*) *f*. **2.** *thea. Am. colloq.* ‚Pleite' *f*, ‚Durchfall' *m*. **3. to talk ~** *bes. Am. colloq.* a) offen *od.* sachlich reden, b) Frak'tur reden (**with** mit *j-m*), ‚mas-'siv' werden (**with** *j-m* gegen'über). **~ cock** *s* **1.** Truthahn *m*, Puter *m*: (**as**) **red as a ~** puterrot (im Gesicht). **2.** *fig.* aufgeblasener Kerl.

Tur·ki ['tɜːkiː; *Am.* 'tɜr-] *s* **1.** → **Turkic**. **2.** 'Turkaˌtar(in). **II** *adj* **3.** 'turkaˌta-risch. **Tur·kic** ['tɜːkɪk; *Am.* 'tɜr-] *s ling.* Türk- *od.* Turksprache(n *pl*) *f* (*ural-altaische Sprachgruppe*).

Turk·ish ['tɜːkɪʃ; *Am.* 'tɜr-] **I** *adj* türkisch, Türken... **II** *s ling.* Türkisch *n*, das Türkische. **~ bath** *s* türkisches Bad. **~ de·light** *s* 'Fruchtgeˌleekonˌfekt *n*. **~ mu·sic** *s* Jani'tscharenmuˌsik *f*. **~ tobac·co** *s* Ori'enttabak *m*. **~ tow·el** *s* Frot'tier-, Frot'tee(hand)tuch *n*.

Turko- [tɜːkəʊ; *Am.* 'tɜr-] *Wortelement mit der Bedeutung* türkisch, Türken...: **~phil(e)** Türkenfreund *m*.

Tur·ko·man ['tɜːkəmən; *Am.* 'tɜr-] *s* **1.** *pl* **-mans** Turk'mene *m*. **2.** *ling.* Turk'menisch *n*, das Turkmenische.

tur·mer·ic ['tɜːmərɪk; *Am.* 'tɜr-] *s* **1.** *bot.* Gelbwurz *f*. **2.** *pharm.* Kurkuma *f*, Turmerikwurzel *f*. **3.** Kurkumagelb *n* (*Farbstoff*). **~ pa·per** *s chem.* 'Kurkumapaˌpier *n*.

tur·moil ['tɜːmɔɪl; *Am.* 'tɜr-] *s* **1.** Aufruhr *m*, Unruhe *f*, Tu'mult *m* (*alle a. fig.*): **in a ~** in Aufruhr. **2.** Getümmel *n*.

turn¹ [tɜːn; *Am.* tɜrn] *s* **1.** ('Um)Drehung *f*: **a single ~ of the handle; to give s.th. a ~** etwas drehen; **to a ~** ausgezeichnet, vortrefflich, aufs Haar; **done to a ~** gerade richtig durchgebraten; → **wheel** 7. **2.** Turnus *m*, Reihe(nfolge) *f*: **~ (and ~) about** reihum, abwechselnd, wechselweise; **in ~** a) der Reihe nach, b) dann wieder; **in his ~** seinerseits; **to speak out of ~** *fig.* unpassende Bemerkungen machen; **to take ~s** (mit)einander *od.* sich (gegenseitig) abwechseln (**at** in *dat*, bei); **to take one's ~** handeln, wenn die Reihe an e-n kommt; **wait your ~!** warte, bis du an der Reihe *od.* dran bist; **my ~ will come** *fig.* m-e Zeit kommt auch noch, ‚ich komme schon noch dran'. **3.** Drehen *n*, Wendung *f*: **~ to the left** Linkswendung. **4.** Wendepunkt *m* (*a. fig.*). **5.** Biegung *f*, Kurve *f*, Kehre *f*. **6.** *sport* a) Turnen: Drehung *f*, b) Schwimmen: Wende *f*, c) Skisport: Wende *f*, Kehre *f*, Schwung *m*, d) Eis-, Rollkunstlauf: Kehre *f*, Kurve *f*. **7.** Krümmung *f* (*a. math.*). **8.** Wendung *f*: a) 'Umkehr *f*: **to be on the ~** *mar.* umschlagen (*Gezeiten*) (→ 30); → **tide¹** 1, b) Richtung *f*, (Ver)Lauf *m*: **to take a ~ for the better (worse)** sich bessern (sich verschlimmern); **to take an interesting ~** e-e interessante Wendung nehmen (*Gespräch etc*), c) (Glücks-, Zeiten- *etc*) Wende *f*, Wechsel *m*, 'Umschwung *m*, Krise *f*: **a ~ in one's luck** e-e Glücks- *od.* Schicksalswende; **~ of the century** Jahrhundertwende; **~ of life** Lebenswende, *med.* Wechseljahre *pl* (*der Frau*). **9.** Ausschlag(en *n*) *m* (*e-r Waage*). **10.** (Arbeits)Schicht *f*. **11.** Tour *f*, (einzelne) Windung (*e-r Bandage, e-s Kabels etc*). **12.** (kurzer) Spa'ziergang, Runde *f*: **to take a ~** e-n Spaziergang machen. **13.** kurze Fahrt, Spritztour *f*. **14.** *mar.* Törn *m*. **15.** (Rede)Wendung *f*, Formu'lierung *f*. **16.** Form *f*, Gestalt *f*, Beschaffenheit *f*. **17.** Art *f*, Cha'rakter *m*: **~ (of mind)** Denkart *f*, -weise *f*. **18.** (**for, to**) Neigung *f*, Hang *m*, Ta'lent *n* (zu); Sinn *m* (für): **practical ~** praktische Veranlagung; **to have a ~ for languages** sprachbegabt sein; **to be of a humorous ~** Sinn für Humor haben. **19.** a) (*ungewöhnliche od. unerwartete*) Tat, b) Dienst *m*, Gefallen *m*: **a bad ~** ein schlechter Dienst *od.* e-e schlechte Tat; **a friendly ~** ein Freundschaftsdienst; **to do s.o. a good (an ill) ~** j-m e-n guten (schlechten) Dienst erweisen; **to do s.o. a good ~** j-m e-n Gefallen tun; **one good ~ deserves another** e-e Liebe ist der anderen wert. **20.** Anlaß *m*: **at every ~** auf Schritt u. Tritt, bei jeder Gelegenheit. **21.** (kurze) Beschäftigung: **~ (of work)** (Stück *n*) Arbeit *f*; **to take a ~ at s.th.** es kurz mit e-r Sache versuchen. **22.** *med.* a) Taumel *m*, Schwindel *m*, b) Anfall *m*. **23.** *colloq.* Schock *m*, Schrecken *m*: **to give s.o. a ~** j-n erschrecken. **24.** Zweck *m*: **this will serve your ~** das wird dir nützlich sein; **this won't serve my ~** damit ist mir nicht gedient. **25.** *econ.* vollständig durchgeführte Börsenaktion. **26.** *mus.* Doppelschlag *m*. **27.** *thea. bes. Br.* (Pro'gramm)Nummer *f*. **28.** *mil.* (Kehrt)Wendung *f*, Schwenkung *f*: **left (right) ~!** *Br.* links-(rechts)um!; **about ~!** *Br.* ganze Abteilung kehrt! **29.** *print.* Fliegenkopf *m* (*umgedrehter Buchstabe*). **30. on the ~** am Sauerwerden (*Milch*) (→ 8).

II *v/t* **31.** (*im Kreis od. um e-e Achse*) drehen. **32.** e-n Schlüssel, e-e Schraube *etc*, *a.* e-n Patienten ('um-, her'um)drehen. **33.** *a.* Kleider wenden, *etwas* 'umkehren, -stülpen, -drehen: **it ~s my stomach** mir dreht sich dabei der Magen um; → **head** *Bes. Redew.* **34.** ein Blatt, e-e Buchseite 'umdrehen, -wenden, -blättern: **to ~ the page** umblättern. **35.** *rail.* e-e Weiche, *tech.* e-n Hebel 'umlegen: **to ~ a switch** (a lever). **36.** *agr.* *den Boden* 'umgraben, -pflügen. **37.** zuwenden, -drehen, -kehren (**to** *dat*). **38.** *den Blick, die Kamera, s-e Schritte etc* wenden, *a.* s-e Gedanken, sein Verlangen richten, lenken (**against** gegen; **on** auf *acc*; **toward**[**s**] auf *acc*, nach): **to ~ one's attention to s.th.** e-r Sache s-e Aufmerksamkeit zuwenden; **to ~ the hose on the fire** den Schlauch auf das Feuer richten; **to ~ one's steps home** die Schritte heimwärts lenken. **39.** a) 'um-, ab-, weglenken, -leiten, -wenden, b) abwenden, abhalten: **to ~ a bullet. 40.** *j-n* 'umstimmen, abbringen (**from** von). **41.** *die Richtung* ändern, e-e neue Richtung geben (*dat*). **42.** *das Gesprächsthema* wechseln. **43.** a) e-e Waage etc zum Ausschlagen bringen, b) *fig.* ausschlaggebend sein bei: **to ~ an election** bei e-r Wahl den Ausschlag geben; → **scale²** 1. **44.** verwandeln (**into** in *acc*): **to ~ water into wine; to ~ love into hate; to ~ a firm into a joint-stock company** e-e Firma in e-e Aktiengesellschaft umwandeln; **to ~ into cash** flüssigmachen, zu Geld machen. **45.** machen, werden lassen (**into** zu): **to ~ s.o. sick** j-n krank machen, j-m Übelkeit verursachen; **it ~ed her pale** es ließ sie erblassen. **46.** *a.* **~ sour** *Milch* sauer werden lassen. **47.** *das Laub* verfärben: **to ~ the leaves. 48.** *e-n Text* über'tragen, -'setzen (**into** Italian ins Italienische). **49.** her'umgehen *od.* biegen um: **~ corner** 1. **50.** *mil.* a) um'gehen, um'fassen, b) aufrollen: **to ~ the enemy's flank. 51.** hin'ausgehen *od.* -sein über (*acc*): **he is just** *od.* **has just ~ed**) 50 er ist gerade 50 geworden. **52.** *tech.* a) drehen, b) *Holzwaren* drechseln, c) *Glas* marbeln, rollen. **53.** *a. fig.* formen, gestalten, (kunstvoll) bilden, *Komplimente, Verse etc* drechseln: **a well-~ed ankle** ein wohlgeformtes Fußgelenk; **to ~ a phrase** e-n Satz bilden *od.* formen *od.* feilen. **54.** *econ.* verdienen, 'umsetzen. **55.** *e-e Messerschneide etc* 'um-, verbiegen, *a.* stumpf machen: **to ~ the edge** (*od.* **point**) **of** *fig.* e-r Bemerkung *etc* die Spitze nehmen. **56.** e-n Salto machen, e-n Purzelbaum schlagen. **57. ~ loose** a) freilassen, b) *Hund etc* loslassen (**on** auf *acc*).

III *v/i* **58.** sich drehen (lassen), sich (im Kreis) drehen: **the wheel ~s. 59.** sich drehen *od.* 'hin- u. 'herbewegen (lassen): **the tap will not ~. 60.** 'umdrehen, -wenden, *bes.* (*in e-m Buch*) ('um)blättern. **61.** sich (ab-, 'hin-, zu-) wenden: → **turn to** I. **62.** sich *stehend*, *liegend etc* ('um-, her'um)drehen: → **grave¹** 1. **63.** a) *mar. mot.* wenden, *mar.* (ab)drehen, b) *aer. mot.* kurven, e-e Kurve machen. **64.** (ab-, ein)biegen (**down** *in e-e Seitenstraße etc*): **I do not know which way to ~** *fig.* ich weiß nicht, was ich machen soll. **65.** e-e Biegung machen (*Straße, Wasserlauf etc*). **66.** sich krümmen *od.* winden: → **worm** 1. **67.** zu'rückschlagen *od.* -prallen *od. fig.* -fallen (**on** auf *acc*). **68.** sich 'umdrehen: a) sich um 180° drehen, b) zu'rückschauen. **69.** sich 'umdrehen *od.* 'umwenden (lassen), sich 'umstülpen: **my umbrella ~ed inside out** mein Regenschirm stülpte sich um; **my stomach ~s at this sight** bei diesem Anblick dreht sich mir der Magen um. **70.** schwind(e)lig werden: **my head ~s** mir dreht sich alles im Kopf; **his head ~ed with the success** der Erfolg ist ihm zu Kopf gestiegen. **71.** sich (ver)wandeln (**into**, **to** in *acc*), 'umschlagen (*bes. Wetter*): **love has ~ed into hate. 72.** werden: **to ~ cold (pale, etc); to ~ communist** (**soldier,** *etc*); **to ~ (sour)** sauer werden (*Milch*); **to ~ traitor** zum Verräter werden. **73.** sich verfärben (*Laub*). **74.** sich wenden (*Gezeiten*): → **tide¹** 1. **75.** *tech.* sich drehen *od.* drechseln *od.* (ver)formen lassen. **76.** *print.* (*durch Fliegenköpfe*) blo'ckieren.

Verbindungen mit Präpositionen:

turn a·gainst I *v/i* **1.** sich (feindlich *etc*) wenden gegen: **~ s.o. II** *v/t* **2.** *j-n* aufhetzen *od.* aufbringen gegen. **3.** *Spott etc* richten gegen. **~ in·to** → **turn** 44, 48, 71. **~ on I** *v/i* **1.** sich drehen um *od.* in (*dat*). **2.** → **turn upon** 1 *u.* 2. **3.** sich wenden *od.* richten gegen. **II** *v/t* → **turn** 38. **~ to I** *v/i* **1.** sich nach *links etc* wenden (*Person*), nach *links etc* abbiegen (*a. Fahrzeug, Straße etc*): **to ~ the left. 2.** a) sich *der Musik, e-m Thema etc* zuwenden, b) sich beschäftigen mit, c) sich anschicken (**doing s.th.** etwas zu tun). **3.** *s-e* Zuflucht nehmen zu: **~ God. 4.** sich an *j-n* wenden, zu Rate ziehen: **~ a doctor** (**a dictionary**). **5.** → **turn** 71. **II** *v/t* **6.** *Hand* anlegen bei: **to turn a** (*od.* **one's**) **hand to s.th.** etwas in Angriff nehmen; **he can turn his hand to anything** er ist zu allem zu gebrauchen. **7.** → **turn** 38. **8.** verwandeln in (*acc*). **9.** *etwas* anwenden zu: → **account** 12. **~ up·on** *v/i* **1.** *fig.* abhängen von. **2.** *fig.* sich drehen um, handeln von. **3.** → **turn on** 3.

Verbindungen mit Adverbien:

turn a·bout, ~ a·round I *v/t* **1.** (her)'umdrehen. **2.** *agr.* Heu, Boden wenden. **II** *v/i* **3.** sich (im Kreis *od.* her'um- *od.* 'um)drehen. **4.** *mil.* kehrtmachen. **5.** *fig.* 'umschwenken. **~ a·side** *v/t u. v/i* (sich) abwenden (**from** von). **~ a·way I** *v/t* **1.** *das Gesicht etc* abwenden (**from** von). **2.** abweisen, weg-, fortschicken. **3.** fortjagen, entlassen. **II** *v/i* **4.** sich abwenden (**from** von), (weg-, fort-) gehen. **~ back I** *v/t* **1.** zur Rückkehr veranlassen, 'umkehren lassen. **2.** → **turn down** 3. **3.** *e-e Buchseite etc* 'umbiegen. **4.** *Uhr* zu'rückdrehen: → **clock¹** 1. **II** *v/i* **5.** zu'rück-, 'umkehren. **6.** zu'rückgehen.

7. zu'rückblättern (to auf *acc*). **~ down I** *v/t* **1.** 'umkehren, -legen, -biegen, *den Kragen* 'umschlagen, *e-e Buchseite etc* 'umknicken. **2.** *Gas, Lampe* klein(er) drehen, *Radio etc* leise(r) stellen. **3.** *das Bett* aufdecken, *die Bettdecke* zu'rückschlagen. **4.** *j-n, e-n Vorschlag etc* ablehnen, *j-m* e-n Korb geben. **II** *v/i* **5.** abwärts *od*. nach unten gebogen sein, (her'unter-) hängen. **6.** sich 'umlegen *od*. -schlagen lassen. **~ in I** *v/t* **1.** *bes. Am.* einreichen, -senden. **2.** *Uniform etc* ab-, zu'rückgeben. **3.** *j-n* anzeigen *od*. der Poli'zei über'geben: **to turn o.s. in** sich stellen. **4.** einwärts *od*. nach innen drehen *od*. biegen *od*. stellen: **to turn one's feet in. 5.** *colloq. etwas* ,auf die Beine stellen', zu'stande bringen. **6.** *colloq.* aufgeben, seinlassen. **II** *v/i* **7.** *colloq.* sich ,'hinhauen', ins Bett gehen. **8.** einwärts gebogen sein. **9.** to ~ (up)on o.s. sich in sich selbst zurückziehen. **~ off I** *v/t* **1.** *Gas, Wasser etc* abdrehen, *a*. *ein Gerät* abstellen, *Licht, Radio etc* ausmachen, -schalten. **2.** abwenden, ablenken: **to ~ a blow. 3.** *colloq.* ,rausschmeißen', entlassen. **4.** *tech*. abdrehen (*an der Drehbank*). **5.** *colloq.* s.th *j-n* anwidern, *j-m* die Lust nehmen. **II** *v/i* **6.** abbiegen (*Person, a. Straße*). **~ on** *v/t* **1.** *Gas, Wasser etc* aufdrehen, *a*. *ein Gerät* anstellen, *Licht, Radio etc* anmachen, einschalten: → **agony** 1, **charm** 1, **waterwork** 2. **2.** *colloq.* ,antörnen', ,anturnen': a) *zum Gebrauch von Drogen veranlassen*, b) anmachen' (*a. sexuell*). **~ out I** *v/t* **1.** hin-'auswerfen, wegjagen, vertreiben. **2.** entlassen (of aus *e-m Amt etc*). **3.** *e-e Regierung* stürzen. **4.** *Vieh* auf die Weide treiben. **5.** 'umstülpen, -kehren: **to ~ s.o.'s pockets. 6.** ausräumen: **to ~ a room** (s.o.'s furniture). **7.** a) *econ. Waren* produ'zieren, 'herstellen, b) *contp*. Bücher etc produ'zieren, c) *fig. Wissenschaftler etc* her'vorbringen (*Universität etc*): **Oxford has turned out many statesmen** aus Oxford sind schon viele Staatsmänner hervorgegangen. **8.** → **turn off** 1. **9.** auswärts *od*. nach außen drehen *od*. biegen *od*. stellen: **to turn one's feet out. 10.** ausstatten, 'herrichten, *bes*. kleiden: **well turned-out** gutgekleidet. **11.** *mil*. antreten *od*. (*Wache*) her'austreten lassen: **to ~ the guard**. **II** *v/i* **12.** auswärts gebogen sein. **13.** a) hin'ausziehen, -gehen, b) *mil*. ausrücken (*a. Feuerwehr etc*), c) *zur Wahl etc* kommen (*Bevölkerung*), d) *mil*. antreten, e) *econ. bes. Br.* in Streik treten, f) (*aus dem Bett*) aufstehen. **14.** her'auskommen (of aus). **15.** *gut etc* ausfallen, werden. **16.** sich gestalten, *gut etc* ausgehen, ablaufen. **17.** sich erweisen *od*. entpuppen als, sich 'her'ausstellen: **he turned out (to be) a good swimmer** er entpuppte sich als guter Schwimmer; **it turned out that he was never there** er stellte sich heraus, daß er nie dort war. **~ o·ver I** *v/t* **1.** *econ*. Geld, Ware 'umsetzen, e-n 'Umsatz haben von: **to ~ goods**; he turns over £1,000 a week er hat e-n wöchentlichen Umsatz von 1000 Pfund. **2.** 'umdrehen, -wenden, *bes*. *ein Blatt, e-e Seite* 'umblättern: **please ~!** bitte wenden!; → **leaf** 4. **3.** 'umwerfen, -kippen. **4.** (to) a) über'tragen (*dat od. auf acc*), aus-'geben (*dat*), b) *j-n* (*der Polizei etc*) ausliefern, über'geben: **to ~ a business to s.o.** j-m ein Geschäft übergeben. **5.** *a*. **~ in one's mind** *etwas* über'legen, sich durch den Kopf gehen lassen. **II** *v/i* **6.** sich drehen, ro'tieren. **7.** sich *im Bett etc* 'umdrehen: → **grave**¹ 1. **8.** 'umkippen, -schlagen. **~ round I** *v/i* **1.** sich (im Kreis) her'um- *od*. 'um)drehen: **then**

she turned round and slapped my face urplötzlich ohrfeigte sie mich. **2.** *fig.* s-n Sinn ändern, 'umschwenken. **II** *v/t* **3.** (her'um)drehen. **~ to** *v/i* sich ,ranmachen' (an die Arbeit), sich ins Zeug legen. **~ un·der** *v/t agr*. 'unterpflügen. **~ up I** *v/t* **1.** nach oben drehen *od*. richten *od*. biegen, *den Kragen* hochschlagen, -klappen: **turn it up!** *Br. sl.* halt die Klappe!; → **nose** *Bes. Redew*., **toe** 1. **2.** ausgraben, zu'tage fördern. **3.** *Spielkarten* aufdecken. **4.** *e-n Rock etc* 'um-, einschlagen. **5.** *Br*. a) *ein Wort* nachschlagen, b) *ein Buch* zu Rate ziehen. **6.** *Gas, Lampe* aufdrehen, groß *od*. größer drehen, *Radio etc* laut(er) stellen. **7.** *ein Kind* übers Knie legen. **8.** *colloq. j-m* den Magen 'umdrehen (*vor Ekel*). **9.** *sl. e-e Arbeit* ,aufstecken'. **II** *v/i* **10.** sich nach oben drehen, nach oben gerichtet *od*. gebogen sein (*Hutkrempe etc*), hochgeschlagen sein (*Kragen*). **11.** *fig.* auftauchen: a) aufkreuzen, erscheinen, kommen, *a*. sich melden (*Person*), b) zum Vorschein kommen, sich (an)finden (*Sache*). **12.** geschehen, eintreten, pas'sieren. **13.** sich erweisen *od*. entpuppen als.

turn² [t3rn] *v/t sport Am.* turnen.

'turn·a·ble *adj* drehbar.

'turn·a·bout *s* **1.** *a. fig.* Kehrtwendung *f* um 180 Grad. **2.** *fig.* 'Umschwung *m*. **3.** *mar.* Gegenkurs *m*. **4.** *Am.* Karus'sell *n*. **5.** beidseitig tragbares Kleidungsstück. **6.** → **turncoat**. **,~-and-'bank in·di·ca·tor** *s aer*. Wende(- u. Querneigungs)anzeiger *m*. **'~-a·round** *s* **1.** *mot. etc* Wendeplatz *m*. **2.** → **turnabout** 1 u. 2. **3.** *aer. mot.* Rundreisedauer *f*, 'Umlaufzeit *f*. **4.** (Gene'ral)Über'holung *f* (*e-s Fahrzeugs*). **'~-back** *s* **1.** Feigling *m*. **2.** 'Umschlag *m*, Stulpe *f*. **~ bridge** *s tech.* Drehbrücke *f*. **'~,buck·le** *s tech.* Spannschraube *f*, -schloß *n*. **'~-coat** *s* Abtrünnige(r *m*) *f*, 'Überläufer(in), Rene'gat *m*. **'~-cock** *s tech.* **1.** Drehhahn *m*. **2.** Wasserkraufseher *m*. **'~-down I** *adj* **1.** 'umlegbar, Umlege-...: **~ collar** → 2. **II** *s* **2.** 'Umleg(e)kragen *m*. **3.** *fig.* Ablehnung *f*.

turned [t3:nd; *Am*. t3rnd] *adj* **1.** gedreht: **~ part** *tech*. Drehteil *n*. **2.** *tech*. gedreht, gedrechselt. **3.** gestaltet, geformt: **well~**. **4.** ('um)gebogen: **~-back** zurückgebogen; **~-down** a) nach unten gebogen, b) Umlege...; **~-in** einwärts gebogen; **~-out** nach außen gebogen; **~-up** aufgebogen. **5.** verdreht, -kehrt. **6.** *print*. 'umgedreht, auf dem Kopf stehend.

'turn·er¹ *s* **1.** *tech*. Wender *m* (*Gerät*). **2.** *tech*. a) Dreher *m*, b) Drechsler *m*, c) *Keramik*: Töpfer *m*.

turn·er² ['t3rnər; 'tʊərnər] *s sport Am.* Turner(in).

turn·er·y ['t3:nərɪ; *Am*. 't3rn-] *s tech*. **1.** a) Drehen *n*, b) Drechseln *n*. **2.** *collect*. a) Dreharbeit(en *pl*) *f*, b) Drechslerarbeit(en *pl*) *f*. **3.** a) Dreh(e)'rei *f*, b) Drechsle'rei *f*.

'turn·ing *s* **1.** Drehung *f*. **2.** *tech*. Drehen *n*, Drechseln *n*. **3.** (Straßen-, Fluß)Biegung *f*. **4.** a) (Straßen)Ecke *f*, b) Querstraße *f*, Abzweigung *f*. **5.** *fig.* Gestalt(ung) *f*, Form *f*. **6.** *fig* Drehspäne *pl*. **~ chis·el** *s tech.* (Ab)Drehstahl *m*. **~ cir·cle** *s mot.* Wendekreis *m*. **~ gouge** *s tech.* Hohlmeißel *m*. **~ lathe** *s tech.* Drehbank *f*. **~·ma·chine** *s tech.* 'Drehma,schine *f*. **~ move·ment** *s mil.* Um'gehungsbewegung *f*. **~ point** *s* **1.** *fig.* a) Wendepunkt *m* (*a. math. surv*.), b) fig Krisis *f*, Krise *f*. **2.** *aer. sport* Wendemarke *f*.

tur·nip ['t3:nɪp; *Am*. 't3r-] *s* **1.** *bot*. (*bes*. Weiße) Rübe. **2.** *colloq*. ,Zwiebel' *f* (*plumpe Taschenuhr*). **3.** *colloq*. Trottel *m*. **~ cab·bage** *s bot*. Kohl'rabi *m*.

'turn|·key I *s obs*. Gefangenenwärter *m*, Schließer *m*. **II** *adj*: **~ contract** Bauvertrag, der die schlüsselfertige Übergabe des Gebäudes vorsieht. **~·me·ter** *s aer*. Kurvenmesser *m*. **'~-off** *s* **1.** Abzweigung *f*. **2.** Ausfahrt *f* (*von e-r Autobahn*). **'~-on** *s colloq*. 'tolle' *od*. ,phan'tastische' Sache *od*. Per'son. **'turn·out** *s* **1.** *bes. mil.* Ausrücken *n*. **2.** *econ. bes. Br.* a) Streik *m*, Ausstand *m*, b) Streikende(r *m*) *f*, Ausständige(r *m*) *f*. **3.** a) Besucher(zahl *f*) *pl*, Zuschauer(zahl *f*) *pl*, b) (Wahl- *etc*)Beteiligung *f*. **4.** Equi-'page *f*, (Pferde)Gespann *n*, Kutsche *f*. **5.** Ausstattung *f*, *bes*. Kleidung *f*. **6.** *econ*. Ge'samtproduktion *f*, Ausstoß *m*. **7.** a) Ausweichstelle *f* (*auf e-r Autostraße*), b) → **turn-off. 8. to give s.th. a ~, to have a ~ of s.th.** etwas ausräumen. **'turn·o·ver** *s* **1.** 'Umstürzen *n*, -werfen *n*. **2.** *pol*. 'Umschwung *m*, *bes*. (*deutliche*) Verschiebung der Wählerstimmen. **3.** Ver-, 'Umwandlung *f*. **4.** Ein- u. Ausgang *m*, Zu- u. Abgang *m* (*von Patienten in Krankenhäusern etc*): labo(u)r~ (*od*. employee) ~ *econ*. Arbeitskräftebewegung *f*; **tenant ~** Mieterfluktuation *f*. **5.** *econ*. 'Umgrup,pierung *f*, 'Umschichtung *f*. **6.** *econ*. 'Umsatz *m*: **~ tax** *Br.* Umsatzsteuer *f*. **7.** *Br*. (Zeitungs)Ar'tikel, der auf die nächste Seite übergreift. **8.** a) (*Apfel- etc*)Tasche *f*, b) (Hühner- *etc*)Pa'stete *f*.

'turn·pike *s* **1.** Schlagbaum *m* (*Mautstraße*). **2.** *a*. **~ road** gebührenpflichtige (*Am*. Schnell)Straße, Mautstraße *f*. **3.** *hist*. spanischer Reiter. **'~-round** *s* **1.** *econ. mar.* 'Umschlag *m* (*Abfertigung e-s Schiffes im Hafen*). **2.** Wendestelle *f*. **3.** → **turnabout** 5. **'~-screw** *s tech*. Schraubenzieher *m*. **'~-sole** *s* **1.** *bot*. a) Sonnenblume *f*, b) Sonnenwende *f*, Helio'trop *n*, c) Lackmuskraut *n*. **2.** *chem*. Lackmus *m* (*als Farbstoff*). **'~-spit** *s* **1.** Bratenwender *m*. **2.** *hist*. Bratspießdreher *m* (Hund *od*. Diener). **'~-stile** *s* Drehkreuz *n* (*an Durchgängen etc*). **'~-ta·ble** *s tech*. **1.** *rail*. Drehscheibe *f*. **2.** Plattenteller *m* (*am Plattenspieler*). **3.** 'Wiedergabegerät *n*. **'~-tab·le lad·der** *s bes. Br.* Drehleiter *f* (*der Feuerwehr*). **'~-up I** *adj* **1.** aufwärts gerichtet: **~ nose** ,Himmelfahrtsnase' *f*. **2.** hochklappbar: **a ~ bed** Wandklappbett *n*. **II** *s* **3.** a) hochgestülpter Hutrand, b) *bes. Br.* 'Hosen,umschlag *m*. **4.** *a*. **~ for the book** *colloq*. 'Überraschung *f*: **that's a ~!** das ist vielleicht ein Ding!

tur·pen·tine ['t3:pəntaɪn; *Am*. 't3r-] *s chem*. **1.** Terpen'tin *n*. **2.** *a*. **~ oil** (*od*. spir-it[s]) of **~** Terpen'tinöl *n*, -geist *m*. **~ tree** *s bot*. Tere'binthe *f*.

tur·pi·tude ['t3:pɪtju:d; *Am*. 't3r-; *a*. -ˌtuːd] *s* **1.** *a. moral ~* Verworfenheit *f*. **2.** Schandtat *f*.

turps [t3:ps; *Am*. t3rps] *s pl* (*meist als sg konstruiert*) *colloq*. *für* **turpentine** 2.

tur·quoise ['t3:kwɔɪz; *Am*. 't3r-] *s* **1.** *min*. Tür'kis *m*. **2.** *a*. **~ blue** Tür'kisblau *n*: **~ green** Tür'kisgrün *n*.

tur·ret ['tʌrɪt; *Am. a*. 't3rət] *s* **1.** *arch*. Türmchen *n*. **2.** *mil*. Geschütz-, Panzer-, Gefechtsturm *m*: **~ gun** Turmgeschütz *n*. **3.** *aer. mil*. Kanzel *f*. **4.** *tech*. Re'volverkopf *m*: **~ lathe** Revolverdrehbank *f*. **5.** *TV* Linsendrehkranz *m*: **~ turner** induktiver Kanalwähler. **'tur·ret·ed** *adj* **1.** mit e-m Turm *od*. mit Türmchen (versehen), betürmt. **2.** turmartig. **3.** *zo*. spi'ral-, türmchenförmig.

tur·tle¹ ['t3:tl; *Am*. 't3rtl] *obs. für* **turtledove** 1.

tur·tle² ['t3:tl; *Am*. 't3rtl] *s zo*. (See-)Schildkröte *f*: **green ~** Suppenschildkröte; **to turn ~** a) *mar*. kentern, um-

schlagen, b) sich überschlagen (*Auto etc*), c) *Am. colloq.* hilflos *od.* feige sein.
'tur·tle|·dove s 1. *orn.* Turteltaube *f*. 2. *colloq.* ,Turteltäubchen' *n*, ,Schatz' *m*. '~-neck s a) Rollkragen *m*, b) *a.* ~ sweater 'Rollkragenpull,over *m*. ~ shell *s* Schildkrötenschale *f*, Schildpatt *n*.
turves [tɜːvz; *Am.* tɜrvz] *pl von* turf.
Tus·can ['tʌskən] I *adj* 1. tos'kanisch. II *s* 2. *ling.* Tos'kanisch *n*, das Toskanische. 3. Tos'kaner(in).
tush¹ [tʌʃ] *interj obs.* pah!
tush² [tʌʃ] *s* Eckzahn *m* (*bes. des Pferdes*).
tusk [tʌsk] I *s* 1. a) Fangzahn *m*, b) Stoßzahn *m* (*des Elefanten etc*), c) Hauer *m* (*des Wildschweins*). 2. langer vorstehender Zahn. II *v/t* 3. mit Hauern *etc* durch'bohren *od.* verwunden.
tusked *adj zo.* mit Fangzähnen *etc* (bewaffnet). 'tusk·er *s zo.* Ele'fant *m od.* Keiler *m* (*mit ausgebildeten Stoßzähnen*).
'tusk·y → tusked.
tus·sa, tus·sah ['tʌsə], *a.* tus·sar ['tʌsə(r)], tus·seh ['tʌsə], tus·ser ['tʌsə(r)] *s* 1. Tussahseide *f*. 2. *zo.* Tussahspinner *m*.
tus·sle ['tʌsl] I *s* 1. Kampf *m*, Balge'rei *f*, Raufe'rei *f*. 2. *fig.* erbittertes Ringen, scharfe Kontro'verse. II *v/i* 3. kämpfen (*a. fig.*), raufen, sich balgen (foɪ um).
tus·sock ['tʌsək] *s* (*bes.* Gras)Büschel *n*. ~ grass *s bot.* Bültgras *n*. ~ moth *s zo.* 1. Bürstenbinder *m*. 2. Rotschwanz *m*.
tus·sock·y ['tʌsəkɪ] *adj* 1. grasreich. 2. *fig.* buschig.
tus·sore ['tʌsə; *bes. Am.* 'tʌsɔː(r)] → tussa.
tut [tʌt] I *interj* 1. ach was!, pah!, pff! 2. pfui! 3. Unsinn!, Na, na! II *v/t* 4. miß'billigen.
tu·te·lage ['tjuːtɪlɪdʒ, *Am. u.* 'tuː-] *s* 1. *jur.* Vormundschaft *f*. 2. a) Bevormundung *f*, b) Schutz *m*, c) (An)Leitung *f*. 3. Unmündigkeit *f*. 'tu·te·lar [-lə(r)] → tutelary. 'tu·te·lar·y [-lərɪ; *Am.* -,tl̩erɪː] *adj* 1. *jur.* Vormunds..., Vormundschafts... 2. schützend, Schutz...: ~ authority a) *jur.* Machtbefugnisse *pl* e-s Vormunds, b) Schutzherrschaft *f*; ~ goddess es Schutzgöttinnen.
tu·tor ['tjuːtə(r); *Am. a.* 'tuː-] I *s* 1. *ped.* Pri'vat-, Hauslehrer *m*, Erzieher *m*. 2. *univ. Br.* Tutor *m*, Studienleiter *m*, -berater *m* (*meist ein* fellow *aus dem* College, *der den Studiengang von* undergraduates *überwacht u. ihnen mit Rat u. Tat zur Seite steht*). 3. *univ. Am.* Assi'stent *m* (mit Lehrauftrag). 4. *ped. univ.* (Ein-)Pauker *m*, Repe'titor *m*. 5. *jur.* Vormund *m*. II *v/t* 6. *ped.* j-n unter'richten, j-m Pri'vat,unterricht geben. 7. j-n schulen, erziehen: to ~ o.s. sich (selbst) erziehen, Selbstbeherrschung üben. 8. *fig.* j-n bevormunden. III *v/i* 9. *ped.* Erzieher(in) *etc* sein. 10. *ped. Am. colloq.* Pri'vat,unterricht geben *od.* nehmen. 'tu·tor·ess *s* 1. *ped.* Pri'vat-, Hauslehrerin *f*, Erzieherin *f*. 2. *univ. Br.* Tu'torin *f*.
tu·to·ri·al [tjuː'tɔːrɪəl; *Am. a.* -'toʊ-; tuː-] *univ. Br.* I *s* Tu'torenkurs *m*. II *adj* Tutor...: ~ system Einzelunterrichtung *f* durch Tutoren.
'tu·tor·ship *s* 1. *ped.* Pri'vat-, Hauslehrerstelle *f*. 2. *univ. Br.* Amt *n od.* Stelle *f* e-s Tutors. 3. → tutelage 1 u. 2.
tut·san ['tʌtsən] *s bot.* Großes Jo'hanniskraut.
tut·ti ['tʊtiː] *mus.* I *adj u. adv* 1. alle zu'sammen. II *s* 2. Tutti *n*, voller Chor, volles Or'chester. 3. Tuttistelle *f*.
tut·ti-frut·ti [,tʊtɪ'frʊtɪ] *s* 1. Tutti'frutti *n*. 2. Fruchtbecher *m* (*Speiseeis*).
tut-tut [,tʌt'tʌt] → tut.
tut·ty ['tʌtɪ] *s chem.* unreines 'Zinko,xyd, Ofenbruch *m*.
tu·tu ['tuːtuː] *s* Tu'tu *n*, Bal'lettröckchen *n*.

tu-whit tu-whoo [tʊˌwɪtːtʊˈwuː] *s u. interj* Tu'hu *n* (*Schrei der Eule*).
tux [tʌks] *colloq. für* tuxedo.
tux·e·do [tʌk'siːdəʊ] *pl* -dos *u.* -does *s Am.* Smoking *m*.
tu·yère [twiː'eə(r)] *s tech.* Eßeisen *n* (*Lufteinlaß an Hochöfen*).
TV [,tiː'viː] *colloq.* I *adj* 1. Fernseh... II *s* 2. Fernseher *m*, 'Fernsehappa,rat *m*. 3. Fernsehen *n*: on ~ im Fernsehen.
twad·dle ['twɒdl; *Am.* 'twɑdl] I *v/i* 1. quasseln, ,quatschen'. II *s* 2. Gequassel *n*, sinnloses Gewäsch. 3. ,Quatsch' *m*.
twain [tweɪn] *obs. od. poet.* I *adj zwei*: in ~ entzwei. II *s* (die) Zwei *pl*, Paar *n*.
twang [twæŋ] I *v/i* 1. schwirren, scharf klingen. 2. näseln. II *v/t* 3. Saiten *etc* schwirren lassen, (heftig) zupfen, klimpern *od.* kratzen auf (*dat*). 4. etwas näseln. III *s* 5. scharfer Ton *od.* Klang, Schwirren *n*. 6. Näseln *n*, näselnde Aussprache.
'twas [twɒz; *Am.* twɑz] *poet. od. dial.* Zs.-ziehung von it was.
twat [twɒt; *Am.* twɑt] *s vulg.* 1. ,Fotze' *f* (*a. Frau*), ,Möse' *f* (*Vulva*). 2. ,Arsch' *m*. 3. *fig.* ,Arschloch' *n*.
tweak [twiːk] I *v/t* 1. zerren, reißen: to ~ s.o.'s ear j-n am Ohr ziehen. 2. zwicken, kneifen: to ~ s.o.'s cheek j-n in die Backe kneifen. II *s* 3. Kneifen *n*.
twee [twiː] *adj Br. colloq.* geziert, affek'tiert (*Benehmen etc*).
tweed [twiːd] *s* 1. Tweed *m* (*englischer Wollstoff*). 2. *pl* Tweedsachen *pl*.
twee·dle ['twiːdl] *v/i* 1. *mus.* fideln, dudeln, klimpern. 2. singen (*Vogel*).
,Twee·dle'dum and ,Twee·dle'dee [,twiːdl'dʌm; -'diː] *s*: to be (as) alike as ~ nicht voneinander zu unterscheiden sein, (*bes. Personen a.*) sich gleichen wie ein Ei dem andern.
'tween [twiːn] *poet. od. dial.* I *adv u. prep* → between. II *adj* (*in Zssgn*) Zwischen... ~ deck *s mar.* Zwischendeck *n*.
'tween·y ['twiːnɪ] *s Br. colloq. obs.* Hausmagd *f*.
tweet [twiːt] I *v/i* 1. zwitschern (*Vögel*): ~-~! piep, piep! II *s* 2. Gezwitscher *n*. 3. *electr.* Pfeifton *m*. 'tweet·er *s electr.* Hochtonlautsprecher *m*.
tweez·ers ['twiːzə(r)z] *s pl a.* pair of ~ Pin'zette *f*.
twelfth [twelfθ] I *adj* 1. zwölft(e, er, es): ~ man (*Kricket*) Ersatzspieler *m*. 2. zwölftel. II *s* 3. (der, die, das) Zwölfte. 4. Zwölftel *n*. '~-cake *s* Drei'königskuchen *m*. T~ Night *s* 1. Drei'königsabend *m*. 2. Vorabend *m* von Drei'könige.
twelve [twelv] I *adj* zwölf. II *s* Zwölf *f*. 'twelve·mo [-məʊ] *print.* I *pl* -mos *s* 1. Duo'dez(for,mat) *n*. 2. Duo'dezband *m*. II *adj* 3. Duodez...: ~ volume.
'twelve|·month *s bes. Br. obs. od. dial.* Jahr *n*, Jahresfrist *f*. '~-tone *adj mus.* Zwölfton...: ~ system (*music*).
twen·ti·eth ['twentɪɪθ] I *adj* 1. zwanzigst(er, es). 2. zwanzigstel. II *s* 3. (der, die, das) Zwanzigste. 4. Zwanzigstel *n*.
twen·ty ['twentɪ] I *adj* zwanzig: ~-one a) einundzwanzig, b) (*s*) *bes. Am.* Siebzehnundvier *n* (*ein Kartenspiel*); ~ questions *pl* (*als sg konstruiert*) ein Fragespiel. II *s* Zwanzig *f*: he is in his twenties er ist in den Zwanzigern, er ist in Twen; in the twenties in den zwanziger Jahren (*e-s Jahrhunderts*). ,~'four·mo [-'fɔː(r)məʊ; *Am. a.* -'foʊr-] *pl* -mos *s print.* Lage *f* zu 48 Seiten.
'twere [twɜː; *Am.* twɜr] Zs.-ziehung von it were.
twerp [twɜːp; *Am.* twɜrp] *s sl.* 1. ,(blöder) Heini'. 2. ,Niete' *f*, ,halbe Porti'on'.
twi·bil(l) ['twaɪbɪl] *s* 1. *tech.* Breithacke *f*,

Karst *m*. 2. *hist.* zweischneidige Streitaxt.
twice [twaɪs] *adv* zweimal: ~ 3 is 6 2 mal 3 ist 6; to think ~ about s.th. *fig.* sich e-e Sache zweimal überlegen; he didn't think ~ about it er zögerte nicht lange; ~ as much doppelt *od.* zweimal *od.* noch einmal soviel, das Doppelte; ~ the sum die doppelte Summe. ~ 'twic·er *s* 1. *colloq.* j-d, der etwas zweimal tut. 2. *print. Br. sl.* Schweizerdegen *m* (*Setzer, der zugleich Drucker ist*).
,twice-'told *adj* 1. zweimal erzählt. 2. alt, abgedroschen: a ~ tale.
twid·dle ['twɪdl] I *v/t* her'umdrehen an (*dat*), (her'um)spielen mit: to ~ one's thumbs *fig.* ,Däumchen drehen', die Hände in den Schoß legen. II *v/i* (her-'um)spielen (with mit). III *s* Her'umdrehen *n*: to give s.th. a ~ etwas herumdrehen.
twig¹ [twɪg] *s* 1. (dünner) Zweig, Ästchen *n*, Rute *f*: → hop¹ 6. 2. Wünschelrute *f*. 3. *anat.* 'Endar,terie *f*, -nerv *m*.
twig² [twɪg] *colloq.* I *v/t* 1. ,ka'pieren' (*verstehen*). 2. (be)merken, spitzkriegen'. II *v/i* 3. ,ka'pieren', ,schalten'.
twig·gy ['twɪgɪ] *adj* 1. voller Zweige. 2. *fig.* dünn, zart.
twi·light ['twaɪlaɪt] I *s* 1. (*meist* Abend-)Dämmerung *f*: ~ of the gods *myth.* Götterdämmerung *f*. 2. Zwielicht *n*, Halbdunkel *n*. 3. *fig.* Verfall *m*: ~ of one's life Lebensabend *m*. II *adj* 4. zwielichtig, dämmerig, schattenhaft. 5. Zwielicht..., Dämmer(ungs)... ~ sleep *s med. u. fig.* Dämmerschlaf *m*. ~ state *s med.* Dämmerzustand *m*.
twill [twɪl] I *s* Köper(stoff) *m*. II *v/t* köpern.
'twill [twɪl] *poet. od. dial.* Zs.-ziehung von it will.
twin [twɪn] I *s* 1. Zwilling *m*: ~s Zwillinge *pl*. 2. *fig.* Gegenstück *n* (of zu). 3. *min.* 'Zwillingskri,stall *m*. 4. the T~s *pl astr.* die Zwillinge *pl* (*Kastor u. Pollux*) II *adj* 5. Zwillings..., Doppel..., doppelt: ~ bed Einzelbett *n* (*von zwei gleichen*); ~-bedded room Zweibettzimmer *n*; ~ brother Zwillingsbruder *m*; ~ cable *electr.* Zwillings-, Zweifachkabel *n*; ~ carburet(t)or *mot.* Doppelvergaser *m*; ~ cord (*od.* flex) *electr.* doppeladrige Schnur; ~ engine *aer.* Zwillingstriebwerk *n*; ~-engined *aer.* zweimotorig; ~-lens reflex camera *phot.* Spiegelreflexkamera *f*; a ~ problem ein zweifaches Problem; ~-screw *mar.* Doppelschrauben...; ~ sister Zwillingsschwester *f*; ~ souls in ein Herz u. 'eine Seele; ~ town Partnerstadt *f*; ~ track Doppelspur *f* (*e-s Tonbands*). 6. *bot. zo.* doppelt, gepaart. III *v/i* 7. Zwillinge zur Welt bringen. IV *v/t* 8. paaren, eng verbinden: to be ~ned with die Partnerstadt sein von. 9. *min.* verzwillingen. 10. *electr.* zu zweien verseilen.
twine [twaɪn] I *s* 1. starker Bindfaden, Schnur *f*. 2. *tech.* (gezwirntes) Garn, Zwirn *m*. 3. Wick(e)lung *f*. 4. Windung *f*. 5. Geflecht *n*, Verschlingung *f*, Knäuel *m*, *n*. 6. *bot.* Ranke *f*. II *v/t* 7. zs.-drehen, zwirnen. 8. winden, binden: to ~ a wreath. 9. *fig.* inein'anderschlingen, verflechten, -weben. 10. schlingen, winden (about, around um). 11. um'schlingen, um'winden, um'ranken (with mit). III *v/i* 12. sich verflechten (with mit). 13. sich winden. 14. *bot.* sich (em'por-)ranken. 'twin·er *s* 1. Zwirner(in). 2. *bot.* Kletter-, Schlingpflanze *f*. 3. *tech.* 'Zwirnma,schine *f*.
twinge [twɪndʒ] I *s* 1. stechender Schmerz, Stechen *n*, Zwicken *n*, Stich *m* (*a. fig.*): ~ of conscience Gewissensbisse *pl*. 2. Zucken *n*. II *v/t u. v/i* 3.

stechen, schmerzen (*acc*). **4.** *obs.* zwikken, kneifen.
twin·kle ['twɪŋkl] **I** *v/i* **1.** (auf)blitzen, glitzern, funkeln (*Sterne etc*; *a. Augen*). **2.** (hin u. her *od.* auf u. ab) huschen *od.* zucken. **3.** (*mit den Augen*) blinzeln, (verschmitzt) zwinkern. **II** *v/t* **4.** (auf)blitzen *od.* funkeln lassen. **5.** blinzeln mit (*den Augen*). **III** *s* **6.** Blitzen *n*, Glitzern *n*, Funkeln *n*. **7.** Zucken *n*, Ruck *m*. **8.** (Augen)Zwinkern *n*, Blinzeln *n*: **a humorous ~. 9.** → twinkling 2. '**twin·kling** *s* **1.** → twinkle 6 u. 8. **2.** *fig.* Augenblick *m*: **in the ~ of an eye** im Nu, im Handumdrehen.
'**twin|-set** *s* Twinset *m*, *n* (*Damenpullover u. -jacke aus dem gleichen Material u. in der gleichen Farbe*). '**~-track** → two-tier.
twirl [twɜːl; *Am.* twɜrl] **I** *v/t* **1.** (her'um-)wirbeln, quirlen: **to ~ one's thumbs** ,Däumchen drehen', die Hände in den Schoß legen. **2.** *den Bart* zwirbeln, *e-e Locke etc* drehen. **II** *v/i* **3.** sich (her'um)drehen, wirbeln. **III** *s* **4.** schnelle (Um)'Drehung, Wirbel *m*. **5.** Schnörkel *m*.
twirp → twerp.
twist [twɪst] **I** *v/t* **1.** drehen: **to ~ off** losdrehen, *Deckel* abschrauben. **2.** (zs.-) drehen, zwirnen. **3.** verflechten, -schlingen. **4.** winden, wickeln: → finger 1. **5.** *Blumen, e-n Kranz etc* winden, binden. **6.** um'winden. **7.** verdrehen: **to ~ s.o.'s arm** a) j-m den Arm verdrehen, b) *fig.* j-n unter Druck setzen, auf j-n Druck ausüben; **to ~ one's ankle** sich den Fuß vertreten. **8.** wringen. **9.** verbiegen, -krümmen. **10.** *das Gesicht* verzerren, -ziehen: **he ~ed his face**. **11.** *fig.* verbiegen: **~ed mind** verbogener *od.* krankhafter Geist. **12.** *fig.* verdrehen, entstellen: **to ~ a report**. **13.** *dem Ball* Ef'fet geben. **II** *v/i* **14.** sich drehen: **to ~ round** sich umdrehen; **to ~ in the wind** *fig.* (wie) auf glühenden Kohlen sitzen. **15.** sich winden (*a. fig.*), sich krümmen. **16.** sich schlängeln, sich winden (*Fluß etc*). **17.** sich verziehen *od.* verzerren. **18.** sich verschlingen. **19.** *mus.* twisten, Twist tanzen.
III *s* **20.** Drehung *f*, Windung *f*, Biegung *f*, Krümmung *f*. **21.** Drehung *f*, Rotati'on *f*: **to give s.th. a ~** etwas drehen. **22.** Geflecht *n*. **23.** Zwirnung *f*. **24.** Verflechtung *f*, Knäuel *m*, *n*. **25.** Verkrümmung *f*. **26.** (Gesichts)Verzerrung *f*. **27.** *fig.* Entstellung *f*, Verdrehung *f*: **to give s.th. a ~** → 12. **28.** *fig.* (ausgeprägte) Neigung *od.* Veranlagung: **he has a criminal ~ in him** er ist kriminell veranlagt. **29.** *fig.* Trick *m*, ,Dreh' *m*. **30.** *fig.* über'raschende Wendung, ,Knalllef'fekt' *m*. **31.** *sport* a) Ef'fet *n*: **to put a ~ on a ball** e-m Ball Effet geben, b) Ef'fetball *m*. **32.** *tech.* a) Drall *m* (*Windung der Züge bei Feuerwaffen, Drehungszahl e-s Seils etc*), b) Torsi'on(swinkel *m*) *f*. **33.** Spi'rale *f*: **~ drill** Spiralbohrer *m*. **34.** a) (Seiden-, Baumwoll)Twist *m*, b) Zwirn *m*. **35.** Seil *n*, Schnur *f*. **36.** Rollentabak *m*. **37.** *Bäckerei:* Kringel *m*, Zopf *m*. **38.** *sport* Schraube *f* (*beim Wasserspringen etc*): **~ dive** Schraube(nsprung *m*) *f*. **39.** *mus.* Twist *m*: **to do the ~** Twist tanzen, twisten. **40.** *Am. sl.* ,Flittchen' *n*. '**twist·er** *s* **1.** Dreher(in), Zwirner(in). **2.** *tech.* 'Zwirn-, 'Drehma,schine *f*. **3.** *sport* Ef'fetball *m*. **4.** *colloq.* ,harte Nuß', schwierige Sache. **5.** *colloq.* ,falscher Fuffziger', Gauner *m*. **6.** *Am. colloq.* Tor'nado *m*, Wirbelsturm *m*. **7.** → twist 37 *u.* 38. **8.** Twisttänzer(in). '**twist·y** *adj* **1.** verdreht, gewunden, sich windend. **2.** *fig.* falsch, unzuverlässig.

twit[1] [twɪt] **I** *v/t* **1.** *j-n* aufziehen (**about, on, with** mit, wegen). **2.** *j-m* Vorwürfe machen (**with** wegen). **II** *s* **3.** *Am. colloq.* Nervosi'tät *f*: **to be in a ~** nervös sein; **to give s.o. the ~** j-n nervös machen.
twit[2] [twɪt] *s Br. colloq.* Trottel *m*.
twitch [twɪtʃ] **I** *v/t* **1.** zupfen, reißen. **2.** zupfen *od.* reißen an (*dat*). **3.** kneifen, zwicken. **4.** zucken mit: **to ~ one's lips**. **II** *v/i* **5.** zucken (**with** vor). **6.** zupfen, reißen (**at** *dat*). **III** *s* **7.** Zuckung *f*, Zucken *n*. **8.** Ruck *m*. **9.** Stich *m* (*Schmerz*). **10.** Nasenbremse *f* (*für Pferde*). [ling *m*.]
twite (finch) [twaɪt] *s orn.* Berghänf-
twit·ter ['twɪtə(r)] **I** *v/i* **1.** zwitschern (*Vögel*), zirpen (*a. Insekt*). **2.** *fig.* a) piepsen, b) (aufgeregt) schnattern. **3.** *fig.* kichern. **4.** *fig.* (vor Aufregung) zittern. **II** *v/t* **5.** *etwas* zwitschern. **III** *s* **6.** Gezwitscher *n*. **7.** *fig.* Kichern *n*. **8.** *fig.* Geschnatter *n* (*e-r Person*). **9.** *fig.* Nervosi'tät *f*: **in a ~, all of a ~** aufgeregt.
'**twixt** [twɪkst] *poet. od. dial. abbr. für* betwixt.
two [tuː] **I** *s* **1.** Zwei *f* (*Zahl, Spielkarte etc*): **the ~ of hearts** die Herzzwei; **in two~s** *colloq.* im Handumdrehen. **2.** Paar *n*: **the ~** die beiden, beide; **the ~ of us** wir beide; **to put ~ and ~ together** *fig.* sich e-n Vers darauf machen, s-e Schlüsse ziehen; **in** (*od.* **by**) **~s** zu zweien, zu zweit, paarweise; **~ and ~** paarweise, zwei u. zwei; **~ can play (at) that game, that's a game ~ can play** das kann ich *od.* ein anderer auch (*Drohung*). **II** *adj* **3.** zwei: **one or ~** ein oder zwei, einige; **in a day or ~** in ein paar Tagen; **to break in ~** in zwei Teile zerbrechen; **to cut in ~** entzweischneiden. **4.** beide: **the ~ cars**.
'**two|-act play** *s thea.* Zweiakter *m*. '**~-bit** *adj Am. colloq.* **1.** 25-Cent-...: **a ~ cigar**. **2.** billig (*a. fig. contp.*). **3.** klein, unbedeutend: **a ~ politician**. **~ bits** *s pl Am. colloq.* **1.** Vierteldollar *m*, 25 Cent(s) *pl*. **2.** *fig.* ,kleine Fische' *pl*, unbedeutende Sache. **~-by-'four** *adj* **1.** *tech.* 2 zu *od.* mal 4 (*Zoll etc*). **2.** *Am. colloq.* klein, unbedeutend. **~ cents** *s pl Am. colloq.* **1.** ,mick(e)rige' Summe: **to feel like ~** sich mick(e)rig vorkommen. **2.** *a.* **~ worth** *fig.* ,Senf' *m*: **to get in one's ~** s-n Senf dazugeben. '**~-,cham·ber** *adj pol.* Zweikammer-...: **~ system**. '**~-,col·o(u)r** *adj* zweifarbig, Zweifarben-... '**~-,cy·cle** *adj tech. Am.* Zweitakt-...: **~ engine** Zweitaktmotor *m*, Zweitakter *m*. **~-'D** → two-dimensional. **~-'deck·er** *s* **1.** *mar.* Zweidecker *m*. **2.** Doppeldecker *m* (*Autobus etc*). **~-'dig·it** *adj* zweistellig: **~ figure**; **~ group** (*Computer*) Bigramm *n*. **~-di'men·sion·al** *adj* 'zweidimensio,nal. **~-'door** *adj mot.* zweitürig. **~-'edged** *adj* **1.** zweischneidig (*a. fig.*). **2.** *fig.* zweideutig. **~-'en·gined** *adj* zweimo,torig. **~-'faced** *adj* **1.** doppelgesichtig. **2.** *fig.* falsch, heuchlerisch. **~-'fam·i·ly house** *s* 'Zweifa,milienhaus *n*. **~-'fist·ed** *adj Am. colloq.* **1.** mit zwei kräftigen Fäusten. **2.** handfest, robust. '**~-fold** ['tuːfəʊld] **I** *adj u. adv* zweifach, doppelt. **II** *s* (*das*) Zweifache, (*das*) Doppelte.
,**two|-'four (time)** *s mus.* Zwei'vierteltakt *m*. **~-'hand·ed** *adj* **1.** zweihändig. **2.** beidhändig. **3.** zweihändig (zu gebrauchen): **~ sword** Zweihänder *m*, **~ saw**, b) für zwei Per'sonen zu bedienen(d): **~ game**. '**~-horse(d)** *adj* zweispännig: **~ coach** Zweispänner *m*. '**~-job man** *s irr* Doppelverdiener *m*. '**~-lane** *adj* zweispurig (*Straße*). '**~-man** *adj*: **~ bob** (*od.* **sled**) Zweierbob *m*. **~-'mast·er** *s mar.* Zweimaster *m*. '**~-,name pa·per** *s econ. Am.*

colloq. Dokument mit der Unterschrift von zwei Verantwortlichen. '**~-part** *adj mus.* zweistimmig, für zwei Stimmen: **~ time** → duple time. '**~-,par·ty sys·tem** *s pol.* Zweipar'teien,system *n*. **~-'pence** ['tʌpəns] *s Br.* (Wert *m* von) zwei Pence *pl*: **not to care ~ for** sich nicht scheren um; **he didn't care ~** es war ihm völlig egal. **~-pen·ny** ['tʌpnɪ] **I** *adj* **1.** *Br.* im Wert von zwei Pence, Zweipenny... **2.** *fig. bes. Br.* armselig, billig. **II** *s* **3.** *Br. hist.* (*Art*) Dünnbier *n*. **~-pen·ny-'half·pen·ny** ['heɪpnɪ] *adj* **1.** *Br.* Zweieinhalbpenny... **2.** *fig. bes. Br.* mise'rabel, schäbig. '**~-phase** *adj electr.* einphasig, Zweiphasen-... '**~-piece I** *s* a) a. **~ dress** Jackenkleid *n*, b) *a.* **~ swimsuit** Zweiteiler *m*. **II** *adj* zweiteilig. '**~-ply** *adj* **1.** doppelt (*Stoff etc*). **2.** zweischäftig (*Tau*). **3.** zweisträhnig: **~ wool**. '**~-point** *adj bes. aer. tech.* Zweipunkt-...: **~ landing** Radlandung *f*. '**~-pole** *adj electr.* Zweipol-... '**~-pronged** *adj* zwiespältig (*Reaktion etc*). **~-'seat·er** *s aer. mot.* Zweisitzer *m*. **~-'sid·ed** *adj* **1.** zweiseitig. **2.** *fig.* falsch, heuchlerisch. **3.** *jur. pol.* bilate'ral.
'**two·some** ['tuːsəm] **I** *adj* **1.** zu zweien, Zweier-... **II** *s* **2.** Zweiergruppe *f*, *bes. humor.* ,Duo' *n*. **3.** *Golf:* Zweier(spiel *n*) *m*.
'**two|-speed gear** *s tech.* Zweiganggetriebe *n*. '**~-spot** *adj Am. colloq.* ,Zweidollarnote' *f*. '**~-stage** *adj tech.* zweistufig: **~ amplifier**; **~ rocket** Zweistufenra,kete *f*. '**~-star** *adj* Zwei-Sterne-...: **~ general**; **~ restaurant**. '**~-step** *s mus.* Twostep *m* (*Tanz*). '**~-stroke** *bes. Br.* → two-cycle. **~-'thirds rule** *s pol. Am.* Grundsatz *m* der Zwei'drittelmehrheit. '**~-tier** *adj* zweigleisig (*Verhandlungen etc*). '**~-time** *v/t colloq.* **1.** *Mann, Frau* betrügen (**with** mit). **2.** *alg.* ,reinlegen', ,übers Ohr hauen'. '**~-tone** *adj* **1.** zweifarbig. **2.** **~ horn** *mot.* Zweiklanghupe *f*. '**~-track** → two-tier.
'**twould** [twʊd] *poet. od. dial. Zs.-ziehung von* it would.
'**two-way** *adj* **1.** *bes. electr. tech.* Doppel-..., Zweiwege-...: **~ adapter** (*od.* **plug**) Doppelstecker *m*; **~ cock** Zweiwegehahn *m*; **~ communications** Gegensprechen *n*, Doppelverkehr *m*; **~ socket** Doppelsteckdose *f*; **~ television** Gegensehbetrieb *m*; **~ traffic** Doppel-, Gegenverkehr *m*. **2.** *fig.* gegenseitig, im Austausch: **friendship is a ~ street** Freundschaft beruht auf Gegenseitigkeit.
ty·coon [taɪ'kuːn] *s* **1.** *hist.* Schogun *m*, Kronfeldherr *m* (*in Japan*). **2.** a) Indu'striema,gnat *m*, -kapi,tän *m*: **oil ~** Ölmagnat, b) *bes. pol.* ,Oberbonze' *m*.
'**ty·ing(-in) a·gree·ment** *s econ. jur.* Kopplungsgeschäft *n*.
tyke [taɪk] *s* **1.** Köter *m*. **2.** Lümmel *m*, Flegel *m*, Kerl *m*: (**Yorkshire**) **~** *contp.* Bewohner(*in*) von Yorkshire. **3.** *Am. colloq.* ,Wurm' *m*.
ty·lo·pod ['taɪləʊpɒd; *Am.* -lə,pɑd] *zo.* **I** *adj* schwielensohlig. **II** *s* Schwielensohler *m*.
ty·lo·sis [taɪ'ləʊsɪs] *pl* **-ses** [-siːz] *s* **1.** *med.* Schwielenbildung *f*, Ty'losis *f*. **2.** *bot.* Thylle(nbildung) *f*.
tymp [tɪmp] *s tech.* Tümpel(stein) *m* (*e-s Hochofens*).
tym·pan ['tɪmpən] *s* **1.** (gespannte) Mem'bran(e) *f*. **2.** *print.* Preßdeckel *m*. **3.** → tympanum 2. **4.** *mus.* (Hand)Trommel *f*.
tym·pan·ic [tɪm'pænɪk] *adj anat.* Mittelohr-..., Trommelfell-...: **~ bone** Paukenbein *n*; **~ cavity** Paukenhöhle *f*; **~ membrane** Trommelfell *n*.
tym·pa·nist ['tɪmpənɪst] *s mus.* **1.** *hist.* Trommelschläger *m*. **2.** (Kessel)Pauker *m*.

tym·pa·ni·tes [ˌtɪmpəˈnaɪtiːz] *s med. vet.* Tympaˈnie *f*, Blähsucht *f*.
tym·pa·ni·tis [ˌtɪmpəˈnaɪtɪs] *s med.* Tympaˈnitis *f*, Mittelohrentzündung *f*.
tym·pa·num [ˈtɪmpənəm] *pl* **-na** [-nə], **-nums 1.** *anat.* a) Mittelohr *n*, b) Trommelfell *n*. **2.** *arch.* Tympanon *n:* a) Giebelfeld *n*, b) Türbogenfeld *n*. **3.** *mus.* a) Trommel *f*, b) Trommelfell *n*, c) *hist.* Pauke *f*. **4.** *tech.* Tret-, Schöpfrad *n*.
Tyn·wald [ˈtɪnwəld; ˈtaɪn-] *s pol.* Thing *n*, gesetzgebende Körperschaft (*der Isle of Man*).
typ·al [ˈtaɪpl] *adj* typisch, Typen...
type [taɪp] **I** *s* **1.** Typ(us) *m:* a) Urform *f*, b) typischer Vertreter, c) charakteˈristische Klasse, Katego'rie *f*. **2.** *biol.* Typus *m* (*charakteristische Gattung*). **3.** Ur-, Vorbild *n*, Muster *n*, Mo'dell *n*. **4.** *tech.* Typ *m*, Mo'dell *n*: ~ **plate** Typenschild *n*. **5.** a) Art *f*, Schlag *m*, Sorte *f* (*alle a. colloq.*): **he acted out of** ~ das war sonst nicht s-e Art, b) *colloq.* „Kerl' *m*, ‚Type' *f*: **he is not that** ~ **of man** er gehört nicht zu dieser Sorte, er ist nicht der Typ; **she is not my** ~ sie ist nicht mein Typ; → **true 4. 6.** *print.* a) Letter *f*, Buchstabe *m*, (Druck)Type *f*, b) *collect.* Lettern *pl*, Schrift *f*, Druck *m*: **a headline in large** ~; **in** ~ (ab)gesetzt; **to set (up) in** ~ setzen. **7.** Gepräge *n* (*e-r Münze etc; a. fig.*). **8.** *fig.* Sinnbild *n*, Sym'bol *n* (of für *od. gen*). **9.** Vor'wegnahme *f* (*bes. in der Literatur*). **II** *v/t* **10.** etwas mit der Ma'schine (ab)schreiben, (ab)tippen: ~**d** maschinegeschrieben; **typing error** Tippfehler *m*; **typing pool** Schreibbüro *n*; **to** ~ **information into a computer** Daten in e-n Computer eingeben *od.* eintippen. **11.** den Typ bestimmen von (*od. gen*), *bes. med. j-s* Blutgruppe feststellen. **12.** → typify. **13.** → typecast.
III *v/i* **14.** ma'schineschreiben, tippen.
type|·**a·rea** *s print.* Satzspiegel *m*. '~**bar** *s* **1.** *tech.* Typenhebel *m* (*bei der Schreibmaschine*). **2.** *print.* gegossene Schriftzeile. '~**cast** *v/t irr thea. etc* a) e-m Schauspieler e-e s-m Typ entsprechende Rolle geben, b) e-n Schauspieler auf ein bestimmtes Rollenfach festlegen. '~**face** *s print.* **1.** Schriftbild *n*. **2.** Schriftart *f*. ~ **found·er** *s print.* Schriftgießer *m*. ~ **found·ry** *s print.* ˌSchriftgieße'rei *f*. ~ **ge·nus** *s a. irr biol.* Fa'milientyp *m*.

'~**-high** *adj u. adv print.* schrifthoch, in Schrifthöhe (*Am.* 0,9186 Zoll, *Br.* 0,9175 Zoll). ~ **met·al** *s print.* 'Schrift-, 'Letternmeˌtall *n*. ~ **page** *s print.* Satzspiegel *m*. '~**script** *s* **1.** Ma'schinenschrift(satz *m*) *f*. **2.** ma'schinengeschriebener Text. '~**set·ter** *s print.* **1.** (Schrift)Setzer *m*. **2.** 'Setzmaˌschine *f*. '~**set·ting** *print.* **I** *s* (Schrift)Setzen *n*. **II** *adj* Setz...: ~ **machine**. ~ **spe·cies** *s irr bot. zo.* Leitart *f*. ~ **spec·i·men** *s* **1.** *biol.* Typus *m*, Origi'nal *n*. **2.** *tech.* 'Musterexemˌplar *n*. '~**write** *irr* **I** *v/t* → type 10. **II** *v/i* → type 14. '~ˌ**writ·er** *s* **1.** 'Schreibmaˌschine *f*. ~ **ribbon** Farbband *n*. **2.** *print.* (*imitierte*) 'Schreibmaˌschinenschrift. **3.** Ma'schinenschreiber(in). '~ˌ**writ·ing** *s* **1.** Ma'schineschreiben *n*. **2.** Ma'schinenschrift *f*. '~ˌ**writ·ing tel·e·graph** *s tech.* 'Fernschreibmaˌschine *f*. '~ˌ**writ·ten** *adj* ma'schinegeschrieben, mit der Ma'schine geschrieben, in Ma'schinenschrift.
typh·li·tis [tɪfˈlaɪtɪs] *s* Typhlitis *f*, Blinddarmentzündung *f*.
ty·phoid [ˈtaɪfɔɪd] *med.* **I** *adj* typhusartig, ty'phös, Typhus...: ~ **bacillus** Typhuserreger *m*; ~ **fever** → **II**. **II** *s* ('Unterleibs)Typhus *m*.
ty·phon·ic [taɪˈfɒnɪk; *Am.* -ˈfɑ-] *adj* Taifun..., tai'funartig. **ty'phoon** [-ˈfuːn] *s* Tai'fun *m*.
ty·phous [ˈtaɪfəs] → typhoid I.
ty·phus [ˈtaɪfəs] *s med.* Fleckfieber *n*, Flecktyphus *m*.
typ·ic [ˈtɪpɪk] *selten für* typical.
typ·i·cal [ˈtɪpɪkl] *adj* (*adv* ~**ly**) **1.** typisch: a) repräsenta'tiv, b) charakte'ristisch, bezeichnend, kennzeichnend (of für): **to be** ~ **of s.th.** etwas kennzeichnen *od.* charakterisieren. **2.** sym'bolisch, sinnbildlich (of für). **3.** a) ur-, vorbildlich, echt, b) 'hinweisend (of auf etwas Künftiges). '**typ·i·cal·ness** *s* **1.** (*das*) Typische. **2.** Sinnbildlichkeit *f*.
typ·i·fy [ˈtɪpɪfaɪ] *v/t* **1.** typisch *od.* ein typisches Beispiel sein für, verkörpern. **2.** versinnbildlichen.
typ·ist [ˈtaɪpɪst] *s* **1.** Ma'schinenschreiber(in). **2.** Schreibkraft *f*.
ty·po [ˈtaɪpəʊ] *pl* **-pos** *s colloq.* **1.** → typographer. **2.** Druckfehler *m*.
ty·pog·ra·pher [taɪˈpɒɡrəfə(r); *Am.* -ˈpɑ-] *s print.* **1.** (Buch)Drucker *m*.

2. (Schrift)Setzer *m*. ˌ**ty·po'graph·ic** [-pəˈɡræfɪk] *adj* (*adv* ~**ally**) **1.** typo'graphisch, Buchdruck(er)... **2.** → typographical 1. ˌ**ty·po'graph·i·cal** *adj* (*adv* ~**ly**) **1.** Druck..., drucktechnisch: ~ **error** Setz-, Druckfehler *m*. **2.** → typographic 1. **ty'pog·ra·phy** [-fɪ] *s* **1.** Buchdruckerkunst *f*, Typogra'phie *f*. **2.** (Buch)Druck *m*. **3.** Druckbild *n*.
ty·po·log·i·cal [ˌtaɪpəˈlɒdʒɪkl; *Am.* -ˈlɑ-] *adj* typo'logisch. **ty'pol·o·gy** [-ˈpɒlədʒɪ; *Am.* -ˈpɑ-] *s* Typolo'gie *f*: a) *scient.* Typenlehre *f*, b) *relig.* Vorbilderlehre *f*.
ty·po·nym [ˈtaɪpənɪm] *s biol.* Typusbezeichnung *f*.
ty·poth·e·tae [taɪˈpɒθɪtiː; *Am.* -ˈpɑθə-] *s pl* (Meister)Drucker *pl* (*in USA u. Kanada*).
ty·ran·nic [tɪˈrænɪk] *adj*; **ty'ran·ni·cal** *adj* (*adv* ~**ly**) ty'rannisch, des'potisch, Tyrannen...
ty·ran·ni·cid·al [tɪˌrænɪˈsaɪdl] *adj* Tyrannenmord... **ty'ran·ni·cide** [-saɪd] *s* **1.** Ty'rannenmord *m*. **2.** Ty'rannenmörder *m*.
tyr·an·nize [ˈtɪrənaɪz] **I** *v/i* ty'rannisch sein *od.* herrschen: **to** ~ **over** → **II**. **II** *v/t* tyranni'sieren.
ty·ran·no·saur [tɪˈrænəsɔː(r); *Am.* a. taɪ-], **ty'ran·no'sau·rus** [-rəs] *s zo.* Tyranno'saurus *m*.
tyr·an·nous [ˈtɪrənəs] → tyrannic.
tyr·an·ny [ˈtɪrənɪ] *s* **1.** Tyran'nei *f*: a) Despo'tismus *m*, b) Gewalt-, Willkürherrschaft *f*. **2.** ty'rannische Härte *od.* Grausamkeit. **3.** Tyran'nei *f* (*tyrannische Handlung etc*). **4.** *antiq.* Ty'rannis *f*.
ty·rant [ˈtaɪərənt] *s* Ty'rann *m*.
tyre [ˈtaɪə(r)] *bes. Br. für* tire².
ty·ro [ˈtaɪərəʊ] *pl* **-ros** *s* Anfänger(in), Neuling *m*: **I'm a** ~ **compared with him** gegen ihn bin ich ein Waisenknabe.
Ty·ro·le·an [tɪˈrəʊlɪən; ˌtɪrəˈliːən] → Tyrolese **I a**, **II**. **Tyr·o·lese** [ˌtɪrəˈliːz] **I** *s* a) Ti'roler(in), b) *pl* Ti'roler *pl*. **II** *adj* ti'rolisch, Tiroler(...).
Tyr·rhene [tɪˈriːn] → Tyrrhenian. **Tyr'rhe·ni·an** [-ˈriːnjən; -nɪən] **I** *adj* tyr'rhenisch, e'truskisch: ~ **Sea** Tyrrhenisches Meer. **II** Tyr'rhener(in), E'trusker(in).
tzar [zɑː(r); tsɑː(r)] *etc* → czar, *etc.*
tzet·se (fly) → tsetse (fly).
tzi·gane [tsɪˈɡɑːn], **tzi·ga·ny** [tsɪˈɡɑːnɪ] **I** *adj* Zigeuner... **II** *s* Zi'geuner(in).

U

U, u [juː] **I** *pl* **U's, u's, Us, us** [juːz] *s* **1.** U, u *n* (*Buchstabe*). **2.** U n, U-förmiger Gegenstand. **3.** *Am. sl.* ‚Uni' *f* (*Universität*). **II** *adj* **4.** einundzwanzigst(er, e, es). **5.** U U-..., U-förmig. **6.** U *Br. colloq.* vornehm, fein, dem Sprachgebrauch der Oberschicht entsprechend.
u·bi·e·ty [juːˈbaɪɪtɪ] *s philos.* Irgendwosein *n*.
U·biq·ui·tar·i·an [juːˌbɪkwɪˈtɛərɪən] **I** *s* **1.** *relig.* Ubiquiˈtarier(in). **II** *adj* **2.** *relig.* ubiquiˈtarisch. **3.** u~ allgegenwärtig.
uˈbiq·ui·tous *adj* (*adv* ~**ly**) allgegenwärtig, (gleichzeitig) überˈall zu finden(d). **uˈbiq·ui·ty** *s* Allgegenwart *f*.
ˈU-boat *s mar.* U-Boot *n*, (deutsches) ˈUnterseeboot. ~ **bolt** *s tech.* Bügelbolzen *m*, U-Bolzen *m*.
u·dal [ˈjuːdl] *s jur. hist. bes. Br.* Alˈlod(ium) *n*, lehnzinsfreier Besitz, Freigut *n* (*heute noch auf den Orkney- u. Shetland-Inseln*).
ud·der [ˈʌdə(r)] *s* Euter *n*.
u·dom·e·ter [juːˈdɒmɪtə(r); *Am.* -ˈdɑ-] *s meteor.* Udoˈmeter *n*, Regenmesser *m*.
UFO [ˈjuːefəʊ; ˈjuːfəʊ] *s* UFO *n*, Ufo *n*.
u·fol·o·gy [ˌjuːˈfɒlədʒɪ; *Am.* -ˈfɑ-] *s* Ufoloˈgie *f*.
ugh [ʌx; ʊh; ɜːh; *Am.* ʌɡ] *interj* hu!, (p)ah!, pfui!
ug·li·fy [ˈʌɡlɪfaɪ] *v/t* häßlich machen, verunzieren, entstellen.
ug·li·ness [ˈʌɡlɪnɪs] *s* **1.** Häßlichkeit *f*. **2.** Schändlichkeit *f*, Gemeinheit *f*. **3.** ˈWiderwärtigkeit *f*. **4.** Gefährlichkeit *f*.
ug·ly [ˈʌɡlɪ] **I** *adj* (*adv* **uglily**) **1.** häßlich, garstig (*beide a. fig.*): (**as**) ~ **as sin** häßlich wie die Nacht; → **duckling. 2.** gemein, schändlich, schmutzig: **an** ~ **crime. 3.** unangenehm, ˈwiderwärtig, übel: **an** ~ **customer** ein unangenehmer Kerl, ‚über Kunde'; **to be in an** ~ **mood** üble Laune haben. **4.** bös(e), schlimm, unangenehm, gefährlich: **an** ~ **situation** (**wound**, *etc*). **II** *s* **5.** *colloq.* häßlicher Mensch.
U·gri·an [ˈuːɡrɪən; ˈjuː-] **I** *adj* **1.** ugrisch. **II** *s* **2.** Ugrier(in). **3.** → **Ugric I. ˈU·gric I** *s ling.* Ugrisch *n*, das Ugrische. **II** *adj* ugrisch.
uh·lan [ˈʊlɑːn; *Am. a.* ˈuːˌlɑːn; ˈjuːlən] *s mil. hist.* Uˈlan *m*.
uit·land·er, U~ [ˈeɪtlændə(r)] *s S. Afr.* Ausländer(in).
u·kase [juːˈkeɪz; -ˈkeɪs] *s* Ukas *m*: a) *hist.* (zaˈristischer) Erlaß, b) *fig.* Verordnung *f*, Befehl *m*.
u·ke·le·le → **ukulele**.
U·krain·i·an [juːˈkreɪnjən; -ɪən] **I** *adj* **1.** ukraˈinisch, Uˈkrainer(in). **II** *s* **2.** Uˈkrainer(in). **3.** *ling.* Ukraˈinisch *n*, Uˈkrainisch *n*, das Ukrainische.
u·ku·le·le [ˌjuːkəˈleɪlɪ; *Am. a.* ˌuː-] *s mus.* Ukuˈlele *n* (*viersaitige Hawaiigitarre*).
u·lan → **uhlan**.

ul·cer [ˈʌlsə(r)] *s* **1.** *med.* (*Magen- etc*) Geschwür *n*: **gastric** ~. **2.** *fig.* a) Geschwür *n*, (Eiter)Beule *f*, b) Schandfleck *m*. **ˈul·cer·ate** [-reɪt] **I** *v/t* **1.** *med.* eitern *od.* schwären lassen: ~**d** eitrig, vereitert. **2.** *fig.* vergiften, -derben. **II** *v/i* **3.** *med.* geschwürig werden, schwären. ˌ**ul·cerˈa·tion** *s med.* Geschwür(bildung *f*) *n*, Schwären *n*, (Ver)Eiterung *f*. **ˈul·cer·a·tive** [-rətɪv, -reɪ-] *adj med.* **1.** geschwürig, Geschwür(s)... **2.** Geschwür(e) herˈvorrufend. **ˈul·cer·ous** *adj* (*adv* ~**ly**) **1.** *med.* a) geschwürig, eiternd, b) Geschwür(s)..., Eiter... **2.** *fig.* korˈrupt, giftig.
u·le·ma [ˈuːlɪmə; *Am.* ˌuːləˈmɑː] *s* a) *pl collect.* Uleˈmas *pl* (*im Islam Vertreter der theologischen Gelehrsamkeit u. Rechtsprechung*), b) Uleˈma *m*.
u·lig·i·nous [juːˈlɪdʒɪnəs] *adj* **1.** *bot.* Sumpf... **2.** sumpfig, moˈrastig.
ul·lage [ˈʌlɪdʒ] *s econ.* **1.** Fehlmenge *f* (*Flüssigkeit*). **2.** Schwund *m*: a) Leckage *f*, Flüssigkeitsverlust *m*, b) Gewichtsverlust *m*.
ul·ma·ceous [ʌlˈmeɪʃəs] *adj bot.* Ulmen...
ul·na [ˈʌlnə] *pl* **-nae** [-niː], **-nas** *s anat.* Elle *f*. **ˈul·nar** *adj* Ellen...
ul·ster [ˈʌlstə(r)] *s* Ulster(mantel) *m*.
ul·te·ri·or [ʌlˈtɪərɪə(r)] *adj* **1.** (*räumlich*) jenseitig: ~ **region. 2.** später (folgend), (zu)künftig, ferner, weiter, anderweitig: ~ **action. 3.** *fig.* tiefer(liegend), versteckt, -borgen: ~ **motives** tiefere Beweggründe, Hintergedanken.
ul·ti·ma [ˈʌltɪmə] *s ling. metr.* Ultima *f*, Endsilbe *f*.
ul·ti·ma·ta [ˌʌltɪˈmeɪtə] *pl von* **ultimatum**.
ul·ti·mate [ˈʌltɪmət] **I** *adj* **1.** äußerst(er, e, es), (aller)letzt(er, e, es): **his** ~ **goal** sein höchstes Ziel; ~ **consumer** (*od.* **user**) *econ.* End-, Letztverbraucher *m*. **2.** entferntest(er, e, es), entlegenst(er, e, es). **3.** End..., endgültig: ~ **result** Endergebnis *n*. **4.** grundlegend, elemenˈtar, Grund...: ~ **analysis** *chem.* Elementaranalyse *f*; ~ **fact** *jur.* beweiserhebliche Tatsache; ~ **truths** Grundwahrheiten. **5.** *phys. tech.* Höchst..., Grenz...: ~ **strength** End-, Bruchfestigkeit *f*. **II** *s* **6.** (*das*) Letzte, (*das*) Äußerste. **7.** (*der*) Gipfel (*in dat*). **ˈul·ti·mate·ly** *adv* schließlich, endlich, letzten Endes, im Grunde.
ul·ti·ma·tum [ˌʌltɪˈmeɪtəm] *pl* **-tums**, **-ta** [-tə] *s* **1.** *pol. u. fig.* Ultiˈmatum *n*: **to deliver an** ~ **to s.o.**, **to give s.o. an** ~**j-m** ein Ultimatum stellen; **to give s.o. an** ~ **to do s.th.** j-n ultimativ auffordern, etwas zu tun. **2.** äußerste Grenze, Endziel *n*. **3.** ˈGrundprinˌzip *n*.
ul·ti·mo [ˈʌltɪməʊ] (*Lat.*) *adv econ.* vom letzten Monat, letzten *od.* vorigen Monat(s). ~ˈ**gen·i·ture** [-ˈdʒenɪtʃə(r); -tʃʊə(r)] *s jur.* Erbfolge *f* des jüngsten Sohnes.
Ul·to·ni·an [ʌlˈtəʊnɪən] **I** *adj* (*die irische Provinz*) Ulster betreffend, von Ulster. **II** *s* Bewohner(in) von Ulster.
ul·tra [ˈʌltrə] **I** *adj* **1.** exˈtrem, radiˈkal, Erz..., Ultra... **2.** übermäßig, überˈtrieben, ultra..., super... **II** *s* **3.** Extreˈmist *m*, Ultra *m*.
ultra- [ˈʌltrə] *Wortelement mit den Bedeutungen* a) jenseits (liegend), b) übersteigend, c) übermäßig.
ˌ**ul·traˈau·di·ble** *adj phys.* ˈüberˌhörfreˌquent.
ˌ**ul·traˈcon·ser·va·tive I** *adj* ˈultrakonservaˌtiv. **II** *s* ˈUltrakonservaˌtive(r *m*) *f*.
ul·traˈfax [ˈʌltrəfæks] (*TM*) *s* Ultrafax *n* (*schnellarbeitendes Bildfunkverfahren*).
ˌ**ul·traˈhigh fre·quen·cy** *s electr.* Ulˈtraˈhochfreˌquenz *f*, Deziˈmeterwellen *pl*. ˌ**ul·tra·highˈfre·quen·cy** *adj* Ultrahochfrequenz..., Dezimeter...
ul·traˈism [ˈʌltraɪzəm] *s* Extreˈmismus *m*. **ˈul·tra·ist** → **ultra 3**.
ˌ**ul·tra·maˈrine I** *adj* **1.** ˈüberseeisch. **2.** *chem. paint.* ultramaˈrin: ~ **blue** → **3**. **II** *s chem.* **3.** Ultramaˈrin(blau) *n*. **4.** Aˈzur-, Laˈsurblau *n*.
ˈ**ul·traˌmi·croˈchem·is·try** *s chem.* ˈUltramikroˌcheˌmie *f*.
ˌ**ul·traˈmi·cro·scope** *s phys.* ˈUltramikroˌskop *n*.
ˌ**ul·traˈmod·ern** *adj* ˈultra-, ˈhypermoˌdern. ˌ**ul·traˈmod·ern·ism** *s* ˈUltramoderˌnismus *m*.
ˌ**ul·traˈmon·tane I** *adj* **1.** jenseits der Berge (gelegen *od.* lebend). **2.** südlich der Alpen (gelegen *od.* lebend), italiˈenisch. **3.** *pol. relig.* ultramonˈtan, streng päpstlich. **II** *s* ultramonˈtanist. ˌ**ul·traˈmon·ta·nist** *s pol. relig.* Ultramonˈtane(r *m*) *f*.
ˌ**ul·traˈmun·dane** *adj* ˈüberweltlich.
ˌ**ul·traˈna·tion·al** *adj* ˈultranatioˌnal.
ˌ**ul·traˈrap·id** *adj phot.* lichtstark.
ˌ**ul·traˈred** *adj obs.* ultrarot.
ˈul·traˈshort wave *s electr.* Ultraˈkurzwelle *f*.
ul·traˈsome [ˈʌltrəsəʊm] *s biol.* Ultraˈsom *n*.
ˌ**ul·traˈson·ic** *phys.* **I** *adj* Ultra-, Überschall... **II** *s pl* (*als sg konstruiert*) Lehre *f* vom Ultraschall.
ˌ**ul·traˈsound** *s phys.* Ultraschall *m*, ˈÜberschall(wellen *pl*) *m*.
ˌ**ul·traˈvi·o·let** *adj phys.* ˈultravioˌlett.
ul·tra vi·res [ˈʌltrəˈvaɪəriːz] (*Lat.*) *adv u. pred adj jur.* über j-s Macht *od.* Befugnisse (hinˈausgehend).
ul·u·lant [ˈjuːljʊlənt; *Am.* ˈʌljə-] *adj* heulend (*a. Sturm etc*), (weh)klagend. **ˈul·u·late** [-leɪt] *v/i* heulen, (weh)kla-

ululation - unappeasable

gen. ˌul·u'la·tion s Heulen n, (Weh-)Klagen n.
um·bel ['ʌmbəl] s bot. Dolde f. 'um·bel·late [-lɪt; -leɪt], 'um·bel·lat·ed [-leɪtɪd] adj doldenblütig, Dolden... um·'bel·li·fer [-'belɪfə(r)] s Doldengewächs n. ˌum·bel'lif·er·ous [-'lɪfərəs] adj doldenblütig, -tragend. um·bel·lule [ʌm'beljuːl; Am. a. 'ʌmbəˌluːl] s Döldchen n.
um·ber¹ ['ʌmbə(r)] I s 1. min. Umber(erde f) m, Umbra f. 2. Umber m, Erd-, Dunkelbraun n (Farbe). II adj 3. dunkelbraun. III v/t 4. mit Umbra färben.
um·ber² ['ʌmbə(r)] s ichth. Äsche f.
um·bil·i·cal [ˌʌmbɪ'laɪkl; ʌm'bɪlɪkl] I adj 1. anat. Nabel...: ~ cord a) → 2, b) a. ~ cable → 3. II s 2. anat. Nabelschnur f. 3. tech. Verbindungskabel n (e-s Raumanzugs etc). um'bil·i·cate [-'bɪlɪkət; -keɪt] adj med. 1. genabelt. 2. nabelförmig(eingedellt). um·bil·i·cus [ʌm'bɪlɪkəs; ˌʌmbɪ'laɪkəs] pl -ci [-kaɪ], -cus·es s 1. anat. Nabel m. 2. (nabelförmige) Delle. 3. bot. (Samen)Nabel m. 4. math. Nabelpunkt m.
um·bo ['ʌmbəʊ] pl -bo·nes [ʌm'bəʊniːz], -bos s 1. hist. (Schild)Buckel m. 2. (Vor-)Wölbung f, Höcker m: a) anat. Nabel m (des Trommelfells), b) zo. Umbo m, Schalenwirbel m (bei Muscheln). 'um·bo·nate [-bənɪt; -neɪt] adj gebuckelt, vorgewölbt.
um·bra ['ʌmbrə] pl -brae [-briː], -bras s 1. Schatten m. 2. astr. a) Kernschatten m, b) Umbra f (dunkler Kern e-s Sonnenflecks).
um·brage ['ʌmbrɪdʒ] s 1. Anstoß m, Ärgernis n: to give ~ Anstoß erregen (to s.o. bei j-m); to take ~ at (od. about) Anstoß nehmen an (dat). 2. (schattenspendendes) Laubwerk. 3. obs. Schatten m. um'bra·geous [-'breɪdʒəs] adj (adv ~ly) 1. schattig, schattenspendend, -reich. 2. fig. empfindlich, übelnehmerisch.
um·bral ['ʌmbrəl] adj 1. Schatten... 2. astr. a) Kernschatten..., b) Umbra...
um·brel·la [ʌm'brelə] s 1. (Regen-, Sonnen- etc)Schirm m: ~ stand Schirmständer m. 2. aer. (geöffneter) Fallschirm. 3. zo. Schirm m, Glocke f (der Quallen). 4. mil. u. aer. Jagdschutz m, Abschirmung f, b) a. ~ barrage Feuervorhang m, -glocke f. 5. fig. a) Schutz m: under the ~ of, b) Rahmen m: to get (od. put) under one ~ unter 'einen Hut bringen; ~ organization Dachorganisation f; ~ phrase allumfassender Ausdruck. um'brel·laed [-ləd] adj beschirmt, mit e-m Schirm (bewaffnet).
Um·bri·an ['ʌmbrɪən] I adj 1. umbrisch. II s 2. Umbrer(in). 3. ling. Umbrisch n, das Umbrische.
u·mi·ak ['uːmɪæk] s Umiak m, n (Boot der Eskimofrauen).
um·laut ['ʊmlaʊt] ling. I s 1. 'Umlaut m. 2. 'Umlautzeichen n. II v/t 3. 'umlauten.
um·pire ['ʌmpaɪə(r)] I s 1. bes. jur. sport Schiedsrichter m, 'Unparˌteiische(r) m. 2. jur. Obmann m e-s Schiedsgerichts. II v/t 3. a) bes. jur. sport als Schiedsrichter fun'gieren bei, b) sport Spiel leiten. 4. (durch Schiedsspruch) schlichten od. entscheiden. III v/i 5. bes. jur. sport als Schiedsrichter fun'gieren. 6. schlichten. 'um·pire·ship s bes. jur. sport Schiedsrichteramt n.
ump·teen [ˌʌmp'tiːn] adj colloq. ‚zig‘ (viele): ~ times x-mal. ˌump'teenth [-'tiːnθ], a. 'ump·ti·eth [-tɪɪθ] adj colloq. ‚zigst(er, e, es)‘, (der, die, das) 'soundso'vielte: for the ~ time zum x-ten Mal.

'un [ən] pron colloq. für one 10: that's a good ~ das ist ein guter Witz; he's a tough ~ er ist ein ‚harter Knochen‘.
un-¹ [ʌn] Vorsilbe mit verneinender Bedeutung, entsprechend den deutschen Vorsilben Un..., un..., nicht..., Nicht...
un-² [ʌn] Vorsilbe mit umkehrender od. privativer Bedeutung, entsprechend den deutschen Vorsilben ent..., los..., auf..., ver... etc (bei Verben).
ˌun·a'bashed adj 1. unverfroren. 2. furchtlos, unerschrocken.
ˌun·a'bat·ed adj unvermindert: the storm continued (od. was) ~ der Sturm ließ nicht nach. ˌun·a'bat·ing adj unablässig, anhaltend.
ˌun·ab'bre·vi·at·ed adj ungekürzt.
un'a·ble adj 1. unfähig, außer'stande, nicht in der Lage (to do zu tun): to be ~ to work nicht arbeiten können, arbeitsunfähig sein; ~ to pay zahlungsunfähig, insolvent. 2. untauglich, ungeeignet (for für). 3. schwach, hilflos.
ˌun·a'bridged adj ungekürzt.
un·ac'cent·ed [ˌʌnæk'sentɪd; ʌn'æksentɪd] adj unbetont.
ˌun·ac'cept·a·ble adj 1. unannehmbar (to für). 2. unerwünscht. 3. untragbar (to für).
ˌun·ac'com·mo·dat·ing adj 1. ungefällig. 2. unnachgiebig.
ˌun·ac·com·pa·nied adj unbegleitet, ohne Begleitung (a. mus.), al'lein: ~ baggage (bes. Br. luggage) aufgegebenes (Reise)Gepäck.
ˌun·ac'com·plished adj 1. unvollendet, unfertig. 2. fig. ungebildet.
'un·acˌcount·a'bil·i·ty s 1. Nichtverantwortlichkeit f. 2. Unerklärlichkeit f. ˌun·ac'count·a·ble adj 1. nicht verantwortlich. 2. unerklärlich, seltsam. ˌun·ac'count·a·bly adv unerklärlicherweise.
ˌun·ac'count·ed-for adj unerklärt. 2. nicht belegt.
ˌun·ac'cred·it·ed adj unbeglaubigt, nicht akkredi'tiert.
ˌun·ac'cus·tomed adj 1. ungewohnt, fremd. 2. nicht gewöhnt (to acc od. an acc): to be ~ to doing s.th. es nicht gewöhnt sein, etwas zu tun.
ˌun·a'chiev·a·ble adj 1. unausführbar. 2. unerreichbar.
ˌun·ac'knowl·edged adj 1. nicht anerkannt, uneingestanden. 2. unbestätigt (Brief etc).
ˌun·ac'quaint·ed adj (with) unerfahren (in dat), nicht vertraut (mit), unkundig (gen): to be ~ with s.th. etwas nicht kennen, mit e-r Sache nicht vertraut sein.
un'act·a·ble adj thea. nicht bühnengerecht, unaufführbar. un'act·ed adj nicht aufgeführt: ~ plays.
'un·aˌdapt·a'bil·i·ty s 1. Unanpaßbarkeit f. 2. Unanwendbarkeit f. 3. Ungeeignetsein n, Ungeeignetheit f. ˌun·a'dapt·a·ble adj 1. nicht anpassungsfähig (to an acc). 2. nicht anwendbar (to auf acc). 3. ungeeignet (for, to für, zu). ˌun·a'dapt·ed adj 1. nicht angepaßt (to dat od. an acc). 2. nicht geeignet, eingerichtet (to für).
ˌun·ad'dressed adj nicht adres'siert, ohne Anschrift: ~ letters.
ˌun·ad'just·ed adj 1. bes. psych. nicht angepaßt (to dat od. an acc). 2. ungeregelt, unerledigt.
ˌun·a'dorned adj schmucklos, schlicht.
ˌun·a'dul·ter·at·ed adj unverfälscht, rein, echt.
ˌun·ad'ven·tur·ous adj 1. ohne Unter'nehmungsgeist. 2. ereignislos: ~ journey.
'un·adˌvis·a'bil·i·ty s Unratsamkeit f.
ˌun·ad'vis·a·ble adj unratsam, nicht ratsam od. empfehlenswert. ˌun·ad'vised adj 1. unberaten. 2. unbesonnen, 'unüberˌlegt. ˌun·ad'vis·ed·ly [-zɪdlɪ] adv.
ˌun·af'fect·ed adj (adv ~ly) 1. ungekünstelt, na'türlich, nicht affek'tiert (Stil, Auftreten etc). 2. echt, aufrichtig. 3. unberührt, ungerührt, unbeeinflußt, unbeeindruckt (by von). ˌun·af'fect·ed·ness s 1. Na'türlichkeit f. 2. Aufrichtigkeit f.
ˌun·a'fraid adj unerschrocken, furchtlos: to be ~ of keine Angst haben vor (dat).
ˌun·ag'gres·sive adj nicht aggres'siv, friedfertig.
ˌun'aid·ed adj 1. ohne Unter'stützung od. Hilfe (by von), (ganz) al'lein. 2. unbewaffnet, bloß: ~ eye.
ˌun'aired adj 1. ungelüftet: ~ room. 2. ungetrocknet, feucht: ~ laundry.
ˌun·a'larmed adj nicht beunruhigt. ˌun·a'larm·ing adj nicht beunruhigend.
un'al·ien·a·ble adj (adv unalienably) unveräußerlich.
un'al·lied adj 1. unverbunden. 2. unverbündet, ohne Verbündete. 3. biol. etc nicht verwandt.
ˌun·al'low·a·ble adj unzulässig, unerlaubt.
ˌun·al'loyed adj 1. chem. unvermischt, 'unleˌgiert. 2. fig. ungetrübt: ~ happiness.
ˌun·al'lur·ing adj nicht verlockend, reizlos.
un·ˌal·ter·a'bil·i·ty s Unveränderlichkeit f. un'al·ter·a·ble adj (adv unalterably) unveränderlich, unabänderlich. ˌun'al·tered adj unverändert.
ˌun·a'mazed adj nicht verwundert: to be ~ at sich nicht wundern über (acc).
ˌun·am'big·u·ous adj (adv ~ly) unzweideutig, eindeutig. ˌun·am'big·u·ous·ness s Eindeutigkeit f.
ˌun·am'bi·tious adj (adv ~ly) 1. nicht ehrgeizig, ohne Ehrgeiz. 2. (von Dingen) anspruchslos, schlicht.
ˌun·a'me·na·ble adj 1. unzugänglich (to dat od. für). 2. nicht verantwortlich (to gegen'über).
ˌun·a'mend·ed adj unverbessert, nicht abgeändert, nicht ergänzt.
ˌun-A'mer·i·can adj 1. 'unameriˌkanisch. 2. pol. Am. 'antiameriˌkanisch: ~ activities staatsfeindliche Umtriebe.
un·ˌa·mi·a'bil·i·ty s Unliebenswürdigkeit f. un'a·mi·a·ble adj unliebenswürdig, unfreundlich. ˌun'a·mi·a·ble·ness s unamiability.
ˌun·a'mus·ing adj (adv ~ly) nicht unter'haltsam, langweilig.
un'an·i·mat·ed adj leblos: a) unbelebt, b) fig. fade, langweilig.
u·na'nim·i·ty [ˌjuːnə'nɪmɪtɪ] s 1. Einmütigkeit f. 2. Einstimmigkeit f. u'nan·i·mous [-'nænɪməs] adj (adv ~ly) 1. einmütig, einig. 2. einstimmig: a ~ vote.
ˌun·an'nealed adj metall. ungetempert.
ˌun·an'nounced adj unangemeldet, unangekündigt.
ˌun'an·swer·a·ble adj 1. nicht zu beantworten(d). 2. 'unwiderˌlegbar. 3. nicht verantwortlich od. haftbar (for für). ˌun'an·swered adj 1. unbeantwortet, unerwidert. 2. 'unwiderˌlegt.
ˌun·an'tic·i·pat·ed adj 'unvorˌhergesehen, unerwartet.
ˌun·ap'palled adj unerschrocken.
ˌun·ap'peal·a·ble adj jur. nicht berufungs- od. rechtsmittelfähig.
ˌun·ap'peas·a·ble adj 1. nicht zu besänftigen(d), unversöhnlich. 2. nicht zu'friedenzustellen(d), unersättlich.

un·ap·pe·tiz·ing *adj* 1. 'unappe₁titlich. 2. *fig.* wenig reizvoll.
un·ap'plied *adj* nicht angewandt *od.* gebraucht: ~ **funds** totes Kapital.
un·ap'pre·ci·at·ed *adj* nicht gebührend gewürdigt *od.* geschätzt, unbeachtet. **un·ap'pre·ci·a·tive** → **inappreciative**.
un·ap·pre'hen·sive *adj* 1. schwerfällig, schwer von Begriff. 2. unbekümmert, furchtlos.
un·ap'proach·a·ble *adj* (*adv* **unapproachably**) unnahbar.
un·ap'pro·pri·at·ed *adj* 1. nicht in Besitz genommen, herrenlos. 2. nicht verwendet *od.* gebraucht. 3. *econ.* nicht zugeteilt, keiner bestimmten Verwendung zugeführt (*Gelder etc*).
un·ap'proved *adj* ungebilligt, nicht genehmigt.
un'apt *adj* (*adv* ~ly) 1. ungeeignet, untauglich (**for** für, zu). 2. unangebracht, unpassend: **an** ~ **comparison**. 3. nicht geeignet (**to do** zu tun). 4. ungeschickt (**at** bei, **in** *dat*).
un'ar·gued *adj* 1. unbesprochen, nicht disku'tiert. 2. unbestritten.
un'arm → **disarm I**. **un'armed** *adj* 1. unbewaffnet. 2. *mil.* unscharf (*Munition*).
un'ar·mo(u)red *adj* 1. *bes. mar. mil.* ungepanzert. 2. *tech.* nichtbewehrt: ~ **cable**.
un·ar'tis·tic *adj* (*adv* ~ally) unkünstlerisch.
u·na·ry ['juːnərɪ] *adj chem. phys.* einstoffig, Einstoff...
un·as·cer'tain·a·ble *adj* nicht feststellbar *od.* zu ermitteln(d). **un·as·cer'tained** *adj* nicht sicher festgestellt.
un·a'shamed *adj* 1. nicht beschämt. 2. schamlos. **un·a'sham·ed·ly** [-ɪdlɪ] *adv*.
un'asked *adj* 1. ungefragt. 2. ungebeten, unaufgefordert. 3. uneingeladen.
un·as'pir·ing *adj* ohne Ehrgeiz, anspruchslos, bescheiden.
un·as'sail·a·ble *adj* 1. unangreifbar (*a. fig.*). 2. *fig.* unanfechtbar, 'unwiderleglich.
un·as'sign·a·ble *adj* 1. nicht zuzuschreiben(d) (**to** *dat*). 2. *jur.* nicht über'tragbar, unverkäuflich.
un·as'sim·i·la·ble *adj* nicht assimi'lierbar, nicht angleichungsfähig.
un·as'sist·ed *adj* (*adv* ~ly) ohne Hilfe *od.* Unter'stützung (**by** von), (ganz) al'lein.
un·as'sum·ing *adj* (*adv* ~ly) anspruchslos, bescheiden.
un·as'sured *adj* 1. unsicher, ohne Zuversicht. 2. *econ.* nicht versichert.
un·at'tached *adj* 1. nicht befestigt (**to** an *dat*). 2. nicht gebunden, unabhängig. 3. ungebunden, frei, ledig. 4. *ped. univ.* ex'tern, keinem College angehörend (*Student*). 5. *mil.* zur Dispositi'on stehend. 6. *jur.* nicht mit Beschlag belegt.
un·at'tain·a·ble *adj* unerreichbar.
un·at'tempt·ed *adj* unversucht.
un·at'tend·ed *adj* 1. unbegleitet, ohne Begleitung. 2. *meist* ~ **to** a) unbeaufsichtigt, b) vernachlässigt.
un·at'test·ed *adj* 1. unbezeugt, unbestätigt. 2. *Br.* (behördlich) nicht über'prüft.
un·at'trac·tive *adj* 'unattrak₁tiv: a) wenig anziehend, reizlos, b) wenig einnehmend: **an** ~ **appearance**, c) wenig zugkräftig: ~ **offers**.
un·au'then·tic *adj* nicht au'thentisch, unverbürgt, unecht. **un·au'then·ti·cat·ed** *adj* unbeglaubigt.
un'au·thor·ized *adj* 1. nicht autori'siert *od.* bevollmächtigt, unbefugt: ~ **person** Unbefugte(r *m*) *f*. 2. unerlaubt: ~ **reprint** unberechtigter Nachdruck.
un·a'vail·a·ble *adj* (*adv* **unavailably**) 1. nicht verfügbar *od.* vor'handen *od.* erreichbar: **to be** ~ *sport* ausfallen (*Spieler*). 2. unbrauchbar: ~ **energy** *phys.* Verlustenergie *f*. 3. → **unavailing**.
un·a'vail·ing *adj* frucht-, nutzlos, vergeblich.
un·a'void·a·ble *adj* (*adv* **unavoidably**) 1. unvermeidlich: ~ **cost** *econ.* feste Kosten *pl*, Fixkosten *pl*. 2. *jur.* 'unum₁stößlich, unanfechtbar.
un·a'vowed *adj* uneingestanden, nicht eingestanden. **un·a'vow·ed·ly** [-ɪdlɪ] *adv*.
un·a'wak·ened *adj* 1. ungeweckt. 2. *fig.* unerweckt, schlafend: ~ **feelings**.
un·a'ware I *adj* 1. (**of**) nicht gewahr (*gen*), in Unkenntnis (*gen*): **to be** ~ **of s.th.** sich e-r Sache nicht bewußt sein, etwas nicht wissen *od.* bemerken. 2. nichtsahnend, ahnungslos: **he was** ~ **that** er ahnte nicht, daß. **II** *adv* → **unawares**. **un·a'wares** *adv* 1. unabsichtlich, versehentlich: → **entertain** 2. 2. unerwartet, unvermutet, unversehens: **to catch** (*od.* **take**) **s.o.** ~ j-n überraschen *od.* -rumpeln; **at** ~ unverhofft, überraschend.
un'backed *adj* 1. ohne Rückhalt *od.* Unter'stützung. 2. **an** ~ **horse** ein Pferd, auf das nicht gesetzt wurde. 3. *econ.* ungedeckt, nicht indos'siert (*Scheck etc*). 4. nicht zugeritten (*Pferd*).
un'bag *v/t* (aus e-m Sack *etc*) ausschütten, her'ausnehmen, -lassen.
un'baked *adj* 1. ungebacken. 2. *fig.* unreif.
un'bal·ance I *v/t* 1. aus dem Gleichgewicht bringen (*a. fig.*). 2. *fig.* Geist verwirren. **II** *s* 3. Gleichgewichtsstörung *f*. 4. *fig.* Unausgeglichenheit *f*. 5. *electr. tech.* Unwucht *f*, 'Unsymme₁trie *f*. **un'bal·anced** *adj* 1. aus dem Gleichgewicht gebracht (*a. fig.*), nicht im Gleichgewicht (befindlich). 2. *fig.* unausgeglichen. 3. *fig.* gestört (*Geist*): **of** ~ **mind** geistesgestört. 4. *econ.* unausgeglichen, nicht sal'diert: ~ **budget**. 5. *electr.* 'unsym₁metrisch: ~ **voltage**.
un'bal·last *v/t mar.* das Schiff von Ballast befreien. **un'bal·last·ed** *adj* 1. *mar.* ohne Ballast. 2. *fig.* unstet, schwankend.
un'band·age *v/t* den Verband abnehmen von.
un·bap'tized *adj* ungetauft, *weitS.* heidnisch.
un'bar *v/t* aufriegeln.
un'bear·a·ble *adj* (*adv* **unbearably**) unerträglich.
un'beard·ed *adj* bartlos.
un'beat·en *adj* 1. ungeschlagen, unbesiegt. 2. 'über₁troffen: ~ **record**. 3. unerforscht: ~ **region**.
un'beau·ti·ful *adj* unschön.
un·be'com·ing *adj* (*adv* ~ly) 1. unkleidsam: **this hat is** ~ **to him** dieser Hut steht ihm nicht. 2. *fig.* unpassend, unschicklich, ungehörig (**of**, **to** für *j-n*). **un·be'com·ing·ness** *s* 1. Unkleidsamkeit *f*. 2. Unschicklichkeit *f*.
un·be'fit·ting → **unbecoming** 2.
un·be'friend·ed *adj* ohne Freund(e), freundlos.
un·be'known, **un·be'knownst I** *adv* (**to**) ohne (*j-s*) Wissen. **II** *adj* unbekannt (**to** *dat*).
un·be'liev·a·ble *adj* (*adv* **unbelievably**) unglaublich. **un·be'liev·er** *s relig.* Ungläubige(r *m*) *f*, Glaubenslose(r *m*) *f*. **un·be'liev·ing** *adj* (*adv* ~ly) ungläubig, glaubenslos.
un·be'loved *adj* ungeliebt.
un'belt *v/t* 1. entgürten. 2. *Schwert etc* aus dem Gurt nehmen, losschnallen.
un'bend *irr* **I** *v/t* 1. *e-n Bogen, a. fig.* den Geist entspannen: **to** ~ **a bow** (**the mind**). 2. geradebiegen, glätten. 3. (aus-) strecken. 4. *mar.* a) Tau, Kette *etc* losmachen, b) Segel abschlagen. **II** *v/i* 5. sich entspannen, sich lösen. 6. *fig.* s-e Förmlichkeit ablegen, ₁auf'tauen', freundlich(er) werden, aus sich her'ausgehen.
un'bend·ing *adj* (*adv* ~ly) 1. unbiegsam. 2. *fig.* unbeugsam, entschlossen. 3. *fig.* a) reser'viert, steif, b) ₁aufgeknöpft', gelöst.
un·be'seem·ing → **unbecoming** 2.
un·be'sought → **unbid(den)**.
un'bi·as(s)ed *adj* (*adv* ~ly) unvoreingenommen, *bes. jur.* unbefangen.
un'bid(·den) *adj* ungebeten: a) unaufgefordert, b) ungeladen: ~ **guests**.
un'bind *v/t irr* 1. *j-n* losbinden, befreien. 2. lösen: **to** ~ **a knot** (one's hair, *etc*). 3. den Verband abnehmen von.
un'blam·a·ble *adj* (*adv* **unblamably**) untadelig, unschuldig.
un'bleached *adj* ungebleicht.
un'blem·ished *adj bes. fig.* unbefleckt, makellos.
un'blend·ed *adj* ungemischt, rein.
un'blink·ing *adj* (*adv* ~ly) 1. ungerührt. 2. unerschrocken.
un'blood·ed *adj* nicht reinrassig: ~ **horse**.
un'blush·ing *adj* (*adv* ~ly) schamlos: **to be quite** ~ sich kein bißchen schämen (**about** für, wegen).
un'bod·ied *adj* 1. körperlos, unkörperlich. 2. entkörpert, vom Körper befreit.
un'bolt *v/t* aufriegeln.
un'bolt·ed[1] *adj* unverriegelt.
un'bolt·ed[2] *adj* ungebeutelt, ungesiebt: ~ **flour**.
un'book·ish *adj* a) nicht belesen, b) ungelehrt.
un'boot I *v/t j-m* die Stiefel ausziehen. **II** *v/i* sich die Stiefel ausziehen.
un'born *adj* 1. (noch) ungeboren. 2. *fig.* (zu)künftig, kommend: ~ **generations**.
un'bos·om I *v/t* enthüllen, offen'baren (**to** *dat*): **to** ~ **o.s. to** → **II**. **II** *v/i* ~ **to sich** (*j-m*) anvertrauen *od.* offen'baren, (*j-m*) sein Herz ausschütten.
un'bought *adj* nicht gekauft.
un'bound *adj* 1. *fig.* ungebunden, frei. 2. ungebunden, bro'schiert, ohne Einband: ~ **books**.
un'bound·ed *adj* (*adv* ~ly) 1. unbegrenzt. 2. *fig.* grenzen-, schrankenlos.
un'bowed *adj fig.* ungebeugt, ungebrochen.
un'box *v/t* auspacken.
un'brace *v/t* 1. lösen, losschnallen. 2. (o.s. sich) entspannen (*a. fig.*). 3. schwächen.
un'break·a·ble *adj* unzerbrechlich.
un'brib·a·ble *adj* unbestechlich.
un'bri·dle *v/t* 1. das Pferd abzäumen. 2. *fig.* Zunge lösen. **un'bri·dled** *adj* 1. ab-, ungezäumt. 2. *fig.* ungezügelt, zügellos: ~ **tongue** lose Zunge.
un'broke *obs. od. dial.* für **unbroken**.
un'bro·ken *adj* 1. ungebrochen (*a. fig. Eid*, *Versprechen etc*), unzerbrochen, heil, ganz. 2. 'ununter₁brochen, ungestört: ~ **peace**; ~ **line** *math.* durch- *od.* ausgezogene Linie. 3. ungezähmt, *bes.* nicht zugeritten: ~ **horse**. 4. unbeeinträchtigt, unvermindert. 5. *agr.* ungepflügt. 6. ungebrochen, 'über₁troffen: ~ **record**.
un'broth·er·ly *adj* unbrüderlich.
un'buck·le *v/t* auf-, losschnallen.
un'built *adj* 1. (noch) nicht gebaut. 2. **a.** ~**on** unbebaut (*Gelände*).
un'bur·den *v/t* 1. *bes. fig.* entlasten, von

unburied – uncommonness

,un'bur·ied *adj* unbegraben.

,un'burned, ,un'burnt *adj* 1. unverbrannt. 2. ungebrannt (*Ziegel etc*).

,un'bur·y *v/t* ausgraben (*a. fig.* ans Licht bringen).

,un'busi·ness·like *adj* ungeschäftsmäßig, unsachlich.

,un'but·ton *v/t* aufknöpfen: to ~ one's heart to s.o. j-m sein Herz ausschütten.

,un'but·toned *adj* 1. aufgeknöpft. 2. *fig.* gelöst, zwanglos (*Stimmung etc*), ,aufgeknöpft' (*Person*).

,un'cage *v/t* aus dem Käfig lassen, freilassen (*a. fig.*).

,un'cal·cu·lat·ed *adj* ungewollt, unbeabsichtigt.

,un'called *adj* 1. unaufgefordert, ungebeten. 2. *econ.* nicht aufgerufen.

,un'called-for *adj* 1. ungerufen, unerwünscht, unnötig. 2. unverlangt. 3. depla'ciert, unangebracht, unpassend: **an ~ remark.**

un'can·ny *adj* (*adv* **uncannily**) unheimlich (*a. fig.*): **with ~ sureness** mit nachtwandlerischer Sicherheit.

,un'cap *v/t* 1. *Flasche etc* aufmachen, öffnen. 2. *fig.* enthüllen.

,un'cared-for *adj* 1. unbeachtet. 2. vernachlässigt (*Kind etc*), ungepflegt (*Garten, Hände etc*).

,un'care·ful *adj* 1. unvorsichtig. 2. unbekümmert, gleichgültig: **to be ~ of** (*od.* **for**) sich nicht kümmern um.

,un'car·pet·ed *adj* ohne Teppich(e).

,un'case *v/t* 1. auspacken. 2. entfalten: **to ~ a flag.**

,un'cat·a·log(u)ed *adj* nicht katalogi'siert.

un'ceas·ing *adj* (*adv* ~ly) unaufhörlich.

'un,cer·e'mo·ni·ous *adj* (*adv* ~ly) 1. ungezwungen, zwanglos. 2. a) unsanft, grob, b) unhöflich.

un'cer·tain *adj* (*adv* ~ly) 1. unsicher, ungewiß, unbestimmt: **his arrival is ~.** 2. nicht sicher: **to be ~ of s.th.** e-r Sache nicht sicher *od.* gewiß sein. 3. zweifelhaft, undeutlich, vage: **an ~ answer.** 4. unzuverlässig: **an ~ friend.** 5. unstet, unbeständig, veränderlich, launenhaft: **~ temper; ~ weather** unbeständiges Wetter. 6. unsicher, verwirrt: **an ~ look.**

un'cer·tain·ty *s* 1. Unsicherheit *f*, Ungewißheit *f*, Unbestimmtheit *f*: **~ principle** *phys.* Unschärferelation *f*. 2. Zweifelhaftigkeit *f*. 3. Unzuverlässigkeit *f*. 4. Unbeständigkeit *f*.

,un·cer'tif·i·cat·ed *adj* 1. unbescheinigt. 2. ohne amtliches Zeugnis, nicht diplo'miert.

,un'cer·ti·fied *adj* nicht bescheinigt, unbeglaubigt.

,un'chain *v/t* 1. losketten. 2. befreien (*a. fig.*).

,un'chal·lenge·a·ble *adj* (*adv* **unchallengeably**) unanfechtbar, unbestreitbar. ,un'chal·lenged *adj* unbestritten, 'unwider,sprochen: **an ~ victory** ein unangefochtener Sieg.

,un'change·a·ble *adj* (*adv* **unchangeably**) unveränderlich, unwandelbar. ,un'change·a·ble·ness *s* Unveränderlichkeit *f*. ,un'changed *adj* 1. unverändert. 2. ungewechselt. ,un'chang·ing *adj* (*adv* ~ly) unveränderlich.

'un,char·ac·ter'is·tic *adj* 'uncharakte,ristisch, untypisch (**of** für): **it is ~ of her to do s.th.** es ist nicht ihre Art, etwas zu tun.

,un'charged *adj* 1. nicht beladen. 2. *jur.* nicht angeklagt. 3. *electr.* nicht (auf)geladen. 4. *obs.* ungeladen (*Schußwaffe*). 5. *econ.* a) unbelastet (*Konto*), b) unberechnet.

'un,char·is'mat·ic *adj* 'uncharis,matisch, ohne (besondere) Ausstrahlung(skraft).

,un'char·i·ta·ble *adj* 1. lieblos, hart (-herzig). 2. schonungslos. ,un'char·i·ta·ble·ness *s* Lieblosigkeit *f*, Härte *f*.

,un'chart·ed *adj* auf keiner (Land)Karte verzeichnet: **~ territory** *fig.* unbekanntes Gebiet, Neuland *n*; **the ~ depths of mind** die unerforschten Tiefen der Seele.

,un'char·tered *adj* 1. unverbrieft, nicht privile'giert, unberechtigt. 2. gesetzlos.

,un'chaste *adj* (*adv* ~ly) unkeusch. ,un'chaste·ness, ,un'chas·ti·ty *s* Unkeuschheit *f*.

,un'checked *adj* 1. ungehindert, ungehemmt. 2. 'unkontrol,liert, ungeprüft.

,un'chiv·al·rous *adj* unritterlich, 'unga,lant.

,un'chris·tened *adj* ungetauft.

,un'chris·tian *adj* 1. unchristlich. 2. *colloq.* unverschämt, ,verboten': **at an ~ hour** zu e-r ,unchristlichen' Zeit. ,un'chris·tian·ize *v/t* entchristlichen, dem Christentum entfremden.

,un'church *v/t relig.* 1. aus der Kirche ausstoßen. 2. e-r *Sekte etc* den Cha'rakter *od.* die Rechte e-r Kirche nehmen.

un·ci ['ʌnsaɪ] *pl von* uncus.

un·ci·al ['ʌnsɪəl; *Am. a.* 'ʌnʃəl] **I** *adj* 1. Unzial... **II** *s* 2. Unzi'ale *f*, Unzi'albuchstabe *m*. 3. Unzi'alschrift *f*.

un·ci·form ['ʌnsɪfɔː(r)m] **I** *adj* hakenförmig. **II** *s anat.* Hakenbein *n* (*der Handwurzel*).

un·ci·nate ['ʌnsɪnɪt; *bes. Am.* -neɪt] *adj biol.* hakenförmig, gekrümmt.

,un·cir·cum'cised *adj relig.* unbeschnitten (*a. fig.* ungläubig). 'un,cir·cum'ci·sion *s Bibl.* (die) Unbeschnittenen *pl*, (die) Heiden *pl*.

,un'civ·il *adj* 1. unhöflich, grob. 2. *obs.* 'unzivili,siert. ,un'civ·i·lized *adj* 'unzivili,siert.

,un'clad *adj* 1. unbekleidet. 2. *tech.* 'nichtplat,tiert.

,un'claimed *adj* 1. nicht beansprucht, nicht geltend gemacht. 2. nicht abgeholt *od.* abgehoben *od.* abgenommen: **~ dividends** *econ.* nicht abgehobene Dividenden; **an ~ letter** ein nicht abgeholter Brief, ein unzustellbarer Brief.

,un'clasp **I** *v/t* 1. lösen, auf-, loshaken *od.* -schnallen, öffnen. 2. loslassen: **to ~ s.o.'s arm. II** *v/i* 3. sich lösen *od.* öffnen.

,un'classed *adj* keiner Klasse angehörend.

,un'clas·si·fied *adj* 1. nicht klassifi'ziert, nicht eingeordnet: **~ road** *Br.* Landstraße *f*. 2. *mil. pol.* offen, nicht geheim. ,un'clas·si·fy *v/t* von der Geheimhaltungsliste streichen, freigeben.

un·cle ['ʌŋkl] *s* 1. Onkel *m* (*a. weitS.*): **U~ Sam** Onkel Sam (*die USA*); **to cry ~** *Am. colloq.* aufgeben; → **Bob², Dutch¹** 1. 2. *sl.* Pfandleiher *m*. 3. *Am. colloq.* (*bes. älterer*) Neger: **U~ Tom** *contp.* serviler Nigger; **U~ Tomahawk** *contp.* Indianer, der sich dem weißen Establishment anpaßt.

,un'clean *adj* 1. unrein (*a. fig.*). 2. *med.* belegt (*Zunge*).

,un'clean·li·ness *s* 1. Unreinlichkeit *f*, Unsauberkeit *f*. 2. *fig.* Unreinheit *f*, Unkeuschheit *f*. ,un'clean·ly *adj* 1. unreinlich, unsauber. 2. *fig.* unrein, unkeusch.

,un'clear *adj* unklar. ,un'cleared *adj* 1. ungeklärt, nicht geregelt. 2. nicht abgeräumt: **~ table.** 3. nicht gerodet: **~ forest.** 4. *jur.* nicht freigesprochen *od.* entlastet. 5. *econ.* ungetilgt, nicht abbezahlt.

,un'clench **I** *v/t* 1. *die Faust* öffnen. 2. *s-n Griff* lockern. **II** *v/i* 3. sich öffnen *od.* lockern.

,un'cler·i·cal *adj* 'unkleri,kal, ungeistlich, mit dem Stande des Geistlichen nicht vereinbar.

,un'clinch → **unclench**.

,un'cloak **I** *v/t* 1. j-m den Mantel *etc* abnehmen (*a. o.s.* → 3. 2. *fig.* enthüllen, -larven. **II** *v/i* 3. den Mantel *etc* ausziehen.

,un'clog *v/t* die Verstopfung beseitigen in (*dat*).

,un'close **I** *v/t* 1. öffnen. 2. *fig.* enthüllen. **II** *v/i* 3. sich öffnen. ,un'closed *adj* 1. unverschlossen, geöffnet, offen. 2. unbeendet, nicht abgeschlossen.

,un'clothe *v/t* 1. entkleiden, -blößen. 2. *fig.* enthüllen. ,un'clothed *adj* unbekleidet.

,un'cloud·ed *adj* 1. unbewölkt, wolkenlos. 2. *fig.* ungetrübt: **~ happiness.**

un·co ['ʌŋkəʊ] *Scot. od. dial.* **I** *adj* 1. ungewöhnlich, beachtlich. 2. seltsam. 3. unheimlich. **II** *adv* 4. äußerst, höchst: **the ~ guid** ,die ach so guten Menschen'. **III** *pl* **-cos** *s* 5. *pl* Neuigkeit(en *pl*) *f*. 6. Fremde(r *m*) *f*.

,un'cock *v/t Gewehr(hahn) etc* entspannen.

,un'coil *v/t u. v/i* (sich) abwickeln *od.* abspulen *od.* aufrollen.

,un'coined *adj* ungeprägt, ungemünzt.

,un'col·lect·ed *adj* 1. nicht (ein)gesammelt. 2. *econ.* (noch) nicht erhoben: **~ fees.** 3. *fig.* nicht gefaßt *od.* gesammelt.

,un'col·o(u)red *adj* 1. *fig.* ungefärbt. 2. ungeschminkt, objek'tiv: **an ~ report.**

,un'combed *adj* ungekämmt.

,un·com'bined *adj a. phys.* ungebunden, frei: **~ heat.**

,un-come-'at·a·ble *adj colloq.* a) unerreichbar, b) unzugänglich, unnahbar: **it (he) is ~** ,da (an ihn) ist nicht ranzukommen'.

,un'come·li·ness *s* 'Unattraktivi,tät *f*. ,un'come·ly *adj* 1. unattrak,tiv, unschön. 2. *obs.* unschicklich.

un·com'fort·a·ble *adj* (*adv* **uncomfortably**) 1. unangenehm, beunruhigend: **he had the ~ feeling that** er hatte das ungute Gefühl, daß. 2. unbehaglich, ungemütlich (*beide a. fig. Gefühl etc*), unbequem: **~ chair; ~ situation** ungemütliche Lage; **~ silence** peinliche Stille. 3. verlegen, unruhig.

,un·com'mend·a·ble *adj* nicht zu empfehlen(d), nicht empfehlenswert.

,un·com'mer·cial *adj* 1. nicht handeltreibend. 2. unkaufmännisch.

,un·com'mis·sioned *adj* nicht beauftragt *od.* ermächtigt, unbestallt.

,un·com'mit·ted *adj* 1. nicht begangen(en): **~ crimes.** 2. (**to**) nicht verpflichtet (zu), nicht gebunden (an *acc*), nicht festgelegt (auf *acc*): **to remain ~** sich nicht festlegen. 3. *pol.* bündnis-, blockfrei, neu'tral: **the ~ countries.** 4. *jur.* a) nicht in e-r Strafanstalt befindlich, b) nicht in e-e Heil- u. Pflegeanstalt eingewiesen. 5. *parl.* nicht an e-n Ausschuß *etc* verwiesen. 6. nicht zweckgebunden: **~ funds.**

un'com·mon **I** *adj* (*adv* ~ly) ungewöhnlich: a) selten, b) außergewöhnlich, -ordentlich. **II** *adv obs. od. dial.* ungewöhnlich, äußerst, ungemein, selten: **~ handsome.** **un'com·mon·ness** *s* Ungewöhnlichkeit *f*.

,un·com'mu·ni·ca·ble *adj* 1. nicht mitteilbar. 2. *med.* nicht über'tragbar *od.* ansteckend. ,un·com'mu·ni·ca·tive *adj* nicht *od.* wenig mitteilsam *od.* gesprächig, verschlossen. ,un·com'mu·ni·ca·tive·ness *s* Verschlossenheit *f.*
,un·com'pan·ion·a·ble *adj* ungesellig, nicht 'umgänglich.
,un·com'plain·ing *adj (adv ~ly)* klaglos, ohne Murren, geduldig. ,un·com·'plain·ing·ness *s* Klaglosigkeit *f.*
,un·com'plai·sant *adj (adv ~ly)* ungefällig.
,un·com'plet·ed *adj* 'unvoll,endet.
,un·com'pli·cat·ed *adj* 'unkompli,ziert, einfach.
'un,com·pli'men·ta·ry *adj* 1. nicht *od.* wenig schmeichelhaft: to be ~ about sich nicht sehr schmeichelhaft äußern über *(acc)*. 2. unhöflich.
,un·com'pound·ed *adj* 1. nicht zs.-gesetzt, unvermischt. 2. einfach.
'un,com·pre'hend·ing *adj (adv ~ly)* verständnislos.
un·com'pro·mis·ing *adj (adv ~ly)* 1. kompro'mißlos, zu keinem Kompro'miß bereit. 2. unbeugsam, unnachgiebig. 3. entschieden, eindeutig.
,un·con'cealed *adj* unverhohlen, offen.
,un·con'cern *s* 1. Sorglosigkeit *f,* Unbekümmertheit *f.* 2. Gleichgültigkeit *f:* with ~ gelassen, gleichgültig. ,un·con'cerned *adj* 1. (in) nicht betroffen (von), unbeteiligt (an *dat*), nicht verwickelt (in *acc*). 2. 'uninteres,siert (with an *dat*), gleichgültig. 3. unbesorgt, unbekümmert (about um, wegen): to be ~ about sich über *etwas* keine Gedanken *od.* Sorgen machen. 4. unbeteiligt, 'unpar,teiisch. ,un·con'cern·ed·ly [-nɪdlɪ] *adv.* ,un·con'cern·ed·ness → unconcern.
,un·con'cil·i·a·to·ry *adj* unversöhnlich.
,un·con'di·tion·al *adj (adv ~ly)* 1. unbedingt, bedingungslos: ~ surrender bedingungslose Kapitulation. 2. uneingeschränkt, vorbehaltlos: ~ promise. 'un·con,di·tion·al·i·ty, ,un·con·'di·tion·al·ness *s* 1. Bedingungslosigkeit *f.* 2. Vorbehaltlosigkeit *f.* ,un·con·'di·tioned *adj* 1. → unconditional. 2. *psych.* unbedingt, angeboren: ~ reflex. 3. *philos.* unbedingt, abso'lut.
,un·con'fessed *adj* 1. nicht (ein)gestanden, ungebeichtet: ~ sins. 2. ohne Beichte: to die ~.
,un·con'fined *adj* unbegrenzt, unbeschränkt.
,un·con'firmed *adj* 1. unbestätigt, nicht bekräftigt *od.* erhärtet, unverbürgt: an ~ rumo(u)r. 2. *relig.* a) nicht konfir'miert, b) *R.C.* nicht gefirmt.
,un·con'form·a·ble *adj (adv* unconformably) 1. unvereinbar (with mit). 2. nicht über'einstimmend (to, with mit). 3. *geol.* diskor'dant, nicht gleichstrebend *od.* -gelagert *(Schichten)*. 4. *relig. hist.* nonkonfor'mistisch.
,un·con'gen·ial *adj* 1. ungleichartig, nicht (geistes)verwandt *od.* kongeni'al (with mit). 2. nicht zusagend, unangenehm, 'unsym,pathisch (to *dat*): this job is ~ to him diese Arbeit sagt ihm nicht zu. 3. unfreundlich.
,un·con'nect·ed *adj* 1. unverbunden, getrennt. 2. (logisch) 'unzu,sammenhängend: an ~ report. 3. nicht verwandt. 4. ungebunden, ohne Anhang.
,un·con'quer·a·ble *adj (adv* unconquerably) 'unüber,windlich *(a. fig.)*, unbesiegbar. ,un·con'quered *adj* unbesiegt, nicht erobert.
,un·con'sci·en·tious *adj (adv ~ly)* nicht gewissenhaft.
un·con'scion·a·ble *adj (adv* unconscionably) 1. gewissen-, skrupellos. 2. nicht zumutbar. 3. unmäßig, ,unverschämt': ~ demands; it took him an ~ time er brauchte unglaublich lange dazu.
un·con'scious I *adj (adv ~ly)* 1. unbewußt: to be ~ of nichts ahnen *od.* wissen von, sich e-r Sache nicht bewußt sein. 2. *med.* bewußtlos, ohnmächtig. 3. unbewußt, leblos: ~ matter. 4. unbewußt, unwillkürlich, unfreiwillig *(a. Humor)*. 5. unabsichtlich: an ~ mistake. 6. *psych.* unbewußt. II *s* 7. the ~ *psych.* das Unbewußte. un·con'scious·ness *s* 1. Unbewußtheit *f.* 2. *med.* Bewußtlosigkeit *f.*
,un·con'se·crat·ed *adj* ungeweiht.
,un·con'sent·ing *adj* ablehnend.
,un·con'sid·ered *adj* 1. unberücksichtigt. 2. unbedacht, 'unüber,legt.
'un,con·sti'tu·tion·al *adj (adv ~ly) pol.* verfassungswidrig. 'un·con·sti,tu·tion'al·i·ty *s* Verfassungswidrigkeit *f.*
,un·con'strained *adj* ungezwungen, zwanglos. ,un·con'strain·ed·ly [-nɪdlɪ] *adv.* ,un·con'straint *s* Ungezwungenheit *f,* Zwanglosigkeit *f.*
,un·con'tam·i·nat·ed *adj* 1. nicht verunreinigt. 2. nicht infi'ziert *od.* vergiftet *(a. fig.), (a. radioak'tiv)* nicht verseucht.
,un·con'tem·plat·ed *adj* 1. 'unvor,hergesehen. 2. unbeabsichtigt, ungeplant.
,un·con'test·ed *adj* unbestritten, unangefochten: ~ election *pol.* Wahl *f* ohne Gegenkandidaten.
'un,con·tra'dict·ed *adj* 'unwider,sprochen, unbestritten.
,un·con'trol·la·ble *adj (adv* uncontrollably) 1. 'unkontrol,lierbar. 2. unbeherrscht, zügellos: an ~ temper. ,un·con'trolled *adj* 1. 'unkontrol,liert, ohne Aufsicht. 2. unbeherrscht, zügellos. 3. *tech.* ungesteuert. ,un·con'trol·led·ly [-ɪdlɪ] *adv.*
,un·con'tro·vert·ed → uncontested.
,un·con'ven·tion·al *adj* 'unkonventio,nell: a) unüblich: ~ methods, b) ungezwungen, zwanglos: ~ manner. 'un·con,ven·tion'al·i·ty *s* 'unkonventio,nelle Art, Zwanglosigkeit *f,* Ungezwungenheit *f.*
,un·con'ver·sant *adj* 1. nicht vertraut (with mit). 2. unbewandert (in in *dat*).
,un·con'vert·ed *adj* 1. unverwandelt. 2. *relig.* unbekehrt *(a. fig. nicht über'zeugt)*. 3. *econ.* nicht konver'tiert. ,un·con'vert·i·ble *adj* 1. nicht verwandelbar. 2. nicht vertauschbar. 3. *econ.* nicht konver'tierbar.
,un·con'vinced *adj* nicht *od.* wenig über'zeugt (of von). ,un·con'vinc·ing *adj* nicht über'zeugend.
,un'cooked *adj* ungekocht, roh.
,un'cord *v/t* auf-, losbinden.
,un'cork *v/t* 1. entkorken. 2. *fig. colloq.* s-n *Gefühlen etc* Luft machen. 3. *Am. colloq.* etwas ,vom Stapel lassen'.
,un·cor'rect·ed *adj* 1. 'unkorri,giert, unberichtigt, unverbessert. 2. nicht gebessert.
,un·cor'rob·o·rat·ed *adj* unbestätigt, nicht erhärtet.
,un·cor'rupt·ed *adj* 1. unverdorben. 2. *fig.* → incorrupt.
,un'count·a·ble *adj* 1. unzählbar. 2. zahllos. ,un'count·ed *adj* 1. ungezählt. 2. unzählig.
,un'cou·ple *v/t* 1. *Hunde etc* aus der Koppel (los)lassen. 2. loslösen, trennen. 3. *tech.* ab-, aus-, loskuppeln. ,un'cou·pled *adj* 1. ungekoppelt, nicht gepaart. 2. getrennt.
,un'cour·te·ous *adj (adv ~ly)* unhöflich.
,un'court·li·ness *s* 1. *(das)* Unhöfische *n.* 2. Unhöflichkeit *f.* ,un'court·ly *adj* 1. unhöflich, grob.
un·couth [ʌn'kuːθ] *adj (adv ~ly)* 1. ungeschlacht, unbeholfen, plump. 2. ungehobelt, grob. 3. *obs.* wunderlich. 4. *bes. poet.* einsam, wild, öde *(Gegend)*. 5. *obs.* a) unbekannt, fremd, b) abstoßend.
,un'cov·e·nant·ed *adj* 1. nicht vertraglich festgelegt. 2. nicht vertraglich gebunden. 3. *relig.* nicht verheißen: ~ mercies.
un'cov·er I *v/t* 1. aufdecken, entblößen, freilegen: to ~ o.s. → 5. 2. *fig.* aufdecken, enthüllen. 3. *mil.* außer Deckung bringen, ohne Deckung lassen. 4. *Boxen etc:* ungedeckt lassen. II *v/i* 5. den Hut abnehmen, das Haupt entblößen. un'cov·ered *adj* 1. unbedeckt *(a. barhäuptig)*. 2. unbekleidet, nackt, entblößt. 3. *tech.* blank: ~ wire. 4. *mil. sport* ungedeckt, ungeschützt, entblößt. 5. *econ.* ungedeckt: ~ bill.
un·crea·sa·ble [ʌn'kriːsəbl] *adj* knitterfest, -frei *(Stoff)*.
,un·cre'ate I *v/t* vernichten, auslöschen. II *adj* → uncreated. ,un·cre'at·ed *adj* 1. (noch) nicht erschaffen *od.* geschaffen. 2. unerschaffen, ewig.
,un'crit·i·cal *adj (adv ~ly)* unkritisch, kri'tiklos *(of gegen'über)*.
,un'cross *v/t* gekreuzte Arme *od.* Beine geradelegen. ,un'crossed *adj* nicht gekreuzt: ~ check *(Br.* cheque) *econ.* nicht gekreuzter Scheck, Barscheck *m.*
,un'crowd·ed *adj* wenig befahren: ~ street.
,un'crowned *adj* 1. (noch) nicht gekrönt. 2. ungekrönt *(a. fig.):* the ~ king of high finance.
unc·tion ['ʌŋkʃn] *s* 1. Salbung *f,* Einreibung *f.* 2. *pharm.* Salbe *f.* 3. *relig.* a) (heiliges) Öl, b) Salbung *f,* Weihe *f,* c) *a.* extreme ~ Letzte Ölung. 4. *fig.* Balsam *m (Linderung od. Trost) (to* für). 5. Inbrunst *f,* Pathos *n.* 6. *contp.* Salbung *f,* unechtes Pathos: with ~ salbungsvoll. ,unc·tu'os·i·ty [-tjʊ'ɒsɪtɪ; *Am.* -tʃə-'wɑ-] *s* 1. Öligkeit *f.* 2. *fig. (das)* Salbungsvolle. 'unc·tu·ous [-tjʊəs; *Am.* -tʃəwəs; -tʃəs] *adj (adv ~ly)* 1. ölig, fettig: ~ soil fetter Boden. 2. *fig.* salbungsvoll, ölig. 'unc·tu·ous·ness *s* unctuosity.
,un'cul·ti·va·ble *adj* unbebaubar, nicht kulti'vierbar. ,un'cul·ti·vat·ed *adj* 1. unbebaut. 2. *fig.* brachliegend, vernachlässigt: ~ talents. 3. *fig.* 'unzivili,siert. 4. *fig.* ungebildet, 'unkulti,viert.
,un'cul·tured → uncultivated 1, 3, 4.
,un'cum·bered *adj* unbeschwert, unbelastet.
,un'curbed *adj* 1. abgezäumt. 2. *fig.* ungezähmt, zügellos.
,un'cured *adj* 1. ungeheilt. 2. ungesalzen, ungepökelt.
,un'curl *v/t u. v/i* (sich) entkräuseln *od.* glätten.
,un'cur'tailed *adj* ungekürzt, unbeschnitten.
un·cus ['ʌŋkəs] *pl* un·ci ['ʌnsaɪ] *s anat.* Haken *m,* Häkchen *n.*
,un'cus·tom·ar·y *adj* ungebräuchlich, ungewöhnlich, unüblich. ,un'cus·tomed *adj* 1. zollfrei. 2. unverzollt.
,un'cut *adj* 1. ungeschnitten. 2. unzerschnitten. 3. *agr.* ungemäht. 4. *tech.* a) unbehauen, b) ungeschliffen: an ~ diamond. 5. unbeschnitten: an ~ book. 6. *fig.* ungekürzt.
,un'dam·aged *adj* unbeschädigt, unversehrt, heil.
,un'damped *adj* 1. *bes. electr. mus. phys.* ungedämpft. 2. unangefeuchtet. 3. *fig.* nicht entmutigt, unverzagt.
un·date ['ʌndeɪt], 'un·dat·ed[1] *adj* wellig, gewellt.
,un'dat·ed[2] *adj* 1. 'unda,tiert, ohne Datum. 2. unbefristet.

undaunted – underground

ˌun'daunt·ed *adj* (*adv* ~ly) unerschrocken, unverzagt, furchtlos. ˌun'daunt·ed·ness *s* Unerschrockenheit *f*.
un·dé [ˈʌndeɪ] *adj her*. gewellt.
un·dec·a·gon [ˈʌnˈdekəgɒn; *Am*. -ˌgɑːn] *s math*. Elfeck *n*.
ˌun·de'cay·ing *adj* unvergänglich.
ˌun·de'ceive *v/t* **1.** *j-m* die Augen öffnen, *j-n* desillusio'nieren. **2.** *j-n* aufklären (*of* über *acc*), e-s Besser(e)n belehren. ˌun·de'ceived *adj* **1.** nicht irregeführt. **2.** aufgeklärt, e-s Besser(e)n belehrt.
ˌun·de'cid·ed *adj* **1.** nicht entschieden, unentschieden, offen: **to leave a question ~**. **2.** unbestimmt, vage. **3.** unentschlossen, unschlüssig. **4.** unbeständig (*Wetter*).
un·de·cil·lion [ˌʌndɪˈsɪljən] *s math*. **1.** *Br*. Undezilli'on *f* (10^{66}). **2.** *Am*. Sextilli'on *f* (10^{36}).
ˌun·de'ci·pher·a·ble *adj* **1.** nicht zu entziffern(d), nicht entzifferbar. **2.** nicht enträtselbar.
ˌun·de'clared *adj* **1.** nicht bekanntgemacht, nicht erklärt: **~ war** Krieg *m* ohne Kriegserklärung. **2.** *econ*. nicht deklariert.
un·dée → undé.
ˌun·de'fend·ed *adj* **1.** unverteidigt. **2.** *jur*. a) unverteidigt, ohne Verteidiger, b) 'unwiderˌsprochen (*Klage*).
ˌun·de'filed *adj* unbefleckt, rein (*a. fig.*).
ˌun·de'fin·a·ble *adj* 'undefiˌnierbar, unbestimmbar. ˌun·de'fined *adj* **1.** unbegrenzt. **2.** unbestimmt, vage.
ˌun'de·i·fy *v/t* entgöttlichen.
ˌun·de'liv·ered *adj* **1.** nicht befreit, unerlöst (*from* von). **2.** nicht über'geben *od*. ausgehändigt, nicht (ab)geliefert, nicht zugestellt. **3.** nicht gehalten (*Rede*).
ˌun·de'mand·ing *adj* **1.** anspruchslos (*a. fig.*): ~ *music*. **2.** leicht, ohne hohe Anforderungen: **an ~ task**.
'unˌdem·o'crat·ic *adj* 'undemoˌkratisch.
ˌun·de'mon·stra·tive *adj* zu'rückhaltend, reser'viert, unaufdringlich.
ˌun·de'ni·a·ble *adj* (*adv* **undeniably**) **1.** unleugbar, unbestreitbar. **2.** *selten* ausgezeichnet.
'un·deˌnom·i'na·tion·al *adj* **1.** nicht konfessio'nell gebunden. **2.** interkonfessio'nell: **~ school** Gemeinschafts-, Simultanschule *f*.
ˌun·de'pend·a·ble *adj* unzuverlässig.
ˌun·de'plored *adj* unbeweint, unbeklagt.
un·der [ˈʌndə(r)] **I** *prep* **1.** *allg*. unter (*dat od. acc*). **2.** (*Lage*) unter (*dat*), 'unterhalb von (*od. gen*): **from ~ the table** unter dem Tisch hervor. **3.** (*Richtung*) unter (*acc*): **the ball rolled ~ the table**; **he struck him ~ the left eye**. **4.** unter (*dat*), am Fuße von (*od. gen*): **the citizens assembled ~ the castle wall**. **5.** (*zeitlich*) unter (*dat*), während (*gen*): **~ his rule**; **he lived ~ the Stuarts** er lebte zur Zeit der Stuarts; **~ the date of** unter dem Datum vom *1. Januar etc*. **6.** unter (*der Führung etc*): **he fought ~ Wellington**. **7.** unter (*dat*), unter dem Schutz von, unter Zu'hilfenahme von: **~ arms** unter Waffen; **~ darkness** im Schutz der Dunkelheit. **8.** unter (*dat*), geringer als, weniger als: **persons ~ 40 (years of age)** Personen unter 40 (Jahren); **the ~-thirties** die Personen unter 30 Jahren; **in ~ an hour** in weniger als 'einer Stunde; **he cannot do it ~ an hour** er braucht mindestens e-e Stunde dazu. **9.** *fig*. unter (*dat*): **~ his tyranny**; **a criminal ~ sentence of death** ein zum Tode verurteilter Verbrecher; **~ supervision** unter Aufsicht; **~ alcohol** unter Alkohol, alkoholisiert; **~ an assumed name** unter e-m angenommenen Namen. **10.** gemäß, laut, nach: **~ the terms of the contract**; **~ the provisions of the law** a) nach den gesetzlichen Bestimmungen, b) im Rahmen des Gesetzes; **claims ~ a contract** Forderungen aus e-m Vertrag. **11.** in (*dat*): **~ treatment** in Behandlung. **12.** bei: **he studied physics ~ Maxwell**. **13.** mit: **~ s.o.'s signature** mit *j-s* Unterschrift, (eigenhändig) unterschrieben *od*. unterzeichnet von *j-m*.
II *adv* **14.** dar'unter, unter: → **go** (**keep**, *etc*) **under**. **15.** unten: **as ~** wie unten (angeführt); **to get out from ~** *Am. sl*. a) sich herauswinden, b) den Verlust wettmachen.
III *adj* (*oft in Zssgn*) **16.** unter(er, e, es), Unter...: **the ~ layers** die unteren Schichten *od*. Lagen; **the ~ surface** die Unterseite. **17.** unter(er, e, es), nieder(er, e, es), 'untergeordnet, Unter...: **the ~ classes** die unteren *od*. niederen Klassen. **18.** (*nur in Zssgn*) ungenügend, zu gering: an ~**dose**.
ˌun·der-a'chieve *v/i* weniger leisten als erwartet, (*in e-r Prüfung*) schlechter abschneiden als erwartet. ~a'chiev·er *s* *j-d*, der weniger leistet *od*. schlechter abschneidet als erwartet. ~**act** *thea. etc* **I** *v/t* e-e Rolle unter'spielen, -'treiben, unter'trieben spielen. **II** *v/i* unter'trieben (*a. fig.*). ~**age** *adj* minderjährig, unmündig. '~ˌa·gent *s* 'Untervertreter *m*. '~ˌarm **I** *adj* **1.** Unterarm... **2.** ~ **underhand 2**. **II** *adv* **3.** mit e-r 'Unterarmbewegung. '~ˌbel·ly *s* **1.** *zo*. Bauch *m*. **2.** *fig*. Schwachstelle *f*. ~'**bid** **I** *v/t irr* **1.** *econ*. auf der Auktion: a) weniger bieten als, b) zu'wenig bieten für. **2.** *Bridge*: zu niedrig reizen mit (*e-m Blatt*). **II** *v/i* **3.** *econ*. zu'wenig bieten. **4.** *econ*. weniger bieten, ein niedrigeres Angebot machen. ~'**bill** *v/t econ. Am*. Waren zu niedrig dekla'rieren *od*. berechnen. ~'**bred** *adj* **1.** ungebildet, unfein. **2.** nicht reinrassig: **~ dog**. '~ˌbrush *s bes. Am*. 'Unterholz *n*, Gestrüpp *n* (*a. fig.*). ~'**buy** *irr* **I** *v/t* **1.** zu'wenig (ein)kaufen von. **2.** billiger *od*. günstiger (ein)kaufen als (*j-d*): **to ~ s.o**. **3.** etwas unter Preis (ein)kaufen. **II** *v/i* **4.** unter Bedarf *od*. unter Preis (ein)kaufen. ~'**cap·i·tal·ize** *v/t econ*. **1.** e-n zu niedrigen Nennwert für das 'Stammkapiˌtal (*e-s Unternehmens*) angeben: **to ~ a firm**. **2.** das Kapi'tal 'unterˌschätzen von. **3.** 'unterkapiˌtalisieren. '~ˌcar·riage *s* **1.** *aer*. Fahrwerk *n*, -geˌstell *n*. **2.** *mot. etc* Fahrgestell *n*. **3.** *mil*. 'Unterˌlafette *f*. ~**cart** *Br. colloq*. für **undercarriage 1**. ~'**cast** *v/t irr thea. etc* **1.** *j-m* e-e kleine(re) Rolle geben. **2.** *ein Stück etc* mit zweitklassigen Schauspielern besetzen. ~'**charge I** *v/t* **1.** *j-m* zu wenig berechnen *od*. abverlangen. **2.** e-n Betrag zu'wenig verlangen: **he ~d two pounds**. **3.** etwas zu gering berechnen. **4.** *electr*. e-e Batterie *etc* unter'laden. **5.** *ein Geschütz etc* zu schwach laden. **II** *v/i* **6.** zu'wenig verlangen (**for** für). **III** *s* **7.** zu geringe Berechnung *od*. Belastung. **8.** *electr*. ungenügende (Auf)Ladung. '~ˌclass *s sociol*. 'unterpriviˌlegierte Klasse. '~ˌcliff *s geol*. Felsstufe *f*. ~'**clothed** *adj* ungenügend bekleidet. '~ˌclothes *s pl*, '~ˌcloth·ing *s* 'Unterkleidung *f*, -wäsche *f*, Leibwäsche *f*. '~ˌcoat *s* **1.** Rock *m*, Weste *f* (*unter e-m anderen Kleidungsstück getragen*). **2.** *zo*. Wollhaarkleid *n*. **3.** *paint. tech*. Grun'dierung *f*, Voranstrich *m*. **4.** *mot. Am*. 'Unterbodenschutz *m*. **II** *v/t* **5.** *mot. Am*. e-n 'Unterbodenschutz machen bei. ~'**cool** *v/t phys*. unter'kühlen. '~ˌcov·er *adj* **1.** Geheim...: **~ agent** Undercover-Agent *m* (*Kriminalbeamter im Untergrund*). **2.** heimlich: **~ payments**. '~ˌcroft *s arch*. 'unterirdisches Gewölbe, Krypta *f*, Gruft *f*. '~ˌcur·rent *s* 'Unterströmung *f* (*a. fig.*). ~'**cut I** *v/t irr* [ˌ-ˈkʌt] **1.** den unteren Teil wegschneiden *od*. weghauen von, unter'höhlen. **2.** (*im Preis*) unterbieten. **3.** *Golf, Tennis etc*: e-n Ball mit 'Unterschnitt spielen. **II** *s* [ˈ-kʌt] **4.** Unter'höhlung *f*. **5.** *Golf, Tennis etc*: unter'schnittener Ball. **6.** *gastr. Br*. 'Rinder- *od*. 'SchweineˌFiˌlet *n*. ~**de·vel·op** *v/t bes. phot*. 'unterentwickeln. ~**de·vel·oped** *adj phot. u. fig*. 'unterentwickelt: **~ child**; **~ country** *pol*. Entwicklungsland *n*. ~'**do** *v/t irr* **1.** etwas unvollkommen tun, mangelhaft erledigen. **2.** nicht gar kochen, nicht 'durchbraten. '~ˌdog *s fig*. **1.** (*a*. sicherer) Verlierer, Unter'legene(r *m*) *f*. **2.** a) (*der*) sozi'al Schwächere *od*. Zu'rückgesetzte *od*. Benachteiligte, b) (*der*) (zu Unrecht) Verfolgte. ~'**done** *adj* nicht gar, nicht 'durchgebraten. ~**dose I** *s* [ˈ-dəʊs] **1.** zu geringe Dosis. **2.** *fig*. Zu'wenig *n* (**of** an *dat*). **II** *v/t* [ˌ-ˈdəʊs] **3.** *j-m* e-e zu geringe Dosis geben. **4.** etwas zu gering do'sieren. ~'**drain** *tech*. **I** *v/t* **1.** 'unterirdische Ka'näle entwässern *od*. trokkenlegen. **II** *s* [ˈ-dreɪn] 'unterirdischer Drän(strang). ~'**draw** *v/t irr* ungenau *od*. ungenügend zeichnen *od*. darstellen. ~'**dress** *v/t u. v/i* (sich) zu einfach kleiden. ~**em'ploy·ment** *s econ*. 'Unterbeschäftigung *f*. ~**es·ti·mate I** *v/t* [ˌ-ˈestɪmeɪt] unter'schätzen, 'unterbewerten. **II** *s* [ˌ-ˈestɪmət] Unter'schätzung *f*, 'Unterbewertung *f*. ~**es·ti·ma·tion** → **underestimate II**. ~**ex'pose** *v/t phot*. 'unterbelichten: **to be ~d** *fig*. zu wenig Publizität haben. ~**ex'po·sure** *s* **1.** *phot*. 'Unterbelichtung *f*. **2.** *fig*. mangelnde Publizi'tät. ~'**feed** *v/t irr* 'unterernähren, nicht genügend (er)nähren *od*. füttern: **underfed** unterernährt. '~ˌfeed·ing *s* 'Unterernährung *f*. ~'**felt** *s* 'Filzˌunterlage *f*. ~'**floor** *adj* Unterboden..., *mot*. Unterflur...: **~ engine**; **~ heating** Fußbodenheizung *f*. ~'**flow** *s* **1.** 'unterirdischer ('Durch)Fluß. **2.** *fig*. 'Unterströmung *f*. '~ˌfoot *adv* **1.** unter den Füßen, den Füßen, unter am Boden: **it is very hard ~** der Boden ist steinhart gefroren; → **trample 3**, **tread 12**. **2.** *colloq*. (di'rekt) vor den Füßen, im Wege. **3.** *fig*. in der Gewalt, unter Kon'trolle. '~ˌframe *s tech*. 'Untergestell *n*, Rahmen *m*. '~ˌfur *s zo*. Wollhaarkleid *n*. '~ˌgar·ment *s* (Stück *n*) 'Unterkleidung *f*. ~'**glaze** (*Keramik*) **I** *s* 'Unterglaˌsur *f*, erste Gla'sur. **II** *adj* Unterglasur... ~'**go** *v/t irr* **1.** erleben, 'durchmachen: **to ~ a change**. **2.** sich *e-r Operation etc* unter'ziehen. **3.** erdulden: **to ~ pain**. ~'**grad** *colloq*. für **undergraduate**. ~**grad·u·ate** *s* Stu'dent(in). **II** *adj* Studenten... ~**ground I** *adv* [ˌ-ˈɡraʊnd] **1.** unter der *od*. die Erde, 'unterirdisch. **2.** *fig*. im verborgenen, heimlich, geheim: **to go ~** a) *pol*. zur Untergrundbewegung werden, b) *pol*. in den Untergrund gehen, c) untertauchen. **II** *adj* [ˈ-ɡraʊnd] **3.** 'unterirdisch: **~ cable** Erdkabel *n*; **~ car park**, **~ garage** Tiefgarage *f*; **~ pipe** erdverlegtes Rohr; **~ railway** (*Am*. railroad) **~ 9**; **~ water** Grundwasser *n*. **4.** *Bergbau*: unter Tag(e): **~ mining** Untertag(e)bau *m*. **5.** *tech*. Tiefbau...: **~ engineering** Tiefbau *m*. **6.** *fig*. Untergrund..., Geheim..., verborgen: **~ fighter** *pol*. Untergrundkämpfer *m*; **~ movement** *pol*. Untergrundbewegung *f*. **7.** *art* Underground...: **~ film** (**music**, *etc*). **III** *s* [ˈ-ɡraʊnd] **8.** 'unterirdischer Raum

od. ('Durch)Gang. **9.** *bes. Br.* 'Untergrundbahn *f*, U-Bahn *f*, **10.** *pol.* 'Untergrund(bewegung *f*) *m.* **11.** *art* 'Underground *m.* ~**grown** *adj* **1.** nicht ausgewachsen. **2.** (mit 'Unterholz) über'wachsen. '~**growth** *s* 'Unterholz *n*, Gestrüpp *n.* ~**hand** *adj u. adv* **1.** *fig.* a) heimlich, verstohlen, b) 'hinterlistig, -hältig. **2.** *Baseball, Kricket etc*: mit der Hand unter Schulterhöhe ausgeführt (*Wurf etc*): ~ **service** (*Tennis*) Tiefaufschlag *m.* '~**hand** 1. **2.** *econ.* knapp an Arbeitskräften *od.* Perso'nal. ~**hand·ed·ness** *s* Heimlichkeit *f*, 'Hinterhältigkeit *f*. ~**hung** *adj med.* a) über den Oberkiefer vorstehend, b) mit vorstehendem 'Unterkiefer. ~**in·sur·ance** *s econ.* 'Unterversicherung *f*. ~**in·sure** *v/t u. v/i* (sich) 'unterversichern. '~**is·sue** *s econ.* Minderausgabe *f*. ~**lay** [-'leɪ] **I** *v/t irr* **1.** (dar)'unterlegen. **2.** unter'legen, stützen (**with** mit). **3.** *print.* den Satz zurichten. **II** *v/i* **4.** *Bergbau:* sich neigen, einfallen. **III** *s* ['-leɪ] **5.** 'Unterlage *f.* **6.** *print.* Zurichtebogen *m.* **7.** *Bergbau:* schräges Flöz. '~**lease** *s* 'Unterverpachtung *f*, 'Untermiete *f.* '~**les,see** *s* 'Untermieter(in), -pächter(in). ~**let** *v/t irr* **1.** unter Wert verpachten *od.* vermieten. **2.** 'unterverpachten, -vermieten. ~**lie** *v/t irr* **1.** liegen unter (*dat*). **2.** *fig.* e-r Sache zu'grunde liegen. **3.** *econ.* unter'liegen, unter'worfen sein (*beide dat*). ~**line I** *v/t* [,-'laɪn] **1.** unter'streichen (*a. fig. betonen*). **II** *s* ['-laɪn] **2.** Unter'streichung *f.* **3.** (Vor)Ankündigung *f* am Fuß e-s The'aterpla̱kats. **4.** 'Bild,unterschrift *f*, Bildtext *m.* '~**lin·en** *s* 'Unter-, Leibwäsche *f.* **un·der·ling** ['ʌndə(r)lɪŋ] *s contp.* 'Untergebene(r *m*) *f*, 'Untergeordnete(r *m*) *f*, Handlanger *m*, ,Kuli' *m*. 'un·der'lip *s* 'Unterlippe *f.* ~**load** *s tech.* 'Unterbelastung *f*. ~**ly·ing** *adj* **1.** dar'unterliegend. **2.** *fig.* zu'grunde liegend, grundlegend, eigentlich, tiefer (-er, e, es). **3.** *econ. Am.* Vorrangs-, Priori'täts... ~**man** *v/t* ein Schiff *etc* nicht genügend bemannen: ~**ned** a) unterbemannt, b) (personell) unterbesetzt. ~**men·tioned** *adj Br.* unten'erwähnt. ~'**mine** *v/t* **1.** *mil. tech.* unter'mi'nieren (*a. fig.*). **2.** aushöhlen, auswaschen, unter'spülen. **3.** *fig.* unter'graben, zersetzen, all'mählich zu'grunde richten. '~**most I** *adj* unterst(er, e, es). **II** *adv* zu'unterst. ,un·der'neath **I** *prep* **1.** unter (*dat od. acc*), 'unterhalb (*gen*). **II** *adv* **2.** unten, dar'unter. **3.** auf der 'Unterseite. ,un·der'nour·ished *adj* unter'ernährt. ~'**nour·ish·ment**, ~**nu'tri·tion** *s* 'Unterernährung *f.* ~**oc·cu·pied** *adj* 'unterbelegt (*Haus etc*). '~**pants** *s pl* a. pair of ~ 'Unterhose *f.* '~**pass** *s* ('Straßen-, 'Eisenbahn)Unter,führung *f.* ~**pay** *v/t irr* 'unterbezahlen. ~'**pay·ment** *s* 'Unterbezahlung *f*. ~**peo·pled** *adj* 'unterbevölkert. ~'**pin** *v/t arch.* a) (unter)'stützen, b) unter'mauern (*beide a. fig.*). ~'**pin·ning** *s* **1.** *arch.* Unter'mauerung *f*, 'Unterbau *m.* **2.** *fig.* Stütze *f*, Unter'stützung *f.* **3.** *meist pl colloq.* ,Fahrgestell' *n* (*Beine*). ~'**play I** *v/t* **1.** → underact I. **2.** to ~ one's hand *fig.* nicht alle Trümpfe ausspielen. **II** *v/i* → underact II. '~**plot** *s* Nebenhandlung *f*, Epi'sode *f* (*im Drama etc*). '~**pop·u·lat·ed** *adj* 'unterbevölkert. ~'**price** *v/t econ.* **1.** *etwas* unter Preis anbieten. **2.** *j-n* unter'bieten. ~'**print** *v/t* **1.** *print.* a) gegendrucken, b) zu schwach drucken. **2.** *phot.* 'unterko,pieren. ~'**priv·i·leged** *adj* unterprivile,giert, benachteiligt, zu kurz gekommen, schlecht(er)gestellt: **the** ~ die wirtschaftlich Schlecht-

gestellten. ~**pro'duc·tion** *s econ.* 'Unterproduktion *f*. ~**pro,zen·tig** (*Spirituosen*). ~'**proof** *adj* 'unterpro,zentig (*Spirituosen*). ~'**prop** *v/t* **1.** von unten her (ab)stützen. **2.** *fig.* unter'stützen, 'mauern. ~**quote** *v/t econ.* *j-n* unter'bieten. ~'**rate** *v/t* **1.** unter'schätzen, 'unterbewerten (*a. sport*). **2.** *econ.* zu niedrig veranschlagen. ~**re'act** *v/i* zu schwach rea'gieren (**to** auf *acc*). ~**re'ac·tion** *s* zu schwache Reakti'on (**to** auf *acc*). '~,**rep·re'sent·ed** *adj* unter'repräsen,tiert. ~'**score** *v/t* unter'streichen (*a. fig. betonen*). '~**sea I** *adj* 'unterseeisch, Unterwasser... **II** *adv* → **underseas.** ~'**seal** *mot. bes. Br.* **I** *s* 'Unterbodenschutz *m.* **II** *v/t* e-n 'Unterbodenschutz machen bei. ~'**seas** *adv* 'unterseeisch, unter'Wasser. ~**sec·re,tar·y** *s pol.* 'Staatsse,kre,tär *m*: **Parliamentary U~** *Br.* parlamentarischer Staatssekre'tär; **Permanent U~** *Br.* Ständiger Unterstaatssekre'tär in e-m Ministerium. ~'**sell** *v/t irr econ.* **1.** *j-n* unter'bieten. **2.** *Ware* verschleudern, unter Wert verkaufen. ~**set I** *v/t irr* [,-'set] *etwas* Anderes *etc* (unter)'stützen (*a. fig.*). **II** *s* ['-set] *mar.* 'Unter-, Gegenströmung *f.* ~'**sexed** *adj*: **to be** ~ e-n unterentwickelten Geschlechtstrieb haben. '~**sher·iff** *s jur.* Vertreter *m* e-s Sheriffs. '~**shirt** *s bes. Am.* 'Unterhemd *n.* ~'**shoot** *v/t*: ~ **the runway** *aer.* vor der Landebahn aufsetzen. ~'**shorts** *s pl* a. **pair of** ~ *bes. Am.* ('Herren),Unterhose *f.* '~**shot** *adj* **1.** *tech.* 'unterschlächtig. **2.** *med.* mit vorstehendem 'Unterkiefer. '~**shrub** *s* kleiner Strauch. '~**side I** *s* 'Unterseite *f.* **II** *adj* auf der 'Unterseite. ~'**sign** *v/t* unter'schreiben, -'zeichnen. ~'**signed I** *adj* unter'zeichnet. **II** *s* **the** ~ a) der (die) Unter'zeichnete, b) *pl* die Unterzeichneten *pl.* ~'**sized**, a. ~'**size** *adj* **1.** unter Nor'malgröße. **2.** winzig. '~**skirt** *s* 'Unterrock *m.* ~'**slung** *tech.* **1.** Hänge...: ~ **cooler**; ~ **frame** Unterzugrahmen *m* (*am Auto*). **2.** unter'baut: ~ **spring.** ~'**soil** *s* 'Untergrund *m.* '~**song** *s mus.* a) Begleitstimme *f*, -ton *m*, b) *obs.* Re'frain *m*, Kehrreim *m.* ~'**spend** *v/t irr* **I** *v/t* zu'wenig ausgeben. **II** *v/t* weniger ausgeben als, e-e bestimmte Ausgabensumme unter'schreiten. ~'**staffed** *adj* (perso'nell) 'unterbesetzt. ,**un·der'stand** *irr* **I** *v/t* **1.** verstehen: a) begreifen, b) einsehen, c) *wörtlich etc* auffassen, d) (volles) Verständnis haben für: ~ **each other** sich *od.* einander verstehen, *a.* zu e-r Einigung gelangen; **to give s.o. to** ~ j-m zu verstehen geben; **to make o.s. understood** sich verständlich machen; **do I** (*od.* **am I to**) ~ **that ...?** soll das heißen, daß ...?; **be it understood** wohlverstanden; **what do you** ~ **by ...?** was verstehen Sie unter ...?; (**do you** ...?) verstanden? **2.** sich verstehen auf (*acc*), sich auskennen in (*dat*), wissen (**how to** *mit inf* wie man *etwas* macht): **he** ~**s horses** er versteht sich auf Pferde; **she** ~**s children** sie kann mit Kindern umgehen. **3.** vor'aussetzen, als sicher *od.* gegeben annehmen: **I** ~ **that (the) doors open at 8.30** ich nehme an, daß die Türen um 8.30 Uhr geöffnet werden; **that is understood** das versteht sich (von selbst); **it is understood that ...** *jur.* es gilt als vereinbart, daß ...; **an understood thing** e-e aus- *od.* abgemachte Sache. **4.** erfahren, hören: **I** ~ **that ...** ich hör(t)e *od.* man sagt(e) mir, daß ...?; **I** ~ **him to be** (*od.* **that he is) an expert** wie ich höre, ist er ein Fachmann; **it is understood** es heißt, wie verlautet. **5.** (**from**) entnehmen (*dat od.* aus), schließen *od.* her'aushören (aus): **no one could** ~ **that from her words.**

6. *bes. ling.* bei sich *od.* sinngemäß ergänzen, hin'zudenken: **in this phrase the verb is understood** in diesem Satz muß das Verb (sinngemäß) ergänzt werden. **II** *v/i* **7.** verstehen: a) begreifen, b) (volles) Verständnis haben: **he will** ~ er wird es *od.* mich *od.* uns *etc* (schon) verstehen. **8.** Verstand haben. **9.** Bescheid wissen (**about s.th.** über e-e Sache). **10.** hören: ..., **so I** ~! wie ich höre, ... ,**un·der'stand·a·ble** *adj* verständlich. ,**un·der'stand·a·bly** *adv* **1.** verständlich. **2.** verständlicherweise. ,**un·der'stand·ing I** *s* **1.** Verstehen *n.* **2.** Verstand *m*: a) Intelli'genz *f*, b) *philos.* Intel'lekt *m.* **3.** Verständnis *n* (**of** für). **4.** (*gutes etc*) Einvernehmen (**between** zwischen). **5.** Verständigung *f*, Vereinbarung *f*, Über'einkunft *f*, Abmachung *f*, Einigung *f*: **to come to an** ~ **with s.o.** zu e-r Einigung mit j-m kommen *od.* gelangen, sich mit j-m verständigen. **6.** Klarstellung *f*. **7.** Bedingung *f*: **on the** ~ **that** unter der Bedingung, daß. Vor'aussetzung, daß. **II** *adj* (*adv* ~**ly**) **8.** verständnisvoll, verstehend. **9.** verständig, gescheit.

,**un·der'state** *v/t* **1.** zu gering angeben *od.* ansetzen. **2.** (bewußt) zu'rückhaltend *od.* maßvoll ausdrücken *od.* darstellen, unter'treiben. **3.** abschwächen, mildern. ~'**state·ment** *s* **1.** zu niedrige Angabe. **2.** Unter'treibung *f*, Under'statement *n.* ~'**steer** *v/i mot.* unter'steuern (*Auto*). ~'**stock** *v/t* ein Lager *etc* ungenügend versorgen *od.* beliefern (**with** mit). '~**strap·per** → **underling.** ~'**stra·tum** *s a. irr geol.* (*das*) Liegende. ~'**strength** *adj* (perso'nell) 'unterbesetzt. '~**stud·y I** *v/t* **1.** *thea.* e-e Rolle als zweite Besetzung 'einstu,dieren. **2.** *thea.* einspringen für. **3.** *fig.* sich bereithalten in (*acc*). **II** *v/i* **4.** *thea.* e-e Rolle als zweite Besetzung 'einstu,dieren. **III** *s* **5.** *thea.* zweite Besetzung. **6.** *fig.* Ersatzmann *m.* '~**sur·face** *s* 'Unterseite *f.* ,**un·der'take** *irr* **I** *v/t* **1.** e-e Aufgabe über'nehmen, auf sich *od.* in die Hand nehmen: **to** ~ **a task. 2.** e-e Reise *etc* unter'nehmen. **3.** über'nehmen, eingehen: **to** ~ **a risk**; **to** ~ **a responsibility** e-e Verantwortung übernehmen. **4.** sich erbieten, sich verpflichten (*a. jur.*) (**to do** zu tun). **5.** garan'tieren, sich verbürgen (**that** daß). **6.** *obs.* sich einlassen mit. **II** *v/i* **7.** *obs.* sich verpflichten (**for** zu). **8.** *obs.* bürgen (**for** für). ~'**tak·er** *s* a) Leichenbestatter *m*, b) Be'stattungs-, Be'erdigungsinsti,tut *n.* ~'**tak·ing** *s* **1.** 'Übernahme *f*: **the** ~ **of a task. 2.** Unter'nehmung *f.* **3.** *econ.* Unter'nehmen *n*, Betrieb *m*: **industrial** ~. **4.** Verpflichtung *f.* **5.** Garan'tie *f.* **6.** ['-,teɪkɪŋ] Leichenbestattung *f.*

,**un·der'tax** *v/t* **1.** zu niedrig besteuern, 'unterbesteuern. **2.** zu niedrig einschätzen. ~**tax'a·tion** *s* 'Unterbesteuerung *f.* ~'**ten·an·cy** *s* 'Unterpacht *f*, -miete *f.* ~'**ten·ant** *s* 'Untermieter(in), -pächter(in). ~**the-'count·er,** ~**the-'ta·ble** *adj* unter der Hand (getätigt), heimlich. ~'**time** *v/t phot.* 'unterbelichten. ~'**tint** *s* gedämpfte Farbe *od.* Färbung. ~'**tone** *s* **1.** gedämpfter Ton, gedämpfte Stimme: **in an** ~ mit gedämpfter Stimme. **2.** *fig.* a) 'Unterton *m*, *pl* Nebentöne, Zwischentöne *pl*, Beigeschmack *m*: **it had** ~**s of** es schwang darin etwas von ... mit. **3.** *phys.* gedämpfte Farbe. **4.** Börse: Grundton *m.* ~'**tow** *s mar.* **1.** Sog *m.* **2.** 'Widersee *f.* ~'**val·ue** *v/t* **1.** 'unterschätzen, 'unterbewerten, zu gering ansetzen. **2.** geringschätzen. '~**vest** *s bes. Br.* 'Unterhemd *n.* '~**waist** *s Am.* 'Un-

termieder n. **~'wa·ter** adj **1.** Unterwasser...: **~ massage. 2.** mar. 'unterhalb der Wasserlinie (liegend). **~'way** adj **1.** auf Fahrt (befindlich). **2.** während der Fahrt. **3.** für unter'wegs, Reise... **~'wear** → **underclothes. ~'weight I** s ['-weɪt] 'Untergewicht n. **II** adj [ˌ-'weɪt] 'untergewichtig: **to be ~** Untergewicht haben. **~'whelm** v/t fig. j-n alles andere als über'wältigen. **'~'wing** s zo. **1.** 'Unterflügel m. **2.** Ordensband n (Falter). **'~'wood** s 'Unterholz n, Gestrüpp n (a. fig.). **~'work I** v/t **1.** etwas nicht sorgfältig genug arbeiten. **2.** billiger arbeiten als, j-n unter'bieten. **II** v/i **3.** zu wenig arbeiten. **4.** billiger arbeiten. **'~-world** s **1.** 'Unterwelt f: a) myth. Hades m, b) Verbrecherwelt f. **2.** 'unterirdische od. -seeische Regi'on. **3.** (die) entgegengesetzte Erdhälfte, Anti'poden pl.
'**un·der,write** irr **I** v/t **1.** etwas dar'unterschreiben, -setzen. **2.** fig. etwas unter'schreiben, s-e Zustimmung geben zu. **3.** econ. a) e-e Effektenemission (durch 'Übernahme der nicht verkauften Pa'piere) garan'tieren, b) bürgen od. garan'tieren für. **4.** econ. a) e-e Versicherungspolice unter'zeichnen, e-e Versicherung über'nehmen, b) etwas versichern, c) die Haftung über'nehmen für. **II** v/i **5.** econ. Versicherungsgeschäfte machen. **'~,writ·er** s econ. **1.** Versicherer m. **2.** Mitglied in e-s Emissi'onskon,sortiums. **3.** bes. Am. colloq. Ver'sicherungs,a,gent m. '**~,writ·ing** econ. **I** s **1.** (See-) Versicherung(sgeschäft n) f. **2.** Emissi'onsgaran,tie f. **II** adj **3. ~ syndicate** Emissionskonsortium n.
ˌ**un·de'scrib·a·ble** adj unbeschreiblich.
ˌ**un·de'served** adj unverdient. **un·de-'serv·ed·ly** [-ɪdlɪ] adv unverdientermaßen. **un·de'serv·ing** adj (adv **~ly**) unwert, unwürdig (of gen): **to be ~ of** kein Mitgefühl etc verdienen.
ˌ**un·de'signed** adj unbeabsichtigt, unabsichtlich. **un·de'sign·ed·ly** [-ɪdlɪ] adv. ˌ**un·de'sign·ing** adj ehrlich, aufrichtig.
'**un·de,sir·a'bil·i·ty** s Unerwünschtheit f. ˌ**un·de'sir·a·ble I** adj (adv undesirably) **1.** nicht wünschenswert. **2.** unerwünscht, lästig: → **alien** 7. **II** s **3.** unerwünschte Per'son. **un·de'sired** adj unerwünscht, 'unwill,kommen. ˌ**un·de'sir·ous** adj nicht begierig (of nach): **to be ~ of** s.th. etwas nicht wünschen od. nicht (haben) wollen.
ˌ**un·de'tach·a·ble** adj nicht (ab)trennbar od. abnehmbar.
ˌ**un·de'tect·ed** adj unentdeckt.
ˌ**un·de'ter·mined** adj **1.** (noch) nicht entschieden, unentschieden, schwebend, offen: **an ~ question. 2.** unbestimmt, vage. **3.** unentschlossen, unschlüssig.
ˌ**un·de'terred** adj nicht abgeschreckt, unbeeindruckt (**by** von).
ˌ**un·de'vel·oped** adj **1.** unentwickelt. **2.** unerschlossen (Gelände).
un·de'vi·at·ing adj (adv **~ly**) **1.** nicht abweichend. **2.** unentwegt, unbeirrbar.
un·dies ['ʌndɪz] s pl colloq. ('Damen-) ˌUnterwäsche f.
'**un,dif·fer'en·ti·at·ed** adj 'undiffe,ren,ziert.
ˌ**un·di'gest·ed** adj unverdaut (a. fig.).
un'dig·ni·fied adj unwürdig, würdelos.
ˌ**un·di'lut·ed** adj **1.** unverdünnt, b) a. fig. unverwässert, unverfälscht.
'**un·di'min·ished** adj unvermindert.
un·dine ['ʌndi:n; ʌn'di:n] s **1.** Un'dine f, Wassernixe f. **2.** med. Un'dine f (Glasgefäß für Spülungen).
ˌ**un·dip·lo'mat·ic** adj (adv **~ally**) 'undiplo,matisch.

ˌ**un·di'rect·ed** adj **1.** ungeleitet, führungslos, ungelenkt. **2.** 'unadres,siert. **3.** math. phys. ungerichtet.
ˌ**un·dis'cerned** adj unbemerkt. ˌ**un·dis'cern·ing** adj (adv **~ly**) urteilslos, unkritisch.
ˌ**un·dis'charged** adj **1.** unbezahlt, unbeglichen. **2.** econ. (noch) nicht entlastet: **~ debtor. 3.** nicht abgeschossen (Gewehr etc). **4.** nicht entladen (Schiff etc).
un·dis·ci·plined adj **1.** 'undiszipli,niert. **2.** ungeschult.
ˌ**un·dis'closed** adj ungenannt, geheimgehalten, nicht bekanntgegeben.
ˌ**un·dis'cour·aged** adj nicht entmutigt.
ˌ**un·dis'cov·er·a·ble** adj (adv undiscoverably) unauffindbar, nicht zu entdecken(d). ˌ**un·dis'cov·ered** adj **1.** unentdeckt. **2.** unbemerkt.
ˌ**un·dis'crim·i·nat·ing** adj (adv **~ly**) **1.** keinen 'Unterschied machend, 'unterschiedslos. **2.** urteilslos, unkritisch.
ˌ**un·dis'cussed** adj unerörtert.
ˌ**un·dis'guised** adj **1.** unverkleidet, 'un,mas,kiert. **2.** fig. unverhüllt, unverhohlen. ˌ**un·dis'guis·ed·ly** [-ɪdlɪ] adv.
ˌ**un·dis'mayed** adj unerschrocken, unverzagt.
ˌ**un·dis'posed** adj **1. ~ of** nicht verteilt od. vergeben, econ. a. unverkauft. **2.** abgeneigt, nicht aufgelegt od. bereit (**to do** zu tun). [stritten.]
ˌ**un·dis'put·ed** adj (adv **~ly**) unbe-
ˌ**un·dis'sem·bled** adj **1.** aufrichtig, echt. **2.** unverhüllt, unverhohlen.
ˌ**un·dis'solved** adj **1.** unaufgelöst (a. fig.). **2.** ungeschmolzen.
ˌ**un·dis'tin·guish·a·ble** adj (adv undistinguishably) **1.** nicht erkennbar od. wahrnehmbar. **2.** nicht unter'scheidbar, nicht zu unter'scheiden(d) (**from** von). ˌ**un·dis'tin·guished** adj **1.** sich nicht unter'scheidend (**from** von). **2.** 'durchschnittlich, nor'mal. **3.** → undistinguishable.
ˌ**un·dis'tract·ed** adj nicht abgelenkt (**from** von).
ˌ**un·dis'turbed** adj **1.** ungestört. **2.** unberührt, gelassen. ˌ**un·dis'turb·ed·ly** [-ɪdlɪ] adv.
ˌ**un·di'vid·ed** adj **1.** ungeteilt (a. fig.): **~ attention. 2.** 'ununter,brochen. **3.** al'leinig: **~ responsibility. 4.** econ. nicht verteilt: **~ profits.**
ˌ**un·di'vorced** adj nicht geschieden.
ˌ**un·di'vulged** adj undisclosed.
un·do [ˌʌn'du:] v/t irr **1.** fig. rückgängig od. ungeschehen machen, aufheben. **2.** fig. a) rui'nieren, zu'grunde richten, vernichten, b) e-e Frau etc verführen. **3.** fig. zu'nichte machen: **to ~ s.o.'s hopes. 4.** a) aufmachen, öffnen: **to ~ a parcel** (one's collar, etc), b) aufknöpfen: **to ~ one's waistcoat,** c) losbinden: → **undone. 5.** colloq. j-m den Reißverschluß etc aufmachen. **6.** e-n Saum auftrennen.
un'dock I v/t **1.** mar. ein Schiff entdocken. **2.** Raumfahrt: Mondlandefähre etc abkoppeln. **II** v/i **3.** mar. aus dem Dock fahren. **4.** Raumfahrt: abkoppeln.
un'do·er s Verführer m. **un'do·ing** s **1.** (das) Aufmachen (etc, → undo 4–6). **2.** fig. Rückgängigmachen n. **3.** fig. a) Zu'grunderichten n, b) Verführung f. **4.** fig. Unglück n, Verderben n, Ru'in m.
ˌ**un·do'mes·ti·cat·ed** adj **1.** unhäuslich. **2.** ungezähmt, wild.
un'done I pp von undo. **II** adj **1.** ungetan, unerledigt: **to leave s.th. ~** etwas ungetan od. unausgeführt lassen; **to leave nothing ~** nichts unversucht lassen, alles (nur Mögliche) tun. **2.** zu'grundegerichtet, rui'niert, 'erledigt'. **3.** offen, auf: **to come ~** aufgehen.

un'doubt·ed adj unbezweifelt, unzweifelhaft, unbestritten. **un'doubt·ed·ly** adv zweifellos, ohne (jeden) Zweifel. **un'doubt·ing** adj (adv **~ly**) nicht zweifelnd, zuversichtlich.
'un'drape v/t **1.** die Dra'pierung entfernen von. **2.** enthüllen.
un'dreamed, a. **un'dreamt** adj oft **~ of** nie erträumt, unerhört.
un·dress [ˌʌn'dres] **I** v/t **1.** entkleiden, ausziehen. **2.** den Verband abnehmen von. **II** v/i **3.** sich entkleiden od. ausziehen. **III** s **4.** Alltagskleid(ung f) n. **5.** Hauskleid(ung f) n. **6.** mil. 'Interims,uni,form f. **7. in a state of ~** a) halb bekleidet, b) unbekleidet. **IV** adj ['ʌndres] **8.** Alltags..., Haus... **un'dressed** adj **1.** unbekleidet: **to get ~** → **undress 3. 2.** gastr. a) ungarniert, b) unzubereitet. **3.** tech. a) ungegerbt (Leder), b) unbehauen (Holz, Stein). **4.** med. unverbunden (Wunde etc).
ˌ**un'dried** adj ungetrocknet.
ˌ**un'drink·a·ble** adj nicht trinkbar, ungenießbar.
ˌ**un'due** adj (adv unduly) **1.** econ. (noch) nicht fällig: **an ~ debt. 2.** unangemessen, unpassend, unangebracht, ungehörig, ungebührlich: **~ behavio(u)r. 3.** unnötig, über'trieben, 'übermäßig: **~ haste** übertriebene Eile; **he was not unduly worried** er war nicht übermäßig od. allzu beunruhigt. **4.** bes. jur. unzulässig: → **influence** 1.
un·du·lant ['ʌndjʊlənt; Am. -dʒə-] adj **1.** wallend, wogend. **2.** wellig. **~ fe·ver** s med. Maltafieber n.
un·du·late ['ʌndjʊleɪt; Am. -dʒə-] **I** v/i **1.** wogen, wallen, sich wellenförmig (fort)bewegen. **2.** wellenförmig verlaufen. **II** v/t **3.** in wellenförmige Bewegung versetzen, wogen lassen. **4.** wellen. **III** adj [a. -lɪt] → undulated. **'un·du·lat·ed** adj wellenförmig, gewellt, wellig, Wellen...: **~ line** Wellenlinie f. **'un·du,lat·ing** adj (adv **~ly**) **1.** → undulated. **2.** wallend, wogend. ˌ**un·du'la·tion** s **1.** wellenförmige Bewegung, Wallen n, Wogen n. **2.** geol. Welligkeit f. **3.** phys. Wellenbewegung f, -linie f. **4.** phys. Schwingung(sbewegung) f. **5.** math. Undulati'on f (e-r Kurve etc). '**un·du·la·to·ry** [Am. -lə,tɔːrɪ; -,tɔː-] adj **1.** wellenförmig, Wellen...: **~ current** electr. Wellenstrom m; **~ theory** phys. Wellentheorie f des Lichts.
ˌ**un'du·ti·ful** adj (adv **~ly**) **1.** pflichtvergessen. **2.** ungehorsam. **3.** unehrerbietig.
un'dy·ing adj unsterblich, unvergänglich, ewig: **~ love** (fame, etc); **with ~ hatred** mit nicht nachlassendem Haß.
ˌ**un'earned** adj nicht erarbeitet, unverdient: **~ income** econ. Einkommen n aus Vermögen, Kapitaleinkommen; **~ increment** Wertzuwachs m von Grundbesitz.
ˌ**un'earth** v/t **1.** ein Tier aus der Höhle treiben. **2.** ausgraben (a. fig.). **3.** fig. ans (Tages)Licht bringen, aufstöbern, ausfindig machen.
un'earth·ly adj **1.** 'überirdisch. **2.** unirdisch, 'übernatürlich. **3.** schauerlich, unheimlich. **4.** colloq. unmöglich (Zeit): **at an ~ hour** zu e-r 'unchristlichen' Zeit.
un'eas·i·ness s **1.** (körperliches u. geistiges) Unbehagen, unbehagliches Gefühl. **2.** (innere) Unruhe. **3.** Unbehaglichkeit f (e-s Gefühls etc). **4.** Unsicherheit f.
un'eas·y adj (adv uneasily) **1.** unruhig, beklommen, unbehaglich, besorgt, ängstlich, ner'vös: **to feel ~ about s.th.** über etwas beunruhigt sein; **an ~ feeling** ein unbehagliches Gefühl; **he is ~ about** (od. **at**) ihm ist nicht ganz wohl bei. **2.** unruhig, ruhelos: **to pass an ~ night.**

3. unbehaglich, ungemütlich, beunruhigend: **an ~ suspicion** ein beunruhigender Verdacht. 4. unsicher (*im Sattel etc*). 5. gezwungen, verlegen, unsicher: **~ behavio(u)r**. [eßbar.\
,un'eat·a·ble *adj* ungenießbar, nicht\
'un,e·co'nom·ic *adj* (*adv ~ally*) unwirtschaftlich.
,un'ed·i·fy·ing *adj* wenig erbaulich, unerquicklich.
,un'ed·u·cat·ed *adj* ungebildet.
,un·em'bar·rassed *adj* 1. nicht verlegen, 'unge,niert. 2. unbehindert. 3. frei von (Geld)Sorgen.
,un·e'mo·tion·al *adj* (*adv ~ly*) 1. leidenschaftslos, emoti'onslos, nüchtern. 2. teilnahmslos, passiv, kühl. 3. gelassen.
,un·em'ploy·a·ble I *adj* 1. nicht verwendbar *od.* verwendungsfähig, unbrauchbar. 2. arbeitsunfähig. II *s* 3. Arbeitsunfähige(r *m*) *f*. ,un·em'ployed I *adj* 1. arbeits-, erwerbs-, stellungslos. 2. ungenützt, brachliegend: **~ capital** *econ.* totes Kapital. II *s* 3. **the ~** die Arbeitslosen *pl*.
,un·em'ploy·ment *s* Arbeits-, Erwerbslosigkeit *f*. **~ ben·e·fit** *s econ. Br.*, **~ com·pen·sa·tion** *s econ. Am.* 'Arbeitslosenunter,stützung *f*. **~ in·sur·ance** *s econ.* Arbeitslosenversicherung *f*. **~ rate** *s econ.* Arbeitslosenquote *f*.
,un·en'cum·bered *adj* 1. *jur.* unbelastet (*Grundbesitz*). 2. (**by**) unbehindert (**durch**), frei (**von**): **~ by any restrictions** ohne irgendwelche Behinderungen.
un'end·ing *adj* (*adv ~ly*) endlos, nicht enden wollend, unaufhörlich, ewig.
,un·en'dowed *adj* 1. nicht ausgestattet (**with** mit). 2. nicht do'tiert (**with** mit), ohne Zuschuß. 3. *fig.* nicht begabt (**with** mit).
,un·en'dur·a·ble *adj* (*adv* unendurably) unerträglich.
,un·en'force·a·ble *adj* nicht erzwingbar, *a.* nicht voll'streckbar *od.* 'durchführbar.
,un·en'gaged *adj* frei a) nicht gebunden, nicht verpflichtet, b) nicht verlobt, c) unbeschäftigt.
,un-'Eng·lish *adj* unenglisch.
,un·en'light·ened *adj fig.* unaufgeklärt (**on** über *acc*), rückständig.
,un·en·ter·pris·ing *adj* nicht *od.* wenig unter'nehmungslustig, ohne Unter'nehmungsgeist.
'un·en,thu·si'as·tic *adj* lustlos: **he was ~ about** (*od.* **over**) **it** er war davon wenig begeistert.
,un·en·vi·a·ble *adj* (*adv* unenviably) nicht zu beneiden(d), wenig beneidenswert.
,un'e·qual *adj* (*adv ~ly*) 1. ungleich, 'unterschiedlich: **an ~ fight** ein ungleicher Kampf; **~ opportunities** Chancenungleichheit *f*. 2. nicht gewachsen (**to** *dat*): **he is ~ to the task**. 3. ungleichförmig. 4. *math.* ungerade (*Zahl*). II *s* 5. *pl* (*die*) Ungleichartigen *pl* (*Dinge etc*). 6. *pl* (*die*) Unebenbürtigen *pl*. ,un·e·qual(l)ed *adj* 1. unerreicht, 'unübertroffen (**by** von; **for** in *od.* an *dat*): **~ for beauty** an Schönheit nicht zu übertreffen. 2. beispiellos, *nachgestellt:* ohne'gleichen: **~ ignorance; not ~** nicht ohne Beispiel.
,un·e'quiv·o·cal *adj* (*adv ~ly*) 1. unzweideutig, 'un,mißverständlich, eindeutig. 2. aufrichtig. [untrüglich.\
,un'err·ing *adj* (*adv ~ly*) unfehlbar,\
,un·es'cap·a·ble *adj* unentrinnbar.
,un·es'sen·tial I *adj* unwesentlich, unwichtig, entbehrlich. II *s* (*etwas*) Unwesentliches, Nebensache *f*.
,un'e·ven *adj* 1. uneben: **~ ground**

2. ungerade: **~ number; ~ page** Buchseite *f* mit ungerader Zahl. 3. ungleich (-mäßig, -artig): **~ bars** (*Turnen*) Stufenbarren *m*. 4. *fig.* unausgeglichen: **he has an ~ temper** er ist unausgeglichen *od.* Stimmungen unterworfen; **an ~ fight** ein ungleicher Kampf. ,un'e·ven·ness *s* 1. Unebenheit *f*. 2. Ungleichheit *f*. 3. Unausgeglichenheit *f*.
,un·e'vent·ful *adj* (*adv ~ly*) ereignislos, ruhig, *a.* ohne Zwischenfälle (verlaufend).
,un·ex'act·ing *adj* 1. anspruchslos, keine hohen Anforderungen stellend. 2. leicht, nicht anstrengend.
,un·ex'am·pled *adj* beispiellos, unvergleichlich, *nachgestellt:* ohne'gleichen: **~ success; not ~** nicht ohne Beispiel.
,un·ex'celled *adj* 'unüber,troffen.
,un·ex'cep·tion·a·ble *adj* (*adv* unexceptionably) 1. einwandfrei, untadelig. 2. unbestreitbar.
,un·ex'cep·tion·al *adj* (*adv ~ly*) 1. nicht außergewöhnlich. 2. keine Ausnahme(n) zulassend. 3. ausnahmslos. 4. → unexceptionable.
,un·ex'haust·ed *adj* 1. nicht erschöpft (*a. fig.*). 2. nicht aufgebraucht.
,un·ex'pect·ed *adj* (*adv ~ly*) 1. unerwartet, 'unvor,hergesehen. 2. *colloq.* unvermutet.
,un·ex'pired *adj* (noch) nicht abgelaufen *od.* verfallen, noch in Kraft.
,un·ex'plain·a·ble *adj* unerklärbar, unerklärlich. ,un·ex'plain·a·bly *adv* unerklärlich(erweise). ,un·ex'plained *adj* unerklärt.
,un·ex'plored *adj* unerforscht.
,un·ex'pressed *adj* unausgesprochen.
,un·ex'pur·gat·ed *adj* nicht (von anstößigen Stellen) gereinigt, ungekürzt.
un'fad·ing *adj* 1. unverwelkend (*a. fig.*). 2. *fig.* unvergänglich. 3. nicht verblassend (*Farbe etc*).
un'fail·ing *adj* (*adv ~ly*) 1. unfehlbar, nie versagend. 2. treu. 3. unerschöpflich, unversiegbar: **~ sources of supply**.
un'fair *adj* unfair: a) ungerecht, unbillig, b) unehrlich, *bes. econ.* unlauter, c) nicht anständig, d) unsportlich (*alle:* **to** gegen'über *dat*): **~ advantage** unrechtmäßig erlangter Vorteil; **~ means** unlautere Mittel; **→ competition** 2 a. ,un·'fair·ly *adv* 1. unfair, unbillig(erweise *etc*). 2. zu Unrecht: **not ~** nicht zu Unrecht. 3. 'übermäßig. ,un'fair·ness *s* Unfairneß *f*: a) Ungerechtigkeit *f*, b) Unehrlichkeit *f*, *bes. econ.* Unlauterkeit *f*, c) Unsportlichkeit *f*.
,un'faith *s* Unglaube *m*. ,un'faith·ful *adj* (*adv ~ly*) 1. un(ge)treu, treulos. 2. unehrlich, unaufrichtig. 3. nicht wortgetreu, ungenau: **~ copy; ~ translation**. ,un'faith·ful·ness *s* Untreue *f*, Treulosigkeit *f*.
un'fal·ter·ing *adj* (*adv ~ly*) 1. nicht schwankend, sicher: **~ step**. 2. fest: **~ glance** (**voice**). 3. *fig.* unbeugsam, entschlossen.
,un·fa'mil·iar *adj* 1. unbekannt, nicht vertraut (**to** *dat*). 2. nicht vertraut (**with** mit). 3. ungewohnt, fremd (**to** *dat od.* für). 'un·fa,mil·i'ar·i·ty *s* 1. Unbekanntheit *f*, Nichtvertrautsein *n*. 2. Fremdheit *f*.
,un'fash·ion·a·ble *adj* 1. 'unmo,dern, altmodisch. 2. 'unele,gant.
,un'fas·ten I *v/t* losbinden, lösen, aufmachen, öffnen. II *v/i* sich lösen, aufgehen: **~ed** unbefestigt, lose.
,un'fa·thered *adj* 1. vaterlos, *bes.* unehelich, 'illegi,tim. 2. unbekannten Ursprungs: **~ slanders**. ,un'fa·ther·ly *adj* unväterlich, lieblos.
un'fath·om·a·ble *adj* (*adv* unfathomably) 1. unergründlich (*a. fig.*). 2. uner-

meßlich, weit. 3. *fig.* unbegreiflich. ,un'fath·omed *adj* unergründet.
,un'fa·vo(u)r·a·ble *adj* (*adv* unfavo[u]rably) 1. ungünstig, unvorteilhaft (**for**, **to** für). 2. widrig (*Umstände, Wetter etc*). 3. unvorteilhaft (*Aussehen*). 4. *econ.* passiv: **~ balance of trade**. ,un'fa·vo(u)r·a·ble·ness *s* Unvorteilhaftigkeit *f*.
,un'fea·si·ble *adj* unausführbar.
,un'fed *adj* ungefüttert, ohne Nahrung.
un'feel·ing *adj* (*adv ~ly*) 1. unempfindlich. 2. gefühllos. un'feel·ing·ness *s* 1. Unempfindlichkeit *f*. 2. Gefühllosigkeit *f*.
un'feigned *adj* 1. ungeheuchelt. 2. wahr, echt, aufrichtig.
,un'felt *adj* ungefühlt.
,un'fem·i·nine *adj* unweiblich.
,un'fer·tile *adj* unfruchtbar (*a. fig.*).
,un'fet·ter *v/t* 1. j-m die Fußfesseln lösen. 2. *fig.* befreien (**from** von). ,un'fet·tered *adj fig.* ungehindert, unbeschränkt, frei.
un'fig·ured *adj* 1. nicht bildhaft *od.* bilderreich: **~ language** nüchterne Sprache. 2. unverziert, ungemustert.
,un'fil·i·al *adj* lieb-, re'spektlos, pflichtvergessen (*Kind*).
,un'filled *adj* 1. un(aus)gefüllt, leer. 2. unbesetzt: **~ position**. 3. **~ orders** *econ.* nicht ausgeführte Bestellungen *pl*, Auftragsbestand *m*.
,un'fin·ished *adj* 1. unfertig (*a. fig.* Stil *etc*). 2. a) *tech.* unbearbeitet, b) *Weberei:* ungeschoren. 3. 'unvoll,endet: **~ book; ~ symphony**. 4. unerledigt: **~ business** *bes. parl.* unerledigte Punkte *pl* (*der Geschäftsordnung*).
,un'fit I *adj* (*adv ~ly*) 1. unpassend, ungeeignet. 2. ungeeignet, unfähig, untauglich: **~ for service** *bes. mil.* dienstunfähig, (dienst)untauglich; **~ for transport** transportunfähig; **~ to eat** ungenießbar; **→ consumption** 5. 3. *sport* nicht fit, nicht in (guter) Form. II *v/t* 4. ungeeignet *etc* machen (**for** für). ,un'fit·ness *s* Untauglichkeit *f*. ,un'fit·ted *adj* 1. ungeeignet, untauglich. 2. nicht (gut) ausgerüstet (**with** mit). ,un'fit·ting *adj* (*adv ~ly*) 1. ungeeignet, unpassend. 2. unangebracht, unschicklich.
,un'fix *v/t* 1. losmachen, lösen: **~ bayonets!** *mil.* Seitengewehr, an Ort! 2. *fig.* unsicher machen, ins Wanken bringen. ,un'fixed *adj* 1. unbefestigt, lose. 2. *fig.* schwankend.
,un'flag·ging *adj* (*adv ~ly*) unermüdlich, unentwegt.
,un'flap·pa·ble *adj colloq.* unerschütterlich: **to be ~** nicht aus der Ruhe zu bringen sein.
,un'flat·ter·ing *adj* (*adv ~ly*) 1. nicht *od.* wenig schmeichelhaft. 2. ungeschminkt.
,un'fledged *adj* 1. ungefiedert, (noch) nicht flügge. 2. *fig.* unreif, unfertig.
,un'fleshed *adj* unerfahren.
un'flinch·ing *adj* (*adv ~ly*) 1. nicht zu'rückschreckend (**from**, **at** vor *dat*). 2. unerschrocken, unerschütterlich. 3. entschlossen, unnachgiebig.
,un'fly·a·ble *adj aer.* 1. fluguntüchtig: **~ aircraft**. 2. zum Fliegen ungeeignet: **~ weather** kein Flugwetter.
un'fold I *v/t* 1. entfalten, ausbreiten, öffnen. 2. *fig.* enthüllen, darlegen, offen'baren. 3. *fig.* entwickeln: **to ~ a story**. II *v/i* 4. sich entfalten, sich öffnen. 5. *fig.* sich entwickeln.
,un'forced *adj* ungezwungen (*a. fig.* natürlich).
,un·fore'see·a·ble *adj* 'unvor,hersehbar. ,un·fore'seen *adj* 'unvor,hergesehen, unerwartet.

unforgettable – unified

ˌun·forˈget·ta·ble adj (adv unforgettably) unvergeßlich.
ˌun·forˈgiv·a·ble adj unverzeihlich.
ˌun·forˈgiv·en adj unverziehen. ˌun·forˈgiv·ing adj unversöhnlich, nachtragend.
ˌun·forˈgot·ten adj unvergessen.
ˌunˈformed adj 1. ungeformt, formlos. 2. unfertig, unentwickelt.
ˌunˈfor·ti·fied adj 1. mil. unbefestigt. 2. tech. nicht verstärkt. 3. nicht angereichert: ~ food.
unˈfor·tu·nate I adj 1. unglücklich, Unglücks..., verhängnisvoll, unglückselig. 2. glücklos. 3. bedauerlich. II s 4. Unglückliche(r m) f. unˈfor·tu·nate·ly adv unglücklicher-, bedauerlicherweise, leider.
ˌunˈfound·ed adj (adv ~ly) fig. unbegründet, grundlos, gegenstandslos: ~ hopes (suspicion, etc); ~ rumo(u)rs gegenstandslose Gerüchte.
ˌunˈframed adj ungerahmt.
ˌunˈfree adj unfrei.
ˌunˈfreeze irr v/t 1. auftauen. 2. econ. Preise etc freigeben: to ~ prices den Preisstop aufheben. 3. Gelder zur Auszahlung freigeben. II v/i 4. auftauen.
unˈfre·quent adj nicht häufig, selten.
ˌun·freˈquent·ed adj 1. nicht od. wenig besucht. 2. einsam, verlassen.
ˌunˈfriend·ed adj freundlos, ohne Freund(e).
ˌunˈfriend·li·ness s Unfreundlichkeit f. ˌunˈfriend·ly I adj 1. unfreundlich (a. fig. Zimmer etc): to be ~ to s.o. zu j-m unfreundlich sein. 2. ungünstig (for, to für). II adv 3. selten unfreundlich.
ˌunˈfrock v/t 1. relig. j-m das geistliche Amt entziehen. 2. Am. j-n ausstoßen (from aus e-m Berufsstand etc).
ˌunˈfruit·ful adj (adv ~ly) 1. unfruchtbar. 2. fig. frucht-, ergebnislos. ˌunˈfruit·ful·ness s 1. Unfruchtbarkeit f. 2. fig. Fruchtlosigkeit f.
ˌunˈfund·ed adj econ. 'unfunˌdiert, nicht fun'diert: ~ debt.
ˌunˈfurl I v/t entfalten, öffnen, auseinˈanderbreiten, entrollen: to ~ sails mar. Segel losmachen. II v/i sich entfalten.
ˌunˈfur·nished adj 1. nicht ausgerüstet od. versehen (with mit). 2. 'unmöˌbliert: ~ room Leerzimmer n.
unˈgain·li·ness s Plumpheit f, Unbeholfenheit f. unˈgain·ly adj u. (selten) adv unbeholfen, plump, linkisch.
ˌunˈgal·lant adj (adv ~ly) 1. 'ungaˌlant (to zu, gegenˈüber). 2. nicht tapfer, feige.
ˌunˈgar·bled adj unverstümmelt, nicht entstellt: ~ report.
ˌunˈgear v/t 1. tech. auskuppeln. 2. obs. Zugtiere aus-, abschirren.
ˌunˈgen·er·ous adj (adv ~ly) 1. nicht freigebig, ˌknaus(e)rigˈ. 2. kleinlich.
ˌunˈgen·ial adj unfreundlich (a. fig. Klima etc).
ˌunˈgen·tle adj (adv ungently) 1. unfreundlich. 2. unsanft, unzart. 3. obs. unedel, unvornehm.
ˌunˈgen·tle·man·like → ungentlemanly. ˌunˈgen·tle·man·li·ness s 1. unfeines od. unvornehmes Wesen. 2. ungebildetes od. unfeines Benehmen. ˌunˈgen·tle·man·ly adj e-s Gentleman unwürdig, unvornehm, unfein.
ˌun·getˈat·a·ble → un·come·at·able.
ˌunˈgift·ed adj unbegabt.
ˌunˈgild·ed, a. ˌunˈgilt adj nicht vergoldet.
ˌunˈgird v/t losgürten.
ˌunˈglazed adj 1. unverglast: ~ window. 2. 'unglaˌsiert: ~ jugs.
ˌunˈgloved adj ohne Handschuh(e).
ˌunˈgod·li·ness s Gottlosigkeit f. ˌun-

ˈgod·ly adj 1. gottlos (a. weitS. verrucht). 2. colloq. scheußlich, schrecklich: an ~ mess ein heilloses Durcheinander; at an ~ hour zu e-r ˌunchristlichenˈ Zeit.
ˌunˈgov·ern·a·ble adj (adv ungovernably) 1. unlenksam, unbotmäßig. 2. zügellos, unbändig, wild. ˌunˈgov·erned adj unbeherrscht, ungezügelt, zügellos.
ˌunˈgrace·ful adj (adv ~ly) 1. ohne Anmut, 'ungraziˌös. 2. plump, ungelenk.
ˌunˈgra·cious adj (adv ~ly) 1. ungnädig. 2. poet. unfreundlich. 3. unangenehm. 4. obs. für ungraceful.
ˌun·gramˈmat·i·cal adj (adv ~ly) 1. ling. 'ungramˌmatisch. 2. fig. falsch.
unˈgrate·ful adj (adv ~ly) 1. undankbar (to gegen). 2. fig. unangenehm, undankbar: ~ task. unˈgrate·ful·ness s Undank(barkeit f) m.
ˌunˈgrat·i·fied adj unbefriedigt.
ˌunˈground·ed adj 1. unbegründet. 2. a) ungeschult, b) ohne sichere Grundlage(n) (Wissen). 3. electr. Am. nicht geerdet.
ˌunˈgrudg·ing adj (adv ~ly) 1. bereitwillig. 2. neidlos, großzügig: to be ~ in praise neidlos Lob spenden.
un·gual [ˈʌŋgwəl] adj anat. zo. Nagel..., Klauen..., Huf...
ˌunˈguard·ed adj 1. unbewacht (a. fig. Moment etc), ungeschützt. 2. fig. unvorsichtig, unbedacht: an ~ answer.
un·guent [ˈʌŋgwənt] s pharm. Salbe f.
ˌunˈguid·ed adj 1. ungeleitet, führer-, führungslos. 2. mil. tech. nicht (fern)gesteuert od. (-)gelenkt: ~ missile.
un·gu·late [ˈʌŋgjʊleit; -lət] zo. I adj 1. hufförmig. 2. mit Hufen, Huf... 3. Huftier... II s 4. Huftier n.
ˌunˈhack·neyed adj 1. ungewöhnlich. 2. nicht abgedroschen.
ˌunˈhair v/t enthaaren.
ˌunˈhal·lowed adj 1. nicht geheiligt, ungeweiht. 2. unheilig, proˈfan.
ˌunˈham·pered adj ungehindert.
ˌunˈhand v/t obs. od. poet. loslassen.
ˌunˈhand·i·ness s 1. Unhandlichkeit f. 2. Ungeschick(lichkeit f) n.
ˌunˈhand·some adj (adv ~ly) 1. unschön (a. fig. Benehmen etc). 2. kleinlich.
ˌunˈhand·y adj (adv unhandily) 1. unhandlich, schwer zu handhaben(d). 2. unbeholfen, ungeschickt (Person).
ˌunˈhang v/t bes. irr ab-, herˈunternehmen: to ~ a picture.
unˈhap·pi·ly adv unglücklicherweise, leider. unˈhap·pi·ness s Unglück(seligkeit f) n, Elend n. unˈhap·py adj allg. unglücklich: a) traurig, niedergeschlagen, b) un(glück)selig, unheilvoll: an ~ day, c) ungeschickt, unpassend: an ~ remark; ~ contrast bedaulicher Gegensatz.
ˌunˈharmed adj unversehrt, heil.
ˌun·harˈmo·ni·ous adj mus. 'unharˌmonisch (a. fig.).
ˌunˈhar·ness v/t Pferde etc a) ausspannen, b) abschirren.
unˈhealth·i·ness s Ungesundheit f. unˈhealth·y adj (adv unhealthily) 1. allg. ungesund: a) kränklich (a. Aussehen etc), b) gesundheitsschädlich (for für; to do zu tun). 2. schädlich, verderblich: ~ influence. 3. 'unnaˌtürlich, krankhaft: ~ curiosity.
ˌunˈheard adj 1. ungehört. 2. jur. ohne rechtliches Gehör. 3. to go ~ unbeachtet bleiben, keine Beachtung finden.
ˌunˈheard-of adj unerhört, noch nie dagewesen, beispiellos.
ˌunˈheat·a·ble adj unheizbar.
ˌunˈheed·ed adj (adv ~ly) unbeachtet: to go ~ unbeachtet bleiben, keine Beachtung finden. ˌunˈheed·ful adj (adv ~ly) unachtsam, sorglos: to be ~ of nicht

achten auf (acc). ˌunˈheed·ing adj (adv ~ly) sorglos, nachlässig, unachtsam.
ˌunˈhelped adj ohne Hilfe od. Unterˈstützung (by von), (ganz) alˈlein. ˌunˈhelp·ful adj (adv ~ly) 1. nicht hilfreich, ungefällig. 2. (to) nutzlos (für), nicht od. wenig dienlich (dat).
ˌunˈher·ald·ed adj 1. unerwartet. 2. unbekannt, aus dem Nichts kommend: ~ and unsung sang- u. klanglos.
ˌunˈhe·ro·ic adj (adv ~ally) 'unheˌroisch.
ˌunˈhes·i·tat·ing adj (adv ~ly) 1. ohne Zaudern od. Zögern, unverzüglich. 2. bereitwillig, adv a. anstandslos, ohne weiteres.
ˌunˈhewn adj unbehauen, roh (a. fig. ungefüge).
ˌunˈhin·dered adj ungehindert.
ˌunˈhinge v/t 1. e-e Tür etc aus den Angeln heben (a. fig.). 2. die Angeln entfernen von. 3. losmachen (from von). 4. fig. a) aus dem Gleichgewicht bringen, durcheinˈanderbringen, b) Nerven, Geist zerrütten.
ˌunˈhis·tor·ic adj; ˌunˈhis·tor·i·cal adj (adv ~ly) 1. 'unhiˌstorisch. 2. ungeschichtlich, nicht geschichtlich (belegt), legenˈdär.
ˌunˈhitch v/t 1. loshaken, -machen. 2. Pferd ausspannen.
unˈho·li·ness s 1. Unheiligkeit f. 2. Ruchlosigkeit f. unˈho·ly adj 1. unheilig. 2. ungeheiligt, nicht geweiht. 3. gottlos, ruchlos. 4. colloq. scheußlich, schrecklich: an ~ mess ein heilloses Durcheinander; at an ~ hour zu e-r ˌunchristlichenˈ Zeit.
ˌunˈhon·o(u)red adj 1. nicht geehrt, unverehrt. 2. econ. nicht honoˈriert (Wechsel etc).
ˌunˈhook v/t u. v/i los-, aufhaken.
unˈhoped adj oft ~-for unverhofft, unerwartet.
ˌunˈhorse v/t aus dem Sattel werfen od. heben (a. fig.).
ˌunˈhouse [-z] v/t 1. (aus dem Hause) vertreiben. 2. obdachlos machen. ˌunˈhoused adj obdach- od. heimatlos, vertrieben.
ˌunˈhur·ried adj (adv ~ly) gemütlich, gemächlich.
ˌunˈhurt adj 1. unverletzt. 2. unbeschädigt.
ˌunˈhusk v/t enthülsen, schälen.
uni- [ˈjuːnɪ] Wortelement mit der Bedeutung uni..., ein..., einzig.
ˌu·niˈax·i·al, a. ˌu·niˈax·al adj bot. math. min. tech. einachsig.
ˌu·niˈcam·er·al [-ˈkæmərəl] adj parl. etc Einkammer...
ˌu·niˈcel·lu·lar adj biol. einzellig: ~ animal, ~ plant Einzeller m.
ˌu·niˈcol·o(u)r(ed) adj einfarbig, uni.
u·ni·corn [ˈjuːnɪkɔː(r)n] s 1. Einhorn n (Fabeltier, a. her. u. Bibl.). 2. a. ~ fish, ~ whale, sea ~ zo. Einhornwal m, Narwal m. 3. ~ shell zo. Einhornschnecke f. 4. Dreigespann n.
ˌu·niˈde·aed, a. ˌu·niˈde·aˈd [ˌʌnaɪˈdɪəd] adj ideenlos. ˌu·niˈde·al adj 1. nicht ideˈell. 2. ohne Ideˈal(e). 3. proˈsaisch, materiaˈlistisch.
ˌunˈiden·ti·fied adj unbekannt, nicht identifiˈzierbar od. identifiˈziert: ~ flying object unbekanntes Flugobjekt.
ˌu·niˌdimen·sion·al adj ˈeindimenˌsional.
ˈun·idˌi·oˈmat·ic adj ling. 'unidioˌmatisch.
ˌu·niˌdirec·tion·al adj in ˈeiner Richtung verlaufend.
u·ni·fi·ca·tion [ˌjuːnɪfɪˈkeɪʃn] s 1. Vereinigung f. 2. Vereinheitlichung f. ˈu·ni·fied [-faɪd] adj 1. vereinheitlicht, einheitlich: ~ field theory math. phys. ein-

heitliche Feldtheorie. 2. *econ.* konsoli-'diert: ~ **debt.** **'u·ni·fi·er** *s* 1. Einiger *m.* 2. *(das)* Vereinigende.
u·ni·fi·lar [ˌjuːnɪˈfaɪlə(r)] *adj phys. tech.* einfädig, Unifilar...
u·ni·form [ˈjuːnɪfɔː(r)m] **I** *adj (adv ~ly)* 1. gleich(förmig), uni'form. 2. gleichbleibend, kon'stant: ~ **temperature.** 3. einheitlich, über'einstimmend, gleich, uni-'form, Einheits...: ~ **price** Einheitspreis *m.* 4. einförmig, eintönig. 5. *math.* von nur 'einem Wert *(Funktion).* **II** *s* 6. Uni-'form *f,* Dienstkleidung *f:* **nurse's** ~ Schwesterntracht *f.* **III** *v/t* 7. uniformieren, gleichförmig *etc* machen. 8. *mil. etc j-n* unifor'mieren: ~**ed** uniformiert, in Uniform. **ˌu·niˈform·i·ty** *s* 1. Gleichförmigkeit *f,* Uniformi'tät *f.* 2. Kon'stanz *f.* 3. Einheitlichkeit *f,* Über'einstimmung *f:* **Act of U~** *parl. Br. hist.* Uniformitäts-Akte *f (1662).* 4. Einförmigkeit *f,* Eintönigkeit *f.*
u·ni·fy [ˈjuːnɪfaɪ] *v/t* 1. verein(ig)en, zs.-schließen. 2. vereinheitlichen: → **unified.**
ˌu·niˈlat·er·al *adj (adv ~ly)* 1. einseitig. 2. *jur. pol.* einseitig: ~ **contract** einseitig verpflichtender Vertrag. 3. *med.* ein-, halbseitig. 3. *sociol.* nur zu 'einer Vorfahrenlinie gehörend.
ˌu·niˈlin·gual *adj* einsprachig.
ˌun·ilˈlu·mi·nat·ed *adj* 1. unerleuchtet *(a. fig.).* 2. *fig.* unwissend.
ˌun·imˈag·i·na·ble *adj (adv* **unimagi-nably)** unvorstellbar. **ˌun·imˈag·i·na·tive** *adj (adv ~ly)* einfalls-, phanta'sielos.
ˌun·imˈag·ined *adj* ungeahnt.
ˌun·iˈmod·al *adj Statistik:* eingipfelig *(Häufigkeitskurve).*
ˌun·imˈpaired *adj* unvermindert, ungeschmälert, unbeeinträchtigt.
ˌun·imˈpas·sioned *adj* leidenschaftslos, ruhig.
ˌun·imˈpeach·a·ble *adj* 1. *jur.* unanfechtbar. 2. untadelig.
ˌun·imˈped·ed *adj (adv ~ly)* ungehindert.
ˌun·imˈpor·tance *s* Unwichtigkeit *f.* **ˌun·imˈpor·tant** *adj* unwichtig, unwesentlich, unbedeutend.
ˌun·imˈpos·ing *adj* nicht impo'nierend *od.* impo'sant, eindrucksios.
ˌun·imˈpres·si·ble *adj* (to) unbeeinflußbar, nicht zu beeindrucken(d) (durch), unempfänglich (für). **ˌun·imˈpres·sion·a·ble** *adj* für Eindrücke unempfänglich. 2. → **unimpressible.**
ˌun·imˈpres·sive *adj* → **unimposing.**
ˌun·imˈproved *adj* 1. unverbessert, nicht vervollkommnet. 2. nicht besser geworden. 3. *agr. bes. Am.* nicht kulti-'viert *od.* melio'riert *(Land).*
ˌun·inˈflect·ed *adj ling.* 'unflekˌtiert, flexi'onslos.
ˌun·inˈflu·enced *adj* unbeeinflußt **(by** durch, von). **ˈun·inˈflu·enˈtial** *adj* ohne Einfluß **(on** auf *acc;* **in** in *dat),* nicht einflußreich.
ˌun·inˈformed *adj* 1. **(on)** nicht infor-'miert *od.* unter'richtet (über *acc),* nicht eingeweiht (in *acc).* 2. ungebildet.
ˌun·inˈhab·it·a·ble *adj* unbewohnbar. **ˌun·inˈhab·it·ed** *adj* unbewohnt, leer.
ˌun·inˈi·ti·at·ed *adj* uneingeweiht, nicht eingeführt **(into, in** in *acc).*
ˌun·inˈjured *adj* 1. unverletzt. 2. unbeschädigt.
ˌun·inˈspired *adj* wenig begeistert *od.* inspi'riert, schwunglos, ohne Feuer, 'lahm'. **ˌun·inˈspir·ing** *adj* nicht begeisternd, wenig anregend.
ˌun·inˈstruct·ed *adj* 1. nicht unter'richtet, unwissend. 2. nicht instru'iert, ohne Verhaltensmaßregeln. **ˌun·inˈstruc·tive** *adj* nicht instruk'tiv od. lehrreich.

ˌun·inˈsured *adj* unversichert.
ˌun·inˈtel·li·gent *adj (adv ~ly)* 'unintelliˌgent, beschränkt, geistlos, dumm.
ˈun·inˌtel·liˈgi·bil·i·ty *s* Unverständlichkeit *f.* **ˌun·inˈtel·li·gi·ble** *adj (adv* **unintelligibly)** unverständlich **(to** für *od. dat).*
ˌun·inˈtend·ed, **ˌun·inˈten·tion·al** *adj (adv ~ly)* unbeabsichtigt, unabsichtlich, ungewollt.
ˌun'in·ter·est·ed *adj (adv ~ly)* 1. inter-'esselos, 'unintereˌsiert **(in** an *dat):* **to be ~ in s.th.** sich für etwas nicht interessieren. 2. gleichgültig, unbeteiligt. **ˌun'in·ter·est·ing** *adj (adv ~ly)* 'uninteresˌsant.
ˌun·in·terˈmit·ting *adj* 'ununterˌbrochen, anhaltend.
ˌun·in·terˈrupt·ed *adj (adv ~ly)* 'un·unterˌbrochen: a) ungestört **(by** von), b) kontinu'ierlich, fortlaufend, anhaltend: ~ **working hours** durchgehende Arbeitszeit, c) geschlossen *(Ladenfront etc).*
ˌun·inˈven·tive *adj* 1. nicht erfinderisch. 2. einfallslos.
ˌun·inˈvest·ed *adj econ.* nicht inve'stiert *od.* angelegt, tot *(Kapital).*
ˌun·inˈvit·ed *adj* un(ein)geladen. **ˌun·inˈvit·ing** *adj (adv ~ly)* nicht od. wenig einladend od. verlockend od. anziehend.
u·ni·o [ˈjuːnɪəʊ] *pl* **-os** *s zo.* Flußmuschel *f.*
un·ion [ˈjuːnjən] *s* 1. *allg.* Vereinigung *f,* Verbindung *f.* 2. (eheliche) Verbindung, Ehe(bund) *f.* 3. Eintracht *f,* Harmo'nie *f.* 4. (Zweck)Verband *m,* Vereinigung *f,* Verein *m,* Bund *m:* **monetary ~** Währungsunion *f;* → **universal** 6. 5. → **student union.** 6. *pol.* Vereinigung *f,* Zs.-schluß *m:* **the U~** *Br. hist.* a) *Vereinigung Englands u. Schottlands* (1706), b) *Vereinigung Großbritanniens u. Irlands* (1801). 7. *pol.* Uni'on *f,* Staatenbund *m (bes. das Vereinigte Königreich u. die Südafrikanische Union).* 8. **the U~** *pol.* a) *bes. Am.* die USA *pl,* die Vereinigten Staaten *pl,* b) *hist.* die Nordstaaten *pl (im Sezessionskrieg).* 9. Gewerkschaft *f:* ~ **abstract** abstrakte Einheit; ~ **card** Gewerkschaftsausweis *m.* 10. *Br.* a) *Vereinigung unabhängiger Kirchen,* b) *hist. Kirchspielverband zur gemeinsamen Armenpflege.* 11. *hist.* Armen-, Arbeitshaus *n.* 12. *tech.* (Rohr)Verbindung *f,* Anschlußstück *n.* 13. *Weberei:* Mischgewebe *n.* 14. *mar.* Gösch *f (Flaggenfeld mit Hoheitsabzeichen):* **U~ Flag** → **union jack** 1.
un·ion·ism [ˈjuːnjənɪzəm] *s* 1. unio'nistische Bestrebungen *pl od.* Poli'tik. 2. **U~** *pol. hist.* Unio'nismus *m (unionistische Bestrebungen in bezug auf die Nordstaaten der USA im Sezessionskrieg od. auf die Vereinigung Englands u. Irlands).* 3. Gewerkschaftswesen *n.* **un·ion·ist** *s* 1. **U~** *pol. hist.* Unio'nist *m.* 2. Gewerkschaftler(in).
Un·ion·ist Par·ty *s pol. hist.* (die) Unio-'nisten *pl (Liberale Unionisten u. Konservative Partei in e-r gemeinsamen Partei).*
un·ion·ize [ˈjuːnjənaɪz] *v/t* gewerkschaftlich organi'sieren.
un·ion| jack *s* 1. **U~ J~** Union Jack *m* (brit. Nationalflagge). 2. *mar.* → **union** 14. ~ **joint** *s tech.* Rohrverbindung *f.* ~ **shop** *s econ. Betrieb, der nur Gewerkschaftsmitglieder einstellt od. Arbeitnehmer, die bereit sind, innerhalb von 30 Tagen der Gewerkschaft beizutreten.* ~ **sta·tion** *s Am.* ⚐Bahnhof *m (von verschiedenen Eisenbahngesellschaften benutzt).* ~ **suit** *s Am.* Hemdhose *f* mit langem Bein.
u·nip·a·ra [juːˈnɪpərə] *pl* **-rae** [-riː], **-ras** *s* 1. *med.* Pri'mipara *f (Frau, die erst einmal geboren hat).* 2. *Tier, das nur 'ein Junges gebärt (bei e-m Wurf).* **uˈnip·a·rous** *adj* 1. *med.* erst einmal geboren habend: ~ **woman** → **unipara** 1. 2. *zo.* nur 'ein Junges gebärend *(bei e-m Wurf).* 3. *bot.* nur 'eine Achse *od.* 'einen Ast treibend.
ˌu·niˈpar·tite *adj* einteilig.
ˌu·niˈpo·lar *adj* 1. *electr. phys.* einpolig, Einpol..., Unipolar... 2. *anat.* monopo'lar (Nervenzelle).
u·nique [juːˈniːk] **I** *adj* 1. einzig. 2. einmalig, einzigartig. 3. unerreicht, beispiellos, nachgestellt: **ohne'gleichen.** 4. un-, außergewöhnlich. 5. *colloq.* großartig, ,toll'. 6. *math.* eindeutig. **II** *s* 7. nur einmal exi'stierendes Exem'plar. 8. Seltenheit *f,* Unikum *n.* **uˈnique·ly** *adv* 1. ausschließlich, al'lein. 2. in einzigartiger Weise. **uˈnique·ness** *s* 1. Einzigartig-, Einmaligkeit *f.* 2. *math.* Eindeutigkeit *f:* ~ **theorem** Eindeutigkeitssatz *m.*
ˈu·ni·sex *s* Unisex *m (Verwischung der Unterschiede zwischen den Geschlechtern, bes. im Erscheinungsbild).* **II** *adj* Unisex...: ~ **clothes.** **ˈu·niˈsex·u·al** *adj* eingeschlechtig, *bot. zo. a.* getrenntgeschlechtlich.
u·ni·son [ˈjuːnɪzn; -sn] *s* 1. *mus.* Ein-, Gleichklang *m,* Uni'sono *n:* **in ~** unisono, einstimmig *(a. fig.).* 2. *fig.* Über'einstimmung *f,* Einklang *m:* **in ~ with** in Einklang mit. **uˈnis·o·nant** [-ˈnɪsənənt] → **unisonous** 1 *u.* 2. **uˈnis·o·nous** *adj* 1. *mus.* a) gleichklingend, b) einstimmig. 2. *fig.* über'einstimmend.
u·nit [ˈjuːnɪt] *s* 1. *allg.* Einheit *f,* (*bes.* Möbel)Ele'ment *n:* ~ **of account** (trade, value) *econ.* (Ver)Rechnungs-(Handels-, Wertungs)einheit; ~ **character** *biol.* (nach den Mendelschen Gesetzen) vererbte Eigenschaft; ~ **cost** *econ.* Kosten *pl* pro Einheit; ~ **factor** *biol.* Erbfaktor *m;* ~ **furniture** Anbaumöbel *pl;* ~ **price** *econ.* Stück-, Einzelpreis *m.* 2. *phys.* (Grund-, Maß)Einheit *f:* ~ **force** Krafteinheit *f;* ~ **of power (time, work)** Leistungs-(Zeit-, Arbeits)einheit *f.* 3. *math.* Einer *m,* Einheit *f:* ~ **abstract** abstrakte Einheit; ~ **fraction** Stammbruch *m.* 4. *tech.* a) (Bau-) Einheit *f,* b) Aggre'gat *n,* Anlage *f:* ~ **box principle** Baukastenprinzip *n;* ~ **construction** Konstruktion *f* nach dem Baukastenprinzip, Baukastenbauweise *f.* 5. *mil.* Einheit *f,* Verband *m,* Truppenteil *m.* 6. *ped.* a) (Schul-, Lehr)Jahr *n* (*in e-m Fach*), b) Lerneinheit *f.* 7. *med.* Einheit *f,* Dosis *f,* Menge *f.* 8. Grundeinheit *f,* Kern *m,* Zelle *f:* **the family as the ~ of society.** 9. *Am.* Gruppe *f* Gleichgesinnter, (feste) Gemeinschaft. 10. *Rationierung:* Marke *f.* **ˈu·nitˈage** *s* (Anzahl *f* von) Einheiten *pl.*
U·ni·tar·i·an [ˌjuːnɪˈtɛərɪən] *relig.* **I** *s* Uni'tarier(in). **II** *adj* uni'tarisch. **U·niˈtar·i·an·ism** *s relig.* Unita'rismus *m.*
ˈu·ni·tar·y [ˈjuːnɪtərɪ; *Am.* -teriː] *adj* 1. zentra'listisch, Einheits... 2. einheitlich. 3. *mil.* uni'tär, Einheits... 4. *electr. phys.* (Maß)Einheits...
u·nite[1] [juːˈnaɪt] **I** *v/t* 1. verbinden (*a. chem. tech.*), vereinigen. 2. *obs.* (ehelich) verbinden, verheiraten. 3. Eigenschaften in sich vereinigen. **II** *v/i* 4. sich vereinigen. 5. *chem. tech.* sich verbinden (**with** mit). 6. sich zs.-tun: **to ~ in doing s.th.** geschlossen *od.* vereint etwas tun. 7. sich anschließen **(with** *dat od. acc).* 8. *obs.* sich verheiraten *od.* verbinden.
u·nite[2] [ˈjuːnaɪt] *s hist.* eine englische Goldmünze unter Jakob I. (20 Schilling).
u·nit·ed [juːˈnaɪtɪd] *adj* 1. verein(ig)t: ~ **colonies** *hist.* die 13 amer. Kolonien im Revolutionskrieg; **U~ Provinces** *hist.* Vereinigung von Holland, Zeeland u. 5

United Brethren – unload

anderen Provinzen 1597. **2.** vereint, gemeinsam: ~ **action.** **U~ Breth·ren** *s pl relig.* **1.** Vereinigte Brüder *pl* in Christo (*protestantische Sekte in den USA*). **2.** Herrnhuter *pl*, Brüdergemeine *f.* **U~ King·dom** *s pol.* (*das*) Vereinigte Königreich (*Großbritannien u. Nordirland*). **U~ Na·tions** *s pl pol.* Vereinte Nationen *pl*: ~ **General Assembly** Vollversammlung *f* der Vereinten Nationen; ~ **Security Council** Weltsicherheitsrat *m.* **U~ States I** *s pl* (*meist als sg konstruiert*) **1.** *pol.* Vereinigte Staaten *pl* (*von* 'Norda,merika), US'A *pl.* **2.** *Am. colloq.* Ameri'kanisch *n,* (*das*) amerikanische Englisch: **to talk ~** e-e deutliche Sprache (*mit j-m*) sprechen. **II** *adj* **3.** (U'S-)ameri,kanisch, US-...

u·ni·tive [ˈjuːnɪtɪv; *Am. a.* juˈnaɪ-] *adj* vereinigend.

u·nit·ize [ˈjuːnɪtaɪz] *v/t* **1.** zu e-r Einheit machen. **2.** *tech.* nach dem 'Baukastenprin,zip konstru'ieren. **3.** in Einheiten verpacken.

u·nit|mag·net·ic pole *s phys.* maˈgnetischer Einheitspol. **~ or·gan** *s mus.* (*moderne amer.*) Multiplex-Orgel. **~ rule** *s econ. Am.* (*bei den Demokraten*) Regel, *wonach die innerhalb e-r Delegation erzielte Mehrheit die als Gesamtheit abgegebene Stimme der Gruppe bestimmt.* **~ trust** *s econ. Br.* In'vestmentfonds *m.*

u·ni·ty [ˈjuːnətɪ] *s* **1.** Einheit *f*: **the dramatic unities** *thea.* die drei Einheiten. **2.** Einheitlichkeit *f* (*a. e-s Kunstwerks*). **3.** Einigkeit *f*, Eintracht *f*: ~ (**of sentiment**) Einmütigkeit *f*. **4.** (*nationale etc*) Einheit *f*: **at ~** in Eintracht, im Einklang. **5.** *jur.* Einheit *f*: ~ **of** (**joint**) **property** Eigentum *n* in Gemeinschaft zur gesamten Hand. **6.** *math.* (*die Zahl*) Eins *f*, Einheit *f.*

u·ni·va·lent [juːnɪˈveɪlənt] *adj* **1.** *chem.* einwertig. **2.** *biol.* univaˈlent, einzeln (*Chromosomen*).

'u·ni·valve I *adj* **1.** *zo.* einschalig, einklappig. **2.** *bot.* einklappig (*Frucht*). **II** *s* **3.** *zo.* einschalige Muschel.

u·ni·ver·sal [juːnɪˈvɜːsəl; *Am.* -ˈvɜr-] **I** *adj* (*adv* ~**ly**) **1.** univer'sal, Universal..., glo'bal, 'allum,fassend, gesamt: **~ genius** Universalgenie *n*; **~ heir** *jur.* Universalerbe *m*; **~ knowledge** umfassendes Wissen; **~ remedy** *pharm.* Universalmittel *n*; **~ succession** *jur.* Gesamtnachfolge *f*; **the ~ experience of mankind** die ganze *od.* gesamte Erfahrung der Menschheit. **2.** univer'sell, gene'rell, allge'mein(gültig): **~ rule**; **~ agent** *econ.* Generalbevollmächtigte(r *m*) *f*. **3.** 'allum,fassend, allgemein: **~ military service** allgemeine Wehrpflicht; **~ partnership** *jur.* allgemeine Gütergemeinschaft; **to meet with ~ applause** allgemeinen Beifall finden; **the disappointment was ~** die Enttäuschung war allgemein. **4.** allgemein, 'überall üblich: **a ~ practice**. **5.** 'überall anzutreffen(d). **6.** 'weltum,fassend, Welt...: **~ language** Weltsprache *f*; **U~ Postal Union** Weltpostverein *m*; **~ time** Weltzeit *f*. **7.** *tech.* Universal...: **chuck** Universalfutter *n*; **~ current** *electr.* Allstrom *m*; **~ joint** Universal-, Kardangelenk *n*; **~ motor** *electr.* Universal-, Allstrommotor *m.* **II** *s* **8.** (*das*) Allgemeine. **9.** *Logik:* allgemeine Aussage: **the U~s** die Universalien. **10.** *philos.* Allge'meinbegriff *m.* **11.** *Metaphysik:* (*das*) Selbst.

u·ni·ver·sal·ism [juːnɪˈvɜːsəlɪzəm; *Am.* -ˈvɜr-] *s philos. relig.* Universa'lismus *m.* **u·ni·ver·sal·ist** *s* Universa'list *m.* **u·ni·ver·sal·i·ty** [-ˈsælətɪ] *s* **1.** (*das*) 'Allum,fassende. **2.** Allge'meinheit *f*. **3.** Universali'tät *f*, Vielseitigkeit *f*. **4.** um'fassende Bildung. **5.** Allge'meingültigkeit *f*. **6.** *obs.* Allge'meinheit *f*, Masse *f* (*e-s Volkes*). **u·ni·ver·sal·ize** *v/t* **1.** Allge'meingültigkeit verleihen (*dat*), allge'meingültig machen. **2.** allgemein verbreiten.

u·ni·verse [ˈjuːnɪvɜːs; *Am.* -ˌvɜrs] *s* **1.** Uni'versum *n*, (Welt)All *n*, Kosmos *m*. **2.** Welt *f*. **3.** Bereich *m*, Raum *m*, Gesamtheit *f*: **~ of discourse** (*Logik*) geistiger Raum *e-r* Abhandlung.

u·ni·ver·si·ty [juːnɪˈvɜːsətɪ; *Am.* -ˈvɜr-] **I** *s* Universi'tät *f*, Hochschule *f*: **at the U~ of Oxford**, **at Oxford U~** auf *od.* an der Universität Oxford; **to go to a ~**, *Br. a.* **to go to ~** studieren. **II** *adj* Universitäts-..., Hochschul..., aka'demisch: **~ bred**, **~ trained** mit Universitätsbildung, aka'demisch gebildet; **~ education** Hochschulbildung *f*; **~ extension** Versuch von Universitäten, sich mit Hilfe von außerhalb der Universität veranstalteten Vortragsreihen breiteren Schichten zu eröffnen; **~ man** Akademiker *m*; **~ place** Studienplatz *m*; **~ population** Gesamtzahl *f* der Studenten (*e-s Landes*); **~ reform** Studienreform *f*.

u·ni·vo·cal [juːnɪˈvəʊkəl; *Am.* juːˈnɪvəkəl] **I** *adj* eindeutig, unzweideutig. **II** *s* Wort *n* mit nur 'einer Bedeutung.

ˌun'jaun·diced *adj* a) neidlos, b) unvoreingenommen.

un'just *adj* (*adv* ~**ly**) ungerecht (**to** gegen): **to be ~ to s.o.** *a.* j-n ungerecht behandeln. **un'jus·ti·fi·a·ble** *adj* (*adv* **unjustifiably**) unentschuldbar, nicht zu rechtfertigen(d). **un'jus·ti·fied** *adj* ungerechtfertigt, unberechtigt. **ˌun'just·ness** *s* Ungerechtigkeit *f*.

un·kempt [ˌʌnˈkempt] *adj* **1.** ungekämmt, zerzaust. **2.** *fig.* unordentlich, ungepflegt.

ˌun'kill·a·ble *adj* meist *fig.* nicht 'umzubringen(d).

un'kind *adj* (*adv* ~**ly**) **1.** lieb-, herz-, rücksichtslos (**to** gegen). **2.** unfreundlich (**to** zu). **un'kind·li·ness** *s* Unfreundlichkeit *f*. **un'kind·ly** *adj u. adv* → **unkind**. **un'kind·ness** *s* **1.** Lieblosigkeit *f*. **2.** Unfreundlichkeit *f*.

ˌun'know·a·ble *bes. philos.* **I** *adj* un(er)kennbar, jenseits menschlicher Erkenntnis. **II** *s* **the U~** das Unerkennbare. **ˌun'know·ing** *adj* (*adv* ~**ly**) **1.** unwissend. **2.** unwissentlich, unbewußt. **3.** nicht wissend, ohne zu wissen (**that** daß; **how** wie; *etc*). **4.** nichts wissend (**of** von, über *acc*). **ˌun'known I** *adj* **1.** unbekannt (**to** *dat*): **the U~ Soldier** (*od.* **Warrior**) der Unbekannte Soldat; **→ quantity** 4. **2.** (**to s.o.**) ohne (j-s) Wissen. **3.** nie gekannt, beispiellos: **an ~ delight**. **II** *s* **4.** (*der, die, das*) Unbekannte. **5.** *math.* Unbekannte *f*.

ˌun'la·bel(l)ed *adj* nicht etiket'tiert, ohne Eti'kett, ohne Aufschrift, unbeschriftet.

ˌun'la·bo(u)red *adj* mühelos (*a. fig.* leicht, ungezwungen).

ˌun'lace *v/t* aufschnüren.

ˌun'lade *v/t* **1.** ent-, ausladen. **2.** *mar.* Ladung *etc* löschen. **ˌun'lad·en** *adj* **1.** unbeladen: **~ weight** Leergewicht *n*. **2.** *fig.* unbelastet (**with** von).

ˌun'la·dy·like *adj* nicht damenhaft, unvornehm, unfein.

ˌun'laid *adj* **1.** nicht gelegt, ungelegt. **2.** nicht gebannt: **~ ghosts**. **3.** ungedeckt (*Tisch*). **4.** ungerippt (*Papier*).

ˌun'la·ment·ed *adj* unbeklagt, unbetrauert.

ˌun'lash *v/t* losmachen.

ˌun'latch *v/t* die Tür aufklinken.

ˌun'law·ful *adj* (*adv* ~**ly**) **1.** *bes. jur.* ungesetzlich, rechts-, gesetzwidrig, 'widerrechtlich, 'ille,gal, unzulässig. **2.** unerlaubt. **3.** unehelich. **ˌun'law·ful·ness** *s* Gesetzwidrigkeit *f*, 'Widerrechtlichkeit *f*.

ˌun'lead·ed [-ˈledɪd] *adj* **1.** unverbleit, bleifrei. **2.** *print.* ohne 'Durchschuß.

ˌun'learn *a. irr* **I** *v/t* **1.** Ansichten *etc* ablegen, aufgeben. **2.** **to have ~ed to do s.th.** nicht mehr fähig sein *od.* es verlernt haben, etwas zu tun. **II** *v/i* **3.** s-e Ansichten *etc* ablegen *od.* aufgeben, *weit S.* 'umlernen.

ˌun'learned[1] *adj* **1.** nicht gelernt *od.* 'einstu,diert. **2.** nicht erlernt.

ˌun'learn·ed[2] *adj* **1.** ungelehrt. **2.** unerfahren, unbewandert (**in** in *dat*).

ˌun'learnt → **unlearned[1]**.

ˌun'leash *v/t* **1.** Hund *etc* losbinden, loslassen (**against**, **on**, **upon** auf *acc*) (*a. fig.*): **all his anger was ~ed on her** sein ganzer Zorn entlud sich auf sie *od.* über sie. **2.** *fig.* a) Krieg *etc* entfesseln, auslösen, b) Energie *etc* freisetzen.

ˌun'leav·ened *adj* ungesäuert (*Brot*).

un·less [ənˈles; ʌn-] **I** *conj* wenn ... nicht, so'fern ... nicht, es sei denn (daß) ..., außer wenn ..., ausgenommen (wenn). **II** *prep* selten außer.

ˌun'let·tered *adj* **1.** analpha'betisch. **2.** ungebildet. **3.** ungelehrt. **4.** unbeschriftet, unbedruckt.

ˌun'li·censed *adj* **1.** nicht konzessio'niert, (amtlich) nicht zugelassen: **an ~ house** ein Lokal ohne Schankkonzession. **2.** ohne Li'zenz.

ˌun'licked *adj fig.* a) ungehobelt, ungeschliffen, grob, b) ‚grün', unreif: **~ cub** grüner Junge.

ˌun'lik·a·ble *adj* 'unsym,pathisch.

ˌun'like I *adj* **1.** ungleich, (vonein'ander) verschieden: **~ signs** *math.* ungleiche Vorzeichen; **2.** unähnlich: **the portrait is very ~**. **II** *prep* **3.** unähnlich (*s.o.* j-m), verschieden von, anders als: **he is quite ~ his father**; **that is very ~ him** das sieht ihm gar nicht ähnlich. **4.** anders als, nicht wie. **5.** im Gegensatz zu: **~ his brother, he works hard**. **ˌun'like·a·ble** → **unlikable**.

ˌun'like·li·hood, **ˌun'like·li·ness** *s* Unwahrscheinlichkeit *f*. **ˌun'like·ly I** *adj* **1.** unwahrscheinlich. **2.** (ziemlich) unmöglich: **~ place**. **3.** aussichtslos: **an ~ venture**. **II** *adv* **4.** unwahrscheinlich.

ˌun'like·ness *s* **1.** Ungleichheit *f*, Verschiedenheit *f*. **2.** Unähnlichkeit *f*.

ˌun'lim·ber *v/t u. v/i* **1.** *mil.* abprotzen. **2.** *fig.* (sich) bereitmachen.

un'lim·it·ed *adj* **1.** unbegrenzt, unbeschränkt (*a. math.*): **~ power**; **~ company** *econ. Br.* Gesellschaft *f* mit unbeschränkter Haftung; **~ problem** *math.* Unendlichkeitsproblem *n*. **2.** *Börse:* nicht limi'tiert. **3.** *fig.* grenzenlos, uferlos.

ˌun'lined[1] *adj* ungefüttert: **~ coat**.

ˌun'lined[2] *adj* **1.** unlini,iert, ohne Linien. **2.** faltenlos, glatt: **~ face**.

ˌun'link *v/t* **1.** lösketten. **2.** Kettenglieder trennen. **3.** e-e Kette ausein'andernehmen.

ˌun'liq·ui·dat·ed *adj econ.* **1.** ungetilgt (*Schulden etc*). **2.** nicht festgestellt (*Schuldbetrag etc*). **3.** 'unliqui,diert (*Unternehmen*).

ˌun'list·ed *adj* **1.** (in e-r Liste) nicht verzeichnet *od.* aufgeführt. **2.** *teleph. Am.* Geheim...: **~ number**. **3.** *econ.* nicht notierte Wertpapiere, Freiverkehrswerte.

ˌun'load *v/t* **1.** aus-, entladen. **2.** *mar.* die Ladung löschen. **3.** *fig.*(*o.s.* sich) (von e-r Last) befreien, erleichtern. **4.** *colloq.* (**on**, **onto** a) *Möbel, Kinder etc* abladen (**bei**), b) *Verantwortung etc* abwälzen (**auf** *acc*), c) *Wut etc* auslassen (**an**

dat). 5. mil. entladen: to ~ a gun. 6. Börse: Aktien (massenweise) abstoßen, auf den Markt werfen. **II** v/i 7. aus-, abladen. 8. gelöscht od. ausgeladen werden. 9. colloq. sein Herz ausschütten (to dat). ,un'lock v/t 1. aufschließen, öffnen: ~ed unverschlossen, geöffnet. 2. mil. entsichern. 3. fig. offen'baren.
un'looked-for unerwartet, 'unvor,hergesehen, über'raschend.
,un'loose, un'loos·en v/t 1. Knoten etc lösen. 2. Griff etc lockern. 3. loslassen, losmachen, freilassen.
,un'lov·a·ble adj nicht liebenswert. ,un'loved adj ungeliebt.
,un'love·li·ness s Unschönheit f, Reizlosigkeit f. ,un'love·ly adj unschön, reizlos.
,un'lov·ing adj kalt, lieblos.
un'luck·i·ly adv unglücklicherweise.
un'luck·y adj unglücklich: a) vom Pech verfolgt: to be ~ Pech od. kein Glück haben, b) fruchtlos: ~ effort, c) ungünstig: ~ moment, d) unheilvoll, unselig, schwarz, Unglücks...: ~ day.
,un'made adj ungemacht.
,un'maid·en·ly adj obs. nicht mädchenhaft, unweiblich.
,un'mail·a·ble adj bes. Am. nicht postversandfähig.
,un'main'tain·a·ble adj unhaltbar.
un'make v/t irr 1. aufheben, 'umstoßen, wider'rufen, rückgängig machen. 2. j-n absetzen. 3. 'umbilden. 4. vernichten.
,un'man v/t 1. obs. unmenschlich machen, verrohen lassen. 2. entmannen. 3. j-n s-r Kraft berauben. 4. weibisch machen. 5. j-n verzagen lassen, entmutigen. 6. e-m Schiff etc die Besatzung nehmen: ~ned unbemannt.
un'man·age·a·ble adj (adv unmanageably) 1. schwer zu handhaben(d), unhandlich. 2. fig. unlenksam, unfügsam. 3. 'unkontrol,lierbar: ~ situation.
,un'man·li·ness s Unmännlichkeit f.
,un'man·ly adj 1. unmännlich. 2. weibisch. 3. feige, nicht mannhaft.
un'man·ner·li·ness s schlechtes Benehmen. un'man·ner·ly adj ungesittet, 'unma,nierlich.
'un,man·u'fac·tured adj tech. unverarbeitet, roh.
,un'marked adj 1. nicht mar'kiert, unbezeichnet, ungezeichnet. 2. nicht gekennzeichnet, (Polizeifahrzeug etc a.) neu'tral. 3. unbemerkt. 4. sport ungedeckt.
,un'mar·ket·a·ble adj econ. 1. nicht marktgängig od. -fähig. 2. unverkäuflich.
,un'mar·riage·a·ble adj nicht heiratsfähig. ,un'mar·ried adj unverheiratet, ledig: ~ mothers.
,un'mask I v/t 1. j-m die Maske abnehmen, j-n demas'kieren. 2. fig. j-m die Maske her'unterreißen, j-n entlarven. **II** v/i 3. die Maske abnehmen, sich demas'kieren. 4. fig. die Maske fallen lassen, sein wahres Gesicht zeigen. ,un'mask·ing s fig. Entlarvung f.
,un'matched adj unvergleichlich, unerreicht, 'unüber,troffen: to be ~ for alle anderen od. alles andere übertreffen an (dat).
,un·ma'te·ri·al adj immateri'ell, unkörperlich, unstofflich.
,un'mean·ing adj (adv ~ly) 1. sinnlos, bedeutungslos. 2. nichtssagend, ausdruckslos.
,un'meant adj unbeabsichtigt, ungewollt.
,un'meas·ur·a·ble adj (adv unmeasurably) 1. unmeßbar. 2. → unmeasured 2. ,un'meas·ured adj 1. ungemessen. 2. unermeßlich, grenzenlos, unbegrenzt. 3. unmäßig, maßlos.

,un·me'lo·di·ous adj 'unme,lodisch, 'unmelodi,ös.
un'men·tion·a·ble adj 1. → unspeakable. 2. a formerly ~ topic ein Thema, über das man früher nicht sprach od. das früher tabu war; an ~ word ein Wort, das man nicht in den Mund nimmt. un'men·tion·a·bles s pl humor. (die) Unaussprechlichen pl (Unterhose). ,un·'men·tioned adj unerwähnt.
,un'mer·chant·a·ble → unmarketable.
un'mer·ci·ful adj (adv ~ly) unbarmherzig, mitleid(s)los.
,un'mer·it·ed adj unverdient. ,un·'mer·it·ed·ly adv unverdientermaßen.
,un'met·al(l)ed adj tech. ungeschottert (Straße).
,un·me'thod·i·cal adj 'unme,thodisch, sy'stem-, planlos.
,un'met·ri·cal adj metr. unmetrisch, nicht in Versform geschrieben.
,un'mil·i·tar·y adj 1. 'unmili,tärisch. 2. nicht mili'tärisch, Zivil....
un'mind·ful adj (adv ~ly) 1. unaufmerksam, unachtsam: to be ~ of nicht achten auf (acc). 2. uneingedenk (of gen): to be ~ of nicht denken an (acc).
,un'min·gled → unmixed.
,un·mis'tak·a·ble adj (adv unmistakably) 1. 'un,mißverständlich. 2. unverkennbar, nicht zu verwechseln(d).
un'mit·i·gat·ed adj 1. ungemildert. 2. voll'endet, Erz..., nachgestellt: durch u. durch: an ~ liar; ~ rubbish völliger od. kompletter Blödsinn.
,un'mixed adj 1. unvermischt. 2. fig. ungemischt, rein, pur.
,un'mod·i·fied adj unverändert, nicht (ab)geändert.
,un'mo'lest·ed adj unbelästigt: to live ~ in Frieden leben.
,un'moor mar. I v/t 1. abankern, losmachen. 2. vor 'einem Anker liegen lassen. **II** v/i 3. die Anker lichten.
,un'mor·al adj 'unmo,ralisch. ,un·mo'ral·i·ty s 'Unmo,ral f.
,un'mort·gaged adj jur. 1. unverpfändet. 2. hypo'thekenfrei, unbelastet.
,un'moth·er·ly adj unmütterlich, lieblos.
,un'mount·ed adj 1. unberitten: ~ police. 2. nicht aufgezogen (Bild etc). 3. tech. ungefaßt: ~ jewel.
,un'mourned adj unbetrauert.
un'mov·a·ble adj (adv unmovably) 1. unbeweglich. 2. fig. unerschütterlich, standhaft, gelassen. ,un'moved adj 1. unbewegt. 2. fig. ungerührt, unbewegt.
,un'mov·ing adj regungslos.
,un'mur·mur·ing adj ohne Murren, klaglos.
,un'mu·si·cal adj mus. 1. 'unme,lodisch, 'mißtönend (Klang). 2. 'unmusi,kalisch (Person).
,un'muz·zle v/t 1. e-m Hund den Maulkorb abnehmen. 2. fig. j-m das Recht auf freie Meinungsäußerung gewähren.
,un'nam(e)·a·ble adj unsagbar. ,un·'named adj 1. namenlos, ohne Namen. 2. nicht namentlich genannt, ungenannt, unerwähnt.
un'nat·u·ral adj (adv ~ly) 1. 'unna,türlich. 2. künstlich, gekünstelt, affek'tiert. 3. 'widerna,türlich: ~ crimes; ~ vices. 4. ungeheuerlich, ab'scheulich. 5. un-, außergewöhnlich: it is ~ for him to get drunk es ist nicht s-e Art, sich zu betrinken. 6. ano'mal, ab'norm.
,un'nav·i·ga·ble adj mar. nicht schiffbar, unbefahrbar.
un·nec·es·sar·i·ly [ʌn'nesəsərɪlɪ] bes. Am. 'ʌn,nesɪ'ser-] adv 1. unnötigerweise. 2. unnötig: ~ rude. un·nec·es·sar·y adj 1. unnötig, nicht notwendig. 2. nutzlos, überflüssig.
,un'need·ed adj nicht benötigt, nutzlos. ,un'need·ful adj (adv ~ly) unnötig, nicht notwendig.
,un'neigh·bo(u)r·ly adj 1. nicht gut'nachbarlich. 2. unfreundlich, ungesellig.
un'nerve v/t 1. entnerven, zermürben. 2. j-n die Nerven verlieren lassen, j-n entmutigen. 3. j-n schwächen.
,un'not·ed adj 1. unbeachtet, unauffällig. 2. → unnoticed 1.
,un'no·ticed adj 1. unbemerkt, unbeobachtet: to pass ~ unbemerkt bleiben; to let s.th. pass ~ etwas ignorieren. 2. → unnoted 1.
,un'num·bered adj 1. 'unnume,riert. 2. ungezählt, zahllos.
,un·ob'jec·tion·a·ble adj (adv unobjectionably) einwandfrei.
,un·o'blig·ing adj ungefällig.
,un·ob'scured adj nicht verdunkelt.
,un·ob'serv·ant adj unaufmerksam, unachtsam: to be ~ of nicht achten auf (acc). ,un·ob'served adj unbeobachtet, unbemerkt.
,un·ob'struct·ed adj 1. unversperrt, ungehindert: ~ view. 2. fig. unbehindert, reibungslos.
,un·ob'tain·a·ble adj 1. bes. econ. nicht erhältlich. 2. unerreichbar.
,un·ob'tru·sive adj (adv ~ly) unaufdringlich: a) zu'rückhaltend, bescheiden, b) unauffällig. ,un·ob'tru·sive·ness s Unaufdringlichkeit f.
,un·oc'cu·pied adj frei: a) leer(stehend), unbewohnt: ~ house; to be ~ leer stehen, b) unbesetzt: ~ chair, c) unbeschäftigt (Person), d) mil. unbesetzt.
,un·of'fend·ing adj 1. nicht verletzend od. beleidigend od. kränkend. 2. nicht anstößig.
,un·of'fi·cial adj (adv ~ly) 1. nichtamtlich, 'inoffizi,ell. 2. ~ strike econ. wilder Streik.
,un·o'pened adj 1. ungeöffnet, verschlossen: ~ letter. 2. econ. unerschlossen: ~ market.
,un·op'posed adj 1. unbehindert. 2. unbeanstandet: ~ by ohne Widerstand od. Einspruch seitens (gen).
,un'or·gan·ized adj 1. 'unor,ganisch: ~ ferment biol. Enzym n. 2. 'unorgani,siert, wirr. 3. (gewerkschaftlich) nicht organi'siert.
,un·o'rig·i·nal adj wenig origi'nell.
,un'or·tho·dox adj 1. relig. 'unortho,dox (a. fig.). 2. fig. 'unkonventio,nell, unüblich.
,un·os'ten'ta·tious adj (adv ~ly) unaufdringlich, unauffällig: a) prunklos, schlicht, b) zu'rückhaltend, c) de'zent (Farben etc).
,un'owned adj 1. herrenlos. 2. nicht anerkannt: an ~ child.
,un'pack v/t u. v/i auspacken.
,un'paged adj nicht pagi'niert, ohne Seitenzahlen.
,un'paid adj 1. unbezahlt, noch nicht bezahlt, rückständig: ~ debt; ~ interest. 2. econ. noch nicht eingezahlt: ~ capital. 3. unbesoldet, unbezahlt, ehrenamtlich (Stellung). ,un'paid-for ~ unpaid 1.
,un'paired adj 1. ungepaart. 2. zo. a) unpaar, b) unpaarig.
un'pal·at·a·ble adj 1. unschmackhaft, ungenießbar (a. fig.). 2. fig. unangenehm, 'widerwärtig.
un'par·al·lel(l)ed adj einmalig, beispiellos, nachgestellt: ohne'gleichen.
,un'par·don·a·ble adj (adv unpardonably) unverzeihlich.
,un'par·ent·ed adj elternlos, bes. verwaist.
'un,par·lia'men·ta·ry adj pol. a) 'un-

unpasteurized – unready

parlamen₁tarisch, b) der Würde des Parla'ments nicht entsprechen(d).
,un'pas·teur·ized *adj chem.* nicht pasteuri'siert.
,un'pat·ent·ed *adj* nicht paten'tiert.
'un,pa·tri'ot·ic *adj (adv ~ally)* 'unpatri₁otisch.
,un'paved *adj* ungepflastert.
,un'pay·a·ble *adj* 1. unbezahlbar. 2. *econ.* 'unren₁tabel.
,un'ped·i·greed *adj* ohne Stammbaum.
,un'peg *v/t* 1. *Wäsche* abnehmen, von der Leine nehmen. 2. *Preise etc* freigeben.
,un'peo·ple *v/t* entvölkern.
,un·per'ceiv·a·ble *adj (adv* unperceivably) nicht wahrnehmbar, unmerklich. ,un·per'ceived *adj* unbemerkt.
,un·per'ceiv·ed·ly [-ɪdlɪ] *adv*.
,un·per'formed *adj* 1. nicht ausgeführt, ungetan, unverrichtet. 2. nicht aufgeführt: ~ plays.
,un'per·son *s* 'Unper₁son *f*.
,un·per'suad·a·ble *adj* nicht zu über'reden(d), nicht über'redbar. ,un·per'sua·sive *adj* nicht über'zeugend.
,un·per'turbed *adj* nicht beunruhigt, gelassen, ruhig.
,un,phil·o'soph·ic *adj*; ,un,phil·o'soph·i·cal *adj (adv ~ly)* 'unphilo₁sophisch.
,un'pick *v/t e-e Naht etc* (auf)trennen.
,un'picked *adj* 1. *econ.* nicht ausgesucht, 'unsor₁tiert: ~ samples. 2. ungepflückt.
,un·pic·tur'esque *adj* wenig malerisch.
,un'pin *v/t* 1. die Nadeln entfernen aus. 2. losstecken, abmachen.
,un'pit·ied *adj* unbemitleidet. ,un'pit·y·ing *adj (adv ~ly)* mitleid(s)los.
,un'placed *adj* 1. (noch) nicht pla'ciert, ohne festen Platz (*in e-r Anordnung etc*). 2. *sport* 'unpla₁ciert: to be ~ unplaciert bleiben, sich nicht placieren können. 3. a) nicht 'untergebracht, b) nicht angestellt, ohne Stellung, c) *univ.* ohne Studienplatz: to be still ~ noch keinen Studienplatz gefunden haben.
,un'plait *v/t* 1. glätten. 2. *das Haar etc* aufflechten.
,un'planned *adj* 1. ungeplant. 2. 'unvor₁hergesehen.
,un'play·a·ble *adj* 1. unspielbar. 2. *thea.* nicht bühnenreif *od.* -gerecht. 3. *sport* unbespielbar (*Boden, Platz*).
un'pleas·ant *adj (adv ~ly)* 1. unangenehm, unerfreulich. 2. unfreundlich. 3. unwirsch, ,unangenehm' (*Person*).
un'pleas·ant·ness *s* 1. (*das*) Unangenehme. 2. Unannehmlichkeit *f*. 3. 'Mißhelligkeit *f*, Unstimmigkeit *f*: the late ~ *Am. colloq.* der Sezessionskrieg.
,un'pledged *adj* 1. nicht verpflichtet. 2. unverpfändet.
,un'pli·a·ble, ,un'pli·ant *adj* 1. nicht biegsam, ungeschmeidig (*a. fig.*). 2. *fig.* unnachgiebig, halsstarrig.
,un'plug *v/t* den Pflock *od.* Stöpsel entfernen aus.
,un'plumbed *adj* 1. ungelotet. 2. *fig.* unergründet, unergründlich: ~ depths. 3. *tech.* ohne Installati'on(en).
,un·po'et·ic *adj*; ,un·po'et·i·cal *adj (adv ~ly)* 'unpo₁etisch, undichterisch.
,un'point·ed *adj* ungespitzt, stumpf.
,un'pol·ished *adj* 1. 'unpo₁liert (*a. Reis*), ungeglättet. 2. *tech.* ungeschliffen. 3. *fig.* unausgefeilt (*Stil etc*). 4. *fig.* ungeschliffen, ungehobelt (*Bemerkung, Kerl etc*).
,un'pol·i·tic → unpolitical 5. ,un·po'lit·i·cal *adj* 1. 'unpo₁litisch. 2. po'litisch unklug. 3. 'unpo₁litisch, an Poli'tik 'unin·teres₁siert. 4. 'unpar₁tei₁isch. 5. unklug.
,un'polled *adj* 1. *pol.* nicht gewählt habend: ~ elector Nichtwähler(in). 2. *pol. Am.* nicht (*in die Wählerliste*) eingetragen.

,un·pol'lut·ed *adj* 1. unverschmutzt, unverseucht, sauber (*Umwelt*). 2. *fig.* unbefleckt.
,un'pop·u·lar *adj* 'unpopu₁lär, unbeliebt: to make o.s. ~ with sich bei j-m unbeliebt machen; to be ~ with bei j-m schlecht angeschrieben sein. 'un,popu'lar·i·ty *s* 'Unpopulari₁tät *f*, Unbeliebtheit *f*. ,un'pop·u·lar·ize *v/t* 'unpopulär machen.
,un·pos'sessed *adj* 1. herrenlos (*Sache*). 2. ~ of s.th. nicht im Besitz e-r Sache.
,un'post·ed *adj* 1. *colloq.* nicht infor'miert, 'ununter₁richtet. 2. *Br.* nicht aufgegeben: ~ letters.
,un'prac·ti·cal *adj (adv ~ly)* 1. unpraktisch. 2. unbrauchbar, unzweckmäßig. 'un,prac·ti'cal·i·ty, ,un'prac·ti·cal·ness *s* schlechte Verwendbarkeit.
un'prac·ticed, *bes. Br.* un'practised *adj* ungeübt (in in *dat*).
,un·prec·e'dent·ed *adj (adv ~ly)* 1. beispiellos, unerhört, noch nie dagewesen. 2. *jur.* ohne Präze'denzfall (*a. fig.*).
,un·pre'dict·a·ble *adj* nicht vor'aussagbar: he's quite ~ bei ihm weiß man nie genau, wie er reagiert; er ist nur schwer auszumachen.
,un'prej·u·diced *adj* 1. (against gegen['über]) unvoreingenommen, vorurteilsfrei. 2. *jur.* unbefangen. 3. *a. jur.* unbeeinträchtigt.
,un·pre'med·i·tat·ed *adj (adv ~ly)* 1. 'unüber₁legt. 2. *jur.* ohne Vorsatz.
,un·pre'pared *adj* 1. unvorbereitet: an ~ speech. 2. (for) nicht vorbereitet (*auf acc*), nicht gerüstet (für). 3. *mus.* frei eintretend (*Dissonanz*). ,un·pre'par·ed·ly [-ɪdlɪ] *adv*. ,un·pre'par·ed·ness [-ɪd-] *s* Unvorbereitetsein *n*.
'un,pre·pos'sess·ing *adj* wenig einnehmend *od.* anziehend, 'unsym₁pathisch.
,un·pre'sent·a·ble *adj* nicht präsen'tabel.
,un·pre'sum·ing *adj* nicht anmaßend *od.* vermessen.
,un·pre'sump·tu·ous *adj* nicht über'heblich.
,un·pre'tend·ing *adj (adv ~ly)* 1. anspruchslos, bescheiden, schlicht. 2. nichts Falsches vorspiegelnd. ,un·pre'ten·tious *adj (adv ~ly)* → unpretending 1.
,un'priced *adj* 1. ohne (feste) Preisangabe. 2. *fig. poet.* unschätzbar.
un'prin·ci·pled *adj* ohne (feste) Grundsätze, haltlos (*Person*), gewissenlos, cha'rakterlos (*a. Benehmen*).
,un'print·a·ble *adj* nicht druckfähig *od.* druckreif. ,un'print·ed *adj* 1. ungedruckt (*Schriften*). 2. unbedruckt (*Stoffe etc*).
,un'priv·i·leged *adj* nicht privile'giert *od.* bevorrechtigt: ~ creditor *jur.* Massegläubiger *m*.
,un·pro'cur·a·ble *adj* nicht zu beschaffen(d), nicht erhältlich.
,un·pro'duc·tive *adj (adv ~ly)* 'unpro₁duk₁tiv (*a. fig.*), unergiebig, unfruchtbar (*a. fig.*), 'unren₁tabel: ~ capital *econ.* totes Kapital. ,un·pro'duc·tive·ness *s* 'Unproduktivi₁tät *f*, Unergiebigkeit *f*, Unfruchtbarkeit *f* (*a. fig.*), 'Unrentabili₁tät *f*.
,un·pro'fes·sion·al *adj* 1. keiner freien Berufsgruppe (*Ärzte, Rechtsanwälte etc*) zugehörig. 2. nicht berufsmäßig. 3. standeswidrig: ~ conduct. 4. unfachmännisch.
,un'prof·it·a·ble *adj (adv* unprofitably) 1. nicht einträglich *od.* gewinnbringend *od.* lohnend, 'unren₁tabel: to be ~ sich nicht rentieren. 2. unvorteilhaft. 3. nutzlos, zwecklos, 'überflüssig. ,un-

'prof·it·a·ble·ness *s* 1. 'Unrentabili₁tät *f*. 2. Nutzlosigkeit *f*.
,un·pro'gres·sive *adj (adv ~ly)* 1. nicht fortschrittlich, rückständig. 2. *bes. pol.* rückschrittlich, konserva'tiv, reaktio'när. 3. ohne Fortschritt, stillstehend.
,un'prom·is·ing *adj* nicht vielversprechend, ziemlich aussichtslos.
,un'prompt·ed *adj* spon'tan.
,un·pro'nounce·a·ble *adj* unaussprechlich.
,un·pro'pi·tious *adj (adv ~ly)* ungünstig, unvorteilhaft.
,un·pro'por·tion·al *adj (adv ~ly)* unverhältnismäßig, 'unproportio₁nal (*a. math.*).
,un·pro'tect·ed *adj* 1. ungeschützt, schutzlos. 2. ungedeckt (*Schachfigur*).
,un·pro'test·ed *adj* 1. ohne Einspruch. 2. *econ.* nicht prote'stiert: ~ bill.
,un'prov·a·ble *adj* unbeweisbar, nicht nachweisbar. ,un'proved, ,un'prov·en *adj* unbewiesen.
,un·pro'vid·ed *adj* 1. ~ with nicht versehen mit, ohne. 2. unvorbereitet. 3. ~ for unversorgt (*Kinder etc*). 4. ~ for nicht vorgesehen.
,un·pro'voked *adj* 1. 'unprovo₁ziert. 2. grundlos.
,un'pub·lish·a·ble *adj* zur Veröffentlichung ungeeignet. ,un'pub·lished *adj* unveröffentlicht.
,un'punc·tu·al *adj (adv ~ly)* unpünktlich. 'un,punc·tu'al·i·ty *s* Unpünktlichkeit *f*.
,un'pun·ish·a·ble *adj* nicht strafbar.
,un'pun·ished *adj* unbestraft, ungestraft: to go ~ straflos ausgehen.
,un'put·'down·a·ble *adj colloq.* so spannend *od.* interes'sant, daß man es *etc* nicht mehr aus der Hand legen kann (*Buch etc*).
,un'qual·i·fied *adj* 1. 'unqualifi₁ziert: a) ungeeignet, unbefähigt (for für), b) unberechtigt: ~ attack. 2. uneingeschränkt, unbedingt: ~ acceptance *econ.* uneingeschränktes Akzept (*e-s Wechsels*), bedingungslose Annahme. 3. ausgesprochen: ~ liar.
,un'quench·a·ble *adj (adv* unquenchably) 1. unstillbar (*a. fig.*), unlöschbar. 2. *fig.* unauslöschbar.
un'ques·tion·a·ble *adj (adv* unquestionably) 1. unzweifelhaft, fraglos. 2. unbedenklich. un'ques·tioned *adj* 1. ungefragt. 2. unbezweifelt, unbestritten. ,un'ques·tion·ing *adj* bedingungslos, blind: ~ obedience. un'ques·tion·ing·ly *adv* bedingungslos, ohne zu fragen, ohne Zögern.
,un'qui·et *adj (adv ~ly)* 1. unruhig, turbu'lent: ~ times. 2. ruhelos, gehetzt: ~ spirit. 3. unruhig, laut.
,un'quot·a·ble *adj* nicht zi'tierbar. ,un'quote *v/i*: ~! Ende des Zitats! ,un'quot·ed *adj* 1. nicht zi'tiert *od.* angeführt. 2. *econ. Börse:* nicht no'tiert.
,un'rat·i·fied *adj pol.* nicht ratifi'ziert.
,un'ra·tioned *adj* nicht ratio'niert, frei (erhältlich).
un'rav·el I *v/t pret u pp* -eled, *bes. Br.* -elled 1. *tech. Gewebe* ausfasern. 2. *Gestricktes* auftrennen, -räufeln, -dröseln. 3. entwirren. 4. *fig.* entwirren, -rätseln. II *v/i* 5. sich entwirren *etc*.
un'rav·el·ment *s* Entwirrung *f*, -rätselung *f*, (Auf)Lösung *f*: the ~ of the plot die Lösung des Knotens (*e-r Handlung*).
,un'read [-'red] *adj* 1. ungelesen. 2. a) unbelesen, ungebildet, b) unbewandert (in in *dat*).
,un'read·a·ble [-'riːdəbl] *adj* unlesbar: a) nicht lesenswert, b) unleserlich.
,un'read·i·ness [-'redɪ-] *s* mangelnde Bereitschaft. ,un'read·y *adj (adv* un-

readily) nicht bereit (for s.th. zu etwas; to do zu tun), nicht fertig.

un're·al *adj* (*adv* ~ly) 1. unwirklich, 'irre,al. 2. sub'stanz-, wesenlos, nur eingebildet. 3. wirklichkeitsfremd. un're·al·ism *s* 'Mangel *m* an Rea'lismus *od.* Wirklichkeitssinn. 'un,re·al'is·tic *adj* (*adv* ~ally) wirklichkeitsfremd, 'unrea,listisch. un·re·al·i·ty *s* 1. Unwirklichkeit *f*. 2. Wesenlosigkeit *f*.

un're·al·iz·a·ble *adj* nicht reali'sierbar: a) nicht zu verwirklichen(d), nicht aus- *od.* 'durchführbar, b) *econ.* nicht verwertbar, unverkäuflich. un're·al·ized *adj* 1. nicht verwirklicht *od.* erfüllt. 2. nicht vergegenwärtigt *od.* erkannt.

un'rea·son *s* 1. Unvernunft *f*. 2. Torheit *f*. un'rea·son·a·ble *adj* (*adv* unreasonably) 1. vernunftlos: ~ beasts. 2. unvernünftig, unsinnig. 3. unvernünftig, unbillig, 'über-, unmäßig, unzumutbar. un'rea·son·a·ble·ness *s* 1. Unvernunft *f*. 2. Unbilligkeit *f*, Unmäßigkeit *f*, (*das*) Unzumutbare. un'rea·son·ing *adj* 1. nicht von der Vernunft geleitet, vernunftlos. 2. unvernünftig, blind.

un·re'ceipt·ed *adj econ.* 'unquit,tiert.

un·re'cep·tive *adj* nicht aufnahmefähig, unempfänglich (of, to für).

un·re'cip·ro·cat·ed *adj* nicht auf Gegenseitigkeit beruhend: his love was ~ s-e Liebe wurde nicht erwidert *od.* blieb unerwidert.

un'reck·oned *adj* 1. ungezählt. 2. nicht mitgerechnet.

un·re'claimed *adj* 1. nicht zu'rückgefordert (*Eigentum etc*). 2. *fig.* ungebessert. 3. ungezähmt (*Tiere*). 4. 'unkulti,viert (*Land*).

un·re'cog·niz·a·ble *adj* (*adv* unrecognizably) nicht 'wiederzuerkennen(d). un·re'cog·nized *adj* 1. nicht ('wieder)erkannt. 2. nicht anerkannt.

un·re'con·ciled *adj* unversöhnt (to, with mit).

un,re·con'struct·ed *adj Am. colloq.* ('erz)konserva,tiv.

un·re'cord·ed *adj* 1. (geschichtlich) nicht über'liefert *od.* aufgezeichnet *od.* belegt. 2. nicht eingetragen *od.* regi'striert. 3. *jur.* nicht beurkundet *od.* proto'kol'liert. 4. a) nicht (auf Schallplatte, Tonband *etc*) aufgenommen, b) Leer...:~ tape.

un·re'deem·a·ble *adj* 1. *bes. relig.* nicht erlösbar. 2. *econ.* untilgbar, unkündbar. 3. nicht wieder'gutzumachen(d). un·re'deemed *adj* 1. *relig.* unerlöst. 2. *econ.* a) ungetilgt: ~ debt, b) uneingelöst: ~ bill. 3. *fig.* ungemildert (by durch): ~ rascal Erzschurke *m*. 4. uneingelöst: ~ promise; ~ pawn.

un·re'dressed *adj* 1. nicht wieder'gutgemacht. 2. nicht abgestellt: ~ abuse.

un·re'el I *v/t* 1. abspulen, abwickeln, abrollen lassen. II *v/i* 2. sich abspulen. 3. abrollen.

un·re'fined *adj* 1. *chem. tech.* nicht raffi'niert, ungeläutert, roh, Roh...: ~ sugar Rohzucker *m*. 2. *fig.* ungebildet, unfein, 'unkulti,viert.

un·re'flect·ing *adj* (*adv* ~ly) 1. nicht reflek'tierend. 2. gedankenlos, 'überlegt.

un·re'formed *adj* 1. unverbessert. 2. unbekehrt.

un·re'fut·ed *adj* 'unwider,legbar.

un·re'gard·ed *adj* 1. unberücksichtigt. 2. unbeachtet. un·re'gard·ful *adj* (of) ohne Rücksicht (auf *acc*), rücksichtslos (gegen).

un·re'gen·er·a·cy *s relig.* Sündhaftigkeit *f*. un·re'gen·er·ate *adj* 1. *relig.* nicht 'wiedergeboren. 2. nicht ge- *od.* verbessert, nicht refor'miert.

un·reg·is·tered *adj* 1. nicht regi'striert *od.* eingetragen (*a. econ. jur.*). 2. amtlich nicht zugelassen (*Fahrzeug*): ~ doctor nicht approbierter Arzt. 3. *mail* nicht eingeschrieben.

un·re'gret·ted *adj* 1. unbedauert. 2. unbeklagt.

un·re'hearsed *adj* 1. ungeprobt: ~ play. 2. spon'tan.

un·re'lat·ed *adj* 1. ohne Beziehung (to, with zu). 2. nicht verwandt (to, with mit) (*a. fig.*). 3. nicht berichtet.

un·re'laxed *adj* 1. nicht entspannt. 2. *med.* nicht erschlafft. un·re'lax·ing *adj* nicht nachlassend, unermüdlich.

un·re'lent·ing *adj* (*adv* ~ly) 1. unnachgiebig, unerbittlich. 2. unvermindert.

'un·re,li·a'bil·i·ty *s* Unzuverlässigkeit *f*. un·re'li·a·ble *adj* (*adv* unreliably) unzuverlässig.

un·re'lieved *adj* 1. ungelindert. 2. nicht unter'brochen, 'ununter,brochen. 3. *mil.* a) nicht abgelöst (*Wache*), b) nicht entsetzt (*belagerter Platz*).

un·re'li·gious *adj* 'unreligi,ös.

un·re'mem·bered *adj* vergessen.

un·re'mit·ting *adj* (*adv* ~ly) unablässig, unaufhörlich, beharrlich.

un·re'mu·ner·a·tive *adj* nicht lohnend *od.* einträglich, 'unren,tabel.

un·re'newed *adj* nicht erneuert.

un·re'pair *s* schlechter baulicher Zustand, Baufälligkeit *f*: to be in (a state of) ~ baufällig sein; to fall into ~ baufällig werden.

un·re'pealed *adj* 1. nicht wider'rufen. 2. nicht aufgehoben.

un·re'peat·a·ble *adj* 'unwieder,holbar, nicht zu wieder'holen(d).

un·re'pent·ant *adj* reuelos, unbußfertig: to be ~ of s.th. etwas nicht bereuen. un·re'pent·ed *adj* unbereut.

un·re'pin·ing *adj* 1. ohne Murren, klaglos. 2. unverdrossen.

un·re'place·a·ble *adj* unersetzbar, nicht zu ersetzen(d).

un·re'port·ed *adj* nicht berichtet.

un·rep·re'sent·ed *adj* nicht vertreten.

un,re·pro'duc·i·ble *adj* nicht reprodu'zierbar.

un·re'proved *adj* ungetadelt, ohne Tadel, nicht miß'billigt.

un·re'quit·ed *adj* 1. 'uner,widert: ~ love. 2. unbelohnt: ~ services. 3. ungesühnt: ~ deed.

un·re'sent·ed *adj* nicht übelgenommen *od.* verübelt. un·re'sent·ful *adj* (*adv* ~ly) nicht übelnehmerisch.

un·re'serve *s* Freimütigkeit *f*. un·re'served *adj* 1. uneingeschränkt, vorbehaltlos, rückhaltlos, völlig. 2. freimütig, offen(herzig). 3. nicht reser'viert. un·re'serv·ed·ly [-IdlI] *adv*. un·re'serv·ed·ness [-Id-] *s* 1. Rückhaltlosigkeit *f*. 2. Offenheit *f*, Freimütigkeit *f*.

un·re'sist·ed *adj* ungehindert: to be ~ auf keinen Widerstand treffen. un·re'sist·ing *adj* (*adv* ~ly) 'widerstandslos.

un·re'solved *adj* 1. ungelöst: ~ problem. 2. unschlüssig, unentschlossen. 3. *a. chem. math. mus. opt.* unaufgelöst.

un·re'spect·a·ble *adj* nicht achtbar *od.* ehrbar. un·re'spect·ed *adj* nicht geachtet *od.* respek'tiert.

un·re'spon·sive *adj* (*adv* ~ly) 1. unempfänglich (to für): to be ~ (to) nicht reagieren *od.* ansprechen (auf *acc*) (*a. electr. tech. etc*). 2. kalt, teilnahmslos.

un'rest *s* Unruhe *f*, *pol. a.* Unruhen *pl*. un·rest·ful *adj* (*adv* ~ly) 1. ruhelos, rastlos. 2. ungemütlich. 3. unbequem. un·rest·ing *adj* (*adv* ~ly) rastlos, unermüdlich.

un·re'strained *adj* 1. ungehemmt (*a. fig. ungezwungen*). 2. hemmungslos, zügellos. 3. uneingeschränkt. un·re'strain·ed·ly [-IdlI] *adv*. un·re'straint *s* 1. Ungehemmtheit *f* (*a. fig. Ungezwungenheit*). 2. Hemmungs-, Zügellosigkeit *f*.

un·re'strict·ed *adj* (*adv* ~ly) uneingeschränkt, unbeschränkt.

un·re'turned *adj* 1. nicht zu'rückgegeben. 2. unerwidert, unvergolten: to be ~ unerwidert bleiben. 3. *pol. Br.* nicht (*ins Parlament*) gewählt.

un·re'vealed *adj* nicht offen'bart, verborgen, geheim.

un·re'vised *adj* 1. nicht revi'diert: a) nicht geändert (*Ansicht*), b) nicht über'arbeitet (u. verbessert) (*Buch etc*). 2. nicht über'prüft *od.* 'durchgesehen.

un·re'voked *adj* nicht wider'rufen.

un·re'ward·ed *adj* unbelohnt.

un·re'rhe'tor·i·cal *adj* 1. 'unrhe,torisch. 2. nicht phrasenhaft, schlicht.

un'rhymed *adj* ungereimt, reimlos.

un'rid·dle *v/t* enträtseln.

un'ri·fled *adj tech.* ungezogen, glatt (*Gewehrlauf*).

un'rig *v/t* 1. *mar.* abtakeln. 2. *aer.* 'abmon,tieren.

un'right·eous *adj* (*adv* ~ly) 1. nicht rechtschaffen. 2. *relig.* ungerecht, sündig. un'right·eous·ness *s* mangelnde Rechtschaffenheit.

un'rip *v/t* aufreißen, aufschlitzen.

un'ripe *adj allg.* unreif. un'ripe·ness *s* Unreife *f*.

un'ri·val(l)ed *adj* 1. ohne Ri'valen *od.* Gegenspieler. 2. unerreicht, unvergleichlich, *a. econ.* konkur'renzlos.

un'riv·et *v/t* 1. *tech.* ab-, losnieten. 2. *fig.* lösen. [sicher.]

un'road,wor·thy *adj* nicht verkehrs-

un'roll I *v/t* 1. entfalten, entrollen, ausbreiten. 2. abwickeln. II *v/i* 3. sich entfalten. 4. sich ausein'anderrollen.

un·ro'man·tic *adj* (*adv* ~ally) *allg.* 'unro,mantisch.

un'roof *v/t Haus etc* abdecken.

un'root *v/t bes. Am.* 1. (mit den Wurzeln) ausreißen, e-n *Baum etc* entwurzeln (*a. fig.*). 2. *fig.* her'ausreißen (from aus). 3. *fig.* ausrotten, ausmerzen.

un'rope *v/t* 1. losbinden. 2. *mount.* (*a. v/i*) sich) ausseilen.

un'round *v/t ling.* Vokale entrunden.

un'ruf·fled *adj* 1. ungekräuselt, glatt. 2. *fig.* gelassen, unerschüttert.

un'ruled *adj* 1. *fig.* unbeherrscht. 2. 'unlini,iert (*Papier*).

un'rul·i·ness *s* [ru:lInIs] 1. Unlenkbarkeit *f*, 'Widerspenstigkeit *f*, Aufsässigkeit *f*. 2. Ausgelassenheit *f*, Wildheit *f*, Unbändigkeit *f*. 3. Ungestüm *n*. un'rul·y *adj* 1. unlenksam, 'widerspenstig, aufsässig. 2. ungebärdig, wild, ausgelassen. 3. ungestüm.

un'sad·dle I *v/t* 1. *das Pferd* absatteln. 2. *j-n* aus dem Sattel werfen, abwerfen. II *v/i* 3. absatteln.

un'safe *adj* (*adv* ~ly) (*a.* verkehrs)unsicher, gefährlich. un'safe·ness, un'safe·ty *s* (*a.* Verkehrs)Unsicherheit *f*, Gefährlichkeit *f*.

un'said *adj* ungesagt, unausgesprochen, unerwähnt: it is better left ~ es bleibt besser unerwähnt.

un'sal·a·ble, *bes. Br.* un'sale·a·ble *adj* 1. unverkäuflich. 2. *econ.* nicht marktfähig *od.* gangbar *od.* absetzbar.

un'sal·a·ried *adj* unbezahlt, ehrenamtlich: ~ clerk Volontär(in).

un'sale·a·ble *bes. Br.* für unsalable.

un'salt·ed *adj* 1. ungesalzen. 2. *colloq.* 'unrouti,niert, unerfahren.

un'sanc·tioned *adj* nicht sanktio'niert: a) nicht gebilligt, b) nicht geduldet.

un·san·i·tar·y *adj* 1. ungesund. 2. unhygienisch.
un·sat·is·fac·to·ri·ness *s (das)* Unbefriedigende, Unzulänglichkeit *f.* **un·sat·is·fac·to·ry** *adj (adv* **unsatisfactorily)** unbefriedigend, ungenügend, unzulänglich.
un·sat·is·fied *adj* 1. *(a. sexuell)* unbefriedigt, nicht zufriedengestellt. 2. unzufrieden. 3. a) unbefriedigt *(Anspruch, Gläubiger),* b) unbezahlt *(Schuld),* c) unerfüllt *(Bedingung).* **un·sat·is·fy·ing** *adj (adv* ~ly) unbefriedigend.
un·sa·vo(u)r·i·ness *s* 1. Unschmackhaftigkeit *f.* 2. Unappetitlichkeit *f (a. fig.).* **un·sa·vo(u)r·y** *adj (adv* **unsavo[u]rily)** 1. unschmackhaft. 2. *a. fig.* unappetitlich, unangenehm. 3. *fig.* anstößig.
un·say *v/t irr* widerrufen, zurücknehmen, ungesagt machen.
un·scal·a·ble *adj* unersteigbar.
un·scale *v/t* 1. *e-n Fisch* (ab)schuppen. 2. *fig. j-m* die Augen öffnen.
un·scarred *adj* ohne Narben.
un·scathed *adj* unversehrt, unbeschädigt, heil.
un·sched·uled *adj* 1. nicht vorgesehen *od.* programmgemäß. 2. außerplanmäßig *(Abfahrt etc).*
un·schol·ar·ly *adj* 1. unwissenschaftlich. 2. ungelehrt.
un·schooled *adj* 1. ungeschult, nicht ausgebildet **(in** *in dat).* 2. unverbildet.
un·sci·en·tif·ic *adj (adv* ~ally) unwissenschaftlich.
un·scram·ble *v/t* 1. *colloq.* auseinanderklauben, entwirren. 2. *zerhacktes Telefongespräch etc* entschlüsseln, dechiffrieren. 3. *electr.* aussteuern.
un·screened *adj* 1. ungeschützt. 2. nicht abgeschirmt, *(Licht)* nicht abgeblendet. 3. *tech.* ungesiebt *(Sand etc).* 4. nicht überprüft.
un·screw *tech.* **I** *v/t* 1. ab-, auf-, losschrauben. **II** *v/i* 2. sich herlaus- *od.* losdrehen. 3. sich losschrauben lassen.
un·script·ed *adj* improvisiert *(Rede etc).* **un·scrip·tur·al** *adj relig.* unbiblisch.
un·scru·pu·lous *adj (adv* ~ly) skrupel-, bedenken-, gewissenlos. **un·scru·pu·lous·ness** *s* Skrupel-, Gewissenlosigkeit *f.*
un·seal *v/t* 1. *e-n Brief etc* a) entsiegeln, b) öffnen. **to ~ s.o.'s eyes** j-m die Augen öffnen. 3. *fig.* enthüllen: **to ~ a mystery.**
un·sealed *adj* 1. a) unversiegelt, b) geöffnet, offen. 2. *fig.* nicht besiegelt.
un·search·a·ble *adj* unerforschlich.
un·sea·son·a·ble *adj (adv* **unseasonably)** 1. nicht der Jahreszeit entsprechend *(bes. Wetter).* 2. unzeitig. 3. *(zeitlich)* unpassend, ungünstig.
un·sea·soned *adj* 1. nicht (aus)gereift. 2. nicht abgelagert: **~ wood.** 3. ungewürzt. 4. *fig.* unerfahren, ,grün'. 5. **(to)** *fig.* nicht gewöhnt **(an** *acc),* nicht abgehärtet **(gegen).**
un·seat *v/t* 1. *den Reiter* abwerfen. 2. *j-n* absetzen, stürzen, s-s *Postens* entheben. 3. *j-n s-n Sitz (im Parlament)* nehmen. **un·seat·ed** *adj* 1. ohne Sitz(gelegenheit). 2. *Am.* unbesiedelt *(Land).*
un·sea·wor·thy *adj mar.* seeuntüchtig.
un·sec·ond·ed *adj* nicht unterstützt: **the motion was ~** *parl.* der Antrag fand keine Unterstützung.
un·se·cured *adj* 1. ungesichert. 2. unbefestigt. 3. *econ.* ungedeckt, nicht sichergestellt: **~ claims** *(beim Konkurs)* Massenansprüche; **~ debt** ungesicherte Schuld. *[etc).*
un·seed·ed *adj sport* ungesetzt *(Spieler)*

un·see·ing *adj fig.* blind: **with ~ eyes** mit leerem Blick.
un·seem·li·ness *s* Unziemlichkeit *f.* **un·seem·ly I** *adj* 1. unziemlich, ungehörig. 2. *obs.* unschön. **II** *adv selten* 3. in ungehöriger Art (u. Weise).
un·seen I *adj* 1. ungesehen, unbemerkt: → **sight** 5, **unsight.** 2. *mil.* uneingesehen *(Gelände).* 3. unsichtbar: **the ~ (radio) audience.** 4. *ped. Br.* unvorbereitet *(Herübersetzung).* **II** *s* 5. **the ~** das Geisterreich, die Geisterwelt. 6. *ped. Br.* unvorbereitete Herübersetzung.
un·seiz·a·ble *adj* 1. nicht ergreifbar. 2. *jur.* unpfändbar.
un·sel·dom *adv* nicht selten, häufig.
un·self·ish *adj (adv* ~ly) selbstlos, uneigennützig. **un·self·ish·ness** *s* Selbstlosigkeit *f,* Uneigennützigkeit *f.*
un·sell *v/t irr j-n* abbringen **(on** von).
un·sen·sa·tion·al *adj* wenig aufregend *od.* sensationell.
un·sen·ti·men·tal *adj (adv* ~ly) unsentimental.
un·sep·a·rat·ed *adj* 1. ungetrennt. 2. unzerteilt.
un·ser·vice·a·ble *adj* 1. nicht verwendbar, unbrauchbar: **an ~ tool.** 2. betriebs-, gebrauchsunfähig: **an ~ machine.**
un·set·tle *v/t* 1. *etwas* aus s-r (festen) Lage bringen. 2. *j-n* beunruhigen, in Unruhe versetzen. 3. *j-n, j-s Glauben etc* erschüttern, ins Wanken bringen. 4. *j-n* verwirren, durcheinanderbringen. 5. *j-n* aus den (gewohnten) Gleis bringen. 6. *in* Unordnung bringen. **un·set·tled** *adj* 1. ohne festen Wohnsitz. 2. unbesiedelt: **~ region.** 3. *allg.* unsicher: **~ circumstances** *(times, etc).* 4. unbestimmt, ungewiß, unsicher. 5. unentschieden, unerledigt: **~ question.** 6. unbeständig, veränderlich *(Wetter; a. econ. Markt).* 7. schwankend, unentschlossen *(Person).* 8. geistig gestört, aus dem (seelischen) Gleichgewicht. 9. unstet: **~ character; an ~ life.** 10. nicht geregelt: **~ estate** nicht regulierte Erbschaft. 11. *econ.* unerledigt, unbezahlt: **~ bill.** **un·set·tling** *adj* beunruhigend, alarmierend: **an ~ incident.**
un·sex *v/t* 1. geschlechtslos machen. 2. *e-e Frau* vermännlichen: **to ~ o.s.** alles Frauliche ablegen.
un·shack·le *v/t j-n* befreien *(a. fig.).*
un·shack·led *adj fig.* ungehemmt.
un·shad·ed *adj* 1. unverdunkelt, unbeschattet. 2. *paint.* nicht schattiert.
un·shak(e)·a·ble *adj* unerschütterlich.
un·shak·en *adj (adv* ~ly) 1. unerschüttert, fest. 2. unerschütterlich.
un·shape·ly *adj* ungestalt, unförmig.
un·shaved, un·shav·en *adj* unrasiert.
un·sheathe *v/t* 1. *das Schwert* aus der Scheide ziehen. 2. *die Krallen* herausstrecken.
un·shed *adj* unvergossen: **~ tears.**
un·shell *v/t* 1. (ab)schälen. 2. enthülsen.
un·shel·tered *adj* ungeschützt, schutzlos.
un·ship *v/t mar.* a) *die Ladung* löschen, ausladen, b) *Passagiere* ausschiffen, c) *den Mast, das Ruder etc* abbauen.
un·shod *adj* 1. unbeschuht, barfuß. 2. unbereift *(Fahrzeug).* 3. unbeschlagen *(Pferd).*
un·shorn *adj* ungeschoren.
un·short·ened *adj* unverkürzt, ungekürzt.
un·shrink·a·ble *adj* nicht einlaufend *(Stoffe).* **un·shrink·ing** *adj (adv* ~ly) nicht zurückweichend, unverzagt, furchtlos.
un·sift·ed *adj* 1. ungesiebt. 2. *fig.* ungeprüft.

un·sight *adj:* **to buy s.th. ~,** unseen etwas unbesehen kaufen. **un·sight·ed** *adj* 1. nicht gesichtet. 2. ungezielt: **an ~ shot.** 3. ohne Visier: **~ gun.** 4. **he was ~** ihm war die Sicht versperrt.
un·sight·li·ness *s* Unansehnlichkeit *f,* Häßlichkeit *f.* **un·sight·ly** *adj* unansehnlich, häßlich.
un·signed *adj* 1. unsigniert, nicht unterzeichnet. 2. *math.* ohne Vorzeichen, unbezeichnet.
un·silt *v/t tech.* ausbaggern.
un·sink·a·ble *adj* 1. unsinkbar. 2. unversenkbar.
un·sis·ter·ly *adj* unschwesterlich.
un·sized¹ *adj* nicht nach Größe(n) geordnet *od.* sortiert.
un·sized² *adj* 1. ungeleimt. 2. *paint.* ungrundiert.
un·skil·ful, *bes. Am.* **un·skill·ful** *adj (adv* ~ly) ungeschickt.
un·skilled *adj* 1. unerfahren, ungeschickt, ungewandt **(at, in** *in dat).* 2. ungelernt: **~ work; ~ worker; the ~ labo(u)r** *collect.* die Hilfsarbeiter.
un·skill·ful *bes. Am. für* **unskilful.**
un·skimmed *adj* nicht entrahmt: **~ milk** Vollmilch *f.*
un·slack·ened *adj* ungeschwächt, unvermindert.
un·slaked *adj* 1. ungelöscht: **~ lime.** 2. *fig.* ungestillt.
un·sleep·ing *adj* 1. immer wach. 2. schlaflos. **un·slept-in** *adj* unberührt *(Bett).*
un·smil·ing *adj* ernst.
un·smoked *adj* 1. ungeräuchert. 2. nicht aufgeraucht: **~ cigar.**
un·snarl *v/t* entwirren.
un·so·cia·bil·i·ty *s* Ungeselligkeit *f.*
un·so·cia·ble *adj (adv* **unsociably)** ungesellig, nicht umgänglich. **un·so·cia·ble·ness** → **unsociability.**
un·so·cial *adj* 1. unsozial. 2. asozial, gesellschaftsfeindlich. 3. **to work ~ hours** *Br.* außerhalb der normalen Arbeitszeit arbeiten; **~ hours allowance** *econ. Br.* Zulage *f* für Nacht- *od.* Feiertagsschichten *etc.*
un·soiled *adj* unbeschmutzt, *fig. a.* unbefleckt.
un·sold *adj* unverkauft: → **subject** 16.
un·sol·der *v/t* 1. *tech.* ab-, auf-, loslöten. 2. *fig.* (auflösen, trennen.
un·sol·dier·ly, a.* **un·sol·dier·like *adj* unsoldatisch.
un·so·lic·it·ed *adj* 1. ungebeten, unaufgefordert, unverlangt: **~ goods** *econ.* unbestellte Ware(n); **~ manuscripts** unverlangte Manuskripte. 2. freiwillig.
un·sol·id *adj* 1. *allg.* nicht fest. 2. instabil: **~ buildings.** 3. anfechtbar: **~ arguments.**
un·sol·u·ble → **unsolvable.**
un·solv·a·ble *adj* 1. *chem.* un(auf)löslich. 2. *fig.* unlösbar. **un·solved** *adj* ungelöst.
un·so·phis·ti·cat·ed *adj* 1. unverfälscht. 2. lauter, rein, unvermischt. 3. ungekünstelt, natürlich, unverbildet. 4. naiv, harmlos. **un·so·phis·ti·ca·tion** *s* 1. Unverfälschtheit *f.* 2. Natürlichkeit *f.* 3. Naivität *f.*
un·sought *adj a.* **~-for** nicht erstrebt, ungesucht, ungewollt.
un·sound *adj (adv* ~ly) 1. ungesund *(a. fig.):* → **mind** 2. 2. schlecht, verdorben *(Ware etc),* faul *(Obst).* 3. morsch, wurmstichig. 4. brüchig, rissig. 5. unsicher, zweifelhaft. 6. unzuverlässig, unsolid(e) *(a. econ.).* 7. fragwürdig, nicht vertrauenswürdig *(Person).* 8. anfechtbar, nicht stichhaltig: **~ argument.** 9. falsch, verkehrt: **~ doctrine** Irrlehre *f;* **~ policy** verfehlte Politik.

unsounded – unthread

,un'sound·ed *adj* 1. *bes. mar.* nicht (aus)gelotet. 2. *fig.* 'unson,diert, unerforscht.
,un'sound·ness *s* 1. Ungesundheit *f* (a. *fig.*). 2. Verdorbenheit *f.* 3. Brüchigkeit *f.* 4. Anfechtbarkeit *f.* 5. Unzuverlässigkeit *f.* 6. Verfehltheit *f,* (*das*) Falsche *od.* Verkehrte.
,un'sown *adj* 1. unbesät. 2. ungesät.
un'spar·ing *adj (adv ~ly)* 1. reichlich, großzügig. 2. verschwenderisch, freigebig (in, of mit): to be ~ in nicht kargen mit (*Lob etc*); to be ~ in one's efforts keine Mühe scheuen. 3. schonungslos (of gegen).
un'speak·a·ble *adj (adv* unspeakably) 1. unsagbar, unbeschreiblich, unsäglich. 2. entsetzlich, scheußlich.
,un'spe·cial·ized *adj* nicht speziali-'siert (in auf *acc*).
,un'spec·i·fied *adj* nicht (einzeln) angegeben *od.* aufgeführt, nicht spezifi'ziert.
,un'spec·u·la·tive *adj* 1. *philos.* nicht spekula'tiv. 2. nicht auf vor'herigen Überlegungen beruhend. 3. *econ.* zuverlässig, ohne Risiko.
,un'spent *adj* 1. nicht ausgegeben, nicht verbraucht. 2. nicht verausgabt *od.* erschöpft.
,un'spir·it·u·al *adj (adv ~ly)* ungeistig.
,un'spoiled, ,un'spoilt *adj* 1. *allg.* unverdorben. 2. nicht verzogen (*Kind*).
,un'spo·ken *adj* 1. un(aus)gesprochen, ungesagt: ~-of unerwähnt; ~-to unangeredet. 2. stillschweigend (*Übereinkommen etc*).
,un·spon'ta·ne·ous *adj (adv ~ly)* nicht spon'tan: a) nicht impul'siv, b) unfreiwillig, c) gezwungen.
,un'sport·ing, ,un'sports·man·like *adj* unsportlich, unfair.
,un'spot·ted *adj* 1. fleckenlos. 2. *fig.* makellos, unbefleckt. 3. *colloq.* unentdeckt.
,un'sprung *adj tech.* ungefedert.
,un'sta·ble *adj* 1. nicht fest *od.* sta'bil (*a. fig.*). 2. *bes. chem. tech.* 'insta,bil. 3. *fig.* unbeständig. 4. *fig.* ungefestigt: (emotionally) ~ labil.
,un'stained *adj* 1. → unspotted 1 *u.* 2. 2. ungefärbt.
,un'stamped *adj* 1. ungestempelt. 2. 'unfran,kiert: ~ letter.
,un'starched *adj* ungestärkt.
,un'states·man·like *adj* unstaatsmännisch.
,un'stead·i·ness *s* 1. Unsicherheit *f.* 2. Unstetigkeit *f,* Schwanken *n.* 3. *fig.* 'Unsolidi,tät *f.* 4. Unregelmäßigkeit *f.*
,un'stead·y I *adj (adv* unsteadily) 1. unsicher, wack(e)lig. 2. schwankend, unbeständig (*beide a. econ. Kurs, Markt*), unstet. 3. *fig.* 'unso,lide. 4. unregelmäßig. II *v/t* 5. aus dem (*a.* seelischen) Gleichgewicht bringen.
,un'stick *v/t irr* lösen, losmachen.
un'stint·ed *adj* uneingeschränkt, rückhaltlos, voll. un'stint·ing *adj (adv ~ly)* → unsparing 1, 2.
,un'stitch *v/t* auftrennen: ~ed a) aufgetrennt, b) ungesteppt (*Falte*); to come ~ed aufgehen (*Naht etc*).
,un'stop *v/t* 1. entkorken, entstöpseln, aufmachen. 2. *fig.* freimachen.
,un'stopped *adj* 1. unverschlossen, offen. 2. ungehindert. 3. *ling.* a) offen (*Konsonant*), b) ohne Pause (*Zeilenschluß*).
,un'strained *adj* 1. 'unfil,triert, ungefiltert. 2. nicht angespannt (*a. fig.*). 3. *fig.* ungezwungen, na'türlich.
,un'strap *v/t* ab-, auf-, losschnallen.
,un'stressed *adj* 1. *ling.* unbetont. 2. *electr. phys. tech.* unbelastet.
,un'string *v/t irr* 1. aufgereihte Perlen *etc* abfädeln, abreihen. 2. *mus.* entsaiten. 3. *e-n Beutel etc* aufziehen, öffnen. 4. *fig. j-s Nerven* stark strapa'zieren, *j-n* (nervlich) arg mitnehmen.
,un'strung *adj* 1. abgefädelt, abgereiht (*Perlen etc*). 2. *mus.* a) saitenlos (*Instrument*), b) entspannt (*Saite, Bogen*). 3. *fig.* a) zerrüttet (*Nerven, Person*), b) entnervt (*Person*).
,un'stuck *adj:* to come ~ a) sich lösen, abgehen (*Briefmarke etc*), b) *fig.* scheitern (*Person, Plan etc*).
,un'stud·ied *adj* 1. nicht ('ein)stu,diert. 2. unbewandert (in in *dat*). 3. ungesucht, ungekünstelt, na'türlich.
,un'styl·ish *adj* unmodisch, 'unele,gant.
,un·sub'dued *adj* 1. unbezwungen, nicht über'wältigt. 2. nicht unter'worfen *od.* unter'jocht.
,un·sub'mis·sive *adj (adv ~ly)* 1. ungehorsam. 2. nicht unter'würfig.
,un·sub'stan·tial *adj (adv ~ly)* 1. immateri'ell, unstofflich, unkörperlich. 2. unwesentlich: ~ difference. 3. wenig stichhaltig *od.* fun'diert: ~ arguments. 4. gehaltlos: an ~ meal. 'un·sub,stan·ti'al·i·ty *s* 1. Unstofflichkeit *f,* Unkörperlichkeit *f.* 2. Unwesentlichkeit *f.* 3. Gehaltlosigkeit *f.*
,un·sub'stan·ti·at·ed *adj* 1. nicht erhärtet. 2. unbegründet.
,un·suc'cess *s* Mißerfolg *m,* Fehlschlag *m.* ,un·suc'cess·ful *adj (adv ~ly)* 1. erfolglos, fruchtlos, vergeblich: to be ~ keinen Erfolg haben, sein Ziel nicht erreichen; to be ~ in doing s.th. etwas ohne Erfolg tun, keinen Erfolg haben bei *od.* mit etwas; ~ applicants zurückgewiesene *od.* abgelehnte Bewerber; ~ candidates durchgefallene Kandidaten; ~ party *jur.* unterlegene Partei. 2. miß'lungen, miß'glückt, erfolglos: ~ experiment; ~ take-off Fehlstart *m.* ,un·suc'cess·ful·ness *s* Erfolglosigkeit *f.*
,un·sug'ges·tive *adj* keine 'Hinweise gebend (of auf *acc*).
,un'suit·a·ble *adj (adv* unsuitably) 1. unpassend, ungeeignet (to, for für, zu): to be ~ nicht passen, sich nicht eignen. 2. unangemessen, unschicklich (to, for für): to be ~ sich nicht schicken.
,un'suit·ed *adj* ~ unsuitable 1.
,un'sul·lied *adj bes. poet.* 1. jungfräulich: ~ snow. 2. *meist fig.* unbefleckt, makellos.
,un'sung I *adj poet.* unbesungen. II *adv fig.* sang- u. klanglos.
,un·sup'plied *adj* 1. unversorgt, nicht versehen (with mit). 2. *mil.* ohne Nachschub. 3. nicht befriedigt (*Bedürfnis*), nicht behoben (*Mangel*).
,un·sup'port·a·ble *adj* unerträglich. ,un·sup'port·ed *adj* 1. ungestützt. 2. unbestätigt, ohne 'Unterlagen. 3. nicht unter'stützt: ~ children; ~ motion.
,un·sup'pressed *adj* nicht unter-'drückt.
,un'sure *adj allg.* unsicher (of *gen*): ~ of o.s. unsicher; I am ~ of her agreement ich bin (mir) nicht sicher, ob sie zustimmt. ,un'sure·ness *s* Unsicherheit *f.*
,un·sur'mount·a·ble *adj* 1. 'unüber,steigbar. 2. *fig.* 'unüber,windlich.
,un·sur'pass·a·ble *adj (adv* unsurpassably) 'unüber,trefflich. ,un·sur'passed *adj* 'unüber,troffen.
,un·sus'cep·ti·ble *adj* 1. unempfindlich (to gegen): ~ to pain schmerzunempfindlich. 2. unempfänglich (to für): ~ to flatteries.
,un·sus'pect·ed *adj (adv ~ly)* 1. unvermutet, ungeahnt. 2. unverdächtig(t): to be ~ nicht unter Verdacht stehen.
,un·sus'pect·ing *adj (adv ~ly)* nichts ahnend, ahnungslos: ~ of … ohne etwas zu ahnen von … 2. arglos, nicht 'mißtrauisch, gutgläubig: to be ~ keinen Verdacht schöpfen.
,un·sus'pi·cious *adj (adv ~ly)* 1. arglos, nicht argwöhnisch. 2. unverdächtig, harmlos.
,un·sus'tain·a·ble *adj* unhaltbar, nicht aufrechtzuerhalten(d).
,un'swad·dle, ,un'swathe *v/t* 1. aus den Windeln nehmen. 2. auswickeln.
,un'swayed *adj* unbeeinflußt.
,un'swear *v/t irr* abschwören (*dat*).
,un'sweet·ened *adj* 1. ungesüßt. 2. *fig.* unversüßt.
,un'swerv·ing *adj (adv ~ly)* unbeirrbar, unerschütterlich.
,un'sworn *adj jur.* 1. unbeeidet: ~ declaration. 2. unvereidigt: ~ witness.
,un·sym'met·ric *adj*; ,un·sym'met·ri·cal *adj* 'unsym,metrisch.
,un·sym·pa'thet·ic *adj (adv ~ally)* teilnahmslos, ohne Mitgefühl.
,un·sys·tem'at·ic *adj (adv ~ally)* 'unsyste,matisch, planlos.
'un'tact·ful *adj* taktlos.
,un'taint·ed *adj* 1. fleckenlos (*a. fig.*). 2. unverdorben: ~ foodstuffs. 3. *fig.* tadel-, makellos. 4. *fig.* unbeeinträchtigt (with von).
,un'tal·ent·ed *adj* 'untalen,tiert, unbegabt.
,un'tam(e)·a·ble *adj* un(be)zähmbar.
,un'tamed *adj* ungezähmt (*a. fig.*).
,un'tan·gle *v/t* 1. entwirren (*a. fig.*). 2. aus e-r schwierigen Lage befreien.
,un'tanned *adj* 1. ungegerbt: ~ leather. 2. ungebräunt: ~ skin.
,un'tapped *adj* unangezapft (*a. fig.*): ~ resources ungenützte Hilfsquellen.
,un'tar·nished *adj* 1. ungetrübt. 2. *a. fig.* makellos, unbefleckt.
,un'tast·ed *adj* 1. ungekostet (*a. fig.*). 2. *fig.* (noch) nicht kennengelernt.
,un'taught *adj* 1. ungelehrt, nicht unter'richtet. 2. unwissend, ungebildet. 3. ungelernt, selbstentwickelt: ~ abilities.
,un'taxed *adj* unbesteuert, steuerfrei.
,un'teach *v/t irr* 1. *j-n* das Gegenteil lehren (*von etwas*). 2. *j-n etwas* vergessen lassen. ,un'teach·a·ble *adj* 1. unbelehrbar (*Person*). 2. nicht lehrbar (*Sache*).
,un'tear·a·ble *adj* unzerreißbar.
,un'tech·ni·cal *adj* untechnisch.
,un'tem·pered *adj* 1. *tech.* ungehärtet, ungetempert (*Stahl*). 2. *fig.* ungemildert (with, by durch).
,un'ten·a·ble *adj* unhaltbar (*Theorie etc*).
,un'ten·ant·a·ble *adj* 1. unbewohnbar. 2. *jur.* unpacht-, unmietbar. ,un'ten·ant·ed *adj* 1. unbewohnt, leer(stehend). 2. *jur.* ungepachtet, ungemietet.
,un'tend·ed *adj* 1. unbehütet, unbeaufsichtigt. 2. ungepflegt, vernachlässigt.
,un'test·ed *adj* 1. ungeprüft, ungetestet. 2. nicht erprobt.
,un'thank·ful *adj (adv ~ly)* undankbar.
,un'think *irr* I *v/t* 1. s-e Meinung ändern über (*acc*). 2. *etwas* aus dem Kopf schlagen. II *v/i* 3. s-e Meinung ändern, *weitS.* 'umdenken. un'think·a·ble *adj* undenkbar, unvorstellbar. ,un'think·ing *adj (adv ~ly)* 1. gedanken-, achtlos. 2. nicht denkend.
,un'thought *adj* 1. 'unüber,legt: ~-out nicht (ganz) durchdacht *od.* ausgereift. 2. *meist* ~-of a) unerwartet, unvermutet, b) unvorstellbar. ,un'thought·ful *adj (adv ~ly)* 1. gedankenlos. 2. unachtsam (of mit).
,un'thread *v/t* 1. *die Nadel* ausfädeln, den Faden her'ausziehen aus. 2. *Perlen etc* abfädeln, abreihen. 3. *a. fig.* sich hin'durchfinden durch, her'ausfinden

unthrift – unwomanly

aus (*e-m Labyrinth etc*). **4.** *meist fig.* entwirren.
ˌunˈthrift I *adj* verschwenderisch. **II** *s* → unthriftiness. **ˌunˈthrift·i·ness** *s* Verschwendung *f*, Unwirtschaftlichkeit *f*. **ˌunˈthrift·y** *adj* (*adv* **unthriftily**) **1.** verschwenderisch: a) nicht haushälterisch, b) unwirtschaftlich (*a. Sache*). **2.** *poet.* nicht gedeihend.
ˌunˈthrone *v/t* entthronen (*a. fig.*).
unˈti·di·ness *s* Unordnung *f*, Unordentlichkeit *f*. **unˈti·dy** *adj* (*adv* untidily) unordentlich.
ˌunˈtie *v/t* aufknoten, Knoten lösen (*a. fig.*), losbinden (from von).
un·til [ənˈtɪl; ʌnˈ] **I** *prep* **1.** bis (*zeitlich*): ~ recall bis auf Widerruf. **2.** not ~ erst; not ~ Monday erst (am) Montag. **II** *conj* **3.** bis: we waited ~ he came. **4.** not ~ erst als *od.* wenn, nicht eher als.
ˌunˈtilled *adj agr.* unbebaut, nicht bestellt.
unˈtime·li·ness *s* Unzeit *f*, falscher *od.* verfrühter Zeitpunkt. **unˈtime·ly** *adj u. adv* unzeitig: a) vorzeitig, verfrüht, b) ungelegen, unpassend, zum falschen Zeitpunkt.
ˌunˈtinc·tured, ˌunˈtinged *adj* **1.** *fig.* ohne Anstrich, unberührt, frei (with, by von). **2.** nicht gefärbt, rein (*a. fig.*).
unˈtir·ing *adj* (*adv* ~ly) unermüdlich.
ˌunˈti·tled *adj* **1.** unbetitelt. **2.** ohne Titel, ohne (Adels)Rang. **3.** ohne Rechtsanspruch *od.* -titel, unberechtigt.
un·to [ˈʌntʊ] *prep obs. od. poet. od. Bibl.* → to I.
ˌun·toˈgeth·er *adj Am. sl.* unausgeglichen: an ~ young man.
ˌunˈtold *adj* **1.** a) unerzählt, b) ungesagt: to leave nothing ~ nichts unerwähnt lassen. **2.** unsäglich, unsagbar: ~ sufferings. **3.** zahllos. **4.** unermeßlich: of ~ wealth unermeßlich reich.
unˈtouch·a·ble I *adj* **1.** unberührbar. **2.** unantastbar, unangreifbar. **3.** unerreichbar. **4.** unfaßbar. **II** *s* **5.** Unberührbare(r *m*) *f* (*bei den Hindus*). **ˌunˈtouched** *adj* **1.** unberührt (*Essen etc*) (*a. fig.*), unangetastet (*a. Vorrat*), unversehrt, unberührt, frei (*a. fig.*): to stand ~ untastet bleiben (*Rekord etc*). **2.** *fig.* ungerührt, unbewegt. **3.** nicht zuˈrechtgemacht, *fig.* ungeschminkt. **4.** *phot.* ˈunreˌtuˌschiert. **5.** unerreicht: ~ perfection.
un·toˈward [ˌʌntəˈwɔː(r)d; ʌnˈtəʊə(r)d] *adj* **1.** *obs.* ungefügig, ˈwiderspenstig (*a. fig.*). **2.** ungünstig, unglücklich, widrig (*Umstand etc*), schlecht (*Vorzeichen etc*). **un·toˈward·ness** *s* **1.** *obs.* ˈWiderspenstigkeit *f*. **2.** Widrigkeit *f*.
ˌunˈtrace·a·ble *adj* unauffindbar, nicht ausfindig zu machen(d).
ˌunˈtrained *adj* **1.** ungeschult (*a. fig.*), *a. mil.* unausgebildet. **2.** *sport* unˌtrai̯ˌniert. **3.** ungeübt. **4.** ˈundresˌsiert: ~ dog.
unˈtram·mel(l)ed *adj bes. fig.* ungebunden, ungehindert.
ˌunˈtrans·lat·a·ble *adj* (*adv* **untranslatably**) ˈüberˌsetzbar.
ˌunˈtrav·el(l)ed *adj* **1.** unbefahren (*Straße etc*). **2.** nicht gereist, nicht (weit) herˈumgekommen (*Person*).
ˌunˈtried *adj* **1.** a) unerprobt, ungeprüft, b) unversucht. **2.** *jur.* a) unerledigt, (noch) nicht verhandelt, b) (noch) nicht vor Gericht gestellt, c) ohne Proˈzeß.
ˌunˈtrimmed *adj* **1.** unbeschnitten (*Bart, Hecke etc*). **2.** nicht (ordentlich) zuˈrechtgemacht. **3.** ungeschmückt.
ˌunˈtrod·den *adj* unberührt (*Schnee, Wildnis etc*): ~ paths *fig.* neue Wege.
ˌunˈtrou·bled *adj* **1.** ungestört, unbelästigt. **2.** ruhig, friedlich: ~ times; ~ mind unbeschwertes Gemüt. **3.** glatt (*Wasser*), ungetrübt (*a. fig.*).

ˌunˈtrue *adj* **1.** untreu (to *dat*). **2.** unwahr, falsch, irrig. **3.** ungenau. **4.** *mus.* unrein. **5.** unvollkommen. **6.** (to) nicht in Übereinstimmung (mit), abweichend (von). **7.** *tech.* a) unrund, b) ungenau. **ˌunˈtru·ly** *adv* fälschlich(erweise).
ˌunˈtrust͵worˈthi·ness *s* Unzuverlässigkeit *f*. **ˌunˈtrust͵worˈthy** *adj* unzuverlässig, nicht vertrauenswürdig.
ˌunˈtruth *s* **1.** Unwahrheit *f*. **2.** Falschheit *f*. **ˌunˈtruth·ful** *adj* (*adv* ~ly) **1.** unwahr (*a. Sache*), unaufrichtig. **2.** falsch, irrig. **ˌunˈtruth·ful·ness** → untruth.
ˌunˈtuck *v/t* **1.** (her)auswickeln, lösen. **2.** *Schneiderei:* e-e Falte auslassen.
ˌunˈtune *v/t* **1.** verstimmen. **2.** *fig.* durcheinˈanderbringen, verwirren. **ˌunˈtune·ful** *adj* unmeˌlodisch.
ˌunˈturned *adj* nicht ˈumgedreht: → stone *Bes. Redew.*
ˌunˈtu·tored *adj* **1.** ungebildet, ungeschult. **2.** unerzogen. **3.** unverbildet, naˈiv, naˈtürlich. **4.** ˈunkultiˌviert.
ˌunˈtwine, ˌunˈtwist I *v/t* **1.** aufdrehen, -flechten. **2.** *bes. fig.* entwirren, lösen. **3.** *bes. fig.* trennen. **II** *v/i* **4.** sich aufdrehen, aufgehen.
ˌunˈtyp·i·cal *adj* untypisch (of für).
ˌunˈused *adj* **1.** unbenutzt, ungebraucht, nicht verwendet: ~ capital brachliegendes Kapital; ~ credit nicht beanspruchter Kredit. **2.** a) nicht gewöhnt (to an *acc*), b) nicht gewohnt (to doing zu tun).
unˈu·su·al *adj* (*adv* ~ly) un-, außergewöhnlich: it is ~ for him to get drunk es ist nicht s-e Art, sich zu betrinken. **unˈu·su·al·ness** *s* Ungewöhnlichkeit *f*, (*das*) Außergewöhnliche.
unˈut·ter·a·ble *adj* (*adv* **unutterably**) **1.** unaussprechlich (*a. fig.*). **2.** → unspeakable **1**. **3.** unglaublich, Erz...: ~ scoundrel Erzgauner *m*. **ˌunˈut·tered** *adj* unausgesprochen, ungesagt.
ˌunˈval·ued *adj* **1.** nicht (ab)geschätzt, ˈuntaˌxiert: ~ stock *econ. bes. Am.* nennwertlose Aktie. **2.** nicht geschätzt, wenig geachtet.
unˈvar·ied *adj* unverändert, einförmig.
ˌunˈvar·nished *adj* **1.** [ˌʌn-] *tech.* ungefirnißt. **2.** *fig.* ungeschminkt: ~ truth. **3.** *fig.* schlicht, einfach.
unˈvar·y·ing *adj* (*adv* ~ly) unveränderlich, gleichbleibend.
ˌunˈveil I *v/t* **1.** das Gesicht etc entschleiern, ein Denkmal etc enthüllen (*a. fig.*): ~ed unverschleiert, unverhüllt (*a. fig.*). **2.** sichtbar werden lassen. **II** *v/i* **3.** den Schleier fallen lassen, sich enthüllen (*a. fig.*).
ˌunˈven·ti·lat·ed *adj* **1.** ungelüftet, nicht ventiˈliert. **2.** unerörtert, nicht zur Sprache gebracht.
ˌun·veˈra·cious *adj* unwahr.
ˌunˈver·i·fied *adj* unbewiesen, unbelegt.
ˌunˈversed *adj* unbewandert (in in *dat*).
ˌunˈvi·ti·at·ed *adj allg.* unverdorben.
ˌunˈvoice *v/t ling.* stimmlos aussprechen. **ˌunˈvoiced** *adj* **1.** unausgesprochen, nicht geäußert. **2.** *ling.* stimmlos.
ˌunˈvouched(-for) *adj* unverbürgt.
ˌunˈvouch·ered *adj*: ~ fund *pol. Am.* Reptilienfonds *m*.
ˌunˈvul·can·ized *adj* nicht vulkaniˈsiert: ~ rubber Rohgummi *n*, *m*.
ˌunˈwant·ed *adj* unerwünscht: → alien **7**.
unˈwar·i·ness *s* Unvorsichtigkeit *f*.
ˌunˈwar·like *adj* friedliebend, unkriegerisch.
ˌunˈwarped *adj* **1.** nicht verzogen (*Holz*). **2.** *fig.* ˈunparˌteiisch.
unˈwar·rant·a·ble *adj* (*adv* → **unwar-**

rantably) unverantwortlich, nicht zu rechtfertigen(d), ungerechtfertigt, nicht vertretbar, untragbar, unhaltbar. **unˈwar·rant·a·ble·ness** *s* Unverantwortlichkeit *f*, Unvertretbarkeit *f*. **unˈwar·rant·a·bly** *adv* in ungerechtfertigter *od.* unverantwortlicher Weise.
ˌunˈwar·rant·ed *adj* **1.** [ʌn-] ungerechtfertigt, ungerechtfertigt, unbefugt. **2.** unverbürgt, ohne Gewähr.
unˈwar·y *adj* (*adv* **unwarily**) **1.** unvorsichtig. **2.** ˈunüberˌlegt.
ˌunˈwashed *adj* ungewaschen: the great ~ *fig. contp.* der Pöbel.
ˌunˈwatched *adj* unbeobachtet.
ˌunˈwatch·ful *adj* **1.** nicht wachsam. **2.** nicht auf der Hut (against vor *dat*).
ˌunˈwa·tered *adj* **1.** unbewässert, nicht begossen, nicht gesprengt (*Rasen etc*). **2.** unverwässert (*Milch etc*; *a. econ. Kapital*).
unˈwa·ver·ing *adj* (*adv* ~ly) unerschütterlich, standhaft, unentwegt.
ˌunˈweak·ened *adj* **1.** ungeschwächt. **2.** unverdünnt (*Getränk etc*).
ˌunˈweaned *adj* (noch) nicht entwöhnt.
ˌunˈwear·a·ble *adj*: these clothes are ~ diese Sachen kann man nicht tragen.
unˈwea·ried *adj* (*adv* ~ly) **1.** nicht ermüdet, frisch. **2.** unermüdlich. **unˈwea·ry·ing** *adj* (*adv* ~ly) **1.** unermüdlich. **2.** (immer) gleichbleibend.
ˌunˈwed(·ded) *adj* unverheiratet.
ˌunˈweighed *adj* **1.** ungewogen. **2.** nicht abgewägt *od.* abgewogen, unbedacht.
unˈwel·come *adj* unwillˌkommen (*a. fig.* unangenehm): to make s.o. feel ~ j-n ˌvergraulen'.
ˌunˈwell *adj*: she is ~ (*od.* feels) ~ sie fühlt sich unwohl *od.* unpäßlich, sie ist unpäßlich (*a. euphem.* sie hat ihre Periode).
ˌunˈwept *adj* **1.** unbeweint. **2.** *selten* ungeweint: ~ tears.
ˌunˈwhole·some *adj* (*adv* ~ly) **1.** *allg.* ungesund (*a. fig.*). **2.** *fig.* verderbt, verdorben. **ˌunˈwhole·some·ness** *s* Ungesundheit *f*, *fig. a.* (*das*) Ungesunde.
unˈwield·i·ness *s* **1.** Unbehofenheit *f*, Schwerfälligkeit *f*. **2.** Unhandlichkeit *f*. **unˈwield·y** *adj* (*adv* **unwieldily**) **1.** unbeholfen, plump, schwerfällig. **2.** a) unhandlich, b) sperrig.
ˌunˈwill *v/t* **1.** das Gegenteil wollen von. **2.** willenlos machen. **ˌunˈwilled** *adj* ungewollt. **ˌunˈwill·ing** *adj* un-, ˈwiderwillig: to be ~ to do abgeneigt sein, *etwas* zu tun; *etwas* nicht wollen; willing or ~ man mag wollen oder nicht; I am ~ to admit it ich gebe es ungern zu. **unˈwill·ing·ly** *adv* ungern, ˈwiderwillig. **unˈwill·ing·ness** *s* ˈWiderwille *m*, Abgeneigtheit *f*.
ˌunˈwind [-ˈwaɪnd] *irr* **I** *v/t* **1.** ab-, auf-, loswickeln, abspulen, *Papier etc* abrollen, *e-n Verband etc* abwickeln, abnehmen. **2.** *fig.* entwirren. **II** *v/i* **3.** sich abod. loswickeln, aufgehen, sich lockern. **4.** *colloq.* ˌabschalten', sich entspannen.
ˌunˈwink·ing *adj* (*adv* ~ly) **1.** ur.verwandt, starr (*Blick*). **2.** *fig.* wachsam.
ˌunˈwin·na·ble *adj* nicht zu gewinnen(d), aussichtslos.
ˌunˈwis·dom *s* Unklugheit *f*, Torheit *f*. **ˌunˈwise** *adj* unklug, töricht.
unˈwished *adj* **1.** ungewünscht. **2.** *a.* ~-for unerwünscht.
ˌunˈwith·ered *adj* **1.** unverwelkt. **2.** *fig.* jung, frisch.
ˌunˈwit·nessed *adj* unbezeugt: a) nicht gesehen *od.* beobachtet, b) *jur.* ohne ˌZeugenˌunterschrift.
unˈwit·ting *adj* (*adv* ~ly) **1.** unwissend. **2.** unwissentlich, unabsichtlich.
unˈwom·an·li·ness *s* Unweiblichkeit *f*, Unfraulichkeit *f*. **unˈwom·an·ly I** *adj*

1. unweiblich, unfraulich. 2. für e-e Frau ungeeignet: ~ **work**. **II** *adv* 3. nicht wie e-e Frau (es tut).

un'wont·ed *adj* (*adv* ~**ly**) 1. *obs.* nicht gewöhnt (**to** an *acc*), ungewohnt (**to** *inf* zu *inf*). 2. ungewöhnlich, unüblich.

,**un'wood·ed** *adj* unbewaldet.

,**un'work·a·ble** *adj* 1. unausführbar, 'un,durchführbar (*Plan etc*). 2. *tech.* nicht bearbeitungsfähig, un(ver)formbar. 3. *tech.* nicht betriebsfähig. 4. *Bergbau:* nicht abbauwürdig. ,**un'worked** *adj* 1. unbearbeitet (*Boden etc*), roh (*a. tech.*). 2. *Bergbau:* unverritzt: ~ **coal** anstehende Kohle.

,**un'work·man·like** *adj* unfachmännisch, unfachgemäß, stümperhaft.

,**un'world·li·ness** *s* 1. unweltliche Gesinnung, Weltfremdheit *f.* 2. Uneigennützigkeit *f.* 3. Geistigkeit *f.* ,**un-'world·ly** *adj* 1. unweltlich, nicht weltlich (gesinnt), weltfremd. 2. uneigennützig. 3. unweltlich, unirdisch, geistig.

,**un'worn** *adj* 1. ungetragen (*Kleidungs-, Schmuckstück etc*). 2. nicht abgetragen *od.* abgenutzt. 3. *fig.* unverbraucht.

un'wor·thi·ness *s* Unwürdigkeit *f.* **un-'wor·thy** *adj* (*adv* **unworthily**) unwürdig, nicht würdig (**of** *gen*): **he is ~ of** it er ist dessen unwürdig, er verdient es nicht, er ist es nicht wert; **he is ~ of respect** er verdient keine Achtung.

,**un'wound** [-'waʊnd] *adj* 1. abgewickelt. 2. abgelaufen, nicht aufgezogen (*Uhr*).

,**un'wound·ed** [-'wuːndɪd] *adj* unverwundet, unverletzt.

,**un'wo·ven** *adj* ungewebt.

,**un'wrap** *v/t* auf-, auswickeln, auspacken.

,**un'wrin·kle** *v/t* glätten. ,**un'wrinkled** *adj* glatt, faltenlos, nicht gerunzelt.

,**un'writ·ten** *adj* 1. ungeschrieben: ~ **law** a) *jur.* ungeschriebenes Recht, b) *fig.* ungeschriebenes Gesetz. 2. *a.* ~**-on** unbeschrieben.

,**un'wrought** *adj* unbearbeitet, unverarbeitet: ~ **goods** Rohstoffe.

un'yield·ing *adj* (*adv* ~**ly**) 1. unbiegsam, starr. 2. nicht nachgebend (**to** *dat*), fest (*a. fig.*). 3. *fig.* unnachgiebig, hart, unbeugsam.

,**un'yoke** *v/t* 1. aus-, losspannen. 2. *fig.* (los)trennen, lösen.

,**un'zip I** *v/t* 1. den Reißverschluß öffnen von (*od. gen*). 2. *colloq.* j-m den Reißverschluß aufmachen. **II** *v/i* 3. **her dress ~ped** der Reißverschluß ihres Kleids ging auf.

up [ʌp] **I** *adv* 1. a) nach oben, hoch, (her-, hin)'auf, in die Höhe, em'por, aufwärts, b) oben (*a. fig.*): ... **and ~** od (noch) höher *od.* mehr, von ... aufwärts; **~ and ~** höher u. höher, immer höher; **farther ~** weiter hinauf *od.* (nach) oben; **three storeys ~** drei Stock hoch, (oben) im dritten Stock(werk); **~ and down** a) auf u. ab, hin u. her *od.* zurück, b) *fig.* überall; **buttoned all the way ~** bis oben (hin) zugeknöpft; **~ from** a) (heraus) aus, b) von ... an, angefangen von ...; **~ from the country** vom Lande; **from my youth ~** von Jugend auf, seit m-r Jugend; **~ till now** bis jetzt. 2. weiter (nach oben), höher (*a. fig.*): **~ north** weiter im Norden. 3. fluß'aufwärts, den Fluß hin'auf. 4. nach *od.* im Norden: **~ from Cuba** von Kuba aus in nördlicher Richtung. 5. a) in der *od.* in die (*bes.* Haupt)Stadt, b) *Br. bes.* in *od.* nach London: **~ for a week** *Br.* e-e Woche (lang) in London. 6. *Br. am od.* zum Studienort, im College *etc*: **he stayed ~ for the vacation**. 7. *Am. colloq.* in (*dat*): **~ north** im Norden. 8. aufrecht, gerade: **to sit ~**. 9. auf ... (*acc*) zu, hin, her(*'*an): **he went straight ~ to the door**

er ging geradewegs auf die Tür zu *od.* zur Tür. 10. *sport etc* erzielt (*Punktzahl*): **with a hundred ~** mit hundert (Punkten). 11. *Tischtennis etc*: ,auf': **two ~** zwei auf, beide zwei. 12. *Baseball:* am Schlag. 13. *mar.* luvwärts, gegen den Wind. 14. ~ **to** a) hin'auf nach *od.* zu, b) bis (zu), bis an *od.* auf (*acc*), c) gemäß, entsprechend: ~ **to town** in die Stadt, *Br. bes.* nach London; ~ **to death** bis zum Tode; → **chin** 1, **count¹** 16, **date²** 10, **expectation** 1, **mark¹** 13, **par** 3, **scratch** 5, **standard¹** 6. 15. **to be ~ to** meist *colloq.* a) *etwas* vorhaben, *etwas* im Schilde führen, b) gewachsen sein (*dat*), c) entsprechen (*dat*), d) *j-s* Sache sein, abhängen von, e) fähig *od.* bereit sein zu, f) vorbereitet *od.* gefaßt sein auf (*acc*), g) vertraut sein mit, sich auskennen in (*dat*): **what are you ~ to?** was hast du vor?, was machst du (**there** da)?; **he is ~ to no good** er führt nichts Gutes im Schilde; **it is ~ to him** es liegt an ihm, es hängt von ihm ab, es ist s-e Sache; **it is not ~ to much** es taugt nicht viel; **he is not ~ to much** mit ihm ist nicht viel los; → **snuff¹** 8, **trick** 2. 16. (*in Verbindung mit Verben* [*siehe jeweils diese*] *bes. als Intensivum*) a) auf..., an..., ver..., b) zusammen...

II *interj* 17. ~**!** auf!, hoch!, her'auf!, hin'auf!: ~ (**with you)!** (steh) auf!; ~ ...! hoch (lebe) ...!

III *prep* 18. auf ... (*acc*) (hin'auf), hinauf, em'por (*a. fig.*): ~ **the ladder** die Leiter hinauf; ~ **the street** die Straße hinauf *od.* entlang; ~ **yours!** *vulg.* leck(t) mich (doch)! 19. in das Innere (*e-s Landes etc*) (hin'ein): ~ **(the) country** landeinwärts. 20. gegen: ~ **(the) wind**. 21. oben an *od.* (*dat*), an der Spitze (*gen*): ~ **the tree** (oben) auf dem Baum; **further ~ the road** weiter oben an der Straße; ~ **the yard** hinten im Hof.

IV *adj* 22. aufwärts..., nach oben gerichtet. 23. im Inneren (des Landes *etc*). 24. nach der *od.* zur Stadt: ~ **train**; ~ **platform** Bahnsteig *m* für Stadtzüge. 25. a) oben (befindlich), (nach oben) gestiegen, b) hoch (*a. fig.*): **to be ~** *fig.* an der Spitze sein, obenauf sein; **he is ~ in** (*od.* **on**) **that subject** *colloq.* in diesem Fach ist er auf der Höhe *od.* ,gut' beschlagen'; **to be well ~ in** *colloq.* weit fortgeschritten sein in (*dat*); **to be ~ on** Bescheid wissen über (*acc*); **prices are ~** die Preise sind gestiegen; **wheat is ~** *econ.* Weizen steht hoch (im Kurs), der Weizenpreis ist gestiegen. 26. höher. 27. auf(gestanden), auf den Beinen (*a. fig.*): **already ~ and about**, ~ **and doing** *colloq.* schon (wieder) auf den Beinen; ~ **and coming** → **up-and-coming**; **to be ~ late** lange aufbleiben; **to be ~ again** wieder obenauf sein; **to be ~ against a hard job** *colloq.* vor e-r schwierigen Aufgabe stehen; **to be ~ against it** *colloq.* in der Klemme sein *od.* sitzen *od.* stecken. 28. (zum Sprechen) aufgestanden: **the Home Secretary is ~** der Innenminister will sprechen *od.* spricht. 29. *parl. Br.* geschlossen: **Parliament is ~** das Parlament hat s-e Sitzungen beendet *od.* hat sich vertagt. 30. (*bei verschiedenen Substantiven*) a) aufgegangen (*Sonne, Samen*), b) hochgeschlagen (*Kragen*), c) hochgekrempelt (*Ärmel etc*), d) aufgespannt (*Schirm*), e) aufgeschlagen (*Zelt*), f) hoch-, aufgezogen (*Vorhang etc*), g) aufgestiegen (*Ballon etc*), h) aufgeflogen (*Vogel*), i) angeschwollen (*Fuß etc*), j) *sport* aufgeschrieben, erzielt (*Punktzahl*). 31. schäumend (*Getränk*): **the cider is ~** der Apfelwein schäumt. 32. *colloq.* in Aufruhr, erregt: **his temper is ~** er ist erregt *od.* aufgebracht;

the whole country was ~ das ganze Land befand sich in Aufruhr; → **arm²** *Bes. Redew.*, **blood** 2. 33. *colloq.* ,los', im Gange: **what's ~?** was ist los?; **is anything ~?** ist (irgend *etwas*) los?; → **hunt** 1. 34. zu Ende, abgelaufen, vor'bei, um: **it's all ~** es ist alles aus; **it's all ~ with him** *collect.* es ist aus mit ihm; → **game¹** 6, **time** 11. 35. ~ **with** *j-m* ebenbürtig *od.* gewachsen. 36. ~ **for** bereit zu: **to be ~ for election** auf der Wahlliste stehen; **to be ~ for examination** sich e-r Prüfung unterziehen; **to be ~ for sale** zum Kauf stehen; **to be ~ for trial** *jur.* a) vor Gericht stehen, b) verhandelt werden; **the case is ~ before the court** der Fall wird (vor Gericht) verhandelt; **to be (had) ~ for** *colloq.* vorgeladen werden wegen. 37. *Sport u. Spiel:* um e-n Punkt *etc* vor'aus: **to be one ~**; **one ~ for you** eins zu null für dich (*a. fig.*). 38. *bes. Am. sl.* hoffnungsvoll, opti'mistisch: ~ **tunes**; **to be ~ in** Hochstimmung sein, ein Hoch haben.

V *v/i* 39. *colloq.* aufstehen, sich erheben: **to ~ and ask s.o.** *j-n* plötzlich fragen. 40. **to ~ with** *Am. colloq.* *etwas* hochreißen: **he ~ped with his shotgun**. 41. *Am. colloq.* aufsteigen (**to** zu). 42. *bes. Am. sl.* Aufputschmittel nehmen.

VI *v/t* 43. *colloq.* Preis, Produktion *etc* erhöhen. 44. *Am. colloq.* (*im Rang*) befördern (**to** zum).

VII *s* 45. Aufwärtsbewegung *f*, An-, Aufstieg *m*: **the ~s and downs** das Auf u. Ab; **the ~s and downs of life** die Höhen u. Tiefen des Lebens; **on the ~ and ~** *colloq.* a) im Steigen (begriffen), im Kommen, b) in Ordnung, anständig, ehrlich; **our firm's on the ~ and ~** *colloq.* mit unserer Firma geht es aufwärts; **he's on the ~ and ~** *colloq.* er macht keine ,krummen Touren'. 46. *colloq.* Preisanstieg *m*, Wertzuwachs *m*. 47. *colloq.* Höhergestellte(r *m*) *f.* 48. → **upper** 8.

,**up-and-'com·ing** *adj* aufstrebend, vielversprechend.

,**up-and-'down** *adj* 1. auf u. ab *od.* von oben nach unten gehend: ~ **looks** kritisch musternde Blicke; ~ **motion** Auf- undabbewegung *f*; ~ **stroke** *tech.* Doppelhub *m*. 2. hin u. zu'rück. 3. uneben, unregelmäßig. 4. *bes. Am. colloq.* 5. regelrecht: ~ **quarrel**. 6. *Am. colloq.* offen, ehrlich.

U·pan·i·shad [uːˈpʌnɪʃəd; uːˈpɑːnɪʃɑːd; uːˈpænɪʃæd; juː-] (*Sanskrit*) *s* U'panishad *f*.

u·pas [ˈjuːpəs] *s* 1. *a.* ~ **tree** *bot.* Upasbaum *m*. 2. a) Upassaft *m* (*Pfeilgift*): ~ **antiar** Upasharz *n*, b) *fig.* Gift *n*, verderblicher Einfluß.

up'bear *v/t irr* 1. tragen, stützen. 2. *fig.* aufrechterhalten, ermutigen.

'**up·beat I** *s* 1. *mus.* Auftakt *m.* 2. *metr.* a) → **anacrusis**, b) betonte Silbe. 3. *fig.* Aufschwung *m*: **on the ~** im Aufschwung (begriffen). **II** *adj* 4. *colloq.* opti'mistisch, beschwingt.

'**up·bow** [-boʊ] *s mus.* Aufstrich *m.*

up'braid *v/t* 1. *j-m* Vorwürfe machen, *j-n* tadeln, rügen: **to ~ s.o. with** (*od.* **for**) **s.th.** *j-m etwas* vorwerfen *od.* vorhalten, *j-m* wegen e-r Sache Vorwürfe machen. 2. *etwas* auszusetzen haben an (*dat*), her'umnörgeln an (*dat*). **up'braid·ing I** *s* Vorwurf *m*, Tadel *m*, Rüge *f.* **II** *adj* vorwurfsvoll, tadelnd.

'**up,bring·ing** *s* 1. Erziehung *f.* 2. Groß-, Aufziehen *n*.

'**up·cast I** *adj* em'porgerichtet (*Blick etc*), aufgeschlagen (*Augen*). **II** *s a.* ~ **shaft** (*Bergbau*) Wetter-, Luftschacht *m.* **III** *v/t irr* hochwerfen.

upchuck – upside down

'**up·chuck** I v/i (sich er)brechen, sich über'geben. II v/t (er)brechen.
'**up,com·ing** adj Am. kommend, bevorstehend.
ˌ**up'coun·try** I adj 1. im Inneren des Landes (gelegen od. lebend), binnenländisch. 2. contp. bäurisch. II s 3. (das) (Landes)Innere, Binnen-, 'Hinterland n. III adv [ˌʌpˈkʌntrɪ] 4. land'einwärts.
'**up,cur·rent** s Aufwind m.
up·date I v/t [ʌpˈdeɪt] 1. auf den neuesten Stand bringen. II s [ˈʌpdeɪt] 2. 'Unterlagen pl etc über den neuesten Stand. 3. auf den neuesten Stand gebrachte Versi'on etc.
'**up·do** s colloq. 'Hochfriˌsur f.
'**up·draft**, bes. Br. '**up·draught** s Aufwind m: ~ **carburet(t)or** Steigstromvergaser m.
up'end v/t 1. hochkant stellen, ein Faß etc aufrichten. 2. ein Gefäß 'umstülpen. 3. fig. völlig durcheinˈanderbringen.
'**up-,front** adj Am. colloq. 1. freimütig, diˈrekt, offen. 2. vordringlich. 3. führend (Persönlichkeit etc). 4. Voraus...: ~ **payments**.
up·grade [ˈʌpɡreɪd] I s 1. bes. Am. Steigung f, Anstieg m. 2. **on the** ~ fig. im (An)Steigen (begriffen). II adj 3. bes. Am. an-, aufsteigend. III adv 4. bes. Am. bergˈauf. IV v/t [ʌpˈɡreɪd] 5. höher einstufen: **to** ~ **s.o.'s status** j-n aufwerten. 6. j-n (im Rang) befördern. 7. econ. a) (die Qualiˈtät gen) verbessern, b) ein Produkt durch ein höherwertiges Erzeugnis ersetzen.
'**up·growth** s 1. Entwicklung f, Wachstum n. 2. Proˈdukt n (e-s Entˈwicklungs- od. 'Wachstumsproˌzesses).
up'heav·al s 1. (meist vulˈkanische) (Boden)Erhebung. 2. fig. 'Umwälzung f, 'Umbruch m: **social** ~s soziale Umwälzungen. **up'heave** a. irr I v/t 1. hoch-, emˈporheben. 2. emˈporschleudern. 3. fig. in Aufruhr versetzen. II v/i 4. sich heben.
ˌ**up'hill** I adv 1. den Berg hinˈauf, bergˈauf, bergˈan. 2. aufwärts. II adj 3. bergˈauf führend, ansteigend. 4. auf dem Berg gelegen, hochgelegen, oben gelegen. 5. fig. mühselig, hart: ~ **task**. III s [ˈʌphɪl] 6. Steigung f, Anstieg m.
up'hold v/t irr 1. hochhalten, aufrecht halten. 2. (hoch)heben. 3. halten, stützen (a. fig.). 4. fig. aufrechterhalten, unterˈstützen. 5. jur. (in zweiter Inˈstanz) bestätigen: **to** ~ **a decision**. 6. fig. beibehalten. 7. Br. inˈstand halten, in gutem Zustand erhalten. **up'hold·er** s Erhalter m, Verteidiger m, Wahrer m: ~ **of public order** Hüter m der öffentlichen Ordnung.
up·hol·ster [ʌpˈhəʊlstə(r)] v/t a) (auf-, aus)polstern: ~**ed goods** Polsterwaren, b) beziehen. 2. Zimmer (mit Teppichen, Vorhängen etc) ausstatten. **up'hol·ster·er** s Polsterer m. **up'hol·ster·y** s 1. a) 'Polstermateriˌal n, Polsterung f, b) (Möbel)Bezugsstoff m. 2. Polstern n, Polsterung f.
u·phroe [ˈjuːfrəʊ] s mar. Jungfernblock m.
'**up·keep** s 1. a) Inˈstandhaltung f, b) 'Instandhaltungskosten pl. 2. a) 'Unterhalt m, b) 'Unterhaltskosten pl.
up·land [ˈʌplənd; Am. a. ˈʌpˌlænd] I s meist pl Hochland n: **the U**~**s** das Oberland (im südl. Schottland). II adj Hochland(s)...
up·lift I v/t [ʌpˈlɪft] 1. emˈporheben. 2. s-e Stimme, a. das Niveau, j-s Stimmung etc heben. 3. fig. aufrichten, Auftrieb verleihen (dat), erbauen. II s [ˈʌplɪft] 4. fig. Erbauung f, (innerer) Auftrieb. 5. fig. a) Hebung f, Besserung f, b) (so-ziˈale) Aufbauarbeit, c) Aufschwung m. 6. geol. Horst m, (Boden)Erhebung f. 7. ~ **brassière** Stützbüstenhalter m.
'**up·most** → uppermost.
up·on [əˈpɒn; Am. a. əˈpɑn] I prep (hat fast alle Bedeutungen von **on**, ist jedoch nachdrücklicher u. wird oft am Ende e-s Infinitivsatzes od. in Gedichten, um den Satzrhythmus zu wahren, den von **on** vorgezogen; **upon** ist bes. in der Umgangssprache weniger geläufig als **on**, jedoch in folgenden Fällen üblich): a) in verschiedenen Redewendungen: ~ **this** hierauf, -nach, darauf(hin); **Christmas is almost** ~ **us** Weihnachten steht vor der Tür, b) in Beteuerungen: ~ **my word!** auf mein Wort!, c) in kumulativen Wendungen: **loss** ~ **loss** Verlust auf Verlust, dauernde Verluste; **petition** ~ **petition** ein Gesuch nach dem anderen, d) als Märchenanfang: **once** ~ **a time there was** es war einmal. II adv obs. dar'auf, darˈüber.
up·per [ˈʌpə(r)] I adj 1. oberˈ(er, e, es), Oberˈ..., höher(er, e, es) (a. fig.): ~ **part** Oberteil n; → **storey** 2. a) höhergelegen, b) im Inland gelegen: ~ **woods**. 3. höherstehend, 'übergeordnet. II s 4. Oberleder n (am Schuh): **to be (down) on one's** ~**s** colloq. a) die Schuhe durchgelaufen haben, b) total ˌabgebrannt od. ˌauf dem Hund' sein. 5. colloq. oberes Bett (im Schlafwagen). 6. colloq. a) Oberzahn m, b) oberer ('Zahn)Proˌthese. 7. colloq. (Pyˈjama- etc)Oberteil n. 8. sl. Aufputschmittel n. ~ **arm** s Oberarm m. ~ **bed** s Bergbau: Hangende(s) n. ~ **brain** s anat. Großhirn n. ~ **case** s print. 1. Oberkasten m. 2. Verˈsalien pl, Großbuchstaben pl. ~-'**case** print. I adj 1. in Verˈsalien od. Großbuchstaben (gedruckt od. geschrieben). 2. Versal...: ~ **letters** Großbuchstaben, Versalien. II v/t in Verˈsalien od. Großbuchstaben drucken. ~ **class** s sociol. Oberschicht f: **the** ~**es** die oberen Klassen. ~-'**class** adj 1. sociol. ... der Oberschicht. 2. vornehm, fein. ~'**class·man** [-mən] s irr ped. Am. Stuˈdent m in den letzten beiden Jahren vor dem ˈAbschlußexˌamen. ~ **cloth·ing** s Oberˈ(be)kleidung f. ~ **crust** s 1. (Brot- etc)Kruste f. 2. colloq. (die) Spitzen pl der Gesellschaft. ~**cut** (Boxen) I s Aufwärtshaken m, Uppercut m. II v/t irr j-m e-n Aufwärtshaken versetzen. III v/i e-n Aufwärtshaken schlagen. ~ **deck** s mar. Oberdeck n (a. e-s Omnibusses). ~ **dog** → **top dog**. ~ **hand** s: **to gain** (od. **get**) **the** ~ die Oberhand gewinnen (**of** über acc). ~ **house** s parl. Oberhaus n. ~ **jaw** s anat. Oberkiefer m. ~ **leath·er** s Oberleder n. ~ **lip** s Oberlippe f: → **lip** 1.
'**up·per·most** I adj 1. oberstˈ(er, e, es), höchstˈ(er, e, es) (beide a. fig.): **to be** ~ a) an erster Stelle stehen, vorherrschen, b) die Oberhand haben; **to come** ~ die Oberhand gewinnen. II adv 2. oben'an, ganz oben, zuˈoberst. 3. an erster Stelle: **to say what(ever) comes** ~ sagen, was e-m gerade einfällt.
up·perˌ**reach·es** s pl Oberlauf m (e-s Flusses). ~ **side** s 1. obere Seite. 2. print. Schöndruckseite f. ~ **ten (thousand)** pl sg fig. (die) oberen Zehntausend pl. '~**works** s pl 1. mar. Oberwerk n, Totes Werk. 2. sl. ˌGehirnkasten' m (Verstand).
up·pish [ˈʌpɪʃ] adj (adv ~**ly**) colloq. 1. hochnäsig, hochmütig. 2. anmaßend, unverschämt. '**up·pish·ness** s colloq. 1. Hochnäsigkeit f. 2. Anmaßung f. '**up·pi·ty** → uppish.
up'raise v/t 1. er-, hochheben: **with hands** ~**d** mit erhobenen Händen. 2. fig. aufmuntern.
up'rear v/t 1. a) aufrichten, b) errichten. 2. fig. preisen.
ˌ**up'right** I adj (adv ~**ly**) 1. aufrecht, senkrecht, gerade: ~ **axle** tech. stehende Welle; ~ **drill** tech. Senkrechtbohrer m; ~ **freezer** Tiefkühl-, Gefrierschrank m; ~ **piano** → 8; ~ **size** Hochformat n. 2. aufrecht (sitzend od. gehend). 3. fig. [ˈʌpraɪt] aufrecht, rechtschaffen, redlich. II adv 4. aufrecht, gerade: **to sit** ~ geradesitzen. III s [ˈʌpraɪt] 5. senkrechte Stellung. 6. (senkrechte) Stütze, Träger m, Ständer m, Pfosten m, (Treppen)Säule f. 7. sport (Tor)Pfosten m. 8. ('Wand)Klaˌvier n, Piˈano n. '**up,right·ness** s fig. Geradheit f, Rechtschaffenheit f, Redlichkeit f.
up·rise I v/i [ʌpˈraɪz] irr bes. poet. 1. aufstehen, sich erheben. 2. auferstehen. 3. aufgehen (Sonne etc). 4. erscheinen. 5. entstehen. 6. (an-, auf-, hoch)steigen. II s [ˈʌpraɪz] 7. a) (An-, Auf)Steigen n, b) An-, Aufstieg m (a. fig.), c) Aufgang m (der Sonne etc). 8. Steigung f, Anstieg m. 9. Entstehen n. 10. Erscheinen n. '**up**ˌ**ris·ing** s 1. Aufstehen n. 2. → **uprise** II. 3. Aufstand m, (Volks)Erhebung f.
ˌ**up'riv·er** → upstream.
'**up·roar** s Aufruhr m, Tuˈmult m, Toben n, Lärm m, Erregung f: **in (an)** ~ in Aufruhr. **up'roar·i·ous** adj (adv ~**ly**) 1. lärmend, laut, stürmisch (Begrüßung etc), tosend (Beifall), schallend (Gelächter). 2. tumultuˈarisch, tobend. 3. zum Brüllen komisch, ˌtoll': ~ **comedy**.
up'root v/t 1. (mit den Wurzeln) ausreißen, e-n Baum etc entwurzeln (a. fig.). 2. fig. herˈausreißen (**from** aus). 3. fig. ausmerzen, ausrotten. **up'root·al** s Entwurzˌe(e)lung f (a. fig.).
up'rouse v/t aufwecken, wach-, aufrütteln.
up·sa·dai·sy [ˈʌpsəˌdeɪzɪ] → upsy-daisy.
up·set[1] [ʌpˈset] I adj 1. 'umgestürzt, 'umgekippt. 2. durcheinˈandergeworfen, -geraten. 3. fig. aufgeregt, außer Fassung, aus dem Gleichgewicht gebracht, durcheinˈander. 4. verstimmt (a. Magen). II v/t irr 5. 'umwerfen, 'umstürzen, 'umkippen, 'umstoßen: → **apple cart**. 6. ein Boot zum Kentern bringen. 7. fig. e-n Plan 'umstoßen, über den Haufen werfen, vereiteln: **to** ~ **all predictions** alle Vorhersagen auf den Kopf stellen. 8. die Regierung stürzen. 9. fig. j-n 'umwerfen, aus der Fassung bringen, durcheinˈanderbringen, bestürzen. 10. in Unordnung bringen, durcheinˈanderbringen, den Magen verderben. 11. tech. stauchen. III v/i 12. 'umkippen, 'umstürzen. 13. 'umschlagen, kentern (Boot). IV s [ˈʌpset] 14. 'Umkippen n. 15. 'Umschlagen n, Kentern n. 16. Sturz m, Fall m. 17. 'Umsturz m. 18. fig. Vereitelung f. 19. Bestürzung f. 20. Unordnung f, Durcheinˈander n. 21. Ärger m, (a. Magen)Verstimmung f. 22. Streit m, Meinungsverschiedenheit f. 23. sport colloq. Überˈraschung f (unerwartete Niederlage etc). 24. tech. Stauchung f.
'**up·set**[2] adj an-, festgesetzt: ~ **price** bes. Am. Mindestpreis m (bei Versteigerungen).
'**up-shift** v/i mot. hinˈaufschalten (**into second gear** in den 2. Gang).
'**up·shot** s (End)Ergebnis n, Ende n, Ausgang m, Fazit n: **in the** ~ am Ende, schließlich; **what will be the** ~ **of it (all)?** was wird dabei herauskommen?
'**up·side** s Oberseite f. ~ **down** adv 1. das Oberste zuˈunterst, mit der Oberseite od. dem Kopf od. Oberteil nach unten, verkehrt (her'um). 2. fig. drunter u. drüber, vollkommen durcheinˈander: **to turn**

everything ~ alles auf den Kopf stellen. ~-'**down** *adj* auf den Kopf gestellt, 'umgekehrt: ~ **cake** gestürzter Obstkuchen; ~ **flight** *aer.* Rückenflug *m*; ~ **world** *fig.* verkehrte Welt.

'**up·sides** *adv Br. colloq.* **1.** auf gleicher Höhe. **2.** *fig.* **to be** ~ **with s.o.** mit j-m quitt sein; **to get** ~ **with s.o.** *fig.* mit j-m abrechnen.

up·si·lon [ju:pˈsaɪlən; *Am.* ˈju:psəˌlɑ:n] *s* Ypsilon *n* (*Buchstabe*).

ˌ**up**'**stage I** *adv* **1.** *thea.* in den *od.* im 'Hintergrund der Bühne. **II** *adj* **2.** *thea.* zum 'Bühnenˌhintergrund gehörig. **3.** *colloq.* ˌhochnäsig', überˈheblich. **III** *v/t* **4.** *colloq.* j-m ˌdie Schau stehlen' (*j-n in den Schatten stellen*). **5.** *colloq.* ˌhochnäsig' behandeln. **IV** *s* **6.** *thea.* ˈBühnenˌhintergrund *m*.

ˌ**up**'**stairs I** *adv* **1.** die Treppe herˈauf *od.* hinˈauf, nach oben: → **kick** 14. **2.** e-e Treppe höher. **3.** oben, in e-m oberen Stockwerk: **a little weak** ~ *colloq.* ˌnicht ganz richtig im Oberstübchen'. **4.** *aer. sl.* (nach) oben, in die *od.* in der Luft. **II** *adj* **5.** im oberen Stockwerk (gelegen), ober(er, e, es). **III** *s pl* (*als sg od. pl konstruiert*) **6.** oberes Stockwerk, Obergeschoß *n*.

ˌ**up**'**stand·ing** *adj* **1.** aufrecht (*a. fig.* ehrlich, tüchtig). **2.** großgewachsen, (groß u.) kräftig. **3. be** ~! *jur.* erheben Sie sich!

'**up·start I** *s* Emˈporkömmling *m*, Parveˈnü *m*, *a.* Neureiche(r *m*) *f*. **II** *adj* emˈporgekommen, Parvenü..., ... e-s Emˈporkömmlings *od.* Neureichen.

ˈ**up**ˌ**state** *Am.* **I** *adj u. adv* in der *od.* in die (*bes.* nördliche) Proˈvinz (*e-s Bundesstaates*). **II** *s* (*bes.* nördliche) Proˈvinz (*e-s Bundesstaates*).

ˌ**up**'**stream I** *adv* **1.** stromˈauf(wärts). **2.** gegen den Strom. **II** *adj* **3.** stromˈaufwärts gerichtet. **4.** (weiter) stromˈaufwärts (gelegen *od.* vorkommend).

'**up·stroke** *s* **1.** Aufstrich *m* (*beim Schreiben*). **2.** *tech.* (Aufwärts)Hub *m* (*des Kolbens etc*).

'**up·surge I** *v/i* [ʌpˈsɜ:dʒ; *Am.* ˌʌpˈsɜrdʒ] aufwallen. **II** *s* [ˈʌp-] Aufwallung *f*: **cultural** ~ kultureller Aufschwung.

'**up·sweep** *s* **1.** Schweifung *f* (*e-s Bogens etc*). **2.** *Am.* ˈHochfriˌsur *f*. **up**'**swept** *adj* **1.** nach oben gebogen *od.* gekrümmt. **2.** hochgekämmt (*Frisur*).

'**up·swing** *s* (*econ.* Konjunkˈtur- *etc*) Aufschwung *m*: **to be on the** ~ e-n Aufschwung erleben, im Kommen sein.

up-sy-dai·sy [ˈʌpsɪˌdeɪzɪ] *interj colloq.* hoppla!

'**up·take** *s* **1.** *colloq.* Auffassungsvermögen *n*: **to be quick on the** ~ schnell begreifen, ˌschnell schalten'; **to be slow on the** ~ schwer von Begriff sein, ˌe-e lange Leitung' haben. **2.** Aufnehmen *n*. **3.** *tech.* a) Steigrohr *n*, b) Rauchfang *m*, c) ˈFuchs(kaˌnal) *m*.

'**up·throw** *s* **1.** ˈUmwälzung *f*. **2.** *geol.* Verwerfung *f* (ins Hangende): **the** ~ **side** die hängende Scholle.

'**up·thrust** *s* **1.** Hoch-, Emˈporschleudern *n*, Stoß *m* nach oben. **2.** *geol.* Horstbildung *f*.

ˈ**up**ˌ**tick** *s Am.* (*bes.* wirtschaftlicher) Aufschwung.

'**up·tight** *adj sl.* **1.** (ˈüber)ängstlich. **2.** reizbar, nerˈvös (**about** wegen). **3.** a) steif, förmlich, b) puriˈtanisch, sittenstreng, c) ˌverklemmt'. **4.** ˌpleite', bankˈrott.

up'**tilt** *v/t* hochkippen, aufrichten.

ˌ**up-to-**'**date** *adj* **1.** a) moˈdern, neuzeitlich, b) zeitnah, aktuˈell (*Thema etc*). **2.** a) auf der Höhe (*der Zeit*), auf dem laufenden, auf dem neuesten Stand, b) modisch. ˌ**up-to-**'**date·ness** *s*

1. Neuzeitlichkeit *f*, Moderniˈtät *f*. **2.** Aktualiˈtät *f*.

ˌ**up**'**town** *Am.* **I** *adv* **1.** in den Wohnvierteln, in die Wohnviertel. **II** *adj* **2.** in den Wohnvierteln (gelegen *od.* lebend): **in** ~ **Los Angeles** in den Außenbezirken von Los Angeles. **3.** in *od.* durch die Wohnviertel (fahrend *etc*). **III** *s* **4.** Wohnviertel *pl*, Außenbezirke *pl*.

'**up·trend** *s* Aufschwung *m*, steigende Tenˈdenz.

up·turn [ʌpˈtɜ:n; *Am.* ˌʌpˈtɜrn] **I** *v/t* **1.** ˈumdrehen, -kippen. **2.** nach oben richten *od.* kehren, *den Blick* in die Höhe richten. **II** *v/i* **3.** sich nach oben wenden *od.* richten. **III** *s* [ˈʌpt-] **4.** (An)Steigen *n* (*der Kurse etc*), Aufwärtsbewegung *f*. **5.** *fig.* Aufschwung *m*. ˌ**up**'**turned** *adj* **1.** nach oben gerichtet *od.* gebogen: ~ **nose** Stupsnase *f*. **2.** ˈumgeworfen, -gekippt, *mar.* gekentert.

ˌ**up**'**val·ue** *v/t econ. u. fig.* aufwerten.

up·ward [ˈʌpwə(r)d] **I** *adv* **1.** aufwärts (*a. fig.*): **from five dollars** ~, ~ **of five dollars** von 5 Dollar an (aufwärts), ab 5 Dollar; **a strong tendency** ~ e-e starke Aufwärtstendenz; **from my youth** ~ von Jugend auf; **he went** ~ **in life** es ging bergauf mit ihm, er kam nach oben (*a. fig.*). **3.** mehr, darˈüber (hinˈaus): ~ **of 10 years** mehr als *od.* über 10 Jahre; **10 years and** ~ 10 Jahre u. darüber. **4.** stromˈaufwärts. **5.** landˈeinwärts. **II** *adj* **6.** nach oben gerichtet *od.* führend (*Weg etc*), (an)steigend (*Tendenz etc*): ~ **glance** Blick *m* nach oben; ~ **movement** *econ.* Aufwärtsbewegung *f*.

up·wards [ˈʌpwə(r)dz] → **upward I**.

up·wind [ˌʌpˈwɪnd] **I** *adj* **1.** windwärts gelegen: ~ **side** Windseite *f*. **II** *adv* **2.** gegen den Wind. **III** *s* [ˈʌp-] **3.** Gegenwind *m*. **4.** Aufwind *m*.

u·rae·mi·a → **uremia**.

U·ral-Al·ta·ic [ˌjʊərəlælˈteɪɪk] **I** *adj* uˌralalˈtaisch. **II** *s ling.* Uˌralalˈtaisch *n*, das Uralaltaische (*Sprachenfamilie*).

u·ra·nal·y·sis [ˌjʊərəˈnælɪsɪs] *s chem. med.* Uˈrinanaˌlyse *f*, ˈHarnunterˌsuchung *f*.

U·ra·ni·an [jʊəˈreɪnjən; -nɪən] *adj* **1.** *astr.* Uranus. **2.** Himmels...

u·ran·ic¹ [jʊˈrænɪk; *Am. a.* -ˈreɪ-] *adj obs.* Himmels..., astroˈnomisch.

u·ran·ic² [jʊˈrænɪk; *Am. a.* -ˈreɪ-] *adj chem.* Uran (VI)..., ... des 6-wertigen Uˈrans.

u·ra·nite [ˈjʊərənaɪt] *s min.* Uraˈnit *m*, Uˈranglimmer *m*.

u·ra·ni·um [jʊˈreɪnjəm; -nɪəm] *s chem. phys.* Uˈran *n*: ~ **enrichment plant** Urananreicherungsanlage *f*; ~ **fission** Uranspaltung *f*; ~ **pile** Uranmeiler *m*.

u·ra·nog·ra·phy [ˌjʊərəˈnɒɡrəfɪ; *Am.* -ˈnɑ-] *s* Uranograˈphie *f*, Himmelsbeschreibung *f*. **u·raˈnol·o·gy** [-ˈnɒlədʒɪ; *Am.* -ˈnɑ-] *s astr.* Uranoloˈgie *f*, Lehre *f* von den Himmelsvorgängen.

u·ra·nous [ˈjʊərənəs; *Am. a.* jʊˈreɪ-] *adj chem. phys.* Uran..., uˈranhaltig.

U·ra·nus [ˈjʊərənəs; *Am. a.* jʊˈreɪ-] **I** *npr myth.* Uranos *m* (*Himmelsgott*). **II** *s astr.* Uranus *m* (*Planet*).

u·rase [ˈjʊəreɪs; -eɪz] *s Biochemie*: Ureˈase *f*.

u·rate [ˈjʊəreɪt] *s chem.* Uˈrat *n*, harnsaures Salz.

ur·ban [ˈɜ:bən; *Am.* ˈɜr-] *adj* städtisch, Stadt...: ~ **district** *Br. hist.* Stadtbezirk *m*; ~ **guerilla** Stadtguerilla *m*; ~ **planning** Stadtplanung *f*; ~ **renewal** Stadtsanierung *f*; ~ **sprawl** Zersiedlung *f*.

ur·bane [ɜːˈbeɪn; *Am.* ɜr-] *adj* (*adv* ~**ly**) **1.** urˈban: a) weltgewandt, weltmännisch, b) gebildet, kultiˈviert. **2.** höflich, liebenswürdig. **urˈbane·ness** *s* **1.** Urbaniˈtät *f*:

a) (Welt)Gewandtheit *f*, b) Bildung *f*. **2.** Höflichkeit *f*, Liebenswürdigkeit *f*.

'**ur·ban·ism** *s bes. Am.* **1.** (typisches) Stadtleben. **2.** Urbaˈnistik *f* (*Wissenschaft des Städtewesens*). **3.** → **urbanization**.

'**ur·ban·ite** [-naɪt] *s bes. Am.* Städter(in).

ur·ban·i·ty [ɜːˈbænətɪ; *Am.* ˌɜr-] → **urbaneness**.

ur·ban·i·za·tion [ˌɜːbənaɪˈzeɪʃn; *Am.* ˌɜrbənəˈz-] *s* Urbanisatiˈon *f*: a) Verfeinerung *f*, b) Verstädterung *f*. '**ur·ban·ize** *v/t* urbaniˈsieren: a) verfeinern, b) verstädtern, e-m Ort *etc* städtischen Chaˈrakter verleihen.

ur·chin [ˈɜ:tʃɪn; *Am.* ˈɜrtʃən] *s* **1.** Bengel *m*, Balg *m*, *n*. **2.** *zo.* a) *meist* **sea** ~ Seeigel *m*, b) *obs. od. dial.* Igel *m*. **3.** *obs.* Kobold *m*.

Ur·du [ˈʊədu:; ˈɜ:du:; *Am.* ˈʊrdu:; ˈɜrdu:] *s ling.* Urdu *n*.

u·re·a [ˈjʊərɪə; *bes. Am.* jʊˈri:ə] *s biol. chem.* Harnstoff *m*, Karbaˈmid *m*: ~(-formaldehyde) **resins** Formaldehyd-Kunstharze. **u·re·al** *adj* Harnstoff...

u·re·ase [ˈjʊərɪeɪs; -eɪz] *s Biochemie*: Ureˈase *f*.

u·re·do [jʊˈri:dəʊ] *s bot.* Rostpilz *m*.

u·re·mi·a [jʊˈri:mjə; -mɪə] *s med.* Uräˈmie *f*, Harnvergiftung *f*. **uˈre·mic** *adj* uˈrämisch, Urämie...

u·re·ter [ˈjʊəritə; *Am.* ˈjʊərətər] *s anat.* Harnleiter *m*, Uˈreter *m*.

u·re·thra [jʊəˈri:θrə] *pl* -**thras**, -**thrae** [-θri:] *s anat.* Harnröhre *f*, Uˈrethra *f*. **uˈre·thral** *adj* ureˈthral, Harnröhre(n)...

u·re·thri·tis [ˌjʊərɪˈθraɪtɪs] *s med.* Ureˈthritis *f*, Harnröhrenentzündung *f*.

u·re·thro·scope [jʊəˈri:θrəskəʊp] *s med.* Harnröhrenspiegel *m*, Urethroˈskop *n*.

u·ret·ic [jʊəˈretɪk] *adj med.* **1.** harntreibend, diuˈretisch. **2.** Harn..., Urin...

urge [ɜːdʒ; *Am.* ɜrdʒ] **I** *v/t* **1.** *a.* ~ **on** (*od.* **forward**) (an-, vorwärts)treiben, anspornen (*a. fig.*). **2.** *fig.* j-n drängen, dringend bitten *od.* auffordern, dringen in (*j-n*), nötigen (**to do** zu tun): **he** ~**d me to accept the offer**. **3.** j-n (be)drängen, bestürmen, j-m (heftig) zusetzen: **to be** ~**d to do sich genötigt sehen zu tun**; ~**d by necessity** der Not gehorchend. **4.** drängen *od.* dringen auf (*acc*), sich (nachdrücklich) einsetzen für, (hartnäckig) bestehen auf (*dat*): **to** ~ **the adoption of strict measures**. **5.** Nachdruck legen auf (*acc*): **to** ~ **s.th. on s.o.** j-m etwas eindringlich vorstellen *od.* vor Augen führen, j-m etwas einschärfen; **he** ~**d the necessity for immediate action** er drängte auf sofortige Maßnahmen. **6.** (*als Grund*) geltend machen, *e-n Einwand etc* vorbringen *od.* ins Feld führen: **to** ~ **an argument**. **7.** *e-e Sache* vorˈan-, weiterbringen, eˈnergisch verfolgen. **8.** beschleunigen: **to** ~ **one's flight** (**a project**, *etc*). **II** *v/i* **9.** drängen, treiben. **10.** drängen (**for** auf *acc*, zu): **to** ~ **against** sich nachdrücklich aussprechen gegen. **11.** eilen. **III** *s* **12.** Drang *m*, Trieb *m*, Antrieb *m*: **creative** ~ Schaffensdrang; **sexual** ~ Geschlechtstrieb; **winning** ~ Siegesdrang; ~ **to smoke** Rauchverlangen *n*. **13.** Inbrunst *f*: **religious** ~.

'**ur·gen·cy** [-dʒənsɪ] *s* **1.** Dringlichkeit *f*. **2.** (dringende) Not, Druck *m*. **3.** Eindringlichkeit *f*: **the** ~ **with which he spoke**. **4.** *pl* dringende Vorstellungen *pl*. **5.** a) Drang *m*, b) Drängen *n*. **6.** *parl. Br.* Dringlichkeitsantrag *m*. '**ur·gent** *adj* (*adv* ~**ly**) **1.** dringend (*a. Mangel etc*; *a. teleph.* Gespräch), dringlich, eilig: **the matter is** ~ die Sache eilt; **to be in** ~

need of money dringend Geld brauchen; **to be ~ about** (*od.* **for**) **s.th.** zu etwas drängen, auf etwas dringen; **to be ~ with s.o.** j-n drängen, in j-n dringen (for wegen; **to do zu tun**). **2.** zu-, aufdringlich. **3.** hartnäckig.

u·ric ['jʊərɪk] *adj biol. chem.* Urin..., Harn...: **~ acid** Harnsäure *f.*

u·ri·nal ['jʊərɪnl] *s* **1.** U'rinflasche *f,* ,Ente' *f (für Patienten).* **2.** Uri'nal *n,* Harnglas *n (zur Urinuntersuchung).* **3.** a) U'rinbecken *n (in Toiletten),* b) ('Männer)Toi‚lette *f,* Pis'soir *n.*

u·ri·nal·y·sis [ˌjʊərɪ'næləsɪs] *s* U'rinana‚lyse *f,* 'Harnunter‚suchung *f.*

u·ri·nar·y ['jʊərɪnərɪ; *Am.* -rəˌnerɪ-] **I** *adj* Harn..., Urin...: **~ bladder** Harnblase *f;* **~ calculus** Harnstein *m;* **~ tract** Harnsystem *n.* **II** *s* → urinal.

u·ri·nate ['jʊərɪneɪt] *v/i* uri'nieren.

u·rine ['jʊərɪn] *s* U'rin *m,* Harn *m.*

ˌu·ri·no'gen·i·tal [ˌjʊərɪnəʊ-] → urogenital.

u·ri·nol·o·gy [ˌjʊərɪ'nɒlədʒɪ; *Am.* -'nɑ-] → urology.

u·ri·nom·e·ter [ˌjʊərɪ'nɒmɪtə(r); *Am.* -'nɑ-] *s med.* Uro'meter *n,* Harnwaage *f.*

urn [ɜːn; *Am.* ɜrn] *s* **1.** Urne *f.* **2.** a) 'Teemaˌschine *f,* b) ('Groß)Kaffeemaˌschine *f.* **3.** *bot.* Moosbüchse *f.*

u·ro·dele ['jʊərəʊdiːl] *s zo.* Schwanzlurch *m.*

ˌu·ro'gen·i·tal [ˌjʊərəʊ-] *adj anat.* urogeni'tal *(die Harn- u. Geschlechtsorgane betreffend).*

u·ro·log·ic [ˌjʊərəʊ'lɒdʒɪk; *Am.* -'lɑ-] *adj,* **u·ro·log·i·cal** [-kl] *adj med.* uro'logisch.

u·rol·o·gist [jʊə'rɒlədʒɪst; *Am.* -'rɑ-] *s med.* Uro'loge *m (Facharzt für Krankheiten der Harnorgane).* **u·rol·o·gy** [-dʒɪ] *s* Urolo'gie *f (Wissenschaft von den Krankheiten der Harnorgane).*

u·ros·co·py [jʊə'rɒskəpɪ; *Am.* -'rɑs-] *s med.* Urosko'pie *f,* 'Harnunter‚suchung *f.*

Ur·sa ['ɜːsə; *Am.* 'ɜrsə] *s astr.* (Großer *od.* Kleiner) Bär. **~ Ma·jor** *s* Großer Bär. **~ Mi·nor** *s* Kleiner Bär.

ur·sine ['ɜːsaɪn; *Am.* 'ɜr-] *adj zo.* bärenartig, Bären...

ur·ti·ca ['ɜːtɪkə; *Am.* 'ɜr-] *s* Brennessel *f.*

ur·ti·car·i·a [ˌɜːtɪ'keərɪə; *Am.* ˌɜr-] *s med.* Urti'karia *f,* Nesselausschlag *m.*

ur·ti·ca·tion [ˌɜːtɪ'keɪʃn; *Am.* ˌɜr-] *s* **1.** *med. hist.* Peitschen *n* mit Nesseln *(bei Lähmungen).* **2.** *med.* Quaddelbildung *f.* **3.** Brennen *n.* **4.** → urticaria.

U·ru·guay·an [ˌjʊərə'gwaɪən] **I** *adj* uruguˈayisch. **II** *s* Uruguˈayer(in).

u·rus ['jʊərəs] *s zo.* Ur *m.*

us [ʌs; əs] *pron* **1.** uns *(dat od. acc)*: **all of ~** wir alle; **both of ~** wir beide. **2.** *dial.* wir: **~ poor people.** **3.** *obs. od. poet. (reflexiv gebraucht)* uns *(acc):* **let's get ~ away from the wall. 4.** *colloq.* mir: **give ~ a bite.**

us·a·ble ['juːzəbl] *adj* brauchbar, verwendbar.

us·age ['juːzɪdʒ; 'juːs-] *s* **1.** Brauch *m,* Gepflogenheit *f,* Usus *m:* **commercial ~** Handelsbrauch *,* Usance *f.* **2.** 'herkömmliches *od.* übliches Verfahren, Praxis *f.* **3.** Sprachgebrauch *m:* **English ~. 4.** Gebrauch *m,* Verwendung *f.* **5.** Behandlung(sweise) *f.*

us·ance ['juːzns] *s* **1.** *econ.* übliche Wechselfrist, Uso *m:* **at ~** nach Uso; **bill at ~** Usowechsel *m;* **bill drawn at double ~** Wechsel *m* mit der doppelten Zahlungsfrist. **2.** *econ.* U'sance *f,* Handelsbrauch *m,* Uso *m.* **3.** *obs.* a) Wucher *m,* b) Zins *m.*

use [juːz] **I** *v/t* **1.** gebrauchen, benutzen, an-, verwenden, sich *(gen)* bedienen, Gebrauch machen von, *e-e Gelegenheit etc* nutzen *od.* sich zu'nutze machen: **to ~ one's brains** den Verstand gebrauchen, s-n Kopf anstrengen; **to ~ care** Sorgfalt verwenden; **to ~ force** Gewalt anwenden; **to ~ one's legs** zu Fuß gehen; **may I ~ your name?** darf ich mich auf Sie berufen?; **to ~ a right** von e-m Recht Gebrauch machen. **2.** handhaben: **to ~ a tool** skil(l)fully. **3.** verwenden **(on** *auf acc).* **4. ~ up** a) auf-, verbrauchen, *j-s Kraft* erschöpfen, b) *colloq.* j-n ,fertig‚machen', erschöpfen: **~d up** → used[1] 2. **5.** gewohnheitsmäßig (ge)brauchen, *Nahrung etc* zu sich nehmen: **to ~ tobacco** rauchen. **6.** behandeln, verfahren mit: **to ~ s.o. ill** j-n schlecht behandeln; **how has the world ~d you?** *colloq.* wie ist es dir ergangen? **7.** *j-n* be-, ausnutzen. **8.** *Zeit* verbringen.

II *v/i* **9.** *(außer im pret)* pflegen (**to do** zu tun): **it ~d to be said** man pflegte zu sagen; **he does not come as often as he ~d** (to) er kommt nicht mehr so oft wie früher *od.* sonst; **he ~d to be a polite man** er war früher *od.* sonst (immer) sehr höflich; **he ~d to live here** er wohnte früher hier.

III *s* [juːs] **10.** Gebrauch *m,* Benutzung *f,* An-, Verwendung *f:* **for ~** zum Gebrauch; **for ~ in schools** für den Schulgebrauch; **in ~** in Gebrauch, gebräuchlich; **to be in daily ~** täglich gebraucht werden; **in common ~** allgemein gebräuchlich; **to come into ~** in Gebrauch kommen; **out of ~** nicht in Gebrauch, nicht mehr gebräuchlich; **to fall** *(od.* **pass) out of ~** ungebräuchlich werden, außer Gebrauch kommen; **with ~** durch (ständigen) Gebrauch; **to make ~ of** Gebrauch machen von, benutzen; **to make ~ of s.o.'s name** sich auf j-n berufen; **to make (a) bad ~ of (e-n)** schlechten Gebrauch machen von; **peaceful ~s of atomic energy** friedliche Nutzung der Atomenergie. **11.** a) Verwendung(szweck *m*) *f,* b) Brauchbarkeit *f,* Verwendbarkeit *f,* c) Zweck *m,* Sinn *m,* Nutzen *m,* Nützlichkeit *f:* **of ~ (to)** nützlich *(dat),* brauchbar *od.* von Nutzen (für); **of no ~** nutz-, zwecklos, unbrauchbar, unnütz; **is this of ~ to you?** können Sie das (ge)brauchen?; **crying is no ~** Weinen führt zu nichts; **it is (of) no ~ talking** *(od.* **to talk)** es ist nutz- *od.* zwecklos zu reden, es hat keinen Zweck zu reden; **what is the ~ (of it)?** was hat es (überhaupt) für e-n Zweck?; **to have no ~ for** a) nicht brauchen können, b) mit *etwas od.* j-m nichts anfangen können, c) *bes. Am. colloq.* nichts übrig haben für *j-n od. etwas;* **to put to (good) ~** (gut) an- *od.* verwenden; **this tool has different ~s** dieses Gerät kann für verschiedene Zwecke verwendet werden. **12.** Kraft *f od.* Fähigkeit *f (etwas)* zu gebrauchen, Gebrauch *m:* **he lost the ~ of his right eye** er kann auf dem rechten Auge nichts mehr sehen; **to have the ~ of one's limbs** sich bewegen können. **13.** Benutzungsrecht *n.* **14.** Gewohnheit *f,* Brauch *m,* Übung *f,* Praxis *f,* Usus *m:* **~ and wont** Sitte *f* u. Gewohnheit; **once a ~ and ever a custom** jung gewohnt, alt getan. **15.** *jur.* a) Nutznießung *f,* b) Nutzen *m.* **16.** *oft* **U~** *relig.* li'turgischer Brauch, (Kirchen)Brauch *m.*

use·a·ble → usable.

used[1] [juːzd] *adj* **1.** gebraucht: **~ car** Gebrauchtwagen *m;* **~ clothes** getragene Kleidung. **2. ~ up** aufgebraucht, verbraucht *(a. Luft),* b) *colloq.* ‚erledigt', ‚fertig', erschöpft *(Person).*

used[2] [juːst] *adj* gewohnt **(to** zu *od. acc),* gewöhnt **(to** an *acc):* **he is ~ to working late** er ist (es) gewohnt, lange zu arbeiten; **to get ~ to** sich gewöhnen an *(acc).*

use·ful ['juːsfʊl] *adj (adv ~ly)* **1.** nützlich, brauchbar, (zweck)dienlich, zweckmäßig, (gut) verwendbar: **~ tools; a ~ man** ein brauchbarer Mann; **~ talks** nützliche Gespräche; **to make o.s. ~** sich nützlich machen. **2.** *bes. tech.* Nutz..., nutzbar, Wirk...: **~ current** Wirkstrom *m;* **~ efficiency** Nutzleistung *f;* **~ load** Nutzlast *f;* **~ plant** Nutzpflanze *f.* **'use·ful·ness** *s* Nützlichkeit *f,* Brauchbarkeit *f,* Zweckmäßigkeit *f.*

use·less ['juːslɪs] *adj (adv ~ly)* **1.** nutz-, sinn-, zwecklos, unnütz, vergeblich: **it is ~ to inf** es erübrigt sich *zu inf.* **2.** unbrauchbar: **he's ~** er ist zu nichts zu gebrauchen. **'use·less·ness** *s* **1.** Nutz-, Zwecklosigkeit *f.* **2.** Unbrauchbarkeit *f.*

us·er[1] ['juːzə(r)] *s* **1.** Benutzer(in): **~-friendly** benutzerfreundlich. **2.** *econ.* Verbraucher(in), Bedarfsträger(in).

us·er[2] ['juːzə(r)] *s jur.* **1.** Nießbrauch *m,* Nutznießung *f.* **2.** Benutzungsrecht *n.*

ush [ʌʃ] *Am. sl. für* usher II.

'U-shaped *adj* U-förmig: **~ iron** *tech.* U-Eisen *n.*

ush·er ['ʌʃə(r)] **I** *s* **1.** Türhüter *m,* Pförtner *m.* **2.** Platzanweiser(in) *(im Kino etc).* **3.** Zere'monienmeister *m:* → **Black Rod 2. 4.** a) *jur.* Gerichtsdiener *m,* b) *allg.* 'Aufsichtsper‚son *f,* Saaldiener *m.* **5.** *obs.* Hilfslehrer *m (in e-r Privatschule).* **II** *v/t* **6.** *(meist* **~ in** her'ein-, hin'ein)führen, -geleiten. **7. ~ in** *a. fig.* ankündigen, *e-e Epoche etc* einleiten. **ˌush·er'ette** [-'ret] *s* Platzanweiserin *f.*

us·que·baugh ['ʌskwɪbɔː; *Am. a.* ˌbɑː] *s Ir. obs.* Whisky *m.*

u·su·al ['juːʒʊəl; -ʒwəl; -ʒl] **I** *adj* üblich, gewöhnlich, nor'mal, gebräuchlich: **as ~,** *colloq.* **as per ~** wie gewöhnlich, wie sonst; **the ~ thing** das Übliche; **it has become the ~ thing (with us)** es ist (bei uns) gang u. gäbe geworden; **it is ~ for shops to close at 7 o'clock** die Geschäfte schließen gewöhnlich um 7 Uhr; **~ in trade** handelsüblich; **my ~ café** mein Stammcafé; **her ~ pride, the pride ~ with her** ihr üblicher Stolz. **II** *s* (*das*) Übliche: **the ~!** *colloq.* (*als Antwort*) wie gewöhnlich! **'u·su·al·ly** *adv* (für) gewöhnlich, in der Regel, meist(ens).

u·su·cap·tion [ˌjuːsjʊ'kæpʃn; *Am.* -zə-] *s jur.* Ersitzung *f (e-s Rechts).*

u·su·fruct ['juːsjuːfrʌkt; *Am.* -zə-] *s jur.* Nießbrauch *m,* Nutznießung *f.* **ˌu·su'fruc·tu·ar·y** [-tjʊərɪ; *Am.* -tʃəˌwerɪ-] **I** *s* Nießbraucher(in), Nutznießer(in). **II** *adj* Nutznießungs..., Nutzungs...

u·su·rer ['juːʒərə(r)] *s* Wucherer *m.*

u·su·ri·ous [juː'zjʊərɪəs; *Am.* jʊ'zʊr-, -'ʒʊ-] *adj (adv ~ly)* Wucher..., wucherisch: **~ interest** Wucherzinsen *pl.* **u'su·ri·ous·ness** *s* Wuche'rei *f.*

u·surp [juː'zɜːp; *Am.* jʊ'sɜrp] **I** *v/t* **1.** an sich reißen, sich 'widerrechtlich aneignen, sich bemächtigen *(gen):* **to ~ s.o.'s attention** j-s Aufmerksamkeit in Anspruch nehmen. **2.** sich ('widerrechtlich) anmaßen: **to ~ authority.** **II** *v/i* **3. (upon)** a) sich ('widerrechtlich) bemächtigen *(gen),* b) sich 'Übergriffe erlauben (gegen). **ˌu·sur'pa·tion** [ˌjuːzɜː'p-; *Am.* ˌjuːsər'p-] *s* **1.** Usurpati'on *f:* a) 'widerrechtliche Machtergreifung *od.* Aneignung, Anmaßung *f (e-s Rechts etc),* b) *a.* **~ of the throne** Thronraub *m.* **2.** unberechtigter Eingriff **(on** in *acc).* **u'surp·er** *s* **1.** Usur'pator *m,* unrechtmäßiger Machthaber, Thronräuber *m.* **2.** unberechtigter Besitzergreifer. **3.** *fig.* Eindringling *m* **(on** in *acc).* **u'surp·ing** *adj (adv ~ly)* usurpa'torisch, alles an sich reißend, 'widerrechtlich.

u·su·ry ['juːʒʊrɪ; -ʒə-] *s* **1.** (Zins)Wucher

Utahan – Uzbek

m: **to practice** ~ Wucher treiben. **2.** Wucherzinsen *pl* (**at auf** *acc*). **3.** *obs.* Zins(en *pl*) *m*: **to return with** ~ *fig.* mit Zins u. Zinseszins heimzahlen.
U·tah·an [ˈjuːtɑːən; *Am. a.* -ˌtɔː-] **I** *adj* Utah..., aus *od.* von Utah. **II** *s* Bewohner(in) von Utah.
u·tas [ˈjuːtæs] *s relig. hist.* Okˈtave *f* (8 Tage *od.* 8. Tag nach e-m *Kirchenfest*), Festwoche *f.*
u·ten·sil [juːˈtensl] *s* **1.** (*a. Schreib- etc*) Gerät *n*, Werkzeug *n.* **2.** Gebrauchsgegenstand *m, a.* Haushaltsgegenstand *m*: (**kitchen**) ~ Küchengerät *n.* **3.** a) Gefäß *n*, b) *pl* (Küchen)Geschirr *n.* **4.** *pl* Utenˈsilien *pl*, Geräte *pl.*
u·ter·i [ˈjuːtəraɪ] *pl von* uterus.
u·ter·ine [ˈjuːtəraɪn] *adj* **1.** *anat.* Gebärmutter..., Uterus... **2.** von derˈselben Mutter stammend: ~ **brother** Halbbruder *m* mütterlicherseits.
u·ter·us [ˈjuːtərəs] *pl* ˈ**u·ter·i** [-raɪ], **-us·es** *s anat.* Uterus *m*, Gebärmutter *f.*
u·til·i·tar·i·an [ˌjuːtɪlɪˈteərɪən] **I** *adj* **1.** utilitaˈristisch, Nützlichkeits..., das ˈNützlichkeitsprinˌzip vertretend. **2.** zweckmäßig, praktisch. **3.** *contp.* niedrig, gemein. **II** *s* **4.** Utilitaˈrist(in).
ˌ**u·til·i**ˈ**tar·i·an·ism** *s Ethik, Sozialphilosophie*: Utilitaˈrismus *m.*
u·til·i·ty [juːˈtɪlətɪ] **I** *s* **1.** *a. econ.* Nutzen *m* (**to** für), Nützlichkeit *f*: **of** ~ von Nutzen; **of no** ~ nutzlos. **2.** (*etwas*) Nützliches, nützliche Einrichtung *od.* Sache. **3.** a) → **public utility**, b) *pl* Leistungen *pl* der öffentlichen Versorgungsbetriebe, c) *pl* Strom *m*, Gas *n u.* Wasser *n.* **4.** *tech.* Zusatzgerät *n.* **5.** *mot. bes. Austral.* Mehrzweckfahrzeug *n*, Kombiwagen *m.* **6.**
arch. Sachlichkeit *f.* **II** *adj* **7.** Gebrauchs...: ~ **car** (**furniture, goods**) Gebrauchswagen *m* (-möbel *pl*, -güter *pl*). **8.** Mehrzweck...: ~ **knife. 9.** ~ **company** → **public utility 1.** ~ **man** *s irr* **1.** *bes. Am.* a) Springer *m*, b) Fakˈtotum *n*, ‚Mädchen *n* für alles'. **2.** *thea. bes. Am.* vielseitig einsetzbarer Chargenspieler. **3.** *Baseball*: Allˈroundersatzspieler *m.*
u·ti·liz·a·ble [ˈjuːtɪlaɪzəbl] *adj* verwend-, verwert-, nutzbar. **u·ti·li·za·tion** [ˌjuːtɪlaɪˈzeɪʃn; *Am.* ˌjuːtləˈz-] *s* Nutzbarmachung *f*, Verwertung *f*, (Aus)Nutzung *f*, Verwendung *f.* ˈ**u·ti·lize** *v/t* **1.** (aus)nutzen, verwerten, sich nutzbar *od.* zuˈnutze machen. **2.** verwenden.
ut·most [ˈʌtməʊst] **I** *adj* äußerst(er, e, es): a) entlegenst(er, e, es), fernst(er, e, es): **the** ~ **boundary**, b) *fig.* höchst(er, e, es), größt(er, e, es). **II** *s* (*das*) Äußerste: **the** ~ **I can do**; **to do one's** ~ sein äußerstes *od.* möglichstes tun; **at the** ~ allerhöchstens; **to the** ~ aufs äußerste; **to the** ~ **of my powers** nach besten Kräften.
U·to·pi·a, u~ [juːˈtəʊpjə; -pɪə] *s* **1.** Uˈtopia *n*, Ideˈalstaat *m.* **2.** *fig.* Utoˈpie *f.*
Uˈ**to·pi·an, u**~ **I** *adj* uˈtopisch, phanˈtastisch. **II** *s* Utoˈpist(in), Phanˈtast(in).
Uˈ**to·pi·an·ism, u**~ *s* Utoˈpismus *m.*
u·tri·cle [ˈjuːtrɪkl] *s* **1.** *bot.* Schlauch *m*, bläs-chenförmiges Luft- *od.* Saftgefäß. **2.** *anat.* Uˈtriculus *m* (*Säckchen im Ohrlabyrinth*). **u·tric·u·lar** [juːˈtrɪkjʊlə(r)] *adj* schlauch-, beutelförmig, Schlauch...
ut·ter [ˈʌtə(r)] **I** *adj* (*adv* → **utterly**) **1.** äußerst(er, e, es), höchst(er, e, es), völlig: ~ **confusion**; ~ **impossibility** reine Unmöglichkeit; ~ **strangers** wild-
fremde Leute. **2.** endgültig, entschieden: ~ **denial. 3.** *contp.* vollˈendet, ausgesprochen: ~ **nonsense**; **an** ~ **rogue** ein Erzgauner. **4.** ~ **barrister** *jur. Br.* Anwalt, der kein Kronanwalt ist. **II** *v/t* **5.** äußern, ausdrücken, -sprechen: **to** ~ **thoughts** (**words**, *etc*). **6.** von sich geben, herˈvorbringen, ausstoßen: **to** ~ **a shriek. 7.** *econ. Noten, bes. Falschgeld* in ˈUmlauf setzen, verbreiten: **to** ~ **counterfeit money. 8.** a) bekanntmachen, b) enthüllen. ˈ**ut·ter·ance** *s* **1.** (stimmlicher) Ausdruck, Äußerung *f*: **to give** ~ **to** e-m *Gefühl etc* Ausdruck verleihen *od.* Luft machen. **2.** Sprechweise *f*, Aussprache *f*, Vortrag *m*: **a clear** ~. **3.** *a. pl* Äußerung *f*, Worte *pl.* **4.** *poet.* (*das*) Äußerste, Tod *m*: **to the** ~ a) aufs äußerste, b) bis zum bitteren Ende. ˈ**ut·ter·er** *s* **1.** Äußernde(r *m*) *f.* **2.** Verbreiter(in). ˈ**ut·ter·ly** *adv* äußerst, völlig, ganz, toˈtal. ˈ**ut·ter·most** [-məʊst] → **utmost.** ˈ**ut·ter·ness** *s* Vollständigkeit *f.*
ˈ**U-turn** *s* **1.** *mot.* Wende *f.* **2.** *fig.* Drehung *f* um hundertˈachtzig Grad: **to do a** ~ sich um hundertachtzig Grad drehen.
u·ve·a [ˈjuːvɪə] *s anat.* Uvea *f*, Tunica *f* media (*des Auges*). ˈ**u·ve·al** *adj* Uveal...
u·vu·la [ˈjuːvjʊlə] *pl* **-las, -lae** [-liː] *s anat.* (Gaumen)Zäpfchen *n.* ˈ**u·vu·lar I** *adj* **1.** uvuˈlär. **2.** *ling.* uvuˈlar, Zäpfchen... **II** *s* **3.** *ling.* Zäpfchenlaut *m*, Uvuˈlar *m.*
ux·o·ri·ous [ʌkˈsɔːrɪəs] *adj* (*adv* ~**ly**) treuliebend, treuergeben: ~ **husband.**
uxˈ**o·ri·ous·ness** *s* treue Ergebenheit (*gegenüber s-r Ehefrau*).
Uz·bek [ˈʊzbek; ˈʌz-] *s* **1.** *pl* **-beks, -bek** Usˈbeke *m*, Usˈbekin *f.* **2.** *ling.* Usˈbekisch *n*, das Usbekische.

V

V, v [viː] **I** *pl* **V's, v's, Vs, vs** [viːz] *s* **1.** V, v *n* (*Buchstabe*). **2.** → V sign. **3.** V V *n*, V-förmiger Gegenstand. **II** *adj* **4.** zweiundzwanzigst(er, e, es). **5.** V V -..., V-förmig.
vac [væk] *Br. colloq. für* vacation 3.
va·can·cy ['veɪkənsɪ] *s* **1.** Leere *f* (*a. fig.*), leerer Raum, Nichts *n*: **to stare into** ~ ins Leere starren. **2.** leerer *od.* freier Platz, Lücke *f* (*a. fig.*). **3.** a) freie *od.* offene Stelle, unbesetztes Amt, Va'kanz *f*, b) *univ.* freier Studienplatz, c) Freiwerden *n od.* -sein *n* (*e-s Postens*). **4.** a) Leerstehen *n*, Unbewohntsein *n*, b) leer(stehend)es *od.* unbewohntes Haus: "**vacancies**" „Zimmer frei". **5.** a) Geistesabwesenheit *f*: **an expression of** ~ **on one's face** ein geistesabwesender Gesichtsausdruck, b) geistige Leere. **6.** Geistlosigkeit *f*. **7.** *obs.* Muße *f*, Untätigkeit *f*. '**va·cant** *adj* (*adv* ~**ly**) **1.** leer, unbesetzt, frei: ~ **room**; ~ **seat**. **2.** leer(stehend), unbewohnt: ~ **house**. **3.** a) herrenlos, b) unbebaut: ~ **property**; ~ **possession**! sofort beziehbar! **4.** frei, offen (*Stelle*), va'kant, unbesetzt (*Amt*): → **situation** 5. **5.** a) geistesabwesend, b) leer: ~ **mind**; ~ **stare**. **6.** geistlos. **7.** frei, unausgefüllt: ~ **hours** Mußestunden.
va·cate [vəˈkeɪt; *Am.* ˈveɪˌkeɪt] *v/t* **1.** *die Wohnung etc*, *mil. e-e Stellung etc* räumen. **2.** frei machen: **to** ~ **a seat**. **3.** *e-e Stelle* aufgeben, *aus e-m Amt* scheiden, *ein Amt* niederlegen: **to** ~ **an office**; **to be** ~**d frei werden** (*Stelle*). **4.** evaku'ieren: **to** ~ **troops**. **5.** *jur.* aufheben: **to** ~ **a contract** (**a judgement**). **va'ca·tion I** *s* **1.** Räumung *f*. **2.** Aufgabe *f*, Niederlegung *f*. **3.** a) *jur.* Gerichtsferien *pl*, b) *univ.* Se'mesterferien *pl*, c) *bes. Am.* Schulferien *pl*. **4.** ~ **shutdown** Betriebsferien *pl*, -urlaub *m*. **5.** *bes. Am.* Urlaub *m*, Ferien *pl*: **to be on** ~ im Urlaub sein, Urlaub machen; **to go on** ~ in Urlaub gehen; **to take a** ~ (sich) Urlaub nehmen, Urlaub machen; ~ **home** Ferienhaus *n*. **6.** Feri'enzeit *f*. **7.** *jur.* Aufhebung *f*. **II** *v/i* **8.** *bes. Am.* Urlaub machen. **va'ca·tion·ist, va'ca·tion·er** *s bes. Am.* Urlauber(in).
vac·ci·nal [ˈvæksɪnl] *adj med.* Impf... '**vac·ci·nate** [-neɪt] *v/t u. v/i* impfen (**against** gegen *Pocken etc*). ˌ**vac·ciˈna·tion** *s* (Schutz)Impfung *f*. '**vac·ciˌna·tor** [-tə(r)] *s* **1.** Impfarzt *m*. **2.** Impfnadel *f*, -messer *n*.
vac·cine [ˈvæksiːn; *Am. a.* vækˈsiːn] *med.* **I** *s* Impfstoff *m*, Vak'zine *f*: **bovine** ~ Kuhlymphe *f*. **II** *adj* Impf...: ~ **matter** → I.
vac·cin·i·a [vækˈsɪnɪə] *s med.* Kuh-, Impfpocken *pl*.
vac·il·late [ˈvæsɪleɪt] *v/i meist fig.* schwanken (**between** [... **and**] zwischen *dat* [... und]). '**vac·il·lat·ing** *adj* (*adv* ~**ly**) schwankend (*meist fig. unschlüssig, wankelmütig*). ˌ**vac·ilˈla·tion** *s* Schwanken *n* (*meist fig.* Unschlüssigkeit, Wankelmut). '**vac·il·la·to·ry** [-lətərɪ; *Am.* -ˌtɔːriː; -ˌtɔː-] → vacillating.
vac·u·a [ˈvækjʊə] *pl von* vacuum.
va·cu·i·ty [væˈkjuːətɪ] *s* **1.** a) Leere *f*, b) Lücke *f*. **2.** *fig.* a) Geistesabwesenheit *f*, b) geistige Leere. **3.** *fig.* Nichtigkeit *f*, Plattheit *f*. **4.** Geistlosigkeit *f*.
vac·u·o·lar [ˈvækjʊələ; *Am.* ˌvækjəˈwəʊlər] *adj biol.* Hohl..., vakuˈolenartig. ˌ**vac·u·oˈla·tion** *s* Vakuˈolenbildung *f*. '**vac·u·ole** [-əʊl] *s* Vakuˈole(nhöhle) *f*.
vac·u·ous [ˈvækjʊəs; *Am.* -jəwəs] *adj* (*adv* ~**ly**) **1.** leer. **2.** *fig.* a) geistesabwesend, b) leer: ~ **stare**, c) nichtssagend: ~ **remark**, d) müßig: ~ **a life**. **2.** geistlos. '**vac·u·ous·ness** *s* Leere *f* (*a. fig.*).
vac·u·um [ˈvækjʊəm] **I** *pl* -**u·ums**, -**u·a** [-jʊə] *s* **1.** *phys.* (*bes.* luft)leerer Raum, Vakuum *n*: **nature abhors a** ~ die Natur verabscheut das Leere. **2.** *phys.* Luftleere *f*. **3.** *fig.* Leere *f*, Vakuum *n*, Lücke *f*. **4.** → **vacuum cleaner**. **II** *adj* **5.** Vakuum... **III** *v/t* **6.** (mit dem Staubsauger) saugen. **IV** *v/i* **7.** (staub)saugen. ~ **bot·tle** *s Am.* Thermosflasche *f*. ~ **brake** *s mot.* 'Unterdruckbremse *f*. ~ **can** *s bes. Am.* Vakudose *f*. ~ '~-**clean** → vacuum 6, 7. ~ **clean·er** *s* Staubsauger *m*. ~ **cup** *s tech.* Saugnapf *m*. ~ **dri·er** *s tech.* Vakuumtrockner *m*. ~ **flask** *s* Thermosflasche *f*. ~ **ga(u)ge** *s tech.* Vakuˈmeter *n*, 'Unterdruckmesser *m*. ~ **jug** *s* Thermoskanne *f*. '~-**packed** *adj econ. tech.* vakuumverpackt. ~ **pho·to·cell** *s electr.* Hochvakuumphotozelle *f*. ~ **pump** *s tech.* Absaugepumpe *f*. '~-**sealed** *adj tech.* vakuumdicht. ~ **switch** *s* Vakuumschalter *m*. ~ **tank** *s mot. Am.* Saugluftbehälter *m*. ~ **tech·nolˈo·gy** *s* Vakuumtechnik *f*. ~ **tin** *s bes. Br.* Vakudose *f*. ~ **tube**, *Br.* ~ **valve** *s* Vakuumröhre *f*.
va·de me·cum [ˌveɪdɪˈmiːkəm; ˌvɑːdɪˈmeɪkəm] *s* Vadeˈmekum *n*, Handbuch *n*, Leitfaden *m*.
vag·a·bond [ˈvægəbɒnd; *Am.* -ˌbɒnd] **I** *adj* **1.** vagabunˈdierend (*a. electr.*). **2.** Vagabunden..., vagaˈbundenhaft. **3.** nomaˈdisierend. **4.** Wander..., unstet: **a** ~ **life**. **II** *s* **5.** Vagaˈbund(in), Landstreicher(in). **6.** *colloq.* „Strolch" *m*. **III** *v/i* **7.** vagabunˈdieren. '**vag·a·bond·age** *s* **1.** Landstreicheˈrei *f*, Vagaˈbundenleben *n*. **2.** *collect.* Vagaˈbunden *pl*. '**vag·a·bond·ism** → vagabondage. '**vag·a·bond·ize** → vagabond 5.
va·gal [ˈveɪɡl] *adj anat.* Vagus...
va·gar·i·ous [vəˈɡeərɪəs], *a.* **vaˈgar·ish** [-rɪʃ] *adj* launisch, sprunghaft, unberechenbar. **va·gar·y** [ˈveɪɡərɪ; vəˈɡeərɪ] *s* **1.** wunderlicher Einfall, *pl a.* Phantasteˈreien *pl*. **2.** Kaˈprice *f*, Grille *f*, Laune *f*. **3.** *meist pl* Extravaˈganzen *pl*: **vagaries of fashion**.
va·gi [ˈveɪdʒaɪ] *pl von* vagus.
va·gi·na [vəˈdʒaɪnə] *pl* -**nae** [-niː], -**nas** *s* **1.** *anat.* Vaˈgina *f*, Scheide *f*. **2.** *bot.* Blattscheide *f*. **vag·i·nal** [vəˈdʒaɪnl; *Am.* ˈvædʒənl] *adj* vagiˈnal, Vaginal..., Scheiden...: ~ **intercourse** Vaginalverkehr *m*; ~ **spray** Intimspray *n*. **vag·iˈnis·mus** [ˌvædʒɪˈnɪzməs; -ˈnɪs-] *s med.* Vagiˈnismus *m*, Scheidenkrampf *m*. ˌ**vag·iˈni·tis** [-ˈnaɪtɪs] *s med.* Vagiˈnitis *f*, Scheidenentzündung *f*.
va·gran·cy [ˈveɪɡrənsɪ] *s* **1.** Vagabunˈdieren *n*. **2.** Landstreicheˈrei *f*. **3.** *fig.* (Ab)Schweifen *n* (*der Gedanken*), Unruhe *f* (*des Geistes*). '**va·grant I** *adj* (*adv* ~**ly**) **1.** wandernd (*a. med.* Zelle *etc*), vagabunˈdierend. **2.** → vagabond 3 *u.* 4. **3.** *bot.* wuchernd. **4.** *fig.* launisch, sprunghaft, unberechenbar. **II** *s* → vagabond 5.
vague [veɪɡ] **I** *adj* (*adv* ~**ly**) **1.** vage: a) nebelhaft, verschwommen: ~ **figures** (**belief, statement**, *etc*), b) unbestimmt: ~ **promise** (**suspicion**, *etc*), c) dunkel: ~ **presentiment**, d) unklar: ~ **answer**; ~ **hope** vage Hoffnung; **not the** ~**st idea** nicht die leiseste Ahnung; **to be** ~ **about** sich unklar ausdrücken über (*acc*); ~**ly familiar** irgendwie bekannt. **2.** ˈundefiˌnierbar, unbestimmt: ~ **character**. **3.** ausdruckslos: ~ **eyes**. **4.** geistesabwesend. **II** *s* **5.** (*das*) Vage: **in the** ~ (noch) unklar *od.* unbestimmt. '**vague·ness** *s* Unbestimmtheit *f*, Verschwommenheit *f*.
va·gus [ˈveɪɡəs] *pl* -**gi** [-dʒaɪ] *s a.* ~ **nerve** *anat.* Vagus *m* (*10. Gehirnnerv*).
vail[1] [veɪl] *obs. od. poet.* **I** *v/t die Fahne etc* senken, *den Hut etc* abnehmen. **II** *v/i das* Haupt entblößen.
vail[2] [veɪl] *obs. od. poet.* **I** *v/t* helfen, nützen (*dat*). **II** *s* Geldgeschenk *n*.
vain [veɪn] *adj* (*adv* ~**ly**) **1.** eitel, leer: ~ **hopes** (**pleasure, threat**); ~ **pomp** hohler Prunk. **2.** nutz-, fruchtlos, vergeblich: ~ **efforts**. **3.** eitel, eingebildet (*Person*) (**of** auf *acc*): **as a peacock** eitel wie ein Pfau. **4. in** ~ a) vergebens, vergeblich, umˈsonst, b) unnütz: **to take God's name in** ~ *Bibl.* den Namen Gottes mißbrauchen *od.* vergeblich im Munde führen; **to take s.o.'s name in** ~ über j-n lästern. ˌ~ˈglo·ri·ous *adj* (*adv* ~**ly**) **1.** aufgeblasen, hochmütig, prahlerisch, großsprecherisch, -spurig. **2.** pomˈpös, bomˈbastisch. ˌ~ˈglo·ri·ous·ness *s* **1.** Aufgeblasenheit *f*, Prahleˈrei *f*. **2.** Pomp *m*. ˌ~ˈglo·ry → vaingloriousness.
vain·ness [ˈveɪnnɪs] *s* **1.** Vergeblichkeit *f*. **2.** Hohl-, Leerheit *f*.
vair [veə(r)] *s* **1.** Grauwerk *n* (*Eichhörnchenfell*). **2.** *her.* Eisenhutmuster *n*.
val·ance [ˈvæləns] *s* kurzer Behang *od.* Voˈlant.
vale[1] [veɪl] *s bes. poet. od. in Namen*: Tal *n*: **this** ~ **of tears** dies Jammertal.

va·le² ['veɪlɪ; 'vɑːleɪ] (*Lat.*) **I** *interj* lebe wohl! **II** *s* Lebe'wohl *n*.
val·e·dic·tion [ˌvælɪ'dɪk∫n] *s* **1.** Abschiednehmen *n*. **2.** Abschiedsworte *pl*. **3.** → valedictory II. **val·e·dic'to·ri·an** [-'tɔːrɪən; -'toː-] *s ped. univ. Am.* Schüler *od.* Stu'dent, der die Abschiedsrede hält. ˌval·e'dic·to·ry [-tərɪ] **I** *adj* Abschieds...: ~ **address** → II. **II** *s bes. ped. univ. Am.* Abschiedsrede *f*.
va·lence ['veɪləns] *s* **1.** *chem.* Wertigkeit *f*, Va'lenz *f*: **of odd** ~ paarwertig. **2.** *math. phys.* Wertigkeit *f*, Va'lenz *f*: ~ **electron** Valenzelektron *n*. **3.** *biol.* Va'lenz *f* (*der Chromosomen*).
va·len·cy ['veɪlənsɪ] → valence.
val·en·tine ['væləntaɪn] *s* **1.** Valentinsgruß *m* (*lustiges od. verliebtes Briefchen od. sonstiges Geschenk zum Valentinstag, 14. Februar, meist anonym dem od. der Erwählten gesandt*). **2.** am Valentinstag erwählte(r) Liebste(r *m*) *f*. **3.** *allg.* ‚Schatz' *m*.
va·le·ri·an [və'lɪərɪən] *s bot. pharm.* Baldrian *m*. **va'ler·ic, ˌva·le·ri'an·ic** [-'ænɪk] *adj chem.* Baldrian..., Valerian...: ~ **acid** Valeriansäure *f*.
val·et ['vælɪt, -leɪ] **I** *s* **1.** (Kammer)Diener *m*. **2.** Hausdiener *m* (*im Hotel*). **II** *v/t* **3.** *j-n* bedienen, versorgen. **III** *v/i* **4.** Diener sein.
val·e·tu·di·nar·i·an [ˌvælɪtjuːdɪ'neərɪən; *Am. a.* -tuː-] **I** *adj* **1.** kränklich, kränkelnd. **2.** ge'sundheitsfaˌnatisch. **3.** hypo'chondrisch. **II** *s* **4.** kränkliche Per'son. **5.** Ge'sundheitsfaˌnatiker(in), ‚Ge'sundheitsaˌpostel' *m*. **6.** Hypo'chonder *m*. **ˌval·e·tu·di'nar·i·an·ism** *s* **1.** Kränklichkeit *f*. **2.** Ge'sundheitsfaˌnatismus *m*. **3.** Hypochon'drie *f*. **ˌval·e'tu·di·nar·y** [-dɪnərɪ; *Am.* -dnˌerɪ:] → valetudinarian.
Val·hal·la [væl'hælə], *a.* **Val'hall** *s myth.* Walhall *n*, Wal'halla *n*, *f* (*a. fig.*).
val·ian·cy ['væljənsɪ], *a.* **'val·iance** *s* Tapferkeit *f*, Mut *m*, Kühnheit *f*. **'val·iant** *I adj* (*adv* ~ly) **1.** tapfer, mutig, heldenhaft, kühn. **2.** *obs.* kräftig, ro'bust. **II** *s* **3.** *obs.* Held(in).
val·id ['vælɪd] *adj* (*adv* ~ly) **1.** a) stichhaltig, triftig: ~ **evidence**; ~ **reason**, b) begründet, berechtigt: ~ **argument**; ~ **claims**, c) rechtlich: ~ **decision**; to be ~ **for** *allg.* gelten für. **2.** *jur.* (rechts)gültig, rechtskräftig: **to become** ~ Rechtskraft erlangen; **all tickets will be** ~ **alle** Karten behalten ihre Gültigkeit. **3.** wirksam: **a** ~ **method**. **4.** *obs.* gesund, kräftig. **'val·i·date** [-deɪt] *v/t jur.* a) für rechtsgültig erklären, rechtswirksam machen, b) bestätigen. **ˌval·i'da·tion** *s* Gültigkeit(serklärung) *f*. **va·lid·i·ty** [və'lɪdətɪ] *s* **1.** Gültigkeit *f*: a) Stichhaltigkeit *f*, Triftigkeit *f*, b) Richtigkeit *f*. **2.** *jur.* Rechtsgültigkeit *f*, -kraft *f*. **3.** Gültigkeit(sdauer) *f* (*e-r Fahrkarte etc*).
va·lise [və'liːz; və'liːs] *s* Reisetasche *f*.
val·kyr, **V**~ ['vælkɪə(r)], **val'kyr·ie**, **V**~ [-'kɪərɪ] *s myth.* Walküre *f*.
val·la ['vælə] *pl von* vallum.
val·lec·u·la [və'lekjʊlə] *pl* -lae [-liː] *s biol.* Furche *f*, Spalt *m*, Riß *m*.
val·ley ['vælɪ] *s* **1.** Tal *n*: **down the** ~ **talabwärts**; **the Thames** ~ das Flußgebiet der Themse; **the** ~ **of the shadow of death** *Bibl.* das finstere Tal. **2.** *arch.* Dachkehle *f*: ~ **rafter** Kehlsparren *m*.
val·lic·u·la [və'lɪkjʊlə] → vallecula.
val·lum ['væləm] *pl* -lums, -la [-lə] *s antiq.* Wall *m*.
val·or, *bes. Br.* **val·our** ['vælə(r)] *s bes. poet.* (Helden)Mut *m*, Tapferkeit *f*.
val·or·i·za·tion [ˌvælərɑɪ'zeɪ∫n; *Am.* -rəz-] *s econ.* Valorisati'on *f*, Aufwertung *f*. **'val·or·ize** *v/t* valori'sieren, aufwer-

ten, den Preis (*e-r Ware*) heben *od.* stützen: **to** ~ **coffee**.
val·or·ous ['vælərəs] *adj* (*adv* ~ly) *bes. poet.* tapfer, mutig, kühn, heldenhaft.
val·our *bes. Br. für* valor.
valse [vɑːls] *s mus.* Walzer *m*.
val·u·a·ble ['væljʊəbl; *Am.* -jəwəbl; -jəbl] **I** *adj* (*adv* **valuably**) **1.** wertvoll: a) kostbar, teuer: ~ **paintings**, b) *fig.* nützlich: ~ **information**; → consideration 6. **2.** (ab)schätzbar, bezahlbar: **not** ~ **in money** unschätzbar, unbezahlbar. **II** *s* **3.** *pl* Wertsachen *pl*, -gegenstände *pl*. **'val·u·a·ble·ness** *s* **1.** Wert *m*. **2.** Nützlichkeit *f*.
val·u·a·tion [ˌvæljʊ'eɪ∫n; *Am.* -jə'weɪ-] *s* **1.** Bewertung *f*, Wertbestimmung *f*, Ta'xierung *f*, Veranschlagung *f*. **2.** *econ.* a) Schätzwert *m*, (festgesetzter) Wert *od.* Preis, Taxe *f*, b) Gegenwartswert *m* e-r 'Lebensverˌsicherungspoˌlice. **3.** Münzwesen *f*: Valvati'on *f*. **4.** Wertschätzung *f*, Würdigung *f*: **we take him at his own** ~ wir beurteilen ihn so, wie er sich selbst beurteilt. **'val·u·a·tor** [-tə(r)] *s econ.* (Ab)Schätzer *m*, Ta'xator *m*.
val·ue ['væljuː] **I** *s* **1.** *allg.* Wert *m* (*a. biol. chem. math. phys. u. fig.*): **the** ~ **of a friend**; ~ **judg(e)ment** Werturteil *n*; ~ **acid** ~ *chem.* Säuregrad *m*; **caloric** ~ Kalorienwert *m*; **statistical** ~ statistischer Wert; **to be of** ~ **to s.o.** *j-m* wertvoll sein; **to be of little** ~ **nützlich sein**; **there is little** ~ **in s.o. doing s.th.** es hat wenig Wert, daß *j-d* etwas tut. **2.** Wert *m*, Einschätzung *f*: **to set** (*od.* **put**) **a high** ~ (**up**)**on** a) großen Wert legen auf (*acc*), b) *etwas* hoch einschätzen. **3.** *econ.* Wert *m*: **at** ~ zum Tageskurs; **commercial** ~ Handelswert; ~ **in use** Nutzungs-, Gebrauchswert. **4.** *econ.* a) (Geld-, Verkehrs)Wert *m*, Kaufkraft *f*, Preis *m*, b) Gegenwert *m*, -leistung *f*, c) → valuation 2, d) Wert *m*, Preis *m*, Betrag *m*: **for** ~ **received** Betrag erhalten; **to the** ~ **of** im *od.* bis zum Wert von, a) Währung *f*, Va'luta *f*, f) *a.* **good** ~ re'elle Ware: **to give** (**get**) **good** ~ **for one's money** reell bedienen (bedient werden); **it is excellent** ~ **for money** es ist ausgezeichnet *od.* äußerst preiswert. **5.** *fig.* Wert *m*, Bedeutung *f*, Gewicht *n*: **the precise** ~ **of a word**. **6.** *meist pl fig.* (*kulturelle od. sittliche*) Werte *pl*. **7.** *paint.* Verhältnis *n* von Licht u. Schatten, Farb-, Grauwert *m*: **out of** ~ **zu hell** *od.* zu dunkel. **8.** *mus.* Noten-, Zeitwert *m*. **9.** *Phonetik*: Lautwert *m*, Quali'tät *f*: ~ **stress** Sinnbetonung *f*.
II *v/t* **10.** a) den Wert *od.* Preis (*e-r Sache*) bestimmen *od.* festsetzen, b) (ab)schätzen, veranschlagen, ta'xieren (**at** auf *acc*). **11.** *etwas* schätzen, (*vergleichend*) bewerten: **he** ~**d hono**(**u**)**r above riches** ihm ging Ehre über Reichtum. **12.** (hoch)schätzen, achten: **to** ~ **o.s. on s.th.** sich e-r Sache rühmen. **13.** *econ.* e-n Wechsel ziehen (**on s.o.** auf *j-n*).
ˌval·ue-'ad·ded tax *s econ.* Mehrwertsteuer *f*.
val·ued ['væljuːd] *adj* **1.** (hoch)geachtet, geschätzt. **2.** ta'xiert, veranschlagt: ~ **at £100** 100 Pfund wert.
val·ue|date *s econ. bes. Br.* **1.** Verbuchungsdatum *n*. **2.** Eingangsdatum (*e-s Schecks*). **3.** Abrechnungstag *m* (*im Devisenverkehr*). **'~-free** *adj* wertfrei.
val·ue·less ['væljuːlɪs] *adj* wertlos.
val·u·er ['væljʊə(r)] → valuator.
va·lu·ta [və'luːtə] *s econ.* Va'luta *f*.
valv·al ['vælvl], **'valv·ar** [-və(r)] → **val·vate** ['vælveɪt] *adj* **1.** *biol.* mit Klappe(n) (versehen), Klappen... **2.** *bot.* a) klappig, b) sich durch Klappen öffnend.
valve [vælv] **I** *s* **1.** *tech.* Ven'til *n*, Ab-

sperrvorrichtung *f*, Klappe *f*, Hahn *m*, Regu'lierorˌgan *n*: ~ **gear** (*od.* **motion**) Ventilsteuerung *f*; ~**-in-head engine** *Am.* kopfgesteuerter Motor. **2.** *anat.* (*Herz- etc*)Klappe *f*: **cardiac** ~. **3.** *mus.* Ven'til *n* (*e-s Blechinstruments*). **4.** *zo.* (Muschel)Klappe *f*. **5.** *bot.* a) Klappe *f*, b) Kammer *f* (*beide e-r Fruchtkapsel*). **6.** *electr. Br.* (Elek'tronen-, Fernseh-, Radio-, Vakuum)Röhre *f*: ~ **amplifier** Röhrenverstärker *m*. **7.** *tech.* Schleusentor *n*. **8.** *obs.* Türflügel *m*. **II** *v/t* **9.** mit Ven'til(en) *etc* versehen. **'valve·less** *adj* ven'tillos.
val·vu·lar ['vælvjʊlə(r)] *adj* **1.** klappenförmig, Klappen...: ~ **defect** *med.* Klappenfehler *m*. **2.** mit Klappe(n) *od.* Ven'til(en) (versehen). **3.** *bot.* klappig. **'val·vule** [-vjuːl] *s* kleine Klappe, kleines Ven'til.
val·vu·li·tis [ˌvælvjʊ'laɪtɪs] *s med.* Val·vu'litis *f*, (Herz)Klappenentzündung *f*.
vam·brace ['væmbreɪs] *s hist.* Armschiene *f* (*der Ritterrüstung*).
va·moose [vəˈmuːs; væ-] *Am. sl.* **I** *v/i* ‚verduften', ‚Leine ziehen'. **II** *v/t* fluchtartig verlassen.
vamp¹ [væmp] **I** *s* **1.** a) Oberleder *n* (*e-s Schuhs*), b) (Vorder)Kappe *f*, c) (aufgesetzter) Flicken. **2.** *mus.* (improvi'sierte) Begleitung. **3.** *fig.* Flickwerk *n*. **II** *v/t* **4.** vorschuhen. **5.** *meist* ~ **up** a) flicken, repa'rieren, b) *colloq.* Gebäude *etc* ‚aufpoˌlieren', *Theaterstück etc a.* ‚aufmotzen', c) *colloq.* Zeitungsartikel *etc* zs.-stoppeln, d) *colloq.* Ausrede *etc* erfinden. **6.** *mus.* (aus dem Stegreif) begleiten. **III** *v/i* **7.** *mus.* improvi'sieren.
vamp² [væmp] *colloq.* **I** *s* **1.** Vamp *m*. **II** *v/t* **2.** Männer verführen, ausbeuten, -saugen. **3.** *j-n* ‚becircen'.
vam·pire ['væmpaɪə(r)] *s* **1.** Vampir *m*: a) *blutsaugendes Gespenst*, b) *fig.* Erpresser(in), Blutsauger(in). **2.** *a.* ~ **bat** *zo.* Vampir *m*, Blattnase *f*. **3.** *thea.* Falltür *f* auf der Bühne. **vam'pir·ic** [-'pɪrɪk] *adj* vampirhaft, blutsaugerisch, Vampir...
'vam·pir·ism *s* **1.** Vampi'rismus *m*, Vampirglaube *m*. **2.** Blutsaugen *n* (*e-s Vampirs*). **3.** *fig.* Ausbeutung *f*.
van¹ [væn] *s* **1.** *mil.* Vorhut *f*, Vor'ausabˌteilung *f*, Spitze *f*. **2.** *mar.* Vorgeschwader *n*. **3.** *fig.* vorderste Reihe, Spitze *f*: **in the** ~ **of** an der Spitze (*gen*).
van² [væn] **I** *s* **1.** Last-, Lieferwagen *m*. **2.** *rail. bes. Br.* (geschlossener) Güterwagen, Dienst-, Gepäckwagen *m*. **3.** *colloq.* a) Wohnwagen *m*: **gipsy's** ~ Zigeunerwagen *m*, b) *Am.* 'Wohnmoˌbil *n*. **II** *v/t* **4.** auf Lastwagen transpor'tieren.
van³ [væn] *s* **1.** *obs. od. poet.* Schwinge *f*, Fittich *m*. **2.** *Br.* Getreideschwinge *f*. **3.** *Bergbau: Br.* a) Schwingschaufel *f*, b) Schwingprobe *f*.
van⁴ [væn] *s Tennis: Br. colloq.* Vorteil *m*: ~ **in** (**out**) Vorteil Aufschläger (Rückschläger).
va·na·date ['vænədeɪt] *s chem.* Vana'dat *n*, vanaˈdinsaures Salz. **va·nad·ic** [və'nædɪk], **va'na·di·ous** *adj* nadiumhaltig. **va·na·di·um** [və'neɪdjəm; -dɪəm] *s chem.* Va'nadium *n*.
Van Al·len belt [ˌvæn'ælən] *s phys.* Van-'Allen-Gürtel *m*.
Van·dal ['vændl] **I** *s* **1.** *hist.* Van'dale *m*, Van'dalin *f*. **2.** **v**~ *fig.* Van'dale *m*, mutwilliger Zerstörer. **II** *adj* **3.** *hist.* van'dalisch, Vandalen... **4. v**~ *fig.* van'dalisch, van'dalenhaft, zerstörungswütig. **Van'dal·ic, v**~ [-dəlɪk] → Vandal II.
'van·dal·ism [-dəlɪzəm] *s* **1.** Vanda'lismus *m*: a) Zerstörungswut *f*, b) **acts of** ~ mutwillige Zerstörung. **'van·dal·ize** *v/t* **1.** wie die Van'dalen hausen in (*dat*). **2.** mutwillig zerstören, verwüsten.

Van·dyke [ˌvænˈdaɪk] **I** adj **1.** von Van Dyck, in Van Dyckscher Maˈnier. **II** s **2.** v~ abbr. für a) ~ beard, b) ~ collar. **3.** (Bild n von) Van Dyck m. **4.** v~ tech. Zackenmuster n. **III** v/t **5.** v~ auszacken. **6.** v~ mit Zackenkragen versehen. ~ **beard** s Spitz-, Knebelbart m. ~**col·lar** s Vanˈdyckkragen m.
vane [veɪn] s **1.** Wetterfahne f, -hahn m. **2.** Windmühlenflügel m. **3.** tech. (Proˈpeller-, Ventiˈlator- etc)Flügel m, (Turˈbinen-, aer. Leit)Schaufel f. **4.** surv. Diˈopter n, Nivelˈliergerät n. **5.** zo. Fahne f (e-r Feder). **6.** Fiederung f (e-s Pfeils).
va·nes·sa [vəˈnesə] s zo. Eckflügler m (Tagschmetterling).
vang [væŋ] s mar. (Gaffel)Geer f.
van·guard [ˈvæŋɡɑː(r)d] → **van¹**.
va·nil·la [vəˈnɪlə] s bot. Vaˈnille f (Pflanze u. Gewürz): ~ ice-cream.
van·ish [ˈvænɪʃ] **I** v/i **1.** (plötzlich) verschwinden. **2.** (langsam ver- od. ent-) schwinden, daˈhinschwinden, sich verlieren (from von, aus). **3.** (spurlos) verschwinden: to ~ into thin air sich in Luft auflösen. **4.** math. verschwinden, Null werden. **II** s **5.** Phonetik: 2. Element e-s fallenden Diphthongs.
ˈvan·ish·ing|cream s (rasch in die Haut eindringende) Tagescreme. ~ **line** s Fluchtlinie f. ~**point** s **1.** Fluchtpunkt m (in der Perspektive). **2.** fig. Nullpunkt m.
van·i·ty [ˈvænɪtɪ] s **1.** (persönliche) Eitelkeit: ~ **surgery** med. Schönheitschirurgie f. **2.** fig. Stolz m (Sache). **3.** Hohlheit f, Eitelkeit f, Nichtigkeit f: **V~ Fair** fig. Jahrmarkt m der Eitelkeiten. **4.** Am. Toiˈlettentisch m. **5.** a. ~ **bag** (od. **box, case**) Kosˈmetiktäschchen n od. -koffer m.
van·quish [ˈvæŋkwɪʃ] **I** v/t besiegen, überˈwältigen, a. fig. überˈwinden, bezwingen: love ~ed his pride; the ~ed die Besiegten. **II** v/i siegreich sein, siegen. **ˈvan·quish·er** s Sieger m, Bezwinger m.
van·tage [ˈvɑːntɪdʒ; Am. ˈvæn-] s **1.** Tennis: Vorteil m. **2.** coign (od. point) of ~ günstiger (Angriffs- od. Ausgangs)Punkt. ~ **ground** s günstige Lage od. Stellung. ~ **point** s **1.** (guter) Aussichtspunkt: from the ~ of fig. aus dem Blickwinkel (gen). **2.** günstiger (Ausgangs)Punkt. **3.** → vantage ground.
van·ward [ˈvænwə(r)d] **I** adj vorderst(er, e, es). **II** adv nach vorn.
vap·id [ˈvæpɪd] adj (adv ~ly) **1.** schal: ~ **beer**. **2.** fig. a) schal, seicht, leer, b) öd(e), fad(e). **3.** fig. leer, ausdruckslos. **va-ˈpid·i·ty, ˈvap·id·ness** s **1.** Schalheit f (a. fig.). **2.** fig. Fadheit f. **3.** fig. Leere f.
va·por [ˈveɪpər] Am. für **vapour**.
va·por·a·ble [ˈveɪpərəbl] adj ein-, verdampfbar.
va·por·if·ic [ˌveɪpəˈrɪfɪk] adj **1.** dampf-, dunsterzeugend. **2.** verdampfend, verdunstend. **3.** → **vaporous**. **ˈva·por·form** [-fɔː(r)m] adj dampf-, dunstförmig.
va·por·i·za·tion [ˌveɪpəraɪˈzeɪʃn; Am. -rə-] s chem. phys. Verdampfung f, Verdunstung f. **ˈva·por·ize I** v/t **1.** chem. phys. ver-, eindampfen, verdunsten (lassen), zerstäuben. **2.** tech. vergasen. **II** v/i **3.** chem. phys. verdampfen, -dunsten. **ˈva·por·iz·er** s tech. **1.** Verˈdampfungsappaˌrat m, Zerstäuber m. **2.** Vergaser m.
va·por·ous [ˈveɪpərəs] adj (adv ~ly) **1.** dampfig, dunstig. **2.** dunstig, neb(e)lig. **3.** duftig, zart: ~ **silk**. **4.** fig. nebelhaft: ~ **dreams**. **5.** eitel, eingebildet.
va·pour [ˈveɪpə(r)] **I** s **1.** Dampf m (a. phys.), Dunst m (a. fig.), Nebel m: ~ **bath** Dampfbad n; ~ **cooling** Verdampfungskühlung f; ~ **lamp** a) tech. Kohlenwasserstofflampe f, b) electr. (Quecksilber)Dampflampe f; ~ **trail** aer. Kondensstreifen m. **2.** tech. a) Gas n, b) mot. Gemisch n: ~ **engine** Gasmotor m. **3.** med. a) (Inhalatiˈons)Dampf m, b) obs. Blähung f. **4.** fig. Phanˈtom n, Hirngespinst n. **5.** pl obs. Schwermut f. **II** v/i **6.** (ver)dampfen. **7.** fig. prahlen, schwadroˈnieren.
va·que·ro [vɑːˈkerəʊ] pl **-ros** s Am. Viehhirt m, Cowboy m.
va·rac·tor [ˈveərækta(r)] s electr. Vaˈractor m, Kapaziˈtätsvariatiˌonsdiˌode f.
var·an [ˈværən] s zo. Waˈran(eidechse f) m.
Va·ran·gi·an [vəˈrændʒɪən] **I** s hist. Waˈräger m. **II** adj Waräger...
var·ec [ˈværek] s **1.** bot. Seetang m. **2.** chem. Varek m, Seetangasche f.
var·i·a·bil·i·ty [ˌveərɪəˈbɪlətɪ] s **1.** Veränderlichkeit f, Schwanken n, Unbeständigkeit f (a. fig.). **2.** Variabiliˈtät f: a) math. phys. Ungleichförmigkeit f, b) biol. Gestaltungsvermögen n.
var·i·a·ble [ˈveərɪəbl] **I** adj (adv **variably**) **1.** veränderlich, wechselnd, ˈunterschiedlich, unbeständig (Gefühle, Wetter etc), schwankend (a. Person): ~ **cost** econ. bewegliche Kosten pl; ~ **wind** meteor. Wind m aus wechselnden Richtungen. **2.** bes. astr. biol. variˈabel, wandelbar, math. phys. a. ungleichförmig: ~ **star** → **5**. **3.** tech. regelbar, ver-, einstellbar, veränderlich: ~ **capacitor** Drehkondensator m; ~ **gear** Wechselgetriebe m; ~ **in phase** electr. phasenveränderlich; ~ **resistance** electr. a) variabler Widerstand, b) (als Konstruktionselement) Regelwiderstand m; ~**-speed** mit veränderlicher Drehzahl; ~ **time fuse** (bes. Am. **fuze**) mil. Annäherungszünder m. **II** s **4.** (etwas) Variˈables, veränderliche Größe, bes. math. Variˈable f, Veränderliche f. **5.** astr. variˈabler Stern, Variˈable(r) m. **6.** meteor. Wind m aus wechselnden Richtungen. **7.** meist pl mar. Kalmengürtel m. **ˈvar·i·a·ble·ness** → **variability**.
var·i·ance [ˈveərɪəns] s **1.** Veränderung f. **2.** Veränderlichkeit f. **3.** Abweichung f (a. jur. zwischen Klage u. Beweisergebnis). **4.** Unstimmigkeit f, Uneinigkeit f, Meinungsverschiedenheit f, Streit m: **to be at ~ (with)** uneinig sein (mit j-m), anderer Meinung sein (als j-d) (→ 5); **to set at ~** entzweien. **5.** fig. ˈWiderspruch m, -streit m: **to be at ~ (with)** unvereinbar sein (mit etwas), im Widerspruch od. Gegensatz stehen (zu) (→ 4). **6.** Statistik: Variˈanz f (Quadrat der mittleren Abweichung).
var·i·ant [ˈveərɪənt] **I** adj **1.** abweichend, verschieden. **2.** ˈunterschiedlich. **II** s **3.** Variˈante f, Spielart f. **4.** ˈSchreib- od. ˈTextvariˌante f, abweichende Lesart.
var·i·a·tion [ˌveərɪˈeɪʃn] s **1.** (Ver)Änderung f, Wechsel m. **2.** Abweichung f, Schwankung f. **3.** Abänderung f. **4.** Abwechslung f. **5.** (ˈSchreib)Variˌante f. **6.** astr. biol. math. mus. etc Variatiˈon f: ~ **mar**. magnetische Deklinatiˈon, (ˈOrts-) ˌMißweisung f (Kompaß). ˌ**var·i·aˈtion·al** [-ʃənl] adj Variations...
var·i·cel·la [ˌværɪˈselə] s med. Variˈzellen pl, Windpocken pl.
var·i·ces [ˈværɪsiːz] pl von **varix**.
var·i·co·cele [ˈværɪkəʊsiːl] s med. Variˈkoˌzele f, Krampfaderbruch m.
ˈvar·iˌcol·o(u)red [ˈveərɪ-] adj bunt: a) vielfarbig, b) fig. mannigfaltig.
var·i·cose [ˈværɪkəʊs] adj med. variˈkös: ~ **ulcer** Krampfader-, Unterschenkelgeschwür n; ~ **vein** Krampfader f; ~ **bandage** Krampfaderbinde f; ~ **co·sis** [-ˈkəʊsɪs], ˌ**var·iˈcos·i·ty** [-ˈkɒsɪtɪ; Am. -ˈkɑ-] s **1.** Varikosiˈtät f. **2.** Krampfaderleiden n, -bildung f. **3.** Krampfader(n pl) f. **ˌvar·iˈcot·o·my** [-ˈkɒtəmɪ; Am. -ˈkɑ-] s Krampfaderknotenentfernung f.
var·ied [ˈveərɪd] adj (adv ~ly) **1.** bunt, abwechslungsreich, mannigfaltig, verschieden(artig): **a ~ life** ein bewegtes Leben. **2.** (ab)geändert, verändert, variˈiert. **3.** bunt, vielfarbig.
var·ie·gate [ˈveərɪɡeɪt; Am. a. -riə-] v/t **1.** bunt gestalten (a. fig.). **2.** variˈieren, Abwechslung bringen in (acc), beleben. **ˈvar·ie·gat·ed** → **varied**. ˌ**var·ieˈga·tion** s Buntheit f, Vielfarbigkeit f.
va·ri·e·ty [vəˈraɪətɪ] s **1.** Verschiedenheit f, Buntheit f, Mannigfaltigkeit f, Vielseitigkeit f, Abwechslung f: **charm of ~** Reiz m der Abwechslung; **to add ~ to** Abwechslung bringen in (acc). **2.** Vielfalt f, Reihe f, Anzahl f, bes. econ. Auswahl f: **a ~ of silks** ein Sortiment von Seidenstoffen; **for a ~ of reasons** aus den verschiedensten Gründen. **3.** Sorte f, Art f. **4.** allg. Spielart f. **5.** bot. zo. a) Varieˈtät f (Unterabteilung e-r Art), b) Spielart f, Variˈante f. **6.** Varieˈté n: ~ **artist** Varietékünstler(in). **7.** → **variety store**. ~ **meat** s bes. Am. Inneˈreien pl. ~ **shop** → **variety store**. ~ **show** s Varieˈté(vorstellung f) n. ~ **store** s Am. Kleinkaufhaus n. ~ **the·a·ter**, bes. Br. ~ **the·a·tre** s Varieˈté(theˌater) n.
var·i·form [ˈveərɪfɔː(r)m] adj vielgestaltig, abwechslungsreich (a. fig.).
ˈvar·i·oˌcou·pler [ˈveərɪəʊ-] s electr. Variokoppler m, veränderliche Kopplungsspule.
va·ri·o·la [vəˈraɪələ; Am. a. ˌverɪˈəʊlə] s med. Variˈolen pl, Pocken pl.
var·i·o·lite [ˈveərɪəlaɪt] s geol. Blatterstein m, Varioˈlit m.
var·i·o·loid [ˈveərɪəlɔɪd; Am. ˌverɪˈəʊ-] med. **I** adj **1.** pockenartig. **2.** Pocken... **II** s **3.** Varioˈloïs f (leichte Form der Pocken). **va·ri·o·lous** [vəˈraɪələs; Am. a. ˌverɪˈəʊ-] adj **1.** Pocken... **2.** pockenkrank. **3.** pockennarbig.
var·i·om·e·ter [ˌveərɪˈɒmɪtə; Am. ˌverɪˈɑmətər] s aer. electr. phys. tech. Varioˈmeter n.
var·i·o·rum [ˌveərɪˈɔːrəm; Am. a. -ˈəʊ-] **I** adj: ~ **edition** → **II**. **II** s Ausgabe f mit kritischen Anmerkungen verschiedener Kommentaˈtoren od. mit verschiedenen Lesarten: **a Shakespeare ~**.
var·i·ous [ˈveərɪəs] adj (adv ~ly) **1.** verschieden(artig). **2.** mehrere, verschiedene. **3.** bunt, vielfältig, abwechslungsreich, wechselvoll.
var·is·cite [ˈværɪsaɪt] s min. Varisˈzit m.
var·is·tor [vəˈrɪstə(r); Am. væ-] s electr. Vaˈristor m.
var·ix [ˈveərɪks] pl **var·i·ces** [ˈværɪsiːz] s **1.** med. Krampfader(knoten m) f. **2.** zo. Knoten m an Muscheln.
var·let [ˈvɑː(r)lɪt] s **1.** obs. od. humor. Schelm m, Schuft m. **2.** hist. Page m, Knappe m.
var·mint [ˈvɑː(r)mɪnt] s **1.** zo. Schädling m. **2.** colloq. Haˈlunke m.
var·nish [ˈvɑː(r)nɪʃ] **I** s tech. **1.** Lack m. **2.** a. **clear ~** Klarlack m, Firnis m. **3.** (ˈMöbel)Poliˌtur f. **4.** Töpferei: Glaˈsur f. **5.** ˈLackˌüberzug m. **6.** fig. Firnis m, Tünche f, äußerer Anstrich. **II** v/t a. ~ **over**. **7.** a) lackˈieren, b) firnissen, c) glaˈsieren. **8.** Möbel (auf)poˌlieren. **9.** fig. überˈtünchen, bemänteln, beschönigen. **ˈvar·nish·er** s Lackˈierer m. **ˈvar·nish·ing day** s paint. Vernisˈsage f.
var·si·ty [ˈvɑː(r)sətɪ] s colloq. **1.** bes. Br. ˌUniˈ f (Universität). **2.** a. ~ **team** sport Am. Universiˈtäts-, College-, Schulmannschaft f.
var·so·vienne [ˌvɑː(r)səʊˈvɪen; Am. ...]

-ˈvjen] *s mus.* Varsoviˈenne *f*, ˌWarˈschauer' *m* (*Tanz*).
var·us [ˈveərəs] → **talipes**.
var·y [ˈveərɪ] **I** *v/t* **1.** (ver-, *a. jur.* ab)ändern. **2.** variˈieren, ˈunterschiedlich gestalten, Abwechslung bringen in (*acc*), wechseln mit (*etwas*). **3.** variˈieren, abwandeln (*a. mus.*). **II** *v/i* **4.** sich (ver)ändern, variˈieren (*a. biol.*), wechseln, schwanken, auseinˈandergehen (*Meinungen*). **5.** (**from**) abweichen *od.* verschieden sein (von), nicht überˈeinstimmen (mit). ˈ**var·y·ing** *adj* (*adv* ~**ly**) wechselnd, ˈunterschiedlich geschieden.
vas [væs] *pl* **va·sa** [ˈveɪsə; *Am.* -zə] (*Lat.*) *s physiol.* (Blut)Gefäß *n*: → **vas deferens**.
va·sal [ˈveɪsl; *Am.* -zəl] *adj* (Blut)Gefäß...
vas·cu·la [ˈvæskjʊlə] *pl von* **vasculum**.
vas·cu·lar [ˈvæskjʊlə(r)] *adj bot. physiol.* Gefäß...: **~ plants**; **~ system** Gefäßsystem *n*; **~ tissue** *bot.* Stranggewebe *n*.
vas·cu·lar·i·za·tion [ˌvæskjʊlərаɪˈzeɪʃn; *Am.* -rəˈz-] *s med.* Vaskularisatiˈon *f*, Bildung *f* von Blutgefäßen.
vas·cu·lum [ˈvæskjʊləm] *pl* -**la** [-lə], -**lums** *s* **1.** *bot. physiol.* (kleines) Gefäß. **2.** Botaniˈsierbüchse *f*.
vas de·fe·rens [-ˈdefərenz] *pl* **va·sa de·fe·ren·ti·a** [ˈ-ˌdefəˈrenʃɪə; *Am.* -tʃ-] *s anat.* Samenleiter.
vase [vɑːz; *Am.* veɪs] *s* (Blumen-, Zier-) Vase *f*: **~ painting** Vasenmalerei *f*.
vas·ec·to·my [væˈsektəmɪ; *Am. a.* veɪˈz-] *s med.* Vasektoˈmie *f* (*teilweise Entfernung des Samenleiters*).
vas·e·line [ˈvæsɪliːn] (*TM*) *s pharm.* Vaseˈlin *n*, Vaseˈline *f*.
vas·i·form [ˈveɪzɪfɔː(r)m] *adj biol.* gefäßförmig.
ˌ**vas·o·conˈstric·tor** [ˌveɪzəʊ-] *s anat.* Vasokonˈstriktor *m*, gefäßverengender Nerv. ˌ**vas·o·diˈla·tor** *s anat.* Vasodilaˈtator *m*, gefäßerweiternder Nerv. ˌ**vas·oˈmo·tor** *adj* vasomoˈtorisch, Gefäßnerven... ˌ**vas·oˈsen·so·ry** *adj* vasosenˈsorisch.
vas·sal [ˈvæsl] **I** *s* **1.** *hist.* Vaˈsall *m*, Lehnsmann *m*: **rear ~** Hintersasse *m*. **2.** *fig.* ˈUntertan *m*, Unterˈgebene(r *m*) *f*. **3.** *fig.* Sklave *m* (**to** *gen*): **he is a ~ to his passions**. **II** *adj* **4.** Vasallen... **~ state**. **5.** *fig.* unterˈwürfig (**to** gegenˈüber).
ˈ**vas·sal·age** *s* **1.** *hist.* a) Vaˈsallentum *n*, b) Lehnspflicht *f* (**to** gegenˈüber), c) *collect.* Vaˈsallen *pl.* **2.** *fig.* Abhängigkeit *f* (**to** von). **3.** *fig.* Unterˈwürfigkeit *f* (**to** gegenˈüber).
vast [vɑːst; *Am.* væst] **I** *adj* weit, ausgedehnt, unermeßlich, *a. fig.* (riesen)groß, riesig, ungeheuer: **~ area**; **~ difference**; **~ quantities**. **II** *s poet.* (unendliche) Weite. ˈ**vast·ly** *adv* gewaltig, in hohem Maße, äußerst, ungemein, eˈnorm: **~ superior** haushoch überlegen, weitaus besser. ˈ**vast·ness** *s* **1.** Weite *f*, Unermeßlichkeit *f* (*a. fig.*). **2.** ungeheure Größe, riesiges Ausmaß. **3.** riesige Zahl, Unmenge *f.* ˈ**vast·y** *poet. für* **vast I**.
vat [væt] **I** *s tech.* **1.** großes Faß, Bottich *m*, Kufe *f*. **2.** a) Färberei: Küpe *f*, b) *a.* **tan ~** (*Gerberei*) Lohgrube *f*, c) Küpe *f*, Lösung *f* e-s Küpenfarbstoffs: **~ blue** Indigoblau *n*; **~ dye** Küpenfarbstoff *m*. **II** *v/t* **3.** (ver)küpen, in ein Faß *etc* füllen. **4.** in e-m Faß *etc* behandeln: **~ted** faßreif (*Wein etc*).
Vat·i·can [ˈvætɪkən] *s* Vatiˈkan *m*: **~ Council** *R.C.* Vatikanisches Konzil. ˈ**Vat·i·can·ism** *s* Vatikaˈnismus *m* (*theologisches System, das auf der unbedingten Autorität des Papstes beruht*).
vat·i·ci·na·tion [ˌvætɪsɪˈneɪʃn] *s* **1.** Weissagen *n.* **2.** Propheˈzeiung *f.*
vaude·ville [ˈvəʊdəvɪl, ˈvɔː-] *s* **1.** Vaudeˈville *n* (*heiteres Singspiel mit Tanzeinlagen*). **2.** *Am.* Varieˈté *n*.
Vau·dois[1] [ˈvəʊdwɑː; *Am. a.* vəʊˈdwɑː] **I** *s* **1.** a) Waadtländer(in), b) *pl* Waadtländer *pl*. **2.** *ling.* Waadtländisch *n*, das Waadtländische. **II** *adj* **3.** waadtländisch.
Vau·dois[2] [ˈvəʊdwɑː; *Am. a.* vəʊˈdwɑː] **I** *s* a) Walˈdenser(in), b) *pl* Walˈdenser *pl*. **II** *adj* Waldenser...
vault[1] [vɔːlt] **I** *s* **1.** *arch.* Gewölbe *n*, Wölbung *f*. **2.** Kellergewölbe *n*. **3.** Grabgewölbe *n*, Gruft *f*: **family ~**. **4.** Stahlkammer *f*, Treˈsorraum *m*. **5.** *poet.* Himmelsgewölbe *n*) *m.* **6.** *anat.* Wölbung *f*, (Schädel)Dach *n*, (Gaumen)Bogen *m*, Kuppel *f* (*des Zwerchfells*). **II** *v/t arch.* **7.** (über)ˈwölben. **III** *v/i* **8.** sich wölben.
vault[2] [vɔːlt] **I** *v/i* **1.** springen, sich schwingen, setzen (**over** über *acc*). **2.** *Hohe Schule*: kurbetˈtieren. **II** *v/t* **3.** überˈspringen. **III** *s* **4.** *bes. sport* Sprung *m*. **5.** *Hohe Schule*: Kurˈbette *f*.
ˈ**vault·ed** *adj* gewölbt, Gewölbe..., überˈwölbt.
ˈ**vault·er** *s* Springer(in).
ˈ**vault·ing**[1] *s arch.* **1.** Spannen *n* e-s Gewölbes. **2.** Wölbung *f*. **3.** Gewölbe *n* (*od. pl collect.*).
ˈ**vault·ing**[2] **I** *adj* **1.** *sport* a) springend, b) Spring..., Sprung...: **~ horse** (*Turnen*) Lang-, Sprungpferd *n*; **~ pole** (*Stabhochsprung*) Sprungstab *m*. **2.** *fig.* sich über alles hinˈwegsetzend. **II** *s* **3.** Springen *n.*
vaunt [vɔːnt; *Am. a.* vɑːnt] **I** *v/t* sich rühmen (*gen*), sich brüsten mit. **II** *v/i* (**of**) *poet.* sich rühmen (*gen*), sich brüsten (mit). **III** *s* Prahleˈrei *f*. ˈ**vaunt·er** *s* Prahler *m*, ˈ**vaunt·ing** *adj* (*adv* ~**ly**) prahlerisch.
vav·a·sor [ˈvævəsɔː(r); *Am. a.* ˌ-səʊər], *bes. Br.* **vav·aˌsour** [-ˌsʊə(r)] *s jur. hist.* Afterlehnsmann *m*, ˈHintersasse *m*.
ˈ**V-Day** *s* Tag *m* des Sieges (*im 2. Weltkrieg; 7. 5. 1945*).
ˈ**ve** [v] *colloq. abbr. für* **have**.
veal [viːl] *s* **1.** Schlachtkalb *n.* **2.** Kalbfleisch *n*: **~ chop** Kalbskotelett *n*; **~ cutlet** Kalbsschnitzel *n*. ˈ**veal·er** *s Am.* Schlachtkalb *n.*
vec·tor [ˈvektə(r)] **I** *s* **1.** *math.* Vektor *m.* **2.** *med. vet.* Bakˈterienüberˌträger *m.* **3.** *aer.* Vektor *m.* **II** *v/t* **4.** *aer.* das Flugzeug (mittels Funk *od.* Radar) leiten, (auf Ziel) einweisen. **III** *adj* **5.** *math.* Vektor...: **~ algebra**; **~ analysis**. **vecˈto·ri·al** [-ˈtɔːrɪəl] *adj math.* vektoriˈell, Vektor...
Ve·da [ˈveɪdə; ˈviːdə] *s* Weda *m* (*älteste religiöse Literatur der Inder*).
Ve·dan·ta [veˈdɑːntə; -ˈdæn-; *Am.* veɪ-, və-] *s* Weˈdanta *n* (*e-s der 6 orthodoxen brahmanischen Systeme*).
ˌ**V-ˈE Day** → **V-Day**.
ve·dette [vɪˈdet] *s mil. selten* **1.** *obs.* Kavalleˈrie(wacht)posten *m.* **2.** *a.* **~ boat** *mar.* Vorpostenboot *n.*
Ve·dic [ˈveɪdɪk; ˈviː-] *adj relig.* wedisch.
vee [viː] **I** *s* V, v *n* (*Buchstabe*). **II** *adj* V-förmig, V-...: **~ belt** *mot.* Keilriemen *m*; **~ engine** *tech.* V-Motor *m.*
veep [viːp] *s Am. colloq.* ˈVizeˈ *m* (*Vizepräsident*).
veer [vɪə(r)] **I** *v/i a.* **~ round 1.** sich (ˈum)drehen. **2.** *bes. mar.* abdrehen, wenden. **3.** *fig.* ˈumschwenken (**to** zu). **4.** *fig.* abschweifen. **5.** die Richtung ändern *od.* wechseln. **6.** *meteor.* ˈumspringen, sich drehen (*Wind*). **II** *v/t* **7.** *a.* **~ round** ein Schiff *etc* wenden, drehen, schwenken. **8.** *mar.* das Tauwerk fieren, abschießen: **to ~ and haul** fieren u. holen. **III** *s* **9.** Wendung *f*, Drehung *f*, Richtungswechsel *m.*
veg [vedʒ] *pl* **veg** *s Br. colloq.* Gemüse *n.*
Ve·ga[1] [ˈviːgə] *s astr.* Vega *f* (*Stern*).
Ve·ga[2] [ˈveɪgə] *s geogr.* Vega *f* (*fruchtbare Niederung*).
ve·gan·ism [ˈviːgənɪzəm] *s bes. Br.* streng vegeˈtarische Lebensweise.
veg·e·ta·ble [ˈvedʒtəbl] **I** *s* **1.** *a. pl* Gemüse *n.* **2.** (*bes.* Gemüse-, Futter)Pflanze *f*: **to be a mere ~** *fig.* nur noch dahinvegeˈtieren; **to live like a ~** (dahin)vegeˈtieren. **3.** *agr.* Grünfutter *n.* **II** *adj* **4.** Gemüse...: **~ garden**; **~ soup**. **5.** pflanzlich, vegetaˈbilisch: **~ life**. **6.** *bot.* Pflanzen...: **~ anatomy**; **~ dye**; **~ fat**; **~ oil**; **~ silk**; **~ marrow** Kürbis(frucht *f*) *m.*
veg·e·tal [ˈvedʒɪtl] *adj bot.* **1.** → **vegetable 5** *u.* **6. 2.** *physiol.* vegeˈtativ.
veg·e·tar·i·an [ˌvedʒɪˈteərɪən] **I** *s* **1.** Vegeˈtarier(in). **II** *adj* **2.** vegeˈtarisch. **3.** Vegetarier... ˌ**veg·eˈtar·i·an·ism** *s* Vegetaˈrismus *m*, vegeˈtarische Lebensweise.
veg·e·tate [ˈvedʒɪteɪt] *v/i* **1.** (*wie e-e Pflanze*) wachsen, vegeˈtieren. **2.** *fig.* (dahin)vegeˈtieren. **3.** *med.* wuchern. ˌ**veg·eˈta·tion** *s* **1.** Vegetatiˈon *f*: a) Pflanzenwelt *f*, -decke *f*: **luxuriant ~**, b) Pflanzenwuchs *m.* **2.** *fig.* (Daˈhin)Vegeˌtieren *n.* **3.** *med.* Wucherung *f.* ˌ**veg·eˈta·tion·al** [-ʃənl] *adj* Vegetations...
ˈ**veg·e·ta·tive** [-tətɪv; *Am.* ˌ-teɪ-] *adj* (*adv* ~**ly**) **1.** vegetaˈtiv: a) wie Pflanzen wachsend, b) wachstumsfördernd, c) Wachstums..., d) ungeschlechtlich: **~ reproduction**. **2.** Vegetations..., pflanzlich. **3. to lead a ~ life** *fig.* (dahin)vegeˈtieren.
veg·(g)ies [ˈvedʒɪz] *s pl colloq.* Gemüse *n.*
ve·he·mence [ˈviːɪməns] *s* **1.** *a. fig.* Heftigkeit *f*, Gewalt *f*, Wucht *f*, Veheˈmenz *f*. **2.** *fig.* Ungestüm *n*, Leidenschaft *f*. ˈ**ve·he·ment** *adj* (*adv* ~**ly**) **1.** *a. fig.* heftig, gewaltig, wuchtig, veheˈment. **2.** *fig.* ungestüm, leidenschaftlich, hitzig.
ve·hi·cle [ˈviːɪkl] *s* **1.** Fahrzeug *n*, Beförderungsmittel *n*, *engS.* Wagen *m*: **~ owner** Fahrzeughalter(in). **2.** *Raumfahrt*: a) **space ~** (Welt)Raumfahrzeug *n*, b) ˈTrägerraˌkete *f*. **3.** *biol. chem.* ˈTrägerflüssigkeit *f*, -subˌstanz *f*. **4.** *pharm.* Veˈhiculum *n.* **5.** *chem. tech.* Bindemittel *n* (*für Farben*). **6.** *fig.* a) Ausdrucksmittel *n*, Medium *n*, Veˈhikel *n*, b) ˈTräger *m*, Vermittler *m*: **a ~ of ideas**. **veˈhic·u·lar** [vɪˈhɪkjʊlə(r)] *adj* Fahrzeug..., Wagen...: **~ traffic** Fahrzeugverkehr *m.*
veil [veɪl] **I** *s* **1.** (Gesichts- *etc*)Schleier *m.* **2.** (Nonnen)Schleier *m*: **she took the ~** sie nahm den Schleier (*wurde Nonne*). **3.** (Nebel-, Dunst)Schleier *m.* **4.** *phot.* Schleier *m.* **5.** *fig.* Schleier *m*, Maske *f*, Deckmantel *m*: **to draw a ~ over** den Schleier des Vergessens *od.* der Vergessenheit breiten über (*acc*); **under the ~ of charity** unter dem Deckmantel der Nächstenliebe. **6.** *fig.* Schleier *m*, Schutz *m*: **under the ~ of darkness** im Schutz der Dunkelheit; **beyond the ~** im Jenseits, hinter der Schwelle des Todes. **7.** *anat. bot. zo.* → **velum**. **8.** *relig.* a) (Tempel)Vorhang *m*, b) Velum *n* (*Kelchtuch*). **9.** *mus.* Verschleierung *f* (*der Stimme*). **II** *v/t* **10.** verschleiern, -hüllen (*beide a. fig.*): **to be ~ed in mist** in Nebel eingehüllt sein. **11.** *fig.* verbergen, tarnen. **III** *v/i* **12.** sich verschleiern (*a. Augen etc*). ˈ**veiled** *adj* verschleiert (*a. phot. u. fig.*): **~ voice**; **~ threat**; **~ in mystery** geheimnisumwittert. ˈ**veil·ing** *s* **1.** Verschleierung *f* (*a. phot. u. fig.*). **2.** *econ.* Schleierstoff *m.* ˈ**veil·less** *adj* unverschleiert.
vein [veɪn] **I** *s* **1.** *anat.* Vene *f* (*Ggs.* Arterie), **2.** *allg.* Ader *f*: a) Blutgefäß *n*, b) *bot.* Blattnerv *m*, c) (Holz-, Marmor)Maser *f*, d) *geol.* (Erz)Gang *m*,

veined - ventrodorsal

e) *geol.* Wasserader *f*, -spalte *f*. **3.** *fig.* a) (*poetische etc*) Ader, Veranlagung *f*, Hang *m* (**of** zu), b) (Ton)Art *f*, Ton *m*, Stil *m*, c) Stimmung *f*, Laune *f*: **to be in the ~ for** (*od.* **to do**) in Stimmung sein für (*od.* zu tun). **II** *v/t* **4.** ädern. **5.** marmo'rieren, masern. **veined** *adj* **1.** *allg.* geädert. **2.** gemasert, marmo'riert. **'vein·ing** *s* **1.** Aderung *f*, Maserung *f*. **2.** Verzierung *f*, Sticke'rei *f*. **'vein·less** *adj* ungeädert, ungerippt. **'vein·let** [-lɪt] *s* **1.** Äderchen *n*. **2.** *bot.* Seitenrippe *f*.
vein·ous ['veɪnəs] *adj biol.* **1.** äd(e)rig, geädert. **2.** → **venous**.
ve·la ['viːlə] *pl von* **velum**.
ve·la·men [vəˈleɪmən] *pl* **veˈlam·i·na** [-ˈlæmɪnə] *s* Ve'lamen *n*: a) *anat.* Hülle *f*, b) *bot.* Wurzelhülle *f*.
ve·lar ['viːlə(r)] **I** *adj anat. ling.* ve'lar, Gaumensegel..., Velar... **II** *s ling.* Gaumensegellaut *m*, Ve'lar(laut) *m*.
ve·lar·i·za·tion [ˌviːləraɪˈzeɪʃn; *Am.* -rəˈz-] *s ling.* Velari'sierung *f*. **'ve·lar·ize** *v/t* e-n Laut velari'sieren.
veld(t) [velt; felt] *s geogr.* Gras- *od.* Buschland *n* (*in Südafrika*). **'~·schoen** [-skʊn] *s* leichter Schuh aus ungegerbter Haut.
vel·le·i·ty [veˈliːətɪ] *s philos.* Vellei'tät *f*: a) kraftloses, zögerndes Wollen, b) Wunsch, der nicht zur Tat wird.
vel·lum ['veləm] *s* **1.** ('Kalbs-, 'Schreib-)Perga‚ment *n*, Ve'lin *n*: **~ cloth** *tech.* Zeichenpergament, Pauseinen *n*. **2.** *a.* **~ paper** Ve'linpa‚pier *n*.
ve·loc·i·pede [vɪˈlɒsɪpiːd; *Am.* -ˈlɑː-] *s* **1.** *hist.* Velozi'ped *n* (*Lauf-, Fahrrad*). **2.** *Am.* (Kinder)Dreirad *n*. **~ car** *s rail.* Drai'sine *f*.
ve·loc·i·tized [vɪˈlɒsɪtaɪzd; *Am.* -ˈlɑː-] *adj mot.* von der Fahrgeschwindigkeit benommen (*Autofahrer*).
ve·loc·i·ty [vɪˈlɒsətɪ; *Am.* -ˈlɑː-] *s phys. tech.* Geschwindigkeit *f*: **at a ~ of** mit e-r Geschwindigkeit von; **initial ~** Anfangsgeschwindigkeit; **~ of fall** Fallgeschwindigkeit. **~ head** *s phys.* Staudruck *m*. **~ modˌu·laˈtion** *s phys.* 'Laufzeitmodulatiˌon *f*. **~ stage** *s tech.* Um'drehungsschwelle *f*.
ve·lour(s) [vəˈlʊə(r)] *s* Ve'lours *m*.
ve·lum ['viːləm] *pl* **-la** [-lə] *s* **1.** *anat. bot.* Hülle *f*, Segel *n*. **2.** *anat.* Gaumensegel *n*, weicher Gaumen. **3.** *bot.* Schleier *m* (*an Hutpilzen*). **4.** *zo.* Randsaum *m* (*bei Quallen*).
ve·lure [vəˈlʊə(r); *Am. a.* velˈjʊər; ˈveljər] *s* Ve'lours *m*.
vel·vet ['velvɪt] **I** *s* **1.** Samt *m* (*a. fig.*): (**as**) **smooth as ~** so weich wie Samt. **2.** *fig.* Weichheit *f*, (*das*) Samtene. **3.** *Am.* Mischgetränk *n* aus Sekt u. Portwein. **4.** *zo.* Bast *m* (*an jungen Geweihen etc*). **5.** *bes. Am. sl.* a) Gewinn *m*, Pro'fit *m*, b) lukra'tive Sache: **to be on ~** glänzend dastehen. **II** *adj* **6.** samten, aus Samt, Samt... **7.** samtartig, samtweich, samten (*a. fig.*): **an iron hand in a ~ glove** *fig.* e-e eiserne Faust unter dem Samthandschuh; **to handle s.o. with ~ gloves** j-n mit Samthandschuhen anfassen; **~ paws** *fig.* ‚Samtpfötchen' *pl.* **ˌvel·vetˈeen** [-ˈtiːn] *s* Man'l(s)chester *m*, Rippen-, Baumwollsamt *m*. **'vel·vet·y** *adj* **1.** samten, aus Samt. **2.** samtweich, samten (*a. fig.*).
ve·nal ['viːnl] *adj* **1.** käuflich: **~ office; ~ vote**. **2.** bestechlich, käuflich, kor'rupt: **~ officials**. **veˈnal·i·ty** [-ˈnælətɪ] *s* Käuflichkeit *f*, Kor'ruptheit *f*.
ve·nat·ic [vɪˈnætɪk], **veˈnat·i·cal** *adj* Jagd..., waid-, weidmännisch.
ve·na·tion[1] [viːˈneɪʃn] *s bot. zo.* Geäder *n*.
ve·na·tion[2] *s* Jagd *f*, Waid-, Weidwerk *n*.

vend [vend] *v/t* a) *bes. jur.* verkaufen, b) zum Verkauf anbieten, c) hauˈsieren mit.
ven·dace ['vendeɪs; -dɪs] *s ichth.* ein englischer Lachs.
vend·ee [ˌvenˈdiː] *s bes. jur.* Käufer *m*.
vend·er ['vendə(r)] *s* **1.** (Straßen)Händler *m*, (-)Verkäufer *m*. **2.** → **vendor**.
ven·det·ta [venˈdetə] *s* **1.** Blutrache *f*. **2.** Fehde *f*.
vend·i·bil·i·ty [ˌvendəˈbɪlətɪ] *s econ.* Verkäuflichkeit *f*. **'vend·i·ble** *adj* (*adv* **vendibly**) verkäuflich.
'vendˌing maˈchine *s* (Ver'kaufs)Auˌtoˌmat *m*. **~ˌpack** *s* Auto'matenpackung *f*.
ven·di·tion [venˈdɪʃn] *s econ.* Verkauf *m*.
ven·dor ['vendɔː(r); -də(r)] *s* **1.** *bes. jur.* Verkäufer(in). **2.** → **vendor**.
ven·due [ˈvenˌdjuː; -ˌduː; -vɑːn-] *s econ. Am.* Aukti'on *f*, Versteigerung *f*.
ve·neer [vəˈnɪə(r)] **I** *v/t* **1.** *tech.* a) Holz furˈnieren, einlegen, b) *Stein* auslegen, c) *Sperrholz* ˈgegenfurˌnieren, d) *Töpferei:* überˈziehen. **2.** *fig.* a) beschönigen, b) überˈtünchen, verdecken. **II** *s* **3.** *tech.* Furˈnier(holz, -blatt) *n*. **4.** *fig.* a) Beschönigung *f*, b) Überˈtünchung *f*. **veˈneer·ing** *s* **1.** *tech.* a) Furˈnierholz *n*, -schicht *f* (*bei Sperrholz*), b) Furˈnierung *f*. **2.** Furˈnierarbeit *f*. **3.** *fig.* → **veneer** 4.
ven·er·a·bil·i·ty [ˌvenərəˈbɪlətɪ] *s* Ehrwürdigkeit *f*.
ven·er·a·ble ['venərəbl] *adj* (*adv* **venerably**) **1.** ehrwürdig (*a. fig. Bauwerk etc*), verehrungswürdig. **2.** *Anglikanische Kirche:* Hoch(ehr)würden *m* (*Archidiakon*): **V~ Sir**. **3.** *R.C.* ehrwürdig (*unterste Stufe der Heiligkeit*). **'ven·er·a·ble·ness** *s* Ehrwürdigkeit *f*.
ven·er·ate ['venəreɪt] *v/t* verehren: **to ~ s.o.'s memory** j-s Andenken in Ehren halten. **venˌer'a·tion** (**of**) Verehrung *f* (*gen*), Ehrfurcht *f* (*vor dat*): **to hold s.o. in ~** j-n verehren; **to hold s.o.'s memory in ~** j-s Andenken in Ehren halten. **'ven·er·a·tor** [-tə(r)] *s* Verehrer(in).
ve·ne·re·al [vəˈnɪərɪəl] *adj* **1.** geschlechtlich, sexuˈell, Geschlechts..., Sexual... **2.** *med.* a) veˈnerisch, Geschlechts...: **~ disease** Geschlechtskrankheit *f*, b) geschlechtskrank. **veˌneˌreˈol·o·gist** [-ˈɒləʤɪst; *Am.* -ˈɑː-] *s med.* Venere(o)ˈloge *m*, Facharzt *m* für Geschlechtskrankheiten. **veˌneˌreˈol·o·gy** [-ʤɪ] *s med.* Venere(o)ˈlogie *f*.
ven·er·er ['venərə(r)] *s obs.* Jäger *m*.
ven·er·y[1] ['venərɪ] *s obs.* Fleischeslust *f*.
ven·er·y[2] ['venərɪ] *s obs.* Jagd *f*.
ven·e·sec·tion [ˌvenɪˈsekʃn] *s med.* Veneneröffnung *f*.
Ve·ne·tian [vəˈniːʃn] **I** *adj* **1.** veneziˈanisch: **~ blind** (Stab)Jalousie *f*; **~ glass** Muranoglas *n*; **~ mast** spiralig bemalter Mast (*zur Straßendekoration*); **~ red** a) Venezianischrot *n*, b) Sienabraun *n*; **~ window** *arch.* dreiteiliges Fenster (*mit Rundbogen über dem Mittelteil*). **II** *s* **2.** Veneziˈaner(in). **3.** **v~s** *pl* Jalouˈsieschnur *f*. **4.** (*ein*) geköperter Wollstoff.
Ven·e·zue·lan [ˌveneˈzweɪlən; *Am.* ˌvenəzəˈweɪlən; -ˈwiː-] **I** *adj* venezoˈlanisch. **II** *s* Venezo'laner(in).
venge·ance ['venʤəns] *s* Rache *f*: **to take ~ (up)on** Vergeltung üben *od.* sich rächen an (*dat*) (**for** für); **with a ~** *fig.* a) mächtig, mit Macht, b) wie besessen, wie der Teufel, c) auf die Spitze getrieben, im Exzeß; → **breathe** 7.
venge·ful ['venʤfʊl] *adj* (*adv* **~ly**) **1.** rachsüchtig, -gierig. **2.** Rache...
'V-ˌen·gine *s tech.* V-Motor *m*.
ve·ni·al ['viːnjəl; -nɪəl] *adj* verzeihlich: → **sin** 1.
ve·ni·re fa·ci·as [vɪˌnaɪrɪˈfeɪʃɪæs] (*Lat.*) *s jur. hist.* **1.** gerichtliche Weisung an den Sheriff, Geschworene einzuberufen. **2.** *Br.* Vorladungsbefehl wegen e-r Straftat.
ve·ni·re·man [vəˈnaɪrɪmən] *s irr jur. Am.* Geschworene(r) *m*.
ven·i·son ['venzn; *Am.* 'venəsən] *s* Wildbret *n*.
ven·om ['venəm] *s* **1.** *zo.* (Schlangen-*etc*)Gift *n*. **2.** *fig.* Gift *n*, Gehässigkeit *f*. **'ven·omed** → **venomous**. **'ven·om·ous** *adj* (*adv* **~ly**) **1.** giftig: **~ snake** Giftschlange *f*. **2.** *fig.* giftig, gehässig. **'ven·om·ous·ness** *s* Giftigkeit *f*, *fig. a.* Gehässigkeit *f*.
ve·nose ['viːnəʊs] → **venous**. **ve·nos·i·ty** [vɪˈnɒsətɪ; *Am.* -ˈnɑː-] *s* **1.** *biol.* Äderung *f*. **2.** *med.* Venosi'tät *f*.
ve·nous ['viːnəs] *adj* **1.** Venen..., Adern... **2.** veˈnös: **~ blood**. **3.** *bot.* geädert.
vent [vent] **I** *s* **1.** (Abzugs)Öffnung *f*, (Luft)Loch *n*, Schlitz *m*, *tech. a.* Entlüfter(stutzen) *m*, Lüftungsloch *n*: **~ window** *mot.* Ausstellfenster *n*. **2.** *mus.* Fingerloch *n* (*e-r Flöte etc*). **3.** Spundloch *n* (*e-s Fasses*). **4.** *hist.* Schießscharte *f*. **5.** Schlitz *m* (*im Kleid etc*). **6.** *ichth. orn.* After *m*, Kloˈake *f*. **7.** *zo.* Auftauchen *n* zum Luftholen (*Otter etc*). **8.** Auslaß *m*: **to find a ~** *fig.* sich entladen (*Gefühle*); **to give ~ to** → 9. **II** *v/t* **9.** *fig.* a) e-m Gefühl *etc* freien Lauf lassen, Luft machen, s-e Wut *etc* auslassen, b) veröffentlichen, -breiten: **to ~ a tale**. **10.** *tech.* a) e-e Abzugsöffnung *etc* anbringen an (*dat*), b) *Rauch etc* ableiten lassen, c) venti'lieren. **III** *v/t* **11.** auftauchen, zum Luftholen an die Wasseroberfläche kommen (*Otter etc*). **'vent·age** *s* **1.** *tech.* kleines (Luft)Loch. **2.** → **vent** 2.
ven·tail ['venteɪl] *s hist.* Viˈsier *n*.
ven·ter ['ventə(r)] *s* **1.** *anat.* a) Bauch (-höhle *f*) *m*, b) (Muskel- *etc*)Bauch *m*. **2.** *zo.* (Inˈsekten)Magen *m*. **3.** *jur.* Mutter(leib *m*) *f*: **child of a second ~** Kind *n* von e-r zweiten Frau.
'vent·hole → **vent** 1–4, 6.
ven·ti·late ['ventɪleɪt] *v/t* **1.** ventiˈlieren, (be-, ent-, 'durch)lüften. **2.** *physiol.* Sauerstoff zuführen (*dat*). **3.** *chem.* mit Sauerstoff versetzen. **4.** *fig.* ventiˈlieren: a) zur Sprache bringen, erörtern: **to ~ a problem**, b) **to ~ a view**. **5.** → **vent** 9.
'ven·ti·lat·ing *adj* Ventilations..., Lüftungs... **~ brick** *s tech.* Entlüftungsziegel *m*. **~ fan** *s* 'Frischluftventiˌlator *m*.
ven·ti·la·tion [ˌventɪˈleɪʃn] *s* **1.** Ventilatiˈon *f*, (Be- *od.* Ent)Lüftung *f* (*beide a. als Anlage*). **2.** *tech.* a) Luftzufuhr *f*, b) *Bergbau:* Bewetterung *f*. **3.** öffentliche Diskussiˈon, (freie) Erörterung. **4.** Äußerung *f*, Entladung *f*: **~ of one's rage**.
'ven·ti·la·tor [-tə(r)] *s tech.* **1.** Ventiˈlator *m*, Lüftungsanlage *f*, Entlüfter *m*: **~ shaft** Lüftungs-, Luftschacht *m*. **2.** *Bergbau:* Wetterschacht *m*.
vent·i·pane ['ventɪpeɪn] *s mot.* Ausstellfenster *n*.
ven·tral ['ventrəl] *adj* (*adv* **~ly**) *anat.* venˈtral, Bauch...: **~ fin** *ichth.* Bauchflosse *f*.
ven·tri·cle ['ventrɪkl] *s anat.* (Körper-)Höhle *f*, Ventrikel *m*, (Herz- *od.* Hirn-) Kammer *f*. **venˈtric·u·lar** [-kjʊlə(r)] *adj anat.* **1.** ventrikuˈlär, (Herz)Kammer... **2.** bauchig. **3.** Magen...
ven·tri·lo·qui·al [ˌventrɪˈləʊkwɪəl] *adj* (*adv* **~ly**) bauchrednerisch, Bauchrede... **venˈtril·o·quism** [-trɪləkwɪzəm] *s* Bauchreden *n*. **venˈtril·o·quist** *s* Bauchredner(in). **venˈtril·o·quize** **I** *v/i* bauchreden. **II** *v/t* bauchrednerisch sagen. **venˈtril·o·quy** [-kwɪ] *s* Bauchreden *n*.
ˌven·troˈdor·sal [ˌventrəʊ-] *adj anat.*

ventrodor'sal (*zwischen Bauch u. Rücken [gelegen]*).
ven·ture ['ventʃə(r)] **I** *s* **1.** Wagnis *n*, Risiko *n*. **2.** (gewagtes) Unter'nehmen. **3.** *econ.* a) (geschäftliches) Unter'nehmen, Operati'on *f*: → **joint venture**, b) Spekulati'on *f*: ~ **capital** *bes. Am.* Risikokapital *n*, c) schwimmendes Gut (*Ware*). **4.** Spekulati'onsobˌjekt *n*. **5.** *obs.* Glück *n*. **6.** at a ~ a) bei grober Schätzung, b) auf gut Glück, aufs Geratewohl. **II** *v/t* **7.** ris'kieren, wagen, aufs Spiel setzen: nothing ~d, nothing had (*od.* gained, won) wer nicht wagt, der nicht gewinnt. **8.** (zu sagen) wagen, äußern: **he ~d a remark. 9.** (es) wagen, sich erlauben (**to do** zu tun): **never ~ to oppose him. III** *v/i* **10.** ~ (up)on sich an *e-e* Sache wagen; **he ~d on a statement** er hatte den Mut, *e-e* Erklärung abzugeben. **11.** sich (*wohin*) wagen: **he ~d too near the edge of the rock and fell down.**
ven·ture·some ['ventʃə(r)səm] *adj* (*adv* ~ly) waghalsig: a) kühn, verwegen (*Person*), b) gewagt, ris'kant (*Tat*). **'ven·ture·some·ness** *s* Waghalsigkeit *f*.
ven·tur·ous ['ventʃərəs] → **venturesome**.
ven·ue ['venju:] *s* **1.** *jur.* a) Gerichtsstand *m*, zuständiger Gerichtsort, Verhandlungsort *m*, b) *Br.* zuständige Grafschaft, c) Gerichtsstandsklausel *f* (*in Verträgen etc*), d) örtliche Zuständigkeit. **2.** Schauplatz *m*, *sport a.* Austragungsort *m*. **3.** Treffpunkt *m*. **4.** Tagungsort *m*.
Ve·nus ['vi:nəs] **I** *npr* **1.** *antiq.* Venus *f* (*römische Göttin der Liebe*): **Mount of ~** (*Handlesekunst*) Venusberg *m*. **II** *s* **2.** Venus *f* (*schöne Frau; a. paint. etc*). **3.** *astr.* Venus *f* (*Planet*). **4.** *obs. fig.* Liebe *f*. **5.** *Alchimie:* Kupfer *n*. **6. v~** *zo.* Venusmuschel *f*. **~'s-'shell** [-sɪz] *s zo.* **1.** Spinnenkopf *m* (*Meeresschnecke*). **2.** → **Venus 6.**
ve·ra·cious [və'reɪʃəs] *adj* (*adv* ~ly) **1.** wahrheitsliebend. **2.** wahrheitsgemäß. **ve'ra·cious·ness** → **veracity**.
ve·rac·i·ty [və'ræsətɪ] *s* **1.** Wahrheitsliebe *f*. **2.** Richtigkeit *f*. **3.** Wahrheit *f*.
ve·ran·da(h) [və'rændə] *s* Ve'randa *f*.
ve·ra·trum [və'reɪtrəm] *s pharm.* Ve'ratrum *n*, Nieswurz *f*.
verb [vɜːb; *Am.* vɜrb] *s ling.* Verb *n*, Zeit-, Tätigkeitswort *n*. **'ver·bal** [-bl] **I** *adj* (*adv* ~ly) **1.** Wort...: ~ **criticism** (**memory, mistake**); ~ **artist** Wortkünstler *m*; ~ **changes** Änderungen im Wortlaut. **2.** mündlich: ~ **contract** (**message**). **3.** wörtlich, Verbal...: ~ **inspiration** *relig.* Verbalinspiration *f*; ~ **note** *pol.* Verbalnote *f*. **4.** wortgetreu, (wort)wörtlich: ~ **copy**; ~ **translation. 5.** *ling.* ver'bal, Verbal..., Verb..., Zeitwort...: ~ **noun** → **6. II** *s* **6.** *ling.* Ver'balsubstantiv *n*. **'ver·bal·ism** [-bəl-] *s* **1.** Ausdruck *m*, Wort *n*. **2.** Phrase *f*, leere Worte *pl*. **3.** *bes. ped.* Verba'lismus *m*. **4.** Wortwahl *f*, Dikti'on *f*. **5.** Wortreichtum *m*, Langatmigkeit *f*. **'ver·bal·ist** *s* **1.** *bes. ped.* Verba'list(in). **2.** wortgewandte Per'son. **'ver·bal·ize I** *v/t* **1.** in Worte fassen. **2.** *ling.* in ein Verb verwandeln. **II** *v/i* **3.** viele Worte machen.
ver·ba·tim [vɜː'beɪtɪm; *Am.* vɜr-] **I** *adv* ver'batim, (wort)wörtlich, Wort für Wort. **II** *adj* (wort)wörtlich: **a ~ report. III** *s* wortgetreuer Bericht.
ver·be·na [vɜː'biːnə; *Am.* vɜr-] *s bot.* Ver'bene *f*.
ver·bi·age ['vɜːbɪɪdʒ; *Am.* 'vɜr-] *s* **1.** Wortschwall *m*. **2.** Wortwahl *f*, Dikti'on *f*.
ver·bose [vɜː'bəʊs; *Am.* vɜr-] *adj* (*adv* ~ly) wortreich, langatmig. **ver'bose·ness, ver'bos·i·ty** [-'bɒsətɪ; *Am.*

-'baː-] *s* Wortreichtum *n*, Langatmigkeit *f*.
ver·dan·cy ['vɜːdənsɪ; *Am.* 'vɜr-] *s* **1.** (frisches) Grün. **2.** *fig.* Unerfahrenheit *f*, Unreife *f*. **'ver·dant** *adj* (*adv* ~ly) **1.** grün, grünend: ~ **fields. 2.** grün(lich) (*Farbe*). **3.** *fig.* ‚grün', unreif: **a ~ youth.**
verd an·tique [ˌvɜːdæn'tiːk; *Am.* ˌvɜrd-] *s* **1.** *min.* a) Ophika'lzit *m*, b) *a.* Oriental grüner Por'phyr. **2.** Patina *f*, Edelrost *m* (*auf Kupfer etc*).
ver·der·er, ver·der·or ['vɜːdərə] *s Br. hist.* königlicher Forstmeister u. Jagdpfleger.
ver·dict ['vɜːdɪkt; *Am.* 'vɜr-] *s* **1.** *jur.* Spruch *m* der Geschworenen: ~ **of not guilty** Erkennen *n* auf „nicht schuldig"; **to bring in** (*od.* **return**) **a ~ of guilty** auf schuldig erkennen; **~ for the defendant** (**plaintiff**) Verneinung *f* (Bejahung *f*) des Klageanspruchs; **open ~** Wahrspruch, der das Vorliegen *e-r* Straftat feststellt, jedoch ohne Nennung des Täters; **special ~** Feststellung *f* des Tatbestandes (*ohne Schuldspruch*). **2.** *fig.* Urteil *n* (**on** über *acc*).
ver·di·gris ['vɜːdɪgrɪs; *Am.* 'vɜrdəˌgriːs] *s chem.* Grünspan *m*.
ver·di·ter ['vɜːdɪtə(r); *Am.* 'vɜr-] *s chem.* basisches Kupferkarboˌnat (*Mineralfarbe*): **blue ~** Bergblau *n*; **green ~** Berg-, Erdgrün *n*.
ver·dure ['vɜːdʒə; *Am.* 'vɜrdʒər] *s* **1.** (frisches) Grün. **2.** Vegetati'on *f*, saftiger Pflanzenwuchs. **3.** *fig.* Frische *f*, Kraft *f*. **'ver·dured, 'ver·dur·ous** → **verdant 1.**
verge[1] [vɜːdʒ; *Am.* vɜrdʒ] **I** *s* **1.** *meist fig.* Rand *m*, Grenze *f*: **on the ~ of** am Rande (*gen*), dicht vor (*dat*); **on the ~ of bankruptcy** kurz vor dem Bankrott; **on the ~ of despair** (**tears**) der Verzweiflung (den Tränen) nahe; **on the ~ of a new war** am Rande *e-s* neuen Krieges; **on the ~ of doing** nahe daran zu tun. **2.** (Beet)Einfassung *f*, (Gras)Streifen *m*. **3.** *hist.* Bereich *m*, Bankreis *m*. **4.** *jur.* a) Zuständigkeitsbereich *m*, b) *Br. hist.* Gerichtsbezirk *m* rund um den Königshof. **5.** *tech.* Spielraum *m*. **6.** *tech.* a) überstehende Dachkante, b) Säulenschaft *m*, c) Spindel *f* (*der Uhrhemmung*), d) Zugstab *m* (*e-r Setzmaschine*). **7.** (Amts)Stab *m* (*e-s Bischofs, Richters etc*). **8.** *hist.* Belehnungsstab *m*. **II** *v/i* **9.** grenzen *od.* streifen (**on an** *acc*) (*a. fig.*): **to ~ on bankruptcy** kurz vor dem Bankrott stehen; **that ~s on madness** das grenzt an Wahnsinn.
verge[2] [vɜːdʒ; *Am.* vɜrdʒ] *v/i* **1.** sich ('hin)neigen, sich erstrecken (**to, toward**[**s**] nach). **2.** (**on, into**) sich nähern (*dat*), 'übergehen (in *acc*): **dark red verging on purple; he is verging on sixty** er geht auf die Sechzig zu.
ver·gen·cy ['vɜːdʒənsɪ; *Am.* 'vɜr-] *s opt.* Rezi'prok *n* der (Linsen)Brennweite.
ver·ger ['vɜːdʒə; *Am.* 'vɜrdʒər] *s* **1.** Kirchendiener *m*, Küster *m*. **2.** *bes. Br.* (Amts)Stabträger *m*.
Ver·gil·i·an [vɜː'dʒɪlɪən; *Am.* vɜr-] *adj* Ver'gilisch, des Ver'gil.
ve·rid·i·cal [ve'rɪdɪkl; və-] *adj* **1.** wahrheitsgemäß. **2.** *Parapsychologie:* Wahr...: ~ **dream.**
ver·i·est ['verɪɪst] *adj* (*sup von* very II) *obs.* äußerst(er, e, es): **the ~ child** (selbst) das kleinste Kind; **the ~ nonsense** der reinste Unsinn; **the ~ rascal** der ärgste *od.* größte Schuft.
ver·i·fi·a·ble ['verɪfaɪəbl] *adj* nachweis-, beweisbar, nachprüf-, verifi'zierbar.
ver·i·fi·ca·tion [ˌverɪfɪ'keɪʃn] *s* **1.** (Nach)Prüfung *f*. **2.** Echtheitsnachweis *m*, Richtigbefund *m*, Verifi'zierung *f*. **3.** Beglaubigung *f*, Beurkundung *f*. **4.** Be-

legung *f*. **5.** *jur. Am.* eidliche Bekräftigung *f*.
ver·i·fy ['verɪfaɪ] *v/t* **1.** *auf die Richtigkeit hin* (nach)prüfen. **2.** die Richtigkeit *od.* Echtheit (*e-r Angabe etc*) feststellen *od.* nachweisen, verifi'zieren. **3.** *e-e Urkunde etc* beglaubigen, beurkunden. **4.** beweisen, belegen. **5.** *jur. Am.* eidlich bestätigen.
ver·i·ly ['verɪlɪ] *adv Bibl.* wahrlich.
ver·i·sim·i·lar [ˌverɪ'sɪmɪlə(r)] *adj* (*adv* ~ly) wahr'scheinlich. **ˌver·i·si'mil·i·tude** [-'mɪlɪtjuːd; *Am. a.* -ˌtuːd] *s* Wahr'scheinlichkeit *f*.
ver·ism ['vɪərɪzəm] *s art* Ve'rismus *m*.
ver·i·ta·ble ['verɪtəbl] *adj* (*adv* veritably) echt, wahr(haft), wirklich.
ver·i·ty ['verətɪ] *s* **1.** (Grund)Wahrheit *f*: **the eternal verities** die ewigen Wahrheiten. **2.** Wahrheit *f*. **3.** Wahr'haftigkeit *f*: **of a ~** wahrhaftig.
ver·juice ['vɜːdʒuːs; *Am.* 'vɜr-] *s* **1.** Obst-, Traubensaft *m* (*bes. von unreifen Früchten*). **2.** *fig.* (essig)saure Miene.
ver·meil ['vɜːmeɪl; *Am.* 'vɜrməl; -ˌmeɪl] **I** *s* **1.** *bes. poet.* für **vermil(l)ion I. 2.** *tech.* Ver'meil *n*: a) feuervergoldetes Silber *od.* Kupfer, vergoldete Bronze, b) hochroter Gra'nat. **II** *v/t* **3.** hochrot färben. **III** *adj poet.* purpur-, scharlachrot.
ver·mi·cel·li [ˌvɜːmɪ'selɪ; -'tʃelɪ; *Am.* ˌvɜr-] *s pl* Vermi'celli *pl*, Fadennudeln *pl*.
ver·mi·cid·al [ˌvɜːmɪ'saɪdl; *Am.* ˌvɜr-] *adj med. pharm.* vermi'zid, wurmtötend. **'ver·mi·cide** *s* Vermi'zid *n*, Wurmmittel *n*.
ver·mic·u·lar [vɜː'mɪkjʊlə(r); *Am.* vɜr-] *adj* wurmartig, -förmig, Wurm..., *biol. a.* vermiku'lar. **ver'mic·u·lat·ed** [-leɪtɪd] *adj* **1.** wurmstichig, wurmig. **2.** *arch.* geschlängelt.
ver·mi·form ['vɜːmɪfɔː(r)m; *Am.* 'vɜr-] *adj biol.* vermi'form, wurmförmig: ~ **appendix** *anat.* Wurmfortsatz *m*; ~ **process** → **vermis. 'ver·mi·fuge** [-fjuːdʒ] *med. pharm.* **I** *adj* vermi'fug, wurmabtreibend. **II** *s* Ver'mifugum *n*, wurmabtreibendes Mittel.
ver·mil·(l)ion [və(r)'mɪljən] **I** *s chem.* **1.** Zin'nober *m*, Mennige *f*. **2.** Zin'noberrot *n*. **II** *adj* **3.** zin'noberrot. **III** *v/t* **4.** mit Zin'nober färben. **5.** zin'noberrot färben.
ver·min ['vɜːmɪn; *Am.* 'vɜr-] *s* (*meist als pl konstruiert*) **1.** *zo. collect.* a) Ungeziefer *n*, b) Schädlinge *pl*, Para'siten *pl*, c) *hunt.* Raubzeug *n*. **2.** *fig. collect.* Geschmeiß *n*, Pack *n*.
ver·mi·nate ['vɜːmɪneɪt; *Am.* 'vɜr-] *v/i* Ungeziefer erzeugen. **ˌver·mi'na·tion** *s* **1.** *med.* Verseuchung *f* mit Ungeziefer. **2.** *zo.* Erzeugung *f* von Ungeziefer. **'ver·min·ous** *adj* **1.** Ungeziefer... voll(er) Ungeziefer, verlaust, -wanzt, -seucht. **3.** durch Ungeziefer verursacht: ~ **disease. 4.** *fig.* a) schädlich, b) niedrig, gemein.
'ver·min-ˌkill·er *s* **1.** Kammerjäger *m*. **2.** Ungezieferverˌnichtungsmittel *n*.
ver·mis ['vɜːmɪs; *Am.* 'vɜr-] *s anat.* Vermis *m* (*des Kleinhirns*).
ver·m(o)uth ['vɜːməθ; *bes. Am.* və(r)-'muːθ] *s* Wermut(wein) *m*.
ver·nac·u·lar [və(r)'nækjʊlə(r)] **I** *adj* **1.** einheimisch, Landes...: ~ **language** → **6. 2.** mundartlich, Volks...: ~ **poetry** Heimatdichtung *f*. **3.** *med.* en'demisch, lo'kal: ~ **disease. 4.** volkstümlich: **the ~ name of a plant. 5.** *arch.* dem Cha'rakter des Landes *od.* der Landschaft angepaßt: ~ **building. II** *s* **6.** Landes-, Volkssprache *f*. **7.** Mundart *f*, Dia'lekt *m*. **8.** Jar'gon *m*, Fachsprache *f*. **9.** volkstümlicher *od.* mundartlicher Ausdruck. **10.** *biol.* volkstümliche Bezeichnung. **ver'nac·u·lar·ism** → **vernacular 9. ver'nac·u·lar·ize** *v/t* **1.** Ausdrücke *etc* ein-

vernal - vest

bürgern. 2. in die Volkssprache od. Mundart über'tragen, mundartlich ausdrücken.
ver·nal ['vɜ:nl; Am. 'vɜrnl] adj 1. Frühlings...: → **equinox** 1. 2. fig. poet. a) frühlingshaft, b) jugendlich, Jugend... ~ **grass** s bot. Ruchgras n.
ver·na·tion [vɜ:'neɪʃn; Am. vɜr-] s bot. Knospenlage f.
Ver·ner's law ['vɜ:nəz; bes. Am. 'veə(r)nə(r)z] s ling. Vernersches Gesetz.
ver·ni·cle ['vɜ:nɪkl; Am. 'vɜr-] → veronica 2.
ver·ni·er ['vɜ:njə; Am. 'vɜrnɪər] s tech. 1. Nonius m (Gradteiler). 2. Feinein)steller m, Verni'er m. ~ **cal·(l)i·pers** pl a. **pair of** ~ tech. Schublehre f mit Nonius. ~ **com·pass** s surv. Verni'erkompaß m. ~ **ga(u)ge** s tech. Tiefenlehre f mit Nonius. ~ **rock·et** s Korrek'turtriebwerk n (e-r Rakete).
ver·nis·sage [ˌvɜ:nɪ'sɑ:ʒ; Am. ˌver-] s paint. Vernis'sage f.
Ver·o·nese [ˌverə'ni:z] I adj vero'nesisch, aus Ve'rona. II s a) Vero'neser(in), b) pl Vero'neser pl.
ve·ron·i·ca [vɪ'rɒnɪkə; Am. və'rɑ-] s 1. bot. Ve'ronika f, Ehrenpreis m. 2. a. V~ relig. u. paint. Schweißtuch n der Heiligen Ve'ronika.
ver·ru·ca [və'ru:kə] pl **-cae** [-si:], **-cas** s 1. med. Warze f. 2. zo. Höcker m. **ver·ru·ci·form** [-sɪfɔ:(r)m] adj warzenförmig. **ver·ru·cose** [ve'ru:kəʊs; və-] adj warzig.
ver·sant¹ ['vɜ:sənt; Am. 'vɜr-; a. veər'sɑ:n] s geol. Abdachung f, Neigung f.
ver·sant² ['vɜ:sənt; Am. 'vɜr-] adj (with) ver'siert (in dat), vertraut (mit), bewandert (in dat).
ver·sa·tile ['vɜ:sətaɪl; Am. 'vɜrsətl] adj (adv **-ly**) 1. vielseitig (begabt od. gebildet), wendig, bewandt, gewandt, fle'xibel: **a** ~ **man** (**mind**). 2. vielseitig (verwendbar): **a** ~ **tool**. 3. unbeständig, wandelbar. 4. bot. zo. (frei) beweglich. **ver·sa'til·i·ty** [-'tɪlətɪ] s 1. Vielseitigkeit f, Wendigkeit f, Gewandtheit f, geistige Beweglichkeit f, Flexibili'tät f. 2. Vielseitigkeit f, vielseitige Verwendbarkeit. 3. Unbeständigkeit f, Wandelbarkeit f. 4. bot. zo. freie Beweglichkeit.
vers de so·ci·é·té [ˌveədəsəʊsɪə'teɪ] s geistreiche, i'ronische Sa'londichtung.
verse [vɜ:s; Am. vɜrs] I s 1. Vers(zeile f) m: **a stanza of eight** ~**s**; **to cap** ~**s** um die Wette Verse zitieren. 2. Vers m, Gedichtzeile f: **some** ~**s of the Iliad**. 3. Vers(maß n) m: **iambic** ~. 4. (ohne art) collect. a) Verse pl, Gedichte pl, b) Vers-Dichtung f, Poe'sie f. 5. allg. Vers m, Strophe f: **the first** ~ **of a hymn**. 6. relig. (Bibel)Vers m: → **chapter** 1. II v/t 7. in Verse bringen. 8. in Versen besingen. III v/i 9. dichten, Verse machen.
versed¹ [vɜ:st; Am. vɜrst] adj (**in** in dat) bewandert, beschlagen, ver'siert: **to be** (**well**) ~ **in** sich (gut) auskennen in (dat).
versed² [vɜ:st; Am. vɜrst] adj math. 'umgekehrt: ~ **cosine** Kosinusversus m.
verse dra·ma s Versdrama n.
'**verse·mon·ger** s Verseschmied m.
vers·et ['vɜ:set; Am. 'vɜrsət] s 1. mus. Ver'sette f, Orgelvers m. 2. obs. Verschen n.
ver·si·cle ['vɜ:sɪkl; Am. 'vɜr-] s 1. relig. Vers'ikel m (kurzer Abschnitt der Liturgie). 2. Vers-chen n.
'**ver·si,col·o(u)red** ['vɜ:sɪ-; Am. 'vɜr-] adj 1. → **varied** 3. 2. chan'gierend: ~ **cloth**.
ver·si·fi·ca·tion [ˌvɜ:sɪfɪ'keɪʃn; Am. ˌvɜr-] s 1. Verskunst f, Versemachen n. 2. Versbau m, Metrum n. '**ver·si·fi·er** [-faɪə(r)] s 1. (Vers)Dichter m. 2. Verse-

schmied m. '**ver·si·fy** [-faɪ] → **verse** 7-9.
ver·sion ['vɜ:ʃn; -ʒn; Am. 'vɜr-] s 1. (a. 'Bibel)Übersetzung f. 2. thea. etc (Bühnen- etc)Fassung f, Bearbeitung f: **stage** ~. 3. fig. Darstellung f, Fassung f, Versi'on f, Lesart f. 4. Spielart f, Vari'ante f. 5. tech. (Export- etc)Ausführung f, Mo'dell n: **four-door** ~. 6. med. a) Geburtshilfe: Wendung f, b) Versio f, Neigung f der Gebärmutter im Beckenraum.
vers li·bre [veə(r)'li:brə] s freier Vers.
ver·so ['vɜ:səʊ; Am. 'vɜr-] pl **-sos** s 1. print. a) Verso n, Rückseite f e-s Blatts, b) linke Seite e-s Buchs, c) Rückseite f e-r Buchdecke od. e-s 'Schutz,umschlags. 2. Re'vers m, Rückseite f (e-r Münze).
verst [vɜ:st; Am. vɜrst] s Werst f (russisches Längenmaß = 1,067 km).
ver·sus ['vɜ:səs; Am. 'vɜr-] prep jur. sport gegen, kontra.
vert¹ [vɜ:t; Am. vɜrt] s 1. jur. Br. hist. a) Dickicht n, b) Holzungsrecht n. 2. her. Grün n.
vert² [vɜ:t; Am. vɜrt] relig. colloq. I v/i 'übertreten, konver'tieren. II s Konver'tit(in).
ver·te·bra ['vɜ:tɪbrə; Am. 'vɜr-] pl **-brae** [-bri:; -breɪ], **-bras** s anat. 1. (Rücken)Wirbel m. 2. pl Wirbelsäule f, Rückgrat n. '**ver·te·bral** adj anat. 1. verte'bral, Wirbel(säulen)...: ~ **column** Wirbelsäule f. 2. mit Wirbel(n) (versehen).
ver·te·brate ['vɜ:tɪbrət; -breɪt; Am. 'vɜr-] I s 1. zo. Wirbeltier n. II adj 2. → vertebral 3. mit e-r Wirbelsäule (versehen), Wirbel... 4. zo. zu den Wirbeltieren gehörig. 5. fig. festgefügt, gediegen. '**ver·te,brat·ed** [-breɪtɪd] → vertebrate II. ˌ**ver·te'bra·tion** s 1. Wirbelbildung f. 2. fig. Rückgrat n.
vertebro- ['vɜ:tɪbrəʊ; Am. vɜr-] Wortelement mit der Bedeutung Wirbel...
ver·tex ['vɜ:teks; Am. 'vɜr-] pl **-ti·ces** [-tɪsi:z] s 1. anat. Scheitel m. 2. math. Scheitel(punkt) m, Spitze f (beide a. fig.). 3. astr. a) Ze'nit m, b) Vertex m. 4. fig. Gipfel m.
ver·ti·cal ['vɜ:tɪkl; Am. 'vɜr-] I adj (adv ~**ly**). 1. senk-, lotrecht, verti'kal: ~ **clearance** tech. lichte Höhe; ~ **drill** Senkrecht-, Vertikalbohrmaschine f; ~ **engine** tech. stehender Motor; ~ **file** Hängeregistratur f; ~ **section** arch. Aufriß m; ~ **stabilizer** aer. Seitenflosse f; ~ **takeoff** aer. Senkrechtstart m; ~**take off aircraft** Senkrechtstarter m. 2. astr. math. Scheitel...: ~ **angle**; ~ **circle** Vertikalkreis m; ~ **plane** Vertikalebene f. 3. econ. sociol. verti'kal: ~ **trust**; ~ **combination** (od. **integration**) Vertikalverflechtung f; ~ **mobility** vertikale Mobilität. 4. mil. Umfassung etc aus der Luft: ~ **envelopment** 5. Senkrechte f. ˌ**ver·ti'cal·i·ty** [-'kælətɪ] s 1. senkrechte Lage od. Stellung, Vertikali'tät f. 2. astr. Ze'nitstellung f.
ver·ti·ces ['vɜ:tɪsi:z; Am. 'vɜr-] pl von vertex.
ver·ti·cil ['vɜ:tɪsɪl] s bot. zo. Quirl m, Wirtel m. **ver·tic·il·late** [vɜ:'tɪsɪlɪt; -leɪt; Am. ˌvɜrtə'sɪlət], **ver·'tic·il·lat·ed** [-leɪtɪd] adj bot. zo. quirlständig: ~ **leaves**.
ver·tic·i·ty [vɜ:'tɪsətɪ; Am. 'vɜr-] s phys. Richtkraft f (e-r Magnetnadel etc).
ver·tig·i·nous [vɜ:'tɪdʒɪnəs; Am. 'vɜr-] adj (adv ~**ly**) 1. wirbelnd. 2. schwind(e)lig, Schwindel... 3. schwindelerregend, schwindelnd: ~ **height**. 4. fig. unstet, flatterhaft.
ver·ti·go ['vɜ:tɪgəʊ; Am. 'vɜr-] pl **-goes**, **-tig·i·nes** [-'tɪdʒɪni:z] s med. Schwindel(gefühl m) m, -anfall m) m.
ver·tu → virtu.

ver·vain ['vɜ:veɪn; Am. 'vɜr-] s bot. Eisenkraut n.
verve [vɜ:v; Am. vɜrv] s (künstlerische) Begeisterung, Schwung m, Feuer n, Verve f.
ver·y ['verɪ] I adv 1. sehr, äußerst, außerordentlich: ~ **good** a) sehr gut, b) einverstanden, sehr wohl; ~ **well** a) sehr gut, b) meinetwegen, na schön. 2. ~ **much** (in Verbindung mit Verben) sehr, außerordentlich: **he was** ~ **much pleased**. 3. (vor sup) aller...: **the** ~ **last drop** der allerletzte Tropfen. 4. völlig, ganz: **you may keep it for your** ~ **own** du darfst es ganz für dich behalten. II adj 5. gerade, genau: **the** ~ **opposite** genau das Gegenteil; **the** ~ **thing** genau od. gerade das (Richtige). 6. bloß: **the** ~ **fact of his presence**; **the** ~ **thought** der bloße Gedanke, schon der Gedanke. 7. rein, pur, schier: **from** ~ **egoism**; **the** ~ **truth** die reine Wahrheit. 8. eigentlich, wahr, wirklich: ~ **God of** ~ **God** Bibl. wahrer Gott vom wahren Gott; **the** ~ **heart of the matter** der (eigentliche) Kern der Sache. 9. (nach this, that, the) (der-, die-, das)'selbe (der, die, das) gleiche od. nämliche: **that** ~ **afternoon**; **the** ~ **same words**. 10. besonder(e, e, es): **his** ~ **servants**. ~ **high fre·quen·cy** s electr. 'Hochfre,quenz f, Ultra'kurzwelle f, UK'W-Fre,quenz f. ˌ~-'**high-**'**fre·quen·cy** adj Ultrakurzwellen..., UKW-... **V**~ **light** ['vɪərɪ; 'verɪ] s mil. 'Leuchtpa,trone f. ˌ~ **low fre·quen·cy** s electr. 'Längstwellenfre,quenz f. **V**~ **pis·tol** ['vɪərɪ; 'verɪ] s mil. 'Leuchtpi,stole f. **V**~**'s night sig·nals** ['vɪərɪz; 'verɪz] s pl mil. Si'gnalschießen n mit 'Leuchtmuniti,on.
ves·i·ca ['vesɪkə; Am. a. və'si:kə; -'saɪkɪ-] pl **-cae** [-siː; -'saɪki:] s anat. Harn-, Gallen-, ichth. Schwimm)Blase f. 2. biol. Blase f, Zyste f. **ves·i·cal** ['vesɪkl] adj Blasen...
ves·i·cant ['vesɪkənt] adj 1. pharm. blasenziehend. II s 2. pharm. blasenziehendes Mittel, Zugpflaster n, Vesikans n. 3. chem. mil. ätzender Kampfstoff. '**ves·i·cate** [-keɪt] I v/i Blasen ziehen. II v/t Blasen ziehen auf (dat): **to** ~ **the skin**. ˌ**ves·i'ca·tion** s Blasenbildung f. 2. Blase f. '**ves·i·ca·to·ry** [-keɪtərɪ; Am. -kəˌtɔːriː; -tə:-] → vesicant.
ves·i·cle ['vesɪkl] s Bläs-chen n.
ve·sic·u·lar [ve'sɪkjʊlə(r)] adj anat. 1. (Lungen)Bläs-chen..., Blasen... 2. blasenförmig, blasig. 3. → vesiculate. **ve'sic·u·late** [-lət] adj blasig, Bläs-chen aufweisend. **ve,sic·u'la·tion** s Bläs-chenbildung f.
ves·per ['vespə(r)] s 1. V~ astr. Abendstern m. 2. poet. Abend m. 3. relig. a) oft pl Vesper f, Abendgottesdienst m, -andacht f, b) a. ~ **bell** Abendglocke f, -läuten n. 4. pl R.C. Vesper f (Abendgebet des Breviers).
ves·per·tine ['vespə(r)taɪn], a. ˌ**ves·per'ti·nal** [-'taɪnl] adj 1. poet. abendlich, Abend... 2. bot. sich am Abend öffnend (Blüten). 3. zo. sich am Abend zeigend. 4. astr. nach der Sonne 'untergehend (Planeten).
ves·pi·ar·y ['vespɪərɪ; Am. -piːˌerɪ] s zo. Wespennest n. '**ves·pine** [-paɪn] adj wespenartig, Wespen...
ves·sel ['vesl] s 1. Gefäß n (a. anat. bot.). 2. mar. Schiff n, Wasserfahrzeug n. 3. aer. Luftschiff n. 4. fig. bes. Bibl. Gefäß n, Werkzeug n: **chosen** ~ auserwähltes Rüstzeug; **weak** ~ ˌ'unsicherer Kantonist'; **weaker** ~ schwächeres Werkzeug (Weib).
vest [vest] I s 1. Br. econ. od. Am. (Herren)Weste f. 2. a) Damenweste f, b) Ein-

satz(weste *f*) *m* (*in Damenkleidern*). **3.** *bes. Br.* ¹Unterhemd *n*. **4.** a) (Damen)Hemd *n*, b) ¹Unterziehjacke *f*. **5.** *hist.* Wams *n*. **6.** *poet.* Gewand *n*. **II** *v/t* **7.** *bes. relig.* bekleiden (with mit). **8.** (with) *fig.* *j-n* ausstatten, bekleiden (mit *Befugnissen etc*), bevollmächtigen, *j-n* einsetzen (in *Eigentum, Rechte etc*). **9.** *ein Recht etc* über¹tragen *od.* verleihen (in *s.o.* j-m): ~ed interest (in) a) sicher begründetes Anrecht (auf *acc*), b) persönliches *od.* ureigenes *od.* monopolistisches Interesse (an *dat*); ~ed interests maßgebliche Kreise, (einflußreiche) Geschäfts- u. Finanzgrößen, Interessengruppen (*e-r Stadt etc*). **10.** *jur. bes. Am.* Feindvermögen beschlagnahmen: ~ing order Beschlagnahmeverfügung *f*. **III** *v/i* **11.** ¹übergehen (in auf *acc*): the estate ~s in the heir at law. **12.** (in) zustehen (*dat*), liegen (bei): the power of sentence ~s in the courts. **13.** *bes. relig.* sich bekleiden.

Ves·ta [¹vestə] **I** *npr* **1.** *antiq.* Vesta *f* (*römische Göttin des Herdfeuers*). **II** *s* **2.** *astr.* Vesta *f* (*Planetoid*). **3.** v~, a. v~ match kurzes Streichholz.

ves·tal [¹vestl] **I** *adj* **1.** *antiq.* ve¹stalisch: ~ virgin vestalische Jungfrau, Vestalin *f*. **2.** keusch, rein. **II** *s* **3.** *antiq.* Ve¹stalin *f*. **4.** Jungfrau *f*. **5.** Nonne *f*.

ves·ti·ar·y [¹vestɪərɪ; *Am.* -ti;ˌerɪ:] *s hist.* Kleiderkammer *f* (*in Klöstern*).

ves·tib·u·lar [ve¹stɪbjʊlə(r)] *adj* **1.** Vorhallen... **2.** *anat.* vestibu¹lär.

ves·ti·bule [¹vestɪbjuː]] *s* **1.** (Vor)Halle *f*, Vorplatz *m*, Vesti¹bül *n*. **2.** *rail. Am.* (Har¹monika)Verbindungsgang *m*. **3.** *anat.* Vorhof *m*. ~ **car** *s Am.* Eisenbahnwagen *m* mit (Har¹monika)Verbindungsgang. ~ **school** *s Am.* Lehrwerkstatt *f* (*e-s Industriebetriebs*). ~ **train** *s Am.* Zug *m* mit (Har¹monika)Verbindungsgängen.

ves·tige [¹vestɪdʒ] *s* **1.** *obs. od. poet.* (Fuß)Spur *f*, Fährte *f*. **2.** *bes. fig.* Spur *f*, ¹Überrest *m*, -bleibsel *n*. **3.** *fig.* (*geringe*) Spur, (*ein*) bißchen: not a ~ of truth kein Körnchen Wahrheit. **4.** *biol.* Rudi¹ment *n*, verkümmertes Or¹gan *od.* Glied. **ves·tig·i·al** [ve¹stɪdʒɪəl] *adj* **1.** spurenhaft, restlich. **2.** *biol.* rudimen¹tär, verkümmert.

ves·ti·ture [¹vestɪtʃə(r); *Am. a.* -təˌtʃʊər] *s zo.* Kleid *n*.

vest·ment [¹vestmənt] *s* **1.** Amtstracht *f*, Robe *f*, *a. relig.* Or¹nat *m*. **2.** *relig.* Meßgewand *n*. **3.** Gewand *n*, Kleid *n* (*beide a. fig.*).

ˌvest-¹pock·et *adj bes. Am.* im ¹Westentaschenforˌmat, Klein..., Miniatur..., Westentaschen...

ves·try [¹vestrɪ] *s relig.* **1.** Sakri¹stei *f*. **2.** Bet-, Gemeindesaal *m*. **3.** (*Art*) Kirchenvorstand *m* (*in der anglikanischen und amer. Episkopalkirche*). **4.** *Br.* a) *a.* common ~, general ~, ordinary ~ Gemeindesteuerpflichtige *pl*, b) *a.* select ~ Kirchenvorstand *m*. ~ **clerk** *s Br.* Rechnungsführer *m* der Kirchengemeinde. ¹~-man [-mən] *s irr relig.* Kirchenälteste(r) *m*, Mantel *m*.

ves·ture [¹vestʃə(r)] *s obs. od. poet.* a) Gewand *n*, Kleid(ung *f*) *n*, b) Hülle *f* (*a. fig.*), Mantel *m*.

ve·su·vi·an [vɪ¹suːvjən; və-; -vɪən] **I** *adj* **1.** V~ *geogr.* ve¹suvisch. **2.** vul¹kanisch. **II** *s* **3.** ~ vesuvianite. **4.** *obs.* Windstreichhölzchen *n*. **ve¹su·vi·an·ite** [-naɪt] *s min.* Vesuvi¹an *m*, Ido¹kras *m*.

vet¹ [vet] *colloq.* **I** *s* **1.** → veterinary I. **II** *v/t* **2.** *Tiere* unter¹suchen *od.* behandeln. **3.** *humor. j-n* verarzten. **4.** *fig.* a) *j-n* auf Herz u. Nieren prüfen, *etwas* genau prüfen, b) *j-n* (po¹litisch *od.* auf Sicherheitsrisiken) über¹prüfen.

vet² [vet] *Am. colloq. für* veteran.

vetch [vetʃ] *s bot.* Wicke *f*. **'vetch·ling** [-lɪŋ] *s bot.* Platterbse *f*.

vet·er·an [¹vetərən; -trən] **I** *s* **1.** Vete¹ran *m*: a) *alter* Sol¹dat *od.* Beamter *etc*, b) *mil. Am.* ehemaliger Frontkämpfer *od.* Kriegsteilnehmer: V~s Day Jahrestag *m* des Waffenstillstandes von 1918 u. 1945. **2.** *fig.* ,alter Hase', erfahrener Mann. **II** *adj* **3.** (im Dienst) ergraut, altgedient. **4.** kampferprobt: ~ troops. **5.** *fig.* erfahren: ~ golfer. **6.** lang(jährig): ~ service. **7.** ~ car *mot. Br.* Oldtimer *m* (*vor 1919, bes. vor 1905*).

vet·er·i·nar·i·an [ˌvetərən¹erɪən] *Am. für* veterinary I.

vet·er·i·nar·y [¹vetərɪnərɪ; -trɪ-; *Am.* -tərənˌerɪ:; -trən-] **I** *s* Tierarzt *m*, Veteri¹när *m*. **II** *adj* tierärztlich, Veterinär...: ~ medicine (*od.* science) Veterinär-, Tiermedizin *f*, Tierheilkunde *f*; ~ surgeon *Br.* → I.

ve·to [¹viːtəʊ] **I** *pl* **-toes** *s* **1.** *pol.* Veto *n*, Einspruch *m*: to put a (*od.* one's) ~ (up)on → **4**. **2.** *a.* ~ power *pol.* Veto-, Einspruchsrecht *n*. **3.** *pol.* Ausübung *f* des Vetos: ~ message *Am.* Vetobegründung *f*. **II** *v/t* **4.** *pol.* sein Veto einlegen gegen, Einspruch erheben gegen. **5.** ablehnen, die Zustimmung verweigern für, unter¹sagen, verbieten.

vet·ting [¹vetɪŋ] *s colloq.* (¹Sicherheits-) Über¹prüfung *f*.

vex [veks] *v/t* **1.** ärgern, belästigen, aufbringen, irri¹tieren: → vexed. **2.** (*a. körperlich*) quälen, bedrücken, beunruhigen. **3.** schika¹nieren. **4.** *j-n* verwirren, *j-m* ein Rätsel sein. **5.** *obs. od. poet.* peitschen, aufwühlen: to ~ the waves. **vex¹a·tion** *s* **1.** Ärger *m*, Verdruß *m*. **2.** Belästigung *f*, Plage *f*, Qual *f*. **3.** Schi¹kane *f*. **4.** Beunruhigung *f*, Sorge *f*, Kummer *m*. **vex¹a·tious** *adj* (*adv* ~ly) **1.** lästig, verdrießlich, ärgerlich, leidig. **2.** *jur.* schika¹nös: a ~ suit. **vex¹a·tious·ness** *s* Ärgerlich-, Verdrießlich-, Lästigkeit *f*. **vexed** [vekst] *adj* **1.** ärgerlich (at *s.th.*, with *s.o.* über *acc*). **2.** a) beunruhigt, geängstigt, b) gepeinigt (with durch, von). **3.** (¹vielˌum)stritten, strittig: ~ question. **'vex·ed·ly** [-ɪdlɪ] *adv*. **'vex·ing** *adj* (*adv* ~ly) → vexatious 1.

vi·a [¹vaɪə; *Am. a.* ¹viːə] (*Lat.*) *I prep* **1.** via, über (*acc*): ~ New York. **2.** *bes. Am.* durch, mit Hilfe (*gen*), mittels: ~ the mass media; ~ air mail per Luftpost. **II** *s* **3.** Weg *m*: ~ media *fig.* Mittelweg *m* *od.* -ding *n*.

vi·a·bil·i·ty [ˌvaɪə¹bɪlətɪ] *s biol. u. fig.* Lebensfähigkeit *f*: economic ~ Gewirtschaftlichkeit *f*. **¹vi·a·ble** *adj* lebensfähig: ~ child; ~ industry.

vi·a·duct [¹vaɪədʌkt] *s* Via¹dukt *m*, *n*.

vi·al [¹vaɪəl; vaɪl] *s* (Glas)Fläschchen *n*, Phi¹ole *f*: to pour out the ~s of wrath (upon) *Bibl. u. fig.* die Schalen des Zornes ausgießen (über *acc*).

vi·am·e·ter [vaɪ¹æmɪtə(r)] → hodometer.

vi·ands [¹vaɪəndz] *s pl* **1.** Lebensmittel *pl*, *bes.* Köstlichkeiten *pl*. **2.** (¹Reise)Proviˌant *m*.

vi·at·i·cum [vaɪ¹ætɪkəm; *Am. a.* viː-] *pl* **-ca** [-kə], **-cums** *s* **1.** a) Reisegeld *n*, b) Wegzehrung *f*. **2.** *R.C.* Vi¹atikum *n* (*bei der Letzten Ölung gereichte Eucharistie*).

vibes [vaɪbz] *s pl* **1.** (*meist als sg konstruiert*) *mus.* Vibra¹phon *n*. **2.** a) Atmo¹sphäre *f* (*e-s Orts etc*), b) Ausstrahlung *f* (*e-r Person*): I get good ~ from her sie hat e-e anziehende Wirkung auf mich; he gives me bad ~ ,er macht mich ganz fertig'.

vib·ist [¹vaɪbɪst] *s mus. colloq.* Vibrapho¹nist *m*.

vi·bran·cy [¹vaɪbrənsɪ] *s* Reso¹nanz *f*, Schwingen *n*. **vi·brant** [¹vaɪbrənt] *adj* **1.** vi¹brierend: a) schwingend (*Saiten etc*), b) laut schallend (*Ton*). **2.** zitternd, bebend (with vor *dat*): ~ with passion. **3.** pul¹sierend (with von): ~ cities. **4.** kraftvoll, lebensprühend: a ~ personality. **5.** erregt, aufgewühlt: ~ feelings. **6.** *ling.* stimmhaft (*Laut*).

vi·bra·phone [¹vaɪbrəfəʊn] *s mus.* Vibra¹phon *n*. **¹vi·bra·phon·ist** *s* Vibrapho¹nist *m*.

vi·brate [vaɪ¹breɪt; *Am.* ¹vaɪˌbreɪt] **I** *v/i* **1.** vi¹brieren: a) zittern (*a. phys.*), b) (nach-) klingen, (-)schwingen (*Ton*). **2.** pul¹sieren (with von). **3.** zittern, beben (with vor): to ~ with passion. **4.** *fig.* schwanken: he ~d between two opinions. **II** *v/t* **5.** in Schwingungen versetzen. **6.** vi¹brieren *od.* schwingen *od.* zittern lassen, rütteln, schütteln. **7.** durch Schwingung messen *od.* angeben: a pendulum vibrating seconds. **vi·brat·ing** *adj* → vibrant I *u*. **4**: ~ capacitor *electr.* Schwingkondensator *m*; ~ electrode Zitterelektrode *f*; ~ screen *tech.* Schüttelsieb *n*; ~ table *tech.* Rütteltisch *m*.

vi·bra·tile [¹vaɪbrətaɪl; *Am. a.* -tl] *adj* **1.** schwingungsfähig. **2.** vi¹brierend, Zitter..., Schwingungs...

vi·bra·tion [vaɪ¹breɪʃn] *s* **1.** Schwingen *n*, Vi¹brieren *n*, Zittern *n*. **2.** *phys.* Vibrati¹on *f*: a) Schwingung *f*, b) Oszillati¹on *f*: amplitude of ~ Amplitude *f*, Schwingungsweite *f*; ~ damping schwingungsdämpfend. **3.** *fig.* a) Schwanken *n*, b) Pul¹sieren *n*. **4.** *pl colloq.* → vibes 2. **vi¹bra·tion·al** [-ʃnl] *adj* Schwingungs..., Vibrations...

vi·bra·to [vɪ¹brɑːtəʊ] *pl* **-tos** *s mus.* Vi¹brato *n*.

vi·bra·tor [vaɪ¹breɪtə; *Am.* ¹vaɪˌbreɪtər] *s* **1.** *tech.* Vi¹brator *m*, ¹Rüttelappaˌrat *m*, Schüttelprüfgerät *n*. **2.** *med.* Vi¹brator *m*. **3.** *electr.* a) Summer *m*, b) Zerhacker *m*. **4.** *print.* schwingende Farbwalze. **5.** *mus.* Zunge *f*, Blatt *n*. **vi·bra·to·ry** [¹vaɪbrətərɪ; *Am.* -ˌtɔːrɪ; -ˌtoː-] *adj* **1.** schwingungsfähig. **2.** vi¹brierend, schwingend, Schwing..., **3.** Vibrations..., Schwingungs...

vi·bris·sa [vaɪ¹brɪsə] *pl* **-sae** [-siː] *s meist pl zo.* **1.** Sinneshaar *n*. **2.** *orn.* borstenartige Feder (*am Schnabel*).

vi·bro·graph [¹vaɪbrəʊgrɑːf; *Am.* -brəˌgræf] *s tech.* Vibro¹graph *m*, Schwingungsaufzeichner *m*. **vi¹bron·ic** [-¹brɒnɪk; *Am.* -¹brɑː-] *adj tech.* (elek¹tronisch) schwingend.

vic [vɪk] *s aer. Br. sl.* V-förmiger Verband (*Flugzeugformation*).

vic·ar [¹vɪkə(r)] *s relig.* **1.** *Anglikanische Kirche*: Vi¹kar *m*: a) (¹Unter)Pfarrer *m*, b) *Vertreter der religiösen Gemeinschaft, die den Zehnten erhält*, c) *Pfarrer, der nur die kleineren Zehnten erhält*: clerk ~, lay ~, secular ~ Laie, der Teile der Liturgie singt; ~ choral Chorvikar, der Teile der Messe singt; ~ of Bray *fig.* Opportunist *m*. **2.** Protestantische Episkopalkirche in den USA: a) Geistlicher, der e-e von der Hauptkirche der Gemeinde abhängige Kirche betreut, b) Stellvertreter *m* des Bischofs. **3.** *R.C.* a) cardinal ~ Kardi¹nalviˌkar *m*, b) Stellvertreter *m* des Pfarrers mit richterlicher Gewalt, c) V~ of (Jesus) Christ Statthalter *m* Christi (auf Erden) (*Papst*); apostolic ~, ~ apostolic Apostolischer Vikar. **4.** Ersatz *m* (*a. Person*). **¹vic·ar·age** *s* **1.** Pfarrhaus *n*. **2.** Pfarrpfründe *f*. **3.** Vikari¹at *n* (*Amt des Vikars*).

ˌvic·ar-¹gen·er·al *pl* ˌvic·ars-¹gen·er·al *s relig.* Gene¹ralviˌkar *m*.

vi·car·i·ate [vɪ¹kɛərɪɪt; vaɪ-] *s* **1.** *relig.*

Vikari'at *n*, Vi'karsamt *n*. **2.** *Regierungsod. Verwaltungsbehörde unter e-m Stellvertreter.*
vi·car·i·ous [vɪ'keərɪəs; vaɪ-] *adj (adv* ~ly) **1.** stellvertretend: ~ **authority**. **2.** stellvertretend, für andere voll'bracht *od.* erlitten: ~ **sufferings of Christ**. **3.** mit-, nachempfunden, *Erlebnis etc* aus zweiter Hand.
'vic·ar·ship *s* Vikari'at *n.*
vice[1] [vaɪs] *s* **1.** Laster *n*: a) Untugend *f*, b) schlechte Angewohnheit, c) **V~** *thea. hist. (das)* Laster *(als Allegorie)*. **2.** Lasterhaftigkeit *f*, Verderbtheit *f*: ~ **squad** Sittenpolizei *f*, -dezernat *n*. **3.** *fig.* Mangel *m*, Fehler *m (beide a. jur.)*. **4.** *fig.* Verirrung *f*, Auswuchs *m*. **5.** *obs.* (körperlicher) Fehler, Gebrechen *n*. **6.** Unart *f (e-s Pferdes)*.
vice[2] [vaɪs] *tech. bes. Br.* **I** *s* Schraubstock *m.* **II** *v/t* einspannen.
vice[3] ['vaɪsɪ] *prep* an Stelle von *(od. gen)*.
vice[4] [vaɪs] *s colloq.* ‚Vize' *m (abbr. für* **vice admiral, vice-chairman**, *etc)*.
vice- [vaɪs] Vorsilbe mit der Bedeutung stellvertretend, Vize...
vice ad·mi·ral *s mar.* 'Vizeadmi‚ral *m.* **~-'chair·man** *s irr* stellvertretender Vorsitzender, 'Vizepräsi‚dent *m.* **~-'chan·cel·lor** *s* **1.** *pol.* Vizekanzler *m.* **2.** *univ. Br.* geschäftsführender Rektor. **~-'con·sul** *s* Vizekonsul *m.* **~·'ge·rent** [-'dʒerənt; *Am.* -'dʒɪ-] *s* Stellvertreter *m*: **God's** ~ Statthalter *m* Gottes. **II** *adj* stellvertretend. **~-'gov·er·nor** *s* 'Vizegouver‚neur *m.*
vi·cen·ni·al [vaɪ'senjəl; -nɪəl] *adj* **1.** zwanzigjährig, zwanzig Jahre dauernd *od.* um'fassend. **2.** zwanzigjährlich ('wiederkehrend), alle zwanzig Jahre stattfindend.
‚vice-'pres·i·dent *s* 'Vizepräsi‚dent *m*: a) stellvertretender Vorsitzender, b) *econ. Am.* Di'rektor *m*, Vorstandsmitglied *n*. **~·'re·gal** *adj* des *od.* e-s Vizekönigs, vizeköniglich. **~·reine** [‚-'reɪn] *s* **1.** Gemahlin *f* des Vizekönigs. **2.** Vizekönigin *f.*
vice·roy ['vaɪsrɔɪ] *s* Vizekönig *m.* **‚vice-'roy·al** *adj* = **viceregal, ‚vice·'roy·al·ty,** *a.* **'vice·roy·ship** *s* **1.** Amt(szeit *f*) *n od.* Würde *f* e-s Vizekönigs. **2.** Reich *n od.* Gebiet *n* e-s Vizekönigs.
vi·ce ver·sa [‚vaɪsɪ'vɜːsə; *Am.* -'vɜr-] *(Lat.) adv* vice versa, 'umgekehrt.
Vi·chy (wa·ter) ['viːʃiː] *s* **1.** Vichywasser *n.* **2.** *allg.* Mine'ralwasser *n.*
vic·i·nage ['vɪsɪnɪdʒ] → **vicinity. 'vic·i·nal** *adj* benachbart, 'umliegend, nah.
vi·cin·i·ty [vɪ'sɪnətɪ] *s* **1.** Nähe *f*, Nachbarschaft *f*, kurze Entfernung: **in close** ~ **to** in unmittelbarer Nähe von *(od. gen)*; **in the** ~ **of** 40 *fig.* um die 40 herum. **2.** Nachbarschaft *f*, (nähere) Um'gebung: **the** ~ **of London**.
vi·cious ['vɪʃəs] *adj (adv* ~ly) **1.** lasterhaft, verderbt, 'unmo‚ralisch. **2.** verwerflich: ~ **habit. 3.** bösartig, boshaft, tückisch, gemein: **a** ~ **tongue** e-e böse Zunge. **4.** heftig, wild: **a** ~ **blow**. **5.** Fehler-, mangelhaft *(beide a. jur.)*: ~ **manuscript; ~ style** schlechter Stil. **6.** *colloq.* böse, scheußlich, fürchterlich, ekelhaft: **a** ~ **head·ache**. **7.** bösartig, bissig *(Tier)*. **8.** *obs.* schädlich: ~ **air. ~ cir·cle** *s* **1.** Circulus *m* viti'osus, Teufelskreis *m.* **2.** *philos.* Zirkel-, Trugschluß *m.*
'vi·cious·ness *s* **1.** Lasterhaftigkeit *f*, Verderbtheit *f.* **2.** Verwerflichkeit *f.* **3.** Bösartigkeit *f*, Gemeinheit *f.* **4.** Fehlerhaftigkeit *f.* **5.** Unarten *pl.*
vi·cis·si·tude [vɪ'sɪsɪtjuːd; *Am. a.* -tuːd] *s* **1.** Wandel *m*, Wechsel *m*, (Ver)Änderung *f.* **2.** *pl* Wechselfälle *pl*, *(das)* Auf u. Ab: **the ~s of life. 3.** *pl* Schicksalsschläge

pl. **vi‚cis·si'tu·di·nous** [-dɪnəs] *adj* wechselvoll.
vic·tim ['vɪktɪm] *s* **1.** Opfer *n*: a) (Unfall*etc)*Tote(r *m*) *f*, b) Leidtragende(r *m*) *f*, c) Betrogene(r *m*) *f*: ~ **of his ambition; war** ~ Kriegsopfer; ~ **of circumstances** Opfer der Verhältnisse; **to fall** ~ **to** zum Opfer fallen *(dat)*. **2.** Opfer(tier) *n*, Schlachtopfer *n*. **‚vic·tim·i'za·tion** [-maɪ'zeɪʃn; *Am.* -mə'z-] *s* **1.** Opferung *f.* **2.** Schika'nierung *f.* **3.** Betrug *m.* **'vic·tim·ize** *v/t* **1.** *j-n* (auf)opfern. **2.** quälen, schika'nieren, belästigen. **3.** betrügen, prellen. **4.** (ungerechterweise) bestrafen.
‚vic·tim·ol·o·gy [-'mɒlədʒɪ; *Am.* -'ma:-] *s* Viktimolo'gie *f (Teilgebiet der Kriminologie, das die Beziehungen zwischen Täter u. Opfer untersucht)*.
vic·tor ['vɪktə(r)] **I** *s* Sieger(in). **II** *adj* siegreich, Sieger...
vic·to·ri·a [vɪk'tɔːrɪə; *Am. a.* -'toʊ-] *s* **1.** Vik'toria *f (zweisitziger Kutschwagen)*. **2.** *bot.* Vic'toria *f* regia *(Seerosengewächs)*. **V~ Cross** *s* Vik'toriakreuz *n (brit.* Tapferkeitsauszeichnung*)*.
Vic·to·ri·an [vɪk'tɔːrɪən; *Am. a.* -'toʊ-] **I** *adj* **1.** Viktori'anisch: ~ **Age**, ~ **Era**, ~ **Period** Viktorianisches Zeitalter; ~ **Order** Viktoriaorden *m (gestiftet 1896)*. **2.** viktori'anisch: a) kennzeichnend für *das Viktorianische Zeitalter*, b) streng konventio'nell, prüde. **II** *s* **3.** Viktori'aner(in). **Vic'to·ri·an·ism** *s* **1.** viktori'anischer Geschmack *od.* Stil *od.* Zeitgeist. **2.** *(etwas)* Viktori'anisches.
vic·to·ri·ous [vɪk'tɔːrɪəs; *Am. a.* -'toʊ-] *adj (adv* ~ly) **1.** siegreich **(over** über *acc)*: **to be** ~ siegen, den Sieg davontragen, als Sieger hervorgehen. **2.** Sieges..., Sieger... **3.** siegverheißend.
vic·to·ry ['vɪktərɪ; -trɪ] *s* **1.** Sieg *m*: **he gained the** ~ **over his rival** er trug den Sieg über s-n Rivalen davon; ~ **ceremony** Siegerehrung *f*; ~ **rostrum** Siegespodest *n*. **2.** *fig.* Sieg *m*, Tri'umph *m*, Erfolg *m*: **moral** ~. **3. V~** Siegesgöttin *f*. **V~ Day** → **Armistice Day**.
vic·tress ['vɪktrɪs] *s* Siegerin *f.*
vict·ual ['vɪtl] **I** *s meist pl* Eßwaren *pl*, Lebens-, Nahrungsmittel *pl*, Provi'ant *m.* **II** *v/t u. v/i pret. pp* **-ualed**, *bes. Br.* **-ualled** (sich) verpflegen *od.* verprovian'tieren *od.* mit Lebensmitteln versorgen. **'vict·ual·(l)er** *s* **1.** ('Lebensmittel-, Provi'ant)Liefe‚rant *m.* **2. licensed** ~ *Br.* Gastwirt *m* mit Schankkonzession. **3.** *mar.* Provi'antschiff *n.*
vi·cu·ña [vɪ'kjuːnə; vaɪ-; *Am. a.* -'kuːnə; -'kuːnjə] *s* **1.** *zo.* Vi'kunja *f*, Vi'cuña *f (südamer. Lama)*. **2.** *a.* ~ **wool** Vi'gogne(wolle) *f*, b) *a.* ~ **cloth** Stoff *m* aus Vi'gogne(wolle).
vi·de ['vaɪdɪ; 'viːdɪ] *(Lat.) imp* **1.** siehe! *(abbr.* **v.**) **2.** siehe, wie z. B. bei, man denke an *(acc)*: ~ **ante (infra)!** siehe oben (unten)!
vi·de·li·cet [vɪ'diːlɪset; vaɪ-; vɪ'deɪlɪket; *Am.* və'delə‚set] *(Lat.) adv* nämlich, das heißt *(abbr.* **viz,** *lies:* **namely, that is)**.
vid·e·o ['vɪdɪəʊ] **I** *adj* **~ *pl* -os** *s colloq.* **1.** ‚Video' *n (Videotechnik)*. **2.** *Computer:* Bildschirm-, Bildsicht-, Datensichtgerät *n.* **3.** *Am.* Fernsehen *n*: **on** ~ im Fernsehen. **II** *adj* **4.** Video...: ~ **art** Videokunst *f*; ~ **cartridge,** ~ **cassette** Videokassette *f*; ~ **(cassette) recorder** Videorecorder *m*; ~ **(cassette) recording** Videoaufzeichnung *f*; ~ **disc** Video-, Bildplatte *f*; ~ **frequency** Video-, Bild(punkt)frequenz *f*; ~ **game** Videospiel *n*; ~ **technology** Videotechnik *f.* **5.** *Computer:* Bildschirm...: ~ **station** Bildschirmarbeitsplatz *m*; ~ **terminal** → **2. 6.** *Am. colloq.* Fernseh...: ~ **program,** *etc.* **'~·phone** *colloq.* für **videotelephone**.

'~·re‚cord *v/t bes. Br.* auf Videoband aufnehmen. **'~·tape I** *s* Videoband *n.* **II** *v/t* auf Videoband aufnehmen. **'~‚tel·e·phone** *s* 'Bild-, 'Videotele‚fon *n.*
vi·di·mus ['vaɪdɪməs; 'vɪ-] *(Lat.) s jur.* **1.** Vidi *n*: a) Bescheinigung *f (der Einsichtnahme in e-e Urkunde)*, b) Genehmigung *f.* **2.** a) Beglaubigung *f*, b) beglaubigte Abschrift.
vid·u·al ['vɪdjʊəl; *Am.* -dʒəwəl] *adj obs.* Witwen...
vie [vaɪ] *v/i* wetteifern: **to** ~ **with s.o.** mit *j-m* wetteifern **(in s.th.** in etwas; **for s.th.** um etwas).
Vi·en·nese [‚vɪə'niːz] **I** *s* **1.** a) Wiener(in), b) *pl* Wiener *pl.* **2.** *ling.* Wienerisch *n*, das Wienerische. **II** *adj* **3.** wienerisch, Wiener(...).
Vi·et·cong [‚vjet'kɒŋ; *Am.* -'kɑŋ; *a.* vi‚et-] *s sg u. pl hist.* Viet'cong *m u. pl, collect. a. (der)* Viet'cong *(kommunistische Partisanen in Südvietnam)*.
Vi·et·minh [‚vjet'mɪn; *Am. a.* vi‚et-] *s sg u. pl hist.* Viet'minh *m u. pl (Anhänger des Kommunismus in Nordvietnam)*.
Vi·et·nam·ese [‚vjetnə'miːz; *Am.* vi‚et-] **I** *s* **1.** a) Vietna'mese *m*, Vietna'mesin *f*, b) *pl* Vietna'mesen *pl.* **2.** *ling.* Vietna'mesisch, das Vietnamesische. **II** *adj* **3.** vietna'mesisch. **'Vi·et·nam·ize** *v/t pol.* vietnami'sieren.
view [vjuː] **I** *v/t* **1.** *obs.* sehen, erblicken. **2.** (sich) ansehen, betrachten, besichtigen, in Augenschein nehmen, prüfen. **3.** *fig.* (an)sehen, auffassen, betrachten, beurteilen. **II** *v/i* **4.** fernsehen. **III** *s* **5.** (An-, 'Hin-, Zu)Sehen *n*, Besichtigung *f*, Betrachtung *f*: **at first** ~ auf den ersten Blick; **on nearer** ~ bei näherer Betrachtung; **plain to (the)** ~ gut sichtbar. **6.** Prüfung *f*, Unter'suchung *f (a. jur.)*. **7.** Sicht *f (a. fig.)*: **in** ~ a) in Sicht, sichtbar, b) *fig.* in (Aus)Sicht; **in** ~ **of** *fig.* im Hinblick auf *(acc)*, in Anbetracht *od.* angesichts *(gen)*; **in full** ~ **of** direkt vor *j-s* Augen; **to get a full** ~ **of** *etwas* ganz zu sehen bekommen; **on** ~ zu besichtigen(d), ausgestellt; **on the long** ~ *fig.* auf weite Sicht; **out of** ~ außer Sicht, nicht mehr zu sehen; **to come in** ~ in Sicht kommen, sichtbar werden; **to have in** ~ *fig.* im Auge haben, denken an *(acc)*, beabsichtigen; **to lose** ~ **of** aus den Augen verlieren; **no** ~ **of success** keine Aussicht auf Erfolg. **8.** a) (Aus)Sicht *f*, (Aus)Blick *m* **(of, over** auf *acc)*: ~ **of the mountains**, b) Szene'rie *f*, Blick *m.* **9.** *paint. phot.* Ansicht *f*, Bild *n*: ~**s of London; aerial** ~ Luftbild *n.* **10.** (kritischer) 'Überblick (of über *acc*). **11.** *oft pl* Absicht *f*: **with a** ~ **to** a) mit *od.* in der Absicht **(doing** zu tun), zu dem Zwecke *(gen)*, um zu *(inf)*, b) im Hinblick auf *(acc)*. **12.** Ansicht *f*, Anschauung *f*, Auffassung *f*, Meinung *f*, Urteil *n* **(of, on** über *acc)*: **in my** ~ in m-n Augen, m-s Erachtens; **to form a** ~ **on** sich ein Urteil bilden über *(acc)*; **to hold** *(od.* **keep** *od.* **take) a** ~ **of e-e** Ansicht *etc* haben über *(acc)*; ~ **of life** Lebensanschauung; **to take a bright (dim, grave, strong)** ~ **of** *etwas* optimistisch (pessimistisch, ernst, hart) beurteilen. **13.** Vorführung *f*: **private** ~ **of a film**.
'view·a·ble *adj* **1.** zu sehen(d), sichtbar. **2.** sehenswert, mit Ni'veau: **a** ~ **television show**.
'view‚da·ta *s pl* Bildschirmtext *m.*
'view·er *s* **1.** Zuschauer(in). **2.** *bes. jur.* Beschauer(in), In'spektor *m*. **3.** Fernsehzuschauer(in), Fernseher(in). **'view·er·ship** *s* Fernsehpublikum *n.*
'view‚find·er *s phot.* (Bild)Sucher *m.* **~ hal·loo** *s hunt.* Hal'lo(ruf *m*) *n (beim Erscheinen des Fuchses)*.

'view·ing s **1.** Besichtigung f. **2.** a) Fernsehen n: **he does a lot of ~** er sieht viel fern, b) collect. ('Fernseh)Pro¦gramm n: **~ choice** Programmauswahl f.
'view·less adj **1.** poet. od. humor. unsichtbar. **2.** ohne (Aus)Sicht. **3.** Am. meinungslos, urteilslos.
'view¦phone s colloq. 'Bildtele¦fon n.
'~-point s fig. Gesichts-, Standpunkt m.
view·y ['vju:ɪ] adj colloq. verstiegen, über¦spannt, ‚fimmelig'.
vi·gi·a ['vɪdʒɪə; Am. vəˈdʒi:ə] s mar. Warnungszeichen n (auf Seekarten).
vig·il ['vɪdʒɪl] s **1.** Wachsein n, Wachen n (zur Nachtzeit). **2.** Nachtwache f: **to keep ~ wachen (over bei). 3.** relig. a) meist pl Vi¦gil(ien pl) f, Nachtgebet n, -wache f (vor Kirchenfesten), b) Vi¦gil f (Vortag e-s Kirchenfestes): **on the ~ of** am Vorabend von (od. gen.).
vig·i·lance ['vɪdʒɪləns] s **1.** Wachsamkeit f: **~ committee** Am. Selbstschutzausschuß m. **2.** med. Schlaflosigkeit f. **3.** psych. Vigi¦lanz f (Zustand erhöhter Reaktionsbereitschaft). **'vig·i·lant** adj (adv **~ly**) wachsam, 'umsichtig, aufmerksam: **~ group** Am. Selbstschutz(gruppe f) m. ¦**vig·i'lan·te** [-ˈlænti] s Am. Mitglied n e-s vigilance committee od. e-r vigilant group: **~s** Selbstschutz(gruppe f) m.
vi·gnette [vɪˈnjet] **I** s **1.** Vi¦gnette f: a) print. bildartige Verzierung an Rändern, Titeln etc, b) phot. Schablone im Vorsatz vor dem Objektiv e-r Kamera, c) phot. Schablone zur Verdeckung bestimmter Stellen eines Negativs vor dem Kopieren. **2.** paint., a. Literatur: kleine, zierliche Skizze. **II** v/t **3.** phot. vignet¦tieren.
vi'gnet·tist s Vi¦gnettenzeichner(in).
vig·or ['vɪgər] Am. für vigour.
vi·go·ro·so [ˌvɪgəˈroʊsoʊ] adj u. adv mus. vigo¦roso, kraftvoll.
vig·or·ous ['vɪgərəs] adj (adv **~ly**) **1.** allg. kräftig. **2.** kraftvoll, vi¦tal. **3.** lebhaft, ak¦tiv, tatkräftig. **4.** e¦nergisch, nachdrücklich. **5.** wirksam, nachhaltig. **'vig·or·ous·ness** → vigour.
vig·our ['vɪgə(r)] s **1.** (Körper-, Geistes)Kraft f, Vitali¦tät f. **2.** Aktivi¦tät f. **3.** Ener¦gie f. **4.** biol. Lebenskraft f. **5.** Nachdruck m. **6.** jur. Wirksamkeit f, Geltung f.
Vi·king, a. **v~** ['vaɪkɪŋ] hist. **I** s Wiking(er) m. **II** adj wikingisch, Wikinger...: **~ ship.**
vile [vaɪl] adj (adv **~ly**) **1.** gemein, schändlich, übel, schmutzig. **2.** colloq. ab¦scheulich, mise¦rabel, scheußlich: **a ~ hat; ~ weather. 2.** obs. wertlos. **'vile·ness** s **1.** Gemeinheit f, Schändlichkeit f. **2.** colloq. Scheußlichkeit f.
vil·i·fi·ca·tion [ˌvɪlɪfɪˈkeɪʃn] s **1.** Schmähung f, Verleumdung f, Verunglimpfung f. **2.** Her¦absetzung f. **'vil·i·fi·er** [-faɪə(r)] s Verleumder(in). **'vil·i·fy** [-faɪ] v/t **1.** schmähen, verleumden, verunglimpfen. **2.** her¦absetzen.
vil·i·pend ['vɪlɪpend] v/t **1.** → vilify. **2.** poet. verachten.
vill [vɪl] s jur. hist. Br. **1.** Ortschaft f, Gemeinde f. **2.** Dorf n.
vil·la ['vɪlə] s **1.** Landhaus n, Villa f. **2.** Br. a) 'Einfa¦milienhaus n, b) Doppelhaushälfte f.
vil·lage ['vɪlɪdʒ] **I** s **1.** Dorf n. **2.** Gemeinde f. **II** adj **3.** dörflich, Dorf...: **~ idiot** Dorftrottel m. **'vil·lag·er** s Dorfbewohner(in), Dörfler(in).
vil·lain ['vɪlən] **I** s **1.** a. thea. u. humor. Schurke m, Bösewicht m, Schuft m, Schlingel m, Bengel m: **the little ~. 3.** obs. (Bauern)Lümmel m. **4.** → villein 1. **II** adj **5.** schurkisch, Schurken... **'vil·lain·age** → villeinage. **'vil·lain·ous** adj (adv **~ly**) **1.** schurkisch, Schurken...

2. → vile 1 u. 2. **'vil·lain·y** s **1.** Schurke¦rei f, Schurkenstreich m. **2.** → vileness 1 u. 2. **3.** → villeinage.
vil·la·nelle [ˌvɪləˈnel] s metr. Villa¦nelle f (lyrische Gedichtform).
vil·lat·ic [vɪˈlætɪk] adj poet. dörflich.
vil·leg·gia·tu·ra [vɪˌledʒɪəˈtʊərə; -dʒɑ-] s Landaufenthalt m.
vil·lein ['vɪlɪn] s hist. **1.** Leibeigene(r) m. **2.** (später) Zinsbauer m. **'vil·lein·age** s **1.** 'Hintersassengut n. **2.** Leibeigenschaft f.
vil·li ['vɪlaɪ] pl von villus.
vil·li·form ['vɪlɪfɔ:(r)m] adj biol. zottenförmig. **'vil·lose** [-loʊs] → villous. **vil·'los·i·ty** [-ˈlɒsətɪ; Am. -ˈlɑ-] s **1.** biol. behaarte, wollige Beschaffenheit. **2.** anat. (Darm)Zotte f. **'vil·lous** adj biol. **1.** zottig. **2.** flaumig. **'vil·lus** [-ləs] pl **-li** [-laɪ] s **1.** anat. (Darm)Zotte f. **2.** bot. Zottenhaar n.
vim [vɪm] s colloq. ‚Schmiß' m, Schwung m: **to feel full of ~** ‚schwer in Form' sein.
vim·i·nal ['vɪmɪnl] adj bot. gertenbildend od. -förmig.
vi·na·ceous [vaɪˈneɪʃəs] adj **1.** Wein..., Trauben... **2.** weinrot.
vin·ai·grette [ˌvɪneɪˈgret; -nɪ-] s **1.** Riechfläschchen n, -dose f. **2.** a. **~ sauce** Vinai¦grette f (Soße aus Essig, Öl, Senf etc).
vin·ci·ble ['vɪnsɪbl] adj besiegbar, über¦windbar.
vin·cu·lum ['vɪŋkjʊləm] pl **-la** [-lə] s **1.** math. Strich m (über mehreren Zahlen), Über¦streichung f (an Stelle von Klammern). **2.** bes. fig. Band n.
vin·di·ca·ble ['vɪndɪkəbl] adj haltbar, zu rechtfertigen(d).
vin·di·cate ['vɪndɪkeɪt] v/t **1.** in Schutz nehmen, verteidigen (**from** vor dat, gegen). **2.** entlasten (**from** von). **3.** rechtfertigen, bestätigen: **to ~ o.s.** sich rechtfertigen. **4.** jur. a) Anspruch erheben auf (acc), b) **~ one's rights**, b) **e-n Anspruch** geltend machen, c) ein Recht etc behaupten: **the law had been ~d** dem Gesetz war Genüge getan worden. ¦**vin·di'ca·tion** s **1.** Verteidigung f. **2.** Entlastung f. **3.** Rechtfertigung f: **in ~ of** zur Rechtfertigung von (od. gen). **4.** jur. a) Behauptung f, b) Geltendmachung f. **'vin·dic·a·tive** ['vɪndɪkətɪv; bes. Am. vɪnˈdɪ-] obs. für vindictive. **'vin·di·ca·tor** [-keɪtə(r)] s **1.** Rechtfertiger m. **2.** Verteidiger m. **'vin·di·ca·to·ry** [-keɪtərɪ; Am. -kəˌtɔ:rɪ; -ˌtoʊ-] adj f. **1.** rächend, Rechtfertigungs... **2.** a) rächend, b) Straf...
vin·dic·tive [vɪnˈdɪktɪv] adj (adv **~ly**) **1.** rachsüchtig, nachtragend. **2.** strafend, als Strafe: **~ damages** jur. tatsächlicher Schadensersatz zuzüglich e-r Buße. **vin'dic·tive·ness** s Rachsucht f.
vine [vaɪn] bot. **I** s **1.** (Hopfen- etc)Rebe f, Kletterpflanze f. **2.** Stamm m (e-r Kletterpflanze). **3.** Wein(stock) m, (Wein)Rebe f. **4.** Bibl. Weinstock m (Christus). **II** adj **5.** Wein..., Reb(en)...: **~ bud** Weinauge n; **~ culture** Weinbau m; **~ picker** Winzer(in); **~ prop** Rebstecken m.
'~-clad adj poet. weinlaubbekränzt.
'~-dress·er s Winzer m. **~ fret·ter** s zo. Reblaus f.
vin·e·gar ['vɪnɪgə(r)] s **1.** (Wein)Essig m: **aromatic ~** Gewürzessig. **2.** pharm. Essig m. **3.** fig. Verdrießlichkeit f, Griesgrämigkeit f. **4.** Am. colloq. ‚Schmiß' m, Schwung m. **~ tree** s bot. Essigbaum m.
vin·e·gar·y ['vɪnɪgərɪ] adj **1.** (essig)sauer. **2.** fig. a) verdrießlich, griesgrämig, b) ätzend, beißend.
'vine¦grow·er s Weinbauer m, Winzer m. **¦~grow·ing** s Weinbau m. **~ leaf** s irr Wein-, Rebenblatt n: **vine leaves**

Weinlaub n. **~ louse** s irr zo. Reblaus f.
~ mil·dew s bot. Traubenfäule f.
vin·er·y ['vaɪnərɪ] s **1.** Treibhaus n für Reben. **2.** → vineyard.
vine·yard ['vɪnjə(r)d] s a) Weinberg m, b) Weingarten m.
vingt-et-un [ˌvæntenˈɜ:n; Am. -ˈʌn] s Vingt-et-¦un n, Siebzehnund¦vier n (Kartenglücksspiel).
vi·nic ['vaɪnɪk] adj chem. a) weinig, Wein..., b) Alkohol...
¦**vin·i'cul·tur·al** [ˌvɪnɪ-] adj weinbaukundlich. **'vin·i¦cul·ture** s Weinbau m (als Fach).
vin·i·fi·ca·tion [ˌvɪnɪfɪˈkeɪʃn] s tech. Weinkeltern n, Weinkelterung f.
vi·no ['vi:noʊ] pl **-nos, -noes** s colloq. Wein m.
vin·om·e·ter [vɪˈnɒmɪtə(r); vaɪ-; Am. -ˈnɑ-] s tech. Oeno¦meter n, Weinwaage f.
vi·nos·i·ty [vɪˈnɒsətɪ; vaɪ-; Am. -ˈnɑ-] s **1.** Weinartigkeit f. **2.** Weinseligkeit f. **vi·nous** ['vaɪnəs] adj **1.** weinartig, Wein... **2.** weinhaltig. **3.** weinselig: **~ laughter. 4.** weingerötet: **~ face. 5.** bes. zo. weinrot.
vin·tage ['vɪntɪdʒ] **I** s **1.** (jährlicher) Weinertrag, Weinernte f. **2.** (guter) Wein, (her¦vorragender) Jahrgang: **~ wine** Spitzenwein m, edler Wein. **3.** Weinlese(zeit) f. **4.** colloq. a) Jahrgang m, b) 'Herstellung f, mot. etc a. Baujahr n: **a hat of last year's ~** ein Hut vom vorigen Jahr. **5.** fig. (reifes) Alter, Reife f. **II** v/t **6.** zu Wein verarbeiten. **7.** Wein lesen. **III** adj **8.** erlesen, her¦vorragend, köstlich. **9.** a) klassisch, b) alt, c) altmodisch, d) reif, gereift: **~ car** mot. bes. Br. Oldtimer m (bes. 1919–30). **'vin·tag·er** s Weinleser(in).
vint·ner ['vɪntnə(r)] s Weinhändler m.
vin·y ['vaɪnɪ] adj **1.** rebenartig, rankend (Pflanze). **2.** reben-, weinreich (Gegend).
vi·nyl ['vaɪnɪl] chem. **I** s Vi¦nyl n. **II** adj Vinyl...: **~ acetate (alcohol, chloride, resins); ~ polymers** Vinylpolymere pl (Kunststoffe).
vi·nyl·i·dene [vaɪˈnɪlɪdi:n] s chem. Vinyli¦den n.
vi·ol ['vaɪəl] s mus. hist. Vi¦ole f.
vi·o·la¹ [vɪˈoʊlə] s mus. **1.** Vi¦ola f, Bratsche f. **2.** → viol.
vi·o·la² ['vaɪələ; vaɪˈoʊlə] s bot. **1.** Veilchen n. **2.** Stiefmütterchen n.
vi·o·la·ble ['vaɪələbl] adj verletzbar: **~ contract** (law, etc).
vi·o·la·ceous [ˌvaɪəˈleɪʃəs] adj bot. **1.** veilchenfarbig, vio¦lett. **2.** Veilchen..., veilchenartig.
vi·o·la clef [vɪˈoʊlə] → alto clef.
vi·o·late ['vaɪəleɪt] v/t **1.** e-n Eid, e-n Vertrag, e-e Grenze etc verletzen, ein Gesetz über¦treten, bes. sein Versprechen brechen, e-m Gebot, dem Gewissen zu¦widerhandeln. **2.** den Frieden, die Stille, den Schlaf (grob) stören: **to ~ s.o.'s privacy** j-n stören. **3.** Gewalt antun (dat) (a. fig.). **4.** e-e Frau notzüchtigen, schänden, vergewaltigen. **5.** ein Heiligtum etc entweihen, schänden. **6.** obs. a) beschädigen, b) zerstören. ¦**vi·o'la·tion** s **1.** Verletzung f, Über¦tretung f, Bruch m, Zu¦widerhandlung f: **in ~ of** unter Verletzung von (od. gen). **2.** (grobe) Störung. **3.** Notzucht f, Vergewaltigung f, Schändung f. **4.** Entweihung f, Schändung f. **5.** obs. a) Beschädigung f, b) Zerstörung f. **'vi·o·la·tor** [-tə(r)] s **1.** Verletzer(in), Über¦treter(in). **2.** Schänder(in).
vi·o·lence ['vaɪələns] s **1.** Gewalt(tätigkeit) f: **act of ~** Gewalttat f. **2.** Gewalttätigkeit(en pl) f, Gewaltsamkeit(en pl) f. **3.** jur. Gewalt(tat, -anwendung) f: **to die by ~** e-s gewaltsamen Todes sterben; **crimes of ~** Gewaltverbrechen pl; →

robbery 1. 4. Verletzung *f*, Unrecht *n*, Schändung *f*: **to do ~ to** Gewalt antun (*dat*), Sprache *etc* vergewaltigen, Gefühle *etc* verletzen, Heiliges entweihen. **5.** Heftigkeit *f*, Ungestüm *n*: **with ~** heftig, leidenschaftlich, hitzig, ungestüm. **'vi·o·lent** *adj* (*adv* **~ly**) **1.** gewaltig, stark, heftig: **~ blow; ~ tempest. 2.** gewaltsam, -tätig (*Person od. Handlung*), Gewalt...: **to die a ~ death, to die ~ly** e-s gewaltsamen Todes sterben; **~ interpretation** gewaltsame Auslegung; **~ measures** Gewaltmaßnahmen; **to lay ~ hands on** Gewalt antun (*dat*). **3.** heftig, ungestüm, hitzig, leidenschaftlich. **4.** grell, laut: **~ colo(u)rs; ~ sounds.**
vi·o·les·cent [ˌvaɪəˈlesnt] *adj* veilchenfarben, Veilchen...
vi·o·let¹ [ˈvaɪələt] *s mus. hist.* Viˈola *f* dˈAˈmore.
vi·o·let² [ˈvaɪələt] **I** *s* **1.** *bot.* Veilchen *n*: **shrinking** (*od.* **modest) ~** *colloq.* scheues Wesen (*Person*). **2.** Veilchenblau *n*, Vioˈlett *n*. **II** *adj* **3.** veilchenblau, vioˈlett.
vi·o·lin [ˌvaɪəˈlɪn] *s mus.* Vioˈline *f*: a) Geige *f* (*a. als Spieler*), b) Orgelregister 8′: **to play the ~** Geige spielen, geigen; **first ~** erste(r) Geige(r); **~ bow** Geigenbogen *m*; **~ case** Geigenkasten *m*; **~ clef** Violinschlüssel *m*. **vi·o·lin·ist¹** [ˈvaɪəlɪnɪst; ˌvaɪəˈl-] *s mus.* Vioˈlinist(in), Geiger(in).
vi·ol·ist¹ [ˈvaɪəlɪst] *s mus. hist.* Viˈolenspieler(in).
vi·ol·ist² [vɪˈəʊlɪst] *s mus.* Bratˈschist(in).
vi·o·lon·cel·list [ˌvaɪələnˈtʃelɪst] *s mus.* (Violon)Celˈlist(in), **ˌvi·o·lonˈcel·lo** [-ləʊ] *pl* **-los** *s* (Violon)ˈCello *n*.
vi·o·lone [ˈvaɪələʊn; *Am.* ˌviːəˈləʊneɪ] *s mus. hist.* ˈBaßvi‚ole *f*, große Baßgeige.
VIP [ˌviːaɪˈpiː] *s colloq.* promiˈnente Perˈsönlichkeit, „hohes Tier" (*aus Very Important Person*).
vi·per [ˈvaɪpə(r)] *s* **1.** *zo.* Viper *f*, Otter *f*, Natter *f*. **2.** *a.* **common ~** *zo.* Kreuzotter *f*. **3.** *allg.* (Gift)Schlange *f* (*a. fig.*): **generation of ~s** *Bibl.* Natternge‚zücht *n*; **to cherish a ~ in one's bosom** *fig.* e-e Schlange an s-m Busen nähren.
vi·per·i·form [ˈvaɪpərɪfɔː(r)m] *adj zo.* schlangenförmig, vipernartig.
vi·per·ine [ˈvaɪpəraɪn] *zo.* **I** *adj* **~** viperish 1. **II** *s a.* **~ snake** a) Natter *f*, b) Vipernartige *f*. **ˈvi·per·ish** *adj*; **ˈvi·per·ous** *adj* (*adv* **~ly**) **1.** *zo.* a) vipernartig, b) Vipern... **2.** *fig.* giftig, tückisch.
vi·per's grass *s bot.* Schwarzwurzel *f*.
vi·ra·go [vɪˈrɑːgəʊ; -ˈreɪ-] *pl* **-gos, -goes** *s* **1.** Mannweib *n*. **2.** Zankteufel *m*, ‚Drachen' *m*, Xanˈthippe *f*.
vi·ral [ˈvaɪərəl] *adj med.* Virus...: **~ infection.**
vir·e·lay [ˈvɪrɪleɪ] *s hist.* Vireˈlai *n* (*altfranzösisches Tanz- u. Liebeslied mit halbstrophigem Kehrreim*).
vi·res [ˈvaɪəriːz] *pl von* vis.
vi·res·cence [vɪˈresns] *s* **1.** a) Grünsein *n*, b) Grünen *n*. **2.** *bot.* grüne Stelle. **viˈrescent** *adj* **1.** grünend. **2.** grünlich.
vir·gate [ˈvɜːgɪt; -geɪt; *Am.* ˈvɜrt-] **I** *adj biol.* **1.** rutenförmig. **2.** Ruten tragend. **II** *s* **3.** *hist.* (*etwa*) Hufe *f* (*altes englisches Feldmaß = 12 ha*).
Vir·gil·i·an → Vergilian.
vir·gin [ˈvɜːdʒɪn; *Am.* ˈvɜr-] **I** *s* **1.** a) Jungfrau *f*, b) ‚Jungfrau' *f* (*Mann*). **2.** *relig.* a) **the (Blessed) V~ (Mary)** die Jungfrau Maˈria, die Heilige Jungfrau, b) *paint. etc* Maˈdonna *f*. **3.** *zo.* unbegattetes Weibchen. **4. V~** *astr.* → Virgo 1 b. **II** *adj* **5.** jungfräulich, unberührt (*beide a. fig. Schnee etc*): **V~ Mother** *relig.* Mutter *f* Gottes; **the V~ Queen** *hist.* die jungfräuliche Königin (Elisabeth I. von England); **~ queen** *zo.* unbefruchtete (Bienen)Königin; **~ forest** Urwald *m*; **~ soil** a) jungfräulicher Boden, ungepflügtes Land, b) *fig.* Neuland *n*. **6.** züchtig, keusch, jungfräulich: **~ modesty. 7.** *tech.* a) rein, unvermischt (*Elemente, Stoffe*), b) gediegen, jungfräulich (*Metalle*), c) aus erster Pressung (*Öle*): **~ gold** Jungferngold *n*; **~ oil** Jungfernöl *n*; **~ wool** Schurwolle *f*. **8.** Jungfern..., erst(er, e, es), erstmalig: **~ cruise** Jungfernfahrt *f*. **9.** frei (**of** von), unerfahren: **~ to sorrows** (noch) unbekümmert.
vir·gin·al¹ [ˈvɜːdʒɪnl; *Am.* ˈvɜr-] *adj* **1.** jungfräulich, Jungfern...: **~ membrane** *anat.* Jungfernhäutchen *n*. **2.** rein, keusch, züchtig. **3.** *zo.* unbefruchtet.
vir·gin·al² [ˈvɜːdʒɪnl; *Am.* ˈvɜr-] *s oft pl od.* **pair of ~s** *mus. hist.* **1.** Virgiˈnal *n* (*englisches Spinett*). **2.** *allg.* ˈKielinstru‚ment *n*.
ˌvir·gin|ˈbirth *s* **1.** *a.* **V~ B~** *relig.* Jungfräuliche Geburt (Christi). **2.** *biol.* Partheno‚geˈnese *f*, Jungfernzeugung *f*. **ˈ~-born** *adj biol.* partheno‚geˈnetisch.
Vir·gin·i·a [və(r)ˈdʒɪnjə] *s* Virˈginischer Tabak: **~ cigar** Virginiazigarre *f*. **~ cedar** *s bot.* Virˈginischer Waˈcholder. **~ creep·er** *s bot.* wilder Wein, Jungfernrebe *f*.
Vir·gin·i·an [və(r)ˈdʒɪnjən] **I** *adj* Virginia..., virˈginisch. **II** *s* Virˈginier(in).
vir·gin·i·ty [və(r)ˈdʒɪnətɪ] *s* **1.** Jungfräulichkeit *f*, Jungfernschaft *f*, *med.* Virginiˈtät *f*. **2.** Reinheit *f*, Keuschheit *f*, Unberührtheit *f* (*a. fig.*).
Vir·go [ˈvɜːgəʊ; *Am.* ˈvɜr-] *s* **1.** *astr.* Jungfrau *f*, Virgo *f*: a) *Sternbild*, b) *Tierkreiszeichen*: **to be (a) ~** Jungfrau sein. **2. v~ intacta** *jur. med.* Virgo *f* inˈtacta, unberührte Jungfrau.
vir·gu·late [ˈvɜːgjʊlɪt; -leɪt; *Am.* ˈvɜr-] *adj bot.* rutenförmig. **ˈvir·gule** [-gjuːl] *s print.* Schrägstrich *m* (*z. B. in and/or*).
vir·i·al [ˈvɪrɪəl] *s phys.* Viriˈal *n* (*kinetische Größe*).
vir·id [ˈvɪrɪd] *adj poet.* grün(end). **ˌvir·iˈdes·cence** [-ˈdesns] *s* **1.** Grünwerden *n*. **2.** (frisches) Grün. **ˌvir·iˈdes·cent** *adj* grün(lich).
vi·rid·i·an [vɪˈrɪdɪən] **I** *s min.* Grünerde *f*. **II** *adj* chromgrün.
vi·rid·i·ty [vɪˈrɪdətɪ] *s* **1.** *biol.* (*das*) Grüne, grünes Aussehen. **2.** *fig.* Frische *f*.
vir·ile [ˈvɪraɪl; *Am. a.* -rəl] *adj* **1.** männlich, kräftig (*beide a. fig.* Stil *etc*): **Männer..., Mannes...: ~ voice** Männerstimme *f*. **2.** *med. physiol.* männlich, viˈril, zeugungskräftig, poˈtent: **~ member** männliches Glied; **~ power** → virility 3.
ˌvir·iˈles·cence [-rɪˈlesns] *s zo.* Vermännlichung *f* (*bei Weibchen*). **ˌvir·iˈles·cent** *adj* männliche Eigenschaften aufweisend *od.* entwickelnd. **ˈvir·i·lism** [-rɪlɪzəm] *s physiol.* Viriˈlismus *m*, Vermännlichung *f* (*der Frau*).
vi·ril·i·ty [vɪˈrɪlətɪ] *s* **1.** Männlichkeit *f*. **2.** Mannesalter *n*, -jahre *pl*. **3.** *physiol.* Viriliˈtät *f*, Mannes-, Zeugungskraft *f*, Poˈtenz *f*. **4.** *fig.* Kraft *f*.
vi·rol·o·gist [ˌvaɪəˈrɒlədʒɪst; *Am.* -ˈrɑ-] *s* Viroˈloge *m*, Virusforscher(in). **viˈrol·o·gy** [-dʒɪ] *s* Viroloˈgie *f*, Virusforschung *f*.
vir·tu [vɜːˈtuː; *Am.* ˌvɜr-] *s* **1.** Liebhaber-, Kunst-, Sammlerwert *m*: **article** (*od.* **object**) **of ~** Kunstgegenstand *m*. **2.** *collect.* Kunstgegenstände *pl*. **3.** → virtuosity 2.
vir·tu·al [ˈvɜːtʃʊəl; *Am.* ˈvɜrtʃəwəl; -tʃəl] *adj* (*adv* **~ly**) **1.** tatsächlich, praktisch, faktisch, eigentlich: **the ~ manager**; **a ~ promise** im Grunde *od.* eigentlich ein Versprechen; **~ly penniless** praktisch *od.* fast ohne e-n Pfennig Geld. **2.** *phys. tech.* virtuˈell. **ˌvir·tu·alˈi·ty** [-tʃʊ-ˈælətɪ; *Am.* -tʃəˈw-] *s* Virtualiˈtät *f*, innewohnende Kraft *od.* Möglichkeit.
vir·tue [ˈvɜːtjuː; -tʃuː; *Am.* ˈvɜrtʃuː] *s* **1.** Tugend(haftigkeit) *f* (*a. engS.* Keuschheit): **woman of ~** tugendhafte Frau; **woman of easy ~** leichtes Mädchen. **2.** Rechtschaffenheit *f*. **3.** Tugend *f*: **to make a ~ of necessity** aus der Not e-e Tugend machen. **4.** Wirkung *f*, Wirksamkeit *f*, Erfolg *m*: **of great ~** (sehr) wirkungsvoll *od.* erfolgreich. **5.** (gute) Eigenschaften *pl*, Vorzug *m*, (hoher) Wert. **6.** (Rechts)Kraft *f*: **by** (*od.* **in) ~ of** kraft (*e-s Gesetzes, e-r Vollmacht etc*), auf Grund von (*od. gen*), vermöge (*gen*). **7.** *obs.* Mannestugend *f*, Tapferkeit *f*.
vir·tu·os·i·ty [ˌvɜːtjʊˈɒsətɪ; *Am.* ˌvɜrtʃəˈwɑ-] *s* **1.** Virtuosiˈtät *f*: a) *mus.* blendende Technik, b) meisterhaftes Können. **2.** Kunstsinn *m*, Kunstliebhabeˈrei *f*. **ˌvir·tuˈo·so** [-ˈəʊzəʊ; -səʊ; *Am.* -ˈw-] **I** *pl* **-sos, -si** [-siː] *s* **1.** *bes. mus.* Virtuˈose *m*. **2.** Kunstkenner *m*, -liebhaber *m*. **II** *adj* **3.** virtuˈos, meisterhaft: **~ pianist** Klaviervirtuose *m*.
vir·tu·ous [ˈvɜːtʃʊəs; *Am.* ˈvɜrtʃəwəs] *adj* (*adv* **~ly**) **1.** tugendhaft. **2.** rechtschaffen. **ˈvir·tu·ous·ness** *s* **1.** Tugendhaftigkeit *f*. **2.** Rechtschaffenheit *f*.
vir·u·lence [ˈvɪrʊləns; -rjʊ-], **ˈvir·u·len·cy** [-sɪ] *s* **1.** *med.* Giftigkeit *f*, Bösartigkeit *f* (*beide a. fig.*). **2.** *med.* Viruˈlenz *f*. **ˈvir·u·lent** *adj* (*adv* **~ly**) **1.** *med.* (äußerst) giftig, bösartig (*Gift, Krankheit*) (*a. fig.*). **2.** *med.* a) von Viren erzeugt, b) viruˈlent, sehr ansteckend.
vi·rus [ˈvaɪərəs] *s* **1.** (Schlangen)Gift *n*. **2.** *med.* Virus *n*, *m*: a) Krankheitserreger *m*: **~ disease** Viruskrankheit *f*; **b) oft filt(e)rable ~** filˈtrierbares Virus, c) Impf-, Giftstoff *m* (*zu Impfzwecken*). **3.** *fig.* Gift *n*, Baˈzillus *m*: **the ~ of hatred.**
vis [vɪs] *pl* **vi·res** [ˈvaɪəriːz] (*Lat.*) *s bes. phys.* Kraft *f*: **~ inertiae** Trägheitskraft *f*; **~ mortua** tote Kraft; **~ viva** kinetische Energie; **~ major** *jur.* höhere Gewalt.
vi·sa [ˈviːzə] **I** *s* **1.** Visum *n*: a) Sichtvermerk *m* (*im Paß etc*), b) Einreisegenehmigung *f*. **II** *v/t* **2.** ein Visum eintragen in (*e-n Paß*). **3.** *fig.* genehmigen.
vis·age [ˈvɪzɪdʒ] *s poet.* Antlitz *n*. **ˈvis·aged** *adj* (*bes. in Zssgn*) ...gesichtig.
vis-à-vis [ˈviːzɑːviː; *bes. Am.* ˌviːzəˈviː] *adv* **1.** gegenˈüber, vis-à-vis (**to**, **with** *dat*). **II** *adj* **2.** gegenˈüberliegend. **III** *prep* **3.** gegenˈüber. **4.** in Anbetracht (*gen*). **IV** *s* **5.** Gegenˈüber *n*, Visaˈvis *n* (*Person*). **6.** (ˈAmts)Kolˌlege *m*. **7.** vertrauliche Zuˈsammenkunft.
vis·cer·a [ˈvɪsərə] *s pl* **1.** *anat.* Eingeweide *n*, *pl*: **abdominal ~** Bauchorgane *pl*. **2.** *colloq.* (Ge)Därme *pl*. **ˈvis·cer·al** *adj* **1.** Eingeweide... **2.** *fig.* a) inner(er, e, es): **~ conviction**, b) instinkˈtiv: **~ reaction**. **ˈvis·cer·ate** [-reɪt] *obs. für* eviscerate.
vis·cid [ˈvɪsɪd] *adj* **1.** klebrig (*a. bot.*). **2.** *bes. phys.* visˈkos, dick-, zähflüssig. **visˈcid·i·ty**, *selten* **ˈvis·cid·ness** *s* **1.** Klebrigkeit *f* (*a. bot.*). **2. → viscosity.**
vis·com·e·ter [vɪsˈkɒmɪtə(r); *Am.* -ˈkɑ-], *etc* → viscosimeter, *etc*.
vis·cose [ˈvɪskəʊs] *s tech.* Visˈkose *f* (*Art Zellulose*): **~ silk** Viskose, Zellstoffseide *f*. **ˌvis·coˈsim·e·ter** [-kəʊˈsɪmɪtə(r)] *s tech.* Visko(si)ˈmeter *n*, **ˌvis·coˌsiˈmet·ric** [-ˈmetrɪk] *adj* viskosiˈmetrisch. **ˌvis·coˈsim·e·try** [-trɪ] *s* Viskosimeˈtrie *f*.
vis·cos·i·ty [vɪˈskɒsətɪ; *Am.* -ˈskɑ-] *s bes. phys.* Viskosiˈtät *f*, (Grad *m* der) Dick- *od.* Zähflüssigkeit *f*, Konsiˈstenz *f*.
vis·count [ˈvaɪkaʊnt] *s* **1.** Viˈcomte *m* (*englischer Adelstitel zwischen* **baron** *u.* **earl**). **2.** *Br. hist.* a) Stellvertreter *m* e-s Grafen, b) Sheriff *m* (*e-r Grafschaft*).

'vis·count·cy [-sɪ] s Rang m od. Würde f e-s Vi'comte. **'vis·count·ess** s Vicomtesse f. **'vis·count·y** → viscountcy.

vis·cous ['vɪskəs] → viscid.

vi·sé ['vi:zeɪ] **I** s → visa I. **II** v/t pret u. pp **-séd**, a. **-séed** → visa II.

vise [vaɪs] Am. für vice².

vis·i·bil·i·ty [ˌvɪzɪ'bɪlətɪ] s **1.** Sichtbarkeit f. **2.** meteor. Sicht(weite) f: **high (low)** ~ gute (schlechte) Sicht; ~ **(conditions)** Sichtverhältnisse.

vis·i·ble ['vɪzəbl] **I** adj (adv **visibly**) **1.** sichtbar; → horizon 1. **2.** fig. (er-, offen)sichtlich, merklich, deutlich, erkennbar: **no** ~ **means of support**; ~ **difficulties. 3.** tech. sichtbar (gemacht), graphisch dargestellt: ~ **signal** Schauzeichen n; ~ **sound** Oszillogramm n e-r Schallwelle. **4.** pred a) zu sehen (Sache), b) zu sprechen: **is he** ~ **today? II** s **5. the** ~ das Sichtbare, die sichtbare Welt. ~ **speech** s ling. von Prof. A. M. Bell erfundene Lautzeichen für alle möglichen Sprachlaute.

Vis·i·goth ['vɪzɪgɒθ; Am. -ˌgɑθ] s hist. Westgote m, -gotin f. ˌ**Vis·i'goth·ic I** adj **1.** westgotisch, Westgoten... **II** s **2.** ling. Westgotisch n, das Westgotische. **3.** westgotische Schrift.

vi·sion ['vɪʒn] **I** s **1.** Sehkraft f, -vermögen n: **to have greatly restricted** ~ stark sehbehindert sein; → field 4. **2.** fig. a) visio'näre Kraft, Seher-, Weitblick m, b) Phanta'sie f, Vorstellungsvermögen n, Einsicht f. **3.** Visi'on f: a) Phanta'sie-, Traum-, Wunschbild n, b) oft pl psych. Halluzinati'onen pl, Gesichte pl. **4.** Anblick m, Bild n: **she was a** ~ **of delight** sie bot ein entzückenden Anblick. **5.** (etwas) Schönes, (e-e) Schönheit, Traum m. **II** adj **6.** TV Bild...: ~ **mixer**; ~ **control** Bildregie f. **III** v/t **7.** (er)schauen, (in der Einbildung) sehen: **she** ~**ed a life without troubles.** **'vi·sion·al** [-ʒnl] adj **1.** Visions... **2.** traumhaft, visio'när.

vi·sion·ar·i·ness ['vɪʒnərɪnɪs; Am. -ʒəˌnerɪ-] s **1.** (das) Visio'näre. **2.** Phantaste'rei f, Träume'rei f. **'vi·sion·ar·y** [-nərɪ; Am. -ʒəˌnerɪ-] **I** adj **1.** visio'när, (hell)seherisch: **a** ~ **prophet. 2.** phan'tastisch, verstiegen, über'spannt: **a** ~ **scheme. 3.** unwirklich, eingebildet: ~ **evils. 4.** Visions... **II** s **5.** Visio'när m, Hellseher m. **6.** Phan'tast m, Träumer m, Schwärmer m.

vis·it ['vɪzɪt] **I** v/t **1.** besuchen: a) j-n, e-n Arzt, e-n Patienten, ein Lokal etc aufsuchen, b) visi'tieren, inspi'zieren, in Augenschein nehmen; c) e-e Stadt, ein Museum etc besichtigen. **2.** jur. durch'suchen: **to** ~ **(and search)** Handelsschiff durchsuchen. **3.** heimsuchen **(s.th. upon s.o.** j-n mit etwas): a) befallen (Krankheit, Unglück), b) Bibl. od. fig. bestrafen. **4.** Bibl. od. fig. Sünden vergelten (**upon** an dat). **5.** Bibl. belohnen, segnen. **II** v/i **6.** e-n Besuch od. Besuche machen. **7.** Am. colloq. plaudern (**with** mit). **III** s **8.** Besuch m: **on a** ~ auf od. zu Besuch (**to** bei j-m, in e-r Stadt etc); **to make** (od. **pay**) **a** ~ e-n Besuch machen; ~ **to the doctor** Konsultation f beim Arzt, Arztbesuch. **9.** (for'meller) Besuch, bes. Inspekti'on f. **10.** jur. mar. Durch'suchung f: **right of** ~ **and search** Durchsuchungsrecht n (auf See); → domiciliary. **11.** Am. colloq. Plaude'rei f, Plausch m. **'vis·it·a·ble** adj **1.** besuchenswert. **2.** inspekti'onspflichtig. **'vis·it·ant I** s **1.** Besucher(in) (a. aus dem Jenseits), Besuch m, Gast m. **2.** orn. Strichvogel m. **II** adj **3.** poet. besuchend, auf od. zu Besuch. **vis·it·a·tion** [ˌvɪzɪ'teɪʃn] s **1.** Besuchen n; ~ **of the sick** relig. Krankenbesuch m.

2. offizi'eller Besuch, Besichtigung f, Visitati'on f: **right of** ~ mar. Durchsuchungsrecht n (auf See). **3.** fig. Heimsuchung f: a) (gottgesandte) Prüfung, Strafe f (Gottes), b) himmlischer Beistand: **V**~ **of our Lady** R.C. Heimsuchung Mariae. **4.** zo. massenhaftes Auftreten (von Vögeln, Wühlmäusen etc). **5.** colloq. langer Besuch. ˌ**vis·i·ta'to·ri·al** [-təˈtɔːrɪəl; Am. a. -'toʊ-] adj Visitations...: ~ **power** Aufsichtsbefugnis f.

'vis·it·ing I adj besichtigend, Besuchs..., Besucher...: **to be on** ~ **terms with s.o.** j-n so gut kennen, daß man ihn besucht; ~ **book** Besuchsliste f; ~ **card** Visitenkarte f; ~ **fireman** Am. colloq. a) „hohes Tier" (auf Besuch), b) vergnügungssüchtiger Gast (e-r Stadt etc); ~ **hours** Besuchszeit f; ~ **nurse** Am. Fürsorgerin f, Gemeindeschwester f; ~ **professor** univ. Gastprofessor m; ~ **teacher** a) Schulfürsorger(in), b) Elternberater(in); ~ **team** sport Gastmannschaft f. **II** s Besuche pl: **to do prison** ~ Gefängnisbesuche machen. **'vis·i·tor** [-tə(r)] s **1.** Besucher(in), Gast m (**to** s.o. j-s; **to a country** e-s Landes); **the** ~**s** a. sport die Gäste. **2.** oft pl Besuch m: **many** ~**s** viel Besuch. **3.** (Kur)Gast m, Tou'rist(in): **summer** ~**s** Sommergäste; ~**s' book** a) Fremdenbuch n, b) Gästebuch n. **4.** visi'tator m, In'spektor m. **5.** orn. Strichvogel m. ˌ**vis·i'to·ri·al** [-'tɔːrɪəl; Am. a. -'toʊ-] → visitatorial.

vi·son ['vaɪsn], a. ~ **wea·sel** s zo. Mink n (amer. Nerz).

vi·sor ['vaɪzə(r)] s **1.** hist. u. fig. Vi'sier n. **2.** a) (Mützen)Schirm m, b) (Augen-)Schirm m. **3.** obs. od. poet. Maske f (a. fig.). **4.** mot. Sonnenblende f.

vis·ta ['vɪstə] s **1.** (Aus-, 'Durch)Blick m, Aussicht f: **dome rail.** Am. Aussichtskuppel f. **2.** Al'lee f. **3.** arch. (langer) Gang, Korridor m, Gale'rie f. **4.** fig. Kette f, (lange) Reihe: **a** ~ **of years. 5.** fig. Ausblick m, Aussicht f (of auf acc), Möglichkeit f, Perspek'tive f: **his words opened up new** ~**s** s-e Worte eröffneten neue Perspektiven; **dim** ~**s of the future** trübe Zukunftsaussichten.

vis·u·al ['vɪzjʊəl; Am. 'vɪʒəwəl; -ʒəl] **I** adj (adv ~**ly**) **1.** Seh..., Gesichts...: ~ **acuity** Sehschärfe f; ~ **angle** Gesichtswinkel m; ~ **nerve** Sehnerv m; ~ **purple** Sehrot n, -purpur m; ~ **test** Augen-, Sehtest m. **2.** visu'ell: ~ **impression**; ~ **memory**; ~ **aid(s)** ped. Anschauungsmaterial n; ~ **arts** bildende Künste; ~**aural radio range** aer. Vierkursfunkfeuer n mit Sicht- u. Höranzeige; ~ **display** (Computer) optische Anzeige, Sichtanzeige f; ~ **display unit** (Computer) Bildschirm-, Bildsicht-, Datensichtgerät n; ~ **instruction** ped. Anschauungsunterricht m; ~ **pollution** Verschand(e)lung f (der Landschaft); ~ **signal** Schauzeichen n. **3.** sichtbar: ~ **objects. 4.** optisch, Sicht...: ~ **flight rules** aer. Sichtflugregeln; ~ **indication** tech. Sichtanzeige f; ~ **range** Sichtbereich m. **5.** fig. anschaulich. **II** s **6.** econ. print. a) (Roh)Skizze f e-s Layouts, b) 'Bildele ment n e-r Anzeige. **7.** → visualizer. **vis·u·al·i·za·tion** [ˌvɪzjʊəlaɪ'zeɪʃn; Am. ˌvɪʒəwələ'z-, -ʒələ'z-] s Vergegenwärtigung f. **'vis·u·al·ize I** v/t **1.** sich vorstellen, sich vergegenwärtigen, sich veranschaulichen, sich ein Bild machen von. **2.** erwarten, rechnen mit. **3.** med. (bes. röntgeno'logisch) sichtbar machen. **II** v/i **4.** med. sichtbar werden. **'vis·u·al·iz·er** s **1.** psych. visu'eller Typ. **2.** Werbung: Visualizer m (Fachmann für die graphische Gestaltung).

vi·ta ['viːtə] (Lat.) pl **-tae** [-ˌtaɪ] s Am. Lebenslauf m.

vi·tal ['vaɪtl] **I** adj (adv ~**ly**) **1.** Lebens...: ~ **functions**; ~ **principle**; ~ **energy** (od. **power**) Lebenskraft f; ~ **index** (Sta'tistik) Vitalitätsindex m (Verhältnis zwischen Geburts- u. Sterbeziffern); ~ **records** standesamtliche od. bevölkerungsstatistische Unterlagen; ~ **spark** Lebensfunke m; ~ **statistics** a) Bevölkerungsstatistik f, b) colloq. humor. Maße pl (e-r Frau); **Bureau of V**~ **Statistics** Am. Personenstandsregister n. **2.** lebenswichtig (**to** für): ~ **industry (interests, organ,** etc); ~ **parts** → 8; ~ **necessity** Lebensnotwendigkeit f. **3.** wesentlich, grundlegend. **4.** (hoch)wichtig, entscheidend (**to** für): ~ **problem** Kernproblem n; ~' **question** Lebensfrage f; **of** ~ **importance** von entscheidender Bedeutung. **5.** meist fig. le'bendig: ~ **style. 6.** vi'tal, kraftvoll, lebensprühend: **a** ~ **personality. 7.** lebensgefährlich, tödlich: ~ **wound. II** s **8.** pl a) med. 'edle Teile' pl, lebenswichtige Or'gane pl, b) fig. (das) Wesentliche, wichtige Bestandteile pl.

vi·tal·ism ['vaɪtəlɪzəm] s biol. philos. Vita'lismus m.

vi·tal·i·ty [vaɪ'tælətɪ] s **1.** Vitali'tät f, Lebenskraft f. **2.** Lebensfähigkeit f, -dauer f (a. fig.).

vi·tal·i·za·tion [ˌvaɪtəlaɪ'zeɪʃn; Am. -lə'z-] s Belebung f, Akti'vierung f. **'vi·tal·ize** v/t **1.** beleben, kräftigen, stärken. **2.** mit Lebenskraft erfüllen. **3.** fig. le'bendig gestalten.

vi·ta·mer ['vaɪtəmə(r)] s chem. med. die Faktoren der Nahrung, die Vitaminfunktionen erfüllen.

vi·ta·min ['vɪtəmɪn; bes. Am. 'vaɪ-], a. **'vi·ta·mine** [-mɪn; -miːn] s chem. med. Vita'min n: ~ **deficiency** Vitaminmangel m. **'vi·ta·min·ize** v/t mit Vita'minen anreichern.

vit·el·lar·y ['vɪtələrɪ; Am. 'vaɪtlˌeriː] → vitelline I.

vi·tel·li [vɪ'telaɪ; Am. a. vaɪ-] pl von vitellus.

vi·tel·line [vɪ'telɪn; Am. a. vaɪ-] biol. **I** adj **1.** vitel'lin, (Ei)Dotter...: ~ **membrane** Dotterhaut f, -sack m. **2.** (dotter-)gelb. **II** s → vitellus. **vi'tel·lus** [-ləs] pl **-li** [-laɪ] s zo. (Ei)Dotter m, n.

vi·ti·ate ['vɪʃɪeɪt] v/t **1.** allg. verderben. **2.** beeinträchtigen. **3.** die Luft etc verunreinigen, verpesten. **4.** fig. die Atmo'sphäre vergiften. **5.** Argument etc wider'legen. **6.** bes. jur. ungültig machen, aufheben: ~ **fraud** ~**s a contract.** ˌ**vi·ti'a·tion** s **1.** Verderben n, Verdorbenheit f. **2.** Beeinträchtigung f. **3.** Verunreinigung f. **4.** Wider'legung f. **5.** jur. Aufhebung f.

ˌ**vit·i'cul·tur·al** [ˌvɪtɪ-; ˌvaɪ-] adj Weinbau... **'vit·i·cul·ture** s Weinbau m. ˌ**vit·i'cul·tur·ist** s Weinbauer m.

ˌ**vit·ri·o·e'lec·tric** [ˌvɪtrɪəʊ-] adj phys. positiv e'lektrisch.

vit·re·ous ['vɪtrɪəs] adj **1.** Glas..., aus Glas, gläsern. **2.** glasartig, glasig: ~ **electricity** positive Elektrizi'tät. **3.** flaschengrün. **4.** ~ **body** anat. Glaskörper m (des Auges); ~ **humo(u)r** anat. Glaskörperflüssigkeit f. **5.** geol. glasig.

vi·tres·cence [vɪ'tresns] s chem. **1.** Verglasung f. **2.** Verglasbarkeit f. **vi'tres·cent** adj **1.** verglasend. **2.** verglasbar. **vi·tres·ci·ble** [vɪ'tresəbl] → vitrifiable.

vit·ric ['vɪtrɪk] adj glasartig, Glas... **vit·ri·fac·tion** [ˌvɪtrɪ'fækʃn] → vitrification. **'vit·ri·fi·a·ble** [-faɪəbl] adj tech. verglasbar. ˌ**vit·ri·fi'ca·tion** [-fɪ'keɪʃn] s tech. Ver-, Über'glasung f, Sinterung f. **'vit·ri·fy** [-faɪ] tech. **I** v/t ver-, über'glasen, gla'sieren, Keramik; dicht brennen. **II** v/i (sich) verglasen.

vit·ri·ol ['vɪtrɪəl] s **1.** chem. Vitri'ol n:

vitriolate – volatile

blue ~, copper ~ Kupfervitriol, -sulfat n; green ~ Eisenvitriol; white ~ Zinksulfat n. 2. chem. Schwefel-, Vitri'olsäure f: oil of ~ Vitriolöl n, rauchende Schwefelsäure. 3. fig. a) Gift n, Säure f, b) Giftigkeit f, Bösartigkeit f. 'vit·ri·o·late [-leɪt] v/t in Vitri'ol verwandeln. ˌvit·ri'ol·ic [-'ɒlɪk; Am. -'ɑ-] adj 1. vitri'olisch, Vitriol...: ~ acid Vitriolöl n, rauchende Schwefelsäure. 2. fig. ätzend, beißend, bösartig, gehässig: ~ remarks. 'vit·ri·ol·ize v/t 1. chem. vitrioli'sieren. 2. j-n mit Vitri'ol bespritzen od. verletzen.
Vi·tru·vi·an ['vɪ'truː·vjən; -vɪən] adj arch. hist. vi'truvisch. ~ scroll s arch. Mä'ander(verzierung f) m.
vit·ta ['vɪtə] pl -tae [-tiː] s 1. antiq. Stirnband n. 2. bot. a) Ölstrieme f (in den Früchten der Doldenblütler), b) Gürtelband n (in den Schalen von Kieselalgen). 3. bot. zo. Bandstreifen m.
vi·tu·per·ate [vɪ'tjuːpəreɪt; vaɪ-; Am. a. -'tuː-] v/t 1. (wüst) beschimpfen, schmähen. 2. scharf tadeln. viˌtu·per'a·tion s 1. Schmähung f, (wüste) Beschimpfung. 2. scharfer Tadel. 3. pl Schimpfworte pl. vi'tu·per·a·tive [-pərətɪv; -reɪ-] adj (adv ~ly) 1. schmähend, Schmäh... 2. tadelnd. vi'tu·per·a·tor [-tə(r)] s Schmäher m, (Be)Schimpfer m.
vi·va¹ ['viːvə] I interj Hoch! II s Hoch(ruf m) n.
vi·va² ['vaɪvə] Br. I → viva voce. II v/t mündlich prüfen.
vi·va·ce [vɪ'vɑːtʃɪ; -tʃeɪ] adv u. adj mus. vi'vace, lebhaft.
vi·va·cious [vɪ'veɪʃəs; vaɪ-] adj (adv ~ly) lebhaft, munter. vi'va·cious·ness, vi'vac·i·ty [-'væsətɪ] s Lebhaftigkeit f, Munterkeit f.
vi·var·i·um [vaɪ'veərɪəm] pl -i·ums, -i·a [-ɪə] s 1. Vi'varium n (kleinere Anlage zur Haltung lebender Tiere, z. B. Aquarium, Terrarium). 2. obs. Fischteich m.
vi·va vo·ce [ˌvaɪvə'vəʊsɪ; -tʃɪ] I adj u. adv mündlich. II s mündliche Prüfung.
viv·id ['vɪvɪd] adj (adv ~ly) 1. allg. lebhaft: a) impul'siv (Person), b) inten'siv: ~ imagination lebhafte Phantasie, c) deutlich, klar: ~ recollections, d) schwungvoll, bunt: ~ scene, e) leuchtend: ~ colo(u)rs. 2. le'bendig, lebensvoll: ~ portrait. 'viv·id·ness s 1. Lebhaftigkeit f. 2. Le'bendigkeit f.
viv·i·fi·ca·tion [ˌvɪvɪfɪ'keɪʃn] s 1. ('Wieder)Belebung f. 2. biol. 'Umwandlung f in lebendes Gewebe. 'viv·i·fy [-faɪ] v/t 1. 'wiederbeleben. 2. fig. Leben geben (dat), beleben, anregen. 3. fig. intensi'vieren. 4. biol. in lebendes Gewebe verwandeln.
vi·vip·a·rous [vɪ'vɪpərəs; vaɪ-] adj (adv ~ly) 1. zo. lebendgebärend. 2. bot. noch an der Mutterpflanze keimend (Samen).
vi'vip·a·ry [-rɪ] s 1. Vivipa'rie f: a) bot. Vermehrung f durch Brutkörper, b) zo. (Vermehrung f durch) Lebendgeburt f. 2. bot. Biotek'nose f (Keimung an der Mutterpflanze).
viv·i·sect [ˌvɪvɪ'sekt; 'vɪvɪsekt] v/t u. v/i med. vivise'zieren, lebend se'zieren. ˌviv·i'sec·tion s med. Vivisekti'on f. ˌviv·i'sec·tion·al adj Vivisektions..., vivisek'torisch. ˌviv·i'sec·tion·ist s 1. Anhänger m der Vivisekti'on. 2. → vivisector. viv·i·sec·tor [-tə(r)] s Vivi'sektor m.
vix·en ['vɪksn] s 1. hunt. Füchsin f, Fähe f. 2. fig. Zankteufel m, „Drachen" m, Xan'thippe f. 'vix·en·ish adj zänkisch, keifend.
viz·ard ['vɪzə(r)d; -ə(r)d] → visor 3.
vi·zier [vɪ'zɪə(r)] s hist. We'sir m. vi'zier·ate [-rɪt; -reɪt] s Wesi'rat n.
vi·zor → visor.
ˌV-'J Day s Tag m des Sieges der Al-
li'ierten über Japan (im 2. Weltkrieg, 15. 8. 1945).
Vlach [vlɑːk] I s Wa'lache m, Wa'lachin f. II adj wa'lachisch.
vlei s 1. [fleɪ; vleɪ] S.Afr. sumpfige Niederung. 2. [flaɪ; vlaɪ] Am. dial. Sumpf m.
'V-ˌmail s Am. Fotoluftpostbrief m. ~ neck s V-Ausschnitt m. '~-neck(ed) adj mit V-Ausschnitt.
vo·cab ['vəʊkæb] colloq. für vocabulary.
vo·ca·ble ['vəʊkəbl] s Vo'kabel f.
vo·cab·u·lar·y [vəʊ'kæbjʊlərɪ; və'k-; Am. -ˌjəˌleriː] I s Vokabu'lar n: a) Wörterverzeichnis n, b) Wortschatz m. II adj Wort(schatz)...
vo·cal ['vəʊkl] I adj (adv ~ly) 1. stimmlich, mündlich, Stimm..., Sprech...: ~ chink Stimmritze f; ~ cords Stimmbänder; ~ fold Stimmfalte f. 2. mus. Vokal..., gesungen, Gesang(s)..., gesanglich: ~ music Vokalmusik f; ~ part Singstimme f; ~ recital Liederabend m. 3. stimmbegabt, der Sprache mächtig. 4. klingend, 'widerhallend (with von). 5. laut, vernehmbar, a. gesprächig: to become ~ laut werden, sich vernehmen lassen. 6. ling. a) vo'kalisch, b) stimmhaft. II s 7. (gesungener) Schlager.
vo·cal·ic [vəʊ'kælɪk] adj 1. Vokal..., vo'kalisch. 2. vo'kalreich.
vo·cal·ise [ˌvəʊkə'liːz] s mus. Voka'lise f (Singübung nur mit Vokalen).
vo·cal·ism ['vəʊkəlɪzəm] s 1. ling. Vo'kalsy₁stem n (e-r Sprache). 2. Vokalisati'on f (Vokalbildung u. Aussprache). 3. Gesang m, Gesangskunst f, -technik f. 'vo·cal·ist s mus. Sänger(in).
vo·cal·i·ty [vəʊ'kælətɪ] s 1. ling. a) Stimmhaftigkeit f, b) vo'kalischer Cha'rakter. 2. Stimmbegabung f.
vo·cal·i·za·tion [ˌvəʊkəlaɪ'zeɪʃn; Am. -lə'z-] s 1. Aussprechen n, Stimmgebung f. 2. ling. a) Vokali'sierung f, Vokalisati'on f, b) stimmhafte Aussprache, c) Punktuati'on f (Bezeichnen der Vokale im Hebräischen). 'vo·cal·ize I v/t 1. e-n Laut aussprechen, artiku'lieren, a. singen. 2. ling. a) Konsonanten vokali'sieren, vo'kalisch od. als Vo'kal aussprechen, b) stimmhaft aussprechen, c) → vowelize 1. II v/i 3. vokali'sieren (beim Singen die Vokale bilden u. aussprechen).
vo·ca·tion [vəʊ'keɪʃn] s 1. (relig. göttliche, allg. innere) Berufung (for zu). 2. Eignung f, Begabung f, Ta'lent n (for zu, für). 3. Beruf m, Beschäftigung f: to mistake one's ~ s-n Beruf verfehlen. vo'ca·tion·al [-ʃənl] adj beruflich, Berufs...: ~ adviser Berufsberater m; ~ disease Berufskrankheit f; ~ education (od. training) Berufsausbildung f; ~ experience Berufserfahrung f; ~ guidance Berufsberatung f; ~ school Am. (etwa) Berufsschule f.
voc·a·tive ['vɒkətɪv; Am. 'vɑ-] ling. I adj vokativisch, Anrede...: ~ case → II. II s Vokativ m.
vo·ces ['vəʊsiːz] pl von vox.
vo·cif·er·ate [vəʊ'sɪfəreɪt] v/t u. v/i schreien, brüllen. voˌcif·er'a·tion s a. pl Brüllen n, Schreien n, Geschrei n. vo'cif·er·a·tor s Schreier m, Schreihals m. vo'cif·er·ous adj (adv ~ly) 1. schreiend, brüllend. 2. lärmend, laut. 3. lautstark: ~ protest; to welcome s.o. ~ly j-n mit großem Hallo empfangen.
vo·co·der [vəʊ'kəʊdə(r)] s electr. tech. Vocoder m (Umwandler von Sprechsignalen).
vo·der [vəʊdə(r)] s electr. tech. Voder m (synthetischer Sprecher).
vod·ka ['vɒdkə; Am. 'vɑdkə] s Wodka m.
voe [vəʊ] s Br. dial. Bucht f.

vogue [vəʊg] s 1. allg. (herrschende) Mode: all the ~ die große Mode, der letzte Schrei; to be in ~ (in) Mode sein; to come into ~ in Mode kommen. 2. Beliebtheit f: to be in full ~ sich großer Beliebtheit erfreuen, sehr im Schwange sein; to have a short-lived ~ sich e-r kurzen Beliebtheit erfreuen. ~ word s Modewort n.
voice [vɔɪs] I s 1. Stimme f (a. fig.): the ~ of conscience, the still small ~ (within) die Stimme des Gewissens; in (good) ~ mus. (gut) bei Stimme; ~ box anat. Kehlkopf m; ~ contact Sprechkontakt m; ~ frequency electr. Sprechfrequenz f; ~ part mus. Singstimme f (e-r Komposition); ~ radio Sprechfunk m; ~ range mus. Stimmumfang m; ~ vote Abstimmung f durch Zuruf. 2. Ausdruck m, Äußerung f: to find ~ in fig. Ausdruck finden in (dat); to give ~ to → 9. 3. Stimme f: to give one's ~ for stimmen für; with one ~ einstimmig. 4. Stimmrecht n, Stimme f: to have a (no) ~ in a matter etwas (nichts) zu sagen haben bei od. in e-r Sache. 5. Stimme f, Sprecher(in), Sprachrohr n: he made himself the ~ of the poor. 6. mus. a) ~ quality Stimmton m, b) ('Orgel)Reˌgister n, (-)Stimme f. 7. ling. a) stimmhafter Laut, b) Stimmton m. 8. Genus n des Verbs: active ~ Aktiv n; passive ~ Passiv n. II v/t 9. Ausdruck geben od. verleihen (dat), äußern, in Worte fassen: he ~d his gratitude. 10. mus. a) e-e Orgelpfeife etc reguˈlieren, b) die Singstimme schreiben zu (e-r Komposition). 11. ling. (stimmhaft) (aus)sprechen. voiced adj 1. (in Zssgn) mit leiser etc Stimme: low-~. 2. ling. stimmhaft.
'voice·ful adj bes. poet. 1. mit (lauter) Stimme. 2. vielstimmig. 'voice·less adj 1. ohne Stimme, stumm. 2. sprachlos. 3. parl. nicht stimmfähig. 4. ling. stimmlos.
'voice-ˌo·ver s Film, TV: 'Off-Kommenˌtar m.
void [vɔɪd] I adj (adv ~ly) 1. leer: a ~ space. 2. ~ of ohne, bar (gen), arm an (dat), frei von: ~ of fear ohne jede Angst. 3. unbewohnt: ~ house. 4. unbesetzt, frei: a ~ position. 5. jur. (rechts)unwirksam, ungültig, nichtig: → null 3. II s 6. leerer Raum, Leere f. 7. fig. (Gefühl n der) Leere f. 8. fig. Lücke f: to fill the ~ die Lücke schließen. 9. jur. unbewohntes Gebäude. 10. Fuge f, Raum (of von). 11. jur. a) (rechts)unwirksam od. ungültig machen, für nichtig erklären, b) (einseitig) aufheben, c) anfechten. 12. physiol. Urin etc ausscheiden. 'void·a·ble adj jur. a) aufhebbar, b) anfechtbar. 'void·ance s Räumung f. 'void·er s her. halbkreisförmiges Ehrenstück am Schild e-s Wappens. 'void·ness s 1. Leere f. 2. jur. Nichtigkeit f, Ungültigkeit f.
voile [vɔɪl] s Voile m, Schleierstoff m.
voir dire [vwɑː(r)'dɪə(r)] s jur. Vorvernehmung unter Eid e-s Geschworenen od. Zeugen zur Feststellung s-r Eignung.
voi·vod(e) ['vɔɪvəʊd] s Woi'wode m.
vo·lant ['vəʊlənt] adj 1. zo. fliegend (a. her.). 2. poet. flüchtig, rasch.
Vo·la·pük ['vɒləpʊk; Am. 'vəʊ-; 'vɑ-] s Vola'pük n (Welthilfssprache).
vo·lar ['vəʊlə(r)] adj anat. 1. Handflächen... 2. Fußsohlen...
vol·a·tile ['vɒlətaɪl; Am. 'vɑlətl] adj 1. chem. verdampfbar, sich verflüchtigend, flüchtig, ä'therisch, vola'til: ~ alkali s Ammoniak n, b) Ammoniumkarbonat n; ~ oil ätherisches Öl; ~ salt Riechsalz n; to make ~ verflüchtigen. 2. fig. vergänglich, flüchtig. 3. fig. a) munter, lebhaft, le'bendig, b) unbeständig, launisch, flatterhaft. 4. Compu-

ter: flüchtig: ~ **storage** flüchtiger *od.* energieabhängiger Speicher. ˌvol·aˈtil·i·ty [-ˈtɪlətɪ] *s* **1.** *chem.* (leichte) Verdampfbarkeit, Flüchtigkeit *f.* **2.** Vergänglich-, Flüchtigkeit *f.* **3.** *fig.* a) Lebhaftigkeit *f,* b) Unbeständigkeit *f,* Flatterhaftigkeit *f.*
vo·lat·i·liz·a·ble [vɒˈlætɪlaɪzəbl; *Am.* ˈvɑlətl-] *adj chem.* leicht zu verflüchtigen(d), (leicht)verdampfbar. **vo·lat·i·li·za·tion** [vɒˌlætɪlaɪˈzeɪʃn; *Am.* ˌvɑlətlɪˈz-] *s chem.* Verflüchtigung *f,* -dampfung *f,* -dampfen *n,* -dunstung *f.* **vo·lat·i·lize** *v/t u. v/i phys.* (sich) verflüchtigen, verdunsten, verdampfen.
vol-au-vent [ˈvɒləʊvɑ̃:ŋ; *Am.* ˌvɒləʊ-ˈvɑ̃:] *s* Vol-au-ˈvent *m* (*Blätterteigpastete mit Fleisch- od. Fisch- od. Pilzfüllung*).
vol·can·ic [vɒlˈkænɪk; *Am.* a. vɑl-] *adj* (*adv* ~ally) **1.** *geol.* vulˈkanisch, Vulkan...: ~ **rock** vulkanisches Gestein, Eruptivgestein *n.* **2.** *fig.* ungestüm, exploˈsiv. ~ **bomb** *s geol.* Bombe *f* (*runde, bisweilen hohle Lavamasse*). ~ **glass** *s geol.* vulˈkanische Glaslava, Obsidiˈan *m.* **vol·can·ic·i·ty** [ˌvɒlkəˈnɪsətɪ; *Am.* a. ˌvɑl-] *s geol.* vulˈkanische Beschaffenheit *od.* Tätigkeit. ˈ**vol·can·ism** *s geol.* Vulkaˈnismus *m.* ˈ**vol·can·ize** *v/t* vulkaniˈsieren.
vol·ca·no [vɒlˈkeɪnəʊ; *Am.* a. vɑl-] *pl* **-noes, -nos** *s* **1.** *geol.* Vulˈkan *m.* **2.** *fig.* Vulˈkan *m,* Pulverfaß *n*: **to sit on the top of a** ~ (wie) auf e-m Pulverfaß sitzen.
vol·can·ol·o·gy [ˌvɒlkəˈnɒlədʒɪ; *Am.* -ˈnɑ-; *a.* ˌvɑl-] *s* Vulkanoloˈgie *f.*
vole¹ [vəʊl] *s zo.* Wühlmaus *f.*
vole² [vəʊl] *s Kartenspiel*: Gewinn *m* aller Stiche: **to go the** ~ a) alles riskieren, b) alles (aus)probieren.
vo·let [ˈvɒleɪ; *Am.* vəʊˈleɪ] *s* Flügel *m* (*e-s Triptychons*).
vo·li·tion [vəʊˈlɪʃn] *s* **1.** Willensäußerung *f,* Willensakt *m,* Entschluß *m*: **of one's own** ~ aus eigenem Entschluß. **2.** Wille *m,* Wollen *n,* Willenskraft *f.* **vo·ˈli·tion·al** [-ʃnl] *adj* (*adv* ~ly) **1.** Willens..., willensmäßig. **2.** willensstark. **vol·i·tive** [ˈvɒlɪtɪv; *Am.* ˈvɑ-] *adj* **1.** Willens... **2.** *ling.* voliˈtiv: ~ **future.**
völk·er·wan·der·ung [ˈfœlkərˌvandərʊŋ] (*Ger.*) *pl* **-en** *s bes. hist.* Völkerwanderung *f.*
Volks·raad [ˈfɒlksrɑːt; *Am.* ˈfɔːlks-] *s pol. hist.* Volksraad *m* (*gesetzgebende Körperschaft in der Republik Südafrika*).
vol·ley [ˈvɒlɪ; *Am.* ˈvɑ-] **I** *s* **1.** (Gewehr-, Geschütz)Salve *f,* (Pfeil-, Stein- etc)Hagel *m,* Artillerie, Flak'Gruppe *f*: ~ **bombing** *aer.* Reihenwurf *m*; ~ **fire** *mil.* a) Salvenfeuer *n,* b) (Artillerie) Gruppenfeuer *n.* **2.** *fig.* Schwall *m,* Strom *m,* Flut *f,* Ausbruch *m*: **a** ~ **of oaths** ein Hagel von Flüchen. **3.** *sport* a) *Tennis:* Volley *m* (*Schlag*), (*Ball a.*) Flugball *m,* b) *Fußball:* Volleyschuß *m*: **to take a ball at** (*od.* **on**) ~ **e-n Ball volley nehmen. 4.** *Badminton:* Ballwechsel *m.* **II** *v/t* **5.** in e-r Salve abschießen. **6.** *sport* a) *e-n Ball* volley nehmen, (*Tennis a.*) als Flugball nehmen, (*Fußball a.*) (diˈrekt) aus der Luft nehmen, b) *Fußball:* e-n Ball volley schießen. **7.** *fig. meist* ~ **out** (*od.* **forth**) e-n Schwall *von Worten etc* von sich geben. **III** *v/i* **8.** e-e Salve *od.* Salven abgeben. **9.** hageln, sausen (*Geschosse*). **10.** krachen (*Geschütze*). **11.** *sport* a) *Tennis:* volˈlieren, b) *Fußball:* volley schießen. ˈ**vol·ley·ball** *s sport* **1.** Volleyball(spiel *n*) *m.* **2.** Volleyball *m.*
vol·plane [ˈvɒlpleɪn; *Am. a.* ˈvɑl-] *aer.* **I** *s* Gleitflug *m.* **II** *v/i* im Gleitflug niedergehen.
Vol·stead·ism [ˈvɑːlˌstɛdɪzəm] *s Am.* Prohibitiˈonspoliˌtik *f* (*nach dem Abgeordneten A. J. Volstead*).
volt¹ [vəʊlt] *s electr.* Volt *n.*
volt² [vɒlt; *Am. a.* vəʊlt] *s fenc., Pferdesport:* Volte *f.*
Vol·ta [ˈvɒltə; *Am.* ˈvɒl-; ˈvəʊl-] *adj electr.* Volta...: ~ **effect;** ~**'s law** Voltasches Gesetz.
volt·age [ˈvəʊltɪdʒ] *s electr.* (Volt)Spannung *f*: ~ **divider** Spannungsteiler *m.*
vol·ta·ic [vɒlˈteɪɪk; *Am. a.* ˈvɒl-; ˈvəʊl-] *adj electr.* galˈvanisch. ~ **cell,** ~ **cou·ple** *s electr.* Eleˈment *n,* Zelle *f.* ~ **pile** *s electr.* Voltaische Säule.
volt·am·e·ter [vɒlˈtæmɪtə(r); *Am.* vɒlˈ-] *s electr.* Voltaˈmeter *n* (*Stromstärkemesser*). ˌ**vol·taˈmet·ric** [-təˈmetrɪk] *adj* voltaˈmetrisch. **volt·am·me·ter** [ˌvəʊltˈæmɪtə(r)] *s* Voltamˌperemeter *n,* Voltmeter *n.* ˌ**volt·ˈam·pere** *s* ˈVoltamˌpere *n.* ˌ**volt-ˈcou·lomb** *s* Joule *n,* ˈWattseˌkunde *f.*
volte → volt².
volte-face [ˌvɒltˈfɑːs] *pl* **voltes-faces** [ˌvɒltˈfɑːsɪz] *s fig.* Kehrtwendung *f,* Wendung *f* um 180 Grad: **to make** (*od.* **perform**) **a** ~ sich um 180 Grad drehen.
volt·me·ter [ˈvəʊltˌmiːtə(r)] *s electr.* Voltmeter *n,* Spannungsmesser *m.*
vol·u·bil·i·ty [ˌvɒljʊˈbɪlətɪ; *Am.* ˌvɑl-] *s* **1.** *obs.* leichte Drehbarkeit (*um e-e Achse etc*). **2.** *obs.* leichte Beweglichkeit. **3.** a) glatter Fluß (*der Rede*), b) Zungenfertigkeit *f,* Redegewandtheit *f,* c) Redseligkeit *f,* d) Wortreichtum *m.* ˈ**vol·u·ble** *adj* **1.** *obs.* leichtdrehbar. **2.** *obs.* leichtbeweglich. **3.** a) fließend: ~ **speech,** b) redegewandt, zungenfertig, c) redselig, d) wortreich. **4.** *bot.* sich windend.
vol·ume [ˈvɒljuːm; *Am.* ˈvɑljəm; -juːm] *s* **1.** Band *m,* Buch *n* (*a. fig.*): **a three-**~ **novel** ein dreibändiger Roman; **the** ~ **of nature** das Buch der Natur; **that speaks** ~**s** *fig.* das spricht Bände (**for** für). **2.** Voˈlumen *n,* ˈUmfang *m*: **the** ~ **of imports;** ~ **of traffic** Verkehrsaufkommen *n.* **3.** Masse *f,* große Menge, Schwall *m*: ~**s of abuse;** ~ **production** *econ.* Massenproduktion *f,* Mengenfertigung *f.* **4.** *chem. math. med. phys.* (Raum)Inhalt *m,* Voˈlumen *n.* **5.** *mus.* Klangfülle *f,* ˈStimmvoˌlumen *n.* **6.** *electr.* Lautstärke *f*: ~ **control** Lautstärkeregler *m.* ˈ**volumed** *adj* (*in Zssgn*) ...bändig: **a three-**~ **book.**
vol·u·me·nom·e·ter [ˌvɒljʊmɪˈnɒmɪtə(r); *Am.* ˌvɑljəmɪˈnɑ-] *s phys.* Volumenoˈmeter *n* (*optisches Gerät zur Messung des Volumens fester Körper*).
vol·u·me·ter [vɒˈljuːmɪtə; *Am.* ˈvɑljəˌmiːtər] *s phys.* Voluˈmeter *n* (*Senkwaage mit Volumenskala zur Bestimmung der Dichte e-r Flüssigkeit*).
vol·u·met·ric [ˌvɒljʊˈmetrɪk; *Am.* ˌvɑl-] *adj* (*adv* **-ally**) voluˈmetrisch: ~ **analysis** volumetrische Analyse, Maßanalyse *f*; ~ **density** Raumdichte *f.* ˌ**vol·uˈmet·ri·cal** → volumetric.
vo·lu·mi·nal [vəˈljuːmɪnl; *bes. Am.* -ˈluː-] *adj* Volumen..., Umfangs... **vo·lu·miˈnos·i·ty** [-ˈnɒsətɪ; *Am.* -ˈnɑ-] *s* ˈUmfang *m,* Reichtum *m* (*bes. an literarischer Produktion*). **vo·ˈlu·mi·nous** [-nəs] *adj* **1.** fruchtbar, produkˈtiv (*Schriftsteller*). **2.** bändefüllend, vielbändig (*literarisches Werk*). **3.** volumiˈnös, ˈumfangreich, massig. **4.** bauschig, füllig. **5.** weitschweifig. **6.** *mus.* voll, füllig: ~ **voice.**
vol·un·tar·i·ness [ˈvɒləntərɪnɪs; *Am.* ˈvɑlənˌterɪ-] *s* **1.** Freiwilligkeit *f.* **2.** (Willens)Freiheit *f.*
vol·un·ta·rism [ˈvɒləntərɪzəm; *Am.* ˈvɑ-] *s philos.* Voluntaˈrismus *m.*
vol·un·tar·y [ˈvɒləntrɪ; *Am.* ˈvɑlənˌterɪ] **I** *adj* (*adv* **voluntarily**) **1.** freiwillig, aus eig(e)nem Antrieb *od.* freiem Entschluß (getan *etc*), sponˈtan: ~ **contribution;** ~ **bankruptcy** selbstbeantragte Konkurserklärung; ~ **death** Freitod *m.* **2.** frei, unabhängig: ~ **chain** *econ.* Gemeinschaftseinkauf *m u.* -werbung *f* (*unabhängiger Einzelhändler*). **3.** *jur.* a) vorsätzlich, schuldhaft: ~ **act,** b) freiwillig, unentgeltlich: ~ **conveyance,** c) außergerichtlich, gütlich: ~ **settlement;** ~ **jurisdiction** freiwillige Gerichtsbarkeit. **4.** durch Spenden unterˈstützt *od.* finanˈziert: ~ **hospital. 5.** *physiol.* willkürlich: ~ **muscles. 6.** *philos.* voluntaˈristisch. **II** *s* **7.** freiwillige *od.* wahlweise Arbeit. **8.** *a.* ~ **exercise** *sport* Kür(übung) *f.* **9.** *mus.* Orgelsolo *n.* **10.** Freiwillige(r *m*) *f.* **11.** *philos.* Voluntaˈrist(in). ˈ**vol·un·tar·y·ism** *s pol.* ˈFreiwilligkeitsprinˌzip *n.*
vol·un·teer [ˌvɒlənˈtɪə(r); *Am.* ˌvɑ-] **I** *s* **1.** Freiwillige(r *m*) *f* (*a. mil.*). **2.** *jur.* unentgeltlicher (Eigentums)Erwerber *od.* Rechtsnachfolger. **3.** *bot.* wildwachsende Pflanze. **II** *adj* **4.** freiwillig, Freiwilligen... **5.** *bot.* wildwachsend. **III** *v/i* **6.** sich freiwillig melden *od.* erbieten (**for** für, zu), freiwillig mittun (**in** bei), als Freiwillige(r) eintreten *od.* dienen. **IV** *v/t* **7.** *Dienste etc* freiwillig anbieten *od.* leisten. **8.** sich *e-e Bemerkung* erlauben, unaufgefordert von sich geben. **9.** (freiwillig) zum besten geben: **he** ~**ed a song.**
V. ~ State *s* (*Beiname für*) Tennessee *n.*
vo·lup·tu·a·ry [vəˈlʌptjʊərɪ; *Am.* -tʃəˌweri:] **I** *s* (Wol)Lüstling *m,* sinnlicher Mensch. **II** *adj* → **voluptuous. vo·ˈlup·tu·ous** [-tʃʊəs; *Am.* -tʃəwəs; -tʃəs] *adj* (*adv* ~**ly**) **1.** wollüstig, sinnlich: ~ **pleasure. 2.** geil, lüstern: ~ **glance. 3.** üppig, sinnlich: ~ **body. vo·ˈlup·tu·ous·ness** *s* **1.** Wollust *f,* Sinnlichkeit *f.* **2.** Geilheit *f,* Lüsternheit *f.* **3.** Üppigkeit *f.*
vo·lute [vəˈljuːt; *bes. Am.* vəˈluːt] **I** *s* **1.** Spiˈrale *f,* Schnörkel *m.* **2.** *arch.* Voˈlute *f,* Schnecke *f.* **3.** *zo.* Windung *f* (*e-s Schneckengehäuses*). **4.** *zo.* Faltenschnecke *f.* **II** *adj* **5.** gewunden. **6.** spiˈral-, schneckenförmig: ~ **compasses** Spiralzirkel *m*; ~ **spring** *tech.* Schneckenfeder *f.* **vo·ˈlut·ed** *adj* **1.** → volute II. **2.** *arch.* mit Voˈluten (versehen). **vo·ˈlu·tion** [-ʃn] *s* **1.** Drehung *f.* **2.** *anat. zo.* Windung *f.*
vol·vu·lus [ˈvɒlvjʊləs; *Am. a.* ˈvɑl-] *s med.* Volvulus *m,* Darmverschlingung *f.*
vom·i·ca [ˈvɒmɪkə; *Am. a.* ˈvɑ-] *pl* **-cae** [-siː] *s med.* **1.** anomale Höhlenbildung (*bes. in der Lunge*). **2.** plötzlicher Eiterauswurf.
vom·it [ˈvɒmɪt; *Am.* ˈvɑ-] **I** *s* **1.** Erbrechen *n.* **2.** (*das*) Erbrochene. **3.** *pharm.* Brechmittel *n.* **4.** *fig.* Unflat *m.* **II** *v/t* **5.** (er)brechen. **6.** *a.* ~ **up** *fig. Feuer etc* (aus)speien, *Lava* auswerfen, *Rauch, a. Flüche etc* ausstoßen. **III** *v/i* **7.** (sich er)brechen, sich überˈgeben. **8.** *fig.* Lava auswerfen, Feuer *etc* (aus)speien, Rauch ausstoßen. ˈ**vom·i·tive** *pharm.* **I** *s* Brechmittel *n.* **II** *adj* Erbrechen verursachend, Brech... ˈ**vom·i·to·ry** [-tərɪ; *Am.* -məˌtɔːri:; -ˌtəʊ-] **I** *s* **1.** → vomitive I. **2.** *antiq.* Vomiˈtorium *n* (*Eingang zum römischen Amphitheater*). **II** *adj* → vomitive II. **vom·i·tu·ri·tion** [ˌvɒmɪtjʊˈrɪʃn; *Am.* ˌvɑmətʃə-; -tuː-] *s med.* Brechreiz *m,* Würgen *n.*
voo·doo [ˈvuːduː] **I** *s* **1.** Wodu *m* (*magisch-religiöser Geheimkult auf Haiti*). **2.** Zauber *m,* Hexeˈrei *f.* **3.** *a.* ~ **priest** Wodupriester *m.* **4.** Fetisch *m,* Gegenstand *m* (*des Wodukults*). **II** *v/t* **5.** verhexen. ˈ**voo·doo·ism** *s* Wodukult *m.*
vo·ra·cious [vəˈreɪʃəs; vɔː-] *adj* (*adv* ~**ly**) gefräßig, gierig, unersättlich (*a. fig.*): ~ **appetite; to be a** ~ **reader** die Bücher

voraciousness – vying

geradezu verschlingen. **vo·ra·cious·ness, vo·rac·i·ty** [vɒˈræsətɪ; *bes. Am.* vɔː-; və-] *s* Gefräßigkeit *f*, Gier *f*, Unersättlichkeit *f* (of nach).

vor·tex [ˈvɔː(r)teks] *pl* **-tex·es, -ti·ces** [-tɪsɪːz] *s* **1.** Wirbel *m*, Strudel *m* (*beide a. phys. u. fig.*): ~ **of social life**; ~ **motion** Wirbelbewegung *f*. **2.** Wirbelwind *m*. **3.** *philos. hist.* Vortex *m*, Wirbel *m*.

vor·ti·cal [ˈvɔː(r)tɪkl] *adj* (*adv* ~**ly**) **1.** wirbelnd, kreisend, Wirbel... **2.** wirbel-, strudelartig.

vor·ti·ces [ˈvɔː(r)tɪsɪːz] *pl von* **vortex**.

vor·ti·cism [ˈvɔː(r)tɪsɪzəm] *s art* Vortiˈzismus *m* (*englische futuristische Bewegung*).

vor·ti·cose [ˈvɔː(r)tɪkəʊs] → **vortical**.

vo·ta·ress [ˈvəʊtərɪs] *s* Geweihte *f* (*etc*; → **votary**).

vo·ta·ry [ˈvəʊtərɪ] **I** *s* **1.** *relig.* Geweihte(r *m*) *f*: a) Mönch *m*, b) Nonne *f*. **2.** *fig.* Verfechter(in), (Vor)Kämpfer(in): **a** ~ **of peace**. **3.** *fig.* Anhänger(in), Verehrer(in), Jünger(in): ~ **of music** Musikenthusiast(in); ~ **of science** Jünger der Wissenschaft.

vote [vəʊt] **I** *s* **1.** (Wahl)Stimme *f*, Votum *n*: **to give one's** ~ **to** (*od.* **for**) s-e Stimme geben (*dat*), stimmen für; → **censure** 1, **confidence** 1, **split** 4. **2.** Abstimmung *f*, Stimmabgabe *f*, Wahl *f*: **to put** s.th. **to the** ~, **to take a** ~ **on** s.th. über e-e Sache abstimmen lassen; **to take the** ~ die Abstimmung vornehmen, abstimmen. **3.** Stimmzettel *m*, Stimme *f*: **the** ~**s were counted**; → **cast** 20. **4. the** ~ das Stimmod. Wahlrecht. **5. the** ~ *collect.* die Stimmen *pl*: **the candidate lost the Labour** ~; ~**-catcher**, ~**-getter** ˌWahllokomotive' *f*. **6.** Wahlergebnis *n*. **7.** Beschluß *m*: **a unanimous** ~. **8.** Bewilligung *f*, bewilligter Betrag. **9.** *obs. a.* Gelübde *n*, b) glühender Wunsch. **II** *v/i* **10.** abstimmen, wählen, s-e Stimme abgeben: **to** ~ **against** stimmen gegen; **to** ~ **for** stimmen für (*a. colloq. für etwas sein*). **III** *v/t* **11.** abstimmen über (*acc*), wählen: **to** ~ **down** niederstimmen; **to** ~ s.o. **in** j-n wählen; **to** ~ s.th. **through** etwas durchbringen; **to** ~ **that** dafür sein, daß, vorschlagen *od.* beschließen, daß; **to** ~ s.o. **out of** (**office**) j-n abwählen. **12.** (durch Abstimmung) wählen *od.* beschließen *od.* Geld bewilligen. **13.** *colloq.* allgemein erklären für *od.* halten für *od.* hinstellen als: **she was** ~**d a beauty**. **14.** vorschlagen: **I** ~ (**that**) **you avoid her in future**. **'vote·less** *adj* ohne Stimmrecht *od.* Stimme. **'vot·er** *s* Wähler(in), Wahl-, Stimmberechtigte(r *m*) *f*.

'vot·ing I *s* (Ab)Stimmen *n*, Abstimmung *f*, Stimmabgabe *f*. **II** *adj* Stimm(en)..., Wahl... ~ **age** *s* Wahlalter *n*. ~ **ma·chine** *s bes. Am.* ˈStimmenˌzählappaˌrat *m*, ˈWahlmaˌschine *f*. ~ **pa·per** *s* Stimmzettel *m*. ~ **pow·er** *s econ.* Stimmberechtigung *f*, -recht *n*. ~ **share** *s econ. bes. Br.* Stimmrechtsaktie *f*. ~ **stock** *s econ.* **1.** stimmberechtigtes ˈAktienkapiˌtal. **2.** *bes. Am.* Stimmrechtsaktie *f*. ~ **trust** *s econ.* ˈStimmrechtsüberˌtragung *f* auf (e-n) Treuhänder.

vo·tive [ˈvəʊtɪv] *adj* gelobt, geweiht, Weih..., Votiv..., Denk...: ~ **mass** *R.C.* Votivmesse *f*; ~ **medal** (Ge)Denkmünze *f*; ~ **tablet** Votivtafel *f*.

vouch [vaʊtʃ] **I** *v/t* **1.** bezeugen, bestätigen, (urkundlich) belegen. **2.** bekräftigen, beteuern. **3.** (sich ver)bürgen für: ~ **that** dafür bürgen, daß. **II** *v/i* **4.** ~ **for** (sich ver)bürgen für.

'vouch·er *s* **1.** Zeuge *m*, Bürge *m*. **2.** ˈUnterlage *f*, Dokuˈment *n*: **to support by** ~ dokumentarisch belegen. **3.** (Rechnungs)Beleg *m*, Belegschein *m*, -zettel *m*, Quittung *f*. **4.** Gutschein *m*, Bon *m*. **5.** Eintrittskarte *f*. ~ **check** *s econ. Am.* Verrechnungsscheck *m*. ~ **clerk** *s econ. Br.* Krediˈtorenbuchhalter *m*. ~ **cop·y** *s econ.* Belegdoppel *n*.

vouch'safe *v/t* **1.** (gnädig) gewähren. **2.** geruhen (**to do** zu tun). **3.** sich herˈablassen zu: **he** ~**d me no answer** er würdigte mich keiner Antwort.

vouge [vuːʒ] *s mil. hist.* (*Art*) Helleˈbarde *f*.

vow [vaʊ] **I** *s* **1.** Gelübde *n* (*a. relig.*), Gelöbnis *n*, *oft pl* (feierliches) Versprechen, (Treu)Schwur *m*: **to be under a** ~ ein Gelübde abgelegt haben, versprochen haben (**to do** zu tun); **to take** (*od.* **make**) **a** ~ ein Gelübde ablegen. **2.** *relig.* Proˈfeß *f*, Ordensgelübde *n*: **to take** ~**s** Profeß ablegen, in ein Kloster eintreten. **II** *v/t* **3.** geloben: **to** ~ o.s. **to** sich weihen *od.* angeloben (*dat*). **4.** (sich) schwören, (sich) geloben, hoch und heilig versprechen (**to do** zu tun). **5.** feierlich erklären.

vow·el [ˈvaʊəl] **I** *s ling.* **1.** Voˈkal *m*, Selbstlaut *m*: **neutral** ~ Murmellaut *m*. **II** *adj* voˈkalisch. **3.** Vokal..., Selbstlaut...: ~ **gradation** Ablaut *m*; ~ **mu·ta·tion** Umlaut *m*. **'vow·el·ize** *v/t* **1.** hebräischen Text mit Voˈkalzeichen versehen. **2.** *ling.* e-n Laut vokaliˈsieren. **'vow·el·less** *adj* voˈkallos.

vox [vɒks; *Am.* vɑks] *pl* **vo·ces** [ˈvəʊsɪːz] (*Lat.*) *s* Stimme *f*: ~ **pop·u·li** die Stimme des Volkes.

voy·age [ˈvɔɪdʒ] **I** *s* **1.** (*lange*) (See)Reise: ~ **home** Rück-, Heimreise; ~ **out** Hinreise. **2.** Flug(reise *f*) *m*. **II** *v/i* **3.** (*bes.* zur See) reisen. **III** *v/t* **4.** reisen durch, durchˈqueren, bereisen. **'voy·ag·er** *s* (See)Reisende(r *m*) *f*.

vo·yeur [vwɑːˈjɜː; *Am.* -ˈjɜːr] *s psych.* Voyˈeur *m*. **voˈyeur·ism** *s* Voyeurˈtum *n*.

'V-shaped *adj* V-förmig. ~ **sign** *s* **1.** *mit* zwei V-förmig gespreizten Fingern u. nach außen gedrehter Handfläche dargestelltes Symbol für Sieg (**victory**) *od.*, in den USA, für Zustimmung. **2.** *in Großbritannien, mit nach außen gedrehter Handoberfläche* (*etwa*) ˈVogel' *m*: **to give** s.o. **the** ~ j-m den *od.* e-n Vogel zeigen. ~ **thread** *s tech.* V-Gewinde *n*. **'~-type en·gine** *s mot.* V-Motor *m*.

vug(**g**), *a.* **vugh** [vʌɡ; vuːɡ] *s geol.* Druse *f*.

Vul·can [ˈvʌlkən] *npr antiq.* Vulˈcanus *m*, Vulˈkan *m* (*römischer Gott des Feuers*).

Vul·ca·ni·an [-ˈkeɪnɪən], **Vul'can·ic** [-ˈkænɪk] *adj* **1.** vulˈkanisch, des (Gottes) Vulˈkan. **2.** **v~** → **volcanic**. **'vul·can·ism** *s geol.* → **volcanism**.

vul·can·ite [ˈvʌlkənaɪt] *s chem.* Eboˈnit *n*, Vulkaˈnit *n* (*Hartgummi*).

vul·can·i·za·tion [ˌvʌlkənaɪˈzeɪʃn; *Am.* -nəˈz-] *s chem.* Vulkaniˈsierung *f*. **'vul·can·ize** *v/t* Kautschuk vulkaniˈsieren: ~**d fiber** (*bes. Br.* **fibre**) Vulkanfiber *f*.

vul·gar [ˈvʌlɡə(r)] **I** *adj* (*adv* → **vulgarly**) **1.** (all)gemein, Volks...: **V~ Era** die christlichen Jahrhunderte; → **herd** 3. **2.** allgemein üblich *od.* verbreitet, volkstümlich: ~ **superstitions**. **3.** vulˈgärsprachlich, in der Volkssprache (*verfaßt etc*): **a** ~ **translation of a Greek text**; ~ **tongue** Volkssprache *f*; **V~ Latin** Vulˈgärlatein *n*. **4.** ungebildet, ungehobelt. **5.** vulˈgär, unfein, ordiˈnär, gewöhnlich, unanständig, pöbelhaft. **6.** *math.* gemein, gewöhnlich: ~ **fraction**. **II** *s* **7. the** ~ *pl* das (gemeine) Volk. **vul'gar·i·an** [-ˈɡeərɪən] *s* **1.** vulˈgärer Mensch, Pleˈbejer *m*. **2.** Neureiche(r) *m*, Parveˈnü *m*, Protz *m*.

vul·gar·ism [ˈvʌlɡərɪzəm] *s* **1.** vulˈgäres Benehmen, Unfeinheit *f*. **2.** Gemeinheit *f*, Unanständigkeit *f*. **3.** *ling.* Vulgaˈrismus *m*, vulˈgärer Ausdruck.

vul·gar·i·ty [vʌlˈɡærətɪ] *s* **1.** Unbildung *f*, ungehobeltes Wesen. **2.** Gewöhnlichkeit *f*, Pöbelhaftigkeit *f*. **3.** Unsitte *f*, Ungezogenheit *f*. **ˌvul·gar·iˈza·tion** [-ɡəraɪˈzeɪʃn; *Am.* -rəˈz-] *s* **1.** Populariˈsierung *f*, Verbreitung *f*. **2.** Herˈabwürdigung *f*, Vulgariˈsierung *f*. **'vul·gar·ize** *v/t* **1.** populariˈsieren, popuˈlär machen, verˈbreiten. **2.** herˈabwürdigen, vulgariˈsieren. **'vul·gar·ly** *adv* allgemein, gemeinhin, landläufig.

Vul·gate [ˈvʌlɡeɪt; -ɡɪt] *s* **1.** Vulˈgata *f* (*lat. Bibelübersetzung des Hieronymus aus dem 4. Jh.*). **2. v~** allgemein anerkannter vulˈgärsprachlicher Text.

vul·ner·a·bil·i·ty [ˌvʌlnərəˈbɪlətɪ] *s* **1.** Verwundbarkeit *f*. **2.** *fig.* Anfechtbarkeit *f*. **'vul·ner·a·ble** *adj* **1.** verwundbar (*a. fig.*). **2.** *fig.* anfechtbar: **a** ~ **argument**. **3.** *fig.* anfällig (**to** für). **4.** *mil. sport* ungeschützt, offen: ~ **position**. **'vul·ner·a·ble·ness** → **vulnerability**.

vul·ner·ar·y [ˈvʌlnərəri; *Am.* -ˌrerɪ] **I** *adj* Wund-, Heil...: ~ **drug** → **II**; ~ **herb**, ~ **plant** Heilkraut *n*. **II** *s* Wund-, Heilmittel *n*.

vul·pine [ˈvʌlpaɪn] *adj* **1.** fuchsartig, Fuchs... **2.** *fig.* schlau, listig.

vul·pin·ism [ˈvʌlpɪnɪzəm] *s* Schläue *f*.

vul·ture [ˈvʌltʃə(r)] *s* **1.** *orn.* Geier *m*. **2.** *fig.* ˌAasgeier' *m*.

vul·tur·ine [ˈvʌltʃʊraɪn; -tʃə-], **'vul·tur·ous** *adj* **1.** *orn.* a) Geier..., b) geierartig. **2.** *fig.* (raub)gierig.

vul·va [ˈvʌlvə] *pl* **-vae** [-viː] *s anat.* (äußere) weibliche Scham, Vulva *f*. **'vul·val**, **'vul·var** *adj anat.* Scham(lippen)... **vul·vo·vag·i·nal** [ˌvʌlvəʊˈvædʒaɪnl; *Am.* -ˈvædʒənl] *adj* vulvovagiˈnal, Scham- u. Scheiden...

vy·ing [ˈvaɪɪŋ] *adj* wetteifernd.

W

W, w ['dʌblju:] **I** *pl* **W's, Ws, w's, ws** ['dʌblju:z] *s* **1. W, w** *n* (*Buchstabe*). **2. WW** *n*, W-förmiger Gegenstand. **II** *adj* **3.** dreiundzwanzigst(er, e, es). **4.** WW-..., W-förmig.
Waac [wæk] *s mil. Br. colloq.* Ar'meehelferin *f* (*aus* **Women's Army Auxiliary Corps**).
Waaf [wæf] *s mil. Br. colloq.* Luftwaffenhelferin *f* (*aus* **Women's Auxiliary Air Force**).
wab·ble → wobble 1.
Wac [wæk] *s mil. Am. colloq.* Ar'meehelferin *f* (*aus* **Women's Army Corps**).
wack [wæk] *s Am. colloq.* über'spannter Kerl. **'wack·y** *adj bes. Am. colloq.* über'spannt, verschroben.
wad [wɒd; *Am.* wɑd] **I** *s* **1.** Pfropf(en) *m*, (*Watte- etc*)Bausch *m*, Polster *n*. **2.** Pa'pierknäuel *m, n*. **3.** a) (Banknoten)Bündel *n*, (-)Rolle *f*, b) *Am. colloq.* Haufen *m* Geld, etw (große) Stoß *m* Pa'piere, d) *colloq.* Masse *f*, Haufen *m*, (große) Menge: **he has ~s of money** er hat Geld wie Heu. **4.** *mil.* a) Ladepfropf *m*, b) Filzpfropf *m* (*in Schrotpatronen*): **~ hook** *hist.* (Ladestock *m* mit) Kugelzieher *m*. **II** *v/t* **5.** zu e-m Bausch *etc* zs.-rollen *od.* zs.-pressen. **6. ~ up** *Am. fest* zs.-rollen. **7.** ver-, zustopfen. **8.** *mil.* a) die Kugel durch e-n Pfropf (*im Lauf*) festhalten, b) e-n Ladepfropf aufsetzen auf (*acc*): **to ~ a gun**. **9.** *Kleidungsstück etc* wat'tieren, auspolstern.
wad·a·ble ['weɪdəbl] *adj* durch'watbar, seicht.
'wad·ding I *s* **1.** Einlage *f*, 'Füllmateri͵al *n* (*zum Polstern*). **2.** Watte *f*. **3.** Polsterung *f*, Wat'tierung *f*. **II** *adj* **4.** Wattier...
wad·dle ['wɒdl; *Am.* 'wɑdl] **I** *v/i* watscheln. **II** *s* watschelnder Gang, Watschelgang *m*, Watscheln *n*.
wad·dy ['wɒdɪ; *Am.* 'wɑ-] *s Austral.* (hölzerne) Kriegskeule (*der Eingeborenen*).
wade [weɪd] **I** *v/i* waten: **to ~ in** a) hineinwaten, b) *fig. colloq.* sich einmischen, c) *fig. colloq.* sich ,reinknien'; **to ~ into** a) waten in (*acc*), b) *fig. colloq.* losgehen auf (*j-n*), c) *fig. colloq.* sich ,reinknien' in (*e-e Arbeit*), *ein Problem* anpacken; **to ~ through** a) waten durch, durchwaten, b) *fig. colloq.* sich durchkämpfen durch, *Fachliteratur etc* a. durchackern. **II** *v/t* durch'waten. **III** *s* Waten *n*. **'wade·a·ble** → wadable.
'wad·er *s* **1.** *orn.* Wat-, Stelzvogel *m*. **2.** *pl* (hohe) Wasserstiefel *pl*.
wa·di ['wɒdɪ; *Am.* 'wɑ-] *s geogr.* **1.** Wadi *n*, Trockental *n* (*in nordafrikanischen u. arabischen Wüsten*). **2.** steiles Felsental (*in der Sahara*). **3.** O'ase *f*.
wa·dy → wadi.
wae [weɪ] *Scot. für* woe.
Waf [wæf] *s mil. Am. colloq.* Luftwaffenhelferin *f* (*aus* **Women in the Air Force**).

wa·fer ['weɪfə(r)] **I** *s* **1.** Ob'late *f* (*a. Siegelmarke*). **2.** *pharm.* Ob'late(nkapsel) *f*. **3.** *a.* **consecrated ~** *relig.* Ob'late *f*, Hostie *f*. **4.** (*bes.* Eis)Waffel *f*: **(as) thin as a ~, ~-thin** hauchdünn (*a. fig. Vorsprung etc*). **5.** *electr.* Mikroplättchen *n*. **II** *v/t* **6.** (*mittels e-r Oblate*) an- *od.* zukleben. **'wa·fer·y** *adj* waffelähnlich, ob'latenähnlich.
waf·fle¹ ['wɒfl; *Am. a.* 'wɑfəl] *s bes. Am.* Waffel *f*: **~ iron** Waffeleisen *n*.
waf·fle² ['wɒfl; *Am. a.* 'wɑfəl] *bes. Br. colloq.* **I** *s* ,Geschwafel' *n*. **II** *v/i* a) ,quasseln', b) a. **~ on** ,schwafeln'.
waft [wɑːft; *Am. a.* wæft] **I** *v/t* **1.** wehen, tragen. **2.** (fort-, aus)senden. **II** *v/i* **3.** (her'an)getragen werden, schweben, wehen. **III** *s* **4.** Flügelschlag *m*. **5.** Wehen *n*. **6.** (Duft)Hauch *m*, (-)Welle *f*. **7.** *fig.* Anwandlung *f*, Welle *f* (*von Freude, Neid etc*). **8.** *mar.* Flagge *f* in Schau (*Notsignal*).
wag [wæg] **I** *v/t* **1.** sich bewegen *od.* regen: → **tongue** 1. **2.** wedeln, wackeln: **the dog's tail is ~ging**. **II** *v/t* **3.** wackeln *od.* wedeln *od.* wippen mit (*dem Schwanz*), den Kopf schütteln *od.* wiegen: **the dog ~ged its tail** der Hund wedelte mit dem Schwanz; **to ~ one's finger et s.o.** j-m mit dem Finger drohen. **4.** (hin u. her) bewegen, schwenken: → **tail¹, tongue** 1. **III** *s* **5.** Wedeln *n*, Wackeln *n*, Kopfschütteln *n*. **6.** Spaßvogel *m*, Witzbold *m*.
wage¹ [weɪdʒ] *s* **1.** *meist pl* (Arbeits)Lohn *m*: **~s per hour** Stundenlohn; → **living wage**. **2.** *pl econ.* Lohnanteil *m* (*an den Produktionskosten*). **3.** *pl* (*als sg konstruiert*) *fig.* Lohn *m*: **the ~s of sin is death** *Bibl.* der Tod ist der Sünde Sold. **4.** *obs.* Pfand *n*: **to lay one's life in ~** sein Leben verpfänden.
wage² [weɪdʒ] *v/t* e-n Krieg führen, e-n Feldzug unter'nehmen (**on, against** gegen): **to ~ effective war on s.th.** *fig.* e-r Sache wirksam zu Leibe gehen.
wage͵a·gree·ment *s econ.* Lohnabkommen *n*, Ta͵rifvertrag *m*. **~ bill** *s econ.* (ausbezahlte) (Gesamt)Löhne *pl* (*e-r Firma od. e-s Industriezweigs*). **~ claim** *s econ.* Lohnforderung *f*. **~ con·tin·u·a·tion** *s econ.* Lohnfortzahlung *f*. **~ dis·pute** *s econ.* 'Lohnkon͵flikt *m*, -kampf *m*. **~ div·i·dend** *s* Lohnprämie *f*, Gewinnbeteiligung *f*. **~ drift** *s econ. Br.* Lohndrift *f*. **~ earn·er** *s* **1.** *econ.* Lohnempfänger(in), Arbeiter(in). **2.** Ernährer *m*, (Geld)Verdiener *m* (*e-r Familie*). **~ freeze** *s econ.* Lohnstopp *m*. **~ fund** *s econ.* Lohnfonds *m*. **'~-fund the·o·ry** *s econ.* 'Lohnfonds-Theo͵rie *f*. **'~-in͵ten·sive** *adj econ.* 'lohninten͵siv. **~ lev·el** *s* 'Lohn͵niveau *n*. **~ pack·et** *s* Lohntüte *f*.
wa·ger ['weɪdʒə(r)] **I** *s* **1.** Wette *f*: **to lay** (*od.* **make**) **a ~** → 4. **II** *v/t* **2.** a) wetten um, b) setzen auf (*acc*), c) wetten mit (that daß). **3.** *fig.* s-e Ehre *etc* aufs Spiel setzen.

III *v/i* **4.** wetten, e-e Wette eingehen. **~ of bat·tle** *s jur. Br. hist.* Aufforderung zum Zweikampf seitens des Beklagten, um s-e Unschuld zu beweisen. **~ of law** *s jur. Br. hist.* Prozeßvertrag, durch den der Beklagte Sicherheit dafür leistete, daß er wieder erscheinen u. sich durch Eideshelfer freischwören werde.
wage͵rate *s econ.* Lohnsatz *m*. **~ re·straint** *s econ.* Lohnbeschränkung *f*. **~ scale** *s econ.* **1.** Lohnskala *f*. **2.** ('Lohn-)Ta͵rif *m*. **~ set·tle·ment** *s econ.* Lohnabschluß *m*.
wag·es͵fund → wage fund. **'~-fund the·o·ry** → wage-fund theory.
wage͵slave *s* j-d, der für e-n Hungerlohn arbeitet. **~ slip** *s* Lohnstreifen *m*, -zettel *m*. **~ work·er** *s Am. für* wage earner.
wag·ger·y ['wægərɪ] *s* Schelme'rei *f*, Schalkhaftigkeit *f*. **'wag·gish** *adj* (*adv* **~ly**) schelmisch, schalkhaft. **'wag·gish·ness** → waggery.
wag·gle ['wægl] → wag 1–5.
wag·on, *bes. Am.* **wag·on** ['wægən] *s* **1.** (vierrädriger) (Last-, Roll)Wagen *m*. **2.** *rail. Br.* (offener) Güterwagen, Wag'gon *m*: **by ~** *econ.* per Achse. **3.** *Am.* a) (Gefangenen-, Poli'zei)Wagen *m*, b) (Händler-, Verkaufs)Wagen *m*, c) Lieferwagen *m*, d) *mot.* Kombi(wagen) *m*, e) Teewagen *m*, f) Spielzeugwagen *m*. **4. the W~** *astr.* der Große Wagen. **5.** *colloq.* **to be on the ~** nichts (mehr) trinken; **to go on the ~** mit dem Trinken aufhören; **to be off the ~** wieder trinken. **~ ceil·ing** *s arch.* Tonnendecke *f*, -gewölbe *n*.
'wag·on·er, *bes. Am.* **'wag·on·er** *s* **1.** (Fracht)Fuhrmann *m*. **2. W~** *astr.* Fuhrmann *m* (*Sternbild*).
wag·on·ette, *bes. Am.* **wag·on·ette** [͵wægə'net] *s hist.* Break *m, n* (*offener Kutschwagen mit Längsbänken*).
'wag·on͵load, *bes. Am.* **'wag·on͵load** *s* **1.** Wagenladung *f*, Fuhre *f*. **2.** *rail. Br.* Wag'gonladung *f*: **by the ~** waggonweise. **3.** *fig.* Menge *f*. **~ roof** *s arch.* Tonnendecke *f*, -dach *n*. **~ train** *s* **1.** *mil.* Ar'meetrain *m*. **2.** *rail. Am.* Güterzug *m*. **~ vault** *s arch.* Tonnengewölbe *n*.
Wag·ne·ri·an [vɑːɡ'nɪərɪən] *mus.* **I** *s* Wagneri'aner(in). **II** *adj* wagnerisch, wagneri'anisch, Wagner...: **~ singer** Wagnersänger(in). **'Wag·ner·ism** [-nərɪzəm] *s mus.* Wagnertum *n*, -stil *m*. **'Wag·ner·ist** → Wagnerian I.
Wag·ner·ite¹ ['vɑːɡnəraɪt] → Wagnerian I. [min. Wagne'rit *m*.]
wag·ner·ite² ['vɑːɡnəraɪt; 'wæɡ-] *s* **wag·on**, *etc bes. Am. für* waggon, etc.
wa·gon-lit [͵væɡɔ̃'liː] *pl* ͵**wa·gons-'lits** [-'liːz] *s rail.* a) Schlafwagen *m*, b) 'Schlafwagenab͵teil *n*.
'wag͵tail *s orn.* Bachstelze *f*.
waif [weɪf] *s* **1.** *jur.* a) *Br. obs.* weggewor-

fenes Diebesgut, b) herrenloses Gut, bes. Strandgut n (a. fig.). **2.** a) Heimat-, Obdachlose(r m) f, b) verlassenes od. verwahrlostes Kind: **~s and strays** a) Kram m, b) verlassene Kinder, c) streunende od. verwahrloste Tiere. **3.** fig. 'Überrest m: **old ~s of rhyme.**
wail [weɪl] **I** v/i **1.** (weh)klagen, jammern (**for** um; **over** über acc). **2.** schreien, wimmern, heulen (a. Sirene, Wind) (**with vor** Schmerz etc). **II** v/t **3.** beklagen, bejammern. **III** s **4.** (Weh)Klagen n, Jammern n. **5.** (Weh)Klage f, (-)Geschrei n. **6.** Heulen n, Wimmern n. **'wail·ful** adj bes. poet. **1.** traurig, kummervoll. **2.** (weh)klagend, jammernd. **'wail·ing** I s → **wail** III: **~ and gnashing of teeth** Heulen n u. poet. Zähneklappern n. **II** adj (adv **~ly**) (weh)klagend, jammernd, weinend, wimmernd, Klage...: **W~ Wall** Klagemauer f (in Jerusalem).
wain [weɪn] s **1.** poet. Wagen m. **2. the W~** → **Charles's Wain.**
wain·scot ['weɪnskət] **I** s **1.** (bes. untere) (Wand)Täfelung, Tafelwerk n, Getäfel n, Holzverkleidung f. **2.** Sockel(täfelung f) m, Lam'bris m (aus Marmor, Holz, Kacheln etc). **3.** Br. Täfelholz n. **II** v/t pret u. pp **~scot·ed**, bes. Br. **~scot·ted 4.** e-e Wand etc verkleiden, (ver)täfeln. **'wainscot·(t)ing** s **1.** Täfeln n. **2.** → **wainscot** I. **3.** collect. Täfelholz n.
waist [weɪst] s **1.** Taille f. **2.** a) Mieder n, b) bes. Am. Bluse f. **3.** Mittelstück n, Mitte f, schmalste Stelle (e-s Gegenstandes), Schweifung f (e-r Glocke etc). **4.** mar. Mitteldeck n, Kuhl f. **'~band** s (Hosen-, Rock)Bund m.
waist·coat ['weɪskəʊt; Am. a. 'weskət] s **1.** (Herren)Weste f. **2.** Damenweste f (ohne Ärmel), ärmellose Jacke. **3.** hist. Wams n.
waist-'deep adj u. adv bis zur od. an die Taille od. Hüfte, hüfthoch.
waist·ed ['weɪstɪd] adj (in Zssgn) mit ... Taille: **short-~.**
waist|-'high adj **1.** → **waist-deep. 2.** fig. mittelmäßig. **'~·line** s **1.** Gürtellinie f, Taille f (e-s Kleides etc). **2.** 'Taille(n‚umfang m) f: **to watch one's ~** auf s-e Linie achten. **~ slip** s 'Unter-, Halbrock m.
wait [weɪt] **I** s **1.** Warten n. **2.** Wartezeit f: **to have a long** (od. **great**) **~** lange warten müssen. **3.** thea. Pause f. **4.** Lauer f: **to lie in ~** im Hinterhalt liegen; **to lie in ~ for s.o.** j-m auflauern; **to lay ~ for** e-n Hinterhalt legen (dat). **5.** pl a) Weihnachtssänger pl, b) Br. hist. 'Stadt-, 'Dorfmusi‚kanten pl.
II v/i **6.** warten (**for auf** acc): **he ~ed for the door to open** er wartete darauf, daß die Tür aufging; **we ~ed for the rain to stop** wir warteten, bis der Regen aufhörte; **to ~ about** (od. **around**) (ungeduldig od. untätig) warten; **to ~ behind** a) zurückbleiben, b) noch dableiben; **to ~ up for s.o.** aufbleiben u. auf j-n warten; **to keep s.o. ~ing** j-n warten lassen; **that can ~** das hat Zeit, das kann warten; **dinner is ~ing** das Mittagessen wartet od. ist fertig; **you just ~!** colloq. na, warte! **7.** (ab)warten, sich gedulden: **I can't ~ to see him** ich kann es kaum erwarten, bis ich ihn sehe; **~ and see!** ‚abwarten u. Tee trinken!'; **~-and-see policy** abwartende Politik. **8.** **~ (up)on** m. j-m dienen, b) j-n bedienen, j-m aufwarten, c) obs. j-m s-e Aufwartung machen, d) e-r Sache folgen, etwas begleitet sein (Umstand), verbunden sein mit. **9. to ~ at** (Am. **on**) **table** bedienen, servieren.
III v/t **10.** warten auf (acc), abwarten: **to ~ out** das Ende (gen) abwarten; **to ~ one's opportunity** (od. **hour** od. **time**

od. **chance**) e-e günstige Gelegenheit abwarten; → **turn¹** 2. **11.** colloq. aufschieben, warten mit, verschieben: **to ~ dinner for s.o.** mit dem Essen auf j-n warten. **12. to ~ table** Am. → 9. **13.** obs. geleiten, begleiten.
'wait·er s **1.** Kellner m: **~, the bill** (bes. Am. **check**)**, please!** (Herr) Ober, bitte zahlen! **2.** Ser'vier-, Präsen'tierteller m. **3.** obs. a) Wächter m, b) Br. Zöllner m.
'wait·ing **I** s **1.** → **wait** 1 u. 2. **2.** Dienst m (bei Hofe etc), Aufwartung f: **in ~** a) diensttuend, b) mil. Br. in Bereitschaft, Bereitschafts...; → **lady-in-waiting**. **II** adj **3.** (ab)wartend: **~ game¹** 3. **4.** Warte...: **~ list; ~ period** a) allg. Wartezeit f, b) Krankenversicherung etc: Karenzzeit f, Sperrzeit f; **~ room** a) rail. Wartesaal m, b) med. etc Wartezimmer n. **5.** aufwartend, bedienend: **~ (gentle)woman** (adlige) Kammerfrau; **~ girl, ~ maid** (Kammer)Zofe f.
wait·ress ['weɪtrɪs] s Kellnerin f, Bedienung f: **~, the bill** (bes. Am. **check**)**, please!** Fräulein, bitte zahlen!
waive [weɪv] v/t bes. jur. **1.** verzichten auf (acc), sich e-s Rechts, e-s Vorteils begeben: **to ~ a right; he ~d his scruples** er ließ s-e Bedenken fahren. **2.** zu'rückstellen: **let's ~ this question till later**. **3.** pol. Immunität aufheben. **'waiv·er** s jur. **1.** Verzicht m (**of** auf acc), Verzichtleistung f. **2.** Verzichterklärung f. **3. ~ of immunity** pol. Aufhebung f der Immunität.
wake¹ [weɪk] s **1.** mar. Kielwasser n (a. fig.): **in the ~ of** a) im Kielwasser (e-s Schiffes), b) fig. im Gefolge (gen); **to follow in s.o.'s ~** fig. in j-s Kielwasser segeln od. schwimmen; **to bring s.th. in its ~** etwas nach sich ziehen, etwas zur Folge haben. **2.** aer. Luftschraubenstrahl m, Nachstrom m. **3.** Sog m, Strudel m.
wake² [weɪk] **I** v/i pret **waked** od. **woke** [wəʊk] pp **waked** od. **'wok·en 1.** oft **~ up** auf-, erwachen, wach werden (alle a. fig. Person, Gefühl etc). **2.** wachen, wach sein od. bleiben. **3. ~ (up) to** sich e-r Gefahr etc bewußt werden. **4. ~ (from death** od. **the dead)** vom Tode od. von den Toten auferstehen. **5.** fig. wach od. le'bendig werden, sich regen od. rühren. **II** v/t **6. ~ up** (auf)wecken, wachrütteln (a. fig.). **7.** a) v/t wachrufen: **to ~ memories** (**feelings**), b) erregen: **to ~ controversy**, c) j-s Geist etc aufrütteln. **8.** (von den Toten) auferwecken. **9.** poet. den Frieden, die Ruhe etc e-s Ortes stören. **III** s **10.** bes. Ir. a) Totenwache f, b) Leichenschmaus m. **11.** bes. poet. Wachen n: **~ between sleep and ~** zwischen Schlafen u. Wachen. **12.** meist pl (a. als sg kon'struiert) Br. hist. a) Kirchweih(fest n) f, b) Jahrmarkt m. **13.** meist pl (a. als sg kon'struiert) Br. (Zeit f der) Betriebsferien pl.
'wake·ful adj (adv **~ly**) **1.** wachend. **2.** schlaflos. **3.** fig. wachsam. **'wake·fulness** s **1.** Wachen n. **2.** Schlaflosigkeit f. **3.** Wachsamkeit f.
wak·en ['weɪkən] → **wake²** 1, 3, 6–8.
'wak·er s: **to be a late ~** (für gewöhnlich) spät aufwachen.
'wake-‚rob·in s bot. **1.** Br. Aronstab m. **2.** Am. Drilling m.
'wak·ing s **1.** (Er)Wachen n. **2.** (Nacht-) Wache f. **II** adj **3.** wachsam. **4.** (er)weckend: **~ call** teleph. Weckruf m. **5.** wach: **~ dream** Wach-, Tagtraum m; **in his ~ hours** von früh bis spät.
Wal·ach ['wɒlæk; Am.-wɑː-] s Wa'lache m, Wa'lachin f. **Wa·la·chi·an** [-'leɪkjən; -ɪən] **I** s **1.** → **Walach**. **2.** ling. Wa'lachisch n, das Walachische. **II** adj **3.** wa'lachisch.
Wal·den·ses [wɒl'densiːz; Am. a. wɑːl-] s

pl relig. Wal'denser pl. **Wal·'den·si·an** **I** adj wal'densisch. **II** s Wal'denser(in).
Wal·dorf sal·ad ['wɔːldɔː(r)f] s gastr. bes. Am. 'Waldorfsa‚lat m.
wale [weɪl] s **1.** Strieme(n m) f, Schwiele f. **2.** Weberei: a) Rippe f (e-s Gewebes), b) Köper(bindung f) m, c) Salleiste f, -band n. **3.** tech. a) Verbindungsstück n, b) Gurtholz n. **4.** mar. a) Krummholz n, b) Dollbord m (e-s Boots).
walk [wɔːk] **I** s **1.** Gehen n: **to go at a ~** im Schritt gehen. **2.** Gang(art f) m, Schritt m: **a dignified ~**. **3.** Spa'ziergang m: **to go for** (od. **take, have**) **a ~** e-n Spaziergang machen, spazierengehen; **to take s.o. for a ~** j-n spazierenführen, mit j-m spazierengehen. **4.** (Spa'zier)Weg m: a) Prome'nade f, b) Strecke f: **a ten minutes' ~ to the station** zehn Gehminuten zum Bahnhof; **quite a ~** ein gutes Stück zu gehen. **5.** Wanderung f. **6.** Route f (e-s Hausierers etc), Runde f (e-s Polizisten etc). **7.** Al'lee f. **8.** Wandelgang m. **9.** a) (Geflügel)Auslauf m, b) → **sheepwalk**. **10.** fig. Arbeitsgebiet n, (Betätigungs-) Feld n: **the ~ of the historian. 11.** meist **~ of life** a) (sozi'ale) Schicht od. Stellung, Lebensbereich m, b) Beruf m.
II v/i **12.** allg. (a. Leichtathletik), zu Fuß gehen, laufen. **13.** im Schritt gehen (a. Pferd). **14.** wandern. **15.** spa'zierengehen: → **air¹** 1. **16.** 'umgehen, spuken (Geist): **to ~ in one's sleep** nachtwandeln.
III v/t **17.** e-e Strecke zu'rücklegen, (zu Fuß) gehen: **he ~ed 15 miles. 18.** e-n Bezirk etc durch'wandern, e-n Raum durch'schreiten, gehen durch od. über (acc) od. auf (dat). **19.** auf u. ab gehen in od. auf (dat): → **board¹** 9, **chalk line, plank** 1, **street** 1. **20.** abschreiten, entlanggehen. **21.** das Pferd führen, im Schritt gehen lassen. **22.** j-n führen: **walk off** 2. **23.** spa'zierenführen. **24.** j-n begleiten: **to ~ s.o. to the station. 25.** Br. um die Wette gehen mit: **I'll ~ you 10 miles. 26.** colloq. etwas befördern, fortbewegen. **27.** e-n Hund abrichten.
Verbindungen mit Präpositionen:
walk| in·to v/i **1.** (hin'ein)gehen in (acc): **to ~ a trap** in e-e Falle gehen; **to ~ a right hook** (Boxen) in e-n rechten Haken laufen. **2. to ~ a job** e-e Stelle ohne (jede) Schwierigkeit bekommen. **3.** colloq. über j-n, a. über e-n Kuchen etc 'herfallen: **to ~ s.o.** (**a pie**). **~ off** v/t: **to ~ s.o. off his feet** j-n abhetzen. **~ 'o·ver** v/i **1.** (hin-'weg)gehen über (acc). **2.** bes. sport colloq. a) ‚in die Tasche stecken' (leicht schlagen), b) ‚vernaschen' (hoch schlagen). **3.** colloq. a) ‚unterbuttern' (unterdrükken), b) schika'nieren.
Verbindungen mit Adverbien:
walk| a·bout, ~ a·round **I** v/t j-n um'herführen. **II** v/i her'umgehen, -wandern: **~!** mil. Br. weitermachen! **~ a·way** v/i weg-, fortgehen: **to ~ from s.o.** bes. sport j-m (einfach) davonlaufen, j-n ‚stehenlassen'; **to ~ from a car crash** bei e-m Autounfall (fast) unverletzt bleiben; **to ~ with** a) mit etwas durchbrennen, b) etwas ‚mitgehen' lassen, c) etwas versehentlich mitnehmen, d) e-n Kampf, e-e Wahl etc spielend gewinnen. **~ in** **I** v/i eintreten: a) her'einkommen, b) hin'eingehen. **II** v/t hin'einführen. **~ off** **I** v/i **1.** da'von-, fort-, weggehen: **to ~ with** a) mit etwas durchbrennen, b) etwas ‚mitgehen' lassen, c) etwas versehentlich mitnehmen, d) e-n Kampf, e-e Wahl etc spielend gewinnen, e) j-n in abführen. **3.** ablaufen: **to ~ one's legs** sich die Beine ablaufen. **4.** s-n Rausch, Zorn etc durch e-n Spa'ziergang vertreiben od. loswerden. **~ out** **I** v/i **1.** hin'ausgehen: **to**

~ on s.o. *colloq.* a) j-n verlassen, b) j-n ‚sitzenlassen'. **2.** verärgert *od.* demon'stra|tiv *od.* unter Pro|test e-e Versammlung *etc* verlassen, (*Gruppe a.*) ausziehen: **he walked out of the meeting. 3.** to ~ **with s.o.** *Br. obs.* mit j-m ‚gehen' *od.* ein Verhältnis haben. **4.** *econ.* die Arbeit niederlegen, in (den) Streik treten. **5.** *bes. pol.* zu'rücktreten. **II** *v/t* **6.** *j*-n hin|ausführen. **7.** *den Hund etc* ausführen, *j*-n auf e-n Spa'ziergang mitnehmen. **~·o·ver** *v/i* **1.** 'hingehen, 'hinkommen, her'übergehen, -kommen. **2.** spielend gewinnen. ~ **up** *v/i* **1.** hin|aufgehen, her'aufkommen: **to** ~ **to s.o.** auf j-n zugehen; ~! treten Sie näher! **2.** entlanggehen: **to** ~ **the street**.
walk·a·ble ['wɔːkəbl] *adj* **1.** betretbar, gangbar, begehbar. **2.** zu Fuß zu'rücklegbar: ~ **distance**.
'**walk·a·bout** *s* **1.** Wanderung *f.* **2.** ‚Bad in in der Menge' (*e-s Politikers etc*): **to go on a** ~ ein Bad in der Menge machen.
walk·a·thon ['wɔːkəθɒn; *Am.* -θɑn] *s sport* **1.** Marathongehen *n.* **2.** 'Dauertanzturˌnier *n.* [*Am.* Ausbrecher *m.*]
'**walk·a·way** *s* **1.** → **walkover 2.** **2.**
'**walk·er** *s* **1.** Spa'ziergänger(in). **2.** Wand(e)rer *m,* Wand(r)erin *f*: **to be a good** ~ gut zu Fuß sein. **3.** *Leichtathletik*: Geher *m.* **4.** *orn. Br.* Laufvogel *m.* **5.** ~ **gocart** 1.
,**walk·er-'on** *s Film, thea.* Sta'tist(in), Kom'parse *m,* Kom'parsin *f.*
walk·ie|-look·ie [ˌwɔːkɪˈlʊkɪ] *s* tragbare Fernsehkamera. ~|-**'talk·ie** [-ˈtɔːkɪ] *s* Walkie-talkie *n,* tragbares Funksprechgerät.
'**walk-in I** *adj* **1.** begehbar: ~ **closet** → 4; ~ **refrigerator** → 5. **2.** ~ **customers** *pl Am.* Laufkundschaft *f.* **3.** *Am.* mit di'rektem Zugang von der Straße (*Wohnung*). **II** *s* **4.** begehbarer Schrank. **5.** Kühlraum *m.* **6.** *Am. colloq.* leichter Wahlsieg.
'**walk·ing I** *adj* **1.** gehend: ~ **doll** Laufpuppe *f;* ~ **wounded** *mil.* Leichtverwundete *pl.* **2.** wandernd. **3.** *bes. fig.* wandelnd: ~ **corpse;** → **dictionary** 3. **4.** Geh...: **to drive at a** ~ **speed** *mot.* (im) Schritt fahren; **within** ~ **distance** zu Fuß erreichbar. **5.** Spazier-. **6.** Wander-. **7.** *Film, thea.* Statisten..., Komparsen... **II** *s* **8.** (Zu'fuß)Gehen *n.* **9.** Spazierengehen *n.* **10.** Wandern *n.* **11.** *Leichtathletik:* Gehen *n.* ~ **boots** *pl* Wanderstiefel *pl.* ~ **chair** → **gocart** 1. ~ **crane** *s tech.* Laufkran *m.* ~ **del·e·gate** *s Am.* Gewerkschaftsbeauftragte(r) *m.* ~ **gen·tle·man** *s irr Film, thea.* Sta'tist *m,* Kom'parse *m.* ~ **la·dy** *s Film, thea.* Sta'tistin *f,* Kom'parsin *f.* ~ **pa·pers** *s pl bes. Am. colloq.* ‚Laufpaß' *m* (*Entlassung*): **to give s.o. his** ~ j-m den Laufpaß geben. ~ **part** *s Film, thea.* Sta'tisten-, Kom'parsenrolle *f.* ~ **shoes** *s pl* **1.** Straßenschuhe *pl.* **2.** Wanderschuhe *pl.* ~ **stick** *s* **1.** Spa'zierstock *m.* **2.** *zo. Am.* Gespenstheuschrecke *f.* ~ **sword** *s hist.* Galante'riedegen *m.* ~ **tick·et** *s* → **walking papers.** ~ **tour** *s* (Fuß)Wanderung *f.*
walk·ist ['wɔːkɪst] *s Leichtathletik: Am.* Geher *m.*
'**walk|-on** (*Film, thea.*) **I** *adj* **1.** Stati'sten..., Komparsen...: ~ **part** → 2. **II** *s* **2.** Sta'tisten-, Kom'parsenrolle *f.* **3.** Sta'tist(in), Kom'parse *m,* Kom'parsin *f.* '~-**out** *s* **1.** *econ.* Ausstand *m,* Streik *m:* **to stage a** ~ in (den) Streik treten. **2.** Auszug *m:* **after his** ~ **from the meeting** nachdem er verärgert *od.* demonstra'tiv *od.* unter Protest die Versammlung verlassen hatte. '~-**o·ver** *s* **1. winner by** ~ *sport* kampfloser Sieger. **2.** ‚Spa'ziergang' *m,* leichte Sache (*beide a. allg.*). '~-**up** *Am. colloq.* **I** *s* a) (Miets)Haus *n* ohne Fahrstuhl, b) Wohnung *f* in e-m Haus ohne

Fahrstuhl. **II** *adj* a) ohne Fahrstuhl: ~ **apartment house,** b) in e-m Haus ohne Fahrstuhl (gelegen): ~ **apartment.** '~-**way** *s* **1.** Laufgang *m,* Verbindungs-, Bedienungssteg *m.* **2.** *Am.* Gehweg *m.*
Wal·kyr·ie [vælˈkɪərɪ] → **valkyr.**
walk·y-talk·y → **walkie-talkie.**
wall [wɔːl] **I** *s* **1.** Wand *f* (*a. fig.*): → **partition 4. 2.** (Innen)Wand *f*: **the ~s of a boiler. 3.** Mauer *f* (*a. fig.*): **a ~ of silence; the W~** a) die Berliner Mauer, b) die Klagemauer (*in Jerusalem*): **to jump** (*od.* **leap**) **over the** ~ aus der Kirche *od.* e-m Orden austreten. **4.** Wall *m* (*a. fig.*), (Stadt-, Schutz)Mauer *f*: **within the ~s** in den Mauern (*e-r Stadt*). **5.** *anat.* (Brust-, Zell- *etc*)Wand *f.* **6.** Häuserseite *f* des Gehsteigs: **to give s.o. the ~** a) j-n auf der Häuserseite gehen lassen (*aus Höflichkeit*), b) *fig.* j-m den Vorrang lassen. **7.** *Bergbau:* a) (Abbau-, Orts)Stoß *m,* b) (das) Hangende *n,* Liegende, c) *Br.* Sohle *f.* **II** *v/t* **8.** *a.* ~ **in** mit e-r Mauer um|geben, um|mauern: **to** ~ **in** (*od.* **up**) einmauern. **9.** *a.* ~ **up** a) ver-, zumauern, b) (aus)mauern, um'wanden. **10.** mit e-m Wall um|geben, befestigen: ~**ed towns** befestigte Städte. **11.** *fig.* ab-, einschließen, **den Geist verschließen** (**against** gegen).
Besondere Redewendungen:
~**s have ears** die Wände haben Ohren; **off the** ~ *Am. sl.* unkonventionell, ungewöhnlich; **up against the** ~ in e-r aussichtslosen Lage; **to bang** (*od.* **run**) **one's head against a** ~ *colloq.* mit dem Kopf durch die Wand wollen; **to drive** (*od.* **push**) **s.o. to the** ~ a) j-n in die Enge treiben, b) j-n an die Wand drücken; **to drive** (*od.* **send**) **s.o. up the** ~ *colloq.* j-n auf die Palme bringen; **to go to the** ~ a) an die Wand gedrückt werden, b) *econ.* Konkurs machen; **to go up the** ~, **to climb the** ~(**s**) *colloq.* ‚auf die Palme gehen'; → **back**¹ 1.
wal·la → **wallah.**
wal·la·by [ˈwɒləbɪ; *Am.* ˈwɑ-] *s pl* **-bies,** *bes. collect.* **-by** Wallaby *n* (*kleines Känguruh*): **on the** ~ (**track**) *Austral. colloq.* auf Arbeitssuche. **2. W~ Rugby:** *Austral.* Natio'nalspieler *m.*
Wal·lach, *etc* → **Walach,** *etc.*
wal·lah [ˈwɒlə; *Am.* ˈwɑlə] *s Br. Ind.* Bedienstete(r) *m,* Bursche *m.*
wal·la·roo [ˌwɒləˈruː; *Am.* ˌwɑ-] *pl* **-roos,** *bes. collect.* **-roo** *s zo.* Wallaruh *n,* Bergkänguruh *n.*
'**wall|bang·er** *s Am.* Cocktail aus Wodka *od.* Gin u. Orangensaft. ~ **bars** *s pl sport* Sprossenwand *f.* ~ **brack·et** *s* 'Wandarm, -konˌsole *f.* ~ **crane** *s tech.* Kon'solkran *m.* ~ **creep·er** *s orn.* Mauerläufer *m.* ~ **cress** *s bot.* **1.** *Br.* Gänsekresse *f.* **2.** Ackerkresse *f.*
,**walled|-'in** *adj* **1.** eingemauert, um'mauert. **2.** *fig.* eingeschlossen. ~ **plains** *s pl astr.* Ringgebirge *pl* (*auf dem Mond*). ,~-'**up** *adj* zugemauert.
wal·let [ˈwɒlɪt; *Am.* ˈwɑ-] *s* **1.** *obs.* Ränzel *n.* **2.** kleine, lederne Werkzeugtasche. **3.** a) Brieftasche *f,* b) Scheintasche *f.*
'**wall-eye** *s* **1.** *vet.* Glasauge *n.* **2.** *med.* Hornhautfleck *m.* **3.** *med.* a) diver'gentes Schielen, b) auswärtsschielendes Auge.
'**wall-eyed** *adj* **1.** glasäugig (*Pferd etc*). **2.** mit Hornhautflecken. **3.** (auswärts-)schielend.
wall| fern *s bot.* Tüpfelfarn *m.* '~ˌflow·er *s* **1.** *bot.* Goldlack *m.* **2.** *colloq.* ‚Mauerblümchen' *n* (*Mädchen*). ~ **fruit** *s* Spa'lierobst *n.* ~ **map** *s* Wandkarte *f.* ~ **news·pa·per** *s* Wandzeitung *f.*
wal·loon [wɒˈluːn; *Am.* wɑ-] **I** *s* **1.** Wal'lone *m,* Wal'lonin *f.* **2.** *ling.* Wal'lonisch *n,* das Wallonische. **II** *adj* **3.** wal'lonisch.

wal·lop [ˈwɒləp; *Am.* ˈwɑ-] **I** *v/t* **1.** *colloq.* a) (ver)prügeln, ‚verdreschen', b) j-m ‚ein Pfund verpassen' (*e-n harten Schlag versetzen*), c) *sport* ‚über'fahren' (*hoch schlagen*). **2.** *colloq.* den Ball *etc* ‚dreschen', schmettern. **II** *v/i* **3.** *colloq.* brausen, sausen. **4.** brodeln (*Flüssigkeit*). **III** *s* **5.** *colloq.* a) ‚Pfund' *n,* b) *Boxen:* Schlagkraft *f*: **he has a terrific** ~ er hat e-n wahnsinnig harten Schlag. **6.** *fig. colloq.* Wucht *f.* **7.** *Am. colloq.* ‚Mordsspaß' *m*: **to get a** ~ **out of e-s.th.** ‚Mordsspaß haben an (*dat.*). **8.** *Br. sl.* Bier *n.* '**wal·lop·ing** *colloq.* **I** *adj* a) riesig, ‚Mords...', ‚toll': **a** ~ **collection,** b) ‚gesalzen', ‚gepfeffert': ~ **prices,** c) ‚faustdick': **a** ~ **lie. II** *s* Tracht *f* Prügel, ‚Dresche' *f*: **to give s.o. a** ~ → **wallop** I a, c.
wal·low [ˈwɒləʊ; *Am.* ˈwɑ-] **I** *v/i* **1.** sich wälzen, sich suhlen (*Schwein etc*) (*a. fig.*): **to** ~ **in money** *colloq.* im Geld schwimmen; **to** ~ **in pleasure** im Vergnügen schwelgen; **to** ~ **in self-pity** sich in Selbstmitleid ergehen; **to** ~ **in vice** dem Laster frönen. **2.** *mar.* rollen, schlingern (*Schiff*). **II** *s* **3.** Sich'wälzen *n.* **4.** Schwelgen *n.* **5.** *hunt.* Suhle *f*: **in the** ~ **of despondency** *fig.* im Sumpf der Verzweiflung. **6.** *mar.* Rollen *n,* Schlingern *n.*
wall| paint·ing *s* a) Wandmale'rei *f,* b) Wandgemälde *n.* '~|ˌpa·per **I** *s* Ta'pete *f*: ~ **music** *Br.* Berieselungsmusik *f.* **II** *v/t u. v/i* tape'zieren. ~ **pass** *s Fußball:* Doppelpaß *m.* ~ **pep·per** *s bot.* Mauerpfeffer *m.* ~ **plug** *s electr.* Netzstecker *m.* ~ **safe** *s* Wandsafe *m.* ~ **sock·et** *s electr.* Wandsteckdose *f.* **W~ Street** *s* Wall Street *f*: a) Bank- u. Börsenstraße in New York, b) *fig.* der amer. Geld- u. Kapi'talmarkt, c) *fig.* die amer. 'HochfiˌnanZ. ~ **tent** *s* Steilwandzelt *n.* ~ **tile** *f* Wandfliese *f.* ,~**-to-'**~ *adj:* ~ **carpet** Spannteppich *m;* ~ **carpeting** Teppichboden *m.* ~ **tree** *s* Spa'lierbaum *m.* ~ **u·nits** *s pl* Schrank-, Wohnwand *f.*
wal·nut [ˈwɔːlnʌt] *s* **1.** *bot.* Walnuß *f* (*Frucht*): ~ **oil** (Wal)Nußöl *n;* **over the ~s and the wine** beim Nachtisch. **2.** *bot.* Walnuß(baum *m*) *f.* **3.** *a.* ~ **brown** Nußbraun *n* (*Farbe*).
wal·rus [ˈwɔːlrəs; *Am. a.* ˈwɒl-] *s* **1.** *pl* **-rus·es,** *bes. collect.* **-rus** *zo.* Walroß *n.* **2.** *a.* ~ **m(o)ustache** Schnauzbart *m.*
waltz [wɔːls; wɒlts] **I** *s* **1.** Walzer *m* (*Tanz*). **2.** (Kon'zert)Walzer *m* (*Musikstück*): ~ **time** Walzertakt *m.* **3.** *fig. colloq.* Kinderspiel *n.* **II** *v/i* **4.** Walzer tanzen, walzen: **to** ~ **through s.th.** *colloq.* etwas spielend schaffen. **5.** (*vor Freude etc*) her'umtanzen. **III** *v/t* **6.** Walzer tanzen *od.* walzen mit (*j-m*). **7.** j-n (her'um)wirbeln.
wam·pum [ˈwɒmpəm; *Am.* ˈwɑm-] *s* **1.** *hist.* Wampum *m* (*Muschelperlen [-schnüre] der Indianer in den USA, als Geld od. Schmuck benutzt*). **2.** *Am. sl.* ‚Zaster' *m.*
wan [wɒn; *Am.* wɑn] *adj* (*adv* ~**ly**) **1.** bleich, blaß, fahl: **a** ~ **face;** ~ **a sky. 2.** schwach, matt: **a** ~ **smile. 3.** glanzlos, trüb(e): ~ **stars.**
wand [wɒnd; *Am.* wɑnd] *s* **1.** Rute *f.* **2.** Stab *m.* **3.** Zauberstab *m.* **4.** (Amts-, Kom'mando)Stab *m.* **5.** *mus. colloq.* Taktstock *m.*
wan·der [ˈwɒndə; *Am.* ˈwɑndər] *v/i* **1.** wandern: a) ziehen, streifen, b) schlendern, bummeln: **to** ~ **in** hereinschneien (*Besucher*); **to** ~ **off** davonziehen, *a. fig.* sich verlieren (**into** in *dat.*). **2.** ~ (*od.* **around**) (*ziellos*) her'umwandern, -ziehen, -schweifen (*a. fig.*). **3.** schweifen, wandern, gleiten (*Augen, Gedanken etc*) (**over** über *acc*). **4.** irregehen, sich verir-

wanderer – warden

ren (*a. fig.*). **5.** *a.* ~ **away** abirren, abweichen (**from** von) (*a. fig.*): **to** ~ **from the subject** vom Thema abschweifen. **6.** phanta'sieren: a) irrereden, faseln, b) im Fieber reden. **7.** geisteabwesend sein. **'wan·der·er** *s* Wanderer *m*. **'wan·der·ing I** *s* **1.** Wandern *n*. **2.** Her'umwandern *n*, -ziehen *n*, -schweifen *n* (*a. fig.*). **3.** *meist pl* a) Wanderung(en *pl*) *f*, Reise(n *pl*) *f*, b) Wanderschaft *f*. **4.** Abirrung *f*, Abweichung *f* (**from** von) (*a. fig.*). **5.** *oft pl* Geistesabwesenheit *f*, Zerstreutheit *f*. **6.** *meist pl* Phanta'sieren *n*: a) Irrereden *n*, Faseln *n*, b) Fieberwahn *m*. **II** *adj* **7.** wandernd, Wander... **8.** her'umschweifend, Nomaden...: ~ **tribe** Nomadenstamm *m*. **9.** gewunden: a ~ **path**. **10.** ruhelos, unstet: **the W**-~ **Jew** der Ewige Jude. **11.** abschweifend. **12.** kon'fus, zerstreut. **13.** irregehend, abirrend (*a. fig.*): ~ **bullet** verirrte Kugel. **14.** *bot.* Wurzel..., Schling... **15.** *med.* Wander...: ~ **cell**; ~ **kidney**.
wan·der·lust ['wɒndəlʌst; *Am.* 'wandərˌlʌst] *s* Wanderlust *f*, Fernweh *n*.
wane [weɪn] **I** *v/i* **1.** abnehmen (*a. Mond*), nachlassen, schwinden (*Einfluß, Interesse, Kräfte etc*). **2.** schwächer werden, verblassen (*Licht, Farben etc*). **3.** zu Ende gehen: **the summer is waning**. **4.** vergehen, verfallen (*Kultur etc*). **II** *s* **5.** Abnehmen *n*, Abnahme *f*, Nachlassen *n*, Schwinden *n*: **to be on the** ~ im Abnehmen sein, abnehmen, schwinden, zu Ende gehen; **in the** ~ **of the moon** bei abnehmendem Mond. **6.** Verfall *m*: **on the** ~ im Aussterben.
wan·gle ['wæŋgl] *colloq.* **I** *v/t* **1.** etwas ‚drehen' *od.* ‚deichseln' *od.* ‚schaukeln' (*durch List zuwegebringen*): **don't worry, we'll** ~ **it somehow** wir werden das Kind schon schaukeln. **2.** ‚fri'sieren', fälschen: **to** ~ **accounts**. **3.** a) unter der Hand *od.* 'hintenher,um beschaffen, ‚organi'sieren', b) ‚her'ausschinden': **she has** ~**d herself a salary increase** sie hat e-e Gehaltserhöhung für sich ‚herausgeschlagen'. **4.** etwas ergaunern: **to** ~ **s.th. out of s.o.** j-m etwas abluchsen. **5.** *j-n* verleiten: **to** ~ **s.o. into doing s.th.** j-n dazu bringen, etwas zu tun. **6. to** ~ **s.o. into a gang** j-n in e-e Bande einschleusen. **II** *v/i* **7.** mogeln, ‚schieben'. **8.** sich her'auswinden (**out of** aus *dat*). **III** *s* **9.** Kniff *m*, Trick *m*. **10.** ‚Schiebung' *f*, Moge'lei *f*. **'wan·gler** *s colloq.* Gauner *m*, Schieber *m*, Mogler *m*.
wan·ion ['wɒnjən; *Am.* 'wan-] *s obs.* Plage *f*, Pest *f*: **with a** ~ (**to him**)! zum Teufel mit ihm!
wank [wæŋk] *Br. vulg.* **I** *v/i a.* ~ **off** ‚wichsen', ‚sich e-n runterholen' (*masturbieren*). **II** *v/t a.* ~ **off** *j-m* ‚e-n runterholen'. **III** *s* ‚Wichsen' *n*: **to have a** ~ **→ I**.
Wan·kel (**en·gine**) ['wæŋkl; *Am.* 'vɑːŋ-] *s mot.* Wankelmotor *m*. **'**~**-ˌen-gined** *adj* mit Wankelmotor: ~ **car**.
wank·er ['wæŋkə] *s Br. vulg.* ‚Wichser' *m* (*a. fig. contp.*).
wan·na ['wɒnə; *Am.* 'wanə] *colloq. für* **want to**: **I** ~ **go home**.
wan·ness ['wɒnɪs; *Am.* 'wan-] *s* Blässe *f*.
want [wɒnt; *Am. a.* want] **I** *v/t* **1.** wünschen: a) (haben) wollen, b) (*vor inf*) (*etwas tun*) wollen: **I** ~ **to go** ich möchte gehen; **I** ~**ed to go** ich wollte gehen; **what do you** ~ (**with me**)? was wünschen *od.* wollen Sie (von mir)?; **he** ~**s his dinner** er möchte sein Essen haben; **I** ~ **you to try** ich möchte, daß du es versuchst; **I** ~ **it done** ich wünsche *od.* möchte, daß es getan wird; ~**ed** gesucht (*in Annoncen; a. von der Polizei*); **you are** ~**ed** du wirst gewünscht *od.* gesucht, man will dich sprechen; **a** ~**ed man** in vielerfragter Mann. **2.** ermangeln (*gen*), nicht (genug) haben, es fehlen lassen an (*dat*): **he** ~**s judg**(**e**)**ment** es fehlt ihm an Urteilsvermögen; **she** ~**s 2 years for her majority** ihr fehlen noch 2 Jahre bis zur Volljährigkeit. **3.** a) brauchen, nötig haben, erfordern, benötigen, bedürfen (*gen*), b) müssen, sollen, brauchen (**to** zu): **the matter** ~**s careful consideration** die Angelegenheit bedarf sorgfältiger Überlegung; **all this** ~**ed saying** all dies mußte einmal gesagt werden; **you** ~ **some rest** du hast etwas Ruhe nötig; **this clock** ~**s repairing** (*od.* **to be repaired**) diese Uhr müßte repariert werden; **you don't** ~ **to be rude** Sie brauchen nicht grob zu werden; **you** ~ **to see a doctor** du solltest zum Arzt gehen.
II *v/i* **4.** ermangeln (**for** *gen*): **he does not** ~ **for talent** es fehlt ihm nicht an Begabung; **he** ~**s for nothing** es fehlt ihm an nichts. **5.** (*nur im pres p*) (**in**) es fehlen lassen (**an** *dat*), ermangeln (*gen*): → **wanting 2**. **6. Not leiden**. **7.** *obs.* fehlen.
III *s* **8.** *meist pl* Bedürfnisse *pl*, Wünsche *pl*: **a man of few** ~**s** ein Mann mit geringen Bedürfnissen *od.* Ansprüchen. **9.** Notwendigkeit *f*, Bedürfnis *n*, Erfordernis *n*, Bedarf *m*. **10.** Mangel *m* (**of an** *dat*): **a long-felt** ~ ein längst spürbarer Mangel, ein seit langem vorhandenes Bedürfnis; ~ **of sense** Unvernunft *f*; **from** (*od.* **for**) ~ **of** aus Mangel an (*dat*), in Ermangelung (*gen*); **to be in** ~ **of** → **2**; **to be in** (**great**) ~ **of s.th.** etwas (dringend) brauchen *od.* benötigen, e-r Sache (dringend) bedürfen; **tho house is in** ~ **of repair** das Haus ist reparaturbedürftig. **11.** Bedürftigkeit *f*, Armut *f*, Not *f*: **to be in** ~ Not leiden; **to fall in** ~ in Not geraten.
want ad *s colloq.* Stellenanzeige *f*: a) Stellengesuch *n*, b) Stellenangebot *n*.
want·age ['wɒntɪdʒ; *Am. a.* 'wan-] *s econ.* Fehlbetrag *m*, Defizit *n*.
'want·ing I *adj* **1.** fehlend, mangelnd: **to be** ~ fehlen, es fehlen lassen an (*dat*); **he is never found** ~ auf ihn ist immer Verlaß, auf ihn kann man sich immer verlassen. **3.** nachlässig (**in** *in dat*). **4.** *obs.* arm, bedürftig, notleidend. **II** *prep* **5.** ohne: **a book** ~ **a cover; an envelope** ~ **a stamp**. **6.** *obs.* a) weniger, b) mit Ausnahme von.
wan·ton ['wɒntən; *Am. a.* 'wan-] **I** *adj* (*adv* ~**ly**) **1.** mutwillig: a) ausgelassen, ungebärdig, wild, b) leichtfertig, c) böswillig (*a. jur.*): ~ **negligence** *jur.* grobe Fahrlässigkeit. **2.** rücksichtslos, unbarmherzig, bru'tal: ~ **cruelty**. **3.** 'widerspenstig, störrisch (*Kind etc*). **4.** liederlich, ausschweifend, zügellos. **5.** wollüstig, geil, lüstern. **6.** üppig: ~ **hair**; **she has a** ~ **imagination** sie hat e-e blühende Phantasie; ~ **vegetation** wuchernder Pflanzenwuchs. **7.** *poet.* 'überschwenglich: ~ **praise**. **II** *s* **8.** *obs.* a) Buhlerin *f*, Dirne *f*, b) Wollüstling *m*, Wüstling *m*. **III** *v/i* **9.** her'umtollen, ausgelassen sein. **10.** ausschweifend leben. **11.** üppig wachsen, wuchern. **2.** Böswilligkeit *f*. **3.** Rücksichtslosigkeit *f*. **4.** 'Widerspenstigkeit *f*. **5.** Liederlichkeit *f*, Zügellosigkeit *f*. **6.** Lüsternheit *f*, Geilheit *f*. **7.** Üppigkeit *f*.
wap·en·shaw, *etc* → **wappenschaw,** *etc*.
wap·en·take ['wæpənteɪk] *s hist.* (*Art*) Hundertschaft *f*, Gau *m* (*Unterteilung der nördlichen Grafschaften Englands*).
wap·in·schaw, *etc* → **wappenschaw,** *etc*.
wap·pen·schaw ['wæpənʃɔː] *s Scot.*
hist. **1.** Schießwettkampf *m*. **2.** → **wappenschawing**.
'wap·pen·schaw·ing *s Scot.* **1.** Waffenschau *f*. **2.** öffentliche Musterung (*der einberufenen Wehrpflichtigen*), 'Truppeninspekti̱on *f*.
war [wɔː(r)] **I** *s* **1.** Krieg *m*: ~ **of aggression** (**independence, nerves, succession**) Angriffs-(Unabhängigkeits-, Nerven-, Erbfolge)krieg; **international** ~, **public** ~ *jur. mil.* Völkerkrieg; **the dogs of** ~ *poet.* die Schrecken des Krieges; **to be at** ~ (**with**) a) Krieg führen (gegen *od.* mit), b) *fig.* im Streit liegen *od.* auf (dem) Kriegsfuß stehen (mit); **to declare** ~ (**on, against s.o.**) (j-m) den Krieg erklären, *fig.* (j-m) den Kampf ansagen; **to make** ~ Krieg führen, kämpfen (**on, against** gegen; **with** mit); **to go to** ~ (**with**) Krieg beginnen (mit); **to go to the** ~(**s**) *obs.* in den Krieg ziehen; **to carry the** ~ **into the enemy's country** (*od.* **camp**) a) den Krieg ins feindliche Land *od.* Lager tragen, b) *fig.* zum Gegenangriff übergehen; **he has been in the** ~**s** *Br. fig.* er hat viel mitgemacht; → **attrition 2**, **wage²1**. **2.** Kampf *m*, Streit *m* (*a. fig.*): ~ **between science and religion**; ~ **of the elements** Aufruhr *m od.* Kampf *od.* Toben *n* der Elemente. **3.** Feindseligkeit *f*. **4.** Kriegskunst *f*, -handwerk *n*.
II *v/i* **5.** kämpfen, streiten (**against** gegen; **with** mit): → **warring 2**.
III *adj* **6.** Kriegs...: ~ **film**.
war ba·by *s* **1.** a) Kriegskind *n*, b) (uneheliches) Sol'datenkind. **2.** *Am. colloq.* durch Krieg im Wert erhöhte Aktie. **3.** *Am. colloq.* a) durch den Krieg begünstigter Indu'striezweig, b) Kriegserzeugnis *n*.
war·ble ['wɔː(r)bl] **I** *v/t u. v/i* trillern, trällern, schmettern (*Vogel od. Person*). **II** *s* Trillern *n*. **'war·bler** *s* **1.** trillernder Vogel. **2.** *orn.* a) Grasmücke *f*, b) Teichrohrsänger *m*.
'war|-,blind·ed *adj* kriegsblind. ~ **bond** *s econ.* Kriegsschuldverschreibung *f*. ~ **bon·net** *s* Kriegs-, Kopfschmuck *m* (*der Indianer*). ~ **boot·y** *s* Kriegsbeute *f*. ~ **bride** *s* Kriegs-, Sol'datenbraut *f*. ~ **chest** *s* **1.** Kriegskasse *f*. **2.** *Am. fig.* Sonderfonds *m*. ~ **cloud** *s meist pl* drohende Kriegsgefahr: ~**s were gathering over the country** über das Land legte sich der Schatten e-s Krieges. ~ **cor·re·spon·dent** *s* Kriegsberichterstatter *m*. ~ **crime** *s jur. mil.* Kriegsverbrechen *n*. ~ **crim·i·nal** *s jur. mil.* Kriegsverbrecher *m*. ~ **cry** *s* Schlachtruf *m* (*der Soldaten*) (*a. fig.*), Kriegsruf *m* (*der Indianer*).
ward [wɔː(r)d] **I** *s* **1.** (Stadt-, Wahl)Bezirk *m*: ~ **heeler** *pol. Am. contp.* ‚Lakai' *m* (*e-s Parteibonzen*). **2.** a) ('Krankenhaus)Stati̱on *f*, Ab'teilung *f*: ~ **sister** *Br.* Stationsschwester *f*, b) (Kranken)Saal *m*, c) (Kranken)Zimmer *n*. **3.** a) (Gefängnis)Trakt *m*, b) Zelle *f*. **4.** *obs.* Gewahrsam *m*, (Schutz-)Haft *f*, Aufsicht *f*, Verwahrung *f*: **to put s.o. in** ~ j-n unter Aufsicht stellen, j-n gefangensetzen. **5.** *jur.* a) Mündel *n*: ~ **of court, ~ chancery** Mündel unter Amtsvormundschaft, b) Vormundschaft *f*: **in** ~ unter Vormundschaft (stehend). **6.** Schützling *m*, Schutzbefohlene(r *m*) *f*. **7.** *tech.* a) Gewirre *n* (*e-s Schlosses*), b) (Einschnitt *m* im) Schlüsselbart *m*. **8.** *Scot. od. Br. hist.* Hundertschaft *f*, Gau *m*. **9.** *obs.* Wache *f* (*nur noch in*): **to keep watch and** ~ Wache halten. **II** *v/t* **10.** *meist* ~ **off** *or* ~n Schlag *od.* Hieb pa'rieren, abwehren, e-e Gefahr abwenden.
war| **dance** *s* Kriegstanz *m*. ~ **debt** *s* Kriegsschuld *f*.
war·den¹ ['wɔː(r)dn] *s* **1.** *obs.* Wächter *m*.

2. Aufseher *m*: ~ **of a port** Hafenmeister *m*; → **air-raid (fire, game) warden. 3.** Herbergsvater *m*. **4.** (*Br.* 'Anstalts-, *Am.* Ge'fängnis)Di₁rektor *m*, Vorsteher *m*: W~ **of the Mint** *Br.* Münzwardein *m*; → **churchwarden** 1 *u.* 2. **5.** *meist hist.* Gouver'neur *m*. **6.** *univ. Br.* Rektor *m* (*e-s College*). **7.** *Br.* Zunftmeister *m*. **8.** *bes. Am.* Porti'er *m*, Pförtner *m*.

ward·en² ['wɔː(r)dn] *s e-e* Kochbirnensorte.

ward·er ['wɔː(r)də(r)] *s* **1.** *obs.* Wächter *m*. **2.** *Br.* a) (Mu'seums- *etc*)Wärter *m*, b) Aufsichtsbeamte(r) *m* (*im Gefängnis*). **3.** *hist.* Kom'mandostab *m*.

ward·mote ['wɔːdməʊt] *s Br.* (Stadt-)Bezirksversammlung *f*.

War·dour Street ['wɔː(r)də(r)] *adj* archai'sierend: ~ **English** pseudo-archaisches Englisch.

ward·ress ['wɔː(r)drɪs] *s* Aufsichtsbeamtin *f* (*im Gefängnis*).

ward·robe ['wɔː(r)drəʊb] *s* **1.** a) Garde-'robe *f* (*Kleiderbestand*): **winter** ~; **to add to one's** ~ s-e Garderobe bereichern, b) *thea.* Ko'stümfundus *m*. **2.** Kleiderschrank *m*. **3.** Garde'robe *f* (*a. thea.*): a) Kleiderkammer *f*, -ablage *f*, b) Ankleidezimmer *n*. **4.** Garde'robe(nverwaltung) *f* (*des königlichen Haushalts etc*). ~ **bed** *s* Schrankbett *n*. ~ **trunk** *s* Schrankkoffer *m*.

'**ward·room** *s* **1.** *mar.* Offi'ziersmesse *f*. **2.** *mil. Br.* Wachstube *f*.

ward·ship ['wɔː(r)dʃɪp] *s* **1.** Vormundschaft *f* (**of, over** *über acc*): **under** ~ unter Vormundschaft (stehend). **2.** Aufsicht *f*, Schutz *m*.

ware¹ [weə(r)] *s* **1.** (*meist in Zssgn*) Ware(n *pl*) *f*, Ar'tikel *m od. pl*, Erzeugnis(se *pl*) *n*: **glass~. 2.** Geschirr *n*, Porzel'lan *n*, Ton-, Töpferware *f*, Ke'ramik *f*. **3.** *meist pl fig.* (*oft comp.*) was *j-d* zu bieten hat, Pro'dukt(e *pl*) *n*, Zeug *n*: **to peddle one's** ~**s** mit s-m Kram hausieren gehen.

ware² [weə(r)] *adj obs.* **1.** *pred* gewahr, bewußt (**of** *gen*). **2.** wachsam.

ware·house I *s* ['weə(r)haʊs] **1.** Lagerhaus *n*, Speicher *m*. **2.** (Waren)Lager *n*, Niederlage *f*. **3.** *bes. Br.* Großhandelsgeschäft *n*. **4.** *Am. contp.* a) ,Bewahranstalt' *f* (*Altenheim, Nervenheilanstalt etc*), b) Wohnsilo *m*. **II** *v/t* [-haʊz] **5.** auf Lager bringen *od.* nehmen, (ein)lagern. **6.** Möbel *etc* zur Aufbewahrung geben *od.* nehmen. **7.** unter Zollverschluß bringen. **8.** *Am. contp.* in e-r ,Bewahranstalt' *od.* e-m Wohnsilo 'unterbringen. ~ **ac·count** *s econ.* Lagerkonto *n*. ~ **bond** *s* **1.** Lagerschein *m*. **2.** Zollverschlußbescheinigung *f*.

'**ware·house·man** [-haʊsmən] *s irr econ.* **1.** Lage'rist *m*, Lagerverwalter *m*. **2.** Lagerarbeiter *m*. **3.** *Br.* Großhändler *m*.

ware·house re·ceipt *s econ.* Lagerempfangsbescheinigung *f*.

war·fare ['wɔː(r)feə(r)] *s* **1.** Kriegführung *f*. **2.** (*a. weitS.* Wirtschafts- *etc*) Krieg *m*. **3.** *fig.* Kampf *m*, Fehde *f*, Streit *m*: **to be** (*od.* **live**) **at** ~ **with s.o.** mit j-m im Streit leben.

war| game *s mil.* **1.** Kriegs-, Planspiel *n*. **2.** Ma'növer *n*. '~**-game** *mil.* **I** *v/t* Strategie *etc* 'durchspielen. **II** *v/i* ein Kriegs- *od.* Planspiel machen.

war·gasm ['wɔː(r)ɡæzəm] *s Am.* **1.** Ausbruch *m* e-s to'talen Krieges. **2.** Krise, die zum Ausbruch e-s to'talen Krieges führen könnte.

war| god *s* Kriegsgott *m*. ~ **god·dess** *s* Kriegsgöttin *f*. ~ **grave** *s* Kriegs-, Sol'datengrab *n*. ~ **guilt** *s* Kriegsschuld *f*. '~**head** *s mil.* Spreng-, Gefechtskopf *m* (*e-s Torpedos etc*). '~**horse** *s* **1.** *poet.* Streitroß *n*, Schlachtroß *n* (*a. fig. colloq.*). **2.** *colloq.* alter Haudegen *od.* Kämpe (*a. fig.*).

war·i·ness ['weərɪnɪs] *s* Vorsicht *f*, Behutsamkeit *f*.

'**war·like** *adj* **1.** kriegerisch. **2.** Kriegs...

war·lock ['wɔː(r)lɒk; *Am.* -ˌlɑk] *s* Zauberer *m*, Hexenmeister *m*.

'**war·lord** *m* Kriegsherr *m*.

warm [wɔː(r)m] **I** *adj* (*adv* ~**ly**) **1.** warm (*a. fig.*): ~ **climate** (**clothes, colo**[**u**]**rs, interest, smile**) *etc*; **I am** ~ mir ist warm; **to keep s.th.** ~ (*colloq.* sich) etwas warmhalten. **2.** erhitzt, heiß. **3.** *fig.* warm, herzlich: **a** ~ **reception** ein warmer Empfang (*a. iro. von Gegnern*); **to have a** ~ **heart** warmherzig sein; **to be** ~**ly invited** herzlich eingeladen sein. **4.** *fig.* unangenehm, brenzlig, gefährlich: **a** ~ **corner** e-e ,ungemütliche' Ecke (*gefährlicher Ort*); ~ **work** a) schwere Arbeit, b) heißer Kampf, c) gefährliche Sache; **this is** ~ **work** dabei kommt man ganz schön ins Schwitzen; **to make it** (*od.* **things**) ~ **for s.o.** j-m die Hölle heiß machen; **this place is too** ~ **for me** hier brennt mir der Boden unter den Füßen. **5.** leidenschaftlich, glühend, eifrig: **a** ~ **advocate of reform. 6.** geil, lüstern. **7.** schlüpfrig, unanständig: **a** ~ **scene in a play. 8.** hitzig, heftig, erregt: **a** ~ **dispute**; **they grew** ~ **over an argument** sie erhitzten sich über e-n strittigen Punkt. **9.** *hunt.* warm, frisch: ~ **scent. 10.** ,warm' (*im Suchspiel*): **you're getting** ~(**er**)**!** a) (es wird schon) wärmer!, b) *fig.* du kommst der Sache schon näher!

II *s colloq.* **11.** (*etwas*) Warmes, warmes Zimmer *etc*: **come into the** ~ komm ins Warme! **12.** (Auf-, An)Wärmen *n*: **to give s.th. a** ~ etwas (auf-, an)wärmen; **to have a** ~ sich (auf)wärmen.

III *v/t* **13.** *a.* ~ **up** (an-, auf)wärmen, warm machen, *Motor etc* warmlaufen lassen: **to** ~ **the milk**; **to** ~ **over** *Am. Speisen, a. fig.* alte Geschichten *etc* aufwärmen; **to** ~ **one's feet** sich die Füße wärmen. **14.** ~ **up** a) Schwung bringen in (*e-e Party, ein Spiel etc*), b) *Rundfunk, TV:* Publikum (*vor der Sendung*) in Stimmung bringen, einstimmen. **15.** *fig.* das Herz *etc* (er)wärmen: **it** ~**ed my heart** mir wurde dabei ganz warm ums Herz. **16.** *colloq.* j-m e-e Tracht Prügel verpassen.

IV *v/i* **17.** *a.* ~ **up** warm *od.* wärmer werden, sich erwärmen, (*Motor etc*) warmlaufen: **my heart** ~**ed** mir wurde ganz warm ums Herz. **18.** ~ **up** in Schwung kommen (*Party, Spiel etc*). **19.** *fig.* (**to**) a) sich erwärmen (für *e-e Idee etc*), b) sich anfreunden (mit *e-r Arbeit etc*), c) warm werden (mit *j-m*): **I** ~**ed to her from the start** sie war mir sofort sympathisch. **20.** a) *sport* sich aufwärmen, b) *bes. Am. fig.* sich vorbereiten (**for** auf *acc*). **21.** *colloq.* brenzlig *od.* gefährlich werden (*Situation etc*).

'**warm|-air heat·ing** *s* Warmluftheizung *f*. ~**-'blood·ed** *adj* **1.** *zo.* warmblütig: ~ **animals** Warmblüter *pl.* **2.** *fig.* heißblütig. ~**-'blood·ed·ness** *s* **1.** *zo.* Warmblütigkeit *f*. **2.** *fig.* Heißblütigkeit *f*.

'**warm·er** *s* Wärmer *m*: **foot** ~ Fußwärmer.

warm| front *s meteor.* Warm(luft)front *f*. ~**-'heart·ed** *adj* warmherzig, herzlich. ~**-'heart·ed·ness** *s* Herzlichkeit *f*, Warmherzigkeit *f*.

'**warm·ing** *s* **1.** (Auf-, An)Wärmen *n*, Erwärmung *f*. **2.** *colloq.* Tracht *f* Prügel: **to give s.o. a** → **warm 16**. ~ **pad** *s electr.* Heizkissen *n*. ~ **pan** *s* **1.** Wärmpfanne *f*, -flasche *f*. **2.** *colloq.* Stellvertreter(in).

'**warm·ish** *adj* lauwarm.

'**war|mon·ger** *s* Kriegshetzer *m*, -treiber *m*. '~**-**ˌ**mon·ger·ing** *s* Kriegstreibe'rei *f*, Kriegshetze *f*.

warmth [wɔː(r)mθ] *s* **1.** Wärme *f*. **2.** *fig.* Wärme *f*, Herzlichkeit *f*, Warmherzigkeit *f*. **3.** Eifer *m*, Leidenschaft *f*. **4.** Hitze *f*, Heftigkeit *f*, Erregtheit *f*.

'**warm-up** *s* **1.** a) *sport* Aufwärmen *n*: **to have a** ~ sich aufwärmen, b) *bes. Am. fig.* Vorbereitung *f* (**for** auf *acc*). **2.** Warmlaufen *n* (*e-s Motors etc*). **3.** *Rundfunk, TV:* Einstimmung *f* (*des Publikums*).

warm wa·ter *s biol. geogr.* Warmwasser *n*.

warn [wɔː(r)n] *v/t* **1.** warnen (**of, against** vor *dat*): **to** ~ **s.o. against doing** (*od.* **not to do**) **s.th.** j-n davor warnen *od.* j-m davon abraten, etwas zu tun; **you have been** ~**ed!** sag hinterher nicht, es hätte dich niemand gewarnt! **2.** *j-n* warnend 'hinweisen, aufmerksam machen (**of** auf *acc*; **that** daß). **3.** ermahnen (**to do** zu tun). **4.** *j-m* (dringend) raten, nahelegen (**to do** zu tun). **5.** (**of**) *j-n* verständigen (von), *j-n* wissen lassen (*acc*), *j-m* anzeigen *od.* ankündigen (*acc*): **to** ~ **s.o. of an intended visit. 6.** *j-n* auffordern: **to** ~ **s.o. to appear in court. 7.** gehen *od.* wegbleiben heißen, *j-m* kündigen: **he** ~**ed us off** (*od.* **out of**) **his garden** er wies uns aus s-m Garten. **8.** ~ **off** (**from**): a) abweisen, abhalten, fernhalten (von), b) (hin)'ausweisen (aus). **9.** verwarnen.

'**warn·er** *s* Warner(in).

'**warn·ing I** *s* **1.** Warnen *n*, Warnung *f*: **to give s.o.** ~ (**fair**) ~ *j-n* (rechtzeitig) warnen (**of** vor *dat*). **2.** 'Warnsi_ˌgnal *n*: **to sound a** ~ ein Warnsignal geben. **3.** a) Verwarnung *f*, b) (Er)Mahnung *f*. **4.** *fig.* Warnung *f*, warnendes *od.* abschreckendes Beispiel: **to take** ~ **by** (*od.* **from**) **s.th.** sich etwas e-e Warnung sein lassen. **5.** mahnendes An- *od.* Vorzeichen. **6.** Benachrichtigung *f*, (Vor)Anzeige *f*, Ankündigung *f*: **to give** ~ (**of**) *j-m* ankündigen (*acc*), Bescheid geben (über *acc*); **without** (**any**) (völlig) unerwartet. **7.** Aufforderung *f*, Anweisung *f*. **8.** Kündigung *f*: **to give** ~ (**to**) (*j-m*) kündigen. **9.** (Kündigungs)Frist *f*: **a month's** ~ monatliche Kündigung, Kündigungsfrist von e-m Monat; **at a minute's** ~ *econ.* auf jederzeitige Kündigung, *b) econ.* fristlos, c) in kürzester Frist, jeden Augenblick. **II** *adj* (*adv* ~**ly**) **10.** warnend, Warn... ~ **bell** *s* Warnglocke *f*. ~ **col·o**(**u**)**r,** ~ **col·or·a·tion** *s zo.* Warn-, Trutzfarbe *f*. ~ **light** *s* **1.** *tech.* Warnlicht *n*. **2.** *mar.* Warn-, Si'gnalfeuer *n*. ~ **shot** *s* **1.** Warnschuß *m*. **2.** *fig.* Schuß *m* vor den Bug. ~ **strike** *s econ.* Warnstreik *m*. ~ **tri·an·gle** *s mot.* Warndreieck *n*.

warn't [wɔːnt] *dial.* für a) **wasn't**, b) **weren't**.

War| Of·fice *s Br. hist.* 'Kriegsmini_ˌsterium *n*. **w~ or·phan** *s* Kriegswaise *f*.

warp [wɔː(r)p] **I** *v/t* **1.** Holz *etc* verziehen, werfen, krümmen, *aer.* Tragflächen verwinden. **2.** *j-n, j-s* Geist nachteilig beeinflussen, verschroben machen, ,verbiegen', *j-s* Urteil verfälschen: → **warped 3.** **3.** a) verleiten (**into** zu), b) abbringen (**from** von). **4.** *e-e* Tatsache *etc* entstellen, verdrehen, -zerren. **5.** *mar.* das Schiff (an der Warpleine) fortziehen, bug'sieren, verholen. **6.** *agr.* Land a) mit Schlamm düngen, b) ~ **up** verschlammen. **7.** *Weberei:* die Kette (an)scheren. **8.** *math. tech.* verdrehen, -winden.

II *v/i* **9.** sich werfen *od.* verziehen, sich verbiegen *od.* krümmen, krumm werden (*Holz etc*). **10.** *Weberei:* (an)scheren, zetteln. **11.** *fig.* sich verzerren, entstellt *od.* verdreht werden.

war paint – washhand

III *s* **12.** Verwerfung *f*, Verziehen *n*, Verkrümmung *f* (*von Holz etc*). **13.** *fig.* Verschrobenheit *f.* **14.** *fig.* Entstellung *f*, Verzerrung *f*, Verdrehung *f.* **15.** Voreingenommenheit *f* (**against** gegen), Vorliebe *f* (**in favo[u]r of** für). **16.** *Weberei:* Kette *f*, Kettfäden *pl*, Zettel *m*: ~ **and woof** Kette u. Schuß *m.* **17.** Warpleine *f.* **18.** *geol.* Schlick *m.*
war| paint *s* **1.** Kriegsbemalung *f* (*der Indianer, a. colloq. Make-up*). **2.** *colloq.* große Gala. ~ **par·ty** *s* **1.** *pol.* ˈKriegsparˌtei *f.* **2.** *Am.* Indiˈaner *pl* auf dem Kriegspfad. ~ **path** *s* Kriegspfad *m* (*der Indianer*): **to be on the** ~ a) auf dem Kriegspfad sein (*Indianer od. fig. colloq.*), b) kampflustig sein.
warped [wɔː(r)pt] *adj* **1.** verzogen (*Holz etc*), krumm (*a. math.*). **2.** *fig.* verzerrt, verfälscht. **3.** ‚verbogen', verschroben: ~ **mind. 4.** parˈteiisch.
war| pen·sion *s* Kriegsopferrente *f.* ~ **plane** *s aer. mil.* Kampf-, Kriegsflugzeug *n.* ~ **pow·er** *s pol.* Sonderbefugnis(se *pl*) *f* im Kriegsfalle.
war·ra·gal [ˈwɒrəgəl] *s zo. Austral.* **1.** Dingo *m* (*Wildhund*). **2.** Wildpferd *n.*
war·rant [ˈwɒrənt; *Am. a.* ˈwɑ-] **I** *s* **1.** Vollmacht *f*, Bevollmächtigung *f*, Befugnis *f*, Berechtigung *f*: → **attorney** 2. **2.** Rechtfertigung *f*: **not without** ~ nicht ohne e-e gewisse Berechtigung. **3.** Garanˈtie *f*, Gewähr *f*, Sicherheit *f* (*alle a. fig.*). **4.** Bürge *m.* **5.** Bescheinigung *f*, Berechtigungsschein *m*: → **dividend warrant. 6.** *jur.* (Vollˈziehungs-, Haft*etc*)Befehl *m*: ~ **of apprehension** a) Steckbrief *m*, b) Haftbefehl *m*; ~ **of arrest** (*während e-r Verhandlung erlassener*) Haftbefehl; ~ **of attachment** (*od. distress*) Beschlagnahmeverfügung *f*; **a** ~ **is out against him** er wird steckbrieflich gesucht. **7.** *mar. mil.* Paˈtent *n*, Beförderungsurkunde *f*: ~ (**officer**) a) *mar.* (Ober)Stabsbootsmann *m*, Deckoffizier *m*, b) *mil.* (*etwa*) (Ober)Stabsfeldwebel *m.* **8.** *econ.* (Lager-, Waren)Schein *m*: **bond** ~ Zollbegleitschein *m.* **9.** *econ.* (Rück-)Zahlungsanweisung *f.*
II *v/t* **10.** *bes. jur.* bevollmächtigen, ermächtigen, autoriˈsieren. **11.** rechtfertigen, berechtigen zu: **to** ~ **s.o. to do s.th.** j-n dazu berechtigen, etwas zu tun. **12.** garanˈtieren, zusichern, haften für, verbürgen, gewährleisten: **I cannot** ~ **him to be** (*od.* **that he is**) **reliable** ich kann keine Garantie dafür übernehmen, daß er zuverlässig ist; **the goods are** ~**ed against faulty workmanship or material** der Hersteller leistet Garantie bei Verarbeitungs- od. Materialfehlern; ~**ed for three years** 3 Jahre Garantie; ~**ed pure** garantiert rein *od.* echt; **I'll** ~ (**you**) *colloq.* a) ich könnte schwören, b) mein Wort darauf, das kann ich Ihnen versichern. **13.** sichern (**from, against** vor *dat*, gegen). **14.** bestätigen, erweisen.
ˈwar·rant·a·ble *adj* **1.** vertretbar, gerechtfertigt, berechtigt, zu rechtfertigen(d). **2.** *hunt.* jagdbar (*Hirsch*). **ˈwar·rant·a·ble·ness** *s* Vertretbarkeit *f.* **ˈwar·rant·a·bly** *adv* berechtigterweise. ˌ**war·ranˈtee** [-ˈtiː] *s econ. jur.* Sicherheitsempfänger *m.* **ˈwar·rant·er, ˈwar·ran·tor** [-tə(r)] *s econ. jur.* Sicherheitsgeber *m.* **ˈwar·ran·ty** [-tɪ] *s* **1.** *bes. jur.* Ermächtigung *f*, Vollmacht *f.* **2.** Rechtfertigung *f*, Berechtigung *f.* **3.** Bürgschaft *f*, Garanˈtie *f*, Sicherheit *f*: **the watch is still under** ~ auf der Uhr ist noch Garantie. **4.** *jur.* Wechselbürgschaft *f.* **5.** *a.* **covenant of** ~ *bes. jur. Am.* Bürgschaftsvertrag *m* (*für Grundbesitz*): ~ **deed** a) Rechtsgarantie *f*, b) Grundstücksübertragungsurkunde *f* (*mit Haftung für Rechtsmängel*).
war·ren [ˈwɒrən; *Am. a.* ˈwɑ-] *s* **1.** Kaˈninchengehege *n.* **2.** *jur. Br. hist.* a) Wildgehege *n*, b) *a.* **free** ~ Jagd-, Hegerecht *n* (*in e-m Wildgehege*). **3.** *fig.* Labyˈrinth *n*, *bes.* a) ˈMietskaˌserne *f*, b) enges Straßengewirr. **ˈwar·ren·er** *s* **1.** *hist.* Hegemeister *m.* **2.** *pl fig.* zs.-gepfercht lebende Menschen *pl.*
war·ri·gal [ˈwɒrɪgəl] → **warragal.**
war·ring [ˈwɔːrɪŋ] *adj* **1.** sich bekriegend, (sich) streitend. **2.** *fig.* ˈwiderstreitend.
war·ri·or [ˈwɒrɪə; *Am.* ˈwɔːrjər] **I** *s poet.* Krieger *m.* **II** *adj* kriegerisch. ~ **ant** *s zo.* Blutrote Waldameise.
war| risk in·sur·ance *s econ. mil.* Kriegsversicherung *f.* ˈ~**ship** *s* Kriegsschiff *n.*
wart [wɔːrt] *s* **1.** *med.* Warze *f*: ~**s and all** *fig.* mit allen s-n *etc* Fehlern u. Schwächen. **2.** *bot. zo.* Auswuchs *m*: ~ **hog** Warzenschwein *n.* **ˈwart·ed** *adj* warzig. **ˈwar·time I** *s* Kriegszeiten *pl*: **in** ~ im Krieg. **II** *adj* in Kriegszeiten, Kriegs...
ˈwart|·weed *s bot.* Wolfsmilch *f.* ˈ~**wort** *s bot.* **1.** Warzenflechte *f.* **2.** → **wartweed.**
ˈwart·y *adj* warzig.
war| ves·sel → **warship.** ˈ~**wear·y** *adj* kriegsmüde. ~ **whoop** *s* Kriegsgeheul *n* (*der Indianer*). ~ **wid·ow** *s* Kriegerwitwe *f.* ~ **work·er** *s* Rüstungsarbeiter(in). ˈ~**worn** *adj* **1.** kriegszerstört, vom Krieg verwüstet. **2.** kriegsmüde.
war·y [ˈweərɪ] *adj* (*adv* **warily**) **1.** wachsam, vorsichtig, *a.* argwöhnisch: **to be** ~ **of** a) achtgeben auf (*acc*), b) sich hüten vor (*dat*); **to be** ~ **of doing s.th.** sich (davor) hüten, etwas zu tun; **to keep a** ~ **eye on** ein wachsames Auge haben auf (*acc*). **2.** ˈumsichtig, bedacht(sam). **3.** vorsichtig, behutsam.
war zone *s mil.* Kriegsgebiet *n.*
was [wɒz; *Br. betont* wɒz; *Am. betont* wʌz; wəz] *1. u. 3. sg pret von* **be**; *im pass* wurde: **he** ~ **killed**; **he** ~ **to come** er hätte kommen sollen; **he didn't know what** ~ **to come** er ahnte nicht, was noch kommen sollte.
wash [wɒʃ; *Am. a.* wɑʃ] **I** *s* **1.** Waschen *n*, Wäsche *f*: **at the** ~ in der Wäsche(rei); **to give s.th. a** ~ etwas (ab)waschen; **to have a** ~ sich waschen; **to come out in the** ~ a) herausgehen (*Flecken etc*), b) *fig. colloq.* in Ordnung kommen, *c) colloq.* ‚rauskommen', sich zeigen. **2.** (*zu waschende od. gewaschene*) Wäsche: **in the** ~ in der Wäsche. **3.** Waschwasser *n*, -lauge *f.* **4.** Spülwasser *n* (*a. fig. dünne Suppe etc*). **5.** Spülicht *n*, Küchenabfälle *pl.* **6.** *fig.* Gewäsch *n*, leeres Gerede. **7.** (Augen-, Haar- *etc*)Wasser *n.* **8.** *pharm.* Waschung *f.* **9.** Anspülen *n* (*der Wellen*), Wellenschlag *m*, (Tosen *n* der) Brandung *f.* **10.** Anschlagen *n*, Klatschen *n* (*der Wellen*). **11.** *mar.* Kielwasser *n.* **12.** *aer.* a) Luftstrudel *m*, Sog *m*, b) glatte Strömung. **13.** *fig.* Fahr-, Kielwasser *n*, Strömung *f.* **14.** Goldsand *m*, goldhaltige Erde. **15.** *geol.* a) Auswaschung *f*, (ˈWasser)Eroˌsion *f*, b) (Alluviˈal)Schutt *m.* **16.** *geogr.* a) Schwemm-, Marschland *n*, b) Moˈrast *m.* **17.** seichtes Gewässer. **18.** ˈFarbˌüberzug *m*: a) Tusche *f*, dünn aufgetragene (Wasser)Farbe, b) *arch.* Tünche *f.* **19.** *tech.* a) Bad *n*, Abspritzung *f*, b) Platˈtierung *f.*
II *adj* **20.** waschbar, -echt, Wasch...: ~ **glove** Waschlederhandschuh *m*; ~ **silk** Waschseide *f.*
III *v/t* **21.** waschen: **to** ~ **o.s.** (**one's face**); **to** ~ **a car**; **to** ~ **dishes** Geschirr (ab)spülen; → **hand** *Bes. Redew.* **22.** (ab)spülen, (ab)spritzen. **23.** *relig.* (*von Schuld*) reinwaschen, reinigen: → **wash away** 3. **24.** benetzen, befeuchten. **25.** be-, um-, überˈspülen, überˈfluten: **cliffs** ~**ed by the waves. 26.** (fort-, weg)spülen, (-)schwemmen: **to** ~ **ashore** (**overboard,** *etc*). **27.** *geol.* graben (*Wasser*): → **wash away** 2, **wash out** 1. **28.** *chem. Gas* reinigen. **29.** (*mit Farbe*) streichen: a) tünchen, weißen, b) dünn anstreichen, c) tuschen. **30.** *Sand* (*nach Gold etc*) auswaschen. **31.** *tech. Erze* waschen, schlämmen. **32.** *tech.* platˈtieren: **to** ~ **brass with gold.**
IV *v/i* **33.** sich waschen. **34.** (Wäsche) waschen. **35.** sich *gut etc* waschen (lassen), waschecht sein. **36.** *colloq.* a) standhalten, (die Probe) bestehen, b) ‚ziehen', stichhaltig sein: **that won't** ~ (**with me**) das zieht nicht (bei mir); **this argument won't** ~ dieses Argument ist nicht stichhaltig. **37.** (*vom Wasser*) gespült *od.* geschwemmt werden: **to** ~ **ashore. 38.** fluten, spülen (**over** über *acc*). **39.** branden, klatschen (**against** gegen).

Verbindungen mit Adverbien:

ˈwash|a·way **I** *v/t* **1.** ab-, wegwaschen. **2.** weg-, fortspülen, -schwemmen. **3.** **to** ~ **s.o.'s sins** *relig.* j-n von s-n Sünden reinwaschen. **II** *v/i* **4.** weg- *od.* fortgespült *od.* -geschwemmt werden. ~ **down** *v/t* **1.** abwaschen, abspritzen. **2.** hinˈunterspülen (*a. Essen mit e-m Getränk*). ~ **off** → **wash away** 1, 2, 4. ~ **out I** *v/t* **1.** auswaschen, ausspülen (*a. geol. etc*), *Straße etc* unterˈspülen. **2. to be washed out** (*Veranstaltung*) a) wegen Regens abgebrochen werden, b) wegen Regens abgesagt werden; **the game was washed out** das Spiel fiel im wahrsten Sinne des Wortes ins Wasser. **3.** *colloq.* ‚fertigmachen', erledigen, erschöpfen: → **washed-out** 2. **4.** *colloq.* a) aufheben, zuˈnichte machen, b) e-n Plan *etc* fallenlassen, aufgeben, c) e-n Kandidaten *etc* ablehnen, ausscheiden. **II** *v/i* **5.** sich auswaschen, verblassen. **6.** sich wegwaschen lassen (*Farbe*). **7.** *colloq.* ˈdurchfallen (*Prüfling etc*). ~ **up I** *v/t* **1.** *Br. Geschirr* (ab)spülen. **2.** *bes. Am.* für **wash out** 3: → **washed-up. II** *v/i* **3.** *Am.* sich (Gesicht u. Hände) waschen. **4.** *Br.* Geschirr spülen.

ˈwash·a·ble *adj* waschecht, waschbar, (*Tapete*) abwaschbar.
ˌwash-and-ˈwear *adj* bügelfrei, *a.* pflegeleicht. ˈ~**ˌba·sin** *s* Waschbecken *n.* ˈ~**board** *s* **1.** Waschbrett *n* (*a. mus.*). **2.** Fuß-, Scheuerleiste *f.* **3.** *mar.* Setzbord *n.* ~ **bot·tle** *s* **1.** Spritzflasche *f.* **2.** (Gas)Waschflasche *f.* ˈ~**bowl** → **washbasin.** ˈ~**ˌcloth** *s Am.* Waschlappen *m.* ˈ~**day** *s* Waschtag *m.* ~ **dirt** *s* Goldsand *m*, Golderde *f.*
ˌ**washed|-ˈout** *adj* **1.** verwaschen, verblaßt. **2.** *colloq.* ‚fertig', ‚erledigt', erschöpft. ˌ~**ˈup** *adj bes. Am. colloq.* a) ‚fertig': *a)* erschöpft, b) völlig ruiˈniert.
ˈwash·er *s* **1.** Wäscher(in). **2.** ˈWaschappaˌrat *m*, *bes.* a) ˈWaschmaˌschine *f*, b) *a.* **dish** ~ Geˈschirrspülmaˌschine *f*, Geschirrspüler *m*, c) *tech.* Erz-, Kohlenwäscher *m*, d) *chem.* ˈGaswaschappaˌrat *m*, e) *phot.* Wässerungskasten *m*, f) Papierherstellung: Halb(zeug)holländer *m.* **3.** *tech.* a) ˈUnterlegscheibe *f*, Dichtungsscheibe *f*, -ring *m*, b) Achsenstoß *m.* **4.** *Am.* für **raccoon.** ˈ~**ˌwom·an** *s irr* Waschfrau *f*, Wäscherin *f.*
wash·e·te·ri·a [ˌwɒʃɪˈtɪərɪə] *s Br.* **1.** ˈWaschsaˌlon *m.* **2.** (Auto)Waschanlage *f.*
ˈwash|ˌfast *adj* waschecht. ˈ~**hand** *adj Br.* Handwasch...: ~ **basin** (Hand-)Waschbecken *n*; ~ **stand** (Hand)Wasch-

ständer *m*. '**~house** *s* **1.** Waschhaus *n*, -küche *f*. **2.** Wäsche'rei *f*. **3.** *tech*. ('Kohlen-, 'Erz)Wäsche,rei *f*. '**~in** *s aer*. negative Flügelschränkung.
wash·i·ness ['wɒʃɪnɪs; *Am. a*. 'wɑ-] *s* **1.** Wässerigkeit *f* (*a. fig. Kraftlosigkeit, Seichtheit*). **2.** Verwaschenheit *f*, Blässe *f*.
'**wash·ing I** *s* **1.** → **wash** 1, 2. **2.** *oft pl* (*gebrauchtes*) Wasch- *od*. Spülwasser. **3.** *tech*. a) nasse Aufbereitung, Erzwäsche *f*, b) Wascherz *n*, Waschgold *n*. **4.** *tech*. Plat'tierung *f*, 'Überzug *m*. **5.** 'Farb,überzug *m*: a) Tünche *f*, b) Tusche *f*. **6.** *geol*. a) ('Wasser)Erosi,on *f*, b) Anschwemmung *f*. **II** *adj* **7.** Wasch..., Wäsche... **~ bot·tle** → wash bottle. **~ ma·chine** *s* 'Waschma,schine *f*. **~ pow·der** *s* Waschpulver *n*, -mittel *n*. **~ so·da** *s* (Bleich)Soda *n*. **~ stand** → washstand. ,**~'up** *s Br*. Abwasch *m* (*Geschirrspülen u. Geschirr*): **to do the ~** (*das*) Geschirr spülen *od*. **~ liquid** (Ge-schirr)Spülmittel *n*; **~ machine** Geschirrspülmaschine *f*, Geschirrspüler *m*; **~ water** Abwasch-, Spülwasser *n*.
wash| **leath·er** *s* **1.** Waschleder *n*. **2.** Fenster(putz)leder *n*. **~ load** *s* Fassungsvermögen *n* (*e-r Waschmaschine*).
'**~out** *s* **1.** *geol*. Auswaschung *f*. **2.** Unter'spülung *f* (*e-r Straße etc*). **3.** *colloq*. a) ‚Pleite' *f*, ‚Reinfall' *m* (*Mißerfolg*), b) ‚Niete' *f*, Versager *m* (*erfolgloser Mensch*), c) *mil*. ‚Fahrkarte' *f* (*Fehlschuß*), d) ,'Durchfall' *m* (*bei e-r Prüfung*). **4.** *aer*. positive Flügelschränkung. **~ plate** *s mar*. Schlingerplatte *f*. **~ pro·gram(me)** *s* 'Waschpro,gramm *n* (*e-r Waschmaschine*). '**~rag** *s Am*. Waschlappen *m*. '**~room** *s* **1.** Waschraum *m*. **2.** *Am. euphem*. Toi'lette *f*. **~ sale** *s econ. Am*. Scheinkauf *m u*. -verkauf *m* (*von Börsenpapieren*). '**~stand** *s* **1.** Waschtisch *m*, -ständer *m*. **2.** Waschbecken *n* (*mit fließendem Wasser*). '**~tub** *s* Waschwanne *f*.
wash·y ['wɒʃɪ; *Am. a*. 'wɑ-] *adj* (*adv* washily) **1.** verwässert, wäßrig (*beide a. fig. kraftlos, seicht*): **~ coffee**; **~ style**. **2.** verwaschen, blaß: **~ colo(u)r**.
wasp[1] *s ent*; *Am. a*. waspɪ *s* **1.** *zo*. Wespe *f*. **2.** reizbarer *od*. ‚giftiger' Mensch.
Wasp[2] [wɑːsp; wɔːsp] *s Am. oft contp*. protestantischer Amerikaner britischer *od*. nordeuropäischer Abstammung, der der privilegierten *u*. einflußreichen Schicht angehört.
'**wasp·ish** *adj* (*adv ~ly*) a) reizbar, gereizt, ‚giftig'.
wasp| **waist** *s* Wespentaille *f*. ,**~-'waist·ed** *adj* mit *e-r* Wespentaille.
was·sail ['wɒseɪl; *Am. a*. 'wɑsəl] **I** *s* **1.** *obs*. (Trink)Gelage *n*. **2.** *obs*. a) Festpunsch *m*, b) Würzbier *n*. **II** *v/i* **3.** *obs*. zechen, feiern, *e-n* 'Umtrunk halten. **4.** *Br*. von Haus zu Haus ziehen *u*. Weihnachtslieder singen.
Was·ser·mann| **re·ac·tion** ['wæsə(r)mən; *Am*. 'wɑ-], *a*. **~ test** *s med*. Wassermann(test) *m*.
wast [wɒst; wəst; *Am. a*. wɑst; wəst] *obs*. **2.** *sg pret ind von* **be**: **thou ~** du warst.
wast·age ['weɪstɪdʒ] *s* **1.** Verlust *m*, Verschleiß *m*, Abgang *m*. **2.** Verschwendung *f*, -geudung *f*: **~ of energy** a) Energieverschwendung, b) *fig*. Leerlauf *m*.
waste [weɪst] **I** *adj* **1.** öde, verödet, wüst, unfruchtbar, unbebaut (*Land*), unbewohnt: **to lay ~** verwüsten; **to lie ~** brachliegen. **2.** a) nutzlos, 'überflüssig, b) ungenutzt, 'überschüssig: **~ energy**. **3.** unbrauchbar, Abfall... **4.** *tech*. a) abgängig, verloren, Abgangs..., b) Abfluß..., Ablauf..., Abzugs...: **~ drain** Abzugskanal *m*; **~ materials** Abgänge *pl*, Abfall(material *n*) *m*. **5.** *biol*. Ausscheidungs...

II *s* **6.** Verschwendung *f*, -geudung *f*: **~ of energy** (**money**, **time**) Kraft-(Geld-, Zeit)verschwendung *f*; **to go** (*od*. **run**) **to ~** a) brachliegen, verwildern, b) vergeudet werden, c) verlottern, -fallen. **7.** Verfall *m*, Verschleiß *m*, Abgang *m*, Verlust *m*. **8.** Wüste *f*, (Ein)Öde *f*: **~ of water** Wasserwüste **9.** Abfall *m*, Müll *m*. **10.** *tech*. Abfall *m*, Abgänge *pl*, *bes*. a) Ausschuß *m*, b) Abfall-, Putzbaumwolle *f*, c) Ausschußwolle *f*, Wollabfälle *pl*, d) Werg *n*, e) *metall*. Gekrätz *n*, f) *print*. Makula'tur *f*. **11.** *Bergbau*: Abraum *m*. **12.** *geol*. Geröll *n*, Schutt *m*. **13.** *jur*. a) Vernachlässigung *f*, b) Wert(ver)minderung *f* (*e-s Grundstücks*).

III *v/t* **14.** a) verschwenden, -geuden: **to ~ money** (**time, words,** *etc*); **to ~ no time in doing s.th.** sich beeilen, etwas zu tun; etwas sofort tun; → **breath** 1, b) *Sportler etc* ‚verheizen'. **15.** Zeit, *e-e Gelegenheit etc* ungenutzt verstreichen lassen, vertrödeln (**in**, **over** mit). **16.** *fig*. brachliegen *od*. ungenutzt lassen: **a ~d talent** ein ungenutztes Talent. **17.** **to be ~d** nutzlos sein, ohne Wirkung bleiben (**on** *auf acc*), am falschen Platz stehen; **this is ~d on him** das läßt ihn völlig kalt. **18.** zehren an (*dat*), aufzehren, schwächen: **~d with grief** von Kummer verzehrt. **19.** verwüsten, -heeren, zerstören. **20.** *jur*. Vermögensschaden *od*. Minderung verursachen bei, *ein Besitztum* verkommen lassen. **21.** *bes. mil. Am. sl*. ,'umlegen'.

IV *v/i* **22.** *fig*. vergeudet *od*. verschwendet werden: **he ~s in routine work** er verzettelt sich mit Routinearbeit. **23.** vergehen, (ungenutzt) verstreichen (*Zeit, Gelegenheit etc*). **24.** *a*. **~ away** schwächer werden, da'hinsiechen, verfallen: → **wasting** 3. **25.** *fig*. abnehmen, (da'hin-)schwinden. **26.** verschwenderisch sein: **~ not, want not** spare in der Zeit, so hast du in der Not.

'**waste**|**,bas·ket** *s bes. Am*. Abfall-, *bes*. Pa'pierkorb *m*. **~ dis·pos·al** *s* Abfall-, Müllbeseitigung *f*.
'**waste·ful** *adj* (*adv ~ly*) **1.** kostspielig, unwirtschaftlich, verschwenderisch. **2.** verschwenderisch (**of** mit): **to be ~ of** verschwenderisch umgehen mit, *etwas* verschwenden. **3.** sinnlos. **4.** *poet*. wüst, öde.
'**waste·ful·ness** *s* Verschwendung(ssucht) *f*.
waste| **gas** *s tech*. Abgas *n*. **~ heat** *s tech*. Abwärme *f*, Abhitze *f*. **~ land** *s* **1.** Einöde *f*, Ödland *n*: **s.th. is a (cultural,** *etc*) **~** *fig*. etwas ist (kulturell *etc*) völlig bedeutungslos. **2.** verwüstetes Land. **~ oil** *s* Altöl *n*. ,**~'pa·per** *s* **1.** 'Abfallpa,pier *n*, Makula'tur *f* (*a. fig*.). **2.** 'Altpa,pier *n*. **3.** → **end paper**. ,**~'pa·per bas·ket** *s* Pa'pierkorb *m*. **~ pipe** *s tech*. Abfluß-, Abzugsrohr *n*. **~ prod·uct** *s* **1.** *econ., tech*. 'Abfallpro,dukt *n*. **2.** *biol*. Ausscheidungsstoff *m*.
'**wast·er** *s* **1.** → **wastrel** 1 *u*. 3. **2.** *metall*. a) Fehlguß *m*, b) Abschnitt *m*, Schrottstück *n*.
waste| **re·cov·er·y** *s* Abfall-, Müllaufbereitung *f*. **~ re·mov·al** *s* Abfall-, Müllbeseitigung *f*. **~ steam** *s tech*. Abdampf *m*. **~ treat·ment** *s* waste recovery. **~ wa·ter** *s* Abwasser *n*. **~ wool** *s* Twist *m*.
'**wast·ing I** *s* **1.** → **waste** 6 *u*. **7. 2.** *med*. Auszehrung *f*, Schwindsucht *f*. **II** *adj* **3.** zehrend, schwächend. **4.** abnehmend, schwindend.
wast·rel ['weɪstrəl] **I** *s* **1.** a) Verschwender *m*, b) Tunichtgut *m*. **2.** Her'umtreiber(in). **3.** *econ*. 'Ausschuß(ar,tikel *m*, -ware *f*) *m*, fehlerhaftes Exem'plar. **II** *adj* **4.** Ausschuß...
watch [wɒtʃ; *Am. a*. wɑtʃ] **I** *s* **1.** Wach-

samkeit *f*: **to be (up)on the ~** a) wachsam *od*. auf der Hut sein, b) (**for**) Ausschau halten (nach), lauern, achthaben (*auf acc*). **2.** Wache *f*, Wacht *f*: **to keep (a) ~** (**on** *od*. **over**) Wache halten, wachen (über *acc*), aufpassen (*auf acc*), *j-n* scharf beobachten *od*. im Auge behalten; → **ward** 9. **3.** (Schild)Wache *f*, Wachtposten *m*. **4.** *meist pl hist*. (Nacht)Wache *f* (*Zeiteinteilung*): **in the silent ~es of the night** in den stillen Stunden der Nacht. **5.** *mar*. (Schiffs)Wache *f* (*Zeitabschnitt od. Mannschaft*): **first ~** 1. Wache (20.00–24.00 Uhr); **middle ~**, *Am*. **mid ~** Mittelwache, 2. Wache, ‚Hundewache' (0.00–04.00 Uhr); **morning ~** Morgenwache (04.00–08.00 Uhr). **6.** *mar*. 'Seechrono,meter *n*. **7.** (Taschen-, Armband)Uhr *f*. **8.** *obs*. a) Wachen *n*, wache Stunden *pl*, b) Wächteramt *n*, c) Totenwache *f*.

II *v/i* **9.** zusehen, zuschauen. **10.** (**for**) warten, lauern (*auf acc*), Ausschau halten, ausschauen (nach): **to ~ for s.th. to happen** darauf warten, daß etwas geschieht. **11.** wachen (**with** bei), wach sein: **~ and pray** wachet u. betet. **12.** ~ **over** wachen über (*acc*), bewachen, aufpassen auf (*acc*): **he (it) needs ~ing** ihn (es) muß man im Auge behalten. **13.** *mil*. Posten stehen, Wache halten. **14.** **~ out** (**for**) a) → 10, b) aufpassen (auf *acc*): **~ out!** Achtung!, Vorsicht!, c) sich hüten (vor *dat*).

III *v/t* **15.** beobachten: a) *j-m od. e-r Sache* zuschauen, sich *etwas* ansehen: **to ~ the clock** *colloq*. ständig auf die Uhr schauen (*statt zu arbeiten*) b) ein wachsames Auge haben auf (*acc*), *e-n Verdächtigen etc* über'wachen, c) *e-n Vorgang* verfolgen, im Auge behalten, d) *jur*. den Verlauf *e-s Prozesses* verfolgen. **16.** *e-e Gelegenheit* abwarten, abpassen: **to ~ one's time**. **17.** achtgeben *od*. -haben auf (*acc*) (*od*. **that** daß): **~ it!** sei vorsichtig!, paß auf!; → **step** 1, 7. **18.** *Vieh* hüten, bewachen.

'**watch**|**·band** *s* Uhr(arm)band *n*. '**~boat** *s mar*. Wachboot *n*. **~ box** *s* **1.** *mil*. Schilderhaus *n*. **2.** 'Unterstand *m* (*für Polizisten auf Wache, Wachmänner etc*). **~ cap** *s mar*. enganliegende, blaue Strickmütze. '**~case** *s* **1.** Uhr(en)gehäuse *n*. **2.** 'Uhren,etui *n*. **~ chain** *s* Uhrkette *f*. **W~ Com·mit·tee** *s hist*. *Br*. städtischer Ordnungsdienst (*für die Polizei verantwortliches Komitee des Gemeinderats*).
'**~dog I** *s* **1.** Wachhund *m*. **2.** *fig*. Über'wacher(in): **~ committee** Überwachungsausschuß *m*. **II** *v/t* **3.** *fig*. wachen über (*acc*), über'wachen.
'**watch·er** *s* **1.** Wächter(in). **2.** *j-d*, der an *e-m* Krankenbett Wache hält, b) *j-d*, der Totenwache hält. **3.** Beobachter(in), Aufpasser(in). **4.** Schaulustige(r *m*) *f*.
'**watch·ful** *adj* (*adv ~ly*) **1.** wachsam, aufmerksam, *a*. lauernd (**of** auf *acc*): **to keep a ~ eye** (**up)on** ein wachsames Auge haben auf (*acc*); **there was a ~ look in her eyes** sie hatte *e-n* wachsamen Blick. **2.** (**against**) vorsichtig (mit), auf der Hut (vor *dat*). '**watch·ful·ness** *s* **1.** Wachsamkeit *f*. **2.** Vorsicht *f*.
watch| **glass** *s* Uhrglas *n*. '**~house** *s* **1.** Wache *f*, 'Wachlo,kal *n*. **2.** *Am*. Poli'zeiwache *f* mit Ar'restzelle.
'**watch·ing** *s* Beobachten *n*. **~ brief** *s jur*. Auftrag *m* zur Beobachtung *od*. Wahrnehmung *e-s* Pro'zesses (*im Interesse e-s nicht Beteiligten*).
watch| **key** *s* Uhrschlüssel *m*. ,**~'mak·er** *s* Uhrmacher *m*. ,**~'mak·ing** *s* Uhrmache'rei *f*. '**~man** [-mən] *s irr* **1.** (Nacht)Wächter *m*, Wache *f* (*in Gebäu-*

watchman's clock – water line

den etc). **2.** *hist.* Nachtwächter *m* (*e-r Stadt etc*). '~-**man's clock** *s* Kon'troll-, Wächteruhr *f.* ~ **night** *s relig.* Sil'vestergottesdienst *m.* ~ **of·fi·cer** *s mar.* 'Wachoffi‚zier *m.* ~ **pock·et** *s* Uhrtasche *f.* ~ **spring** *s tech.* Uhrfeder *f.* '~-**strap** *s* Uhr(arm)band *n.* '~**tow·er** *s mil.* Wach(t)turm *m.* '~-**word** *s* **1.** Losung *f,* Pa'role *f* (*a. fig. e-r Partei etc*). **2.** *fig.* Schlagwort *n.*

wa·ter ['wɔːtə(r)] **I** *v/t* **1.** bewässern, *den Rasen, e-e Straße etc* sprengen, *Pflanzen etc* (be)gießen. **2.** tränken: to ~ the cattle. **3.** mit Wasser versorgen: to ~ ship → 8. **4.** *oft* ~ **down** verwässern: a) verdünnen, *Wein* panschen, b) *fig.* abschwächen, mildern, c) *fig.* mundgerecht machen: a ~ed-down liberalism ein verwässerter Liberalismus; ~ing-down policy Verwässerungspolitik *f;* he ~ed his lecture er zog s-n Vortrag in die Länge. **5.** *econ. Aktienkapital* verwässern: to ~ the stock. **6.** *tech.* a) wässern, einweichen, befeuchten, b) *Töpferei, Malerei:* Ton, Farbe einsumpfen, c) *Kalk* einmachen, d) *Flachs* rösten, e) *Stoff* wässern, moi'rieren, f) *Stahl* damas'zieren.
II *v/i* **7.** wässern (*Mund*), tränen (*Augen*): it made his eyes ~ s-e Augen begannen zu tränen; his mouth ~ed das Wasser lief ihm im Mund zusammen (for, after nach); to make s.o.'s mouth ~ j-m den Mund wässerig machen. **8.** *mar.* Wasser einnehmen. **9.** Wasser trinken (*Vieh*). **10.** *aer.* wassern.
III *s* **11.** Wasser *n*: to be under ~ unter Wasser stehen; ~ bewitched *colloq.* dünnes *od.* verwässertes Getränk; ~s of forgetfulness a) Wasser des Vergessens, Vergessen *n,* b) *Tod m.* **12.** *oft pl* Mine'ralwasser *n,* Brunnen *m,* Wasser *n* (*e-r Heilquelle*): to drink (*od.* take) the ~s e-e Kur machen (at in *dat*). **13.** *oft pl* Wasser *n od. pl,* Gewässer *n od. pl:* in Chinese ~s in chinesischen Gewässern; (by land and) by ~ (zu Lande u.) zu Wasser, auf dem (Land- u.) Wasserweg; on the ~ a) auf dem Meer, zur See, b) zu Schiff; to be on the ~ verschifft werden; the ~s *poet.* das Meer, die See. **14.** *oft pl* Flut *f,* Fluten *pl,* Wasser *n od. pl.* **15.** Wasserstand *m:* → high (low) water. **16.** Wasserspiegel *m:* above (below) (the) ~ über (unter) Wasser *od.* dem Wasserspiegel. **17.** (Toi'letten)Wasser *n.* **18.** *chem.* Wasserlösung *f.* **19.** *med. physiol.* Wasser *n,* Se'kret *n* (*z. B.* Speichel, Schweiß, Urin): the ~, the ~s das Fruchtwasser; to pass (*od.* make) ~ Wasser lassen; it brings the ~ to his mouth es läßt ihm das Wasser im Munde zs.-laufen; ~ on the brain Wasserkopf *m;* ~ on the knee Kniegelenkerguß *m.* **20.** *tech.* Wasser *n* (*reiner Glanz e-s Edelsteins*): of the first ~ reinsten Wassers (*a. fig.*); a scoundrel of the first ~ *fig.* ein Erzhalunke. **21.** *tech.* a) Wasser (-glanz *m*) *n,* Moi'ré *n* (*von Stoffen*), b) Damas'zierung *f* (*von Stahl*).
Besondere Redewendungen:
to hold ~ *fig.* stichhaltig sein; to throw cold ~ on *fig.* e-r Sache e-n Dämpfer aufsetzen, wie e-e kalte Dusche wirken auf (*acc*); the wine flowed like ~ der Wein floß in Strömen; to spend money like ~ mit dem Geld nur so um sich werfen; to make (*od.* take) ~ *mar.* Wasser machen, leck sein (*Schiff*); to make the ~ *mar.* vom Stapel laufen; still ~s run deep stille Wasser sind tief; → bread *Bes. Redew.,* **bridge**[1] **1,** deep **1,** fish **1,** head *Bes. Redew.,* hot **13,** low water, oil **1,** trouble **6,** write **2.**

wa·ter·age ['wɔːtərɪdʒ] *s econ. Br.* **1.** Beförderung *f* auf dem Wasser(weg). **2.** Wasserfracht(kosten *pl*) *f.*

wa·ter|·an·te·lope → waterbuck. ~ **bag** *s* **1.** *zo.* Netzmagen *m* (*des Kamels*). **2.** Wasserbeutel *m* (*aus Leder*). ~ **bail·iff** *s Br. hist.* **1.** Hafenzollbeamte(r) *m.* **2.** a) Fische'rei-Aufseher *m,* b) 'Strompoli‚zist *m.* ~ **bal·ance** *s biol. med.* Wasserhaushalt *m.* ~ **bath** *s* Wasserbad *n* (*a. chem. u. gastr.*). ~ **bat·ter·y** *s electr.* (gal'vanische) 'Wasserbatte‚rie. '~-‚**bear·er** *s* **1.** Wasserträger *m.* **2.** W~ B~ ~ Aquarius. ~ **bear·ing** *s tech.* hy'draulisches (Achs- *od.* Wellen)Lager. '~-‚**bear·ing** *adj geol.* wasserführend. ~ **bed** *s* **1.** *geol.* (Grund)Wasserschicht *f.* **2.** Wasserbett *n.* ~ **bird** *s orn. allg.* Wasser-, Schwimmvogel *m.* ~ **bis·cuit** *s* (einfacher) Keks. ~ **blis·ter** *s med.* Wasserblase *f.* '~-**borne** *adj* **1.** auf dem Wasser schwimmend, flott. **2.** zu Wasser *od.* auf dem Wasserweg befördert: ~ goods. **3.** ~ disease *med.* Krankheit, die durch Wasser übertragen wird. ~ **bot·tle** *s* **1.** Wasserflasche *f.* **2.** Feldflasche *f.* '~-**bound** *adj* durch e-e Über'schwemmung festgehalten, vom Wasser eingeschlossen *od.* (von der 'Umwelt) abgeschnitten. ~ **brash** → pyrosis. ~ **break** *s* Brecher *m od. pl,* Brechung *f* (*Wellen*). ~ **breath·er** *s zo.* Kiemenatmer *m.* '~-**buck** *s zo.* **1.** 'Hirschanti‚lope *f.* **2.** El'lipsen-, Wasserbock *m.* **3.** Litschi-Wasserbock *m.* ~ **buf·fa·lo** → buffalo I a. ~ **bug** *s zo.* (*e-e*) Wasserwanze *f.* '~-**bus** *s* Flußboot *n* im Linienverkehr. ~ **butt** *s* Wasserfaß *n,* Regentonne *f.* ~ **cab·bage** *s bot.* **1.** Amer. Seerose *f.* **2.** → water lettuce. ~ **can·cer,** ~ **can·ker** *s med.* Wasserkrebs *m,* Noma *n.* ~ **can·non** *s* Wasserwerfer *m.* ~ **car·riage** *s* **1.** Trans'port *m* zu Wasser, 'Wassertrans‚port *m.* **2.** 'Wassertrans‚portmittel *pl.* ~ **car·ri·er** *s* **1.** Wasserträger *m.* **2.** a) Wasserleitung *f,* b) Ka'nal *m.* **3.** Regenwolke *f.* **4.** W~ C~ → Aquarius. ~ **cart** *s* **1.** Wasserwagen *m* (*zum Transport*). **2.** Sprengwagen *m.* ~ **ce·ment** *tech.* 'Wasserze‚ment *m,* -mörtel *m.* ~ **chest·nut** *s bot.* Wassernuß *f.* ~ **chute** *s tech.* Wasserrutschbahn *f.* ~ **clock** *s tech.* Wasseruhr *f.* ~ **clos·et** *s* 'Wasserklo‚sett *n.* ~ **cock** *s orn.* Ostindische Wasserralle. '~-**col·o(u)r I** *s* **1.** Wasser-, Aqua'rellfarbe *f.* **2.** Aqua'rellmale‚rei *f.* **3.** Aqua'rell *n* (*Bild*). **II** *adj* **4.** Aquarell... '~-‚**col·o(u)r·ist** *s* Aqua'rellmaler(in). '~-**cooled** *v/t tech.* mit Wasser kühlen. '~-**cooled** *adj* wassergekühlt: ~ engine. ~ **cool·er** *s tech.* Wasserkühltank *m,* -kühler *m.* ~ **cool·ing** *s tech.* Wasserkühlung *f.* '~-‚**cool·ing** *adj:* ~ jacket *tech.* Wasserkühlmantel *m.* ~ **course** *s* **1.** Wasserlauf *m.* **2.** Fluß-, Strombett *n.* **3.** Ka'nal *m.* ~ **cow** *s zo.* **1.** Büffelkuh *f.* **2.** Ma'nati *f* (*Seekuh*). '~-**craft** *s* **1.** Wasserfahrzeug(e *pl*) *n.* **2.** Geschicklichkeit *f* im Wassersport. ~ **crane** *s tech.* Wasserkran *m.* ~ **cress** *s bot.* Brunnenkresse *f.* ~ **cure** *s med.* **1.** Wasserkur *f.* **2.** Wasserheilkunde *f.* ~ **di·vin·er** *s* (Wünschel)Rutengänger *m.* ~ **dock** *s bot.* Wasserampfer *m.* ~ **doc·tor** *s* **1.** *med. hist.* Wasser-, U'rindoktor *m.* **2.** *colloq.* Wasserheilkundige(r) *m.* ~ **dog** *s* **1.** *hunt.* Wasserhund *m.* **2.** *zo. Am. colloq.* (ein) großer Sala'mander. **3.** *colloq.* „Wasserratte" *f.* ~ **drink·er** *s* **1.** Wassertrinker(in). **2.** 'Antialko‚holiker(in). '~-**drop** *s* **1.** Wassertropfen *m.* **2.** *poet.* Träne *f.* ~ **e·con·o·my** *s biol. med.* Wasserhaushalt *m.*

wa·tered ['wɔːtə(r)d] *adj* **1.** bewässert, gesprengt (*Rasen, Straße etc*). **2.** verwässert (*a. fig.*). **3.** *econ.* verwässert (*Aktienkapital*). **4.** *tech.* a) gewässert, moi'riert (*Stoff*), b) damas'ziert (*Stahl*).

wa·ter|·el·der → guelder-rose. ~ **el·e·phant** → hippopotamus. ~ **elm** *s bot.* Weißrüster *f.* ~ **en·gine** *s tech.* **1.** Wasserhebewerk *n,* Schöpfwerk *n.* **2.** *Bergbau:* 'Wasserhaltungs‚ma‚schine *f.* **3.** Wassermotor *m.* '~-**fall** *s* **1.** Wasserfall *m.* **2.** *fig.* Sturzbach *m:* a ~ of questions. ~ **feed·er** *s tech.* Wasserzufluß *m,* Speiseleitung *f.* ~ **fern** *s bot.* (*ein*) Rispenfarn *m, bes.* Königsfarn *m.* '~‚**find·er** *s* (Wünschel)Rutengänger *m.* ~ **flea** *s zo.* Wasserfloh *m.* '~-**fog** *s* Tröpfchennebel *m.* '~-**fowl** *s orn.* **1.** Wasser-, Schwimmvogel *m.* **2.** *collect.* Wasservögel *pl.* ~ **frame** *s tech.* 'Wasser‚spinn‚ma‚schine *f.* '~-**front** *s* an ein Gewässer grenzender Stadtbezirk *od.* Landstreifen, Hafengebiet *n,* -viertel *n.* ~ **funk** *s colloq.* **1.** Wasserscheu *f.* **2.** Wasserscheu(r *m*) *f.* ~ **gage** *bes. Am. für* water gauge. ~ **gap** *s geogr.* Schlucht *f,* ('Fluß‚)Durchbruch *m.* ~ **gas** *s chem.* Wassergas *n.* ~ **gate** *s* **1.** Schleuse *f.* **2.** Schleusentor *n.* ~ **gauge** *s tech.* **1.** Wasserstand(san)zeiger *m.* **2.** Pegel *m,* Peil *m,* hy'draulischer Druckmesser. **3.** *Wasserdruck gemessen in inches* Wassersäule. ~ **gild·ing** *s tech.* Leim-, Wasservergoldung *f.* ~ **glass** *s* **1.** Wasserglas *n* (*a. chem.*). '~-**glass egg** *s* eingelegtes Ei, Kalkei *n.* ~ **gold** *s tech.* Muschel-, Malergold *n.* ~ **green** *s paint.* Wassergrün *n.* ~ **gru·el** *s* dünner Haferschleim. ~ **guard** *s* **1.** 'Fluß-, 'Hafenpoli‚zist *m.* **2.** Hafenzollwache *f.* ~ **gun** *s Am.* 'Wasserpi‚stole *f.* ~ **ham·mer** *s phys.* **1.** Wasserstoß *m* (*in Röhren*). **2.** Wasserhammer *m* (*zur Erzeugung von Schallimpulsen*). ~ **heat·er** *s tech.* Warmwasserbereiter *m.* ~ **hen** *s orn.* Ralle *f, bes.* a) Grünfüßiges Teichhuhn, b) Amer. Wasserhuhn *n.* ~ **hole** *s* **1.** Wasserloch *n.* **2.** kleiner Teich. **3.** Loch *n* in der Eisdecke (*e-s Gewässers*). ~ **hose** *s* Wasserschlauch *m.* ~ **ice** *s* Fruchteis *n.*

wa·ter·i·ness ['wɔːtərɪnɪs] *s* Wässerigkeit *f.*

'**wa·ter·ing I** *s* **1.** Bewässern *n,* Sprengen *n* (*e-s Rasens, e-r Straße etc*), (Be)Gießen *n* (*von Blumen*). **2.** Tränken *n* (*von Vieh*). **3.** Versorgung *f* mit Wasser. **4.** Verwässern *n* (*a. fig.*). **5.** *econ.* Verwässern *n* (*von Aktienkapital*). **6.** *tech.* a) Wässern *n,* Moi'rieren *n* (*von Stoff*), b) Moi'rierung *f,* c) Damas'zieren *n* (*von Stahl*). **7.** *mar.* Wassernehmen *n.* **II** *adj* **8.** Bewässerungs... **9.** Kur..., Bade... ~ **bri·dle** *s* Wassertrense *f* (*der Pferde*). ~ **can** *s* Gießkanne *f.* ~ **cart** *s* Sprengwagen *m.* ~ **place** *s* **1.** *bes. Br.* a) Bade-, Kurort *m,* Bad *n,* b) (See)Bad *n.* **2.** Wasserstelle *f* (*a. mar.*), (Vieh)Tränke *f.* ~ **pot** *s Am.* Gießkanne *f.*

wa·ter|·jack·et *s tech.* Wasserkühlmantel *m.* ~ **joint** *s tech.* wasserdichte Fuge *od.* Verbindung. ~ **jump** *s sport* Wassergraben *m.* ~ **leaf** *s irr* Wasserblatt *n* (*Ornament*). '~-**leaf** *pl* -**leafs** *s* **1.** *bot.* Wasserblatt *n.* **2.** *pl a.* -**leaves** 'Wasserpa‚pier *n.* ~ **lens** *s opt.* Flüssigkeitslinse *f.* ~ **len·tils** *s meist pl bot.* Wasserlinse *f.*

'**wa·ter·less** *adj* wasserlos.

wa·ter|·let·tuce *s bot.* Wasserkohl *m.* ~ **lev·el** *s* **1.** Wasserstand *m,* -spiegel *m.* **2.** *tech.* a) Wasserstandslinie *f,* Pegelstand *m,* b) Wasserwaage *f.* **3.** *geol.* (Grund)Wasserspiegel *m.* **4.** *Bergbau:* Grundstrecke *f.* **5.** *mar.* → water line **1.** ~ **lil·y** *s bot.* **1.** Seerose *f,* Wasserlilie *f.* **2.** Teichrose *f.* **3.** Seerosengewächs *n.* ~ **lime** *s arch.* Wasserkalk *m,* -mörtel *m.* ~ **line** *s* **1.** *mar.* Wasserlinie *f* (*e-s Schiffs*): light ~ niedrigste Wasserlinie; load ~ höchste Wasserlinie. **2.** Wasserlinie *f* (*Wasserzeichen*). **3.** → water level **3.**

˻logged *adj* **1.** *mar.* voll Wasser (*Boot etc*). **2.** vollgesogen (*Holz etc*).
Wa·ter·loo [ˌwɔːtə(r)ˈluː; *Am. a.* ˌwɑ-] *s*: **to meet one's ~** *fig.* sein Waterloo (*e-e vernichtende Niederlage*) erleben.
wa·ter|lot *s Am.* unter Wasser stehendes *od.* sumpfiges Gelände. **~ main** *s tech.* Hauptwasserrohr *n.* **˻man** [-mən] *s irr* **1.** Fährmann *m.* **2.** *sport* Ruderer *m*: **a good ~. 3.** *myth.* Wassergeist *m.* **˻mark I** *s* **1.** *tech.* Wasserzeichen *n* (*in Papier*). **2.** *mar.* Wassermarke *f*, *bes.* Flutzeichen *n* (*am Pegel*): **high ~** Tiefgangs-, Lademarke (*am Schiff*). **II** *v/t* **3.** Papier mit Wasserzeichen versehen. **~ meadow** *s agr.* Rieselwiese *f.* **˻mel·on** *s bot.* ˈWassermeˌlone *f.* **~ me·ter** *s tech.* Wassermesser *m*, -zähler *m.* **~ mill** *s tech.* Wassermühle *f.* **~ moc·ca·sin** *s zo.* Mokassinschlange *f.* **~ mon·key** *s* irdene ˈWasserkaˌraffe (*zur Kühlhaltung*). **~ mo·tor** *s tech.* Wasserantrieb(svorrichtung *f*) *m.* **~ nix·ie** → **nixe. ~ nymph** *s myth.* Wassernymphe *f.* **~ or·deal** *s hist.* Wasserprobe *f* (*Art des Gottesurteils*). **~ part·ing** *bes. Am. für* **watershed 1. ~ pil·lar** *s tech.* Wasserkran *m.* **~ pipe** *s* **1.** *tech.* Wasser(leitungs)rohr *n.* **2.** orien'talische Wasserpfeife. **~ pis·tol** *s* ˈWasserpiˌstole *f.* **~ pitch·er** *s* Wasserkrug *m.* **~ plane** *s* **1.** Wasserspiegel *m.* **2.** *aer.* Wasserflugzeug *n.* **~ plant** *s bot.* Wasserpflanze *f.* **~ plate** *s* Wärmeteller *m.* **~ plug** *s tech.* Wasserhahn *m.* **~ pol·lu·tion** *s* Wasserverschmutzung *f.* **~ po·lo** *s sport* **1.** Wasserball(spiel *n*) *m.* **2.** Wasserball *m.* **˻pot** *s* **1.** Wassertopf *m*, -krug *m.* **2.** *Am.* Gießkanne *f.* **~ pow·er** *s tech.* Wasserkraft *f.* **~ pres·sure** *s tech.* Wasserdruck *m.* **˻proof I** *adj* **1.** wasserdicht. **II** *s* **2.** wasserdichter Stoff. **3.** wasserdichtes Kleidungsstück, *bes. Br.* Regenmantel *m.* **III** *v/t* **4.** wasserdicht machen, imprä-ˈgnieren. **~ pump** *s tech.* Wasserpumpe *f.* **˻quake** *s geol.* Seebeben *n.* **˻rad·ish** *s bot.* Wasserkresse *f.* **~ rat** *s zo.* a) Wasserratte *f*, b) Bisamratte *f*, c) *e-e* Wassermaus, *bes.* Schwimm-Maus *f.* **~ rate** *s* Wassergeld *n.* **~ re·cy·cling** *s* Wasseraufbereitung *f.* **˻re·pel·lent** *adj* wasserabstoßend. **˻ret** → **water-rot. ~ rice** *s* Indian rice. **~ right** *s jur.* Wassernutzungsrecht *n.* **~ rose** → **water lily 1. ˻rot** *v/t* Flachs in Wasser rotten *od.* rösten. **~ sail** *s mar.* Wassersegel *n.* **˻scape** *s paint.* Seestück *n.* **~ scor·pi·on** *s zo.* ˈWasserskorpiˌon *m.* **~ seal** *s tech.* Wasserverschluß *m.* **˻‑ˌsea·son** *v/t tech.* Holz (*nach vorherigem Nässen*) austrocknen. **˻shed** *s geogr.* **1.** *Br.* Wasserscheide *f.* **2.** Einzugs-, Stromgebiet *n.* **3.** *fig.* a) Trennungslinie *f*, b) Wendepunkt *m.* **˻side I** *s* Wasserkante *f*, Küste *f*, See-, Flußufer *n.* **II** *adj* Küsten..., See..., (Fluß)Ufer...: **~ police** Wasserschutzpolizei *f.* **~ ski** *s* Wasserski *m.* **˻ski** *v/i* Wasserski laufen. **˻‑ˌski·ing** *s* Wasserski(laufen) *n.* **~ smoke** *s* Wasserdunst *m.* **˻‑ˌsol·u·ble** *adj biol. chem.* wasserlöslich. **~ sor·rel** *s bot.* Wasserampfer *m.* **~ sou·chy** [ˈsuːʃɪ] *s gastr.* im eigenen Saft bereitetes Fischgericht. **~ span·iel** *s* Wasserspaniel *m.* **˻spi·der** *s zo.* Wasserspinne *f.* **˻spout** *s* **1.** Fallrohr *n* (*der Dachrinne*). **2.** Wasserspeier *m*, Speiröhre *f.* **3.** springender Wasserstrahl. **4.** *meteor.* a) Wasserhose *f*, b) Wolkenbruch *m*, Platzregen *m.* **~ sprite** *s* Wassergeist *m*, Nixe *f.* **˻strid·er** *s zo.* Wasserschneider *m.* **~ sup·ply** *s* **1.** Wasserversorgung *f.* **2.** Wasserleitung *f.* **~ sys·tem** *s* **1.** *geogr.* Stromgebiet *n.* **2.** → **water supply. ~ ta·ble** *s* **1.** *arch.* Wasserschlag *m*, -abflußleiste *f.* **2.** *geol.* Grundwasserspiegel *m.* **3.** Rinnstein *m.*

tank *s* Wasserbehälter *m.* **~ ther·mom·e·ter** *s phys.* ˈWasserthermoˌmeter *n.* **˻tight** *adj* **1.** wasserdicht. **2.** *fig.* a) eindeutig, unanfechtbar: **~ case**; b) zuverlässig, sicher, c) stichhaltig: **~ argument. ˻tight com·part·ment** *s mar.* wasserdichte Ab'teilung: **to keep s.th. in watertight compartments** *fig.* etwas isoliert halten *od.* betrachten. **˻ˌtight·ness** *s* wasserdichte Beschaffenheit. **~ tow·er** *s* **1.** *tech.* Wasserturm *m.* **2.** Standrohr *n* (*der Feuerwehr*). **˻tube boil·er** *s tech.* Röhrenkessel *m.* **~ twist** *s* Wassergarn *n.* **~ va·po(u)r** *s phys.* Wasserdampf *m.* **~ vole** → **water rat** a. **~ wag·on** *s Am.* Wasser(versorgungs)wagen *m*: **to be on the ~** *colloq.* nichts (mehr) trinken; **to go on the ~** *colloq.* mit dem Trinken aufhören; **to be off the ~** *colloq.* wieder trinken. **~ wag·tail** *s orn.* Bachstelze *f.* **~ wave** *s* Wasserwelle *f* (*a. im Haar*). **˻‑wave** *v/t* das Haar in Wasserwellen legen. **˻way** *s* **1.** Wasserweg *m.* **2.** *mar.* a) Wasserstraße *f*, Schiffahrtsweg *m*, b) Wassergang *m* (*Deckrinne*). **3.** *tech.* Hahnbohrung *f.* **~ wheel** *s tech.* **1.** Wasserrad *n.* **2.** *mar.* Schaufelrad *n.* **3.** Schöpfrad *n.* **~ wing** *s arch. tech.* Wassermauer *f* (*an Brücken*). **2.** *pl* Schwimmflügel *pl*, -manˌschetten *pl.* **~ witch** *s* (Wünschel)Rutengänger *m.* **˻works** *s pl* **1.** (*oft als sg konstruiert*) Wasserwerk *n.* **2.** a) Fon'täne(n *pl*) *f*: **to turn on the ~** *colloq.* zu heulen anfangen, losheulen, b) Wasserspiel *n.* **3.** *colloq.* Blase *f*: **to have trouble with one's ~** ständig laufen müssen. **˻worn** *adj* vom Wasser ausgehöhlt.
wa·ter·y [ˈwɔːtərɪ] *adj* **1.** Wasser...: **the ~ god** der Wassergott; **to go to a ~ grave** ein feuchtes *od.* nasses Grab finden, sein Grab in den Wellen finden; **the ~ waste** die Wasserwüste. **2.** a) wäßrig, wässerig, wasserartig, b) feucht, naß: **~ soil. 3.** regenverkündend, Regen...: **~ sky** Regenhimmel *m.* **4.** triefend: a) *allg.* voller Wasser, naß: **~ clothes**, b) tränend: **~ eyes. 5.** verwässert: **~ fad(e), geschmacklos**: **~ vegetables**, b) blaß: **~ colo(u)r. 6.** *fig.* schal, seicht: **~ style.**
watt [wɒt; *Am.* wɑt] *s electr.* Watt *n*: **~ current** Wirkstrom *m*; **~-hour** Wattstunde *f*; **~-second** Wattsekunde *f.*
ˈwatt·age *s electr.* Wattleistung *f.*
wat·tle [ˈwɒtl; *Am.* ˈwɑtl] **I** *s* **1.** *Br. dial.* a) Gerte *f*, Rute *f*, b) Hürde *f.* **2.** *a. pl* Flecht-, Gitterwerk *n* (*aus Zweigen*): **~ and daub** *arch.* mit Lehm beworfenes Flechtwerk. **3.** *pl* Ruten *pl* (*zum Strohdachbau*). **4.** *bot. Austral.* A'kazie *f.* **5.** a) *orn.* Bart *m*, Kehllappen *pl*, b) *ichth.* Bartfäden *pl.* **II** *v/t* **6.** aus Ruten flechten. **7.** mit Flechtwerk um'zäunen *od.* bedecken. **8.** Strohdach etc mit Ruten *od.* Gerten befestigen. **9.** Ruten, Gerten zs.-flechten. **ˈwat·tled** *adj* **1.** a) *orn.* mit e-m Bart (versehen), b) mit Bartfäden (versehen) (*Fisch*). **2.** aus Ruten geflochten, aus Flechtwerk ˈhergestellt.
ˈwatt·less *adj electr.* watt-, leistungslos: **~ current** Blindstrom *m*; **~ power** Blindleistung *f.*
ˈwat·tle·work *s* (Ruten)Flechtwerk *n.*
ˈwat·tling *s* **1.** Flechten *n.* **2.** Flechtwerk *n*, Geflecht *n.*
ˈwattˌme·ter *s electr.* Wattmeter *n*, Leistungsmesser *m.*
waul [wɔːl] *v/i* jämmerlich schreien.
wave¹ [weɪv] **I** *s* **1.** Welle *f*, Woge *f* (*beide a. fig.* von Gefühl *etc*): **the ~(s)** *poet.* die See; **~ of indignation** *fig.* Woge der Entrüstung; **to make ~s** *Am.* Wellen schlagen, Aufsehen erregen. **2.** (Boden *etc*)Welle *f*, wellenförmige Unebenheit.

3. *fig.* (Angriffs- *etc*)Welle *f*: **~s of attack**; **~ of immigrants** Einwandererwelle; **after ~** Welle um Welle; **in ~s** in Wellen, schubweise. **4.** *electr. phys.* Welle *f*: **~ frequency** Wellenfrequenz *f.* **5.** *tech.* a) Welle *f*, Flamme *f* (*im Stoff*), b) *print.* Guil'loche *f* (*Zierlinie*). **6.** (Haar)Welle *f.* **7.** Wink(en *n*) *m*, Schwenken *n*: **a ~ of the hand** ein Wink mit der Hand, e-e Handbewegung; **to give s.o. a ~** j-m (zu)winken. **II** *v/i* **8.** wogen, sich wellenartig bewegen. **9.** wehen, flattern, wallen. **10.** (at *od.* to s.o. j-m) (zu)winken, Zeichen geben. **11.** sich wellen (*Haar*). **III** *v/t* **12.** wellenförmig bewegen. **13.** a) e-e Fahne, Waffe *etc* schwenken, schwingen, hin u. her bewegen: **to ~ one's arms** mit den Armen fuchteln; **to ~ one's fist at s.o.** j-m mit der Faust drohen, b) winken mit: **to ~ one's hand** (mit der Hand) winken (**at** *od.* **to s.o.** j-m). **14.** *das Haar etc* wellen, in Wellen legen. **15.** *tech.* a) Stoff flammen, moi'rieren, b) Wertpapiere etc guillo'chieren, mit Zierlinien versehen. **16.** j-m (zu)winken: **to ~ a train to a halt** e-n Zug durch Winkzeichen anhalten; **to ~ aside** a) j-n beiseite winken, b) *fig.* j-n *od.* etwas mit e-r Handbewegung abtun; **to ~ away** a) j-n abweisen, b) *Fliegen etc* (mit der Hand) verscheuchen; **to ~ down** *Auto etc* anhalten, stoppen; **to ~ goodbye to** a) j-m zum Abschied winken, b) *colloq.* etwas „in den Schornstein schreiben"; **to ~ nearer** heranwinken.
Wave² [weɪv] *s mar. Am. colloq.* Angehörige *f* der **Waves.**
wave| band *s electr.* Wellenband *n.* **~ de·tec·tor** *s electr.* ˈWellenˌtektor *m.* **~ e·qua·tion** *s phys.* Wellengleichung *f.* **~ front** *s phys.* Wellenfront *f.* **~ guide** *s electr. phys.* Hohl-, Wellenleiter *m.* **˻length** *s electr. phys.* Wellenlänge *f*: **to be on the same ~** *fig.* auf der gleichen Wellenlänge liegen, die gleiche Wellenlänge haben. **˻like** *adj* wellenförmig.
wa·vel·lite [ˈweɪvəlaɪt] *s min.* Wavel'lit *m.*
wave| me·chan·ics *s pl* (*als sg konstruiert*) *phys.* ˈWellenmeˌchanik *f.* **˻ˌme·ter** *s electr.* Wellenmesser *m.* **~ num·ber** *s electr.* Wellenzahl *f.*
wa·ver [ˈweɪvə(r)] **I** *v/i* **1.** wanken, schwanken, taumeln. **2.** flackern (*Licht*). **3.** beben, zittern (*Hände, Stimme etc*). **4.** *fig.* wanken: a) schwanken (**between** zwischen *dat*), unschlüssig sein: **not to ~** sich nicht beirren lassen, b) ins Wanken geraten (*Mut etc*). **ˈwa·ver·er** *s fig.* Unentschlossene(r *m*) *f*, Zauderer *m.* **ˈwa·ver·ing** *adj* (*adv* **~ly**) **1.** (sch)wankend (*a. fig.*). **2.** *fig.* unschlüssig. **3.** flackernd. **4.** zitternd.
Waves [weɪvz] *s mar. Am. colloq.* amer. Re'serve-Maˌrinehelferinnenˌkorps *n* (*aus* **W**omen's **A**ppointed **V**olunteer **E**mergency **S**ervice).
wave| the·o·ry *s phys.* ˈWellentheoˌrie *f* (*des Lichts*): **~ of matter** Wellentheorie der Materie. **~ trap** *s electr.* Sperrkreis *m*, Sperre *f.*
wav·ey [ˈweɪvɪ] → **snow goose.**
wav·i·ness [ˈweɪvɪnɪs] *s* (*das*) Wellige, Welligkeit *f.*
wav·y¹ [ˈweɪvɪ] *adj* **1.** wogend. **2.** wellig, gewellt (*Haar, Linie etc*).
wav·y² [ˈweɪvɪ] → **snow goose.**
Wav·y Na·vy *s mar. Br. colloq.* Re'serveliste *f.*
wawl → **waul.**
wax¹ [wæks] **I** *s* **1.** (Bienen)Wachs *n.* **2.** *bot.* Pflanzenwachs *n.* **3.** *physiol.* Ohrenschmalz *n.* **4.** a. **cobbler's ~** Schusterpech *n.* **5.** Wachs *n* (*zum Siegeln od. Abdichten*), *bes.* Siegellack *m.* **6.** *chem.* Wachs *n* (*z. B. Paraffin*). **7.** *fig.* Wachs *n*:

wax – weak-minded

he is ~ in her hands er ist (wie) Wachs in ihren Händen. **II** v/t **8.** (ein)wachsen, bohnern. **9.** mit Wachs abdichten, verpichen. **10.** *bes. Am. colloq.* (auf Schallplatte) aufnehmen. **III** adj **11.** wächsern, Wachs..., aus Wachs.
wax² [wæks] v/i **1.** wachsen, zunehmen (*bes. Mond*) (*a. fig.*): to ~ and wane zu- u. abnehmen. **2.** *obs.* (*vor adj*) alt, frech, laut *etc* werden: to ~ old.
wax³ [wæks] s: to be in (get into) a ~ *colloq.* e-e Stinkwut haben (kriegen).
wax⁴ [wæks] v/t *Am. colloq.* die Oberhand gewinnen über (*acc*), schlagen.
wax|bean s bot. Am. Wachsbohne f. ~ **can·dle** s Wachskerze f. ~ **cloth** s **1.** Wachstuch n. **2.** Bohnertuch n. ~ **doll** s Wachspuppe f.
wax·en ['wæksən] → **waxy¹**.
wax|fig·ure s 'Wachsˌfigur f. ~ **flow·er** s **1.** Wachsblume f (*a. bot.*). **2.** bot. Kranzwinde f. ~ **light** s Wachskerze f. ~ **pa·per** s 'Wachsˌpapier n. ~ **plant** s bot. Wachsblume f. ~ **pock·et** s zo. Wachstasche f (*der Bienen*). ~ **work** s **1.** Wachsarbeit f, bes. 'Wachsˌfigur f. **2.** pl (*a. als sg konstruiert*) 'Wachsˌfigurenkabiˌnett n.
wax·y¹ ['wæksɪ] adj **1.** wachshaltig. **2.** wächsern (*a. Gesichtsfarbe*), wie Wachs, wachsartig, Wachs... **3.** fig. weich (wie Wachs), wachsweich, nachgiebig. **4.** med. Wachs...: ~ liver.
wax·y² ['wæksɪ] adj colloq. stinkwütend.
way¹ [weɪ] s **1.** Weg m, Pfad m, Bahn f (*a. fig.*): ~ **back** Rückweg; ~ **home** Heimweg; ~ **through** Durchreise f, -fahrt f; the ~ **of the cross** *relig.* der Kreuzweg; ~**s and means** Mittel u. Wege, bes. pol. (finanzielle) Mittel, Geldbeschaffung(smaßnahmen) f; **to ask** the (*od.* one's) ~ nach dem Weg fragen; **to lose** one's ~ sich verlaufen od. verirren; **to take** one's ~ sich aufmachen (to nach); → committee 1, find 4. **2.** Straße f, Weg m: over (*od.* across) the ~ gegenüber. **3.** fig. Gang m, Lauf m: that is the ~ of the world das ist der Lauf der Welt; → flesh 5. **4.** Richtung f, Seite f: which ~ is he looking? wohin schaut er?; to look the other ~ wegschauen; this ~ a) hierher, b) hier entlang, c) → 9; the other ~ round umgekehrt. **5.** Weg m, Entfernung f, Strecke f: a good ~ off ziemlich weit entfernt; a long ~ off (*od.* from here) weit (von hier) entfernt; a long ~ up weit *od.* hoch hinauf; a little (long, good) ~ ein kleines (weites, gutes) Stück Wegs; a long ~**s** *colloq. od. dial.* ein weites Stück Wegs; a long ~ off perfection alles andere als vollkommen. **6.** (freie) Bahn, Raum m, Platz m: to make (*od.* stand) in s.o.'s ~ j-m im Weg sein (*a. fig.*); to give ~ a) (zurück)weichen, b) nachgeben (**to** dat) (*Person od. Sache*), c) sich hingeben (to despair der Verzweiflung); to give ~ to a car *mot.* e-m Auto die Vorfahrt lassen. **7.** Weg m, 'Durchgang m, Öffnung f: ~ **of a cock** tech. Hahnbohrung f. **8.** Vorwärtskommen n: to make ~ bes. mar. vorwärtskommen. **9.** Art f u. Weise f, Weg m, Me'thode f, Verfahren n: any ~ auf jede *od.* irgendeine Art; any ~ you please ganz wie Sie wollen; in a big (small) ~ im großen (kleinen); one ~ or another irgendwie, auf irgendeine (Art u.) Weise; in more ~s than one in mehr als 'einer Beziehung; some ~ or other auf die e-e oder andere Weise, irgendwie; ~ of living (thinking) Lebensweise (Denkweise, -art); to my ~ of thinking nach m-r Meinung; the right (wrong) ~ (to do it) richtig (falsch); the same ~ genauso; the ~ he does it so wie er es macht; this (*od.* that) ~ so (→ 4); that's

the ~ to do it so macht man das; if that's the ~ you feel about it wenn Sie 'so darüber denken; in a polite (friendly) ~ höflich (freundlich); in its ~ auf s-e Art; in what (*od.* which) ~? inwiefern?, wieso? **10.** Gewohnheit f, Brauch m, Sitte f: the good old ~**s** die guten alten Bräuche. **11.** Eigenheit f, -art f: **funny** ~**s** komische Manieren; it is not his ~ es ist nicht s-e Art *od.* Gewohnheit; **she has a winning** ~ sie hat e-e gewinnende Art; that's always the ~ with him so macht er es (*od.* geht es ihm) immer. **12.** (Aus)Weg m: to find a ~. **13.** 'Hinsicht f, Beziehung f: in a ~ in gewisser Hinsicht, auf e-e Art; in every ~ in jeder Hinsicht, durchaus; in one ~ in 'einer Beziehung; in some ~**s** in mancher Hinsicht; in the ~ of food was Essen anbelangt, an Lebensmitteln; no ~ keineswegs. **14.** (*bes.* Gesundheits-) Zustand m, Lage f, Verfassung f: in a bad ~ in e-r schlimmen Lage *od.* Verfassung; to live in a great (small) ~ auf großem Fuß (in kleinen Verhältnissen *od.* sehr bescheiden) leben. **15.** Berufszweig m, Fach n: it is not in his ~, it does not fall in his ~ das schlägt nicht in sein Fach; he is in the oil ~ er ist im Ölhandel (beschäftigt). **16.** *colloq.* Um'gebung f, Gegend f: **somewhere London** ~ irgendwo in der Gegend von London. **17.** the W~ *Bibl.* der Weg (*die christliche Religion*). **18.** pl tech. Führungen pl (*bei Maschinen*). **19.** mar. Fahrt(geschwindigkeit) f: → gather 5. **20.** pl Schiffsbau: a) Helling f, b) Stapelblöcke pl.
Besondere Redewendungen:
by the ~ a) im Vorbeigehen, unterwegs, b) am Weg(esrand), an der Straße, c) fig. übrigens, nebenbei (bemerkt), d) zufällig; but that's by the ~ aber dies nur nebenbei; by ~ of a) (am Weg) über (*acc*), durch, b) fig. in der Absicht zu, um ... zu, c) als *Entschuldigung etc*, an Stelle (von *od. gen*); by ~ of example beispielsweise; by ~ of exchange auf dem Tauschwege; by ~ of grace *jur.* auf dem Gnadenweg; to be by ~ of being angry im Begriff sein, wütend zu werden; to be by ~ of doing s.th. a) dabeisein, etwas zu tun, b) pflegen *od.* gewohnt sein *od.* die Aufgabe haben, etwas zu tun; not by a long ~ noch lange nicht; in the ~ of a) auf dem Weg *od.* dabei zu, b) hinsichtlich (*gen*); in the ~ of business *od.* in den üblichen Geschäften; no ~! *colloq.* auf (gar) keinen Fall!, kommt überhaupt nicht in Frage!; no ~ can we accept that das können wir auf gar keinen Fall akzeptieren; on the (*od.* one's) ~ unterwegs, auf dem Weg; well on one's ~ in vollem Gange, schon weit vorangekommen (*a. fig.*); out of the ~ a) abgelegen, abseits, abgeschieden, b) ungewöhnlich, ausgefallen, c) übertrieben, abwegig; nothing out of the ~ nichts Besonderes *od.* Ungewöhnliches; under ~ a) mar. in Fahrt, b) im Gange, in Gang; the meeting was already under ~ die Konferenz war schon im Gange; to be in a fair ~ auf dem besten Wege sein; to come in s.o.'s ~ j-m über den Weg laufen; to force one's ~ sich e-n Weg bahnen; to go s.o.'s ~ a) den gleichen Weg gehen wie j-d, b) j-n begleiten; to go one's ~(s) s-n Weg gehen, fig. s-n Lauf nehmen; to go out of one's ~ große Mühen *od.* Unannehmlichkeiten auf sich nehmen; to go the whole ~ fig. ganze Arbeit leisten; to have a ~ with s.o. mit j-m gut zurechtkommen, gut umgehen können mit j-m; to have one's own ~ s-n Willen durchsetzen; if I had my (own) ~ wenn es nach mir ginge; to learn the hard ~ Lehrgeld bezahlen müssen; to make ~ a) Platz

machen, b) vorwärtskommen; they made ~ for the ambulance to pass sie machten dem Krankenwagen Platz; to make one's ~ sich durchsetzen, s-n Weg machen; to put s.o. in the ~ (of doing s.th.) j-m die Möglichkeit geben(, etwas zu tun); to put out of the ~ aus dem Weg räumen (*a. töten*); to put o.s. out of the ~ große Mühen *od.* Unannehmlichkeiten auf sich nehmen; to see one's ~ to do s.th. e-e Möglichkeit sehen, etwas zu tun; to work one's ~ up sich hocharbeiten; → both I, mend 2, pave, pay¹ 6.
way² [weɪ] adv *colloq.* weit oben, unten *etc*: ~ back weit entfernt *od.* hinten; ~ back in 1902 (schon) damals im Jahre 1902; ~ down South weit unten im Süden.
'way|·bill s **1.** Passa'gierliste f. **2.** *econ. Am.* Frachtbrief m, Begleitschein m. **'~·far·er** s *obs. od. poet.* Reisende(r) m, Wandersmann m. **'~·far·ing** *obs. od. poet.* **I** adj reisend, wandernd: ~ **man** → **wayfarer**. **II** s Wandern n, Reise f. **~·lay** v/t irr **1.** j-m auflauern. **2.** j-n abfangen, abpassen. **'~·leave** s *jur. Br.* Wegerecht n. **~'out** *colloq.* **I** adj **1.** ex'zentrisch, äußerst ungewöhnlich, sehr eigenwillig. **2.** ,toll', ,super'. **II** s **3.** Ex'zentriker m. ~ **point** → **way station**. **'~·side I** s Straßen-, Wegrand m: by the ~ am Wege, am Straßenrand; to fall by the ~ der Strecke bleiben; to go by the ~ fig. zurückgestellt werden. **II** adj am Wege (stehend), an der Straße (gelegen): a ~ **inn**. **~ sta·tion** s bes. rail. 'Zwischenstatiˌon f. **~ traf·fic** s rail. Am. Nahverkehr m. **~ train** s Am. Lo'kal-, Bummelzug m.
way·ward ['weɪwəd] adj (adv ~ly) **1.** launisch, launenhaft, unberechenbar. **2.** eigensinnig, 'widerspenstig: ~ **child**; ~ **minor** jur. verwahrloste(r) Jugendliche(r). **3.** ungeraten: a ~ **son**. **'way·ward·ness** s **1.** Launenhaftigkeit f, Unberechenbarkeit f. **2.** Eigensinn m, 'Widerspenstigkeit f.
'way·worn adj reisemüde.
wayz·goose ['weɪzguːs] s jährliches Betriebsfest, jährlicher Betriebsausflug (*e-r Druckerei*). [*lis majestatis*] **Wir** pl.]
we [wiː; wɪ] pron pl **1.** wir pl. **2.** (*als plura-*
weak [wiːk] adj (adv ~ly) **1.** allg. schwach (*a. zahlenmäßig u. fig.*): ~ **argument** (**crew, player, resistance, style, voice**, *etc*); ~ **in** (*od.* **at**) **Latin** schwach in Latein; ~ **at home** *sport* heimschwach; → sex 2. **2.** *med.* schwach: a) empfindlich: ~ **stomach**, b) kränklich. **3.** (cha'rakter)schwach, haltlos, la'bil: → **point** 24. **4.** schwach, dünn: ~ **solution**; ~ **tea**. **5.** ling. schwach: ~ **accent**; ~ **ending** *metr.* proklitisches Versende; ~ **inflection** (*bes. Br.* **inflexion**) schwache Flexion. **6.** econ. schwach, flau: ~ **market**. **7.** phot. schwach, weich (Negativ).
'weak·en I v/t **1.** *allg.* etwas schwächen. **2.** Getränke *etc* verdünnen. **3.** fig. (ab)schwächen, entkräften: to ~ **an argument**. **II** v/i **4.** schwach *od.* schwächer werden, nachlassen, (Kräfte *etc a.*) erlahmen. **5.** fig. nachgeben. **'weak·en·ing** s (Ab)Schwächung f.
ˌweak-'hand·ed adj econ. knapp an Arbeitskräften. **ˌ~'head·ed** adj **1.** schwachköpfig. **2.** → **weak-minded**. **ˌ~'kneed** adj colloq. **1.** ängstlich, feig. **2.** cha'rakterschwach.
weak·ling ['wiːklɪŋ] **I** s Schwächling m. **II** adj schwächlich. **'weak·ly I** adj schwächlich, kränklich. **II** adv schwach: he agreed ~ to a compromise er akzeptierte ohne Widerstand e-n Kompromiß.
ˌweak-'mind·ed adj **1.** schwachsinnig. **2.** cha'rakterschwach.

'weak·ness *s* **1.** *allg.* (*a.* Cha'rakter-) Schwäche *f*. **2.** *med.* Schwächlichkeit *f*, Kränklichkeit *f*: ~ **of constitution** schwächliche Konstitution. **3.** *econ.* Flauheit *f*. **4.** *fig.* Schwäche *f*: a) schwache Seite, schwacher Punkt, b) Nachteil *m*, Mangel *m*, c) Vorliebe *f* (**for** für).
ˌ**weak·**|-ˈ**sight·ed** *adj med.* schwachsichtig. ˌ~-ˈ**spir·it·ed** *adj* kleinmütig. ˌ~-ˈ**willed** *adj* willensschwach.
weal¹ [wiːl] *s* **1. Wohl(ergehen)** *n*: ~ **and woe** Wohl u. Wehe, gute u. schlechte Tage; **the public** (*od.* **common** *od.* **general**) ~ das (All)Gemeinwohl. **2.** *obs.* a) Reichtum *n*, b) Gemeinwesen *n*.
weal² [wiːl] *s* Schwiele *f*, Strieme(n *m*) *f*.
weald [wiːld] *s* **1.** a) *poet.* Waldgebiet *n*, b) weite u. offene Landschaft. **2.** *a.* **the W**~ der Weald (*Hügellandschaft im Südosten Englands*): ~ **clay** *geol.* Weald-, Wälderton *m.* ˈ**Weald·en, w**~ *geol.* **I** *s* ˈWealden(formatiˌon *f*) *m*. **II** *adj* Wealden...
wealth [welθ] *s* **1.** Reichtum *m* (**of** an *dat*). **2.** Reichtümer *pl*. **3.** *econ.* a) Besitz *m*, Vermögen *n*: ~ **tax** Vermögenssteuer *f*, b) *a.* **personal** ~ Wohlstand *m*: **national** ~ Volksvermögen *n*. **4.** *fig.* (**of**) Fülle *f* (von, *gen*), Reichtum *m* (an *dat*, *gen*): **a** ~ **of information** e-e Fülle von Informationen. ˈ**wealth·i·ness** *s* Reichtum *m*, Wohlhabenheit *f*. ˈ**wealth·y** *adj* (*adv* **wealthily**) reich (*a. fig.* in an *dat*), begütert, wohlhabend.
wean [wiːn] *v/t* **1.** Kind, junges Tier entwöhnen. **2.** *a.* ~ **away from** *j-n* abgewöhnen von, *j-m* etwas abgewöhnen. ˈ**wean·er,** ˈ**wean·ling** [-lɪŋ] **I** *s* vor kurzem entwöhntes Kind *od.* Tier. **II** *adj* frisch entwöhnt.
weap·on [ˈwepən] *s* Waffe *f* (*a. bot. zo. u. fig.*). ˈ**weap·oned** *adj* bewaffnet.
weap·on·eer [ˌwepəˈnɪə(r)] **I** *s mil.* **1.** Aˈtombombenschärfer *m*. **2.** ˈKernwaffenkonstrukˌteur *m*. **II** *v/i* **3.** Waffen entwickeln. [waffnet.]
ˈ**weap·on·less** *adj* waffenlos, unbe-ˈ
weap·on·ry [ˈwepənrɪ] *s* Waffen *pl*.
wear¹ [weə(r)] **I** *v/t pret* **wore** [wɔː(r); *Am. a.* ˈwəʊər] *pp* **worn** [wɔː(r)n; *Am. a.* ˈwəʊərn] **1. am Körper tragen** (*a.* e-n Bart, e-e Brille), Kleidungsstück *a.* anhaben, e-n Hut *a.* aufhaben: **to** ~ **the breeches** (*od.* **trousers,** *bes. Am.* **pants**) *colloq.* die Hosen anhaben, das Regiment führen (*Ehefrau*); **to** ~ **one's hair long** das Haar lang tragen; **she wore white** sie trug (stets) Weiß; **she** ~**s her years well** sie sieht noch sehr jung aus für ihr Alter. **2.** zur Schau tragen, zeigen: **to** ~ **a smile** (ständig) lächeln. **3.** *a.* ~ **away,** ~ **down,** ~ **off,** ~ **out** Kleidung *etc* abnutzen, abtragen, *Absätze* abtreten, *Stufen* austreten, *Reifen* abfahren, *Löcher* reißen in (*acc*): **shoes worn at the heels** Schuhe mit schiefen Absätzen; **to** ~ **into holes** ganz abtragen, Schuhe durchlaufen. **4.** Bücher *etc* abnutzen, zerlesen: **a well-worn volume** ein ganz zerlesenes Buch. **5.** eingraben, nagen: **a groove worn by water. 6.** *a.* ~ **away** Gestein *etc* auswaschen, -höhlen: **rocks worn by the waves. 7.** *a.* ~ **out** ermüden, *a. j-s Geduld* erschöpfen: → **welcome 2. 8.** *a.* ~ **away,** ~ **down** *fig.* zermürben: a) aushöhlen, b) aufreiben, *Widerstand* brechen: **she was worn to a shadow** sie war nur noch ein Schatten ihrer selbst.
II *v/i* **9.** halten, haltbar sein: **to** ~ **well** a) sehr haltbar sein (*Stoff etc*), b) sich gut tragen (*Kleid etc*), c) *fig.* sich gut halten, wenig altern (*Person*). **10.** *a.* ~ **away,** ~ **down,** ~ **off,** ~ **out** sich abtragen *od.* abnutzen, verschleißen, sich abfahren (*Reifen*): **to** ~ **away** *a.* sich verwischen; **to** ~ **off** *fig.* sich verlieren (*Eindruck, Wir-*

kung); **to** ~ **out** *fig.* sich erschöpfen; **to** ~ **thin** a) fadenscheinig werden (*Kleider etc*), b) *fig.* sich erschöpfen (*Geduld, Wirkung etc*). **11.** *a.* ~ **away** langsam vergehen *od.* verrinnen: **to** ~ **to an end** schleppend zu Ende gehen; **to** ~ **on** sich dahinschleppen (*Zeit, Geschichte etc*). **12.** sich ermüdend auswirken (**on** auf *acc*): **she** ~**s on me** sie geht mir auf die Nerven.
III *s* **13. Tragen** *n*: **articles for winter** ~ Wintersachen *pl*, -kleidung *f*; **clothes for everyday** ~ Alltagskleidung *f*; **the coat I have in** ~ der Mantel, den ich gewöhnlich trage. **14. (Be)Kleidung** *f*, Mode *f*: **in general** ~ modern, in Mode; **to be the** ~ Mode sein, getragen werden. **15. Abnutzung** *f*, **Verschleiß** *m*: ~ **and tear** a) *tech.* Abnutzung *f*, Verschleiß *m* (*a. fig.*), b) *econ.* Abschreibung *f* (für Wertminderung); **for hard** ~ strapazierfähig; **the worse for** ~ abgenutzt, (sehr) mitgenommen (*a. fig.*); **to be worse for** ~ **for drink** angetrunken sein. **16.** Haltbarkeit *f*: **there is still a great deal of** ~ **in it** das läßt sich noch gut tragen *od.* benutzen.
wear² [weə(r)] *mar.* **I** *v/t pret* **wore** [wɔː(r); *Am. a.* ˈwəʊər] *pp* **worn** [wɔː(r)n; *Am. a.* ˈwəʊərn] *Schiff* halsen. **II** *v/i* vor dem Wind drehen (*Schiff*).
wear·a·ble [ˈweərəbl] *adj* tragbar.
ˈ**wear·er** *s* Träger(in): **the crown and its** ~; ~ **of spectacles** Brillenträger(in).
wea·ri·less [ˈwɪərɪlɪs] *adj obs.* unermüdlich, nimmermüde. ˈ**wea·ri·ness** *s* **1.** Müdigkeit *f*. **2.** ˈÜberdruß *m*. **3.** Langweiligkeit *f*.
ˈ**wear·ing** *adj* **1. Kleidungs...:** ~ **apparel** Kleidung(sstücke *pl*) *f*. **2.** abnutzend, verschleißend. **3.** ermüdend. **4.** zermürbend, aufreibend.
wea·ri·some [ˈwɪərɪsəm] *adj* (*adv* -**ly**) **1.** ermüdend, beschwerlich. **2.** langweilig. ˈ**wea·ri·some·ness** *s* **1.** (*das*) Ermüdende, Beschwerlichkeit *f*. **2.** Langweiligkeit *f*.
ˈ**wear**|-**out** *s econ. tech.* Wertminderung *f* durch Abnützung. ˈ~-**reˌsist·ant** *adj* strapaˈzierfähig (*Hose etc*).
wea·ry [ˈwɪərɪ] **I** *adj* (*adv* **wearily**) **1.** müde, matt, erschöpft (**with** von, vor *dat*). **2.** müde, ˈüberdrüssig (**of** *gen*): ~ **of life** lebensmüde; **I am** ~ **of it** ich habe es satt. **3.** ermüdend: a) lästig, beschwerlich, b) langweilig. **II** *v/t* **4.** ermüden. **5.** *a.* ~ **out** a) erschöpfen, gänzlich aufreiben, b) sich quälen durch: **to** ~ **out the lonely days. III** *v/i* **6.** ˈüberdrüssig *od.* müde werden (**of** *gen*). **7.** *bes. Scot.* sich sehnen (**for** nach).
wea·sand [ˈwiːzənd] *s obs.* Gurgel *f*, Kehle *f*, *bes.* Speise- *od.* Luftröhre *f*.
wea·sel [ˈwiːzl] **I** *s* **1.** *pl* **ˈwea·sels,** *bes. collect.* ˈ**wea·sel** *zo.* Wiesel *n*. **2.** *colloq.* Heimtücker *m*. **3.** *mil. tech. bes. Am.* geländegängiges Amˈphibienfahrzeug. **II** *v/i* **4.** *bes. Am. fig. colloq.* sich drehen u. wenden: **to** ~ **out** sich herauswinden (**of** aus). ~ **words** *s pl bes. Am. colloq.* doppelsinnige Worte *pl* (die ein ˈHintertürchen offenlassen).
weath·er [ˈweðə(r)] **I** *s* **1. Wetter** *n*, Witterung *f*: **in fine** ~ bei schönem Wetter; **in all** ~**s** bei jedem Wetter; **to make good** (**bad**) ~ *mar.* auf gutes (schlechtes) Wetter stoßen; **to make heavy** ~ **of s.th.** *fig.* a) ˌviel Wind machen' um etwas, b) große Mühe *od.* Not haben mit etwas; **above the** ~ a) über der Wetterzone, sehr hoch (*Flugzeug etc*), b) *colloq.* wieder in Ordnung (*Person*); **under the** ~ *colloq.* a) nicht in Form (*unpäßlich*), b) ˌangesäuseltʻ (*leicht betrunken*). **2. Unwetter** *n*. **3.** *mar.* Luv-, Windseite *f*. **4.** *fig.* Wechsel(fälle *pl*) *m*.

II *v/t* **5.** der Luft *od.* dem Wetter aussetzen, *Holz etc* auswittern, austrocknen lassen. **6.** *geol.* verwittern (lassen). **7.** a) *mar.* den Sturm abwettern, b) *a.* ~ **out** *fig.* e-e Gefahr, Krise, e-n Sturm überˈstehen, trotzen (*dat*). **8.** *mar.* (luvwärts) umˈschiffen.
III *v/i* **9.** *geol.* verwittern: **to** ~ **out** auswittern. **10.** *mar.* die Luv gewinnen: **to** ~ (**up**)**on** a) e-m Schiff den Wind aus den Segeln nehmen, b) *fig. j-n* ausnützen, -beuten.
weath·er|**an·chor** *s mar.* Luvanker *m*. ˈ~-**ˌbeat·en** *adj* **1.** vom Wetter mitgenommen. **2.** verwittert. **3.** wetterhart. ˈ~**board** *s* **1.** *tech.* a) *bes. Br.* Abwässerungsleiste *f*, b) Schal-, Schindelbrett *n*, c) *pl* Verkleidung *f*. **2.** *mar.* Waschbord *n*. ˈ~**board·ing** *s bes. Br.* Verschalung *f*. ˈ~**bound** *adj*: **the planes** (**ships**) **were** ~ die Flugzeuge (Schiffe) konnten wegen des schlechten Wetters nicht starten (auslaufen). ~ **box** *s* Wetterhäuschen *n*. ~ **bu·reau** *s* Wetteramt *n*. ~ **cast** *Am. für* **weather forecast.** ~ **chart** *s* Wetterkarte *f*. ˈ~**cock** *s* **1.** Wetterhahn *m*. **2.** *fig.* wetterwendische Perˈson. ~ **con·tact** *s electr.* Ableitung *f* der Elektriziˈtät durch Nässe. ~ **deck** *s mar.* Sturm-, Wetterdeck *n*.
weath·ered [ˈweðə(r)d] *adj* **1.** verwittert (*Gestein*). **2.** ausgewittert, der Witterung ausgesetzt. **3.** *arch.* abgeschrägt.
weath·er| **eye** *s*: **to keep a** ~ **on** *fig.* etwas scharf im Auge behalten; **to keep one's** ~ **open** *fig.* gut aufpassen. ˈ~-**fast** → **weather-bound.** ~ **fore·cast** *s* ˈWetterbericht *m*, -vorˌhersage *f*. ~ **ga(u)ge** *s mar.* Vorteil *m* des Windes: **to get the** ~ **on s.o.** *fig. j-n* ausmanöˈvrieren. ˈ~**glass** *s* Wetterglas *n*, Baroˈmeter *n*. ~ **house** *s* weather box. [(neu) isoˈlieren.]
weath·er·ize [ˈweðəraɪz] *v/t Haus etc*]
ˈ**weath·er·ly** [ˈweðə(r)lɪ] *adj mar.* **1.** an der Luvseite (*e-s Schiffs*) liegend. **2.** luvgierig: ~ **ship.**
ˈ**weath·er**|**man** [-mæn] *s irr* **1.** *colloq.* ˌWetterfrosch' *m* (*Meteorologe*). **2.** *colloq.* Wetteransager *m*. **3. W**~ *Am.* Mitglied e-r militanten revolutionären Jugendorganisation. ~ **map** *s* Wetterkarte *f*.
weath·er·ol·o·gy [ˌweðəˈrɒlədʒɪ; *Am.* -ˈrɑː-] *s* Wetterkunde *f*.
ˈ**weath·er**|**proof I** *adj* wetterfest, -dicht. **II** *v/t* wetterfest *od.* -dicht machen. ~ **proph·et** *s* ˈWetterproˌphet *m*. ~ **re·port** *s* Wetterbericht *m*. ~ **sat·el·lite** *s* ˈWettersateˌllit *m*. ~ **ser·vice** *s* Wetterdienst *m*. ~ **ship** *s* Wetterschiff *n*. ~ **side** *s* **1.** *mar.* → **weather 3. 2.** Wetterseite *f*. ~ **sta·tion** *s* Wetterwarte *f*. ~ **strip** *s* Dichtungsleiste *f*. ~ **tide** *s mar.* luvwärts setzende Gezeit. ˈ~**tight** *adj* wetterfest, -dicht. ~ **vane** *s* Wetterfahne *f*. ˈ~-**wise** *adj*: **to be** ~ a) ein guter Wetterprophet sein, b) *fig.* ein feines Gespür haben für alles, was in der Luft liegt. ˈ~**worn** → **weather-beaten.**
weave [wiːv] **I** *v/t pret* **wove** [wəʊv], *selten* **weaved** *pp* **wo·ven** [ˈwəʊvən], *a.* **wove 1.** weben, wirken. **2.** *zo.* spinnen. **3.** flechten: **to** ~ **a basket** (**a wreath**); **to** ~ **together** zs.-flechten, -weben. **4.** ~ **in** einweben, -flechten (**into** in *acc*), verweben, -flechten (**with** mit; **into** zu). **5.** *fig.* einflechten (**into** in *acc*). **6.** *fig.* ersinnen: **to** ~ **a plot** ein Komplott schmieden; → **intrigue 5. 7.** e-n Weg im Zickzack gehen, den Körper etc im Zickzack bewegen: **to** ~ **one's way through** sich schlängeln durch. **II** *v/i* **8.** weben, wirken. **9.** *zo.* ein Netz *od.* e-n Koˈkon spinnen. **10.** sich im Zickzack bewegen, hin u. her pendeln (*a. Boxer*), sich schlängeln *od.* winden (**through** durch). **11.** *Br. colloq.* **to get**

weaving ,sich ranhalten'; to get weaving on s.th. ,sich hinter etwas klemmen'. III s 12. Gewebe n. 13. Webart f. 'weav·er s 1. Weber(in), Wirker(in): ~'s knot (od. hitch) Weberknoten m. 2. a. ~bird orn. Webervogel m. 'weaving s Weben n, Webe|rei f: ~ beam Kettbaum m; ~ loom Webstuhl m; ~ mill Weberei f.

wea·zand → weasand.

wea·zen ['wi:zn] → wizen.

web [web] I s 1. Gewebe n, Gespinst n, Netz n (alle a. fig.): a ~ of lies ein Lügengewebe; a ~ of railroad (bes. Br. railway) tracks ein Schienennetz; a ~ of espionage ein Spionagenetz; → intrigue 5. 2. Netz n (der Spinne etc). 3. zo. a) Schwimm-, Flughaut f, b) Bart m, Fahne f (e-r Feder). 4. tech. a) Tragrippe f (am Eisenträger), b) Aussteifung f, Steg m, c) Sägeblatt n, d) Pa'pierbahn f, b) Rolle f (Ma'schinenpa‚pier). 6. tech. Bahn f (e-r Kunststoffolie). 7. Gurt(band n) m: ~ belt Stoffgurt m, -koppel n. 8. Am. Radio- od. Fernsehnetz n. II v/t 9. mit e-m Netz über'ziehen. 10. in e-m Netz fangen. webbed [webd] adj zo. mit Schwimmhäuten, schwimmhäutig: ~ foot Schwimmfuß m. 'web·bing s 1. gewebtes Materi'al, Gewebe n. 2. Gurt (-band n) m.

web|de·fence, Am. ~de·fense s mil. in die Tiefe gestaffelte Verteidigung.

we·ber ['ve:bə(r); 'veɪ-] s electr. Weber n (= 10 Ampere; Stromstärkeeinheit).

'web|·eye s med. Flügelfell n (Augenkrankheit). '~foot s irr zo. Schwimmfuß m. '~‚foot·ed, '~-toed adj schwimmfüßig.

wed [wed] I v/t pret u. pp 'wed·ded, wed 1. rhet. heiraten, ehelichen. 2. vermählen (to mit), verheiraten (to an acc). 3. eng verbinden, vereinigen (with, to mit): to be ~ded to s.th. a) an etwas fest gebunden od. gekettet sein, b) sich e-r Sache verschrieben haben. II v/i 4. sich vermählen. wed·ded ['wedɪd] adj 1. vermählt (with mit). 2. ehelich, Ehe...: ~ happiness. 3. (to) eng verbunden (mit), gekettet (an acc).

wed·ding ['wedɪŋ] s 1. Hochzeit(sfeier) f. 2. a. ~ ceremony Trauung f. ~ an·ni·ver·sa·ry Hochzeitstag m (Jahrestag). ~ break·fast s Hochzeitsessen n. ~ cake s Hochzeitskuchen m. ~ card s Vermählungsanzeige f. ~ day s Hochzeitstag m. ~ dress s Hochzeits-, Brautkleid n. ~ fa·vo(u)r s weiße Bandschleife od. Ro'sette (bei Hochzeiten getragen). ~ march s mus. Hochzeitsmarsch m. ~ night s Hochzeitsnacht f. ~ ring s Ehe-, Trauring m. ~ tour, ~ trip s Hochzeitsreise f.

we·del ['veɪdl] v/i Skisport: wedeln. 'we·deln s Wedeln n.

wedge [wedʒ] I s 1. tech. Keil m (a. fig.): the thin end of the ~ fig. ein erster kleiner Anfang; to get in the thin end of the ~ fig. den Anfang machen, vorstoßen; to drive a ~ between fig. e-n Keil treiben zwischen (acc). 2. a) keilförmiges Stück (Land etc), b) Ecke f (Käse etc), Stück n (Kuchen). 3. aer. mil. 'Keil(formati‚on f) m. 4. arch. keilförmiger Gewölbstein. 5. her. spitzwinkeliges Dreieck. 6. keilförmiges Schriftzeichen: ~ character Keilschriftzeichen n; ~ writing Keilschrift f. 7. meteor. Hochdruckkeil m. 8. Golf: Wedge m (Eisenschläger für Schläge aus dem Bunker u. zum Pitchen). II v/t 9. tech. mit e-m Keil spalten: to ~ off abspalten; to ~ open aufspalten, aufbrechen. 10. mit e-m Keil festklemmen, (ver)keilen. 11. (ein)keilen, (-)zwängen (in in acc): to ~ o.s. in sich hineinzwängen; to ~ one's way through the crowd sich durch die Menge zwängen. III v/i 12. sich festklemmen od. verkeilen. 13. (ein)gekeilt od. (-)gezwängt werden. ~ for·ma·tion s aer. mil. 'Keilformati‚on f. ~ (fric·tion) gear s tech. Keilrädergetriebe n. ~ heel s (Schuh m mit) Keilabsatz m. '~-shaped adj keilförmig.

Wedg·wood ['wedʒwʊd] s a. ~ ware Wedgwoodware f (feines Steingut).

wed·lock ['wedlɒk; Am. -‚lak] s Ehe (-stand m) f: born in lawful (out of) ~ ehelich (unehelich) geboren.

Wednes·day ['wenzdɪ] s Mittwoch m: on ~ (am) Mittwoch; on ~s mittwochs.

wee¹ [wi:] I s bes. Scot. (ein) wenig, bes. (ein) Weilchen n. II adj klein, winzig: a ~ bit ein klein wenig; the ~ hours die frühen Morgenstunden; the poor ~ thing das arme Würmchen.

wee² [wi:] colloq. (bes. Kindersprache) I s 1. ‚Pi'pi' n (Urin). 2. to do (od. have) a ~ → 3. II v/i 3. ‚Pi'pi' machen.

weed¹ [wi:d] I s 1. Unkraut n: ill ~s grow apace fig. Unkraut verdirbt nicht. 2. poet. Kräutlein n. 3. colloq. a) ‚Glimmstengel' m (Zigarette), b) ‚Stinka'dores' f (Zigarre), c) ‚Kraut' n (Tabak), d) ‚Grass' n (Marihuana). 4. colloq. ‚Kümmerling' m (schwächliches Tier; a. Person). II v/t 5. Unkraut, den Garten etc jäten. 6. meist ~ out fig. aussondern, aussieben. 7. fig. säubern. III v/i 8. (Unkraut) jäten.

weed² [wi:d] s 1. pl meist widow's ~s Witwen-, Trauerkleidung f. 2. Trauerflor m.

'weed·er s 1. Jäter m. 2. tech. 'Unkraut‚jätma‚schine f, Jätwerkzeug n.

weed·i·cide ['wi:dɪsaɪd] s Unkrautvertilgungsmittel n, -vertilger m.

weed·i·ness ['wi:dɪnɪs] s Bewachsensein n mit Unkraut.

'weed·ing s Jäten n: ~ chisel Jäteisen n; ~ fork Jätgabel f; ~ hook Jäthacke f. weed kill·er s weedicide.

weed·y¹ ['wi:dɪ] adj 1. voll Unkraut, verunkrautet. 2. Unkraut..., unkrautartig. 3. colloq. a) schmächtig, b) schlaksig, c) klapp(e)rig (Mensch od. Tier).

weed·y² ['wi:dɪ] adj in Trauer(kleidung). week [wi:k] s Woche f: a ~ of Sundays, a ~ of ~s sieben Wochen, b) e-e Ewigkeit; a ~, per ~ wöchentlich, die Woche; ~ by ~ Woche für Woche; by the ~ wochenweise; for ~s wochenlang; ~ in, ~ out Woche für Woche; today ~, this day ~ a) heute in 8 Tagen, b) heute vor 8 Tagen; Mon·day ~ a) Montag in 8 Tagen, b) Montag vor 8 Tagen; → Great Week. '~-day I s Wochen-, Werktag m: on ~s werktags. II adj Werktags... '~days adv Am. werktags. ~ end s Wochenende n. II adj Wochenend...: ~ speech bes. contp. Sonntagsrede f. III v/i das Wochenende verbringen: to ~ in the country (with friends). ‚~'end·er s Wochenendausflügler(in). '~ends adv Am. an Wochenenden.

week·ly ['wi:klɪ] I s 1. Wochenschrift f. II adj 2. e-e Woche dauernd. 3. wöchentlich. 4. Wochen...: ~ wages Wochenlohn m. III adv 5. wöchentlich, einmal in der Woche, jede Woche.

'week·night s Wochentags-, Werktagsabend m.

weem [wi:m] s Scot. hist. Stein-, Felshöhle f.

ween [wi:n] v/t obs. od. poet. 1. (er)hoffen. 2. vermuten, wähnen.

wee·nie ['wi:nɪ] colloq. für wiener. wee·ny ['wi:nɪ] adj colloq. ‚klitzeklein', winzig. '~‚bop·per s sl. Kind von 8–12 Jahren, bes. Mädchen, das alles mitmacht, was gerade ‚in' ist.

weep [wi:p] I v/t pret u. pp wept [wept] 1. weinen, Tränen vergießen (for vor Freude etc; um j-n): to ~ at (od. over) weinen über (acc). 2. triefen, tropfen, tröpfeln. 3. med. nässen (Wunde etc). 4. die Zweige hängen lassen, trauern (Baum). II v/t 5. Tränen vergießen, weinen: to ~ one's eyes (od. heart) out sich die Augen ausweinen; to ~ tears of joy Freudentränen weinen; to ~ o.s. to sleep sich in den Schlaf weinen. 6. a. ~ out Worte unter Tränen sagen. 7. beweinen. III s 8. Weinen n: to have a good ~ sich (tüchtig) ausweinen. 'weep·er s 1. Weinende(r m) f, bes. Klageweib n. 2. a) weiße Trauerbinde (am Ärmel), Trauerflor m (am Hut), b) pl Witwenschleier m. 3. sl. Backenbart m.

'weep·ie → weepy 3.

'weep·ing I adj (adv ~ly) 1. weinend. 2. bot. Trauer..., mit her'abhängenden Ästen (Baum). 3. triefend, tropfend. 4. med. nässend: a ~ wound. II s 5. Weinen n. ~ ash s bot. Trauereresche f. ~ birch s bot. Hängebirke f. ~ wil·low s bot. Trauerweide f.

weep·y ['wi:pɪ] colloq. I adj 1. weinerlich. 2. rührselig, sentimen'tal. II s 3. ‚Schnulze' f, ‚Schmachtfetzen' m.

weet [wi:t] v/t poet. wissen, kennen.

wee·ver ['wi:və(r)] s Drachenfisch m. wee·vil ['wi:vɪl] s zo. 1. Rüsselkäfer m. 2. Samenkäfer m. 3. allg. Getreidekäfer m.

'wee-wee → wee².

weft [weft] s 1. Weberei: a) Einschlag(faden) m, Schluß(faden) m, b) Gewebe n (a. poet.): ~ silk Einschlagseide f. 2. a) Wolkenstreifen m, b) Nebelschicht f.

weigh¹ [weɪ] I v/t 1. Wiegen n. II v/t 2. (ab)wiegen (by nach). 3. (in der Hand) wiegen: he ~ed the book in his hand. 4. a. ~ up fig. (sorgsam) er-, abwägen (with, against gegen): to ~ one's words s-e Worte abwägen; to ~ the evidence das Beweismaterial abwägen. 5. to ~ anchor a) den Anker lichten, b) auslaufen (Schiff). 6. (nieder)drücken, (-)beugen. II v/i 7. wiegen, schwer sein: it ~s two pounds. 8. fig. Gewicht haben, schwer etc wiegen, ins Gewicht fallen, ausschlaggebend sein (with s.o. bei j-m): to ~ against s.o. a) gegen j-n sprechen, b) gegen j-n in die Waagschale geworfen werden. 9. fig. lasten (on, upon auf dat). 10. → 5. 11. → weigh in 4, weigh out 3.

Verbindungen mit Adverbien:

weigh| down v/t niederdrücken (a. fig.). ~ in I v/t 1. aer. sein Gepäck (ab)wiegen lassen. 2. sport a) Jockei nach dem Rennen wiegen, b) e-n Boxer etc vor dem Kampf wiegen. II v/i 3. aer. sein Gepäck (ab)wiegen lassen. 4. sport gewogen werden: to ~ at 200 pounds 200 Pfund auf die Waage bringen. 5. colloq. a) eingreifen, sich einschalten, b) ~ with ein Argument etc vorbringen. ~ out I v/t 1. Ware aus-, abwiegen. 2. sport Jockei vor dem Rennen wiegen. II v/i 3. sport gewogen werden. ~ up v/t 1. → weigh¹ 4. 2. j-n einschätzen.

weigh² [weɪ] s irrtümlich für way¹ gebraucht in: under ~ mar. in Fahrt; to get under ~ mar. unter Segel gehen.

'weigh·a·ble adj wägbar.

'weigh·bridge s tech. Brückenwaage f.

'weigh·er s 1. Wieger m, bes. Waagemeister m. 2. Waage f.

'weigh·house s Stadtwaage f.

'weigh-in s sport Wiegen n.

'weigh·ing s 1. Wiegen n. 2. (auf einmal) gewogene Menge. 3. fig. Er-, Abwägen n. ~ ma·chine s Waage f.

weight [weɪt] I s 1. Gewicht n, Schwere f: by ~ nach Gewicht; to take the ~ off one's feet colloq. sich ausruhen. 2. Ge-

wicht *n*, Gewichtseinheit *f*: ~s and measures Maße u. Gewichte; inspector of ~s and measures Eichmeister *m*, Eichbeamte(r) *m*. 3. (Körper)Gewicht *n*: what is your ~? wieviel wiegen Sie?; to put on (*od.* gain) ~ zunehmen; to lose ~ abnehmen; to make one's (*od.* the) ~ *sport* das Gewicht bringen; to pull one's ~ sein(en) Teil dazutun, s-n Beitrag leisten; to throw (*od.* chuck) one's ~ about (*od.* around) *colloq.* sich aufspielen *od.* wichtig machen. 4. Gewicht *n*, Last *f*. 5. Gewicht *n* (e-r Waage, Uhr etc). 6. *phys.* Schwere *f*, (Massen)Anziehungskraft *f*: ~ density spezifisches Gewicht. 7. *fig.* (Sorgen- *etc*)Last *f*, Bürde *f*: the ~ of old age die Bürde des Alters; the ~ of evidence die Last des Beweismaterials; his decision took a ~ off my mind bei s-r Entscheidung ist mir ein Stein vom Herzen gefallen; it is a ~ off my mind to know that ... seitdem ich weiß, daß ..., ist mir bedeutend wohler. 8. *fig.* Gewicht *n*, Bedeutung *f*: of ~ gewichtig, schwerwiegend; to lose in ~ an Bedeutung verlieren; to add ~ to s.th. e-r Sache Gewicht verleihen; to give ~ to s.th. e-r Sache große Bedeutung beimessen; → carry 9. 9. *fig.* Ansehen *n*, Einfluß *m*: of no ~ ohne Bedeutung; men of ~ bedeutende *od.* einflußreiche Leute. 10. *sport* a) a. ~ category Gewichtsklasse *f*, b) Gewicht *n* (*Gerät*), c) Kugelstoßen: Kugel *f*. 11. Statistik: rela'tive Bedeutung.
II *v/t* 12. *a.* ~ down a) beschweren, b) belasten (*beide a. fig.*): to be ~ed with belastet sein durch; → scale² 1. 13. *econ.* Stoffe *etc* durch Beimischung von Mine-'ralien *etc* schwerer machen. 14. *sport* a) e-m Pferd zusätzliches Gewicht zuteilen, b) e-n Ski belasten. 15. *Statistik*: e-r Zahl rela'tive Bedeutung geben: ~ed average (*od.* mean) gewogenes Mittel.
weight·i·ness ['weɪtɪnɪs] *s* Gewicht *n*, Schwere *f*, *fig. a.* (Ge)Wichtigkeit *f*.
'**weight·less** *adj* 1. schwerelos. 2. *fig.* unwichtig, unbedeutend. '**weight·less·ness** *s* Schwerelosigkeit *f*.
weight|**lift·er** *s sport* Gewichtheber *m*. ~ **lift·ing** *s sport* Gewichtheben *n*. ~ **lim·it** *s sport* Gewichtslimit *n*. ~ **prob·lem** *s*: he has a ~ er hat Gewichtsprobleme. ~ **watch·er** *s* j-d, der (*bes.* durch e-e spezi'elle Ernährung) auf sein Gewicht achtet.
weight·y ['weɪtɪ] *adj* (*adv* weightily) 1. schwer, gewichtig, *fig. a.* schwerwiegend. 2. *fig.* lastend, drückend (*Sorge etc*). 3. einflußreich, bedeutend, gewichtig (*Person*).
weir [wɪə(r); *Am. a.* wæər] *s* 1. (Stau-) Wehr *n*. 2. Fischreuse *f*.
weird [wɪə(r)d] I *adj* (*adv* ~ly) 1. *poet.* Schicksals...: ~ sisters Schicksalsschwestern, Nornen. 2. unheimlich. 3. 'überirdisch. 4. *colloq.* ulkig, sonderbar, ,verrückt'. II *s* 5. *bes. Scot. obs.* Schicksal *n*: → dree. 6. W~ *poet.* a) (*personifiziertes*) Schicksal, b) *pl* Schicksalsschwestern *pl*. 7. *obs.* Vor'her-, Weissagung *f*, Omen *n*. 8. *obs.* Zauber *m*, Bann *m*.
weir·do ['wɪə(r)dəʊ] *pl* -**does** *s colloq.* ,verrückter' Kerl, ,irrer Typ'.
Welch¹ [welʃ], *Welch**² [welʃ; *Am.* weltʃ], '**welch·er** → welsh², welsher.
wel·come ['welkəm] I *interj* 1. will'kommen!: ~ to England! willkommen in England!; ~ home! willkommen zu Hause! II *s* 2. Will'kommen *n*, Willkomm *m*, Empfang *m* (*a. iro.*): to bid s.o. ~ → 3; to give s.o. an enthusiastic ~ j-m e-n begeisterten Empfang bereiten; he was given a hero's ~ er wurde wie ein Held begrüßt; to outstay (*od.* overstay *od.* wear out) one's ~ länger bleiben, als man erwünscht ist. III *v/t* 3. bewill'kommen, will'kommen heißen. 4. *fig.* begrüßen: a) *etwas* gutheißen, b) gern annehmen: to ~ a proposal. IV *adj* 5. will'kommen, angenehm: a ~ guest; ~ news; not ~ unerwünscht; to make s.o. ~ j-n freundlich *od.* herzlich aufnehmen *od.* empfangen. 6. herzlich eingeladen: you are ~ to it Sie können es gerne behalten *od.* nehmen; you are ~ to do it es steht Ihnen frei, es zu tun; bitte tun Sie es; you are ~ to your own opinion *iro.* meinetwegen können Sie denken, was Sie wollen; (you are) ~! nichts zu danken!, keine Ursache!, bitte sehr!; and ~ *iro.* meinetwegen, wenn's Ihnen Spaß macht.
weld¹ [weld] *s* 1. *bot.* (Färber)Wau *m*, Gelbe Re'seda. 2. Wau *m* (*gelber Farbstoff*).
weld² [weld] *tech.* I *v/t* (ver-, zs.-) schweißen: to ~ on anschweißen (to an *acc*); to ~ together zs.-schweißen (*a. fig.*). II *v/i* sich schweißen lassen. III *s* a) Schweißung *f*, b) Schweißstelle *f*, -naht *f*. IV *adj* Schweiß...: ~ steel.
'**weld·a·ble** *adj tech.* schweißbar.
'**weld·ed** *adj* geschweißt, Schweiß...: ~ joint Schweißverbindung *f*; ~ tube geschweißtes Rohr. '**weld·er** *s* 1. Schweißer *m*. 2. Schweißbrenner *m*, -gerät *n*.
'**weld·ing** I *s* Schweißen *n*. II *adj* Schweiß...: ~ goggles Schweißbrille *f*; ~ rod Schweißelektrode *f*; ~ wire Schweißdraht *m*.
Welf [welf] *s hist.* Welfe *m*, Welfin *f*.
wel·fare ['welfeə(r)] *s* 1. Wohl *n*, (e-r Person *a.*) Wohlergehen *n*: to work for the ~ of the state; to be concerned about s.o.'s ~. 2. *Am.* Sozi'alhilfe *f*: to be on ~ Sozialhilfe beziehen. ~ **case** *s* zi'alfall *m*. ~ **re·cip·i·ent** *s Am.* Sozi'alhilfeempfänger(in). ~ **state** *s pol.* Wohlfahrtsstaat *m*. ~ **stat·ism** *s pol.* Poli'tik *f* des Wohlfahrtsstaates. ~ **work** *s Am.* Sozi'alarbeit *f*. ~ **work·er** *s Am.* Sozi'alarbeiter(in).
wel·far·ism ['welfeərɪzəm] *s pol.* wohlfahrtsstaatliche Prin'zipien *pl od.* Poli'tik.
wel·far·ite ['wel,feər,aɪt] *s Am. contp.* Sozi'alhilfeempfänger(in).
wel·kin ['welkɪn] *s poet.* Himmelsgewölbe *n*, -zelt *n*: to make the ~ ring with shouts die Luft mit Geschrei erfüllen.
well¹ [wel] *comp* **bet·ter** ['betə(r)] *sup* **best** [best] I *adv* 1. gut, wohl: to be ~ off a) gut versehen sein (for mit), b) wohlhabend *od.* gutsituiert *od.* gut dran sein; to do o.s. ~, to live ~ gut leben, es sich gutgehen lassen. 2. gut, recht, geschickt: to do ~ gut *od.* recht daran tun (to do zu tun); ~ done! gut gemacht!, bravo!; ~ roared, lion! gut gebrüllt, Löwe!; to sing ~ gut singen. 3. gut, günstig, vorteilhaft: to come off ~ a) gut abschneiden, b) Glück haben; all being ~ wenn alles gutgeht. 4. gut, freundschaftlich: to think (speak) ~ of gut denken (sprechen) über (*acc*). 5. gut, sehr, vollauf: to love (*od.* like) s.o. ~ j-n sehr lieben; to be ~ pleased hocherfreut sein; it speaks ~ for him es spricht sehr für ihn. 6. wohl, mit gutem Grund: one may ~ ask this question; you cannot very ~ do that das kannst du nicht gut tun; not very ~ wohl kaum; we might ~ try it wir könnten es ja versuchen. 7. recht, eigentlich, so richtig: he does not know ~ how er weiß nicht recht wie. 8. gut, genau, gründlich: to know s.o. ~ j-n gut kennen; he knows only too ~ er weiß nur zu gut; to remember ~ sich gut erinnern an (*acc*). 9. gut, ganz, völlig: he is ~ out of sight er ist völlig außer Sicht; to be ~ out of s.th. etwas glücklich hinter sich haben. 10. gut, beträchtlich, ziemlich, weit: ~ away weit weg; he walked ~ ahead of them er ging ihnen ein gutes Stück voraus; he is ~ up in the list er steht weit oben auf der Liste; to be ~ on in years nicht mehr der/die Jüngste sein; ~ past fifty weit über 50; until ~ past midnight bis lange nach Mitternacht; ~ in advance schon lange vorher. 11. gut, tüchtig, gründlich, kräftig: to stir ~. 12. gut, mit Leichtigkeit, durch'aus: you could ~ have done it du hättest es leicht tun können; it is very ~ possible es ist durchaus *od.* sehr wohl möglich; as ~ ebenso, desgleichen, außerdem; shall I bring the paper as ~? soll ich auch die Zeitung bringen?; (just) as ~ ebenso(gut), genauso(gut); he is a Christian as ~ er ist auch ein Christ; as ~ ... as sowohl ... als auch; nicht nur ..., sondern auch; as ~ as ebensogut wie.
II *adj* 13. wohl, gesund: to be (*od.* feel) ~ sich wohl fühlen; to look ~ gesund aussehen. 14. in Ordnung, richtig, gut: all is not ~ with him etwas ist nicht in Ordnung mit ihm; all will be ~ es wird sich alles wieder einrenken; I am very ~ where I am ich fühle mich sehr wohl; it is all very ~ but das ist ja alles gut u. schön, aber. 15. vorteilhaft, günstig, gut: it will be as ~ for her to know it es schadet ihr gar nichts, es zu wissen; that is just as ~ das ist schon gut so; very ~ sehr wohl, nun gut; ~ and good schön und gut. 16. ratsam, richtig, gut: it would be ~ ~ wäre angebracht *od.* ratsam.
III *interj* 17. nun, na, tja, schön (*oft unübersetzt*): ~! (*empört*) na, hör mal!; ~, who would have thought it? (*erstaunt*) wer hätte das gedacht?; ~ then nun (also); ~ then? (*erwartend*) na, und?; ~, it can't be helped (*resigniert*) da kann man (eben *od.* halt) nichts machen; ~, here we are at last (*erleichtert*) so, da wären wir endlich; ~, what should I say? (*überlegend, zögernd*) tja *od.* hm, was soll ich (da) sagen?; ~, ~! so, so!, (*beruhigend*) gut gut!
IV *s* 18. (*das*) Gute: let ~ alone! laß gut sein!, laß die Finger davon!
well² [wel] I *s* 1. (*gegrabener*) Brunnen, Ziehbrunnen *m*. 2. Quelle *f*. 3. a) Heilquelle *f*, Mine'ralbrunnen *m*, b) *pl* (*in Ortsnamen*) Bad *n*: Tunbridge W~s. 4. *poet.* Quell *m*, Born *m*. 5. *fig.* (Ur)Quell *m*, Quelle *f*, Ursprung *m*. 6. *tech.* a) (Senk-, Öl- *etc*)Schacht *m*, b) Bohrloch *n*. 7. *arch.* a) Fahrstuhl-, Luft-, Lichtschacht *m*, b) (Raum *m* für das) Treppenhaus. 8. *mar.* a) *tech.* Pumpensod *m*, b) Buhne *f*, Fischbehälter *m* (*im Fischerboot*). 9. *tech.* eingelassener Behälter, Vertiefung *f*, *bes.* a) *mot.* Kofferraum *m*, b) Tintenbehälter *m*. 10. *jur. Br.* Platz *m* für Anwälte im Gerichtssaal. II *v/i* 11. quellen (from aus): to ~ out (*od.* forth) hervorquellen; to ~ up aufsteigen (*Flüssigkeit, Tränen*); to ~ over überfließen.
well·a·day [,welə'deɪ] → wellaway.
,**well-ad'vised** *adj* 'wohlüber,legt, klug. ~-**ap'point·ed** *adj* gutausgestattet.
well·a·way [,welə'weɪ] *obs.* I *interj* weh! II *s* Wehgeschrei *n*, Wehklagen *n*.
,**well-'bal·anced** *adj* 1. ausgewogen: a ~ diet. 2. (innerlich) ausgeglichen. ~-**be'haved** *adj* wohl-, guterzogen, artig, ma'nierlich. ~-'**be·ing** *s* 1. Wohl *n*, (e-r Person *a.*) Wohlergehen *n*: physical ~ körperliches Wohlbefinden. 2. *meist sense of* ~ Wohlgefühl *n*, Wohlbehagen *n*. ~-**be'lov·ed** *adj* heiß-, vielgeliebt. ~-'**born** *adj* von vornehmer 'Herkunft, aus guter Fa'milie, aus vor-

well-bred – westwards

nehmem Haus. ~-'**bred** *adj* **1.** wohl-, gutgezogen. **2.** gebildet, fein. ~-'**chosen** *adj* (gut)gewählt, treffend: ~ **words**. ~-con'nect·ed *adj* **1.** mit einflußreicher Verwandtschaft. **2.** mit guten Beziehungen. ~-de'fined *adj* 'gutum,rissen, 'gutdefi,niert. ~-de'served *adj* wohlverdient. ~-de'serv·ing *adj* verdienstvoll. ~-di'rect·ed *adj* wohl-, gutgezielt (*Schlag etc*). ~-dis'posed *adj* wohlgesinnt, wohlwollend. ~-'**do·ing** *s* **1.** Wohltätigkeit *f.* **2.** Rechtschaffenheit *f.* **3.** Wohlergehen *n*, Erfolg *m*. ~-'**done** *adj* **1.** gutgemacht. **2.** 'durchgebraten: a ~ steak. ~-'**earned** *adj* wohlverdient. ~-'**fa·vo(u)red** *adj obs.* gutaussehend, hübsch. ~-'**fed** *adj* wohl-, gutgenährt. ~-'**fixed** *adj Am. colloq.* ‚(gut)betucht' (*wohlhabend*). ~-'**found·ed** *adj* wohlbegründet. ~-'**groomed** *adj* gepflegt. ~-'**ground·ed** *adj* **1.** → well-founded. **2.** mit guter Vorbildung, mit guten Vorkenntnissen. ~-'**han·dled** *adj* gutverwaltet. '**well·head** *s* **1.** Quelle *f* (*a. fig.*). **2.** *fig.* Urquell *m*. **3.** Brunneneinfassung *f.* ,**well-**'**heeled** *adj colloq.* ‚(gut)betucht' (*wohlhabend*). ~-'**hung** *adj* **1.** abgehangen: ~ meat. **2.** *sl.* a) ‚mit viel Holz vor der Hütte' (*mit großem Busen*), b) ‚mit e-m großen Appa'rat' (*Penis*). ~-in'**formed** *adj* **1.** 'gutunter,richtet. **2.** (vielseitig) gebildet. **Wel·ling·ton (boot)** ['welɪŋtən] *s bes. Br.* Schaft-, Gummi-, Wasserstiefel *m*. ,**well-**in'**ten·tioned** *adj* **1.** gut-, wohlgemeint: ~ advice. **2.** wohlmeinend (*Person*). ~-'**judged** *adj* **1.** wohlberechnet, angebracht. **2.** *sport* abgezirkelt (*Paß etc*). ~-'**kept** *adj* **1.** gepflegt. **2.** strenggehütet: a ~ secret. ~-'**knit** *adj* **1.** drahtig: a ~ figure. **2.** 'gutdurch,dacht: a ~ composition. ~-'**known** *adj* **1.** weithin bekannt. **2.** wohlbekannt. ~-'**lined** *adj colloq.* **1.** voller Geld: a ~ wallet e-e dicke Brieftasche. **2.** voll (*Magen*). ~-'**made** *adj* **1.** gutgemacht. **2.** gutgewachsen, gutgebaut (*Person od. Tier*). ~-'**mannered** *adj* wohlerzogen, mit guten Ma'nieren. ~-'**matched** *adj* **1.** *bes. sport* gleich stark. **2.** a ~ couple ein Paar, das gut zs.-paßt. ~-'**mean·ing** → well-intentioned. ~-'**meant** *adj* gutgemeint. '~-**nigh** *adv* fast, so gut wie: ~ impossible. ~-'**off** *adj* wohlhabend, 'gutsitu,iert. ~-'**oiled** *adj* **1.** gutgeölt. **2.** *fig.* 'gutfunktio,nierend (*Organisation etc*). **3.** (ziemlich) ‚angesäuselt'. ~-'**paid** *adj* gutbezahlt. ~-**pre**'**served** *adj* guterhalten: a ~ old lady e-e alte Dame, die für ihr Alter noch recht gut aussieht. ~-**pro**'**por·tioned** *adj* **1.** 'wohlproportio,niert. **2.** gutgebaut. ~-'**read** [-'red] *adj* belesen. ~-'**reg·u·lat·ed** *adj* (wohl)geregelt, (-)geordnet. ~-**re**'**put·ed** *adj* geachtet, angesehen. ~-'**round·ed** *adj* **1.** (wohl)beleibt. **2.** *fig.* a) abgerundet, ele'gant, 'formvoll,endet (*Stil, Form etc*), b) ausgeglichen (*Leben etc*), c) vielseitig, um'fassend (*Bildung etc*). ~-'**set** → well-knit. ~-'**set-up** *adj colloq.* ‚gutgebaut' (*Person*). ~-'**spent** *adj* **1.** gutgenützt (*Zeit*). **2.** sinnvoll ausgegeben (*Geld*). ~-'**spo·ken** *adj* **1.** redegewandt. **2.** höflich (im Ausdruck). '**well·spring** *s* **1.** Quelle *f* (*a. fig.*). **2.** *fig.* Urquell *m*. ,**well-**'**stacked** *adj Br. colloq.* ‚mit viel Holz vor der Hütte' (*mit großem Busen*). ~-'**tem·pered** *adj* **1.** gutmütig. **2.** *mus.* 'wohltempe,riert (*Stimmung*): the Well-Tempered Clavier das Wohltemperierte Klavier (*von Bach*). ~-'**thought-of** *adj* geachtet, angesehen. ~-,**thought-'out** *adj* wohlerwogen,

(gründlich) durch'dacht. ~-'**timed** *adj* **1.** (zeitlich) wohlberechnet *od.* günstig. **2.** *sport* gutgetimed (*Paß etc*). ~-**to-'do** *I adj* wohlhabend. **II** *s* the ~ *collect.* die Wohlhabenden *pl.* ~-'**tried** *adj* (wohl-) erprobt, bewährt. ~-'**turned** *adj fig.* ele'gant, geschickt formu'liert: **a ~ phrase**. ~-**up**'**hol·stered** *adj* gutgepolstert (*a. fig. colloq.* ziemlich dick). '~-,**wish·er** *s* **1.** Gönner(in). **2.** Befürworter(in). **3.** *pl* jubelnde Menge. ~-'**worn** *adj* **1.** abgetragen, abgenutzt, abgegriffen. **2.** *fig.* abgedroschen.

Welsh¹ [welʃ] *I adj* **1.** wa'lisisch. **II** *s* **2.** the ~ *collect.* die Wa'liser *pl.* **3.** *ling.* Wa'lisisch *n*, das Walisische.

welsh² [welʃ] *v/i colloq.* **1.** sich ‚drücken' (on vor *dat*). **2.** to ~ on s.o. a) j-n ‚verschaukeln', b) j-n ‚aufsitzen lassen'. **3.** *Buchmacher*: a) die Gewinne nicht aus(be)zahlen (on s.o. j-m), b) mit den Gewinnen 'durchgehen.

Welsh cor·gi *s* Welsh Corgi *m* (*Hunderasse*).

'**welsh·er** *s colloq.* **1.** betrügerischer Buchmacher. **2.** ‚falscher Fuffziger'.

'**Welsh**|**·man** [-mən] *s irr* Wa'liser *m*. ~ **on·ion** *s bot.* Winterzwiebel *f.* ~ **rab·bit**, ~ **rare·bit** *s gastr.* über'backene Käseschnitte. ~ **ter·ri·er** *s* Welshterrier *m* (*Jagdhund*). '~,**wom·an** *s irr* Wa'liserin *f*.

welt [welt] *I s* **1.** Einfassung *f*, Rand *m*. **2.** *Schneiderei*: a) (Zier)Borte *f*, b) Rollsaum *m*, c) Stoßkante *f*. **3.** Rahmen *m* (*e-s Schuhs*). **4.** a) Schwiele *f*, Strieme(n *m*) *f*, b) *colloq.* ‚Pfund' *n* (*harter Schlag*). **5.** *tech.* a) Falz *m* (*im Metall*), b) Schreinerei: Leiste *f*. **II** *v/t* **6.** *Kleid etc* säumen, einfassen. **7.** *tech.* a) *Blech* falzen, b) e-n *Schuh* auf Rahmen arbeiten: ~ed randgenäht (*Schuh*). **8.** *colloq.* (ver)prügeln, ‚verdreschen'.

Welt·an·schau·ung ['vɛltanˌʃaʊʊŋ] (*Ger.*) *s* Weltanschauung *f*.

wel·ter¹ ['weltə(r)] *I v/i* **1.** *poet.* sich wälzen (in in *s-m Blut etc*) (*a. fig.*). **II** *s* **2.** Wogen *n*, Toben *n* (*der Wellen etc*). **3.** *fig.* Tu'mult *m*, Aufruhr *m*, Durchein'ander *n*, Wirrwarr *m*, Chaos *n*.

wel·ter² ['weltə(r)] → welterweight I b.

'**wel·ter·weight** *sport I s* a) Weltergewicht *n*, b) Weltergewichtler *m*. **II** *adj* Weltergewichts...

Welt|**·po·li·tik** ['vɛltpoliˌtiːk] (*Ger.*) *s* 'Weltpoli,tik *f.* ~**·schmerz** [-ˌʃmɛrts] (*Ger.*) *s* Weltschmerz *m*.

wen¹ [wen] *s* **1.** *med.* (Balg)Geschwulst *f*, *bes.* Grützbeutel *m* (*am Kopf*). **2.** *fig.* Riesenstadt *f*: **the great ~** London.

wen² [wen] *s* Wen-Rune *f* (*Runenzeichen für* w).

wench [wentʃ] *I s* **1.** *obs. od. humor.* (*bes.* Bauern)Mädchen *n*, Frauenzimmer *n*. **2.** *obs.* Hure *f*, Dirne *f*. **II** *v/i* **3.** *obs.* huren.

wend¹ [wend] *v/t*: to ~ one's way sich wenden *od.* begeben, s-n Weg nehmen (to nach, zu); to ~ one's way home sich auf den Heimweg begeben.

Wend² [wend] *s* Wende *m*, Wendin *f*.

Wend·ish ['wendɪʃ], a. **Wend·ic** [-dɪk] *I adj* wendisch. **II** *s ling.* Wendisch *n*, das Wendische. [*n* (*für Kinder*).]

Wen·dy house ['wendɪ] *s Br.* Spielhaus

Wens·ley·dale ['wenzlɪdeɪl] *s* e-e englische Käsesorte.

went [went] *pret von* go.

wen·tle·trap ['wentltræp] *s zo.* Wendeltreppe *f*.

wept [wept] *pret u. pp von* weep.

were [wɜː; *Am.* wɜr] **1.** *pret von* be: du warst, Sie waren, wir, sie waren, ihr wart. **2.** *pret pass* wurde(n). **3.** *subj pret* wäre(n).

were·wolf ['wɪə(r)wʊlf; *Br. a.* 'wɜː-; *Am. a.* 'wɜr-] *s irr* Werwolf *m*.

werf [vɛrf] *s S.Afr.* Werft *f* (*Eingeborenensiedlung*).

wer·gild ['wɜːɡɪld; *Am.* 'wɜr-] *s jur. hist.* Wergeld *n* (*Buße für die Tötung e-s Menschen*).

wert [wɜːt; *Am.* wɜrt] *poet.* **2.** *sg pret ind u. subj von* be.

Wer·ther·ism ['vɛrtərɪzəm] *s* Wertherтум *n*, Wertherische Empfindsamkeit.

wer·wolf ['wɜːwʊlf; *Am.* 'wɜr-] → werewolf.

Wes·ley·an ['wezlɪən] *relig.* **I** *adj* wesley'anisch, metho'distisch. **II** *s* Wesley'aner(in), Metho'dist(in). '**Wes·leyan·ism** *s* Metho'dismus *m*.

west [west] *I s* **1.** Westen *m*: **in the ~ of** im Westen von (*od. gen*); **to the ~ of** → 7; **from the ~** aus dem Westen. **2.** *a.* W~ Westen *m*, westlicher Landesteil: **the W~ of Germany** Westdeutschland *n*; **the W~** a) *Br.* Westengland *n*, b) *Am.* der Westen, die Weststaaten *pl*, c) *pol.* der Westen, d) das Abendland, e) *hist.* das Weströmische Reich. **3.** *poet.* West(wind) *m*. **II** *adj* **4.** westlich, West... **III** *adv* **5.** westwärts, nach Westen: **to go ~** *colloq.* a) ‚draufgehen' (*sterben, kaputtod.* verlorengehen), b) sich zerschlagen (*Pläne, Hoffnungen etc*). **6.** aus dem Westen (*bes. Wind*). **7.** ~ **of** westlich von (*od. gen*). **IV** *v/i* **8.** nach Westen gehen *od.* fahren. '~**·bound** *adj* nach Westen gehend *od.* fahrend. ~ **by north** *s mar.* West *m* zu Nord. ~ **coun·try** *s* **1.** (*der*) Westen e-s Landes. **2.** the W~ C~ *Br.* Süd'westengland *n*, *bes.* Cornwall, Devon u. Somerset. **W~ End** *s* Westend *n* (*vornehmer Stadtteil Londons*).

west·er ['westə(r)] *I v/i* **1.** ~ **west** 8. **2.** nach Westen drehen (*Wind*). **II** *s* **3.** Westwind *m*. '**west·er·ly** *I adj* westlich, West... **II** *adv von od.* nach Westen.

west·ern ['westə(r)n] *I adj* **1.** westlich, West...: **the W~ Empire** *hist.* das Weströmische Reich; **the W~ world** die westliche Welt, das Abendland. **2.** westwärts, West...: ~ **course** Westkurs *m*. **II** *s* **3.** Western *m*: a) Wild'westgeschichte *f*, -roˏman *m*, b) Wild'westfilm *m*. '**west·ern·er** *s* **1.** Bewohner(in) des Westens (*e-s Landes*). **2.** W~ Weststaatler(in) (*in den USA*).

west·ern·ism ['westə(r)nɪzəm] *s* **1.** *bes. Am.* westliche (Sprach)Eigentümlichkeit. **2.** westliche *od.* abendländische Instituti'on *od.* Denkweise *od.* Traditi'on. '**west·ern·ize** *v/t* verwestlichen.

west·ern·ly ['westə(r)nlɪ] → westerly. **west·ern·most** ['westə(r)nməʊst] *adj* westlichst(er, e, es).

West In·di·an *I adj* west'indisch. **II** *s* West'indier(in).

west·ing ['westɪŋ] *s* **1.** *astr.* westliche Deklinati'on (*e-s Planeten*). **2.** *mar.* Weg *m od.* Di'stanz *f* nach Westen.

,**west-north**'**west** *I adj* westnord'westlich, Westnordwest... **II** *adv* nach *od.* aus Westnord'westen. **III** *s* Westnord'west(en) *m*.

West·pha·li·an [westˈfeɪljən] *I adj* west'fälisch. **II** *s* West'fale *m*, West'fälin *f*.

Wes·tra·li·an [wesˈtreɪljən] *I adj* 'westauˏstralisch. **II** *s* 'Westauˏstralier(in).

West Sax·on *s ling.* Westsächsisch *n*, das Westsächsische (*Dialekt des Angelsächsischen*).

,**west-south**'**west** *I adj* westsüd'westlich, Westsüdwest... **II** *adv* nach *od.* aus Westsüd'westen. **III** *s* Westsüd'west(en) *m*.

west·ward ['westwə(r)d] *adj u. adv* westlich, westwärts, nach Westen: **in a ~ direction** in westlicher Richtung, Richtung Westen. '**west·wards** *adv* → westward.

wet [wet] **I** *adj* **1.** naß, durch'näßt (with von): ~ **behind the ears** *colloq.* noch nicht trocken hinter den Ohren; → **skin** 1, **through** 10. **2.** niederschlagsreich, regnerisch, feucht (*Klima*): ~ **season** Regenzeit *f* (*in den Tropen*). **3.** naß, noch nicht trocken: → **paint** 12. **4.** *tech.* naß, Naß...: ~ **extraction** Naßgewinnung *f*; ~ **process** Naßverfahren *n*. **5.** *Am.* a) ‚feucht', nicht unter Alkoholverbot stehend (*Stadt etc*), b) gegen die Prohibiti'on stimmend: **a ~ candidate**. **6.** *colloq.* a) blöd, ‚behämmert', b) *Br.* weichlich. **7.** *colloq.* falsch, verkehrt: **you are all ~!** du irrst dich gewaltig. **8.** *colloq.* ‚feuchtfröhlich': **a ~ night**. **9.** *colloq.* rührselig, sentimen'tal. **II** *s* **10.** Feuchtigkeit *f*, Nässe *f*: **out in the ~** draußen im Nassen. **11.** Regen(wetter *n*) *m*. **12.** *bes. Br. colloq.* Drink *m*: **to have a ~** ‚einen heben *od.* zur Brust nehmen'. **13.** *Am.* Gegner *m* der Prohibiti'on. **14.** *colloq.* a) ‚Blödmann' *m*, b) *Br.* Weichling *m*. **III** *v/t pret u. pp* **wet** *od.* '**wet·ted 15.** benetzen, anfeuchten, naßmachen, nässen: **to ~ o.s.** in die Hose machen; **to ~ through** durchnässen; **to ~ one's whistle** (*od.* **clay**) *colloq.* ‚sich die Kehle anfeuchten', ‚einen heben *od.* zur Brust nehmen' (*trinken*). **16.** *colloq.* ‚begießen': **to ~ a bargain**. **IV** *v/i* **17.** naß werden. '**wet**|**·back** *s Am. colloq.* ‚ille‚galer Einwanderer aus Mexiko. ~ **bar·gain** *s colloq.* mit e-m Drink bekräftigtes Geschäft. ~ **blan·ket** *s fig.* **1.** Dämpfer *m*, kalte Dusche *f*: **to put** (*od.* **throw**) **a ~ on s.th.** e-r Sache e-n Dämpfer aufsetzen; **to be (like) a ~** wie e-e kalte Dusche wirken. **2.** Spiel-, Spaßverderb(er)in, fader Kerl. ~'**blan·ket** *v/t fig.* e-n Dämpfer aufsetzen (*dat*). '**~-bulb ther·mom·e·ter** *s phys.* Ver'dunstungsther‚mo‚meter *n*. ~ **cell** *s electr.* nasse Zelle, 'Naße‚lement *n*. ~ **dock** *s mar.* Flutbecken *n*. '**~-dog shakes** *s pl med. sl.* Zittern *n* (*Entziehungserscheinung*). ~ **dream** *s* ‚feuchter Traum'.
weth·er ['weðə(r)] *s zo.* Hammel *m*.
wet| **look** *s* Hochglanz *m*. '**~-look** *adj* Hochglanz-.
'**wet·ness** *s* Nässe *f*, Feuchtigkeit *f*.
wet| **nurse** *s* (Säug)Amme *f*. ~'**nurse** *v/t* **1.** (als Amme) säugen. **2.** *fig.* verhätscheln, bemuttern. ~ **pack** *s med.* feuchter 'Umschlag. ~ **rot** *s bot.* Naßfäule *f*. ~ **suit** *s* Kälteschutzanzug *m* (*für Sporttaucher, Segler etc*). ~ **thumb** *s* glückliche Hand in der (A'quarium)Fischzucht.
'**wet·ting** *s* **1.** Durch'nässung *f*: **to get a ~** a) durchnäßt *od.* durch u. durch naß werden (vom Regen), b) ein unfreiwilliges Bad nehmen. **2.** Befeuchtung *f*. ~ **a·gent** *s chem.* Netzmittel *n*.
wet·tish ['wetɪʃ] *adj* etwas feucht.
wey [weɪ] *s econ. Br. bes. hist.* ein Trockengewicht (*zwischen 2 u. 3 Zentnern variierend*).
whack [wæk; hwæk] **I** *v/t* **1.** a) *j-m* e-n (knallenden) Schlag versetzen, *Ball etc* knallen: **to ~ off** abhacken, abschlagen, b) *sport Br. colloq.* ‚vernaschen', über'fahren' (*hoch schlagen*). **2.** a. ~ **out** *Am. colloq.* ‚schaffen' (*erschöpfen*): **~ed** ‚fertig', ‚erledigt'. **3.** ~ **up** *colloq.* (auf)teilen. **4.** *meist* ~ **up** *Am. colloq. j-n* antreiben. **5.** ~ **up** (*od.* **out**) *Am. colloq. etwas* ,auf die Beine stellen' *od.* organi'sieren. **II** *v/i* **6.** schlagen (**at** nach). **7.** *meist* ~ **off** *vulg.* ‚wichsen', sich e-n runterholen' (*masturbieren*). **III** *s* **8.** (knallender) Schlag. **9.** *colloq.* (An)Teil *m* (**of** an *dat*). **10.** *colloq.* Versuch *m*: **to have a ~** e-n Versuch machen (**at s.th.** mit etwas). **11.** *Am. colloq.* Zustand *m*: **to be in a**

fine ~; **to be out of ~** nicht in Ordnung sein; **to be out of ~ with** nicht im Einklang stehen mit. '**whack·er** *s colloq.* **1.** *Am.* a) Ochsen-, Maultiertreiber *m*, b) Antreiber *m*. **2.** a) ‚Mordsding' *n*, b) faustdicke Lüge. '**whack·ing I** *adj u. adv colloq.* Mords...: **a ~ (big) lie** → **whacker** 2 b. **II** *s* (*Tracht f*) Prügel *pl*: **to give s.o. a ~** a) *j-m* e-e Tracht Prügel verpassen, b) *sport Br. colloq.* → **whack** 1 b.
whack·y → **wacky**.
whale[1] [weɪl; hw-] **I** *s* **1.** *zo. pl* **whales**, *bes. collect.* **whale** Wal *m*: **bull ~** Walbulle *m*; **cow ~** Walkuh *f*. **2.** (*etwas*) Riesiges *od.* Großartiges *od.* ‚Tolles': **a ~ of a fellow** a) ein Riesenkerl, b) ein ‚Pfundskerl'; **a ~ of a lot** e-e Riesenmenge; **a ~ of a thing** ein tolles Ding; **a ~ of a difference** ein himmelweiter Unterschied; **to be a ~ for** (*od.* **on**) ganz versessen sein auf (*acc*); **to be a ~ at** e-e ‚Kanone' sein in (*dat*). **II** *v/i* **3.** Walfang treiben.
whale[2] [weɪl; hw-] *v/t bes. Am. colloq.* **1.** (ver)prügeln, ‚verdreschen'. **2.** *Ball etc* ‚dreschen'. **3.** *sport* ‚vernaschen', über'fahren' (*hoch schlagen*).
'**whale**|**·boat** *s mar.* **1.** *hist.* Walfänger *m*, Walfangboot *n*. **2.** *Am.* Rettungsboot *n*. '**~-bone** *s* **1.** *zo.* Barte *f* (*Hornplatte im Oberkiefer e-s Wals*). **2.** Fischbein(stab *m*) *n*. '**~-bone whale** *s zo.* Bartenwal *m*. ~ **calf** *s irr zo.* junger Wal. ~ **fish·er·y** *s* **1.** Walfang *m*. **2.** Walfanggebiet *n*. ~ **oil** *s* Walfischtran *m*.
'**whal·er**[1] *s* Walfänger *m* (*Person u. Boot*).
'**whal·er**[2] *s colloq.* ,Mordsding' *n*.
'**whal·ing**[1] *s* Walfang *m*. **II** *adj* Walfang...
'**whal·ing**[2] *colloq.* **I** *adj od. adv* Mords...: **we had a ~ good time** wir haben uns prima amüsiert. **II** *s bes. Am.* (Tracht *f*) Prügel *pl*: **to give s.o. a ~** a) *j-m* e-e Tracht Prügel verpassen, b) *sport j-n* ‚vernaschen' *od.* ‚überfahren' (*hoch schlagen*).
'**whal·ing**| **gun** *s* Har'punengeschütz *n*. ~ **rock·et** *s* Harpu'nierra‚kete *f*.
wham [wæm; hwæm] → **whang**.
wham·my ['wæmɪ; 'hwæmɪ] *s colloq.* ‚Hammer' *m* (*Schlag; a. fig.*).
whang [wæŋ; hwæŋ] *colloq.* **I** *v/t* knallen, hauen. **II** *v/i* knallen (*a. schießen*), krachen, bumsen. **III** *s* Knall *m*, Krach *m*, Bums *m*. **IV** *interj* knall!, zack!
‚**whang'doo·dle** *s Am.* **1.** *humor.* (ein) Fabeltier *n*. **2.** *sl.* aggres'siver Bursche. **3.** *sl.* ‚Quatsch' *m*.
wharf [wɔː(r)f; hw-] **I** *pl* **wharves** [-vz], *a.* **wharfs** [-fs] *s* **1.** *mar.* Kai *m*. **2.** *pl econ. mar.* Lagerhäuser *pl*. **II** *v/t mar.* **3.** *Waren* ausladen, löschen. **4.** *das Schiff* am Kai festmachen. '**wharf·age** *s econ. mar.* **1.** Benutzung *f* e-s Kais. **2.** Löschen *n* (*von Gütern*). **3.** Kaigeld *n*, Kaigebühr *f*. **4.** Kaianlage(n *pl*) *f*.
wharf boat *s mar. Am.* Boot mit Plattform zum Löschen von Gütern etc.
wharf·in·ger ['wɔː(r)fɪndʒə(r); 'hw-] *s mar.* **1.** Kaimeister *m*. **2.** Kaibesitzer *m*.
wharf rat *s* **1.** *zo.* Wanderratte *f*. **2.** *mar. Am. sl.* Hafendieb *m*.
wharves [wɔː(r)vz; wh-] *pl von* **wharf**.
what [wɒt; hwɒt; *Am.* wɑt; hwɑt] **I** *pron interrog* **1.** was, wie: **~ did he do?** was hat er getan?; **~ 's for lunch?** was gibt's zum Mittagessen?. **2.** was (*um Wiederholung e-s Wortes bittend*): **you want a ~?** was willst du?. **3.** was für ein(e), welch(er, e, es), (*vor pl*) was für (*fragend od. als Verstärkung e-s Ausrufs*): **~ an idea!** was für e-e Idee!; **~ book?** was für ein Buch?; **~ luck!** welch ein Glück!; **~ men?** was für Männer?

II *pron rel* **4.** (das,) was, *a.* (der,) welcher: **this is ~ we hoped for** (gerade) das erhofften wir; **he sent us ~ he had promised us** er schickte uns (das), was er uns versprochen hatte *od.* das Versprochene; **it is nothing compared to ~ happened then** es ist nichts im Vergleich zu dem, was dann geschah; **he is no longer ~ he was** er ist nicht mehr der, der er war. **5.** was (auch immer): **say ~ you please!** sag, was du willst! **6.** **but ~** (*negativ*) *colloq.* außer dem, der (*od.* das); außer der (*od.* denen), die: **there was no one but ~ was excited** es gab niemanden, der nicht aufgeregt war.
III *adj* **7.** was für ein(e), welch(er, e, es): **I don't know ~ decision you have taken** ich weiß nicht, was für e-n Entschluß du gefaßt hast; **he got ~ books he wanted** er bekam alle Bücher, die er wollte. **8.** alle, die; alles, was: **~ money I had** was ich an Geld hatte, all mein Geld. **9.** soviel *od.* so viele ... wie: **take ~ time and men you need!** nimm dir soviel Zeit u. so viele Leute, wie du brauchst!
IV *adv* **10.** was: **~ does it matter** was macht das schon. **11.** *vor adj* was für: **~ happy boys they are!** was sind sie (doch) für glückliche Jungen! **12.** teils ..., teils: **~ with ..., ~ with ...** teils durch ..., teils durch. **13.** **but ~** (*negativ*) *colloq.* daß: **never fear but ~ we shall go!** hab keine Angst, wir gehen schon!; **not a day but ~ it rains** kein Tag, an dem es nicht regnet.
V *interj* **14.** was!, wie! **15.** (*fragend, unhöflich*) was?, wie? **16.** *Br.* nicht wahr?: **a nice fellow, ~?**
VI *s* **17.** Was *n*.
Besondere Redewendungen:
~ **about?** wie wär's mit *od.* wenn?, wie steht's mit?; ~ **for?** wofür?, wozu?; **and ~ have you** *colloq.* und was nicht sonst noch alles; ~ **if?** und wenn nun?, (und) was geschieht, wenn?; ~ **next** a) was sonst noch?, b) *iro.* sonst noch was?, das fehlte noch!; **and ~ not** *colloq.* und was nicht sonst noch alles; ~ **(is the) news?** was gibt es Neues?; **(well,)** ~ **of it?**, **so ~?** na, wenn schon?, na und?; ~ **though?** was tut's, wenn?; ~ **with** infolge, durch, in Anbetracht (*gen*); **I know** ~ ich weiß was, ich habe e-e Idee; **to know** ~'**s** ~ *colloq.* wissen, was los ist; Bescheid wissen; **I'll tell you** ~ ich will dir (mal) was sagen; ~ **do you think you are doing?** was soll denn das?; ~ **ho!** holla!, heda!
'**what**|**-d'you-**‚**call-it** (*od.* **-'em** *od.* **-him** *od.* **-her**), '**~-d'ye-**‚**call-it** (*od.* **-'em** *od.* **-him** *od.* **-her**) ['wɒtdju-; 'hw-; *Am.* 'wɑdjə-; 'hw-] *s colloq.* ,Dingsda' *m, f, n*: **Mr. ~-d'you-call-him** Herr ,Dingsbums' *od.* ‚Soundso'. ~ **e'er** *poet.* für **whatever**. ~'**ev·er I** *pron* **1.** was (auch immer); alles, was: **take ~ you like!**; **~ I have is yours**. **2.** was auch; trotz allem, was: **do it ~ happens!**. **3.** *colloq.* was denn, was eigentlich *od.* in aller Welt: ~ **do you want?** **II** *adj* **4.** welch(er, e, es) ... auch (immer): ~ **profit this work gives us** welchen Nutzen uns diese Arbeit auch (immer) bringt; **for ~ reasons he is angry** aus welchen Gründen er auch immer verärgert ist; einerlei *od.* ganz gleich, weshalb er wütend ist. **5.** *mit neg* (*nachgestellt*) überhaupt, gar nichts, niemand *etc*: **no doubt ~** überhaupt *od.* gar kein *od.* keinerlei Zweifel. '**~-not** *s* **1.** Eta'gere *f*. **2.** Ding(s) *n*, Etwas *n*: **~ als Mögliche**. **3.** Kleinigkeit *f*, Sächelchen *n*: **a few ~s**.
what's|**-her-name** ['wɒtsə(r)neɪm; 'hwɒt-; *Am.* 'wɑt-; 'hwɑt-], ~**-his-name** ['wɒtsɪzneɪm; 'hwɒt-; *Am.* 'wɑt-; 'hwɑt-] *s colloq.* ‚Dingsda' *m, f*: **Mr. what's-his-**

whatsis – whereon

-name Herr ‚Dingsbums' od. ‚Soundso'.
what·sis ['wɒtsɪs; 'hwɒt-; *Am.* 'wɑt-; 'hwɑt-], **'what·sit** [-sɪt], **what's-its--name** ['wɒtsɪtsneɪm; 'hwɒt-; *Am.* 'wɑt-; 'hwɑt-] *s colloq.* ‚Dingsbums' *n*, ‚Dingsda' *n*. [→ **whatever**.)
,what·so'ev·er, *poet.* **,what·so'e'er**
wheal [wiːl; hwiːl] → **wale**.
wheat [wiːt; hwiːt] *s agr. bot.* Weizen *m*: → **chaff** 1. **~belt** *s agr. geogr. Am.* Weizengürtel *m*. **~bread** *s* Weizen-, Weißbrot *n*. **~cake** *s* (*Art*) Pfannkuchen *m*.
'wheat·en [-tn] *adj* Weizen...
Wheat·stone bridge ['wiːtstən; 'hwiːt-; *Am.* -ˌstəʊn] *s electr.* Wheatstonesche Brücke.
whee [wiː; hwiː] *v/t Am. sl. meist* **~up** *j-n* ,ganz aus dem Häus-chen bringen'.
whee·dle ['wiːdl; 'hwiːdl] **I** *v/t* **1.** *j-n* um'schmeicheln. **2.** *j-n* beschwatzen, über'reden (**into doing** etwas zu tun). **3.** **to~s.th. out of s.o.** *j-m* etwas abschwatzen *od.* abschmeicheln. **II** *v/i* **4.** schmeicheln. **'whee·dler** *s* Schmeichler(in). **'whee·dling** *adj* (*adv* **~ly**) schmeichelnd, schmeichlerisch.
wheel [wiːl; hwiːl] **I** *s* **1.** (Wagen)Rad *n*: **on~s** a) auf Rädern, b) *a.* **on oiled~s** *fig.* wie geschmiert, ‚fix'; → **fifth wheel, meal**² 1, **oil** 5, **shoulder** 1, **spoke**¹ 4. **2.** *allg.* Rad *n*, *tech. a.* Scheibe *f*. **3.** *mar.* Steuer-, Ruderrad *n*. **4.** Steuer(rad) *n*, Lenkrad *n*: **at the ~** a) am Steuer, b) *fig.* am Ruder; **to take the~** *colloq.* **5.** *colloq.* a) *bes. Am.* (Fahr)Rad *n*, b) *pl mot.* Wagen *m*, ‚fahrbarer Untersatz'. **6.** *hist.* Rad *n* (*Folterinstrument*): **to break s.o. on the ~** *j-n* rädern *od.* aufs Rad flechten; **to break a (butter)fly (up)on the~** *fig.* mit Kanonen nach Spatzen schießen. **7.** (Glücks)Rad *n*: **the~of Fortune** das Glücksrad; **a sudden turn of the~** e-e plötzliche (Schicksals)Wende. **8.** *fig.* Rad *n*, treibende Kraft, *pl* Räder(werk *n*) *pl*, Getriebe *n*: **the~s of government** die Regierungsmaschinerie, **~s within ~s** ein kompliziertes Räderwerk; **there are ~s within ~s** a) er ist *od.* es Motive, die wahren Gründe *etc* sind nur schwer zu durchschauen, b) die Dinge sind komplizierter als sie aussehen. **9.** Drehung *f*, Kreis(bewegung *f*) *m*. **10.** *mar. mil.* Schwenkung *f*: **right** (**left**) **~!** rechts (links) schwenkt! **11.** *a.* **big ~** *bes. Am. colloq.* ‚großes *od.* hohes Tier', *bes.* Par'teibonze *m*.
II *v/t* **12.** drehen, wälzen, im Kreise bewegen, **13.** *mil.* e-e Schwenkung ausführen lassen. **14.** Fahrrad, Kinderwagen, Patienten im Rollstuhl *etc* schieben, Servierwagen *etc a.* rollen.
III *v/i* **15.** sich (im Kreis) drehen, (*Vögel, Flugzeug*) kreisen. **16.** *mil.* schwenken: **to ~ to the right** (**left**) e-e Rechts-(Links)schwenkung machen. **17.** rollen, fahren. **18.** *bes. Am. colloq.* radeln. **19. to~and deal** → **wheeler-dealer** II.
Verbindungen mit Adverbien:
wheel| a·bout, ~ a·round I *v/i* **1.** sich (rasch) 'umdrehen *od.* 'umwenden. **2.** *fig.* 'umschwenken. **II** *v/t* **3.** her-'umdrehen. **4.** her'umschieben. **~ in** *v/t* **1.** her'einschieben, -rollen. **2.** *colloq. Prüfling, Besucher etc* her'einführen. **~ round** → **wheel about**.
wheel| an·i·mal(·cule) *s zo.* Rädertierchen *n*. **~'bar·row** *s* Schubkarre(n *m*) *f*. **~'base** *s tech.* Achs(ab)stand *m*, Radstand *m*. **~ brake** *s* Radbremse *f*. **~'chair** *s med.* Rollstuhl *m*. **~ clamp** *s* Radkralle *f*, Parkriegel *m* (*für falsch geparkte Autos*).
wheeled [wiːld; hwiːld] *adj* **1.** fahrbar,

Roll..., Räder...: **~ bed** *med.* Rollbett *n*. **2.** (*in Zssgn*) ...räd(e)rig: **three-~**.
'wheel·er *s* **1.** *j-d*, der etwas rollt *od.* schiebt. **2.** *etwas*, was rollt *od.* Räder hat. **3.** (*in Zssgn*) Wagen *m od.* Fahrzeug *n* mit ... Rädern: **four-~** *tech.* Vierradwagen *m*, Zweiachser *m*. **4.** → **wheel horse** 1. **5.** *Br. für* **wheelwright**. **6.** → **wheeler--dealer I**. **~'deal·er** *bes. Am. colloq.* **I** *s* Mensch *m* mit sehr eigenmächtigen Me'thoden. **II** *v/i* sich sehr eigenmächtiger Me'thoden bedienen (*Geschäftsmann, Politiker etc*). **~'deal·ing** *s bes. Am. colloq.* **1.** Machenschaften *pl*. **2.** Geschäfte'macherei *f*.
wheel| horse *s* **1.** Stangen-, Deichselpferd *n*. **2.** *Am. fig.* Arbeitstier *n*. **~'house** *s mar.* Ruderhaus *n*.
'wheel·ing *s* **1.** Schieben *n*, Rollen *n*. **2.** Drehung *f*. **3.** *mil.* Schwenkung *f*. **4.** Befahrbarkeit *f* (*e-r Straße*). **5. ~ and dealing** → **wheeler-dealing**.
wheel| load *s tech.* Raddruck *m*, -last *f*. **~ lock** *s mot.* Lenk(rad)schloß *n*. **'~-man** [-mən] *s irr* **1.** *colloq.* a) *bes. Am.* Radfahrer *m*, b) (Auto)Fahrer *m*. **2.** → **wheelsman**.
wheels·man ['wiːlzmən; 'hwiːlz-] *s irr mar. bes. Am.* Rudergänger *m*.
wheel| stat·ics *s pl* (*als sg konstruiert*) *electr. tech.* (statische) Auflagungen *pl* der Gummireifen. **~ win·dow** *s arch.* Radfenster *n*. **'~work** *s tech.* Räderwerk *n*. **'~wright** *s tech.* Stellmacher *m*.
wheeze [wiːz; hwiːz] **I** *v/i* **1.** keuchen, pfeifen(d atmen), schnaufen. **II** *v/t* **2.** *etwas* keuchen(d her'vorstoßen). **III** *s* **3.** Keuchen *n*, pfeifendes Atmen. **4.** pfeifendes Geräusch. **5.** *sl.* a) *thea.* Gag *m*, improvi'sierter Scherz, b) Jux *m*, Ulk *m*, c) alter *od.* fauler Witz, d) Trick *m*. **'wheez·y** *adj* keuchend, pfeifend, schnaufend, asth'matisch (*a. humor.* Orgel *etc*).
whelk¹ [welk; *Am. a.* hwelk] *s zo.* Wellhorn(schnecke *f*) *n*.
whelk² [welk; *Am. a.* hwelk] *s med.* Pustel *f*.
whelm [welm; hwelm] *v/t obs.* **1.** a) verschütten, (unter sich) begraben, b) über-'schwemmen, c) zs.-schlagen über (*dat*) (*Wellen*). **2.** *fig.* über'schütten, -'häufen (**with** mit). **3.** *fig.* über'wältigen, -'mannen: **~ed by emotion**.
whelp [welp; hwelp] **I** *s* **1.** a) Welpe *m* (*junger Hund, Fuchs od. Wolf*), b) *allg.* Junge(s) *n*. **2.** Balg *m*, *n* (*ungezogenes Kind*). **II** *v/t u. v/i* **3.** (Junge) werfen.
when [wen; hwen] **I** *adv* **1.** (*fragend*) wann: **~ did it happen? 2.** (*relativ*) als, wo, da: **the day ~** der Tag, an dem *od.* als; **the time ~** it happened die Zeit, in *od.* zu der es geschah; **the years ~ we were poor** die Jahre, als wir arm waren; **there are occasions ~** es gibt Gelegenheiten, wo.
II *conj* **3.** wann: **she doesn't know~to be silent. 4.** (damals, zu der Zeit *od.* in dem Augenblick,) als: **~(he was) young, he lived in M.; we were about to start ~ it began to rain** wir wollten gerade fortgehen, als es zu regnen anfing *od.* da fing es zu regnen an; **say ~!** *colloq.* sag halt!, sag, wenn du genug hast! (*bes. beim Einschenken*). **5.** (dann,) wenn: **~ it is very cold, you like to stay at home** wenn es sehr kalt ist, bleibt man gern(e) zu Hause. **6.** (immer) wenn, so'bald, so-'oft: **come ~ you please! 7.** (*ausrufend*) wenn: **~ I think what I have done for her!** wenn ich daran denke, was ich für sie getan habe! **8.** worauf'hin, und dann: **we explained it to him, ~ he at once consented. 9.** während, ob'wohl, wo ... (doch), da ... doch: **why did you tell her, ~ you knew it would hurt her?** warum hast du es ihr gesagt, wo du (doch) wußtest, es würde ihr weh tun?

III *pron* **10.** wann, welche Zeit: **from ~ does it date?** aus welcher Zeit stammt es? **11.** (*relativ*) welcher Zeitpunkt, wann: **they left us on Wednesday, since ~ we have heard nothing** sie verließen uns am Mittwoch, und seitdem haben wir nichts mehr von ihnen gehört; **till ~** und bis dahin.
IV *s* **12.** Wann *n*: **the ~ and where of s.th.** das Wann und Wo e-r Sache.
when|'as *conj obs.* **1.** wenn, während. **2.** weil, da. **3.** wohin'gegen, während.
whence [wens; hwens] *bes. poet.* **I** *adv* **1.** (*fragend*) a) wo'her, von wo('her), *obs.* von wannen, b) *fig.* wo'her, wor'aus, wo'durch, wie. **2.** (*relativ*) a) wo'her, von wo, b) *fig.* wor'aus, wes'halb. **II** *conj* **3.** (von) wo'her. **4.** *fig.* wes'halb, und deshalb. **5.** dahin, von wo: **return ~ you came!** geh wieder dahin, wo du hergekommen bist! **III** *pron* **6.** (*relativ, auf Orte bezogen*) welch(er, e, es): **the country from ~ she comes** das Land, aus welchem sie kommt. **~so'ev·er**, *a.* **whenc'ev·er** *adv od. conj* wo'her auch (immer).
when| ev·er → **whenever** II. **~'ev·er**, *poet. a.* **~'e'er**, (*verstärkend*) **~so'ev·er I** *conj* wann auch (immer); einerlei, wann; (immer) wenn; so'oft (als); jedesmal, wenn. **II** *adv* (*fragend*) *colloq.* wann denn (nur).
where [weə(r); hwe(ə)r] **I** *adv* (*fragend u. relativ*) **1.** wo: **~ ... from?** woher?, von wo?; **~ ... to?** wohin?; **~ shall we be, if?** *fig.* wohin kommen wir *od.* was wird aus uns, wenn? **2.** inwie'fern, in welcher 'Hinsicht: **~ does this touch your interests? 3.** wo'hin: **~ are you looking? 4.** wo'her. **II** *conj* **5.** (der Platz *od.* die Stelle) wo: **I cannot find ~ the fault is** ich kann nicht feststellen, wo der Fehler liegt; **~ it is** (**all**) **at** *bes. Am. sl.* a) wo sich alles abspielt, b) wo was los ist; **if you are interested in good food, Paris is ~** it's at mußt du unbedingt nach Paris fahren. **6.** (da,) wo: **go on reading, ~ we stopped yesterday! 7.** *fig.* (da *od.* in dem Falle *od.* in e-r Situati'on,) wo: **~ you should be silent, don't talk!** rede nicht, wo du schweigen solltest! **8.** *bes. jur.* in dem Falle, daß; wo (*oft unübersetzt*): **~ such limit is exceeded** wird diese Grenze überschritten. **9.** dahin *od.* 'irgendwo,hin, wo; wo-'hin: **he must be sent ~ he will be taken care of** man muß ihn (irgend)wohin schicken, wo man für ihn sorgt; **go ~ you please!** geh, wohin du willst!
III *s* **10.** *meist pl* Wo *n*.
where|·a·bouts I *adv u. conj* [-ə'baʊts] **1.** wo ungefähr *od.* etwa: **~ did you find her? 2.** *obs.* wor'über, wor'um. **II** *s pl* (*als sg konstruiert*) ['-əbaʊts] **3.** Verbleib *m*, Aufenthalt(sort) *m*: **do you know his ~?** weißt du, wo er sich aufhält? **~'as** *conj* **1.** wohin'gegen, während, wo ... doch. **2.** *jur.* da; in Anbetracht dessen, daß (*meist unübersetzt*). **~'at** *adv. u. conj* **1.** wor'an, wo'bei, wor'auf. **2.** (*relativ*) an welchem (welcher) *od.* dem (der), wo: **the place ~**. **~'by** [-'baɪ] *adv u. conj* **1.** wo-'durch, wo'mit. **2.** (*relativ*) durch welchen (welche, welches).
wher'e·er *poet. für* **wherever**.
'where|·fore I *adj u. conj* **1.** wes'halb, wo'für, war'um, wes'wegen, und deshalb. **2.** (*relativ*) für welchen (welche, welches), wo'zu, wo'für. **II** *s oft pl* **3.** (*das*) Wes-'halb, (*die*) Gründe *pl*. **~'from** *adv u. conj* wo'her, von wo. **~'in** *adv* wor'in, in welchem (welcher). **~'in·to** *adv. u. conj* **1.** 'wohin,ein. **2.** (*relativ*) in welchen (welche, welches). **~'of** *adv. u. conj* wo'von. **~'on** *adv. u. conj* **1.** wor'auf. **2.** (*relativ*) auf dem (der) *od.* den (die,

das), auf welchem (welcher) od. welchen (welche, welches). ~'out adv u. conj obs. wor'auf. ~so'ev·er, poet. a. ~so'e'er → wherever 1. ~'through adv u. conj (relativ) durch, durch den (die, das). ~'to adv u. conj 1. wo'hin. 2. (relativ) wo'hin, an den (die, das). ~'un·der adv u. conj 1. wor'unter. 2. (relativ) unter dem (der) od. unter den (die, das). ~'un'to obs. für whereto. ~'up'on adv u. conj 1. wor'auf, worauf'hin. 2. (als Satzanfang) daraufhin.

wher·ev·er [weər'evə(r); hweər-] adv u. conj 1. wo('hin) auch immer; ganz gleich, wo('hin). 2. colloq. wo('hin) denn (nur): ~ could he be? wo kann er denn (nur) sein?

where|'with I adv u. conj 1. wo'mit. 2. (relativ) mit welchem (welcher), mit dem (der). II prep 3. etwas, wo'mit: I have ~ to punish him ich habe etwas, womit ich ihn strafe(n kann). ~'with·al ['weəwiðɔ:l; 'hweəɹ-] s (die) (nötigen) Mittel pl, (das) Nötige, (das) nötige (Klein)Geld.

wher·ry ['weri; 'hweri] s 1. Jolle f. 2. Skullboot n. 3. Fährboot n. 4. Br. Frachtsegler m. '~·man [-mən] s irr mar. 1. Fährmann m. 2. Jollenführer m.

whet [wet; hwet] I v/t 1. wetzen, schärfen, schleifen. 2. fig. den Appetit anregen, die Neugierde etc reizen, anstacheln. II s 3. Wetzen n, Schärfen n, Schleifen n. 4. fig. Ansporn m, Anreiz m. 5. (Appe'tit)Anreger m, bes. Apéri'tif m.

wheth·er ['weðə(r); 'hweðə(r)] I conj 1. ob (or not oder nicht): I do not know ~ he will come; you must go there, ~ you want to go or not; ~ or no auf jeden Fall, so oder so. 2. ~ ... or entweder ... sei es, daß ... oder. 3. obs. ob ... wohl (oft unübersetzt): ~ we live, we live unto the Lord Bibl. leben wir, so leben wir dem Herrn. II pron u. adj 4. obs. welch(er, e, es) (von beiden).

'whet·stone s 1. Wetz-, Schleifstein m. 2. fig. Ansporn m, Anreiz m.

whew [hwu:] interj 1. (erstaunt, bewundernd) (h)ui!, ‚Mann!' 2. (angeekelt, erleichtert, erschöpft etc) puh!

whey [wei; hwei] s Molke f. whey·ey ['weii; 'hw-] adj molkig. 'whey·faced adj käsig, käseweiß, käsebleich.

which [wit∫; hwit∫] pron interrog 1. (bezogen auf Sachen od. Personen) welch(er, e, es) (aus e-r bestimmten Gruppe od. Anzahl): ~ of these houses? welches dieser Häuser?; ~ of you has done it? wer od. welcher von euch hat es getan? II pron (relativ) 2. welch(er, e, es), der (die, das) (bezogen auf Dinge, Tiere od. obs. Personen). 3. (auf den vorhergehenden Satz bezüglich) was: she laughed loudly, ~ irritated him. 4. (in eingeschobenen Sätzen) (etwas), was: and ~ is still worse, all you did was wrong und was noch schlimmer ist, alles, was du machtest, war falsch. III adj 5. (fragend od. relativ) welch(er, e, es): ~ place will you take? auf welchem Platz willst du sitzen?; take ~ book you please nimm welches Buch du willst. 6. (auf das Vorhergehende bezogen) und dies(er, e, es), welch(er, e, es): during ~ time he had not eaten und während dieser Zeit hatte er nichts gegessen; he will tell you nice things, ~ flatterings you must not take literally er wird dir nette Dinge sagen, Schmeicheleien, welche du nicht wörtlich nehmen darfst. ~'ev·er, (verstärkend) ~'so'ev·er pron u. adj welch(er, e, es) (auch) immer; ganz gleich, welch(er, e, es): take ~ you want nimm welches du (auch) immer willst.

whid·ah ['widə; 'hwidə], ~ bird,

~ finch s orn. Witwenvogel m, Widahfink m.

whiff [wif; hwif] I s 1. Luftzug m, Hauch m. 2. Duftwolke f, (a. übler) Geruch. 3. a) ausgestoßener Dampf- od. Rauchwolke, b) Zug m (beim Rauchen): to have a few ~s ein paar Züge machen. 4. fig. Anflug m, Hauch m. 5. colloq. Ziga'rillo m, n. II v/i 6. blasen, wehen. 7. paffen, rauchen. 8. Br. colloq. ‚duften‘, (unangenehm) riechen. III v/t 9. blasen, wehen, treiben. 10. Rauch etc a) ausstoßen, b) einatmen, -saugen. 11. e-e Zigarre etc paffen.

whif·fet ['hwifət] s Am. 1. Zwerghund m. 2. colloq. → whippersnapper.

whif·fle ['wifl; 'hwifl] I v/i 1. böig wehen (Wind). 2. flackern (Flamme), flattern (Fahne etc). 3. fig. schwanken, flatterhaft sein. II v/t 4. fort-, wegblasen.

'whif·fle·tree s Ortscheit n, Wagenschwengel m.

'whiff·y adj Br. colloq. ‚duftend‘, (unangenehm) riechend.

Whig [wig; hwig] pol. hist. I s 1. Br. a) Whig m, b) (mehr konservativ gesinnter) Libe'raler. 2. Am. Whig m: a) Natio'nal(republi,kan)er (Unterstützer der amer. Revolution), b) Anhänger e-r Oppositionspartei gegen die Demokraten (um 1840). II adj 3. Whig..., whig'gistisch.

Whig·ga·more ['wigəmɔ:(r); 'hwigə-] s Scot. 1. Westschotte, der 1648 am Zug gegen Edinburgh teilnahm. 2. w~ contp. schottischer Presbyteri'aner.

Whig·ger·y ['wigəri; 'hwigəri] s pol. hist. meist contp. Grundsätze pl od. Handlungsweise f der Whigs. 'Whig·gism s pol. hist. Whig'gismus m.

while [wail; hwail] I s 1. Weile f, Zeit(-spanne) f: a good ~ ziemlich lange; a long ~ ago vor e-r ganzen Weile; (for) a ~ e-e Zeitlang; for a long ~ lange (Zeit), seit langem; all this ~ die ganze Zeit, dauernd; in a little (od. short) ~ bald, binnen kurzem; the ~ derweil, währenddessen; between ~s zwischendurch; → once 1, 4, worth[1] 2. II conj 2. während (zeitlich). 3. so'lange (wie): ~ there is life, there is hope der Mensch hofft, solange er lebt. 4. während, wo(hin)'gegen: he is clever ~ his sister is stupid. 5. wenn auch, ob'wohl, zwar: ~ (he is) our opponent, he is not our enemy. III v/t 6. meist ~ away sich die Zeit vertreiben.

whiles [wailz; hwailz] I adj dial. 1. manchmal. 2. in'zwischen. II conj obs. für while II.

whi·lom ['wailəm; 'hwailəm] obs. I adv weiland, einst, ehemals. II adj einstig, ehemalig.

whilst [wailst; hwailst] → while II.

whim [wim; hwim] s 1. Laune f, Grille f, wunderlicher Einfall, Ma'rotte f: at one's own ~ ganz nach Laune. 2. Launenhaftigkeit f) pl. 3. Bergbau: hist. Göpel m.

whim·brel ['wimbrəl; 'hwimbrəl] s orn. Regenbrachvogel m.

whim·per ['wimpə(r); 'hwimpə(r)] I v/t u. v/i wimmern, winseln. II s Wimmern n, Winseln n.

whim·sey ['wimzi; 'hwimzi] → whimsy.

whim·si·cal ['wimzikl; 'hwim-] adj (adv ~ly) 1. launenhaft (a. Wetter etc), grillenhaft. 2. schrullig, wunderlich. 3. hu'morig, drollig. 4. ,whim·si'cal·i·ty [-'kæləti], 'whim·si·cal·ness s 1. Launen-, Grillenhaftigkeit f. 2. Wunderlichkeit f, Schrulligkeit f. 3. wunderlicher Einfall, Schrulle f.

whim·sy ['wimzi; 'hwimzi] I s 1. Laune f, Grille f. 2. Schrulle f. 3. wunderliche od. phan'tastische Schöpfung f,

seltsamer Gegenstand. II adj → whimsical.

whim·wham ['wimwæm; 'hwimhwæm] s 1. Laune f, Grille f. 2. a) Tand m, Schnickschnack m, b) → whimsy 2. 3. Am. sl. ‚Tatterich' m (Zittern).

whin[1] [win; hwin] s bot. Stechginster m.

whin[2] [win; hwin] → whinstone.

'whin|·ber·ry [-bəri] s bot. Br. dial. Heidelbeere f. '~·chat s orn. Braunkehlchen n.

whine [wain; hwain] I v/i 1. winseln: a) wimmern, b) winselnd betteln. 2. greinen, quengeln, jammern. II v/t 3. oft ~ out etwas weinerlich sagen, winseln. III s 4. Gewinsel n. 5. Gejammer n, Gequengel n. 'whin·ing adj (adv ~ly) winselnd, weinerlich.

whin·ny ['wini; 'hwini] I v/i wiehern (Pferd). II s Wiehern n.

whin·sill ['winsil; 'hwinsil] s geol. (in Nordengland) Ba'saltgestein n.

'whin·stone s geol. Ba'salt(tuff) m, Trapp m.

whip [wip; hwip] I s 1. Peitsche f, (Reit-)Gerte f. 2. to be a good (bad) ~ gut (schlecht) kutschieren. 3. fig. a) Geißel f, Plage f, b) Strafe f. 4. a) peitschende Bewegung f, 'Hin- u. 'Herschlagen n, b) Schnellkraft f. 5. hunt. → whipper-in 1. 6. parl. a) Einpeitscher m (Parteimitglied, das die Anhänger zu Abstimmungen etc zs.-trommelt), b) parlamen'tarischer Geschäftsführer, c) Rundschreiben n, Aufforderung(sschreiben n) f (bei e-r Versammlung etc zu erscheinen; je nach Wichtigkeit ein- od. mehrfach unterstrichen): to send a ~ round die Parteimitglieder ,zs.-trommeln'; three-line ~ Aufforderung, unbedingt zu erscheinen; a three-line ~ has been put on that vote bei dieser Abstimmung besteht (absoluter) Fraktionszwang. 7. tech. a) Wippe f (a. electr.), b) ~ and derry Flaschenzug m. 8. gastr. Schlagcreme f. 9. Näherei: über'wendliche Naht. 10. → whip-round.

II v/t 11. peitschen, schlagen: to ~ into line (od. shape) fig. ,auf Zack bringen', ,zurechtschleifen'. 12. a) (aus-, 'durch-)peitschen, b) (ver)prügeln. 13. fig. a) geißeln, b) j-m (mit Worten) zusetzen. 14. a. ~ on antreiben. 15. schlagen, verprügeln: to ~ s.th. into (out of) s.o. etwas in j-n hineinprügeln (j-m etwas mit Schlägen austreiben). 16. bes. sport colloq. ,vernaschen', ,über'fahren' (hoch schlagen). 17. reißen, ziehen, raffen: to ~ away wegreißen; to ~ from wegreißen od. wegfegen von; to ~ off den Hut, Dachziegel etc herunterreißen (von); to ~ on e-n Mantel etc überwerfen; to ~ out a) plötzlich zücken, b) (schnell) ziehen (of aus der Tasche etc). 18. Gewässer abfischen. 19. um'wickeln, mar. Tau betakeln. 20. Schnur, Garn wickeln (about, around um acc). 21. über'wendlich nähen, aber'nähen, um'säumen. 22. a. ~ up Eier, Sahne (schaumig) schlagen: → whipped 2. 23. Br. colloq. ,mitgehen lassen' (stehlen).

III v/i 24. sausen, flitzen.

Verbindungen mit Adverbien:

whip| back v/i zu'rückschnellen (Ast etc). ~ in v/t 1. hunt. Hunde zs.-treiben. 2. parl. Parteimitglieder ,zs.-trommeln'. ~ round v/i 1. her'umfahren, sich ruckartig 'umdrehen. 2. bes. Br. colloq. mit dem Hut her'umgehen, mit dem Hut herumgehen lassen. ~ up v/t 1. → whip 22. 2. antreiben. 3. fig. Menge etc aufpeitschen, Stimmung etc anheizen. 4. a) Essen ,herzaubern', ,auf die Beine stellen', b) Leute ,zs.-trommeln'.

whip| aer·i·al, bes. Am. ~ an·ten·na s 'Staban,tenne f. '~·cord I s 1. Peitschen-

whipfish – white

schnur *f*: **his veins stood out like ~ s-e Adern** waren dick geschwollen. **2.** Whipcord *m (schräggeripptes Kammgarn).* **II** *adj* **3.** Whipcord... **4.** *fig.* kräftig, stark *(Körperbau, Muskeln etc).* **~ Klipp-,** Ko'rallenfisch *m.* '**~graft** *v/t agr. bot.* kopu'lieren. **~ hand** *s* Peitschenhand *f*, rechte Hand *(des Reiters etc)*: **to get the ~ of** die Oberhand gewinnen über *(acc)*; **to have the ~ of s.o.** j-n in der Gewalt *od.* an der Kandare haben. '**~lash** *s* Peitschenschnur *f*: **~ (injury)** *med.* Peitschenschlag-, Peitschenhiebsyndrom *n*, Peitschenphänomen *n*.

whipped [wɪpt; hwɪpt] *adj* **1.** gepeitscht. **2.** *gastr.* schaumig (geschlagen *od.* gerührt): **~ cream** Schlagsahne *f*, -rahm *m*; **~ eggs** Eischnee *m*.

'**whip·per** *s* **1.** Peitschende(r *m*) *f*. **2.** *hist.* Auspeitscher *m*. **3.** *mar.* Kohlentrimmer *m.* ~'**in** *pl* ~**s-'in** *s* **1.** Pi'kör *m (Führer der Hunde bei der Hetzjagd).* **2.** → whip 6. **3.** *sport colloq.* „Schlußlicht" *n (Pferd).* '**~ snap·per** *s* **1.** Knirps *m*, Drei'käsehoch *m*. **2.** Gernegroß *m*.

whip·pet ['wɪpɪt; 'hwɪpɪt] *s* **1.** *zo.* Whippet *m (kleiner englischer Rennhund).* **2.** *mil. hist. (leichter)* Panzerkampfwagen.

'**whip·ping** *s* **1.** (Aus)Peitschen *n*. **2.** (Tracht *f*) Prügel *pl*: **to give s.o. a ~** a) j-m e-e Tracht Prügel verpassen, b) *bes. sport colloq.* j-n schlagen, *eng S.* j-n ‚vernaschen *od.* überfahren' *(hoch schlagen).* **3.** a) 'Garnum,wick(e)lung *f*, b) *mar.* Tautakelung *f*. **4.** Näherei *f*: überwendliches Nähen. **5.** Garn *n* zum Um'wickeln. **~ boy** *s* a) *hist.* Prügelknabe *m (a. fig.),* b) *fig.* Sündenbock *m.* **~ cream** *s gastr.* Schlagsahne *f*, -rahm *m.* **~ post** *s hist.* Schandpfahl *m*, Staupsäule *f*. **~ top** *s* Kreisel *m (der mit e-r Peitsche getrieben wird).*

whip·ple·tree ['wɪpltri:; 'hwɪpltri:] → whiffletree.

whip·poor·will ['wɪp,pʊə(r)ˌwɪl; 'hwɪp-; *Am.* -pər-] *s orn.* Schreiender Ziegenmelker.

whip·py ['wɪpɪ; 'hwɪpɪ] *adj* biegsam, geschmeidig.

whip|ray *s ichth.* Stechrochen *m.* **~ rod** *s* um'wickelte Angelschnur. '**~round** *s Br. colloq.* spon'tane (Geld)Sammlung: **to have a ~** den Hut herumgehen lassen. '**~saw** *I s* **1.** (zweihändige) Schrotsäge. **II** *v/t* **2.** mit der Schrotsäge sägen. **3.** *bes. Poker: Am.* Ca.-spielen gegen. **~ snake** *s zo.* Peitschenschlange *f*. '**~stall** *aer.* **I** *s* ‚Männchen' *n (beim Kunstflug).* **II** *v/i* das Flugzeug über'ziehen. **III** *v/t* das Flugzeug über'ziehen.

whip·ster ['wɪpstə(r); 'hwɪpstə(r)] → whippersnapper.

'**whip**|**stick** → whipstock. '**~stitch** **I** *v/t u. v/i* **1.** über'wendlich nähen. **II** *s* **2.** über'wendlicher Stich. **3.** *Am. colloq.* Augenblick *m*: **at every ~** alle Augenblicke, ständig. '**~ stock** *s* Peitschengriff *m*, -stiel *m*.

whip·sy-der·ry ['wɪpsɪˌderɪ; 'hwɪp-] *s tech.* Flaschenzug *m*.

whir [wɜː; *Am.* hwɜr] **I** *v/i* schwirren *(Flügel etc)*, surren *(Kamera etc).* **II** *v/t Flügel etc* schwirren lassen. **III** *s* Schwirren *n*, Surren *n*. **IV** *interj* surr!, brr!

whirl [wɜːl; *Am.* hwɜrl] **I** *v/i* **1.** wirbeln, sich schnell *(im Kreis, um e-n Gegenstand, im Tanz)* drehen: **to ~ about** *(od.* [a]**round**) a) herumwirbeln (in *dat),* b) herumfahren, sich rasch umdrehen. **2.** eilen, sausen, hetzen: **to ~ away** forteilen. **3.** *fig.* wirbeln, sich drehen *(Kopf):* **my head ~s** mir ist schwind(e)lig. **II** *v/t* **4.** *allg.* (her'um)wirbeln: **he ~ed his stick about** *(od.* **around)**; **to ~ up dust** Staub aufwirbeln. **5.** eilends befördern: **the car ~ed us off** to der Wagen brachte uns auf schnellstem Weg zu *od.* nach. **III** *s* **6.** (Her'um)Wirbeln *n*. **7.** Wirbel *m*, schnelle Kreisbewegung: **to be in a ~** (herum)wirbeln; **to give s.th. a ~** a) etwas herumwirbeln, b) *colloq.* etwas prüfen *od.* ausprobieren. **8.** *(etwas)* Aufgewirbeltes: **a ~ of dust** aufgewirbelter Staub, e-e Staubwolke. **9.** Hetzjagd *f*. **10.** Wirbel *m*, Strudel *m*. **11.** *fig.* Wirbel *m*: a) Trubel *m*, wirres Treiben, b) Schwindel *m*, Verwirrung *f (der Sinne etc)*: **her thoughts were in a ~** ihre Gedanken wirbelten durcheinander; **a ~ of passion** ein Wirbel der Leidenschaft. **12.** *anat. bot. zo.* → whorl 1 *u.* 2.

'**whirl**|**·a·bout** **I** *s* **1.** → whirl 6, 7. **2.** → whirligig 2. **3.** *(etwas)* sich rasch Drehendes. **II** *adj* **4.** her'umwirbelnd, Wirbel..., Dreh... '**~blast** *s* Wirbelwind *m*, -sturm *m*. '**~bone** *s anat. Br. dial.* a) Hüftbein *n*, b) Kniescheibe *f*.

whirl·i·gig ['wɜːlɪgɪg; *Am.* 'hwɜr-] *s* **1.** etwas, was (sich) schnell dreht. **2.** Kinderspielzeug: a) Windrädchen *n*, b) Kreisel *m*. **3.** Karus'sell *n (a. fig. der Zeit).* **4.** a) Wirbel(bewegung *f*) *m*, b) *fig.* Wirbel *m*, Strudel *m*: **the ~ of events** der Wirbel der Ereignisse. **5.** *fig. obs.* wankelmütige Per'son. **6.** *a.* **~ beetle** *zo.* Taumelkäfer *m*.

'**whirl·ing** *adj* wirbelnd, Wirbel...: **~ motion** Wirbelbewegung *f*; **~ table** a) Fliehkraft-, Schwungmaschine *f*, b) Töpferscheibe *f*.

'**whirl**|**·pool** *s* **1.** (Wasser)Strudel *m*. **2.** Whirlpool *m (Unterwassermassagebecken).* **3.** *fig.* Wirbel *m*, Strudel *m*. '**~wind** *s* Wirbelwind *m (a. fig. Person),* Wirbelsturm *m*: **a ~ romance** e-e stürmische Romanze; → wind¹ 1.

'**whirl·y·bird** ['wɜːlɪ-; *Am.* 'hwɜr-] *s colloq.* Hubschrauber *m*.

whirr → whir.

whish¹ [wɪʃ; hwɪʃ] **I** *v/i* **1.** schwirren, sausen, zischen: **to ~ past** vorbeizischen *(Auto etc).* **2.** rascheln *(Seide etc).* **3.** *mot.* wischen *(Scheibenwischer).* **II** *s* **4.** Schwirren *n*, Sausen *n*, Zischen *n*. **5.** Rascheln *n*.

whish² [wɪʃ; hwɪʃ] → hush.

whisk [wɪsk; hwɪsk] **I** *s* **1.** Wischen *n*, Fegen *n*. **2.** Husch *m*: **in a ~** im Nu. **3.** schnelle *od.* heftige Bewegung *(e-s Tierschwanzes),* Wischer *m*. **4.** leichter Schlag, ‚Wischer' *m*. **5.** Wisch *m*, Büschel *n (Stroh, Haare etc).* **6.** (Staub-, Fliegen-)Wedel *m*. **7.** *gastr.* Schneebesen *m*. **II** *v/t* **8.** Staub *etc* (weg)wischen, (-)fegen. **9.** fegen, mit dem Schwanz schlagen. **10.** **~ away** *(od.* **off)** schnell verschwinden lassen, wegnehmen, wegzaubern, *a.* j-n schnellstens wegbringen, entführen. **11. ~ away** Fliegen *etc* ver-, wegscheuchen. **12. ~ up** Eier *etc* schaumig schlagen. **III** *v/i* **13.** wischen, huschen, flitzen: **to ~ away** weghuschen. **~ broom** *s* Kleiderbesen *m*.

'**whisk·er** *s* **1.** *pl* Backenbart *m*. **2.** a) Barthaar *n*, b) *pl colloq.* Schnurrbart *m*. **3.** *zo.* Schnurr-, Barthaar *n (von Katzen etc).* '**whisk·ered** *adj* **1.** e-n Backenbart tragend, backenbärtig. **2.** *zo.* mit Schnurrhaaren (versehen).

whis·key¹ ['wɪskɪ; 'hwɪskɪ] *s (bes. in den USA u. Irland hergestellter)* Whiskey.
whis·key² → whisky².
whis·key·fied, **whis·ki·fied** → whiskyfied.

whis·ky¹ ['wɪskɪ; 'hwɪskɪ] *I s* **1.** Whisky *m*. **2.** (Schluck *m od.* Glas *n*) Whisky *m*: **~ and soda** Whisky Soda; **~ sour** Whisky mit Zitrone. **II** *adj* **3.** Whisky...: **~ liver** *med.* Säuferleber *f*.

whis·ky² ['wɪskɪ; 'hwɪskɪ] *s* Whisky *n (einspänniger, offener Wagen).*
whis·ky·fied ['wɪskɪfaɪd; 'hwɪs-] *adj humor.* vom Whisky betrunken, voll Whisky.

whis·per ['wɪspə(r); 'hwɪspə(r)] **I** *v/t u. v/i* **1. (to)** wispern (mit), flüstern (mit), *(nur v/t)* raunen, *(nur v/i)* leise sprechen (mit): **to ~ s.th. to s.o.,** *a.* **to s.o. s.th.** j-m etwas zuflüstern *od.* zuraunen; **a ~ed conversation** e-e leise *od.* im Flüsterton geführte Unterhaltung. **2.** *fig.* flüstern, tuscheln, munkeln (**about** *od.* **against** s.o. über j-n): **it was ~ed (about** *od.* **around)** that man munkelte, daß. **3.** *(nur v/i)* raunen, flüstern *(Baum, Wasser, Wind).* **II** *s* **4.** Flüstern *n*, Wispern *n*, Geflüster *n*, Gewisper *n*: **in a ~**, **in ~s** flüsternd, im Flüsterton, leise. **5.** Tuscheln *n*, Getuschel *n*. **6.** a) geflüsterte *od.* heimliche Bemerkung, b) Gerücht *n*, *pl a.* Gemunkel *n*: **there were ~s (about** *od.* **around)** es wurde gemunkelt. **7.** Raunen *n*. '**whis·per·er** *s* **1.** Flüsternde(r *m*) *f*. **2.** Zuträger(in), Ohrenbläser(in). '**whis·per·ing** *I adj (adv* -**ly**) **1.** flüsternd. **2.** Flüster...: **~ baritone** Flüsterbariton *m*; **~ campaign** Flüsterkampagne *f*; **~ dome** Flüstergewölbe *n*; **~ gallery** Flüstergalerie *f*. **II** *s* → whisper 4.

whist¹ [wɪst; hwɪst] *bes. Scot.* **I** *interj* pst!, still! **II** *s* Schweigen *n*: **hold your ~!** sei still!

whist² [wɪst; hwɪst] *s* Whist *n (Kartenspiel):* **~ drive** *Br.* Whistrunde *f* mit wechselnden Partnerpaaren.

whis·tle ['wɪsl; 'hwɪsl] **I** *v/i* **1.** pfeifen *(Person, Vogel, Lokomotive etc)*: **to ~ at s.o.** j-m nachpfeifen, **to ~ away** vor sich hin pfeifen; **to ~ for a taxi** (**to one's dog**) (nach) e-m Taxi (s-m Hund) pfeifen; **the referee ~d for offside** *sport* der Schiedsrichter pfiff Abseits; **he may ~ for it** *colloq.* darauf kann er lange warten, das kann er in den Kamin schreiben; **to ~ in the dark** a) im Dunkeln pfeifen *(um sich Mut zu machen),* b) *fig.* den Mutigen markieren. **2.** pfeifen, sausen *(Kugel, Wind etc)*: **a bullet ~d past** e-e Kugel pfiff vorbei. **II** *v/t* **3.** Ton, Melodie pfeifen: **the referee ~d the end of the game** der Schiedsrichter pfiff ab. **4.** (nach) *j-m, e-m Hund etc* pfeifen: **to ~ back** zurückpfeifen (*a. fig. j-n*); **to ~ up** *fig.* a) herbordern, b) ins Spiel bringen. **5.** etwas pfeifen *od.* schwirren lassen. **III** *s* **6.** Pfeife *f*: **to blow the ~ on** *bes. Am. colloq.* a) j-n, etwas ‚verpfeifen', b) *etwas* ausplaudern, c) *j-n, etwas* stoppen; **to pay for one's ~** den Spaß teuer bezahlen; **it's worth the ~** es lohnt sich. **7.** *(sport a.* Ab-, Schluß-)Pfiff *m*, Pfeifen *n*: **to give a ~** e-n Pfiff ausstoßen; → final 2. **8.** Pfeifton *m*, 'Pfeifsi,gnal *n*. **9.** Pfeifen *n (des Windes etc).* **10.** *colloq.* Kehle *f*: → wet 15. '**whis·tler** *s* **1.** Pfeifer(in). **2.** *etwas,* **was** *pfeift od.* wie e-e Pfeife klingt. **3.** *vet.* Lungenpfeifer *m (Pferd).*

whis·tle|**·stop** *s Am.* **1.** a) *rail.* Bedarfshaltestelle *f*, b) Kleinstadt *f*, ‚Kaff' *n*. **2.** *pol.* kurzes per'sönliches Auftreten *(e-s politischen Kandidaten).* '**~ˌstop** *v/i Am. pol.* von Ort zu Ort reisen u. Wahlreden halten.

'**whis·tling** *s* Pfeifen *n*. **~ buoy** *s mar.* Pfeifboje *f*. **~ duck** *s orn.* **1.** Pfeifente *f*. **2.** Schellente *f*. **~ swan** *s orn.* Singschwan *m*. **~ thrush** *s orn.* Singdrossel *f*.

whit¹ [wɪt; hwɪt] *s (ein)* bißchen: **no ~, not** *(od.* **never) a ~** keinen Deut, kein Jota, kein bißchen.

Whit² [wɪt; hwɪt] → Whitsun.
white [waɪt; hwaɪt] **I** *adj* **1.** *allg.* weiß: **(as) ~ as snow** schneeweiß; **~ coffee** *Br.*

Milchkaffee m, Kaffee m mit Milch. **2.** hell(farbig), licht. **3.** blaß, bleich: → **bleed** 12, **sheet**¹. **4.** weiß (*Rasse*): ~ **man** Weiße(r) m; ~ **supremacy** Vorherrschaft f der Weißen. **5.** *pol.* ˈultrakonservaˌtiv, reaktioˈnär: **W~ Terror** *hist.* Weiße Schreckensherrschaft (*nach der französischen Revolution*). **6.** *tech.* a) weiß (*Metallegierung*), b) weiß, Weiß..., verzinnt, c) silbern, ˈsilberleˌgiert, d) ˈzinnleˌgiert. **7.** *fig.* a) rechtschaffen, b) harmlos, unschuldig, c) *Am. colloq.* anständig: **that's ~ of you.**
II s **8.** Weiß n (*a. bei Brettspielen*), weiße Farbe: **dressed in** ~ weiß od. in Weiß gekleidet; **in the** ~ roh, ungestrichen (*Metall, Holz etc*). **9.** Weiße f, weiße Beschaffenheit. **10.** *oft* **W~** Weiße(r m) f, Angehörige(r m) f der weißen Rasse. **11.** (*etwas*) Weißes, weißer (Bestand)Teil, z. B. a) **a. ~ of egg** Eiweiß n, b) **a. ~ of the eye** (*das*) Weiße im Auge. **12.** *meist pl print.* Lücke f, ausgesparter Raum. **13.** weiße Tierrasse: **Chester W~** weißes Chester-Schwein. **14.** *zo.* weißer Schmetterling, *bes.* Weißling m. **15.** weißer Stoff. **16.** *pl* → **whites**.
III v/t **17.** ~ **out** *print.* sperren, austreiben.
whiteˌalˑloy s *tech.* ˈWeiß-, ˈLagermeˌtall n. ~ **ant** s *zo.* Weiße Ameise, Terˈmite f. ~ **arˑseˑnic** s *chem.* weißes Arˈsenik. ~ **bear** s *zo.* Eisbär m. ~ **book** s *pol.* Weißbuch n. ˈ**W~boy** s *hist.* Mitglied e-s 1761 entstandenen irischen Geheimbundes von Bauern. ~ **brass** s *tech.* **1.** Weißmessing n, Weißkupfer n. **2.** Neusilber n. ~ **bread** s Weiß-, Weizenbrot n. ˈ**~cap** s **1.** Welle f mit weißer Schaumkrone. **2. W~** *Am.* Mitglied e-r Geheimbindung in den USA, die Lynchjustiz übt. **3.** *orn.* Männchen n des Gartenrotschwanzes. **4.** *bot.* a) Champignon m, b) Filzige Spierstaude. ~ **chiˑna** s *tech.* Chinasilber n. ~ **Christˑmas** s weiße (*verschneite*) Weihnachten. ~ **coal** s *tech.* weiße Kohle, Wasserkraft f. ˌ~ˈ**colˑlar** *adj* Büro...: ~ **crime** White-ˈcollar-, Weiße-Kragen-Kriminaliˈtät f; ~ **job** Büroˈtätigkeit f; ~ **worker** Büroangestellte(r m) f. ~ **copˑper** s *tech.* Neusilber n. ~ **crop** s *agr.* Getreide, das vor der Ernte hellgelb wird (*Weizen, Gerste, Roggen, Hafer*). ~ **dwarf** s *astr.* weißer Zwerg. ~ **elˑeˑphant** s **1.** *zo.* weißer Eleˈfant. **2.** *colloq.* lästiger Besitz. **W~ Engˑlish** s von weißen Ameriˈkanern gesprochenes Englisch. **W~ Enˑsign** s Flagge der brit. Kriegsmarine. ˈ**~face** s Blesse f (*Tier*). ˈ**~faced** *adj* blaß, bleich(gesichtig): ~ **animal** Blesse f. **W~ Faˑther** s *Am. hist.* Weißer Vater (*Ehrenname der Indianer für den Präsidenten der USA*). ~ **featherˑ** s: **to show the ~** *fig.* ˈkneifen', sich feige drücken. ~ **finˑger** s *med. a. pl* Rayˈnaud-Krankheit f. ˈ**~fish** s **1.** Maˈräne f, Felchen m, *bes. Amer.* Weißfisch m. **2.** Weißfisch m (*in Europa*). ~ **flag** s *mil.* weiße Fahne: **to hoist** (*od.* **show** *od.* **wave**) **the** ~ kapitulieren (*a. fig.*), sich ergeben. ~ **flight** s Flucht f der weißen Ameriˈkaner vom Stadtzentrum an die Peripheˈrie. ~ **fox** s *zo.* Polarfuchs m. **W~ Friˑar** s *relig.* Karmeˈliter(mönch) m. ~ **frost** s (Rauh)Reif m. ~ **game** s *orn.* Schneehühner pl. ~ **gold** s *tech.* Weißgold n, Plaˈtina f. ~ **goods** s pl **1.** Weißwaren pl (*Kühlschränke, Herde etc*). **2.** Haushaltswäsche f (*Bett-, Hand-, Tischtücher etc*). ~ **grouse** s *orn.* Alpenschneehuhn n. ˈ**~haired** *adj* **1.** a) weißhaarig, b) hellhaarig. **2.** ~ **boy** *Am. colloq.* Liebling m (*des Chefs etc*).
Whiteˑhall [ˌwaɪtˈhɔːl] s *Br.* Whitehall n: a) *Straße in Westminster, London, Sitz der Ministerien*, b) *fig.* die brit. Regierung *od.* ihre Politik.
ˈ**whiteˌ|handˑed** *adj fig.* rein, unschuldig. ˌ~ˈ**~ˌheadˑed** → **white-haired**. ~ **heart** (**cherˑry**) s *bot.* Weiße Herzkirsche. ~ **heat** s **1.** *tech.* Weißglut f (*a. fig. Zorn*): **his anger was at** ~ er war bis zur Weißglut gereizt. **2.** *fig.* Feuereifer m: **to work at a** ~ mit fieberhaftem Eifer *od.* fieberhaft arbeiten. ~ **hole** s weißes Loch (*hypothetische Materie u. Energiequelle*). ~ **hope** s **1.** *Am. sl.* ˌgroße Hoffnungˈ (*weißer Boxer, der Aussicht auf den Weltmeistertitel hat*). **2.** *colloq.* ˌ(die) große Hoffnungˈ (*Person*). ~ **horse** s **1.** *zo.* Schimmel m. **2.** Welle f mit e-m ˌweißen Hundˈ. ˌ~ˈ**hot** *adj* **1.** *tech.* weißglühend. **2.** *fig.* a) glühend, rasend (*Leidenschaft, Wut*), b) fieberhaft, rasend (*Eile etc*).
White House s (*das*) Weiße Haus: a) *Regierungssitz des Präsidenten der USA in Washington*, b) *fig.* Präsidentschaft f der USA, c) *fig.* Bundesexekutive der USA.
whiteˑ|iˑron s *tech.* **1.** Weißeisen n, weißes Roheisen. **2.** Weißblech n. ~ **knight** s **1.** (poˈlitischer) Reˈformer m. **2.** Verfechter m. ~ **lead** [led] s **1.** *chem. min.* Bleiweiß n, Berˈlinerweiß n. **2.** *a.* ~ **ore** *min.* Weißbleierz n. ˌ~ˈ**leathˑer** s Weißleder n. ~ **lie** s Notlüge f, harmlose Lüge. ~ **light** s *phys.* farbloses *od.* weißes Licht. ~ **line** s weiße Linie, Fahrbahnbegrenzung f. ˌ**~ˈlivˑered** *adj* feig(e). ~ **magˑic** s Weiße Maˈgie. ~ **man** s *irr* **1.** Weiße(r) m, Angehörige(r) m der weißen Rasse. **2.** *bes. Am. colloq.* anständiger Kerl. ~ **man's burˑden** s (*die*) Bürde des weißen Mannes (*vermeintliche Verpflichtung der weißen Rasse, andersrassige Völker zu zivilisieren*). ~ **matˑter** s *anat.* weiße Subˈstanz (*weißlicher Teil des Gehirns u. des Rückenmarks*). ~ **meat** s weißes Fleisch (*vom Geflügel, Kalb etc*). ~ **metˑal** s *tech.* **1.** Neusilber n. **2.** ˈWeiß-, *bes.* ˈBabbitmeˌtall n.
whitˑen [ˈwaɪtn; ˈhwaɪtn] **I** v/i **1.** weiß werden (*a. Haar*). **II** v/t **2.** weiß machen, weißen. **3.** bleichen. **4.** → **whitewash** 5. ˈ**whiteˑness** s **1.** Weiße f. **2.** Blässe f.
white night s schlaflose Nacht.
whitˑenˑing [ˈwaɪtnɪŋ; ˈhwaɪt-] s **1.** Weißen n. **2.** Bleichen n. **3.** Tünchen n. **4.** Weißwerden n. **5.** → **whiting**².
whiteˑ|noise s *electr.* weißes Rauschen. ~ **paˑper** s *pol.* a) → **white book**, b) *Br.* Informatiˈonsbericht m der Regierung. ~ **popˑlar** s *bot.* Silberpappel f. ~ **priˑmaˑry** s *pol. Am.* Vorwahl im Süden der USA, bei der nur Weiße Stimmrecht besitzen. ~ **rose** s **1.** *bot.* Weiße Rose. **2. W~ R~** *Br. hist.* a) Weiße Rose (*Emblem des Hauses York*), b) Mitglied n des Hauses York. **W~ Rusˑsian** **I** s Weißrusse m, -russin f. **II** *adj* weißrussisch.
whites [waɪts; hwaɪts] s pl **1.** *med.* Weißfluß m, Leukorˈrhöe f. **2.** (Weizen-)Auszugsmehl n. **3.** weiße Kleider pl *od.* Kleidung.
whiteˑ| sale s *econ.* Weiße Woche. ~ **sauce** s helle Soße. ~ **sheet** s Büßerhemd n, Sündergewand n: **to stand in a** ~ *fig.* beichten, (s-e Sünden) bekennen. ˈ**~slave** *adj:* ~ **agent** ~ **white slaver.** ~ **slavˑer** s Mädchenhändler m. ˈ**~slavˑery** s Mädchenhandel m. ˈ**~smith** s *tech.* **1.** Klempner m. **2.** *metall.* Feinschmied m. ˈ**~thorn** s *bot.* Weißdorn m. ˈ**~throat** s *orn.* (*a.* **greater ~** Dorn-) Grasmücke f. ~ **tie** s **1.** weiße Fliege. **2.** Gesellschafts-, Abendanzug m. ~ **tie** *adj:* ~ **reception** Empfang m, bei dem Gesellschaftsanzug vorgeschrieben ist. ˈ**~wall** (*tire, bes. Br.* **tyre**) s Weißwandreifen m. ˈ**~wash I** s **1.** Tünche f, Kalkanstrich m. **2.** *colloq.* a) Tünche f, Beschönigung f, b) ˌMohrenwäscheˈ f. **3.** *sport colloq.* Zu-ˈNull-Niederlage f. **4.** flüssiges Hautbleichmittel. **II** v/t **5.** a) tünchen, anstreichen, b) weißen, kalken. **6.** *colloq.* a) *etwas* überˈtünchen, beschönigen, b) j-n e-r ˌMohrenwäscheˈ unterˈziehen. **7.** *sport colloq.* Gegner zu Null schlagen. **8.** *Haut* bleichen. ˈ**~washˑer** s **1.** Tüncher m, Anstreicher m. **2.** *fig.* j-d, der *etwas* beschönigt *od.* j-n e-r ˌMohrenwäscheˈ unterˈzieht. ~ **wedˑding** s Hochzeit f in Weiß. ~ **wilˑlow** s *bot.* Silberweide f. ~ **wine** s Weißwein m. ˈ**~wing** s *Am.* Straßenkehrer m in weißer Uniˈform.
whitˑey [ˈhwaɪtɪ] s *Am. contp.* (*von Schwarzen gebraucht*) **1.** Weiße(r) m. **2.** *oft* **W~** *collect.* die Weißen pl, die weiße Gesellschaft: **Negro leaders who are seen as stooges for W~.**
whithˑer [ˈwɪðə(r); ˈhwɪðə(r)] **I** *adv* **1.** (*fragend*) woˈhin (*poet. außer in journalistischen Wendungen wie*): ~ **England?** England, wohin *od.* was nun? **2.** (*relativ*) woˈhin: a) (*verbunden*) in welchen (welche, welches), zu welchem (welcher, welchen), b) (*unverbunden*) daˈhin, wo: **the land** ~ **he went** das Land, in welches er ging. **II** s **3.** *poet.* (*das*) Woˈhin: **our whence and our** ~ unser Woher u. Wohin. ˈ**withˑerˑward(s)** [-wə(r)d(z)] *adv poet.* woˈhin.
whitˑing¹ [ˈwaɪtɪŋ; ˈhwaɪtɪŋ] s *ichth.* **1.** (*ein*) Königsfisch m. **2.** *Amer.* Hechtdorsch m. **3.** Weißfisch m, Merˈlan m.
whitˑing² [ˈwaɪtɪŋ; ˈhwaɪtɪŋ] s Schlämmkreide f. [Zwischenschlag m.⟩
whitˑing³ [ˈwaɪtɪŋ; ˈhwaɪtɪŋ] s *print.*
whitˑish [ˈwaɪtɪʃ; ˈhwaɪtɪʃ] *adj* weißlich.
Whitˑley Counˑcil [ˈwɪtlɪ] s *econ. Br.* aus Vertretern von Arbeitgebern u. -nehmern gebildeter Ausschuß zur Regelung gemeinsamer Interessen.
whitˑlow [ˈwɪtloʊ; ˈhwɪtloʊ] s *med.* ˈUmlauf m, Nagelgeschwür n. ~ **grass** s *bot.* **1.** Frühlings-Hungerblümchen n. **2.** Dreifingersteinbrech m.
Whit Monˑday s Pfingstˈmontag m.
Whitˑsun [ˈwɪtsn; ˈhwɪtsn] **I** s **1.** → **Whitsuntide**. **II** *adj* **2.** Pfingst..., pfingstlich. **3.** Pfingstsonntags...
Whit Sunˑday s Pfingstˈsonntag m. ˈ**Whitˑsunˌtide** s Pfingsten n *od.* pl, Pfingstfest n, -zeit f.
whitˑtle [ˈwɪtl; ˈhwɪtl] **I** v/t **1.** (zuˈrecht-)schnitzen. **2.** ~ **away** (*od.* **off**) wegschnitzeln, wegabschneiden. **3.** *meist* ~ **away** (*od.* **down, off**) a) (*Stück für Stück*) beschneiden, herˈabsetzen, kürzen: **to** ~ **down a salary** ein Gehalt kürzen, b) *Gesundheit etc* schwächen. **II** v/i **4.** *a.* ~ **away** (herˈum)schnitze(l)n *od.* (-)schnippeln (**at an** *dat*). **5.** *dial.* (*bes.* langes Fahrten- *od.* Taschen)Messer.
Whit| Tuesˑday s Pfingstˈdienstag m. ~ **week** s Pfingstwoche f.
whitˑy [ˈwaɪtɪ; ˈhwaɪtɪ] **I** s → **whitey**. **II** *adj* hell, weiß(lich): ~ **brown** weißlichbraun, hellbraun.
whiz [wɪz; hwɪz] **I** v/i **1.** zischen, schwirren, sausen (*Geschoß etc*). **II** s **2.** Zischen n, Sausen n, Schwirren n. **3.** *bes. Am. colloq.* a) ˌKaˈnoneˈ f (*Könner*) (**at** mathematics in Mathematik), b) (feine) Sache, ˌtolles Dingˈ, ˌKnüllerˈ m, c) gutes Geschäft. ˈ**~bang I** s **1.** *mil. colloq.* a) Ratschˈbummˈ-Geschoß n, b) ˈrobot bomb. **2.** Heuler m (*Feuerwerkskörper*). **II** *adj* **3.** *colloq.* ˌtollˈ, ˌsuperˈ. ~ **kid** s *colloq.* **1.** ˌSenkrechtstarterˈ m. **2.** Geˈnie n, Wunderkind n.
whizz, *etc* → **whiz**, *etc*.
whizˑzer [ˈwɪzə(r); ˈhwɪzə(r)] s **1.** *tech.* ˈTrockenzentriˌfuge f, Schleudertrockner m, Trockenschleuder f. **2.** → **whiz** 3.

who [huː] **I** *pron interrog* **1.** wer: ~ **told you so?** wer hat dir das gesagt?; **Who's Who?** Wer ist Wer? (*Verzeichnis prominenter Persönlichkeiten*). **2.** *colloq.* (*für* **whom**) wen, wem: ~ **could I ask?** wen könnte ich fragen? **II** *pron* (*relativ, sg u. pl, nur bei Personen u. personifizierten Tieren*) **3.** (*unverbunden*) wer: **I know ~ has done it** ich weiß, wer es getan hat; **by now he knows who's who** inzwischen weiß er, wer was ist. **4.** (*verbunden*) welch(er, e, es), der, die, das: **the man ~ arrived yesterday; he (she) ~** derjenige, welcher (diejenige, welche); wer. **5.** *colloq.* (*für* **whom**) wen, wem: **bring~ you like** bring mit, wen du willst. **6.** *obs.* j-d, der: **as ~ should say** als wollte er (sie *etc*) sagen.
whoa [wəʊ; *Am. a.* həʊ] *interj a.* ~ **back** brr! (*halt!*) (*zum Pferd*).
who·dun·(n)it [ˌhuːˈdʌnɪt] *s colloq.* „Krimi" *m* (*Kriminalroman, -stück, -film*).
who'ev·er, *poet.* **~'e'er I** *pron* (*relativ*) **1.** wer (auch) immer; jeder(mann), der; gleich, wer: **~ saw it was shocked** jeder, der es sah, war empört; **~ comes will be welcome** wer (auch) immer kommt, ist willkommen. **2.** *colloq. für* **whomever**. **II** *pron interrog* **3.** *colloq.* (*für* **who ever**) wer denn nur.
whole [həʊl] **I** *adj* (*adv* → **wholly**) **1.** ganz, gesamt, voll(ständig): **the ~ truth** die ganze *od.* volle Wahrheit; **the ~ year** das ganze Jahr (hindurch); **a ~ 10 days** ganze *od.* volle 10 Tage; **to go the ~ figure** *Am. colloq.* → **whole hog; (made) out of ~ cloth** *Am. colloq.* völlig aus der Luft gegriffen, frei erfunden. **2.** *colloq.* ganz: **a ~ lot of nonsense** e-e ganze Menge Unsinn. **3.** ganz, unzerteilt: **to swallow s.th. ~** etwas unzerkaut *od.* ganz (hinunter)schlucken. **4.** Voll-(wert)...: **~ food** Vollwertnahrung *f.* **5.** *math.* ganz, ungebrochen (*Zahl*). **6.** *heil:* a) unverletzt, unversehrt, b) unbeschädigt, ‚ganz': **to get off with a ~ skin** mit heiler Haut davonkommen; **they that be ~ need not a physician** *Bibl.* die Starken bedürfen des Arztes nicht. **7.** Voll...: a) richtig (*Verwandtschaft*), b) rein (*Blutmischung*): ~ **brother** leiblicher Bruder. **II** *s* **8.** (*das*) Ganze, Gesamtheit *f:* **the ~ of the town** die ganze Stadt; **the ~ of London** ganz London; **the ~ of my property** mein ganzes Vermögen. **9.** Ganze(s) *n,* Einheit *f:* **as a ~** als Ganzes gesehen; **(up)on the ~** *a.* im ganzen (u.) ganzen, b) alles in allem, insgesamt; **in ~** *or* **in part** ganz *oder* teilweise.
whole|bind·ing → **full binding. '~-bound** *adj* in Ganzleder (gebunden). **,~-'col·o(u)red** *adj* einfarbig. **~ gale** *s* schwerer Sturm (*Windstärke 10*). **,~-'heart·ed** *adj* (*adv* **~·ly**) ernsthaft, aufrichtig, rückhaltlos, voll, aus ganzem Herzen. **~ hog** *s:* **to go (the)** ~ *colloq.* aufs Ganze gehen, ganze Arbeit leisten, die Sache gründlich machen. **,~-'hog·ger** *s colloq.* j-d, der aufs Ganze geht; kompro'mißloser Mensch, *pol.* ‚Hundert-('fünfzig)pro,zentige(r)' *m.* **,~-'length I** *adj* **1.** ungekürzt. **2.** Ganz..., Voll...: ~ **mirror** Ganzspiegel *m;* ~ **portrait** Porträt *n,* Ganzbild *n, phot.* Ganzaufnahme *f.* **II** *s* **3.** Por'trät *n od.* Statue *f* in Lebensgröße. **~ life in·sur·ance** *s econ.* Lebensversicherung *f* auf den Todesfall. **'~-meal** *adj* Vollkorn...: ~ **bread** (*flour*). **~ milk** *s* Vollmilch *f.*
'whole·ness *s* **1.** Ganzheit *f.* **2.** Vollständigkeit *f.*
'whole·sale I *s econ.* **1.** Großhandel *m:* **by ~** → **4. II** *adj* **2.** *econ.* Großhandels..., Engros...: ~ **dealer** → **wholesaler;** ~ **purchase** Einkauf *m* im großen, En-groseinkauf; ~ **representative** Großhandelsvertreter *m;* ~ **trade** Großhandel *m.* **3.** *fig.* a) Massen..., b) 'unterschiedslos, pau'schal: ~ **slaughter** Massenmord *m.* **III** *adv* **4.** *econ.* en gros, im großen: **to sell ~. 5.** *fig.* a) massenhaft, in Massen, b) 'unterschiedslos. **IV** *v/t* **6.** *econ.* en gros verkaufen. **V** *v/i* **7.** *econ.* Großhandel treiben, Gros'sist sein. **'whole-,sal·er** [-ˌseɪlə(r)] *s econ.* Großhändler *m,* Gros'sist *m.*
whole·some ['həʊlsəm] *adj* (*adv* **~·ly**) **1.** *allg.* gesund (*a. fig.*): a) bekömmlich: ~ **food,** b) heilsam: ~ **air,** c) na'türlich, nor'mal: ~ **ideal,** d) tüchtig, kräftig: ~ **excitement;** ~ **humo(u)r** gesunder Humor. **2.** förderlich, zuträglich, gut, nützlich. **3.** *colloq.* ,gesund', sicher, ungefährlich. **'whole·some·ness** *s* **1.** Gesundheit *f:* a) Bekömmlichkeit *f,* b) (*das*) Gesunde (*a. fig.*). **2.** Nützlichkeit *f.* **3.** Gesundheit *f,* (*das*) Nor'male *od.* Na'türliche.
whole|-'souled → **whole-hearted. ,~-'time** → **full-time. ~ tone** *s mus.* Ganzton *m.* **'~-tone scale** *s mus.* Ganztonleiter *f.* **'~-wheat** *adj bes. Am.* → **wholemeal.**
whol·ly ['həʊllɪ; 'həʊlɪ] *adv* ganz, gänzlich, völlig.
whom [huːm] **I** *pron interrog* **1.** wen? **2.** (*Objektkasus von* **who**): **of ~** von wem; **to ~** wem; **by ~** durch wen. **3.** wem: ~ **does she serve?** **II** *pron* (*relativ*) **4.** (*verbunden*) welch(en, e, es), den (die, das): **the man ~ you saw. 5.** (*unverbunden*) wen; den(jenigen), welchen; die (-jenige), welche; *pl* die(jenigen), welche: ~ **the gods love die young** wen die Götter lieben, der stirbt jung. **6.** (*Objektkasus von* **who**): **of ~** von welch(em, er, en), dessen, deren; **to ~** dem (der, denen); **all of ~ were dead** welche alle tot waren. **7.** welch(em, er, en), dem (der, denen): **the master ~ she serves** der Herr, dem sie dient.
whom'ev·er *pron* (*Objektkasus von* **whoever**) wen (auch) immer.
whomp [hwɒmp] *Am. colloq.* **I** *s* **1.** Bums *m,* Knall *m.* **II** *v/t* **2.** bumsen, knallen. **3.** *sport* ‚vernaschen', ‚über'fahren' (*hoch schlagen*). **4.** ~ **up** sich e-e Geschichte *etc* einfallen lassen *od.* ‚zu-rechtbasteln'. **5.** ~ **up** Interesse *etc* zeigen.
,whom·so'ev·er *pron* (*Objektkasus von* **whosoever**) wen auch immer.
whoop [huːp] **I** *s* **1.** a) Schlachtruf *m,* b) (*bes.* Freuden)Schrei *m:* **not worth a ~** *colloq.* keinen Pfifferling wert. **2.** *med.* Keuchen *n* (*bei Keuchhusten*). **II** *v/i* **3.** schreien, (*a.* ~ **with joy**) jauchzen. **4.** *med.* keuchen. **III** *v/t* **5.** etwas brüllen. **6.** *j-n* anfeuern. **7. to ~ it up** *colloq.* a) ‚auf den Putz hauen' (*ausgelassen feiern*), b) die Trommel rühren (**for** für).
whoop-de-do(o) ['huːpdɪˈduː] *s Am. colloq.* **1.** ausgelassene Fröhlichkeit, Ausgelassenheit *f.* **2.** ‚Rummel' *m:* **there was a lot of ~ when ...** die Wogen der Erregung gingen hoch, als ...
whoop·ee *colloq.* **I** *s* ['wʊpiː; *Am. a.* 'hwʊpiː]: **to make ~** a) ‚auf den Putz hauen' (*ausgelassen feiern*), b) *bes. Am.* Sauf- *od.* Sexpartys feiern. **II** *interj* [*Br.* wʊˈpiː] juch'hu!
'whoop·ing| cough *s med.* Keuchhusten *m.* **~ swan** *s orn.* Singschwan *m.*
whoops [wʊps] *interj* hoppla!, wupp!
whoosh [wʊʃ; *Am. a.* hwuːʃ] **I** *v/i* zischen: **several cars ~ed by. II** *s* Zischen *n.*
whop [wɒp; hwɒp; *Am. a.* wɑp] *colloq.* **I** *v/t* **1.** schlagen. **2.** (ver)prügeln, ‚verdreschen'. **3.** *sport* ‚vernaschen', ‚über'fahren' (*hoch schlagen*). **II** *s* **4.** ‚Pfund' *n* (*harter Schlag*). **'whop·per** *s colloq.* **1.** ‚Mordsding' *n.* **2.** faustdicke Lüge. **'whop·ping** *colloq.* **I** *s* (Tracht *f*) Prügel *pl:* **to give s.o. a ~** j-m e-e Tracht Prügel verpassen. **II** *adj u. adv* Mords...: **a ~ (big) ship.**
whore [hɔː(r); *Am. a.* 'hɔʊər] **I** *s* Hure *f.* **II** *v/i* huren: **to go a-whoring after strange gods** *Bibl.* fremden Götzen dienen. **'~·house** *s* Bor'dell *n,* Freudenhaus *n.* **'~·mas·ter, ~·mon·ger** *n.* Hurenbock *m.* **~·son** [ˈhɔː(r)sn; *Am. a.* ˈhɔʊərsn] *s obs.* **1.** Bankert *m.* **2.** *fig.* Hurensohn *m.*
whorl [wɜːl; hwɜːl; *Am.* ˈhwɔːrəl; ˈhwɜː-; ˈwɜː-] *s* **1.** *bot.* Wirtel *m,* Quirl *m.* **2.** *anat. zo.* Windung *f* (*a. e-r Spirale*). **3.** *tech.* (Spinn)Wirtel *m.* **whorled** *adj* **1.** quirlförmig. **2.** spi'ralig, gewunden. **3.** *bot.* quirlständig.
'whor·tle,ber·ry [ˈwɜːtl-; ˈhwɜːtl-; *Am.* ˈhwɜːtl-; ˈwɜː-] *s* **1.** Heidelbeere *f:* **red ~** Preiselbeere *f.* **2.** → **huckleberry.**
whose [huːz] *pron* (*gen sg u. pl von* **who**) **1.** *interrog* wessen: ~ **is it?** wem gehört es? **2.** *relativ* (*a. gen von* **which**) dessen, deren.
who·sit ['huːzɪt] *s colloq.* ‚Dingsda' *m, f:* **Mr. ~** Herr ‚Dingsbums' *od.* ‚Soundso'.
'who·so *obs. für* a) **whosoever,** b) **whoever. ,~·so'ev·er,** *poet.* **,~·so'e'er** *pron* wer auch immer.
why [waɪ; hwaɪ] **I** *adv* **1.** (*fragend u. relativ*) war'um, wes'halb, wo'zu: ~ **so?** wieso?, warum das?; **the reason ~** (der Grund,) weshalb; **that is ~** deshalb. **II** *s* **2.** (*das*) War'um, Grund *m:* **the ~s and wherefores** das Warum u. Weshalb. **3.** (*das*) Wo'zu, Frage *f,* Pro'blem *n:* **the great ~s of life. III** *interj* **4.** nun (gut), (na) schön. **5.** (ja) na'türlich. **6.** ja doch. **7.** na, hör mal; na'nu; aber (... doch): ~, **that's Peter!** aber das ist ja *od.* doch Peter!
Wic·ca, *a.* **wic·ca** ['wɪkə] *s* **1.** Hexe'rei *f.* **2.** Hexenkult *m.*
wick[1] [wɪk] *s* **1.** Docht *m:* **to get on s.o.'s ~** *Br. colloq.* j-m ‚auf den Wecker fallen *od.* gehen'. **2.** *med.* schmaler 'Gazetam,pon.
wick[2] [wɪk] *s obs.* (*außer in Zssgn*) **1.** Stadt *f,* Burg *f,* Dorf *n:* **Hampton W~. 2.** Gehöft *n.* **3.** Amtsbezirk *m.*
wick·ed ['wɪkɪd] *adj* (*adv* **~·ly**) **1.** böse, gottlos, schlecht, verrucht: **the ~ one** *Bibl.* der Böse, Satan; **the ~** die Gottlosen. **2.** böse, schlimm (*ungezogen, a. humor. schalkhaft*). **3.** *colloq.* schlimm (*Schmerz, Wunde etc*). **4.** bösartig (*a. Tier*), boshaft. **5.** gemein, niederträchtig, tückisch. **6.** *colloq.* übel, garstig. **7.** *sl.* ‚toll', großartig. **'wick·ed·ness** *s* **1.** Gottlosigkeit *f,* Schlechtigkeit *f,* Verruchtheit *f.* **2.** Bosheit *f.* **3.** Gemeinheit *f,* Niedertracht *f.*
wick·er ['wɪkə(r)] **I** *s* **1.** Weidenrute *f.* **2.** Korb-, Flechtweide *f.* **3.** Flechtwerk *n.* **II** *adj* **4.** aus Weiden geflochten, Weiden..., Korb..., Flecht...: ~ **basket** Weidenkorb *m;* ~ **bottle** Korbflasche *f;* ~ **chair** Korb-, Rohrstuhl *m;* ~ **furniture** Korbmöbel *pl.* **'~·work** *s* **1.** Korbwaren *pl.* **2.** Flechtwerk *n.*
wick·et ['wɪkɪt] *s* **1.** Pförtchen *n.* **2.** (Tür *f* mit) Drehkreuz *n.* **3.** Halbtür *f.* **4.** (*meist vergittertes*) Schalterfenster *n.* **5.** Kricket: a) Dreistab *m,* b) Spielfeld *n,* c) *die Zeit, in welcher ein Schlagmann den Dreistab verteidigt:* **to be on a good (sticky) ~** gut (schlecht) stehen (*a. fig.*); **to get** (*od.* **take**) **a ~** e-n Schläger ‚aus' machen; **to keep ~** den Dreistab verteidigen; **to win by 2 ~s** das Spiel gewinnen, obwohl 3 Schläger noch nicht geschlagen haben; **first (second,** *etc*) **~ down** der erste

(zweite *etc*) Schläger ist ausgeschieden. '~**keep·er** *s Kricket:* Dreistabhüter *m*.
wick·i·up ['wɪkiˌʌp] *s Am.* **1.** Indi'anerhütte *f (aus Reisig etc)*. **2.** *allg.* Hütte *f*.
wide [waɪd] **I** *adj* (*adv* ~**ly**) **1.** breit: **a ~ forehead** (**ribbon, street**, *etc*); ~ **ga(u)ge** *rail.* Breitspur *f*; **6 feet ~ 6** Fuß breit; ~ **berth 1. 2.** weit, ausgedehnt: ~ **distribution; a ~ public** ein breites Publikum; **the ~ world** die weite Welt. **3.** *fig.* a) ausgedehnt, um'fassend, 'umfangreich, weitreichend, b) reich (*Erfahrung, Wissen etc*): ~ **culture** umfassende Bildung; ~ **reading** große Belesenheit. **4.** groß, beträchtlich: **a ~ difference. 5.** weit(läufig, -gehend), *a.* weitherzig, großzügig: **a ~ generalization** e-e starke *od.* grobe Verallgemeinerung; **to take ~ views** weitherzig *od.* großzügig sein. **6.** weit offen, aufgerissen: ~ **eyes. 7.** weit, lose, nicht anliegend: ~ **clothes. 8.** weit entfernt (**of** von *der Wahrheit etc*), weitab (*vom Ziel*): ~ **of the truth**; → **mark**[1] **12. 9.** *ling.* breit (*Vokal*). **10.** *Br. sl.* a) aufgeweckt, ,hell', b) gerissen, schlau.
II *adv* **11.** breit. **12.** weit: ~ **apart** weit auseinander; ~ **open** a) weit offen, b) völlig offen *od.* ungedeckt (*Boxer etc*), c) *fig.* schutzlos, d) → **wide-open 2**; → **awake 5. 13.** weit da'neben: **to go ~** weit danebengehen.
III *s* **14.** *Kricket, Baseball:* vom Schläger nicht mehr erreichbarer Ball. **15.** (*das*) Äußerste: **to the ~** bis zum äußersten, vollkommen.
ˌ**wide**|-'**an·gle** *adj phot.* Weitwinkel...: ~ **lens** Weitwinkelobjektiv *n*. ~**a·wake I** *adj* [ˌwaɪdə'weɪk] **1.** hellwach (*a. fig.*). **2.** *fig.* wachsam, aufmerksam. **3.** *fig.* aufgeweckt, ,hell'. **II** *s* ['waɪdəweɪk] **4.** Kala-'breser *m* (*Schlapphut*). ~ **bod·y** *s aer. colloq.* Großraumflugzeug *n*. ˌ~-ˈ**eyed** *adj* **1.** mit großen *od.* weitaufgerissenen Augen: **in ~ amazement** ganz entgeistert. **2.** *fig.* na'iv: ~ **innocence** kindliche Unschuld.
'**wide·ly** *adv* **1.** weit (*a. fig.*): ~ **discussed** vieldiskutiert; ~ **scattered** weitverstreut; **it is ~ known** es ist weit u. breit bekannt; **a man who is ~ known** ein in weiten Kreisen bekannter Mann; **to differ ~** a) sehr verschieden sein, b) sehr unterschiedlicher Meinung sein. **2.** um'fassend, ausgedehnt: **to be ~ read** sehr belesen sein.
wid·en ['waɪdn] **I** *v/t* **1.** verbreitern, breiter machen. **2.** *Wissen etc* erweitern. **3.** e-e Kluft, e-n Zwist vertiefen: **to ~ a gap. II** *v/i* **4.** breiter werden, sich verbreitern. **5.** sich erweitern (*Wissen etc*). **6.** sich vertiefen (*Kluft, Zwist etc*). '**wide·ness** *s* **1.** Breite *f*. **2.** Ausgedehntheit *f* (*a. fig.*), Ausdehnung *f*.
ˌ**wide**|-'**o·pen** *adj* **1.** weitgeöffnet, weit offen. **2.** *Am.* äußerst ,großzügig' (*mit sehr lockeren Bestimmungen bezüglich Glücksspiel, Prostitution etc*) (*Stadt*). ˈ~-**screen** *adj Film:* Breitwand... ˈ~-**spread** *adj* **1.** weitausgebreitet, ausgedehnt. **2.** weitverbreitet.
widg·eon ['wɪdʒən] *s.* pl -**eons**, *bes. collect.* **-eon** *orn.* Pfeifente *f*. **2.** *obs.* Narr *m*.
wid·ish ['waɪdɪʃ] *adj* ziemlich breit.
wid·ow ['wɪdəʊ] *s* **1.** Witwe *f*. **2.** *Skat:* Skat *m* (*die 2 verdeckt liegenden Karten*). **3.** *print.* Hurenkind *n*. '**wid·owed** *adj* verwitwet: **to be ~** a) verwitwet sein, b) Witwe(r) werden, den Mann *od.* die Frau verlieren, c) *allg.* verwaist *od.* verlassen sein; **to be ~ of a friend** e-n Freund verlieren; ~ **mother's allowance** *Br.* Beihilfe *f* für verwitwete Mütter. '**widow·er** *s* Witwer *m*.

'**wid·ow·hood** *s* **1.** Witwenschaft *f*, Witwenstand *m*. **2.** *obs.* Wittum *n*, Witwengut *n*.
wid·ow's| **al·low·ance** *s Br.* (zeitweilige) Witwenbeihilfe. ~ **ben·e·fits** *pl Br.* Sozi'alversicherungsleistungen *pl* an Witwen. ~ **cruse** *s* **1.** *Bibl.* Ölkrüglein *n* der Witwe. **2.** *fig.* unerschöpflicher Vorrat. ~ **mite** *s* **1.** *Bibl.* Scherflein *n* der (armen) Witwe. **2.** *fig.* Scherflein *n*: **to give one's ~ to** sein Scherflein beitragen zu. ~ **pen·sion** *s Br.* (ständige) Witwenrente. ~ **weeds** → **weed**[2] **1**.
width [wɪdθ] *s* **1.** Breite *f*, Weite *f*: **6 feet in ~** 6 Fuß breit. **2.** (Stoff-, Ta'peten-, Rock)Bahn *f*. **3.** *arch.* a) Spannweite *f*: ~ **of an arch** (**bridge**), b) lichte Weite. **4.** *geol.* Mächtigkeit *f*. **5.** Weite *f*, Größe *f*: ~ **of mind** geistiger Horizont.
wield [wi:ld] *v/t* **1.** *Macht, Einfluß etc* ausüben (**over** über *acc*): **to ~ power. 2.** *rhet.* ein *Werkzeug, e-e Waffe* handhaben, führen, schwingen: **to ~ the brush** den Pinsel schwingen; **to ~ the pen** die Feder führen, schreiben; ~ **scepter.** '**wield·er** *s* j-d, der handhabt *od.* (*Macht etc*) ausübt: **a ~ of autocratic power** ein autokratischer Machthaber. '**wield·y** *adj* **1.** handlich: **a ~ tool. 2.** stark: ~ **hands.**
wie·ner ['wi:nər] *s Am.* Wiener Würstchen *n*. **W~ schnit·zel** *s* Wiener Schnitzel *n*. ˈ~-**wurst** [-ˌwɜrst] → **wiener.**
wie·nie ['wi:ni:] *colloq. für* **wiener.**
wife [waɪf] *pl* **wives** [waɪvz] *s* **1.** (Ehe)Frau *f*, Gattin *f*: **wedded ~** angetraute Gattin; **to take to ~** zur Frau nehmen; **he made her his ~** er machte sie zu s-r Frau. **2.** *obs. od. dial.* Weib *n*. ˈ~-ˌ**beating ques·tion** *s bes. Am. colloq.* Fangfrage *f*.
'**wife·hood** *s* Ehestand *m* (*e-r Frau*). '**wife·less** *adj* unverheiratet, *humor.* unbeweibt. '**wife·like** → **wifely.** '**wife·ly** *adj* **1.** a) ... als Ehefrau: ~ **duties**, b) hausfraulich: ~ **virtues. 2.** ma'tronenhaft.
wife| **swap·ping** *s colloq.* Partnertausch *m*. ˈ~-ˈ**swap·ping** *adj colloq.*: ~ **party** Party *f* mit Partnertausch.
wif·ie ['waɪfɪ] *s colloq. od. humor.* Frauchen *n*.
wig[1] [wɪg] *s* **1.** Pe'rücke *f*: ~**s on the green** *colloq.* e-e harte Auseinandersetzung; **keep your ~ on!** *colloq.* ruhig Blut!, nur keine Aufregung! **2.** Tou'pet *n*.
wig[2] [wɪg] *v/t colloq.* j-m e-e Gar'dinenpredigt *od.* e-e Standpauke halten'.
wi·geon ['wɪdʒən] → **widgeon.**
wigged [wɪgd] *adj* mit Pe'rücke (versehen), pe'rückentragend.
'**wig·ging** *s colloq.* ,Gar'dinenpredigt' *f*, ,Standpauke' *f*: **to give** *s.o.* **a ~** → **wig**[2].
wig·gle ['wɪgl] **I** *v/i* → **wriggle 1. 2.** wackeln, zucken. **II** *v/t* **3.** wackeln mit. **4. to ~ one's way through** sich winden *od.* schlängeln durch. **III** *s* **5.** schlängelnde *od.* windende Bewegung. **6.** Zucken *n*, Wackeln *n*: **to give a ~** wackeln; **get a ~ on!** *Am. colloq.* Tempo!, mach(t) schon!, los! **7.** *gastr.* Gericht aus Fischen *od.* Schaltieren in Sahnensauce.
wight[1] [waɪt] *s obs.* **1.** *humor.* Wicht *m*, Kerl *m*. **2.** Wesen *n*, Krea'tur *f*.
wight[2] [waɪt] *adj obs. od. dial.* **1.** mutig. **2.** stark. **3.** hurtig, flink.
wig·wag ['wɪgwæg] *colloq.* **I** *v/t u. v/i* **1.** (sich) hin u. her bewegen. **2.** *mar. mil.* winken, signali'sieren. **II** *adj* **3.** Winker...: ~ **system** Winkeralphabet *n*. '**wig·wag·ger** *s mar. mil. colloq.* Winker *m*.
wig·wam ['wɪgwæm; *Am.* -ˌwɑ:m] *s* **1.** Wigwam *m, n*: a) Indi'anerzelt *n*, -hütte *f*, b) *humor.* Behausung *f*. **2.** *pol. Am. sl.* Versammlungshalle *f*: **the W~** → **Tammany Hall 1.**
wil·co [ˌwɪl'kəʊ] *interj Sprechfunk etc*: wird gemacht!
wild [waɪld] **I** *adj* (*adv* ~**ly**) **1.** wild: a) ungezähmt, in Freiheit lebend, b) gefährlich: ~ **animals. 2.** wild(wachsend): ~ **honey** wilder Honig. **3.** wild: a) verwildert, 'wildro,mantisch, b) verlassen: ~ **country. 4.** wild, 'unzivili,siert: ~ **tribes. 5.** wild, stürmisch: **a ~ coast. 6.** wild, wütend, heftig: ~ **quarrel**; ~ **storm. 7.** irr, verstört, wild: **a ~ look. 8.** wild: **the horse got ~** das Pferd scheute. **9.** wild: a) rasend (**with** vor *dat*), b) *colloq.* wütend (**about** über *acc*): ~ **pain** rasender Schmerz; ~ **rage** rasende Wut; ~ **with fear** wahnsinnig vor Angst; **to drive** *s.o.* ~ *colloq.* j-n wild machen, j-n zur Raserei bringen. **10.** wild, nicht zu bändigen(d), ungezügelt: ~ **children**; ~ **passion. 11.** wild, ausgelassen, unbändig: ~ **delight**; ~ **gaiety. 12.** *colloq.* a) wild, toll, verrückt, b) ausschweifend: ~ **years** tolle *od.* bewegte Jahre; **a ~ fellow** ein wilder Kerl; ~ **youth** stürmische Jugend; ~ **orgies** wilde Orgien. **13.** (**about**) *colloq.* (ganz) versessen (auf *acc*), wild (nach). **14.** hirnverbrannt, unsinnig, abenteuerlich: ~ **plan. 15.** planziellos, aufs Gerate'wohl, wild: **a ~ blow** ein ungezielter Schlag; **a ~ guess** e-e wilde Vermutung; **a ~ shot** ein Schuß ins Blaue. **16.** wirr, wüst, wild: ~ **disorder**; ~ **hair** wirres Haar.
II *adv* **17.** (**blind**) drauf'los, aufs Grate'wohl, ins Blaue (hin'ein): **to run ~** a) *bot.* ins Kraut schießen, b) verwildern (*Garten etc; a. fig.* Kinder etc); **to shoot ~** ins Blaue schießen, blind drauflosschießen; **to talk ~** a) (wild) drauflosreden, b) sinnloses Zeug reden.
III *s rhet.* **18.** *a. pl* Wüste *f*. **19.** *a. pl* Wildnis *f*: **in the ~s of Africa** im tiefsten *od.* finstersten Afrika.
wild| **boar** *s zo.* Wildschwein *n*. ˈ~**cat I** *s* **1.** *zo.* a) Wildkatze *f*, b) Amer. Rotluchs *m*. **2.** *colloq.* Wilde(r *m*) *f*, Draufgänger(in). **3.** *rail. Am. colloq.* Einzel-, Ran'gierlok *f*. **4.** *econ. a) Am.* Schwindelunter,nehmen *n*, b) *Am.* schlechte Kassenscheine *pl*, c) wilder Streik. **5.** → **wildcatting 1. II** *adj* **6.** *econ. a) Am.* unsicher, ris'kant, spekula'tiv, b) *Am.* schwindelhaft, Schwindel...: ~ **company** Schwindelgesellschaft *f*; ~ **currency** → **4** b, c) wild, ungesetzlich: ~ **strike. III** *v/i* **7.** *Am.* spekula'tive *od.* wilde Versuchsbohrungen (*nach Erdöl etc*) machen. **8.** *rail. Am.* a) außerplanmäßig fahren (*Zug*), b) 'unkontrol,liert fahren (*Lok*). ˈ~ˌ**cat·ter** [-ˌkætər] *s Am.* **1.** *econ.* wilder Speku'lant. **2.** j-d, der spekula'tive *od.* wilde Versuchsbohrungen (*nach Erdöl etc*) macht. ˈ~ˌ**cat·ting** *s Am.* **1.** *econ.* wildes Speku'lieren. **2.** spekula'tive *od.* wilde Versuchsbohrung (*nach Erdöl etc*). ~ **duck** *s orn.* Wildente *f*, *Br. bes.* Stockente *f*.
wil·de·beest ['wɪldɪbi:st] *pl* -**beests**, *bes. collect.* -**beest** *s zo.* S.Afr. Weißschwanzgnu *n*.
wil·der ['wɪldə(r)] *obs. od. poet.* **I** *v/t* **1.** irreführen. **2.** verwirren. **II** *v/i* **3.** her'umirren.
wil·der·ness ['wɪldə(r)nɪs] *s* **1.** Wildnis *f*, Wüste *f* (*a. fig.*): **a voice (crying) in the ~** a) *Bibl.* die Stimme des Predigers in der Wüste, b) *fig.* der Rufer in der Wüste (*vergeblicher Mahner*); **to be sent** (**off**) **into the ~** *fig.* in die Wüste geschickt werden; ~ **of sea** Wasserwüste. **2.** wildwachsendes Gartenstück. **3.** *fig.* Masse *f*, Gewirr *n*.
ˌ**wild**|-ˈ**eyed** *adj* mit wildem Blick, wild

wildfire – wind

dreinschauend. '~‚**fire** s **1.** verheerendes Feuer: **to spread like ~** sich wie ein Lauffeuer verbreiten (*Nachricht etc*). **2.** *mil. hist.* griechisches Feuer. **3.** *fig.* Sturm *m*, wildes Feuer. **4.** Irrlicht *n*. '~‚**fowl** *s collect.* Wildvögel *pl*, *bes.* Wildgänse *pl od.* -enten *pl.* '~‚**fowl·ing** *s* Wildvogeljagd *f*. ~ **goose** *s irr orn.* Wildgans *f.* ‚~·'**goose chase** *s fig.* vergebliche Mühe, fruchtloses Unter¦fangen.
wild·ing ['waɪldɪŋ] *s bot.* a) Wildling *m*, unveredelte Pflanze, *bes.* Holzapfelbaum *m*, b) *Frucht e-r solchen Pflanze*, c) verwilderte Gartenpflanze.
'**wild**¦**·life** *s collect.* wildlebende Tiere (u. wildwachsende Pflanzen): ~ **park** Naturpark *m.* '~‚**lif·er** *s* Na¦turschützer(in).
wild·ness ['waɪldnɪs] *s allg.* Wildheit *f*.
'**wild**‚**wa·ter** *s* Wildwasser *n*: ~ **sport**.
wile [waɪl] **I** *s* **1.** List *f*, Trick *m*, *pl a.* Kniffe *pl*, Schliche *pl*, Ränke *pl*. **II** *v/t* **2.** (ver)locken: **to ~ s.o. into** j-n locken in (*acc*), j-n verlocken zu. **3.** → **while** 6.
wil·ful, *bes. Am.* **will·ful** ['wɪlfʊl] *adj* (*adv* ~**ly**) **1.** absichtlich, (*bes. jur.*) vorsätzlich; ~ **deceit** *jur.* arglistige Täuschung; ~ **homicide** *jur.* vorsätzliche Tötung; ~ **murder** *jur.* Mord *m*. **2.** eigenwillig, -sinnig, halsstarrig. '**wil·ful·ness**, *bes. Am.* '**wil·full·ness** *s* **1.** Absichtlichkeit *f*, (*bes. jur.*) Vorsätzlichkeit *f.* **2.** Eigenwille *m*, -sinn *m*, Halsstarrigkeit *f.*
wil·i·ly ['waɪlɪlɪ] *adv zu* **wily**. '**wil·i·ness** *s* (Arg)List *f*, Verschlagenheit *f*, Gerissenheit *f.*
will¹ [wɪl] *inf u. imp* fehlen, *1. u. 3. sg pres* **will,** *2. sg pres* (**you**) **will,** *obs.* (**thou**) **wilt** [wɪlt], *pl* **will,** *pret* **would** [wʊd], *2. sg pret obs.* (**thou**) **wouldst** [wʊdst], *pp obs.* **wold** [wəʊld], **would** **I** *v/aux* **1.** (*zur Bezeichnung des Futurs, Br. 1. sg u. pl meist colloq., u. als Ausdruck e-s Versprechens od. Entschlusses*) werden: **they ~ see very soon** sie werden bald sehen. **2.** wollen, werden, willens sein zu: **~ you pass me the bread, please?** würden Sie mir bitte das Brot reichen; **I ~ not go there again** ich gehe da nicht mehr hin; **I ~ not stand such nonsense!** ich dulde solchen Unfug nicht!; ~ **do!** *colloq.* wird gemacht! **3.** (*immer, bestimmt, unbedingt*) werden (*oft unübersetzt*): **people ~ talk** die Leute reden immer; **boys ~ be boys** Jungen sind nun einmal so; **accidents ~ happen** Unfälle wird es immer geben; **you ~ get in my light!** du mußt mir natürlich (immer) im Licht stehen! **4.** (*zur Bezeichnung e-r Erwartung, Vermutung od. Annahme*) werden: **you ~ not have forgotten her** du wirst sie nicht vergessen haben; **they ~ have gone now** sie werden *od.* dürften jetzt (wohl) gegangen sein; **this ~ be about right** das wird *od.* dürfte ungefähr stimmen. **5.** (*in Vorschriften etc*) *bes. mil.* müssen.
II *v/i u. v/t* **6.** wollen, wünschen: **come when you ~!** komm, wenn du willst!; **as you ~** wie du willst; → **will²** II, III.
will² [wɪl] **I** *s* **1.** Wille *m* (*a. philos.*). **2.** Wille(nskraft *f*) *m*: **a weak ~** ein schwacher Wille. **3.** Wille *m*, Wollen *n*: **at ~ nach** Belieben *od.* Laune *od.* Lust; **where there's a ~ there's a way** wo ein Wille ist, ist auch ein Weg; **of one's own (free) ~** aus freien Stücken; **with a ~** mit Lust u. Liebe, mit Macht; **I can't do that with the best ~ in the world** ich kann das (auch) beim besten Willen nicht tun; **to have one's ~** s-n Willen haben; **to take the ~ for the deed** den guten Willen für die Tat nehmen; → **tenancy** 1. **4.** Wille *m*, Wunsch *m*, Befehl *m*: **Thy ~ be done** *Bibl.* Dein Wille geschehe. **5.** Wille *m*, (Be)Streben *n*: **to have the ~ to do s.th.** den Willen haben *od.* bestrebt sein, etwas zu tun; **the ~ to live** der Lebenswille; ~ **to peace** Friedenswille; ~ **to power** Machtwille, -streben. **6.** Wille *m*, Gesinnung *f* (*j-m gegenüber*): **good ~** guter Wille; **I don't bear him any ill ~** ich trage ihm nichts nach; → **goodwill** 7. *meist* **last ~ and testament** *jur.* letzter Wille, Testa¦ment *n*: **to make one's ~** sein Testament machen.
II *v/t* **2.** *sg pres* (**you**) **will**, *obs.* (**thou**) **will·est** ['wɪlɪst], *3. sg pres* **wills**, *obs.* **will·eth** ['wɪlɪθ], *pret u. pp* **willed** [wɪld] **8.** wollen, entscheiden: **God ~s** (*od.* ~**eth**) **it** Gott will es. **9.** ernstlich *od.* fest wollen. **10.** (*durch Willenskraft*) zwingen (**to do** zu tun): **to ~ o.s. into** sich zwingen zu. **11.** *jur.* (letztwillig *od.* testamen¦tarisch) a) verfügen, b) vermachen: **he ~ed me his gold watch**.
III *v/i* **12.** wollen.
'**will-call** *s* **1.** Kauf *m*, bei dem e-e Anzahlung gemacht u. die Ware zu¦rückgelegt wird. **2.** angezahlte u. zu¦rückgelegte Ware.
willed [wɪld] *adj in Zssgn* ...willig, mit e-m ... Willen: → **strong-willed**, *etc*.
will·est ['wɪlɪst] *obs. 2. sg pres von* **will²**.
will·eth ['wɪlɪθ] *obs. 3. sg pres von* **will²**.
will·ful, will·ful·ness *bes. Am. für* **wilful,** *etc*.
wil·lies ['wɪlɪz] *s pl colloq.* **I always get the ~ when** ... ‚ich bekomme jedesmal Zustände' *od.* ‚mir wird jedesmal ganz anders', wenn; **that old house gives me the ~** das alte Haus ist mir irgendwie unheimlich; **it gives me the ~ even to think about it** schon bei dem Gedanken daran wird mir ganz ‚anders'.
'**will·ing** *adj* **1.** gewillt, willens, bereit: **I am ~ to believe** ich glaube gern; **I am not ~ to believe this** ich bin nicht gewillt, das zu glauben; **God ~ so** Gott will; ~ **purchaser** *econ.* (ernsthafter) Interessent. **2.** (bereit)willig. **3.** gerngeschehen *od.* -getan: **a ~ gift** ein gerngegebenes Geschenk; **a ~ help** e-e gerngeleistete Hilfe. '**will·ing·ly** *adv* bereitwillig, gern. '**will·ing·ness** *s* (Bereit)Willigkeit *f*, Bereitschaft *f*: ~ **to pay** *econ.* Zahlungsbereitschaft.
wil·li·waw ['wɪlɪwɔː] *s Am.* **1.** plötzlich aufkommender Sturm. **2.** *fig.* Aufruhr *m*, Tu¦mult *m*.
will-less ['wɪlɪs] *adj* willenlos.
will-o'-the-wisp [‚wɪlǝðǝ'wɪsp] *s* **1.** Irrlicht *n*. **2.** *fig.* Illusi¦on *f*: a) Phan¦tom *n*, b) verführerischer Traum.
wil·low¹ ['wɪləʊ] *s* **1.** *bot.* Weide *f*: **to wear the ~** um den verlorenen Geliebten trauern. **2.** *Kricket, a. Baseball: colloq.* Schlagholz *n*.
wil·low² ['wɪləʊ] (*Spinnerei*) **I** *s* Reißwolf *m*. **II** *v/t* wolfen, reißen.
wil·low grouse → **willow ptarmigan**. ~ **herb** *s bot.* Weidenrös¦chen *n*. ~ **pattern** *n* Weidenmuster *n* mit chi¦nesischer Landschaft (*auf Steingut od. Porzellan*). ~ **ptar·mi·gan** *s orn.* Moorschneehuhn *n*. ~ **war·bler,** ~ **wren** *s orn.* Weidenlaubsänger *m*.
'**wil·low·y** *adj* **1.** weidenbestanden. **2.** weidenartig. **3.** *fig.* a) biegsam, geschmeidig, b) gertenschlank.
'**will**‚**pow·er** *s* Willenskraft *f*.
wil·ly-nil·ly [‚wɪlɪ'nɪlɪ] *adv* wohl oder übel, nolens volens.
wilt¹ [wɪlt] *obs. 2. sg pres von* **will¹**.
wilt² [wɪlt] **I** *v/i* **1.** verwelken, welk *od.* schlaff werden. **2.** *fig.* schlappmachen. **3.** *fig.* nachlassen (*Begeisterung etc*). **II** *v/t* **4.** *bot.* verwelken lassen. **III** *s* **5.** Verwelken *n*: ~ (**disease**) *bot.* Welke(krankheit) *f*. **6.** *fig.* Schlappmachen *n*.
Wil·ton (car·pet) ['wɪltǝn] *s* Wiltonteppich *m* (Plüschteppich). [gerissen.]
wil·y ['waɪlɪ] *adj* verschlagen, (arg)listig,╯

wimp [wɪmp] *s Am. sl.* **1.** Schwächling *m*. **2.** ‚Niete' *f*, Versager *m*.
wim·ple ['wɪmpl] *s* **1.** *hist.* Rise *f*. **2.** (Nonnen)Schleier *m*.
win [wɪn] **I** *v/i pret u. pp* **won** [wʌn] **1.** gewinnen, siegen, den Sieg da¦vontragen: **to ~ out** *colloq.* sich durchsetzen (*over gegen*); **to ~ at chess** beim Schach gewinnen. **2.** gelangen: **to ~ in** (**out, back**) hinein-(hinaus-, zurück)gelangen; **to ~ through** a) durchkommen, sich durchkämpfen (**to** zu), b) ans Ziel gelangen (*a. fig.*), c) *fig.* sich durchsetzen; **to ~ loose** (*od.* **free, clear**) sich frei machen. **3.** ~ (**up**)**on** Einfluß gewinnen auf (*acc*) *od.* über (*acc*).
II *v/t* **4.** *ein Vermögen etc* erwerben: **to ~ fame** sich Ruhm erwerben; **to ~ hono(u)r** zu Ehren gelangen; **to ~ praise** Lob ernten. **5.** *j-m* Lob einbringen *od.* eintragen: **to ~ s.o. praise**. **6.** gewinnen: **to ~ a battle** (**race**, *etc*). **7.** gewinnen, erringen: **to ~ a victory** (**a prize**); **to ~ £3 from** (*od.* **off**) **s.o.** j-m 3 Pfund abgewinnen, von j-m 3 Pfund gewinnen; **to ~ one's way** s-n Weg machen; → **day** *Bes. Redew.*, **field** 7. **8.** verdienen: **to ~ one's bread** (**livelihood**). **9.** erreichen, gelangen zu: **to ~ the shore**. **10.** gewinnen: **to ~ s.o.'s love** (**aid,** *etc*); **to ~ a friend**. **11.** ~ **over** (*od.* **round**) a) j-n für sich gewinnen, auf s-e Seite ziehen, *a. j-s* Herz erobern: **to ~ s.o. over to a project** j-n für ein Vorhaben gewinnen, b) j-n ‚rumkriegen'. **12. to ~ s.o. to do s.th.** j-n dazu bringen, etwas zu tun. **13.** *Bergbau:* a) *Erz, Kohle* gewinnen, b) erschließen.
III *s* **14.** a) *bes. sport* Sieg *m*, b) Gewinn *m*: **to have a ~** e-n Sieg erzielen; e-n Gewinn machen.
wince [wɪns] **I** *v/i* (zs.-)zucken (**at** bei; **under** *unter dat*): **he did not even ~** er zuckte mit keiner Wimper. **II** *s* (Zs.-)Zucken *n*.
win·cey ['wɪnsɪ] *s* Halbwollstoff *m*.
winch [wɪntʃ] *tech.* **I** *s* **1.** Winde *f*, *mar.* Winsch *f*. **2.** *Textilwesen:* Haspel *f*. **3.** Kurbel *f*. **II** *v/t* **4.** hochwinden, *mar.* hochwinschen. ~ **dye·ing ma·chine** *s* '**Haspel**‚färbeappa¦rat *m*.
wind¹ [wɪnd] **I** *s* **1.** Wind *m*: **fair** (**contrary**) ~ günstiger (ungünstiger) Wind; ~ **and weather permitting** bei gutem Wetter; **before the ~** vor dem *od.* im Wind; **between ~ and water** a) *mar.* zwischen Wind u. Wasser, b) in der *od.* die Magengrube, c) *fig.* an e-r empfindlichen Stelle; **in**(**to**) **the ~'s eye** gegen den Wind; **like the ~** wie der Wind, schnell; **under the ~** *mar.* in Lee; **there is s.th. in the ~** *fig.* es liegt etwas in der Luft; **to be** (**three sheets**) **in the ~** *colloq.* ‚Schlagseite haben'; **to fling** (*od.* **cast, throw**) **to the ~**(**s**) *fig.* außer acht lassen, *e-n Rat etc* in den Wind schlagen; **to gain** (*od.* **get**) **the ~ of** *e-m Schiff* den Wind abgewinnen; **to have** (**take**) **the ~ of** *fig.* e-n Vorteil haben (gewinnen) gegenüber, die Oberhand haben (gewinnen) über (*acc*); **to have** (**get**) **the ~ up** *colloq.* ‚Bammel' *od.* ‚Schiß' haben (kriegen); **to know how** (*od.* **which way**) **the ~ blows** *fig.* wissen, woher der Wind weht; **to put the ~ up s.o.** *colloq.* j-m Angst einjagen; **to raise the ~** *bes. Br. colloq.* (das nötige) Geld auftreiben; **to sail close to the ~** a) *mar.* hart am Wind segeln, b) sich am Rande der Legalität *od.* hart an der Grenze des Erlaubten bewegen, mit ¦einem Fuß im Gefängnis stehen; **to sow the ~ and reap the whirlwind** Wind säen u. Sturm ernten; **to take the ~ out of s.o.'s sails** j-m den Wind aus den Segeln nehmen; → **ill** 1,

scatter 2. **2.** Sturm(wind) *m*. **3.** a) (Gebläse- *etc*)Wind *m*: ~ **of a bellows,** b) Luft *f* (*in e-m Reifen etc*). **4.** *med.* (Darm-)Wind(e *pl*) *m*, Blähung(en *pl*) *f*: **to break ~ e-n** Wind abgehen lassen. **5. the ~** *mus.* a) die ˈBlasinstruˌmente *pl*, b) die Bläser *pl.* **6.** *hunt.* Wind *m*, Witterung *f* (*a. fig.*): **to get ~ of** a) wittern (*acc*), b) *fig.* Wind bekommen von. **7.** Atem *m*: **to have a good ~** e-e gute Lunge haben; **to have a long ~** e-n langen Atem haben (*a. fig.*); **to get one's second ~** *bes. sport* den zweiten Wind bekommen; **to have lost one's ~** außer Atem sein; → **sound¹** 1. **8.** leeres Geschwätz. **II** *v/t* **9.** *hunt.* wittern. **10.** *meist pass* außer Atem bringen, erschöpfen: **to be ~ed** außer Atem *od.* erschöpft sein. **11.** verschnaufen lassen.

wind² [waɪnd] **I** *s* **1.** Windung *f*, Biegung *f*. **2.** Umˈdrehung *f* (*beim Aufziehen e-r Uhr etc*). **II** *v/i pret u. pp* **wound** [waʊnd] **3.** sich winden *od.* schlängeln (*a. Fluß, Straße etc*). **4.** sich winden *od.* wickeln *od.* schlingen (**about, round um** *acc*). **5.** a) aufgewunden *od.* aufgewickelt werden, b) sich aufwinden *od.* -wickeln lassen. **III** *v/t* **6.** winden, wickeln, schlingen (**round um** *acc*): **to ~ off** (**on to** *od.* **a reel** *etwas*) ab-(auf)spulen; → **finger** 1. **7.** umˈwickeln. **8.** *oft* **~ up** a) auf-, hochwinden, b) *Garn etc* aufwickeln, -spulen. **9.** *oft* **~ up** a) *e-e Uhr etc* aufziehen, b) *e-e Saite etc* spannen. **10.** *oft* **~ up** hochwinden, *Erz* fördern. **11.** (sich) schlängeln: **to ~ o.s.** (*od.* **one's way**) **into s.o.'s affection** *fig.* sich j-s Zuneigung erschleichen, sich bei j-m einschmeicheln. **12.** *mar.* a) wenden, b) hieven. **13.** a) *e-e Kurbel* drehen, b) kurbeln: **to ~ up (down)** *Autofenster* hochdrehen, -kurbeln (herunterdrehen, -kurbeln). **14.** *oft* **~ forward** *Film* weiterspulen: **to ~ back** zurückspulen.

Verbindungen mit Adverbien:

wind | down I *v/t* → **wind²** 13 b. **II** *v/i fig.* an Schwung verlieren. **~ off** *v/t* abwickeln, abspulen. **~ up I** *v/i* **1.** (*bes.* s-e Rede) schließen (**by saying and with** den Worten). **2.** *colloq.* enden, ˈlandenʻ: **he'll ~ in prison**; **he wound up losing his job** zu guter Letzt verlor er seine Stellung. **3.** *econ.* Konˈkurs machen. **4.** *Baseball:* Schwung holen. **II** *v/t* **5.** → **wind²** 8–10, 13 b. **6.** *fig.* anspannen, erregen, (hinˈein)steigern: **wound up to a high pitch** aufs äußerste gespannt, in Hochspannung (versetzt). **7.** *bes. e-e Rede* (ab-)schließen. **8.** *econ.* **a)** *ein Geschäft* abwickeln, erledigen: **to ~ affairs,** b) *ein Unternehmen* auflösen, liquiˈdieren: **to ~ a company.**

wind³ [waɪnd] *pret u. pp* **wound** [waʊnd], **wind·ed** [ˈwaɪndɪd] *v/t poet.* **1.** *das Horn etc* blasen. **2.** *ein Hornsignal* ertönen lassen.

wind·age [ˈwɪndɪdʒ] *s* **1.** *mil. phys.* a) Luftdruckwelle *f* (*e-s Geschosses*), b) Spielraum *m* (*im Rohr*), c) Einfluß *m* des Windes (*auf die Abweichung e-s Geschosses*), d) Abweichung *f*. **2.** *phys.* ˈLuft-ˌwiderstand *m*. **3.** *mar.* Windfang *m*.

ˈwind|·bag [ˈwɪnd-] *s colloq.* Schwätzer *m*, ˌSchaumschlägerʻ *m*. **ˈ~·blown** *adj* **1.** windig (*Gegend etc*). **2.** windschief (*Bäume etc*). **3.** (vom Wind) zerzaust. **4.** *fig.* Windstoß...: **~ hairdo.** **ˈ~·bound** *adj* **1.** *mar.* durch ungünstigen Wind am Auslaufen gehindert. **2.** *fig.* verhindert. **ˈ~·break** *s* **1.** Windschutz *m* (*Hecke etc*). **2.** *Forstwirtschaft:* Windbruch *m*. **ˈ~-ˌbreak·er** *s* **1.** → **windbreak** 1. **2.** *Am.* Windjacke *f*. **ˈ~-ˌbro·ken** *adj vet.* kurzatmig, dämpfig (*Pferd*). **ˈ~·burn** *s med.* von scharfem Wind gerötete Haut. **ˈ~-**

ˌ**cheat·er** *s bes. Br.* Windjacke *f*. **~-chest** *s mus.* Windkasten *m*, -kammer *f* (*bes. der Orgel*). **ˈ~-chill ˌfac·tor** *s phys.* Windabkühlungsfaktor *m*. **~ cone** *s aer. phys.* Luftsack *m*.

wind·ed [ˈwɪndɪd] *adj* **1.** außer Atem, atemlos. **2.** (*in Zssgn*) ...atmig: → **short-winded,** *etc.*

wind egg [wɪnd] *s* Wind-ei *n*.

wind·er [ˈwaɪndə(r)] *s* **1.** Spuler(in). **2.** *tech.* Winde *f*, Haspel *f*. **3.** (Wendeltreppen)Stufe *f*. **4.** *bot.* Schlingpflanze *f*. **5.** a) Schlüssel *m* (*zum Aufziehen*), b) Kurbel *f*.

ˈwind | ·fall [ˈwɪnd-] *s* **1.** a) Fallobst *n*, b) *bes. Am.* Windbruch *m* (*umgewehte Bäume*). **2.** *fig.* unverhoffter Glücksfall *od.* Gewinn. **ˈ~-ˌfall·en** *adj* vom Wind gestürzt, windbrüchig. **ˈ~-ˌfer·ti·lized** *adj bot.* vom Wind bestäubt *od.* befruchtet. **ˈ~-ˌflow·er** *s bot.* Aneˈmone *f*. **~ force** *s meteor.* Windstärke *f*. **~ ˈgau(g)e** *s* **1.** *phys. tech.* Wind(stärke-, -geschwindigkeits)messer *m*, Anemoˈmeter *n*. **2.** *mil.* Windvorrichteinstellung *f*. **3.** *mus.* Windwaage *f* (*an der Orgel*). **~ harp** *s* Äolsharfe *f*.

wind·i·ness [ˈwɪndɪnɪs] *s* Windigkeit *f* (*a. fig.* Hohlheit, Leere).

wind·ing [ˈwaɪndɪŋ] **I** *s* **1.** Winden *n*, Spulen *n*. **2.** (Ein-, Auf)Wickeln *n*, (Um)ˈWickeln *n*. **3.** (Sich)ˈWinden *n*, (-)ˈSchlängeln *n*. **4.** Windung *f*, Biegung *f*. **5.** Umˈwick(e)lung *f*. **6.** *electr.* Wicklung *f*. **II** *adj* **7.** gewunden: a) sich windend *od.* schlängelnd, b) mit Wendel...: **~ staircase, ~ stairs.** **8.** krumm, schief (*a. fig.*). **9.** Winde..., Haspel...: **~ cable** Förderseil *n*. **~ en·gine** *s tech.* **1.** Dampfwinde *f*. **2.** *Bergbau:* Förderwelle *f*. **3.** ˈSpul-, ˈWickelmaˌschine *f* (*a. electr.*). **~ sheet** *s* Leichentuch *n*. **~ ˈtack·le** *s mar.* Gien *f* (*Flaschenzug*). **ˌ~-ˈup** *s* **1.** Aufziehen *n* (*e-r Uhr etc*): **~ mechanism** Aufziehwerk *n*. **2.** *econ.* a) Abwicklung *f*, Erledigung *f* (*e-s Geschäfts*), b) Liquidatiˈon *f*, Auflösung *f* (*e-s Unternehmens*): **~ sale** (Total)Ausverkauf *m*.

wind | in·stru·ment [wɪnd] *s mus.* ˈBlasinstruˌment *n*. **ˈ~·jam·mer** [-ˌdʒæmə(r)] *s* **1.** *mar.* a) Windjammer *m*, b) Maˈtrose *m* auf e-m Windjammer. **2.** → **windcheater. 3.** *Am. sl.* → **windbag. 4.** *mus. Am. sl.* Bläser *m*.

wind·lass [ˈwɪndləs] **I** *s* **1.** *tech.* Winde *f*, *mar.* Winsch *f*. **2.** *Bergbau:* Förderhaspel *f*. **3.** *mar.* Ankerspill *n*. **II** *v/t* **4.** hochwinden, *mar.* hochwinschen.

wind·less [ˈwɪndlɪs] *adj* windstill.

win·dle·straw [ˈwɪndlstrɔː], a. **ˈwin·dle·strae** [-streɪ] *s Ir. od. Br. dial.* **1.** trockener Grashalm. **2.** *fig.* a) (*etwas*) Dünnes *od.* Schwaches, b) schmächtige Perˈson.

wind·mill [ˈwɪnmɪl, ˈwɪnd-] **I** *s* **1.** Windmühle *f*: **to tilt at** (*od.* **fight) ~s** *fig.* gegen Windmühlen(flügel) kämpfen; **to throw one's cap over the ~** a) Luftschlösser bauen, b) jede Vorsicht außer acht lassen. **2.** → **whirlybird. 3.** *bes. Br.* Windrädchen *n* (*Kinderspielzeug*). **II** *v/t* **4. to ~ one's arms** die Arme kreisen lassen.

win·dow [ˈwɪndəʊ] *s* **1.** Fenster *n* (*a. fig.*): **to climb in at the ~** zum Fenster hineinklettern; **to look out of** (*od.* **at) the ~** zum Fenster hinausschauen. **2.** Fensterscheibe *f*. **3.** Schaufenster *n*: **to put all one's knowledge in the ~** *fig.* mit s-m Wissen hausieren gehen. **4.** (Bank- *etc*) Schalter *m*. **5.** *tech.* Fenster *n* (*a. im Briefumschlag*): **~ dial** Fensterskala *f*. **6.** *geol.* Fenster *n* (*durch Erosion entstandener Einblick*). **7.** *aer. mil.* Düppel *m*, (Radar)Störfolie *f*. **8.** *TV, Radar:* Aus-

blendstufe *f*. **~ bar** *s* Fenstersprosse *f*, -stab *m*. **~ box** *s* Blumenkasten *m*. **~ ˌclean·er** *s* Fensterputzer *m*. **~ dis·play** *s* Schaufensterauslage *f*. **~ dress** *v/t fig.* **1.** *econ. e-e Bilanz etc* verschleiern, ˌfriˈsieren'. **2.** schmackhaft machen, ˌaufputzenʻ. **~ ˈdress·er** *s* **1.** ˈSchaufensterdekoˌrateur(in). **2.** *fig.* Schönfärbeˈrei *f*. **~ ˈdress·ing** *s* **1.** ˈSchaufensterdekoratiˌon *f*. **2.** *fig.* Aufmachung *f*, ˌMacheʻ *f*, Schönfärbeˈrei *f*. **3.** *econ.* Verschleiern *n*, ˌFriˈsierenʻ *n* (*e-r Bilanz etc*).

win·dowed [ˈwɪndəʊd] *adj* mit Fenster(n) (versehen).

win·dow | en·ve·lope *s* ˈFensterˌbriefˌumschlag *m*. **~ frame** *s* Fensterrahmen *m*. **~ jam·ming** *s mil. Radar:* Folienstörung *f*, Verdüppelung *f*. **~ pane** *s* Fensterscheibe *f*. **~ screen** *s* **1.** Fliegenfenster *n*. **2.** Zierfüllung *f* e-s Fensters (*aus Buntglas, Gitter etc*). **~ seat** *s* Fensterplatz *m*. **~ shade** *s Am.* Rouˈleau *n*, Jalouˈsie *f*. **ˈ~-shop** *v/i*: **to go ~ping** e-n Schaufensterbummel machen. **ˈ~-ˌshop·per** *s* j-d, der e-n Schaufensterbummel macht. **~ ˈshut·ter** *s* Fensterladen *m*. **ˈ~-sill** *s* Fensterbrett *n*.

ˈwind|·packed [ˈwɪnd-] *adj*: **~ snow** Preßschnee *m*. **ˈ~-pipe** *s anat.* Luftröhre *f*. **~ ˈpow·er** *s* Windkraft *f*. **ˈ~-proof** *adj* ˌwindˌunˈdurchlässig. **~ rose** *s meteor.* Windrose *f*. **ˈ~-row** *s* **1.** *agr.* a) Schwaden *m* Heu *od.* Getreide, b) Reihe *f* von Garben *od.* Torf *etc*. **2.** (vom Wind zs.-gewehter) Wall von Staub *od.* Laub *etc*. **ˈ~-sail** *s* **1.** *mar.* Windsack *m*. **2.** *tech.* Windflügel *m*. **~ scale** *s meteor.* Windstärkenskala *f*. **ˈ~-screen** *s* **1.** Windschirm *m*. **2.** *mot. Br.* für **windshield.** **ˈ~-shaped** *adj* windschlüpfig. **ˈ~-ˌshield** *s mot. Am.* Windschutzscheibe *f*: **~ washer** Scheibenwaschanlage *f*; **~ wiper** Scheibenwischer *m*. **~ sleeve, ~ sock** *s aer. phys.* Luftsack *m*.

Wind·sor | bean [ˈwɪnzə(r)] *s bot.* Puff-, Saubohne *f*. **~ knot** *s* Windsorknoten *m*. **~ soap** *s* Windsorseife *f* (*braune Toilettenseife*).

ˈwind·surf·ing [ˈwɪnd-] *s* Windsurfing *n*, -surfen *n*. **ˈ~·swept** *adj* **1.** windgepeitscht. **2.** → **windblown** 3, 4. **~ ˈtun·nel** *s aer. phys. tech.* ˈWindkaˌnal *m*. **ˈwind-up** [ˈwaɪndʌp] *s bes. Am.* **1.** Schluß *m*, Ende *n*. **2.** *econ.* Abwicklung *f*, Erledigung *f* (*e-s Geschäftes*).

wind·ward [ˈwɪndwə(r)d] *mar.* **I** *adv* wind-, luvwärts, gegen den Wind. **II** *adj* windwärts gelegen, Luv..., Wind...: **W~ Islands** *geogr.* Inseln vor dem Wind; **~ side** Windseite *f*. **III** *s* Windseite *f*, Luv(-seite) *f*: **to get to the ~ of s.o.** *fig.* sich j-m gegenüber e-n Vorteil verschaffen.

wind·y [ˈwɪndɪ] *adj* (*adv* **windily**) **1.** windig: a) stürmisch, b) zugig: **a ~ place**; **the W~ City** (*Beiname von*) Chicago *n*. **2.** *fig.* a) wortreich, hochtrabend, b) windig, hohl, leer: **~ speeches;** c) geschwätzig. **3.** *med.* blähend. **4.** *bes. Br. colloq.* nerˈvös, ängstlich.

wine [waɪn] *s* **1.** Wein *m*: **new ~ in old bottles** *Bibl.* junger Wein in alten Schläuchen (*a. fig.*); **~, women, and song** Wein, Weib u. Gesang. **2.** gegorener Fruchtsaft. **3.** *pharm.* Mediziˈnalwein *m*. **4.** *univ. Br.* Weinabend *m*. **II** *v/t* **5.** mit Wein versorgen *od.* bewirten: **to ~ and dine** *j-n* fürstlich bewirten. **III** *v/i* **6.** Wein trinken: **to ~ and dine** fürstlich speisen. **ˈ~·bib·ber** *s* Weinsäufer(in). **ˈ~-ˌbot·tle** *s* Weinflasche *f*. **~ cask** *s* Weinfaß *n*. **~ ˈcel·lar** *s* Weinkeller *m*. **~ ˈcool·er** *s* Weinkühler *m*. **~ ˈcra·dle** *s* Weinkorb *m*. **ˈ~-glass** *s* Weinglas *n*. **ˈ~-ˌgrow·er** *s* Weinbauer *m*. **ˈ~-ˌgrow·ing** *s* Wein(an)bau *m*: **~ area** Weinbaugebiet

wine list – wire glass

n. ~ **list** *s* Weinkarte *f.* ~ **mer·chant** *s* Weinhändler *m.* '~**press** *s* Weinpresse *f*, -kelter *f.*
win·er·y ['waɪnərɪ] *s bes. Am.* Weinkelle'rei *f.*
'**wine**|**skin** *s* Weinschlauch *m.* ~ **stone** *s chem.* Weinstein *m.* '~**tast·er** *s* Weinprüfer *m*, -verkoster *m.* '~**tast·ing** *s* Weinprobe *f.* ~ **tav·ern** 'Weinkeller *m*, -lo₁kal *n.* ~ **yeast** *s* Weinhefe *f.*
wing [wɪŋ] **I** *s* **1.** *orn.* Flügel *m* (*a. bot. u. zo.*), Schwinge *f*, Fittich *m* (*a. fig.*): **under s.o.'s ~(s)** unter j-s Fittichen *od.* Schutz; **on the ~** *a*) im Flug, *b*) *fig.* auf Reisen; **on the ~s of the wind** wie der Wind, mit Windeseile; **to add** (*od.* **give, lend**) **~s to** *j-n, etwas* beflügeln (*Hoffnung etc*), *j-m* Beine machen (*Furcht etc*); **to spread** (*od.* **stretch, try**) **one's ~s** *a*) versuchen, auf eigenen Beinen zu stehen, *b*) versuchen, sich durchzusetzen; **to take ~**, *fig. a.* **to take ~s** *a*) davonfliegen, *b*) hastig aufbrechen, *c*) *fig.* beflügelt werden, *d*) *fig.* verrinnen (*Zeit*); → **clip¹** 1, **single** 1. **2.** (Tür-, Fenster- *etc*)Flügel *m.* **3.** *arch.* Flügel *m*, Seitenteil *m* (*e-s Gebäudes*). **4.** *meist pl thea.* 'Seitenku₁lisse *f*: **to wait in the ~s** *fig. a.* auf Abruf bereitstehen. **5.** *aer.* Tragfläche *f.* **6.** *mot. Br.* Kotflügel *m.* **7.** *mar. mil.* Flügel *m* (*e-r Aufstellung*). **8.** *aer. mil.* a) *brit.* Luftwaffe: Gruppe *f*, b) *amer.* Luftwaffe: Geschwader *n*, c) 'Schwinge *f*, Pi'lotenabzeichen *n.* **9.** *sport* Flügel *m*: a) *vorderer linker u. rechter Teil der gegnerischen Spielfeldhälfte*: **on the ~** auf dem Flügel, b) Flügelstürmer *m.* **10.** *pol.* Flügel *m* (*e-r Partei*). **11.** Federfahne *f* (*e-s Pfeils*). **12.** *tech.* Flügel *m.* **13.** 'umgeklappte Ecke (*e-s Eckenkragens*).
II *v/t* **14.** mit Flügeln *etc* versehen. **15.** *fig.* beflügeln. **16.** *e-e Strecke* durch-'fliegen: **to ~ one's way** dahinfliegen; **to ~ itself into a tree** sich auf e-n Baum schwingen (*Vogel*). **17.** ein Geschoß abschießen. **18.** a) *e-n Vogel* anschießen, flügeln, b) *colloq. j-n* (*bes.* am Arm) verwunden *od.* treffen, c) *colloq.* ein Flugzeug anschießen. **19. to ~ it** *Am. sl.* improvisieren.
III *v/i* **20.** fliegen.
wing| **as·sem·bly** *s aer.* Tragwerk *n.* '~**beat** *s* Flügelschlag *m.* ~ **case** *s zo.* Deckflügel *m.* ~ **chair** *s* Ohrensessel *m.* ~ **com·mand·er** *s aer. mil.* **1.** *Br.* Oberst-'leutnant *m* der Luftwaffe. **2.** *Am.* Ge-'schwaderkommo₁dore *m.* ~ **com·pass·es** *s pl a.* **pair of ~** *tech.* Bogenzirkel *m.* ~ **cov·ert** *s orn.* Deckfeder *f.*
wing·ding ['wɪŋdɪŋ] *s bes. Am. sl.* **1.** *med. etc* Anfall *m.* **2.** ,Koller' *m*, Wutanfall *m.* **3.** ,tolle' *od.* große Sache (*Veranstaltung etc*). **4.** ,tolle' Party.
winged [wɪŋd] *adj* **1.** *orn., a. bot.* geflügelt. **2.** Flügel..., (*in Zssgn*) ...flüg(e)lig: **the ~ horse** *myth.* der Pegasus; **~ screw** *tech.* Flügelschraube *f*; **~ words** *fig.* geflügelte Worte; **double-~ building** zweiflügeliges Gebäude. **3.** *fig.* beflügelt, schnell. **4.** *fig.* beschwingt. **5.** *fig.* erhaben, edel, hehr: **~ sentiments.**
'**wing·ed·ly** [-ŋɪdlɪ] *adv.*
wing·er ['wɪŋə(r)] *s sport* Flügelstürmer *m.*
wing| **feath·er** *s orn.* Schwungfeder *f.* ~ **flap** *s aer.* Landeklappe *f.* ~'**foot·ed** *adj obs. fig.* schnell(füßig), beflügelt. ~ -₁**heav·y** *adj aer.* querlastig. ~ **nut** *s tech.* Flügelmutter *f.* '~**o·ver** *s aer.* Immelmann-Turn *m.* ~ **sheath** *s* wing case. '~**span** *s* wingspread **2.** ~ **spread** *s* **1.** *orn.* (Flügel)Spannweite *f.* **2.** *aer.* (Tragflächen)Spannweite *f.* '~**stroke** → wingbeat. ~ **tip** *s aer.* Tragflächenende *n.*

wink [wɪŋk] **I** *v/i* **1.** (mit den Augen) blinzeln, zwinkern: **to ~ at** *a*) *j-m* zublinzeln, *b*) *fig.* ein Auge zudrücken bei *etwas, etwas* ignorieren; **(as) easy as ~ing** *Br. colloq.* kinderleicht; **like ~ing** wie der Blitz. **2.** blinzeln, sich schnell schließen u. öffnen (*Augen*). **3.** blinken, flimmern (*Licht*). **II** *v/t* **4.** blinzeln mit *den Augen.* **5.** *etwas* blinken, durch 'Lichtsi₁gnal(e) anzeigen. **III** *s* **6.** Blinzeln *n*, Zwinkern *n*, Wink *m* (*mit den Augen*): → **tip³** 5. **7.** Augenblick *m*: **in a ~** im Nu; **not to sleep a ~, not to get a ~ of sleep** kein Auge zutun; → **forty** 4. '**wink·er** *s* **1.** Scheuklappe *f* (*e-s Pferdes*). **2.** *bes. Am. colloq.* a) Auge *n*, b) Wimper *f.* **3.** *mot. Br. colloq.* Blinker *m.*
win·kle ['wɪŋkl] **I** *s zo.* (*eßbare*) Strandschnecke. **II** *v/t* ~ **out** *a*) her'ausziehen, -polken, *b*) *colloq. j-n* aussieben *od.* aussondern, *c*) *bes. Br. colloq.* Wahrheit *etc* her'ausholen (*of* aus).
'**win·na·ble** *adj*: **a ~ match** *sport* ein Spiel, das zu gewinnen ist *od.* das eigentlich gewonnen werden müßte.
'**win·ner** *s* **1.** Gewinner(in), *bes. sport* Sieger(in). **2.** sicherer Gewinner, 'Siegeskandi₁dat(in). **3.** erfolgversprechende *od.* ,todsichere' Sache. **4.** ,Schlager' *m*, großartige Sache. **5.** *sport* Siegestor *n*, -treffer *m.*
'**win·ning I** *s* **1.** Gewinnen *n*, Sieg *m.* **2.** *meist pl* Gewinn *m* (*bes. beim Spiel*). **3.** *Bergbau*: a) Grube *f*, b) Abbau *m.* **II** *adj* (*adv* **~ly**) **4.** *bes. sport* siegreich, Sieger..., Sieges...: **~ lead** uneinholbare Führung; **~ goal** → **winner** 5. **5.** entscheidend: **~ hit. 6.** *fig.* gewinnend, einnehmend: **a ~ smile** ein gewinnendes Lächeln. **~ post** *s sport* Zielpfosten *m.*
win·now ['wɪnəʊ] **I** *v/t* **1.** *a.* ~ **out** a) *Getreide* schwingen, sieben, worfeln, b) Spreu scheiden, trennen (*from* von). **2.** *fig.* sichten, sondern. **3.** *fig.* trennen, (unter)'scheiden (*from* von). **II** *s* **4.** Wanne *f*, Futterschwinge *f.* '**win·now·ing** *s* Worfeln *n*, Schwingen *n*: ~ **fan** Kornschwinge *f*; ~ **machine** Worfelmaschine *f.*
wi·no ['waɪnəʊ] *pl* **-nos** *s Am. sl.* Weinsäufer(in).
win·some ['wɪnsəm] *adj* (*adv* **~ly**) **1.** gewinnend, einnehmend: **a ~ smile** ein gewinnendes Lächeln. **2.** (lieb)reizend. **3.** lustig, fröhlich.
win·ter ['wɪntə(r)] **I** *s* **1.** Winter *m*: **in ~** im Winter. **2.** *poet.* Lenz *m*, (Lebens)Jahr *n*: **a man of fifty ~s.** **II** *adj* **3.** winterlich, Winter...: **~ day** Wintertag *m.* **III** *v/i* **4.** über'wintern (*Tiere, Pflanzen*). **5.** den Winter verbringen: **to ~ in Africa. IV** *v/t* **6.** *bes. Pflanzen* über'wintern. **~ corn** *s agr.* Wintergetreide *n.* ~ **crop** *s agr.* Winterfrucht *f.* ~ **fal·low** *s agr.* Winterbrache *f.* '~**fal·low** *agr.* **I** *v/t* Land im Winter brachen. **II** *adj* winterbrach. ~ **gar·den** *s* Wintergarten *m.*
win·ter·i·ness ['wɪntərɪnɪs] → wintriness.
win·ter·ize ['wɪntə₁raɪz] *v/t Am.* auf den Winter vorbereiten, *bes. mot.* winterfest machen.
'**win·ter**|**kill** *v/t u. v/i agr. bes. Am.* erfrieren (lassen). '~**like** → winterly.
win·ter·li·ness ['wɪntə(r)lɪnɪs] *s* (*das*) Winterliche. '**win·ter·ly** *adj* winterlich.
'**win·ter**|**proud** *adj agr.* vorzeitig grün. ~ **quar·ters** *s pl* 'Winterquar₁tier *n.* ~ **sports** *s pl* Wintersport *m.* ~ **term** *s univ.* 'Winterse₁mester *n.* '~**tide**, '~**time** *a.* '**~tide** Winter(zeit *f*) *m.* '~**weight** *adj* winterlich, Winter...: ~ **clothes** Winterkleidung *f.* ~ **wheat** *s agr.* Winterweizen *m.*
win·ter·y ['wɪntərɪ] → wintry.
win·tri·ness ['wɪntrɪnɪs] *s* Kälte *f*, Fro-

stigkeit *f* (*a. fig.*). '**win·try** [-trɪ] *adj* **1.** winterlich, frostig: ~ **weather. 2.** *fig.* a) freudlos, trüb(e), b) alt, weißhaarig, c) frostig: **a ~ smile.**
win·y ['waɪnɪ] *adj* **1.** Wein... **2.** weinselig, angeheitert.
winze [wɪnz] *s Bergbau*: Wetterschacht *m.*
wipe [waɪp] **I** *v/t* (Ab)Wischen *n*: **to give s.th. a ~** *etwas* abwischen. **2.** *colloq.* a) ,Pfund' *n* (*harter Schlag*), b) *fig.* Seitenhieb *m.* **3.** *obs. sl.* Taschentuch *n.* **4.** *Film, TV*: 'Tricküber₁blendung *f.* **II** *v/t* **5.** (ab-, sauber-, trocken)wischen, abreiben, reinigen: **to ~ s.o.'s eye** (**for him**) *sl. j-n* ausstechen; **to ~ the floor with s.o.** *colloq.* mit *j-m* ,Schlitten fahren', *j-n* ,fertigmachen'. **6.** *oft* **~ away, ~ off** ab-, wegwischen: **~ that silly grin off your face!** *colloq.* hör auf, so blöd zu grinsen!; **the smile was ~d off his face** *colloq.* ihm ist das Lachen vergangen. **7.** *oft* **~ off** *fig.* bereinigen, tilgen, auslöschen, *Rechnung* begleichen: **to ~ s.th. off the slate** *fig.* etwas vergessen *od.* begraben. **8.** wischen mit (**over, across** über *acc*). **9.** *tech.* weichlöten.
Verbindungen mit Adverbien:
wipe|**out** *v/t* **1.** auswischen: **to ~ a jug. 2.** wegwischen, (aus)löschen, tilgen (*a. fig.*): **to ~ a disgrace** e-n Schandfleck tilgen, e-e Scharte auswetzen. **3.** *Gewinn etc* zu'nichte machen. **4.** *e-e Armee, Stadt etc* ,ausra₁dieren', -e-e Rasse ausrotten. ~ **up** *v/t* **1.** aufwischen. **2.** *Geschirr* (ab-)trocknen.
wipe| **break, ~ break·er** *s electr.* 'Schleif-, 'Wischkon₁taktunter₁brecher *m.* ~ **joint** *s tech.* (Weich)Lötstelle *f.*
'**wip·er** *s* **1.** Wischer *m* (*Person od. Vorrichtung*). **2.** Wischtuch *n.* **3.** *tech.* a) Hebedaumen *m*, b) Abstreifer *m*, c) *electr.* Kon'taktarm *m*, Schleifer *m.* **4.** → wipe 2 u. 3.
wire ['waɪə(r)] **I** *s* **1.** Draht *m.* **2.** *electr.* Leitung(sdraht *m*) *f*: → **live wire** 1. **3.** *electr.* (Kabel)Ader *f.* **4.** Drahtgitter *n*, -netz *n.* **5.** a) Tele'grafennetz *n*, b) *colloq.* Tele'gramm *n*: **by ~** telegrafisch, c) Tele'fonnetz *n.* **6.** *mus.* Drahtsaite(n *pl*) *f.* **7.** *pl* Drähte *pl* (*e-s Marionettenspiels*), b) *fig.* geheime Fäden *pl*, Beziehungen *pl*: **to pull the ~s** a) der Drahtzieher sein, b) s-e Beziehungen spielen lassen; **to pull** (**the**) **~s for office** sich durch Beziehungen e-e Stellung verschaffen. **8.** *opt.* Faden *m* (*im Okular*). **II** *adj* **9.** Draht... **III** *v/t* **10.** mit Draht(geflecht) versehen. **11.** mit Draht (an-, zs.-)binden *od.* befestigen. **12.** *electr.* Leitungen (ver)legen in (*dat*), (be)schalten, verdrahten: **to ~** anschließen an (*acc*). **13.** *colloq.* e-e Nachricht *od. j-m* telegra'fieren. **14.** *hunt.* mit Drahtschlingen fangen. **IV** *v/i* **15.** *colloq.* telegra'fieren: **to ~ away** (*od.* **in**) *sl.* sich ins Zeug legen, ,loslegen'.
wire| **bridge** *s tech.* Drahtseilbrücke *f.* ~ **brush** *s* Drahtbürste *f.* ~ **cloth** *s tech.* Drahtgewebe *n.* ~ **cut·ter** *s tech.* **1.** *pl a.* **pair of ~s** Drahtschere *f.* **2.** Drahtschneider *m* (*Arbeiter od. Werkzeug*).
wired ['waɪə(r)d] *adj* **1.** *electr.* verdrahtet, mit (Draht)Leitungen versehen: ~ **music** Musik *f* über Drahtfunk; ~ **radio**, ~ **wireless** Drahtfunk *m.* **2.** mit Draht verstärkt: ~ **glass** Drahtglas *n.* **3.** mit e-m Drahtgeflecht *od.* -zaun um'geben.
'**wire**|**draw** *v/t irr* **1.** *tech.* Metall drahtziehen. **2.** *fig.* a) in die Länge ziehen, b) verzerren, entstellen (**into** zu), c) *ein Argument* über'spitzen, ausklügeln. ~ **drawn** *adj fig.* a) langatmig, b) spitzfindig, ausgeklügelt, über'spitzt. ~ **en·tan·gle·ment** *s mil.* Drahtverhau *m.* ~ **ga(u)ge** *s tech.* Drahtlehre *f.* ~ **gauze** *s tech.* Drahtgaze *f*, -gewebe *n.* ~ **glass** *s*

Drahtglas n. ~ **gun** s mil. Drahtrohr n. '~**hair** s zo. Drahthaarterrier m. '~**haired** adj Drahthaar...: ~ **terrier**.
wire·less ['waɪə(r)lɪs] electr. **I** adj **1.** drahtlos, Funk...: ~ **message** Funkspruch m, -meldung f. **2.** bes. Br. Radio..., Rundfunk...: ~ **set** → **3.** II s **3.** bes. Br. 'Radio(appa₁rat m) n: on the ~ im Radio od. Rundfunk. **4.** abbr. für wireless telegraphy, wireless telephony, etc. III v/t **5.** bes. Br. e-e Nachricht etc funken. **IV** v/i **6.** bes. Br. drahtlos tele'grafieren, funken. ~**car** s Br. Funkstreifenwagen m. '~-**con₁trolled** adj funkferngesteuert. ~ **op·er·a·tor** s aer. (Bord-) Funker m. ~ (**re·ceiv·ing**) **set** s (Funk-) Empfänger m. ~ **sta·tion** s electr. (a. 'Rund)Funkstati₁on f. ~ **te·leg·ra·phy** s drahtlose Telegra'fie, 'Funktelegra₁fie f. ~ **tel·e·phone** s 'Funktele₁fon n, -fernsprecher m. ~ **te·leph·o·ny** s drahtlose Telefo'nie, 'Funktelefo₁nie f.
'**wire**·**man** [-mən] s irr bes. Am. **1.** tech. a) Tele'grafen-, Tele'fonarbeiter m, b) Elektroinstalla₁teur m. **2.** A'bhörspezia₁list m. ~ **mi·crom·e·ter** s phys. tech. 'Fadenmikro₁meter n. ~ **nail** s tech. Drahtnagel m, -stift m. ~**net·ting** s tech. **1.** Drahtnetz n, -geflecht n. **2.** pl Maschendraht m. '~-**pho·to** s 'Bildtele₁gramm n, Funkfoto n. ~ **pli·ers** s pl a. ~ tech. Drahtzange f. '~**pull·er** s fig. Drahtzieher m. '~**pull·ing** s fig. Drahtziehen n. ~ **re·cord·er** s electr. hist. Drahttonaufnahme)gerät n. ~**rod** s tech. Walz-, Stabdraht m. ~ **rope** s Drahtseil n. ~ **rope·way** s Drahtseilbahn f. ~ **ser·vice** s bes. Am. 'Nachrichtenagen₁tur f. ~ **tap** bes. Am. **I** v/t u. v/i **1.** (j-s) Tele'fongespräche abhören, (j-s) Leitung(en) anzapfen. **2.** (v/t) sich durch Abhören Informationen etc verschaffen. II s **3.** Abhören n, Anzapfen n. III adj **4.** durch Abhören erlangt: ~ **information**. **5.** Abhör...: ~ **scandal**; ~ **operation** Abhöraktion f, Lauschangriff m. '~**tap·per** s bes. Am. Abhörer m, Anzapfer m. '~**tap·ping** s bes. Am. Abhören n, Anzapfen n: ~ **operation** Abhöraktion f, Lauschangriff m. ~ **tram·way** → wire ropeway. '~**walk·er** s bes. Am. 'Drahtseilakro₁bat(in), Seiltänzer(in). ~ **wheel** s mot. Sportfelgen. ~ **wool** s Stahlwolle f. '~**worm** s zo. Drahtwurm m. '~-**wove** adj **1.** Velin...: ~ **paper**. **2.** aus Draht geflochten.
wir·i·ness ['waɪərɪnɪs] s fig. Drahtigkeit f, Zähigkeit f.
wir·ing ['waɪərɪŋ] s **1.** Befestigen n mit Draht. **2.** electr. a) Verdrahtung f, (Be-) Schaltung f, b) Leitungsnetz n: ~ **diagram** Schaltplan m, -schema n.
wir·y ['waɪərɪ] adj **1.** Draht..., **2.** drahtig: ~ **hair**. **3.** fig. drahtig, zäh. **4.** a) vi'brierend, b) me'tallisch: ~ **sound**.
wis·dom ['wɪzdəm] s **1.** Weisheit f, Klugheit f: to **talk** ~ weise reden. **2.** obs. Gelehrsamkeit f. **3.** Bibl. a) W~, a. W~ **of Solomon** die Sprüche pl Salomons, b) W~ **of Jesus, Son of Sirach** (das) Buch Jesus Sirach. ~ **tooth** s irr Weisheitszahn m: to **cut one's wisdom teeth** fig. erwachsen od. vernünftig werden.
wise[1] [waɪz] **I** adj (adv **wisely**) **1.** weise, klug, einsichtig, erfahren: it's **easy to be** ~ **after the event** hinterher kann man leicht klüger sein. **2.** gescheit, verständig: to **be none the** ~r (**for it**) nicht klüger sein als zuvor; **without anybody being the** ~r for it ohne daß es jemand gemerkt hätte. **3.** wissend, unter'richtet: to **be** ~ to colloq. Bescheid wissen über (acc), j-n od. etwas durchschaut haben; to **get** ~ to colloq. etwas 'spitzkriegen'; j-m auf die Schliche kom-

men; to **put s.o.** ~ **to** sl. j-m etwas 'stecken'. **4.** schlau, gerissen. **5.** colloq. neunmalklug: ~ **guy** 'Klugscheißer' m. **6.** obs. in der Hexenkunst bewandert: ~ **man** Zauberer m; ~ **woman** a) Hexe f, b) Wahrsagerin f, c) weise Frau (Hebamme). **II** v/t **7.** ~ **up** bes. Am. colloq. j-n infor'mieren, aufklären (to über acc). III v/i **8.** to ~ **up** to bes. Am. colloq. a) sich informieren über (acc), b) etwas 'spitzkriegen'.
wise[2] [waɪz] s obs. Art f, Weise f: **in any** ~ auf irgendeine Weise; **in no** ~ in keiner Weise, keineswegs; **in this** ~ auf diese Art u. Weise.
-wise [waɪz] Wortelement mit den Bedeutungen: a) ...artig, nach Art von, b) ...weise, c) colloq. ...mäßig.
'**wise**||**a·cre** s Neunmalkluge(r m) f, Besserwisser(in). '~**crack** colloq. **I** s witzige od. treffende Bemerkung, Witze'lei f. **II** v/i witzeln, 'flachsen'. '~**crack·er** colloq. Witzbold m. '~-**head** → wiseacre.
'**wise·ly** adv **1.** weise (etc; → wise[1] 1 u. 2). **2.** kluger-, vernünftigerweise. **3.** (wohl-) weislich.
wish [wɪʃ] **I** v/t **1.** (sich) wünschen. **2.** wollen, wünschen: **I** ~ **I were there** ich wollte, ich wäre dort; to ~ **s.o. further** (od. **at the devil**) j-n zum Teufel wünschen; to ~ **o.s. home** sich nach Hause sehnen. **3.** hoffen: **it is to be** ~**ed** es ist zu hoffen od. zu wünschen. **4.** j-m Glück, Spaß etc wünschen: to ~ **s.o. well** (ill) j-m Gutes (Böses) wünschen, j-m wohl- (übel)wollen; to ~ **s.o. good morning** j-m guten Morgen wünschen; to ~ **s.o.** (**s.th.**) **on** **s.o.** j-m j-n (etwas) aufhalsen; **I wouldn't** ~ **that on my worst enemy** das würde ich nicht einmal m-m ärgsten Feind wünschen; → **joy** 1. **5.** j-n ersuchen, bitten (**to** zu). **II** v/t **6.** (for) sich sehnen (nach), wünschen (acc): **I have been** ~**ing for you to come** ich habe mir gewünscht, daß du kommst; **he cannot** ~ **for anything better** er kann sich nichts Besseres wünschen. III s **7.** Wunsch m: a) Verlangen n (**for** nach), b) Bitte f (**for** um), c) (das) Gewünschte: **you shall have your** ~ du sollst haben, was du dir wünschst; → **father** 5. **8.** pl (gute) Wünsche pl, Glückwünsche pl. '~**bone** s **1.** orn. Brust-, Gabelbein n. **2.** mot. Dreiecklenker m: ~ **suspension** Schwingarmfederung f.
'**wish·ful** adj (adv ~**ly**) **1.** vom Wunsch erfüllt, begierig (**to do** zu tun): ~ **thinking** Wunschdenken n. **2.** sehnsüchtig.
'**wish·ing**||**bone** → wishbone 1. ~**cap** s Zauber-, Wunschkappe f.
wish·wash ['wɪʃwɒʃ; Am. a. -₁wɑʃ] s **1.** labberiges Zeug (Getränk etc). **2.** fig. leeres Geschwätz, fades Geschreibsel.
wish·y-wash·y ['wɪʃɪ₁wɒʃɪ; Am. a. -₁wɑ-] adj labberig: a) wäßrig, b) fig. saft- u. kraftlos, seicht: ~ **style**.
wisp [wɪsp] s **1.** (Stroh- etc)Wisch m, (Heu-, Haar)Büschel n, (Haar)Strähne f. **2.** Handfeger m, kleiner Besen. **3.** Strich m, Zug m (Vögel). **4.** Fetzen m, Streifen m: a ~ **of a boy** ein schmächtiges Bürschchen. **5.** fig. Andeutung f, Anflug m: ~ **of a smile**. '**wisp·y** adj **1.** büschelig: ~ **hair** dünne Haarbüschel. **2.** dünn, schmächtig.
wist [wɪst] pret u. pp von wit[2].
wis·ta·ri·a [wɪ'steərɪə], **wis·te·ri·a** [wɪ'stɪərɪə] s bot. Gly'zine f.
'**wist·ful** adj (adv ~**ly**) **1.** sehnsüchtig, wehmütig. **2.** nachdenklich, versonnen. '**wist·ful·ness** s **1.** Sehnsucht f, Wehmut f. **2.** Nachdenklichkeit f.
wit[1] [wɪt] s **1.** oft pl Verstand m, Intelli'genz f. **2.** oft pl Verstand m: to **be at one's** ~**'s** (od. ~**s'**) **end** mit s-r

Weisheit am Ende sein; to **have one's** ~**s about one** s-e 5 Sinne od. s-n Verstand beisammenhaben; to **have the** ~ **to** Verstand genug haben zu; to **keep one's** ~**s about one** e-n klaren Kopf behalten; to **live by one's** ~**s** sich mehr oder weniger ehrlich durchs Leben schlagen; **out of one's** ~**s** von Sinnen, verrückt. **3.** Witz m, Geist m, E'sprit m. **4.** geistreicher Mensch, witziger Kopf. **5.** obs. a) kluge Per'son, b) geistige Größe, c) Witz m, witziger Einfall.
wit[2] [wɪt] **1.** u. **3.** sg pres **wot** [wɒt; Am. wɑt], **2.** sg pres **wost** [wɒst; Am. wɑst], pl pres **wist** [wɪst], pret u. pp **wist** [wɪst] v/t u/i **1.** obs. wissen. **2.** to ~ bes. jur. das heißt, nämlich.
wit·an ['wɪtən; Am. 'wɪ₁tɑn] s pl hist. **1.** Mitglieder pl witenagemot(e). **2.** (als sg konstruiert) → witenagemot(e).
witch[1] [wɪtʃ] **I** s **1.** Hexe f, Zauberin f: → **cauldron**, **Sabbath**. **2.** fig. contp. alte Hexe. **3.** betörendes Wesen, bezaubernde Frau. **II** v/t **4.** be-, verhexen.
witch[2] [wɪtʃ] s bot. Baum m mit biegsamen Zweigen, bes. a) → **wych elm**, b) Eberesche f.
'**witch**||**craft** s **1.** Hexe'rei f, Zaube'rei f. **2.** Zauber(kraft f) m. ~ **doc·tor** s Medi'zinmann m. ~ **elm** → wych elm.
witch·er·y ['wɪtʃərɪ] s **1.** → witchcraft. **2.** fig. Zauber m.
witch hunt s bes. pol. Hexenjagd f (**for**, **against** auf acc).
'**witch·ing** adj (adv ~**ly**) → bewitching. **II** s Hexe'rei f.
wite [waɪt] pl pres von wit[2].
wit·e·na·ge·mot(e) [₁wɪtɪnəgɪ'məʊt] s hist. gesetzgebende Versammlung im Angelsachsenreich.
with [wɪð; wɪθ] prep **1.** (zu'sammen) mit: **he went** ~ **his friends**. **2.** (in Übereinstimmung) mit, für: **he that is not** ~ **me is against me** wer nicht für mich ist, ist gegen mich; **I am quite** ~ **you** ich bin ganz Ihrer Ansicht od. auf Ihrer Seite, a. ich verstehe Sie sehr gut; **vote** ~ **the Conservatives!** stimmt für die Konservativen!; **blue does not go** ~ **green** blau paßt nicht zu grün. **3.** mit (besitzend): **a vase** ~ **handles**; **a man** ~ **a sinister expression**; ~ **no hat** (**on**) ohne Hut. **4.** mit (vermittels): **to cut** ~ **a knife**; **to fill** ~ **water**. **5.** mit (Art u. Weise): **to fight** ~ **courage**; ~ **a smile**; ~ **the door open** bei offener Tür. **6.** mit (in derselben Weise, im gleichen Grad, zur selben Zeit**): their power increases** ~ **their number**; **to rise** ~ **the sun**. **7.** bei: **to sit** (**sleep**) ~ **s.o.**; **to work** ~ **a firm**; **I have no money** ~ **me**. **8.** (kausal) durch, vor (dat), an (dat): **to die** ~ **cancer** an Krebs sterben; **stiff** ~ **cold** steif vor Kälte; **to tremble** ~ **fear** vor Angst zittern. **9.** bei, für: ~ **God all things are possible** bei Gott ist kein Ding unmöglich. **10.** von, mit (Trennung): → **break with**, etc. **11.** gegen, mit: to **fight** ~ **s.o. 12.** bei, auf seiten (gen): **it rests** ~ **you to decide** die Entscheidung liegt bei dir. **13.** nebst, samt: ~ **all expenses**. **14.** trotz: ~ **the best intentions, he failed completely**; ~ **all her brains** bei all ihrer Klugheit. **15.** gleich (dat), wie: **to have the same faith** ~ **s.o.** denselben Glauben wie j-d haben. **16.** angesichts (gen); in Anbetracht der Tatsache, daß: **you can't leave** ~ **your mother so ill** du kannst nicht weggehen, wenn d-e Mutter so krank ist. **17.** ~ **it** colloq. a) 'auf Draht', 'auf der Höhe': **get** ~ **it!** sei auf Draht!, b) up to date, modern.
with·al [wɪ'ðɔːl] obs. **I** adv außerdem, obendrein, da'zu, da'bei. **II** prep (nach-

gestellt) mit: **a sword to fight ~** ein Schwert, um damit zu kämpfen.
with·draw [wɪðˈdrɔː; wɪθ-] *irr* **I** *v/t* **1. (from)** zu'rückziehen, -nehmen (von, aus): a) wegnehmen, entfernen (von, aus), *den Schlüssel etc, a. mil. Truppen* abziehen, her'ausnehmen (aus), b) entziehen (*dat*), c) einziehen, d) *fig. e-n Auftrag, e-e Aussage etc* wider'rufen: **to ~ a motion** e-n Antrag zurückziehen; **to ~ money from circulation** Geld aus dem Verkehr ziehen; **to ~ s.th. from s.o.** j-m etwas entziehen; **to ~ o.s.** sich zu'rückziehen. **2.** *econ.* a) Geld abheben, *a. Kapital* entnehmen, b) e-n Kredit kündigen. **II** *v/i* **3. (from)** sich zu'rückziehen (von, aus): a) sich entfernen, b) zu'rückgehen, *mil. a.* sich absetzen, c) zu'rücktreten (von *e-m Posten, Vertrag*), d) austreten (aus *e-r Gesellschaft etc*), e) *fig.* sich distan'zieren (von *j-m, e-r Sache*): **to ~ into** (*od.* **within**) **o.s.** *fig.* sich in sich selbst zurückziehen. **4.** *sport* auf den Start verzichten. **with'draw·al** *s* **1.** Zu'rückziehung *f*, -nahme *f* (*a. mil. von Truppen*): **~ of orders** *econ.* Zurücknahme von Bestellungen; **~ (from circulation)** Einziehung *f*, Außerkurssetzung *f*. **2.** *econ.* (Geld)Abhebung *f*, Entnahme *f*. **3.** *bes. mil.* Ab-, Rückzug *m*. **4. (from)** Rücktritt *m* (von *e-m Amt, Vertrag etc*), Ausscheiden *n* (aus). **5.** *fig.* Zu'rücknahme *f*, Wider'rufung *f*: **~ of a statement. 6.** Entzug *m*: **~ of privileges. 7.** *med.* Entziehung *f*: **~ cure** Entziehungskur *f*; **~ symptoms** Entziehungs-, Ausfallserscheinungen, Abstinenzsymptome *pl*. **8.** *sport* Startverzicht *m*.
with'draw·ing room *obs. für* drawing room.
with'drawn I *pp von* withdraw. **II** *adj* **1.** *psych.* introver'tiert, in sich gekehrt. **2.** zu'rückgezogen, iso'liert.
withe [wɪð; wɪð; waɪð] *s* Weidenrute *f*.
with·er [ˈwɪðə(r)] **I** *v/i* **1.** *oft* **~ up** (ver)welken, verdorren, austrocknen. **2.** *fig.* a) vergehen: **beauty ~s**, b) zu'rückgehen, verfallen: **the textile industry ~ed**, c) *oft* **~ away** schwinden: **his influence** (**hopes**, *etc*) **~ed. II** *v/t* **3.** (ver)welken lassen, ausdörren, -trocknen: **age cannot ~ her** das Alter kann ihr nichts anhaben. **4.** *j-n* mit *e-m Blick etc, a. j-s Ruf* vernichten: **she ~ed him with a look** sie warf ihm e-n vernichtenden Blick zu.
'with·ered *adj* **1.** verwelkt, welk, ausgetrocknet. **2.** verhutzelt, schrump(e)lig: **a ~ face. 'with·er·ing** (*adv* **~ly**) **1.** ausdörrend. **2.** *fig.* vernichtend: **~ look.**
with·er·ite [ˈwɪðəraɪt] *s min.* Withe'rit *m*.
with·ers [ˈwɪðə(r)z] *s pl zo.* 'Widerrist *m* (*des Pferdes etc*): **my ~ are unwrung** *fig.* das trifft mich nicht.
with'hold *v/t irr* **1.** zu'rück-, abhalten (**s.o. from s.th.** j-n von etwas): **to ~ o.s. from s.th.** sich e-r Sache enthalten. **2.** vorenthalten, versagen (**s.th. from s.o.** j-m etwas), zu'rückhalten mit: **to ~ one's consent** s-e Zustimmung versagen; **~ing tax** *econ. Am.* im Quellenabzugsverfahren erhobene (Lohn- *etc*) Steuer.
with·in I *prep* **1.** innerhalb (*gen*), in (*dat od. acc*) (*beide a. zeitlich binnen*): **~ doors**, **~ the house** a) im Hause, innerhalb des Hauses, drinnen, b) ins Haus, hinein; **~ 3 hours** binnen *od.* in nicht mehr als 3 Stunden; **~ a week of his arrival** e-e Woche nach *or* s-r Ankunft; **he is ~ a month as old as I** er ist nicht mehr als e-n Monat älter *od.* jünger als ich. **2.** im *od.* in den Bereich von: **~ the meaning of the Act** im Rahmen des Gesetzes; **~ my powers** a) im Rahmen m-r Befug-

nisse, b) soweit es in m-n Kräften steht; **~ o.s.** *sport* ohne sich zu verausgaben *od.* voll auszugeben. **3.** im 'Umkreis von, nicht weiter (entfernt) als: **~ 5 miles**; **a mile of** bis auf e-e Meile von; → **ace 4. II** *adv* **4.** (dr)innen, drin, im Innern: **~ and without** innen u. außen; **black ~ 5.** a) im *od.* zu Hause, drinnen, b) ins Haus, hin'ein. **6.** *fig.* innerlich, im Innern: **to be furious ~. III** *s* **7.** (*das*) Innere.
with'out I *prep* **1.** ohne **(doing** zu tun): **~ difficulty**; **~ his finding me** ohne daß er mich fand *od.* findet; → **do without, go without. 2.** außerhalb, jenseits (*gen*), vor (*dat*): **~ the gate** vor dem Tor. **II** *adv* **3.** außen, außerhalb, draußen, äußerlich. **4.** ohne: **to go ~** leer ausgehen. **III** *s* **5.** (*das*) Äußere: **from ~** von außen. **IV** *conj* **6.** *a.* **~ that** *obs. colloq.* a) wenn nicht, außer wenn, b) ohne daß.
with'stand *irr* **I** *v/t* wider'stehen (*dat*): a) sich wider'setzen (*dat*), 'Widerstand leisten (*dat*), b) aushalten (*acc*), standhalten (*dat*). **II** *v/i* 'Widerstand leisten.
with·y [ˈwɪði] **I** *s* **1.** → withe. **2.** *bot.* Korbweide *f*. **II** *adj* **3.** Weiden... **4.** *fig.* drahtig, zäh.
'wit·less *adj* (*adv* **~ly**) **1.** geist-, witzlos. **2.** dumm, einfältig. **3.** verrückt. **4.** ahnungslos. **'wit·less·ness** *s* **1.** Geistlosigkeit *f*. **2.** Dummheit *f*.
wit·ling [ˈwɪtlɪŋ] *s obs. contp.* geistloser Witzbold.
wit·ness [ˈwɪtnɪs] **I** *s* **1.** Zeuge *m*, Zeugin *f* (*beide a. jur. u. fig.*): **to be a ~ of s.th.** Zeuge von etwas sein; **to call s.o. to ~** j-n als Zeugen anrufen; **a living ~ to** ein lebender Zeuge (*gen*); **~ for the prosecution** (*Br. a.* **for the Crown**) *jur.* Belastungszeuge; **~ for the defence** (*Am. defense*) *jur.* Entlastungszeuge; **~ prosecute 5. 2.** Zeugnis *n*, Bestätigung *f*, Beweis *m* (**of**, **to** *gen od.* **für**): **in ~ whereof** *jur.* urkundlich *od.* zum Zeugnis dessen. **3. W~** *relig.* Zeuge m Je'hovas. **II** *v/t* **4.** bezeugen, bestätigen, beweisen: **~ Shakespeare** siehe Shakespeare; **~ my hand and seal** *jur.* urkundlich dessen m-e Unterschrift u. mein Siegel; **this agreement ~eth** *jur.* dieser Vertrag beinhaltet. **5.** Zeuge sein von, zu'gegen sein bei, (mit)erleben (*a. fig.*): **this year has ~ed many changes** dieses Jahr sah (*od.* brachte) viele Veränderungen. **6.** *fig.* zeugen von, Zeuge sein von, Zeugnis ablegen von. **7.** *jur.* a) *j-s Unterschrift* beglaubigen, *ein Dokument* als Zeuge unter'schreiben, b) *ein Dokument* 'unterschriftlich beglaubigen. **8.** denken an (*acc*): **~ the fact that** denken Sie nur daran, daß. **III** *v/i* **9.** zeugen, Zeuge sein, Zeugnis ablegen, *jur. a.* aussagen (**against** gegen; **for**, **to** für): **to ~ s.th.** *fig.* etwas bezeugen. **~ box**, *bes. Am.* **~ stand** *s jur.* Zeugenstand *m*.
wits·ter [ˈwɪtstə(r)] *s* geistreicher Mensch, witziger Kopf.
wit·ted [ˈwɪtɪd] *adj* (*in Zssgn*) denkend, ...sinnig: → **half-witted**, *etc*.
wit·ti·cism [ˈwɪtɪsɪzəm] *s* witzige Bemerkung.
wit·ti·ness [ˈwɪtɪnɪs] *s* Witzigkeit *f*.
wit·ting [ˈwɪtɪŋ] *adj* (*adv* **~ly**) **1.** **to be ~ of s.th.** von etwas Kenntnis haben *od.* wissen. **2.** wissentlich: **a ~ insult**.
wit·tol [ˈwɪtl] *s obs.* Hahnrei *m*.
wit·ty [ˈwɪtɪ] *adj* (*adv* **wittily**) witzig, geistreich.
wive [waɪv] *obs.* **I** *v/i* **1.** e-e Frau nehmen, heiraten. **II** *v/t* **2.** e-n Mann verheiraten. **3.** ehelichen.
wi·vern [ˈwaɪvɜːn; *Am.* -vərn] *s her.* geflügelter Drache.
wives [waɪvz] *pl von* wife.

wiz [wɪz] *colloq. für* wizard 2.
wiz·ard [ˈwɪzə(r)d] **I** *s* **1.** Hexenmeister *m*, Zauberer *m* (*beide a. fig.*). **2.** *fig.* Ge-ˈnie *n*, Leuchte *f*: **a ~ at mathematics** in Mathematik. **3.** *obs.* Weise(r) *m*. **II** *adj* **4.** magisch, Zauber..., Hexen... **5.** *bes. Br. colloq.* ˈphanˈtastisch', erstklassig, 'Bomben...' **'wiz·ard·ry** [-rɪ] *s* Zaubeˈrei *f*, Hexeˈrei *f* (*a. fig.*).
wiz·en [ˈwɪzn], **'wiz·ened** *adj* verhutzelt, schrump(e)lig: **a ~ face.**
wo[1] *obs. für* woe.
wo[2], **woa** [wəʊ] *interj* brr! (*halt*) (*zum Pferd*).
woad [wəʊd] **I** *s* **1.** *bot.* Färberwaid *m*. **2.** *tech.* Waid *m* (*blaue Farbe aus den Blättern von* 1). **II** *v/t* **3.** mit Waid färben.
wob·ble [ˈwɒbl; *Am.* ˈwɑ-] **I** *v/i* **1.** wakkeln, schwanken (*a.* Stimme *u. fig.* **between** zwischen). **2.** schlottern (*Knie etc*). **3.** *tech.* a) flattern (*Rad*), b) Schallplatte: ˈeiern'. **II** *v/t* **4.** wackeln an (*dat*): **to ~ the table. III** *s* **5.** Wackeln *n*, Schwanken *n* (*a. fig.*). **6.** *tech.* Flattern *n*. **~ pump** *s aer.* Taumelscheibenpumpe *f*.
wob·bly [ˈwɒblɪ; *Am.* ˈwɑ-] *adj* wack(e)lig, unsicher: **he is still a bit ~ on his legs.**
wob·bu·la·tor [ˈwɒbjʊleɪtə(r); *Am.* ˈwɑbjə-] *s Meßtechnik:* Wobbler *m*, ˈWobbelgeneˌrator *m*.
wo·be·gone *obs. für* woebegone.
wodge [wɒdʒ] *s Br. colloq.* **1.** Brocken *m*. **2.** Knäuel *m*, *n* (*Papier*). **3.** Stoß *m* (*Akten etc*).
woe [wəʊ] **I** *interj* wehe!, ach! **II** *s* Weh *n*, Leid *n*, Kummer *m*, Not *f*: **face of ~** jämmerliche Miene; **tale of ~** Leidensgeschichte *f*; **~ is me!** wehe mir!; **~ be to ...!**, **~ betide ...!** wehe (*dat*)!, verflucht sei(en) ...!; → **weal**[1] 1. **'woe·be·gone** [ˈwəʊbɪɡɒn; -ˌɡɒn] *adj* **1.** leid-, kummer-, jammervoll, vergrämt. **2.** verwahrlost, herˈuntergekommen.
'woe·ful, *obs.* **'wo·ful** *adj* (*adv* **~ly**) **1.** *rhet. od. humor.* kummer-, sorgenvoll. **2.** elend, jammervoll. **3.** *contp.* erbärmlich, jämmerlich, kläglich.
wog [wɒɡ] *s Br. sl. contp.* Ausländer *m*, *bes.* Farbige(r) *m*.
woke [wəʊk] *pret von* wake[2]. **'wok·en** *pp von* wake[2].
wold[1] [wəʊld] *s* **1.** hügeliges Land. **2.** Hochebene *f*.
wold[2] [wəʊld] *obs. pp von* will[1].
wolf [wʊlf] **I** *pl* **wolves** [-vz] *s* **1.** *zo.* Wolf *m*: **to cry ~** *fig.* blinden Alarm schlagen; **to have** (*od.* **hold**) **a ~ by the ears** *fig.*, in der Klemme sein *od.* sitzen *od.* stecken'; **to keep the ~ from the door** *fig.* sich über Wasser halten; **to throw s.o. to the wolves** *fig.* j-n über die Klinge springen lassen; **a ~ in sheep's clothing** ein Wolf im Schafspelz. **2.** *fig.* a) Wolf *m*, räuberische *od.* gierige Perˈson, b) *colloq.* ˈCasaˈnova' *m*, Schürzenjäger *m*, c) lone ~ Einzelgänger *m* (*a. Tier*). **3.** *Am.* → **cub 5. 4.** *mus.* Dissoˈnanz *f*. **II** *v/t* **5.** *a.* **~ down** Speisen (gierig) ver-, hinˈunterschlingen. **III** *v/i* **6.** Wölfe jagen. **7.** *Am. colloq.* hinter den Weibern 'hersein. **~·bane** → **wolfsbane. ~ call** *s Am. colloq.* bewundernder Pfiff *m*. Ausruf *m* beim Anblick e-r attraktiven Frau. **~ cub** *s* **1.** *zo.* junger Wolf. **2.** *obs. für* cub 5. **~ dog**, **'~·hound** *s zo.* Wolfshund *m*.
'wolf·ish *adj* (*adv* **~ly**) **1.** wölfisch (*a. fig.*), Wolfs...: **~ appetite** Wolfshunger *m*; **he's got a ~ appetite** er hat Hunger wie ein Wolf. **2.** wild, (raub)gierig, gefräßig.
wolf pack *s* **1.** *zo.* Wolfsrudel *n*. **2.** *mar. mil.* Rudel *n* U-Boote.
wolf·ram [ˈwʊlfrəm] *s* **1.** *chem.* Wolfram *n*. **2.** *min.* → **wolframite. 'wolf·ram·ate** [-meɪt] *s chem.* wolframsaures Salz.

wolf·ram·ite [-maɪt] *s min.* Wolframit *m.*

wolfs·bane ['wʊlfsbeɪn] *s bot. (bes.* Gelber*)* Eisenhut.

'wolf's|-claw ['wʊlfs-] *s, a.* **~-foot** *s irr bot.* Bärlapp *m.* **'~-milk** *s bot.* Wolfsmilch *f.*

wolf|tooth, *a.* **wolf's tooth** *s irr med. zo.* 'Über-, Wolfszahn *m (e-s Pferdes).* **~ whis·tle** *s colloq.* bewundernder Pfiff beim Anblick e-r attraktiven Frau.

wol·las·ton·ite ['wʊləstənaɪt] *s min.* Wollasto'nit *m.*

wol·ver·ine, *a.* **wol·ver·ene** ['wʊlvəriːn; *Am.* ˌwʊlvə'riːn] *s* **1.** *zo. Amer.* Vielfraß *m.* **2. W~** *Am. (Spitzname für e-n)* Bewohner von Michigan.

wolves [wʊlvz] *pl von* **wolf.**

wom·an ['wʊmən] **I** *pl* **wom·en** ['wɪmɪn] *s* **1.** Frau: **~ of the world** Frau von Welt; **~ of the streets** Straßen-, Strichmädchen *n,* Prostituierte *f;* **just like a ~!** typisch Frau!; **to play the ~** empfindsam *od.* ängstlich sein; **there's a ~ in it** da steckt bestimmt eine Frau dahinter; **~'s man** Frauen-, Weibenheld *m.* **2.** a) Hausangestellte *f,* b) Zofe *f.* **3.** *(ohne Artikel)* das weibliche Geschlecht, die Frauen *pl,* das Weib: **born of ~** vom Weibe geboren *(sterblich);* **~'s reason** weibliche Logik; **~'s wit** weibliche Intuition *od.* Findigkeit. **4. the ~** *fig.* das Weib, die Frau, das typisch Weibliche: **he appealed to the ~ in her** er appellierte an die Frau in ihr. **5.** *colloq.* a) (Ehe)Frau *f,* b) Freundin *f,* c) Geliebte *f.*
II *v/t* **6.** Frauen einstellen in *(e-n Betrieb etc).*
III *adj* **7.** weiblich, Frauen...: **~ doctor** Ärztin *f;* **~ hater** Weiberfeind *m;* **~ police** weibliche Polizei; **~ student** Studentin *f.*

'wom·an·hood *s* **1.** Stellung *f* der (erwachsenen) Frau: **to reach ~** e-e Frau werden. **2.** Fraulichkeit *f,* Weiblichkeit *f.* **3.** → **womankind.**

'wom·an·ish *adj (adv* **~ly) 1.** weibisch. **2.** → **womanly I. 'wom·an·ish·ness** *s* **1.** weibisches Wesen. **2.** → **womanliness.**

'wom·an·ize **I** *v/t* weibisch machen. **II** *v/i colloq.* hinter den Weibern hersein. **'wom·an·iz·er** *s* **1.** *colloq.* Schürzenjäger *m,* ‚Casa'nova' *m.* **2.** Weichling *m,* weibischer Mann.

ˌ**wom·an·'kind** *s* **1.** Frauen(welt *f*) *pl,* Weiblichkeit *f.* **2.** → **womenfolk 2. '~like** *adj* wie e-e Frau, fraulich, weiblich. **wom·an·li·ness** ['wʊmənlɪnɪs] *s* Weiblichkeit *f,* Fraulichkeit *f.* **'wom·an·ly** **I** *adj* **1.** fraulich, weiblich *(a. weitS.):* **a ~ woman** e-e echte Frau. **2.** für e-e Frau geeignet, Frauen...: **~ work. II** *adv* **3.** wie e-e Frau (es tut).

womb [wuːm] *s* **1.** Gebärmutter *f,* (Mutter)Leib *m,* Schoß *m:* **from ~ to tomb** → **womb-to-tomb**; **to lie in the ~ of time** (noch) im Schoß der Zukunft liegen. **2.** *fig.* Schoß *m, (das)* Innere: **in the ~ of the earth. 3.** *obs.* Bauch *m.*

wom·bat ['wɒmbæt; *Am.* 'wɑmˌbæt] *s zo.* Wombat *n.*

womb| en·vy *s psych.* Gebärneid *m.* **ˌ~-to-'tomb** *adj* von der Wiege bis zur Bahre.

wom·en ['wɪmɪn] *pl von* **woman: W~'s Lib** *colloq.,* **W~'s Liberation (Movement)** Frauenemanzipationsbewegung *f;* **W~'s Libber** *colloq.,* **W~'s Liberationist** Anhänger *f* der Frauenemanzipationsbewegung; **~'s rights** Frauenrechte; **~'s talk** Gespräche *pl* von Frau zu Frau; **~'s team** *sport* Damenmannschaft *f.* **'~folk** *s pl* **1.** → **womankind 1. 2.** *(die)* Frauen *pl (in e-r Familie*

etc), (mein etc) ‚Weibervolk' *n* (da'heim).

won [wʌn] *pret u. pp von* **win.**

won·der ['wʌndə(r)] **I** *s* **1.** Wunder *n, (etwas)* Wunderbares, Wundertat *f,* -werk *n*: **to work** *(od.* **do) ~s** Wunder wirken; **to promise ~s** *(j-m)* goldene Berge versprechen; **the 7 ~s of the world** die 7 Weltwunder; **a nine days' ~** e-e kurzlebige Sensation; **(it is) no** *(od.* **small) ~ that he died** kein Wunder, daß er starb; **he is a ~ of skill** er ist ein (wahres) Wunder an Geschicklichkeit; **~s will never cease** es gibt immer noch Wunder; → **sign 10. 2.** Verwunderung *f,* (Er)Staunen *n:* **to be filled with ~** von Staunen erfüllt sein; **in ~** erstaunt, verwundert; **for a ~** a) erstaunlicherweise, b) ausnahmsweise. **II** *v/t u. v/i* **3.** *(v/i)* sich (ver)wundern, erstaunt sein (**at, about** über *acc*): **I shouldn't ~ if ...** es sollte mich nicht wundern, wenn... **4.** a) neugierig *od.* gespannt sein, gern wissen mögen (**if, whether, what,** *etc*), b) sich fragen, über'legen: **I ~ what time it is** ich möchte gern wissen, wie spät es ist; **I wonder how late it is?**; **I have often ~ed what would happen if** ich habe mich oft gefragt, was (wohl) passieren würde, wenn; **I ~ if you could help me** vielleicht können Sie mir helfen; **well, I ~** na, ich weiß nicht (recht). **~ boy** *s* ‚Wunderknabe' *m,* ‚toller Kerl'. **~ child** *s irr Am.* Wunderkind *n.* **~ drug** *s* Wunderdroge *f,* -mittel *n.*

'won·der·ful *adj (adv* **~ly) 1.** wunderbar, wundervoll, wunderschön, herrlich: **not so ~** *colloq.* nicht so toll. **2.** erstaunlich, seltsam.

'won·der·ing *adj (adv* **~ly)** verwundert, erstaunt.

'won·der·land *s* Wunder-, Märchenland *n (a. fig.).*

'won·der·ment *s* **1.** Verwunderung *f,* (Er)Staunen *n.* **2.** *(etwas)* Wunderbares, Wunder *n.*

'won·der|-struck *adj* von Staunen ergriffen (**at** über *acc*). **'~-ˌwork·er** *s* Wundertäter(in). **'~-ˌwork·ing** *adj* wundertätig.

won·drous ['wʌndrəs] *obs. od. poet.* **I** *adj (adv* **~ly) 1.** wundersam, wunderbar. **II** *adv* **2.** wunderbar: **~ warm. 3.** außerordentlich: **~ rare.**

won·ky ['wɒŋkɪ] *adj Br.* **1.** *sl.* wack(e)lig *(a. fig.).* **2.** schief.

wont [wəʊnt; *Am. a.* wɔːnt] **I** *adj* gewohnt: **to be ~ to do** gewohnt sein zu tun, zu tun pflegen. **II** *s* Gewohnheit *f,* Brauch *m*: **as was his ~** wie es s-e Gewohnheit war.

won't [wəʊnt] *colloq. für* **will not.**

wont·ed ['wəʊntɪd; *Am. a.* 'wɔːn-] *adj* **1.** *obs.* gewöhnt (**to** an *acc*), gewohnt (**to** *inf* zu *inf*). **2.** gewöhnlich, üblich. **3.** *Am.* eingewöhnt, eingelebt (**to** in *dat*).

woo [wuː] *v/t* **1.** werben *od.* freien um, *j-m* den Hof machen. **2.** *fig.* a) *j-n* um'werben, b) locken, drängen (**to** zu). **3.** *fig.* zu gewinnen suchen, trachten nach, buhlen um.

wood [wʊd] **I** *s* **1.** *oft pl* Wald *m,* Waldung *f,* Gehölz *n*: **to be out of the ~** *(Am.* **~s)** *colloq.* aus dem Schlimmsten heraus sein, über den Berg sein; **he cannot see the ~ for the trees** er sieht den Wald vor lauter Bäumen nicht; → **halloo 3, touch 17. 2.** (Bau-, Nutz-, Brenn)Holz *n.* **3.** Holzfaß *n*: **wine from the ~** Wein (direkt) vom Faß. **4. the ~** *mus.* → **woodwind I. 5.** *Holzschnitzerei:* a) Druckstock *m,* b) Holzschnitt *m.* **6.** *Bowling:* (bes. abgeräumter) Kegel *m.* **7.** *pl Skisport:* ‚Bretter' *pl.* **8.** *Golf:* Holz(schläger *m*) *n.* **9.** *Badminton, Tennis:* Holz *n (Schlägerrahmen).* **II** *adj* **10.** hölzern, Holz... **11.**

wolframite – woodwork

Wald... **~ ag·ate** *s min.* 'Holzaˌchat *m.* **~ al·co·hol** *s chem.* Holzgeist *m.* **~ a·nem·o·ne** *s bot.* Buschwindrös-chen *n.* **'~bine,** *a.* **'~bind** *s bot.* **1.** Geißblatt *n.* **2.** *Am.* wilder Wein, Jungfernrebe *f.* **~ block** *s* **1.** Par'kettbrettchen *n.* **2.** → **wood 5.**

'wood·bur·y·type ['wʊdbərɪ-] *s print.* **1.** Me'talldruckverfahren *n.* **2.** Fotografiedruck *m* nach dem Me'talldruckverfahren.

wood| carv·er *s* Holzschnitzer *m.* **~ carv·ing** *s* Holzschnitze'rei *f:* a) Holzschnitzen *n,* b) Schnitzwerk *n.* **'~-chip wall·pa·per** *s* 'Rauhfaserˌtape-te *f.* **'~chuck** *s zo.* (Amer.) Waldmurmeltier *n.* **~ coal** *s* **1.** *min.* Braunkohle *f.* **2.** Holzkohle *f.* **'~cock** *s orn.* Waldschnepfe *f.* **'~craft** *s* **1.** die Fähigkeit, im Wald zu (über)'leben. **2.** holzschnitzerische Begabung. **'~cut** *s* **1.** Holzstock *m (Druckform).* **2.** Holzschnitt *m (Druckerzeugnis).* **'~cut·ter** *s* **1.** Holzfäller *m.* **2.** Holzschneider *m.* **'~ˌcut·ting** *s* **1.** Holzfälle'rei *f.* **2.** Holzschneiden *n.*

wood·ed ['wʊdɪd] *adj* bewaldet, waldig, Wald...

wood·en ['wʊdn] *adj (adv* **~ly) 1.** hölzern, aus *od.* von Holz, Holz... **2.** *fig.* hölzern, steif *(a.* Person*).* **3.** *fig.* ausdruckslos: **~ face. 4.** stumpf(sinnig).

wood| en·grav·er *s* Holzschneider *m.* **~ en·grav·ing** *s* **1.** Holzschneiden *n.* **2.** Holzschnitt *m.*

'wood·en·head *s colloq.* Dumm-, Schafskopf *m.* **'~ˌhead·ed** *adj colloq.* dumm, blöd(e). **W~ Horse** *s (das)* Tro'janische Pferd. **~ leg** *s* Holzbein *n.* **~ spoon** *s* **1.** Holzlöffel *m.* **2.** *bes. sport* Trostpreis *m.* **'~ware** *s* Holzwaren *pl.*

wood| fi·ber, *bes. Br.* **~ fi·bre** *s tech.* Holzfaser *f.* **~ flour** *s tech.* Holzmehl *m.* **~ gas** *s tech.* Holzgas *n.* **~ grouse** *s orn.* Auerhahn *m.*

wood·i·ness ['wʊdɪnɪs] *s* **1.** Waldreichtum *m.* **2.** Holzigkeit *f.*

wood| king·fish·er *s orn.* Königsfischer *m.* **~ land** [-lənd] **I** *s* Waldland *n,* Waldung *f.* **II** *adj* Wald... **~ lark** *s orn.* Heidelerche *f.* **~ lot** *s bes. Am.* 'Waldparˌzelle *f.* **~ louse** *s irr zo.* Bohr-, Kugelassel *f.* **'~man** [-mən] *s irr* **1.** *Br.* Förster *m.* **2.** Holzfäller *m.* **3.** → **woodsman.** **~ naph·tha** *s chem.* Holzgeist *m.* **'~note** *s* ungekünstelter Gesang *(der Waldvögel etc).* **~ nymph** *s* **1.** *myth.* Waldnymphe *f.* **2.** *zo.* a) *(e-e)* Motte, b) *(ein)* Kolibri *m.* **~ o·pal** *s min.* 'Holzoˌpal *m.* **~ pa·per** *s tech.* 'Holzpaˌpier *n.* **'~ˌpeck·er** *s orn.* Specht *m.* **~ pi·geon** *s orn.* Ringeltaube *f.* **'~pile** *s* Holzhaufen *m,* -stoß *m.* **'~print** *s* **1.** Holzdruck. **2.** → **woodcut.** **~ pulp** *s tech.* Holzstoff *m,* -schliff *m,* Zellstoff *m.* **~ reeve** *s Br.* Forstaufseher *m.* **'~ruff** *s bot.* Waldmeister *m.* **~ rush** *s bot.* Hainsimse *f.* **'~ˌshav·ings** *s pl* Hobelspäne *pl.* **'~shed** *s* Holzschuppen *m.*

woods·man ['wʊdzmən] *s irr* Waldbewohner *m.*

wood| sor·rel *s bot.* Sauerklee *m.* **~ spir·it** *s chem.* Holzgeist *m.* **~ sug·ar** *s chem.* Holzzucker *m.*

woods·y ['wʊdzɪ-] *adj Am. colloq.* **1.** waldartig, waldig, Wald... **2.** im Wald lebend.

wood| tar *s chem.* Holzteer *m.* **~ tick** *s zo.* Holzbock *m.* **~ tin** *s min.* Holzzinn *n.* **~ vin·e·gar** *s chem.* Holzessig(säure *f*) *m.* **~ war·bler** *s orn.* Laubsänger *m.* **'~wind** [wɪnd] *mus.* **I** *s* **1.** Holzblasinstruˌment *n.* **2.** *oft pl (die)* Holzbläser *pl, (das)* Holz, *(die)* 'Holzblasinstruˌmente *pl (e-s Orchesters).* **II** *adj* **3.** Holz... **~ wool** *s med.* Zellstoffwatte *f.* **'~work** *s* **1.** *arch.* Holz-, Balkenwerk *n.* **2.** Holzarbeit(en *pl*)

wood·work·er *s* **1.** Holzarbeiter *m* (Zimmermann, Tischler etc). **2.** *tech.* ˈHolzbearbeitungsma͵schine *f*. **⁓ˌwork·ing** **I** *s* Holzbearbeitung *f*. **II** *adj* holzbearbeitend, Holzbearbeitungs... **ˈ⁓worm** *s* **1.** Holzwurm *m*. **2.** Wurmstichigkeit *f*.
wood·y [ˈwʊdɪ] *adj* **1.** a) waldig, Wald..., b) waldreich. **2.** holzig, Holz...: **⁓ fiber** (*bes. Br.* **fibre**) a) *bot.* Holzfaser *f*, b) *tech.* Holzzellulose *f*.
ˈwoodˌyard *s* Holzplatz *m*.
ˈwoo·er *s* Freier *m*, Anbeter *m*.
woof[1] [wuːf] *s* **1.** *Weberei:* a) Einschlag *m*, (Ein)Schuß *m*, b) Schußgarn *n*. **2.** Gewebe *n*.
woof[2] [wʊf] **I** *s* a) (unter)drücktes Bellen, b) Knurren *n*. **II** *v/i* a) bellen, b) knurren.
ˈwoof·er [ˈwuːfə; *Am.* ˈwʊfər] *s electr.* Tieftonlautsprecher *m*.
ˈwoo·ing **I** *s* (*a. fig.* Liebes)Werben *n*, Freien *n*, Werbung *f*. **II** *adj* (*adv* **⁓ly**) werbend, verführerisch, (ver)lockend.
wool [wʊl] **I** *s* **1.** Wolle *f*: → **cry** 2. **2.** Wollfaden *m*, -garn *n*. **3.** Wollstoff *m*, -tuch *n*. **4.** (*Baum-, Glas-* etc)Wolle *f*. **5.** (Roh)Baumwolle *f*. **6.** Faserstoff *m*, Zell-, Pflanzenwolle *f*. **7.** *bot.* wollige Behaarung. **8.** *zo.* Haare *pl*, Pelz *m* (*bes. der Raupen*). **9.** *colloq.* ˈWolleˈ *f*, (kurzes) wolliges Kopfhaar: **to keep one's ⁓ (on)** sich beherrschen; **to lose one's ⁓** wütend werden; **to pull the ⁓ over s.o.'s eyes** ˈj-n hinters Licht führenˈ, j-m Sand in die Augen streuenˈ. **II** *v/t* **10.** *Am. colloq.* a) j-n an den Haaren ziehen, b) *fig.* j-n mißˈhandeln, übel zurichten. **III** *adj* **11.** wollen, Woll... **⁓ card** *s tech.* Wollkrempel *m*. **⁓ˌcard·ing** *s* Krempeln *n* der Wolle. **⁓ clip** *s econ.* (jährlicher) Wollertrag. **⁓ ˌcomb·ing** *s* Wollkämmen *n*.
woold [wuːld] *v/t mar.* Spiere mit Tauen umˈwickeln.
wool| ˈdress·er, ˈ⁓ˌdress·ing maˌchine *s tech.* ˈWollˌaufbereitungsmaˌschine *f*. **ˈ⁓-dyed** *adj tech.* in der Wolle gefärbt.
wool·en, *Br.* **wool·len** [ˈwʊlən] **I** *s* **1.** Wollstoff *m*, -zeug *n*. **2.** *pl* Wollsachen *pl* (*a.* wollene Unterˈwäsche), Wollkleidung *f*. **3.** Streichgarn *n*. **II** *adj* **4.** wollen, aus Wolle, Woll...: **⁓ goods** Wollwaren. **⁓ ˈdrap·er** *s* Wollwarenhändler *m*.
wool| fat *s chem.* Wollfett *n*. **ˈ⁓ˌgath·er** *v/i fig.* a) vor sich hin träumen, b) nicht bei der Sache sein. **ˈ⁓ˌgath·er·ing** **I** *s*. Sammeln *n* von Wolle. **2.** *fig.* Verträumtheit *f*. **II** *adj* **3.** *fig.* verträumt. **⁓ grass** *s bot.* Wollgras *n*. **⁓ grease** → **wool fat**. **ˈ⁓ˌgrow·er** *s* Schafzüchter *m*. **ˈ⁓ˌgrow·ing** *s* Schafzucht *f*. **⁓ hall** *s econ. Br.* Wollbörse *f*, -markt *m*.
wool·i·ness, *Br.* **wool·li·ness** [ˈwʊlɪnɪs] *s* **1.** Wolligkeit *f*. **2.** *fig.* Verschwommenheit *f*.
wool·len, etc *Br. für* **woolen**, etc.
wool·li·ness *Br. für* **wooliness**.
wool·ly [ˈwʊlɪ] **I** *adj* **1.** wollig, weich, flaumig. **2.** Wolle tragend, Woll... **3.** *paint. u. fig.* verschwommen: **⁓ thoughts** wirre Gedanken. **4.** *Am. colloq.* rauh, wild: **⁓ fellows**. **II** *s* **5.** *colloq.* a) wollenes Kleidungsstück, *bes.* Wolljacke *f*, b) *pl* → **woolen** 2.
ˈwoolˌpack *s* **1.** Wollsack *m* (*Verˈpackung*). **2.** Wollballen *m* (240 englische Pfund). **3.** *meteor.* Haufenwolke *f*. **ˈ⁓ˌpack·er** *s* **1.** Wollpacker *m*. **2.** *tech.* ˈWollˌpackmaˌschine *f*, -presse *f*. **ˈ⁓-sack** *s* **1.** Wollsack *m*. **2.** *pol.* a) Wollsack *m* (*Sitz des Lordkanzlers im englischen Oberhaus*), b) *fig.* Amt *n* des Lordkanzlers. **ˈ⁓ˌsort·er** *m* ˈWollsorˌtierer *m* (*Person od. Maschine*). **⁓ sta·ple** *s Br.* Stapelplatz *m* für Wolle. **⁓ ˈsta·pler** *s econ.* **1.** Woll(groß)händler *m*.

sorˌtierer *m*. **ˈ⁓-ˌsta·pling** *adj* Wollhändler... **ˈ⁓-work** *s* Wollstickeˈrei *f*.
wool·y *Am. für* **woolly**.
woosh [wʊʃ; wuːʃ] → **whoosh**.
wooz·y [ˈwuːzɪ] *adj colloq.* **1.** (*vom Alkohol etc*) ˌbenebeltˈ. **2.** wirr (im Kopf). **3. he is** (*od.* **feels**) **⁓** (**in the stomach**) ihm ist ˌkomischˈ (im Magen). **4.** verschwommen, wirr: **⁓ thoughts**.
wop[1] [wɒp; *Am.* wɑp] *s sl. contp.* ˌItakerˈ *m*, ˌSpaˈghettifresserˈ *m*.
wop[2] [wɒp; *Am.* wɑp] → **whop**.
wor·ble → **warble**.
Worces·ter|ˈchi·na *od.* **por·ce·lain** [ˈwʊstə(r)] *s* ˈWorcester-Porzelˌlan *n*. **⁓ sauce** *s* Worcestersoße *f*.
word [wɜːd; *Am.* wɜrd] **I** *v/t* **1.** in Worte fassen, (in Worten) ausdrücken, formuˈlieren, abfassen: **⁓ed as follows** mit folgendem Wortlaut. **II** *s* **2.** Wort *n*: **⁓s** a) Worte, b) *ling.* Wörter; **⁓ for ⁓** Wort für Wort, (wort)wörtlich. **3.** Wort *n*, Ausspruch *m*: **⁓s** Worte *pl*, Rede *f*, Äußerung *f*. **4.** *pl* Text *m*, Worte *pl* (*e-s Liedes etc*): **⁓s and music** Text u. Musik. **5.** (Ehren)Wort *n*, Versprechen *n*, Zusage *f*, Erˈklärung *f*, Versicherung *f*: **⁓ of hono(u)r** Ehrenwort; **upon my ⁓!** auf mein Wort!; **to break** (**give** *od.* **pass, keep**) **one's ⁓** sein Wort brechen (geben, halten); **he is as good as his ⁓** er ist ein Mann von Wort; er hält, was er verspricht; **to take s.o. at his ⁓** j-n beim Wort nehmen; **I took his ⁓ for it** ich zweifelte nicht an s-n Worten; → **eat** 2, **have** 3. **6.** Bescheid *m*, Nachricht *f*: **to leave ⁓** Bescheid hinterlassen (**with** bei); **to send ⁓ to s.o.** j-m Nachricht geben. **7.** a) Paˈrole *f*, Losung *f*, Stichwort *n*, b) Befehl *m*, Komˈmando *n*, c) Zeichen *n*, Siˈgnal *n*: **to give the ⁓** (**to do**); **to pass the ⁓** durch-, weitersagen; **just say the ⁓**! du brauchst es nur zu sagen; → **mum**[1] I, **sharp** 4. **8.** *relig.* a) *oft* **the W⁓** (**of God**) das Wort Gottes, das Evanˈgelium, b) **the W⁓** das Wort (*die göttliche Natur Christi*). **9.** *pl* Wortwechsel *m*, Streit *m*: **to have ⁓s** (**with**) sich streiten *od.* zanken (mit).
Besondere Redewendungen:
at a ⁓ sofort, aufs Wort; **by ⁓ of mouth** mündlich; **in other ⁓s** mit anderen Worten; **in a ⁓** in ˈeinem Wort, kurz, kurzum; **in the ⁓s of** mit den Worten (*gen*); **big ⁓s** große *od.* hochtrabende Worte; **the last ⁓** a) das letzte Wort (**on** in e-r Sache), b) das Allerneueste *od.* -beste (in an *dat*); **to have the last ⁓** das letzte Wort haben; **to have no ⁓s for s.th.** nicht wissen, was man zu e-r Sache sagen soll; **to have a ⁓ with s.o.** kurz mit j-m sprechen; **to have a ⁓ to say** etwas (Wichtiges) zu sagen haben; **to put in** (*od.* **say**) **a** (**good**) **⁓ for s.o.** ein (gutes) Wort für j-n einlegen; **too silly for ⁓s** unsagbar dumm; **not only in ⁓ but also in deed** nicht nur in Worten, sondern auch in Taten; **he hasn't a ⁓ to throw at a dog** er kommt sich zu fein vor, um mit anderen zu sprechen; er macht den Mund nicht auf; **cold's not the ⁓ for it** *colloq.* kalt ist gar kein Ausdruck; → **ear**[1] *Bes. Redew.*, **hang** 16.
word|ˌac·cent *s ling.* ˈWortakˌzent *m*. **ˈ⁓-blind** *adj psych.* wortblind. **ˈ⁓-book** *s* **1.** Vokabuˈlar *n*. **2.** Wörterbuch *n*. **3.** *mus.* Textbuch *n*, Liˈbretto *n*. **ˈ⁓-ˌbuild·ing** *s ling.* Wortbildung *f*. **ˈ⁓-ˌcatch·er** *contp.* Wortklauber *m* (*a.* Lexiˈkograph). **⁓ class** *s ling.* Wortart *f*, -klasse *f*. **ˈ⁓-deaf** *adj psych.* worttaub. **⁓ forˈma·tion** *s ling.* Wortbildung *f*. **ˈ⁓-forˈword** *adj* (wort)wörtlich. **⁓ game** *s* Buchstabenspiel *n*.
word·i·ness [ˈwɜːdɪnɪs; *Am.* ˈwɜr-] *s* Wortreichtum *m*, Langatmigkeit *f*.

ˈword·ing *s* Fassung *f*, Wortlaut *m*, Forˈmuˈlierung *f*.
wor·dle [ˈwɜːdl; *Am.* ˈwɜrdl] *s tech.* (Zieh)Backe(n *m*) *f* (*e-r Ziehˌdüse*).
ˈword·less *adj* (*adv* **⁓ly**) **1.** wortlos, stumm. **2.** schweigsam.
word| lore *s* Wortkunde *f*. **⁓-ofˈmouth** *adj* mündlich: **⁓ advertising** Mundwerbung *f*. **⁓ or·der** *s ling.* Wortstellung *f*, -folge *f* (*im Satz*). **⁓ ˈpaint·ing** *s* (*bes.* anschauliche) Beschreibung *od.* Schilderung. **ˌ⁓-ˈper·fect** *adj* **1.** textsicher (*Redner, Schauspieler etc*). **2.** perˈfekt auswendig gelernt (*Text etc*). **⁓ ˈpic·ture** *s* (*bes.* anschauliche) Beschreibung *od.* Schilderung: **to draw** (*od.* **give, paint**) **a ⁓ of** etwas anschaulich beschreiben. **ˈ⁓-ˌplay** *s* Wortspiel *n*. **⁓ ˈpro·cess·ing** *s Computer:* Wort-, Textverarbeitung *f*. **⁓ ˈsal·ad** *s* ˈWortsaˌlat *m*. **⁓ ˈsplit·ting** *s* Wortklaubeˈrei *f*. **⁓ square** *s* magisches Quaˈdrat. **⁓ stress** → **word accent**.
ˈword·y *adj* (*adv* **wordily**) **1.** Wort...: **⁓ conflict** Wortstreit *m*; **⁓ warfare** Wortkrieg *m*. **2.** wortreich, langatmig.
wore [wɔː(r)] *pret von* **wear**[1] *u.* **wear**[2].
work [wɜːk; *Am.* wɜrk] **I** *s* **1.** *allg.* Arbeit *f*: a) Beschäftigung *f*, Tätigkeit *f*, b) Aufgabe *f*, c) Hand-, Nadelarbeit *f*, Stickeˈrei *f*, Näheˈrei *f*, d) Leistung *f*, e) Erzeugnis *n*: **⁓ done** geleistete Arbeit; **a beautiful piece of ⁓** e-e schöne Arbeit; **total ⁓ in hand** *econ.* Gesamtaufträge *pl*; **⁓ in process** *od.* Erzeugnisse *pl od.* Material *n* in Fabrikation, Halbfabrikate *pl*; **⁓ cost per unit** Arbeitskostenanteil *m*; **at ⁓** a) bei der Arbeit, b) in Tätigkeit, in Betrieb (*Maschine etc*); **to be at ⁓ on** arbeiten an (*dat*); **to do ⁓** arbeiten; **to do the ⁓ of three men** für drei arbeiten; **to be in** (**out of**) **⁓** (keine) Arbeit haben; (**to put**) **out of ⁓** arbeitslos (machen); **to set to ⁓** an die Arbeit gehen, sich an die Arbeit machen; **to have one's ⁓ cut out** (**for one**) ˈzu tunˈ haben, schwer zu schaffen haben; **to make ⁓** Arbeit verursachen; **to make light ⁓ of** spielend fertig werden mit; **to make sad ⁓ of** arg wirtschaften *od.* hausen mit; **to make short ⁓ of** kurzen Prozeß *od.* nicht viel Federlesens machen mit. **2.** *phys.* Arbeit *f*: **to convert heat into ⁓**. **3.** *a. collect.* (*künstlerisches etc*) Werk: **the ⁓s of Bach;** → **reference** 8. **4.** Werk *n* (*Tat u. Resultat*): **this is your ⁓**, **it was the ⁓ of a moment**. **5.** *arch.* a) *pl* Anlagen *pl*, (*bes.* öffentliche) Bauten *pl*, b) (in Arbeit befindlicher) Bau, Baustelle *f*, c) *mil.* (Festungs)Werk *n*, Befestigungen *pl*. **6.** *pl* (*oft als sg konstruiert*) Werk *n*, Faˈbrik (-anlage) *f*, Betrieb *m*: **⁓s climate** (**council, engineer, outing, superintendent**) Betriebsklima (-rat *m*, -ingeˈnieur *m*, -ausflug *m*, -direktor *m*); **⁓s manager** Werkleiter *m*. **7.** *pl tech.* (Räder-, Trieb)Werk *n*, Getriebe *n*: **⁓s of a watch** Uhrwerk. **8.** Werk-, Arbeitsstück *n*, (*bes.* Nadel)Arbeit *f*. **9.** *bes. pl relig.* (gutes) Werk. **10.** the **⁓s** *pl colloq.* alles, der ganze ˌKrempelˈ: **the whole ⁓s went over board**; **to give s.o. the ⁓s** a) ˌj-n fertigmachenˈ, b) j-n nach allen Regeln der Kunst verwöhnen; **to shoot the ⁓s** (*Kartenspiel u. fig.*) aufs Ganze gehen; → **gum**[2] 14.
II *v/i pret u. pp* **worked**, *a.* **wrought** [rɔːt] **11.** (**at, on**) arbeiten (an *dat*), sich beschäftigen (mit): **to ⁓ at a social reform** an e-r Sozialreform arbeiten; **⁓ed** (*od.* **wrought**) **in leather** in Leder gearbeitet; **to ⁓ to rule** *econ. Br.* Dienst nach Vorschrift tun. **12.** arbeiten, Arbeit haben, beschäftigt sein. **13.** *fig.* arbeiten, kämpfen (**against** gegen; **for** für e-e Sache): **to ⁓ towards** hinarbeiten auf

(acc). **14.** *tech.* a) funktio'nieren, gehen (*beide a. fig.*), b) in Betrieb *od.* Gang sein: **our stove ~s well** unser Ofen funktioniert gut; **your method won't ~ mit Ihrer Methode werden Sie es nicht schaffen. 15.** *fig.* ‚klappen', gehen, gelingen, sich machen lassen: **it** (*od.* **the plan**) **~ed es klappte; it won't ~** es geht nicht. **16.** (*pp oft* **wrought**) wirken, sich auswirken (**on, upon, with** auf *acc*, bei): **the poison began to ~** das Gift begann zu wirken. **17. ~ on** *j-n* ‚bearbeiten', sich *j-n* vornehmen. **18.** sich *gut etc* bearbeiten lassen. **19.** sich (hindurch-, hoch- *etc*) arbeiten: **to ~ into** eindringen in (*acc*); **to ~ loose** sich losarbeiten, sich lockern; **her stockings ~ed down** die Strümpfe rutschten ihr herunter. **20.** in (heftiger) Bewegung sein, arbeiten, zucken (**with** vor *dat*; *Gesichtszüge etc*), mahlen (**with** vor *Erregung etc*; *Kiefer*) (**jaws**) **~ed. 21.** *mar.* (*bes. gegen den Wind*) segeln, fahren. **22.** gären, arbeiten (*beide a. fig. Gedanken etc*). **23.** (hand-) arbeiten, stricken, nähen.
III *v/t* **24.** arbeiten an (*dat*). **25.** verarbeiten: a) *tech.* bearbeiten, b) *Teig* kneten, c) (ver)formen, gestalten (**into** zu): **to ~ cotton into cloth** Baumwolle zu Tuch verarbeiten. **26.** *e-e Maschine etc* bedienen, *ein Fahrzeug* führen, lenken. **27.** (an-) treiben: **~ed by electricity. 28.** *agr.* den Boden bearbeiten, bestellen. **29.** *e-n Betrieb* leiten, *e-e Fabrik etc* betreiben, *ein Gut* bewirtschaften. **30.** *Bergbau*: *e-e Grube* abbauen, ausbeuten. **31.** *econ.* (*geschäftlich*) be'reisen *od.* bearbeiten: **my partner ~s the Liverpool district. 32.** *j-n, Tiere* (tüchtig) arbeiten lassen, (zur Arbeit) antreiben: **to ~ one's horses. 33.** *fig. j-n* bearbeiten, *j-m* zusetzen: **he ~ed his teacher for a better mark. 34.** a) **to ~ one's way** sich (*hindurch- etc*) arbeiten, b) erarbeiten, verdienen; → **passage**[1] 5, **ticket. 35.** *math.* lösen, ausrechnen, errechnen. **36.** erregen, reizen, (in e-n Zustand) versetzen *od.* bringen: **to ~ o.s. into a rage** sich in e-e Wut hineinsteigern. **37.** bewegen, arbeiten mit: **he ~ed his jaws** s-e Kiefer mahlten. **38.** *fig.* (*pp oft* **wrought**) her'vorbringen, -rufen, zeitigen, *Veränderungen etc* bewirken, *Wunder* wirken *od.* tun, führen zu, verursachen: **to ~ hardship on s.o.** für j-n e-e Härte bedeuten. **39.** (*pp oft* **wrought**) fertigbringen, zu'stande bringen: **to ~ it** *colloq.* es ‚deichseln'. **40. ~ into** a) *Arbeit etc* einschieben in (*acc*), b) *Passagen etc* einarbeiten *od.* -flechten *od.* -fügen in (*acc*). **41.** *sl.* etwas ‚her'ausschlagen', ‚organi'sieren'. **42.** *Am. sl. j-n* ,bescheißen'. **43.** 'herstellen, machen, sticken, nähen. **44.** zur Gärung bringen. **45.** → **work over** 2.
Verbindungen mit Adverbien:
work|a·round → work round. ~ a·way *v/i* sich inten'siv beschäftigen (**at** mit). **~ in I** *v/t* **1.** *Salbe etc* einreiben, 'einmas,sieren. **2.** *Arbeit etc* einschieben. **3.** *Passagen etc* einarbeiten, -flechten, -fügen. **II** *v/i* **4. ~ with** harmo'nieren mit, passen zu. **~ off I** *v/t* **1.** weg-, aufarbeiten. **2.** *überschüssige Energie* loswerden. **3.** *ein Gefühl* 'abrea,gieren (**against, on** an *dat*). **4.** *e-e Schuld* abarbeiten. **5.** *e-e Ware etc* loswerden, abstoßen (**on** an *acc*). **6.** *print.* abdrucken, abziehen. **II** *v/i* **7.** sich all-'mählich lösen, abgehen. **~ out I** *v/t* **1.** ausrechnen, *e-e Aufgabe* lösen: **to work things out with s.o.** *colloq.* mit j-m ins reine kommen; **to work things out for o.s.** *colloq.* mit s-n Problemen allein fertig werden; **most things work themselves out** *colloq.* die meisten Probleme lösen sich von selbst. **2.** *e-n Plan etc*

ausarbeiten. **3.** bewerkstelligen, zu'wege bringen. **4.** *e-e Schuld etc* abarbeiten. **5.** *Bergbau*: abbauen, (*a. fig. ein Thema etc*) erschöpfen. **6.** *colloq.* schlau werden aus j-m. **7. to work one's guts out** *colloq.* sich die Seele aus dem Leib arbeiten. **II** *v/i* **8.** sich her'ausarbeiten, zum Vorschein kommen (**from** aus). **9. ~ at** sich belaufen *od.* beziffern auf (*acc*). **10.** ‚klappen', gut *etc* gehen, sich *gut etc* anlassen: **to ~ well (badly). 11.** *sport colloq.* (Konditi'on) trai'nieren. **~ o·ver** *v/t* **1.** über'arbeiten. **2.** *sl. j-n* ‚in die Mache nehmen', zs.-schlagen. **~ round** *v/i* **1. ~ to** *ein Problem etc* angehen, sich her'antasten an (*acc*); **by the time he had worked round to asking** als er sich schließlich dazu durchgerungen hatte zu fragen; **what are you working round to?** worauf wollen Sie hinaus? **2.** *to* kommen zu, Zeit finden für. **3.** drehen (*Wind*). **~ to·geth·er** *v/i* **1.** zs.-arbeiten. **2.** inein'andergreifen (*Zahnräder*). **~ up I** *v/t* **1.** verarbeiten (**into** zu). **2.** ausarbeiten (**into** zu). **3.** *Geschäft etc* auf- *od.* ausbauen, *Mitgliederzahl etc* vergrößern. **4.** a) *Interesse etc* entwickeln, b) sich *Appetit etc* holen: **went for a walk to ~ an appetite for lunch. 5.** a) *ein Thema* bearbeiten, b) sich einarbeiten in (*acc*), etwas gründlich stu'dieren. **6.** *Gefühle, Nerven, a. Zuhörer etc* aufpeitschen, aufwühlen, *Interesse* wecken: **to work o.s. up** sich aufregen; **to ~ a rage, to work o.s. up into a rage** sich in e-e Wut hineinsteigern; **worked up, wrought up** aufgebracht, erregt. **II** *v/i* **7.** sich steigern (**to** zu).

,**work·a·'bil·i·ty** *s* **1.** *tech.* Bearbeitungsfähigkeit *f*. **2.** *tech.* Betriebsfähigkeit *f*. **3.** 'Durch-, Ausführbarkeit *f*. '**work·a·ble** *adj* **1.** *tech.* bearbeitungsfähig, (ver)formbar. **2.** *tech.* betriebsfähig. **3.** *Bergbau*: abbauwürdig. **4.** 'durch-, ausführbar (*Plan etc*). '**work·a·day** *adj* **1.** werktäglich, Arbeits... **2.** Alltags...: **~ clothes; ~ life. 3.** *fig.* all'täglich, nor'mal. **work·a·hol·ic** [,wɜːkə'hɒlɪk; *Am.* ,wɜːkə-; *a.* -'hɔːlɪk] *s* Arbeitssüchtige(r *m*) *f*, arbeitsbesessener Mensch. '**work·a·hol·ism** [-hɒlɪzəm] *s* Arbeitsbesessenheit *f*, -sucht *f*.
'**work|·bag** *s* (Hand)Arbeitsbeutel *m*. '**~,bas·ket** *s* Handarbeitskorb *m*. '**~·bench** *s* *tech.* Werkbank *f*. '**~·book** *s* **1.** *tech.* Betriebsanleitung *f*. **2.** Arbeitsbericht *m*, Tagebuch *n* geplanter *od.* ge'taner Arbeit. **3.** *ped.* Arbeitsheft *f*. '**~·box** *s* Werkzeugkasten *m*, *bes.* Nähkasten *m*. **~ camp** *s* Arbeitslager *n*. '**~·day I** *s* Werk-, Arbeitstag *m*: **on ~s** werktags. **II** *adj* → **workaday**. '**work·er** *s* **1.** a) Arbeiter(in), b) Angestellte(r *m*) *f*, c) *j-d*, *der auf e-m Gebiet arbeitet*: **~ research** 5, *allg.* Arbeitskraft *f*: **~s** *pl* Belegschaft *f*, Arbeiter (-schaft *f*) *pl*. **2.** *a.* **~ ant** *od.* **~ bee** *zo.* Arbeiterin *f* (*Ameise, Biene*). **3.** *tech.* a) *Spinnerei*: Arbeitswalze *f*, Läufer *m*, b) *Papierherstellung*: Halbzeugholländer *m*, c) *Gerberei*: Schabmesser *n*. **4.** *print.* Gal'vano *n*. **~ cell** *s* Bienenzucht: Arbeiterzelle *f*. **~ di·rec·tor** *s econ.* 'Arbeits-di,rektor *m*. **~ man·age·ment** *s econ.* Arbeiterverwaltung *f*. **~ par·tic·i·pa·tion** *s econ.* Mitbestimmung *f*. **~ priest** *s R.C.* Arbeiterpriester *m*.
'**work|,fel·low** *s* 'Arbeitskame,rad *m*, -kol,lege *m*. **~ force** *s* **1.** Belegschaft *f*. **2.** 'Arbeitskräftepotenti,al *n*. '**~·girl** *s* Fa'brikarbeiterin *f*. '**~·horse** *s* Arbeitspferd *n* (*a. fig.*). '**~·house** *s* **1.** *Br. hist.* Armenhaus *n* mit Arbeitszwang. **2.** *jur. Am.* Arbeitshaus *n*.

'**work·ing I** *s* **1.** Arbeiten *n*. **2.** *a. pl* Wirken *n*, Tun *n*, Tätigkeit *f*. **3.** *tech.* Be-, Verarbeitung *f*. **4.** *tech.* a) Funktio'nieren *n*, b) Arbeitsweise *f*. **5.** *meist pl Bergbau etc*: a) Abbau *m*, b) Grube *f*. **6.** mühsame Arbeit, Kampf *m*. **II** *adj* **7.** arbeitend, berufs-, werktätig: **the ~ population** *a.* die Erwerbsbevölkerung; **~ student** Werkstudent *m*; **~ woman** berufstätige Frau. **8.** Arbeits...: **~ clothes; ~ method** Arbeitsverfahren *n*. **9.** *econ. tech.* Betriebs...: **~ cost; ~ voltage. 10.** grundlegend, Ausgangs..., Arbeits...: **~ hypothesis** Arbeitshypothese *f*; **~ title** Arbeitstitel *m* (*e-s Buchs etc*). **11.** brauchbar, praktisch: **~ knowledge** ausreichende Kenntnisse *pl*. **~ as·sets** *s pl econ.* Betriebsvermögen *n*. **~ cap·i·tal** *s econ.* Be'triebskapi,tal *n*, 'Netto,umlaufvermögen *n*. **~ class** *s* Arbeiterklasse *f*: **to be ~** zur Arbeiterklasse gehören. **~ 'class** *adj* der Arbeiterklasse, Arbeiter... **~ con·di·tion** *s* **1.** *tech.* a) Betriebszustand *m*, b) *pl* Betriebs-, Arbeitsbedingungen *pl*. **2.** (*berufliches*) Arbeitsverhältnis. **~ cop·y** *s* 'Arbeitsexem,plar *n*. **~ coun·cil** *s pol.* Arbeitskreis *m*. **~ cur·rent** *s electr.* Arbeitsstrom *m*. **~ cy·cle** *s* (einzelner) Arbeitsvorgang. **~ day** → **workday I.** '**~-day** → **workaday.** **~ draw·ing** *s tech.* Konstrukti'ons-, Werkstattzeichnung *f*. **~ ex·pens·es** *s pl econ.* Betriebskosten *pl*. **~ group** *s* Arbeitsgruppe *f*, -kreis *m*. **~ hour** *s* Arbeitsstunde *f*, *pl* Arbeitszeit *f*: **reduction in** (*od.* **of**) **~s** Arbeitszeitverkürzung *f*; → **flexible** 1. **~ life** *s irr* **1.** Berufsleben *n*. **2.** Lebensdauer *f* (*e-r Maschine etc*). **~ load** *s* **1.** *electr.* Betriebsbelastung *f*. **2.** *tech.* Nutzlast *f*. **~ lunch** *s bes. pol.* Arbeitsessen *n*. **~ ma·jor·i·ty** *s pol.* arbeitsfähige Mehrheit. **~ man** [-mən] *s irr* → **workman**. **~ ma·te·ri·als** *s pl* Arbeitsmittel *pl*. **~ mod·el** *s tech.* 'Arbeits-, Ver'suchsmo,dell *n*. **~ mo·rale** *s* 'Arbeitsmo,ral *n*. **~ or·der** *s tech.* Betriebszustand *m*: **in ~** betriebsfähig, in betriebsfähigem Zustand. **~'out** *s* **1.** Ausarbeitung *f* (*e-s Plans etc*). **2.** Ausrechnung *f*, Lösung *f* (*e-r Aufgabe*). **~ pa·pers** *s pl econ.* **1.** 'Arbeits,unterlagen *pl, bes.* Prüfungsbogen *m* (*bei Revision*). **2.** 'Arbeitspa,piere *pl*. **~ part** *s tech.* Arbeits-, Verschleißteil *m, n*. **~ par·ty** *s* **1.** *mil.* 'Arbeits,abteilung *f* (*a. von Strafgefangenen*). **2.** *Br.* Arbeitsgruppe *f*, -kreis *m*. **~ pow·er** *s* Arbeitskraft *f*: **to offer one's ~. ~ stroke** *s mot.* Arbeitstakt *m*. **~ sub·stance** *s tech.* Arbeits-, Über'tragungsmittel *n*, *bes.* Bremsflüssigkeit *f* (*e-r Kolbenbremse etc*), Druckflüssigkeit *f* *od.* -gas *n* (*e-s Servomotors etc*). **~ sur·face** *s tech.* Arbeits-, Lauffläche *f*. **~ week** *s* Arbeitswoche *f*. '**~,wom·an** *s irr* → **workwoman**.
'**work·less** *adj* arbeitslos.
'**work|,load** *s* Arbeitspensum *n*. '**~·man** [-mən] *s irr* **1.** a) Arbeiter *m* (*Ggs. Angestellter*), b) *allg.* guter *etc* Arbeiter. **2.** Handwerker *m*. '**~·man·like** *a.* '**~·man·ly** *adj* kunstgerecht, fachmännisch. '**~·man·ship** *s* **1.** *j-s* Werk: **this is his ~. 2.** Kunst(fertigkeit) *f*. **3.** *gute etc* Ausführung, Verarbeitungsgüte *f*, Quali-'tätsarbeit *f*. '**~,mas·ter** *s* Werkmeister *m*. '**~,men's com·pen·sa·tion in·sur·ance** [-mənz] *s econ.* (Arbeits-) Unfallversicherung *f*. '**~·out** *s* **1.** *sport colloq.* (Konditi'ons)Training *n*: **to have a ~** (Kondition) trainieren. **2.** Versuch *m*, Erprobung *f*. '**~,peo·ple** *s pl bes. Br.* Belegschaft *f*. **~ per·mit** *s* Arbeitserlaubnis *f*, -genehmigung *f*. '**~·piece** *s* Arbeits-, Werkstück *n*. '**~·place** *s bes. Am.* Arbeitsplatz *m*. **~ rate** *s* Arbeitspen-

work release sum *n*, *a*. geleistete Arbeit. **~ re·lease** *s jur.* Freigang *m*: **to be on ~** Freigang haben, Freigänger sein. **'~room** *s* Arbeitsraum *m*. **~ shar·ing** *s econ.* Arbeitsaufteilung *f* (*statt Entlassungen*). **~ sheet** *s* **1.** 'Arbeits₁unterlage *f*. **2.** Arbeitsbogen *m* (*e-s Schülers etc*). **3.** *econ. Am.* 'Rohbi₁lanz *f*. **'~shop** *s* **1.** Werkstatt *f*: **~ drawing** Werkstatt-, Konstruktionszeichnung *f*. **2.** Werkraum *m* (*e-r Schule etc*). **3.** *fig.* Werkstatt *f* (*e-s Künstlers etc*): **~ theater** (*bes. Br.* **theatre**) Werkstatttheater *n*. **4.** *fig.* Workshop *m*, Kurs *m*, Semi'nar *n*. **'~shy** *adj* arbeitsscheu, faul. **~ stud·y** *s* Arbeitsstudie *f*. **'~₁ta·ble** *s* Arbeitstisch *m*. **₁~-to-'rule** *s econ. Br.* Dienst *m* nach Vorschrift. **'~-up** *s print.* Spieß *m*. **'~wear** *s* Arbeitskleidung *f*. **'~week** *s* Arbeitswoche *f*. **'~₁wom·an** *s irr* Arbeiterin *f* (*Ggs.* Angestellte).

world [wɜːld; *Am.* wɜrld] *s* **1.** Welt *f*: a) Erde *f*, b) Himmelskörper *m*, c) All *n*, Uni'versum *n*, d) *fig.* (*die*) Menschen *pl*, (*die*) Leute *pl*, e) (Gesellschafts-, Berufs-) Sphäre *f*: **the commercial ~**, **the ~ of commerce** die Handelswelt; **the scientific ~** die Welt der Wissenschaften; **the ~ of letters** die gelehrte Welt; **all the ~** die ganze Welt, jedermann; → *Bes. Redew.* **2.** (Na'tur)Reich *n*, Welt *f*: **animal ~** Tierreich, -welt; **vegetable ~** Pflanzenreich, -welt. **3. a ~ of** *fig.* e-e Welt von, e-e Unmenge; **a ~ of difference** ein ‚himmelweiter' Unterschied; **a ~ of difficulties** e-e Unmenge Schwierigkeiten; **the medicine did me a ~ of good** das Medikament hat mir ‚unwahrscheinlich' gutgetan; **there was a ~ of meaning in her look** ihr Blick sprach Bände; **a ~ too big** viel zu groß. *Besondere Redewendungen:* **against the ~** gegen die ganze Welt; **for all the ~** in jeder Hinsicht; **it's a small ~!** die Welt ist klein *od.* ein Dorf!; **it's not the end of the ~!** davon geht die Welt nicht unter!; **not for all the ~** um keinen Preis; **from all over the ~** aus aller Welt; **to the ~'s end** bis ans Ende der Welt; **for all the ~ like** (*od.* **as if**) genauso wie *od.* als ob; **for all the ~ to see** a) vor aller Augen, b) für alle deutlich sichtbar; **not for the ~** nicht um die (*od.* um alles in der) Welt; **nothing in the ~** nichts in der Welt, rein gar nichts; **out of this ~** *colloq.* ‚phan'tastisch', ‚(einfach) sagenhaft'; **all the ~ and his wife were there** *colloq.* alles, was Beine hatte, war dort; Gott u. die Welt waren dort; **they are ~s apart** zwischen ihnen liegen Welten, sie trennen Welten; **~ without end** (*adverbiell*) immer u. ewig; **to bring** (**come**) **into the ~** zur Welt bringen (kommen); **to carry the ~ before one** glänzende Erfolge haben; **to have the best of both ~s** weder auf das eine noch auf das andere verzichten müssen; **to live in a ~ of one's own** in s-r eigenen Welt leben; **to put into the ~** in die Welt setzen; **he won't set the ~ on fire** er hat das Pulver auch nicht erfunden; **to set the ~ to rights** *colloq. bes. iro.* die Welt wieder in Ordnung bringen; **to think the ~ of** große Stücke halten auf (*acc*); **she is all the ~ to him** sie ist sein ein u. alles; **how goes the ~ with you?** wie geht's, wie steht's?; **what** (**who**) **in the ~?** was (wer) in aller Welt? **World| Bank** *s econ.* Weltbank *f*. **'w~-₁beat·er** *s*: **to be a ~** nicht seinesgleichen haben. **w~ cham·pi·on** *s sport* Weltmeister(in). **w~ cham·pi·on·ship** *s sport* Weltmeisterschaft *f*. **'w~-class** *adj* **1.** von Weltklasse, von internatio'nalem For'mat (*Sportler, Künstler*

etc). **2.** von internatio'naler Quali'tät (*Ware*). **~ Coun·cil of Church·es** *s* Weltkirchenrat *m*. **~ Court** *s pol.* Internatio'naler Gerichtshof (*in Den Haag*). **~ Cup** *s* **1.** Skisport etc: Weltcup *m*, 'Weltpo₁kal *m*. **2.** Fußballweltmeisterschaft *f*. **w~ e·con·o·my** *s* Weltwirtschaft *f*. **'w~-₁fa·mous** *adj* weltberühmt. **'w~-for₁got·ten** *adj* weltvergessen. **~ Health Or·gan·i·za·tion** *s* 'Weltge₁sundheitsorganisati₁on *f*. **~ Is·land** *s Geopolitik*: Eu'rasien *n* u. Afrika *n*. **w~ lan·guage** *s* Weltsprache *f*.

world·li·ness ['wɜːldlɪnɪs; *Am.* 'wɜrld-] *s* Weltlichkeit *f*, weltlicher Sinn. **'world·ling** ['wɜːldlɪŋ; *Am.* 'wɜrld-] *s* Weltkind *n*. **world lit·er·a·ture** *s* 'Weltlitera₁tur *f*. **'world·ly** *adj u. obs. adv* **1.** weltlich, irdisch, zeitlich: **~ goods** irdische Güter. **2.** weltlich (gesinnt): **~ innocence** Weltfremdheit *f*; **~ wisdom** Weltklugheit *f*. **₁~-'mind·ed** *adj* weltlich gesinnt. **₁~-'wise** *adj* weltklug.

world| mar·ket *s econ.* Weltmarkt *m*. **'~-old** *adj* uralt, so alt wie die Welt. **~ or·der** *s* (*die*) Weltordnung. **~ peace** *s* Weltfrieden *m*. **~ pol·i·tics** *s pl* (*oft als sg konstruiert*) 'Weltpoli₁tik *f*. **~ pow·er** *s pol.* Weltmacht *f*. **~ rec·ord** *s sport*, *a. weitS.* 'Weltre₁kord *m*. **~ rec·ord hold·er** *s sport*, *a. weitS.* 'Weltre₁kordinhaber(in), 'Weltre₁kordler(in). **'~-re₁nowned** *adj* weltberühmt. **~ se·ries** *s Baseball*: US-Meisterschaftsspiele *pl*. **~ ₁shak·ing** *adj oft iro.* welterschütternd. **~ soul** *s philos.* Weltseele *f*. **~ spir·it** *s* Weltgeist *m*. **~ trade** *s econ.* Welthandel *m*. **~ view** *s* Weltanschauung *f*. **~ war** *s* Weltkrieg *m*: W~ W~ I (II) erster (zweiter) Weltkrieg. **'~₁wea·ry** *adj* weltverdrossen. **'~-wide** *adj* weltweit, 'umfassend, -um₁spannend, (*nachgestellt*) auf der ganzen Welt: **~ disarmament** weltweite Abrüstung; (**of**) **~ reputation** (von) Weltruf *m*; **~ strategy** *mil.* Großraumstrategie *f*. **'~-with₁out-'end** *adj* ewig, immerwährend.

worm [wɜːm; *Am.* wɜrm] **I** *s* **1.** *zo.* Wurm *m*: **even a ~ will turn** *fig.* auch der Wurm krümmt sich, wenn er getreten wird; **~s of conscience** *fig.* Gewissensbisse. **2.** *pl med. vet.* Würmer *pl*, Wurmkrankheit *f*. **3.** *fig. contp.* Wurm *m*, elende *od.* minderwertige Krea'tur (*Person*). **4.** *tech.* a) (Schrauben-, Schnecken)Gewinde *n*, b) (Förder-, Steuer- *etc*)Schnecke *f*, c) (Rohr-, Kühl)Schlange *f*. **5.** *phys. archi*'medische Schraube. **II** *v/t* **6.** **to ~s.** (*od.* **one's way**) a) sich schlängeln, b) *fig.* sich (ein)schleichen (**into** *acc*); **to ~ o.s. into s.o.'s confidence** sich in j-s Vertrauen einschleichen; **to ~ a secret out of s.o.** j-m ein Geheimnis entlocken. **7.** *med. vet.* entwurmen, von Würmern befreien. **III** *v/i* **8.** sich schlängeln, schleichen, kriechen: **to ~ out of s.th.** *fig.* sich aus etwas herauswinden. **'~cast** *s zo.* vom Regenwurm aufgeworfenes Erdhäufchen. **~ con·vey·or** *s tech.* Förderschnecke *f*. **~ drive** *s tech.* Schneckenantrieb *m*, -getriebe *n*. **'~₁eat·en** *adj* **1.** wurmstichig. **2.** morsch, vermodert. **3.** *fig.* altmodisch, veraltet. **'worm·er** *s med. vet.* Wurmmittel *n*. **worm| fence** *s* Scherengitter *n*. **~ gear** *s tech.* **1.** Schneckenrad *n*, -getriebe *n*. **2.** Schneckenrad *n*. **'~hole** *s* Wurmloch *n*, -stich *m*. **'~seed oil** *s pharm.* Wurmsamenöl *n*. **'worm's-eye view** *s* 'Froschperspek₁tive *f*. **worm| thread** *s tech.* Schneckengewinde *n*. **~ wheel** *s tech.* Schneckenrad *n*. **'~wood** *s* **1.** *bot.* Wermut *m*. **2.** *fig.*

Bitterkeit *f*: **gall and ~** *Bibl.* Galle u. Wermut; **the** (**gall and**) **~ of being poor** die Bitterkeit, arm zu sein; **it was** (**gall and**) **~ to him to be poor** es war bitter für ihn, arm zu sein. **'worm·y** *adj* **1.** wurmig, voller Würmer. **2.** wurmstichig. **3.** wurmartig. **4.** *fig.* kriecherisch.

worn [wɔː(r)n] **I** *pp von* **wear¹** *u.* **wear²**. **II** *adj* **1.** getragen: **~ clothes**. **2.** → **worn-out 1**. **3.** erschöpft, abgespannt. **4.** ausgelaugt: **~ soil**. **5.** *fig.* abgedroschen: **~ joke**. **₁~-'out** *adj* **1.** abgetragen, abgenutzt: **~ clothes**; **~ shoes**. **2.** völlig erschöpft, todmüde. **3.** → **worn 4, 5**.

wor·ried ['wʌrɪd; *Am. a.* 'wɜrɪd] *adj* **1.** gequält. **2.** sorgenvoll, bekümmert, besorgt. **3.** beunruhigt, ängstlich. **'wor·ri·er** *s* j-d, der sich (ständig) Sorgen macht. **'wor·ri·ment** *s bes. Am. colloq.* **1.** Plage *f*, Quäle'rei *f*. **2.** Angst *f*, Sorge *f*. **'wor·ri·some** [-səm] *adj* **1.** quälend. **2.** lästig, störend. **3.** beunruhigend. **4.** unruhig. **'wor·rit** [-rɪt] *Br. dial. für* **worry**.

wor·ry ['wʌrɪ; *Am. a.* 'wɜ-] **I** *v/t* **1.** quälen, plagen, stören, belästigen, j-m zusetzen: **to ~ s.o. into a decision** j-n so lange quälen, bis er e-e Entscheidung trifft; **to ~ s.o. out of s.th.** a) j-n mühsam von etwas abbringen, b) j-n durch unablässiges Quälen um etwas bringen. **2.** ärgern, reizen. **3.** beunruhigen, ängstigen, quälen, j-m Sorgen machen: **to ~ o.s.** sich sorgen (**about**, **over** um, wegen). **4.** a) zausen, schütteln, zerren an (*dat*), b) *Tier* an der Kehle packen, (ab)würgen (*bes. Hund*). **5.** etwas zerren *od.* mühsam bringen (**into** *acc*). **6.** her'umstochern in (*dat*). **7.** *oft* **~ out** *e-n Plan etc* ausknobeln. **II** *v/i* **8.** *oft* **~ away** sich quälen *od.* plagen (**at** mit). **9.** sich ängstigen, sich beunruhigen, sich Gedanken *od.* Sorgen machen (**about**, **over** um, wegen): **don't ~!**, *colloq.* **not to ~!** keine Angst *od.* Sorge!; **I should ~** *colloq.* was kümmert das mich! **10.** sich abmühen *od.* vorwärtskämpfen: **to ~ along** sich mühsam voranarbeiten, sich mit knapper Not durchschlagen; **to ~ through s.th.** sich durch etwas hindurchquälen. **III** *s* **11.** Kummer *m*, Besorgnis *f*, Sorge *f*, (innere) Unruhe. **12.** (Ursache *f* von) Ärger *m*, Verdruß *m*, Aufregung *f*. **13.** Quälgeist *m*. **14.** (**of**) a) Schütteln *n* (*gen*), Zerren *n* (an *dat*), b) (Ab)Würgen *n* (*gen*) (*bes. vom Hund*). **'wor·ry·ing** *adj* (*adv* **~ly**) beunruhigend, quälend. **wor·ry·wart** ['wʌrɪwɔː(r)t; *Am. a.* 'wɜrɪ-] *s colloq.* j-d, der sich ständig unnötige Sorgen macht.

worse [wɜːs; *Am.* wɜrs] **I** *adj* (*comp von* **bad¹**, **evil**, **ill**) **1.** schlechter, schlimmer (*beide a. med.*), übler, ärger: **~ and ~** immer schlechter *od.* schlimmer; **the ~** desto schlimmer; **so much** (*od.* **all**) **the ~** um so schlimmer; **that only made matters ~** das machte es nur noch schlimmer; **to make it ~** (*Redew.*) um das Unglück vollzumachen; **he is ~ than yesterday** es geht ihm schlechter als gestern; → **luck 1**, **wear¹ 15**. **2.** schlechter gestellt: (**not**) **to be the ~ for** (nicht) schlecht wegkommen bei, (keinen) Schaden erlitten haben durch, (nicht) schlechter gestellt sein wegen; **he is none the ~ for it** es ist ihm dabei nichts passiert; **you would be none the ~ for a walk** ein Spaziergang würde dir gar nichts schaden; **to be the ~ for drink** betrunken sein. **II** *adv* **3.** schlechter, schlimmer, ärger: **none the ~** nicht schlechter; **to be ~ off** schlechter daran sein; **you could do ~ than get a haircut** du könntest dir ruhig mal die Haare schneiden lassen.

III *s* **4.** Schlechteres *n*, Schlimmeres *n*: ~ followed Schlimmeres folgte; if ~ comes to ~ schlimmstenfalls; to have (*od.* get) the ~ den kürzer(e)n ziehen, schlechter wegkommen; → **bad**[1] **19, better**[1] **3, change 8, 13, turn**[1] **8.**

wors·en ['wɜːsn; *Am.* 'wɜrsn] **I** *v/t* **1.** schlechter machen, verschlechtern. **2.** *Unglück* verschlimmern. **3.** *j-n* schlechter stellen. **II** *v/i* **4.** sich verschlechtern *od.* verschlimmern. **'worsen·ing** *s* Verschlechterung *f*, Verschlimmerung *f*.

wor·ship ['wɜːʃɪp; *Am.* 'wɜr-] **I** *s* **1.** *relig.* a) Anbetung *f*, Verehrung *f*, Kult(us) *m* (*alle a. fig.*), b) (public ~ öffentlicher) Gottesdienst, Ritus *m*: hours of ~ Gottesdienstzeiten; house (*od.* place) of ~ Kirche *f*, Gotteshaus *n*, Kultstätte *f*; the ~ of wealth die Anbetung des Reichtums. **2.** Gegenstand *m* der Verehrung *od.* Anbetung (*der, die, das*) Angebetete. **3.** *obs.* Ansehen *n*, guter Ruf. **4.** his (your) W~ *bes. Br.* Seiner (Euer) Gnaden, Seiner (Euer) Hochwürden (*Anrede, jetzt bes.* 'Bürgermeister *u.* Richter). **II** *v/t pret u. pp* -shiped, *bes. Br.* -shipped **5.** anbeten, verehren, huldigen (*dat*). **6.** *fig. j-n* (glühend) verehren, anbeten, vergöttern. **III** *v/i* **7.** beten, s-e Andacht verrichten.

'wor·ship·er, *bes. Br.* **'wor·ship·per** *s* **1.** Anbeter(in), Verehrer(in): ~ of idols Götzendiener *m*. **2.** Beter(in): the ~s die Andächtigen, die Kirchgänger. **'worship·ful** *adj* (*adv* ~ly) **1.** verehrend, anbetend. **2.** *obs.* angesehen, (ehr)würdig, achtbar. **3.** (*in der Anrede*) hochwohllöblich, verehrlich: Right W~ hochwohllöblich, hochangesehen (*bes. Bürgermeister*); the W~ the Mayor of X schriftliche Anrede für e-n Bürgermeister.

worst [wɜːst; *Am. a.* 'wɜrst] **I** *adj* (*sup von* **bad**[1], evil, ill) schlechtest(er, e, es), übelst(er, e, es), schlimmst(er, e, es), ärgst(er, e, es): and,which is ~ und, was das schlimmste ist. **II** *adv* am schlechtesten *od.* übelsten, am schlimmsten *od.* ärgsten: the ~paid der *od.* die schlechtesten Bezahlte. **III** *s* (*der, die, das*) Schlechteste *od.* Übelste *od.* Schlimmste *od.* Ärgste: at (the) ~ schlimmstenfalls; to be prepared for the ~ aufs Schlimmste gefaßt sein; to do one's ~ es so schlecht *od.* schlimm wie möglich machen; do your ~! mach, was du willst!; to get the ~ of it am schlechtesten wegkommen, den kürzer(e)n ziehen; if (*od.* when) the ~ comes to the ~ wenn es zum Schlimmsten kommt, wenn alle Stricke reißen; he was at his ~ zeigte sich von s-r schlechtesten Seite, er war in denkbar schlechtester Form; to see s.o. (s.th.) at his (its) ~ j-n (etwas) von der schlechtesten *od.* schwächsten Seite kennenlernen; the illness is at its ~ die Krankheit hat auf ihrem Höhepunkt; the ~ of it is das Schlimmste daran ist. **IV** *v/t* über'wältigen, besiegen, schlagen.

wor·sted ['wʊstɪd; *Am. a.* 'wɜr-] *tech.* **I** *s* **1.** Kammgarn *n*, -wolle *f*. **2.** Kammgarnstoff *m*. **II** *adj* **3.** Woll...: ~ socks wollene Socken; ~ wool Kammwolle *f*; ~ yarn Kammgarn *n*. **4.** Kammgarn...

wort[1] [wɜːt; *Am.* wɜrt] *s bot.* **1.** *obs.* Pflanze *f*, Kraut *n*. **2.** (*in Zssgn*) ...wurz *f*, ...kraut *n*.

wort[2] [wɜːt; *Am.* wɜrt] *s* (Bier)Würze *f*: original ~ Stammwürze; ~ pump Maischpumpe *f*; ~ vat Würzkufe *f*.

worth[1] [wɜːθ; *Am.* wɜrθ] **I** *adj* **1.** (*e-n bestimmten Betrag*) wert (to dat *od.* für): he is ~ £5000 a year er hat ein Jahreseinkommen von 5000 Pfund; he is ~ a million, er ist e-Million wert', er besitzt *od.* verdient e-e Million. **2.** *fig.* würdig, wert (*gen*): ~ doing wert, getan zu werden; ~ mentioning (reading, seeing) erwähnens-(lesens-, sehens)wert; it is ~ fighting for es lohnt sich, dafür zu kämpfen; to be ~ (one's) while, to be ~ the trouble, *colloq. a.* to be ~ it der Mühe wert sein, sich lohnen; take it for what it is ~! nimm es für das, was es wirklich ist!; my opinion for what it may be ~ m-e unmaßgebliche Meinung; for all one is ~ *colloq.* mit aller Macht, so gut man kann, 'auf Teufel komm raus'; → candle 1, powder 1, salt[1] 1, whoop 1. **II** *s* **3.** (Geld)Wert *m*, Preis *m*: of no ~ wertlos; 20 pence's ~ of stamps Briefmarken im Wert von 20 Pence; → money 1. **4.** *fig.* Wert *m*: a) Bedeutung *f*, b) *Verdienst n*: men of ~ verdiente *od.* verdienstvolle Leute.

worth[2] [wɜːθ; *Am.* wɜrθ] *v/i obs. od. poet.* werden, sein (*nur noch in*): woe ~ whe über (*acc*), verflucht sei; woe ~ the day wehe dem Tag.

wor·thi·ly ['wɜːðɪlɪ; *Am.* 'wɜr-] *adv* **1.** nach Verdienst, angemessen. **2.** mit Recht, mit gutem Grund. **3.** in Ehren, würdig. **'wor·thi·ness** *s* Wert *m*, Würdigkeit *f*, Verdienst *n*.

'worth·less *adj* (*adv* ~ly) **1.** wertlos, nichts wert, ohne Bedeutung. **2.** *fig.* un-, nichtswürdig. **'worth·less·ness** *s* **1.** Wertlosigkeit *f*. **2.** *fig.* Unwürdigkeit *f*, Nichtswürdigkeit *f*.

,worth'while *adj* lohnend, der Mühe wert.

wor·thy ['wɜːðɪ; *Am.* 'wɜr-] **I** *adj* (*adv* → **worthily**) **1.** würdig, achtbar, ehrenwert, angesehen. **2.** würdig, wert (of *gen*): to be ~ of s.th. e-r Sache wert *od.* würdig sein, etwas verdienen; to be ~ to be (*od.* of being) venerated, to be ~ of veneration es verdienen *od.* wert sein, verehrt zu werden; verehrungswürdig sein; ~ of credit a) glaubwürdig, b) *econ.* kreditwürdig, -fähig; ~ of a better cause e-r besseren Sache würdig; ~ of reflection es wert, daß man darüber nachdenkt; the worthiest of blood *jur. Br.* die Söhne, die männlichen Erben. **3.** würdig: a ~ adversary (successor); words ~ (of) the occasion Worte, die dem Anlaß angemessen sind; ~ reward entsprechende *od.* angemessene Belohnung. **4.** *humor.* wacker: a ~ rustic. **II** *s* **5.** Per'son *f* von Verdienst *u.* Würde, große Per'sönlichkeit, Größe *f*, Held(in). **6.** *humor.* (der) Wackere.

wost [wɒst; *Am.* wɑst] *obs.* **2.** *sg pres von* **wit**[2].

wot [wɒt; *Am.* wɑt] *obs.* **1. u. 3.** *sg pres von* **wit**[2]: God ~! weiß Gott!

would [wʊd] **1.** *pret von* **will**[1] **I**: a) wollte(st), wollten, wollte: he ~ not go er wollte (durchaus) nicht gehen, b) pflegte(st) *od.* pflegten *od.* pflegte zu (*oft unübersetzt*): he ~ take a short walk every day er pflegte täglich e-n kurzen Spaziergang zu machen; now and then a bird ~ call er ertönte ein Vogelruf; you ~ do that! du mußtest das natürlich tun!, das sieht dir ähnlich!, du wolltest das ja unbedingt tun!, c) *höflich fragend*: würdest du?, würden Sie?: ~ you pass me the salt, please? würden Sie mir bitte das Salz reichen, d) *vermutend*: that ~ be 3 dollars das macht (dann) 3 Dollar; it ~ seem that es scheint fast, daß. **2.** (*konditional, Br.* **1.** *sg u. pl meist colloq.*) würde(st), würden, würdet: she ~ do it if she could; he ~ have come if er wäre gekommen, wenn. **3.** *pret von* **will**[1] **II**: ich wollte *od.* wünschte *od.* möchte: I ~ it were otherwise; ~ (to) God wolle Gott, Gott gebe; I ~ have you know ich muß Ihnen (schon) sagen. **4.** *obs. pp von* **will**[1].

'would-be I *adj* **1.** *contp.* Möchtegern...: ~ critic ein Kritikaster *m*; a ~ painter ein Farbklecker; a ~ philosopher ein Möchtegernphilosoph; a ~ poet ein Dichterling; ~ politician Stammtischpolitiker *m*; ~ huntsman Sonntagsjäger *m*; ~ wit Witzling *m*; ~ witty geistreich sein sollend (*Bemerkung etc*). **2.** angehend, zukünftig: ~ author; ~ wife; ~ purchaser (Kauf)Interessent(in). **II** *s* **3.** *contp.* Gernegroß *m*, Möchtegern *m*.

wouldst [wʊdst] *obs.* **2.** *sg pret von* **will**[1].

wound[1] [wuːnd] **I** *s* **1.** Wunde *f*, Verletzung *f* (*beide a. fig.*), Verwundung *f*: ~ of entry (exit) Einschuß *m* (Ausschuß *m*); the (Five) W~s of Christ die (fünf) Wundmale Christi; ~ chevron (*od.* stripe) *mil. Am.* Verwundetenabzeichen *n* (Ärmelstreifen). **2.** *fig.* Kränkung *f*. **II** *v/t* **3.** verwunden, verletzen (*beide a. fig.* kränken): ~ed veteran Kriegsversehrte(r) *m*; the ~ed die Verwundeten *pl*; ~ed vanity verletzte Eitelkeit.

wound[2] [waʊnd] *pret u. pp von* **wind**[2] *u.* **wind**[3].

wound·less ['wuːndlɪs] *adj* **1.** unverwundet, unverletzt, unversehrt. **2.** *poet.* unverwundbar.

'wound·wort ['wuːnd-] *s bot.* (*ein*) Wundkraut *n*.

wou·ra·li [wuː'rɑːlɪ] → **curare**.

wove [wəʊv] *pret u. pp von* **weave**. **'wo·ven** *pp von* **weave**: ~ goods Web-, Wirkwaren.

wove pa·per *s tech.* Ve'linpa,pier *n*.

wow[1] [waʊ] **I** *interj* **1.** Mensch!, Mann!, ,toll'! **2.** zack! **II** *s bes. Am. sl.* **3.** ,Bombenerfolg' *m*, ,tolles Ding', b) ,toller Kerl': he (it) is a ~ er (es) ist 'ne ,Wucht'. **III** *v/t* **4.** *j-n* hin'reißen.

wow[2] [waʊ] *s* Jaulen *n* (*Schallplatte etc*).

wow·ser ['waʊzə(r)] *s bes. Austral. sl.* mora'linsaure Per'son, fa'natischer Puri'taner.

wrack[1] [ræk] *s* **1.** → **wreck** 1 *u.* 2: ~ and ruin Untergang *u.* Verderben; to go to ~ untergehen. **2.** Seetang *m*.

wrack[2] → **rack**[4] **I**.

wraith [reɪθ] *s bes. Scot.* **1.** (Geister-) Erscheinung *f* (*bes. von Sterbenden od. gerade Gestorbenen*). **2.** a) Geist *m*, b) Gespenst *n*.

wran·gle ['ræŋɡl] **I** *v/i* **1.** (about, over) (sich) zanken *od.* streiten (um, wegen), sich in den Haaren liegen (wegen). **II** *v/t* **2.** etwas her'ausschinden. **3.** disku'tieren über (*acc*). **4.** *Am. Vieh* a) hüten, b) zs.-treiben. **III** *s* **5.** Streit *m*, Zank *m*. **6.** heftige De'batte. **'wran·gler** *s* **1.** Zänker *m*, streitsüchtige Per'son. **2.** Dispu'tant *m*: he is a ~ er kann gut debattieren. **3.** *univ. Br.* Student in Cambridge, der die mathematische Abschlußprüfung mit Auszeichnung bestanden hat. **4.** *Am.* Cowboy *m*.

wrap [ræp] **I** *v/t pret u. pp* **wrapped,** *a.* **wrapt 1.** wickeln, hüllen, legen, *a.* die Arme schlingen ([a]round um *acc*). **2.** *meist* ~ up (ein)wickeln, (-)packen, (-)hüllen, (-)schlagen (in *in acc*): to ~ s.th. in paper; to ~ o.s. in warm things sich warm anziehen. **3.** *oft* ~ up (ein)hüllen, verbergen, e-n Tadel etc (ver)kleiden: ~ped in mist in Nebel gehüllt; ~ped up in mystery *fig.* geheimnisvoll, rätselhaft; ~ped (*od.* wrapt) in silence in Schweigen gehüllt; ~ped in allegory allegorisch verkleidet; to be ~ped up in a) in Anspruch genommen sein von (*e-r Arbeit etc*), ganz aufgehen in (*s-r Arbeit, s-n Kindern etc*), b) versunken sein in (*dat*). **4.** ~ up *colloq.* a) zu e-m glücklichen Ende führen, b) ab-, beschließen, erledigen: to ~ it up

wraparound – wrist pin

die Sache (erfolgreich) zu Ende führen; that ~s it up! das wär's! **5.** *fig.* verwickeln, -stricken (**in** in *acc*): **to be ~ped in an intrigue.** **II** *v/i* **6.** sich einhüllen *od.* einpacken: **~ up well!** zieh dich warm an! **7.** sich legen *od.* wickeln *od.* schlingen ([a]round um). **8. ~ up!** *bes. Br. sl.* halt's Maul! **III** *s* **9.** Hülle *f, bes.* a) Decke *f,* b) Schal *m,* Pelz *m,* c) 'Umhang *m,* Mantel *m:* **to keep s.th. under ~s** *fig.* etwas geheimhalten; **to take the ~s off s.th.** etwas enthüllen. 'wrap·a₁round I *s* **1.** Wickelbluse *f,* -kleid *n,* -rock *m.* **II** *adj* **2.** Wickel... **3.** *tech. Am.* Rundum..., her'umgezogen: **~ windshield** *mot.* Panorama-, Vollsichtscheibe *f.* 'wrap₁over → wraparound 1, 2. 'wrap·page *s* **1.** 'Umschlag *m,* Um'hüllung *f,* Hülle *f,* Decke *f.* **2.** Verpackung *f,* 'Packmateri₁al *n.* 'wrap·per *s* **1.** (Ein)Packer(in). **2.** Hülle *f,* Decke *f,* 'Überzug *m,* Verpackung *f.* **3.** ('Buch)Umschlag *m,* Schutzhülle *f.* **4.** *a. postal* Kreuz-, Streifband *n.* **5.** a) Schal *m,* b) 'Überwurf *m,* c) Morgenrock *m.* **6.** Deckblatt *n* (*der Zigarre*). 'wrap·ping *s* **1.** *meist pl* Um'hüllung *f,* Hülle *f,* Verpackung *f.* **2.** Verpacken *n.* **~ ma·chine** *s* Ver'packungsma₁schine *f.* **~ pa·per** *s* 'Einwickel-, 'Pack₁pa₁pier *n.*
'wrap·round → wraparound.
wrapt [ræpt] *pret u. pp von* **wrap.**
wrasse [ræs] *s ichth.* Lippfisch *m.*
wrath [rɔθ; *Am.* ræθ] *s* Zorn *m,* Wut *f:* **the ~ of God** der Zorn Gottes; **he looked like the ~ of god** *colloq.* er sah gräßlich aus; **the day of ~** *Bibl.* der Tag des Zorns; **bring down** 7. 'wrath·ful *adj* (*adv* ~ly) zornig, grimmig, wutentbrannt. 'wrath·y *adj colloq.* für **wrathful.**
wreak [ri:k] *v/t Rache etc* üben, *s-e Wut etc* auslassen (**on, upon** an *dat*).
wreath [ri:θ] *pl* **wreaths** [ri:ðz; -θs] *s* **1.** Kranz *m* (*a. fig.*), Gir'lande *f,* Blumengewinde *n.* **2.** (*Rauch- etc*)Ring *m:* **~ of smoke. 3.** Windung *f* (*e-s Seiles etc*). **4.** *tech.* Schliere *f* (*im Glas*). **5.** (Schnee-, Sand- *etc*)Wehe *f.*
wreathe [ri:ð] **I** *v/t* **1.** winden, wickeln ([a]round, about um). **2.** verflechten. **3.** (zu K ränzen) flechten *od.* (zs.-)binden. **4.** e-n Kranz flechten, winden. **5.** um'kränzen, -'geben, -'winden. **6.** bekränzen, schmücken. **7.** kräuseln, in Falten legen: **his face was ~d in smiles** ein Lächeln lag auf s-m Gesicht. **II** *v/i* **8.** sich winden *od.* wickeln: **~d column** *arch.* Schneckensäule *f.* **9.** sich ringeln *od.* kräuseln (*Rauchwolke etc*).
wreath·y ['ri:θɪ; 'ri:ðɪ] *adj* **1.** sich windend. **2.** sich ringelnd *od.* kräuselnd (*Rauch etc*). **3.** bekränzt. **4.** geflochten.
wreck [rek] **I** *s* **1.** *mar.* a) (Schiffs)Wrack *n,* b) Schiffbruch *m,* Schiffsunglück *n,* c) *jur.* Strandgut *n.* **2.** Wrack *n* (*mot. etc, a. fig. bes. Person*), Ru'ine *f,* Trümmerhaufen *m* (*a. fig.*): **nervous ~** Nervenbündel *n;* **she is the ~ of her former self** sie ist nur noch ein Schatten ihrer selbst, sie ist ein völliges Wrack. **3.** *pl* Trümmer *pl* (*oft fig.*). **4.** *fig.* a) 'Untergang *m,* Ru'in *m,* b) Zerstörung *f,* Verwüstung *f:* **the ~ of his hopes** die Vernichtung s-r Hoffnungen; **to go to ~ (and ruin)** zugrunde gehen. **II** *v/t* **5.** *allg.* zertrümmern, zerstören, *ein Schiff* zum Scheitern bringen (*a. fig.*): **to be ~ed** a) *mar.* scheitern, Schiffbruch erleiden, b) in Trümmer gehen, *c) rail.* entgleisen. **6.** *fig.* zu'grunde richten, rui'nieren, *a. s-e Gesundheit* zerrütten, *Pläne, Hoffnungen etc* vernichten, zerstören. **7.** *mar. tech.* abwracken. **III** *v/i* **8.** Schiffbruch er-

leiden, scheitern (*beide a. fig.*). **9.** ver-unglücken. **10.** *a. fig.* zerstört *od.* vernichtet werden. 'wreck·age *s* **1.** Schiffbruch *m,* Scheitern *n* (*beide a. fig.*). **2.** *mar.* Wrack(teile *pl*) *n,* (Schiffs-, *allg.* Unfall-) Trümmer *pl.* **3.** Trümmerhaufen *m.* **4.** → **wreck** 4. **5.** *fig.* Strandgut *n* (*des Lebens*), gescheiterte Exi'stenzen *pl.* **wrecked** *adj* **1.** gestrandet, gescheitert (*beide a. fig.*). **2.** schiffbrüchig: **~ sailors. 3.** zertrümmert, zerstört, vernichtet (*alle a. fig.*): **~ car** Schrottauto *n.* **4.** zerrüttet: **~ health.** 'wreck·er *s* **1.** *mar. bes. hist.* Strandräuber *m.* **2.** *a. fig.* Zerstörer *m,* Vernichter *m,* Sabo'teur *m.* **3.** *mar.* a) Bergungsschiff *n,* b) Bergungsarbeiter *m.* **4.** *tech. bes. Am.* Abbrucharbeiter *m.* **5.** *mot. Am.* Abschleppwagen *m.* 'wreck·ing **I** *s* **1.** *mar. bes. hist.* Strandraub *m.* **2.** *fig.* Rui'nieren *n,* Vernichtung *f.* **3.** *Am.* Bergung *f.* **II** *adj* **4.** *Am.* Bergungs...: **~ crew;** **~ service** *mot.* Abschleppdienst *m;* **~ truck** Abschleppwagen *m.* **5.** *tech. bes. Am.* Abbruch...: **~ company** Abbruchfirma *f.* **~ a·mend·ment** *s parl. Br.* Änderung *e-s Gesetzentwurfs, die dessen eigentlichen Zweck vereitelt.*
wren[1] [ren] *s* **1.** *orn.* Zaunkönig *m.* **2. golden-crested ~** *orn.* Wintergoldhähnchen *n.* **3.** *Am. sl.* Mädchen *n.*
Wren[2] [ren] *s mil. Br. colloq.* Ma'rinehelferin *f* (*aus* Women's Royal Naval Service).
wrench [rentʃ] **I** *s* **1.** (drehender *od.* heftiger) Ruck, heftige Drehung. **2.** *med.* Verzerrung *f,* -renkung *f,* (gewaltsame) Verdrehung, Verstauchung *f:* **to give a ~ to →** 8. **3.** *fig.* Verzerrung *f,* -drehung *f.* **4.** *fig.* (Trennungs)Schmerz *m:* **leaving home was a great ~** der Abschied von zu Hause tat sehr weh. **5.** *tech.* Schraubenschlüssel *m.* **6.** scharfe Wendung, *bes. hunt.* Haken *m* (*e-s Hasen*). **II** *v/t* **7.** (mit e-m Ruck) reißen, zerren, ziehen: **to ~ s.th.** (**away**) **from s.o.** j-m etwas entwinden *od.* entreißen (*a. fig.*); **to ~ open** *die Tür etc* aufreißen. **8.** *med.* verrenken, -stauchen. **9.** verdrehen, entstellen (*a. fig. entstellen*).
wrest [rest] **I** *v/t* **1.** (gewaltsam) reißen: **to ~ out of** herausreißen aus; **to ~ from s.o.** j-m entreißen *od.* -winden, *fig. a.* j-m abringen; **to ~ a living from the soil** dem Boden s-n Lebensunterhalt abringen. **2.** *fig.* verdrehen, -zerren, entstellen. **II** *s* **3.** Ruck *m,* Reißen *n.* **4.** *mus.* Stimmhammer *m.*
wres·tle ['resl] **I** *v/i* **1.** *bes. sport* ringen. **2.** *fig.* ringen, schwer kämpfen (**for** um). **3.** *relig.* ringen, inbrünstig beten: **to ~ with God** mit Gott ringen. **4.** *fig.* sich abmühen, kämpfen (**with** mit). **II** *v/t* **5.** *fig.* ringen *od.* kämpfen mit: **to ~ down** niederringen. **6.** *Am.* etwas mühsam (wohin) schaffen. **III** *s* **7.** *bes. sport* Ringen *n,* Ringkampf *m.* **8.** *fig.* Ringen *n,* schwerer Kampf. 'wres·tler *s bes. sport* Ringer *m,* Ringkämpfer *m.* 'wres·tling *bes. sport* **I** *s* Ringen *n* (*a. fig.*). **II** *adj* Ring...: **~ match** Ringkampf *m.*
wretch [retʃ] *s* **1.** *a.* **poor ~** armes Wesen, armer Kerl *od.* Tropf *od.* Teufel (*a. iro.*). **2.** Schuft *m.* **3.** *iro.* Wicht *m,* Tropf *m.* 'wretch·ed [-ɪd] *adj* (*adv* ~ly) **1.** elend, unglücklich, *a.* depri'miert (*Person*). **2.** erbärmlich, jämmerlich, dürftig, mise'rabel, schlecht. **3.** (*gesundheitlich*) elend. **4.** gemein, niederträchtig. **5.** ekelhaft, scheußlich, entsetzlich. 'wretch·ed·ness *s* **1.** Elend *n,* Unglück *n.* **2.** Erbärmlichkeit *f.* **3.** Niedertracht *f,* Gemeinheit *f.* **4.** Scheußlichkeit *f.* 'wretch·less·ness [-lɪsnɪs] *s obs.* (**of**) Unbekümmertheit *f* (um), Leichtfertigkeit *f* (gegen'über).

wrick [rɪk] **I** *s* Verrenkung *f.* **II** *v/t* verrenken, verstauchen.
wrig·gle ['rɪɡl] **I** *v/i* **1.** sich winden (*a. fig. verlegen od. listig*), sich schlängeln, *zo. a.* sich ringeln: **to ~ along** sich dahinschlängeln; **to ~ out** sich herauswinden (**of s.th.** aus e-r Sache) (*a. fig.*); **to ~ into** *fig.* sich einschleichen in (*acc*). **2.** sich unruhig *od.* ner'vös hin u. her bewegen, zappeln. **II** *v/t* **3.** hin u. her bewegen, wackeln *od.* zappeln mit: **to ~ one's hips** mit den Hüften wackeln. **4.** schlängeln, winden, ringeln: **to ~ o.s.** (**along, through**) sich (entlang-, hindurch)winden; **to ~ o.s. into** *fig.* sich einschleichen in (*acc*); **to ~ o.s. out of** sich herauswinden aus. **III** *s* **5.** Windung *f,* Krümmung *f.* **6.** schlängelnde Bewegung, Schlängeln *n,* Ringeln *n.* **7.** Wackeln *n.* 'wrig·gler *s* **1.** Ringeltier *n,* Wurm *m.* **2.** *fig.* aalglatter Kerl.
wright [raɪt] *s* (*in Zssgn*) ...macher *m,* ...bauer *m:* **cart~** Stellmacher *m,* Wagenbauer *m.*
wring [rɪŋ] **I** *v/t pret u. pp* **wrung** [rʌŋ] **1.** *oft* **~ out** *Wäsche etc* (aus)wringen, auswinden. **2.** *oft* **~ out** *Früchte etc* ausdrücken, -pressen. **3.** *oft* **~ out** *Saft etc* her'ausdrücken, -pressen, -quetschen (**of** aus). **4.** a) *e-m Tier den Hals* abdrehen, b) *j-m den Hals* 'umdrehen: **I'll ~ your neck. 5.** *die Hände* (*verzweifelt*) ringen. **6.** *j-m die Hand* (kräftig) drücken, pressen. **7.** *j-n* drücken (*Schuh etc*). **8.** *fig.* quälen, bedrücken: **to ~ s.o.'s heart** j-m ans Herz greifen, j-m in der Seele weh tun. **9.** etwas abringen, entreißen, -winden (**from** *dat*): **to ~ a confession from s.o.** j-m ein Geständnis abringen; **to ~ admiration from s.o.** j-m Bewunderung abnötigen. **10.** *fig.* Geld, Zustimmung erpressen (**from, out of** von). **11.** verzerren, -drehen (*a. fig. entstellen*). **II** *s* **12.** (Aus)Wringen *n,* Auswinden *n:* **to give s.th. a ~** etwas (aus)wringen *od.* auswinden. **13.** Pressen *n,* Druck *m:* **he gave my hand a ~** er drückte mir (kräftig) die Hand. **14.** → **wringer.** 'wring·er *s* a) 'Wringma₁schine *f,* b) (Obst- *etc*)Presse *f:* **to go through the ~** *colloq.* ,durch den Wolf gedreht werden'. 'wring·ing **I** *adj* Wring...: **~ machine** → **wringer. II** *adv:* **~ wet** klatschnaß. **~ fit** *s tech.* Haftsitz *m.*
wrin·kle[1] ['rɪŋkl] **I** *s* **1.** Runzel *f,* Falte *f* (*im Gesicht*). **2.** Knitter *m,* Kniff *m* (*im Papier, Stoff etc*). **3.** Unebenheit *f,* Vertiefung *f,* Furche *f.* **II** *v/t* **4.** *oft* **~ up** a) *die Stirn, die Augenbrauen* runzeln, b) *die Nase* rümpfen, c) *die Augen* zs.-kneifen. **5.** *Stoff, Papier etc* zerknittern. **6.** *Wasser* kräuseln. **III** *v/i* **7.** Falten werfen (*Stoff*). **8.** sich runzeln, runz(e)lig werden (*Haut*). **9.** knittern (*Papier, Stoff etc*).
wrin·kle[2] ['rɪŋkl] *s colloq.* **1.** Kniff *m,* Trick *m.* **2.** Wink *m,* Tip *m.* **3.** Neuheit *f.* **4.** Fehler *m.*
wrin·kled ['rɪŋkld] *adj* **1.** gerunzelt, runz(e)lig, faltig. **2.** gekräuselt, kraus. **wrin·kly** ['rɪŋklɪ] *adj* **1.** → **wrinkled.** **2.** leicht knitternd (*Stoff*).
wrist [rɪst] *s* **1.** Handgelenk *n:* **to give s.o. a slap on the ~, to slap s.o.'s ~** j-m auf die Finger klopfen. **2.** Stulpe *f* (*am Ärmel etc*). **3.** → **wrist pin.** '~·band *s* **1.** Bündchen *n,* Man'schette *f.* **2.** Armband *n.* '~·drop *s med.* Handgelenkslähmung *f.*
wrist·let ['rɪstlɪt] *s* **1.** Pulswärmer *m.* **2.** Armband *n:* **~ watch** *Br.* Armbanduhr *f.* **3.** *sport* Schweißband *n.* **4.** *humor. od. sl.* „Armband" *n* (*Handschelle*).
'**wrist·lock** *s Ringen:* Handgelenksfesselung *f.* **~ pin** *s tech.* Zapfen *m, bes.*

Kolbenbolzen *m*. '**~watch** *s* Armbanduhr *f*.
writ[1] [rɪt] *s* **1.** *jur.* a) königlicher *od.* behördlicher Erlaß, b) gerichtlicher Befehl, Verfügung *f*, c) *a.* **~ of summons** (Vor)Ladung *f*: **~ of attachment** Haft-, Vorführungsbefehl *m*; (*dringlicher*) Arrest(befehl); **~ of prohibition** Anweisung e-r höheren Instanz an e-e niedere Instanz, ein anhängiges Verfahren einzustellen; **to take out a ~ against s.o.**, **to serve a ~ on s.o.** j-n (vor)laden (lassen); → **capias**, **error** 3, **execution** 3. **2.** *jur. hist. Br.* Urkunde *f*. **3.** *Br.* Wahlausschreibung *f* für das Parla'ment. **4.** Schreiben *n*, Schrift *f* (*obs.* außer in): **Holy** (*od.* **Sacred**) **W~** (*die*) Heilige Schrift.
writ[2] [rɪt] *obs. pret u. pp von* **write**.
write [raɪt] *pret* **wrote** [roʊt], *obs. a.* **writ** [rɪt], *pp* **writ·ten** ['rɪtn], *obs. a.* **writ** *od.* **wrote I** *v/t* **1.** *etwas* schreiben: **to ~ a letter**; **writ(ten) large** *fig.* deutlich, leicht erkennbar. **2.** auf-, niederschreiben, schriftlich niederlegen, aufzeichnen, no'tieren: **to ~ a term into a contract** e-e Bedingung in e-n Vertrag aufnehmen; **it is written that** *Bibl.* es steht geschrieben, daß; **it is written on** (*od.* **all over**) **his face** es steht ihm im Gesicht geschrieben; **written in** (*od.* **on**) **water** *fig.* in den Wind geschrieben, vergänglich. **3.** a) *e-n Scheck etc* ausschreiben, ausstellen, b) *ein Formular etc* ausfüllen. **4.** *Papier etc* vollschreiben. **5.** *j-m etwas* schreiben, schriftlich mitteilen: **to ~ s.o. s.th. 6.** *ein Buch etc* schreiben, verfassen: **to ~ poetry** dichten, Gedichte schreiben; **to ~ the music for a play** die Musik zu e-m (Theater)Stück schreiben. **7.** schreiben über (*acc*): **she is writing her life** sie schreibt ihre Lebensgeschichte. **8. to ~ o.s.** sich bezeichnen als (**a duke**, *etc* Herzog *etc*).
II *v/i* **9.** schreiben. **10.** schreiben, schriftstellern. **11.** schreiben, schriftliche Mitteilung machen: **to ~ home** nach Hause schreiben; **to ~ to ask** schriftlich anfragen; **to ~ (away** *od.* **off) for s.th.** etwas anfordern. **~ home** 15.
Verbindungen mit Adverbien:
write| **back** *v/i* zu'rückschreiben. **~ down I** *v/t* **1.** → **write** 2. **2.** *fig.* a) (schriftlich) her'absetzen *od.* schlechtmachen, 'herziehen über (*acc*), b) nennen, bezeichnen *od.* 'hinstellen als. **3.** *econ.* abschreiben. **II** *v/i* **4.** sich bewußt einfach ausdrücken (**to**, **for** für). **~ in I** *v/t* **1.** einfügen, eintragen. **2.** *Bedingungen etc* (*in e-r Vertrag etc*) aufnehmen. **3. to write s.o. in** *pol. bes. Am.* s-e Stimme für j-n abgeben, der nicht auf der Kandidatenliste steht. **II** *v/i* **4.** schreiben (**to an** *acc*): **to ~ for s.th.** um etwas schreiben, etwas anfordern. **~ off** *v/t* **1.** schnell abfassen, her'unterschreiben, 'hinhauen'. **2.** *econ.* (vollständig) abschreiben (*a. fig.*): **he wrote off his new car** *colloq.* er hat s-n neuen Wagen zu Schrott gefahren. **~ out** *v/t* **1.** *Namen etc* ausschreiben. **2.** abschreiben: **to ~ fair ins reine schreiben. 3.** → **write** 3 a. **4. to write o.s. out** sich ausschreiben (*Autor*). **5. to be written out of a series** (*Rundfunk, TV*) aus e-r Serie verschwinden. **~ up** *v/t* **1.** *etwas* ausführlich darstellen *od.* beschreiben, eingehend berichten über (*acc*). **2.** (*ergänzend*) nachtragen, *Tagebuch, Text* weiterführen, auf den neuesten Stand bringen. **3.** lobend schreiben über (*acc*), her'ausstreichen, (an)preisen. **4.** *econ.* e-n zu hohen Buchwert angeben für.
'**write**|**-down** *s econ.* Abschreibung *f*.
'**~-in** *s pol. bes. Am.* Stimmabgabe *f* für e-n Kandi'daten, der nicht auf der Liste steht. '**~-off** *s* a) *econ.* (gänzliche) Abschreibung, b) *mot. colloq.* To'talschaden *m*: **it's a ~** *colloq.* das können wir abschreiben, das ist 'im Eimer'.
'**writ·er** *s* **1.** Schreiber(in): **~'s cramp** (*od.* **palsy**, **spasm**) Schreibkrampf *m*. **2.** Schriftsteller(in), Autor *m*, Au'torin *f*, Verfasser(in): **~ for the press** Zeitungsschreiber(in), Journalist(in); **the ~** (*in Texten*) der Verfasser (= *ich*). **3.** *meist* **~ to the signet** *Scot.* No'tar *m*, Rechtsanwalt *m*.
'**write-up** *s* **1.** lobender Pressebericht *od.* Ar'tikel, positive Besprechung. **2.** *econ.* zu hohe Buchwertangabe.
writhe [raɪð] **I** *v/i* **1.** sich krümmen, sich winden (**with** vor *dat*). **2.** *fig.* sich winden, leiden (**under**, **at** unter *dat*): **to ~ under an insult. 3.** sich winden *od.* schlängeln: **to ~ through a thicket. II** *v/t* **4.** winden, schlingen, drehen, ringeln. **5.** *das Gesicht* verzerren. **6.** *den Körper* krümmen, winden. **III** *s* **7.** Verzerrung *f*.
'**writ·ing** *s* **1.** Schreiben *n* (*Tätigkeit*). **2.** Schriftstelle'rei *f*. **3.** schriftliche Ausfertigung *od.* Abfassung. **4.** Schreiben *n*, Schriftstück *n*, (*etwas*) Geschriebenes, *a.* Urkunde *f*: **in ~** schriftlich; **to put in ~** schriftlich niederlegen; **the ~ on the wall** *fig.* die Schrift an der Wand, das Menetekel. **5.** Schrift *f*, (*literarisches*) Werk: **the ~s of Pope** Popes Werke. **6.** Aufsatz *m*, Ar'tikel *m*. **7.** Brief *m*. **8.** Inschrift *f*. **9.** Schreibweise *f*, Stil *m*. **10.** (Hand)Schrift *f*. **II** *adj* **11.** schreibend, *bes.* schriftstellernd: **~ man** Schriftsteller *m*. **12.** Schreib...: **~ book** Schreibheft *n*. **~ case** *s* Schreibmappe *f*. **~ desk** *s* Schreibtisch *m*. **~ ink** *s* (Schreib)Tinte *f*. **~ pad** *s* **1.** Schreibblock *m*. **2.** 'Schreib,unterlage *f*. **~ pa·per** *s* 'Schreibpa,pier *n*. **~ stand** *s* Stehpult *n*. **~ ta·ble** *s* Schreibtisch *m*.
writ·ten ['rɪtn] **I** *pp von* **write**. **II** *adj* **1.** schriftlich: **~ examination**; **~ evidence** *jur.* Urkundenbeweis *m*; **~ question** *parl.* kleine Anfrage. **2.** geschrieben: **~ language** Schriftsprache *f*; **~ law** *jur.* geschriebenes Gesetz.
wrong [rɒŋ] **I** *adj* (*adv* → **wrongly**) **1.** falsch, unrichtig, verkehrt, irrig: **a ~ opinion**; **to be ~** a) falsch sein, b) unrecht haben, sich irren (*Person*), c) falsch gehen (*Uhr*); **you are ~ in believing** du irrst dich, wenn du glaubst; **to do the ~ thing** das Verkehrte tun. Falsche tun, etwas verkehrt machen; **to prove s.o. ~** beweisen, daß j-d im Irrtum ist. **2.** verkehrt, falsch: **the ~ side** a) die verkehrte *od.* falsche Seite, b) die linke Seite (*von Stoffen etc*); (**the**) **~ side out** das Innere nach außen (gekehrt) (*Kleidungsstück*); **to be on the ~ side of 60** über 60 (Jahre alt) sein; **he will laugh on the ~ side of his mouth** das Lachen wird ihm schon (noch) vergehen; **to have got out of bed (on) the ~ side** *colloq.* mit dem linken Bein zuerst aufgestanden sein; **to get on the ~ side of s.o.** *colloq.* sich j-s Gunst verscherzen, es mit j-m verderben; → **blanket** 1, **stick**[1] 5. **3.** nicht in Ordnung: **s.th. is ~ with it** etwas stimmt daran nicht, etwas ist nicht in Ordnung damit; **what is ~ with you?** was ist los mit dir?; **I wonder what's ~ with him** was hat er nur?; **what's ~ with ...?** *colloq.* a) was gibt es auszusetzen an (*dat*)?, b) wie wär's mit ...? **4.** unrecht, unbillig: **it is ~ of you to laugh** es ist nicht recht von dir zu lachen.
II *adv* **5.** falsch, unrichtig, verkehrt: **to get it ~** es ganz falsch verstehen, es mißverstehen; **don't get me ~** verstehen Sie mich nicht falsch, mißverstehen Sie mich nicht; **to go ~** a) nicht richtig funktionieren *od.* gehen (*Instrument, Uhr etc*), b) daneben-, schiefgehen (*Vorhaben etc*), c) auf Abwege *od.* die schiefe Bahn geraten, d) fehlgehen; **where did we go ~?** was haben wir falsch gemacht?; **to get in ~ with s.o.** *Am. colloq.* sich j-s Gunst verscherzen, es mit j-m verderben; **to get s.o. in ~** *Am. colloq.* j-n in Mißkredit bringen (**with** bei). **6.** unrecht: **to act ~**.
III *s* **7.** Unrecht *n*: **to do ~** Unrecht tun; **to do s.o. ~** j-m Unrecht zufügen. **8.** Irrtum *m*, Unrecht *n*: **to be in the ~** unrecht haben; **to get s.o. in the ~ with s.o.** sich bei j-m ins Unrecht setzen; **to put s.o. in the ~** j-n ins Unrecht setzen. **9.** Schaden *m*, Kränkung *f*, Beleidigung *f*. **10.** *jur.* Rechtsverletzung *f*: **private ~** Privatdelikt *n*; **public ~** öffentliches Delikt, strafbare Handlung.
IV *v/t* **11.** j-m (*a.* in Gedanken *etc*) Unrecht tun, *j-n* ungerecht behandeln: **I am ~ed** mir geschieht Unrecht. **12.** *j-m* schaden, Schaden zufügen, j-n benachteiligen. **13.** betrügen (**of um**). **14.** *e-e Frau* entehren, verführen.
,**wrong**|'**do·er** *s* Übel-, Missetäter(in). ,**~'do·ing** *s* **1.** Missetat *f*. **2.** Vergehen *n*, Verbrechen *n*.
wrong fo(u)nt *s print.* falsche Type.
'**wrong·ful** *adj* (*adv* **~ly**) **1.** ungerecht. **2.** beleidigend, kränkend. **3.** *jur.* widerrechtlich, unrechtmäßig, ungesetzlich.
'**wrong·ful·ness** *s* **1.** Ungerechtigkeit *f*. **2.** Ungesetzlichkeit *f*, Unrechtmäßigkeit *f*, Widerrechtlichkeit *f*.
,**wrong**'**head·ed** *adj* (*adv* **~ly**) **1.** starrköpfig, verbohrt (*Person*). **2.** verschroben, -dreht, hirnverbrannt.
'**wrong·ly** *adv* **1. ~ wrong** II. **2.** ungerechterweise, zu Unrecht: **rightly or ~ zu** Recht *od.* Unrecht. **3.** irrtümlicher-, fälschlicherweise. '**wrong·ness** *s* **1.** Unrichtigkeit *f*, Verkehrtheit *f*. **2.** Unrecht *n*, Unbilligkeit *f*. '**wrong·ous** *adj bes. jur. Scot.* → **wrongful** 3.
wrote [roʊt] *pret. u. obs. pp von* **write**.
wroth [roʊθ; rɔːθ] *adj obs. od. poet.* zornig, erzürnt, ergrimmt.
wrought [rɔːt] **I** *pret u. pp von* **work**. **II** *adj* **1.** be-, ge-, verarbeitet: **~ goods** Fertigwaren *f*; **~ into shape** geformt; **a beautifully ~ tray** ein wunderschön gearbeitetes Tablett. **2.** geformt. **3.** *tech.* a) gehämmert, geschmiedet, b) schmiedeeisern. **4.** *gestickt.* **5.** gestickt, gewirkt. **~ i·ron** *s tech.* **1.** Schmiede-, Schweißeisen *n*. **2.** schmiedbares Eisen. **~ steel** *s tech.* Schmiede-, Schweißstahl *m*.
wrung [rʌŋ] *pret u. pp von* **wring**.
wry [raɪ] *adj* (*adv* **wryly**) **1.** schief, krumm, verzerrt: **~ neck** schiefer *od.* steifer Hals; **to make** (*od.* **pull**) **a ~ face** e-e Grimasse schneiden. **2.** *fig.* a) verschroben: **~ notion**, b) sar'kastisch: **~ humo(u)r**, c) bitter: **a ~ pleasure**, d) gequält, schmerzlich: **a ~ smile**. '**~-billed** *adj orn.* mit schiefem Schnabel. '**~mouth** *s ichth.* (*ein*) Schleimfisch *m*. '**~-mouthed** *adj* **1.** schiefmäulig. **2.** *fig.* a) wenig schmeichelhaft, b) ätzend, sar'kastisch. '**~neck** *s orn.* Wendehals *m*.
wul·fen·ite ['wʊlfənaɪt] *s min.* Wulfe'nit *m*, Gelbbleierz *n*.
Würm [vʊə(r)m; *Br. a.* wɜːm; *Am. a.* wɜrm] *geol.* **I** *s* Würmeiszeit *f*. **II** *adj* Würm...: **~ time** → I.
wych elm [wɪtʃ] *s bot.* Bergrüster *f*, -ulme *f*.
Wyc·lif·fite, **Wyc·lif·ite** ['wɪklɪfaɪt] *relig.* **I** *adj* Wyclif *od.* s-e Lehre betreffend. **II** *s* Anhänger(in) Wyclifs.
wye [waɪ] *s* **1.** Ypsilon *n*. **2.** → **Y** 3.
wynd [waɪnd] *s bes. Scot.* enge Straße, Gasse *f*.
wy·vern → **wivern**.

X

X, x [eks] **I** *pl* **X's, Xs, x's, xs** [ˈeksɪz] **1.** X, x *n* (*Buchstabe*). **2. x** *math.* a) x *n* (*1. unbekannte Größe od.* [*un*]*abhängige Variable*), b) x-Achse *f*, Abˈszisse *f* (*im Koordinatensystem*). **3. X** *fig.* X *n*, unbekannte Größe. **4. X X** *n*, X-förmiger Gegenstand. **II** *adj* **5.** vierundzwanzigst(er, e, es). **6.** X X..., X-förmig. **III** *v/t pret u. pp* **x-ed**, *a.* **x'd, xed 7.** ankreuzen: **to ~ out** ausixen.
xan·thate [ˈzænθeɪt] *s chem.* Xanˈthat *n*.
xan·the·in [ˈzænθɪɪn] *s chem.* Xantheˈin *n*.
Xan·thi·an [ˈzænθɪən] *adj* xantisch.
xan·thic [ˈzænθɪk] *adj* **1.** *bes. bot.* gelblich. **2.** *chem.* Xanthin... **~ ac·id** *s chem.* Xanthoˈgensäure *f*.
xan·thin [ˈzænθɪn] *s* **1.** *bot.* wasserunlösliches Blumengelb. **2.** → **xanthine**.
ˈxan·thinc [-θɪn] *s chem.* Xanˈthin *n*.
Xan·thip·pe [zænˈθɪpɪ; -tɪ-] *npr u. s fig.* Xanˈthippe *f*.
Xan·thoch·ro·i [zænˈθɒkrəʊaɪ; *Am.* -ˈθɑkrəwaɪ] *s pl Ethnologie*: Blondhaarige *pl* (*nach Huxley*). **xan·tho·chro·ic** [-θəʊˈkrəʊɪk; -θə-] → **xanthochroid I**.
ˈxan·tho·chroid [-θəʊkrɔɪd] **I** *adj* blondhaarig u. hellhäutig (*Rasse*). **II** *s* blondhaarige u. hellhäutige Perˈson.
xan·thoˈchro·mi·a [-θəʊˈkrəʊmjə; -ɪə] *s med.* Gelbfärbung *f* der Haut.
xan·tho·ma [zænˈθəʊmə] *pl* **-mas**, **-ma·ta** [-mətə] *s med.* Xanˈthom *n* (*gutartige, gelbe Hautgeschwulst*).
Xan·tho·mel·a·noi [ˌzænθəʊˈmelənɔɪ] *s pl Ethnologie*: Schwarzhaarige *pl* (*nach Huxley*).
xan·tho·phyl(l) [ˈzænθəʊfɪl] *s bot. chem.* Xanthoˈphyll *n*, Blattgelb *n*.
xan·tho·sis [zænˈθəʊsɪs] *s med.* Xanˈthose *f*, Gelbfärbung *f*. **ˈxan·thous** [-θəs] *adj* **1.** gelb, gelblich. **2.** *Ethnologie*: gelb, monˈgolisch.
Xan·tip·pe [zænˈtɪpɪ] → **Xanthippe**.
ˈx-ˌax·is *s irr* → **X 2 b**.
X chro·mo·some *s biol.* ˈX-Chromoˌsom *n*.
xe·bec [ˈziːbek] *s mar.* Scheˈbe(c)ke *f*.
xe·ni·al [ˈziːnɪəl] *adj bes. hist.* gastfreundlich.
xe·nog·a·mous [zɪˈnɒgəməs; *Am.* -ˈnɑ-] *adj bot.* xenoˈgam. **xeˈnog·a·my** *s* Xenogaˈmie *f*, Fremd-, Kreuzbestäubung *f*.
xen·o·gen·e·sis [ˌzenə-] *s biol.* **1.** → **heterogenesis**. **2.** Entstehung *f* von Lebewesen, die von den Eltern völlig verschieden sind. **ˌxen·o·geˈnet·ic** *adj* durch Urzeugung *od.* Generatiˈonswechsel entstanden. **ˌxen·oˈglos·si·a** [-ˈglɒsɪə; *Am.* -ˈglɑ-] *s Parapsychologie*: Xenoglosˈsie *f* (*unbewußtes Reden in e-r unbekannten Fremdsprache*).
xen·o·lith [ˈzenəlɪθ] *s geol.* Xenoˈlith *m*, Fremdkörper *m*.
ˌxen·oˈmor·phic *adj geol. min.* xenoˈmorph, fremdgestaltig.
xe·non [ˈzenɒn; *Am.* ˈziːˌnɑn; ˈzenˌɑn] *s chem.* Xeˈnon *n* (*Edelgas*).
xen·o·phile [ˈzenəfaɪl] *s* xenoˈphile Perˈson. **ˌxen·oˈphil·i·a** [-ˈfɪlɪə] *s* Xenophiˈlie *f*, Fremdenliebe *f*. **xe·noph·i·lous** [zeˈnɒfɪləs; -ˈnɑ-] *adj* xenoˈphil, fremdenfreundlich.
xen·o·phobe [ˈzenəfəʊb] *s* Fremdenhasser(in). **ˌxen·oˈpho·bi·a** *s* Xenophoˈbie *f*, Fremdenfeindlichkeit *f*. **ˌxen·oˈpho·bic** [-bɪk] *adj* xenoˈphob, fremdenfeindlich.
xe·ran·sis [zɪˈrænsɪs] *s med.* Austrocknung *f*.
xe·ran·the·mum [zɪˈrænθəməm] *s bot.* Xerˈanthemum *n*, Strohblume *f*.
xe·ra·si·a [zɪˈreɪzɪə] *s med.* Trockenheit *f* des Haares.
xe·rog·ra·phy [ˌzɪəˈrɒgrəfɪ; *Am.* zəˈrɑ-] *s print.* Xerograˈphie *f*.
xe·ro·mor·phic [ˌzɪərəˈmɔː(r)fɪk] *adj bot.* xeroˈmorph.
xe·roph·i·lous [zɪəˈrɒfɪləs; *Am.* zəˈrɑ-] *adj bot.* xeroˈphil, die Trockenheit liebend.
xe·ro·phyte [ˈzɪərəfaɪt] *s bot.* Xeroˈphyt *m*, Trockenpflanze *f*. **ˌxe·roˈphyt·ic** [-ˈfɪtɪk] *adj* die Trockenheit liebend.
xe·ro·sis [ˌzɪəˈrəʊsɪs; *Am.* zəˈr-] *s med.* Xeˈrose *f*, krankhafte Trockenheit.
xi [saɪ; zaɪ; gzaɪ; ksaɪ] *s* Xi *n* (*griechischer Buchstabe*).
xiph·oid [ˈzɪfɔɪd; *Am. a.* ˈzaɪ-] *anat.* **I** *adj* **1.** schwertförmig. **2.** Schwertfortsatz...: **~ appendage**, **~ appendix**, **~ cartilage**, **~ process** → **3**. **II** *s* **3.** Schwertfortsatz *m* (*des Brustbeins*).
Xmas [ˈkrɪsməs; ˈeksməs] *colloq. für* **Christmas**.
X ray *s med. phys.* **1.** X-Strahl *m*, Röntgenstrahl *m*. **2.** Röntgenaufnahme *f*, -bild *n*: **to take an ~ (of)** ein Röntgenbild machen (von), *etwas* röntgen.
X-ray I *v/t* [ˌeksˈreɪ; ˈeksreɪ] **1.** röntgen: a) ein Röntgenbild machen von, b) durchˈleuchten. **2.** mit Röntgenstrahlen behandeln, bestrahlen. **II** *adj* [ˈeksreɪ] **3.** Röntgen...: **~ examination** (microscope, spectrum, *etc*); **~ astronomy** Röntgenastronomie *f*; **~ picture** (*od.* **photograph**) → **X ray 2**; **~ tube** Röntgenröhre *f*.
xy·lan [ˈzaɪlæn] *s chem.* Xyˈlan *n*, Holzgummi *m*, *n*.
xy·lem [ˈzaɪləm; -lem] *s bot.* Xyˈlem *n*, Holzteil *m* der Leitbündel: **primary ~** Protoxylem.
xy·lene [ˈzaɪliːn] *s chem.* Xyˈlol *n*. **ˈxy·lic** *adj chem.* xylisch: **~ acid** Xylylsäure *f*.
xy·lo·carp [ˈzaɪləkɑː(r)p] *s bot.* holzige Frucht.
xy·lo·graph [ˈzaɪləgrɑːf; *bes. Am.* -græf] *s* Xylograˈphie *f*, Holzschnitt *m*. **xyˈlog·ra·pher** [-ˈlɒgrəfə(r); *Am.* -ˈlɑ-] *s* Holzschneider *m*, Xyloˈgraph *m*. **ˌxy·loˈgraph·ic** [-ləˈgræfɪk] *adj* xyloˈgraphisch, Holzschnitt... **xyˈlog·ra·phy** [-ˈlɒgrəfɪ; *Am.* -ˈlɑ-] *s* Xylograˈphie *f*, Holzschneidekunst *f*.
xy·lol [ˈzaɪlɒl; *Am. a.* -ˌləʊl] → **xylene**.
xy·lo·nite [ˈzaɪlənaɪt] (*TM*) *s tech. bes. Br.* (*Art*) Zelluˈloid *n*.
xy·loph·a·gan [zaɪˈlɒfəgən; *Am.* -ˈlɑ-] *zo.* **I** *adj* zu den Holzfressern *od.* -bohrern gehörig. **II** *s* Holzbohrer *m*, -fresser *m*. **ˈxy·lo·phage** [-ləfeɪdʒ] → **xylophagan II**.
xy·lo·phone [ˈzaɪləfəʊn] *s mus.* Xyloˈphon *n*. **xyˈloph·o·nist** [zaɪˈlɒfənɪst; *bes. Am.* ˈzaɪləˌfəʊ-] *s* Xylophoˈnist(in).
xy·lo·py·rog·ra·phy [ˌzaɪləpaɪˈrɒgrəfɪ; *Am.* -ˈrɑ-] *s* Brandmaleˈrei *f* (*in Holz*).
xy·lose [ˈzaɪləʊs; -ləʊz] *s chem.* Xyˈlose *f*, Holzzucker *m*.
xys·ter [ˈzɪstə(r)] *s med.* Knochenschaber *m*.

Y

Y, y [waɪ] **I** *pl* **Y's, Ys, y's, ys** [waɪz] **1.** Y, y *n*, Ypsilon *n* (*Buchstabe*). **2. y** *math.* a) y *n* (*2. unbekannte Größe od.* [*un*]*abhängige Variable*), b) y-Achse *f*, Ordi¹nate *f* (*im Koordinatensystem*). **3.** Y Y *n*, Y-förmiger Gegenstand. **II** *adj* **4.** fünfundzwanzigst(er, e, es). **5.** Y Y-... Y-förmig, gabelförmig.

y- [ɪ] *obs.* Präfix zur Bildung des *pp*, entsprechend dem deutschen ge-.

yacht [jɒt; *Am.* jɑt] *mar.* **I** *s* **1.** (Segel-, Motor)Jacht *f*: ~ **club** Jachtklub *m*. **2.** (Renn)Segler *m*. **II** *v/i* **3.** auf e-r Jacht fahren. **4.** (sport)segeln. **'yacht·er** → yachtsman. **'yacht·ing** *mar.* **I** *s* **1.** (Sport)Segeln *n*. **2.** Jacht-, Segelsport *m*. **II** *adj* **3.** Segel-..., Jacht-...

'yachts·man [-mən] *s irr mar.* **1.** Jachtfahrer *m*. **2.** (Sport)Segler *m*. **'yachtsman·ship** *s* Segelkunst *f*.

yack → yak².

yaf·fle [¹jæfl], *a.* **yaf·fil** [¹jæfl] *s orn.* Grünspecht *m*.

ya·gi [¹jɑːɡɪ; ¹jæɡɪ] *s electr.* ¹Yagi-An₁tenne *f* (*für Kurzwellen*).

yah [jɑː] *interj* a) äh!, puh!, pfui!, b) ätsch!

ya·hoo [jə¹huː; *Am.* ¹jeɪhuː] *s* a) bru¹taler Kerl, Rohling *m*, b) ,Schwein' *n*.

Yah·ve(h) [¹jɑːveɪ], **Yah·we(h)** [¹jɑːweɪ] *s Bibl.* Jahwe *m*, Je¹hova *m*.

yak¹ [jæk] *s zo.* Yak *m*, Grunzochs *m*.

yak² [jæk] *colloq.* **I** *s* Gequassel *n*. **II** *v/i* quasseln.

yam [jæm] *s bot.* **1.** Yamswurzel *f*. **2.** *Am.* ¹Süßkar₁toffel *f*, Ba¹tate *f*. **3.** *Scot.* Kar¹toffel *f*.

yam·mer [¹jæmə(r)] *colloq.* **I** *v/i* **1.** jammern. **2.** *Am.* quasseln. **II** *v/t* **3.** *etwas* jammernd sagen *od.* erzählen.

yank¹ [jæŋk] *colloq.* **I** *v/t* (mit e-m Ruck) her¹aus- *etc*)ziehen: **to ~ out a tooth**; **to ~ off** abreißen. **II** *v/i* reißen, heftig ziehen (at an *dat*). **III** *s* (heftiger) Ruck.

Yank² [jæŋk] *colloq. für* Yankee.

Yan·kee [¹jæŋkɪ] **I** *s* **1.** Yankee *m* (*Spitzname*): a) Neu-¹Engländer(in), b) Nordstaatler(in) (*der USA*), c) *allg.* (*von Nichtamerikanern gebraucht*) (¹Nord)Ameri₁kaner(in), ,Ami' *m*. **2.** Yankee-Englisch *n* (*in Neu-England*). **II** *adj* **3.** Yankee...: a) neu¹englisch, b) *allg.* (¹nord)ameri₁kanisch. **'Yan·kee·dom** *s* **1.** (*die*) Yankees *pl*. **2.** die Vereinigten Staaten *pl*. **'Yan·kee·fied** [-faɪd] *adj* amerikani¹siert. **'Yan·kee·ism** *s* **1.** Eigentümlichkeiten *pl* der Yankees. **2.** ameri¹kanische Spracheigenheit.

yap [jæp] **I** *s* **1.** Kläffen *n*, Gekläff *n*. **2.** *colloq.* a) Gequassel *n*, b) ,Gemeckere' *n*. **3.** *Am. sl.* Trottel *m*. **4.** *bes. Am. sl.* ,Schnauze' *f* (*Mund*). **II** *v/i* **5.** kläffen. **6.** *colloq.* a) quasseln, b) ,meckern': **to ~ at s.o.** j-n anmeckern. **III** *v/t* **7.** *etwas* kläffen *od.* bellen (*Person*).

yapp [jæp] *s Br.* Bucheinband aus weichem Leder mit überstehenden Rändern.

yard¹ [jɑː(r)d] *s* **1.** Yard *n* (= *0,914 m*): **a sentence a ~ long** *colloq.* ein ,Bandwurmsatz'. **2.** Yardmaß *n*, -stock *m*: **by the ~** yardweise; **~ goods** *Am.* Yard-, Schnittware *f*. **3.** *mar.* Rah *f*. **4.** *Am. sl.* hundert Dollar.

yard² [jɑː(r)d] **I** *s* **1.** Hof(raum) *m*, eingefriedigter Platz: **prison ~** Gefängnishof *m*. **2.** Gelände *n* (*e-r Schule od. Universität*). **3.** a) Lager-, Stapelplatz *m*, b) Bauhof *m*. **4.** *rail.* Ran¹gier-, Verschiebebahnhof *m*. **5. the Y~** *colloq.* für **Scotland Yard**. **6.** *agr.* Hof *m*, Gehege *n*: **poultry ~** Hühnerhof. **7.** *Am.* Garten *m*. **8.** *Am.* Winterweideplatz *m* (*für Elche u. Rotwild*). **II** *v/t* **9.** *Material etc* in e-m Hof lagern. **10.** *oft* **~ up** Vieh im Viehhof einschließen.

'yard·age¹ *s* in Yards angegebene Zahl *od.* Länge, Yards *pl*.

'yard·age² *s* Recht *n* zur (*od.* Gebühr *f* für die) Benutzung e-s (Vieh- *etc*)Hofs.

'yard|·arm *s mar.* Rahnock *f*. **'~·land** *s agr. hist.* ¹/₄ Hufe *f* (*altes englisches Landmaß*). **'~·man** [-mən] *s irr* **1.** *rail.* Ran¹gier-, Bahnhofsarbeiter *m*. **2.** Bauhofverwalter. **'~·mas·ter** *s rail.* Ran¹giermeister *m*. **~ meas·ure** *s* Yardstock *m*, -maß *n*. **~ rope** *s mar.* Rah-, Nockjolle *f*. **~ sale** → garage sale. **'~·stick** *s* **1.** Yard-, Maßstock *m*. **2.** *fig.* Maßstab *m*: **on what kind of ~ is he basing his criticism?** welche Maßstäbe legt er bei s-r Kritik an?; **is profit the only ~ of success?** wird Erfolg (denn) nur am Profit gemessen?

yarn [jɑː(r)n] *s* **1.** gesponnener Faden, Garn *n*: **dyed in the ~** im Garn gefärbt. **2.** (Kabel- *etc*)Garn *n*. **3.** *colloq.* Garn *n*, abenteuerliche *od.* erfundene *od.* (stark) über¹triebene Geschichte: **to spin a ~** (*od.* **~s**) (sein) Garn spinnen. **4.** *colloq.* Plaude¹rei *f*, Plausch *m*: **to have a ~ with s.o.** mit j-m plaudern. **~ dress·er** *s tech.* ¹Garn₁schlichtma₁schine *f*. **'~·dyed** *adj tech.* im Garn gefärbt.

yar·row [¹jærəʊ] *s bot.* Schafgarbe *f*.

yash·mak [¹jæʃmæk] *s* Jasch¹mak *m* (*Schleier der mohammedanischen Frauen*).

yat·a·g(h)an [¹jætəɡən] *s* Jata¹gan *m* (*krummer türkischer Säbel*).

yaw [jɔː] **I** *v/i* **1.** *mar.* gieren, vom Kurs abkommen. **2.** *aer.* (*um die Hochachse*) gieren, scheren. **3.** *fig.* abweichen (**from** von). **II** *s* **4.** *mar.* Gierung *f*, Gieren *n*. **5.** *aer.* Scheren *n*. **6.** *fig.* Abweichen *n*.

yawl¹ [jɔːl] *Br. dial.* **I** *v/i* jaulen, heulen. **II** *s* Jaulen *n*, Geheul *n*.

yawl² [jɔːl] *s mar.* **1.** (Segel)Jolle *f*. **2.** Be¹sankutter *m*.

yawn [jɔːn] **I** *v/i* **1.** gähnen. **2.** *fig.* gähnen, klaffen (*Abgrund etc*). **3.** *fig.* a) sich weit u. tief auftun, b) weit offenstehen. **II** *v/t* **4.** gähnen(d sagen). **III** *s* **5.** a) Gähnen *n* (*a. fig.*), b) Gähner *m*: **to give a ~** gähnen. **6.** *fig.* Abgrund *m*, weite Öffnung. **7.** *fig.* a) Langweiligkeit *f*, b) (*etwas*) (zum Gähnen) Langweiliges: **the play was a perfect ~** das Stück war ,stinklangweilig', c) Langweiler(in). **'yawn·ing** *adj* (*adv* **~·ly**) gähnend (*a. fig.*).

yawp [jɔːp] *Am. colloq.* **I** *v/i* **1.** schreien, brüllen. **2.** a) quasseln, b) ,meckern': **to ~ at s.o.** j-n anmeckern, c) jammern. **II** *s* **3.** Schrei *m*, Gebrüll *n*. **4.** Gequassel *n*.

yaws [jɔːz] *s pl* (*a. als sg konstruiert*) *med.* Frambö¹sie *f* (*ansteckende Hautkrankheit der Tropen mit himbeerartigem Ausschlag*).

'y-₁ax·is *s irr* → Y 2 b.

Y chro·mo·some *s biol.* ¹Y-Chromo₁som *n*.

y·cleped [ɪ¹kliːpt], **y·clept** [ɪ¹klept] *adj obs. od. humor.* genannt, namens.

Y con·nec·tion *s electr.* Sternschaltung *f*.

ye¹ [jiː] *pron obs. od. Bibl. od. humor.* **1.** ihr, Ihr: **~ gods!** großer *od.* allmächtiger Gott! **2.** euch, Euch, dir, Dir: **strange news to tell ~**. **3.** du, Du (*a. als Anrede*). **4.** *colloq. für* **you**: **how d'ye do?**

ye² [jiː] *obs. für* **the¹**.

yea [jeɪ] **I** *adv* **1.** *obs.* ja (*als Antwort*). **2.** *obs.* für¹wahr, wahr¹haftig. **3.** *obs.* ja so¹gar. **II** *s* **4.** *obs.* Ja *n*. **5.** *parl. etc* Ja(stimme *f*) *n*: **~s and nays** Stimmen für u. wider; **the ~s have it!** der Antrag ist angenommen!

yeah [jeə] *interj colloq.* ja, klar: **~?** so?, na, na!

yean [jiːn] **I** *v/t* werfen (*Schaf, Ziege*). **II** *v/i* a) lammen, b) zickeln. **'yean·ling** [-lɪŋ] *s* a) Lamm *n*, b) Zicklein *n*.

year [jɜː; jɪə; *Am.* jɪər] *s* **1.** Jahr *n*: **for a ~ and a day** *jur.* auf Jahr u. Tag; **for ~s** a) jahrelang, seit Jahren, b) auf Jahre hinaus; **~ in, ~ out** jahraus, jahrein; **~ by ~**, **from ~ to ~**, **~ after ~** Jahr für Jahr; **in the ~ one** *humor.* vor undenklichen Zeiten; **not in ~s** seit Jahren nicht (mehr); **since the ~ dot** *colloq.* seit e-r Ewigkeit; **twice a ~** zweimal jährlich *od.* im Jahr; **to take ~s off s.o.** j-n um Jahre jünger machen *od.* aussehen lassen. **2.** (Ka¹lender)Jahr *n*: **church ~**, **Christian ~**, **ecclesiastical ~**, **Christian ~**, **civil ~**, **common ~**, **legal ~** bürgerliches Jahr; → **grace 7**. **3.** *pl* Alter *n*: **she is clever for her ~s** sie ist klug für ihr Alter; **he bears his ~s well** er ist für sein Alter noch recht rüstig; → **get on 1**, **old 2**, **well¹ 10**. **4.** *ped. univ.* Jahrgang *m*: **he was the best in his ~**. **5.** *astr.* ¹Umlaufzeit *f*, Peri¹ode *f* (*e-s Planeten*). **'~·book** *s* **1.** Jahrbuch *n*. **2. Year Books** *pl jur. Br.* amtliche Sammlung von Rechtsfällen (*1292 bis 1534*). **'~-₁end** *Am.* **I** *s* Jahresende *n*. **II** *adj* am *od.* zum Jahresende: **~ inventory**.

year·ling ['jɜːlɪŋ; 'jɪəlɪŋ; *Am.* 'jɪərlɪŋ] **I** *s* **1.** Jährling *m*: a) einjähriges Tier, b) einjährige Pflanze. **2.** *Pferdesport*: Einjährige(s) *n*. **3.** *mil. Am.* Angehöriger der zweituntersten Klasse in e-r Militärakademie. **II** *adj* **4.** einjährig.

¦**year'long** *adj* einjährig: **after a ~ absence** nach einjähriger Abwesenheit.

'**year·ly I** *adj* jährlich, Jahres... **II** *adv* jährlich, jedes Jahr (einmal).

yearn [jɜːn; *Am.* jɜrn] *v/i* **1.** sich sehnen, Sehnsucht haben (**for**, **after** nach; **to do** danach, zu tun): **to ~ for s.o. to come** a) j-n herbeisehnen, b) sehnsüchtig auf j-n warten. **2.** empfinden (**to**, **toward**[**s**] für, mit). ¦**yearn·ing I** *s* Sehnsucht *f*, Sehnen *n*. **II** *adj* (*adv* ~**ly**) sehnsüchtig, sehnend.

yeast [jiːst] **I** *s* **1.** (Bier-, Back)Hefe *f*: ~ **fungus** Hefepilz *m*. **2.** Gischt *m*, *f*, Schaum *m* (*a. auf dem Bier*). **3.** *fig.* Triebkraft *f*, -kräfte *pl*. **II** *v/i* **4.** gären. **5.** schäumen. ~ **plant** *s bot.* Hefepilz *m*. ~ **pow·der** *s* Backpulver *n*.

'**yeast·y** *adj* **1.** hefig, Hefe... **2.** gärend, Gär... **3.** schäumend. **4.** *fig.* a) leer, hohl, oberflächlich, b) geringfügig, nichtig. **5.** *fig.* a) unstet (*Leben etc*), b) überschwenglich (*Begeisterung etc*), c) energiegeladen (*Person*).

yecch [jek] → **yuck.** '**yecch·y** → **yucky.**

yegg(·man) ['jeg(mən)] *s irr Am. sl.* „Schränker" *m* (*Geldschrankknacker*).

yelk [jelk] *dial. für* yolk.

yell [jel] **I** *v/i* **1.** *a.* ~ **out** schreien, brüllen (**with** *vor*: *dat*): **to ~ with laughter** (**pain**); **to ~ at s.o.** j-n anschreien *od.* anbrüllen; **to ~ for help** (gellend) um Hilfe schreien. **2.** *Am.* anfeuernd schreien *od.* brüllen: **to ~ tor s.o.** für j-n schreien, j-n anfeuern. **3.** *Am.* zetern, schreien. **II** *v/t* **4.** *a.* ~ **out** brüllen, schreien: **to ~ curses** (s.o.'s name, *etc*); **to ~ a team to victory** e-e Mannschaft zum Sieg brüllen. **III** *s* **5.** Schrei *m*: **to give** (*od.* **let out**) **a ~** e-n Schrei ausstoßen; ~ **for help** (gellender) Hilfeschrei; ~ **of terror** Entsetzensschrei; ~**s of hate** Haßgeschrei *n*. **6.** *Am.* rhythmischer Anfeuerungs- *od.* Schlachtruf (*e-r Schule etc*).

yel·low ['jeləʊ] **I** *adj* **1.** gelb (*Am. a. Verkehrsampel*): **the lights were ~** *Am.* die Ampel stand auf Gelb; ~**haired** flachshaarig. **2.** gelb(häutig) (*Rasse*): **the ~ peril** die gelbe Gefahr. **3.** *fig. a.* obs. neidisch, 'mißgünstig, b) *colloq.* feig: ~ **streak** feiger Zug. **4.** sensati'onslüstern, reißerisch (aufgemacht): ~ **paper** Revolverblatt *n*; ~ **press** Sensationspresse *f*. **II** *s* **5.** Gelb *n*: **at** ~ *Am.* bei Gelb; **the lights were at** ~ *Am.* die Ampel stand auf Gelb. **6.** Eigelb *n*. **7.** *sl.* Feigheit *f*. **8.** *pl bot. med. vet.* Gelbsucht *f*. **III** *v/t* **9.** gelb färben *od.* machen. **IV** *v/i* **10.** gelb werden, sich gelb färben, vergilben.

¦**yel·low¦bel·ly** *s sl.* „Schisser" *m* (*Feigling*). ~ **book** *s pol.* Gelbbuch *n*. ~ **boy** *s hist. Br. sl.* Goldstück *n*. ~ **card** *s Fußball*: gelbe Karte: **to be shown the ~** die gelbe Karte (gezeigt) bekommen. ~ **car·ti·lage** *s anat.* Netzknorpel *m*. ~ **dog** *s Am. colloq.* **1.** Köter *m*, Prome'nadenmischung' *f*. **2.** *fig.* (hunds)gemeiner *od.* feiger Kerl. ~'**dog** *adj Am. colloq.* **1.** a) (hunds)gemein, b) feig. **2.** gewerkschaftsfeindlich: ~ **contract** Anstellungsvertrag *m*, in dem sich der Arbeitnehmer verpflichtet, keiner Gewerkschaft beizutreten. ~ **earth** *s min.* **1.** Gelberde *f*. **2.** ~ **yellow ocher**. ~ **fe·ver** *s med.* Gelbfieber *n*. ~ **flag** → **yellow jack** 2. ~ **gum** *s med.* hochgradige Gelbsucht (*bei Kindern*). '~¦**ham·mer** *s orn.* Goldammer *f*.

'**yel·low·ish** *adj* gelblich.

yel·low¦**jack** *s* **1.** *med.* Gelbfieber *n*. **2.** *mar.* Quaran'täneflagge *f*. ~ **man** *s irr* Gelbe(r) *m*, Angehörige(r) *m* der gelben Rasse. ~ **met·al** *s tech.* 'Muntzme,tall *n*. ~ **o·cher**, *bes. Br.* ~ **o·chre** *s min.* gelber Ocker, Gelberde *f*. ~ **pag·es** *s pl teleph.* (*die*) gelben Seiten, Branchenverzeichnis *n*. ~ **soap** *s* Schmierseife *f*. ~ **spot** *s anat.* gelber Fleck (*im Auge*).

'**yel·low·y** *adj* gelblich.

yelp [jelp] **I** *v/i* **1.** a) (auf)jaulen (*Hund etc*), b) kreischen. **II** *v/t* **3.** kreischen. **III** *s* **4.** a) (Auf)Jaulen *n*, b) Aufschrei *m*: **to give a ~** → 1.

yen[1] [jen] *pl* **yen** *s* Yen *m*, Jen *m* (*japanische Münzeinheit*).

yen[2] [jen] *colloq. für* yearn 1, yearning I.

yeo·man ['jəʊmən] *s irr* **1.** *Br.* Yeoman *m*: a) *hist.* Freisasse *m*, b) *mil. hist.* berittener Mi'lizsol,dat, *etc*) *a.* **Y.- of the Guard** (königlicher) 'Leibgar,dist: **to do ~'s service for s.o.** *fig.* j-m treue Dienste leisten. **2.** *Br. hist.* a) Diener *od.* Beamter in königlichem *od.* adligem Haushalt, b) *Gehilfe e-s Beamten*. **3.** *mar.* Ver'waltungsunteroffi,zier *m*. ¦**yeo·man·ly** *adj Br.* **1.** *hist.* e-n Yeoman betreffend. **2.** *fig.* zuverlässig, treu. '**yeo·man·ry** [-rɪ] *s collect. hist. Br.* **1.** Freisassen *pl*. **2.** *mil.* berittene Mi'liz.

yep [jep] *adv colloq.* ja.

yer [jə(r)] *dial. für* **your**.

yer·ba ['jeə(r)bə] *s* **1.** Pflanze *f*, Kraut *n*. **2.** *oft* ~ **ma·té**, ~ **de ma·té** Matetee *m*.

yes [jes] **I** *adv* **1.** ja, ja'wohl: **to say ~ (to)** a) ja sagen (zu), (*e-e Sache*) bejahen (*beide a. fig.*), b) einwilligen (in *acc*). **2.** ja, gewiß, allerdings. **3.** (ja) doch. **4.** ja so'gar, **5.** (*fragend*) ja?, tatsächlich?, wirklich? **II** *s* **6.** Ja *n*. **7.** *fig.* Jawort *n*. **8.** *parl.* Ja(stimme *f*) *n*: **the ~es have it** die Mehrheit ist dafür, der Antrag ist angenommen. ~ **man** *s irr contp.* Jasager *m*.

yes·ter ['jestə(r)] **I** *adj* **1.** *obs. od. poet.* gestrig. **2.** (*in Zssgn*) gestrig, letzt(er, e, es). **II** *adv obs.* **3.** gestern. '~·**day** [-dɪ] **I** *adv* **1.** gestern: **I was not born ~** *fig.* ich bin (doch) nicht von gestern. **II** *adj* **2.** gestrig, vergangen: ~ **morning** gestern früh *od.* morgen. **III** *s* **3.** der gestrige Tag: **the day before ~** vorgestern; ~'s **paper** die gestrige Zeitung; **of ~** von gestern; ~**s** vergangene Tage *od.* Zeiten. **4.** *fig.* (*das*) Gestern. ~'**eve**, ~'**e·ven**, ~'**eve·ning** *obs. od. poet.* **I** *adv* gestern abend. **II** *s* gestriger Abend. ~'**night** *obs. od. poet.* **I** *adv* gestern abend, in der letzten Nacht. **II** *s* gestriger Abend, letzte Nacht. ~'**year** *adv u. s obs. od. poet.* voriges Jahr.

yes·treen [je'striːn] *Scot. od. poet.* **I** *adv* gestern abend, in der letzten Nacht. **II** *s* gestriger Abend, letzte Nacht.

yet [jet] **I** *adv* **1.** (immer) noch, noch immer, jetzt noch: **never ~** noch nie; **not ~** noch nicht; **nothing ~** noch nichts; ~ **unfinished** noch (immer) unvollendet, noch nicht vollendet; **there is ~ time** noch ist Zeit; ~ **a moment** (nur) noch e-n Augenblick; (**as**) ~ bis jetzt, bisher; **I haven't seen him as ~** bis jetzt habe ich ihn (noch) nicht gesehen. **2.** schon (*in Fragen*), jetzt: **have you finished ~?** bist du schon fertig?; **not just** ~ nicht gerade jetzt; **the largest ~ found specimen** das größte bis jetzt gefundene Exemplar. **3.** *fig.* doch, schon (noch): **he will win ~** er wird doch noch gewinnen. **4.** noch, so'gar (*beim Komparativ*): ~ **better** noch besser; ~ **more important** sogar noch wichtiger. **5.** noch da'zu, außerdem: **another and ~ another** noch e-r u. noch e-r da'zu; ~ **again** immer wieder; **nor ~** (und) auch nicht. **6.** dennoch, trotzdem, je'doch, aber: **it is strange and ~ true** es ist seltsam u. dennoch wahr; **but ~** aber doch *od.* trotzdem. **II** *conj* **7.** aber (dennoch *od.* zu'gleich), doch: **a rough ~ ready helper** ein zwar rauher, doch bereitwilliger Helfer. **8.** *a.* ~ **that** *obs.* ob'gleich.

ye·ti ['jetɪ] *s* Yeti *m*, Schneemensch *m*.

yew [juː] *s* **1.** *a.* ~ **tree** *bot.* Eibe *f*. **2.** Eibenzweig(e *pl*) *m* (*als Zeichen der Trauer*). **3.** Eibenholz *n*. **4.** Eibenholzbogen *m* (*Waffe*).

Yg(g)·dra·sil ['ɪgdræsl; 'ɪgdrəsɪl] *s myth.* Yggdrasil *m*, Weltesche *f*.

'**Y-gun** *s mar. mil.* Wasserbombenwerfer *m*.

Yid [jɪd] *s sl.* „Itzig" *m*, Jude *m*.

Yid·dish ['jɪdɪʃ] *ling.* **I** *s* Jiddisch *n*, das Jiddische. **II** *adj* jiddisch.

yield [jiːld] *v/t* **1.** (*als Ertrag*) ergeben, (ein-, er-, her'vor)bringen, *bes. e-n Gewinn* abwerfen, *Früchte etc, a. econ.* Zinsen tragen, *ein Produkt* liefern: **to ~ 6%** *econ.* a) sich mit 6% verzinsen, b) 6% Rendite abwerfen; → **interest** 11. **2.** *ein Resultat* ergeben, liefern. **3.** *e-n Begriff* geben (**of** von). **4.** *Dank*, *Ehre etc* erweisen, zollen: **to ~ s.o. thanks** j-m Dank zollen. **5.** gewähren, zugestehen, einräumen: **to ~ consent** einwilligen; **to ~ one's consent to s.o.** j-m s-e Einwilligung geben; **to ~ the point** sich in (*e-r Debatte*) geschlagen geben; **to ~ precedence to s.o.** j-m den Vorrang einräumen; **to ~ right-of-way to s.o.** *mot.* j-m die Vorfahrt gewähren. **6.** ~ **up** a) ~'**hergeben**, b) (to) abtreten (an *acc*), über'lassen, -'geben (*dat*), ausliefern (*dat od.* an *acc*): **to ~ o.s. to** sich (*e-r Sache*) über'lassen; **to ~ o.s. prisoner** sich gefangen geben; **to ~ a place to** (*dat*) Platz machen; **to ~ a secret** ein Geheimnis preisgeben; → **ghost** 2, **palm**[2] 7. *obs.* zugeben. **8.** *obs.* vergelten, belohnen.

II *v/i* **9.** (*guten etc*) Ertrag geben *od.* liefern, *bes. agr.* tragen. **10.** nachgeben, weichen (*Sache od. Person*): **to ~ to despair** sich der Verzweiflung hingeben; **to ~ to force** der Gewalt weichen; **to ~ to treatment** *med.* auf e-e Behandlung(smethode) ansprechen (*Krankheit*); "~!" *mot. Am.* „Vorfahrt gewähren!" **11.** sich unter'werfen, sich fügen (**to** *dat*). **12.** einwilligen (**to** in *acc*). **13.** nachstehen (**to** *dat*): **to ~ to none in s.th.** keinem nachstehen in e-r Sache.

III *s* **14.** Ertrag *m*: a) *agr.* Ernte *f*, b) Ausbeute *f* (*a. phys. tech.*), Gewinn *m*: ~ **of radiation** *phys.* Strahlungsertrag, -ausbeute; ~ **of tax(es)** *econ.* Steueraufkommen *n*, -ertrag **15.** *econ.* **a)** Zinsertrag *m*, **b)** Ren'dite *f*. **16.** *tech.* a) Me'tallgehalt *m* (*von Erzen*), b) Ausgiebigkeit *f* (*von Farben etc*), c) Nachgiebigkeit *f* (*von Material*).

'**yield·ing** *adj* (*adv* ~**ly**) **1.** ergiebig, einträglich: ~ **interest** *econ.* verzinslich. **2.** a) nachgebend, dehnbar, biegsam, b) weich. **3.** *fig.* nachgiebig, gefügig.

yield¦**point** *s tech.* Streck-, Fließgrenze *f*. ~**stress**, *a.* ~ **strength** *s tech.* Streckspannung *f*.

yip [jɪp] *Am. colloq. für* yelp.

yipe [jaɪp] **I** *v/i* aufschreien. **II** *s* Aufschrei *m*.

yip·pee [jɪ'piː; 'jɪpiː] *interj* hur'ra!

Yip·pie ['jɪpɪ] *s Am.* Yippie *m* (*aktionistischer, ideologisch radikalisierter Hippie*).

y·lang-y·lang → ilang-ilang.

y·lem ['aɪləm] *s philos.* Hyle *f*, Urstoff *m*.

Y lev·el *s tech.* (Wasserwaage *f* mit) Li'belle *f*.

yob [jɒb], **yob·bo** ['jɒbəʊ] *pl* -bos *s Br. colloq.* Halbstarke(r) *m*, Rowdy *m*.

yo·del ['jəʊdl] **I** *v/t u. v/i pret u. pp**

-**deled**, *bes. Br.* **-delled** jodeln. **II** *s* Jodler *m*. **'yo·del·(l)er** *s* Jodler(in).
yo·ga ['jəʊgə] *s* Joga *m, n*, Yoga *m, n*.
yogh [jɒg; jəʊk; jəʊg] *s ling. der mittelenglische Laut* 3.
yo·gh(o)urt ['jɒgət; *Am.* 'jəʊgərt] *s* Joghurt *m, n, colloq. a. f.*
yo·gi ['jəʊgɪ], *a.* **'yo·gin** [-gɪn] *s* Jogi *m*, Yogi *m*. **'yo·gism** → yoga.
yo·gurt → yogh(o)urt.
yo·heave-ho [ˌjəʊhiːˈhəʊ] *interj mar. hist.* hau'ruck!
yo·ho [jəʊˈhəʊ] **I** *interj* **1.** he!, holla! **2.** hau'ruck! **II** *v/i* **3.** „holla!" *od.* „he!" rufen.
yoicks [jɔɪks] *hunt.* **I** *interj* hussa! (*Hetzruf an Hunde*). **II** *s* Hussa(ruf *m*) *n*.
yoke [jəʊk] **I** *s* **1.** Joch *n* (*Geschirr für Zugochsen etc*). **2.** *antiq. u. fig.* Joch *n*: **to pass under the ~** sich unter das Joch beugen; **to come under the ~** unter das Joch kommen; **~ of matrimony** Ehejoch, Joch der Ehe; → **throw off** 2. **3.** *sg od. pl* Paar *n*, Gespann *n*: **two ~ of oxen**. **4.** *tech.* Joch *n*, Schultertrage *f* (*für Eimer etc*), b) Glockengerüst *n*, c) Kopfgerüst *n* (*e-s Aufzugs*), d) Bügel *m*, e) *electr.* (Ma'gnet-, Pol)Joch *n*, f) *mot.* Gabelgelenk *n*, g) doppeltes Achslager, h) *mar.* Kreuzkopf *m*, Ruderjoch *n*. **5.** Passe *f*, Sattel *m* (*an Kleidern*). **II** *v/t* **6.** Tiere ins Joch spannen, anschirren, anjochen. **7.** *fig.* paaren, verbinden (**with**, to mit). **8.** *e-n Wagen etc* mit Zugtieren bespannen. **9.** *fig.* anspannen, anstrengen (**to** bei): **to ~ one's mind to s.th.** s-n Kopf bei etwas anstrengen.
III *v/i* **10.** a) verbunden sein (**with s.o.** mit j-m), b) *a.* ~ **together** zs.-arbeiten.
yoke|bone *s anat.* Jochbein *n*. ~ **end** *s mot.* Gabelkopf *m*. **'~fel·low** *s*, **~felfel·low** *s obs.* **1.** ('Arbeits)Kol¦lege *m*. **2.** (Lebens)Gefährte *m*, (-)Gefährtin *f*.
yo·kel ['jəʊkl] *s contp.* Bauerntrampel *m, n*, „Bauer" *m*.
yoke|line *s mar.* Jochleine *f*. **'~mate** → yokefellow. **~ ring** *s* **1.** *electr.* Jochring *m*. **2.** *tech.* Halsring *m*.
yolk [jəʊk] *s* **1.** *zo.* Eidotter *m, n*, Eigelb *n*: **nutritive ~** Nährdotter. **2.** Woll-, Fettschweiß *m* (*der Schafwolle*). **~ bag** → yolk sac. **~ duct** *s zo.* Dottergang *m*.
yolked [jəʊkt] *adj zo.* (*in Zssgn*) ...dott(e)rig.
yolk sac *s zo.* Dottersack *m*.
'yolk·y *adj* **1.** *zo.* Dotter... **2.** dotterartig. **3.** schweißig.
Yom Kip·pur [ˌjɒmˈkɪpə(r); -kɪˈpʊə(r)] *s relig.* Jom Kip'pur *m*, Versöhnungstag *m* (*jüdischer Feiertag*).
yon [jɒn; *Am.* jɑn] *obs. od. dial.* **I** *adj u. pron* jene(r, s) dort (drüben). **II** *adv* → yonder I.
yon·der ['jɒndə; *Am.* 'jɑndər] **I** *adv* **1.** da *od.* dort drüben. **2.** *obs.* dorthin, da drüben hin. **3.** *dial.* jenseits (**of** *gen*). **II** *adj u. pron* → yon I.
yoo-hoo ['juːhuː] **I** *interj* ju'hu! **II** *v/i* „ju'hu!" rufen.
yore [jɔː(r); *Am. a.* 'jəʊər] *s* Einst *n* (*obs. außer in*): **of ~** vorzeiten, ehedem, vormals; **in days of ~** in alten Zeiten.
York [jɔː(r)k] *npr* (das Haus) York (*englisches Herrscherhaus zur Zeit der Rosenkriege*): **~ and Lancaster** (die Häuser) York u. Lancaster. **'York·ist** *s obs.* **1.** Mitglied *n od.* Anhänger(in) des Hauses York (*während der Rosenkriege*). **II** *adj* zu den Mitgliedern *od.* Anhängern des Hauses York gehörend.
York·shire ['jɔː(r)kʃə(r)] *adj Br.* aus der (*ehemaligen*) Grafschaft Yorkshire, Yorkshire... **~ flan·nel** *s feiner Flanell aus ungefärbter Wolle*. **~ grit** *s tech.* Stein zum Marmorpolieren. **~ pud·ding** *s gebackener Eierteig, der zum Rinderbraten gegessen wird*. **~ ter·ri·er** *s zo.* Yorkshire Terrier *m*.

you [juː; jʊ] *pron* **1.** (*persönlich*) a) (*nom*) du, ihr, Sie, b) (*dat*) dir, euch, Ihnen, c) (*acc*) dich, euch, Sie: **~ are so kind** du bist (ihr seid, Sie sind) so nett; **who sent ~?** wer hat dich (euch, Sie) geschickt?; **~ three** ihr (euch) drei; **don't ~ do that!** tu das ja nicht!; **that's a wine for ~!** das ist vielleicht ein (gutes) Weinchen! **2.** *reflex obs.* a) dir, euch, sich b) dich, euch, sich: **get ~ gone!** schau, daß du fortkommst!; **sit ~ down!** setz dich hin! **3.** *impers man*: **what should ~ do?** was soll man tun?; **~ soon get used to it** man gewöhnt sich bald daran; **that does ~ good** das tut einem gut.
young [jʌŋ] **I** *adj* **1.** jung (*nicht alt*): **~ in years** jung an Jahren; **~ and old** alt u. jung (*alle*); **~ blood** junges Blut; **~ lady (woman)** a) junge Dame (Frau), b) *obs.* Schatz *m*, Freundin *f*; **~ man** a) junger Mann, b) *obs.* Schatz *m*, Freund *m*; **~ person** *jur. Br.* Jugendliche(r *m*) *f*, Heranwachsende(r *m*) *f* (*14–17 Jahre alt*); **the ~ person** *fig.* die (unverdorbene) Jugend; **~ one**, klein, Jung...: **~ animal** Jungtier *n*; **~ America** *colloq.* die amer. Jugend; **~ children** kleine Kinder; **~ days** Jugend(zeit) *f*. **3.** jung, jugendlich: **~ ambition** jugendlicher Ehrgeiz; **~ love** junge Liebe. **4.** jung, unerfahren, unreif: **~ in one's job** unerfahren in s-r Arbeit. **5.** jünger, junior: **~ Mr. Smith** Herr Smith junior (*der Sohn*). **6.** jung, neu: **a ~ family** e-e junge Familie; **a ~ nation** ein junges Volk. **7.** *bes. pol.* fortschrittlich, jung, Jung... **8.** jung, noch nicht weit fortgeschritten: **the night (year) is yet ~**. **II** *s* **9.** *pl* (Tier)Junge *pl*: **with ~** trächtig. **10. the ~** *pl* die Jungen *pl*, die jungen Leute *pl*, die Jugend.
young·er ['jʌŋgə(r)] **I** *comp von* young. **II** *s* Jüngere(r *m*) *f*: **Teniers the Y~** Teniers der Jüngere (*niederländischer Maler*); **his ~s** die, die jünger sind als er. **~ hand** *s Kartenspiel*: 'Hinterhand *f* (*bei 2 Spielern*).
'young·ish *adj* ziemlich jung.
young·ling ['jʌŋlɪŋ] *s obs. od. poet.* **1.** junger Mensch, Jüngling *m*. **2.** Junge(s) *n*, Jungtier *n*.
young·ster ['jʌŋstə(r)] *s* **1.** Bursch(e) *m*, Junge *m*. **2.** Kind *n*, Kleine(r *m*) *f*, Kleine(s) *n*.
young 'un ['jʌŋən] *s colloq.* Junge *m*, Kleine(r) *m*.
youn·ker ['jʌŋkə(r)] *s* **1.** *hist.* Junker *m*, junger Herr. **2.** *colloq.* → youngster.
your [jɔː(r); *Am. bes.* jʊər] *possessive pron* **1.** a) (*sg*) dein(e), b) (*pl*) euer, eure, c) (*sg od. pl*) Ihr(e): **it is ~ own fault** es ist deine (eure, Ihre) eigene Schuld. **2.** *impers colloq.* a) so eine(e), b) der (die, das) vielgepriesene *od.* -gerühmte: **is that ~ fox hunt?** ist das die (vielgepriesene) Fuchsjagd?
yours [jɔː(r)z; *Am. bes.* jʊərz] *pron* **1.** a) (*sg*) dein(e, es), der (die, das) dein(ig)e, b) (*pl*) euer, eure(s), der (die, das) eur(ig)en, c) (*Höflichkeitsform, sg od. pl*) Ihr(er, e, es), der (die, das) Ihr(ig)en, Ihr(ig)e: **this is ~** das gehört dir (euch, Ihnen); **what is mine is ~** was mein ist, ist (auch) dein; **my sister and ~** meine u. deine Schwester; **a friend of ~** ein Freund von dir (euch, Ihnen); **that dress of ~** dieses Kleid von dir, dein Kleid; **~ is a pretty book** du hast (ihr habt, Sie haben) (da) ein schönes Buch; **what's ~?** *colloq.* was trinkst du (trinkt ihr, trinken Sie)?; → truly 2. **2.** a) die Dein(ig)en (Euren,

Ihren), b) das Dein(ig)e, deine Habe: **you and ~**. **3.** *econ.* Ihr Schreiben: **~ of the 15th**.
your'self *pl* **-'selves** *pron* (*in Verbindung mit* you *od.* e-*m Imperativ*) **1.** (*bes. verstärkend*) a) (*sg*) (du, Sie) selbst, b) (*pl*) (ihr, Sie) selbst: **do it ~!** mach es selber!, selbst ist der Mann!; **you ~ told me**, **you told me ~** du hast (Sie haben) es mir selbst erzählt; **by ~** a) selbst, selber, b) selbständig, allein, c) allein, einsam; **be ~!** *colloq.* nimm dich zusammen!; **you are not ~ today** du bist (Sie sind) heute ganz anders als sonst *od.* nicht auf der Höhe; **what will you do with ~ today?** was wirst du (werden Sie) heute anfangen? **2.** *reflex* a) (*sg*) dir, dich, sich, b) (*pl*) euch, sich: **did you hurt ~?** hast du (haben Sie sich) verletzt?
youth [juːθ] **I** *s* **1.** Jugend *f*, Jungsein *n*. **2.** Jugend(frische, -kraft) *f*, Jugendlichkeit *f*: **flower of ~** Jugendblüte *f*. **3.** Jugend (-zeit) *f*. **4.** Frühzeit *f*, -stadium *n*. **5.** *collect.* (*als sg od. pl konstruiert*) Jugend *f*, junge Leute *pl od.* Menschen *pl*: **the ~ of the country** die Jugend des Landes. **6.** junger Mensch, *bes.* junger Mann, Jüngling *m*. **II** *adj* **7.** Jugend...: **~ group** (movement, *etc*); **~ hostel** Jugendherberge *f*; **~ hostel(l)er** a) Herbergsvater *m*, b) j-d, der in Jugendherbergen übernachtet. **'youth·ful** *adj* (**~·ly**) **1.** jung: **~ offender** *jur.* jugendlicher Täter. **2.** jugendlich (*frisch*): **~ octogenarian**; **~ optimism**. **3.** Jugend...: **~ days**. **'youth·ful·ness** *s* Jugend(lichkeit) *f*, Jugendfrische *f*.
yowl [jaʊl] **I** *v/t u. v/i* jaulen, heulen. **II** *s* Gejaule *n*, Geheul *n*.
yo-yo ['jəʊjəʊ] **I** *pl* **-yos** *s* **1.** Jo-'Jo *n*. **2.** *Am. sl.* Idi'ot *m*. **II** *adj* **3.** *fig.* fluktu'ierend. **III** *v/i* **4.** *fig.* fluktu'ieren. **5.** *fig.* schwanken, unschlüssig sein.
y·per·ite ['iːpəraɪt] *s chem. mil.* Ype'rit *n*, Senfgas *n*, Gelbkreuz *n*.
Y po·ten·tial *s electr.* 'Sternpunktpoten¦ti¦al *n*, -spannung *f*.
yt·ter·bi·a [ɪˈtɜːbjə; *Am.* ɪˈtɜrbɪə] *s chem.* Ytter'bin(erde *f*) *n*. **yt'ter·bic** *adj chem.* Ytter..., Ytterbium..., yt'terbiumhaltig.
yt'ter·bi·um [-bjəm; -bɪəm] *s chem.* Yt'terbium *n*.
yt·tri·a ['ɪtrɪə] *s chem.* 'Yttriumo¦xyd *n*. **'yt·tric** *adj chem.* **1.** ytterhaltig. **2.** Yttrium... **'yt·tri·um** [-əm] *s chem.* Yttrium *n*...: **~ metals** Yttrium-Metalle.
yttro- [ɪtrəʊ] *chem. Wortelement mit der Bedeutung* Yttrium, Yttro...
yuc·ca ['jʌkə] *s* **1.** *bot.* Yucca *f*, Palmlilie *f*. **2.** Yucca-Blüte *f* (*Symbol des Staates Neu-Mexiko*).
yuck [jʌk] *interj bes. Am. sl.* i'gitt!, pfui Teufel! **'yuck·y** *adj bes. Am. sl.* ekelhaft, widerlich.
yuft [jʊft] *s* Juchtenleder *n*.
Yu·ga ['jʊgə] *s Hinduismus*: Yuga *n*, Weltalter *n*.
Yu·go·slav [ˌjuːgəʊˈslɑːv; *Am. a.* -ˈslæv] **I** *s* **1.** Jugo¦slawe *m*, -¦slawin *f*. **2.** *ling. colloq.* Jugoslawisch *n*, das Jugoslawische. **II** *adj* **3.** jugo¦slawisch. **Yu·go'sla·vi·an I** *s* → Yugoslav 1. **II** *adj* → Yugoslav 3. **Yu·go'slav·ic** → Yugoslav 3.
yuk → yuck. **'yuk·ky** → yucky.
yule [juːl] *s obs. od. poet.* **1.** Weihnachts-, Julfest *n*. **2.** → yuletide. **~ log** *s* Weihnachtsscheit *n*. **'~tide** *s obs. od. poet.* Weihnacht(en *n od. pl*) *f*, Weihnachtszeit *f*.
yum·my ['jʌmɪ] *colloq.* **I** *adj* a) *allg.* „prima", „toll", b) lecker (*Mahlzeit etc*). **II** *interj* → yum-yum.
yum-yum [ˌjʌmˈjʌm] *interj colloq.* mm!, lecker!

Z

Z, z [zed; *Am.* ziː] **I** *pl* **Z's, Zs, z's, zs** [zedz; *Am.* ziːz] **1.** Z, z n (*Buchstabe*). **2.** z *math.* a) z n (*3. unbekannte Größe od.* [*un*]*abhängige Variable*), b) z-Achse *f* (*im Koordinatensystem*). **3.** Z Z n, Z-förmiger Gegenstand. **II** *adj* **4.** sechsundzwanzigst(er, e, es). **5.** Z Z-..., Z-förmig.
zaf·fer, zaf·fre [ˈzæfə(r)] *s min. tech.* Zaffer *m*, ˈKobaltsafˌflor *m*.
zaf·tig [ˈzɑːftɪɡ] *adj Am. sl.* mollig (*Frau*).
za·ny [ˈzeɪnɪ] **I** *s* **1.** *thea. hist.* Hansˈwurst *m*, *fig. contp.* a. Clown *m*. **2.** *fig. contp.* Einfaltspinsel *m*. **II** *adj* **3.** *fig.* a) *contp.* clownish, b) verrückt: ~ **ideas**. **ˈza·ny·ism** *s fig. contp.* Hanswurstiˈaden *pl*.
Zan·zi·ba·ri [ˌzænzɪˈbɑːrɪ] **I** *adj* Sansibar..., sansibarisch. **II** *s* Sansibarer(in).
zap [zæp] *sl.* **I** *v/t j-n* ‚abknallen'. **2.** *j-m* ‚ein Ding (*Kugel, Schlag*) verpassen'. **3.** *fig. j-n* ‚fertigmachen'. **II** *v/i* **4.** ‚zischen': **to** ~ **off** abzischen. **III** *s* **5.** ‚Schmiß' *m*, Pep *m*. **IV** *interj* **6.** ‚zack'! **ˈzap·py** [-pɪ] *adj sl.* ‚schmissig', voller Pep.
Zar·a·thus·tri·an [ˌzærəˈθuːstrɪən], *etc* → **Zoroastrian**, *etc*.
zar·a·tite [ˈzærətaɪt] *s min.* Zaraˈtit *m*.
ˈz-ˌax·is → Z **2** b.
zeal [ziːl] *s* **1.** (Dienst-, Arbeits-, Glaubens- *etc*)Eifer *m*: **full of** ~ (dienst- *etc*) eifrig. **2.** Begeisterung *f*, ˈHingabe *f*, Inˈbrunst *f*.
zeal·ot [ˈzelət] *s* **1.** Zeˈlot *m*, (Glaubens-)Eiferer *m*, Faˈnatiker *m*. **2.** Enthusiˈast (-in), Faˈnatiker(in): **a** ~ **of the rod** ein begeisterter Angler. **3.** Z~ *hist.* Zeˈlot *m* (*jüdischer Sektierer zur Zeit der Römerherrschaft*). **ˈzeal·ot·ry** [-trɪ] *s* Zeloˈtismus *m*, faˈnatischer (Dienst-, Glaubens-)Eifer.
zeal·ous [ˈzeləs] *adj* (*adv* ~**ly**) **1.** (dienst-) eifrig. **2.** eifernd, hitzig, faˈnatisch. **3.** eifrig bedacht, begierig (**to do** zu tun; **for** *acc*). **4.** heiß, innig. **5.** begeistert. **ˈzeal·ous·ness** *s* → zeal.
ze·bec(k) → xebec.
ze·bra [ˈziːbrə; ˈzeb-] *pl* **-bras**, *bes. collect.* **-bra** *s zo.* Zebra *n*. ~ **cross·ing** *s Br.* Zebrastreifen *m* (*Fußgängerüberweg*). **ˈ~ˌwood** *s* **1.** *bot.* verschiedene Bäume mit zebrastreifigem Holz. **2.** Zeˈbrano *n*, Zebraholz *n* (*Holz dieser Bäume*).
ze·brine [ˈziːbraɪn] *adj zo.* **1.** zebraartig. **2.** Zebra...
ze·bu [ˈziːbuː] *pl* **-bus**, *bes. collect.* **-bu** *s zo.* Zebu *n*, Buckelochse *m*.
zec·chi·no [zeˈkiːnəʊ; tseˈ-] *pl* **-ni** [-nɪ], *a.* **zech·in** [ˈzekɪn] *od.* **ˈzec·chine** [-kiːn] → sequin 1.
zed [zed] *s Br.* **1.** Zet *n* (*Buchstabe*). **2.** *tech.* Z-Eisen *n*.
zed·o·ar·y [ˈzedəʊərɪ; *Am.* ˈzedəˌwerɪ] *bot. pharm.* Zitwerwurzel *f*.
zee [ziː] *Am. für* zed.
Zee·man ef·fect [ˈziːmən; ˈzeɪmɑːn] *s phys.* ˈZeemann-Efˌfekt *m*.

Zeit·geist [ˈtsaɪtɡaɪst] (*Ger.*) *s* Zeitgeist *m*.
Zen [zen] *s* **1.** Zen *n*. **2.** → **Zen Buddhist**.
ze·na·na [zeˈnɑːnə] *s* (*in Indien u. Persien*) Zeˈnana *f*, Frauengemach *n*, Harem *m*.
Zen| Bud·dhism *s* ˈZen-Budˌdhismus *m*. ~ **Bud·dhist** *s* ˈZen-Budˌdhist *m*.
Zend [zend] *s* Zend(sprache *f*) *n* (*altpersische Sprache*). ˌ~-**Aˈves·ta** [-əˈvestə] *s* Aˈwesta *n* (*heiliges Buch der Perser*).
Ze·ner| cards [ˈziːnə(r)] *s pl* Parapsychologie: Zener-Karten *pl*. ~ **di·ode** *s phys.* ˈZener-Diˌode *f*.
ze·nith [ˈzenɪθ; *bes. Am.* ˈziː-] *s* Zeˈnit *m*: a) *astr.* Scheitelpunkt *m* (*a. Ballistik*), b) *fig.* Höhe-, Gipfelpunkt *m*: **to be at one's** (*od.* **the**) ~ den Zenit erreicht haben, im Zenit stehen. **ˈze·nith·al** *adj* **1.** Zenit... **2.** *fig.* höchst(er, e, es).
ze·o·lite [ˈziːəlaɪt] *s min.* Zeoˈlith *m*.
Zeph·a·ni·ah [ˌzefəˈnaɪə] *npr u. s* (*das Buch*) Zeˈphanja *n*.
zeph·yr [ˈzefə(r)] *s* **1.** *poet.* a) Zephir *m*, Westwind *m*, b) laues Lüftchen, sanfter Wind. **2.** *obs.* sehr leichtes Gewebe *od.* daraus gefertigtes Kleidungsstück. **3.** a) *a.* ~ **cloth** Zephir *m* (*Gewebe*), b) *a.* ~ **worsted** Zephirwolle *f*, c) *a.* ~ **yarn** Zephirgarn *n*.
Zep·pe·lin, z~ [ˈzepəlɪn], *colloq.* **zep(p)** *s aer.* Zeppelin *m*, *allg.* Starrluftschiff *n*.
ze·ro [ˈzɪərəʊ] **I** *pl* **-ros, -roes** *s* **1.** Null *f* (*Zahl od. Zeichen*; *Am. a. teleph.*): **to equate to** ~ *math.* gleich Null setzen. **2.** *phys.* Null(punkt *m*) *f*, Ausgangspunkt *m* (*e-r Skala*), *bes.* Gefrierpunkt *m*: 10° **below** (**above**) ~ 10 Grad unter (über) Null. **3.** *math.* Null(punkt *m*, -stelle) *f*. **4.** *fig.* Null-, Tiefpunkt *m*: **at** ~ auf dem Nullpunkt (angelangt). **5.** *fig.* Null *f*, Nichts *n*. **6.** *ling.* Nullform *f*. **7.** *mil.* ˈNullju̇stierung *f*. **8.** *aer.* Bodennähe *f*: **to fly at** ~ unter 1000 Fuß *od.* in Bodennähe fliegen. **II** *v/t* **9.** *tech.* auf Null einstellen. **10.** ~ **in** *mil.* das Viˈsier des Gewehrs juˈstieren. **III** *v/i* **11. to** ~ **in on** a) *mil.* sich einschießen auf (*acc*) (*a. fig.*), b) *fig.* abzielen *od.* sich konzenˈtrieren auf (*acc*), c) *fig.* Problem *etc* einkreisen, d) *fig.* sich stürzen auf *e-e* Chance *etc*. **IV** *adj* **12.** Null...: ~ **axis** (**current, frequency**, *etc*): ~ **adjustment** a) *tech.* Nullpunkteinstellung *f*, b) *electr.* Nullabgleich *m* (*e-r Brücke*). **13.** *bes. Am. colloq.* null: **to show** ~ **interest in s.th.** ~**con·duc·tor** *s electr.* Nulleiter *m*. ~ **grav·i·ty** *s phys.* (Zustand *m* der) Schwerelosigkeit. ~ **growth** *s* **1.** *a.* **zero economic growth** Nullwachstum *n*. **2.** *a.* **zero population growth** Bevölkerungsstillstand *m*. ~ **hour** *s* **1.** *mil.* Stunde *f* X, X-Zeit *f* (*festgelegter Zeitpunkt des Beginns e-r militärischen Operation*). **2.** *fig.* genauer Zeitpunkt, kritischer Augenblick. ~

op·tion *s mil. pol.* Nullösung *f*. ~ **point** *s* Nullpunkt *m*. **ˈ~-ˌrate** *v/t Br.* Waren von der Mehrwertsteuer ausnehmen.
zest [zest] **I** *s* **1.** Würze *f* (*a. fig. Reiz*): **to add** ~ **to s.th.** e-r Sache Würze *od.* Reiz verleihen. **2.** Stückchen *n* Apfelˈsinen- *od.* Ziˈtronenschale (*für Getränke*). **3.** *fig.* (**for**) Genuß *m*, Geschmack *m*, Freude *f* (an *dat*), Begeisterung *f* (für), Schwung *m*: ~ **for living** Lebensfreude. **II** *v/t* **4.** würzen (*a. fig.*). **ˈzest·ful** *adj* (*adv* ~**ly**) *fig.* **1.** reizvoll, genußreich. **2.** begeistert, schwungvoll.
ze·ta [ˈziːtə; *Am. a.* ˈzeɪtə] *s* Zeta *n* (*griechischer Buchstabe*).
zeug·ma [ˈzjuːɡmə; *bes. Am.* ˈzuːɡmə] *s ling.* Zeugma *n* (*unpassende Beziehung e-s Satzglieds, bes. des Prädikats, auf zwei od. mehr Satzglieder*): Mr. Pickwick took his hat and his leave.
zib·el·(l)ine [ˈzɪbəlaɪn; -liːn] **I** *adj zo.* **1.** Zobel... **2.** zobelartig. **II** *s* **3.** Zobelpelz *m*. **4.** Zibeˈline *f* (*Wollstoff*).
zib·et [ˈzɪbɪt] *s zo.* Indische Zibetkatze.
ziff [zɪf] *s Austral. colloq.* Bart *m*.
zig·zag [ˈzɪɡzæɡ] **I** *s* **1.** Zickzack *m*. **2.** Zickzacklinie *f*, -bewegung *f*, -kurs *m* (*a. fig.*). **3.** Zickzackweg *m*, -straße *f*, Serpenˈtine(nstraße) *f*. **4.** *arch.* Zickzackfries *m*. **5.** *Festungsbau*: Zickzackgraben *m*. **II** *adj* **6.** zickzackförmig, Zickzack... **III** *adv* **7.** im Zickzack. **IV** *v/i* **8.** sich zickzackförmig bewegen, im Zickzack laufen, fahren *etc*, zickzackförmig verlaufen (*Weg etc*). **V** *v/t* **9.** zickzackförmig gestalten. **10.** im Zickzack durchˈqueren.
zilch [zɪltʃ] *s Am. sl.* Nichts *n*, Null *f*: **to be** ~ gleich Null sein; **to drop to** ~ auf den Nullpunkt sinken.
zil·lah [ˈzɪlə] *s Br. Ind.* Bezirk *m*.
zinc [zɪŋk] **I** *s chem.* Zink *n*: ~ **chromate, chromate of** ~ a) Zinkchromat *n*, b) *paint.* Zinkgelb *n*; ~ **sulphide** Schwefelzink. **II** *v/t pret u. pp* **zinc(k)ed** verzinken. **~ˌblende** *s min.* Zinkblende *f*. ~ **bloom** *s min.* Zinkblüte *f*. ~ **green** *s paint.* Zinkgrün *n*.
ˈzinc·ic *adj chem. min.* **1.** zinkartig. **2.** zinkhaltig.
zinc·i·fi·ca·tion [ˌzɪŋkɪfɪˈkeɪʃn] *s tech.* Verzinkung *f*. **ˈzinc·i·fy** [-faɪ] *v/t tech.* verzinken.
zin·co [ˈzɪŋkəʊ] *pl* **-cos** *Br. colloq. für* zincograph.
zin·co·graph [ˈzɪŋkəʊɡrɑːf; *bes. Am.* -ɡræf] *s tech.* Zinkätzung *f*, Zinkograˈphie *f*. **zinˈcog·ra·pher** [-ˈkɒɡrəfə(r); *Am.* -ˈkɑː-] *s* Zinkoˈgraph *m*, Zinkstecher *m*. ˌ**zin·coˈgraph·ic** [-kəˈɡræfɪk], ˌ**zin·coˈgraph·i·cal** *adj* zinkoˈgraphisch. **zinˈcog·ra·phy** [-ˈkɒɡrəfɪ; *Am.* -ˈkɑː-] *s* Zinkograˈphie *f*, Zinkstechkunst *f*.
ˈzin·co·type [-kətaɪp] → zincograph.
ˈzinc·ous *adj chem.* Zink...
zinc| sul·phate *s chem.* ˈZinksulˌfat *n*.

~ white *s* Zinkweiß *n*, 'Zinko₁xyd *n*.
zing [zɪŋ] *colloq.* **I** *s* **1.** Zischen *n*, Schwirren *n*. **2.** *fig.* ‚Schmiß' *m*, Schwung *m*. **II** *v/i* **3.** schwirren, zischen, sausen. **III** *v/t* **4.** ~ **up** *fig.* Schwung bringen in (*acc*). **IV** *interj* **5.** zisch!
zin·ga·ra ['zɪŋɡərə] *pl* **-re** [-re], *a.* **'zin·ga·na** [-nə] *pl* **-ne** [-neɪ] (*Ital.*) Zi'geunerin *f*. **'zin·ga·ro** [-rəʊ] *pl* **-ri** [-riː], *a.* **'zin·ga·no** [-nəʊ] *pl* **-ni** [-niː] (*Ital.*) *s* Zi'geuner *m*.
zing·er ['zɪŋə(r)] *s colloq.* **1.** schwungvolle Per'son. **2.** Spitze *f* (*boshafte Anspielung etc*). **'zing·y** *adj colloq.* **1.** ‚schmissig', schwungvoll. **2.** ‚flott' (*Kleidung*), (*a. Laden etc*) ‚schick'.
zink·i·fi·ca·tion, zink·i·fy → zincification, zincify.
zin·ni·a ['zɪnjə; -nɪə] *s bot.* Zinnie *f*.
Zi·on ['zaɪən] *s Bibl.* Zion *m*. **'Zi·on·ism** *s* Zio'nismus *m*. **'Zi·on·ist I** *s* Zio'nist(in). **II** *adj* zio'nistisch, Zionisten...
zip¹ [zɪp] **I** *s* **1.** Zischen *n*, Schwirren *n*. **2.** *colloq.* ‚Schmiß' *m*, Schwung *m*. **3.** → zip fastener. **II** *v/i* **4.** zischen, schwirren. **5.** *colloq.* ‚Schmiß' haben. **6.** sich mit Reißverschluß schließen *od.* öffnen lassen: **to** ~ **up at the front** vorn e-n Reißverschluß haben. **III** *v/t* **7.** schwirren lassen. **8.** *a.* ~ **up** *colloq.* a) ‚schmissig' machen, b) Schwung bringen in (*acc*). **9.** mit Reißverschluß (ver)schließen *od.* öffnen: **to** ~ **s.o. up** j-m den Reißverschluß zumachen.
zip² [zɪp] *Am. sl.* **I** *s* Nichts *n*, Null *f* (*bes. in Spielresultaten*): **two to** ~ zwei zu null. **II** *v/t* zu null schlagen.
zip|·a·re·a *s Am.* Postleitzone *f*. **~ code** *s Am.* Postleitzahl *f*. **~ fas·ten·er** *s bes. Br.* Reißverschluß *m*. **~ gun** *s Am. sl.* selbstgebastelte Pi'stole.
zip·per ['zɪpər] *Am.* **I** *s* Reißverschluß *m*: ~ **bag** Reißverschlußtasche *f*. **II** *v/t* → **zip¹** 9. **'zip·py** *adj colloq.* schwungvoll, ‚schmissig'.
zir·con ['zɜːkɒn; *Am.* 'zɜːr₁kɑn; -kən] *s min.* Zir'kon *m*. **'zir·con·ate** [-kəneɪt] *s chem.* Zirko'nat *n*.
zir·co·ni·a [zɜː'kəʊnjə; -nɪə; *Am.* zɜːr-] *s chem. min.* Zir'konerde *f*. **zir'co·ni·um** [-nɪəm; -nɪam] *s chem.* Zir'konium *n*.
zit [zɪt] *s med. Am. sl.* Pickel *m*.
zith·er ['zɪðə(r); -θ-] *s mus.* Zither *f*. **'zith·er·ist** *s* Zitherspieler(in).
zizz [zɪz] *s Br. sl.* Nickerchen *n*: **to have a** ~ ein Nickerchen machen.
ziz·zy ['zɪzɪ] *adj sl.* **1.** protzig (*Wesen, Kleidung*). **2.** ausgelassen, turbu'lent.
zlo·ty ['zlɒtɪ] *pl* **-tys**, *collect.* **-ty** *s* Zloty *m* (*polnische Münze*).
zo·di·ac ['zəʊdɪæk] *s astr.* Tierkreis *m*, Zo'diakus *m*: **the signs of the** ~ die Tierkreiszeichen.
zo·di·a·cal [zəʊ'daɪəkl] *adj astr.* Zodiakal..., Tierkreis...
zo·e·trope ['zəʊɪtrəʊp] *s opt.* strobo'skopischer Zy'linder.
zof·tig ['zɔːftɪɡ] → zaftig.
zo·ic ['zəʊɪk] *adj* **1.** *zo.* zoisch, tierisch. **2.** *geol.* Tier- *od.* Pflanzenspuren enthaltend.
zom·bi(e) ['zɒmbɪ; *Am.* 'zɑm-] *s* **1.** Wodukult: a) Pythongottheit *f* (*in Westafrika*), b) Schlangengottheit *f* (*bes. in Haiti*), c) übernatürliche Kraft, die in e-n Körper eintreten *u.* ihn wiederbeleben kann. **2.** Zombie *m* (*wiederbeseelte Leiche*). **3.** *colloq.* a) Roboter *m*, b) ko-
mischer Kauz, c) Trottel *m*. **4.** *Am.* ein Cocktail aus Rum, Likör *u.* Fruchtsaft.
zon·al ['zəʊnl] *adj* **1.** zonenförmig. **2.** Zonen... **'zon·a·ry** *adj* zonen-, gürtelförmig.
zon·ate ['zəʊneɪt], *a.* **'zon·at·ed** [-tɪd] *adj bot. zo.* mit Ringen *od.* Streifen gezeichnet, gegürtelt.
zonc [zɒŋk; *Am.* zɑŋk] → **conk³**.
zone [zəʊn] **I** *s* **1.** *allg.* Zone *f* (*a. math.*): a) *geogr.* (Erd)Gürtel *m*: → **temperate** 5, **torrid** 2, b) Gebietsstreifen *m*, Gürtel *m*: **wheat** ~ Weizengürtel *m*, c) Bezirk *m*, (*a. anat.* Körper)Gegend *f*, Bereich *m* (*a. fig.*): ~ **(of occupation)** (Besatzungs-)Zone; ~ **of silence** Schweigezone; ~ **defence** (*Am.* **defense**) *sport* Raumdeckung *f*; ~ **time** Zonenzeit *f*. **2.** a) (Verkehrs)Zone *f*, Abschnitt *m*, b) *mail rail. Am.* (Gebühren)Zone *f*, c) *mail* Post-(zustell)bezirk *m*, d) (Straßenbahn- *etc*) Teilstrecke *f*. **3.** *Computer:* (Code)Zone *f*. **4.** *poet.* Gürtel *m*: **maiden** (*od.* **virgin**) ~ Gürtel der Keuschheit: **to lose the maiden** ~ die Jungfräulichkeit verlieren. **II** *v/t* **5.** in Zonen aufteilen, unter'teilen.
zonked [zɒŋkt; *Am.* zɑŋkt] *adj sl.* **1.** ‚high' (*im Drogenrausch*). **2.** ‚stinkbesoffen'.
zo·nu·lar ['zəʊnjʊlə(r)] → zonary. **'zon·ule** [-njuːl] *s* kleine Zone: **ciliary** ~ *anat.* Zonula *f* ciliaris zinnii (*im Auge*).
zoo [zuː] *s* Zoo *m*: ~ **keeper** Tierpfleger *m*, -wärter *m*.
zoo- [zəʊəʊ; zəʊə], *a.* **zo-** Wortelement mit der Bedeutung tierisch, Tier..., zoologisch.
zo·o·blast ['zəʊəblæst] *s* tierische Zelle.
zo·o·chem·is·try *s zo.* Zooche'mie *f*.
zo·o·dy'nam·ics *s pl* (*als sg konstruiert*) *zo.* 'Tierphysiolo₁gie *f*.
zo·og·a·my [zəʊ'ɒɡəmɪ; *Am.* -'ɑ-] *s zo.* geschlechtliche Fortpflanzung.
zo·og·e·ny [zəʊ'ɒdʒənɪ; *Am.* -'ɑ-] *s zo.* Zooge'nese *f*, Entstehung *f* der Tierarten.
zo·o·ge'og·ra·phy *s* 'Tiergeogra₁phie *f*.
zo·og·ra·phy [zəʊ'ɒɡrəfɪ; *Am.* -'ɑ-] *s* Zoogra'phie *f*, beschreibende Zoolo'gie, Tierbeschreibung *f*.
zo·oid ['zəʊɔɪd] *s biol.* Zoo'id *n*: a) Zelle mit Eigenbewegung, b) selbständiges, ungeschlechtlich durch Teilung *etc* fortpflanzendes Lebewesen.
zo·o·lite ['zəʊəlaɪt], **'zo·o·lith** [-lɪθ] *s geol.* Zoo'lith *m* (*Sedimentgestein, das ausschließlich od. größtenteils aus Tierresten besteht*).
zo·o·log·i·cal [₁zəʊə'lɒdʒɪkl; *Am.* -'ɑ-] *adj* (*adv* **~ly**) zoo'logisch: ~ **garden(s)** zoologischer Garten.
zo·ol·o·gist [zəʊ'ɒlədʒɪst; *Am.* -'ɑ-] *s* Zoo'loge *m*, Zoo'login *f*. **zo'ol·o·gy** *s* Zoolo'gie *f*, Tierkunde *f*.
zoom [zuːm] **I** *v/i* **1.** surren. **2.** vorbeisausen: **to** ~ **past** vorbeisausen. **3.** *aer.* steil hochziehen. **4.** *phot. Film:* zoomen: **to** ~ **in** die Gummilinse zuziehen; **to** ~ **in on s.th.** etwas heranholen; **to** ~ **out** die (Gummilinse) aufziehen. **5.** *fig.* hochschnellen (*Preise etc*). **II** *v/t* **6.** *aer.* das Flugzeug hochreißen. **III** *s* **7.** Surren *n*. **8.** *aer.* Steilflug *m*, Hochreißen *n*. **9.** *fig.* Hochschnellen *n*. **10.** *phot. Film:* a) **~ lens** 'Zoom(objek₁tiv) *n*, Gummilinse *f*, b) *a.* ~ **travel** Zoomfahrt *f*. **11.** *Am.* ein Cocktail aus Weinbrand, Honig *u.* Sahne. **'zoom·er** → zoom 10 a.

zo·o'mor·phic *adj* zoo'morphisch, 'tiersym₁bolisch.
zo·o·pa'thol·o·gy *s vet.* Zoopatholo'gie *f*.
zo·o·phil·i·a [₁zəʊə'fɪlɪə] *s* Zoophi'lie *f*, Sodo'mie *f*.
₁zo·o'pho·bi·a *s med. psych.* Zoopho'bie *f*, krankhafte Angst vor Tieren.
zo·o·phyte ['zəʊəfaɪt] *s zo.* Zoo'phyt *m*, Zölente'rat *m*, Pflanzentier *n*.
zo·o'plas·tic *adj med.* zoo'plastisch. **'zo·o₁plas·ty** *s med.* Zoo'plastik *f* (*Überpflanzung tierischen Gewebes auf den Menschen*).
₁zo·o·psy'chol·o·gy *s zo.* 'Tierpsycholo₁gie *f*.
zo·o·sperm ['zəʊəspɜːm; *Am.* -₁spɜːrm] *s* **1.** *zo.* Zoospermium *n*, Samenfaden *m*, -zelle *f*. **2.** → zoospore.
zo·o·spore ['zəʊəspɔː(r); *Am. a.* -₁spəʊər] *s bot.* Zoo'spore *f*, Schwärmspore *f*.
zo·o'tax·y [₁zəʊə'tæksɪ] *s* syste'matische Zoolo'gie, Taxono'mie *f*.
zo·ot·o·my [zəʊ'ɒtəmɪ; *Am.* -'ɑ-] *s vet.* Zooto'mie *f*, 'Tieranato₁mie *f*.
zoot suit [zuːt] *s hist. Am. sl.* Anzug, bestehend aus langer, taillierter Jacke mit breiten, wattierten Schultern *u.* Röhrenhosen. **'zoot-₁suit·er** *s Am. sl.* ‚Lackaffe' *m*, ‚Fatzke' *m*.
Zo·ro·as·tri·an [₁zɒrəʊ'æstrɪən; *Am.* ₁zəʊrə'wæs-] *adj* zara'thustrisch, zoro'astrisch. **II** *s* Anhänger(in) des Zara'thustra *od.* Zoro'aster. **₁Zo·ro·as·tri·an·ism** *s* Zoroa'strismus *m*.
zos·ter ['zɒstə; *Am.* 'zəʊstər; 'zɑs-] *s med.* Gürtelrose *f*.
zounds [zaʊndz] *interj obs.* sapper'lot!
zuc·chi·ni [zʊ'kiːnɪ] *pl* **-ni, -nis** *s bot. Am.* Zuc'chini *f*.
zug·zwang ['tsuːktsvaŋ] (*Ger.*) (*Schach*) **I** *s* Zugzwang *m*. **II** *v/t* j-n in Zugzwang bringen.
zwie·back ['zwiːbæk; -bɑːk; *Am. a.* 'swiː-] *s* Zwieback *m*.
Zwing·li·an ['zwɪŋɡlɪən; 'swɪŋ-] *relig.* **I** *adj* Zwinglisch, des Zwingli. **II** *s* Zwingli'aner(in).
zwit·ter·i·on ['tsvɪtər₁aɪən; 'zwɪ-] *s chem. phys.* 'Zwitteri₁on *n*.
zy·gal ['zaɪɡl] *adj* **1.** *anat.* jochförmig, Joch... **2.** H-förmig.
zy·go·dac·tyl [₁zaɪɡəʊ'dæktɪl] *orn.* **I** *s* Klettervogel *m*. **II** *adj* kletterfüßig.
zy·go·ma [zaɪ'ɡəʊmə] *pl* **-ma·ta** [-mətə] *s anat.* **1.** Jochbogen *m*. **2.** → zygomatic bone. **3.** → zygomatic process.
zy·go·mat·ic [₁zaɪɡəʊ'mætɪk] *anat.* **I** *adj* **1.** Joch(bein)... **2.** jochförmig, zygo'matisch. **II** *s* → zygomatic bone. **~ arch** *s* Jochbogen *m*. **~ bone** *s* Joch-, Wangenbein *n*. **~ pro·cess** *s* Jochbeinfortsatz *m*.
zy·gote ['zaɪɡəʊt] *s biol.* Zy'gote *f*, diplo'ide Zelle.
zy·mase ['zaɪmeɪs] *s biol. chem.* Zy'mase *f* (*Ferment*). **zyme** [zaɪm] *s* **1.** *chem.* Fer'ment *n*, Gärstoff *m*. **2.** *med.* Infekti'onskeim *m*.
zy·mo·gen·ic [₁zaɪməʊ'dʒenɪk] *adj biol. chem.* **1.** zymo'gen, Gärung erregend. **2.** Zymogen... **~ or·gan·ism** *s biol.* en'zymliefernder Orga'nismus.
zy·mo·sis [zaɪ'məʊsɪs] *pl* **-ses** [-siːz] *s* **1.** *chem.* Gärung *f*. **2.** *med.* Infekti'onskrankheit *f*.
zy·mot·ic [zaɪ'mɒtɪk; *Am.* -'mɑ-] *adj* **1.** *chem.* zy'motisch, Gärungs... **2.** *med.* ansteckend, Infektions...: ~ **disease**.

ANHANG
APPENDIX

I. ABKÜRZUNGEN
I. ABBREVIATIONS

A

A *electr.* ampere; *phys.* angstrom unit; *phys.* atomic (weight); *Br.* major arterial road; America(n).
a. acre(s); *ling.* active; (*Lat.*) anno, in the year; *electr.* anode; anonymous; ante; *econ.* approved; (*Flächenmaß*) are.
A. acre(s) *od.* acreage; America(n); answer.
AA *psych.* achievement age; Alcoholics Anonymous; *Br.* Automobile Association; American Airlines; antiaircraft (artillery).
AAA All American Aviation; Amateur Athletic Association; American Automobile Association.
AAAL American Academy of Arts and Letters.
AAAS American Academy of Arts and Sciences.
AACS *mil. Am.* Airways and Air Communications Service (*Flugsicherungsdienst*).
AAF Army and Air Force.
AAM air-to-air missile.
a. & h. accident and health (*Versicherung*).
A & P *Am.* Atlantic and Pacific.
A.A.R., a.a.r. *econ.* against all risks; artists and repertoire.
AAS (Fellow of the) American Academy of Arts and Sciences.
AAU *Am.* Amateur Athletic Union.
AAUN American Association for the United Nations.
AB able-bodied (seaman); air-borne; (*Lat.*) bes. *Am.* Artium Baccalaureus, Bachelor of Arts.
ABA *Br.* Amateur Boxing Association; American Bar Association.
abbr., abbrev. abbreviated; abbreviation.
ABC alphabet; *Br.* Alphabetical (Railway Guide); American Broadcasting Company; atomic, biological, and chemical.
ab init. (*Lat.*) ab initio, from the beginning.
ABM anti-ballistic missile.
Abp. Archbishop.
abr. abridged; abridg(e)ment.
abs. absent; absolute(ly); abstract.
abs. re. (*Lat.*) absente reo, in the absence of the accused person.
ABTA Association of British Travel Agents.
AC *electr.* alternating current; Atlantic Council; (*Lat.*) anno Christi, in the year of Christ; (*Lat.*) ante Christum, before Christ; Atlantic Charter.
a/c *econ.* account (current).
a.c. *electr.* alternating current; (*Lat.*) ante cibum, before meals (*auf Rezepten*).
acad. academic; academy.
ACAS *Br.* Advisory Conciliation and Arbitration Service.
ACC Allied Control Council (*in Berlin*).
acc. *tech.* acceleration; *econ.* acceptance; according; *econ.* account; *ling.* accusative.
acct. *econ.* account(ant).
AC/DC *electr.* alternating current/direct current (*Allstrom*); *colloq.* bisexual.
ACE *med. Am.* alcohol, chloroform, ether mixture (*Anästhetikum*); Allied Command Europe; *Br.* Advisory Centre for Education.
ACGB Arts Council of Great Britain.
ACGBI Automobile Club of Great Britain and Ireland.
ack. acknowledge(d); acknowledg(e)ment.
acpt. *econ.* acceptance.
ACR *Br.* Approach Control Radar.
ACS American Cancer Society.
a/cs pay. *econ. Am.* accounts payable.
a/cs rec. *econ. Am.* accounts receivable.
act. acting; active; actual; actuary.
ACV air-cushion vehicle.
ACW *electr.* alternating continuous waves.
AD (*Lat.*) anno Domini; *mil. Am.* active duty; average deviation.
ad. adapted; adaptor; (*Lat.*) ante diem, before the day.
A. d. and c. advise duration and charge (*Frage nach Dauer und Gebühren eines Telefongesprächs*).
ADC aide-de-camp; amateur dramatic club; analog-digital converter.
add. (*Lat.*) addenda; (*Lat.*) addendum; addition(al); address.
ADF automatic direction finder (*Peilgerät*).
ADG Assistant Director General.
ad inf. (*Lat.*) ad infinitum.
adj. adjacent; *ling.* adjective; adjourned; adjunct; *econ.* adjustment; adjutant.
Adjt. adjutant.
Adm. Admiral(ty); administrative.
adm. administration; administrative; administrator; admission.
ADP automatic data processing.
a.d.s. autograph document signed.
adv. (*Lat.*) ad valorem; advance(d); *ling.* adverb; *ling.* adverbial(ly); (*Lat.*) adversus, against; advertisement; advocate.
ad v(al). (*Lat.*) ad valorem.
advt. advertise(ment); advertiser.
ADW *Am.* air defense warning.
AE *Br.* Adult Education.
AEA American Enterprise Association (*amer. Unternehmerverband*); *Br.* Atomic Energy Authority.
AEC *Am.* Atomic Energy Commission.
AEF Amalgamated Union of Engineering and Foundry Workers (*Gewerkschaft*); *mil.* American Expeditionary Forces.
AELTC All England Lawn Tennis Club.
aero., aeron. aeronautical; aeronautics.
AEU *Br.* Amalgamated Engineering Union (*eine der größten brit. Gewerkschaften*).
AEW airborne early warning.
a.f. audio frequency.
AFA *Br.* Amateur Football Association.
AFC automatic flight control; *electr.* automatic frequency control; *Br.* Association Football Club.
AFEX *Am.* Air Forces Europe Exchange (*Verkaufsläden der amer. Luftwaffe*).
AFL-CIO American Federation of Labor and Congress of Industrial Organizations (*größter amer. Gewerkschaftsverband*).
AFM Air Force Medal.
AFN American Forces Network (*amer. Soldatensender*).
aft., aftn. afternoon.
AG accountant general; Adjutant General; Agent-General; Attorney General.
A/G, a-g *aer.* air-to-ground Bord/Boden-...; Luft/Boden-...
agb, a.g.b. *econ.* any good brand.
agcy. *Am.* agency.
AGM annual general meeting.
agn again.
AGR advanced gas-cooled reactor.
agr., agri. agricultural; agriculture.
agron. agronomy.
AGS American Geographical Society; Army General Staff.
Agt, agt agent; agreement.
a.h. *electr.* ampere-hour.
AHA American Historical *od.* Hospital *od.* Hotel Association.
AHQ Army Headquarters.
AI Amnesty International; Air India; air interception (*Erfassung unbekannter Flugzeuge durch optische od. Radarbordgeräte*); American Institute; artificial insemination.
AICBM anti-intercontinental ballistic missile.
AID Agency for International Development; artificial insemination by donor.
AIRS Aerobic International Research Society.
a.k.a. also known as.

AL American Legion (*Veteranenverband*).
ALA Automobile Legal Association (*Automobil-Rechtsschutzverband*).
Ala. Alabama (*Staat der USA*).
Alas. Alaska (*Staat der USA*).
alc(oh). alcohol.
Ald., Aldm. Alderman.
alg. algebra.
ALGOL algorithmic oriented language (*Programmiersprache*).
All. Alley (*in Straßennamen*).
ALPA *Am.* Air Line Pilots Association.
a.l.s. autograph letter signed.
alt. alternate; alternating; altitude.
Alta. Alberta (*kanad. Provinz*).
AM *electr.* amplitude modulation; (*Lat.*) *Am.* Artium Magister, Master of Arts; Associate Member.
a.m. (*Lat.*) ante meridiem.
AMA American Management *od.* Medical *od.* Missionary Association.
amal., amalg. amalgam(ated); amalgamation.
Amb. ambassador; ambulance.
AMC Army Medical Centre.
amdt. amendment.
Amer. America(n).
amg. among.
amp. *electr.* amperage; ampere.
amp.-hr. *electr.* ampere-hour.
AMRAAM *mil.* advanced medium-range air-to-air missile.
amt. *econ.* amount.
AMU, amu atomic mass unit.
AMVETS American Veterans (of World War II and Korea).
an. (*Lat.*) anno, in the year; *electr.* anode.
anacom analytic computer.
anal. analogous; analogy; analysis; analytic(al).
anat. anatomical; anatomy.
ANC African National Congress (*südafrik. Guerillabewegung*).
anc. ancient(ly).
Ang. Anglesey (*Wales*).
ann. annals; annual; annuity.
annot. annotated; annotations; annotator.
Anon., anon. anonymous(ly).
ANPA American Newspaper Publishers Association.
ANRC American National Red Cross.
ans. answer(s); answered.
antilog *math.* antilogarithm.
ANZAC, Anzac Australian and New Zealand Army Corps.
a.o., a/o *econ.* account of.
a.o.b., A.O.B. any other business.
a/or, &/or, and/or either "and" or "or".
AP Associated Press (*Nachrichtenagentur*).
A/P *econ.* account purchase; *econ. jur.* authority to pay *od.* purchase.
API (*Fr.*) association phonétique internationale, International Phonetic Association.
apmt. appointment.
APO army post office.
app. apparent(ly); appended; appendix.
appd. approved.
appl. *jur. Am.* appeal; applied (to).
approx. approximate(ly).
appx. appendix.
Apr. April.
APT advanced passenger train.
apt(s). *Am.* apartment(s).
AR advice of receipt; annual return; Autonomous Republic.
ar, a/r *econ.* all rail; all risks (*Versi-*

cherung).
ARA Amateur Rowing Association; Associate of the Royal Academy of Arts.
ARAM Associate of the Royal Academy of Music.
ARC American Red Cross; *Br.* Agricultural Research Council.
ARCA Associate of the Royal College of Arts.
arch. archaic; *geogr.* archipelago; architect; architectural; architecture.
arch(a)eol. arch(a)eological; arch(a)eology.
ARCS Associate of the Royal College of Science.
Argyl. Argyllshire (*ehemal. Grafschaft in Schottland*).
arith. arithmetic(al).
Ariz. Arizona (*Staat der USA*).
Ark. Arkansas (*Staat der USA*).
Arm. Armagh (*Grafschaft in Nordirland*).
ARP air-raid precautions *od.* protection.
arr. arranged; arrangement; arrival; arrive(d); arrives.
art. article; artificial; artillery; artist.
ARU American Railway Union.
AS, AS., A.S., A.-S. *ling.* Anglo-Saxon.
A/S *econ.* account sales.
ASA American Standards Association; *Br.* Amateur Swimming Association.
a.s.a.p. as soon as possible.
ASCAP American Society of Composers, Authors and Publishers.
ASCII *Computer:* American standard code for information interchange (*standardisierter Code zur Darstellung von Zeichen*).
ASE American Stock Exchange.
ASEAN Association of Southeast Asian Nations.
asgd. assigned.
asgmt. assignment.
ASH *Br.* Action on Smoking and Health (*Liga gegen das Rauchen in der Öffentlichkeit*).
ASI, asi *aer.* airspeed indicator.
ASLEF *Br.* Associated Society of Locomotive Engineers and Firemen (*Gewerkschaft*).
ASM air-to-surface missile.
asmt. assortment.
ASPCA American Society for the Prevention of Cruelty to Animals.
ASR Air-Sea Rescue (Service).
ASRAAM *mil.* advanced short-range air-to-air missile.
ASRS *Br.* Amalgamated Society of Railway Servants (*Gewerkschaft*).
ass. assembly; assistant; association.
assd. assigned.
Assn., assn. association.
assoc. associate(d); association.
ASSR Autonomous Soviet Socialist Republic.
asst. assistant.
asst'd assorted.
assy, ass'y assembly.
AST *Am.* Atlantic Standard Time.
ASTM American Society for Testing Materials.
ASTMS *Br.* Association of Scientific, Technical and Managerial Staffs (*Gewerkschaft*).
Astron., astron. astronomer; astronomical; astronomy.
asym. asymmetric(al).
A/T *econ.* American terms.
at. airtight; *tech.* atmosphere(s); atomic.
a.t. air temperature; air transport.

ATA, ata actual time of arrival; air--to-air.
AT & T American Telephone and Telegraph Co.
ATC *Br.* Air Training Corps; air traffic control.
atdt. attendant.
Atl. Atlantic.
atm. *tech.* atmosphere(s); atmospheric.
at. no. atomic number.
att. attach(ed); *Am.* attention; attorney.
Atty., atty. Attorney.
Atty. Gen. *jur.* Attorney General.
ATV *Br.* Associated Television.
at.vol. atomic volume.
at.wt. atomic weight.
AUEW *Br.* Amalgamated Union of Engineering Workers (*Gewerkschaft*).
Aug. August.
Aus. Australia(n).
Aust. Cap. Terr. Australian Capital Territory.
Austr. Austria(n).
Austral. Australia; Australasia.
auth. authentic; author(ess); authority; authorized.
auto. automatic; automobile; automotive.
aux. auxiliary.
AV Authorized Version (*der Bibel*).
AV, A-V, a-v audiovisual.
av. *Am.* avenue; average; *econ.* avoirdupois.
avdp. *econ.* avoirdupois.
Ave., ave. avenue.
A/W actual weight.
a.w. *econ.* all water (*im Transportwesen*).
AWACS *mil. aer.* Airborne Warning and Control Systems.
AWOL, awol *mil. Am.* absence *od.* absent without leave.
ax. axiom; axis.

B

B bachelor; *med.* bacillus; (*Schach*) bishop; (*Bleimine*) soft.
b. bachelor; bill; book; born; breadth; billion; (*Kricket*) bowled; (*Kricket*) bye.
B/-, b/ *econ.* bag; *econ.* bale.
BA (*Lat.*) Baccalaureus Artium, Bachelor of Arts; British Academy; British Airways.
BAA British Airports Authority.
BAAS British Association for the Advancement of Science.
BABS, babs beam *od.* blind approach beacon system Leitstrahl- *od.* Blind-Lande-¹Funkfeuersystem.
Bac. (*Lat.*) Baccalaureus, Bachelor (*im Titel*).
BAC British Aircraft Corporation.
bach. bachelor.
bact(er). bacteria; bacteriological.
BAFTA British Academy of Film and Television Arts.
B.Ag., B.Agr(ic). (*Lat.*) Baccalaureus Agriculturae, Bachelor of Agriculture.
Ba.Is. Bahama Islands.
Bal., bal. *econ.* balance; *econ.* balancing.
BALPA British Airline Pilots' Association.
b. & b. bed and breakfast (*Zimmer mit Frühstück*).
bank. banking.
BAOR British Army of the Rhine.
Bap(t). Baptist.

bap(t). baptized.
bar. barometer; barometrical; barrel; barrister.
B.Arch. (*Lat.*) Baccalaureus Architecturae, Bachelor of Architecture.
Bart, Bart. Baronet.
BASIC beginner's all-purpose symbolic instruction code (*Programmiersprache*).
BAT (Co.) British American Tobacco (Company) (*größte Tabakgesellschaft der Welt*).
Bav. Bavaria(n).
bb, b.b. *jur.* bail bond; *tech.* ball bearing(s).
BBC British Broadcasting Corporation.
bbl(s). *econ.* barrel(s).
BC before Christ; Borough Council; British Columbia; British Council.
B/C *econ.* bill(s) for collection.
BCD *mil. Am.* bad conduct discharge; binary-coded decimal.
BCE before the Christian Era, before the Common Era.
BCG bacillus Calmette-Guérin (*Tuberkulose-Impfstoff*).
bch *econ.* bunch.
BCL (*Lat.*) Bachelor of Civil Law.
B. Com. Bachelor of Commerce.
BCS British Computer Society.
BD Bachelor of Divinity; bank draft.
B/D *econ.* bank draft.
bd. board; (*Buchbinderei*) bound.
BDC, bdc *tech.* bottom dead centre (*unterer Totpunkt beim Kolben*).
bd.ft. *econ.* board feet *od.* foot.
bdl(e). *econ.* bundle.
bds. (*Buchbinderei*) boards; *econ.* bonds; *econ.* bundles.
BDS Bachelor of Dental Surgery.
BDST British Double Summer Time.
B.D.Veh. breakdown vehicle Abschleppfahrzeug.
BE Bachelor of Education *od.* Elocution *od.* Engineering; *econ.* bill of exchange; *Am.* Board of Education.
B/E, b.e., b/e *econ.* bill of exchange.
Bé *phys.* Baumé (*Hydrometer*).
BEA British European Airways.
B.Econ. Bachelor of Economics.
B.Ed. Bachelor of Education.
Beds. Bedfordshire (*engl. Grafschaft*).
bef. before.
bel. below.
Belg. Belgian; Belgium.
BEM British Empire Medal (*Orden*).
BENELUX, Benelux Belgium, Netherlands, Luxemburg.
Berks. Berkshire (*engl. Grafschaft*).
bet(w). between.
BEV, BeV, Bev., bev *electr. Am.* billion electron volts.
B/F, b/f *econ.* brought forward.
b.f. *print.* boldface; *colloq.* bloody fool.
BFA *Am.* Bachelor of Fine Arts; British Football Association.
BFI British Film Institute.
BFN British Forces Network (*brit. Soldatensender*).
bg. *econ.* bag.
b/g *econ.* bonded goods.
BGC British Gas Council.
bgs. *econ.* bags.
B'ham Birmingham.
BHN, Bhn *tech.* Brinell hardness number (*Härtegradzahl von Metallen*).
b.h.p. *tech.* brake horse-power.
BHS British Home Stores (*Warenhaus*).
BIAE British Institute of Adult Education.
bibliog. bibliographer; bibliography.

b.i.d. (*Lat.*) bis in die, twice a day (*auf Rezepten*).
BIF British Industries Fair.
BIM British Institute of Management.
biog. biographer; biographical; biography.
Biol., biol. biological; biologist; biology.
BIS Bank for International Settlements.
BISF British Iron and Steel Federation.
BJ *Am.* Bachelor of Journalism.
Bk., bk. bank; block; book.
bkcy. bankruptcy.
bkpg. bookkeeping.
bkpr. bookkeeper.
bk(r)pt. bankrupt.
bks. *mil.* barracks; books.
bkt(s) basket(s); bracket(s).
BL (*Lat.*) Baccalaureus Legis, Bachelor of Law.
B/L *econ.* bill of lading.
bl. *econ.* bale(s); *econ.* barrel(s); black; block.
b.l. base line; *econ.* bill lodged.
BLADING, Blading *econ.* bill of lading.
bl(d)g. building.
B.Lit(t). (*Lat.*) Baccalaureus Litterarum, Bachelor of Letters *od.* Literature.
blk. black; block; bulk.
bls. *econ.* bales; *econ.* barrels.
Blvd., blvd. *Am.* boulevard.
BM (*Lat.*) Baccalaureus Medicinae, Bachelor of Medicine; British Museum.
B/M *econ.* bill of material.
BMA British Medical Association.
BMC British Medical Council; British Motor Corporation.
bmep *tech.* brake mean effective pressure.
BMR, bmr *biol. med.* basal metabolic rate.
B.Mus. (*Lat.*) Baccalaureus Musicae, Bachelor of Music.
B.N., b.n. bank note.
bn battalion; been.
BNFL British Nuclear Fuels Ltd.
BNOC British National Oil Corporation.
BO body odo(u)r (*euphem. Abkürzung*); *Br.* Branch Office.
B/O Branch Office.
b.o. *econ. Am.* back order; *econ. Am.* bad order (*Waren beim Transport beschädigt*).
BOAC British Overseas Airways Corporation.
BOD biochemical oxygen demand.
B. of E. Bank of England.
BOT *Br.* Board of Trade.
bot. botanical; botanist; botany; bottle; bottom; *econ.* bought.
BP British Petroleum Company Ltd.; boiling point.
B/P *econ. Am.* bills payable.
BPAS British Pregnancy Advisory Centre.
BPB, bpb bank post bill(s).
B.Pharm. (*Lat.*) Baccalaureus Pharmaciae, Bachelor of Pharmacy.
B.Phil. (*Lat.*) Baccalaureus Philosophiae, Bachelor of Philosophy.
bpl. birthplace.
BR British Rail; British Restaurant.
B/R, b.r. *econ.* bills receivable.
br. branch; bridge; brig; bronze; brother.
BRCS British Red Cross Society.
Brec. Brecknockshire (*ehemal. Grafschaft in Wales*).
Brit. Britain; Britannia; Britannica; British.
Bro., bro. brother.
Bros., bros. brothers (*bes. in Firmennamen*).
BRS British Road Services (*Fuhrunternehmen der brit. Eisenbahn*).
BS Bachelor of Science; *econ.* balance sheet; *econ. tech.* British Standard(s).
B/S *econ.* bill of sale; bags; bales.
BSC British Steel Corporation.
B.Sc. (*Lat.*) Baccalaureus Scientiae, Bachelor of Science.
BSG British Standard Gauge.
bsh. *econ.* bushel.
BSI British Standards Institution.
bsk(t). *econ.* basket.
BSM British School of Motoring.
BSS British Standard Specification Britische Normvorschrift.
BST British Summer Time.
BT *Br.* Board of Trade.
Bt, Bt. Baronet (*dem Namen nachgestellt*).
btl. bottle.
BTU British Trade Union.
Btu., B.t.u., btu, b.t.u. *phys.* British thermal unit(s).
bu. *Am.* bureau; *econ.* bushel(s).
Bucks. Buckinghamshire (*engl. Grafschaft*).
bul(l). bulletin.
BUP British United Press (*Nachrichtenagentur*).
BUPA British United Provident Association.
bur. bureau; buried.
bus. *econ.* bushel(s); *Am.* business.
bush. *econ.* bushel(s).
bvt. *mil.* brevet(ted).
BWR boiling-water reactor.
bx(s). *econ.* box(es).

C

C Celsius; *Am.* center; centigrade; century; *chem.* carbon.
c centimeter *od.* centimetre.
c. candle; cent(s); circa; cubic; carat; chapter; (*Kricket*) caught.
CA *econ.* chartered account(ant); *econ.* chief accountant; *econ.* commercial agent; *econ.* controller of accounts.
C/A *econ.* capital account; *econ.* credit account; *econ.* current account.
ca. *electr.* cathode; centiare; (*Lat.*) circa.
CAA Civil Aviation Authority.
CAB *Am.* Civil Aeronautics Board; *Br.* Citizens' Advice Bureau.
CAD computer-aided design.
c.a.d. *econ.* cash against documents.
Caern. Caernarvonshire (*ehemal. Grafschaft in Wales*).
Caith. Caithness (*ehemal. schott. Grafschaft*).
Cal. California (*Staat der USA*); *phys.* (large) calorie(s).
cal. calendar; *Am.* calends; caliber *od.* calibre; *phys.* (small) calorie(s).
Calif. California (*Staat der USA*).
CALTEX, Caltex California-Texas Oil Corporation.
CAM computer-aided manufacture.
Cambs. Cambridgeshire (*engl. Grafschaft*).
Can. Canada; Canadian; *relig.* Canon.
canc. cancel(ed); cancellation.
c & b (*Kricket*) caught and bowled by.
c. & f. *econ.* cost and freight.
C & W *mus.* country and western.
CAP Common Agricultural Policy.

cap. capacity; capital (letter).
Capt. Captain.
Car. Carlow (*Irland*); Carolina (*Staat der USA*).
CARD Campaign Against Racial Discrimination.
Card. Cardiganshire (*ehemal. Grafschaft in Wales*).
CARE Co-operative for American Relief Everywhere (*amer. Organisation, die Hilfsmittel an Bedürftige in aller Welt versendet*).
CARICOM Caribbean Community and Common Market.
carr.pd *econ.* carriage paid.
cas. castle; casual(ty).
CAT *Br.* College of Advanced Technology.
cat. catalogue(d); *relig.* catechism; catamaran.
Cath. Cathedral; Catherine; Catholic.
C.Aus. Central Australia.
CAVU, C.A.V.U., c.a.v.u. *aer.* ceiling and visibility unlimited.
CB Citizens' Band; *Br.* Companion of (the Order of) the Bath (*hoher Orden und Titel*); *mil.* confined *od.* confinement to barracks (*Ausgehverbot*); County Borough.
C/B *econ.* cashbook.
CBC Canadian Broadcasting Corporation.
C.B.D., c.b.d. *econ. Am.* cash before delivery.
CBE Commander of the Order of the British Empire.
CBI Confederation of British Industries.
C-bomb cobalt bomb.
CBR chemical, biological, and radiological warfare.
CBS *Am.* Columbia Broadcasting System.
cc cubic centimetre(s) *od.* cubic centimetre(s); carbon copy *od.* copies.
CC chief clerk; *electr.* continuous current; County *od.* City Council(lor); Cricket Club.
CCC *Am.* Civilian Conservation Corps; *Am.* Commodity Credit Corporation; Corpus Christi College.
cclkw. counter-clockwise.
C.C.P. *jur.* Code of Civil Procedure.
CCR camera cassette recorder; *Am.* Commission on Civil Rights.
C.Cr.P. *jur.* Code of Criminal Procedure.
cd *phys.* candela.
CD Civil Defense; Coast Defence(s) *od.* Defense(s); contagious disease; (*Fr.*) Corps Diplomatique, diplomatic corps; compact disc.
cd. *econ.* canned; *econ.* cord.
c.d. *econ. Am.* cash discount; *econ.* cum dividend.
cd.ft. *econ. Am.* cord foot *od.* feet (*Holzmaß*).
CDT *Am.* Central Daylight Time.
CE Church of England (*besser* C. of E.); civil engineer; *Am.* Christian era.
CEA *Br.* county education authority.
CED *Am.* Committee for Economic Development *od.* Defense.
CEGB *Br.* Central Electricity Generating Board.
Cels. Celsius.
CEMF, cemf *electr.* counter electromotive force.
cen. *Am.* central; century.
cent. centigrade; central; century.
Cent. Am. Central America.
CENTO Central Treaty Organization.
CERN, Cern European Organization for Nuclear Research.
cert. certain(ly); certainty; certificated.
CET Central European Time.
cf. (*Buchbinderei*) calf; confer.
c.f., C.F. *econ.* cost and freight.
c/f *econ.* carried forward.
CFE College of Further Education.
c.f.i. *econ.* cost, freight, and insurance.
cfm., c.f.m. *tech.* cubic feet per minute.
C.G. *phys. tech.* center *od.* centre of gravity; coast guard; consul-general; Coldstream Guards.
cg, cg. centigramme(s) *od.* centigram(s).
CGM Conspicuous Gallantry Medal.
cgs, c.g.s. centimeter- *od.* centimetre--gram(me)-second system.
CH *econ. Am.* clearing house; *Br.* Companion of Honour.
ch. *tech.* chain; (*sport*) champion; chapter; chief; child; children; church.
c.h. central heating.
Chap., chap. *relig.* chaplain; chapter.
Ch.B. (*Lat.*) Chirurgiae Baccalaureus, Bachelor of Surgery.
Ch.E. chemical engineer.
Chem., chem. chemical; chemist(ry).
Ches. Cheshire (*engl. Grafschaft*).
chf. chief.
chg. change; *econ.* charge.
chgs. *econ.* charges.
chm. chairman; checkmate.
chron(ol.) chronological; chronology.
CI cast iron; Channel Islands; Chief Inspector.
C/I certificate of insurance.
CIA *mil. Am.* Central Intelligence Agency.
CIC *mil. Am.* Counter Intelligence Corps.
CID *Br.* Criminal Investigation Department (*brit. Kriminalpolizei*).
Cie., cie. (*Fr.*) Compagnie, Company.
c.i.f. *econ.* cost, insurance, freight.
CINC, CinC, C.-in-C., Cinc *mil.* Commander in Chief.
CIO *Am.* Congress of Industrial Organizations.
circ. circa; circuit; circulation; circumference.
cit. citation; cited; citizen.
civ. civil(ian); civilized.
CJ Chief Justice.
ck. *econ.* cask; *econ. Am.* check; cook.
CL center *od.* centre line.
cl. centiliter *od.* centilitre; class; clerk; cloth; clergyman.
c.l. *econ. Am.* carload (lots).
Cla. Clackmannan (*ehemal. schott. Grafschaft*).
cld. cleared; colo(u)red.
Clear Campaign for Lead Free Air.
clk. *econ.* clerk; clock.
clkw. clockwise.
C.M. *jur. mil.* court-martial.
cm, cm. centimeter *od.* centimetre.
CMG *Br.* Companion of the Order of St Michael and St George.
cml. commercial.
CN credit note.
CNAA *Br.* Council for National Academic Awards.
CND *Br.* Campaign for Nuclear Disarmament.
CNO *Br.* Chief of Naval Operations.
CNS *med.* central nervous system.
CO Commanding Officer; conscientious objector.
Co., co. *econ.* company; county.
c.o., c/o care of; *econ.* carried over.
COBOL common business oriented language (*Programmiersprache*).
COD *Br.* cash on delivery, *Am.* collect on delivery (*Nachnahme*); Concise Oxford Dictionary.
co-ed. co-educational.
C. of C. Chamber of Commerce.
C. of E. Church of England.
C. of I. Church of Ireland.
C. of S. Chief of Staff; Church of Scotland.
COI *Br.* Central Office of Information.
col. collected; collector; college; Colonel.
coll. collect(ion); collective(ly); college.
collab. collaborated; collaboration; collaborator.
collect. collective(ly).
Colo. Colorado (*Staat der USA*).
COM computer output on microfilm.
com. comedy; comma; commander; commentary; commerce; commercial; commission(er); committee; common(ly).
comb. combination; combine(d).
Comdr., comdr. Commander.
COMECON Council for Mutual Economic Aid (*der Ostblockstaaten*).
Cominform Communist Information Bureau.
Comintern Communist International.
Comm. Commander; Commonwealth.
comm. commission; committee.
comn(s). communication(s).
comp. comparative; compare; comparison; compilation; compiled; composer.
compar. comparative.
compl. complement.
Comr. Commissioner.
con. (*Lat.*) *jur.* conjunx, consort; connection; consolidated; consul; contra; conclusion; (*Lat.*) contra; *mus.* concerto.
conc. concentrate(d); concerning.
conf. confer; conference; confessor.
Confed. *Am.* confederate.
Cong. *Am.* Congress(ional).
Conn. Connecticut (*Staat der USA*).
Cons. *pol.* Conservative; Consul.
consol. *econ.* consolidated.
const. constant; constitution(al).
constr. construction.
cont. containing; contents; continent.
contd. continued.
contemp. contemporary.
contg. containing.
contn. continuation.
contr. contract(ed); contraction; contrary.
Co-op. Co-operative (Society).
CORE *Am.* Congress of Racial Equality.
Cor. Mem. corresponding member.
Corn. Cornish; Cornwall (*engl. Grafschaft*).
Corp., corp. *mil.* Corporal (*Dienstgrad*); Corporation.
Corpn., corpn. *econ.* Corporation.
corr. corrected; correspond(ence); correspondent; corresponding.
corresp. correspondence; corresponding to.
cos *math.* cosine.
Cos., cos. companies; counties.
cosec *math.* cosecant.
cot *math.* cotangent.
Coy Company.
CP Canadian Press (*Nachrichtenagentur*); *geogr.* Cape Province; *mil.* Command Post; Communist Party.
cp. compare.

c.p. *phys.* candle power; *econ.* carriage paid; chemically pure.
C.P. Common Prayer; Communist Party; Court of Probate.
CPA, C.P.A., c.p.a. Certified Public Accountant.
CPI *Br.* consumer price index.
c.p.m. *electr. phys.* cycles per minute.
CPO Chief Petty Officer.
CPRE Council for the Preservation of Rural England.
c.p.s. *electr. phys.* cycles per second.
CPSA *Br.* Civil and Public Services Association (*Gewerkschaft*).
CPU *Computer*: central processing unit.
Cr. *econ.* credit(or); *Am.* creek; *Br.* Crown.
Cres. Crescent.
crim. criminal.
crit. critical; criticism; criticized.
CS Civil Service; *Scot.* Court of Session; Chartered Surveyor; Christian Science.
C/S *econ.* cases.
cs. *econ.* cases.
CSA Confederate States of America.
CSE *Br.* Certificate of Secondary Education.
csc *math.* cosecant.
CSM *Br.* Company Sergeant-Major.
CST *Am.* Central Standard Time.
CT Certificated Teacher; commercial traveller.
ct. cent(s); county; court.
CTC centralized traffic control; *Br.* Cyclists' Touring Club.
ctn *math.* cotangent.
cts. cents; centimes; *Am.* certificates.
CTV *Am.* color television; *Br.* commercial television.
cu(b). cubic.
cu.cm. *Am.* cubic centimeter.
cu.ft. *Am.* cubic foot.
cu.in. *Am.* cubic inch.
cum. *econ.* cumulative.
Cumb. Cumberland (*ehemal. engl. Grafschaft*).
CUP Cambridge University Press.
cur. *econ.* currency; current.
CV curriculum vitae; calorific value.
CVO *Br.* Commander of the Royal Victorian Order.
cv(t). *econ. Am.* convertible (bonds).
CW chemical warfare; continuous wave.
c.w.o., C.W.O. *econ.* cash with order.
CWS Cooperative Wholesale Society.
cwt, cwt. hundredweight.
cyl. cylinder; cylindrical.
Czech(osl). *Am.* Czechoslovakia(n).

D

D *mil. Am.* department; dimensional (*in Zusammensetzungen, z.B.* 3D 3-dimensional); democrat(ic); Doctor; dollar; dose.
d. date; daughter; day(s); dead; (*Lat.*) denarii, pence; (*Lat.*) denarius, penny; *phys.* density; died; *Am.* dime.
D2-MAC *TV* Multiplex Analog Components zeitversetzte ana¹loge Si¹gnale.
DA *Am.* District Attorney; deposit account.
D/A, d.a. *econ.* documents for acceptance; *econ.* deposit account.
dag. decagram(me).
Dak. *geogr.* Dakota.
dal, dal. decaliter *od.* decalitre.

dam. decameter *od.* decametre.
Dan. Daniel; Danish.
D.A.P. *econ.* documents against payment.
DAR Daughters of the American Revolution (*ein Frauenverein*).
D.A.S. *econ.* delivered alongside ship.
DAV Disabled American Veterans.
D.B. *econ.* daybook; *mil.* dive-bomber.
dB, db decibel(s).
d.b.a. *econ. Am.* doing business as.
DBE Dame Commander of the (Order of the) British Empire.
dbl double.
DBS direct broadcasting by satellite.
DC *electr.* direct current; *Am.* District of Columbia; *mus.* da capo.
DCL Doctor of Civil Law.
DCM *Br. mil.* Distinguished Conduct Medal.
DCMO Dame Commander of the (Order of the) British Empire.
DCVO Dame Commander of the Royal Victorian Order.
DD *mil. Am.* dishonorable discharge; *econ.* demand draft; (*Lat.*) Doctor Divinitatis, Doctor of Divinity.
D/D *econ. Am.* days after date.
d-d *euphem. für* damned.
DDD *Am.* direct distance dialing (*Selbstwählfernverkehr*).
DDG *econ. Br.* Deputy Director-General.
DDS Doctor of Dental Surgery.
DDT dichlorodiphenyl-trichloroethane (*Insektizid*).
deb. *econ.* debenture; *colloq.* debutante.
Dec. December.
dec. deceased; *Am.* decimeter; declaration.
decd. deceased.
D.Ed. Doctor of Education.
def. defective; *jur.* defendant; *econ.* deferred (shares); defined; definite(ly); definition.
Del. Delaware (*Staat der USA*).
Dem. *Am.* Democrat; Democratic (Party).
Den. Denmark.
Denb(h). Denbighshire (*ehemal. Grafschaft in Wales*).
dent. dental; dentist(ry).
dep. *Am.* department; departs; departure; *ling.* deponent; deposed; depot; deputy.
Dept., dept, dept. department; deputy.
Derby. Derbyshire (*engl. Grafschaft*).
DES *Br.* Department of Education and Science.
Devon. Devonshire (*engl. Grafschaft*).
DF *aer. mil.* direction finder *od.* finding.
DFC *Br.* Distinguished Flying Cross.
DFM *Br. mil.* Distinguished Flying Medal.
dft. *jur. Br.* defendant; draft.
DG (*Lat.*) Dei gratia, by the grace of God; (*Lat.*) Deo gratias, thanks to God; Director General.
DHSS *Br.* Department of Health and Social Security.
diag. diagram.
diam. diameter.
diff. difference; different.
Dip.A.D. *Br.* Diploma in Art and Design.
Dip. Ed. *Br.* Diploma in Education.
Dir., dir. director.
disc. *econ.* discount; discover(ed).
dist. distance; distinguish(ed); district.
div. divided; *econ.* dividend; division;

divisor; divorced.
DIY do-it-yourself.
DJ disc jockey; *Am.* District Judge; dinner jacket.
D.Lit(t). (*Lat.*) Doctor Lit(t)erarum, Doctor of Letters *od.* Literature.
DLT development land tax.
dm, dm. decimeter *od.* decimetre.
DMA *Computer*: direct memory access.
DMS *Br.* Diploma in Management Studies.
D.Mus. Doctor of Music.
DMZ *Am.* demilitarised zone.
DNA desoxyribonucleic acid.
DNB Dictionary of National Biography.
do, do. ditto.
DOA dead on arrival.
doc(s). document(s).
DOD *Am.* Department of Defense.
DOE *Br.* Department of the Environment; *Am.* Department of Energy.
dol(l). dollar(s).
dol(l)s. dollars.
dom. domestic; dominion.
Don. Donegal (*irische Grafschaft*).
Dors. Dorsetshire (*engl. Grafschaft*).
doz. dozen(s).
DP displaced person.
d/p documents against payment.
DPC Defence Planning Committee Rat der Verteidigungsminister (*NATO*).
D.Ph(il). Doctor of Philosophy.
Dpo. depot.
DPP *Br.* Director of Public Prosecutions.
Dpt. dpt. *Am.* department.
DPW Department of Public Works.
Dr. *econ.* debtor; Doctor.
dr. *econ.* debit; drachm(a); dram(s); *econ.* drawer.
d.r. *mar.* dead reckoning.
d.s., d/s *econ.* days after sight.
D.Sc. Doctor of Science.
DSM *mil.* Distinguished Service Medal.
DST *Am.* Daylight Saving Time.
DT(s) *med.* delirium tremens.
Du. Duke; Dutch.
Dubl. Dublin (*Stadt u. Grafschaft in Irland*).
Dumb. Dumbarton(shire) (*ehemal. schott. Grafschaft*).
Dumf. Dumfries(shire) (*ehemal. schott. Grafschaft*).
Dur(h). Durham (*engl. Grafschaft*).
DV (*Lat.*) Deo volente, God willing.
DVM *Am.* Doctor of Veterinary Medicine.
dw. deadweight.
dwt, dwt. denarius weight, pennyweight.
DX (*Funk*) distance.
Dyn., dyn(am). dynamics.
dz. dozen(s).

E

E *phys.* energy; electromotive force; east(ern).
E. Earl; Earth; east(ern); English.
e *phys.* erg; electron.
EA *ped. psych.* educational age.
ea. each.
E. & F.C. examined and found correct.
E. & O.E., e. & o.e. errors & omissions excepted.
EAROM *Computer*: electrically alterable read only memory (*elektrisch veränderbarer Fest[wert]speicher*).

EB Executive Board; Encyclopaedia Britannica.
EBU European Broadcasting Union.
EC East Central (*Postbezirk*); European Community.
ECE Economic Commission for Europe (*der UN*).
ECG *med.* electrocardiogram; electrocardiograph.
econ. economical; economics; economy.
ECOSOC Economic and Social Council (*der UN*).
ECS European Communications Satellite.
ECSC European Coal and Steel Community.
ECU European Currency Unit.
ed. edited; edition; editor; education(al).
EDC European Defence Community.
EDP electronic data processing.
EDT *Am.* Eastern Daylight Time.
EE Employment Exchange; Early English; electrical engineer(ing).
E.E, E/E, e.e. *econ.* errors excepted.
EEC European (Economic) Community.
EEG *med.* electroencephalogram.
EFL English as a foreign language.
EFTA European Free Trade Association.
EFT-POS electronic funds transfer at the point of sale.
e.g. (*Lat.*) exempli gratia, for example.
EHF *electr.* extremely high frequency.
EHP *phys.* effective horsepower.
E.L. East Lothian (*ehemal. schott. Grafschaft*).
el. elected; electricity; electric light.
eld. eldest.
ELDO European Launcher Development Organization (*zur gemeinsamen Entwicklung von Raketen*).
elem. elementary; element(s).
elev. elevation.
ELF *electr.* extremely low frequency.
ELT English language teaching; European letter telegram.
EM *Am.* enlisted man *od.* men.
EMA European Monetary Agreement.
EMF, emf *tech.* electromotive force.
Emp. Emperor; Empire; Empress.
EMS European Monetary System.
EMU, emu electromagnetic unit(s).
E.N. & T. *med.* ear, nose, and throat.
Enc(l)., enc(l). enclosed; enclosure (*Anlage im Brief*).
eng. engine; engineer(ing); engraved.
Engl. England; English.
ENIAC Electronic Numerical Integrator and Computer.
enl. enlarged.
END *Br.* European Nuclear Disarmament.
ENT *med.* ear, nose, and throat.
env. envelope.
EOC Equal Opportunities Commission.
e.o.m. end of month.
EP extended play (record).
EPA *Am.* Environmental Protection Agency; *Br.* education priority area.
Epis(c)., episc. *relig.* episcopal.
EPNS electroplated nickel silver.
EPROM *Computer*: erasable programmable read only memory (*löschbarer, programmierbarer Fest[wert]speicher*).
EQ *ped. psych.* educational quotient.
eq. equal(izer); equalizing; equation; equivalent.
equip., eqpt. equipment.

Equity *Br.* Actors' Equity Association (*Schauspielergewerkschaft*).
equiv. equivalent.
ER (*Lat.*) Elizabeth Regina; (*Lat.*) Eduardus Rex.
Ernie *Br.* Electronic Random Number Indicator Equipment (*Computer, der Gewinnzahlen ermittelt*).
ERP European Recovery Program (*Marshall-Plan*).
ERS earnings related supplement.
ERU English Rugby Union.
ESA European Space Agency.
ESN educationally subnormal.
ESP extrasensory perception.
esp(ec). especial(ly).
Esq(r). Esquire.
ESRO European Space Research Organization.
Ess. Essex (*engl. Grafschaft*).
EST *Am.* Eastern Standard Time; electric shock treatment.
est. established; estate; *econ. math.* estimated; *geogr.* estuary; electric shock treatment.
ESU (The) English-Speaking Union.
E.S.U., e.s.u. electrostatic unit.
ETA estimated time of arrival.
et al. (*Lat.*) et alia, and other things; (*Lat.*) et alibi, and elsewhere; (*Lat.*) et alii, and other persons.
etc. (*Lat.*) et cetera.
ETD estimated time of departure.
eth. ethical(ly); ethics.
ETR estimated time of return.
et seq., et sq. (*Lat.*) et sequens, and the following.
et seqq., et sqq. (*Lat.*) et sequentes *od.* et sequentia, and those that follow.
ETU Electrical Trades Union.
etym(ol). *ling.* etymological(ly); *ling.* etymology.
EUCOM *mil. Am.* European Command.
Eur. Europe; European.
EURATOM, Euratom European Atomic Energy Commission.
ev, e.v. *phys.* electron volt(s).
EVA (*Raumfahrt*) extra-vehicular activity.
evg., evng. evening.
ex. examination; examined; example; except(ion); *econ. Am.* exchange; *Am.* executed; *Am.* executive; exercise.
exam. examination; examined; examinee.
exc. excellency; excellent; except(ed).
excl. exclamation; excluded; exclusive(ly).
ex div. *econ.* ex dividend, without dividend.
Ex-Im Bank (U.S.-)Export-Import Bank.
ex int. *econ.* ex interest, without interest.
exp. expenses; expired; export(ation); exported; exporter; express.
expt. experiment.
exptl. experimental.
ext. extension; external(ly); extinct; extra; extract.

F

F Fahrenheit; French; *math.* function (of); *phys.* force.
F. Fahrenheit; *electr.* farad; Fellow.
F:, F/, f, f:, f/ *phot.* F number.

f. *mar.* fathom; feet; female; feminine; following; foot; *phys.* frequency; from.
FA *Br.* Football Association.
FAA *Am.* Federal Aviation Administration (*Luftfahrtbehörde*).
f.a.a. *econ. mar.* free of all average frei von aller Hava¹rie.
facs(im). facsimile.
FACT Federation Against Copyright Theft.
FAGS Fellow of the American Geographical Society.
Fahr. Fahrenheit.
FAIA Fellow of the American Institute of Architects.
fam. familiar; family.
FAO Food and Agricultural Organization (*der UN*).
f.a.o. *tech.* finish all over.
FAP first-aid post.
f.a.s. *econ.* free alongside ship frei Längsseite des Schiffes (*im Abgangshafen*).
fath. *mar.* fathom.
f.b. (*Fußball*) fullback.
FBA Fellow of the British Academy.
FBI *Am.* Federal Bureau of Investigation (*Bundes-Kriminalpolizei*); Federation of British Industries.
FBR fast breeder reactor.
FBS *mil.* forward based systems.
FC Federal Cabinet; *Br.* Football Club.
FCA *Br.* Fellow of the Institute of Chartered Accountants.
fcap, fcap. foolscap (*Papierformat*).
FCC *Am.* Federal Communications Commission.
FCO *Br.* Foreign and Commonwealth Office.
f.co. fair copy.
fcp, fcp. foolscap (*Papierformat*).
Fd, fd *mil.* field (*in Zusammensetzungen*).
FD (*Lat.*) Fidei Defensor, Defender of the Faith.
FDA *Am.* Food and Drug Administration.
Feb. February.
fed. federal; federated; federation.
FEPC *Am.* Fair Employment Practices Committee (*Behörde zur Überwachung der Arbeitsbedingungen*).
Ferm. Fermanagh (*Grafschaft in Irland*).
ff. folios; following (pages); *mus.* fortissimo.
FFAG *phys.* fixed frequency alternating gradient (machine) (*ein Teilchenbeschleuniger*).
f.g.a. *econ. mar.* free of general average frei von allgemeiner Hava¹rie.
FGS Fellow of the Geological Society.
F.H., f.h. fire hydrant.
FHA *Am.* Federal Housing Administration.
FI Falkland Islands.
f.i. for instance.
FICE Fellow of the Institution of Civil Engineers.
fict. fiction(al); fictitious.
fid. *econ.* fiduciary.
Fid.Def. (*Lat.*) Fidei Defensor, Defender of the Faith.
FIFA (*Fr.*) Fédération Internationale de Football Association, International Football Federation.
fi.fa. (*Lat.*) *jur. Br.* fieri facias, cause it to be done (*Vollstreckungsbefehl des Gerichts an den Sheriff*).
fig. figurative(ly); figure(s).
FIJ Fellow of the Institute of Journalists.
Fin. Finland; Finnish.
fin. finance; financial; finished.

f.i.o. *econ. mar.* free in and out (*frei Ein- u. Ausladung*).
fir. firkin(s).
fl. florin(s); fluid.
Fla. Florida (*Staat der USA*).
flex. flexible.
Flint. Flintshire (*ehemal. Grafschaft in Wales*).
fl.oz. fluid ounce(s).
FM *tech.* frequency modulation; *mil. Br.* Field Marshal (*höchster Dienstgrad des Heeres*); Foreign Mission.
Fm. farm.
fm fathom; from.
fmn. formation.
fn., f.n. footnote.
FO *Br.* Foreign Office; *mil.* Field Officer; *mil.* Flying Officer.
Fo, fo. folio.
F.O.B, f.o.b. *econ. mar.* free on board.
FOBS Fractional Bombardment System (*Orbitalraketensystem*).
f.o.c. *econ.* free of charge.
FOE Friends of the Earth.
fol. folio; followed; following.
f.o.q. *econ.* free on quai frei Kai.
for. foreign; forestry.
f.o.r. *econ.* free on rail frei Wag'gon.
FORTRAN formula translation (*Programmiersprache*).
f.o.s. *econ.* free on steamer frei Schiff.
f.o.t. *econ.* free on truck frei Lkw.
f.o.w. *econ.* free on waggon frei Wag'gon.
f.p. *tech.* flash-point; *phys.* foot pound; *phys.* freezing point.
FPA Foreign Press Association (*eine Nachrichtenagentur*); Family Planning Association.
f.p.a. *econ. mar.* free of particular average nicht gegen besondere Hava'rie versichert.
FPHA *Am.* Federal Public Housing Authority.
fpm, f.p.m. *phys.* feet per minute.
fps, f.p.s. *phys.* feet per second; *phys.* foot-pound-second; *phot.* frames per second.
f.p.s. system *phys.* foot-pound-second system.
Fr. *relig.* Father; France; French.
fr. fragment; (*Währung*) franc; from.
Frat. Fraternity.
FRCM *Br.* Fellow of the Royal College of Music.
FRCP *Br.* Fellow of the Royal College of Physicians.
freq. frequent(ly); *ling.* frequentative.
FRG Federal Republic of Germany.
FRGS *Br.* Fellow of the Royal Geographical Society.
Fri. Friday.
Frisco *colloq.* San Francisco.
FRS *Br.* Fellow of the Royal Society; *Am.* Federal Reserve System.
frs. (*Währung*) francs.
frt. *econ.* freight.
frt.fwd. *econ.* freight forward Fracht bei Ankunft der Ware zu bezahlen.
frt.ppd. *econ.* freight prepaid Fracht vor'ausbezahlt.
f.s. *phys.* foot-second.
Ft. Fort.
ft, ft. feet; foot (*Maßeinheit*).
FTC *Am.* Federal Trade Commission (*zur Verhinderung unlauteren Wettbewerbs*).
ft-lb *phys.* foot-pound.
fur. furlong(s).
furn. furnished.
fut. future.
f.v. (*Lat.*) folio verso, on the back of the folio.
f.w.b. *tech.* four-wheel brake.
f.w.d. *tech.* four-wheel drive; front--wheel drive.
fwd(d). forwarded.
FZS *Br.* Fellow of the Zoological Society.

G

G *phys.* gravitational constant; *electr.* conductance; good; *Am. sl.* grand (*1000 Dollars*).
G., g. *tech.* gauge(s); *phys.* gauss; gelding; Gulf; guilder(s); (*Währung*) guinea(s).
g gram(me); *phys.* (acceleration of) gravity; gallon(s).
GA General Agent *od.* Assembly; general average.
Ga. Georgia (*Staat der USA*).
g.a. (*Versicherung*) general average.
Gal. Galway (*irische Grafschaft*).
gal(l). gallon(s).
gals. gallons.
GAT Greenwich Apparent Time.
GATT General Agreement on Tariffs and Trade.
GAW *Am.* guaranteed annual wage.
GB Great Britain.
GB & I Great Britain and Ireland.
GBE (Knight or Dame) Grand Cross of the British Empire.
GBS George Bernard Shaw.
GC Geneva Convention Genfer Konventi'on (*Rotes Kreuz*); George Cross (*Tapferkeitsmedaille*).
GCB (Knight) Grand Cross of the Bath (*hoher brit. Orden*).
G.C.D., g.c.d. *math.* greatest common divisor.
GCE General Certificate of Education.
G.C.F., g.c.f. *math.* greatest common factor.
GCL *aer.* ground controlled landing.
G.C.M., g.c.m. *math.* greatest common measure.
GCMG *Br.* (Knight or Dame) Grand Cross of the Order of St Michael and St George.
GCT Greenwich Central *od.* Civil Time.
GCVO *Br.* (Knight or Dame) Grand Cross of the Royal Victorian Order.
gd. good.
Gdns. Gardens.
GDP gross domestic product.
GDR German Democratic Republic.
gds. goods.
GEC General Electric Company (*größter amer. Elektrokonzern*).
Gen. *mil.* General (*Dienstgrad*); *Bibl.* Genesis.
gen. *biol.* genera; general(ly); *biol.* genus.
genl. general.
Gent., gent. gentleman; gentlemen.
geny. generally.
geo. geometry.
Geog., geog. geographer; geographic(al); geography.
Geol., geol. geologic(al); geologist; geology.
Geom., geom. geometer; geometric(al).
Germ. German(y).
GFR German Federal Republic.
GFTU *Br.* General Federation of Trade Unions (*Gewerkschaftsdachverband*).
g.gr. *econ.* great gross.
GHQ *mil.* general headquarters.
GI *mil. Am. colloq.* enlisted man; *Am.* government issue (*von der Regierung ausgegebene Ausrüstungsstücke*).
gi. *econ. Am.* gill(s).
Gib. Gibraltar.
Glam(org). Glamorganshire (*ehemal. Grafschaft in Wales*).
Glas. Glasgow.
GLC Greater London Council (*Stadtrat von Groß-London*).
GLCM ground-launched cruise missile.
Glos. Gloucestershire (*engl. Grafschaft*).
glt. *print.* gilt.
GM General Motors (*größter amer. Autokonzern*); *mil.* guided missile; *Br.* George Medal; general manager.
gm. gramme(s) *od.* gram(s).
G-man *Am.* government man (*Agent des* FBI).
G.m.a.t. Greenwich mean astronomical time.
GMC *Br.* General Medical Council.
GMT Greenwich Mean Time.
GMWU *Br.* General and Municipal Workers' Union (*Gewerkschaft*).
gns. guineas.
GNP gross national product.
GOC *mil.* General Officer Commanding.
GOM *Br.* grand old man (*bes. für allgemein geachtete ältere Politiker gebraucht*).
GOP *Am.* Grand Old Party (*Republikanische Partei*).
Gov., gov. government; governor.
Govt., govt. government(al).
GP general purpose (*Allzweck..., Mehrzweck...*); general practitioner (*Arzt*); Grand Prix; Gallup Poll; *Br.* graduated pension.
Gp., gp. group.
GPO General Post Office; *Am.* Government Printing Office.
GR (*Lat.*) Georgius Rex, King George.
gr. grade; grain(s) (*Gewicht*); gross.
grad. graduate(d).
Gr.Br(it). Great Britain.
gr.r.t. gross register(ed) tonnage (*Schiffsgrößenangabe*).
gr.wt. *econ.* gross weight.
GS General Secretary; *Br.* general service (*Allzweck..., Mehrzweck...*); General Staff.
gs, gs. guineas (*bei Preisangaben*).
g.s. grandson.
GSA Girl Scouts of America.
GSO *mil. Br.* general staff officer.
gt. great; *mil.* gun turret; (*Lat.*) *med.* gutta.
g.t.c *econ. Am.* good till canceled *od.* countermanded.
gtd. guaranteed.
guar. guarantee(d); guarantor.
GWR *Br. hist.* Great Western Railway.
gym, gym. gymnasium; gymnastic(s).
gyn(a)ecol. *med.* gyn(a)ecological; gyn(a)ecology.

H

H *phys.* magnetic field strength; *electr.* henry *od.* henries; (*Bleimine*) hard; *sl.* heroin.
h., H. height; *electr.* henry; hour(s); hundred; husband.
ha. hectare(s).
h.a. (*Lat.*) hoc anno, in this year.
Hab. Corp. Habeas Corpus (Act).
h. and c. hot and cold (water).
Hants. Hampshire (*engl. Grafschaft*).

Harv. Harvard.
HB (*Bleimine*) hard black (*mittelhart*).
HBM His *od.* Her Britannic Majesty.
HC House of Commons.
H.C.F., h.c.f. *math.* highest common factor.
HCJ *Br.* High Court of Justice.
h.c.l. *colloq. Am.* high cost of living.
HCM His *od.* Her Catholic Majesty.
hcp *sport* handicap.
hd. hand; head.
hdbk. handbook.
HE high explosive; His Excellency.
hectol. hectoliter *od.* hectolitre.
Heref. Herefordshire (*ehemal. engl. Grafschaft*).
Herts. Hertfordshire (*engl. Grafschaft*).
HEW *Am.* Department of Health, Education, and Welfare.
hf *electr.* high frequency; half.
hf. bd. (*Buchbinderei*) half-bound.
hf cf, hfcf., hf.cf. (*Buchbinderei*) half-calf.
hf cl, hfcl., hf.cl. (*Buchbinderei*) half-cloth.
HGV *Br.* heavy goods vehicle.
hhd, hhd. hogshead.
HI Hawaiian Islands.
Hi(-)Fi high fidelity.
HK Hong Kong.
HL House of Lords.
hl, hl., h.l. hectoliter *od.* hectolitre.
HM His *od.* Her Majesty('s); headmaster; headmistress.
HMF Her Majesty's Forces.
HMI *ped. Br.* Her Majesty's Inspector.
HMS His *od.* Her Majesty's Service *od.* Ship *od.* Steamer.
HMSO His *od.* Her Majesty's Stationery Office (*brit. Staatsdruckerei*).
HNC *Br.* Higher National Certificate.
HND *Br.* Higher National Diploma.
HO Head Office; Home Office.
Hon. Honorary (*im Titel*).
hon. honorary; hono(u)rable; hono(u)rably.
hosp. hospital.
HP horsepower; Houses of Parliament; hire purchase; high pressure.
h.p. half-pay; *electr.* high power; high pressure; hire purchase; horsepower.
H.Q., h.q. headquarters.
HR Home Rule(r); *Am.* House of Representatives.
hr, hr. hour(s).
HRH His *od.* Her Royal Highness.
hrs, hrs. hours.
HS *Br.* Home Secretary.
HT *phys.* high tension.
ht. heat; height.
h.t. *electr.* high tension.
Hts. Heights.
Hung. Hungarian; Hungary.
Hunts. Huntingdonshire (*ehemal. engl. Grafschaft*).
HWM high-water mark.
hyp. *math.* hypotenuse; hypothesis; hypothetical.

I

I. island(s); isle(s); international; institute; independent; independence.
Ia. Iowa (*Staat der USA, inoffizielle Abkürzung*).
IAAF International Amateur Athletic Federation.
IAEA International Atomic Energy Agency.
IAF Indian Air Force; International Automobile Federation.
IALC instrument approach and landing chart.
IAS *aer.* indicated air speed.
IATA International Air Transport Association.
i.a.w. in accordance with.
ib. (*Lat.*) ibidem, in the same place.
I.B. *econ.* invoice book.
IBA *Br.* Independent Broadcasting Authority.
ibid. (*Lat.*) ibidem, in the same place.
IBM International Business Machines (*Elektronikkonzern*).
IBRD International Bank for Reconstruction and Development.
IC *psych.* inferiority complex; *electr.* integrated circuit; *ling.* immediate constituent.
i/c in charge (of).
ICA *Br.* Institute of Contemporary Arts.
ICAO International Civil Aviation Organization.
ICBM *mil.* intercontinental ballistic missile.
ICC International Chamber of Commerce; International Computation Centre.
Icel. Iceland(ic).
ICFTU International Confederation of Free Trade Unions.
ICI Imperial Chemical Industries (*größter brit. Chemiekonzern*).
ICJ International Court of Justice (*im Haag*).
ICOMOS International Council on Monuments and Sites (*Rat für Denkmalpflege*).
ICPC International Criminal Police Commission.
ICRC International Committee of the Red Cross.
i.c.w. in connection with.
ID identification (z. B. ID Card); *tech.* inside diameter; Intelligence Department.
Id. Idaho (*Staat der USA, inoffizielle Abkürzung*).
IDA International Development Association.
Ida. Idaho (*Staat der USA, inoffizielle Abkürzung*).
i.e. (*Lat.*) id est, that is.
IEA International Energy Agency.
IF, I.F., i.f. *electr. phys.* intermediate frequency.
IFALPA International Federation of Air Line Pilots' Associations.
IFATCA International Federation of Air Traffic Controllers' Associations.
IFC International Finance Corporation.
IFF (*Radar*) identification, friend or foe.
IFT International Federation of Translators.
IFTU International Federation of Trade Unions.
ign. *tech.* ignition; (*Lat.*) ignotus, unknown.
IGY International Geophysical Year.
IHP, I.H.P., ihp, i.h.p. *tech.* indicated horsepower.
ILA International Law Association.
ILEA Inner London Education Authority.
Ill. Illinois (*Staat der USA*).
ill., illus(t). illustrated; illustration.
ILO International Labo(u)r Office *od.* Organization.
i.l.o. in lieu of.
ILP *pol.* Independent Labour Party.
ILRM International League for Rights of Man.
ILS *aer.* instrument landing system.
IMC International Maritime Committee.
IMF International Monetary Fund.
imit. imitation; imitative(ly).
IMM *Br.* Institution of Mining and Metallurgy.
imp. impersonal; import(ed).
impers. impersonal.
impt. important.
in. inch(es).
Inc. *econ. jur. Am.* incorporated.
inc(l). inclosure; included; inclusive.
incog. incognito.
INCOTERMS, Incoterms International Commercial Terms.
incr. increased; increasing.
Ind. Indiana (*Staat der USA*).
ind. independent; index; indicated; *ling.* indicative; indigo; indirect(ly); industrial.
individ. individual.
induc. *phys.* induction.
INF → IRNF.
in.-lb. *phys.* inch pound.
inorg. inorganic.
INP International News Photo.
inst. instant, in the present month; institute; institution; instrumental.
int. intelligence; *econ.* interest; interim; interior; internal; international.
int.al. (*Lat.*) inter alia, among other things.
Intelsat International Telecommunications Satellite.
Intercom(n). intercommunication.
INTERPOL, Interpol International Criminal Police Organization.
in trans. (*Lat.*) in transitu, in transit.
introd. introduced; introducing; introduction.
Inv. Inverness (*ehemal. schott. Grafschaft*).
inv. *econ.* invoice.
invt. inventory.
IOC International Olympic Committee.
I. of M. Isle of Man.
I. of W. Isle of Wight.
IOU I owe you Schuldschein.
IPA International Phonetic Alphabet *od.* Association.
IQ, I.Q. *ped. psych.* intelligence quotient.
i.q. (*Lat.*) idem quod, the same as.
IR Inland Revenue.
Ir. Ireland; Irish.
IRA Irish Republican Army.
IRBM *mil.* intermediate range ballistic missile.
IRC(C) International Red Cross Committee.
IRNF Intermediate-range Nuclear Force.
IRO Inland Revenue Office; International Refugee Organization.
iron. ironic(ally).
irreg. irregular(ly).
is. island(s); isle.
ISBN International Standard Book Number.
ISC International Sporting Commission.
ISD international subscriber dial(l)ing (*zwischenstaatlicher Selbstwählfernverkehr*).
ISDN integrated services digital network.
Isl(s)., isl(s). island(s).
ISO International Standards Organization.
ISV International Scientific Vocabulary.

It. Italian; Italy.
ITA *Br.* Independent Television Authority (*unabhängiges, kommerzielles Fernsehen*).
ital. *print.* italic.
itin. itinerary.
ITN Independent Television News.
ITO International Trade Organization (*UN*).
ITT International Telephone and Telegraph (Corporation) (*Elektronikkonzern*).
ITU International Telecommunications Union.
IU, I.U. *biol. med.* international unit(s) (*Maßeinheit für Menge u. Wirkung von Vitaminen etc*).
IUD intra-uterine device (*zur Empfängnisverhütung*).
IUS International Union of Students.
IUSY International Union of Socialist Youth.
IVB invalidity benefit.
IVS(P) International Voluntary Service (for Peace).
IWW *Am.* Industrial Workers of the World (*Gewerkschaft*).
IYHF International Youth Hostel Federation.

J

J. *electr.* joule; Journal; Judge, Justice.
JA, J.A. *mil.* Judge Advocate (*Rechtsoffizier, keine dt. Entsprechung*).
J/A, j/a *econ.* joint account.
Jam. *geogr.* Jamaica; *Bibl.* James.
Jan. January.
JATO, jato *aer.* jet-assisted take-off (*Start mit Düsenantrieb*).
JC Jesus Christ; Julius Ceasar; jurisconsult.
JCB (*Lat.*) Juris Civilis Baccalaureus, Bachelor of Civil Law.
JCD (*Lat.*) Juris Canonici Doctor, Doctor of Canon Law; (*Lat.*) Juris Civilis Doctor, Doctor of Civil Law.
JCR *Br.* junior common room.
jct(n). junction.
JD Juris Doctor, Doctor of Law *od.* Jurisprudence.
JET Joint European Torus (*Kernfusionsanlage*).
JFK John Fitzgerald Kennedy (Airport).
JIB Joint Intelligence Bureau (*Leitstelle für die engl. Geheimdienste*).
j.n.d. *psych.* just noticeable difference.
jour. journal; journeyman.
JP Justice of the Peace.
Jr., jr. junior.
jt. joint.
JUD (*Lat.*) Juris Utriusque Doctor, Doctor of Civil and Canon Law.
Jul. Jules; Julian; Julius; July.
Jun. June; junior.
Junc., junc. junction.
junr. junior.
juv. juvenile.
jwlr. jewel(l)er.
Jy. *Am.* July.

K

K *phys.* Kelvin; *Am.* kilogram; *mus.* Köchel; (*Schach*) king.
k kilo-.
k. *electr.* capacity; *min.* karat, carat; kilogram(me); *mar.* knot.
ka. *phys.* kathode, cathode.
Kan(s). Kansas (*Staat der USA*).
KB (*Schach*) king's bishop; *jur. Br.* King's Bench; *Br.* Knight of the Bath (*hoher Ehrentitel*).
KBE *Br.* Knight Commander of (the Order of) the British Empire.
KBP (*Schach*) king's bishop's pawn.
KC King's Counsel; King's College; Knight Commander.
kc, kc. *electr. phys.* kilocycle(s).
kcal. kilocalorie.
KCB Knight Commander (of the Order) of the Bath (*hoher brit. Orden*).
KCMC *Br.* Knight Commander (of the Order) of St Michael and St George.
KCVO *Br.* Knight Commander of the Royal Victorian Order.
K.D., k.d. *econ. Am.* knocked down.
KE *phys.* kinetic energy.
Ken. Kentucky (*Staat der USA*).
Ker. Kerry (*Grafschaft in Irland*).
KG Knight of the Garter.
kg *econ.* keg(s); kilogram(me); kilogram(me)s.
kg. kilogram(me); kilogram(me)s.
kgm. kilogrammeter.
kHz *electr.* kilohertz.
KIA *mil.* killed in action gefallen.
Kild. Kildare (*Grafschaft in Irland*).
Kilk. Kilkenny (*Grafschaft in Irland*).
Kin. Kinross (*ehemal. schott. Grafschaft*).
Kinc. Kincardine (*ehemal. schott. Grafschaft*).
Kirk. Kirkcudbright (*ehemal. schott. Grafschaft*).
KKK Ku Klux Klan.
KKt (*Schach*) king's knight.
KKtP (*Schach*) king's knight's pawn.
Kl., kl, kl. kiloliter *od.* kilolitre.
km, km. kilometer(s) *od.* kilometre(s).
km.p.h. kilometres per hour.
kn *mar.* knot(s).
Knt, Knt., knt. Knight.
KO, K.o., k.o. (*Boxsport*) knock(ed) out.
KR (*Schach*) king's rook.
KRP (*Schach*) king's rook's pawn.
k.p.h. kilometres per hour.
kr. (*Währung*) krone.
Kt (*Schach*) knight.
kt. *min.* karat, carat; kiloton; *mar.* knot; (*Schach*) knight.
kts *mar.* knots.
kv, kv. *electr.* kilovolt.
Kv-a., kv.-a. *electr.* kilovolt ampere.
K.W.H., kw-h, kw-hr, kw.-hr. *electr.* kilowatt-hour.
Ky. Kentucky (*Staat der USA*).

L

L large (size); Latin; *Br.* learner (*am Kraftfahrzeug*); length; longitude.
L. Lady; lake; Lord; *pol.* Liberal; Licentiate (*in Titeln*).
£ (*Lat.*) libra(e), pound(s) sterling.
l liter *od.* litre.
L., l. *geogr.* latitude; left; length; libra(e), pound(s); line; link (*Maßeinheit*); liter(s) *od.* litre(s).
LA *geogr.* Los Angeles; *econ.* local agent; Legislative Assembly.
£A (*Währung*) Australian pound(s).
La. Louisiana (*Staat der USA*).
Lab. *Br.* Labour (Party); Labourite.

LAC *mil. Br.* leading aircraftman.
L.Adv. *jur.* Lord Advocate (*in Schottland*).
LAMDA London Academy of Music and Dramatic Art.
Lancs. Lancashire (*engl. Grafschaft*).
lang. language(s).
Laser, laser *phys.* light amplification by stimulated emission of radiation Lichtverstärkung durch angeregte Emission von Strahlung → Maser.
LASH lighter aboard ship (*Transport von genormten Leichtern per Mutterschiff*).
Lat. Latin; *geogr.* latitude.
lb, lb. (*Lat.*) libra, pound (*Gewicht*).
lbs. pounds (*Gewicht*).
LBC London Broadcasting Company.
l.b.w. (*Kricket*) leg before wicket.
L/C, l/c *econ.* letter of credit.
l.c. (*Theater*) left center *od.* centre; *econ.* letter of credit; (*Lat.*) loco citato; (*Lat.*) locus citatus, the passage (last) quoted; *print.* lower case.
LCC *Br. hist.* London County Council.
LCD liquid crystal display.
L.C.D., l.c.d. *math.* lowest common denominator.
LCJ *jur. Br.* Lord Chief Justice.
L.C.M., l.c.m. *math.* least *od.* lowest common multiple.
LCT local civil time.
LD *Am.* Lit(t)erarum Doctor, Doctor of Letters *od.* Literature.
Ld, Ld. limited; Lord.
Ldp. Lordship.
LDS *relig.* Latter Day Saints; *Br.* Licentiate in Dental Surgery.
LE *Br.* Labour Exchange.
LEA *Br.* Local Education Authority.
lea. league; leather.
lect. lecture(s).
LED light emitting diode.
leg. legal; legate; legislative; legislature.
legis(l). legislation; legislative; legislature.
Leics. Leicestershire (*engl. Grafschaft*).
Leit. Leitrim (*Grafschaft in Irland*).
LEM lunar excursion module.
l.f. *electr. phys.* low frequency.
lg(e). large.
lgth. length.
LH left hand; Legion of Hono(u)r.
LHA *Br.* Local Health Authority.
li *Am.* link (*Maßeinheit*).
lib *colloq.* liberation.
Lib. Liberal; *colloq.* Liberation.
lib. (*Lat.*) liber; librarian; library.
Lieut. *mil.* Lieutenant (*Dienstgrad*).
LIFO *econ.* last in first out.
LILO *econ.* last in last out.
Lim. County Limerick (*Grafschaft in Irland*).
lin. lineal; linear.
Lincs. Lincolnshire (*engl. Grafschaft*).
ling. linguistics.
liq. liquid; liquor.
lit. liter *od.* litre; literal(ly); literary; literature.
Lit.B. (*Lat.*) Lit(t)erarum Baccalaureus, Bachelor of Letters *od.* Literature.
Lit.D. (*Lat.*) Lit(t)erarum Doctor, Doctor of Letters *od.* Literature.
lith(o). lithograph(y).
LJ *Br.* Lord Justice.
ll. lines; (*Lat.*) loco laudato, in the place cited.
L.L. Late Latin; Low Latin; *Br.* Lord Lieutenant.
LL.B., Ll.B. (*Lat.*) Legum Baccalaureus, Bachelor of Laws.
LL.D., Ll.D. (*Lat.*) Legum Doctor, Doctor of Laws.

LL.M., Ll.M. (*Lat.*) Legum Magister, Master of Laws.
LMT local mean time mittlere Ortszeit.
L.M.T. *phys.* length, mass, time.
LNG liquefied natural gas.
Lnrk. Lanark (*ehemal. schott. Grafschaft*).
loc.cit. (*Lat.*) loco citato.
locn. location.
LOG *mil.* logistics.
log. *math.* logarithm; logic(al).
Lon., lon. *geogr.* longitude.
Lond. London; Londonderry (*Grafschaft in Nordirland*).
Long., long. *geogr.* longitude.
loq. (*Lat.*) loquitur.
LP long-playing (record) ($33^1/_3$ Umdrehungen pro Minute); *Br.* Labour Party; *Br.* Lord Provost.
l.p. *phys. tech.* low pressure.
LPG *tech.* liquefied petroleum gas.
LPS *Br.* Lord Privy Seal.
LR long range.
LRBM long-range ballistic missile.
LRCP Licentiate of the Royal College of Physicians.
LRTNF Long Range Theater Nuclear Forces.
LS left side; letter signed.
l.s. left side; (*Lat.*) locus sigilli (*Platz für Siegel auf Dokumenten*).
LSD lysergic acid dietylamide (*Lysergsäurediäthylamid; Halluzinogen*).
L.s.d., £.s.d. (*Lat.*) librae, solidi, denarii, pounds, shillings, pence.
LSE London School of Economics.
LSO London Symphony Orchestra.
LSS *Am.* Lifesaving Service.
LT local time; *electr.* low tension; lawn tennis; letter telegram(me).
LTA Lawn Tennis Association.
Lt. Lieutenant (*Dienstgrad*).
lt. *adj* light.
l.t. *econ.* long ton (*Maßeinheit*); *Am.* local time.
Ltd., ltd. *econ. bes. Br.* limited.
L.T.L., l.t.l. *econ. Am.* less-than-truckload.
Luth. *relig.* Lutheran.
LV *Br.* luncheon voucher.
lv. *Am.* leave(s); *Am.* livre(s).
LW *electr.* long wave; low water.
LWM, L.W.M., l.w.m. *mar.* low water mark.
LWOP *mil.* leave without pay.
LWT London Weekend Television.
LZ *mil.* landing zone.

M

M *aer. phys.* Mach number; *Br.* motorway; mega-; million; (*Währung*) mark(s); medium (size).
M. (*Lat.*) Magister, Master; *phys.* mass; member; moment; (*Fr.*) Monsieur; Majesty; marquis.
M'- Mac.
m meter(s) *od.* metre(s); minim.
m. male; (*Währung*) mark; married; masculine; meridian; (*Kricket*) maiden (over); (*Lat.*) meridies; noon; meter(s) *od.* metre(s); mile(s); mill; million(s); minim; minute(s); month; moon; morning.
m- *chem.* meta-.
MA (*Lat.*) Magister Artium, Master of Arts; mental age; Military Academy.
mA, ma, ma. *electr.* milliampere.
MAA Motor Agents' Association.
MAARM memory-aided anti-radiation missile.
MACE machine-aided composition and editing.
MACH, mach. machine(ry); machinist.
MAD Mutual Assured Destruction.
mag. magazine; magnetic; magnetism.
MAINT, maint. maintenance.
Maj. *mil.* Major (*Dienstgrad*).
Man. Manchester; Manitoba.
man. manual; manufactory; manufacture(d); manufacturer; manufacturing.
M & S Marks and Spencer (*Bekleidungshaus*).
Mar. March.
mar. maritime; married.
March. Marchioness.
Marq. Marquess.
Maser, maser *phys.* microwave amplification by stimulated emission of radiation Mikrowellenverstärkung durch angeregte Emissi'on von Strahlung → Laser.
MASH *Am.* mobile army surgical hospital.
Mass. Massachusetts (*Staat der USA*).
Math., math. mathematical; mathematician; mathematics.
max. maximum.
MB (*Lat.*) Medicinae Baccalaureus, Bachelor of Medicine.
mb (*Meteorologie*) millibar.
MBA *Am.* Master in *od.* of Business Administration.
MBE Member of the Order of the British Empire.
MBFR Mutual and Balanced Force Reduction.
MBS *Am.* Mutual Broadcasting System.
MC Master of Ceremonies; *Am.* Member of Congress; Member of Council; *Brit.* Military Cross.
Mc- Mac.
mc, mc. *electr.* megacycle(s); *phys.* millicuries; motorcycle.
MCC *Br.* Marylebone Cricket Club (*ein Londoner Club, gleichzeitig Überwachungsorganisation für den gesamten brit. Kricketsport*).
MD *mar. mil.* Medical Department; (*Lat.*) Medicinae Doctor, Doctor of Medicine; Managing Director; mentally deficient.
Md. Maryland (*Staat der USA*).
m.d., m/d *econ.* months' date Monate nach heute.
Mddx. Middlesex (*ehemal. engl. Grafschaft*).
MDS Master of *od.* in Dental Surgery.
mdse. merchandise.
ME Mechanical Engineer; Mining Engineer; Marine Engineer; *ling.* Middle English.
Me. Maine (*Staat der USA*).
meas. measurable; measure.
Mech(an), mech. mechanic(al); mechanics.
M.Ed. Master of Education.
med. medical; medicine; medieval; medium.
meg. *electr.* megacycle.
mem. member; memoir; memorial.
MEMO, memo memorandum.
MEP Member of the European Parliament.
mer. meridian; meridional.
Meri. Merionetshire (*ehemal. Grafschaft in Wales*).
Messrs. Messieurs.
met. meteorological; meteorologist; meteorology.
Met. Metropolitan.
metaph. metaphor; metaphoric(al).
meteor(ol). meteorological; meteorology.
Meth. Methodist.
meth. *chem.* methylated.
METO Middle East Treaty Organization.
Mev, Mev., mev, m.e.v. *electr.* million electron volts.
mf, mf. *electr.* microfarad; *electr.* millifarad.
mfd. manufactured; *electr.* microfarad.
mfg. manufacturing.
MFH *hunt. Br.* Master of Foxhounds.
MFN *econ.* most favo(u)red nation.
mfr. manufacture(d).
MG *mil.* machine gun; Military Government.
mg milligram(s) *od.* milligramme(s).
mg. milligram(s) *od.* milligramme(s); morning.
MGM Metro-Goldwyn-Mayer (*Filmgesellschaft*).
Mgr, Mgr., mgr. manager; Monseigneur; Monsignor.
MH *mil. Am.* Medal of Honour.
mh. *electr. phys.* millihenry.
M.Hon. *Br.* Most Honourable.
MHR *Am.* Member of the House of Representatives.
MI Military Intelligence.
MIA *mil.* missing in action vermißt.
Mich. Michigan (*Staat der USA*); Michaelmas.
MICE *Br.* Member of the Institute of Civil Engineers.
micros. microscope; microscopical; microscopist; microscopy.
Mid. Midlands; midshipman.
mid. middle.
MIDAS, Midas *mil.* Missile Defence (*od.* Defense) Alarm System.
Middlx. Middlesex (*ehemal. eng. Grafschaft*).
Mid.L. Midlothian (*ehemal. schott. Grafschaft*).
MIEE *Br.* Member of the Institute of Electrical Engineers.
mil. military; militia.
mill. million.
Min. mineralogy; Minister; Ministry.
min. minim; minimum; minor; minute(s); mining; mineralogy.
Minn. Minnesota (*Staat der USA*).
MIRV *mil.* multiple independently targeted re-entry vehicle.
misc. miscellaneous; miscellany.
Miss. Mississippi (*Staat der USA*).
MIT Massachusetts Institute of Technology.
mk(s), mk(s). (*Währung*) mark(s).
MKS meter- *od.* metre-kilogram(me)-second (system).
MKSA meter- *od.* metre-kilogram(me)-second-ampere.
mkt. market.
ml. *Am.* mail; millimeter(s) *od.* millimetre(s).
MLA Modern Language(s) Association (of America); Member of the Legislative Assembly.
MLD, mld *med.* minimum lethal dose.
MLF multilateral (nuclear) force.
M.Litt. (*Lat.*) Magister Litterarum, Master of Letters.
MLR *econ.* minimum lending rate.
MLRS *mil.* multi-launch rocket system.
MM *Br.* Military Medal (*für Unteroffiziere u. Mannschaften*).
mm, mm. millimeter(s) *od.* millimetre(s).
m.m.f. *phys.* magnetomotive force.
MO, M.O., m.o. *econ.* mail order; *econ.* money order.

Mo. Missouri (*Staat der USA*).
mo. month(s).
MOD *Br.* Ministry of Defence.
mod. moderate; modern.
mod. cons. *colloq.* modern conveniences.
MOH *Br.* Medical Officer of Health.
mol.wt. *phys.* molecular weight.
Mon. Monaghan (*Grafschaft in Nordirland*); Monday; Monmouthshire (*ehemal. Grafschaft in Westengland*); Monsignor.
mon. monastery; monetary.
Mont. Montana (*Staat der USA*).
Mont(gom). Montgomeryshire (*ehemal. Grafschaft in Wales*).
morph(ol). morphological; morphology.
mos. months.
MOT Ministry of Transport; **MOT (test)** (*etwa*) Prüfung beim TÜV; **MOT (certificate)** Nachweis der TÜV-Überprüfung.
mot. motor(ized).
MOUSE minimum orbital unmanned satellite of the earth (*unbemannter künstlicher Erdsatellit*).
MP *Br.* Member of Parliament; Military Police(man).
m.p. *phys.* melting point.
MPC Member of Parliament, Canada.
m.p.g. miles per gallon.
mph, m.p.h. miles per hour.
MPO *Br.* Metropolitan Police Office (Scotland Yard).
M.Phil. Master of Philosophy.
MPS Member of the Pharmaceutical Society; Member of the Philological Society; Member of the Physical Society.
Mr, Mr. Mister.
MRA Moral Rearmament.
MRBM medium range ballistic missile.
MRC *Br.* Medical Research Council.
MRCA multi-role combat aircraft.
Mrs, Mrs. Mistress.
MS Master of Surgery; multiple sclerosis; motorship.
MS., ms. manuscript.
M/S *econ.* months after sight; motorship.
M.Sc. Master of Science.
msc. miscellaneous; miscellany.
msec. millisecond.
M.S.L., m.s.l. mean sea level.
MSS., mss. manuscripts.
MST *Am.* Mountain Standard Time.
Mt, Mt. mount(ain).
mt. megaton; mountain.
m.t. *tech.* metric ton; *Am.* mountain time.
MTB *Br.* motor torpedo-boat.
M.Tech. Master of Technology.
mtg. meeting; *econ.* mortgage.
M.Th. Master of Theology.
Mtl *geogr.* Montreal.
Mt.Rev. Most Reverend.
Mts., mts. mountains.
mun. municipal.
mus. museum; music(al); musician.
Mus.B., Mus.Bac. (*Lat.*) Musicae Baccalaureus, Bachelor of Music.
Mus.D., Mus.Doc. (*Lat.*) Musicae Doctor, Doctor of Music.
mut. mutilated; mutual.
MV megavolt.
M.v., mv. *mar.* motor vessel; muzzle velocity.
MVO *Br.* Member of the Royal Victorian Order.
MW megawatt; medium wave.
My *Am.* May.
M.Y.O.B. *colloq.* mind your own business.
myth(ol). mythological; mythology.

N

N *phys.* newton(s); (*Schach*) knight; north(ern); noun.
N. Nationalist; Navy; nuclear; north(ern).
N- nuclear.
n. name(d); neuter; noon; north(ern); note; noun; number.
NA *Am.* National Academician *od.* Academy; North America(n).
n.a., n/a *econ.* no account.
NAACP *Am.* National Association for the Advancement of Colored People.
NAAFI *Br.* Navy, Army, and Air Force Institutes (*Truppenbetreuungsinstitution der brit. Streitkräfte*).
N.A.D. *med.* nothing abnormal discovered ohne Befund.
NALGO *Br.* National and Local Government Officers' Association.
NALLA National Long Lines Agency Auslandsfernamt für Fernverbindungen (*innerhalb Europas*).
NASA *Am.* National Aeronautics and Space Administration.
nat. national; native; natural(ist).
natl. national.
NATO North Atlantic Treaty Organization.
NATS *Br.* National Air Traffic Services.
Nat.Sc.D. *Am.* Doctor of Natural Science.
NATSOPA *Br.* National Society of Operative Printers, Graphical and Media Personnel.
Naut., naut. nautical.
nav. naval; navigating; navigation.
navig. navigation.
NB, n.b. (*Lat.*) nota bene.
N.B. New Brunswick (*kanad. Provinz*); (*Lat.*) nota bene.
NBC *Am.* National Broadcasting Company.
N.B.G., nbg *colloq.* no bloody good.
NBS *Am.* National Bureau of Standards.
N.C. North Carolina (*Staat der USA*).
NCB *Br.* National Coal Board.
NCC *Br.* National Consumer Council.
NCO *mil.* noncommissioned officer.
N.D. no date ohne Jahr (*in Büchern*); North Dakota (*Staat der USA*); *econ.* not dated.
n.d. no date ohne Jahr (*in Büchern*); *econ.* not dated.
N.Dak. North Dakota (*Staat der USA*).
NE northeast(ern).
N./E *econ.* no effects.
NEB New English Bible; National Enterprise Board.
Neb(r). Nebraska (*Staat der USA*).
n.e.c. not elsewhere classified.
NEDC, *colloq.* **Neddy** *Br.* National Economic Development Council.
neg. negation; negative(ly).
n.e.i. (*Lat.*) non est inventus, it has not been found *od.* discovered; not elsewhere indicated.
nem. con. (*Lat.*) nemine contradicente, nobody contradicting *od.* opposing, unanimously.
nem. dis(s). (*Lat.*) nemine dissentiente, nobody dissenting *od.* disagreeing, unanimously.
NERC *Br.* Natural Environment Research Council.
n.e.s. not elsewhere specified.
NET Next European Torus (*Kernfusionsanlage*).
Neth. *geogr.* Netherlands.
neut. *ling.* neuter; neutral.
Nev. Nevada (*Staat der USA*).
New M. New Mexico (*Staat der USA*).
N/F, n.f., n/f *econ.* no funds.
Nfd(l). Newfoundland (*Kanad. Provinz*).
NFS *Br.* National Fire Service.
NFT *Br.* National Film Theatre.
NFU *Br.* National Farmers' Union.
NG *Am.* National Guard.
n.g. *colloq.* no good.
NGA National Graphical Association (*Gewerkschaft*).
N.H. New Hampshire (*Staat der USA*).
NHI *Br.* National Health Insurance.
n.h.p. *phys.* nominal horsepower.
NHS *Br.* National Health Service.
N.I. National Insurance; Northern Ireland.
NIRC National Industrial Relations Court.
N.J. New Jersey (*Staat der USA*).
n.l. (*Lat.*) non licet, it is not permitted.
N.Lab. *Br.* National Labour (Party).
NLRB *Am.* National Labor Relations Board.
N.M. New Mexico (*Staat der USA*).
n.m. *mar.* nautical mile(s).
N.Mex. New Mexico (*Staat der USA*).
No. north(ern); (by) number; numero.
N° *Br.* (by) number; *bes. Br.* numero.
n.o.i.b.n. not otherwise indexed by name.
nol. pros. (*Lat.*) *jur.* nolle prosequi, do not prosecute.
Noncon. Nonconformist.
non obst. (*Lat.*) non obstante, notwithstanding.
non pros. (*Lat.*) non prosequitur, he does not prosecute.
non seq. (*Lat.*) non sequitur, it does not follow.
NOP National Opinion Poll.
n.o.p. not otherwise provided for.
Norf. Norfolk (*engl. Grafschaft*).
norm. normal(ize); normalizing.
Northants. Northamptonshire (*engl. Grafschaft*).
Northum(b). Northumberland (*engl. Grafschaft*).
Norw. Norway; *ling.* Norwegian.
Nos., nos. numbers.
N°s *Br.* numbers.
Notts. Nottinghamshire (*engl. Grafschaft*).
Nov. November.
NOW *Am.* National Organization for Women.
NP neuropsychiatric; neuropsychiatry; new penny *od.* pence; *ling.* noun phrase; Notary Public.
n.p. *print.* new paragraph; no paging; no place ohne Erscheinungsort (*in Büchern*).
NPA Newspaper Publishers' Association.
n.p. or d. no place or date ohne Erscheinungsort *od.* Jahr (*in Büchern*).
Nr., nr, nr. near.
NRA *Am.* National Recovery Administration.
NRDC National Research Development Corporation (*Vereinigung zur Förderung von Erfindungen u. ihrer technischen Nutzung*).
NRF *Br.* National Relief Fund.
N.S. National Society; Nova Scotia.
N/S, n/s *econ.* not sufficient (funds) ohne ausreichende Deckung.
n.s. not specified; not sufficient.
NSB National Savings Bank.

NSC *Am.* National Security Council.
NSF not sufficient funds.
NSPCC *Br.* National Society for the Prevention of Cruelty to Children.
n.s.p.f. not specifically provided for.
N.S.W. New South Wales (*Staat in Australien*).
NT *Bibl.* New Testament; *print.* new translation; National Trust.
N.T. National Trust; *Bibl.* New Testament; Northern Territory (*Australien*).
NTP normal temperature and pressure.
nt.wt. *econ.* net weight.
n.u. name unknown.
NUAAW *Br.* National Union of Agricultural and Allied Workers (*Gewerkschaft*).
NUJ *Br.* National Union of Journalists (*Gewerkschaft*).
NUM *Br.* National Union of Mineworkers (*Gewerkschaft*).
num. number; numeral(s).
numis(m). numismatic(s).
NUPE *Br.* National Union of Public Employees (*Gewerkschaft*).
NUR *Br.* National Union of Railwaymen (*Gewerkschaft*).
NUS *Br.* National Union of Students; National Union of Seamen (*Gewerkschaft*).
NUT *Br.* National Union of Teachers (*Gewerkschaft*).
NW northwest(erly); northwestern.
N.W.T. Northwest Territories (*Kanada*).
N.Y. New York (*Staat der USA*).
N.Y.C. New York Central *od.* City.
n.y.d. not yet diagnosed.
n.y.p. not yet published.
N.Z. New Zealand.

O

O. Ohio (*Staat der USA*).
o *electr.* ohm.
o. (*Lat.*) (*Pharmazie*) octarius, pint; octavo; old; only.
o- *chem.* ortho-.
o.a., o/a *econ.* on account (of).
O & M organization and methods (*in Arbeitszeitstudien*).
OAP *Br.* Old Age Pension(er).
OAS Organization of American States.
OAU Organization of African Unity.
OB *Br.* outside broadcast 'Außenübertragung, Repor'tage.
ob. (*Lat.*) obiit, (he *od.* she) died.
OBE Officer of the (Order of the) British Empire.
obj(ect). object(ion); objective.
obl. oblique; oblong.
Obs., obs. observation; observatory.
obv. obverse.
OC *mil.* Officer Commanding.
Oc., oc. ocean.
o/c *econ.* overcharge.
o'c. o'clock.
occ(as). occasional(ly).
occn. occasion.
Oct. October.
oct. octavo.
O.D. *Am.* Officer of the Day; *mil. Am.* olive drab; outside diameter; *econ.* overdrawn.
O/D *econ.* on demand; *econ.* overdraft.
ODM Ministry of Overseas Development.
OE *ling.* Old English; omissions excepted.

OECD Organization for Economic Co-operation and Development.
OECS Organization of Eastern Caribbean States.
OED Oxford English Dictionary.
OEEC Organization for European Economic Co-operation.
off. offered; office(r); official.
offic. official.
Offr. Officer.
OFT Office of Fair Trading.
o.g. *Sport* own goal.
O.G. Olympic Games; *mil.* Officer of the Guard.
O.H. on hand.
OHMS On His *od.* Her Majesty's Service (*Dienstsache*).
Okla. Oklahoma (*Staat der USA*).
ol. (*Lat.*) oleum, oil.
OM *Br.* Order of Merit.
ONA Overseas News Agency (*eine amer. Presseagentur*).
ONC *Br.* Ordinary National Certificate.
OND *Br.* Ordinary National Diploma.
o.n.o. or near offer V.'B., Verhandlungsbasis.
ONS Overseas News Service (*eine engl. Presseagentur*).
Ont. Ontario (*kanad. Provinz*).
OP *econ.* open policy; *mil.* observation post.
o.p. (*Theater*) opposite prompt (side); out of print; overproof (*Alkohol*); opposite; operation; optical.
OPA *Am.* Office of Price Administration.
op.cit. (*Lat.*) opere citato; (*Lat.*) opus citatum, the work quoted.
OPEC Organization of Petroleum-Exporting Countries.
opp. (as) opposed (to); opposes; opposite (to).
Ops, ops operations.
opt. optative; optical; optician; optics.
OR official records; *econ.* operations research; *mil.* other ranks.
o.r. *econ.* owner's risk.
orch. orchestra(l).
ord. ordained; order; ordinal; ordinance; ordinary.
Ore(g). Oregon (*Staat der USA*).
org. organ(ic); organism; organization; organized.
orig. origin; original(ly).
Ork. Orkney (Islands) (*schott. Grafschaft*).
ors. others.
Orse, orse *jur. Br.* otherwise.
orth. orthodox; *med.* orthop(a)edic.
o/s *econ.* out of stock; outstanding.
o.s. only son; old series; *econ.* out of stock.
OT occupational therapy; *Bibl.* Old Testament; overtime.
OTC *mil.* Officers' Training Corps.
OTS *mil.* Officers' Training School.
OU Oxford University; Open University.
OUP Oxford University Press (*Verlag*).
OXFAM Oxford Committee for Famine Relief.
Oxon. Oxfordshire (*engl. Grafschaft*).
oz, oz. ounce(s).
ozs. ounces.

P

P parking; pedestrian; *phys.* pressure; *phys.* power; (*Schach*) pawn.
p. page; part; *ling.* participle; past; per; perch (*Maßeinheit*); (*Währung*)
peseta; (*Währung*) peso; pint; pole (*Maßeinheit*); (*Lat.*) post, after; power.
p- *chem.* para.
PA *Am.* public address (system); *jur.* power of attorney; press agent; Press Association; *econ.* private account; *Am.* purchasing agent.
Pa. Pennsylvania (*Staat der USA*).
p.a. per annum; *Am.* press agent.
PAA Pan-American Airways.
PABX *Br.* private automatic branch exchange.
PAC *Am.* Political Action Committee; *Br.* Public Assistance Committee.
Pac(if). Pacific (Ocean).
PAL *TV* phase alternation line.
pal. pal(a)eographical; pal(a)eography; pal(a)eontological; pal(a)eontology.
PAM *Raumfahrt*: payload assist module.
Pan. *geogr.* Panama.
P. and L. *econ. Am.* profit and loss.
p. & p. postage and packing.
PAR *aer.* precision approach radar Präzisi'ons-Anflug-Radargerät.
par. paragraph; parallel; parenthesis.
parens. parentheses.
Parl., parl. Parliament(ary).
pars. paragraphs.
part. *ling.* participle; particular.
pass. *Am.* passenger; *ling.* passive.
pat. patent(ed); *Am.* pattern.
PATCO Professional Air Traffic Controllers' Organization.
path(ol). pathological; pathology.
PAU Pan American Union.
PAX *Br.* private automatic exchange.
PAYE *econ.* pay as you earn.
paym't, payt. payment.
P.B.A.B. *colloq.* please bring a bottle.
PBX *Am.* private branch (telephone) exchange (*Nebenstellenzentrale*).
PC *Br.* Police Constable; postcard; *Br.* Privy Council(lor); Personal Computer.
P/C *econ.* petty cash; *econ.* price(s) current.
pc. *Am.* piece; *Am.* price(s).
p.c. per cent; *econ.* price(s) current.
pcl. parcel.
pcs. pieces.
pct. *Am.* percent.
PD per diem; *Am.* Police Department; *electr.* potential difference.
pd, pd. paid.
p.d. per diem; *electr.* potential difference.
P.D.Q. *sl.* pretty damn quick.
PDT *Am.* Pacific Daylight Time.
P.E. (*Statistik*) probable error; physical education; *print.* printer's error.
p.e. *jur. Br.* personal estate.
PEC photoelectric cell.
Peeb. Peebles(shire) (*ehemal. schott. Grafschaft*).
P.E.I. Prince Edward Island.
PEN (International Association of) Poets, Playwrights, Editors, Essayists and Novelists.
Pen(in)., pen(in). peninsula.
Penn(a). Pennsylvania (*Staat der USA*).
PEP political and economic planning.
per. period; person.
per an(n). per annum.
perf. perfect; performance; perforated.
perh. perhaps.
perm. permanent.
per pro(c). (*Lat.*) per procurationem, by proxy.
pers. person; personal(ly); persons.

PERT programme evaluation and review technique.
pert. pertaining.
PF power factor.
PFC, Pfc *mil. Am.* Private first class (*Dienstgrad*).
pfd. *econ.* preferred (*bei Aktien*).
PFR prototype fast reactor.
P.G. paying guest; postgraduate.
pg. page.
PGA Professional Golfers' Association.
PH Public Health; *mil. Am.* Purple Heart.
ph. phase.
PHA *Am.* Public Housing Authority.
Phar(m)., phar(m). pharmaceutical; pharmacist; pharmacology; pharmacopeia; pharmacy.
Ph.B. (*Lat.*) Philosophiae Baccalaureus, Bachelor of Philosophy.
Ph.D. (*Lat.*) Philosophiae Doctor, Doctor of Philosophy.
phil. philology; philosophical; philosophy.
Phila. Philadelphia.
philol. philological; philology.
philos. philosopher; philosophical.
phon(et). phonetic(s).
phot. photograph(er); photographic; photography.
phr. phrase.
PHS Public Health Service.
phys. physical; physician; physics; physiological; physiology.
PIO Public Information Officer.
PJ Presiding *od.* Probate Judge.
P.J.'s *Am. sl.* pajamas.
P.K. *Parapsychologie*: psycho-kinesis Psychoki'nese.
pk. pack; park (*Parkanlage*); peak; peck (*Maßeinheit*).
pkg(s). package(s).
P/L *econ.* profit and loss.
pl. place; plate (*Buchillustration*); plural.
PLA Port of London Authority.
plat. plateau; *mil.* platoon.
plf(f) *jur.* plaintiff.
pl.n., pl.-n. place name.
PLO Palestine Liberation Organization.
PLP *Br.* Parliamentary Labour Party.
PLR *Br.* Public Lending Right.
PLSS *Raumfahrt*: portable life-support system.
PM Paymaster; Police Magistrate; Postmaster; post-mortem (examination); *Br.* Prime Minister.
pm. *econ.* premium.
p.m. post meridiem; post-mortem.
PMG Postmaster General; Paymaster General.
p.m.h. *econ.* production per man-hour.
pmk, pmk. postmark.
P/N, p.n. *econ.* promissory note.
PO postal order; Post Office.
POB Post Office Box.
POD *econ.* pay on delivery; Post Office Department.
POE *mil.* port of embarkation; port of entry.
poet. poetic(al); poetry.
pol(it). political(ly); politician; politics.
Pol.Econ., pol.-econ. political economy.
P.O.O., p.o.o. post office order.
P.O.P. *phot.* printing-out paper; Post Office Preferred.
pop. popular(ity); popularly; population.
p.o.r. *econ.* pay on return.
Port. Portugal; Portuguese.
pos. position; positive; *ling.* possessive.
POSB *Br.* Post Office Savings Bank.
poss. possession; possible; possibly.
pot. potential.
POW prisoner of war.
p.p. parcel post; parish priest; (*Lat.*) per procurationem, by proxy; post-paid.
P.P.C., p.p.c. (*Fr.*) pour prendre congé, to take leave.
ppd. *Am.* postpaid; *Am.* prepaid.
ppm, ppm., p.p.m. part(s) per million.
PPS Parliamentary Private Secretary.
p.p.s. (*Lat.*) post postscriptum, further postscript.
p.q. previous question.
PR proportional representation; public relations; Puerto Rico.
pr. pair(s); paper; *ling.* present; price; printed; printer; printing.
PRB Pre-Raphaelite Brotherhood.
prec. preceded; preceding; precentor.
pred. *ling.* predicate; *ling.* predicative(ly).
Pref., pref. preface; *econ.* preference (stock); *econ.* preferred (stock); *ling.* prefix.
prelim. preliminary.
prem. premium.
prep. preparation; preparatory; prepare.
Pres. President.
pres. present; presidency.
Presb. Presbyter(ian).
prev. previous(ly).
Prim., prim. primary; primate; primitive.
Prin., prin. principal(ly); principle.
priv. *adj* private; *ling.* privative.
Pr.Min. *Br.* Prime Minister.
PRO Public Relations Officer.
pro. professional.
prob. probable; probably; problem.
proc. proceedings; procedure; process.
prod. produce(d); product.
Prof., prof. Professor.
prog. progress; progressive; programme.
prohib. prohibit(ion).
prol. prologue.
PROM *Computer*: programmable read only memory program'mierbarer Fest(wert)speicher.
Prom. promenade; *geogr.* promontory.
pron. pronounce(d); pronunciation.
PROP, prop *aer.* propeller.
prop. properly; property; proposition.
propr. proprietary; proprietor.
Prot. Protestant.
prov. proverb; proverbial(ly); province; provincial; provisional; provost.
prox. (*Lat.*) proximo, next month.
PRS President of the Royal Society.
prs. pairs.
PS passenger steamer; postscript(um); Public School; police sergeant.
ps. (*Währung*) pesetas; pieces.
p.s. postscript(um).
PSBR *econ.* Public Sector Borrowing Requirement.
pseud(on). pseudonym; pseudonymous(ly).
psf, p.s.f. *tech.* pounds per square foot.
psi, p.s.i. *tech.* pounds per square inch.
P.SS., p.ss. postscripts.
PST *Am.* Pacific Standard Time.
PSV public service vehicle.
Psych(ol). psychology.
psych. psychic(al); psychological(ly).
PT *Am.* Pacific Time; physical training; *Br. hist.* purchase tax.
pt. part; payment; pint(s); point; port.
PTA Parent-Teacher Association.
pta. (*Währung*) peseta.
PTBL, ptbl portable.
Pte, Pte. *mil.* Private (*Dienstgrad*).
PTO, P.T.O., p.t.o. please turn over.
pts. parts; payments; pints; points; ports.
pty. party; *econ.* proprietary.
pub. public(ation); publish(ed); publisher; publishing.
PVC *chem.* polyvinyl chloride.
Pvt. *mil.* Private (*Dienstgrad*).
PWA *Am.* Public Works Administration.
PWD Public Works Department.
PWR pressurised water reactor.
pwt. pennyweight.
PX *mil. Am.* Post Exchange (*Verkaufsläden der amer. Streitkräfte*).

Q

Q *electr.* coulomb; quarto; Quebec; Queen; (*Schach*) queen.
q. quart; quarter(ly); quarts; quasi; query; question; quintal; quire.
QANTAS Queensland and Northern Territory Aerial Services (*Fluggesellschaft*).
QB *jur. Br.* Queen's Bench; (*Schach*) queen's bishop.
QBP (*Schach*) queen's bishop's pawn.
QC *jur. Br.* Queen's Counsel.
q.e. (*Lat.*) quod est, which is.
QED, Q.E.D., q.e.d. (*Lat.*) quod erat demonstrandum, which was to be proved.
QKt (*Schach*) queen's knight.
QKtP (*Schach*) queen's knight's pawn.
q.i.d. (*Lat.*) *med.* quater in die, four times a day.
Qld, Q'l'D Queensland.
QM quartermaster.
q.p(l). (*Lat.*) *med.* quantum placet, as much as is desired.
QP (*Schach*) queen's pawn.
QPM Queen's Police medal.
qr. (*Lat.*) (*Währung*) quadrans, farthing; quarter; *print.* (*u. Buchbinderei*) quire.
QR (*Schach*) queen's rook.
QRP (*Schach*) queen's rook's pawn.
q.s. (*Lat.*) *med.* quantum sufficit, as much as suffices.
QSO *astr.* quasi-stellar object.
qt. quantity; quart(s).
q.t. *sl.* quiet, *in* on the q.t. heimlich, verstohlen.
qto. quarto.
qts. quarts.
qty. quantity.
qu. quart; quarter(ly); query; question.
quad. quadrangle; quadrant; quadruple.
quango quasi-autonomous non-governmental organization.
quar(t). quarter(ly).
Que. Quebec (*kanad. Provinz und Stadt*).
quot. quotation; quoted.
q.v. quod vide, which see.
Qy, qy, qy. query.

R

R radical; radius; *math.* ratio; *electr.* (unit of) resistance; röntgen; Royal; *(Schach)* rook.
R. rabbi; *Am.* railroad; railway; Réaumur; *(Lat.)* Regina; Republican; *(Lat.)* Rex; river; road.
® Registered Trademark.
r. radius; rare; right; recipe; ruled; *(Kricket etc)* run(s).
RA Regular Army; *Br.* Royal Academy; Royal Artillery.
RAA Royal Academy of Arts.
Rab. Rabbi; rabbinate.
RAC *Br.* Royal Automobile Club.
RACON, racon *aer. mar.* radar beacon.
Rad. *pol.* Radical; Radnorshire *(ehemal. Grafschaft in Wales).*
rad radiation absorbed dose absorbierte Strahlendosis *(Maßeinheit).*
rad. radial; *ling. math.* radical; radius.
RADA *Br.* Royal Academy of Dramatic Art.
RADWAR *mil. Am.* radiological warfare.
RAF *Br.* Royal Air Force.
RAM *Computer:* random access memory; Royal Academy of Music.
RAMC Royal Army Medical Corps.
Rand *Am.* research and development.
R & D research and development.
R and R *mil. Am.* rest and recreation.
RAOC Royal Army Ordnance Corps.
RAS Royal Astronomical Society; Royal Agricultural Society.
RATO, rato *aer.* rocket-assisted take-off.
RBA Royal Society of British Artists.
RBI, rbi *(Baseball)* run(s) batted in.
RC Red Cross; Roman Catholic.
r.c. *(Theater)* right center *od.* centre.
RCA Radio Corporation of America; Royal College of Art.
RCAF Royal Canadian Air Force.
RCC Roman Catholic Church; *Br.* Rural Community Council.
rcd. received.
RCMP Royal Canadian Mounted Police.
rcpt. receipt.
RCS Royal College of Surgeons; Royal College of Science; Royal Corps of Signals.
R/D *econ.* refer to drawer *(Scheck).*
Rd. *hist.* rix-dollar; road.
rd. road; rod(s) *(Maßeinheit);* round; *phys.* rutherford.
RDF *electr.* radio direction finder *od.* finding; *mil. Am.* Rapid Deployment Force.
R.E. *Br.* Royal Engineers.
rec. receipt; received; recipe; record(ed).
recd, recd., rec'd. received.
recip, recip. reciprocal; *tech.* reciprocating.
rect. receipt; rectangle; rector(y).
red. reduced; *phot.* reducer.
ref. referee; (in) reference (to); referred; reformed.
refc. (in) reference (to).
Ref.Ch. Reformed Church.
reg. region(al); register(ed); registrar; registry; regular(ly); regulation.
regd. registered.
Regt., regt. regent; regiment.
reg.tn. *mar.* register ton.
rel. related; relating; relative(ly).
relig. religion; religious(ly).
REM, rem roentgen equivalent man.
REME *mil.* Royal Electrical and Mechanical Engineers.
Renf. Renfrew(shire) *(ehemal. schott. Grafschaft).*
Rep. *Am.* Representative; *Am.* Republic(an).
rep. repeat; report(ed); reporter; representative; reprint.
repr. represent(s); represented; representing; reprint(ed).
rept. report; receipt.
Repub. Republic(an).
req. request; required; requisition.
res. research; reserve; residence; resident(ial); resides; resigned; resolution.
resp. respective(ly); respondent.
rest. restrict(ed); restriction.
ret. retired; return(ed); retain.
retd. retained; retired; returned.
Rev. *Bibl.* Revelation(s); Reverend.
RF radio frequency; range finder; *mil. Am.* rapid-fire; representative fraction.
RFC *Br.* Rugby Football Club.
RFD *Am.* Rural Free Delivery.
RFE Radio Free Europe.
RFU Rugby Football Union.
RGS Royal Geographical Society.
RH right hand; Royal Highness.
Rh Rhesus factor.
RHA Royal Horse Artillery.
rheo. *electr.* rheostat(s).
rhet. rhetoric(al).
RHG *Br.* Royal Horse Guards.
RHS Royal Historical Society; Royal Horticultural Society; Royal Humane Society.
RI *Br.* Royal Institution; *(Lat.)* Rex et Imperator, King and Emperor; *(Lat.)* Regina et Imperatrix, Queen and Empress.
R.I. Rhode Island.
RIBA Royal Institute of British Architects.
RIP *(Lat.)* requiesca(n)t in pace, may he *od.* she *(od.* they) rest in peace.
Riv., riv. river.
RJ *Am.* road junction.
RL Rugby League *(im Gegensatz zur* RU).
RLO *Br.* Returned Letter Office *(Postdienststelle für unzustellbare Briefe).*
Rly., rly. railway.
rm. ream *(Papiermaß);* room.
RMA *Br.* Royal Military Academy.
RMS *Br.* Royal Mail Service *od.* Steamer.
rms, r.m.s. *math.* root-mean-square.
RN registered nurse; *Br.* Royal Navy.
RNA *chem.* ribonucleic acid.
RO routine order(s).
ro. *print.* recto; *Br.* road; *(Buchbinderei) Am.* roan; rood *(Maßeinheit).*
ROM *Computer:* read only memory Nur-Lese-Speicher, Fest(wert)speicher.
Rom. Roman; *ling.* Romance; Romania(n); *Bibl.* Romans.
rom. *print.* roman type.
ROSPA Royal Society for the Prevention of Accidents.
Ross. Ross and Cromarty *(ehemal. schott. Grafschaft).*
rot. rotating; rotation.
Rox. Roxburgh *(ehemal. schott. Grafschaft).*
Roy. Royal.
RP *Br.* reply paid; Regius Professor; Received Pronunciation; Reformed Presbyterian.
RPC remote power control Fernsteuerung; *Br.* Royal Pioneer Corps.
RPI retail price index.
rpm, r.p.m. revolutions per minute.
RPO *Am.* Railway Post Office.
rps, r.p.s. revolutions per second.
rpt. repeat; report.
rptd. repeated; reported.
RQ *biol.* respiratory quotient.
RR *Am.* railroad; Right Reverend.
RS *Br.* recording secretary; *jur.* Revised Statutes; *Br.* Royal Society.
r.s. right side.
RSA Royal Scottish Academician *od.* Academy; *Br.* Royal Society of Arts.
RSC *Br.* Royal Shakespeare Company.
RSFSR Russian Socialist Federated Soviet Republic.
RSPB Royal Society for the Protection of Birds.
RSPCA Royal Society for the Prevention of Cruelty to Animals.
RSV *Bibl.* Revised Standard Version.
R.S.V.P., r.s.v.p. *(Fr.)* répondez s'il vous plaît, reply please.
RT, R/T radiotelegraphy; radiotelephony.
rt. right.
Rt(.)Hon. Right Hono(u)rable.
RTT radioteletype Funkfernschreiber.
RU *Br.* Rugby Union *(im Gegensatz zur* RL).
RUC Royal Ulster Constabulary.
Russ. Russia(n).
Rut(d)., Rutl. Rutlandshire *(ehemal. engl. Grafschaft).*
RV remaining velocity Endgeschwindigkeit; Revised Version *(der Bibel).*
RW radiological warfare.
R.W. Right Worshipful; Right Worthy.
rwy *aer.* runway.
Ry, Ry., ry railway.

S

S small (size).
S. Sabbath; Saint; Senate; Society; *(Lat.)* Socius, Fellow; south(ern); submarine(s); Saturday; Saxon; Socialist; Society.
$ dollar(s).
s. second(s); section; see; semi-; series; set; shilling(s); sign(ed); son; singular.
s- *chem.* symmetrical.
SA, S.A. South Africa; South America; South Australia; Salvation Army; *colloq.* sex appeal.
Sa. Saturday.
s.a. *(Lat.)* sine anno, without year *od.* date; subject to approval; *colloq.* sex appeal.
Sab. Sabbath.
SAC Strategic Air Command.
SACEUR Supreme Allied Commander Europe *(NATO).*
SACLANT Supreme Allied Commander Atlantic *(NATO).*
SACOM *mil. Am.* Southern Area Command.
SADF South African Defence Force.
s.a.e. stamped addressed envelope.
SALT Strategic Arms Limitation Talks.
SAM surface-to-air missile.
san *mil.* sanitary; sanitation.
s.ap. *(Pharmazie)* apothecaries' scruple *(Gewicht).*
SAS Scandinavian Airlines System; Special Air Service.
Sask. Saskatchewan *(kanad. Provinz).*
Sat. Saturday; Saturn.
SATB *mus.* soprano, alto, tenor, bass.
S.Aus. South Australia.
SAYE *Br.* save-as-you-earn.

S.B. sales book; *Br.* savings bank; (*Lat.*) *Am.* Scientiae Baccalaureus, Bachelor of Science; simultaneous broadcast(ing); *mil.* Sam Browne (belt).
SBA *Am.* Small Business Administration; *aer.* standard beam approach system (*SBA-Landefunkfeueranlage, SBA-Landeverfahren*).
SBN Standard Book Number.
SC Security Council (*UN*).
S.C. South Carolina (*Staat der USA*).
sc. scale; scene (*in Bühnenwerken*); science; scientific; (*Lat.*) scilicet, namely, to wit.
Scan(d). Scandinavia(n).
SCAP Supreme Commander Allied Powers.
Sc.D. (*Lat.*) *Am.* Scientiae Doctor, Doctor of Science.
SCE Scottish Certificate of Education.
sch. scholar; school; *mar. Br.* schooner.
sched. schedule.
Sci., sci. science; scientific.
scil. (*Lat.*) scilicet, namely, to wit.
SCM *Br.* Student Christian Movement; State Certified Midwife.
Scot. Scotch; Scotland; Scottish.
SCR *univ. Br.* senior common room.
scr. scruple (*Gewicht*).
Script. scriptural; Scripture.
SD *Am.* Secretary of Defense (*Verteidigungsminister*); *Am.* State Department.
S.D. South Dakota (*Staat der USA*).
s.d. several dates; *econ.* sight draft; (*Lat.*) *jur.* sine die; (*Statistik*) standard deviation.
SDA Scottish Development Agency; Sex Discrimination Act.
S.Dak. South Dakota (*Staat der USA*).
SDI *mil. pol.* Strategic Defense Initiative Stra'tegische Ver'teidigungsinitiative (*Weltraumverteidigung*).
SDP Social Democratic Party.
SDR special drawing right (from International Monetary Fund).
SE southeast(erly); southeastern; Stock Exchange.
SEATO South-East Asia Treaty Organization.
SEC *Am.* Securities and Exchange Commission.
Sec. Secretary.
sec. *math.* secant; second; secondary; seconds; secretary; section(s); sector; (*Lat.*) secundum.
SECAM TV (*Fr.*) système électronique couleur avec mémoire, sequence by colour-memory.
secs. seconds; sections.
sect. section.
SECY, secy., sec'y secretary.
sel. selected; selections.
Selk. Selkirk(shire) (*ehemal. schott. Grafschaft*).
sem. semicolon; seminary; semester.
SEN *Br.* State Enrolled Nurse.
Sen., sen. senate; senator; senior.
Senr., senr. senior.
sep. *bot.* sepal; separate.
Sep(t). September.
seq. sequel; (*Lat.*) *sg* sequens, the following.
seqq. (*Lat.*) *pl* sequentes, the following.
ser. series; sermon; serial.
Serg(t)., Sergt *mil.* Sergeant (*Dienstgrad*).
serv. servant; service.
sess. session(s).
SET *Br. hist.* selective employment tax.
sev(l). several.
SF Science Fiction.

SFA Scottish Football Association.
SG Secretary General (*UN*); *jur. Br.* Solicitor General; specific gravity.
s.g. senior grade; *phys.* specific gravity.
sgd, sgd. signed.
SGHWR steam-generating heavy water reactor.
sh. *econ.* share; sheet; shilling(s).
SHAPE, Shape Supreme Headquarters Allied Powers in Europe.
Shet. Shetland Islands.
SHF *electr.* superhigh frequency.
SHO *med. Br.* senior house officer.
SHP, S.H.P., s.hp., s.h.p. *tech.* shaft horsepower.
shpt. *econ.* shipment.
shtg. shortage.
SI (*Fr.*) Système Internationale (d'Unités), international system of units of measurement.
S.I.C. *phys.* specific inductive capacity.
SIDS *med.* sudden infant death syndrome.
Sig., sig. signal; signature; signor(e).
sigill, sigill. (*Lat.*) sigillum, seal.
sim. similar(ly); simile.
sin *math.* sine.
sing. single; *ling.* singular.
SJG *Am.* Supreme Judicial Court.
sk. *econ.* sack.
SLADE *Br.* Society of Lithographic Artists, Designers, Engravers, and Process Workers (*Gewerkschaft*).
s.l.a.n. (*Lat.*) sine loco, anno, vel nomine, without place, year, or name ohne Erscheinungsort, Jahr od. Verfasser (*in Büchern*).
SLBM submarine-launched ballistic missile.
sld. sailed; sealed.
SLP Scottish Labour Party.
SLR *phot.* single lens reflex.
SM sergeant major.
s.n. *econ.* shipping note; (*Lat.*) sine nomine, without name.
SNP Scottish National Party.
So. south(ern).
SO *Br.* Stationery Office.
S.O.B. *sl. Am.* son of a bitch *od.* silly old bastard.
Soc. *pol.* Socialist; society.
sociol. sociological; sociologist; sociology.
S.of S. *Br.* Secretary of State.
SOGAT *Br.* Society of Graphical and Allied Trades (*Gewerkschaft*).
sol. solicitor; soluble; solution.
Som(s). Somersetshire (*engl. Grafschaft*).
SOP standard operating procedure.
SOS → Wörterverzeichnis.
SP *tech.* self-propelled; starting point; starting price.
sp. special; species; specific; specimen.
s.p. (*Lat.*) *jur.* sine prole, without issue.
Span. Spanish.
spec. special(ly); species; specification; specimen; spectrum.
specif. specific(ally); specification.
sp.gr. *phys.* specific gravity.
spp. *pl* species.
SPQR small profits – quick returns kleine Gewinne – große Umsätze; (*Lat.*) Senatus Populusque Romanus, the Senate and People of Rome.
SPRC *Br.* Society for the Prevention and Relief of Cancer.
SPUC *Br.* Society for Protection of the Unborn Child.
Sq. *mil.* Squadron; Square.
sq. sequence; *math.* square.
sq.ft. square foot *od.* feet.

sq.in. square inch(es).
sq.m. square miles.
sq.mi. square mile(s).
sq.yd. square yard(s).
Sr, Sr. Senior; Sir; Sister.
S – R *psych.* stimulus – response.
SRBM short-range ballistic missile.
SRC *Br.* Science Research Council.
SRN *Br.* State Registered Nurse.
SRO *Am.* standing room only; *Br.* Statutory Rules and Orders.
SRV space rescue vehicle.
SS, S/S steamship.
ss. (*Lat.*) scilicet, namely, to wit; sections.
SSA *Am.* Social Security Administration.
SSM *mil.* surface-to-surface missile.
SSN severely subnormal.
SSR Socialist Soviet Republic; *aer.* secondary surveillance radar.
SSRC *Br.* Social Science Research Council.
St, St. Saint; Station; statute(s); Street.
st. stere; stone (*Gewicht*); street.
s.t. *econ.* short ton.
sta. station(ary); *tech.* stator.
Staffs. Staffordshire (*engl. Grafschaft*).
START Strategic Arms Reduction Talks.
stat. statics; stationary; statistics; statuary; statue; statute (miles); statutes.
STD *Br.* subscriber trunk dialling.
std. standard.
ster. (*Währung*) sterling.
St.Ex(ch). Stock Exchange.
stg, stg. (*Währung*) sterling.
Stir. Stirling(shire) (*ehemal. schott. Grafschaft*).
stk. *econ.* stock.
stn. station.
STOL short take-off and landing (aircraft) Kurzstart(-Flugzeug).
STP standard temperature and pressure.
STRAT *mil.* strategic.
STUC Scottish Trades Union Congress.
stud. student.
sub. *mil.* subaltern; substitute; subscription; suburb(an); subway.
Suff. Suffolk (*engl. Grafschaft*).
suff. sufficient; *ling.* suffix.
sug(g). suggested; suggestion.
Sun(d). Sunday.
Sup., sup. superior; supplement(ary); supply; (*Lat.*) supra, above; supreme.
super. superfine; superior; supernumerary; superintendent; supervisor.
supp(l). supplement(ary).
Supt, Supt., supt. superintendent.
Sur. Surrey (*engl. Grafschaft*).
sur. surcharged; surplus.
surg. surgeon; surgery; surgical.
Suss. Sussex (*engl. Grafschaft*).
Suth. Sutherland (*ehemal. schott. Grafschaft*).
s.v. sailing vessel; (*Lat.*) sub verbo *od.* sub voce.
Svy., svy. survey.
SW *electr.* short wave; South Wales; southwest(erly); southwestern.
S.W.A.(L.)K. *colloq.* (*auf Briefumschlag*) sealed with a (loving) kiss.
SWAPO South West African People's Organization.
SWATF South West African Territorial Force.
Swed. Sweden; Swedish.
SWG standard wire ga(u)ge (*Maßskala*).

**Swit(z). Switzerland.
syll.** *ling.* syllable; syllabus.
syn. *ling.* synonym; *ling.* synonymous(ly).
syst. system(atic).

T

T *phys.* (absolute) temperature; *phys. tech.* tension.
T. territory; tourist class; township; tablespoon(ful); time; Tuesday.
t. teaspoon(ful); temperature; (*Lat.*) tempore, in the time of; time; ton(s); *econ.* troy; *ling.* transitive; *ling.* tense.
TA telegraphic address.
TAF Tactical Air Force.
tal.qual. (*Lat.*) talis qualis, as they come, without choosing.
TAM television audience measurement.
tan, tan. *math.* tangent.
T & AVR *Br.* Territorial and Army Volunteer Reserve.
TAS *aer.* true air speed.
Tas(m). Tasmania(n).
TASS, Tass (*Russ.*) Telegraphnoye Agentstvo Sovyetskovo Soyuza (*amtliche sowjetische Nachrichtenagentur*).
TB tubercle bacillus; tuberculosis.
t.b. *econ. math.* trial balance.
tbs(p). tablespoon(ful).
TC Trusteeship Council (*UN*); *tech.* twin carburettors; technical college.
tc. *econ.* tierce(s).
TD, td, td, touch down.
TDC, tdc *tech.* top dead center *od.* centre (*oberer Totpunkt beim Kolben*).
t.d.n. *biol. Am.* total digestible nutrients.
tech. technical; technics; technology; *colloq.* technical college.
techn. technical; technology.
technol. technological(ly); technology.
TEFL teaching English as a foreign language.
tel. telegram; telegraph(ic), telephone.
TELECOM telecommunications.
teleg. telegram; telegraph(ic).
teleph. telephone; telephony.
Tel.No., tel.no. telephone number.
temp. temperature; temporary; temperate.
Tenn. Tennessee (*Staat der USA*).
term. terminal; termination.
Terr., terr. terrace; territorial; territory.
TESL teaching English as a second language.
Tex. Texan; Texas (*Staat der USA*).
tf., t.f. till forbidden.
tfr. *econ.* transfer.
TG *ling.* transformational grammar.
t.g. *biol.* type genus.
T.G.I.F. *colloq.* thank God it's Friday.
tgm. telegram.
TGWU *Br.* Transport & General Workers' Union (*Gewerkschaft*).
Theol., theol. theologian; theological; theology.
theor. *math.* theorem(s).
Therap., therap. therapeutic(s).
therm. thermometer.
T.H.I. temperature-humidity index.
THP *aer.* thrust horsepower (*Schubleistung*).
Thu., Thur(s). Thursday.
t.i.d. (*Lat.*) *med.* ter in die, three times a day.

TIR (*Fr.*) Transports Internationaux Routiers, International Road Transport.
tit. title; titular.
tk. *Am.* truck.
TKO, T.K.O., t.k.o. (*Boxen*) technical knockout.
TL total loss.
TLC *colloq.* tender loving care.
T.M. transcendental meditation.
t.m. true mean (value).
TMO *Br.* telegraph money order.
tn. ton; town; train.
tng. training.
TNT trinitrotoluene; trinitrotoluol.
TO *aer.* take-off; *mil. Am.* technical order; *Br.* Telegraph *od.* Telephone Office.
t.o. turn over; *econ.* turnover.
tonn. tonnage.
TOO, too time of origin (*bei Mitteilungen*).
topog. topographer; topographical.
TOR, tor time of reception (*bei Mitteilungen*).
tot. total.
TP telephone; teleprinter; traffic post.
TPI *Br.* Town Planning Institute.
TPO Travelling Post Office Bahnpost.
tpt, tpt. transport.
T/R (*Funk*) transmitter/receiver.
tr. transaction(s); transfer; translate(d); translation; translator; transpose.
trad. tradition(al).
trans. transaction(s); transferred; transport(ation); transverse.
transf. transference; transferred.
transp. transportation.
trav. travel(l)er; travels.
Treas., treas. treasurer; treasury.
T.R.F., t.r.f., t-r-f tuned radio frequency.
TRH Their Royal Highnesses.
trip. triplicate.
trop. tropic(al).
trs. transfer; transpose.
trsd. transferred; transposed.
TS, ts, ts., t.s. *econ.* till sale; typescript.
TT teetotal(ler); Tourist Trophy; tuberculin tested.
TU Trade Union.
TUC *Br.* Trade(s) Union Congress.
Tue(s). Tuesday.
TV television (set).
TVA *Am.* Tennessee Valley Authority *od.* Administration.
TWA Trans World Airlines.
TWI training within industry.
typ(o)., typog. typographer; typographic(al), typography.
Tyr. Tyrone (*Grafschaft in Nordirland*).

U

U. university; Utah (*Staat der USA*); *math.* union; unit; united.
u. uncle; unit; upper.
UAE United Arab Emirates.
UAM underwater-to-air missile.
UAR United Arab Republic.
UAW *Am.* United Auto, Aircraft and Agricultural Implements Workers (*Gewerkschaft*); *Am.* United Automobile Workers (*Gewerkschaft*).
UC University College.
u.c. under construction; *print.* upper case; *econ.* usual conditions.
UCW Union of Communications Workers (*Gewerkschaft*).

UDA Ulster Defence Association.
UDC Universal Decimal Classification; *Br.* Urban District Council.
UDI Unilateral Declaration of Independence.
UDR Ulster Defence Regiment.
UEFA Union of European Football Associations.
UFC United Free Church (of Scotland).
UFO unidentified flying object.
u.g., u/g (*Bergbau*) underground.
UGC *Br.* University Grants Committee.
UGT urgent.
UHF, uhf *electr.* ultrahigh frequency.
UI *Br.* Unemployment Insurance.
UK United Kingdom (of Great Britain and Northern Ireland).
UKAEA United Kingdom Atomic Energy Authority.
ult. ultimate(ly); (*Lat.*) *econ.* ultimo.
UMT(S) *Am.* Universal Military Training (Service *od.* System) (*allgemeine Wehrpflicht*).
UMW *Am.* United Mine Workers (*Gewerkschaft*).
UN United Nations.
unabr. unabridged.
unan. unanimous.
uncert. uncertain.
UNCTAD United Nations Commission for Trade and Development.
UNDP United Nations Development Program(me).
UNDRO United Nations Disaster Relief Organization.
UNEF United Nations Emergency Force.
UNEP United Nations Environment Program(me).
UNESCO, Unesco United Nations Educational, Scientific and Cultural Organization.
unexpl. unexplained.
UNICEF United Nations (International) Children's (Emergency) Fund.
UNIDO United Nations Industrial Development Organization.
univ. universal(ly); university.
unm. unmarried.
UNSC United Nations Security Council.
UNRWA United Nations Relief and Works Agency.
up. upper.
u.p. under proof (*Alkohol*).
UPI United Press International (*Nachrichtenagentur*).
UPU Universal Postal Union (*Weltpostverein*).
URC United Reformed Church.
US United States (of America).
USA United States of America.
USDA United States Department of Agriculture.
USDAW *Br.* Union of Shop, Distributive and Allied Workers (*Gewerkschaft*).
USIA United States Information Agency.
USIS United States Information Service.
USM underwater-to-surface missile.
USN United States Navy.
USS United States Senate; United States Ship.
USSR Union of Socialist Soviet Republics.
usu. usual(ly).
USW ultrashort wave.
UT universal time.
Ut. Utah (*inoffizielle Abkürzung*).
ut. dict. (*Lat.*) ut dictum, as said *od.* stated.

ut. inf. (*Lat.*) ut infra, as below.
ut. sup. (*Lat.*) ut supra, as above.
UU, U.U. Ulster Unionist.
UV, uv ultraviolet.
UVF Ulster Volunteer Force.

V

V victory; *electr.* volt.
V. Very (*in Titeln*); Vice; Viscount; Venerable.
v. *math.* vector; velocity; verse; versus; very; vice(-); (*Lat.*) vide; voice; *electr.* volt; *electr.* voltage; volume.
VA *Am.* Veterans' Administration; Vice Admiral; Vicar Apostolic; (Order of) Victoria and Albert.
vac. vacant; vacate; vacuum.
val. value(d); valuation.
V & A *Br.* Victoria and Albert Museum.
VAR *aer.* visual-aural range (*Funkfeuer mit Sicht- u. Höranzeige*).
var. variant; variation; variety; various; variable.
VAT value-added tax Mehrwertsteuer.
VC Victoria Cross; Vice-Chairman; Vice-Chancellor; Vice-Consul.
VCR video cassette recorder.
VD venereal disease.
v.d. various dates; venereal disease.
VDU visual display unit (*beim Computer*).
V-E Victory in Europe: ~ day 8. Mai 1945.
VEH, veh, veh. vehicle.
ver. verse(s); version.
vert. vertical; *med.* vertigo.
veter. veterinary.
VF video frequency.
v.f. very fair.
VFW *Am.* Veterans of Foreign Wars.
VG Vicar-General; very good.
VHF *electr.* very high frequency.
VI *electr.* volume indicator.
V.I. *geogr.* Vancouver Island; *geogr.* Virgin Islands.
v.i. (*Lat.*) vide infra, see below.
Vic. Victoria (*bes. der austral. Staat*).
VIP *colloq.* very important person.
VIR (*Lat.*) Victoria Imperatrix Regina, Victoria Empress and Queen.
Vis. Viscount(ess).
vis. visibility; visible; visual.
VISTA *Am.* volunteers in service to America (*Freiwilligenhilfsorganisation*).
viz, viz. (*Lat.*) videlicet, namely.
V-J Victory over Japan.
VLF *electr.* very low frequency.
VLR *aer.* very long range.
VO Royal Victorian Order; very old (*Bezeichnung für Branntwein u. Whisky*).
Vol., vol. volcano; volume; volunteer.
vols. volumes.
VP *ling.* verb phrase; Vice-President.
v.p. *phys.* vapo(u)r pressure; various places.
VR (*Lat.*) Victoria Regina, Queen Victoria.
VRI (*Lat.*) Victoria Regina et Imperatrix, Victoria, Queen and Empress.
VS Veterinary Surgeon.
vs. verse; versus.
v.s. (*Lat.*) vide supra, see above.
VSO very superior old (*Bezeichnung für 12–17 Jahre alten Branntwein, Portwein usw.*); *Br.* Voluntary Service Overseas.
VSOP very special old pale (*Bezeichnung für 20–25 Jahre alten Branntwein, Portwein usw.*).
Vt. Vermont (*Staat der USA*).
VTOL vertical take-off (and landing) (aircraft) Senkrechtstarter.
VTR video tape recorder.
v.v. (*Lat.*) vice versa, the other way round.

W

W *electr.* watt.
W. Wales; west(ern); Warden; Welsh.
w. warden; *electr.* watt; week(s); weight; wide; width; wife; with; *phys.* work; (*Kricket*) wide; (*Kricket*) wicket.
WA West Africa; Western Australia.
WAAC *hist.* Women's Army Auxiliary Corps (*Br. 1914–18, Am. 1942–48*).
WAAF *hist. Br.* Women's Auxiliary Air Force (*1939–48*).
WAC *Am.* Women's Army Corps.
WAF *Am.* Women in the Air Force.
w.a.f. with all faults.
War(w). Warwickshire (*ehemal. engl. Grafschaft*).
Wash. Washington (*Staat der USA*).
WASP *Am.* White Anglo-Saxon Protestant.
Wat. Waterford (*Grafschaft in Südirland*).
watt-hr. *electr.* watt-hour.
WAVES, Waves *mil. Am.* Women Accepted for Volunteer Emergency Service (*Reserve der Marine*).
W/B, W.b., W/b *econ.* waybill.
w.b. *econ.* warehouse book; water ballast; *econ.* waybill; westbound.
WBA World Boxing Association.
WBC World Boxing Council; white blood cells; white blood count.
WC water closet; West Central (*London*).
WCC World Council of Churches.
WCT World Championship Tennis.
WD War Department.
wd. ward; word; would.
WEA *Br.* Workers' Educational Association.
Wed. Wednesday.
WEU Western European Union.
Wex. Wexford (*Grafschaft in Irland*).
WFPA World Federation for the Protection of Animals.
WFTU World Federation of Trade Unions.
w.g. *econ.* weight guaranteed; *tech.* wire ga(u)ge.
wh. *electr.* watt-hour; which.
WHO World Health Organization; White House Office.
WI West India(n); West Indies; *Br.* Women's Institute.
w.i. *econ.* when issued; *tech.* wrought iron.
WIA *mil.* wounded in action.
Wilts. Wiltshire (*engl. Grafschaft*).
WIPO World Intellectual Property Organization (*ein Zweig der UN*).
Wis(c). Wisconsin (*Staat der USA*).
WJC World Jewish Congress.
wk. week(s); work.
wkly. weekly.
wks. weeks; works.
WL water line; *phys.* wave length.
W.L. West Lothian (*ehemal. schott. Grafschaft*).
WLM women's liberation movement.
wmk. watermark.
WO War Office; Warrant Officer; wireless operator.
W/O, w/o without.
WOMAN World Organization of Mothers of All Nations.
Worcs. Worcestershire (*ehemal. engl. Grafschaft*).
W.P. weather permitting.
w.p.a. (*Versicherung*) with particular average mit Teilschaden.
w.p.b. wastepaper basket.
WPC woman police constable.
w.p.m. words per minute.
WR Western Region.
WRAC *Br.* Women's Royal Army Corps.
WRAF *Br.* Women's Royal Air Force.
WRNS *Br.* Women's Royal Naval Service.
wrnt. warrant.
w.r.t. with reference to.
WRVS *Br.* Women's Royal Voluntary Service.
W/T wireless telegraphy *od.* telephony.
wt. weight; without.
W.Va. West Virginia.
WW I *od.* **II** World War I *od.* II.
WWF World Wildlife Fund.
WX women's extra large size.
Wy(o). Wyoming (*Staat der USA*).

X

x *math.* an abscissa; *math.* an unknown quantity.
X.D., xd, x-d(iv)., x.(-)d(iv). *econ.* ex dividend (*ohne Anrecht auf die fällige Dividende*).
X.I., x.i., x-i, x-int. *econ.* ex interest (*ohne Anrecht auf die fälligen Zinsen*).
XL extra large (size).
Xm., Xmas Christmas.
XMSN, xmsn (*Funk*) transmission.
Xnty. Christianity.
Xroads, X.roads cross roads.
X-rts. *econ.* ex-rights (*ohne Anrecht auf neue Aktien, Bonusanteile etc*).
XS extra small (size).
Xt, Xt. Christ.
xtry. extraordinary.
Xty. Christianity.
XX (ales of) double strength.

Y

y *math.* an ordinate; *math.* an unknown quantity.
y. yard(s); year(s); you.
YB yearbook.
yd. yard(s).
y'day yesterday.
yds. yards.
YHA *Br.* Youth Hostels Association.
YMCA Young Men's Christian Association.
y.o. year old.
Yorks. Yorkshire (*ehemal. engl. Grafschaft*).
yr. year(s); younger; your.
yrs, yrs. years; yours.
YT Yukon Territory.
YWCA Young Women's Christian Association.

Z

Z *chem.* atomic number.
z zero; zone.
ZANU Zimbabwe African National Union.
ZAPU Zimbabwe African People's Union.
ZG Zoological Gardens.
Zoochem., zoochem. zoochemistry.
Zoogeog., zoogeog. zoogeography.
zool. zoological; zoologist; zoology.
ZPG zero population growth.
ZS Zoological Society.

II. BIOGRAPHISCHE NAMEN
II. BIOGRAPHICAL NAMES

A

Ach·e·son, Dean Gooderham [ˈætʃɪsn] *1893–1971. Amer. Staatsmann.*
Ad·am [ˈædəm], Robert *1728–92 u. sein Bruder* James *1730–94. Engl. Architekten u. Innenarchitekten.*
Ad·ams, John [ˈædəmz] *1735–1826. 2. Präsident der USA.*
Ad·ams, John Quincy [ˈædəmz] *1767–1848. Sohn von* John Adams. *6. Präsident der USA.*
Ad·dison, Joseph [ˈædɪsn] *1672–1719. Engl. Essayist.*
Æl·fric Grammaticus [ˈælfrɪk] *955?–1020? Angelsächsischer Abt u. Schriftsteller.*
Aes·chy·lus [ˈiːskɪləs; *Am. bes.* ˈes-] Äschylus. *525–465 v. Chr. Griech. Tragödiendichter.*
Ae·sop [ˈiːsɒp; *Am.* ˈiːˌsɑp] Äˈsop. *620?–560? v. Chr. Griech. Fabeldichter.*
Ag·new, Spiro Theodore [ˈægnjuː; *Am. bes.* ˈægˌnuː] *1918. Amer. Politiker; Vizepräsident.*
Al·bert of Saxe-Co·burg-Go·tha [ˌælbə(r)təvˈsæksˌkəʊbəːgˈgəʊθə; -ˈgəʊtə; *Am.* -ˌkəʊbɜːg-] Albert von Sachsen-Coburg-Gotha. *1819–61. Gemahl der Königin Viktoria von England.*
Al·cock, Sir John William [ˈælkɒk; ˈɔːl-; *Am.* -ˌkɑk] *1892–1919. Engl. Flugpionier.*
Al·cott [ˈɔːlkət], Amos Bronson *1799–1888, amer. Lehrer u. Philosoph; seine Tochter* Louisa May *1832–88, amer. Schriftstellerin.*
Al·cuin [ˈælkwɪn] Alkuin. *735–804. Engl. Theologe u. Gelehrter.*
Al·drich, Thomas Bailey [ˈɔːldrɪtʃ] *1836–1907. Amer. Schriftsteller.*
Al·fred (the Great) [ˈælfrɪd] Alfred (der Große). *849–899. Angelsächsischer König.*
Al·ger, Horatio [ˈældʒə(r)] *1834–99. Amer. Schriftsteller.*
Al·len, (Charles) Grant [ˈælən] *1848–99. Engl. Schriftsteller.*
Al·len, Woody [ˈælən] *1935. Amer. Filmkomiker, Drehbuchautor u. Regisseur.*
A·mis, Kingsley [ˈeɪmɪs] *1922. Engl. Romanschriftsteller.*
An·der·son, Maxwell [ˈændə(r)sn] *1888–1959. Amer. Dramatiker.*
An·der·son, Sherwood [ˈændə(r)sn] *1876–1941. Amer. Dichter.*
An·gell, Sir Norman [ˈeɪndʒəl] (*eigentlich* Ralph Norman Angell Lane). *1874–1967. Engl. Schriftsteller.*
Anne [æn] Anna. *1665–1714. Königin von England.*
An·selm, Saint [ˈænselm] der heilige Anselm von Canterbury. *1033–1109. Erzbischof von Canterbury; Theologe u. Philosoph.*

Ap·ple·ton, Sir Edward [ˈæpltən] *1892–1965. Engl. Physiker.*
Ar·buth·not, John [ɑːˈ(r)ˈbʌθnət] *1667–1735. Schott. Schriftsteller u. Arzt.*
Ar·chi·me·des [ˌɑː(r)kɪˈmiːdiːz] *287?–212 v. Chr. Griech. Mathematiker.*
Ar·den [ˈɑː(r)dn] *Engl. Familienname.*
Ar·is·toph·a·nes [ˌærɪˈstɒfəniːz; *Am.* -ˈstɑ-] *448?–380? v. Chr. Griech. Dramatiker.*
Ar·is·tot·le [ˈærɪstɒtl; *Am.* ˈærəˌstɑtl] Ariˈstoteles. *384–322 v. Chr. Griech. Philosoph.*
Arm·strong, Louis (Satchmo) [ˈɑː(r)mstrɒŋ] *1900–71. Amer. Jazzmusiker.*
Arm·strong, Neil Alden [ˈɑː(r)mstrɒŋ] *1930. Amer. Astronaut.*
Ar·nold, Malcolm [ˈɑː(r)nəld; -nld] *1921. Engl. Komponist.*
Ar·nold, Matthew [ˈɑː(r)nəld; -nld] *1822–88. Engl. Dichter u. Kritiker.*
Ar·thur [ˈɑː(r)θə(r)] Artus. *6. Jh. Sagenhafter König der Briten.*
Ar·thur, Chester Alan [ˈɑː(r)θə(r)] *1830–86. 21. Präsident der USA.*
As·cham, Roger [ˈæskəm] *1515–68. Engl. Gelehrter.*
Ash·croft, Dame Peggy [ˈæʃkrɒft; *Am. a.* -ˌkrɑft] *1907. Engl. Schauspielerin.*
As·quith, Herbert Henry, 1st Earl of Oxford and Asquith [ˈæskwɪθ] *1852–1928. Brit. Premierminister.*
A·staire, Fred [əˈsteə(r)] *1899. Amer. Tänzer u. Filmschauspieler.*
Ath·el·stan [ˈæθəlstən] *895–940. Angelsächsischer König.*
Ath·er·ton, Gertrude Franklin [ˈæθə(r)tən; -tn] *1857–1948. Amer. Romanschriftstellerin.*
At·ten·bor·ough, Richard [ˈætnbrə; *Am. a.* -ˌbərə] *1923. Engl. Filmschauspieler u. Produzent.*
At·ter·bury [ˈætə(r)bəri; *Am. a.* -ˌberi] *Engl. Familienname.*
Att·lee, Clement Richard [ˈætliː] *1883–1967. Brit. Staatsmann; Premierminister.*
Au·den, Wystan Hugh [ˈɔːdn] *1907–73. Amer. Dichter engl. Herkunft.*
Au·gus·tine, Saint [ɔːˈgʌstɪn; *Am. a.* ˈɔːgəˌstiːn] der heilige Auguˈstinus. *?–604. Apostel der Angelsachsen.*
Aus·ten, Jane [ˈɒstən; *Am.* ˈɔːstən; ˈɑːs-] *1775–1817. Engl. Romanschriftstellerin.*
Aus·tin, Alfred [ˈɒstɪn; *Am.* ˈɔːstən; ˈɑːs-] *1835–1913. Engl. Dichter; Poeta Laureatus.*
Aus·tin, Mary [ˈɒstɪn; *Am.* ˈɔːstən; ˈɑːs-] *1868–1934. Amer. Schriftstellerin.*

B

Bab·bage, Charles [ˈbæbɪdʒ] *1792–1871. Engl. Mathematiker u. Erfinder.*
Bab·bitt, Irving [ˈbæbɪt] *1865–1933. Amer. Pädagoge u. Schriftsteller.*
Ba·con, Francis, 1st Baron Verulam, Viscount St. Albans [ˈbeɪkən] *1561–1626. Engl. Staatsmann, Philosoph u. Essayist.*
Ba·con, Roger Friar [ˈbeɪkən] *1214?–94. Engl. Philosoph.*
Ba·den-Pow·ell, Robert Stephenson Smyth, 1st Baron of Gilwell [ˌbeɪdnˈpəʊəl] *1857–1941. Brit. General; Begründer der Pfadfinderbewegung.*
Ba·der, Sir Douglas [ˈbɑːdə(r)] *1910–82. Brit. Kampfflieger.*
Bae·da [ˈbiːdə] → Bede.
Ba·ker, George Pierce [ˈbeɪkə(r)] *1866–1935. Amer. Schriftsteller u. Kritiker.*
Ba·ker, Ray Stannard [ˈbeɪkə(r)] (*Pseudonym* David Grayson). *1870–1946. Amer. Schriftsteller.*
Bald·win, James (Arthur) [ˈbɔːldwɪn] *1924. Amer. Schriftsteller.*
Bald·win, James Mark [ˈbɔːldwɪn] *1861–1934. Amer. Psychologe.*
Bald·win, Stanley [ˈbɔːldwɪn] *1867–1947. Brit. Staatsmann; Premierminister.*
Bal·four, Arthur James, 1st Earl of [ˈbælfə(r); -fɔː(r)] *1848–1930. Brit. Staatsmann.*
Ba(l)·li·ol, John de [ˈbeɪljəl] *1249–1315. König von Schottland.*
Bal·lan·tyne [ˈbæləntaɪn] *Engl. Familienname.*
Ban·croft, George [ˈbænkrɒft; ˈbæŋ-] *1800–91. Amer. Historiker, Politiker u. Diplomat.*
Ban·nis·ter, Roger [ˈbænɪstə(r)] *1929. Brit Leichtathlet. Lief als erster die Meile unter vier Minuten.*
Ban·ting, Sir Frederick Grant [ˈbæntɪŋ] *1891–1941. Kanad. Arzt; Entdecker des Insulins.*
Bar·ber, Anthony [ˈbɑː(r)bə(r)] *1920. Brit. Politiker.*
Bar·ber, Samuel [ˈbɑː(r)bə(r)] *1910–81. Amer. Komponist.*
Bar·bour [ˈbɑː(r)bə(r)] *Engl. Familienname.*
Bare·bone [ˈbeə(r)bəʊn] *Engl. Familienname.*
Bar·low, Joel [ˈbɑː(r)ləʊ] *1754–1812. Amer. Diplomat u. Dichter.*
Bar·nard, Christiaan Neethling [ˈbɑː(r)nə(r)d] *1923. Südafr. Chirurg.*
Bar·nar·do, Dr. Thomas John [bɑː(r)ˈnɑːdəʊ] *1845–1905. Engl. Arzt u. Philanthrop.*
Bar·rett [ˈbærət; -ret; -rɪt] *Engl. Familienname.*
Bar·rie, Sir James Matthew [ˈbærɪ] *1860–1937. Schott. Schriftsteller u. Dramatiker.*
Bar·ry, Philip [ˈbærɪ] *1896–1949. Amer. Dramatiker.*

Bar·ry·more [ˈbærɪmɔ:(r)] *Amer. Schauspielerfamilie.*
Ba·ruch, Bernard Mannes [bəˈru:k] *1870–1965. Amer. Wirtschaftspolitiker.*
Bar·wick [ˈbærɪk] *Engl. Familienname.*
Ba·sie, William, *genannt* Count Basie [ˈbeɪsɪ] *1904–84. Amer. Jazzmusiker.*
Bates, Herbert Ernest [beɪts] *1905–74. Engl. Schriftsteller.*
Baynes [beɪnz] *Engl. Familienname.*
Bea·cons·field, Earl of [ˈbi:kənzfi:ld] → Disraeli.
Beards·ley, Aubrey Vincent [ˈbɪə(r)dzlɪ] *1872–98. Engl. Zeichner u. Illustrator.*
Beat·les, The [ˈbi:tlz] *1962–70. Engl. Popgruppe mit* **Len·non,** John [ˈlenən] *1940–80,* **Mc·Cart·ney,** Paul [məˈkɑ:(r)tnɪ] **1942,* **Har·ri·son,** George [ˈhærɪsn] **1943,* **Starr,** Ringo [stɑ:(r)] **1940.*
Bea·ver·brook, William Maxwell Aitken, 1st Baron [ˈbi:və(r)brʊk] *1879–1964. Zeitungsbesitzer; brit. Politiker.*
Bech·et, Sidney [bəˈʃeɪ] *1897–1959. Amer. Jazzmusiker.*
Beck·et, Saint Thomas [ˈbekɪt] *der heilige Thomas Becket. 1118?–70. Kanzler Heinrichs II. von England; Erzbischof von Canterbury.*
Beck·ett, Samuel [ˈbekɪt] **1906. Irischer Dichter u. Dramatiker.*
Beck·ford, William [ˈbekfə(r)d] *1759–1844. Engl. Schriftsteller.*
Bede [bi:d], *a.* **Be·da** [ˈbi:də], Saint ("The Venerable Bede") *der heilige Beda (Beda Veneˈrabilis). 673?–735. Engl. Theologe u. Historiker.*
Bee·cham, Sir Thomas [ˈbi:tʃəm] *1879 1961. Engl. Dirigent.*
Bee·cher, Harriet Elizabeth [ˈbi:tʃə(r)] → Stowe.
Beer·bohm, Max [ˈbɪə(r)bəʊm] *1872–1956. Engl. Schriftsteller u. Karikaturist.*
Bell, Alexander Graham [bel] *1847–1922. Amer. Erfinder schott. Herkunft.*
Bel·la·my, Edward [ˈbeləmɪ] *1850–98. Amer. Schriftsteller.*
Bel·loc, Hilaire [ˈbelɒk; Am. -ˌɑk] *1870–1953. Engl. Schriftsteller u. Publizist.*
Bel·low, Saul [ˈbeləʊ] **1915. Amer. Schriftsteller.*
Be·nét [beˈneɪ; bə-], Stephen Vincent *1898–1943, amer. Schriftsteller; sein Bruder* William Rose *1886–1950, amer. Dichter u. Romanschriftsteller.*
Ben·nett, (Enoch) Arnold [ˈbenɪt] *1867–1931. Engl. Romanschriftsteller.*
Ben·nett, Richard Bedford, Viscount [ˈbenɪt] *1870–1947. Kanad. Staatsmann; Premierminister.*
Ben·tham, Jeremy [ˈbentəm; -θəm] *1748–1832. Engl. Jurist u. Philosoph.*
Ber·lin, Irving [ˈbɜ:lɪn; bɜːˈlɪn; Am. bərˈlɪn] *1888–1970. Amer. Komponist.*
Bern·stein, Leonard [ˈbɜ:nstaɪn; -stiːn; Am. ˈbɜrn-] **1918. Amer. Komponist u. Dirigent.*
Ber·ry, Chuck [ˈberɪ] **1931. Amer. Rocksänger u. Gitarrist.*
Bes·sant, Sir Walter [ˈbesənt; ˈbezˌbɪˈzænt] *1836–1901. Engl. Romanschriftsteller.*
Bes·se·mer, Sir Henry [ˈbesɪmə(r)] *1813–98. Engl. Ingenieur.*
Bet·je·man, Sir John [ˈbetʃəmən] *1906–84. Engl. Dichter.*
Bev·an, Aneurin [ˈbevən] *1897–1960. Brit. Gewerkschaftsführer u. Politiker.*
Bev·in, Ernest [ˈbevɪn] *1881–1951. Brit. Staatsmann.*
Bew·ick [ˈbju:ɪk] *Engl. Familienname.*
Bid·dle, John [ˈbɪdl] *1615–62. Stifter der Unitarier in England.*
Bierce, Ambrose Gwinett [ˈbɪə(r)s] *1842–1914? Amer. Schriftsteller.*
Bir·che·nough [ˈbɜ:tʃɪnʌf; Am. ˈbɜr-] *Engl. Familienname.*
Black·more, Richard Doddridge [ˈblækmɔː(r)] *1825–1900. Engl. Romanschriftsteller.*
Blake, Robert [bleɪk] *1599–1657. Engl. Admiral.*
Blake, William [bleɪk] *1757–1827. Engl. Dichter, Maler u. Graphiker.*
Bligh, William [blaɪ] *1754–1817. Brit. Admiral; Kapitän auf der Bounty.*
Bo·a·di·ce·a [ˌbəʊədɪˈsɪə] *?–62. Königin der Briten.*
Bo·gart, Humphrey [ˈbəʊgɑː(r)t] *1899–1957. Amer. Filmschauspieler.*
Bol·eyn, Anne [ˈbʊlɪn; bʊˈlɪn] *1507–36. 2. Gemahlin Heinrichs VIII. von England.*
Bol·ing·broke, Henry St. John, 1st Viscount [ˈbɒlɪŋbrʊk; Am. ˈbɒl-] *1678–1751. Engl. Staatsmann u. Schriftsteller.*
Bo·na·parte [ˈbəʊnəpɑː(r)t] → Napoleon I.
Bond, Edward [bɒnd; Am. bɑnd] **1934. Engl. Dramatiker.*
Bon·i·face, Saint (*vorher* Winfried *od.* Wynfrith) [ˈbɒnɪfeɪs; Am. ˈbɑnəfəs; -ˌfeɪs] *der heilige Bonifaz od. Boniˈfatius. 680?–755. Angelsächsischer Missionar; Apostel der Deutschen.*
Boole, George [bu:l] *1815–64. Engl. Mathematiker.*
Booth [bu:ð; Am. bu:θ] *Amer. Schauspielerfamilie:* Junius Brutus *1796–1852;* seine Söhne Edwin Thomas *1833–93 u.* John Wilkes *1838–65, der Mörder des Präsidenten Lincoln.*
Booth, William [bu:ð; Am. bu:θ] *1829–1912. Gründer der Heilsarmee.*
Bo·san·quet [ˈbəʊznket; -kɪt] *Engl. Familienname.*
Bos·well, James [ˈbɒzwəl; Am. ˈbɑzˌwel] *1740–95. Engl. Schriftsteller u. Biograph.*
Bot·tom·ley, Gordon [ˈbɒtəmlɪ; Am. ˈbɑ-] *1874–1948. Engl. Dichter.*
Bow·en, Elizabeth [ˈbəʊɪn] *1899–1973. Engl. Schriftstellerin irischer Herkunft.*
Bow·yer [ˈbəʊjə(r)] *Engl. Familienname.*
Boyle, Robert [bɔɪl] *1627–1961. Irischer Chemiker.*
Brad·war·dine, Thomas [ˈbrædwə(r)di:n] *1290?–1349. Engl. Philosoph; Erzbischof von Canterbury.*
Braith·waite [ˈbreɪθweɪt] *Engl. Familienname.*
Braun, Wernher Freiherr von [braʊn] *1912–1977. Amer. Physiker u. Raketeningenieur deutscher Herkunft.*
Bridg·es, Robert Seymour [ˈbrɪdʒɪz] *1844–1930. Engl. Dichter; Poeta Laureatus.*
Bris·tow, Gwen [ˈbrɪstəʊ] *1903–80. Amer. Schriftstellerin.*
Brit·ten, Edward Benjamin [ˈbrɪtn] *1913–76. Engl. Komponist.*
Brock·le·hurst [ˈbrɒklhɜːst; Am. ˈbrɑklˌhɜrst] *Engl. Familienname.*
Brom·field, Louis [ˈbrɒmfiːld; Am. ˈbrɑm-] *1896–1956. Amer. Romanschriftsteller.*
Bron·të [ˈbrɒntɪ; Am. ˈbrɑ-] *Schwestern:* Charlotte (*Pseudonym* Currer Bell) *1816–55;* Emily (Ellis Bell) *1818–48;* Anne (Acton Bell) *1820–49. Engl. Romanschriftstellerinnen.*
Brooke, Rupert [brʊk] *1887–1915. Engl. Dichter.*
Brooks, Van Wyck [brʊks] *1886–1963. Amer. Schriftsteller u. Literaturhistoriker.*
Brown, Charles Brockden [braʊn] *1771–1810. Amer. Romanschriftsteller.*
Brown·ing [ˈbraʊnɪŋ], Elizabeth Barrett *1806–61; ihr Gatte* Robert *1812–89. Engl. Dichter.*
Bru·beck, Dave [ˈbru:bek] **1920. Amer.*
Jazzpianist u. Komponist.
Bruce, Robert [bru:s] *1274–1329. Als* Robert I *König von Schottland.*
Bruce, Stanley Melbourne, Viscount [bru:s] *1883–1967. Australischer Staatsmann; Premierminister.*
Brum·mell, George Bryan ("Beau Brummell") [ˈbrʌml] *1778–1840. Londoner Modeheld; Urbild des Dandy.*
Brun·dage, Avery [ˈbrʌndɪdʒ] *1887–1975. Amer. Sportfunktionär.*
Bry·ant, William Cullen [ˈbraɪənt] *1794–1878. Amer. Dichter u. Herausgeber.*
Buc·cleuch [bəˈklu:] *Schott. Familienname.*
Buch·an, John, 1st Baron Tweedsmuir [ˈbʌkən; ˈbʌxən] *1875–1940. Schott. Schriftsteller; Generalgouverneur von Kanada.*
Bu·chan·an, James [bju:ˈkænən; Am. a. bəˈk-] *1791–1868. Amer. Politiker u. Diplomat; 15. Präsident der USA.*
Buck, Pearl S. [bʌk] *1892–1973. Amer. Romanschriftstellerin.*
Bud·dha [ˈbʊdə; Am. a. ˈbu:də] → Gautama Buddha.
Buf·fa·lo Bill [ˌbʌfələʊˈbɪl] (*eigentlich* William Frederick Cody) *1846–1917. Amer. Schausteller mit berühmter Wildwestshow.*
Bul·wer, William Henry Lytton Earle, Baron Dalling and Bulwer (Sir Henry) [ˈbʊlwə(r)] *1801–72. Engl. Schriftsteller u. Politiker.*
Bul·wer-Lyt·ton [ˌbʊlwə(r)ˈlɪtn] Edward George Earle Lytton, 1st Baron *1803–73, engl. Schriftsteller u. Politiker; sein Sohn* Edward Robert Lytton, 1st Earl of Bulwer-Lytton (*Pseudonym* Owen Meredith) *1831–91, engl. Dichter u. Diplomat.*
Bun·yan, John [ˈbʌnjən] *1628–88. Engl. Prediger u. Schriftsteller.*
Buo·na·par·te [bu̯ona'parte] → Napoleon I.
Burgh·ley, William Cecil, 1st Baron [ˈbɜːlɪ; Am. ˈbɜrli:] *1520–98. Engl. Staatsmann.*
Bur·gin [ˈbɜːgɪn; ˈbɜːdʒɪn; Am. ˈbɜr-] *Engl. Familienname.*
Burke, Edmund [bɜːk; Am. bɜrk] *1729–97. Brit. Staatsmann u. Schriftsteller.*
Bur·leigh → Burghley.
Bur·nand, Sir Francis Cowley [bɜːˈnænd; Am. bɜr-] *1836–1917. Engl. Dramatiker; Herausgeber des "Punch".*
Bur·nett, Frances Eliza (*geb.* Hodgson) [bɜːˈnet; ˈbɜːnɪt; Am. bərˈnet; ˈbɜrnət] *1849–1924. Amer. Romanschriftstellerin.*
Burns, Robert [bɜːnz; Am. bɜrnz] *1759–96. Schott. Dichter.*
Bur·roughs, Edgar Rice [ˈbʌrəʊz; Am. bes. ˈbɜr-] *1875–1950. Amer. Schriftsteller; Autor der Tarzangeschichten.*
Bur·ton, Richard [ˈbɜːtn; Am. ˈbɜrtn] *1925–84. Brit. Schauspieler.*
Bur·ton, Robert [ˈbɜːtn; Am. ˈbɜrtn] *1577–1640. Engl. Geistlicher u. Schriftsteller.*
But·ler[1], Samuel [ˈbʌtlə(r)] *1612–80. Engl. Dichter.*
But·ler[2], Samuel [ˈbʌtlə(r)] *1835–1902. Engl. Schriftsteller.*
By·ron, George Gordon, 6th Baron [ˈbaɪərən] *1788–1824. Engl. Dichter.*

C

Cab·ell, James Branch [ˈkæbəl] *1879–1958. Amer. Schriftsteller.*

Ca·ble, George Washington ['keɪbl] 1844–1925. Amer. Schriftsteller.
Cab·ot ['kæbət], John (eigentlich Giovanni Caboto) 1450–98, venezianischer Seefahrer in engl. Diensten; sein Sohn Sebastian 1474–1557, Seefahrer in engl. u. span. Diensten.
Caed·mon ['kædmən] um 670. Angelsächsischer Dichter.
Cae·sar, Gaius Julius ['siːzə(r)] 100–44 v. Chr. Röm. Feldherr, Staatsmann u. Schriftsteller.
Cag·ney, James ['kæɡnɪ] *1899. Amer. Filmschauspieler.
Caine, Sir (Thomas Henry) Hall [keɪn] 1853–1931. Engl. Romanschriftsteller.
Caird [keə(r)d] Engl. Familienname.
Cald·well, Erskine ['kɔːldwəl; -wel] *1903. Amer. Schriftsteller.
Cal·la·ghan, James ['kæləhən; -hæn; -ɡən] *1912. Brit. Politiker.
Cal·vin, John ['kælvɪn] Johann Cal'vin (eigentlich Jean Cauvin). 1509–64. Franz. protestantischer Reformator.
Camp·bell, Thomas ['kæmbl; Am. a. ˈkæməl] 1777–1844. Engl. Dichter.
Camp·bell-Ban·ner·man, Sir Henry [ˌkæmblˈbænə(r)mən; Am. a. ˌkæməl-] 1836–1908. Brit. Staatsmann; Premierminister.
Cam·pi·on, Edmund ['kæmpjən; -pɪən] 1540–81. Engl. Jesuit u. Märtyrer.
Cam·pi·on, Thomas ['kæmpjən; -pɪən] 1567–1620. Engl. Dichter u. Musiker.
Ca·nute (the Great) [kəˈnjuːt; Am. bes. kəˈnuːt] Knut od. Kanut (der Große). 994?–1035. Dänischer König von England, Dänemark u. Norwegen.
Ca·pote, Truman [kəˈpəʊt] 1924–84. Amer. Schriftsteller.
Ca·rew, Thomas [kəˈruː; ˈkeərɪ] 1595?–1645? Engl. Dichter.
Ca·rey [ˈkeərɪ] Engl. Familienname.
Car·lile [kɑː(r)ˈlaɪl] Engl. Familienname.
Car·lyle, Thomas [kɑː(r)ˈlaɪl] 1795–1881. Schott Essayist u. Historiker.
Car·man, (William) Bliss ['kɑː(r)mən] 1861–1929. Kanad. Dichter.
Car·mi·chael, Stokely [kɑː(r)ˈmaɪkl] *1942. Amer. Negerführer der Black-Power-Bewegung.
Car·ne·gie, Andrew [kɑː(r)ˈneɡɪ; -ˈneɪ-; -ˈniː-; Am. bes. ˈkɑːrnəɡɪː] 1835–1919. Amer. Großindustrieller u. Philanthrop schott. Herkunft.
Car·ter, James Earl, genannt Jimmy ['kɑː(r)tə(r)] *1924. 39. Präsident der USA.
Cart·wright, Edmund ['kɑː(r)traɪt] 1743–1823. Engl. Geistlicher. Erfinder des mechanischen Webstuhls.
Car·y, Joyce ['keərɪ] 1888–1957. Engl. Schriftsteller.
Car·roll, Lewis ['kærəl] 1832–98. Engl. Mathematiker u. Schriftsteller.
Case·ment, Sir Roger David ['keɪsmənt] 1864–1916. Irischer Politiker.
Cas·tle, Barbara ['kɑːsl; Am. ˈkæsəl] *1911. Brit. Politikerin.
Cates·by ['keɪtsbɪ] Engl. Familienname.
Cath·er, Willa Sibert ['kæðə(r)] 1876–1947. Amer. Romanschriftstellerin.
Cav·ell ['kævl; kəˈvel] Engl. Familienname.
Cav·en·dish, Henry ['kævəndɪʃ] 1731–1810. Engl. Naturwissenschaftler.
Cax·ton, William ['kækstən] 1422?–91. 1. engl. Buchdrucker.
Cec·il, (Edgar Algernon) Robert, 1st Viscount Cecil of Chelwood ['sesl; ˈsɪsl] 1864–1958. Brit. Staatsmann.
Cec·il, William ['sesl; ˈsɪsl] → Burghley.
Chad·wick, Sir James ['tʃædwɪk] 1891–1974. Engl. Physiker.
Chal·mers ['tʃɑːməː(r)z] Engl. Familienname.
Cham·ber·lain ['tʃeɪmbə(r)lɪn], Joseph 1836–1914, brit. Staatsmann; seine Söhne Sir (Joseph) Austen 1863–1937, brit. Staatsmann; (Arthur) Neville 1869–1940, brit. Staatsmann, Premierminister.
Chan·dler, Raymond ['tʃɑːndlə; Am. ˈtʃændlər] 1888–1959. Amer. Kriminalschriftsteller.
Chap·lin, Charles Spencer ['tʃæplɪn] 1889–1977. Engl. Filmschauspieler u. Regisseur.
Chap·man, Colin ['tʃæpmən] 1928–82. Brit. Rennwagenkonstrukteur.
Chap·man, George ['tʃæpmən] 1559–1634. Engl. Dramatiker.
Char·le·magne (Charles the Great) [ˈʃɑː(r)ləmeɪn] Karl der Große. 742–814. Frankenkönig; als Karl I. Kaiser des Heiligen Römischen Reichs.
Charles [tʃɑː(r)lz] Könige von England: Charles I (Charles Stuart) Karl I. 1600–49; Charles II Karl II. 1630–85.
Charles Ed·ward Stu·art (the Young Pretender; "Bonnie Prince Charlie") [ˌtʃɑː(r)lzˈedwə(r)dˈstjuːə(r)t; -ˈstjʊə(r)t; Am. a. -ˈstuː-; -ˈstʊ-] Karl Eduard (der junge Prätendent). 1720–88. Engl. Prinz; Enkel Jakobs II.
Chat·ham, Earl of ['tʃætəm] → Pitt, William (The Elder Pitt).
Chat·ter·ton, Thomas ['tʃætə(r)tən; -tn] 1752–70. Engl. Dichter.
Chau·cer, Geoffrey ['tʃɔːsə(r)] 1340?–1400. Engl. Dichter.
Cheet·ham ['tʃiːtəm] Engl. Familienname.
Ches·ter·field, Philip Dormer Stanhope, 4th Earl of ['tʃestə(r)fiːld] 1694–1773. Engl. Schriftsteller u. Staatsmann.
Ches·ter·ton, Gilbert Keith ['tʃestə(r)tən; -tn] 1874–1936. Engl. Schriftsteller.
Chip·pen·dale, Thomas ['tʃɪpəndeɪl] 1718?–1779. Engl. Kunsttischler.
Chis·holm ['tʃɪzəm] Engl. Familienname.
Chom·sky, Noam ['tʃɒmskɪ; Am. ˈtʃɑm-] *1928. Amer. Linguist.
Chris·tie, Dame Agatha ['krɪstɪ] 1891–1976. Engl. Schriftstellerin.
Chrys·ler, Walther Percy ['kraɪzlə; Am. ˈkraɪslər] 1875–1940. Amer. Industrieller.
Church·ill, John, 1st Duke of Marlborough ['tʃɜːtʃɪl; Am. ˈtʃɜːr-] 1874–1965. Brit. Staatsmann; Premierminister.
Cib·ber, Colley ['sɪbə(r)] 1671–1757. Engl. Schauspieler u. Dramatiker; Poeta Laureatus.
Cic·er·o, Marcus Tullius ['sɪsərəʊ] 106–43 v. Chr. Röm. Staatsmann, Redner u. Schriftsteller.
Cla·ridge ['klærɪdʒ] Engl. Familienname.
Cleav·er, Eldridge ['kliːvə(r)] *1935. Amer. Schriftsteller.
Clem·ens, Samuel Langhorne ['klemənz] (Pseudonym Mark Twain) 1835–1910. Amer. Schriftsteller.
Cleve·land, (Stephen) Grover ['kliːvlənd] 1837–1908. 22. u. 24. Präsident der USA.
Clive, Robert, Baron Clive of Plassey [klaɪv] 1725–74. Brit. General; Begründer der brit. Herrschaft in Ostindien.
Clough, Arthur Hugh [klʌf] 1819–61. Engl. Dichter.
Cob·bett, William ['kɒbɪt; Am. ˈkɑbət] 1763–1835. Engl. Schriftsteller u. Politiker.
Cob·den, Richard ['kɒbdən; Am. ˈkɑ-] 1804–65. Engl. Wirtschaftswissenschaftler u. Staatsmann.
Cof·fin, Robert Peter Tristram ['kɒfɪn; Am. a. ˈkɑ-] 1892–1955. Amer. Schriftsteller.
Co·han, George Michael [kəʊˈhæn] 1878–1942. Amer. Schauspieler, Dramatiker u. Regisseur.
Cole [kəʊl] Engl. Familienname.
Cole·man ['kəʊlmən] Engl. Familienname.
Cole·ridge, Samuel Taylor ['kəʊlərɪdʒ] 1772–1834. Engl. Dichter u. Kritiker.
Col·lier, Jeremy ['kɒlɪə(r); -ljə(r); Am. ˈkɑ-] 1650–1726. Engl. Geistlicher u. Schriftsteller.
Col·lins, William ['kɒlɪnz; Am. ˈkɑlənz] 1721–59. Engl. Dichter.
Col·lins, (William) Wilkie ['kɒlɪnz; Am. ˈkɑlənz] 1824–89. Engl. Romanschriftsteller.
Co·lum·ba, Saint [kəˈlʌmbə] der heilige Coˈlumba od. Columˈban. 521–597. Irischer Missionar in Schottland.
Co·lum·bus, Christopher [kəˈlʌmbəs] Christoph Koˈlumbus. 1451–1506. Ital. Seefahrer, Entdecker Amerikas.
Con·fu·cius [kənˈfjuːʃjəs; -ʃəs] Konˈfuzius. 551?–478 v. Chr. Chines. Philosoph.
Con·greve, William ['kɒŋɡriːv; Am. ˈkɑn-; ˈkɑŋ-] 1670–1729. Engl. Dramatiker.
Con·rad, Joseph ['kɒnræd; Am. ˈkɑn-] (eigentlich Teodor Józef Konrad Korzeniowski). 1857–1924. Engl. Romanschriftsteller ukrainischer Herkunft.
Con·sta·ble, John ['kʌnstəbl; Br. a. ˈkɒn-; Am. a. ˈkɑn-] 1776–1837. Engl. Maler.
Cook, Captain James [kʊk] 1728–79. Engl. Weltumsegler.
Coo·lidge, (John) Calvin ['kuːlɪdʒ] 1872–1933. 30. Präsident der USA.
Coo·per, Anthony Ashley ['kuːpə(r)] → Shaftesbury.
Coo·per, Gary ['kuːpə(r)] 1901–61. Amer. Filmschauspieler.
Coo·per, James Fenimore ['kuːpə(r)] 1789–1851. Amer. Romanschriftsteller.
Cop·land, Aaron ['kɒplənd; bes. Am. ˈkəʊp-] *1900. Amer. Komponist.
Cor·co·ran ['kɔː(r)kərən; -krən] Engl. Familienname.
Cos·grave, William Thomas ['kɒzɡreɪv; Am. ˈkɑz-] 1880–1965. Irischer Staatsmann.
Couch [kuːtʃ] Engl. Familienname.
Cou·per ['kuːpə(r)] Engl. Familienname.
Coup·land ['kuːplənd] Engl. Familienname.
Cov·er·dale, Miles ['kʌvə(r)deɪl] 1488–1568. Engl. Geistlicher; Bibelübersetzer.
Cow·ard, Noel ['kaʊə(r)d] 1899–1973. Engl. Schauspieler u. Dramatiker.
Cow·ley, Abraham ['kaʊlɪ] 1618–67. Engl. Dichter.
Cow·per, William ['kuːpə(r); ˈkaʊ-] 1731–1800. Engl. Dichter.
Cox [kɒks; Am. kɑks] Häufiger engl. Familienname.
Crabbe, George [kræb] 1754–1832. Engl. Dichter.
Craig·av·on, James Craig, 1st Viscount [kreɪɡˈævən; -ˈævn] 1871–1940. Brit Staatsmann; 1. Premierminister von Nordirland.
Craik, Dinah Maria [kreɪk] 1826–87. Engl. Romanschriftstellerin.
Crane, Stephen [kreɪn] 1871–1900. Amer. Schriftsteller.
Cran·mer, Thomas ['krænmə(r)] 1489–1556. 1. protestantischer Erzbischof von Canterbury.
Crash·aw, Richard ['kræʃɔː] 1613?–49. Engl. Dichter.
Craw·ford, Francis Marion ['krɔːfə(r)d] 1854–1909. Amer. Romanschriftsteller.

Crich·ton, James ("The Admirable Crichton") ['kraɪtn] 1560?–82. Schott. Gelehrter u. Dichter.
Crick, Francis Harry Compton [krɪk] *1916. Engl. Molekularbiologe.
Cripps, Sir Richard Stafford [krɪps] 1889–1952. Brit. Staatsmann.
Crock·ett, David (genannt Davy Crockett) ['krɒkɪt; Am. 'krɑkət] 1786–1836. Amer. Pfadfinder, Soldat u. Politiker.
Croe·sus ['kriːsəs] Krösus. ?–546 v. Chr. König von Lydien.
Crom·well ['krɒmwəl; -wel; Am. 'krɑm-; 'krʌm-], Oliver 1599–1658, engl. General u. Staatsmann, Lordprotektor; sein Sohn Richard 1626–1712, Lordprotektor.
Cro·nin, Archibald Joseph ['krəʊnɪn] 1896–1981. Engl. Arzt u. Romanschriftsteller.
Cros·by, Bing ['krɒzbɪ; Am. a. 'krɑ-] 1904–77. Amer. Sänger u. Filmschauspieler.
Cross·man, Richard ['krɒsmən; 'krɔːs-] 1907–74. Brit. Politiker.
Cruik·shank, George ['krʊkʃæŋk] 1792–1878. Engl. Karikaturist u. Illustrator.
Cun·liffe ['kʌnlɪf] Engl. Familienname.
Cun·ning·ham ['kʌnɪŋəm; Am. bes. -ˌhæm] Häufiger engl. Familienname.
Cur·ran ['kʌrən; Am. bes. 'kɜrən] Engl. Familienname.
Cur·rer ['kʌrə(r); Am. bes. 'kɜrər] Engl. Familienname.
Cur·tis, George William ['kɜːtɪs; Am. 'kɜrtəs] 1824–92. Amer. Schriftsteller.
Cus·ter, George Armstrong ['kʌstə(r)] 1839–76. Amer. General.

D

Dal·gleish [dæl'gliːʃ] Engl. Familienname.
Dal·ton, Hugh ['dɔːltən; -tn] 1776–1844. Engl. Chemiker u. Physiker.
Dal·zell [dæl'zel; diː'el] Engl. Familienname.
Dan·iel, Samuel ['dænjəl] 1562–1619. Engl. Dichter; Poeta Laureatus.
Dan·iels, Josephus ['dænjəlz] 1862–1948. Amer. Publizist u. Staatsmann.
Dar·win ['dɑː(r)wɪn], Charles Robert 1809–82, engl. Naturforscher; sein Großvater Erasmus 1731–1802, engl. Arzt u. Naturforscher.
Dav·e·nant od. **D'Av·e·nant,** Sir William ['dævɪnənt; -vnənt] 1606–68. Engl. Dichter u. Dramatiker; Poeta Laureatus.
Da·vey ['deɪvɪ] Engl. Familienname.
Da·vid I ['deɪvɪd] 1084–1153. König von Schottland.
Da·vies ['deɪvɪs; Am. -vɪz] Engl. Familienname.
Da·vis, Bette ['deɪvɪs] *1908. Amer. Filmschauspielerin.
Da·vis, Jefferson ['deɪvɪs] 1808–89. Amer. Staatsmann; Präsident der Konföderierten Staaten.
Da·vis, Richard Harding ['deɪvɪs] 1864–1916. Amer. Schriftsteller.
Da·vi·son ['deɪvɪsn] Engl. Familienname.
Dawes, Charles Gates [dɔːz] 1865–1951. Amer. Staatsmann u. Diplomat.
De·foe, Daniel [dɪ'fəʊ] 1660–1731. Engl. Schriftsteller.

Dek·ker, Thomas ['dekə(r)] 1572?–1632? Engl. Dramatiker.
De la Mare, Walter John [ˌdelə'meə(r)] 1873–1956. Engl. Dichter.
De·land, Margaret [də'lænd] 1857–1945. Amer. Romanschriftstellerin.
de la Roche, Mazo [ˌdelə'rəʊʃ; -'rɒʃ] 1885–1961. Kanad. Romanschriftstellerin.
De l'Isle [də'laɪl] Engl. Familienname.
De Mille, Cecil B(lount) [də'mɪl] 1881–1959. Amer. Filmproduzent u. Regisseur.
Demp·sey, Jack ['dempsɪ] *1895. Amer. Boxweltmeister im Schwergewicht.
De Quin·cey, Thomas [də'kwɪnsɪ] 1785–1859. Engl. Schriftsteller.
de Va·le·ra, Eamon [dəvə'leərə; ˌdevə-] 1882–1975. Irischer Staatsmann; Premierminister; Staatspräsident.
De·vine [də'vaɪn] Engl. Familienname.
Dev·lin, Josephine Bernadette ['devlɪn] *1947. Irische Politikerin.
Dew·ey, John ['djuːɪ; Am. a. 'duːiː] 1859–1952. Amer. Philosoph u. Pädagoge.
Dick·ens, Charles John Huffam ['dɪkɪnz] 1812–70. Engl. Romanschriftsteller.
Dick·in·son, Emily Elizabeth ['dɪkɪnsn] 1830–86. Amer. Dichterin.
Dick·son ['dɪksn] Engl. Familienname.
Die·trich, Marlene ['diːtrɪk; -trɪç] *1902. Amer. Filmschauspielerin deutscher Herkunft.
Dilke, Sir Charles Wentworth [dɪlk] 1843–1911. Brit. Politiker u. Schriftsteller.
Dil·lon, John ['dɪlən] 1851–1927. Irischer Politiker.
Di·og·e·nes [daɪ'ɒdʒɪniːz; Am. -'ɑdʒə-] 412?–323 v. Chr. Griech. Philosoph.
Dis·ney, Walt(er E.) ['dɪznɪ] 1901 66. Meister des Zeichentrickfilms.
Dis·rae·li, Benjamin, 1st Earl of Beaconsfield [dɪs'reɪlɪ; bes. Am. dɪz-] 1804–81. Brit. Staatsmann u. Schriftsteller; Premierminister.
Dit·mars, Raymond Lee ['dɪtmɑː(r)z] 1876–1942. Amer. Naturforscher u. Schriftsteller.
Do·bell [dəʊ'bel; də'bel] Engl. Familienname.
Dob·son, (Henry) Austin ['dɒbsn; Am. 'dɑbsən] 1840–1921. Engl. Dichter u. Essayist.
Dog·gett ['dɒgɪt; Am. 'dɑ-] Engl. Familienname.
Do·her·ty ['dəʊə(r)tɪ; Br. a. dəʊ'hɜːtɪ; 'dɒhətɪ; Am. a. də'hɜrtiː; 'dɑhərtiː] Irischer Familienname.
Don·ald·son ['dɒnldsn; Am. 'dɑ-] Engl. Familienname.
Donne, John [dʌn; Br. a. dɒn] 1573–1631. Engl. Geistlicher u. Dichter.
Don·o·van ['dɒnəvən; Am. 'dɑn-] Engl. Familienname.
Dor·set, Earl of ['dɔː(r)sɪt] → Sackville.
Dos Pas·sos, John Roderigo [ˌdɒs'pæsɒs; Am. də'spæsəs] 1896–1970. Amer. Schriftsteller.
Dough·ty, Charles Montagu ['daʊtɪ] 1843–1926. Engl. Schriftsteller u. Forscher.
Doug·las ['dʌgləs] Engl. Familienname.
Dowse [daʊs] Engl. Familienname.
Dow·son, Ernest ['daʊsn] 1867–1900. Engl. Dichter.
Doyle, Sir Arthur Conan [dɔɪl] 1859–1930. Engl. Arzt; Verfasser von Kriminalromanen.
Drake, Sir Francis [dreɪk] 1540?–96. Engl. Seeheld.
Dray·ton, Michael ['dreɪtn] 1563–1631. Engl. Dichter.
Drei·ser, Theodore ['draɪsə(r); -zə(r)] 1871–1945. Amer. Romanschriftsteller.
Drink·wa·ter, John ['drɪŋkˌwɔːtə(r)] 1882–1937. Engl. Dichter u. Dramatiker.

Dry·den, John ['draɪdn] 1631–1700. Engl. Dichter u. Dramatiker; Poeta Laureatus.
Du·ches·ne [djuː'ʃeɪn; duː-] Engl. Familienname.
Duff [dʌf] Engl. Familienname.
Dug·dale ['dʌgdeɪl] Engl. Familienname.
Dul·les, John Foster ['dʌlɪs; -əs] 1888–1959. Amer. Staatsmann; Außenminister.
du Mau·ri·er [djuː'mɒrɪeɪ; Am. a. dʊ'mɔː-], George Louis Palmella Busson 1834–96, engl. Zeichner u. Romanschriftsteller; seine Enkelin Daphne *1907, engl. Romanschriftstellerin.
Dun·bar, Paul Laurence ['dʌnbɑː(r)] 1872–1906. Amer. Dichter.
Dun·bar, William [dʌn'bɑː(r); 'dʌnbɑː(r)] 1460?–1520? Schott. Dichter.
Dun·can, Isadora ['dʌŋkən] 1878–1927. Amer. Tänzerin.
Dun·lop, John Boyd ['dʌnlɒp; dʌn'lɒp; Am. dʌn'lɑp; 'dʌnˌlɑp] 1840–1921. Schott. Erfinder.
Dun·sa·ny, Edward John Moreton Drax Plunkett, 18th Baron, Lord [dʌn'seɪnɪ] 1878–1957. Irischer Dichter u. Dramatiker.
Duns Sco·tus, John [ˌdʌnz'skəʊtəs; Br. a. -'skɒtəs] 1265?–1308. Schott. Theologe u. Philosoph.
Dun·stan, Saint ['dʌnstən] der heilige Dunstan. 925?–988. Erzbischof von Canterbury.
Du Pont, Éleuthère Irénée ['djuːpɒnt; djuː'pɒnt; Am. duː'pɑnt; 'duːˌpɑnt] 1771–1834. Amer. Industrieller franz. Herkunft.
Dur·rell, Lawrence ['dʌrəl; Am. bes. 'dɜrəl] *1912. Engl. Schriftsteller.
Duth·ie ['dʌθɪ] Engl. Familienname.
Dut·ton ['dʌtn] Engl. Familienname.
Dyke [daɪk] Engl. Familienname.
Dyl·an, Bob ['dɪlən] *1941. Amer. Folk- u. Protestsänger.
Dy·mond ['daɪmənd] Engl. Familienname.
Dy·son ['daɪsn] Engl. Familienname.

E

Ed·dy, Mary Morse (geb. Baker) ['edɪ] 1821–1910. Amer. Gründerin der "Christian Science".
E·den, Sir (Robert) Anthony ['iːdn] 1897–1977. Engl. Staatsmann; Premierminister.
Edge·worth, Maria ['edʒwɜːθ; Am. -ˌwɜrθ] 1767–1849. Engl. Romanschriftstellerin.
Ed·in·burgh, Duke of ['edɪnbərə; -brə; Am. bes. 'ednˌbɜrə] → Philip, Prince.
Ed·i·son, Thomas Alva ['edɪsn] 1847–1931. Amer. Erfinder.
Ed·ward ['edwə(r)d] Engl. Könige: Edward I Eduard I. 1239–1307; Edward II Eduard II. 1284–1327; Edward III Eduard III. 1312–77; Edward IV Eduard IV. 1442–83; Edward V Eduard V. 1470–83; Edward VI Eduard VI. 1537–53; Edward VII Eduard VII. 1841–1910; Edward VIII (Duke of Windsor) Eduard VIII. (Herzog von Windsor) 1894–1972.
Ed·ward ("The Black Prince") ['edwə(r)d] Eduard (der Schwarze Prinz) 1330–76. Sohn Eduards III von England.
Ed·ward (the Confessor) ['edwə(r)d] Eduard (der Bekenner). 1002?–66. Angelsächsischer König.

Eg·bert [ˈegbɜːt; *Am.* -bərt] *775?–839. König der Westsachsen u. 1. König von England.*
Eg·gle·ston, Edward [ˈeglstən] *1837–1902. Amer. Schriftsteller.*
Ein·stein, Albert [ˈaɪnstaɪn] *1879–1955. Amer. Physiker deutscher Herkunft.*
Ei·sen·how·er, Dwight David [ˈaɪznˌhaʊə(r)] *1890–1969. Amer. General; 34. Präsident der USA.*
El·gar, Sir Edward [ˈelgə(r); -gɑː(r)] *1857–1934. Engl. Komponist.*
El·i·ot, George [ˈeljət; ˈelɪət] *(eigentlich Mary Ann Evans). 1819–80. Engl. Romanschriftstellerin.*
El·i·ot, T(homas) S(tearns) [ˈeljət; ˈelɪət] *1888–1965. Engl. Dichter u. Kritiker amer. Herkunft.*
E·liz·a·beth [ɪˈlɪzəbəθ] *Engl. Königinnen:* **Elizabeth I** Eˈlisabeth I. *1533–1603;* **Elizabeth II** Eˈlisabeth II. **1926.*
El·lis, (Henry) Havelock [ˈelɪs] *1859–1939. Engl. Schriftsteller.*
El·li·son [ˈelɪsn] *Engl. Familienname.*
El·y·ot, Sir Thomas [ˈeljət; ˈelɪət] *1490?–1546. Engl. Gelehrter u. Diplomat.*
Em·er·son, Ralph Waldo [ˈemə(r)sn] *1803–1882. Amer. Schriftsteller, Dichter u. Philosoph.*
Er·skine, John [ˈɜːskɪn; *Am.* ˈərskən] *1879–1951. Amer. Schriftsteller.*
Eth·el·red II (the Unready) [ˈeθlred] Ethelred II. (der Unberatene). *968?–1016. Angelsächsischer König.*
Eth·er·ege, Sir George [ˈeθərɪdʒ] *1635?–91. Engl. Dramatiker.*
Eu·clid [ˈjuːklɪd] Euˈklid. *Um 300 v. Chr. Griech. Mathematiker.*
Eu·rip·i·des [jʊəˈrɪpɪdiːz; jʊˈr-] *480?–406? v. Chr. Griech. Tragödiendichter.*
Ev·ans, Sir Arthur John [ˈevənz] *1851–1941. Engl. Archäologe.*
Ew·ing [ˈjuːɪŋ; ˈjʊɪŋ] *Engl. Familienname.*

F

Fair·bairn [ˈfeəˌbeə(r)n] *Engl. Familienname.*
Fair·banks, Douglas [ˈfeə(r)bæŋks] *1883–1939. Amer. Schauspieler.*
Fan·shawe [ˈfænʃɔː] *Engl. Familienname.*
Far·a·day, Michael [ˈfærədɪ; -deɪ] *1791–1867. Engl. Chemiker u. Physiker.*
Far·leigh *od.* **Far·ley** [ˈfɑː(r)lɪ] *Engl. Familienname.*
Far·quhar, George [ˈfɑː(r)kwə(r); -kə(r)] *1678–1707. Engl. Dramatiker.*
Far·rant [ˈfærənt] *Engl. Familienname.*
Far·rell, James Thomas [ˈfærəl] *1904–1979. Amer. Romanschriftsteller.*
Faulk·ner, William [ˈfɔːknə(r)] *1897–1962. Amer. Romanschriftsteller.*
Faw·cett [ˈfɔːsɪt] *Engl. Familienname.*
Fawkes, Guy [fɔːks] *1570–1606. Einer der Hauptteilnehmer an der engl. Pulververschwörung.*
Fein·ing·er, Lyonel [ˈfaɪnɪŋə(r)] *1871–1956. Amer. Maler.*
Feld·man, Marty [ˈfeldmən] *1934–82. Brit. Komiker.*
Fenn [fen] *Engl. Familienname.*
Fen·wick [ˈfenɪk; *Am.* -wɪk] *Engl. Familienname.*
Fer·ber, Edna [ˈfɜːbə; *Am.* ˈfərbər] *1887–1968. Amer. Schriftstellerin.*
Ffoulkes [fəʊks; fəʊlks; faʊks; fuːks] *Engl. Familienname.*

Field, Eugene [fiːld] *1850–95. Amer. Dichter u. Publizist.*
Fiel·ding, Henry [ˈfiːldɪŋ] *1707–54. Engl. Romanschriftsteller.*
Fields, W.C. [fiːldz] *1880–1946. Amer. Filmkomiker.*
Fiennes [faɪnz] *Engl. Familienname.*
Fi·field [ˈfaɪfiːld] *Engl. Familienname.*
Fill·more, Millard [ˈfɪlmɔː(r)] *1800–1874. 13. Präsident der USA.*
Fish·er, Dorothy (*geb.* Canfield) [ˈfɪʃə(r)] *1879–1958. Amer. Romanschriftstellerin.*
Fiske, John [fɪsk] (*eigentlich* Edmund Fisk Green). *1842–1901. Amer. Historiker u. Philosoph.*
Fitch, (William) Clyde [fɪtʃ] *1865–1909. Amer. Dramatiker.*
Fitz·ger·ald, Edward [fɪtsˈdʒerəld] *1809–83. Engl. Dichter u. Übersetzer.*
Fitz·ger·ald, Ella [fɪtsˈdʒerəld] **1918. Amer. Jazzsängerin.*
Fitz·ger·ald, Francis Scott Key [fɪtsˈdʒerəld] *1896–1940. Amer. Romanschriftsteller.*
Fitz·roy [fɪtsˈrɔɪ] *Engl. Familienname.*
Flagg, James Montgomery [flæg] *1877–1960. Amer. Maler, Illustrator u. Schriftsteller.*
Flem·ing, Sir Alexander [ˈflemɪŋ] *1881–1955. Engl. Bakteriologe; Entdecker des Penicillins.*
Fletch·er, John [ˈfletʃə(r)] *1579–1625. Engl. Dramatiker.*
Flex·ner, Simon [ˈfleksnə(r)] *1863–1946. Amer. Pathologe.*
Flo·ri·o, John [ˈflɔːrɪəʊ] *1553–1625. Engl. Lexikograph u. Übersetzer.*
Fon·da, Henry [ˈfɒndə; *Am.* ˈfɑndə] *1905–82. Amer. Filmschauspieler.*
Foot, Michael [fʊt] **1913. Brit. Politiker.*
Ford, Ford Madox [fɔː(r)d] (*eigentlich* Ford Madox Hueffer). *1873–1939. Engl. Schriftsteller.*
Ford, Gerald [fɔː(r)d] **1913. 38. Präsident der USA.*
Ford, Henry [fɔː(r)d] *1863–1947. Amer. Industrieller.*
Ford, John [fɔː(r)d] *1586–1640? Engl. Dramatiker.*
For·es·ter, Cecil Scott [ˈfɒrɪstə(r); *Am. a.* ˈfɑr-] *1899–1966. Engl. Romanschriftsteller.*
For·man [ˈfɔː(r)mən] *Engl. Familienname.*
For·ster, E(dward) M(organ) [ˈfɔː(r)stə(r)] *1879–1970. Engl. Schriftsteller.*
Fox, George [fɒks; *Am.* fɑks] *1624–91. Engl. Prediger; Gründer der Quäker.*
Frank·lin, Benjamin [ˈfræŋklɪn] *1706–90. Amer. Staatsmann, Erfinder u. Schriftsteller.*
Free·man, Mary Eleanor [ˈfriːmən] *1852–1930. Amer. Schriftstellerin.*
Fre·neau, Philip Morin [frɪˈnəʊ] *1752–1832. Amer. Dichter.*
Frere [frɪə(r)] *Engl. Familienname.*
Fro·bish·er, Sir Martin [ˈfrəʊbɪʃə(r)] *1535?–94. Engl. Seefahrer.*
Fromm, Erich [frɒm; *Am.* frəʊm; frʌm] *1900–1980. Amer. Psychoanalytiker deutscher Herkunft.*
Frost, Robert Lee [frɒst] *1874–1963. Amer. Dichter.*
Fudge [fjuːdʒ; fʌdʒ] *Engl. Familienname.*
Ful·bright, James William [ˈfʊlbraɪt] **1905. Amer. Politiker.*
Ful·ler, (Sarah) Margaret (*verh.* Marchioness Ossoli) [ˈfʊlə(r)] *1810–50. Amer. Schriftstellerin.*
Ful·ler, Thomas [ˈfʊlə(r)] *1608–61. Engl. Geistlicher u. Schriftsteller.*
Ful·ton, Robert [ˈfʊltən] *1765–1815. Amer. Ingenieur u. Erfinder.*

G

Ga·ble, Clark [ˈgeɪbl] *1901–60. Amer. Filmschauspieler.*
Gads·by [ˈgædzbɪ] *Engl. Familienname.*
Gains·bor·ough, Thomas [ˈgeɪnzbərə; -brə; *Am. bes.* -ˌbərə] *1727–88. Engl. Maler.*
Gaits·kell, Hugh Todd [ˈgeɪtskəl] *1903–63. Brit. Politiker.*
Gal·braith, John Kenneth [gælˈbreɪθ; *bes. Am.* ˈgælbreɪθ] **1908. Amer. Wirtschaftswissenschaftler.*
Gale, Zona [geɪl] *1874–1938. Amer. Romanschriftstellerin.*
Gal·la·gher [ˈgæləhə(r); *Am. bes.* -gər] *Engl. Familienname.*
Gal·lup, George Horace [ˈgæləp] *1909–84. Amer. Statistiker.*
Gals·wor·thy, John [ˈgɔːlzwɜːðɪ; *Am.* -ˌwɜrðiː] *1867–1933. Engl. Romanschriftsteller u. Dramatiker.*
Gal·ton, Sir Francis [ˈgɔːltən] *1822–1911. Engl. Naturwissenschaftler.*
Gan·dhi, Mohandas Karamchand (Mahatma Gandhi) [ˈgændiː; ˈgɑːn-] Mohandas Karamtschand Gandhi. *1869–1948. Führer der indischen Unabhängigkeitsbewegung.*
Gar·di·ner, Samuel Rawson [ˈgɑː(r)dnə(r)] *1829–1902. Engl. Historiker.*
Gar·field, James Abram [ˈgɑː(r)fiːld] *1831–81. 20. Präsident der USA.*
Gar·land, Hamlin [ˈgɑː(r)lənd] *1860–1940. Amer. Romanschriftsteller.*
Gar·net(t) [ˈgɑː(r)nɪt] *Engl. Familienname.*
Gar·rick, David [ˈgærɪk] *1717–79. Engl. Schauspieler.*
Gas·kell, Elizabeth Cleghorn [ˈgæskəl] *1810–65. Engl. Romanschriftstellerin.*
Gau·ta·ma Bud·dha [ˌgaʊtəməˈbʊdə; *Am. a.* -ˈbuː-] *563?–483? v. Chr. Indischer Philosoph; Begründer des Buddhismus.*
Gay, John [geɪ] *1685–1732. Engl. Dichter u. Dramatiker.*
Geof·frey of Mon·mouth [ˌdʒefrəvˈmɒnməθ; *Am.* -ˈmɑn-] Galfred von Monmouth. *1100?–1154. Engl. Bischof u. Chronist.*
George [dʒɔː(r)dʒ] *Könige von England:* **George I** Georg I. *1660–1727;* **George II** Georg II. *1683–1760;* **George III** Georg III. *1738–1820;* **George IV** Georg IV. *1762–1830;* **George V** Georg V. *1865–1936;* **George VI** Georg VI. *1895–1952.*
George, David Lloyd [dʒɔː(r)dʒ] → Lloyd George.
Gersh·win, George [ˈgɜːʃwɪn; *Am.* ˈgərʃwən] *1898–1937. Amer. Komponist.*
Get·ty, Jean Paul [ˈgetɪ] *1892–1976. Amer. Ölindustrieller.*
Giel·gud, Sir John [ˈgiːlgʊd] **1904. Engl. Theater- u. Filmschauspieler.*
Gil·bert, W(illiam) S(chwenck) [ˈgɪlbə(r)t] *1836–1911. Engl. Dramatiker u. Librettist.*
Gil·lette [dʒɪˈlet] *Engl. Familienname.*
Gil·lies [ˈgɪlɪs] *Engl. Familienname.*
Gil·ling·ham [ˈgɪlɪŋəm; ˈdʒɪl-] *Engl. Familienname.*
Gill·more [ˈgɪlmɔː(r)] *Engl. Familienname.*
Gill·ray, James [ˈgɪlreɪ] *1757–1815. Engl. Karikaturist.*
Gill·son [ˈdʒɪlsn] *Engl. Familienname.*
Gil·pin [ˈgɪlpɪn] *Engl. Familienname.*
Gim·son [ˈgɪmsn; ˈdʒɪmsn] *Engl. Familienname.*
Gins·berg, Allen [ˈgɪnzbɜːg; *Am.*

-ˈbərg] *1926. Amer. Dichter.
Gis·sing, George Robert [ˈgɪsɪŋ] 1857–1903. Engl. Romanschriftsteller.
Glad·stone, William Ewart [ˈglædstən; Am. -ˌstəʊn] 1809–98. Brit. Staatsmann; Premierminister.
Glas·gow, Ellen Anderson Gholson [ˈglɑːsgəʊ; ˈglɑːz-; bes. Am. ˈglæskəʊ; -gəʊ] 1874–1945. Amer. Romanschriftstellerin.
Glegg [gleg] Engl. Familienname.
Glen·dow·er, Owen [glenˈdaʊə(r)] 1359?–1416? Führer der walisischen Aufständischen gegen Heinrich IV. von England.
Glos·ter [ˈglɒstə(r); Am. a. ˈglɑ-] Engl. Familienname.
Glouces·ter, Duke of [ˈglɒstə(r); Am. a. ˈglɑ-] → Humphrey.
God·win, William [ˈgɒdwɪn; Am. ˈgɑdwən] 1756–1836. Engl. Philosoph u. Romanschriftsteller.
Gold·ing, William [ˈgəʊldɪŋ] *1911. Engl. Romanschriftsteller.
Gold·smith, Oliver [ˈgəʊldsmɪθ] 1728–74. Engl. Dichter.
Gold·wyn, Samuel [ˈgəʊldwɪn] 1884–1974. Amer. Filmproduzent.
Gol·lancz, Victor [gəˈlænts; Br. a. ˈgɒlənts; Am. a. ˈgɑlənts] 1893–1967. Engl. Verleger u. Schriftsteller.
Good·man, Benny [ˈgʊdmən] *1909. Amer. Jazzmusiker.
Good·year, Charles [ˈgʊdjɑː; -jə; -ˌjɪə; Am. -ˌjɪr; -dʒɪr] 1800–60. Amer. Erfinder.
Gor·ba·chev, Mikhail [ˌgɔː(r)bəˈtʃɒf; Am. a. -ˈtʃɔːv] Michail Gorbatschow. *1931. Sowjet. Parteichef.
Gosse, Sir Edmund William [gɒs; Am. gɑs] 1849–1928. Engl. Dichter u. Kritiker.
Gour·lay od. **Gour·ley** [ˈgʊə(r)lɪ] Engl. Familienname.
Gow [gaʊ] Engl. Familienanme.
Gow·er, John [ˈgaʊə(r)] 1325?–1408. Engl. Dichter.
Gra·ham [ˈgreɪəm; ˈgreəm] Engl. Familienname.
Gran·ger [ˈgreɪndʒə(r)] Engl. Familienname.
Grant, Cary [grɑːnt; Am. grænt] *1904. Amer. Filmschauspieler.
Grant, Ulysses Simpson [grɑːnt; Am. grænt] 1822–85. Amer. General; 18. Präsident der USA.
Gran·ville-Bar·ker, Harley [ˌgrænvɪlˈbɑː(r)kə(r)] 1877–1946. Engl. Dramatiker, Schauspieler u. Regisseur.
Graves, Robert Ranke [greɪvz] *1895. Engl. Schriftsteller.
Gray, Thomas [greɪ] 1716–71. Engl. Dichter.
Greaves [griːvz] Engl. Familienname.
Greene, Graham [griːn] *1904. Engl. Schriftsteller.
Greene, Robert [griːn] 1560?–92. Engl. Dichter u. Dramatiker.
Green·halgh [ˈgriːnhælʃ; -hældʒ; -hɔː-] Engl. Familienname.
Greg(g) [greg] Engl. Familienname.
Greg·o·ry, Lady Augusta (geb. Persse) [ˈgregərɪ] 1859?–1932. Irische Dramatikerin.
Greig [greg] Engl. Familienname.
Gre·ville [ˈgrevɪl; -vl] Engl. Familienname.
Grey, Charles, 2nd Earl [greɪ] 1764–1845. Brit. Staatsmann; Premierminister.
Grey, Lady Jane [greɪ] 1537–54. Engl. Gegenkönigin.
Grice [graɪs] Engl. Familienname.
Grid·ley [ˈgrɪdlɪ] Engl. Familienname.
Grier·son, John [ˈgrɪə(r)sn] 1898–1972. Brit. Filmregisseur.
Guin·ness, Sir Alec [ˈgɪnɪs] *1914. Engl. Schauspieler.

H

Hack·ett [ˈhækɪt] Engl. Familienname.
Had·ow [ˈhædəʊ] Engl. Familienname.
Hag·gard, Sir Henry Rider [ˈhægə(r)d] 1856–1925. Engl. Romanschriftsteller.
Haig, Al [heɪg] 1924–82. Amer. Jazzpianist.
Haigh [heɪg; heɪ] Engl. Familienname.
Ha·ley, Bill [ˈheɪlɪ] 1925–81. Amer. Rockmusiker.
Hal·i·fax, Edward Frederick Lindley Wood, Earl of [ˈhælɪfæks] 1881–1959. Brit. Staatsmann.
Hal·lam, Henry [ˈhæləm] 1777–1859. Engl. Historiker.
Hal·leck, Fitz-Greene [ˈhælɪk; -lək] 1790–1867. Amer. Dichter.
Hal·ley, Edmund [ˈhælɪ] 1656–1742. Engl. Astronom.
Hal·li·day [ˈhælɪdeɪ] Engl. Familienname.
Ham·il·ton, Alexander [ˈhæmltən; -məl-] 1757–1804. Amer. Staatsmann.
Ham·il·ton, Lady Emma (geb. Lyon) [ˈhæmltən; -məl-] 1765?–1815. Geliebte Lord Nelsons.
Ham·mer·stein [ˈhæmə(r)staɪn; Am. a. -ˌstiːn], Oscar 1847?–1919, amer. Regisseur deutscher Herkunft; sein Enkel Oscar (Hammerstein II) 1895–1960, amer. Dichter u. Librettist.
Ham·mett, Dashiell [ˈhæmɪt] 1894–1961. Amer. Kriminalschriftsteller.
Hamp·den, John [ˈhæmpdən; ˈhæmdən] 1594–1643. Engl. Staatsmann.
Han·cock, John [ˈhænkɒk; Am. -ˌkɑk] 1737–93 Amer. Staatsmann.
Har·ding, Warren Gamaliel [ˈhɑː(r)dɪŋ] 1865–1923. 29. Präsident der USA.
Har·dy, Oliver [ˈhɑː(r)dɪ] 1892–1957. Amer. Filmkomiker.
Har·dy, Thomas [ˈhɑː(r)dɪ] 1840–1928. Engl. Dichter.
Har·old [ˈhærəld] Angelsächsische Könige: Harold I (Harold Harefoot) Harold I. (Harold Hasenfuß) ?–1040; Harold II Harold II. 1022?–66.
Har·rap [ˈhærəp] Engl. Familienname.
Har·ri·man, William Averell [ˈhærɪmən] *1891. Amer. Diplomat u. Politiker.
Har·ris, Joel Chandler [ˈhærɪs] 1848–1908. Amer. Schriftsteller.
Har·ri·son, Benjamin [ˈhærɪsn] 1833–1901. 23. Präsident der USA.
Har·ri·son, George → Beatles.
Hart, Moss [hɑː(r)t] 1904–61. Amer. Librettist u. Dramatiker.
Harte, (Francis) Bret(t) [hɑː(r)t] 1836–1902. Amer. Schriftsteller.
Har·vey, William [ˈhɑː(r)vɪ] 1578–1657. Engl. Arzt. Entdeckte den Blutkreislauf.
Have·lock [ˈhævlɒk; Am. -ˌlɑk] Engl. Familienname.
Haw·kins, Sir Anthony Hope [ˈhɔːkɪnz] (Pseudonym Anthony Hope) 1863–1933. Engl. Romanschriftsteller u. Dramatiker.
Hawks, Howard [hɔːks] 1896–1977. Amer. Filmregisseur.
Haw·thorne, Nathaniel [ˈhɔːθɔː(r)n] 1804–64. Amer. Schriftsteller.
Hayes, Rutherford Birchard [heɪz] 1822–93. 19. Präsident der USA.
Haz·litt, William [ˈheɪzlɪt; ˈhæz-] 1778–1830. Engl. Essayist.
Hea·ly [ˈhiːlɪ] Engl. Familienname.
Hearne [hɜːn; Am. hɜrn] Engl. Familienname.
Hearst, William Randolph [hɜːst; Am. hɜrst] 1863–1951. Amer. Zeitungsverleger.

Heath, Edward Richard George [hiːθ] *1916. Brit. Politiker; Premierminister.
Heath·cote [ˈheθkət; ˈhiːθ-] Engl. Familienname.
Hem·ans, Felicia Dorothea [ˈhemənz] 1793–1835. Engl. Dichterin.
Hem·ing·way, Ernest [ˈhemɪŋweɪ] 1899–1961. Amer. Schriftsteller.
Hen·ley, William Ernest [ˈhenlɪ] 1849–1903. Engl. Schriftsteller u. Herausgeber.
Hen·nes·s(e)y [ˈhenɪsɪ; -nəsɪ] Engl. Familienname.
Henry [ˈhenrɪ] Könige von England: Henry I Heinrich I. 1068–1135; Henry II Heinrich II. 1133–89; Henry III Heinrich III. 1207–72; Henry IV Heinrich IV. 1367–1413; Henry V Heinrich V. 1387–1422; Henry VI Heinrich VI. 1421–71; Henry VII Heinrich VII. 1457–1509; Henry VIII Heinrich VIII. 1491–1547.
Hens·ley [ˈhenzlɪ] Engl. Familienname.
Hens·lowe, Philip [ˈhenzləʊ] ?–1616. Engl. Theaterbesitzer u. Tagebuchschreiber.
Hen·ty, George Alfred [ˈhentɪ] 1832–1902. Engl. Romanschriftsteller.
Hep·burn, Katharine [ˈhebɜːn; ˈhepb-; Am. ˈhepbɜrn; -ˌbɜrn] *1909. Amer. Filmschauspielerin.
Hep·ple·white, George [ˈheplwaɪt] ?–1786. Engl. Kunsttischler.
Her·bert, George [ˈhɜːbət; Am. ˈhɜrbərt] 1593–1633. Engl. Dichter.
Her·rick, Robert [ˈherɪk] 1591–1674. Engl. Dichter.
Her·schel [ˈhɜːʃl; Am. ˈhɜrʃəl], Sir John Frederick William 1792–1871, sein Vater Sir William 1738–1822. Engl. Astronomen.
Hew·ard [ˈhjuːə(r)d] Engl. Familienname.
Hew·lett [ˈhjuːlɪt] Engl. Familienname.
Hey·ward, DuBose [ˈheɪwə(r)d] 1885–1940. Amer. Schriftsteller.
Hey·wood, John [ˈheɪwʊd] 1497?–1580? Engl. Dichter.
Hey·wood, Thomas [ˈheɪwʊd] 1574?–1641. Engl. Dramatiker.
Hick·in·bot·ham [ˈhɪkɪnbɒtəm; Am. -ˌbɑ-] Engl. Familienname.
Hig·gins [ˈhɪgɪnz] Engl. Familienname.
Hig·gin·son, Thomas Wentworth Storrow [ˈhɪgɪnsn] 1823–1911. Amer. Schriftsteller.
Hil·la·ry, Sir Edmund [ˈhɪlərɪ] *1919. Neuseeländ. Bergsteiger. Bestieg als erster den Mount Everest.
Hil·ton, James [ˈhɪltən] 1900–54. Engl. Romanschriftsteller.
Hitch·cock, Sir Alfred [ˈhɪtʃkɒk; Am. -ˌkɑk] 1899–1980. Engl. Filmregisseur.
Hobbes, Thomas [hɒbz; Am. hɑbz] 1588–1679. Engl. Philosoph.
Hock·ney, David [ˈhɒknɪ; Am. ˈhɑ-] *1937. Engl. Maler.
Hodg·es [ˈhɒdʒɪz; Am. ˈhɑ-] Engl. Familienname.
Ho·garth, William [ˈhəʊgɑ:(r)θ] 1697–1764. Engl. Maler u. Kupferstecher.
Hogg, James ("The Ettrick Shepherd") [hɒg; Am. a. hɑg] 1770–1835. Schott. Dichter.
Hol·croft [ˈhəʊlkrɒft; Am. -ˌkrɑft] Engl. Familienname.
Hol·den, William [ˈhəʊldən] 1918–1981. Amer. Filmschauspieler.
Holds·worth [ˈhəʊldzwɜːθ; -wəθ; Am. -ˌwɜrθ; -wərθ] Engl. Familienname.
Hol·in·shed, Raphael [ˈhɒlɪnʃed; Am. ˈhɑlən-] ?–1580? Engl. Chronist.
Hol·lo·way [ˈhɒləweɪ; Am. ˈhɑ-] Engl. Familienname.
Hol·man [ˈhəʊlmən] Engl. Familienname.

Home [həʊm; hju:m] *Engl. Familienname.*
Home, Sir Alec Douglas-Home [hju:m] *1903. Brit. Politiker.*
Ho·mer [ˈhəʊmə(r)] Hoˈmer. *Ende des 8. Jhs. v. Chr. Griech. Dichter.*
Ho·mer, Winslow [ˈhəʊmə(r)] *1836–1910. Amer. Maler.*
Hood, Thomas [hʊd] *1799–1845. Engl. Dichter.*
Hoo·ver, Herbert Clark [ˈhu:və(r)] *1874–1964. 31. Präsident der USA.*
Hope, Anthony [həʊp] → Hawkins, Sir Anthony.
Hope, Bob [həʊp] *1904. Amer. Komiker.*
Hop·kins, Gerard Manley [ˈhɒpkɪnz; Am. ˈhɑp-] *1844–89. Engl. Dichter.*
Hop·per, Edward [ˈhɒpə; Am. ˈhɑpər] *1882–1967. Amer. Maler u. Graphiker.*
Hou·di·ni, Harry [hu:ˈdi:nɪ] *1874–1926. Amer. Entfesselungskünstler.*
Hough [hʌf; hɒf; Am. a. hɑf] *Engl. Familienname.*
Hous·man, Alfred Edward [ˈhaʊsmən] *1859–1936. Engl. Dichter u. Altphilologe.*
Hov·ey, Richard [[ˈhʌvɪ] *1864–1900. Amer. Dichter.*
How [haʊ] *Engl. Familienname.*
How·ard, Catherine [ˈhaʊə(r)d] *1521?–42. Fünfte Frau Heinrichs VIII.*
How·ard, Henry, Earl of Surrey [ˈhaʊə(r)d] *1517?–47. Engl. Dichter.*
How·ell [ˈhaʊəl] *Engl. Familienname.*
How·ells, William Dean [ˈhaʊəlz] *1837–1920. Amer. Schriftsteller.*
How·ie [ˈhaʊɪ] *Engl. Familienname.*
How·orth [ˈhaʊə(r)θ] *Engl. Familienname.*
Hoyle, Fred [hɔɪl] *1915. Engl. Astronom u. Schriftsteller.*
Hub·bard, Elbert Green [ˈhʌbə(r)d] *1856–1915. Amer. Schriftsteller u. Herausgeber.*
Hughes, Howard [hju:z] *1905–76. Amer. Industrieller u. Filmproduzent.*
Hughes, (James) Langston [hju:z] *1902–67. Amer. Schriftsteller.*
Hughes, Richard Arthur Warren [hju:z] *1900–76. Engl. Schriftsteller.*
Hulme [hju:m; hu:m] *Engl. Familienname.*
Hume, David [hju:m] *1711–76. Schott. Philosoph u. Historiker.*
Hum·phrey, Duke of Gloucester and Earl of Pembroke [ˈhʌmfrɪ] *1391–1447. Engl. Staatsmann.*
Hunt, (James Henry) Leigh [hʌnt] *1784–1859. Engl. Essayist u. Dichter.*
Hus·ton, John [ˈhju:stən] *1906. Amer. Filmregisseur.*
Hux·ley [ˈhʌkslɪ], Aldous Leonard *1898–1963, engl. Schriftsteller; sein Bruder* Sir Julian Sorell *1887–1975, engl. Biologe; ihr Großvater* Thomas Henry *1825–95, engl. Biologe.*
Hyde, Douglas [haɪd] *1860–1949. Irischer Schriftsteller; 1. Präsident der Republik Irland.*

I

Il·ling·worth [ˈɪlɪŋwə(r)θ; Br. a. -wɜ:θ; Am. a. -ˌwɜrθ] *Engl. Familienname.*
Inge, William Ralph [ɪŋ] *1860–1954. Engl. Geistlicher u. Schriftsteller.*
In·glis [ˈɪŋglz; ˈɪŋglɪs] *Engl. Familienname.*

In·man [ˈɪnmən] *Engl. Familienname.*
In·ness, George [ˈɪnɪs], *Vater 1825–94 u. Sohn 1854–1926. Amer. Maler.*
Ir·ving, Washington [ˈɜ:vɪŋ; Am. ˈɜr-] *1783–1859. Amer. Schriftsteller.*
I·saacs, Sir Isaac Alfred [ˈaɪzəks] *1855–1948. Austral. Jurist u. Staatsmann; Generalgouverneur von Australien.*
Ish·er·wood, Christopher William Bradshaw [ˈɪʃə(r)wʊd] *1904. Engl. Schriftsteller u. Dramatiker.*

J

Jack·son, Andrew [ˈdʒæksn] *1767–1845. Amer. General; 7. Präsident der USA.*
Jack·son, Helen Maria Hunt [ˈdʒæksn] *1830–85. Amer. Dichterin u. Romanschriftstellerin.*
Jag·ger, Mick [ˈdʒægə(r)] *1943. Engl. Rocksänger u. Texter.*
Ja·go [ˈdʒeɪgəʊ] *Engl. Familienname.*
James [dʒeɪmz] *Engl. Könige:* James I Jakob I. *1566–1625;* James II Jakob II. *1633–1701.*
James [dʒeɪmz], Henry *1811–82, amer. Philosoph; seine Söhne* Henry *1843–1916, amer. Schriftsteller, u.* William *1842–1910. amer. Psychologe u. Philosoph.*
Ja·mie·son [ˈdʒeɪmɪsn; ˈdʒem-; ˈdʒæm-; ˈdʒɪm-] *Engl. Familienname.*
Jans·sen, David [ˈdʒænsən] *1931–1980. Amer. Filmschauspieler.*
Jeans, Sir James Hopwood [dʒi:nz] *1877–1946. Engl. Astronom, Physiker u. Philosoph.*
Jef·fers, Robinson [ˈdʒefə(r)z] *1887–1962. Amer. Dichter.*
Jef·fer·son, Thomas [ˈdʒefə(r)sn] *1743–1826. Amer. Staatsmann; 3. Präsident der USA.*
Jen·kins, Roy [ˈdʒeŋkɪnz] *1920. Brit. Politiker.*
Jen·ner, Edward [ˈdʒenə(r)] *1749–1823. Engl. Arzt; Entdecker der Pockenschutzimpfung.*
Je·sus (Christ) [ˈdʒi:zəs; ˌ-ˈkraɪst] Jesus (Christus). *Zwischen 8 u. 4 v. Chr.–30? n. Chr.*
Jev·ons, William Stanley [ˈdʒevənz; -vnz] *1835–82. Engl. Philosoph u. Volkswirtschaftler.*
Jew·ett, Sarah Orne [ˈdʒu:ɪt] *1849–1909. Amer. Schriftstellerin.*
Joan of Arc, Saint [ˌdʒəʊnəvˈɑ:(r)k] *die heilige* Joˈhanna von Orléans. *1412?–31. Franz. Nationalheldin.*
John (Lackland) [dʒɒn; Am. dʒɑn] Johann (ohne Land). *1167–1216. König von England.*
John of Gaunt, Duke of Lancaster [ˌdʒɒnəvˈgɔ:nt; Am. ˌdʒɑn-; a. -ˈgɑ:nt] *1340–99. Engl. Staatsmann.*
John·son, Andrew [ˈdʒɒnsn; Am. ˈdʒɑnsən] *1808–75. 17. Präsident der USA.*
John·son, James Weldon [ˈdʒɒnsn; Am. ˈdʒɑnsən] *1871–1938. Amer. Schriftsteller.*
John·son, Lyndon Baines [ˈdʒɒnsn; Am. ˈdʒɑnsən] *1908–1973. 36. Präsident der USA.*
John·son, Samuel (Dr. Johnson) [ˈdʒɒnsn; Am. ˈdʒɑnsən] *1709–84. Engl. Lexikograph, Essayist u. Dichter.*
Jones, Daniel [dʒəʊnz] *1881–1967. Engl. Phonetiker.*

Jones, Inigo [dʒəʊnz] *1573–1652. Engl. Architekt.*
Jon·son, Ben (*eigentlich* Benjamin) [ˈdʒɒnsn; Am. ˈdʒɑnsən] *1572?–1637. Engl. Dramatiker u. Dichter; Poeta Laureatus.*
Joule, James Prescott [dʒu:l; dʒaʊl; dʒəʊl] *1818–89. Engl. Physiker.*
Joyce, James [dʒɔɪs] *1882–1941. Irischer Schriftsteller.*

K

Kauf·man, George Simon [ˈkɔ:fmən] *1889–1961. Amer. Dramatiker.*
Keane [ki:n] *Engl. Familienname.*
Kea·ting(e) [ˈki:tɪŋ] *Engl. Familienname.*
Kea·ton, Buster [ˈki:tn] *1895–1966. Amer. Filmkomiker.*
Keats, John [ki:ts] *1795–1821. Engl. Dichter.*
Ke(e)·ble [ˈki:bl] *Engl. Familienname.*
Ke·fau·ver, Carey Estes [ˈki:ˌfɔ:və(r)] *1903–63. Amer. Politiker.*
Keigh·ley [ˈki:θlɪ; ˈki:lɪ; ˈkaɪlɪ] *Engl. Familienname.*
Keir [kɪə(r)] *Engl. Familienname.*
Kel·ler, Helen Adams [ˈkelə(r)] *1880–1968. Amer. Schriftstellerin.*
Kel·logg, Frank Billings [ˈkelɒg; Am. a. -ˌɑg] *1856–1937. Amer. Staatsmann.*
Kel·vin, William Thomson, 1st Baron [ˈkelvɪn] *1824–1907. Engl. Mathematiker u. Physiker.*
Ken·dal(l) [ˈkendl] *Engl. Familienname.*
Ken·ne·dy [ˈkenɪdɪ; -nə-], John Fitzgerald *1917–63, 35. Präsident der USA; sein Bruder* Robert Francis *1925–68, Amer. Politiker.*
Ken·ton, Stan [ˈkentən] *1912–79. Amer. Jazzmusiker.*
Ken·yat·ta, Jomo [kenˈjætə] *1891?–1978. Ministerpräsident u. Präsident von Kenia.*
Kern, Jerome David [kɜ:n; Am. kɜrn] *1885–1945. Amer. Komponist.*
Ke·rou·ac, Jack [ˈkerʊæk; Am. ˈkerəˌwæk] *1922–69. Amer. Schriftsteller.*
Kerr [kɑ:; kɜ:; Am. kɜr; kɑr] *Engl. Familienname.*
Keynes, John Maynard [keɪnz] *1883–1946. Engl. Ökonom.*
Kidd, William (Captain Kidd) [kɪd] *1645?–1701. Engl. Seefahrer u. Seeräuber.*
Kil·mer, (Alfred) Joyce [ˈkɪlmə(r)] *1886–1918. Amer. Dichter.*
King, Martin Luther [kɪŋ] *1929–68. Amer. Negerführer der Civil-Rights-Bewegung.*
King, William Lyon Mackenzie [kɪŋ] *1874–1950. Kanad. Staatsmann; Ministerpräsident.*
Kings·ley, Charles [ˈkɪŋzlɪ] *1819–75. Engl. Geistlicher u. Romanschriftsteller.*
Kip·ling, Rudyard [ˈkɪplɪŋ] *1865–1936. Engl. Dichter u. Schriftsteller.*
Kirk·ness [kɜ:kˈnes; Am. ˌkɜrk-] *Engl. Familienname.*
Kitch·e·ner, Horatio Herbert, 1st Earl Kitchener of Khartoum and of Broome [ˈkɪtʃɪnə(r); -tʃə-] *1850–1916. Brit. Feldmarschall.*
Knowles [nəʊlz] *Engl. Familienname.*
Knox, John [nɒks; Am. nɑks] *1505?–72. Schott. Reformator.*
Kreym·borg, Alfred [ˈkreɪmbɔ:(r)g] *1883–1966. Amer. Dichter.*

Kru·ger, Stephanus Johannes Paulus ("Oom Paul") [ˈkruːgə(r)] Stephanus Johannes Paulus Krüger. 1825–1904. Südafrik. Staatsmann.
Kru·pa, Gene [ˈkruːpə] 1909–73. Amer. Schlagzeuger.
Ku·brick, Stanley [ˈkjuːbrɪk; Am. bes. ˈkuː-] *1928. Amer. Filmregisseur u. Produzent.
Kyd, Thomas [kɪd] 1558–94. Engl. Dramatiker.

L

Laing [læŋ; leɪŋ] Engl. Familienname.
Lamb, Charles [læm] 1775–1834. Engl. Essayist u. Kritiker.
Lamp·lough [ˈlæmpluː; -lʌf] Engl. Familienname.
Lan·dor, Walter Savage [ˈlændɔː(r); -də(r)] 1775–1864. Engl. Schriftsteller.
Lang·land, William [ˈlæŋlənd] 1332?–1400? Engl. Dichter.
Lang·ley, Samuel Pierpont [ˈlæŋlɪ] 1834–1906. Amer. Astronom u. Pionier des Flugzeugbaus.
Lang·ton, Stephen [ˈlæŋtən] ?–1228. Engl. Theologe, Historiker u. Dichter.
La·nier, Sidney [ləˈnɪə(r)] 1842–81. Amer. Dichter.
Lans·down(e) [ˈlænzdaʊn] Engl. Familienname.
Lan·sing, Robert [ˈlænsɪŋ] 1864–1928. Amer. Staatsmann.
Lao-tse od. **Lao-tze** [ˌlɑːəʊˈtseɪ; -ˈtsiː; ˌlaʊ-; Am. ˌlaʊdˈzʌ] od. **Lao-tzu** [ˌlɑːəʊˈtsuː; Am. ˌlaʊdˈzʌ] Lao-tse. 604?–531? v.Chr. Chines. Philosoph.
Lard·ner, Ring [ˈlɑː(r)dnə(r)] (eigentlich Ringold Wilmer) 1885–1933. Amer. Journalist u. Verfasser von Kurzgeschichten.
La·tham [ˈleɪθəm; -ðəm] Engl. Familienname.
Lat·i·mer, Hugh [ˈlætɪmə(r)] 1485?–1555. Engl. Reformator; protestantischer Märtyrer.
Laud, William [lɔːd] 1573–1645. Erzbischof von Canterbury.
Laugh·ton, Charles [ˈlɔːtn] 1899–1962. Engl. Schauspieler.
Lau·rel, Stan [ˈlɒrəl; Am. a. ˈlɑ-] 1890–1965. Amer. Filmkomiker.
La·ver·y [ˈleɪvərɪ; ˈlæv-] Engl. Familienname.
Law, Andrew Bonar [lɔː] 1858–1923. Brit. Staatsmann; Premierminister.
Law, John [lɔː] 1671–1729. Schott. Finanzmann.
Law·rence, David Herbert [ˈlɒrəns; ˈlɔː-; Am. a. ˈlɑ-] 1885–1930. Engl. Romanschriftsteller.
Law·rence, Thomas Edward ("Lawrence of Arabia") [ˈlɒrəns; ˈlɔː; Am. a. ˈlɑ-] 1888–1935. Engl. Archäologe u. Schriftsteller.
Lay·a·mon [ˈlaɪəmən; Am. a. ˈleɪə-] Um 1200. Engl. Dichter.
Lea·cock, Stephen Butler [ˈliːkɒk; Am. -ˌkɑk] 1869–1944. Kanad. humoristischer Erzähler.
Leck·y, William Edward Hartpole [ˈlekɪ] 1838–1903. Irischer Historiker u. Essayist.
Lee, Robert Edward [liː] 1807–70. General der Konföderierten im amer. Sezessionskrieg.
Le·fe·vre [ləˈfiːvə(r); -ˈfeɪ-] Engl. Familienname.
Legge [leg] Engl. Familienname.
Legh [liː] Engl. Familienname.
Leigh [liː] Engl. Familienname.
Len·non, John → Beatles.
Les·lie [ˈlezlɪ; Am. ˈles-] Engl. Familienname.
Le·ver, Charles James [ˈliːvə(r)] 1806–72. Irischer Romanschriftsteller.
Le·v(e)y [ˈliːvɪ; ˈlevɪ] Engl. Familienname.
Lew·es, George Henry [ˈluːɪs] 1817–78. Engl. Philosoph u. Kritiker.
Lew·in [ˈluːɪn] Engl. Familienname.
Lew·is, Matthew Gregory ("Monk Lewis") [ˈluːɪs] 1775–1818. Engl. Dichter u. Romanschriftsteller.
Lew·is, Sinclair [ˈluːɪs] 1885–1951. Amer. Romanschriftsteller.
Ley [liː] Engl. Familienname.
Lin·coln, Abraham [ˈlɪŋkən] 1809–65. 16. Präsident der USA.
Lind·bergh, Charles Augustus [ˈlɪndbɜːg; ˈlɪnbɜːg; Am. -ˌbɜrg] 1902–74. Amer. Flugpionier.
Lind·say, Howard [ˈlɪndzɪ; ˈlɪnzɪ] 1889–1968. Amer. Dramatiker u. Schauspieler.
Lind·say, (Nicholas) Vachel [ˈlɪndzɪ; ˈlɪnzɪ] 1879–1931. Amer. Dichter.
Lipp·mann, Walter [ˈlɪpmən] 1889–1974. Amer. Journalist u. Schriftsteller.
Lips·comb(e) [ˈlɪpskəm] Engl. Familienname.
Live·sey [ˈlɪvsɪ; -zɪ] Engl. Familienname.
Liv·ing·ston, Robert R. [ˈlɪvɪŋstən] 1746–1813. Amer. Staatsmann.
Liv·ing·stone, David [ˈlɪvɪŋstən] 1813–73. Schott. Missionar u. Forschungsreisender in Afrika.
Liv·y (Titus Livius) [ˈlɪvɪ] Livius. 59 v.Chr.–17 n. Chr. Röm. Historiker.
Lloyd George, David, 1st Earl of Dufor [ˌlɔɪdˈdʒɔː(r)dʒ] 1863–1945. Brit. Staatsmann; Premierminister.
Locke, John [lɒk; Am. lɑk] 1632–1704. Engl. Philosoph.
Lock·er-Lamp·son, Frederick [ˌlɒkəˈlæmpsn; Am. ˌlɑkər-] 1821–95. Engl. Dichter.
Lock·hart [ˈlɒkət; ˈlɒkhɑːt; Am. ˈlɑkərt; ˈlɑkˌhɑrt] Engl. Familienname.
Lodge, Henry Cabot [lɒdʒ; Am. lɑdʒ] 1850–1924. Amer. Staatsmann u. Schriftsteller.
Lodge, Thomas [lɒdʒ; Am. lɑdʒ] 1558?–1625. Engl. Dichter u. Dramatiker.
Lon·don, Jack [ˈlʌndən] 1876–1916. Amer. Schriftsteller.
Long·fel·low, Henry Wadsworth [ˈlɒŋˌfeləʊ] 1807–82. Amer. Dichter.
Lons·dale [ˈlɒnzdeɪl; Am. ˈlɑnz-] Engl. Familienname.
Lo·raine [lɒˈreɪn; lə-] Engl. Familienname.
Lou·is, Joe [ˈluːɪs] 1914–81. Amer. Boxer.
Love·lace, Richard [ˈlʌvleɪs] 1618–58. Engl. Dichter.
Lov·ell, Sir Bernard [ˈlʌvl] *1913. Engl. Astronom.
Lov·er, Samuel [ˈlʌvə(r)] 1797–1868. Irischer Romanschriftsteller.
Low, David [ləʊ] 1891–1963. Engl. politischer Karikaturist.
Low·ell [ˈləʊəl], **Abbot Lawrence** 1856–1943. amer. Pädagoge; sein Bruder **Percival** 1855–1916. amer. Astronom; seine Schwester **Amy** 1874–1925. amer. Dichterin u. Kritikerin.
Low·ell, James Russell [ˈləʊəl] 1819–91. Amer. Dichter, Essayist u. Diplomat.
Lowes [ləʊz] Engl. Familienname.
Lowndes [laʊndz] Engl. Familienname.
Low·ry, L(awrence) S(tephen) [ˈlaʊrɪ] 1887–1976. Engl. Maler.
Lud·gate [ˈlʌdgɪt; -geɪt] Engl. Familienname.
Ly·all [ˈlaɪəl] Engl. Familienname.
Lyd·gate, John [ˈlɪdgeɪt; -gɪt] 1370?–1450? Engl. Dichter.
Lyl·y, John [ˈlɪlɪ] 1554?–1606. Engl. Dichter u. Dramatiker.
Ly·nam [ˈlaɪnəm] Engl. Familienname.
Lynch, John Mary (Jack) [lɪntʃ] *1917. Premierminister von Irland.

M

Mac- → a. **Mc-**.
Mac·Ar·thur, Douglas [məˈkɑː(r)θə(r); məkˈɑː(r)-] 1880–1964. Amer. General.
Mac·Cal·lum [məˈkæləm] Engl. Familienname.
Mac·Car·thy [məˈkɑː(r)θɪ] Engl. Familienname.
Ma·cau·lay, Rose [məˈkɔːlɪ] 1881–1958. Engl. Schriftstellerin.
Ma·cau·lay, Thomas Babington, 1st Baron [məˈkɔːlɪ] 1800–59. Engl. Historiker u. Staatsmann.
Mac·beth [məkˈbeθ] ?–1057. König von Schottland.
Mac·Clure [məˈkluə(r)] Engl. Familienname.
Mac·Crae [məˈkreɪ] Engl. Familienname.
Mac·don·ald, George [məkˈdɒnəld; Am. -ˈdɑnld] 1824–1905. Schott. Romanschriftsteller u. Dichter.
Mac·Don·ald, James Ramsay [məkˈdɒnəld; Am. -ˈdɑnld] 1866–1937. Brit. Staatsmann; Premierminister.
Mac·Dou·gal [məkˈduːgl] Engl. Familienname.
Mac·Gee [məˈgiː] Engl. Familienname.
Mach·en [ˈmeɪtʃən; ˈmækɪn] Engl. Familienname.
Mack [mæk] Engl. Familienname.
Mac·Ken·na [məˈkenə] Engl. Familienname.
Mack·ie [ˈmækɪ] Engl. Familienname.
Mac·lar·en, Ian [məˈklærən] → Watson, John.
Mac·Leish, Archibald [məˈkliːʃ] 1892–1982. Amer. Dichter.
Mac·leod, Fiona [məˈklaʊd] → Sharp, William.
Mac·mil·lan, Harold [məkˈmɪlən] *1894. Brit. Verleger u. Staatsmann; Premierminister.
Mac·Nab [məkˈnæb] Engl. Familienname.
Mac·na·ma·ra [ˌmæknəˈmɑːrə; Am. -ˈmærə] Engl. Familienname.
Mac·Neice, Louis [məkˈniːs] 1907–63. Engl. Dichter u. Philologe.
Mac·o·no·chie [məˈkɒnəkɪ; Am. -ˈkɑ-] Engl. Familienname.
Mac·pher·son, James [məkˈfɜːsn; Am. -ˈfɜrsn] 1736–96. Schott. Dichter.
Mad·i·son [ˈmædɪsn], **James** 1751–1836, 4. Präsident der USA; seine Frau **Dolly (Dorothea**, geb. **Payne)** 1768–1849.
Mae·ce·nas, Gaius Cilnius [miːˈsiːnæs; -nəs] 70?–8 v.Chr. Röm. Staatsmann u. Förderer der Künste u. Wissenschaften.
Ma·gee [məˈgiː] Engl. Familienname.
Ma·hom·et [məˈhɒmɪt; Am. məˈhɑmət; Br. u. Am. a. ˈmeɪəmet], a. **Ma·hom·ed** [-d] → Mohammed.
Ma·hon [mɑːn; məˈhuːn; məˈhəʊn] Engl. Familienname.

Ma·hon(e)y ['mɑ:ənɪ; 'mɑ:nɪ] *Engl. Familienname.*
Mail·er, Norman ['meɪlə(r)] **1923. Amer. Schriftsteller.*
Mal·lett ['mælɪt] *Engl. Familienname.*
Ma·lone, Edmund [mə'ləʊn] *1741–1812. Irischer Literaturhistoriker; Shakespeareforscher.*
Mal·o·ry, Sir Thomas ['mælərɪ] *1408?–71? Engl. Verfasser eines Artusromans.*
Mal·thus, Thomas Robert ['mælθəs] *1766–1834. Engl. Wirtschaftswissenschaftler.*
Man·ning, Henry Edward ['mænɪŋ] *1808–92. Engl. Kardinal u. Schriftsteller.*
Mans·field, Katherine ['mænsfi:ld] *(Pseudonym von Kathleen Murry, geb. Beauchamp) 1888–1923. Engl. Schriftstellerin.*
Man·to·va·ni, Annunzio Paolo [ˌmæntə'vɑ:nɪ] *1905–80. Brit. Violinist u. Komponist ital. Herkunft.*
Mao Tse-tung [ˌmaʊtse'tʊŋ; *Am.* ˌmaʊdzə'dʊŋ] *1893–1976. Chines. Staatsmann; Präsident der Volksrepublik China.*
Map [mæp], *a.* **Mapes,** Walter [mæps; 'meɪpɪz] *1140?–1209? Walisischer Dichter.*
Mar·cu·se, Herbert [mɑ:(r)'ku:zə] *1898–1979. Amer. Philosoph deutscher Herkunft.*
Mark·ham, Edwin ['mɑ:(r)kəm] *1852–1940. Amer. Dichter.*
Marl·bor·ough, Duke of ['mɔ:lbərə; -brə; 'mɑ:(r)l-; *Am. bes.* -ˌbərə] → Churchill, John.
Mar·ley, Bob ['mɑ:(r)lɪ] *1945–81. Jamaikanischer Reggae-Star.*
Mar·lowe, Christopher ['mɑ:(r)ləʊ] *1564–93. Engl. Dramatiker.*
Mar·ner ['mɑ:(r)nə(r)] *Engl. Familienname.*
Mar·quand, John Phillips ['mɑ:(r)kwənd; *Am. bes.* mɑr'kwɑnd] *1893–1960. Amer. Schriftsteller.*
Mar·ry·at, Frederick ['mærɪət] *1792–1848. Engl. Marineoffizier u. Romanschriftsteller.*
Mar·shall, George Catlett ['mɑ:(r)ʃl] *1880–1959. Amer. General u. Staatsmann.*
Mar·ston, John ['mɑ:(r)stən] *1575?–1634. Engl. Dramatiker.*
Mar·ti·neau, Harriet ['mɑ:tɪnəʊ; *Am.* 'mɑrtnˌəʊ] *1802–76. Engl. Schriftstellerin.*
Mar·vell, Andrew ['mɑ:(r)vl] *1621–78. Engl. Dichter.*
Marx Broth·ers ['mɑ:(r)ksˌbrʌðə(r)z] *Amer. Filmkomiker:* Arthur Marx, *genannt* **Harpo** ['hɑ:(r)pəʊ] *1893–1964;* Herbert Marx, *genannt* **Zeppo** ['zepəʊ] *1901–79;* Julius Marx, *genannt* **Groucho** ['graʊtʃəʊ] *1895–1977;* Leonard Marx, *genannt* **Chico** ['tʃi:kəʊ] *1891–1961.*
Mar·y I ("Bloody Mary") ['meərɪ] Ma'ria I. (die Katholische *od.* die Blutige) *1516–58. Königin von England.*
Mar·y II ['meərɪ] *1662–94. Königin von England; Gemahlin König Wilhelms III. von Oranien.*
Mar·y Stu·art, Mary, Queen of Scots [ˌmeərɪ'stjʊə(r)t; -ˈstju:; *Am. a.* -ˈstu:ərt] Ma'ria Stuart. *1542–87. Königin von Schottland.*
Mar·y Tu·dor [ˌmeərɪ'tju:də(r); *Am. a.* -ˈtu:-] → Mary I.
Mase·field, John ['meɪsfi:ld] *1878–1967. Engl. Dichter; Poeta Laureatus.*
Mas·ham ['mæsəm; 'mæʃəm] *Engl. Familienname.*
Ma·son, James ['meɪsn] *1909–84. Brit. Filmschauspieler.*
Mas·sin·ger, Philip ['mæsɪndʒə; *Am.* 'mæsndʒər] *1583–1640. Engl. Dramatiker.*

Mas·ters, Edgar Lee ['mɑ:stəz; *Am.* 'mæstərz] *1869–1950. Amer. Schriftsteller.*
Ma·thews ['mæθju:z; 'meɪ-] *Engl. Familienname.*
Maud·ling, Reginald ['mɔ:dlɪŋ] **1917. Brit. Politiker.*
Maug·ham, William Somerset [mɔ:m] *1874–1965. Engl. Romanschriftsteller u. Dramatiker.*
Maughan [mɔ:n] *Engl. Familienname.*
Max·well, James Clerk ['mækswəl; -wel] *1831–79. Schott. Physiker.*
May·hew ['meɪhju:] *Engl. Familienname.*
May·o ['meɪəʊ] Charles Horace *1865–1939; sein Bruder* William James *1861–1939. Amer. Chirurgen.*
Mc- → *a.* Mac-.
Mc·Car·thy, Joseph R. [mə'kɑ:(r)θɪ] *1909–57. Amer. Politiker.*
Mc·Cart·ney, Paul → Beatles.
Mc·Kin·ley, William [mə'kɪnlɪ] *1843–1901. 25. Präsident der USA.*
Mc·Queen, Steve [mə'kwi:n] *1930–1980. Amer. Filmschauspieler.*
Meagher [mɑ:(r)] *Engl. Familienname.*
Mel·bourne, William Lamb, 2nd Viscount ['melbə(r)n] *1779–1848. Brit. Staatsmann.*
Mel·chi·or, Lauritz ['melkɪɔ:(r)] *1890–1973. Deutsch-amer. Operntenor.*
Mel·ville, Herman ['melvɪl] *1819–91. Amer. Schriftsteller.*
Menck·en, Henry Louis ['meŋkən] *1880–1956. Amer. Schriftsteller u. Kritiker.*
Men·zies, Sir Robert Gordon ['menzɪz] *1894–1978. Austral. Staatsmann.*
Mer·e·dith, George ['merədɪθ] *1828–1909. Engl. Romanschriftsteller u. Dichter.*
Me·thu·en ['meθjʊɪn] *Engl. Familienname.*
Meyn·ell, Alice Christiana Gertrude (geb. Thompson) ['menl; 'meɪnl] *1847–1922. Engl. Dichterin u. Essayistin.*
Mey·rick ['merɪk; 'meɪ-] *Engl. Familienname.*
Mid·dle·ton, Thomas ['mɪdltən] *1570?–1627. Engl. Dramatiker.*
Miers ['maɪə(r)z] *Engl. Familienname.*
Mill [mɪl], James *1773–1836, schott. Philosoph u. Volkswirtschaftler; sein Sohn* John Stuart *1806–73, engl. Philosoph u. Volkswirtschaftler.*
Mil·lay, Edna St. Vincent [mɪ'leɪ] *1892–1950. Amer. Dichterin.*
Mil·ler, Arthur ['mɪlə(r)] **1915. Amer. Dramatiker.*
Mil·ler, Henry ['mɪlə(r)] *1891–1980. Amer. Schriftsteller.*
Milne, Alan Alexander [mɪln; mɪl] *1882–1956. Engl. Dichter u. Dramatiker.*
Milnes [mɪlz; mɪlnz] *Engl. Familienname.*
Mil·ton, John ['mɪltən] *1608–74. Engl. Dichter.*
Mitch·ell, Margaret ['mɪtʃl] *1900–49. Amer. Schriftstellerin.*
Mitch·ell, Silas Weir ['mɪtʃl] *1829–1914. Amer. Arzt u. Schriftsteller.*
Mit·ford, Mary Russell ['mɪtfə(r)d] *1787–1855. Engl. Romanschriftstellerin u. Dramatikerin.*
Mit·ford, Nancy ['mɪtfə(r)d] *1904–73. Engl. Schriftstellerin.*
Mo·ham·med [məʊ'hæmed; -ɪd] *570–632. Stifter des Islams.*
Mo·lo·ny [mə'ləʊnɪ] *Engl. Familienname.*
Mo·ly·neux ['mɒlɪnju:ks; 'mʌl-; -nju:; *Am. bes.* 'mʌlɪˌnu:ks; -ˌnu:] *Engl. Familienname.*
Mon·mouth, James Scott, Duke of ['mɒnməθ; *Am.* 'mʌn-; 'mɑn-] *1649–85. Sohn Karls II. von England. Engl. Rebell u. Thronprätendent.*

Mon·roe, Harriet [mən'rəʊ] *1861?–1936. Amer. Dichterin.*
Mon·roe, James [mən'rəʊ] *1758–1831. 5. Präsident der USA.*
Mon·roe, Marilyn [mən'rəʊ] *1926–62. Amer. Filmschauspielerin.*
Mon·son ['mʌnsn] *Engl. Familienname.*
Mon·ta·gue, Lady Mary Wortley ['mɒntəgju:; 'mʌn-; *Am.* 'mɑn-; 'mʌn-] *1689–1762. Engl. Schriftstellerin.*
Mont·fort, Simon de, Earl of Leicester ['mɒntfət; *Am.* 'mɑntfərt] *1208?–65. Engl. Heerführer u. Staatsmann; Sohn des* Simon de Montfort l'Amaury.
Mont·gom·er·y, Sir Bernard Law, 1st Viscount Montgomery of Alamein [mənt'gʌmərɪ; mən'g-; *Br. a.* mɒnt'gɒm-; *Am. a.* mɑnt'gɑm-] *1887–1976. Brit. Feldmarschall.*
Moore, George [mʊə(r); mɔ:(r)] *1852–1933. Irischer Schriftsteller.*
Moore, Henry [mʊə(r); mɔ:(r)] **1898. Engl. Bildhauer.*
Moore, Thomas [mʊə(r); mɔ:(r)] *1779–1852. Irischer Dichter.*
More, Henry [mɔ:(r)] *1614–87. Engl. Philosoph.*
More, Paul Elmer [mɔ:(r)] *1864–1937. Amer. Essayist u. Kritiker.*
More, Sir (Thomas Morus) [mɔ:(r)] *1478–1535. Engl. Humanist u. Staatsmann; heiliggesprochen.*
Mor·gan, Charles Langbridge ['mɔ:(r)gən] *1894–1958. Engl. Romanschriftsteller.*
Mor·gen·thau, Henry ['mɔ:(r)gənθɔ:] *1891–1967. Amer. Politiker.*
Mor·ley, Christopher Darlington ['mɔ:(r)lɪ] *1890–1957. Amer. Schriftsteller.*
Mor·ley, John, Viscount Morley of Blackburn ['mɔ:(r)lɪ] *1838–1923. Engl. Staatsmann u. Schriftsteller.*
Mor·rell ['mʌrəl; mə'rel] *Engl. Familienname.*
Mor·ris, William ['mɒrɪs; *Am. a.* 'mɑrəs] *1834–96. Engl. Dichter u. Maler.*
Morse, Samuel Finley Breese [mɔ:(r)s] *1791–1872. Amer. Maler u. Erfinder.*
Mor·ti·mer, Roger de, 1st Earl of March ['mɔ:(r)tɪmə(r)] *1287–1330. Walisischer Rebell; Günstling der Königin Isabella von England.*
Mos·ley, Sir Oswald Ernald ['mɒzlɪ; *bes. Am.* 'məʊzlɪ] *1896–1980. Brit. Politiker.*
Mount·bat·ten, Louis, 1st Earl Mountbatten of Burma [maʊnt'bætn] *1900–79. Brit. Großadmiral.*
Mow·att ['maʊət; 'məʊət] *Engl. Familienname.*
Mowll [məʊl; mu:l] *Engl. Familienname.*
Mu·ham·mad Ali [mʊˌhæmədɑ:'li:; -'ɑ:lɪ] **1942. Amer. Boxer.*
Mu·lock, Dinah Maria ['mju:lɒk; *Am. bes.* -ˌlɑk] → Craik.
Mun·ro [mʌn'rəʊ; 'mʌnrəʊ] *Engl. Familienname.*
Mur·doch, Iris ['mɜ:dɒk; *Am.* 'mɜrdək; -ˌdɑk] **1919. Brit. Schriftstellerin.*
Mur·ry, John Middleton ['mʌrɪ; *Am. bes.* 'mɜrɪ:] *1889–1957. Engl. Schriftsteller.*

N

Nab·o·kov, Vladimir Vladimirovich [nə'bɔʊkɒf; 'næbəʊkɒf; *Am.* nə'bɔ:kəf] *1899–1977. Amer. Schriftsteller russischer Herkunft.*

Na·po·le·on I *od.* **Na·po·le·on Bo·na·parte** [nəˈpəʊljən; -lɪən; ˈbəʊnəpɑː(r)t] *1769–1821. Kaiser der Franzosen.*
Nash, Ogden [næʃ] *1902–71. Amer. Dichter.*
Nash, John [næʃ] *1752–1835. Engl. Architekt.*
Nash(e), Thomas [næʃ] *1567–1601. Engl. Dichter u. Dramatiker.*
Neale [niːl] *Engl. Familienname.*
Neh·ru, Jawaharlal [ˈneəruː] *1889–1964. Ind. Staatsmann; Premierminister.*
Neil(l) [niːl] *Engl. Familienname.*
Nel·son, Horatio, Viscount [ˈnelsn] *1758–1805. Brit. Admiral.*
New·bolt, Sir Henry John [ˈnjuːbəʊlt; *Am. a.* ˈnuː-] *1862–1938. Engl. Schriftsteller.*
New·man, John Henry (Cardinal Newman) [ˈnjuːmən; *Am. a.* ˈnuː-] *1801–80. Engl. Theologe; Kardinal.*
New·man, Paul [ˈnjuːmən; *Am. a.* ˈnuː-] **1925. Amer. Filmschauspieler.*
New·ton, Sir Isaac [ˈnjuːtn; *Am. a.* ˈnuːtn] *1643–1727. Engl. Physiker, Mathematiker u. Philosoph.*
Night·in·gale, Florence [ˈnaɪtɪŋgeɪl; *Am. a.* -tn-] *1820–1910. Engl. Philanthropin.*
Niv·en, David [ˈnɪvən; -vn] *1909–83. Brit. Filmschauspieler.*
Nix·on, Richard Milhous [ˈnɪksən] **1913. 37. Präsident der USA.*
Nor·ris, Frank [ˈnɒrɪs; *Am. a.* ˈnɑrəs] *1870–1902. Amer. Romanschriftsteller.*
North, Frederick, Lord [nɔː(r)θ] *1732–92. Brit. Staatsmann; Premierminister.*
Nor·ton, Charles Eliot [ˈnɔː(r)tn] *1827–1908. Amer. Schriftsteller u. Gelehrter.*
Nor·ton, Thomas [ˈnɔː(r)tn] *1532–84. Engl. Jurist u. Dichter.*
Now·ell [ˈnəʊəl] *Engl. Familienname.*

O

Oates [əʊts] *Engl. Familienname.*
O'Brien [əʊˈbraɪən] *Engl. Familienname.*
O'Cal·la·ghan [əʊˈkæləhən] *Engl. Familienname.*
O'Ca·sey, Sean [əʊˈkeɪsɪ] *1880–1964. Irischer Dramatiker.*
Oc·cam *od.* **Ock·ham, William of** [ˈɒkəm; *Am.* ˈɑkəm] *1300?–49? Engl. Theologe u. Philosoph.*
O'Con·nor, Frank [əʊˈkɒnə; *Am.* -ˈkɑnər] *1903–66. Irischer Schriftsteller.*
O'Con·nor, Thomas Power [əʊˈkɒnə; *Am.* -ˈkɑnər] *1848–1929. Irischer Journalist u. Nationalist.*
O·dets, Clifford [əʊˈdets] *1906–63. Amer. Dramatiker.*
O'Don·nell [əʊˈdɒnl; *Am.* -ˈdɑnl] *Engl. Familienname.*
O'Dowd [əʊˈdaʊd] *Engl. Familienname.*
O'Fla·her·ty, Liam [əʊˈflɛətɪ; *bes. Am.* əʊˈflæhə(r)tɪ] *1896–1984. Irischer Romanschriftsteller.*
O'Ha·gan [əʊˈheɪgən] *Engl. Familienname.*
O'Har·a [əʊˈhɑːrə; *Am.* əʊˈhærə] *Engl. Familienname.*
O. Hen·ry [əʊˈhenrɪ] → **Porter, William Sidney.**
O'Kel·ly, Seán Thomas [əʊˈkelɪ] *1883–1966. Irischer Politiker; Staatspräsident der Irischen Republik.*
O'Lear·y [əʊˈlɪərɪ] *Engl. Familienname.*
O·liv·i·er, Sir Laurence [əˈlɪvɪeɪ] **1907. Engl. Schauspieler.*
O'Neill, Eugene Gladstone [əʊˈniːl] *1888–1953. Amer. Dramatiker.*
On·ions, Charles Talbut [ˈʌnjənz] *1873–1965. Engl. Philologe u. Lexikograph.*
Op·pen·heim, Edward Phillips [ˈɒpənhaɪm; *Am.* ˈɑp-] *1866–1946. Engl. Romanschriftsteller.*
Op·pen·hei·mer, J. Robert [ˈɒpənhaɪmə(r); *Am.* ˈɑp-] *1904–67. Amer. Physiker.*
Or·well, George [ˈɔː(r)wəl; -wel] *1903–50. Engl. Schriftsteller u. Essayist.*
Os·borne, John [ˈɒzbən; -bɔːn; *Am.* ˈɑzbərn; -ˌbɔːrn] **1929. Engl. Schriftsteller u. Dramatiker.*
O'Shaugh·nes·sy [əʊˈʃɔːnɪsɪ; -nəsɪ] *Engl. Familienname.*
O'Shea [əʊˈʃeɪ] *Engl. Familienname.*
O'Sul·li·van [əʊˈsʌlɪvən] *Engl. Familienname.*
Ot·way, Thomas [ˈɒtweɪ; *Am.* ˈɑt-] *1652–85. Engl. Dramatiker.*
Oug·ham [ˈəʊkəm] *Engl. Familienname.*
Outh·waite [ˈuːθweɪt; ˈəʊθ-; ˈaʊθ-] *Engl. Familienname.*
O·ver·bur·y [ˈəʊvə(r)bərɪ; -brɪ; *Am. bes.* -ˌberiː] *Engl. Familienname.*
Ow·en, Robert [ˈəʊɪn] *1771–1858. Engl. Sozialreformer.*
Ow·en, Wilfred [ˈəʊɪn] *1893–1918. Engl. Dichter.*
Ow·ens, Jesse [ˈəʊɪnz] *1913–80. Amer. Leichtathlet.*
Owles [əʊlz] *Engl. Familienname.*

P

Page, Thomas Nelson [peɪdʒ] *1853–1922. Amer. Romanschriftsteller u. Diplomat.*
Paine, Thomas [peɪn] *1737–1809. Amer. Staatstheoretiker engl. Herkunft.*
Pais·ley, Ian [ˈpeɪzlɪ] **1926. Nordirischer protestantischer Politiker.*
Palm·er, George Herbert [ˈpɑːmə(r); *Am. a.* ˈpɑl-] *1842–1933. Amer. Pädagoge u. Philosoph.*
Palm·er·ston, Henry John Temple, 3rd Viscount [ˈpɑːmə(r)stən; *Am. a.* ˈpɑl-] *1784–1865. Brit. Staatsmann; Premierminister.*
Pank·hurst, Emmeline [ˈpæŋkhɜːst; *Am.* -ˌhɜrst] *1858–1928. Engl. Frauenrechtlerin.*
Par·ker, Charlie [ˈpɑː(r)kə(r)] *1920–55. Amer. Jazzmusiker u. Komponist.*
Par·ker, Dorothy *(geb.* **Rothschild)** [ˈpɑː(r)kə(r)] *1893–1967. Amer. Schriftstellerin.*
Par·ker, Sir Gilbert [ˈpɑː(r)kə(r)] *1862–1932. Kanad. Schriftsteller.*
Par·nell, Charles Stewart [pɑː(r)ˈnel; ˈpɑː(r)nəl] *1846–91. Irischer Nationalist.*
Pa·ter, Walter Horatio [ˈpeɪtə(r)] *1839–94. Engl. Essayist u. Kritiker.*
Pat·more, Coventry Kersey Dighton [ˈpætmɔː(r)] *1823–96. Engl. Dichter.*
Pat·ter·son [ˈpætə(r)sn] *Engl. Familienname.*
Payne, John Howard [peɪn] *1791–1852. Amer. Schauspieler u. Dramatiker.*
Pea·bod·y, George [ˈpiːˌbɒdɪ; *Am.* -ˌbɑdiː] *1795–1869. Amer. Kaufmann u. Philanthrop.*
Pea·cock, Thomas Love [ˈpiːkɒk; *Am.* -ˌkɑk] *1785–1866. Engl. Romanschriftsteller.*
Pears [pɪə(r)z; peə(r)z] *Engl. Familienname.*
Pear·sall [ˈpɪə(r)sɔːl; -səl] *Engl. Familienname.*
Pear·son [ˈpɪə(r)sn] *Engl. Familienname.*
Peart [pɪə(r)t] *Engl. Familienname.*
Peel, Sir Robert [piːl] *1788–1850. Brit. Staatsmann; Premierminister.*
Peele, George [piːl] *1558?–97? Engl. Dramatiker u. Dichter.*
Penn [pen]**, Sir William** *1621–70, engl. Admiral; sein Sohn* **William** *1644–1718, engl. Quäker, Gründer der Kolonie Pennsylvania.*
Pep·per, Art [ˈpepə(r)] *1925–82. Amer. Jazzmusiker.*
Pepys, Samuel [piːps] *1633–1703. Verfasser berühmter Tagebücher.*
Per·cy, Sir Henry ("Percy Hotspur") [ˈpɜːsɪ; *Am.* ˈpɜrsiː] *1364–1403. Engl. Heerführer.*
Phil·ip, Prince, 3rd Duke of Edinburgh [ˈfɪlɪp] *Prinz Philipp, Herzog von Edinburgh. *1921. Gemahl Elisabeths II. von England.*
Phil·ips, Ambrose ("Namby-Pamby") [ˈfɪlɪps] *1674–1749. Engl. Dichter u. Dramatiker.*
Pi·cas·so, Pablo [pɪˈkæsəʊ; *Am. a.* pɪˈkɑː-] *1881–1973. Span. Maler, Graphiker u. Bildhauer.*
Pick·ford, Mary [ˈpɪkfə(r)d] *1893–1979. Amer. Stummfilmstar.*
Pierce, Franklin [pɪə(r)s] *1804–69. 14. Präsident der USA.*
Pi·ne·ro, Sir Arthur Wing [pɪˈnɪərəʊ] *1855–1934. Engl. Dramatiker.*
Pi·ther [ˈpaɪθə(r); -ðə(r)] *Engl. Familienname.*
Pit·man, Sir Isaac [ˈpɪtmən] *1813–97. Engl. Stenograph.*
Pitt [pɪt], **William, 1st Earl of Chatham (The Elder Pitt)** *William Pitt (der Ältere) 1708–78, brit. Staatsmann; sein Sohn* **William (The Younger Pitt)** *William Pitt (der Jüngere) 1759–1806, brit. Staatsmann, Premierminister.*
Pla·to [ˈpleɪtəʊ] *Plato(n). 427?–347 v. Chr. Griech. Philosoph.*
Poe, Edgar Allan [pəʊ] *1809–49. Amer. Dichter.*
Polk, James Knox [pəʊk] *1795–1849. 11. Präsident der USA.*
Pope, Alexander [pəʊp] *1688–1744. Engl. Dichter.*
Por·ter, Katherine Anne [ˈpɔː(r)tə(r)] *1890–1980. Amer. Schriftstellerin.*
Por·ter, Cole [ˈpɔː(r)tə(r)] *1893–1964. Amer. Komponist.*
Por·ter, William Sidney [ˈpɔː(r)tə(r)] *(Pseudonym* **O. Henry)**. *1862–1910. Amer. Schriftsteller.*
Pot·ter, Beatrix [ˈpɒtə; *Am.* ˈpɑtər] *1866–1943. Engl. Autorin von Kinderbüchern.*
Pot·ter Simeon [ˈpɒtə; *Am.* ˈpɑtər] *1898–1976. Engl. Philologe.*
Pound, Ezra Loomis [paʊnd] *1885–1972. Amer. Dichter.*
Pow·lett [ˈpɔːlɪt] *Engl. Familienname.*
Pow·ys [ˈpəʊɪs] *Brüder:* **John Cowper** *1872–1963;* **Theodore Francis** *1875–1953;* **Llewelyn** *1884–1939. Engl. Schriftsteller.*
Poyn·ter [ˈpɔɪntə(r)] *Engl. Familienname.*
Pres·ley, Elvis [ˈprezlɪ] *1935–77. Amer. Sänger u. Gitarrist.*
Priest·ley, John Boynton [ˈpriːstlɪ] *1894–1984. Engl. Romanschriftsteller.*
Pri·or, Matthew [ˈpraɪə(r)] *1664–1721. Engl. Dichter.*

Prit·chard ['prɪtʃə(r)d; -tʃɑː(r)d] *Engl. Familienname.*
Pugh [pjuː] *Engl. Familienname.*
Pul·itz·er, Joseph ['pʊlɪtsə(r)] *1847–1911. Amer. Journalist ungar. Herkunft.*
Pur·cell, Henry ['pɜːsl; Am. 'pɜrsl] *1658?–95. Engl. Komponist.*
Pyke [paɪk] *Engl. Familienname.*
Pym, John [pɪm] *1584–1643. Engl. Staatsmann.*

Q

Quarles, Francis [kwɔː(r)lz; Am. a. kwɑrlz] *1592–1644. Engl. Dichter.*
Quil·ler-Couch, Sir Arthur Thomas [ˌkwɪlə(r)'kuːtʃ] *1863–1944. Engl. Schriftsteller u. Literaturhistoriker.*
Quin·cy, Josiah ['kwɪnsɪ; Am. a. -zɪː] *1744–75. Amer. Rechtsanwalt u. Politiker.*
Quinn, Anthony [kwɪn] **1915. Amer. Filmschauspieler mexikan. Herkunft.*

R

Rack·ham, Arthur ['rækəm] *1867–1939. Engl. Illustrator.*
Rae [reɪ] *Engl. Familienname.*
Rae·burn, Sir Henry ['reɪbɜːn; Am. -ˌbɜrn] *1756–1823. Schott. Maler.*
Raft, George [rɑːft; Am. bes. ræft] *1895–1980. Amer. Schauspieler.*
Ra·le(i)gh, Sir Walter ['rɔːlɪ; 'rɑːlɪ; 'rælɪ] *1552?–1618. Engl. Seefahrer u. Schriftsteller.*
Ram·say, Allan ['ræmzɪ] *1686–1758. Schott. Dichter.*
Ran·some, Arthur ['rænsəm] *1884–1967. Engl. Schriftsteller.*
Rat·cliffe ['rætklɪf] *Engl. Familienname.*
Rat·ti·gan, Sir Terence ['rætɪgən] *1911–77. Engl. Dramatiker.*
Ray, Man [reɪ] *1890–1976. Amer. Objektkünstler, Fotograf u. Maler.*
Reade, Charles [riːd] *1814–84. Engl. Romanschriftsteller.*
Rea·gan, Ronald ['reɪgən] **1911. Amer. republikanischer Politiker. Seit 1981 40. Präsident der USA.*
Reed, John [riːd] *1887–1920. Amer. Journalist u. Schriftsteller.*
Reed, Sir Carol [riːd] *1906–76. Engl. Filmregisseur.*
Reeve [riːv] *Engl. Familienname.*
Reid [riːd] *Engl. Familienname.*
Reith, John Charles Walsham [riːθ] *1889–1971. 1. Generaldirektor der BBC.*
Rem·ing·ton, Frederic ['remɪŋtən] *1861–1909. Amer. Maler u. Bildhauer.*
Ren·wick ['renwɪk; 'renɪk] *Engl. Familienname.*
Rep·plier, Agnes ['replɪə(r)] *1855–1950. Amer. Essayistin.*
Reyn·olds, Sir Joshua ['renldz] *1723–92. Engl. Maler.*
Rhodes, Cecil John [rəʊdz] *1853–1902. Brit.-südafrik. Wirtschaftsführer u. Staatsmann.*

Rice, Elmer L. [raɪs] *(eigentlich Reizenstein). 1892–1967. Amer. Dramatiker.*
Rich·ard ['rɪtʃə(r)d] *Könige von England:* Richard I (Cœur de Lion) Richard I. (Löwenherz) *1157–99;* Richard II *1367–1400;* Richard III *1452–85.*
Rich·ard·son, Samuel ['rɪtʃə(r)dsn] *1689–1761. Engl. Romanschriftsteller.*
Rid·ley, Nicholas ['rɪdlɪ] *1500?–55. Engl. Reformator u. protestantischer Märtyrer.*
Ri·dout ['rɪdaʊt] *Engl. Familienname.*
Ri·ley, James Whitcomb ['raɪlɪ] *1849–1916. Amer. Dichter.*
Robe·son, Paul ['rəʊbsn] *1898–1976. Amer. Schauspieler u. Sänger.*
Rob·in Hood [ˌrɒbɪn'hʊd; *Am.* ˌrɑ-] *Legendärer Geächteter zur Zeit Richards I.*
Ro·bins ['rəʊbɪnz; *Br. a.* 'rɒ-; *Am. a.* 'rɑ-] *Engl. Familienname.*
Rob·in·son, Edwin Arlington ['rɒbɪnsn; *Am.* 'rɑ-] *1869–1935. Amer. Dichter.*
Rob·in·son, Edward G(oldenberg) ['rɒbɪnsn; *Am.* 'rɑ-] *1893–1973. Amer. Filmschauspieler rumän. Herkunft.*
Rob Roy [ˌrɒb'rɔɪ; *Am.* ˌrɑb-] *1671–1734. Schott. Geächteter.*
Rock·e·fel·ler, John Davison ['rɒkɪfelə(r); *Am.* 'rɑ-] *Vater 1839–1937 u. Sohn 1874–1960. Amer. Ölmagnaten.*
Rodg·ers, Richard ['rɒdʒə(r)z; *Am.* 'rɑ-] *1902–79. Amer. Komponist.*
Rog·ers, Ginger ['rɒdʒə(r)z; *Am.* 'rɑ-] **1911. Amer. Filmschauspielerin u. Tänzerin.*
Ro·get, Peter Mark ['rɒʒeɪ; *Am.* rəʊ'ʒeɪ; 'rəʊˌʒeɪ] *1779–1869. Physiker u. Verfasser eines Synonym-Wortschatzes.*
Rom·ney, George ['rɒmnɪ; 'rʌm-] *1734–1802. Engl. Maler.*
Roo·se·velt ['rəʊzəvelt; *Br. a.* 'ruːsvelt], Franklin Delano *1882–1945, 32. Präsident der USA; seine Frau* (Anna) Eleanor *1884–1962, amer. Schriftstellerin.*
Roo·se·velt, Theodore ['rəʊzəvelt; *Br. a.* 'ruːsvelt] *1858–1919. 26. Präsident der USA.*
Ros·set·ti [rɒ'setɪ; rə's-; *Am.* rəʊ'z-], Dante Gabriel *1828–82, engl. Maler u. Dichter; seine Schwester* Christina Georgina *1830–94, engl. Dichterin.*
Roth·schild ['rɒθʃaɪld; 'rɒstʃ-; 'rɒθstʃ-; *Am. a.* 'rɑ-], Meyer Amschel *1743–1812, dt. Bankier; sein Sohn* Nathan Meyer *1777–1836, Bankier in London.*
Rouse [raʊs; ruːs] *Engl. Familienname.*
Routh [raʊθ] *Engl. Familienname.*
Rowe, Nicholas [rəʊ] *1674–1718. Engl. Dichter u. Dramatiker; Poeta Laureatus.*
Row·ell ['raʊəl; 'rəʊəl] *Engl. Familienname.*
Row·ley, William ['rəʊlɪ; *Am. a.* 'raʊlɪ] *1585?–1642? Engl. Schauspieler u. Dramatiker.*
Rudge [rʌdʒ] *Engl. Familienname.*
Rum·bold ['rʌmbəʊld] *Engl. Familienname.*
Run·yon, Damon ['rʌnjən] *1884–1946. Amer. Schriftsteller.*
Rusk, Dean [rʌsk] **1909. Amer. Politiker.*
Rus·kin, John ['rʌskɪn] *1819–1900. Engl. Schriftsteller u. Sozialreformer.*
Rus·sell, Bertrand Arthur William, 3rd Earl ['rʌsl] *1872–1970. Engl. Philosoph, Mathematiker u. Schriftsteller.*
Rus·sell, George William ['rʌsl] *(Pseudonym Æ). 1867–1935. Irischer Dichter u. Maler.*
Rus·sell, Lord John, 1st Earl Russell of Kingston Russell ['rʌsl] *1792–1878. Brit. Staatsmann; Premierminister.*
Ry·an ['raɪən] *Engl. Familienname.*

S

Sack·ville, Thomas, 1st Earl of Dorset ['sækvɪl] *1536–1608. Engl. Dichter u. Diplomat.*
Sack·ville-West, Victoria Mary [ˌsækvɪl'west] *1892–1962. Engl. Schriftstellerin.*
Sad·ler ['sædlə(r)] *Engl. Familienname.*
Salis·bur·y, Robert Arthur Talbot Gascoyne-Cecil, 3rd Marquis of ['sɔːlzbərɪ; -brɪ; *Am. a.* -ˌberiː] *1830–1903. Brit. Staatsmann.*
Sand·burg, Carl ['sændbɜːg; 'sænb-; *Am.* -ˌbɜrg] *1878–1967. Amer. Dichter.*
San·ders ['sɑːndə(r)z; *Am. bes.* 'sæn-] *Engl. Familienname.*
San·ta·ya·na, George [ˌsæntə'jɑːnə; ˌsæntɪ'ɑːnə] *1863–1952. Amer. Philosoph u. Schriftsteller span. Herkunft.*
Sar·gent, Sir Malcolm ['sɑː(r)dʒənt] *1895–1967. Engl. Dirigent.*
Sa·roy·an, William [sə'rɔɪən] *1908–81. Amer. Schriftsteller.*
Sas·soon, Siegfried [sə'suːn; sæ-] *1886–1967. Engl. Schriftsteller.*
Saun·ders ['sɔːndə(r)z; 'sɑːn-] *Engl. Familienname.*
Saw·yer ['sɔːjə(r)] *Engl. Familienname.*
Say·ers, Dorothy L(eigh) ['seɪə(r)z; 'seə(r)z] *1893–1957. Engl. Schriftstellerin u. Dramatikerin.*
Scott, Sir Walter [skɒt; *Am.* skɑt] *1771–1832. Schott. Dichter u. Romanschriftsteller.*
Sco·tus, Duns ['skaʊtəs; *Br. a.* 'skɒtəs] → Duns Scotus.
Searle [sɜːl; *Am.* sɜrl] *Engl. Familienname.*
Sedg·wick ['sedʒwɪk] *Engl. Familienname.*
See·ger, Alan ['siːgə(r)] *1888–1916. Amer. Dichter.*
See·l(e)y ['siːlɪ] *Engl. Familienname.*
Sel·kirk, Alexander ['selkɜːk; *Am.* -ˌkɜrk] *1676–1721. Schott. Seemann. Vorbild für Defoes "Robinson Crusoe".*
Ser·vice, Robert William ['sɜːvɪs; *Am.* 'sɜr-] *1874–1958. Kanad. Schriftsteller.*
Se·ton, Ernest Thompson ['siːtn] *1860–1946. Engl. Schriftsteller u. Illustrator in den USA.*
Sew·ell ['sjuːəl; *bes. Am.* 'suːəl] *Engl. Familienname.*
Sey·mour, Jane ['siːmɔː(r)] *1509?–37. 3. Frau Heinrichs VIII.*
Shad·well, Thomas ['ʃædwəl; -wel] *1642?–92. Engl. Dramatiker; Poeta Laureatus.*
Shaftes·bur·y, Anthony Ashley Cooper, 1st Earl of ['ʃɑːftsbərɪ; -brɪ; *Am.* 'ʃæfts-; *a.* -ˌberiː] *1621–83. Engl. Staatsmann.*
Shake·speare *od.* **Shak·speare** *od.* **Shak·spere**, William ['ʃeɪkˌspɪə(r)] *1564–1616. Engl. Dramatiker u. Dichter.*
Sharp, William [ʃɑː(r)p] *(Pseudonym* Fiona Macleod). *1856?–1905. Schott. Dichter.*
Shaw, George Bernard [ʃɔː] *1856–1950. Irischer Dramatiker u. Kritiker.*
Shea [ʃeɪ] *Engl. Familienname.*
Shel·ley ['ʃelɪ], Percy Bysshe *1792–1822, engl. Dichter; seine Frau* Mary Wollstonecraft *(geb.* Godwin) *1797–1851, engl. Romanschriftstellerin.*
Shen·stone, William ['ʃenstən; *Am. a.* -ˌstəʊn] *1714–63. Engl. Dichter.*
Shep·ard, Alan Bartlett ['ʃepə(r)d] **1923. 1. amer. Astronaut im Weltall.*
Shep·pard ['ʃepə(r)d] *Engl. Familienname.*
Sher·a·ton, Thomas ['ʃerətən; -ətn] *1751–1806. Engl. Kunsttischler.*

Sher·i·dan, Richard Brinsley ['ʃerɪdn] *1751–1816. Irischer Dramatiker u. Politiker.*
Sher·lock ['ʃɜːlɒk; *Am.* 'ʃɜrlɑk] *Engl. Familienname.*
Sher·man, John ['ʃɜːmən; *Am.* 'ʃɜr-] *1823–1900. Amer. Staatsmann.*
Sher·wood, Robert Emmet ['ʃɜːwʊd; *Am.* 'ʃɜr-] *1896–1955. Amer. Dramatiker.*
Shir·ley, James ['ʃɜːlɪ; *Am.* 'ʃɜrliː] *1596–1666. Engl. Dramatiker.*
Shute, Nevil [ʃuːt] *1899–1960. Engl. Romanschriftsteller.*
Sid·ney, Sir Philip ['sɪdnɪ] *1554–86. Engl. Dichter u. Staatsmann.*
Simp·son ['sɪmpsn; 'sɪmsn] *Engl. Familienname.*
Si·na·tra, Francis Albert, genannt Frank [sɪ'nɑːtrə] **1917. Amer. Sänger.*
Sin·clair, Upton Beall ['sɪŋkleə(r); *Am. bes.* sɪn'kleər] *1878–1968. Amer. Schriftsteller u. Politiker.*
Sing·er, Isaac Bashevis ['sɪŋə(r)] **1904. Amer. Schriftsteller poln. Herkunft.*
Sit·well, ['sɪtwəl; -wel], Dame Edith *1887–1964, engl. Dichterin; ihre Brüder* Osbert *1892–1969 u.* Sacheverell **1897, engl. Schriftsteller.*
Skel·ton, John ['skeltən] *1460?–1529. Engl. Dichter.*
Slade [sleɪd] *Engl. Familienname.*
Sloan, John [sləʊn] *1871–1951. Amer. Maler.*
Smil·lie ['smaɪlɪ] *Engl. Familienname.*
Smith, Adam [smɪθ] *1723–90. Schott. Moralphilosoph u. Volkswirtschaftler.*
Smith, Francis Hopkinson [smɪθ] *1838–1915. Amer. Romanschriftsteller u. Maler.*
Smith, Joseph [smɪθ] *1805–44. Amer. Gründer der Mormonen.*
Smol·lett, Tobias George ['smɒlɪt; *Am.* 'smɑlət] *1721–1771. Engl. Schriftsteller.*
Smuts, Jan Christiaan [smʌts] *1870–1950. Südafrik. Staatsmann; Ministerpräsident der Südafrik. Union.*
Smyth [smɪθ; smaɪθ] *Engl. Familienname.*
Snow, C(harles) P(ercy), Baron of Leicester [snəʊ] *1905–80. Engl. Schriftsteller, Physiker u. Politiker.*
Snow·den ['snəʊdn] *Engl. Familienname.*
Soames [səʊmz] *Engl. Familienname.*
Soc·ra·tes ['sɒkrətiːz; *Am.* 'sɑ-] *Sokrates. 470?–399 v.Chr. Griech. Philosoph.*
Sol·ti, Sir Georg ['ʃɒltɪ; *Am.* 'ʃɑltiː] **1912. Brit. Dirigent ungar. Herkunft.*
So·mers ['sʌmə(r)z] *Engl. Familienname.*
Soph·o·cles ['sɒfəkliːz; *Am.* 'sɑ-] *Sophokles. 496?–406 v.Chr. Griech. Tragödiendichter.*
Sou·they, Robert ['saʊðɪ; 'sʌðɪ] *1774–1843. Engl. Dichter u. Schriftsteller; Poeta Laureatus.*
Spark, Muriel [spɑː(r)k] **1918. Schott. Romanschriftstellerin.*
Spell·man, Francis Joseph ['spelmən] *1889–1967. Amer. Kardinal.*
Spen·cer, Herbert ['spensə(r)] *1820–1903. Engl. Philosoph.*
Spen·der, Stephen ['spendə(r)] **1909. Engl. Dichter u. Kritiker.*
Spen·ser, Edmund ['spensə(r)] *1552?–99. Engl. Dichter; Poeta Laureatus.*
Stan·ley, Sir Henry Morton ['stænlɪ] (*eigentlich* John Rowlands). *1841–1904. Engl. Afrikaforscher.*
Stap·ley ['stæplɪ; 'steɪplɪ] *Engl. Familienname.*
Starr, Ringo → **Beatles.**
Steele, Sir Richard [stiːl] *1672–1729. Engl. Essayist u. Dramatiker.*

Stein, Gertrude [staɪn] *1874–1946. Amer. Schriftstellerin.*
Stein·beck, John Ernst ['staɪnbek] *1902–68. Amer. Schriftsteller.*
Ste·phen (of Blois) ['stiːvn] Stephan (von Blois) *1097?–1154. König von England.*
Ste·phen, Sir Leslie ['stiːvn] *1832–1904. Engl. Philosoph, Kritiker u. Biograph.*
Ste·phens, James ['stiːvnz] *1882–1950. Irischer Dichter u. Romanschriftsteller.*
Ste·phen·son ['stiːvnsn], George *1781–1848, engl. Eisenbahningenieur; sein Sohn* Robert *1803–59, engl. Ingenieur.*
Sterne, Laurence [stɜːn; *Am.* stɜrn] *1713–68. Engl. Romanschriftsteller.*
Steu·ben, Friedrich Wilhelm Ludolf Gerhard Augustin, Baron von ['stjuːbən; 'stuː-; 'ʃtɔɪ-] *1730–94. Preußischer General in Amerika.*
Ste·ven·son, Adlai Ewing ['stiːvnsn] *1900–65. Amer. Politiker.*
Ste·ven·son, Robert Louis Balfour ['stiːvnsn] *1850–94. Schott. Schriftsteller.*
Stew·art, Dugald [stjʊə(r)t; 'stjuːə(r)t; *Am. a.* 'stuː-] *1753–1828. Schott. Philosoph.*
Stew·art, James [stjʊə(r)t; 'stjuːə(r)t; *Am. a.* 'stuː-] **1908. Amer. Filmschauspieler.*
Stew·art, Rod [stjʊə(r)t; 'stjuːə(r)t; *Am. a.* 'stuː-] **1945. Schott. Rocksänger.*
Stock·ton, Francis Richard (Frank R.) ['stɒktən; *Am.* 'stɑk-] *1834–1902. Amer. Schriftsteller.*
Stod·dard ['stɒdəd; *Am.* 'stɑdərd] *Engl. Familienname.*
Stop·pard, Tom ['stɒpəd; *Am.* 'stɑpərd] **1937. Engl. Dramatiker.*
Stour·ton ['stɜːtn; *Am.* 'stɜrtən] *Engl. Familienname.*
Stowe, Harriet Elizabeth (*geb.* Beecher) [stəʊ] *1811–96. Amer. Schriftstellerin.*
Stra·chey, (Giles) Lytton ['streɪtʃɪ] *1880–1932. Engl. Schriftsteller u. Biograph.*
Straf·ford, Sir Thomas Wentworth, 1st Earl of ['stræfə(r)d] *1593–1641. Engl. Staatsmann.*
Stu·art [stjʊə(r)t; 'stjuːə(r)t; *Am. a.* 'stuː-] → Charles I u. Mary Stuart.
Stubbs, George [stʌbs] *1724–1806. Engl. Maler.*
Sul·li·van, Sir Arthur ['sʌlɪvən] *1842–1900. Engl. Komponist.*
Sur·rey, Henry Howard, Earl of ['sʌrɪ; *Am. a.* 'sɜriː] *1517?–47. Engl. Dichter.*
Sur·tees ['sɜːtiːz; *Am.* 'sɜr-] *Engl. Familienname.*
Suth·er·land, Graham ['sʌðə(r)lənd] *1903–80. Engl. Maler u. Graphiker.*
Swift, Jonathan [swɪft] *1667–1745. Engl. Schriftsteller irischer Herkunft.*
Swin·burne, Algernon Charles ['swɪnbɜːn; -bən; *Am.* -ˌbɜrn; -bərn] *1837–1909. Engl. Dichter.*
Sykes [saɪks] *Engl. Familienname.*
Sy·mons, Arthur ['saɪmənz; 'sɪm-] *1865–1945. Engl. Dichter u. Kritiker.*
Synge, John Millington [sɪŋ] *1871–1909. Irischer Dichter u. Dramatiker.*

T

Taft, William Howard [tæft] *1857–1930. 27. Präsident der USA.*
Tate, (John Orley) Allen [teɪt] *1899–1979. Amer. Dichter u. Kritiker.*

Tate, Nahum [teɪt] *1652–1715. Engl. Dramatiker; Poeta Laureatus.*
Taw·ney, R(ichard) H(enry) ['tɔːnɪ] *1880–1962. Engl. Wirtschaftshistoriker.*
Tay·lor, Jeremy ['teɪlə(r)] *1613–67. Engl. Geistlicher u. Schriftsteller.*
Tay·lor, Zachary ['teɪlə(r)] *1784–1850. 12. Präsident der USA.*
Teas·dale, Sara ['tiːzdeɪl] *1884–1933. Amer. Dichterin.*
Tem·ple, Sir William ['templ] *1628–99. Engl. Staatsmann u. Schriftsteller.*
Ten·niel, Sir John ['tenjəl] *1820–1914. Engl. Karikaturist.*
Ten·ny·son, Alfred, 1st Baron ['tenɪsn] *1809–92. Engl. Dichter; Poeta Laureatus.*
Thack·er·ay, William Makepeace ['θækərɪ] *1811–63. Engl. Romanschriftsteller.*
That·cher, Margaret ['θætʃə(r)] **1925. Engl. Politikerin; Premierministerin seit 1979.*
Thom·as à Beck·et [ˌtɒməsə'bekɪt; *Am.* ˌtɑ-] → Becket.
Thom·as, Dylan ['tɒməs; *Am.* 'tɑ-] *1914–53. Walisischer Dichter u. Essayist.*
Thom·as of Er·cel·doune ("Thomas the Rhymer") [ˌtɒməsəv'ɜːsldʊːn; *Am.* ˌtɑ-; -ˌɜr-] *1220?–97. Schott. Dichter.*
Thomp·son, Francis ['tɒmpsn; 'tɒmsn; *Am.* 'tɑ-] *1859–1907. Engl. Dichter.*
Thom·son¹, James ['tɒmsn; *Am.* 'tɑmsn] *1700–48. Schott. Dichter.*
Thom·son², James ['tɒmsn; *Am.* 'tɑmsn] (*Pseudonym* B.V.) *1834–82. Schott. Dichter.*
Thom·son, Roy Herbert, 1st Baron Thomson of Fleet ['tɒmsn; *Am.* 'tɑmsn] *1894–1976. Engl. Zeitungsverleger kanad. Herkunft.*
Tho·reau, Henry David ['θɔːrəʊ; *Am. bes.* θə'rəʊ] *1817–62. Amer. Schriftsteller u. Philosoph.*
Thorn·dike, Dame Sybil ['θɔː(r)ndaɪk] *1882–1976. Engl. Schauspielerin.*
Thur·ber, James ['θɜːbə; *Am.* 'θɜrbər] *1894–1961. Amer. Schriftsteller.*
Thu·ron [tʊ'rɒn; *Am.* -'rɑn] *Engl. Familienname.*
Tibbs [tɪbz] *Engl. Familienname.*
Tin·dale ['tɪndl] *Engl. Familienname.*
Tip·pett, Sir Michael Kemp ['tɪpɪt] **1905. Engl. Komponist.*
Ti·tian (Tiziano Vecellio) ['tɪʃn; 'tɪʃjən] Tizian. *1477?–1576. Ital. Maler.*
Tol·kien, J(ohn) R(onald) R(euel) ['tɒlkiːn; *Am.* -tɑl-] *1892–1973. Engl. Schriftsteller u. Philologe.*
Toole [tuːl] *Engl. Familienname.*
Too·ley ['tuːlɪ] *Engl. Familienname.*
Tour·neur, Cyril ['tɜːnə; *Am.* 'tɜrnər] *1576?–1626. Engl. Dramatiker.*
To·vey ['təʊvɪ; 'tʌvɪ] *Engl. Familienname.*
Towle [təʊl] *Engl. Familienname.*
Toyn·bee, Arnold Joseph ['tɔɪnbɪ] *1889–1975. Engl. Historiker.*
Tra·cy, Spencer ['treɪsɪ] *1900–67. Amer. Filmschauspieler.*
Tre·herne [trɪ'hɜːn; *Am.* -'hɜrn] *Engl. Familienname.*
Tre·vel·yan [trɪ'vɪljən; -'vel-], George Macauley *1876–1962, engl. Historiker; sein Vater* Sir George Otto *1838–1928, engl. Biograph, Historiker u. Staatsmann.*
Trol·lope, Anthony ['trɒləp; *Am.* 'trɑ-] *1815–82. Engl. Romanschriftsteller.*
Tru·deau, Pierre Elliot [truː'dəʊ] **1919. Kanad. Politiker; ehem. Premierminister.*
Tru·man, Harry S. ['truːmən] *1884–1972. 33. Präsident der USA.*
Tur·ner, Joseph Mallord William ['tɜːnə; *Am.* 'tɜrnər] *1775–1851. Engl. Maler.*

Twain, Mark [tweɪn] → **Clemens.**
Tweed, William Marcy [twiːd] *1823–78. Amer. Politiker.*
Twist [twɪst] *Engl. Familienname.*
Ty·ler, John [ˈtaɪlə(r)] *1790–1862. 10. Präsident der USA.*
Ty·ler, Wat *od.* Walter [ˈtaɪlə(r)] *?–1381. Engl. Rebell.*
Tyn·dale, William [ˈtɪndl] *1492?–1536. Engl. Bibelübersetzer u. Reformator.*

U

U·dall, Nicholas [ˈjuːdl; *Am. a.* -ˌdɔːl] *1505–56. Engl. Dramatiker.*
Up·dike, John [ˈʌpdaɪk] **1932. Amer. Schriftsteller.*
U·rey, Harold Clayton [ˈjʊərɪ] *1893–1981. Amer. Chemiker.*
Ur·quhart, Sir Thomas [ˈɜːkət; *Am.* ˈɜrkərt] *1611–60. Schott. Schriftsteller u. Übersetzer.*
Uve·dale [ˈjuːdl; ˈjuːvdeɪl] → **Udall.**

V

Val·en·ti·no, Rudolph [ˌvælənˈtiːnəʊ] *1895–1926. Amer. Stummfilmstar.*
Van·brugh, Sir John [ˈvænbrə; vænˈbruː] *1664–1726. Engl. Dramatiker u. Baumeister.*
Van Bu·ren, Martin [vænˈbjʊərən] *1782–1862. 8. Präsident der USA.*
Van·den·berg, Arthur Hendrick [ˈvændənbɜːg; *Am.* -ˌbɜrg] *1884–1951. Amer. Publizist u. Politiker.*
Van·der·bilt, Cornelius [ˈvændə(r)bɪlt] *1794–1877. Amer. Finanzier.*
Van Loon, Hendrik Willem [vænˈləʊn] *1882–1944. Amer. Schriftsteller u. Journalist holl. Herkunft.*
Vaughan, Henry ("The Silurist") [vɔːn; *Am. a.* vɑːn] *1622–95. Engl. Dichter.*
Vaughan Wil·liams, Ralph [ˌvɔːnˈwɪljəmz; *Am. a.* ˌvɑːn-] *1872–1958. Engl. Komponist.*
Vaux [vɔːz; vɒks; vɔːks; vəʊks] *Engl. Familienname.*
Ver·gil (Publius Vergilius Maro) [ˈvɜːdʒɪl; *Am.* ˈvɜrdʒəl] Verˈgil. *70–19 v. Chr. Röm. Dichter.*
Ver·ner, Karl Adolph [ˈvɜːnə; ˈveənə; *Am.* ˈvɜrnər; ˈveərnər] *1846–96. Dän. Philologe.*
Ver·rall [ˈverɔːl; -rəl] *Engl. Familienname.*
Ver·u·lam, Baron [ˈverʊləm] → **Bacon,** Francis.
Vi·alls [ˈvaɪəlz; -ɔːlz] *Engl. Familienname.*
Vick·ers [ˈvɪkə(r)z] *Engl. Familienname.*
Vic·to·ri·a [vɪkˈtɔːrɪə] Vikˈtoria. *1819–1901. Königin von Großbritannien u. Irland; Kaiserin von Indien.*
Vil·lard, Oswald Garrison [vɪˈlɑː(r); vɪˈlɑː(r)d] *1872–1949. Amer. Journalist.*
Vir·gil → **Vergil.**

W

Wace, Robert [weɪs] *12. Jh. Anglonormannischer Dichter.*
Wad·dell [wɒˈdel; ˈwɒdl; *Am.* wɑˈdel;

ˈwɑdl] *Engl. Familienname.*
Wad·ham [ˈwɒdəm; *Am. a.* ˈwɑ-] *Engl. Familienname.*
Wads·worth [ˈwɒdzwɜːθ; *Am.* ˈwɑdzwərθ] *Engl. Familienname.*
Wal·de·grave [ˈwɔːlgreɪv; ˈwɔːldə-] *Engl. Familienname.*
Wald·stein [ˈwɔːldstaɪn; ˈvæld-] *Engl. Familienname.*
Wal·lace, Alfred Russel [ˈwɒlɪs; *Am.* ˈwɑləs] *1823–1913. Engl. Zoologe u. Forschungsreisender.*
Wal·lace, Edgar [ˈwɒlɪs; *Am.* ˈwɑləs] *1875–1932. Engl. Kriminalschriftsteller.*
Wal·lace, Sir William [ˈwɒlɪs; *Am.* ˈwɑləs] *1272?–1305. Schott. Freiheitsheld.*
Wal·ler, Edmund [ˈwɒlə; *Am.* ˈwɑlər] *1606–87. Engl. Dichter.*
Wal·pole, Horace, 4th Earl of Orford [ˈwɔːlpəʊl; *Am. a.* ˈwɑl-] *1717–97. Engl. Schriftsteller.*
Wal·pole, Sir Hugh Seymour [ˈwɔːlpəʊl; *Am. a.* ˈwɑl-] *1884–1941. Engl. Romanschriftsteller.*
Wal·pole, Sir Robert, 1st Earl of Orford [ˈwɔːlpəʊl; *Am. a.* ˈwɑl-] *1676–1745. Brit. Staatsmann; Premierminister.*
Walsh, Raoul [wɔːlʃ; *Am. a.* wɑlʃ] *1892–1980. Amer. Filmregisseur.*
Wal·sing·ham [ˈwɔːlsɪŋəm; *Am. a.* ˈwɑl-] *Engl. Familienname.*
Wal·ter, John [ˈwɔːltə(r)] *1739–1812. Engl. Journalist; Gründer der "Times".*
Wal·ton, Izaac [ˈwɔːltən; -tn] *1593–1683. Engl. Schriftsteller.*
War·hol, Andy [ˈwɔː(r)hɔːl; -həʊl] **1930. Amer. Filmregisseur u. Maler.*
Wa·ring [ˈweərɪŋ] *Engl. Familienname.*
Warne [wɔː(r)n] *Engl. Familienname.*
War·ner, Charles Dudley [ˈwɔː(r)nə(r)] *1829–1900. Amer. Herausgeber u. Schriftsteller.*
War·ren, Earl [ˈwɒrən; *Am. a.* ˈwɑrən] *1891–1974. Amer. Jurist.*
War·ren, Robert Penn [ˈwɒrən; *Am. a.* ˈwɑrən] **1905. Amer. Schriftsteller.*
War·ton [ˈwɔː(r)tn], Joseph *1722–1800, engl. Dichter; sein Bruder* **Thomas** *1728–90, engl. Dichter u. Literaturhistoriker, Poeta Laureatus.*
War·wick, Richard Neville, Earl of ("The Kingmaker") [ˈwɒrɪk; *Am. bes.* ˈwɑrɪk] Warwick ("Der Königsmacher"). *1428–71. Engl. Feldherr u. Staatsmann.*
Wash·ing·ton, George [ˈwɒʃɪŋtən; *Am. a.* ˈwɑʃ-] *1732–99. Amer. General; 1. Präsident der USA.*
Wat·kins [ˈwɒtkɪnz; *Am. a.* ˈwɑt-] *Engl. Familienname.*
Wat·son, James Dewey [ˈwɒtsn; *Am. bes.* ˈwɑtsən] **1928. Amer. Biologe.*
Wat·son, John [ˈwɒtsn; *Am. bes.* ˈwɑtsən] (Pseudonym Ian Maclaren). *1850–1907. Schott. Geistlicher u. Schriftsteller.*
Wat·son, Sir William [ˈwɒtsn; *Am. bes.* ˈwɑtsən] *1858–1935. Engl. Dichter.*
Watt, James [wɒt; *Am. bes.* wɑt] *1736–1819. Schott. Erfinder.*
Wat·ter·son, Henry [ˈwɒtə(r)sn; *Am.* ˈwɑ-] *1840–1921. Amer. Publizist u. Politiker.*
Watts, George Frederic [wɒts; *Am. bes.* wɑts] *1817–1904. Engl. Maler u. Bildhauer.*
Watts-Dun·ton, Walter Theodore [ˌwɒtsˈdʌntən; *Am. bes.* ˌwɑts-] *1832–1914. Engl. Kritiker u. Dichter.*
Waugh [wɔː] Brüder: Evelyn Arthur St. John *1903–66;* Alec *1898–1981. Engl. Romanschriftsteller.*
Wayne, John [weɪn] *1907–79. Amer. Filmschauspieler.*
Wear·ing [ˈweərɪŋ] *Engl. Familienname.*
Web·ster, John [ˈwebstə(r)] *1580?–*

1625? Engl. Dramatiker.
Web·ster, Noah [ˈwebstə(r)] *1758–1843. Amer. Lexikograph.*
Wedg·wood, Josiah [ˈwedʒwʊd] *1730–95. Engl. Keramiker.*
Wel·ler [ˈwelə(r)] *Engl. Familienname.*
Welles, (George) Orson [welz] **1915. Amer. Schauspieler u. Regisseur.*
Wel·ling·ton, Arthur Wellesley, 1st Duke of [ˈwelɪŋtən] *1769–1852. Brit. Feldmarschall u. Staatsmann.*
Wells, H(erbert) G(eorge) [welz] *1866–1946. Engl. Schriftsteller.*
Went·worth [ˈwentwə(r)θ] *Engl. Familienname.*
Wes·ker, Arnold [ˈweskə(r)] **1932. Engl. Dramatiker.*
Wes·ley [ˈwezlɪ; ˈweslɪ], Charles *1707–88, engl. Methodistenprediger u. Kirchenliederdichter; sein Bruder* John *1703–91, engl. Erweckungsprediger, Begründer des Methodismus.*
West, Mae [west] *1892–1980. Amer. Filmschauspielerin.*
West, Rebecca [west] (eigentlich Cicily Isabel Fairfield). **1892. Engl. Kritikerin u. Romanschriftstellerin.*
Whal·ley [ˈweɪlɪ; ˈwɔːlɪ] *Engl. Familienname.*
Whar·am [ˈweərəm] *Engl. Familienname.*
Whar·ton, Edith Newbold [ˈwɔː(r)tn] *1862–1937. Amer. Romanschriftstellerin.*
What·mough [ˈwɒtməʊ; *Am. a.* ˈwɑt-] *Engl. Familienname.*
Wheat·ley, Dennis Yeats [ˈwiːtlɪ] *1897–1977. Brit. Romanschriftsteller.*
Whis·tler, James Abbot McNeill [ˈwɪslə(r)] *1834–1903. Amer. Maler u. Graphiker.*
Whi·tack·er, Whit·a·ker, Whit·taker [ˈwɪtəkə(r); -tɪ-] *Engl. Familienname.*
White, William Allen [waɪt] *1868–1944. Amer. Journalist u. Schriftsteller.*
Whit·man, Walt(er) [ˈwɪtmən] *1819–92. Amer. Dichter.*
Whit·ti·er, John Greenleaf [ˈwɪtɪə(r)] *1807–92. Amer. Dichter.*
Whyte [waɪt] *Engl. Familienname.*
Wic·lif, *a.* Wick·liffe → Wyclif(fe).
Wig·gins [ˈwɪgɪnz] *Engl. Familienname.*
Wil·ber·force, William [ˈwɪlbə(r)fɔː(r)s] *1759–1833. Brit. Staatsmann u. Philanthrop.*
Wil·cox [ˈwɪlkɒks; *Am.* -ˌkɑks] *Engl. Familienname.*
Wilde, Oscar Fingal O'Flahertie Wills [waɪld] *1854–1900. Engl. Dichter u. Dramatiker irischer Herkunft.*
Wil·der, Thornton Niven [ˈwaɪldə(r)] *1897–1975. Amer. Romanschriftsteller u. Dramatiker.*
Wil·ding [ˈwaɪldɪŋ] *Engl. Familienname.*
Wil·kin·son [ˈwɪlkɪnsn] *Engl. Familienname.*
Wil·liam [ˈwɪljəm] Könige von England: William I (the Conqueror) Wilhelm I. (der Eroberer) *1027–87;* William II (Rufus) Wilhelm II. (Rufus) *1056?–1100;* William III (Prince of Orange) Wilhelm III. (von Oranien) *1650–1702;* William IV Wilhelm IV. *1765–1837.*
Wil·liam of Malmes·bur·y [ˌwɪljəməvˈmɑːmzbərɪ; -brɪ; *Am. a.* -ˌberɪ; -ˌmɑlmz-] *um 1095–1143? Engl. Historiker.*
Wil·liams, Tennessee [ˈwɪljəmz] (eigentlich Thomas Lanier Williams) *1911?–83. Amer. Dramatiker.*
Wil·shire [ˈwɪlʃə(r); -ʃɪə(r)] *Engl. Familienname.*
Wil·son, James Harold [ˈwɪlsn] **1916. Engl. Politiker; Premierminister.*
Wil·son, (Thomas) Woodrow [ˈwɪlsn] *1856–1924. 28. Präsident der USA.*

Wind·sor, Duke of ['wɪnzə(r)] → Edward VIII.
Wing·field ['wɪŋfi:ld] *Engl. Familienname.*
Wis·ter, Owen ['wɪstə(r)] *1860–1938. Amer. Romanschriftsteller.*
Wi·tham ['wɪðəm] *Engl. Familienname.*
With·er(s), George ['wɪðə(r); -ðə(r)z] *1588–1667. Engl. Dichter.*
Witt·gen·stein, Ludwig Josef Johann ['vɪtgənstaɪn] *1889–1951. Brit. Philosoph österr. Herkunft.*
Wode·house, P(elham) G(renville) ['wʊdhaʊs] *1881–1975. Engl. Romanschriftsteller.*
Wolfe, Charles [wʊlf] *1791–1823. Irischer Dichter.*
Wolfe, Thomas Clayton [wʊlf] *1900–38. Amer. Romanschriftsteller.*
Wolff [wʊlf; vɒlf] *Engl. Familienname.*
Wol·sey, Thomas ['wʊlzɪ] *1475?–1530. Engl. Kardinal u. Staatsmann.*
Wood, Sir Henry [wʊd] *1869–1944. Engl. Dirigent.*
Wood·row ['wʊdrəʊ] *Engl. Familienname.*
Woolf, Virginia [wʊlf] *1882–1941. Engl. Romanschriftstellerin.*
Wool·worth, Frank Winfield ['wʊlwə(r)θ; *Br. a.* -wɜ:θ; *Am. a.* -ˌwɜrθ] *1852–1919. Amer. Geschäftsmann.*
Words·worth, William ['wɜ:dzwəθ; -wɜ:θ; *Am.* ˈwɜrdzwərθ; -ˌwɜrθ] *1770–1850. Engl. Dichter; Poeta Laureatus.*
Wor·rall ['wʌrəl; ˈwɒ-; *Am. a.* ˈwɑ-] *Engl. Familienname.*
Wort·ley ['wɜ:tlɪ; *Am.* ˈwɜrtli:] *Engl. Familienname.*
Wot·ton, Sir Henry ['wɒtn; ˈwʊtn; *Am. a.* ˈwɑtn] *1568–1639. Engl. Diplomat u. Dichter.*
Wren, Sir Christopher [ren] *1632–1723. Engl. Baumeister.*
Wright, Frank Lloyd [raɪt] *1869–1959. Amer. Architekt.*
Wright [raɪt], Orville *1871–1948; sein Bruder Wilbur 1867–1912. Amer. Flugpioniere.*
Wy·at(t), Sir Thomas ['waɪət] *1503?–42. Engl. Dichter u. Diplomat.*
Wych·er·ley, William ['wɪtʃə(r)lɪ] *1640?–1716. Engl. Dramatiker.*
Wyc·lif(fe), John ['wɪklɪf] John Wyclif. *1330?–84. Engl. Reformator u. Bibelübersetzer.*
Wy·ler, William ['waɪlə(r)] *1902–81.*
Amer. Filmregisseur schweizer. Herkunft.
Wy·lie, Elinor Morton (Mrs. William Rose Benét) ['waɪlɪ] *1885–1928. Amer. Dichterin u. Romanschriftstellerin.*
Wy·man ['waɪmən] *Engl. Familienname.*

Y

Yeat·man ['ji:tmən; ˈjeɪt-; ˈjet-] *Engl. Familienname.*
Yeats, William Butler [jeɪts] *1865–1939. Irischer Dichter u. Dramatiker.*
Yer·kes ['jɜ:ki:z; *Am.* ˈjɜr-] *Engl. Familienname.*
Yonge [jʌŋ] *Engl. Familienname.*
Young, Edward [jʌŋ] *1683–1765. Engl. Dichter.*
Young, Owen D. [jʌŋ] *1874–1962. Amer. Wirtschaftsführer.*
Yu·ill [ˈju:ɪl] *Engl. Familienname.*

III. VORNAMEN
III. CHRISTIAN NAMES

A

Aar·on ['eərən] Aaron *m*.
Ab·by ['æbɪ] *Kurzform für* Abigail.
Abe [eɪb] *Kurzform für* Abraham.
A·bie ['eɪbɪ] *Kurzform für* Abraham.
Ab·i·gail ['æbɪgeɪl; -bə-] Abigail *f*.
Ab·ner ['æbnə(r)] *m*.
A·bra·ham ['eɪbrəhæm] Abraham *m*.
A·da ['eɪdə] Ada *f*, Adda *f*.
Ad·al·bert ['ædəlbɜːt; *Am.* ˈædlˌbɜrt] Adalbert *m*.
Ad·am ['ædəm] Adam *m*.
Ad·e·la ['ædɪlə; əˈdeɪlə; *Am.* ˈædlə] Aˈdele *f*.
Ad·e·laide ['ædəleɪd; *Am.* ˈædl-] Adelheid *f*.
A·dri·an ['eɪdrɪən] Adrian *m*; Adriˈane *f*.
A·dri·enne ['eɪdrɪen] Adriˈenne *f*, Adriˈane *f*.
Af·ra ['æfrə; 'eɪfrə] Afra *f*.
Ag·a·tha ['ægəθə] Aˈgathe *f*.
Ag·gie ['ægɪ] *Kurzform für* Agatha *od.* Agnes.
Ag·nes ['ægnɪs] Agnes *f*.
Ai·leen ['eɪliːn; *Am. a.* eɪˈliːn] → Helen.
Al [æl] *Kurzform für* Albert *od.* Alfred.
Al·an ['ælən] *m*.
Al·as·tair ['æləstə(r)] (*Scot.*) → Alexander.
Al·ban ['ɔːlbən; *Am. a.* ˈæl-] Alban *m*.
Al·bert ['ælbə(r)t] Albert *m*.
Al·ber·ta [ælˈbɜːtə; *Am.* ælˈbɜrtə] Alˈberta *f*.
Al·den ['ɔːldən] *m*.
Al·dous ['ɔːldəs; 'æl-] *m*.
Al·ec(k) ['ælɪk] *Kurzform für* Alexander.
Al·ex ['ælɪks] *Kurzform für* Alexander.
Al·ex·an·der [ˌælɪgˈzɑːndə; *Am.* -ˈzændər] Alexˈander *m*.
Al·ex·an·dra [ˌælɪgˈzɑːndrə; *Am.* -ˈzæn-] Alexˈandra *f*.
Alf [ælf] *Kurzform für* Alfred.
Al·fred ['ælfrɪd] Alfred *m*.
Al·ger·non ['ældʒə(r)nən] *m*.
Al·gie, Al·gy ['ældʒɪ] *Koseformen von* Algernon.
Al·ice ['ælɪs], **A·li·ci·a** [əˈlɪʃɪə; -ʃə] Aˈlice *f*.
Al·i·son ['ælɪsn] *f*.
Al·is·tair ['ælɪstə(r)] (*Scot.*) → Alexander.
Al·lan, Al·len ['ælən] *m*.
Al·lis·ter ['ælɪstə(r)] (*Scot.*) → Alexander.
Al·ma ['ælmə] Alma *f*.
Al·vin ['ælvɪn], **Al·win** ['ælwɪn] Alwin *m*.
Am·a·bel ['æməbel] *f*.
A·man·da [əˈmændə] Aˈmanda *f*.
Am·brose ['æmbrəʊz] Amˈbrosius *m*.
A·mel·ia [əˈmiːljə; -lɪə] Aˈmalie *f*.
A·mos ['eɪmɒs; *Am.* -əs] Amos *m*.
A·my ['eɪmɪ] *f*.

An·dre·a ['ændrɪə] Anˈdrea *f*.
An·drew ['ændruː] Anˈdreas *m*.
An·dy ['ændɪ] *Kurzform für* Andrew.
A·neu·rin [əˈnaɪərɪn; -ˈneɪr-] (*Welsh*) *m*.
An·ge·la ['ændʒələ; -dʒɪ-] Angela *f*.
An·gel·i·ca [ænˈdʒelɪkə] Anˈgelika *f*.
An·ge·li·na [ˌændʒɪˈliːnə; -dʒə-] Angeˈlina *f*.
An·gus ['æŋgəs] *m*.
A·ni·ta [əˈniːtə] Aˈnita *f*.
Ann [æn], **An·na** ['ænə] Anna *f*, Anne *f*.
An·na·bel ['ænəbel], **An·na·bel·la** [ˌænəˈbelə], **An·na·belle** ['ænəbel] Annaˈbella *f*.
Anne → Ann.
An·nette [æˈnet; əˈn-] Anˈnette *f*.
An·nie ['ænɪ] Anni *f*.
An·the·a [ænˈθɪə; ˈænθɪə] *f*.
An·tho·ny ['æntənɪ; *bes. Am.* -θə-] Anton *m*.
An·to·ni·a [ænˈtəʊnjə; -nɪə] Anˈtonia *f*, Anˈtonie *f*.
Ar·a·bel·la [ˌærəˈbelə], *a.* **ˈAr·a·bel** [-bel] Araˈbella *f*.
Ar·chi·bald ['ɑː(r)tʃɪbɔːld; -bəld] Archibald *m*.
Ar·chie, Ar·chy ['ɑː(r)tʃɪ] *Kurzformen für* Archibald.
Ar·lene, Ar·line [ɑː(r)ˈliːn] *f*.
Ar·nold ['ɑː(r)nəld; 'ɑː(r)nɒld] Arnold *m*.
Art [ɑː(r)t] *Kurzform für* Arthur.
Ar·thur ['ɑː(r)θə(r)] Art(h)ur *m*.
Art·ie ['ɑː(r)tɪ] *Kurzform für* Arthur.
A·sa ['eɪsə] *m*.
Au·brey ['ɔːbrɪ] Alberich *m*.
Au·drey ['ɔːdrɪ] *f*.
Au·gust ['ɔːgəst] August *m*.
Au·gus·ta [ɔːˈgʌstə] Auˈgusta *f*, Auˈguste *f*.
Au·gus·tin(e) [ɔːˈgʌstɪn; *Am. a.* ˈɔːgəˌstiːn] Augustin *m*.
Au·gus·tus [ɔːˈgʌstəs] Auˈgustus *m*.
Au·re·lia [ɔːˈriːljə; -lɪə] Auˈrelia *f*, Auˈrelie *f*.
Aus·tin ['ɒstɪn; *Am.* ˈɔːstən; ˈɑs-] *Kurzform für* Augustin.
A·ver·il ['ævərɪl] *m*.
A·ver·y ['eɪvərɪ; -vrɪ] *m*.
Ayl·mer ['eɪlmə(r)] → Elmer.
Ayl·win ['eɪlwɪn] *m*.

B

Bab [bæb], **Bab·bie** ['bæbɪ] *Koseformen von* Barbara.
Ba·bette [bæˈbet] Baˈbette *f*.
Babs [bæbz] *Koseform von* Barbara.
Bald·win ['bɔːldwɪn] Balduin *m*.
Bar·ba·ra ['bɑː(r)bərə; -brə] Barbara *f*.

Bar·na·bas ['bɑː(r)nəbəs], **ˈBar·na·by** [-bɪ] Barnabas *m*.
Bar·nard ['bɑː(r)nə(r)d] → Bernard.
Bar·ney ['bɑː(r)nɪ] *Kurzform für* Barnabas *od.* Bernard.
Bar·ry ['bærɪ] *m*.
Bart [bɑː(r)t] *Kurzform für* Bartholomew.
Bar·thol·o·mew [bɑːˈθɒləmjuː; *Am.* bɑːrˈθɑ-] Bartholoˈmäus *m*.
Bar·ton ['bɑː(r)tn] *m*.
Bas·il ['bæzl; -zɪl] Baˈsilius *m*.
Bay·ard ['beɪə(r)d; -ə(r)d] *m*.
Be·a·ta [biˈeɪtə] Beˈata *f*, Beˈate *f*.
Be·a·trice ['bɪətrɪs] Beˈatrice *f*.
Be·a·trix ['bɪətrɪks] Beˈatrix *f*.
Beck·ie, Beck·y ['bekɪ] *Kurzformen für* Rebecca.
Bee [biː] *Koseform von* Beatrice.
Be·lin·da [bɪˈlɪndə; bə-] *f*.
Bell [bel], **Bel·la** ['belə] *Kurzformen für* Arabella *od.* Isabella.
Belle [bel] Bella *f*.
Ben [ben] *Kurzform für* Benjamin.
Ben·e·dict ['benɪdɪkt; *Br. a.* ˈbenɪt] Benedikt *m*, Beneˈdiktus *m*.
Ben·ja·min ['bendʒəmɪn; -mən] Benjamin *m*.
Ben·net ['benɪt] *Kurzform für* Benedict.
Ben·ny, *a.* **Ben·nie** ['benɪ] *Kurzformen für* Benjamin.
Ber·na·dette [ˌbɜːnəˈdet; *Am.* ˌbɜr-] Bernaˈdette *f*.
Ber·na·dine ['bɜːnədiːn; *Am.* ˈbɜr-] *f*.
Ber·nard ['bɜːnəd; *Am.* ˈbɜrnərd; bərˈnɑːrd] Bernhard *m*.
Ber·ney ['bɜːnɪ; *Am.* ˈbɜrniː] *Kurzform für* Bernard.
Ber·nice [bɜːˈniːs; *Am.* bərˈniːs; ˈbɜrnəs] *f*.
Ber·nie → Berney.
Bert [bɜːt; *Am.* bɜrt] *Kurzform für* Albert, Bertram, Gilbert, Herbert, Hubert.
Ber·tha ['bɜːθə; *Am.* ˈbɜrθə] Berta *f*.
Ber·thold [*Br.* ˈbɜːθəʊld; *Am.* ˈbɜrtəʊld] Bert(h)old *m*.
Ber·tie ['bɜːtɪ; *Am.* ˈbɜrtiː] *Kurzform für* Albert, Bertha, Bertram, Gilbert, Herbert, Hubert.
Ber·tram [ˈbɜːtrəm; *Am.* ˈbɜr-], **ˈBer·trand** [-rənd] Bertram *m*.
Ber·yl ['berɪl; -əl] *f*.
Bess [bes], **Bes·sie** ['besɪ], **Beth** [beθ], **Bet·s(e)y** ['betsɪ], **Bet·ti·na** [beˈtiːnə; bə-], **Bet·ty** ['betɪ] *Kurzformen für* Elizabeth.
Bev·er·l(e)y ['bevə(r)lɪ] *f*.
Bill [bɪl], **Bil·lie**, **Bil·ly** ['bɪlɪ] *Kurzformen für* William.
Blanch(e) [blɑːntʃ; *Am.* blæntʃ] Blanche *f*.
Bob [bɒb; *Am.* bɑb], **Bob·bie, Bob·by** ['bɒbɪ; *Am.* ˈbɑbiː] *Kurzformen für* Robert.
Bon·ny, *a.* **Bon·nie** ['bɒnɪ; *Am.* ˈbɑniː] *f*.

Boyd [bɔɪd] *m.*
Brad·ley ['brædlɪ] *m.*
Bren·da ['brendə] *f.*
Bri·an, Bry·an ['braɪən] *m.*
Bridg·et ['brɪdʒɪt] Bri'gitte *f*, Bri'gitta *f*.
Bri·die ['braɪdɪ] *Kurzform für* Bridget.
Brig·id ['brɪdʒɪd], **Bri·gitte** ['brɪdʒɪt; brɪ'ʒɪt] → Bridget.
Bruce [bruːs] *m.*
Burt [bɜːt; *Am.* bɜrt] → Bert.
By·ron ['baɪərən; 'baɪrən] *m.*

C

Ca·mil·la [kə'mɪlə] Ka'milla *f.*
Can·di·da ['kændɪdə] *f.*
Ca·rew [kə'ruː] *m.*
Car·ey ['keərɪ] *Kurzform für* Carew.
Carl [kɑː(r)l] Karl *m*, Carl *m.*
Car·mel ['kɑː(r)mel; -məl], **Car'mel·a** [-'melə] *f.*
Car·ol ['kærəl] Ka'rolus *m*; Ka'rola *f.*
Car·o·la ['kærələ], **Car·ole** ['kærəl] Ca'rola *f*, Ka'rola *f.*
Car·o·line ['kærəlaɪn; -lɪn], **'Car·o·lyn** [-lɪn] Caro'line *f*, Karo'lina *f*, Karo'line *f.*
Car·rie ['kærɪ] *Kurzform für* Caroline.
Car·son ['kɑː(r)sn] *m.*
Car·y ['keərɪ] *Kurzform für* Carew.
Cath·er·ine, *a.* **Cath·a·rine** ['kæθərɪn], ˌ**Cath·a'ri·na** [-'riːnə] Katha'rina *f.*
Cath·leen ['kæθliːn] (*Irish*) → Catherine.
Cath·y ['kæθɪ] *Kurzform für* Catherine.
Ce·cil [sesl; 'sɪsl; *Am. a.* 'siːsl] Cecil *m.*
Ce·cile ['sesɪl; *Am.* sɪ'siːl], **Ce·cil·ia** [sɪ-'sɪljə; -'sɪl-], **Cec·i·ly** ['sɪsɪlɪ; 'se-; *Am.* 'sesəli:] Cä'cilie *f.*
Ced·ric ['siːdrɪk; 'se-] *m.*
Ce·leste [sɪ'lest; sə-] *f.*
Ce·les·tine ['selɪstaɪn; sɪ'lestaɪn; -tɪn] Zöle'stin(us) *m*; Zöle'stine *f.*
Cel·ia ['siːljə] *f.*
Cha·ris·sa [kə'rɪsə] Charis *f.*
Char·i·ty ['tʃærətɪ] *f.*
Charles [tʃɑː(r)lz] Karl *m.*
Char·ley, Char·lie ['tʃɑː(r)lɪ] *Koseformen von* Charles.
Char·lotte ['ʃɑː(r)lət] Char'lotte *f.*
Chaun·cey ['tʃɔːnsɪ; *Am. a.* 'tʃɑːn-] *m.*
Cher·yl ['tʃerɪl] *f.*
Ches·ter ['tʃestə(r)] *m.*
Chlo·ë, *a.* **Chlo·e** ['kləʊɪ] Chloe *f.*
Chris [krɪs] *Kurzform für* Christian, Christiana, Christopher.
Chris·sie ['krɪsɪ] *Kurzform für* Christina.
Chris·tian ['krɪstjən; *bes. Am.* -tʃən] Christian *m.*
Chris·ti·an·a [ˌkrɪstɪ'ɑːnə; *Am.* -'ænə] Christi'ane *f.*
Chris·ti·na [krɪ'stiːnə] Chri'stina *f.*
Chris·tine ['krɪstiːn; krɪ'stiːn] Chri'stine *f.*
Chris·to·pher ['krɪstəfə(r)] Christoph *m.*
Cic·e·ly ['sɪsɪlɪ; -sə-; -slɪ] → Cecile.
Cin·dy ['sɪndɪ] *Kurzform für* Lucinda.
Cis [sɪs], **Cis·sy** ['sɪsɪ] *Kurzformen für* Cecile.
Clair → Clare.
Clar·a ['kleərə], **Clare** [kleə(r)] Klara *f.*
Clar·ence ['klærəns] *m.*
Clar·ice ['klærɪs] → Clarissa.
Cla·ris·sa [klə'rɪsə] Kla'rissa *f.*
Clark [klɑː(r)k] *m.*
Claud(e) [klɔːd] → Claudius.

Clau·dette [klɔː'det] *f.*
Clau·di·a ['klɔːdjə; -dɪə] Claudia *f*, Klaudia *f.*
Clau·dine [klɔː'diːn] Clau'dine *f*, Klau'dine *f.*
Clau·dius ['klɔːdjəs; -dɪəs] Claudius *m.*
Clay·ton ['kleɪtn] *m.*
Clem·ent ['klemənt] Clemens *m*, Klemens *m.*
Clem·en·ti·na [ˌklemən'tiːnə], **'Clem·en·tine** [-taɪn; -tɪn] Klemen'tine *f.*
Cle·o ['kliːəʊ; *bes. Am.* 'kliːəʊ] *Kurzform für* Cleopatra.
Cle·o·pat·ra [ˌkliːə'pætrə; -'pɑː-; *Am.* ˌkliːə'pætrə; -'peɪ-] Kle'opatra *f.*
Cliff [klɪf] *Kurzform für* Clifford.
Clif·ford ['klɪfə(r)d] *m.*
Clif·ton ['klɪftən] *m.*
Clint [klɪnt] *Kurzform für* Clinton.
Clin·ton ['klɪntən] *m.*
Clive [klaɪv] *m.*
Clo·t(h)il·da [kləʊ'tɪldə] Klo'thilde *f.*
Clyde [klaɪd] *m.*
Co·lette [kɒ'let; *Am. a.* kə-] *f.*
Col·in ['kɒlɪn; *Am.* 'kɑlən] *Kurzform für* Nicholas.
Col·leen ['kɒliːn; kɒ'liːn; *Am.* kɑ'liːn; 'kɑli:n] *f.*
Col·ley ['kɒlɪ; *Am.* 'kɑliː] *Kurzform für* Nicholas.
Con·nie ['kɒnɪ; *Am.* 'kɑniː] *Kurzform für* Conrad, Constance, Cornelius.
Con·nor ['kɒnə; *Am.* 'kɑnər] (*Irish*) *m.*
Con·rad ['kɒnræd; *Am.* 'kɑn-] Konrad *m.*
Con·stance ['kɒnstəns; *Am.* 'kɑn-] Kon'stanze *f.*
Con·stan·tine ['kɒnstəntaɪn; *Am.* 'kɑn-; *a.* -ˌtiːn] Konstantin *m.*
Co·ra ['kɔːrə] Kora *f.*
Cor·del·ia [kɔː(r)'diːljə; -lɪə] Kor'delia *f.*
Co·rin·na [kə'rɪnə] Ko'rinna *f.*
Cor·nel·ia [kɔː(r)'niːljə; -lɪə] Cor'nelia *f.*
Cor·nel·ius [kɔː(r)'niːljəs; -lɪəs] Cor'nelius *m.*
Craig [kreɪg] *m.*
Cur·tis ['kɜːtɪs; *Am.* 'kɜrtəs] *m.*
Cuth·bert ['kʌθbə(r)t] *m.*
Cyn·thi·a ['sɪnθɪə] *f.*
Cyr·il ['sɪrəl] Cy'rillus *m*, Cyrill *m*, Ky'rillus *m*, Kyrill *m.*
Cy·rus ['saɪərəs; 'saɪrəs] Cyrus *m.*

D

Dai·sy ['deɪzɪ] *Koseform von* Margaret.
Dale [deɪl] *m*, *f.*
Dan [dæn] *m*, *a. Kurzform für* Daniel.
Da·na ['deɪnə; 'dænə] *f.*
Dan·iel ['dænjəl] Daniel *m.*
Dan·ny ['dænɪ] *Kurzform für* Daniel.
Daph·ne ['dæfnɪ] Daphne *f.*
Dave [deɪv] *Kurzform für* David.
Da·vid ['deɪvɪd] David *m.*
Da·vy ['deɪvɪ] *Kurzform für* David.
Dawn [dɔːn] *f.*
Dean(e) [diːn] *m.*
Deb [deb], **Deb·by** ['debɪ] *Kurzformen für* Deborah.
Deb·o·rah ['debərə] *f.*
Deir·dre ['dɪə(r)drɪ] (*Irish*) *f.*
Del·a·no ['delənəʊ] *m.*
De·lia ['diːljə; -lɪə] *f.*
Den·(n)is ['denɪs] Dio'nys(ius) *m.*
Den·ny ['denɪ] *Kurzform für* Daniel.
Der·ek, Der·rick ['derɪk] *m.*
Des·mond ['dezmənd] *m.*
Dex·ter ['dekstə(r)] *m.*

Di·an·a [daɪ'ænə] Di'ana *f.*
Dick [dɪk], **Dick·en** ['dɪkən], **Dick·ie** ['dɪkɪ], **Dick·on** ['dɪkən], **Dick·y** ['dɪkɪ] *Koseformen von* Richard.
Di·nah ['daɪnə] Dina *f.*
Dir(c)k [dɜːk; *Am.* dɜrk] Dirk *m.*
Dob [dɒb; *Am. a.* dɑb], **Dob·bin** ['dɒbɪn; *Am.* 'dɑbən] *Kurzformen für* Robert.
Dol(l) [dɒl; *Am. a.* dɑl], **Dol·ly** ['dɒlɪ; *Am. a.* 'dɑliː] *Kurzformen für* Dorothea.
Dom·i·nic ['dɒmɪnɪk; *Am.* 'dɑmə-] Do'minikus *m*, Domi'nik *m.*
Don [dɒn; *Am.* dɑn] *Kurzform für* Donald.
Don·ald ['dɒnld; *Am.* 'dɑ-] Donald *m.*
Don·na ['dɒnə; *Am. a.* 'dɑnə] *f.*
Do·ra ['dɔːrə; *Am. a.* 'dəʊrə] Dora *f.*
Do·reen [dɔː'riːn; də-] (*Irish*) *Kurzform für* Dorothea.
Dor·is ['dɒrɪs; *Am.* 'dɔːrəs; 'dɑ-] Doris *f.*
Dor·o·the·a [ˌdɒrə'θɪə; *Am.* ˌdɔːrə'θiːə; ˌdɑr-], **'Dor·o·thy** [-θɪ] Doro'thea *f*, Doro'thee *f.*
Dor·ritt ['dɒrɪt; *Am. a.* 'dɑrət] *Kurzform für* Dorothea.
Doug [dʌg] *Kurzform für* Douglas.
Dou·gal ['duːgəl] *m.*
Doug·las ['dʌgləs] Douglas *m.*
Dud·ley ['dʌdlɪ] *m.*
Dul·ce, Dul·cie ['dʌlsɪ] *f.*
Dun·can ['dʌŋkən] *m.*
Dun·stan ['dʌnstən] *m.*
Dwight [dwaɪt] *m.*

E

Earl(e) [ɜːl; *Am.* ɜrl] *m.*
Eb·e·ne·zer [ˌebɪ'niːzə(r)] *m.*
Ed [ed], **Ed·die, Ed·dy** ['edɪ] *Kurzformen für* Edgar, Edmond, Edward, Edwin.
Ed·gar ['edgə(r)] Edgar *m.*
Ed·ith ['iːdɪθ] Edith *f.*
Ed·mond, Ed·mund ['edmənd] Edmund *m.*
Ed·na ['ednə] *f.*
Ed·ward ['edwə(r)d] Eduard *m.*
Ed·win ['edwɪn] Edwin *m.*
Ed·wi·na [ed'wiːnə] *f.*
Ei·leen ['aɪliːn; *Am.* aɪ'liːn] → Helen.
Ei·rene → Irene.
E·lain(e) [eɪ'leɪn; ɪ'l-] → Helen.
El·dred ['eldrɪd] *m.*
El·ea·nor ['elɪnə(r); -lə-; *Am. a.* -ˌnɔːr], **El·ea·no·ra** [ˌelɪə'nɔːrə; *Am. a.* ˌelə-] Eleo'nore *f.*
El·e·na ['elənə] → Helen.
E·li ['iːlaɪ] *m.*
E·li·as [ɪ'laɪəs] → Elijah.
E·li·jah [ɪ'laɪdʒə] E'lias *m.*
El·i·nor ['elɪnə(r)] → Eleanor.
El·i·ot ['eljət; 'elɪət] *m.*
E·li·za [ɪ'laɪzə] *Kurzform für* Elizabeth.
E·liz·a·beth [ɪ'lɪzəbəθ] E'lisabeth *f.*
El·la ['elə] *Kurzform für* Eleanor *etc.*
El·len ['elɪn; -ən] → Helen.
El·lie ['elɪ] *Kurzform für* Alice, Eleanor *etc.*
El·lis ['elɪs] → Elijah.
El·ma ['elmə] *f.*
El·mer ['elmə(r)] Elmar *m.*
El·o·ise [ˌelə'iːz] *f.*
El·sa ['elsə], **El·sie** ['elsɪ] Elsa *f*, Else *f.*
El·ton ['eltən] *m.*
El·vis ['elvɪs] *m.*
Em·e·line ['emɪliːn; *Am. a.* -ˌlaɪn] *f.*
Em·er·y ['emərɪ] Emmerich *m.*
Em·i·ly, *a.* **Em·i·lie** ['emɪlɪ; *Am. a.* 'emliː], **E·mil·i·a** [ɪ'mɪlɪə] E'milie *f.*

Em·ma ['emə] Emma f.
Em·mie ['emɪ] Koseform von Emma.
Em·rys ['emrɪs] (Welsh) → Ambrose.
E·na ['i:nə] f.
E·nid ['i:nɪd] f.
E·noch ['i:nɒk; Am. 'i:nək] Enoch m.
Er·ic ['erɪk] Erich m.
Er·i·ca ['erɪkə] Erika f.
Er·na ['ɜ:nə; Am. 'ɜrnə] Erna f.
Er·nest ['ɜ:nɪst; Am. 'ɜrnəst] Ernst m.
Er·nes·tine ['ɜ:nɪsti:n; Am. 'ɜrnə-] Erne'stine f.
Er·nie ['ɜ:nɪ; Am. 'ɜrni:] Kurzform für Ernest.
Er·rol ['erəl] m.
Er·win ['ɜ:wɪn; Am. 'ɜr-] Erwin m.
Es·tel·la [eˈstelə], **Es·telle** [eˈstel] → Stella.
Es·ther ['estə(r); Br. a. 'esθə] Esther f.
Eth·el ['eθl] f.
Eth·el·bert ['eθlbɜ:t; Am. -ˌbərt] m.
Eu·gene ['ju:dʒi:n; juˈdʒi:n; Br. a. ju:ˈʒeɪn] Eugen m.
Eu·ge·ni·a [ju:ˈdʒi:njə; -nɪə] Euˈgenie f.
Eu·la·li·a [ju:ˈleɪljə; -lɪə] Euˈlalia f, Euˈlalie f.
Eu·nice ['ju:nɪs] Euˈnice f.
E·va ['i:və] → Eve.
Ev·an ['evən] m.
Eve [i:v] Eva f.
Eve·lyn ['i:vlɪn; 'ev-; Am. a. 'evə-] m, f.
Ev·er·ard ['evərɑ:(r)d] Eberhard m.
Ev·er·ett ['evərɪt] m.
Ew·an, Ew·en ['ju:ɪn] (Welsh) → Owen.
Ez·ra ['ezrə] m.

F

Faith [feɪθ] f.
Fan·nie, Fan·ny ['fænɪ] Kurzformen für Frances.
Far·quhar ['fɑ:(r)kwə(r); -kə(r)] m.
Fay(e) [feɪ] Kurzform für Faith.
Fe·lice [fəˈli:s], **Fe·li·ci·a** [fəˈlɪsɪə; bes. Am. -ʃɪə; -ʃə] Feˈlizia f.
Fe·lic·i·ty [fəˈlɪsətɪ] Feˈlizitas f.
Fe·lix ['fi:lɪks] Felix m.
Fer·gus ['fɜ:gəs; Am. 'fɜr-] (Gaelic) m.
Fi·o·na [fiˈəʊnə] f.
Flo [fləʊ] Kurzform für Florence.
Flo·ra ['flɒ:rə; Am. a. 'flɔʊrə] Flora f.
Flor·ence ['flɒrəns; Am. 'flɔ:r-; 'flɑ:r-] Florenˈtine f.
Flor·rie ['flɒrɪ; Am. 'flɔ:ri:; 'flɑ:ri:] Kurzform für Florence.
Floyd [flɔɪd] → Lloyd.
Fran·ces ['frɑ:nsɪs; Am. 'fræn-] Franˈziska f.
Fran·cie ['frɑ:nsɪ; Am. 'frænsi:] Koseform von Frances od. Francis.
Fran·cis ['frɑ:nsɪs; Am. 'fræn-] Franz m.
Frank [fræŋk] Frank m.
Frank·lin ['fræŋklɪn] m.
Fred [fred] Kurzform für Alfred, Frederic, Wilfred.
Fre·da ['fri:də] Frieda f.
Fred·dy ['fredɪ] Kurzform für Alfred, Frederic, Wilfred.
Fred·er·ic(k) ['fredrɪk; -də-] Friedrich m.
Fred·er·i·ca [ˌfredəˈri:kə] Friedeˈrike f.

G

Ga·bri·el ['geɪbrɪəl] Gabriel m.
Ga·bri·el·la [ˌgeɪbrɪˈelə], **Ga·bri'elle** [-ˈel] Gabri'ele f.

Gail [geɪl] Kurzform für Abigail.
Gar·eth ['gæreθ] m.
Gar·ry, Gar·y ['gærɪ] m.
Ga·vin ['gævɪn], **Ga·wain** ['gɑ:weɪn; Am. 'gɑ:wɪn; 'gɔ:-] m.
Gene [dʒi:n] Kurzform für Eugene od. Eugenia.
Gen·e·vieve [ˌdʒenəˈvi:v; 'dʒenɪvi:v] Genoˈveva f.
Ge·nie ['dʒi:nɪ] Kurzform für Eugenia.
Geof·frey ['dʒefrɪ] Gottfried m.
George [dʒɔ:(r)dʒ] Georg m.
Geor·gia ['dʒɔ:(r)dʒə; Am. bes. -dʒə] Geˈorgia f.
Geor·gie ['dʒɔ:(r)dʒɪ] Koseform von George od. Georgia.
Geor·gi·na [dʒɔ:(r)ˈdʒi:nə] Georˈgine f.
Ger·ald ['dʒerəld] Gerald m, Gerold m.
Ger·al·dine ['dʒerəldi:n] Geralˈdine f.
Ge·rard ['dʒerɑ:d; bes. Am. dʒeˈrɑ:(r)d; dʒə-] Gerhard m.
Ger·maine [dʒɜ:ˈmeɪn; Am. dʒɜr-] f.
Ger·ry ['gerɪ; 'dʒerɪ] Kurzform für Gerald od. Geraldine.
Ger·tie, Ger·ty ['gɜ:tɪ; Am. 'gɜrti:] Gertie f.
Ger·trude ['gɜ:tru:d; Am. 'gɜr-] Gertrud f, Gerˈtrude f.
Gif·ford ['gɪfə(r)d] m.
Gil·bert ['gɪlbə(r)t] Gilbert m.
Gil·da ['gɪldə] f.
Giles [dʒaɪlz] Aˈgid(ius) m.
Gill [dʒɪl] Kurzform für Gillian.
Gil·li·an ['dʒɪlɪən; -ljən; Br. a. 'gɪl-] m, f.
Gil·roy ['gɪlrɔɪ] m.
Gi·nev·ra [dʒɪˈnevrə] → Guinevere.
Gin·ger ['dʒɪndʒə(r)] f.
Glad·ys ['glædɪs] f.
Glen(n) [glen] m.
Glen·da ['glendə] f.
Glo·ri·a ['glɒ:rɪə; Am. a. 'gləʊ-] Gloria f.
God·dard ['gɒdəd; Am. 'gɑdərd] Gotthard m.
God·frey ['gɒdfrɪ; Am. 'gɑdfri:] Gottfried m.
God·win ['gɒdwɪn; Am. 'gɑ-] Gottwin m.
Gor·don ['gɔ:(r)dn] m.
Grace [greɪs], **Gra·ci·a** ['greɪʃɪə; -ʃə] Gracia f, Grazia f.
Graeme [greɪm; 'greɪəm] → Graham.
Gra·ham ['greɪəm] m.
Grant [grɑ:nt; Am. grænt] m.
Greg [greg] Kurzform für Gregory.
Greg·o·ry ['gregərɪ] Gregor m.
Gre·ta ['gri:tə; 'gretə] Kurzform für Margaret.
Grif·fin ['grɪfɪn] m.
Grif·fith ['grɪfɪθ] m.
Guin·e·vere ['gwɪnɪˌvɪə(r); 'gɪ-], a. **Guen·e·ver** ['gwenɪvə(r)] Giˈnevra f, Geniˈevra f.
Gus [gʌs] Kurzform für Augusta, Augustus, Gustavus.
Gus·ta·vus [gʊˈstɑ:vəs; gʌˈsteɪ-] Gustav m.
Guy [gaɪ] Guido m.
Gwen [gwen] Kurzform für Gwendolen.
Gwen·do·len, Gwen·do·line, Gwen·do·lyn ['gwendəlɪn] Gwendolin f.
Gwyn·eth ['gwɪnɪθ] f.

H

Hal [hæl] Kurzform für Harold od. Henry.
Ham·il·ton ['hæmltən] m.
Ham·ish ['heɪmɪʃ] m.
Hank [hæŋk] Kurzform für Henry.

Han·nah ['hænə] Hanna f.
Har·old ['hærəld] Harald m.
Har·ri·et, Har·ri·ot ['hærɪət] f.
Har·ry ['hærɪ] Koseform von Harold od. Henry.
Hart·ley ['hɑ:(r)tlɪ] m.
Har·vey ['hɑ:(r)vɪ] m.
Ha·zel ['heɪzl] f.
Heath·er ['heðə(r)] f.
Hec·tor ['hektə(r)] Hektor m.
Hed·da ['hedə] f.
Hed·wig ['hedwɪg] Hedwig f.
Hel·en ['helɪn; -ən], **'Hel·e·na** [-nə] Helena f, Heˈlene f.
Hen·ri·et·ta [ˌhenrɪˈetə] Henriˈette f.
Hen·ry ['henrɪ] Heinrich m.
Her·bert ['hɜ:bət; Am. 'hɜrbərt] Herbert m.
Her·man ['hɜ:mən; Am. 'hɜr-] Hermann m.
Hes·ter ['hestə(r)] → Esther.
Hil·a·ry ['hɪlərɪ] Hiˈlarius m; Hiˈlaria f.
Hil·da ['hɪldə] Hilda f, Hilde f.
Hi·ram ['haɪərəm; 'haɪrəm] m.
Ho·bart ['həʊbɑ:(r)t; Am. bes. -bərt] m.
Ho·mer ['həʊmə(r)] m.
Hor·ace ['hɒrəs; Am. a. 'hɑrəs], **Ho·ra·tio** [həˈreɪʃɪəʊ; -ʃəʊ] m.
Hor·ten·si·a [hɔ:(r)ˈtensɪə; -ʃɪə], a. **Horˈtense** [-ˈtens] Horˈtensia f.
How·ard ['haʊə(r)d] m.
How·ell ['haʊəl] m.
Hu·bert ['hju:bə(r)t] Hubert m, Huˈbertus m.
Hugh [hju:], **Hu·go** ['hju:gəʊ] Hugo m.
Hum·bert ['hʌmbə(r)t] m.
Hum·phr(e)y ['hʌmfrɪ] m.

I

I·an [ɪən; 'i:ən] (Gaelic) → John.
I·da ['aɪdə] Ida f.
Ik, Ike [aɪk], **Ik(e)·y** ['aɪkɪ] Kurzformen für Isaac.
Il·se ['ɪlsə; -zə] Ilse f.
Im·o·gen ['ɪməʊdʒən; 'ɪmədʒən; -dʒen], **'Im·o·gene** [-dʒi:n] f.
I·na ['aɪnə] Ina f.
In·grid ['ɪŋgrɪd] Ingrid f.
In·i·go ['ɪnɪgəʊ] m.
I·ra ['aɪərə; Am. 'aɪrə] m.
I·rene [aɪˈri:nɪ; 'aɪri:n; Am. bes. aɪˈri:n] Iˈrene f.
I·ris ['aɪərɪs; Am. 'aɪrəs] Iris f.
Ir·ma ['ɜ:mə; Am. 'ɜrmə] Irma f.
Ir·ving ['ɜ:vɪŋ; Am. 'ɜr-] m.
Ir·win ['ɜ:wɪn; Am. 'ɜrwən] m.
I·saac ['aɪzək] Isaak m.
Is·a·bel ['ɪzəbel], **Is·a·bel·la** [ˌɪzəˈbelə] Isaˈbel(la) f.
I·sa·iah [aɪˈzaɪə; Am. bes. -ˈzeɪə] m.
I·solde [ɪˈzɒldə; Am. ɪˈzəʊldə; ɪˈsəʊldə; ɪˈsəʊld] Iˈsolde f.
I·van ['aɪvən] Iwan m.
I·vor ['aɪvə(r); Am. a. 'i:vər] m.
I·vy ['aɪvɪ] f.

J

Jack [dʒæk] Hans m.
Jack·ie ['dʒækɪ] Kurzform für Jacqueline.
Ja·cob ['dʒeɪkəb] Jakob m.
Jac·que·line ['dʒæklɪn; Am. -kwəlɪn; -ˌli:n] f.

Jake – Martin

Jake [dʒeɪk] *Kurzform für* **Jacob**.
James [dʒeɪmz] Jakob *m*.
Ja·mie [ˈdʒeɪmɪ] *Koseform von* **James**.
Jan [dʒæn] *Koseform von* **John** *od. Kurzform für* **Janet**.
Jane [dʒeɪn] → **Joan**.
Ja·net [ˈdʒænɪt; *Am. a.* dʒəˈnet] *Koseform von* **Jane**.
Ja·nie [ˈdʒeɪnɪ] *Koseform von* **Jane**.
Jar·vis [ˈdʒɑː(r)vɪs] *m*.
Ja·son [ˈdʒeɪsn] *m*.
Jas·per [ˈdʒæspə(r)] Jasper *m*.
Jay [dʒeɪ] *m*.
Jean, Jeanne [dʒiːn] → **Jane**.
Jean·nette [dʒɪˈnet; dʒə-] Jeanˈnette *f*.
Jeff [dʒef] *Kurzform für* **Jeffrey**.
Jef·frey → **Geoffrey**.
Jen·ni·fer [ˈdʒenɪfə(r)] → **Guinevere**.
Jen·ny [ˈdʒenɪ; *Br. a.* ˈdʒɪ-] *Koseform von* **Jane**.
Jer·e·mi·ah [ˌdʒerɪˈmaɪə; -rə-], ˈ**Jer·e·my** [-mɪ] *m*.
Je·rome [dʒəˈrəʊm; *Br. a.* ˈdʒerəm] Hieˈronymus *m*.
Jer·ry [ˈdʒerɪ] *Kurzform für* **Gerald**, **Geraldine**, **Gerard**, **Jeremiah**, **Jeremy**, **Jerome**.
Jess [dʒes] *Koseform von* **Jane**.
Jes·sa·mine [ˈdʒesəmɪn] *f*.
Jes·se [ˈdʒesɪ] *m*.
Jes·si·ca [ˈdʒesɪkə] *f*.
Jes·sie [ˈdʒesɪ] (*Scot.*) *Koseform von* **Jane**.
Jeth·ro [ˈdʒeθrəʊ] *m*.
Jill [dʒɪl] *Kurzform für* **Gillian**.
Jim [dʒɪm], **Jim·mie, Jim·my** [ˈdʒɪmɪ] *Kurzformen für* **James**.
Jo [dʒəʊ] *Kurzform für* **Joseph** *od.* **Josephine**.
Jo·a·chim [ˈdʒəʊəkɪm] Joachim *m*.
Joan [dʒəʊn], **Jo·an·na** [dʒəʊˈænə] Joˈhanna *f*, Joˈhanne *f*.
Job [dʒəʊb] *m*.
Joc·e·lin(e), Joc·e·lyn [ˈdʒɒslɪn; *Am.* ˈdʒɑslən] *f*.
Joe [dʒəʊ] *Kurzform für* **Joseph**.
Jo·el [ˈdʒəʊel; -əl] Joel *m*.
Jo·ey [ˈdʒəʊɪ] *Koseform von* **Joseph**.
Jo·han·na [dʒəʊˈhænə] → **Joanna**.
John [dʒɒn; *Am.* dʒɑn] Joˈhann(es) *m*.
John·ny [ˈdʒɒnɪ; *Am.* ˈdʒɑniː] *Koseform von* **John**.
Jo·nah [ˈdʒəʊnə], ˈ**Jo·nas** [-nəs] Jona(s) *m*.
Jon·a·than [ˈdʒɒnəθən; *Am.* ˈdʒɑ-] Jonathan *m*.
Jo·seph [ˈdʒəʊzɪf; -zəf] Josef *m*, Joseph *m*.
Jo·se·phine [ˈdʒəʊzɪfiːn; -zə-] Joseˈphine *f*.
Josh [dʒɒʃ; *Am.* dʒɑʃ] *Kurzform für* **Joshua**.
Josh·u·a [ˈdʒɒʃwə; *Am.* ˈdʒɑ-] Josua *m*.
Jo·si·ah [dʒəʊˈsaɪə], **Jo·si·as** [-əs] Joˈsia(s) *m*.
Joy [dʒɔɪ] *f*.
Joyce [dʒɔɪs] *f*, *m*.
Jude [dʒuːd] *m*.
Ju·dith [ˈdʒuːdɪθ] Judith *f*.
Ju·dy [ˈdʒuːdɪ] *Kurzform für* **Judith**.
Jul·ia [ˈdʒuːljə] Julia *f*, Julie *f*.
Jul·ian [ˈdʒuːljən] Juliˈan(us) *m*.
Ju·li·an·a [ˌdʒuːlɪˈɑːnə; *bes. Am.* -ˈænə] Juliˈana *f*, Juliˈane *f*.
Ju·lie [ˈdʒuːliː; ʒyli] (*Fr.*) → **Julia**.
Ju·li·et [ˈdʒuːljət; -lɪet] Julia *f*, Juliˈette *f*.
June [dʒuːn] *f*.
Jus·tin [ˈdʒʌstɪn] Juˈstin(us) *m*.
Jus·tine [ˈdʒʌstiːn] Juˈstina *f*.

K

Kar·en [ˈkɑːrən; ˈkærən] Karin *f*.
Karl [kɑː(r)l] Karl *m*.

Kate [keɪt] Käthe *f*.
Kath·er·ine, *a.* **Kath·a·rine, Kath·a·rina** → **Catherine** *etc*.
Kath·leen [ˈkæθliːn] (*Irish*) → **Catherine**.
Kath·y [ˈkæθɪ] → **Cathy**.
Ka·tie [ˈkeɪtɪ] *Koseform von* **Catherine**, **Katherine** *etc*.
Kat·rine [ˈkætrɪn], **Kay** [keɪ] *Kurzformen für* **Catherine**, **Katherine** *etc*.
Kay [keɪ] Kai *m*, *f*, Kay *m*, *f*.
Keith [kiːθ] *m*.
Kel·ly [ˈkelɪ] *m*.
Kel·vin [ˈkelvɪn] *m*.
Ken [ken] *Kurzform für* **Kenneth**.
Ken·dall [ˈkendl] *m*.
Ken·neth [ˈkenɪθ] *m*.
Kent [kent] *m*.
Ker·ry [ˈkerɪ] *m*.
Kev·in [ˈkevɪn] *m*.
Kim [kɪm] *m*, *f*.
Kirk [kɜːk; *Am.* kɜrk] *m*.
Kir·sten [ˈkɜːstɪn; *Am.* ˈkɜrstən] → **Christine**.
Kit·ty [ˈkɪtɪ] *Kurzform für* **Catherine**.
Kurt [kɜːt; *Am.* kɜrt] Kurt *m*.

L

Lach·lan [ˈlæklən; ˈlɒk-] (*Gaelic*) *m*.
Lam·bert [ˈlæmbə(r)t] Lambert *m*.
La·na [ˈlɑːnə; *Am. a.* ˈlænə] *f*.
Lance [lɑːns; *Am.* læns] *Kurzform für* **Lancelot**.
Lan·ce·lot [ˈlɑːnslət; *Am.* ˈlænsəˌlɑt] *m*.
Lar·ry [ˈlærɪ] *Kurzform für* **Laurence** *od.* **Lawrence**.
Lau·ra [ˈlɔːrə] Laura *f*.
Lau·rence [ˈlɒrəns; *Am.* ˈlɔːr-; ˈlɑːr-] Lorenz *m*.
Lau·rie [ˈlɔːrɪ; *Br. a.* ˈlɒrɪ] *Kurzform für* **Laurence**.
Lau·rin·da [lɔːˈrɪndə] *f*.
Law·rence → **Laurence**.
Lee, Leigh [liː] *m*.
Lei·la(h) [ˈliːlə] *f*.
Le·na [ˈliːnə] Lena *f*, Lene *f*.
Le·no·ra [ləˈnɔːrə; *Am. a.* ləˈnəʊrə], **Le·nore** [ləˈnɔː(r); *Am. a.* ləˈnəʊr] Leˈnore *f*.
Le·o [ˈliːəʊ] Leo *m*.
Le·on [ˈliːən; *Am. a.* ˈliːɑn] Leon *m*.
Leon·ard [ˈlenə(r)d] Leonhard *m*.
Le·o·no·ra [ˌliːəˈnɔːrə; *Am. a.* -ˈnəʊrə] Leoˈnore *f*.
Le·roy [ləˈrɔɪ; ˈliːrɔɪ] *m*.
Les·lie, *a.* **Les·ley** [ˈlezlɪ; *Am.* ˈlesliː] *m*, *f*.
Les·ter [ˈlestə(r)] *m*.
Le·vi [ˈliːvaɪ] *m*.
Lew [luː] *Kurzform für* **Lewis**.
Lew·is [ˈluːɪs] → **Louis**.
Lib·by [ˈlɪbɪ] *Kurzform für* **Elizabeth**.
Lil·(l)i·an [ˈlɪliən; -ljən] Lilian *f*.
Lil·y [ˈlɪlɪ] Lilli *f*.
Lin·coln [ˈlɪŋkən] *m*.
Lin·da [ˈlɪndə] *Kurzform für* **Belinda**.
Li·nus [ˈlaɪnəs] Linus *m*.
Li·o·nel [ˈlaɪənl] *m*.
Li·sa [ˈliːzə; *Am. a.* ˈliːsə], **Li·se** [ˈliːzə], **Li·sette** [lɪˈzet] *Kurzformen für* **Elizabeth**.
Lisle → **Lyle**.
Liz [lɪz], **Li·za** [ˈlaɪzə], **Liz·zie, Liz·zy** [ˈlɪzɪ] *Kurzformen für* **Elizabeth**.
Llew·el·lyn [luːˈelɪn] (*Welsh*) *m*.
Lloyd [lɔɪd] *m*.
Lo·is [ˈləʊɪs] *f*.

Lo·la [ˈləʊlə] Lola *f*.
Lo·re·na [ləˈriːnə] *f*.
Lor·na [ˈlɔː(r)nə] *Kurzform für* **Lorena**.
Lot·ta [ˈlɒtə; *Am.* ˈlɑtə], **Lot·tie** [ˈlɒtɪ; *Am.* ˈlɑtiː] Lotte *f*.
Lou [luː] *Kurzform für* **Louis** *od.* **Louisa**.
Lou·ie [ˈluːɪ] *Kurzform für* **Louis** *od.* **Louisa**.
Lou·is [ˈluːɪ; ˈluːɪs] Ludwig *m*.
Lou·i·sa [luːˈiːzə], **Lou·ise** [-ˈiːz] Luˈise *f*.
Lov·ell [ˈlʌvl] *m*.
Low·ell [ˈləʊəl] *m*.
Lu·cas [ˈluːkəs] Lukas *m*.
Lu·cia [ˈluːsjə; *Am.* ˈluːʃə; -ʃɪə] Lucia *f*.
Lu·cil(l)e [luːˈsiːl] *f*.
Lu·cin·da [luːˈsɪndə] Luˈcinde *f*.
Lu·cius [ˈluːsjəs; -ʃjəs; *Am.* -ʃəs; -ʃɪəs] Lucius *m*, Luzius *m*.
Lu·cy [ˈluːsɪ] *Kurzform für* **Lucia** *od.* **Lucil(l)e**.
Lu·el·la [luːˈelə] *f*.
Luke [luːk] Lukas *m*.
Lu·lu [ˈluːluː] *Koseform von* **Louisa** *od.* **Louise**.
Lu·ther [ˈluːθə(r)] Lothar *m*.
Lyd·i·a [ˈlɪdɪə] Lydia *f*.
Lyle [laɪl] *m*.
Lynn [lɪn] *f*.

M

Ma·bel [ˈmeɪbl] *Kurzform für* **Amabel**.
Mad·e·line, *a.* **Mad·e·leine** [ˈmædlɪn; -leɪn] → **Magdalen(e)**.
Madge [mædʒ] *Kurzform für* **Margaret**, **Margery**, **Marjorie**.
Mad·oc [ˈmædək] *m*.
Mae → **May**.
Mag·da·len [ˈmægdəlɪn], ˈ**Mag·da·lene** [-lɪn; -liːn] Magdaˈlena *f*, Magdaˈlene *f*.
Mag·gie [ˈmægɪ] *Kurzform für* **Margaret**.
Mag·nus [ˈmægnəs] Magnus *m*.
Mai·da [ˈmeɪdə] *f*.
Mai·sie [ˈmeɪzɪ] (*Scot.*) *Kurzform für* **Margaret**.
Mal·colm [ˈmælkəm] *m*.
Ma·mie [ˈmeɪmɪ] *Kurzform für* **Margaret**.
Man·dy [ˈmændɪ] *Kurzform für* **Amanda**.
Mar·cus [ˈmɑː(r)kəs] Mark(us) *m*.
Mar·ga·ret [ˈmɑː(r)gərɪt] Margaˈreta *f*, Margaˈrete *f*.
Mar·ger·y [ˈmɑː(r)dʒərɪ] → **Margaret**.
Mar·gie [ˈmɑː(r)dʒɪ] *Kurzform für* **Margaret**.
Mar·go [ˈmɑː(r)gəʊ] *Kurzform für* **Margot**.
Mar·got [ˈmɑː(r)gəʊ; *Am. a.* ˈmɑːrgət] Margot *f*.
Ma·ri·a [məˈraɪə; -ˈriə; -ˈriːə] → **Mary**.
Mar·i·an [ˈmeərɪən; ˈmær-], **Mar·i·anne** [ˌmeərɪˈæn], *a.* ˌ**Mar·iˈan·na** [-ˈænə] Mariˈanne *f*.
Ma·rie [ˈmɑːriː; məˈriː] Maˈrie *f*.
Mar·i·lee [ˈmærɪliː] *f*.
Mar·i·lyn [ˈmærɪlɪn] *f*.
Ma·ri·na [məˈriːnə] Maˈrina *f*.
Mar·i·on [ˈmærɪən; ˈmeər-] Marion *f*.
Mar·jo·rie, Mar·jo·ry [ˈmɑː(r)dʒərɪ] → **Margaret**.
Mark [mɑː(r)k] → **Marcus**.
Mar·lene [ˈmɑː(r)liːn] Marˈlene *f*.
Mar·shal(l) [ˈmɑː(r)ʃl] *m*.
Mar·tha [ˈmɑː(r)θə] Martha *f*.
Mar·tin [ˈmɑː(r)tɪn; *Am.* ˈmɑːrtn] Martin *m*.

Mar·ty ['mɑː(r)tɪ] *Koseform von* **Martha** *od.* **Martin**.
Mar·vin ['mɑː(r)vɪn] *m*.
Mar·y ['meərɪ] Ma'ria *f*.
Ma·t(h)il·da [məˈtɪldə] Mat'hilde *f*.
Mat(t) [mæt] *Kurzform für* **Matthew**.
Mat·thew ['mæθjuː] Mat'thäus *m*.
Mat·thi·as [məˈθaɪəs] Mat'thias *m*.
Mat·tie, Mat·ty [ˈmætɪ] *Kurzformen für* **Martha, Mat(h)ilda, Matthew**.
Maud(e) [mɔːd], **'Maud·lin** [-lɪn] *Kurzformen für* **Magdalen(e)**.
Mau·ra [ˈmɔːrə], **Mau·reen** [mɔːˈriːn; *bes. Am.* mɔːˈriːn] (*Irish*) → **Mary**.
Mau·rice [ˈmɒrɪs; *Am.* ˈmɔːrəs; ˈmɑːr-; mɔːˈriːs] Moritz *m*.
Ma·vis [ˈmeɪvɪs] *f*.
Max [mæks] Max *m*.
Max·ine [mækˈsiːn; ˈmæksiːn] *f*.
Max·well [ˈmækswəl; -wel] *m*.
May [meɪ] *Kurzform für* **Mary**.
May·nard [ˈmeɪnə(r)d; -nɑː(r)d] Meinhard *m*.
Meave [meɪv] (*Irish*) *f*.
Meg [meg] *Kurzform für* **Margaret**.
Mel·a·nie [ˈmelənɪ] Melanie *f*.
Me·lis·sa [mɪˈlɪsə] Me'lissa *f*.
Mel·vin, Mel·vyn [ˈmelvɪn] *m*.
Mer·e·dith [ˈmerədɪθ] *m*.
Merle [mɜːl; *Am.* mɜrl] *m*.
Mer·vin, Mer·vyn [ˈmɜːvɪn; *Am.* ˈmɜr-] → **Marvin**.
Mi·chael [ˈmaɪkl] Michael *m*.
Mi·chelle [miːˈʃel; mɪ-] Miˈchèle *f*, Miˈchelle *f*.
Mick [mɪk], **Mick·y** [ˈmɪkɪ] *Kurzformen für* **Michael**.
Mike [maɪk] *Kurzform für* **Michael**.
Mil·dred [ˈmɪldrɪd] Miltraud *f*, Miltrud *f*.
Miles [maɪlz] *m*.
Mil·li·cent [ˈmɪlɪsnt] *f*.
Mil·lie, Mil·ly [ˈmɪlɪ] *Koseformen von* **Amelia, Emily, Mildred, Millicent**.
Mil·ton [ˈmɪltən] *m*.
Mi·mi [ˈmiːmɪ] Mimi *f*.
Min·na [ˈmɪnə] Minna *f*.
Min·nie [ˈmɪnɪ] *f*, *auch Koseform von* **Mary**.
Mir·a·bel [ˈmɪrəbel] Miraˈbell *f*.
Mi·ran·da [mɪˈrændə] Miˈranda *f*.
Mir·i·am [ˈmɪrɪəm] → **Mary**.
Mitch·ell [ˈmɪtʃl] *m*.
Moi·ra [ˈmɔɪərə; ˈmɔɪrə] → **Maura**.
Moll [mɒl; *Am.* mɑl], **Mol·ly** [ˈmɒlɪ; *Am.* ˈmɑlɪ] *Koseformen von* **Mary**.
Mo·na [ˈməʊnə] *f*.
Mon·i·ca [ˈmɒnɪkə; *Am.* ˈmɑ-] Monika *f*.
Mon·roe [mənˈrəʊ; ˈmʌnrəʊ] *m*.
Mon·ta·gue [ˈmɒntəɡjuː; ˈmʌn-; *Am.* ˈmɑn-] *m*.
Mor·gan [ˈmɔː(r)ɡən] *m*.
Mor·ris [ˈmɒrɪs; *Am.* ˈmɔːrəs; ˈmɑːrəs] → **Maurice**.
Mor·ti·mer [ˈmɔː(r)tɪmə(r)] *m*.
Mor·ton [ˈmɔː(r)tn] *m*.
Mose [məʊz] *Kurzform für* **Moses**.
Mo·ses [ˈməʊzɪz] Moses *m*.
Moy·na [ˈmɔɪnə] *f*.
Mur·doch [ˈmɜːdɒk; *Am.* ˈmɜrdək; -ˌdɑk] *m*.
Mu·ri·el [ˈmjʊərɪəl] *f*.
Mur·phy [ˈmɜːfɪ; *Am.* ˈmɜrfiː] *m*.
Mur·ray [ˈmʌrɪ; *Am.* ˈmɜrɪ] *m*.
My·ra [ˈmaɪərə] *f*.
Myr·tle [ˈmɜːtl; *Am.* ˈmɜrtl] *f*.

N

Nan [næn], **Nance** [næns], **'Nan·cy** [-sɪ], **Nan·(n)ette** [næˈnet], **Nan·ny** [ˈnænɪ] *Koseformen von* **Ann**.

Na·o·mi [ˈneɪəmɪ; *Am. a.* neɪˈəʊmiː] *f*.
Nat [næt] *Kurzform für* **Nathan** *od.* **Nathaniel**.
Nat·a·lie [ˈnætəlɪ], *a.* **Na·ta·lia** [nəˈtɑːljə; -ˈteɪ-; *Am. a.* nəˈtælɪə] Naˈtalie *f*.
Na·than [ˈneɪθən] Nathan *m*.
Na·than·iel [nəˈθænjəl], *a.* **Naˈthan·a·el** [-neɪəl; -njəl] Naˈthanael *m*.
Neal [niːl] *m*.
Ned [ned], **Ned·die, Ned·dy** [ˈnedɪ] *Koseformen von* **Edmund, Edward, Edwin**.
Neil → **Neal**.
Nell [nel], **Nel·lie, Nel·ly** [ˈnelɪ] *Koseformen von* **Eleanor, Ellen, Helen**.
Nel·son [ˈnelsn] *m*.
Nes·sa [ˈnesə], **Nes·sie** [ˈnesɪ], **Nes·ta** [ˈnestə] *Koseformen von* **Agnes**.
Nev·il(e), Nev·ille [ˈnevɪl; ˈnevl] *m*.
New·ton [ˈnjuːtn; *Am. a.* ˈnuː-] *m*.
Nich·o·las [ˈnɪkələs; ˈnɪkləs] Nikolaus *m*.
Nick [nɪk] *Kurzform für* **Nicholas**.
Nic·o·la [ˈnɪkələ] Nikola *f*.
Ni·gel [ˈnaɪdʒəl; -dʒl] *m*.
Ni·na [ˈniːnə; ˈnaɪnə] *Koseform von* **Ann**.
No·el [ˈnəʊəl] *m*.
No·lan [ˈnəʊlən] *m*.
No·ra(h) [ˈnɔːrə] *Kurzform für* **Eleanor, Leonora**.
Nor·bert [ˈnɔː(r)bə(r)t] Norbert *m*.
Nor·ma [ˈnɔː(r)mə] *f*.
Nor·man [ˈnɔː(r)mən] *m*.

O

O·laf [ˈəʊləf] Olaf *m*.
Ol·ive [ˈɒlɪv; *Am.* ˈɑlɪv] → **Olivia**.
Ol·i·ver [ˈɒlɪvə; *Am.* ˈɑləvər] Oliver *m*.
O·liv·i·a [ɒˈlɪvɪə; *bes. Am.* əˈl-; əʊˈl-] Oˈlivia *f*.
Ol·lie [ˈɒlɪ; *Am.* ˈɑliː] *Kurzform für* **Oliver**.
O·phel·ia [ɒˈfiːljə; *bes. Am.* əˈf-; əʊˈf-] Oˈphelia *f*.
Os·car [ˈɒskə; *Am.* ˈɑskər] Oskar *m*.
Os·wald, Os·wold [ˈɒzwəld; *Am. a.* ˈɑz-] Oswald *m*.
O·tis [ˈəʊtɪs] *m*.
Ot·to [ˈɒtəʊ; *Am.* ˈɑtəʊ] Otto *m*.
Ow·en [ˈəʊɪn] *m*.

P

Pad·dy [ˈpædɪ] *Kurzform für* **Patricia** *od.* **Patrick**.
Pam·e·la [ˈpæmələ] Paˈmela *f*.
Pat [pæt] *Kurzform für* **Martha, Mat(h)ilda, Patricia, Patrick**.
Pa·tience [ˈpeɪʃns] *f*.
Pa·tri·cia [pəˈtrɪʃə; -ʃɪə] Paˈtrizia *f*.
Pat·rick [ˈpætrɪk] Patrick *m*, Paˈtrizius *m*.
Pat·ty [ˈpætɪ], *a.* **'Pat·sy** [-sɪ] *Kurzformen für* **Martha, Mat(h)ilda, Patricia, Patrick**.
Paul [pɔːl] Paul *m*.
Pau·la [ˈpɔːlə] Paula *f*.
Pau·line [pɔːˈliːn; *Br. a.* ˈpɔːliːn] Pauˈline *f*.
Pearce [pɪə(r)s] → **Peter**.

Pearl [pɜːl; *Am.* pɜrl] *f*.
Peg [peɡ], **Peg·gie, Peg·gy** [ˈpeɡɪ] *Kurzformen für* **Margaret**.
Pe·nel·o·pe [pɪˈneləpɪ; pə-] *f*.
Pen·ny, *a.* **Pen·nie** [ˈpenɪ] *Kurzform für* **Penelope**.
Per·ci·val, *a.* **Per·ce·val** [ˈpɜːsɪvl; *Am.* ˈpɜrsəvl] Parzival *m*.
Per·cy [ˈpɜːsɪ; *Am.* ˈpɜrsiː] *Kurzform für* **Percival**.
Per·e·grine [ˈperɪɡrɪn] Pereˈgrin *m*.
Per·kin [ˈpɜːkɪn; *Am.* ˈpɜr-] *Koseform von* **Peter**.
Per·ry [ˈperɪ] *Kurzform für* **Peregrine**.
Pete [piːt] *m*, *a. Kurzform für* **Peter**.
Pe·ter [ˈpiːtə(r)] Peter *m*.
Phil [fɪl] *Kurzform für* **Philip**.
Phil·ip [ˈfɪlɪp] Philipp *m*.
Phi·lip·pa [ˈfɪlɪpə; *bes. Am.* fɪˈlɪpə] Phiˈlippa *f*.
Phoe·be [ˈfiːbɪ] Phöbe *f*.
Phyl·lis [ˈfɪlɪs] Phyllis *f*.
Pierce [pɪə(r)s] → **Peter**.
Poll [pɒl; *Am.* pɑl], **Pol·ly** [ˈpɒlɪ; *Am.* ˈpɑliː] *Koseformen von* **Mary**.
Por·gy [ˈpɔː(r)ɡɪ] *m*.
Por·tia [ˈpɔː(r)ʃjə; -ʃɪə; -ʃə] *f*.
Pres·ton [ˈprestən] *m*.
Pris·cil·la [prɪˈsɪlə] Prisˈcilla *f*.
Pru·dence [ˈpruːdns] Pruˈdentia *f*.

Q

Queen·ie [ˈkwiːnɪ] *f*.
Quen·tin [ˈkwentɪn; *Am.* -tn], *a.* **Quin·tin** [ˈkwɪntɪn; *Am.* -tn] Quinˈtinus *m*, *a.* Quinˈtin *m*.
Quin·c(e)y [ˈkwɪnsɪ] *m*, *f*.

R

Ra·chel [ˈreɪtʃəl] Ra(c)hel *f*.
Rae [reɪ] *Kurzform für* **Rachel**.
Ralph [rælf; *Br. a.* reɪf] Ralf *m*.
Ra·mo·na [rəˈməʊnə] Raˈmona *f*.
Ran·dal(l) [ˈrændl] *m*.
Ran·dolph [ˈrændɒlf; *Am.* -ˌdɑlf] *m*.
Ran·dy [ˈrændɪ] *Kurzform für* **Randolph**.
Raph·a·el [ˈræfeɪəl; ˈræfeɪl; *Am.* ˈræfɪəl; ˈreɪfɪəl] Raphael *m*.
Ray [reɪ] *m*, *f*.
Ray·mond, Ray·mund [ˈreɪmənd] Raimund *m*, Reimund *m*.
Ray·ner [ˈreɪnə(r)] Rainer *m*, Reiner *m*.
Re·bec·ca, *auch* **Re·bek·ah** [rɪˈbekə] Reˈbekka *f*.
Reg [redʒ], **Reg·gie** [ˈredʒɪ] *Kurzformen für* **Reginald**.
Re·gi·na [rɪˈdʒaɪnə; *Am. a.* -ˈdʒiː-] Reˈgina *f*, Reˈgine *f*.
Reg·i·nald [ˈredʒɪnld] Reginald *m*, Reinald *m*.
Re·gis [ˈriːdʒɪs] *m*.
Re·na [ˈriːnə] Rena *f*.
Re·na·ta [rəˈnɑːtə; rɪˈneɪtə] Reˈnata *f*, Reˈnate *f*.
Reu·ben [ˈruːbɪn; -ən] Ruben *m*.
Rex [reks] *m*, *a. Kurzform für* **Reginald**.
Reyn·old [ˈrenld; -nəld] → **Reginald**.
Rho·da [ˈrəʊdə] *f*.

Rich·ard ['rɪtʃə(r)d] Richard m.
Rich·ie ['rɪtʃɪ] Kurzform für Richard.
Rick [rɪk] Kurzform für Richard.
Ri·ley ['raɪlɪ] m.
Ri·ta ['ri:tə] Rita f.
Rob [rɒb; Am. rab], **Rob·bie** ['rɒbɪ; Am. 'rabi:] Kurzformen für Robert.
Rob·ert ['rɒbət; Am. 'rabərt] Robert m.
Rob·in ['rɒbɪn; Am. 'rabən] Kurzform für Robert.
Rod·er·ic(k) ['rɒdərɪk; -drɪk; Am. 'ra-] Roderich m.
Rod·ney ['rɒdnɪ; Am. 'radni:] m.
Rog·er ['rɒdʒə; Am. 'radʒər] Rüdiger m, Roger m.
Ro·land ['rəʊlənd] Roland m.
Ron [rɒn; Am. ran] Kurzform für Ronald.
Ron·ald ['rɒnld; Am. 'ra-] Ronald m.
Ron·nie ['rɒnɪ; Am. 'rani:] Koseform von Ronald od. Veronica.
Ron·ny ['rɒnɪ; Am. 'rani:] Koseform von Ronald.
Ro·sa ['rəʊzə] Rosa f.
Ro·sa·lia [rəʊ'zeɪljə], **Ros·a·lie** ['rəʊzəlɪ; Br. a. 'rɒz-; Am. a. 'raz-] Ro'salia f, Ro'salie f.
Ros·a·lind ['rɒzəlɪnd; Am. 'ra-; 'rəʊ-], a. **Ros·a·lyn** ['rɒzəlɪn; Am. 'ra-; 'rəʊ-] Rosa'linde f.
Ros·coe ['rɒskəʊ; Am. bes. 'ras-] m.
Rose [rəʊz] → Rosa.
Rose·mar·y ['rəʊzmərɪ; Am. ˌmeri:] 'Rosemaˌrie f.
Ro·sie ['rəʊzɪ] Rosi f.
Ross [rɒs; Am. a. rɔ:s; ras] m.
Row·an ['rəʊən; 'raʊən] m.
Row·e·na [rəʊ'i:nə; Am. rə'wi:nə] Ro'wena f.
Roy [rɔɪ] m.
Ru·by ['ru:bɪ] f.
Ru·dolph ['ru:dɒlf; Am. bes. -ˌdalf] Rudolf m.
Ru·fus ['ru:fəs] Rufus m.
Ru·pert ['ru:pə(r)t] Rupert m, Ruprecht m.
Rus·sel(l) ['rʌsl] m.
Ruth [ru:θ] Ruth f.

S

Sa·bi·na [sə'baɪnə; -'bi:nə] Sa'bine f.
Sa·bri·na [sə'braɪnə; -'bri:nə] f.
Sa·die ['seɪdɪ], **Sal** [sæl], **Sal·lie**, **Sal·ly** ['sælɪ] Koseformen von Sara(h).
Sa·lo·me [sə'ləʊmɪ] Salome f.
Sam [sæm], **Sam·my** ['sæmɪ] Kurzformen für Samuel od. Samantha.
Sa·man·tha [sə'mænθə] f.
Sam·u·el ['sæmjʊəl; Am. a. -jəl] Samuel m.
San·dra ['sændrə; 'sɑ:n-] Kurzform für Alexandra.
San·dy ['sændɪ] Kurzform für Alexander, Alexandra, Sandra.
San·ford ['sænfə(r)d] m.
Sar·a(h) ['seərə; Am. a. 'seɪrə] Sara f.
Saul [sɔ:l] Saul m.
Scott [skɒt; Am. skat] m.
Seam·as, Seam·us ['ʃeɪməs] (Irish) → James.
Sean [ʃɔ:n] (Irish) → John.
Se·bas·tian [sɪ'bæstjən; Am. -tʃən] Se'bastian m.
Sel·ma ['selmə] Selma f.
Sey·mour ['si:mɔ:(r); -mə(r); Br. a. 'seɪ-] m.
Shar·on ['ʃeərɒn; 'ʃæ-; bes. Am. -rən] f.
Shaun, Shawn [ʃɔ:n] (Irish) → John.
Shei·la ['ʃi:lə] (Irish) → Cecilia.
Shel·don ['ʃeldən] m.
Sher·i·dan ['ʃerɪdn] m.
Sher·man ['ʃɜ:mən; Am. 'ʃɜr-] m.
Sher·wood ['ʃɜ:wʊd; Am. 'ʃɜr-] m.
Shir·ley ['ʃɜ:lɪ; Am. 'ʃɜrli:] f.
Sib·yl ['sɪbɪl; 'sɪbl] Si'bylle f.
Sid·ney ['sɪdnɪ] m, f.
Si·las ['saɪləs] m.
Sil·vi·a ['sɪlvɪə] Silvia f.
Sim·e·on ['sɪmɪən] Simeon m.
Si·mon ['saɪmən] Simon m.
Sin·clair [sɪŋ'kleə(r); Br. a. -klə; Am. a. sɪn'kleər] m.
Sis·ley ['sɪslɪ] Kurzform für Cecily.
So·nia, So·nya ['sɒnɪə; -njə; 'səʊ-] Sonja f.
So·phi·a [səʊ'faɪə, sə-; Am. a. sə'fi:ə; 'səʊfɪə] So'phia f, So'phie f, So'fie f.
So·phie ['səʊfɪ] Kurzform für Sophia.
Spen·cer ['spensə(r)] m.
Stan [stæn] Kurzform für Stanley.
Stan·ley ['stænlɪ] m.
Stan·ton ['stæntən; Br. a. 'stɑ:n-] m.
Steen·ie ['sti:nɪ] Koseform von Stephen.
Stel·la ['stelə] Stella f.
Steph·a·nie ['stefənɪ] Stefanie f, Stephanie f.
Ste·phen ['sti:vn] Stephan m, Stefan m.
Ster·ling ['stɜ:lɪŋ; Am. 'stɜr-] m.
Steve [sti:v] Kurzform für Stephen.
Ste·ven → Stephen.
Stev·ie ['sti:vɪ] Koseform von Steven, Stephen, Stephanie.
Stew·art, a. **Stu·art** [stjʊə(r)t; Am. a. 'stu:-] m.
Stir·ling → Sterling.
Sue [sju:; bes. Am. su:], **Suke** [-k], **Su·ky** [-kɪ] Kurzformen für Susan.
Su·san ['su:zn], **Su·san·na(h)** [su:'zænə] Susanna f, Su'sanne f.
Su·sie, a. **Su·sy** ['su:zɪ] Susi f.
Su·zanne [su:'zæn] Su'sanne f, Su'sanna f.
Syb·il ['sɪbɪl] Si'bylle f, Sy'bille f.
Syl·ves·ter [sɪl'vestə(r)] Sil'vester m, Syl'vester m.
Syl·vi·a ['sɪlvɪə] Silvia f, Sylvia f, Sylvie f.

T

Tal·bot ['tɔ:lbət; Br. a. 'tɒl-] m.
Ta·ma·ra [tə'mɑ:rə; tə'mærə] Ta'mara f.
Ted [ted], **Ted·dy** ['tedɪ] Kurzformen für Edward od. Theodore.
Ter·ence, a. **Ter·rence** ['terəns] m.
Ter·ry ['terɪ] Kurzform für Terence, Theodore, Theresa.
Tess [tes], **Tes·sa** ['tesə], **Tes·sie** ['tesɪ] Kurzformen für Theresa.
Thad [θæd] Kurzform für Thaddeus.
Thad·de·us [θæ'di:əs; bes. Am. 'θædɪəs] Thad'däus m.
Tha·li·a [θə'laɪə; Am. 'θeɪlɪə; -ljə] f.
The·a [θɪə; 'θi:ə] Thea f.
The·o·bald ['θɪəbɔ:ld; Am. 'θi:ə-] Theobald m.
The·o·dore ['θɪədɔ:; Am. 'θi:əˌdɔ:r] Theodor m.
The·re·sa [tɪ'ri:zə; Am. tə'ri:sə] The'resa f, The'rese f.
Thom·as ['tɒməs; Am. 'ta-] Thomas m.
Til·da ['tɪldə], **Til·lie, Til·ly** ['tɪlɪ] Kurzformen für Mat(h)ilda.
Tim [tɪm] Kurzform für Timothy.
Tim·o·thy ['tɪməθɪ] Ti'motheus m.
Ti·na ['ti:nə] Kurzform für Christina.
To·bi·ah [tə'baɪə; təʊ-], **To·bi·as** [-əs] To'bias m.
To·by ['təʊbɪ] Kurzform für Tobiah od. Tobias.
Tom [tɒm; Am. tam], **Tom·my** ['tɒmɪ; Am. 'tami:] Kurzformen für Thomas.
To·ny ['təʊnɪ] Kurzform für Anthony.
Tra·cy ['treɪsɪ] m.
Trev·or ['trevə(r)] m.
Tri·cia ['trɪʃə], **Trish** [trɪʃ] Kurzformen für Patricia.
Tris·tan ['trɪstən], **'Tris·tram** [-trəm] Tristan m.
Trix [trɪks], **Trix·ie, Trix·y** ['trɪksɪ] Kurzformen für Beatrice od. Beatrix.
Troy [trɔɪ] m.
Tru·dy ['tru:dɪ] Kurzform für Gertrude.
Tru·man ['tru:mən] m.
Tyb·alt ['tɪbəlt; 'tɪblt] → Theobald.
Ty·rone [tɪ'rəʊn; Am. a. 'taɪˌrəʊn] m.

U

Ul·ric ['ʊlrɪk; 'ʌl-] Ulrich m.
U·lys·ses [ju:'lɪsi:z; jʊ'l-] m.
U·ri·ah [ˌjʊə'raɪə; jʊ'r-] Uriel m.
Ur·su·la ['ɜ:sjʊlə; Am. 'ɜrsələ] Ursula f.

V

Val [væl] Kurzform für Valentine od. Valerie.
Val·en·tine ['væləntaɪn] Valentin m.
Val·er·ie ['væləri], a. **Va·le·ri·a** [və'lɪərɪə] Va'leria f, Va'lerie f.
Van [væn] m.
Vance [væns] m.
Va·nes·sa [və'nesə] f.
Vaughan, Vaughn [vɔ:n] m.
Ve·ra ['vɪərə] Vera f.
Vere [vɪə(r)] m, f.
Ver·na ['vɜ:nə; Am. 'vɜrnə] f.
Ver·non ['vɜ:nən; Am. 'vɜr-] m.
Ve·ron·i·ca [vɪ'rɒnɪkə, və-; Am. və'rɑ-] Ve'ronika f.
Vick·y ['vɪkɪ] Kurzform für Victoria.
Vic·tor ['vɪktə(r)] Viktor m.
Vic·to·ri·a [vɪk'tɔ:rɪə] Vik'toria f.
Vin·cent ['vɪnsənt] Vinzenz m.
Vi·o·la ['vaɪələ; 'vɪəʊlə; Am. a. vaɪ'əʊlə; vɪ-] Vi'ola f.
Vi·o·let ['vaɪələt] Vio'letta f, Vio'let(te) f.
Vir·gil ['vɜ:dʒɪl; Am. 'vɜrdʒəl] Vir'gil m.
Vir·gin·ia [və(r)'dʒɪnjə; -nɪə] Vir'ginia f.
Viv·i·an ['vɪvɪən; -jən] m, f.
Viv·i·en(ne) ['vɪvɪən; -jən] f.

W

Wal·do ['wɔ:ldəʊ; Br. a. 'wɒl-; Am. a. 'wɑl-] m.
Wal·lace ['wɒlɪs; Am. 'wɑləs] m.
Wal·ly ['wɒlɪ; Am. 'wɑli:] Koseform von Walter.
Walt [wɔ:lt] Kurzform für Walter.
Wan·da ['wɒndə; Am. 'wɑndə] Wanda f.

War·ren ['wɒrən; *Am. a.* 'wɑrən] *m.*
Wayne [weɪn] *m.*
Wen·dy ['wendɪ] *f.*
Wes·ley ['wezlɪ; 'weslɪ] *m.*
Wil·bert ['wɪlbə(r)t] *m.*
Wil·bur ['wɪlbə(r)] *m.*
Wil·fred, Wil·frid ['wɪlfrɪd] Wilfried *m.*
Wil·hel·mi·na [ˌwɪlhel'miːnə; ˌwɪləˈm-] Wilhelˈmine *f.*
Will [wɪl] *Kurzform für* **William**.

Wil·lard ['wɪlɑːd; *bes. Am.* 'wɪlə(r)d] *m.*
Wil·liam ['wɪljəm] Wilhelm *m.*
Wil·lie ['wɪlɪ] *Kurzform für* **William** *od.* Wilhelmina.
Wil·lis ['wɪlɪs] *m.*
Wil·ma ['wɪlmə] Wilma *f.*
Win·field ['wɪnfiːld] *m.*
Win·fred ['wɪnfrɪd] Winfried *m.*
Win·ston ['wɪnstən] *m.*
Wood·row ['wʊdrəʊ] *m.*
Wy·att ['waɪət] *m.*

Y

Y·vonne [ɪ'vɒn; *Am.* ɪ'vɑn] Yˈvonne *f*, Iˈvonne *f*.

Z

Zane [zeɪn] *m.*
Zel·da ['zeldə] *f.*
Zo·e ['zəʊɪ] Zoe *f.*

IV. GEOGRAPHISCHE NAMEN
IV. GEOGRAPHICAL NAMES

A

Ab·er·deen [ˌæbəˈdiːn; *Am.* ˈæbərˌdiːn] a) → Aberdeenshire, b) *Hafen u. Hauptstadt von Grampian Region, Schottland.*

Ab·er·deen·shire [ˌæbəˈdiːnʃə; -ˌʃɪə; *Am.* ˈæbərˌdiːnˌʃɪər; -ʃər] *Ehemal. Grafschaft im nordöstl. Schottland.*

Ab·er·yst·wyth [ˌæbəˈrɪstwɪθ] *Hafen u. Seebad in Dyfed, Wales.*

Ab·ys·sin·ia [ˌæbɪˈsɪnjə; -nɪə] Abesˈsinien *n* (→ Ethiopia).

Ac·cra [əˈkrɑː] Akkra *n* (*Hauptstadt der afrik. Republik Ghana*).

Ad·dis Ab·a·ba [ˌædɪsˈæbəbə] Addis Abeba *n* (*Hauptstadt von Äthiopien*).

Ad·e·laide [ˈædəleɪd] *Hauptstadt des austral. Bundesstaates Südaustralien.*

A·den [ˈeɪdn; *Am. a.* ˈɑːdn] *Hauptstadt der Volksrepublik Südjemen.*

A·dri·at·ic Sea [ˌeɪdrɪˈætɪk; ˌæd-] Adria *f*, *Adriˈatisches Meer.*

Af·ghan·i·stan [æfˈgænɪstæn; *Br. a.* -stən; -stɑːn] *Staat in Vorderasien.*

Af·ri·ca [ˈæfrɪkə] Afrika *n*.

Air·drie [ˈeə(r)drɪ] *Stadt östl. von Glasgow, Schottland.*

Aire [eə(r)] *Nebenfluß des Ouse, Nordengland.*

Aix-la-Cha·pelle [ˌeɪkslɑːʃæˈpel; -ʃəˈpel; ˌeks-] Aachen *n*.

Ak·ron [ˈækrən] *Stadt in Ohio, USA.*

Al·a·bama [ˌæləˈbæmə] *Staat u. Fluß im Süden der USA.*

Al·a·me·da [ˌæləˈmiːdə; -ˈmeɪdə] *Stadt in Kalifornien, USA.*

Al·a·mo, the [ˈæləməʊ] *Missionsstation in San Antonio, Texas, USA. Schlacht 1836.*

A·las·ka [əˈlæskə] *Staat der USA im Nordwesten Nordamerikas.*

Al·ba·nia [ælˈbeɪnjə; -nɪə; ɔːlˈb-] Alˈbanien *n*.

Al·ba·ny [ˈɔːlbənɪ] a) *Hauptstadt des Staates New York, USA*, b) *Fluß in Kanada*, c) *Stadt in Georgia, USA.*

Al·ber·ta [ælˈbɜːtə; *Am.* -ˈbɜr-] *Provinz im westl. Kanada.*

Al·bu·quer·que [ˈælbəkɜːkɪ; *Am.* -ˌkɜr-] *Größte Stadt in New Mexico, USA.*

Al·ca·traz [ˌælkəˈtræz; ˈælkətræz] *Felseninsel in der Bucht von San Franzisko.*

Al·der·mas·ton [ˈɔːldə(r)mɑːstən; *Am.* -ˌmæ-] *Dorf in Berkshire, England. Forschungs- u. Entwicklungszentrum für nukleare Waffen u. Atomenergiegewinnung.*

Al·der·ney [ˈɔːldə(r)nɪ] *Brit. Kanalinsel.*

Al·ders·gate [ˈɔːldə(r)zgeɪt; *Br. a.* -gɪt] *Straße in London.*

Al·der·shot [ˈɔːldəʃɒt; *Am.* ˈɔːldərˌʃɑt] *Stadt in Hampshire, England. Größte Garnison Großbritanniens.*

Ald·gate [ˈɔːldgɪt; ˈɔːlgɪt; -geɪt] *Straße in London.*

Al·dridge-Brown·hills [ˌɔːldrɪdʒˈbraʊnhɪlz] *Stadt in West Midlands, England.*

Ald·wych [ˈɔːldwɪtʃ] *Straße in London.*

A·leu·tian Is·lands [əˈluːʃən; *bes. Am.* əˈluːʃn] Aleˈuten *pl* (*Inselgruppe zwischen Alaska u. Kamtschatka*).

Al·ge·ria [ælˈdʒɪərɪə] Alˈgerien *n*.

Al·giers [ælˈdʒɪə(r)z] Algier *n* (*Hauptstadt von Algerien*).

Al·le·ghe·ny [ˈælɪgenɪ; *Am.* ˌæləˈgeɪnɪː] *Fluß im westl. Pennsylvania, USA.*

Al·len·town [ˈæləntaʊn] *Stadt in Pennsylvania, USA.*

Alps [ælps] Alpen *pl.*

Al·trin·cham [ˈɔːltrɪŋəm] *Stadt in Greater Manchester, England.*

Am·a·zon [ˈæməzən; -zn; *Am. a.* -ˌzɑn] Amaˈzonas *m* (*Fluß im nördl. Südamerika*).

A·mer·i·ca [əˈmerɪkə; *Am.* -rə-] Aˈmerika *n*.

Am·man [əˈmɑːn; *Am.* æˈmɑːn; æˈmæn] *Hauptstadt von Jordanien.*

Am·ster·dam [ˌæmstə(r)ˈdæm; ˈ-ˌdæm] *Stadt in den Niederlanden.*

An·a·con·da [ˌænəˈkɒndə; *Am.* -ˈkɑ-] *Industriestadt in Montana, USA.*

An·chor·age [ˈæŋkərɪdʒ] *Hafenstadt im südl. Alaska, USA.*

An·da·lu·sia [ˌændəˈluːzjə; *Am.* -ˈluːʒə; -ʒɪə] Andaˈlusien *n*.

An·des [ˈændɪːz] Anden *pl* (*Gebirgszug im Westen Südamerikas*).

An·dor·ra [ænˈdɔːrə; *Am. a.* -ˈdɑːrə] *Zwergstaat in den östl. Pyrenäen.*

An·gle·sey, *auch* **An·gle·sea** [ˈæŋglsɪ] a) *Insel an der Nordwestküste von Wales*, b) *ehemal. Grafschaft in Wales.*

An·glia [ˈæŋglɪə] *Lat. Name für England.*

An·go·la [æŋˈgəʊlə] *Volksrepublik im südwestl. Afrika.*

An·guil·la [æŋˈgwɪlə] *Insel der Kleinen Antillen.*

An·gus [ˈæŋgəs] *Ehemal. Grafschaft im östl. Schottland.*

An·ka·ra [ˈæŋkərə] *Hauptstadt der Türkei.*

An·nam [ænˈæm; ˈænæm] *Teil Vietnams.*

An·nap·o·lis [əˈnæpəlɪs; *Am. a.* -pləs] *Haupt- u. Hafenstadt von Maryland, USA.*

Ant·arc·ti·ca [æntˈɑː(r)ktɪkə; *Am. a.* -ˈɑːrtɪkə], **Ant·arc·tic Con·ti·nent** [æntˈɑː(r)ktɪk; *Am. a.* -ˈɑːrtɪk] Antˈarktis *f*.

An·ti·gua [ænˈtiːgə] *Insel der Kleinen Antillen.*

An·ti·gua and Bar·bu·da [ænˈtiːgə; bɑː(r)ˈbuːdə] *Staat im Bereich der Westind. Inseln.*

An·til·les [ænˈtɪliːz] Anˈtillen *pl* (*Westindische Inseln*).

An·tip·o·des [ænˈtɪpədiːz] Antiˈpoden-Inseln *pl* (*südöstl. von Neuseeland*).

An·trim [ˈæntrɪm] *Grafschaft in Nordirland.*

Ant·werp [ˈæntwɜːp; *Am.* -wɜrp], (*Fr.*) **An·vers** [ɑ̃ˈvɜr] Antˈwerpen *n* (*Hafenstadt im nördl. Belgien*).

Ap·en·nines [ˈæpɪnaɪnz] Apenˈnin *m*, Apenˈninen *pl* (*Gebirgszug in Italien*).

Ap·pa·lach·i·an Moun·tains [ˌæpəˈleɪtʃjən; *Am.* -tʃən; -ˈlætʃən; -ˈleɪʃən], **Ap·pa·lach·i·ans** [-z] Appaˈlachen *pl* (*Gebirgszug in den östl. USA*).

A·ra·bia [əˈreɪbjə; -bɪə] Aˈrabien *n*.

A·ran Is·land [ˈærən] Araninsel *f* (*Insel im Nordwesten von Donegal, Irland*).

A·ran Is·lands [ˈærən] Araninseln *pl* (*Inselgruppe vor der Galway Bay an der Westküste Irlands*).

Ar·broath [ɑː(r)ˈbrəʊθ] *Hafen u. Seebad in Tayside, Schottland.*

Arc·tic O·cean [ˈɑː(r)ktɪk; *Am. a.* ˈɑːrtɪk] ˈNordpoˌlarmeer *n*.

Ar·gen·ti·na [ˌɑː(r)dʒənˈtiːnə] Argenˈtinien *n*.

Ar·gen·tine, the [ˈɑː(r)dʒəntaɪn; *Am. bes.* -ˌtiːn] → Argentina.

Ar·gyll(·shire) [ɑː(r)ˈgaɪl; -ʃə(r); -ˌʃɪə(r)] *Ehemal. Grafschaft im westl. Schottland.*

Ar·i·zo·na [ˌærɪˈzəʊnə; *Am.* ˌerə-] *Staat im Südwesten der USA.*

Ar·kan·sas [ˈɑː(r)kənsɔː] a) *Staat im Süden der USA*, b) [*a.* ɑː(r)ˈkænzəs] *rechter Nebenfluß des Mississippi, USA.*

Ar·ling·ton [ˈɑː(r)lɪŋtən] *Nationalfriedhof der USA bei Washington.*

Ar·magh [ɑː(r)ˈmɑː] a) *Grafschaft in Nordirland*, b) *Hauptstadt von a.*

Ar·me·nia [ɑː(r)ˈmiːnjə; -nɪə] Arˈmenien *n*.

Ar·un·del [ˈærəndl] *Stadt in West Sussex, England.*

As·cen·sion [əˈsenʃn] *Insel im Südatlantik, nordwestl. von St. Helena.*

As·cot [ˈæskət] *Dorf in Berkshire, England. Berühmte Pferderennbahn.*

Ash·bur·ton [ˈæʃbɜːtn; *Am.* -ˌbɜrtn] a) *Fluß im austral. Bundesstaat Westaustralien*, b) *Stadt im östl. Neuseeland.*

Ash·ford [ˈæʃfə(r)d] *Stadt in Kent, England.*

Ash·ton-un·der-Lyne [ˌæʃtənˌʌndə(r)ˈlaɪn] *Stadt in Greater Manchester, England.*

A·sia [ˈeɪʃə; ˈeɪʒə] Asien *n*.

A·sia Mi·nor [ˌeɪʃəˈmaɪnə(r); ˌeɪʒə-] Kleinˈasien *n*.

As·sam [æˈsæm; ˈæsæm] Assam *n* (*Staat im nordöstl. Indien*).

As·sin·i·boine [əˈsɪnɪbɔɪn] *Fluß im südl. Kanada.*

A·sun·ción [əˌsʊnsɪˈəʊn] *Hauptstadt von Paraguay.*

Ath·a·bas·ca, *auch* **Ath·a·bas·ka** [ˌæθəˈbæskə] *Fluß im westl. Zentral-Kanada.*

Ath·ens [ˈæθɪnz; *Am.* -ənz] Aˈthen *n*.

At·lan·ta [ət'læntə; æt-] *Hauptstadt von Georgia, USA.*
At·lan·tic O·cean [ət'læntɪk] *At'lantischer Ozean.*
Auck·land ['ɔːklənd] *Hafenstadt im nördl. Neuseeland.*
Au·gus·ta [ɔː'gʌstə; ə'g-] a) *Stadt in Georgia, USA,* b) *Hauptstadt von Maine, USA.*
Aus·tin ['ɒstɪn; *Am.* 'ɔːstən; 'ɑː-] *Hauptstadt von Texas, USA.*
Aus·tral·a·sia [ˌɒstrə'leɪʒə; -ʒə; -zjə; *Am.* ˌɔːstrə'leɪʒə; -ʃə; ˌɑːs-] *Au'stralasien n, Oze'anien n (Inseln zwischen Südostasien u. Neuguinea).*
Aus·tra·lia [ɒ'streɪljə; -lɪə; *Am.* ɔː-; ɑː-] *Au'stralien n.*
Aus·tra·lian Cap·i·tal Ter·ri·to·ry [ɒ'streɪljən; -lɪən; *Am.* ɔː-; ɑː-] *Gebiet um Canberra, Australien.*
Aus·tria ['ɒstrɪə; *Am.* 'ɔː-; 'ɑː-] *Österreich n.*
A·von ['eɪvən] a) *Fluß in Mittelengland,* b) *Grafschaft im südwestl. England.*
Ay·cliffe ['eɪklɪf] *Stadt in Durham, England.*
Ayles·bur·y ['eɪlzbərɪ; -brɪ] *Hauptstadt von Buckinghamshire, England.*
Ayr [eə(r)] a) → **Ayrshire,** b) *Hafen in Strathclyde, Schottland.*
Ayr·shire ['eə(r)ʃə(r); -ˌʃɪə(r)] *Ehemal. Grafschaft im südwestl. Schottland.*
A·zores [ə'zɔː(r)z; *Am. a.* 'eɪˌzɔːrz] *A'zoren pl (Inselgruppe westl. von Portugal).*

B

Baf·fin Bay ['bæfɪn] *Baffin-Meer n (zwischen Grönland u. dem nordöstl. Kanada).*
Bag·dad, Bagh·dad [ˌbæg'dæd; *bes. Am.* 'bægdæd] *Bagdad n (Hauptstadt des Irak).*
Ba·ha·ma Is·lands [bə'hɑːmə; *Am. a.* -'heɪ-] *Ba'hama-Inseln pl (südöstl. von Nordamerika).*
Bah·rain, Bah·rein [bɑː'reɪn] *Emirat am Pers. Golf.*
Bai·le A·tha Cli·ath [ˌblɔː'kliː] *(Gaelic)* → Dublin.
Bal·boa (Heights) [bæl'bəʊə] *Verwaltungszentrum der Panamakanal-Zone.*
Bal·e·ar·ic Is·lands [ˌbælɪ'ærɪk] *Ba'le'aren pl (Inselgruppe östl. von Spanien).*
Bal·mor·al [bæl'mɒrəl; *Am.* -'mɔː-; -'mɑː-] *Residenz der engl. Könige in Grampian Region, Schottland.*
Bal·tic Sea ['bɔːltɪk] *Ostsee f.*
Bal·ti·more ['bɔːltɪmɔː; *Am.* 'bɔːltəˌmɔːr; -ˌmɔʊr] *Stadt in Maryland, USA.*
Ba·ma·ko [ˌbɑːmə'kəʊ; ˌbæ-] *Hauptstadt der Republik Mali.*
Ban·bury ['bænbərɪ; -brɪ; *Am. a.* -ˌberɪ] *Stadt in Oxfordshire, England.*
Banff·shire ['bæmfʃə(r); -ˌʃɪə(r)] *Ehemal. Grafschaft im nordöstl. Schottland.*
Bang·kok [ˌbæŋ'kɒk; 'bæŋkɒk; *Am.* -ˌkɑk; bæŋ'kɑk] *Hauptstadt von Thailand.*
Bang·la·desh [ˌbæŋglə'deʃ; -'deɪʃ; ˌbɑː-] *Bangla'desch n (Volksrepublik in Südasien).*
Ban·gor ['bæŋgə(r)] a) *Universitätsstadt in Gwynedd, Wales,* b) *Stadt in Down, Nordirland.*
Ban·jul [bæn'dʒuːl; *Am.* 'bɑːnˌdʒuːl] *Hauptstadt von Gambia, Westafrika.*
Ban·nock·burn ['bænəkbɜːn; *Am.* -ˌbɜrn] *Ort in Central Region, Schottland. Schlacht 1314.*

Bar·ba·dos [bɑː(r)'beɪdəʊz; -dəs] a) *Östlichste Insel der Kleinen Antillen,* b) *unabh. Staat im Commonwealth auf a.*
Bark·ing ['bɑː(r)kɪŋ] *Nordöstl. Stadtbezirk Groß-Londons.*
Bar·net ['bɑː(r)nɪt] *Nördl. Stadtbezirk Groß-Londons.*
Barns·ley ['bɑː(r)nzlɪ] *Hauptstadt von South Yorkshire, England.*
Bar·row, Point ['bærəʊ] *Nordkap Alaskas.*
Bar·row-in-Fur·ness [ˌbærəʊɪn'fɜː-nɪs; *Am.* ˌbærəwən'fɜrnəs] *Stadt in Cumbria, England.*
Ba·sil·don ['bæzldən] *Stadt in Essex, England.*
Ba·sing·stoke ['beɪzɪŋstəʊk] *Stadt in Hampshire, England.*
Bass Strait [bæs] *Bass-Straße f (Meeresstraße zwischen Tasmanien u. Australien).*
Bath [bɑːθ; *Am.* bæθ] *Kurort in Avon, England.*
Bath·urst ['bæθɜːst; -əst; *Am.* -ɜrst; -ərst] a) → **Banjul,** b) *Stadt im austral. Bundesstaat Neusüdwales.*
Bat·on Rouge [ˌbætn'ruːʒ] *Hauptstadt von Louisiana, USA.*
Bat·ter·sea ['bætə(r)sɪ] *Stadtteil von London.*
Bat·tery, the ['bætərɪ] *Park in New York, an der Südspitze Manhattans.*
Ba·var·ia [bə'veərɪə] *Bayern n.*
Bays·wa·ter ['beɪzˌwɔːtə(r)] *Stadtteil von London.*
Bed·ford ['bedfə(r)d] a) → **Bedfordshire,** b) *Hauptstadt von Bedfordshire.*
Bed·ford·shire ['bedfə(r)dʃə(r); -ˌʃɪə(r)] *Grafschaft in Mittelengland.*
Bed·loe's Is·land ['bedləʊz] *früherer Name von Liberty Island.*
Bei·rut [ˌbeɪ'ruːt; 'beɪruːt] *Haupt- u. Hafenstadt der Republik Libanon.*
Bel·fast [ˌbel'fɑːst; 'belfɑːst; *Am.* -'fæst] *Haupt- u. Hafenstadt von Nordirland.*
Bel·gium ['beldʒəm] *Belgien n.*
Bel·grade [ˌbel'greɪd; 'belgreɪd] *Belgrad n (Hauptstadt von Jugoslawien).*
Bel·grave Square ['belgreɪv] *Platz in London.*
Be·lize [be'liːz; bə-] a) *Staat in Zentralamerika,* b) *Hafenstadt in a.*
Belle Isle, Strait of [ˌbel'aɪl] *Belle-Isle-Straße f (Meeresstraße zwischen Labrador u. Neufundland).*
Bel·voir[1] ['biːvə(r)] *Schloß in Leicestershire, England.*
Bel·voir[2] ['belvwɔː(r); -vɔɪə(r)] *In Straßennamen.*
Be·na·res [bɪ'nɑːrɪz; bə-] → **Varanasi.**
Ben·gal [ˌbeŋ'gɔːl; ˌben-] *Ben'galen n (Landschaft im nordöstl. Indien).*
Be·nin [be'nɪn; *bes. a.* -'niːn] a) *Volksrepublik in Westafrika,* b) *ehemal. Königreich in Südnigeria,* c) *Fluß in Südnigeria.*
Ben Lo·mond [ˌben'ləʊmənd] *Berg im Schott. Hochland.*
Ben Ne·vis [ˌben'nevɪs] *Berg in den schott. Grampian Mountains. Höchster Berg Großbritanniens.*
Ben·ning·ton ['benɪŋtən] *Dorf im südwestl. Vermont, USA. 1777 Sieg der Amerikaner über die Engländer.*
Ber·be·ra ['bɜːbərə; *Am.* 'bɜr-] *Hafenstadt im nordwestl. Somalia.*
Berke·ley[1] ['bɜːklɪ; *Am.* 'bɜr-] *Stadt in Kalifornien.*
Berke·ley[2] ['bɑːklɪ; *Am.* 'bɜr-] *Stadt in Gloucestershire, England. Kernkraftwerk.*
Berk·shire ['bɑːkʃə; -ˌʃɪə; *Am.* 'bɜrkʃər; -ˌʃɪər] *Grafschaft in Südengland.*
Ber·lin[1] [bɜː'lɪn; *Am.* bɜr-] *Ber'lin n (Deutschland).*
Ber·lin[2] ['bɜːlɪn; *Am.* 'bɜrlən] *Stadt in New Hampshire, USA.*

Ber·mond·sey ['bɜːməndzɪ; *Am.* 'bɜr-] *Stadtteil von London.*
Ber·mu·da (Is·lands) [bə(r)'mjuːdə], **Ber'mu·das** [-dəz] *Ber'muda-Inseln pl (im Atlantischen Ozean).*
Bern(e) [bɜːn; beən; *Am.* bɜrn; beərn] a) *Bundeshauptstadt der Schweiz,* b) *Schweizer Kanton.*
Ber·wick(·shire) ['berɪk; -ʃə(r); -ˌʃɪə(r)] *Ehemal. Grafschaft im südöstl. Schottland.*
Ber·wick(-up·on-Tweed) ['berɪk; -əpɒn'twiːd] *Stadt in Northumberland, England.*
Beth·le·hem ['beθlɪhem; -lɪəm] *Ort in Palästina. Geburtsort Jesu.*
Beth·nal Green [ˌbeθnəl'griːn] *Stadtteil Londons.*
Be·thune [be'θjuːn; bə-] *In Straßennamen.*
Bev·er·ly Hills [ˌbevə(r)lɪ'hɪlz] *Vorstadt von Los Angeles, Kalifornien, USA.*
Bex·ley ['bekslɪ] *Östl. Stadtbezirk Groß-Londons.*
Bhu·tan [buː'tɑːn; -'tæn] *Konstitutionelle Monarchie im östl. Himalaja.*
Bi·a·fra [bɪ'æfrə] *Gebiet im östl. Nigeria. 1967–70 unabhängige Republik.*
Bil·lings·gate ['bɪlɪŋzgɪt; -geɪt] *Größter Fischmarkt Londons.*
Bir·ken·head ['bɜːkənhed; ˌ-'hed; *Am.* 'bɜr-] *Hafenstadt in Merseyside, England.*
Bir·ming·ham ['bɜːmɪŋəm; *Am.* 'bɜrmɪŋˌhæm] a) *Hauptstadt von West Midlands, England,* b) *Stadt in Alabama, USA.*
Bis·cay, Bay of ['bɪskeɪ; -kɪ] *Golf m von Bis'caya.*
Bish·op Auck·land [ˌbɪʃəp'ɔːklənd] *Stadt in Durham, England.*
Bis·marck ['bɪzmɑː(r)k] *Hauptstadt von North Dakota, USA.*
Black·burn ['blækbɜːn; *Am.* -ˌbɜrn] *Industriestadt in Lancashire, England.*
Black For·est [blæk] *Schwarzwald m (Mittelgebirge in Südwestdeutschland).*
Black·heath [ˌblæk'hiːθ] *Stadtteil von London.*
Black·pool ['blækpuːl] *Hafenstadt u. Seebad in Lancashire, England.*
Black Sea [blæk] *Schwarzes Meer (zwischen Südosteuropa u. Asien).*
Blanc, Mont [ˌmɔ̃ːm'blɑ̃ːŋ; ˌmɔ̃ː'blɑ̃ː] *Höchster Berg der Alpen.*
Blar·ney ['blɑː(r)nɪ] *Stadt in Cork, Südwestirland.*
Blay·don ['bleɪdn] *Industriestadt in Tyneside, England.*
Blen·heim ['blenɪm; -əm] *Blindheim n (Dorf bei Augsburg. 1704 Sieg Marlboroughs über die Franzosen u. Bayern).*
Bloem·fon·tein ['bluːmfəntein] *Hauptstadt des Oranje-Freistaats, Südafrik. Republik.*
Blooms·bury ['bluːmzbərɪ; -brɪ] *Stadtteil Londons.*
Blyth [blaɪð; blaɪθ; blaɪ] *Stadt in Northumberland, England.*
Blythe [blaɪð] *Fluß in Warwickshire, England.*
Bod·min ['bɒdmɪn; *Am.* 'bɑ-] *Stadt in Cornwall, England.*
Bog·nor Re·gis [ˌbɒgnə'riːdʒɪs; *Am.* ˌbɑ-] *Stadt u. Kurort in West Sussex, England.*
Bo·go·tá [ˌbɒgəʊ'tɑː; ˌbəʊgə'tɑː; *Am.* ˌbəʊgə'tɔː; -'tɑː] *Hauptstadt von Kolumbien, Südamerika.*
Bo·he·mia [bəʊ'hiːmjə; -mɪə] *Böhmen n (Westl. Tschechoslowakei).*
Boi·se ['bɔɪzɪ; -sɪ] *Hauptstadt von Idaho, USA.*
Bo·liv·ia [bə'lɪvɪə] *Bo'livien n (Republik in Südamerika).*

Bol·ton ['bəʊltən; -tn] *Stadt in Greater Manchester, England.*
Bor·ders Re·gion ['bɔː(r)də(r)z] *Verwaltungsregion des südöstl. Schottlands.*
Bos·ton ['bɒstən; *Am. bes.* 'bɔː-] *Haupt- u. Hafenstadt von Massachusetts, USA.*
Bos·worth Field ['bɒzwəθ; -wɜːθ; *Am.* 'bɔːzwɚθ; -ˌwɝθ] *Ebene in Leicestershire. Schlacht 1485 (Ende der Rosenkriege).*
Bot·a·ny Bay ['bɒtənɪ; *Am.* 'batnɪ:] *Bucht an der Ostküste Australiens.*
Bot·swa·na [bɒ'tswɑːnə; *Am.* bat's-] Bo'tswana *n (Republik in Südafrika).*
Bourne·mouth ['bɔː(r)nməθ] *Seebad in Dorset, England.*
Boyne [bɔɪn] *Fluß im östl. Irland. 1690 Sieg Wilhelms III. von Oranien über Jakob II. von England.*
Brad·ford ['brædfə(r)d] a) *Stadt in West Yorkshire, England,* b) *Stadt in Pennsylvania, USA.*
Brae·mar [breɪ'mɑː(r)] *Landschaft in den Grampian Highlands, Schottland.*
Bra·si·lia [brə'zɪljə] *Hauptstadt von Brasilien.*
Bra·zil [brə'zɪl] Bra'silien *n.*
Braz·za·ville [ˌbræzə'vɪl; 'bræzəvɪl] *Hauptstadt des Kongo (Brazzaville).*
Breck·nock(·shire) ['breknɒk; *Am.* -ˌnɑk; '-ʃə(r); '-ˌʃɪə(r)], **Brec·on(·shire)** ['brekən; '-ʃə(r); '-ˌʃɪə(r)] *Ehemal. Grafschaft in Südwales.*
Brent [brent] *Nordwestl. Stadtbezirk Groß-Londons.*
Brent·ford and Chis·wick [ˌbrentfə(r)dn'tʃɪzɪk] *Stadtteil Londons.*
Bret·ton Woods [ˌbretn'wʊdz] *Stadt in New Hampshire, USA. Weltwährungskonferenz 1944.*
Bridge·port ['brɪdʒpɔː(r)t] *Seehafen in Connecticut, USA.*
Bridge·town ['brɪdʒtaʊn] *Hauptstadt der Insel Barbados, Westindien.*
Bright·on ['braɪtn] *Seebad in East Sussex, England.*
Bris·bane ['brɪzbən] *Hauptstadt des austral. Bundesstaates Queensland.*
Bris·tol ['brɪstl] *Hauptstadt von Avon, England.*
Brit·ain ['brɪtn], (*Lat.*) **Bri·tan·nia** [brɪ'tænjə] Bri'tannien *n (Name des alten engl. Königreichs).*
Brit·ish A·mer·i·ca [ˌbrɪtɪʃə'merɪkə] a) *Kanada,* b) *die brit. Besitzungen in Nord- u. Südamerika.*
Brit·ish Co·lum·bia [ˌbrɪtɪʃkə'lʌmbɪə] *westlichste Provinz von Kanada.*
Brit·ta·ny ['brɪtənɪ; *Am.* 'brɪtnɪ:] Bre'tagne *f (Halbinsel im nordwestl. Frankreich).*
Broads, the [brɔːdz] *Durch Flüsse miteinander verbundene Seen in Norfolk u. Suffolk.*
Brom·ley ['brɒmlɪ; *a.* 'brʌm-; *Am.* 'brɑmlɪ:] *Südöstl. Stadtbezirk Groß-Londons.*
Bronx [brɒŋks; *Am.* brɑŋks] *Stadtteil von New York.*
Brook·lyn ['brʊklɪn] *Stadtteil von New York.*
Brough·ton ['brɔːtn] *Häufiger Ortsname in England.*
Bru·nei ['bruːnaɪ] *Moham. Sultanat auf Borneo.*
Bruns·wick ['brʌnzwɪk] Braunschweig *n.*
Brus·sels ['brʌslz], (*Fr.*) **Bru·xelles** [bryksel; brysel] Brüssel *n.*
Bu·cha·rest [ˌbjuːkə'rest; ˌbuː-; '-rest] Bukarest *n (Hauptstadt von Rumänien).*
Buck·ing·ham(·shire) ['bʌkɪŋəm; '-ʃə(r); '-ˌʃɪə(r)] *Grafschaft in Mittelengland.*
Bu·da·pest [ˌbjuːdə'pest; ˌbuː-; *Am.* 'buːdəˌpest] *Hauptstadt von Ungarn.*

Bue·nos Ai·res [ˌbwenəs'aɪərɪz; *Am.* ˌbweɪnə'seərɪːz] *Haupt- u. Hafenstadt von Argentinien.*
Buf·fa·lo ['bʌfələʊ] *Stadt am Ostende des Eriesees, USA.*
Bul·gar·ia [bʌl'geərɪə] Bul'garien *n.*
Bun·ker Hill [ˌbʌŋkə(r)'hɪl] *Anhöhe bei Boston, USA. 1775 Schlacht im amer. Unabhängigkeitskrieg.*
Burgh[1] [bʌrə] *Ortsname in Surrey u. Lincolnshire, England.*
Burgh[2] [bɜːg] *Ortsname in Suffolk, England.*
Bur·gun·dy ['bɜːgəndɪ; *Am.* 'bɝː-] Bur'gund *n (Landschaft im südöstl. Frankreich).*
Bur·ling·ton ['bɜːlɪŋtən; *Am.* 'bɝː-] a) *Stadt in Vermont, USA,* b) *Stadt am Mississippi, Iowa, USA,* c) *Stadt in North Carolina, USA.*
Bur·ma ['bɜːmə; *Am.* 'bɝː-] Birma *n (Republik in Hinterindien).*
Burn·ley ['bɜːnlɪ; *Am.* 'bɝːnlɪː] *Stadt in Lancashire, England.*
Bur·ton-up·on-Trent [ˌbɜːtnəpɒn'trent; *Am.* ˌbɝtn-] *Stadt in Staffordshire, England.*
Bu·run·di [bʊ'rʊndɪ] *Republik im östl. Zentralafrika.*
Bur·y ['berɪ] *Stadt in Greater Manchester, England.*
Bur·y St. Ed·munds [ˌberɪsnt'edməndz] *Stadt in Suffolk, England.*
Bute [bjuːt] a) *Insel im Firth of Clyde, Schottland,* b) → **Buteshire**.
Bute·shire ['bjuːtʃə(r); -ˌʃɪə(r)] *Ehemal. Grafschaft in Mittelschottland.*
Bux·ton ['bʌkstən] *Stadt in Derbyshire, England.*

C

Caer·le·on [kɑː(r)'liːən] *Stadt in Gwent, Wales.*
Caer·nar·von [kə(r)'nɑː(r)vən; kɑː(r)'n-] a) → **Caernarvonshire**, b) *Haupt- u. Hafenstadt von Gwynedd, Wales.*
Caer·nar·von·shire [kə(r)'nɑː(r)vənʃə(r); -ˌʃɪə(r); kɑː(r)'n-] *Ehemal. Grafschaft im nordwestl. Wales.*
Cairns [keə(r)nz] *Stadt an der Ostküste von Queensland, Australien.*
Cai·ro ['kaɪərəʊ; 'kaɪrəʊ] Kairo *n (Hauptstadt von Ägypten).*
Caith·ness ['keɪθnes; -nəs] *Ehemal. Grafschaft im nördl. Schottland.*
Cal·cut·ta [kæl'kʌtə] Kal'kutta *n (Hauptstadt des Staates Westbengalen, Indien).*
Cal·der Hall [ˌkɔːldə(r)'hɔːl] *Ort in Cumbria, England. Erstes Atomkraftwerk der Welt.*
Cal·e·do·nia [ˌkælɪ'dəʊnjə; -nɪə] *hist. od. poet.* Kale'donien *n (Schottland).*
Cal·e·do·nian Ca·nal [ˌkælɪ'dəʊnjən kə'næl] Kale'donischer Ka'nal *(Schottland).*
Cal·ga·ry ['kælgərɪ] *Stadt in Alberta, Kanada.*
Cal·i·for·nia [ˌkælɪ'fɔː(r)njə; -nɪə] Kali'fornien *n (Staat im Westen der USA).*
Cam·ber·well ['kæmbə(r)wəl; -wel] *Stadtteil Londons.*
Cam·bo·dia [kæm'bəʊdjə; -dɪə], (*Fr.*) **Cam·bodge** [kɑːbɔdʒ] → **Kampuchea**.
Cam·borne-Red·ruth [ˌkæmbɔː(r)n'redruːθ] *Stadt in Cornwall, England.*
Cam·bria ['kæmbrɪə] (*Lat.*) → **Wales**.

Cam·bridge ['keɪmbrɪdʒ] a) *Universitätsstadt u. Hauptstadt von Cambridgeshire,* b) *Universitätsstadt in Massachusetts, USA,* c) → **Cambridgeshire**.
Cam·bridge·shire ['keɪmbrɪdʒʃə(r); -ˌʃɪə(r)] *Grafschaft im östl. Mittelengland.*
Cam·den ['kæmdən] a) *Hafenstadt in New Jersey, USA,* b) *Stadtbezirk des inneren Verwaltungsgebiets Groß-Londons.*
Cam·er·oon ['kæməruːn; ˌkæmə'ruːn], (*Fr.*) **Ca·me·roun** [kamrun] Kamerun *n (Republik in Westafrika).*
Can·a·da ['kænədə] Kanada *n.*
Ca·nar·ies [kə'neərɪz], **Ca·nary Is·lands** [kə'neərɪ] Ka'narische Inseln *pl.*
Ca·nav·er·al [kə'nævərəl; -vrəl] → **Cape Kennedy**.
Can·ber·ra ['kænbərə; -brə] *Bundeshauptstadt von Australien.*
Can·ter·bury ['kæntə(r)bərɪ; -brɪ; *Am. bes.* -ˌberɪ] *Stadt in Kent, England.*
Cape Cod [kɒd; *Am.* kad] a) *Halbinsel im südöstl. Massachusetts,* b) *Nordspitze von a.*
Cape Ken·ne·dy ['kenɪdɪ; -ədɪ] *Amer. Raketen-Versuchszentrum an der Ostküste Floridas.*
Cape of Good Hope [ˌgʊd'həʊp] Kap *n der Guten Hoffnung (Südspitze Afrikas).*
Cape Town, Cape·town ['keɪptaʊn] Kapstadt *n (Hauptstadt der Kapprovinz, Südafrika).*
Ca·pri ['kæprɪː; 'kɑː-; *Am. a.* kæ'priː; kə'p-] *Insel in der Bucht von Neapel.*
Ca·ra·cas [kə'rækəs; -'rɑː-] *Hauptstadt von Venezuela, Südamerika.*
Car·diff ['kɑː(r)dɪf] *Haupt- u. Hafenstadt von South u. Mid Glamorgan, Wales.*
Car·di·gan Bay ['kɑː(r)dɪgən] *Bucht an der Westküste von Wales.*
Car·di·gan(·shire) ['kɑː(r)dɪgən; '-ʃə(r); '-ˌʃɪə(r)] *Ehemal. Grafschaft in Wales.*
Car·ib·be·an, the [ˌkærɪ'biːən; kə'rɪbɪən] a) Ka'ribik *f,* b) → **Caribbean Sea**.
Car·ib·be·an Is·lands [ˌkærɪ'biːən; kə'rɪbɪən] Ka'r(a)ibische Inseln *pl.*
Car·ib·be·an Sea [ˌkærɪ'biːən; kə'rɪbɪən] Ka'r(a)ibisches Meer.
Ca·rin·thia [kə'rɪnθɪə] Kärnten *n (südlichstes österr. Bundesland).*
Car·lisle [kɑː(r)'laɪl; 'kɑː(r)laɪl] *Hauptstadt von Cumbria, England.*
Car·low ['kɑː(r)ləʊ] a) *Grafschaft im südöstl. Irland,* b) *Hauptstadt von a.*
Car·mar·then [kə'mɑːðn; kɑː(r)'mɑːrðən] a) → **Carmarthenshire**, b) *Hauptstadt von Dyfed, Wales.*
Car·mar·then·shire [kə'mɑːðnʃə; -ˌʃɪə; *Am.* kɑː(r)'mɑːrðənˌʃɪər] *Ehemal. Grafschaft im südl. Wales.*
Car·nar·von(·shire) → **Caernarvon(shire)**.
Car·o·li·na [ˌkærə'laɪnə] → **North Carolina** *u.* **South Carolina**.
Car·pa·thi·an Moun·tains [kɑː(r)'peɪθjən; -ɪən] Kar'paten *pl (Gebirge im südöstl. Mitteleuropa).*
Car·pen·tar·ia, Gulf of [ˌkɑː(r)pən'teərɪə] Carpen'taria-Golf *m (an der Nordostküste Australiens).*
Car·son Cit·y ['kɑː(r)sn] *Hauptstadt von Nevada, USA.*
Cas·cade Range [kæs'keɪd] Kas'kadengebirge *n (Teil der westl. Kordilleren, USA).*
Cas·pi·an Sea ['kæspɪən] Kaspisches Meer *(zwischen Südosteuropa u. Asien).*
Ca·taw·ba [kə'tɔːbə] *Fluß in North u. South Carolina, USA.*
Cau·ca·sus Moun·tains ['kɔːkəsəs] Kaukasus *m (Hochgebirge zwischen dem Schwarzen u. dem Kaspischen Meer).*
Cav·an ['kævən; -vn] a) *Grafschaft in Irland,* b) *Hauptstadt von a.*

Cen·tral Af·ri·can Re·pub·lic Zen-ˈtralafriˌkanische Repuˈblik.
Cen·tral Re·gion *Verwaltungsregion in Mittelschottland.*
Cey·lon [sɪˈlɒn; *Am.* sɪˈlɑn; seɪ-] a) *Insel im Indischen Ozean,* b) → **Sri Lanka**.
Chad [tʃæd] Tschad *m* (*Republik im nördl. Zentralafrika*).
Chan·nel Is·lands Kaˈnalinseln *pl* (*Brit. Inselgruppe im Ärmelkanal*).
Char·ing Cross [ˌtʃærɪŋˈkrɒs] *Stadtteil Londons.*
Charles·ton [ˈtʃɑː(r)lstən] a) *Hauptstadt von West-Virginia, USA,* b) *Hafenstadt in South Carolina, USA.*
Char·lotte [ˈʃɑː(r)lət] *Größte Stadt in North Carolina, USA.*
Char·lotte·town [ˈʃɑː(r)ləttaʊn] *Haupt- u. Hafenstadt der Provinz Prinz-Edward-Insel, Kanada.*
Chat·ham [ˈtʃætəm] *Hafenstadt in Kent, England.*
Chat·ta·noo·ga [ˌtʃætəˈnuːgə; -tnˈuːgə] *Stadt in Tennessee, USA.*
Cheap·side [ˌtʃiːpˈsaɪd; ˈ-saɪd] *Straße in London.*
Ched·dar [ˈtʃedə(r)] *Stadt in Somersetshire, England.*
Chelms·ford [ˈtʃelmsfə(r)d] *Hauptstadt von Essex, England.*
Chel·sea [ˈtʃelsɪ] *Stadtteil Londons.*
Chel·ten·ham [ˈtʃeltnəm] *Badeort in Gloucestershire, England.*
Che·nies [ˈtʃiːnɪz] *Straße in London.*
Cheq·uers [ˈtʃekə(r)z] *Landsitz des engl. Premierministers in Buckinghamshire.*
Chert·sey [ˈtʃɜːtsɪ; *Am.* ˈtʃɜrtsɪ] *Stadt in Surrey, England.*
Ches·a·peake Bay [ˈtʃesəpiːk; -spiːk] Chesapeake-Bai *f* (*Bucht des Atlantischen Ozeans in Virginia u. Maryland, USA*).
Chesh·ire [ˈtʃeʃə(r); -ˌʃɪə(r)] *Grafschaft im nordwestl. England.*
Ches·ter [ˈtʃestə(r)] a) *Hauptstadt von Cheshire,* b) *Stadt in Pennsylvania, USA.*
Ches·ter·field [ˈtʃestə(r)fiːld] *Stadt in Derbyshire, England.*
Chev·i·ot Hills [ˈtʃevɪət; ˈtʃiː-] *Bergland an der engl.-schott. Grenze.*
Chey·enne [ʃaɪˈæn; -ˈen] *Hauptstadt von Wyoming, USA.*
Chich·es·ter [ˈtʃɪtʃɪstə(r)] *Hauptstadt von West Sussex, England.*
Chig·well [ˈtʃɪgwəl] *Stadt in Essex, England.*
Chil·e [ˈtʃɪlɪ] *Republik im Südwesten Südamerikas.*
Chi·na [ˈtʃaɪnə] China *n*.
Chip·pe·wa [ˈtʃɪpɪwɑː; -wə; *Am. a.* -pəˌweɪ] *Nebenfluß des Mississippi, Wisconsin, USA.*
Chis·le·hurst and Sid·cup [ˌtʃɪzlhɜːstnˈsɪdkəp; *Am.* -ˌhɜrst-] *Stadtteil Londons.*
Chis·wick → **Brentford and Chiswick**.
Cim·ar·ron [ˈsɪmərɒn; *Am.* -ˌrɑn; -ˌraʊn] *Nebenfluß des Arkansas, USA.*
Cin·cin·nat·i [ˌsɪnsɪˈnætɪ] *Stadt in Ohio, USA.*
Ci·ren·ces·ter [ˈsaɪərənsestə(r); ˈsɪsɪtə(r)] *Stadt in Gloucestershire, England.*
Cis·kei [ˈsɪskaɪ] *Autonomer Staat in Südafrika.*
Clack·man·nan [klækˈmænən] a) → **Clackmannanshire**, b) *Stadt in Central Region, Schottland.*
Clack·man·nan·shire [klækˈmænənʃə(r); -ˌʃɪə(r)] *Ehemal. Grafschaft in Mittelschottland.*
Clac·ton-on-Sea [ˈklæktən] *Seebad in Essex, England.*
Clap·ham [ˈklæpəm] *Stadtteil von London.*

Clare [kleə(r)] *Grafschaft in Westirland.*
Clee·thorpes [ˈkliːθɔː(r)ps] *Kurort in Humberside, England.*
Cler·ken·well [ˈklɑː(r)kənwel] *Stadtteil von London.*
Cleve·land [ˈkliːvlənd] a) *Stadt in Ohio, USA,* b) *Grafschaft im nordöstl. England.*
Clwyd [ˈkluːɪd] *Grafschaft im nordöstl. Wales.*
Clyde [klaɪd] *Fluß an der Westküste Schottlands.*
Clyde·bank [ˈklaɪdbæŋk] *Stadt in Strathclyde, Schottland.*
Clyde·side [ˈklaɪdsaɪd] *Industrieregion u. Schiffbauzentrum mit u. um Glasgow.*
Coat·bridge [ˈkəʊtbrɪdʒ] *Industriestadt in Strathclyde, Schottland.*
Co·chin-Chi·na [ˌkɒtʃɪnˈtʃaɪnə; *bes. Am.* ˌkəʊ-] Kotschinˈchina *n* (*Gebiet im Süden Vietnams*).
Cock·er·mouth [ˈkɒkəməθ; *Am.* ˈkɑkər-] *Stadt in Cumbria, England.*
Col·ches·ter [ˈkəʊltʃɪstə; *Am.* -ˌtʃestər] *Stadt in Essex, England.*
Co·logne [kəˈləʊn] Köln *n*.
Co·lom·bia [kəˈlɒmbɪə; *bes. Am.* -ˈlʌm-] Koˈlumbien *n* (*Republik in Südamerika*).
Col·o·ra·do [ˌkɒləˈrɑːdəʊ; *Am.* ˌkɑləˈrædəʊ; -ˈrɑː-] a) *Staat im Westen der USA,* b) Coloˈrado *m* (*des Westens*) (*Fluß im Südwesten der USA*), c) Coloˈrado *m* (*des Ostens*) (*Fluß in Texas, USA*).
Co·lum·bia [kəˈlʌmbɪə] a) *Strom im westl. Nordamerika,* b) *Hauptstadt von South Carolina, USA.*
Co·lum·bus [kəˈlʌmbəs] *Hauptstadt von Ohio, USA.*
Com·o·ro Is·lands [ˈkɒmərəʊ; *Am.* ˈkɑ-] Koˈmoren *pl* (*Inselgruppe u. Staat im Indischen Ozean*).
Con·a·kry [ˈkɒnəkrɪ; *Am.* ˈkɑ-] Konakry *n* (*Hauptstadt von Guinea*).
Con·cord [ˈkɒŋkəd; *Am.* ˈkɑŋkərd] a) *Stadt in Massachusetts, USA. 1775 Schlacht im amer. Unabhängigkeitskrieg,* b) *Hauptstadt von New Hampshire, USA.*
Co·ney Is·land [ˈkəʊnɪ] *Teil von Brooklyn, New York City. Seebad, Vergnügungsstätten.*
Con·go [ˈkɒŋgəʊ; *Am.* ˈkɑŋ-] Kongo *m*: a) *Fluß in Westafrika,* b) *Republik Kongo (bis 1971; heute* → **Zaire**), c) *Republik Kongo (Brazzaville).*
Con·is·ton Wa·ter [ˈkɒnɪstən; *Am.* ˈkɑ-] *See in Cumbria, England.*
Con·nacht [ˈkɒnət; -nəxt; *Am.* ˈkɑnəːt], *hist.* **Con·naught** [ˈkɒnɔːt; *Am.* ˈkɑ-] *Provinz in Irland.*
Con·nect·i·cut [kəˈnetɪkət] a) *Staat im Nordosten der USA,* b) *Fluß im Nordosten der USA.*
Con·ne·ma·ra [ˌkɒnɪˈmɑːrə; *Am.* ˌkɑnə-] *Küstenregion in Galway, Irland.*
Con·sett [ˈkɒnsɪt; *Am.* ˈkɑn-] *Stadt in Durham, England.*
Con·stance, Lake [ˈkɒnstəns; *Am.* ˈkɑ-] Bodensee *m*.
Con·way [ˈkɒnweɪ; *Am.* ˈkɑn-] *Stadt in Gwynedd, Wales.*
Co·pen·ha·gen [ˌkəʊpnˈheɪgən] Kopenˈhagen *n*.
Cor·al Sea [ˈkɒrəl; *Am. a.* ˈkɑː-; ˈkɔː-] Koˈrallenmeer *n* (*Teil des Pazifischen Ozeans*).
Cor·dil·le·ras [ˌkɔːdɪˈljeərəz; *Am.* ˌkɔːrdlˈj-; -diːˈerəz] Kordilˈleren *pl* (*Gebirgskette an der Pazifikküste Nord- u. Südamerikas*).
Cork [kɔː(r)k] a) *Grafschaft im südwestl. Irland,* b) *Hauptstadt von a.*
Corn·wall [ˈkɔː(r)nwəl; -wɔːl] *Grafschaft in Südwestengland.*
Cor·si·ca [ˈkɔː(r)sɪkə] Korsika *n* (*Insel im Mittelmeer*).
Cos·ta Ri·ca [ˌkɒstəˈriːkə; *Am.* ˌkɑ-;

ˌkɔː-] *Mittelamer. Republik.*
Cots·wold Hills [ˈkɒtswəʊld; *Am.* ˈkɑ-] *Höhenzug im südwestl. England.*
Cov·en·try [ˈkɒvəntrɪ; *bes. Am.* ˈkʌv-] *Stadt in West Midlands, England.*
Cowes[1] [kaʊz] *Stadt an der Südküste Victorias, Australien.*
Cowes[2] [kaʊz] *Stadt auf der Insel Wight.*
Cran·well [ˈkrænwəl] *Ort in Lincolnshire, England. Luftwaffenakademie.*
Craw·ley [ˈkrɔːlɪ] *Stadt in West Sussex, England.*
Crete [kriːt] Kreta *n* (*Insel im Mittelmeer*).
Crewe [kruː] *Stadt in Cheshire, England.*
Cri·mea [kraɪˈmɪə] Krim *f* (*Halbinsel an der Nordküste des Schwarzen Meeres*).
Cro·ker Is·land [ˈkrəʊkə(r)] *Insel nördl. von Australien.*
Crom·ar·ty [ˈkrɒmətɪ; *Am.* ˈkrɑmərtɪ; → **Ross and Cromarty**.
Cros·by [ˈkrɒzbɪ; -sbɪ] *Stadt in Merseyside, England.*
Croy·don [ˈkrɔɪdn] *Südl. Stadtbezirk Groß-Londons.*
Cu·ba [ˈkjuːbə] Kuba *n* (*größte Insel der Großen Antillen, Westindien*).
Cum·ber·land [ˈkʌmbə(r)lənd] a) *Ehemal. Grafschaft im nordwestl. England,* b) *linker Nebenfluß des Ohio, USA.*
Cum·ber·nauld [ˌkʌmbə(r)nɔːld] *Stadt in Strathclyde, Schottland.*
Cum·bria [ˈkʌmbrɪə] *Grafschaft im nordwestl. England.*
Cum·bri·an Moun·tains [ˈkʌmbrɪən] Kumbrisches Bergland (*Nordwestengland*).
Cwm·bran [ˌkuːmˈbrɑːn] *Hauptstadt von Gwent, Wales.*
Cy·prus [ˈsaɪprəs] Cypern *n* (*Insel im östl. Mittelmeer*).
Czech·o·slo·va·kia, *auch* **Czech·o·Slo·va·kia** [ˌtʃekəʊsləʊˈvækɪə; -ˈvɑː-] Tschechoslowaˈkei *f*.

D

Dac·ca [ˈdækə] Dakka *n* (*Hauptstadt von Bangladesch*).
Dag·en·ham [ˈdægənəm; -gnəm] *Stadtteil von London. Kfz-Industrie.*
Da·ho·mey [dəˈhəʊmɪ] Dahoˈme *n* (*bis 1975;* → **Benin** a).
Da·kar [ˈdækə; -kɑː; *Am.* ˈdækˌɑːr; dəˈkɑːr] *Haupt- u. Hafenstadt der Republik Senegal, Westafrika.*
Da·ko·ta [dəˈkəʊtə] a) → **North Dakota,** b) → **South Dakota**.
Dal·keith [dælˈkiːθ] *Stadt in Lothian Region, Schottland.*
Dal·las [ˈdæləs] *Stadt in Texas, USA.*
Dal·ton in Fur·ness [ˌdɔːltənɪnˈfɜːnɪs; *Am.* -ˈfɜr-] *Stadt in Cumbria, England.*
Da·mas·cus [dəˈmɑːskəs; *bes. Am.* -ˈmæs-] Daˈmaskus *n* (*Hauptstadt von Syrien*).
Dan·ube [ˈdænjuːb] Donau *f*.
Dar·jee·ling, Dar·ji·ling [dɑː(r)ˈdʒiːlɪŋ] Darˈdschiling *n* (*Stadt im nordöstl. Indien*).
Dar·ling [ˈdɑː(r)lɪŋ] *Größter Nebenfluß des Murray, Australien.*
Dar·ling·ton [ˈdɑː(r)lɪŋtən] *Stadt in Durham, England.*
Dart·ford [ˈdɑː(r)tfə(r)d] *Stadt in Kent, England.*
Dart·moor [ˈdɑː(r)tˌmʊə(r); -mɔː(r)] *Tafelland in Südwestengland.*

Dart·mouth [ˈdɑː(r)tməθ] *Stadt in Devonshire, England.*
Dar·win [ˈdɑː(r)wɪn] *Haupt- u. Hafenstadt des Nordterritoriums, Australien.*
Dav·en·port [ˈdævnpɔː(r)t; -vm-; Am. a. -ˌpəʊrt] *Stadt in Iowa, USA.*
Dav·en·try [ˈdævəntrɪ] *Stadt in Northamptonshire, England.*
Day·ton [ˈdeɪtn] *Stadt in Ohio, USA.*
Day·to·na Beach [deɪˈtəʊnə] *Stadt an der Nordostküste von Florida, USA.*
Dead Sea [ded] *Totes Meer (Salzsee an der Ostgrenze von Israel).*
Dear·born [ˈdɪə(r)bɔː(r)n; -bə(r)n] *Stadt in Michigan, USA.*
Dee [diː] *Name mehrerer Flüsse in Großbritannien.*
Del·a·ware [ˈdeləweə(r)] *Staat u. Fluß im Osten der USA.*
Del·hi [ˈdelɪ] a) *Unionsterritorium im nördl. Indien,* b) *Hauptstadt von Indien.*
Den·bigh(·shire) [ˈdenbɪ; -ˌʃə(r); -ˌʃɪə(r)] *Ehemal. Grafschaft in Nordwales.*
Den·mark [ˈdenmɑː(r)k] *Dänemark n.*
Den·ver [ˈdenvə(r)] *Hauptstadt von Colorado, USA.*
Dept·ford [ˈdetfə(r)d] *Stadtteil von London.*
Der·by [ˈdɑː(r)bɪ; Am. bes. ˈdɜr-] a) → **Derbyshire,** b) *Hauptstadt von Derbyshire.*
Der·by·shire [ˈdɑː(r)bɪʃə(r); -ˌʃɪə(r); Am. bes. ˈdɜr-] *Grafschaft in Mittelengland.*
Der·ry [ˈderɪ] → **Londonderry.**
Der·went·wa·ter [ˈdɜːwəntˌwɔːtə(r); Am. ˈdɜr-] *See im Lake District, Cumbria, England.*
Des Moines [dɪˈmɔɪn] a) *Hauptstadt von Iowa, USA,* b) *Fluß in Iowa, USA.*
De·troit [dəˈtrɔɪt; dɪ-] *Stadt in Michigan, USA.*
De·viz·es [dɪˈvaɪzɪz] *Stadt in Wiltshire, England.*
Dev·on(·shire) [ˈdevn; -ˌʃə(r); -ˌʃɪə(r)] *Grafschaft im südwestl. England.*
Dews·bury [ˈdjuːzbərɪ; Am. a. -ˌberɪ; ˈduːz-] *Stadt in West Yorkshire, England.*
Ding·wall [ˈdɪŋwɔːl] *Stadt in Highland Region, Schottland.*
Dis·trict of Co·lum·bia [kəˈlʌmbɪə] *Bezirk um Washington, Bundesdistrikt der USA.*
Dja·kar·ta [dʒəˈkɑː(r)tə] *Hauptstadt von Indonesien.*
Dji·bou·ti [dʒɪˈbuːtɪ] *Dschi'buti n:* a) *Republik im nordöstl. Afrika,* b) *Hafenstadt in a.*
Dodge Cit·y [dɒdʒ; Am. dɑdʒ] *Stadt in Kansas, USA.*
Dog·ger Bank [ˈdɒgə(r); Am. a. ˈdɑ-] *Doggerbank f (Sandbank in der Nordsee).*
Do·lo·mites [ˈdɒləmaɪts; Am. ˈdəʊ-; ˈdɑ-] *Dolo'miten pl (Teil der Ostalpen).*
Dom·i·ni·ca [ˌdɒmɪˈniːkə; dəˈmɪnɪkə; Am. ˌdɑməˈniːkə] a) *Insel der Kleinen Antillen,* b) *Republik auf a.*
Do·min·i·can Re·pub·lic [dəˈmɪnɪkən] *Domini'kanische Repu'blik (auf der Insel Hispaniola).*
Don·cas·ter [ˈdɒŋkəstə(r); Am. ˈdɑŋ-] *Stadt in South Yorkshire, England.*
Don·e·gal [ˌdɒnɪˈgɔːl; -ˈgɒl; ˌdʌnɪˈgɔːl; Am. ˌdɑnɪˈgɔːl] *Grafschaft im nördl. Irland.*
Dor·ches·ter [ˈdɔː(r)tʃɪstə(r); Am. a. -ˌtʃestər] *Hauptstadt von Dorsetshire, England.*
Dor·set(·shire) [ˈdɔː(r)sɪt; -ˈʃə(r); -ˌʃɪə(r)] *Grafschaft in Südengland.*
Doun·reay [ˈdʊnreɪ] *Ort in Highland Region, Schottland. Kernkraftwerk.*
Do·ver [ˈdəʊvə(r)] a) *Hafenstadt in Kent, England,* b) *Hauptstadt von Delaware, USA.*

Down [daʊn] *Grafschaft in Nordirland.*
Down·ing Street [ˈdaʊnɪŋ] *Straße in Westminster, London.*
Downs, the [daʊnz] *Hügelland in Südengland.*
Dra·kens·berg Moun·tains [ˈdrɑːkənzbɜːg; Am. -ˌbɜrg] *Drakensberge pl (höchstes Gebirge Südafrikas).*
Dro·ghe·da [ˈdrɔɪɪdə; ˈdrɔːədə] *Hafenstadt in Louth, Irland.*
Dru·ry Lane [ˈdrʊərɪ] *Straße in London.*
Dub·lin [ˈdʌblɪn] a) *Grafschaft im östl. Irland,* b) *Hafen- u. Hauptstadt von Irland.*
Dud·ley [ˈdʌdlɪ] *Stadt in West Midlands, England.*
Du·luth [djuːˈluːθ; Am. dəˈluːθ] *Stadt in Minnesota, USA.*
Dul·wich [ˈdʌlɪdʒ; -ɪtʃ] *Stadtteil von London.*
Dum·bar·ton [dʌmˈbɑː(r)tn] → **Dunbarton.**
Dum·fries [dʌmˈfriːs] a) → **Dumfriesshire,** b) *Hauptstadt von Dumfries and Galloway.*
Dum·fries and Gal·lo·way Re·gion [dʌmˌfriːsndˈgæləweɪ] *Verwaltungsregion des südwestl. Schottland.*
Dum·fries·shire [dʌmˈfriːsʃə(r); -ˌʃɪə(r)] *Ehemal. Grafschaft im südl. Schottland.*
Dun·bar [dʌnˈbɑː(r); ˈ-bɑː(r)] *Stadt in Lothian Region, Schottland. 1650 Sieg Cromwells über die Schotten.*
Dun·bar·ton [dʌnˈbɑː(r)tn] a) → **Dunbartonshire,** b) *Stadt in Strathclyde, Schottland.*
Dun·bar·ton·shire [dʌnˈbɑː(r)tnʃə(r); -ˌʃɪə(r)] *Ehemal. Grafschaft in Mittelschottland.*
Dun·dalk [dʌnˈdɔːk] *Stadt in Louth, Irland.*
Dun·dee [dʌnˈdiː; ˈdʌndiː] *Hauptstadt von Tayside Region, Schottland.*
Dun·e·din [dʌˈniːdɪn; -dn] *Stadt auf der Südinsel Neuseelands.*
Dun·ferm·line [dʌnˈfɜːmlɪn; Am. -ˈfɜrm-] *Stadt in Fife, Schottland.*
Dun·ge·ness [ˌdʌndʒˈnes; dʌndʒˈnes] *Landspitze in Kent, England.*
Dun·sta·ble [ˈdʌnstəbl] *Industriestadt in Bedfordshire, England.*
Dur·ban [ˈdɜːbən; Am. ˈdɜr-] *Hafenstadt in Natal, Südafrika.*
Dur·ham [ˈdʌrəm; Am. bes. ˈdɜrəm] a) *Grafschaft in Nordengland,* b) *Hauptstadt von a.*
Dyf·ed [ˈdʌvɪd; -ed] *Grafschaft im südwestl. Wales.*

E

Ea·ling [ˈiːlɪŋ] *westl. Stadtbezirk Groß-Londons.*
East An·glia [ˌiːstˈæŋglɪə] *Ost'anglien n (Landschaft in Ostengland).*
East·bourne [ˈiːstbɔː(r)n] *Stadt in East Sussex, England.*
East End [ˌiːstˈend] *Teil des östl. Londons mit Hafenanlagen, Industriegebieten u. Slums.*
East Ham [ˌiːstˈhæm] *Stadtteil im Osten von London.*
East In·dies [ˌiːstˈɪndɪz] *Ost'indien n:* a) *alter Name für Vorder- u. Hinterindien sowie den Malaiischen Archipel,* b) *Inseln Indonesiens.*
East·leigh [ˈiːstliː] *Stadt in Hampshire, England.*

East Lo·thi·an [ˌiːstˈləʊðjən; -ɪən] *Ehemal. Grafschaft im südöstl. Schottland.*
East Rid·ing [ˌiːstˈraɪdɪŋ] *Ehemal. Verwaltungsbezirk der Grafschaft Yorkshire, England.*
East Sus·sex [ˌiːstˈsʌsɪks] *Grafschaft im südöstl. England.*
Ebbw Vale [ˌebuːˈveɪl] *Stadt in Gwent, Wales.*
Ec·cles [ˈeklz] *Stadt in Greater Manchester, England.*
Ec·ua·dor [ˈekwədɔː(r)] *Ecua'dor n (Republik im Nordwesten Südamerikas).*
Ed·in·burgh [ˈedɪnbərə; -brə; Am. bes. ˈednˌbɜrə; a. -ˌbʌrə] a) *Hauptstadt von Schottland,* b) *hist. für* **Midlothian.**
Ed·mon·ton [ˈedməntən] a) *Stadtteil von London,* b) *Hauptstadt von Alberta, Kanada.*
Eg·ham [ˈegəm] *Stadt in Surrey, England.*
E·gypt [ˈiːdʒɪpt] *Ä'gypten n.*
Ei·re [ˈeərə] *(Irish)* → **Ireland.**
El·gin [ˈelgɪn] a) *hist. für* **Moray,** b) *Stadt in Grampian Region, Schottland.*
E·lis·a·beth·ville [ɪˈlɪzəbəθvɪl] → **Lubumbashi.**
E·liz·a·beth [ɪˈlɪzəbəθ] *Stadt in New Jersey, USA.*
Elles·mere Port [ˈelzmɪə(r)] *Hafenstadt in Cheshire, England.*
El·lis Is·land [ˈelɪs] *Kleine Insel in der New York Bay. Bis 1954 Einreise-Kontrollstelle.*
El Pas·o [elˈpæsəʊ] *Stadt in Texas, USA.*
El Sal·va·dor [elˈsælvədɔː(r)] *El Sal'vador n (Republik in Mittelamerika).*
E·ly [ˈiːlɪ] *Stadt in Cambridgeshire, England.*
E·ly, Isle of [ˈiːlɪ] *Ehemal. Grafschaft im östl. Mittelengland.*
En·field [ˈenfiːld] *Nördl. Stadtbezirk Groß-Londons.*
Eng·land [ˈɪŋglənd] *England n.*
Eng·lish Chan·nel [ˌɪŋglɪʃˈtʃænl] *Englischer Ka'nal, 'Ärmelkaˌnal m (zwischen England u. Frankreich).*
En·teb·be [enˈtebɪ] *Stadt im südl. Uganda, Ostafrika.*
Ep·ping [ˈepɪŋ] *Stadt in Essex, England.*
Ep·som [ˈepsəm] *Stadt in Surrey. Pferderennbahn.*
Equa·to·ri·al Guin·ea [ˌekwəˈtɔːrɪəl ˈgɪnɪ; ˌiːkwə-] *Äquatorialgui'nea n (Republik in Ostafrika).*
E·rie [ˈɪərɪ] *Hafenstadt am Eriesee, USA.*
Er·i·trea [ˌerɪˈtreɪə; Am. a. -ˈtriːə] *Autonome Provinz im Norden Äthiopiens.*
Es·sex [ˈesɪks] *Grafschaft in Südostengland.*
Es·t(h)o·nia [eˈstəʊnjə; esˈθəʊ-; -nɪə] *Estland n.*
E·thi·o·pia [ˌiːθɪˈəʊpjə; -pɪə] *Äthi'opien n:* a) *antik. Land in Nordostafrika,* b) *Volksrepublik in Nordostafrika.*
Et·na [ˈetnə] *Ätna m (Vulkan an der Ostküste Siziliens).*
E·ton [ˈiːtn] *Stadt in Berkshire, England. Berühmte Public School.*
Eu·phra·tes [juːˈfreɪtiːz; jʊ-] *Euphrat m (Größter Strom Vorderasiens).*
Eur·a·sia [jʊəˈreɪʒə; -ʒə] *Eu'rasien n (Asien u. Europa als Gesamtheit).*
Eu·rope [ˈjʊərəp] *Eu'ropa n.*
Ev·ans·ville [ˈevənzvɪl] *Stadt in Indiana, USA.*
Ev·er·est, Mount [ˈevərɪst] *Höchster Berg der Erde im östl. Himalaja.*
Ev·er·glades, the [ˈevə(r)gleɪdz] *die Everglades pl (großes Sumpfgebiet im südl. Florida, USA).*
Eve·sham [ˈiːvʃəm] *Stadt in Hereford and Worcester, England.*
Ex·e·ter [ˈeksɪtə(r)] *Hauptstadt von Devonshire, England.*

Ex·moor ['eks͵mʊə(r); -mɔː(r)] *Heidemoor in Somerset und Devon, England.*
Ex·mouth ['eksmaʊθ; -məθ] *Stadt in Devonshire, England.*
Eyre Pen·in·su·la [eə(r)] *Eyre-Halbinsel f (Südaustralien).*

F

Faer·oes ['feərəʊz] *Färöer pl (dänische Inseln zwischen Schottland u. Island).*
Fair·banks ['feə(r)bæŋks] *Stadt in Alaska, USA.*
Fal·kirk ['fɔːlkɜːk; Am. -͵kɜrk] *Stadt in Central Region, Schottland.*
Falk·land Is·lands ['fɔːlklənd; 'fɔːk-] *Falklandinseln pl (im Süden des Atlantischen Ozeans).*
Fall Riv·er [fɔːl] *Stadt in Massachusetts, USA.*
Fal·mouth ['fælməθ] *Hafenstadt in Cornwall, England.*
Fare·ham ['feərəm] *Stadt in Hampshire, England.*
Fare·well, Cape ['feə(r)wel] *Kap n Far'vel (Südspitze Grönlands).*
Farn·bor·ough ['fɑː(r)nbərə; -brə; Am. bes. -͵bɜrə; a. -͵bʌrə] *Stadt in Hampshire, England.*
Farn·ham ['fɑː(r)nəm] *Stadt in Surrey, England.*
Far·oe Is·lands ['feərəʊ] → **Faeroes**.
Fa·ver·sham ['fævə(r)ʃəm] *Stadt in Kent, England.*
Fed·er·al Re·pub·lic of Ger·ma·ny 'Bundesrepu͵blik f Deutschland.
Fe·lix·stowe ['fiːlɪkstəʊ] *Stadt in Suffolk, England.*
Felt·ham [feltəm] *Stadtteil von London.*
Fens, the [fenz] *Marschland am Wash, Ostengland.*
Fer·man·agh [fə(r)'mænə] *Grafschaft in Nordirland.*
Fife [faɪf] *Verwaltungsregion des östl. Mittelschottlands.*
Fife(·shire) [faɪf; '-ʃə(r); '-͵ʃɪə(r)] *Grafschaft in Ostschottland.*
Fi·ji [͵fiːˈdʒiː; *bes. Am.* 'fiːdʒiː] *Fidschi-Inseln pl (im Pazifischen Ozean).*
Finch·ley ['fɪntʃlɪ] *Stadtteil von London.*
Fin·land ['fɪnlənd] *Finnland n.*
Fin·lay ['fɪnleɪ; -lɪ; Am. -liː] *Fluß in Brit. Columbia, Kanada.*
Fins·bury ['fɪnzbərɪ; -brɪ; Am. a. -͵berɪ] *Stadtteil von London.*
Firth of Forth [͵fɜːθəv'fɔː(r)θ; Am. ͵fɜrθ-] → **Forth, Firth of**.
Flam·bor·ough Head [͵flæmbərə'hed; -brə'h-; Am. bes. -͵bɜrə-; a. -͵bʌrə-] *Kap an der Küste von Humberside, England.*
Flan·ders ['flɑːndəz; Am. 'flændərz] *Flandern n.*
Fleet·wood ['fliːtwʊd] *Fischereihafen in Lancashire, England.*
Flint [flɪnt] a) *Stadt in Michigan, USA,* b) → **Flintshire**.
Flint·shire ['flɪntʃə(r); -͵ʃɪə(r)] *Ehemal. Grafschaft in Wales.*
Flor·ence ['flɒrəns; Am. a. 'flɑːr-] *Florenz n (Stadt in Mittelitalien).*
Flor·i·da ['flɒrɪdə; Am. a. 'flɑːr-] *Südöstlicher Staat der USA.*
Flor·i·da Keys [͵flɒrɪdə'kiːz; Am. a. ͵flɑːr-] *Key-Inseln pl (südl. von Florida).*
Flush·ing ['flʌʃɪŋ] a) *Stadtteil von New York,* b) *Vlissingen n (Hafenstadt in den Niederlanden).*

Folke·stone ['fəʊkstən] *Hafenstadt u. Seebad in Kent, England.*
For·far ['fɔː(r)fə(r)] *Ort in Tayside, Schottland. Ehemal. Sitz schott. Könige.*
For·mo·sa [fɔː(r)'məʊsə; -zə] → **Taiwan**.
For·tes·cue ['fɔː(r)tɪskjuː] *Fluß im nordwestl. Australien.*
Forth, Firth of ['fɔː(r)θ] *Wichtigste Bucht der schott. Ostküste.*
For·ties Field ['fɔː(r)tɪz] *Ölfeld vor der nordöstl. Küste Schottlands.*
Fort Knox [͵fɔː(r)t'nɒks; Am. -'nɑks; a. ͵fəʊrt-] *Militärlager in Kentucky, USA. Bombensicheres Golddepot.*
Fort Lau·der·dale ['lɔːdə(r)deɪl] *Stadt in Florida, USA.*
Fort Wayne [weɪn] *Stadt in Indiana, USA.*
Fort Worth [wɜːθ; Am. wɜrθ] *Stadt in Texas, USA.*
Four For·est Can·tons, Lake of the → **Lucerne, Lake of**.
France [frɑːns; Am. fræns] *Frankreich n.*
Fran·co·nia [fræŋ'kəʊnjə; -nɪə] *Franken n.*
Frank·fort ['fræŋkfə(r)t] *Hauptstadt von Kentucky, USA.*
Frank·fort on the Main ['fræŋkfə(r)t; meɪn] *Frankfurt n am Main.*
Frank·lin ['fræŋklɪn] *Distrikt der kanad. Nordwest-Territorien.*
Fred·er·ic·ton ['fredrɪktən] *Hauptstadt von Neubraunschweig, Kanada.*
Fre·man·tle ['friːmæntl; Am. friː'mæntl] *Hafenstadt im austral. Bundesstaat Westaustralien.*
French Gui·a·na [͵frentʃgaɪ'ænə; Am. a. -giː'ænə; -'ɑːnə] *Franz.-Gua'yana n (franz. Überseedepartement im nordwestl. Südamerika).*
Fres·no ['freznəʊ] *Stadt in Kalifornien, USA.*
Fri·sian Is·lands ['frɪzɪən; -ʒən; *bes. Am.* -ʒən] *Friesische Inseln pl (an der Nordseeküste von Holland bis Jütland).*
Frome [fruːm] *Stadt in Somersetshire, England.*
Ful·ham ['fʊləm] *Stadtteil von London.*
Fun·dy, Bay of ['fʌndɪ] *Fundy-Bay f (Bucht des Atlantischen Ozeans im Südosten Kanadas).*
Fur·ness ['fɜːnɪs; Am. 'fɜrnəs] *Halbinsel an der Irischen See, Cumbria, England.*

G

Ga·boon [gə'buːn], **Ga·bun** [gə'buːn], (Fr.) **Ga·bon** [gæ'bɒn; gə-; Am. gə-'bəʊn; -'bɒn; gabõ] *Ga'bun n (Republik in Westafrika).*
Gains·bor·ough ['geɪnzbərə; -brə; Am. bes. -͵bɜrə] *Stadt in Lincolnshire, England.*
Ga·la·shiels [͵gælə'ʃiːlz] *Stadt in Borders Region, Schottland.*
Gal·braith [gæl'breɪθ] *Stadt im australischen Bundesstaat Queensland.*
Gal·lo·way ['gæləweɪ] *Landschaft im südwestl. Schottland.*
Gal·ves·ton ['gælvɪstən; -vəs-] *Hafenstadt im südöstl. Texas, USA.*
Gal·way [gɔːlweɪ] a) *Grafschaft im westl. Irland,* b) *Hauptstadt von a.*
Gam·bia ['gæmbɪə] a) *Fluß in Westafrika,* b) *Republik an der westafrik. Küste.*
Gan·ges ['gændʒiːz] *Strom im nördl. Vorderindien.*

Gar·y ['gærɪ; 'geərɪ] *Stadt am Michigan-See, USA.*
Gas·pé Pen·in·su·la [gæ'speɪ; 'gæspeɪ] *Gas'pé n (Halbinsel im südöstl. Kanada).*
Gates·head ['geɪtshed] *Hafenstadt in Tyne and Wear, England.*
Gat·wick (Air·port) ['gætwɪk] *Flughafen 40 km südl. von London in West Sussex.*
Ga·za ['gɑːzə; Am. a. 'gæ-; 'geɪ-] *Gasa n, Gaza n (Hafenstadt an der Südostküste des Mittelmeers).*
Gee·long [dʒɪ'lɒŋ] *Hafenstadt an der Südküste des austral. Bundesstaates Victoria.*
Ge·ne·va [dʒɪ'niːvə] *Genf n:* a) *Kanton der Schweiz,* b) *Hauptstadt von a.*
Ge·ne·va, Lake [dʒɪ'niːvə] *Genfer See m (Schweiz).*
George·town ['dʒɔː(r)dʒtaʊn] *Hauptstadt von Guayana.*
Geor·gia ['dʒɔː(r)dʒjə; Am. -dʒə] a) *Staat der USA,* b) *Ge'orgien n (Landschaft in Transkaukasien, UdSSR).*
German Dem·o·crat·ic Re·pub·lic *Deutsche Demo'kratische Repu'blik.*
Ger·ma·ny ['dʒɜːmənɪ; -mnɪ; Am. 'dʒɜrr-] *Deutschland n.*
Get·tys·burg ['getɪzbɜːg; Am. -͵bɜrg] *Stadt in Pennsylvania, USA. 1863 Niederlage der Konföderierten.*
Gha·na ['gɑːnə; Am. a. 'gæ-] *Republik in Westafrika.*
Gi·bral·tar [dʒɪ'brɔːltə(r)] *Stadt u. Festung in Südspanien. Polit. mit Großbritannien assoziiert.*
Gil·ling·ham[1] ['dʒɪlɪŋəm] *Stadt in Kent, England.*
Gil·ling·ham[2] ['gɪlɪŋəm] a) *Ort in Dorsetshire, England,* b) *Ort in Norfolk, England.*
Gla·cier Na·tion·al Park ['glæsjə; 'gleɪ-; Am. 'gleɪʃər] a) *Nationalpark im nordwestl. Montana, USA,* b) *Nationalpark im südöstl. Brit. Columbia, Kanada.*
Glad·stone ['glædstən; Am. -͵stəʊn] *Stadt an der Ostküste von Queensland, Australien.*
Gla·mor·gan(·shire) [glə'mɔː(r)gən; -ʃə(r); -͵ʃɪə(r)] *Ehemal. Grafschaft im südöstl. Wales.*
Glas·gow ['glɑːsgəʊ; bes. Scot. u. Am. 'glæzgəʊ; 'glæs-] *Hauptstadt von Strathclyde, Schottland.*
Glas·ton·bury ['glæstənbərɪ; -brɪ; Am. bes. -͵berɪ] *Stadt in Somersetshire, England.*
Glen·dale ['glendeɪl] *Stadt in Kalifornien, USA.*
Glen·roth·es [glen'rɒθɪs; Am. -'rɑ-] *Hauptstadt von Fife, Schottland.*
Glouces·ter ['glɒstə; Am. 'glɑːstər; 'glɔː-] a) → **Gloucestershire**, b) *Hauptstadt von Gloucestershire.*
Glouces·ter·shire ['glɒstə(r)ʃə(r); -͵ʃɪə(r); Am. 'glɑː-; 'glɔː-] *Grafschaft in Südwestengland.*
Go·dal·ming ['gɒdlmɪŋ; Am. 'gɑ-] *Stadt in Surrey, England.*
Gode·rich ['gəʊdrɪtʃ] *Stadt in Ontario, Kanada.*
Gog·ma·gog Hills ['gɒgməgɒg; Am. 'gɑgmə͵gɑg] *Hügelland in Cambridgeshire, England.*
Gold·en Gate [͵gəʊldən'geɪt] *Goldenes Tor (Einfahrt in die Bucht von San Franzisko).*
Good·win Sands ['gʊdwɪn] *Sandbank vor der Südostküste von England.*
Goole [guːl] *Stadt in Humberside, England.*
Gor·ham ['gɔːrəm] *Stadt in New Hampshire, USA.*
Gos·port ['gɒspɔː(r)t; Am. 'gɑs-] *Stadt an der Küste von Hampshire, England.*

Gow·er ['gaʊə(r)] *Halbinsel im Bristol-Kanal an der Südküste von Wales.*
Gram·pi·an Hills ['græmpjən; -pɪən], **¹Gram·pi·ans, the** [-ənz] *Grampiangebirge n (Schottland).*
Gram·pi·an Re·gion ['græmpjən; -pɪən] *Verwaltungsregion des nordöstl. Schottland.*
Gran·by ['grænbɪ] *Stadt in der Provinz Quebec, Kanada.*
Grand Can·yon [ˌgrænd'kænjən] *Durchbruchstal des Colorado River in Arizona, USA.*
Gras·mere ['grɑː͜sˌmɪə; Am. 'græsˌmɪər] *See im Lake District, in Cumbria, England.*
Graves·end [ˌgreɪvz'end] *Stadt in Kent, England.*
Great Brit·ain [ˌgreɪt'brɪtn] *Großbritannien n (England, Schottland, Wales).*
Great·er An·til·les [ˌgreɪtəræn'tɪliːz] *Große An'tillen pl (Inselgruppe Westindiens).*
Great·er Lon·don [ˌgreɪtə(r)'lʌndən] *Verwaltungsgebiet, bestehend aus der City of London und 32 Stadtbezirken.*
Great·er Man·ches·ter [ˌgreɪtə(r)'mæntʃɪstə(r); -tʃes-] *Stadtgrafschaft im nordwestl. England.*
Great Lakes [ˌgreɪt'leɪks] *Große Seen pl (Gruppe von 5 Seen im mittl. Nordamerika u. Kanada).*
Greece [griːs] *Griechenland n.*
Green·ham Com·mon [ˌgriːnəm'kɒmən; Am. -'kɑ-] *Militärflughafen bei Newbury in Berkshire, England.*
Green·land ['griːnlənd; -lænd] *Grönland n.*
Green·ock ['griːnək; 'grenək] *Hafen- u. Industriestadt am Firth of Forth, Schottland.*
Greens·boro ['griːnzbərə; -brə; Am. bes. -ˌbɜːrə; a. -ˌbʌrə] *Stadt in North Carolina, USA.*
Green·wich ['grɪnɪdʒ; -ɪtʃ; 'gren-] *östl. Stadtbezirk Groß-Londons.*
Green·wich Vil·lage [ˌgrenɪtʃ'vɪlɪdʒ; ˌgrɪn-] *Stadtteil von New York.*
Gre·na·da [gre'neɪdə; grə-] a) *Unabhängiger Staat u. Mitglied des Commonwealth in Westindien,* b) *Hauptinsel von a.*
Gret·na Green [ˌgretnə'griːn] *Dorf an der schott.-engl. Grenze.*
Grims·by ['grɪmzbɪ] *Hafenstadt in Humberside, England.*
Gros·ve·nor Square ['grəʊvnə(r)] *Platz in Mayfair, London.*
Gua·de·loupe [ˌgwɑːdə'luːp; Am. a. 'gwɑːdlˌuːp] *Guade'loupe n (größte Insel der Kleinen Antillen, Westindien).*
Gua·te·ma·la [ˌgwætɪ'mɑːlə; bes. Am. ˌgwɑːtə-] *Guate'mala n:* a) *Republik in Mittelamerika,* b) *Hauptstadt von a.*
Guern·sey ['gɜːnzɪ; Am. 'gɜrnziː] *Insel im Ärmelkanal.*
Guild·ford ['gɪlfə(r)d] *Stadt in Surrey, England.*
Guin·ea [gɪnɪ] a) *Küstengebiet in Westafrika,* b) *Republik in Westafrika.*
Guy·a·na [gaɪ'ænə] *Gu'yana n (Republik im nordöstl. Südamerika).*
Gwent [gwent] *Grafschaft im südöstl. Wales.*
Gwyn·edd ['gwɪnəð; -eð] *Grafschaft im nordwestl. Wales.*

H

Hack·ney ['hæknɪ] *Stadtbezirk des inneren Verwaltungsgebiets Groß-Londons.*

Hague, the [heɪg] *Den Haag m (Königliche Residenz u. Regierungssitz der Niederlande).*
Hai·ti ['heɪtɪ] *Ha'iti n:* a) *Insel der Großen Antillen,* b) *Republik auf Haiti.*
Hal·i·fax ['hælɪfæks] a) *Stadt in West Yorkshire, England,* b) *Hauptstadt von Neuschottland, Kanada.*
Ham·il·ton ['hæmltən; -məl-] a) *Hafen- u. Industriestadt am Ontario-See, Kanada,* b) *Fluß in Labrador, Kanada,* c) *Stadt in Ohio, USA,* d) *Stadt südöstl. von Glasgow, Schottland.*
Ham·mer·smith ['hæmə(r)smɪθ] *Stadtbezirk des inneren Verwaltungsgebiets Groß-Londons.*
Ham·mond ['hæmənd] *Stadt in Indiana, USA.*
Hamp·shire ['hæmpʃə(r); -ˌʃɪə(r)] *Grafschaft in Südengland.*
Hamp·stead ['hæmpstɪd; -sted; 'hæmst-] *Stadtteil von London.*
Hamp·ton ['hæmptən; 'hæmt-] *Stadtteil von London.*
Ha·noi [hæ'nɔɪ] *Hauptstadt von Nordvietnam.*
Han·o·ver ['hænəʊvə(r); -nəv-] *Han'nover n.*
Ha·ra·re [hə'rɑːreɪ] *Hauptstadt von Zimbabwe.*
Ha·rin·gey ['hærɪŋgeɪ] *Nördl. Stadtbezirk Groß-Londons.*
Har·lem ['hɑː(r)ləm] *Stadtteil von New York City.*
Har·ling·ton ['hɑː(r)lɪŋtən] → **Hayes and Harlington.**
Har·low ['hɑː(r)ləʊ] *Stadt in Essex, England.*
Har·ris·burg ['hærɪsbɜːg; Am. -ˌbɜrg] *Hauptstadt von Pennsylvania, USA.*
Har·ro·gate ['hærəʊgɪt; -rəg-; -geɪt] *Stadt in North Yorkshire, England.*
Har·row ['hærəʊ] *Nordwestl. Stadtbezirk Groß-Londons.*
Hart·ford ['hɑː(r)tfə(r)d] *Hauptstadt von Connecticut, USA.*
Har·tle·pool ['hɑː(r)tlɪpuːl] *Hafenstadt an der Nordsee, in Cleveland, England.*
Har·well ['hɑː(r)wəl; -wel] *Dorf in Berkshire, England. Forschungszentrum der brit. Atomenergiebehörde.*
Har·wich ['hærɪdʒ] *Hafenstadt in Essex, England.*
Ha·sle·mere ['heɪzlˌmɪə(r)] *Stadt in Surrey, England.*
Has·tings ['heɪstɪŋz] *Hafenstadt in East Sussex, England. Schlacht 1066.*
Hat·field ['hætfiːld] *Stadt in Hertfordshire, England.*
Ha·van·a [hə'vænə] *Ha'vanna n (Hauptstadt von Kuba).*
Ha·ver·ing ['heɪvərɪŋ] *Nordöstl. Stadtbezirk von Groß-London.*
Ha·waii [hə'waɪɪː; hə'wɑːiː] a) *Größte der Hawaii-Inseln,* b) → **Hawaiian Islands.**
Ha·wai·ian Is·lands [hə'waɪɪən; Am. hə'wɑːjən; -'waɪən] *Ha'waii-Inseln pl, Staat der USA (nördl. Pazifischer Ozean).*
Haw·ick ['hɔːɪk] *Stadt in Borders Region, Schottland.*
Hayes and Har·ling·ton [ˌheɪzn'hɑː(r)lɪŋtən] *Stadtteil von London.*
Hay·mar·ket ['heɪˌmɑː(r)kɪt] *Straße in London.*
Heb·ri·des ['hebrɪdiːz] *He'briden pl (Inselgruppe an der Westküste Schottlands).*
Hel·e·na ['helɪnə; -lənə] *Hauptstadt von Montana, USA.*
Hel·i·go·land ['helɪgəʊlænd] *Helgoland n.*
Hel·sin·ki ['helsɪŋkɪ; hel's-] *Haupt- u. Hafenstadt von Finnland.*
Hel·vel·lyn [hel'velɪn] *Berg im Lake District, England.*

Hemp·stead ['hempstɪd; -sted; -mst-] *Vorort von New York.*
Hen·don ['hendən] *Stadtteil von London.*
Hen·ley-on-Thames [ˌhenlɪɒn'temz] *Stadt in Oxfordshire, England.*
Her·e·ford ['herɪfə(r)d] a) → **Herefordshire,** b) *Stadt in Hereford and Worcester.*
Her·e·ford and Worces·ter [ˌherɪfə(r)dn'wʊstə(r)] *Grafschaft im westl. Mittelengland.*
Her·e·ford·shire ['herɪfə(r)dʃə(r); -ˌʃɪə(r)] *Ehemal. Grafschaft im westl. England.*
Herne Bay [hɜːn; Am. hɜrn] *Stadt an der Nordküste von Kent, England.*
Herst·mon·ceux [ˌhɜːstmən'sjuː; -'suː; Am. ˌhɜrst-] *Ort in East Sussex, England. Observatorium.*
Hert·ford ['hɑː(r)fə(r)d] a) → **Hertfordshire,** b) *Hauptstadt von Hertfordshire.*
Hert·ford·shire ['hɑː(r)fə(r)dʃə(r); -ˌʃɪə(r)] *Grafschaft in Südostengland.*
Her·vey Bay ['hɑːvɪ; 'hɜːvɪ; Am. 'hɑːrviː; 'hɜːr-] *Bucht an der Ostküste von Queensland, Australien.*
Hesse ['hesɪ; hes] *Hessen n.*
Hes·ton and Isle·worth [ˌhestnə'naɪzlwə(r)θ] *Stadtteil Londons.*
Hex·ham ['heksəm] *Stadt in Northumberland, England.*
Hey·sham ['hiːʃəm] *Hafenstadt in Lincolnshire, England. Kernkraftwerk.*
Hey·wood ['heɪwʊd] *Stadt in Greater Manchester, England.*
High·gate ['haɪgɪt; -geɪt] *Stadtteil von London.*
High·land Re·gion ['haɪlənd] *Verwaltungsregion des nördl. Schottland.*
High·lands, the ['haɪləndz] *Hochland nördl. des Grampiangebirges in Schottland.*
High Wy·combe [ˌhaɪ'wɪkəm] *Stadt in Buckinghamshire, England.*
Hil·ling·don ['hɪlɪŋdən] *Westl. Stadtbezirk Groß-Londons.*
Hi·ma·la·ya(s), the [ˌhɪmə'leɪə; hɪ'mɑːljə; -z] *Hi'malaja m (höchstes Gebirge der Erde, Zentralasien).*
Hi·ro·shi·ma [hɪ'rɒʃɪmə; ˌhɪrə'ʃiːmə; Am. ˌhɪrə'ʃiːmə; hə'rəʊʃəmə] *Hi'roschima n (Stadt auf Hondo, Japan. 1945 Abwurf der ersten Atombombe).*
His·pan·i·o·la [ˌhɪspən'jəʊlə] *Insel der Großen Antillen.*
Ho·bart ['həʊbɑː(r)t] *Hauptstadt des austral. Bundesstaates Tasmanien.*
Ho·bo·ken ['həʊbəʊkən] *Stadt in New Jersey, USA.*
Ho Chi Minh Cit·y [ˌhəʊtʃiː'mɪn 'sɪtɪ] *Ho-Chi-'Minh-Stadt f (Hafenstadt im Süden Vietnams; bis 1976 Saigon).*
Hol·born ['həʊbə(r)n] *Stadtteil von London.*
Hol·land ['hɒlənd; Am. 'hɑ-] → **Netherlands.**
Hol·land, Parts of ['hɒlənd; Am. 'hɑ-] *Gebiet in Lincolnshire, England.*
Hol·ly·wood ['hɒlɪwʊd; Am. 'hɑ-] *Stadtteil von Los Angeles, Kalifornien, USA. Zentrum der amer. Filmindustrie.*
Hol·y·head ['hɒlɪhed; Am. 'hɑ-] a) *Insel vor der Westküste von Anglesey, Wales,* b) *Hauptstadt von a.*
Hon·du·ras [hɒn'djʊərəs; Am. hɑn-; a. -'dʊrəs] *Republik in Mittelamerika.*
Hong Kong [ˌhɒŋ'kɒŋ; Am. bes. 'hɑŋˌkɑŋ; ˌhɑŋ'kɑŋ] *Hongkong n (Brit. Kronkolonie an der Südküste Chinas).*
Hon·o·lu·lu [ˌhɒnə'luːluː; Am. ˌhɑnl'uːluː] *Haupt- u. Hafenstadt von Hawaii, Pazifischer Ozean.*
Hoo·ver Dam [ˌhuːvə(r)'dæm] *Staudamm des Colorado, USA.*
Hor·muz, Strait of ['hɔː(r)mʌz] *Meer-*

enge an der iran. Küste. Verbindet den Pers. Golf u. Ind. Ozean.
Horn, Cape [hɔː(r)n] Kap n Horn (Südspitze Südamerikas).
Hor·sham [ˈhɔː(r)ʃəm] Ort in West Sussex, England.
Hough·ton-le-Spring [ˌhəʊtnlɪˈsprɪŋ; ˌhaʊtn-] Stadt in Tyneside, England.
Houns·low [ˈhaʊnzləʊ] Südwestl. Stadtbezirk Groß-Londons.
Hous·ton [ˈhjuːstən; ˈjuː-] Stadt in Texas, USA.
Hove [həʊv] Vorstadt von Brighton, England.
Huck·nall [ˈhʌknəl] Stadt in Nottinghamshire, England.
Hud·ders·field [ˈhʌdə(r)zfiːld] Stadt in West Yorkshire, England.
Hud·son [ˈhʌdsn] Fluß im Osten des Staates New York, USA.
Hull [hʌl] Haupt- u. Hafenstadt von Humberside, England.
Hum·ber [ˈhʌmbə(r)] Fluß in Ostengland.
Hum·ber·side [ˈhʌmbə(r)saɪd] Grafschaft im nordöstl. Mittelengland.
Hun·ga·ry [ˈhʌŋɡərɪ] Ungarn n.
Hun·ting·don(·shire) [ˈhʌntɪŋdən; ˈ-ʃə(r); ˈ-ˌʃɪə(r)] Ehemal. Grafschaft in Mittelengland.
Hu·ron, Lake [ˈhjʊərən; Am. a. ˈhjʊrˌən] Huronsee m (einer der 5 Großen Seen Nordamerikas).
Hurst·mon·ceux [ˌhɜːstmənˈsjuː; -ˈsuː; Am. ˌhɜrst-] → **Herstmonceux**.
Hyde Park [haɪd] Park in London.
Hythe [haɪð] Stadt in Kent, England.

I

Ice·land [ˈaɪslənd] Island n.
I·da·ho [ˈaɪdəhəʊ] Staat im Nordwesten der USA.
IJs·sel, Lake [ˈaɪsl], **IJs·sel·meer** [ˌaɪslˈmeə(r)] Ijs(s)elmeer n (Niederlande).
Il·ford [ˈɪlfə(r)d] Stadtteil von London.
Il·li·nois [ˌɪlɪˈnɔɪ] Staat im Mittelwesten der USA.
In·dia [ˈɪndjə; -dɪə] Indien n.
In·di·ana [ˌɪndɪˈænə] Staat im Mittelwesten der USA.
In·di·an·ap·o·lis [ˌɪndɪəˈnæpəlɪs; -ˈnæpləs] Hauptstadt von Indiana, USA.
In·dies [ˈɪndɪz] a) → **East Indies**, b) selten für **West Indies**.
In·do·chi·na [ˌɪndəʊˈtʃaɪnə] Indo'china n od. Hinter'indien n.
In·do·ne·sia [ˌɪndəʊˈniːzjə; bes. Am. -ʒə; -ʃə] Indo'nesien n (Republik in Südostasien).
In·dus [ˈɪndəs] Hauptstrom im westl. Vorderindien.
In·ver·car·gill [ˌɪnvə(r)ˈkɑː(r)ɡɪl] Hafenstadt auf der Südinsel Neuseelands.
In·ver·ness [ˌɪnvə(r)ˈnes] Hauptstadt von Highland Region, Schottland.
In·ver·ness(·shire) [ˌɪnvə(r)ˈnes; -ʃə(r); -ˌʃɪə(r)] Ehemal. Grafschaft in Schottland.
I·o·na [aɪˈəʊnə] Kleine Insel der inneren Hebriden.
I·o·wa [ˈaɪəʊə; bes. Am. ˈaɪəwə] Staat im Mittelwesten der USA.
Ips·wich [ˈɪpswɪtʃ] Haupt- u. Hafenstadt von Suffolk, England.
I·ran [ɪˈrɑːn; Am. a. ɪˈræn] Islam. Republik in Vorderasien.

I·raq [ɪˈrɑːk; Am. a. ɪˈræk] I'rak m (demokrat. Volksrepublik in Vorderasien).
Ire·land [ˈaɪə(r)lənd] Irland n.
I·rish Sea [ˈaɪərɪʃ; ˈaɪrɪʃ] Irische See (zwischen Großbritannien u. Irland).
Is·la [ˈaɪlə] Fluß in Mittelschottland.
Is·lay [ˈaɪleɪ] Insel vor der Westküste Schottlands.
Isle of Man [ˌaɪləvˈmæn] → **Man, Isle of**.
Isle of Wight [ˌaɪləvˈwaɪt] → **Wight, Isle of**.
I·sle·worth [ˈaɪzlwə(r)θ] → **Heston and Isleworth**.
Is·ling·ton [ˈɪzlɪŋtən] Nördl. Stadtbezirk des inneren Verwaltungsgebiets Groß-Londons.
Is·ra·el [ˈɪzreɪəl; bes. Am. ˈɪzrɪəl] Staat im Vorderen Orient.
Is·tan·bul [ˌɪstænˈbuːl; -tɑːn-; Am. a. ˌɪstɑːn-; ˌɪstɑːm-] Stadt am Bosporus.
It·a·ly [ˈɪtəlɪ; Am. ˈɪtlɪ] I'talien n.
I·vo·ry Coast [ˌaɪvərɪˈkəʊst] Elfenbeinküste f (Republik in Westafrika).

J

Jack·son [ˈdʒæksn] Hauptstadt von Mississippi, USA.
Jack·son·ville [ˈdʒæksnvɪl] Hafenstadt in Florida, USA.
Ja·mai·ca [dʒəˈmeɪkə] Ja'maika n (Insel u. Staat der Großen Antillen).
Jan May·en Is·land [ˌjænˈmaɪən; ˌjɑːn-] Jan Mayen n (Vulkaninsel im europ. Nordmeer).
Ja·pan [dʒəˈpæn] Japan n.
Ja·va [ˈdʒɑːvə; Am. a. ˈdʒæ-] Insel des Malaiischen Archipels, Indonesien.
Jef·fer·son Cit·y [ˈdʒefə(r)sn] Hauptstadt von Missouri, USA.
Jer·sey [ˈdʒɜːzɪ; Am. ˈdʒɜrzɪ] Insel im Ärmelkanal.
Je·ru·sa·lem [dʒəˈruːsələm] Hauptstadt Israels.
Ji·bou·ti, Ji·bu·ti [dʒɪˈbuːtɪ] → **Djibouti**.
Jod·rell Bank [ˌdʒɒdrəlˈbæŋk; Am. ˌdʒɑ-] Observatorium in Cheshire, England.
Jo·han·nes·burg [dʒəʊˈhænɪsbɑːɡ; Am. -nəsˌbɜrɡ] Größte Stadt Südafrikas.
John·stone [ˈdʒɒnstən; ˈdʒɒnsn; Am. ˈdʒɑn-] Stadt in Strathclyde, Schottland.
Jor·dan [ˈdʒɔː(r)dn] a) Jordan m (Fluß in Israel u. Jordanien), b) Jor'danien n (Arab. Staat in Vorderasien).
Ju·neau [ˈdʒuːnəʊ; dʒʊˈn-] Hauptstadt von Alaska, USA.
Jut·land [ˈdʒʌtlənd] Jütland n.

K

Ka·bul [ˈkɔːbl; kəˈbʊl; bes. Am. ˈkɑːbl; kəˈbuːl] Hauptstadt von Afghanistan.
Kal·a·ma·zoo [ˌkæləməˈzuː] Stadt in Michigan, USA.
Kam·chat·ka [kæmˈtʃætkə] Kam'tschatka n (Halbinsel der östl. Sowjetunion).
Kam·pa·la [kæmˈpɑːlə; Am. kɑm-] Hauptstadt Ugandas.

Kam·pu·che·a [ˌkæmpʊˈtʃɪə] Kam'bodscha n (Volksrepublik in Südostasien).
Kan·sas [ˈkænzəs] Staat im Innern der USA.
Ka·ra·chi [kəˈrɑːtʃɪ] Ka'ratschi n (Hauptstadt von Pakistan).
Kash·mir [ˌkæʃˈmɪə(r); ˈkæʃˌmɪə(r)] Kaschmir n (Staat im nordwestl. Himalaja).
Ka·tah·din, Mount [kəˈtɑːdɪn; Am. -dn] Höchster Berg in Maine, USA.
Ka·tan·ga [kəˈtæŋɡə; Am. a. -ˈtɑ-] → **Shaba**.
Kat·man·du [ˌkɑːtmɑːnˈduː; ˌkætmænˈduː] Hauptstadt von Nepal, Vorderindien.
Ke·dah [ˈkedə] Gliedstaat Malaysias.
Kee·wa·tin [kiːˈwɒtɪn; Am. -ˈweɪtn] Distrikt der Nordwest-Territorien Kanadas.
Keigh·ley [ˈkiːθlɪ] Stadt in West Yorkshire, England.
Ke·lan·tan [keˈlæntən; kə-] Gliedstaat Malaysias.
Ken·dal [ˈkendl] Stadt in Cumbria, England.
Ken·il·worth [ˈkenəlwɜːθ; ˈkenl-; Am. -ˌwɜrθ] Stadt in Warwickshire, England.
Ken·sing·ton and Chel·sea [ˌkenzɪŋtənənˈtʃelsɪ] Stadtbezirk des inneren Verwaltungsgebiets Groß-Londons.
Kent [kent] Grafschaft in Südostengland.
Ken·tuck·y [kenˈtʌkɪ; kən-] Staat im Osten der USA.
Ken·ya [ˈkenjə; ˈkiːn-] Kenia n (Republik in Ostafrika).
Ker·ry [ˈkerɪ] Grafschaft im südwestl. Irland.
Kes·te·ven, Parts of [ˈkestɪvən; keˈstiː-vən] Gebiet in Lincolnshire, England.
Kew [kjuː] Stadtteil von London. Bedeutender botanischer Garten.
Khar·t(o)um [kɑː(r)ˈtuːm] Hauptstadt des Sudan, Ostafrika.
Kid·der·min·ster [ˈkɪdə(r)mɪnstə(r)] Stadt in Hereford and Worcester, England.
Kiel Ca·nal [kiːl] Nord'ostseeˌkanal m.
Kil·dare [kɪlˈdeə(r)] Grafschaft im östl. Irland.
Kil·i·man·ja·ro, Mount [ˌkɪlɪmənˈdʒɑːrəʊ] Kiliman'dscharo m (Vulkan in Tansania, Ostafrika).
Kil·ken·ny [kɪlˈkenɪ] Grafschaft im südöstl. Irland.
Kil·lar·ney [kɪˈlɑː(r)nɪ] Stadt in Kerry, Irland.
Kil·lie·cran·kie [ˌkɪlɪˈkræŋkɪ] Gebirgspaß im Grampiangebirge, Schottland.
Kil·mar·nock [kɪlˈmɑː(r)nək] Stadt in Strathclyde, Schottland.
Kim·ber·ley [ˈkɪmbə(r)lɪ] Stadt in der Südafrik. Republik. Diamantfunde.
Kin·car·dine(·shire) [kɪnˈkɑːdɪn; Am. -ˈkɑːrdn; -ʃə(r); -ˌʃɪə(r)] Ehemal. Grafschaft im östl. Schottland.
King's Lynn [ˌkɪŋzˈlɪn] Stadt in Norfolk, England.
Kings·ton [ˈkɪŋstən] Hauptstadt von Jamaika.
Kings·ton up·on Hull [ˌkɪŋstənəpɒnˈhʌl] → **Hull**.
Kings·ton up·on Thames [ˌkɪŋstənəpɒnˈtemz] Südwestl. Stadtbezirk Groß-Londons u. Hauptstadt von Surrey.
Kin·ross(·shire) [kɪnˈrɒs; -ʃə(r); -ˌʃɪə(r)] Ehemal. Grafschaft in Schottland.
Kin·sha·sa [kɪnˈʃɑːzə; -sə] Hauptstadt von Zaire.
Kin·tyre [kɪnˈtaɪə(r)] Halbinsel im südwestl. Schottland.
Kirk·cal·dy [kɜːˈkɔːdɪ; -ˈkɔːldɪ; Am. kɜr-] Hafenstadt in Fife, Schottland.
Kirk·cud·bright(·shire) [kɜːˈkuːbrɪ; Am. kɜr-; -ʃə(r); -ˌʃɪə(r)] Ehemal. Grafschaft im südwestl. Schottland.

Kirk·wall ['kɜːkwɔːl; *Am.* 'kɜrk-] *Hauptstadt der Orkney Islands.*
Klon·dike ['klɒndaɪk; *Am.* 'klɑn-] *Landschaft im nordwestl. Kanada.*
Knights·bridge ['naɪtsbrɪdʒ] *Straße in London.*
Knox·ville ['nɒksvɪl; *Am.* 'nɑks-] *Stadt in Tennessee, USA.*
Ko·di·ak ['kəʊdɪæk] *Insel an der Südküste Alaskas, USA.*
Ko·rea [kə'rɪə] Ko'rea *n.*
Kos·ci·us·ko, Mount [ˌkɒsɪ'ʌskəʊ; *Am.* ˌkɑzɪ-] *Höchster Berg Australiens, im Bundesstaat Victoria.*
Kua·la Lum·pur [ˌkwɑːləˈlʊmˌpʊə(r); -ˈlʌm-] *Hauptstadt Malaysias.*
Ku·wait [kʊ'weɪt; *Am.* kə'w-] a) *Emirat am Pers. Golf,* b) *Hauptstadt von* a.

L

Lab·ra·dor ['læbrədɔː(r)] Labra'dor *n (Halbinsel im östl. Kanada).*
La·gos ['leɪgɒs; *Am.* -ˌgɑs] *Hauptstadt von Nigeria, Westafrika.*
La Guar·dia [ləˈgwɑː(r)dɪə; -ˈgɑː(r)-] *Zweitgrößter Flughafen in New York, USA.*
La·hore [lə'hɔː(r)] La'hor(e) *n (Stadt im Nordosten Pakistans).*
Lake Dis·trict ['leɪkˌdɪstrɪkt] *Hügeliges Seengebiet in Cumbria, England.*
Lake·hurst ['leɪkhɜːst; *Am.* -ˌhɜrst] *Flugstützpunkt der amer. Marine in New Jersey, USA.*
Lam·ba·re·ne [ˌlæmbə'reɪnɪ; ˌlɑːm-] *Stadt in Gabun, Afrika.*
Lam·beth ['læmbəθ] *Stadtbezirk des inneren Verwaltungsgebiets Groß-Londons.*
Lan·ark(·shire) ['lænə(r)k; -ˈʃə(r); -ˌʃɪə(r)] *Ehemal. Grafschaft im südl. Schottland.*
Lan·ca·shire ['læŋkəʃə(r); -ˌʃɪə(r)] *Grafschaft im nordwestl. England.*
Lan·cas·ter ['læŋkəstə(r); *Am. a.* -ˌkæs-] a) *Stadt in Lancashire,* b) → **Lancashire**, c) *Stadt in Pennsylvania, USA.*
Land's End [ˌlændz'end; ˌlænz-] *Landzunge im südwestl. Cornwall. Westlichster Punkt Englands.*
Lan·sing ['lænsɪŋ] *Hauptstadt von Michigan, USA.*
Laoigh·is [liːʃ; *Am. a.* leɪʃ] *Grafschaft in Mittelirland.*
La·os ['lɑːɒs; 'laʊs; *Am. a.* 'leɪˌɑs] *Volksrepublik in Südostasien.*
La Paz [lɑːˈpæz; lə-] *Hauptstadt von Bolivien.*
Lap·land ['læplænd] *Lappland n.*
Las·sen Peak ['læsn] *Vulkan in Kalifornien, USA.*
Las Ve·gas [ˌlæs'veɪgəs; ˌlɑːs-] *Stadt in Nevada, USA.*
Lat·in A·mer·i·ca ['lætɪn; *Am.* 'lætn] La'teinaˌmerika *n (Süd- u. Mittelamerika).*
Lat·via ['lætvɪə] *Lettland n.*
Lau·der·dale ['lɔːdə(r)deɪl] *Landschaft im südöstl. Schottland.*
Lea·ming·ton (Spa) ['lemɪŋtən; -ˈspɑː] *Badeort in Warwickshire, England.*
Leb·a·non ['lebənɒn; *Am. a.* -ˌnɑn] *Libanon m (Republik im Vorderen Orient).*
Leeds [liːdz] *Stadt in West Yorkshire, England.*
Leices·ter ['lestə(r)] a) → **Leicestershire,** b) *Hauptstadt von Leicestershire.*
Leices·ter·shire ['lestə(r)ʃə(r); -ˌʃɪə(r)] *Grafschaft in Mitelengland.*
Leigh [liː] *Stadt in Greater Manchester, England.*

Lein·ster ['lenstə(r)] *Provinz im südöstl. Irland.*
Lei·trim ['liːtrɪm] *Grafschaft im Nordwesten von Irland.*
Leix [liːʃ; *Am. a.* leɪʃ] → **Laoighis.**
Le·man, Lake ['lemən; 'liːmən; lɪ'mæn] → **Geneva, Lake of.**
Len·nox ['lenəks] *Landschaft in Mittelschottland.*
Lé·o·pold·ville ['lɪəpəʊldˌvɪl] *Ehemal. Name für Kinshasa.*
Ler·wick ['lɜːwɪk; *Am.* 'lɜr-] *Ort auf der Shetlandinsel Mainland. Nördlichste Ortschaft der brit. Inseln.*
Le·so·tho [lə'suːtuː; *bes. Am.* lə'səʊtəʊ] Le'sotho *n (Königreich in Südafrika).*
Less·er An·til·les [ˌlesərænˈtɪliːz] *Kleine An'tillen pl (Inseln zwischen Puerto Rico u. Trinidad, Westindien).*
Le·vant [lɪ'vænt] Le'vante *f (Länder um das östl. Mittelmeer).*
Lew·es ['luːɪs] *Hauptstadt von East Sussex, England.*
Lew·i·sham ['luːɪʃəm] *Stadtbezirk des inneren Verwaltungsgebiets Groß-Londons.*
Lew·is with Har·ris [ˌluːɪswɪð'hærɪs] *Nördlichste Insel der Äußeren Hebriden, Schottland.*
Lex·ing·ton ['leksɪŋtən] a) *Stadt in Kentucky, USA,* b) *Stadt in Massachusetts, USA. 1775 erste Schlacht im amer. Unabhängigkeitskrieg gegen die Engländer.*
Ley·land ['leɪlənd] *Industriestadt in Lancashire. Kfz-Industrie.*
Ley·ton ['leɪtn] *Stadtteil von London.*
Lha·sa ['lɑːsə; 'læsə] *Hauptstadt von Tibet.*
Li·be·ria [laɪ'bɪərɪə] *Republik in Westafrika.*
Lib·er·ty Is·land ['lɪbə(r)tɪ] *Kleine Insel in der Hafenbucht von New York mit der Freiheitsstatue.*
Lib·ya ['lɪbɪə] *Libyen n.*
Lich·field ['lɪtʃfiːld] *Stadt in Staffordshire, England.*
Liech·ten·stein ['lɪktənstaɪn] *Liechtenstein n.*
Li·ma ['liːmə] *Hauptstadt von Peru.*
Lime·house ['laɪmhaʊs] *Stadtteil von London.*
Lim·er·ick ['lɪmərɪk] a) *Grafschaft im südwestl. Irland,* b) *Hauptstadt von* a.
Lin·coln ['lɪŋkən] a) *Hauptstadt von Nebraska, USA,* b) → **Lincolnshire,** c) *Hauptstadt von Lincolnshire.*
Lin·coln·shire ['lɪŋkənʃə(r); -ˌʃɪə(r)] *Grafschaft in Ostengland.*
Lin·dis·farne ['lɪndɪsfɑː(r)n] *Insel vor der Küste von Northumberland, England.*
Lind·sey, Parts of ['lɪndzɪ; -nzɪ] *Gebiet in Lincolnshire, England.*
Lin·lith·gow [lɪn'lɪθgəʊ] a) *hist. für* **West Lothian,** b) *Ort in Lothian Region, Schottland.*
Lin·wood ['lɪnwʊd] *Stadt in Lothian Region, Schottland. Kfz-Industrie.*
Li·ons, Gulf of ['laɪənz] *Golfe m du Lion (Meerbusen an der Mittelmeerküste, Südfrankreich).*
Lis·bon ['lɪzbən] *Lissabon n.*
Lith·u·a·nia [ˌlɪθjuː'eɪnɪə; *Am.* ˌlɪθə'weɪnɪə] *Litauen n.*
Lit·tle Rock ['lɪtlrɒk; *Am.* -ˌrɑk] *Hauptstadt von Arkansas, USA.*
Liv·er·pool ['lɪvə(r)puːl] *Haupt- u. Hafenstadt von Merseyside, England.*
Li·vo·nia [lɪ'vəʊnjə; -nɪə] *Livland n (Landschaft im Baltikum).*
Liz·ard, the ['lɪzə(r)d] *Halbinsel in Cornwall, England, mit dem südlichsten Punkt Englands.*
Llan·drin·dod Wells [lænˌdrɪndɒd'welz] *Hauptstadt von Powys, Wales.*
Llan·dud·no [læn'dɪdnəʊ; -ˈdʌd-] *Stadt*

u. Kurort in Gwynedd, Wales.
Lla·nel·ly [læ'neθlɪ] *Industriestadt in Dyfed, Wales.*
Llan·go·llen [læn'gɒθlən] *Ort in Clywd, Wales. Jährl. Eisteddfod-Fest.*
Lla·no Es·ta·ca·do ['lɑːnəʊˌestəˈkɑːdəʊ; *Am. a.* 'læn-] *Hochebene in Texas u. New Mexico, USA.*
Loch·a·ber [lɒ'kɑːbə(r); -ˈkæ-; *Am. a.* lɑ'kæ-] *Landschaft im nördl. Schottland.*
Lom·bar·dy ['lɒmbə(r)dɪ; *Am.* 'lɑm-; *a.* -ˌbɑːrdiː] Lombar'dei *f (Landschaft in Oberitalien).*
Lo·mond, Loch ['ləʊmənd] *See nördl. von Glasgow, Schottland. Größter See Großbritanniens.*
Lon·don ['lʌndən] *London n.*
Lon·don·der·ry [ˌlʌndən'derɪ] a) *Grafschaft in Nordirland,* b) *Hauptstadt von* a.
Long·ford ['lɒŋfə(r)d] *Grafschaft im östl. Mittelland.*
Longs Peak [lɒŋz; lɔːŋz] *Höchster Berg im Rocky Mountains National Park in Colorado, USA.*
Looe Is·land [luː] *Insel vor der Südküste von Cornwall, England.*
Los Al·a·mos [lɒs'æləmɒs] *Stadt in New Mexico, USA. Kernforschungslabor. Entwicklung der ersten Atombombe 1945.*
Los An·ge·les [lɒs'ændʒɪliːz; -dʒələs] *Hafenstadt im südwestl. Kalifornien.*
Lo·thi·an Re·gion ['ləʊðɪən; -ɪən] *Verwaltungsregion des südöstl. Mittelschottland.*
Lo·thi·ans, the ['ləʊðjənz; -ɪənz] *3 ehemal. Grafschaften in Schottland.*
Lough·bor·ough ['lʌfbərə; -brə; *Am. bes.* -ˌbɜrə] *Stadt in Leicestershire, England.*
Lou·i·si·ana [luːˌiːzɪ'ænə; lʊˌiː-; *Am. a.* ˌluːzɪ-] *Staat im Süden der USA.*
Lou·is·ville ['luːɪvɪl] *Hafenstadt am Ohio in Kentucky, USA.*
Louth [laʊð] *Grafschaft in Nordostirland.*
Low Coun·tries [ləʊ] *Niederlande, Belgien und Luxemburg.*
Low·er Cal·i·for·nia ['ləʊə(r)ˌkælɪ-ˈfɔː(r)njə; -nɪə] 'Niederkaliˌfornien *n (Halbinsel an der Westküste Mexikos).*
Lowes·toft ['ləʊstɒft; -təft] *Hafenstadt in Suffolk, England.*
Lowth·er Hills ['laʊðə(r)] *Hügelland im südl. Schottland.*
Lu·an·da [lʊ'ændə] *Hauptstadt von Angola, Westafrika.*
Lu·bum·ba·shi [ˌluːbʊm'bæʃɪ; -ˈbɑːʃɪ] *Hauptstadt der Provinz Shaba im südl. Zaire.*
Lu·cerne, Lake of [luːˈsɜːn; *Am.* -ˈsɜrn] Vier'waldstätter See *m (Schweiz).*
Lud·gate Hill ['lʌdgɪt; -geɪt] *Straße in London.*
Lu·sa·ka [luːˈsɑːkə] *Hauptstadt von Zambia.*
Lu·ton ['luːtn] *Stadt in Bedfordshire, England. Flughafen. Kfz-Industrie.*
Lux·em·b(o)urg ['lʌksəmbɜːg; *Am.* -ˌbɜrg] *Luxemburg n.*
Lu·zon [luːˈzɒn; *Am.* -ˈzɑn] *Hauptinsel der Philippinen.*
Lym·ing·ton ['lɪmɪŋtən] *Stadt in Hampshire, England.*
Lynn [lɪn] *Stadt in Massachusetts, USA.*
Ly·ons ['laɪənz], *(Fr.)* Lyon ['liːɔːŋ; ljɔ̃] Ly'on *n (Stadt in Südostfrankreich).*
Lyth·am ['lɪðəm] *Stadt an der Küste von Lancashire, England.*

M

Mac·cles·field ['mæklzfiːld] *Stadt in Cheshire, England.*

Mac·kay [mə'kaı; -'keı] *Stadt im austral. Bundesstaat Queensland.*
Mac·ken·zie [mə'kenzı] *Zweitgrößter Strom Nordamerikas, im nordwestl. Kanada.*
Mac·quar·ie [mə'kwɒrı; *Am.* mə'kwɑ:rı:] *Fluß im austral. Bundesstaat Neusüdwales.*
Mad·a·gas·car [,mædə'gæskə(r)] Mada'gaskar *n* (*Insel u. Republik vor der Ostküste Südafrikas*).
Ma·dei·ra [mə'dıərə] *Insel im Atlantischen Ozean, westl. von Marokko.*
Mad·i·son ['mædısn] *Hauptstadt von Wisconsin, USA.*
Ma·drid [mə'drıd] Ma'drid *n.*
Maf·e·king ['mæfıkıŋ] *Stadt im südl. Südafrika. Im Burenkrieg 217 Tage lang von den Buren belagert.*
Ma·gel·lan, Strait of [mə'gelən; *Am.* -'dʒe-] Magel'lanstraße *f.*
Maid·en·head ['meıdnhed] *Stadt in Berkshire, England.*
Maid·stone ['meıdstən; -stəʊn] *Hauptstadt von Kent, England.*
Maine [meın] *Staat im Nordosten der USA.*
Main·land ['meınlənd; -lænd] a) *Hauptstadt der Shetland-Inseln,* b) *Hauptinsel der Orkney-Inseln.*
Ma·jor·ca [mə'dʒɔ:(r)kə; -'jɔ:(r)-] Mal'lorca *n* (*Größte Insel der Balearen*).
Ma·ju·ba Hill [mə'dʒu:bə] *Berg in Natal, Südafrika. 1881 Sieg der Buren über die Engländer.*
Mal·a·gas·y Re·pub·lic [,mælə'gæsı] Mada'gassische Repu'blik (*früherer Name von Madagaskar*).
Ma·la·wi [mə'lɑ:wı] Ma'lawi *n* (*Republik in Südostafrika*).
Ma·laya [mə'leıə] Ma'laya *n* (*Westmalaysia, ehemal. malaiischer Bund*).
Ma·lay Ar·chi·pel·a·go [mə'leı ,ɑ:(r)kı'pelıgəʊ; -ləgəʊ] Ma'laiischer Archi'pel (*Inseln zwischen Südostasien u. Neuguinea*).
Ma·lay·sia [mə'leızıə; *bes. Am.* -ʒıə; -ʒə; -ʃə] Ma'laysia *n* (*konstitutionelle Wahlmonarchie in Südostasien*).
Mal·dive Is·lands ['mɔ:ldıv; *Am.* -,di:v; -,daıv] Male'diven *pl* (*Korallenatolle im Indischen Ozean*; *Republik*).
Mal·don ['mɔ:ldən] *Stadt in Essex, England.*
Ma·li ['mɑ:lı] *Republik in Westafrika.*
Mal·ta ['mɔ:ltə] a) *Inselgruppe im Mittelmeer,* b) *Hauptinsel von* a.
Mal·tese Is·lands [,mɔ:l'ti:z] → **Malta** a.
Mal·vern ['mɔ:lvə(r)n] *Stadt in Hereford and Worcester, England.*
Mam·moth Cave ['mæməθ] Mammuthöhle *f* (*in Kentucky, USA. Größte Höhle der Erde*).
Man·da·lay ['mændəleı; ,-'leı] *Stadt in Burma.*
Man, Isle of [mæn] *Insel in der Irischen See.*
Ma·na·gua [mə'nægwə; *Am.* -'nɑ:-] *Hauptstadt von Nicaragua, Mittelamerika.*
Man·ches·ter ['mæntʃıstə; *Am.* -,tʃestər; -tʃəs-] *Verwaltungszentrum von Greater Manchester, England.*
Man·hat·tan [mæn'hætn] *Stadtteil von New York.*
Ma·nila [mə'nılə] *Hauptstadt der Philippinen.*
Man·i·to·ba [,mænı'təʊbə] *Kanad. Prärieprovinz.*
Mans·field ['mænsfi:ld; *Am. a.* 'mænz-] *Stadt in Nottinghamshire, England.*
March·es [mɑ:(r)tʃız] Marken *pl* (*Landschaft in Mittelitalien*).
Mar·gate ['mɑ:(r)gıt; -geıt] *Seebad in Kent, England.*

Mar·i·a·na Is·lands [,meərı'ænə; ,mær-; -'ɑ:nə] Mari'anen *pl* (*Inselgruppe im Pazifischen Ozean*).
Mar·i·time Prov·inc·es ['mærıtaım] *Kanad. Provinzen New Brunswick, Nova Scotia, Prince Edward Island.*
Marl·bor·ough ['mɔ:lbərə; -brə; *a.* 'mɑ:l-; *Am. bes.* 'mɑ:rl,bərə; -bərə] *Stadt in Wiltshire, England.*
Mar·seilles [mɑ:(r)'seılz; -'seı, (*Fr.*)
Mar·seille [mɑ:(r)'seı; marsεj] Mar'seille *n.*
Mar·ti·nique [,mɑ:tı'ni:k; *Am.* ,mɑ:rtn-'i:k] *Insel der Kleinen Antillen, Westindien.*
Mar·y·land ['meərılənd; *bes. Am.* 'merılənd] *Staat im Osten der USA.*
Mar·y·le·bone ['mærələbən] → Saint Marylebone.
Mas·sa·chu·setts [,mæsə'tʃu:sıts; -səts; *Am. a.* -zəts] *Staat im Nordosten der USA.*
Mat·lock ['mætlɒk; *Am.* -,lɑk] *Hauptstadt von Derbyshire, England.*
Mat·ter·horn ['mætə(r)hɔ:(r)n] *Berg in den Alpen, zwischen Italien u. der Schweiz.*
Mau·i ['maʊi] *Zweitgrößte der Hawaii-Inseln, Pazifischer Ozean.*
Mau·ri·ta·nia [,mɒrı'teınjə; -nıə; *Am.* ,mɔ:rə-; ,mɑ:rə-] Maure'tanien *n* (*Republik in Westafrika*).
Mau·ri·ti·us [mə'rıʃəs; *bes. Am.* mɔ:'r-] *Insel u. parlamentar. Monarchie im Indischen Ozean.*
May·o ['meıəʊ] *Grafschaft im nordwestl. Irland.*
Mc·Al·is·ter [mə'kælıstə(r)] *Berg im austral. Bundesstaat Neusüdwales.*
Mc·Kin·ley, Mount [mə'kınlı] *Berg in Alaska. Höchster Berg in Nordamerika.*
Meath [mi:ð; mi:θ] *Grafschaft in Ostirland.*
Med·way ['medweı] *Fluß in Kent, England.*
Me·kong [,mi:'kɒŋ; *Am.* ,mer'kɔ:ŋ; -'kɑ:ŋ] Mekong *m* (*Größter Strom Hinterindiens*).
Mel·a·ne·sia [,melə'ni:zjə; *bes. Am.* -'ni:ʒə; -ʃə] Mela'nesien *n* (*Inselgruppen des südwestl. Pazifischen Ozeans*).
Mel·bourne ['melbə(r)n] *Hauptstadt des austral. Bundesstaates Victoria.*
Mem·phis ['memfıs] a) *antike Ruinenstadt am Nil,* b) *Stadt in Tennessee, USA.*
Men·ai Strait(s) ['menaı; 'Menaika,nal *m* (*Meerenge zwischen der Insel Anglesey u. Wales*).
Men·dips ['mendıps], **Men·dip Hills** [,mendıp'hılz] *Hügelkette aus Kalkstein in Somerset, England.*
Men·do·ci·no, Cape [,mendə'si:nəʊ] *Westlichster Punkt Kaliforniens, USA.*
Mer·cia ['mɜ:sjə; -ʃə; *Am.* 'mɜrʃıə; -ʃə] *hist. Angelsächsisches Königreich.*
Mer·i·on·eth·shire [,merı'ɒnıθʃə(r); -,ʃıə(r); *Am.* -'ɑnəθ-] *Ehemal. Grafschaft in Wales.*
Mer·sey ['mɜ:zı; *Am.* 'mɜrzı:] *Fluß in westl. Mittelengland.*
Mer·sey·side ['mɜ:zısaıd; *Am.* 'mɜr-] *Grafschaft im nordwestl. England mit Liverpool als Verwaltungszentrum.*
Mer·ton ['mɜ:tn; *Am.* 'mɜrtn] *Südwestl. Stadtbezirk Groß-Londons.*
Meuse [mɜ:z; mju:z] Maas *f* (*Fluß in Frankreich, Belgien u. den Niederlanden*).
Mex·i·co ['meksıkəʊ] Mexiko *n*: a) *Republik in Mittelamerika,* b) *Hauptstadt von* a, c) *mexik. Bundesstaat.*
Mex·i·co City → Mexico b.
Mi·ami [maı'æmı] *Stadt in Florida, USA.*
Mich·i·gan ['mıʃıgən] *Staat im Norden der USA.*
Mi·cro·ne·sia [maıkrəʊ'ni:zjə; *bes. Am.* ,maıkrə'ni:ʒə; -ʃə] Mikro'nesien *n* (*Inselgruppen im nordwestl. Ozeanien*).

Mid·dles·brough ['mıdlzbrə] *Hauptu. Hafenstadt von Cleveland, England.*
Mid·dle·sex ['mıdlseks] *Ehemal. Grafschaft im südöstl. England.*
Mid·dle·ton ['mıdltən] *Stadt in Greater Manchester, England.*
Mid·dle West [,mıdl'west] → **Midwest**.
Mid Gla·mor·gan [,mıdglə'mɔ:(r)gən] *Grafschaft im südl. Wales.*
Mid·lands, the ['mıdləndz] *Grafschaften Mittelenglands, bes. Warwickshire, Northamptonshire, Leicestershire, Nottinghamshire, Derbyshire, Staffordshire.*
Mid·lo·thi·an [mıd'ləʊðjən; -ıən] *Ehemal. Grafschaft im südöstl. Schottland.*
Mid·west [,mıd'west] *Amer. u. Kanad. Mittelwesten.*
Mi·lan [mı'læn] Mailand *n.*
Mil·ford Ha·ven ['mılfə(r)d] *Hafenstadt in Dyfed, Wales.*
Mil·ton Keynes [,mıltən'ki:nz; -tn'k-] *Stadt in Buckinghamshire, England.*
Mil·wau·kee [mıl'wɔ:ki:] *Handels- u. Industriestadt am Michigansee, USA.*
Min·da·nao [,mındə'naʊ] *Zweitgrößte Insel der Philippinen, Pazifischer Ozean.*
Min·ne·ap·o·lis [,mını'æpəlıs; *Am. a.* -'æpləs] *Stadt in Minnesota, USA.*
Min·ne·so·ta [,mını'səʊtə] *Staat im Norden der USA.*
Mis·sis·sip·pi [,mısı'sıpı] a) *Größter Strom Nordamerikas,* b) *Staat im Süden der USA.*
Mis·sou·ri [mı'zʊərı] a) *Größter Nebenfluß des Mississippi, USA,* b) *Einer der nordwestl. Mittelstaaten der USA.*
Mitch·ell, Mount ['mıtʃl] *Höchster Gipfel der Appalachen.*
Mo·bile Bay [,məʊbi:l'beı] *Bucht des Golfs von Mexiko.*
Mog·a·di·sci·o [,mɒgə'dıʃəʊ; -ʃıəʊ; *Am.* ,mɑ-], **Mog·a'dish·u** [-'dıʃu:] Moga'dischu *n* (*Hauptstadt von Somalia, Ostafrika*).
Mo·ha·ve Des·ert, Mo·ja·ve Des·ert [məʊ'hɑ:vı; mə'h-] Mo'havewüste *f* (*Sand- u. Lehmwüste in Kalifornien, USA*).
Mold [məʊld] *Hauptstadt von Clwyd, Wales.*
Mo·lo·kai [,məʊləʊ'kɑ:ı; *Am.* ,mɒlə'kaı; ,məʊlə'kaı] *Eine Hawaii-Insel. Station für Lepraktranke.*
Mom·ba·sa [mɒm'bæsə; *Am.* mɑm'bɑ:-sə] *Hafenstadt in Kenia, Ostafrika.*
Mon·a·co ['mɒnəkəʊ; *Am.* 'mɑ-] *Fürstentum an der franz. Riviera.*
Mon·a·ghan ['mɒnəhən; -xən; *Am.* 'mɑ-] *Grafschaft im nordöstl. Irland.*
Mon·go·lia [mɒŋ'gəʊljə; -lıə; *Am.* mɑn-; -mɑŋ-] Mongo'lei *f* (*Gebiet im nordöstl. Innerasien*).
Mon·mouth(·shire) ['mɒnməθ; *Am.* 'mɑn-; -'-ʃə(r); -,ʃıə(r)] *Ehemal. Grafschaft in Wales.*
Mon·ro·via [mɒn'rəʊvıə; *Am.* mən-; mʌn-] *Hauptstadt von Liberia, Westafrika.*
Mon·tana [mɒn'tænə; *Am.* mɑn-] *Staat im Nordwesten der USA.*
Mont Blanc [,mɔ̃:m'blɑ̃:ŋ; ,mɔ̃:'blɑ̃:] → Blanc, Mont.
Mon·te Car·lo [,mɒntı'kɑ:(r)ləʊ; *Am.* ,mɑ-] *Teil des Fürstentums Monaco.*
Mon·te·rey [,mɒntə'reı; *Am.* ,mɑn-] *Seebad in Kalifornien.*
Mon·te·vi·deo [,mɒntıvı'deıəʊ; ,mɑn-; *Am. a.* -,'vıdı,əʊ] *Hauptstadt von Uruguay.*
Mont·gom·ery [mənt'gʌmərı; *Br. a.* mɒnt'gɒm-; *Am. a.* mɑnt'gɑm-] a) → Montgomeryshire, b) *Hauptstadt von Alabama, USA.*
Mont·gom·ery·shire [mənt'gʌmərıʃə(r); -,ʃıə(r); *Br. a.* mɒnt'gɒm-; *Am. a.* mɑnt'gɑm-] *Ehemal. Grafschaft in Wales.*

Mont·pe·lier [mɒntˈpiːljə(r); *Am.* mɑnt-] *Hauptstadt von Vermont, USA.*
Mont·re·al [ˌmɒntrɪˈɔːl; *Am.* ˌmɑn-] *Handels- u. Industriestadt in der Provinz Quebec, Kanada.*
Mont·rose [mɒntˈrəʊz; *Am.* mɑn-] *Stadt in Tayside, England.*
Moor·gate [ˈmʊə(r)geɪt; -gɪt; ˈmɔː(r)-] *Straße in London.*
Mo·ra·via [məˈreɪvjə; -vɪə] *Mähren n.*
Mor·ay [ˈmʌrɪ; *Am. a.* ˈmɔːrɪ] *Ehemal. Grafschaft im nordöstl. Schottland.*
Mor·ley [ˈmɔː(r)lɪ] *Stadt in West Yorkshire, England.*
Mor·ning·ton [ˈmɔː(r)nɪŋtən] a) *Insel vor der Nordküste des austral. Bundesstaates Queensland,* b) *Stadt im austral. Bundesstaat Victoria.*
Mo·roc·co [məˈrɒkəʊ; *Am.* -ˈrɑ-] *Marokko n (Land in Nordwestafrika).*
Mos·cow [ˈmɒskəʊ; *Am.* ˈmɑskaʊ; -kəʊ] *Moskau n.*
Mo·selle [məʊˈzel] *Mosel f.*
Moth·er·well and Wish·aw [ˌmʌðə(r)wələn'wɪʃɔː] *Stadt in Strathclyde, Schottland.*
Mo·zam·bi·que, Mo·çam·bi·que [ˌməʊzəmˈbiːk] *Volksrepublik im südöstl. Afrika.*
Mul·grave [ˈmʌlgreɪv] *Stadt in Neuschottland, Kanada.*
Mull [mʌl] *Zweitgrößte Insel der Inneren Hebriden, Schottland.*
Mu·nich [ˈmjuːnɪk] *München n.*
Mun·ster [ˈmʌnstə(r)] *Provinz in Südirland.*
Mur·chi·son [ˈmɜːtʃɪsn; ˈmɜːkɪsn; *Am.* ˈmɜrtʃəsən] *Fluß in Westaustralien.*
Mur·ray [ˈmʌrɪ; *Am. a.* ˈmɜːrɪ] *Fluß im südöstl. Australien.*
Mus·cat and O·man [ˌmʌskətəndəʊˈmɑːn; -kæt-; *Am. a.* -əʊˈmæn] *Maskat n u. Oˈman n (bis 1970 Name für Oman).*

N

Na·ga·sa·ki [ˌnægəˈsɑːkɪ; ˌnɑː-; ˌnægəˈsækɪ] *Hafenstadt an der Westküste von Kiuschu, Japan.*
Nairn(·shire) [neə(r)n; ˈ-ʃə(r); ˈ-ˌʃɪə(r)] *Ehemal. Grafschaft im nördl. Schottland.*
Nai·ro·bi [naɪˈrəʊbɪ] *Hauptstadt von Kenia, Ostafrika.*
Na·mib·ia [nəˈmɪbɪə] *Das ehemal. Südwestafrika, unter Treuhandverwaltung der UN.*
Nan·ga Par·bat [ˌnʌŋgəˈpɑː(r)bət] *Berg im Himalaja, Kaschmir.*
Nan·tuck·et [nænˈtʌkɪt] *Insel an der Küste von Massachusetts, USA.*
Na·ples [ˈneɪplz] *Neˈapel n (Hafenstadt in Süditalien).*
Nar·ra·gan·sett Bay [ˌnærəˈgænsɪt] *Bucht an der Küste von Rhode Island, USA.*
Nash·ville [ˈnæʃvɪl; -vəl] *Hauptstadt von Tennessee, USA.*
Nas·sau [ˈnæsɔː] *Hauptstadt der Bahama-Inseln, Westindien.*
Na·tal [nəˈtæl] *Provinz der Südafrik. Republik.*
Na·u·ru [nɑːˈuːruː] *Insel im westl. Pazifischen Ozean; Republik.*
Naz·a·reth [ˈnæzərəθ] *Stadt u. christlicher Wallfahrtsort in Israel.*
Naze, the [neɪz] *Landspitze in Essex, Südostengland.*
Neagh, Lough [ˌlɒkˈneɪ; ˌlɒx-; *Am.* ˌlɑk-; ˌlɑx-] *See in Antrim, Nordirland. Größter See der britischen Inseln.*

Ne·bras·ka [nɪˈbræskə; nə-] *Mittelstaat der USA.*
Ne·gri Sem·bi·lan [ˌnəgrɪsemˈbiːlən; *Am.* nəˌgriːsəmˈb-] *Gliedstaat Malaysias.*
Nel·son [ˈnelsn] a) *Stadt in Lancashire, England,* b) *Fluß in Kanada.*
Ne·man [ˈnemən] *Memel f (Fluß in Osteuropa).*
Ne·pal [nɪˈpɔːl; -ˈpɑːl] *Königreich südl. des Himalaja.*
Neth·er·lands [ˈneðə(r)ləndz] *Niederlande pl.*
Neth·er·lands An·til·les [ˌneðə(r)ləndzænˈtɪliːz] *Niederländische Anˈtillen pl (Niederl. Inseln in Westindien).*
Ne·va·da [neˈvɑːdə; *Am.* nəˈvædə; *a.* -ˈvɑː-] *Staat im Westen der USA.*
New Am·ster·dam [ˌnjuːˈæmstə(r)dæm; *Am. bes.* ˌnuː-] *Neu-Amsterˈdam n (ursprünglicher Name der Stadt New York).*
New·ark [ˈnjuːə(r)k; *Am. bes.* ˈnuː-] a) *Stadt in New Jersey, USA,* b) *Stadt in Nottinghamshire, England.*
New Bed·ford [ˌnjuːˈbedfə(r)d; *Am. bes.* ˌnuː-] *Hafenstadt in Massachusetts, USA.*
New Bruns·wick [ˌnjuːˈbrʌnzwɪk; *Am. bes.* ˌnuː-] *Neuˈbraunschweig n (kanad. Provinz).*
New·bury [ˈnjuːbərɪ; -brɪ] *Stadt in Berkshire, England.*
New Cal·e·do·nia [ˈnjuːˌkælɪˈdəʊnjə; -nɪə; *Am. bes.* ˈnuː-] *Neukaleˈdonien n (Insel östl. von Australien).*
New·cas·tle [ˈnjuːˈkɑːsl; *Am.* ˈnuːˌkæsəl; *a.* ˈnjuːˈkæsl] *Haupt- u. Hafenstadt von Tyne and Wear, England,* b) *Hafen- u. Industriestadt im austral. Bundesstaat Neusüdwales.*
New·cas·tle-up·on-Tyne [ˈnjuːˌkɑːslˌpɒnˈtaɪn; *Am.* ˈnuːˌkæsəl-] → **New·castle** a.
New Del·hi [ˌnjuːˈdelɪ; *Am. bes.* ˌnuː-] *Neu-Delhi n (Stadtteil von Delhi, Indien).*
New Eng·land [ˌnjuːˈɪŋglənd; *Am. bes.* ˌnuː-] *Neuˈengland n (die nordöstl. Staaten der USA).*
New·found·land [ˈnjuːfəndlənd; -fənlˌlænd; *Am. bes.* ˌnuː-; ˌnuː-] *Neuˈfundland n (östlichste Provinz Kanadas).*
New Guin·ea [ˌnjuːˈgɪnɪ; *Am. bes.* ˌnuː-] *Neuguiˈnea n (Insel nördl. von Australien).*
New·ham [ˈnjuːəm; *Am. bes.* ˈnuːəm] *Östl. Stadtbezirk Groß-Londons an der Themse.*
New Hamp·shire [ˌnjuːˈhæmpʃə(r); -ˌʃɪə(r); *Am. bes.* ˌnuː-] *Staat im Nordosten der USA.*
New Ha·ven [njuːˈheɪvn; *Am. bes.* nuː-] *Hafenstadt im südl. Connecticut, USA. Sitz der Yale-Universität.*
New·ha·ven [njuːˈheɪvn; *Am. bes.* nuː-] *Fährhafen u. Kurort in East Sussex, England.*
New Heb·ri·des [ˌnjuːˈhebrɪdiːz; *Am. bes.* ˌnuː-] *Neue Heˈbriden pl* → **Vanuatu.**
New Jer·sey [ˌnjuːˈdʒɜːzɪ; *Am. ˌnuːˈdʒɜr-zɪ; *a.* ˌnjuː-] *Staat im Osten der USA.*
New·mar·ket [ˈnjuːˌmɑː(r)kɪt; *Am. bes.* ˈnuː-] *Stadt in Suffolk, England. Berühmte Pferderennbahn.*
New Mex·i·co [ˌnjuːˈmeksɪkəʊ; *Am. bes.* ˌnuː-] *Staat im Südwesten der USA.*
New Or·le·ans [ˌnjuːˈɔː(r)lɪənz; -ɔː(r)-ˈliːnz; *Am. bes.* ˌnuː-] *Hafenstadt in Louisiana, USA.*
New·port [ˈnjuːpɔː(r)t; *Am. bes.* ˈnuː-] *Haupt- u. Hafenstadt von Gwent, Wales.*
New South Wales [ˌnjuːsaʊθˈweɪlz; *Am. bes.* ˌnuː-] *Neusüdˈwales n (Staat im südöstl. Australien).*
New·town St. Bos·wells [ˌnjuːˌtaʊnsntˈbɒzwəlz; *Am. bes.* ˌnuː-; -ˈbɑzwəlz; *a.* -seɪnt-] *Verwaltungszentrum von Borders Region, Schottland.*
New York [ˌnjuːˈjɔː(r)k; *Am. bes.* ˌnuː-] a) *Staat im Osten der USA,* b) *Größte Stadt der USA.*
New Zea·land [ˌnjuːˈziːlənd; *Am. bes.* ˌnuː-] *Neuˈseeland n.*
Ni·ag·a·ra [naɪˈægərə; -grə] *Fluß zwischen Erie- u. Ontariosee, Nordamerika.*
Nic·a·ra·gua [ˌnɪkəˈrægjʊə; *bes. Am.* -ˈrɑːgwə] *Republik in Mittelamerika.*
Nice [niːs] *Nizza n (Kurort an der franz. Riviera).*
Ni·ger [ˈnaɪdʒə(r)] a) *Größter Fluß Westafrikas,* b) [*Br.* niːˈʒeə] *Republik in Westafrika.*
Ni·ge·ria [naɪˈdʒɪərɪə] *Republik in Westafrika.*
Nile [naɪl] *Nil m (Fluß im östl. Afrika).*
Nip·pon [ˈnɪpɒn; *Am.* nɪpˈɑn] *(Japanese)* → **Japan.**
Nor·folk [ˈnɔː(r)fək] a) *Grafschaft in Ostengland,* b) *Hafenstadt in Virginia, USA.*
Nor·man·dy [ˈnɔː(r)məndɪ] *Normanˈdie f.*
North·al·ler·ton [nɔː(r)ˈθælə(r)tən; -tn] *Hauptstadt von North Yorkshire, England.*
North·amp·ton [nɔː(r)ˈθæmptən; nɔː(r)θˈhæ-] a) → **Northamptonshire,** b) *Hauptstadt von Northamptonshire.*
North·amp·ton·shire [nɔː(r)ˈθæmptənʃə(r); -ˌʃɪə(r); nɔː(r)θˈhæ-] *Grafschaft in Mittelengland.*
North Car·o·li·na [ˌkærəˈlaɪnə] *Staat im Süden der USA.*
North Coun·try *England nördl. des Humber.*
North Da·ko·ta [dəˈkəʊtə] *Nordwestl. Mittelstaat der USA.*
North·ern Ire·land [ˈaɪə(r)lənd] *Nordˈirland n.*
North·ern Ter·ri·to·ry ˈNordterriˌtorium n (Australien).
North Rid·ing [ˈraɪdɪŋ] *Ehemal. Verwaltungsbezirk der engl. Grafschaft Yorkshire.*
North·um·ber·land [nɔː(r)ˈθʌmbə(r)lənd] *Grafschaft in Nordengland.*
North·um·bria [nɔː(r)ˈθʌmbrɪə] *hist. Nördlichstes Königreich der Angelsachsen.*
North·west Ter·ri·to·ries ˈNordˈwestterriˌtorien pl (Kanada).
North York·shire [ˈjɔː(r)kʃə(r); -ˌʃɪə(r)] *Grafschaft in Nordengland.*
Nor·way [ˈnɔː(r)weɪ] *Norwegen n.*
Nor·wich [ˈnɒrɪdʒ; -ɪtʃ; *Am.* ˈnɔːrwɪtʃ; ˈnɑːrɪtʃ] a) *Hauptstadt von Norfolk, England,* b) *Stadt in Connecticut, USA.*
Not·ting·ham [ˈnɒtɪŋəm; *Am.* ˈnɑ-] a) → **Nottinghamshire,** b) *Hauptstadt von Nottinghamshire.*
Not·ting·ham·shire [ˈnɒtɪŋəmʃə(r); -ˌʃɪə(r); *Am.* ˈnɑ-] *Grafschaft in Mittelengland.*
No·va Sco·tia [ˌnəʊvəˈskəʊʃə] *Neuˈschottland n (Halbinsel im südöstl. Kanada).*
Nu·bia [ˈnjuːbjə; -bɪə; *Am. bes.* ˈnuːbɪə] *Nubien n (Landschaft in Nordostafrika).*
Nun·ea·ton [nʌnˈiːtn] *Stadt in Warwickshire, England.*
Nu·rem·berg [ˈnjʊərəmbɜːg; *Am.* ˈnʊrəmˌbɜrg; *a.* ˈnjʊr-] *Nürnberg n.*
Ny·sa [ˈnɪsə] (Glatzer) *Neiße f (Nebenfluß der Oder).*

O

Oak·land [ˈəʊklənd] *Stadt in Kalifornien, USA.*

O·ce·an·ia [͵əʊʃɪ'eɪnjə; -nɪə; *Am. a.* -'ænɪə], **O·ce'an·i·ca** [-'ænɪkə] Ozeanien *n* (*Inseln des südwestl. Pazifischen Ozeans*).
Of·fa·ly ['ɒfəlɪ; *Am. a.* 'ɑf-] *Grafschaft in Mittelirland.*
O·hi·o [əʊ'haɪəʊ] a) *Staat im Osten der USA,* b) *größter linker Nebenfluß des Mississippi, USA.*
O·kee·cho·bee, Lake [͵əʊkɪ'tʃəʊbɪ] *See in Florida, USA.*
O·ki·na·wa [͵ɒkɪ'nɑːwə; *bes. Am.* ͵əʊkɪ-] a) *Mittlere Inselgruppe der Riukiu-Inseln, Japan,* b) *Hauptinsel der Riukiu-Inseln, Japan.*
O·kla·ho·ma [͵əʊklə'həʊmə] *Südl. Mittelstaat der USA.*
O·kla·ho·ma Cit·y [͵əʊklə'həʊmə] *Hauptstadt von Oklahoma, USA.*
Old·ham ['əʊldəm] *Stadt in Greater Manchester, England.*
Ol·ives, Mount of ['ɒlɪvz; *Am.* 'ɑl-] Ölberg *m* (*Palästina*).
O·lym·pia [əʊ'lɪmpɪə; ə'l-] a) *antike Kultstätte in Südgriechenland,* b) *Hauptstadt des Staates Washington, USA.*
O·magh ['əʊmə] *Hauptstadt von Tyrone, Nordirland.*
O·ma·ha ['əʊməhɑː; *Am. a.* ͵-hɔː] *Stadt in Nebraska, USA.*
O·man [əʊ'mɑːn] *Sultanat im südöstl. Arabien.*
On·tar·i·o [ɒn'teərɪəʊ; *Am.* ɑn'ter-] *Provinz in Ostkanada.*
Or·ange ['ɒrɪndʒ; *Am. a.* 'ɑr-] O'ranje *m* (*Fluß in Südafrika*).
Or·e·gon ['ɒrɪɡən; *Am. a.* 'ɑr-] *Staat im Nordwesten der USA.*
Ork·ney Is·lands ['ɔː(r)knɪ], **'Orkneys** [-nɪz] Orkney-Inseln *pl* (*vor der Nordspitze Schottlands*). *Insulare Verwaltungsregion.*
Or·ping·ton ['ɔː(r)pɪŋtən] *Stadtteil von London.*
O·sage [əʊ'seɪdʒ; 'əʊseɪdʒ] *Fluß in Kansas u. Missouri, USA.*
Os·lo ['ɒzləʊ; 'ɒs-; *Am.* 'ɑz-; 'ɑs-] Oslo *n.*
Ost·end [ɒ'stend; *Am.* ɑs'tend] Ost'ende *n* (*Hafenstadt u. Seebad in Belgien*).
Ot·ta·wa ['ɒtəwə; *Am.* 'ɑt-; *a.* ͵-wɑː] a) *Hauptstadt von Kanada,* b) *Fluß im südöstl. Kanada.*
Ouach·i·ta ['wɒʃɪtɔː; *Am.* 'wɑʃə͵tɔː] *Fluß in Arkansas u. Louisiana, USA.*
Ouse [uːz] a) *Zufluß des Wash, Ostengland,* b) *Zufluß des Humber in Yorkshire, England.*
Ox·ford ['ɒksfəd; *Am.* 'ɑksfərd] a) → Oxfordshire, b) *Haupt- u. Universitätsstadt von Oxfordshire.*
Ox·ford·shire ['ɒksfə(r)dʃə(r); -͵ʃɪə(r); *Am.* 'ɑks-] *Grafschaft in Mittelengland.*

P

Pad·ding·ton ['pædɪŋtən] *Stadtteil von London.*
Pa·hang [pə'hʌŋ; pə'hæŋ] *Gliedstaat Malaysias.*
Pais·ley ['peɪzlɪ] *Stadt in Strathclyde, Schottland.*
Pa·ki·stan [͵pɑːkɪ'stɑːn; ͵pækɪ'stæn] *Staat in Vorderindien.*
Pal·es·tine ['pæləstaɪn; *Am. a.* ͵-stiːn] Palä'stina *n.*
Pall Mall [͵pæl'mæl] *Straße in London.*
Palm Beach [͵pɑːm'biːtʃ; *Am. a.* ͵pɑːlm-] *Badeort in Florida, USA.*
Pa·mirs [pə'mɪə(r)z] Pa'mir *m* (*Hochland in Zentralasien*).
Pam·li·co Sound ['pæmlɪkəʊ] Pamlico-Sund *m* (*an der Küste von North Carolina, USA*).
Pan·a·ma [͵pænə'mɑː; 'pænəmɑː; *Am. a.* -'mɔː; ͵-mɔː] a) *Republik im südl. Mittelamerika,* b) *Hauptstadt von a.*
Pa·pe·e·te [͵pɑːpɪ'iːtɪ; *Am.* -'eɪtɪ; *a.* pə'peɪtɪː] *Hauptstadt der Gesellschaftsinseln, auf Tahiti.*
Pa·pua New Guin·ea ['pɑːpʊə͵njuː-'ɡɪnɪ; 'pæpjʊə-; *Am.* 'pæpjəwə͵nuː'ɡɪnɪː; 'pɑːpəwə-] Papua-Neugui'nea *n* (*Inselstaat im westl. Pazifik*).
Par·a·guay ['pærəɡwaɪ; -ɡweɪ] a) *Republik im Inneren Südamerikas,* b) *Fluß in Brasilien u. Paraguay.*
Par·a·mar·i·bo [͵pærə'mærɪbəʊ] *Haupt- u. Hafenstadt von Surinam, Südamerika.*
Par·is ['pærɪs] Pa'ris *n.*
Pas·a·de·na [͵pæsə'diːnə] *Stadt in Kalifornien, USA.*
Pas·sa·ma·quod·dy Bay [͵pæsəmə-'kwɒdɪ; *Am.* -'kwɑdɪː] Passama'quoddybucht *f* (*des Atlantischen Ozeans in Kanada u. USA*).
Pat·er·son ['pætə(r)sn] *Stadt in New Jersey, USA.*
Pearl Har·bor [pɜː'lːhɑːbə; *Am.* ͵pɜːl-'hɑːrbər] *Hafen auf der Hawaii-Insel Oahu, Pazifischer Ozean.*
Peck·ham ['pekəm] *Stadtteil von London.*
Pe·cos ['peɪkəs] *Fluß in New Mexico u. Texas, USA.*
Pee·bles(·shire) ['piːblz; '-ʃə(r); '-͵ʃɪə(r)] *Ehemal. Grafschaft im südöstl. Schottland.*
Pe·king [͵piː'kɪŋ] Peking *n.*
Pem·broke ['pembrʊk] a) → Pembrokeshire, b) *Stadt in Dyfed, Wales.*
Pem·broke·shire ['pembrʊkʃə(r); -͵ʃɪə(r)] *Ehemal. Grafschaft im südwestl. Wales.*
Pen·nine Chain [͵penaɪn'tʃeɪn] Pen'ninisches Gebirge (*Nordengland*).
Penn·syl·va·nia [͵pensɪl'veɪnjə; -nɪə] Pennsyl'vanien *n* (*Staat im Osten der USA*).
Pen·rith ['penrɪθ; pen'rɪθ] *Stadt in Cumbria, England.*
Pen·zance [pen'zæns; pən-] *Stadt in Cornwall, England.*
Pe·o·ria [pɪ'ɔːrɪə] *Stadt in Illinois, USA.*
Pe·rak ['peərə; 'pɪərə] *Gliedstaat Malaysias.*
Per·sia ['pɜːʃə; *Am.* 'pɜrʒə] Persien *n.*
Perth [pɜːθ; *Am.* pɜrθ] a) *Hauptstadt des austral. Bundesstaates Westaustralien,* b) → Perthshire, c) *Stadt in Central Region, Schottland.*
Perth·shire ['pɜːθʃə(r); -͵ʃɪə(r); *Am.* 'pɜrθ-] *Ehemal. Grafschaft in Mittelschottland.*
Pe·ru [pə'ruː] *Republik im nordwestl. Südamerika.*
Pe·ter·bor·ough ['piːtə(r)brə; -bərə; -bʌrə; *Am. bes.* ͵-bərə] *Stadt in Cambridgeshire, England.*
Pe·ter·bor·ough, Soke of [͵səʊkəv-'piːtə(r)brə; -bərə; -bʌrə; *Am. bes.* ͵-bərə] *Ehemal. Verwaltungsbezirk in Northamptonshire, England.*
Phil·a·del·phia [͵fɪlə'delfjə; -fɪə] *Stadt in Pennsylvania, USA.*
Phil·ip·pine Is·lands ['fɪlɪpiːn], **'Phil·ip·pines** [-piːnz] Philip'pinen *pl* (*Inselgruppe im Malaiischen Archipel, Pazifischer Ozean*).
Phnom Penh [͵nɒm'pen; *Am. a.* ͵nɑm-] → Pnompenh.
Phoe·nix ['fiːnɪks] *Hauptstadt von Arizona, USA.*
Pic·ca·dil·ly [͵pɪkə'dɪlɪ] *Straße in London.*
Pied·mont ['piːdmɒnt; -mɒnt; *Am.* ͵mɒnt] a) Pie'mont *n* (*Landschaft in Oberitalien,* b) *Landschaft im Osten der USA.*
Pierre [pɪə(r)] *Hauptstadt von South Dakota, USA.*
Pie·ter·mar·itz·burg [͵piːtə(r)-'mærɪtsbɜːɡ; *Am.* ͵-bɜrɡ] *Hauptstadt der Provinz Natal, Südafrika.*
Pim·li·co ['pɪmlɪkəʊ] *Stadtteil von London.*
Pit·cairn Is·land [pɪt'keə(r)n; 'pɪtk-] *Insel im südl. Pazifik.*
Pitch Lake [pɪtʃ] As'phaltsee *m* (*auf Trinidad, Westindien*).
Pitts·burgh ['pɪtsbɜːɡ; *Am.* ͵-bɜrɡ] *Stadt in Pennsylvania, USA.*
Plais·tow ['plæstəʊ; 'plɑː-] *Stadtteil von London.*
Platte [plæt] *Nebenfluß des Missouri in Nebraska, USA.*
Plym·outh ['plɪməθ] a) *Hafenstadt in Devonshire, England,* b) *Stadt in Massachusetts, USA. Erste ständige europ. Siedlung in New England.*
Pnom·penh, Pnom-Penh [͵nɒm'pen; *Am. a.* ͵nɑm-] Pnom'penh *n* (*Hauptstadt von Kambodscha*).
Po [pəʊ] *Fluß in Norditalien.*
Po·land ['pəʊlənd] Polen *n.*
Pol·y·ne·sia [͵pɒlɪ'niːzjə; -ʒjə; *bes. Am.* -ʒə; -ʃə; *Am.* ͵pɑlə-] Poly'nesien *n* (*Inselgruppe des östl. Ozeaniens, Pazifischer Ozean.*
Pom·er·a·nia [͵pɒmə'reɪnjə; -nɪə; *Am.* ͵pɑ-] Pommern *n.*
Po·mo·na [pəʊ'məʊnə; pə'm-] → Mainland b.
Pon·ce ['pɒnsɪ; *Am.* -seɪ] *Hafenstadt auf der Insel Puerto Rico, Westindien.*
Pon·te·fract ['pɒntɪfrækt] *Stadt in West Yorkshire, England.*
Pon·ti·ac ['pɒntɪæk; *Am.* 'pɑ-] *Stadt in Michigan, USA.*
Pon·ty·pool [͵pɒntɪ'puːl; *Am.* ͵pɑntə-] *Stadt in Gwent, Wales.*
Pon·ty·pridd [͵pɒntɪ'priːð; *Am.* ͵pɑntə-] *Stadt in Mid Glamorgan, Wales.*
Poole [puːl] *Stadt an der Küste von Dorsetshire, England.*
Pop·lar ['pɒplə; *Am.* 'pɑplər] *Stadtteil von London.*
Por·ta·down [͵pɔː(r)tə'daʊn] *Stadt in Armagh, Nordirland.*
Port-au-Prince [͵pɔː(r)təʊ'prɪns] *Haupt- u. Hafenstadt von Haiti.*
Port·land ['pɔː(r)tlənd] a) *Hafenstadt in Oregon, USA,* b) *Hafenstadt in Maine, USA.*
Ports·mouth ['pɔː(r)tsməθ] *Hafenstadt in Hampshire, England.*
Port Tal·bot [͵pɔː(r)t'tɔːlbət; ͵-tæl-] *Hafenstadt in West Glamorgan, Wales. Stahlwerk.*
Por·tu·gal ['pɔːtjʊɡl; -tʃʊɡl; *Am.* 'pɔːr-tʃɪɡəl] Portugal *n.*
Po·to·mac [pə'təʊmək] *Fluß im Osten der USA.*
Pow·ys ['pəʊɪs; 'paʊɪs] *Grafschaft im östl. Wales.*
Prague [prɑːɡ] Prag *n.*
Pres·ton ['prestən] *Haupt- u. Hafenstadt von Lancashire, England.*
Prest·wich ['prestwɪtʃ] *Stadt in Greater Manchester, England.*
Pre·to·ria [prɪ'tɔːrɪə] *Verwaltungshauptstadt der Südafrik. Republik.*
Prib·i·lof Is·lands ['prɪbɪlɒf; *Am.* -bə͵lɔːf] Pribylow-Inseln *pl* (*Alaska, USA*).
Prince Ed·ward Is·land [͵prɪns'ed-wə(r)d] *Kanad. Insel u. Provinz im St.-Lorenz-Golf.*
Prince·ton ['prɪnstən] *Universitätsstadt in New Jersey, USA.*

Prov·i·dence ['prɒvɪdəns; *Am.* 'prɑ-; *a.* -ˌdens] *Hauptstadt von Rhode Island, USA.*
Prus·sia ['prʌʃə] *hist.* Preußen *n.*
Pud·sey ['pʌdzɪ] *Stadt in West Yorkshire, England.*
Puer·to Ri·co [ˌpwɜːtəʊ'riːkəʊ; ˌpweətəʊ-; *Am.* ˌpɔːrtə'r-, ˌpwertə'r-] *Kleinste Insel der Großen Antillen, Westindien.*
Pu·get Sound ['pjuːdʒɪt] *Pugetsund m (Bucht des Pazifischen Ozeans im Staate Washington, USA).*
Pun·jab [ˌpʌn'dʒɑːb; 'pʌndʒɑːb] *Pan-* 'dschab *n (Landschaft im nordwestl. Indien).*
Pyong·yang [ˌpjɒŋ'jæŋ; *Am.* piː'ɔːŋˌjɑːŋ; -ˌjæŋ] *Pjöng'jang n (Hauptstadt von Nordkorea).*
Pyr·e·nees [ˌpɪrə'niːz; *Am.* '-ˌniːz] *Pyre-* 'näen *pl.*

Q

Qa·tar [kæ'tɑː:; *Am.* 'kɑːtər; 'gɑː-] *Staat u. Halbinsel Arabiens im Pers. Golf.*
Que·bec [kwɪ'bek], *(Fr.)* **Qué·bec** [keɪ'bek; kebək] a) *Provinz Kanadas*, b) *Hauptstadt von* a.
Queens [kwiːnz] *Stadtteil von New York.*
Queens·land ['kwiːnzlænd; -lænd] *Austral. Bundesstaat.*
Qui·to ['kiːtəʊ] *Hauptstadt der Republik Ecuador.*

R

Ra·bat [rə'bɑːt] *Hauptstadt von Marokko.*
Rad·cliffe ['rædklɪf] *Stadt in Greater Manchester, England.*
Rad·nor(·shire) ['rædnə(r); '-ʃə(r); '-ˌʃɪə(r)] *Ehemal. Grafschaft in Wales.*
Ra·leigh ['rɔːlɪ; 'rɑːlɪ] *Hauptstadt von North Carolina, USA.*
Rams·gate ['ræmzgɪt; -geɪt] *Hafenstadt u. Seebad in Kent, England.*
Range·ley Lakes ['reɪndʒlɪ] *Seengruppe in Maine, USA.*
Ran·goon [ræŋ'guːn] *Ran'gun n (Hauptstadt von Birma).*
Read·ing ['redɪŋ] a) *Hauptstadt von Berkshire, England*, b) *Stadt in Pennsylvania, USA.*
Red·bridge ['redbrɪdʒ] *Nordöstl. Stadtbezirk Groß-Londons.*
Re·gi·na [rɪ'dʒaɪnə] *Hauptstadt von Saskatchewan, Kanada.*
Rei·gate ['reɪgɪt; -geɪt] *Stadt in Surrey, England.*
Ren·frew(·shire) ['renfruː:; '-ʃə(r); '-ˌʃɪə(r)] *Ehemal. Grafschaft im Südwesten Schottlands.*
Re·no ['riːnəʊ] *Stadt in Nevada, USA.*
Re·val ['reɪvɑːl] → *Tallin(n).*
Rey·kja·vik ['reɪkjəviːk; -vɪk] *Hauptstadt von Island.*
Rhine [raɪn] *Rhein m.*
Rhine·land ['raɪnlænd; -lənd] *Rheinland n.*
Rhine Pa·lat·i·nate [ˌraɪnpə'lætɪnət; -tnət] *hist.* Rheinpfalz *f.*

Rhode Is·land [ˌrəʊd'aɪlənd] *Staat im Osten der USA.*
Rhodes [rəʊdz] *Rhodos n (griech. Insel im Südosten des Ägäischen Meeres).*
Rho·de·sia [rəʊ'diːzjə; -ʒɪə; -ʒə; -ʃə] *Rho'desien n (bis 1980 Name für Zimbabwe).*
Rhon·dda ['rɒndə; *Am.* 'rɑn-] *Stadt in Mid Glamorgan, Wales.*
Rhone [rəʊn] *Fluß in Südfrankreich.*
Rich·mond ['rɪtʃmənd] a) → Rich**mond-upon-Thames**, b) *Hauptstadt von Virginia, USA*, c) *Stadtbezirk von New York*, d) *Stadt in Kalifornien, USA.*
Rich·mond-upon-Thames ['rɪtʃməndəˌpɒn'temz] *Südwestl. Stadtbezirk Groß-Londons.*
Rick·mans·worth ['rɪkmənzwɜːθ; *Am.* -ˌwɜːrθ] *Stadt in Hertfordshire, England.*
Ri·o de Ja·nei·ro [ˌriːəʊdədʒə'nɪərəʊ; -deɪ-; *Am. bes.* -ʒə'neərəʊ] a) *Staat im südöstl. Brasilien*, b) *Haupt- u. Hafenstadt von* a.
Ri·o Grande [ˌriːəʊ'grændɪ; -'grænd] *Fluß im Süden der USA.*
Rip·ley ['rɪplɪ] *Stadt in Derbyshire, England.*
Ri·pon ['rɪpən] *Stadt in North Yorkshire, England.*
Riv·i·era [ˌrɪvɪ'eərə] *Teil der franz. u. ital. Mittelmeerküste.*
Ro·a·noke ['rəʊənəʊk] a) *Stadt in Virginia, USA*, b) *Fluß in Virginia u. North Carolina, USA.*
Rob·ben Is·land ['rɒbən; *Am.* 'rɑ-] *Insel vor der Südspitze Afrikas.*
Roch·dale ['rɒtʃdeɪl; *Am.* 'rɑ-] *Stadt in Lancashire, England.*
Roch·es·ter ['rɒtʃɪstə; *Am.* 'rɑtʃəstər] a) *Stadt in Kent, England*, b) *Stadt im Staate New York, USA.*
Rock·ford ['rɒkfəd; *Am.* 'rɑkfərd] *Stadt in Illinois, USA.*
Rock·ies ['rɒkɪz; *Am.* 'rɑ-] → **Rocky Mountains**.
Rock·y Moun·tains [ˌrɒkɪ'maʊntɪnz; *Am.* ˌrɑkɪ'maʊntnz] *Gebirge im Westen der USA.*
Ro·ma·nia [ruː'meɪnjə; -nɪə; rʊ-; *bes. Am.* rəʊ-] a) *Ru'mänien n*, b) [rəʊ-] *das Röm. Reich.*
Rome [rəʊm] *Rom n.*
Rom·ford ['rɒmfəd; *Am.* 'rɑmfərd] *Stadtteil von London.*
Ros·com·mon [rɒs'kɒmən; *Am.* rɑ-'skɑ-] *Grafschaft in Mittelirland.*
Ross and Crom·ar·ty [ˌrɒsən'krɒmə(r)tɪ; *Am.* -'krɑ-] *Ehemal. Grafschaft im nördl. Schottland.*
Roth·er·ham ['rɒðərəm; *Am.* 'rɑ-] *Stadt in South Yorkshire, England.*
Rox·burgh(·shire) ['rɒksbərə; -brə; *Am.* 'rɑksˌbɜːrə; '-ʃə(r); '-ˌʃɪə(r)] *Ehemal. Grafschaft im südöstl. Schottland.*
Ru·an·da-U·run·di [ruˌændəʊ'rʊndɪ; *Am.* ruˌɑndəʊ'ruːndɪ:] *(bis 1982 unter Treuhandverwaltung der UN, danach geteilt in* → **Rwanda** *u.* → **Burundi**).
Rug·by ['rʌgbɪ] *Stadt in Warwickshire, England.*
Ruge·ley ['ruːdʒlɪ] *Stadt in Staffordshire, England.*
Ru·ma·nia [ruː'meɪnjə; -nɪə; rʊ-] → **Romania** a.
Run·corn ['rʌŋkɔː(r)n] *Hafen- u. Industriestadt in Cheshire, England.*
Run·ny·mede ['rʌnɪmiːd] *Wiesenfläche an der Themse bei Windsor. Magna Charta 1215.*
Rush·worth ['rʌʃwɜːθ; *Am.* -ˌwɜːrθ] *Stadt im austral. Bundesstaat Victoria.*
Rus·sia ['rʌʃə] *Rußland n.*
Rut·land(·shire) ['rʌtlənd; '-ʃə(r); '-ˌʃɪə(r)] *Ehemal. Grafschaft in Mittelengland.*

Rwan·da [rʊ'ændə; *Am.* -'ɑn-] *Ru'anda n (Republik in Zentralafrika).*
Ryde [raɪd] *Stadt auf der Insel Wight, im Ärmelkanal.*
Rush·more, Mount ['rʌʃmɔː(r)] *Berg in Süd-Dakota, USA. Nationaldenkmal mit den aus Stein gehauenen Gesichtern von Washington, Lincoln, Jefferson, Roosevelt.*
Rye [raɪ] *Stadt in East Sussex, England.*
Ryu·kyu Is·lands [rɪ'uːkjuː] *Ri'ukiu-Inseln pl (im westl. Pazifischen Ozean).*

S

Sa·bah ['sɑːbɑː:; -bə] *Gliedstaat Malaysias.*
Sa·ble, Cape ['seɪbl] *Kap n* Sable: a) *Kap an der Südwestspitze Neuschottlands, Kanada*, b) *Kap an der Südspitze Floridas, USA.*
Sac·ra·men·to [ˌsækrə'mentəʊ] a) *Hauptstadt von Kalifornien, USA*, b) *Fluß im Norden Kaliforniens, USA.*
Sa·ha·ra [sə'hɑːrə; *Am. a.* -'hærə; -'heərə] *Wüste in Nordafrika.*
Sai·gon [saɪ'gɒn; *Am.* -'gɑn; *a.* 'saɪˌgɑn] → **Ho Chi Minh City**.
Saint Al·bans [snt'ɔːlbənz; *Am. bes.* seɪnt-] *Stadt in Hertfordshire, England.*
Saint An·drews [snt'ændruːz; *Am. bes.* seɪnt-] *Stadt in Fife, Schottland.*
Saint Aus·tell [snt'ɔːstl; *Am. bes.* seɪnt-] *Stadt in Cornwall, England.*
Saint He·le·na [ˌsentɪ'liːnə; *Am.* ˌseɪntl'iːnə; -ə'liːnə] *Sankt Helena n (Insel im südl. Atlantischen Ozean).*
Saint Hel·ens [snt'helɪnz; *Am. bes.* seɪnt-] *Stadt in Merseyside, England.*
Saint John's [snt'dʒɒnz; *Am.* seɪnt-'dʒɑnz] *Hauptstadt von Neufundland, Kanada.*
Saint Law·rence [snt'lɒrəns; *Am.* seɪnt'lɔːrəns; -'lɑːr-] *Sankt-Lorenz-Strom m (Nordamerika).*
Saint Lou·is [snt'luːɪs; *Am. bes.* seɪnt'luːəs] a) *Stadt in Missouri, USA*, b) *Fluß in Minnesota, USA.*
Saint Mar·y·le·bone [snt'mærələbən; *Am. bes.* seɪnt-] *Stadtteil von London.*
Saint Pan·cras [snt'pæŋkrəs; *Am. bes.* seɪnt-] *Stadtteil von London.*
Saint Paul [snt'pɔːl; *Am. bes.* seɪnt-] *Hauptstadt von Minnesota, USA.*
Sa·lem ['seɪləm; -ləm] a) *Stadt in Massachusetts, USA*, b) *Hauptstadt von Oregon, USA*, c) *Stadt im südl. Indien.*
Sal·ford ['sɔːlfə(r)d] *Stadt in Greater Manchester, England.*
Salis·bury ['sɔːlzbərɪ; -brɪ; *Am. bes.* -ˌberiː] a) *Stadt in Wiltshire, England*, b) → **Harare**.
Sal·op ['sæləp] *Grafschaft in Westengland.*
Salt Lake City [ˌsɔːltleɪk'sɪtɪ] *Hauptstadt von Utah, USA.*
Sa·moa (Is·lands) [sə'məʊə] *Sa'moa-Inseln pl (Inselgruppe im Pazifischen Ozean).*
Sa·mos ['seɪmɒs; *Am.* -ˌmɑs] *Griech. Insel.*
San An·to·nio [ˌsænæn'təʊnɪəʊ; -ən't-] *Stadt in Texas, USA.*
San Ber·nar·di·no [ˌsænˌbɜːnə'diːnəʊ; *Am.* -ˌbɜrnər'd-; ˌbɜrnə'd-] *Stadt in Kalifornien, USA.*
Sand·hurst ['sændhɜːst; *Am.* -ˌhɜrst] *Ort in Berkshire, England. Militärakademie.*

San Diego – South Shields

San Di·e·go [ˌsændɪ'eɪgəʊ] *Hafenstadt in Kalifornien, USA.*
San·down ['sændaʊn] *Stadt auf der Insel Wight, im Ärmelkanal.*
San·dring·ham ['sændrɪŋəm] *Dorf in Norfolk, England. Zeitweilig königliche Residenz.*
Sand·wich ['sænwɪtʃ; -nd-] *Stadt in Kent, England.*
Sand·wich Is·lands ['sænwɪtʃ; -nd-] *hist. für Hawaiian Islands.*
Sandy Hook [ˌsændɪ'hʊk] *Landzunge an der Einfahrt in den Hafen von New York.*
San Fran·cis·co [ˌsænfrən'sɪskəʊ] *Hafenstadt in Kalifornien, USA.*
San Jo·sé [ˌsænhəʊ'zeɪ; Am. bes. ˌsænə'zeɪ] a) *Stadt in Kalifornien, USA,* b) *Hauptstadt der Republik Costa Rica.*
San Juan [sæn'hwɑːn; -'wɑːn] *Hauptstadt von Puerto Rico, Westindien.*
San Ma·ri·no [ˌsænmə'riːnəʊ] *Republik auf der Apenninenhalbinsel.*
San Sal·va·dor [sæn'sælvədɔː(r)] a) *Hauptstadt der Republik El Salvador,* b) *eine der Bahama-Inseln.*
San·ta Bar·ba·ra Is·lands [ˌsæntə'bɑː(r)bərə; -brə] *Santa-Barbara-Inseln pl (vor der Südwestküste Kaliforniens, USA).*
San·ta Fé [ˌsæntə'feɪ] *Hauptstadt von New Mexico, USA.*
San·ta Mon·i·ca [ˌsæntə'mɒnɪkə; Am. -'mɑ-] *Stadt in Kalifornien, USA.*
San·ti·a·go de Chi·le [ˌsæntɪ'ɑːgəʊdə-'tʃlɪ] *Hauptstadt von Chile.*
San·to Do·min·go [ˌsæntəʊdə'mɪŋgəʊ] *Hauptstadt der Dominikanischen Republik.*
Saor·stat Eir·eann [ˌseəstɑː't'eərən] *(Gaelic)* → **Ireland.**
Sa·ra·wak [sə'rɑːwək; -wæk; Am. a. -wɑːk] *Gliedstaat Malaysias.*
Sar·din·ia [sɑː(r)'dɪnjə; -nɪə] *Sar'dinien n:* a) *Ital. Insel im Mittelmeer,* b) *hist. Königreich (Insel Sardinien u. Piemont-Savoyen).*
Sas·katch·e·wan [səs'kætʃɪwɒn; sæs-] a) *Fluß in Kanada,* b) *Provinz im westl. Kanada.*
Sau·di A·ra·bia [ˌsaʊdɪə'reɪbɪə; ˌsɔːdɪ-] *Saudi-A'rabien n (Königreich in Nord- u. Mittelarabien).*
Sault Sainte Ma·rie Ca·nals [ˌsuːseɪntmə'riː] *Drei schiffbare Kanäle zwischen Oberem See u. Huronsee, USA u. Kanada.*
Sa·van·nah [sə'vænə] a) *Stadt in Georgia, USA,* b) *Fluß zwischen Georgia u. South Carolina, USA.*
Sax·o·ny ['sæksnɪ; -sənɪ] *Sachsen n.*
Sca·fell Pike [ˌskɔː'fel; 'skɔːfel] *Höchster Berg Englands, in Cumbria.*
Scan·di·na·via [ˌskændɪ'neɪvjə; -vɪə] *Skandi'navien n.*
Scar·bor·ough ['skɑː(r)brə; -bərə; Am. bes. -ˌbərə] *Stadt in North Yorkshire, England.*
Scheldt [skelt], *(Dutch)* **Schel·de** ['skeldə; 'sxeldə] *Schelde f (Hauptfluß in Mittelbelgien).*
Scil·ly Isles ['sɪlɪ] *Scilly-Inseln pl (vor der Südwestspitze Englands).*
Scone [skuːn] *hist. Krönungsort der schott. Könige nahe Perth.*
Sco·tia ['skəʊʃə] *(Lat.) hist. für* **Scotland.**
Scot·land ['skɒtlənd; Am. 'skɑt-] *Schottland n.*
Scran·ton ['skræntn; -tən] *Stadt in Pennsylvania, USA.*
Scun·thorpe ['skʌnθɔː(r)p] *Stadt in Humberside, England.*
Sea·ford ['siːfə(r)d; -fɔː(r)d] *Stadt in East Sussex, England.*
Se·at·tle [sɪ'ætl] *Hafenstadt im Staat Washington, USA.*

Sedge·mor ['sedʒˌmʊə(r); -mɔː(r)] *Ebene in Somerset, England. Schlacht 1685.*
Seine [seɪn] *Fluß in Nordfrankreich.*
Se·lang·or [sə'læŋə(r); -ŋɔː(r)] *Gliedstaat Malaysias.*
Sel·by ['selbɪ] *Stadt in North Yorkshire, England.*
Sel·kirk ['selkɜːk; Am. -ˌkɜrk] a) → **Selkirkshire,** b) *Stadt in Borders Region, Schottland.*
Sel·kirk·shire ['selkɜːkʃə(r); -ˌʃɪə(r); Am. -ˌkɜrk-] *Ehemal. Grafschaft im südöstl. Schottland.*
Sen·e·ca Lake ['senɪkə] *Seneca-See m (im Staat New York, USA).*
Sen·e·gal [ˌsenɪ'gɔːl] a) *Fluß im nordwestl. Afrika,* b) *Republik in Westafrika.*
Seoul [səʊl] *Se'oul n, Sö'ul n (Hauptstadt von Südkorea).*
Se·quoia Na·tion·al Park [sɪ'kwɔɪə] *Naturschutzpark in Mittelkalifornien, USA.*
Ser·bia ['sɜːbjə; -bɪə; Am. 'sɜrbɪə] *Serbien n (Volksrepublik im östl. Jugoslawien).*
Sev·en·oaks ['sevnəʊks] *Stadt in Kent, England.*
Sev·ern ['sevə(r)n] *Fluß in Wales u. Westengland.*
Sew·ard Pen·in·su·la ['sjuːə(r)d; 'suː-] *Seward-Halbinsel f (Alaska, USA).*
Sey·chelles [seɪ'ʃelz; -'ʃel] *Sey'chellen pl (Inselgruppe und Republik im westl. Ind. Ozean).*
Sha·ba [ˈʃɑːbə] *Provinz im südöstl. Zaire (früher Katanga).*
Shaftes·bury ['ʃɑːftsbərɪ; -brɪ; Am. bes. 'ʃæftsˌberɪ] *Stadt in Dorsetshire, England.*
Shan·non ['ʃænən] a) *Größter Fluß Irlands,* b) *Flughafen in Clare, Irland.*
Shatt-al-Ar·ab [ˌʃætæl'ærəb] *Fluß im südöstl. Irak.*
Sheer·ness [ˌʃɪə(r)'nes] *Stadt in Kent, England.*
Shef·field [ˈʃefiːld] *Industriestadt in South Yorkshire, England.*
Sher·borne ['ʃɜːbən; Am. 'ʃɜrbərn] *Stadt in Dorsetshire, England.*
Shet·land (Is·lands) ['ʃetlənd] *Shetland-Inseln pl (vor der Nordküste Schottlands).*
Shore·ditch ['ʃɔː(r)dɪtʃ] *Stadtteil von London.*
Shore·ham-by-Sea [ˌʃɔːrəmbaɪ'siː] *Stadt in West Sussex, England.*
Shreve·port ['ʃriːvpɔː(r)t] *Stadt in Louisiana, USA.*
Shrews·bury ['ʃrəʊzbərɪ; -brɪ; 'ʃruːz-; Am. bes. 'ʃruːzˌberɪ] *Hauptstadt von Salop, England.*
Shrop·shire ['ʃrɒpʃə(r); -ˌʃɪə(r); Am. 'ʃrɑp-] *Ehemal. Grafschaft in Westengland.*
Si·am [ˌsaɪ'æm; 'saɪæm] → **Thailand.**
Si·be·ria [saɪ'bɪərɪə] *Si'birien n.*
Sic·i·ly ['sɪsɪlɪ; Am. a. 'sɪslɪ] *Si'zilien n.*
Sid·cup ['sɪdkəp] → **Chislehurst and Sidcup.**
Sid·mouth ['sɪdməθ] *Stadt in Devonshire, England.*
Si·er·ra Le·o·ne [sɪˌerəl'ɪəʊn; -nɪ; ˌsɪərə-] *Republik in Westafrika.*
Si·er·ra Ne·va·da [sɪˌerən'vɑːdə; ˌsɪərə-; Am. a. -nə'væ-] a) *Hochgebirge in Kalifornien, USA,* b) *Hauptzug des Andalusischen Berglandes, Südspanien.*
Sik·kim ['sɪkɪm] *Ind. Bundesstaat im östl. Himalaja.*
Si·le·sia [saɪ'liːzjə; bes. Am. -ʒɪə; -ʃɪə; -ʒə; -ʃə] *Schlesien n.*
Si·nai ['saɪnɪaɪ; -naɪ] *Halbinsel im Norden des Roten Meeres, Ägypten.*
Sin·ga·pore [ˌsɪŋgə'pɔː(r); ˌsɪŋə-; Am. -ˌpɔːr] *Singapur n:* a) *Insel südlich von Malakka;* b) *Republik, b) Hauptstadt von a.*

Sin·gle·ton ['sɪŋgltən] *Stadt im austral. Bundesstaat Neusüdwales.*
Skag·er·rak ['skægəræk] *Teil der Nordsee zwischen Norwegen u. Dänemark.*
Skaw, the [skɔː] *Kap n Skagen (nördlichster Punkt Dänemarks).*
Skeg·ness [ˌskeg'nes; 'skegnes] *Stadt in Lincolnshire, England.*
Skid·daw ['skɪdɔː] *Berg in Cumbria, England.*
Skye [skaɪ] *Größte Insel der Inneren Hebriden, Schottland.*
Sli·go ['slaɪgəʊ] a) *Grafschaft im nordwestl. Irland,* b) *Hauptstadt von a.*
Slough [slaʊ] *Stadt in Berkshire, England.*
Slo·va·kia [sləʊ'vækɪə; -'vɑː-] *Slowa'kei f (östl. Teil der Tschechoslowakei).*
Slo·ve·nia [sləʊ'viːnjə; -nɪə] *Slo'wenien n (Landschaft im Nordwesten Jugoslawiens).*
Snae·fell [sneɪ'fel] *Berg auf der Insel Man in der Irischen See.*
Snow·don ['snəʊdn] *Berg im nördl. Wales.*
So·ci·e·ty Is·lands [sə'saɪətɪ] *Gesellschafts-Inseln pl (südl. Pazifischer Ozean).*
So·fia ['səʊfjə; -fɪə] *Hauptstadt von Bulgarien.*
So·lent, the ['səʊlənt] *Kanal zwischen der engl. Insel Wight u. der Küste von Hampshire, England.*
Sol·o·mon Is·lands ['sɒləmən; Am. 'sɑ-] *Salomoninseln pl (Inselstaat nordöstl. von Australien).*
Sol·way Firth ['sɒlweɪ; Am. 'sɑl-] *Meeresbucht der Irischen See.*
So·ma·lia [səʊ'mɑːlɪə; -ljə; sə'm-] *Republik in Ostafrika.*
Som·er·set(·shire) ['sʌmə(r)sɪt; -set; -ˌʃə(r); -ˌʃɪə(r)] *Grafschaft im südwestl. England.*
Som·er·ville ['sʌmə(r)vɪl] *Stadt in Massachusetts, USA.*
Soo Ca·nals [suː] → **Sault Sainte Marie Canals.**
Sound, the [saʊnd] *Sund m (Meerenge zwischen Dänemark u. Schweden).*
Sou·ter Head [ˌsuːtə(r)'hed] *Landspitze an der Küste des östl. Mittelschottlands.*
South Af·ri·ca, Re·pub·lic of [ˌsaʊθ'æfrɪkə] *Repu'blik f.*
South·all ['saʊθɔːl] *Stadtteil von London.*
South·amp·ton [saʊθ'æmptən; -'æmtən; -'hæ-] *Hafen in Hampshire, England.*
South Aus·tra·lia [ɒ'streɪljə; -lɪə; Am. ɔː'st-; ɑː'st-] *Südau'stralien n (austral. Bundesstaat).*
South Bend [ˌsaʊθ'bend] *Stadt in Indiana, USA.*
South Car·o·li·na [ˌkærə'laɪnə] *Staat im Südosten der USA.*
South Da·ko·ta [də'kəʊtə] *Nordwestl. Mittelstaat der USA.*
South Downs [ˌsaʊθ'daʊnz] *Hügelkette im südl. England, von Dorset bis Sussex.*
South·end on Sea [ˌsaʊθendɒn'siː] *Stadt in Essex, England.*
South·ern Alps [ˌsʌðə(r)n'ælps] *Neu'seeländische Alpen pl (Gebirgskette auf Neuseeland).*
South·ern Yem·en ['jemən] *Südjemen m (Volksrepublik im südwestl. Arabien).*
South Gla·mor·gan [glə'mɔː(r)gən] *Grafschaft im südl. Wales.*
South·port ['saʊθpɔː(r)t] *Stadt in Merseyside, England.*
South Sea Is·lands *Südsee-Inseln pl, Oze'anien n.*
South Seas *Die Gewässer der südl. Hemisphäre, bes. der südl. Pazifische Ozean.*
South Shields [ˌsaʊθ'ʃiːldz] *Stadt in*

Tyne and Wear, England.
South·wark ['sʌðə(r)k; 'saʊθwə(r)k] *Stadtbezirk des inneren Verwaltungsgebiets Groß-Londons.*
South·wick ['saʊθwɪk] *Stadt in Sussex, England.*
South York·shire ['jɔː(r)kʃə(r); -ˌʃɪə(r)] *Grafschaft in Nordengland.*
So·vi·et Un·ion [ˌsəʊvɪət'juːnjən; ˌsɒv-; *Am.* ˌsəʊvɪet-; ˌsʌv-] Soˈwjetuniˌon *f.*
Spa [spaː] *Badeort in Belgien.*
Spain [speɪn] *Spanien n.*
Spal·ding ['spɔːldɪŋ] *Stadt in Lincolnshire, England.*
Spen·bor·ough ['spenbərə; -brə; *Am. bes.* -ˌbɜrə] *Stadt in West Yorkshire, England.*
Spit·head [ˌspɪt'hed; 'spɪthed] *Meeresarm zwischen der engl. Insel Wight u. der Küste von Hampshire, England.*
Spo·kane [spəʊ'kæn] a) *Stadt im Staate Washington, USA,* b) *Nebenfluß des Columbia im Staate Washington, USA.*
Spring·field ['sprɪŋfiːld] a) *Stadt im südwestl. Massachusetts, USA,* b) *Hauptstadt von Illinois, USA.*
Sri Lan·ka [ˌsriː'læŋkə; *Am.* -'lɑŋkə] *Republik auf Ceylon.*
Staf·fa ['stæfə] *Insel der Inneren Hebriden, Schottland.*
Staf·ford ['stæfə(r)d] a) → Staffordshire, b) *Hauptstadt von Staffordshire.*
Staf·ford·shire ['stæfə(r)dʃə(r); -ˌʃɪə(r)] *Grafschaft im Westen Mittelenglands.*
Staines [steɪnz] *Stadt in Surrey, England.*
Staked Plain [ˌsteɪkt'pleɪn] → Llano Estacado.
Sta·ly·bridge ['steɪlɪbrɪdʒ] *Industriestadt in Greater Manchester.*
Stam·boul [stæm'buːl] Stambul *n (Kurzform für* Istanbul*).*
Stam·ford ['stæmfə(r)d] *Stadt in Connecticut, USA.*
Stam·ford Bridge [ˌstæmfə(r)d'brɪdʒ] *Ort östl. von York. Schlacht 1066.*
Stan·ley ['stænlɪ] *Stadt in Durham, England.*
Stat·en Is·land [ˌstætn'aɪlənd] *Insel u. Stadtteil von New York.*
States of the Church [ˌsteɪtsəvðə'tʃɜːtʃ; *Am.* -'tʃɜrtʃ] *hist.* Kirchenstaat *m (Staatsgebiet unter päpstlicher Oberhoheit).*
Step·ney ['stepnɪ] *Stadtteil von London.*
Ste·ven·age ['stiːvnɪdʒ] *Stadt in Hertfordshire, England.*
Stir·ling ['stɜːlɪŋ; *Am.* 'stɜr-] a) → Stirlingshire, b) *Hauptstadt der Central Region, Schottland.*
Stir·ling·shire ['stɜːlɪŋʃə(r); -ˌʃɪə(r); *Am.* 'stɜr-] *Ehemal. Grafschaft in Mittelschottland.*
Stock·holm ['stɒkhəʊm; *Am.* 'stɑk-; a. -ˌhəʊlm] Stockholm *n.*
Stock·port ['stɒkpɔː(r)t; *Am.* 'stɑk-] *Stadt in Greater Manchester, England.*
Stock·ton-on-Tees [ˌstɒktənɒn'tiːz; *Am.* ˌstɑk-] *Stadt in Cleveland, England.*
Stoke New·ing·ton [ˌstəʊk'njuːɪŋtən; *Am. bes.* -'nuː-] *Stadtteil von London.*
Stoke-on-Trent [ˌstəʊkɒn'trent] *Stadt in Staffordshire, England.*
Stone·henge [ˌstəʊn'hendʒ; 'stəʊnhendʒ] *Vorgeschichtliches, vermutlich sakrales Bauwerk nördl. von Salisbury in Wiltshire, England.*
Stor·no·way ['stɔː(r)nəweɪ] *Hafen auf Lewis. Verwaltungszentrum der Western Isles.*
Stour·bridge ['staʊə(r)brɪdʒ] *Stadt in West Midlands, England.*
Stra·bane [strə'bæn] *Stadt in Tyrone, Nordirland.*
Stran·raer [stræn'rɑː(r)] *Stadt in Dumfries and Galloway, Schottland.*

Strat·ford-on-A·von [ˌstrætfə(r)dɒn-'eɪvn] *Stadt in Warwickshire, England. Geburtsort Shakespeares.*
Strath·clyde [stræθ'klaɪd] *Verwaltungsregion Westschottlands.*
Stroud [straʊd] *Stadt in Gloucestershire, England.*
Styr·ia ['stɪrɪə] Steiermark *f (Land im südöstl. Österreich).*
Su·dan [suː'dɑːn; -'dæn] a) *Landschaft im nördl. Afrika,* b) *Republik in Ostafrika,* c) → Mali.
Su·ez Ca·nal [ˌsʊɪzkə'næl; ˌsuːɪz-; *Am. bes.* suːˌez-; ˌsuːez-] 'Suezkaˌnal *m (Ägypten).*
Suf·folk ['sʌfək] *Grafschaft im Osten Englands.*
Su·ma·tra [sʊ'mɑːtrə] *Insel des Malaiischen Archipels, Indonesien.*
Sun·bury-on-Thames [ˌsʌnbərɪɒn-'temz; -brɪ-; *Am. bes.* ˌsʌnberɪ-] *Stadt in Surrey, England.*
Sun·da Isles ['sʌndə; *Am. a.* 'suːndə] Sunda-Inseln *pl (Malaiischer Archipel, Indonesien).*
Sun·der·land ['sʌndə(r)lənd] *Hafenstadt in Tyne and Wear, England.*
Su·pe·ri·or, Lake [suː'pɪərɪə; sjuː-; *Am.* suː'pɪrɪər] Oberer See *(der westlichste der Großen Seen, Nordamerika).*
Su·ri·nam [ˌsʊərɪ'næm; *Am.* 'sʊrəˌnæm; ˌsʊrə'nɑːm] Suriˈnam *n (Republik im Nordosten Südamerikas).*
Sur·rey ['sʌrɪ; *Am. bes.* 'sɜrɪ] *Grafschaft in Südengland.*
Sus·que·han·na [ˌsʌskwɪ'hænə] *Fluß im Osten der USA.*
Sus·sex ['sʌsɪks] *Ehemal. Grafschaft im Südosten Englands;* → East Sussex, West Sussex.
Suth·er·land(·shire) ['sʌðə(r)lənd; -ʃə(r); -ˌʃɪə(r)] *Ehemal. Grafschaft im Nordwesten Schottlands.*
Sut·ton ['sʌtn] *Südl. Stadtbezirk Groß-Londons.*
Sut·ton Cold·field [ˌsʌtn'kəʊldfiːld] *Stadt in West Midlands, England.*
Sut·ton-in-Ash·field [ˌsʌtnɪn'æʃfiːld] *Stadt in Nottinghamshire, England.*
Swa·bia ['sweɪbjə; -bɪə] Schwaben *n.*
Swan·age ['swɒnɪdʒ; *Am.* 'swɑn-] *Stadt in Dorsetshire, England.*
Swan·sea[1] [ˈswɒnzɪ; *Am.* 'swɑnzɪ-] *Haupt- u. Hafenstadt von West Glamorgan, Wales.*
Swan·sea[2] [ˈswɒnsɪ; *Am.* 'swɑnsɪ-] *Stadt auf Tasmanien, Australien.*
Swa·zi·land ['swɑːzɪlænd] Swasiland *n (konstitutionelle Monarchie im südl. Afrika).*
Swe·den ['swiːdn] Schweden *n.*
Swin·don ['swɪndən] *Stadt in Wiltshire, England.*
Swit·zer·land ['swɪtsə(r)lənd] Schweiz *f.*
Syd·en·ham ['sɪdnəm] *Stadtteil von London.*
Syd·ney ['sɪdnɪ] *Hauptstadt des austral. Bundesstaates Neusüdwales.*
Syr·a·cuse[1] ['saɪərəkjuːz; *Am.* 'sɪrə-ˌkjuːs] Syraˈkus *n (Hafenstadt im südöstl. Sizilien).*
Syr·a·cuse[2] ['sɪrəkjuːs] *Stadt im Staat New York, USA.*
Syr·ia ['sɪrɪə] Syrien *n.*

T

Ta·ble Moun·tain ['teɪbl] Tafelberg *m (Südafrika).*
Ta·co·ma [tə'kəʊmə] *Hafenstadt im Staat Washington, USA.*
Ta·gus ['teɪɡəs] Tajo *m (Fluß in Spanien u. Portugal).*
Ta·hi·ti [tɑː'hiːtɪ; tə'h-] *Größte der Gesellschaftsinseln, Pazifischer Ozean.*
Tai·peh, Tai·pei [ˌtaɪ'peɪ; -'beɪ] *Hauptstadt von Taiwan.*
Tai·wan [ˌtaɪ'wɑːn] *Insel u. Republik vor der südchines. Küste.*
Tal·la·has·see [ˌtælə'hæsɪ] *Hauptstadt von Florida, USA.*
Tal·lin(n) ['tælɪn] Tallin(n) *n (russ. Name für Reval, Haupt- u. Hafenstadt von Estland).*
Tam·pa ['tæmpə] *Hafenstadt in Florida, USA.*
Ta·na·na·rive [ˌtænənə'riːv; *Am.* tə-'nænəˌriːv; tananariv] *(Fr.)* Tananaˈrivo *n (Hauptstadt der Insel Madagaskar).*
Tan·gan·yi·ka [ˌtæŋɡə'njiːkə] Tanga-'njika *n (Teil von Tansania).*
Tan·gier [tæn'dʒɪə(r)] Tanger *n (Hafenstadt im nordwestl. Marokko).*
Tan·za·nia [ˌtænzə'nɪə] Tanˈsania *n (Republik in Ostafrika).*
Tas·ma·nia [tæz'meɪnjə; -nɪə] Tas'manien *n (austral. Insel u. Bundesstaat).*
Tas·man Sea ['tæzmən] Tasman-See *f (Teil des Pazifischen Ozeans zwischen Südostaustralien u. Neuseeland).*
Taun·ton ['tɔːntən; *a.* 'tɑːn-] *Hauptstadt von Somersetshire, England.*
Tav·is·tock ['tævɪstɒk; *Am.* -vəˌstɑk] *Stadt in Devonshire, England.*
Tay [teɪ] *Fluß in Mittelschottland.*
Tay·side (Re·gion) ['teɪsaɪd] *Verwaltungsregion Ostschottlands.*
Tees [tiːz] *Fluß in Nordengland.*
Tees·side ['tiːzsaɪd] *Industrieregion an der Mündung des Tees.*
Te·gu·ci·gal·pa [tɪˌɡuːsɪˈɡælpə] *Hauptstadt von Honduras, Mittelamerika.*
Te·he·ran, Teh·ran [ˌtɪə'rɑːn; ˌtehə-; *Am. bes.* ˌteɪə'ræn] Teheˈran *n (Hauptstadt des Iran).*
Teign·mouth ['tɪnməθ] *Stadt in Devonshire, England.*
Tel A·viv [ˌteləˈviːv] *Stadt in Israel.*
Tel·ford ['telfə(r)d] *Stadt in Salop, England.*
Ten·e·rife, *a.* **Ten·e·riffe** [ˌtenə'riːf] Teneˈriffa *n (größte der Kanarischen Inseln).*
Ten·nes·see [ˌtenə'siː] a) *Südöstl. Mittelstaat der USA,* b) *linker Nebenfluß des Ohio, USA.*
Te·ton Range ['tiːtn; *Am. a.* -ˌtɑn] *Gebirgszug im nördl. Mittelamerika.*
Te·viot ['tiːvjət; -vɪət] *Fluß im südöstl. Schottland.*
Tewkes·bury ['tjuːksbərɪ; -brɪ; *Am. bes.* 'tuːksˌberɪ] *Stadt in Gloucestershire, England.*
Tex·as ['teksəs] *Staat im Süden der USA.*
Thai·land ['taɪlænd; -lənd] *Königreich in Hinterindien.*
Thames[1] [temz] Themse *f (Fluß in Südengland).*
Thames[2] [temz] a) *Fluß in Ontario, Kanada,* b) *Stadt auf der Nordinsel von Neuseeland.*
Than·et, Isle of ['θænɪt] *Nordöstl. Teil der Grafschaft Kent, England.*
The Hague → Hague, The.
The·o·balds ['θɪəbɔːldz] *Straße in London.*
Thread·nee·dle Street [ˌθredˈniːdl; -ˌniːdl] *Straße in der Londoner City mit der Bank of England.*
Thu·rin·gia [θjʊə'rɪndʒɪə; θjʊ'r-; *Am. a.* θʊ'r-] Thüringen *n.*
Thur·rock ['θʌrək; *Am. bes.* 'θɜrək] *Stadt in Essex, England.*
Thurs·day Is·land ['θɜːzdɪ; *Am.* 'θɜrz-diː] *Insel vor der Nordspitze Australiens.*

Ti·ber ['taɪbə(r)] *Fluß in Mittelitalien.*
Ti·bet [tɪ'bet] *Tibet n (Hochland in Zentralasien).*
Ti·ci·no [tɪ'tʃiːnəʊ] *Tes'sin n (südlichster Kanton der Schweiz).*
Tier·ra del Fue·go [tɪˌerədel'fweɪgəʊ; -fʊ'eɪ-] *Feuerland n.*
Ti·gris ['taɪgrɪs] *Strom in Vorderasien.*
Til·bury ['tɪlbərɪ; -brɪ; *Am. bes.* -ˌberiː] *Stadt in Essex, England.*
Tin·tag·el Head [tɪnˌtædʒəl'hed] *Kap an der Nordwestküste von Cornwall, England. Legendärer Geburtsort König Arthurs.*
Tin·tern Ab·bey [ˌtɪntə(r)n'æbɪ] *Klosterruine in Gwent, Wales.*
Tip·per·ary [ˌtɪpə'reərɪ] a) *Grafschaft im Süden Irlands,* b) *Stadt in a.*
Ti·ra·na [tɪ'rɑːnə] *Hauptstadt von Albanien.*
To·go ['təʊgəʊ] *Republik in Westafrika.*
To·kyo ['təʊkjəʊ; -kɪəʊ] *Tokio n.*
To·le·do a) [tɒ'leɪdəʊ; *bes. Am.* tə'liːdəʊ] *Stadt in Mittelspanien,* b) [tə'liːdəʊ] *Stadt in Ohio, USA.*
Ton·ga ['tɒŋə; -ŋgə; *Am.* 'tɑ-] *Tonga n (Königreich im südwestl. Polynesien).*
Ton·kin [ˌtɒn'kɪn; ˌtɒŋ-; *Am.* 'tɑŋkən; ˌtɑn'kɪn], *auch* **Tong·king** [ˌtɒŋ'kɪŋ; *Am.* ˌtɑŋ-] *Tongking n (Teil von Nord-Vietnam).*
To·pe·ka [təʊ'piːkə; tə'p-] *Hauptstadt von Kansas, USA.*
Tor·bay [ˌtɔː(r)'beɪ] a) *Grafschaftsfreie Stadt in Devonshire, England,* b) *Bucht des Ärmelkanals an der Ostküste von Devonshire, England.*
To·ron·to [tə'rɒntəʊ; *Am.* -'rɑn-; *a.* -tə] *Hauptstadt von Ontario, Kanada.*
Tor·quay [ˌtɔː(r)'kiː] *Seebad in Devonshire, England.*
Tor·rens, Lake ['tɒrənz; *Am. a.* 'tɑ-] *Torrenssee m (Salzsee im austral. Bundesstaat Südaustralien).*
Tot·nes ['tɒtnɪs; *Am.* 'tɑtnəs] *Stadt in Devonshire, England.*
Tot·ten·ham ['tɒtnəm; *Am.* 'tɑ-] *Stadtteil von London.*
Tow·er Ham·lets ['taʊə(r)ˌhæmlɪts] *Stadtbezirk Groß-Londons mit dem größten Teil des East-End.*
Tra·fal·gar, Cape [trə'fælgə(r)] *Kap n* Tra'falgar *(an der Südwestküste Spaniens. 1805 Seesieg Nelsons über die franz.-span. Flotte).*
Tra·lee [trə'liː] *Stadt in Kerry, Irland.*
Trans·kei [ˌtræns'kaɪ] *Trans'kei f (Staat in Südafrika).*
Trans·vaal ['trænzvɑːl; *bes. Am.* ˌtræns-'vɑːl; -nz'vɑːl] *Trans'vaal n (nördl. Provinz der Südafrik. Republik).*
Trav·erse, Lake ['trævəz; *Am.* -vərs] *See in South Dakota u. Minnesota, USA.*
Tre·de·gar [trɪ'diːgə(r)] *Stadt in Gwent, Wales.*
Treng·ga·nu [treŋ'gɑːnuː] *Tren'ganu n (Gliedstaat Malaysias).*
Trent [trent] a) *Tri'ent n (Stadt im nordöstl. Italien),* b) *Fluß in Mittelengland.*
Tren·ton ['trentn; -tən] *Hauptstadt von New Jersey, USA.*
Treves [triːvz] *Trier n.*
Trin·i·dad and To·ba·go [ˌtrɪnɪdædntəʊ'beɪgəʊ; -tə'b-] *Inseln der Kleinen Antillen; unabhängiger Commonwealth-Staat.*
Trip·o·li ['trɪpəlɪ] *Tripolis n:* a) *Hauptstadt von Libyen,* b) *Hafenstadt im nordwestl. Libanon.*
Trow·bridge ['trəʊbrɪdʒ] *Hauptstadt von Wiltshire, England.*
Troy [trɔɪ] *Troja n (antike Stadt im nordwestl. Kleinasien).*
Tru·cial O·man [ˌtruːsjəl'əʊmɑːn; *bes. Am.* -ʃəl-; *Am. a.* -əʊ'mæn] *Befriedetes*

O'man *(früherer Name für United Arab Emirates).*
Tru·ro ['truərəʊ] *Hauptstadt von Cornwall, England.*
Tul·sa ['tʌlsə] *Stadt im nordöstl. Oklahoma, USA.*
Tun·bridge Wells [ˌtʌnbrɪdʒ'welz] *Badeort in Kent, England.*
Tu·nis ['tjuːnɪs; *Am. bes.* 'tuːnəs] a) → Tunisia, b) *Hauptstadt von Tunesien.*
Tu·ni·sia [tjuː'nɪzɪə; -sɪə; *Am.* tuː'niːʒɪə; -ʒə; -ʃnɪ-] *Tu'nesien n (Staat in Nordafrika).*
Tur·key ['tɜːkɪ; *Am.* 'tɜrkiː] *Tür'kei f.*
Turks and Cai·cos Is·lands [ˌtɜːksn-'keɪkəs; *Am.* ˌtɜrks-] *Brit. Kolonie, Inselgruppe südöstl. der Bahamas.*
Tus·ca·ny ['tʌskənɪ] *Tos'kana f (Landschaft in Mittelitalien).*
Tu·va·lu [ˌtuːvə'luː] *Parlamentarische Monarchie im südwestl. Pazifik.*
Tweed [twiːd] *Fluß in England u. Schottland.*
Twick·en·ham ['twɪknəm; -kənəm] *Stadtteil von London.*
Ty·burn ['taɪbɜːn; *Am.* -ˌbɜrn] *Ehemalige Richtstätte in London.*
Tyne [taɪn] *Fluß in Northumberland, England.*
Tyne and Wear [ˌtaɪnənd'wɪə(r)] *Grafschaft im nordöstl. England.*
Tyne·mouth ['taɪnmaʊθ] *Stadt in Tyne and Wear, England.*
Tyne·side ['taɪnsaɪd] *Ballungsgebiet am Fluß Tyne von Newcastle bis zur Küste.*
Ty·rol ['tɪrəl; tɪ'rəʊl; *Am. a.* 'taɪˌrəʊl] *Ti'rol n.*
Ty·rone [tɪ'rəʊn] *Grafschaft in Nordirland.*
Tyr·rhe·ni·an Sea [tɪˌriːnjən'siː; -nɪən-] *Tyr'rhenisches Meer.*

U

U·gan·da [juː'gændə] *Republik in Ostafrika.*
U·in·ta Moun·tains [juː'ɪntə; jʊ-] *Gebirge in Utah, USA.*
U·ist ['juːɪst] *Zwei Inseln der Äußeren Hebriden, Schottland.*
U·kraine [juː'kreɪn; -'kraɪn] *Südl. Teil der europ. UdSSR.*
U·lan Ba·tor (Kho·to) [ʊˌlɑːn'bɑː-tɔː(r); *Am. a.* ˌuːlɑːn-; 'kəʊtəʊ] *Ulan-Bator(-Choto) n (Hauptstadt der Mongolischen Volksrepublik).*
Ul·ster ['ʌlstə(r)] *Provinz in Nordirland.*
U·nit·ed Ar·ab E·mir·ates [juː-'naɪtɪdˌærəbə'mɪərəts; -'ɪm-] *Vereinigte* A'rabische Emi'rate *pl.*
U·nit·ed Ar·ab Re·pub·lic *Vereinigte* A'rabische Repu'blik *(offizieller Name Ägyptens 1958–71).*
U·nit·ed King·dom [juːˌnaɪtɪd-'kɪŋdəm] *Vereinigtes Königreich n (Großbritannien u. Nordirland).*
Up·per Vol·ta [ˌʌpə(r)'vɒltə; *Am. bes.* -'vɑltə; -'vəʊltə] *Ober'volta n (Republik in Westafrika).*
U·ral Moun·tains ['jʊərəl] *U'ral m (Gebirge in der UdSSR. Grenze zwischen Europa u. Asien).*
U·ru·guay ['jʊərəgwaɪ; -rəg-; 'ʊrə-; *Am. a.* -ˌgweɪ] a) *Republik im Südosten Südamerikas,* b) *Fluß im Südosten Südamerikas.*
Ush·ant ['ʌʃənt; 'ʌʃnt] *Insel vor der Nordwestküste Frankreichs.*

U·tah ['juːtɑː; -tɔː] *Staat im Westen der USA.*
U·ti·ca ['juːtɪkə] *Stadt im Staat New York, USA.*
Ut·tox·e·ter [juː'tɒksɪtə; ʌ't-; *Am.* -'tɑksətər] *Stadt in Staffordshire, England.*
Ux·bridge ['ʌksbrɪdʒ] *Stadtteil von London.*

V

Va·duz [vɑː'duːts] *Hauptort des Fürstentums Liechtenstein.*
Va·lais ['væleɪ; væ'leɪ] *Wallis n (Kanton in der südwestl. Schweiz).*
Va(l)·let·ta [və'letə] *Hauptstadt von Malta.*
Van·cou·ver [væn'kuːvə(r)] *Stadt in Brit. Columbia, Kanada.*
Van·ua·tu [ˌvænwɑː'tuː] *Inselgruppe u. Republik im südwestl. Pazifik (seit 1980; früher New Hebrides).*
Va·ra·na·si [və'rɑːnəsɪ] *Stadt in Indien. Früherer Name Benares.*
Vat·i·can Cit·y [ˌvætɪkən'sɪtɪ] *Vati-'kanstadt f.*
Vaud [vəʊ] *Waadt n (Kanton in der westl. Schweiz).*
Vaux·hall [ˌvɒks'hɔːl; *Am.* ˌvɑks-] *Londoner Straßenname.*
Ven·e·zu·e·la [ˌvene'zweɪlə; -nɪ'zw-; *Am. a.* -nəz'wiːlə] *Republik im Norden Südamerikas.*
Ven·ice ['venɪs] *Ve'nedig n.*
Vent·nor ['ventnə(r)] *Stadt auf der Insel Wight, im Ärmelkanal.*
Ver·dun[1] [vɜː'dʌn; *Am.* vɜr-; vər-] *Stadt u. Festung im nordöstl. Frankreich.*
Ver·dun[2] [vɜː'dʌn; *Am.* vɜr-; vər-] *Stadt in Quebec, Kanada.*
Ver·mont [vɜː'mɒnt; *Am.* vər'mɑnt] *Staat im Osten der USA.*
Vert, Cape [vɜːt; *Am.* vɜrt] *Kap n* Verde *(westlichster Punkt Afrikas).*
Ve·su·vi·us [vɪ'suːvjəs; -vɪəs] *Ve'suv m (Vulkan in Süditalien bei Neapel).*
Vic·to·ria [vɪk'tɔːrɪə] a) *Austral. Bundesstaat, Südaustralien,* b) *Hauptstadt der Seychellen,* c) *Hafenstadt an der Südostküste Chinas,* d) *Hauptstadt von British Columbia, Kanada.*
Vi·en·na [vɪ'enə] *Wien n.*
Viet·nam, Viet-Nam [ˌvjet'næm; -'nɑːm; *Am. a.* viːˌet-; ˌviːet-] *Viet'nam n (Volksrepublik in Südostasien).*
Vir·gin·ia [və(r)'dʒɪnjə; -nɪə] *Staat im Osten der USA.*
Vir·gin Is·lands ['vɜːdʒɪn; *Am.* 'vɜr-] *Jungferninseln pl (Kleine Antillen, Westindien).*

W

Wa·bash ['wɔːbæʃ] *Nebenfluß des Ohio in Indiana u. Illinois, USA.*
Wai·ki·ki Beach [ˌwaɪkɪ'kiː; 'waɪkɪkiː] *Badestrand von Honolulu, Hawaii, Pazifischer Ozean.*
Wake·field ['weɪkfiːld] a) *Hauptstadt von West Yorkshire, England,* b) *Stadt in Massachusetts, USA.*

Wales [weɪlz] *Teil Großbritanniens an der Irischen See.*
Wal·la·sey ['wɒləsɪ; *Am.* 'wɑ-] *Stadt in Merseyside, England.*
Walls·end ['wɔːlzend] *Stadt in Tyne and Wear, England.*
Wal·sall ['wɔːlsɔːl; -sl] *Stadt in West Midlands, England.*
Wal·tham For·est [ˌwɔːltəm'fɒrɪst] *nordöstl. Stadtbezirk Groß-Londons.*
Wands·worth ['wɒndzwə(r)θ; 'wɒnz-; *Am.* 'wɑ-] *Stadtbezirk des inneren Verwaltungsgebiets Groß-Londons.*
Wang·a·nui [ˌwɒŋəˈnʊɪ; *Am.* ˌwɑŋəˈnuːiː] *Hafenstadt auf der Nordinsel von Neuseeland.*
Wan·stead and Wood·ford [ˌwɒnstɪdnˈwʊdfə(r)d; *Am.* ˌwɑn-] *Stadtteil von London.*
Ware·ham ['weərəm] *Stadt in Dorsetshire, England.*
War·ley ['wɔː(r)lɪ] *Industriestadt in West Midlands, England.*
War·ring·ton ['wɒrɪŋtən; *Am. a.* 'wɑr-] *Stadt in Cheshire, England.*
War·saw ['wɔː(r)sɔː] *Warschau n.*
War·wick ['wɒrɪk; *Am. bes.* 'wɑ-] a) → Warwickshire, b) *Hauptstadt von Warwickshire.*
War·wick·shire ['wɒrɪk∫ə(r); -ˌ∫ɪə(r); *Am. bes.* 'wɑ-] *Grafschaft in Mittelengland.*
Wash, the [wɒ∫; *Am. a.* wɑ∫] *Meerbusen an der engl. Nordseeküste.*
Wash·ing·ton ['wɒ∫ɪŋtən; *Am. a.* 'wɑ-] a) *Staat im Nordwesten der USA,* b) *Hauptstadt der USA.*
Wash·i·ta ['wɒ∫ɪtə; *Am.* 'wɑ∫əˌtɔː] a) → Ouachita, b) *Fluß in Oklahoma, USA.*
Wast Wa·ter ['wɒstˌwɔːtə(r); *Am. a.* 'wɑst-; -ˌwɑːtər] *See im Lake District, Cumbria, England.*
Wa·ter·bury ['wɔːtə(r)bərɪ; -brɪ; *Am.* -ˌberiː; *a.* 'wɑː-] *Stadt in Connecticut, USA.*
Wa·ter·ford ['wɔːtə(r)fə(r)d; *Am. a.* 'wɑː-] *Grafschaft im Süden Irlands.*
Wa·ter·loo [ˌwɔːtə(r)'luː; *Am. a.* ˌwɑː-] *Ort südl. von Brüssel, Belgien. 1815 Sieg Blüchers u. Wellingtons über Napoleon I.*
Wat·ford ['wɒtfəd; *Am.* 'wɑtfərd] *Stadt in Hertfordshire, England.*
Weald, the [wiːld] *Landschaft im südöstl. England.*
Wel·ling·ton ['welɪŋtən] *Hauptstadt von Neuseeland.*
Wells [welz] *Stadt in Somersetshire, England.*
Wel·wyn Gar·den Cit·y ['welɪnˌgɑː(r)dn'sɪtɪ] *Stadt in Hertfordshire, England.*
Wem·bley ['wemblɪ] *Stadtteil von London.*
Wes·sex ['wesɪks] *hist. Angelsächsisches Königreich im südwestl. England.*
West Brom·wich [ˌwest'brɒmɪdʒ; -ɪt∫; *bes. Am.* -'brʌm-; *Am. a.* -'brɑm-] *Stadt in West Midlands, England.*
West·ern Aus·tra·lia [ɒ'streɪljə; -lɪə; *Am.* ɔː-; *a.* -ɑː-] 'WestauˌstralienˌnˌAustral. Bundesstaat).*
West·ern Isles [ˌwestə(r)n'aɪlz] *Insulare Verwaltungsregion der Äußeren Hebriden.*
West·ern Sa·moa [səˈməʊə] Westsaˈmoa *n (Staat im südl. Pazifik).*
West·gate on Sea [ˌwestgɪtɒnˈsiː; ˌwesgɪt-] *Stadt in Kent, England.*
West Gla·mor·gan [ˌwestgləˈmɔː(r)gən] *Grafschaft im südl. Wales.*
West Ham [ˌwest'hæm] *Stadtteil im Osten von London.*
West In·dies [ˌwest'ɪndɪz] West'indien *n (die Inseln Mittelamerikas).*
West Lo·thi·an [ˌwestˈləʊðjən; -ɪən]

Ehemal. Grafschaft im südöstl. Schottland.
West·meath [westˈmiːð] *Grafschaft in Irland.*
West Mid·lands [ˌwestˈmɪdləndz] *Grafschaft in Mittelengland.*
West·min·ster ['westmɪnstə(r); 'wesm-] *Stadtbezirk Groß-Londons an der Themse.*
West·mor·land ['westmə(r)lənd; 'wesm-] *Ehemal. Grafschaft in Nordwestengland.*
Wes·ton-su·per-Mare ['westənˌsuːpə(r)'meə(r); *Br. a.* -ˌsjuː-] *Stadt in Avon, England.*
West·pha·lia [westˈfeɪljə; -lɪə] West'falen *n.*
West Rid·ing [ˌwestˈraɪdɪŋ] *Ehemal. Verwaltungsbezirk der Grafschaft Yorkshire, England.*
West Sus·sex [ˌwestˈsʌsɪks] *Grafschaft im südöstl. England.*
West Vir·gin·ia [ˌwestvə(r)ˈdʒɪnjə; -nɪə] *Staat im Osten der USA.*
West York·shire [ˌwestˈjɔː(r)k∫ə(r); -ˌ∫ɪə(r)] *Grafschaft in Nordengland.*
Wex·ford ['weksfə(r)d] *Grafschaft im südöstl. Irland.*
Wey·mouth ['weɪməθ] a) *Stadt in Dorsetshire, England,* b) *Stadt in Massachusetts, USA.*
Whit·by ['wɪtbɪ; 'hw-] *Fischereihafen in North Yorkshire, England.*
Wich·i·ta ['wɪt∫ɪtɔː] a) *Stadt in Kansas, USA,* b) *Fluß in Texas, USA.*
Wick·low ['wɪkləʊ] *Grafschaft im Osten Irlands.*
Wid·nes ['wɪdnɪs] *Stadt in Cheshire, England.*
Wi·gan ['wɪgən] *Stadt in Greater Manchester, England.*
Wight, Isle of [waɪt] *Insel u. Grafschaft vor der Südküste Englands, im Ärmelkanal.*
Wig·town ['wɪgtən; *Am. a.* -ˌtaʊn] a) → Wigtownshire, b) *Stadt in Dumfries and Galloway.*
Wig·town·shire ['wɪgtən∫ə(r); -ˌ∫ɪə(r); *Am. a.* -ˌtaʊn-] *Ehemal. Grafschaft im südwestl. Schottland.*
Willes·den ['wɪlzdən] *Stadtteil von London.*
Wil·ming·ton ['wɪlmɪŋtən] *Hafenstadt in Delaware, USA.*
Wil·ton ['wɪltən] *Stadt in Wiltshire, England.*
Wilt·shire ['wɪlt∫ə(r); -ˌ∫ɪə(r)] *Grafschaft in Südengland.*
Wim·ble·don ['wɪmbldən] *Stadtteil von London.*
Win·ches·ter ['wɪnt∫ɪstə(r); *Am. bes.* -ˌt∫estər] *Hauptstadt von Hampshire, England.*
Win·der·mere ['wɪndə(r)ˌmɪə(r)] *See im Lake District, Cumbria, England.*
Wind·hoek ['wɪnthʊk; 'vɪnt-] Windhuk *n (Hauptstadt von Namibia).*
Wind·sor ['wɪnzə(r)] a) *Stadt in Berkshire, England,* b) *Stadt in Ontario, Kanada.*
Wink·field ['wɪŋkfiːld] *Stadt in Berkshire, England.*
Win·ne·ba·go, Lake [ˌwɪnɪˈbeɪgəʊ] Winneˈbagosee *m (in Wisconsin, USA).*
Win·ni·peg ['wɪnɪpeg] a) *Hauptstadt von Manitoba, Kanada,* b) *Fluß im südl. Kanada.*
Wir·ral ['wɪrəl] *Halbinsel im nordwestl. England.*
Wis·bech ['wɪzbiːt∫] *Stadt in Cambridgeshire, England.*
Wis·con·sin [wɪsˈkɒnsɪn; *Am.* -ˈkɑnsən] a) *Staat im Nordosten der USA,* b) *Fluß in Wisconsin, USA.*
Wish·aw ['wɪ∫ɔː] → Motherwell and Wishaw.
Wit·ham[1] ['wɪðəm] *Fluß in Lincolnshire,*

England.
Wit·ham[2] ['wɪtəm] *Stadt in Essex, England.*
Wo·burn ['wəʊbə(r)n] *Londoner Straßenname.*
Wo·king ['wəʊkɪŋ] *Stadt in Surrey, England.*
Wolds, the [wəʊldz] *Höhenzug in Yorkshire u. Lincolnshire, England.*
Wol·sing·ham ['wɒlsɪŋəm] *Stadt in Durham, England.*
Wol·ver·hamp·ton ['wʊlvə(r)ˌhæmptən; -ˌˈhæmptən] *Stadt in West Midlands, England.*
Wool·wich ['wʊlɪdʒ; -ɪt∫] *Stadtteil von London.*
Worces·ter ['wʊstə(r)] a) → Worcestershire, b) *Hauptstadt von Hereford and Worcester,* c) *Stadt in Massachusetts, USA.*
Worcester·shire ['wʊstə(r)∫ə(r); -ˌ∫ɪə(r)] *Ehemal. Grafschaft im westl. Mittelengland.*
Work·sop ['wɜːksɒp; *Am.* ˈwɜrkˌsɑp] *Stadt in Nottinghamshire, England.*
Wors·ley ['wɜːslɪ; *Am.* 'wɜrsliː] *Stadt in Greater Manchester, England.*
Wor·thing ['wɜːðɪŋ; *Am.* 'wɜr-] *Seebad in West Sussex, England.*
Wran·gell Moun·tains ['ræŋgl] *Vulkangruppe im südöstl. Alaska.*
Wrath, Cape [rɔːθ; *Am. bes.* ræθ] *Kap im Nordwesten von Schottland.*
Wre·kin, the ['riːkɪn] *Berg in Salop, England.*
Wrex·ham ['reksəm] *Stadt in Clwyd, Wales.*
Wye [waɪ] *Fluß in Wales u. Westengland.*
Wynd·ham ['wɪndəm] *Stadt im Norden von Westaustralien.*
Wy·o·ming [waɪˈəʊmɪŋ] *Staat im Westen der USA.*

Y

Yal·ta ['jæltə; *Am.* 'jɔːltə] Jalta *n (Hafenstadt auf der Krim, UdSSR. Konferenz 1945).*
Yar·mouth, Great ['jɑː(r)məθ] *Hafenstadt in Norfolk, England.*
Yel·low·stone ['jeləʊstəʊn] *Rechter Nebenfluß des Missouri in Wyoming u. Montana, USA.*
Yem·en ['jemən] Jemen *m (Republik im südwestl. Arabien).*
Yeo [jəʊ] *Name mehrerer Flüsse in England.*
Yeo·vil ['jəʊvɪl] *Stadt in Somersetshire, England.*
Yon·kers ['jɒŋkəz; *Am.* 'jɑŋkərz] *Stadt im Staat New York, USA.*
York [jɔː(r)k] a) → Yorkshire, b) *Stadt in North Yorkshire.*
Yorke Pen·in·su·la [jɔː(r)k] Yorke-Halbinsel *f (Südaustralien).*
York·shire ['jɔː(r)k∫ə(r); -ˌ∫ɪə(r)] *Ehemal. Grafschaft in Nordengland;* → North Yorkshire, South Yorkshire, West Yorkshire.
York·shire Dales [ˌjɔː(r)k∫ə(r)'deɪlz; -ˌ∫ɪə(r)'d-] *Flußtäler in North Yorkshire.*
Yo·sem·i·te Na·tion·al Park [jəʊˈsemɪtɪ] *Nationalpark in Kalifornien, USA.*
Youghal [jɔːl] *Hafenstadt in Cork, Südirland.*

Youngs·town [ˈjʌŋztaʊn] *Stadt in Ohio, USA.*
Y·than [ˈaɪθən] *Fluß im nordöstl. Schottland.*
Yu·go·sla·via [ˌjuːgəʊˈslɑːvjə; -vɪə] *Jugoslawien n.*
Yu·kon [ˈjuːkɒn; *Am.* -ˌkɑn] a) *Strom im nordwestl. Nordamerika*, b) *Gebiet im nordwestl. Kanada.*

Z

Za·ire [zɑːˈɪə(r); *Am. a.* ˈzaɪər] *Republik in Äquatorialafrika.*
Zam·be·zi [zæmˈbiːzɪ] *Sam*ˈ*besi m (Strom in Südafrika).*
Zam·bia [ˈzæmbɪə] *Sambia n (Republik in Südafrika).*

Zan·zi·bar [ˌzænzɪˈbɑː; *Am.* ˈzænzəˌbɑːr] *Sansibar n (Insel vor der Ostküste Afrikas; Teil von Tansania).*
Zim·ba·bwe [zɪmˈbɑːbwɪ; -bweɪ] *Sim*ˈ*babwe n (seit 1980 Name für Rhodesien).*
Zu·lu·land [ˈzuːluːlænd] *Gebiet im Osten der Südafrik. Republik.*
Zu·rich [ˈzjʊərɪk; *bes. Am.* ˈzʊə-] *Zürich n.*

V. UNREGELMÄSSIGE VERBEN
V. IRREGULAR VERBS

Infinitiv / Infinitive	Präteritum / Preterite	Partizip Perfekt / Past Participle	Infinitiv / Infinitive	Präteritum / Preterite	Partizip Perfekt / Past Participle
abide*	abode, abided	abode, abided	burst	burst	burst
arise	arose	arisen	buy	bought	bought
awake*	awoke, awaked	awaked, awoken	cast	cast	cast
be*	was, were	been	catch	caught	caught
bear*	bore	borne; born	chide	chid, chided	chid, chided, chidden
beat*	beat	beaten	choose*	chose	chosen
become	became	become	cleave*	cleft, cleaved, clove	cleft, cleaved, cloven
befall	befell	befallen	cling	clung	clung
beget*	begot	begotten	clothe	clothed, clad	clothed, clad
begin	began	begun	come	came	come
behold*	beheld	beheld	cost	cost	cost
bend*	bent	bent	creep	crept	crept
bereave	bereaved, bereft	bereaved, bereft	crow*	crowed; crew	crowed
beseech	besought, beseeched	besought, beseeched	cut	cut	cut
beset	beset	beset	deal	dealt	dealt
bespeak*	bespoke	bespoken	dig*	dug	dug
bestride*	bestrode	bestridden	dive*	dived, dove	dived
bet	bet, betted	bet, betted	do*	did	done
betake	betook	betaken	draw	drew	drawn
bethink	bethought	bethought	dream	dreamed, dreamt	dreamed, dreamt
bid*	bid; bade	bid; bidden	drink*	drank	drunk
bide	bode, bided	bided	drive*	drove	driven
bind*	bound	bound	dwell*	dwelt	dwelt
bite*	bit	bitten	eat	ate	eaten
bleed	bled	bled	fall	fell	fallen
blend*	blended, blent	blended, blent	feed	fed	fed
bless*	blessed, blest	blessed, blest	feel	felt	felt
blow	blew	blown	fight	fought	fought
break*	broke	broken	find	found	found
breed	bred	bred	flee	fled	fled
bring	brought	brought	fling	flung	flung
broadcast	broadcast, broadcasted	broadcast, broadcasted	fly	flew	flown
			forbear	forbore	forborne
browbeat	browbeat	browbeaten	forbid*	forbade	forbidden
build	built	built	forecast	forecast, forecasted	forecast, forecasted
burn	burned, burnt	burned, burnt			

* Weitere Informationen über Bedeutungsunterschiede und Sonderformen (*obs.*, *dial. etc*) finden sich im Wörterverzeichnis A–Z.

V Unregelmäßige Verben

Infinitiv Infinitive	Präteritum Preterite	Partizip Perfekt Past Participle	Infinitiv Infinitive	Präteritum Preterite	Partizip Perfekt Past Participle
for(e)go	for(e)went	for(e)gone	melt	melted	melted, molten
foreknow	foreknew	foreknown	mow	mowed	mowed, mown
foresee	foresaw	foreseen	overbear	overbore	overborne
foretell	foretold	foretold	overhang	overhung	overhung
forget	forgot	forgotten	overlay	overlaid	overlaid
forgive	forgave	forgiven	overlie	overlay	overlain
forsake	forsook	forsaken	partake	partook	partaken
forswear	forswore	forsworn	pay*	paid	paid
freeze	froze	frozen	plead*	pleaded, plead, pled	pleaded, pled
gainsay	gainsaid	gainsaid	put	put	put
get*	got	got	quit*	quitted, quit	quitted, quit
gild	gilded, gilt	gilded, gilt	read	read	read
gird	girded, girt	girded, girt	recast	recast	recast
give	gave	given	re-lay	re-laid	re-laid
go*	went	gone	rend	rent	rent
grave	graved	graven, graved	rid*	rid	rid
grind	ground	ground	ride*	rode	ridden
grow	grew	grown	ring*	rang	rung
hamstring	hamstringed, hamstrung	hamstringed, hamstrung	rise	rose	risen
hang*	hung; hanged	hung; hanged	rive	rived	rived, riven
have*	had	had	run*	ran	run
hear	heard	heard	saw	sawed	sawed, sawn
heave*	heaved, hove	heaved, hove	say*	said	said
hew	hewed	hewed, hewn	see	saw	seen
hide	hid	hidden, hid	seek	sought	sought
hit	hit	hit	sell	sold	sold
hold*	held	held	send	sent	sent
hurt	hurt	hurt	set	set	set
inlay	inlaid	inlaid	sew	sewed	sewed, sewn
keep	kept	kept	shake	shook	shaken
kneel	knelt, kneeled	knelt, kneeled	shave	shaved	shaved, shaven
knit	knit, knitted	knit, knitted	shear*	sheared	sheared, shorn
know	knew	known	shed	shed	shed
lade	laded	laden, laded	shine*	shone	shone
lay	laid	laid	shoe	shod	shod
lead	led	led	shoot	shot	shot
lean	leaned, leant	leaned, leant	show	showed	shown
leap	leaped, leapt	leaped, leapt	shrink*	shrank	shrunk
learn	learned, learnt	learned, learnt	shrive	shrove	shriven
leave	left	left	shut	shut	shut
lend	lent	lent	sing*	sang	sung
let	let	let	sink*	sank	sunk
lie*	lay	lain	sit*	sat	sat
light	lighted, lit	lighted, lit	slay	slew	slain
lose	lost	lost	sleep	slept	slept
make	made	made	slide*	slid	slid, slidden
mean	meant	meant	sling	slung	slung
meet	met	met	slink*	slunk	slunk

Unregelmäßige Verben

Infinitiv Infinitive	Präteritum Preterite	Partizip Perfekt Past Participle	Infinitiv Infinitive	Präteritum Preterite	Partizip Perfekt Past Participle
slit	slit	slit	swing*	swung	swung
smell	smelled, smelt	smelled, smelt	take	took	taken
smite*	smote	smitten, smote	teach	taught	taught
sow	sowed	sowed, sown	tear*	tore	torn
speak*	spoke	spoken	tell	told	told
speed*	sped, speeded	sped, speeded	think	thought	thought
spell	spelled, spelt	spelled, spelt	thrive	throve, thrived	thriven, thrived
spend	spent	spent	throw	threw	thrown
spill	spilled, spilt	spilled, spilt	thrust	thrust	thrust
spin*	spun	spun	tread*	trod	trodden, trod
spit*	spat	spat	unbend	unbent	unbent
split*	split	split	unbind	unbound	unbound
spoil	spoiled, spoilt	spoiled, spoilt	underbid	underbid	underbid, underbidden
spread	spread	spread	undergo	underwent	undergone
spring	sprang, sprung	sprung	understand	understood	understood
stand	stood	stood	undo	undid	undone
stave	staved, stove	staved, stove	upset	upset	upset
steal	stole	stolen	wake	waked, woke	waked, woken
stick	stuck	stuck	waylay	waylaid	waylaid
sting*	stung	stung	wear	wore	worn
stink	stank, stunk	stunk	weave*	wove	woven
strew	strewed	strewed, strewn	wed	wedded, wed	wedded, wed
stride*	strode	stridden	weep	wept	wept
strike*	struck	struck, stricken	wet	wet, wetted	wet, wetted
string*	strung	strung	win	won	won
strive*	strove	striven	wind	wound	wound
swear*	swore	sworn	withdraw	withdrew	withdrawn
sweat*	sweat, sweated	sweat, sweated	withhold	withheld	withheld
sweep	swept	swept	withstand	withstood	withstood
swell*	swelled	swollen	wring	wrung	wrung
swim*	swam	swum	write*	wrote	written

VI. ZAHLWÖRTER — VI. NUMERALS

1. GRUNDZAHLEN
1. CARDINAL NUMBERS

0	nought, zero, cipher	null
1	one	eins
2	two	zwei
3	three	drei
4	four	vier
5	five	fünf
6	six	sechs
7	seven	sieben
8	eight	acht
9	nine	neun
10	ten	zehn
11	eleven	elf
12	twelve	zwölf
13	thirteen	dreizehn
14	fourteen	vierzehn
15	fifteen	fünfzehn
16	sixteen	sechzehn
17	seventeen	siebzehn
18	eighteen	achtzehn
19	nineteen	neunzehn
20	twenty	zwanzig
21	twenty-one	einundzwanzig
22	twenty-two	zweiundzwanzig
30	thirty	dreißig
31	thirty-one	einunddreißig
40	forty	vierzig
41	forty-one	einundvierzig
50	fifty	fünfzig
51	fifty-one	einundfünfzig
60	sixty	sechzig
61	sixty-one	einundsechzig
70	seventy	siebzig
71	seventy-one	einundsiebzig
80	eighty	achtzig
90	ninety	neunzig
100	a (od. one) hundred	hundert
101	hundred and one	hundert(und)eins
200	two hundred	zweihundert

2. ORDNUNGSZAHLEN
2. ORDINAL NUMBERS

1st	first	erste
2(n)d	second	zweite
3(r)d	third	dritte
4th	fourth	vierte
5th	fifth	fünfte
6th	sixth	sechste
7th	seventh	siebente
8th	eighth	achte
9th	ninth	neunte
10th	tenth	zehnte
11th	eleventh	elfte
12th	twelfth	zwölfte
13th	thirteenth	dreizehnte
14th	fourteenth	vierzehnte
15th	fifteenth	fünfzehnte
16th	sixteenth	sechzehnte
17th	seventeenth	siebzehnte
18th	eighteenth	achtzehnte
19th	nineteenth	neunzehnte
20th	twentieth	zwanzigste
21st	twenty-first	einundzwanzigste
22(n)d	twenty-second	zweiundzwanzigste
23(r)d	twenty-third	dreiundzwanzigste
30th	thirtieth	dreißigste
31st	thirty-first	einunddreißigste
40th	fortieth	vierzigste
41st	forty-first	einundvierzigste
50th	fiftieth	fünfzigste
51st	fifty-first	einundfünfzigste
60th	sixtieth	sechzigste
61st	sixty-first	einundsechzigste
70th	seventieth	siebzigste
71st	seventy-first	einundsiebzigste
80th	eightieth	achtzigste
81st	eighty-first	einundachtzigste
90th	ninetieth	neunzigste

VI Zahlwörter

1. GRUNDZAHLEN
1. CARDINAL NUMBERS

572	five hundred and seventy-two	fünfhundert(und)zweiundsiebzig
1,000	a (*od.* one) thousand	tausend
2,000	two thousand	zweitausend
1,000,000	a (*od.* one) million	eine Million
2,000,000	two million	zwei Millionen
1,000,000,000	a (*od.* one) milliard, *Am.* billion	eine Milliarde
1,000,000,000,000	a (*od.* one) billion, *Am.* trillion	eine Billion

2. ORDNUNGSZAHLEN
2. ORDINAL NUMBERS

100th	(one) hundredth	hundertste
101st	hundred and first	hundertunderste
200th	two hundredth	zweihundertste
300th	three hundredth	dreihundertste
572(n)d	five hundred and seventy-second	fünfhundert(und)zweiundsiebzigste
1,000th	(one) thousandth	tausendste
2,000th	two thousandth	zweitausendste
1,000,000th	(one) millionth	millionste
2,000,000th	two millionth	zweimillionste

3. BRUCHZAHLEN
3. FRACTIONAL NUMBERS

$^1/_2$	one (*od.* a) half	ein halb
$1^1/_2$	one and a half	anderthalb
$^1/_2$ m.	half a m.	eine halbe Meile
$^1/_3$	one (*od.* a) third	ein Drittel
$^2/_3$	two thirds	zwei Drittel
$^1/_4$	one (*od.* a) fourth one (*od.* a) quarter	ein Viertel
$^3/_4$	three fourths three quarters	drei Viertel
$2^1/_4$ h.	two hours and a quarter	zwei und eine Viertelstunde
$^1/_5$	one (*od.* a) fifth	ein Fünftel
$^1/_6$	one (*od.* a) sixth	ein Sechstel
$3^4/_5$	three and four fifths	drei vier Fünftel
.4	point four	null Komma vier (0,4)
2.5	two point five	zwei Komma fünf (2,5)

Bei Dezimalstellen zentriert das britische Englisch den Punkt; das amerikanische Englisch läßt ihn auf der Zeile: *Br.* 10·41 *ft.*; *Am.* 10.41 *ft.*

4. ANDERE ZAHLENWERTE
4. OTHER NUMERICAL VALUES

Single	einfach
double	zweifach
threefold, treble, triple	dreifach
fourfold, quadruple	vierfach
fivefold *etc*	fünffach *etc*
Once	einmal
twice	zweimal
three times	dreimal
four times	viermal
five times *etc*	fünfmal *etc*
twice as much (*od.* many)	zweimal soviel(e)
once more	noch einmal
Firstly *od.* in the first place	erstens
secondly *od.* in the second place	zweitens
thirdly *od.* in the third place *etc*	drittens *etc*

VII. MASSE UND GEWICHTE — VII. WEIGHTS AND MEASURES

1. BRITISCHE UND AMERIKANISCHE MASSE UND GEWICHTE
1. BRITISH AND AMERICAN WEIGHTS AND MEASURES

a) Längenmaße — Linear Measure

1 line			=	2,12 mm
1 inch	=	12 lines	=	2,54 cm
1 foot	=	12 inches	=	0,3048 m
1 yard	=	3 feet	=	0,9144 m
1 (statute) mile	=	1760 yards	=	1,6093 km
1 (land) league	=	3 (statute) miles	=	4,827 km
1 hand	=	4 inches	=	10,16 cm
1 rod (perch, pole)	=	5 1/2 yards	=	5,029 m
1 chain	=	4 rods	=	20,117 m
1 furlong	=	10 chains	=	201,168 m

b) Kettenmaße — Chain Measure

(Gunter's *od.* surveyor's chain)

1 link	=	7.92 inches	=	20,12 cm
1 chain	=	100 links	=	20,117 m
1 furlong	=	10 chains	=	201,168 m
1 (statute) mile	=	80 chains	=	1,6093 km

c) Nautische Maße — Nautical Measure

1 fathom	=	6 feet	=	1,829 m
1 cable's length	=	100 fathoms	=	182,9 m
	mar. mil. Br.	= 608 feet	=	185,3 m
	mar. mil. Am.	= 720 feet	=	219,5 m
1 nautical mile	=	10 cables' length	=	1,853 *od.* 1,852 km (*international*)
	=	1.1508 (statute) miles		
1 marine league	=	3 nautical miles	=	5,56 km
60 nautical miles	=	1 Längengrad am Äquator		

d) Flächenmaße — Square Measure

1 square inch			=	6,452 cm²
1 square foot	=	144 square inches	=	929,029 cm²
1 square yard	=	9 square feet	=	8361,260 cm²
1 acre	=	4840 square yards	=	4046,8 m²
1 square mile	=	640 acres	=	259 ha = 2,59 km²

VII Maße und Gewichte

1 square rod (square pole, square perch)	=	30¹/₄ square yards	=	25,293 m²
1 rood	=	40 square rods	=	1011,72 m²
1 acre	=	4 roods	=	4046,8 m²

e) Raummaße — Cubic Measure

1 cubic inch			=	16,387 cm³
1 cubic foot	=	1728 cubic inches	=	0,02832 m³
1 cubic yard	=	27 cubic feet	=	0,7646 m³

f) Schiffsmaße — Shipping Measure

1 register ton	=	100 cubic feet	=	2,8317 m³
1 freight ton *od.* measurement ton *od.* shipping ton	=	*Br.* 40 cubic feet	=	1,133 m³
		Am. auch 42 cubic feet	=	1,189 m³
1 displacement ton	=	35 cubic feet	=	0,991 m³

g) Hohlmaße — Measure of Capacity

				Flüssigkeitsmaße Liquid Measure	Trockenmaße Dry Measure

Britisch

1 fluid ounce			=	0,0284 l	0,0284 l
1 gill	=	5 fluid ounces	=	0,142 l	0,142 l
1 pint	=	4 gills	=	0,568 l	0,568 l
1 (imperial) quart	=	2 pints	=	1,136 l	1,136 l
1 (imperial) gallon	=	4 quarts	=	4,5459 l	4,5459 l
1 peck	=	2 gallons	=	—	9,092 l
1 bushel	=	4 pecks	=	—	36,368 l
1 quarter	=	8 bushels	=	290,935 l	290,935 l
1 barrel	=	36 gallons	=	163,656 l Obst 115,6	l

Amerikanisch

1 gill			=	0,1183 l	—
1 pint	=	4 gills	=	0,4732 l	0,5506 l
1 quart	=	2 pints	=	0,9464 l	1,1012 l
1 gallon	=	4 quarts	=	3,7853 l	4,405 l
1 peck	=	2 gallons	=	—	8,8096 l
1 bushel	=	4 pecks	=	—	35,2383 l
1 barrel	=	31.5 gallons	=	119,228 l	
1 hogshead	=	2 barrels	=	238,456 l	
1 barrel petroleum	=	42 gallons	=	158,97 l	

h) Apothekermaße (Flüssigkeiten) — Apothecaries' Fluid Measure

1 minim			*Br.*	= 0,0592 ml
			Am.	= 0,0616 ml
1 fluid dram	=	60 minims	*Br.*	= 3,5515 ml
			Am.	= 3,6966 ml

1 fluid ounce	= 8 drams	Br.	= 0,0284 l
		Am.	= 0,02957 l
1 pint	Br. = 20 fluid ounces		= 0,5683 l
	Am. = 16 fluid ounces		= 0,4732 l

i) Handelsgewichte — Avoirdupois Weight

1 grain			=	0,0648	g
1 dram		= 27.3438 grains	=	1,772	g
1 ounce		= 16 drams	=	28,35	g
1 pound		= 16 ounces	=	453,59	g
1 hundredweight					
= 1 quintal	Br.	= 112 pounds	=	50,802	kg
	Am.	= 100 pounds	=	45,359	kg
1 long ton	Br.	= 20 hundredweights	=	1016,05	kg
	Am.	= 20 hundredweights	=	907,185	kg
1 stone		= 14 pounds	=	6,35	kg
1 quarter	Br.	= 28 pounds	=	12,701	kg
	Am.	= 25 pounds	=	11,339	kg
Am. 1 bushel wheat		= 60 pounds	=	27,216	kg
Am. 1 bushel rye, corn		= 56 pounds	=	25,401	kg
Am. 1 bushel barley		= 48 pounds	=	21,772	kg
Am. 1 bushel oats		= 32 pounds	=	14,515	kg

j) Apothekergewichte — Apothecaries' Weight

1 grain		=	0,0648 g
1 scruple	= 20 grains	=	1,2960 g
1 dram	= 3 scruples	=	3,8879 g
1 ounce	= 8 drams	=	31,1035 g
1 pound	= 12 ounces	=	373,2418 g

2. DEUTSCHE MASSE UND GEWICHTE
2. GERMAN WEIGHTS AND MEASURES

a) Längenmaße — Linear Measure

1 mm		=	0.0394 inch
1 cm	= 10 mm	=	0.3937 inch
1 dm	= 10 cm	=	3.9370 inches
1 m	= 10 dm	=	1.0936 yards
1 dkm	= 10 m	=	10.9361 yards
1 hm	= 10 dkm	=	109.3614 yards
1 km	= 10 hm	=	0.6214 mile

b) Flächenmaße — Square Measure

1 mm^2		=	0.00155 square inch
1 cm^2	= 100 mm^2	=	0.15499 square inch
1 dm^2	= 100 cm^2	=	15.499 square inches
1 m^2	= 100 dm^2	=	1.19599 square yards

VII Maße und Gewichte

1 dkm²	= 100 m²	= 119.5993	square yards
1 hm²	= 100 dkm²	= 2.4711	acres
1 km²	= 100 hm²	= 247.11	acres = 0.3861 square mile
1 m²		= 1,549.9	square inches
1 a	= 100 m²	= 119.5993	square yards
1 ha	= 100 a	= 2.4711	acres
1 km²	= 100 ha	= 247.11	acres = 0.3861 square mile

c) Raummaße — Cubic Measure

1 mm³		= 0.000061	cubic inch
1 cm³	= 1000 mm³	= 0.061023	cubic inch
1 dm³	= 1000 cm³	= 61.024	cubic inches
1 m³	= 1000 dm³	= 35.315	cubic feet = 1.3079 cubic yards

d) Hohlmaße — Measure of Capacity

Britisch British   **Amerikanisch American**

1 ml	= 1 cm³ = 16.89	minims	16.23	minims
1 cl	= 10 ml = 0.352	fluid ounce	0.338	fluid ounce
1 dl	= 10 cl = 3.52	fluid ounces	3.38	fluid ounces
1 l	= 10 dl = 1.76	pints	1.06	liquid quarts
		od.	0.91	dry quart
1 dkl	= 10 l = 2.1998	gallons	2.64	gallons
		od.	0.284	bushel
1 hl	= 10 dkl = 2.75	bushels	26.418	gallons
1 kl	= 10 hl = 3.437	quarters	264.18	gallons

e) Gewichte — Weight

Avoirdupois

1 mg		= 0.0154	grain
1 cg	= 10 mg	= 0.1543	grain
1 dg	= 10 cg	= 1.543	grains
1 g	= 10 dg	= 15.432	grains
1 dkg	= 10 g	= 0.353	ounce
1 hg	= 10 dkg	= 3.527	ounces
1 kg	= 10 hg	= 2.205	pounds

| 1 t | = 1000 kg | *Br.* = 0.9842 long ton |
| | | *Am.* = 1.102 short tons |

1 Pfd.	= 500 g	= ½ kg	= 1.1023 pounds
1 Ztr.	= 100 Pfd.	= 50 kg	*Br.* = 0.9842 hundredweight
			Am. = 1.1023 hundredweights
1 dz	= 100 kg		*Br.* = 1.9684 hundredweights
			Am. = 2.2046 hundredweights

3. UMRECHNUNGSTABELLEN FÜR MASSE UND GEWICHTE
3. CONVERSION TABLES OF WEIGHTS AND MEASURES

Diese Tabelle dient der Umrechnung von Maßen und Gewichten innerhalb des angelsächsischen Maßsystems.

Lengths

Inches (in.)	Feet (ft.)	Yards (yd.)	Rods (rd.)	Miles (mi.)
1	0,083333($1/_{12}$)	0,027778($1/_{36}$)	0,00505051($1/_{198}$)	0,0000157828
12	1	0,333333($1/_{3}$)	0,0606061	0,000189394
36	3	1	0,181818	0,000568182
198	16,5	5,5	1	0,003125
63 360	5 280	1 760	320	1

Area

Square inches (sq. in.)	Square feet (sq. ft.)	Square yards (sq. yd.)	Square rods (sq. rd.)	Acres (A.)	Square miles (sq. mi.)
1	0,0069444($1/_{144}$)	0,0007716($1/_{1296}$)	....	$2,29568 \times 10^{-5}$	$3,58701 \times 10^{-8}$
144	1	0,1111($1/_{9}$)	0,0036731	$2,06612 \times 10^{-4}$	$3,22831 \times 10^{-7}$
1 296	9	1	0,03305785	0,00625($1/_{16}$)	$9,765625 \times 10^{-6}$
39 204	272,25	30,25	1		0,0015625
627 264	43 560	4 840	160	1	
$4,0154 \times 10^9$	27 878 400	3 097 600	102 400	640	1

Volume

Cubic inches (cu. in.)	Cubic feet (cu. ft.)	Cubic yards (cu. yd.)
1	0,000578704($1/_{1728}$)	$2,143347 \times 10^{-5}$
1 728	1	0,0370370($1/_{27}$)
46 656	27	1

Capacity — Liquid Measure

Gills (gi.)	Pints (pt.)	Quarts (qt.)	Gallons (gal.)	Cubic inches (cu. in.)
1	0,25($1/_{4}$)	0,125($1/_{8}$)	0,03125($1/_{32}$)	7,21875
4	1	0,5($1/_{2}$)	0,125($1/_{8}$)	28,875
8	2	1	0,25($1/_{4}$)	57,749
32	8	4	1	231

Apothecaries' Fluid Measure

Minims (min.)	Fluid drams (fl. dr.)	Fluid ounces (fl. oz.)	Pints (pt.)
1	0,016667($1/_{60}$)	0,0020833($1/_{480}$)	0,00013021
60	1	0,125($1/_{8}$)	0,0078125
480	8	1	0,0625($1/_{16}$)
7 680	128	16	1

Dry Measure

Pints (pt.)	Quarts (qt.)	Pecks (pk.)	Bushels (bu.)	Cubic inches (cu. in.)
1	0,5($1/_{2}$)	0,0625($1/_{16}$)	0,015625($1/_{64}$)	33,6003
2	1	0,125($1/_{8}$)	0,03125($1/_{32}$)	67,2006
16	8	1	0,25($1/_{4}$)	537,605
64	32	4	1	2 150,42

Mass — Avoirdupois / Commercial

Grains (gr.)	Drams (dr. av.)	Ounces (oz. av.)	Pounds (lb. av.)	Tons (short) (tn. sh.)
1	0,03657143	0,0022857	0,00014286($1/_{7000}$)	....
27,34375	1	0,0625($1/_{16}$)	0,00390625($1/_{256}$)	....
437,5	16	1	0,0625($1/_{16}$)	0,00003125
7 000	256	16	1	0,0005
....	572 000	32 000	2000	1

Mass — Troy Weight

Grains (gr.)	Pennyweights (dwt.)	Ounces (oz. t.)	Pounds (lb. t.)
1	0,041667($1/_{24}$)	0,0020833($1/_{480}$)	0,0001736111($1/_{5760}$)
24	1	0,05($1/_{20}$)	0,0041667($1/_{240}$)
480	20	1	0,083333($1/_{12}$)
5 760	240	12	1

Mass — Apothecaries' Weight

Grains (gr.)	Scruples (Ə or s. ap.)	Drams (ʒ or dr. ap.)	Ounces (ʒ or oz. ap.)	Pounds (lb. ap.)
1	0,05($1/_{20}$)	0,016667($1/_{60}$)	0,0020833($1/_{480}$)	0,0001736111($1/_{5760}$)
20	1	0,333333($1/_{3}$)	0,041667($1/_{24}$)	0,0034722($1/_{288}$)
60	3	1	0,125($1/_{8}$)	0,0104167($1/_{96}$)
480	24	8	1	0,083333($1/_{12}$)
5 760	288	96	12	1

Aus: „Documenta Geigy, Wissenschaftliche Tabellen", J. R. Geigy A. G., Basel

4. UMRECHNUNGSFAKTOREN FÜR MASSE UND GEWICHTE
4. CONVERSION FACTORS FOR WEIGHTS AND MEASURES

Längenmaße

Umzurechnen	in	Multiplizieren mit
cm	inch (")	0.3937
m	foot (')	3.2808
m	yard (yd)	1.0936
km	statute mile (st. mi)	0.6214
inch	cm	2.5400
foot	m	0.3048
yard	m	0.9144
statute mile	km	1.6093

Flächenmaße

Umzurechnen	in	Multiplizieren mit
cm²	square inch (sq. in)	0.1550
m²	square foot (sq. ft)	10.7639
m²	square yard (sq. yd)	1.1960
1000 m²	acre (ac)	0.2471
km²	square mile (sq. mi)	0.3861
square inch	cm²	6.4516
square foot	m²	0.0929
square yard	m²	0.8361
acre	m²	4046.8
square mile	km²	2.5900

Volumenmaße (allgemein)

Umzurechnen	in	Multiplizieren mit
cm³	cubic inch (cu. in)	0.06102
Liter	cubic foot (cu. ft)	0.03531
m³	cubic yard (cu. yd)	1.308
m³	register ton (reg. tn)	0.3531
cubic inch	cm³	16.387
cubic foot	Liter	28.317
cubic yard	m³	0.7646
register ton	m³	2.8317

Hohlmaße für Trockensubstanzen

Umzurechnen	in		Multiplizieren mit
Liter	pint, dry	(USA)	1.8162
Liter	quart, dry	(USA)	0.9081
Liter	peck	(USA)	0.1135
Liter	bushel	(USA)	0.0284
m³	barrel	(USA)	8.6484
m³	barrel Petrol	(USA)	**6.2972**
m³	quarter	(USA)	4.1305
Liter	peck	(Brit.)	0.1100
Liter	bushel	(Brit.)	0.0275
Liter	kilderkin	(Brit.)	0.0122
m³	barrel	(Brit.)	6.1103
m³	quarter	(Brit.)	3.4370
pint, dry	(USA)	Liter	0.5506
quart, dry	(USA)	Liter	1.1012
peck	(USA)	Liter	8.8098
bushel	(USA)	Liter	35.2393
barrel	(USA)	m³	0.1156
barrel Petrol	(USA)	m³	**0.1588**
quarter	(USA)	m³	0.2421
peck	(Brit.)	Liter	9.0922
bushel	(Brit.)	Liter	36.3687
kilderkin	(Brit.)	Liter	81.829
barrel	(Brit.)	m³	0.1637
quarter	(Brit.)	m³	0.2909

Hohlmaße für Flüssigkeiten

Umzurechnen	in		Multiplizieren mit
cm³	minim	(USA)	16.2306
Liter	gill (liqu)	(USA)	8.4534
Liter	pint (liqu)	(USA)	2.1134
Liter	quart (liqu)	(USA)	1.0567
Liter	gallon	(USA)	0.2642
Liter	gill (liqu)	(Brit.)	7.0390
Liter	pint (liqu)	(Brit.)	1.7598
Liter	quart (liqu)	(Brit.)	0.8799
Liter	pottle	(Brit.)	0.4399
Liter	gallon	(Brit.)	0.2200
minim	(USA)	cm³	0.0616
gill (liqu)	(USA)	Liter	0.1183
pint (liqu)	(USA)	Liter	0.4732
quart (liqu)	(USA)	Liter	0.9464
gallon	(USA)	Liter	3.7854
gill (liqu)	(Brit.)	Liter	0.1421
pint (liqu)	(Brit.)	Liter	0.5683

Maße und Gewichte VII

Umzurechnen	in	Multiplizieren mit
quart (liqu) (Brit.)	Liter	1.1365
pottle (Brit.)	Liter	2.2730
gallon (Brit.)	Liter	4.5461

Gewichte
System avoirdupois (av.) für den allgemeinen Gebrauch

Umzurechnen	in	Multiplizieren mit
g	grain	15.4323
g	dram (av.)	0.5644
g	ounce (av.)	0.0353
kg	pound (av.)	2.2046
t	short ton (USA)	1.1023
t	long ton (Brit.)	0.9842
grain	g	0.0648
dram	g	1.7718
ounce	g	28.3495
pound	kg	0.4536
short ton (USA)	kg	907.2
long ton (Brit.)	kg	1016.05

Apotheker-Maßsystem für Feststoffe (ap.)
sowie Troy-System (t) für Edelmetalle und Drogen

Umzurechnen	in	Multiplizieren mit
g	grain	15.4323
g	scruple (ap.)	0.7716
g	pennyweight (t)	0.6430
g	dram od. drachm	0.2572
g	ounce (ap. od. t)	0.03215
kg	pound (ap. od. t)	2.67923
grain	g	0.064799
scruple (ap.)	g	1.295978
pennyweight (t)	g	1.555174
dram od. drachm	g	3.887935
ounce (ap. od. t)	g	31.103481
pound (ap. od. t)	g	373.24177

Apotheker-Maßsystem für Flüssigkeiten

Umzurechnen	in	Multiplizieren mit
cm^3	fluid dram (USA)	0.27052
cm^3	fluid ounce (USA)	0.03381
cm^3	minim (Brit.)	16.892
cm^3	fluid dram (Brit.)	0.2815
cm^3	fluid ounce (Brit.)	0.0352
fluid dram (USA)	cm^3	3.69661
fluid ounce (USA)	cm^3	29.5729
minim (Brit.)	cm^3	0.0592
fluid dram (Brit.)	cm^3	3.552
fluid ounce (Brit.)	cm^3	28.412

Aus: Horn-Schönberg UMWANDLUNGSTABELLEN für U.S.- und britische Einheiten ins metrische System und umgekehrt, 4. Auflage, Carl Hanser Verlag, München.

VIII. ENGLISCHE KORREKTURZEICHEN
VIII. ENGLISH PROOFREADER'S MARKS

Zeichen am Rand	Zeichen im Text	Ausgeführte Korrektur	Erklärung
/	keines		*Ende der Korrektur* Correction is concluded
Br. ⌒d Am. ⌒⋑	Br. be⌒elow *od.* be⌒⌒low Am. be⌒low	below	*Überflüssige Buchstaben tilgen, anschließen* Delete and close up
Br. ⋑ Am. ⋑	dogg ~~dog~~	dog	*Überflüssige Buchstaben oder Wörter tilgen* Delete
o below	d/g be~~owlo~~	dog below	*Falsche Buchstaben oder falsche Wörter ersetzen* Substitute letter or part of one or more word(s)
Br. ℓ ⋏ Am. ℓ	Br. Wil⋏iam Am. Wil⋏iam	William	*Auslassung* Caret, insert matter indicated in margin
Br. ⓘ Am. *stet*	of ~~all~~ ages	of all ages	*Rückgängigmachung von fälschlich Korrigiertem* Leave as printed
Br. ⊔⊔ Am. *ital*	Mr. (or Mrs.)	Mr. (*or* Mrs.)	*Kursiv* Italic type
Br. = Am. *sc*	The Hague Tribunal	THE HAGUE TRIBUNAL	*Kapitälchen* Small capitals
Br. ≡ Am. *caps*	The Hague Tribunal	THE HAGUE TRIBUNAL	*Versalien* Capital letters
≡	The Hague Tribunal	THE HAGUE TRIBUNAL	*Anfangsbuchstaben in Versalien, die übrigen in Kapitälchen* Use capital letters for initial letters and small capitals for rest of words
Br. ~~~ Am. *bf*	the English and German languages	the **English** and **German** languages	*Halbfett* Bold(face) type
Br. ⫽ Am. *bf ital*	Explanations	***Explanations***	*Halbfett kursiv* Bold(face) italic type
Br. ≠ Am. *lc*	Br. Ⓖeneral Am. ⌿General	general	*Kleinschreibung* Lower case
Br. ⊔⊔ Am. *rom*	of ⟨all⟩ ages	of all ages	*Grundschrift (Antiqua)* Roman type
Br. ⊗ Am. *wf*	edi⊙on	edition	*Falsche Type (Zwiebelfisch)* Wrong fo(u)nt

VIII Englische Korrekturzeichen

Zeichen am Rand	Zeichen im Text	Ausgeführte Korrektur	Erklärung
Br. ∩ Am. ⊙	ǝxercise	exercise	*Verkehrt oder quer stehender Buchstabe* Invert type, reverse
✕	eḻectricity	electricity	*Beschädigter oder unreiner Buchstabe* Broken *od.* damaged letter
Br. ⌃2 Am. ⌄2	Br. his latest work⌄ his latest work ⋏ Am. his latest work ∧	his latest work²	*Hochstellung* Superscript (number specified)
Br. ⌄2 Am. ⌃2	Br. his latest work⌄ his latest work ⋏ Am. his latest work ∧	his latest work₃	*Tiefstellung* Subscript (number specified)
⌢	chancellor ship	chancellorship	*Anschließen* Close up entirely, no space
⌢	Phoebus offfer	Phœbus offer	*Ligatur* Ligature
œ, ff	Phœbus, offer	Phoebus, offer	*Keine Ligatur* Substitute separate letters for ligature or diphthong
Br. Y Am. #	Br. mother̠country Am. mother̠country	mother country	*Fehlender Wortzwischenraum* Insert space between words
od. ⟩	There was a young lady of Troy, Whom several large flies did annoy;	There was a young lady of Troy, Whom several large flies did annoy;	*Fehlender Durchschuß* Insert space between lines or paragraphs
od. ⟨	Some she killed with a thump, Some she drowned at the Pump, And some she took with her to Troy.	Some she killed with a thump, Some she drowned at the Pump, And some she took with her to Troy.	*Zu großer Durchschuß* Reduce space between lines or paragraphs
Br. ⋎ Am. eq.#	Br. his|sons|and|daughters Am. his⌣sons⌣and⌣daughters	his sons and daughters	*Zwischenräume ausgleichen* Make space appear equal between words
↑	his↑sons and daughters	his sons and daughters	*Weniger Zwischenraum* Reduce space between words
Br. Y Am. ls	A|N|N|O D|O|M|I|N|I	ANNO DOMINI	*Sperrung* Insert space between letters
Br. ⊔ Am. tr	a|painter|famous| ↑let us consider the ⌞case⌝now⌝ hee|r|	a famous painter now let us consider the case here	*Umstellen* Transpose words or letters indicated

Englische Korrekturzeichen VIII

Zeichen am Rand	Zeichen im Text	Ausgeführte Korrektur	Erklärung
Br. [ ] Am.] [	[Autumn]]Autumn[	Autumn	*Zentrieren* Place in centre (*od.* center) of line
Br. ⌐, Am. □ □□ □□□ □□□□	Peter [Paul [Michael [George [John	Peter 　Paul 　　Michael 　　　George 　　　　John	*Einzug um 1–4 Gevierte* Indent 1—4 ems
move	[cold]⟶	cold	*Text an die angegebene Stelle setzen* Move matter to position indicated
Br. ⌐ Am.]	|Here shall he see |No enemy No enemy]	Here shall he see 　No enemy	*Text nach rechts versetzen* Move matter to right
Br. ⌐ Am. [	Here shall he see 　No enemy] |No enemy	Here shall he see No enemy	*Text nach links versetzen* Move matter to left
	Here shall he see |No| enemy	Here shall he see No enemy	*Übernahme in die folgende Zeile, Spalte oder Seite* Take over letter or word or line to next line, column or page
	Here shall he see|No enemy	Here shall he see No enemy	*Übernahme aus der folgenden Zeile, Spalte oder Seite* Take back letter or word or line to previous line, column or page
Br. ⊓ Am. ⌐ ⌐	Br. Raise to 　　　　position |proper| Am. Raise to ⌐　　　　⌐ position proper	Raise to proper position	*In die richtige Höhe bringen (höher!)* Raise to proper position
Br. ⊔ Am. ⌐⌐	Br. Lower to |proper| 　　　　position Am. Lower to 　proper ⌐　　　⌐ position	Lower to proper position	*In die richtige Höhe bringen (tiefer!)* Lower to proper position
‖‖	||Peter ||Paul ||George	Peter Paul George	*Rand ausrichten* Correct the vertical alignment
═	It is a f|oo|lish thought	It is a foolish thought	*Verschobener Durchschuß oder nicht Linie haltende Stelle* Straighten line

VIII Englische Korrekturzeichen

Zeichen am Rand	Zeichen im Text	Ausgeführte Korrektur	Erklärung
Br. ⊥ Am. ↓	A great many things	A great many things	*Spieß (hochgekommener Durchschuß oder Ausschluß)* Push down risen spacing material
Br. ⌐ Am. ¶	Br. in 1926. /In the following years Am. in 1926. /In the following years	in 1926. In the following years	*Neuer Absatz* Start new paragraph
Br. ⌢ Am. no ¶	a man of great renown.⌉ ⌊He was	a man of great renown. He was	*Anhängung eines Absatzes* Run on (no fresh paragraph here)
Br. /Ⓐ Am. out–see copy	Br. in the ⋋ There was Am. in the ∧ There was	in the (*Manuskriptergänzung*) There was	*Nach dem Manuskript zu ergänzende Auslassung* Insert omitted portion of copy
Br. , Am. ⌃	Br. books/ etc. books ⋋ etc. Am. books ∧ etc. books/ etc.	books, etc.	*Fehlendes Komma* Substitute or insert comma
Br. ; Am. ;|	Br. came/ there was came ⋋ there was Am. came ∧ there was came/ there was	came; there was	*Fehlendes Semikolon* Substitute or insert semicolon
⊙	Br. Here he comes/ Here he comes ⋋ Am. Here he comes ∧ Here he comes/	Here he comes.	*Fehlender Punkt* Substitute or insert full stop (= period) or decimal point
Br. ⊙ Am. :|	Br. runs as follows/ runs as follows ⋋ Am. runs as follows ∧ runs as follows/	runs as follows:	*Fehlender Doppelpunkt* Substitute or insert colon
Br. ?⋋ Am. ?	Br. Where are you ⋋ Am. Where are you ∧ Where are you/	Where are you?	*Fehlendes Fragezeichen* Substitute or insert question (*od.* interrogation) mark
!⋋	Br. Come here ⋋ Am. Come here ∧ Come here/	Come here!	*Fehlendes Ausrufezeichen* Substitute or insert exclamation mark (*od.* point)
Br. (⋋)⋋ Am. (/)	Br. ⋋round ⋋ brackets Am. ∧ round ∧ brackets	(round) brackets	*Fehlende runde Klammern* Insert parentheses
Br. [⋋]⋋ Am. [/]	Br. ⋋ square ⋋ brackets Am. ∧ square ∧ brackets	[square] brackets	*Fehlende eckige Klammern* Insert square brackets
Br. ⊨ Am. ⊨	Br. gentleman/ farmer gentleman ⋋ farmer Am. gentleman ∧ farmer	gentleman-farmer	*Fehlender Bindestrich* Substitute or insert hyphen

Englische Korrekturzeichen VIII

Zeichen am Rand	Zeichen im Text	Ausgeführte Korrektur	Erklärung
Br. ⌊en⌋ Am. 1/N	Br. 1914 ⋏ 1918 Am. 1914 ∧ 1918	1914–1918	*Strich von 1 Halbgeviert* Insert en rule (*od.* half-em rule *od. Am.* one en dash)
Br. ⌊em⌋ Am. 1/M	Br. his father ⋏ a good old gentleman Am. his father ∧ a good old gentleman	his father—a good old gentleman	*Gedankenstrich von 1 Geviert* Insert one em rule (*od. Am.* one em dash)
Br. ＇ Am. ∨	Br. my father⁄s my father⁄s Am. my father⌄s	my father's	*Fehlender Apostroph* Substitute or insert apostrophe
Br. ＇ ＇ Am. ∨ ∨	Br. ⋌ No⁄, she said ⋏ No ⋏, she said Am. ∧ No ∧, she said	'No', she said	*Fehlende Anführungszeichen (einfach)* Substitute or insert single quotation marks
Br. ＇＇ ＇＇ Am. ∨∨ ∨∨	Br. ⋌ No⁄, she said ⋏ No⋏, she said Am. ∧ No∧, she said	"No", she said	*Fehlende Anführungszeichen (doppelt)* Substitute or insert double quotation marks
Br. ... Am. |.|.|.|	Br. and she arrived ⋏ Am. and she arrived ∧	and she arrived ...	*Auslassungspunkte* Ellipsis

⊙⊙⊙	Br.
	              page
	A. General Indica-
	    tions⋌ XVII
	  I Styles of Type⋌ XVII
	  II Arrangement
	    of Entries⋌ XVII
	Am.
	A. General Indica-
	    tions∧ XVII
	  I Styles of Type∧XVII
	  II Arrangement
	    of Entries∧ XVII
		page
		A. General Indica-
		    tions XVII
		  I Styles of Type. XVII
		  II Arrangement
		    of Entries ... XVII
			Leitpunkte
			Leaders

⊘	and ⁄ or and ⋌ or	and / or	*Schrägstrich* Substitute or insert oblique
Br. ⟨?⟩ Am. ?	(not) irreparable <u>not</u> irreparable	irreparable	*Fragliche Textstelle. Manuskript prüfen; Rückfrage beim Verfasser* Refer to appropriate authority anything of doubtful accuracy

IX. BUCHSTABIERALPHABETE
IX. PHONETIC ALPHABETS

	Deutsch	Britisches Englisch	Amerikanisches Englisch	International	Zivil-Luftfahrt (ICAO)
A	Anton	Andrew	Abel	Amsterdam	Alfa
Ä	Ärger	—	—	—	—
B	Berta	Benjamin	Baker	Baltimore	Bravo
C	Cäsar	Charlie	Charlie	Casablanca	Charlie
CH	Charlotte	—	—	—	—
D	Dora	David	Dog	Danemark	Delta
E	Emil	Edward	Easy	Edison	Echo
F	Friedrich	Frederick	Fox	Florida	Foxtrot
G	Gustav	George	George	Gallipoli	Golf
H	Heinrich	Harry	How	Havana	Hotel
I	Ida	Isaac	Item	Italia	India
J	Julius	Jack	Jig	Jérusalem	Juliett
K	Kaufmann	King	King	Kilogramme	Kilo
L	Ludwig	Lucy	Love	Liverpool	Lima
M	Martha	Mary	Mike	Madagaskar	Mike
N	Nordpol	Nellie	Nan	New York	November
O	Otto	Oliver	Oboe	Oslo	Oscar
Ö	Ökonom	—	—	—	—
P	Paula	Peter	Peter	Paris	Papa
Q	Quelle	Queenie	Queen	Québec	Quebec
R	Richard	Robert	Roger	Roma	Romeo
S	Samuel	Sugar	Sugar	Santiago	Sierra
Sch	Schule	—	—	—	—
T	Theodor	Tommy	Tare	Tripoli	Tango
U	Ulrich	Uncle	Uncle	Upsala	Uniform
Ü	Übermut	—	—	—	—
V	Viktor	Victor	Victor	Valencia	Victor
W	Wilhelm	William	William	Washington	Whiskey
X	Xanthippe	Xmas	X	Xanthippe	X-Ray
Y	Ypsilon	Yellow	Yoke	Yokohama	Yankee
Z	Zacharias	Zebra	Zebra	Zürich	Zulu